marquee [maː'kiː] *Br* (großes) *(an den Seiten)* offene(s) Zelt; *Am* Schutzdach *n (vor e-m Theater, Hotel).*

meagre, *Am* **meager** ['miːgə] mager, dünn, dürr; *fig* arm, ärmlich, dürftig.

mellow ['melou] *a (Frucht)* reif, weich, mürbe, saftig, süß; *(Wein)* vollmundig, ausgereift, *fam* süffig; *(Farbe)* satt; *(Licht)* wohltuend; *(Ton)* voll, schmelzend; *(Stimme)* volltönend; *(Wetter)* heiter, angenehm; *(Boden)* fett, fruchtbar; leicht; *(Mensch)* (ge)reif(t), ...

multiplier ['mʌltiplaiə] Vermehrer; *math* Multiplikator; *phys* Verstärker; *el* Vorwiderstand *m; tech* Übersetzung; *bot* Brutzwiebel *f.*

misty ['-i] neblig; *fig* verschwommen, trüb(e); *fig* undeutlich, unklar.

nohow ['nouhau] *adv fam* in kein(st)er Weise, nicht im geringsten; *sl (to feel)* ~ nicht auf dem Damm (sein).

pride [praid] *s* Stolz; Hochmut *m*, Überheblichkeit, Arroganz *f*, Dünkel *m; fig* Feuer *n (Pferd); the* ~ die Blüte *fig (of youth* der Jugend); *zoo* Rudel *n*, Schwarm *m; v: to* ~ *o.s. (up)on, to take (a)* ~ *in* stolz sein auf, sich viel einbilden auf, sich brüsten, *fam* angeben mit; *he is his father's* ~ er ist der ganze Stolz s-s Vaters; ~ *goes before a fall,* ~ *will have a fall (prov)* Hochmut kommt vor dem Fall; ~ *of place* Standesbewußtsein *n*, -dünkel *m*.

sirup *s. syrup.*

syrup, sirup ['sirəp] Zuckerlösung *f*; Sirup *m; (fruit-*~*)* (eingedickter, stark gesüßter) Frucht-, Obstsaft *m.*

Auf **amerikanische Bedeutungsvarianten** und abweichende **amerikanische Schreibweisen** wird hingewiesen.

Es werden zahlreiche Hinweise für die Verwendung des Stichworts und seiner Übersetzungen im Satzzusammenhang gegeben, z. B. durch

zusätzliche Erklärungen,

Angabe des Fachgebiets bei fachsprachlichen Begriffen,

Kennzeichnung von Wörtern mit übertragener Bedeutung *(fig),*

Kennzeichnung von Stilschichten, die von der Hochsprache abweichen (*sl, fam, poet* etc.).

Idiomatische Ausdrücke, Beispielsätze, Sprichwörter und **zusammengesetzte Ausdrücke** sind reichlich vorhanden und drucktechnisch durch Kursivschrift abgehoben.

Unterschiedliche Schreibweisen eines Wortes sind angegeben. Die weniger gebräuchliche Variante steht mit einem entsprechenden **Verweis** versehen an ihrer alphabetischen Stelle.

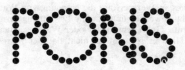

Schöffler Weis
Englisch-Deutsch

Bearbeitet von Prof. Dr. Erich Weis
unter Mitwirkung
von Dr. Heinrich Mattutat

Globalwörterbuch
Klett

In diesem Werk erfolgt die Nennung von Waren, wie in Nachschlagewerken üblich, ohne Erwähnung etwa bestehender Patente, Gebrauchsmuster oder Warenzeichen. Fehlt ein solcher Hinweis, so heißt das nicht, daß der Warenname frei ist.

CIP-Kurztitelaufnahme der Deutschen Bibliothek

Schöffler, Herbert
Pons-Globalwörterbuch / Schöffler-Weis. —
Stuttgart: Klett.
NE: Schöffler-Weis, . . .
Teil 1. Englisch-deutsch / bearb. von Erich Weis unter Mitw.
von Heinrich Mattutat. — 1. Aufl. — 1978.
ISBN 3-12-517130-X
NE: Weis, Erich (Mitarb.)

1. Auflage 1978 — Nachdruck 1981
Diese Ausgabe entspricht der bisherigen Ausgabe
Klettbuch 3-12-518100-3.
© Ernst Klett, Stuttgart 1967. Alle Rechte vorbehalten.
Typographische Konzeption: Erwin Poell, Heidelberg.
Fotosatz und Druck: Ernst Klett, Stuttgart. Printed in Germany.
ISBN 3-12-517130-X

Vorwort

Mit den PONS Wörterbüchern liegt eine Reihe brauchbarer, verläßlicher und reichhaltiger Nachschlagewerke vor, in denen das vielfältige geistige und materielle Leben unserer Zeit seinen Niederschlag gefunden hat. Sie wurden nach bewährten lexikographischen Methoden sorgfältig bearbeitet und erfassen den gesamten Sprachschatz des gebildeten Menschen unserer Tage. Besondere Berücksichtigung fanden dabei Gebiete wie Wissenschaft und Technik, Politik und Wirtschaft oder Sport- und Wehrwesen. Darüber hinaus wurde, wo immer möglich, das Wort in seinem syntaktischen Zusammenhang dargestellt, so daß über das Einzelwort hinaus das „Wort im Satz" deutlich wird.

Während das Globalwörterbuch praktischer zum Unterbringen in Koffer oder Akten- bzw. Schultasche ist, eignet sich das Großwörterbuch weitaus besser für den Gebrauch auf dem eigenen Schreibtisch: es liegt fester auf und kann müheloser und angenehmer nachgeschlagen werden. Der Benutzer übersieht auf der dreispaltig bedruckten Seite mit einem Blick einen größeren Zusammenhang, an dem er sich leichter zurechtfinden kann.

Unterrichtende und Studenten, Dolmetscher, Übersetzer und Fremdsprachenkorrespondenten — alle die, die tagtäglich mit Wörterbüchern umgehen, — werden es begrüßen, mit den PONS Wörterbüchern von Klett wirksam arbeiten zu können.

Ernst Klett Verlag
Redaktion Wörterbücher

Erläuterungen

I. Stichwörter

1. Hauptstichwörter stehen in alphabetischer Reihenfolge. Wörter gleichen Stammes und in gewissen Fällen gleicher Vorsilbe wurden zu Gruppen zusammengezogen. Die Wortgruppen lassen Ableitungen und Zusammensetzungen erkennen und vermitteln einen Einblick in etymologische Zusammenhänge.

2. Wörter gleicher Schreibung, aber verschiedenen Ursprungs und verschiedener Bedeutung stehen nacheinander und werden durch eine fettgedruckte Zahl unterschieden.

3. Im Rahmen des Stichworts wird eine strenge Ordnung eingehalten, die das Auffinden der gesuchten Bedeutungen erleichtert. Folgende Gliederung wurde angewandt:
   a) Übersetzungen des Stichwortes mit Hinweisen, die den Anwendungsbereich kennzeichnen,
   b) adverbiale und präpositionale Ausdrücke,
   c) Wendungen im Infinitiv,
   d) idiomatische Wendungen in Satzform,
   e) Zusammensetzungen mit dem Grundwort als erstem und anschließend — fett gedruckt — als zweitem Bestandteil.

In allen Fällen wurde die alphabetische Reihenfolge beachtet.

4. Die Rektion der Verben wurde überall dort angegeben, wo der englische Sprachgebrauch vom deutschen abweicht.

5. Auf grammatische Hinweise und Angaben zum Gebrauch der Präpositionen wurde besonderer Wert gelegt.

6. Die Darstellung der Aussprache erfolgt in der phonetischen Umschrift der International Phonetic Association (IPA). Häufig gebrauchte Varianten und stark abweichende amerikanische Formen sind angegeben.

7. Die Besonderheiten der amerikanischen Schreibweise wurden berücksichtigt.

8. Bei den Geschlechtsbezeichnungen im Deutschen erhält bei zwei oder mehr aufeinanderfolgenden Hauptwörtern gleichen Geschlechts nur das letzte Hauptwort die Geschlechtsbezeichnung.

II. Die Tilde (~)

1. Die Tilde wiederholt den fettgedruckten Titelkopf oder den durch einen senkrechten Strich (|) abgetrennten ersten Teil des Titelkopfes.

2. Die Doppeltilde (~~) wiederholt das unmittelbar vorausgehende fettgedruckte Stichwort.

Bei der Aussprache verweist ein Divis auf den entsprechenden Teil des Titelkopfes.

III. Der Bindestrich

Bei der Verwendung des Bindestrichs wurde der heute übliche Gebrauch berücksichtigt. Es sei darauf hingewiesen, daß der Gebrauch schwankt.
Um Irrtümer bei der Silbentrennung eines zusammengesetzten Wortes in jenen Fällen auszuschalten, in denen Silbentrennstrich und Bindestrich zusammenfallen, wird der Bindestrich am Anfang der neuen Zeile wiederholt.

IV. Die unregelmäßigen Verben

Die Stammformen stehen unmittelbar hinter dem Infinitiv. Preterite und Past Participle sind durch einen Strichpunkt voneinander getrennt. Bei zusammengesetzten Zeitwörtern wird auf das Grundwort verwiesen.

Liste der Abkürzungen

a	Adjektiv, Eigenschaftswort	*adjective*
a.	auch	*also*
acc	Akkusativ, Wenfall	*accusative case*
adv	Adverb, Umstandswort	*adverb*
aero	Luftfahrt	*aeronautics*
agr	Landwirtschaft	*agriculture*
allg	allgemein	*commonly*
Am	amerikanische Ausdrucksweise	*Americanism*
anat	Anatomie	*anatomy*
arch	Architektur	*architecture*
astr	Astronomie	*astronomy*
attr	als Attribut (Beifügung) gebraucht	*attributively*
aux	Hilfsverb, Hilfszeitwort	*auxiliary (verb)*
bes.	besonders	*particular(ly)*
biol	Biologie	*biology*
bot	Botanik	*botany*
Br	britisches Englisch	*in British usage only*
chem	Chemie	*chemistry*
com	Handel	*commerce*
conj	Konjunktion, Bindewort	*conjunction*
dat	Dativ, Wemfall	*dative case*
dial	Dialekt	*dialect*
e-e, e-r *e-m, e-n* } *e-s*	eine(r,m,n,s)	*a, to a, of a*
el	Elektrizität	*electricity*
etc.	usw.	*and so on*
etw	etwas	*something*
f	weiblich	*feminine*
fam	familiär	*familiar, colloquial*
fig	bildlich	*figuratively*
film	Film	*film*
fin	Finanz	*finance*
gen	Genitiv, Wesfall	*genitive case*
geog	Geographie	*geography*
geol	Geologie	*geology*
gram	Grammatik, Sprachlehre	*grammar*
hist	Geschichte	*history*
hum	spaßhaft	*humorously*
imp	unpersönlich	*impersonal*
inf	Infinitiv, Nennform	*infinitive*
interj	Interjektion, Ausruf	*interjection*
iro	ironisch	*ironical*
irr	unregelmäßig	*irregular*
itr	intransitiv	*intransitive*
jem, jdm, *jdn, jds* }	jemand(em, en, s)	*of, to someone*
jur	Jurisprudenz, Rechtswissenschaft	*jurisprudence*
lit	literarisch	*literary*
m	männlich	*masculine*
mar	Schiffahrt	*marine*
math	Mathematik	*mathematics*
med	Medizin	*medicine*
m-e, m-m } *m-n, m-s*	meine(m, n, s)	*to, of my*
metal	Hüttenwesen	*metallurgy*

mete	Meteorologie, Wetterkunde	*meteorology*
mil	Militär	*military*
min	Bergbau	*mining*
mot	Kraftfahrwesen	*motoring*
mus	Musik	*music*
n	sächlich	*neuter*
obs	veraltet	*obsolete*
od	oder	*or*
opt	Optik	*optics*
orn	Ornithologie, Vogelkunde	*ornithology*
o.s.	sich	*oneself*
parl	parlamentarisch	*parliamentary*
pej	herabsetzend	*pejorative*
pharm	Pharmazie	*pharmacy*
philos	Philosophie	*philosophy*
phot	Photographie	*photography*
phys	Physik	*physics*
physiol	Physiologie	*physiology*
pl	Plural, Mehrzahl	*plural*
poet	dichterisch	*poetical*
pol	Politik	*politics*
pp	Partizip Perfekt, Mittelwort der Vergangenheit	*past participle*
ppr	Partizip Präsens, Mittelwort der Gegenwart	*present participle*
pred	prädikativ, aussagend	*predicative*
pref	Vorsilbe	*prefix*
pret	Präteritum, Vergangenheit	*preterite*
prn	Pronomen, Fürwort	*pronoun*
prep	Präposition, Verhältniswort	*preposition*
prov	Sprichwort	*proverb*
psychol	Psychologie	*psychology*
radio	Rundfunk	*radio*
rail	Eisenbahn	*railway*
rel	Religion	*religion*
S	Sache	*thing*
s	Substantiv, Hauptwort	*substantive*
s. (d.)	siehe (dort)	*see (there)*
scient	wissenschaftlich	*scientific*
Scot	schottisch	*Scotish*
s-e, s-em, *s-en, s-r,* *s-es*	seine(m,n,r,s)	*(to) his, (to) one's*
sing	Singular, Einzahl	*singular*
s.o.	jemand	*someone*
sport	Sport	*sport*
s.th.	etwas	*something*
tech	Technik	*technics*
tele	Telegraphie, Telephonie	*telegraphy, telephony*
theat	Theater	*theatre*
tr	transitiv	*transitive*
u.	und	*and*
typ	Buchdruck	*printing*
v	Verb, Zeitwort	*verb*
vet	Veterinärmedizin, Tierheilkunde	*veterinary medicine*
video	Fernsehen	*television*
vulg	vulgär	*vulgar*
z. B.	zum Beispiel	*for example*
zoo	Zoologie	*zoology*
Zs.-, zs.-	zusammen	*together*
Zssg(en)	Zusammensetzung(en)	*compound word(s)*

A

A, a [ei] *pl* ~'s A, a; *mus* A, a *n*; *Am (Schule)* Eins *f*; *from* ~ *to* Z von A bis Z; gründlich; *A 1* [ei'wʌn] *mar (in Lloyds Register)* erstklassig; *fam* famos, prima, I a; *mil* k. v.

a [ə, *betont* ei] *vor gesprochenem Vokal* **an** [ən, *betont* æn] *unbestimmter Artikel* ein, eine, ein; *he is* ~ *mechanic* er ist Handwerker; *she is* ~ *German* sie ist Deutsche; *she is* ~ *Roman Catholic* sie ist Katholikin; *once* ~ *year* einmal im Jahr; *five pounds* ~ *week* fünf Pfund in der Woche; *as* ~ *boy* als Junge; *in* ~ *day or two* in ein paar Tagen; ~ *Mr Myer* ein gewisser Herr Myer; *in* ~ *sense* in gewissem Sinn; *many* ~ *one* mancher, manch einer; *of* ~ *size* von gleicher Größe; *60 miles an hour* 60 Meilen pro Stunde.

a- [ə] **1.** = on: *aback, aboard, aside, awake*; **2.** *obs mit gerund: the house is a-building* = *being built*; **3.** = *not, without: asymetrical*; [æ] in *amoral*; [ei, æ, ə] in *asexual*.

Aaron ['tɛərən] *(Bibel)* Aaron *m*; **~'s-beard** *bot* Großblumige(s) Johanniskraut *n*; ~ **Wuchernde(r)** Steinbrech *m*; **~s rod** *bot* Königskerze; Goldrute *f*.

aback [ə'bæk] *adv mar* back; *to be taken* ~ verblüfft, überrascht, bestürzt sein; *mar* back bekommen.

abacus ['æbəkəs] *pl a.* -**ci** [-sai] Rechenbrett *n*, -tafel *f*; *arch* Abakus *m*, Kapitelldeckplatte *f*.

abaft [ə'bɑ:ft] *adv mar* achteraus; nach hinten; *prp* hinter, achter.

abandon [ə'bændən] *tr* (vollständig) aufgeben, preisgeben, verzichten (*s.th.* auf etw); überlassen (*s.th. to s.o.* etw jdm); zurück-, verlassen; *jur* abandonnieren; *(Forderung)* fallenlassen, Abstand nehmen (*s.th.* von etw); *(Kind)* aussetzen; *(Verfolgung)* einstellen; *to* ~ *o.s.* sich hingeben, sich überlassen, sich ergeben (*to despair* der Verzweiflung); *s* Ungezwungenheit, Sorglosigkeit *f*; Sichgehenlassen *n*; Ausgelassenheit, Ungeniertheit *f*; *to* ~ *s.o. to his fate* jdn s-m Schicksal überlassen; **~ed** [-d] *a* verlassen; hemmungslos; verfallen, hingegeben; lasterhaft, verworfen, liederlich; **~ment** [-mənt] Verlassen, Aufgeben *n*; *jur* Abtretung, Preisgabe *f*, Verzicht *m*; Verlassensein; *fig* Sichgehenlassen *n*, Verzweiflung *f*; *(Kind)* Aussetzung; *(Klage)* Zurücknahme *f*.

abase [ə'beis] *tr fig* erniedrigen, herabsetzen, demütigen; entmutigen; *to* ~ *o.s.* sich entwürdigen; **~ment** [-mənt] *fig* Erniedrigung; Demütigung *f*.

abash [ə'bæʃ] *tr* in Verlegenheit bringen; beschämen, demütigen; verblüffen; *to be, to stand, to feel* ~*ed* verlegen sein (*at, by* über); beschämt sein, sich schämen (*at* über); die Fassung verlieren, verblüfft sein (*at* über).

abate [ə'beit] *tr* vermindern, reduzieren; *(Schmerz)* mildern, lindern, stillen; schwächen; *(Steuern)* ermäßigen, nachlassen; erlassen; *(Preis, Forderung)* herabsetzen, ermäßigen; erlassen; *(Stolz)* demütigen; mäßigen; abziehen; auslassen; *jur* aufheben, umstoßen; niederschlagen; abschaffen, beseitigen, abstellen; *(Prozeß)* einstellen; *itr* geringer werden, an Stärke verlieren, abnehmen; *(Wind, Flut)* abnehmen, abflauen, sich legen; *(Sturm)* nachlassen; *(Preise)* fallen; *jur (Gesetz)* ungültig werden; **~ment** [-mənt] Abnahme, Milderung, Verminderung; Beseitigung *f*; Abgang; *com* Rabatt, Abzug; (Preis-, Zahlungs-)Nachlaß *m*; *jur* Herabsetzung (*e-s Legats*); Abschaffung, Beseitigung *f* (*e-s Übelstandes*); Ungültigmachen *n*, Aufhebung *f*.

abattoir ['æbətwɑ:] (öffentliches) Schlachthaus *n*, Schlachthof *m*.

abb|acy ['æbəsi] Würde *f*, Amt *n* e-s Abtes; **~atial** [ə'beiʃəl] äbtlich; abteilich; **~é** ['æbei] Abbé *m* (*Frankreich*); **~ess** ['æbəs, 'æbis] Äbtissin *f*; **~ey** ['æbi] Abtei *f*; **~ot** ['æbət] Abt *m*.

abbreviat|e [ə'bri:vieit] *tr math* kürzen; ab-, verkürzen; zs.ziehen; **~ion** [əbri:vi'eiʃən] Abkürzung, Kürzung *f*; Stummelwort *n*.

ABC ['ei'bi:'si:, --'-] Abc, Alphabet *n*; *fig* Anfangsgründe *pl*; *rail (England)* Kursbuch *n*.

abdicat|e ['æbdikeit] *tr (Amt)* niederlegen, aufgeben; *(auf ein Recht, e-n Anspruch)* verzichten; *(e-r Sache)* entsagen; *itr* abdanken; **~ion** [æbdi'keiʃən] *(Amt)* Niederlegung; Abdankung *f*; Verzicht *m* (*of auf*); Entsagung *f*.

abdom|en ['æbdəmen, æb'doumən] (Unter-)Leib, Bauch; *(Insekt)* Hinterleib *m*; **~inal** [æb'dɔminl] *a* Bauch-, Leib-; ventral, abdominal.

abduc|t [æb'dʌkt] *tr (Frau, Kind)* entführen; *anat* abziehen; **~tion** [æb'dʌkʃən] Entführung; *anat (Muskeln)* Abziehung, Weg-, Auswärtsbewegung *f*; **~tor** [æb'dʌktə] Entführer *m*; ~~ *muscle* Abziehmuskel, Abduktor *m*.

abeam [ə'bi:m] *adv mar* dwars; ~ *of us* gegenüber von uns, auf gleicher Höhe.

abed [əˈbed] *adv* im Bett; *to lie ~* bettlägerig sein.

abele [əˈbiːl, ˈeibl] *bot* Weißpappel *f*.

aberr|ance, -cy [æˈberəns(i)] Abweichung; *fig* Verirrung *f*; **-ant** [æˈberənt] abirrend; irrend; *(von Sitte u. Moral)* abweichend; *zoo bot* anomal, außergewöhnlich; **-ation** [æbəˈreiʃən] Abirrung, Abweichung *(vom rechten Weg, vom üblichen Standard)*; Verirrung *f*, Irrweg, Irrtum, Fehler *m*; *(mental ~)* Geistesverirrung *f*, anomale(s) Verhalten *n*, Irrsinn *m*; *biol opt astr* Aberration *f*.

abet [əˈbet] *tr* anstiften, anreizen, aufhetzen; ermutigen; begünstigen; Beihilfe, Vorschub leisten; unterstützen, helfen; *to aid and ~ a criminal* e-n Täter begünstigen; **-ment** [əˈbetmənt] Unterstützung, *jur* Beihilfe *f*; Anstiftung; Aufreizung, Aufhetzung *f*; Vorschub *m*, Begünstigung *f*; **-tor, -ter** [əˈbetə] Anstifter, Helfershelfer, Begünstiger *m*.

abeyance [əˈbeiəns] Schwebe, Unentschiedenheit *f*; *in ~* in der Schwebe; ruhend; noch nicht entschieden, (noch) umstritten *(Arbeit)* unerledigt; *(Besitz)* herrenlos; *to hold, to keep in ~* ruhen lassen, suspendieren; *(Frage)* offen lassen; *to fall into ~ (Gesetze, Bestimmungen, Bräuche)* ruhen, zeitweilig außer Kraft treten.

abhor [əbˈhɔː] *tr* verabscheuen, hassen; verschmähen, verachten; **-rence** [əbˈhɔrəns] Abscheu, Haß *m (of, from* vor, gegen), Abneigung *f*, Abscheu; Gegenstand *m* des Abscheues od Hasses; *to hold in ~~* verabscheuen; *flattery is my ~~* Schmeichelei ist mir ein Greuel; **-rent** [əbˈhɔrənt] abstoßend; abscheulich; *~~ to* verhaßt, zuwider; unvereinbar mit; im Gegensatz zu.

abid|e [əˈbaid] *irr abode, abode itr* verweilen, bleiben; *obs* wohnen; *to ~ by* festhalten an; treu bleiben dat; verharren bei; sich zufrieden geben mit; *tr lit* erwarten, abwarten; *pej* ausstehen, aushalten, erdulden, ertragen; *she cannot ~~ dirt* sie kann Schmutz nicht ausstehen; *he can't ~~ that fellow* er kann den Kerl nicht riechen; **-ing** [-iŋ] dauernd; beständig, bleibend.

abigail [ˈæbigeil] Zofe, Kammerjungfer *f*.

ability [əˈbiliti] Fähigkeit *f (for für, zu)*; Talent *n*, Befähigung *f*, Können *n*; Qualifikation *f*; Vermögen *n*; *(~ to pay)* Zahlungsfähigkeit; Leistungsfähigkeit *f*; Geschick *n*, Geschicklichkeit *f (to do)*; *pl* geistige Anlagen *f pl*; *to the best of o.'s ~* nach besten Kräften.

abject [ˈæbdʒekt] elend; schauderhaft; verworfen, verächtlich; gemein; servil; *in ~ poverty* in tiefster Armut; *an ~ liar* ein gemeiner Lügner; **-ion** [æbˈdʒekʃən] Verworfenheit, Gemeinheit *f*; Elend *n*; **-ness** [ˈ-nis] Niedertracht, Gemeinheit *f*.

ab|juration [æbdʒuəˈreiʃən] Abschwörung *f*; **-jure** [əbˈdʒuə] *tr* abschwören; (feierlich) entsagen *(s.th.* dat); widerrufen, aufgeben.

ablation [æbˈleiʃən] *med* Amputation; *geol* Abtragung *f*, Abwaschen *n*, Ablation *f*; **-lative** [ˈæblətiv] *gram* Ablativ *m*.

ablaze [əˈbleiz] *adv pred a* in Flammen; brennend, lodernd; *fig* (sehr) zornig, (sehr) erregt *(with* vor); glänzend, funkelnd *(with* von, vor); *all ~* Feuer u. Flamme; *to set ~* entflammen.

able [ˈeibl] fähig; imstande; befähigt; talentiert, begabt; tüchtig, geschickt, gewandt; *jur* berechtigt, ermächtigt, bevollmächtigt; *(Rede)* klug; *(Unterstützung)* wirksam; *to be ~ to* können, vermögen, in der Lage sein zu, imstande sein zu; *~ to compete* konkurrenzfähig, wettbewerbsfähig; *~ to fly* flugfähig; *~ to pay* zahlungsfähig, solvent; *~ to work* arbeitsfähig; **-bodied** [ˈeiblˈbɔdid] (körperlich) kräftig, stark, rüstig, gesund, tauglich, arbeitsfähig, diensttauglich; *~~ seaman* Vollmatrose *m*.

abloom [əˈbluːm] *adv pred a* in Blüte, (er)blühend.

ablution [əˈbluːʃən] (Ab-)Waschung, Abspülung *f*, Abwaschen *n*; *rel* Ablution *f*; *chem* Auswaschen; Wasch-, Spülwasser *n*; *to perform o.'s ~s* s-e Waschungen verrichten *(Ritual)*; *hum* sich waschen.

ably [ˈeibli] *adv* geschickt, gewandt.

abnegat|e [ˈæbnigeit] *tr* (ab-, ver-)leugnen, bestreiten; verzichten *(s.th.* auf etw); *(Recht)* aufgeben; entsagen *(s.th.* dat); *(Glauben)* abschwören *(s.th.* dat); **-ion** [æbniˈgeiʃən] (Ab-, Ver-)Leugnung *f*; Verzicht *m (of* auf), Aufgabe *(of* gen); Abschwörung *f*.

abnorm|al [æbˈnɔːməl] unregelmäßig, regelwidrig, normwidrig, anomal, abnorm; mißgestaltet, krankhaft; seltsam, sonderbar, ungewöhnlich; **-ality** [æbnɔːˈmæliti] Regelwidrigkeit, Unregelmäßigkeit; Mißbildung, Entartung *f*; **-ity** [æbˈnɔːmiti] Unregelmäßigkeit, Regelwidrigkeit, Abnormität, Monstrosität, Ungeheuerlichkeit; Mißgestalt, Mißbildung *f*.

aboard [əˈbɔːd] *adv prp* an Bord, *Am* im Zug, Omnibus, Flugzeug; entlang *(Schiffsbord, Küste)*; *(close, hard ~)*

abode längsseits; *to go ~* an Bord gehen, sich einschiffen, *Am* einsteigen *(Zug, Bus, Flugzeug)*; *all ~! get ~!* alle Mann an Bord! *Am rail* alles einsteigen!

abode [ə'boud] *v s. abide*; *s* Verweilen, Bleiben *n*; Aufenthaltsort, Wohnort, Wohnsitz *m*; Wohnung, Behausung *f*; *to take up o.'s ~*, *to make o.'s ~* sich niederlassen, s-n Wohnsitz aufschlagen *(at* in*)*; *fixed ~* feste(r) Wohnsitz *m*; *person with no fixed ~* Obdachlose(r) *m*.

abolish [ə'bɔliʃ] *tr* abschaffen, aufheben; vernichten, zerstören, beseitigen; *jur* außer Kraft setzen.

abolition [æbo'liʃən] Abschaffung, Aufhebung; *Am* Beseitigung *f* der Sklaverei; **~ist** [-ist] Abolitionist; *Am* Gegner *m* der Sklaverei.

A-bomb ['eibɔm] Atombombe *f*.

abomina|ble [ə'bɔminəbl] *a* scheußlich, widerwärtig; *fam* furchtbar, schrecklich; **~te** [-eit] *tr* verabscheuen; *fam* ganz u. gar nicht gern haben; *I ~~ it* es ist mir ein Greuel; **~tion** [-'neiʃən] Abscheu *(of, to* gegen, vor*)*; Greuel *m*; Scheusal *n*; Schändlichkeit, Abscheulichkeit, Gemeinheit *f*; *to hold, to have s.th. in ~~* etw verabscheuen; *flattery is an ~~ to me* Schmeichelei ist mir ein Greuel.

aborigin|al [æbə'ridʒənl] *a* ureingeboren, ursprünglich; original, einheimisch; Ur-; *s* Ureinwohner *m*; **~es** [æbə'ridʒini:z] *pl* Ureinwohner *m*; die ursprüngliche Tier- *od* Pflanzenwelt *f* eines Gebietes.

abort [ə'bɔ:t] *itr* zu früh gebären; fehl-, mißgebären; verkümmern; *fig* fehlschlagen; **~ion** [ə'bɔ:ʃən] *med* Früh-, Fehlgeburt *f*, Abort *m*; Verkümmerung, Fehlbildung *f*; Fehlschlag *m*; *to procure ~~* abtreiben; *criminal ~~* Abtreibung *f*; **~ionist** [ə'bɔ:ʃənist] *Am* Abtreiber(in *f*) *m*; **~ive** [ə'bɔ:tiv] *a* zu früh geboren; mißgeboren, verkümmert, unvollständig; *med* abtreibend; *bot* unfruchtbar, taub; *fig* unreif, un-, vorzeitig; *fig* mißlungen, fruchtlos, verfehlt, fehlgeschlagen, erfolglos; *s* Abtreibungsmittel *n*; *to be, to prove ~~* mißlungen, fehlschlagen.

abound [ə'baund] *itr* im Überfluß vorhanden sein; reich sein *(in* an*)*; reichlich versehen sein *(in* mit*)*; Überfluß haben an, wimmeln *(with* von*)*; *fish ~ in the ocean, the ocean ~s with fish* das Meer wimmelt von Fischen, ist reich an Fischen.

about [ə'baut] **I.** *prp* **1.** *(räumlich, örtlich)* um, um...herum, über...hin; auf allen Seiten; *a fence ~ the garden* ein Zaun um den Garten herum; **2.** nahe bei, nicht weit von; an; **3.** *(Zeit, Maß)* um, ungefähr, so ziemlich, etwa, gegen; *~ five o'clock,* (*fam*) *at ~ five o'clock* gegen fünf Uhr; *~ nightfall* gegen Abend; *~ ten* etwa zehn; *it is ~ the same* es ist ungefähr dasselbe; *~ the same height* ungefähr von derselben Höhe; *~ my size* etwa meine Größe; **4.** bei sich, an sich; *have you any money ~ you?* haben Sie Geld bei sich? **5.** in, an; *her hair is the worst thing ~ her* ihr Haar ist das Häßlichste an ihr; **6.** *(hinweisend, bezüglich)* von, über, in bezug auf, betreffend, wegen; *this book is ~ aeroplanes* dieses Buch handelt über Flugzeuge; *what do you know ~ him?* was wissen Sie über ihn? *what's she so angry ~?* worüber ist sie so zornig? *what is it all ~?* um was handelt es sich? *a quarrel ~ a trifle* ein Streit über *(od* wegen*)* e-r Kleinigkeit; *how ~ money?* wie steht es mit Geld? *what ~ dinner?* wie wär's mit Abendessen? **II.** *adv* **1.** herum, umher; **2.** rings herum, rund herum, im Kreise; in der Runde, um; im Umfang; **3.** ungefähr, fast, beinahe, nahezu; gleich; *~ full* nahezu voll; **4.** abwechselnd; **III.** *to be ~* sich handeln um, gehen um; im Begriffe sein; im Gange sein; nahe daran sein; auf sein, auf den Beinen sein, munter sein; im Umlauf sein, verbreitet sein; *rumours are ~* Gerüchte sind im Umlauf; *what is he ~?* was hat er vor? was macht er? *to bring ~* zuwege, zustande bringen; herbeiführen, verursachen; *to come ~* geschehen, sich ereignen, stattfinden, eintreffen, eintreten; *to go ~ s. th.* mit etw umgehen; etw angehen, anpacken; herumgehen; *go ~ your own business!* kümmern Sie sich um Ihre Sachen! *to hang ~* (*fam*) herumstehen; *to lie ~* herumliegen; *to look ~* sich (nach allen Richtungen) umschauen *(for* nach*)*; *to order ~* herumkommandieren; *to send s.o. ~ o.'s business* jdm heimleuchten, jdn heimschicken; *to set ~ s.th.* sich an etw machen; *to speak, to talk ~* sprechen über; *to think ~* nachdenken über; *to walk ~* umhergehen; auf u. ab gehen; *all ~* überall; *left ~!* linksum! *right ~!* rechtsum! *turn! ~ face!* *(Am)* ganze Abteilung kehrt! *round ~* ringsum; *turn and turn ~* abwechselnd, einer um den andern; *just ~ enough* gerade noch genug; *that will just ~ do* das reicht gerade noch; *a man ~ town* ein Lebemann; *a round-~ way, a long way ~* ein Umweg; *~ done?* *(Am)* sind

about-face   4   **abscission**

Sie bald fertig? **~-face, ~-turn** s Kehrtwendung f a. fig; fig (völliger) Umschwung m.

above [ə'bʌv] **1.** adv oben, droben, oberhalb; weiter oben; aufwärts, hinauf; darüber, über; höher (Rang, Bedeutung, Stellung); mehr als; im (am) Himmel; stromaufwärts (there is good fishing ~); the blue sky ~ der blaue Himmel droben; green ~ and black below oben grün und unten schwarz; over and ~ obendrein; as (mentioned) ~ wie oben erwähnt (od gesagt), wie früher; the powers ~ die himmlischen Mächte; the courts ~ die Gerichte höherer Instanz; **2.** prp über; erhaben über; höher als; mehr als; stärker als; vor; nördlicher als; früher (in der Geschichte) als; ~ all (things) vor allem, vornehmlich, namentlich; everything is ~ board alles ist einwandfrei; ~ par über pari; ~ praise über alles Lob erhaben; ~ stairs oben, in e-m höheren Stockwerk; bei den Herrschaften; **~ten minutes** mehr als 10 Minuten; ~ a ton über eine Tonne; to be ~ s.o. jdm überlegen sein, jdn übertreffen; he is ~ it er ist darüber weg, er steht darüber; to be, to get ~ o.s. überheblich sein; it is ~ me das geht über meinen Horizont; es ist mir zu hoch; to fly ~ the earth über der Erde fliegen; to get ~ überflügeln; the second corner ~ the cinema die zweite Ecke oberhalb des Kinos; **3.** a obig; oben erwähnt; s: the ~ das Obige; the ~ is confirmed Obiges wird bestätigt; it follows from the ~ aus Vorstehendem ergibt sich; **~-board** adv pred a ehrlich, redlich, offen; **~-ground** adv pred a Am (noch) am Leben; tech über Erde; **-mentioned, -cited, -named, -said, -quoted** a vorerwähnt.

abracadabra [æbrəkə'dæbrə] Abrakadabra; fig Geschwätz n.

abra|de [ə'breid] tr abschaben, abkratzen; abschürfen, abhäuten; abschälen; abschleifen; (ab)reiben; abnutzen, angreifen; fig (Ansehen) vermindern, untergraben; ~~ with emery abschmirgeln; ~~ with pumice abbimsen; **~ded** [-id] a wund, aufgeschürft; **~sion** [ə'breiʒən] Abschaben; Abschabsel; Abschleifen n; Verschleiß m, Abnutzung f, Abrieb m; med Abschürfung, Schürfwunde f; ~~ resistance Verschleißfestigkeit f; **~sive** [ə'breisiv] s Schleif-, Poliermittel n; Bläsesand m; a abreibend, (ab)schleifend, schmirgelartig; ~~ cloth Schmirgelleinen n; ~~ paper Sand-, Schmirgelpapier n; ~~ wheel Schleif-, Schmirgelscheibe f.

abreact [æbri'ækt] tr psychol abreagieren.

abreast [ə'brest] adv Seite an Seite; auf gleicher Höhe; nebeneinander; gegenüber; fig auf dem Niveau (of von); to keep ~ of, with (fig) Schritt halten mit; auf der Höhe bleiben gen; to march three ~ in Dreierreihen marschieren.

abridg|e [ə'bridʒ] tr (ab-, ver)kürzen; (Text, Buch) zs.fassen, zs.ziehen; einschränken, beschränken; vermindern, schmälern, verringern; to ~ s.o. of s.th. jdn e-r Sache berauben; jdm etw entziehen, nehmen; **~(e)ment** [-mənt] (Ab-, Ver-)Kürzung f; (Buch) Auszug, Abriß m; Zs.fassung; Kurzausgabe; (Rechte) Beschränkung, Einschränkung, Schmälerung, Verminderung f.

abroad [ə'brɔːd] adv **1.** außerhalb des Landes, auswärts; im od ins Ausland; from ~ vom Ausland; to go, to live, to travel ~ ins Ausland gehen od reisen, verreisen, im Ausland leben od wohnen, im Ausland reisen; **2.** weit umher, weit auseinander; überallhin, in allen Richtungen, (weit) verbreitet; to get ~ bekannt, ruchbar werden; to spread ~ verbreiten; the news quickly spread ~ die Nachricht verbreitete sich rasch überallhin; there's a rumour ~ es geht das Gerücht; it is all ~ es ist allgemein bekannt; **3.** außerhalb des Hauses, der Wohnung; draußen, im Freien; to be ~ early in the morning e-n Frühspaziergang machen; to walk ~ spazierengehen; at home and ~ in und außer dem Hause; im In- u. Ausland; **4.** weit vom Ziel, weit von der Wahrheit, im Irrtum; all ~ weit gefehlt, auf dem Holzwege.

abrogat|e ['æbrogeit] tr abschaffen, aufheben, widerrufen; (Gesetz) außer Kraft setzen; **~ion** [æbro'geiʃən] Abschaffung, Aufhebung f.

abrupt [ə'brʌpt] a abgebrochen, plötzlich, unerwartet; übereilt; unzeremoniell; (Redeweise, Betragen, Verhalten) kurz, schroff, hastig, rasch; unhöflich, barsch; (Fels, Pfad) sehr steil, schroff, jäh; (Denk-, Sprechweise, Stil) unzs.hängend, sprunghaft; abgebrochen, abgerissen; bot abgestumpft; geol (Schicht) plötzlich zutage tretend; **~ness** [-nis] Schroffheit; Plötzlichkeit; Steilheit; Übereilung f.

ab|scess ['æbsis] med Abszeß m, Geschwür n, Eiterbeule, Eitergeschwulst f; **~scind** [æb'sind] tr abschneiden; **~scissa** [æb'sisə] pl a. -ae [-iː] geom Abszisse, X-Koordinate f; **~scission** [æb'siʒən] Abschneiden f; Abtrennung; gewaltsame Lostrennung f.

abscond [əb'skɔnd] *itr* flüchten *(from* vor); sich davonmachen; durchbrennen; untertauchen, sich verbergen.

absen|ce ['æbsns] Abwesenheit *f (from* von); Fernbleiben, Ausbleiben, Nichterscheinen *n*; Mangel *(of* an); Fortfall *m*; Fehlen, Nichtvorhandensein *n*; (~~ *of mind)* Zerstreutheit, Unachtsamkeit, Unaufmerksamkeit *f*; *in* ~~ *of* mangels *gen*; *in the* ~~ *of evidence* aus Mangel an Beweisen; *on leave of* ~~ auf Urlaub; ~~ *without leave* unerlaubte Entfernung *f* (von der Truppe); **~t** ['æbsnt] *a* abwesend, fehlend; nicht zu Hause; nicht erschienen; geistesabwesend, unaufmerksam, zerstreut; *to be* ~~ fehlen, abwesend sein; *v* [æb'sent]: *to* ~~ *o.s. from* sich fernhalten von, fernbleiben von, wegbleiben von; ausbleiben; **~tee** [æbsn'ti:] *n* Abwesende(r *m*) *f*; ~~ *landlord* der nicht auf seinem Besitztum lebende Inhaber *m*; ~~ *voting (Am)* Briefwahl *f*; **~teeism** [æbsən'ti:izm] (dauernde) Abwesenheit *f*, Fernbleiben *n*; Arbeitsausfall *m*, Feiern *n*, Fehlschicht *f*; *rate of* ~~ Abwesenheitssatz *m*; **~t-minded** azerstreut, geistesabwesend, unaufmerksam.

absinth(e) ['æbsinθ] *bot* Wermut; Absinth *m*.

absolu|te ['æbsəlu:t, -lju:t] völlig, vollständig, vollkommen, gänzlich, absolut; *chem* unvermischt, unverdünnt; *(Wahrheit)* rein, voll; positiv, wirklich, real; bedingungslos; unbedingt, uneingeschränkt, unumschränkt, eigenmächtig; ~~ *alcohol* reine(r) Alkohol *m*; ~~ *ceiling (aero)* höchsteFlughöhe, Gipfelhöhe; ~~ *power* unumschränkte Macht *f*; ~~ *proof* eindeutige(r) Beweis *m*; ~~ *zero* absolute(r) Nullpunkt *m*; **~tely** ['æbsəlu:tli] *adv* völlig; gänzlich, durchaus; absolut, restlos; schlechthin; *fam* gewiß! unbedingt! *she is* ~~ *right* sie hat durchaus recht; **~tion** [æbsə'lu:ʃən] Loslösung; *rel* Absolution *f*; Sündenerlaß *m*; Los-, Freisprechung *f*; **~tism** ['æbsəlu:tizm] *pol* Absolutismus *m*; *rel* Prädestinationslehre *f*.

absolve [əb'zɔlv] *tr* los-, freisprechen *(from* von; *of sin* von Sünde); *(Pflicht, Versprechen)* entbinden *(from* von); Absolution erteilen *(s.o.* jdm).

ab|sorb [əb'sɔ:b, əb'zɔ:b] *tr* ein-, aufsaugen, aufnehmen; absorbieren, resorbieren; auf-, ein-, verschlucken; einverleiben; dämpfen; *(Geld)* abschöpfen; *fig* fesseln, ganz in Anspruch nehmen; **~sorbed** [-'sɔ:bd] *a fig* vertieft, versunken; gefesselt (*in* von); ~~ *in thought* in Gedanken vertieft; **~sorbent** [-'sɔ:bənt] *a* absorbierend; auf-, einsaugend; saugfähig; *s chem* Absorptionsmittel *n*, Schluckstoff *m*; ~~ *cotton(-wool)* (Verbands-)Watte*f*; **~sorbing** [-'sɔ:biŋ] aufnehmend, aufsaugend; *fig* fesselnd, interessant; ~~ *capacity* Aufnahmefähigkeit *f*; **~sorption** [-'sɔ:pʃən] Aufsaugung, Aufnahme *f*, Einsaugen; *n chem* Absorption *f*; Verlust *m*; *tech* Dämpfung *f*; *fig* Vertieftsein, Versunkensein *n*. Versunkenheit; eindringliche Beschäftigung *f* (*in* mit); ~~ *of energy* Kraftverbrauch *m*; ~~ *capacity* Aufnahmefähigkeit *f*, Aufsaugevermögen *n*; ~~ *of purchasing power* Abschöpfung *f* der Kaufkraft; **~sorptive** [-'sɔ:ptiv] aufnahmefähig, saugfähig, absorptionsfähig, absorbierend.

absquatulate [əb'skɔtjuleit] *itr fam* abhauen, verduften.

abstain [əb'stein] *itr* sich enthalten *(from s. th.* e-r S); sich zurückhalten, verzichten *(from* auf); **~er** [-ə] Abstinenzler *m*.

abstemious [æb'sti:miəs] mäßig; enthaltsam; zurückhaltend.

abstent|ion [æb'stenʃən] Enthaltung *f (from* von); Stimmenthaltung *f*.

abstergent [əb'stə:dʒənt] *a* reinigend; *med* abführend; *s* Reinigungs-, *med* Abführmittel *n*.

abstinen|ce ['æbstinəns] Enthaltsamkeit; Enthaltung *f (from* von); **~t** ['-t] enthaltsam; mäßig; keusch.

abstract ['æbstrækt] *a* abstrakt, begrifflich, unwirklich, theoretisch; ideal; abgezogen, abgesondert; allgemein; *(Zahl)* unbenannt, rein, absolut; *fig* dunkel, schwer verständlich, schwierig; *s (Buch)* Auszug, Abriß, Überblick *m*, Analyse *f*, Verzeichnis *n*, Liste; Zs.fassung *f*; Inbegriff *m*; Gedachte(s) *n*; Abstraktion *f*; *gram* Begriffswort, Abstraktum *n*; *tr* [æb'strækt] trennen, absondern *(from* von); *(Aufmerksamkeit)* ablenken; *chem* destillieren; *in the* ~~ an sich; an u. für sich; im allgemeinen; theoretisch; ~ *of an account* Kontoauszug *m*; ~ *of title* Grundbuchauszug *m*; **~ed** [æb'stræktid] *a* abgesondert, abgezogen; *fig* unaufmerksam, zerstreut; **~ion** [æb'strækʃən] Abstraktion, Absonderung, Wegnahme; *fig* Zerstreutheit *f*; abstrakte(r) Begriff *m*; abstrakte Komposition *f*.

abstruse [æb'stru:s] schwerverständlich, dunkel, verworren; **~ness** [-nis] Schwerverständlichkeit; Dunkelheit, Verworrenheit f.

absurd [əb'sə:d] sinn-, vernunftwidrig, ungereimt, unsinnig, lächerlich; **~ity** [-iti] Unsinn m, Ungereimtheit f.

abundan|ce [ə'bandəns] Überfluß m, Fülle f, Reichtum m (of an); (große) Menge; Häufigkeit f; *to live in ~~* alles haben, was das Herz begehrt; **~t** [-t] überreich, reich (in an); reichlich versehen (with mit); reichlich.

abus|e [ə'bju:z] tr mißbrauchen, mißbräuchlich verwenden, falsch anwenden; mißhandeln (a child ein Kind); beschimpfen, beleidigen, schmähen, heruntermachen; kränken; hintergehen; (Geheimnis) verraten; (Frau) schänden, verführen; s [ə'bju:s] Mißbrauch m, mißbräuchliche Verwendung f, Mißstand, Übelstand; Übergriff m; Mißhandlung; Schmähung, Beschimpfung, Schändung f; *to ~~ o.'s discretion* sein Ermessen mißbrauchen; *gross, crying ~~* grobe(r) Mißbrauch m; *~~ of authority, of power* Mißbrauch m der Amtsgewalt; *~~ of confidence, of trust* Vertrauensmißbrauch, Parteienverrat m; **~ive** [-siv] mißbräuchlich, mißbrauchend, schmähend, beleidigend; Schimpf-, Schmäh-; *to become ~~* ausfällig werden; *~~ language* Schimpfworte n pl, Beschimpfungen f pl.

abut [ə'bat] itr (an)grenzen, (an)stoßen (on, upon an); auslaufen, (an)lehnen, enden, auftreffen (on, against an, auf); **~ment** [-mənt] Angrenzen, Aneinanderstoßen n; arch Stütz-, Strebepfeiler m; (Brücke) Widerlager n; **~ter** [-ə] (Grundstücks-)Anlieger, Angrenzer, Anrainer m; **~ting** [-iŋ] angrenzend; *~~ face* Stoßfläche f.

ab|ysm [ə'bizm] poet Abgrund, Schlund m; **~ysmal** [-əl] abgrundtief, bodenlos; fig unergründlich, uferlos; abgründig; *~~ ignorance* abgrundtiefe Unwissenheit; **~yss** [ə'bis] Abgrund a. fig, Schlund m; fig Unterwelt, Hölle f.

Abyssinia [æbi'sinjə] Abessinien n; **~n** [-n] a abessinisch; s Abessinier(in f) m.

acacia [ə'keiʃə] bot Akazie(nblüte) f; Am (false ~) falsche Akazie, Robinie f; Gummiarabikum n.

acade|mic [ækə'demik] a akademisch; wissenschaftlich, gelehrt, abstrakt, konventionell, formal; weltfremd, pedantisch, unpraktisch; s Akademiker m; pl akademische Tracht f; *nur theoretische Argumente n pl*; *~~ year* Universitätsjahr n; **~mical** [ækə'demikəl] a akademisch; formal; s pl akademische Tracht f; **~mician** [əkædə'miʃən] Mitglied n e-r Akademie; **~my** [ə'kædəmi] Akademie; Unterrichts-, Bildungsanstalt; gelehrte Gesellschaft; *Br* Militärakademie; (Schottland) höhere Tagesschule; *Am (bes.* private) Internatsschule f; *military ~~* Militärakademie f; *fencing ~~* Fechtschule f; *riding ~~* Reitschule f; *~~ of music* Musikschule f.

acanthus [ə'kænθəs] pl -es, -thi [-θai] bot Bärenklau; arch Akanthus m.

accede [æk'si:d] itr hinzukommen; bei-, zustimmen (to dat); einwilligen (to in); nachgeben (to dat); beitreten, sich anschließen (zu e-m Amt) gelangen; *to ~ to a convention, pact, party, treaty* e-m Abkommen, e-m Pakt, e-r Partei, e-m Vertrag beitreten; *to ~ to terms* Bedingungen annehmen; *to ~ to the throne* den Thron besteigen.

accelerat|e [æk'seləreit] tr beschleunigen; anregen; vorverlegen; itr schneller werden; **~ed service** Schnelldienst m; **~ion** [-reiʃən] Beschleunigung f; med Frühreife f; fech Anzugsmoment n; Geschwindigkeitssteigerung f; *~~ of fall, of gravity* Fall-, Erdbeschleunigung f; **~ive** [-iv] beschleunigend; **~or** [-eitə] mot Gaspedal n, -hebel; tech Förderer m, Spannstück n (am Gewehr); el Beschleunigungsanode f; anat Sympathicus; phot Beschleuniger m.

accent ['æksənt] s Ton m; Betonung f; Akzent m; Betonungszeichen n; Tonfall; Stil, Ausdruck m; pl Rede, Äußerung f; tr [æk'sent] betonen, hervorheben; mit e-m Akzent versehen; **~ual** [æk'sentjuəl, Am -tʃuəl] a akzentuierend; Akzent-; **~uate** [æk'sentjueit, Am -tʃ-] tr betonen, heraus-, hervorheben, verstärken; **~uation** [æksentju'eiʃən, Am -tʃ-] Betonung, Akzentuierung f.

accept [ək'sept] tr annehmen, akzeptieren; entgegennehmen, in Empfang nehmen (s.th., of s.th. etw); übernehmen; zustimmen (s.th. dat), einverstanden sein (s.th. mit etw); glauben (s.th. an etw); tech abnehmen; (Tatsache) anerkennen, gelten lassen; *refusal to ~* Annahmeverweigerung f; **~ability** [ə'biliti] Annehmbarkeit f; angenehme(r), zufriedenstellende(r) Zustand m; Eignung; mil Tauglichkeit f; **~able** [-əbl] annehmbar, willkommen (to für); angenehm, zufriedenstellend; tragbar; com beleihbar, lombardfähig; **~ance** [-əns]

acceptation 7 **accommodation**

Annahme, Entgegennahme; Übernahme *f*; Empfang *m*; Zustimmung, Genehmigung, Einwilligung, Billigung *f*; Vertrauen *n* (*of* auf); günstige Aufnahme; Zusage; *tech* Abnahme *f*; *com* (Wechsel-)Akzept *n*; (~~ *of persons*) Parteilichkeit *f*; *without* ~~ *of persons* ohne Ansehen der Person; *to find* ~~ gut aufgenommen werden; *to present a bill for* ~~ e-n Wechsel zum Akzept vorlegen; *collateral* ~~ Wechselbürgschaft *f*; *conditions, terms of* ~~ Annahmebedingungen *f pl*; *customer's* ~~ Kundenwechsel *m*; Tratte *f*; *refusal of* ~~ Annahmeverweigerung *f*; ~~ *bill* Dokumentenwechsel *m*; ~~ *credit* Wechselkredit *m*; ~~ *for hono*(*u*)*r* Ehrenakzept *n*; ~~ *list, report, run, test* Abnahmeliste *f*, -protokoll *n*, -lauf *m*, -prüfung *f*; ~~ *sampling* statistische Qualitätskontrolle *f*; **-ation** [æksep-'teiʃən] (allgemein anerkannte) Bedeutung; Auffassung, Ansicht *f*; *in the full* ~~ in seiner ganzen Bedeutung; **-ed** [-id] *a* (allgemein) anerkannt, angenommen; (*Meinung*) herrschend, üblich; (*Wechsel*) akzeptiert; **-er, -or** [-ə] Empfänger; *com* Akzeptant, Bezogene(r) *m*.

access ['ækses] Zutritt (*to* zu); (~ *road*) Zugang(sstraße *f*), Weg *m*; Zufahrt *f*; Zuwachs *m*, Zunahme *f*; *med* Ausbruch (*e-r Krankheit*); (Wut-)Anfall *m*; *to be difficult, easy of* ~ schwer, leicht zugänglich sein; *to have* ~ *to s.o.* Zutritt zu jdm haben; **- hatch** (*Panzer*) Einstiegluke *f*; **-ibility** [æksesi'biliti] Zugänglichkeit; Leutseligkeit; (*Gebiet*) Begehbarkeit *f*; **-ible** [æk'sesibl] zugänglich (*to* für); erreichbar (*by* mit); (*Preis*) erschwinglich; **-ion** [æk'seʃən] *s* Beitritt *m* (*to* zu); Zustimmung *f*; (*Amt*) Antritt; Zuwachs *m*, Vermehrung *f*; *Am* (*Bibliothek*) Zugang *m*, Neuerwerbung; Erreichung *f*; ~~ *to power* Machtergreifung, -übernahme *f*; ~~ *to the throne* Thronbesteigung *f*; **-ory** [æk'sesəri] *a* zusätzlich, hinzukommend, extra; nebensächlich, untergeordnet; *jur* mitschuldig (*to* an); Neben-, Zusatz-; Hilfs-; *s* Zubehörteil *m*; Hilfsgerät; Beiwerk; Ausrüstungsstück *n*; *jur* Mitschuldige(r) *m*; *pl* Zubehör *n*; *motor-car* ~*ories* (*pl*) Autozubehör *n*; *toilet* ~*ories* (*pl*) Toilettenartikel *m pl*; ~~ *charges* (*pl*) Nebenkosten *pl*; ~~ *chest, box* Zubehörkasten *m*; ~~ *before, after the fact* Anstifter; Hehler *m*.

acciden|ce ['æksidəns] *gram* Formenlehre *f*; Grundlagen *f pl*, Anfangsgründe *m pl*; **-t** ['-t] Zufall *m*; unvorhergesehene(s) Ereignis *n*; Unglücksfall, Unfall *m*; nebensächliche, unwesentliche Eigenschaft; *geol* Störung *f*; *by* ~~ zufällig; durch, aus Zufall; *in an* ~~ bei e-m Unfall; *without* ~~ unfallfrei; *to meet with an* ~~ e-n Unfall erleiden; verunglücken; *railway, traffic, working* ~~ Eisenbahn-, Verkehrs-, Betriebsunfall *m*; ~~ *benefit* Unfallrente *f*; ~~ *insurance* Unfallversicherung *f*; ~~ *prevention* Unfallverhütung *f*; ~~ *proneness* Unfallneigung *f*; ~~ *report* Unfallmeldung *f*; **-tal** [æksi'dentl] *a* zufällig; unabsichtlich, versehentlich; nebensächlich, unwesentlich; *s* Nebensache; zufällige Eigenschaft *f*; *mus* Versetzungszeichen *n*; ~~ *hit* Zufallstreffer *m*.

accl|aim [ə'kleim] *tr* freudig begrüßen, zujubeln (*s.o.* jdm), durch Beifall zustimmen (*s.th.* dat); *s* Beifall *m*, Zustimmung, laute Begrüßung *f*; **-amation** [æklə'meiʃən] laute(r) Beifall *m*, Zustimmung *f*; *pol* Zuruf *m*; *to elect by* ~~ durch Zuruf wählen.

acclimat|e, *Br* **-ize** [ə'klaimət, 'æklimeit; ə'klaimətaiz] *tr* (-ə) gewöhnen, anpassen (*to* an); akklimatisieren; einführen, heimisch machen; **-ization,** *Br* **-ization** [əklai'meiʃən; əklaimətai'zeiʃən, -ti-] Angewöhnung, Akklimatisierung *f* (*to* an); Heimischmachen *n*.

acclivity [ə'kliviti] Steigung *f*, Böschung, Anhöhe.

accommodat|e [ə'kɔmədeit] *tr* anpassen (*to* an), abstimmen (*to* auf); versorgen (*with* mit); e-n Dienst, e-n Gunst, e-n Gefallen erweisen (*s.o.* jdm); gefällig sein (*with* mit); beherbergen, unterbringen, einquartieren; versöhnen; (*Streit*) beilegen, schlichten, ausgleichen; ausrüsten, ausstatten; *itr* sich anpassen; **-ing** [-iŋ] willig, fügsam; gefällig, entgegen-, zuvorkommend; (*Bedingungen*) günstig; ~~ *power* Anpassungsfähigkeit *f*; **-ion** [əkɔmə-'deiʃən] Anpassung *f* (*to* an), Abstimmung (*to* auf); Schlichtung *f*, Ausgleich *m*, Beilegung *f*; Abkommen *n*, Kompromiß *m*; Gefälligkeit *f*, Gefallen *m*; (Aus-)Hilfe, Unterstützung; praktische Sache, Bequemlichkeit *f*; Unterkunft, Unterbringung *f*; *com* Anleihe, geldliche Unterstützung *f*; (~~ *bill*) Gefälligkeitswechsel *m*; (*Auge*) Akkomodation *f*; (*Am pl*) Unterbringung(s-möglichkeit), Unterkunft, *mil* Einquartierung *f*; Hotelzimmer *n*, (Schiffs-, Schlafwagen-)Platz *m*; ~~ *ladder* (*mar*) Fallreepstreppe *f*; ~~ *requirement*

accompaniment — account

Raumbedarf *m*; ~~ *train (Am)* Bummelzug *m*; ~~ *unit* Wohneinheit *f*.

accompan|iment [əˈkʌmpənɪmənt] Begleiterscheinung *f*, -umstand *m*; gleichzeitige(s) (*to, for* zu); *mus* Begleitung *f* (*to, for* zu); **~ist** [-ist] *mus* Begleiter *m*; **~y** [-i] *tr* begleiten *a. mus* (*by* von; *with s.th.* von etw; *on* auf); beifügen, beilegen; zugesellen; geleiten; *~ying artillery, letter, tank* Begleitartillerie *f*, -brief, -panzer *m*; *~ying phenomenon* Begleiterscheinung *f*.

accomplice [əˈkɒmplɪs] Helfershelfer, Mittäter, Komplize; Mitschuldiger *m*.

accomplish [əˈkɒmplɪʃ] *tr* vollenden; vollbringen, ausrichten, zustande bringen; erfolgreich erledigen, tun, schaffen; leisten; aus-, durchführen, bewerkstelligen; (*Entfernung*) zurücklegen; (*Zweck, Aufgabe*) erfüllen; (*Plan*) verwirklichen, ausführen; (*Arbeit*) verrichten; **~ed** [-t] *a* vollendet *a. fig*; ausgebildet; gewandt; kultiviert, gebildet; *mission* ~~ Befehl ausgeführt; **~ment** [-mənt] Vollendung; Erfüllung, Durchführung, Realisierung; vollendete Arbeit *f*, Werk *n*; Leistung *f*; *pl* Fähigkeiten, Fertigkeiten *f pl*, vielseitige Ausbildung *f*; *he has many* ~~*s* er ist sehr gebildet.

accord [əˈkɔːd] *itr* übereinstimmen, harmonisieren, im Einvernehmen, im Einklang stehen (*with* mit); *tr* aufeinabstimmen, einräumen, gewähren, zugestehen, zuerkennen; zustimmen; bewilligen; (*Bitte*) erfüllen; *s* Übereinstimmung *f*; Einklang *m*, Eintracht, Einigkeit; (*Farben*) Harmonie *f*; *mus* Akkord, Gleichklang *m*; *jur* Abkommen *n*, Abmachung *f*, Vergleich *m*; *in* ~ *with* in Einklang mit; *of o.'s own* ~ freiwillig, aus eigenem Antrieb, von sich aus; *with one* ~ einstimmig; übereinstimmend, einmütig; **~ance** [-əns] Übereinstimmung; Zustimmung, Gewährung *f*; *in* ~~ *with,* (*Am*) *to* gemäß, in Übereinstimmung, gleichlautend mit; laut *gen*; *in* ~~ *with o.'s duty* pflichtgemäß; *in* ~~ *with instructions* weisungsgemäß; *to be in* ~~ *with s.th.* etw entsprechen; **~ant** [-ənt] übereinstimmend (*to, with* mit); entsprechend, gemäß; **~ing** [-ɪŋ] *adv* gemäß, laut, entsprechend (*to* dat); ~~ *as* (*conj*) je nachdem, wie; sofern; ~~ *to all appearances* allem Anschein nach; ~~ *to orders* auftragsgemäß; ~~ *to plan* planmäßig; ~~ *to scale* maßstabgerecht; ~~ *to schedule* fahrplanmäßig; **~ingly** [-ɪŋli] *adv* demgemäß, dementsprechend; folglich, danach; **~ion** [əˈkɔːdɪən] *s mus* Akkordeon *n*, Ziehharmonika *f*; *a* Harmonika-, Falt-; ~~ *player* Akkordeonspieler *m*; ~~ *pleats (pl)* Ziehharmonikafalten *f pl*.

accost [əˈkɒst] *tr* ansprechen; zuerst grüßen.

accouch|ement [əˈkuːʃmɑː] *med* Entbindung *f*; **~eur** [æku:ˈʃəː] Geburtshelfer *m*; **~euse** [æku:ˈʃəːz] Hebamme *f*.

account [əˈkaʊnt] *s* (Ab-)Rechnung, Faktur *f*; Berechnung *f*; Konto, Guthaben *n* (*with* bei); Rechenschaft, ausführliche Darlegung, Erklärung *f*; Bericht *m*, Erzählung *f*; (*Bestand*) Nachweis(ung *f*) *m*; Bedeutung, Wichtigkeit *f*; Grund *m*, Ursache *f*; Verzeichnis *n*; Gewinn, Nutzen *m*; *pl com* Buchhaltung, -führung *f*; Bücher *n pl*; *itr* abrechnen (*to* mit); erklären (*for s.th.* etw); Rechenschaft ablegen (*for* für); ausreichende Gründe angeben, verantwortlich sein (*for* für), sich rechtfertigen (*for* wegen); Bericht erstatten (*for* über); *sport* erledigen, außer Gefecht setzen, töten, schießen (*for s.o.* jdn); *tr* erachten, halten für, erklären; ansehen, betrachten als; *as per* ~ *rendered* laut Rechnung *od* Aufstellung; *by order and* ~ *of* im Auftrag u. auf Rechnung *gen*; *of no* ~ unwichtig, unbedeutend; wertlos; *not...on any* ~, *on no* ~ auf keinen Fall, unter keinen Umständen; *on* ~ (*com*) auf Abschlag *od* Konto; *on* ~ *of* wegen, auf Grund *gen*; *on this* ~ aus diesem Grunde; *on my* ~ meinetwegen, wegen mir, im Hinblick auf mich; *on o.'s own* ~ zum eigenen Nutzen; für eigene Rechnung; *taking everything into* ~ unter Berücksichtigung aller Umstände; *to call to* ~ zur Rechenschaft ziehen (*for* wegen); *to carry forward to a new* ~ auf neue Rechnung vortragen; *to debit an* ~ ein Konto belasten; *to give, to render, to make an* ~ *of s.th.* von etw Bericht erstatten; über etw Rechenschaft ablegen; *to have in o.'s* ~ auf dem Konto (stehen) haben; *to keep* ~*s* Bücher führen; *to open an* ~ *with the bank* ein Bankkonto eröffnen; *to pay into an* ~ auf ein Konto einzahlen; *to pay on* ~ anzahlen; *to place, to put s.th. into* ~ etw in Rechnung stellen; *to settle* ~*s with s.o.* mit jdm abrechnen; *to square* ~*s* Rechnungen begleichen; *to take (no)* ~ *of s.th.* etw berücksichtigen, in Betracht ziehen; etw beachten; etw unberücksichtigt lassen; *to take into* ~ in Betracht ziehen, Rechnung tragen (*s.th.* dat), berücksichtigen; *to turn s.th. to* ~ sich etw zunutze machen, aus etw Vorteil ziehen, etw ausnutzen; *that* ~*s*

accountability   9   **ache**

for it das ist die Erklärung dafür; *there's (no)* ~*ing for tastes* über den Geschmack läßt sich (nicht) streiten; *balance of* ~ Rechnungsabschluß *m*; *blocked* ~ Sperrkonto *n*; *current* ~ Kontokorrent; Girokonto *n*; *debit* ~ Debitorenkonto *n*; *opening of an* ~ Kontoeröffnung *f*; *outstanding* ~ Außenstände *m pl*; *payment on* ~ Abschlagszahlung *f*; *savings(-bank)* ~ Sparkonto *n*; *statement of* ~ Kontoauszug *m*; *yearly* ~ Jahresabrechnung *f*; ~ *of charges* Unkostenkonto *n*; Kosten-, Gebührenrechnung *f*; ~ *of expenses* Spesenrechnung *f*; ~ *of settlement* Schluß(ab)rechnung *f*; **~ability** [əkauntə'biliti] Verantwortlichkeit *f*; **~able** [-əbl] verantwortlich; erklärlich; nachweisbar, -pflichtig; *to hold s.o.* ~~ *for s.th.* jdn für etw verantwortlich machen; ~~ *stores (pl)* Gebrauchsgüter *n pl*; *Br* Inventar *n*; **~ancy** [-ənsi] Buchführungs-, Rechnungswesen *n*; Buchhaltung *f*; **~ant** [-ənt] Buchhalter *m*; *(Am) certified public* ~~, *(Br) chartered* ~~ Buch-, Wirtschaftsprüfer *m*; **~book** Kontobuch *n*; *pl* Geschäftsbücher *n pl*; ~ **classification** Kontengliederung *f*; ~ **current** Kontokorrent *n*; Rechnungsauszug *m*; ~ **deposits** *pl* Kontoeinlagen *f pl*; ~ **distribution** Kontierung *f*; **~ing** [-iŋ] Buchführung, -haltung *f*; ~~ **clerk** Buchhalter *m*; ~~ **department** Buchhaltung(sabteilung) *f*; ~~ **form** Kontenblatt *n*; ~~ *machine* Buch(halt)ungsmaschine *f*; ~~ *period* Abrechnungszeitraum *m*, Wirtschaftsperiode *f*; ~~ *system* Buchführungssystem *n*; ~ **sales** Verkaufs(ab)rechnung *f*; **~s payable** Verbindlichkeiten, Schulden *f pl*; **~s receivable** Außenstände *pl*, Forderungen *f pl*; ~ **year** Rechnungs-, Wirtschaftsjahr *n*.

accoutre, *Am* **-er** [ə'ku:tə] *tr* ausrüsten *bes. mil*; **~ments** [-mənts] *pl* Ausrüstung *f a. mil*.

accredit [ə'kredit] *tr* beglaubigen, *pol* akkreditieren (*to* bei); zuschreiben (*s.o. with s.th.* jdm etw); zu allgemeiner Anerkennung verhelfen (*s.th.* e-r S); anerkennen; (amtlich) zulassen.

accret|e [ə'kri:t] *itr* zs.wachsen, verbinden (*to* mit); e-n Zuwachs erfahren; *a bot a* gs.gewachsen; **~ion** [æ'kri:ʃən] Zuwachs *m*; Zs.wachsen *n*; Zunahme *f*.

accrue [ə'kru:] *itr* an-, zufallen (*to s.o.* jdm); *(Zinsen)* auflaufen; entstehen, herkommen (*from* aus).

accumulat|e [ə'kju:mjuleit] *tr* auf-, anhäufen; ansammeln, speichern; zs.-bringen; *itr* sich (an)sammeln, anwachsen, sich häufen; *com* auflaufen; **~ed dividend** rückständige Dividende *f*; **~ion** [əkju:mju'leiʃən] Anhäufung, Ansammlung *f*; ~~ *of capital* Kapitalbildung, -anhäufung *f*; ~~ *of heat* Wärmestauung *f*; **~ive** [-lətiv] *a* (sich) anhäufend, (sich) steigernd; angehäuft; **~or** [-ə] Sammler *a. tech*; *tech* Akku(mulator) *m*; *Br* (~~ *battery*) Akkumulatorenbatterie *f*; ~~ *container* Batteriekasten *m*.

accura|cy ['ækjurəsi] Genauigkeit, Exaktheit; Sorgfalt; Fehlerlosigkeit *f*; ~~ *landing* Ziellandung *f*; ~~ *of fire* Zielsicherheit, Treffgenauigkeit *f*; **~te** ['-it] genau, exakt; richtig, fehlerlos; sorgfältig.

accurs|ed, -t [ə'kə:sid, -t] *a* verflucht; verdammenswert, abscheulich.

accus|ation [ækju'zeiʃən] Anklage; An-, Beschuldigung *f*; *to be under an* ~~ unter Anklage stehen; *to bring an* ~~ *against s.o.* gegen jdn Anklage erheben; *the* ~~ *is murder* die Anklage lautet auf Mord; **~ative** [ə'kjuzətiv] *gram* Akkusativ *m*; **~atory** [ə'kju:zətəri] anklagend; Anklage-; **~e** [ə'kju:z] *tr* anklagen, beschuldigen, bezichtigen (*of a crime*(wegen) e-s Verbrechens; *of having done* etw getan zu haben); vorwerfen (*of being s.th.* etw zu sein); **~ed** [ə'kju:zd] *s sing u. pl* Angeklagte(r); Angeschuldigte(r) *m*.

accustom [ə'kʌstəm] *tr* gewöhnen (*to* an); **~ed** [-d] *a* gewohnt (*to doing s.th.* etw zu tun); gewöhnlich, üblich; *to be* ~~ gewohnt sein (*to* an); *to get* ~~ sich gewöhnen (*to* an).

ace [eis] *s* Eins *f (auf Würfeln)*; *(Spielkarten)* As; *aero* (Flieger-)As *n*; *(Tennis)* Punkt; *fam* Pfundskerl *m*; *a fam* erstklassig, hervorragend, sehr anständig; *tr* e-n Punkt gewinnen; *to be within an* ~ *of doing s.th.* beinahe, um Haaresbreite etw tun; *to have an* ~ *up o.'s sleeve*, *(Am) in the hole* e-n Trumpf in Reserve haben.

acerbity [ə'sə:biti] Herbheit; *fig* Schärfe, Strenge, Bitterkeit *f*.

acet|ate ['æsitit, -eit] *chem* Azetat *n*; *cellulose* ~ Zelluloseazetat *n*; **~ic** [ə'si:tik, ə'setik] *chem* essigsauer; ~~ *acid, ether* Essigsäure *f*, -äther *m*; **~one** ['æsitoun] *chem* Azeton *n*; **~ous** ['æsitəs] essigsauer; **~ylene** [ə'setili:n] *chem* Azetylen *n*; ~~ *welding* Azetylen-, Autogenschweißung *f*.

ache [eik] *itr* (dauernd) schmerzen; Schmerz empfinden (*all over* am ganzen Körper); wehtun; *fam* sich sehnen

(for nach); *s* (dauernder, dumpfer) Schmerz *m*.

achieve [ə'tʃi:v] *tr* vollbringen, vollenden; durch-, ausführen, zustande bringen; erreichen; erlangen; *(Ziele)* verwirklichen; *(Erfolg)* erzielen; *to ~ distinction* sich auszeichnen; **~ment** [-mənt] Vollendung, Ausführung, Bewerkstelligung, Verwirklichung; Erzielung *f*; Werk *n*, Tat; Groß-, Heldentat; *(Schule)* Leistung *f*.

achromat|ic [ækro'mætik] achromatisch, farblos; **~opsia** [ækromə-'tɔpsiə] *med* Farbenblindheit *f*.

acid ['æsid] *a* sauer, herb, scharf, beißend; *s* Säure *f*; **~ bath** Säurebad *n*; **~ content** Säuregehalt *m*; **~ drops** *pl* saure Fruchtbonbons *n pl*; **~-fast, -proof, -resistant** säurefest, -beständig; **~ formation** Säurebildung *f*; **~ify** [ə'sidik] säurehaltig, sauer; **~ification** [əsidifi'keiʃən] Säurebildung *f*; **~ify** [ə'sidifai] *tr chem* ansäuern; **~imeter** [æsi'dimitə] Säuremesser *m*; **~ intensity** Säurewert *m*; **~ity** [ə'siditi] Säuregehalt, -grad *m*; **~ lining** säurefeste(r) Belag *m*; **~ test** Säurebestimmung; *fig* Feuerprobe, Prüfung *(of* für); **~ulate** [ə'sidjuleit] *tr* ansäuern; **~ulous** [ə'sidjuləs] säuerlich *a. fig*, leicht sauer.

ack|-ack ['æk'æk] *mil sl* Flak *f*; **~emma** *mil sl* Vormittag *m*.

acknowledg|e [ək'nɔlidʒ] *tr* anerkennen (*s.o. to be s.th.* als etw); zugeben, (ein)gestehen; bestätigen; quittieren; sich erkenntlich zeigen (*s.th. to s.o.* jdm für etw); *this is to ~~ receipt of* ich bestätige hiermit den Empfang *gen*; **~(e)ment** [-mənt] Anerkennung *f*; Eingeständnis *n*; Bestätigung; Quittung, Empfangsbestätigung; *jur* Schuldanerkenntnis; Erkenntlichkeit *f* (*of* für); *in ~~ of* zum Zeichen der Anerkennung für.

acme ['ækmi] Gipfel, Höhepunkt *m*.
acne ['ækni] *med* Pickel *m*, Hautfinne *f*.
acolyte ['ækəlait] *rel* Altardiener; Ministrant; Helfer; Anhänger *m*.
aconite ['ækənait] *bot* Eisenhut *m*.
acorn ['eikɔ:n] *bot* Eichel *f*.
acoustic [ə'ku:stik, ə'kau-] *a* akustisch; *s pl* Akustik *f*; **~ nerve** Hörnerv *m*; **~ power** Schallstärke *f*; **~ sounding** Echolotung *f*; **~ tile** *arch* Dämmplatte *f*.

acquaint [ə'kweint] *tr* bekannt, vertraut machen (*with* mit); benachrichtigen, in Kenntnis setzen (*that* daß); *to be ~ed with s.th.* mit etw bekannt, vertraut sein; *to become, to get ~ed with s.o.* mit jdm bekannt werden, sich kennenlernen; **~ance** [-əns] (praktische) Kenntnis; Bekanntschaft *f*; Bekannte(r *m*) *f*; Bekanntenkreis *m*; *to make s.o.'s ~~* jds Bekanntschaft machen.

acquiesce [ækwi'es] *itr* sich fügen, einwilligen (*in* in); zustimmen (*in* dat); sich abfinden (*in* mit); **~nce** [-ns] Einwilligung, (wortlose) Zustimmung; Ergebung *f* (*in* in); **~nt** [-nt] fügsam, nachgiebig; ergeben.

acquir|e [ə'kwaiə] *tr* erreichen, erlangen; erwerben, in den Besitz kommen; *(Sprache)* erlernen; *(Kenntnisse)* sich aneignen; *to ~~ by purchase* käuflich erwerben; **~ement** [-mənt] Erwerb(ung *f*) *m*, Erlangung; erworbene Fähigkeit *od* Kenntnis *f*; *pl* Kenntnisse *f pl*, Bildung *f*; **~er** [-rə] Erwerber *m*.

acquisi|tion [ækwi'ziʃən] Erwerb *m*, Erwerbung *f*; *fig* Gewinn *m*, Bereicherung, Errungenschaft *f*; **~~ of land, of property** Land-, Eigentumserwerb *m*; **~tive** [ə'kwizitiv] habsüchtig, gierig (*of* auf); *fig* begierig (*of* nach).

acquit [ə'kwit] *tr (Schuld)* begleichen, regeln, tilgen; *(Anspruch)* befriedigen; freistellen, entbinden (*of a duty* e-r Pflicht); *jur* freisprechen, entlasten (*of a charge* von e-r Anklage); *to ~ o.s.* sich verhalten; seine Schuldigkeit tun; **~tal** [-l] *jur* Freisprechung *f*, Freispruch *m*; *(Pflicht)* Erfüllung; *(Rechnung)* Begleichung, Regelung *f*; **~tance** [-əns] Bezahlung, Regelung, Tilgung; Quittung, Empfangsbestätigung *f*; *sum of ~~* Abfindungssumme *f*; *~~ roll* Lohnliste *f*.

acre ['eikə] Morgen *m* (*= 160 square poles = 43 560 square feet = 0,40467 ha*); *pl* Ländereien *n pl*, Gut *n*; *God's ~* Friedhof *m*; **~age** ['eikəridʒ] Fläche *f*, Umfang *m* an Morgen.

acrid ['ækrid] scharf, ätzend, beißend *a. fig*; **~ity** [æ'kriditi] Schärfe *f a. fig*.

acrimon|ious [ækri'mounjəs] *fig* scharf, bitter, beißend; **~y** ['ækriməni] Schärfe *f*, Bitterkeit, bissige Art *f*.

acrobat ['ækrəbæt] Akrobat *m*; **~ic** [ækro'bætik] *a* akrobatisch; *s pl* Akrobatik *f*; *aero* Kunstflug *m*.

across [ə'krɔ(:)s] *adv* kreuzweise; quer über, quer durch; jenseits, drüben; *prp* quer über, quer durch; auf der anderen Seite, jenseits; über; *to come ~* stoßen auf; *s.o.* jdm begegnen; *to put ~ (Am)* durchbringen, -drücken; *just ~* gerade gegenüber; *right ~* quer durch.

acrostic [ə'krɔstik] Akrostichon *n*.

act [ækt] *s* Handlung, Tat *f*, Akt; *theat* Akt, Aufzug, Auftritt *m*; *jur* Gesetz *n*, Rechtshandlung *f*; Akten-, Schrift-

actable 11 **actual**

stück n; tr theat (e-e Rolle) spielen, darstellen; (Stück) aufführen; so tun (a child wie ein Kind), simulieren; itr e-e Rolle spielen, als Schauspieler auftreten; sich benehmen, sich verhalten (like wie); vorgeben, aussehen; sich in Szene setzen; tätig sein, dienen (as als); handeln, tun, in Aktion treten, tätig werden; (ein)wirken (on auf), beeinflussen (on s.th. etw); (Maschine) arbeiten, laufen, funktionieren; to ~ for s.o. jdn vertreten; in jds Namen, für jdn handeln; to ~ on (be)folgen; sich richten, handeln nach; einwirken auf; to ~ up (fam) sich aufspielen; to s.th. sich e-r S gemäß benehmen, sich richten nach; in the ~ auf frischer Tat; gerade dabei (of doing s.th. etw zu tun); to ~ in cold blood nach reiflicher Überlegung handeln; to ~ the goat sich töricht benehmen; don't put on an ~! spiel doch nicht Komödie! the A~s (of the Apostles) Apostelgeschichte f; ~ of aggression Angriffshandlung f; ~ of bankruptcy Konkursdelikt n; ~ of grace Gnadenakt m; ~ of force Gewaltakt m; A~ of God höhere Gewalt f; unabwendbare(s) Ereignis n; ~ of oblivion Amnestie f; **~able** ['-əbl] theat aufführbar; **~ing** ['-iŋ] a Bühnen-; tech funktionierend, wirksam, aktiv; stellvertretend, geschäftsführend; s Theaterspielen n a. fig; Schauspielkunst f.

actin|ia [æk'tiːniə] pl -ae [-iː] Seeanemone f; **~ic** [-ik] aktinisch; **~ometer** [ækti'nɔmitə] Aktinometer n.

action ['ækʃən] Handlung, Tätigkeit f; Handeln n; Tat; Wirkung f; tech Funktionieren n, Gang m, Wirkungsweise f; Mechanismus m; jur Klage f, Prozeß m; mil Gefecht n, Kampf(handlung f) m, Unternehmen n, aero Feindflug m; (Kunst) Leben; pl Verhalten n, Führung, Handlungsweise f; for further ~ zur weiteren Veranlassung; in full ~ in vollem Betrieb; out of ~ (tech) außer Betrieb; mil außer Gefecht; to break off an ~ ein Gefecht abbrechen; to bring s.th. into ~, to put s.th. in ~ etw in Gang setzen; to come, to go into ~ (mil) eingreifen; in Tätigkeit treten; to put out of ~ außer Gefecht, außer Betrieb setzen; to see ~ (Am) (an der Front) kämpfen; to take ~ Schritte unternehmen, Maßnahmen ergreifen; mit der Arbeit beginnen; to take, to bring an ~ against gegen jdn e-e Klage einreichen, anhängig machen, klagen; cause of ~ Klagegrund m; clear for ~ (mar) gefechtsklar; defence to an ~ Klagebeantwortung f; enemy ~ Feindeinwirkung f; field, sphere of ~ Tätigkeitsbereich m, Betätigungsfeld n; killed in ~ (mil) gefallen; libel ~ Beleidigungsklage f; man of ~ Mann m der Tat; nullity ~ Nichtigkeits-, Anfechtungsklage f; ready for ~ einsatzbereit; right of ~ Klagerecht n; ~ for annulment Anfechtungs-, Nichtigkeitsklage f; ~ for damages Schadenersatzklage f; ~ for declaratory judg(e)ment Feststellungsklage f; ~ for ejection Räumungsklage f; ~ for permanent injunction Unterlassungsklage f; ~ for maintenance Unterhaltsklage f; ~ for payment Klage f auf Zahlung; ~ for restitution Klage f auf Herausgabe; **~able** ['-ʃnəbl] (ein)klagbar; verfolgbar; **~ committee** Aktionskomitee n; **~ station** Gefechts-, Alarmstation f.

activ|ate ['æktiveit] tr aktivieren a. chem, in Tätigkeit setzen; (Büro) organisieren, auf die Beine stellen, aufbauen; radioaktiv machen; (Truppen) aufstellen; (Zünder) scharfmachen; **~ation** [ækti'veiʃən] Aktivierung f a. chem; (Organisation) Aufbau m; (Truppen) Aufstellung f; **~ator** ['æktiveitə] Katalysator, Aktivator m, Koenzym n; **~e** ['æktiv] a tätig, aktiv, handelnd; betriebsam, rührig, regsam, rege; wirksam; (Hilfe) praktisch, greifbar; (Greis) rüstig; (Geist) beweglich, lebendig; (Umsatz) lebhaft; (Geld) zins-, gewinnbringend; gram aktiv; chem radioaktiv, spaltbar; s aktive(s), tätige(s) Mitglied; (~~ voice) gram Aktiv n; to be on the ~~ list, on ~~ service (mil) aktiv dienen; to take an ~~ part in s.th. an etw tätigen Anteil nehmen; ~~ balance Aktivsaldo n; ~~ component Wirkkomponente f; ~~ current Nutz-, Wirkstrom m; ~~ debts (pl) Außenstände pl; ~~ electrode Sprühelektrode f; ~~ force Wucht, lebendige Kraft f; ~~ funds (pl) zins-, gewinnbringend angelegte Kapitalien n pl; ~~ service allowance Frontzulage f; ~~ service pay Wehrsold m; ~~ voltage Wirkspannung f; ~~ waste radioaktive(r) Abfall m; **~ity** [æk'tiviti] Tätigkeit; Regsamkeit, Geschäftigkeit, Rührigkeit; Wirksamkeit; Aktivität, Energie; Betätigung f; there is little ~~ es ist wenig los; in full ~~ in voller Tätigkeit, in vollem Gang; building, business ~~ Bau-, Geschäftstätigkeit f; classroom ~ities (pl) Arbeiten f pl im Rahmen des Unterrichts in der Klasse.

act|or ['æktə] Täter; theat Schauspieler m; **~ress** ['-tris] Schauspielerin f.

actual ['æktjuəl] wirklich, tatsächlich (vorhanden); eigentlich; faktisch; ge-

actuality 12 **addle-head**

genwärtig, derzeitig; ~~ *assets (pl)* Reinvermögen *n*; ~~ *cash value* Barwert *m*; ~~ *cost* Ist-Kosten *pl*; ~~ *inventory* Istbestand *m*; ~~ *order* feste(r) Auftrag *m*; ~~ *power* Wirk-, Effektivleistung *f*; ~~ *price* Tagespreis *m*; ~~ *report* Iststärkemeldung *f*; ~~ *strength* Iststärke *f*; ~~ *value* Effektiv-, Marktwert *m*; ~~ *working* Funktionieren *n*; **~ality** [æktjuˈæliti] Wirklichkeit; *pl* Tatsachen *f pl*; tatsächliche(r) Zustand *m*; **~alize** [ˈæktjuəlaiz] *tr* in die Tat umsetzen, verwirklichen; realistisch darstellen; **~ly** [ˈæktjuəli] *adv* tatsächlich, wirklich, in Wirklichkeit; jetzt; **~arial** [æktjuˈɛəriəl] versicherungsmathematisch; Versicherungs-; **~ary** [ˈæktjuəri] Versicherungsmathematiker *m*; **~ate** [ˈæktjueit] *tr* in Bewegung setzen, in Gang bringen, antreiben; beeinflussen, bewegen; auslösen, betätigen; **~ation** [æktjuˈeiʃən] Antrieb *m*; Betätigung *f*.

acuity [əˈkju(:)iti] Schärfe *f*.

acum|en [əˈkju:mən] Scharfsinn *m*; **~inate** [əˈkju:minit] *a bot* spitz, zugespitzt; *tr* [-eit] *Am* zuspitzen.

acupuncture [ækjuːˈpʌŋktʃə] *med* Akupunktur *f*.

acute [əˈkjuːt] *a* spitz; scharf; scharfsinnig; empfindlich; *(Schmerz)* stechend; *(Sinne)* scharf; *(Eifersucht)* heftig; *(Frage)* brennend; *(Ton)* schrill; *(Freude)* groß; *(Winkel)* spitz; *(Depression)* stark; *med* akut, hitzig; *s (~ accent)* Akut *m*; **~ness** [-nis] Schärfe; Spitze *f*; Scharfsinn; schrille(r) Klang *m*; *med* akute(s) Stadium *n*, Heftigkeit *f*; ~~ *of vision* Sehschärfe *f*.

ad [æd] *Am sl* Zeitungsanzeige *f*; *to put in an ~ (Am)* e-e Anzeige aufgeben; **~-card** Reklameschild *n*; **A~ Club** Vereinigung *f* der Werbefachleute; **~-lib** *s* Improvisation *f*; *a* Stegreif-; *itr* aus dem Stegreif reden; e-e kluge Bemerkung machen; **~-man** [ˈ-mən] Anzeigen-, Werbefachmann *m*; **~-mass** leicht beeinflußbare(s) Massenpublikum *n*; **~-rate** Anzeigenpreis *m*; **~-writer** Texter *m*.

adage [ˈædidʒ] Sprichwort *n*.

adagio [əˈdɑːdʒiou] *s* Adagio *n*; *adv* adagio.

Adam [ˈædəm] Adam *m*; *not to know s.o. from ~* jdn überhaupt nicht kennen; **~-and-Eve** *Am* zwei Spiegeleier *n pl (on a raft* auf Toast); **~'s apple** Adamsapfel *m*;

adamant [ˈædəmənt] *fig* unnachgiebig *(to* gegenüber); **~ine** [ædəˈmæntain] *fig* hart, fest, unnachgiebig.

adapt [əˈdæpt] *tr* anpassen *(to* an); zweckentsprechend verändern; *(Roman)* bearbeiten; *to be well ~ed* sehr geeignet sein *(for* für); **~ability** [ədæptəˈbiliti] Anpassungsfähigkeit, Wendigkeit *f*; **~able** [-əbl] anpassungsfähig *(to* an); **~ation, ~ion** [ædæpˈteiʃən, əˈdæpʃən] Anpassung *(to* an); *theat* Bearbeitung *f*; **~er, ~or** [-ə] Bearbeiter *m*; *tech* Verbindungs-, Zwischenstück *n*, Zwischenteil *n*, Paßstück *n*; *el (~ plus)* Zwischen-, Schraubstecker *m*; Vorsatzgerät *n*; **~ive** [-iv] anpassungsfähig.

add [æd] *tr* hinzusetzen, -tun, -fügen *(to* zu); *chem* zusetzen, beimischen; *tech* auftragen; *math (to ~ up)* zs.zählen, addieren; *to ~ up to (Am)* hinauslaufen auf; sich belaufen auf; *itr fig* beitragen *(to* zu), vermehren *(to s.th.* etw); **~ed** [ˈ-id] *a* verstärkt, erhöht; ~~ *metal* Zusatzmetall *n*; **~endum** [əˈdendəm] *pl -a* [-ə] Zusatz, Nachtrag; *tech* Zahnkopf *m*; **~ing machine** Addier-, Rechenmaschine *f*.

adder [ˈædə] *zoo* Natter *f*.

addict [əˈdikt] *tr* widmen; *to ~ o.s. to s.th.* sich e-r S hingeben; *s* [ˈædikt] Süchtige(r *m*) *f*; *drug ~* Rauschgiftsüchtige(r *m*) *f*; **~ed** [-id] *a* ergeben, verfallen *(to* dat); **~ion** [-ʃən] Neigung *f*, Hang *m (to* zu).

addition [əˈdiʃən] Bei-, Zugabe, Beifügung, Zutat; Erweiterung *f*, Zusatz *m*; *com* Zulage *f*; *com* Zugang *m*; *math* Addition *f*; *arch* Erweiterungsbau; *(Familie)* Zuwachs; Nachtrag *m*; *in ~* außerdem (noch); dazu; *in ~ to* (zusätzlich) zu, neben, außer; **~al** [-l] zusätzlich, hinzukommend; weiter; ergänzend; nachträglich; Zusatz-; ~~ *agreement* Nebenabrede *f*; ~~ *allowance* Zulage *f*; ~~ *charge* Preisaufschlag *m*; *pl* Nebenkosten *pl*; ~~ *income* Nebeneinnahmen *f pl*; ~~ *insurance* Zusatzversicherung *f*; ~~ *payment* Nachzahlung *f*; ~~ *postage* Nachporto *n*; ~~ *purpose* Nebenabsicht *f*; ~~ *strain* zusätzliche Anstrengung, Mehrarbeit *f*; ~~ *time* Aufschub *m*; **~ally** [-ʃnəli] *adv* zusätzlich; in verstärktem Maße; als Zugabe, als Zusatz, als Nachtrag.

additive [ˈæditiv] *a* zusätzlich; *s tech* Zusatzmittel, Additiv *n*.

addle [ˈædl] *a* verwirrt; *(Ei)* faul; *tr* verwirren; *itr* verderben; durcheakommen, verwirrt werden; **~-brained, ~-pated** *a* verschroben; töricht; hohl im Kopf; **~-head** Hohlkopf *m*.

address [ə'dres] *tr (Worte)* richten *(to an)*; *(Brief)* adressieren, absenden, schicken *(to* an); *(Person)* anreden, ansprechen; reden zu, e-e Ansprache halten an *(a meeting* e-e Versammlung); *(Anfrage)* richten *(to* an); *to ~ o.s. to* sich wenden an; sich (be)mühen um; seine Anstrengungen richten auf; *s* Anrede, Ansprache; *Am* ['ædres] Anschrift, Adresse; Geschicklichkeit, Gewandtheit *f*; Anstand *m*, Benehmen *n*; *to deliver an ~* e-e Ansprache halten; *to pay o.'s ~es to s.o.* jdm den Hof machen; *business ~* Geschäftsadresse *f*; *home, private ~* Privatanschrift *f*; *inaugural ~* Antrittsrede *f*; *radio ~* Rundfunkansprache *f*; *~ of thanks* Dankschreiben *n*; **~ee** [ædre'si:] Empfänger, Adressat *m*; **~ing** [-iŋ] Adressieren *n*; **~~ machine = ~ograph** [-əgra:f] *(Schutzmarke)* Adressiermaschine *f*.

adduc|e [ə'dju:s] *tr (Beispiel)* anführen, zitieren; *(Beweis)* erbringen; *(Zeugen)* stellen.

adenoid ['ædinɔid] *a* drüsenartig; *s pl med* Rachenmandelwucherung *f*, Polypen *m pl*.

adept ['ædept, *a*. ə'dept] *s* Kenner, Sachverständige(r) *m*; *a [Am* ə'dept] erfahren, fachkundig, sehr geschickt *(in* in; *at doing s.th.* etw zu tun).

adequa|cy ['ædikwəsi] *s* Angemessenheit; ausreichende Zahl, Qualität; Eignung *f*; **~te** ['-it] angemessen, ausreichend *(to* für); entsprechend; noch genügend, annehmbar.

adhere [əd'hiə] *itr* haften, kleben *(to* an); anhängen, hängenbleiben; *fig* festhalten *(to* an), bleiben *(to* bei); *(Anspruch)* aufrechterhalten; *(Bestimmung)* einhalten, befolgen; *(Versprechen)* halten; *(Form)* beachten; (e-r *Partei)* treu bleiben; Mitglied sein *(to* von); *to ~ to an opinion* bei e-r Meinung bleiben; **~nce** [-rəns] Anhänglichkeit *f (to* an); Festhalten *n (to* an); *(Vertrag)* Beitritt *m (to* zu); *(Partei)* Mitgliedschaft, Zugehörigkeit *f (to* zu); *bot* Verwachsensein *n*; **~nt** [-rənt] *a* anhaftend, festklebend *(to* an); *bot* verwachsen; *fig* festhaltend *(to* an); *s* Anhänger(in *f*) *m*, (Partei-)Mitglied *n*; *pl* Gefolgschaft *f*.

adhes|ion [əd'hi:ʒən] *phys* Adhäsion *f*, Haftvermögen *n*, -fähigkeit; Bindekraft; *fig* Anhänglichkeit; Mitgliedschaft *f*; Beitritt *m (to a contract* zu e-m Vertrag); *med* Adhäsion *f*; **~ive** [-siv] *a* klebend, klebrig, haftend; gummiert; *s* Klebstoff, Kleister *m*; *~~ plaster* Heftpflaster *n*; *~~ power* Haftvermögen *n*; *~~ tape* Klebeband *n*, -streifen *m*; Leukoplast *n*.

adieu [ə'dju:] *pl -s, -x s* Lebewohl *n*; *interj* lebewohl! adieu! *to bid, to make, to take o.'s ~x* Lebewohl sagen.

adipos|e ['ædipous] *a* fett; *s* (tierisches) Fett *n*; *~~ tissue* Fettgewebe *n*; **~ity** [ædi'pɔsiti] Dick-, Fettleibigkeit *f*.

adit ['ædit] Zugang, Zutritt; *min* (waagrechter) Stollen *m*.

adjacen|cy [ə'dʒeisənsi] unmittelbare Nachbarschaft *f*, Angrenzen *n*; **~t** [-t] angrenzend, anliegend, anstoßend *(to* an); benachbart; nebenea.liegend; *to be ~~ to* angrenzen an; *~~ angle, sector* Nebenwinkel, -abschnitt *m*; *~~ sheet (Karte)* Anschlußblatt *n*.

adjective ['ædʒiktiv] *s* Adjektiv, Eigenschaftswort *n*; *a* adjektivisch; Adjektiv-; *~ law* formelle(s) Recht *n*.

adjoin [ə'dʒɔin] *tr* angrenzen an; sehr nahe liegen bei; an-, bei-, hinzufügen, verbinden *(to* mit); *itr* nahe beiea.liegen, anea.grenzen; eng mitea. in Verbindung stehen; **~ing** [-iŋ] benachbart, anliegend, anstoßend.

adjourn [ə'dʒə:n] *tr itr* verschieben, vertagen *(for a week* um e-e Woche); *(Debatte)* schließen; *itr* die Sitzung schließen *od* vertagen; *fam* sich begeben *(to* nach, in, zu); **~ment** [-mənt] Vertagung, Verschiebung; Aussetzung *f*.

adjudge [ə'dʒʌdʒ] *tr* entscheiden, für Recht erkennen, gerichtlich zusprechen, zuerkennen; verurteilen *(to* zu); *to ~ s.o. a bankrupt* das Konkursverfahren über jdn eröffnen.

adjudicat|e [ə'dʒu:dikeit] *tr* Recht sprechen, zuerkennen, zusprechen; *(Versteigerung)* zuschlagen *(to the highest bidder* dem Meistbietenden); *itr* entscheiden *(in, on* über); **~ion** [ədʒudi-'keiʃən] Urteil *n*, Beschluß *m*; Zuerkennung *f*; Zuschlag *m*; *~~ of bankruptcy* Eröffnung *f* des Konkursverfahrens; **~or** [ə'dʒu:dikeitə] (Schieds-)Richter *m*.

adjunct ['ædʒʌŋkt] *s* Zusatz, Anhang; Gehilfe, Beigeordnete(r) *m*; Attribut *n*; *tech* Zubehörteil *m*; **~ive** [ə'dʒʌŋktiv] beigefügt; verbunden *(to* mit).

adjur|ation [ædʒuə'reiʃən] Beschwörung; eidliche Bitte *f*; **~e** [ə'dʒuə] *tr* beschwören; inständig bitten; eidlich, unter Strafandrohung verpflichten.

adjust [ə'dʒʌst] *tr* anpassen, passend machen, verstellen; abstimmen *(to* auf); *tech* einstellen, justieren, einrichten, regulieren; berichtigen; eichen; *el* abgleichen; *(Gerät)* verpassen; *(Streit)*

adjustable 14 **ado**

beilegen, in Ordnung bringen, regeln, erledigen; schlichten; *(Rechnung)* berichtigen, richtigstellen; *(Konto)* ausgleichen; *itr* sich einfügen; *to ~ o.s. to* sich anpassen, sich gewöhnen an; sich einrichten, sich einstellen auf; **~able** [-əbl] regulierbar; ein-, verstellbar, justierbar; *el* abgleichbar; veränderlich; *~~ spanner (tech)* Engländer *m*; **~er, ~or** [-ə] *com* Dispacheur, Schiedsmann; *tech* Einstellmechanismus *m*; **~ing** [-iŋ] Stell-, Einstell-; *~~ lever, ring, screw* Stellhebel, -ring *m*, -schraube *f*; **~ment** [-mənt] Anpassung, Angleichung, Regelung; Einstellung, Regulierung, Justierung; Eichung *f*; *el* Abgleich; Ausgleich *m*; *(~~ device)* Einstellvorrichtung; *(Streit)* Schlichtung, *(Rechnung)* Richtigstellung, Berichtigung; *~~ of damages* Schadensregulierung *f*; *~~ screw* Stell-, Justierschraube *f*.

adjutan|cy ['ædʒutənsi] *mil* Adjutantur *f*; **~t** ['-t] Adjutant *m*; *~ general* erste(r) Generalstabsoffizier; *Am* Kommandeur *m* der Miliz e-s Staates.

ad-lib [æd'lib] *tr itr Am fam* improvisieren.

administ|er [əd'ministə, æd-] *tr* verwalten, leiten, lenken, führen; *(Amt)* versehen; *(Trost)* spenden; *(Vergnügen)* geben; *(Medizin)* eingeben, verabreichen; *itr* verwalten, amtieren; beisteuern, beitragen (*to* zu); *to ~ justice* Recht sprechen; *to ~ an oath* e-n Eid abnehmen, vereidigen; *the oath was ~~ed to him* er wurde vereidigt; **~rate** [-reit] *tr Am* verwalten, kontrollieren; **~ration** [ədminis'treiʃən] Verwaltung; Amtsführung, *Am* -zeit; Administration, Behörde; Regierung; Leitung *f*; Tätigkeitsbereich *m* der Betriebsführung; *(Medizin)* Eingeben, Einflößen *n*; *(Sakrament)* Austeilung *f*, Spenden *n*; *(Eid)* Abnahme *f*; *branch of ~~* Verwaltungszweig *m*; *council of ~~* Verwaltungsrat *m*; *municipal ~~* Stadtverwaltung *f*; *~~ building* Verwaltungsgebäude *n*; *~~ of an estate* Nachlaßverwaltung *f*; *~~ of justice* Justizverwaltung; Rechtspflege *f*; *~~ of an oath* Beeidigung *f*; **~rative** [əd'ministrətiv, æd-] verwaltungsmäßig; Verwaltungs-; innerbetrieblich, -dienstlich; *through ~~ channels* auf dem Verwaltungswege; *~~ body, court* Verwaltungsbehörde *f*, -gericht *n*; *~~ expense* Verwaltungskosten *pl*; *~~ regulation* Verwaltungsvorschrift *f*; **~rator** [əd'ministreitə, æd-] Verwalter; Leiter; *(~~ of an estate)* Testamentsvollstrecker, Nachlaßverwalter *m*.

admirable ['ædmirəbl] wunderbar, bewundernswert, herrlich.

admiral ['ædmərəl] *mar zoo* Admiral *m*; Admiralsschiff *n*; *~ of the fleet* Großadmiral *m*; *rear ~* Konteradmiral *m*; *vice ~* Vizeadmiral *m*; **A~ty** ['-ti] *Br* Marineministerium; *(~~ Division)* Seeamt *n*; *First Lord of the ~~ (Br)* Marineminister *m*.

admir|ation [ædmə'reiʃən] Bewunderung *f* (*of, for* für); Gegenstand *m* der Bewunderung; **~e** [əd'maiə] *tr* bewundern (*for* wegen); hochschätzen; *Am fam* wünschen, gerne wollen (*to do* zu tun); **~er** [əd'maiərə] Bewunderer; Verehrer *m*.

admiss|ibility [ədmisi'biliti] Zulässigkeit, Statthaftigkeit *f*; **~ible** ['-misibl] zulässig, statthaft; berechtigt; **~ion** [əd'miʃən] Einlaß, Eintritt, Zutritt *m*; Zulassung; Aufnahme *f* (*to* in); *(~~ charge)* Eintrittspreis *m*, -geld; Ein-, Zugeständnis *n*, Anerkenntnis, Einräumung; Aufnahmegebühr *f*; *tech* Einlaß *m*, Einströmung *f*; *to make an ~ of o.'s guilt* s-e Schuld eingestehen, ein Schuldbekenntnis ablegen; *~~ free* Eintritt frei! *no ~~!* Eintritt verboten! *condition of ~~* Aufnahmebedingung *f*; *price of ~~* Eintrittspreis *m*; *~~ of guilt* Geständnis *n*; *~~ valve* Einlaßventil *n*.

admit [əd'mit] *tr* herein-, vor-, zulassen, Zutritt gewähren; zum Eintritt berechtigen; aufnehmen (*to a club* in e-n Klub); *(Saal)* fassen, Raum haben für; (als wahr) anerkennen, zugeben, einzugestehen; *itr* den Zugang gestatten (*to* zu); gestatten, erlauben (*of no doubt* keinen Zweifel); *to ~ to the Bar* als Rechtsanwalt zulassen; *to ~ o.'s guilt* ein Geständnis ablegen; *to ~ of no other meaning* keinen anderen Sinn, keine andere Bedeutung zulassen; **~tance** [-əns] Einlaß, Zutritt *m*; Zulassung *f*; *el* Leitwert *m*; *no ~~* Zutritt verboten! *no ~~ except on business* kein Zutritt für Unbefugte! **~tedly** [-idli] *adv* zugegebenermaßen.

admix [æd-, əd'miks] *tr* mischen; beimengen, zu-, versetzen; **~ture** [-tʃə] Beimischung, Beimengung *f*; Zusatz *m*.

admonish [əd'məniʃ] *tr* ermahnen; warnen (*of* vor); verwarnen.

admonit|ion [ædmo'niʃən] Ermahnung, Warnung; Verwarnung *f*; **~ory** [əd'mənitəri] ermahnend; (ver)warnend.

ado [ə'du:] Lärm *m*, Aufregung *f*, Umtrieb *m*; *much ~ about nothing* viel Lärm um nichts; *without more ~* ohne weitere Umstände.

adobe [ə'doubi] (Haus n aus) Luftziegel(n) m.

adolescen|ce [ædo'lesns] Jugend f; Jünglingsalter n; **~t** [-t] a jugendlich; s Jugendliche(r m) f.

adopt [ə'dɔpt] tr jur adoptieren, an Kindes Statt annehmen; (Bericht) billigen; (Gedanken) übernehmen, annehmen, sich zu eigen machen, sich aneignen; (Einteilung) wählen; (Methode) einführen; (Maßnahmen) ergreifen; (Rat) befolgen; (Richtung) einschlagen; Br als Kandidat aufstellen; to ~ a motion by a vote of 10 to 5 e-n Antrag mit 10:5 Stimmen annehmen; to ~ as a rule zum Grundsatz machen; to ~ the view der Meinung sein; **~ion** [-ʃən] Adoption, Annahme f an Kindes Statt; Annahme, Billigung, Einführung f; **~ive** [-iv] angenommen; Adoptiv-.

ador|able [ə'dɔ:rəbl] anbetungswürdig, fam reizend, entzückend; **~ation** [ædo'reiʃən] Anbetung; Verehrung f; **~e** [ə'dɔ:] tr anbeten; verehren; fam wundervoll finden, sehr gern haben; **~er** [-rə] Anbeter(in f); Verehrer(in f) m.

adorn [ə'dɔ:n] tr (ver)zieren, schmücken, verschönern; **~ment** [-mənt] Schmuck m, Verzierung, Verschönerung f.

adrenal [ə'dri:nl] a Nebennieren-; ~ (~ gland) Nebennierendrüse f; **~in** [ə'drenəlin] Adrenalin n.

adrift [ə'drift] adv pred a mar treibend; to go ~ (ab)treiben; he is all ~ (fig) er läßt sich ganz gehen.

adroit [ə'drɔit] gewandt, geschickt; geistig wendig.

adulat|e ['ædjuleit, Am 'ædʒə-] tr übermäßig loben; niedrig schmeicheln (s.o. jdm); **~ion** [ædju'leiʃən] übermäßig(es) Lob n; Speichelleckerei f; **~or** [-ə] Speichellecker m; **~ory** [-əri] schmeichlerisch.

adult ['ædʌlt, Am ə'dʌlt] a erwachsen; fig reif; (Tier) ausgewachsen; s Erwachsene(r m) f; ausgewachsene(s) Tier n od Pflanze f; **~ education** Erwachsenenbildung f.

adulter|ant [ə'dʌltərənt] Verfälschungsmittel n; **~ate** [-eit] tr verfälschen; a [-it] verfälscht; ehebrecherisch; **~ation** [ədʌltə'reiʃən] (Ver-)Fälschung f, Verschnitt m; **~ator** [-eitə] Fälscher m; **~er** [-ə] Ehebrecher m; **~ess** [-is] Ehebrecherin f; **~ous** [-əs] ehebrecherisch; **~y** [-i] Ehebruch m.

adumbrat|e ['ædʌmbreit] tr skizzieren, roh entwerfen; andeuten, ahnen lassen; beschatten; **~ion** [-breiʃən] Skizze f, schwache(r) Umriß m; Andeutung f; Beschatten n; **~ive** [-iv] andeutend.

advance [əd'vɑ:ns] tr vorrücken (lassen); vorverlegen; befördern; fördern, vorantreiben, unterstützen; tech vorschieben, -stellen; (Meinung) vorbringen, äußern; (Grund) anführen, vortragen; (Preis) heraufsetzen, erhöhen, steigern; (Geld) vorschießen, -strecken, leihen; bevorschussen; im voraus bezahlen; itr vorrücken, an-, aufrücken, vorgehen, -stoßen, -dringen; anmarschieren; fortschreiten, Fortschritte machen, besser werden; sich entwickeln; (Preise) steigen, e-e Erhöhung erfahren; (Qualität) besser werden; (Beamter) befördert werden, aufrücken; s Vorrücken n; An-, Vormarsch m, Vorgehen n; (Alter) Voranschreiten n; Fortschritt m, Besserung, Aufwärtsentwicklung; (Preis-)Erhöhung; (Wert-)Steigerung f; Vorschuß m; An-, Vorauszahlung f; Darlehen n, Kredit m; (~ money) Handgeld n; (Beamter) Beförderung f, Aufrücken n; pl Annäherungsversuche m pl, Entgegenkommen n, erste Schritte m pl; a Vor(aus)-; vorherig; mil vorgeschoben; in ~ im voraus, zuvor; to be in ~ of o.'s times s-r Zeit voraus sein; to be on the ~ (com) im Steigen begriffen sein; to book in ~ vorausbestellen, -belegen; to make ~s to s.o. (fig) jdm entgegenkommen; **~ booking** Vorausbestellung f; Vorverkauf m; **~d** [-t] a vorgeschoben, vorgeschritten; fortschrittlich, modern; com im voraus bezahlt; ~~ in age in vorgerücktem Alter; ~~ airfield Feldflugplatz m; ~~ element, detachment Vorausabteilung, Spitzengruppe f; ~~ ignition Frühzündung f; ~~ post Außenposten m; **~ guard** mil Vorhut, Vorausabteilung f; **~ment** [-mənt] Vorwärtsbewegung f; Beförderung f; Fortschritt m, Förderung f; **~ notice** Voranzeige, Voranmeldung, -kündigung f; **~ payment** Vorauszahlung f.

advantage [əd'vɑ:ntidʒ] s Vorteil, Nutzen, Gewinn; Vorzug; Vorsprung m; Überlegenheit (over, of über); günstige Gelegenheit f; tech Nutzeffekt m; tr nutzen (s.o. jdm); fördern (s.th. etw); to ~ vorteilhaft; to s.o.'s ~ zu jds Gunsten; to the best ~ so günstig, vorteilhaft wie möglich; to be of ~ von Nutzen, nützlich sein; to gain, to win an ~ over s.o., to have an ~ over, to have the ~ of s.o. jdm gegenüber im Vorteil sein; to set off to ~ vorteilhaft tragen; zur Geltung bringen; to take ~ of ausnutzen, übervorteilen (s.o. jdn); benutzen, wahrnehmen, ausnutzen (s.th. etw); to turn

advantageous   16   **aerial current**

to ~ Vorteil, Nutzen ziehen aus; **-ous** [ædvɑː'nteidʒəs, -vən-] vorteilhaft, günstig, nützlich; einträglich.

advent ['ædvənt] Ankunft *f*, Erscheinen *n*; *A* ~ Advent *m*; **-itious** [ædven-'tiʃəs] zufällig; zusätzlich, weiter.

adventure [əd'ventʃə] *s* Abenteuer *n*; *com* Spekulation *f*, Risiko *n*; *tr* wagen, riskieren; *itr* sich wagen (*on* an); ein Risiko auf sich nehmen; **-r** [-rə] Abenteurer; *mil* Reisgänger; Spekulant; Hochstapler *m*; **-some, -ous** [-səm, -rəs] abenteuerlich; gewagt, riskant; waghalsig.

adverb ['ædvəːb] Adverb, Umstandswort *n*; **-ial** [əd'vəːbiəl] adverbial.

advers|ary ['ædvəsəri] Gegner, Widersacher *m*; **-ative** [əd'vəːsətiv] gegensätzlich; *gram* adversativ; **-e** ['ædvəːs, əd'vəːs] feindlich, gegnerisch; entgegengesetzt; ungünstig, nachteilig; (*Umstände*) widrig; (*Bemerkung*) abfällig; ~~ *balance* Unterbilanz *f*; ~~ *party* Gegenpartei *f*; ~~ *weather* Schlechtwetter *n*; **-ity** [əd'vəː-siti, æd-] Unglück, Mißgeschick; Elend *n*, Not *f*; *pl* Ungunst *f* der Verhältnisse.

advert [əd'vəːt, æd-]*itr*hinweisen(*to*auf).

advertis|e, -ize ['ædvətaiz, *Am a.* ædvə'taiz] *tr* anzeigen, ankündigen; öffentlich anschlagen; werben für; *itr* inserieren; annoncieren, e-e Anzeige, ein Inserat aufgeben; Reklame, Propaganda machen, Werbung betreiben; *to* ~ *for* inserieren nach; durch e-e Zeitungsanzeige suchen; **-ment** [əd'vəːtismənt, *Am a.* ædvə'taizmənt] (Zeitungs-)Anzeige *f*, Inserat *n*, Annonce; Ankündigung, Bekanntmachung; Reklame, Propaganda, Werbung *f*; **-er** [-ə] Inserent *m*; Anzeigenblatt *n*; **-ing** [-iŋ] *s* Werbung, Reklame, Propaganda *f*; *a* werbend, Werbungs-, Reklame-; *to spend money on* ~~ Geld für Reklame ausgeben; *direct mail* ~~ Kundenwerbung *f* durch Postversand; *newspaper, radio* ~~ Zeitungs-, Rundfunkreklame *f*; ~~ *agency* Werbe-, Reklamebüro *n*, Werbeagentur; Anzeigenannahme *f*; ~~ *agent* Anzeigenvertreter *m*; ~~ *campaign* Werbefeldzug *m*; ~~ *consultant* Werbeberater *m*; ~~ *costs, expenses* (*pl*) Reklame-, Werbekosten *pl*; ~~ *expert* Werbefachmann *m*; ~~ *hoarding* Reklametafel *f*; ~~ *lights* (*pl*) Lichtreklame *f*; ~~ *literature* Werbematerial *n*; ~~ *manager* Werbeleiter *m*; ~~ *media* Werbemittel *n pl*; ~~ *operator* Vermieter *m* von Reklameflächen; ~~ *paper* Anzeigenblatt *n*; ~~ *pillar* Litfaß-, Anschlagsäule *f*; ~~

rates, charges (*pl*) Anzeigentarif *m*; ~~ *service* Anzeigendienst *m*; ~~ *slogan* Werbeschlagwort *n*; ~~ *space* Reklamefläche; (*Zeitung*) Inserateteil *m*.

advice [əd'vais] Rat(schlag) *m*; Auffassung, Meinung *f*; Gutachten *n*; Mitteilung, Benachrichtigung *f*; *com* Avis *n*; *pl* Nachrichten *f pl* (*from* von); *a piece, a bit of* ~ ein Rat; *as per* ~ (*com*) laut Avis;*to act on s.o.'s* ~ jds Rat befolgen; *to ask s.o.'s* ~ sich bei jdm Rat holen; jdn um Rat fragen; *to take s.o.'s* ~ *on a matter* sich in e-r S beraten lassen; *to take medical* ~ e-n Arzt aufsuchen; *letter of* ~ Ankündigungsschreiben *n*; ~ *of dispatch* Versandanzeige *f*; ~ *of receipt* Empfangsbestätigung *f*; **~ note** Benachrichtigungsschreiben *n*.

advis|ability [əd'vaizəbiliti] Ratsamkeit *f*; **-able** [-bl] ratsam, empfehlenswert, klug, vernünftig; zweckmäßig; **-e** [əd'vaiz] *tr* raten, empfehlen; beraten; *com* benachrichtigen, Bescheid geben, avisieren; *itr* sich beraten (*with* mit); Rat erteilen; *to* ~~ *s.o. against s.th.* jdm von etw abraten; *to be well* ~*d* wohlberaten sein; *to keep s.o. well* ~~ *of s.th.* jdn gut auf dem laufenden halten; **-ed** [-d] *a* durchdacht, überlegt; *as* ~~ laut Avis; *ill-*, *well-* ~~ schlecht, gut beraten; **-edly** [-zidli] *adv* mit Überlegung; übersichtlich; **-er, -or** [-ə] Berater, Ratgeber; *Am* (*Schule*) Studienberater *m*; *my legal* ~~ mein Rechtsanwalt *m*; *my medical* ~~ mein (Haus-)Arzt *m*; **-ory** [-əri] beratend; *in an* ~~ *capacity* in beratender Eigenschaft; ~~ *board, committee* Beratungsausschuß *m*.

advoca|cy ['ædvəkəsi] Verteidigung *f*, Eintreten *n* (*of* für); *jur* Anwaltstätigkeit *f*; **-te** ['-it] *s* Anwalt, Verteidiger; Fürsprecher, Verfechter *m*; *tr* ['-eit] verteidigen; eintreten (*s.th.* für etw), befürworten, verfechten.

adz(e) [ædz] Dechsel *f*, Querbeil *n*.

(a)egis ['iːdʒis] *fig* Schutz, Schirm *m*.

aeon ['iːən, 'iːɔn] Äon *m*; Ewigkeit *f*.

aerat|e ['eiəreit] *tr* lüften; aus-, belüften; mit Kohlensäure versetzen; **-ion** [eiə'reiʃən] (Be-)Lüftung *f*; *min* Bewetterung *f*; **-or** ['-ə] Belüfter *m*.

aerial ['ɛəriəl] *a* luftig; atmosphärisch; *fig* wesenlos, ungreifbar; fliegerisch; (*Kabel*) oberirdisch;Luft-; *s* Antenne *f*; ~ **cable** Luftkabel *n*; ~~ **way** Seilschwebebahn *f*; ~ **camera** Luftbildgerät *n*; ~ **combat** Luftkampf *m*; ~ **conductor** Freileitung *f*; ~ **corridor** Flugschneise *f*; ~ **coverage** Luftsicherung *f*; ~ **current** Antennen-

aerial defence — **affinity**

strom *m*; ~ **defence** Luftabwehr *f*; ~ **delivery** Versorgung *f* aus der Luft; ~ **map** Luftbildkarte *f*; ~ **navigation** Luftnavigation *f*; ~ **photo(graph)** Luftbild *n*; ~ ~ *interpretation* Luftbildauswertung *f*; ~ **railway** Schwebebahn *f*; ~ **reconnaissance** Luftaufklärung *f*; ~ **ropeway** Drahtseilbahn *f*; ~ **supply** Versorgung *f* aus der Luft; ~ **surveying** Luftbildmessung *f*; ~ **terminal** Antennenklemme *f*; ~ **traffic** Luftverkehr *m*; ~ **transport** Lufttransport *m*; ~ **view** Luftbild *n*; ~ **warfare** Luftkrieg *m*.

aerie ['ɛəri] Raubvogelnest *n*; (Adler-)Horst *m*; Brut *f*.

aero ['ɛərou] *a* Luft-; Flug-, Aero-; ~**batic** [ɛərə'bætik] *a* Kunstflug-; *s pl mit sing* Kunstflug *m*; ~~ *figure* Kunstflugfigur *f*; ~**drome** ['ɛərədroum] Flughafen *m*; *alternative* ~~ Ausweichhafen *m*; ~~ *beacon* Flughafen-Leuchtfeuer *n*; *pl* Platzbefeuerung *f*; ~~ *control (Br)* Flugleitung *f*; ~~ *control tower* Flugsicherungs-Kontrollturm *m*; ~~ *traffic circuit* Platzrunde *f*; ~**dynamic** ['ɛərə(u)dai'næmik] *a* aerodynamisch; *s pl mit sing* Aerodynamik *f*; ~~ *drag* Luftwiderstand *m*; ~**dyne** ['ɛəro(u)dain] Luftfahrzeug *n* schwerer als Luft; ~**foil** ['ɛərəfɔil] *s* Tragflügel *m*; *a* stromlinienförmig; ~**gram** ['ɛərəgræm] Funkspruch; Luftpost(leicht)brief *m*; ~**lite** ['ɛərəlait] Meteorstein *m*; ~**meter** [ɛə'rɔmitə] Aerometer *n*; ~**naut** ['ɛərənɔ:t] Aeronaut *n*; ~**nautic(al)** [ɛərə'nɔ:tik(əl)] aeronautisch; ~~ *chart* Fliegerkarte *f*; ~~ *engineering* Luftfahrttechnik *f*; ~~ *medicine* Luftfahrtmedizin *f*; ~~ *station* Bodenfunkstelle *f*; ~~ *weather service* Flugwetterdienst *m*; ~**nautics** [ɛərə-'nɔ:tiks] *pl mit sing* Aeronautik *f*, Flugwesen *n*; ~**plane** ['ɛərəplein] Flugzeug *n*; ~**sol** ['ɛərəsɔl] Aerosol *n*; ~**stat** ['ɛərəstæt] Luftfahrzeug *n* leichter als Luft; Ballon *m*; ~**static** [ɛərə'stætik] *a* aerostatisch; *s pl mit sing* Aerostatik *f*; ~~**tow-flight** Schleppflug *m*.

aesthet|e ['i:sθi:t, 'es-] Ästhet *m*; ~**ic(al)** [i(:)s'θetik(əl), es-] *a* ästhetisch; ~**icism** [i(:)s'θetisizm, es-] Ästhetizismus *m*; ~**ics** [i(:)s'θetiks, es-] *pl mit sing* Ästhetik *f*.

aestival|l [i:s'taivəl, *Am* 'estəvəl] sommerlich; ~**te** ['i:stiveit, 'es-] *itr* den Sommerschlaf halten.

aether ['i:θə] Äther *m*; ~**eal** [i'θiəriəl] ätherisch.

aetiology [i:ti'ɔlədʒi] Ätiologie, Ursachenforschung *f*.

afar [ə'fɑ:] *adv poet* weit, entfernt.

affab|ility [æfə'biliti] Leutseligkeit, Ansprechbarkeit *f*; ~**le** ['æfəbl] leutselig, umgänglich, ansprechbar.

affair [ə'fɛə] Geschäft *n*; Angelegenheit, Sache; Veranstaltung *f*; *(love ~)* Liebesverhältnis *n*; *to have an* ~ ein Verhältnis haben *(with* mit*)*; *foreign* ~**s** *(pl pol)* auswärtige Angelegenheiten *f pl*; *Secretary of State for Foreign A* ~**s** Außenminister *m*.

affect [ə'fekt] *tr* **1.** beeinflussen, in Mitleidenschaft ziehen, einwirken *(s.th.* auf etw*)*; *med* angreifen; angehen, betreffen; e-n tiefen Eindruck machen *(s.o.* auf jdn*)*, bewegen, (be)rühren, *fam* mitnehmen; **2.** gerne haben, Gefallen finden *(s.th.* an etw*)*, vorgeben, so tun, als ob, heucheln, den Anschein zu erwecken suchen; *(e-e Gestalt)* annehmen; ~**ation** [æfek'teiʃən] Verstellung, Heuchelei *f*, Schein *m*; unnatürliche(s) Wesen *n*, Künstelei, Affektation *f*; ~**ed** [-id] *a* **1.** geziert, affektiert, unnatürlich; **2.** bewegt, beeinflußt; in Mitleidenschaft gezogen; angegriffen, erkrankt, verletzt; *com* belastet; ~**ing** [-iŋ] ergreifend, rührend, pathetisch; ~**ion** [-ʃən] (Zu-)Neigung *f*, Gefühl *n* (der Herzlichkeit); Liebe *f (for, towards* zu*)*; Sinn *m (for* für*)*; *med* Erkrankung *f*; ~**ionate** [-ʃ(ə)nit] liebevoll, herzlich, zärtlich; *yours* ~~*ly* mit herzlichen Grüßen.

affian|ce [ə'faiəns] *s* Vertrauen *n*; Verlobung *f*; *tr* verloben; *to be* ~~*d* verlobt sein *(to* mit*)*; ~**t** [-t] *Am* Aussteller *m* e-r eidesstattlichen Erklärung.

affidavit [æfi'deivit] *jur* eidesstattliche Versicherung *f*; *to swear an* ~ e-e eidesstattliche Versicherung abgeben.

affiliat|e [ə'filieit] *tr* eng verbinden; angliedern; verschmelzen; *(Mitglied)* aufnehmen *(to, (Am) with* in*)*; herleiten *(upon* von*)*; *jur* die Vaterschaft zuschreiben *(upon s.o.* jdm*)*; *itr* eng verbunden sein *(to, (Am) with* mit*)*; sich anschließen *(to, (Am) with* an*)*; ein Mitglied sein *(to, (Am) with* bei*)*; *s* [-iit] *Am* Tochter(gesellschaft) *f*; Mitglied *n*; ~**ed** [-id] *a* angegliedert, angeschlossen; Zweig-, Tochter-; ~~ *firm* Zweigniederlassung *f*; ~**ion** [əfili'eiʃən] Verbindung *f*, Anschluß *m*; Aufnahme; Angliederung; Mitgliedschaft; *jur* Feststellung *f* der Vaterschaft; ~~ *case* Vaterschaftsklage *f*.

affinity [ə'finiti] Verwandtschaft (durch Heirat), Verschwägerung; enge Verbindung, Ähnlichkeit; Anziehungskraft; *chem* Affinität *f*.

affirm [ə'fə:m] *tr* (nachdrücklich) erklären, behaupten; versichern, bestätigen; *itr jur* feierlich versichern; **~ation** [æfə:'meiʃən] Bestätigung, Bekräftigung, Versicherung; Behauptung; *jur* Erklärung *f* an Eides Statt; **~ative** [-ətiv] *a* bejahend; bestätigend; *s* Bejahung *f*; *in the* **~~** bejahendenfalls.

affix [ə'fiks] *tr* befestigen, anheften (*to* an); an-, beifügen; ankleben; *(Stempel)* auf-, beidrücken; *s* ['æfiks] Anhang *m*; *gram* Affix *n*.

afflatus [ə'fleitəs] Eingebung *f*.

afflict [ə'flikt] *itr* betrüben, kränken; **~ed** *a* betrübt (*at* über); leidend (*with* an); **~ion** [-ʃən] Leiden *n*, Not, Pein *f*; Kummer *m*, Betrübnis *f*; Leiden *n*, Heimsuchung *f*.

affluen|ce ['æfluəns] Zustrom; Reichtum *m*; Fülle *f*, Überfluß *m*; *to live in* **~~** im Gelde schwimmen; **~t** ['-t] *a* reich, wohlhabend (*in*, *of*, *with* an); reichlich; *s* Nebenfluß *m*.

afflux ['æflʌks] Zustrom, Zufluß *f*, *(Blut)* Andrang *m*.

afford [ə'fɔ:d] *tr* sich erlauben, sich leisten (*in Verbindung mit can, could, be able to*); *(Vergnügen)* geben, gewähren; *(Gewinn)* einbringen; *(Schatten)* spenden; *I can't* **~** *it* ich kann es mir nicht leisten; *you can* **~** *to laugh* Sie haben gut lachen.

afforest [ə'fɔrist] *tr* aufforsten; **~ation** [əfɔris'teiʃən] Aufforstung *f*.

affranchise [ə'fræntʃaiz] *tr* befreien.

affray [ə'frei] Schlägerei *f*, Raufhandel *m*, Raufereí *f*; *jur* Landfriedensbruch *m*.

affricate ['æfrikeit] *gram* Affrikata *f*.

affright [ə'frait] *tr poet* erschrecken.

affront [ə'frʌnt] *tr* (absichtlich) beleidigen, verletzen; gegenüberstellen, trotzen (*s.o.* jdm); *s* Beleidigung *f*, Schimpf *m*.

afield [ə'fi:ld] *adv* auf dem Felde, ins Feld; fort, weg; *far* **~** weit weg.

afire [ə'faiə] *adv pred a* in Flammen, in Brand, brennend *a. fig.*

aflame [ə'fleim] *adv pred a* in Flammen.

afloat [ə'flout] *adv pred a* flott, schwimmend; über Wasser; an Bord; treibend; vom Wasser bedeckt, überflutet; *fig* in Umlauf; *to get* **~** flottmachen; *to keep* **~** sich über Wasser halten; *to set rumours* **~** Gerüchte ausstreuen.

afoot [ə'fut] *adv pred a* zu Fuß; im Gang; in Umlauf.

afore|mentioned [ə'fɔ:menʃnd], **~said** [-sed] *a* vorher erwähnt; **~thought** [-θɔ:t] *a* vorbedacht; **~time** [-taim] *adv* früher, einstmals.

afoul [ə'faul] *adv Am* in Schwierigkeit; *to run* **~** *of s.th.* mit etw zs.stoßen; mit etw in Schwierigkeiten geraten.

afraid [ə'freid] *pred a* erschrocken, bange; besorgt; *to be* **~** (sich) fürchten, Angst haben (*of* vor); *I am* **~** *I have to go* ich muß leider gehen; *don't be* **~** *to...* scheuen Sie sich nicht zu...

afresh [ə'freʃ] *adv* wieder, erneut, von neuem, abermals.

Africa ['æfrikə] Afrika *n*; **~n** ['-ən] *s* Afrikaner (in *f*) *m*; *a* afrikanisch.

Afrika|ans [æfri'ka:ns] Afrikaans, Kapholländisch *n*; **~nder** [-ændə] Afrikander, Bure *m*.

aft [a:ft] *a adv mar* achter(aus), achtern.

after ['a:ftə] *adv* hinterher, darauf, danach, nachher; hinterdrein, hintennach; *prp (räumlich)* hinter, nach, hinter ... her; *(zeitlich)* nach; *(Reihenfolge)* nächst; hinter; *(Verhältnis)* gemäß, in der Art wie, entsprechend; *(Grund)* auf Grund von, infolge; bei; *(Gegensatz)* trotz; *conj* nachdem; *a* später, zukünftig; *mar* achter; **~** *day* Tag für Tag; **~** *day* **~** *tomorrow* übermorgen; *one* **~** *another* einer nach dem andern; *time* **~** *time* immer wieder; **~** *all* schließlich, eben, doch; schließlich u. endlich, letzten Endes; **~** *hours* nach Geschäftsschluß; **~** *that* danach, nachher, daraufhin; **~birth** ['-bə:θ] Nachgeburt *f*; **~~care** *med* Nachbehandlung *f*; **~~cost** ['-kɔst] *Am* zusätzliche Kosten *pl*; **~~damp** ['-dæmp] *min* Nachschwaden *m*; **~~deck** ['-dek] Achterdeck *n*; **~~dinner** nach Tisch; **~** *speech* Tischrede *f*; **~~effect** Nachwirkung *f*; **~~hold** Achterladeraum *m*; **~~hours** ['-auəz] *pl Am* Überstunden *f pl*; **~~image** *psychol* Nachempfindung *f*; **~~life** spätere(s) Leben; Leben *n* nach dem Tode; *in* **~~** in späteren Jahren; **~~math** ['-mæθ] Spätheu *n*; *fig* (unangenehme) Folgen, Nachwirkungen *f pl*; *fig* Nachwehen *f pl*, Nachspiel *n*; **~~most** ['-moust] hinterst, letzt; **~~noon** ['-nu:n] *s* Nachmittag *m*; *adv u. in the* **~~** nachmittags, am Nachmittag (*at* um); *this* **~~** heute nachmittag; **~~** *performance* Nachmittagsvorstellung *f*; **~~pains** ['-peinz] *pl* Nachwehen *f pl*; **~~taste** ['-teist] Bei-, Nachgeschmack *m a. fig*; **~~thought** ['-θɔ:t] nachträgliche Überlegung *f*; **~~time** [-taim] Folgezeit, Zukunft *f*; **~~treatment** ['-tri:tmənt] Nachbehandlung; *tech* Weiterbearbeitung *f*; **~~ward(s)** ['-wəd(z)] *adv* danach, darauf; nachher, später.

again [ə'gein, ə'gen] *adv* wieder, noch einmal, nochmals; *as much* ~ noch einmal soviel; *as far* ~ noch einmal soweit; *never ...* ~ nie wieder, nie mehr; *now and* ~ dann u. wann; *over and over* ~, *time and (time)* ~, ~ *and* ~ immer wieder; *to be o.s.* ~ wieder der alte, wieder auf der Höhe sein.

against [ə'genst, *bes. Br* ə'geinst] *prp* gegen, wider; entgegen(gesetzt zu); unmittelbar bei; an; für; *over* ~ gegenüber; im Vergleich zu; *to be for or* ~ *s.th.* für oder gegen etw sein; *I'm not* ~ *it* ich habe nichts dagegen; *it goes the grain* es geht mir gegen den Strich (*to do s.th.* etw zu tun); *he's saving money* ~ *a rainy day* er spart für seine alten Tage.

agape [ə'geip] *adv a* mit offenem Munde, gaffend; weit offen.

agaric ['ægərik, ə'gærik] *bot* Blätterpilz *m*.

agate ['ægit] Achat *m*; *typ Am* 5½-Punkt-Schrift *f*; *Am fig* Zwerg *m*, Glasmurmel *f*.

age [eidʒ] *s* Alter; Lebensalter; reifere(s) Alter *n*; Generation *f*; Zeitalter *n*; Epoche; *oft pl* lange Zeit *f*; *itr* alt, reif werden; altern; *tr tech* altern, ablagern, aushärten, veredeln; *(Textil)* dämpfen; *at the* ~ *of* im Alter von; *in* ~*s* seit e-r Ewigkeit, seit Ewigkeiten, ewig; *in* ~*s to come* in künftigen Zeiten; *of* ~ mündig, volljährig; *over* ~ über der Altersgrenze; *under* ~ unter 21; minderjährig, unmündig; *to come of* ~ mündig, volljährig werden; *the Ice A* ~ die Eiszeit; *president by* ~ Alterspräsident *m*; *the Stone A* ~ die Steinzeit; *the Middle A* ~*s* das Mittelalter; ~ *of consent* Mündigkeitsalter *n*; ~ *of discretion* Strafmündigkeit *f*; ~ **bracket, group** Jahrgang *m*; ~ **class** Altersklasse *f*; ~ **coating** Altersschicht *f*; ~**d** ['-id] *a* bejahrt, betagt; sehr alt; ['-d] im Alter von; *the* ~~ die Alten, die alten Leute; ~ **determination** Altersbestimmung *f*; ~~**in-grade** *Am* Dienstalter *n*; ~**less** ['-lis] ewig; nicht alternd; ~ **limit** Altersgrenze *f*; ~~**long** ewig dauernd; ~~**worn** *a* altersschwach.

agency ['eidʒənsi] Tätigkeit; Kraft; Vermittlung; Geschäftsstelle; Vertretung *f*, Büro *n*; Agentur, Nebenstelle, Filiale; *(government*~*)* Behörde, Dienststelle; *jur* Beauftragung, Stellvertretung *f*; *by, through the* ~ *of* durch Vermittlung *gen*; *advertising* ~ Inseratenannahme; Annoncenexpedition *f*; *debt-collecting* ~ Inkassobüro *n*; *employment* ~ Stellenvermittlung *f*; *news* ~ Nachrichtenagentur *f*; *power of* ~ Vertretungsbefugnis *f*; *sole* ~ Alleinvertretung *f*; *tourist, travel(ling)* ~ Reisebüro *n*; ~ **business, trade** Kommissionsgeschäft *n*.

agenda [ə'dʒendə] Tagesordnung *f*; Notizbuch *n*; *to be on the* ~ auf der Tagesordnung stehen; *to place, to put on the* ~ auf die Tagesordnung setzen; *item on the* ~ Punkt *m* der Tagesordnung.

agent ['eidʒənt] Mittel, Agens *n*, wirkende Kraft *f*; *chem* Wirkstoff; *mil* Kampfstoff; Vertreter, Repräsentant, Beauftragte(r), Agent, Bevollmächtigte(r), Mandatar; *Am fam* Handelsreisende(r); *(Polizei)* Agent, V-Mann; *Br* Wahlleiter *m*; *advertising* ~ Anzeigenvertreter *m*; *commission* ~ Kommissionsagent *m*; *estate* ~ Grundstücksmakler *m*; *forwarding* ~ Spediteur *m*; *house* ~ Vermietungen *f pl*; *insurance* ~ Versicherungsagent, -vertreter *m*; *putrefactive* ~ Fäulniserreger *m*; *secret* ~ Geheimagent *m*; *sole* ~ Alleinvertreter *m*.

agglomerat|e [ə'gləməreit] *tr itr* zs.ballen, (sich) anhäufen; [-it] *a* an-, aufgehäuft; zs.geballt; *s* Anhäufung *f*; *geol* Agglomerat *n*; **-ion** [-'reiʃən] Zs.-ballung, Anhäufung; *geol* Anlagerung *f*.

agglutinate [ə'glu:tinit] *a* verklebt; *gram* agglutinierend; [-eit] *tr* zs.leimen, verkleben; agglutinieren; **-ation** [əglu:ti'neiʃən] Zs.leimen, Verkleben *n*; Agglutination *f*; **-ative** [-ətiv] verklebend; agglutinierend.

aggrandize ['ægrəndaiz, ə'grændaiz] *tr* vergrößern, erhöhen; **-ment** [ə'grændizmənt] Vergrößerung, Erhöhung *f*.

aggravat|e ['ægrəveit] *tr* verschlimmern, verschärfen; erschweren; *fam* ärgern, auf die Palme bringen; **-ed** ['-id] *a jur* schwer; erschwerend; **-ion** [ægrə'veiʃən] Verschlimmerung, Verschärfung; Erschwerung *f*; *jur* erschwerende(r) Umstand; *fam* Ärger *m*.

aggregat|e ['ægrigit] *a* gesamt, ganz; *bot* gehäuftblütig; *geol* Aggregat-; *s* Aggregat *n a. geol.* Menge, Summe, Masse; Gesamtheit; Gesamtsumme *f*; *tech* Zuschlagstoff *m*; *v* ['-eit] *tr* anhäufen, vereinigen, verbinden (*to* mit); sich belaufen (*£ 10* auf £ 10), ergeben; *itr* sich anhäufen; *in the* ~ insgesamt; alles in allem; ~~ *amount* Gesamtbetrag *m*; ~~ *area* Gesamtfläche *f*; ~~ *volume* Gesamtumfang *m*; ~~ *weight* Gesamtgewicht *n*; **-ion** [ægri'geiʃən] Ansammlung, Anhäufung *f*; Aggregatzustand *m*.

aggress|ion [əˈgreʃən] Angriff; Überfall *m*; *war of ~ ~* Angriffskrieg *m*; **~ive** [əˈgresiv] angreifend, angriffslustig, aggressiv; unternehmend, energisch; **~or** [-sə] Angreifer *m*; *~ ~ nation* Angreiferstaat *m*.

aggrieve [əˈgriːv] *tr* kränken; benachteiligen, beeinträchtigen, beschweren.

aghast [əˈgɑːst] *pred a* entsetzt, entgeistert, bestürzt (*at* über).

agil|e [ˈædʒail] flink, gewandt, behend, beweglich *a. fig*; **~ity** [əˈdʒiliti] Behendigkeit, Gewandtheit *f*.

agio [ˈædʒou] *pl -os* Aufgeld, Agio *n*.

agitat|e [ˈædʒiteit] *tr* schütteln, rütteln; auf-, erregen, beunruhigen (*about* wegen); aufwiegeln; *itr* agitieren, hetzen; sich öffentlich einsetzen (*against* gegen; *for* für); **~ion** [-ˈteiʃən] Auf-, Erregung, Beunruhigung, Agitation, Hetze, Aufwiegelung; (heftige) Bewegung; *tech* Umwälzung *f*; **~or** [ˈ-ə] Aufrührer, Aufwiegler, Agitator; *tech* Rührapparat *m*, Umwälzeinrichtung *f*.

aglow [əˈglou] *pred a adv* glühend; *fig* erregt (*with* von, vor).

agnate [ˈægneit] *s jur* Agnat *m*; *a* von väterlicher Seite verwandt.

agnostic [ægˈnɔstik] *s* Agnostiker *m*; *a* agnostisch; **~ism** [-sizm] Agnostizismus *m*.

ago [əˈgou] *a adv* vor; *three months ~* vor drei Monaten; *a long time ~* schon lange her; *(just) a moment ~* eben noch; *not long ~* vor kurzem, unlängst; *a while ~* vor e-r Weile; *how long ~?* wie lange ist es her?

agog [əˈgɔg] *pred a adv* eifrig; begierig (*about* auf); *sl* neugierig (*for* auf); *to be all ~* ganz aus dem Häuschen sein (*to* um zu).

agon|ize [ˈægənaiz] *itr* verzweifelte Anstrengungen machen; mit dem Tode ringen; Qualen erleiden; *fig* sich quälen; *tr* martern; **~izing** [-iŋ] quälend, qualvoll; **~y** [ˈ-i] verzweifelte Anstrengung *f*; furchtbare(r) Schmerz *m*, Marter *f*; Todeskampf *m*; Qual *f*; *~ ~ column (Zeitung)* Seufzerspalte *f*, Familiennachrichten *f pl*.

agoraphobia [ægərəˈfoubiə] *med* Platzangst *f*.

agrarian [əˈgrɛəriən] landwirtschaftlich; Land-, Agrar-; *~ policy* Agrar-, Landwirtschaftspolitik *f*; *~ reform* Bodenreform *f*.

agree [əˈgriː] *itr* zustimmen (*to* zu), einverstanden sein (*to* mit), einwilligen (*in* in); ja sagen; übereinstimmen, übereinkommen; Übereinstimmung, ein Übereinkommen erzielen (*with* mit); sich einigen, einig sein (*on* über); verabreden, vereinbaren (*on s.th.* etw); zuträglich sein (*with* für), (gut) bekommen (*with s.o.* jdm); zs.passen, harmonieren; *tr* (als richtig) anerkennen; **~able** [-iəbl] angenehm; liebenswürdig; *to be ~ ~* einverstanden sein (*to* mit); **~ment** [-mənt] Vereinbarung *f*, Übereinkommen *n*, Übereinkunft *f*, Abkommen *n*, Abmachung *f*; Vertrag *m*; Zustimmung, Verständigung, Einigung *f*, Einverständnis, Einvernehmen *n*; Einklang *m*, Harmonie *f*; *as per ~ ~* wie vereinbart; *by mutual ~ ~* in gegenseitigem Einverständnis; *to be in ~ ~* sich einig sein (*on* über); übereinstimmen (*with* mit); einig gehen (*with* mit); sich anschließen (*with* an); *to come to an ~ ~* zu e-m Übereinkommen gelangen, sich einig werden, sich verständigen (*with* mit); *to reach an ~ ~* e-e Vereinbarung treffen; *additional ~ ~* Nebenabrede *f*; *arbitration ~ ~* Schiedsvertrag *m*; *collective ~ ~* Tarif-, Kollektivvertrag *m*; *hire-purchase ~ ~* Abzahlungsvertrag *m*; *lease ~ ~* Mietvertrag *m*; *monetary ~ ~* Währungsabkommen *n*; *service ~ ~* Dienstvertrag *m*; *supplementary ~ ~* Zusatzabkommen *n*; *verbal ~ ~* mündliche Vereinbarung *f*; *~ ~ clause* Vertragsbestimmung *f*; *~ ~ draft* Vertragsentwurf *m*.

agricultur|al [ægriˈkʌltʃərəl] landwirtschaftlich; Ackerbau-; *~ ~ college* landwirtschaftliche Hochschule *f*; *~ ~ machinery* Landmaschinen *f pl*; *~ ~ worker* Landarbeiter *m*; **~alist**, **~ist** [-(əl)ist] Landwirt; Agronom *m*; **~e** [ˈægrikʌltʃə] Landwirtschaft *f*, Ackerbau *m*; *~ ~ and forestry* Land- u. Forstwirtschaft *f*.

agrimony [ˈægriməni] *bot* Ackermennig *m*.

agronom|ic [ægrəˈnɔmik] landwirtschaftlich; Ackerbau-; **~ist** [əˈgrɔnəmist] Agronom, Diplomlandwirt *m*; **~y** [əˈgrɔnəmi] (praktische) Ackerbaukunde, Landwirtschaft *f*.

aground [əˈgraund] *adv pred a* gestrandet; *to run ~ (itr)* stranden; *tr* auf den Strand setzen.

agu|e [ˈeigjuː] *med* Malaria *f*; Schüttelfrost *m*; **~ish** [ˈ-iʃ] fieberhaft.

ah [ɑː] *interj* ach! ah! ä! **~a** [ɑːˈhɑː] *interj* aha!

ahead [əˈhed] *pred a adv* vor, voran, voraus; vorn, nach vorn zu, vorwärts; vorn dran; im voraus; *~ of* vor; *for some time ~* einige Zeit lang; *full speed ~* volle Kraft voraus; *~ of time* vorzeitig; *to be ~ of s.o.* jdm voraus sein; *to get ~* vorwärtskommen; *of s.o.* jdn überflügeln;

to go ~ voran-, vorausgehen; weitermachen, fortfahren; vorankommen; *(Schiff)* an Fahrt gewinnen; schneller werden; *go* ~ *and tell her* sag's ihr doch! *to look* ~ sich vorsehen; an die Zukunft denken; *next* ~ Vordermann *m*; *straight* ~ gerade aus; *way* ~ *(Am)* weit voraus.

ahem [ə'hem] *interj* hm!

ahoy [ə'hɔi] *interj mar* ahoi!

aid [eid] *tr* helfen, beistehen, Beistand leisten (*s.o.* jdm; *in* bei); unterstützen; *el* verstärken; *s* Hilfe, Unterstützung *f*, Beistand; Gehilfe, Helfer *m*; Hilfsmittel *n*; *mil* Adjutant *m*; *by the* ~ *of* mit Hilfe *gen*; *in* ~ *of* zugunsten, zur Unterstützung *gen*; *to give first* ~ Erste Hilfe leisten; *to* ~ *and abet (jur)* begünstigen, Vorschub leisten; *grant in* ~ staatliche Subvention *f*; *legal* ~ Rechtshilfe *f*; *medical* ~ ärztliche Betreuung *f*; ~**(e)-de-camp** ['-də'kɑː, *Am* -kæmp] *pl* ~*(e)s*-~ *mil* Adjutant *m*; ~ **station** Truppenverbandsplatz *m*.

aigret(te) ['eigret, ei'gret] Feder-, Reiherbusch *m*; Büschel *n*; weiße(r) Reiher *m*.

ail [eil] *tr* schmerzen; *itr* krank, unpäßlich sein; *what* ~*s him?* was fehlt ihm? ~**ing** ['-iŋ] unpäßlich, leidend; krank; ~**ment** ['-mənt] Unpäßlichkeit *f*.

aileron ['eiləron] *aero* Querruder *n*.

aim [eim] *itr tr* zielen (*at* auf, nach); *(Gewehr)* anschlagen, anlegen; *(Anstrengungen)* richten (*at* auf; *to do* zu tun); *(Gegenstand)* werfen, schleudern; beabsichtigen, bezwecken (*at doing, (Am) to do* zu tun); zielen, münzen, absehen (*at* auf); *s* Ziel *n*; Zweck *m*, Absicht *f*; *to take* ~ zielen, aufs Korn nehmen; *(Gewehr)* anlegen, anschlagen; *(Gegenstand)* anvisieren; *his* ~ *was good* er zielte gut; *you are* ~*ing too high* du willst zu hoch hinaus; ~ *in life* Lebenszweck *m*; ~**ing** ['-iŋ] zielend; ~~ *accuracy* Zielgenauigkeit *f*; ~~ *error* Zielfehler *m*; ~~ *mechanism* Zielvorrichtung *f*; ~~ *position (Gewehr)* Anschlag *m*; ~~ *silhouette* Kopfscheibe *f*; ~~ *target* Zielscheibe *f*; ~**less** ['-lis] ziellos, zwecklos, planlos.

air [ɛə] **1.** *s* Arie; Weise *f*; Lied *n*; **2.** *s* Aussehen, Äußere(s) *n*, Miene *f*; Gebaren, Verhalten *n*; Art *f* (u. Weise); *to put on* ~*s*, *to give o.s.* ~*s* sich aufspielen, sich wichtig machen, angeben; **3.** *s* Luft *f*; Himmel *m*; Atmosphäre *f* *a. fig*; Lufthauch, leichte(r) Wind *m*; *min* Wetter *n*; *a* Luft-, Flieger-, ~ *tr* (aus-, durch)lüften; *(Wäsche)* trocknen; kühlen, erfrischen; *fig* bekanntmachen, an die große Glocke hängen; *radio tele Am* senden; *itr* an der Luft trocknen, kühlen; frische Luft schöpfen; *by* ~ auf dem Luftwege; *in the* ~ in der Schwebe, unentschieden; unbestimmt; ruchbar, allgemein bekannt; in der Luft liegend; *in the open* ~ unter freiem Himmel; *on the* ~ über den Rundfunk; im Radio(programm); durch Fernsehen; *to be on the* ~ im Rundfunk sprechen; *to clear the* ~ die Luft reinigen *a. fig*; reinen Wein einschenken; den Kopf zurechtrücken; *to get the* ~ *(Am fam)* entlassen, auf die Straße gesetzt werden; *to give the* ~ *(Am fam)* entlassen, sitzenlassen; *to go by* ~ fliegen; *to take* ~ an die Öffentlichkeit dringen; ruchbar werden; *to take the* ~ *(aero)* abfliegen, starten; frische Luft schöpfen; *Am sl* abhauen; *my plans are still in the* ~ meine Pläne haben noch keine feste Gestalt angenommen; *there's an* ~ *of mystery about the whole affair* die Sache ist in ein geheimnisvolles Dunkel gehüllt; *there are rumours in the* ~ es heißt; angeblich soll(en); man behauptet; *castles in the* ~ Luftschlösser *n pl*; *hot* ~ *(Am)* Fantasterei *f*; *open-theatre* Freilichtbühne *f*; *open-*~ *swimming pool* Freibad *n*; ~ **action** Luftwaffeneinsatz *m*; ~ **activity** Fliegertätigkeit *f*; Flugbetrieb *m*; ~ **admission** *tech* Lufteintritt *m*; ~ **alert** Fliegeralarm *m*; Alarmbereitschaft *f*; ~ **attaché** Luft(waffen)attaché *m*; ~ **attack** Luft-, Fliegerangriff *m*; ~ **barrage** Luftsperre *f*; ~ **base** Luftstützpunkt; *Am* Fliegerhorst *m*; ~~ **commander** (Flieger-)Horstkommandant *m*; ~ **battle** Luftschlacht *f*; ~ **bath** Luftbad *n*; ~ **bladder** *anat* Luftblase *f*; ~**blast** Luftstrom *m*; ~ **blower** Gebläse *n*; ~ **bomber** Bombenschütze *m*; ~**borne** *a* in, aus der Luft; Luftlande-; Bord-; ~~ *attack* Angriff *m* mit Luftlandetruppen; ~~ *division* Luftlandedivision *f*; ~~ *operation* Luftlandeunternehmen *n*; ~~ *radar* Bordfunkmeßgerät *n*; ~~ *supply* Versorgung *f* auf dem Luftweg; ~~ *troops (pl)* Luftlandetruppen *f pl*; ~~ *unit* Luftlandeeinheit *f*; ~ **brake** Luftdruckbremse *f*; ~ **brick** Hohlziegel *m*; ~ **bridge** Luftbrücke *f*; ~**brush** Spritzpistole *f*; ~ **bubble** Luftblase *f*; ~ **bump** Luftloch *n*; ~**cast** ['-kɑːst] *tr Am* durch Radio übertragen; ~ **cannon** Flugzeugkanone *f*; ~ **carriage** Lufttransport *m*; ~ **chamber** Windkessel *m*; Gasschleuse *f*; ~ **chart** Luftkarte *f*; ~ **chief marshal** *aero Br*

air commodore 22 **airscrew**

Generalmajor m; ~ **commodore** aero Brigadegeneral m; ~ **cleaner** Luftreinigungsfilter n; ~ **cock** Lufthahn m, -ventil n; ~ **compressor** Luftkompressor m; ~ **company** Luftverkehrsgesellschaft f; ~~**condition** tr mit e-r Klimaanlage versehen; ~~**conditioned** a klimatisiert; ~~**conditioning** Klimatisierung; (~~ plant) Klimaanlage f; ~ **container** Luftbehälter m; ~ **cooled** a luftgekühlt; ~ **cooling** Luftkühlung f; ~ **corridor** Luftkorridor m; ~ **cover(age)** Luftsicherung f; ~**craft** ['-krɑ:ft] Flugzeug n; ~~ carrier Flugzeugträger m; ~~ designer Flugzeugkonstrukteur m; ~~ engine Flugmotor m; ~~ factory, plant Flugzeugfabrik f; ~~ fuselage Flugzeugrumpf m; ~~ industry Flugzeugindustrie m; ~ man (Br aero) Flie:ger m; ~~-man 2nd class Gefreiter m; ~~ marking (aero) Kennzeichen n; ~~ mechanic Bordwart m; ~~ reporting system Flugmeldenetz n; ~~ tail (aero) Leitwerk n; ~~ towing Flugzeugschlepp m; ~~ warning net Flugmelde-, Luftwarnnetz n; ~~ wireless operator (Br) Bordfunker m; ~**crew** (Flugzeug-)Besatzung f; ~~ man Mitglied n der Besatzung; ~ **current** Luftstrom m, -strömung f; ~~**cushion** Luftkissen n; ~ **defence** Luftverteidigung, Flugabwehr f; ~ **command** Luftverteidigungskommando n; ~**density** Luftdichte f; ~**display** Flugschau f; Schaufliegen n; ~ **district** (**command**) Luftabschnitt m; ~ **division** Fliegerdivision f; ~~**driven** a mit Preßluftantrieb; ~**drome** ['-droum] Am Flughafen m; ~**drop** tr Am mit dem Fallschirm abwerfen, versorgen; s Versorgung f aus der Luft; ~~**dry** tr an der Luft trocknen; ~ **eddy** Luftwirbel m; ~ **engineer** Br Bordmechaniker m; ~~**escape** Luftaustritt m; ~ **fee** Luftpostgebühr f; ~**field** Flugplatz; mil aero Horst m; ~~ lighting Flugplatzbefeuerung f; ~ **fight** Luftkampf m; ~~**filled** a luftgefüllt; ~ **filter** Luftfilter m; ~ **fleet** Luftflotte f; ~ **flow** Luftströmung f; ~**foil** aero Tragflügel m; ~~ section Tragflügelprofil n; ~**force** Luftflotte f; A~ F~ Luftstreitkräfte f pl; ~**frame** Flugzeuggerippe n; ~ **freight** Luftfracht f; ~ **freighter** Transportflugzeug n; ~**graph** ['-grɑ:f] Br Mikroluftpostbrief m; ~~**gun** Luftgewehr n; ~ **gunner** Bordschütze m; ~ **head** Luftlandekopf m; ~**heater** Lufterhitzer m; ~**hole** Luftloch n; ~ **hose** Luftschlauch m; ~~**hostess** Luftstewardeß f; ~ **humidity** Luftfeuchtigkeit f; ~**ing** ['-riŋ] (Ent-, Be-) Lüftung f; Trocknen n; Spaziergang m; Luftschnappen n; to give an ~~ to s.th. etw gründlich trocknen; to go for, to take an ~~ an die frische Luft gehen; ~ **inlet** Lufteinlaßöffnung f; ~ **intake** Luftaufnahme f; ~ **interception** aero Jagdverteidigung f; ~ **jacket** Br Rettungsweste f; ~ **lag** Luftwiderstand m; ~ **lane** Luftschneise f; ~ **layer** Luftschicht f; ~**less** ['-lis] windstill; ohne frische Luft; ~ **letter** Luftpostbrief m; ~ **liaison officer** Luftwaffenverbindungsoffizier m; ~**lift** Luftbrücke f; ~ **pump** Druckluftpumpe f; ~**line** Fluglinie, -gesellschaft f; ~**liner** Verkehrsflugzeug n; ~ **lock** Gasschleuse f; ~**mail** tr mit Luftpost senden; s Luftpost f; ~~ edition (Zeitung) Luftpostausgabe f; ~~ letter, package Luftpostbrief m, -paket n; ~**man** Flieger, Flugzeugführer m; ~ **map** Fliegerkarte f; ~ **marshal** aero Generalleutnant m; ~ **mass** Luftmasse f; ~~**mechanic** Flugzeugmechaniker m; ~~**men** aero Am Unteroffiziere u. Mannschaften; ~~**minded** a flugbegeistert; **A~ Ministry** Br Luftfahrtministerium n; ~ **navigation** Flugnavigation f, -wesen n; ~ **observer** Luftbeobachter m; ~ **offensive** Luftoffensive f; **A~ Officer Commanding** Geschwaderkommodore m; ~ **operated** a pneumatisch; ~**park** Am kleine(r) Privatflugplatz m; ~ **photo(graph)** Luftbild n, -aufnahme f; ~**plane** Am Flugzeug n; by ~~ mit dem Flugzeug; ~~ ticket Flugschein m; ~~**pocket** Luftloch n; ~ **police** Luftpolizei f; ~**port** Lufthafen m; ~~ traffic control tower Flughafen-Kontrollturm m; ~ **post** Br Luftpost f; ~ **power** Luftmacht f; tech Druckluft f; ~ **pressure** Luftdruck m; ~~~ brake Druckluftbremse f; ~**proof** luftdicht; ~~**pump** Luftpumpe f; ~ **raid** Luft-, Fliegerangriff m; ~~~ alarm Flieger-, Luftalarm m; ~~~ alert Luftwarnung f; ~~~ damage Bombenschaden m; ~~~ danger Luftgefahr f; ~~~ precautionary measures (pl) Luftschutzmaßnahmen f pl; ~~~ protection Luftschutz m; ~~~ shelter Luftschutzkeller, -bunker m; ~~~ warden Luftschutzwart m; ~ **reconnaissance** Luftaufklärung f; ~ **region** Luftraum m; ~ **resistance** Luftwiderstand m; ~ **rifle** Luftgewehr n; ~ **root** bot Luftwurzel f; ~ **route** Flugstrecke, Luftverkehrslinie f; ~ **safety** Flugsicherheit f; ~**screw**

Br Luftschraube *f*; **~-seasoned** *a* lufttrocken; **~ service** Luft-, Flug(linien)verkehr *m*; *Am* Luftwaffe *f*; **~-shaft, ~-well** *min* Luftschacht *m*; **~ship** Luftschiff *n*; **~~ dock** Luftschiffhalle *f*; **~-sick** luftkrank; **~sickness** Luftkrankheit *f*; **~signaller** *Br* Bordfunker *m*; **~ sovereignty** Lufthoheit *f*; **~ space** Luftraum *m*; *tech* Luftspalt, -zwischenraum *m*; **~ speed** Flugzeuggeschwindigkeit, Fahrt *f*; **~~ indicator** Fahrtmesser *m*; **~staff** Generalstab *m* der Luftwaffe; **~ station** *Br* (Flieger-)Horst; Flugstützpunkt *m*; **~stop** Hubschrauber-Landeplatz *m*; **~ stratum** Luftschicht *f*; **~ stream** Fahrtwind *m*; **~ strip** Feldflugplatz *m*; Rollbahn *f*; **~ superiority, supremacy** Luftüberlegenheit *f*; **~ supply** Versorgung *f* aus der Luft; **~ support** Luftunterstützung *f*; **~ surveillance** Luftüberwachung *f*; **~ switch** Luftschalter *m*; **~ terminal** Flughafen (-abfertigungsgebäude *n*) *m*; **~ ticket** Flugschein *m*; **~-tight** luftdicht; *fig Am* undurchdringlich; **~-to-~ rocket** Luftkampf-Rakete *f*; **~-to-ground** Bord-Boden-; **~ traffic** Flugverkehr *m*; **~~ control service** Flugsicherung *f*; **~ transport(ation)** Lufttransport *m*; **~~ company** Luftverkehrsgesellschaft *f*; **~ tube** Luftschlauch *m*; **~ tunnel** Luftschneise *f*; **~ vent** Entlüfterstutzen *m*; **~ war (-fare)** Luftkrieg *m*; **~ warning** Luftwarnung *f*; **~way** Flugstrecke *f*; *anat* Luftweg *m*; *pl* Fluglinie *f*; **~~ lighting** Streckenbefeuerung *f*; **~ weather service** Flugwetterdienst *m*; **~worthiness** ['~wə:ðinis] Lufttüchtigkeit *f*; **~worthy** lufttüchtig; **~y** ['-ri] luftig, leicht; dünn; hoch in der Luft; *fig* lebhaft, lustig; leichtfüßig; unwirklich, phantastisch.

aisle [ail] *(Wald)* Schneise *f*; *arch* Seitenschiff *n*; Gang *m (zwischen Sitzreihen)*.

ajar [ə'dʒɑ:] *adv* **1.** halboffen; angelehnt; **2.** im Widerstreit.

akimbo [ə'kimbou] *adv (with arms ~)* mit in die Seite gestemmten Armen.

akin [ə'kin] *pred a* (bluts-)verwandt *(to* mit); *fig* ähnlich, gleich.

alabaster ['æləbɑ:stə] *s* Alabaster *m*; *a* alabastern.

alacrity [ə'lækriti] Lebendigkeit, Munterkeit; Bereitwilligkeit *f*.

alarm [ə'lɑ:m] *s* Alarm *m*; Warnung *f*; *(~ signal)* Alarmsignal *n*; Beunruhigung *f*, Schreck *m*; Alarmvorrichtung, Warneinrichtung *f*; *(~ clock)* Wecker *m*; *tr* alarmieren; aufscheuchen; beunruhigen, erschrecken *(at* über); *to give, to sound, to ring the ~* Alarm schlagen, blasen, geben; *false ~* blinde(r) Alarm *m*; **~ bell** Warnglocke *f*; **~ cord** Notleine *f*; **~ing** beunruhigend, alarmierend; **~ist** Schwarzseher *m*; **~ readiness** Alarmbereitschaft *f*; **~ whistle** Alarm-, Trillerpfeife *f*.

alas [ə'lɑ:s] *interj* ach! leider!

alb [ælb] Albe *f*, Meßgewand *n*.

albatross ['ælbətrɔs] *zoo* Albatros *m*.

albeit [ɔ:l'bi:it] *conj* obgleich, ungeachtet.

albino [æl'bi:nou] *pl -os biol* Albino *m*.

Albion ['ælbjən] *poet* England *n*.

album ['ælbəm] Album *n*; Schallplattenalbum *n*; *Am* Langspielplatte *f* mit mehreren Musikstücken; *Am* Gästebuch *n*.

album|en ['ælbjumin] Eiweiß; *chem* Albumin; *bot* Endosperm *n*; **~in** ['-in] *chem* Albumin *n*; **~~ requirement** Eiweißbedarf *m*; **~inous** [æl'bju:minəs] albumin-, eiweißhaltig.

alchem|ist ['ælkimist] Alchimist *m*; **~y** ['-i] Alchimie *f*.

alcohol ['ælkəhɔl] Alkohol; Spiritus *m*; **~ic** [ælkə'hɔlik] *a* alkoholisch; *s* Alkoholiker *m*; **~ism** ['-izm] Alkoholismus *m*; Trunksucht *f*.

alcove ['ælkouv] Alkoven *m*; Nische, Laube *f*; Sommer-, Gartenhaus *n*.

aldehyde ['ældihaid] Aldehyd *m*.

alder ['ɔ:ldə] *bot* Erle *f*; **~man** ['-mən] Ratsherr *m*.

ale [eil] Ale, *Art* Bier *n*; **~house** Wirtschaft *f*; **~ wife** Wirtin *f*.

alee [ə'li:] *adv pred a* unter dem Winde, in Lee.

alembic [ə'lembik] Destillierkolben, -apparat *m*.

alert [ə'lə:t] *a* wachsam; munter, lebhaft; aufgeweckt; *mil* auf Draht; *s* Alarm *m*, -signal *n*, -bereitschaft *f*; Fliegeralarm *m*; *tr* alarmieren, in Alarmbereitschaft versetzen; *to be on the ~* auf der Hut, alarmbereit sein; sich bereithalten; **~ness** [-nis] Wachsamkeit; Alarmbereitschaft; Aufgewecktheit *f*; **~ phase** Alarmstufe *f*; **~ stand-by** Alarmbereitschaft *f*.

alfalfa [æl'fælfə] Alfalfa, Luzerne *f*.

al fresco [æl'freskou] *a adv* im Freien.

alga ['ælgə] *pl -ae* ['ældʒi:] *bot* Alge *f*.

algebra ['ældʒibrə] Algebra *f*, **~ic(al)** [ældʒi'breiik(əl)] algebraisch.

alias ['eiliæs] *adv* sonst...genannt; *s* angenommene(r) Name *m*.

alibi ['ælibai] *s jur* Alibi *n*; *fam* Ausflucht, Entschuldigung *f*; *itr fam* e-e Ausrede vorbringen; *to establish, to prove o.'s* ~ sein Alibi nachweisen.

alien ['eiliən] *s* Ausländer; Außenseiter, Fremde(r) *m*; *a* ausländisch; fremd, unbekannt (*to* dat); *tr jur* übertragen; **~able** ['-əbl] übertragbar, veräußerlich; **~ate** ['-eit] *tr* entfremden (*from* dat); abspenstig machen; *jur* übertragen, veräußern; **~ation** ['-'nei-ʃən] Entfremdung (*from* von); (*Eigentum*) Übertragung; Veräußerung; (*~~ of mind*) Geistesgestörtheit *f*; **~ist** ['-ist] *jur* Irrenarzt, Psychiater *m*.

alight [ə'lait] **1.** *pred a* brennend, in Flammen; erleuchtet; *tech* gezündet; (*Gesicht*) glühend, strahlend; *to be* ~ strahlen, glühen (*with* vor); *to catch* ~ aufflammen; **2.** *itr (a. irr alit, alit)* ab-, aussteigen; (*Vogel*) sich setzen (*on* auf); *aero* landen, niedergehen, wassern; zufällig stoßen, treffen (*upon* auf).

ali(g)n [ə'lain] *tr* in e-e Linie bringen, (aus)richten *a. fig* (*with* nach); an-, abgleichen; begradigen; fluchten, eintrimmen; (*Vermessung*) abstecken; *fig* abstimmen (*with* auf); *itr* e-e Linie bilden; *to* ~ *o.s.* sich orientieren (*with* nach); sich anschließen (*with* an); **~ment** [-mənt] Ausrichtung *a. fig*; An-, Abgleichung; Begradigung, Eintrimmung; Absteckung *f*; *tech* Gleichlauf *m*; (*~~ of houses*) Fluchtlinie; *fig* Orientierung, Gruppierung *f*.

alike [ə'laik] *pred a* ähnlich, gleich; *adv* in gleicher Weise, ebenso, ohne Unterschied; *to treat* ~ gleich behandeln.

aliment ['ælimənt] *s* Nahrungsmittel *n*; Unterhalt *m*; *tr* ernähren; mit Nahrungsmitteln versorgen; **~ary** [æli'mentəri] nährend, nahrhaft, Nahrungs-; *~ canal* Nahrungskanal *m*; **~ation** [ælimen'teiʃən] Ernährung *f*; Unterhalt *m*.

alimony ['æliməni] Unterhalt *m*; Alimente *pl*; *obligation to pay* ~ Unterhaltspflicht *f*.

alive [ə'laiv] *a, meist pred* lebend(ig), am Leben; wimmelnd, voll (*with* von); bewußt; munter, tätig, unternehmend; *jur* in Kraft; *el* spannungsführend; *to be* ~ leben, am Leben sein; *to be* ~ *to s.th.* sich e-r S bewußt sein; *to be* ~ *with s.th.* von etw wimmeln; *to keep* ~ am Leben bleiben; *s.o.* jdn über Wasser halten; *look* ~ auf! beeil dich!

alkal|i ['ælkəlai] *chem* Alkali *n*, Lauge *f*; **~ine** ['-ain] alkalisch, laugenhaft; **~oid** ['-ələid] Alkaloid *n*.

all [ɔ:l] **1.** *a* ganz, gesamt; alle *pl*; allein, einzig, nur; **2.** *prn* alle, alles; jeder einzelne; **3.** *s* Gesamtheit *f*; das Ganze; Alles *n*; **4.** *adv* gänzlich; ganz u. gar; für das Stück; **5.** *above* ~ vor allem, vor allen Dingen; *after* ~ trotzdem; schließlich (und endlich); *and* ~ und alles andere; *at* ~ überhaupt; *beyond* ~ *doubt, question* ohne jeden Zweifel, ohne jede Frage; *for* ~ *that* trotzdem; *for good and* ~ endgültig, für immer; *from* ~ *over* von überall her; *in* ~ insgesamt, im ganzen; *not at* ~ keineswegs; überhaupt nicht; nicht im geringsten, gar nicht; keine Ursache! nichts zu danken! *once (and) for* ~ ein für allemal; *on* ~ *fours* auf allen vieren; *with* ~ auf der gleichen Stufe mit; völlig gleich wie; *with* ~ *speed* so schnell wie möglich; **6.** ~ *in* ~ alles in allem; im ganzen genommen; ~ *alone* ganz allein; auf sich angewiesen; ~ *along* schon immer; ~ *but* beinahe, nahezu; ~ *day, night long* den ganzen Tag, die ganze Nacht hindurch; ~ *the more difficult* um so schwieriger; ~ *the go (fam)* in Mode, im Schwang; ~ *gone* gänzlich verschwunden, weg; (*Nahrungsmittel*) aufgegessen, alle; ~ *at once* plötzlich; zugleich; ~ *right* in Ordnung; wohl; schön; einverstanden; ~ *the same* ganz gleich, ganz einerlei; trotzdem; ~ *of a sudden* auf einmal, plötzlich, mit einem Mal(e); ~ *the time* die ganze Zeit andauernd; ~ *told* alles zs.genommen; alles in allem; ~ *over* zu Ende; über ganz; durch ganz; ganz u. gar; ~ *over (the place)* überall; ~ *over the world* in der ganzen Welt; **7.** *to be ~-in-~ to s.o.* jdm sehr am Herzen liegen; *to be* ~ *attention* sehr gespannt sein; *to be* ~ *eyes, ears* ein wachsames Auge haben; ganz Ohr sein; *to be* ~ *in* ganz erledigt, fertig, kaputt sein; *to be* ~ *of a piece with* in engem Zs.hang stehen mit; *to be* ~ *at sea* ganz verwirrt sein; *fam* schwimmen; *to be* ~ *there* auf Draht, schlau, gewitz(ig)t sein; *not to be* ~ *there* dumm, beschränkt sein; *to go on* ~ *fours* auf allen vieren kriechen; gleichmäßig voranschreiten; *to tremble* ~ *over* an allen Gliedern, am ganzen Körper zittern; *to wait* ~ *day* den ganzen Tag warten; **8.** *he isn't* ~ *there* er ist nicht richtig im Oberstübchen; *is that* ~ *right with you?* ist Ihnen das recht? *it's* ~ *one to me* es ist mir egal; *it's* ~ *over* *od up with him* er ist erledigt, fertig, ruiniert; *don't worry, it'll be* ~ *right* mach dir keine Sorgen, es kommt schon alles in Ordnung; ~ *hands on deck!* alle Mann an

Deck! ~ *aboard! (Am)* alles einsteigen! *if that's ~ there is to it* wenn's weiter nichts ist; *that's ~ I needed* das hat mir gerade noch gefehlt; *our plans are ~ set* unsere Pläne sind völlig ausgearbeitet, liegen fest; **~-American** *a* gesamtamerikanisch; nur aus amerikanischem Material hergestellt; *s* amerikanische Nationalmannschaft *f*; amerikanische(r) Nationalspieler *m*; **~-around** *Am* vielseitig; gewandt; **~~ defence** *(mil)* Rundumverteidigung *f*; **~-automatic** vollautomatisch; **~-clear** *mil* Entwarnung *f*; *to sound the ~~* entwarnen; **~-electric** vollelektrisch; **~-embracing** alles umfassend; **A~ Fools Day** 1. April *m*; **A-hallow(ma)s** Allerheiligen *n*; **~-important** wesentlich; entscheidend; *to be ~~* von größter Wichtigkeit, von entscheidender Bedeutung sein; **~-in** *Br* einschließlich, gesamt, global; **~~ wrestling** Freistilringen *n*; **~-inclusive** alles umfassend; **~ a-jump** *Am sl* erregt, nervös; **~-mains** Allstrom-; **~~ radio** Allstromempfänger *m*; **~~ set** Allstromgerät *n*; **~-metal** Ganzmetall-; **~~ construction** Ganzmetallbauweise *f*; **~-out** *Am fam* umfassend, total; radikal; **~~ effort** e-e alle Kräfte beanspruchende Anstrengung *f*; **~-outer** Radikale(r) *m*; **~-purpose** Allzweck-; **~~ adhesive** Alleskleber *m*; **~~ tractor** Allzweckschlepper *m*; **~-right** *a sl* anständig, zuverlässig; ausgezeichnet; **~-round** *a Br* vielseitig; gewandt; Rundum-; **~~ businessman** sehr erfahrene(r) Geschäftsmann *m*; **~~ education** umfassende Bildung *f*; **~~ estimate** Gesamtüberschlag *m*; **~~ improvement** Verbesserung *f* insgesamt; **~~ properties** *(pl)* Gesamteigenschaften *f pl*; **~~ price** Globalpreis *m*; **A~ Saints' Day** Allerheiligen *n*; **~ shook (up)** *Am sl* erregt, aus der Fassung; **~ shot** *Am sl* erledigt, erschossen; **A~ Souls' Day** Allerseelen *n*; **~-steel** Ganzstahl-; **~~ body** Ganzstahlkarosserie *f*; **~-time high** *das* höchste je erzielte Ergebnis; **~-time low** absolute(r) Tiefstand *m*; **~-up** *aero* Gesamt-; **~~ weight** Gesamtgewicht *n*; **~~ weather** Allwetter-; **~~ flying** Allwetterfliegen *n*; **~~ hood** Allwetterverdeck *n*; **~ wet** *Am sl* erledigt; besoffen; krank; **~-wheel** Allrad-; **~~ drive** Allrad-, Geländeantrieb *m*; **~~ wing** Nurflügel-; **~~ airplane** Nurflügelflugzeug *n*; **~-wood** Ganzholz-.

allay [ə'lei] *tr* beruhigen; verringern.

allegation [æle'geiʃən] Angabe, Aussage; Behauptung *f*.

allege [ə'ledʒ] *tr* angeben, vorbringen, anführen, erklären; behaupten; einwenden; vorschützen; **~d** [-d] *a* angeblich; vermeintlich.

allegiance [ə'li:dʒəns] Bürgerpflicht, Treue zum Staat; Treue, Anhänglichkeit *f*; *oath of ~* Treueid *m*.

allegor|ic(al) [æle'gɔrik(əl)] allegorisch, sinnbildlich; **~ize** ['æligəraiz] *tr* sinnbildlich darstellen; **~y** ['æligəri] Allegorie *f*, Sinnbild *n*.

allegro [ə'leigrou] *s pl -os mus* Allegro *n*; *a adv* lebhaft.

alleluia [æli'lu:jə] Hallelujah *n*.

allerg|ic(al) [ə'lə:dʒik(əl)] *med* allergisch *(to* gegen*)*; *to be ~~ to s.o. (fam)* jdn nicht ausstehen können; **~y** ['ælədʒi] *med* Allergie; *fam* Abneigung *f*.

alleviat|e [ə'li:vieit] *tr* erleichtern, lindern, mildern; **~ion** [əli:vi'eiʃən] Erleichterung; Linderung(smittel *n*), Milderung *f*.

alley ['æli] **1.** Gasse *f*, Gäßchen *n*; schmale(r) Gang *m*; Allee *f*; *min* Gang *m*; *(bowling ~)* Kegelbahn; **2.** große Murmel *f*; *up o.'s ~ (Am sl)* nach Geschmack, passend; *blind ~* Sackgasse; *fig* aussweglose Lage *f*, hoffnungslose(s) Unternehmen *n*; **~-cat** herumstreunende Katze *f*; **~-way** Gäßchen *n*; schmale(r) Gang *m*.

alliance [ə'laiəns] Bündnis *n*; *(Familien)* Verbindung, Verschwägerung *f*; Zs.schluß *m*; Arbeitsgemeinschaft *f*; *to form an ~* ein Bündnis schließen *(with* mit*)*; *defensive, military ~* Schutz-, Militärbündnis *n*.

allied [ə'laid, 'ælaid] *a* verbündet, alliiert; verwandt *(to* mit*)*; *com* assoziiert.

alligator ['æligeitə] *zoo* Alligator *m*.

alliterat|ion [əlitə'reiʃən] Alliteration *f*, Stabreim *m*; **~ive** [ə'litərətiv] alliterierend.

allocat|e ['æləkeit] *tr* an-, zuweisen, zuteilen; zur Verfügung stellen; **~ion** [ælə'keiʃən] Zuteilung, An-, Zuweisung; Verteilung, Umlage; Quote *f*; zugeteilte(r) Betrag *m*; **~~ of funds** Mittelzuweisung *f (to* für*)*.

allopathy [ə'lɔpəθi] Allopathie *f*.

allot [ə'lɔt] *tr* zu-, anweisen; verteilen; zubilligen, zumessen, bestimmen; **~ment** [-mənt] Zu-, Verteilung; An-, Zuweisung *f*; Anteil *m*; *Br* Parzelle *f*; *on ~~* bei Zuteilung; **~~ garden** Schrebergarten *m*; **~ter** [-ə] Vorwähler *m*.

allotropy [ə'lɔtrəpi] Allotropie *f*.

allow [ə'lau] *tr* erlauben, gestatten *(s.o. to do, doing s.th.)*; zulassen; geben,

allowable 26 **alphabetical**

bewilligen; anerkennen; *(Betrag)* anrechnen *(for* für); *(Ausgaben)* ansetzen *(for* für); *itr* erlauben, gestatten, zulassen *(of s.th.* etw); *Am fam* erklären, behaupten *(that* daß); *to ~ for (o.'s being s.th.)* berücksichtigen, in Betracht ziehen; berechnen; einkalkulieren, vorsehen; Platz, Zeit lassen; *will you ~ me?* darf ich? **~able** [-əbl] statthaft, zulässig; **~~ variation** *(tech)* Toleranz *f;* **~ance** [-əns] *s* Erlaubnis; Bewilligung, Genehmigung; Zuteilung; Berücksichtigung *f;* Zuschuß *m*, Taschengeld *n;* Vergütung, Rente, Beihilfe, Unterstützung *f;* Nachlaß, Abzug, Rabatt *m; tech* Toleranz, Zugabe *f*, Spielraum *m; sport* Vorgabe *f; mil* Ausstattungssold *n; tr* rationieren, wirtschaftlich einteilen; *to grant an ~~* e-n Zuschuß bewilligen; *to make ~~(s) for s.th.* etw berücksichtigen, zugute halten; einkalkulieren, vorsehen; für etw Platz, Zeit lassen; *to make an ~~ on s.th.* auf etw e-n Nachlaß, e-n Rabatt gewähren; *active service ~~ (mil)* Frontzulage *f; additional, supplementary ~~* Nachbewilligung *f; children's ~~* Kindergeld *n; clothing monetary ~~ (mil)* Kleidergeld *n; daily ~~* Tagessatz *m; dress ~~* Nadelgeld *n; extra ~~* Sondervergütung *f; family ~~* Familienzulage *f; tax ~~* Steuerabzug *m; travel ~~* Reisekostenentschädigung *f;* **~~ for dependents** Familienunterstützung *f;* **~~ for quarters** Wohnungsgeld *n;* **~~ for subsistence** Unterhaltszuschuß *m*.
alloy ['ælɔi, ə'lɔi] *s* Legierung, Beigabe, Mischung *f; tr* [ə'lɔi] *tr* legieren; mischen; verschlechtern; *(Glück)* trüben; schmälern; **~ steel** legierte(r) Stahl *m*.
allude [ə'l(j)u:d] *itr* anspielen *(to* auf), sich beziehen *(to* auf).
allur|e [ə'ljuə] *tr* ködern, (an)locken, verführen, verleiten, versuchen; *s* Reiz, Zauber *m;* **~ement** [-mənt] Verlockung, Verführung *f;* Reiz, Köder; Bann *m;* **~ing** [-riŋ] verlockend, verführerisch, faszinierend.
allus|ion [ə'lu:ʒən, -lju:-] Anspielung *(to* auf); zufällige Erwähnung *(to* von); Andeutung *f; to make an ~~ to* auf etw anspielen; **~ive** [-siv] anspielend *(to* auf); voller Anspielungen.
alluv|ial [ə'l(j)u:viəl] *a geol* alluvial, angeschwemmt, angespült; *s (~~ soil)* Schwemmland *n;* **~~ cone** *(geol)* Schuttkegel *m;* **~~ stone** Schwemmstein *m;* **~ium** [-iəm] *geol* Alluvium *n;* Ablagerung *f;* Schwemmland *n*.

ally ['ælai, ə'lai] *s* Bundesgenosse, Verbündete(r), Alliierte(r); *fig* Helfer *m; bot zoo* verwandte Gattung *f; tr* [ə'lai] verbünden, vereinigen *(to, with* mit); *to be allied to* eng verbunden, verwandt sein mit.
almanac ['ɔ:lmənæk] Kalender *m*, Jahrbuch *n*.
almighty [ɔ:l'maiti] *a* allmächtig; *sl* sehr, gewaltig; *the A~* der Allmächtige.
almond ['a:mənd] *bot* Mandel(baum *m) f;* **~-eyed** *a* mit mandelförmigen Schlitzaugen.
almoner ['a:mənə] (Sozial-)Fürsorger *m*.
almost ['ɔ:lmoust] *adv* fast, beinahe.
alms ['a:mz] *meist pl* Almosen *n;* **~-giver** Almosenspender *m;* **~ house** Altersheim für Bedürftige; *Am* Armenhaus *n*.
aloe ['ælou] *bot* Aloe, Agave *f; pl* Aloesaft *m;* **~ hemp** Sisalhanf *m*.
aloft [ə'lɔft] *adv* droben, hoch oben; *mar* in der Takelage.
alone [ə'loun] *a (meist nachgestellt)* allein; nur, bloß; *leave, let it ~!* lassen Sie es sein of deiblen! *leave, let me ~!* laß mich in Ruhe! *let ~* ganz abgesehen von; geschweige denn.
along [ə'lɔŋ] *prp* entlang, längs; *an ...* entlang; *adv* geradeaus, weiter; vorwärts; der Länge nach; *all ~* die ganze Zeit, schon immer; von Anfang an; die ganze Strecke entlang; überall; **~ here** in dieser Richtung; **~ with** zusammen mit; dazu, außerdem; *to come ~* mitkommen; *to get ~* weg-, weitergehen; Fortschritte machen *(with* mit); auskommen, fertig werden *(with* mit); durchkommen, leben; *to take ~* mitnehmen; *how are you getting ~?* wie geht es Ihnen denn? *get ~ with you!* das glaubt kein Mensch! scher dich! **~shore** *adv* der Küste entlang; **~side** *adv* Seite an Seite; *mar* Bord an Bord; längsseits; **~~ of** neben, ganz in der Nähe von; *prp* neben.
aloof [ə'lu:f] *adv* abseits, entfernt, von weitem, fern; *pred a* uninteressiert, zurückhaltend; *to stand, to hold o.s. ~ from s.th.* mit etw nichts zu tun haben wollen, sich von etw zurückhalten.
aloud [ə'laud] *adv* laut; vernehmlich; *to read ~* vorlesen.
alp [ælp] Alpe, Alm *f; the Alps* die Alpen; **~ine** ['-ain] alpin; sehr hoch.
alpaca [æl'pækə] *zoo* Alpaka *n; (Textil)* Alpakastoff *m*, -wolle *f*.
alpha ['ælfə] Alpha *n;* **~bet** ['-bit] Alphabet, Abc *n;* **~betical** [ælfə'betikəl] alphabetisch.

already [ɔ:l'redi] *adv* schon, bereits.
Alsatian [æl'seiʃiən] *s* Elsässer(in *f*) *m*; *a* elsässisch; ~ **dog** Schäferhund *m*.
also ['ɔ:lsou] *adv* auch, ebenfalls, gleichfalls; ferner, auch noch, dazu; **~-ran** *s sl fig* Blindgänger, Versager *m*; *a* minderwertig; *among the ~-s* unter „ferner liefen".
altar ['ɔ:ltə] Altar *m*; *to lead to the ~* zum Traualtar führen, heiraten; ~ **boy** Ministrant *m*; ~ **piece** Altargemälde *n*.
alter ['ɔ:ltə] *tr* (ab-, um-, ver)ändern, modifizieren, variieren; verwandeln; umbauen; *itr* sich wandeln, sich (ver-) ändern; **~able** ['-rəbl] veränderlich; **~ation** [ɔ:ltə'reiʃən] Ab-, (Ver-)Änderung, Verwandlung *f*; *subject to ~-s* Änderungen vorbehalten; *~-~ of course* Kurswechsel *m*.
altercat|e [ɔ:l'təkeit] *itr* (heftig) streiten; **~ion** [ɔ:ltə'keiʃən] (heftiger) Streit; Wortwechsel *m*, hitzige Auseinandersetzung *f*.
alternat|e [ɔ:l'tə:nit, *Am* 'ɔ:ltənit, 'ælt-] *a* abwechselnd; *bot* wechselständig; *s* Stellvertreter, Ersatzmann *m*; *v* ['ɔ:ltəneit] *tr* abwechseln lassen; umschichtig erledigen; *itr* abwechseln (*with* mit); abwechselnd, umschichtig stattfinden; *on ~ days* einen Tag um den andern; *~-~ angles* (*pl*) Wechselwinkel *m pl*; **~ely** [-li] *adv* abwechselnd, umschichtig; **~ing** ['ɔ:ltəneitiŋ] abwechselnd, Wechsel-; *~-~ current* Wechselstrom *m*; **~ion** [ɔ:ltə'neiʃən] Wechsel *m*, Abwechslung, Wechselfolge; abwechselnde Betätigung *f*; **~ive** [ɔ:l'tə:nətiv] *a* abwechselnd; sich gegenseitig ausschließend; verschieden; *s* Alternative, Doppelwahl, mehrfache Möglichkeit *f*; *there is no ~-~* es gibt keine andere Möglichkeit; *~-~ airfield, target* Ausweichflugplatz *m*, -ziel *n*; **~or** ['ɔ:ltəneitə] Wechselstromgenerator *m*.
altho(ugh) [ɔ:l'ðou] *conj* obgleich, wenn auch, obschon.
altimeter [æl'timitə] Höhenmesser *m*.
altitude ['æltitju:d] Höhe; Höhenlage *f*; *to fly at an ~ of* in e-r Höhe von ... fliegen; *~ above sea level* Höhe *f* über dem Meeresspiegel, über Normalnull; ~ **bracket** Höhenschicht *f*; ~ **chamber, depression box** Unterdruckkammer *f*; ~ **determination** Höhenbestimmung *f*; ~ **difference** Höhenunterschied *f*; ~ **indication** Höhenangabe *f*; ~ **range** (*Geschoß*) Steighöhe *f*.
alto ['æltou] *pl -s, -ti* [-ti:] *mus* Alt *m*; Altstimme *f*; **~-relievo** ['-'ri'li:vou] Hochrelief *n*.

altogether [ɔ:ltə'geðə] *adv* gänzlich, ganz und gar, völlig; alles in allem, insgesamt, im ganzen; *in the ~ (fam)* im Adamskostüm; *taken ~* alles in allem genommen.
altruis|m ['æltruizm] Altruismus *m*, Uneigennützigkeit *f*; **~t** ['-st] Altruist, selbstlose(r) Mensch *m*; **~tic** [æltru'istik] altruistisch, selbstlos.
alum ['æləm] *chem* Alaun *m*; **~ina** [ə'lju:minə] *chem* Tonerde *f*; **~inate** [ə'lju:mineit]*chem* Aluminat *n*; **~in(i)um** [ælju'min(j)əm] Aluminium *n*; *~-~ acetate* essigsaure Tonerde *f*; *~-~ foil* Aluminiumfolie *f*; **~inous** [ə'lju:minəs] tonerdehaltig.
alumn|a [ə'lʌmnə] *pl -ae* [-i:], **~us** [-əs] *pl -i* [-ai] *Am* Alte(r) Herr *m*.
alveol|ar [æl'viələ] alveolar; **~us** [-ləs] *pl -i* [-ai] *anat* Alveole *f*.
always ['ɔ:lwəz, -iz, -eiz] *adv* immer, stets, (be)ständig, zu allen Zeiten, bei jeder Gelegenheit; von jeher, schon immer.
amalgam [ə'mælgəm] *chem* Amalgam *n*; *fig* Mischung *f*; **~ate** [-eit] *tr* amalgamieren; vermischen; vereinigen, verschmelzen; *itr* sich vereinigen, verschmelzen; *com* fusionieren, sich zs.- schließen; **~ation** [əmælgə'meiʃən] Amalgamierung, Vereinigung, Verschmelzung, Fusionierung *f*; Zs.schluß *m*, Fusion *f*.
amanuensis [əmænju'ensis] *pl -ses* [-si:z] Sekretär *m*.
amaranth ['æmərænθ] *bot* Amarant, Fuchsschwanz *m*; Purpurrot *n*.
amaryllis [æmə'rilis]*bot* Narzissenlilie *f*.
amass [ə'mæs] *tr* an-, aufhäufen; zs.- tragen, -bringen.
amateur ['æmətə:] *s* Amateur; Dilettant; Bastler *m*; *a* Liebhaber-; **~ish** [æmə'tə:riʃ, 'æm-] dilettantisch.
amatory ['æmətəri] erotisch, Liebes-.
amaz|e [ə'meiz] *tr* verblüffen, sehr überraschen; *to be ~-ed at* erstaunt sein über; **~ement** [-mənt] Erstaunen *n*, Verblüffung *f*; **~ing** [-iŋ] erstaunlich, verblüffend.
amazon ['æməzən] Amazone *f*; **~ian** [æmə'zounjən] amazonenhaft.
ambassad|or [æm'bæsədə] Botschafter *m*; **~orial** [æmbæsə'dɔ:riəl] Botschafter-; **~ress** [-dris] Botschafterin *f*.
amber ['æmbə] *s* Bernstein *m*; *a* bernsteinfarben; **~gris** ['-gri:s]Ambergris *m*.
ambidext|erity [æmbideks'teriti]Beidhändigkeit; ungewöhnliche Geschicklichkeit; *pej* Unaufrichtigkeit *f*; **~rous** ['æmbi'dekstrəs] beidhändig; sehr geschickt; *pej* hinterhältig, unaufrichtig.

ambient ['æmbient] umgebend; **~ noise** Neben-, Raumgeräusch n.

ambigu|ity [æmbi'gju:iti] Mehr-, Doppeldeutigkeit; Unklarheit; Zweideutigkeit f; **~ous** [æm'bigjuəs] mehr-, doppel-, zweideutig; unklar.

ambit ['æmbit] oft pl Umfang, Umkreis m; Gebiet n.

ambit|ion [æm'biʃən] Ehrgeiz m; to be filled with **~** ehrgeizig sein; political **~ s** (pl) politische Ambitionen f pl; **~ ~** for power Streben n nach Macht; **~ious** [-əs] ehrgeizig; begierig (of nach); eifrig, strebsam.

ambivalen|ce ['æmbi'veiləns] Ambivalenz f, widerstreitende Gefühle n pl; Zweiwertigkeit f; **~t** [-t] ambivalent.

amble ['æmbl] s Paßgang; fig zwanglose(r) Gang m; itr im Paßgang reiten; fig zwanglos dahinschlendern.

ambrosia [æm'brouziə] Ambrosia, Götterspeise f; **~l** [-l] ambrosisch.

ambul|ance ['æmbjuləns] Kranken-, Sanitätswagen m; Br Feldlazarett; (**~ ~** aircraft) Sanitätsflugzeug n; **~ ~** box Verbandkasten m; **~ ~** driver Fahrer m e-s Sanitätswagens; **~ ~** dog Sanitätshund m; **~ ~** station Unfallstation f; **~ ~** truck (mot) Krankenwagen m; **~ant** ['-ənt] wandernd; gehfähig; **~atory** ['-ətəri] a umherziehend; gehfähig, beweglich; med ambulant; jur veränderlich; s Wandelgang m, -halle f.

ambuscade [æmbəs'keid], **ambush** ['æmbuʃ] s Hinterhalt m, Lauerstellung f; tr in den Hinterhalt legen; aus dem Hinterhalt überfallen; itr im Hinterhalt liegen.

ameliorat|e [ə'mi:liəreit] tr verbessern; itr besser werden; **~ion** [əmi:liə'reiʃən] Verbesserung f; **~ive** [-iv] verbessernd.

amen ['ei'men, 'ɑ:'men] Amen n.

amenab|ility [ə'mi:nə'biliti] Zugänglichkeit (to für); Verantwortlichkeit f (to gegenüber); **~le** [-l] zugänglich (to für); verantwortlich (to gegenüber), abhängig (to von), unterworfen (to the law dem Gesetz); bedroht (to mit).

amend [ə'mend] tr verbessern, berichtigen, richtigstellen; (ab)ändern; ergänzen; itr sich bessern, besser werden; motion to **~** (parl) Ergänzungsantrag m; **~ment** [-mənt] Verbesserung, Berichtigung, Richtigstellung; Änderung; Ergänzung(santrag m) f; Zusatzantrag m; to bring forward, to move an **~ ~** e-n Abänderungsantrag einbringen; **~s** [-z] pl Entschädigung, Wiedergutmachung f; Ersatz m; Buße f; to make **~ ~** Schadenersatz leisten.

amenity [ə'meniti, -'mi:-] Annehmlichkeit; Anmut f; pl höfliche(s) Betragen n, Höflichkeiten f pl.

American [ə'merikən] s Amerikaner(in f) m; a amerikanisch; **~ aloe** Yucca n; **~ cloth** Wachstuch n; **~ism** [-izm] amerikanische Ausdrucksweise f; **~ize** [-aiz] tr amerikanisieren; **A~ Legion** Vereinigung f der Kriegsteilnehmer.

amethyst ['æmiθist] min Amethyst m.

amiab|ility [eimjə'biliti] Freundlichkeit, Liebenswürdigkeit; Gutherzigkeit f; **~le** ['eimjəbl] liebenswürdig, freundlich; gutherzig.

amicable ['æmikəbl] freundschaftlich, friedlich; gütlich.

amid, **~st** [ə'mid(st)] prp mitten unter; **~ship(s)** adv mittschiffs.

amino acids [ə'mi:nou 'æsidz] chem Aminosäuren f pl.

amiss [ə'mis] pred a, adv in Unordnung, schlecht, übel; mangelhaft, fehlerhaft; falsch; to take s.th. **~** etwas übelnehmen; there's much **~** with it es ist alles in Ordnung.

amity ['æmiti] Freundschaft f, gute(s) Einvernehmen n, freundschaftliche Beziehungen f pl.

ammeter ['æmitə] el Amperemeter n, Strommesser m.

ammoni|a [ə'mounjə] chem Ammoniak; (**~ ~** water) Ammoniakwasser n; **~ ~** solution Salmiakgeist m; **~ac(al)** [-k(əl)] ammoniakalisch; **~te** ['æmənait] geol Ammonit m; **~um** [-m] chem Ammonium n; **~ ~** chloride Ammoniumchlorid n; Salmiak m.

ammunition [æmju'niʃən] Munition f; **~ bearer, handler** (MG) Munitionsschütze m; **~ belt** (MG) Patronengurt m; **~ box** Patronen-, Munitionskasten m; **~ clip** (Gewehr) Ladestreifen m; **~ container** Munitionsbehälter m; **~ depot** Munitionsdepot n; **~ drum** (MG) Trommelmagazin n; **~ dump** Munitionslager n; **~ factory** Munitionsfabrik f; **~ pocket, pouch** Patronentasche f; **~ shortage** Munitionsmangel m; **~ supply** Munitionsversorgung f.

amnesia [æm'ni:ziə] med Gedächtnisschwund m.

amnesty ['æmnisti] s Amnestie f, Straferlaß m; tr amnestieren, begnadigen.

amoeb|a [ə'mi:bə] zoo Amöbe f; **~ic** [-ik] a Amöben-; **~ ~** dysentery Amöbenruhr f.

among(st) [ə'mʌŋ(st)] prp unter, zwischen; in; bei; **~** other things unter anderem; neben anderem, neben anderen Dingen; they agreed **~** themselves sie kamen untereinander überein.

amoral — analytic

amoral [æ'mɔrəl, *Am* ei-] amoralisch.
amorous ['æmərəs] verliebt (*of* in); liebevoll.
amorphous [ə'mɔ:fəs] *chem min* amorph; unkristallinisch; gestaltlos, formlos; anomal.
amortiz|ation, ~ement [əmɔ:ti'zeiʃən, ə'mɔ:tizmənt] Amortisation, Tilgung; Rückzahlung *f*; **~e, amortise** [ə'mɔ:taiz] *tr* amortisieren, tilgen.
amount [ə'maunt] *s* Betrag *m*, Summe; Menge *f*, Umfang *m*; Bedeutung, Auswirkung *f*; *itr* sich belaufen (*to* auf), (den Betrag) erreichen (*to* von), betragen, ausmachen (*to s.th.* etw); hinauslaufen (*to* auf); bedeuten (*to s.th.* etw); *any ~ of (fam)* viel; *up to the ~ of* bis zum Betrage von, nicht mehr als; im Werte von; *to be large in ~* dem Umfang nach groß sein; *to ~ to nothing* belanglos sein; *he doesn't ~ to much* mit ihm ist nicht viel anzufangen; *aggregate, total ~* Gesamtbetrag *m; nominal ~* Nennwert *m; ~ of damages* Höhe *f* des Schadensersatzes; *~ of the debt* Schuldsumme *f; ~ of indemnification* Entschädigungssumme *f; ~ of punishment* Strafmaß *n; ~ of security* Kautionssumme *f; ~* **carried forward, over com** Übertrag *m*.
amper|age [æm'pɛəridʒ] Stromstärke *f*; **~e** ['æmpɛə] Ampere *n*; **~~ hour** Amperestunde *f*; **~~meter** Amperemeter *n*.
amphibi|an [æm'fibiən] *s zoo* Amphibie *f*; *aero* Amphibienflugzeug *n*; *a* amphibisch; Amphibien-; **~~ tank** Amphibienkampfwagen *m*; **~ous** [-əs] amphibisch; Amphibien-; **~~ operation (mil)** Landungsunternehmen *n*.
amphitheatre ['æmfiθiətə] Amphitheater *n*; Arena *f*; große(r) Hörsaal *m* (mit ansteigenden Sitzreihen).
ample ['æmpl] geräumig, ausgedehnt; reichlich; ausreichend, genügend.
amplif|ication [æmplifi'keiʃən] Erweiterung, Ausdehnung; *el* Verstärkung *f*; zusätzliche Einzelheiten, weitere Ausführungen *f pl* (*upon* über); ausführliche Darstellung; *pej* Übertreibung *f*; **~ier** ['æmplifaiə] *el* Verstärker *m*; (*~~ tube*) Verstärkerröhre *f*; Lautsprecher *m*; Vergrößerungslinse *f*; **~y** ['æmplifai] *tr* verstärken *a. el*; erweitern, ausdehnen, vergrößern; (*Thema*) näher ausführen, ausführlich darstellen; *itr* sich ausführlich, weitschweifig auslassen (*upon* über).
amplitude ['æmplitju:d] Weite, Größe *f*, Umfang *m*; Fülle; *phys* Amplitude, Schwingungsweite *f*; *tech* Größt-, Scheitelwert *m*.

ampoule ['æmpu:l] *med* Ampulle *f*.
amputat|e ['æmpjuteit] *tr* amputieren, abnehmen; abschneiden; **~ion** [æmpju'teiʃən] *med* Amputation *f*; **amputee** [æmpju'ti:] *Am* Amputierte(r) *m*.
amuck [ə'mʌk] *adv: to run ~* Amok laufen; *fig* außer Kontrolle geraten.
amulet ['æmjulet] Amulett *n*.
amus|e [ə'mju:z] *tr* belustigen, amüsieren, erheitern; unterhalten, erfreuen; *to ~ o.s.* sich die Zeit vertreiben (*by doing s.th.* mit); **~ement** [-mənt] Belustigung, Unterhaltung *f*; Zeitvertreib *m*, Vergnügen *n* (*at* über); *pl* Vergnügungen *f pl; to do s.th. for ~~* etw zum Zeitvertreib tun; **~ing** [-iŋ] unterhaltend, belustigend, amüsant (*to* für).
amyl ['æmil] *chem* Amyl *n*; **~ acetate** Fruchtäther *m*; **~oid** ['-ɔid] *a* stärkeartig, -haltig; *s* stärkehaltige(s) Nahrungsmittel *n*.
an [ən, æn] *unbest. Artikel s. a*.
anabatic [ænə'bætik] (*Wind*) steigend; **~ wind** Aufwind *m*.
anachron|ism [ə'nækrənizm] Anachronismus *m*; **~chronistic** [ənəkrə'nistik] anachronistisch; **~conda** [ænə'kɔndə] Anakonda *f*.
an(a)emi|a [ə'ni:miə] *med* Anämie, Blutarmut *f*; **~c** [-k] anämisch, blutarm; bleichsüchtig.
an(a)esthe|sia [æni:s'θi:ziə] Unempfindlichkeit; *med* Narkose *f*; **~tic** [-'θetik] *a* unempfindlich; betäubend; *s* Betäubungsmittel *n*; **~tize** [æ'ni:sθətaiz] *tr* betäuben.
anagram ['ænəgræm] Anagramm *n*.
anal|ects ['ænəlekts] *pl* Auswahl, Blumenlese *f*; **~gesia** [ænæl'dʒi:ziə] Gefühllosigkeit, Schmerzunempfindlichkeit *f*; **~gesic** [ænæl'dʒi:sik, -'dʒe-] schmerzunempfindlich.
analog|ic(al) [ænə'lɔdʒik(əl)] analogisch; **~ous** [ə'næləgəs] analog, entsprechend; ähnlich, vergleichbar; **~ue** ['ænəlɔg] Analogon *n*; **~y** [ə'nælədʒi] Analogie, Ähnlichkeit *f*; Vergleich *m*; *on the ~~ of* analog, gemäß *gen*.
analy|se, ~ze ['ænəlaiz] *tr* analysieren, zergliedern, zerlegen; bestimmen; *fig* untersuchen; (*Bericht*) auswerten; *math* mit Gleichungen lösen; berechnen; **~sis** [ə'næləsis] *pl -ses* [-si:z] Analyse, Zerlegung; *math* Analysis, Berechnung; Untersuchung, Auswertung *f*; (*~~ of an account*) Rechnungs-, Kontenauszug *m*; **~st** ['ænəlist] Analytiker; *Am* Psychotherapeut *m*; *food ~~* Lebensmittelchemiker *m*; **~tic(al)** [-'litik(əl)] analytisch; **~~al geometry** analytische Geometrie *f*.

anapaest ['ænəpi:st] Anapäst *m*.
anarch|ic(al) [æ'nɑ:kik(əl)] anarchisch; anarchistisch; staatsfeindlich; **~ism** ['ænəkizm] Anarchismus *m*; **~(ist)** ['ænək(ist)] Anarchist *m*; **~istic** [ænə'kistik] anarchistisch; **~y** ['ænəki] Anarchie, Gesetzlosigkeit *f*.
anathema [ə'næθimə] Kirchenbann; Fluch; Gebannte(r), Verfluchte(r) *m*.
anatom|ic(al) [ænə'təmikəl] anatomisch; **~ist** [ə'nætəmist] Anatom *m*; **~ize** [ə'nætəmaiz] *tr* sezieren; zerlegen; *fig* Einzelheiten prüfen; **~y** [ə'nætəmi] Anatomie; *fig* genaue Analyse *f*.
ancest|or ['ænsistə] Vorfahre, Ahn *m*; **~ral** [æn'sestrəl] angestammt; Ur-, Stamm-; **~ry** ['-ri] Ahnen, Vorfahren *m pl*.
anchor ['æŋkə] *s* Anker; *fig* Halt *m*, Zuflucht *f*; *tr* verankern; befestigen; *itr* ankern, vor Anker liegen; *at ~* vor Anker; *to cast ~* Anker werfen; *to ride at ~* vor Anker liegen; *to weigh ~* (den) Anker lichten; *as if ~ed to the spot (fig)* wie angenagelt; **~age** ['-ridʒ] Liegeplatz *m*, Ankerplatz *m*, -gebühr; Verankerung *f*; *fig* feste(r) Halt *m*; Einsiedelei *f*; **~ bolt** Ankerbolzen *m*; **~ buoy** Ankerboje *f*; **~ cable** Ankertau *n*; **~ clamp** Abspannklemme *f*; **~ess** ['-ris] Einsiedlerin *f*; **~et, ~ite** ['-ret, '-rait] Anachoret, Einsiedler *m*; **~ ice** Bodeneis *n*; **~ pole, tower** Ankermast *m*.
anchovy [æn'tʃouvi] Anschovis, Sardelle *f*.
ancient ['einʃənt] *a (Gegenstand)* sehr alt, uralt, aus alter Zeit; antik; *(Mensch)* bejahrt; *s* bejahrte(r) Mann *m*; *the ~s* die alten Griechen u. Römer.
ancillary [æn'siləri] Hilfs-, Zusatz-; zusätzlich, ergänzend *(to* für).
and [ænd, ənd, ən] *conj* und; und auch; und dazu; *fam* um zu; *for days ~ days* tagelang; *years ~ years* unzählige Jahre; *nice ~ warm* schön warm; *~ so forth, on* usw.; *~ sundry* u. dergleichen; *try ~ do it* versuch's doch mal! *wait ~ see* abwarten (u. Tee trinken)!
andante [æn'dænti] *s mus* Andante *n*.
andiron ['ændaiən] Feuerbock *m*.
anecdot|al [ænek'doutl] anekdotisch; **~e** ['ænikdout] Anekdote *f*.
anemometer [æni'məmitə] Anemometer *n*, Windstärkemesser *m*.
anemone [ə'neməni] *bot* Anemone *f*, Windröschen *n*.
aneroid ['ænərəid] *(~ barometer)* Aneroid-, Dosenbarometer *n*.
anew [ə'nju:] *adv* wieder, von neuem; auf neue Weise.

angel ['eindʒəl] *s* Engel *a. fig*; Geist; *sl* Geldgeber *m*; *Am sl aero* 1000 Fuß; *tr sl* finanzieren; *guardian ~* Schutzengel *m*; **~-fish** Engelhai *m*; **~ food** *Am Art* Gebäck *n*; **~ic** [æn'dʒelik] engelhaft; **~ica** [æn'dʒelikə] *bot* Angelika, Engelwurz *f*; **~us** ['ændʒiləs] Angelus-Läuten *n*.
anger ['æŋgə] *s* Ärger, Zorn *m*, Wut *f*; *tr* erzürnen, wütend machen; *in (a moment of) ~* im Zorn.
angina [æn'dʒainə] *med* Angina, Halsentzündung *f*; **~ pectoris** Angina pectoris, Herzbräune *f*, -krämpfe *m pl*.
angle ['æŋgl] **1.** *itr* angeln *(for* nach) *a. fig*; *fig* listig zu erreichen versuchen *(for s.th.* etw); **~r** ['-ə] Angler; *fig* Schlauberger; *zoo* Seeteufel *m*; **~ worm** *zoo* Regenwurm *m*; **2.** *s* Winkel *m*, Ecke *f*; *tech* Knie *n*; *Am* Gesichtspunkt *m*, Auffassung, Stellungnahme *f*, persönliche(r) Vorteil *m*; *tr fam* e-e andere Richtung geben, entstellen, verdrehen; *tech* bördeln, umbiegen; *to be at an ~ to* e-n Winkel bilden mit; *to consider s.th. from all ~s* etw von allen Seiten betrachten; *acute, right, obtuse ~* spitze(r), rechte(r), stumpfe(r) Winkel *m*; *~ of attack* Anstellwinkel *m*; *~ of elevation* Höhenwinkel *m*; *~ of impact, incidence* Auftreff-, Einfallwinkel *m*; *~ of refraction* Brechungswinkel *m*; *~ of slope* Böschungswinkel *m*; *~ of vision* Gesichtswinkel *m*; **~ bar, iron** Winkeleisen *n*.
Anglican ['æŋglikən] *s* Anglikaner *m*; *a* anglikanisch; *Am* englisch; **~ism** ['-izm] Anglikanismus *m*.
anglici|sm ['æŋglisizm] Anglizismus *m*; typisch englische Ausdrucksweise *f*; **~st** ['-st] Anglist *m*; **~ze** ['-aiz] *tr* englisch machen.
Anglo ['æŋglo(u)] *a* Anglo-; englisch; **~-American** angloamerikanisch; **~-French** anglofranzösisch; **a-mania** ['-'meiniə] übertriebene Vorliebe *f* für englisches Wesen; **~-Norman** anglonormannisch; **a-phile** ['-fail] Freund *m* Englands; **a-phobe** ['-foub] Feind *m* Englands; **a-phobia** ['-'foubiə] Haß *m* gegen England; **~-Saxon** *s* Angelsachse *m*; *a* angelsächsisch.
angora [æŋ'gərə] Angorawolle *f*; **~ cat, goat, rabbit** Angorakatze, -ziege *f*, -kaninchen *n*.
angry ['æŋgri] ärgerlich, zornig *(at s.th.* über etw; *with s.o.* auf jdn); *(Meer)* stürmisch; wild; *med* entzündet u. schmerzhaft; *to be ~* sich ärgern, ärgerlich sein; böse sein *(at, with* auf,

anguish — annual wage

mit); *what are you ~ about?* worüber ärgern Sie sich?

anguish ['æŋgwiʃ] große(r) Schmerz *m*, Qual *f*; *to be in* ~ Qualen ausstehen *a. fig.*

angular ['æŋgjulə] wink(e)lig; eckig, spitzig, kantig; *(Mensch)* knochig, *fig* steif, hölzern; schroff; Winkel-; **~ity** [æŋgju'læriti] Eckigkeit; Winkellage; *fig* Steifheit *f*.

anhydr|id(e) [æn'haidrid, -aid] *chem* Anhydrid *n*; **~ous** [-əs] *chem* (kristall-)wasserfrei; Dörr-.

anil ['ænil] Indigo *n*; **~in(e)** ['-i:n, '-ain] Anilin *n*; **~ ~ dye** Anilinfarbstoff *m*.

animadver|sion [ænimæd'və:ʃən] Tadel *m*, Kritik (*on* an), absprechende Bemerkung *f* (*on* über); **~t** [-t] *tr* tadeln, kritisieren, ungünstig beurteilen.

animal ['æniməl] *s* Tier, (tierisches) Lebewesen *n*; *fig* rohe(r) Kerl *m*; *the* ~ das Tierische; *a* tierisch, animalisch; *fig* grob, bestialisch, sinnlich; **~ charcoal** [æni'mælkju:l] mikroskopisch kleine(s) Tierchen *n*; **~ fat** Tierfett *n*; **~ glue** Tierleim *m*; **~ hair** Tierhaar *n*; **~ husbandry** Viehzucht *f*; **~ism** ['-izm] Animalismus *m*; Lebenskraft *f*; **~ kingdom** Tierreich *n*; **~ products** *pl* tierische Rohprodukte *n pl*; **~ spirits** *pl* Lebensgeister *m pl*, -kraft; unbekümmerte Heiterkeit *f*.

animat|e ['ænimeit] *tr* beleben, mit Leben erfüllen; animieren, anregen; aufmuntern, ermutigen, begeistern; *(Sache)* bewegen; *a* ['-it] belebt, lebendig; *fig* lebendig, kraftvoll, frohgemut; **~ed** ['-id] *a* lebendig, voller Leben; lebhaft, kraftvoll, heiter; beseelt (*by*, *with* von); **~ ~ cartoon** Trickfilm *m*; **~ion** [æni'meiʃən] Belebung *f*; Leben *n*; Aufmunterung, Lebhaftigkeit; Munterkeit *f*; **~or** ['-ə] Trickfilmzeichner *m*.

animism ['ænimizm] Animismus *m*.

anim|osity [æni'mɔsiti] Haß *m*, Feindseligkeit; starke Abneigung *f* (*against* gegen; *between* zwischen); **~us** ['æniməs] Absicht *f*, Beweggrund *m*; Einstellung; Abneigung *f*, Haß *m*.

anis|e ['ænis] *bot* Anis *m*; **~eed** ['-i:d] Anissamen *m*.

ank|le ['æŋkl] Fußknöchel *m*; *to sprain o.'s* ~ ~ sich den Fuß verstauchen; **~ ~ bone** Fußknochen *m*; **~let** ['-lit] Band *n*, Fessel *f* um den Knöchel; (Frauen-)Söckchen *n*; **~ylosis** [æŋki'lousis] *med* Gelenkversteifung, -verwachsung *f*.

annal|ist ['ænəlist] Chronist *m*; **~s** ['-z] *pl* Jahrbücher *n pl*.

anneal [ə'ni:l] *tr* anlassen, (aus)glühen, tempern; **~ed** *copper* Weichkupfer *n*; **~ing** [-iŋ] (Aus-)Glühen, Härten *n*.

annex ['æneks] *s arch a.* **~e** Anbau *m*, Nebengebäude *n*; Anhang *m*, Anlage *f*; Nachtrag, Zusatz *m* (*to* zu); *tr* [ə'neks] *pol* annektieren, einverleiben, eingliedern (*to* in); anhängen, beifügen; *as ~ed* laut Anlage; **~ation** [ænek'seiʃən] *pol* Annexion, Eingliederung (*to* in); Anlage, Beifügung *f*.

annihilat|e [ə'naiəleit] *tr* vernichten, ausrotten; ausmerzen; **~ing** *fire* mil Vernichtungsfeuer *n*; **~ion** [ənaiə'leiʃən] Vernichtung, Zerstörung *f*.

anniversary [æni'və:səri] Jahrestag *m*; *wedding* ~ Hochzeitstag *m*.

annotat|e ['ænɔ(u)teit] *tr* mit Anmerkungen versehen, kommentieren; *itr* Anmerkungen machen (*on* zu); **~ion** [ænɔ(u)'teiʃən] Anmerkung *f*, Kommentar *m*, Erläuterung *f*; **~or** ['-ə] Kommentator *m*.

announce [ə'nauns] *tr* ankündigen, (an)melden; ansagen, durchgeben; bekanntgeben, -machen, anzeigen; **~ment** [-mənt] Ankündigung, Anzeige, Bekanntmachung; *radio* Durchsage *f*; **~r** [-ə] *radio* Ansager *m*.

annoy [ə'nɔi] *tr* belästigen, stören, ärgern; quälen, plagen; verletzen; *to be ~ed* sich ärgern (*at s.th.* über etw; *with s.o.* über jdn); **~ance** [-əns] Ärger *m*, Störung *f*; Verdruß *m*, Verstimmung; Belästigung; lästige Person *f*; **~ing** [-iŋ] lästig, störend; ärgerlich.

annual ['ænjuəl] *a* jährlich; *bot* einjährig; Jahres-; *s* Jahrbuch *n*; einjährige Pflanze *f*; Jahresgehalt, Jahresgedächtnis(messe *f*) *n*; **~ amount** Jahresbetrag *m*; **~ balance** Jahresabschluß *m*; **~ consumption** Jahresverbrauch *m*; **~ estimates** *pl* Jahresvoranschlag *m*; **~ fee** Jahresbeitrag *m*, -gebühr *f*; **~ financial statement** Jahresabschluß *m*; **~ income** Jahreseinkommen *n*; **~ize** ['-aiz] *tr* auf Jahresbasis umrechnen; **~ly** ['-i] *adv* jährlich, Jahr für Jahr; **~ meeting** Jahres-, Hauptversammlung *f*; **~ proceeds** *pl* Jahresertragm;**~production** Jahreserzeugung *f*; **~ profit** Jahresgewinn *m*; **~ receipts** *pl* Jahreseinnahmen *f pl*; **~ rent** Jahresmiete *f*; **~ report** Jahresbericht *m*; **~ result** Jahresergebnis *n*; **~ revenue** Jahreseinkommen *n*; **~ ring** *bot* Jahresring *m*; **~ salary** Jahresgehalt *n*; **~ subscription** Jahresabonnement *n*; **~ turnover** Jahresumsatz *m*; **~ wage** Jahreslohn *m*.

annuitant [ə'nju(:)itənt] Rentenempfänger, Rentner m; ~y [-i] Jahresrente, Annuität f; to settle an ~ ~ on s.o. jdm e-e Rente aussetzen; government ~ ~ Staatsrente f; invalidity ~ ~ Invalidenrente f; life ~ ~ Lebens-, Leibrente f; ~ ~ agreement Leibrentenvertrag m; ~ ~ bank Rentenbank f; ~ ~ bond Rentenpapier n; ~ ~ charge Rentenschuld f; ~ ~ insurance Rentenversicherung f.

annul [ə'nʌl] tr annullieren, aufheben, für ungültig erklären, außer Kraft setzen; abschaffen, auflösen; (Vertrag) kündigen; (Verfügung) aufheben; **~ment** [-mənt] Annullierung, Aufhebung, Auflösung, Nichtigkeitserklärung f; Abschaffung f; action for ~ ~ Anfechtungsklage f.

annul|ar [ˈænjulə] ringförmig; ~ ~ body Ringkörper m; **~et** ['-et] kleine(r) Ring m; arch schmale Ringverzierung f; **~us** ['-əs] Ring(raum) m.

annunciat|e [əˈnʌnsieit, -ʃi-] tr ankündigen; **~ion** [ənʌnsiˈeiʃən] Verkündigung f; A~~ Mariae Verkündigung (25. März); **~or** [ənʌnsiˈeitə] Ankündiger m; Meldeanlage f.

anod|e ['ænoud] el Anode f; ~ ~ battery Anodenbatterie f; ~ ~ circuit Anodenkreis m; ~ ~ current Anodenstrom m; ~ ~ slime Anodenschlamm m; ~ ~ voltage Anodenspannung f; **~ize** ['ænədaiz] tr eloxieren; **~yne** ['ænədain] schmerzstillend(es Mittel n).

anoint [əˈnɔint] tr salben a. rel.

anomal|ous [əˈnɔmələs] unregelmäßig; anomal; **~y** [-i] Unregelmäßigkeit, Anomalie; biol Mißbildung f.

anon [əˈnɔn] adv bald, in Kürze; ein andermal; wieder; ever and ~ von Zeit zu Zeit.

anonym|ity [ænəˈnimiti] Anonymität f; **~ous** [əˈnɔniməs] anonym, ungenannt, ohne Namensnennung.

ano|pheles [əˈnɔfəli:z] zoo Anopheles f; **~rak** ['ɑːnɔrɑːk] Anorak m.

another [əˈnʌðə] a prn ein anderer; noch ein; ein zweiter, -s; at ~ time zu e-r anderen Zeit; in ~ place an e-m anderen Ort; one ~ einander, sich.

answer ['ɑːnsə] s Antwort; Entgegnung, Erwiderung f; Bescheid m (to auf); (Problem) Lösung f, Resultat n; jur Replik, Gegenschrift, Verteidigung f; itr antworten, erwidern, entgegnen; verantwortlich sein, haften, bürgen (for für); einstehen, die Verantwortung übernehmen (for für); dienen (for a purpose e-m Zweck); entsprechen (to a description e-r Beschreibung); übereinstimmen (to mit); reagieren (to auf); (Plan) Erfolg haben; tr beantworten; e-e Antwort geben (s.o. jdm); entsprechen (a purpose e-m Zweck); erfüllen (s.th. etw); (Wechsel) einlösen; (Verpflichtungen) nachkommen; (Anforderungen) genügen; (Schuld) bezahlen; in ~ to in Beantwortung gen, als Antwort auf; to ~ back unverschämt antworten; to ~ up sofort, laut antworten; e-e Antwort bereit haben (to s.o. für jdn); to ~ the bell, door (auf ein Klingelzeichen) die Tür öffnen; to ~ the helm dem Steuer gehorchen; to ~ to the name of ... auf den Namen ... hören; to ~ a summons (jur) e-r Ladung Folge leisten; to ~ the (tele)phone ans Telephon gehen; he knows all the ~s (fam) er ist ein schlauer Bursche; pej er ist abgebrüht; **~able** ['-rəbl] beantwortbar; (Problem) lösbar; jur verantwortlich; to be (held) ~ ~ to s.o. for s.th. für etw gegenüber jdm verantwortlich sein.

ant [ænt] Ameise f; **~bear** Ameisenbär m; **~eater** Ameisenfresser m; **~hill** Ameisenhaufen m.

antacid ['æntˈæsid] a säurebindend, neutralisierend; s Mittel n gegen Magensäure.

antagoni|sm [ænˈtægənizm] Gegensatz m; Feindseligkeit f; Widerspruch m; to be in ~ ~ with im Gegensatz stehen zu; **~st** [-st] Gegner, Widersacher m; **~stic** [æntægəˈnistik] gegensätzlich, widerstreitend, feindlich; **~ze** [-aiz] tr zu s-m Gegner machen; entfremden; den Widerstand hervorrufen (s.o. jds); Am bekämpfen, Widerstand leisten (s.th. gegen etw), ablehnen.

antarctic [æntˈɑːktik] s Antarktis f; a antarktisch; ~ **circle** Südpolarkreis m.

ante ['ænti] s (Poker) Einsatz m; tr Am (s-n Einsatz, Anteil) bezahlen.

anteceden|ce [æntiˈsiːdəns] Vortritt, Vorrang m; astr Rückläufigkeit f; **~t** [-t] a früher (to als); vorangehend; frühere(s) Ereignis n; Voraussetzung, Vorstufe f; math Vorderglied n; gram Vordersatz m, Bezugswort n; pl Vorleben n, Vergangenheit f.

antechamber ['æntitʃeimbə] Vorzimmer n; tech Vorkammer f.

antedate ['ænti'deit] tr vordatieren; e-r früheren Zeit zuweisen; vorausnehmen.

antediluvian ['æntidi'luːviən] a vorsintflutlich a. fig; altmodisch; s altmodische(r) Mensch m, fam Fossil n.

antelope ['æntiloup] zoo Antilope f.

antenatal ['ænti'neitəl] vor der Geburt (liegend).

antenna [ænt'enə] *pl -ae* [-i:] *zoo* Fühler *m*; *pl -s tech* Antenne *f*; **~ mast, pole** Funkmast *m*; **~ power** Antennenleistung *f*.

antenuptial ['ænti'nʌpʃəl] vorehelich.

anterior [æn'tiəriə] *a (Ort)* vorder; *(Zeit)* vorhergehend, früher *(to* als*)*.

anteroom ['æntirum] Vor-, Wartezimmer *n*.

anthem ['ænθəm] (National-)Hymne *f*.

anther ['ænθə] *bot* Staubbeutel *m*.

anthology [æn'θɔlədʒi] Anthologie *f*.

anthracite ['ænθrəsait] *min* Anthrazit *m*, Glanzkohle *f*.

anthrax ['ænθræks] *med* Milzbrand *m*.

anthropo|id ['ænθrɔpɔid] *a* menschenähnlich; *s* Menschenaffe *m*; **~logical** [ænθrɔpɔ'lɔdʒikəl] anthropologisch; **~logy** [ænθrɔ'pɔlədʒi] Anthropologie *f*; **~metry** [ænθrɔ'pɔmitri] Anthropometrie *f*; **~morphism** [ænθrɔpɔ'mɔ:fizm] Anthropomorphismus *m*, Vermenschlichung *f*; **~morphous** [ænθrɔpɔ'mɔ:fəs] von menschenähnlicher Gestalt; **~phagous** [ænθrɔu'pɔfəgəs] menschenfressend, kannibalisch; **~phagy** [ænθrɔu'pɔfədʒi] Menschenfresserei *f*.

anti|aircraft ['ænti'ɛəkrɑ:ft] *a* Flugabwehr-; **~ ~ artillery** Flak *f*; **~ ~ balloon** Sperrballon *m*; **~ ~ barrage** Flaksperre *f*; **~ ~ defence** Fliegerabwehr *f*; **~ ~ gun** Flugabwehrgeschütz *n*; **~ ~ rocket** Flugabwehrrakete *f*; **~biosis** ['-bai'ousis] *biol* Antibiose *f*, schädliche(s) Zs.leben *n*; **~biotic** ['-bai'ɔtik] *a* antibiotisch; *s* Antibiotikum *n*; **~body** ['-bɔdi] Antikörper, Schutz-, Abwehrstoff *m*.

antic ['æntik] *s meist pl* dumme(r) Streich *m*, Posse *f*.

Antichrist ['æntikraist] Antichrist *m*.

anticipat|e [æn'tisipeit] *tr* erwarten; *(zeitlich)* vorwegnehmen, zuvorkommen; verhindern; voraussehen; ahnen; im voraus bezahlen; im voraus verbrauchen, genießen; vorgreifen, beschleunigen; **~ion** [-'peiʃən] Erwartung, Voraussicht, Ahnung; Vorwegnahme *f*; Zuvorkommen *n*; Abschlagszahlung *f*; Verbrauch *m* im voraus; in **~ ~** im voraus; in Erwartung *(of* gen*)*; **~ory** [-peitəri, Am -pətɔ:ri] erwartend; vorgreifend; vorwegnehmend.

anti|clerical ['ænti'klerikəl] antiklerikal; **~climax** ['-'klaimæks] plötzliche(r) Abfall *od* Übergang *m*; **~cline** ['-klain] *geol* Sattel *m*; **~clockwise** ['-'klɔkwaiz] entgegen dem Uhrzeigersinn; **~corrosive** ['-kə'rousiv] korrosionsfrei; **~cyclone** ['-'saikloun] Hoch(-druckgebiet) *n*; **~ ~dazzle lamp** Blendschutzlampe *f*; **~dim glass** Klarscheibe *f*; **~dotal** ['-'doutəl] als Gegenmittel dienend; **~dote** ['-dout] Gegenmittel, -gift *n (against, for, to* gegen*)*; **~ ~fading device** *radio* Schwundausgleich *m*; **~febrile** ['-'fi:-brail] *a* das Fieber vermindernd; *s* Fiebermittel *n*; **~ ~freeze** ['-'fri:z] Frostschutzmittel *n*; **~gas** ['-'gæs] Gasschutz *m*; **~ ~ canvas, tarpaulin** Gasplane *f*, **~gen** ['-dʒen] *biol* Abwehrstoff *m*; **~glare** ['-'glɛə] blendsicher; **~ ~ goggles** *(pl)* Blendschutzbrille *f*; **~halation** ['-hæ'leiʃən] *phot* Lichthoffreiheit *f*; **~ ~icer** Enteiser *m*; **~jamming** ['-dʒæmiŋ] *radio* Entstörung *f*; **~knock** ['-'nɔk] *(Benzin)* klopffest; **~ ~ fuel** klopffeste(r) Kraftstoff *m*; **~logarithm** ['-lɔgəriθm] *math* Numerus *m*; **~macassar** ['-mə'kæsə] Schonerdeckchen *n*.

antimon|ial [ænti'mounjəl] antimonhaltig; **~y** ['æntiməni] Antimon *n*.

anti|nomy [æn'tinəmi] Widerspruch *m*; **~pathetic** [æntipə'θetik] e-e Abneigung empfindend *(to* gegen*)*; gegensätzlich; **~pathy** [æn'tipəθi] Antipathie, Abneigung *f*; Widerwillen *m (to, towards, against* gegen*)*; **~personnel** [æntipə:sə'nel] gegen Menschen gerichtet; **~ ~ bomb** Splitterbombe *f*; **~ ~ mine** Tretmine *f*; **~phon** ['æntifən] Antiphon; Wechselgesang *m*; **~podal** [æn'tipədl] antipodisch; genau entgegengesetzt, gegenüberstehend; **~podes** [æn'tipədi:z] *pl* entgegengesetzte Stelle *f* auf der Erde; *mit sing* Gegensatz *m*; **~pope** ['ænti'poup] Gegenpapst *m*; **~pyretic** ['æntipai'retik] *a* fieberhemmend; *s* Fiebermittel *n*; **~pyrin(e)** [ænti'paiəri(:)n] Antipyrin *n*.

antiqu|arian [ænti'kwɛəriən] *a* Altertums-, Antiquar-; altertümlich; *s* Altertumsforscher; Altkunsthändler *m*; **~ary** ['æntikwəri] Antiquar; Altertumsforscher *m*; **~ated** ['æntikweitid] *a* altmodisch, veraltet; rückständig; **~e** [æn'ti:k] *s* Antike; *typ* Antiqua *f*; alte(r) (Kunst-)Gegenstand *m*; *a* alt, ehrwürdig; antik; **~ ~ dealer** Antiquitätenhändler *m*; **~ity** [æn'tikwiti] Altertum *n*; *pl* Altertümer *pl*; Antiquitäten *pl*.

anti|rachitic ['antirə'kitik] antirachitisch; **~rust** ['-'rʌst] *a* rostfrei; Rostschutz-; **~ ~ agent** Rostschutzmittel *n*; **~ ~Semite** ['-semait] Antisemit *m*; **~ ~Semitic** ['-sə'mitik] antisemitisch; **~ ~Semitism** ['-'semitizm] Antisemitismus *m*; **~sepsis** ['-'sepsis] *med* Anti-

antiseptic 34 **apart**

sepsis *f*; **~septic** ['-'septik] *a med* antiseptisch, keimtötend; *s* keimtötende(s) Mittel *n*; **~skid** ['-'skid] *a* Gleitschutz-; **~social** ['-'souʃəl] gegen die Gesellschaft gerichtet; **~spasmodic** ['-spæz-'mɔdik] krampflösend; **~splinter cover** ['-'splintə] Splitterschutz *m*; **~submarine** ['-'sʌbməri:n] *a* U-Boot-Abwehr-; ~~ *barrier, net* U-Boot-Sperre *f*, -Netz *n*; **~tank** ['-'tæŋk] *a* Panzerabwehr-; ~~ *battalion* Panzerjägerbataillon *n*; ~~ *concrete cone* Höckersperre *f*; ~~ *defence* Panzerabwehr *f*; ~~ *ditch* Panzergraben *m*; ~~ *gun* Panzerabwehrgeschütz *n*; ~~ *mine* Panzermine *f*; ~~ *obstacle* Panzersperre *f*; ~~ *rifle* Panzerbüchse *f*; ~~ *rocket* Panzerabwehrrakete *f*; **~thesis** [æn'tiθisis] *pl* -ses [-si:z] Antithese *f*, Gegensatz *m*; **~thetic(al)** [-'θetik(əl)] gegensätzlich; **~toxin** ['-'tɔksin] Gegengift *n*; **~trust** ['-'trʌst] *a* Antitrust-.

antler ['æntlə] Geweihsprosse *f*.

antonym ['æntənim] Antonym, Wort *n* gegenteiliger Bedeutung.

anus ['einəs] *anat* After *m*.

anvil ['ænvil] Amboß *m* *a. anat*.

anxi|ety [æŋ'zaiəti] Besorgnis, Angst (-gefühl *n*) (*for, about* um); Beklemmung *f*; (dringender) Wunsch *m*, Verlangen, Streben *n* (*for* nach); with ~~ angstvoll, besorgt; **~ous** ['æŋkʃəs] besorgt, unruhig, beunruhigt (*about* wegen); begierig (*for* nach); gespannt (*for* auf); *to be* ~~ gespannt, darauf aus sein (*to do s.th.* etw zu tun); besorgt sein, sich Sorgen machen (*about* um).

any ['eni] **1.** *adv* irgend(wie); überhaupt; ein wenig; *it isn't ~ good* es ist zu gar nichts nütze, es nützt nichts; *~ more?* noch mehr? *~ longer* noch länger; **2.** *a prn* (*in fragenden, bedingenden, zweifelnden, verneinenden Sätzen*) irgendein(e, s), irgendwelche(r, s); *not* ... *~* kein; *pl* alle; *have you ~ other questions* haben Sie noch e-e Frage? *do you have ~ money on you?* haben Sie Geld bei sich? *there isn't ~ water* es ist kein Wasser da; (*in positiven Sätzen*) jede(r, s) beliebige; irgendein(e, s); *come at ~ time* kommen Sie zu jeder (beliebigen) Zeit, jederzeit; *~ policeman can direct you* jeder Polizist kann dir den Weg sagen; *~ child knows that* jedes Kind weiß das; *if ~* wenn überhaupt; *in ~ case, at ~ rate* auf jeden Fall; *in ~ place* überall; *under ~ circumstances* unter allen Umständen; **~body** ['-bɔdi] *s prn* **1.** irgend jemand; *is ~~ ill?* ist jemand krank? **2.** (*in positiven Sätzen*) jeder (beliebige), jedermann; *I can't take just ~~* ich kann

nicht den ersten besten nehmen; ~~ *can do that* jeder kann das machen; ~~ *would be better than nobody* irgendeiner wäre besser als keiner; ~~ *else* (irgend)ein anderer; *if* ~~ wenn überhaupt jemand; *not* ~~ niemand; keine(r, s); **~how** ['-hau] *adv* **1.** irgendwie, gleichgültig wie; ohne besondere Sorgfalt; so obenhin; *he does his work* ~~ er erledigt seine Arbeit schlecht u. recht; **2.** auf jeden Fall, trotzdem, gleichwohl, doch, sowieso, ohnehin; *he did it* ~~ er tat es doch; *I'm going* ~~ ich gehe trotzdem; *I would have gone* ~~ ich wäre sowieso gegangen; **~one** ['-wʌn] *s*. **~body**; **~place** ['-pleis] *adv Am* irgendwo; **~thing** ['-θiŋ] *s prn* (irgend) etwas, jedes beliebige; alles; *adv* irgendwie, in irgendeiner Art, überhaupt; *is there* ~~ *new?* gibt es etwas Neues? *is* ~~ *left over?* ist noch was übrig? *can't* ~~ *be done?* kann man nichts tun? *is it* ~~ *like mine?* hat es mit meinem überhaupt e-e Ähnlichkeit? *if* ~~ womöglich; noch; eher, sogar; *not*... ~~ nichts; *for* ~~ *I know* soviel ich weiß; *not for* ~~ um keinen Preis; *scarcely* ~~ fast nichts; kaum etwas; ~~ *but* alles andere als; nichts weniger als; ~~ *else* noch etwas, sonst etwas; **~time** ['-taim] *adv Am* zu jeder Zeit; **~way(s)** ['-wei(z)] *adv* irgendwie, in irgendeiner Weise; ohnehin, sowieso, doch; trotzdem; (*Satzanfang*) *fam* auf jeden Fall; *I didn't want to go* ~~ ich wollte sowieso nicht gehen; *I did it* ~~ ich tat es trotzdem; **~where** ['-wɛə] *adv* irgendwo(hin); wo... auch(immer); wohin man will; überall(hin); *fam* überhaupt; *are you going* ~~ *tomorrow?* gehen Sie morgen irgendwohin? ~~ *you go* hin Sie auch gehen; *he'll never get* ~~ er kommt nie auf e-n grünen Zweig; *that won't get you* ~~ damit erreichen Sie gar nichts; *if* ~~ wenn überhaupt (irgendwo); *not* ~~ nirgendwo(hin); nirgends; *scarcely* ~~ fast nirgends; ~~ *else* irgendwo anders(hin); ~~ *from* (*fam*) beliebig zwischen (*five to six* fünf u. sechs); **~wise** ['-waiz] *adv* irgendwie.

aorta [ei'ɔ:tə] *anat* Aorta *f*.

apace [ə'peis] *adv* schnell, eilig, geschwind.

apart [ə'pɑ:t] *adv* auseinander, getrennt; abseits (*from* von), für sich, abgesondert; *a pred* besonders; *~ from* abgesehen von; *to be* ~~ ausea.halten können; *to live* ~ getrennt leben; *to set* ~ beiseite legen; *to stand* ~ beiseite, abseits stehen (*from* von); *to take* ~ ausea.-nehmen, zerlegen; beiseite nehmen; *to*

apartheid 35 **appear**

tell ~ ausea.halten, unterscheiden; *joking* ~ Scherz beiseite; *viewed* ~ für sich betrachtet; **~heid** [-heit] Apartheid, Rassentrennung *f (in Südafrika)*; **~ment** [-mənt] *Am* (Miet-)Wohnung, Etagenwohnung *f*; *Br* Zimmer *n*; ~~ *house (Am)* Rente-, Mietshaus *n*; ~~ *house aerial* Gemeinschaftsantenne *f*.

apath|etic [æpə'θetik] apathisch, teilnahmslos; **~y** ['æpəθi] Apathie, Teilnahmslosigkeit *f (to* gegen).

ape [eip] *s* Affe *m a. fig*; *tr* nachäffen.

aper|ient, ~itive [ə'piəriənt, ə'peritiv] *a* abführend; *s* Abführmittel *n*; **~ture** ['æpətjuə, 'æpətʃə] Öffnung *f*, Loch; *mil* Visierloch *n*; *phot* Blende *f*.

apex ['eipeks] *pl a. apices* ['-pisi:z] Spitze *f a. fig*; *fig* Gipfel, Höhepunkt; *math* Scheitel(punkt) *m*.

aph|asia [ə'feiziə] *med* Aphasie, Sprechunfähigkeit *f*; **~elion** [æ'fi:liən] Aphel *n*, Sonnenferne *f*; **~id, ~is** ['eifid, -s] *pl aphides* ['-di:z] *zoo* Blattlaus *f*; **~orism** ['æfərizm] Aphorismus *m*; **~oristic** [æfə'ristik] aphoristisch.

api|arist ['eipiərist] Bienenzüchter, Imker *m*; **~ary** ['-i] Bienenhaus *n*; **~culture** ['eipikʌltʃə] Bienenzucht *f*.

apiece [ə'pi:s] *adv* je Stück; pro Kopf, für jeden.

apish ['eipiʃ] affenartig; nachäffend; töricht.

aplenty [ə'plenti] *adv fam* in Menge, reichlich viel.

apoc|alypse [ə'pɔkəlips] Apokalypse, Offenbarung *f*; **~alyptic(al)** [əpɔkə-'liptik(əl)] apokalyptisch; **~ope** [ə'pɔkəpi] *gram* Apokope *f*; **~rypha** [ə'pɔkrifə] *pl* apokryphe Schriften *f pl*; **~ryphal** [-l] apokryph, unecht; nachgemacht.

apogee ['æpədʒi:] *astr* Apogäum *n*, Erdferne *f*; *fig* höchste(r), entfernteste(r) Punkt *m*.

apolog|etic(al) [əpɔlə'dʒetik(əl)] rechtfertigend; entschuldigend, bedauernd; ~~ *letter* Entschuldigungsschreiben *n*; **~etics** [-s] *pl mit sing rel* Apologetik *f*; **~ize, ~ise** [ə'pɔlədʒaiz] *itr* sich entschuldigen (*to s.o. for s.th.* bei jdm wegen etw); um Entschuldigung bitten; sein Bedauern ausdrücken; Abbitte leisten; *jur* e-e Verteidigungsschrift verfassen; **~y** [ə'pɔlədʒi] Entschuldigung; Abbitte; Rechtfertigung, Verteidigung(sschrift) *f*; Ersatz, Notbehelf *m*.

apo|(ph)thegm ['æpɔθem] Maxime *f*, Denkspruch *m*; **~plectic** [æpə'plektik] *a med* apoplektisch, am Schlagfluß leidend; *s* Apoplektiker *m*; **~plexy** ['æpəpleksi] *med (attack of ~~)* Schlaganfall *m*; **~stasy** [ə'pɔstəsi] *rel pol* Abtrünnigkeit *f*; **~state** [ə'pɔsteit, -it] *s* Abtrünnige(r) *m*; *a* abtrünnig; **~statize** [ə'pɔstətaiz] *itr* abfallen *(from* von).

apost|le [ə'pɔsl] Apostel; *fig* Verfechter *m*; *the A~s* die (zwölf) Apostel; **~olic** [æpəs'tɔlik] apostolisch.

apo|strophe [ə'pɔstrəfi] Apostroph *m*, Auslassungszeichen *n*; Apostrophe, Anrede *f*; **~strophize** [-aiz] *tr* apostrophieren, anreden; **~thecary** [ə'pɔθikəri] *obs* Apotheker *m*; **~theosis** [əpɔθi'ousis] Vergötterung; Verherrlichung *f*.

appal(l) [ə'pɔ:l] *tr* erschrecken; entsetzen, bestürzen; **~ling** [-iŋ] schrecklich, furchtbar, entsetzlich.

ap(p)anage ['æpənidʒ] *hist* Apanage *f*; Leibgedinge *n*; Anteil *m*; abhängige(s) Gebiet, Protektorat *n*.

apparatus [æpə'reitəs] *pl a.* ~ Apparat *m*, Gerät *n*, Vorrichtung *f*.

apparel [ə'pærəl] *s poet* Kleidung, Tracht *f*; *tr* (be)kleiden.

appar|ent [ə'pærənt] *a* offenbar, offensichtlich, sichtbar; einleuchtend; scheinbar; vermeintlich; ~~ *death* Scheintod *m*; **~ently** [-li] *adv* anscheinend; allem Anschein nach; **~ition** [æpə'riʃən] Erscheinung *f*; Auftauchen *n*; Geist *m*; *astr* Sichtbarkeit *f*.

appeal [ə'pi:l] *s* Appell *m*, dringende Bitte *(for* um); Anrufung *f*; *fig* Reiz *m*, Anziehungskraft; *jur* Berufung, Revision *f*, Rekurs *m (from* gegen); *tr jur Am (~~ the case)* verweisen *(to* an); *itr* sich berufen *(to* auf); sich wenden, appellieren *(to* an); anrufen *(to s.o.* jdn); *fig* zusagen, gefallen, liegen; Anklang finden *(to* bei); *jur* Berufung einlegen *(against* gegen); *without further* ~ in letzter Instanz; *to dismiss an* ~ e-e Berufung verwerfen; *to lodge an* ~ Berufung, Revision einlegen *(with* bei); **~ing** [-iŋ] flehentlich, reizvoll, ansprechend; ~ **judg(e)ment** Berufungsurteil *n*.

appear [ə'piə] *itr* erscheinen, zum Vorschein kommen, sichtbar werden, auftauchen; sich zeigen; (an)kommen; hervorgehen *(from* aus); scheinen, den Anschein haben; auftreten; *(Zeitung)* erscheinen, veröffentlicht werden; *(Buch)* herauskommen; stehen *(in the list* auf der Liste); *jur* vor Gericht erscheinen; *to* ~ *for s.o.* jdn als Anwalt vor Gericht vertreten; *to summon s.o. to* ~ jdn vorladen; *to* ~ *before a court, in court* vor Gericht erscheinen; *to* ~ *for the defence* als Verteidiger für den An-

appearance — apply

geklagten auftreten; *failure to-* Nichterscheinen *n* (vor Gericht); **-ance** [-rəns] Erscheinen, Auftauchen, Sichtbarwerden; Auftreten *n*; Anschein *m*; Aussehen *n*; Äußere(s) *n*; Anblick *m*; *(Buch)* Veröffentlichung *f*; Gespenst *n*; *pl* Anzeichen *n pl*, Schein *m*; *by his ~~* s-m Aussehen, s-m Äußeren nach; *by, to all ~~s* allem Anschein nach; *in ~~* anscheinend; *to assume an ~~* sich den Anschein geben *(of being* zu sein); *to enter an ~~* vor Gericht erscheinen; *to judge by ~~s* nach dem äußeren Schein urteilen; *to keep up ~~s* den äußeren Schein wahren; **-ing** [-riŋ] *Am* aussehend.

appease [əˈpiːz] *tr* beruhigen, beschwichtigen, besänftigen; *(Hunger)* stillen; *(Durst)* löschen; *(Neugier)* befriedigen; **-ment** [-mənt] Beruhigung, Beschwichtigung; Befriedung *f*; *~ policy* Beschwichtigungs-, Befriedungspolitik *f*; **-r** [-ə] Beschwichtigungspolitiker *m*.

appell|ant [əˈpelənt] *s jur* Berufungskläger; Bittsteller *m*; *a* appellierend; Appellations-; **-ate** [-it] *a* Berufungs-, Appellations-; *to have final ~ jurisdiction* in letzter Instanz zuständig sein; *~ court* Berufungsgericht *n*; **-ation** [æpəˈleiʃən] Benennung, Bezeichnung *f*; (Bei-)Name *m*; **-ative** [-ətiv] *a* benennend, bezeichnend; *s* Bezeichnung, Benennung *f*; *gram* Gattungsname *m*.

append [əˈpend] *tr* anhängen, beifügen, beigeben; *(Siegel)* beidrücken; **-age** [-idʒ] Beifügung *f*; Anhang *m*, Anhängsel; Zubehör *n*; *pl biol* Extremitäten *f pl*; **-ectomy** [æpənˈdektəmi] *med* Blinddarmoperation *f*; **-icitis** [əpendiˈsaitis] Blinddarmentzündung *f*; **-ix** [-iks] *pl -ices* [-isiːs] Anhang; Zusatz *m* (*to* zu); *anat (vermiform ~~)* Wurmfortsatz, Blinddarm *m*.

appertain [æpəˈtein] *itr* gehören (*to* zu), ein Teil sein (*to* von); zustehen, zukommen; sich beziehen (*to* auf).

appet|ence, -cy [ˈæpətəns(i)] Verlangen *n*, Begierde; Sehnsucht *f* (*for* nach); Hang *m* (*for* zu); innere Verwandtschaft *f*; **-ite** [ˈæpitait] Appetit *m*, Lust *f* (*for* auf); Verlangen *n*, Trieb *m*; *to lose o.'s ~~* keinen Appetit haben; **-izer** [ˈæpitaizə] Appetithappen; Aperitif *m*; **-izing** [ˈæpitaiziŋ] appetitanregend; appetitlich; *fig* lecker, reizvoll.

applau|d [əˈplɔːd] *itr* Beifall klatschen; *tr* Beifall spenden, applaudieren (*s.o.* jdm); loben, preisen; **-se** [-z] Beifall *m*; Zustimmung *f*, Lob *n*.

apple [ˈæpl] Apfel *m*; *~ of discord* Zankapfel *m*; *~ of the eye* Augapfel *m a. fig*; *~ butter* *Art* Apfelmus *n*; **--cart**: *to upset s.o.'s ~~'s* jds Pläne über den Haufen werfen; jds Absichten vereiteln; *~ dumpling* Apfel *m* im Schlafrock; **--jack** Apfelbranntwein *m*; **--juice** Apfelsaft *m*; **--pie** Apfelpastete *f*; *~~ order* tadellose, einwandfreie Ordnung *f*; *~ polisher* *sl* Schmeichler *m*; **--sauce** Apfelmus *n*; *Am sl* Quatsch, Unsinn *m*, Geschwätz *n*; *that's a lot of ~~* das ist alles Quatsch; **--tart** Apfelkuchen *m*; **--tree** Apfelbaum *m*.

appli|ance [əˈplaiəns] Gerät *n* (*for doing s.th.* um etw zu tun), Apparat *m*, Vorrichtung, Einrichtung; Mittel *n*; Anwendung *f*; *pl* Zubehör *n*; *domestic ~~s* (*pl*) Haushaltgeräte *n pl*; *office ~~s* (*pl*) Büromöbel *m*; *safety ~~* Sicherheitsvorrichtung *f*; **-cability** [æplikəˈbiliti] Anwendbarkeit *f* (*to* auf); **-cable** [ˈæplikəbl] zutreffend, anwendbar (*to* auf); *not ~~* nicht zutreffend; **-cant** [ˈæplikənt] *s* Bewerber (*for* um); Antragsteller; Kandidat; *com* Zeichner *m*; *list of ~~s* Bewerberliste *f*; **-cation** [æpliˈkeiʃən] An-, Verwendung *f*, Gebrauch *m* (*to* für, auf); Auftragung, Handhabung *f*; *tech* Anlegen; (aufzutragendes) Mittel *n*, Umschlag *m*, Kompresse *f*; Antrag *m* (*for* auf); Gesuch, Ansuchen *n*, Anmeldung, Bewerbung *f* (*for* um); Bewerbungsschreiben *n*; Fleiß, Eifer *m* (*in* bei); gespannte Aufmerksamkeit; *com* Zeichnung *f*; *mil* Belegen *n* (*of fire* mit Feuer); *by ~~* auf (Grund e-s) Antrag(s); *on ~~ to* auf Antrag, auf Ansuchen an; *to file an ~~* e-e Bewerbung, e-n Antrag, e-e Anmeldung einreichen (*with* bei); *to make an ~~* e-n Antrag stellen; sich bewerben (*for* um); *to send, to put, to mail* (*Am*) *in an ~~* e-n Antrag einschicken od einreichen; *for external ~~* (*med*) äußerlich; *this has no ~~ to* dies findet keine Anwendung auf; *field of ~~* Anwendungsgebiet *n*, -bereich *m*; *letter of ~~* Bewerbungsschreiben *n*; *~~ of funds* Mittelverwendung *f*; *~~ blank, form* Bewerbungs-, Antragsformular *n*; *~~ range* Anwendungsgebiet *n*; **-ed** [əˈplaid] *a* angewandt; *(Spannung)* angelegt; *~~ aerodynamics* Strömungstechnik *f*; *~~ graphics* Gebrauchsgraphik *f*.

appliqué [æˈpliːkei] *s* Applikations-, Aufnäharbeit *f*; *tr* aufnähen; *a* aufgenäht.

apply [əˈplai] *tr itr* anwenden (*to* auf); anlegen (*to* an); (*Mittel*) benutzen,

appoint   37   **approach**

verwenden; *(Farbe)* auftragen; *(Pflaster) med* auflegen; *(Kraft)* an-, aufwenden; *(Bremse)* betätigen, ziehen; *(Spannung) el* anlegen *(across* zwischen); *itr* sich beziehen, zutreffen *(to* auf); gelten *(to* für), angehen *(to all* alle); sich wenden *(to* an); anrufen *(to the court* das Gericht); sich bewerben *(for* um); beantragen *(for s.th.* etw); bitten, nachsuchen *(for* um); anmelden *(for a patent on an invention* ein Patent auf e-e Erfindung); *to ~ o.s. to sich* (be)mühen um; sich befleißigen, sich angelegen sein lassen; sich stürzen *(to o.'s. work* in die Arbeit); *to ~ a compress* sich e-n Umschlag machen; *~ to* Näheres bei; *~ within* Auskunft hier; *the information doesn't ~* die Auskunft stimmt nicht.

appoint [ə'pɔint] *tr* ernennen, bestellen, berufen *(s.o. judge* jdn zum Richter); anstellen; *(Ausschuß)* einsetzen; festlegen, -setzen, bestimmen; anordnen, anweisen; *(Arbeit)* zuteilen; *(Termin)* anberaumen; verabreden; vereinbaren; *(e-n Erben)* benennen; **~ed** [-id] *a* vereinbart, verabredet; bevollmächtigt; bestellt; *at the ~~ time* zum vereinbarten Zeitpunkt; *on ~~ days* an festgelegten Tagen; *well-~~* gut ausgestattet; *~~ by the court* gerichtlich bestellt; **~ee** [əpɔin'ti:] Ernannte(r), Bestellte(r) *m*; **~ment** [-mənt] Ernennung; Bestellung, Bestallung, Einsetzung; Stelle *f*, Amt *n*, Anstellung *(in a firm* bei e-r Firma); Festsetzung, Bestimmung; Verabredung *f*, Stelldichein *n*, Vereinbarung; *jur* Namhaftmachung *f (e-s Erben)*; *meist pl* Ausstattung, Ausrüstung(sgegenstände *m pl) f*; Mobiliar *n*; *to have an ~~* e-e Verabredung haben *(with* mit); bestellt sein *(at the dentist's* zum Zahnarzt); *to keep an ~~* e-e Verabredung einhalten; *to make an ~~* e-e Verabredung treffen *(with* mit); sich anmelden *(with* bei); *document of ~~* Anstellungsurkunde *f*; *power of ~~ (jur)* Verfügungsrecht *n*.

apportion [ə'pɔ:ʃən] *tr* gleichmäßig, anteilmäßig zu-, verteilen; umlegen; zuweisen; austeilen; **~ment** [-mənt] (anteilmäßige) Zuteilung *n*; Umlage; Verteilung *f*; *~~ of indirect cost* Gemeinkostenumlage *f*.

apposite ['æpəzit] passend; schicklich; geeignet *(to* für); sachdienlich; *(Bemerkung)* treffend; **~ition** [æpə-'ziʃən, æpə-] Nebenea.stellen, -legen *n*; *gram* Apposition, Beifügung *f*; *to be in ~~ to* als Apposition stehen zu.

apprais|al [ə'preizəl] Schätzung, Bewertung *f*; *~~ fees (pl)* Schätzgebühren *f pl*; **~e** [ə'preiz] *tr* abschätzen, den Wert ermitteln *gen*; bewerten, taxieren *(to* auf); *~ed value* Schätzwert *m*; **~ment** [-mənt] (Ab-)Schätzung *f*; Schätz-, Taxwert *m*; **~er** [-ə] Schätzer, Taxator *m*.

appreci|able [ə'pri:ʃəbl] fühlbar, merkbar, -lich; *com* taxierbar; **~ate** [-ieit] *tr* schätzen, zu schätzen wissen, (zu) würdigen (wissen); gut verstehen, gut begreifen; anerkennen; dankbar sein *(s.th.* für etw); richtig einschätzen; *com* abschätzen, taxieren; *com* den Wert steigern, erhöhen, in die Höhe treiben *gen*; *itr* im Wert steigen, e-e Wertsteigerung erfahren; *I would ~~ it, if* es wäre mir lieb, wenn; *I quite ~~ that* ich verstehe ganz gut, daß; **~ation** [əpri:ʃi'eiʃən] Ab-, Einschätzung *f*; Schätzung, Würdigung *f*; Verständnis *n (of* für); Dank *m*, Anerkennung *f*; *com* Wertzuwachs *m*, -steigerung *f*; **~ative** [ə'pri:ʃiətiv] empfänglich, verständnisvoll *(of* für); anerkennend; dankbar.

apprehen|d [æpri'hend] *tr* festnehmen, verhaften; begreifen, erfassen; (be-)fürchten, erwarten, voraussehen; **~sible** [-səbl] begreiflich, faßlich; **~sion** [-ʃən] Verhaftung, Ergreifung, Festnahme; Fassungskraft *f*, Auffassungsvermögen, Verständnis *n*; Meinung, Auffassung, Ansicht; *oft pl* Furcht, Besorgnis, Befürchtung *f*; *rather slow of ~~* ziemlich schwer von Begriff; *warrant of ~~* Haftbefehl *m*; **~sive** [-siv] besorgt *(for* um; *of* wegen); angstvoll, bange, unruhig; leicht begreifend, rasch auffassend.

apprentice [ə'prentis] *s* Lehrling *m a. fig; tr* als Lehrling annehmen; in die Lehre tun *(to* bei); Lehre *f*; *to serve o.'s ~~* in der Lehre sein *(with s.o.* bei jdm); *~~ deed* Lehrvertrag *m*.

apprise [ə'praiz] *tr com* benachrichtigen, in Kenntnis setzen *(of* von); *Am s. appraise.*

approach [ə'proutʃ] *itr* sich nähern, näher kommen, anrücken, (heran-)nahen; *(Wetter)* aufziehen; *tr* (an-)nähern; näherbringen *(to* an); sich wenden, herantreten *(s.o. about s.th.* an jdn wegen etw); reden *(s.o.* mit jdm); anpacken, anfassen, herangehen *(a problem* an ein Problem); ähnlich sein, nahekommen *(s.th.* dat); *aero* anfliegen; *s* Annäherung *f*, Herankommen, Nahen *n*; Zugang *m*, *(~ road)* Zufahrt(straße) *f*; *mil* An-

approachable 38 **Arabist**

marsch(weg) *m*; Auf-, Anfahrt *f*; *aero* Anflug *(to auf)*; *fig* Weg *m*, Methode, Hin-, Einführung *(to zu)*; Einstellung *f (to zu)*; *oft pl* Annäherungsversuch *m*; *pl aero* Vorfeld *n*; *easy, difficult of* ~ leicht, schwer zugänglich; *fig* leicht, schwer ansprechbar; **~able** [-əbl] zugänglich, erreichbar; ~ **flight** Zielanflug *m*; ~ **lane, path** Anflugschneise *f*; ~ **march** Anmarsch *m*; ~ **route** Anmarschweg *m*; ~ **trench** Laufgraben *m*.
approbation [æproˈbeiʃən, æprə-] Billigung, Zustimmung, Genehmigung *f*; *on* ~ zur Ansicht.
appropria|ble [əˈproupriəbl] anwendbar *(to auf)*; **~te** [əˈproupriit] *a* geeignet, zweckdienlich, passend, angemessen *(to, for* dat); *(Bemerkung)* angebracht; *tr* [-eit] sich aneignen, in Besitz nehmen; *(Geld)* bestimmen, anweisen; bewilligen, aussetzen, auswerfen *(for* für); **~tion** [əproupriˈeiʃən] Aneignung, Besitzergreifung; Verwendung; *(~~ of funds)* (Geld-)Zuteilung, Zuwendung, Zuweisung, Bereitstellung *f*; *Am* Betrag *m*, Summe *f*; *~~ committee* Bewilligungsausschuß *m*.
approv|able [əˈpruːvəbl] löblich, annehmbar; **~al** [-əl] Zustimmung, Einwilligung, Billigung, Genehmigung *f (of s.th.* für, *to* zu); *on* ~ zur Ansicht, auf Probe; *upon ~~ by* mit Zustimmung *gen*; *to nod in* ~~ zustimmend nicken; *does it meet with your ~~?* findet es Ihre Zustimmung? sind Sie damit einverstanden? **~e** [əˈpruːv] *tr* billigen, gutheißen, genehmigen, anerkennen, empfehlen; *itr* zustimmen *(of* dat), einverstanden sein *(of* mit), billigen *(of s.th.* etw); *to ~~ o.s.* sich erweisen, sich zeigen, sich bewähren *(as* als); *to be ~ed of* Anerkennung, Anklang finden bei; **~ed** [-d] *a* bewährt, anerkannt; wohlbekannt; erwiesen, notorisch; *read and ~~* gelesen u. genehmigt; **~er** [-ə] Zustimmende(r); *Br* V-Mann, Kronzeuge *m*; **~ingly** [-iŋli] *adv* zustimmend, billigend.
approximat|e [əˈprɔksimit] *a* annähernd (gleich), ungefähr, überschlägig; *v* [-eit] *tr itr* nahekommen, sich nähern; näherbringen; *(Summe)* ungefähr betragen, fast erreichen; *math* auf-, abrunden; **~ely** [-li] *adv* ungefähr, zirka, etwa; **~ion** [əprɔksiˈmeiʃən] Annäherung *f (to* an); *(~~ value)* Näherungswert *m*.
appurtenan|ce [əˈpəːtinəns] *meist pl* Zubehör *n*; **~t** [-t] zugehörig, akzessorisch *(to* zu).

apricot [ˈeiprikɔt] Aprikose *f*; *(~ tree)* Aprikosenbaum *m*.
April [ˈeipril] April *m*; *to make an ~ fool of s.o.* jdn in den April schicken; ~ **Fools' Day** 1. April.
apron [ˈeiprən] *s* Schürze *f*, Schurz *m*; Schurzfell, -leder *n*; *tech* Schutzvorrichtung *f*; *aero* Hallenvorfeld *n*, Abstellplatz *m*; *mar* Dockboden *m*; *(Fluß)* Schutzschicht *f* gegen Unterspülung, Vorlage *f*; *tech* Transportband *n*; *theat* Plattform; *(screen ~)* (Kartoffel-)Schar *f*; *geol (frontal ~)* Sand(e)r *m*, glaziale Schwemmebene *f*; *tr* e-e Schürze umbinden *(s.o.* jdm); **~-strings** *pl* Schürzenbänder *n pl*; *tied to his wife's ~~* unter dem Pantoffel.
apse [æps] *arch* Apsis *f*.
apt [æpt] fähig, geeignet, tauglich, geschickt *(at* in); *(Bemerkung)* passend, treffend; geneigt, willig; begabt, gescheit; *to be ~ to do s.th.* geneigt sein, etw zu tun; *I'm ~ to be out (Am)* es kann sein, daß ich nicht da bin; möglicherweise bin ich nicht zu Hause; **~itude** [ˈ-itjuːd] Fähigkeit, Tauglichkeit, Eignung; Geschicklichkeit; Neigung *f*, Hang *m*; Begabung *f*, Talent *n (for* für); *language ~~* Sprachbegabung *f*; *~~ test* Eignungsprüfung *f*.
apterous [ˈæptərəs] *zoo* flügellos.
aqua [ˈækwə, ˈeikwə] *chem* Wasser *n*; *pharm* Flüssigkeit *f*; **~(-)fortis** Scheidewasser *n*; **~lung** [ˈ-lʌŋ] Taucherlunge *f*; **~marine** [ækwəməˈriːn] *s min* Aquamarin *m*; *a* blaugrün; **~plane** [ˈ-plein] Gleitbrett *n*; **~relle** [ækwəˈrel] Aquarell *n*; **~rium** [əˈkwɛəriəm] Aquarium *n*; **A~rius** [əˈkwɛəriəs] *astr* Wassermann *m*; **~tic** [əˈkwætik] *a* im Wasser lebend; Wasser-; *s* Wasserpflanze *f*; im Wasser lebende(s) Tier *n*; *pl* u. **~sports** *(pl)* Wassersport(arten *f pl*) *m*; **~tint** [ˈ-tint] Aquatinta *f*; **~(-)vitae** [ˈ-vaitiː] Aquavit, Branntwein *m*.
aque|duct [ˈækwidʌkt] Aquädukt *m*; Wasserleitung *f*; *med* Kanal *m*; **~ous** [ˈeikwiəs] wäss(e)rig; Wasser-; *geol* aquatisch; Sediment-; ~ *humo(u)r (med)* wässerige Flüssigkeit *f*; *~~ rocks (pl)* Sedimentgesteine *n pl*.
aquiline [ˈækwilain] *a* Adler-; gekrümmt; ~ **nose** Adlernase *f*.
Arab [ˈærəb] *s* Araber; *Am sl* Straßenhändler *m*; *a* arabisch; *street* ~ Straßenjunge *m*; **a~esque** [ærəˈbesk] Arabeske *f*; **~ian** [əˈreibjən] *a* arabisch; *the ~~ Nights* Tausendundeine Nacht; **~ic** [ˈ-ik] *s* arabische Sprache *f*; *a* arabisch; *~~ numerals (pl)* arabische Zahlen *f pl*; **~ist** [ˈ-ist] Arabist *m*.

arable ['ærəbl] *a* anbaufähig, kultivierbar; *s* Ackerland *n*; ~ **acreage** Anbaufläche *f*.

araucaria [æroː'kɛəriə] *bot* Zimmertanne, Araukarie *f*.

arbit|er ['aːbitə] Schiedsrichter, Unparteiische(r) *m* (*of* über); **~rage** [aːbi'traːʒ] *com* Arbitrage *f*; **~ral** ['-rəl] Schiedsrichter-; schiedsgerichtlich; **~~ jurisdiction** Schiedsgerichtsbarkeit *f*; **~~ tribunal** Schiedsgericht *n*; **~rament** [aː'bitrəmənt] Schiedsspruch *m*; Entscheidungsgewalt *f*; **~rary** ['-rəri] willkürlich, eigenmächtig; eigenwillig; tyrannisch; beliebig; **~~ address** Deckadresse *f*; **~~ government** Willkürherrschaft *f*; **~rate** ['-reit] *tr* schlichten, schiedsrichterlich entscheiden (lassen); *itr* als Schiedsrichter tätig sein; **~ration** [aːbi'treiʃən] Schiedsspruch *m*, schiedsgerichtliche Entscheidung; Schiedsgerichtsbarkeit *f*, -verfahren *n*; *com* Arbitrage *f*; *court of* **~~** Schiedsgericht(shof *m*) *n*; **~~ agreement** Schiedsvertrag *m*; **~~ award** Schiedsspruch *m*; **~~ board** Schlichtungsausschuß *m*; **~~ clause** Schiedsgerichtsklausel *f*; **~~ procedure** Schiedsgerichtsverfahren *n*; **~rator** ['-reitə] Schiedsrichter, Schlichter *m*.

arb|or ['aːbə] *tech* Welle, Spindel, Achse *f*, Dorn *m*; **~oraceous**, **-əˈreiʃəs**] baumähnlich; bewaldet; **~oreal** [aː'bəriəl] baumartig; auf Bäumen lebend; Baum-; **~orescent** [aːbə'resnt] baumförmig; **~oretum** [aːbə'riːtəm] botanische(r) Garten; mit Bäumen bestandene(r) öffentliche(r) Park *m*; **~or vitae** ['-'vaitiː] Lebensbaum *m*; **~o(u)r** ['aːbə] Laube *f*; *Arbor Day* (*Am*) Tag *m* des Baumes; **~utus** [aː'bjuːtəs] *bot* Erdbeerbaum *m*.

arc [aːk] *s* Bogen; Kreis-, Lichtbogen *m*; *itr* e-n Lichtbogen bilden; ~ **lamp** Bogenlampe *f*; ~ **lighting** Bogenlicht *n*; ~ **welding** Lichtbogenschweißen *n*.

arcade [aː'keid] Arkade *f*, Bogengang *m*; Passage *f*, Durchgang *m*; *Am* Allee *f*.

arch [aːtʃ] *s* arch Bogen *m*; Gewölbe (-bogen *m*) *n*; Wölbung *f*; (*triumphal* ~) Triumphbogen; (~ *of the foot*) Fußrücken, Spann, Rist *f*; (~*way*) Bogengang *m*; *tr* wölben; *itr* sich wölben; *a* hauptsächlich, wichtigst; größt; Haupt-, Erz-; schelmisch, schalkhaft, durchtrieben, *to look* ~ schelmisch blicken; *dental* ~ Zahnbogen *m*; *fallen* **~es** (*pl*) Senkfüße *m pl*; ~ **support** Senk-, Plattfußeinlage *f*.

archa|ean [aː'kiːən] *geol* archäisch; frühzeitlich; **~ological** [aːkiə'lɔdʒikəl] archäologisch; **~ologist** [aːki'ɔlədʒist] Archäologe *m*; **~ology** [aːki'ɔlədʒi] Archäologie *f*.

archa|ic [aː'keiik] altertümlich; veraltet, altmodisch; **~ism** ['aːkeiizm] veraltete(r) Ausdruck, Archaismus *m*.

archangel ['aːkeindʒəl] Erzengel *m*.

arch|bishop ['aːtʃ'biʃəp] Erzbischof *m*; **~bishopric** Erzbistum; Amt *n*, Stellung *f* e-s Erzbischofs; **~deacon** Archidiakon *m*; **~diocese** Erzdiözese *f*; **~ducal** erzherzoglich; **~duchess** Erzherzogin *f*; **~duchy** Erzherzogtum *n*; **~duke** Erzherzog *m*.

archer ['aːtʃə] Bogenschütze *m*; **~y** ['-ri] Bogenschießen *n*; Pfeil *m* u. Bogen *m*; Bogenschützen *m pl*.

archetype [aːˈkitaip] Urbild, Vorbild *n*; *psych* Archetyp *m*.

archfiend ['aːtʃ'fiːnd] Erzfeind; Teufel, Satan *m*.

archiepiscopal [aːkiiˈpiskəpəl] erzbischöflich.

archipelago [aːkiˈpeligou] *pl* -(*e*)*s* Archipel *m*, Inselgruppe *f*.

architect ['aːkitekt] Architekt; Erbauer, Baumeister; *fig* Urheber *m*; *naval* ~ Schiffsbauingenieur *m*; **~onic** [aːkitek'tɔnik] *a* architektonisch; planvoll gestaltet; überwachend, kontrollierend; systematisch; *pl mit sing* Lehre *f* von der Baukunst; *fig* Aufbau *m*, Struktur, Systematisierung *f*; **~ural** [aːkiˈtektʃərəl] architektonisch, baulich; **~ure** ['-ʃə] Baukunst, Architektur *f*; Baustil *m*; Gebäude *n*, Bau (-körper) *m*.

architrave ['aːkitreiv] *arch* Architrav *m*.

archiv|al [aː'kaivəl] archivalisch; **~es** ['aːkaivz] *pl* Archiv *n*; **~ist** ['aːkivist] Archivar *m*.

archness ['aːtʃnis] Schalkhaftigkeit *f*.

archway ['aːtʃwei] *arch* Bogengang; gewölbte(r) Eingang *m*; Eingangstor *n*.

arctic ['aːktik] *a* arktisch; Polar-; sehr kalt; *s* Arktis *f*; *pl* gefütterte Überschuhe *m pl*; **A- Circle** Polarkreis *m*; ~ **fox** Polarfuchs *m*; **A- Ocean** Nördliche(s) Eismeer *n*.

arden|cy ['aːdənsi] Glut *a. fig*; *fig* Wärme, Inbrunst *f*; **~t** ['-] brennend, heiß, glühend, feurig; eifrig; enthusiastisch, begeistert; inbrünstig, sehnsüchtig.

ardo(u)r ['aːdə] Eifer *m*, Leidenschaft, Wärme, Glut; große Begeisterung (*for* für); Inbrunst *f*.

arduous ['aːdjuəs] steil, abschüssig; schwer ersteigbar; anstrengend; mühsam, schwierig; energisch, arbeitsam, eifrig.

area ['ɛəriə] Gebiet *n*, Bereich *a. fig*, Teil; Raum *m*; (Grund-, Boden-)Fläche *f*; Flächenraum, -inhalt *m*; Areal, Gelände *n*, Zone *f*; Bezirk; *(Haus)* umschlossene(r) Hof, Vorraum; *fig* Sektor, Umfang; *mil* (Unter-)Abschnitt *m*; *min* Feld *n*; *to cover an ~ of, to be ... in area* ein Gebiet umfassen von; *... groß sein*; *city ~* Stadtgebiet *n*; *combat ~* Kampfgebiet *n*; *depressed ~* Notstandsgebiet *n*; *distribution, trading ~* Absatzgebiet *n*; *electoral ~* Wahlkreis *m*; *goal, penalty ~* Tor-, Strafraum *m (Fußball)*; *industrial ~* Industriegebiet *n*; *postal ~* Postbezirk *m*; *production ~* Produktionsgebiet *n*; *safety ~* Sicherheitszone *f*; *suburban ~* Vorstadtgebiet *n*; *~ of attack* Angriffsraum *m*; *~ of authority, of responsibility* Verantwortungsbereich *m*; *~ of contact* Berührungsfläche *f*; *~ of dispersion* Trefferkreis *m*; *~ of operations (mil)* Operationsgebiet *n*; *~ of power* Machtbereich *m*; *~ of study* Studiengebiet *n*; *~ of war* Kriegsgebiet *n*; *~ bombing* Bombenflächenwurf *m*; *~ command* *Am* Militärbereich *m*; *~ forecast* Gebietswettervorhersage *f*; *~ target* *mil aero* Flächenziel *n*; *~way* ['-wei] *Am* tiefgelegene(r) Vorraum, Zugang; Durchgang *m*.

arena [ə'riːnə] Arena *a. fig*; *sport* Kampfbahn *f*; *boxing ~* Boxkampfarena *f*; *~ of politics* politische Arena *f*; **~ceous** [ˌæri'neiʃəs] sandig.

arête [æ'reit] *geogr* (Berg-)Grat *m*.

argentiferous [ɑːdʒənˈtifərəs] silberhaltig.

Argentin|a [ɑːdʒən'tiːnə] Argentinien *n*; **~e, ~ean** [ˈɑːdʒentain, -'tiniən] *a* argentinisch; *s* Argentinier(in *f*) *m*.

argil [ɑːdʒil] Ton *m*; Töpfererde *f*; **~laceous** [ɑːdʒiˈleiʃəs] tonartig; *geol* tonig; *~~ earth* Tonerde *f*.

argo|l [ɑːgəl] *chem* Weinstein *m*; **~n** ['ɑːgən] *chem* Argon *n*; **~sy**['ɑːgəsi] *poet* große(s) (Handels-)Schiff *n*.

argu|e [ˈɑːgjuː] *itr* diskutieren, argumentieren, sich ausea.setzen *(with* mit; *about* über; *against* gegen); sich streiten *(about* über), sprechen, Zeugnis ablegen *(for* für; *against* gegen); *tr* überreden *(s.o. into doing s.th.* jdn etw zu tun); bestreiten; er-, beweisen, zeigen *(to be s.th.* als etw); *(Gesichtspunkt)* ausführen, vortragen, darlegen, erörtern; folgern, behaupten *(that* daß); *to ~ away* wegdisputieren; *to ~ s.o. out of s.th.* jdn von etw abbringen; **~fy** ['-fai] *itr fam* herumstreiten, -nörgeln; **~ment** ['-mənt] Argument *n (in his favour* zu s-n Gunsten; *against* gegen); Beweisgrund *m*; Beweisführung, Erörterung, Debatte *(about* über), Argumentation *f*, Ausführungen *f pl*; Ausea.setzung *f*; Wortwechsel, Auftritt *m*; Thema *n*, Gegenstand *m*; *jur* Vorbringen *n*, Verhandlung, Verteidigungsrede *f*, Vortrag; *math* Ansatz *m*, Behauptung *f*; *to advance, to bring forward, to set forth an ~~* ein Argument vorbringen; **~mentation** [ˌɑːgjumen'teiʃən] Beweisführung, Argumentation; Diskussion, Ausea.setzung, Debatte *f*; **~mentative** [ˌɑːgjuˈmentətiv] *(Person)* streitsüchtig, rechthaberisch; *(Arbeit)* logisch, überlegt, folgerichtig.

aria ['ɑːriə] *mus* Arie *f*.

arid ['ærid] trocken, dürr; wasserarm; unfruchtbar; *fig* langweilig, uninteressant; **~ity** [æˈriditi] Trockenheit, Dürre; Unfruchtbarkeit; *fig* Leblosigkeit, Interesselosigkeit, Stumpfheit *f*.

Aries ['ɛəriːz] *astr* Widder *m*.

aright [əˈrait] *adv* recht, richtig.

arise [ə'raiz] *irr arose, arisen itr* hervorkommen, -gehen, entspringen; entstehen *(from, out of* aus); *(Schwierigkeiten)* sich zeigen; *(Problem)* aufkommen, auftauchen; herrühren *(from* von); *fig* aufstehen, sich erheben.

aristocra|cy [ˌæris'tɔkrəsi] Aristokratie *f*, Adel *m*; Elite *f*; *landed ~~* Landadel *m*; **~t** [ˈæristəkræt] Aristokrat *m*; **~tic(al)** [ˌæristəˈkrætik(əl)] aristokratisch; adlig.

arithmetic [ə'riθmətik] Arithmetik *f*, Rechnen *n*; *(~ book)* Rechenbuch *n*; **~al** [ˌəriθ'metikəl] arithmetisch; *~~ progression* arithmetische Reihe *f*.

ark [ɑːk] *rel* Arche *f*; *allg* Kasten *m*, Lade *f*; *this is s.th. out of the ~* das hat e-n Bart; *Noah's ~* Arche *f* Noah; *A~ of the Covenant* Bundeslade *f*.

arm [ɑːm] **1.** Arm *m*; *(Tier)* Vorderbein *n*; *(Polyp)* Fangarm; Ärmel; *(~ of the sea)* (Meeres-)Arm; *(Baum)* dicke(r) Ast *m*; *(Stuhl)* Seitenlehne; *(Rad)* Speiche; *(Waage)* Abzweigung *f*; *tech* Hebelarm, Ausleger; Signalflügel; Brückenzweig; *(Waage)* Balken *m*; *mil (Zangenbewegung)* Zange *f*; *mar* Ankersplint *m*; *~ in ~* Arm in Arm; *on the ~ (Am sl)* umsonst; *to hold, to keep s.o. at ~'s length* sich jdn vom Leibe halten; *to receive, to welcome s.o. with open ~s* jdn mit offenen Armen empfangen; *child, infant in ~s* Säugling *m*;

arm-band 41 **arraign**

secular ~ weltliche Obrigkeit f; ~ of the law Arm m des Gesetzes; **~-band** Armbinde f; **~chair** ['-tʃɛə] Lehnstuhl m; **~~ strategist** Bierhausstratege m; **~ful** ['-ful] Armvoll m; ~ **hole** Ärmelloch n; **~let** ['-lit] Armband n, -binde f; schmale(r) Meeresarm m; **~-pit** Achselhöhle f; **~-rest, -support** Armstütze f; **2.** s Waffe; Truppen-, Waffengattung; pl militärische Laufbahn f; pl Wappen n; tr bewaffnen; ausrüsten; (Magnet) armieren; (Balken) verstärken; tech mit e-r Schutzschicht versehen; mil scharf machen; itr sich bewaffnen; allg sich versehen (with mit); to ~ o.s. with sich bewaffnen mit; to be under ~s unter Waffen stehen; to appeal to ~s die Waffen entscheiden lassen; to be up in ~s empört sein (against gegen); to bear ~s (mil) dienen; to call to ~s zum Wehrdienst einberufen; to carry ~s Waffen tragen; to lay down ~s die Waffen strecken; to take up ~s zu den Waffen greifen; fig nachdrücklich eintreten (for für); coat of ~s Wappen n; companion in ~s Waffengefährte m; fire ~ Feuerwaffe f; side-~s (pl) Seitenwaffen f pl; small ~s (pl) Handfeuerwaffen f pl; ~s container Waffenbehälter m; ~s depot Waffenlager n; ~s inspection, Waffenappell m; ~s race Wettrüsten n; **A~ada** [ɑːˈmɑːdə] mar Armada f; **~adillo** [ɑːməˈdiləu] zoo Armadill, Gürteltier n; **A~ageddon** [ɑːməˈgedən] fig Endkampf m; **~ament** ['ɑːməmənt] Bewaffnung, Ausrüstung, Bestückung; Armierung; Aufrüstung f; Streitkräfte f pl; ~~ industry Rüstungsindustrie f; ~~ limitation Rüstungsbeschränkung f; **~ature** ['ɑːmətjuə] tech Anker m, Armatur f; zoo Panzer, Schutzschild m; ~~ coil Ankerspule f; ~~ core Ankerkern m; ~~ shaft Ankerwelle f; ~~ winding Ankerwicklung f; **~ed** [-d] a bewaffnet; gerüstet; ausgestattet (with mit); tech armiert; (Revolver) entsichert; (Geschütz) geladen; (Munition) scharf; ~~ forces (pl) Streitkräfte f pl; bewaffnete Macht f; **~ing** ['-iŋ] Bewaffnung, Ausrüstung f; tech mil Scharfmachen n; **~istice** ['ɑːmistis] Waffenstillstand m; to enter into negotiations for an ~~ Waffenstillstandsverhandlungen aufnehmen (with mit); A~~ Day Waffenstillstandstag m (11. Nov.); ~~ terms (pl) Waffenstillstandsbedingungen f pl; **~orial** [ɑːˈmɔːriəl] Wappen-; ~~ bearings (pl) Wappen n; **~o(u)r** ['ɑːmə] s Panzer(ung f) m, hist Rüstung f, Harnisch m; mil Panzertruppe f; mar Taucheranzug m; Wappen n; tech Armierung, Bewehrung; bot zoo Schutzdecke f; tr itr panzern; armieren, bewehren; **~~-bearer** (hist) Schildknappe m; **~~-clad** (a) gepanzert; **~~-piercing** panzerbrechend; **~~-plate** Panzerplatte f; **~oured** ['ɑːməd] a gepanzert, bewehrt; ~~ attack Panzerangriff m; ~~ cable armierte(s) Kabel n; ~~ car Panzerkampfwagen, Panzerspähwagen m; ~~ personnel carrier Schützenpanzerwagen m; ~~ corps Panzerkorps n; ~~ cupola Panzerkuppel f; ~~ division Panzerdivision f; ~~ force Panzertruppe f; ~~ glass Drahtglas n; ~~ infantry Panzergrenadiere m pl; ~~ support Panzerunterstützung f; ~~ thrust Panzervorstoß m; ~~ turret Panzerturm m; ~~ unit Panzereinheit f; **~o(u)rer** ['-ərə] mil Waffenmeister m; **~o(u)ry** ['-əri] mil Waffenmeisterei, -kammer f; Arsenal n; Am Exerzierhalle; Am Waffenfabrik f; **~y** ['-i] Armee f; Heer; Militär n; A~~ Landstreitkräfte f pl; fig Menge, große Zahl f, Heer n, Schwarm m; to go into, to enter, to join the ~ zum Militär gehen; to serve in the ~~ im Heer dienen; Salvation A~ Heilsarmee f; ~~ of occupation Besatzungsheer n; ~~ area Armeegebiet n; ~~ contract Heereslieferung f; ~~ boot Kommißstiefel m; ~~ bread Kommißbrot n; ~~ clothing depot Armeebekleidungsamt n; ~~ contractor Heereslieferant m; ~~ corps Armeekorps n; ~~ group Heeresgruppe f; ~~ headquarters Armeeoberkommando n; ~~ kitchen Feldküche f; ~~ manual Heeresdienstvorschrift f; A~~ Ordnance Heereswaffenamt n; ~~ pay Wehrsold m; ~~ postal service Feldpost f; ~~ supply station Nachschubbahnhof m.

arnica ['ɑːnikə] bot Arnika f.

aroma [əˈrəumə] Aroma n, Duft(stoff) m; **~tic** [ærəˈmætik] aromatisch, würzig; wohlriechend; ~~ vinegar Gewürz-, Kräuteressig m; **~tize** [-taiz] tr würzen.

around [əˈraund] adv ringsherum, rundherum; nach, auf allen Seiten; überall; Am hier u. da; fam in der Nähe; prp um...herum, rings um; am Rande; Am ungefähr, etwa um; somewhere ~ here irgendwo hier herum; to fool ~ (fam) die Zeit vertrödeln; to look ~ sich umsehen (for nach); to turn ~ sich umdrehen.

arouse [əˈrauz] tr (auf)wecken; aufrütteln, anstacheln; to ~ suspicion Verdacht erregen.

arraign [əˈrein] tr anklagen, vor Gericht stellen; (Angeklagten) vernehmen; (Behauptung) bezweifeln; kriti-

arraignment 42 **art**

sieren, tadeln; **~ment** [-mənt] *jur* Anklage; Beschuldigung *f*; Tadel *m*, heftige Kritik *f*.

arrange [ə'reindʒ] *tr* (an)ordnen; veranlassen; ausmachen, festlegen, einrichten; festsetzen; regeln, ordnen; arrangieren (*to do s.th., for doing s.th.* daß etw getan wird); *(Zimmer)* einrichten; *(Versammlung)* veranstalten; *(Haar)* in Ordnung bringen; *(Rechnung)* ausgleichen; *(Streit)* schlichten; *(Anspruch)* befriedigen; *(Treffen)* verabreden, vereinbaren; *mus* umsetzen; bearbeiten; *itr* ein Übereinkommen treffen, sich verständigen (*with mit; about* über); Vorsorge treffen (*for s.th. to be done* daß etw getan wird); *mus* Musikstücke bearbeiten; *as ~d* wie abgesprochen, laut Abrede; *to ~ amicably* gütlich beilegen; *~ it so that* richten Sie es so ein, daß; **~ment** [-mənt] Ordnung; Anordnung, Gruppierung *f*, Arrangement *n*, Einteilung, Gliederung, Einordnung *f*; *tech* Einbau *m*; Vorbereitung, Vorsorge, Vorkehrung; Abmachung, Abrede, Vereinbarung, Verständigung, Übereinkunft; *(Streit)* Beilegung *f*, Vergleich *m*; Erledigung, Regelung; *mus* Bearbeitung *f*; *fam* Ding, Gerät *n*, Apparat *m*; *by ~* nach Vereinbarung; *to come to an ~~* zu e-r Einigung kommen; *to make ~~s* Vorkehrungen, Vorbereitungen treffen; *to make an ~~* ein Abkommen, e-e Vereinbarung treffen; *in* Vergleich schließen.

arrant ['ærənt] durchtrieben; *(Unsinn)* komplett; *(Lügner)* notorisch.

array [ə'rei] *s* (An-)Ordnung, Aufstellung *f*; Aufgebot *n*; Truppen, Mannschaften *f pl*; Kleidung *f*, Putz, Staat *m*; Zurschaustellen *n*; *tr* (an-)ordnen; bereitstellen; *(Truppen)* aufstellen; *to ~ o.s.* sich kleiden, sich schmücken (*in* mit); *to form in battle ~* in Schlachtordnung aufstellen; *to ~ a panel (jur)* die Liste der Geschworenen aufstellen.

arrear|age [ə'riəridʒ] *fin* Rückstände *m pl*, unbezahlte(r) Restbetrag *m*, Schulden *f pl*; **~s** [-z] *pl* rückständige Zahlungen, Schulden *f pl*; *allg* Rückstände *m pl*; unerledigte Sachen *f pl*; *to be in ~(s)* Rückstände haben; im Verzug sein; *to work off ~s* Rückstände aufarbeiten; *~s of work* Arbeitsrückstände *m pl*.

arrest [ə'rest] *tr* auf-, anhalten; verhindern, hemmen; *tech* ab-, feststellen, arretieren; *jur* festnehmen, verhaften, einsperren; *(Sache)* beschlagnahmen; die Vollstreckung aussetzen (*judg(e)-ment* e-s Urteils); *(Aufmerksamkeit)* fesseln; *s* Verhaftung, Inhaftierung, Festnahme *f*; *mil* Arrest *m*; *(Urteil)* Aussetzung *f* der Vollstreckung; *tech* Arretierung, Hemmung *f*; *under ~* in Haft, in Gewahrsam; in Beschlag; *to ~ under strong suspicion* wegen dringenden Verdachts verhaften (*of* gen); *to grant a warrant of ~* e-n Haftbefehl erlassen; *to make ~s* Verhaftungen durchführen; *to place, to put s.o. under close, open ~* gegen jdn strengen, gelinden Arrest verhängen; *~ in development* Entwicklungsstillstand *m*; *~ in quarters* Stubenarrest *m*; **~er** [-ə] *el* Ableiter *m*; (*~ cable*) Fangkabel *n*; (*dust ~~*) Staubabscheider *m*; *~~ hook (aero)* Fanghaken *m*; *lightning- ~~* Blitzableiter *m*; **~ing** [-iŋ] *a* fesselnd, auffallend, interessant.

arriv|al [ə'raivəl] Ankunft *f*; Eintreffen *n*; *(Waren)* Eingang *m*; *(Ziel)* Erreichung *f*; Ankömmling; *(Hotel)* neue(r) Gast *m*; *pl com* eingegangene Waren *f pl*; *on ~~* bei Ankunft; *late, new ~~* Spät-, Neuankömmling *m*; *~~s and departures (rail)* Ankunfts- u. Abgangszeiten *f pl*; **~e** [ə'raiv] *itr* ankommen (*at, in* in); *fig* gelangen, kommen (*at a decision* zu e-r Entscheidung); erlangen (*at s.th.* etw); *fam* arrivieren, Erfolg haben; *to ~~ at an agreement* zu e-r Einigung kommen.

arrog|ance ['ærəgəns] Anmaßung, Frechheit *f*, Hochmut *m*, Einbildung *f*; **~ant** [-ənt] anmaßend, frech; hochmütig, eingebildet; **~ate** ['ærəgeit] *tr* (unrechtmäßig) fordern, beanspruchen (*to* für); zuschreiben (*s.th. to s.o.* jdm etw); *to ~~ to o.s.* sich anmaßen; **~ation** [ærə'geiʃən] Anmaßung *f*; unbegründete(r) Anspruch *m*.

arrow ['ærou] *s* Pfeil; Richtungspfeil; *tech* Zählstab *m*; *tr* mit e-m Pfeil bezeichnen; *returning ~* *(fig)* Bumerang *m*; **~head** Pfeilspitze *f*; **~root** *bot* Pfeilwurz *f*.

arroyo [ə'rɔiou] *Am* ausgetrocknete(s) Flußbett *n*; Bach *m*.

arse [a:s] *vulg* Hinterteil *n*.

arsenal ['a:sinl] Zeugamt *n*; *mar* Arsenal *n*; Waffen-, Munitionsfabrik *f*.

arsen|ate ['a:sinit, -eit] *chem* arseniksaure(s) Salz *n*; **~ic** ['a:snik] *s chem* Arsen(ik) *n*; *a* [a:'senik] arsensauer; *~~ poisoning* Arsenvergiftung *f*;

arson ['a:sn] Brandstiftung *f*.

art [a:t] 1. *s. to be*; 2. Kunst; Kunstfertigkeit; Geschicklichkeit *f*; Grundsätze *m pl*, Methode *f*; Verfahren *n*, Technik *f*; Handwerk, Gewerbe *n*;

arterial — Kenntnisse *f pl*; Fachgebiet *n*; Verschlagenheit, List *f*; *pl* Geisteswissenschaften *f pl*; *pl* Kniffe, Schliche *m pl*; **~s** *and crafts* Kunstgewerbe *n pl*; *fine, liberal, useful* **~s** *(pl)* schöne, freie, angewandte Künste *f pl*; *work of* **~** Kunstwerk *n*; **~** *of printing* Buchdruckerkunst *f*; **~** *of war* Kriegskunst *f*; **~** *collection, critic, dealer, gallery, school* Kunstsammlung *f*, -kritiker, -händler *m*, -galerie, -schule *f*.

arter|ial [ɑːˈtɪəriəl] *med* Arterien-, Schlagader-; **~~** *road* Hauptverkehrsstraße *f*; **~iosclerosis** [ɑːˌtiːəriouˈskliəˈrousis] Arterienverkalkung *f*; **~y** [ˈɑːtəri] *med* Arterie, Schlagader *f*; Verkehrsader *f*.

artesian [ɑːˈtiːʒən, -ʒən] *a* artesisch; **~** *well* artesische(r) Brunnen *m*.

artful [ˈɑːtful] verschlagen, listig; gewandt, geschickt; sinnreich; künstlich; nachahmend.

arthriti|c [ɑːˈθritik] *med* arthritisch; **~s**[-ˈθraitis] Gelenkentzündung, Arthritis *f*; *rheumatoid* **~~** Gelenkrheuma(tismus *m*) *n*.

artichoke [ˈɑːtitʃouk] *bot* Artischocke *f*.

artic|le [ˈɑːtikl] Artikel *a*. *gram jur com*; Aufsatz; *(newspaper* **~~***)* Zeitungsartikel *m*; Objekt *n*, Gegenstand *m*; *gram* Geschlechtswort *n*; *com* Ware *f*, (**~** *of commerce)* Handelsartikel, Warenposten *m*; *jur* Klausel, Bestimmung *f*, Abschnitt, Paragraph; *(Vertrag)* Punkt *m*; *pl (ship's* **~~***)* Schiffsmusterrolle *f*; *tr* in die Lehre geben *(to* bei); in Artikel einteilen; anklagen *(for* wegen); *itr* e-e Anklageschrift verfassen *(against* gegen; *for* wegen); *in the* **~~** *of death* im Augenblick des Todes; *to serve o.'s* **~~***s* s-e Lehre durchmachen; *leading* **~~** Leitartikel *m*; **~~***s of apprenticeship* Lehrvertrag *m*; **~~***s of association* Satzungen *f pl*; **~~** *of clothing* Bekleidungsstück *n*; **~~** *of consumption* Bedarfsgegenstand *m*; **~~** *of luggage* Gepäckstück *n*; **~~***s of partnership* Gesellschaftsvertrag *m* (e-r OHG); **~~** *of value* Wertsache *f*; **~~** *of war* Kriegsartikel *m*; **~ular** [ɑːˈtikjulə] Gelenk-; **~~** *rheumatism* Gelenkrheumatismus *m*; **~ulate** [ɑːˈtikjulit] *a* durch ein Gelenk verbunden; gegliedert; unterteilt; deutlich, artikuliert; *tr* [ɑːˈtikjuleit] durch ein Gelenk verbinden; zs.passen; gliedern; artikulieren; artikuliert, deutlich aussprechen; **~~***d coupling* Gelenkkupplung *f*; **~ulation** [ɑːˌtikjuˈleiʃən] Gelenkverbindung, Zs.fügung, Gliederung; *(Sprache)* Artikulation *f*.

artifact [ˈɑːtifækt] Artefakt *n*.

artific|e [ˈɑːtifis] gewandte(r) Trick, Kniff, Dreh *m*; List; *pej* Gewandtheit, Geschicklichkeit *f*; **~er** [ɑːˈtifisə] *tech* (geschickter) Handwerker; Mechaniker; *mil* Feuerwerker; Erfinder *m*; **~ial** [ɑːtiˈfiʃəl] künstlich; nachgemacht, unecht; unnatürlich; gesucht, affektiert, geziert; *(Lächeln)* gezwungen; *(Zähne)* falsch; *chem* synthetisch; **~~** *draught* Belüftung *f*; **~~** *fibre* Kunstfaser *f*; **~~** *ice* Kunsteis *n*; **~~** *insemination* künstliche Befruchtung *f*; **~~** *leather* Kunstleder *n*; **~~** *leg* Beinprothese *f*; **~~** *light* Kunstlicht *n*; **~~** *manure* Kunstdünger *m*; **~~** *person* juristische Person *f*; **~~** *resin* Kunstharz *n*; **~~** *respiration* künstliche Atmung *f*; **~~** *silk* Kunstseide *f*; **~~** *stone* Kunststein *m*; **~~** *sun* Höhensonne *f*; **~~** *wood* Kunstholz *n*; **~~** *wool* Kunstwolle *f*; **~~** *work* Kunstbau *m*; **~iality** [ɑːˌtifiʃiˈæliti] künstliche(r) Charakter *m*; Unechtheit; Unnatürlichkeit *f*.

artillery [ɑːˈtiləri] Artillerie *f*; **~** *fire* Artilleriefeuer *n*; **~** *group* Artillerieregiment *n*; **~man** Artillerist *m*; **~ observer** Artilleriebeobachter *m*; **~ officer** Artillerieoffizier *m*; **~ position** Artilleriestellung *f*; **~ protection** Feuerschutz *m*; **~ range** Artillerieschießplatz *m*.

artisan [ɑːtiˈzæn] Handwerker *m*.

artist [ˈɑːtist] Künstler(in *f*); Maler(in *f*); Könner *m*; **~e** [ɑːˈtiːst] Artist(in *f*); Sänger(in *f*), Tänzer(in *f*) *m*; **~ic** [ɑːˈtistik] künstlerisch; kunstvoll, geschmackvoll; Kunst-; **~ry** [ˈri] Kunstsinn *m*; Kunstfertigkeit *f*; künstlerische Fähigkeiten, Eigenschaften *f pl*.

art|less [ˈɑːtlis] einfach, natürlich; harmlos, naiv; kunstlos, kulturlos; ungeschickt, linkisch; **~lessness** [ˈ-nis] Kunstlosigkeit; Schlichtheit; Naivität *f*; **~y** [ˈ-i] *fam* gewollt künstlerisch.

arum [ˈɛərəm] *bot* gemeine(r) Aronsstab *m*; **~** *lily* weiße Gartenlilie *f*.

Aryan [ˈɛəriən] *a* arisch; *s* Arier *m*; arische Sprachengruppe *f*.

as [æz, əz] **1.** *adv* wie, als; wie zum Beispiel; **~** ... **~** (eben)so ... wie; *not so* ... **~** nicht so ... wie; **~** *long* **~** so lange wie; **~** *much, many* ... **~** ebensoviel(e)... wie; *bis zu* ...; **~** *yet* bis jetzt; bisher, soweit; *not* **~** *yet* noch nicht; **~** *well* auch; **~** *well* **~** dazu, außerdem; **~** *far* **~** bis (zu); soviel; soweit; **~** *soon* **~** *not, (just)* **~** *soon* ebenso gern; *I thought* **~** *much* das war meine Ansicht; **2.** *conj* da, weil; als, während; (in der Art)

asbestos — ask

wie, genauso wie; wie, als; obgleich; als (ob); ~ *is (com)* im gegenwärtigen Zustand; ~ *it is* in Wirklichkeit; ohnehin; ~ *it were* gleichsam; gewissermaßen; sozusagen; ~ *if, though* als ob; ~ ... *so* wie ... so; ~ *soon* ~ sobald (als), sowie; ~ *a rule* gewöhnlich, üblicherweise; ~ *and when received (com)* je nach Eingang; *everything stands* ~ *it was* alles bleibt beim alten; **3.** *prp* als; in der Eigenschaft als; ~ *for*, ~ *to* was ... anbetrifft; hinsichtlich; ~ *to whether* ob; *so* ... ~ *to* ... um zu; *so* ~ *to be sure* um sicher zu sein; **4.** *prn* welche(r, s); was; wie; *in proportion* ~ in dem Maße wie.

asbestos [æz'bestəs] Asbest *m*; **~board roofing** Asbestpappe *f*.

ascend [ə'send] *itr* auf-, ansteigen, sich erheben *(from* von); *(zeitlich)* zurückgehen *(to* bis auf); *(Ton)* steigen; *(Weg)* ansteigen, nach aufwärts führen; *astr* aufgehen; *tr* besteigen; erklettern; *(e-n Fluß)* hinauffahren; *(e-e Leiter)* hinaufsteigen; *(Thron)* besteigen; **~ance, ~ence, -cy** [-əns(i)] *fig* Übergewicht *n*, Überlegenheit *f*; beherrschende(r) Einfluß *m (over* auf); *to rise to* ~~ an die Macht kommen; **~ant, ~ent** [-ənt] *a* aufsteigend; *fig* überragend, beherrschend, überlegen; *astr* aufgehend; *bot* aufwärts gerichtet; *s fig* beherrschende Stellung, Überlegenheit *f (over* über); *(Astrologie)* Horoskop *n*; *to be in the* ~~ *(fig)* im Steigen sein; **~ing** [-iŋ] aufsteigend; ~~ *current* Aufwind *m*; ~~ *gust* Steigbö *f*.

ascen|sion [ə'senʃən] Aufsteigen *n*, Aufstieg *m*; *A*~ *Day* Himmelfahrtstag *m*; **~t** [ə'sent] Aufsteigen *n*; Auf-, Anstieg *m*; Aufgang *m*; Steigung *f*; *(im Rang)* Steigen; *(zeitlich)* Zurückgehen *n (to, into* bis auf); *(Berg)* Besteigung *f*.

ascertain [æsə'tein] *tr* feststellen, ermitteln, herausfinden; (nach)prüfen; in Erfahrung bringen *(s.th. from s.o.* etw von jdm); **~ment** [-mənt] Feststellung, Ermittlung; *(Schaden, Recht)* Festlegung *f*.

ascetic [ə'setik] *a* asketisch; *s* Asket *m*; **~ism** [-sizm] Askese *f*.

ascri|bable [əs'kraibəbl] zuzuschreiben; **~be** [əs'kraib] *tr* zuschreiben, beimessen *(to s.o.* jdm); **~ption** [əs'kripʃən] Beimessung, Zumessung *f (of* gen; *to s.o.* jdm).

asep|sis [ə'sepsis, ei-] Asepsis, keimfreie Wundbehandlung *f*; **~tic** [-tik] aseptisch, keimfrei.

asexual [ei'seksjuəl] geschlechtslos.

ash [æʃ] **1.** *bot (~ tree)* Esche *f*; **~en** ['-ən] eschen; ~ **wood** Eschenholz *n*; **2.** Asche *f*; *pl* Asche *f (a. d. Menschen)*, sterbliche Überreste *m pl*; *to burn to ~es* niederbrennen; **~bin,** *Am* **-can** Kehrichtkasten, -eimer *m*; **~ content** Aschengehalt *m*; **~en** ['-ən] aschfarben; **~~grey** aschgrau; **~man** *Am* Arbeiter *m* der Müllabfuhr; ~ **pan** Aschenkasten, -behälter *m*; ~ **pit** Aschengrube *f*; **~ removal** Beseitigung *f* der Asche; Entaschung *f*; **~tray** Aschenbecher *m*; **A-Wednesday** Aschermittwoch *m*; **~y** ['-i] aschen; aschfarben, -fahl.

ashamed [ə'ʃeimd] *pred a* beschämt; *to be* ~ sich schämen *(of s.th.* e-r S; *to do s.th.* etw zu tun); *you ought to be* ~ *of yourself* du solltest dich schämen.

ashlar, -er [ˈæʃlə] *arch* Quaderstein *m*.

ashore [ə'ʃɔː] *adv* ans Ufer; am Ufer; *to go* ~ an Land gehen; landen.

Asia ['eiʃə] Asien *n*; ~ **Minor** Kleinasien *n*; **~n, ~tic** ['-n, eiʃi'ætik] *a* asiatisch; *s* Asiate *m*.

aside [ə'said] *adv* beiseite; abseits; auf die Seite; weg, fort; *s theat* Aparte *n*; ~ *from (Am)* abgesehen von; außer; zusätzlich zu; *all joking* ~ Spaß beiseite; *to lay* ~ beiseite legen; *(Gewohnheit)* ablegen, aufgeben; *to put* ~ auf die Seite legen, beiseite legen; *(Waren, Geld)* zurücklegen; *to set* ~ weg-, beiseite legen; *(Geld)* beiseite-, zurücklegen; *(Anspruch)* abweisen; *(Einwand)* verwerfen; *(Urteil)* aufheben; *to speak* ~ *(theat)* beiseite sprechen; *allg* leise mitea. reden; *to stand, to step* ~ zur, auf die Seite gehen *od* treten; *to turn* ~ sich wegwenden *(from* von); *(Straße)* verlassen.

asinine ['æsinain] Esel-; *fam* dumm, blöde, töricht.

ask [ɑːsk] *tr* erfragen; fragen *(s.o. for s.th., s.o. s.th.* jdn nach etw); *(Frage)* stellen; bitten *(s.th. of s.o.* jdn um etw; *s.o. to do s.th.* jdn etw zu tun); erbitten; erwarten, fordern, verlangen; brauchen; einladen *(to s.th.* zu etw); auffordern, ersuchen; *(to ~ the banns)* das Aufgebot bestellen; *itr* fragen *(for* nach); sich erkundigen *(about, after, for* nach); sich informieren *(about* über); *to ~ for it (sl)* herausfordernd wirken; *to ~ of, from s.o.* von jdm erbetteln; *to ~ how to do s.th.* danach fragen, wie etw getan werden soll; *to ~ s.o.'s advice* jdn um Rat fragen; sich bei jdm Rat holen; *to ~ s.o. his name* jdn nach s-m Namen fragen; *to ~ for permission* um Erlaubnis bitten;

to ~ to be allowed to speak um das Wort bitten; **to ~ for trouble** zu Schwierigkeiten führen; Schwierigkeiten heraufbeschwören; **~ed** [-t] *a* gefragt; *price ~ ~* Briefkurs *m*; **~ ~ and bid** Brief u. Geld; **~ing** ['-iŋ] Fragen, Bitten *n*; *it's yours for the ~ ~* Sie brauchen nur darum zu bitten (u. erhalten es); *~(~) price* Angebotspreis *m*.

askance, askant [əs'kæns, -t] *adv* von der Seite, schief; scheel; auf e-e Seite; *to look ~ at s. th.* etw mißtrauisch, mißbilligend betrachten.

askew [ə'skju:] *adv pred a* auf der Seite; verschoben, schief, quer.

aslant [ə'slɑ:nt] *adv pred a* schief, schräg; *prp* quer über, quer durch.

asleep [ə'sli:p] *pred a* schlafend; eingeschlafen; *fig* untätig, rückständig; tot; *adv* im Schlaf; *to be ~* schlafen; *to fall ~* einschlafen.

aslope [ə'sloup] *pred a adv* abschüssig, schief.

asp [æsp] **1.** *s bot* Espe *f*; *a* aus Espenholz; **2.** *zoo* Natter *f*.

asparagus [əs'pærəgəs] Spargel; *(~-fern)* Asparagus *m*; **~ tips** *pl* Spargelköpfe *m pl*.

aspect ['æspekt] Aussehen *n*, Erscheinung *f*; Anblick, Gesichtsausdruck *m*; Aussicht *f*, Ausblick *m*; Richtung; *(e-s Problems)* Seite *f*, Aspekt, Standpunkt *m*; Betrachtungsweise *f*; *astr gram* Aspekt *m*; *(Haus)* Seite, Front, Fläche *f*; *phys* Verhältnis *n*; *from a higher ~* von höherer Warte aus; *to be of good ~* gut, günstig aussehen; *to see s.th. in its true ~* etw in s-m wahren Licht sehen; *facial ~* Gesichtsausdruck *m*; *general ~* Gesamteindruck *m*; *~ of a disease* Krankheitsbild *n*; **~ ratio** *tele* Bildverhältnis *n*; *aero* (Flügel-)Streckung *f*.

aspen ['æspən] *s* Espe *f*; *a* aus Espenholz; *fig* zitternd, bebend; *to tremble like an ~-leaf* wie Espenlaub zittern.

asper|ity [æs'periti] Rauheit, Unebenheit; *fig* Schroffheit, Strenge, Härte; *(Klima)* Unwirtlichkeit *f*; **~se** [æs'pə:s] *tr* besprengen, bespritzen *(with* mit); *fig* verleumden; **~sion** [æs'pə:ʃən] Besprengung *f*, Bespritzen *n*; *fig* Verleumdung *f*.

asph|alt ['æsfælt] *s* Asphalt *m*; *tr* asphaltieren; **~ ~ board**, *cement* or *mastic, concrete, pavement* Asphaltpappe *f*, -kitt *m* od -masse *f*, -beton *m*, -pflaster *n*; **~odel** ['æsfədel] *bot* Affodillwurz; *poet* gelbe Narzisse *f*; **~yxia** [æs'fiksiə] Erstickung, Bewußtlosigkeit (durch Sauerstoffmangel), Asphyxie *f*; **~yxiate** [æs'fiksieit] *tr* ersticken; **~yxiation** [æsfiksi'eiʃən] Erstickung *f*.

aspic ['æspik] *(Küche)* Aspik *m*; *poet* (giftige) Natter *f*.

aspidistra [æspi'distrə] *bot* Aspidistra *f*.

aspir|ant [əs'pairənt, 'æspirənt] *s* Bewerber *(to, after* um); Anwärter *m* (*to, after* auf); **~ate** ['æspireit] *tr gram* aspirieren; *med* einatmen; aufsaugen; ['æspirit] *a* aspiriert; *s* Hauchlaut *m*; **~ation** [æspi'reiʃən] Wunsch *m*, Verlangen, Streben *n*, Sehnsucht *f (after, for* nach); Einatmen *n*, Atemzug *m*; **~ator** ['æspireitə] Ansauger *m*, Saug-, Strahlpumpe *f*; *med* Aspirator *m*; **~e** [əs'paiə] *itr* streben, trachten *(after, at, to* nach); **~in** ['æspirin] Aspirin *n*; **~ ~ tablets** *(pl)* Aspirintabletten *f pl*; **~ing** [əs'pairiŋ] ehrgeizig; strebend *(after, to* nach).

ass [æs] Esel *a. fig*; *fig* Dummkopf *m*; *Am sl* Hinterteil *n*; *to make an ~ of s.o.* jdn zum Narren halten; *of o.s.* sich lächerlich machen; **~-foal** Eselsfüllen *n*; **~'s milk** Eselsmilch *f*.

assail [ə'seil] *tr* angreifen, überfallen; *(Aufgabe)* in Angriff nehmen; *(e-r Schwierigkeit)* begegnen; *to ~ s.o. with questions* jdn mit Fragen bestürmen; *to be ~ed with doubts* von Zweifeln geplagt sein; **~able** [-əbl] angreifbar; anfechtbar; **~ant** [-ənt] Angreifer *m*.

assassin [ə'sæsin] (gedungener) Mörder *m*; **~ate** [-eit] *tr* ermorden; **~ation** [əsæsi'neiʃən] Ermordung *f*.

assault [ə'sɔ:lt] *s* (Sturm-)Angriff, Überfall *m (upon* auf); Anschlag *m*, Attentat *n*; *jur* tätliche Beleidigung, Bedrohung, Tätlichkeit, *a. (criminal ~)* Vergewaltigung *f*; *tr* angreifen, überfallen; bestürmen, berennen; *jur* tätlich beleidigen; bedrohen; vergewaltigen; *to take by ~* erstürmen, im Sturm nehmen; *bayonet ~* Bajonettangriff *m*; *indecent ~* Sittlichkeitsverbrechen *n*; **~ and battery** schwere tätliche Beleidigung; Schlägerei *f*; **artillery** Sturmartillerie *f*; **~ boat** Sturmboot *n*; **~er** [-ə] Angreifer *m*; **~ gun** Sturmgeschütz *n*; **~ tank** Sturmpanzer *m*; **~ troops** *pl* Stoßtruppen *f pl*; **~ wave** Sturm-, Angriffswelle *f*; **~ wire** *tele* Feldkabel *n*.

assay [ə'sei, 'æsei] *s chem* (Metall-)Probe, Analyse; *allg* Prüfung *f*, Test, Versuch *m*; *v* [ə'sei] *tr* prüfen, erproben; analysieren; *fig* versuchen *(to* zu); *itr* e-n Gehalt haben *(in gold* an Gold); titrieren; **~ balance, crucible, spoon** Probierwaage *f*, -tiegel, -löffel *m*.

assembl|age [ə'semblidʒ] Versammlung *f*; Treffen *n*, Zs.kunft *f*; Samm-

assemble 46 **assimilate**

lung *f; tech* Zs.setzen *n,* Montage *f;* **~e** [-] *tr* versammeln; zs.bringen, -tragen, -stellen; *(Parlament)* einberufen; *tech* zs.setzen, -bauen, montieren; *(Truppen)* bereitstellen; *itr* sich versammeln, zs.kommen, sich treffen; *mil* aufmarschieren; **~er** [-ə] *agr* Aufkäufer *m;* **~y** [-i] Versammlung; Zs.kunft; Veranstaltung; Gesellschaft; *pol* gesetzgebende Körperschaft *f, Am a.* Repräsentantenhaus *n (einzelner Staaten); tech* Montage, -halle, -gruppe *f,* -teile *m pl; (Maschine)* Aufstellen *n;* Aufbau, Zs.bau *m;* Anordnung *f; mil* Sammelsignal, Sammeln *n,* Bereitstellung *f,* Aufmarsch *m;* **~ ~** *area (mil)* Bereitstellungsraum *n;* **~ ~** *drawing* Montageplan *m;* **~ ~** *error* Montagefehler *m;* **~ ~** *jig* Montagegerüst *n;* **~ ~** *hangar (aero)* Montagehalle *f;* **~ ~** *line* Fließ-, Montageband *n;* **~ ~** *line work* Fließbandarbeit *f;* **~ ~** *order (mil)* Bereitstellungsbefehl *m;* **~ ~** *plant* Montagewerk *n;* **~ ~** *point, position (mil)* Bereitstellungsort; *allg* Sammelpunkt *m;* **~ ~** *room* Festsaal, Versammlungsraum *m; tech* Fertigbau-, Montagehalle *f;* **~ ~** *shop* Montagewerkstatt, -halle *f;* **~ ~** *stand* Montagebock *m.*

assent [ə'sent] *itr* einwilligen *(to* in), zustimmen *(to* dat); billigen *(to s.th.* etw); *(e-r Meinung)* beipflichten; *s* Zustimmung, Einwilligung, Billigung *f; with one ~* einmütig; *to nod ~* zustimmend nicken; **~er** [-ə] Jasager; *pol Br* Unterstützer *m* e-s Wahlvorschlags.

assert [ə'sə:t] *tr* feststellen; bestehen auf, behaupten; vorbringen; *(Recht)* verteidigen, geltend machen; beanspruchen, e-n Anspruch erheben auf; *(Forderung)* durchsetzen; *to ~ o.s.* sich durchsetzen; auf s-m Recht bestehen; *pej* sich herausstreichen, sich in den Vordergrund drängen; **~ion** [ə'sə:ʃən] Erklärung *f;* Vorbringen *n;* Behauptung, Feststellung; *(Rechte)* Geltendmachung *f; to make an ~ ~* e-e Behauptung aufstellen; **~ive** [-iv] zustimmend, bejahend; *pej* übertrieben selbstsicher; **~or** [-ə] Verfechter *m.*

assess [ə'ses] *tr* bewerten, den Wert feststellen *(s.th.* e-r S); besteuern, veranlagen; *(Schadenssumme)* festsetzen, feststellen *(at* auf); (ab)schätzen, veranschlagen; *(Unkosten)* aufteilen, umlegen; e-e Zahlung, Geldstrafe festsetzen; **~able** [-əbl] bewertbar, festsetzbar; steuerpflichtig; abschätzbar; umlegbar; **~ed** [-t] *a* veranschlagt; **~ ~** *value* Einheitswert *m;* **~ment** [-mənt] Feststellung, Festsetzung; Ab-, Einschätzung; Besteuerung, Veranlagung; *(Schaden)* Bewertung; Umlage; *(Strafe)* Zumessung *f;* festgelegte(r) Betrag *m; notice of ~ ~* Steuerbescheid *m; period of ~ ~* Veranlagungszeitraum *m; rate of ~ ~* Steuersatz *m; tax ~ ~* Steuerveranlagung *f;* **~ ~** *roll* Steuerliste *f;* **~or** [-ə] *fin* Schätzer, *(~ ~ of taxes)* Steuerbeamte(r); *jur* Beisitzer *m.*

asset ['æset] Gut *n,* Vorteil *m,* Plus *n; fig* Trumpf; *com* Vermögenswert, Aktivposten *m; pl* Aktivposten *m pl,* Aktiva *pl,* Vermögensstand *m,* Aktivvermögen *n; capital ~s (pl)* Anlagevermögen; unbewegliche(s) Vermögen *n; trading, working ~s (pl)* Betriebskapital, -vermögen *n;* **~ account** Aktivkonto *n;* **~s and liabilities** *pl* Aktiva u. Passiva *pl.*

asseverat|e [ə'sevəreit] *tr* beteuern, versichern; **~ion** [əsevə'reiʃən] Beteuerung, Versicherung *f.*

assidu|ity [æsi'djuiti] Fleiß, Eifer *m;* Beharrlichkeit; Gefälligkeit *f;* **~ous** [ə'sidjuəs] fleißig, eifrig; beharrlich, ausdauernd; gefällig.

assign [ə'sain] *tr* festlegen, festsetzen, bestimmen; besteuern; an-, zuweisen; zuteilen; *(Aufgabe)* stellen, beauftragen mit; *(Schule)* aufgeben; *(Ursache)* zuschreiben, bezeichnen *(as* als); *(Bedeutung)* beilegen; *jur* übertragen, abtreten, zedieren; ernennen *(to a post* auf e-n Posten); *mil* abkommandieren, versetzen, unterstellen; e-n Anspruch, Eigentum übertragen; *s* meist *pl* Rechtsnachfolger; Beauftragte(r) *m;* **~able** [-əbl] *jur* übertragbar, zedierbar; *allg* zuschreibbar; **~ation** [æsig-'neiʃən] Festlegung, Festsetzung, Bestimmung; *jur* Abtretung, Zession, Übertragung; Zuweisung, Zuteilung *f;* Stelldichein *n;* **~ee** [æsi'ni:] Rechtsnachfolger, (Vertrags-)Begünstigte(r), Zessionar *m;* **~ ~** *in bankruptcy* Konkursverwalter *m;* **~ment** [-mənt] Zuteilung, An-, Zuweisung; Verwendung; zugewiesene Aufgabe *f,* Auftrag *m; (Gründe)* Vorbringen *n; (Schule)* Hausaufgabe; Ernennung; Stellung *f,* Posten *m; jur* Übertragung, Abtretung, Zession; Besteuerung; *(deed of ~ ~)* Übertragungsurkunde; *mil* Abkommandierung, Versetzung, Unterstellung, Eingliederung *f;* **~or** [æsi'nɔ:] Abtretende(r), Zedent *m.*

assimila|ble [ə'similəbl] assimilierbar; **~te** [-eit] *tr* aufnehmen, einverleiben; angleichen, assimilieren; (geistig) ver-

assimilation — assumption

dauen; vergleichen (*to* mit); *itr* sich assimilieren, sich einverleiben; aufgehen (*in* in); sich anpassen (*to* an); ähnlich werden; **~tion** [əsimi'leiʃən] Angleichung, Assimilation; Übereinstimmung (*to* mit); *med* Nahrungsaufnahme *f*; **~tive** [-eitiv] assimilierend.

assist [ə'sist] *tr* helfen (*s.o.* jdm), unterstützen, beistehen (*s.o.* jdm); mitwirken (*in doing s.th.* etw zu tun; *in* bei); *itr* anwesend, zugegen sein (*at* bei); beiwohnen; teilnehmen (*at* an); helfen; *s Am* Hilfe *f*, Beistand *m*; Anwesenheit *f*; *sport* Zuspiel *n*; **~ed by** unter Mitwirkung *gen*; **~ance** [-əns] Hilfe, Unterstützung; Mitwirkung *f*, Beistand *m*; *with the* **~** *of s.o.* unter jds Mitwirkung; *of s.th.* mit Hilfe *gen*; *public* **~~** öffentliche Fürsorge *f*; **~ant** [-ənt] *s* Assistent, Helfer, Gehilfe, Mitarbeiter; *jur* Stellvertreter, Assessor *m*; *tech* Zusatzgerät *n*; *a* behilflich (*to s.o.* jdm); Hilfs-; *chemist's* **~~** Apothekergehilfe *m*; *shop* **~~** Verkäufer(in *f*) *m*; **~~** *accountant* Hilfsbuchhalter *m*; **~~** *director, manager, superintendent* stellvertretende(r) Direktor *m*; **~~** *physician* Assistenzarzt *m*; **~~** *professor* (etwa) außerplanmäßige(r) Professor *m*.

assizes [ə'saiziz] *pl* Schwurgerichtssitzungen *f pl* des *High Court of Judges*.

associat|e [ə'souʃiit] *s* Mitarbeiter, Kollege, Freund; Gefährte; *com* Partner, Teilhaber, Gesellschafter *m*; (*Institut*) außerordentliche(s) Mitglied *n*; *jur* Beisitzer; *jur* Mittäter, -schuldige(r) *m*; *a* verbündet, verbunden, begleitend, assoziiert; eng zs.gehörig; nicht hauptamtlich angestellt; *v* [-eit] *tr* vereinigen, verbinden, assoziieren; hinzufügen; zuordnen; in Verbindung bringen (*with* mit); *itr* verkehren (*with s.o.* mit jdm); sich zs.tun, sich zs.schließen (*with* mit); *chem* zs. vorkommen (*with* mit); eng zs.gehören; *he never did* **~~** *with us very much* er war nie mit uns besonders befreundet; **~~** *professor (Am)* außerordentliche(r) Professor *m*; **~ed** [ə'souʃieitid] *a* vereinigt; gemeinsam; *el* angeschlossen; Assoziations-; **~~** *company* Tochter(gesellschaft) *f*; **~ion** [əsousi'eiʃən, -ʃi-] Vereinigung *f*, Verein *m*; Gesellschaft *f*; Verband *m*, Syndikat, Konsortium *n*, Genossenschaft; Vergesellschaftung *f*; Umgang, Verkehr *m*, Verbindung (*with* mit), Beziehung (*with* zu); Assoziation, Gedankenverbindung *f*; **(~~** *football)* (europäisches) Fußballspiel *n*;

to call up **~s** Erinnerungen wachrufen; *to establish, to form an* **~~** e-e Gesellschaft, e-n Verein gründen; *articles of* **~~** Gründungsvertrag *m* (e-r AG); Satzung *f*; *bar* **~~** Rechtsanwaltskammer *f*; *co-operative* **~~** Genossenschaft *f*; *credit* **~~** Kreditverein *m*, -genossenschaft *f*; *employers'* **~~** Arbeitgeberverband *m*; *member of an* **~~** Gesellschafter *m*; *miners'* **~~** Knappschaft *f*; *parent-teacher* **~~** Eltern-Lehrer-Vereinigung *f*; *Young Men's Christian A~~* (= Y.M.C.A.) Christliche(r) Verein *m* Junger Männer; **~~** *of ideas* Ideenassoziation *f*; **~~** *test* Assoziationstest *m*; **~ive** [ə'souʃieitiv] assoziativ, gesellig; sich vereinigend.

assonance ['æsənəns] *gram* Assonanz *f*.

assort [ə'sɔːt] *tr* (aus)sortieren, aussuchen; sichten; klassifizieren, ordnen, gruppieren; *com* mit e-m Warensortiment ausstatten; *itr* zs.passen (*with* mit); derselben Gruppe angehören; sich verbinden, sich zs.schließen, sich verstehen, verkehren (*with* mit); **~ed** [-id] *a com* sortiert; von verschiedenen Arten, verschiedenartig; geordnet, klassifiziert; zs.passend; *ill-~~* schlecht zs.passend; (*Waren*) schlecht zs.gestellt; *well-~~* gut zs.passend; *com* reich sortiert; **~ment** [-mənt] Sortieren, Klassifizieren *n*; Gruppe, Klasse, Klassifizierung; Auswahl, Zs.-stellung *f*, Sortiment *n*, Kollektion *f*; *sample* **~~** Musterkollektion *f*.

assuage [ə'sweidʒ] *tr (Schmerz)* lindern; *(Zorn)* besänftigen; beruhigen; *(Durst)* löschen; *(Hunger)* stillen; *(Wunsch)* erfüllen.

assum|e [ə'sjuːm] *tr* annehmen; übernehmen; als sicher annehmen; voraussetzen, annehmen, vermuten; vorgeben, sich den Schein geben, unterstellen; *(Macht)* an sich reißen, sich anmaßen; *(Amt)* antreten; *fig* in die Hand nehmen, ergreifen; *(Verantwortung)* übernehmen; *(Erbschaft)* antreten; *(Namen)* beilegen, annehmen; *(Kleider)* anziehen; *~ing that it is true* angenommen, es stimme; **~ed** [-d] *a* vorausgesetzt; angenommen; fiktiv; *(Name)* falsch; **~ing** [-iŋ] eingebildet, anmaßend, überheblich; **~ption** [ə'sʌmpʃən] An-, Übernahme, Aneignung; Vermutung, Annahme, Voraussetzung; Anmaßung, Überheblichkeit *f*, Dünkel *m*; *A~~* (Mariä) Himmelfahrt *f*; *on the* **~~** *that* unter der Annahme, Voraussetzung, daß; **~~** *of power* Machtübernahme *f*.

assur|ance [ə'ʃuərəns] Versicherung, Beteuerung, Zusicherung f, Versprechen n; Sicherheit, Gewißheit f, Vertrauen n; Garantie; Selbstsicherheit, Zuversicht; Überheblichkeit, Einbildung; *com* Versicherung f; *life* ~~ Lebensversicherung f; ~~ *company* Versicherungsgesellschaft f; **~e** [ə'ʃuə] *tr* überzeugen (*of s.th.* von e-r S); beruhigen; versichern (*s.o. of s.th.* jdn e-r S), beteuern; garantieren; zusichern; *com* versichern; *to* ~ *o.'s life with* e-e Lebensversicherung abschließen bei; **~ed** [-d] *a* sicher; zuversichtlich; keck; *com* versichert; *s* Versicherte(r), Versicherungsnehmer *m*; **~edly** [-dli] *adv* sicherlich, unzweifelhaft; selbstbewußt, kühn; **~er** [-rə] *Br* Versicherungsnehmer *m*.

astatic [æ'stætik] *phys* astatisch.

aster ['æstə] *bot* Aster f.

asterisk ['æstərisk] *s typ* Sternchen *n*; *tr* mit e-m Sternchen versehen.

astern [əs'tə:n] *a adv mar* achter(n); rückwärts; zurück; *prp*: ~ *of* hinter; *full speed* ~ volle Kraft zurück.

asteroid ['æstərɔid] *astr* Asteroid *m*.

asthma ['æsmə] *med* Asthma *n*, Kurzatmigkeit f; *cardiac* ~ Herzasthma *n*; **~tic** [æs'mætik] *a* asthmatisch, kurzatmig; *s* Asthmatiker *m*.

astigmat|ic [æstig'mætik] *phys* astigmatisch; **~ism** [æ'stigmətizm] *phys* Astigmatismus *m*.

astir [ə'stə:] *adv pred a* in Bewegung, auf den Beinen; aufgeregt, erregt, in Aufregung; aufgeschreckt (*with* durch).

astonish [əstɔniʃ] *tr* in Erstaunen setzen; *to be* ~ed erstaunt, überrascht sein, sich wundern (*at* über); **~ing** [-iŋ] erstaunlich, verwunderlich, verblüffend; *it's* ~~ *to me* das überrascht mich; **~ment** [-mənt] Erstaunen, Verwunderung, Verblüffung f (*at* über).

astound [əs'taund] *tr* bestürzen, erschrecken; aus der Fassung bringen.

astraddle [əs'trædl] *adv pred a* rittlings.

astragal ['æstrəgəl] *anat* Sprungbein *n*; *arch* Rundstab *m*.

astrakhan, -chan [æstrə'kæn] (*Textil, Fell*) Astrachan, Krimmer *m*.

astral ['æstrəl] gestirnt; sternförmig; astral; ~ **body** Astralkörper.

astray [ə'strei] *adv pred a* vom rechten Weg ab; *to go, to lead* ~ in die Irre gehen, vom rechten Weg abführen.

astride [ə'straid] *adv prp pred a* rittlings (*of* auf); mit gespreizten Beinen.

astringen|cy [əs'trindʒənsi] *med* Adstringenz f, **~t** [-t] *s* zs.ziehende(s) Mittel *n*; *a* zs.ziehend.

astro|dome ['æstrədoum] *aero* Astronavigationskuppel f; **~labe** ['-leib] Astrolabium *n*; **~loger** [əs'trɔlədʒə] Astrologe *m*; **~logical** [æstrə'lɔdʒikəl] astrologisch; **~logy** [əs'trɔlədʒi] Astrologie f; **~naut** ['æstrənɔ:t] Astronaut *m*; **~nautics** ['-'nɔ:tiks] *pl mit sing* Astronautik, Raumfahrt f; **~nomer** [əs'trɔnəmə] Astronom *m*; **~nomic(al)** [æstrə'nɔmik(əl)]astronomisch; ~~ *chart, clock* Sterntafel, -uhr f; **~nomy** [əs'trɔnəmi] Astronomie; Sternkunde f; **~physical** [æstrou'fizikəl] astrophysisch; **~physics** [æstrou'fiziks] *pl mit sing* Astrophysik f.

astute [əs'tju:t] schlau; scharfsinnig; **~ness** [-nis] Schlauheit, List f; Scharfsinn *m*.

asunder [ə'sʌndə] *adv* auseinander; *to break* ~ ausea.brechen; *to come* ~ uneins werden; *to drive* ~ trennen.

asylum [ə'sailəm] Asyl *n*; *fig* Zufluchtsort *m*; *lunatic* ~ Irrenanstalt f; ~ *for the blind* Blindenanstalt f.

asymmetr|ic(al) [æsi'metrik(əl)] asymmetrisch; **~y** [æ'simitri] Asymmetrie f.

asymptote ['æsimtout] *math* Asymptote f.

at [æt, ət] *prp* **1.** (*Ort*) in, bei, an, auf, zu; ~ *Oxford* in Oxford; ~ *a distance* in e-r Entfernung; ~ *school* in der Schule; ~ *the office* im Büro; ~ *the dentist's* beim Zahnarzt; ~ *work* bei der Arbeit; ~ *the sight* beim Anblick (*of* gen); ~ *the next corner* an der nächsten Ecke; ~ *the station* auf dem Bahnhof; ~ *home* zu Hause; **2.** (*Art u. Weise*) in, zu; ~ *a trot* im Trab; *to be* ~ *a loss* in Verlegenheit sein; (*Veranlassung*) auf ... hin; ~ *his request* auf s-e Bitte (hin); **3.** (*zeitlich*) um; in; zu; ~ *midnight* um Mitternacht; ~ *night* in der Nacht; ~ *a snail's pace* im Schneckentempo; ~ *a moment's notice* sofort; ~ *the age of* im Alter von; ~ *Christmas* zu Weihnachten; **4.** (*Zustand*) in; ~ *peace* im Frieden; ~ *rest* in Ruhe; *I feel* ~ *ease* mir ist wohl zumute; *he is* ~ *it again* er beschäftigt sich wieder damit; er arbeitet wieder; **5.** (*Richtung*) nach, gegen, zu, an, auf; über; *to aim* ~ zielen nach; *to arrive* ~ *a decision* zu e-r Entscheidung kommen; *to be astonished* ~ erstaunt sein über; *he is mad* ~ *me* er ist wütend auf mich; **6.** (*bei Zahlangaben*) zu; *to buy* ~ *a shilling* zu (je) e-m Schilling kaufen; ~ *all* überhaupt; ~ *all costs* um jeden Preis; *not* ~ *all* gar nicht, durchaus nicht; nichts zu danken, keine Ursache; ~ **best** bestenfalls; im besten Fall(e); ~ **first** zuerst;

at last   49   **atropine**

~ **last** endlich; ~ **least** mindestens, wenigstens; ~ **most** höchstens; ~ **noon** mittags; ~ **once** sofort, sogleich; auf einmal; ~ **that** dabei; *(even)* ~ *that* sogar so; trotzdem; überdies; ~ **times** manchmal, zeitweise; ~ **will** nach Belieben.

ata|brine ['ætəbri:n] *med* Atebrin *n*; **~vism** ['-vizm] Atavismus; (Entwicklungs-)Rückschlag *m*; **~vistic** [ætə'vistik] atavistisch; **~xia** [ə'tæksiə] *med* Ataxie *f*.

atheis|m ['eiθiizm] Atheismus *m*; **~t** ['-st] Atheist *m*; **~tic(al)** [eiθi'istik(əl)] atheistisch.

athirst [ə'θə:st] *pred a* durstig; begierig *(for* nach).

athlet|e ['æθli:t] Athlet *m*; **~ic** [æθ-'letik] *a* athletisch; *s pl a. mit sing* (Leicht-)Athletik *f*.

athwart [ə'θwɔ:t] *prp* quer über; gegenüber; *adv* kreuzweise; quer; *mar* dwars.

atilt [ə'tilt] *pred a adv* vornübergeneigt; *hist* mit eingelegter Lanze.

atishoo [ə'tiʃu:] *interj* hatzi!

Atlantic [ət'læntik] *s* Atlantische(r) Ozean, Atlantik *m*; *a* atlantisch.

atlas ['ætləs] *geogr anat* Atlas; *fig* Hauptträger *m*, -stütze *f*; Atlasformat *n*; *(Textil)* Atlas *m*.

atmospher|e ['ætməsfiə] Atmosphäre *a. phys* (= *14.69 pounds per square inch = 1 kp/cm²*); Lufthülle *f*, -raum *m*; *fig* Atmosphäre, Umgebung *f*, Milieu *n*, Stimmung *f*; **~ic(al)** [ætməs'ferik(əl)] *a* atmosphärisch; Luft-; *s pl* atmosphärische Störungen *f pl*; ~~ *conditions (pl)* Witterung(s-) bedingungen *f pl*; ~~ *corrosion* Verwitterung *f*; ~~ *electricity* Luftelektrizität *f*; ~~ *layer* Luftschicht *f*; ~~ *moisture* Luftfeuchtigkeit *f*; ~~ *noise* atmosphärische(r) Störpegel *m*; Rauschen *n*; ~~ *oxygen* Luftsauerstoff *m*; ~~ *pollution* Verunreinigung *f* der Luft; ~~ *pressure* Luftdruck *m*; ~~ *reflection* Luftspiegelung *f*; ~~ *resistance* Luftwiderstand *m*.

atoll ['ætəl, ə'təl] *geogr* Atoll *n*.

atom ['ætəm] *chem* Atom *n*; *fig* winzige Kleinigkeit, Spur *f*; *to blow to* ~**s** durch e-e Explosion völlig vernichten; in tausend Stücke zerreißen; ~ **bomb** Atombombe *f*; ~ **disintegration** Atomzerfall *m*; ~ **explosion** Atomexplosion *f*; ~ **gun** Atomgeschütz *n*; ~ **pile** Atommeiler *m*.

atomic [ə'təmik] atomar; Atom-; ~ **artillery** Atomartillerie *f*; ~ **body** Atomkörper *m*; ~ **bomb** Atombombe ; ~ **bombardment** atomare Beschießung *f*; ~ **canon** Atomgeschütz *n*; ~ **charge** Kernladung *f*; ~ **chart** Atomgewichtstafel *f*; ~ **decay** Atomzerfall *m*; ~ **clock** Atomuhr *f*; ~ **disintegration** Atomzerfall *m*; ~ **dust** Atomstaub *m*; ~ **energy** Atomenergie *f*; *A~ E~ Commission (Am)* Atomenergiebehörde *f*; ~~ *generation* Atomenergieerzeugung *f*; ~**fall-out** radioaktive(r) Niederschlag *m*; ~ **fission** Atomspaltung, -zertrümmerung *f*; ~ **force** Atomkraft *f*; ~ **fuel** Kern-, Atombrennstoff *m*; ~ **furnace** Atomreaktor *m*; ~ **group** Atomgruppe *f*; ~ **heat** Atomwärme *f*; ~~**hydrogen welding** Arcatomschweißung *f*; ~ **nucleus** Atomkern *m*; ~~ *explosion* Atomkernsprengung *f*; ~ **number** Ordnungs-, Kernladungszahl *f*; ~ **physics** *pl mit sing* Atomphysik *f*; ~ **pile** Atombrenner, -meiler *m*; ~ **power** Atomkraft *f*; ~~ *plant, station* Atomkraftwerk *n*; ~ **race** Wettlauf *m* um die Atomrüstung; ~ **reactor** Atomreaktor *m*; ~ **research** Atom-, Kernforschung *f*; ~ **smashing** Atomzertrümmerung *f*; ~ **structure** Atomaufbau *m*, -gitter *n*; ~ **symbol** Atomzeichen *n*; ~ **valence** Atomwertigkeit *f*; ~ **warfare** Atomkriegführung *f*; ~**warhead** Atomsprengkopf *m*; ~ **weapon** atomare Waffe *f*; ~ **weight** Atomgewicht *n*.

atom|istic [ætə'mistik] atomistisch; **~ize** ['ætəmaiz] *tr* atomisieren, restlos verteilen, zerstäuben; **~izer** ['ætəmaizə] Zerstäuber *m*; Spritzdüse *f*; ~~ *cone* Spritzkegel *m*; ~~ *valve* Einspritzventil *n*; **~y** ['ætəmi] Atom *n*; *fig* Kleinigkeit *f*; Zwerg *m*.

atonal [ei-, æ'tounəl] *mus* atonal.

atone [ə'toun] *itr* sühnen *(for* für); wiedergutmachen *(for s.th.* etw); **~ment** [-mənt] Sühne, Buße, Wiedergutmachung *f*; *rel* Sühnopfer *n*.

atop [ə'təp] *adv* oben, zuoberst; *prp* auf.

atrabilious [ætrə'biljəs] griesgrämig, reizbar; melancholisch.

atroc|ious [ə'trouʃəs] grausam; roh, brutal; *fam* abscheulich, scheußlich; **~ity** [ə'trɔsiti] Grausamkeit *f*; Greueltat; Scheußlichkeit *f*; *fam* üble(s) Stück *n*, Geschmacklosigkeit *f*; Mißgriff, grobe(r) Fehler *m*.

atrophy ['ætrəfi] *s med* Atrophie *f*, Schwund *m*, Schrumpfung *f*; *itr* verkümmern, schrumpfen, absterben; *tr* verkümmern lassen; *muscular* ~ Muskelatrophie *f*.

atropine ['ætrəpi:n] *pharm* Atropin *n*.

attaboy ['ætəbɔi] *interj Am sl* bravo!

attach [ə'tætʃ] *tr* anheften, anbringen, anschließen, anbauen, anhängen, befestigen (*to* an); (*e-m Schriftstück*) beifügen; (*Bedeutung*) beilegen, beimessen, verbinden; *fig* fesseln, für sich gewinnen; *jur* verhaften, festnehmen; (*Gegenstand*) pfänden (lassen); *mil* abkommandieren, zuteilen, (*vorübergehend*) unterstellen; *itr* haften (*to* an); verknüpft, verbunden sein (*to* mit); (*Versicherung*) zu laufen beginnen; *to ~ o.s.* to sich anschließen an; (*Partei*) beitreten *dat*; *to be ~ed* eng verbunden sein (*to* mit); hängen (*to* an); abkommandiert sein (*to* zu); *to ~ value to* Wert legen auf; **~able** [-əbl] pfändbar; mit Beschlag belegbar; **-é** [ə'tæʃei, æto'ʃei] *pol* Attaché *m*; *~~ case* Aktentasche *f*; *air, commercial, military, naval, press ~~* Luft-, Handels-, Militär-, Marine-, Presseattaché *m*; **~ed** [-t] *a* beigefügt, anliegend; zugehörig (*to* zu); *mil* abkommandiert; **~ment** [-mənt] Befestigung, An-, Beifügung; Bei-, Anlage; *fig* Anhänglichkeit, Zuneigung; *tech* Zusatzvorrichtung *f*, -gerät *n*; Anschluß *m* (*to* an); *anat* (*Muskel*) Ansatzstelle *f*; *jur* Verhaftung; (*Sache*) Beschlagnahme, Pfändung *f*; (*Versicherung*) Inkrafttreten *n*; *mil* Abkommandierung, Zuteilung, Unterstellung *f*; *pl* Zubehör(teile *m pl*) *n*.

attack [ə'tæk] *tr* angreifen *a. chem*; vorgehen (*s.o.* gegen jdn); sich stürzen (*s.th.* auf etw); (*Aufgabe*) in Angriff nehmen, anpacken; (*Krankheit*) befallen; kritisieren, beschimpfen; *itr e-n* Angriff unternehmen, *aero* fliegen; *s* Angriff *m* (*on* auf, gegen); Attacke *a. fig*; (*Arbeit*) Inangriffnahme *f*; (*Krankheit*) Anfall *m*, Kolik *f*; *chem* Angriff *m*; *mus* Einsatz *m*; *to launch, to start an ~* angreifen; *air ~* Luftangriff *m*; *bilious ~* Gallenkolik *f*; *front of ~* Angriffsfront *f*; *heart ~* Herzanfall *m*; *low-flying ~* Tiefangriff *m*; *surprise ~* Überraschungsangriff *m*; *zone of ~* Angriffsfeld *n*; *~ of fever* Fieberanfall *m*.

attain [ə'tein] *tr* erreichen, erlangen, fertigbringen, vollenden; *itr* gelangen (*to* bis zu); *to ~ to man's estate* in die Mannesjahre kommen; *to ~ power* an die Macht gelangen; **~able** [-əbl] *a* erreichbar; **~der** [-də] *jur* Ehrverlust *u.* Vermögenseinziehung *f*; *bill of ~~* Verordnung *f* über Vermögenseinziehung u. Ehrverlust; **~ment** [-mənt] Errungenschaft; Leistung *f*; (*Ziel*) Erreichen *n*; Erlangung *f*; *pl* Kenntnisse, Fähigkeiten, Fertigkeiten *f pl*; Bildung, Kultur *f*; *previous ~~s (pl)* Vorbildung *f*; **~t** [-t] *tr* entehren, beflecken; *jur* zum Tode u. zu dauerndem Ehrverlust verurteilen.

attar ['ætə] Essenz *f*; *~ of roses* Rosenöl *n*.

attempt [ə'tempt] *tr* versuchen, unternehmen; wagen; sich bemühen (*to do, at doing s.th.* etw zu tun); *s* Versuch *m* (*at* mit); Attentat *n*, Anschlag *m* (*upon, against* auf); *to make an ~ on s.o.'s life* auf jdn e-n Anschlag verüben; *~ed murder* Mordversuch *m*.

attend [ə'tend] *tr* (*Schule*) besuchen; beiwohnen (*a meeting* e-r Versammlung); (*Vorlesung*) hören; betreuen, bedienen, pflegen; (*Arzt*) behandeln; begleiten; s-e Aufwartung machen (*s.o.* jdm); das Ergebnis sein (*s.th.* von etw); *tech* bedienen; *obs* erwarten; *itr* anwesend, zugegen sein (*at* bei); aufpassen, sich konzentrieren, hören, achtgeben (*to* auf); beachten, einhalten (*to s.th.* etw); sich befassen (*to* mit); sorgen (*to für*), sich kümmern (*to* um), besorgen, erledigen (*to s.th.* etw); erfüllen (*to o.'s duties* s-e Pflicht); ausführen (*to an order* e-n Auftrag); berücksichtigen (*to a recommendation* e-e Empfehlung); bedienen (*to a customer* e-n Kunden); aufwarten (*upon s.o.* jdm); die Folge sein (*on* von); *to ~ church* in die Kirche gehen; **~ance** [-əns] Anwesenheit *f*, Besuch *m*, Erscheinen *n*; (Zu-)Hörerschaft (*at* bei), Teilnahme, Beteiligung (*at, on* an); Begleitung, Aufwartung, Bedienung; *tech* Wartung; *med* Behandlung *f* (*on s.o.* jds); *in ~~* wartend; diensttuend; *to be in ~~* Dienst haben; anwesend sein (*at* bei); *to dance ~~ on s.o.* hinter jdm her sein; sich sehr um jdn bemühen; *the ~~ at the meeting was poor* die Versammlung war schwach besucht; *hours of ~~* Dienststunden *f pl*; Besuchszeit *f*; *medical ~~* ärztliche Behandlung *f*; *~~ at school* Schulbesuch *m*; *~~ card* Anwesenheitskarte *f*; *~~ fees (pl)* Präsenzgelder *n pl*; *~~ list, book* Anwesenheitsliste *f*; *~~ recorder* Stechuhr *f*; **~ant** [-ənt] *a* begleitend; anwesend; folgend (*on* auf); diensttuend (*on* bei); *s* Diener(in *f*); Wärter(in *f*); Aufseher(in *f*); Begleiter (in *f*) *m*; Anwesende(r *m*); *theat* Logenschließerin *f*; *pl* Dienerschaft *f*; *~~ circumstances (pl)* Begleitumstände *m pl*.

attent|ion [ə'tenʃən] Aufmerksamkeit; Berücksichtigung, Beachtung, Gefälligkeit; *med* Pflege, Behandlung;

attentive 51 **audition**

tech Aufsicht, Wartung; *mil* Grund-, Habachtstellung *f*; *(in Briefen)* zu Händen von; *~! (mil)* Stillgestanden! *without attracting ~~* unauffällig; *to attract ~~* Aufmerksamkeit erregen; *to be all ~ (fam)* ganz Ohr sein; *to call, to draw s.o.'s ~~ to s.th.* jdn auf etw hinweisen; *to come to, to stand at ~~ (mil)* Haltung annehmen; stillstehen; *to command s.o.'s ~~* jds Aufmerksamkeit in Anspruch nehmen; *to give s.o. ~~* jdm Aufmerksamkeit, Gehör schenken; *to pay ~~* achtgeben, aufpassen; *to s.o.* jdm aufmerksam zuhören; *to s.th.* etw beachten, auf etw achten; *to pay o.'s attentions to s.o.* jdm den Hof machen; *to receive ~~* berücksichtigt, erledigt werden; Beachtung finden; *med* versorgt werden; *to turn o.'s ~~ to s.th.* auf etw s-e Aufmerksamkeit richten; **-ive** [-iv] aufmerksam *(to* auf); besorgt *(to* um); zuvorkommend, gefällig *(to* gegenüber).

attenuat|e [ə'tenjueit] *tr* verdünnen; schwächen, dämpfen; verkleinern, verringern; *fig* abschwächen, mildern; *a* [-it] verdünnt; abgemagert; spitz zulaufend; **-ion** [ətenju'eiʃən] Dämpfung; Schwächung; Verdünnung; Abmagerung *f*; *fig* Abschwächung, Milderung *f*; **-or** [-ə] *tech* Dämpfer *m*.

attest [ə'test] *tr* bezeugen, bestätigen; beweisen; klarlegen; beglaubigen, bescheinigen, beurkunden; unter Eid aussagen; legalisieren; *mil* vereidigen *(s.o.* jdn); *itr* bezeugen *(to s.th.* etw); **-ation** [ætes'teiʃən] Bescheinigung, Bestätigung *f*; Zeugnis *n*; Beurkundung, Beglaubigung; *mil* Vereidigung *f*; **-er, -or** [-ə] Zeuge *m*.

attic ['ætik] *s* Dachkammer *f*; *a* A~ attisch; *fig* vornehm, elegant; klassisch.

attire [ə'taiə] *s* Kleidung; Tracht *f*; *tr* kleiden; schmücken; *to ~ o.s. in* sich schmücken mit; sich kleiden in.

attitud|e ['ætitju:d] Stellung, Haltung *f*; Verhalten *n*, Einstellung *(towards* gegenüber); *aero* Fluglage *f*; *to strike an ~~* sich affektiert benehmen; *~~ of mind* Geisteshaltung *f*; **-inize** [æti'tju:dinaiz] *itr* sich aufspielen.

attorney [ə'tə:ni] *jur Am (~ at law)* Bevollmächtigte(r); Rechtsanwalt *m*; *power of ~~* Vollmacht *f*; *~ for the defense (jur)* Verteidiger *m*; **A~- General** *Br* erste(r) Kronanwalt; *Am* etwa Justizminister *m*.

attract [ə'trækt] *tr* anziehen *a. fig*; *(Aufmerksamkeit)* erregen, auf sich lenken; *fig* fesseln, reizen, anlocken; *without ~ing attention* unauffällig;

-ion [-ʃən] Anziehung *a. phys*; *(power of ~~)* Anziehungskraft *f*; Reiz, Zauber *m*; Attraktion, Zugnummer *f*; *~~ of gravity* Schwerkraft *f*; **-ive** [-iv] fesselnd, anziehend; Anziehungs-; *fig* günstig, vorteilhaft, verlockend.

attribut|able [ə'tribjutəbl] entfallend *(to* auf); zuzuschreiben; **-e** [ə'tribju:t] *tr* zuschreiben, beimessen *(to s.th.* e-r S); *s* ['ætribju:t] Eigenschaft *f*, Merkmal, Attribut *n a. gram*; **-ive** [-iv] *a gram* attributiv; *s* Attribut *n*.

attrition [ə'triʃən] Abnutzung *f*, Verschleiß *m*; *med* Wundreiben *n*; *war of ~* Zermürbungskrieg *m*.

attune [ə'tju:n] *tr* in Einklang bringen *(to* mit); *mus* stimmen; *tech* einstellen.

auburn ['ɔ:bən] kastanienbraun.

auction ['ɔ:kʃən] *s* Auktion, (öffentliche) Versteigerung *f*; *(~ bridge) Art* Bridge *n*; *tr (to ~ off)* versteigern; *to buy by ~* ersteigern; *to hold an ~* e-e Versteigerung abhalten; *to sell by ~* im Wege der Versteigerung verkaufen; *to put up to (Am at) ~* versteigern; *Dutch ~* Auktion *f*, bei der der Preis so lange herabgesetzt wird, bis sich ein Käufer findet; **~ day** Versteigerungstermin *m*; **-eer** [ɔ:kʃə'niə] *s* Versteigerer, Auktionator *m*; *tr* versteigern; **~ market, room** Versteigerungslokal *n*; **~-sale** Verkauf *m* im Wege der Versteigerung.

audaci|ous [ɔ:'deiʃəs] kühn, wagemutig; *pej* frech, dreist; **-ty** [ɔ:'dæsiti] Kühnheit *f*; Wagemut *m*, Tollkühnheit; *pej* Frechheit, Dreistigkeit *f*.

audib|ility [ɔ:di'biliti] Hörbarkeit, Vernehmbarkeit; Verständigung *f*; **-le** ['ɔ:dəbl] hörbar; vernehmlich.

audience ['ɔ:djəns] Hören *n*; Zuhörer (-schaft *f*) *m pl*; Publikum *n*, Besucher, Anwesende *m pl*; Gelegenheit *f*, gehört zu werden; Audienz *f (of, with* bei); *radio* Hörer *m pl*; *tele* Fernsehpublikum *n*; Leser *m pl*; *to give s.o. ~* jdn anhören *(to* um zu); **~ room** Audienz-, *jur* Verhandlungssaal *m*.

audio ['ɔ:diо(u)] Ton-, Radio-, Hör-; **~ frequency** Tonfrequenz *f*; **~~- current** Sprechstrom *m*; **~~~ transformer** Übertrager *m*; **-meter** [ɔ:di'ɔmitə] Audiometer *m*; **~ monitor** Tonüberwachung *f*; **-phile** ['fail] Schallplattennarr *m*; **-visual aids** *pl (Schule)* Anschauungsmaterial *n*; *mar* akustisch-optische Hilfsmittel *n pl*.

audit ['ɔ:dit] *s* Buchprüfung; *(~ of accounts)* Rechnungsprüfung *f*; *itr* Rechnungen, Bücher prüfen; *Am* als Gasthörer teilnehmen; *tr* prüfen; **-ion**

audit officer — authority

[ɔː'diʃən] s (Zu-, An-)Hören n; *theat* Sprech-, Hörprobe f; *itr* e-e Hörprobe abnehmen; *tr* zur Probe vortragen lassen; **~ officer** Rechnungsprüfer m; **~or** ['ɔːditə] Wirtschafts-, Buchprüfer; Hörer; *Am (Universität)* Gasthörer m; **~orium** [ɔːdi'tɔːriəm] Hörsaal m, Auditorium n; Vortrags-, Konzert-, Theatersaal m; *(Kirche)* Schiff; *(Kloster)* Sprechzimmer n; **~ory** ['ɔːditəri] s Auditorium n; große(r) Saal m; Zuhörerschaft f; a Hör-; **~ ~ acuity** Hörschärfe f; **~ ~ duct** Gehörgang m; **~ ~ impression** Gehöreindruck m; **~ ~ nerve** Gehörnerv m; **~ ~ ossicles** *(pl)* Gehörknöchelchen n *pl*; **~ ~ tube** Eustachische Röhre f.

auger ['ɔːgə] s *tech* Erd-, Löffelbohrer m; *itr Am fam* aero (to **~ in**)e-e Bruchlandung, Kleinholz machen.

aught [ɔːt] s (irgend) etwas; Null f; *adv* in irgendeiner Art; überhaupt; *for ~ I know* soviel ich weiß.

augment [ɔːg'ment] *tr* vermehren, vergrößern; *itr* zunehmen, sich steigern, sich vergrößern; s ['ɔːgmənt] Zunahme f; *gram* Augment n; **~ation** [ɔːgmen-'teiʃən] Vermehrung, Steigerung, Vergrößerung, Erhöhung f; Wachstum n, Zunahme f.

augur ['ɔːgə] s Augur, Wahrsager m; *tr* weissagen, vorhersagen; *itr* ein Vorzeichen sein; *to ~ ill, well* ein schlechtes, ein gutes Vorzeichen sein *(for* für); **~y** ['ɔːgjuri] Weissagung, Ahnung, Vorbedeutung f; Vorzeichen, Omen n.

August ['ɔːgəst] s August m; *a: a~* erhaben, ehrfurchtgebietend; erlaucht.

auk [ɔːk] *zoo* Alk m.

auld [ɔːld] *Scot* alt; **~ lang syne** [læŋ'sain] vor langer Zeit.

aunt [aːnt] Tante f; **A~ Sally** *fam* Wurfbude f auf Jahrmärkten; **~y, ~ie** ['-i] Tantchen n.

aur|a ['ɔːrə] *pl a. -ae* [-riː] Aura f; *med* Vor-, Angstgefühl; *phys* Gasleuchten n; **~al** ['-l] Ohr-; **~ ~ reception** Hörempfang m; **~ ~ surgeon** Ohrenarzt m; **~eole** ['ɔːrioul] Glorie f, Heiligenschein; *astr* Hof m, Aureole f; **~eomycin** [ɔːrio'maisin] *pharm* Aureomycin n; **~icle** ['ɔːrikl] *(Herz)* Vorhof m; äußere(s) Ohr n; **~icular** [ɔː'rikjulə] Ohr-; **~ ~ confession** Ohrenbeichte f; **~ ~ witness** Ohrenzeuge m; **~iferous** [ɔː'rifərəs] goldhaltig; **~ist** ['ɔːrist] Ohrenarzt m; **~ochs** ['ɔːrɔks] *zoo* Auerochse m; **~ora** [ɔː'rɔːrə] Aurora, Morgenröte f; **~ ~ australis, borealis** Süd-, Nordlicht n; **~oral** [ɔː'rɔːrəl] rosig; hell, leuchtend; Morgen-.

auscultat|e ['ɔːskəlteit] *tr itr med* abhorchen, auskultieren; **~ion** [ɔːskəl-'teiʃən] Abhorchen n, Auskultation f.

auspic|e ['ɔːspis] (günstiges) Vorzeichen, Anzeichen, Omen n; *pl* Schirmherrschaft f; Schutz m; *under the ~ ~s of s.o.* unter jds Schirmherrschaft; **~ious** [ɔːs'piʃəs] günstig, erfolgversprechend; erfolgreich.

auster|e [ɔːs'tiə] streng; ernst; schmucklos, einfach, herb; asketisch, enthaltsam; **~ity** [ɔːs'teriti] Strenge f; Ernst m; Schmucklosigkeit, Herbheit, strenge Einfachheit f; *pl* Kasteiungen f *pl*; Sparmaßnahmen f *pl*.

austral ['ɔːstrəl] südlich.

Australia [ɔːs'treiljə] Australien n; **~n** [-n] a australisch; s Australier(in f) m.

Austria ['ɔːstriə] Österreich n; **~n** a österreichisch; s Österreicher(in f) m.

autar|chy ['ɔːtɑːki] Autokratie; *Am* Autarkie f, **~ky** [-] Autarkie f.

autar|chy ['ɔːtɑːki] absolute Herrschaft; *Am*Autarkie f; **~ky** [-]Autarkie f.

authentic [ɔː'θentik] authentisch, zuverlässig; echt; glaubwürdig, verbürgt; **~ate** [-eit] *tr* beglaubigen; die Echtheit nachweisen (*s.th.* gen); **~ation** [ɔːθenti'keiʃən] Beglaubigung; Feststellung f der Echtheit; **~ity** [ɔːθen'tisiti] Echtheit; Glaubwürdigkeit f; **~ator** [ɔː'θentikeitə] Kennziffer(n) f *(pl)*.

author ['ɔːθə] s Autor, Verfasser; Schriftsteller; Urheber; Schöpfer m; *tr Am* verfassen; **~ess** ['-ris] Verfasserin, Schriftstellerin f.

authorit|arian [ɔːθɔri'tɛəriən] a autoritär; s autoritäre(r) Mensch m; **~arianism** [-izm] Führerprinzip n; **~ative** [ɔː'θɔritətiv] maßgebend, maßgeblich, autoritativ; kompetent; gebieterisch; **~y** [ɔː'θɔriti] (Amts-, Befehls-)Gewalt, (Macht-)Befugnis; Machtvollkommenheit, Autorität f; Recht n, Vollmacht, Genehmigung f; Ansehen n, Einfluß m; Behörde, Dienststelle f; Sachverständige(r) m, Kapazität, Autorität *(on at* dem Gebiet gen); zuverlässige Quelle f, Nachweis m; Ratgeber, Gewährsmann m; *jur* Rechtsquelle f, Präzedenzfall m; Rechtskraft f; *pl* Behörde(n) f *pl*, Obrigkeit f; *from competent ~ ~* von maßgebender Seite; *on o.'s own ~ ~* auf eigene Verantwortung; *on good ~ ~* aus guter Quelle; *on legal ~ ~* auf gesetzlicher Grundlage; *under the ~ ~ of* im Auftrag *gen*; *without ~ ~* unbefugt, unberechtigt; *to apply to the proper ~ ~* sich an die zuständige Stelle wenden; *to exercise ~ ~*

Einfluß ausüben *od* haben (*over* auf); *to have* ~~ befugt, ermächtigt sein (*to do zu tun*); *assumption of* ~~ Amtsanmaßung *f*; *court, judicial* ~*ies (pl)* Gerichtsbehörden *f pl*; *governmental* ~~ Staatsbehörde *f*; *local* ~~ Lokalbehörde *f*; *municipal* ~~ Stadtbehörde *f*; *parental* ~~ elterliche Gewalt *f*; *port* ~~ (*mar*) Hafenamt *n*; *power of* ~~ Ermächtigung *f*; ~~ *of command* Befehlsgewalt *f*.

author|ization [ɔ:θərai'zeiʃən] Bevollmächtigung, Ermächtigung; Genehmigung, Einwilligung *f*; *to give s.o.* ~~ jdm die Ermächtigung erteilen, jdn ermächtigen (*to do zu tun; for zu*); **~ize** ['ɔ:θəraiz] *tr* bevollmächtigen, ermächtigen; die Befugnis erteilen (*s.o.* jdm), berechtigen; genehmigen, billigen (*to do zu tun*); (*Zahlung*) anweisen; **~ized** ['ɔ:θəraizd] *a* befugt, bevollmächtigt, berechtigt; *through* ~~ *channels* auf dem Dienstweg; *to be* ~~ befugt, ermächtigt, autorisiert sein (*to* zu); ~~ *agent* Bevollmächtigte(r) *m*; ~~ *capital* Stamm-, Grundkapital *n*; ~~ *maximum load* zulässige Höchstbelastung *f*; ~~ *recipient* Zustellungsbevollmächtigte(r) *m*; ~~ *to sign* zeichnungsberechtigt; ~~ *strength* Sollstärke *f*; *A* ~~ *Version* amtliche englische Bibelübersetzung von 1611; **~less** ['ɔ:θəlis] *a* ohne Angabe des Verfassers; **~ship** ['ɔ:θəʃip] Verfasserschaft; Schriftstellerei *f*; Schriftstellerberuf *m*.

auto ['ɔ:tou] *pl -os s Am* Auto *n*; ~- (*pref*) selbst(tätig); Auto-, auto-; **~-alarm device** (*Radar*) selbsttätige(s) Alarmgerät *n*.

autobiograph|er [ɔ:to(u)bai'ɔgrəfə] Selbstbiograph *m*; **~ic(al)** [ɔ:to(u)baiə'græfik(əl)] autobiographisch; **~y** [ɔ:to(u)bai'ɔgrəfi] Selbstbiographie *f*.

autochthonous [ɔ:'tɔkθənəs] autochthon; ursprünglich.

autoclave ['ɔ:toukleiv] Dampfkochtopf *m*.

autocra|cy [ɔ:'tɔkrəsi] Autokratie, Selbstherrschaft *f*; **~t** [ɔ:'tɔkræt] Autokrat, Selbstherrscher *m*; **~tic(al)** [ɔ:tə'krætik(əl)] autokratisch, selbstherrlich.

autogiro, -gyro ['ɔ:tou'dʒaiərou] *pl -os aero* Drehflügelflugzeug *n* (*Schutzmarke*).

autograph ['ɔ:təgræf, -a:f] *s* Autogramm *n*; eigenhändige Unterschrift; Vervielfältigung; Originalhandschrift *f*; *tr* eigenhändig unterschreiben; vervielfältigen, umdrucken; **~ic(al)** [ɔ:tə'græfik(əl)] eigenhändig geschrieben; hektographisch vervielfältigt.

automat ['ɔ:təmæt] (Nahrungsmittel-) Automat *m*, Automatenbüfett *n*; **~ed** ['-meitid] *a* automatisiert; **~ic** [ɔ:tə'mætik] *a* automatisch selbsttätig; *fig* mechanisch; *s* Selbstladepistole *f*, -gewehr *n*; Automat *m*; ~~ *control* Selbststeuerung *f*; ~~ *cut-in, cut-out* Selbstein-, -ausschalter *m*; ~~ *drive* Selbstantrieb *m*; ~~ *exchange* (*tele*) Wählamt *n*; ~~ *engine control* Kommandogerät *n*; ~~ *lubrication* Selbstschmierung *f*; ~~ *pencil* Druckbleistift *m*; ~~ *pilot* Steuerautomatik *f*, Selbststeuergerät *n*; ~~ *release* Selbstauslösung *f*; ~~ *rifle* automatische(s) Gewehr, Sturmgewehr *n*; ~~ *transmitter* (*tele*) Maschinengeber *m*; ~~ *tuning* (*Radio*) Druckknopfeinstellung *f*; ~~ *volume control* Schwundausgleich *m*, Lautstärkeregelung *f*; ~~ *weapon* Maschinenwaffe *f*; ~ *welding* Automatenschweißung *f*; **~ion** [ɔ:tə'meiʃən] Automation *f*; **~ism** [ɔ:'tɔmətizm] *psychol* Automatismus *m*; **~on** [ɔ:'tɔmətən, -tən] *pl a. -ta* [-tə] Automat *m*; Gliederpuppe *f*.

automo|bile ['ɔ:təməbi:l, -'bi:l, ɔ:tə'moubi:l] *s Am* Auto(mobil) *n*, Kraftwagen *m*; *a* [ɔ:tə'moubil] selbstbeweglich; mit eigenem Antrieb (versehen); ~~ *body* Karosserie *f*; ~~ *club* Automobilklub *m*; ~~ *flag* Standarte *f*; ~~ *manufacture* Kraftfahrzeugbau *m*; ~~ *spares and accessories* (*pl*) Kraftfahrzeugersatz- u. -zubehörteile *m pl*; **~bilist** [ɔ:təmou'bi:list, ɔ:'moubilist] *Am* Autofahrer *m*; **~tive** [ɔ:tə'moutiv] *Am* Auto-; Automobil-; selbstbeweglich; ~~ *engineering* Kraftfahrzeugtechnik *f*; ~~ *equipment, supplies* (*pl*) Autozubehör *n*; ~~ *gas oil* Dieselöl *n*; ~~ *industry* Kraftfahrzeugindustrie *f*; ~~ *maintenance* Kraftfahrzeuginstandhaltung *f*; ~~ *mechanic* Kraftfahrzeugmechaniker *m*.

autonom|ic, -ous [ɔ:tə'nɔmik, ɔ:'tɔnəməs] autonom, unabhängig, selbständig; mit eigener Verwaltung; **~y** [ɔ:'tɔnəmi] Autonomie, Selbstverwaltung, -regierung *f*; *administrative* ~~ Verwaltungsautonomie *f*.

autopsy ['ɔ:tɔpsi] *med* Autopsie, Obduktion, Leichenschau *f*.

auto|suggestion [ɔ:to(u)sə'dʒestʃən] Selbstsuggestion *f*; **~truck** [ɔ:'toutrʌk] *Am* Lastkraftwagen *m*; **~type** ['ɔ:tətaip] *s* Faksimile *n*; Autotypie *f*.

autumn ['ɔ:təm] *s* Herbst *m a. fig*; *a* herbstlich; Herbst-; *in* ~ im Herbst; **~nal** [ɔ:'tʌmnəl] herbstlich *a. fig*; Herbst-.

auxiliary [ɔːgˈziljəri] *a* Hilfs-, Not-, Neben-; behelfsmäßig; zusätzlich; *s (~ verb)* Hilfszeitwort *n*; Hilfsgröße *f*; *pl* Hilfskräfte, -truppen *f pl*; *to be ~ to s.th.* e-r S dienlich sein; **~ antenna** Behelfsantenne *f*; **~ apparatus** Zusatzgerät *n*; **~ causes** *pl jur* Nebenursachen *f pl*; **~ cruiser** Hilfskreuzer *m*; **~ engine** Hilfsmotor *m*; **~ equipment** Hilfs-, Zusatzgerät *n*; **~ frequency** *tele* Hilfsfrequenz *f*; **~ fuel tank** *mot* Reservetank *m*; **~ gear** *mot* Geländegang *m*; **~ hospital** *mil* Ausweichlazarett *n*; **~ means** Behelf *m*, Hilfsmittel *n pl*; **~ material** Behelfsmaterial *n*; **~ personnel** Hilfspersonal *n*; **~ police** Hilfspolizei *f*; **~ rocket** Zusatzrakete *f*; **~ seat** Notsitz *m*; **~ service** Hilfsdienst *m*; **~ set** Zusatzgerät *n*; **~ target** Hilfsziel *n*.

avail [əˈveil] *itr tr* helfen, nützen, von Nutzen sein; *to ~ (o.s.) of s.th.* sich e-r S bedienen; etw benutzen; Gebrauch von etw machen; *(Gelegenheit)* ergreifen; *s* Nutzen, Vorteil *m*, Hilfe *f*; *of no ~* nutzlos; *without ~* vergeblich; *to be of little ~* von geringem Nutzen sein *(to* für); **~ability** [əveiləˈbiliti] Verfügbarkeit, Verwendbarkeit *f (for* für); Vorhandensein *n*; *jur* Gültigkeit, -sdauer *f*; **~able** [-əbl] verfügbar, greifbar, vorhanden; brauchbar; *com* lieferbar, erhältlich; *jur* gültig *(for* für); *by all ~~ means* mit allen verfügbaren Mitteln; *no longer ~~ (Buch)* vergriffen; *(Ware)* nicht mehr lieferbar; *jur* nicht mehr gültig, ungültig; *to be ~~* zur Verfügung stehen, erhältlich sein; zugänglich, *(Person)* zu sprechen sein; *to make ~~ to s.o.* jdm zur Verfügung stellen.

avalanche [ˈævəlɑːnʃ] Lawine *f a. fig.*

avaric|e [ˈævəris] Gier, Habsucht *f*; Geiz *m*; **~ious** [ævəˈriʃəs] gierig, habsüchtig; geizig.

avast [əˈvɑːst] *interj mar* stop!

avatar [ævəˈtɑː] Inkarnation (e-s Gottes), Menschwerdung *f*.

avenge [əˈvendʒ] *tr* rächen; strafen, ahnden; *to be ~d on* Rache nehmen, Vergeltung üben an; *to ~ o.s. on* sich rächen an.

avenue [ˈævinjuː] Zugang *m*, Anfahrt; Allee; *Am* Durchgangs-, Hauptstraße *f*.

aver [əˈvəː] *tr* behaupten, als Tatsache hinstellen; bekräftigen; *jur* beweisen.

average [ˈævəridʒ] *s* Durchschnitt, Mittelwert *m*; *mar* Havarie *f*, Seeschaden *m*; *a* durchschnittlich; Durchschnitts-; üblich, normal; *mar* Havarie-; *tr itr* im Durchschnitt betragen *od* rechnen; den Durchschnitt nehmen von, mitteln; im Durchschnitt ausmachen, *mot* zurücklegen, fahren; im Mittel ergeben; durchschnittlich verdienen *od* leisten; *Am* gleichmäßig verteilen (*among* unter); *to ~ up to* sich im Durchschnitt belaufen auf; *on the (an) ~* durchschnittlich, im Durchschnitt; *to be above (below) the ~* überdurchschnittlich sein; über (unter) dem Durchschnitt liegen; *to strike, to take an (the) ~* den Durchschnitt nehmen; *adjustment of ~* Schadensregulierung *f*; *annual, monthly ~* Jahres-, Monatsdurchschnitt *m*; **~ adjuster** Havariedispacheur *m*; **~ age** Durchschnittsalter *n*; **~ amount, sum** Durchschnittsbetrag *m*; **~ consumption** Durchschnittsverbrauch *m*; **~ cost** Durchschnittskosten *pl*; **~ damage** Havarieschaden *m*; **~ income** Durchschnittseinkommen *n*; **~ life** mittlere Lebensdauer *od* Nutzungsdauer *f*; **~ load** Durchschnittsbelastung *f*; **~ output** Durchschnittsproduktion, -ausbringung *f*, -ausstoß *m*; **~ price** Durchschnittspreis *m*; **~ proceeds** *pl* Durchschnittsertrag *m*; **~ quality** Durchschnittsqualität *f*; **~ result** Durchschnittsergebnis *n*; **~ speed, velocity** Durchschnittsgeschwindigkeit *f*; **~ value** Durchschnittswert *m*; **~ wage** Durchschnittslohn *m*; **~ yield** Durchschnittsertragm.

avers|e [əˈvəːs] abgeneigt *(to* gegen); unwillig; **~ion** [əˈvəːʃən] Widerwille *m*, Abneigung *f (to, from* gegen); Greuel *m*; Widerstreben *n*.

avert [əˈvəːt] *tr* abwenden *(from* von), verhindern, verhüten, abwehren, vermeiden.

aviary [ˈeiviəri] Vogelhaus *n*.

aviat|e [ˈeivieit, ˈæ-] *itr aero* (ein)fliegen; **~ion** [eiviˈeiʃən] Luftfahrt *f*, Fliegen, Flugwesen *n*; *civil, commercial ~* Zivil-, Verkehrsluftfahrt *f*; **~~ allowance** Fliegerzulage *f*; **~~ badge** Fliegerabzeichen *n*; **~~ company** Luftverkehrsgesellschaft *f*; **~~ field** Flugfeld *n*; **~~ fuel, petrol, spirit,** *(Am) gasoline* Flugbenzin *n*; **~~ medicine** Luftfahrtmedizin *f*; **~~ meeting** Flugtag *m*; **~~ school** Fliegerschule *f*; **~or, ~trix** [ˈ-ə, -triks] Flieger(in *f*) *m*.

avid [ˈævid] gierig *(for, of* nach); begierig *(for, of* auf); **~ity** [əˈviditi] Begierde; Gier *f (of, for* nach).

avocation [ævo(u)ˈkeiʃən] Nebenbeschäftigung *f*; Steckenpferd, Hobby *n*; *a.* Beschäftigung *f*, Beruf *m*.

avoid   55   **azure**

avoid [ə'vɔid] *tr* meiden, aus dem Wege gehen (*s.o.* jdm); ausweichen; vermeiden (*doing s.th.* etw zu tun); *(Schaden)* verhüten; *jur* für ungültig, nichtig erklären; *(Vertrag)* auflösen, aufheben; **~able** [-əbl] vermeidbar; **~ance** [-əns] (Ver-)Meiden *n*; Abwendung, Verhütung; *jur* Aufhebung *f*, Widerruf *m*; Anfechtung; Umgehung *f*.

avoirdupois [ævədə'pɔiz] (*~ weight*) englische(s) Handelsgewicht *n*; *fam* Körpergewicht *n*.

avouch [ə'vautʃ] *itr* sich verbürgen, einstehen (*for s.th.* für etw); *tr* garantieren; bestätigen, versichern.

avow [ə'vau] *tr* anerkennen, zugeben, eingestehen; freimütig bekennen, gestehen; **~al** [-əl] Eingeständnis, Bekenntnis *n*; **~edly** [-idli] *adv* zugegebener-, eingestandenermaßen.

avuncular [ə'vʌŋkjulə] Onkel-.

await [ə'weit] *tr* erwarten, warten auf; abwarten.

awake [ə'weik] *a. irr* awoke, awoke; *tr* aufwecken; *itr* aufwachen; *pred a* wach, munter; *to be ~* wach sein; *to s.th.* sich e-r S bewußt sein; *wide ~* hellwach; **~n** [-n] *tr* aufwecken; *itr* aufwachen; **~ning** [-niŋ] Erwachen, Erwecken *n a. fig.*

award [ə'wɔ:d] *s* Preis *m*, Prämie; Verleihung *f*, Auszeichnung *f*; *jur* Urteilsspruch *m*; Zuerkennung, Zubilligung *f*; Schadenersatz *m*; (Sachverständigen-)Gutachten *n*; (auf ein Angebot) Zuschlag *m*; *Am* Stipendium *n*; *tr* zuerkennen, zusprechen; zubilligen; entscheiden; *(Preis)* verleihen; *~ of punishment* Strafzumessung *f*.

aware [ə'wɛə] *pred a* gewahr, bewußt; unterrichtet; *I'm ~ of that* ich bin mir dessen bewußt.

awash [ə'wɔʃ] *adv pred a* vom Wasser bespült.

away [ə'wei] *adv a interj* weg, fort; entfernt, abseits; abwesend; weit; sofort; unaufhörlich; *far ~* weit weg; *far and ~* bei weitem; *out and ~* unvergleichlich; *right, straight ~* auf der Stelle; sofort, gleich; *to do ~ with* abschaffen; beseitigen; *to give ~* verschenken; *to go ~* weg-, fortgehen; *to sleep ~ the day* den Tag verschlafen; *to put ~* wegschaffen; beseitigen; klassifizieren; *to take ~* weg-, fortnehmen; *to work ~* durcharbeiten; ohne Unterbrechung arbeiten; *fire ~!* leg los! fang an! **~match** *sport* auswärtige(s) Spiel *n*.

awe [ɔ:] *s* Ehrfurcht; Furcht, Scheu *f*; *tr* Ehrfurcht einflößen; *to keep s.o. in ~* jdm imponieren; *to stand in ~ of s.o.* jdn fürchten; *to strike s.o. with ~* jdm Furcht einflößen; **-inspiring** ehrfurchtgebietend; **~-commanding, ~some** ['-səm] eindrucksvoll, imponierend; erschreckend, furchtbar; **~-stricken, -struck** *a* tief beeindruckt; vor Schreck wie gelähmt.

awful ['ɔ:ful] furchtbar, schrecklich; fürchterlich, entsetzlich; *fam* ['ɔ:fl] scheußlich; **-ly** ['-li] *adv* schrecklich; *fam* ['ɔ:fli] äußerst, sehr.

awhile [ə'wail] *adv* für kurze Zeit; eine Weile, eine Zeitlang.

awkward ['ɔ:kwəd] linkisch, unpraktisch, unbeholfen, ungeschickt; unhandlich; *(Situation)* peinlich, unangenehm; *(Stil)* schwerfällig; *~ age* Flegeljahre *n pl*; **~ customer** *fam* schwieriger Bursche *m*; **~ness** ['-nis] Ungeschicklichkeit; Unannehmlichkeit *f*.

awl [ɔ:l] Ahle *f*, Pfriem(en) *m*.

awn [ɔ:n] *bot* Granne *f*; **~ing** ['-iŋ] Plane *f*, Zeltdach; Verdeck; *mar* Sonnensegel *n*; Markise *f*.

awry [ə'rai] *pred a adv* schief, verkehrt, krumm; *to go ~* schiefgehen; *(Plan)* ins Wasser fallen.

axe, *Am* **ax** [æks] *s* Axt *f*; Beil *n*; Hacke; *fam* Entlassung *f*, Abbau *m*, Amtsenthebung *f*, Sitzenlassen *n*; *tr* mit e-r Axt behauen; *fig* stark beschneiden, kürzen, abbauen; *to get the ~ (fam)* entlassen, herausgeworfen, sitzengelassen werden; *to give the ~ (fam)* entlassen, 'rauswerfen; sitzenlassen; *to have an ~ to grind (fam)* persönliche Interessen verfolgen; etw auf dem Herzen haben; **~man** Holzhauer *m*.

axial ['æksiəl] axial; achsenförmig; **~ load** Achsdruck *m*.

axil ['æksil] *bot* Blattwinkel *m*; **~la** [æk'silə] *pl -ae* [-i:] *anat* Achselhöhle *f*; **~lary** ['æksiləri] Achselhöhle-; *bot* achselständig.

axiom ['æksiəm] Axiom *n*, Grundsatz *m*; **~atic** [æksiə'mætik] axiomatisch.

axis ['æksis] *pl* **axes** ['æksi:z] *phys pol* Achse *f*; *math* Mittellinie *f*; *fig* wichtige Verbindungslinie *f*.

axle ['æksl] (Rad-)Achse, Welle *f*; **~-tree** Achse *f*.

ay(e) [ei] **1.** *adv* immer, stets; **2.** [ai] *adv* ja; *s* Ja *n*; *pl* Jastimmen *f pl*; *the ~s have it* die Mehrzahl ist dafür.

azalea [ə'zeiljə] *bot* Azalie *f*.

azimuth ['æziməθ] Azimut *m* od *n*.

azur|e ['æʒə, 'ei-] *s* Azur *m*, Himmelblau *n*; *a* himmelblau.

B

B [biː] *s pl* ~*s*, ~*'s*, A, a; *mus* H, h *n*;
(Schule) gut; *a* zweitklassig, -rangig;
~ flat *mus* B, b *n*; *hum* (Bett-)Wanze *f*;
~-girl *Am sl* Bardame *f*; **~ sharp** His,
his *n*.

baa [bɑː] *itr (Schaf)* blöken; *s* Blöken,
Geblök(e) *n*.

babbitt ['bæbit] *tr* mit Weißmetall ausgießen; *s (B~-metal)* Weiß-, Lager-(weiß)metall *n*; *Am* Spieß(bürg)er *m*.

babble ['bæbl] *tr itr* stammeln, lallen;
plappern; schwatzen, *fam* babbeln;
nachplappern; ausplaudern; *itr (Wasser)* murmeln, plätschern; *s* Lallen;
Geplapper; Geschwätz; *(Wasser)* Murmeln *n; tech* Diaphonie *f*, **~r** ['-ə]
Schwätzer *m*.

babe [beib] *poet* Kind; (großes) Kind *n*;
Kindskopf; *sl* nette(r) Käfer *m*,
saubere(s) Ding *n*; **~s in the woods**
(Am) krasse Anfänger *m pl*; **~l** ['beibl]
Wirrwarr *m*, Durcheinander, Tohuwabohu, Stimmengewirr *n*; *Tower of
B~* Turm *m* zu Babel.

baboon [bə'buːn] *zoo* Pavian; *sl*
Mensch, *Am sl* Tolpatsch *m*.

baby ['beibi] *s* Säugling *m*, (Klein-,
kleines) Kind *n*; Kindchen *n*; Kindskopf; Jüngste(r) *(e-r Gruppe)*, Benjamin; *sl* Liebling *m*, Schätzchen *n*,
sl Sache *f; a* Kinder-; Klein-, Miniatur-; kindlich; kindisch; *tr* verzärteln,
verhätscheln; *to carry, to hold the ~
(fam)* die Verantwortung (dafür)
tragen (müssen); **~ bonds** *pl* Kleinobligationen *f pl*; **~ car** Kleinwagen *m*;
~-carriage, ~ buggy *Am* Kinderwagen *m*; **~-farm** *pej* Kinderbewahranstalt *f;* Säuglingsheim *n*; **~ grand** *mus*
Stutzflügel *m*; **~hood** ['-hud] Säuglingsalter *n*; **~house** Puppenhaus *n*;
~ish ['-iʃ] kindisch; dumm; **~like**
['-laik] kindlich; **~linen** Babywäsche *f*;
~(-)sitter Babysitter, Aufpasser(in *f*)
m bei Kindern; **~-snatching** Kindsentführung *f*.

bacc|alaureate [bækə'lɔːriit] Bakkalaureat *n (unterster akad. Grad); Am*
Predigt *f* anläßlich des B.; **~ara(t)**
['-rɑː] Bakkarat *n (Kartenglücksspiel)*.

bacchanal ['bækənl] *a* bacchantisch,
trunken, ausgelassen; *s* Bacchant(in *f*)
Zecher(in *f*) *m; pl u.* **-ia** [-'neiljə] Bacchanal *n*, Orgie, Schwelgerei *f*, Zechgelage *n*; **~ian** [-'neiljən] *a s.* ~;
bacchant ['bækənt] *s* Bacchant *m; a* bacchantisch; **Bacchus** ['bækəs] Bacchus *m*.

baccy ['bæki] *fam* Tabak *m*.

bach [bætʃ] *s Am sl* Junggeselle *m;
itr (to ~ it)* als J. e-n eigenen Haushalt
führen; **~elor** ['bætʃələ] Bakkalaureus
(unterster akad. Grad); Junggeselle *m*.
~~'s button Patentknopf; *bot* Blütenknopf *m; bot* scharfe(r) Hahnenfuß *m*,
Kornblume *f;* **~~ girl** Junggesellin *f;*
~~hood Junggesellenleben, -dasein;
Bakkalaureat *n*; **~~ tax** Junggesellen-,
Ledigensteuer *f*.

bacillus [bə'siləs] *pl* **-li** [-lai] Bazillus *m;*
~ carrier Bazillenträger *m*.

back [bæk] *s* Rücken *m a. allg u. fig;*
Kreuz, Rückgrat *n;* Rücklehne *f; mot*
Rücksitz *m*; Rückseite *f;* Hintergrund
m; fig Kehrseite; körperliche Kraft,
Stärke *f; (Fußball)* Verteidiger *m;
(Kleid)* Rückenteil *n; (Stoff)* linke
Seite; *min* Firste *f; a* rückseitig, -wärtig, -läufig, hinter; Nach-, Hinter-,
Rück-; *(Betrag)* rückständig; abgelegen, fern; *adv* rückwärts; zurück *(from
von)*; hinten; wieder; *tr* (unter)stützen,
beistehen, beispringen *(s.o.* jdm); billigen; decken, begünstigen; zurückschieben, -fahren, -stellen; *mot* zurückstoßen; *jur com* gegenzeichnen; bürgen
(s.o. für jdn); indossieren; wetten *(s.th.*
auf etw); *tech* auf der Rückseite versehen *(with s.th.* mit etw); *(Pferd)* aufsitzen (auf), besteigen; *(Segel)* backlegen; mit e-m Rücken versehen; den
Rücken bilden *(s.th.* von etw); *itr (to ~
up)* zurücktreten, -gehen, -treten;
(Wind) umspringen *(entgegen dem Uhrzeigersinn); at the ~ of* hinter; *fig* hinter
dem Rücken *gen; behind o.'s ~ (fig)* hinter jds Rücken; *on o.'s ~* auf den Rücken
(liegen); *(als Kranker)* auf der Nase
(liegen); *on the ~ of it* außerdem; *there
and ~* hin u. zurück; *with o.'s ~ to the
wall (fig)* in der Klemme; *5 years ~*
fünf Jahre früher, vor fünf Jahren;
~ to ~ Rücken an Rücken; *~ and forth
(Am)* hin u. her; *to answer ~* frech
antworten; *to be on s.o.'s ~ (fam)*
von jdm abhängig sein; jdn necken,
reizen, ärgern; *to break s.o.'s ~* jdn
überlasten; *to break the ~* den größten
Teil, die Hauptsache erledigen *(of s.th.*
e-r S); *to get, to put, to set s.o.'s ~
up* jdn ärgerlich machen, *fam* auf
die Palme bringen; *to get off s.o.'s ~* jdn
in Ruhe lassen; *to give, to make a ~* den
Rücken krumm, e-n Buckel machen;
to go ~ from od *upon o.'s word* sein

Wort zurücknehmen; *on o.'s promise* sein Versprechen nicht halten; *on s.o.* jdn im Stich lassen; *to pay ~* zurückbezahlen; *to take a ~ seat* e-e untergeordnete Stellung einnehmen *od* Rolle spielen; *to turn o.'s ~ (up)on* den Rücken kehren *dat*; *to ~ away* zurücktreten *(from* von); *to ~ down (fam)* nach-, klein beigeben; von s-n Ansprüchen Abstand nehmen;verzichten*(from*auf); *to ~ the wrong horse* auf das falsche Pferd setzen; *to ~ off (fam)* in Ruhe lassen; *mot* Gas wegnehmen; *to ~ out (of) (fam)* sich zurückziehen (aus); ausreißen; kneifen, e-n Rückzieher machen, absagen; *to ~ s.o. up* jdn unterstützen; *stand od keep ~!* zurück (-bleiben)! *don't ~ down on what you said* bleib bei deinem Wort! *~ of a book, hill* Buch-, Bergrücken *m*; *~ of the hand* Handrücken *m*; **~-bencher** *parl* Hinterbänkler *m*; **-bite** *irr tr* verleumden, schlecht sprechen (*s.o.* über jdn); **-biting** Verleumdung, üble Nachrede *f*; **-board** Rückenlehne *f*; **-bone** Rückgrat *n a. fig*; *fig* Stütze *f*, Rückhalt; Hauptteil *m*; *to the ~~ durch u. durch*; bis aufs Mark; **--chat** scharfe, unverschämte Entgegnung *f*; **-cross** *biol* Rückkreuzung *f*; **-door** *a* Hintertür-; *fig* heimlich, verstohlen; **-drop** *theat* Hintergrund (vorhang) *m*; **-er**['-ə] Helfer, Förderer, *com* Hintermann; Wettende(r) *m*; **-field** *sport (Fußball) Am* hintere(s) Feld *n*; **--fire** *s mot* Rückschlag *m*, Fehlzündung *f*; *(bei e-m Waldbrand)* Gegenfeuer *n*; *itr* (zu)rückknallen,-schlagen; *fig* schief-, *fam* ins Auge gehen; e-e gegenteilige Wirkung haben; **--formation** *gram* Rückbildung *f*; **-gammon** ['-gæmən] Puff, Tricktrack *n (Spiel)*; **~~ board** Puffbrett *n*; **-ground** Hintergrund *m a. fig*, Umwelt *f*, Milieu *n*; *fig* berufliche Erfahrung, Aus-, Vorbildung *f*; zugrundeliegende Ursachen *f pl*, Beweggründe *m pl*; Voraussetzungen *f pl*, nähere Umstände *m pl*, Vorgeschichte *f*; *film radio* Tonkulisse *f*; *with a good family ~~* aus gutem Hause; *to keep in the ~~* im Hintergrund bleiben; *financial ~* finanzielle(r) Rückhalt *m*; *~~ job (theat)* Statistenrolle *f*; *~ noise (radio)* Neben-, Störgeräusch *n*; *~~ research* Grundlagenforschung *f*; **-hand** *s (Tennis)* Rückhand; nach links geneigte Handschrift *f*; *a (~-ed)* Rückhand-; *(Schrift)* nach links geneigt; *fig* doppeldeutig, unaufrichtig; spöttisch; schwerfällig, ungeschickt; *tech (Kabel)* verkehrt gedreht; **-hander** Rückhandschlag *m*; **-ing** ['-iŋ] Stütze, Unterstützung, Hilfe *f*; Rückhalt *m*; *com* Indossierung; *(Währung)* Deckung *f*; *tech* Unterlage *f*; Träger *m*; Rückwärtsgehen, -fahren, -laufen, *mot* -stoßen; *(Wind)* Zurück-, Linksdrehen *n*; **--lash** *tech* tote(r) Gang, Leergang *m*, Spiel *n*; **-log** *s* große(r) Holzklotz *m* als Unterlage bei e-m Holzfeuer; *com* Rückstände, unerledigte Aufträge *m pl*; versandbereite Güter *n pl*; *allg* Reserve *f*; *tr* beiseite, zurücklegen, reservieren; *~~ demand* Nachholbedarf *m*; **-number** *(Zeitung)* alte Nummer *f*; *fam* altmodische(r), rückständige(r) Mensch; *sl* Dreh *m*, alte Leier *f*; **-pay** rückständige(r) Lohn *m*; Nachzahlung *f*; **--pedalling brake** Rücktrittbremse *f*; **--rest** Stützsäger *n*; Lünette *f*; **--room boy** *fam* Hintermann; Spitzel; Forscher *m*, der an kriegswichtigen Vorhaben arbeitet; *~ seat* Rücksitz *m*; *fig* untergeordnete Stellung *f*; **~-seat driver** *(mot)* Mitfahrende(r) *m*, der der unerwünschte Ratschläge gibt; *fig* Besserwisser *m*; **-set** *fig* Rückschlag *m*; *(Wasser)* Gegenströmung *f*, Strudel *m*; **-side** Rückseite *f*; Hintern *m*; **-sight** *(Visier)* Kimme *f*; **-slapper** *fam* jem, der sich gern anbiedert; **-slide** *irr itr* abfallen, abtrünnig, *rel* rückfällig werden; zurücksacken; **-slider** *rel* Rückfällige(r), Abtrünnige(r) *m*; **-sliding** Ab-, Rückfall *m*; *~* **spacer (key)** *(Schreibmaschine)* Rücktaste *f*; *~* **spin** *(Ball)* Rückwärtseffetball *m*; **-stage** hinter der Bühne (gelegen); *fig* verborgen; **-stair(s)** *a* Hintertreppen-; heimlich;heimtückisch; unehrlich, krumm; **-s** *s* Geheim-, Hintertreppe *f*; *fig* krumme Wege *m pl*; **-stay** Verstrebung *f*; Abspanndraht; Backstag *m*; *pl mar* Pardunen *f pl*; **-stitch** Steppstich *m*; **-stroke** Rückschlag,-stoß *m*; Rückenschwimmen *n*; *tech* Rückhub, -gang; *(Ball)* Rückschlag *m*; **-swept** *a* nach hinten verjüngt; **~ talk** *Am* unverschämte Antwort *f*; **-track** *tr* zurückverfolgen; *itr Am* umkehren; sich zurückziehen; **-ward** ['-wəd] *a* rückwärtig; rückwärts gerichtet *od* gehend; *fig* widerstrebend, zögernd; scheu, schüchtern; zurückgeblieben, rückständig, spät entwickelt; **--ation** [-'deiʃən] *com* Deportgeschäft *n*; Kursabschlag *m*; Konventionalstrafe *f*; **-ness** ['-nis] Rückständigkeit; Spätreife;Schüchternheit,Zurückhaltung *f*; Zögern *n*; *~~ position* rückwärtige

backwash 58 **bag**

Stellung *f*; ~~ *roll (sport)* Rückwärtsrolle *f*; ~~(*s*) *adv* rückwärts, zurück a. *fig*; verkehrt; rücklings; in früheren Zeiten; ~~*s and forwards* hin u. her; ~~ *somersault* Rückwärtssalto *m*; ~~ *travelling (tech)* rückläufig; **~wash** Rückstau *m*; zurücklaufende (Luft-) Strömung *f*; *aero* Luftschraubenstrahl *m*; *fig* Rückwirkung *f*; *fig* Wellen *f pl*, die etw schlägt; **~water** *s* Rückstau *m*; Stauwasser *n*; *fig* Stillstand *m*, Stagnation *f*; *a fig* stagnierend; zurückgeblieben; **~wind** Rücken-, *aero* Schiebewind *m*; **~woods** *a a.* **~***wood* hinterwäldlerisch; *s pl* Urwaldgebiete *n pl*; abgelegene Gegend *f*; ~~*man* Hinterwäldler; Urwaldbewohner *m*; **~yard** Hinterhof; Garten *m* hinter dem Haus.
bacon ['beikən] (Schweine-)Speck *m*; *to bring home the* ~ *(fam)* es schaffen, den Vogel abschießen; s-n Lebensunterhalt verdienen; *to save o.'s* ~ mit heiler Haut davonkommen; *flitch of* ~ Speckseite *f*; ~ **pig,** *Am* **hog** Fett-, Speckschwein *n*; **~y** ['-i] speckartig; ~ *liver (med)* Leberverfettung *f*.
bacteri|al [bæk'tiəriəl] bakteriell; Bakterien-; **~ological** [-tiəriə'lɔdʒik] *a*: ~~ *warfare* Bakterienkrieg *m*; **~ologist** ['-'ɔlədʒist] Bakteriologe *m*; **~ology** [-'ɔlədʒi] Bakteriologie *f*; **~um** [bæk'tiəriəm] *pl* -*a* [-iə] *a. sing* Bakterie *f*, Bakterium *n*, Spaltpilz *m*.
bad [bæ(:)d] *a (fam a. adv)* schlecht, übel; böse, schlimm; *(Fehler)* schwer; armselig, *fam* mies; minderwertig, mangelhaft; dürftig, unzulänglich, -reichend; *jur* nichtig, ungültig, *(Anspruch)* unbegründet; *(Risiko)* zweifelhaft; falsch; schädlich, gefährlich, nachteilig *(for für)*; widerlich, -wärtig; ärgerlich; unanständig; ungezogen; verdorben; *(Ei)* faul; unpäßlich, krank; *(Krankheit, Schmerz)* stark, heftig; *the* ~ das Böse, Schlechte; die Bösen, Schlechten; *from* ~ *to worse* immer schlimmer; *in* ~ *(Am fam)* in der Klemme *od* Patsche; in Ungnade *(with* bei); *in* ~ *faith* wider Treu u. Glauben; *in a* ~ *sense* im schlechten Sinne; *not (half)* ~ *(fam)* nicht übel, ganz ordentlich; *to the* ~ zum Nachteil; ... Schulden; *with* ~ *grace* ungern, widerwillig; *to feel* ~*(ly)* sich ärgern, sich Sorgen machen *(about* über); *to go* ~ schlecht werden, verderben *itr*; *to go to the* ~ zugrunde gehen; völlig versacken; auf Abwege geraten; *to take the* ~ *with the good* das Böse wie das Gute hinnehmen; *I am* ~ es geht mir schlecht, mir ist unwohl; *at it* ich verstehe davon nichts; *that is* ~! das ist schlecht, böse, arg! *that is too* ~! das ist zu dumm! *it's* ~ *form* es gehört sich nicht; *a* ~ *shot!* fehlgeschossen! falsch geraten! ~ **blood** *fig* böse(s) Blut *n*; ~ **debt** uneinbringliche Forderung *f*; **~debtor** zahlungsunfähige(r) Schuldner *m*; ~ **egg, hat, lot** *sl* Lump *m*; Weibsbild *n*; **~lands** *pl* durch Erosion zerstörtes Land *n*; ~ **language** Anzüglichkeiten *f pl*; Fluchen *n*; ~ **luck** Unglück, *fam* Pech *m*; ~ **mark, point** Strafpunkt *m*; **~tempered** *a* reizbar, übellaunig; **~weather (zone)** Schlechtwetter(gebiet) *n*.
badg|e [bædʒ] Abzeichen; *allg* Kennzeichen, Sinnbild, Merkmal *n*; ~~ *of office, party, proficiency, rank, society* Dienst-, Partei-, Leistungs-, Dienstgrad-, Vereinsabzeichen *n*; **~er** ['-ə] *s* Dachs; Pinsel *m* (aus Dachshaar); künstliche Fliege *f (als Angelköder)*; *tr fig* hetzen, jagen; plagen, quälen, reizen, ärgern; ~~ *hole* Dachsbau *m*.
bad|ly ['bædli] *adv fam* sehr, schwer, stark; arg, dringend; *to come off* ~~ schlecht ausgehen, fehlschlagen; *to be* ~~ *off* finanziell schlecht dran sein; *to want* ~~ dringend gebrauchen *od* benötigen; ~~ *beaten* entscheidend geschlagen; *he is doing* ~~ s-e Geschäfte gehen schlecht; **~ness** ['-nis] schlechte Qualität; Minderwertigkeit, Dürftigkeit; Unzulänglichkeit; Schlechtheit, Bösartigkeit, Verdorbenheit *f*.
badminton ['bædmintən] Federballspiel *n*.
baffl|e ['bæfl] *tr* vor den Kopf stoßen; aus dem Konzept bringen; stutzig machen; verblüffen, verwirren, täuschen; enttäuschen; *(Pläne)* durchkreuzen, vereiteln, zunichte machen; vernichten, zerschlagen; *tech* drosseln; *itr* sich vergeblich abmühen; *s* Verwirrung, Enttäuschung *f*; *(~ plate) tech* Sperre, Stauscheibe, Unterbrecherklappe; Schall-, Zwischenwand *f*; Widerstandskörper *m*; *mot* Leitblech *n*; **~ing** verwirrend; unverständlich; hinderlich, vereitelnd; *(Person)* undurchsichtig; *mar (Wind)* umspringend.
bag [bæ(:)g] *s* Beutel, Sack *m*; *(paper* ~) Tüte *f*; *(money* ~) Geldbeutel *m*; Handtasche; *(game-*~, *(Am) hunting-*~) Jagdtasche, Jagdbeute, Strecke; *zoo* Tasche *f*; Kuheuter *n*; *med* Beutel *m*; Blase; *tech (Luftschiff)* Gaszelle; *Am sl* Uniform *f*; *pl* Geld *n* (wie Heu);

bagatelle 59 **balance**

sl pl Hose, Büx *f*; *sl* Fallschirm *m*; *sl* Weibsstück *n*; *sl mil* Zahl *f* der abgeschossenen Flugzeuge; ~*s of (fam)* e-e Menge; [bæg] *tr* in den Beutel *od* Sack stecken; *fig* einstecken; *sl pej* sich unter den Nagel reißen, organisieren; *mil sl* abschießen, herunterholen; *Am sl* entlassen, verhaften, *(Schule)* schwänzen; *(Jäger)* erbeuten, erlegen; *itr* sich bauschen, aufschwellen; sich (aus)beulen; *(Kleid)* lose herunterhängen, sackartig sitzen; *in the ~ (fam fig)* in der Tasche, (so gut wie) sicher; erfolgreich erledigt; *in the bottom of the ~* als letzte Reserve; *~ and -gage* mit Sack u. Pack; völlig; *to hold the ~* mit leeren Händen ausgehen; die Folgen tragen müssen; *to let the cat out of the ~ (fig)* die Katze aus dem Sack lassen; *a ~ of bones* Haut u. Knochen; **-atelle** [bægə'tel] Kleinigkeit; Bagatelle, *fam* Lappalie *f*; **-gage** ['bægidʒ] *Am* (Reise-)Gepäck *n*; *mil* Troß *m*, Gepäck; *fam* freche(s) Ding *n*; ~~ *animal* Lasttier *n*; ~~ *car (Am)* Gepäckwagen *m*; ~~-*check (Am)* Gepäckschein *m*; ~~ *compartment* Gepäckraum *m*; ~~*hold (Am aero)* Gepäck-, Frachtraum *m*; ~~ *insurance* Gepäckversicherung *f*; ~~ *office* Gepäckabfertigung *f*; ~~ *rack* Gepäcknetz *n*; ~~-*room (Am)* Gepäckraum *m*; ~~ *slip* Gepäckadresse *f*; ~~-*smasher (Am)* Gepäckträger *m*; ~~ *truck (Am)* Gepäckkarren *m*; **-ging** ['bægiŋ] Sack-, Packleinen *n*; **-gy** ['bægi] bauschig; ausgebeult; sackartig (erweitert); *(Hosen)* ungebügelt; **-man** *com* Reisende(r) *m*; **-pipe**, *Am Scot a.* **~s** Dudelsack *m*, Sackpfeife *f*; **-piper** Dudelsackpfeifer *m*.
bah [baː] *interj* bah! bah!
bail [beil] **1.** *s jur* Bürgschaft, Kaution, Sicherheitsleistung *f*; Bürge *m*; Haftentlassung *f* gegen Sicherheitsleistung; *tr* hinterlegen, deponieren; gegen Bürgschaft freilassen; bürgen, gutsagen (s.o. für jdn); *out on ~* auf freiem Fuß gegen Sicherheitsleistung; *to forfeit o.'s ~* s-e Kaution durch Nichterscheinen verwirken; *to go ~ for* Bürgschaft leisten, bürgen für; sich verbürgen für; **2.** *s (Pferdestall)* Trennstange *f*; *(Kricket)* Querholz *n*; **3.** *s* Bügel, Henkel, Griff *m*; **4.** *(a. bale) v itr* Wasser aus e-m Boot schöpfen; *tr (Boot)* leer schöpfen; *s* Schöpfeimer *m*, -kelle *f*; *to ~ out (mit dem Fallschirm)* abspringen, *sl aero* aussteigen; *sl aero fig* sich aus der Schlinge ziehen; **-able** ['-əbl] kautionsfähig; **-ee** [-'liː] Depositar, Verwahrer *m*; **-ey** ['-i] Ring *m* e-r Verteidigungsanlage; Außenhof *m* e-r Burg; *Old B~~* Schwurgericht *n* in London; **-iff** ['-if] Gerichtsvollzieher; Amts-, Gerichtsdiener, Wachtmeister; (Guts-) Verwalter *m*; *hist* Amtmann, (Land-)Vogt; **-iwick** ['-iwik] Vogtei *f*, Amtsbezirk *m*; *fig* Interessen-, Arbeitsgebiet *n*; **-ment** ['-mənt] Verpfändung, Hinterlegung; Freilassung gegen Kaution, Bürgschaft *f*; **-or**, **-er** ['-ə] Deponent, Hinterleger *m*.
bairn [bɛən] *Scot* Kind *n*.
bait [beit] *tr* (mit Hunden) hetzen; *(Menschen)* quälen, reizen, ärgern; *(Pferd)* füttern (u. tränken); mit e-m Köder versehen; *fig* ködern, locken, in Versuchung führen; *itr* einkehren, rasten; *(Tier)* fressen; *s* Köder *m*; *fig* (Ver-)Lockung, Versuchung *f*; Reiz *m*; (Pferde-)Futter *n*; Imbiß *m*; Erfrischung; Einkehr, Rast *f*.
baize [beiz] Flaus, Fries *m (rauher Wollstoff)*.
bak|e [beik] *tr* backen; *(durch Hitze)* härten; dörren; *(Ziegel)* brennen; *(Früchte)* zur Reife bringen; *(Haut)* bräunen; *(Erdboden)* austrocknen, -dörren; *itr* backen; *(durch Hitze)* hart *od* braun werden; *half ~ed (fam)* blöde; ~~-*house* Backhaus *n*, -stube *f*, Bäckerei *f*; **-elite** ['-əlait] Bakelit *n*; **-er** ['-ə] Bäcker *m*; Trockenkammer *f*; *a ~~'s dozen* dreizehn; **-ery** ['-əri] Bäckerei *f*; *Am* Bäckerladen *m*; **-ing** ['-iŋ] *s* Backen; Dörren; Brennen, Sintern *n*; Ofenvoll, Schub *m*; *a* u. *adv*: ~~ *hot* brennend, glühend heiß; ~~ *oven* Backofen *m*; ~~ *powder* Backpulver *n*; ~~ *soda* Natron *n*; ~~ *trough* Backtrog *m*.
balance ['bæləns] *s* Waage *a. fig*; *(Uhr)* (~~ *wheel*) Unruhe *f*; *fig* (Ab-, Er-)Wägen; schwankende(s) Glück *n*; Entscheidung *f*, Ausschlag *m*; Gleichgewicht *a*, *(innere)* Ausgeglichenheit *f*; Gleichmut *m*, Ruhe; *(Kunst)* Ausgewogenheit, Harmonie *f*; Gegengewicht; Übergewicht *n*; *com* Ausgleichenheit *f*; Unterschied *m*, Differenz *f*; Mehr *n*, Überschuß; Saldo *m*; Guthaben *n*; Bilanz *f*, Rechnungs-, Kontenabschluß; Ausgleich *m*; *tech* Auswuchtung; *astr B~~* Waage *f*; *Am u. fam* Rest, Überschuß *m*; *tr* wiegen, wägen; (gegenea.) abwägen; erwägen; (mitea.) ausgleichen; ins Gleichgewicht bringen, im G. halten; die Waage, das Gleichgewicht halten *(s.th.* e-r *S)*; *com* ausgleichen; saldieren; *(Rechnung)* ab-

balanced   60   **ball**

schließen; *tech* abstimmen, auslasten, auswuchten, symmetrieren; die Bilanz ziehen (*s.th.* gen); *itr* sich im Gleichgewicht halten *a. fig; fig* schwanken, unschlüssig sein; sich ausgleichen, sich gegenseitig aufheben (*to ~ each other*); *com* ausgeglichen sein; *in the ~ ~* in der Schwebe sein; *on ~ ~* zieht man die Bilanz; alles in allem; *to be (thrown) off o.'s ~ ~* sehr aufgeregt, *fam* ganz aus dem Häuschen sein; *to make up, to strike the ~ ~* die Bilanz ziehen *od* aufstellen; *to hold the ~ ~* die Entscheidung (in der Hand) haben; *to keep o.'s ~ ~* das Gleichgewicht halten; *fig* die Ruhe bewahren; *to lose o.'s ~ ~* das Gleichgewicht, *fig* den Kopf verlieren; *to show a ~ ~* e-n Saldo aufweisen (*of* von); *to ~ ~ the books* Bilanz machen; *to ~ ~ the budget* den Haushalt ausgleichen; *to ~ ~ the cash* Kasse machen, die Kasse abrechnen; *active od credit ~ ~* Kredit-, Haben-, Aktivsaldo *m; annual, final ~ ~* Jahres-, Schlußbilanz *f; cash ~ ~* Kassenbestand *m; favo(u)rable, unfavo(u)rable trade ~ ~, ~ ~ of trade* aktive, passive Handelsbilanz *f; opening ~ ~* Eröffnungsbilanz *f; passive od debit ~ ~* Debet-, Soll-, Passivsaldo *m; rough, trial ~ ~* Rohbilanz *f; ~ ~ in, at (the) bank, bank ~* Bankguthaben *n; ~ ~ of the bank* Bankausweis *m; ~ ~ bill* Saldowechsel *m; ~ ~ of the books* Abschluß *m* der Bücher; *~ ~ in od of cash, hand* Kassen-, Barbestand *m; ~ ~ of mind* seelische(s) Gleichgewicht *n; ~ ~ of payments* Zahlungsbilanz *f; ~ ~ of power (pol)* Gleichgewicht *n* der Mächte; *~ ~(-)sheet* Bilanzbogen, Rechnungsabschluß *m,* Kassenbericht *m;* **~ed** ['-t] *a* ab-, ausgeglichen, ausgewogen, symmetrisch, entlastet; (*Motor*) ausgewuchtet; (*Antenne*) entkoppelt; *~ ~ condition* Gleichgewichtszustand *m; ~ ~ diet* ausgeglichene Kost *f; ~ ~ position* Gleichgewichts-, Ruhelage *f; ~ ~ stock(s)* ausreichende Bestände *od* Vorräte *m pl;* **~er** ['-ə] *tech* Stabilisator, Schwinghebel *m,* Ausgleichsmaschine *f;* Äquilibrist *m; ent* Flügelkölbchen *n;* **~ing** ['-iŋ] *com* Abrechnung, Saldierung *f;* Ausgleich; *tech* Abgleich(ung *f) m,* Auswuchtung, Zentrierung *f.*

balcony ['bælkəni] Balkon; *theat meist* 2. Rang, *Am* 1. Rang *m*.

bald [bɔ:ld] (*Kopf*) kahl (*a. Baum, Berg*), kahlköpfig; unbehaart; nackt *a. fig;* (*Land*) ohne Vegetation; (*Tier*) mit e-m weißen Fleck auf dem Kopf; *fig* dürftig, ärmlich, armselig; schmucklos; nichtssagend; offen, ungeschminkt; *~ as a coot* ratzekahl; **~head, ~pate** Kahlkopf *m,* Glatze *f;* **~headed** ['-'-, *attr* '- -] *a* kahlköpfig; *adv sl* blindlings; **~ly** ['-li] *adv* offen, frei heraus, unverblümt; ungeschminkt; nüchtern, trocken; **~ness** ['-nis] Kahlheit; *fig* Dürftigkeit, Ärmlichkeit, Armseligkeit *f.*

baldachin, baldaquin ['bɔ:ldəkin] Baldachin *m.*

balderdash ['bɔ:ldədæʃ] Geschwätz *n,* Unsinn *m.*

baldric ['bɔ:ldrik] Schulter-, Wehrgehänge *n.*

bale [beil] *s. a.* **bail** 4; **1.** *s com* Ballen *m,* Bündel *n;* Pack *m; tr* in Ballen verpacken; **2.** *s obs poet* Unheil, Weh, Leid *n;* **~-fire** große(s) Feuer im Freien; Leucht-, *a.* Freudenfeuer *n;* **~ful** ['-ful] unheilvoll; übel, böse.

balk, baulk [bɔ:k] *s* (Feld-, Furchen-) Rain; (rohbehauener) Balken; (*Haus*) Anker-, Tragbalken; Klotz *m* (im Weg); Hindernis *n,* Hemmschuh *m;* Enttäuschung *f;* Fehler, Schnitzer, Bock *m;* (*Billard*) Quartier *n; tr* (be-, ver)hindern, durchkreuzen, vereiteln, hemmen, aufhalten; enttäuschen; (*Gelegenheit*) (absichtlich) verpassen, vorbeigehen, entgehen lassen; (*Pflicht*) versäumen, vernachlässigen; (*Thema*) verfehlen; *itr* stutzen, stocken, plötzlich stehenbleiben; (*Pferd*) scheuen; nicht weitergehen wollen; **~line** *sport* Sperrlinie *f;* **~y** ['-i] störrisch; *mot* mit Fehlzündung.

Balkan ['bɔ:lkən] *a* Balkan-; *s pl* Balkan(länder *n pl,* -staaten *m pl*) *m;* **b~ize** ['-aiz] *tr pol* balkanisieren.

ball [bɔ:l] **1.** Kugel *f;* Kloß *m;* Knäuel *m od n;* (*~ of the thumb, of the foot*) Hand-, Fußballen; *sport* (Spiel-, *a.* Schnee-)Ball; (*Erd*)ball; *bot* Wurzelballen *m;* (Kanonen-, Gewehr-)Kugel *f;* (*~ of the eye*) Augapfel *fig;* Unsinn *m; pl vulg* Hode(n *m*) *m od f;* **2.** Ball *m* (*Tanzfest*); *at a ~* auf e-m Ball; *on the ~ (fam)* auf Draht; *to give a ~* e-n Ball geben *od* veranstalten; *to have the ~ at o.'s feet (fig)* e-n guten Start haben, voran-, vorwärtskommen (*im Leben*); *to have a lot on the ~ (Am)* sehr tüchtig sein; *to keep up the ~, to keep the ~ rolling* das Gespräch im Gang halten, nicht einschlafen lassen; *to open the ~* den Ball eröffnen; *fig* s-e Tätigkeit aufnehmen; die Diskussion eröffnen; den Streit beginnen; *to play ~ (Am)* mitmachen, zs.arbeiten; *to set*

ball-bearing 61 **bandmaster**

the ~ rolling die Sache in Gang bringen; fancy(-dress) ~ Kostümball m, -fest n; ~ of fire (Atombombe) Feuerball m; ~-**bearing(s)** tech Kugellager n; ~ **field** Am Baseballplatz m; ~ **game** Ballspiel n, Am Baseballspiel n; ~ **(-point) pen** Kugelschreiber m; ~ **player** Ball-, Am Baseballspieler m; ~-**room** Ballsaal m.

ball|ad ['bæləd] Ballade f; ~~ **concert** Liederabend n; ~~-monger Bänkelsänger m; ~~-opera Singspiel n; -**ast** ['bæləst] s Ballast; Schotter m; rail Bettung f; fig Halt m, Stütze f; (be-)schottern; fig Halt geben; ~~ pit Kiesgrube f; ~~ tank Tauchtank m; ~~ weight (mot) Leergewicht n; -**et** ['bælei] Ballett n; Balletttanz m; ~~-**dancer, -skirt** Balletttänzer(in f) m, -röckchen n; -**istic** [bə'listik] a ballistisch; Wurf-, Flug-; s pl meist mit sing Ballistik f; ~~ **curve** Flug-, Geschoßbahn f; -**ocks** ['-ks] pl vulg Hoden pl; Unsinn m; -**oon** [bə'lu:n] s Ballon;chem (Glas-)Ballon, (Destillier-)Kolben m; arch Kugel f; (Spielzeug) Luftballon m; a Ballon-; (Karikatur) die in den Mund gelegten Worte n pl; itr im B. aufsteigen; aero bumslanden; sich (auf)blähen, anschwellen; in die Höhe treiben; captive, registering ~~ Fessel-, Registrierballon m; sounding ~~, ~~ sonde (Meteorologie) Ballonsonde f; ~~ ascent, barrage, observer, pilot, race, shed, tyre Ballonaufstieg m, -sperre f, -beobachter, -führer m, -rennen n, -halle f, mot -reifen m; ~~ silk Ballonseide f; -**oonist** Ballonfahrer m; -**ot** ['bælət] s Wahlkugel f; Stimmzettel m; Kugelung; (Geheim-)Abstimmung f; Wahlgang m; Stimmen(zahl f) pl; Am Wahlvorschlag m; itr (geheim) abstimmen (for über); losen (for um); to ~~ for s.o. jdn (durch Geheimabstimmung) wählen; to take a ~~ (geheim) abstimmen; second, final ~~ Stichwahl f; ~~-box Wahlurne f; -**y** ['bæli] a u. adv sl verdammt, verflucht; (in Fragen) denn eigentlich; -**yhoo** [-i'hu:] sl marktschreierische Reklame f, Reklamerummel; Schmus; Tumult m, laute(s) Palaver n; -**yrag** ['-iræg] sl tr durch den Kakao ziehen, verhohnepipeln.

balm [ba:m] Balsam m; allg Duft, Wohlgeruch m; bot Melisse f; fig Trost m; Linderung f; ~~-**cricket** zoo Zikade f; -**y** ['-i] balsamisch; weich, sanft; lindernd, heilend; sl bekloppt, meschugge.

baln|eal ['bælniəl] a med Bade-; -**eology** [-i'ɔlədʒi] med Bäderkunde f.

baloney [bə'louni] Am sl Quatsch, Unsinn, Stuß m.

balsam ['bɔ:lsəm] Balsam a. fig; fig Trost m; Linderung f; bot Gartenbalsamine f; Rührmichnichtan n; -**ic** [bɔ:l'sæmik] balsamisch; erquickend, lindernd.

Baltic ['bɔ:ltik] a baltisch; s u. ~ **Sea** Ostsee f.

balust|er ['bæləstə] Baluster m, Geländerdocke, -stütze f; -**rade** [-'treid] Geländer n, Balustrade f.

bamboo [bæm'bu:] Bambus(rohr n) m; ~**zle** [-u:zl] tr sl beschwindeln, betrügen (out of s.th. um etw); verleiten, verführen (into doing s.th. etw zu tun); aus dem Konzept bringen.

ban [bæn] s (Kirchen-)Bann, Bannfluch, -strahl m; (Reichs-)Acht; Verbannung; (gesellschaftliche) Ächtung f; Verbot n; Sperre; Ablehnung, Mißbilligung f; tr verbieten; sport sperren; hist verbannen, ächten; to place, to put under a ~ mit dem Bann belegen.

banal ['beinl, bə'na:l] banal, abgedroschen; -**ity** [bə'næliti] Banalität f; abgedroschene(s) Zeug n, Gemeinplatz m.

banana [bə'na:nə] Banane f; ~ **oil** Am sl Quatsch, Blödsinn m; ~ **plug** Bananenstecker m; ~ **split** (aufgeschnittene u.) Mit Eiskrem gefüllte B.

band [bænd] s Band n; Ring, Streifen m; Leiste, Binde f; Gurt; tech Riemen; Bund, Leibriemen, Gürtel; Hemdenhalsbesatz m; Faßband n; (Rad-)Reifen m; Turban m, Angel; min dünne Schicht; (Buchbinderei) Heftschnur f; radio anat Band n; Bande, Schar f, Trupp m; (Musik-, bes. Blas-)Kapelle f; pl Beffchen n; tr mit e-m Band, mit Streifen versehen; tr itr (anea.-, zs.)binden, a. fig; fig (to ~ together) zs.bringen, vereinen, vereinigen; -**age** ['-idʒ] s Bandage, Binde f; Verbandsstoff m, -zeug n; Verband m; tr bandagieren, verbinden; ~ **adjustment** radio Bandbreitenregler m; ~**an(n)a** [-'dænə, -'da:nə] große(s), farbige(s) (Kopf-, Taschen-)Tuch n; ~**box** Hutschachtel f; he looks as if he had just come out of a ~~er sieht aus wie aus dem Ei gepellt; ~ **conveyer** Bandförderer m; ~**eau** ['-ou] pl -x ['-ouz] Haar-, Kopf-, Stirnband n; (schmaler) Büstenhalter m; ~**erol(e)** ['-əroul] Wimpel m; (Meß-, Lanzen-)Fähnlein; Spruchband n; ~ **iron** Bandeisen n; ~**it** ['-it] pl a. -ti Bandit, Straßenräuber m; ~**itry** ['-ri] Straßenräuberei f; ~**master** Kapell-

band-pass filter meister *m*; **~~pass filter** Bandpaßfilter *n*; **~ pulley** *tech* Riemenscheibe *f*; **~ saw** Bandsäge *f*; **~ shell** *Am* halbkreisförmige(r) Musikpavillon *m*; **~sman** Mitglied *n* e-r Musikkapelle; **~stand** Musikpodium *n*, -pavillon *m*; **~wagon** *Am* Festwagen *m* mit Musikkapelle; *fig* siegreiche Partei *f*, Gewinner *m pl*, Mehrheit *f*; *to get on the* ~~ zur siegreichen Partei, zur Mehrheit übergehen; **~~width** *radio* Bandbreite *f*; **~y** ['-i] **1.** *tr* (*Worte, Blicke, Schläge*) tauschen, wechseln; (*Ball*) sich zuwerfen; *to* ~~ *about* (*Nachricht*) weitergeben, verbreiten (*a. Gerücht*), unter die Leute bringen; **2.** *s* Hockey(schläger *m*) *m*; **3.** *a* (*Beine*) krumm; **~~legged** (*a*) krumm-, O-beinig.

bane [bein] (*außer in Zssgen*) *lit poet* Gift *n*, *fig* Verhängnis *n*, Verderb(en *n*) *m*; **~ful** ['-ful] unheil-, verhängnisvoll, tödlich, verderblich.

bang [bæŋ] *s* (heftiger) Schlag; (lauter) Knall; *pl* Pony(frisur *f*) *m*; *tr* heftig schlagen; (*to* ~ *up*) prügeln, durchhauen; (*to* ~ *about*) herumstoßen (*s.o. jdn*); (*Tür*) zuknallen, zuschlagen; (*Stirnhaar*) zu e-r Ponyfrisur schneiden; *itr* (laut) knallen; heftig stoßen (*against* gegen); *adv* heftig, laut, mit lautem Knall; *fig* plötzlich; *interj* peng! bums! *with a* ~ (*Am*) mit e-m Bombenerfolg; *he* ~*ed his fist on the table* er schlug mit der Faust auf den Tisch; **~er** ['-ə] *sl* Wurst *f*; Knallfrosch *m*; **~~up** *Am sl* blendend, knorke, tipptopp.

bangle ['bæŋgl] Arm-, Fußring *m*.

banish ['bæniʃ] *tr* ausweisen, verbannen *a. fig* (*from* aus); *fig* verscheuchen; *fig* sich frei machen von; sich aus dem Kopf schlagen; **~ment** ['-mənt] Verbannung, Ausweisung; Entlassung *f*.

banisters ['bænistəz] *pl* Treppengeländer *n*.

banjo ['bændʒou] *pl-o(e)s mus* Banjo *n*; **~ist** ['-ist] Banjospieler *m*.

bank [bæŋk] **1.** *s* (Fluß-, Kanal-, See-)Ufer *n*; (Ufer-)Hang *m*, Böschung *f*; Abhang *m*; Aufschüttung *f*; Damm, Deich *m*; Bankett *n*, Berme; Untiefe, (*sand*~) (Sand-)Bank *f*; (~ *of snow*) (Schnee-)Verwehung; *(cloud* ~) (Wolken-)Bank; *min* Hängebank; *aero* Quer-, Seitenneigung; (*Kurve*) Überhöhung; Ruderbank; *tech* Reihe *f*, Aggregat *n*, Satz *m*, Schaltung *f*; *tr* aufschütten, anhäufen, massieren; (*Feuer*) aufdämmen; *itr aero* in die Schräglage gehen, sich in die Kurve

bankrupt
legen; sich schief legen; *to* ~ *up* (*tr*) (auf)stauen; eindämmen; (*Kurve*) überhöhen; *itr* (*Sand*) sich aufschichten; (*Schnee*) verwehen; (*Wolken*) sich auftürmen, sich massieren; **2.** *s* Bank(haus, -geschäft *n*); (*Spiel*) Bank; *med* (Blut-)Bank *f*; *allg* Vorratsraum *m*, Reserven *f pl*; *tr* (*Geld*) auf die Bank bringen; *itr* ein Bankkonto haben; Bankgeschäfte machen; *with s.o.* mit jdm in Bankverbindung stehen; (*Spiel*) die Bank halten; e-e Bank leiten; (*to* ~ *on s.o.*) *fam* auf jdn vertrauen, sich auf jdn verlassen; *tr* (*Geld*) auf e-r Bank einzahlen; *to open a* ~ *account* ein Bankkonto eröffnen *od* einrichten; *to overdraw o.'s* ~ *account* sein Bankkonto überziehen; *annuity* ~ Rentenbank *f*; ~ *blood* ~ Blutbank *f*; *clearing* ~ Abrechnungsstelle *f*; *return (statement) of a* ~ Bankausweis *m*; *savings-bank* Sparkasse *f*; ~ *of circulation* Noten-, Zettelbank *f*; ~ *of discount, discount* ~, ~ *of exchange* Diskont-, Wechselbank *f*; ~ *of issue, issuing* ~ Emissionsbank *f*; **~able** diskontfähig, diskontierbar; **~ acceptance** Bankakzept *n*, -wechsel *m*; **~ account** Bankkonto *n*; **~~bill** *Br* Bankwechsel *m*, -akzept *n*; *Am* Banknote *f*; **~~book** Bankbuch *n*; **~ building** Bankgebäude *n*; **~ clerk** Bankangestellte(r) *m*; **~ deposit** Bankguthaben *n*, *pl* -einlagen *f pl*; **~ discount** Bankdiskont *m*; **~ draft** Bankwechsel *m*; **~er** ['-ə] Bankier, Bankmann *m*; *pl (mit Possessivprn)* Bankverbindung *f*; *group of* ~~s Bankenkonsortium *n*; Finanzgruppe *f*; **~ guarantee, security** Banksicherheit *f*; **~ holiday** Bankfeiertag *m* **~ing** ['-iŋ] Bankwesen, -fach; Bankgeschäft *n*, -verkehr *m*; *aero* Schräglage *f*, Kurvenflug *m*; *min* Hängebankarbeiten *f pl*; (*Hochofen*) Dämpfen *n*; ~~ *expert* Bankfachmann *m*; **~~house** Bankhaus *n*; **~~note** Banknote *f*; **~~rate** Wechseldiskontsatz *m*; Diskontsatz *m* (*der Bank von England*); **~ reserve** Bankreserve *f*; **~ robbery** Bankraub, -überfall *m*; **~rupt** ['-rʌpt] *s* Bankrotteur *a. fig*; Gemein-, Konkursschuldner *m*; abankrott, zahlungsunfähig, insolvent, *fam* pleite; *fig* unfähig, völlig ohne (*of s.th.* etw), völlig ...los; *tr* zugrunde richten (*s.o. jdn*); *to declare o.s.* ~~ Konkurs anmelden; *to go, to become* ~ in Konkurs gehen, s-e Zahlungen einstellen, *fam* pleite machen; ~~'s *estate* Konkurs-

masse *f*; **-ruptcy** ['-rəp(t)si] Bankrott, Konkurs *m*, Zahlungseinstellung, Insolvenz, *fam* Pleite *f*; Konkursverfahren *n*; *fig* Schiffbruch, Ruin *m*; ~~ *act, law, proceedings, trustee* Konkursordnung *f*, -recht, -verfahren *n*, -verwalter *m*; ~~ *petition* Antrag *m* auf Konkurseröffnung; Konkursanmeldung *f*.

banner ['bænə] *s* Banner *n*, Fahne *f a. fig*, Panier *n a. fig*; *(getragene)* Spruch-, Reklametafel *f*; *(bei Umzügen mitgeführtes)* Spruchband *n*; *(~ headline) (Zeitung)* (Haupt-)Schlagzeile *f*; *a Am* ins Auge fallend, hervorstechend; hervorragend, glänzend; Haupt-; Rekord-; *to join, to follow the ~ of s.o.* jds Fahne folgen; sich um jds Fahne scharen.

banns [bænz] *pl* (kirchliches) Aufgebot *n*; *to call, to put up the ~* kirchlich aufbieten; *to have o.'s ~ called* das Aufgebot bestellen.

banquet ['bæŋkwit] *s* Bankett, Festessen; *Am* Essen *n*; *tr* festlich bewirten; *itr* schwelgen, schlemmen, schmausen; **~-hall** Speise-, Festsaal *m*, Festhalle *f*; **-er** ['-ə] Teilnehmer *m* an e-m Festessen; Schlemmer; Schwelger *m*; **-te** [bæŋ'ket] Böschungsabsatz *m*; *mil* Schützenauftritt; *Am* Gehweg *m*; gepolsterte Sitzbank *f*.

bant|am ['bæntəm] *s* Zwerg-, Bantamhuhn *n*; *fig* Zwerg, Knirps *m*, Giftkröte *f*; *a* winzig, zwergenhaft; angriffslustig, händelsüchtig; ~~ *weight (Boxen)* Bantamgewicht *n*; **-er** ['-ə] *s* (harmloser) Scherz, Spaß, Ulk *m*; *tr* sich lustig machen, scherzen über; *itr* Spaß, Ulk machen, scherzen (*with* mit); **-erer** ['-ərə] Spaßmacher, -vogel, Bruder *m* Lustig; **-ling** ['-liŋ] Balg *m*, Gör, Kind *n*.

baobab ['beiobæb] Affenbrotbaum *m*.

bapt|ism ['bæptizm] Taufe *f a. fig*; *certificate of ~~* Taufschein *m*; *~~ of fire* Feuertaufe *f*; **-ismal** [-'tizməl] *a* Tauf-; ~~ *font* Taufstein *m*; **-ist** ['-ist] Täufer *m*; *B~* Baptist *m*; **-tist(e)ry** ['-ist(ə)ri] Taufkapelle *f*, Baptisterium *n*; **-ize** [-'taiz] *tr* taufen *a. fig*.

bar [ba:] *s* Stange, Barre *f*; Barren *m*, Riegel *(Schokolade)*; Querriegel *m*; Gitterstange *f*; Schlagbaum *m*, Schranke, Barriere; (Straßen-)Sperre *f*; Flußbarre, Sandbank; *(Pferd)* Kandare *f*; *fig* Hindernis *n (to* für*)*, Schranke *f*, Verbot *n*; Ausschluß *m*; Hinderungsgrund *m*; Querstrich; (waagerechter) Querstreifen; (Licht-, Farb-)Streifen *m*; *mus* Taktstrich, Takt *m*; *el* Lamelle *f*; *tech* Bügel *m*, Breiteisen *n*; Gerichtsschranke *f*; Gericht *n*; *jur* Verjährung, prozeßhindernde Einrede *f*; Einwand *m*; *the B~* Advokatur *f*, Anwaltsberuf, Stand *m* der Barrister; *parl (England)* Schranke *f*; *fig* Richterstuhl *m*, Entscheidungsgewalt *f*; Forum *n (of public opinion* der öffentlichen Meinung); Ausschank, Schanktisch *m*, Büfett *n*, Bar, *fam* Theke; *mil* Ordensspange *f*; *mete* Bar; *US* Rangabzeichen *n*; *mar* Brandungsgürtel *m*; *tr (Tür, Fenster)* verriegeln, ab-, versperren, zumachen, schließen; *(Person)* aussperren, ausschließen *a. fig*; *(Weg)* (ver)sperren; *fig* verbieten, untersagen; *(Person)* hindern *(from* an), abhalten *(from* von), aufhalten, erschweren, unmöglich machen *(s.o. from s.th.* jdm etw*)*; *jur* e-e prozeßhindernde Einrede erheben; mit Streifen versehen; *adv* abgesehen von, außer; ~ *none* ohne Ausnahme; ~ *one* außer einem; *at the B~* vor Gericht; *to be ~red* verjährt sein; *to be a ~ to s.th.* e-r S hinderlich im Wege stehen; *to go to the B~*, *to be called to the B~* Barrister werden; als B. zugelassen werden; *to read for the B~* sich auf den Anwaltsberuf vorbereiten; *parallel ~s (pl) (sport)* Barren *m*; *toll ~* Zollschranke *f*; ~ *of rest (mus)* Pause *f*; **~-keep(er)** *Am fam* Büfettier; Schankwirt *m*; ~ **magnet** Stabmagnet *m*; **-maid** Kellnerin; Bardame *f*; **-man** Kellner *m*; ~ **parlour**, **-room** Gastzimmer *n*, Schankstube *f*; **~-tender** *Am* Büfettier *m*.

barb [ba:b] *s (Angel, Pfeil)* Widerhaken *m*; *(Feder)* Fahne *f*; *(Fisch)* Bartfäden *m pl*; *bot* Bart *m*; Kinnstück *n* (des Nonnenschleiers); *(Haube)* Barbe; *fig* Schärfe, Spitze *f*; *lit* Berber *m (Pferd)*; *tr* mit Widerhaken versehen; *pp:* ~ed *wire (entanglement)* Stacheldraht(verhau) *m*; **~arian** [-'bεəriən] *s* Barbar(in *f*); Wilde(r); rohe(r), ungesittete(r), ungebildete(r), geistig uninteressierte(r) Mensch *m*; *a* barbarisch; roh, ungesittet, ungebildet, uninteressiert; **-aric** [-'bærik] roh, ungebildet, ohne Geschmack; unverbildet; **-arism** ['-ərizm] Barbarei, Unkultur; Grobheit, Roheit; Ungebildetheit *f*; falsche(r) od schlechte(r) Sprachgebrauch, Barbarismus *m*; **-arity** [-'bæriti] Unkultur, Barbarei; Unmenschlichkeit, Roheit, Wildheit, Grausamkeit; rohe Tat *f*; Barbarismus; schlechte(r) Geschmack *m*; **-arize** *tr* verballhornen, roh umgehen mit; *itr* verrohen; **-arous** ['-ərəs]

Barbary 64 **barleycorn**

barbarisch, unmenschlich, grausam, roh, wild; ungesittet, ungebildet, geschmacklos; **B~ary** ['~əri] *~~ ape (zoo)* Magot *m*; **~ate** ['~eit] *zoo bot* mit Barthaaren, -fäden, Grannen (versehen); **~ecue** *[~'ikju:] s* Bratrost *m*; am Spieß gebratene(s) Fleisch *od* Tier; *Am* Fest *n*, Ausflug *m*, bei dem Fleisch am offenen Feuer gebraten wird; *tr (Ochsen etc)* im Ganzen auf dem Rost braten; **~el** ['~əl] *zoo* Barbe *f*; Bartfäden *m pl*; **~er** ['~ə] Barbier, Friseur *m*; *~'s itch (med)* Bartflechte *f*; *~~('s) pole* spiralig bemalte Stange *f* als Ladenschild; *~~shop (Am)* (Herren-) Frisörsalon *m*.

bard [bɑ:d] Barde *m a. fig.*

bare [bɛə] *a* nackt, bloß; kahl; ohne, entblößt (*of* von); leer, öde; *(Raum)* unmöbliert, leer; ärmlich, dürftig; fadenscheinig; schmucklos; ungeschützt; unbehaart; entlaubt; ohne Hut; *fig* unverhüllt, offen; *(Tatsachen)* nackt; *(Mehrheit)* knapp; *tech* ohne Zubehör; *(Draht)* blank; bloß, nur..., ...allein; *tr* entblößen; aufdecken, berauben; *fig* enthüllen, bloßlegen; *on his ~ word* auf sein bloßes Wort (hin); *to lay ~* entblößen; aufdecken, offen darlegen; **~back** *a adv (Pferd)* ohne Sattel; auf ungesatteltem Pferd; **~faced** *a* unverhüllt *bes. fig*; unverschämt; **~foot** *a adv*, **~ed** *(a)* barfuß; **~headed** *a* barhäuptig; **~ly** ['~li] *adv* unverhüllt, offen; dürftig, wenig; kaum, gerade (genug), gerade so eben; **~ness** ['~nis] Nacktheit, Blöße; Ärmlichkeit, Dürftigkeit; Schmucklosigkeit *f*.

bargain ['bɑ:gin] *s* Handel *m*, Geschäft(sabschluß *m*) *n*, Kauf(vertrag) *m*; Übereinkunft *f*, Vertrag; gute(r) Kauf, gute(s) Geschäft *n*, Gelegenheitskauf *m*; *fam* gefundene Sache *f*; *(-sale)* Gelegenheits-, Ausverkauf *m*; *itr* handeln, feilschen (*with s.o., s.o. for s.th.* mit jdm um etw); verhandeln; abmachen (*with s.o. for s.th.*, *to do s.th.* mit jdm etw, zu tun); *tr: to ~ away* mit Verlust verkaufen; zu billig abgeben; verschachern; *to ~ for* handeln, feilschen um; rechnen mit, zählen auf, erwarten (*meist mit Negation od more than*); *to ~ over s.th.* um etw feilschen; *into the ~* obendrein, noch dazu, zusätzlich, außerdem, auch; *to close, to conclude, to settle, to strike a ~~* ein Geschäft abschließen, e-n Kauf tätigen; handelseinig werden; *to drive a hard ~* s-n Vorteil rücksichtslos wahren; *to make the best of a bad ~ (fig)* sich mit e-m Übel, Mißgeschick abfinden; *to make a good ~* ein gutes Geschäft machen; billig einkaufen; *it's a ~* abgemacht! *it's a ~ at that price* das ist geschenkt zu dem Preis! *a ~'s a ~* abgemacht ist abgemacht! *chance ~* Gelegenheitskauf *m*; *collective ~* Kollektiv(arbeits)vertrag *m*; *Dutch, wet ~* begossene(r) Kauf, Abschluß *m*; *firm ~* feste(r) Abschluß *f*; *good, bad ~* gute(s), schlechte(s) Geschäft *n*; günstige(r), ungünstige(r) Abschluß *od* Vertrag *m*; *hard ~* ungünstige(r) Vertrag *m*; *time ~* Termingeschäft *n*; **~ basement, ~ counter** *(Warenhaus)* Abteilung *f* mit verbilligten Artikeln; **~ing** ['~iŋ] Vertrag(sabschluß) *m*; Verhandeln, Feilschen *n*; **~ money** An-, Handgeld, Draufgeld *n*; **~ price** Vorzugs-, Ausverkaufspreis *m*; **~ work** Kontraktarbeit *f*.

barge [bɑ:dʒ] *s* Last-, Schleppkahn *m*; Barke *f*; Leichter *m*; Schute *f*; *Am* Vergnügungsschiff *n*, -bus *m*; Hausboot; Hotelschiff *n*; *sl* schwerfällige(r) Kahn *m*; *sl* Auseinandersetzung *f*; *itr fam* taumeln, torkeln, stürzen, hereinstolpern *(into in; against gegen); (to ~ in)* mit der Tür ins Haus fallen; sich einmischen; *a arch* Giebel-; *I would not touch him with a ~-pole* ich kann ihn nicht riechen, nicht ausstehen; **~e** [~'dʒi:], **~man** Kahnfahrer, Lastschiffer, Bootsmann *m*; *to swear like a ~~* wie ein Kutscher fluchen.

bar|ic ['bɛərik] *a chem* Barium-; barometrisch; **~itone, ~ytone** ['bæritoun] Bariton *m (Stimme u. Sänger)*; **~ium** ['bɛəriəm] *chem* Barium *n*.

bark [bɑ:k] **1.** *s (Baum)* Rinde, Borke; *(Gerberei)* Lohe *f*; *pharm* Chinin *n*; *sl* Pelle *f*, Fell *n*, Haut *f*; *tr* ab-, entrinden; gerben; *fam* abpellen, wundreiben, -scheuern; *with the ~ on (Person)* noch ungeschliffen; **~ beetel** Borkenkäfer *m*; **~-pit** Lohegrube *f*; **~-tree** China-, Fieberrindenbaum *m*; **2.** (*a. barque*) *s mar* Dreimaster *m*, Bark *f* *(meist barque); poet allg* Schiff, Boot *n*, Barke *f (meist ~);* **3.** *s* Bellen, Gebell, Kläffen *f*, *fig (Kanone)* Donnern; Gekrächz, Gehuste *n*, Husten *m*; Gebelfer *n; itr* bellen, kläffen; *fam* husten; ausschimpfen, abkanzeln, anfahren *(at s.o.)* jdn); *tr sl* marktschreierisch anpreisen; *to ~ up the wrong tree (fam)* auf dem Holzweg sein; **~er** ['~ə] Ausrufer; lästige(r) Mensch *m; fam* Schießeisen *n; tech* Schälmaschine *f*; Schäler *m*.

barley ['bɑ:li] Gerste *f*; *pearl ~* (Perl-) Graupen *f pl*; **~~broth** *Art* Starkbier *n*; **~corn** Gerstenkorn *n*, -saft;

barley sugar   **65**   **barytone**

Whisky *m*; *(Gewehr)* Korn *n*; ¹/₃ Zoll *m*; *John B*~~ Gerstensaft *m (personifiziert)*; ~ **sugar** Malzbonbon *m* od *n*; ~(-)**water** Gerstenschleim *m (für Kranke)*.

barm [ba:m] (Bier-)Hefe, Bärme *f*; ~**y** ['-i] hefig; schaumig; *fig fam* verrückt, blöd(e).

barn [ba:n] Scheune, Scheuer *f*; *Am* Stall *m*; *Am (car*~**)** Straßenbahndepot *n*; -**acle** ['-əkl] **1.** *(Pferd)* Nasenklemme; *pl sl* Brille *f*; **2.** Ringelgans, Entenmuschel; *fig* Drohne, Klette *f*; ~-**door** Scheunentor *n a. fig*; *Am* Stalltüre; *theat* Lichtblende *f*; ~-**floor** Tenne *f*; ~-**owl** Schleiereule *f*; ~-**storm** *itr* auf dem Land (Wahl-)Reden halten od Theaterstücke aufführen; ~-**stormer** Wanderredner; Schmierenkomödiant; Kunstflieger *m*; ~-**swallow** Rauchschwalbe *f*; ~-**yard** (Bauern-)Hof *m*.

baro|graph ['bærogra:f] Höhenschreiber, Barograph *m*; -**meter** [bə'rɔmitə] Barometer *n a. fig*; ~~ *reading* Barometerstand *m*; -**metric(al)** [bærə'metrik(l)] barometrisch; Barometer-; ~~ *pressure* Luftdruck *m*.

baron ['bærən] Baron *a. fig*, Freiherr; *fig* Magnat, König, Schloßbaron *m*; *beer* ~ Bierkönig, -magnat *m*; ~ *of beef* (Rinds-)Keulen u. Filetstücke *pl*; -**age** ['-idʒ] Kronvasallen *m pl*; Rang *m* e-s Barons; Adelsbuch *n*, -liste *f*; *die Barone*; -**ess** [-is] Baronin *f*; ~**et** ['-it] *s* Baronet *m*; *tr* in den Baronetsstand erheben; ~**etage** ['-itidʒ] (Gesamtheit der) Baronets *m pl*; Baronetsbuch *n*, -liste *f*; ~**etcy** ['-itsi] Baronetsbrief *m*, -würde *f*; ~**ial**; [bə'rouniəl] freiherrlich; Barons-; großartig, prächtig; ~**y** ['bærəni] Baronie *f*; Besitz *m* e-s Barons; Freiherrnstand *m*, -würde *f*; *(Irland)* B. *(Teil e-r Grafschaft)*; *(Schottland)* Herrensitz *m*, große(s) Herrenhaus *n*.

bar|oque [bə'rouk] *a (Kunst)* barock; überladen; *s* Barock(stil *m*) *s* od *m*; ~**ouche** [bə'ru:ʃ] Landauer *m*.

barque [ba:k] *s*. **bark 2**.

barr|ack ['bærək] *s meist pl mit sing mil* Mannschaftsgebäude *n*, Truppenunterkunft, Kaserne; *allg* Massenunterkunft; *pej* (Miets-)Kaserne *f*; *tr* kasernieren; *sport* auszischen; *confinement to* ~~*s* Kasernenarrest *m*; ~~(*s*) *yard*, *square* Kasernenhof *m*; ~**age** ['bæra:ʒ] Damm *m*, Wehr; Stauwerk *n*, Talsperre; *mil* Sperre *f*; (~~ *fire*) Sperrfeuer *n*, Feuerschutz, -riegel, -vorhang *m*; *mar* Minensperre; *fig* Flut *f* *(of questions* von Fragen); Hagel *m* *(of blows* von Schlägen); ~~ *balloon* Sperrballon *m*; ~**el** ['bærəl] *s* Faß, Gebinde *n*, Tonne *(a. als Maß: Br 36 imperial gallons, Am 31¹/₂ gallons)*; Walze *f*, Zylinder, zylindrische(r) Gegenstand *m*; *tech* Trommel *f*; (Geschütz-, Kanonen-)Rohr *n*, (Gewehr-)Lauf; *(Trommel)* Kasten *m*; *(Objektiv)* Fassung; *(Kolben)* Führung; Drehbankspindel *f*; (Pumpen-)Stiefel, (Feder-)Kiel; *(Füllfederhalter)* Tintenraum; (Tier-)Körper, Rumpf; *Am fam* Haufen *m*, Menge *f*; *sl pol* Wahlgelder *n pl*; *tr* in ein Faß od in Fässer abfüllen; verstauen; *itr sl Am mot* rasen; *to have s.o. over a* ~ *(Am)* jdn in der Gewalt haben; ~~-**maker** Faßbinder *m*; ~~-**organ** Drehorgel *f*, Leierkasten *m*; ~~ *roll (aero)* Rolle *f*; ~~-*vault (arch)* Tonnengewölbe *n*; ~**en** ['bærən] *(Land, Pflanzen, Tiere, Frau)* unfruchtbar, ertragsunfähig; wüst, dürr, karg; steril *a. fig*; *fig* dürftig, mager, ärmlich; *fig* unergiebig, unproduktiv, unrentabel; unschöpferisch, ohne Einfälle; langweilig, uninteressant; *com (Kapital)* tot; *min* taub; ~**enness** ['-ənnis] Unfruchtbarkeit; *fig* Dürftigkeit; Unergiebigkeit; (geistige) Armut, Leere *f*; Mangel *m (of* an); ~**icade**, ~**icado** [bæri'keid,-'keidou] *s* Barrikade; Wege-, Straßensperre *f*; *tr (Straße)* mit e-r Barrikade sperren, verrammeln; verbarrikadieren; ~**ier** ['bæriə] Schranke, Sperre *f*; Barriere *f*, Damm *m*, Aufschüttung *f*; Schlagbaum *m*, Zollschranke *f*; *fig* Schranke *f*, Hindernis *n (to* für); Trennwand; Grenze *f*; ~**ing** ['ba:riŋ] *prp* außer *dat*, ausgenommen *acc*, mit Ausnahme *gen*, abgesehen von, ohne; ~ *errors* Irrtum vorbehalten; ~**ister** ['bæristə] (~~-*at-law*) vor Gericht auftretende(r) Anwalt *m*; *revising*-~~ Wählerlistenprüfer *m*; ~**ow** ['bærou] **1.** kleine(r) Hügel; Grabhügel *m*, Hügelgrab *n*; **2.** *(hand-*~~*)* Trage, (Trag-)Bahre *f*; *(wheel-*~~*)* Schubkarren; *(coster's* ~~*)* (zweirädriger) (Hand-)Karren *m*; ~~-*boy*, -*man* Straßenhändler *m* mit Gemüse.

barter ['ba:tə] *tr* (aus-, ein)tauschen, in Tausch geben *(against, for* gegen); *itr* Tauschhandel treiben; *s* Tausch (-handel); *fig* (Aus-)Tausch *m*; *by way of* ~ im Tauschwege; *to* ~ *s.th. away* verschachern; verschleudern; ~**agreement**, **contract** Tauschabkommen *n*, -vertrag *m*; ~**er** ['-rə] Tauschhändler *m*.

barytone *s*. **baritone**.

basal ['beisl] an der Basis befindlich; grundsätzlich, prinzipiell; fundamental; Grund-, Ausgangs-; **~t** ['bæsɔːlt, bəˈsɔːlt] *geol* Basalt *m*; **~tic** [bəˈsɔːltik] basaltisch; Basalt-.

bascule ['bæskjuːl]: **~ bridge** Klappbrücke *f* (*z. B. Tower Bridge, London*).

base [beis] *s* Grundlinie, -fläche *a. math*, -zahl; Basis *f a. math*, Fundament *n*; untere(r) Teil; *arch* Fuß, Sockel *m*; (*~ plate*) Grundplatte *f*; Grund(lage) *f m*, Basis *f*; Grundsatz *m*, Prinzip *n*; Ausgangspunkt *m*; (*Landmessung*) Standlinie *a. sport*; *mil* (Operations-)Basis *f*, Stützpunkt *m*; Ausgangsstellung *f*; *sport* Mal *n*; *mus* Baßstimme *f*; (*Mischung*) Hauptbestandteil *m*; *tech* Grundstoff *m*, -metall *n*; *chem* Base *f*; *gram* Stamm; *radio* Röhrensockel; (*air ~*) *US* Fliegerhorst; (*Munition*) Boden *m*; (*Wolken*) Untergrenze *f*; *a* Grund-; niedrig, untergeordnet; gewöhnlich, gemein, unedel, unfein, unwürdig, verächtlich, unrühmlich, niederträchtig; gering-, minderwertig, dürftig, schäbig; (*Münze*) falsch, unecht; (*Metall*) unedel; *jur* dienstbar; auf Dienstleistungen beruhend; *mil* Etappen-; (*Stimme*) tief, Baß-; (*Sprache*) korrumpiert; *tr* basieren, gründen, stützen (*on* auf); auf-, hinstellen; sichern (*on* durch); *itr* (*to ~ at, upon*) stationiert sein; *to ~ o.s.* on sich stützen auf; *to get to the first ~* (*Am sl*) sein Ziel mühelos erreichen; *naval ~* Flottenstützpunkt *m*, -basis *f*; *~ of supply*, supply **~** Versorgungsbasis *f*; **~ball** Baseball *m* (*Am, Nationalspiel*); **~baller** Baseballspieler *m*; **~board** Bodenbrett *n*; *Am* Scheuerleiste *f*; **~born** von niedriger Herkunft; unehelich; gewöhnlich; **~less** ['-lis] grundlos, unbegründet; **~man** *sport* am Mal stehende(r) Spieler *m*; **~ment** ['-mənt] *arch* Fundament *n*; Kellergeschoß *n*; **~ness** ['-nis] Niedrigkeit; Gemeinheit, Verächtlichkeit, Niedertracht, -trächtigkeit; Minderwertigkeit, Dürftigkeit; Unechtheit; (*Sprache*) Entartung *f*; **~plate** (*Gebiß*) Gaumenplatte; *allg* Unterlage *f*; **~ price** Grundpreis *m*; **~runner** *sport* (*Baseball*) Spieler *m*, der das erste Mal erreicht.

bash [bæʃ] *tr fam* heftig schlagen; *s* heftige(r) Schlag *m*; *to ~ in* einschlagen, zertrümmern; *to have a ~ at s.th.* (*sl*) etw versuchen; **~ful** ['-ful] scheu; schüchtern, verlegen, befangen, zaghaft; **~fulness** ['-fulnis] Schüchternheit; Verlegenheit, Befangenheit *f*.

basic ['beisik] Grund-, Ausgangs-; grundsätzlich (wichtig), prinzipiell; fundamental, (von) grundlegend(er Bedeutung) maßgebend; *chem* basisch; **~ idea** Grund-, Leitgedanke *m*; **~ industry** Grundstoffindustrie *f*; **~ iron** *od* **pig, steel, slag** Thomasroheisen *n*, -stahl *m*, -schlacke *f*; **~ material** Ausgangswerkstoff *m*; **~ pay** Grundgehalt *n*; **~ research** Grundlagenforschung *f*; **~ training** Grundausbildung *f*; **~ trait** Grundzug *m*; **~ wage(s)** Grundlohn *m*.

basil ['bæzl, 'bæzil] *bot* Basilikum, Basili(k)en-, Hirnkraut *n*; **~ica** [bəˈsilikə] *arch* Basilika *f*; **~isk** ['bæzilisk] *zoo* Basilisk *m*; **~~ glance** Basiliskenblick *m*.

bas|in ['beisn] (Wasser-, Wasch-)Becken *n a. geog*; Schale, Schüssel; (Tal-)Mulde, Wanne *f*; (*river ~~*) Fluß-, Stromgebiet *n*; Bucht *f*; Hafenbecken; (Wasser-)Bassin *n*, Teich *m*; **~is** ['beisis] *pl -ses* [-iːz] Basis, Grundlage *f*, Fundament *n*, Unterlage *f*; *mil* Stütz-, Ausgangspunkt *m*; *on the ~~ of* auf Grund *gen*, auf der Grundlage, unter Zugrundelegung *gen*; *to serve as a ~* als Grundlage dienen.

bask [baːsk] *itr* sich be-, anstrahlen lassen; sich sonnen *a. fig* (*in her favour* in ihrer Gunst); **~et** ['-it] Korb; Korbvoll; *aero* Ballonkorb *m*; *clothes-~~* Wäschekorb *m*; *the pick of the ~* das Beste davon; **~~-ball** (*sport*) Basket-, Korbball *m*; **~~ case** Arm- u. Beinamputierte(r) *m*; **~~-hilt** (*Fechten*) Korb *m* (*des Korbschlägers*); **~~-maker** Korbmacher *m*; **~~ work** Korbwaren *f pl*, -geflecht *n*.

bas-relief ['baːriliːf, 'bæs-] (*Kunst*) Basrelief *n*.

bass [bæs] 1. *zoo* Flußbarsch; Gemeine(r) Seebarsch *m*; 2. Bast *m*; Bastmatte, -tasche *f*; 3. [beis] *a mus* tief; Baß-; *s* Baß (*Stimme u. Sänger*); Bassist; (*~ clef*) Baßschlüssel *m*; **~ drum** große Trommel *f*; **~-viol** Viola da gamba, Kniegeige *f*; (Violon-)Cello *n*; **~et** ['-it] **1.** Dackel *m*; **2.**: **~~-horn** (*mus*) Alt-, Baritonklarinette *f*; **3.** *min* Ausgehende(s) *n*; **~inet** ['-inet] Korbwiege *f*, -kinderwagen *m*; **~o** ['bæsou] Baß, Bassist *m*; **~oon** [bəˈsuːn, -z-] *mus* Fagott *n*.

bast [bæst] Bast *m*; Bastseil *n*, -matte *f*; **~ard** ['-əd] *s* Bastard *m a. bot zoo*; un- *od* außereheliche(s) Kind *n*; *fig* Nachahmung, -bildung *f*; Abklatsch; *sl* Schweinehund *m*; *a* un-, außerehelich;

bastardize 67 **batter**

Bastard-; *fig* unecht, falsch; minderwertig; *(Gegenstand)* abnorm, ungewöhnlich, aus dem Rahmen fallend; ~~ *file* Bastard-, Vorfeile *f*; ~~ *title (typ)* Schmutztitel *m*; **-ardize** ['-ədaiz] *tr* für un-, außerehelich erklären; *fig* korrumpieren; *(Sprache)* verballhornen; **-ardy** ['-ədi] *m* un-, außereheliche Geburt *f*; **-e** [beist] **1.** *tr* (zs.-, an)heften; **2.** *tr (bratendes Fleisch)* mit Fett begießen; **3.** *tr* verprügeln; beschimpfen; **-inado** [bæsti'neidou] *pl -oes s u. tr* Stockstreiche *m pl* auf die Fußsohlen (geben *(s.o. jdm)*); **-ion** ['bæstiən] Bastion, Bastei *f*.

bat [bæt] **1.** *s* Fledermaus *f*; *to have ~s in the belfry* nicht alle Tassen im Spind haben, verrückt sein; ~-*blind*, ~-*eyed*, *blind as a* ~ stockblind; **2.** *s* Schlagholz *n*, Schläger; *a. fam* Schlag, Hieb; *Br* Kricketschläger; Klotz, Klumpen *m*; *fig fam* Geschwindigkeit *f*, Tempo *n*, Schwung *f*, rasche(r) Schritt *m*; *Am sl* Sauferei, Besäufnis *f*; fidele(r) Abend *m*; *tr* (mit dem Schlagholz) schlagen; prügeln; *itr* am Schlagen, dran sein; *fig* eintreten, kämpfen *(for* für); *at ~ (sport)* an der Reihe, dran; *off o.'s own ~ (Spiel u. fig)* allein, ohne Hilfe; *right off the ~* sofort, augenblicklich; *to carry o.'s ~* am Spiel, dran bleiben; *to go to ~ for s.o.* jdm helfen, unter die Arme greifen; *to ~ around (it)* herumreisen; *tr (Plan)* diskutieren; **3.** *s fam* Umgangssprache, Sprechweise *f*; **4.** *itr fam* zwinkern *(mit den Augen)*; *not to ~ an eye lid* kein Auge zutun; mit keiner Wimper zucken; ~-**horse** ['bæthɔːs] Packpferd *n*; ~**man** *mil* Putzer *m*; ~**sman** *sport* Schläger; *aero* Einwinker *m*.

batch [bætʃ] *(Bäckerei)* Schub *m*; *tech* Füllung, Speisung; *tech* Ladung; *allg* Reihe, Serie, Partie *f*, Quantum *n*, Haufen, Satz, Stoß, *fam* Schwung *m*; ~**y** ['-i] *sl* bekloppt, plemplem.

bate [beit] **1.** *itr* nachlassen; geringer, schwächer werden; *tr (den Mut, die Hoffnung)* sinken lassen; *(den Atem)* anhalten; *(meist mit Negation)* vermindern, herab-, heruntersetzen; **2.** *s* Alkalilauge, Beize *f (zum Gerben)*; **3.** *a. bait sl* Wut *f*.

bath [bɑːθ] *s* Bad *n a. chem phot*, Waschung *f*; Bad(ewasser) *n*, Lösung; Badewanne *f*, -zimmer *n*, -anstalt *f*; (Stadt-)Bad; *pl* [bɑːðz] Heilbad *n*, Kurort *m*; *(Hochofen)* geschmolzene(s) Metall *n*; *tr (Kind, Kranken)* baden; *to have, to take a ~* ein Bad nehmen; *air-, foot-, mud-, sitz-, sun-, vapour-~* Luft-, Fuß-, Schlamm- *od* Moor-, Sitz-, Sonnen-, Dampfbad *n*; *swimming ~* Hallen(schwimm)bad *n*; *water-, sand-~ (chem)* Wasser-, Sandbad *n*; **~ bonnet** *Am* Badehaube *f*; **B~ brick** *Art* Metallreiniger *m*; **B~ bun, Oliver** *Art* Früchtebrot *n*; **~ chair** Krankenrollstuhl *m*; **-e** [beið] *tr u. itr* baden; *tr* bespülen, befeuchten, benetzen; *(Fluß)* vorbeifließen an; *allg* einhüllen, -tauchen; *s Br* Baden *n* im Freien, Schwimmen *n*; *to go ~ing* schwimmen, baden gehen; **~er** ['beiðə] Badende(r *m*) *f*; **-house** *Am* Bad *n*, -anstalt *f* Umkleideräume *m pl*; **-inette** [-i'nɛt] *(Warenzeichen)* zs.klappbare Gummibadewanne *f* für Kinder; **-ing** ['beiðiŋ] Baden *n*; Bade-; ~-*cap* Badehaube *f*; ~-*costume*, -*dress*, -*suit* Badeanzug *m*; ~-*drawers*, *trunks (pl)* Badehose *f*; ~-*fatality* Badeunfall *m*; ~-*gown*, -*wrap* Bademantel *m*; ~-*resort* Badeort *m*; ~-**mat** Badematte *f*; **-os** ['beiθɔs] Alltäglichkeit, Flachheit, Banalität *f*; Umschlagen *n* vom Erhabenen ins Gemeine, Banale, Lächerliche; **-robe, wrap** Bademantel *m*; **-room** Badezimmer *n*; **~ towel** Badetuch *n*; **-tub** Badewanne *f*; ~**ymetry** [bæ'θimitri] Tiefseelotung *f*; ~**ysphere**, ~**yscaphe** ['bæθisfiə, -skeif] Tiefsee-Taucherkugel *f*.

bat|ik ['bætik] *(Textil)* Batik(druck) *m*; **-ing** ['beitiŋ] *prp obs* ausgenommen, abgesehen von; **-iste** [bæ'tiːst] Batist *m*; **-on** ['bætən] Kommando-, Marschallstab; (Polizei-)Knüppel; Dirigentenstab, Taktstock; Tambourstock *m*; **-rachian** [bə'treikjən] *a* froschartig; Frosch-; *s* Froschlurch *m*.

batt|alion [bə'tæljən] Bataillon *n*; Abteilung *f*; *pl* Streitkräfte *f pl*; ~ *aid station*, *commander*, *command post*, *sector* Bataillonsverbandsplatz, -kommandeur, -gefechtsstand, -abschnitt *m*; **-els** ['bætlz] *pl (Oxford)* College-Rechnung *f* für Verpflegung und sonstige Auslagen; **-en** ['bætn] **1.** *s* Brett *n*, Planke, Diele, Bohle, Latte, Leiste *f*; *(Seidenwebstuhl)* Schlag *m*, Lade *f*; *tr (to ~ up, down)* mit Brettern, Bohlen benageln, versehen, verstärken; **2.** *itr* sich gütlich tun *(on* an), schwelgen *(on* in); fett, dicker werden *(on* von).

batter ['bætə] *tr itr* heftig u. wiederholt schlagen; zerschlagen, zerschmettern; *(to ~ down, in)* nieder-, einschlagen; trommeln *(at the door* gegen die

battered 68 **bay-line**

Tür); mit Trommelfeuer belegen, beschießen; *(to ~ down)* zs.schießen; zs.hauen; zerfetzen; beschädigen, verbeulen; abnützen, verschleißen, strapazieren; *fig* streng umgehen, verfahren mit; böse zurichten; *typ (Letter)* abnutzen; *arch* sich verjüngen; *s (Spiel)* Schläger *(Person)*; geschlagene(r) Teig *m (aus Eiern, Milch u. Mehl)*; *arch* Abschrägung, Verjüngung, Ausbauchung *f*; defekte Type *f*; **~ed** ['-d] *a* stark mitgenommen, abgenutzt; *fig* ausgemergelt, abgezehrt, elend; *(Gewinde)* verdrückt; **~ing** ['-riŋ] *a* Sturm-, Belagerungs-; *s* Ausloten *n*;Ausbauchung *f*; Zerschlagen *n*; **~-ram** *(hist)* Sturmbock, Mauerbrecher *m*; **~ ~ wall** ausgebauchte Mauer *f*; **~y** ['-ri] tätliche(r) Angriff *m*, Schlägerei *f*, Tätlichkeiten, Realinjurie *f pl (assault and ~ ~)*; *allg* Reihe, Serie; *mil el allg* Batterie *f*; *el* Akkumulator, Sammler *m*; *opt* Linsen- u. Prismensystem *n*; Test(reihe *f*) *m*; *mus* Schlaginstrumente *n pl*; in **~ ~** in Feuerstellung; *to boost, to change, to load, to run down a ~ ~* e-e B. verstärken, auswechseln, auflagen, erschöpfen; **~ ~ cell** *(el)* Batterieelement *n*; **~ ~ charger** *(el)* Ladesatz *m*; **~ ~ charging-station** *(el)* Ladestation *f*; **~ ~ circuit, current** Batteriestrom *m*; **~ ~ commander** *(mil)* Batteriechef *m*; **~ ~ commutator** *(el)* Polwechsler *m*; **~ ~ ignition** *(mot)* Batteriezündung *f*; **~ ~(-operated) set** *(radio)* Batterieempfänger *m*.

batting ['bætiŋ] *(Baseball, Kricket)* Schlagen *n*; *(Textil)* (Baumwoll-)Watte *f*; **~ average** *fam* Durchschnittsleistung *f*.

battle ['bætl] *s* Schlacht *f (of bei)*, Gefecht, Treffen *n a. fig (for* um); (See-, Luft-)Schlacht *f*; *fig* Kampf *(for* um); Sieg, Erfolg *m*; *itr* kämpfen, streiten *(for* um; *with* mit); *to accept, to refuse ~* die Schlacht annehmen, verweigern; *to do od to give, to offer ~* e-e Schlacht liefern *od* schlagen, anbieten; *to join ~* sich in e-e Schlacht einlassen; *a good start is half the ~ (prov)* frisch gewagt ist halb gewonnen; *the ~ is to the strong (prov)* dem Mutigen gehört die Welt; *pitched ~* regelrechte Schlacht *f*; *~ of annihilation, of encirclement* Vernichtungs-, Kesselschlacht *f*; *~ of life* Lebenskampf *m*; *~ of material* Materialschlacht *f*; **~ alarm** Gefechtsalarm *m*; **~ area** Gefechtszone *f*; **~-array, -order, line of ~** Schlachtordnung, Gefechtsgliederung *f*; **~-ax(e)** Streitaxt *f*; *sl* Ripp *n*, Hausdrachen *m*; **~ casualty** Schwerverwundete(r); Gefallene(r) *m*; *pl* Gefechtsverluste *m pl*; **~-cruiser** *mar* Schlachtkreuzer *m*; **~(-)cry** Schlachtruf *m*; **~dore** *sport* Racket *n*; **~ dress** Kampf-, Feldanzug *m*; **~-experience** Kampferfahrung *f*; **~ fatigue** Frontneurose *f*; **~-field, -ground** Schlachtfeld, Kampfgelände *n*; **~-front** Hauptkampflinie, Frontstellung *f*; **~ jacket** Feldbluse *f*; **~-line** Kampffront *f*; **~ment** *arch mil hist* Zinne *f*; **~-noise** Schlacht-, Kampflärm *m*; **~-piece** *(Kunst)* Schlachtenbild *n*, *lit* Schlachtschilderung *f*; **~ royal** große Schlacht *f*; Großkampf *m*; allgemeine heftige Auseinandersetzung *f*; **~-ship, ~ wagon** *sl* Schlachtschiff *n*; **~-song** Kampflied *n*; **~-tested, -tried** *a* kampferprobt; **~-weary** kampfmüde.

batt|ue [bæ'tu:] *f*; Treibjagd *f*; geschossene(s) Wild *n*, Strecke *f*; Gemetzel *n*; **~y** ['bæti] *sl* hirnverbrannt, verrückt; überspannt.

bauble ['bɔ:bl] Flitter *m*; *hist* Narrenzepter *n*.

baulk [bɔ:k] *s. balk.*

bauxite ['bɔ:ksait] *min* Bauxit *m*.

Bavaria [bə'vɛəriə] Bayern *n*; **~n** [-n] *a* bay(e)risch; *s* Bayer(in *f*) *m*.

bawd [bɔ:d] Kupplerin; Bordellmutter *f*; **~iness** ['-ines] Zotenhaftigkeit *f*; **~ry** ['-ri] Kuppelei; Zotenhaftigkeit, Unflätigkeit; Zote *f*; **~y** ['-i] kupplerisch; schamlos, zotig, obszön; *s* Zote *f*; **~ ~-house** Bordell *n*.

bawl [bɔ:l] *tr (a. ~ out)*, *itr* brüllen, schreien; *(Waren)* ausrufen; *itr fam* das Maul aufreißen; *fam* laut schluchzen, plärren; *to ~ out (Am sl)* anschnauzen, e-e Zigarre verpassen *(s.o.* jdm), abkanzeln, fertigmachen; *s* Schrei *m*; *fam* laute(s) Schluchzen, Plärren *n*.

bay [bei] **1.** *(~-tree, laurel)* Edle(r) Lorbeer; *allg* Lorbeer(baum); *meist pl* Lorbeer(kranz); *fig* Ruhm *m*, Ehre *f*; **~leaf** Lorbeerblatt *n*; **~ rum** Bayrum *(Kopfwaschmittel)*; **2.** Bai, Bucht *f a. tech*, Meerbusen *m*; *(Gebirgszug)* Einbuchtung *f*, Einschnitt *m*; *arch* Mauerfläche *(zwischen zwei Vorsprüngen)*; Fensteröffnung *f*, **-joch** *n*; Erker *m*; Box; (Tür-)Nische *f*; Brückenglied *n*; *allg* Zwischenraum *m*, Kassette *f*, Feld, Fach *n*; Lücke, Öffnung *f*; Abschnitt *m*; *mil* Hindernislücke *f*; tote(r) Winkel *m*; *agr* (Heu-, Getreide-)Banse *f*; *rail* Nebenbahnsteig *m*; Funkstille *f*; *mar* Lazarett *n*; *aero (bomb ~)* (Bomben-)Schacht *m*; **~-line** *rail* Stich-

bay-salt bahn *f*; **~-salt** Seesalz *n*; **~ window** Erkerfenster *n*; *Am sl* Dickbauch, Fettwanst *m*; **3.** *tr itr* (an)bellen (*at s.o.* jdn); *(Wild)* stellen; *s* Bellen, Gebell *n*; *at ~ (Wild)* gestellt *a. fig*; *fig* ohne Ausweg; *to hold, to keep at ~* in Schach halten; **4.** *a u. s* rotbraun(es Pferd *n*); **~berry** ['-beri] *bot* Pimentbaum *m*; **~onet** ['beiənit] *s* Bajonett, Seitengewehr *n*; *a. pl* bewaffnete Macht, Waffengewalt *f*; *pl (mit Zahl)* Mann Infanterie; *tr* mit dem Seitengewehr erstechen; *mil* zwingen *(into* zu) *a. allg*; *to fix ~~s* das Seitengewehr aufpflanzen; *~~ charge* Bajonettangriff *m*; **~ou** ['baiu:] *Am geog* Altwasser *n*.
baz|a(a)r [bə'za:] Basar *m (oriental. Markt)*; Kaufhaus *n*; (Wohltätigkeits-)Basar *m*; **~ooka** [bə'zu:kə] *mil* Panzerbüchse *f, sl* Ofenrohr *n*.
be [bi(:)] **1.** *aux u. itr* sein, existieren, leben, vorhanden sein; sich befinden; *(Zustand)* herrschen; bleiben; *(bes. beruflich)* werden; stattfinden, geschehen, sich ereignen; gehören; betragen, ausmachen; kosten; bedeuten; gelten (*to s.o.* jdm); müssen, sollen (*to do* tun); *(verneint)* nicht dürfen; *(Passiv)* werden; **2.** *to ~ about* in der Nähe sein; *to do s.th.* im Begriff sein, etw zu tun; *to ~ after s.th.* hinter etw her sein; *to ~ along da*, hier sein; *to ~ at s.th.* bei, an etw sein; *s.o.* an jdm herumnörgeln; *to ~ before o.'s time* zu früh dran sein; *to ~ behind* im Rückstand, zu spät dran sein; *to ~ by s.o.* jdm zur Seite stehen; *to ~ in contact with s.o.* mit jdm in Verbindung stehen; *to ~ doing* gerade tun; *to ~ down* schlecht dran sein; *(in e-m Examen)* durchgefallen sein; *to ~ down on s.o.* jdn nicht leiden können; *to ~ for* eintreten für; *mar* bestimmt sein nach; *(Strafe)* dran sein; *to ~ in* zu Hause sein; *parl* e-n Sitz im Parlament haben; *fig* am Ruder sein; *to ~ in for* sich beteiligen an; zu erwarten haben; *to ~ long* lange machen, viel Zeit brauchen; *to ~ of* gehören zu; *to ~ off* weggehen, *fam* abhauen; *to ~ on* lasten auf; *to ~ on to s.o.* es mit jdm haben, e-n Pick auf jdn haben; *to ~ out* nicht zu Hause sein; *parl* s-n Sitz im Parlament verlieren; Unrecht haben, auf dem Holzweg sein; *to ~ out of s.th.* etw nicht mehr haben; außerhalb sein; *to ~ out of step* falschen Tritt haben; *to ~ out for s.th.* auf der Suche nach etw sein; hinter etw her sein; *to ~ right* Recht haben; *to ~ in ruins* in Trümmern liegen; *to ~ up* auf(gestanden) sein;

sein Glück gemacht haben; *to ~ up to s.o.* jds Aufgabe sein; *s.th.* etw im Schilde führen; übernommen sein bis zu; **3.** *it is I, (fam) me* das bin ich; *is that you?* bist Du, sind Sie das? *it was not to* es hat nicht sein sollen; *you are out of it* du hast verloren; *as it is* wie die Dinge liegen; *here you are!* nun ist's in Ordnung! siehst du! *how is he?* wie geht es ihm? *how is this?* wie kommt es? *how is it that?* wie kommt es, daß ...? *how much will that ~?* wieviel macht das? *let it ~* laß sein! *that is his* das gehört ihm; *that is to say* das heißt; *there is, are* es gibt; *there you are* da haben Sie's! da sind Sie ja! *when is that to ~?* wann soll das sein? *~ that as it may!* wie dem auch sei! *I have been to London* ich bin in L. gewesen; *~ off with you!* fort mit euch! raus! *the ~-all* das Ganze; *a has-been* e-e gesunkene Größe *(Mensch)*; *might-have-beens* versäumte Gelegenheiten *f pl; the to-~* die Zukunft; *his wife (that is)* to ~ s-e Zukünftige; *a would-~* ein Möchtegern *m; the would-~* das Wenn.
beach [bi:tʃ] *s* (flacher) Strand *m, poet* Gestade *n*; Küstenstreifen, -strich *m*; flache(s) (Meeres-)Ufer *n*; *mil mar* Ausbootungsstelle *f; tr (Schiff)* auf den Strand setzen od ziehen; **~** am Strand; *fig Am* arbeitslos; **~-comber** Strandwelle *f*; Strandguträuber *m*; **~head** *mil* Landekopf *m*; **~la-mar** *Art* Pidgin-Englisch *n* in der Südsee; **~-shoe, -suit, -umbrella, -wear** Strandschuh, -anzug, -schirm *m*, -kleidung *f*; **~ wagon** *Am* Kombiwagen *n*.
beacon ['bi:kn] *s* Leuchtfeuer *a. aero*, Lichtsignal *n*; Signalanlage *f*; Leuchtturm *m*; *aero mar* Bake *f*; Verkehrs-, Warnsignal *n*; *fig* Leitstern *m*, Leuchte *f*; *tr* mit Leuchtfeuern versehen; lenken, leiten; *fig* als Vorbild dienen (*s.o.* jdm); *itr* (hell) leuchten; **~ tower** Signalturm *m*.
bead [bi:d] *s* *(bes.* durchbohrtes) Kügelchen *n*, (Glas-, Isolier-)Perle *f*; Schaumbläschen *n*; (Tau-, Schweiß-) Perle *f*, Tropfen *m*; *(Gewehr)* (Perl-) Korn, Ziel *n*; Wulst *m*; Schweißraupe *f*; isolierte(r) Rand *m*; *arch* Schurleiste *f*; *pl* Perlenschnur *f*; *pl* Rosenkranz *m*; *tr* mit Perlen versehen *od* verzieren; *(Kügelchen auf e-e Schnur, e-n Draht)* aufreihen; *tech* bördeln, einrollen; *(Blech)* sicken *itr* Perlen, Tropfen bilden; *to draw a ~ upon s.th.* sorgfältig auf etw zielen; *to tell, to*

beading   70   **bear**

say, to count o.'s ~s s-n Rosenkranz beten, s-e Gebete hersagen; *~ of sweat* Schweißperle *f*; *~ of tyre (mot)* Laufdeckenwulst *m*; **~ing** ['-iŋ] Perlstickerei *f*, *arch* -stab *m*; *tech* Durchführungs-, Einschmelzperle *f*; Wulst *m*; **~le** ['bi:dl] Kirchendiener, Küster, Pedell *m*; **~ledom** kleinliche(r) Bürokratismus *m*, behördliche Schulmeisterei *f*; **~~roll** (Namens-)Liste *f*; **~sman, ~woman** Almosenempfänger(in *f*) *m*; *~ work* Perlstickerei *f*, *arch* -stab *m*; **~y** ['-i] perlenförmig; mit Perlen übersät; *~~ eyes (pl)* Kulleraugen *n pl*.

beagl|e ['bi:gl] *fig* Spürnase *f*, Spion; *(Jagd)* Spürhund *m*.

beak [bi:k] Schnabel *m (bes. d. Raubvögel) a. fig; allg* Spitze *f*; *(Gefäß)* Ausguß *m*, Tülle, Schneppe, Schnauze *f*; *(Schiffs-)*Schnabel *m*; *bot* Lippe; *arch* (Haken-)Nase *f*; *(Amboß)* Hörnchen *n*; *fam* Friedensrichter; *si* Federfuchser; Pauker *m*; **~ed** [-t] *a* mit (e-m) Schnabel; schnabelartig, spitz; **~er** ['-ə] *obs lit* Humpen, große(r) Trinkbecher *m*; *chem* Becherglas *n*.

beam [bi:m] *s* Balken *m*; *tech* Schwelle *f*; Holm *m*; (Wagen-)Deichsel *f*; (*~ of balance*) Waagebalken *f*; Pflugsterz, Kett-, Weberbaum; *(Schiff)* Deck-, Querbalken *m*, *mar aero* (größte) Breite; *(Geweih)* Stange *f*; *arch* Träger, Tragebalken; (*~ of light*) (Licht-)Strahl *m*, (*~ of rays*) (Strahlen-)Bündel *n*; Wärme *f*; Glanz; strahlende(r) Blick *m*, leuchtende Augen *n pl*; *radio* Leit-, Richtstrahl; (*~ angle*) Keulenwinkel *m*; *tr (Licht, Wärme)* (aus-)strahlen; *(Kette)* (auf)bäumen; *(Strahlen)* bündeln, richten; *itr* (übers ganze Gesicht) strahlen, ein frohes Gesicht machen; *tech* Strahlen aussenden; mit Radar feststellen; *off the ~ (aero)* vom Leitstrahl abgekommen; *sl* falsch, unrichtig; nicht funktionierend; *(Mensch)* nicht beieinander; *on the ~ (aero)* dem Leitstrahl entlang; *sl fig* einwandfrei (funktionierend), genau richtig; erfolgreich; *to be on her, o.'s ~'(s)-ends (Schiff)* auf der Seite liegen, *fig* aus dem letzten Loch pfeifen; *to fly, to ride the ~* auf dem Leitstrahl fliegen; *to kick the ~ (fig)* sich als der Schwächere erweisen, unterliegen; *radio ~* Funkstrahl *m*; *(radio bearing) ~* Peilstrahl *m*; *starboard, port ~ (Schiff)* rechte, linke Seite *f*; **~ing** ['-iŋ] *s (Strahlen-)*Bündelung *f*; *a (Mensch)* freudestrahlend *(with vor)*; **~y** ['-i] strahlend *(Schiff)* breit; *(Hirsch)* mit Geweihsprossen;

poet (von länglichen Gegenständen) gewaltig, massiv.

bean [bi:n] *s* Bohne *f a. allg*; *pl* Kohlengrus *m*; *Am sl* Rübe *f*, Kopf *m*; *tr sl* auf den Kopf schlagen; *to give s.o. ~s (sl)* jdn *(mit Worten od Schlägen)* fertigmachen *a. sport*; *not to know ~s about s.th. (Am)* von etw keinen blassen Dunst haben; *to spill the ~s (Am sl)* das Geheimnis ausplaudern, nicht dicht halten; *I haven't a ~ (sl)* ich bin ohne e-n Pfennig Geld, (völlig) abgebrannt; *coffee ~* Kaffeebohne *f*; *full of ~s, ~-fed* in guter Laune, guter Dinge; guter(r) Kasse; wohlgenährt; *old ~ (sl)* altes Haus *n*, alter Junge *m*; **~-feast** Festessen; *allg* Gelage *n*; **~-o** ['-ou] Freudenfest *n*; **~-pole, ~-stick** Bohnen-, *fig* Hopfenstange *f*; **~ stalk** Bohnenstengel *m*; **~-straw** Bohnenstroh *n*; **~y** ['-i] *sl* gutgelaunt, munter; *Am* bekloppt.

bear [bɛə] **1.** *s* Bär *m*; *fig* (grober) Klotz *(Mensch)*, *fam* sture(r) Bock; *com* Baissespekulant; *com* Schwarzseher; *tech* Rammbär *m*, Ramme *f*; *tech* Härtling *m*; *itr* auf Baisse spekulieren; *tr* e-n Preissturz bewirken *(s.th.* bei e-r S); *(Preise)* drücken; *Great, Little B~ (astr)* Große(r), Kleine(r) Bär, Wagen *m*; **~-baiting** Bärenhatz *f*; **~-garden** Bärenzwinger *m*; *fig* Tohuwabohu *n*, Wirrwarr *m*; **~-ish** ['-riʃ] rauh, grob, roh *(Mensch)*; *(Börse)* auf Baisse gerichtet; **~-leader** Bärenführer *m a. fig*; **~'s-breech** *bot* Bärenklau *f* od *m*; **~'s-ear** *bot* Aurikel *f*; **~'s foot** *bot* stinkende Nieswurz *f*; **~-skin** Bärenfell (-mütze *f*) *n*; *Art* grobe(r) Mantelstoff *m*; **~-wood** Wegdorn *m*.

bear [bɛə] **2.** *irr* bore, borne **1.** *tr* tragen *(Namen, Waffe)* führen, tragen; *(Zeichen)* tragen; *(Amt)* ausüben, innehaben; *(Titel)* führen; *(Gefühl)* hegen *(against* gegen); *(Gerücht)* verbreiten; *(Frucht)* tragen, (hervor)bringen; *(Zinsen, Geld)* (ein-) bringen, eintragen; gebären; *fig* Frucht tragen; (v)ertragen, aushalten, erdulden, leiden; *fam* mit ansehen; *(meist fragend od verneint)* ertragen, dulden, zulassen, gewähren, gestatten; in e-m Verhältnis stehen *(to* zu); *(Menschen)* ausstehen, leiden (können); **2.** *itr* sich wenden, sich halten *(to the right* nach rechts, rechts); e-e Richtung einschlagen *(to* nach); sich stützen, drücken; *fig* lasten *(on auf)*; e-n Einfluß haben *(on auf)*; sich beziehen *(on auf)*; **3.** *to bring pressure to ~* Druck ausüben *(on auf)*; *to ~ o.s.* sich verhalten, auftreten, sich benehmen;

bearable 71 **beat**

to ~ against angreifen; *to ~ arms* Waffen tragen, bewaffnet sein; *to ~ away (mar)* abfahren; *to be borne away* mitgerissen werden a. *(fig); to ~ (away) the palm* (den Preis) gewinnen; *to ~ back* zurücktragen, -bringen, -treten; *to ~ the blame* die Schuld auf sich nehmen; *to ~ on s.o.'s books (com)* jdm zu Lasten schreiben; *to ~ s.o. company* jdm Gesellschaft leisten; *to ~ comparison* e-n Vergleich aushalten *(with* mit); *to ~ the date January 1st* das Datum des 1. Januar tragen; *to ~ down* nieder-, über den Haufen werfen, überwinden; *to ~ down on* losgehen, sich stürzen auf; sich (mit Gewalt) drängen gegen; in Richtung kommen auf; *to ~ fruit (fig)* erfolgreich sein; *to ~ a grudge against s.o.* jdm grollen, *fam* böse sein; *to ~ a hand* helfen *(s.o.* jdm); *to ~ interest* Zinsen tragen, abwerfen; *to ~ a meaning* bedeuten; *to ~ (s.o.) in mind* sich (an jdn) erinnern *(that* daß); berücksichtigen *(s.th.* etw); *to ~ off, away* davontragen, gewinnen; sich entfernen *(towards the left* nach links); *to ~ (s.o.) out* (jdn) hinaustragen; (jds) Aussagen bestätigen; *to ~ a part in s.th.* an e-r S Anteil haben; *to ~ resemblance to* gleichen; ähneln, ähnlich sehen *dat; to ~ up (itr)* sich tapfer zeigen, sich wacker, den Kopf hoch halten; standhaft bleiben; *tr* (unter-)stützen; *to ~ up for, towards (mar)* nach …, auf … zu fahren; *to ~ upon* Bezug haben auf; in Beziehung stehen zu; Bedeutung haben für; *to ~ with* Geduld, Nachsicht haben mit, üben gegenüber; *to ~ witness* Zeugnis ablegen; **-able** ['-rəbl] erträglich, zu ertragen(d); **-er** ['bɛərə] Träger; *com* Überbringer, Vorzeiger, Inhaber; fruchttragende(r) Baum *m,* blütentragende Pflanze *f; (pall ~~)* Leichenträger *m;* cheque *to ~ (com)* Inhaber-, Überbringerscheck *m; ~~ clause* Inhaberklausel *f; ~~ securities (pl)* Inhaberpapiere *n pl; ~~ share* Inhaberaktie *f;* **-ing** ['-riŋ] *s* Tragen *n (a.* von Früchten); *agr* Ertrag *m;* Fähigkeit *f* des Tragens, des Hervorbringens; Entbindung, Geburt *f;* Ertragen, Dulden, Aushalten; Verhalten, Auftreten, Benehmen *n;* Beziehung *f,* Bezug *(on* auf); Zs.hang *(on* mit); Sinn *m,* Bedeutung, Tragweite; Wirkung *f,* Einfluß *m (on* auf); (ausgepeilte) Richtung, *pl* Lage *f;* Kompaßkurs; Azimut *m; pl mar aero* Peilung, Ortung *f; tech* Lager(ung *f*), Auflager *n; arch* Spann-, Tragweite *f; (Schicht)*Streichen; Wappenbild *n; a* bezüglich; tragend; *min* enthaltend; *beyond, past all ~~* nicht auszuhalten(d), unerträglich; *to consider s.th. from all its ~~s (fig)* etw von allen Seiten betrachten; *to have a ~~ upon* von Bedeutung sein für, Einfluß haben auf; *to have lost, to be out of o.'s ~~s* sich verlaufen haben, *fig* nicht mehr aus noch ein, nicht mehr weiter wissen; *to take ~~s (mar aero)* peilen, orten; *to take o.'s ~~s* sich orientieren; *~~ metal* Lagermetall *n.*

beard [biəd] *s* Bart *m. a. zoo; bot* Grannen *f pl; (Pfeil)* Widerhaken *m pl; typ* Fleisch *n; tr* am Bart packen *od* zupfen; mit e-m Bart versehen; *fig* offen entgegentreten *(s.o.* jdm), herausfordern; *to ~ the lion in his den (fig)* sich in die Höhle des Löwen wagen; **-ed** ['-id] *a* bärtig; mit Grannen versehen; mit Widerhaken; **-less** ['-lis] bartlos, *fig* unreif, jugendlich.

beast [bi:st] *(vierfüßiges) (bes.* wildes) Tier *n; agr* Stück *n* Rindvieh, *pl* Rindvieh; *fig* Biest *n,* viehische(r) Mensch *m; the ~* das Tier im Menschen; *the B~* der Antichrist; *~ of burden, of prey* Last-, Raubtier *n;* **-liness** ['-linis] Bestialität, Roheit; Gier(igkeit), Gefräßigkeit; Trunkenheit *f, sl* Suff *m;* Gemeinheit; Schweinigelei, Unanständigkeit *f;* **-ly** ['-li] *a* viehisch; dreckig; bestialisch, brutal; schweinisch, säuisch; *fam* gräßlich, abscheulich, scheußlich; widerlich, unangenehm; *adv fam* mächtig, fürchterlich, äußerst.

beat [bi:t] *irr* beat, beat(en) **1.** *tr (bes. wiederholt)* schlagen; *(Pfad)* trampeln; *(Weg)* bahnen; *(Teppich)* klopfen, *(Kleider)* ausklopfen; *(Regen)* peitschen *(the trees* gegen die Bäume); schlagen *(the windows* an die Fenster); *(Eier, Feind)* schlagen; *(Trommel)* rühren; *(Flachs)* schwingen; *(Wild)* aufstöbern; *(den Takt)* schlagen; hauen; verhauen, prügeln, *fam* verdreschen; *(Gegend)* absuchen; *mil sport (Wettstreit)* schlagen, besiegen; *(Rivalen)* ausstechen, ermatten, *fam* fertig machen; stampfen; treiben; *(~ out)* schmieden; *sl* hereinlegen, beschwindeln; *sl* täuschen; **2.** *itr* schlagen *(on* an, gegen); klopfen *(a. Herz),* pochen *(at* an); stürmen, tosen; siegen, gewinnen; *(Regen)* prasseln, klatschen *(on* an, auf); *(Trommeln)* dröhnen; *mar* lavieren, kreuzen; **3.** *s* Schlag(en *n*) *m;* Klopfen, Pochen *n;* (Trommel-, Herz-, Puls-)Schlag *m;* Takt(strich) *m; mus* Schwebung *f;*

beaten 72 **beckon**

Rundgang *m*, Runde *f*; (Jagd-)Revier *n*; *phys* Interferenz *f*; (Zeiger-)Ausschlag; *Am* Wahlbezirk *m*; *Am fam der, die, das* Beste, Phänomen *n* (*Person od Sache*) (*of gen*); *Am* (Zeitung) Knüller *m*; *sl* Betrügerei *f*; *Am sl* Schwindler *m*; **4.** *a sl* ausgepumpt, erschossen, fertig; *Am* verblüfft; *Am sl* illusionslos; **5.** *on the ~* im Takt; *to be on o.'s ~* s-e Runde machen, auf s-m Rundgang sein; *to be ~-up* abgenutzt, ausgeleiert sein; *to ~ about, (Am) around the bush* wie die Katze um den heißen Brei gehen; *to ~ about (mar)* gegen den Wind (an)kämpfen *od* segeln; *allg* suchen (*for* nach); *to ~ the air* (*fig*) leeres Stroh dreschen; sich vergeblich abmühen; *to ~ all* (*fam*) alles schlagen, in den Schatten stellen; *to ~ away, off* wegtreiben, verjagen; *to ~ back* zurückschlagen; *to ~ black and blue* braun u. blau schlagen; *to ~ the bounds* die Grenze abstecken; *to ~ o.'s brains* (*fig*) sich den Kopf zerbrechen; *to ~ o.'s breast* sich an die Brust schlagen; *to ~ down* ein-, niederschlagen, umhauen; (*bes. Preis*) drücken; *s.o.* (*in price*) bei jdm e-n niedrigeren Preis durchsetzen; *to ~ in (Tür, Wand)* einschlagen, -stoßen; *to ~ s.th. into s.o.* jdm etw einbleuen; *to ~ it (sl)* abhauen, türmen (gehen); *to ~ s.o. to it (fam)* jdn abhängen, jdm zuvorkommen; *to ~ off* abschlagen, -hauen; abwehren; *to ~ on* sich stürzen auf; *to ~ the rap (sl)* der Strafe entgehen; *to ~ a retreat* zum Rückzug blasen; *fig* das Weite suchen; *to ~ time* den Takt schlagen; *to ~ to s.th.* aufrufen, -fordern; *to ~ up (Küche)* kräftig verrühren, schlagen; (*Menschen*) verdrehen, zs.trommeln, -bringen; *mil sl* mit Bordwaffen beschießen; **6.** ~ *it!* hau ab! *that ~s it! (Am sl)* da hört doch alles auf! das ist ein starkes Stück! *dead ~ (fam) (Mensch)* völlig erledigt, ganz kaputt; *heart-~* Herzschlag *m*; **~en** ['-n] *a* geschlagen; (*Weg*) ausgetreten; *fig* abgedroschen; erschöpft, erledigt; besiegt; *fam* verwirrt; *mil* bestrichen, unter Feuer; *off the ~-~-track (fig)* aus dem Rahmen fallend, außergewöhnlich; ~~ *path* Trampelpfad *m*; ~~ *silver* Blattsilber *n*; ~~ *zone (mil)* bestrichene(s) Gelände *n*; **~er** ['-ə] Schläger, Klopfer (*Gegenstand*); Holländer *m*, Schlageisen *n*, wolf *m*; Ramme *f*; (*Jagd*) Treiber *m*; **~ing** ['-iŋ] Schlagen, Klopfen; Verdreschen *n*, Prügel *m pl*; Niederlage *f*; *to give a good ~~* e-e tüchtige Tracht Prügel geben; ~ **music** Beatjazz *m*; ~ **reception** Überlagerungsempfang *m*.

beati|fic [biə'tifik] glücklich, (glück)selig, (freude)strahlend; **~fication** [biætifi'keiʃən] *rel* Seligsprechung, *allg* -preisung; Glückseligkeit *f*; **~fy** [bi'ætifai] *tr* (glück)selig machen; *rel* seligsprechen; **~tude** [bi'ætitju:d] (Glück-)Seligkeit *f*; *the B~~s (rel)* die (7) Seligpreisungen *f pl*.

beatnik ['bi:tnik] *Am* zornige(r) junge(r) Mann *m*.

beau [bou] *pl -x, a. -s* [-z] Geck, Stutzer; Liebhaber (*e-r Frau*); Schürzenjäger *m*; ~ **geste** [-'ʒest] große Geste *f*; ~ **ideal** (Schönheits-)Ideal, Idealbild *n*, ideale(r) Typ *m*; ~ **monde** [-'mɔnd] vornehme Welt, Hautevolee *f*; **~t** [bju:t] *Am fam* (*oft iro*) Schönheit *f* (*Person od Sache*); **~teous** ['bju:tiəs] *poet* schön; **~tician** [bju'tiʃən] Kosmetiker(in *f*) *m*; **~tification** [bjuti-fi'keiʃən] Verschönerung *f*; **~tifier** ['bju:tifaiə] Verschönerer *m*; **~tiful** ['bju:tiful] schön; herrlich, wundervoll; ausgezeichnet, vortrefflich; *the ~* das Schöne; die Schönen, Schönheiten; **~tify** ['bju:tifai] *tr* verschönern; *itr* schön werden; **~ty** ['bju:ti] Schönheit *f* (*a. Person od Sache, oft iro*); *der, die* Schöne; Prachtexemplar *n*; *pl* schöne Eigenschaften *f pl od* Züge; *pl* Reize *m pl*; *a ~* etw Schönes; *the Sleeping B~~* Dornröschen *n*; ~~ *contest* Schönheitswettbewerb *m*; ~~ *culture* Schönheitspflege *f*; ~~ *doctor* Kosmetiker(in *f*) *m*; ~~ *parlo(u)r, salon, shop* Schönheitssalon *m*; ~~~*queen* Schönheitskönigin *f*; ~~(-)*sleep* Schlaf *m* vor Mitternacht; ~~(-)*spot* Schönheitspflästerchen *n*; schöne Stelle, Gegend *f*.

beaver ['bi:və] *zoo* Biber *m*; Biberfell *n*, -pelz; Hut *m* aus Biberfell; *Am fam* Kerl *m*; *sl* Bart *m*; *fam* Arbeitstier *n*, -biene, Ameise *f*; (*Ritterrüstung*) Kinnreff, Visier *n*; (*Textil*) Biber *m*; **~board** (*Warenzeichen*) Hartfaserplatte *f*; **~lodge** Biberbau *m*.

bebop ['bi:bɔp] Bebop *m* (*Art Jazzmusik*).

becalm [bi'ka:m] *tr (die See)* beruhigen; (*Wogen*) glätten; den Wind nehmen (*a ship* e-m Schiff).

because [bi'kɔz] *conj* weil, da; *adv* deswegen, darum, aus dem Grunde; ~ *of (prp)* wegen, infolge *gen*; ~ *of her, him* ihret-, seinetwegen.

beck [bek] *s* **1.** *Br* (Wild-)Bach *m*; **2.** Zeichen *n*, Wink; *to be at s.o.'s ~ and call* nach jds Pfeife tanzen (müssen); *v poet* = **~on** ['bekən] *tr* (zu)winken,

becloud 73 **beeswax**

ein Zeichen geben (*s.o.* jdm); verlocken; *itr* nicken; winken; *to ~~ to s.o.* jdm zuwinken.
becloud [bi'klaud] *tr* be-, umwölken; *fig* verschleiern.
become [bi'kʌm] *irr* became, become *itr* werden; *tr* (gut) stehen (*s.o.* jdm), kleiden, passen (*s.o.* jdm); sich passen, schicken für; **~ing** [-iŋ] *a* kleidsam; passend; schicklich, geziemend; *s das* Werden; *to be ~~ to s.o.* jdm sehr gut stehen, jdn sehr gut kleiden.
bed [bed] *s* Bett; Bettgestell *n*; Liege-, Lagerstatt *f*, Lager; (Blumen-, Gemüse-)Beet; (*river ~*) Flußbett *n*; Sohle *f*; Seebecken *n*; Meeresboden *m*; *geol* Schicht *f*, Flöz; *min* Lager *n*; *tech* Bettung *f*, Unterbau *m*, -lage; *rail* (*~ of ballast*) Bettungssohle *f*; Bohrtisch *m*; (Austern-)Bank; *fig* eheliche Gemeinschaft *f*; *tr* (*to ~ down*) ein Lager herrichten für; *tech* betten, lagern, e-e feste Unterlage geben (*s.th.* e-r S); (*Bürsten*) einschleifen; in ein Beet pflanzen; in die Erde legen; ins Bett legen, zu Bett bringen; *itr* zu Bett gehen; *geol* e-e Schicht bilden; *to be brought to ~ of (Frau)* entbunden werden von; *to get out of ~* aufstehen; *to get out of ~ on the wrong side* mit dem verkehrten Fuß aufstehen; *to go to ~* zu Bett, schlafen gehen; *to keep o.'s ~* das Bett hüten; *to lie in the ~ one has made* (*fig*) die Suppe (,die man sich eingebrockt hat,) auslöffeln; *to make the ~* das Bett machen; *to put to ~* zu Bett bringen; *to take to o.'s ~* sich ins Bett legen (müssen)(*wegen Krankheit*); *to ~ down* (*tech*) in die Waage richten; *to ~ in* einbetten; *to ~ out* verpflanzen; *as a man makes his ~ he must lie* (*prov*) wie man sich bettet, so liegt man; *double ~* zweischläfige(s), Doppelbett *n*; *flower ~* Blumenbeet *n*; *sick-~* Krankenbett *n*; *single ~* einschläfige(s) Bett *n*; *~ of clay* Tonschicht *f*; *~ of concrete* Betonunterbau *m*; *~ of onions* Zwiebelbeet *n*; *~ of straw* Strohlager *n*, -schütte *f*; **~ and board** freie Station, Unterkunft u. Verpflegung *f*; *fig* das Zuhause, der heimische Herd; **~ bug** Bettwanze *f*; **~clothes** *pl* Bettwäsche *f*, -zeug *n*; **~cover** Bettdecke *f*; **~ding**[´-iŋ] Bettzeug *n*, -wäsche; Streu; *tech* Bettung, Auflage, Lagerung *f*; (*Rohre*) Verlegen *n*; *geol* Schicht(ung) *f*; **~fast** *Am* bettlägerig; **~fellow** Schlafkamerad; *Am* Mitarbeiter, Gefährte *m*; **~(-)linen** Bettwäsche *f*; **~pan** Schieber *m* (*für Kranke*); **~plate** Boden-, Sohlenplatte; Bettung *f*, Fundament *n*; **~post** Bettpfosten *m*; *between you and me and the ~~* (*fig*) unter uns; **~rail** Seitenbrett *n* des Bettgestells; **~(-)rest** Bettruhe *f*; *med* Stellkissen *n*; **~rid(-den)** *a* bettlägerig, ans Bett gefesselt *fig*; **~rock** *geol* gewachsene(r) anstehende(r) Fels, Felsuntergrund *m*; *allg* feste Unterlage; *fig Am* Grundlage *f*; **~roll** Schlafsack *m*; **~room** Schlafzimmer *n*; **~side** *s* Bettrand *m*, -kante *f*; *to have a good ~~ manner* (*Arzt*) gut mit Kranken umzugehen verstehen; *to sit at o.'s ~~* an jds Bett sitzen; *~~ lamp* Nacht-(tisch)lampe *f*; *~~ table* Nachttisch *m*; **~-sitting-room**, **~sitter** Wohn-Schlaf-Zimmer *n*; **~sore** *to be ~* sich durchgelegen haben; **~spread** (*Bett*) Tagesdecke *f*; **~spring** Sprungfedern *f pl* (*für e-e Matratze*); **~stead** Bettstelle *f*; **~straw** *bot* Labkraut *n*; **~tick** Inlett *n*; **~time** Schlafenszeit *f*; **~wetter** Bettnässer *m*.
be|dabble [bi'dæbl] *tr* bespritzen; **~daub** [bi'dɔːb] *tr* beschmieren; mit Zierat überladen; **~dazzle** [bi'dæzl] *tr* blenden; verwirren.
be|deck [bi'dek] *tr* (übermäßig) schmücken, zieren; **~del(l)** [be'del, *Am* 'biːdl] (*Universität*) Pedell *m*; **~devil** [-'devl] *tr* be-, verhexen, verzaubern; verderben; mißhandeln, -brauchen; **~dew** [-'djuː] *tr* betauen, (be)netzen.
be|dim [bi'dim] *tr fig* trübe machen, trüben; **~dizen** [-'dizn, -'daizn] *tr* herausputzen, ausstaffieren.
bedlam ['bedləm] *obs* Irrenhaus *n*; Tollhaus *n*; **~ite** ['-ait] Irre(r), Verrückte(r) *m*.
Bedouin ['beduin] *s* Beduine *m*; *a* beduinisch.
bedraggle [bi'drægl] *tr* (*Kleider*) durch den Schmutz ziehen, beschmutzen.
bee [biː] Biene *f*; *bes. Am* Arbeitskreis; Zirkel *m*, Kränzchen *n*; *busy as a ~* fleißig wie e-e Biene; *to have a ~ in o.'s bonnet* e-n Sparren zuviel haben, verrückte Ansichten haben (*about* über); *queen ~* Bienenkönigin *f*; *spelling ~* Wettbewerb *m* im Rechtschreiben; *swarm of ~s* Bienenschwarm *m*; *worker ~* Arbeitsbiene *f*; **~bread** Bienenbrot *n*, Blütenstaub, Pollen *m*; **~~eater** *orn* Bienenfresser *m*; **~hive** ['biːhaiv] Bienenstock *m*; *mil* Hohlladung *f*; **~line** Luftlinie *f*; *to make a ~~ for* gerade(swegs) zugehen auf; **~~master**, **~mistress**, **~keeper** Imker(in *f*), Bienenzüchter *m*; **~swax** ['biːzwæks] *s* Bienenwachs *n*; *tr* wachsen, bohnern.

beech [bi:tʃ] Buche(nholz n) f; copper-~ Blutbuche f; **~en** ['-ən] buchen; Buchen-; **~ marten** Steinmarder m; **~mast** ['-mɑ:st] Bucheckern f; **~ nut** Buchecker f; **~oil** Buchöl n.

beef [bi:f] s pl beeves Rindfleisch n; Ochse m, Rind n (zum Schlachten); fam (Mensch) (Muskel-)Kraft f; fam (Körper-)Gewicht n, Schwere f; Am sl Gemecker n (pl ~s); itr Am sl herummeckern, -schimpfen (about über); corned-~ Büchsen-Rindfleisch n; roast-~ Rinderbraten m; **~ cattle** Schlachtvieh n; **~ cube** Bouillonwürfel m; **~eater** Königliche(r) Leibgardist; Tower-Wärter m; **~ing** ['-iŋ] Am sl Herummeckern, -schimpfen n; **~steak** (Küche) Beefsteak n; **~tea** Fleisch-, Kraftbrühe f; **~y** ['-i] fleischig; kräftig, stark, sehnig; schwerfällig, stur.

beer [biə] Bier n; verdünnte(r) Pflanzensaft m; nichtalkoholische(s) Getränk n; to think no small ~ of viel halten von; small ~ Dünnbier n; fig Null f; Nichts n; ginger, root ~ Ingwersprudel; Pflanzensaft m; **~-barrel, -engine, -garden, -house, -pull** Bierfaß n, -leitung f, -garten m, -lokal n, -hahn m; **~-jug, -mug** Bierkrug m, Bierseidel n; **~y** ['-ri] bierartig; nach Bier riechend; in Bierlaune.

beet [bi:t] Rot -roots, Am a. -s: red ~ Rote Rübe, Be(e)te f; silver ~ Mangold m; sugar ~ Zuckerrübe f; **~root** Runkelrübe f; **~-sugar** Rübenzucker m; **~le** ['bi:tl] 1. s Ramme f, Rammbär; Schlägel; (Textil) Stoßkalander m; tr (fest)stampfen; (zer)stoßen; (Textil) schlagen; **~-brain, ~-head** Dummkopf m; 2. s Käfer m; black-~~ (Küchen-)Schabe f; Kakerlak m; **~~-crusher** (fam) große(r) Schuh od Fuß, Quadratlatschen m; 3. a vorstehend, überhängend; itr überhängen, hervorragen, überstehen; to ~~ off (sl) abhauen; **~~-browed** (a) mit vorstehenden Augenbrauen; fig mürrisch, verdrießlich.

be|fall [bi'fɔ:l] irr fell, -fallen tr zustoßen (s.o. jdm), sich ereignen, geschehen; **~fit** ['-fit] tr geeignet, angebracht, passend sein, passen (the occasion für die Gelegenheit); **~fitting** angemessen, schicklich; **~fog** ['-fɔg] tr in Nebel hüllen, einnebeln, verdunkeln a. fig; fig verwirren; **~fool** ['-fu:l] tr täuschen, anführen, hereinlegen.

before [bi'fɔ:] 1. prp (zeitlich, räumlich, fig) vor; the day ~ yesterday vorgestern; ~ my very eyes vor meinen Augen; ~ long bald, in Bälde, in absehbarer Zeit; to sail ~ the mast als einfacher Matrose dienen; to sail ~ the wind mit dem Winde segeln, den Wind im Rücken haben; business ~ pleasure erst die Arbeit, dann das Vergnügen; 2. adv vorn; voran; voraus; (schon) früher, vorher, zuvor; ehemals; the day ~ am Tage vorher, am Vortage; long ~ lange vorher, viel früher; 3. conj bevor, eher; eher lieber..., als od ehe; **~hand** adv im voraus, (schon) vorher; to be ~~ with s.th. etw vorher, rechtzeitig tun; **~~mentioned** a oben-, vorerwähnt.

be|foul [bi'faul] tr beschmutzen, -schmutzen; verpesten; fig besudeln, verunglimpfen; to ~~ o.'s own nest (fig) sein eigenes Nest beschmutzen; **~friend** ['-frend] tr als Freund, bevorzugt behandeln; liebevoll, gütig sein (s.o. zu jdm); helfen, unterstützen; **~fuddle** [-'fʌdl] tr benebelt, betrunken machen; fig durchea.bringen, verwirrt machen.

beg [beg] tr erbitten, ersuchen; erbetteln, erflehen; (inständig) bitten, flehen um; itr bitten (for um), (to go ~ging) betteln (gehen) (for um); (Hund) Männchen machen; to ~ to differ sich nicht einverstanden erklären können (from s.o. mit jdm); to ~ a favour of s.o. jdn um etw bitten; to ~ leave to um Erlaubnis bitten, zu; to ~ off sich entschuldigen, absagen; to ~ the question ein Entscheidung ausweichen; I ~ your pardon Verzeihung! wie bitte? it is going ~ging niemand will es haben; we ~ to inform you (com) wir gestatten uns, Ihnen mitzuteilen.

beget [bi'get] irr begot, begot(ten) tr (er)zeugen, hervorbringen, (er-)schaffen; **~ter** [-ə] Erzeuger; fig Urheber m.

beggar ['begə] s Bettler(in f) (at the door an, vor der Tür); fam Bursche m, Bürschchen n, Kerl(chen n) m; tr an den Bettelstab bringen, ruinieren; fig unmöglich machen; nutzlos erscheinen lassen; übertreffen, übersteigen; no ~s allowed Betteln verboten! ~s cannot be choosers in der Not frißt der Teufel Fliegen; **~ly** ['-li] bettelhaft, ärmlich, arm(selig), dürftig a. fig; fig niedrig, schmutzig; **~y** ['-ri] Bettel-, äußerste Armut f; to reduce to ~~ an den Bettelstab bringen.

begin [bi'gin] irr began, begun (mit od -ing); tr itr beginnen, anfangen, einleiten; (Reise) antreten; Am im mindesten etw tun od sein; itr s-n Anfang nehmen; entstehen; ausgehen (at von);

beginner 75 **belief**

to ~ again (wieder) von vorn anfangen; *to ~ (up)on s.th.* etw in Angriff nehmen; *to ~ with* erstens; vorab; von vornherein; *he began by saying* zuerst sagte er; **~ner** [-ə] Anfänger m; **~ning** [-iŋ] Beginn; Anfang; *(Reise)* Antritt; Ausgangspunkt, Ursprung; Einsatz m; pl erste Anfänge m pl, Anfangsstadium n; *at the very ~ ~* ganz am Anfang; *from the ~ ~* von Anfang an; *from ~ to end* von Anfang bis zu Ende; *in the ~ ~* anfangs, im Anfang.

be|gird [bi'gə:d] tr umgürten, umgeben, einschließen; **~gone** [-'gɔn] interj (geh) weg! fort (mit dir)! **~gonia** [-'gounjə] bot Begonie f, Schiefblatt n; **~grime** [-'graim] tr beschmieren, schwarz machen; **~grudge** [-'grʌdʒ] tr beneiden (*s.o. s.th.* jdn um etw), nicht gönnen, mißgönnen; ungern geben; **~guile** [-'gail] tr täuschen, betrügen (*(out) of* um); verführen, verleiten (*into doing s.th.* etw zu tun); *(Sache)* kurzweilig machen; *(Zeit)* verkürzen, schnell vergehen lassen, hinbringen, vertreiben.

behalf [bi'hɑ:f]: *on, in ~ of* im Interesse, zugunsten, im Sinne gen; für; im Namen gen; als Vertreter gen.

behav|e [bi'heiv] itr *(meist mit adv)* sich verhalten, sich aufführen, sich betragen, sich *(gut)* benehmen; *(Sache)* gehen, laufen, funktionieren, *fam* klappen; *to ~ ~ o.s.* sich gut, ordentlich benehmen; *~ yourself!* benimm dich! *he doesn't kow how to ~ ~* er weiß sich nicht zu benehmen; **~io(u)r** [-'heivjə] Verhalten, Betragen, Benehmen n *(to, towards* gegen); Anstand m; *(Sache)* Funktionieren, Laufen, Betriebsverhalten n; *to be on o.'s good, best ~ ~* sich tadellos benehmen; *~ pattern* Verhaltensweise f; **~iourism** [-rizm] Behaviorismus m *(psychol. Richtung).*

be|head [bi'hed] tr enthaupten; **~hemoth** [-'hi:mɵθ] große(s) Tier n *Am a. fig*; **~hest** [-'hest] *poet lit* Geheiß, Gebot n.

behind [bi'haind] prp hinter (*a. zeitlich, Reihenfolge*); *(Rangfolge)* unter; adv hinten; nach hinten, zurück; dahinter a. fig, hinterher; rückständig (with, in mit); s fam Hintern m, Hinterteil n; *to be on o.'s ~* (auf dem Hintern) sitzen; *to be ~ in, with s.th.* mit e-r S zurück, im Rückstand sein *(a. mit Zahlungen); to be ~ the eight ball (Am sl)* in der Patsche sitzen; *to fall od to stay, to keep ~* zurückbleiben, -lassen; *to leave ~* zurücklassen; *to put ~ one* zur Seite legen, nicht beachten; *he has s.o.*

~ him hinter ihm steht jem *(ein Gönner); my watch is ten minutes ~* meine Uhr geht zehn Minuten nach; *who's ~ that scheme?* wer steckt hinter dem Plan? *~ s.o.'s back* hinter jds Rücken, ohne jds Wissen; *~ the scenes* im geheimen, heimlich; *~ time* zu spät; *~ the times (fam* hinter dem Monde) zurück, veraltet, altmodisch; **~hand** adv zurück, im Rückstand *(with* mit).

be|hold [bi'hould] *irr -held, -held, obs poet lit* tr sehen, schauen, betrachten; **~holden** a (zu Dank) verpflichtet; **~holder**[-'houldə]Betrachter m;**~hoof** [-'hu:f] *lit* Vorteil, Nutzen m; **~ho(o)ve** [-'houv, -'hu:v] *imp lit: it does not ~ ~ you* es kommt Ihnen nicht zu, zu; Sie dürfen nicht *inf*.

beige [beiʒ] s Beige f; a beige, sandfarben.

being ['bi:iŋ] s (Da-)Sein; Wesen n, Natur, Art; Existenz f; (Lebe-)Wesen, Geschöpf n; a gegenwärtig, vorhanden, da; *in ~* existierend, vorhanden; *this ~ so* da dies (nun einmal) so ist; *the time ~* im gegenwärtigen Zeitpunkt, zur Zeit; *for the time ~* einstweilen; *~ that* da (nun einmal); *to come into ~* entstehen, ins Leben gerufen werden; *human ~* Menschen-, menschliche(s) Wesen n; Mensch m; *the Supreme ~* das Höchste Wesen (Gott).

be|labo(u)r [bi'leibə] tr (ver)prügeln, verdreschen, mit Schlägen bearbeiten; *fig* herumreiten *(s.th.* auf etw); **~lated** [-'leitid] a verspätet; zu spät kommend *od* gekommen; **~lay** [-'lei] tr mar belegen; befestigen; anbinden; *~ Befestigen n* (e-s Kletterseils); *~ ~ there! (fam)* halt! genug! *~ ~ ing pin (mar)* Belegnagel m.

belch [beltʃ] itr rülpsen, aufstoßen; tr von sich geben, ausstoßen, auswerfen; *lit (Vulkan, Geschütz)* speien; s Aufstoßen, Rülpsen n; Auswurf m; *(Vulkan)* Ausbruch; *(Geschütz)* Donner m.

beldam(e) ['beldəm] *obs* alte(s) Weib n; Hexe; Xanthippe f.

beleaguer [bi'li:gə] tr belagern; *fig* heimsuchen; belästigen.

belfry ['belfri] Glockenturm, -stuhl m.

Belgi|an ['beldʒən] a belgisch; s Belgier(in f) m; **~um** ['-əm] Belgien n.

belie [bi'lai] tr belügen, hintergehen, täuschen; *(Versprechen)* nicht halten; *(Hoffnung)* nicht erfüllen; *Am* Lügen strafen; als falsch erweisen.

belie|f [bi'li:f] Glaube(n) m *(in* an) *a. rel*, Vertrauen n *(in* zu), Zuversicht; Meinung, Überzeugung f; *rel* Glaubenssatz m; *pl rel* Lehre f; *beyond, past*

believable 76 **belt**

all ~~ unglaublich; *to the best of o.'s* ~~ nach bestem Wissen u. Gewissen; *worthy of* ~~ glaubwürdig; **-vable** [-'li:vəbl] glaubhaft, glaublich; **-ve** [-'li:v] *itr* glauben (*in* an); *tr* trauen (*in, on* auf); überzeugt sein (*in* von); der Meinung sein (*that* daß); viel halten (*in* von), schwören (*in* auf); *tr* glauben; denken, meinen; halten für; *to make* ~~ behaupten; *I* ~~ meines Wissens; *I* ~~ *so* ich glaube, ja; *I* ~~ *not* ich glaube, nein; *would you* ~~ *it!* hätten Sie das für möglich gehalten! **-ver** [-'li:və] Gläubige(r *m*) *f*; *he is a great* ~~ er glaubt fest (*in* an); er hält viel (*in* von); er ist strenggläubig.

Belisha [bə'li:ʃə]: ~ *beacon* Pfosten *m* mit gelber Kugel (zur Kennzeichnung e-s Fußgänger-Überwegs).

belittl|e [bi'litl] *tr* verkleinern, herabsetzen, -würdigen, schmälern.

bell [bel] **1.** *s* Glocke, Schelle, Klingel *f*; Glockenschlag, -ton *m*, Klingelzeichen *n*; *mar* Glas; *tech* (*a. pl*) Läutewerk *n*, Wecker *m*; *allg* Glocke *f* (*glockenförmiger Gegenstand*); (Blüten-)Kelch *m*; *tr* glockenförmig gestalten; *to answer the* ~ an die Glastür gehen; die Tür öffnen; *to ring the* ~s die Glocken läuten; *to* ~ *the cat* (*fig*) der Katze die Schelle umhängen, sein Leben einsetzen; *the* ~ *rings* die Glocke läutet; *diving-*~ Taucherglocke *f*; *hand-*~ Tischglocke *f*; *sound as a* ~ gesund u. munter, kerngesund; **2.** *itr* (*Hirsch*) röhren; *s* Röhren *n*; **-ings** [-iŋz] *pl* Eingeweide, Gedärme *n pl*; **-bird** Glockenvogel *m*; **-boy**, (*Am sl*) **-hop** Hotelboy, Page *m*; **~ buoy** *mar* Glockenboje *f*; **-button**, **push** Klingelknopf *m*; **-flower** Glockenblume *f*; **-founder**, **-founding**, **-foundry** Glockengießer, -guß *m*, -gießerei *f*; **-metal** Glockenmetall, -gut *n*, -speise *f*; **-pull** Glocken-, Klingelzug *m*; **-ringer** Glöckner *m*; **-ringing** Glockenspiel *n*; **-rope** Glockenstrang *m*; **-shaped** glockenförmig; **-tent** Rundzelt *n*; **-tower** Glockenturm *m*; **-wether** Leithammel *a. fig*; *fig* Rädels-, Anführer *m*.

bell|adonna [belə'dɔnə] *bot* Belladonna, Tollkirsche *f*; **-e** [bel] Schönheit *f* (*Frau*), (Dorf-)Schöne *f*; **-es--lettres** [-'letr] *pl* schöne Literatur *f*; **-icose** [-ikous] kriegerisch, kampflustig; **-icosity** [-i'kɔsiti] Kriegslust *f*, kriegerische(s) Wesen *n*; **-ied** ['-id] *a* bauchig, ausgebaucht; **-igerence**, **-cy** [bi'lidʒərens(i)] Status *m* e-r kriegführenden Nation; kriegerisches(s) Wesen *n*; **-igerent** [bi'lidʒərənt] *a u. s* kriegführend (e Nation *f*); *the* ~~ *Powers* (*pl*) die kriegführenden Mächte *f pl*; **-ow** ['belou] *itr* brüllen; (*vor Schmerz*) heulen; (*vor Wut*) schreien, brüllen; (*Geschütz*) donnern; (*Donner*) (gr)ollen; *tr* (*to* ~ *forth*) herausbrüllen; *s* Gebrüll *n*; Geheul, Geschrei *n*; (*a. Geschütz-*) Donner *m*; **-ows** ['-ouz] *sing u. pl* (*pair of* ~~s) Blasebalg; *phot* Balg(en) *m*; Lunge *f*; **-y** ['beli] *s* Bauch(höhle *f*) *m*; Magen; Unterleib; *allg* Bauch *m*, Ausbauchung *f*; Mutterleib *m*; Innere(s) *n*; *tech* Unterseite *f*; *fig* Appetit *m*, Gier *f*; (*Violine*) Resonanzboden *m*; *aero sl* Fahrwerk *n*; *tr itr* (~~ *out*) (*bes. Segel*) schwellen; *with an empty* ~ mit hungrigem Magen; *to* ~~-*land*, *to land on the* ~~ (*aero*) bauchlanden; ~~-*ache* (;) Leibschmerzen *m pl*, *fam* Bauchweh *n*; *itr sl* mächtig jammern, klagen; ~~-*band* (*Pferd*) Bauchgurt *f*; ~~-*button* (*coll*) Nabel *m*; ~~*ful* Überfluß *m*; ~~ *landing* (*aero*), (*sl*) ~~ *flop* Bauchlandung *f*; ~~ *tank* (*aero*) Abwurfbehälter *m*.

belong [bi'lɔŋ] *itr* gehören (*to s.o.* jdm), das Eigentum sein (*to s.o.* jds); (*e-r Gemeinschaft*) angehören (*to* dat); dazugehören; gehören (*to*, (*Am*) *in* in, auf); *to* ~ *here* hergehören, am rechten Platz sein; *to* ~ *under*, *in* gehören zu (*e-r Klasse, Abteilung*); zukommen, gebühren (*to s.o.* jdm); *I* ~ *here* ich bin von hier; *where does that* ~? (*fam*) wohin gehört das? **-ings** [-iŋz] *pl* Eigentum *n*, Habe *f*, Sachen *f pl*; Zubehör *n od* Teile *n pl* (*e-r Sache*); *my* ~~ meine Habseligkeiten *f pl*.

beloved [bi'lʌv(i)d] *a* (innig-, heiß)geliebt (*of, by* von); *s* Geliebte(r *m*) *f*, Liebling *m*.

below [bi'lou] *prp* (*Ort, Rang, Wert*) unter; unterhalb *gen*; niedriger; geringer; *adv* unten; nach unten, abwärts, hinunter, hinab; niedriger im Rang; (*im Buch*) weiter unten *od* hinten; als Fußnote; flußabwärts; im Schiffsinnern; (*down*) ~ in der Hölle; (*here*) ~ (*obs poet*) hienieden; ~ *o.'s breath* ganz leise, im Flüsterton; ~ *his dignity*, ~ *him* unter s-r Würde; ~ *ground* unter der Erde; *im unter Tage*; ~ *the mark*, ~ *par* von geringer Qualität, nicht viel wert; nichts Besonderes; (*gesundheitlich*) nicht auf der Höhe, nicht auf dem Posten.

belt [belt] *s* Gürtel *a. allg*, Leibriemen *m*; *mil* Koppel *n*; Riemen; Streifen; Gurt(band *n*) *m*; *sport* Gürtellinie; (Landbau-)Zone *f*, (Anbau-)Gebiet *n*; *tech* Treibriemen *m*; *tr* um-, anschnal-

beltconveyor 77 **benefit**

len; *(Munition)* gurten; mit e-m (farbigen) Streifen umgeben; (mit e-m Riemen) verdreschen, verprügeln; *sl* abhauen: *to ~ up(sl)* die Klappe halten; *to hit below the ~* e-n Tiefschlag versetzen *(s.o.* jdm); *allg* unfair kämpfen; *to tighten o.'s ~* den Gürtel enger schnallen *a. fig; cotton, wheat ~* Baumwoll-, Weizengebiet *n; green ~* Grüngürtel *m (e-r Stadt); safety ~* Anschnall-, Sicherheitsgurt *m; ~ of high pressure* Hochdruckzone *f;* **~conveyor** Förderband *n;* **~ing** ['·iŋ] Riemen(leder *n) m pl; fig fam* Dresche *f;* **~line** *Am* Ringbahn, -straße *f;* **~loader** Bandlader *m.*

be|moan [bi'moun] *tr* beklagen, bedauern; **~muse** [-'mju:z] *tr* verwirren, durchea.bringen; *(mit Alkohol)* benebelt machen.

ben [ben] *adv scot* binnen; *s* innere(r) Raum *m (e-r Wohnhütte); but and ~* das ganze Haus.

bench [bentʃ]*s* (Sitz-)Bank *f;* Arbeitstisch *m,* Werkbank *f;* Berme *f,* Bankett *n; geogr* Leiste, *Am* Flußterrasse *f;* Richterstuhl *m,* -amt; Gericht(shof *m) n (King's, Queen's B~);* Richter(kollegium *n);* Gerichtsbeamte *m pl,* -personen *f pl; parl* Sitz *m,* (Minister-) Bank *f;* Ausstellungstisch *m (bei e-r Hundeausstellung); tr* mit Bänken ausstatten; auf e-e Bank setzen; *(Hunde)* ausstellen; *Am (Spieler)* hinausstellen; *(Blumen)* im Gewächshaus ziehen; *to be on the ~* Richter sein; *Am sport* zur Reserve gehören; *to be raised to the ~* zum Richter ernannt werden; *carpenter's ~* Hobelbank *f; testing ~* Prüfstand *m;* **~er** ['·ə] Vorstandsmitglied *n* e-s der vier 'Inn's of Court' in England; **~mark** Festpunkt *m;* **~test** Prüfstandversuch *m;* **~~warrant** richterliche(r) Haftbefehl *m.*

bend [bend] *irr bent, bent tr* biegen, beugen, knicken, krümmen; *(to ~ o.'s steps)* abbiegen *(from* von); *(Bogen)* spannen; *(Kopf)* wenden, neigen *(towards us* uns zu); *mar (Tau, Segel)* anknoten, zwingen, gefügig machen, *fig* lenken, richten *(to* auf); unterwerfen *(s.o. to o.'s will* jdn seinem Willen); *itr* sich biegen, sich beugen, sich neigen; sich krümmen; *fig* sich unterwerfen; *(Fluß, Straße, Bahn)* um-, abbiegen; sich wegwenden; *s* Biegung, Krümmung, Kurve *f; fig* Wendung, Richtung *f (d. Geistes); mar* (Kreuz-, Weber-)Knoten *m; tech* Kurvenstück, Knie *n,* Krümmer *m; pl* Höhen-, Tiefdruckkrankheit *f; pl mar* Krummhölzer *n pl; to be bent on doing* entschlossen sein zu tun;

to ~ back sich zurückbiegen; *to ~ before s.th.* sich beugen, nachgeben vor etw; *to ~ down* sich bücken; *to ~ every effort* alle Kräfte anspannen; *to ~ to it* sich an die Arbeit machen; *to ~ o.'s mind to* s-n Sinn, s-e Aufmerksamkeit richten auf; *to ~ o.'s steps* die Schritte lenken *(homeward* nach Hause); **~ed** *a* gebeugt; *on ~~ knees* kniefällig; **~er** ['·ə] Flachzange; *sl, bes. Am* Sauferei *f;* **~ing** ['·iŋ] Biegung *f,* Krümmen *n; (~~ at angles)* Abkröpfung *f; ~~ press* Biegepresse *f; ~~ strength, stress* Biegefestigkeit, -spannung *f;* **~~leather** Sohlenleder *n;* **~test** Biegeprobe *f.*

beneath [bi'ni:θ] **1.** *prp* (Ort u. Rang) unter, unterhalb; *fig* niedriger als, tiefer; *~ contempt, notice* nicht der Beachtung wert; *to marry ~ one* unter s-m Stande heiraten; *that's ~ him* das ist unter s-r Würde; **2.** *adv* (weiter) unten, tiefer; *on the earth ~* auf Erden, *obs* hienieden.

bene|dicite [beni'daisiti] Bitte *f* um Segen; Tischgebet *n;* **~dick** ['·dik] junge(r), *fam* frischgebackene(r) Ehemann *m;* **B-dictine** [-'dikt(a)in] *rel* Benediktiner(in *f); b~~* [-'dikti:n] Benediktiner(likör) *m;* **~diction** [-'dikʃən] Segen(sspruch) *m;* Bittgebet *n;* (Ein-) Segnung *f; fig* Segen *m;* **~faction** [-'fækʃən] Wohltat; (Geld-)Spende *f;* **~factor, ~tress** ['·fæktə, '·fæktris] Wohltäter(in *f);* Spender(in *f),* Förderer *m;* **~fice** ['·fis] *rel* Pfründe *f; hist* Lehen *n;* **~ficence** [bi'nefisns] Mildtätigkeit, Wohltätigkeit *f;* **~ficent** [bi'nefisnt] wohltätig; günstig wirkend; **~ficial** [beni'fiʃəl] gut, nützlich, vorteilhaft, *lit* heilsam *(to* für); wohltuend, gesund; *jur* den Vorteil genießend; *to be ~ to s.o.* jdm guttun, gut bekommen; *~~ owner* materielle(r) Eigentümer *m;* **~ficiary** [beni'fiʃəri] *a* Lehns-; Nutzungs-; *s jur* Begünstigte(r *m) f,* Nutznießer(in *f),* Erbe *m,* Erbin *f;* **~fit** ['·fit] *s* Wohltat; Gunst; (Bei-)Hilfe *f;* Nutzen, Vorteil, Gewinn *m; (finanzielle)* Unterstützung, Beihilfe *f;* (Versicherungs-)Leistung; *theat* Benefizvorstellung *f; (~~ of law)* Rechtswohltat *f; tr* fördern, nutzen, nützen, Gewinn bringen *(s.o.* jdm); von Nutzen, Vorteil, vorteilhaft, gut, gesund sein *(s.o.* für jdn); *itr* Nutzen ziehen *(by* aus), begünstigt sein, Gewinn, Vorteil haben *(by* durch); e-n Rechtsvorteil herleiten *(by* aus); *for the ~~ of* zum Nutzen, für; *to be of ~~* nützen, Nutzen bringen; *for pecuniary ~~* in gewinnsüchtiger Absicht; *for the public ~~* im öffentlichen Interesse; *to o.'s own ~~* seines

benevolence 78 **besom**

Vorteils wegen; *maternity* ~~ Wochengeld *n*, -hilfe *f*; *medical* ~~ freie ärztliche Behandlung; *sickness* ~~ Krankengeld *n*, -unterstützung *f*; *unemployment* ~~ Arbeits-, Erwerbslosenunterstützung *f*; *unjustified* ~~ ungerechtfertigte Bereicherung *f*; ~~ *clause* Begünstigungsklausel *f*; **~volence** [bi'nevələns] Güte *f*, Wohlwollen *n*; Wohltätigkeit *f*; **~volent** [bi'nevələnt] wohlwollend; wohltätig, hilfreich, hilfsbereit; ~~ *fund* Unterstützungsfonds *m*; ~~ *institution, society* Wohltätigkeitseinrichtung *f*, -verein *m*.

benighted [bi'naitid] *a* von der Nacht, Dunkelheit überrascht; *fig* unwissend.

benign [bi'nain] gütig, gutmütig, hilfsbereit, zuvorkommend, gefällig; *(Sache)* günstig; glücklich; dankbar; wohltuend, angenehm; zuträglich; *(Klima)* mild, günstig, gesund; *(Boden)* fruchtbar, ertragreich; *med* gutartig; **~ant** [-'nignənt] gütig, gutmütig; umgänglich, leutselig; *(Herrscher)* huldvoll; *(Einfluß)* wohltätig; *med* gutartig; **~ity** [-'nigniti] Güte, Gutmütigkeit; gute Tat, Wohltat *f*.

bent [bent] **1.** *s* Biegung, Krümmung; Kurve *f*; *tech* Knie *n*; *fig* Neigung *f*, Hang *m*; Begabung *f* (for zu, für); *a* versessen (*on* auf); gekrümmt; *(Röhre)* abgeknickt; *(Nagel)* verbogen; *sl* unehrlich, geklaut; *to (at) the top of o.'s* ~ aus Leibeskräften; nach Herzenslust; *to follow o.'s* ~ s-n Neigungen nachgehen; ~ *out of shape* verbogen; **2.** *(~ grass)* Riedgras *n*.

benumb [bi'nʌmb] *tr (bes. Kälte)* erstarren lassen; *fig* betäuben, lähmen, widerstandslos machen; **~ed** *a* steif (gefroren), (er)starr(t) *(with cold* vor Kälte); *fig* benommen, wie gelähmt.

benz|ene ['benzi:n] *chem* Benzol *n*; ~~ *ring (chem)* Benzolring *m*; **~ine** [-] Benzin *n (bes. a. Reinigungsmittel, a. aero)*; **~(o)-, ~oic** [-'zouik] *a chem* Benzoe-; **~oin** ['-ouin] Benzoe(harz *n*) *f*; **~ol(e)** ['benzɔl, -oul] Benzol *n*.

beque|ath [bi'kwi:ð] *tr* vererben, vermachen; hinterlassen *(to s.o.* jdm) *a. fig*; **~st** [-est] Vermächtnis *n*, Hinterlassenschaft *f*.

be|rate [bi'reit] *tr bes. Am* ausschimpfen, schelten, herunterputzen; **~reave** [-'ri:v] *a. irr* bereft, bereft bes. *fig tr* berauben, *(s.o. of his life, hope* jdm das Leben, die Hoffnung) nehmen, rauben; **~reaved** [-'ri:vd] *a* leidtragend, hinterblieben; *fig* verwaist; **~reavement** [-'ri:vmənt] Trauerfall; schmerzliche(r), herbe(r) Verlust *m*.

beret ['berei, -ət] Baskenmütze *f*.

berg [bə:g] Eisberg; *(Südafrika)* Berg *m*.

beriberi ['beri'beri] *med* Beriberi *f (Mangelkrankheit)*.

Ber|kshire ['bɑ:kʃiə] *(engl. Grafschaft)*; **~lin** [bə:'lin] Berlin *n*; *hist* Berline *f (Reisewagen)*; ~~ *black* schwarze(r) Eisenlack *m*; ~~ *blue* Berliner Blau *n*; ~~ *gloves (pl)* Strickhandschuhe *m pl*; ~~ *wool* (feine, gefärbte) Strickwolle *f*.

berm [bə:m] *Am* Berme *f*, Böschungsabsatz; *mil* Schützenauftritt *m*.

berry ['beri] *s bot* Beere *f*; (Getreide-)Korn, *zoo* Hummerei *n*; *itr (Pflanze)* Beeren ansetzen; Beeren sammeln.

berth [bə:θ] *mar s* Anlege-, Liege-, Ankerplatz *m*; *mar* Helling; *mar* Offiziersmesse *f*; *mar* Koje *f*; *mar rail aero* Liegeplatz *m*, Bett *n*; *fam* Stelle, (An-) Stellung *f*, Job *m*; *tr (Schiff)* festmachen; docken; unterbringen *(s.o.* jdn); *to give s.th. a wide* ~ sich etw vom Halse halten; um etw e-n weiten Bogen machen; **~-deck** Zwischendeck *n*.

beryl ['beril] *min* Beryll *m*; **~lium** [be'riljəm] *chem* Beryllium *n*.

be|seech [bi'si:tʃ] *irr* besought, besought, *Am a.* **~ed**; *tr (Person)* ersuchen, anflehen *(for* um); *(Gunst)* erbitten; **~seeching** *a* flehentlich; **~seem** [-'si:m] *itr imp* sich ziemen, sich schicken *(to s.o.* für jdn); **~set** [-'set] *irr beset*, *beset tr* umgeben, einschließen; *mil* belagern; besetzen *(with gems* mit Edelsteinen); *(Platz)* einnehmen; *(Straße)* blockieren; *(Menschen)* einengen, bedrängen; einstürmen auf, bestürmen *(with* mit); *(Schwierigkeiten)* sich häufen, sich türmen bei, um; **~setting** immer wiederkehrend, unausrottbar; ~ *sin* Gewohnheitssünde *f*.

beside [bi'said] *prp (örtlich)* neben, (nahe) an, bei, dicht bei, in der Nähe *gen*; außer, dazu; weit entfernt von; *fig* neben, verglichen mit; *adv* außerdem, dazu; *to be* ~ *o.s. with rage* vor Wut außer sich sein; *that is* ~ *the mark, point, question* das hat nichts mit der Sache zu tun; **~s** [-z] *prp* außer, neben; abgesehen von; *adv* außerdem, ferner, (noch) dazu, des weiteren, überdies, sonst.

be|siege [bi'si:dʒ] *tr mil* belagern *a. fig*; sich drängen *(s.o.* um jdn); *fig* bestürmen *(with questions* mit Fragen); **~smear** [-'smiə] *tr* beschmieren, beschmutzen, besudeln; **~smirch** [-'smə:tʃ] *tr* beschmutzen, besudeln *(meist fig)*.

besom ['bi:zəm] *s u. tr* (mit e-m) (Reiser-)Besen *m* (fegen); *scot pej* Weib(sbild, -stück) *n*.

be|sot [bi'sɔt] *tr* den Verstand rauben *od* nehmen (*s.o.* jdm), verdummen; e-n Rausch anhängen (*s.o.* jdm); *lit* betören; **~sotted** *a* betrunken, betäubt; betört; vernarrt (*on* in); **~spatter** ['-spætə] *tr* bespritzen, *fig* überschütten; verleumden; **~speak** ['-spi:k] *irr bespoke, bespoke(n) tr* absprechen, festmachen, vergeben; *Br* (vor)bestellen, vormerken (lassen), belegen; erscheinen lassen, ausweisen als; zeigen, verraten, weisen auf; ahnen lassen; **~spoke** ['-spouk] *a Br* Maß-; **~~** *tailor* Maßschneider *m*; **~sprinkle** ['-spriŋkl] *tr* besprengen, bestreuen, bespritzen (*with* mit).

Bess|(y) [bes(i)] Lieschen *n*; **~emer** ['besimə]: **~~** *converter, process, steel (tech)* Bessemerbirne *f*, -verfahren *n*, -stahl *m*.

best [best] **1.** *a* (*Superlativ von good*) best; *the ~, die, das* Beste; *the ~* die Besten; *the ~ of s.th.* das Beste an e-r S; *at ~* bestenfalls, höchstens; *at the ~* hand aus erster Hand, günstig; *for the ~* in bester Absicht; *in o.'s (Sunday) ~* im Sonntagsstaat; *to the ~ of o.'s belief, of o.'s knowledge* nach bestem Wissen; *to the ~ of o.'s power, ability* so gut man kann; *with the ~* so gut wie nur einer; *to be at o.'s ~* ganz auf der Höhe sein, sich von s-r besten Seite zeigen; *to do o.'s (level) ~* sein Bestes, möglichstes tun; tun, was man kann; *to get the ~ of s.o. (Am)* jdm überlegen sein; jdn übers Ohr hauen; *to have, to get the ~ of it (fig)* den Vogel abschießen; das Beste wegkommen; *to make the ~ of it* den Kopf oben behalten, sich nicht unterkriegen lassen; das Beste aus der Sache herausholen; sich damit abfinden; *to put o.'s ~ foot od leg foremost od forward* gehen, so schnell man kann; *fig* sein Bestes tun; tun, was man kann; *the ~ is the enemy of the good (prov)* das Bessere ist der Feind des Guten; *the very ~* der, die, das Allerbeste; *the ~ girl (sl)* die Liebste; *~ man* Brautführer *m*; *the ~ part of s.th.* das meiste von e-r S; **~-seller** Bestseller *m*, Erfolgsbuch *n*; *allg* Kassenschlager *m*; *the ~ thing to do* das Beste, was man tun kann; **2.** *adv* (*Superlativ von well*) am besten, aufs beste, bestens, auf die beste Weise; am meisten; *to like ~* am liebsten mögen; *you had ~ (inf)* du würdest am besten, du solltest *inf*; **3.** *tr fam* übertreffen, übertrumpfen; hereinlegen.

bestial ['bestjəl] tierisch; unmenschlich; bestialisch, roh, wild; triebhaft, animalisch; **~ity** [-i'æliti] Bestialität, Brutalität, Roheit, Wildheit; Triebhaftigkeit *f*; **~ize** ['-əlaiz] *tr* vertieren, verrohen lassen.

be|stir [bi'stə:] *tr* aufmuntern, Leben bringen (*s.o.* in jdn); *to ~~ o.s.* sich rühren, sich regen, sich ermuntern; **~stow** ['-stou] *tr* geben, schenken, verleihen (*s.th. on s.o.* jdm etw); widmen (*much time on s.th.* e-r S viel Zeit); an-, verwenden, benutzen; (*Wohltat*) erweisen (*upon s.o.* jdm); (*Bedeutung*) beilegen; **~stowal** ['-stouəl] Verleihung, Übertragung *f*; **~strew** ['-stru:] *irr bestrewed, bestrewed od bestrewn tr* bestreuen (*with* mit); verstreut liegen (*the street* auf der Straße), **~stride** ['-straid] *irr bestrode, bestridden od bestrid, bestrode tr* zwischen die Beine nehmen, zwischen den Beinen haben; mit gespreizten Beinen stehen auf; sich rittlings setzen auf; (*Pferd*) besteigen, reiten; hinüberschreiten, e-n Schritt machen über.

bet [bet] *a. irr bet(ted), bet(ted) tr* wetten, setzen (*on* auf; *against* gegen); *itr* e-e Wette machen *od* abschließen (*on, against* gegen; *with* mit); *s* Wette *f*; Wettbedingungen *f pl*; Wetteinsatz, gewettete(r) Betrag; Gegenstand *m*, Tier *n*, Person *f*, auf die gewettet wird; *to lay od make, to hold od take (up) a, to lose a ~* e-e Wette machen *od* abschließen, annehmen, verlieren; *you ~ (sl), you can ~ your bottom dollar (fam)* darauf können Sie Gift nehmen! sicherlich! *I ~ you (ten to one) that* ich wette mit Ihnen (zehn gegen eins), daß; *heavy ~* hohe Wette *f*.

be|take [bi'teik] *irr betook, betaken tr: to ~~ o.s.* sich begeben; s-e Zuflucht nehmen (*to* zu), sich wenden (*to* an); sich zuwenden (*to s.th.* e-r S); *to ~~ o.s. to o.'s heels* Reißaus nehmen, das Weite suchen; **~tatron** ['bi:-, *Am* 'beitətrɔn] Betatron *n*, Elektronenschleuder *f*; **~think** ['-θiŋk] *irr bethought, bethought tr: to ~~ o.s.* sich bedenken, überlegen; *that* daran denken, daß; *of* sich besinnen auf, sich erinnern an; vorhaben, ins Auge fassen; **~tide** ['-taid] *tr* geschehen (*s.o.* jdm); (*fast nur noch in:*) *woe ~~ me* wehe mir, dir! *itr: whate'er ~~!* was immer geschieht! **~times** ['-taimz] *adv* beizeiten, (recht)zeitig, früh(zeitig); bald; **~token** ['-toukən] *tr* be-, andeuten, anzeigen, -künden, voraussagen.

be|tray [bi'trei] *tr* verraten (*a. unabsichtlich*) (*to* an); (*Geheimnis*) preisgeben; (*Mängel*) sichtbar machen,

betrayal 80 **beyond**

sehen lassen, hinweisen auf; zeigen; irre-, verführen, -leiten (*into* zu); enttäuschen; *(Vertrauen)* mißbrauchen; *(Versprechen)* nicht halten; untreu werden (*s.o.* jdm); *to ~~ o.s.* sich verraten; zeigen, was e-r ist; **~trayal** [-'treiəl] Verrat, Treubruch *m* (*of* an); *~~ of confidence* Vertrauensbruch *m*; *~~ of trust* Untreue *f*; **~troth** [-'trouθ] *tr lit* verloben (*to* mit); **~trothal** [-'trouðəl] Verlobung *f*, Verlöbnis *n*; **~trothed** [-'trouðd] *a* verlobt; *s* Verlobte(r *m*) *f*.

bett|er, **~or** ['betə] Wettende(r) *m*; **~ing** ['-iŋ] Wetten *n*; **~~book** Wettbuch *n*; **~~-man** (gewohnheitsmäßig *od* Berufs-)Wettende(r) *m*; **~~-office** Wettbüro *n*; **~~-slip** Wettschein *m*.

better ['betə] **1.** *a (Komparativ von good)* besser; über, mehr (*than* als); **2.** *s das Bessere*; *one's ~s* die Höherstehenden; *for ~ for worse* in Freud u. Leid; gleich wie, *fam* so oder so; *to change for the ~* sich zum Besseren wenden; *to do, to be ~ than o.'s word* über sein Versprechen hinausgehen; *to feel ~* sich besser, wohler fühlen; *to get the ~ of* besiegen; übertreffen; übervorteilen, übers Ohr hauen; *to have seen ~ days* bessere Tage gesehen haben; *I am getting ~ now* es geht mir (*gesundheitlich*) (wieder) besser; *he is my ~* er ist mir überlegen; *he is ~ off* es geht ihm (*wirtschaftlich*) besser; *I know ~* das weiß ich besser; da lasse ich mir nichts vormachen; *no ~ than* nicht(s) Besser(es) als; im Grunde; *o.'s ~ feelings* das bessere Ich; *o.'s ~ half (hum)* die bessere Hälfte, (Ehe-)Frau *f*; *~ and ~* immer besser; *all the ~*, *so much the ~* um so, desto besser; *~ off* besser daran; wohlhabender, reicher; *the longer the ~* je länger, je lieber; *the sooner the ~* je eher, desto besser; *the ~ part, half of* der größere Teil *gen*, mehr als die Hälfte; **3.** *adv (Komparativ von well)* besser; *fam* mehr; *~ and ~* mehr u. mehr; *to like ~* lieber haben, vorziehen; *you had ~ go, you ~ go now* du tätest besser, jetzt zu gehen; es wäre besser für dich, wenn du jetzt gingest; geh lieber; *you had ~ not!* das will ich dir nicht geraten haben! **4.** *tr* (ver)bessern; steigern; vervollkommnen; (es) besser machen als, übertreffen; *to ~ o.s.* sich (beruflich) verbessern; vorwärtskommen; **~ment** ['-mənt] (Ver-)Besserung *f*, (Wert-)Steigerung *f*, Zuwachs *m*; *Am* Melioration *f*.

between [bi'twi:n], *obs lit* **betwixt** [-'twikst] *prp (zeitlich, der Menge u. dem Grade nach)* zwischen, unter; *adv* dazwischen, darunter; *betwixt and ~ (fam)* halb u. halb; *far ~* in großen Abständen; *few and far ~ (fig)* dünn gesät; *in ~ (prp)* (in der Zeit) zwischen; inmitten; *adv* dazwischen, darunter; mitten drin; *~~-us, you, them* zusammen, gemeinschaftlich; *~ you and me, ~ ourselves* unter uns (gesagt); *to stand ~* e-e vermittelnde Rolle spielen, vermitteln; *there's often a slip ~ the cup and the lip (prov)* es kommt oft anders, als man denkt; *go-~* Vermittler(in *f*) *m*; *something ~* ein Zwischending; **~times**, *Am*, **~whiles** *adv* dann u. wann.

bev|el ['bevəl] *s tech* Schrägfläche, Abschrägung, schräg geschliffene Kante, Fase, Gehrung; Schmiege *f*, Schrägmaß *n*, Schräg-, Stellwinkel *m* (*Gerät*); *a* schiefwinkelig; schräg; *tr (Kante)* abschrägen, schräg schleifen, abkanten; *~~ wheel* Kegelrad, Ritzel *n*; **~erage** ['-əridʒ] Getränk *n*; **~y** ['bevi] Gesellschaft *f* (*bes. von Frauen*), Schar (*Mädchen*); *(Gegenstände)* Sammlung *f*; *(Vögel)* Schwarm *m*, Volk *n*, Kette *f*, Flug *m*.

be|wail [bi'weil] *tr* beklagen, bejammern; *itr* (weh)klagen, trauern (*for* um); **~ware** [-'wɛə] (*nur Imperativ u. inf*): *~~ what you say* gib acht auf das, was du sagst; *~~ of the dog!* Achtung-bissiger Hund! *~~ of imitations!* vor Nachahmungen wird gewarnt! *~~ of pickpockets!* vor Taschendieben wird gewarnt! **~wilder**[-'wildə] *tr* verwirren, verwirrt, verlegen machen, durchea.-, in Verlegenheit bringen; **~wildered** *a* verwirrt; verblüfft; **~wildering** [-riŋ] verwirrend, verblüffend; **~wilderment** [-mənt] Verwirrung, Verlegenheit; Verblüffung *f*; *in ~~* verwirrt, verlegen; **~witch** [-'witʃ] *tr* verzaubern, verhexen; *fig* bezaubern, ganz (für sich) einnehmen, faszinieren; **~witching** [-iŋ] bezaubernd, hinreißend, unwiderstehlich.

beyond [bi'jɔnd] *prp* jenseits *gen*, über ...hinaus *a. fig*; außerhalb *gen*; weiter als; *(örtlich)* nach; *(zeitlich)* länger als (bis), später als; mehr als; außer, neben; *adv* jenseits; darüber hinaus; *s the ~* das Jenseits; *at the back of ~ (fam)* am Ende der Welt; *~ belief* unglaublich, unglaubwürdig; *~ compare* über jeden Vergleich erhaben; unvergleichlich; *~ control* unkontrollierbar; *~ dispute* über jeden Zweifel erhaben; *~ endurance* unerträglich; *~ hope* hoffnungslos; *~ imagination* unvorstellbar; *~ measure* maßlos; unermeßlich; *~ the memory of men* in un-

bezel ['bezl] (*Meißel*) Schneide; (*geschliffener Edelstein*) Facette; Rille *f* (*in Fassungen*); *tech* Fenster *n*.

bi [bai] *pref* Zwei-, Doppel-; **~annual** halbjährlich; **~monthly** alle zwei Monate (*erscheinend*); **~weekly** zweimal wöchentlich *od* alle 14 Tage (*erscheinend*).

bias ['baiəs] *s* schräge Linie *od* Fläche *f*, Schrägstreifen *m*; Schräge, Abschrägung, Neigung; (*Kegelkugel*) schiefe(r) Lauf *m*; *fig* Neigung *f*, Hang *m* (*towards* zu), Vorliebe *f* (*towards* für); Befangenheit, Parteilichkeit; Abneigung *f*, Vorurteil *n* (*against* gegen); *a* schräg, schief, quer verlaufend; (*Textil*) mit Schrägstreifen; *tr* beeinflussen, in e-e bestimmte Richtung lenken; einnehmen (*to* für); *el* vorspannen, vorbelasten; *free from* ~, *without* ~ unvoreingenommen, unparteiisch; **~(sed** ['-t] *a fig* voreingenommen, (**parteiisch** (*against* gegen), befangen; *to be* ~~ ein Vorurteil haben (*against* gegen).

bib [bib] **1.** *itr* viel trinken; **2.** *s* (Schlabber-)Lätzchen *n* (*für Kinder*); (Schürzen-)Latz *m*; *best* ~ *and tucker* (*fam*) Sonntagsstaat *m*; **~ber** ['-ə] (Gewohnheits-)Trinker *m* (*bes. in Zssgen*); *wine-*~~ Weintrinker *m*; **~bing** ['-iŋ] Trinken *n* (*bes. in Zssgen*); *beer-*~~ Biertrinken *n*; **~cock** Zapfhahn *m*.

Bibl|e ['baibl] Bibel *f a. fig*; **~~-Christian**, *-reader*, *-society* Bibelchrist, -leser *m*, -gesellschaft *f*; **b~ical** ['biblikəl] biblisch; Bibel-.

biblio ['bibliə] *pref* Buch-, Bibel-; **~grapher** [-'ɔgrəfə] Bibliograph, Bücherkenner *m*; **~graphic(al)** [-o'græfik(əl)] bibliographisch; **~graphy** [-'ɔgrəfi] Bibliographie, Bücherkunde *f*; **~mania** [-o'meinjə] Bibliomanie *f*; **~maniac** [-o'meinjæk] Bibliomane, Büchernarr *m*; **~phil(e)** ['-ofail, -fil] Bibliophile, Bücherfreund *m*.

bibulous ['bibjuləs] trunksüchtig.

bicarbonate [bai'ka:bənit] Bikarbonat *n*; ~ *of soda* (doppeltkohlensaures) Natrium *n*.

bicenten|ary [baisen'ti:nəri] *s* Zweihundertjahrfeier *f*; *a* Zweihundertjahr-; **~nial** [-'tenjəl] zweihundertjährig.

biceps ['baiseps] *anat* Bizeps *m*.

bi|chloride [bai'klɔ:raid] *chem* Bichlorid *n*; **~chromate** [-'kroumit] *chem* Dichromat *n*; ~ *of potash* doppeltchromsaure(s) Kali *n*.

bicker ['bikə] *itr* (sich herum)zanken, keifen; rasseln, rascheln; (*Wasser*) plätschern; (*Flamme*) lodern, flakkern; (*Licht*) blinken; *s* u. **~ing** ['-riŋ] Gezänk *n*.

bicycl|e ['baisikl] *s* (Fahr-)Rad *n*; *itr* radfahren, radeln = *to ride* (*on*) *a* ~~; ~~ *frame*, *tyre*, *tube* Fahrradgestell *n*, -decke *f*, -schlauch *m*; **~ist** ['-ist] Radfahrer(in *f*) *m*.

bid [bid] *irr bad*(*e*), *bidden* (*in der Bedeutung befehlen*, *entbieten*); *sonst*: *bid*, *bid*; *tr* (*Preis*) bieten; (*Kartenspiel*) bieten, melden, reizen; *itr* ein (Preis-An-)Gebot machen; *tr lit* gebieten, befehlen (*s.o. do* jdn tun), heißen (*s.o. do* jdn tun); (*Gruß*) entbieten; *obs* einladen; *s* (*Auktion*) Gebot; (*Börse*) Geld; Lieferungs-, Preisangebot *n*; *Am fam* Einladung *f*; (*Karten*) Reizen *n*; Versuch *m*, Bewerbung, Bemühung *f* (*for* um); *to* ~ *against s.o.* jdn überbieten; (*Kartenspiel*) reizen; *to make a* ~ bieten, ein Gebot machen; *for s.th.* auf etw bieten; etw zu erlangen, für sich etw zu sichern suchen; sich um etw bewerben; *fair* (viel) versprechen, zu (großen) Hoffnungen berechtigen; *to* ~ *up* (*Ware im Preis*) hochtreiben; *to* ~ *s.o. welcome* jdn willkommen heißen; *nearest*, *highest*, *lowest* ~ Nächst-, Höchst-, Mindestgebot *n*; **~dable** ['-əbl] willig, gehorsam; (*Bridge*) bietbar; **~der** ['-ə] (*Auktion*) Bieter; Bewerber *m*; **~ding** ['-iŋ] (*Auktion*) Gebot; Gebot, Geheiß *n*, Befehl *m*; Lieferungsangebote *n pl*; *to do s.o.'s* ~~ jdm gehorchen, jds Befehl ausführen; **~dy** ['-i] *Am* Küken, Hühnchen *n*.

bide [baid] *tr irr bode* (*in der Bedeutung ertragen*, *obs*); *obs poet für abide*; *to* ~ *o.'s time* s-e Zeit, Gelegenheit abwarten.

biennial [bai'enjəl] *a* zweijährig; alle zwei Jahre stattfindend; *s* zweijährige Pflanze *f*.

bier [biə] (Toten-)Bahre *f*.

biff [bif] *s sl* tüchtige(r) Schlag, Hieb, Denkzettel *m*; *tr* e-n Denkzettel verpassen (*s.o.* jdm), verprügeln; schlagen.

bi|filar ['bai'failə] *tech* bifilar, doppelfädig, -adrig; **~focal** ['·'fouk(ə)l] Bifokal-; mit doppeltem Brennpunkt, mit zwei Brennweiten; **~~ spectacles** u. *s pl* Bifokalgläser *n pl*; **~furcate** ['-'fə:keit] *tr itr* (sich) gabeln; sich verzweigen; *a* ['-it] gegabelt; **~furcation** [-fə:'kei∫ən] Gabel(ung) *f allg*.

big [big] *a* groß, dick; groß, erwachsen, laut; groß, bedeutend, wichtig; großzügig, -mütig, edel(mütig), vornehm; hochmütig, anmaßend, hochfahrend; schwanger, trächtig; *Am fam* großartig, gewaltig, trefflich; ~ *with* voller, voll von; *adv* aufgeblasen, großspurig; ~ *with young (Tier)* trächtig; ~ *with child (Frau)* schwanger; ~ *with fate (fig)* unheilschwanger; ~ *with importance, significance* bedeutungsvoll; ~ *with pride* aufgeblasen; *to look ~ (fig)* von oben herab sehen; die Nase hoch tragen; *to talk ~* angeben, den Mund voll nehmen; große Töne reden; *he has grown, got too ~ for his boots (sl)* ihm ist was in den Kopf gestiegen; **~ bug, noise** *(sl)*, *(Am sl)* **dog, fish, shot** hohe(s) Tier *n*; **~ business** Großindustrie *f*; **~ game** Hochwild; *sport* Entscheidungsspiel *n*; **~ head** *Am* Großkopfete(r) *m*; *fam* Einbildung *f*; **~-hearted** *a* großherzig; **~ horn** (amerik.) Dickhornschaf *n*; **~ idea** *Am fam* gute, großartige Idee *f*; **~ness** ['-nis] Größe; Dicke *f*; Umfang *m*; *fig* Aufgeblasenheit *f*; **~ stick** *Am* die nötigen Mittel *n pl*, Macht *f*; **~(-)time** *attr Am fam* groß, gewaltig, einflußreich; **~~ operator** *(Am)* Großschieber, Konjunkturritter *m*; **~ toe** große Zehe *f*; **~ top** *Am (Zirkus)* Hauptzelt *n*; **~ wheel** Riesenrad *n*; **~ wig** *fam fig* große(s) Tier *n*.

bigam|ist ['bigəmist] Bigamist *m*; **~ous** [-əs] bigamisch; **~y** ['-i] Bigamie, Doppelehe *f*.

bight [bait] *geog* Bucht; *(Tau)* Bucht; *(Fluß)* Schleife *f*.

bigot ['bigət] engstirnige(r) Mensch; Fanatiker; blinde(r) Anhänger; *rel* Frömmler *m*; **~ed** ['-id] *a* engstirnig; fanatisch; scheinheilig; **~ry** ['-ri] Engstirnigkeit *f*; Fanatismus *m*; Frömmelei *f*.

bike [baik] *s fam* (Fahr-)Rad *n*; *itr* radeln.

bikini [bi'ki:ni] Bikini, zweiteilige(r) Badeanzug *m*.

bi|labial [bai'leibiəl] *gram* bilabial; **~labiate** [-ət] *bot* zweilippig; **~lateral** [-'lætərəl] bilateral, zweiseitig *(bes. a. pol)*; gegenseitig, wechselseitig; **~~ trade agreement** zweiseitige(s) Handelsabkommen *n*.

bilberry ['bilbəri] Heidel-, Blaubeere *f*; red ~ Preiselbeere *f*.

bile [bail] *physiol* Galle *f*; *fig* bittere(s) Gefühl *n*, Ärger *m*; schlechte Laune *od* Stimmung *f*; **~-duct** *anat* Gallengang *m*.

bilge [bildʒ] *s mar* Bilge *f*, Kiel-, Lagerraum; Faßbauch *m*; *(Schiff)* Bilgenwasser *n (~-water)*; *sl fig* Quatsch, Blödsinn *m*; *tr (Schiff)* leck machen; *itr* leck werden; *tr (itr* sich) ausbauchen.

bili|ary ['biljəri] *scient* Gallen-; **~ous** [-əs] Gallen-; *fig (Mensch)* gallig, reizbar; übellaunig; trübsinnig; **~~ attack** Gallenanfall *m*, -kolik *f*.

bilingual [bai'liŋgwəl] zweisprachig.

bilk [bilk] *tr* betrügen; täuschen, beschwindeln; *(Rechnung)* nicht bezahlen; *s* Betrug, Schwindel; Betrüger, Schwindler *m*; **~er** ['-ə] (Zech-)Preller, Betrüger *m*.

bill [bil] **1.** *s* Schnabel *m (bestimmter Vögel)*; Landzunge; *mar* Spitze *f (des Ankerflügels)*; *agr* Hippe *f*, Gartenmesser *n*; *itr* sich schnäbeln; *to ~ and coo (fig)* mitea. liebkosen. **2.** *s* Rechnung; Faktur(a), Nota; Mitteilung, Benachrichtigung *f*; Schein *m*, Bescheinigung *f*; Anschlag(zettel) *m*, Plakat *n*, (Hand-)Zettel *m*; *(Theater-, Konzert-)*Programm; Verzeichnis *n*, Liste *f*; *jur* Schriftsatz, Antrag *m*, Eingabe; *bes.* Klageschrift *(~ of indictment)*; Gesetzesvorlage *f*, -entwurf; *com (~ of exchange)* Wechsel *m*, Tratte; Anweisung *f*; *Am (bank, Treasure~)* Banknote *f*, Geldschein *m*; ~ *toe* große Zehe *f*; **~** *pl* Wechselbestand *m*; *tr* durch Anschlag *od* Plakate bekanntmachen, -geben; anschlagen; mit Plakaten, Anschlägen bekleben; *(Liste)* aufstellen; in e-e Liste eintragen; *(to ~ for)* in Rechnung stellen, fakturieren; *to accept a ~* e-n Wechsel akzeptieren; *to cash, to honour a ~* e-n Wechsel einlösen; *to draw a ~ on s.o.* e-n Wechsel auf jdn ziehen; *to fill the ~ (fam)* alle Erwartungen erfüllen; *to foot the ~ (fam)* aufkommen für; *to issue, to negotiate a ~* e-n Wechsel begeben, in Umlauf setzen; *to pass a ~* ein Gesetz verabschieden; *to refer a ~ to a committee* e-n Gesetzentwurf e-m Ausschuß überweisen; *to reject a ~* e-n Gesetzentwurf ablehnen; *to table a ~* e-n Gesetzentwurf einbringen; *to stick a ~* e-n Zettel, ein Plakat ankleben; *post, stick no ~s* Ankleben

billboard — bind

verboten; *the ~, please* bitte, zahlen! *drawing, drawer, drawee of a ~* Wechselausstellung *f*, -aussteller, -bezogene(r) *m*; *hotel ~* Hotelrechnung *f*; *pay-~* Lohnliste *f*; *theatre ~ (theat)* Spielplan *m*; *Treasury ~* Schatzanweisung *f*; *~ of carriage, of freight* Frachtbrief, Ladeschein *m*; *~ of charges* Kosten-, Gebührenrechnung *f*; *~ in circulation* laufende(r), in Umlauf befindliche(r) Wechsel *m*; *~ of consignment, of lading, shipping ~* Seefrachtbrief, -ladeschein *m*, Konnossement *n*; *~ of costs* Kosten-, Spesenrechnung *f*; *~ of credit* Kreditbrief *m*, Akkreditiv *n*; *~ of debt* Schuldbrief *m*, -anerkennung *f*; *~ of delivery* Lieferschein *m*; *~ of entry* Zolleinfuhrerklärung, -deklaration *f*; *~ of fare* Speisekarte; Speisenfolge *f*, Menü; *fig* Programm *n*; *~ of health* Gesundheitsbescheinigung *f*, -paß *m*, Attest *n*; *~ of quantities (arch)* Kostenvoranschlag *m*; *~ of review (jur)* Berufung *f*; *~ of rights (pol)* verfassungsmäßig garantierte Grundrechte *n pl*; *~ of sale* Kaufvertrag *m*; *~* Übertragungsurkunde *f*; *~ at sight, sight ~* Sichtwechsel *m*; **~board** Anschlag-, Plakattafel *f*; **~ book** Wechseljournal, Akzeptbuch *n*; *Am* Brieftasche *f*; **~ broker** Wechsel-, Diskontmakler; Geldwechsler, -makler *m*; **~ debt(or)** Wechselschuld(ner) *m*; **~ discount (rate)** Wechseldiskont(satz) *m*; **~ fold** *Am* Brieftasche *f*; **~ forger** Wechselfälscher *m*; **~ forgery** Wechselfälscherei *f*; **~ holder** Wechselinhaber *m*; **~ing** ['-iŋ] Fakturierung *f*, Ausstellen *n* der Rechnung; Zettelankleben *n*; Liste, Reihenfolge *f* der Schauspieler auf e-m Anschlag; **~ jobbing** Wechselreiterei *f*; **~ poster, sticker** Plakat-, Zettelankleber *m*; **~ posting** Plakatankleben *n*; **~ protest** Wechselprotest *m*; **~ rate** Wechselkurs *m*; **~ surety** Wechselbürgschaft *f*; **~ wallet** (Geld-)Brieftasche *f*; Wechselbestand *m*.

billet ['bilit] **1.** *s mil* Quartierschein *m*; (Privat-)Quartier *n*; (Orts-)Unterkunft, Unterbringung *f*; Bestimmungsort *m*; Gebiet *n*, Raum *m*; *fam* Stellung, Arbeit *f*; *tr* einquartieren, unterbringen (*on s.o.* bei jdm; *in, at* in); ein Quartier stellen (*s.o.* jdm); *(Haus, Ort)* belegen; *to ~ out* ausquartieren; **~-command** Quartiermacherkommando *n*; **~ee** ['-'ti:] Einquartierte(r) *m*; *pl* Einquartierung *f*; **~ing** ['-iŋ] Einquartierung; Belegung; Unterbringung *f*; **~~ area** Unterkunftsbereich *m*; **~~ office** Quartieramt *n*; **~~ order, paper, slip** Quartierschein *m*; **~~ strength** Belegungsstärke *f*; **2.** (Holz-)Scheit *n*; Knüppel, (kleiner) Metallbarren *m*.

billhook ['bilhuk] *agr* Hippe *f*; *mil* Faschinenmesser *n*.

billiard ['biljəd] *a* Billard-; *s pl mit sing* Billard(spiel) *n*; *a game of ~s* e-e Partie Billard; **~ball** Billardkugel *f*; **~cloth** Billardtuch *n*; **~ cue** Queue *n*, Billardstock *m*; **~ marker** Markör *m* **~table** Billard(tisch *m*) *n*.

billingsgate ['biliŋzgit] gemeine Schimpfwörter *n pl*, schwere Beleidigung *f*.

billion ['biljən] Billion; *Am* Milliarde *f*; **~aire** ['-ɛə] *Am* Milliardär *m*.

billow ['bilou] *s* Woge, (Sturz-)Welle *f* *a. fig*; *(Rauch)* Schwaden *m*; *poet* Meer *n*, See *f*; *itr* wogen; sich (auf-)türmen; in Schwaden aufsteigen; **~y** ['-i] *a* wogend; *(Flammen)* flackernd; *(Rauch)* in Schwaden aufsteigend.

Billy ['bili] Willi; *b-* *(Australien)* Zinnkessel *(zum Abkochen)*; *Am* Gummiknüppel *m*; **b-cock** *fam* Melone *f* *(Hut)*; **b-goat** *fam* Ziegenbock *m*; *b-o: like ~~ (fam)* sehr kräftig.

bimetal ['baimetl] Bimetall *n*; **~lic** [-mi'tælik] Bimetall-; bimetallisch; Doppelwährungs-; **~~ wire** Manteldraht *m*; **~lism** [-'metəlizm] Bimetallismus *m*, Doppelwährung *f*.

bi|monthly ['bai'mʌnθli] *a* alle zwei Monate (stattfindend); zweimal im Monat, halbmonatlich; **~motored** [bai'moutəd] *a aero* zweimotorig.

bin [bin] Behälter, Kasten *m*, Kiste *f*, Silo *m*; Weinregal *n*.

bin|ary ['bainəri] *scient* binär, binar(isch), aus zwei Einheiten, *chem* Stoffen bestehend; Doppel-; **~~compound** *(chem)* binäre Verbindung *f*; **~~ scale** *(math)* dyadische(s), Zweiersystem *n*; **~~ star** Doppelstern *m*; **~~ system** binäre(s) System *n*; **~ate** ['-eit] *scient* paarig; **~aural** [bi'nɔ:rəl] binaural; stereophonisch; **~~ effect** Raumtoneffekt *m*.

bind [baind] *irr bound, bound tr* binden *(a. Buch)*; befestigen *(to, on* an); binden *(a. Küche)*, fest, hart machen; umwinden; einfassen *(with* mit), mit e-m Saum, Rand, e-r Kante versehen; *fig* binden, verpflichten *a. itr*; *(Vertrag, Geschäft)* abschließen; *(Passiv)* verpflichtet sein *(to* zu); *itr* fest, hart werden; *(Schnee)* pappen; *(Zement)* abbinden; *mil sl* sich zu Tode langweilen; *to ~ o.s. to s.th.* sich zu etw verpflichten; *s* Bindemittel *n*; *mus* Bin-

binder — 84 — **birth-certificate**

dung(szeichen *n*); *bot* Ranke *f*; *sl* Unfug, Blödsinn, *m*; *to ~ (out) (as an) apprentice* in die Lehre geben; *to ~ down* festbinden; *fig* fest verpflichten; zwingen; *to ~ over* rechtlich verpflichten; *to ~ together* zs.-, *fig* verbinden; *to ~ up* an-, hoch-, zu-, zs.binden; verheilen lassen; *I'll be bound* ich stehe dafür ein, Sie können sich darauf verlassen; **~er** ['-ə] (Buch-)Binder *m*; Band *n*; Binde *f*; Aktendeckel *m*; *(Zigarre)* Deckblatt *n*; *agr* Mähbinder; *(~~ agreement)* Vorvertrag *m*; *tech* Bindemittel *n*, Binder *m*; Heftklammer; *aero sl* Bremse *f*; *tech* Fressen *n*; **~ery** ['-əri] *Am* Buchbinderei *f*; **~ing** ['-iŋ] *a* bindend, verbindlich, verpflichtend *(on* für*)*; *s (Buch)* Einband, Besatz *m*, Einfassung *f*, Saum *m*; *(Schi)* Bindung *f*; *to be ~~ on s.o.* jdn verpflichten; für jdn rechtsverbindlich sein; *legally ~~ rechtsverbindlich*; *not ~~* unverbindlich; *~~ force* Klebkraft; *jur* bindende Kraft *f*; *~~ nut* Gegenmutter *f*; *~~ wire* Bindedraht *m*; **~weed** *bot* Winde *f*.
bing|e [bindʒ] *sl* Sauferei *f*, Kneipabend *f*, Bierreise (*!*); **~o** ['biŋɡo] *sl* Schnaps *m*; Bingo *n (Spiel)*.
binnacle ['binəkl] *mar* Kompaßhaus *n*.
bino|cular [bai'nɔkjulə] *a* binokular, für beide Augen (zugleich); *s pl* [bi-] Feldstecher *m*; Opernglas; Doppelmikroskop *n*; **~mial** [bai'noumiəl] *a math* binomisch, zweigliederig; *s* Binom *n*; **~~ theorem** binomische(r) Lehrsatz *m*.
bio ['baio(u)] *pref scient* Bio-, Lebens-; **~bibliography** Biobibliographie *f*; **~chemic(al)** [baio'kemikəl] biochemisch; **~chemist** [-'kemist] Biochemiker *m*; **~chemistry** [-'kemistri] Biochemie *f*; **~dynamic** [baiodai'næmik] biodynamisch; *pl mit sing* Biodynamik *f*; **~genesis** [baio'dʒenisis] Biogenesis *f*; **~genetic** [baiodʒi'netik] biogenetisch; *pl mit sing* Biogenetik *f*; **~geography** [baiodʒi'ɔɡrəfi] Biogeographie *f*; **~grapher** [bai'ɔɡrəfə] Biograph *m*; **~graphic(al)** [baio-'ɡræfik(əl)] biographisch; **~graphy** [bai'ɔɡrəfi] Biographie, Lebensbeschreibung *f*; **~logic(al)** [baio'lɔdʒik(əl)] biologisch; *~~al shield* Strahlenschutz *m*; *~~al warfare* biologische(r) Krieg *m*; **~logist** [bai'ɔlədʒist] Biologe *m*; **~logy** [bai'ɔlədʒi] Biologie, Lehre *f* vom Leben; **~metry** [bai'ɔmetri] Biometrie, biologische Statistik *f*; **~physics** [baio'fiziks] *pl mit sing* Biophysik *f*.

biparous ['bipərəs] *zoo* zwei Junge zur Welt bringend.
bi|partisan [bai'pɑ:tizn] *a pol* Zweiparteien-; **~partite** [-'pɑ:tait] *bot* zweiteilig; *pol (Vertrag)* zweiseitig; in zwei Ausfertigungen; **~ped** ['baiped] *s zoo* Zweifüßler *m*; **~plane** ['baiplein] *aero* Doppeldecker *m*; **~pod** ['baipɔd] *tech* Gabelstütze *f*; **~polar** [bai'poulə] zwei-, doppelpolig.
birch [bə:tʃ] *s* Birke(nholz *n*) *f*; *(~-rod)* (Birken-)Rute *f*; *tr* mit der Rute züchtigen; **~en** [-'n] birken, aus Birkenholz.
bird [bə:d] *s* Vogel *m*; *sl* Mädchen *n*; *sl* Kauz *m*; *Am sl* Kumpel *m*, Marke; *sport* Tontaube *f*; Rebhuhn *n*; Zischen, Pfeifen *n to give the ~ to s.o.* jdn; auspfeifen; *to kill two ~s with one stone (fig)* zwei Fliegen mit einer Klappe schlagen; *they are ~s of a feather (fig)* sie sind zum Verwechseln ähnlich; *fine feathers make fine ~s (prov)* Kleider machen Leute; *~s of a feather flock together* gleich und gleich gesellt sich gern; *a ~ in the hand is worth two in the bush* ein Spatz in der Hand ist besser als eine Taube auf dem Dach; *the early ~ catches the worm* Morgenstunde hat Gold im Munde; *early ~* Frühaufsteher *m*; *old ~ (fig)* alte(r) Fuchs *m*; *song-~* Singvogel *m*; *~ of ill omen* Unglücksrabe *m*; *~ of paradise* Paradiesvogel *m*; *~ of passage* Zugvogel *m a. fig (Mensch)*; *~ of prey* Raub-, Greifvogel *m*; **~-cage** Vogelkäfig *m*, -bauer *n*, a. *m*; **~-call** Lockpfeife *f*; Vogelruf *m*; **~-catcher** Vogelfänger, -steller *m*; **~-cherry, ~'s dog** Traubenkirsche *f*; ~ **dog** Hühnerhund *m*; **~-fancier** Vogelzüchter *m*; **~ie** ['i:] Vögelchen *n*; **~-lime** Vogelleim; Langfinger, Dieb *m*; **~-man** Geflügelzüchter; Vogelkenner; *sl* Flieger *m*; **~-net** Vogelnetz *n*; **~-seed** Vogelfutter *n*; **~'s-eye view** Vogelschau *f*; *fig* allgemeine(r) Überblick *m*; **~'s nest** Vogelnest *n*; *to go ~'s-nesting* Vogelnester ausnehmen.
birth [bə:θ] *s* Geburt *f a. fig*; Gebären, Entbindung, Niederkunft *f*; *(Tier)* Wurf *m*; Erzeugnis *n*, Frucht *f*; Abstammung, Herkunft *f*, Ursprung *m*; Entstehung *f*, Aufkommen *n*, Auftakt, Ausgangspunkt, Anbruch *m*; *pref* angeboren; *at ~* bei der Geburt; *by ~* von Geburt; *from his ~* von s-r Geburt an; *of good ~* aus gutem Hause; *to give ~ to* zur Welt bringen; *fig* ins Leben rufen, schaffen; *date, place of ~* Geburtsdatum *n*, -ort *m*; *new ~ (rel)* Wiedergeburt *f*; *premature ~* Frühgeburt *f*; **~-certificate,** *certificate of ~* Geburtsurkunde *f*;

~~control Geburtenregelung, -beschränkung *f*; **~day** Geburtstag *m*; **~~ party** Geburtstagsfeier *f*; **~~ present** Geburtstagsgeschenk *n*; **~~ suit** *(hum)* Adamskostüm *n*; **~~mark** Muttermal *n*; **~~place** Geburtsort *m*, -haus *n*; **~~rate** Geburtenziffer *f*; *falling ~~* Geburtenrückgang *m*; **~right** Geburtsrecht *n*.

biscuit ['biskit] Biskuit, Keks *m*; Biskuitporzellan *n*; *mil sl* kleine Matratze *f*; *Am* Brötchen *n*; *ship's ~* Schiffszwieback *m*.

bi|sect [bai'sekt] *tr* in zwei *(meist gleiche)* Teile teilen, halbieren; *itr* sich teilen; **~section** [-'sekʃən] Zweiteilung, Halbierung*f*; **~sector** [-'sektə] *math* Halbierende *f*; **~sectrix** [-'sektriks] Winkelhalbierende *f*; **~sexual** [-'seksjuəl] zweigeschlechtig, zwitterig.

bishop ['biʃəp] *rel* Bischof; *(Schach)* Läufer; Bischof(swein) *m*; **~'s cap** *(bot)* Bischofsmütze *f*; **~ric** ['-rik] Bistum *n*, Diözese *f*; Bischofsamt *n*, -würde *f*.

bismuth ['bizməθ] *chem* Wismut *n*, *a. m.*

bison ['baisn] *pl ~ zoo* Wisent; Bison *m*.

bisque [bisk] **1.** *sport* Vorgabe *f*; **2.** Biskuitporzellan *n*; **3.** *Am, Br* bisk Kraft-, *bes.* Fischsuppe *f*; Nußeis *n*.

bissextile [bi'sekstail] *a* Schalt-; *s* Schaltjahr *n*.

bist|ort ['bistɔ:t] *bot* Wiesenknöterich *m*; **~oury** ['-uri] *med* Bistouri *m od s*; **~re**, *Am* **~er**['-ə]*s* Bister *m od n*, braune Farbe *f*; *a* braun.

bisulph|ate [bai'sʌlfeit] *chem* Bisulfat *n*; **~~ of potash** doppelschwefelsaure(s) Kalium *n*; **~ite** [-ait] Bisulfit *n*.

bit [bit] *s* Bissen, Happen *m*, Stückchen, Bißchen *n*; *(Gegend, Buch)* Stelle *f*; (ein) bißchen, kurze Zeit; *film* kleine Rolle *f*; *(Pferdegeschirr)* Gebiß *n*; *tech* Schneide, Schneidkante *f*, -werkzeug *n*; Bohrer *n*, Bohrerspitze *f*; Bohreinsatz *m*; Kloben, (Löt-)Kolben(kopf) *m*; *(Zange)* Backe *f*; Schlüsselbart *m*; *fam* threepenny-, *Am fam* 12½ Cent; *sl* Mädel *n*; *tr (Pferd)* aufzäumen; mit e-r Schneide versehen; an den Zaum gewöhnen; *fig* zügeln, hemmen, zurückhalten; *tech* e-n Schlüssel verfertigen; *a* klein, unbedeutend; *a ~ (of)* ein bißchen; *a ~ of a* so etwas wie; *every ~ as* ganz genauso; *a ~ at a time, ~ by ~* Stück für Stück, schrittweise, allmählich, nach u. nach; *not a ~* nicht ein, kein bißchen, nicht im geringsten; *to do o.'s ~* sein Teil tun; *to give s.o. a ~ of o.'s mind* jdm die od s-e Meinung sagen; *to smash to ~s* kurz u. klein schlagen; *a nice ~ of money* ein schönes Stück Geld.

bitch [bitʃ] *s* Fähe; Hündin; *vulg* Hure *f*; *sl* Gemecker *n*; *itr Am sl mil* meckern, schimpfen; *tr sl* verpfuschen, zs.stümpern; **~ fox** Füchsin *f*; **~ wolf** Wölfin *f*.

bit|e [bait] *irr* bit, bit(ten) *tr* beißen; schneiden; stechen; brennen; durchbohren; verletzen; schnappen; *tech* ätzen, zerfressen, sich hineinfressen *(s.th.* in etw); *(Feile)* angreifen; fassen, packen; *fig* hereinlegen, betrügen; *fig* tief beeindrucken; wirken *(s.th.* auf etw); *itr* (hinein-, zu)beißen *(into, at* in); schnappen *(at s.th.* nach etw); brennen, stechen; *(to ~~ into)* sich hineinfressen in; *tech* eingreifen *(in* in); *(Fisch)* anbeißen *a. fig*; *tech* festhalten, fassen; *(Passiv)* hereinfallen, beschwindelt werden; *s* Biß(wunde *f) m*; Stich; Bissen; beißende(r) *od* stechende(r) Schmerz; *(Angeln)* Anbiß; Imbiß *m*; *agr* Grünfutter *n*; *tech* Eingreifen, Ätzen, Fassen *n*; *fig* Schärfe, Bitterkeit *f*; *to ~~ the dust, ground* ins Gras beißen, daran glauben müssen; *to ~~ o.'s lips* sich *(in verhaltener Wut)* auf die Lippen beißen; *to ~~ o.'s nails* an den Nägeln kauen; *to ~~ off* abbeißen; *to ~~ out of* herausbeißen aus; *he has ~ten off more than he can chew (fig)* s-e Augen sind größer als sein Mund; **~er** ['-ə] Schwindler *m*; **~ing** ['-iŋ] *(Wind, Kälte)* schneidend; *(Speise)* scharf; *fig (Worte)* scharf, beißend, bitter, sarkastisch; **~ten** *a* durchdrungen, angesteckt *(with* von); verschossen, vernarrt *(with* in); *once ~~ twice shy* gebranntes Kind scheut das Feuer; **~ts** *pl mar* Beting *m od f*.

bitter ['bitə] *a* bitter *a. fig*; *fig* schmerzlich, hart, schwer; erbittert; sarkastisch, scharf, heftig; *(Wind)* scharf, rauh; *(Kälte)* streng, scharf; *poet lit* grimmig; *s* bittere(s) Bier *n*; *pl* Bittere(r), Magenbitter *m*; *to the ~ end* bis zum bitteren Ende; **~ly** ['-li] *adv* bitterlich; **~n** ['-n] **1.** *chem* Mutterlauge *f*; **2.** *orn* Rohrdommel *f*; **~ness** ['-nis] Bitterkeit, Herbheit *f*.

bitum|en['bitjumin] Bitumen, Erdpech *n*; Asphalt *m*; **~~ cable** Massekabel *n*; **~inize** [bi'tjuminaiz] *tr* bituminieren, mit Erdpech bestreichen; asphaltieren; **~~d road** Asphaltstraße *f*; **~inous** [bi'tju:minəs] *geol (Schiefer)* bituminös; Asphalt-; **~~ coal** Bituminit *n*, Flamm-, Fettkohle *f*; **~~ schist** Ölschiefer *m*.

bival|ent['bai'veilənt] *chem* zweiwertig; **~ve** ['baivælv] *a bot* zweiklappig; *a u. s zoo* zweischalig(e Muschel *f*).

bivouac ['bivuæk] *s mil* Biwak, Feldlager *n*; *itr mil* biwakieren.

biz [biz] *fam* (= *business*) Geschäft *n*; **~arre** [bi'za:] *a* bizarr, seltsam, eigenartig, phantastisch, grotesk.

blab [blæb] *itr* schwatzen, plappern; *tr* ausplaudern; *s* Schwätzer *m*; Schwätzerei *f*; **~ber** ['-ə] *itr tr* lallen; gurgeln; plappern.

black [blæk] *a* schwarz; dunkel, düster, finster; trüb(e); schmutzig, dreckig; dunkel(häutig); dunkel-, schwarzgekleidet; *fig* unheimlich, unheilvoll, drohend; ärgerlich, mürrisch, böse, abscheulich; schrecklich, furchtbar, scheußlich; eingefleischt; (*~ as thunder*) wütend; *Am* Neger-; (*~ in the face*) hochrot (*vor Ärger od Anstrengung*); *s* Schwarz *n*, schwarze Farbe, Schwärze *f*; schwarze(r) Fleck *m*; Rußkörnchen; Schwarz *n*, schwarze(r) Stoff *m*, Trauerkleidung *f*; Schwarze(r *m*) *f* (*Neger*); *tr* schwarz machen, schwärzen; (*schwarze Schuhe*) wichsen; (*to ~ out*) verdunkeln; (*Zensur*) streichen; *radio* stören; *itr* schwarz werden; (*to ~ out*) vorübergehend ohnmächtig werden; *in the* **~** bei Kasse; *to give a* **~** *look to s.o.* jdn finster anblikken; *to have s.th. down in* **~** *and white* etw schwarz auf weiß haben; *he is not so* **~** *as he is painted* er ist nicht so schlecht wie sein Ruf; **~amoor** ['-əmuə] *fam* Mohr, Neger *m*; *the* **~ art** die Schwarze Kunst, Magie *f*; **~ball** *parl s* schwarze Kugel; Ablehnung *f*; *tr* dagegen stimmen; (*e-n Kandidaten*) ablehnen; **~-beetle** *ent fam* Küchenschabe *f*; **~berry** Brombeere *f*; **~bird** Amsel, Schwarzdrossel *f*; **~board** Wandtafel *f*; *to write on the* **~~** an die Tafel schreiben; **~ book** *fig* schwarze Liste *f*; *to be in o.'s* **~~***s* bei jdm auf der schwarzen Liste stehen; es mit jdm verdorben haben; **~cap**: **~~** *warbler* (*orn*) Mönchsgrasmücke *f*; **~cock** *orn* Birkhahn *m*; **~ currant** Schwarze Johannisbeere *f*; **~ damp** *min* böse(s) Wetter *n*; **~en** ['-n] *tr* schwarz machen, schwärzen; *fig* anschwärzen, schlecht sprechen von; *itr* schwarz werden; **~eteer** ['-ətiə] *Am* Schwarzhändler *m*; **~ eye** blaue(s) Auge *n*; *fam* Schandfleck *m*; **~-face** *typ* Fettdruck *m*; **~ fellow** (*Australien*) Eingeborene(r) *m*; *the* **~ Forest** der Schwarzwald; **~ friar** Dominikaner *m*; **~ game, grouse** *orn* Birkhuhn *n*; **~guard** ['blæga:d] *s* Schuft, Schurke, Lump *m*; *a* schuftig, gemein; *tr* schlecht-, heruntermachen (*s.o.* jdn); **~head** *med* Mitesser *m*; **~ing** ['-iŋ] schwarze Schuhkrem, -wichse; *tech* Schwärze *f*; **~ish** ['-iʃ] schwärzlich; **~jack** *Am* Totschläger (*Waffe*); große(r) (Bier-)Krug *m*; **~-lead** Graphit *n*; **~ leg** *Br* Streikbrecher; *Am* Falschspieler, Betrüger *m*; Klauenseuche *f*; **~ letter** *typ* Fraktur *f*; **~-letter day** Unglückstag *m*; **~ light** infrarote(s) Licht *n*; **~ list** schwarze Liste *f*; **~-list** *tr* auf die schwarze Liste setzen; **~mail** *s* Erpressung *f*; erpreßte(s) Geld *n*; *tr* erpressen; **~mailer** Erpresser *m*; **~ Maria** [mə'raiə] Grüne Minna *f*, Polizeigefangenenwagen; *mil* dicke(r) Brocken *m*; **~ mark** *fig* Minuspunkt *m*, schlechte Note *f*; **~ market** schwarze(r) Markt *m*; **~ marketeer** Schwarzhändler *m*; **B~ Monday** Unglückstag; *sl* erste(r) Schultag *m* nach den Ferien; **~ monk** Benediktiner *m*; **~ness** ['-nis] Schwärze *f*; *fig* Verderbtheit, Schlechtigkeit *f*; **~out** ['-aut] *s* Verdunk(e)lung; Benommenheit, *fam* Mattscheibe; Bewußtlosigkeit; (*Zensur*) Streichung, Nachrichtensperre *f*; **~ pudding** Blutwurst *f*; **the B~ Sea** das Schwarze Meer; **~ sheep** *fig* schwarze(s) Schaf *n*; **~smith** (Grob-)Schmied *m*; **~snake** *Am* Natter; geflochtene Lederpeitsche *f*; **~ spruce** (*amerik.*) Schwarzfichte *f*; **~thorn** *bot* Schwarzdorn *m*; **~ widow** *ent* Schwarze Witwe *f*.

bladder ['blædə] *anat* Blase *f a. allg*; *fig* Schaumschläger *m*; *air-, gall-, rubber, swimming-, urinary* **~** Luft-, Gallen-, Gummi-, (*Fische*) Schwimm-, Harnblase *f*; **~ trouble** Blasenleiden *n*; **~worm** *zoo* Finne *f*, Blasenwurm *m*; **~wort** *bot* Wasserschlauch *m*.

blade [bleid] *bot* (*bes.* langes, schmales) Blatt *n*; Halm *m*; (Ruder-, Säge-)Blatt *n*; (Turbinen-)Schaufel *f*; (Propeller-)Flügel *m*; (*Messer*) Klinge *f*, Blatt; (*shoulder-*~) (Schulter-)Blatt *n*; (*meist mit a*) (lustiger) Bursche, (netter) Kerl *m*; *in the* **~** (*Getreide*) auf dem Halm.

blah [bla:] *fam* Geschwätz, Gewäsch, Gefasel *n*; Unsinn, Quatsch *m*, Blech *n*.

blain [blein] *med* Pustel *f*, Pickel *m*, Stippe *f*.

blamable ['bleiməbl] tadelnswert; **~e** [bleim] *tr* tadeln (*for doing* für, wegen); die Schuld geben (*s.o. for s.th.*, *s.th. on s.o.* jdm an e-r S); Vorwürfe machen (*s.th. on s.o.* jdm etw); vorwerfen (*s.th. on s.o.* jdm etw); übelnehmen (*s.o. for doing s.th.* jdm etw); *to be to* **~** (*for*) (die) Schuld (an e-r S) haben; schuld sein an; Tadel verdienen (für);

blamed 87 **blasting**

s Tadel m, Rüge f, Verweis m; Schuld f (on, for an); to bear the ~ Schuld haben, die S. tragen; to lay the ~ for s.th. on s.o. jdm den Schuld an e-r S geben; to take the ~ for s.th. die Schuld für etw auf sich nehmen; **~ed** a fam verflixt; **~less** ['-lis] untadelig, makellos; **~lessness** ['-lisnis] Untadeligkeit, Makellosigkeit f; **~worthy** tadelnswert.

blanch [blɑ:ntʃ] tr weiß machen, bleichen; (durch Brühen) schälen, enthülsen; (Küche) blanchieren; (Metall) weiß sieden; (Menschen) erbleichen lassen; itr erbleichen, erblassen, bleich, blaß werden (with cold, fear vor Furcht, Kälte); to ~ over (fig) abschwächen, verharmlosen, beschönigen.

blancmange [bləˈmɔnʒ] (Küche) Blancmanger m (milchige Gallerte).

bland [blænd] freundlich, umgänglich, angenehm, nett; sanft; einschmeichelnd; (Klima) mild; med beruhigend; **~ish** ['-iʃ] tr schmeicheln (s.o. jdm), liebkosen; **~ishment** ['-iʃmənt] Schmeichelei; Liebkosung f; **~ness** ['-nis] Freundlichkeit f, angenehme(s) Wesen n; Sanftmut, Milde f.

blank [blæŋk] a weiß, leer, unbeschrieben, unausgefüllt; com Blanko-, com ungedeckt; stumpf, dumpf, ausdruckslos, langweilig; vergeblich, ergebnislos; ereignislos, inhaltleer; unfruchtbar, unergiebig; einfallslos; verblüfft, bestürzt; bloß, rein; völlig, vollständig; (Absage) unmißverständlich; (Schweigen) tief; poet reimlos; s (Buch, Blatt Papier) leere Stelle f, freie(r) Raum m; unbeschriebene(s) Blatt (Papier); Am Formblatt, Formular n zum Ausfüllen, Vordruck; Gedankenstrich m (für ein Schimpfwort); (Sprech-)Pause f; (Zielscheibe) das Schwarze; Ziel n; allg Lücke, Leere, Unausgefülltheit; mil (~cartridge) Platzpatrone; Niete f (Lotterielos); typ Durchschuß; tech Rohling, Preßling m; tech Stanzstück n; Münzplatte f; tr tech stanzen; Am sport (den Gegner) zu keinem Pluspunkt kommen lassen, haushoch schlagen; to ~ out verbergen, verdecken; ausstreichen; tech ausstanzen; video austasten; to draw a ~ e-e Niete ziehen; fam fig Pech haben; to fill out a ~ (Am) ein Formular ausfüllen; to fill in the ~s die leeren Stellen ausfüllen; (drawn) in ~ (com) blanko; ~ **cheque**, Am **check** Blankoscheck m; Scheckformular n; fig freie Hand f; **~et** ['blæŋkit] s (Woll-, wollene) Decke f a. allg; typ Druckfilz m, -tuch n; mil Nebelwand f;

a allgemein, umfassend; Gesamt-, General-; tr be-, über-, zudecken; (Vorschriften) er-, umfassen; einnebeln, abschirmen; radio stören; mar den Wind abfangen dat; fig Am den Wind aus den Segeln nehmen; fig vertusche(l)n, verheimlichen; wet ~~ kalte Dusche f, Dämpfer; Spiel-, Spaßverderber m; ~~ clause Generalklausel f; ~~ insurance Kollektivversicherung f; ~~ of snow Schneedecke f; ~~ travel order (mil) allgemeine Reisegenehmigung f; **~eting** ['blæŋkitiŋ] radio Störung, Überlagerung, Überdeckung f; ~~smoke (mil) Tarnnebel m; ~ **form** unausgefüllte(s) Formular n, Vordruck m; **~ing** ['-iŋ] video Austasten; tech Schneiden n; ~~ tool Stanzwerkzeug n; ~ **policy** Generalpolice f; ~ **signature** Blankounterschrift f; ~ **space** freie(r) Raum m, freigelassene Stelle f; ~ **verse** Blankvers m; ~ **voting paper** Stimmzettel m; to return a ~ e-n leeren Stimmzettel abgeben.

blare [blɛə] tr itr (Trompete) schmettern; grölen; fig laut verkünden; s Schmettern n; Lärm m.

blarney ['blɑ:ni] s Schmeichelei f; tr itr schmeicheln (s.o. jdm).

blasphem|e [blæsˈfi:m] tr (Gott) lästern; schmähen, schimpfen (s.o. über jdn); itr fluchen; lästern (against gegen); **~er** [-ə] (Gottes-)Lästerer m; Lästermaul n; **~ous** ['-fiməs] (Mensch) lästernd; (Rede) lästerlich; **~y** ['-fimi] Gotteslästerung f; Fluchen n.

blast [blɑ:st] s (plötzlicher, heftiger) Windstoß, Luftzug; heiße(r), sengende(r) Wind m; tech Gebläse n; (~ air) Gebläsewind; Preßluftstrom f; Knall, Luftdruck m, Druckwelle, Explosion; Sprengladung f; Trompetenstoß m; Hornsignal n; bot Brand, Meltau; fig verderbliche(r) Einfluß m; tr (in heißer Luft) verbrennen; versengen, verdorren, erfrieren lassen; vernichten; sprengen; fig zum Schwinden bringen; verderben, ruinieren; itr welken, zugrunde gehen; in ~ (Hochofen, a. allg tech) in Betrieb; in, at full ~ in vollem Betrieb od Gange, auf vollen Touren, auf Hochtour a. fig; out of ~ außer Betrieb; to be ~ed (fig) (dahin-) schwinden, vergehen; to be going full ~ auf Hochtouren laufen; ~ it! verflucht! ~ **box** tech Windkessel m; **~ed** ['-id] a verflixt, verdammt; **~ effect** Luftdruckwirkung f; **~er** ['-ə] Sprengmeister m; ~ **flame** Stichflamme f; **~furnace** Hochofen m; ~~ gas Gichtgas n; **~ing** ['-iŋ] Sprengung; radio Verzerrung f; fig

blastoderm 88 **blessed**

Verderben *n; danger! ~~ in progress!* Achtung! Sprengarbeiten! *~~ charge* Bohr-, Sprengladung *f;* **~oderm** ['blæstodəːm] *anat* Keimhaut *f;* **~off** *(Rakete)* Abschuß *m;* **~pipe** *tech* Windleitung *f;* **~wave** (Luft-)Druckwelle *f.*

blat [blæt] *fam itr* blöken; *tr (to ~ out)* ausplaudern; **~ancy** ['bleitənsi] lärmende(s) Benehmen *n; das* Auffallende; **~ant** ['bleitənt] geräuschvoll, laut; aufdringlich; *(Unrecht)* kraß, schreiend, offensichtlich.

blather ['blæðə] *s* törichte(s) Gerede *n; tr itr* (dummes Zeug) reden; **~skite** ['-skait] *fam* Schwätzer *m.*

blaz|e [bleiz] **1.** *s* (helle, lodernde) Flamme, Glut, Lohe *f;* Feuer *n,* Brand; helle(r) Schein; (Lichter-)Glanz *m (~~ of light);* (Farben-)Pracht *f (~~ of colour); fig* Ausbruch, Anfall *m,* Auflodern *n; pl* Hölle *f; itr* flammen, lodern; glänzen, leuchten, strahlen; *fig* wütend *od* Feuer u. Flamme sein; loslegen; *(Augen)* aufflammen; *in a ~~ of publicity* im Scheinwerferlicht der Öffentlichkeit; *(to be) in a ~~* in Flammen (stehen); *to be ~ing with fury* vor Zorn funkeln; *to ~~ away (mil)* Feuer geben, feuern (*at* gegen); *fig* loslegen (*at* gegen); herangehen (*at* an); *to ~~ up* auflodern, entflammen; *fig* in Zorn geraten. **2.** *s (Pferd, Rind)* Blesse *(weißer Stirnfleck); (Baum)* Markierung; Wegmarke *f,* Schalm *m (Ausschnitt in der Rinde); tr (Baum)* markieren; *(Weg)* bezeichnen; *to ~ a trail* e-n Weg bezeichnen; *fig* Pionierarbeit leisten; **3.** *tr* ausposaunen; **~er** ['-ə] leichte, farbige Sportjacke *f; fam* strahlende(r) Tag *m;* **~ing** ['-iŋ] hell, lodernd; offenkundig; *(Fährte)* warm; *fam* verflucht; *in the ~~ sun* in der prallen Sonne; *~~ hot* glühend heiß; *~~ star* Phänomen *n (Person).*

blazon ['bleizn] *s* Wappen, Banner *n;* aufwendige Darstellung *f; tr* verzieren, ausmalen; prächtig gestalten; (in) glänzend(en Farben) schildern; *(to ~ out, forth, abroad)* ausposaunen; **~ry** ['-ri] Wappen(kunde *f*) *n, pl,* Heraldik *f;* Farben *f pl;* Prachtentfaltung, prächtige Schau *f.*

bleach [bliːtʃ] *s* Bleichen; Bleichmittel *n;* Chlorlauge *f; tr* bleichen; *itr* verbleichen; **~er** ['-ə] Bleicher(in *f*); Bleichkessel *m;* Bleichmittel *n; pl Am sport* Zuschauersitze *m pl (im Freien);* **~ing** ['-iŋ] Bleichen *n;* **~powder** Chlor-, Bleichkalk *m; ~~ resistance* Farb-, Waschechtheit *f.*

bleak [bliːk] *a* bleich; kahl, öde; kalt, rauh; *fig* unfreundlich, trostlos, niederdrückend; *s zoo* Weißfisch *m.*

blear [bliə] *tr* trüb(e), unscharf, undeutlich, verschwommen machen; *a* trüb(e); **~~eyed** ['-raid] *a* triefäugig; *fig* einfältig; **~y** ['-ri] trübe; *(Bild)* verschwommen.

bleat [bliːt] *itr (Schaf)* blöken; *(Ziege)* meckern; *(Kalb)* schreien; *tr* weinerlich sagen; *s* Blöken, Meckern, Schreien *n.*

bleb [bleb] Bläschen *n;* Pustel *f.*

bleed [bliːd] *irr bled, bled itr* bluten; *bot* Saft verlieren; *fig* Geld lassen müssen; *(Herz)* bluten, weinen; *tr zur* Ader lassen (*s.o.* jdn); *(Bremse)* entlüften; *(Blut, Saft)* abzapfen; entnehmen; *(Flüssigkeit)* ausfließen lassen; entleeren; *fig (finanziell)* schröpfen; *(to ~ off) el* abführen; *to ~ to death* verbluten; *to ~ white (fig)* zum Weißbluten bringen; **~er** ['-ə] *med* Bluter; *sl* Schmarotzer; *tech* Muster-, Ölstandshahn; *el* Entladewiderstand *m;* **~ing** ['-iŋ] *a* blutend; mitleidig; *sl* verflixt; *s* Bluten *n,* Blutung *f;* Aderlaß *m; tech* Entnehmen, Anzapfen, Ablassen, Entlüften, Auslaufen *n; ~~ heart (bot)* Tränende(s) Herz *n.*

bleep [bliːp] *s* Sputnik(funksignal *n*) *m; itr (Sputnik)* funken.

blemish ['blemiʃ] *s* Fehler, Mangel, Makel, Defekt; *fig* (Schand-)Fleck *m; tr* entstellen, verunstalten, beschmutzen, beflecken; *without ~* untadelig, makellos, fehlerfrei.

blench [blentʃ] **1.** *itr* zurückschrecken, -fahren, ausweichen; *tr fig* die Augen schließen vor; **2.** *itr* bleich werden; *tr* bleichen.

blend [blend] *a. irr* blent, blent *tr* (Tee, Kaffee, Tabak) mischen; (ver)mengen; *(Wein, Spirituosen)* verschneiden; übergehen lassen *(into* in); *itr* sich (ver)mischen *(with* mit); *(bes. Farben)* inea. übergehen; zs.laufen; zs.passen, harmonieren *(with* mit); *s* Mischung *f; (Wein, Spirituosen)* Verschnitt *m;* **~e** [-] *min* Blende *f.*

bless [bles] *poet a irr* blest, blest *tr* segnen; das Kreuzeszeichen machen (*s.o.* über jdm); (lob)preisen; beglückwünschen; beglücken *(with* mit); *to ~ o.s.* sich glücklich preisen; *to be ~ed with* gesegnet sein mit *(bes. iro); ~ me, ~ my soul, I'm blest* verflixt! *I'm blest if* der Teufel soll mich holen, wenn; **~ed,** *poet* **blest** ['blesid, blest] *a* gesegnet, (glück)selig, gnadenvoll, -reich; glücklich; glückbringend, glück-, freudespendend; *(euphemistisch)* verdammt,

blessedness   89   **bloated**

verflucht, verflixt; *the* ~~ *(rel)* die Seligen; *the Isles of the Blest* die Inseln *f pl* der Seligen; *the B*~~ *Virgin* die Heilige Jungfrau; **~edness** ['-idnis] Segen(sspruch) *m*; Glück(seligkeit *f*) *n*; **~ing** ['-iŋ] Segen *m*; Gnade *f a. fig (to* für); Tischgebet *n*; Gottessegen *m*, wahre Wohltat *f*, Glück *n*; *iro* Fluch *m*; ~~ *in disguise* Glück *n* im Unglück.
blether ['bleðə] *s. blather.*
blight [blait] *s bot* Brand, Meltau, Dunst *m*, feuchte, ungesunde Luft *f*; *allg* Gifthauch; schädliche(r) Einfluß *m*; *tr fig* enttäuschen, vereiteln, zunichte machen; **~er** ['-ə] Schädling; *sl* Ekel *n*; *sl* Kerl *m*; **~ing** ['-iŋ] schädlich; vernichtend; **~y** ['-i] *mil sl* Heimat(urlaub, -schuß *m*) *f*.
blimey ['blaimi] *interj sl* verdammt und zugenäht!
blimp [blimp] **1.** (unstarres) Kleinluftschiff *n*; **2.** *(Colonel B*~*)* Stockkonservative(r) *m*.
blind [blaind] *a* blind *a. fig (to* für); *fig* uneinsichtig, verständnislos *(to* gegenüber); planlos, sinnlos, unüberlegt; ohne Öffnung *od* Ausgang; *(Kurve)* unübersichtlich; *(Tür, Fenster)* verzugemauert; undeutlich, schwer lesbar; *(Winkel)* tot; verdeckt, unsichtbar; *mil* getarnt; *(Brief)* unzustellbar; *bot* taub, ohne Blüte; *adv sl (*~ *drunk,* ~ *to the world)* sinnlos besoffen; *s* Blende *f*, Rouleau *n*, Rolljalousie, Markise; *(Pferd)* Scheuklappe *f*; *fig* Vorwand *m*, Ausrede *f*; *mil* Blindgänger; Deckname *m*; Tarnung *f*; Lockspitzel *m*; Versteck *n*; Hinterhalt *n*; Gelage *n*; *pl die Blinden m pl*; *tr* blind machen *(to* für); blenden; *fig* verblenden; verdunkeln; verbergen; *itr aero* blindfliegen; *sl* blind drauflos, rücksichtslos fahren; *to be* ~ *of, in one eye* auf e-m Auge blind sein; *to turn a od o.'s* ~ *eye to s.th.* so tun, als sähe man etw nicht; beide Augen zudrücken; ~ **alley** Sackgasse *f a. fig; fig* tote(s) Geleise *n*; *that's leading up a* ~~ das führt in e-e Sackgasse *f*; ~ **approach beacon system** (= BABS) Blindlandeverfahren *n*; ~ **bombing** Blindabwurf *m*; ~ **coal** Glanzkohle, Anthrazit *m*; **~er** ['-ə] *Am* Scheuklappe *f*; ~ **flying** *aero* Blind-, Instrumentenflug *m*; **~-flying equipment** Blindfluggerät *n*; **~fold** ['-fould] *tr* die Augen verbinden *(s.o.* jdm); *fig* irreführen, blenden; *a adv* mit verbundenen Augen; *fig* rücksichtslos; blindlings; **~ing** ['-iŋ] *opt* Blenden; *(Straßenbau)* Abdecken, Absplitten; *(Sieb)* Verstopfen

n; *(*~~ *sand)* Walzsand *m*; ~ **landing** *aero* Blindlandung *f*; **~ly** ['-li] *adv* blind; blindlings, unbesonnen; ~ **man** Blinde(r) *m*; ~~'*s buff* Blindekuh(spiel *n*) *f*; **~ness** ['-nis] Blindheit *f a. fig (to* gegen) ~ **side** schwache Seite *f*, wunde(r) Punkt *m*; ~ **spot** *mil aero* tote(r) Winkel; Totpunkt *m*; *radio* tote Zone *f*; *anat* blinde(r) Fleck; *fig* wunde(r) Punkt *m*; ~ **take-off** *aero* Blindstart *m*; ~ **window** *arch* Blendnische *f*; **~-worm** *zoo* Blindschleiche *f*.
blink [bliŋk] *tr itr* blinzeln, zwinkern *(o.'s eyes* mit den Augen; *at the light* in das Licht); *(Licht, Stern)* flackern; *(Licht)* schnell ein- u. ausschalten; *(Milch)* sauer werden; *fig* nicht sehen wollen, übergehen *(at s.th.* e-e S); *s* Aufleuchten, -blitzen *n*; Blick; Augenblick *m*; Blinzeln *n*; *on the* ~ *(sl)* in Unordnung; **~er** ['-ə] Scheuklappe; *(*~ *lamp)* Blinklampe *f*; *sl* Auge *n*; *pl* Schutzbrille *f*; ~~ *light* Blinkfeuer, Flackerlicht *n*; **~ing** ['-iŋ] *a* blinzelnd, blinkend; *sl* verflixt, verdammt; *sl* dämlich.
blip [blip] *itr mot* ständig Gas geben u. wieder wegnehmen; *s* Leucht-, Echozeichen *n (auf d. Radarschirm)*.
bliss [blis] große Freude, Wonne, (Glück-)Seligkeit *f*; **~ful** ['-ful] (glück-)selig, überglücklich; **~fulness** ['-fulnis] Wonne, Seligkeit *f*.
blister ['blistə] *s med* Blase; *allg* Blase *f*, Bläschen *n*; *fam* widerliche(r) Kerl; *aero sl* Bordwaffenstand *m*; *pharm* blasenziehende(s) Mittel; Zugpflaster *n*; *attr* Blasen hervorrufend, ätzend; *tr* Blasen ziehen auf; *fig* die Hölle heiß machen *(s.o. with* jdm mit); scharf kritisieren; auf die Nerven fallen *(s.o.* jdm); *itr* Blasen bekommen, *tech* werfen; abblättern.
blithe [blaið], *a.* **~some** *meist poet* heiter, froh, fröhlich, lustig; **~ring** ['bliðəriŋ] *a fam* schwatzhaft, geschwätzig; voll(kommen), völlig, komplett, total; blöde, dämlich; *a* ~~ *idiot* ein Vollidiot.
blitz [blits] *s* schwere(s) Bombardement *n*, heftige(r) Luftangriff; Blitzkrieg *m*; *tr* heftig bombardieren; vernichten; **~ed** *town* zerbombte Stadt *f*.
blizzard ['blizəd] Schneesturm *m*.
bloat [blout] *tr* aufblähen, aufschwellen, dick machen; *(Hering)* salzen u. räuchern; *fig* eingebildet machen; *itr* dick werden; (an)schwellen, auflaufen; *s Am* Kerl, Betrunkene(r) *m*; *vet* Blähung *f*; **~ed** ['-id] *a* aufgebläht, (an)geschwollen, aufgedunsen *(with*

bloater 90 **blood-relation**

mit); *fig* übertrieben; aufgeblasen, dünkelhaft; (schnell) reich geworden; **~er** ['-ə] Bückling *m*.

blob [blɔb] *s* Tropfen *m*, Klümpchen, Kügelchen *n*; (Farb-)Fleck, Spritzer *m*; *itr* klecksen; **~ber** ['-ə]: **~~-lipped** *(a)* mit wulstigen Lippen.

bloc [blɔk] *parl* (Regierungs-)Block; *pol* (Staaten-)Block *m*; *sterling* ~ Sterling-Block *m*.

block [blɔk] *s* (Holz-)Klotz; (Stein-, Fels-)Block; (Baum-)Stumpf; Hack-, Hauklotz; Richtblock; Bremsklotz *m*; *Br* (großes) Gebäude *n*, Bau *m*; Baugruppe *f*; *Am* Häuserblock *m*; *(Formular)* Feld *n*; *(writing ~)* Schreibblock *m*; *(Australien)* elegante Promenade *f*; (Verkehrs-)Hindernis *n*, Sperre, Stokkung, Verstopfung; *parl* Obstruktion *f*; *(Aktien)* Paket *n*, Partie *f*; *tech* Flaschenzug, Rollenkloben; Mauerblock *m*; *rail* Blockstrecke *f*; *typ* (Druck-)Stock *m*, Klischee *n*; Führungs-, Farbstein *m*; *mil* geballte Ladung *f*; *(Spielzeug)* Bauklotz *m*; Hutform *f*; *typ* Block *m*, geschlossene Gruppe *f*, Satz *m*; Siedlerstelle *f*; Dummkopf; hartherzige(r) Mensch; *sl* Kopf *m*; *tr* zu Blöcken verarbeiten; blockieren, einschließen; verstopfen, aufhalten, (ver)sperren *a.* *fig*, hemmen; *(to ~ off)* ver-, abriegeln; *chem* abbinden; *typ* aufklotzen; *(Hut)* pressen, formen; *parl* Obstruktion treiben gegen, verschleppen; *(Ball)* abfangen; *a* blockförmig; umfassend, gesamt; ohne Unterteilung; *on the* ~ zur Versteigerung, zum Verkauf; *to go, to be sent to the ~ (hist)* das Schafott besteigen; *com* versteigert werden; *to put on* ~ aufbocken; *to ~ off* abschirmen, absperren; *to ~ out, in* skizzieren, entwerfen; über den Daumen peilen; *to ~ up* einsperren; zumauern; versperren; *a chip of the old ~ (Kind)* ganz der Vater, der ganze Vater; *date-~* Notizblock *m*; *erratic ~* Findling, erratische(r) Block *m*; *traffic ~* Verkehrsstauung *f*; ~ *of flats* Mietskaserne *f*; ~ *of stone* Steinblock *m*; ~ *of wood* Holzklotz *m*; **~ade** [blɔˈkeid] *s mar* Blockade; Verkehrssperre, -verstopfung *f*; *tr* blockieren, (ver)sperren; *to impose, to raise, to run the ~~* e-e Blockade verhängen, aufheben, brechen; *economic ~~* Wirtschaftsblockade *f*; **~~-runner** Blockadebrecher *m*; **~age** ['-idʒ] Blockierung *f*; ~ **antenna** Gemeinschaftsantenne *f*; ~ **brake** Backenbremse *f*; **~~buster** Luftmine *f*;

~head Dummkopf, Esel *m*; **~house** Blockhaus *n*; **~ing** ['-iŋ] Blockierung, Sperrung *f*; Festklemmen *n*; Block-, Sperr-; **~~ condenser** Blockkondensator *m*; **~~ effect** *(Wetter)* Stauwirkung *f*; **~~ layer** Sperrschicht *f*; **~~ position** *(mil)* Riegelstellung *f*; **~ish** ['-iʃ] blockförmig; *fig* dumm; schwerfällig; ~ **lava** Schollenlava *f*; ~ **letters** *pl* Blockschrift *f*; **~~making** *typ* Klischieren *n*; **~~pavement** *Am* Steinpflaster *n*, Pflasterung *f*; ~ **printing** *typ* Holz-, Handdruck *m*; ~ **section, signal, station, system** *rail* Blockabschnitt *m*, -signal *n*, -stelle *f*, -system *n*.

bloke [blouk] *sl* Kerl, Bursche *m*.

blond *m*, **blonde** *f* [blɔnd] *a* blond; *s* blonde(r) Mann *m*; Blondine *f*; *(~-lace)* Blonde, Seidenspitze *f*; **~ine(d)** [-ˈdin(d)] *a Am* blondiert.

blood [blʌd] *s* Blut *a. fig*; Blutvergießen *n*, Mord *m*; Abstammung, Herkunft, Geburt *f*, Geblüt *n*; Verwandtschaft, Familie; Rasse; Leidenschaft *f*; Temperament, Gefühl; Leben *n*; *fig* (Trauben-)Saft *m*, Blut *n*; Draufgänger; Stutzer *m*; *(full-~)* Vollblut (-pferd) *n*; *in cold ~* kaltblütig; *in hot ~* im Zorn; *to make bad ~ between* gegenea. aufbringen, Unfrieden stiften zwischen; *my ~ ran cold, froze* ich war starr vor Schrecken; *his ~ was up er* war sehr erregt; *it made my ~ boil* es kochte vor Wut; *blue ~* blaue(s) Blut *n*; *circulation of the ~* Blutkreislauf *m*; *flesh and ~* ein Mensch, die menschliche Natur; *my own flesh and ~* mein eigenes Fleisch u. Blut; *full-~* *(attr)* Vollblut-; *loss of ~* Blutverlust *m*; *prince of the ~ (royal)* Prinz *m* von königlichem Geblüt; ~ **bank** *med* Blutbank *f*; ~ **brother** Blutsbruder *m*; ~ **clot** Blutgerinnsel *n*; ~ **count** Blutbild *n*; **~~curdling** haarsträubend; **~~donor** Blutspender *m*; **~ed** ['-id] *a* blütig; *(full-~~)* reinrassig, vollblütig; ~ **feud** *hist* offene Fehde *f*; ~ **group** *biol* Blutgruppe *f*; **~~guilt(iness)** Blutschuld *f*; **~~guilty** blutbefleckt, mit Blutschuld beladen; **~~heat** Körpertemperatur *f*; **~~horse** Vollblutpferd *n*; ~ **hound** Bluthund, Bullenbeißer; *sl* Detektiv *m*; **~less** ['-lis] blutleer, bleich; gefühllos; schwunglos; unblutig; **~~letting** Aderlaß *m*; **~~mobile** fahrbare Blutbank *f*; **~~money** Blutgeld *n*; ~ **orange** Blutorange *f*; ~ **plasma** Blutflüssigkeit *f*; **~~poisoning** Blutvergiftung *f*; **~~pressure** Blutdruck *m*; **~~pudding** Blutwurst *f*; **~~red** blutrot; **~~relation** Blutsver-

blood revenge

wandte(r m) f; **~revenge** Blutrache f; **~shed** Blutvergießen n; **~shot** a blutunterlaufen; **~stain** Blutfleck m, -spuren f pl; **~stained** a blutbefleckt a. fig; **~stock** Vollblutpferde n pl; **~stone** min Blutjaspis, Heliotrop; Roteisenstein m; **~~sucker** zoo u. fig (Mensch) Blutsauger m; **~ sugar** Blutzucker m; **~test** Blutprobe, -untersuchung f; **~~thirstiness** Blutdurst m; **~~thirsty** blutdurstig; **~ transfusion** Blutübertragung f; **~~vessel** anat Blutgefäß n; **~wort** bot Blutwurz f; **~y** ['-i] a blutig, blutend; (**~-minded**) blutdürstig, -rünstig, grausam; vulg verdammt, verflucht, Scheiß-; adv vulg sehr.

bloom [blu:m] s Blüte f a. fig; Flaum, Reif (auf Früchten); Hauch m der Frische (auf den Wangen), Schmelz m; tech Luppe f, Deul m; Bramme f; itr blühen a. fig, in Blüte stehen; tr tech vorhämmern, -walzen; (die Luppen) auswalzen; vergüten; in (full) **~** in (voller) Blüte; in the **~** of youth in der Blüte der Jugend; **~er** ['-ə] Blütenpflanze f; sl Bock, Schnitzer m; **~ery** ['-əri] tech Luppen-, Rennfeuer n; **~ers** ['-əz] pl Am Schlüpfer m; **~ing** ['-iŋ] a blühend a. fig; sl verflixt, verteufelt; s tech Vorwalzen n; Vergütung f; **~ mill** Block-, Grobwalzwerk n; **~~ train** Vorstraße f; **~y** ['-i] blühend, flaumbedeckt.

blossom ['blɔsəm] s (bes. Baum-) Blüte f; itr zur Blüte kommen, aufblühen; blühen; (to **~** out into) fig erblühen, sich entwickeln, sich entfalten a, sich herausmachen; (Fallschirm) sl sich öffnen; **~y** ['-i] blühend a. fig; voller Blüten.

blot [blɔt] s Fleck, Klecks m; ausradierte Stelle f; fig Makel, Schandfleck; Mangel m, Schwäche f; (ink **~**) Tintenklecks m; tr e-n Fleck, Klecks machen (s.th. auf etw); (Papier) beschmieren, besudeln; typ unsauber abziehen; (Ehre) beflecken; (to **~** out) (aus)streichen, ausradieren; verbergen, -decken, -sperren; (aus)tilgen, aufheben, vernichten; auslöschen; wegnehmen; (to **~** up) (ab)löschen, (Tinte) aufsaugen; itr (Tinte, Feder) klecksen; mit Flecken bedeckt werden; aufsaugen; **~ch** [blɔtʃ] s große(r) (Tinten-)Klecks; (Farb-)Fleck; med Pickel m, Stippe f; tr beflecken; **~chy** ['blɔtʃi] fleckig; **~ter** ['-ə] Löschblatt n; Löscher m; Am Eintrags-, Wachbuch n; Am Kladde f; **~ting** ['-iŋ] **~~-book** Block m Löschpapier; Kladde f;

91

blow

~~-pad Schreibunterlage f (mit Löschblatt); **~~-paper** Löschpapier n; **~to** ['-ou] sl besoffen.

blouse [blauz] Bluse f; mil Feldbluse f; (Arbeits-)Kittel m.

blow [blou] **1.** v irr blew, blown itr (Wind) wehen, blasen, pfeifen; stürmen; (im Wind) wegfliegen; weggetrieben, -gefegt werden; (Blasinstrument) blasen, ertönen; heftig atmen, keuchen, fam aus der Puste sein; (Wal) Luft ausstoßen; (Fliegen) Eier legen; el (Sicherung) durchbrennen; sl Am angeben, große Bogen spucken; sl abhauen, verduften; tr blasen, wehen, fegen; in die Luft blasen; (Feuer) anblasen, anfachen; (Röhre) aus-, hindurchblasen; (Blasebalg, Bälge der Orgel) treten; aufblähen; mus (Instrument) blasen; s.th. on, with an instrument etw auf e-m Instrument blasen; (Nachricht) ausposaunen, verbreiten, veröffentlichen; (Fliege) beschmeißen; (Sicherung) durchbrennen; sl beschwindeln, anführen; sl verfluchen, verdammen (pp: blowed); sl (Geld) zum Fenster hinauswerfen fig; Am sl (mit gutem Essen) traktieren; o.s. sich etw Gutes gönnen od leisten; sl sitzen lassen, im Stich lassen; s frische (Atem-)Luft f, Luftbauch, -zug; Windstoß, Sturm; Atemzug, fam Schnaufer m; Blasen, Schnauben, Schnupfen n; fig Prahlerei f; sl Angeber m, Großmaul n; to have, to go for a **~** an die (frische) Luft gehen, fam Luft schnappen; to **~** down, over (Sturm) umwerfen; to **~** the horn (mot) hupen; to **~** hot and cold nicht wissen, was man will; to **~** in (sl) (Mensch) hereinstürmen, -schneien; sein ganzes Geld vertun; (e-e Tür) eindrücken; to **~** o.'s nose sich die Nase putzen; to **~** off, away (itr) (im Winde) wegfliegen; tr wegwehen, -blasen, -fegen; to **~** off (tr) (Gas) ablassen; abblasen; itr Am sl Schluß machen, es aufgeben; to **~** the lid off (Am sl) den Schleier fallen lassen; to **~** off steam sich abreagieren, sich austoben; to **~** out (itr el) (Sicherung) durchbrennen; (Reifen) platzen; (Dampf) ausströmen; (Maschine) versagen; tr (Kerze, Streichholz) ausblasen; to **~** o.'s own brains jdm, meist sich e-e Kugel durch den Kopf jagen; to **~** over vorbei-, vorübergehen; aus dem Gedächtnis verschwinden; to **~** taps den Zapfenstreich blasen; to **~** o.'s (own) top in die Höhe gehen, aufbrausen, in Zorn geraten; to **~** o.'s own trumpet sein eigenes Lob

blowback singen; *to* ~ *up (tr)* aufblasen, -pumpen; sprengen, in die Luft jagen; *phot* vergrößern; *itr* explodieren, in die Luft fliegen; *fig* in die Höhe gehen, wild werden; *(Sturm)* stärker werden; *fam* herunterlaufen lassen; *to* ~ *upon s.th. (fig)* auf etw pfeifen; *s.o.* jdn verpfeifen; *to be* ~*n upon* ramponiert werden; *to* ~ *a whistle* pfeifen; ~ *it!* verdammt noch mal! ~ *the expense!* egal was es kostet! **2.** *itr* (auf-, er)blühen; *a. fig*; *in full* ~ in voller Blüte; **3.** *s* Schlag, Hieb, Streich, Stoß; *fig* (harter, schwerer) Schlag *m* (*to* für); *at a, one* ~ auf einen Schlag, auf einmal; *without striking a* ~ ohne e-n Schwertstreich, kampflos *adv*; *to come to* ~*s* handgemein werden, sich in die Haare geraten; *to exchange* ~*s* sich in den Haaren liegen; *to strike a* ~ e-n Schlag führen (*at* gegen); *for s.o.* für jdn e-e Lanze brechen, sich für jdn einsetzen; ~**back** *(Feuerwaffe)* Rückstoß, Gasdruck *m*; ~**ball** *(Löwenzahn)* Pusteblume *f*; ~**er** ['-ə] Bläser *m*; Gebläse *n*; Lüfter *m*; *mot* Vordichter *m*; *(Ofen, Kamin)* Schiebeblech *n*; *aero* Lader; *sl* Telephon, Radio *n*; ~**fly** Schmeißfliege *f*, Brummer *m*; ~**gun** Spritzpistole *f*; Blasrohr *n*; ~**hard** *sl* Großschnauze *f*; ~**hole** *(Wal)* Nasen-, Spritzloch; Luftloch *n*; tech Gas-, Gußblase *f*; Fehler *m*, ~**ing** ['-iŋ] *(Sicherung)* Ab-, Durchschmelzen *n*; Frischung *f*; ~**lamp** Lötlampe *f*; ~**n** [-n] *a* aufgeblasen *a. fig*; außer Atem, atemlos; *tech* blasig; *(Sicherung)* durchgebrannt; verdorben, schal; ~**off** *(Dampf)* Ablassen *n*; *(*~~ *cock)* Ablaßhahn *m*, Luftventil *n*; *sl* Angeber, aufgeblasene(r) Mensch *m*; ~~**out** *el* Durchbrennen, Durchschmelzen *n*; *Am* Reifenpanne *f*, Plattfuß *m*; *sl* Fresserei, Festivität *f*; ~**pipe** Lötrohr *n*, Schweißbrenner *m*; Blasrohr; *mil sl* Düsenflugzeug *n*; ~**post** Rohrpost *f*; ~**torch** *Am* Lötlampe *f*; ~**up** Explosion *f*; *fam* Zornesausbruch, Anfall *m*; *phot* Vergrößerung *f*; *fam* ausgearbeitete(r) Plan *m*; ~**wash** Düsenabgas *n*; ~**y** ['-i] *tech* blasig; windig, luftig.
blowzy ['blauzi] *(meist von Frauen)* unordentlich, schlampig, schmutzig, schmudd(e)lig.
blubber ['blʌbə] *s* Speck von Walen *od* Robben; Wal-, Fischtran *m*; *zoo* Meduse, Qualle *f*; *a (Lippen)* schwulstig; *(Backen)* an-, aufgeschwollen; gedunsen; *tr* unter Tränen, Schluchzen sagen; *itr* heulen, flennen.
bludgeon ['blʌdʒən] *s* Knüppel *m*; *tr* (ver)prügeln; bedrohen, tyrannisieren; zwingen (*into doing s.th.* etw zu tun).

blue [blu:] *a* blau; *(Haut)* leichen-, bleifarben, fahl; *fig* ängstlich, angstvoll, besorgt; verstimmt; trübsinnig, schwermütig, niedergeschlagen; unanständig, zweideutig; *Am* puritanisch, streng; *s* Blau *n*; blaue Farbe *f*; Wäscheblau *n*; Himmel *m*; Meer *n*, See *f*; *pol* Konservative(r) *m*; *(*~ *stocking)* Blaustrumpf *m*; *the* ~*s (Am)* ~ *(devils)* Trübsinn *m*, Schwermut *f*; Blues *m* (*mod. Tanz*); *tr* blau färben; mit Waschblau behandeln; *sl (Geld)* verprassen; *itr* blau werden; *like* ~ *murder (fam)* wie der Wind, im Nu; *once in a* ~ *moon* alle Jubeljahre (einmal); *out of the* ~ aus heiterem Himmel, unerwartet; *to be in the* ~*s (Am)* Trübsal blasen; *to look* ~ ein trübseliges Gesicht machen; *a bolt from the* ~ *(fig)* ein Blitz aus heiterem Himmel; *dark, light* ~ dunkel-, hellblau; *dark* ~*s and light* ~*s* Mannschaften *f pl* von Oxford und Cambridge; *Navy, Prussian* ~ Marine-, Preußischblau *n*; *true* ~ treu; **B-beard** Blaubart *m*; ~**bell** *(Schottland)* blaue Glockenblume *f*; ~**berry** Blau-, Heidelbeere *f*; ~~**black** blauschwarz; ~ **blood** blaue(s) Blut *n*; ~-*blooded* (*a*) blaublütig; ~~**book** *pol* Blaubuch; Register *n* der Regierungsbeamten der USA; *Am* Liste *f* der Prominenz; *Am* Heft *n* für Examensarbeiten; ~**bottle** Kornblume; Schmeißfliege *f*; *sl* Schupo *m*; ~~**eyed** *a* blauäugig; *sl* geliebt; ~ **funk** schreckliche Angst *f*; *to be in a* ~ ~ e-n Bammel haben; ~ **glow** Glimmlicht *n*; ~~**grass** *Am* Blaugras *n*; ~**ish** ['-iʃ] bläulich; ~~**jacket** Blaujacke *f*, Matrose *m*; ~ **jay** *orn (amerik.)* Blauhäher *m*; ~ **laws** *pl Am* strenge Bräuche *m pl*, Sittengesetze *n pl*; ~ **pencil** Blaustift *m*; *to* ~-*pencil* ausstreichen, korrigieren; zensieren; ~~**print** *s* Blaupause *f*; *allg* Plan, Entwurf *m*; *tr* durchpausen; entwerfen; ~~ *paper* Lichtpauspapier *n*; ~ **ribbon** Band des Hosenbandordens; Abstinenzlerabzeichen *n*; erste(r) Preis *m* bei e-m Wettbewerb.
bluff [blʌf] **1.** *s* Steilufer *n*, Klippe *f*; Vorgebirge *n*; *a (Klippe, Schiffsbug)* breit u. steil, schroff, abschüssig; *fig* rauh, aber herzlich; freimütig derb; **2.** *tr* bluffen; irreführen; einschüchtern; ins Bockshorn jagen; durch Bluffen erreichen; *itr* sich aufspielen, *fam* angeben; *s* Bluff *m*; Einschüchterung(sversuch *m*) *f*; Schreckschuß *m*; *fam* An-

bluffer 93 **board**

gabe *f*; Angeber *m*; *I'd call his* ~ ich würde ihn auf die Probe stellen; **~er** ['-ə] Bluffer, Angeber; Schwindler *m*; **~ line** Steilabfall *m* (*e-r Hochfläche*); **~ness** ['-nis] Steilheit; *fig* rauhe Herzlichkeit *f*, derbe(r) Freimut *m*.

bluish ['bluiʃ] bläulich.

blunder ['blʌndə] *tr* durchea.bringen, verwechseln; schlecht erledigen, zs.-stümpern, pfuschen; *(to ~ out)* herausplatzen *(s.th.* mit etw); *itr* herumirren, stolpern *(on, against* gegen; *into* in); zufällig geraten *(upon* auf); e-n dummen Fehler, Schnitzer machen, *fam* e-n Bock schießen; *s* (dummer) Fehler, Schnitzer; Mißgriff *m*; *to make a* ~ e-e Dummheit machen; *to* ~ *away* verwirtschaften; **~buss** ['-bʌs] *hist* Donnerbüchse *f*; **~er** ['-rə] Tölpel, ungeschickte(r) Mensch.

blunt [blʌnt] *a* stumpf; *fig* (abge-)stumpf(t) (*to* gegen); offen, frei(mütig); derb, barsch; *tr* stumpf machen; *fig* abstumpfen; *itr* stumpf werden; *s sl* Geld, Moos *n*; **~ly** ['-li] *adv* ganz offen, frei heraus, unverblümt; **~ness** ['-nis] Stumpfheit; *fig* Derbheit, Unverblümtheit *f*.

blur [blə:] *tr itr* trüben, trübe, undeutlich, unscharf, verschwommen machen *od* werden; verwischen, verschmieren; *s* undeutliche(s), verschwommene(s) Bild *n*; Trübung, Verschwommenheit *f*; Fleck; *fig* Schandfleck, Makel *m*; **~red** [-d] *a* verschwommen, unscharf.

blurb [blə:b] Waschzettel, Klappentext *m*; Bauchbinde *f*; *Am allg* Reklame(text *m*) *f*.

blurt [blə:t] *tr*: *to* ~ *out* herausplatzen *(s.th.* mit e-r S).

blush [blʌʃ] *itr* erröten; (scham)rot werden (*at* bei; *with* od *for* vor); *s* Schamröte *f*, Erröten, Rotwerden *n*; *at the first* ~ auf den ersten Blick; *to put to the* ~ erröten lassen; **~ing** ['-iŋ] errötend; *fig* bescheiden.

bluster ['blʌstə] *itr (Sturm, See, Mensch in Wut)* toben; poltern; leere Drohungen ausstoßen; *tr* tyrannisieren; *s* Toben, Heulen (des Sturmes); Wutgeheul, -geschrei; Getöse *n*; Prahlerei *f*; *to* ~ *o.s. into* sich hineinsteigern in; *to* ~ *out, forth* (wütend) ausstoßen, schreien; **~er** ['-rə] Tobende(r) *m*; **~ing** ['-riŋ] tobend; lärmend; prahlend; drohend; **~ous**, **~y** ['-rəs, '-ri] wild, tobend, heftig.

bo [bou] *interj s. boh*; *s Am sl* Vagabund *m*; *(Anrede)* alter Junge!

boa ['bouə] *zoo (Mode)* Boa; Riesenschlange *f*; **~ constrictor** *zoo* Königs-, Abgottschlange *f*.

boar [bɔ:] Eber; Keiler *m*; *wild* ~ Wildschwein *n*; **~'s head** (*Küche*) Schweinskopf *m*.

board [bɔ:d] **1.** *s*. Brett *n*, Diele, Planke *f*; Pappdeckel, Karton *m*, Pappe; (Anschlag-, Wand-)Tafel *f*; Spielbrett *n*; (Tisch-)Platte *f*; Eßtisch *m*; Kost, Verpflegung; Pension *f*; Beratungstisch *m*; Versammlung *f*, Ausschuß, Rat *m*, Körperschaft; Behörde, Verwaltung *f*, Amt; Ministerium *n*; *mar* Bord *m*, Deck *n*; *Am* Börse(nnotierungen *f pl*) *f*; *the ~s (theat)* die Bretter *n pl* (*Bühne*); **2.** *tr* verschalen, dielen; mit Brettern verkleiden, täfeln; beköstigen, verpflegen, in Pension haben *od* geben; *med* untersuchen, mustern; an Bord gehen (*a ship* e-s Schiffes); (*Fahrzeug*) besteigen, einsteigen (*the train* in den Zug); *(Schiff)* entern; **3.** *itr* essen, s-e Mahlzeiten einnehmen, in Pension sein (*with* bei); *mar* lavieren; **4.** *above* ~ offen, ehrlich *adv*; *free on* ~, *f.o.b.* frei Schiff; *in ~s (Buch)* in Pappe, Pappband; *in cloth ~s (Buch)* in(Ganz-)Leinen, Leinenband; *on* ~ *(a) ship* an Bord e-s Schiffes; *on even* ~ quitt; *to be a member of the* ~ Mitglied des Vorstandes sein; *to be represented on the* ~ im Vorstand vertreten sein; *to go by the* ~ über Bord gehen; *fig* s-n Plan fallenlassen, s-e Hoffnung aufgeben; scheitern; *to go on* ~ *ship* sich einschiffen; *to go on* ~ *the train (Am)* in den Zug einsteigen; *to sweep the* ~ alles erledigen; *(Spiel u. allg)* den ganzen Gewinn einstreichen, -stecken; *to* ~ *out (itr)* auswärts essen; *tr* ausmustern; *to* ~ *up* (mit Brettern) zu-, vernageln; *advisory, arbitration od conciliation* ~ Beratungs-, Schlichtungsausschuß *m*; *bed and* ~ Tisch u. Bett (*ehel. Gemeinschaft*); *bulletin* ~ *(Am)* Schwarze(s) Brett *n*; *chess-* ~ Schachbrett *n*; *examination* ~ Prüfungskommission *f*; *groaning* ~ üppige Mahlzeit *f*; *ironing* ~ Bügelbrett *n*; *meeting of the* ~ Vorstandssitzung *f*; *Road-B-* Straßenbauamt *n*; *school* ~ Schulbehörde *f*; *shipping* ~ Seeamt *n*; *switch-* ~ Schalttafel *f*; *B- of Admiralty*, *of Trade* Marine-, Wirtschaftsministerium *n*; ~ *of audit* Rechnungsausschuß *m*; ~ *of control* Kontroll-, Aufsichtsbehörde *f*; ~ *of directors* Aufsichtsrat *m*; ~ *of elections* Wahlausschuß *m*; ~ *of inquiry* Untersuchungsausschuß *m*; ~ *of review* Überprüfungs-, Berufungsausschuß *m*; ~ *of supervisors* Verwaltungs-, Aufsichtsrat *m*; *member of the* **~~**Aufsichtsratmitglied *n*; ~ *of trade (Am)* Handels-

boarded 94 **body**

kammer *f*; **B~** *of Trade regulations (pl)* Sicherheitsvorschriften *f pl*; **-ed** ['-id] *a* abgedeckt; *(Diele)* getäfelt; **-er** ['-ə] Kostgänger; zahlende(r) Pensionsgast; Internatsschüler *m*; **-fence, floor, shack** *Am* Bretterzaun, -boden *m*, -bude *f*; **-ing** ['-iŋ] Bretterzaun, -verschlag *m*, -verkleidung; Täfelung; Verschalung *f*; Dielen *f pl*; Verpflegung, Beköstigung *f*; Pensionsessen; *mar aero* Anbordgehen; *mar* Entern *n*; **~-house** Pension *f*; **~~ kennel** Hundeasyl *n*; **~~-out** Auswärtsessen *n*; Unterbringung *f* in e-r Familie; **~~-school** Internat *n*; **~~ stable** *(Am)* Stall *m*, in dem Pferde gegen Bezahlung gefüttert u. gepflegt werden; **~ and lodging** Unterkunft u. Verpflegung, volle Pension; freie Station *f*; **~ meeting** Ausschußsitzung; Sitzung *f* des Verwaltungsrats; **~~-money, -wages** *pl* Verpflegungsgeld *n*, Verpflegung *f* in bar; **~-walk** *Am* Lattenrost *m*; Uferpromenade *f*.

boast [boust] *s* Prahlerei *f*, überhebliche Worte *n pl*, Eigenlob *n*; Stolz *m (Gegenstand)*; *itr* prahlen *(of* mit), sich rühmen *(of s.th.* e-r S), den Mund vollnehmen; *tr* stolz sein *(s.th.* auf e-e S); **-er** ['-ə] Prahlhans, *fam* Angeber *m*; **-ful** ['-ful] prahlerisch; überheblich.

boat [bout] *s* Boot *n*, Kahn, Nachen *m*; Schiff *n*; Dampfer *m*; *(gravy ~)* Sauciere, Soßenschüssel *f*; *aero* Flugboot *n (flying ~)*; *itr* in e-m Boot fahren, rudern, segeln; *in the same ~ (fig)* in der gleichen Lage *od* Gefahr; *to burn o.'s ~s (fig)* alle Brücken hinter sich abbrechen; *cargo ~* Frachtdampfer *m*; *life-~* Rettungsboot *n*; *motor-~* Motorboot *n*; *passenger ~* Passagierdampfer *m*; *~s for hire* Bootsverleih *m*; **~-fly** Wasserwanze *f*; **~-hook** Bootshaken *m*; **~-house** Bootshaus *n*; **-ing** ['-iŋ] Rudern, Segeln *n*; Segel-, Rudersport *m*; **~-race** Bootsrennen *n*; (Ruder-)Regatta *f*; **~-shaped** *a* kahnförmig; **~(s)man** Bootsverleiher, -verkäufer; Bootsmann, Ruderer *m*; **-swain** ['bousn] *mar* Bootsmann *m*; Bootszug *m*; **~ train** Schiffszug *m*; **~ trip** Schiffsreise *f*.

bob [bɔb] *s* (hängendes) Gewicht *(an Pendel, Lot, Drachen)*; Senkblei *n*; (Haar-)Knoten *m*; Hänge-, kurze Locke *f*; Haarbüschel; Knäuel *n*; *(Pferd)* Stutzschwanz; *(Frauen)* kurzer Haarschnitt *m*; *(ear ~)* Ohrgehänge *n*; Kehrreim; Klaps; Ruck, Stoß; Knicks *m*; *Art* Glockengeläut *n*; schottische(r) Tanz; *(Angeln)* Schwimmer; *inv sl* Schilling; *B~* Robert *m*; *(~-sled, -sleigh)* Bobsleigh, Rennschlitten; *Am* Langholzschlitten *m*; *itr* sich auf u. ab *(up and down) od* hin u. her *(to and fro)* bewegen; sich ruckartig bewegen; e-n Knicks machen *(to* vor); linkisch tanzen; mit dem Munde schnappen *(for s.th.* nach etw); mit e-m Schwimmer fischen; *tr (Haar e-r Frau)* kurz schneiden; *(Schwanz)* stutzen; leicht anstoßen *(s.th.* an etw); e-n Klaps geben; ruckartig bewegen; *on the ~ (Am fam)* auf den Beinen, in Bewegung; *to ~ up* plötzlich, unerwartet auftauchen *od* erscheinen; **-bed hair** Bubikopf *m*; **-bin** ['bɔbin] (Garn-)Spule *f*, Klöppel *n*, Haspel, Garnwinde; *allg* Rolle; *el* Draht-, Induktionsrolle; Trommel *f*; **~~ lace** Klöppelspitze *f*; **~~ net** Tüll *m*; **-bish** *(pretty ~~) sl* lebhaft, quicklebendig, munter, aufgeweckt; **-ble** ['bɔbl] *Am fam* Bock, Fehler; Versager *m*; **-by** ['-i] *fam* Schupo, Polizist *m*; **~~-dazzler** *(sl)* etw Knalliges; **~~-soxer** Backfisch, Teenager *m*; **-cat** *Am* Luchs *m*; **-olink** ['bɔbəliŋk] Reisstar, Boblink *m (amerik. Singvogel)*; **-stay** *mar* Wasserstag *n*; **-tail** *s (Pferd, Hund)* Stutzschwanz *m*; *tr* (den Schwanz) stutzen; beschneiden; *rag-tag and ~~* Krethi u. Plethi *pl*, Lumpenpack, Gesindel *n*.

bock [bɔk] Bockbier; Glas *n* Bier.

bode [boud] *tr* bedeuten, ahnen, vermuten lassen; *itr (well, ill)* ein (gutes, schlechtes) (Vor-)Zeichen sein *(for* für).

bodice ['bɔdis] *(Kleid)* Oberteil *m od* Taille *f*; Mieder, Leibchen *n*; **-ed** [-id] *a* in Zssgen: **able-~~** *(mil)* dienstfähig; *big-~~* von großem Wuchs; *full-~~ (Wein)* stark; **-less** ['-lis] unkörperlich, körperlos, wesenlos; **-ly** ['-li] *a* körperlich, leiblich; *adv* in Person, persönlich; leibhaftig; wie ein Mann, geschlossen; im ganzen, als Ganzes; **~~ harm, injury** Körperverletzung *f*; **~~ search** Leibesvisitation *f*.

bodkin ['bɔdkin] Schnür-, Packnadel *f*; Pfriemen *m*, Ahle; (lange) Haarnadel *f*.

body ['bɔdi] *s* Körper, Leib; Rumpf *m*; *(dead ~)* Leiche *f*, Leichnam *m*; *fam* Person *f*, Mensch *m*; *jur* Korporation, Körperschaft *f*; Gremium; Organ *n*; Gesellschaft *f*, Bund; *mil* (Truppen-) Verband *m*; *(Geschoß-)*Hülle *f*; *bot* (Pflanzen-)Stengel *m*; (Menschen-) Gruppe, Ansammlung, Masse; Sammlung *f (von Vorschriften, Nachrichten usw)*; Hauptteil *m*, -masse, Mehrheit *f*;

Inhalt, Stamm, Kern; *(Brief)* Text *m*; *tech* Gehäuse; Hauptgebäude *n*; *typ* (~ *of a letter*) Schriftgrad,-kegel; *(Schiff, Flugzeug)* Rumpf *m*; *mot* Karosserie *f*, Aufbau; Körper, Gegenstand *m*; Mieder *n*, Taille *f*; Material *n*, Materie, Substanz, Masse *f*; *das Ganze*; *fig* Festigkeit, Kompaktheit, Massigkeit, Dichte *f*, Gehalt *m*, Stärke; Güte *f*; *tr* gestalten, Gestalt geben (*s.th.* e-r S); verkörpern; *(Öl)* eindicken; *in a* ~ im ganzen, zusammen, insgesamt, geschlossen; *to keep* ~ *and soul together* am Leben bleiben, das Leben fristen, sich durchschlagen; *to* ~ *forth* verkörpern, darstellen, symbolisieren; *all-steel* ~ Ganzstahlkarosserie *f*; *governing* ~ Direktion, Leitung *f*; *heavenly* ~ Himmelskörper *m*; *heir of o.'s* ~ Leibeserbe *m*; *legislative* ~ gesetzgebende Körperschaft *f*; *main* ~ Gros *n*, Kern *m* der Truppe; *wine of good* ~ starke(r) Wein *m*; ~ *of Christ* Leib *m* des Herrn *(Hostie)*; **~-building** Körperschulung *f*; **~-colo(u)r** *a* undurchsichtig; *s* Deckfarbe, Grundierung; *fig* Undurchsichtigkeit *f*; ~ **corporate** Körperschaft, juristische Person *f*; ~ **design** Karosserieform *f*; **~-guard** Leibwache *f*; ~ **politic** Staat(swesen *n*) *m*; politische Organisation *f*; **~-servant** Leib-, Kammerdiener *m*; **~-snatcher** Leichenräuber; *mil sl* Sani(täter) *m*.

Boer ['buə, 'bouə] Bure *m*.

boffin ['bɔfin] *sl* Spezialist *m*.

bog [bɔg] *s* Sumpf,Morast *m*,Moor *n*; *tech* Senkgrube *f*; *itr* im Sumpf, Moor versinken, *tr* versenken; *to* ~ *down* steckenbleiben (*in the mud* im Schlamm); *peat* ~ Torfmoor *n*; **~gle** ['bɔgl] *itr* erschrecken, zs.fahren; stutzen(*at* vor); Angst haben, ängstlich sein; zögern, schwanken (*at, about* bei); schlampern, Ausflüchte machen; nervös mit den Fingern spielen; *tr* zs.schustern, schlampig machen; **~gy** ['-i] sumpfig; **~ie, ~y** ['bougi] *rail* Drehgestell *n*; Laufrolle *f*, -rad *n*; ~~ *wheel* (Ketten-)Laufrad *n*; **~le** ['bougl], **~y, ~ey, ~ie** ['bougi] Kobold; Popanz *m*, Schreckgespenst *n*, Butzemann *m*; Vogelscheuche *f*; (**~ey, ~ie**) *aero* unbekannte(s) Flugzeug *n*; **~-trotter** Sumpfbewohner; *pej* Ire *m*; **~us** ['bougəs] falsch; Schein-; nachgemacht, unecht; Schwindel-; ~~ *firm* Schwindelunternehmen *n*; ~~ *money* Falschgeld *n*.

bo(h) [bou] *interj* hu(hu)! buh! *he can't say* ~ *to a goose* er ist etwas ängstlich.

Bohemia [bou'hi:mjə] Böhmen; Zigeunertum *n*; Boheme *f*; **~n** [-n] *a* böhmisch; zigeunerhaft, ungebunden, frei, locker; *s* Böhme *m*, Böhmin *f*; Bohemien *m*.

boil [boil] **1.** *itr tr v* kochen, sieden; *itr fig (vor Wut)* kochen, schäumen (*with* vor); *(Fluten)* wogen, toben; *tr* zum Sieden bringen; *s* Siedepunkt *m*; Kochen, Sieden *n*; **2.** *s* Furunkel *m*; *to make o.'s blood* ~ jdn rasend machen; *to* ~ *away* verkochen, verdampfen; *to* ~ *down* einkochen, -dicken; *fig* zs.drängen, -fassen (*into* in); *to* ~ *over (bes. Milch)* überkochen; *fig* überschäumen (*with rage* vor Wut); *to* ~ *up (fam)* auf die Palme gehen; **~ed:** ~~ *shirt* (*sl*) Hemd *n* mit gestärkter Brust; *fig* eingebildete(r), hochnäsige(r) Mann *m*; **~er** ['-ə] (Heiz-, Dampf-, Wasch-)Kessel; Warmwasserbereiter, -speicher *m*; *(Färberei)* Küpe *f*; ~~ *pressure* Kesseldruck *m*; ~~ *scale, incrustation* Kesselstein *m*; ~~ *suit* Overall *m*; ~~ *tube* Kesselrohr *n*; **~ing** ['-iŋ] *a* kochend, siedend; *fig* sehr erregt; *s* Kochen, Sieden; Brodeln *n*; *to keep the pot* ~~ (*fig*) für den Lebensunterhalt sorgen; etw im Schwung halten; *the whole* ~~ (*sl*) die ganze Blase, Bande, Sippschaft, Gesellschaft; ~~ *(hot) (fam)* kochend, siedend, glühend heiß; ~~ *point* Siedepunkt *m a. fig*.

boisterous ['bɔistərəs] heftig, stürmisch; polternd, lärmend, laut, ausgelassen; **~ness** ['-nis] Heftigkeit *f*; Ungestüm *n*; Ausgelassenheit *f*.

boko ['boukou] *sl* Zinken *m*, Nase *f*.

bold [bould] kühn, tapfer, mutig, *fam* forsch; selbstsicher, -bewußt, keck; gewagt; dreist, frech, ungehörig; *(Handschrift)* kräftig, deutlich; in die Augen fallend, hervortretend; *(Vorstellung, Bild)* klar, deutlich; fest umrissen; *(Küste)* steil; *to make (so)* ~ *as* sich anheischig machen, es wagen (*to* zu); sich erkühnen; **~-face, ~-face type** Fettdruck *m*; *to be in* ~~ fett gedruckt sein; **~-faced** *a* frech, dreist, unverschämt; *typ* in Fettdruck, fett; **~ness** ['-nis] Kühnheit, Tapferkeit *f*, (Wage-)Mut *m*; Frechheit, Dreistigkeit; freche Bemerkung *f*.

bole [boul] **1.** (Baum-)Stamm *m*; Pfeiler, Pfosten *m*; Rolle, Walze *f*.

bol|ection [bou'lekʃən] *arch* vorspringende Verzierung *f*; **~ero** [bə'lɛərou] Bolero *(Tanz)*; ['bɔlərou] Bolero(jäckchen *n*) *m*; **~etus** [bo'li:təs] *bot* Röhrenpilz *m*; **~ide** ['boulaid] Feuerkugel *f* *(Meteor)*.

Bolivia [bə'liviə] Bolivien *n*; **~n** *a* bolivianisch; *s* Bolivianer(in *f*) *m*.

boll [boul] *bot* Samen(kapsel *f*) *m*; **~ard** ['bɔləd] *mar* Poller *m*; **~ix** ['-iks] *tr sl* durchea.bringen; zs.schustern, -stümpern *(to ~~ up)*; **~~weevil** *ent* Baumwollkapselkäfer, Baumwollrüßler *m*.

boloney [bə'louni] *sl* Stuß, Quatsch, Blödsinn; *Am fam* Bologneser Wurst *f*; *Am sl* Autoreifen *m*.

Bolshev|ik ['bɔlʃivik] *s* Bolschewist *m*; *pl* Bolschewiken *m pl*; *a* bolschewistisch; **~ism** ['-izm] Bolschewismus *m*; **~ist**, *sl* **Bolshy** ['-ist, 'bɔlʃi]*s* Bolschewist *m*; *a* bolschewistisch.

bolster ['boulstə] *s* Kissen, Polster *n*, *bes.* Schlummerrolle; *tech* Unterlage *f*, Kissen *n*; *tr* wattieren, polstern; *(to ~ up)* stützen, absteifen, *fig* zu halten versuchen; *fam* mit Kissen bewerfen.

bolt [boult] **1.** *s* (Tür-)Riegel; Bolzen; *tech* Dorn; *(screw ~)* Schraubenbolzen *m*; *(Gewehr)* Schloß *n*; Bolzen, (kurzer, starker) Pfeil; Blitz(strahl) *a. fig*; Schlag *m*, Unvorhergesehene(s) *n*; *fam* Satz, plötzliche(r) Sprung; *Am (Partei)* Austritt *m*; *(Stoff, Papier)* Satz *m*, Rolle *f*, Ballen *m*; *itr* davonstürzen, Reißaus nehmen, weg-, *fam* losrennen, abhauen; e-n Satz machen; Speisen hinunterschlingen; *(Pferd)* durchgehen; *Am* aus e-r Partei austreten; *bot* verfrüht Samen bilden; *tr (Speise)* hinunterstürzen, -würgen, -schlingen; verriegeln; ver-, festschrauben; an-, verbolzen, mit Schraubenbolzen verbinden; *Am (Partei)* im Stich lassen; austreten *(a group* aus e-r Gruppe); *(Pfeil)* abschießen; *(Tuch, Papier)* zs.rollen; *(to ~ out)* herausplatzen *(s.th.* mit etw); *adv* pfeilgeschwind, wie der Wind; *to shoot o.'s ~* tun, was man kann; die letzten Reserven einsetzen; *to ~ in, out* ein-, aussperren; *a ~ from the blue* ein Blitz aus heiterem Himmel; **2.** *tr* sieben; *fig* durchsieben, (aus-) mustern, sichten, sorgfältig prüfen; **~ed** *a* verschraubt; **~~** *joint* Schraubenverbindung *f*; **~er** ['-ə] **1.** Ausreißer *m*; durchgehende(s) Pferd *n*; *Am pol* Abtrünnige(r) *m*; **2.** Sieb *n*; Sichtmaschine *f*; (Mehl-)Beutel *m*; **~head** Schraubenkopf; *chem* Destillierkolben *m*; **~hole** Schlupfloch *n a. fig*; **~ing** ['-iŋ] **1.** (Bolzen-)Verschraubung *f*; **2.** Sieben *n*; **~ nut** Bolzenmutter *f*; **~ position** *mil* Riegelstellung *f*; **~rope** *mar* Liek *n*; **~ upright** kerzengerade.

bolus ['bouləs] *pharm* große Pille *f*.

bomb [bɔm] *s* (Hand-)Granate *f*; (Werfer-)Geschoß *n*; Bombe *f*; Sprengkörper *m*; *itr* Bomben (ab)werfen; Bomben laden; *tr* bombardieren, mit Bomben belegen, *(Flugzeug)* beladen; zerbomben; *to ~ out* ausbomben; *to ~ up* mit Bomben beladen; *~ time* ~ Zeitbombe; Höllenmaschine *f*; **~ aimer** Bombenschütze *m*; **~ard** ['-ba:d] *tr* mit Granatfeuer belegen, bombardieren, beschießen, unter Feuer nehmen; *(Atomkern)* beschießen; *fig (mit Fragen)* bestürmen, überschütten, bombardieren; **~ardier** [-bə'diə] *Br* Artillerie-Unteroffizier; *aero* Bombenschütze *m*; **~ardment** ['-ba:dmənt] Beschießung *f*, Bombardement *n*, Bombardierung *f*, Beschuß *f*; **~ast** ['-bæst] Schwulst, Bombast; (Rede-)Schwall *m*; **~astic** [-'bæstik] bombastisch, schwülstig, geschwollen; **~ bay** Bombenschacht *m (im Flugzeug)*; **~ burst** Bombeneinschlag *m*; **~ carpet** Bombenteppich *m*; **~ crater** Bombenkrater *m*; **~ damage** Bombenschaden *m*; **~ disposal unit** Bombensprengkommando; **~ door** Bombenklappe *f*; **~ dropping** Bombenabwurf *m*; **~ dump** Bombenlager *n*; **~e** [bɔ:b] *(Küche)* (Eis-)Bombe *f (a. aus anderen Speisen)*; **~ed** ['-d] *a*: *~~ area* Luftnotstandsgebiet *n*; *~~ site* Trümmergrundstück *n*; **~er** ['-ə] Bomber *m*, Bombenflugzeug *n*; *fighter ~~* Jagdbomber, Jabo *m*; *~~ aircraft* Bombenflugzeug *n*; *~~ crew* Besatzung *f* e-s Bombenflugzeugs; *~~ group (Br)* Bombergeschwader *n*, *Am*-gruppe *f*; *~~ pilot* Bombenflieger *m*; *~~ squadron* Bomberstaffel *f*; *~~ wing (Br)* Bombergruppe *f*, *Am*-geschwader *n*; **~ fuse** Bombenzünder *m*; **~ing** ['-iŋ] Bombardierung *f*, Bombenwurf *m*; *pattern ~~* Flächenbombardierung *f*; *pinpoint, precision ~~* gezielte(r) Bombenwurf *m*; *~~ (air)plane* Bombenflugzeug *n*; *~~ attack, raid* Bombenangriff *m*; *~~ range* Bombenwurfübungsplatz *m*; Einsatzbereich *m* es Bombers; *~~ run* Bombenzielanflug *m*; **~~load** Bombenlast *f*; **~~proof** bombensicher; *~~ shelter* bombensichere(r) Unterstand *m*; **~ release** Bombenabwurf *m*, -auslösevorrichtung *f*; **~~shell** Bombe *a. fig*; *fig* plötzliche Überraschung *f*; **~~sight** Bombenzielgerät *n*; **~ splinter** Bombensplitter *m*.

bona fide ['bounə'faidi] *a jur* ehrlich, aufrichtig, gutgläubig; *acting in* good Glauben); **~s** [-i:z] *pl* Ehrlichkeit, Aufrichtigkeit, Gutgläubigkeit *f*.

bonanza [bo(u)'nænzə] *s fam* Glück(sfall *m*) *n*; *min* Ergiebigkeit; Goldgrube *f*

bonce

fig, blendende(s) Geschäft *n; a* ergiebig, ertragreich, gewinnbringend, blühend.

bonce [bɔns] große Marmel *f;* Marmelspiel *m; sl* Rübe *f,* Kopf *m.*

bond [bɔnd] *s das* Verbindende, (Ver-)Bindung, Zs.gehörigkeit(sgefühl *n*) *f,* Band *n* (*pl* Bande), Fessel *f; tech* Bindemittel *n;* (*Bauwerk*) Verband *m; chem* Bindung; *com* Verbindlichkeit, Verpflichtung *f,* Übereinkommen *n,* Abmachung; Bürgschaft *f;* Schuldschein *m,* -verschreibung *f;* Garantieschein; Pfandbrief *m,* Obligation *f;* Zollverschluß *m; pl* festverzinsliche Wertpapiere *n pl; pl* Fesseln *f pl; pl* Haft *f,* Gefängnis *n; tr* verpfänden; unter Zollverschluß nehmen *od* legen; *tech* abbinden; *in* ~ unter Zollverschluß; *in* ~s unfrei; in Fesseln, *lit* in Banden; *to be under* ~ unter Kontrakt stehen; ~ *of security, indemnity* Garantie-, Bürgschaftsschein *m; baby* ~ Kleinobligation *f; matrimonial* ~ Band *n* der Ehe; *mortgage* ~ Hypothekenbrief *m; treasury* ~ Schatzanweisung *f; warehouse* ~ Zollverschlußschein *m;* **~age** ['-idʒ] Knechtschaft, Sklaverei; Unfreiheit, Gebundenheit *f;* **~creditor, -holder** Pfandbrief-, Obligationsgläubiger, -inhaber *m;* **~debt**(or) Pfandbrief-, Obligationsschuld(ner *m*) *f;* **~ed** ['-id] *a* (~ *goods* Waren *f pl*) unter Zollverschluß; *tech* verbunden; ~~ *port* Zollhafen *m;* ~~ *shed* Zollschuppen *m,* -depot *n;* **~ing** ['-iŋ] Bindung *f;* Abbinden, ~~ *agent, capacity, power* Bindemittel, -vermögen *n,* -fähigkeit *f;* ~ *market* Pfandbriefmarkt *m;* ~ *note* Zollpassierschein *m;* **~(s)man** *hist* Leibeigene(r) *m;* **~sman** *fin* Bürge *m.*

bone [boun] *s* Knochen *m* (*a. pl*); (*Fisch*) Gräte *f;* Bein (*Knochensubstanz*) *f;* Fischbein *n;* Zahnschmelz *m,* Elfenbein *n; fig* (~ *of contention*) Zankapfel *m; Am sl* Büffler *m; pl* Gebein(e *pl*) *n; pl* Körper *m; pl fam* Würfel *m pl; pl* Kastagnetten; *pl* Korsettstangen *f pl; tr* die Knochen entfernen aus, ablösen von; (*Fisch*) entgräten; *sl* klauen, mopsen; *itr Am sl* büffeln, ochsen; *to* ~ *up on s.th.* (*Am sl*) etw durcharbeiten; *to the* ~ bis auf die Knochen, völlig; *to be nothing but skin and* ~s nur noch Haut u. Knochen sein; *to feel in o.'s* ~s (*fam*) (s-r S) ganz sicher sein; in den Knochen spüren; *to have a* ~ *to pick with s.o.* mit jdm ein Hühnchen zu rupfen haben; *to make no* ~s *about s.th.* nicht viel Federlesens machen; keine Gewissensbisse haben; *to make old* ~s alt werden; *bred in the* ~ unausrottbar; *as dry as* ~, **~-dry** knochentrocken; ~ **ash** Knochenasche *f;* ~ **black** Knochenkohle *f;* ~ **dust, meal** Knochenmehl *n;* **~er** *Am sl* Schnitzer *m; to pull a* ~~ e-n Bock schießen; ~ **fracture** Knochenbruch *m;* ~ **glass** Milchglas *n;* ~ **glue** Knochenleim *m;* **~head** *sl* Dummkopf *m;* **~lace** Klöppelspitzen *f pl;* **~less** ohne Knochen *od* Gräten; ~ **oil** Knochenöl *n;* **~spavin** *vet* (*Pferd*) Piephacke *f;* **~yard** *Am* Abdeckerei *f; sl* Autofriedhof *m.*

bonfire ['bɔnfaiə] Freudenfeuer; Feuer *n* im Freien; *to make a* ~ *of s.th.* etw vernichten.

bonn|**et** ['bɔnit] *s* (*bes.* Kapott-)Hut *m; Scot* Mütze; *tech* Haube *f,* Schutzkorb *m; mot* Motorhaube *f;* (*Indianer*) Kopf-, Federschmuck; *sl fig* Komplize, Helfershelfer *m; tr* e-n Hut, e-e Mütze aufsetzen; **~y** ['bɔni] *a bes. Scot* gut, gesund aussehend, frisch; **~~clabber** (*Am*) dicke Milch *f.*

bon|**us** ['bounəs] Bonus, Sonderzuschlag *m,* Gratifikation, Prämie; *com* Sonderdividende; Vergütung, Entschädigung *f;* Zuschlag *m; Christmas* ~~ Weihnachtsgratifikation *f; cost-of-living* ~~ Teuerungszulage *f; production* ~~ Leistungsprämie *f;* ~~ *share* Gratisaktie *f;* **~y** ['bouni] voller Knochen *od* Gräten; (*big-boned*) (grob)knochig, knochenhart, knochig, knöchern; mager, ausgemergelt.

boo [buː] *interj* (*Verachtung*) bah! pah! buh! (*um Tiere zu verscheuchen*) sch! *tr* auszischen, -pfeifen; (*Tier*) (ver)scheuchen; *itr* buh machen.

boob [buːb] Simpel, (Einfalts-)Pinsel, Idiot *m;* **~y** ['-i] Tölpel, Trottel, Gimpel *m;* letzte(r) Sieger; *orn* Tölpel *m;* ~~ *hatch* (*Am sl*) Irrenhaus *n; mar* Niedergangstreppe *f;* ~~ *prize* Trostpreis *m;* ~~ *trap* Falle *f fig;* Streich; Budenzauber *m; mil* getarnte(r) Explosivkörper *m;* Todesfalle *f.*

boodle ['buːdl] *Am sl* Pack *n,* Mob *m,* Bagage *f;* (Falsch-)Geld *n;* Bestechungsgelder *n pl;* Bestechung; Beute *f; the whole* ~~ der ganze Kram, Dreck, Betrag; alle(s).

boogie-woogie ['buːgiwuːgi] Boogie-Woogie *m* (*Tanz, Musik*).

boohoo [buːˈhuː] *s* Huhu, laute(s) Weinen *n; itr* laut weinen.

book [buk] *s* Buch; Heft *n;* Block *m;* (*Bridge*) Buch *n;* Aufzeichnungen *f pl;* Liste *f;* (*Tabakblätter*) Stoß *m; mus* Textbuch, Libretto; *theat* Rollenbuch *n*; Wettliste *f*; *pl* Studium *n*, Unterricht *m*; *the B~* die Bibel; *(~ of matches)* (Streichholz-)Heftchen *n*; *the ~s (com)* die Bücher; *the ~ (fam)* die maßgeblichen Vorschriften *f pl*, die offizielle Lesart; *to be ~ed (fig)* festgenagelt sein; *for s.th.* etw zu erwarten haben; *up* belegt sein; *to bring to ~ verbuchen*; *for s.th.* wegen etw zur Rechenschaft ziehen; *to close the ~s* die Bücher abschließen; *to keep ~s* Bücher führen; *to speak like a ~* wie ein Buch reden; *to suit s.o.'s* jdm recht kommen; *gut, fam* in den Kram passen; *to take a leaf out of s.o.'s* es jdm nachmachen; jdm nacheifern; es machen wie jem; *to take s.o.'s name off the ~s* jdn aus der Liste streichen; *to ~ through to* direkt bis … lösen *of*; *acceptance* Akzeptbuch; Wechseljournal *n*; *~ of account* Kontobuch *n*; *~ of commissions* Bestellbuch *n*; *~ of printed forms* Formularbuch *n*; *~ of reference* Nachschlagewerk *n*; *~ of stamps* Briefmarkenheft *n*; *~ of tickets* Fahrscheinheft *n*; **~able** ['-əbl] im Vorverkauf erhältlich; **~binder** Buchbinder *m*; **~bindery** Buchbinderei *f*; **~binding** Buchbinderei *f*, Buchbinderhandwerk *n*; **~ case** Bücherschrank *m*; **~ club** Buchklub *m*; **~-end, ~rest** Bücherstütze *f*; **~ie** ['-i] *sl* Buchmacher *m*; **~ing** ['-iŋ] Buchung *f*; Vorverkauf *m*; Vorbestellung, Reservierung *f*; **~~clerk** Fahrkartenverkäufer *m*; **~~machine** Buchungsmaschine *f*; **~~office** Fahrkartenschalter *m*; (Theater-)Kasse; Vorverkaufsstelle *f*; **~ish** ['-iʃ] lesefreudig; literarisch, gelehrt; *(Stil)* papieren; **~ishness** ['-iʃnis] Stubengelehrsamkeit *f*; **~jacket** *Am* Schutzumschlag *m*; **~keeper** Buchhalter *m (Person)*; **~keeping** Buchhaltung, -führung *f*; *~ by double, single entry* doppelte, einfache Buchführung *f*; *~ machine* Buchhaltungsmaschine *f*; **~learning** Bücherweisheit; *fam* schulische Erziehung *f*; **~let** ['-lit] Broschüre *f*; **~maker** Bücherschreiber (*a. ~wright*); *(Pferderennen)* Buchmacher *m*; **~man** *Am* Gelehrter; Buchhändler, Verleger *m*; **~mark** Lesezeichen *n*; **~ market** Büchermarkt *m*; **~mate** Schulkamerad, -freund *m*; **~mobile** ['-məbi:l] *Am* fahrbare Leihbücherei *f*; **~plate** Exlibris, Bücherzeichen *n*; **~post** Drucksachen *f pl* zu ermäßigter Gebühr; *by ~* Drucksache! **~rack** Büchergestell *n*; **~ review** Buchbesprechung *f*; **~ reviewer** Kritiker *m*; **~ room** Leseraum *m (e-r Bibliothek)*; **~seller** Buchhändler *m*; **~~'s (shop)** Buchhandlung *f*; **~selling** Buchhandel *m*; **~shelf** Bücherregal, -bord *n*; **~shop** Buchhandlung *f*; **~stack** Bücherregal *n*; **~stall** Buchverkaufsstand *m*; *Br* Zeitungskiosk *m*; Bahnhofsbuchhandlung *f*; **~stand** Büchergestell, Regal *n*; Bücherauslage *f (im Laden)*; Buchverkaufsstand *m*; **~store** *Am* Buchhandlung *f*; **~token** Büchergutschein *m*; **~ trade** Buchhandel *m*; **~value** *com* Buchwert *m*; **~work** Bücherstudium *n*; **~worm** *ent* u. *fig* Bücherwurm *m*; **~wrapper** Buchhülle *f*.

boom [bu:m] 1. *s mar* Baum, Ausleger, Ladebaum *m*, (Back-)Spiere; (Fluß-, Hafen-)Sperre; *(Brücke)* Gurtung *f*; *Am radio video* (beweglicher) Galgen *m* für Mikrophon *(mike ~)* od Kamera *(camera ~)*; *(Tankflugzeug)* Füllschlauch *m*; 2. *s com* (Hoch-)Konjunktur *f*; wirtschaftliche(r) Aufschwung *m*; geschäftliche Aufwärtsentwicklung; Hausse; Vogue, Beliebtheit *f (e-r Ware)*; *itr* e-e Hochkonjunktur haben *od* erleben; e-n (großen) wirtschaftlichen Aufschwung nehmen; sich großer Beliebtheit erfreuen; *tr com* lancieren, laute Reklame machen für; e-e Hochkonjunktur herbeiführen in; *to be ~ing* im Aufschwung begriffen sein; *building ~* Hochkonjunktur *f* im Bauwesen; 3. *itr* dröhnen, hallen, brausen, brummen; *tr* dröhnend verkünden; *s* Dröhnen, Hallen, Brummen *n*; **~and-bust** *Am* Hochkonjunktur *f* u. nachfolgende Depression; **~er** ['-ə] *Am* Reklamemacher, tatkräftige(r) Förderer; Bombenerfolg *m*; **~erang** ['buməræŋ] Bumerang *m a. fig*; **~ing** ['-iŋ] Hochkonjunktur; Stimmungsmache *f*; **~ prices** *pl* Konjunktur-, Höchstpreise *m pl*.

boon [bu:n] *s* Wohltat *f*, Segen *m*; *obs* Gunst, Gnade *f*; *a* lustig; *poet* gütig;

boon companion wohltuend; ~ **companion** lustige(r) Bruder, Zechkumpan m; **~doggle** ['dɔgl] itr Am sl die Zeit vertrödeln.

boor ['buːə] (Bauern-)Lümmel, Rüpel m; **~ish** ['buriʃ] rüpel-, lümmelhaft; **~ishness** ['buriʃnis] Rüpel-, Lümmelhaftigkeit f.

boost [buːst] tr fam hochschieben, -heben; beim Klettern nachhelfen (s.o. jdm); (Preise) in die Höhe treiben; (unter)stützen; sich einsetzen, lebhafte Reklame machen für, lancieren; el (Strom, Leistung) verstärken; (Batterie) aufladen; (Spannung) erhöhen; s Propaganda, Stimmungsmache, Reklame; Preistreiberei f; Aufschwung m, Konjunktur f; el Zusatzspannung; tech Steigerung, Erhöhung f; (~ pressure) el Ladedruck m; **~er** ['-ə] Trommler, unermüdliche(r) Reklamemacher od Förderer; tech Hilfs-, Servomotor m; Aufladegebläse n; el Spannungserhöher, Zusatzdynamo; Übertragersatz m; ~~ amplifier Zusatzverstärker m; ~~ injection Wiederholungsimpfung f; ~~ rocket Startrakete f.

boot [buːt] 1. s Stiefel; Am Schaftstiefel; hist Spanische(r) Stiefel (Folterinstrument); hist Wagenkasten; Knieschutz (für Kutscher); mot Br Kofferraum m; (Autoreifen) Einlage f; Am mar sl Rekrut; Stoß; sl Rausschmiß m; pl mit sing Hoteldiener m; tr Stiefel anziehen (s.o. jdm); stoßen; sl 'rauswerfen, -schmeißen, entlassen; like old ~s (sl) (übertreibend) furchtbar, schrecklich adv; to die with o.'s ~s on in den Sielen sterben; to get the ~ (sl) 'rausgeschmissen werden, fliegen; to give the ~ to s.o. jdn 'rausschmeißen; the ~ is on the other leg (fig) es ist gerade andersherum; bet your ~s (sl) verlaß dich drauf; high ~s (pl) hohe Stiefel, Langschäfter m pl; **-black** Am Schuhputzer m; **-ed** a gestiefelt; **-ee** [buːˈtiː] Halbstiefel, Überschuh (für Frauen u. Kinder); gestrickte(r) od gehäkelte(r) Babyschuh m; **-jack** Stiefelknecht m; **-lace** Schuhriemen, Schnürsenkel m; **-leg** Am tr (Alkohol) schmuggeln; a ungesetzlich; s geschmuggelte(r) Alkohol; Stiefelschaft m; **-legger** Am Alkoholschmuggler m; **-legging** Am Alkoholschmuggel m; **-less** ['-lis] nutz-, zwecklos; **-lick** Am sl itr niedrig schmeicheln; tr Honig ums Maul schmieren (s.o. jdm); **-licker** Speichellecker m; **~-maker** Schuhmacher m; **~-tree** (Schuh-)Spanner m; 2. v imp nützen, dienlich sein (s.o. jdm); s: to ~ obendrein, zusätzlich, noch dazu.

booth [buːð] (bes. Markt-)Bude f; Messestand; Verschlag m; Nische f (in e-m Kaffee); polling, voting ~ Wahlzelle f; telephone ~ Fernsprech-, Telephonzelle f.

booty ['buːti] (Kriegs-)Beute f; Raub; allg Gewinn m, Erwerbung f.

booze [buːz] itr fam saufen, picheln; s fam Alkohol m (als Getränk); (Am sl ~~ fight) Sauferei f, Besäufnis n; ~~ fighter (Am sl), **-er** ['-ə] Säufer m; **-y** ['-i] fam be- od versoffen.

bor|acic [bəˈræsik] a chem Bor-; ~~ acid Borsäure f; **-age** ['bɔridʒ] bot (Küche) Borretsch m; **-ax** ['bɔræks] Borax m; attr Am sl in die Augen fallend, kitschig.

border ['bɔːdə] s Kante f, Rand(streifen), Saum m; Einfassung f; Ufer n; Rabatte; typ Zierleiste; (Landes-) Grenze f; Grenzgebiet n; the B~ das englisch-schottische Grenzgebiet; tr begrenzen; einfassen; itr grenzen (on an); within, out of the ~s inner-, außerhalb der Grenzen; to ~ (up)on ähneln (s.th. e-r S), nahekommen (s.th. e-r S), streifen; **-er** ['-rə] Grenzbewohner m; ~ **incident** Grenzzwischenfall m; **-ing** ['-riŋ] angrenzend (on an), dicht (on bei); **-land** Grenzland; fig scient psychol Grenzgebiet n; **-line** Grenzstreifen m, fig -gebiet n; attr Grenz-; on the ~~ (psychol) an der Grenze des Normalen.

bore [bɔː] 1. tr ausbohren, -höhlen; (Insekten, Würmer) nagen, fressen, graben; (to ~ through) durchbohren, (Zylinder) ausschleifen; itr bohren a. min; sich bohren lassen; s Kaliber n, lichte Weite f, Durchmesser m, (Rohr-) Seele f; (~-hole) Bohrloch n; Bohrung f; to ~ o.'s way sich e-n Weg bahnen; 2. tr langweilen; to be ~d sich langweilen; s langgweilige(r) Mensch m, Nervensäge f; 3. Springflut f.

borea|l ['bɔːriəl] nördlich; Nord(wind)-; **B~s** ['bɔːriæs] Nordwind m.

boredom ['bɔːdəm] Langeweile; Lästigkeit f, lästige(s) Wesen n.

borer ['bɔːrə] Bohrer m (Mensch od Gerät); Bohrmaschine f; zoo Bohr-, Pfahlwurm; ent Holzwurm m.

boric ['bɔrik] Bor-; ~ **acid** Borsäure f; ~ **acid ointment** Borsalbe f.

boring ['bɔːriŋ] a langweilig, lästig; s Bohrloch n; pl Bohrmehl n, Drehspäne m pl.

born [bɔːn] geboren; to be ~ with a silver spoon in o.'s mouth reiche Elternhaben; he was ~ in the year 1940 er ist im Jahre 1940 geboren; he was ~ before his time er war s-r Zeit weit voraus; he was ~ blind er ist von Geburt blind.

borne [bɔːn] *pp von* to bear.
boron ['bɔːrɔn] *chem* Bor *n*.
borough ['bʌrə] Stadt(gemeinde); Stadt *f* mit Parlamentsvertretung; Wahlbezirk; Stadtbezirk *m* (*in New York*).
borrow ['bɔrou] *tr* borgen, (aus-, ent-)leihen, entlehnen *a. fig* (*of, from* von); *to ~ trouble* sich unnütze Sorgen machen; **~ area, pit** Entnahmestelle *f* (*für Baumaterial*); **~ed light** *arch* Innenfenster *n*; **~er** ['-ə] Borger, (Ent-)Leiher *m*; **~~'s ticket** Entleihkarte *f*; **~ing** ['-iŋ] Lehnwort *n*; Kreditaufnahme *f*.
bos [bɔs] *s sl* (*~-shot*) Fehlschuß *m*; falsche Annahme *f*; Pfuscherei *f*, Mist *m*; *itr* daneben schießen; vorbeiraten; *tr* verpfuschen, -murksen, -masseln.
bosh [bɔʃ] **1.** *s sl* Quatsch, Blöd-, Unsinn *m*; *tr sl* (*Schule*) ärgern, auf die Palme bringen; **2.** *tech* Rast *f* (*e-s Hochofens*).
bosky ['bɔski] buschig, buschbewachsen, -bestanden, waldig; schattig; *sl* besoffen.
bosom ['buzəm] *s* Innere(s); Herz *n fig*; Busen, Schoß *m fig*; *obs* (Hemd-)Brust *f*, Vorhemd *n*; (*See*) Oberfläche *f*; *obs poet* Busen *m*, Brust *f*; *tr* (*Geheimnis*) bewahren; nicht vergessen; verbergen; ans Herz drücken; **-friend** Busenfreund *m*.
boss [bɔs] **1.** *s* Buckel, Knauf, Knopf *m*; erhabene Verzierung *f*; *tech* Gesenk *n*, Nabe, Warze *f*; Wellenende *n*; *tr* bossieren; **2.** *s. obs*; **3.** *s Am fam* Chef, Meister; Arbeit-, Brötchengeber; Vorgesetzte(r); Parteiführer, **-chef**; Meister, überlegene(r) Mann, führende(r) Kopf *m*; *attr* Haupt-, Ober-, Über-; *a* besonder, erstklassig, erstrangig; *tr* arrangieren; dirigieren, lenken, leiten; beherrschen; der Chef, führende Kopf, Hauptmacher sein (*s. th.* e-rS); *to ~ around* herumkommandieren; *to ~ it* der führende Kopf sein; **~ rule** Herrschaft *f* der Parteiführer; **-iness** ['-inis] *Am fam* Herrschsucht *f*; **-y** ['-i] **1.** mit erhabenen Verzierungen; **2.** *Am fam* herrschsüchtig; rechthaberisch.
bosun ['bousn] *mar* Bootsmann *m*.
bot, bott [bɔt] *zoo* Dassellarve *f*; **~-bee, -fly** Dasselfliege *f*; **~s** [bɔts] *sing vet* Dasselbeulen *f pl*, -plage *f*.
botan|ic(al) [bə'tænik(əl)] botanisch, pflanzenkundlich; *B~ical Garden* Botanische(r) Garten *m*; **-ist** ['-ist] Botaniker *m*; **-ize** ['-aiz] *itr* botanisieren; **-y** ['-i] Botanik, Pflanzenkunde *f*.

botch [bɔtʃ] **1.** *dial* Schwäre *f*, Geschwür *n*; **2.** *s* Flickwerk *n*, Pfuscherei *f*; Flicken, Lappen *m*; Füllwort *n*; *itr* stümpern; *tr* zs.flicken; verpfuschen; **-er** ['-ə] **1.** Stümper; Flickschneider, -schuster *m*; **2.** junge(r) Lachs *m*.
both [bouθ] *a u. prn* beide; beides; *~ (the) brothers, (Am) ~ of the brothers* beide Brüder; *adv* zusammen, miteinander; *conj ~ ... and* sowohl ... als auch; *on ~ sides* auf beiden Seiten.
bother ['bɔðə] *s* Mühe (u. Not), Scherere, Schwierigkeit; Belästigung *f*; Umstände *m pl*; ärgerliche Sache *f*, Ärger, Verdruß *m*; *tr* lästig sein *od* fallen (*s.o.* jdm), belästigen; plagen, quälen; aufregen, in Aufregung versetzen, aus der Ruhe bringen; *itr* sich Umstände, Sorgen (*about* um), Gedanken (*about* über) machen; sich abgeben, sich befassen (*with* mit); *~ (it)! ~ you! ~ the flies!* zum Kuckuck! verdammt noch mal! *don't ~* bemühen Sie sich nicht! machen Sie sich keine Umstände! **-ation** [-'reiʃən] *interj* verflixt! *s fam* Belästigung *f*; **-some** ['-səm] lästig; mühevoll; ärgerlich.
bottle ['bɔtl] **1.** *s* Flasche *f*; *tr* auf, in Flaschen füllen; *sl* schnappen; erwischen; (*to ~ up*) (*fig*) zurückhalten (*o.'s anger* s-n Ärger, Zorn), aufhalten; *over a ~* beim Trinken; *to bring up on the ~ (Kind)* mit der Flasche aufziehen; *to hit the ~* (*sl*) sich dem Suff ergeben; *~ it!* (*sl mil*) (halt die) Schnauze! *hot water ~* Wärmflasche *f*; **~-brush** Flaschenbürste *f*; **~-[d]** *a* in Flaschen (*Ärger*) *fig* aufgestaut; *fam* beschwipst; **-ful** ['-ful] Flaschevoll *f*; **~-glass** (dunkelgrünes) Flaschenglas *n*; **~-green** dunkelgrün; **~-holder** *fig* Helfershelfer; Sekundant *m*; **~-neck** Flaschenhals *m*; Straßenverengung *f*; *tech* Stauung, Stockung *f*; *fig* Engpaß *m*; *Am* Hindernis *n*; **~-nose** (*Boxen*) geschwollene Nase *f*; *zoo* Entenwal *m*; **~-party** gesellige(s) Beisammensein *n*, bei dem jeder sein Getränk mitbringt; **~r** ['-ə] Küfer *m*; **~-rack** Flaschengestell *n*; **~-washer** *fam* Faktotum *n*; **2.** *obs u. dial* Bündel *n* (*Heu, Stroh*); **3.** *s: Blue B~* Kornblume *f*; *White, Yellow B~* Wucherblume *f*.
bottom ['bɔtəm] *s* Boden, Grund *m* (*a. e-s Gewässers*); Basis *f*; untere(s) Ende *n*, Fuß *m* (*bes. e-s Berges*); Tal-, Grabensohle *f*; erste(r) Gang; *Am* Talgrund; Schiffsboden *m*; Schiff *n*; Sitz *m*; *fam* Gesäß *n*, Hintern; Hintergrund, *fig* Grund(lage) *f*; Kern *m* (*e-r S*); Ursache *f*, Anlaß *m*, Triebfeder *f*;

bottom face *das* Wichtigste, Wesentlichste; Ausdauer, Standfestigkeit *f*; *attr* letzt, unterst, niedrigst; grundlegend; *tr* mit e-m Boden versehen; *fig* gründen (*upon* auf); ergründen; *itr* den Boden berühren, auf den Grund stoßen; *at ~ (fig)* im Grunde (genommen); *from top to ~* von oben bis unten; *from the ~ of my heart* im Grunde meines Herzens, zutiefst, aufrichtig; *~ left, right (Buch)* unten links, rechts; *~ up* auf dem Kopf, verkehrt herum; kieloben; *to be at the ~ of s.th.* der Anlaß zu e-r S sein, etw verursachen, zugrunde liegen; *to bet o.'s ~ dollar (sl)* s-n Kopf wetten; todsicher sein; *to get, to search to the ~ of s.th.* e-r S auf den Grund gehen; *to go to the ~ (Schiff)* sinken; *to knock the ~ out of s.th.* etw zerschlagen, *fig* als falsch erweisen; **~ face** Grundfläche *f*; **~ gear** *mot* erste(r) Gang *m*; **-less** ['-lis] grundlos, ohne Boden; *fig* unergründlich; **~~ pit** *(sl)* Hölle *f*; **~most** *a* allerunterst; **~ price** niedrigste(r), äußerste(r) Preis *m*; *at* **~~s** billigst; **-ry** ['-ri] *s* Bodmerei, Schiffsverpfändung *f*, -darlehen *n*, -hypothek *f*; *tr (Schiff)* verpfänden, beleihen.

botulism ['bɔtjulizm] Wurstvergiftung *f*.

bough [bau] (Haupt-)Ast, (großer) Zweig *m*.

boulder ['bouldə]rund(gespült)er Stein, Kopfstein; Fels-, erratische(r) Block, Findling *m*; **~-clay** Geschiebelehm *m*; **~-period** Eiszeit *f*.

bounc|e [bauns] *itr* aufschlagen, auf-, zurückprallen; springen; stürzen; sich auf u. ab bewegen; hochschnellen; *(to ~ about)* herumhüpfen; prahlen, aufschneiden; *sl (Scheck)* platzen; *(to ~ into)* hineinstürmen; *tr* auf u. ab bewegen, in schnelle Bewegung versetzen; werfen; aufprallen lassen; ausschimpfen; überreden; *Am sl (to ~~ out)* 'rauswerfen, -schmeißen *(aus e-r Stelle)*; an die Luft setzen; *s* Rückprall, -stoß *m*; Elastizität *f*; Sprung; heftige(r) Schlag *m*; Prahlerei; *sl* Frechheit; *Am sl* Energie *f*, Rückgrat *n*, Mut; *Am sl* Rausschmiß *m*; *adv* mit e-m plötzlichen Knall; *interj* bums! *to get the* **~~** entlassen, hinausgeworfen werden; **~er** ['-ə] große(s) Ding *n*, gewaltige Sache; freche Lüge *f*; Aufschneider; ungedeckte(r) Scheck; *sl* Rausschmiß *m*; *sl* Hinauswerfer *m (in e-m Restaurant)*; **~ing** ['-iŋ] groß; stramm, drall; gesund; stark; munter, lebhaft; geräuschvoll, lärmend, laut; *(Lüge)* faustdick; **~y** ['-i] elastisch; *fig* überheblich.

bound [baund] **1.** *pp von to bind a* angebunden *a. fig*; gebunden, verpflichtet; *(Buch)* gebunden; *med* an Verstopfung leidend; *to be ~ up with* od in eng verbunden sein mit; ganz in Anspruch genommen sein von; *to be ~ to do* ganz bestimmt tun; entschlossen sein, zu tun; *to be (in) hono(u)r ~ to* moralisch verpflichtet sein, zu; *I'm ~ to (inf)* ich muß; *I'll be ~* darauf kannst du Gift nehmen; *he's ~ to be late* er kommt bestimmt zu spät; *it was ~ to happen sooner or later* es mußte früher oder später so kommen; **2.** fertig, bereit, im Begriff *(for* zu); bestimmt, unterwegs *(for, to* nach); *where are you ~ for?* wo geht ihr hin? *homeward ~* auf der Heimreise, -fahrt; *outward ~* auf der Ausreise; **3.** *itr* hüpfen *(with joy* vor Freude); e-n Satz machen; springen; (auf)prallen *(against* gegen); *s* Sprung, Satz; (Auf-, Rück-)Prall *m*; *by leaps and ~s* in großer Eile; in raschem Tempo; sprunghaft; **4.** *s* Grenze *f*; Maß *n*; *pl* Grenzgebiet *n*; *tr* begrenzen; einschränken; *itr* angrenzen *(on* an); *in, out of* **~s** *(Lokal)* Betreten erlaubt, verboten; *within, beyond the* **~s** *of* innerhalb, jenseits der Grenzen *gen*; im Bereich, außerhalb des Bereiches *gen*; **~ary** ['baundəri] Grenze, Umgrenzung; Trennungslinie *f*; **~~ crossing** Grenzübergang *m*; **~~ dispute, litigation** Grenzstreit(igkeiten *f pl*) *m*; **~~ stone** Grenzstein *m*; **~en** ['-n] *a: my ~~ duty* meine Pflicht u. Schuldigkeit; **~er** ['-ə] *sl* Prolet, Rowdy; ungebildete(r) Mensch *m*; **-less** ['-lis] grenzen-, maßlos; unbeschränkt.

bount|eous ['bauntiəs], **-iful** ['-iful] freigebig, großzügig; *(Sache)* ergiebig; reichlich (vorhanden); **~y** ['-i] Freigebigkeit, Großzügigkeit; großzügige Gabe *f*, Geschenk *n*; (Staats-)Prämie *f*; Bonus *m*; Handgeld *n*; Zulage; Gratifikation *f*; *child* **~~** Kinderzulage *f*; **~~ on exports, imports** Ausfuhr-, Einfuhrprämie *f*; **~~ on production** Produktionsprämie *f*; **~~-fed** *(a)* subventioniert.

bouquet ['bukei, bu'kei] Bukett *n*, (Blumen-)Strauß *m*; Bukett *n*, Blume *f*, Duft *m (des Weines)*.

bourgeois ['buəʒwa:] **1.** *s* (Spieß-)Bürger; Philister *m*; *pl* Bürgertum *n*; *a* (spieß)bürgerlich; spießig, philisterhaft; **2.** [bə:'dʒɔis] *s typ* Borgis *f*.

bourn(e) [buən, bɔ:n] **1.** (Gieß-)Bach *m*; **2.** *obs* Grenze *f*; Ziel *n*.

bout [baut] (Arbeits-, Waffen-)Gang *m*; (Tanz-)Tour; Reihe; Runde *(Boxen)*; Lage *(beim Zechen)*; Periode, Zeitspanne *f*; *med* Anfall *m*; *this* ~ diesmal; *coughing* ~ Hustenanfall *m*; *drinking* ~ Trinkgelage *n*; ~ *of fighting* Waffengang *m*.

bov|id ['bouvid] *scient* Rinder-; **-ine** [-ain, -in] *a* Rind(er)-, Ochsen-; *fig* blöd(e), doof, dumm; *s* Ochse *m*, Rind *n*.

bow 1. [bou] *s* Bogen *(Waffe)*; *pl* Bogenschützen *m pl*; *(saddle-~)* Geigenbogen; *(rain-)* Regenbogen; *tech* Bügel *m*; Masche *f*; Knoten *m*, Schleife *f*; Bogen *m*, Kurve, Krümmung *f*; *itr* sich bogenförmig krümmen; Geige spielen, fiedeln; *to draw the long* ~ *(fig)* aufschneiden, *fam* angeben; *to have two strings to o.'s* ~ *(fig)* zwei Eisen im Feuer haben; **~-compasses** *pl* Nullenzirkel *m*; **~-head** Nord-, Grönlandwal *m*; **~-legged** *a* O-beinig; **~-man** Bogenschütze *m*; **~-saw** Bügelsäge *f*; **-shot** Bogenschuß *m (Entfernung)*; **~-string** *s* Bogensehne; seidene Schnur *(zum Erdrosseln)*; *tr* erdrosseln; **~-window** Erkerfenster *n*; **2.** [bau] *itr tr* (sich) verbeugen, verneigen *(to, before* vor); sich fügen *(to s.th.* etw); grüßen *(to s.o.* jdn); *tr* biegen; beugen, krümmen, niederdrücken *a. fig*; *s* Verbeugung, Verneigung *f (to* vor); *to* ~ *down* sich (ver)neigen *(to* vor); *to* ~ *out (tr)* hinauskomplimentieren; *itr* sich geschickt zurückziehen; *to have a ~ing acquaintance* sich nur flüchtig kennen; *to make o.'s* ~ sich zurückziehen; mit e-r Verbeugung eintreten; **3.** [bau] *mar* Bug *m*; **~-heavy** *aero* kopf-, buglastig; ~ **wave** Bugwelle *f*.

bowdlerize ['baudləraiz] *tr (Buch)* von anstößigen Stellen säubern.

bowel ['bauəl] *scient* Darm *m*; *pl* Eingeweide *pl*, Innere(s) *n (des Körpers)*; *pl obs* Mitgefühl *n*, Gefühle *n pl*; *to open o.'s* ~*s* sich entleeren.

bower ['bauə] **1.** (Garten-)Laube *f*; Gartenhaus; *poet* Gemach; Damenzimmer *n*; **2.** *mar* Buganker *m*; **3.** *(Kartenspiel)* Bube *m*; **~y** ['-ri] belaubt, schattig; voller Lauben.

bowie-knife ['boui'naif] *Am* Hirschfänger *m*.

bowing ['bouiŋ] **1.** Verbeugung, Verneigung *f*; *to be on* ~ *terms with s.o.* jdn nur flüchtig kennen. **2.** ['bouiŋ] *mus* Bogenführung *f*.

bowl [boul] **1.** *s* Schüssel *f*, Napf *m*, Schale; Trinkschale *f*; starke(s) alkoholische(s) Getränk; Trinkgelage *n*; Höhlung *f*; Pfeifenkopf *m*, Waagschale *f*; *Am* Sportplatz *m*, Stadion *n*; *punch-*~ Punschbowle *f*; *salad-*~ *(Br)* Salatschüssel *f*; **~-fire** *el* Heizsonne *f*; **-ful** ['-ful] Schüssel-, Schalevoll *f*; **2.** *s* (schwere) Holzkugel, Kegelkugel; *tech* Walze *f*; *pl Art* Rasenkegelspiel; *dial* Kegeln *n*; *tr sport (bes. Kricket) (Ball)* werfen; *(Kugel)* schieben, rollen; *itr* kegeln; *allg (to ~ along)* rollen; *to ~ out (Kricket) (gegnerischen Schläger)* durch Treffen des Dreistabes *(wicket)* aus dem Spiel bringen; *fig* schlagen, besiegen; *to ~ over* umwerfen, -stoßen, -hauen; *fig* aus dem Konzept bringen, hilflos machen; *to be ~ed over* sprachlos, *fam* platt sein; **-er** *f* *(Kricket)* Ballmann, Werfer *m*; *(~ hat)* Melone *f (Hut)*.

bowline ['boulain, -in] *mar* Bulin(e) *f*.

bowling ['bouliŋ] Bowlingspiel; *Am* Kegeln; *(Kricket)* Werfen *n* des Balles; **~-alley** Kegelbahn *f*; **~-green** Rasenplatz *m* zum Bowlingspiel.

bowsprit ['bousprit] *mar* Bugspriet *m*.

bow-wow ['bau'wau] *interj* wauwau! *s* ['-~] *(Kindersprache)* Wauwau *m*.

box [bɔks] **1.** *bot* Buchsbaum; *(~wood)* Buchsbaum *m (Holz)*. **2.** *s* Schachtel *f*, Kasten, Behälter *m*; Etui, Futteral *n*; Kiste *f*, Koffer; *(Wagen)* Kofferraum; Kutschbock *m*; (Wahl-)Urne *f*; *(letter-~)* Briefkasten *m*; *(money-~)* Kasse, Geldkassette *f*; *tech* Gehäuse *n*, Kapsel, Muffe, Dose, Büchse *f*; *tech* Führerstand; *(Zeitung)* kurze(r), eingerahmte(r) Artikel *m*; *theat* Loge *f*; *jur* Stand *m*; *(Stall, Garage)* Box; Zelle *f*; Abteil *n*; Unterstand *m*, Hütte *f*; *Am* Postfach *n*; *Am* Wagen-, Schlittenkasten *m*; *mil* (taktische) Riegelstellung *f*; *tr* in e-e Schachtel, e-n Kasten tun od stecken od packen; *(to ~ off) (Raum) sport* unterteilen; *to ~ in* einschließen; *sport* behindern; *mil* abriegeln; *to ~ up* einschließen; *sl* zs.schustern; *to be in the same* ~ in der gleichen Lage sein; *witness-*~ *(jur)* Zeugenstand *m*; ~ **barrage** *s mil* Sperrfeuer *n*, Feuerriegel *m*; *tr* (taktisch) abriegeln; **~ barrow, cart** Kastenwagen *m*; **~-calf** Boxkalf *n (Leder)*; ~ **car** *Am rail* gedeckte(r) Güterwagen *m*; *pl sl (Würfel)* Zwölfer *m*; **~-keeper** *theat* Logenschließer *m*; **-kite** Kastendrachen *m*; **~-number** Chiffre(-nummer)*f*; **~-office** (Theater-)Kasse *f*; *Am sl* Kassen-, Publikumserfolg *m*; *the actress got a big* ~~ *on her show* die Schauspielerin hatte bei ihrem Auftreten e-n Bombenerfolg; ~~ *life (Am) theat film* Spielzeit *f*; ~~ *value (Am) theat film* Zugkraft *f*; ~ **seat** Logenplatz *m*; ~ **section** *tech* Kastenprofil *n*; ~ **spanner, wrench** Steckschlüssel *m*; **~-type delivery van**

box-up — **braise**

Kastenwagen *m*; **~-up** *sl* Schlamassel *n*; **3.** *tr itr* boxen; *tr*: *to ~ s.o.'s ear(s)* jdn ohrfeigen; *s* Stoß, Schlag *m*; *(~ on the ear)* Ohrfeige *f*; **~er** Boxer *m* (*a. Hunderasse*); **~ engine** Boxermotor *m*; **-ing** ['-iŋ] **1.** Boxen *n*, Boxsport *m*; **~~-gloves** (*pl*) Boxhandschuhe *m pl*; **~~-match** Boxkampf *m*; **2.** *B~~-Day* erste(r) Wochentag *m* nach Weihnachten, an dem die Weihnachtsgeschenke *(Christmas ~es)* verteilt werden.

boy [bɔi] *fam* Knabe, Junge, Bub; Bursche, Diener, Bote *m*; *my ~!* (*fam*) mein Lieber! *old ~!* (*fam*) alter Junge! *oh, ~!* o prima! toll! **-cott** ['bɔikɔt] *s com pol* Boykott *m*, Verruf(serklärung *f*) *m*, Ächtung, Aussperrung *f*; *tr* boykottieren, ächten, aussperren; **~ friend** Freund, Liebste(r) *m*; **~hood** ['-hud] Knabenalter *n*, Kindheit; Jugend *f*; **-ish** ['-iʃ] knaben-, jungenhaft; **~ scout** Pfadfinder *m*.

bra [braː] *fam* Büstenhalter, BH *m*.

brac|e [breis] *s* Klammer; *tech* Strebe, Stütze *f*, Stützbalken *m*, Versteifung *f*, Verband; Gurt *m*, Band *n*, Aufhängeriemen *m*; *mar* Brasse *f*; *(Tiere, pej Menschen)* Paar *n*; *(Hunde)* Koppel *f*; *(~~ and bit)* Brustbohrer *m*; *pl Br* *(pair of ~s)* Hosenträger *m pl*; *(Zahnkorrektur)* Spange *f*; *med* Suspensorium *n*; *typ* geschweifte Klammer *f*; *tr* verklammern, befestigen; (ver)spannen; ver-, absteifen, (ab)stützen, verstreben; festigen, stärken *a. fig*; *fig* (*körperlich*) kräftigen, stärken; *mar* brassen; *sl* anpumpen; *to ~~ up*, *to take a ~~* (*fam*) sich am Riemen reißen, nehmen; **-elet** ['-lit] Armband(uhr *f*) *m*; *fam* Handschelle *f*; **-er** ['-ə] Armschiene *f*, -schutz *m*; Tonikum, Stärkungsmittel *n*; *Am fam* Schnaps *m* (*zum Aufwärmen*); **-ing** ['-iŋ] *a* stärkend, kräftigend; erfrischend; *s tech* Verspannung, Verstrebung, Versteifung *f*.

brach|ial ['bræk-, 'breikiəl] *a scient* Arm-; **-y** ['bræki] *pref scient* Kurz-; **-ycephalic** [-ike'fælik] kurzköpfig.

bracken ['brækən] *bot* Farnkraut *n*.

brack|et ['brækit] *s* Träger, (Wand-)Arm, Ausleger *m*, Stütze *f*, Ständer *m*, Unterlage *f*, Lagerbock *m*; Knagge *f*, Kragstein *m*, Krage, Konsole *f*; Bügel *m*; *mil (Artillerie)* Gabel *f*; Tragebaum *m*; Lafettenwand; *gram math* (eckige) Klammer; (Einkommens-) Klasse, Gruppe, Schicht *f*; *tr tech mil* (*Artillerie*) eingabeln; *gram* einklammern, in Klammern setzen *a. math*; (zu e-r Gruppe od Klasse) zs.stellen; gleichzeitig erwähnen, gleichstellen (*with* mit); *in ~~s (gram)* in Klammern; *income ~~* Einkommensgruppe *f*; *round, square ~~* runde, eckige Klammer *f*; **-ish** ['-iʃ] *(Wasser)* brackig, mit Salzwasser gemischt; *fig* widerlich, ekelerregend.

bract [brækt] *bot* Deckblatt *n*.

brad [bræd] Stift, dünne(r) Nagel *m*; **-awl** ['-ɔːl] Bindeahle *f*, Vorstecker *m*.

brag [bræg] *tr* herausstreichen, rühmend hervorheben; *itr* prahlen (*of*, *(Am) about s.th.* mit e-r S; *that* daß); sich rühmen (*of s.th.* e-r S); den Mund voll nehmen, angeben; *s* u. **-gadocio** [brægə'doutʃiou] Prahlerei *f*; Prahler *m*; **-gart** ['-ət], **-ger** ['-ə] Prahler, Prahlhans, Aufschneider; (vor)laute(r) Mensch *m*.

brahm|an ['braːmən] *rel* Brahmane *m*.

braid [breid] *s* Litze, Kordel, Tresse, Borte, Paspel *f*, Besatz *m*; (Band-, Haar-)Flechte *f*; Zopf *m*; eingeflochtene(s) Haarband *n*; *tr* mit Litze, Tresse besetzen, umklöppeln, einfassen; *(Litze, Haar in Zöpfe)* flechten; **-ed wire** umsponnene(r) Draht *m*; **-ing** ['-iŋ] Einfassung, Paspelung, Umklöppelung *f*.

brail [breil] *s mar* Geitau *n*; *tr (to ~ up)* *(Segel)* aufgeien; **-le** [-] Blindenschrift *f*.

brain [brein] *s* (Ge-)Hirn *n*; *fig (meist pl)* Geist, Verstand *m*, Intelligenz *f*, Fähigkeiten *f pl*, *fam* Grips *m*, Grütze *f*; *tr* den Schädel einschlagen (*s.o.* jdm); *to beat, to cudgel, to rack o.'s ~(s)* sich den Kopf zerbrechen; *to blow out o.'s ~s* sich e-e Kugel durch den Kopf jagen; *to have s.th. on the ~* nach etw verrückt, auf etw versessen, erpicht sein; *to pick s.o.'s ~s* jds Ideen stehlen; *to turn s.o.'s ~* jdn verrückt machen, jdm den Kopf verdrehen; *I have it on the ~* es geht mir immer zu im Kopf herum - **box, case, pan** Hirnschale *f*, Schädel *m*; **~-fag** geistige Erschöpfung *f*; **~ fever** Gehirnentzündung *f*; **-less** ['-lis] gedankenlos; dumm; **~-sick** geisteskrank, irre, verrückt; **~-storm** verrückte Idee *f*; Tobsuchtsanfall; *Am fam* Geistesblitz *m*; **~ trust** *Am pol* Gehirntrust *m*; **~-tunic** Hirnhaut *f*; **~ twister** *Am* harte Nuß, schwierige Aufgabe *f*; **~-washing** Gehirnwäsche *f*; **~-wave** *fam* glänzende Idee *f*, Geistesblitz *m*; *pl* Elektroenzephalogramm *n*; **~-work** Kopf-, geistige Arbeit *f*; **~-worker** Kopf-, Geistesarbeiter *m*; **-y** ['-i] *fam* klug.

braise [breiz] *tr (Küche)* schmoren.

brak|e [breik] **1.** Farnkraut *n*; **2.** Dikkicht, Unterholz, Gebüsch *n*; **3.** *s* (Flachs-, Hanf-)Breche; Teigknetmaschine; (schwere) Egge *f*; *tr (Flachs, Hanf)* brechen; *(Teig)* kneten; eggen; **4.** Hebelarm; Pumpenschwengel *m*; **5.** *s tech* Bremse, Bremsvorrichtung *f*; *(~cabin) rail* Bremserhäuschen *n*; *tr itr* bremsen; *tr* abbremsen; *tech* anhalten, feststellen, sperren; *to put on the ~s* die Bremsen betätigen, bremsen; *~~ action* Bremswirkung, Hemmung *f*; *~~ block, cheek, shoe* Bremsklotz *m*, -backe *f*, -schuh *m*; *~~ drum* Bremstrommel *f*; *~~ horsepower* Brems PS *pl*, -leistung *f*; *~~ lever* Bremshebel *m*; *~~ lining* Bremsbelag *m*; *~~ pedal* Bremspedal *n*; -fußhebel *m*; *~~(s)man, Am ~man* Bremser *m*; *~~~wheel* Bremsrad *n*; **-ing** ['-iŋ] Bremsen *n*; Brems-; *~~ controller, current, distance, effect, force* Bremsschalter, -strom, -weg *m*, -wirkung, -kraft *f*.

brambl|e ['bræmbl] Dorn-, *bes.* Brombeerstrauch *m*; *~~-berry* Brombeere *f*; *~~-flower, -rose* Heckenrose *f*; **-ing** ['-iŋ] Bergfink *m*; **-y** ['-i] voller Dornen, dornig.

bran [bræn] Kleie *f*.

branch [bra:ntʃ] *s* Zweig, Ast; *allg* (Seiten-)Zweig; (Fluß-)Arm; *Am* Bach *m*; *(Straße, rail)* Abzweigung, Nebenstrecke *f*; (Höhen-)Zug *m*; (Geweih-)Sprosse *f*; *fig* Zweig, Teil *m*; (Unter-)Abteilung *f*, -fach *n*, Abschnitt *m*; Zweiggeschäft, -büro *n*, -stelle, Filiale *f*; *com* Branche *f*, Zweig *m*; *pol* Ortsgruppe; Truppengattung *f*; *el* Stromkreis *m*; (Stammbaum) Linie *f*, Zweig *m*; *attr* Zweig-, Filial-, Neben-; *tr* abzweigen; *itr (to ~ out, forth)* sich verzweigen, sich ausbreiten; *(to ~ off)* abzweigen, ausea.gehen; *to ~ out* ein neues Geschäft beginnen; sein Geschäft erweitern, vergrößern; *root and ~ (fig)* gründlich; *~ of commerce* od *trade, of industry* Handels-, Industriezweig *m*; **~ bank** Bankfiliale, Zweig-, Nebenstelle *f* (e-r Bank); **~ circuit** Nebenstromkreis *m*; **~ line** *rail* Zweigbahn, -linie, Nebenstrecke; *el* Zweigleitung *f*; **~-off** Abzweigung *f*; **~ office** Zweigstelle, -niederlassung *f*, -geschäft *n*, Filialbetrieb *m*, Filiale *f*; **~ switchboard** *el* Verteilertafel *f*; **-y** *(Baum, Strauch)* dicht; *allg* weitverzweigt.

brand [brænd] *s* Feuerbrand *m*; *poet* Fackel *f*; Brandmal, -zeichen, -eisen *n*; *fig* Schande *f*, Verruf *m*; *com* Warenzeichen *n*; Güteklasse; Sorte *f*; *bot* Getreidebrand *m*; *Am* Viehherde *f* (mit eigenem Brandzeichen); *tr* brandmarken *a. fig*, brennen, ein Zeichen einbrennen *(the cattle* dem Vieh); mit dem Waren- od Gütezeichen versehen; *fig* einprägen *(s.o. with s.th.* jdm etw); **-ish** ['-iʃ] *tr* schwingen; **~-new** (funkel)nagelneu; **-y** ['-i] Weinbrand; Likör; Schnaps *m*; *cherry* ~ Kirschlikör *m*; *~~ glass* Branntweinglas *n*; *~~ snap* Ingwerwaffel *f*.

brant [brænt], **~~-goose** Ringel-, Brandgans *f*.

brash [bræʃ] Regenschauer *m*; Trümmergestein *n*; Eistrümmer *pl*; Trümmer *pl*, Schutt *m*, (Über-)Reste *m pl*, Abfall *m*; *a (bes. Holz)* brüchig, spröde; mürbe, morsch; *fam* quecksilberig, wild; *fam* keck, frech, vorwitzig, unverschämt; *water-* ~ Sodbrennen *n*.

brass [bra:s] *s* Messing *n*; Gelbguß *m*; Geschützbronze *f*; Metallfutter *n*, Lagerschale; beschriftete Messingplatte, Grabplatte *f*; *(the* ~*) mus* Blasinstrumente *n pl*; *pl* Messinggegenstände *m pl*; *sl* Geld, Moos *n*, Zaster *m*; *fam* Unverschämtheit, Frechheit *f*; *Am sl* hohe Offiziere *m pl*; *a* Messing-, aus Messing; *red* ~ Rotguß, Tombak *m*; ~ **band** Blaskapelle *f*; ~ **farthing** rote(r) Heller *m*, wertlose(s) Zeug *n*, *fam* Dreck *m*; *I don't care a* ~~ das ist mir völlig gleich(gültig), egal, *fam* schnuppe, Wurst; ~ **foil** Messingfolie *f*, Rauschgold *n*; ~ **foundry** Gelbgießerei *f*; ~ **hat** *sl mil* hohe(r) Offizier *m*, hohe(s) Tier *n*; **~-iness** ['-inis] Unverschämtheit, Frechheit *f*; ~ **knuckles** *pl Am* Schlagring *m*; ~ **mounting** Messingfassung *f*; ~ **plate** Messingblech; Türschild *n*; ~ **rolling mill** Messingwalzwerk *n*; **~-tacks** *pl sl* Hauptsache *f*, Kern *m* der Sache; *to get down to* ~~ zur Sache kommen; **~-ware, articles** *pl* Messingwaren *f pl*; ~ **wind instruments,** ~ **winds** *pl* Blechblasinstrumente *n pl*; ~ **wire** Messingdraht *m*; **-y** ['-i] messingartig; bronzen, ehern; mit Messing überzogen; *fig* grell, unnatürlich; *(Ton)* blechern; protzig, kitschig; *fam* frech, unverschämt, pampig.

brass|ard ['bræsa:d] Armbinde *f*; **-ière** ['bræsiɚ] Büstenhalter *m*.

brat [bræt] *pej* Balg *m*, Gör *n*, Göre, Range *f*, Bengel *m*.

brav|ado [brə'va:dou] *pl -o(e)s* forsche(s), übermütige(s) Auftreten *n*, *pej* Angabe *f*; herausfordernde(s) Wesen *n*, Herausforderung *f*; **-e** [breiv] *a* tapfer, mutig, unerschrocken, furchtlos; *s* tapfere(r) Mann *m*; *tr* mutig entgegentreten, trotzen (s.th. e-r S), herausfordern; Widerstand leisten, standhalten (s.th. e-r S); **~ery** ['breivəri] Tapferkeit f, (Wage-)Mut m, Furchtlosigkeit, Unerschrockenheit; Pracht(entfaltung) f, prunkvolle(s) Auftreten n, Prunk m; **~o** ['brɑːvou] interj bravo! s pl -o(e)s Bravo n; gedungene(r) Meuchelmörder; Bandit m.

brawl [brɔːl] s laute(r), Streit, Zank m; lärmende Gesellschaft f; itr sich laut, lärmend zanken, streiten; (Fluß) rauschen, tosen; **~er** ['-ə] Zankhahn, -teufel m; **~ing** ['-iŋ] zänkisch.

brawn [brɔːn] Muskel(fleisch n) m; fig (Muskel-)Kraft f, Pökelfleisch n, Sülze f (vom Schwein); **~iness** ['-inis] muskulöse Beschaffenheit; (Muskel-)Kraft f; **~y** ['-i] muskulös, kräftig, kraftvoll, stark.

bray [brei] **1.** tr (bes. im Mörser) zerstoßen, zerreiben; dünn auftragen; **2.** s Schrei m des Esels, Iahen n; Trompetenstoß m; itr (Esel) schreien; iahen; (Trompete) schmettern.

braz|e [breiz] tr **1.** aus Messing machen; mit Messing überziehen; fig hartmachen; **2.** hartlöten; **~en** ['breizn] a ehern; metallen; metallisch (klingend); (**~~-faced**) schamlos, unverschämt, frech, dreist; tr (to **~~** it out, through) frech wie Oskar sein; **~ier** ['breiziə] Gelbgießer m; Kohlenbecken n.

Brazil [brə'zil] Brasilien n; **~ian** [-iən] a brasilianisch; s Brasilianer(in f) m; **~ nut** Paranuß f.

breach [briːtʃ] s fig Bruch m; (Gesetz) Übertretung f, Verstoß m; (Pflicht) Verletzung f; Abbruch m der Beziehungen, Trennung f; Streit, Zwist m; Lücke f, mil Bresche f, Einbruch(stelle f) m; tr u. to make a **~** in e-e Bresche schlagen in, durchbrechen; to commit **~** of contract vertragsbrüchig werden; to stand in the **~**, to step into the **~** in die Bresche springen; **~** of discipline Disziplinarvergehen n; **~** of duty Pflichtverletzung f; **~** of law Gesetzesübertretung f; **~** of the peace Friedensbruch m; grobe(r) Unfug m; **~** of promise Verlöbnisbruch m; **~** of trust Untreue; Verletzung f der Treuepflicht.

bread [bred] s Brot n; Lebensunterhalt m; tr panieren; Am (mit Brot) versorgen; to earn o.'s **~** s-n Lebensunterhalt verdienen, sein Auskommen haben; to know which side o.'s **~** is buttered wissen, wo man s-n Vorteil hat; to take the **~** out of s.o.'s mouth jdn s-s Lebensunterhalts, s-r Existenzmittel berauben; the daily **~** das tägliche Brot; a loaf, a slice, a piece of **~** ein Laib, e-e Scheibe, ein Stück Brot; **~ and butter** Butterbrot n; Lebensunterhalt m, Brot n; **~~-and-butter** a fam unreif, jugendlich; alltäglich, prosaisch; **~~ letter** (fam) Dankbrief m für genossene Gastfreundschaft; **~ and cheese** Lebensunterhalt m, Auskommen n; **~~basket** Brotkorb; sl Magen m; Kornkammer f; **~ board** Am (Teig-)Knetbrett; Brett n, um Brot zu schneiden; **~ bowl** Am Teigschüssel f; **~ box, bin** Brotkapsel f; **~~crumb** Brotkrume f; Paniermehl n; **~~crust** Brotrinde f; **~~knife** Brotmesser n; **~~less** ['-lis] brot-, erwerbslos, ohne Einkommen; **~~line** Schlange f von Bedürftigen bei e-r Verteilung von Lebensmitteln; **~~mould** Brotform f; **~~stuffs**, Am **~~stuff** Brotgetreide, Mehl n; **~~winner** Ernährung m.

breadth [bredθ] Breite; Weite; Ausdehnung, Größe f, Ausmaß n; in **~** breit, in der Breite; of full **~** in voller Breite; to a hair's **~** um Haaresbreite, haargenau, -scharf; **~** of mind, of view Weitherzigkeit, Weite f des Gesichtskreises; **~ways, ~wise** adv in der Breite; der Breite nach.

break [breik] **1.** v broke, broken tr (zer-)brechen, zerreißen, zerstoßen, aufschlagen; fam kaputt machen; (Fensterscheibe) einschlagen; (Siegel) erbrechen; (Bank) sprengen; (Banknote) in Kleingeld einwechseln; (Angriff) abschlagen; (die Haut) aufstoßen, auf-, wundscheuern; fig (Gesetz) übertreten; (sein Wort, Versprechen) nicht halten; (Verabredung) nicht einhalten; (Vertrag) verletzen; (Verlobung) auflösen; unter-, abbrechen; (Rekord) brechen; el abschalten; (ab)schwächen, mindern; ruinieren, zugrunde richten; entlassen; mil degradieren; (Tier) zähmen, abrichten, dressieren; abgewöhnen (s.o. of s.th.) jdm etw); (Weg) bahnen; (Fahne) entfalten, hissen; mitteilen, eröffnen, lit kundtun; fam beibringen; aufs Tapet bringen; with s.o. mit jdm brechen; itr (zer)brechen, fam kaputtgehen, zu Bruch gehen; zerreißen; zerkleinern; aufgehen, sich öffnen; auseinandergehen; fam sich ereignen, geschehen, laufen; (Zeit) anbrechen, beginnen; (Unwetter) aus-, los-, hereinbrechen; (Wetter) sich ändern, wechseln; aufhören, zu Ende gehen; bank(e)rott werden; to be broken kaputt, ruiniert sein; to **~** camp das Lager abbrechen; to **~** even gerade die Unkosten

decken; *to ~ o.'s neck* sich den Hals brechen, ums Leben kommen; *to ~ the news* die Mitteilung machen, die Nachricht eröffnen; *to ~ the ranks (fig)* aus der Reihe tanzen; *mil* wegtreten; *~ step!* Ohne Tritt! *my heart ~s* mir bricht das Herz, es tut mir in der Seele weh; **2.** *s* Bruch(stelle *f*); Sprung, Riß, Durchbruch, Knick *m*; Lücke; Nische; Lichtung *f*; *el* Leitungsfehler *m*; Unterbrechung; Pause *f*; Urlaub *m*; Fortführungspunkte *m pl*; Absatz *m* (*in Schrift u. Druck*); Unregelmäßigkeit *f*; Anbruch, Beginn; (Wetter-)Umbruch *m*; *(Kricket)* Abspringen *n* (des Balles); (Billard-)Serie *f*; *sl* Schnitzer, Fehltritt; *Am* Versuch *m*, (große) Anstrengung *f*; Fluchtversuch; *Am* (*~ in prices*) Preis-, Börsensturz; *Am fam* Fehler, Irrtum, Versager; *Am* entscheidende(r) Punkt *od* Augenblick *m*; *fam* Chance *f*, Glück(sfall *m*); Wagengestell *n* (*zum Einfahren junger Pferde*); Kremser *m*; *without a ~* ohne Unterbrechung, ununterbrochen *adv*; *to get the ~s (Am)* Glück haben; *to make a clean ~* jede Verbindung abbrechen (*with* mit); *bad, tough ~* (großes) Pech *n*; *~ of day* Tagesanbruch *m*; *to ~* **apart into** *tr* zerlegen in; *to ~* **away** *itr* **b-**, ausbrechen; abreißen; sich losreißen, sich trennen, sich lossagen (*from* von); *mil* sich absetzen (*from* von); *aero* abdrehen; (*Gewohnheiten*) aufgeben (*from s.th.* etw); *el* abschalten; *to ~* **down** *tr* abbrechen, zs.schlagen; ausea.nehmen, abmontieren; *fig* (*Widerstand*) brechen; (*Kosten, Rechnung*) aufgliedern; *itr* aufhören zu funktionieren *od fam* zu gehen; den Dienst versagen; betriebsunfähig werden, kaputt gehen; *mot* e-e Panne haben; *fig* versagen, ausfallen; zs.brechen; in Tränen ausbrechen; (*in der Rede*) steckenbleiben; ungültig werden; *to ~* **forth** *itr* ausbrechen (*in cheers* in Hochrufe); hervorbrechen; *to ~* **free** *itr* ausbrechen, sich befreien; *to ~* **in** *tr* einbrechen, -stoßen; abrichten, dressieren; (*Lehrling*) anlernen; (*Schuhe*) einlaufen; *itr* einbrechen; unterbrechen; *to ~* **in on** *itr* hineinplatzen in, unterbrechen; *to ~* **into** *itr* einbrechen in; *fig* Fuß fassen; fallen (*into a gallop* in e-n Galopp); plötzlich beginnen mit; *to ~* **loose** *tr* los-, abbrechen; *itr* ausbrechen, sich befreien, sich losreißen; *to ~* **off** *tr* abbrechen; *fig (Verlobung)* aufheben, lösen; *itr* (*in der Rede*) aufhören, abbrechen; *to ~* **open** *tr* auf-, erbrechen; *to ~* **out** *itr* (*Gefangener, Feuer, Krieg*) ausbrechen; *med* e-n Ausschlag bekommen; *to ~* **out into** *itr* ausbrechen in (*Gelächter, Schimpfereien*); *to ~* **through** *tr* durchstoßen; *to ~* **up** *tr* auf-, er-, zerbrechen; *tech* ausea.nehmen; verschrotten; aufgraben; *fig (Veranstaltung)* abbrechen, aufheben; *(Versammlung)* auflösen, (*durch Gegner*) sprengen; unterteilen (*into* in), aufschlüsseln, aufgliedern; *fam* aus der Fassung bringen, kränken; *itr* in Stücke gehen, zerschellen; *fig* nachlassen, abnehmen, zs.fallen; zu Ende gehen, aufhören; *~ it up!* auseinandergehen! **~able** ['-əbl] zerbrechlich; **~age** ['-idʒ] (Zer-)Brechen *n*; Bruch(stelle *f*); Bruch(schaden) *m*; **~away** (*Fußball*) Durchbruch *m*; (*Boxen*) Trennen *n*; *sport* Fehlstart *m*; *pol* Absplitterung *f*; **~down** ['-daun] Versagen *n*, Ausfall *m*; (Betriebs-)Störung, *mot* Panne *f*, Maschinenschaden *m*; *fig* Versagen *n*; Niedergang *m*; Scheitern *n*; Zs.bruch *m*; *tech* Kippen *n*; *el* Durchschlag *m*; listenmäßige Aufführung, Aufstellung; Aufgliederung, Detaillierung, Aufschlüsselung *f* (*e-r Rechnung, der Kosten*); *Am* Art Negertanz *m*; **~~van, lorry** Abschleppwagen *m*; **~~ service** Störungsdienst *m*; **~er** ['-ə] (Zer-)Brecher; (Gesetzes-)Übertreter; (Wort-, Vertrags-)Brüchige(r); (Rekord-)Brecher; Dresseur *m*; *mar* Wasserfaß *n*; Brecher *m*, Sturzwelle, -see; *pl* Brandung *f*; *el* Schalter *m*; **~fast** ['brekfəst] Frühstück *n*; *to have ~~* u. *tr* frühstücken; **~~ food** Hafergrütze *f etc*; **~-in** Einbruch *m*; *tech* Einlaufen *n*; **~ing** ['-iŋ] *s* (Zer-)Brechen, Zerkleinern *n*, Bruch *m*; Zerreißen *n*; *el* Abschalten *n*; *a* (zer)brechend; Bruch-; **~~ current** Abschaltstrom *m*; **~~-off** Abbruch *m*; **~~-test** Bruch-, Zerreißprobe *f*; **~~-weight** Bruchlast *f*; **-jaw** schwer auszusprechende(s) Wort *n*; **~neck** halsbrecherisch; **-out** Ausbruch *m*; **~~through** *mil* Durchbruch *m a. fig*; Preis-, Wertsteigerung, Sensation *f*; **~~up** Auf-, Zerbrechen, Zerreißen *n*; Zerfall *m*, Auflösung *f a. fig*; Zs.bruch; (Wetter-)Umschwung, Wechsel *m*; Ende *n*, Schluß *m*; **~water** Wellenbrecher *m*.
bream [bri:m] Brassen, Brachsen *m* (*Flußfisch*).
breast [brest] *s* (*bes.* weibliche) Brust *f*, Busen *m*; Oberteil *n*; *fig* Nährboden *m*; *fig* Herz, Innere(s) *n*, Seele *f*, Gemüt *n*; (*Meer*) Spiegel *m*; *min* Ort *m*; *tr* die Stirn bieten, trotzen (*s.th.* etw); vorgehen (*s.th.* gegen etw), losgehen (*s.th.* auf etw); *to make a clean ~ of*

breast-band — **brew**

s.th. sich etw vom Herzen reden, etw frei bekennen; **~~band** Brustband *n*; **~bone** *anat* Brustbein *n*; **~ collar** *(Pferdegeschirr)* Brustblatt *n*; **~ed** ['-id] *a* -brüstig; *double-~~* *(Jacke, Mantel)* zweireihig; *narrow-~~* eng-, schmalbrüstig; *single-~~* einreihig; **~~fed** *a* : *~~ child* Brustkind *n*; **~~fin** Brustflosse *f*; **~~high** *a* brusthoch; *adv* bis an die Brust *(im Wasser)*; **~ing** ['-iŋ] *(Pferdegeschirr)* Umgang *m*; **~pin** Busen-, Krawattennadel; *Am* Brosche, Spange *f*; **~plate** *hist* Bruststück *n*, -panzer; *(Schildkröte)* Bauchpanzer *m*; Inschrifttafel *f (an e-m Sarg)*; *(Pferd)* Brustriemen; *(Fallschirm)* Brustgurt *m*; **~pocket** Brusttasche *f*; **~~stroke** Brustschwimmen *n*; **~~wall** Stützmauer *f*; **~work** *mil* Brustwehr *f*.

breath [breθ] Atem(zug *m*, -luft *f*); (Luft-)Hauch *m*; Atmung *f*; *fig* Augenblick *m*; *fig* Spur; *gram* Stimmlosigkeit *f*; heiseres Sprechen *n*; *in a ~* im Nu; *in one, in the same ~* in einem Atem, im gleichen Augenblick; *out of ~* außer Atem, atemlos; *to catch o.'s ~* Atem holen *od* schöpfen; verschnaufen; *to draw ~*, *to get o.'s ~* Atem holen; *to gasp for ~* nach Luft schnappen; *to hold o.'s ~* den Atem anhalten; *to lose o.'s ~* außer Atem kommen; *to save o.'s ~* sich s-e Worte sparen; *to spend, to waste o.'s ~* in den Wind reden, s-e Worte verschwenden; *to take ~* Atem, Luft schöpfen; *to take a deep ~* tief Atem, Luft holen; *to take s.o.'s ~ away* jdn sprachlos machen; **~e** [bri:ð] *tr itr* (ein-, aus)atmen; hauchen; Luft holen; duften (*of* nach); e-n Ton von sich geben; leben; ausruhen; *(Wind)* wehen; *tr* (leise) sagen, aussprechen, flüstern; leise singen; *(Duft)* von sich geben, ausdünsten; *fig* atmen, ausstrahlen, an den Tag legen; verschnaufen lassen; stimmlos aussprechen; *mot* entlüften; *to allow to ~~* verschnaufen lassen; *to force to ~~* nicht zur Ruhe kommen lassen, keine Ruhe lassen *(s.o.* jdm); *to ~~ again, freely* tief aufatmen; *von e-r Last befreit sein; to ~~ hard* schwer Luft holen; *to ~~ in, out* ein-, ausatmen; *to ~~ o.'s last (~)* den letzten Atemzug tun; *don't ~ a word* verrate kein Wort (*on* über); **~er** ['bri:ðə] Atemende(r) *m*; Atemübung; Atempause; *tech* Entlüftungsvorrichtung *f*; Atemgerät *n*; *fam* körperliche Anstrengung *f*; **~ing** ['bri:ðiŋ] *s* Atmen; Atemzug; Augenblick; Hauch *a.gram*, *gram* Spiritum; Wehen *n*; Äußerung *f*; *a* lebenswahr, -echt; **~~ apparatus** Sauerstoffgerät *n*; **~~space** Atem-, Ruhepause *f*; **~~~tube** *(U-Boot)* Schnorchel *m*; **~less** ['-lis] außer Atem, atemlos; ohne ein Lebenszeichen; *(Luft)* ruhig; windstill; **~~taking** ['-teikiŋ] atemberaubend; **~ test** *med* Atemtest *m*.

breech [bri:tʃ] Gesäß, Hinterteil *n*; *tech* Verschluß(stück *n*) *m*; *(Geschütz)* Ladeöffnung, -klappe *f*; *pl* Kniehose; *dial* Hose *f*; *to wear the ~es (Frau)* die Hosen anhaben; **~es-buoy** *mar* Hosenboje *f*; **~ing** ['-iŋ] *(Pferdegeschirr)* Umgang *m*; **~~loader** Hinterlader *m (Gewehr)*.

breed [bri:d] *irr* bred, bred *itr* sich fortpflanzen, sich vermehren; Junge bekommen *od* werfen; (legen u.) brüten; erzeugt werden; *fig* entstehen, wachsen *(in* aus); *tr* tragen, werfen; ausbrüten; gebären; *agr* züchten; auf-, erziehen (zu); *allg u. fig* hervorbringen, erzeugen, die Ursache sein *gen*; *s* Brut *f*, die Jungen *pl*; Wurf *m*, Hecke; Zucht; Rasse; (Wesens-)Art *f*; **~er** ['-ə] Erzeuger; Züchter; *phys* Brüter *m*; *fig* Quelle *f*, Ursprung *m*; *to be a good ~~* ein gutes Zuchttier sein; *cattle ~~* Viehzüchter *m*; **~ing** ['-iŋ] Werfen; Brüten *n a.phys*; *agr* Zucht *a. fig*; Erziehung, Gesittung, Bildung *f*; **~~ cage** Nistkasten *m*; **~~ cattle** Zuchtvieh *n*; **~~ ground** Nährboden *m*; **~~ place** *(fig)* Brutstätte *f*.

breez|e [bri:z] **1.** *s* Brise *f*, (sanfter) Wind *m*, Lüftchen *n*; *fam* Zank *m*; schlechte Laune *f*; *itr sl* ('rum)sausen, -spritzen; *to ~~ by* vorbeiflitzen; *to ~~ in* frisch u. vergnügt hereinkommen; *there's not a ~~ stirring* es weht kein Lüftchen; **2.** *ent* Bremse *f*; **3.** (Koks-)Lösche *f*, Kohlenklein *n*, feine(r) Koks *m*, Kohlenschlacke *f*; Grus *m*; **~~ block** Leichtbauplatte *f*; **~y** ['-i] *(Wetter)* (leicht) windig; *(Platz)* luftig; *fig* lebhaft, forsch, flott; *tech* grusig.

brent [brent], **~~goose** *s. brant(-goose)*.

brethren ['breðrin] *s. brother.*

Breton ['bretən] *a* bretonisch; *s* Bretone *m*, Bretonin *f*; *das* Bretonische.

brev|e [bri:v] amtliche(s), *bes.* päpstliche(s) Schreiben, Breve; *gram* Kürzezeichen *n*; *mus* Brevis, doppelganze Note *f*; **~et** ['brevit] *s* Titularoffizierspatent *n*; *attr* Titular-; *tr* zum Titularoffizier ernennen; **~iary** ['bri:vjəri] *rel* Brevier *n*; **~ier** [brə'viə] *typ* Petit *f (Schriftgrad)*; **~ity** ['breviti] Kürze (des Ausdrucks); Gedrängtheit, Bündigkeit; kurze (Zeit-)Spanne *f*.

brew [bru:] *tr (Bier, sonst fam)* brauen; *(Getränk)* kochen, mischen, zubereiten; *fig* zustande bringen, ins Werk setzen, *pej* ausbrüten, -hecken; *itr (Getränk)*

brewage   108   **brigandage**

brauen; *fig* sich zs.brauen, im Anzug sein, in der Luft liegen; *s* (Ge-)Bräu; Brauen *n*, Brauvorgang *m*; Braumenge, -qualität *f*; **~age** ['-idʒ] Gebräu; *lit fig* Sich-Zs.brauen *n*; (schlimme) Folgen *f pl*; **~er** ['-ə] Brauer *m*; **~~'s grains** Treber *m*; **~ery** ['-əri] Brauerei *f*; **~ing** ['-iŋ] Bierbrauen *n*; Sud *m*; Gebräu *n*.

briar ['braiə] *s. brier.*

brib|e [braib] *s* Schmier-, Bestechungsgeld(er *pl*), -geschenk *n*; *tr* bestechen, *fam* schmieren; verleiten, -führen; **~(e)able** ['-əbl] bestechlich, käuflich; **~ery** ['-əri] Bestechung *f*; *attempt at ~~* Bestechungsversuch *m*; *(not) open to ~~* (un)bestechlich.

bric-à-brac ['brikəbræk] Antiquitäten *f pl*; Nippsachen *f pl*.

brick [brik] *s* Ziegel, Ziegel-, Bau-, Backstein; Block, Riegel *m*, Stück *n* (Seife); Bauklotz *(Spielzeug)*; *sl* Pfundskerl *m*; *a* Backstein-; ziegelförmig; *tr* mit Ziegeln bauen, auslegen od pflastern; ziegelartig bemalen; *to ~ in, up* (mit Ziegelsteinen) zu-, vermauern; *to come down like a ton of ~s* heftig tadeln *(on s.o.* jdn); *to drop a ~ (sl)* sich vorbeibenehmen; *to make ~s without straw* nicht das nötige Handwerkszeug haben; *to swim like a ~* wie e-e bleierne Ente schwimmen; **~bat** *s* Ziegelbrocken *m*, Stück Ziegelstein *(als Wurfgeschoß)*; *fam* Schimpfwort *n*, Beleidigung *f*; **~ dust** Ziegelmehl *n*; **~ edging** Backsteineinfassung *f*; **~ facing, veneer** Verkleidung *f* mit Blendsteinen; **~~field, -kiln** Ziegelbrennerei *f*, -ofen *m*; **~ foundation** Backsteinfundament *n*; **~layer** Maurer *m*; **~ machine** Strang-, Ziegelpresse *f*; **~masonry** Backsteinbau *m*; **~~pavement** Klinkerpflaster *n*; **~~wall** Ziegelmauer *f*; *to talk to a ~~* tauben Ohren predigen; **~work** Backsteinbau *m*; (Aus-)Mauerung; Maurerarbeit *f*; **~~ base** Untermauerung *f*; **~~ works** *pl Am*, **~yard** *Br* Ziegelei *f*; **~y** ['-i] Backstein-, Ziegel-; ziegelrot; ziegelartig.

brid|al ['braidl] *a* bräutlich; hochzeitlich; Braut-; *s meist poet* Hochzeit(sfeier *f*, -fest *n*) *f*; **~~ bouquet, couple, wreath** *od* **garland, gown, veil** Brautstrauß *m*, -paar *n*, -kranz *m*, -kleid *n*, -schleier *m*; **~e** [braid] Braut; Neu-, Jungvermählte *f*; **~~cake** Hochzeitskuchen *m*; **~~groom** ['-grum] Bräutigam; Neu-, Jungvermählte(r) *m*; **~~smaid** Brautjungfer *f*; **~~sman** Brautführer *m*; **~~well** Arbeits-, Zuchthaus *n*, Strafanstalt *f*, Gefängnis *n*.

bridg|e [bridʒ] *s* Brücke *a. el sport; mar* Kommandobrücke *f*; *(Geige, Brille)* Steg; Nasenrücken *m*; *(a. ~~work)* Brücke *(Zahnprothese)*; *(Ofen)* Feuerbrücke *f*, -bock *m*; Bridge *n (Kartenspiel)*; *tr* e-e Brücke schlagen *od* bauen über; *(to ~~ over)* überbrücken *a. fig; railway ~~* Eisenbahnbrücke *f*; *suspension ~~* Hängebrücke *f*; *weigh-~~* Brückenwaage *f*; **~~ of boats** Schiffs-, Pontonbrücke *f*; **~~~head** *(mil)* Brücken-, Landekopf *m*; **~~ toll** Brückenzoll *m*; **~~~train** *(mil)* Brückentrain *m*; **~ing** ['-iŋ] Überbrückung *f*; Brückenbau *m*.

bridle ['braidl] *s* Zaum(zeug *n*) Zügel; *el* Spanndraht *m*; *tr* (auf)zäumen, *fig* im Zaum halten, zügeln; *itr (a. to ~ up) fig* sich brüsten; den Kopf hoch tragen; ärgerlich, böse werden *(at* über); **~~path, -road, -way** Reitweg *m*; **~~rein** Zügel *m*.

bridoon [bri'du:n] Trense *f* (u. Zügel *m pl*).

brief [bri:f] *s* Breve *n (päpstl. Schreiben)*; zs.fassende Darstellung *f* der Tatsachen *u*. rechtlichen Gegebenheiten e-s Falles; *jur* Schriftsatz *m*; *jur* Vollmacht *f (of the attorney* des Anwalts); *mil* Einsatzbefehl *m*; *mil aero* Flugbesprechung *f*; *pl fam* (Damen-)Schlüpfer *m*; *tr* e-n Auftrag geben *(s.o.* jdm); einweisen, instruieren, unterrichten; *jur (Fall)* zs.fassend darstellen; *mil* e-n genauen Lagebericht geben *(s. o.* jdm); *a* kurz, flüchtig, von kurzer Dauer; kurzgefaßt, knapp, gedrängt; *in ~* in Kürze, kurz *adv; to be ~* sich kurz fassen; *to hold a ~ for s.o.* jdn, jds Sache (vor Gericht) vertreten; *s.th.* etw billigen; **~~bag, -case** Aktentasche, -mappe *f*; **~ing** ['-iŋ] *mil* Befehlsausgabe *(für Kampfeinsatz)*; Einsatzbesprechung *f; aero* Flugvorbereitungsraum *m*; **~~ room** Flugvorbereitungsraum *m*; **~ly** ['-li] *adv* kurz, in Kürze, mit wenigen Worten; **~ness** ['-nis] Kürze, Gedrängtheit *f*.

brier, briar ['braiə] **1.** Dornstrauch *m*, *bes.* Heckenrose *f (~~rose)*; Dornen, Dornsträucher *m pl*; **2.** Baumheide; Bruyèrepfeife *f*.

brig [brig] *mar* Brigg *f; Am mar mil* Arrestlokal *n*, -anstalt *f*; **~ade** [bri'geid] *s mil* Brigade *f; allg* Kolonne *f*, Trupp *m*; *tr* zu e-r Brigade zs.fassen; vereinen, klassifizieren; *fire ~~* Feuerwehr *f*; **~adier** [brigə'diə], *(Am)* **~~ general** Brigadegeneral *m*; **~and** ['brigənd] Räuber, Bandit *m*; **~andage** ['-idʒ] Räuberei *f*; Banditentum *n*.

bright [brait] *a* leuchtend, scheinend; strahlend, glänzend; klar, hell, heiter; *(Stahl)* blank; glücklich, freudestrahlend, freudig; lebhaft; *fam* aufgeweckt, gescheit, klug; *adv* glänzend; ~ **and early** in aller Frühe; **B~'s disease** *(med)* Nierenschrumpfung *f*; **~en** ['braitn] *tr* hell, glänzend machen, (auf)polieren; blankmachen; aufheitern, heiter stimmen, froh, glücklich machen; *itr (Himmel)* sich aufhellen, sich aufklären; *fig* aufleuchten; **~ener** ['~nə] *film* Stativscheinwerfer, Aufheller *m*; **~ light** *Am mot* Fernlicht *n*; **~ness** ['~nis] Glanz *m*, Klarheit, Helligkeit; *tech* Leuchtdichte, Beleuchtungsstärke; *fig* Heiterkeit; Lebhaftigkeit; Aufgewecktheit *f*.

brill [bril] *zoo* Glattbutt *m*; **~iance**, **-cy** ['briljəns(i)] helle(r) Glanz *m*, Leuchtkraft *f*; *(Edelstein)* Feuer *n*; *(Ton)* Brillanz; *fig* große Klugheit, geistige Wendigkeit *f*; **~iant** ['~jənt] *a* hell leuchtend; blendend, funkelnd, strahlend, glänzend; glanzvoll; *fig* sehr klug; aufsehenerregend; *s* Brillant *m a. typ*; **~iantine** [briljən'ti:n] Brillantine *f*.

brim [brim] *s* Rand *m (-es Gefäßes)*; *(Hut)* Krempe *f*; *tr* bis an den Rand füllen, *itr* voll sein; **to ~ over** *(Gefäß)* überfließen; *fig* übersprudeln *(with* von); *full to the ~* voll bis an den Rand; **~ful** ['~ful] randvoll; *he is ~~ of new ideas* er steckt voller Ideen *od* Pläne; **~less** ['~lis] randlos; **~med** [-d] *a* : *broad ~~* breitrandig; **~mer** ['~ə] *m* bis an den Rand gefüllte(r, s), volle(r, s) Becher *m*, Glas *n*; Humpen *m*; **~stone** ['~stən] *obs* Schwefel *m*; **~~ butterfly** *(ent)* Zitronenfalter *m*.

brindle(d) ['brindl(d)] *a (Haustier)* scheckig, bunt.

brine [brain] *s* Salzwasser *n*, Lake, Sole *f*; *meist poet* Meer *n*, See *f*; *poet* Tränen, Zähren *f pl*; *tr (Küche)* einpökeln, einsalzen; **~-pan** Salzpfanne *f*.

bring [briŋ] *irr brought, brought tr (Personen u. Sachen)* (mit-, her)bringen; holen; tragen; mitführen, bei sich haben; mit sich bringen, im Gefolge haben; verschaffen, schenken, geben; *(Preis)* erzielen; *(Person)* dazu bringen, veranlassen, bewegen; *to ~ upon o.s.* sich zuziehen; *to ~ to account in* Rechnung stellen; *to ~ an action against s.o.* gegen jdn e-e Klage einreichen; *to ~ to bear* anwenden *(on* auf), anbringen *(on* bei); geltend machen; *mil* einsetzen *(on* gegen); **to ~ to an end** zu Ende bringen, beenden; *to ~ to a head (fig)* auf die Spitze treiben; *to ~ to light* ans Licht bringen, an den Tag legen; *to ~ into play* ins Spiel bringen, einsetzen; ins Feld führen, auffahren; *to ~ s.o. to reason, to ~ s.o. to his senses* jdn zur Vernunft bringen; *to ~ to a stop* abstoppen; *to ~ to terms* auf die Knie zwingen; *to ~ into the world* zur Welt bringen; *to ~ **about*** verursachen, veranlassen, herbeiführen; zustande, zuwege bringen; umdrehen, -kippen; *to ~ **again*** wieder-, zurückbringen; zurück-, wiederbringen; erziehen; *to ~ **away*** wegbringen, fortschaffen; *to ~ **back*** ins Gedächtnis (zurück)rufen; *(Gegenstand)* zurückbringen; erbrechen; *to ~ **down*** herunterbringen, -holen *(a. Flugzeug)*; umlegen, zur Strecke bringen; *(Preis)* herabsetzen, senken, (herunter)drücken; *fig* bescheidener werden lassen; fortführen, -setzen *(to* bis zu); *tech* übertragen; *to ~ **down** the house (theat)* die Zuschauer mitreißen; *to ~ **forth*** zur Welt, hervorbringen, ins Leben rufen; enthüllen, ans Licht der Öffentlichkeit bringen; *to ~ **forward*** aufweisen, vorbringen; zur Sprache, *fam* aufs Tapet bringen, anschneiden; *com* über-, vortragen; *to ~ **home*** überzeugen *(s.th. to s.o.* jdn von e-r S); klar, deutlich machen, zu Gemüte führen *(s.th. to s.o.* jdm etw); einsehen lassen *(to s.o.* jdn); *to ~ home the bacon, the groceries* erfolgreich sein; genügend verdienen; *to ~ **in** (finanziell)* einbringen, abwerfen; aufbringen; hereinbringen; vorlegen, -weisen; *(Waren)* einführen; *(Bericht)* vorlegen, *(Gesetzesvorlage)* einbringen; zu bedenken geben; anführen; *to ~ **in** (not) guilty (jur fam)* für (nicht) schuldig erklären; *to ~ **off*** wegbringen, -führen, fortschaffen; *(Schiffbrüchige)* retten; *fam* zustande, zuwege bringen; verwirklichen; zu e-m günstigen Abschluß bringen; *to ~ **on*** verursachen, bewirken, zur Folge haben, herbeiführen, führen zu; an-, zur Sprache bringen; fördern, vorwärts-, weiterbringen; *to ~ **out*** herausbekommen; herauslocken; *(Leitung)* herausführen; klar, deutlich machen, aufdecken; *(Standpunkt)* vorbringen, vertreten; anwenden, aufbringen; *(Buch)* herausbringen, veröffentlichen; *(Ware)* auf den Markt bringen; *(junges Mädchen)* in die Gesellschaft einführen; *(Pflanzen, Blätter, Blüten)* treiben, zur Entwicklung bringen *a. fig*; *to ~ **over*** umstimmen; *(für e-e andere Ansicht,*

bring round   110   **broadcast**

Überzeugung, für e-n andern Glauben) gewinnen, *fam* 'rumkriegen; *(Besucher)* mitbringen; to ~ **round**, *Am* **around** *(nach e-m Anfall od e-r Ohnmacht)* wieder zu sich bringen; wieder auf die Beine bringen; aufheitern; *fam (Besucher)* mitbringen; umstimmen, überzeugen, überreden, *fam* 'rumkriegen; to ~ **through** *(Kranken)* durchbringen, helfen (s.o. jdm); to ~ **to** *tr (Ohnmächtigen)* wieder zu sich bringen; *tr itr* anhalten; *itr mar* beidrehen; to ~ **under** unterwerfen, untertan machen; to ~ **under** *control* unter Kontrolle bringen; to ~ **up** *tr* heraufbringen, -holen; auf-, erziehen; gerichtlich belangen; zum Schweigen bringen; servieren, auftragen; *(Truppen)* einsetzen; *(Schiff)* vor Anker legen; zum Stillstand bringen, anhalten; (wieder) aufmerksam machen auf, zur Sprache, *fam* aufs Tapet bringen, vorbringen; *parl* das Wort erteilen (s.o. jdm); fortführen, -setzen; erbrechen; *itr* (plötzlich) anhalten, aufhören; *(Schiff)* vor Anker gehen; to ~ **up** *the rear* als letzter kommen; *mil* die Nachhut bilden; **~down** *Am sl s* Murks; Trauerkloß *m*; *a* unerfahren, grün; unbefriedigend; niederdrückend; **~er** ['-ə] (Über-)Bringer *m*; **~ing** ['-iŋ]: ~~up Aufziehen *n*; Erziehung *f*.

brink [briŋk] Rand *m (e-s Steilhangs)*; (steiles) Ufer *n*; *on the ~ of disaster, of ruin (fig)* am Rande des Abgrunds; *to be on the ~ of the grave* mit einem Fuß im Grabe stehen.

briny ['braini] salz(halt)ig.

briquet(te) [bri'ket] Brikett *m*.

brisk [brisk] *a* lebhaft, munter, schnell, rasch, flott; belebend, anregend, feurig; *v (meist to ~ up) tr* anregen, beleben, anfeuern; *itr* lebhaft, feurig werden; **~et** ['-it] *(Küche)* Brust(stück *n*) *f*; **~ness** ['-nis] Lebhaftigkeit, Munterkeit *f*.

bristl|e ['brisl] *s* Borste *f*; *tr itr* (sich) sträuben, zu Berge stehen (lassen) *(oft to ~ up)*; *itr* strotzen *a. fig (with* von); *fig* stecken *(with* voller); *fig* die Zähne zeigen; **~ed, ~y** ['-d, '-i] *a* borstig, stach(e)lig; *fig* kratzborstig, widerhaarig.

bris|tling ['brisliŋ] Brisling *m*, Sprotte *f*.

Brit|ain ['britən] *hist* Britannien *n*; *Great ~~* Großbritannien *n*; *North ~~* Schottland *n*; **~annia** [-'tænjə] *poet* Großbritannien, England *n*; **~** *metal* Neusilber *n*; **~annic** [-'tænik] britisch *(hauptsächlich in:) Her (His) ~~ Majesty* Ihre (Seine) Majestät die Königin (der König) von England; **~icism** ['-isizm] *Am s. -ishism (Br)*; **~ish** ['-iʃ] *a* britisch, englisch; *s: the ~~* die Briten; *the ~~ Isles (geog)* die Britischen Inseln; **~isher** Brite *m*; **~ishism** ['-iʃizm] britisch-englische Spracheigentümlichkeit *f*; **~on** ['-ən] *hist* Britannier; Brite *n*; *North ~~* Schotte *m*; **~(t)any** ['-əni] die Bretagne.

brittle ['britl] *a* zerbrechlich, spröde, brüchig; *fig* hin-, anfällig, schwach, wenig widerstandsfähig; reizbar; *s Art* Bonbon *n*; **~ness** ['-nis] Zerbrechlich-, Sprödigkeit *f*.

broach [broutʃ] *s* Bratspieß *m*; (Räum-, Reib-)Ahle; Kirchturmspitze; Brosche *f*; *tr* anzapfen, -stechen; anbrechen; *fig (Thema)* anschneiden; *(Frage)* aufrollen; zur Sprache, aufs Tapet bringen.

broad [brɔːd] *a* breit; weit; groß; voll, völlig; spürbar, merklich, offen(kundig), klar, deutlich, unmißverständlich; *(Sprache)* breit, gewöhnlich; kunstlos, ungekünstelt, derb, anzüglich; dreist, frech; allgemein; umfassend, weit, verständnisvoll, nachsichtig, duldsam; *adv* voll(ständig, -kommen), völlig, ganz; *s* breite(r) Teil *m*; *Am sl* Weib *n*; Nutte *f*; *as ~ as it is long* so breit wie lang, Jacke wie Hose, gleichgültig, egal; *in ~ outline* im Umriß, in groben Zügen; **~ly** *speaking* im allgemeinen; **~ ax(e)** *Breit-, Richtbeil n*; **~ bean** Pferdebohne *f*; **B-Church** liberale(r) Teil *m* der (Anglikanischen) Kirche; **~cloth** feine(r), *bes.* schwarze(r) Anzugstoff; *Am* feine(r) Wäschestoff *m*; **~en** ['-n] *tr itr* verbreitern, (sich) erweitern; **~-faced** *a* mit breitem, vollem Gesicht; **~-gauge** *a (a. ~~d) rail* breitspurig; Breitspur-; *Am fam* in großem Maßstab; großzügig, verständnisvoll; **~** *Breitspur f*; **~ hint** deutliche(r) Wink *m*; **~ish** ziemlich breit; **~ jump** *Am* Weitsprung *m*; **~-minded** *a* weitherzig, verständnisvoll, großzügig; **~sheet** einseitig bedruckte(r) Bogen *m*; Plakat; Querformat *n*; **~side** *s mar* Breitseite *f*; *fam* Großangriff *m*; einseitig bedruckte(r) Bogen *m*, Plakat *n*; *fam* gemeine Schmähung *f*; *~ on, to* mit der Breitseite nach; *adv* mit der Breitseite *(to* gegen); querab; **~sword** Säbel *n* mit breiter Klinge; **~tail** Breitschwanz, Karakul *n*; **~ways, ~wise** *adv* seitlich, -wärts, der Breite nach, in die Breite.

broadcast ['brɔːdkɑːst] *s* Rundfunk *m*, Radio *n*; Sendung, (Rundfunk-, Funk-)

broadcaster 111 **Bronx vanilla**

Übertragung, Durchgabe *f*; *v irr ~, ~*; *radio a. ~ed, ~ed tr* senden, übertragen, funken; im Rundfunk, Radio übertragen, durchgeben; durch den, im, über den Rundfunk verbreiten; weit verbreiten; an die große Glocke hängen, ausposaunen; *itr* ein Rundfunkprogramm ausstrahlen; *a (Saat)* breitwürfig *a. adv*, mit der Hand (aus)gesät; *fig* weit ausholend, in die Breite gehend, umfassend; weitverbreitet; *adv* in die Breite; nach allen Seiten; *facsimile ~(ing)* Bildfunk *m*; *radio ~(ing)* Rundfunk; Hörfunk *m*; Hörsendung *f*; *television ~(ing)* Bildfunk *m*; Fernsehsendung *f*; **-er** ['-ə] Rundfunksprecher; *news ~~* Nachrichtensprecher *m*; **~ing** ['-iŋ] Funken, Senden *n*; (Rund-)Funk *m*, Radio *n*; *attr* (Rund-)Funk-, Radio-; *B~~ Corporation* Rundfunkgesellschaft *f*; *~~ engineering* Funktechnik *f*; *~~ range* Hörbereich *m*; *~~ station* (Rundfunk-)Sender *m*; Sendestation, -stelle *f*; Funkhaus *n*; *~~ studio* Senderaum *m*; *~~ time* Sendezeit *f*; **- receiver** Rundfunkempfänger *m*; **-reception** Rundfunkempfang *m*; **station** (Rund-)Funk-, Sendestation, -stelle *f*, Funkhaus *n*; **- studio** Rundfunkstudio *n*, -aufnahmeraum *m*.
brocade [brə'keid] *s* Brokat *m*; *tr (Gewebe)* broschieren, mit Brokatmuster versehen.
broc(c)oli ['brɔkəli] Brokkoli *pl*, Spargelkohl *m*.
brochure ['brou-, brɔ'ʃjuə] Broschüre *f*.
brock [brɔk] Dachs *m*; *fig* stinkende(r) Kerl *m*; **-et** ['-it] Spießer *m (Hirsch im 2. Jahr)*.
brodie ['broudi] *Am sl s* Schnitzer, Mißerfolg, Reinfall *m*; *itr* versagen; Selbstmord begehen.
brogue [broug] derbe(r) (Arbeits-)Schuh; Golfschuh; irische(r) Akzent *m*; *fishing ~s (pl)* Wasserstiefel *m pl*.
broil [brɔil] **1.** *s* Tumult, Aufruhr *m*, Unruhe *f*, Lärm; Zank, Streit *m*; **2.** *tr* an offenem Feuer *od* auf dem Rost braten, rösten; *tr itr (Mensch)* (in der Sonne) braten, schmoren; *s* Hitze *f*; (Rost-)Braten *m*; **-er** ['-ə] **1.** Unruh(e)stifter, Aufrührer *m*; **2.** Bratrost *m*; Brathuhn *n*; *Am sl* Backfisch, Teenager, Flapper *m*; *sl (~ing hot day)* glühendheiße(r) Tag *m*, Backofen-, Bullenhitze *f*.
brok|e [brouk] *pp obs zu break a sl* abgebrannt, pleite, ruiniert; bank(e)rott, *fam* kaputt; *to go ~~* ruiniert sein;

pleite gehen; *I am dead ~~ (sl)* ich bin vollständig blank, ohne einen Pfennig (Geld), **-en** ['-ən] *pp zu break a* unvollständig, lückenhaft; unvollkommen; ge-, zerbrochen, zerrissen, *fam* kaputt; *(Stimmung)* gedrückt; *(Gesundheit)* zerrüttet; *(Tier)* gezähmt; *(Pferd)* zugeritten; *mil* degradiert; *(Gelände)* uneben; *(Linie)* punktiert, gestrichelt; *~~-down (Pferd)* abgearbeitet; *(Maschine)* nicht in Ordnung, nicht betriebs-, gebrauchsfähig; abgenutzt, verbraucht, *fam* hin(über); *(Mensch) (gesundheitlich)* angegriffen, *fam* heruntergekommen, mitgenommen; krank; *~~ English* gebrochene(s) Englisch *n*; *~~ ground* unebene(s) Gelände; *~~-hearted (a)* mit gebrochenem Herzen; *~~ lots (pl)* Gelegenheitskäufe *m pl*; *~~ man* Ruinierte(r), Verzweifelte(r) *m*; *~~ meat, bread* Fleisch-, Brotrest(e *m pl*) *m*; *~~ money* Klein-, Wechselgeld *n*; *~~ number* Bruch(zahl *f*) *m*; *~~ sleep* unterbrochene(r) Schlaf *m*; *~~ stones (pl)* Steinschlag *m*; *~~ time* Kurzarbeit *f*, Arbeits-, Lohnausfall *m*; *~~ water* See *f* mit kurzen, heftigen Wellen; *~~ weather* unbeständige(s) Wetter *n*; *~~-winded (a) (Pferd)* dämpfig; **-er** ['-ə] Makler, Agent, Vermittler; Gerichtsvollzieher *m*; *to act as an honest ~* vermitteln; *exchange ~~* Börsenmakler *m*; *insurance ~~* Versicherungsagent, -vertreter *m*; *real estate ~~* Grundstücksmakler *m*; *ship(ping) ~~* Schiffsmakler *m*; *~~'s office* Maklerbüro *n*, Agentur *f*; **-erage** ['-əridʒ] Maklergeschäft *n*, Maklergebühr, (Makler-)Provision, Courtage *f*; **-ing** ['-iŋ] Maklergeschäft *n*, Vermittlung, Agentur *f*.
brolly ['brɔli] *sl* Musspritze *f*, Schirm; *sl* Fallschirm *m*.
brom|ate ['broumeit] *chem* Bromat, Salz *n* der Bromsäure; **-ide** ['-aid] *chem* Bromid *n*; *Am sl* Phrasendrescher *m*; Nervensäge *f*; abgedroschene(s) Zeug *n*, Banalität, Phrase *f*.
bronchi|(a) ['brɔŋkai, -iə] *pl anat* Bronchien *f pl*; **-al** ['-iəl] *a* Bronchial-; **-tis** [-'kaitis] Bronchitis *f*, Bronchialkatarrh *m*.
bronc(h)o ['brɔŋkou] kalifornische(s) (halb)wilde(s) Pferd *n*; **- buster** *Am* Zureiter *m*.
Bronx [brɔŋks] Stadtteil von *New York*; *Am Art* Cocktail *m (~ cocktail)* aus Gin, Wermut u. Orangensaft; **- cheer** *Am sl* verächtliches Zischen, Buhrufen *n*; spöttische Bemerkung *f*; **- vanilla** *Am sl* Knoblauch *m*.

bronze 112 **brush**

bronz|e [brɔnz] *s* Bronze; Bronze(arbeit) *f*; *a* bronzen, aus Bronze, Bronze-; bronzefarben; *tr* bronzieren; *tr itr (in der Sonne)* bräunen; *B~ Age* Bronzezeit *f*; **~y** ['-i] bronzen.

brooch [broutʃ] *s* Brosche, Vorstecknadel *f*.

brood [bru:d] *s* Brut *a. pej; pej* Sippschaft *f*; Schwarm, Haufen *m; attr* Brut-, Zucht-; *itr* brüten *a. fig (on, over* über); schwer lasten *(over,* on auf); **~er** ['-ə] Wärmekasten *m*; Schirmglucke *f*; **~mare** Zuchtstute *f*; **~y** ['-i] *(Henne)* brütig; *fig* niedergedrückt.

brook [bruk] **1.** *s* Bach *m*; **~ lime** *bot* Bachbunge *f*; **~ trout** Bachforelle *f*; **2.** *tr (meist verneint)* ertragen, aushalten; gestatten.

broom [bru:m] *s bot* Ginster, Besen *m*; *tr* fegen, kehren; *a new ~ sweeps clean* neue Besen kehren gut; **~ corn** *Am* Mohrenhirse *f*; **~ cupboard** Besenschrank *m*; **~stick** Besenstiel *m*.

broth [brɔ:θ] *(*Fleisch-)Brühe *f*; *a ~ of a boy (irisch)* ein guter Kerl; **~ cube** Brühwürfel *m*; **~el** ['brɔθl] Bordell *n*; **~er** ['brʌðə] *irr s. auch (pl fam brethren); pl com* Gebrüder *m pl; attr* Mit-; **~~(s)** *and sister(s)* Geschwister *pl*; **~erhood** Brüderschaft; Berufsgenossenschaft; *Am fam* Gewerkschaft; Brüderlichkeit *f*; **~er-in-law** Schwager *m*; **~erly** *a* brüderlich.

brougham ['bruəm, bru:m] einspännige(r), geschlossene(r), zweisitzige(r) Wagen *m*, Coupé *m*.

brow [brau] *f* Augenbraue *f*; Augenbrauenbogen *m*; Stirn *a. fig; poet* Miene *f*, Gesichtsausdruck; Rand *(e-s Abhangs)*, Vorsprung *m; (*Berg-)Kuppe *f*; *to knit o.'s ~s* die Stirn runzeln; **~beat** ['-bi:t] *irr s. beat tr* einschüchtern; *to ~~ s.o. into doing s.th.* jdn so einschüchtern, daß er etw tut.

brown [braun] *a* braun; braungebrannt; dunkelhäutig; *poet* dunkel, düster *a. fig; fig* ernst; *s* Braun *n*, braune Farbe *f*, braune(r) Farbstoff *m*; *sl* Kupferstück *f*; bräunen; brünieren; braun braten *od* backen; *itr* braun werden, sich bräunen; *to ~ off (sl mil)* anscheißen, -pfeifen; erledigen; *to be in a ~ study* völlig in Gedanken verloren sein; *to do ~ (sl)* 'reinlegen, anführen; *to do up ~ (sl)* völlig erledigen; *I'm ~ed off (sl)* das hab' ich satt, das hängt mir zum Halse 'raus, das steht mir bis oben; **~ betty** *Art* Apfelpudding *m*; **~ bread** Graubrot *n*; **~ coal** Braunkohle *f*; **~ ie** ['-i] Heinzelmännchen *n; phot (billige)* Box; junge Pfadfinderin *f*; *Am Art* Schokoladengebäck *n*; **~ish** ['-iʃ] bräunlich; **~out** *Am* Teilverdunkelung *f*; **~ paper** Packpapier *n*; **~ stone** *Am* Sandstein *m*; **~ sugar** Rohzucker *m*.

browse [brauz] *s* Weiden *n; tr* abweiden, abfressen; *itr* weiden; *fig (in Büchern)* (herum)schmökern, flüchtig lesen, durchblättern.

bruin ['bru:in] Meister Petz *m*.

bruise [bru:z] *s med* Quetschung *f*, braune(r) *od* blaue(r) Fleck *m*; braune Stelle *f (an Obst); tr* quetschen, stoßen *(a. Obst);* braun u. blau schlagen; *(Knie)* aufschlagen; *(Malz)* schroten; zerkleinern, -stoßen, -quetschen; verbeulen; *(Gefühle)* verletzen; *itr* gequetscht, gestoßen werden, braune u. blaue Flecke bekommen; **~r** ['-ə] *fig fam* Bulle; (Berufs-)Boxer *m; tech* Schleifscheibe *f*.

bruit [bru:t] *tr obs (Gerücht)* verbreiten.

Brummagem ['brʌmədʒəm] *s dial pej* Birmingham; *sl* Ramsch *m*; falsche(s) Geldstück *n*; unechte(r) Schmuck *m*; *a* falsch, unecht; billig.

brunch [brʌntʃ] *fam* Frühstück u. Mittagessen *n* zugleich.

brunet(te) [bru:'net] *a* brünett; *s* Brünette *f*.

brunt [brʌnt] Hauptangriff, -stoß; Anprall *m*; Hitze *f* des Gefechts *a. fig; fig* Hauptarbeit *f*, Haupt-, Stoßgeschäft *n*; *to bear the ~ of s.th.* die Hauptlast e-r S tragen.

brush [brʌʃ] *s* Bürste *f*; Pinsel; Pinselstrich *m*, Malweise; Quaste *f*; Abbürsten *n*; leichte Berührung *f; (bes.* Fuchs-)Schwanz *m; Am* Gestrüpp, Gebüsch *n*, Busch *m*, Unterholz *n; fig* unkultivierte Gegend *f*; Lichtbündel, -büschel *n; el* Schleifbürste; *el (~ discharge)* Büschelentladung *f*; Ansturm, kurze(r) heftige(r) Kampf; Zs.-stoß *m*, Scharmützel *n; pl mus Art* Trommelschlegel *m pl; tr* (ab)bürsten, -kehren, -fegen; reinigen, leicht berühren; streifen; *Am* erzwingen; *itr* vorbeistreichen, -fliegen, -sausen, -fegen; stürmen, eilen; *attr Am sl* ländlich; Bauern-; **~ to ~ aside,** *~ away* beiseite schieben, übergehen, ignorieren, sich nicht kümmern um, zur Tagesordnung übergehen *(s.th.* über etw); *to ~ by* vorbeieilen, -stürmen, -sausen; *to ~ off (Am) tr* abbürsten, (auf)polieren; *fig* übergehen, beiseite schieben; e-e Abfuhr erteilen; *itr sl* entkommen; *to ~ over* abbürsten; streifen; auf die Leinwand werfen; *to ~ up* (auf)polieren, abbürsten; reinigen; *fig (Erinnerung, Kenntnisse)* auffrischen *(s.th., (Am)* on

brush off *s.th.* etw); *to give s.o. a* ~ jdn abbürsten; **~-off** *sl* Abfuhr, Absage *f*; *to give the* ~ *abfahren lassen*; *to get the* ~ e-e Abfuhr einstecken (müssen); **~-pencil** Haar-, Malerpinsel *m*; **~wood** Unterholz, Dickicht *n*; **~-work** Pinselstrich *m*; Malweise *f*; **~y** ['-i] mit Gestrüpp, Gebüsch bedeckt; büschelartig, zottig.

brusque [brusk, brʌsk] brüsk, barsch, grob, *fam* kurz angebunden; **~ness** ['-nis] schroffe(s) Wesen *n*.

Brussels ['brʌslz] Brüssel *n*; ~ **lace**, **net** Brüsseler Spitzen *f pl*, Tüll *m*; ~ **sprouts** *pl* Rosenkohl *m*.

brut|al ['bru:tl] roh, brutal; grausam; viehisch; gierig; dumm; **~ality** [-'tæliti] Roheit, Brutalität *f*; **~alize** ['-əlaiz] *tr* roh, brutal machen, brutalisieren, brutal, roh behandeln; **~e** [bru:t] *s* niedere(s) Tier; Vieh *n*; rohe(r), gefühllose(r) Mensch, Rohling *m*; *a* viehisch, grausam, brutal, roh; stumpf, gefühllos, unverständig; *(Materie)* unbelebt, unbewußt; *(Kraft)* roh; **~ish** ['bru:tiʃ] tierisch, viehisch; dumm, roh, gierig.

bub [bʌb] *Am fam* Bub, Junge *m*.

bubbl|e ['bʌbl] *s* (Luft-, Seifen-)Blase *f*; Sprudeln *n*; *fig* Schaum *m*; Luftschloß *n*; Schwindel *m*; *attr* Schwindel-; *itr* Blasen werfen, sprudeln, blubbern, schäumen; *to* ~~ *over* überfließen, -sprudeln; *fig* außer Rand u. Band sein; *to prick the* ~~ den Schwindel aufliegen lassen; *soap*~ Seifenblase *f*; ~ *bath* Schaumbad *n*; ~~-*car (mot)* Kabinenroller *m*; ~~ *gum* Ballongummi *m*; ~~ *head (Am sl)* blöde(r) Kerl *m*; **~er** ['-ə] Trinkfontäne *f*; **~ing** ['-iŋ] Blasenbildung *f*; **~y** ['-i] *a* voller Blasen; sprudelnd; *s sl* Champagner *m*.

bubo ['bju:bou] *pl* -oes *med* Achsel- od Leistendrüsenschwellung; Leistenschwulst *f*; **~nic** ['bɔnik] *a*: ~~ *plague* Beulenpest *f*; **~nocele** ['-bɔnɔsi:l] *med* Leistenbruch *m*.

buccan|eer, ~ier [bʌkə'niə] *s* Seeräuber, Pirat, Freibeuter *m*.

buck [bʌk] *s* Bock *(Männchen von Reh u. Steinwild)*; Rammler *(männl. Hase)*; *Am* (Schaf-)Bock; *(old ~)* Geck, Stutzer; *Am sl* Neger, Indianer; *Am fam* junge(r) Mann; *(saw~)* Sägebock; Bock *m (Turngerät)*; Aalreuse *f*; *Am sl* Dollar *m*; *Br* Prahlerei, *fam* Angabe *f*; *Am (Fußball)* Angriff *m*; *itr (Pferd)* bocken; *Br* prahlen, angeben; *Am (Mensch)* bocken, bockig sein, sich sträuben, nicht wollen, sich widersetzen; *fam* Theater machen; *Am* ruckweise fahren; *tr Am* losgehen (*s.o.* auf jdn); sich widersetzen (*s.o.* *s.th.* etw); *to give s.o. a* ~ jdn abbürsten; *to* ~ *for (sl)* sich mächtig ins Zeug legen; *to* ~ *off (Pferd)* abwerfen; *to* ~ *up (itr)* sich beeilen, sich sputen; stark, munter *od* vergnügt werden; sich zs.reißen; *tr* stark machen, stärken, kräftigen; ermutigen, er-, aufmuntern, aufheitern; *in the* ~*s (Am sl)* bei Geld; *as hearty as a* ~ *(Am)* gesund u. munter, munter wie ein Fisch im Wasser; *to pass the* ~ die Verantwortung abschieben (*to* auf); den Schwarzen Peter weitergeben (*to* an); **~-bean** *bot* Sumpfklee *m*; **~board** *Am hist Art* einfache(r) einsitzige(r) Wagen *m*; **~ed** [-t] *a* munter, vergnügt, lustig; **~er** ['-ə] *Am sl* Streber; *Am* Cowboy *m*; bockige(s) Pferd *n*; **~eye** amerik. Roßkastanie *f*; **~ fever** *fam* Jagdfieber *n*; **~-handled** *a* mit Horngriff *m*; **~-horn** Hirschhorn *n* *(Material)*; **~-hound** Parforcehund *m*; **~-jump** Bocksprung *m*; **~ naked** *a sl* splitternackt; **~o** ['-ou] *pl -oes Am sl s* Kerl; Bulle *m*; *a* stark, kräftig; **~-private** *Am sl* Muschkote, einfache(r) Soldat *m*; **~ ram** ['-rəm] Steifleinen *n*; *fig* Steifheit *f*, steife(s) Wesen *n*; **~saw** *Am* Steifsäge *f*; **~-seat** *Am* Notsitz *m*; **~-shot** Rehposten *m*; **~-skin** Wildleder *n*; **~-slip** Schriftstück *n*, das e-e Aufgabe zuständigkeitshalber weitergibt; **~-stick** *sl* Angeber, Aufschneider, Prahlhans *m*; **~-thorn** Gemeine(r) Kreuz-, Hirschdorn *m*; **~-tooth** Raffzahn *m*; **~-wheat** Buchweizen *m*; *Am* Buchweizenmehl *n*, -teig *m*, -gericht *n*; ~ *cake*) Buchweizenkuchen *m*.

bucket ['bʌkit] *s* Eimer, Kübel; Pumpenkolben *m*; Schaufel, Zelle *f* (*e-s Wasserrades, e-r Turbine*); (Bagger-) Eimer; *min* Förderkübel; *sl* Abort *m*; *sl* Hinterteil *n*; *tech* Dose, Hülse, Fassung; *Am sl mot* alte Klapperkiste, Mühle *f*; altes Schiff *n*; *sl* unangenehme(s) Frauenzimmer *n*; *tr (Pferd)* müde reiten, erschöpfen; *itr sl* Wasser schöpfen; drauflosreiten, -rudern; *to kick the* ~ *(sl)* ins Gras beißen (müssen); **~ful** ['-ful] Eimer-, Kübelvoll *m*; **~-seat** Kübelsitz *m*; **~-shop** Winkelbörse *f*.

buckle ['bʌkl] *s* Schnalle, Spange *f*; *tr* an-, um-, zuschnallen; *tech* (ver-) biegen, krümmen, verziehen; knikken; *itr tech* sich werfen; sich verziehen; *to* ~ *down to s.th.* sich eifrig an e-e S machen, etw ernsthaft in Angriff nehmen; *to* ~ *to* sich beeilen; *to* ~ *under* zs.brechen; *to* ~ *up* ausea.brechen, kaputt gehen; **~r** ['-ə] (runder) Schild; *fig* Schutz, (Be-)Schützer *m*.

buckshee ['bʌkʃi:] *sl* umsonst.
bucolic [bju'kɔlik] *a lit* Hirten-; *s* Hirtengedicht *n*.
bud [bʌd] **1.** *s* Knospe *f a. zoo,* Auge *n,* Keim *m a. fig;* Blüten-, *fig* Mädchenknospe *f; fig* Anfangsstadium *n; Am* Debütantin *f; itr* knospen, keimen *a. fig;* ausschlagen; *fig* im Werden begriffen, im Entstehen sein, aufblühen; *zoo* durch Knospung entstehen, *tr* hervorbringen; *itr u. tr* pfropfen, okulieren; *in (the) ~* voller Knospen; *to nip in the ~ (fig)* im Keim ersticken; **2.** *fam* Bruder *a. allg;* Kamerad, Genosse, Kumpel *(a. als Anrede);* Junge, Bub *m; Am* Kind, junge(s) Mädchen *n;* **~ding** ['-iŋ] *fig* angehend; **~~ knife** Okuliermesser *n; a ~~ lawyer, poet* ein angehender Rechtsanwalt, Dichter *m;* **~dy**['-i] *s Am sl* Kumpel *m; itr: to ~~ up* eng befreundet sein; mitea. zs.wohnen; sich anbiedern; **~~ seat** *(mot sl)* Beiwagen *m; sl* einflußreiche Stellung *f*.
Buddh|ism ['budizm] Buddhismus *m;* **~ist** ['-ist] *a, a.* **~istic** [bu'distik] buddhistisch; *s* Buddhist(in *f*) *m*.
budge [bʌdʒ] **1.** *s* Lammfell *n; a* mit Lammfell besetzt; *fig* prahlerisch, wichtigtuerisch; **2.** *(nur negiert) itr* sich rühren, sich bewegen; *tr* (fort)bewegen, von der Stelle bringen; **~rigar** ['-əriga:] Wellensittich *m*.
budget ['bʌdʒit] *s* Vorrat *m,* Sammlung *f (meist fig);* Voranschlag; Haushalt(splan) *m,* Budget *n,* Etat *m; tr* in den Voranschlag einsetzen; im Haushaltsplan vorsehen; einteilen, genau planen; *itr* den Haushaltsplan aufstellen; *to ~ for s.th.* etw im Etat vorsehen; *to balance the ~* den (Staats-)Haushalt ausgleichen; *to introduce, to open the ~* den Haushalt, das Budget vorlegen; *to make up the ~* den Haushaltsplan aufstellen; *to pass the ~* den Etat annehmen; **~ary** ['-əri] *a* Haushalt-, Budget-; etatmäßig; *extra-~~* außer-, nicht etatmäßig; *~~ appropriations (pl)* (bewilligte) Haushaltsmittel *n pl;* **~~ commission** Haushaltsausschuß *m;* **~~ control** Haushaltskontrolle *f;* **~~ deficit** Haushaltfehlbetrag *m;* **~~priced** *a* preisgünstig.
buff [bʌf] *s* dicke(s), weiche(s) Büffel- *od* Rindleder; *hist* Lederkoller *n; fam* bloße Haut *f; fam* begeisterte(r) Anhänger *m;* stumpfe(s) Gelbbraun *n; tech* Polierscheibe *f; a* beige, leder-, sandfarben; *tr* schwabbeln; *(Leder)* weich machen; *in ~* im Adamskostüm, nackt; **~alo** ['bʌfəlou] *pl*

114

bugle

-o(e)s s Büffel; Wisent; Bison *m;* Büffelfleisch *n; Am sl* Nigger *m; Am sl* dicke Frau *f; tr Am sl* einschüchtern, bange machen; *~~ hide* Büffelhaut *f; ~~ robe* Büffelfell *n;* **~er**['-ə] **1.** *tech* Puffer, Prellbock *m; el* Trennstufe *f;* **2.** Polierer; **3.** komische(r), alte(r) Kauz; **4.** *Am sl* (Wach-)Hund *m;* **~~ state** Pufferstaat *m;* **~~ stop** *(rail)* Prellbock *m;* **~et** ['bʌfit] **1.** *s* Schlag (mit der Hand); *fig* (Schicksals-, harter) Schlag *m, tr* schlagen, hauen, boxen; umherwerfen; *(fig) (Schlag)* treffen; (an-)kämpfen gegen *(a. itr: to ~~ with); itr* sich durchkämpfen, -schlagen; **2.** [-] Büfett *(Möbel);* ['bufei] Büfett *n,* Theke, Bar *f;* (Verkaufs-)Stand *m (mit Erfrischungen);* kalte(s) Büfett *n; ~~ car (rail)* Büfettwagen *m; ~~ supper* Abendessen *n* mit Selbstbedienung; **~oon** [bʌ'fu:n] Possenreißer, Clown *m;* **~oonery** [bə'fu:nəri] Possenreißerei *f;* grobe(r) Scherz, derbe(r) Spaß *m*.
bug [bʌg] *s* Wanze *f; Am (bes.* kriechendes) Insekt *n,* Käfer, Wurm *(Larve);* Bazillus *m; Am sl* Besessene(r), Verrückte(r); *Am sl* Anfänger-Jockey *m Am sl mot* (Volks-)Wagen; *Am sl* Bock, Fehler, Defekt *m; Am sl* Einbildung *f; typ sl* Sternchen *n; tr Am (Pflanze)* von Schädlingen befreien; *Am* e-e Abhörvorrichtung einbauen; ärgern, auf die Palme bringen; *itr Am fam (Augen)* 'raussstehen; wütend sein *(at* auf); *to have a ~ on (Am sl)* schlechter Laune sein; *to be a ~ on s.th. (Am sl)* nach etw verrückt, auf etw scharf, versessen sein; *to put a ~ in o.'s ear (Am sl)* jdm e-n Floh ins Ohr setzen; **bed- Bettwanze** *f; big ~ (sl)* hohe(s) Tier *n;* **~aboo** ['-əbu:], **~bear** ['-bɛə] Butzemann *(Kinderschreck);* Popanz *m,* Schreckgespenst *n;* Komplex *m;* **~~catcher, ~hunter** Entomologe *m;* **~ger** ['-ə] *s jur* Homosexuelle(r); Sodomit; *sl* schlaue(r) Kerl, Strolch, Lump *m; tr itr* Unzucht treiben (mit); *to ~~ off* abhauen; **~gery** ['-əri] *jur* widernatürliche Unzucht *f;* **~gy**['-i] *s* leichte(r) ein-*od* zweisitzige(r) Wagen *m;* Bremserhäuschen *n; Am sl* Kinderwagen; *mot* Schlitten *m; a* verwanzt; *Am sl* verrückt, bekloppt; **~ house** *sl* Irrenanstalt *f;* **~~bear** *a* verrückt, bekloppt; **~s** *a sl* verrückt, bekloppt.
bugle ['bju:gl] **1.** *s (~~horn)* Wald-, *mil mar* Signalhorn *n; tr itr* (das Horn) blasen; **2.** (schwarze, längliche) Glasperle *f (auf Stoffen);* **~r** ['e,ə] Hornist *m*.

buhl [bu:l] Einlegearbeit *f*.
build [bild] *irr built, built tr* bauen (*of aus*) *a. fig*; auf-, erbauen, errichten; (*Brücke*) schlagen; *fig* gründen, anlegen; *Am fam* übertreiben, planen; *itr* (ein Haus) bauen; im Baugewerbe tätig sein; e-n Plan aufbauen (*on, upon* auf); *Am sl* zunehmen; *s* Bauart, -weise *f*; Körperbau *m, fam* Figur *f*; *theat fam* zugkräftige(s) Theaterstück *n*; *to ~ in* einbauen; *to ~ over* über-, verbauen; *to ~ up* (allmählich) aufbauen; um ... herum bauen, mit Häusern, Gebäuden umgeben; (*Gelände*) verbauen; (*Baulücke*) ausfüllen; *fig* propagandistisch herausstreichen; moralisch stützen; *fig* (*Geschäft, System*) aufbauen; (*Vorräte, Reserven*) ansammeln, vermehren; (*Vermögen*) erwerben; (*s-e Gesundheit*) wiederherstellen; (*Truppen*) aufstellen; *tech* auftragschweißen; *sl* durchverbinden; *to ~ (up)on* (*fig*) bauen, sich stützen, sich verlassen auf; (*Hoffnung*) setzen auf; **~er** ['-ə] Erbauer, Baumeister; *fig* (Be-)Gründer; *chem* Zusatz *m*; *empire ~* Staaten-, Reichsgründer *m*; *master-~* Baumeister, Architekt *m*; *~'s hoist* Bauaufzug *m*; *~~-upper* (*Am fam*) moralische(r) Rückhalt *m*; **'-ing** Bau (-en *n*) *m*; Baukunst *f*; Konstruktion *f*; Bau(werk *n*) *m*, Gebäude *n*; Bautätigkeit *f*; *attr* Bau-; *~~ block* Baustein *m*, -element *n*; *~~~-contractor* Bauunternehmer *m*; *~~-costs* (*pl*) Baukosten *pl*; *~~ cradle* (*aero*) Helling *f*; *~~~credit* Baukredit *m*; *~~ elevator* (*Am*) Bauaufzug *m*; *~~-enterprise* Bauunternehmung *f*; *~~ estimate* Baukostenanschlag *m*; *~~ expenses* (*pl*) Baukosten *pl*; *~~~-ground, -lot, -site* Baugrundstück *n*, -platz *m*; *~~ inspector* Beamte(r) *m* der Baupolizei; *~~ joiner* Bautischler, -schreiner *m*; *~~ land* Bauland *n*; *~~~-line* Bauflucht, Fluchtlinie *f*; *~~~-manager* Bauführer *m*; *~~ material* Baumaterial *n*, -stoffe *m pl*; *~~~-office* Baubüro *n*; *~~ permit* Bauerlaubnis *f*; *~~ plan* Bauplan *m*; *~~ programme, project* Bauvorhaben *n*; *~~ regulations* (*pl*) Bauvorschriften *f pl*; *~~~-restriction* Bausperre *f*; *~~ slip* Helling *f*; *~~ in series* Serien-, Reihenbau *m*; *~~~-society* Baugesellschaft, -genossenschaft; Bausparkasse *f*; *~~ trade* Baugewerbe *n*; *~~~-up* (*fig*) Aufbau *m* (*e-s Systems*); *tech* Selbsterregung *f*, Anspringen *n*; **~-up, -up** *sl* Propaganda *f*; *mil* Aufbau *m*, Aufstellung *f*; *to give s.o. a ~~* jdn propagandistisch herausstellen.

built [bilt] *pp zu* build *a* gebaut; *German ~* in Deutschland gebaut; *well-~* gutgebaut; *~-in a* umbaut; eingebaut; Einbau-; *~-on a* angebaut; *~-up a* bebaut; aufgebaut; zs.gesetzt bestehend (*by* aus); *tech* montiert; *Aufbau-*; *~~ area* bebaute(s) Gelände *n*; (*Verkehr*) geschlossene Ortschaft *f*.

bulb [bʌlb] *s* (Blumen-)Zwiebel, Knolle *f*; Kolben, Wulst *m*; (*electric lamp~*) (Glüh-)Birne; (*~ of a hair*) (Haar-)Wurzel *f*; *itr* sich kolbenförmig erweitern; e-n Wulst bilden; *bot* Knollen bilden; **~ed, ~iferous** [-d, -'bifərəs] *a* kolbenförmig erweitert; **~ous** ['bʌlbəs] *a bot* mit e-r Zwiebel, Zwiebel-; zwiebelförmig.

Bulgaria [bʌl'gɛəriə] Bulgarien *n*; **~n** [-n] *a* bulgarisch; *s* Bulgare *m*, Bulgarin; bulgarische Sprache *f*.

bulg|e [bʌldʒ] *s* Ausbuchtung, Ausbauchung; (An-)Schwellung, Wölbung; Beule *f*; Wulst; *mil* Frontvorsprung; (*Schiff*) Schutzwulst; *sl* Vorteil, Vorsprung, vorspringende(r) Teil *m*; *tr* ausbauchen; anschwellen lassen; *itr* anschwellen; e-e Ausbauchung haben; e-n Wulst bilden; **~ing** [-iŋ] zum Bersten voll (*with* von); **~y** ['-i] geschwollen; ausgebaucht.

bulk [bʌlk] *s* Last, Ladung; *mar* Schiffsladung; (große) Menge, Masse *f*; (großer) Umfang *m*, Volumen *n*, Größe *f*; Hauptteil *m*, Mehrzahl *f* (*of* gen); *attr* Pauschal-; *itr* erscheinen, aussehen (*large* groß, bedeutend); *tr* anhäufen, (auf)stapeln; das Gewicht prüfen (*s.th.* e-r S); *a* gesamt; lose; *by the ~* in Bausch u. Bogen; *in ~* unverpackt, lose; in Menge; *to ~ up* e-e große Menge *od* Summe bilden; sich belaufen (*to* auf); *to break ~* (*mar*) mit dem Löschen beginnen; *to load in ~* lose, mit Massengütern (ver)laden; *~~ articles, goods pl* Massengüter *n pl*; *~~ bargain, deal* Pauschalabschluß *m*, -abkommen *n*; *~ breaking point Br* Umschlagstelle *f*; *~head mar* Schott *n*; Kabine(ndecke) *f*; *aero* Spant; *arch* Überbau *m* (*über e-r Treppe*); **~iness** ['-inis] große(r), gewaltige(r) Umfang *m*; **~y** ['-i] groß, umfangreich, massig; schwer zu bewegen(d), unhandlich; sperrig, hinderlich; *~~ goods* (*pl*) Sperrgut *n*.

bull [bul] **1.** *s* Stier, Bulle *m a. fig*; *Am* Bulldogge *f*; *fin* Haussier, Haussespekulant; *astr* Stier; *Am sl* Schupo, Polizist *m*; *rail sl Am* Lokomotive *f*; *sl* Quatsch, Unsinn *m*; *mil sl* sinnlose

bull-baiting 116 **bump**

Routine *f*; *Am sl* dumme(s) Geschwätz, alberne(s) Gerede, dumme(s) Zeug *n*, Angabe *f*; *mar* Bullauge *n*; *itr fin* auf Hausse spekulieren; *sl* quasseln; *tr* die Kurse in die Höhe treiben; *sl* bluffen; *a sl* groß, gewaltig, kräftig; **2.** *(päpstliche)* Bulle *f*; **3.** *(Irish ~)* innere(r) Widerspruch *m*; (unbeabsichtigtes) Wortspiel *n*; *like a ~ in a china shop* wie ein Elefant im Porzellanladen *m*; *to shoot the ~ (sl)* Unsinn reden, quatschen; *to take the ~ by the horns (fig)* den Stier an den Hörnern packen; *to throw, to sling the ~ (fig sl)* aufschneiden, übertreiben; **~-baiting** Stierhetze *f*; **~ bitch** *sl* Mannweib *n*; **~-calf** Bullenkalb *n*; *fig* Dummkopf, Esel *m*, Kamel *n*; **~-dog** ['dɔg] *s* Bulldogge; *tech* Dörner-, Puddelschlacke *f*; *Art* Revolver; *Br* Pedell *m*; *itr sl* sich herausstreichen; **~~** *edition* (Zeitung) Früh-, Landausgabe *f*; **-doze** ['douz] *tr Am sl* (durch Drohungen) einschüchtern; *Am* (mit der Planierraupe) einebnen, räumen; *Am mil* überwalzen; **-dozer** ['douzə] Planiermaschine, -raupe *f*, Fronträumer *m*; *(~~ blade)* Planierschild *n*; *Am sl* rabiate(r) Mensch *m*; **~ elephant** Elefantenbulle *m*; **-et** ['-it] Gewehrkugel *f*; Geschoß *n*; **~~-headed** *(a)* mit dickem Kopf; *Am fig* dickköpfig, -schädelig, halsstarrig; **~~ mark** Einschuß *m*; **~~-proof** kugel-, schußsicher; **~~-proof glass** Panzerglas *n*; **~~-etin** ['-itin] amtliche(r) Bericht; Tages-, Krankenbericht *m*; Nachrichten-, Vereinsblatt *n*; **~~** *board (Am)* Nachrichten-, *Am mil* Befehls-, Anschlagtafel *f*, Schwarze(s) Brett *n*; **~ fiddle** *Am fam* Bratsche *f*; **~-fight** Stierkampf *m*; **~-fighter** Stierkämpfer *m*; *Am sl* leere(r) Güterwagen *m*; **-finch** *orn* Dompfaff *m*; Grenzhecke *f*; **-frog** Ochsenfrosch *m*; **-head** Ochsenkopf; Kaulkopf (Fisch); *Am* Dummkopf, Dussel *m*; **-headed** *a* starrsinnig, hartnäckig; draufgängerisch, stürmisch; tölpelhaft, ungeschickt; **-ion** ['-jən] Gold- *od* Silberbarren; Edelmetallbestand *m*, -reserve; Gold-, Silberfranse *f*; **-ish** ['-iʃ] bullenhaft; *fin* preissteigernd, -treibend; **-neck** Stiernacken *m*; **-ock** ['-ək] Ochse *m*; **~ pen** *Am sl* Gefängnis (-raum *m*); Schlafraum *m*; **-puncher** *Am*, *Australien* Ochsentreiber *m*; **-ring** Stierkampfarena *f*; **-roarer** (Kinder-) Klapper *f*; **~ session** *Am sl* Herrengesellschaft; lang(weilig)e Diskussion *f* über Lebensfragen; *Am mil* (dienstliche) allgemeine Aussprache *f*; **-shit** *Am sl s* Schwindel *m*; *itr* schwindeln; aufschneiden; klönen; **~'s-eye** *mar* Bullauge; *arch* Ochsenauge; Schießscheibenzentrum *n*, *das* Schwarze; Treffer *m a. fig*; **~-terrier** Kreuzung *f* zwischen Bulldogge u. Terrier; Vorarbeiter *m*; **-y** ['buli] brutale(r) Kerl, Angeber; Tyrann; Zuhälter, Lude *m*; *(~~ beef)* Büchsenfleisch *n*; *a fam* großartig, glänzend, phantastisch, prächtig, famos; *tr* (mit Drohungen) einschüchtern; bange machen; jagen, treiben, hetzen; *mil* zs.stauchen, fertigmachen; *interj* famos, hervorragend; **~~** *(for you)! (Am)* großartig! bravo! **-ying** unverschämt; **-yrag** ['-ræg] *tr* einschüchtern; schikanieren piesacken.

bul|rush ['bulrʌʃ] *bot* Rohrkolben *m*; **-wark** ['-wək] Bollwerk *n*, Schutzwehr *f*; Mole *f*, Schutzdamm *m*; *pl mar* Reling *f*; *fig* Schutz *m*, Stütze *f*.

bum [bʌm] **1.** *s Br sl* Gesäß *n*, Hintern *m*; *itr (auf e-m Schiff)* Proviant liefern, ausgeben; **2.** *Am s sl* Bummler, Vagabund, Landstreicher, Stromer, Strolch; *Am sl* Säufer *m*; *a* mies, mau, elend, jämmerlich, erbärmlich, schlecht; falsch, unzuverlässig; verdorben; energielos; *itr* (herum)bummeln, vagabundieren, stromern; (herum)saufen, nassauern; *tr* schnorren; *on the ~ (sl)* kaputt; in schlechtem Zustand; auf der Walze; *to give s.o. the ~'s rush (Am sl)* jdn hinauswerfen; **~(-bailiff)** Gerichtsdiener *m*; **~-fodder** *sl* Klosettpapier *n*; **-mer** ['-ə] *sl Am* Nichtsnutz, Blindgänger *m*; **-my** ['-i] *Am sl* unwohl; *(Nahrungsmittel)* verdorben; **~ steer** *Am sl* falsche(r) Tip *m*.

bumb|ershoot ['bʌmbəʃuːt] *Am sl* Mussspritze *f*, Regenschirm *m*; **-le-bee** Hummel *f*; **-ledom** Wichtigtuerei *f*.

bumf [bʌmf] *sl s. bum-fodder*.

bump [bʌmp] *tr* stoßen (*s.th.* gegen etw); wuchten; rammen; *(Boot beim Wettrudern)* überholen; *sl* wegschubsen, verdrängen; *sl* (Gehalt) erhöhen; *itr* stoßen (*against*, *into* gegen an); in die Arme laufen (*into s.o.* jdm); *(Wagen)* rumpeln, holpern; *(Bootsrennen)* beim Überholen anstoßen; *(Kricketball beim Aufschlag)* hochspringen; *s* Stoß, Puff, (dumpfer) Schlag *m*; Beule (*on the head* am Kopf); Schädelausmessung *f*; *fig* Anlagen, Fähigkeiten *f pl*; Anstoß (*beim Bootsrennen*); *aero* Windstoß *n*, Steig-, Aufwindbö; *(Straße)* Unebenheit, Quer-

bumper 117 **burbot**

rinne; *sl* Gehaltserhöhung *f*; *sl* Mord *m*; *adv u.*: **with a ~** mit e-m Ruck, *fam* Wuppdich, bums, plötzlich; *to ~ off (sl)* umlegen, abmurksen; *(Gegenstand)* herunterwerfen; **~er** ['-ə] *s* volle(s) Glas *n*; *sl* Riesending *n*, gewaltige Menge, Unmasse; *(~~ crop)* Rekordernte *f*, *theat* (*~~ house)* volle(s) Haus *n*; *Am rail* Puffer *m*; *mot* Stoßstange *f*; *attr fam* gewaltig, ungeheuer, Riesen-, Rekord-; *tr* bis an den Rand füllen; **~iness** ['-inis] holp(e)rige *od* böige Beschaffenheit *f*; **~kin** ['-kin] Tölpel, Tolpatsch, linkische(r) Mensch *m*; **~off** Mord *m*; **~tious** ['-ʃəs] überheblich, anmaßend, eingebildet, aufgeblasen; **~y** ['-i] holp(e)rig; böig.

bun [bʌn] **1.** *(England)* Art kleine(r) runde(r) Kuchen; *(Schottland)* Rosinenstollen *m*; *sl* Hinterteil *n*; *sl* Zakken *m* in der Krone; *fam* Kaninchen *n*; *to take the ~ (sl)* den Vogel abschießen, sich lächerlich machen; **2.** *a.* **~n** (Haar-)Knoten *m*.

bunch [bʌntʃ] *s* Büschel, Bündel, Bund; *(Elektronen)* Paket *n*; *(Blumen)* Strauß; Bausch *m*; *fam* Bande, Gesellschaft, Gruppe *f*, Trupp, Schwarm; *allg* Haufen *m*, Masse *f*; *tr* bündeln; *(Kleid)* raffen; *(Elektronen)* paketieren; *itr* sich bauschen; sich zs.drängen; zs.stehen, ein Knäuel bilden; *the best of the ~* das Beste an der ganzen Sache; *~ of flowers* Blumenstrauß *m*; *~ of fruit (bot)* Fruchtstand *m*; *a ~ of girls* ein (ganzer) Schwung *m* Mädchen; *~ of grapes* Weintraube *f*; *~ of keys* Schlüsselbund *n*; **~y** ['-i] büschelig, in Büscheln.

bun|co, bunko ['bʌŋkou] *s Am sl* Schwindel, Betrug *m*; *tr* beschwindeln, betrügen, beschummeln; **~~ game** falsche(s) Spiel *n*; **~combe, bunkum** ['-əm] Geschwätz, dumme(s) Gerede *n*; Quatsch, Unsinn *m*.

bundle ['bʌndl] *s* Bündel, Paket *n*; *(Papier)* Rolle *f*; *tr* (zs.)bündeln, zs.binden; (unordentlich) (hinein-)stopfen *(into* in); *(Menschen)* verfrachten; *to ~ away od off, out* (schnell) weg- *od* fort-, hinausschicken, *fam* -befördern; *itr*: *to ~ away, off, out* sich fortmachen, sich packen, sich trollen, *fam* abhauen, -ziehen; *to ~ up* sich einmummeln, sich warm anziehen; *~ of nerves* Nervenbündel *n*; *~ of rays* Strahlenbündel *n*; *~ of straw* Strohbündel *n*; *~ of twigs* Reisigbündel *n*.

bung [bʌŋ] *s* Spund *m*; *tr* verspunden; *sl* schmeißen; *to ~ up* verstopfen; *sl* grün u. blau schlagen; **~ed-up** geschwollen; verstopft; **~alow** ['bʌŋgəlou] einstöckige(s) (Sommer-)Haus *n*; **~-hole** Spundloch *n*.

bungl|e ['bʌŋgl] *itr* pfuschen, stümpern; *tr* verpfuschen; durcheablau bringen; *(Aufgabe)* verfehlen; *s* Pfuscherei, Stümperei, Pfuscharbeit *f*; **~er** ['-ə] Pfuscher, Stümper *m*; **~ing** ['-iŋ] stümperhaft.

bunion ['bʌnjən] entzündete(r) Fußballen *m*.

bunk [bʌŋk] **1.** *s* Schlafstelle; *mar* Koje *f*; *itr* in e-r Koje schlafen; *fam* sich schlafen legen; **~ house** *Am* Arbeiterwohnbaracke *f*; **~ inspection** *Am* Stubenappell *m*; **~ mate** *Am* Schlafkamerad, -genosse *m*; **2.** *itr sl* ausreißen, abhauen, türmen (gehen); *s: to do a ~* Reißaus nehmen; **3.** *s.* **buncombe**; **~er** ['-ə] *mar* Kohlenbunker; *mil* Bunker *m*; *(Golf)* Sandgrube *f*; Hindernis *n*; *(in der Klemme*); **~ie** ['-i] *Am fam* Kumpel *m*; **~o, ~um** *s.* bunco, buncombe.

bunny ['bʌni] *(Kindersprache)* Kaninchen; *Am a.* Eichhörnchen *n*; *Am sl* Jammerlappen *m*.

bunt [bʌnt] **1.** *s* Wölbung, Ausweitung *f*; *(Fischnetz)* sackartige Erweiterung *f*; *(Aalreuse)* bauchige(r) Teil *m*; *(Segel)* (sich blähendes) Mittelstück *n*; *tr itr (Segel)* (sich) blähen; **2.** *tr (bes. dial)* schlagen, stoßen, schieben; **3.** *s* (Weizen-)Brand *m* *(Krankheit)*; **~ing** ['-iŋ] **1.** *orn* Ammer *f*; Fahnentuch *n*; Fahnen(schmuck *m*) *f pl*; Art Steckkissen *n* mit Kapuze; **~-line** *mar* Gording *f*.

buoy [bɔi] *s* Boje, Bake *f*; *(life-~)* Rettungsring *m*; *fig* Weisung, Warnung *f*; Schutz *m*; *tr (a. to ~ out)* durch Bojen bezeichnen; *(meist to ~ up)* über Wasser halten *a. fig*; *(gesunkenes Schiff)* heben, wieder flottmachen; *fig* die Stimmung heben, Mut zusprechen *(s.o.* jdm); **~age** ['-idʒ] Betonnung *f*; **~ancy** ['-ənsi] *(Wasser)* Tragfähigkeit; *(Gegenstand)* Schwimmfähigkeit *f*; *phys* Auftrieb *m*; *fig* Spannkraft *f*, innere(r) Schwung, Lebensmut *m*; *fin* steigende Tendenz *f*; **~ant** ['-ənt] *(Wasser)* tragend; *(Gegenstand)* schwimmend; *fig* schwungvoll.

bur *a.* **burr**; *bot* Klette *a. fig*; stach(e)lige Schale *f* *(e-r Frucht)*.

Burb|erry ['bə:bəri] *Art* wasserdichte(r) Stoff *m*, Kleidung *f*, *bes.* Regenmantel *m (Schutzmarke)*; **b-le** ['bə:bl] *tr* murmeln, brumme(l)n; gurgeln; *fam* daherquasseln; *s aero* Wirbel *m*; **b-ot** ['bə:bət] Quappe *f*.

burd|en ['bə:dn] *s* (schwere) Last *a. fig*, Ladung; *(Schiff)* Tragkraft *f*, Tonnengehalt *m*; *min* Beschickungsgut *n*; *fig* Verantwortlichkeit, Verpflichtung *f*; Kehrreim, Refrain; Leitgedanke *m*; *mus* Baßbegleitung *f*; *tr* belasten *a. fig*; *to be a ~ on s.o.* jdm zur Last fallen; *beast of ~* Lasttier *n*; *testamentary ~ (jur)* Auflage *f*; *~ of care* Unterhaltspflicht *f*; *~ of debts* Schuldenlast *f*; *~ of proof* Beweislast *f*; *~ of sorrow* Sorgenlast *f*; *~ of taxation* Steuerlast *f*; **~ensome** ['-səm] lästig, beschwerlich; **~ock** ['bə:dək] *bot* Große Klette *f*.

bureau [bjuə'rou, 'bjuərou], *pl a.* **-x** [-z] *Br* Schreibtisch *m*; Geschäftszimmer; Büro *n*; Geschäfts-, Dienststelle *f, Am* Amt *n*; *Am* Kommode *f*; *information ~* Auskunftsstelle, Auskunftei *f*; *press ~* Nachrichten-, Presseagentur *f*; *publicity ~* Werbebüro *n*; Anzeigen-, Inseratenannahme *f*; *statistical ~* Statistische(s) Amt *n*; *B~ of Internal Revenue (Am)* Steuerbehörde *f*; *B~ of Standards (Am)* Amt *n* für Maße u. Gewichte; *B~ of Vital Statistics (Am)* Standesamt *n*; **~cracy** [bjuə'rokrəsi] Bürokratie *f*; **~crat** ['bjuəro(u)kræt] Bürokrat *m*; **~cratic** [bjuəro(u)'krætik] bürokratisch; **~ lamp** *Am* Schreibtischlampe *f*; **~ telephone** *Am* Tischtelephon *n*; **~ trunk** *Am* Schrank *m*.

burg [bə:g] *hist* Burg; (befestigte) Stadt; *fam* Stadt; Siedlung *f*; **~ee** [bə:'dʒi:] Stander *m*; **~eon** ['bə:dʒən] *s* Knospe *f*, Keim, Sproß, Schößling, Trieb *m*; *itr* knospen, keimen, sprießen; **~ess** [bə:dʒis] wahlberechtigte(r) Bürger; *hist* Parlamentsvertreter, Abgeordnete(r) *m* e-r Stadt od Universität; **~h** ['bʌrə] *Scot* Stadt *f (mit Stadtrechten)*; **~her** ['bə:gə] Bürger *m (e-r Stadt)*; **~lar** ['bə:glə] Einbrecher *m*; **~~-proof** einbruchsicher; **~larize** ['-raiz] *tr fam* einbrechen *(a house in ein Haus)*; **~lary** ['-ləri] Einbruch(sdiebstahl) *m*; **~le** ['bə:gl] *itr* einbrechen; **~omaster** ['bə:gəma:stə] *(holländischer od deutscher)* Bürgermeister *m*; **B~undy** ['bə:gəndi] Burgund *n*; *b~* Burgunder *m (Wein)*.

burial ['beriəl] Begräbnis *n*, Bestattung, Beerdigung *f*; **~ case, casket** *Am* Sarg *m*; **~-ground** Begräbnisplatz, Friedhof *m*; **~ lot** *Am*, **place** Begräbnisstätte *f*; **~ service** Trauerfeier *f*.

burke [bə:k] *tr fig* geheimhalten, verheimlichen, vertuschen; *(Nachricht, Buch)* unterdrücken.

burl [bə:l] Knoten *(im Garn od Stoff)*; *Am* Knorren, Ast *m (im Holz)*; **~ap** ['bə:læp] grobe Leinwand; *Am sl* Entlassung *f*; **~esque** [bə:'lesk] *s* Parodie; Karikatur; Burleske, Posse; *Am* Tingeltangelvorführung *f*; *a* parodistisch, karikaturenhaft; *tr* parodieren; **~y** ['-i] stämmig, kräftig, vierschrötig, untersetzt.

Burm|a ['bə:mə] Burma, Birma *n*; **~ese** [bə:'mi:z] *a* birmanisch; *s* Birmane *m*, Birmanin *f*.

burn [bə:n] *irr burnt, burnt, a. ~ed tr* verbrennen; anbrennen, anzünden, in Brand stecken; *(ein Loch in e-e S)* brennen; *(Licht, Kerzen, Gas)* brennen; *(Kohle)* verfeuern; *(Ziegel, Kalk, Kohlen im Meiler)* brennen; *(Uran im Atommeiler)* brennen; *(Haut)* braun brennen, bräunen; sich *(den Mund, die Finger)* verbrennen *a. fig*; *(Speise)* anbrennen lassen; *(Hitze)* versengen, verdorren lassen, ausdörren; *(Säure, mit Säure)* ätzen; *fig (Leidenschaft)* verzehren; *Am sl* hinausekeln, auf dem el. Stuhl hinrichten, umbringen, unter Druck setzen; *itr* brennen, in Flammen stehen; *poet* lodern; *(Licht)* brennen, eingeschaltet, *fam* an sein; *(Speise)* anbrennen; *(Haut)* braun werden, bräunen, *fig* darauf brennen *(to zu)*; *(in Liebe)* entbrennen, (er)glühen, sich verzehren; brennen *(with curiosity* vor Neugierde); *fam* davonrasen *(vor Wut)* kochen, schäumen, beben; *Am sl* enttäuscht, entmutigt sein, keinen Mumm mehr haben, auf dem el. Stuhl hingerichtet werden; *s* Brandwunde, Verbrennung *f*; *to ~ away (itr)* ab-, aus-, verbrennen; *to ~ down (tr)* ab-, *itr* niederbrennen; *Am sl* fertigmachen, niederknallen; *to ~ in(to)* einbrennen (in); *fig* fest, unauslöschlich einprägen; *to ~ out (tr itr)* völlig aus-, verbrennen; *el* durchbrennen; *tr (Feuer)* verzehren; *(Feinde)* durch Feuer vertreiben, ausräuchern; *to ~ through* durchbrennen; *to ~ up (tr)* ganz verbrennen; *fam* in Harnisch bringen; *fam* herunterputzen; *fig* aller Energie betreiben; *(Rekord)* brechen; *itr* sich entzünden, Feuer fangen, in Flammen aufgehen; wieder aufflammen; *to be ~t up (fam)* Gift u. Galle speien, wütend sein; *to ~ o.'s boats, o.'s bridges behind o.* *(fig)* alle Brücken hinter sich abbrechen, sich den Rückweg versperren; *to ~ brown* braun brennen; *to have money, time to ~ (Am)* Geld wie Heu haben; nicht wissen, was man mit s-r Zeit anfangen soll;

burnable 119 **bus terminal**

~able ['-əbl] brennbar; **~ed-out** a ausgebrannt; *fig fam* völlig erschöpft; *sl* gelangweilt; **~er** ['-ə] Brenner *m*; **~~ nozzle** Brennerdüse *f*; **~ing** ['-iŋ] a brennend a. *fig*, glühend; *fig* leidenschaftlich, feurig; *(Schmach)* empörend; *s* (Ver-)Brennen *n*, Brand *m*; **~~glass** Brennglas *n*; **~~ hour** Brennstunde *f*; **~~ hot** glühend heiß; **~~ time** Brenndauer *f*; **~~ ish** ['-iʃ] *tr* polieren, schleifen; *(Hirschgeweih)* fegen; *itr* glänzen; **~isher** ['-iʃə] Polierer, Bossierer; Polierstahl, -stein *m*; **~~out** *(Rakete)* Brennschluß *m*; **~t** [bə:nt] *a* verbrannt; *to have a ~ taste* angebrannt schmecken; **~~ child dreads fire** *(prov)* gebranntes Kind scheut das Feuer; *sun-~~* sonn(en)verbrannt; **~~ almond** gebrannte Mandel *f*; **~~ clay, lime, ochre, sienna** gebrannte(r) Ton, Kalk, Ocker *m*, Siena *f*; **~~ gas** *(mot)* Auspuffgas *n*; *pl tech* Abgase *n pl*; **~~ offering** *(rel)* Brandopfer *n*.

bournouse [bə:'nu:z] Burnus *m*.

burp [bə:p] *itr Am sl* rülpsen; *s* Rülpser *m*; **~gun** *Am sl mil* Maschinengewehr *n*, -pistole *f*.

burr [bə:] **1.** *s.* bur; **2.** *s* Hof *(um den Mond)*; Mühl-, Schleifstein; *Art* kieselhaltige(r) Kalkstein; *tech* (Bohr-, Walz-)Grat *m*; Vertiefung; Gußnaht *f*; Bohrer *m (des Zahnarztes)*; Surren *(sich drehender Maschinenteile)*; Zäpfchen-R *n*; *tr tech* abgraten, verdrücken; *tr itr (ein Zäpfchen-R)* sprechen; **~ow** ['bʌrou] *s* Erdloch *n*, -höhle*f*; (Fuchs-, Kaninchen-)Bau *m*; *min* Halde *f*; *tr (Bau)* graben; *fig zu* ergründen suchen, erforschen; *itr* sich einwühlen, -graben, sich verbergen, eindringen a. *fig (into* in); **~y** ['-ri] voller Kletten; rauh, stechend.

bursar ['bə:sə] Schatzmeister (e-s College); *Scot* Stipendiat *m*.

burst [bə:st] *irr burst, burst itr* bersten, (zer)platzen, reißen, zerspringen, brechen, ausea.-, in die Luft fliegen, explodieren, krepieren, detonieren; *(Knospe)* aufbrechen; (her)einbrechen; *(Sturm)* ausbrechen, losbrechen; *(Gewitter)* sich entladen; brechend, zum Bersten, zum Platzen voll sein *(with* von); bersten, platzen *(with* vor) a. *fig*; *tr* sprengen; bersten, platzen, ausea., in die Luft fliegen lassen; *to ~ o.s.* sich umbringen, sich alle erdenkliche Mühe geben; *s* Bersten, Zerspringen, Zerreißen *n*, Explosion, Detonation *f*; *mil (~ of fire)* Feuerstoß *m*; *(~ cloud)* Sprengwolke *f*; Aufschlag; Sprengpunkt; Knall *m*; *mot* Reifenpanne *f*; *sport* Spurt; *fig* (plötzlicher) Ausbruch; (Lach-, Wein-) Krampf *m*; plötzliche Anstrengung *f*; *to ~ forth* ausbrechen *(into* in); *to ~ from* sich losreißen von; *to ~ in(to)* (*itr*) (her)einbrechen, *fig* hereinplatzen, -stürzen; *tr* einbrechen, -schlagen, sprengen, zertrümmern, *fig* unterbrechen; *to ~ open (tr)* auf-, erbrechen; aufsprengen; *to ~ out* ausbrechen in, ausrufen, (plötzlich) schreien; *to ~ out crying* in Weinen ausbrechen; *to ~ out laughing* sich vor Lachen nicht halten können; *to ~ up (itr fam)* in die Luft fliegen, völlig zs.brechen (*tr* lassen); *to ~ upon* einbrechen in, herfallen über; *to ~ (o.'s sides) with laughing* vor Lachen platzen; *to ~ into tears* in Tränen ausbrechen; *ready to ~* aufs äußerste erregt; *a ~ tyre* ein geplatzter Reifen *m*; *~ of applause* Beifallssturm *m*; **~ing** ['-iŋ] platzend, krepierend; **~~up** (völliger) Zs.bruch *m*.

burton ['bə:tn] *mar* (leichte) Talje *f*.

bury ['beri] *tr* begraben, beerdigen, bestatten; ein-, vergraben; verbergen; *tech* versenken; *fig* begraben, vergessen, auf sich beruhen lassen; *Am sl (e-n Freund)* verraten, verpfeifen; *to ~ o.s. in o.'s books* sich in s-n Büchern vergraben; *to ~ o.'s face in o.'s hands, o.'s hands in o.'s pockets* sein Gesicht in den Händen, s-e Hände in den Taschen vergraben; *to ~ o.'s head in the sand (fig)* den Kopf in den Sand stecken; nichts sehen wollen; *to ~ the hatchet (fig)* das Kriegsbeil begraben, sich versöhnen; *to be buried in thoughts*; in Gedanken versunken sein; **~ing** ['-iŋ] **~~ground, -place** Friedhof *m*.

bus [bʌs] *pl bus(s)es* [-iz] *s* Bus, Omnibus, Autobus *m*; *tech* Sammelschiene; *mot aero fam* Kiste *f*; *tr Am sl* abräumen *(dishes* Geschirr); *to go by ~* mit dem Bus fahren; *to miss the ~ (sl)* den Anschluß, e-e Gelegenheit verpassen, Pech haben; **~ bar** Sammel-, Stromzuführungsschiene *f*; **~ boy, girl** *Am* Kellnerlehrling *m*; **~by** *mil* Bärenfellmütze *f*; **~car** *Am sl* gute(r) Freund, Kumpel *m*; unerwartete(s) Vergnügen *n*; **~~conductor** Omnibusschaffner *m*; **~~driver, ~man** Omnibusfahrer *m*; **~ stop** Omnibushaltestelle *f*; **~ line, route** Omnibuslinie *f*; **~~load** ['-loud] Omnibusvoll *m*; **~man's holiday** Fortsetzung *f* der Berufsarbeit in den Ferien; **~ service** Busverkehr *m*; **~ terminal** Omnibusendstation *f*, -bahnhof *m*.

bush [buʃ] s Busch, Strauch m; Gebüsch, Gesträuch, Gestrüpp, Buschwerk n; Busch *(Wald- od Ödland bes. in Übersee)*; Besen *(als Zeichen am Winzerhaus)*; üppige(r), starke(r) Haar-, Bartwuchs m; *tech* Lagerfutter n, -schale; (Lager-)Buchse, Hülse f, Ring(muffe f) m; *Am sl* Mädchen n; *pl* Provinzstädte f pl; *a sl* rückständig, einfach, unkompliziert, zweitrangig; *tr Am fam* ermüden, erschöpfen; *tech* ausfüttern, ausbüchsen; *to beat about (Am around) the ~* (fig) wie die Katze um den heißen Brei herumgehen; **~-bean** *Am* Busch-, Zwergbohne f; **~ country** unbewohnte(s) Gebiet, Ödland n; **~el** ['buʃl] s Scheffel m *(= 4 pecks = 32 quarts = Am 8 gallons = 33,35 l)*; *tr Am (Kleider)* abändern, ausbessern; *to hide o.'s light under a ~~* (fig) sein Licht unter den Scheffel stellen; **~el(l)er, ~elman** *Am* Schneider m; **~er** ['-ə] *Am fam sport* zweitrangige(r) Spieler; *fig* Versager, Blindgänger m; **~-harrow** *agr* Rahmenegge *(für Wiesen)*; **~ing** ['-iŋ] *tech* Lagerschale, -buchse, -hülse; *el* Durchführung f; **~ knife** *Am* Buschmesser n; **~ league** *Am a* zweitrangig, provinziell; *s sport* schlechte Mannschaft f; **~man** Buschmann m; **~-ranger** Buschklepper, Strauchdieb m; **~ sniper** Heckenschütze m; **~wa(h)** ['-wa] *Am sl* Geschwätz n, Unsinn m; **~whack** ['-wæk] s *Am* Buschmesser n; *itr* sich e-n Weg bahnen; im Wald hausen; **~whacker** ['-wækə] *Am* Hinterwäldler, Grenz(bewohn)er; *(rebel ~~)* Guerillakämpfer m; Buschmesser n; **~y** ['-i] buschig, buschbestanden.

busily ['bizili] *adv* geschäftig, eifrig.

business ['biznis] Geschäftsleben n, Handel m, Gewerbe; geschäftliche(s) Unternehmen n, Geschäfts-, gewerbliche(r) Betrieb m; Firma, Handelsgesellschaft f; Abschluß, Umsatz m; geschäftliche(s) Verhalten; Geschäft(slokal) n, Laden(geschäft n) m; Beschäftigung, Arbeit f, Broterwerb, Beruf m, Gewerbe, Geschäft f, geschäftliche Tätigkeit; Pflicht, Obliegenheit, Aufgabe, Angelegenheit, Sache; *theat* Geste, Bewegung f *(des Schauspielers)*; in ~ im Geschäftsleben; on ~ geschäftlich, in geschäftlichen Angelegenheiten; *to be in ~* im Geschäftsleben stehen; *to come, to get (down) to ~* sich an die Arbeit machen; *to do ~, a ~, good ~* Geschäfte, gute G. machen; *to do o.'s ~ (sl)* jdn erledigen, umlegen, umbringen; *to have no ~ to* kein Recht haben zu; *to make it o.'s own ~ to do* es über-, auf sich nehmen, etw zu tun; *to mean ~ (fam)* es ernst meinen, ernste Absichten haben; *to open a ~* ein Geschäft eröffnen; *to retire from ~* sich aus dem Geschäftsleben zurückziehen; *to send s.o. about his ~* jdn weg-, hinausschicken; *to set up in ~* ein Geschäft anfangen; *to wind up a ~* ein Geschäft auflösen; *mind your own ~* kümmern Sie sich um Ihre eigenen Angelegenheiten! *no ~ done* kein, ohne Umsatz; *that's no ~ of yours, that's none of your ~* das geht Sie nichts an; *what's his ~?* was macht, treibt, arbeitet, wovon lebt er? *what's your ~ (with me)?* was führt Sie zu mir? was wollen Sie von mir? *what ~ is he in?* in welcher Branche arbeitet er? *~ is ~* Geschäft ist Geschäft; **~ address** Geschäftsadresse f; **~ agent** Handels-, Geschäftsvertreter m; **~ area** Geschäftsviertel n; **~ capital** Betriebskapital n; **~ card** Geschäftskarte f; **~ centre, quarter, street** Geschäftszentrum, -viertel n, -straße f; **~ connections** *od* **connexions, relations** *pl* Geschäftsbeziehungen f pl; **~ correspondence, letter** Geschäftskorrespondenz f, -brief m; **~ cycle** Konjunkturzyklus m; **~ end** *sl* vordere(r) Teil m; **~ enterprise** geschäftliche(s) Unternehmen n; **~ executive** *Am* Geschäftsführer m; **~ experience** Geschäftserfahrung f; **~ friend** Geschäftsfreund m; **~ hours** *pl* Geschäftszeit f; **~ house** Handels-, Geschäftshaus n; **~ interests** *pl* Geschäftsinteressen n pl; **~ journey** Geschäftsreise f; **~ like** ['-laik] geschäftstüchtig, praktisch (veranlagt), gewandt; geschäftsmäßig; **~ letter** Geschäftsbrief m; **~ loss** Geschäftsverlust m; **~man** Geschäftsmann m; **~ management** Geschäftsleitung f; **~-manager** Geschäftsführer m; **~ matter** Geschäftssache, -angelegenheit f; **~ name** Handelsname m; **~ office** Büro n; **~ outlook** Geschäftslage f; **~ papers** *pl* Geschäftspapiere n pl; **~ place, town** Handelsplatz m, -stadt f; **~ premises** *pl* Geschäftsräume m pl; **~ training** Geschäftserfahrung; Ausbildung f als Kaufmann; **~ transaction** Geschäftsabschluß m; *pl* Geschäfte n pl; **~ turnover** Geschäftsumsatz m; **~woman** Geschäftsfrau f; **~ world** *Am* Geschäftswelt f; **~ year** Geschäfts-, Rechnungsjahr n.

busk [bʌsk] *s* Korsettstange *f*, Blankscheit *n*; *itr* beschleunigen; *sl* als Straßensänger sein Geld verdienen; **~er** ['-ə] Straßensänger *m*; **~in** ['-in] (hoher od Halb-)Stiefel; *hist theat* Kothurn *m*; *fig* Tragödie *f*.

buss [bʌs] **1.** *s* Büse *f*, Fahrzeug *n* für den Heringsfang; **2.** *dial s* Kuß *m*; *tr* küssen.

bust [bʌst] **1.** *s (bes. weibliche)* Brust *f*, Busen *m*; *(Kunst)* Büste *f*; *film (~ shot)* Nah-, Großaufnahme *f*; **2.** *s fam* Zs.-bruch; Bank(e)rott *m*, Pleite *f*; Versager, Reinfall *m*; Sauferei *f*; Schlag *m*; *itr fam (to go ~)* Bank(e)rott machen, pleite gehen; herumsaufen; e-n Fehler begehen; *(beim Aufsagen)* steckenbleiben; *(im Examen)* durchfallen; *tr (= burst)* zerbrechen; *(= break)* zähmen, dressieren, abrichten; *(Pferd)* einreiten; (durch)fallen lassen; *mil* degradieren; *sl* aufbrechen; *a sl* pleite; *to ~ out (sl)* relegiert werden; *to go on the ~* e-n Lokalbummel machen; *to ~ a gut, to ~ o.'s conk (Am sl)* alles dransetzen; **~ard** ['-əd] *orn* Große Trappe, Trappgans *f*; **~-bodice**, **-support** Büstenhalter *m*; **~ed** ['-id] *a sl* ruiniert, pleite; *Am mil sl* degradiert; *Am sl* eingesperrt; **~er** ['-ə] *Am sl* Pfundsding *n*, große Sache *f*; Pfundskerl; *Am sl* Radaubruder; Brecher, Sprenger *(Person)*; Einreiter; heftige(r), scharfe(r) Wind *m*; **~-up** *sl* Krach, Streit *m*.

bustle [bʌsl] **1.** *s* Turnüre *f*. **2.** *itr* sich geschäftig bewegen, sich tummeln, *(fam* sich ab)hetzen; *tr* auf den Trab bringen, Beine machen *(s.o. jdm)*; *s* Geschäftigkeit, Eile, Hetze, Aufregung *f*; *to ~ about* herumsausen, sehr geschäftig tun; *to ~ up* sich beeilen, hetzen.

busy ['bizi] *a* fleißig, arbeitsam; geschäftig, tätig; beschäftigt *(at, in, with* mit; *doing* damit beschäftigt zu *od* daß); *pej* aufdringlich, lästig; *(Straße)* verkehrsreich, belebt; *(Laden)* voll; *(Tag)* voll ausgefüllt; *(Mensch)* ausgelastet; *Am tele* besetzt; *s sl* Detektiv *m*; *v: to ~ o.s.* sich beschäftigen, tätig, beschäftigt sein *(with* mit); **~body** ['-bɔdi] Gschaftlhuber, Wichtigtuer; aufdringliche(r) Mensch *m*; **~ hours** *pl* Hauptverkehrszeit *f*; *~ idle* sich in nebensächlichen Dingen verlierend; **~ signal, tone** *tele* Besetztzeichen *n*.

but [bʌt, bət] *conj* aber, dennoch, (je-)doch, indessen, nichtsdestoweniger, and(e)rerseits; sondern; außer daß; ohne daß, ohne zu; wenn nicht; *(nach Verneinung, verneintem Zweifeln) (a. ~ that)* daß; *~ that* außer daß, ohne daß; *not ~ that* nicht als ob; *not only ... ~ also* nicht nur ... sondern auch; *~ for all that* trotz alledem; *prp* außer; *anything ~* nichts weniger als; *nothing ~* nichts als; *the last ~ one* der vorletzte; *all ~ one* alle bis auf einen; *~ for* ohne; *adv* nur, bloß; *Am sl* sehr; *all ~* beinahe, fast, nahezu; *~ then* dafür aber; *prn (nach verneintem Hauptsatz)* der, die, das, welcher, e, es, nicht; *there was not one ~ was wounded* es war nicht einer da, der nicht verwundet war; *s* Aber *n*, Einwand *m*.

butane ['bjutein] Butan(gas) *n*.

butcher ['butʃə] *s* Metzger, Fleischer, Schlächter, Schlachter; *fig pej* Menschenschlächter, Henker, Bluthund *m*; *Am bes. rail (~ boy, candy ~)* Obst-, Süß- u. Tabakwarenverkäufer; *tr (Menschen)* (hin)schlachten, niedermachen, -metzeln; *fig* entstellen, verzerren, verhunzen; verpfuschen; *(durch Kritik)* heruntermachen; **~-bird** *orn* Große(r), Raubwürger *m*; **~ knife** *Am* Tranchiermesser *n*; **~ly** ['-li] *a adv* roh, brutal, blutdürstig; **~'s meat** Rind-, Schweine- u. Hammelfleisch *n* *(im Gegensatz zu Wild u. Geflügel)*; **~'s (shop)**, *Am* **~ shop** Metzgerei, Schlächterei *f*, Fleischer-, Schlachterladen *m*; **~y** ['-ri] (kleineres) Schlachthaus *n*; Metzgerei *f*; *fig* Gemetzel, Blutbad *n*.

butler ['bʌtlə] Kellermeister; erste(r) Diener *m*.

butt [bʌt] **1.** große(s) Faß *n (von etwa 500—700 l Fassungsvermögen)*; Butte *f* (= *126 gallons* = *2 hogsheads* = *480 l*); **2.** (*~-end*) stumpfe(s), dicke(s) Ende; *(Fleisch)* dicke(s) Stück *n*; *(Gewehr-)Kolben*; untere(r) Teil *m* e-s Baumstammes *od* Blattstieles; Nadelfuß; Rest *m*, Überbleibsel *n*; Butt *m*, Flunder, Scholle *f (Fisch)*; (dickeres) Rücken- *u*. Seitenleder *n*; Zigaretten-, Zigarrenstummel *m*; *sl* Zigarette *f*; **3.** *(Schießbude f mit)* Geschoßfang *m*; *fig* Zielscheibe *f (des Spottes)*; Ziel *n*, Zweck, Gegenstand; *pl* Schießstand *m*; **4.** *s* Stoß *m (mit dem Kopf)*; *tr* (mit dem Kopf) stoßen; e-n Kopfstoß versetzen *(s.o. jdm)*; *itr* stoßen *(against, upon, on* gegen, auf); zufällig treffen *(against s.o.* jdn); *tr itr (to ~ against, upon) (Balken)* mit dem flachen Ende stoßen (lassen)

butte — 122 — **buzz**

auf; *to ~ in(to) fam* sich (ungefragt) einmischen (in); dazwischenfahren, -treten; **~e** [bju:t] *bes. Am* einzelne(r) (steiler) Berg *m*; **~in** *fam* Eindringling *m*.

butter ['bʌtə] *s* Butter *f*; *allg* Aufstrich *m*; *fig* Schmeichelei *f*; *tr* mit Butter bestreichen, anrichten, zubereiten *od* herstellen; *fig (a. to ~ up) fam* Honig ums Maul schmieren, schmeicheln (*s.o.* jdm); *to know on which side o.'s bread is ~ed* wissen, wo der Vorteil liegt; *to look as if ~ would not melt in o.'s mouth* aussehen, als ob man kein Wässerchen trüben könnte; *peanut-~* Erdnußbutter *f*; **~-bird** *Am* Reisstar, Boblink *m*; **~-boat** (kleine) Sauciere *f* (*für zerlassene Butter*); **~ churn** Süßrahmbutterungsanlage *f*; **~-cup** Butterblume *f*, Hahnenfuß *m*; **~-dish** Butterdose *f*; **~ed roll** Buttersemmel *f*; **~-flower** *bot* scharfe(r) Hahnenfuß *m*; **~-fat** Butterfett *n*; **~-fingers** *sing fam* ungeschickte(r) Mensch *m*; **~-fly** Schmetterling *m a. fig*; *pl Am fam* Nervosität *f*; **~~ collection** Schmetterlingssammlung *f*; **~~ nut** Flügel-(schrauben)mutter *f*; **~~ stroke** (*Schwimmen*) Schmetterlingsstil *m*; **~-valve** (*mot*) Drosselklappe *f*; **~-knife** Buttermesser *n*; **~ milk** Buttermilch *f*; **~-nut** graue Walnuß *f*; **~-scotch** Butterbonbon *m od n*; **~-wort** ['-wɔ:t] *bot* Fettkraut *n*; **~-y** [-ri] **1.** *a* butterartig, -haltig; butterbestrichen; *fig* schmeichlerisch; **2.** *s* Speisekammer *f*, Vorratsraum *m*; **~~hatch** Durchreiche *f*.

buttock ['bʌtək] Hinterbacke *f*; *meist pl* Hinterteil *n*, Hintern *m*, Gesäß *n*; *sport* Hüftschwung *m*.

button ['bʌtn] *s* Knopf *m*; Knospe *f*, Auge *n*; *el* Klingel-, Schaltknopf, Taster; (Degen-)Knopf *m*, Arretspitze; (*Ruder*) Belederung *f*; (kleiner drehbarer) Türriegel *m*; *Am sl* Kinn *n*; *pl fam* (boy in ~s) Page *m* (*in Livree*); *pl Am sl* Verkaufsprämie *f*; *tr* mit Knöpfen versehen, besetzen; (*Fechten*) mit dem Knopf berühren; *itr* (zu-)geknöpft werden; sich knöpfen lassen; *on the ~* (*Am fam*) pünktlich; haargenau; *to ~ down* (*Am sl*) richtig einschätzen; (*Zimmer*) aufräumen, abschließen; *to ~ up* (zu)knöpfen; *Am sl* (*Aufgabe*) erledigen, fertigbringen; (*Zimmer*) abschließen; (*Maschine*) abstellen; *to ~ up o.'s lips* den Mund halten; *to have all o.'s ~s* (*fam*) alle fünf Sinne beieinander haben; *to press*, *to touch the ~* auf den Knopf drücken *a. fig*; *to sew the ~ on* den Knopf annähen; **~-boy** Page *m*; **~-control** Druckknopfsteuerung *f*; **~-fastening** Knopfverschluß *m*; **~-fish** Seeigel *m*; **~-hole** *s* Knopfloch(blume *f*); Sträußchen *n*; *tr* Knopflöcher machen; *fig* festhalten, zurückhalten; **~~machine** Knopflochmaschine *f*; **~~ scissors** (*pl*) Knopflochschere *f*; **~~ stitch** Knopfloch-, Schlingstich *m*.

buttress ['bʌtris] *s arch* Strebepfeiler *m*; *fig* Stütze *f*, Halt *m*; *tr lit fig* (*oft to ~ up*) stützen; *flying ~* Strebebogen *m*.

butty ['bʌti] *min* Steiger; *fam* Kumpel, Kamerad *m*.

butyr|aceous, -ic [bju:ti'reiʃəs, -'tirik] *a chem* Butter-; **-ic acid** Buttersäure *f*.

buxom ['bʌksəm] (*Frau*) drall, frisch u. blühend, von Gesundheit strotzend.

buy [bai] *irr* bought, bought *tr* kaufen; erwerben, erstehen, einhandeln; an-, einkaufen; bestechen; (*Fahrkarte*) lösen; *fig* erkaufen (*with* mit); *Am sl* schlucken, glauben, einverstanden sein (*a plan* mit e-m Plan); *Am sl* erreichen, anheuern; *itr sl* dumm auftreten; *s* Kauf *m*; *Am fam* (*Br good ~*) (gutes) Geschäft *n*, gute(r) Kauf *m*; *to ~ ahead* auf spätere Lieferung kaufen; *to ~ back* zurückkaufen; *to ~ in* (in größerer Menge) einkaufen; (*auf e-r Auktion*) durch höheres Gebot zurückhalten; *sl* sich einkaufen; *to ~ off* auszahlen; los-, freikaufen; bestechen; *to ~ out* auszahlen, ablösen; *to ~ over* bestechen, kaufen; *to ~ up* aufkaufen; *to ~ at an auction* ersteigern; *to ~ against, for cash* (gegen) bar, gegen Barzahlung kaufen; *to ~ on commission* auf Kommission kaufen; *to ~ firm* fest, auf feste Rechnung kaufen; *to ~ at a loss, profit* mit Verlust, Gewinn kaufen; *to ~ a pig in a poke* (*fig*) die Katze im Sack kaufen; *I'll ~ it* ich höre; (*beim Raten*) ich gebe es auf; *that's a good ~* das ist preiswert, ein guter Kauf; **~able** ['-əbl] käuflich; **~er** ['-ə] Käufer, Abnehmer, Einkäufer *m* (*e-s großen Handelshauses*); (*Börse*) Geld *n*; **~'s market**, **strike** Käufermarkt, -streik *m*; **~ing** ['-iŋ] Kaufen *n*, Kauf, Erwerb; An-, Einkauf *m*; **~~back** Rückkauf *m*; **~~ capacity**, **power** Kaufkraft *f*; **~~ commission** Einkaufsprovision *f*; **~~ order** Kaufauftrag *m*, -order *f*; **~~up** Aufkaufen *n*; **~~ value** Kaufwert *m*.

buzz [bʌz] *itr* summen, surren, schwirren, brausen, brummen; (in den

buzzard Bart) murmeln, durchea.-, zs. reden; *(Gerücht)* sich verbreiten; *Am sl* sich ankündigen; *mil sl* sich betrinken; *tr (Gerücht)* verbreiten; summen lassen; *tele radio* durch Summer übermitteln; *fam* telephonieren; *aero* dicht vorbeisausen an, niedrig fliegen *(a field* über ein Feld); *Am sl* im Vertrauen sagen, klauen, ausfragen; *s* Summen, Brausen, Brummen *n*; (Volks-)Gemurmel, Durchea.reden, allgemeine(s) Gerede *n*; *tele fam* Anruf *m*; *Am sl* Vergnügen *n*; Aufregung *f*; *Am sl* Kuß *m* (auf die Wange); *to ~ about (fam)* herumsausen; *to ~ along (fam)* sich dünne machen, abhauen; *to ~ off (sl)* lossausen, abhauen; *tele* einhängen; **~ard** ['~əd] *orn* (Mäuse-)Bussard; *mil sl* Adler *m (Abzeichen)*; *Am sl* Hühnchen *n*; **~-bomb** *fam* V-1-Bombe *f*; **~er** ['~ə] *tele radio* Summer *m*; *fam* Sirene *f*; *Am fam* Polizeiabzeichen *n*; *sl mil* Agent, V-Mann *m*; **~~ signal, sound** Summerton *m*, -zeichen *n*; **~ing** ['~iŋ] *radio* Summen *n*; **~-saw** *Am* Kreissäge *f*.

by [bai] *prp* **1.** *(örtlich)* bei, an, neben; *~ the sea* an der See; *close ~ the river* dicht am Fluß; *sit ~ me* setz dich zu mir, neben mich; **2.** *(örtlich)* durch, über; *I went ~ Paris* ich bin über Paris gefahren; **3.** *(örtlich)* an ... vorbei; *I walked ~ the post-office* ich bin an der Post vorbeigegangen; **4.** *(zeitlich)* während, in, an; *~ day* bei, am Tage, tagsüber; **5.** *(zeitlich)* vor, bis(zu), spätestens an, um; *~ to-morrow* bis morgen; *~ now* bisher, bis jetzt; *~ then* bis dahin; *~ the time* unterdessen, inzwischen; **6.** *(zeitlich)* ~ *the day* am Tage, täglich, pro Tag; *~ the month* im Monat, monatlich, pro Monat; **7.** *(Ausdehnung) four feet ~ six* vier zu sechs Fuß; **8.** von, durch, mit, (ver)mittels, an; *a tragedy ~ Shakespeare* e-e Tragödie von S.; *~ car, rail, train, tram, bus, boat, plane* mit dem Wagen, der Bahn, dem Zug, der Straßenbahn, dem Bus, dem Schiff, im Flugzeug; *~ land, sea, air* zu Lande, zu Wasser, auf dem Luftwege; *~ the pound* pfundweise; *to live ~ bread* von Brot leben; **9.** nach *(e-r S urteilen)*; *to judge ~ appearances* nach dem Äußeren urteilen; **10.** *(Ausdrücke) (all) ~ o.s.* (ganz) allein; ohne Hilfe; *day ~ day* Tag für Tag, täglich; *little ~ little* nach u. nach, langsam, allmählich, stufenschrittweise; *one ~ one* einer nach dem andern; *step ~ step* Schritt für Schritt, schrittweise; *~ chance* zufällig; *~ degrees* stufenweise; *~ the dozen* dutzendweise; im Dutzend; *~ far* bei weitem, (sehr) viel; *~ God* bei Gott; *~ a hair* um ein Haar; *~ all, no means* auf jeden, keinen Fall; *~ name* dem Namen nach; *~ the name of* unter dem Namen *gen*; *~ nature* von Natur (aus); *~ right* von Rechts wegen; *~ turns* wechselweise; *~ the way, ~ the by(e)* beiläufig, nebenbei (gesagt); **11.** *to swear ~ s.th. (fig)* auf etw schwören; *what do you mean ~ that?* was meinen Sie damit, was wollen Sie damit sagen? **12.** *adv* vorbei, *I can't get ~* ich kann, komme nicht vorbei; *in days gone ~* in vergangener-früherer Zeit; *to stand ~* in der Nähe, fertig *od* bereit sein; *to put, to lay ~* auf die Seite legen, sparen; *~ and ~* nach und nach; gleich; bald; *~ and large* im ganzen (gesehen).

by|(e) [bai] *a*, **~~ pref** Neben-, Seiten-; **~-and-~** Zukunft *f*; **~e** *s* etw Unwichtig(er)e(s), Nebensächliche(s) *n*; *(Kricket)* angerechnete(r) Lauf *m* für e-n vorbeigelassenen Ball; *(Golf)* beim Spiel übrigbleibende Löcher *n pl*; *(Tennis)* überzählige(r) Spieler *m*; **~(-)blow** uneheliche(s) Kind *n*; **~~~~** ['baibai] *(Kindersprache)* Heia *f*, Bettchen *n*; Schlaf *m*; *interj* ['bai'bai] *fam* tjüs! auf Wiedersehen! *to go to ~~~~* zu Bett gehen.

by|-blow ['baiblou] *lit fig* Seitenhieb *m*; uneheliche(s) Kind *n*, Bastard *m*; **~-election** *parl* Nachwahl *f*; **~-gone** *a* vergangen, gewesen; *pred* vorbei, vorüber; *s pl das* Vergangene, Vergangenes *n*, *bes.* vergangene Unbill *f*; *to let ~~s be ~~s* die Vergangenheit begraben sein lassen, vergeben u. vergessen; **~(e)-law** (Gemeinde- *od* Vereins-)Statut *n*, Satzung *f*; Ausführungsbestimmungen *f pl*; **~pass** *s* (Gas-)Kleinsteller *m*; Umgehung(sstraße); *el* Überbrückung; Nebenleitung *f*; Nebenschluß *m*; *tr* e-e Umgehungsstraße anlegen, bauen um; umfahren, herumfahren um; seitlich liegenlassen; *fig* umgehen; *el* umleiten, überbrücken; **~path** Neben-, Seitenweg *m a. fig*; **~play** Nebenhandlung; *theat* Pantomime *f*; **~-product** Nebenprodukt *n*; **~stander** (bloßer) Zuschauer *m*; **~street** (stillere) Neben-, Seitenstraße *f (in e-r Stadt)*; **~way** abgelegene (Land-)Straße *f*; Richtweg *m*; *fig* Nebengebiet *n*.

byre ['baiə] Kuhstall *m*.

Byzantin|e [bai'zæntəin, bi-] *a* byzantinisch; *s* Byzantiner *m*; **~ism** [bi'zæntinizm] Byzantinismus *m*.

C

C [si:] *pl* ~'s, ~s *s* C, c *n*; *mus* c *n (Moll)*, C *n (Dur)*; *chem* Kohlenstoff *m*; *phys* Coulomb *n*; *Am (Schule)* Befriedigend *n*; **C 3** *mil* untauglich; *fig* völlig unbrauchbar; **~ flat** Ces *n*; **~ major** C-Dur; **~ minor** c-Moll; **~ sharp** Cis *n*.

cab [kæb] **1.** *s (horse-~)* Droschke; *(taxi-~)* Taxe *f*, Taxi *n*; *rail* Führerstand *m (a. Kran, Bagger)*; *(Lastkraftwagen)* Führerhaus *n*; *aero mil* Kanzel *f*; **~-driver, ~man** Droschkenkutscher; Taxifahrer *m*; **~-ette** [kə'bet] *Am* Taxifahrerin *f*; **~-rank, -stand** Droschken-, Taxenstand *m*; **2.** *s sl* Klatsche *f*, Schmöker; Schlauch *m*.

cab|al [kə'bæl] *s* Kabale, Intrige *f*, Ränke(spiel *n*) *m pl*; Clique *f*, Klüngel *m*; *itr* Ränke schmieden, intrigieren; **~aret** ['kæbərei] Kabarett *n*, Kleinkunstbühne *f*; *Am* Trinklokal *n* mit Vorführungen; **~~ singer** Chansonette, Diseuse *f*.

cabbage ['kæbidʒ] *s* Kohl *m*, Kraut; *Am fam* Geld; *Am sl* junge(s) Mädchen *n*; *Br (Schule) s.* cab 2; *itr (Kohl)* e-n Kopf ansetzen; *tr fam* sich unter den Nagel reißen, stibitzen; *turnip* ~ Kohlrabi *m*; **~ butterfly** *ent* Kohlweißling *m*; **~-head** Kohlkopf; *Am* Dummkopf *m*; **~-lettuce** Kopfsalat *m*; **~-rose** Zentifolie *f (Rose)*.

cab(b)ala ['kæbələ] *rel* Kabbala; *allg* Geheimlehre *f*.

cabby ['kæbi] *fam* Droschkenkutscher; Taxifahrer *m*.

cabin ['kæbin] (Bau-)Hütte *f*; *Am* kleine(s) Häuschen, Wochenendhaus *n*; Badezelle, -kabine *f*; *mar* Kabine, Kajüte *f*; *Br* Stellwerk *n*; *aero* Kabine *f*, Fluggastraum *m*; **~-boy** *mar* Offiziersbursche; Logisjunge *m*; **~ car, scooter** Kabinenroller *m*; **~-class** *mar* 2. Klasse *f*; **~ trunk** Kabinenkoffer *m*; **~ wall** *aero* Kabinenschott *n*, -wand *f*.

cabinet ['kæbinit] *s* Glasschrank *m*, Vitrine *f*; Schrank *m*; Truhe *f*, Kasten *m*; *(bes. radio)* Gehäuse *n*; Geräteschrank *m*; kleine(s) Zimmer *n*, Nebenraum *m*; *pol (meist C~)* Kabinett, Ministerium *n*, Regierung *f*; *a* privat, vertraulich; kostbar; Kabinett-; **~ filing** ~ Aktenschrank *m*; **~ shadow** ~ Schattenkabinett *n*, Führer *m pl* der Opposition; **~ council** Kabinetts-, Ministerrat *m (beratende Versammlung)*; **~ crisis** Kabinetts-, Regierungskrise *f*; **~ factory** *Am* Möbelfabrik *f*; **~-maker** (**-making**) Möbeltischler(ei *f*), -schreiner(ei *f*) *m*; **~ minister** Staats-, amtierende(r) Minister *m*; **~ photograph** Kabinettbild *n*; **~ pudding** *Art (warmer)* Gebäckpudding *m*; **~work** Kunsttischlerarbeit *f*.

cable ['keibl] *s bes. mar* Tau; Seil; *(chain ~)* Ankertau *n*, -kette *f*; *mar* Trosse; Kabellänge *f* (¹/₁₀ Seemeile); *tele* Kabel *n*; Kabelnachricht *f*; *el* Kabel *n*; Leitung *f*; *tr* Tauen vertäuen, mit Tauen festmachen; *tr itr tele* kabeln; *by* ~ durch Kabel, telegraphisch; *aerial, air, overhead* ~ Luftkabel *n*, Freileitung **~-address** Telegrammadresse, Drahtanschrift *f*; **~-car** Wagen *m* e-r (Draht-) Seilbahn; **~ clamp** Seil-, Kabelklemme *f*; **~-code** Telegraphenkode *m*; **~ company** Telegraphengesellschaft *f*; **~ connection** Kabelverbindung *f*; **~ core** Kabelader *f*, -kern *m*, -seele *f*; **~ ferry** Seilfähre *f*; **~-gram** ['græm] Kabelnachricht *f*; **~ railway, tramway** Drahtseilbahn *f*; **~ reel** Kabeltrommel *f*; **~se** ['-li:z] Telegrammstil *m*; **~-ship** Kabelleger *m (Schiff)*.

cab|oodle [kə'bu:dl]: *the whole ~~ (fam)* alle(s) zs., der ganze Haufen; **~oose** [kə'bu:s] Kombüse *f (Schiffsküche)*; *Am rail* Bremserhaus *n*; *(~~ car)* Bremserwagen *m*; **~otage** ['kæbəta:ʒ] Küstenschiffahrt *f*, -handel *m*; *aero* Flugverkehr *m* innerhalb der Landesgrenzen; **~riolet** [kæbrio'lei] zweirädrige(r) Einspänner *m*; *mot* Kabriolett *n*; **~~ hood** aufklappbare(s) Verdeck *n*.

ca'canny [ko:'kæni] passive(r) Widerstand; Bummelstreik, Streik *m* durch zu genaue Anwendung der Vorschriften.

cacao [kə'ka:ou] *(~bean)* Kakaobohne *f*; *(~tree)* Kakaobaum *m*.

cach|alot ['kæʃəlɔt, -lou] *zoo* Pottwal *m*; **~e** [kæʃ] *s* Versteck *n*; versteckte(r) Vorrat *m*; *tr* verstecken, verbergen; **~ectic** [kæ'kektik] *med* kachektisch, krankhaft (verändert); **~et** ['kæʃei] Siegel *n*, (Qualitäts-, Herkunfts-) Stempel *m*; *pharm* Kapsel *f*; **~exia** ['kækeksia, kə'keksia], **~exy**['kækeksi] *med* Kachexie *f*, Kräfteverfall *m*; **~innate** ['kækineit] *itr* schallend lachen.

cackle ['kækl] *s (Huhn)* Gegacker *n*; *(Gans)* Geschnatter *n*. *fig*; *fig* Geplapper, Geschwätz; Gekicher; *Am sl* Ei *n*; *itr (Huhn)* gackern; *(Gans)* schnattern *a. fig*; *fig* plappern, schwatzen; prahlen; kichern; **~r**['-ə] gackernde Henne;

caco ['kæko] *pref scient* Miß-; häßlich, schlecht; krank(haft); **~phonic(al)**, **~phonous** [-ə'fɒnɪk(l), -'kɒfənəs] schlecht klingend; **~phony** [-'kɒfəni] Mißklang *m*, Kakophonie *f*.

cactus ['kæktəs] *pl a. -ti* [-tai] *bot* Kaktus *m*.

cad [kæd] *fam* Flegel, Lümmel, Rüpel; (**~dy**) *Am* Cadillac *m*; **~astral** [kə'dæstrəl] *a* Kataster-, Grundbuch-; **~~ survey**, **~astre** [kə'dæstə] Kataster *m od n*, Grundbuch *n*; **~aver** [kə'deivə] *bes. tech* Kadaver *m*, Leiche *f*; **~averous** [kə'dævərəs] leichenhaft; leichenblaß, totenbleich; **~die**, **~dy** ['kædi] Golfjunge *f*; **~dis fly** *zoo* Köcherfliege *f*; **~dish** ['kædɪʃ] *fam* flegel-, rüpelhaft, unfein, ungebildet; **~dy** ['kædi] Teebüchse *f*.

cad|ence ['keidəns] Kadenz *f*; Rhythmus, Takt *m*; Intonation *f*, Tonfall *m*, Betonung *f*; *Am mil* Gleichschritt *m*; **~et** [kə'det] *mil* Kadett, Offiziersanwärter; jüngere(r) *od* jüngste(r) Sohn *od* Bruder *m*; **~~ ship** (*mar*) Schulschiff *n*; **~~ teacher** Junglehrer *m*.

cadge [kædʒ] *itr* betteln (*for* um); hausieren; *tr* erbetteln; **~r** ['-ə] Hausierer, Straßenhändler; Schmarotzer; Bettler, Landstreicher *m*; *tech* Ölkännchen *n*.

cadmium ['kædmiəm] *chem* Kadmium *n*; **~ cell** Normalelement *n*.

cadre [ka:dr, *Am mil* 'kædri] Rahmen *m*, Schema *n*; *mil* Kader *m*, Stammtruppe, -einheit *f*; **~ personnel** Rahmen-, Stammpersonal *n*; **~ unit** Stamm-, Rahmeneinheit *f*.

caduc|ity [kə'dju:siti] Hinfälligkeit, Vergänglichkeit, Kurzlebigkeit *f*; **~ous** [-kəs] hinfällig, vergänglich, kurzlebig, vorübergehend.

ca(e)cum ['si:kəm] *anat* Blinddarm *m*.

Caesar ['si:zə] Caesar *m*; **~ean**, **~ian** [-'zɛəriən]: **~~ birth**, **operation**, **section** (*med*) Kaiserschnitt *m*.

caes|ious ['si:zjəs] *bot* blau- *od* graugrün; **~ium** ['-əm] *chem* Zäsium *n*; **~ura** [si'zjuərə] Zäsur *f*, (Vers-)Einschnitt *m*.

café ['kæfei, *Am* kæ'fe, kæ'fei] (*England*) Café, Kaffeehaus; (*Festland, US*) Restaurant *n*, Bar *f*; **~eteria** [kæfi-'ti(ə)riə] Selbstbedienungsrestaurant *n*, Automat (enbüfett *n*) *m*; **~fein(e)** ['kæfii(:)n] Koffein *n*.

cage [keidʒ] *s* Käfig *m*; (Vogel-)Bauer *n od m*; Aufzug-, *min* Förderkorb; eingezäunte(s) Kriegsgefangenenlager *n*; *allg* Drahtbehälter *m*, Lattenkiste *f*, Verschlag; (*Korbball*) Korb *m*; (*Hockey*) Tor; (*Baseball*) Übungsfeld *n*; *lit fig* Gefängnis *n*, Kerker *m*; *tr* in e-n Käfig sperren; **~y**, **cagy** ['-i] *fam* zurückhaltend; *Am sl* schlau, vorsichtig, auf Draht.

cahoot [kə'hu:t] *Am sl*: **to be**, **to go in ~(s)**, **to go ~s with s.o.** mit jdm unter einer Decke stecken.

caiman ['keimən] *s. cayman*.

Cain [kein] Kain *m*; (Bruder-)Mörder *m*; *what in ~* (*Am fam*) was in aller Welt; *to raise ~* (*Am fam*) Unruhe stiften.

cairn ['kɛən] Hügelgrab *n*; Steinpyramide *f*.

caisson ['keisn] Munitionskiste *f*, -wagen; *arch* Senkkasten; (*Schiffbau*) Verschlußponton *m*; **~ disease** Caisson(arbeiter)krankheit *f*.

caitiff ['keitif] *s obs poet* Schurke *m*.

cajole [kə'dʒoul] *tr* schmeicheln (*s.o.* jdm); *s.o.* **into od out of doing s.th.** jdn dazu verleiten, verführen, etw zu tun *od* zu (unter)lassen; *s.th.* **out of s.o.** jdm etw abschmeicheln; **~ry** [-əri] Schmeichelei *f*.

cake [keik] *s* Kuchen *m*; Stück Kuchen, Törtchen *n*; *allg* Stück *n*, Riegel *m* (**~ of soap** Seife), Tafel; *tech* Masse *f*, Klumpen *m*; *Am sl* hübsche(s) Mädchen *n*; *tr* (in e-e Form) pressen; *itr* zs.backen, e-n Klumpen bilden; brikettieren, tablettieren; *to be ~d with mud* vor Dreck, Schmutz starren; *to take the ~* (*fam*) den Vogel abschießen; *you cannot eat your ~ and have it* (*prov*) man kann nicht auf zwei Hochzeiten tanzen; *piece of ~* Stück *n* Kuchen; *fig fam* einfache *od* schöne Sache *f*; **~s and ale** Wohlleben *n*; **~~walk** Art amerik. Negertanz *m*.

calab|ash ['kæləbæʃ] Flaschenkürbis *m*; **~oose** [kælə'bu:s] *Am sl* Kittchen *n*.

calam|ary ['kæləməri] Kalmar *m* (*Tintenfisch*); **~ine** [-ain] Galmei *m* (*Zinkerz*); **~itous** [kə'læmitəs] unglücklich, unglückselig, verhängnisvoll; **~ity** [kə'læmiti] (großes) Unglück *n*; Schicksalsschlag *m*; große Not *f*, Elend *n*, Jammer *m*, Trübsal *f*; **~~ howler**, **prophet**, **shouter** (*Am sl*) Unglücksprophet *m*; **~us** ['kæləməs] *pl -mi* [-mai]: *Sweet C~* (*bot pharm*) Kalmus *m*.

calc [kælk] *pref* Kalk-; **~areous** [-'kɛəriəs] kalkartig, Kalk-; **~ic** ['kælsik] *a* Kalzium-; **~iferous** [-'sifərəs], **~ific** [-'sifik] kohlensauren Kalk enthaltend *od* bildend; **~ification** [-sifi-

calcify ['keisfən] *med* Verkalkung *f*; **~ify** ['kælsifai] *tr itr* verkalken; **~imine** ['-simain] *s* Kalkmilch *f (zum Tünchen)*; *tr* weißen, tünchen; **~ination** [-si'neiʃən] Kalkbrennen; Austrocknen *n*; Veraschung *f*; **~ine** ['kælsain, -in] *tr (itr* Kalk) brennen; austrocknen; veraschen, kalzinieren; entwässern; *fig* von den Schlacken befreien; *itr (Kalk)* gebrannt werden; **~ite** ['-sait] Kalzit, Kalkspat *m*; **~ium** ['-siəm] Kalzium *n*; **~~ carbide** Kalziumkarbid *n*; **~~ phosphate** Kalziumphosphat *n*; **~~spar** ['-spa:] Kalkspat *m*.
calcul|able ['kælkjuləbl] berechenbar; zuverlässig; **~ate** ['-eit] *itr* rechnen *(on* mit) *a. fig*; *fig* sich verlassen *(on* auf); *tr* aus-, be-, errechnen; überschlagen, veranschlagen, kalkulieren; zählen; *(im Passiv)* planen, einrichten, bedenken, berechnen, ausdenken; *Am fam* denken, meinen, annehmen; *to be ~~d to* darauf berechnet, zugeschnitten sein, zu, daß; **~ated** ['-leitid] *a* berechnet, ausgedacht, vorbedacht, absichtlich; eingerichtet, vorgesehen; **~ating** ['-eitiŋ] *(Mensch)* berechnend; überlegt; **~~ error** Rechenfehler *m*; **~~-machine** Rechenmaschine *f*; **~ation** [-'leiʃən] Rechnen *n*; Zählung; Kalkulation, (Be-) Rechnung *f*; Überschlag *m*, Veranschlagung *f*, Plan *m*; **~~ of cost** Kostenberechnung *f*; **~ator** ['-eitə] (Be-)Rechner; Planer *m*; Rechentabelle, -maschine *f*; **~us** ['-əs] *pl -i* [-ai] *med* Stein *m*; *math* Rechnungsart, *bes.* Differentialrechnung *f*.
caldron ['kɔ:ldrən] *s.* cauldron.
calefact|ion [kæli'fækʃən] *scient* Erwärmung *f*; **~ory** [-təri] wärmeerzeugend.
calend|ar ['kælində] *s* Kalender *m*; Verzeichnis, Register *n*, Liste *f*; Programm; Brief-, Urkundenregister *n*; *jur (~~ of cases)* Terminkalender *m*; *jur* Geschäftsverteilung *f*; *tr* registrieren, in e-e Liste eintragen, aufführen; katalogisieren; ein Register anlegen zu *(Briefen, Urkunden)*; **~~ call** *(Am)* Aufruf *m* der Streitsache; **~~ clock** Kalenderuhr *f*; **~~ day, month** Kalendertag, -monat *m*; **~er** [-] *s (Textil)* Kalander *m*, Glätt-, Prägemaschine *f*; *tr* kalandern; glätten; prägen.
calf [kɑ:f] *pl* **calves** [kɑ:vz] Kalb *n* *(Mensch)* Ochse, Esel *m*; Schaf; *(~-leather, -skin)* Kalbleder *n*; Eisberg *m*, -scholle; Wade *f*; *in, with* **~** *(Kuh)* trächtig; *to kill the fatted* **~** *(fig)* ein Kalb schlachten; *the golden* **~** das Goldene Kalb, der Mammon; **~ love** jugendliche Liebe *f*; **~'s tooth** Milchzahn *m*.
calibr|ate ['kælibreit] *tr* kalibrieren, das Kaliber messen *(a gun* e-r Schußwaffe); *(Meßgerät)* eichen; **~ation** [-'breiʃən] Kalibrierung; Eichung *f*; **~~ scale** Einstellskala *f*; **~e, Am caliber** ['kælibə] Kaliber *n*; Schublehre *f*; *(Faden)* Titer *m*; *fig* Gewicht *n*, Bedeutung *f*, Kaliber *n (e-s Menschen)*.
calico ['kælikou] *pl -o(e)s* Kaliko *(weißer Baumwollstoff)*; *Am* Kattun *m*.
California [kæli'fɔ:niə] Kalifornien *n*; **~n** [-n] *a* kalifornisch; *s* Kalifornier(in) *f* *m*.
caliph, calif ['keilif, 'kælif] *rel hist* Kalif *m*.
calk [kɔ:k] **1.** *s* Eisstollen, -nagel *m (am* Hufeisen, unter den Schuhsohlen); *tr* scharf beschlagen; **2.** *s* caulk; **3.** *tr* durchpausen.
call [kɔ:l] **1.** *tr* rufen *a. radio*; anrufen *a. tele*; *(Namen)* aufrufen; *(Schauspieler vor den Vorhang)* herausrufen; *(e-n Arzt, e-e Taxe)* holen, rufen; wecken; nennen *(in German* auf deutsch); bezeichnen, betrachten, ansehen als, halten für; *(in ein Amt)* berufen; *jur* anberaumen; *(Versammlung)* einberufen; *(Pause)* einlegen; *(Wild)* locken; *itr* rufen; heißen; *meist pret (zu e-m Besuch)* vorsprechen, da sein; *to be ~ed* heißen, genannt werden *(after s.o.* nach jdm); *to* **~** *to account* zur Rechenschaft ziehen; *to* **~ to arms** *(mil)* einberufen; *to* **~ attention to** aufmerksam machen auf; *to* **~ into being** ins Leben rufen; *to* **~ o.'s bluff** *(Am)* gegen jdn auftreten; *to* **~ over the coals** ausschimpfen; *to* **~ it a day** Feierabend machen; *to* **~ a halt** Halt gebieten; aufhören *(to* mit), beenden *(to s.th.* etw); *to* **~ s.o. names** jdn beschimpfen; *to* **~ to order** zur Ordnung rufen; *to* **~ o.'s own** sein eigen nennen; *to* **~ in question** in Frage stellen; *to* **~ at** vorsprechen bei, in *(e-m Hause)*; halten in *(e-m Ort) a. rail*; *(Schiff e-n Hafen)* anlaufen; *aero* anfliegen, zwischenlanden in; *to* **~ away** *tr* ab-, wegrufen; *to* **~ back** *tr itr* zurückrufen; *to* **~ down** *tr* herunterrufen; *Am fam* ausschimpfen, fertigmachen, herunterputzen; *to* **~ for** *tr* fragen nach, rufen um, (dringend) verlangen, benötigen; erfordern; *(Konferenz)* einberufen, ansetzen; *(Menschen)* abholen; *to be ~ed for* postlagernd; *to* **~ forth** *tr* einsetzen, anwenden, zur Anwendung bringen; hervorzaubern, -bringen; erfordern; *all o.'s energy*

s-e ganze Kraft zs.nehmen; *to ~ from* *tr* abrufen, wegholen; *to ~* **in** *tr* hereinrufen; herbeirufen, -holen; *(e-n Arzt)* holen, zuziehen, zu Rate ziehen; zurückfordern; ein-, aus dem Umlauf ziehen *(bes. Geldsorten)*; *to ~* **off** *tr* ab-, wegrufen; *(Veranstaltung, Unternehmen)* absagen, *fam* abblasen, abbrechen; *to ~* **on** *tr* auf-, besuchen (at *o.'s home, office* in jds Heim, Büro); vorsprechen bei; sich wenden an; *to ~* **out** *tr* herausrufen; in Tätigkeit setzen, in Aktion bringen; *(Name)* aufrufen; *(Haltestelle)* ausrufen; *(zum Duell) obs* herausfordern; *(Truppen)* einsetzen; *Am (Schauspieler vor den Vorhang)* herausrufen; *(Feuerwehr)* herbeirufen; zum Streiken auffordern; *itr* (laut) aufschreien; *to ~* **over** *tr (Namen)* verlesen; *to ~* **together** *tr* zs.rufen; *to ~* **up** *tr* aufrufen; *tele* anrufen, anläuten; ins Gedächtnis rufen; aufwecken; *mil* einberufen, einziehen *(a. Geldsorten)*; **2.** *s* Ruf *a. zoo, bes. orn*; *tele* Anruf *m*, (Telephon-)Gespräch *n*; (dringende) Bitte, Aufforderung *f*; Abruf; Aufruf *m*; Zahlungsaufforderung *f*, An-, Nachfrage *f (for* nach); Anspruch *m (for, on* auf); Signal(pfeife *f*) *n*; *theat fig* Vorhang; *jur* Aufruf *m (of a case* e-r Sache); (kurzer) Besuch; *(Fahrzeug a. rail)* (Aufent-)Halt *m*; *mar aero* Zwischenlandung *f*; *fig* Hang *m*, Neigung, (innere) Berufung *(of* zu); Pflicht; *(meist verneint)* Notwendigkeit, Gelegenheit *f*, Grund *m*, Ursache *f (for,* zu); *at ~* bereit; verfügbar, greifbar; *at, on ~ (fin)* auf tägliche Kündigung; *on ~* auf Abruf, auf Anforderung; *within ~* in Ruf-, Hörweite; *to book a ~ (tele)* ein Gespräch anmelden; *to give s.o. a ~ (tele)* jdn anrufen; *local ~ (tele)* Ortsgespräch *n*; *official ~ (tele)* Dienstgespräch *n*; *roll ~* namentliche(r) Aufruf; *mil* Anwesenheitsappell *m*; *trunk ~, long distance ~* Ferngespräch *n*; *~ for help* Hilferuf *m*; *~ to order* Ordnungsruf *m*; **~-box** Telephonzelle *f*; **~-boy** *theat* Inspizientengehilfe; Hotelpage *m*; **~ed** [-d] *a* berufen; genannt; *many are ~* viele sind berufen; *so-~* sogenannt; **~er** ['-ə] Besucher; *tele* Anrufer, Sprecher; (Einbe-)Rufer *m*; **~-girl** Prostituierte *f (auf Abruf)*; **~ing** ['-iŋ] Rufen *n*; Aufruf *m*; *(Versammlung)* Einberufung *f*; *mar* Anlaufen *n*; (innere) Berufung *f*; Pflichtgefühl, -bewußtsein *n*; Beruf *m*, Gewerbe *n*; Berufsgruppe *f*, Stand *m*;

X. *~~ (tele)* hier spricht X.; *~~ card (Am)* Visiten-, Besuchskarte *f*; *~~ current* Rufstrom *m*; *~~ dial* Ruf-, Wählerscheibe *f*; *~~ hours (pl)* Besuchszeit *f*; *~~ station* anrufende Station *f*; **~-loan, -money** täglich fällige(s) Geld *n*; **~-office** Fernsprechamt *n*; **~-sign(al)** *radio* Rufzeichen *n*; **~-up** Einberufung *f*.
calli|graphy [kə'ligrəfi] Schönschreibkunst, Kalligraphie *f*; **~per** ['kælipə] *meist pl* u. *a.*: *~ compasses (pl)* Taster, Tast-, Greifzirkel *m*; **~sthenics** [kælis'θeniks] *pl* Freiübungen *f pl*; Gymnastik *f*.
call|osity [kæ'lɔsiti] *(oft* hornige) Verdickung (der Haut); Schwiele *f*; **~ous** ['kæləs] schwielig; *fig* gefühllos, abgestumpft *(to* gegen); **~ousness** ['kælǝsnis] Gefühllosigkeit, Abgestumpftheit *f*; **~ow** ['kælou] ungefiedert; *fig* unreif, unerfahren.
calm [kɑ:m] *s* Unbewegtheit, Ruhe, Stille; Windstille, *mar* Flaute; *fig* (innere, Gemüts-)Ruhe *f*, (Seelen-)Frieden *m*; soziale *od* politische Befriedung *f*; *a* unbewegt, ruhig, (wind)still; *fig* ruhig, friedlich, friedfertig; *fam* unverschämt; *v* (sich) beruhigen; *to ~ down* sich beruhigen; *(Wind)* abflauen; **~ative** ['-ətiv, 'kælmətiv] *pharm* Beruhigungsmittel *n*; **~ness** ['-nis] *(bes.* innere) Ruhe *f*.
calor|escence [kælə'resns] *phys* Verwandlung *f* von Wärme- in Lichtstrahlen; **~ic** [kə'lɔrik] *s phys* Wärme *f*; *a* Wärme-; *~~ unit (phys)* Wärmeeinheit *f*; **~ie** ['kæləri] Kalorie, Wärmeeinheit *f*; **~ific** [kælə'rifik] wärmeerzeugend; *~~ effect* Wärme-, Heizwirkung *f*; *~~ value* Heiz-, Brennwert *m*; **~imeter** [kælə'rimitə] Kalorimeter *n*, Wärmemesser *m*.
calotte [kə'lɔt] Käppchen *n (bes.* d. *kath. Priester)*.
caltrop ['kæltrəp], *a.* **caltrap** *hist* Fußangel *f*; *mot* Autonagel *m*; *bot meist pl* Stolperpflanze, *bes*. Sternflockenblume *f*.
calumet ['kæljumet] Friedenspfeife *f*.
column|iate [kə'lʌmnieit] *tr* verleumden; **~iation** [kəlʌmni'eiʃən], **~y** ['kæləmni] Verleumdung *f*; **~iator** [-ieitə] Verleumder *m*; **~iatory** [-əri], **~ious** [kə'lʌmniəs] verleumderisch.
Calvary ['kælvəri] *rel* Golgatha; Kalvarienberg *m*.
calv|e [kɑ:v] *itr* kalben *(a.* vom Gletscher *od Eisberg)*; *tr (Kalb)* gebären.
Calvin ['kælvin] Kalvin *(Reformator)*; **~ism** ['-izm] Kalvinismus *m*; **~ist** ['-ist] Kalvinist(in *f*) *m*; **~istic(al)** [-'nistik(l)] kalvinistisch.

calx [kælks] *pl* -ces ['-si:z] Oxyd, Verbrennungsprodukt *n*.

caly|c(i) ['kælik, -si] *pref bot* Kelch-; **~x** ['-ks, 'keiliks] *pl* -ces, -xes [-si:z, -ksiz] *bot* Kelch *m*.

cam [kæm] *tech* Nocken, Mitnehmer, Daumen *m*, Nase *f*; Steuer-, Hebenocken, -daumen *m*; (Steuer-, Leit-, Arbeits-)Kurve *f*; **~ gear** Nocken-, Kurvengetriebe *n*, -steuerung *f*; **~shaft** Nocken-, Steuerwelle *f*.

camb|er ['kæmbə] *s* Wölbung, Biegung nach oben; Schweifung *f*; bes. *mot* (**~** of wheel) Radsturz *m*; *tr* wölben, nach oben biegen, durchdrücken; (*Straße*) überhöhen; **~ist** ['-ist] (Geld-) Wechsler, Wechselmakler, -agent *m*; **~ric** ['keimbrik] Batist *m*.

Cambrian ['kæmbriən] *a* walisisch; *s* Waliser(in *f*) *m*; *geol* Kambrium *n*.

camel ['kæməl] Kamel *n a. mar*; **~ caravan** Kamelkarawane *f*; **~hair** Kamelhaar *n*; **~lia** [kə'mi:ljə] *bot* Kamelie *f*.

cameo ['kæmiou] Kamee *f*.

camera ['kæmərə] Kamera *f*, Fotoapparat *m*; (Film-)Aufnahmegerät *n*; *jur* Richterzimmer *n*; **in ~** (*jur*) unter Ausschluß der Öffentlichkeit; *allg* hinter den Kulissen; **~ man, operator** *film* Kameramann; Bildberichter *m*.

cami|-knickers, **~knicks** [kæmi-'nikəz, -'niks] *pl* Damenhemdhose *f*; **~sole** ['kæmisoul] (Damen-)Untertaille *f*.

camomile ['kæməmail] *bot* Kamille *f*; **~ tea** Kamillentee *m*.

camouflage ['kæmuflɑ:ʒ] *s mil* Tarnung, Deckung, Maskierung; *biol* Schutzfärbung *f*; *tr mil* tarnen, maskieren, *allg* verschleiern, vertuschen; **~ netting, screen** Tarnnetz *n*; **~ paint(ing)** Tarnanstrich *m*; **~ suit** Tarnanzug *m*.

camp [kæmp] *s* (Zelt-)Lager *n*; Lagerplatz *m*; (*holiday ~*) Ferienkolonie *f*; *fig* (Partei-)Lager *n*; *tr* in ein Lager unterbringen; lagern lassen; *itr* lagern; kampieren; *mil* biwakieren; *in the same ~* in Übereinstimmung, einer Meinung; *to ~ out* zelten; *to break up, to strike ~* das Lager abbrechen; *summer ~* Sommerlager *n*; *training ~* Ausbildungslager *n*; **~-bed(stead)** Feldbett(stelle *f*) *n*; **~-chair, -stool** Feldstuhl *m*; **~er** ['-ə] Zeltler, Zeltwanderer *m*; **~-fever** Typhus *m*; **~-fire** Lagerfeuer *n*; **~-follower** Schlachtenbummler *m*; **~ ground** *Am* Lager-, Zeltplatz *m*; **~ing** ['-iŋ] Zelten; Camping, (Zelt-, Wochenend-, Ferien-)Lager *n*; *to go ~~* zelten, in ein Zeltlager gehen; **~~-ground** Camping-, Zeltplatz *m*; **~~ trailer** Wohnwagen *m*; **~ meeting** *Am* Zeltmission *f*; **~oree** [kæmpə'ri:] Pfadfindertreffen *n* (e-s Bezirks); **~us** ['-əs] *Am* Universitätsgelände *n*.

campaign [kæm'pein] *s* Feldzug *a. fig, bes. pol*; (*electoral ~*) Wahlfeldzug *m*; *tech* Kampagne *f*; *itr* an e-m Feldzug teilnehmen; e-n Feldzug, e-e Werbung durchführen; *publicity*, *press* **~** Werbe-, Pressefeldzug *m*; **~ badge, button** *Am* Wahl-, Parteiabzeichen *n*; **~er** [-ə] Feldzugsteilnehmer; Veteran, alte(r) Krieger *m*; **~ speech** Wahl-, Werberede *f*.

campanula [kəm'pænjulə] Glockenblume *f*; **~te** [-ət] *a zoo bot* glockenförmig.

camphor ['kæmfə] *pharm* Kampfer *m*; **~ate** ['-reit] *tr* mit K. behandeln; **~ ball** Mottenkugel *f*.

can 1. [kæn] *s* Kanne *f*; Becher *m a. tech*; Büchse; *tech* Kartusche, Hülse *f*; *el* Metallmantel, Abschirmbecher *m*, Abschirmung *f*; *Am* Konservenbüchse, -dose *f*; Kanister *m*; *pl* Kopfhörer *m pl*; *Am sl* Kittchen, Gefängnis *n*; Lokus *m*, Klosett; Hinterteil *n*; (*tin ~*) *mil* Zerstörer; *rail* Tankwagen *m*; *tr Am* (in Konservenbüchsen *od* Gläser) einmachen, -kochen, -wecken; *Am sl* aufhören mit; in Ruhe lassen; in Ordnung bringen; (*Schüler, Angestellten*) schassen, 'rausschmeißen, an die Luft setzen; einsperren; *to carry the ~* (*sl*) den Kopf hinhalten; **~ it!** (*Am sl*) halt's Maul! *ash-~* Ascheneimer *m*; *milk-*, *oil-~* Milch-, Ölkanne *f*; **~-opener** *Am* Büchsenöffner *m*; **2.** [kæn, kən] (*nur Präsens Indikativ u. pret* could) können; *as brave as ~* be überaus, sehr tapfer; *you can't go* du darfst nicht gehen; *I ~not but do it* ich kann nicht anders, als es zu tun; *I ~ no more* ich kann nicht mehr, ich bin am Ende meiner Kraft; *could I look at it?* darf ich es mir ansehen?

Canad|a ['kænədə] Kanada *n*; **~ian** [kə'neidjən] *a* kanadisch; *s* Kanadier(in *f*) *m*.

canal [kə'næl] *s* Kanal; Bewässerungsgraben *m*; *anat* Röhre *f*, Gang *m*; *bot* Leitbündel *n*; *tr* (*Land mit e-m Kanal*) durchstechen; mit Bewässerungsgräben versehen; **~ bottom** Kanalsohle *f*; **~ dues** *pl* Kanalgebühren *f pl*; **~ entrance** Kanaleinfahrt *f*; **~ization** [kænəlai'zeiʃən] Kanalisation, Kanalisierung *a. fig*, Schiffbarmachung *f*;

canalize 129 **canned**

~ize ['kænəlaiz] *tr (Fluß)* kanalisieren, schiffbar machen; *e-n Ausfluß* verschaffen *a. fig; fig* lenken in; **~ lift** Schiffshebewerk *n*; **~ system** Kanalnetz *n*.

canard [kɔ'nɑ:(d)] (Zeitungs-)Ente *f*; Jägerlatein, Seemannsgarn; *aero* Vorderschwanzflugzeug *n, sl* Ente *f*.

Canar|ies, the [kə'nɛəriz], **~y**: *the ~~ Isles od Islands* die Kanarischen Inseln *f pl*; *c~~(-bird) s* Kanarienvogel *m*; *Am sl* Mädchen *n*, Sängerin *f; sl* V-Mann, Spitzel *m; tr Am sl* als Sängerin auftreten; **c~~-seed** (Kanarien-)Vogelfutter *n*.

canasta [kə'næstə] *Art* Kartenspiel *n*.

cancel ['kænsəl] *tr* (aus-, durch)streichen; ungültig machen, *(bes. Briefmarke)* entwerten; rückgängig machen, abbestellen, widerrufen, annullieren, für ungültig erklären, aufheben, löschen; *com* stornieren; *(Veranstaltung)* absetzen, absagen; *(Schuld)* erlassen; *(Vertrag)* lösen; *(Anordnung)* zurücknehmen; *math (in e-m Bruch, e-r Gleichung)* streichen, kürzen; *(Urteil)* aufheben; *(Kosten)* niederschlagen; *itr* sich (gegenseitig) aufheben; *s typ* Streichung, Berichtigung *f; (pair of) ~s (pl)* Lochzange *f (des Schaffners)*; **~lation** [kænsə'leiʃən] Streichung, Löschung; Entwertung; Auflösung; Kündigung; Annullierung, Aufhebung *f*; Widerruf *m*; Abbestellung; *com* Stornierung; Kraftloserklärung *f; ~~ clause* Rücktrittsklausel *f*; **~led** ['-d] *a* ungültig, annulliert, aufgehoben; *until ~~* bis auf Widerruf; *to be ~~* erloschen sein; **~ling** ['-iŋ] Annullierung; Entwertung *f; ~~ key* Löschtaste *f; ~~ stamp* Entwertungsstempel *m*.

cancer ['kænsə] *med* Krebs *m*, Karzinom; *fig* Krebsgeschwür, schleichende(s) Übel *n; C~ (astr)* Krebs *m; the Tropic of C~ (geog)* der Wendekreis des Krebses; **~cell** Krebszelle *f*; **~ous** ['-rəs] krebsartig; Krebs-; **~~ ulcer** Krebsgeschwür *n*; **~~-producing** krebserregend; **~ research** Krebsforschung *f*.

cand|elabrum [kændi'leibrʌm] *pl -bra* [-brə] Kandelaber *m*; **~ent** ['kændənt], **~escent** [-'desnt] weißglühend; **~escence** [-'desns] Weißglut *f*; **~id** ['kændid] *a* aufrichtig, ehrlich, offen; *s film sl* (ungestellte) Momentaufnahme *f*, **~idacy** ['-dəsi], **~idature** ['-ditjuə, '-ditʃə] Kandidatur *f*; **~idate** ['-dit, '-eit] *s* Kandidat, Bewerber, Anwärter; Prüfling *m; itr Am* kandidieren, Kandidat, Bewerber sein *(bes. für e-e Pfarrstelle); to put up a ~~* e-n Kandidaten aufstellen; *to stand as ~~* kandidieren *(for für)*; **~ied** ['-id] *a (Früchte)* kandiert, überzuckert.

candle ['kændl] *s* Kerze *f; tr (Eier)* durchleuchten, prüfen; *to light a ~* e-e Kerze anzünden; *not to be able od fit to hold a ~ to s.o. (fig)* jdm das Wasser nicht reichen können; *to burn the ~ at both ends (fig)* sich keine Ruhe gönnen; das Geld mit vollen Händen ausgeben; *to hide o.'s ~ under a bushel (fig)* sein Licht unter den Scheffel stellen; *not worth the ~* lohnt sich nicht! **~-light** Kerzenlicht *f*; Dämmerung *f*, Zwielicht *n*; **C-mas** ['-məs] *rel* Lichtmeß *f*; **~-power** Licht-, Kerzenstärke *f (Lichteinheit)*; **~stick, holder** Leuchter *m*; **~wick** Kerzendocht *m*.

cand|o(u)r ['kændə] Aufrichtigkeit, Offenheit, Ehrlichkeit *f*; **~y** ['-i] *s (sugar-~~)* Kandis(zucker) *m; Am* Bonbon *m* od *n; pl* Süßigkeiten, Süßwaren *f pl; Am sl* Kokain *n; tr (Früchte)* kandieren, überzuckern; *tr itr* (sich) kristallisieren; **~~ store** *(Am)* Süßwarenhandlung *f*, Schokoladengeschäft *n*.

cane [kein] *s bot* (Schilf-, Zucker-)Rohr *n*; (Spazier-, Rohr-)Stock *m; tr* (ver)prügeln; *s.th. into s.o.* jdm etw einbleuen; das Rohr einziehen in *(e-n Stuhlrahmen); sugar ~* Zuckerrohr *n*; **~-sugar** Rohrzucker *m*.

can|icular [kə'nikjulə]: *~~ days (pl)* Hundstage *m pl*; **~ine** ['keinain, 'kæn-] *a* Hunde-; *s* Hund; *(~~ tooth)* Eckzahn *m (des Menschen); ~~ appetite*, *hunger* Bären-, Wolfshunger *m*; **~ister** ['kænistə] Kanister *m*, Blechbüchse, -dose; *(~~-shot)* Kartätsche *f*; *(Gasmaske)* Atemeinsatz *m*.

canker ['kæŋkə] *s med* Krebs *m*, Lippengeschwür *n; (Pferd)* Huf-, Strahlkrebs; *bot* Brand *m; fig* Krebsgeschwür *n*, -schaden *m; tr* anfressen; *fig* verderben; **~ed** ['-d] *a fig* gehässig, mißgünstig, übellaunig; **~ous** ['-rəs] krebsartig; *fig* zersetzend; **~worm** (Spanner-)Raupe *f*.

cann|a ['kænə] *bot* Kanna *f*; **~ed** [kænd] *a* eingemacht, eingedost; Büchsen-; *Am sl* mechanisch hergestellt *od* konserviert, Konserven-; gefilmt; auf Schallplatte, Band aufgenommen; *Am sl* geschaßt, 'rausgeschmissen, an die Luft gesetzt; *sl* besoffen; *~~ meat* Büchsenfleisch *n*; *~~ milk* Büchsenmilch *f*; *~~ music (sl)* Musik-

konserve, Schallplatten- *od* Radiomusik *f*; ~~ *vegetable* Büchsengemüse *n*; **~er** ['kænə] *Am* Konservenfabrikant, -arbeiter *m*; **~ery** ['-əri] Konservenfabrik *f*; *Am sl* Kittchen *n*; **~ing** ['-iŋ] *s* Einmachen, -kochen, Konservieren *n*; *attr* Konserven-; ~~ *factory* Konservenfabrik *f*; ~~ *industry* Konservenindustrie *f*.

cannibal ['kænibəl] Kannibale *m a. zoo*; *a u*. **~istic** [-'listik] kannibalisch; **~ism** ['-izm] Kannibalismus *m*; *fig* barbarische Grausamkeit *f*; **~ize** ['-aiz] *tr mot* ausschlachten; *mil (Einheit)* aufteilen; *tech* demontieren.

can(n)ikin ['kænikin] Kännchen *n*.

cannon ['kænən] *s kollektiv meist sing* Kanone *f*, Geschütz *n*; *Am sl* Revolver, (Taschen-)Dieb; *tech* Glas-, Hohlzylinder *m*; *Br (Billard)* Karambolage *f*; *itr* karambolieren; *fig* zs.stoßen; *(into s.th.* mit etw); **~ade** [-'neid] Kanonade *f*; **~~ball** *hist* Kanonenkugel *f*; *Am sl* Kassiber; *Am sl rail* D-Zug *m*; **~~barrel** Kanonenrohr *n*; **~~bone** *(Pferd)* Mittelfuß *m*, Röhre *f*; **~ cracker** Kanonenschlag *m (Feuerwerk)*; **~eer** [-'niə] *Am* Kanonier *m*; **~~fodder** Kanonenfutter *n*; **~~shot** Kanonenschuß(weite *f*) *m*.

cannula ['kænjulə] *pl* **-lae** [-li:] *med* Kanüle *f*.

canny ['kæni] schlau, pfiffig; vorsichtig; umsichtig, sorgfältig; wirtschaftlich, haushälterisch, sparsam.

canoe [kə'nu:] *s* Kanu, Paddelboot *n*; *itr* Kanu fahren; paddeln; **~ist** [-ist] Kanufahrer; Paddler *m*.

canon ['kænən] *rel* Kanon *m*, Regel *f*, Maßstab *m*, Richtschnur *f*; Domherr, Kanonikus; *mus* Kanon *m a. typ*; **~ess** ['-nis] Stiftsdame *f*; **~ical** [kə'nɔnikl] *a rel* kanonisch; *s pl* Meßgewand *n*; **~ist** ['kænənist] Kenner *m* d. kanonischen Rechts; **~ization** [kænənai'zeiʃən] Heiligsprechung *f*; **~ize** ['-aiz] *tr* heiligsprechen; **~ law** Kirchenrecht *n*; **~ry** ['-ri] *(a.* **~icate** [kə'nɔnikit]) Stiftspfründe *f*; Kanonikat *n*.

canon *s. canyon*.

canoodle [kə'nu:dl] *tr itr sl* knutschen, liebkosen.

canopy ['kænəpi] *s* Baldachin; Betthimmel *m*; *arch* Vordach; *fig* Himmels-, Laubgewölbe *n*; *(Tankstelle)* Überdachung *f*; *aero* durchsichtige(s) Kanzel-, Kabinendach *n*; Verkleidung; *(Fallschirm-)*Kappe *f*; *el* Lampenfassung *f*; *tr* überdachen.

cant [kænt] **1.** *s* Schrägung, geneigte Fläche; Verkantung, Schräglage; *(Straße)* Kurvenüberhöhung *f*; Ruck, Stoß *m*; *tr* abschrägen; zur Seite, beiseite stoßen; umstoßen, -kippen; auf den Kopf stellen; verkanten; *itr* sich verkanten, umkippen; schräg liegen, e-e geneigte Fläche bilden; **2.** *s* Zunftsprache *f*; Jargon *m*; (beliebte) Redensarten *f pl*; Geschwätz *n*; Heuchelei; Scheinheiligkeit *f*; *attr* Mode-*(Wort)*; *a* abgedroschen; scheinheilig; *itr* Jargon reden; Phrasen dreschen; scheinheilig reden, heucheln; **~ hook** Kanthaken *m*.

can't [ka:nt] *fam* = cannot.

cant|aloup(e) ['kæntəlu:p] Kantalupe *f (Melonenart)*; **~ankerous** [kən'tæŋkərəs] zänkisch, streitsüchtig, rechthaberisch; **~ata** [kæn'tɑ:tə] *mus* Kantate *f*; **~een** [-'ti:n] Kantine; Feldflasche *f*; *alg* (Eß-)Geschirr-, Besteckkasten *m*; Büfett *n (bei Veranstaltungen im Freien)*; **~~ cup** Feldbecher *m*; **~er** ['kæntə] **1.** Heuchler, Scheinheilige(r), Frömmler *m*; **2.** *s* Handgalopp *m*; *itr* Handgalopp reiten; *to win in a* ~ mühelos gewinnen *od* siegen; **~ing** ['-iŋ] *s (Schi)* Kanten *n*; *a* scheinheilig.

Canterbury ['kæntəbəri] *Stadt in England*; *c~* Notenständer *m*, -pult *n*; **~ bell** Glockenblume *f*.

cantharides [kæn'θæridi:z] *pl pharm* Spanische Fliegen *f pl*.

cant|icle ['kæntikl] *rel* (Lob-)Gesang *m*; *C~s (pl)*, *a. C~ of C~s* das Hohelied (Salomos); **~ilever** ['-li:və], *a.* **~alever** ['-təlevə] *s arch* Frei-, Konsol-, Kragträger; *(Brückenbau)* Ausleger *m*; *a* freitragend; *itr* auskragen; **~~ bridge** Auslegerbrücke *f*; **~~ crane** Turmdrehkran *m*; **~o** ['-ou] *pl* -s Gesang *m (als Teil e-s Epos)*; *Am sport sl* Runde *f*.

canton *s* ['kæntən, -tɔn, -'tɔn] Bezirk, Kanton, *m*; *(Wappen)* [-'tɔn] viereckige(s) Feld *n*; *tr* [kən'tɔn, *a.* -'tu:n] in Kantone, Bezirke einteilen; [-'tu:n] *tr mil* einquartieren; **~ment**[-'tɔnmənt, -'tu:n-] Quartier *n*, (Orts-)Unterkunft *f*.

Canu(c)k [kə'nʌk] *Am sl* (französischer) Kanadier *m*.

canvas ['kænvəs] *s* Kanevas *m*; Segeltuch *n*; Zeltbahn *f*, -tuch *n*; Sack-, Packleinwand *f*; Drillich *m*; *(Malerei)* Leinwand *f*; *tr* mit Kanevas herrichten, be-, überziehen, einfassen; *under* ~ *(mil)* in Zelten; *mar* unter Segel.

canvass ['kænvəs] *tr* diskutieren, (eingehend) erörtern; gründlich untersuchen, prüfen; *(Kunden, Wähler)* bearbeiten, besuchen; *Am (Wahlstimmen)* zählen; *itr com pol* werben *(for*

canvaser   131   **capital goods**

für); sich um Aufträge bemühen; e-n Wahlfeldzug führen; sich bewerben (for um); s Erörterung, Untersuchung, Prüfung; (Stimmen-, Kunden-)Werbung f; Werbe-, Wahlfeldzug m; Propaganda; Am Wahlprüfung f; **-er** ['-ə] (Kunden-, Abonnenten-)Werber; Platzreisender; pol Propagandist; Am Wahlprüfer m; **-ing** ['-iŋ] (Stimmen-, Kunden-)Werbung; (Wahl-)Propaganda f; ~~ for votes Stimmenfang m.

canyon, canon ['kænjən] Cañon n; Schlucht, Klamm f.

caoutchouc ['kautʃuk] Kautschuk m, (Roh-)Gummi m od n.

cap [kæp] **1.** s Mütze, Kappe, Haube f, Barett n; Br mil Feldmütze f; tech Aufsatz, Deckel m, Kappe, Haube, Kapsel f (a. e-r Flasche), Verschluß m; Spreng-, Zündkapsel f; Knauf, (Balken-)Kopf m; (Zahn) Krone f; (Pilz) Hut; (Orgel) Vorschlag m; mot neue Lauffläche f (e-s Reifens); Papierformat (14×17 inches); typ Initial n; tr e-e Mütze aufsetzen (s.o. jdm); abdecken, mit e-m Deckel, e-r Kappe versehen; allg bedecken; tech sockeln; fig übertreffen; in e-r akad. Grad verleihen; itr (to ~ it) die Mütze abnehmen (to s.o. vor jdm); to ~ everything alles übertreffen; to set o.'s ~ at s.o. (fam) jdn angeln; ~ in hand unterwürfig, demütig adv; those the ~ fits, let them wear it (fig) wen's kratzt, der jucke sich; that's a feather in your ~ darauf können Sie stolz sein; **~ and gown** Barett n u. Talar m; akademische(s) Leben n; **~ strap, visor** Mützenriemen, -schirm m.

capab|ility [keipə'biliti] Fähigkeit (of zu; to do zu tun); pl (schlummernde) Fähigkeiten, Möglichkeiten f pl, Begabung f; **-le** ['keipəbl] fähig, tüchtig, begabt; befähigt; geeignet; pej fähig (of zu); ~~ of earning erwerbsfähig; ~~ of work arbeitsfähig.

capac|ious [kə'peiʃəs] geräumig; weiträumig; umfassend a. fig; **-iousness** [-ʃəsnis] große(s) Fassungsvermögen n; Geräumigkeit; Weiträumigkeit f; **-itance** [kə'pæsitəns] el Kapazität f, kapazitive(r) Widerstand m; ~~ current Ladestrom m; **-itate** [kə'pæsiteit] tr ermächtigen, befähigen (for zu; to do zu tun); **-itive** [kə'pæsitiv] el kapazitiv; **-itor** [kə'pæsitə] Kondensator m; **-ity** [kə'pæsiti] Inhalt m, Volumen n, Fassungskraft f, -vermögen n a. fig; fig Umfang m; geistige Fähigkeiten f pl; tech Leistung(sfähigkeit); Tragkraft f; Produktionsvermögen n; el Kapazität f; (relative) Eigenschaft; jur Handlungsfähigkeit; allg Funktion, Aufgabe, Stellung f; Am Höchstmaß n; in my ~~ as (in meiner Eigenschaft) als; in a civil ~~ als Zivilist; buying ~~ Kaufkraft f; carrying ~~ Tragfähigkeit f; (Schiff) Laderaum, Tonnengehalt m; tele Belastungsfähigkeit f (e-r Leitung); filled to ~~ (theat) voll (besetzt); measure of ~~ Raummaß n; seating ~~: to have a seating ~~ of 600 600 Sitzplätze haben; ~~ of disposing (jur) Geschäftsfähigkeit f; ~~ for reaction Reaktionsfähigkeit f.

cap-à-pie [kæpə'piː] adv von Kopf bis Fuß, vollständig, völlig.

caparison [kə'pærisn] s Schabracke; fig Kleidung f, Putz m; tr (Pferd) mit e-r Schabracke bedecken; fig kleiden, aufputzen.

cape [keip] **1.** Umhang m, Cape n (lose od festsitzend); Schalkragen m; **2.** Kap, Vorgebirge n; the C~ (of Good Hope, the C~ Colony) das Kap (der Guten Hoffnung), die Kapkolonie.

caper ['keipə] **1.** s Kapernstrauch m; pl Kapern f pl (Gewürz); **2.** s Luftsprung m; fig meist pl Kapriolen f pl; tr (to cut ~s, a ~) Luftsprünge machen, herumtollen; fig Kapriolen machen, **-caillie, -cailye, -cailzie** [kæpə'keilji, -zi] Auerhahn m.

capillar|ity [kæpi'læriti] phys Kapillarität, Haarröhrchenwirkung f; **-y** [kə'piləri] a Haar-; haarfein; Kapillar-; s anat Kapillargefäß n; (~~ tube) Kapillare f.

capital ['kæpitl] **1.** s arch Kapitell n; **2.** s Todes- (Strafe, Urteil); (Verbrechen) todeswürdig, schwer; folgenschwer, verhängnisvoll; hauptsächlich; Haupt-; groß(artig), gewaltig, ausgezeichnet, fam glänzend, prächtig, tadellos, famos; s Kapital, Vermögen n; Fonds m; Einlage; Geldaristokratie f, Unternehmertum n; Hauptstadt f; Groß-, große(r) Anfangs-, Blockbuchstabe m; C~ das (Groß-)Kapital; to make ~ out of s.th. (fig) aus e-r S Kapital schlagen; demand for ~ Kapitalbedarf m; federal ~ Bundeshauptstadt f; fixed ~ Anlagekapital n; floating, rolling, circulating ~ Umlaufs-, Betriebskapital n; ~ **assets** pl Kapitalguthaben, Anlagevermögen n; ~ **bonus** Gratisaktien f pl; ~ **crime** Kapitalverbrechen n; ~ **expenditure** Kapitalausgabe f, -aufwand m; Anlagekosten pl; ~ **goods** pl Produk-

capital investment   132   **caramel**

tionsgüter, -mittel, Investitionsgüter n pl; Anlagewerte m pl; **~ investment** Kapitalanlage f; **~ism** ['-izm] Kapitalismus m; **~ist** ['-ist] Kapitalist; Geldmann, -geber m; **~istic** ['-'listik] kapitalistisch; **~ization** [kæp-, kəpitəlai'zeiʃən] Kapitalisierung f; Großschreibung f; **~ize** ['kæp-, kə'pitəlaiz] tr kapitalisieren, zu Kapital machen; ausnutzen; (mit) groß(en Anfangsbuchstaben) schreiben; **~ letter** Groß-, große(r) Anfangsbuchstabe m; **~ levy** Vermögensabgabe f; **~ly** adv ausgezeichnet, famos; **~ punishment** Todesstrafe f; **~ ship** Schlachtschiff n, -kreuzer m; **~ stock** Am Aktienkapital n; Stammaktien f pl; **~ yields** pl Kapitalerträge m pl; **~~ tax** Kapitalertragssteuer f.
capitation [kæpi'teiʃən] hist Schätzung f, Zensus m; Kopfsteuer f.
Capitol, the ['kæpitl] das Kapitol, bes. das Kongreßgebäude (in Washington).
capitulat|e [kə'pitjuleit] itr kapitulieren (to vor); sich ergeben; **~ion** ['-leiʃən] Kapitulation, Übergabe, Waffenstreckung f; (Festung) Fall m; pl Übergabebedingungen f pl.
capon ['keipən] Kapaun m.
capr|iccio [kə'pritʃiou] mus Kapriccio n; **~ice** ['-'pri:s] Laune f; (lustiger, launiger) Einfall m; mus Kapriccio n; **~icious** ['-'priʃəs] launisch, launenhaft; wechselnd, wechselhaft, unberechenbar, unzuverlässig; unmotiviert; **~iciousness** ['-'priʃəsnis] Launenhaftigkeit; Unberechenbarkeit f; **C~icorn** ['kæprikɔ:n] astr Steinbock m; the Tropic of C~~ (geog) der Wendekreis des Steinbocks; **~iole** ['kæprioul] Luftsprung m.
caps|icum ['kæpsikəm] Spanische(r) Pfeffer m; **~ize** ['-'saiz] tr itr (Schiff) kentern (lassen); **~tan** ['-stən] mar Gangspill n, Ankerwinde f; **~~ lathe** Revolverdrehbank f; **~~ wheel** Speichenrad n; **~ule** ['-sju:l] kapselartig; Kapsel-; **~ule** ['-sju:l] s anat bot pharm Kapsel; bot Hülse; (Flaschen-)Kapsel; Dose f; a fig zs.gefaßt.
captain ['kæptin] s mil Hauptmann (a. Am Feuerwehr, Polizei); mar (mil u. com) Kapitän; aero Flugzeugführer, -kapitän; allg Führer, Leiter; Vorarbeiter, Rottenführer; sport Spiel-, Mannschaftsführer; (Schule) Primus, Sprecher(in) f m; tr sport (die Mannschaft) führen; industry ~ Wirtschaftsführer m; **~cy** ['-si], **~ship** ['-ʃip] Hauptmanns-, Kapitänsrang m, -stelle f.

capt|ion ['kæpʃən] s jur Einleitungsformel f, Rubrum n; (Buch) Kapitel-, (Zeitung) Beitrags-, Artikelüberschrift f, Titel, Kopf m, Schlagzeile; (Bild-)Erklärung f; film Untertitel, (erläuternder) Zwischentext m; tr Am mit e-r Überschrift, Erklärung, Erläuterung versehen; **~ious** ['-əs] verfänglich, spitzfindig; erklauberisch; tadelsüchtig, nörg(e)lig, kleinlich; **~ivate** ['kæptiveit] tr einnehmen, hinreißen, fesseln, faszinieren, bezaubern; **~ivation** [-'veiʃən] Faszination, Bezauberung f; **~ive** ['-iv] a gefangen, eingesperrt; s Gefangene(r m) f; to hold ~ gefangenhalten; to take ~~ gefangennehmen, festsetzen, einsperren; ~~ balloon Fesselballon m; **~ivity** [kæp'tiviti] Gefangenschaft f; **~or m, ~ress** f ['-ə, -tris] Fänger(in) f m; **~ure** ['-ʃə] s Fest-, Gefangennahme, Besitzergreifung, Wegnahme f, Raub m; mar Aufbringung; Prise f; Gefangene(r m); Beute f, Raub; (Tier) Fang m; tr gefangennehmen; (Tier) einfangen; wegnehmen, rauben, erbeuten, kapern.
Capuchin ['kæpjuʃin] rel Kapuziner m; c~ Damenmantel m mit Kapuze; **~ monkey** Kapuzineraffe m.
car [kɑ:] s (niedriger, zweirädriger) Karren; (Kraft-)Wagen m, Auto(mobil) n; (Straßenbahn-)Wagen; Am (Eisenbahn-)Wagen, Waggon m; (Ballon, Luftschiff) Gondel f; (Aufzug) Fahrstuhl; min Förderwagen; poet Wagen m; the ~s (Am rail) der Zug; by ~ mit dem Wagen; to put a ~ into the garage ein Auto in die Garage fahren; to take the ~s (Am) mit der Bahn fahren; **~ aerial** Autoantenne f; **~~body** (Wagen-)Aufbau m, Karosserie f; **~ designer** Karosseriekonstrukteur m; **~ door** Wagentür f; **~~driver** (Kraft-)Fahrer m; **~ dump** Autofriedhof m; **~ ferry** Autofähre f; **~ hoist** Wagenheber m, Hebebühne f; **~hop** Am Kellner(in) f m, der (die) Gäste in parkenden Wagen bedient; **~ maintenance** Wagenpflege f; **~man** Fuhrmann, Kärrner; mot Fahrer, Chauffeur; (Straßenbahn-) (Wagen-)Führer m; **~ owner** Kraftfahrzeughalter m; **~ park** Parkplatz m; **~ polish** Wagenpflegemittel n.
cara|cal ['kærəkəl] zoo Karakal, Wüstenluchs m; **~col(e)** ['-koul, -kɔl] s (halbe) Wendung; arch Wendeltreppe f; itr (Reiter) e-e Wendung ausführen; **~fe** [kə'rɑ:f] Karaffe f; **~mel**

carapace 133 **cardialgia**

['kærəmel] Karamel(zucker) m; Karamelle f, Karamelbonbon m od n; Karamelfarbe f, Hellbraun n; **~pace** ['-peis] zoo Rückenschild m; **~t** ['-ət] Karat n (= 3,17 grains = 205 mg); **~van** ['kærəvæn, -'væn] Karawane f; mot Wohnwagen; Zirkus-, Wanderschauwagen m; gipsy ~~ Zigeunerwagen m; **~vansera(i)** [-'vænsərai], **~vansary** ['-vænsəri] Karawanserei f; Am große(s) Hotel n; **~vel(le)** ['kærəvel], **carvel** ['ka:vl] mar hist Karavelle f; **~way** ['kærəwei] bot Kümmel m, Karve f; **~~-seeds** (pl) Kümmel m (Gewürz).

carb|ide ['ka:baid] (Kalzium-)Karbid n; **~ine** ['-ain], **carabine** ['kærəbain] Karabiner m; **~ohydrate** [ka:b:o(u)-'haidreit] chem Kohlenwasserstoff(verbindung f) m; physiol Kohlehydrat n; **~olic** [ka:'bɔlik] a Karbol-; **~~ acid** Karbolsäure f, Phenol n; **~olize** ['-bəlaiz] tr mit Karbol behandeln.

carbon ['ka:bən] chem Kohlenstoff; el Kohlenstift m (für Bogenlicht); (~ paper) Kohlepapier n; (~copy) Durchschlag m, -schrift f; **~aceous** [ka:bə-'neiʃəs] kohlen(stoff)haltig; **~ anode** Kohlenanode f; **~ate** ['ka:bənit] Karbonat, kohlensaure(s) Salz n; tr ['-eit] mit Kohlensäure behandeln od sättigen lüften; **~~copy** Durchschlag m; **~ dioxide** Kohlendioxyd n; **~ic** [ka:'bɔnik] Kohlen-; **~~ acid** Kohlensäure f; **~~ oxide** Kohlenoxyd n; **~iferous** [ka:bə'nifərəs] a = ~aceous; s C~~ (geol) Karbon n; **~ization** [ka:bənai'zeiʃən] Verkohlung, Inkohlung; (Textil) Karbonisation f; (Kohle) Verkokung f; **~ize** ['ka:bənaiz] tr verkohlen, inkohlen; (Textil) karbonisieren; (Kohle) verkoken; **~ lamp**, **light** Bogenlampe f, -licht n; **~ microphone, transmitter** Kohlemikrophon n; **~ monoxide** Kohlenoxyd n; **~paper** Kohlepapier n; **~yl** ['ka:bənil] Karbonyl n; **~~ chloride** Karbonylchlorid n.

carb|orundum [ka:bə'rʌndəm] Karborundum, Siliziumkarbid n; **~oy** ['ka:bɔi] Korbflasche f, (bes. Säure-) Ballon m; **~uncle** ['ka:bʌŋkl] min Karfunkel m; med Karbunkel m; **~uret** ['ka:bjuret] tr chem karburieren, mit Kohlenstoff aufsättige od verbinden; mot vergasen; **~uret(t)ed** ['-id] a mit Kohlenstoff verbunden od aufgesättigt; **~~ air** Gas-, Luftgemisch n; **~uretting** ['-iŋ] Karburierung; mot Vergasung f; **~uret(t)or, ~uret(t)er** ['-ə] mot Vergaser m; down-draught ~ Fallstromvergaser m; ~~ adjustment

Vergasereinstellung, -regulierung f; **~urization** [ka:bjurai'zeiʃən] Aufkohlen n; **~urize** ['ka:bju:raiz] tr karburieren, aufkohlen.

carcass, carcase ['ka:kəs] Tierleiche f, tote(s) Tier, Aas n, (pej a. vom Menschen) Kadaver; (Fleischerei) Tierkörper, Rumpf m; (Haus, Schiff) Gerippe a. pej, Skelett n, Rohbau m; (Reifen) Karkasse f; el Stator m; Am Brandbombe f.

carcinoma [ka:si'noumə] med Karzinom n, Krebs m.

card [ka:d] **1.** s Wollkratze f, Krempel m, Kardätsche f; tr krempeln, kardätschen, streichen; **~ed wool** Streichwolle f; **~~thistle** bot Kardendistel) f; **~ing-machine** Streichmaschine f; **2.** s (Spiel-, Post-, Besuchs-)Karte f; Windrose f; Programm(-nummer f); Schild n (in e-m Schaufenster); jam (komischer) Kerl m; tr Am e-e Karte schreiben (s.o. jdm); auf e-e Karte schreiben; in, on the ~s wahrscheinlich, möglich, zu erwarten; to have a ~ up o.'s sleeve etw in petto haben; to play (at) ~s Karten spielen; to play o.'s ~s well, badly s-e Sache gut, schlecht machen; to put, to lay o.'s ~s on the table, to show, to throw up o.'s ~s (fig) s-e Karten aufdecken, mit offenen Karten spielen; game of ~s Kartenspiel n; house of ~s (fig) Kartenhaus n; picture post-~ Ansichtskarte f; reply ~ Antwortkarte f; visiting-~, Am a. calling-~ Besuchs-, Visitenkarte f; voting ~ Stimmzettel m; wedding ~ Heiratsanzeige f; **~board** ['-bɔ:d] Pappe f; ~~ box Pappschachtel f, -karton m; **~~case** Kartei-, Zettelkasten m; Visitenkartentasche f; **~~index** s Kartei, Kartothek f; tr verzetteln; katalogisieren; e-e Kartei anlegen von; **~~ cabinet** Karteischrank m; **~~ guide** Leitkarte f; **~~ number** Karteinummer f. **~~sharper**, Am **~~sharp** Falschspieler m; **~ table** Bridgetisch m; **~~vote** pol Stimme f e-s Wahlmannes.

cardam|ine [ka:'dæmini:, 'ka:dəmain] Wiesenschaumkraut f; **~om** ['-əmɔm] Kardamom m od n (Gewürz).

cardan ['ka:dən] a: **~ joint** Kardangelenk n; **~ shaft** Kardan-, Gelenkwelle f.

cardi|ac ['ka:diæk] a bes. med Herz-; a u. s herzstärkend(es Mittel n); **~~ apoplexy, gland, probe, sound, valve** Herzschlag m, -drüse, -sonde f, -ton m, -klappe f; **~algy, ~algia** ['-ældʒi,

cardigan [kɑ:di'ældʒiə] Sodbrennen *n*; **~gan** ['~gən] Wolljacke, -weste *f*.
cardinal ['kɑ:dinl] *a* hauptsächlich; Haupt-; hochrot; *s rel* Kardinal *m a. zoo*; Kardinalsrot *n*; Bischof *m (Getränk)*; Kardinalzahl *f*; **~ate, ~ship** ['~eit, '~ʃip] Kardinalswürde *f*; **~ bird, grosbeak** *Am orn* Rote(r) Kardinal *m*, Virginische Nachtigall *f*; **~-flower** *bot* Scharlachrote Lobelie *f*; **~ number** Grund-, Kardinalzahl *f*; **~ point** Haupt-, Kardinalpunkt *m*; Himmelsrichtung *f*; **~'s hat** Kardinalshut *m*; **~ virtue** Kardinaltugend *f*.
cardio ['kɑ:diə, -ə] *(in Zssgen)* scient Herz-; **~gram** ['~græm] Kardiogramm *n*; **~neurosis** ['~nju:'rousiz] Herzneurose *f*.
carditis [kɑ:'daitis] *med* Herzentzündung *f*.
cardoon [kɑ:'du:n] *bot* Kard(on)e, Spanische Artischocke *f*.
care [kɛə] *s* Sorgfalt, Achtsamkeit; Obhut; Behandlung; Pflege, Fürsorge, Wartung; Sorge, Besorgnis, Besorgtheit; Anteilnahme *f*; *meist pl* Sorgen *f pl*, Not *f*, Kummer *m*; *itr* sich Sorgen, sich Gedanken machen *(about* über*)*; *to ~ about* Interesse haben an, Lust haben zu; *to ~ for* sorgen für, aufpassen, sich kümmern um; pflegen; *(fragend u. verneint)* gern haben, mögen, Interesse haben an; wünschen, haben wollen; *to be ~d for* versorgt, aufgehoben sein; *to ~ to (fragend u. verneint)* Lust haben zu; *free from ~s* ohne Sorgen, sorgenfrei, sorglos; *in, under o.'s ~* in jds Obhut; *(in) ~ of* (= c./o.) bei, per Adresse; *not to ~ a rap* od *fig* sich keinen Deut kümmern *(whether* ob; *for* um); *to take ~* vorsichtig sein, sich hüten, aufpassen; sorgen *(of* für), sich kümmern *(of* um); schonen, achtgeben *(of* auf; *to* in*; that* daß); erledigen *(of s.th.* etw); aufbewahren *(of s.th.* etw); *to take ~ of o.s.* sich pflegen; *I don't ~* das ist mir gleich, *fam* egal; meinetwegen! mir liegt nichts daran *(to* zu); *what do I ~!* was geht's mich an! *who ~s?* wen interessiert das schon? *I couldn't ~ less* das macht mir nichts; *for all I ~* meinetwegen; *would you ~ to...?* macht es Ihnen was aus zu od wenn...? *have a ~* paß auf! *that takes ~ of that* damit wäre das erledigt; **~ful** ['~ful] sorgfältig; achtsam, bedacht(sam), um-, vorsichtig; *to be ~* vorsichtig sein, aufpassen; *I was not to go* ich habe mich gehütet, zu gehen; *be ~~ to write* vergiß nicht zu schreiben; **~fulness** ['~fulnis] Sorgfalt; Achtsamkeit, Um-, Vorsicht *f*; **~free** ['~fri:] ohne Sorgen, sorglos; **~less** ['~lis] sorglos; gleichgültig, gedankenlos; achtlos; unachtsam *(of* gegen); unvorsichtig; nachlässig; **~lessness** ['~lisnis] Sorglosigkeit; Fahrlässigkeit *f*; Unachtsamkeit; Nachlässigkeit *f*; **~taker** Wärter, Aufpasser; Hausmeister, -besorger *m*; **~~ government** Übergangsregierung *f*; **~~worn** *a* erschöpft, ausgemergelt.
careen [kə'ri:n] *tr* kielholen; *itr* krängen.
career [kə'riə] *s* Lebensgeschichte *f*, -lauf *m*; Laufbahn, Karriere *f*; Beruf; Lauf, Galopp *m*; *itr* laufen, eilen, stürmen, sausen; *to ~ about, along, over, through* umher-, entlang-, hinüber-, hindurchlaufen; *in full ~* in vollem Lauf, in großer Eile; *to enter upon a ~* e-e Laufbahn einschlagen; **~ diplomat** Berufsdiplomat *m*; **~ girl, woman** Berufstätige *f*; **~ism** [-rizm] Streberei *f*; **~ist** [kə'riərist] Karrieremacher, Postenjäger, Streber *m*.
caress [kə'res] *s* Liebkosung *f*; Kuß *m*, Umarmung *f*; *tr* liebkosen, streicheln; küssen; umarmen; **~ing** [-iŋ] liebkosend, einschmeichelnd.
caret ['kærət] *typ* Fehlzeichen *n*.
cargo ['kɑ:gou] *pl -(e)s aero mar* Fracht, (Schiffs-)Ladung *f*; **~ aircraft, plane**, Transportflugzeug *n*; **~ boat, ship, vessel** Frachtschiff *n*; **~ capacity** Laderaum *m*; **~ door**, *aero* **bay, hatch** Ladeluke *f*; **~checker** Tallymann *m*; **~ glider** Lastensegler *m*; **~ insurance** Frachtversicherung *f*; **~ (para)chute** Lastenfallschirm *m*; **~ space** *aero* Laderaum *m*; **~ steamer** Frachtdampfer *m*.
Carib ['kærib] *a* karibisch; *s pl* Kariben *m pl*; **~bean** [-'bi:(ə)n, -'ribiən]: *the ~~ Sea* das Karibische Meer.
caricatur|e [kærikə'tjuə] *s* Karikatur *f*, Zerrbild *n*; *tr* karikieren; **~ist** [kærikə'tjuərist, *Am* 'kærikətərist] Karikaturist, Karikaturenzeichner *m*.
cari|es ['kɛərii:z] *med* Knochenfraß *m*, Karies *f*; *dental ~~* Zahnfäule, (Zahn-) Karies *f*; **~ous** ['kɛəriəs] kariös, zerfressen.
carking ['kɑ:kiŋ] *nur in*: *~ care* lästige Sorge *f*.
Carl|ovingian, Carolingian [kɑ:lo(u)-'vindʒiən, kærə'l-] *a hist* karolingisch; *s pl* Karolinger *m pl*.
Carmelite ['kɑ:məlait] *rel* Karmeliter(in *f*) *m*.
carmine [kɑ:'main] *s* Karmin(rot) *n*; *a* karminrot.

carn|age ['kɑ:nidʒ] Gemetzel, Blutbad n; **~al** ['kɑ:nl] leiblich, fleischlich; sinnlich, geschlechtlich; weltlich; **~ality** [kɑ:'næliti] Sinnlichkeit; Weltlichkeit f; **~ation** [kɑ:'neiʃən] bot Gartennelke f; **~elian** [kɑ:'ni:ljən] min Karneol m; **~ival** ['kɑ:nivəl] Karneval, Fasching m; Lustbarkeit f, (Fest-) Rummel m; **~ivora** [kɑ:'nivərə] pl Raubtiere n pl; **~ivore** ['kɑ:nivɔ:] Raubtier n; fleischfressende Pflanze f; **~ivorous** [kɑ:'nivərəs] zoo bot fleischfressend.

carob ['kærəb] (~-bean, -pod) Johannisbrot n; **~-tree** Johannisbrotbaum m.

carol ['kærəl] s lustige(s), frohe(s) Lied n (a. d. Vögel); Jubel-, Lobgesang m; (Christmas ~) Weihnachtslied n; itr jubilieren; tr singen; **~ler** ['-ə] (Weihnachtslieder-)Sänger m.

carotid [kə'rɔtid] Halsschlagader f.

carous|al [kə'rauzəl], **-e** [-z] s Trink-, Zechgelage n, Zecherei f; itr (to ~e) zechen.

carp [kɑ:p] **1.** s Karpfen m; **2.** itr herumschimpfen (at mit), herumnörgeln, etw auszusetzen haben (at an); **~al** ['-əl] a Handwurzel-; **~ bone** Handwurzelknochen m; **~ing** ['-iŋ]: **~ criticism** bissige Kritik f; **~ tongue** scharfe Zunge f.

carpent|er ['kɑ:pintə] s Zimmermann, Tischler m; tr itr zimmern; **~ry** ['-tri] Zimmerhandwerk n, -arbeit, Zimmerei f; Balkenwerk, Gebälk n.

carpet ['kɑ:pit] s Teppich m a. fig, Brücke f, Läufer m; tr mit e-m Teppich, e-m Läufer belegen; to be ~ed with dicht bedeckt sein mit; to be on the ~ zur Debatte, zur Diskussion stehen; to have s.o. on the ~ (fam) sich jdn vorknöpfen, -nehmen; **~-bag** Reisetasche f; **~-bagger** Am politische(r) Abenteurer; nicht ansässige(r) Agitator od Kandidat m; **~-bed** Teppichbeet n; **~ bombing** Flächenbombardierung f; **~-ing** ['-iŋ] Belegen n mit Teppichen; Teppichstoff m; **~-sweeper** Teppichkehrmaschine f.

carpus ['kɑ:pəs] pl **-pi** [-pai] Handwurzel f.

carriage ['kæridʒ] (Personen-, bes. Güter-)Transport m, Beförderung; Fracht; Transportgebühr f, Frachtkosten pl, Fuhrlohn m, Rollgeld n; (Last-)Wagen; Waggon; (Eisenbahn-, Personen-)Wagen m; Wagengestell, Laufwerk n, -katze; mil (gun-~) Lafette f; tech Wagen (a. d. Schreibmaschine), Schlitten m; aero (under ~) Fahrgestell n; Ausführung, Verwaltung, Leitung, Führung; (Körper-) Haltung f; Auftreten; Verhalten, Betragen n; **~-forward** (adv) unter Frachtnachnahme; **~-free, -paid** (adv) frachtfrei; **~ by air, by rail, by sea** Luft-, Bahn-, Seetransport m; **~ of goods** Gütertransport m; **~ of parcels** Paketbeförderung f; **~-drive** Fahrweg m (auf e-m Grundstück, in e-m Park); **~-horse** Zugpferd n; **~ release** Wagenlöser m (Schreibmaschine); **~-road, -way** Fahrweg m; **~-stock** rail Wagenpark m.

carrier ['kæriə] (Last-, Gepäck-, Aus-) Träger a. el, Bote; Fuhrmann; Fuhrunternehmer, Spediteur m; Speditionsgesellschaft f; med Keimträger; tech Mitnehmer, Rahmen, Schlitten, Transport m; radio Trägerwelle f; (Fahrrad) Gepäckständer, -träger; (aircraft ~) Flugzeugträger m; (~-pigeon) Brieftaube f; mail-~ (Am) Briefträger m; **~-bag** Tragebeutel m.

carrion ['kæriən] s Aas n; allg Abfall, Dreck, fam Mist m; a verfault; **~ beetle, crow, vulture** Aaskäfer m, -krähe f, -geier m.

carrot ['kærət] Mohrrübe, Möhre f; pl sl rote Haare n pl; Rotkopf m; the stick and the ~ (fig) Zuckerbrot u. Peitsche; **~y** ['-i] rötlich, rot(haarig).

car(r)ousel [kæru(:)'zel] Am Karussell n.

carry ['kæri] **1.** tr tragen a. fig, fahren, befördern, transportieren; (über)bringen; leiten, führen; (bei sich) haben, (about one self) führen, tragen; (Kopf, Körper) halten; arch tech halten, stützen, tragen; (Gewicht, Last) aushalten; fort-, weiterführen, ausdehnen, fortsetzen; (Buchung) über-, vortragen; mil ein-, gefangennehmen, stürmen, erobern, besetzen; (den Sieg) davontragen; (Preis) gewinnen; (erfolgreich) behaupten; (Menschen) für sich einnehmen, gewinnen, überzeugen, mitreißen; parl (Antrag) durchbringen; to be carried (Antrag) durchgehen, angenommen werden; (Ertrag) bringen; (Geld) einbringen; Am (Ware) führen, auf Lager haben, zurückhalten; Am (in den Büchern) führen; Am (finanziell) (unter)stützen, tragen; Am (Zeitung, Ztschr.) bringen; Am mus (Melodie) tragen; **2.** itr (bis zu e-r bestimmten Entfernung) reichen, gehen, tragen, dringen; schwanger sein; Am das Boot (u. die Last) tragen; to ~ o.s sich (körperlich) halten, sich bewegen; **3.** s Trag-, Reichweite f; (Golf) Flug(strecke f) (des Balles); Wolken-

carry away   136   **carve**

zug *m*; *(Lochkarten)* Zehnerübertragung *f*; *Am* Tragen *n* bei e-r Unterbrechung des Wasserweges; *to ~ all before one* erfolgreich sein, Erfolg haben; *to ~ the baby (fig)* etw ausbaden müssen; *to ~ coals to Newcastle (fig)* Eulen nach Athen tragen; *to ~ consequences* Folgen haben; *to ~ conviction* überzeugen, überzeugend wirken; *to ~ current* Strom führen; *to ~ into effect* zur Wirkung bringen; *to ~ interest* Zins(en) tragen *od* bringen; *to ~ it, the day* siegen, Sieger sein; *to ~ o.'s point* s-e Ansicht durchdrücken; *to ~ the torch (sl)* Trübsal blasen *(for s.o.* wegen jdm); *to ~ weight (fig)* Gewicht haben, von (ausschlaggebender) Bedeutung sein; *to* **~ away** wegtragen, -bringen, -schaffen; abbrechen, ab-, wegreißen; *fig* mitreißen, begeistern (*a. to* **~ along**); *to* **~ back** zurücktragen, -bringen; *(in Gedanken)* zurückversetzen; *to* **~ forward** fortsetzen; *(Buchung)* vor-, übertragen; *(amount) carried forward* Übertrag *m*; *to* **~ off** wegschleppen, weg-, mitnehmen, entführen; *(Preis)* gewinnen; *(Rolle)* spielen; *to ~ it off well* e-e Schwierigkeit glänzend meistern; *to* **~ on** *tr* fortsetzen, weiterführen; *(Gespräch, Krieg)* führen; *(Geschäft)* betreiben; *(Beruf)* ausüben; *itr* weitermachen; *fam* sich aufregen, die Nerven verlieren; verrückt spielen, den wilden Mann markieren; es haben (*with* mit), herumpoussieren, poussieren (*with* mit); ~ *on!* (*mil*) weitermachen! *to* **~ out** aus-, durchführen; *to* **~ over** *(Buchung)* vor-, übertragen; *(Effekten)* vortragen; überzeugen; *to* **~ through** durchführen, zu Ende bringen; durchhelfen (*s.o.* jdm); *to* **~ up** *(Gebäude)* aufführen; *(zeitlich)* zurückverfolgen; **~-all** ['ɔːl] *s* große Tasche *f*; *Am* leichte(r) Einspänner; *allg* (Pferde-)Wagen; *mot* (Personen-)Wagen *m* mit Sitzreihen an den Seiten; *a* Allzweck-, Mehrzweck-; **~~ truck** Kombiwagen *m*; **~-cot** Tragbettchen *n*; **~-forward** *com* Saldovortrag *m*; **~ing** ['-iŋ] *s* Beförderung *f*, Transport *m*, Fracht; Spedition *f*; (**~~** *fees*) Transportkosten *pl*, Fracht; *(Gesetzesvorlage)* Annahme *f*; *attr* Transport-, Fuhr-; **~~-agent** Transporteur *m*; **~~** *of arms* Waffentragen *n*; **~~** *cable* Tragseil *n*; **~~~-capacity** Tragfähigkeit, Belastbarkeit *f*; Ladegewicht *n*, Nutzlast; Platzzahl *f*; **~~** *container* Transportbehälter *m*;

~~-out *laws* (*pl*) (*Am*) Ausführungsgesetze *n pl*; **~~** *roller(tech)* Führungsrolle *f*; **~~** *rope* Tragseil *n*; **~~s** **-on** (*pl fam*) kindische(s) Benehmen *n*; **~~** *strap* Tragriemen, -gurt *m*; **~~-trade** Fuhrunternehmen; Speditionsgeschäft *n*; **~~-traffic** *(rail)* Güterverkehr *m*; **~~** *value* Buchwert *m*; **~-over** *com* Übertrag, Verlustvortrag; Rest *m*.

cart [kɑːt] *s* Karren, (*a. schwerer*) (zweirädriger) Wagen *m*; *tr* befördern, transportieren; *in the ~ (sl) in* der Tinte, im Eimer; *to push a ~* e-n Karren schieben; *to put the ~ before the horse (fig)* das Pferd am Schwanz aufzäumen; **~age** ['-idʒ] Fahren *n*, Fuhre *f*; Fuhrlohn *m*, Rollgeld *n*; **~er** ['-ə] Fuhrmann, Kärrner *m*; **~ful** ['-ful] *s*. **~-load**; **~-horse** (schweres) Zugpferd *n*; **~-load** Fuhre, Wagen-, Karrenladung *f*; **~ rut** Wagenspur *f*; **~-wheel** Wagenrad *n*; *fam Br* Krone *f*, *Am* Dollar *m*; *fam* Radschlagen *m*.

cartel ['kɑːtel, -'-] *fin* Kartell *n*, Ring; (*~ agreement*) Kartellvertrag *m*; Abkommen *n* über den Austausch von Kriegsgefangenen; Herausforderung *f* zum Duell; **~ization** [-ai'zeiʃən, -li-] Kartellierung *f*; **~ize** ['-aiz] *tr* kartellieren.

cartilag|e ['kɑːtilidʒ] Knorpel *m*; **~inous** ['-lædʒinəs] knorpelig; Knorpel-; **~~** *fishes* (*pl*) Knorpelfische *m pl*.

carto|grapher [kɑː'tɔgrəfə] Kartograph *m*; **~graphic(al)** [kɑːtoʊˈɡræfik(l)] kartographisch; **~graphy** [kɑː'tɔgrəfi] Kartographie *f*.

cart|on ['kɑːtɔn] Karton *m*, Pappschachtel *f*; Pappe *f*; *das* Weiße *im Zentrum e-r Schießscheibe*); **~oon** [kɑː'tuːn] *s* *(Kunst)* Karton *m*; *typ (bes.* ganzseitige) Illustration, (*bes.* politische) Karikatur, Trickzeichnung *f*, -bild *n*; Entwurf *m*; *tr itr* karikieren; *animated ~* Trickfilm *m*; **~oonist** [-'tuːnist] (Karikaturen-, Trickfilm-)Zeichner *m*.

cartouch(e) [kɑː'tuːʃ] *arch* Kartusche *f*, Rollwerk *n*, *bes.* Umrahmung *f*.

cartridge ['kɑːtridʒ] *mil* Kartusche, Patrone; *phot* (Film-)Patrone *f*; **~-belt** Patronen-, (*MG*) Ladegurt *m*; **~-case** Patronenhülse *f*; **~-paper** (starkes) Zeichenpapier *n*.

carv|e [kɑːv] *tr* (*on od in(to)*, *out of wood* in, aus Holz) schnitzen; (*on, in(to) stone* in Stein) meißeln, (*out of stone* aus Stein) hauen; (*o.'s name on a tree* s-n Namen in e-n Baum) (ein-)

carver 137 **cashier**

ritzen, (ein)schneiden; *(zubereitetes Fleisch)* (zer)schneiden, tranchieren, zerlegen; *(meist to ~~ up)* einteilen; in Stücke schneiden; *Am sl* lebhaft interessieren; *to ~ out (fig)* erkämpfen, erarbeiten; *to ~ a way through s.th.* sich durch etw e-n Weg bahnen; **~er** ['-ə] Bildschnitzer, -hauer; Vorschneider *m* *(bei Tisch)*; Vorlegemesser *n*; *pl u. pair of ~~s* Vorlegebesteck *n*; **-ing** ['-iŋ] Bildschnitzen, -hauen *n*; Schnitzerei *f*, Bildwerk *n*, Skulptur *f*; Tranchieren *n*; **~~-fork, -knife** Tranchier-, Vorlegegabel, -messer *n*.

caryatid [kæri'ætid] *arch* Karyatide *f*.

cascade [kæs'keid] Kaskade *f*, Wasserfall *m*; *tech (~ connection)* Stufen-, Kaskadenschaltung *f*; *(Kleid)* Volant *m*.

case [keis] **1.** *s* (Einzel-)Fall; *gram* Fall, Kasus; (Rechts-)Fall *m*, Sache *f*; Prozeß *m*; (Krankheits-)Fall; Kranke(r), Patient; Betroffene(r); *Am fam* eigenartige(r), sonderbare(r) Mensch *m*; *Am sl* (Liebes-)Verhältnis *n*, Verliebtheit *f*; *tr sl* inspizieren, genau ansehen; *in ~ (conj)* im Falle, für den Fall daß; damit nicht; *in (the) ~ of (prp)* im Fall *gen*; *in ~ of doubt* im Zweifelsfall; *in ~ of fire* bei Feuer; *in any ~* in jedem, auf jeden Fall; jedenfalls; *in this, that ~* in d(ies)em Fall; *in your ~* in Ihrem Fall; *to ~ out (Am sl)* sich zs.tun, zs.arbeiten; *to close the ~* die Beweisaufnahme schließen; *to come down to ~s (Am fam)* zur Sache kommen; *to hear a ~* über e-e Sache verhandeln; *to put (the) ~* den Fall setzen, annehmen; den Fall vortragen; *to state o.'s ~* s-e Sache darlegen; *that's (not) the ~* das ist (nicht) der Fall; *if that's the ~* wenn das der Fall, wenn das so ist; *as the ~ may be* nach Lage des Falles, der Sache; *as the ~ stands* so wie die Dinge liegen; *should the ~ occur* sollte der Fall eintreten, eintretendenfalls; *dismissal of a ~* Klagabweisung *f*; *merits (pl) of the ~ (jur)* Tatbestandsmerkmale *n pl*; *petty ~* Bagatellsache *f*; *~ of emergency* Dringlichkeitsfall *m*; **~ history, record** Krankengeschichte; Personalakte *f*; Erfahrungs-, Tatsachenbericht *m*; **~-law** Präzedenzrecht *n*; **~ work** Fürsorge(tätigkeit) *f*; **~ worker** Fürsorger(in *f*) *m*; **2.** *s* Behälter *m*; Hülle, Hülse, Kapsel *f*; Etui, Futteral *n*, Scheide *f*; Gehäuse; Fach *n*; Tasche, Beutel, Sack *m*; Mappe; Schachtel *f*, Kästchen *n*, Kasten *m*, Kiste *f*; Blumenkasten; *(glass ~)* Glas-, Schaukasten; *typ* Setzkasten *m*; *(Buchbinderei)* Einbanddecke; *tech* Be-, Umkleidung *f*, Einsatz, Mantel *m*; *mil s.* **~-shot**; *tr* ein-, in e-n Behälter stecken; *(to ~ up, over) tech* überziehen, be-, umkleiden; *to ~ in plaster (med)* in Gips legen; *~ of instruments (med)* Besteck *n*; **~book** *med* Patientenregister *n*; **~~harden** *tr* hartgießen, im Einsatz härten, stählen; **~~-hardening** Hart-, Schalen-, Kokillenguß *m*; Einsatzhärtung *f*; **~~-knife** Finnenmesser *n*; Hirschfänger *m*; **~~-law** Fallrecht *n*; **~~-shot** *mil* Schrapnell *n*; **~ stand** *typ* Setzregal *n*; **~ weed** *bot* Hirtentäschel *n*.

case|mate ['keismeit] *mil* Kasematte *f*; **~ment** ['keismənt] Fensterflügel *m*; *poet* Fenster *n*; **~~ curtain** Scheibengardine *f*; **~~ cloth** Gardinen-, Vorhangstoff *m*; **~ous** ['keisiəs] käs(eart)ig.

cash [kæʃ] *s* Bargeld *n*, Kasse *f*; *attr* Bar-; *tr* einwechseln, zu Geld machen; *(to ~ up)* bezahlen, einlösen; *(to ~ up)* (ein)kassieren, einziehen; *to ~ down, over (Am fam)* das Geld auf den Tisch legen für; *to ~ in (sl)* abkratzen, ins Gras beißen (müssen); *Am fam* zu Gelde, flüssig machen; *to ~ in on* gewinnen, profitieren an; nützen, nach besten Kräften ausnutzen; *against, for, in ~, in ready ~, ~ down* (gegen, in) bar; *in ~* bei Kasse; *out of ~* nicht bei Kasse, ohne Geld; *~ and carry (Am)* nur gegen Barzahlung u. eigenen Transport; *~ on delivery* gegen, per Nachnahme; *~ with order* zahlbar bei Auftragserteilung; *to buy for ~* (gegen) bar kaufen; *to make up the ~* Kasse(nsturz) machen; *to pay (in) ~* bar (be)zahlen; *to pay in hard ~* in barer Münze bezahlen; *to turn into ~* zu Geld machen; *I have no ~ with me* ich habe kein Bargeld bei mir; *balance in, of ~, stock in ~* Kassen-, Barbestand *m*; *discount for ~* Diskont *m* bei Barzahlung; **~able** ['-əbl] einziehbar, (ein)kassierbar; **~ account** Kassakonto *n*; **~ advance** Barvorschuß *m*; **~ amount** Kassenbetrag *m*; **~ assets** *pl* Barwerte *m pl*, -vermögen *n*; **~ audit** Kassenprüfung, -kontrolle, -revision *f*; **~ balance** Kassenbilanz *f*, -bestand *m*; *adverse ~~ (Am)* Kassendefizit *n*; **~ at, in bank, on deposit** Bankguthaben *n*; **~ bill** Kassenzettel *m*; **~ book** Kassenbuch *n*; **~ box** Kasse; (Geld-)Kassette *f*; Kassenschalter *m*; **~ discount** Kassakonto *n*, Barzahlungsrabatt *m*; **~~expenditure, expenses** *pl* Barausgabe *f*; **~ in, on hand** Bar-, Kassenbestand *m*; **~ier**

[kæ'ʃiə] s Kassierer(in f); Kassenbeamte(r); Kassenführer, -wart m; tr [kə'ʃiə] (Beamten) entlassen, fam kassieren; ~~'s desk Kassenschalter m; ~~'s office Kasse(nabteilung) f; ~ keeper Am Kassenführer, Kassierer m; ~ keeping Am Kassenführung f; ~ price Preis m bei Barzahlung, Kassapreis m; ~ receipts pl Kasseneinnahme f; ~ register Registrierkasse f; ~ remittance Barüberweisung f; ~ surrender value Rückkaufswert m; ~ system Barzahlungssystem n; ~ turnover Kassenumsatz m; ~ value Barwert m; ~ voucher Kassenbeleg m; ~ withdrawal Barentnahme, -abhebung f.

cash|ew [kæ'ʃuː] (~-tree) Kaschubaum m; ~mere [kæʃ'miə] Kaschmir(schal, -stoff) m.

casing ['keisiŋ] tech Be-, Umkleidung, Umhüllung, Hülle f, Futteral n, Mantel; Überzug m; Gehäuse n; Nutleiste; Verrohrung f; arch (Ver-) Schalung; Auskleidung f; min Schachtausbau m; (Textil) Futter n; Am Tür-, Fensterrahmen m; Am mot (Reifen-) Decke f, Mantel m; pl Am Därme m pl (als Wursthüllen).

casino [kə'siːnou] s Am Kasino n.

cask [kɑːsk] Faß n; Tonne f; **-et** ['-it] (Schmuck-)Kästchen n; Am Sarg m.

cass|ation [kæ'seiʃən] jur Aufhebung, Annullierung f (e-s Urteils); **-ava** [kə'sɑːvə] Kassawastrauch m; Tapioka(stärke) f; ~~ **root** Maniokwurzel f; **-erole** ['kæsəroul] feuerfeste Schüssel f; **-ia** ['kæsiə] bot Kassia, Kassie(nbaum m); (~~ bark) Kassienrinde f, gemeine(r) Zimt m; **-ock** ['kæsək] rel Soutane f, Mantel m; **-owary** ['kæsəwɛəri] orn Kasuar m.

cast [kɑːst] irr cast, cast tr (ab-, aus-, fort-, hin-, weg)werfen; hinfallen lassen; (Zahn, Huf) verlieren; (Kuh) zu früh gebären; (Frucht) zu früh abwerfen; tech gießen; (~ up) zs.zählen, -rechnen; aus-, berechnen; jur verwerfen; entlassen; in e-e Form bringen, formen, gestalten; (Schauspieler) einteilen (for für); (Rolle) besetzen (to mit); itr (Holz) sich werfen, sich verziehen, arbeiten; sich gießen lassen; würfeln; zs.zählen; sich erbrechen; planen; s Wurf(weite f) m, Auswerfen n (der Angel, des Netzes, des Lotes); Wurf m (beim Würfeln); zoo das Abgeworfene; (Raubvogel) Gewölle n; tech obs Guß m; tech Gußform; Gußprobe f; Abguß m, Gußstück n; (plaster ~) Gipsverband m; Aus-, Zs.-rechnen n, Berechnung f; theat (Rollen-)Besetzung f; Ensemble n; fig Neigung, Anlage, Eigenart; (Farb-) Nuance, Schattierung f, Schimmer, Anstrich m; Eigenschaft f, Charakter, Wesenszug m; (~ of features) Gesichtszüge m pl; Wesen n, Natur, Art, Prägung f, Gepräge n, Typ m; (~ of mind) Geistes-, Wesensart f; attr Guß-; to ~ anchor Anker werfen; to ~ dice würfeln; to ~ an eye, a glance, a look at, on, over s.th. e-n Blick auf etw werfen; to ~ a horoscope, a nativity ein Horoskop stellen; to ~ light, a shadow on Licht, s-n Schatten werfen auf; to ~ lots Lose ziehen; to ~ das Los entscheiden lassen; to ~ pearls before swine Perlen vor die Säue werfen; to ~ into prison ins Gefängnis werfen, einsperren; to ~ o.'s skin (zoo) sich häuten; to ~ a spell on verhexen; to ~ s.th. in s.o.'s teeth jdm etw unter die Nase reiben, vorhalten, -werfen; to ~ a vote, a ballot s-e (Wahl-)Stimme abgeben; to put in a ~ in Gips legen, e-n Gipsverband anlegen; to ~ **about** (herum)suchen (for nach); (hin u. her) überlegen (to inf; how wie); to ~ **aside, away** wegwerfen; to be ~ **away** (Schiff) untergehen; schiffbrüchig sein; to ~ **back** abweisen, zurückgeben; to ~ **down** niederwerfen, zerschmettern; fig niederschmettern, -drücken, deprimieren; ~ **down** (a) niedergeschlagen, traurig; to ~ **in** to teilen (o.'s lot with s.o. sein Los mit jdm); to ~ **loose** sich losmachen, -reißen; to ~ **off** tr (alte Kleider) ablegen; (Masche beim Stricken) abnehmen; mar (Tau) abrollen; typ (Manuskript) be-, ausrechnen (in Druckseiten); fig verstoßen; itr in See stechen; to ~ **on** (Masche) aufnehmen; to ~ **out** hinauswerfen; lit fig vertreiben; aus-, itr erbrechen a. fig, (wieder) von sich geben; to ~ **up** in die Höhe, hochwerfen; (die Augen) auf-, (den Kopf) hochwerfen; zs.-, ausrechnen, zs.zählen; ~ **iron** s Gußeisen n; **~-iron** a gußeisern; fig hart, unbeugsam; (Wille) eisern; ~ **mo(u)ld** Blockform, Kokille f; **~~-off** s Verstoßene(r m) f; Weggeworfene(s) n; a abgelegt; ~ **scrap** Gußbruch, -schrott m; ~ **seam** Gußnaht f; **~steal** Gußstahl m; ~ **strength** Gußfestigkeit f.

castanet ['kæstə'net, '-net] meist pl Kastagnette f.

castaway ['kɑːstəwei] s Verworfene(r), Ausgestoßene(r); Schiffbrüchige(r), Gestrandete(r) m; a verworfen, ausge-

stoßen; überflüssig, unnütz; schiffbrüchig, gestrandet *a. fig.*
caste [ka:st] *rel* Kaste *a. allg*; *allg* exklusive Gesellschaft(sschicht); soziale Stellung *f*, Rang *m*; ~ **feeling** Kastengeist *m*.
castell|an ['kæstələn] Kastellan, Schloßverwalter *m*; ~**ated** ['-eleitid] *a* burgartig, wie e-e Burg (gebaut), mit Zinnen (versehen); *(Land)* burgenreich.
caster ['ka:stə] Werfer; *tech* Gießer; Berechner *m*; *a.* **castor** [-] Möbelrolle *f*; *(Salz-, Pfeffer-, Zucker-)*Streuer *m*; *pl (~,* **castor stand** *Am)* Menage *f*; *china* ~ Porzellangießer *m*; ~ **sugar** Puder-, Staubzucker *m*.
castigat|e ['kæstigeit] *tr* züchtigen; heftig tadeln, heruntermachen; *(Buch)* durchsehen, verbessern; ~**ion** ['-geiʃən] Züchtigung *f*; heftige(r) Tadel *m*; *(Buch)* kritische Durchsicht *f*; ~**or** ['-tə] Tadler *m*.
casting ['ka:stiŋ] *s* Wurf; Guß *m*; Berechnung *f*; *(~ up)* Zs.zählen; *a. pl* Gußeisen, -stück *n*; Abguß *m*; *(~ of votes)* Stimmabgabe *f*; *a* entscheidend; *case-hardened, chilled ~* Hart-, Kokillenguß *m*; ~ **defect** Gußfehler *m*; ~ **net** Wurfnetz *n*; ~ -**vote** *parl* entscheidende Stimme *f*, Zünglein *n* an der Waage; *the chairman has the* ~~ die Stimme des Vorsitzenden entscheidet.
castle ['ka:sl] *s* Burg *f*; (festes) Schloß *n*; *(Schach)* Turm *m*; *itr* rochieren, die Rochade ausführen; ~ *in the air, in Spain* Luftschloß *n*; ~~**builder** Träumer *m*; ~~**guard** Kastellan *m*.
castor ['ka:stə] **1.** *obs zoo* Biber *m*; Biberpelz *m*; *sl* Deckel, Hut *m*; ~~**oil** Rizinusöl *n*; **2.** *s. caster*; **3.** *vet (Pferd)* Spat *m*.
castrat|e [kæs'treit] *tr* kastrieren, verschneiden; *fig* ausmerzen; *(Text)* verstümmeln; *(Buch)* die anstößigen Stellen entfernen aus; ~**ion** [-ʃən] Kastration, Verschneidung; *fig* Verstümmelung *f*.
casual ['kæʒ(j)uəl] *s* zufällig Anwesende(r); Gelegenheitsarbeiter; *pl mil* Durchgangspersonal *n*; Hausanzug *m*, Slipper *pl*; *a* zufällig, unerwartet, unvorhergesehen; gelegentlich, beiläufig; *(Bekanntschaft, Bemerkung)* flüchtig; unabsichtlich Freizeit-; Gelegenheits-; ~ **clothes** *pl* Haus-, Sportkleidung *f*; ~ **employment, labo(u)r** Gelegenheitsarbeit *f*; ~ **income** Nebenverdienst *m*, -einkommen *n*; ~ **labour(er), work(er)** Gelegenheitsarbeit(er *m*) *f*; ~**ly** ['-li] *adv* zufällig, durch Zufall; gelegentlich, beiläufig; ~**ty** ['kæʒjuəlti] Un(glücks)fall; Verunglückte(r), Verletzte(r), Verwundete(r) *m*, (Todes-)Opfer *n*; *pl mil* Ausfälle, Verluste *m pl*; *(~ list)* Verlustliste *f*; ~~ *insurance* Unfallversicherung *f*; ~~ *report* Verlustmeldung *f*; ~~ *ward* Unfallstation *f (in e-m Krankenhaus)*; ~ **ward** Obdachlosenasyl *n*.
casuist ['kæzjuist] Kasuist *m*; ~**ic(al)** [-'istik(l)] kasuistisch; ~**ry** ['-ri] Kasuistik; Haarspalterei, Spitzfindigkeit *f*.
cat [kæt] *s zoo* Katze *f*; *Am* Luchs *m*; *Am s.* ~*fish*; *Am* Swingenthusiast, Jazzmusiker *m*; *mar (~head)* (Anker-)Katt *f*; *tech* Traktor *m*; *(~-o'-nine-tails)* neunschwänzige Katze *f*; *pej* giftige(s) Weib *n*; *sl* Frauenjäger *m*; *tr mar (Anker)* katten; aufpeitschen; *itr sl* kotzen; freche Bemerkungen machen; herumlungern; *to lead a ~ and dog life* wie Hund u. Katze mitea. leben; *to let the ~ out of the bag (fig)* die Katze aus dem Sack lassen; *to see, to watch which way the ~ jumps (fig)* sehen, wohin der Hase läuft; *there is not room to swing a ~* man kann sich dort nicht umdrehen; *it's raining ~s and dogs* es regnet in Strömen; *when the ~'s away, the mice will play* wenn die Katze weg ist, tanzen die Mäuse; ~ **burglar** Fassadenkletterer *m*; ~**call** *s theat* Pfeifen, Zischen *n*; *tr* auspfeifen, -zischen; ~**fish** *zoo* Zwerg-, Katzenwels; Seewolf *m*; ~~**mint** *bot* (Gemeine) Katzenminze *f*; ~~**nap** leichte(r) Schlaf *m*; ~'**s-eye** Rückstrahler *m (an Fahrzeugen)*; *Art* Murmel *f*; ~'**s-paw** Katzenpfote *f*; (als) Werkzeug *n* (mißbrauchter Mensch *m*); *mar* leichte Brise *f*; ~'**s sleep** leichte(r) Schlaf *m*; ~~**walk** Laufplanke *f*; schmale(r) Steg *m*; ~**y,** ~**ish** ['-i, '-iʃ] katzenartig; katzenhaft; *fig* giftig.
cata|clysm ['kætəklizm] *geol* Flutkatastrophe; *(politische od soziale)* Umwälzung *f*; ~**comb** ['-koum] Katakombe *f*; ~**falque** ['-fælk] Katafalk *m*.
cata|lepsy ['kætəlepsi] Starrsucht *f*, -krampf *m*; ~**leptic** [-'leptik] kataleptisch, starrsüchtig; Krampf-; ~**log(ue)** ['-lɔg] *s* Katalog *m*, Verzeichnis *n*; *(price(d) ~~)* Preisliste *f*; Prospekt *m*; *Am* Vorlesungsverzeichnis *n*; *tr* katalogisieren; *library* ~ Bibliothekskatalog *m*; ~~ *price* Katalogpreis *m*; ~~ *wholesaler* Versandgroßhändler *m*; ~**log(u)ing** Katalogisierung *f*.

catalpa [kə'tælpə] *bot* Trompetenbaum *m*.

cataly|sis [kə'tælisis] *chem* Katalyse *f*; **~st** ['kætəlist] *chem* Katalysator(masse *f*) *m*; **~tic** [kætə'litik] *chem* katalytisch.

cata|maran [kætəmə'ræn] Floß; Auslegerboot *n*; *fam fig* Kratzbürste *f*; **~menia** [-'mi:niə] *med* Menstruation *f*.

cata|plasm ['kætəplæzm] *med* Breiumschlag *m*; **~pult** ['-pʌlt] *s* Wurf-, Schleudermaschine *f*, Katapult *m* od *n a. aero*; Schleuder *f*; *tr* (**~** *off*) *aero* katapultieren, (ab)schleudern; **~~** *aircraft, plane* Katapultflugzeug *n*; **~~** *launching, take-off (aero)* Katapult-, Schleuderstart *m*; **~~** *seat (aero)* Schleuder-, Katapultsitz *m*; **~ract** ['-rækt] Wasserfall *m*; Stromschnelle *f*; starke(r) Regenguß *m*; *med* graue(r) Star; *tech* Regulator *m*; *fig* Flut *f*.

catarrh [kə'tɑ:] Katarrh *m*, Erkältung *f*, Schnupfen *m*; **~al** [-rəl] katarrhalisch.

catastroph|e [kə'tæstrəfi] Katastrophe *f a. theat geol*, Schicksalsschlag *m*, große(s) Unglück *n*; *geol* Umwälzung *f*; **~ic(al)** [kætəs'trɔfik(l)] katastrophal, verhängnisvoll, niederschmetternd; Unglücks-; katastrophenartig.

catch [kætʃ] **1.** *irr caught, caught tr* (auf-, ein)fangen, ergreifen, packen, schnappen; *fig* betrügen, hereinlegen; (fest-)halten; *(Finger)* einklemmen; treffen *(on* auf); einholen, erreichen; überholen; *(Ball)* abfangen; *(Menschen, Zug, Bahn, Bus)* (noch) erreichen, *fam* kriegen, erwischen, ertappen, erwischen *(at* bei); hängenbleiben *(a coat* mit e-m Mantel); erlangen, erhalten, bekommen, *fam* kriegen; *(Krankheit)* sich holen, sich zuziehen; *(Gewohnheit)* annehmen; mitkriegen, hören, verstehen, begreifen; auf sich ziehen *od* lenken; für sich gewinnen, bezaubern; *itr* (fest)gehalten werden, sich verfangen *(on a nail* an e-m Nagel), sich einklemmen, eingeklemmt werden; *(Schloß, Riegel)* fassen, einschnappen, einrasten, (inea.)greifen, halten; *(Schlag)* treffen *(on the nose* auf die Nase); in Brand geraten, Feuer fangen; zufrieren; *med* ansteckend sein); **2.** *s* Fang *m*; *(Ball)* Fangen *n*; Beute *f*, Fang *(bes. Fische)*, Gewinn; *sport* Fangball; *phot* Verschluß; *tech* Anschlag *m*, Arretierung, Sperre *f*; Mitnehmer; Haken *m (zum Befestigen)*; (Tür-)Klinke *f*; (Fenster-)Griff *m*; *(Stimme)* Stocken *n*; *fig* Haken, Nachteil, Kniff, Trick *m*; *(~ question)* Fangfrage *f*; Blickfang *m*; *(Frau)* Partie *f*; *mus* Kanon *m*; *fig* Bruchstück *n*, Fetzen *m*; *to* **~** *in the act, redhanded* auf frischer Tat ertappen; *to* **~** *(a) cold* sich erkälten, sich e-n Schnupfen holen; *to* **~** *s.o.'s eye* jds Blick, Aufmerksamkeit auf sich ziehen *od* lenken; jdm ins Auge fallen; *to* **~** *fire* Feuer fangen; *to* **~** *hold of* ergreifen, packen, anfassen; *to* **~** *it (fam)* eins abkriegen; geschimpft, bestraft werden; *to* **~** *sight, a glimpse of* erblicken, e-n Augenblick zu Gesicht bekommen; *to* **~** *the Speaker's eye (parl)* das Wort erhalten; *I caught my breath* mir stockte der Atem, mir blieb die Luft weg; **~** *me!* denkste! das fällt mir gar nicht, nicht im Traum ein! *to* **~ at** greifen, fassen, haschen nach; *to* **~ away** wegschnappen; *to* **~ on (to)** *tr* begreifen, verstehen, *(Gelegenheit)* beim Schopf ergreifen, *itr* Anklang finden, Mode werden; *to* **~ out** *(beim Kricket den Schläger)* aus dem Spiel bringen; *fig* (bei e-m Fehler) ertappen; erwischen; *to* **~ up** auftreiben, *fam* ergattern; *(Redensart)* aufschnappen, *(Gewohnheit)* annehmen; *(Redenden)* unterbrechen, kritisieren; nachkommen *(with* mit); *(s.o. u. with s.o.* jdn) ein-, überholen; **~able** ['kætʃəbl] zu fangen(d), zu kriegen(d); einzuholen(d), erreichbar; **~all** *Am* Rumpelkammer *f*; **~-as-can** Freistilringen *n*; **~ basin** Auffangschale; Senkgrube *f*; **~ crop** dritte Ernte *f*; **~-drain** Wasserauffanggraben *m*; **~er** ['-ə] Fänger *a. sport*; Häscher *m*; *tech* Auskopplungsglied *n*, Schnapper, Auffänger *m*; **~ing** ['-iŋ] anziehend, einnehmend; *med* ansteckend; unsicher, verfänglich; täuschend, trügerisch; **~-line** Schlagzeile *f*; **~ment** ['-mənt] (Wasser-)Stauung *f*; (**~~** *aerea*) Einzugsgebiet *n*; **~~-basin** Staubecken *n*, -see *m*; **~-net** Schutz-, Fangnetz *n*; **~penny** *s* Lockartikel, Verkaufsschlager, Ramsch *m*; *a* billig, wertlos; **~-phrase** Schlagwort *n*; **~-up** *Am s.* ketchup; **~weed** *bot* Klebkraut *n*; **~-word** Schlagwort *n*; *(Lexikon, theat)* Stichwort; *poet* Reimwort *n*; **~y** ['-i] anziehend, einnehmend, sich einschmeichelnd, gefällig; verfänglich; schwierig.

catech|etic(al) [kæti'ketik(əl)] *a* katechetisch; Katechismus-; *s pl* Katechetik *f*; **~ism** ['-kizm] *rel* Katechismus(unterricht); Religionsunterricht *m*; *to put s.o. through his* **~~** *(fig)* jdn genau ausfragen; **~ize** ['-kaiz] *tr* kate-

catechumen 141 **cause**

chisieren, Religionsunterricht erteilen (*s.o.* jdm); *fig* ausfragen; **~umen** [-'kju:men] *rel* Konfirmand m; *fig* Neuling m.

categor|ic(al) [kæti'gɔrik(əl)] kategorisch, absolut, keinen Widerspruch duldend; **~y** ['kætigəri] Kategorie; Klasse; Begriffs-, Anschauungsform *f.*

catena|ry [kɔ'ti:nəri] *a* Ketten-; *s math* [-'kju:men] Kettenlinie *f*; **~ bridge** Kettenbrücke *f* **-tion** [-'neiʃən] Verkettung *f.*

cater ['keitə] *itr* (*Lebensmittel*) beheranschaffen, liefern (*for* für); für Verpflegung sorgen; etw bringen, beschaffen, geben (*to* dat); *to ~ for* beliefern; betreuen; sorgen für; **~er** ['-rə] Lebensmitteleinkäufer, -lieferant m; **~ing** ['-riŋ] Verpflegung(swesen n), Lebensmittelbeschaffung *f*; **~~ officer** (*Br*) Verpflegungsoffizier m; **~pillar** ['kætəpilə] *zoo tech* Raupe *f*; Raupenschlepper m; **~~ drive** Raupen-, Gleiskettenantrieb m; **~~ glue** Raupenleim m; **~~ track** Raupen-, Gleiskette *f*; **~~ tractor** (*Firmenbezeichnung*) Raupenschlepper m; **~waul** ['kætəwɔ:l] *itr* miauen; *s* Miauen n; *fig* Katzbalgerei, Katzenmusik *f.*

catgut ['kætgʌt] Darmsaite *f*; *mus* Saiteninstrumente n *pl.*

catharsis [kə'θɑ:sis] *psychol* Entspannung *f*, Abreagieren n; Sublimierung *f.*

cathedral [kə'θi:drəl] Kathedrale *f*, Dom m, Bischofskirche *f.*

Catherine ['kæθərin] Katharina, Katharine *f*; **~wheel** *arch* Rosette *f*; (*Feuerwerk*) Feuerrad n; *to turn a ~* ein Rad schlagen.

cathe|ter ['kæθitə] *med* Katheter n; **~tron** [kə'θi:trən] Gleichrichter m mit Außengittersteuerung; **~xis** [kə'θeksis] *psychol* Besetzung *f*; Gefühlswert m.

cathod|e ['kæθoud] *el* Kathode *f*; **~~ current** Kathodenstrom m; **~~ filament** Glühkathode *f*; **~~ ray** Kathodenstrahl m; **~~ ray tube** Braunsche Röhre *f*; **~ic** [kə'θɔdik] kathodisch.

catholic ['kæθəlik] *a rel* katholisch; *allg* universal, allgemein; (all)umfassend, weitgespannt, vielseitig; vorurteilslos, weitherzig, aufgeschlossen, frei(sinnig), verständnisvoll, tolerant; *s* Katholik(in *f*) m; *Roman C~* römisch-katholisch; *the C~ Church* die katholische Kirche; **C~ism** [kə'θɔlisizm] Katholizismus m; **~ity** [kæθə'lisiti] Universalität, Allgemeinheit; Vorurteilslosigkeit, Weitherzigkeit, Aufgeschlossenheit *f*, Freisinn m, Toleranz *f*; **~ize** [kə'θɔlisaiz] *tr itr* katholisch machen *od* werden.

cation ['kætaiən] *phys* Kation n.

catkin ['kætkin] *bot* Kätzchen n.

cattle ['kætl] Vieh; Groß-, Rindvieh n; *in Zssgen* Rinder-, Vieh-; *to raise ~* Vieh züchten; **~ barn, shed** Viehstall m; **~~breeder** Viehzüchter m; **~~breeding** Rinderzucht *f*; **~ broker** *Am* Viehhändler m; **~~car, -truck, -van, -wag(g)on** *rail* Viehwagen m; **~~dealer** Viehhändler m; **~~feeder** (Stall-)Schweizer; Futterverteiler m (*Gerät*); **~~fodder, ~Am feed** Viehfutter n; **~~lifter, -rustler, -thief** Viehdieb m; **~~lorry** Viehtransporter m; **~ man** *Am* Viehzüchter m; **~~pen** Viehhürde *f*; **~~plague** *vet* Rinderpest *f*; **~ puncher** *Am* Rinderhirt m; **~ ranch** *Am* Rinderfarm *f*; **~ range** *Am* Weidegründe m *pl*, Viehweiden *f pl*; **~ salt** Viehsalz n; **~~wire** Schutzdraht m; **~yard** Schlachthof m.

Caucas|ian [kɔ:'keiʃən, -ziən] *a obs* kaukasisch; europid; *s* Kaukasier, Weiße(r) *m*; **~us** ['kɔ:kəsəs] Kaukasus m.

caucus ['kɔ:kəs] *Am s* Parteiführerversammlung; Wahlvorversammlung *f*; Partei-, Wahlausschuß; *Br* örtliche(r) Parteiausschuß m; *itr* sich zu e-r politischen Konferenz versammeln; intrigieren, e-e Clique bilden; *tr* (*Partei*) durch e-e Gruppe beherrschen; *the ~, ~ system* Gruppenbildung; Cliquenwirtschaft *f.*

caud|al ['kɔ:dl] schwanzartig; Schwanz-; **~~ fin** Schwanzflosse *f*; **~ate** ['-eit] geschwänzt; *to be ~~* e-n Schwanz haben.

caudle ['kɔ:dl] Glühwein m; Haferflockensuppe *f* mit Wein.

caul [kɔ:l] *hist* Netzhaube *f*; Haarnetz n; *physiol* innere Embryonalhülle *f*, Amnion n; Glückshaube *f.*

ca(u)ldron ['kɔ:ldrən] große(r) (Koch-)Kessel m.

cauliflower ['kɔliflauə] Blumenkohl m; **~ cloud** Kumulus m, Quellwolke *f*; **~ ear** Boxerohr n.

ca(u)lk [kɔ:k] *tr* dicht machen, abdichten; (*Dampfkessel*) verstemmen; *mar* kalfatern; *to ~ off* (*Am sl*) schlafen gehen, sich ausruhen; **~er** ['-ə] *tech* Stemmer; *mar* Kalfaterer m.

caus|al ['kɔ:zəl] ursächlich; kausal; *gram* Kausal-; **~~ nexus** ursächliche(r), Kausalzshang m; **~ality** [kɔ:'zæliti] Ursächlichkeit, Kausalität *f*; **~ative** ['kɔ:zətiv] verursachend, ursächlich; *gram* kausativ; **~e** [kɔ:z] *s* Ursache, Veranlassung *f*; Grund, Anlaß m (*for*

causeless   142   **ceiling**

zu); Sache, Angelegenheit *f; jur* Prozeß, Streitfall *m; tr* verursachen; *(Schaden)* anrichten, bewirken; veranlassen; *(Überraschung)* hervorrufen, erregen; *to be the ~~ of s.th.* Anlaß zu etw sein; *to make common ~~ with s.o.* mit jdm gemeinsame Sache machen; *to plead a ~~* e-e Sache *(vor Gericht)* vertreten; *~~ of action (jur)* Klagegrund *m; ~~ of divorce* Scheidungsgrund *m; ~~ of trouble* Fehlerquelle *f; ~~-list (jur)* Terminliste *f;* **-eless** ['-lis] grundlos.

cause(wa)y ['kɔːz(w)ei] (Straßen-) Damm *m;* Chaussee, Landstraße *f.*

causti|c ['kɔːstik] *a* ätzend; *fig* beißend, scharf, sarkastisch; *chem* kaustisch, Brenn-; *s* Ätzmittel *n; ~~ lime, potash, soda* Ätzkalk *m,* -kali, -natron *n;* **-city** [kɔːˈtisiti] ätzende, Ätzwirkung *f; fig* Schärfe *f,* Sarkasmus *m.*

cauter|ization [kɔːtəraiˈzeiʃən] *med* Ausbrennen *n,* Ätzung *f; tech* Brennschneiden *n;* **-ize** ['kɔːtəraiz] *tr med* kauterisieren, ausbrennen, ätzen; *tech* brennschneiden; *fig* abstumpfen; **-y** ['kɔːtəri] *med (~~ burner)* Thermokauter, Brenner *m;* Ätzmittel; *tech* Brennschneiden *n.*

cauti|on ['kɔːʃən] *s* Vorsicht, Achtsamkeit, Bedachtsamkeit, Umsicht; Vorsichtsmaßregel, -maßnahme; *fin* Bürgschaft, Sicherheit, Kaution, Garantie; Warnung *f,* Warn-, Alarmzeichen *n;* (Rechtsmittel-, Eides-)Belehrung *f; mil* Ankündigungskommando *n; Br* ulkige Nummer; *Am sl* (ganz) große, phantastische, tolle Sache *f; tr* warnen *(against* vor); *jur* verwarnen, e-n Verweis erteilen (*s.o.* jdm); *jur* belehren; **-onary** ['-ʃnəri] *a* Warn-; *jur* Sicherheits-; *~~ command (Br)* Ankündigungskommando *n;* **-ous** ['kɔːʃəs] vorsichtig, umsichtig, achtsam, bedachtsam; **-ousness** Vorsicht, Umsicht, Bedachtsamkeit *f.*

caval|cade [kævəlˈkeid] Reiterzug *m;* **-ier** ['-liə] *s* Reiter, Ritter; Kavalier; *C~~ (17. Jhdt.)* Royalist *m; a* sorglos, unbeschwert, heiter, froh (-gemut); hochmütig, -näsig; **-ry** ['kævəlri] Reiterei, Kavallerie *f;* **~~man** Kavallerist, Reiter *m.*

cav|e 1. [keiv] *s* Höhle *f,* Hohlraum *m; sl* (fensterloser) Raum *m; Br pol* Parteispaltung *f;* Abtrünnige, Spalter *m pl; tr* ausbeulen; ausbeulen, eindrücken; *itr pol* sich abspalten, die Partei spalten; *Am fam* zs.sacken; *to ~~ down (Am fam) tr* unterwühlen; *zs.hauen; itr* zs.sacken; *to ~~ in (itr) (Erde über e-m Hohlraum)* nachgeben, einsinken, -stürzen; *fig fam* nachgeben, sich fügen, klein beigeben; *Am fam* zs.sacken; *tr* zum Einsturz bringen; **~~-bear** Höhlenbär *m;* **~~-dweller** *(hist)* Höhlenbewohner *m;* **~~-in** eingebrochene Stelle *f;* **~~-man** *(hist)* Höhlenmensch; *fig* primitive(r) Mensch, Wilde(r); *Am* Draufgänger *m; ~~ painting* Höhlenmalerei *f;* **2.** ['-i] *sl (Schule)* Achtung! der Alte kommt!

-eat ['keiviæt] *s jur* Warnung *f;* Einspruch *m; Am* vorläufige Patentanmeldung *f; to enter, to put in a ~~ against s.th.* gegen e-e S Einspruch erheben; **-ern** ['kævən] *s bes. lit* (große) Höhle *f; tr* aushöhlen; ein-, umschließen; **-ernous** ['-əs] höhlenreich; porös; *fig* hohl, tief(liegend), eingefallen; *(Dunkelheit)* groß.

caviar(e) ['kæviɑː] Kaviar *m; ~ to the general (fig)* Kaviar fürs Volk.

cavil ['kævil] *s* Nörgelei; Spitzfindigkeit *f; itr* (herum)kritteln, etw auszusetzen haben, (herum)nörgeln *(at, about* an); **-(l)er** ['-ə] Nörgler *m.*

cavity ['kæviti] Hohlraum *m,* Höhlung, Mulde *f; (Zahn)* Loch *n; (im Metall)* Lunker *m.*

cavort [kəˈvɔːt] *itr Am sl* sich aufplustern; *fam* herumtollen.

cavy ['keivi] Meerschweinchen *n.*

caw [kɔː] *itr (Rabe, Krähe)* krächzen; *s* Krächzen *n.*

cay [kei] Sandbank *f;* Riff *n;* Klippe *f;* **-enne** ['-en] *(~~ pepper)* Kayennepfeffer *m;* **-man, caiman** ['-mən] Kaiman *m.*

cease [siːs] *itr* aufhören *(doing, to do* zu tun); ablassen *(from* von); *tr* einstellen, aufhören mit; *to ~ fire (mil)* das Feuer einstellen; *to ~ payment (fin)* die Zahlungen einstellen; *to ~ work* die Arbeit(en) einstellen; **~~-fire** *mil* Feuereinstellung *f;* **-less** ['-lis] unaufhörlich, pausenlos.

cedar ['siːdə] *bot* Zeder *f; (~~-wood)* Zedernholz *n;* **~~-bird** *Am orn* Seidenschwanz *m.*

cede [siːd] *tr* aufgeben, abtreten, überlassen, zedieren *(to* an); zugeben.

ceil [siːl] *tr (Zimmerdecke)* täfeln; verputzen; **-ing** ['-iŋ] (Zimmer-)Decke *f,* Plafond *m; (Schiffsbau)* Innenbeplankung, Wegerung; *aero* untere Wolkengrenze; *aero* Steig-, Gipfelhöhe; höchste Steigmöglichkeit; *fin* oberste Grenze *f;* Höchstpreis *m,* -miete *f,* -lohn *m,* -gehalt *n; attr* Höchst-; *to hit the ~~ (sl)* rasend werden, platzen.

celandine ['seləndain] *bot (Common od Greater C~)* Schell-, Schöllkraut *n*; *(Small od Lesser C~)* Scharbocks-, Feigwarzenkraut *n*, Feig(en)wurz(el) *f*.

celebr|**ant** ['selibrənt] Zelebrant *m*; **~ate** ['-eit] *tr rel* zelebrieren; feiern; *itr fam* es sich wohl sein lassen; **~ated** [-id] *a* gefeiert; berühmt; weit u. breit bekannt; **~ation** [-'breiʃən] Feier *f*; (Freuden-)Fest *n*; **~ity** [si'lebriti] Berühmtheit *f (a. Person).*

celer|**iac** [si'leriæk] Knollensellerie *m* od *f*; **~ity** [-iti] Geschwindigkeit *f*; **~y** ['seləri] *bot* Sellerie *m* od *f*.

celestial [si'lestjəl] *astr* Himmels-; *rel poet* himmlisch; **~ body** Himmelskörper *m*; **~ globe** Himmelsglobus *m*; **~ map** Sternkarte *f*.

celib|**acy** ['selibəsi] Ehelosigkeit *f*, Zölibat *n* od *m*; **~ate** [-ət, -eit] *a bes. rel* ehelos; *s* Ehelose(r *m*) *f*.

cell [sel] Zelle *(in e-m Kloster, e-m Gefängnis, e-r Bienenwabe) a. biol pol; poet* Hütte *f; poet* Grab *n; el* Element *n*; **~ body** Zellkörper *m*; **~cleavage, division** Zellspaltung, -teilung *f*; **~ nucleus** Zellkern *m*; **~ wall** Zellwand *f*; **~ wool** Zellwolle *f*; **~~wool factory** Zellwollfabrik *f*.

cellar ['selə] *s* Keller *m*; *tr* einkellern; im Keller lagern; *to keep a good ~* ein guten Tropfen (im Keller) haben; **~age** ['-ridʒ] Kellergeschoß *n*; Kellermiete *f*; **~er** ['-rə] Kellermeister *m*.

cello ['tʃelou] *pl -os mus* Cello *n*.

cell|**ophane** ['seləfein] Zellophan *n*, Glashaut *f*; **~ular** ['seljulə] *a biol* zellular, aus Zellen gebildet; zellenartig, netzförmig; Zellular-, Zell-; Netz-; **~~ pathology** *(med)* Zellularpathologie *f*; **~~ tissue** Zellengewebe *n*; **~ulation** [selju'leiʃən] *biol* Zellbildung *f*; **~uloid** ['seljuloid] Zelluloid *n*; *fig* Kino *n*; **~ulose** ['seljulous] Zellulose *f*, Zellstoff *m*.

Celt [selt, kelt] Kelte *m*; **~ic** ['-ik] keltisch.

cement [si'ment] *s* Zement *(als Baustoff u. Zahnfüllung)*; Kitt *m*; *geol* Bindemittel, *fig* Band *n*; *tr* (aus)zementieren; (ver)kitten, kleben; *fig* binden, zs.halten; **~ation** [si:men'teiʃən] Zementieren *n*; Verkittung *f*; **~ block, clinker, conveyor** Zementblock, -klinker, -förderer *m*; **~ fibre slab** Zementfaserplatte *f*.

cemetery ['semitri] Friedhof *m*.

cenotaph ['senətɑ:f] Ehrenmal *n*.

cens|**e** [sens] *tr* weihräuchern, Weihrauch streuen *(s.o.* jdm); **~er** ['-ə] *rel* Weihrauchfaß *f*; Räucherpfanne *f*; **~or** ['-ə] *s* Zensor; bösartige(r) Kritiker *m*; *tr* zensieren; prüfen; **~orious** [-'sɔ:riəs] tadelsüchtig, sehr kritisch, schwer zufriedenzustellen(d); **~orship** Amt *n* e-s Zensors; Zensur *f*; **~~ office** Zensurstelle *f*; **~urable** ['senʃərəbl] tadelnswert; **~ure** ['senʃə] *s* Tadel *m* *(of an)*; Mißbilligung *f*; *tr* tadeln, rügen; mißbilligen; **~us** ['sensəs] (Volks-)Zählung *f*, Zensus *m*; **~~ paper** Hausliste *f*.

cent [sent] *Am* Cent *m* ($^1/_{100}$ *Dollar)*; *I don't care a ~* das ist mir völlig egal; *per~* Prozent *n*; vom Hundert(%); **~aur** ['sentɔ:] Kentaur *m a. astr (C~us)*; **~aury** ['-ɔ:ri] *bot* Flockenblume *f*; **~enarian** [senti'nɛəriən] *a (Mensch)* hundertjährig; *s* Hundertjährige(r *m*) *f*; **~enary** [sen'ti:nəri, 'sentinəri] *a* hundertjährig; *s* Jahrhundert *n*; hundertste(r) Jahrestag *m*, Hundertjahrfeier *f*; **~ennial** [sen'tenjəl] *a* hundertjährig; Hundertjahrs-; *s* hundertste(r) Jahrestag *m*, Hundertjahrfeier *f*; **~esimal** [-'tesiməl] hundertteilig; Zentesimal-; **~igrade** ['sentigreid] *(Thermometer)* hundertgradig, Celsius-; **~igram(me)** ['-græm] Zentigramm *n*; **~imetre, ~imeter** ['-imi:tə] Zentimeter *n*; **~ipede** ['-ipi:d] *zoo* Tausendfuß, -füß(l)er *m*.

centr|**al** ['sentrəl] *a* in der Mitte gelegen, die Mitte bildend, zentral *a. fig*; Mittel-, Zentral-; *fig* führend, leitend, Haupt-; *s Am tele* Zentrale, Vermittlung *f*; *Am* Vermittler(in *f*) *m*; *Am* (Rohr-)Zuckerfabrik *f*; **~~ adjusting** *(tech)* Zentralanstellung *f*; *C~~ America* Mittelamerika *n*; *C~~ Asia* Zentralasien *n*; **~~ corridor**, *gangway (rail)* Mittelgang *m*; **~~ depot** Sammelstelle *f*; *C~~ Europe* Mitteleuropa *n*; *C~~ European* mitteleuropäisch; *C~~ European time* mitteleuropäische Zeit (MEZ); **~~ heating** Zentralheizung *f*; **~~heating plant** Heizanlage *f*; **~~ lubrication** Zentralschmierung *f*; **~~ nave** *(arch)* Mittelschiff *n*; **~~ position** Mittellage, -stellung *f*; **~~ post office** Hauptpostamt *n*; **~~ power-plant** Kraftzentrale *f*; **~~ reserve** Mittel-, Grünstreifen *m (bei d. Autobahn)*; **~~ station** Hauptbahnhof *m*; *el* Kraftwerk *n*; **~~ water-works** Wasserwerk *n*, Pumpstation *f*; **~alization** [sentrəlai'zeiʃən] Zentralisation, Zentralisierung *f*; **~alize** ['sentrəlaiz] *tr* zentralisieren, zs.fassen; **~e,** *Am* **center** ['sentə] Mitte(lpunkt *m*) *f*, Zentrum *n a. mil*, Brennpunkt *m*; Zentrale, Zentralstelle; Achse, *(Rad)* Nabe; *tech* Spitze

centric 144 **certify**

f; Körner; *arch* Lehrbogen; *fig* Kern. Ausgangspunkt *m*, Innerste(s) *n*; *das* Schwarze *(der Schießscheibe)*; (~~ *forward*) *sport* Mittelstürmer *m*; *the C*~~ *(pol)* die Mitte(lparteien *f pl*) *f*; *pl tech* Mittelpunktsabstand *m*; *itr* s-n Mittelpunkt finden *od* haben (*in in*), beruhen (*on* auf); sich drehen (*round* um); sich konzentrieren; *tr* in die Mitte, in Mittelstellung bringen, in der M. anbringen, in den Mittelpunkt stellen; mitten, zentrieren; *opt* fokussieren; *tech* ankörnen; *sport* zur Mitte spielen; sammeln, zs.bringen, konzentrieren (*in in*); *to be* ~ed *on* sich drehen, kreisen um; *business* ~~ Geschäftszentrum *n*; *industrial, economic* ~~ Industrie-, Wirtschaftszentrum *n*; ~~ *of attraction (phys)* Anziehungspunkt *m*; ~~ *of disturbance* Störungszentrum *n*; ~~ *of the earth* Erdmittelpunkt *m*; ~ *of gravity, of mass* Schwerpunkt *m*; ~ *of gyration, of motion* Drehpunkt *m*; ~~ *of resistance (mil)* Widerstandskern *m*; ~~-*bit* Zentrumsbohrer *m*; ~~-*board (mar)* Schwert *n*; ~~ *distance* Achsabstand, Radstand *m*; ~~ *half (sport)* Mittelstürmer *m*; ~~-*lathe* Spitzendrehbank *f*; ~~-*line* Mittellinie *f*; *(Kompaß)* Richtstrich *m*; ~~-*piece* Tafelaufsatz *m*; ~~-*rail (rail)* Mittelschiene *f*; ~ *strip* Mittelstreifen *m*; **~ic(al)** ['sentrik(l)] zentral, zentrisch, mittig; **~ing** *arch* Lehrbogen *m*; Zentrierung *f*; **~ifugal** [sen'trifjugəl, 'sentrifjugəl] zentrifugal; Zentrifugal-; ~~ *casting* Schleuderguß *m*; ~~ *drying machine* Trockenschleuder *f*; ~~ *force, tendency* Zentrifugal-, Fliehkraft *f*; ~~ *pump* Kreiselpumpe *f*; **~ifuge** ['sentriju:dʒ] *s* Zentrifuge, Schleuder *f*; *tr tech* schleudern, zentrifugieren; **~ipetal** [sen'tripitl] mittelpunktstrebig, zentripetal; Zentripetal-.

cent|uple ['sentjupl] *a* hundertfach; *s das* Hundertfache; *tr* verhundertfachen; **~ury** ['sentʃuri, -əri] Jahrhundert *n*; *(Kricket)* 100 Läufe; *Am sl* 100 Dollar.

cephal|ic [ke-,se'fælik] Schädel-, Kopf-; ~~ *index* Schädelindex *m*; **~ometry** [sefə'lɔmitri] Schädelmessung *f*; **~opod** ['sefələpɔd] *zoo* Kopffüßler *m*; **~o-thorax** [sefələ(u)'θɔræks] Kopfbruststück *n (der Spinnentiere)*.

ceram|ic [si'ræmik] *a* keramisch, Töpfer-; *s pl mit sing* Keramik, (Kunst-)Töpferei *f*; **~ist** ['serəmist] Keramiker(in *f*), Kunsttöpfer *m*.

Cerberus ['sə:bərəs] Zerberus, Höllenhund *m*; *a sop to* ~ e-e Beruhigungspille.

cereal ['siəriəl] *a* Getreide-; *s pl* Getreide *n*, Brotfrucht *f*; *Am* Nährmittel *n pl*; *(breakfast)* ~ (bes. *Am*) Hafergrütze *f*, Getreideflocken *f pl*.

cereb|ellum [seri'beləm] *scient* Kleinhirn *n*; **~ral** ['seribrəl] *a* Gehirn-, Großhirn-; ~~ *apoplexy* Gehirnschlag *m*; **~ration** [-'breiʃən] Gehirntätigkeit *f*; **~rum** ['serəbrəm] *scient* Großhirn *n*.

cere|cloth ['siəklɔθ] Wachstuch *n*; **~ment** ['-ment] *meist pl* Leichentücher *n pl*, Totenhemd *n*.

ceremon|ial [seri'mounjəl] *a* zeremoniell, feierlich, förmlich; *s* Zeremoniell *n*; **~ious** [-jəs] zeremoniös, steif, gemessen, feierlich; **~y** ['serimɔni] Zeremonie; Feierlichkeit *f*; *without* ~~ zwanglos, ungezwungen; *to stand (up) on* ~~ auf Äußerlichkeiten Wert legen; *no* ~~ *please!* bitte, keine Umstände! *master of* ~*ies* Zeremonienmeister *m*.

cerise [sə'ri:z] *a* kirschrot; *s* Kirschrot *n*.

cert [sə:t] *sl* todsichere Sache *f*.

cert|ain ['sə:tn] bestimmt; gewiß, sicher, verläßlich, zuverlässig; überzeugt (*of doing*: to do; *that* daß), sicher (*of* gen; *that* daß); *a* ~~ e-in(e) gewisse(r, s); *for* ~~ bestimmt, (ganz) sicher *adv*; *to a* ~~ *extent* bis zu e-m gewissen Grade; *under* ~~ *circumstances* unter bestimmten Bedingungen; *to make* ~~ sich vergewissern; **~ainly** ['-li] *adv* sicher(lich), gewiß, wirklich, bestimmt, ja, aber; *I* ~~ *won't do it* ich tue es gerade nicht; **~ainty** ['-ti] Gewißheit, Sicherheit, Bestimmtheit; unbestrittene Tatsache *f*; *to, for a* ~~ ohne jeden Zweifel; **~ifiable** ['ifaiəbl] feststellbar; *fam* geisteskrank; **~ificate** *s* [sə'tifikit] Zeugnis *n*, Bescheinigung *f*, Attest *n*; Urkunde *f*; *tr* [-keit] bescheinigen, beurkunden; e-e Bescheinigung, e-e Urkunde ausstellen (*s.o.* jdm); ~~ *of deposit* Hinterlegungsschein *m*; ~~ *of incorporation (com)* Gründungsurkunde *f*; ~~ *of origin* Ursprungszeugnis *n*; ~~d *(a)* staatlich genehmigt, anerkannt; **~ification** [sə:tifi'keiʃən] Bescheinigung, Beglaubigung, Beurkundung *f*; **~ifier** ['sə:tifaiə] Aussteller *m* e-r Urkunde *od* Bescheinigung; **~ify** ['-ifai] *tr* bezeugen; beglaubigen; bestätigen; bescheinigen, beurkunden; bekräftigen, versichern (*s.o.* jdm); benachrichtigen; amtlich zulassen; *jur* wegen Geisteskrankheit entmündigen; *this is to* ~~ hiermit wird bescheinigt; **~ified** *copy* beglaubigte Abschrift *f*; ~**ified** *milk* den (behördlichen) Vorschriften entsprechende Milch *f*; ~*ified public accountant (Am)* Wirtschaftsprüfer *m*; ~**itude** ['-tju:d] Gewißheit; feste Überzeugung *f*.

ceru|lean [si'ru:liən] *meist poet* himmel-, tiefblau; ~**men** [-men] Ohrenschmalz *n*; ~**se** ['siəru:s, si'ru:s] Bleiweiß *n*.

cerv|ical ['sə:vikəl] *a scient* Hals-, Nacken-; ~**ine** ['-ain] *a scient* Hirsch-.

cess|ation [se'seiʃən] Aufhören, Anhalten *n*, Stillstand *m*; Unterbrechung, Pause *f*; ~**ion** ['seʃən] Aufgabe *f*, Verzicht *m* (*of* auf); Überlassung, Abtretung, Zession (*to* an); ~**pit** ['sespit], ~**pool** ['-pu:l] Senkgrube *f*; *fig* (Sünden-)Pfuhl *m*.

cetace|an [si'teiʃiən] *scient a* Wal-; *s* Wal, Delphin *m*; ~**ous** [-iəs] *a* Wal-.

Ceylon [si'lɔn] Ceylon *n*.

chaf|e [tʃeif] *tr* (warm)reiben; wundreiben, -scheuern; reizen, ärgern, in Erregung, aufbringen; *itr* sich reiben (*on, against* an); sich wundscheuern; sich auf-, erregen; sich ärgern, aufgeregt, -gebracht sein, toben; *s* Reibung; Schürfwunde, wundgeriebene, -gescheuerte Stelle *f*, Wolf *m*; Gereiztheit *f*, Ärger *m*, Wut *f*; *to* ~ *at the bit* die Geduld verlieren; ~**er** ['-ə] (Mai-)Käfer; (*rose-*~~) Rosenkäfer *m*; ~**ing dish** Wärmplatte *f*.

chaff [tʃa:f] *s agr* Spreu *f*, Kaff *n*; Häcksel *m* od *n*; Abfall, Plunder *m*; *fam* Neckerei *f*, (harmloser) Spaß *m*, Späßchen *n*; (~ *anti-radar*) Düppel (-streifen) *m pl*; *tr fam* necken; ~~**cutter** Häckselmaschine *f*; ~**er** ['tʃæfə] *itr* handeln, feilschen (*about, for* um); *s* Handeln, Feilschen *n*; ~ *grains* of Spelzen *f pl*; ~**inch** ['tʃæfin(t)ʃ] Buchfink *m*; ~**y** ['-i] voller Spreu; *fig* wertlos; spaßig.

chagrin ['ʃægrin] *s* Ärger, Kummer *m*; *tr* ärgern, Kummer machen (*s.o.* jdm); *to be, to feel* ~*ed* sich ärgern (*at, by* über).

chain [tʃein] *s* Kette; Schmuck-, Hals-, Uhrkette; *fig* (Gedanken-)Kette, Folge, Reihe *f*; *meist pl* Ketten, Fesseln *f pl a. fig*; Meßkette *f* (*66 u. 100 ft*); *tr* (an)ketten, fesseln *a. fig*; *to* ~ *up* anketten, (*Hund*) an die Kette legen; *in* ~*s* in Ketten, in Fesseln, unfrei; ~ *of mountains* Bergkette *f*; ~ **armour, mail** *hist* Panzerhemd *n*; ~ **bridge** Kettenbrücke *f*; ~~**drive** Kettenantrieb *m*; ~ **insulator** Kettenisolator *m*; ~~**gang** Kettensträflinge *m pl*; ~**less** ['-lis] kettenlos; ~~**letter** Kettenbrief *m*; ~ **reaction** *chem phys* Kettenreaktion *f*; ~~**smoker** Kettenraucher *m*; ~~**stitch** (*Näherei*) Kettenstich *m*; ~~**store** *Am* Kettenladen *m*, Filiale *f*, Filialgeschäft *n*.

chair [tʃɛə] *s* Stuhl; *fig* Amtssitz; Lehrstuhl *m*; Bürgermeisteramt *n*; Vorsitz(ender) *m* (*bei e-r Versammlung, Veranstaltung*), *parl* Präsidium *n*; *Am* Zeugenstand; *Am* (*electric* ~) elektrische(r) Stuhl *m*; *tr* bestuhlen; auf e-n Stuhl setzen; zum Vorsitzenden wählen; (*in ein Amt*) einsetzen; *Br* im Triumph umhertragen; *itr fam* den Vorsitz führen; *with Mr. X. in the* ~ unter dem Vorsitz von Herrn X.; *to address, to appeal to the* ~ sich an den Vorsitzenden wenden; *to leave the* ~ die Sitzung beenden, die Versammlung schließen; *to leave, to vacate the* ~ das Amt des Vorsitzenden abgeben; *to take a* ~ sich setzen, Platz nehmen; *to take the* ~ den Vorsitz übernehmen, die Sitzung, die Verhandlungen eröffnen; ~! (*parl*) zur Ordnung! ~ **lift** Sesselbahn *f*; ~**man,** ~**woman** Vorsitzende(r *m*) *f*; *to act as* ~~ den Vorsitz führen; ~~ *of the board* (*of directors*) Aufsichtsratvorsitzende(r) *m*; ~**manship** Amt *n* des Vorsitzenden; ~**o'plane** Kettenkarussell *n*.

chaise longue [ʃeiz'lɔ:ŋ] Chaiselongue *f* od *n*.

chalc|edony [kæl'sedəni] *min* Chalzedon *m*; ~**ographer** [-'kɔgrəfə] Kupferstecher *m*; ~**ography** [-'kɔgrəfi] (Kunst *f* des) Kupferstich(s) *m*; ~**opyrite** [kælkə'pairait] Kupferkies *m*.

chal|et ['ʃælei] Sennhütte *f*; Schweizerhaus *f*; Villa *f* im Schweizer Stil; Bedürfnisanstalt *f*; ~**ice** ['tʃælis] (Abendmahls-)Kelch; (Blumen-, Blüten-) Kelch *m*.

chalk [tʃɔ:k] *s* Kreide *f*; Schuldposten *m*; (*Spiel*) Punkt; *Am* Favorit *m* (*Pferd*); *tr* mit Kreide zeichnen, markieren, schreiben; *agr* mit Kalk düngen; (*to* ~ *up*) ankreiden, anschreiben, notieren; *to* ~ *out* skizzieren, entwerfen; *com* auszeichnen; *to* ~ *up* (*Am fam*) im Preis erhöhen, heraufsetzen; *as like as* ~ *and cheese* grundverschieden, sehr ungleich; *by a long* ~, *by long* ~*s* bei weitem; *to walk a* ~ *line* (*Am fam*) sich vorschriftsmäßig benehmen; linientreu sein; ~~**bed** *geol* Kreideschicht *f*; ~~**drawing** Kreidezeichnung *f*; ~~**pit, -quarry** Kreidegrube *f*, -bruch *m*; ~~**stone** *med* Gicht-

chalk talk 146 **chancy**

knoten *m*; ~ **talk** *Am* Vortrag *m* mit Tafelanschrieb; **~y** ['-i] (stark) kreidehaltig, -artig; *fig* kreidig, kreideweiß, -bleich; *mit* Gichtknoten behaftet.

challenge ['tʃælindʒ] *s* Aufforderung *f*; Anruf *m (durch e-n Posten); (Jagd)* Anschlagen *n (der Hunde);* Herausforderung; *(Duell)* Forderung *f*; Anzweifeln, Infragestellen *n;* Ablehnung *f (of a juror* e-s Geschworenen); Einwand *m* gegen e-e Wahlstimme; Anfechtung *f* des Stimmrechts e-s Wählers; *tr* auffordern; *(Posten)* anrufen; herausfordern, hervorrufen, führen zu; fordern, beanspruchen, verlangen; in Frage stellen, streitig machen, bezweifeln, bestreiten, anfechten, Einwendungen machen gegen, e-n Einwand erheben gegen; *jur (als befangen)* ablehnen; *(Duell)* fordern; *I ~ anybody else to do that* das soll mir jemand nachmachen! **~able** ['-əbl] bestreitbar; **~-cup** *sport* Wanderpokal *m;* **~r** ['-ə] Herausforderer; *jur* Ablehnende(r) *m.*

chalybeate [kə'libiit] *(Quelle, Mineralwasser)* eisenhaltig.

chamber ['tʃeimbə] *s obs* Kammer *f*, (Schlaf-)Zimmer *n*, Raum *m; pol* Kammer, gesetzgebende Körperschaft; (Handels-)Kammer *f; pl jur* Richterzimmer *n; anat bot tech (bes. Schußwaffe)* Kammer; *mil* Sprengkammer *f; pl Br* möblierte Zimmer *n pl*, Wohnung *f; pl jur* Rechtsanwaltskanzlei *f; tr (Patrone)* in den Lauf einführen; *to sit in ~s* unter Ausschluß der Öffentlichkeit verhandeln; *C~ of Agriculture, of Commerce* Landwirtschafts-, Handelskammer *f;* **~ concert** Kammerkonzert *n;* **~ counsel** (beratender) Rechtsanwalt *m;* **~lain** ['-lin] Kämmerer; Schatzmeister; Kammerherr *m;* **~maid** Zimmermädchen *n (im Hotel);* **~ music** Kammermusik *f;* **~ orchestra** Kammerorchester *n;* **~-pot** Nachttopf *m.*

chameleon [kə'miːljən] *zoo* Chamäleon *n; fig* wetterwendische(r) Mensch *m.*

chamfer ['tʃæmfə] *s* Schrägkante, Fase, Auskehlung *f; tr* abschrägen, -fasen, -kanten, ein-, auskehlen.

chamois ['ʃæmwɑː] *pl* ~ ['-z] Gemse *f;* ['ʃæmi] *(~-leather)* Sämisch-, Fensterleder *n.*

champ [tʃæmp] *tr itr* geräuschvoll kauen; *itr* schmatzen; beißen *(at* auf); sich ungeduldig gebärden; *s* Schmatzen *n; Am sl* Sportskanone *f;* **~agne** [ʃæm'pein] Champagner *m;* **~aign** ['tʃæmpein] *s* flache(s), offene(s) Gelände; flache(s) Land *n*, Ebene *f*; freie(s) Feld *n; a (Land)* offen; **~ion** ['tʃæmpjən] *s* (Vor-)Kämpfer, Verfechter; *sport* Meister, Sieger *m; a* Meister-; Preis-; best, erst; *tr* kämpfen, sich einsetzen für, verfechten; verteidigen, (be)schützen; **~ionship** *(sport)* Meisterschaft *f.*

chance [tʃɑːns] *s* Zufall *m;* Möglichkeit, Aussicht, Chance; Gelegenheit *f;* Glück(sfall *m); Am* Wagnis, Risiko; *Am* Los *n; Am fam* Anzahl *f (of); a* zufällig; *itr* zufällig geschehen; *tr to ~ it* es riskieren, wagen; es darauf ankommen lassen; *to ~ (up)on* stoßen auf, zufällig finden; *by ~* zufällig, durch Zufall; *on the ~ of* im Falle *gen;* in der Hoffnung auf, zu; *to give a ~ to s.o.* jdm e-e Chance geben; *to give a fair ~ to s.o.* jdm jede Möglichkeit geben; *to stand a (good, fair) ~* Aussichten, Chancen haben; *to take o.'s, a ~* die Gelegenheit wahrnehmen; sein Glück versuchen; es riskieren; *to ~ o.'s arm (fam)* es drauf ankommen lassen; *the ~s are against it* da ist nichts zu machen; *I ~d to be* zufällig war ich; *not a ~!* keine Spur! *~ of winning* Gewinnaussichten, -chancen *f pl;* **~ acquaintance** Zufallsbekanntschaft *f;* **~ bargain** Gelegenheitskauf *m;* **~-comer** *fam* Hereinschneiende(r) *m;* **~ customers** *pl* Laufkundschaft *f;* **~ event** zufällige(s) Ereignis *n;* **~ hit** Zufallstreffer *m.*

chancel ['tʃɑːnsəl] *arch rel* Chor *m.*

chancellery, -ory ['tʃɑːnsələri] Kanzlerschaft *f*, -amt *n;* Kanzlei *f (e-s Konsulats, e-r Botschaft);* **~or** ['-ə] Kanzler; *(Universität)* Rektor; *Am* Richter; Oberste(r) Richter *m (e-s Staates); Am* erste(r) Sekretär *m* e-r Botschaft *od* Gesandtschaft; *Lord (High) C~, C~ of England* Oberste(r) Richter *m (in England); vice-~ (Universität)* Prorektor *m; C~ of the Exchequer* Schatzkanzler *m;* **~ship** ['-ʃip] Amt *n*, Würde *f* e-s Kanzlers.

chancery ['tʃɑːnsəri] Kanzleigericht *n;* Gericht *n* für Einzelfälle *(court of equity);* (Staats-)Archiv *n;* Kanzlei *f;* (Ringkampf) Schwitzkasten *m; to be in ~ (fig)* sich in e-r mißlichen Lage befinden; **~ securities** *pl* mündelsichere Wertpapiere *n pl.*

chancre ['ʃæŋkə] *med* Schanker *m; hard, soft ~* harte(r), weiche(r) S.

chancy ['tʃɑːnsi] *fam* kipp(e)lig, riskant.

chand|elier [ʃændi'liə] Kronleuchter *m*; **~ler** ['tʃɑːndlə] Lichtzieher *m*; (Klein-)Händler; *oft pej* Krämer, Höker *m*.

change [tʃeindʒ] **1.** *s* (Ab-, Um-, Ver-)Änderung; (Ab-, Um-, Ver-)Wandlung *f*; Wandel, Wechsel, Umschwung, Umschlag *m*; Abwechs(e)lung; Schwankung, Variation *f*; Unterschied *m*; frische Wäsche, Kleidung *f*; (Aus-, Um-)Tausch *m*; Kleingeld, Wechselgeld *n*, -kurs *m*; *rail* Umsteigen *n*; *astr* Mondwechsel *m*; *C~* Börse *f*; **2.** *tr* (ab-, um-, ver)ändern; um-, verwandeln (*into* in); (aus-, um)tauschen; (*Geld*) (um)wechseln; *tech radio* umschalten; **3.** *itr* sich (ver)ändern, anders werden, sich (ver)wandeln, wechseln, umschlagen; variieren, schwanken; *to ~* (*trains, buses*) umsteigen; sich umziehen; *~ over* die Stellung wechseln; *to ~ up, down* (*mot*) e-n höheren, niederen Gang einschalten; **4.** *for a ~* zur Abwechs(e)lung; *on C~* auf der Börse; *to bring about a ~* Wandel schaffen; *to get sixpence ~* e-n halben Schilling herausbekommen; *to get no ~ out of s.o.* mit jdm nicht fertig werden, gegen jdn nicht ankommen; *to give ~ for* herausgeben auf; *to make a ~* e-e Veränderung vornehmen; *to need a ~* Luftveränderung brauchen; *to ring the ~s* (*fig*) dasselbe immer wieder in anderer Form tun *od* sagen; *to take o.'s ~* (*the ~ out of*) sich schadlos halten (an); *to ~ o.'s address* umziehen; *to ~ for the better* sich verbessern; *to ~* (*o.'s clothes*) sich umziehen; *into a new suit* e-n neuen Anzug anziehen; *to ~ front* e-n Frontwechsel vornehmen; *to ~ gear(s)* (*mot*) umschalten; *to ~ hands* den Besitzer wechseln; in andere Hände übergeben; *to ~ o.'s mind* sich e-s anderen besinnen; s-e Meinung ändern; *to ~ o.'s note, tune, tone* klein beigeben, bescheidener werden; e-n anderen Ton anschlagen; *to ~ o.'s position* sich (beruflich) verändern; *to ~ for the worse* sich verschlechtern; *many ~s have taken place* es hat sich viel verändert; *I've ~d my mind* ich hab's mir anders überlegt; *can you give me ~* (*for a pound note*) können Sie (e-e Pfundnote) wechseln? *all ~!* (*rail*) alles aussteigen! **5.** *~ for the better* Besserung *f*; *~ of clothes* ein Anzug, ein Kleid zum Wechseln; *~ of direction* Richtungsänderung *f*; *~ of life* Wechseljahre *n pl*; *~ of position* (*mil*) Stellungswechsel *m*; *~ of prices* Preisschwankung *f*; *~ of speed* (*mot*) Gangwechsel *m*; *~ of state* Zustandsänderung *f*; *~ in the, of weather* Wetterwechsel, -umschlag *m*; **~ability, ~ableness** [tʃeindʒə'biliti, '-əblnis] Unregelmäßigkeit, Unbeständigkeit, Veränderlichkeit *f*; **~able** ['-əbl] unregelmäßig; unbeständig; veränderlich, wandelbar; wechselnd, schillernd; **~ful** ['-ful] *meist poet* sich (ewig) wandelnd, (ständig) wechselnd, unbeständig; **~less** ['-lis] unveränderlich, unwandelbar; **~ling** ['-liŋ] Wechselbalg *m*; **~-over** Umstellung, -schaltung *f*; Übergang, Wechsel; Schaltwechsel *m*; *~~ panel* Schalttafel *f*; *~~ sheet* (*typ*) Deckblatt *n*; *~~ switch* Umschalter *m*; **~r** ['-ə] Wechsler *f*, *tech*; *el* Umsetzer *m*.

channel ['tʃænl] *s mar* Kanal *m*; Fluß-, Kanalbett *n*; Fahrrinne *f*, -wasser *n*; Rinne, Gosse *f*, Graben *m*; Gerinne *n*, offene Wasserleitung; *arch* Hohlkehle *f*; *el* Übertragungsweg *m*; *radio* Frequenzband *n*, Kanal *m*; *tech* U-Profil *n*; *fig* Weg *m*, Verbindung, Vermittl(e)ung, Übertragung *f*; *the* (*English*) *C~* der (Ärmel-)Kanal; *tr* (*Rinne*) graben; (*Flußbett*) vertiefen; *arch* auskehlen, kannelieren, riffeln; hinleiten (*to* zu); *through proper, official ~s* auf dem Dienst-, Instanzenweg; *~ of communication* Nachrichtenverbindung *f*; Verbindungsweg; Dienstweg *m*; *~ of distribution* Absatzweg *m*; *~* (**bar**), *~* (**iron**) U-Eisen; *~ marks* *pl mar* Fahrwasserzeichen *n*; *~ section* U-Profil *n*, U-Querschnitt *m*; *~ selector radio* Kanalwähler *m*; *~ switch radio* Kanalschalter *m*.

chant [tʃɑːnt] *s* Gesang *m*; Psalmodie *f*; Rezitativ *n*; Singsang *m*; *tr itr* singen; psalmodieren; *pej* (herunter-, her)leiern; **~erelle** [tʃæntə'rel] Pfifferling, Eierschwamm *m*; **~icleer** [tʃænti'kliə] *poet* (Haus-)Hahn *m*; **~ress** ['-rəs] *poet* Sängerin *f*; **~ry** ['-ri] *rel* Stiftung *f* zum Lesen von Totenmessen; zum Lesen von Totenmessen gestiftete Kapelle *f*; **~y** ['tʃɑːnti] Matrosenlied *n*.

chao|s ['keiɔs] Chaos, völlige(s) Durcheinander *n*, Verwirrung *f*, Drunter u. Drüber *n*, Wirrwarr *m*; **~tic** [kei'ɔtik] chaotisch, (völlig) durchea.gebracht, wirr, verworren.

chap [tʃæp] **1.** *s* Riß, Sprung *m*; *tr* rissig machen; *itr* rissig werden, Risse, Sprünge bekommen. **2.** (*a. chop*) *meist pl* Kinnbacken *m* (*bes. d. Tiere*); (*Küche*) (Schweine-)Schnauze *f*; *to lick* *o.'s ~s* sich den Mund ablecken; *~-fallen (a)* mit langem Gesicht, trübselig, niedergeschlagen, hoffnungslos; **3.** *fam* Kerl, Bursche, Junge *m*; **~-book** *hist lit* Volksbuch *n*; Traktat *m*; **~el** ['tʃæpəl] *rel* Kapelle *f*; (nichthochkirchliches) Gotteshaus *n (in Großbritannien)*; **~eron(e)** ['ʃæpəroun] *s* Anstandsdame *f*; *tr* (als Anstandsdame) begleiten; **~iter** ['tʃæpitə] *arch* Kapitell *n*; **~lain** ['tʃæplin] (Haus-)Kaplan; Feldkaplan, -geistliche(r) *m*; **~let** ['tʃæplit] Kranz *(als Kopfschmuck)*; *rel* Rosenkranz *m*; *tech* Kernstütze *f*; *arch* Perlstab *m*; **~man** Hausierer *m*; **~py** ['tʃæpi] rissig, voller Sprünge; **~s** [tʃæps] *pl Am* Cowboylederhose *f*.

chapter ['tʃæptə] *s* Kapitel *(Teil e-s Buches, des Lebens)*; *fig* Stück *(e-r Erzählung)*, (ausgewähltes) Kapitel, Thema; *(cathedral ~) rel* Domkapitel *n*; *Am* Ortsgruppe *f (e-r Organisation, Gesellschaft, Vereinigung); tr* in Kapitel einteilen; tadeln, rügen; *to the end of the ~* bis ans Ende; *to give ~ and verse for s.th.* etw genau belegen, nachweisen; *~ of accidents* Reihe *f* unglücklicher Zufälle; *~ and verse* Angabe *f* der Bibelstelle; Autorität *f*; *fam* alle Einzelheiten, Regeln, Bestimmungen; **~-house** Domstift; *Am* Klubhaus *n*.

char [tʃɑː] **1.** *zoo* See-, *Am* Bachsaibling *m*; **2.** *tr* verkohlen; (an-) sengen; in Rauch schwärzen; *s* Verkohlte(s) *n*; Asche; *(~ coal)* Holzkohle *f*; **3.** *sl* Tee *m*; **4.** *a.* **chare** *itr* (stundenweise) Hausarbeit verrichten; reinemachen, putzen *itr*; *s* (stundenweise verrichtete) Hausarbeit; *(~woman, (sl) ~lady)* Reinemache-, Scheuer-, Putz-, Stundenfrau *f*.

char-à-banc ['ʃærəbæŋ] Kremser; Ausflugsautobus *m*.

character ['kæriktə] Kennzeichen *n*; Beschaffenheit, Anlage, Natur, Art *f*, Wesen(sart *f*) *n*; Charakter *m*; *psychol* Verhaltensweise; Persönlichkeit, Person *f*; *fam* Sonderling *m*, Unikum *n*; *lit* Person, Figur; *theat* (handelnde) Person, Rolle *f*; Stand *m*; Zeugnis *n*, Empfehlung *f (e-s Arbeitgebers)*; Name, Ruf *(of, for gen)*, gute(r) Ruf *m*; Schriftzeichen *n*, Buchstabe *m*; Ziffer *f*; *by ~* dem Rufe nach; *in the ~ of* in der Eigenschaft als; *in (out of) ~* s-r Rolle (nicht) entsprechend; s-m Wesen (nicht) gemäß; *~ actor theat* Charakterdarsteller *m*; **~istic** [-'ristik] *a* charakteristisch, be-,

kennzeichnend, typisch *(of* für); *tech* Eigen-; *s* Charakteristikum, Kennzeichen, Merkmal *n*, Besonderheit; *math* Vorzahl *f*, Numerus *m*; Kennlinie *f*, -wert *m*; *pl* Leistungsmerkmale *n pl*, Daten *pl*; **~ization** [-rai'zeiʃən] Charakterisierung, Beschreibung, Schilderung *f*; **~ize** ['-aiz] *tr* charakterisieren; beschreiben (als), schildern; kennzeichnen; **~less** ['-lis] charakterlos.

charade [ʃəˈrɑːd, *Am* -'reid] Scharade *f*.

charcoal ['tʃɑːkoul] Holzkohle *f*; *(~ crayon)* Kohlestift *m*, Zeichenkohle; *(~ drawing)* Kohlezeichnung *f*; *~ burner* Köhler *m*; *~ filter* Kohlenfilter *m*; *~ pile* Kohlenmeiler *m*.

charg|e [tʃɑːdʒ] **1.** *s* (Trag-)Last; Ladung *(a. e-r Feuerwaffe)*; *tech* Beschickung, Füllung *f*, Einsatz *m*; *(oft pl)* Lasten *f pl*, Kosten *pl*, Preis *m*; *(Konto)* Belastung, Lastschrift; Gebühr, Taxe *f*; Amt *n*, Pflicht, Verpflichtung, Obliegenheit, Aufgabe, Verantwortung *f*; Auftrag, Befehl *m*; *(a.* Polizei-)Aufsicht *f*, Gewahrsam *m*, Überwachung, Obhut, Fürsorge; anvertraute Person od Sache *f*; Schützling *m*, Mündel *n*; *rel* Schafe *n pl*, Herde *f*; anvertraute(s) Gut *n*; Ermahnung, Anweisung *f*; Vorwurf *m*, Beschuldigung, Anklage(punkt *m*); *jur* Rechtsbelehrung *f (der Geschworenen); mil* Angriff(ssignal *n*), Sturm *m*; *(Geschoß)* Füllung *f*; Wappenbild *n*; *pl* Unkosten, Spesen *pl*; *Am sl* Dosis *f* Marihuana; *Am sl* plötzliche Erregung *f*; **2.** *tr* (be)laden; *(Schußwaffe, el)* laden; *(Batterie)* aufladen; *chem (Flüssigkeit, Gas)* sättigen; *tech* beschicken, einsetzen; *com* fordern, verlangen, rechnen für *(e-e Ware, Arbeit)*; berechnen *(too much zu viel); (to ~~ upon, against s.o.)* jdm aufrechnen; *(Abnehmer)* belasten mit, zu Lasten schreiben *(s.o.* jdm); *(to ~~ off)* abschreiben, abbuchen; anvertrauen, zur Pflicht machen *(s.o. with s.th.* jdm etw); anweisen, beauftragen, befehlen *(s.o.* jdm); ermahnen; zur Last legen, vorwerfen *(s.o. with, s.th. on s.o.* jdm etw), beschuldigen, anklagen; *Am* die Anklage vorbringen, behaupten *(that* daß); angreifen *(s.o., at s.o.* jdn); *sport* (an)rempeln; *Am (to ~~ off)* zuschreiben; **3.** *itr* berechnen *(for s.th.* etw); sich stürzen *(into* in); *(Hund)* sich kuschen; angreifen *(at s.o.* jdn); **4.** *at s.o.'s ~~* zu jds Lasten, auf jds Kosten; *in ~ ~* aufsichtführend; verantwortlich; *Br* in Gewahrsam; *on a ~~ of* unter der Anklage *gen*; *under* *s.o.'s* ~~ unter jds Aufsicht; *without* ~~ unentgeltlich *adv*; *to* ~~ *to s.o.'s account* auf jds Rechnung setzen; *to* ~~ *s.o. up for s.th.* jdn etw draufschlagen; *to be in* ~~ *of s.th.* etw unter s-r Aufsicht, die Aufsicht über, die Verantwortung für etw haben; etw leiten; *to bring a* ~~ *against s.o.* jdn anklagen; *to have* ~~ *of s.th.* für etw verantwortlich sein; etw leiten; *to lay s.th. to s.o.'s* ~~ etw jdm zur Last legen; *to make a* ~~ *for s.th.* etw in Rechnung stellen; *to take* ~~ *of s.th.* etw in s-e Obhut nehmen; für etw die Verantwortung, die Leitung übernehmen; *there's no* ~~ es kostet nichts; Eintritt frei; **5.** *additional* ~~ Gebührenzuschlag, Aufschlag *m*; *bishop's* ~~(*rel*) Hirtenbrief *m*; *free of* ~~ gebührenfrei; kostenfrei, -los; gratis; *overhead* ~~*s* (*pl*) allgemeine Unkosten *pl*; *rate of* ~~*s* Gebührensatz *m*; *statement of* ~~*s* Kostenrechnung *f*; *travelling* ~~*s* (*pl*) Reisekosten *pl*; ~~ *account* (*Am*) Lastenkonto *n*; ~~ *for delivery* Zustellgebühr *f*; ~~ *sales* (*pl*) Kreditverkäufe *m pl*; ~~ *sheet* polizeiliche Einvernahmliste *f*; **~eable** ['-əbl] zu berechnen(d), zu Lasten (*to* von); *fig* zur Last zu schreiben(d), zuzuschreiben(d); (mit e-r Lastschrift, e-r Gebühr) zu belasten(d); verantwortlich; e-m Vorwurf, e-r Anklage, e-m Angriff ausgesetzt; *to be* ~~ zu Lasten gehen (*to s.o. gen*); **~é d'affaires** [ʃɑːʒeidæˈfɛə] *pol* Geschäftsträger; **~ed** [-d] *a jur* angeklagt (*with* wegen); *el* stromführend; **~er** ['-ə] *mil* Ladestreifen *m*; Offizierspferd *n*; Platte, Schale, flache Schüssel *f*; *tech* Gichtmann *m*; *el* Ladeaggregat *n*; **~ing** ['-iŋ] (Auf-)Laden *n*; *com* Berechnung; Besteuerung; *el* Ladung; *tech* Beschickung, Begichtung *f*; ~~ *voltage* (*el*) Ladespannung *f*.

chariness ['tʃɛ(ə)rinis] Vorsicht, Besorgtheit, Behutsamkeit, Scheu, Zurückhaltung *f*.

chariot ['tʃæriət] *hist* (zweirädriger) (Streit-, Renn-, Triumph-)Wagen *m a. poet*; (*im 18. Jh.*) (vierrädrige) Art Kutsche *f*; *sun's* ~ (*hist*) Sonnenwagen *m*; **~eer** [-'tiə] *s* Wagenlenker *m*.

charit|able ['tʃæritəbl] wohl-, mildtätig; mild(herzig), gütig; wohlmeinend, nachsichtig, nachsichtsvoll; **~ableness** ['-nis] Wohltätigkeit; Milde, Güte; Nachsicht(igkeit) *f*; **~y** ['-i] (christliche) Nächstenliebe; Güte, Nachsichtigkeit; Wohl-, Mildtätigkeit *f*; Almosen *n pl*; Almosengeben *n*; wohltätige Zwecke *m pl*; Wohlfahrtseinrichtung *f*; ~~ *begins at home* jeder ist sich selbst der Nächste; *Brother, Sister of C~* Barmherzige(r) Bruder *m*, Schwester *f*.

charivari [ˈʃɑːriˈvɑːri] Lärm *m*, Getöse *n*.

charlatan [ˈʃɑːlətən] Quacksalber, *allg* Scharlatan, Marktschreier *m*; **~ry** ['-ri] Quacksalberei *f*.

Charl|emagne, ~emain [ˈʃɑːləˈmein] Karl *m* der Große, **~es** [ˈtʃɑːlz] Karl *m*; ~~*'s Wain* (*astr*) der Große Bär; **~ey** ['-i] *Karlchen n*; ~~ *horse* (*Am fam*) Muskelkater *m*; **c~otte** [ˈʃɑːlot] Apfelpudding *m* mit Brot; ~~ *russe* Eierkrem *f od m* in Biskuitkuchen.

charm [tʃɑːm] *s* Zauber(spruch *m*, -wort *n*) *m*; Amulett *n*, Glücksbringer; Anhänger *m*; Anmut *f*, Reiz, Zauber, Scharm *m*; *pl* Reize *m pl*, bezaubernde(s) Wesen *n*; *tr* verzaubern; gefangennehmen, bezaubern, entzücken; *itr* reizend sein; *to* ~ *away* wegzaubern; *to* ~ *s.th. out of s.o.* jdn etw entlocken; *under a* ~ wie verzaubert; **~ed** [-d] *a* bezaubert, entzückt, berauscht (*with* von); **~er** ['-ə] Zauberer *m*; reizende(s) Geschöpf *n*, bezaubernde Frau *f*; *snake* ~~ Schlangenbeschwörer *m*, **~euse** [ʃɑːˈmɔːz] (*Textil*) Charmeuse *f*; **~ing** ['-iŋ] berückend, betörend; bezaubernd, entzückend, reizend, reizvoll, charmant; *Prince C~~* Märchenprinz *m*.

charnel ['tʃɑːnl] *s*: **~~house** Leichen-, Beinhaus *n*.

chart [tʃɑːt] *s mar* Seekarte; (Übersichts-)Karte *f*; Schaubild *n*, graphische Darstellung *f*, Diagramm *n*; Tabelle, tabellarische Übersicht *f*; Registrierstreifen *m*; *tr* in e-r Karte, graphisch *od* tabellarisch darstellen; ~ *clip* Kartenhalter *m*; ~ **diagram** Nomogramm *n*; ~ **house** *mar* Kartenhaus *n*; **~room** Kartenraum *m*; *mil* Feuerleitstelle *f*.

charter [ˈtʃɑːtə] *s* Charta *f*; Grundgesetz *n*, Verfassungsurkunde; Gründungsurkunde; (Urkunde über e-e) Landverleihung, -übertragung, Rechtsbewilligung *f*; Statut; bewilligte(s) Recht, Vorrecht, Privileg *n*; *mar aero* Charter(vertrag) *m*; *tr* ein Grundgesetz geben, ein (Vor-)Recht verleihen (*s.o.* jdm); (*Schiff, Flugzeug*) chartern; **~ed** ['-d] *a* privilegiert, bevorrechtet, konzessioniert; ~~ *accountant* (beeidigter) Buch-, Wirtschaftsprüfer *m*; **~er** ['-rə] Charterer, Befrachter *m*;

charter member 150 **check**

~ member Gründungsmitglied n; **~-party** mar aero Chartepartie f, Chartervertrag m.

chary ['tʃɛəri] scheu (of gegenüber); vorsichtig, besorgt, behutsam; zurückhaltend (of gegenüber), sparsam (of mit); to be ~ of s.th. mit etw geizen.

chase [tʃeis] **1.** s Verfolgung; Jagd f; Br Gehege, Jagdrevier n; Br Jagdschein m; gehetzte(s) Wild; verfolgte(s) Schiff n; fig Am Hetze f; tr verfolgen; (nach)jagen, (herum)hetzen; (to ~ away) weg-, verjagen, vertreiben; Am sl (Speisen) auftragen; itr herrennen (after s.o. hinter jdm), nachlaufen (after s.o. jdm); herumrennen; to ~ o.s. (Am sl) abhauen, weggehen; to give ~ die Verfolgung aufnehmen (to gen); wild-goose ~ (fig) vergebliche Liebesmüh f; **2.** tr treiben, punzen, ziselieren; s Rinne, Furche f; typ Formrahmen m; (Kanone) Feld n; **~r** ['-ə] **1.** Jäger a. aero; Verfolger; (bow-, stern-~) mar mil Bug-, Heckgeschütz; Verfolgerschiff n; U-Boot-Jäger; fam Schnaps m auf Kaffee; fam Schluck m Wasser auf scharfen Schnaps; Glas n Wasser; sl Schürzenjäger; Am tr Antreiber; Am fam Rausschmeißer m (Musikstück, bes. Marsch nach Programmschluß) ; **2.** Ziselierer, Strehler m; **~~ tool** Grabstichel m.

chasm ['kæzm] (Erd-)Spalt m, Schlucht f, Abgrund m; fig Lücke, Unterbrechung; fig Kluft f.

chassis ['ʃæsi] pl ~ [-iz] mot Fahrgestell n; radio Rahmen m (des Empfängers) **~ clearance** mot Bodenfreiheit f; **~ (serial) number** Fahrgestellnummer f; **~ washing** mot Unterwäsche f.

chast|e [tʃeist] keusch, rein; fig zuchtvoll, zurückhaltend, streng, schmucklos, einfach; **~en** ['tʃeisn] tr züchtigen fig; mäßigen; in Zucht nehmen, reinigen, vereinfachen; **~ise** [tʃæs'taiz] tr (körperlich) züchtigen, streng strafen; **~isement** ['tʃæstizmənt] Züchtigung, strenge Strafe f; **~ity** ['tʃæstiti] Keuschheit; Reinheit; Jungfräulichkeit; fig Einfachheit, Strenge, Schmucklosigkeit f.

chasuble ['tʃæzjubl] rel Kasel f (Meßgewand).

chat [tʃæt] **1.** s Geplauder, Schwätzchen n, kleine Unterhaltung f; itr plaudern, sich unterhalten; **2.** s orn (meist in Zssgen) Schmätzer m; stone-~ Steinschmätzer m; **~elaine** ['ʃætəlein] Gürtelkette; Schloßherrin f;

~tel ['tʃætl] meist pl bewegliche Habe f, Vermögen n; goods and ~~s (pl) Hab u. Gut n; **~~ loan** Mobiliarkredit m; **~~ mortgage** Sicherungsübereignung f; **~ter** ['tʃætə] itr (Vögel) zwitschern; (Menschen) schnattern, plappern, quasseln; (Zähne) klappern a. tech; rasseln; tech flattern; s Gezwitscher; Geschnatter, Geplapper, Gequassel, Geschwätz; (Zähne-)Klappern, Geklapper, Gerassel n; **~~box** Plappermaul n; fam Quasseltüte, -strippe; sl Schreibmaschine f; sl (Auto-)Radio; sl mil Maschinengewehr, MG n; **~terer** ['-ərə] Schwätzer(in f); orn Seidenschwanz m; **~ty** ['-i] redselig, geschwätzig; familiär, formlos.

chauff|er ['tʃɔ:fə] Kohlenbecken n; **~eur** ['ʃoufə] s Chauffeur, (Kraftwagen-)Fahrer m (als Beruf).

chauvini|sm ['ʃouvinizm] Chauvinismus, Hurrapatriotismus f; **~st** ['-st] Hurrapatriot m.

chaw [tʃɔ:] tr vulg kauen, schmatzen, mümmeln; to ~ up (Am sl) kaputt-, fertigmachen; s Am sl Priem f (Kautabak).

cheap [tʃi:p] a u. adv billig; preiswert, verbilligt; minderwertig, schlecht; gewöhnlich, gemein, ordinär; Am fam knauserig; on the ~ auf bequeme Weise, leicht; to feel ~ (sl) nicht auf der Höhe, nicht in Stimmung sein; beschämt sein; to get ~ billig erstehen; to get off ~ billig davonkommen; to hold ~ geringschätzen, verachten; to make, to render o.s. ~ (fig) sich wegwerfen; (fam) dirt, dog ~ spottbillig; **~en** ['-ən] tr verbilligen, herabsetzen; den Wert herabsetzen od mindern (s.th. e-r S); itr billiger werden; **~ie** ['-i] Am fam billige(r) Gegenstand m; **~-jack** ['-dʒæk] Hausierer, Marktschreier m; **~~ goods** (pl) Plunder m; **C~ John** Am a billig, unansehnlich; s üble Kneipe f; **~ly** ['-li] adv billig; leicht; **~ness** ['-nis] Billigkeit, Wohlfeilheit; Minderwertigkeit f, geringe(r) Wert m; Gewöhnlichkeit f; **~skate** ['-skeit] Am sl Knicker, Knauser m.

cheat [tʃi:t] tr betrügen, täuschen; fam anschmieren, bemogeln; übervorteilen; (die Zeit, Müdigkeit) vertreiben; itr mogeln; to ~ s.o. out of s.th. jdn um etw bringen, betrügen, prellen; s Betrug, Schwindel m, Mogelei f; Betrüger, Schwindler m; Mogeln n.

check [tʃek] **1.** tr zum Stehen, Stillstand bringen, Einhalt gebieten (s.th. e-r S); hindern, zurückhalten, in Grenzen halten; verhindern, unterbinden, *fam* abbremsen; eindämmen, hemmen, *tech* drosseln; tadeln, e-n Verweis erteilen (*s.o.* jdm); (nach-, über-) prüfen, kontrollieren, revidieren, nach-, durchsehen, nachrechnen; kollationieren, (prüfend) vergleichen (*by* mit); anstreichen, markieren, abhaken; *Am* (Geld auf der Bank) mit e-m Scheck abheben; *Am* (Gepäck) ab-, aufgeben, gegen Bescheinigung in Verwahrung geben *od* nehmen; Schach bieten *a. fig* (*s.o.* jdm) *a. itr*; **2.** *itr* Schach sagen; übereinstimmen; (*Farbe*) absplittern; (*Jagdhund*) die Spur aufnehmen; *Am* e-n Scheck ausstellen (*for, against an amount* über e-n Betrag; *upon s.o.* auf jdn); *Am* sich durch Vergleich als übereinstimmend erweisen; *a* Prüf-, Kontroll-; kariert; **3.** *s* Schach(ankündigung *f*) *n*; Stillstand, Aufschub, Rückschlag *a. mil; mil* Mißerfolg *m, fam* Schlappe *f*; Anhalten; Hindernis *n*, Widerstand; *aero* Luftwiderstand *m*; (Nach-, Über-)Prüfung; Kontrolle *f* (*on* über); Probe *f*; (prüfender) Vergleich *m*, Prüf-, Kontrollzeichen *n*, -marke *f*, Haken; Gepäckschein *m*; Garderobenmarke *f*; (*Textil*) Karo *n* (*Muster*); karierte(r) Stoff *m*; *Am* Rechnung (in e-m Restaurant) *Am s.* cheque; *Am sl* Dosis *f*; *interj* Schach! *fam* einverstanden! **4.** to ~ in (*Am fam*) ins Gras beißen (müssen); sich melden; (*Hotel*) sich eintragen, ankommen; to ~ off abhaken, ankreuzen; to ~ out (*Am*) (*Hotel*) abreisen; (*Gepäck*) abholen, weggehen; to ~ through (*Am rail*) (*Gepäck*) aufgeben; to ~ up genau überprüfen, im einzelnen nachprüfen, genau vergleichen (*on s.th.* etw); Erkundigungen einziehen (*on* über); to ~ with übereinstimmen mit; sich besprechen mit; to act as a ~ on behindern; hemmend, nachteilig wirken auf; to draw a ~ e-n Scheck ausstellen (*for* über); to keep, to hold in ~ (*fig*) in Schach halten; spot ~ (*Am*) Stichprobe *f*; ~ **analysis** Kontrollanalyse *f*; ~**back** Rückfrage *f*; ~**book** *Am* Scheckbuch *n*; ~**bouncer** ['-baunsə] *Am sl* Scheckbetrüger *m*; ~ **crew** *Am* Gruppe *f* schwarzer u. weißer Arbeiter; ~**er** ['-ə] *s* karierte(s) Muster *n*; Brettstein; Prüfer *m*; Aufsicht *f*; *pl* Damespiel *n*; *tr* karieren, mustern; sprenkeln; *itr* sich etw ändern; *fig* auf u. ab gehen; *s*. chequer; ~**erboard** Schach-, Damebrett *n*; ~**eroo** ['-əru:] *Am sl* karierte(s) Klei-

dungsstück *n*; ~**ing** ['-iŋ] Hemmung *f*, Widerstand *m*; Abbremsen *n*, Nach-, Überprüfung, Kontrolle *f*; ~~ *account* (*Am*) Girokonto *n*;~~ *copy* Belegexemplar *n*; ~~ *form, slip* Kontrollzettel, -abschnitt *m*; ~ *of luggage* (*Am baggage*) *rail* Gepäckaufgabe *f*; ~~ *room, office Am s.* ~ *room:* ~ **girl** *Am* Garderobenfrau *f*; ~ **lamp** Kontrollampe *f*; ~ **letter** *Am* Kontrollbuchstabe *m*; ~ **lever** Sperrhebel *m*; ~ **list** *Am* Kontrolliste *f*; *pol* Wahlliste *f*; ~ **mark** Prüf-, Kontrollzeichen *n*;~**mate** *interj* Schach u. matt! *s* (Schach-)Matt *n*; *fig* hoffnungslose Lage *f*; *tr* mattsetzen; ~ **nut** *tech* Gegenmutter *f*; ~~**point** (Verkehrs-)Überwachungs-, Kontrollstelle *f*; Orientierungs-, Anhaltspunkt *m*; ~ **room** *Am* Garderobe; *rail* Gepäckaufbewahrung *f*, -schalter *m*; (*Hotel*) Gepäckraum *m*; *tech* Prüfraum, -stand *m*; ~ **test** Kontrollversuch *m*; ~~**up** genaue Prüfung, Kontrolle; *med* gründliche Untersuchung; *tech* Nachuntersuchung *f*.

Cheddar ['tʃedə] (~ *cheese*) Cheddarkäse *m*.

cheek [tʃi:k] *s* Backe, Wange *a. tech*; (Tür-)Wange *f*; *tech* Scherblatt *n*; Seitenfläche; *fig fam* Unverschämtheit, Frechheit, Anmaßung *f*; *tr* frech sein gegen; ~ *by jowl* dicht an dicht, dicht beisammen; intim, eng vertraut; *he said that with his tongue in his* ~ das hat er nicht im Ernst gemeint; ~ *of a brake* Bremsbacke *f*; ~~**bone** Wangen-, Jochbein *n*; ~**ed** [-t] *a* -wangig; ~**iness** ['-inis] *fam* Frechheit, Dreistigkeit *f*; ~ **pouch** Backentasche *f*; ~**y** ['-i] *fam* frech, unverschämt; dreist, keck.

cheep [tʃi:p] *s* Piepen *n*; *itr* piepen.

cheer [tʃiə] *s* (gute) Stimmung *f*; Frohsinn *m*, Freude; Hoffnung *f*; Hoch, Hurra(ruf *m*) *n*, Aufmunterung *f*; Jubel, Beifall(sruf *m*); Essen *n*; *tr* in gute Stimmung versetzen, erfreuen auf-, ermuntern, ermutigen; zujubeln (*s.o.* jdm); laut Beifall zollen (*s.o.* jdm); (*Nachricht*) freudig begrüßen *od* entgegennehmen; *itr* hurra schreien, jubeln (*at the news* bei der Nachricht); *interj pl* zum Wohl! prima! bestens! *with good* ~ herzlich *adv*; ~ *on* anfeuern, durch Zurufe ermuntern; to ~ *up* (*itr*) froh werden; Mut fassen, Hoffnung schöpfen; *tr* aufmuntern; *to be of good* ~ guten Mutes, frohgelaunt, voller Freude, voller Hoffnung sein; *to give three* ~*s for s.o.* ein dreifaches Hoch auf jdn ausbringen; *to give s.o. a* ~ jdn hochleben lassen; *three*

cheerful   **chestnut**

~s ein dreifaches Hoch *(for* für); **~ful** ['-ful] froh, freudig; gut aufgelegt, aufgeräumt; hoffnungsvoll, zuversichtlich; glücklich, erfreulich, angenehm, schön; gefällig, anregend, belebend, aufmunternd; entgegenkommend; **~fulness, ~iness** ['-nis, '-rinis] Heiterkeit *f*, Frohsinn *m*, Freude *f*; **~io(h)**['tʃiəri'ou]*interj fam* mach's gut! alles Gute! **~ leader** *Am* Leiter(in *f*) *m* des organisierten Beifalls bei College-Sportwettkämpfen; **-less** ['-lis] freudlos; ungemütlich, unbehaglich; **~y** ['-ri] aufgeräumt, heiter; gewollt herzlich.

chees|e [tʃi:z] *s* Käse *m*; *a* ~ ein (ganzer) Käse *(in s-r Rinde)*; *the* ~~ *(sl)* das einzig Richtige, Vernünftige, Gescheite; *Am sl* Schwindel *m*, Übertreibung *f*; *Am sl* Geld, Moos *n*; *v (nur):* ~~ *it! (sl)* halt! langsam! hau (ja) ab! hör auf! *to make* ~~*s* sich schnell im Kreise drehen; **~~-cake (s)** Käsekuchen *m*; *sl* leichtbekleidete(s) Mädchen *n (als Bild);* *sl* aufreizende Kleidung *f*; *a* aufreizend; **~~ cloth** *(Am)* Musselin *m*; **~~-cutter** Käsemesser *n*; **~~-fly** Käsefliege *f*; **~~-hopper, -maggot** Käsemade *f*; **~~-monger** Butter- u. Käsehändler *m*; **~~-paring** *(a)* knauserig, filzig, geizig; *s* Käserinde *f*; *fig* Knauserei *f*, Geiz; Plunder *m*, wertlose(s) Zeug *n*; **~~-rennet** *(bot)* Labkraut *n*; **-eburger** ['-'bə:gə] belegte(s) Brot *n* mit Käse u. Frikadelle; **-ed off** *a sl* angeödet, gelangweilt; **~y** ['-i] käsig; käseartig; *sl* richtig, in Ordnung; *Am sl* wertlos, kläglich, unzureichend.

chef [ʃef] Küchenchef *m*.

chem|ical ['kemikəl] *a* chemisch; *mil* Gas-, Kampfstoff-; *s pl* Chemikalien *f pl*; ~~ *warfare* Gas-, chemische(r) Krieg *m*; ~~ *works, plant* chemische Fabrik *f*; **-ise** [ʃi'mi:z] Damenhemd *n*; **-ist** ['kemist] Chemiker *m*; *Br* Drogist; *(dispensing* ~~) Apotheker *m*; ~~'*s shop* Drogerie, Apotheke *f*; **-istry** ['-istri] Chemie *f*; *applied, practical* ~~ Chemotechnik *f*.

cheque, *Am* **check** [tʃek] Scheck *m*, Zahlungsanweisung *f (for* auf); *to cash a* ~ e-n Scheck einlösen; *to give a blank ~ to s.o.* jdm Blankovollmacht geben, (völlig) freie Hand lassen; *to make out a* ~ e-n Scheck ausstellen; *crossed* ~ Verrechnungsscheck *m*; *traveller's* ~ Reisescheck, -kreditbrief *m*; **-account** Scheckkonto *n*; **~~-book** Scheckbuch *n*; **~~-form** Scheckformular *n*.

chequer, *Am* **checker** ['tʃekə] *s* Schachbrett *(als Wirtshausschild);* *oft pl* Karo *(Muster);* Schachbrettmuster *n*; *pl dial Am* Damespiel *n*; *tr* karieren, schachbrettartig mustern; abwandeln, *fig* abwechslungsreich gestalten; **~-board** Schach-, Damebrett *n*; **~ed** ['-d] *a* kariert, schachbrettartig gemustert; bunt, mannigfaltig, abwechslungsreich; veränderlich, unbeständig, schwankend; **~ work** *arch* Fachwerk *n*.

cherish ['tʃeriʃ] *tr* pflegen, hegen (u. pflegen); hängen an, (großen) Wert legen auf; *(Gefühle, Gedanken)* hegen; *(e-r Hoffnung)* sich hingeben.

cheroot [ʃə'ru:t] Stumpen *m (Zigarre).*

cherry ['tʃeri] *s* Kirsche *f*; (~-*tree,* -*wood)* Kirschbaum *m*, -holz *n*; *a* kirschrot; Kirsch-; *to make two bites at a* ~ nicht recht wissen, was man will; **~-blossom** Kirschblüte *f*; **~-brandy** Kirschlikör *m*; **~-cheeked** *a* rotwangig, -bäckig; **~-laurel, -bay** Kirschlorbeer *m*; **~ pie** Art Kirschkuchen *m*; *bot* Heliotrop *n*; *Am sl* Kinderspiel *n*; **~-stone** Kirschkern *m*.

cherub ['tʃerəb] *pl -im rel* Cherub *m (Engel); pl -s (Kunst)* Putte *f*; Engelskopf; *fig* Pausback *m*; **-ic** [tʃə'ru:bik] cherubinisch; Engels-; pausbäckig.

chervil ['tʃə:vil] *bot* Kerbel *m*.

Cheshire ['tʃeʃə: *to grin like a* ~ *cat* übers ganze Gesicht grinsen; **- cheese** Chesterkäse *m*.

chess [tʃes] Schach(spiel) *n*; *to play (at)* ~ Schach spielen; **~-board** Schachbrett *n*; **~-man** Schachfigur *f*.

chest [tʃest] *s* Kiste *f*, Kasten *m*, Truhe *f*, Koffer, Behälter; Gerätekasten *m*; Kasse *f a. fig*; Fonds *m*, Geldmittel *n pl*; Brust(kasten *m*) *f*; *tr* in e-e Kiste tun *od* packen; *to get s.th. off o.'s* ~ *(sl)* mit etw herausplatzen; *that's a load off my* ~ da fällt mir ein Stein vom Herzen; *community* ~ Gemeindekasse *f*; ~ *of drawers* Kommode *f*; **~y** ['-i] *Am sl* eingebildet, aufgeblasen; *to be* ~ *(Br fam)* es auf der Lunge haben.

chesterfield ['tʃestəfi:ld] einreihige(r) Mantel *m*; Sofa *n* mit Rücken- u. Seitenlehnen.

chestnut ['tʃes(t)nʌt] (bes. Eß-, *a.* Roß-)Kastanie; (~-*tree,* -*wood)* Kastanie(nbaum *m*, -nholz *n)* f; Braune(r) *m (Pferd); fam* alte Geschichte *f*, Witz *m* mit Bart; *a* kastanienbraun; *to pull s.o.'s* ~*s out of the fire (fig)* für jdn die Kastanien aus dem Feuer holen; *horse-*~ Roßkastanie *f*.

cheval|-de-frise [ʃə'vældə'fri:z] *meist pl chevaux-de-frise* [ʃəvou-] *mil* spanische(r) Reiter *m (pl)*; **~-glass** große(r) Drehspiegel *m*; **~ier** [ʃəvə'liə] Ritter *m (e-s Ordens)*; **~** *of industry, of fortune* Hochstapler *m*.

cheviot ['tʃeviət] Cheviot *m (Wollstoff)*.

chevron ['ʃevrən] *arch mil* Winkel *m*; Dienstgradabzeichen *n*; *(Wappen)* Sparren *m*; **~s** *of rank* Rangabzeichen *n*; **~-mo(u)lding** *arch* Zickzackleiste *f*.

chevy, chivy ['tʃevi, 'tʃivi] *s* (Hetz-)Jagd; *fig* Hetze *f*; *tr* jagen, hetzen; *itr fig* (sich ab)hetzen.

chew [tʃu:] *tr itr* kauen; *itr* Tabak kauen; *Am sl* essen, quasseln; überdenken (*upon, over s.th.* etw), nachdenken, -sinnen (*upon, over* über); *to ~ s.o. out (sl)* jdn ausschimpfen, zur Sau machen; *s* Kauen *n*; Priem *m (Stück Kautabak)*; *to ~ the cud* wiederkäuen; *fig* hin u. her überlegen (*of s.th.* etw); *to ~ the rag, fat (sl)* herumdebattieren, -nörgeln; *Am sl* viel schwätzen, quasseln (*about* über); Mund; **~ed** [-d] *a sl* wütend; **~ up** am Ende, erschöpft; **~ing** ['-iŋ]; **~~-gum, -tobacco** Kaugummi, -tabak *m*.

chic [ʃi(:)k] *s* Schick, Geschmack *m*; Kunstfertigkeit, Geschicklichkeit *f*; *a* schick, elegant; *Am fam* hell, klug, auf Draht; nett, hübsch.

chicane [ʃi'kein] *s* Schikane *f*; *tr* schikanieren; die Hölle heißmachen (*s.o.* jdm); **~ry** [-əri] Schikane *f*, Schikanieren *n*; Kleinlichkeit, Spitzfindigkeit *f*.

chick [tʃik] Küken *n*; junge(r) Vogel *m*; Kind(chen) *n*; (*~abiddy*) kleine(r) Liebling *m*; *sl* hübsche(s) Mädchen *n*; **~adee** ['-ədi:] Weidenmeise *f*; **~aree** ['-əri:] *Am* rotbraune(s) Eichhörnchen *n*; **~en** ['-in] *s* Küken, Hähnchen, Hühnchen, (junges) Huhn (*als Fleisch*); *Am* Huhn *n (jeden Alters)*; *Am* junge(r) Vogel *m*; Kind; dumme(s) Kind, Gänschen *n*; *sl* Feigling, Milchbart, Grünschnabel *m*; *sl* hübsche(s) Mädchen *n*; *Am mil sl* US-Abzeichen *n*; Unfug, Schwindel *m*; *Am pl* Federvieh; Geflügel *n (a. als Fleisch)*; *a* zart; *Am sl* feige, kleinlich, unüberlegt, sich aufspielend; *I'm no ~~* ich bin (doch) kein Kind mehr; **~~-breast** Hühnerbrust *f (Deformation beim Menschen)*; **~~-broth, -soup** Hühnersuppe *f*; **~~-cholera** *(vet)* Hühnerpest *f*; **~~-farm** Hühnerfarm *f*; **~~-feed** Hühnerfutter *n*; *fig fam* kleine Fische *m pl*; lächerliche Summe, Lappalie *f*;

~~-head *(Am)* dumme(r) Kerl *m*; **~~-heart** *(fig)* Hasenherz *n*, -fuß *m*; **~~-hearted, -livered** *(a)* bange, feige; **~~ money** *(Am)* Lappalie *f*; **~~-pox** Windpocken *pl*; **~~-run** *(Br)*, **-yard** *(Am)* Hühnerhof *m*; **~~ shit** *(Am sl)* Schwindel *m*, Angeberei, widerliche Geschichte *f*; **~~-wort** *(bot)* Vogelmiere *f*; **~~ tracks** *(pl Am)* Krickelzeichen *n*; **~(~)wire** Drahtnetz *n*; **-ling** ['-liŋ] *bot* Kicherling *m*, Saatplatterbse *f*; **~-pea** *bot* Kichererbse *f*; **~weed** *bot* Vogelmiere *f*.

chicle ['tʃikl] *Am* (*~gum*) Kaugummi *m od n* (aus Sapotillsaft).

chicory ['tʃikəri] *bot* Zichorie *f*.

chide [tʃaid] *irr* chid *od* chided, chid(den) *od* chided; *tr lit* schelten, tadeln.

chief [tʃi:f] *s* Chef *m*, (Ober-)Haupt *n*, Erste(r); (An-)Führer, Leiter, Kommandeur; Abteilungsleiter, -chef (*e-r Dienststelle*); Vorgesetzte(r); Häuptling *m (e-s Stammes)*; *a* Haupt-, Ober-, erst, oberst; führend, leitend; **~(est)** *of all* vor allem, insbesondere; **~** *of naval operations* *(Am)* Chef *m* des Admiralstabs; **~** *of police* *(Am)* Polizeipräsident *m*; **~** *of staff* Chef *m* des Stabes, Stabschef *m*; **~ clerk** erste(r) Buchhalter; Büro-, Kanzleivorsteher *m*; **~ designer** Chefkonstrukteur *m*; **~ editor** Hauptschriftleiter, verantwortliche(r) Redakteur *m*; **~ engineer** Ober-, leitende(r) Ingenieur *m*; **~ justice** Gerichtspräsident *m*; *Lord C~~* Lord Oberrichter *m*; **-ly** ['-li] *adv* hauptsächlich, besonders; **-tain** ['-tən] Häuptling; Gruppen-, Bandenführer; (An-)Führer *m*; **-taincy** ['-si] Stellung *f* e-s Häuptlings.

chiffon ['ʃifən] Chiffon *m*; *pl* Besatz *m*; **~ batiste** Wollbatist *m*; **~ette** [ʃifə'net] sehr feine(s) Chiffongewebe *n*; **~ net** *Br* Seidentüll *m*; **~ velvet** Chiffonsamt *m*.

chilblain ['tʃilblein] Frostbeule *f*.

child [tʃaild] *pl* children ['tʃildrən] Kind *n a. fig*; *(pl Bibel)* Kinder *n pl*, Nachkommen *m pl*; *from a ~* von klein auf, von Kindheit an, von Jugend auf; *with ~* schwanger; *to give birth to a ~* ein Kind zur Welt bringen; *burnt ~ dreads fire (prov)* gebranntes Kind scheut das Feuer; *grand-~* Enkel *m*; **~'s allowance** *(Am)* Chef *m* des *children's allowance, book, clothing, drawing, games, newspaper, nurse, playground, playroom* Kinderzulage *f*, -buch *n*, -kleidung, -zeichnung *f*, -spiele *n pl*, -zeitung, -schwester, -spielplatz *m*, -zimmer *n*; **~~-bearing**,

-bed, -birth Entbindung, Niederkunft f, Kindbett n; **~hood** ['-hud] Kindheit f; **-ish** ['-iʃ] kindlich; kindisch; **-ishness** Kindlichkeit f; kindische(s) Wesen n; ~ **labo(u)r** Kinderarbeit f; **-less** ['-lis] kinderlos, ohne Kinder; **-like** ['-laik] kindlich; einfach; unschuldig; zutraulich; vertrauensselig; ~ **psychology** Kinderpsychologie f; ~**'s play** Kinderspiel n, leichte Sache f; ~ **welfare** Jugendfürsorge f.

Chil|e, -i ['tʃili] Chile n; s. chilli; **-ean** ['-liən] a chilenisch; s Chilene m, Chilenin f.

chill [tʃil] s Frost m, Kälte f; Kältegefühl, Frösteln n; Fieberschauer, Schüttelfrost m; fig Gedrücktheit, Mutlosigkeit, Niedergeschlagenheit, Hoffnungslosigkeit; tech Gußform, -schale, Kokille f; a unangenehm kühl, frisch; frostelnd, frierend, fig (gefühls)kalt, kühl, frostig; niederdrückend; tr kalt stellen; erstarren lassen; fig niederdrücken, deprimieren, entmutigen, mutlos machen; tech in Kokillen gießen, abschrecken; *Am sl (Problem)* lösen, *(Mensch)* umbringen; itr kalt werden, abkühlen, erstarren; *Am sl* sich ausnutzen, sich verhaften lassen; to cast a ~ over s.o. jdn deprimieren, mutlos machen; to put on the ~ *(Am fam)* kühl behandeln *(on s.o.* jdn); sl kalt machen; **-casting** Hart-, Schalen-, Kokillenguß m; **-ed** [-d] a *(Mensch)* durchfroren; niedergedrückt, -geschlagen, deprimiert, entmutigt, mutlos; tech hart gegossen, schalenhart; ~ **cast iron** Hartguß m; ~ **meat** Kühlhausfleisch n; **-er(-diller)** ['-ə-dilə] fam Reißer m, Revolvergeschichte f; **-(i)ness** ['-inis] unangenehme Kälte; fig Frostigkeit f; **-ing** ['-iŋ] tech Abkühlung, Abschreckung f; **-y** ['-i] unangenehm kalt; fröstelnd, frierend; kälteempfindlich; fig kühl, frostig; to feel ~~ frösteln.

chilli, chilly, *Am* **chile, chili** ['tʃili] Paprikaschote f; Paprika, Cayenne-, Guineapfeffer m; ~ **con carne** *Am* Fleisch n mit weißen Bohnen u. Paprika; ~ **sauce** *Am* Tomatensoße mit Zwiebeln u. Paprika.

Chiltern Hundreds ['tʃiltən 'hʌndrədz]: to apply for, to accept the ~ s-n Sitz im Unterhaus aufgeben.

chime [tʃaim] s Melodie f, Rhythmus, Wohlklang m, Harmonie f; Einklang m, Übereinstimmung, Eintracht f; radio Pausenzeichen; pl Geläut, Glockenspiel n; tr *(die Glocke(n))* läuten; *(Stunde)* schlagen; *(Ton)* anschlagen; itr das Glockenspiel ertönen lassen; *(Glocke)* schlagen, läuten; *(Glockenspiel)* ertönen; sich reimen; *(to ~ in, together)* harmonisieren, in Einklang sein, übereinstimmen *(with mit);* to ~ *in (on a talk)* fam sich in ein Gespräch einschalten, einmischen; beipflichten *(with s.o.* jdm).

chimer|a, chimaera [kai'miərə] Trugbild; Monstrum, Ungeheuer; Hirngespinst n; **-ic(al)** [kai'merik(əl)] unwirklich, trügerisch; monströs; phantastisch.

chimney ['tʃimni] Rauchfang, Kamin (a. im Hochgebirge); Schornstein m; Esse f, Schlot; geol Schlot, Eruptionskanal; (Lampen-)Zylinder; fig Ausweg m; **~-corner** Kaminecke f, warme(r) Ofenplatz m; **~-piece** Kaminsims m; **~-pot** Schornsteinaufsatz m; fam Angströhre f, Zylinder m; **~-stack** Fabrikschornstein, Schlot m; **~-sweep(er)** Schornsteinfeger m.

chimpanzee [tʃimpən'zi:] Schimpanse m.

chin [tʃin] s Kinn; *Am sl* Gerede, Geschwätz, Gequassel n; tr *Am sl* anquasseln, anquatschen; itr *Am sl* quasseln, quatschen, schwätzen; to ~ o.s. e-n Klimmzug machen; up to the ~ *(fig)* bis über die Ohren; to take it on the ~ *(Am fam fig)* völlig ausgepunktet sein; **~~!** sl prost! tjüs! ~ up! Kopf hoch! **~-wag** itr fam schwätzen; **~-whiskers** pl *Am* Kinnbart m.

china ['tʃainə] s *(~ware)* Porzellan n; *Am sl* Zähne m pl; C~ China n; a Porzellan-; **~-clay** Porzellanerde f, Kaolin n; **~-closet** Porzellanschrank m, -vitrine f; **C-man** ['-mən] fam pej Chinese m; *Am mar sl* in der Wäscherei beschäftigte(r) Matrose m; **C-town** ['-taun] Chinesenviertel n.

chinch [tʃintʃ] *Am* Bett-, *(~bug)* Kornwanze f; **-illa** [tʃin'tʃilə] Chinchilla f od n.

chine [tʃain] Rückgrat n, Wirbelsäule f; *(Küche)* Lendenstück n; fig Bergkamm, (Fels-)Grat m.

Chinese ['tʃai'ni:z] a chinesisch; s pl ~ Chinese m, Chinesin f; (das) Chinesisch(e); ~ **lantern** Lampion m; **~-puzzle** verzwickte Geschichte f; ~ **Wall** Chinesische Mauer f.

chink [tʃiŋk] **1.** s Ritze f, Spalt, Schlitz m; Guckloch n; **2.** s *(Metall-, Gläser-)* Klang m; sl Geld n (in der Tasche); tr klingen lassen; fam klimpern mit;

Chink   155   **chock-full**

(Gläser) anstoßen; *itr* klingen, klimpern; **3. C~** *(sl pej)* Chinese *m*; *pl* chinesische Gerichte *n pl*.

chin|ning ['tʃiniŋ] *Am* Klimmzug *m*; **~o** ['-ou] *Am* olivenfarbige(s) Baumwollgewebe *n*.

chintz [tʃints] Chintz *m*; **~y** ['-i] *Am sl* unmodern, nicht elegant; doof.

chip [tʃip] *s* (abgebrochenes) Stück (-chen) *n*, Ecke *f*, Eckchen *n*; Splitter, Span *m*; *(Porzellan, Glas)* lädierte Stelle *f*; (Apfel-, Kartoffel-) Schnitzel *n*; Bast *m*; Spielmarke *f*; Geldstück *n*; *pl (potato-~s)* Chips *pl*; *sl* Geld, Moos *n*; *mar sl* Schiffszimmermann *m*; *tr (Holz)* zerhacken, spalten; *(Geschirr)* auszacken, anstoßen; abbrechen *(off, from* von), ausbrechen *(off, from* aus); *(Obst, Kartoffeln)* zerkleinern, zerschneiden, in Scheiben, Stückchen schneiden; *(to ~ out)* herausschnitzen; *(Inschrift)* einritzen; *(Ei)* aufschlagen; *(to ~ at) fam* zum besten haben, verpflaumen; *itr (Porzellan, Glas)* (leicht) angestoßen, beschädigt werden; *to ~ in (fam)* ins Wort fallen *(s.o.* jdm); *Am fam* Geld (her)geben *(für e-e Sache)*; mitmachen *(bei e-r Sache)*; beitragen zu; *in the ~s (fam)* bei Kasse, bei Geld; *dry as a ~* langweilig, uninteressant; stock-, knochentrocken; *to carry a ~ on o.'s shoulder (fam)* leicht gereizt sein; *he is a ~ of the old block (fig)* der Apfel fällt nicht weit vom Stamm; **~-basket** Spankorb *m*; **~-bonnet, -hat** Basthut *m*; **~muck, ~munk** ['-mʌk, -mʌŋk] *zoo* Chipmunk *m (nordamerik. Erdhörnchen)*; **~ped** [-pt] *a (Porzellan, Glas)* angestoßen, angeschlagen; **~piness** ['-inis] Trockenheit; Langweiligkeit, Reizbarkeit *f*; **~ping** ['-iŋ] *Am* Einschnitt *m*; *pl* Späne, Splitter *m pl*; **~py** ['-i] *a* trocken, langweilig, uninteressant; (müde u.) reizbar; *s Am (~ping sparrow)* Spatz, Sperling *m*; *sl* Nutte *f*; *s. ~muck*; *he is ~~* es ist nichts (mehr) mit ihm anzufangen.

chipper ['tʃipə] **1.** *a Am* lebendig, lebhaft; lustig; gesprächig, geschwätzig; **2.** *dial Am itr* zwitschern, schwatzen, plaudern; *tr* aufmuntern.

chirk [tʃəːk] *tr itr Am fam* in Stimmung kommen, *(to ~ up)* bringen; *a Am fam* lebhaft, in gehobener Stimmung.

chiro|graph ['kaiərəgraːf] Handschrift, handschriftliche Urkunde *f*; **~mancer** ['-mænsə] Chiromant, Handliniendeuter *m*; **~mancy** ['-mænsi] Handliniendeutung, Chiromantie *f*; **~~-**

podist [ki'rɔpədist] Hühneraugenoperateur, Fußpfleger *m*; **~pody** [ki'rɔpədi] Fußpflege *f*.

chirp [tʃəːp] *itr* zirpen, zwitschern; lustig plaudern, schwatzen; flüstern; *Am sl (Frau)* singen; *tr (Lied)* trällern; *Am sl* verpfeifen; *s* Gezirp, Gezwitscher, Geträller *n*; **~er** ['-ə] *Am sl* Sängerin *f*, Agent *m*; **~iness** ['-inis] Munterkeit *f*; **~y** ['-i] lebhaft, munter.

chirr [tʃəː] *itr* zirpen; **~up** ['tʃirʌp] *itr* zwitschern, (t)schilpen, zirpen; *theat sl* als Claqueur fungieren; *s* Gezwitscher *n*.

chisel ['tʃizl] *s* Meißel, Stechbeitel *m*; *sl* Gaunerei *f*, Betrug *m*; *the ~ (sculptor's ~)* Bildhauerei *f*; *tr* (aus)meißeln; *sl* begaunern, beschummeln, betrügen; *(Zigarette)* schnorren; **~led** ['-d] *a (fig* wie) gemeißelt; **~ler** ['-lə] *sl* Gauner, Betrüger; Nassauer *m*.

chit [tʃit] **1.** *fam* kleine(s) Ding, Kind; *pej* junge(s), freche(s) Ding *n*, Rotznase *f*; **2.** Notiz *f*, (beschriebener) Zettel *m*, Unterlage *f*; Bon *m*; Rechnung *f (bes. des Kellners)*; *(Dienstboten-)* Zeugnis *n*; **3.** *dial bot* Schößling, Trieb *m*; **~chat** ['-tʃæt] Geplauder *n*.

chitin ['kaitin] Chitin *n*.

chitterlings ['tʃitəliŋz] *pl* Kaldaunen *f pl*, Innereien *pl*, Gekröse *n*; *(Küche)* Kutteln *f pl*.

chivalr|ic ['ʃivəlrik] *poet*, **~ous** ['-əs] ritterlich; **~y** ['-ri] Rittertum *n*; Ritterlichkeit *f*, ritterliche(s) Wesen *n*.

chive, cive [tʃaiv, s-] *bot* Schnittlauch *m*; kleine Zwiebel *f*.

chiv(v)y ['tʃivi] *s. chevy*.

chlor|al ['klɔːrəl] *chem* Chloral *n*; **~ate** ['-it] Chlorat, chlorsaure(s) Salz *n*; **~~** *of potash*, *sodium* Kalium-, Natriumchlorat *n*; **~ic** ['-ik] *a*: **~~** *acid* Chlorsäure *f*; **~ide** ['klɔːraid] Chlorid *n*, Chlorverbindung *f*; **~inate** ['-ineit] *tr* chlorieren, (ver)chloren; **~ination** [klɔːri'neiʃən] Chlorierung, (Ver-)Chlorung *f*; **~ine** ['-iːn] Chlor *n*; **~~** *water* Chlorwasser *n*; **~oform** ['klɔrəfɔːm] *s* Chloroform *n*; *tr* chloroformieren; **~ophyll** ['klɔrəfil] Chlorophyll, Blattgrün *n*; **~osis** [klɔ'rousis] *med* Bleichsucht *f*; **~otic** [klɔ'rɔtik] bleichsüchtig; **~ous** ['klɔːrəs] chlorig.

choc [tʃɔk] *fam* Schokolade *f*; *pl* Pralinen *f pl*; **~ice** Eisschokoladeneis *n*.

chock [tʃɔk] *s (~-block)* Bremsklotz, -schuh; Riegel *m*; *mar* Klampe *f*; *tr* verkeilen, -klemmen, -riegeln, blockieren, bremsen; **~~-a-block, -full** [-'-] *a fam* gerammelt, gedrängt voll *(with* von).

chocolate ['tʃɔkəlit] s Schokolade; Praline; Schokoladenfarbe f, -braun n; a schokoladenbraun, -farben; bar of ~ Tafel f, Riegel m Schokolade; ~ **cream** Krem-, gefüllte Schokolade f.

choice [tʃɔis] s (Aus-)Wahl f; das Beste, die Auslese; a vorzüglich, ausgezeichnet, erstklassig; (aus)gewählt, ausgesucht; at ~ nach Belieben, nach Wunsch; by, for, of ~ Lieblings-; to have the ~ die (Aus-)Wahl haben; to have no ~ keine andere Wahl haben; to make a ~ e-e Wahl treffen; to take ~, to make o.'s ~ es sich aussuchen; I have no ~ es bleibt mir nichts anderes übrig; he is my ~ ich habe ihn gewählt (for als); a large ~ e-e große Auswahl; Hobson's ~ keine Wahl; ladies' ~ Damenwahl f; **~ness** ['-nis] Vorzüglichkeit; com hervorragende Qualität f.

choir ['kwaiə] s mus (Kirchen-)Chor; arch Chor m (e-r Kirche); tr itr im Chor singen; **~-boy** Chorknabe m; **~master** Chordirigent m.

choke [tʃouk] tr (er)würgen, ersticken a. fig; (to ~ up) verstopfen, versperren, vollpfropfen (with mit); tech (ab)drosseln; itr (zu) ersticken (drohen), keine Luft bekommen, würgen; kein Wort herausbringen (können) (with vor); s Würgen n; tech Verengung, Einschnürung f; mot Drossel, Starterklappe f; el Drossel(spule) f; sl Kittchen n; to ~ back unterdrücken, herunterschlucken (the tears die Tränen); to ~ to death erwürgen, erdrosseln; to ~ down hinunterwürgen a. fig; (Gefühl) unterdrücken; to ~ off anschnauzen, abschrecken, -halten; ein Ende machen; to ~ up (tr) verstopfen; zu voll machen; itr fam den Tränen nahe sein, kein Wort herausbringen; ~ up! hör auf! **~-circuit** el Sperrkreis m; **~-coil** el Drosselspule f; **~-damp** min Grubengas n; **~-pear** fig bittere Pille f; it is a ~ to him er hat schwer daran zu schlucken; **~r** ['-ə] Drosselspule f; fam Schlips m, Halstuch n, obs Stehkragen m; Am sl große(s) Stück n (Brot); ~ shot sl Nahaufnahme f; **choky** ['tʃouki] s sl Kittchen n; a erstickend.

choking ['tʃoukiŋ] s tech Verstopfung; Verengung, Einschnürung f; a erstickend.

choler ['kɔlə] Wut f, Zorn m; **~a** ['kɔlərə] med Cholera f; **~ic** ['-rik] cholerisch, jähzornig, aufbrausend; **cholesterol** [kə'lestərɔl] Cholesterin, Gallenfett n.

choose [tʃu:z] irr chose, chosen tr (aus-)wählen, aussuchen; vorziehen, lieber wollen, sich entscheiden für; erwählen (zu) a. rel; Am fam haben wollen, wünschen; itr wählen; s-e Wahl treffen; to have to ~ between die Wahl haben zwischen; to pick and ~ sehr wählerisch sein; I cannot ~ but ich muß, mir bleibt nichts anderes übrig als zu; **choos(e)y** ['tʃu:zi] fam wählerisch.

chop [tʃɔp] **1.** tr (zer)hacken, zerschneiden; (Holz) spalten; (to ~ up) zerkleinern; fig (Wort, Satz) zerhacken; itr hacken, hauen, schlagen (at nach); s Hieb, Schnitt m; Hacken n; (Fleisch-)Schnitte f, Schnitzel, (meist) Kotelett n; (Haut) Schrunde f; kabbelige(r) Wellenschlag m; to ~ away wegschneiden, -hacken; to ~ down umhakken, -legen; (Baum) fällen; to ~ in (in e-e Unterhaltung) hineinplatzen; to ~ off abhacken, -schneiden, -hauen; to ~ out, up (geol) an die Oberfläche treten; to ~ o.'s teeth (Am sl) freier reden; **~~!** interj sl dalli! beeil Dich! **~-house** billige(s) Speiselokal n; **~-ped** a: ~~ meat Hackfleisch n; ~~ straw Häcksel n; **~-per** ['-ə] Hackmesser n; tech Zerhacker m; sl Ohrfeige f; mil sl MG n, Hubschrauber; Am sl Fahrkarten-, Eintrittskartenkontrolleur m; **~-ping** ['-iŋ] a groß u. stark, kräftig; s (~~ sea) kabbelige(r) Wellenschlag m; el Amplitudenbegrenzung f; **~-py** ['-i] zerschnitten, rissig; (See) kabbelig; (Worte, Sätze) abgehackt; **~-sticks** pl Eßstäbchen n pl; **~-suey** [-'su:i] chinesisches Gericht; **2.** s. chap 2.; **3.** s meist pl Kinnbacken m pl; meist pej od hum Rachen, Schlund m; (Hund) Maul n; fig Eingang m, Mündung f (e-s Tales, e-r Schlucht); to lick o.'s ~s sich die Lippen lecken; he licked his ~s ihm lief das Wasser im Munde zusammen. **4.** itr (~ and change) wechseln, schwanken, unbeständig sein; s (~s and changes) Veränderungen f pl, ständige(r) Wechsel m; to ~ round, about (Wind) umschlagen, -springen; **~-py** unbeständig, wechselhaft; **5.** (Indien, China) Siegel n, Stempel m; Erlaubnis(schein m) f; Paß m; Sorte, Qualität, Güte f; (China) Warenzeichen n, Handelsmarke f; first-, second-~ erste(r), zweite(r) Güte od Qualität.

choral a ['kɔ:rəl] Chor-; s (a. ~e) [kɔ'rɑ:l] Choral m; **~-society** Gesangverein m.

chord [kɔ:d] *anat* Band *n*; *math* Sehne; *mus poet fig* Saite *f*; *mus* Akkord *m*; *tech* Gurt(ung *f*) *m*; Profiltiefe; harmonische Farbenzs.stellung *f*; *to touch the right ~ (fig)* den rechten Ton finden; *spermatic ~ (anat)* Samenstrang *m*; *spinal ~* Rückenmark *n*; *vocal ~* Stimmband *n*.

chore [tʃɔ:] *meist pl* Gelegenheitsarbeit; unangenehme, schwere Arbeit *f*.

choreograph|er [kɔriˈɔgrəfə] Choreograph; Ballettmeister *m*; **~ic** [-əˈgræfik] choreographisch; Ballett-, Tanz-; **~y** [-ˈɔgrəfi] Choreographie, Tanz-, Ballettkunst *f*.

chor|ine [ˈkɔ:ri:n] *Am fam* Chorsängerin; Ensembletänzerin *f*, (Tanz-) Girl *n*; **~ister** [ˈkɔristə] Chorsänger(in *f*), Chorist(in *f*) *m*; Chorknabe; *Am* Chorleiter *m*; **~us** [ˈkɔ:rɔs] *s* (Sing-, Sprech-)Chor *a. theat; theat* (Prolog-)Sprecher; Chorgesang; Refrain *m*; *(Revue)* Tanzgruppe *f*; *tr* im Chor singen, (auf)sagen, sprechen; *in ~* im Chor, alle zusammen, gleichzeitig; **~ girl** Revuetänzerin *f*.

chose [tʃouz] *jur* Gegenstand *m*; **~n** [ˈ-n] *s meist pl rel* die Auserwählten.

chough [tʃʌf] *orn* (Stein-)Dohle *f*.

chouse [tʃaus] *s fam* Schwindel *m*; *tr* prellen, betrügen.

chow [tʃau] *s sl* (Australien) Chinese *m*; *(~~)* Chow-Chow *m* (*Hunderasse*); *sl* Futter *n*, Fraß *m*; *tr (to ~ down) sl* (fr)essen; **~~** (Küche) Gemischte(s), Mischgericht *n*; **~der** *Am* [ˈtʃaudə] Art Fischgericht *n*; **~ hall** *Am sl* Kantine, Messe *f*, Speisesaal *m*; **~ hound** *sl mil* Fresser *m*; **~-line** *sl mil* Essenholerschlange; Essenausgabe *(Einrichtung)*; Clique *f*; *to join the ~~* sich zum Essenfassen anstellen; **~ mein** [ˈ-mein] Huhn *n* in gebratenen Nudeln, Pilzen u. Zwiebeln *(chines. Gericht)*; **~mobile** [ˈ-məbi:l] *Am* fahrbare(r) Imbißstand *m*; **~ time** *sl* Essenszeit *f*.

chris|m [ˈkrizm] Salböl *n*; Salbung *f*; **~om** [-] Taufkleid *n*; *(~~-child, -babe)* Täufling *m*; unschuldige(s) Kind *n*.

Christ [kraist] Christus *m*; **~ child** Christkind; **~'s thorn** *bot* Christusdorn *m*.

christen [ˈkrisn] *tr* taufen *(a. Schiffe)*; nennen, den Namen geben *(s.o. jdm)*; **C-dom** [-dəm] die Christenheit; **~ing** [ˈ-iŋ] *s* Taufe *f*; *attr* Tauf-.

Christian [ˈkristjən, ˈkristʃən] *a* christlich; *fam* menschlich, anständig; *s* Christ(in *f*) *m*; **~ burial** kirchliche(s) Begräbnis *n*; **~ era** christliche Zeitrechnung *f*; **~ity** [kristiˈæniti] Christentum *n*; **~ization** [kristjənaiˈzeiʃən, kristʃ-] Bekehrung, Christianisierung *f*; **~ize** [ˈ-aiz] *tr* (zum Christentum) bekehren, christianisieren; **~ name** Vorname *m*; **~ Science** *rel* Christliche Wissenschaft *f*.

Christmas, Xmas [ˈkrisməs] Weihnacht(en *n* od *f pl*) *f*, Weihnachtsfest *n*; *Am sl* auffallende(s) Kleidungsstück *n*, aufgedonnerte Angelegenheit *f*; *Father ~* der Weihnachtsmann; **~ book, card** Weihnachtsglückwunsch *m*, -karte *f*; **~~ box** Weihnachtsgeld, -geschenk *n*; **~~carol** Weihnachtslied *n*; **~ catalog(ue)** Weihnachtskatalog *m*; **~~day** der 1. Weihnachtstag *(25. Dez.)*; **~ eve** der Heilige Abend *(24. Dez.)*; **~flower, rose** *bot* Christrose *f*; **~ present** Weihnachtsgeschenk *n*; **~ pudding** Weihnachtspudding *m*; **~(s)y** [ˈ-si] *fam* weihnachtlich; **~~tide** die Weihnachtszeit; **~~tree** Weihnachts-, Christ-, Tannenbaum *m*; *Am* Bohrgerüst *n*.

chrom|ate [ˈkroumət, -eit] *chem* Chromat *n*; **~atic** [krəˈmætik] *a* farbig, Farben-; *phys mus* chromatisch; *s pl mit sing* Farbenlehre *f*; **~~ printing** Buntdruck *m*; **~~ scale** chromatische Tonleiter *f*; **~~ spectrum** Farbenspektrum *n*; **~atin** [ˈkroumətin] *biol* Chromatin *n*; **~e** [kroum] *chem* Chrom; Chromgelb *n*; **~~ (steel)** Chromstahl *m*; **~~ tanning** Chromgerbung *f*; **~ic** [ˈ-ik] *a* Chrom-; **~~ acid** Chromsäure *f*; **~ite** [ˈ-ait], **~e iron (ore)** Chromit *n*, Chromeisenstein *m*; **~ium** [ˈ-iəm] *chem* Chrom *n*; **~~ plated** verchromt; **~o(lithograph)** [ˈkroumou(ˈliθəgra:f)] (einzelner) lithographische(r) Farbendruck *m*; **~olithography** [-o(u)liˈθɔgrəfi] lithographische(r) Farbendruck *m (als Verfahren)*; **~osome** [ˈkroumosoum] *biol* Chromosom *n*.

chron|ic(al) [ˈkrɔnik(əl)] *med* chronisch; *allg* dauernd, (be)ständig; *vulg* schlimm, böse; **~icle** [ˈkrɔnikl] *s* Chronik *f*; *tr* aufzeichnen; **~icler** [ˈ-iklə] Chronist *m*; **~ograph** [ˈkrɔnəˈgra:f] Zeitschreiber *m* (Gerät); **~ologer**, **~ologist** [krəˈnɔlədʒə, -ist] Chronologe *m*; **~ologic(al)** [krɔnəˈlɔdʒik(əl)] chronologisch; *in ~~ order* in zeitlicher Folge; **~~ chart** Zeittafel *f*; **~ologize** [krəˈnɔlədʒaiz] *tr* chronologisch, zeitlich ordnen; **~ology** [krəˈnɔlədʒi] Chronologie; chronologische Übersicht, Zeitfolge *f*; **~ometer** [krəˈnɔmitə] Chronometer *n*; **~ometry** [krəˈnɔmitri] Zeit-

chronoscope 158 **cigar-box**

messung f; **~oscope** ['krɔnəskoup] Chronoskop n, Zeitzeichenschreiber m.

chrys|alid, ~alis ['krisəlid, -s] ent Puppe, Larve f; fig Vor-, Übergangsstadium n; **~anthemum** [-'sænθəməm] bot Chrysantheme f; **~oprase** ['-ɔpreiz] min Chrysopras m.

chub [tʃʌb] Döbel m (Fisch); **~by** ['-i] pausbäckig; dick, fam mollig.

chuck [tʃʌk] **1.** s Glucken n (Lockruf der Glucke); itr (Henne) glucken; (Glucke, Mensch) locken itr; interj put! put! put! **2.** tr (unter dem Kinn) kraulen (s.o. jdn); hätscheln, tätscheln; achtlos wegwerfen; loswerden; (Gewohnheit) ablegen; itr e-n Ball werfen (Baseball); sl den Mund halten; s sanfte(r) Schlag, Klaps m unters Kinn; Kraulen n; Wurf; sl Fraß m; Am Rindfleisch n geringer Qualität, Kamm m; to ~ away (Gelegenheit) verpassen, versäumen; to ~ out (Menschen) hinauswerfen; to ~ up weit wegwerfen; (Arbeitsplatz) aufgeben; to ~ up the sponge den Versuch aufgeben; to ~ o.'s weight about sich aufspielen; to give s.o. the ~ (sl) jdn 'rausschmeißen, an die Luft setzen; ~ it! (fam) laß das! halt den Mund! **3.** s Spann-, Klemm-, Bohrmaschinen-, Bohrfutter n; (Ein-)Spannvorrichtung; Spannschraube; Klemme f, Klemmkonus m; tr tech (ein)spannen; **~er-out** sl Rausschmeißer m.

chuckle ['tʃʌkl] itr kichern; (to ~ to o.s.) in sich hineinlachen, sich im stillen, insgeheim freuen, sich ins Fäustchen lachen (at, over über); glucksen; s Gekicher, Glucksen n; **~head** Dummkopf m; **~headed** a dumm, doof.

chuffed [tʃʌft] a sl hingerissen.

chug [tʃʌg] s Stampfen, Blubbern, Tuckern n; itr (Motor) blubbern, tuckern; (Maschine) stampfen; to ~ along (Zug) vorbeiraltern, **~-a-lug** tr Am sl glucksend trinken.

chukker ['tʃʌkə] (Polo) Spielgang m.

chum [tʃʌm] s (Schul-)Kamerad; (Stuben-, Schlaf-)Genosse; Kumpan, fam Kumpel; (Busen-)Freund, Intimus; pej Trottel, Gimpel m; itr zs.wohnen, -leben (with mit); eng, intim (mitea.) befreundet sein (with mit); to ~ up (Am around) with (fam) sich (eng) anschließen an, intim werden mit; **~-buddy** Am fam Busenfreund m; **~my** ['-i] fam eng befreundet, intim; to be (very) ~~ ein Herz u. eine Seele sein.

chump [tʃʌmp] (Holz-)Klotz m; Keule (bes. Küche); sl Birne f; fam Schafskopf m; off o.'s ~ (sl) aus dem Häuschen, nicht ganz bei Trost.

chunk [tʃʌŋk] Klumpen m; (Holz-)Klotz m; dicke(s) Stück n; Ranken (Brot); untersetzte(r) Mensch m; stämmige(s) Tier n; **~y** ['-i] fam untersetzt; dick.

church [tʃəːtʃ] Kirche f, (in England nur anglikanisches) Gotteshaus n; Kirche f, Gottesdienst m; die Christen m pl; Geistlichkeit f; at, in ~ in der Kirche, beim Gottesdienst; in the ~ im Gotteshaus, in der Kirche; poor as a ~ mouse arm wie eine Kirchenmaus; to go to ~ in die Kirche gehen, den Gottesdienst besuchen; to go into, to enter the C~ Geistlicher werden; Established C~ Staatskirche f; the primitive C~ die Urkirche; **~-goer** Kirchgänger m; **~-ing** ['-iŋ] erste(r) Kirchgang m (e-r Wöchnerin); **~man** Geistlicher m; Mitglied n der engl. Staatskirche; ~ **parade** mil Kirchgang m; **~-tower** Kirchturm m; **~-rate** Kirchensteuer f; **~-warden** ['-'wɔːdn] Kirchenvorsteher, -älteste(r) m; sl lange Tonpfeife f; **~-woman** ['-wumən] Kirchenmitglied n; e-e in der kirchlichen Arbeit tätige Frau f; **~y** ['-i] Am (streng) kirchlich (gesinnt); **~yard** ['-jɑːd] Kirchhof m.

churl [tʃəːl] grobe(r) Klotz, Flegel; Knauser, Knicker m; **~ish** ['-iʃ] flegelhaft; filzig, knauserig; störrisch.

churn [tʃəːn] s Butterfaß n; Zentrifuge; Br große Milchkanne f; tr kirnen, zu Butter machen, verarbeiten; (to ~ up) auf-, umwühlen; itr buttern; schäumen.

chute, shute [ʃuːt] Wasserfall m, Stromschnelle f; Wehr n; Am Lachsleiter; Gleitbahn, -rinne, Schütte, Rutsche; sport Rodelbahn f; fam Fallschirm m; **~~** (Am) Rutschbahn f (auf Rummelplätzen).

chyle [kail] Milch-, Speisesaft m.

chyme [kaim] physiol Speisebrei m.

cica|da [si'keidə] pl a. **-ae** [-iː], **-la** [si'kɑːlə] ent Zikade, Zirpe f.

cicatri|ce ['sikətris], **-x** [-iks] Narbe f a. bot; **-zation** [-'zeiʃən] Vernarbung, Narbenbildung f; **-ze** ['sikətraiz] tr itr vernarben (lassen).

cicely ['sisili, 'saisli] bot Kerbel m.

cicerone [tʃitʃə-, sisə'rouni] pl **-ni** [-ai] Fremdenführer m; itr [-'roun] als Fremdenführer dienen (s.o. jdm).

cider ['saidə] Apfelwein, Most m; **~-press** Mosterei, Mostpresse f.

cigar [si'gɑː] Zigarre f; **~-box** Zigar-

cigar-case 159 **circuit**

renkiste f; **~-case** Zigarrenetui n; **~-cutter** Zigarrenabschneider m; **~et(te)** [sigə'ret] Zigarette f; **~~-box** Zigarettenschachtel f; **~~-case** Zigarettenetui n; **~~~-end**, **-stub**, Am **-butt** Zigarettenstummel m, Kippe f; **~~~-holder** Zigarettenspitze f; **~~** *paper* Zigarettenpapier n; **~~** *tip* Mundstück n; **~~** *tray* Bauch-, Tragladen m; **~illo** [sigə'riljou] Zigarillo m od n, fam a. f; **~ lighter** Zigarrenanzünder m.

cilia ['siljə] pl scient (Ränder m pl der) Augenlider m pl; Wimpern f pl a. ent bot; zoo bot Flimmer(härchen n pl) m pl, Zilien f pl; **~ry** ['-ri] Wimper-.

cinch [sintʃ] s Am Sattelgurt m; sl Kinderspiel n; (a.: *dead* ~) todsichere Sache f; tr (*Sattel*) mit e-n Sattelgurt befestigen; fig sl sicherstellen; Schwierigkeiten machen, e-n Stein in den Weg legen (s.o. jdm).

cinchona [siŋ'kounə] Chinarindenbaum m; (~ *bark*) China-, Fieberrinde f.

cincture ['siŋktʃə] s Gürtel, Gurt; arch Saum, Gurt; (Säulen-)Kranz m, Riemchen n; tr umgürten, -zäunen.

cinder ['sində] s verkohlte(s) Stück n Holz; Schlacke f; sl Schuß m Rum (*im Tee*); (*~-path*, *-track*) sport Aschenbahn; pl Asche f; **~ cone** geol Aschenkegel m; **C~ella** [-'relə] Aschenbrödel, -puttel n.

cine ['sini] (*in Zssgen*) Film-, Kino-; **~~-camera** Filmkamera f; **~~-film** Kinofilm m; **~ma** ['sinimə] Kino, Film-, Lichtspieltheater n; *the* **~~** der Film; **~~** *goer* (regelmäßiger) Kinobesucher m; **~~** *poster* Filmplakat n; **~mactor**, **~mactress** [-'mæktə, -tris] Am Filmschauspieler(in f) m; **~mascope** [-mə'skoup] Breit(lein)wand f; **~matic** ['mætik] a Film-; s pl mit sing Filmkunst f; **~matograph** [sini'mætəgra:f] Kinematograph m; **~matographer** [sinimə'tɔgrəfə] Kameramann m; **~matographic** [sinimætə'græfik] kinematographisch; Film-; **~matography** [sinimə'tɔgrəfi] Kinematographie, Lichtbildkunst f; **~ photomicrography** Filmaufnahme f durch Mikroskop; **~~projector** Vorführapparat m; **~rama** [sini'ra:mə] Cinerama n (*Schutzmarke*).

ciner|aria [sini'rɛəriə] bot Aschenkraut n, Zinerarie f; **~arium** [-'rɛəriəm] pl **-ia** [-iə] Urnenhalle f, Kolumbarium n; **~ary** ['sinərəri] Aschen-; **~~** *urn* Aschenurne f.

cinna|bar ['sinəba:] s Zinnober m; a zinnoberrot; **~mon** ['-mən] s Zimt m; a zimtfarben, -braun.

cinq(ue) [siŋk] (*Spielkarten, Würfel*) Fünf f; **~foil** ['-fɔil] bot Fünffingerkraut n; arch Fünfblatt n, -paß m; **Cinque Ports** [-'pɔ:ts] Br (ursprüngl. fünf) privilegierte Häfen m pl.

cipher, cypher ['saifə] s math Null (-zeichen n); fig Null f, völlig unbedeutende(r) Mensch m, völlig belanglose Sache f; (*arabische*) Ziffer; Chiffre; Geheimschrift f; chiffrierte(s) Schreiben; Chiffrierverfahren n; (*~-key*) Schlüssel m (*e-r Geheimschrift*); fig Geheimnis; Monogramm; (*Orgelpfeife*) fehlerhafte(s) Nachklingen n; tr ausrechnen; chiffrieren, verschlüsseln; *Am fam* ausknobeln, -tüfteln; **~ code** Chiffrierschlüssel m; **~ disk** Chiffrierscheibe f; **~ed** ['-d] a chiffriert, verschlüsselt, in Geheimschrift; **~~ message** Chiffriertext m, verschlüsselte Meldung f; **~ group** Schlüsselgruppe f; **~ing machine** Chiffrier-, Schlüsselmaschine f; **~ office** Chiffrierstelle f; **~ text** Chiffriertext m.

circle ['sə:kl] s math Kreis a. allg; Kreisumfang m, -linie f, -bogen m; astr Kreisbahn f, Umlauf; Kreislauf m (*des Jahres*), Periode f; Ring; (Stirn-) Reif; sport Rundlauf; theat Rang; Kreis, Bezirk m, Gebiet n; (~ *of friends*) Freundes-, Bekanntenkreis; Wirkungskreis m, (Einfluß-) Sphäre f; Spielraum, Bereich m; tr poet umgeben, einschließen; astr umkreisen, sich bewegen um; umfahren, -schiffen, -segeln, -fliegen; itr fahren, segeln, fliegen (*round*, *about s.th.* um etw); sich im Kreis, auf e-r Kreisbahn bewegen; (*Vogel, aero*) kreisen; *full* ~ rund herum, im Kreise; *Arctic*, *Antarctic* ~ Nördliche(r), Südliche(r) Polarkreis m; *dress* ~ (*theat*) 1. Rang m; *Polar* ~ Polarkreis m; *squaring the* ~ Quadratur f des Kreises; *upper*, *family* ~ (*theat*) 2. (od höherer) Rang m; *vicious* ~ Teufelskreis, Circulus vitiosus m; **~t** ['-it] kleine(r) Kreis m; Stirnreif m, -band n, Kranz m.

circs [sə:ks] pl sl Umstände m pl.

circuit ['sə:kit] s Umkreis, Umfang m; (eingeschlossenes) Gebiet n, Bezirk m; Runde f, Rundgang m, -fahrt f, -flug m (*of* um); Rundreise, Tournee f; jur Rundreise f (e-s Richters), Gerichtsbezirk m; (reisende) Gerichtskommission f; *Am* (*methodischer*) (Kirchen-)Sprengel, Ring, Kreislauf m, Periode f; Theater-, Kinoring m; aero Platzrunde f; el Stromkreis m; Schaltung; radio Koppelung f; tr umfahren, -schiffen, -segeln, -fliegen; itr e-e Runde, Rund-

circuitous

fahrt, -reise machen; sich im Kreis bewegen; *to put in ~ (el)* einschalten; *short ~ (el)* Kurzschluß *m*; **~ous** [sə'kjuitəs] weitschweifig, umständlich; indirekt.

circular ['sə:kjulə] *a* kreisförmig, rund; Kreis-, Rund(reise)-; zirkulierend; sich *(beim Denken) im Kreise* bewegend; *s* Rundschreiben *n*; *court ~* Hofnachrichten *f pl*; **~ize** ['-raiz] *tr* ein Rundschreiben versenden an; **~ letter** Rundschreiben *n*; Umlauf *m*; **~ note** Reisekreditbrief, Reisescheck *m*; **~ railway** Ringbahn *f*; **~ saw** Kreissäge *f*; **~ ticket** Rundreisebillett *n*; **~ tour, trip** Rundreise, -fahrt *f*.

circulat|e ['sə:kjuleit] *itr* zirkulieren (*a. Blut*), kursieren, umlaufen; herumkommen; die Runde machen, sich verbreiten; *math* periodisch wiederkehren; *tr* in Umlauf setzen; *Am* durch Umlauf bekanntgeben; *tech* umwälzen, -pumpen; *to ~ about* sich drehen um; **~ing** ['-iŋ] *math* periodisch; Umlauf-; *fin* umlaufend; im Umlauf (befindlich); *~ capital* Umlaufskapital *n*; *~ library* Leihbibliothek, -bücherei *f*; *~ medium* (im Umlauf befindliche) Zahlungsmittel *n pl*; **~ion** [-'leiʃən] (*bes*. Blut-)Zirkulation *f*, Kreislauf *m*; Luft-, atmosphärische Strömungen *f pl*; Ventilation *f*, Durchzug *m*; Verbreitung (*e-r Nachricht, e-r Zeitung*); Auflage(nhöhe, -ziffer) *f*; (Geld-)Umlauf, (Zahlungs-)Verkehr *m*; *out of ~* außer Kurs; *with a wide ~* mit hoher Auflage; *to be in ~* sich in, im Umlauf befinden, in Umlauf sein; *to put into ~* in Umlauf setzen, in Verkehr bringen; *to withdraw from ~* außer Kurs setzen; *(un)covered ~* (un)gedeckte(r) Notenumlauf *m*; *forced ~* (*fin*) Zwangskurs, -umlauf *m*; *withdrawal from ~* Außerkurssetzung *f*; *~ of the blood* Blutkreislauf *m*; *~ of capital* Kapitalumlauf *m*; *~ file* Umlaufmappe *f*; *~ of money* Geldumlauf *m*; **~ory** ['-lətəri] umlaufend, zirkulierend; *~ disease* Kreislaufkrankheit *f*; *~ lubrication* Umlaufschmierung *f*.

circum ['sə:kəm] *(in Zssgen)* (her)um-, Um-; **~adjacent** [sə:kəmə'dʒeisənt] (unmittelbar) angrenzend; **~ambient** [-'æmbiənt] umgebend, um-, einhüllend, einschließend; **~ambulate** [-'æmbjuleit] *tr itr* herumgehen (um); *itr* umhergehen; *fig* auf den Busch klopfen; **~cise** ['-saiz] *tr rel med* beschneiden; *fig* läutern, veredeln; **~cision** [-'siʒən] Beschneidung *f*; *C~~ Fest n der Beschneidung des Herrn (1. Jan.)*; **~ference** [sə'kʌmfərəns] *math* Umfang *m a. allg*; *allg* Peripherie *f*, Rand *m*; **~flex** ['-fleks] *a* anat einschließend, -hüllend; *s u. ~~ accent (gram)* Zirkumflex *m*; **~jacent** [-'dʒeisənt] umliegend; **~locution** [-lə'kju:ʃən] Umschreibung *f*; lange(s) Reden *f pl* (*n*), Weitschweifigkeit *f*, viele Worte *n pl*, Umschweife *pl*; **~navigate** ['-nævigeit] *tr* umschiffen, -segeln; **~navigation** [-'geiʃən] Umschiffung, Umsegelung *f*; **~polar** [-'poulə] *geog* zirkumpolar; *~~ star (astr)* Zirkumpolarstern *m*; **~scribe** ['-skraib] *tr math (Figur)* um-, (be)schreiben; math legen um *(e-e Figur)*; begrenzen, einschränken; definieren; **~scription** [-'skripʃən] *math* Umschreibung *f*; Ab-, Begrenzung, Beschränkung; Grenze *f*; (abgegrenzter) Bezirk *m*; Definition *f*; *(Münze)* Umschrift *f*.

circumspect ['sə:kəmspekt] umsichtig; bedachtsam, sorgsam, sorgfältig; behutsam, vorsichtig; **~ion** [-'spekʃən] Umsicht, Bedachtsamkeit; Vorsicht *f*.

circumstan|ce ['sə:kəmstəns] Umstand *m*, Tatsache *f*; Begebenheit *f*; Einzelheit *f*; Umstände *m pl (die man sich macht)*; *pl* (nähere) Umstände *m pl*, Einzelheiten, Gegebenheiten *f pl*, Verhältnisse *n pl*; Fall *m*; *in, under the ~s* unter diesen Umständen, in diesem Fall; *in, under no ~s* unter keinen Umständen, in keinem, auf keinen Fall; *in all ~s* unter allen Umständen; *in easy, good od flourishing ~s* in angenehmen, guten Verhältnissen; *in bad, reduced od straitened ~s* in schlechten, beschränkten Verhältnissen; *without ~* ohne Umstände (zu machen); *the ~ that* der Umstand, daß; *that depends on ~s* das kommt darauf an; *attendant, concomitant ~s (pl)* Begleitumstände *m pl*; *aggravating, extenuating ~s (pl) (jur)* erschwerende, mildernde Umstände *m pl*; **~tial** [-'stænʃəl] genau, eingehend, ausführlich; zufällig; *jur* sich aus den Umständen ergebend; *~~ evidence* Indizienbeweis *m*; *on ~~ evidence* auf Grund der Indizien; **~tiality** [-ʃi'æliti] Ausführlichkeit; Zufälligkeit *f*; **~tiate** [-'stænʃieit] *tr* ausführlich beschreiben *od* angeben; genau belegen *od* beweisen.

circum|vallate [sə:kəm'væleit] *tr* mit e-m Wall, mit Befestigungsanlagen umgeben; **~vallation** [-'leiʃən] Umwallung *f*; **~vent** [-'vent] *tr* herumgehen um; Fallen stellen *(s.o.)* jdm); hereinlegen, überlisten, hintergehen, überspielen; (daran) hindern *(from doing* zu tun); *(Sache)* umgehen, verhindern, vereiteln, verhüten; **~vention** [-'venʃən] Überlistung; Verhinderung, Vereitelung *f*; **~volution** [-'lu:ʃən] (Um-)Drehung, Umwälzung *f a. fig*; Windung; *arch* Rolle, Schnecke; Umlaufzeit, Periode *f*.

cir|cus ['sə:kəs] Zirkus *m*; Arena *f*; *Br* runde(r) Platz, Stern *m*; Bergrund *n*; *Am sl* Schau *f*, Nackttanz *m*; **~que** [sə:k] *geol* Hochtal *n*.

cirr|hosis [si'rousis] *med* Leberzirrhose, -schrumpfung, *fam* Säuferleber *f*; **~ocumulus** ['sirou'kju:mjuləs] Schäfchenwolke *f*; **~o-stratus** ['sirou-'streitəs] fedrige Schicht-, Schleierwolke *f*; **~ous** ['sirəs] rankenförmig, -tragend; **~us** ['sirəs] *pl -i* [-ai] *bot* Ranke *f*; *zoo* Anhang *m*; *(~~ cloud)* Zirrus(wolke *f*) *m*, Faser-, Federwolke *f*; **~~ stripe** Zirrusstreifen *m*.

cissy ['sisi] *s. sissy.*

cist [sist] *hist* Ziste, Zista *f (Behälter)*; (prähistorisches) Steingrab *n*.

Cistercian [sis'tə:ʃiən] *rel* Zisterzienser *m*.

cistern ['sistən] Zisterne *f*; Wasser-, Hochbehälter; Tank *m*, Reservoir *n*.

citadel ['sitədl] Zitadelle *f*; *fig* Zuflucht *f*.

cit|ation [s(a)i'teiʃən]*jur*(Vor-)Ladung *f* (vor Gericht); Zitieren *n*, Anführung *f*; Zitat *n*; *mil Am* ehrenvolle, lobende Erwähnung *f*; **~e** [sait] *tr* (vor Gericht) laden, vorladen *(before* vor); zitieren, anführen, sich berufen *(s.th.* auf etw).

citizen ['sitizn] Bürger, Städter, (Stadt-)Bewohner, Einwohner; Zivilist; Staatsangehörige(r), -bürger *m*; *honorary* **~** Ehrenbürger *m*; **~** *of the world* Weltbürger *m*; **~** *by birth* Staatsangehörige(r) *m* kraft Geburt; **~ship** ['-ʃip] Bürgerrecht *n*; Staatsangehörigkeit *f*.

citr|ic ['sitrik] *a chem* Zitronen-; **~~ acid** Zitronensäure *f*; **~on** [‘-ən] *s* Zitronenbaum *m*; Zitronat; Zitronengelb *n*; *a* zitronengelb; **~us** [‘-əs] Citrus *m*, Agrume; *(~~ fruit)* Zitrusfrucht *f*.

city ['siti] (große, bedeutende) Stadt, *Am* Stadtgemeinde *f*; Zentrum *n*, Stadtkern *m*, Altstadt *f*, Geschäftsviertel *n*, City *f*; *(auf Briefen:)* hier; *the C~* die (Londoner) City; *freedom of the* **~** Ehrenbürgerschaft *f*; *freeman of the* **~** Ehrenbürger *m*; *garden* **~** Gartenstadt, Siedlung *f*; *the Holy C~* (das Himmlische) Jerusalem *n*; **C~-article** *(Zeitung)* Börsen-, Marktbericht *m*; **~-authorities** *pl* Stadtverwaltung *f*, -behörden *f pl*; Städtische Ämter *n pl*; **~-bound traffic**
einstrahlende(r) Verkehr *m*; **~-boundary** Stadtgrenze *f*; **~ centre** Stadtzentrum *n*; **~ council** Stadtparlament *n*, Gemeindevertretung *f*, -rat *m*; **~-editor** Schriftleiter, Redakteur *m* des Handels-, *Am* des Lokalteils *(e-r Zeitung)*; **~-father** Stadtvater *m (Magistratsbeamter* od *Ratsherr)*; **~ gate** Stadttor *n*; **~ hall, ~ building** *Am* Rathaus *n*; **~ life** Großstadtleben *n*; **~ man** Finanz- od Geschäftsmann *m*; **~ manager** *Am* Stadtdirektor *m*; **~ news** *pl mit sing* Handelsnachrichten *f pl*; **~ planner** *Am* Stadtplaner *m*; **~ prices** *pl* Großhandelspreise *m pl*; **~ railway** Stadtbahn *f*; **~ slicker** *Am sl* Asphaltmensch, Städter *m*; **~-state** Stadtstaat *m*; **~ wall** Stadtmauer *f*.

civet ['sivit] *(~-cat)* Zibetkatze *f*.

civic ['sivik] *a* (staats)bürgerlich, Bürger-; städtisch, Stadt-; *s pl mit sing* Staatsbürger-, Gemeinschaftskunde *f*.

civil ['sivl] menschlich, Menschen-(staats)bürgerlich, (Staats-)Bürger-; zivil(rechtlich), Zivil-; zivil, bürgerlich, Zivil-; höflich, gesittet, entgegenkommend, freundlich; **~ aircraft, ~ airplane** Zivilflugzeug *n*; **~ air defence** Luftschutz *m*; **~ aviation** Zivilluftfahrt *f*; **~ case** Zivilprozeß *m*; **~ desobedience** passive(r) Widerstand *m*; **~ engineer** Bauingenieur *m*; **~ engineering** Ingenieurbau *m*; **~ guard** Einwohner-, Bürgerwehr *f*; **~ian** [si'viljən] *s* Zivilist *m*, Zivilperson *f*; Zivilrechtslehrer, -rechtler *m*; *a* Zivil-; **~~ occupation** Zivilberuf *m*; **~ity** [‘-‘viliti] Höflichkeit *f*; **~ization** [sivilai'zeiʃən] Zivilisation, Kultur, Gesittung *f*; **~ize** ['sivilaiz] *tr* zivilisieren; bilden; zu e-m gesitteten Menschen machen; **~ jurisdiction** Zivilgerichtsbarkeit *f*; **~ law** bürgerliche(s) Recht *n*; **C~ Law** das Römische Recht; **~ liberties** *pl* die bürgerlichen Freiheiten *f pl*; **~ marriage** standesamtliche Trauung *f*; **~ population** Zivilbevölkerung *f*; **~ procedure** Zivilprozeß *m*; **~ rights** *pl* Bürgerrechte, die bürgerlichen Ehrenrechte *n pl*; **C~ Servant** (Staats-)Beamte(r) *m*; **C~ Service** Staatsdienst *m*; *the C~ Service* die Zivilverwaltung; **~ war** Bürgerkrieg *m*.

civ(v)ies ['siviz] *pl fam* Zivilklamotten *f pl*; Zivilisten *m pl*.

clabber ['klæbə] *Am s* dicke, gestandene Milch *f*; *itr (Milch)* dick werden.

clack [klæk] *s* Klappern, Rasseln; Plappern *n*; Ventil(klappe *f*); *(~ valve)*

clad

Klappenventil *n*; *itr* klappern, rasseln; *fam* schwatzen; *(Henne)* gackern.
clad [klæd] *a* bekleidet, angezogen; *tech* umkleidet; plattiert.
claim [kleim] *s* Anspruch *m* (*to* auf); Forderung (*on s.o.* gegen jdn); *Am* Behauptung *f*; Anrecht *n*; (~ *of right*) Rechtstitel *m*; *min* (beanspruchte) Parzelle; Mutung *f*; Kux *m*; *jur* Schadenssumme, Klage, Mängelrüge, Reklamation *f*; *tr (Person)* Anspruch erheben *od* machen auf; verlangen, fordern, geltend machen; *Am* behaupten, versichern; *to lay* ~ *to, to make, to set up a* ~ *to, to put in a* ~ *for s.th.* Anspruch erheben auf; *to lodge a* ~ *against s.o.* gegen jdn e-e Forderung einklagen; *to stake out a* ~ *e-e* Parzelle abstecken; *a* ~ *for s.th. against s.o.* Anspruch erheben auf; *to* ~ *compensation* e-e Entschädigung verlangen; *to waive a* ~ auf e-n Anspruch verzichten, von e-m Anspruch zurücktreten; *where do I* ~ *my baggage?* (*Am*) wo bekomme ich mein Gepäck? *outstanding* ~*s* (*pl*) Außenstände *pl*; *wage* ~*s* (*pl*) Lohnansprüche *m pl*; ~ *for damages* Schadensanspruch *m*; ~ *of indemnification* Entschädigungsanspruch *m*; ~ *for maintenance* Unterhaltsanspruch *m*; ~**able** ['-əbl] zu beanspruchen(d), zu fordern(d); ~**ant**, ~**er** ['-ənt, '-ə] Antragsteller; Anspruchsberechtigte(r); Kläger *m*.
clairvoyan|ce [klɛə'vɔiəns] Hellsehen *n*; tiefe Einsicht *f*; ~**t** [-t] (*f a.* ~*-e*) *s* Hellseher(in *f*) *m*; *a* hellseherisch; hellsichtig.
clam [klæm] *s* (eßbare) Muschel *f*; *Am sl* maulfaule(r) Mensch, Stiesel, Döskopf; *Am sl* Dollar; *Am sl* Schnitzer, Fehler *m*; *itr Am* Muscheln suchen; *to* ~ *up* (*Am sl*) die Schnauze, das Maul halten; ~**bake** ['-beik] *Am* Picknick *n* mit e-m Muschelgericht; *Am sl* lärmende Versammlung *f*; Reinfall, Fehlschlag *m*; Jazzkonzert *n*.
clamant ['kleimənt] *lit* laut, lärmend, lärmvoll, schreiend; *fig* dringend (Abhilfe verlangend).
clamber ['klæmbə] *itr* (mühsam) klettern.
clamm|iness ['klæminis] Feuchtigkeit; Klebrigkeit *f*; ~**y** ['-i] feucht(-kalt), schleimig, klebrig; *(Brot)* teigig.
clamo|rous ['klæmərəs] laut, lärmend, schreiend; stürmisch fordernd; ~**(u)r** ['-ə] *s* Geschrei *n*, Lärm *m*; *(Wind)* Heulen *n*; laute Forderung *od* Klage *f*; *itr* schreien, lärmen; *itr tr* laut fordern,

rufen nach (*s.th.*, *for s.th.* etw); laut protestieren (*s.th.*, *against s.th.* gegen etw).
clamp [klæmp] **1.** *s* (Eisen-)Klammer, Krampe; (Spannfutter-)Klemme, (Schraub-)Zwinge, *(Kabel)* Schelle *f*; *(Schi)* Strammer *m*; *tr* (ver)klammern; festklemmen; (ein)spannen; *to* ~ *down* (*fam*) unter Druck setzen (*on s.o.* jdn); **2.** *s Br* Haufen, Stoß, Stapel *m*; (Kartoffel-, Rüben-)Miete *f*; *tr* (auf-)stapeln; einmieten; **3.** *meist dial* schwere(r) Tritt *m*.
clan [klæn] *(Schottland)* Sippe(nverband *m*) *f*, Stamm *m*; Sippschaft; *fig* Clique; Art, Klasse *f*; ~**nish** ['-iʃ] stammesbewußt; ~**sman** Sippenangehörige(r) *m*.
clandestine [klæn'destin] heimlich, geheim; ~ **trade** Schleichhandel *m*.
clang [klæŋ] *s* (lauter) Klang *m*, Klirren, Rasseln *n*; Schrei *m (der Kraniche)*; *itr tr* klingen, klirren, rasseln (lassen) *(Trompeten)* schmettern; ~**orous** ['-gərəs] laut, schallend, klirrend, rasselnd; ~**o(u)r** ['-gə] Klirren *n*, Schall *m*; *(Trompete)* Geschmetter; *(Glocken)* Geläut *n*.
clank [klæŋk] *s* Klirren, Geklirr, Rasseln, Gerassel *n*; *pl Am sl* Säuferwahnsinn *m*, nervöse Erschöpfung *f*; *itr tr* klirren, rasseln (lassen).
clap [klæp] **1.** *tr* (zs.)schlagen; klopfen, klapsen, e-n Klaps geben (*s.o.* jdm); beklatschen, Beifall spenden (*s.o.* jdm); *(die Sporen)* geben; *(ins Gefängnis)* werfen, sperren; *(Zoll auf e-e Ware)* schlagen; *itr* (Beifall) klatschen; *s* (lauter) Schlag *m*; (Hände-)Klatschen *n*, Beifall, Applaus; *obs* Klaps, leichte(r) Schlag *m*; *to* ~ *on* (*Segel*) setzen; *to* ~ *over* befestigen, legen auf; *to* ~ *up* (*Handel, Frieden*) in Eile abschließen; laut klatschen; *to* ~ *eyes on s.o.* jdn erblicken, sehen; unerwartet treffen; *to* ~ *o.'s hands* in die Hände klatschen; *to* ~ *hold of s.o.* (*fam*) jdn festnehmen; zu fassen kriegen; ~ *s.o. on the shoulder* jdm (freundschaftlich) auf die Schulter klopfen; ~ *of thunder* Donnerschlag *m*; **2.** *vulg* Tripper *m*; ~**board** *Am* Schalbrett *n*; *Br* (Wandod Dach-)Schindel, Faßdaube *f*; ~~**net** Vogel-, Schmetterlingsnetz *n*; ~**per** ['-ə] (Beifall-)Klatschende(r); *(Glocke)* Klöppel *m*; (Vogel-)Klapper, *Br sl* Zunge *f*; ~**trap** ['-træp] *s* Effekthascherei *f*; Geschmus(e), Gerede, Geschwätz *n*; Schwindel; Klimbim *m*; *a* effekthaschend, aufgemacht.
claque [klæk] *theat* Claque *f*; *pol* Gefolge *n*, Gefolgschaft *f*.

claret ['klærət] französische(r) Rotwein, bes. Bordeaux m; Weinrot n; (künstliche) rote Angelfliege f (für Lachse); sl Blut n.

clari|fication [klærifi'keiʃən] Klärung a. fig; Klarstellung, Verdeutlichung f; **~fy** ['-fai] tr abklären, läutern a. fig; reinigen; itr klar werden, sich klären a. fig; sich läutern; **~ing bath** Klärbad n; **~ty** ['-ti] Klarheit f a. fig.

clari|(o)net [klæri'net, 'klæriənet] mus Klarinette f; **~on** ['klæriən] s poet Trompetenschall m; mus Zinke f; a laut u. hell; schmetternd.

clash [klæʃ] itr klirren, rasseln; (zs.-, aufea.)prasseln, -prallen (with mit); anea.-, zs.stoßen, kollidieren a. fig; fig (zeitlich) zs.fallen; sich widersprechen, nicht zs.-, zuea. passen (with mit); to ~ into s.o. auf jdn stoßen; s Klirren n; Zs.stoß, -stoß a. fig; fig Widerstreit m; Disharmonie, Diskrepanz; Kollision f, Zs.treffen n.

clasp [klɑːsp] tr fest-, an-, ein-, zuhaken; (mit e-m Haken) befestigen; umklammern, umfassen; fassen, (er-)greifen; fest drücken (to an); s Haken m (u. Öse); Haspe, Klammer, Schnalle; Spange (a. als Auszeichnung); (Buch-) Schließe; Umklammerung, Umarmung f; feste(r) Griff; (fester) Händedruck m; by ~ of hands durch Handschlag; to ~ s.o. in o.'s arms jdn in die Arme schließen; to ~ s.o.'s hand jdm die Hand drücken; to ~ o.'s hands die Hände falten; **~-knife** Klappmesser n.

class [klɑːs] s allg (a. Wert-)Klasse; (Gesellschafts-)Klasse, Schicht f, Stand, Rang m; (rail u. Schul-) Klasse; Unterrichts-, Schulstunde f, Vorlesung f, Kolleg n, Kurs m; Br (Universität) Klassifizierung f im Examen; Jahrgang m; sl hohe Qualität, Klasse, Eleganz f; pl Unterricht m; the ~es die oberen Klassen, die höheren Stände; tr einstufen, klassieren, in Gruppen einteilen, (in e-e Klasse) einordnen; itr eingeordnet sein; to ~ with auf e-e Stufe stellen mit, gleichstellen dat; in a ~ by itself von besonderem Rang, von besonderer Qualität; einzigartig; in the same ~ derselben Art, Gruppe; not to be in the same ~ with sich nicht messen können mit; first-, second-, third-~ matter (Am) Briefpost f, Zeitungen, Drucksachen f pl; middle-~ Mittelstand m; no ~ (sl) Mist, Dreck m, miese(s) Zeug n; top of the ~ Klassenbester m; **~able** ['-əbl] klassierbar, einzuordnen(d); **~-book** Schulbuch; Am Klassen-, Erinnerungsbuch n; **~-conscious** klassenbewußt; **~-consciousness** Klassenbewußtsein n; **~-distinctions** pl Klassenunterschiede m pl; **~-mate** Klassen-, Schulkamerad, Schulfreund m; **~-hatred** Klassenhaß m; **~-interest** Klasseninteresse n; **~less** ['-lis] klassenlos; **~ record** Klassenbestleistung f; **~-room** Klassenzimmer n; **~-war** Klassenkampf m; **~y** ['-i] sl Klasse, prima, (schwer) in Ordnung.

classic ['klæsik] a erstklassig, -rangig; anerkannt; bes. lit (Kunst) klassisch; ausgewogen, klar, einfach; fam (alt-) bekannt, berühmt; s Klassiker; antike(r) Autor od Schriftsteller; Alt-, Klassische(r) Philologe m; klassische(s) Werk, Spiel n; the C-s die Alten Sprachen (Latein u. Griechisch); die antike Literatur; **~al** ['-əl] erstklassig, -rangig; bes. mus klassisch; lit antik; humanistisch (gebildet); (Stil) einfach, schlicht, klar, harmonisch, vollendet, in sich (ab)gerundet; **~ education** humanistische Bildung f; **~ism** ['-sizm] Klassik f; **~ist** ['-sist] klassische(r) Philologe m.

classi|fiable ['klæsifaiəbl] klassifizierbar; einzuteilen(d); **~fication** [klæsifi'keiʃən] Klassifizierung, Einteilung, (An-, Ein-)Ordnung, Eingruppierung, Sortierung; tech Klassierung f; **~fi-catory** [-'keitəri] klassifizierend; Einteilungs-; **~fied** ['-faid] a Am mil geheim; **~ad (vertising)** (Zeitung) Klein-, Suchanzeige f; **~~ document, matter** (Am mil) Verschlußsache; geheime Kommandosache f; **~fier** ['-faiə] Klassifizierer m; **~fy** ['klæsifai] tr klassifizieren, (in Klassen, Gruppen) einteilen, (an-, ein)ordnen, sortieren, sichten; tech klassieren.

clatter ['klætə] s Klappern, Rasseln, Rattern; Stimmengewirr n; Lärm, Tumult m; tr itr klappern, rasseln, rattern (lassen); itr lärmen, Lärm machen; to ~ along dahinrattern, -rasseln; to ~ down herunterpoltern.

clause [klɔːz] kurze(r) Satz m; Zitat n; jur Vertragsbestimmung, Klausel f, Vorbehalt; Absatz, Paragraph m; arbitration, currency, escape, jurisdiction ~ Schiedsgerichts-, Währungs-, Rücktritts-, Gerichtsstandklausel f; main, subordinate ~ Haupt-, Nebensatz m; most favo(u)red nation ~ Meistbegünstigungsklausel f; penalty ~ Vertrags-, Konventionalstrafe f.

claustral   164   **clear**

claustr|al ['klɔːstrəl] klösterlich; Kloster-; **~ophobia** [-'foubiə] Platzangst *f*.

clavichord ['klævikɔːd] Klavichord *n*.

clavicle ['klævikl] *anat* Schlüsselbein *n*.

claw [klɔː] *s* Kralle, Klaue *a. tech*; Tatze, Pratze, Pfote *a. pej*; (Krebs-)Schere *f*; *tech* Haken *m*, Drahtzange *f*; *tr* packen, zerren, zerkratzen, zerkrallen; *(juckende Stelle)* kratzen; *to ~ off* von der Küste ab-, wegtreiben, -getrieben werden; *to put the ~ on s.o.* (*Am sl*) jdn anpumpen; jdn festnehmen; **~hammer** Klauen-, Splitthammer *m*; **~hatchet** Klauenbeil *n*.

clay [klei] *s* Lehm, Ton *m*; Steingut *n*; *allg* (feuchte) Erde *f*, Schlamm, Schmutz, Dreck *m*; *poet (Bibel)* Erde *f*, Staub; (Menschen-)Leib *m*; *(~ pipe)* Tonpfeife *f*; *tr* mit Lehm bedecken *od* mischen; *to bake, to mo(u)ld, to tread the ~* den Lehm brennen, streichen, treten; *to wet, to moisten o.'s ~* (*fig*) einen hinter die Binde gießen; **~brick** Tonziegel *m*; **~ey** ['-i] lehmig, tonig; **~(~) marl** Tonmergel *m*; **~ pigeon** Tontaube; *Am sl* Kleinigkeit *f*; **~ pit** Lehm-, Tongrube *f*; **~ slate, shale** Tonschiefer *m*; **~ soil** Lehmboden *m*; **~ware** Ton-, Töpferwaren *f/pl*.

clean [kliːn] **1.** *a* rein, sauber *a. fig*; reinlich; frisch, neu, unbenutzt; *(Papier)* weiß, unbeschrieben; *fig* einwand-, fehlerfrei, tadellos, unschuldig; vorbehaltlos, uneingeschränkt; *(Wechsel)* einwandfrei; *(~-cut)* klar, scharf(geschnitten), wohlgeformt, -gestaltet; geschickt, gewandt; *fam* gekonnt; *tech* rauchfrei; **2.** *adv* vollkommen, -ständig, völlig, ganz; **3.** *tr* reinigen, säubern, putzen, schrubben, abwischen; blank machen; *(Fisch, Geflügel)* ausnehmen; *(to ~ out) Am sl (Gegner)* fertigmachen; *to ~ down* abwischen, -bürsten; gründlich abwaschen; *to ~ out* beseitigen, aufräumen; *(Geld)* aufbrauchen; *s.o. (fam)* jdn ausnehmen; *to be ~ed out (fam)* blank sein, kein Geld mehr haben; *to ~ up (tr)* reine-, saubermachen, aufräumen, aufwischen; *fam* fertigmachen; *tech* absorbieren; *sl (als Gewinn)* ein-, in die Tasche stecken; viel verdienen; *itr* s-e Arbeit zu Ende bringen; sich zurechtmachen, sich waschen; **4.** *to come ~ (sl)* alles gestehen; *to give s.o. a ~ bill of health (fig)* jdm bescheinigen, daß er e-e reine Weste hat; *to have ~ hands, a ~ slate (fig)* e-e reine Weste haben; *to have a ~ record* e-e tadellose Vergangenheit haben; *to keep ~* sauberhalten; *to make a ~ breast of s.th.* sich etw vom Herzen reden, etw frei u. offen bekennen; *to make a ~ copy of s.th.* etw ins reine schreiben; *to make a ~ sweep of s.th.* mit e-r S vollständig aufräumen; *to show a ~ pair of heels* das Weite suchen; *to win by a ~ sweep* e-n überwältigenden Sieg davontragen; **~-bred** *a* rein(rassig); **~-cut** scharf umrissen; *fig* klar; **~er** ['-ə] Reiniger *m*, Reinigungsmittel *n*; Reinigungs-, Waschanstalt; Putzfrau *f*; *dry-~'s* chemische Reinigung *f*; **~-handed** *a fig* mit reiner Weste; **~ing** ['-iŋ] Reinigung, Säuberung *f*; **~-limbed** *a (Mensch)* gutgebaut; **~liness** ['klenlinis] Reinlichkeit, Sauberkeit *f*; **~ly** *adv* ['kliːnli] sauber; tadellos; gewandt; *a* ['klenli] reinlich, sauber; **~ness** ['-nis] Sauberkeit *f*; **~se** [klenz] *tr lit obs* reinigen, säubern, *(Bibel) (vom Aussatz)* heilen, rein machen; *fig* läutern; *(von Sünde)* frei machen; **~ser** ['klenzə] Reinigungsmittel *n*; **~shaven** *a* glattrasiert; **~up** Reine-, Saubermachen *n*; *sl* Profit, Gewinn *m*.

clear [kliə] **1.** *a* klar; hell, rein; deutlich, scharf, fest umrissen; ersichtlich, verständlich; zweifelsfrei, eindeutig; *(Straße)* frei; *(Weg)* offen; frei *(of von)*; sicher, zuversichtlich, entschlossen *(of, on* in, hinsichtlich); frei von Schuld, unschuldig; *(Zeit, Summe)* voll; Steuern u. Unkosten abgezogen; schuldenfrei; *(Gewinn)* Rein-; Netto-; *(Himmel)* wolkenlos; **2.** *adv* (voll u.) ganz, völlig, vollkommen, vollständig; abseits; *fam* geradeswegs, mitten durch; **3.** *s* Klartext *m*; *Am* leere Stelle *f*, freie(r) Platz *m*, Lichtung *f*; **4.** *tr* klar, hell, deutlich machen; auf-, erhellen; *(Straße)* frei machen; räumen; (ent-)leeren; *(Wald)* roden; *(Weg)* bahnen; *(Konto)* ausgleichen; *(Schuld)* bereinigen, begleichen; säubern; *(Tisch)* abräumen; aufräumen; klären; *com (Lager)* räumen; überholen, springen über, vorbeikommen an *(ohne zu berühren)*; *fig* freimachen, befreien *(of, from* von); verständlich machen; *jur* entlasten, freisprechen *(of* von); für unbedenklich erklären; genehmigen; freigeben; *fin* bezahlen, begleichen; einlösen; *(Grundstück)* von Belastungen freimachen; (rein) gewinnen, einnehmen, (wieder) hereinbekommen; die Erlaubnis zur Veröffentlichung erhalten *(s.th.* für etw); *radio (Sendezeit)* kaufen; *(Ware)* ver-

clear away 165 **cleavers**

zollen; zollamtlich abfertigen; *tech* entstören, *(Störung)* beseitigen; *(Aufnahme)* löschen; **5.** *itr* klar, hell, deutlich werden; *(Himmel)* (to ~ up) aufklaren; *(Schiff)* absegeln, -fahren; klarkommen; *(to ~ in, out)* Hafengebühren bezahlen; **6.** *in ~* im Klartext, unverschlüsselt; *in the ~* unbehindert; schuldenfrei; *tech* im Lichten; *to come out of a ~ sky* aus heiterem Himmel kommen; *to be ~ about* im klaren sein über; *to get ~ of s.th.* etw loswerden; *to have a ~ head* e-n klaren Kopf haben; *to keep ~ of* sich frei machen, sich frei halten von; *to make o.s. ~* sich verständlich machen, sich verständlich ausdrücken; *to ~ expenses* auf s-e Kosten kommen; *to ~ the hurdle (Am)* die Schwierigkeiten überwinden; *to ~ o.'s throat* sich räuspern; *all ~!* Gefahr vorbei! *~ the decks!* *(mar)* klar Deck! *~ of charges* kostenfrei; *a ~ conscience* ein reines, gutes Gewissen; *the ~ contrary* genau das Gegenteil, das genaue G.; *three ~ days* drei volle, volle drei Tage; *~ of debt* schuldenfrei; **7.** *to ~ away tr* ab-, wegräumen *(bes. vom Tisch)*; *fig (Zweifel)* beseitigen; *(Schwierigkeiten)* überwinden; *itr* nachlassen, aufhören; *(Wolken)* sich verziehen, verschwinden; *to ~ off tr* wegbringen, beseitigen, weg-, fortschaffen, sich vom Halse schaffen; *(Waren)* abstoßen; *itr* weg-, fortgehen, sich entfernen, sich (auf u.) davon machen; verschwinden; *fam* abhauen, türmen; *to ~ out tr* säubern, reinigen, ausräumen; *itr* sich aus dem Staub machen, verduften; ausziehen; *to be ~ed out* blank sein, kein Geld mehr haben; *to ~ up tr* aufräumen; ins reine, in Ordnung bringen; fertig machen, abschließen; (auf)klären; *itr (Wetter)* sich aufklären, sich aufheitern; **8.** *all ~* Entwarnung *f*; **~-cut** *a* scharf geschnitten; *fig* klar, unzweideutig, eindeutig; **~-eyed** *a lit fig* mit klarem Blick; **~ gain, profit** Reingewinn *m*; **~-headed** *a* einsichtig, verständig, verständnisvoll; **~-ness** ['-nis] *f* Klarheit; Deutlichkeit *f*; **~-sighted** *a* klarsehend, scharfsichtig; **~ space** freie(r), leere(r) Raum *m*; **~ span** *(Brücke)* lichte Weite *f*; **~-starch** *tr (Wäsche)* stärken; **~-voiced** *a* mit heller Stimme; **~ width** lichte Weite *f*.

clearance ['kliərəns] Freimachung, (Auf-)Räumung(sarbeiten *f pl*), Entfernung, Beseitigung, Reinigung *f; com* Räumung *f* des Lagers; *fin* Tilgung *f;* Rodung; *(Brücke)* lichte Höhe *f; tech* Spiel(raum *m*) *n*, Abstand, Zwischenraum, freie(r) Raum *m*, Luft; Überprüfung, Genehmigung, Erlaubnis; Verzollung, Zollabfertigung, Freigabe, Abfertigung *f a. aero; (bill of ~)* Zoll(abfertigungs)schein *m; aero* Starterlaubnis *f; aero* Flug *m* über Hindernisse; **~ ground** *~ (mot)* Bodenfreiheit *f*; **~ certificate** Unbedenklichkeitsbescheinigung *f*; **~ charges, ~ papers** *pl* Verzollungskosten *pl*, -papiere *n pl*; **~ order** Räumungsbefehl *m*; **~-sale** Räumungs-, (Total-)Ausverkauf; *Am* Schlußverkauf *m*; **~ space** *tech* Toleranzfeld *n*; Kompressions-, Verdichtungsraum; schädliche(r) Raum *m*.

clearing ['kliəriŋ] Freimachung, Räumung, Säuberung; (Briefkasten-)Leerung; Entlastung, Rechtfertigung; Bezahlung, Begleichung; Einlösung; Ab-, Verrechnung *f*, Clearing *n*; zollamtliche Abfertigung, Verzollung, Rodung *f*; gerodete(s) Land *n*; Lichtung *f (im Walde); mar* Aufklaren *n; com (~ of goods)* Ausverkauf *m; phot* Abschwächung *f*; **~ agreement** Verrechnungs-, Clearingabkommen *n*; **~ bank** Girobank, -kasse *f*; **~ certificate** Zollabfertigungsschein *m*, **~ hospital** Feldlazarett *n*, Verwundetensammelstelle *f*; **~ house** (Bank-)Abrechnungsstelle, Verrechnungskasse *f*; **~ inwards** *mar* Einklarierung *f; certificate of ~~* Zolleinfuhrbescheinigung *f*; **~ office** Ausgleichs-, Ab-, Verrechnungsstelle *f*; **~ outwards** *mar* Ausklarierung *f; certificate of ~~* Ausfuhrbescheinigung *f*; **~ papers** *pl* Verzollungspapiere *n pl*; **~ sheet** Abrechnungsbogen *n*; **~-up** Aufklärung *f*; Aufräumungsarbeiten *f pl*.

cleat [kli:t] *s* Dübel, Keil *m; mar* Klampe *f*, Kreuzholz *n; dial* Schuhnagel *m*.

cleav|age ['kli:vidʒ] Spalte, (Auf-)Spaltung *a. fig; fig* Uneinigkeit *f; (line, plane of ~~)* Spaltlinie, -fläche; *biol* Zellteilung; *min* Spaltbarkeit *f*; **~e** [kli:v] **1.** *irr clove, cloven* od *cleft, ~ed a.* regelmäßig; *tr* (auf)spalten, zerhacken, ausea.-, zerbrechen; durchstoßen; *(Wasser, Luft)* teilen; *(Weg)* bahnen; *(Menschen)* trennen; *itr* sich spalten, (auf)platzen, ausea. fallen; springen, bersten; sich teilen; sich e-n Weg bahnen; **~er** ['-ə] Spalter *m*; Hackmesser *n*; **2.** *~ed, ~ed, pret a. obs. clave itr* anhaften *(to* an); *fig* halten *(to* zu), ergeben, treu sein *(to* dat); **~ers** *pl bot* Klebkraut *n*.

cleek [kli:k] große(r) Haken; *(Golf)* Löffler *m.*
clef [klef] *s mus* (Noten-)Schlüssel *m*; *tr Am sl* komponieren.
cleft [kleft] Spalt(e *f*), Riß, Sprung *m.*
clematis ['klemətis, klə'meitis] *bot* Klematis; Waldrebe *f.*
clemen|cy ['klemənsi] Milde *(a. d. Wetters)*; Gnade; Nachsicht *f*; Mitgefühl *n*; **~t** ['-t] milde *(a. Wetter)*; mitfühlend; gnädig; nachsichtig.
clench [klentʃ] *tr* (fest) zs.drücken, -pressen; ergreifen, packen; verklammern; *(Niete)* stauchen; *fig (s-n Geist, Willen)* anspannen; *(Sache)* festlegen, regeln; bestätigen; *s* Zs.drücken, -pressen *n*; Bestätigung *f*; *s. a. clinch*; *to ~ o.'s fist* die Faust ballen; *to ~ o.'s teeth* die Zähne aufea.beißen.
clepsydra ['klepsidrə] *hist* Wasseruhr *f.*
clerestory ['kliəstəri] *arch rel* Lichtgaden *m.*
clergy ['klə:dʒi] *sing mit pl* Klerus *m*, Geistlichkeit *f*; **~man** *(bes. anglikanischer)* Geistliche(r), Seelsorger, Kleriker *m.*
clerical ['klerikəl] *a* klerikal, geistlich; Pfarrers-, Pastoren-; Schreib(er)-; *s* Kleriker *m*; *pol* Klerikale(r) *m*; *pl* Kleider *n pl* e-s Geistlichen; **~ error** (Ab-)Schreibfehler *m*; **~ism** ['-izm] Klerikalismus *m*; **~ staff** Büropersonal *n*, Schreibkräfte *f pl*; **~ work** Schreibarbeit(en *pl*); Büroarbeit *f.*
clerk [klɑ:k, *Am* klə:k] *s* Büroangestellte(r); Schreiber, Sekretär; Buchhalter; Kontorist; *Am* Verkäufer(in *f*); *(parish ~) rel* Gemeindeschreiber; Geistliche(r) *m*; *itr fam* als Verkäufer tätig sein; **~** *of the court* Gerichtsschreiber; Urkundsbeamte(r) *m*; **~** *of (the) works* Bauaufseher *m.*
clever ['klevə] klug, gescheit *(a. Rede, Schrift)*; begabt, talentvoll, talentiert; geschickt, gewandt *(at* in); tüchtig; gewiegt, raffiniert; **~ness** ['-nis] Klugheit *f*; Geschicklichkeit, Gewandtheit *f.*
clew [klu:] *s* Knäuel *n*; *fig* (roter) Faden *m*; *mar* Schothorn *n*; *v: to ~ down (Segel)* herunterholen; *to ~ out* herausfinden, ausfindig machen; *to ~ up* aufwickeln; *mar* aufgeien; *fig* erledigen; **~-garnet, -line** *mar* Geitau *n.*
cliché ['kli:ʃei] *typ* Klischee *n*; Abklatsch *m*; *fig* (abgedroschene) Redensart *f*, Gemeinplatz *m*, Phrase *f.*
click [klik] *s* Klicken; Schnalzen *n*; *tele* Knacken, Knackgeräusch *n*, -ton; Sperrhaken *m*, -klinke; Schaltklinke *f*; *Am sl* kommerzielle(r) Erfolg, Schlager *m*; *itr* klicken; *tele* knacken; zuschnappen; *sl* zs.passen, erfolgreich ankommen *(for* bei); sich verknallen; *mil* abkommandiert werden *(for* nach); *tr* schnalzen mit *(o.'s tongue* der Zunge); *to ~ o.'s heels* die Hacken zs.schlagen
client ['klaiənt] Klient(in *f*), Mandant(in *f*) *(e-s Rechtsanwalts)*; *allg* Kunde *m*, Kundin *f*; **~ele** [kli:ən'te(i)l] Anhänger(schaft *f*) *m pl*; Kundschaft; *jur* Klientel *f*; *med* Patienten *m pl.*
cliff [klif] Klippe *f*; Felshang *m*, -wand *f*; **~-hanging** *fam* haarsträubend.
climacteric [klai'mæktərik] *a* kritisch, entscheidend; *physiol* klimakterisch; *s psychol* Stufenjahr *n*, Wechseljahre *n pl*; *fig* kritische(r) Punkt *m od* Zeit *f.*
climat|e ['klaimit] Klima *n a. fig*; Himmelsstrich *m*; Klimagebiet *n*; *fig* Stimmung, Atmosphäre *f*; **~ic** ['-mætik] klimatisch; **~~ zone** Klimazone *f*; **~ology** [klaimə'tɔlədʒi] Klimakunde, Klimatologie *f.*
climax ['klaimæks] *s* Gipfel-, Scheitel-, Höhepunkt *m*; *(Stil)* Steigerung *f*; *tr itr* s-n Höhepunkt erreichen (lassen).
climb [klaim] *tr* ersteigen, erklimmen *a. fig*, erklettern; steigen, klettern *(the tree* auf den Baum); *itr* klettern, (empor-, auf)steigen; *fig (sozial)* aufsteigen; *s* Klettern; Steigen *n*, Aufstieg; *aero* Steigflug *m*; *(~ power)* Steigleistung *f*; *to ~ down* hinab-, hinunterklettern, -steigen; *fig* nachgeben; zurücktreten; *to ~ up* hinaufklettern (auf); *to ~ stairs* Treppen steigen; **~able** ['-əbl] ersteigbar; **~~down** Abstandnahme *f*, Zurücktreten *n*; **~er** ['-ə] Kletterer; Bergsteiger *m*; Steigeisen *n*; *fig* Streber *m*, Kletterpflanze *f*; *pl* Klettervögel *m pl*; **~ing** ['-iŋ] Klettern *n*; *aero* Steigflug *m*; **mountain-~** Bergsteigen *n*; **~~ *ability, capability, capacity (aero)** Steigfähigkeit *f*, -vermögen *n*; **~~ altitude** *(aero)* Steighöhe *f*; **~~-irons** *(pl)* Steigeisen *n*; **~~-rope** Kletterseil *n*; **~~ shoe** Kletterschuh *m.*
clime [klaim] *poet* Himmelsstrich *m*, Land *n.*
clinch [klintʃ] *tr (den Gegner im Boxkampf)* umklammern; festhalten; festnageln; *(a. clench)* (ver)nieten, stauchen; *mar (Tau)* festmachen; *fig* bestätigen; entscheiden; fest abmachen, abschließen; *sl* umarmen; *itr (Boxen)* sich umklammern; *fig (a. clinch)* den Ausschlag geben; *Am sl* sich umarmen; *s (Boxen)* Clinch *m*, Umklammerung *f*, Nahkampf *m*; *(a. clench)* Vernietung; Haspe(n *m*) *f*; *fig*

clinched | **clod**

Bestätigung, Entscheidung *f*, Ausschlag *m*; Abmachung *f*, Abschluß *m*; *sl* Umarmung *f*; **~ed** [-t] *a*: ~~ and riveted niet- u. nagelfest; **~er** ['-ə] (*a. clencher*) Klammer, Krampe, Haspe(n *m*) *f*; *fam* das Ausschlaggebende, entscheidende(s) Argument *n*; *pl Am sl* mot Bremsen *f pl*; *that's a* ~~ damit ist der Fall erledigt.

cling [kliŋ] *irr* clung, clung *itr* haften, sich klammern (*to* an); *fig* hängen, festhalten (*to* an), treu sein (*to* dat); *to* ~ *on* fest haften (*to* an); *to* ~ *together* (fest) zs.halten; **~ing** ['-iŋ] *a* (*Kleidung*) enganliegend; *fig* (sehr)anhänglich; **~y** ['-i] klebrig, zäh; eng.

clinic ['klinik] *s med* klinische(s) Praktikum *n*; (*Instituts-* od *Privat-*)Klinik; *Am* ärztliche Beratungsstelle, Poliklinik *f*; *children's* ~ Kinderklinik *f*; *speech* ~ Beratungsstelle *f* für Sprachgestörte; **~(al)** *a* klinisch; ~~ *history* Krankengeschichte *f*; ~~ *record* Krankenblatt *n*; ~~ *thermometer* Fieberthermometer *n*; **~ian** ['-niʃən] Kliniker *m*.

clink [kliŋk] *itr tr* klirren, klinge(l)n (lassen); (sich) reimen; *s* Klirren *n*; *sl* Gefängnis, Kittchen *n*; *pl Am sl* Geld, Moos; *pl Am* Eisstückchen *n pl*; *to* ~ *glasses* (mit den Gläsern) anstoßen; **~er** ['-ə] **1.** Klinker *m*; **2.** *sl* Prachtexemplar, -stück; Ding *n*, das hinhaut; *sl* Schlag, Schwindel *m*, Lüge *f*; *Am sl tele* Nebengeräusch *n*, *mus* falsche Note *f*, *allg* Schund *m*, olle Kamelle *f*, Schnitzer *m*; **~ing** ['-iŋ] *sl* prima.

clinometer [kla(i)'nɔmitə] Neigungsmesser; Winkelquadrant *m*.

clip [klip] **1.** *s* Halter *m*, Klemme, Klammer *f*; Klipp *m*, Spange, Brosche *f* (*paper* ~) Brief-, Heft-, Büroklammer; (*laundry* ~) Wäscheklammer; (*trouser-, bicycle-*~) Hosen-, Fahrradklammer; (*Weberei*) Kluppe *f* (*Rohr*) Schelle; *rail* (Stoß-)Lasche *f*; *tele* Bügel; *mil* Ladestreifen; *film* Auszug *m*; *tr* umfassen, umklammern; festklammern, -klemmen, -halten; (*to* ~ *together*) zs.klammern, -heften, -klemmen, -halten; **2.** *tr* (*Haar*) schneiden; (*Hund*) scheren; abzwicken; stutzen; kappen; (*Hecke*) beschneiden; *tech* abschroten; (*Fahrschein, -karte*) knipsen; (*aus e-r Zeitung*) ausschneiden; *fig* (*Laut, Silbe*) verschlucken; (*in der Rede*) unterbrechen; *fam* e-n heftigen Schlag versetzen (*s.o.* jdm); *Am sl* hereinlegen, stehlen, umbringen; *s* Schnitt *m*, Schur *f*; *fam* heftige(r) Schlag, Hieb *m*; rasche Bewegung *f*; *Am* Tempo *n*; *Am sl* Schlaumeier, Dieb *m*; *at one* ~ (*Am*) auf einen Schlag; *to* ~ *away, off, out* weg-, ab-, ausschneiden; *to* ~ *s.o.'s wings* (*fig*) jdm die Flügel stutzen, beschneiden, jdn kurzhalten; ~ **artist** *Am sl* berufsmäßige(r) Betrüger *m*; ~ **joint** *sl* Kneipe, Räuberhöhle *f*; **~per** ['-ə] Karabinerhaken; *mar* Schnellsegler *m*; *aero* Großverkehrs-, Langstreckenflugzeug *n*; *tele* Amplitudenbegrenzer *m*; *sl* Pfundsding *n*, -sache; *f*, -exemplar *n*; *pl* (Hecken-)Schere *f*; *nail-*~~*s* Nagelschere *f*; **~ping** ['-iŋ] *s* (Zeitungs-)Ausschnitt *m*; *tele* Begrenzung *f*; *Am sl* heftige(r) Schlag *m*; *pl* Abfälle *m pl*; *a sl* pfundig, ganz groß, Klasse; ~~ *bureau* Büro *n* für Zeitungsausschnitte; **~py, ~pie** ['-i] *fam* (Bus-)Schaffnerin *f*.

cliqu|e [kli:k] Clique *f*, Grüppchen *n*, Sippschaft *f*, Klüngel *m*; **~(e)y, ~ish** ['-i, '-iʃ] *a* Cliquen-, Klüngel-.

clitoris ['kl(a)itəris] *anat* Kitzler *m*.

cloaca [klo(u)'eikə] *pl* -ae [-i:] Kloake *f a. fig*.

cloak [klouk] *s* Umhang, (weiter, ärmelloser) Mantel *m*; *allg* Hülle, Decke *f*; *fig* Deckmantel, Vorwand *m* (*for* für); *tr fig* verbergen, nicht zeigen; bemänteln; *under the* ~ *of* unter dem Vorwand, im Schutz *gen*; **~-room** Garderobe, Kleiderabgabe, -ablage; Toilette *f*; *rail* Gepäckaufbewahrung *f*; ~~ *ticket* Garderobemarke *f*; Gepäckaufbewahrungsschein *m*.

clobber ['klɔbə] *s Br sl* Plunder *m*; *tr fam* zerstören; (vollkommen) erledigen, fertigmachen; herunterlaufen lassen, ankotzen; **~ed** *a Am sl* besoffen.

clock [klɔk] **1.** *s* (*Wand-, Turm-*)Uhr *f*; *tr* mit der Stoppuhr messen, abstoppen; (*Zeit*) registrieren; *to* ~ *in* od *on, off* od *out* den Arbeitsanfang, das Arbeitsende an der Kontrolluhr stechen; *to punch the* ~ die Kontrolluhr stechen; *it is ten o'*~ es ist 10 Uhr; *alarm* ~ Wecker *m*, Weckuhr *f*; *control* ~ Kontrolluhr *f*; *cuckoo* ~ Kuckucksuhr *f*; **~-tower** Uhrturm *m*; **~wise** im Uhrzeigersinn; *counter-*~~ gegen den Uhrzeigersinn; **~work** Uhrwerk *n*; *attr* (*Spielzeug*) aufziehbar; *like* ~~ (*fig*) wie aufgezogen, wie am Schnürchen; **2.** *s* Seitenverzierung *f* (am Strumpf); **3.** *itr* (*Henne*) brüten.

clod [klɔd] *s* Scholle *f*, Erdklumpen *m*; (*~hopper, ~pole*) (Bauern-)Tölpel; schwere(r) Stiefel *m*; *mot* alte Mühle *f*.

clog [klɔg] *s* (Holz-)Klotz, Pflock; *fig* Klotz *m* am Bein, Fessel, Last *f*, Hindernis *n*, Behinderung *f*, Hemmnis *n*; *tech* Verstopfung, Verkleisterung, Verschmierung *f*; Holzschuh *m*, Pantine *f*; *tr fig* belasten, behindern, hemmen; *tech* verstopfen, verkleistern, verschmieren; *itr* sich (zs.)ballen, stocken, gehemmt, behindert werden; **~-dance** Holzschuhtanz *m*; **~ged** [-d] *a tech* verstopft, verkleistert, verschmiert; **~ging** ['-iŋ] *tech* Verstopfung, Verkleisterung, Verschmierung *f*.

cloist|er ['klɔistə] *s* Kloster *n*; Kreuzgang *m*; *tr* ins Kloster stecken; *allg fig* einsperren; sich von der Welt verschließen; **~ral** ['-rəl] klösterlich; Kloster-; zurückgezogen, abgeschlossen.

close 1. [klous] *a* (ab-, ein)geschlossen *a. gram*; eingeengt, beengt, eng (anliegend); knapp; *(Deckel)* dicht schließend; *(Gelände)* bedeckt, bewachsen; *fig* beschränkt, begrenzt; nah; dicht(gedrängt), (eng (stehend), eng anea.gerückt; *mil (Ordnung)* geschlossen; *(Fahrzeuge)* aufgeschlossen; *fig* scharf, streng (bewacht); vertraut, eng befreundet; (eng) zs.hängend; *(Beweis)* lückenlos; *(Schrift)* gedrängt; voll(ständig), völlig, vollkommen, genau, sparsam, sorgfältig; geizig, sorgsam, genau bedacht; schwer erhältlich; beharrlich, beständig; verborgen, geheim, zurückhaltend, verschlossen; *pol* in scharfem Wettbewerb befindlich; *(Luft)* verbraucht, schlecht, stickig, drückend, schwül; *(Übersetzung)* getreu, genau; *(Aufmerksamkeit)* gespannt; *Am fam* tüchtig; *adv* dicht, nahe (*by* dabei); dicht, eng zusammen; genau, streng, scharf; **~ on** nahezu; **~ to** (*prp*) dicht, nahe bei; **~ up** to dicht heran an; *s* geschlossene(r), eingefriedigte(r), ummauerte(r), umzäunte(r) Platz; Hof; Domplatz; Schulhof; *Br* Ein-, Durchgang *m*; **~ together** dicht zu-, beisammen; **~ to the ground** dicht am Boden; *after ~ consideration* nach reiflicher Überlegung; *at ~ proximity, quarters* in nächster Nähe; *from ~ up* in der Nähe; *in ~ confinement* unter strenger Bewachung, in Einzelhaft; *in ~ formation (aero)* in geschlossenem Verband; *in ~ contact* in enger Berührung; *in ~ order (mil)* in geschlossener Ordnung *od* Formation; *to come ~r together* zs.rücken; *to cut ~* glatt abschneiden, scheren; *to drive up ~* dicht heranfahren; *to have a ~ shave* scharf ausrasieren; *fig* mit knapper Not davonkommen; *to live ~* sehr eingeschränkt, sparsam leben; *to press ε.o.~* jdn streng halten *od* behandeln; *to run s.o. ~* jdm nahekommen, jdm fast, beinahe, nahezu, ziemlich gleich sein; *to sit ~* eng beiea.sitzen; *to stick ~ to s.o.* sich eng an jdn halten, anschließen; *that was a ~ call (Am)* das ist noch einmal gut abgegangen; *there was a ~ contest, game* die Wettkämpfer, Spieler waren ziemlich gleich; *he is a ~ friend of mine* wir sind eng befreundet; **~-bodied** *a* enganliegend; **~-fisted** *a* geizig; **~-grained** *a* feinkörnig; **~-knit** *a* engmaschig; **~ly** *adv* dicht, eng; streng; genau; **~-mouthed** *a fig* verschlossen; **~ness** ['-nis] Abgeschlossenheit; Beengtheit, Enge, Knappheit; Nähe, Dichte; Schärfe, Strenge; Lückenlosigkeit; Vollständigkeit; Genauigkeit, Sorgfalt; Beharrlichkeit; Verborgenheit; Schwüle *f*; **~ price** scharf kalkulierte(r) Preis *m*; **~ quarters** *pl* Gedränge *n*; überfüllte(r) Raum *m*; **~ range** *phot* Naheinstellung *f*; **~ reconnaissance** *mil* Nahaufklärung *f*; **~ season, time** *(Jagd)* Schonzeit *f*; **~-stool** Nachtstuhl *m*; **~-tongued** *a* verschwiegen, wortkarg; **~ touch, interval** *mil* Tuchfühlung *f*; **~-up** *film* Nah-, Großaufnahme; Lebensbeschreibung *f*; **~~ view** Nahansicht *f*;
2. [klouz] *tr* (zu-, ver)schließen, zumachen; einfriedigen; *(Straße)* (für den Verkehr) sperren; in Verbindung, Berührung bringen, vereinigen; *el (Stromkreis)* schließen, einschalten; beenden, ab-, beschließen; *(Versammlung, Sitzung)* schließen; *(Fabrik)* stillegen; *com* abschließen, saldieren, liquidieren; *(Hypothek)* löschen; *itr* (sich) schließen, zugehen; mitea. in Berührung kommen, sich berühren; *(Wasser)* zs.schlagen (*over* über); aufhören, zu Ende gehen *od* sein, ein Ende finden, nehmen; handgemein werden (*with* mit); zs.kommen, zu-, übereinstimmen, einverstanden sein;
3. *s* [klouz] (Ab-, Be-)Schluß *m*, Ende *n*, Ausgang *m*; Handgemenge *n*; (Ton-)Schluß *m*; Kadenz *f*; *to bring to a ~* zu Ende bringen; *to draw to a ~* dem Ende zu-, zu Ende gehen; *to ~ a bargain* ein Geschäft abschließen; *to ~ o.'s days* sein Leben beschließen; *to ~ the ranks (mil)* die Reihen schließen, aufrücken, schließen; *to ~* **about** umschließen, -geben, einhüllen; *to ~* **down** die Arbeit niederlegen, den Betrieb stillegen, das

close in

Geschäft schließen; *to ~* **in** *(on, upon) tr* einschließen *a. mil,* mil abriegeln; hereinbrechen über; sich zs.ziehen um, sich schließen um; *itr* sich nähern, (heran)nahen, hereinbrechen; *(Tage)* kürzer werden; *with* sich anschließen *dat; to ~* **off** ab-, ver-, wegschließen; *to ~* **on, upon** sich schließen um; *(Augen)* sich schließen vor; *to ~* **out** *Am* ausverkaufen, liquidieren; *to ~* **up** *tr* (ver)schließen, zumachen; (ver-) sperren, verstopfen, blockieren; *(Stromkreis)* schließen; übergehen *(into* in); *itr* sich schließen; sich nähern, naherücken; *mil* aufschließen, -rücken; *sl* den Mund halten; *to ~* **with** *mil* heranrücken an, sich nähern *dat*; in Gefechtsberührung kommen, handgemein werden mit; *to ~ with an offer* ein Angebot annehmen; **~d** [klouzd] *a* geschlossen, zu; gesperrt; *tech* geblockt; *el* eingeschaltet, geschlossen; *to declare (a debate, a meeting)* **~~** (e-e Aussprache *od* Versammlung *od* Sitzung) für geschlossen erklären; *road* **~~!** Straße gesperrt! **~~** *circuit* geschlossene(r) Stromkreis *m*; **~~** *circuit current* Ruhestrom *m*; **~~** *corporation (Am)* etwa GmbH *f*; **~~** *display* Waren *f pl* unter Glas; **~~** *season (Am) (Jagd)* Schonzeit *f*; **~~** *shop* Betrieb *m*, in dem nur Mitglieder e-r (bestimmten) Gewerkschaft arbeiten; **~~-shop** *system* Gewerkschaftszwang *m*; **~~** *truck* gedeckte(r) Güterwagen *m*; **~~** *union* Gewerkschaft *f* mit begrenzter Mitgliederzahl; **~down** Betriebsstillegung *f, (water--)* **~out** ['klouzaut] Räumungsausverkauf *m*; **~r** ['-zə] Schlußlinie *f, fam* Schlußlicht *n*.

closet ['klɔzit] *s fast obs* Kabinett *n*; große(r), eingebaute(r) (Wand-)Schrank *m*; *(water--)* WC *n*, Abort *m*; *v: to ~ o.s.* sich zurückziehen *(with* mit); *to be ~ed* e-e vertrauliche Besprechung haben; **~ play** Buch-, Lesedrama *n*.

closing ['klouziŋ] Schließen *n*, Schließung *f*, Beendigung, Einstellung *f*, (Ab-)Schluß *m*; *early ~ day* Tag *m* mit frühem Ladenschluß; *~ of an account, of the books* Abschluß *m* e-s Kontos *od* e-r Rechnung, der Bücher; *~ of a business* Schließung *f* e-s Geschäfts; *~ of a factory* Stillegung *f* e-r Fabrik; *~ of a road* Straßensperrung *f*; *~ of the shops* Ladenschluß *m*; *~* **bid** letzte(s), Höchstgebot *n*; *~* **date** Schlußtermin *m*, Redaktionsschluß *m*; *~* **price** *(Börse)* Schlußkurs *m*; *~* **session, speech** Schlußsitzung *f*, -ansprache *f*; *~* **time,**

169

cloud

hour Geschäfts-, Ladenschluß *m*; Polizeistunde *f*; Schluß *m*.

closure ['klouʒə] *s* (Ver-)Schließen *n*; Schließung *f*; *tech* (Ver-)Schluß *m*; *parl* Schluß *m* der Debatte; *tr u. to apply (the) ~ to a debate* e-e Aussprache schließen; *to move the ~* Antrag auf Schluß der Debatte stellen.

clot [klɔt] *s* Klümpchen *n (geronnener Flüssigkeit); Br sl* Dussel, Depp *m*; *itr* Klümpchen bilden; *itr tr* gerinnen (lassen); **~ted** ['-id] *a (Haar)* verklebt; *(Blut)* geronnen.

cloth [klɔ(:)θ, *pl a.* klɔːðz] Tuch *n*, Stoff *m*, Zeug, Gewebe; Leinen; Tuch *n*, Lappen *m*; Amtstracht *(bes. d. Geistlichen)*; Geistlichkeit *f*; *to cut o.'s coat according to o.'s* od *the ~* (fig) sich nach der Decke strecken; *to lay the ~* den Tisch decken; *to make s.th. out of whole ~ (Am fam)* sich etwas aus den Fingern saugen; *dish-, wash-~* Spültuch *n*, -lappen *m*; **~~binding** *(Buch)* (Ganz-)Leineneinband *m*; **~~ making, manufacturing** Tuchfabrikation *f*.

clothe [klouð] *obs lit irr clad*, clad *tr* kleiden, mit Kleidung versorgen; ankleiden, anziehen; *fig* (ein)hüllen in, überziehen mit; *(Gedanken)* einkleiden.

clothes [klouðz] *pl* (nie mit Zahlwort) Kleider *n pl*, Kleidung *f*, pl Sachen *f pl*, Zeug *n*, (Bett-)Wäsche *f*; *in plain ~* in Zivil; *bed-~* Bettwäsche *f*; **~~bag** Wäschebeutel *m*; **~~basket** Wäschekorb *m*; **~~brush** Kleiderbürste *f*; **~~dryer** Wäschetrockner *m*; **~ hanger** Kleiderbügel *m*; **~~ hook** Kleiderhaken *m*; **~~horse** Wäscheständer *m*; *fam* Kleidernarr *m*; **~~line, -rope** Wäscheleine; *Am fam fig* schmutzige Wäsche *f*; **~~moth** *ent* Kleidermotte *f*; **~~peg,** *Am* **-pin** Wäscheklammer *f*; **~(~)press** Wäscheschrank *m*; **~~rack, tree** *Am* Kleiderständer *m*; *Kleiderablage,* Garderobe *f*.

clothier ['klouðiə] Tuch-, Kleiderhändler *m*; *obs u. Am* Tuchmacher *m*.

clothing ['klouðiŋ] Kleidung *f*, Kleider *n pl*, Anzug *m allg*; (Stoff-)Hülle *f*, *fig* Einkleidung *f*; *~* **allowance** *mil* Kleidergeld *n*; *~* **bag** Kleidersack *m*; *~* **depot** *mil* Bekleidungsamt *n*; **~money** Kleidergeld *n*; *~* **store** Bekleidungsgeschäft *n*, mil -amt *n*.

cloture ['kloutʃə] *Am s. closure parl.*

cloud [klaud] *s* Wolke *f. fig* (Rauch-, Staub-)Wolke *f*; trübe(r) Fleck, Schleier; *(Vögel, Insekten, Reiter)* Schwarm; *(Pfeile)* Hagel; *fig* Schatten *m*, Drohung *f*, Schreckgespenst *n*;

cloud-burst *tr itr (to ~ over, up)* (sich) bewölken; *tech* trüben, flammen, ädern; *fig* (sich) umwölken, (sich) umschatten, (sich) verdüstern; *(Ruf)* besudeln; *on a ~ (fam)* im siebenten Himmel; *under the ~ of the night* im Dunkel, im Schutz der Nacht; *to be in the ~s, to have o.'s head in the ~s (fig)* in den Wolken schweben, (mit den Gedanken) ganz woanders sein; *to be under a ~* in Verdacht stehen; in Ungnade gefallen sein; *~ of dust* Staubwolke *f*; *~ of flies* Fliegenschwarm *m*; *~ of words* Wortschwall *m*; **~-burst** Wolkenbruch *m*; **~-capped, -covered** *a (Berggipfel)* in Wolken gehüllt; **~ ceiling** Wolkenhöhe *f*; **~ cover** Wolkendecke *f*; **~ droplet** Nebeltropfen *m*; **~ed** [-id] *a* bewölkt, bedeckt, wolkig; *fig* trübe; **~ formation** Wolkenbildung; Trübung *f*; **~iness** ['-inis] Umwölkung; *fig* Unklarheit *f*; **~ layer** Wolkenschicht *f*; **~less** ['-lis] wolkenlos; ungetrübt; **~lessness** ['-lisnis] Wolkenlosigkeit *f*; **~let** ['-lit] Wölkchen *f*; **~-rack, -shred** Wolkenfetzen *m pl*; **~wards** adv himmelwärts; **~y** ['-i] wolkig, bewölkt, trübe *(a. Flüssigkeit u. Gedanken)*; **~ with sleep** *(Augen)* müde, schläfrig.

clout [klaut] *s* Lappen; *fam* Schlag *m*; *tr* ausbessern; *fam* ausbessern; *Am sl* klauen, stehlen.

clove [klouv] **1.** (Gewürz-)Nelke *f*; Gewürznelkenbaum *m*; *(~-pink, --gillyflower)* Nelke *f (Blume)*; **2.** *bot* Brutzwiebel *f*.

cloven [klouvn] *a* gespalten, (der Länge nach) geteilt; Spalt-; **~ hoof, ~ foot** *m*; *to show the ~ hoof (fig)* sein wahres Gesicht zeigen.

clover ['klouva] Klee *m*; *to be, to live in ~* wie die Made im Speck, wie Gott in Frankreich leben; **~-leaf** ['-li:f] *tech* Kleeblatt *n*.

clown [klaun] *s* Spaßmacher, dumme(r) August; dumme(r) Kerl, Tölpel, Tolpatsch *m*; *itr (Clown)* s-e Späße machen; **~ish** ['-iʃ] tölpelhaft, ungeschliffen; blöd(e).

cloy [klɔi] *tr* übersättigen, überfüttern *(with mit)*; *I am ~ed with that* das ekelt, widert mich an.

club [klʌb] *s* Keule *f (Waffe)*; (Golf-)Schläger; (Gummi-)Knüppel; Klub, Verein *m*, Gesellschaft *f*; *(~-house, -rooms)* Klub-, Vereinshaus *n*, Klubräume *m pl*; *pl (Spielkarten)* Kreuz, Treff *n*, Eichel(n *pl*) *f*; *tr* mit der Keule, mit dem Gewehrkolben schlagen; verprügeln; beisteuern, -tragen; *itr* zs.kommen, sich (an)sammeln; *(to ~ together)* sich zs.tun, -schließen *(with mit)*; *Indicn ~s (pl) (sport)* Keulen *f pl*; **~ car** *Am rail* Salonwagen *m* mit Bar; **~-foot** Klumpfuß *m*; **~-footed** *a* klumpfüßig; **~-law** Faustrecht, Recht *n* des Stärkeren; **~-man** Klubmitglied; eifrige(r) Besucher *m* e-s Klubs; **~ membership** Mitgliedschaft *f* in e-m Verein; **~ moss** *bot* Bärlapp *m*; **~ sandwich** *Am* dick mit Schinken, Huhn, Tomaten belegtes Brot *n*; **~ steak** *Am* kleine(s) Rindslendenstück *n*; **~ woman** (weibliches) Klubmitglied *n*.

cluck [klʌk] *itr (Henne)* glucken, locken; *Am sl* ein gutes Examen ablegen; *s* Glucken *n*; *Am sl* doofe Nuß *f*.

clue [klu:] Anhaltspunkt, Schlüssel *(to zu)*; (roter) Faden, Gang *(e-r Erzählung, Handlung)*, Verlauf *m (des Geschehens, der Ereignisse)*; *he hasn't a ~* er hat keine Ahnung; **~less** ['-lis] ohne Anhaltspunkte; *sl* ahnungslos.

clump [klʌmp] *s* (Erd-)Klumpen; Haufen *m*, Ansammlung *f*; (Baum-)Klotz *m*; (Baum-)Gruppe; *(~-sole)* Doppelsohle *f*; schwere(r) Tritt, heftige(r) Schlag *m*; *itr* schwer auftreten; *tr* zu e-m Klumpen ballen; anhäufen; *(Bäume, Büsche)* massieren; *(Schuhe)* doppelt sohlen; *fam* schlagen.

clums|iness ['klʌmzinis] Plumpheit, Schwerfälligkeit *f*; Ungeschicktheit *f*; **~y** ['-i] plump, schwerfällig; unelegant; ungeschickt; unpassend.

clunk [klʌŋk] *Am sl tr* schlagen; bar bezahlen, auf den Tisch legen; *s* Dummkopf, Blödian; Schlag; alte(r) Karren; Fuß; schwere(r) Gegenstand *m*; **~er** [-ə] *Am sl* mot alte(r) Schlitten; *fam* ungeschickte(r) Mensch *m*.

cluster ['klʌstə] Traube *f*, Büschel, Bündel *n*; Gruppe *f*, Schwarm *m*; *itr* in Trauben, Büscheln wachsen; Trauben, Büschel bilden; sich scharen, (herum)schwärmen *(round um)*.

clutch [klʌtʃ] *s* feste(r) Griff, (Zu-)Griff; *tech* Haken *m*, Klaue *f*; *mot* Kupp(e)lung *f*; Nest *n (Eier)*, Brut *f*; *pl* Hände, Klauen *f pl*, Gewalt; *Am sl* Klemme, Schwierigkeit *f*; entscheidende(r) Augenblick *m*; *tr* (er)greifen, packen, festhalten, umklammern; *itr* greifen, schnappen *(at nach)*; *to fall into s.o.'s ~es* jdm in die Hände, in jds Hände fallen; *to let in, to disengage the ~ (mot)* ein-, auskuppeln; *to make a ~ at s.th.* nach etw greifen; *to ~ the gummy (Am sl)*

clutch disk   171   **coastward**

die Suppe auslöffeln müssen; *to ~ at a straw* sich an e-n Strohhalm klammern; **~ disk, plate** Kupplungsscheibe *f*; **~-pedal** Kupp(e)lungspedal *n*.

clutter ['klʌtə] *s* Durcheinander *n*, Wirrwarr *m*, Unordnung *f*; *tr* anhäufen; *(to ~ up)* in Unordnung bringen; *itr* aufgeregt hin- u. herlaufen; durchea.reden.

coach [koutʃ] *s* Kutsche; *(stage-~)* Postkutsche *f*; (Eisenbahn-)Wagen; Reise-, Gesellschafts(omni)bus *m*; *Am* Limousine; *mar* Kapitänskajüte *f*; Einpauker, Repetitor; *sport* Trainer *m*; *itr* Kutsche fahren; *fam* kutschieren; *hist* mit der Postkutsche reisen; bei e-m Repetitor fürs Examen pauken; als Repetitor tätig sein; *tr* aufs Examen vorbereiten; *sport* eintrainieren; *to drive ~-and-four* vierspännig fahren; **~-builder** Karosseriebauer *m*; **~-horse** Kutschpferd *n*; **~-house** (Wagen-)Remise *f*; **~-maker** Stellmacher, Wagner *m*; **~-man** ['-mən] Kutscher; künstliche(r) Köder *m*; **~-work** *mot* Karosserie *f*; **~-wrench** Engländer *m (Werkzeug)*.

coact|**ion** [ko(u)'ækʃən] Zs.wirken *n*; **~ive** [-tiv] zs.-, mitwirkend.

coadjutor [ko(u)'ædʒutə] Gehilfe, Assistent; *rel* Koadjutor *m*.

coagulat|**e** [ko(u)'ægjuleit] *itr tr* gerinnen (lassen); **~ion** [-'leiʃən] Gerinnen; Festwerden *n*, Verdichtung *f*.

coal [koul] *s* (Stein-)Kohle(n *pl*) *f*; *tr (Holz)* zu Kohle brennen; *mar* mit Kohlen versorgen; *itr mar* Kohlen einnehmen; *to blow the ~s (fig)* Öl ins Feuer gießen; *to call, to haul s.o. over the ~s* jdm die Leviten lesen; *to carry ~s to Newcastle (fig)* Eulen nach Athen tragen; *to heap ~s of fire on s.o.'s head (fig)* feurige Kohlen auf jds Haupt sammeln; **~-bearing** *geol* kohleführend; **~-bed, -seam** Kohlenflöz *n*; **~-bin** ['-bin] Kohlenkasten, -bunker *m*; **~-black** kohlrabenschwarz; **~-box, -scuttle** *sl* **-vase** Kohlenkasten *m*; **~-bunker** Kohlenbunker *m*; **~-cellar** Kohlenkeller *m*; **~-depot** Kohlenlager *n*; **~-er** ['-ə] *rail* Kohlenwagen; *mar* Kohlentransporter *m*; **~ face** *min* Streb *m*; **~-field** Kohlenrevier, -gebiet *n*; **~-gas** Steinkohlengas *n*; **~-heaver**, *Am* **-handler**, *fam* **~ie** Kohlenträger *fam* -mann *m*; **~ hod** *Am* Kohlenkorb *m*; **~-hole** kleine(r) Kohlenkeller; *Am* Kohlenkellerhals *m*; **~ing** ['-iŋ] *mar*

Kohleneinnehmen *n*; **~ liquefaction** Kohleverflüssigung *f*; **~-measures** *pl geol* Kohlengebirge *n*; **~-mine, -pit** Kohlenbergwerk *n*, -grube, Zeche *f*; **~-mining** Kohlenbergbau *m*; **~-mouse, -tit** *orn* Kohlmeise *f*; **~-output** Kohlenförderung *f*; **~-pile** (Kohlen-)Halde *f*; **~-tar** Steinkohlenteer *m*; **~~ burner** Teerschweler *m*; **~~ dye** Teerfarbstoff *m*; **~y** ['-i] kohlenreich; kohlen(stoff)haltig; kohlrabenschwarz; **~-yard** Kohlenplatz *m*, -lager *n*.

coalesce [ko(u)ə'les] *itr* zs.wachsen; sich vereinigen *a. fig*; *pol* e-e Koalition bilden; **~nce** [-ns] *biol* Zs.wachsen *n*; Vereinigung; Einheit *f*; **~nt** [-nt] zs.wachsend; sich vereinigend; e-e Einheit bildend.

coalition [ko(u)ə'liʃən] Vereinigung, Verschmelzung; *pol* Koalition *f*, Bündnis *n*; **~ government, party** Koalitionsregierung, -partei *f*.

coarse [kɔ:s] rauh, grob, (ganz) gewöhnlich; sehr einfach; grob(körnig), dick, klobig; *fig* roh, ungebildet, unfein, unzart, gewöhnlich, gemein, unanständig; **~ bread** grobe(s), dunkle(s) Brot *n*; **~-fibred, -grained** *a* grobkörnig; **~-meshed** *a* grobmaschig; **~n** ['-n] *tr itr* grob machen *od* werden; **~ness** ['-nis] Grobheit, Roheit *f*; **~ setting, adjustment** Grobeinstellung *f*.

coast [koust] *s* Küste; *Am* Talfahrt *f* mit dem Rodelschlitten; *the C~* Küste *f* am Pazifischen Ozean; *itr mar* an der Küste entlang fahren; Küstenhandel treiben; (hinunter)rodeln; *mot* im Leerlauf fahren, ausrollen; im Freilauf, (mit dem Fahrrad) bergab fahren; *Am* mühelos bekommen; ein Examen mit Leichtigkeit bestehen; nicht wissen, was man will; im siebenten Himmel sein; *on the ~* an der Küste; *the ~ is clear* die Luft ist rein; **~al** ['-əl] *a* Küsten-; **~ navigation, trade** Küstenschiffahrt *f*, -handel *m*; **~ region, zone, area** Küstengebiet *n*, -zone *f*; **~~ waters** (*pl*) Küstengewässer *n pl*; **~ defence** Küstenverteidigung *f*; **~er** ['-ə] *mar* Küstenfahrzeug *n*; *Am* Rodelschlitten; *(Glas)* Untersetzer *m*; *Am* Berg-u.-Tal-Bahn *f*; **~ brake** *(Am)* Rücktrittbremse *f*; **~-guard(sman)** Küstenwacht(mann *m*) *f*; **~ing** ['-iŋ] *mar* Küstenschiffahrt *f*, -handel *m*; *mot* Ausrollen; *Am* Rodeln *n*; **~~ trade** Küstenhandel *m*; **~-land** *Am* Land *n* entlang der Küste; **~-line** Küstenlinie *f*; **~ward(s)** *adv* auf die Küste zu;

~wise *a adv mar* die, an der Küste entlang.

coat [kout] *s* Jacke *f*, Rock; Damenmantel *m*; Kostümjacke *f*; *zoo* Haarkleid, Fell *n*, Pelz *m*; Federkleid, Gefieder *n*; *anat* Haut *(e-s inneren Organs)*; *bot* (Zwiebel-)Schale; Rinde; *allg* Haut, Hülle *f*, Überzug *m*, Decke *f*; Anstrich *m*; *tr* überziehen, bestreichen *(with* mit); mit e-r Hülle, e-m Überzug versehen *od* belegen; (ein)hüllen *(with* in); umkleiden; *tech* (Linse) vergüten; anstreichen, verputzen; *to turn o.'s ~* die Partei wechseln; *~ of arms* Wappen *n*; *~ of mail (hist)* Panzerhemd *n*; *~(ing) of paint* Anstrich *m*; *~ and skirt* (Damen-)Kostüm *n*; **-ed** *a* überzogen, mit e-r Hülle versehen; bedeckt *(with* mit); *tech* (Linse) vergütet; belegt; **~ee** ['-i:, '-'] kurze(r) Rock *m*; **~-hanger** Kleiderbügel *m*; **~ing** ['-iŋ] Jacken-, Rockstoff *m*, -tuch *n*; Überzug *m*, Hülle; Umhüllung; (äußere) Schicht; Streichmasse; *(Linse)* Vergütung *f*; Belag; Anstrich; (Ver-)Putz *m*; *~ colo(u)r* Deckfarbe *f*; *~ of ice* Eisbelag *m*; **~~** *of paint* Farbanstrich *m*; **~-tail** Rockschoß *m*; *to trail o.'s ~-tails (fig)* Streit suchen.

coax [kouks] *tr* überreden, im guten dazu, dahin bringen *(s.o. to do, into doing s.th.* daß jem etw tut); beschwatzen; schmeicheln *(s.o.* jdm); *to ~ s.th. out of od from s.o.* jdm etw abschmeicheln, entlocken; *itr* schmeicheln; gut zureden.

coax(i)al [kou'æks(i)əl] koaxial, konzentrisch.

cob [kɔb] **1.** *s* (männlicher) Schwan *m*; kräftige(s), aber gedrungen gebaute(s), kurzbeinige(s) Pferd; *(~-nut)* (große) Haselnuß *f*; (runder) Kern *m*; Stück, Klümpchen *n*; *bot* Spindel *f (der Ähre)*; *Am* Maiskolben *m*; *tr fam* werfen, schlagen; **2.** *arch* Weller *m (Lehm mit Stroh)*; **3.** *orn* Mantelmöwe *f a. cobb.*

cobalt [kə'bɔ:lt, ko(u)'bɔ(:)lt, 'koubɔ:lt] *chem* Kobalt; *(~-blue)* Kobaltblau *n*.

cobble ['kɔbl] **1.** *s (~-stone)* Kiesel (-stein); Kopfstein *m*; *pl* Eier-, Nußkohlen *f pl*; *tr* mit Kieselsteinen, Kopfstein pflastern; **2.** *tr* roh ausbessern, *(bes. Schuhe)* flicken; zs.pfuschen, -stümpern; **-r** ['-ə] *f*. Flickschuster; Pfuscher, Stümper *m*; **2.** *(sherry-)* Cobbler *m*; *Am* Art Fruchttorte *f*; **~-stone** ['-stoun] Pflaster-, Kopfstein *m*; *~~ pavement* Kopfsteinpflaster *n*.

cobra ['koubrə] *zoo* Kobra *f*.

cobweb ['kɔbweb] Spinn(en)gewebe *n*, -faden *m*; *to blow (away) the ~s from o.'s brain* (ein bißchen) frische Luft schnappen.

coca ['koukə] *bot* Koka(strauch *m*) *f*; Koka *n*; **~-cola** ['-'koulə] Coca-Cola *n*, *fam f (Warenzeichen);* **~in(e)** [kə-, ko'kein, 'koukein] Kokain *n*; **~inism** [ko'keinizm] Kokainvergiftung *f*.

cochineal ['kɔtʃini:l] Koschenille *f*.

cochlea ['kɔkliə] *anat* Schnecke *f*.

cock [kɔk] **1.** *s* (Haus-)Hahn; Hahn *m*; (Vogel-)Männchen *n*; *(~ of the walk, bes. ~ of the school)* (An-)Führer, Erste(r); Rädels-, Wortführer; (Wasser-)Hahn, Kran; *(Gewehr)* Abzug *m*; *(Waage)* Zunge *f*; *(Sonnenuhr)* Gnomon, Sonnenzeiger *m*; *(weather ~)* Wetterfahne *f*; Emporrichten; *(Gewehr)* Spannen; *(Augen)* Aufschlagen *n*; *tr (to ~ up)* aufrichten; *(Gewehr)* spannen; *itr* aufrecht stehen; *to go off at half ~* ohne genügende Vorbereitung tun; *to live like fighting ~s* wie die Made im Speck leben; *to knock into a ~ed hat (fam)* verreißen; zu Brei schlagen; *to ~ o.'s ears* die Ohren spitzen; *to ~ o.'s eye at s.o.* jdm e-n verständnisvollen Blick zuwerfen, *to ~ o.'s hat* den Hut schief aufsetzen *od* zurückschieben; *to ~ o.'s nose* die Nase rümpfen; *this beats ~-fighting* das ist (ja) großartig, phantastisch, prima; *that ~ won't fight* das hat keinen Sinn, ist zwecklos; das zieht nicht; *fighting ~* Kampfhahn *m*; *old ~ (fam, Anrede)* alter Junge *od* Knabe; **~-a-doodle-doo** Kikeriki *n*; *(Kindersprache)* Hahn *m*; **~-a-hoop** *(a adv)* voller, außer sich vor Freude; jubelnd, frohlockend; **~-and-bull story** Jägerlatein, Seemannsgarn *n*, Räuberpistole *f*; *~ of the north* Bergfink *m*; *~ of the wood* Auerhahn *m*; **-chafer** ['-tʃeifə] Maikäfer *m*; **~-crow(ing)** Hahnenschrei *m*, erste (Morgen-)Dämmerung *f*; **-ed** ['-t] *a* aufgerichtet, hochgestülpt; **~~ hat** Dreispitz *m (Hut)*; **-erel** ['-ərəl] Hähnchen *n*; *fig* Kampfhahn, Rowdy, Halbstarke(r) *m*; **~-eyed** *a* schieläugig; (krumm u.) schief; doof; *sl* besoffen, verrückt, nicht normal, falsch, schief; **~-fight(ing)** Hahnenkampf *m*; **~-horse** *adv* rittlings; **-iness** ['-inis] Keckheit, Frechheit, Arroganz *f*; **~-loft** Dachkammer *f*; **~-pit** ['-pit] (Hahnen-)Kampfplatz *m*, Arena *f*; Schlachtfeld *n*; *mil* Gefechtsverbandsplatz *m*; *mar* Schiffslazarett *n*; *aero* Führersitz, -raum *m*, Kabine, Kanzel *f*; **~scomb** ['-skoum] Kamm *(des Hah-*

nes); *bot* Hahnenkamm *m*; *s.a. coxcomb*; **~sure** ['-ʃuə] *fam* todsicher; felsenfest überzeugt (*of, about* von); von sich überzogen, -zeugt; **~tail** ['-teil] Cocktail *m (alkohol. Mischgetränk)*; **~-up** *typ* Initiale *f*; aufgebogene(r) Rand *od* Hut *m*; **~y, ~sy, coxy** ['kɔk(s)i] keck, dreist, frech, *fam* keß; anmaßend, arrogant; **2.** *s* Heuhaufen *m*; *tr (Heu)* in Haufen legen.

cockade [kɔˈkeid] Kokarde *f*.

Cockaigne, Cockayne [kɔˈkein] das Schlaraffenland; *hum* London *n*.

cockalorum [kɔkəˈlɔːrəm] *fam* kleine(r) Angeber *m*.

cockatoo [kɔkəˈtuː] *orn* Kakadu *m*.

cockatrice ['kɔkətr(a)is] *zoo* Basilisk *m*.

cocker ['kɔkə] *tr (meist: to ~ up)* verhätscheln, verzärteln, verwöhnen; *s (~ spaniel)* Cocker-Spaniel *m*.

cockle ['kɔkl] **1.** (*corn-~*) *bot* Kornrade *f*; Flugbrand *m* des Weizens; **2.** (*~shell*) *zoo* Herzmuschel *f*; (*~boat*) kleine(s) Boot *n*, Nußschale *f*; *to warm, to delight the ~s of s.o.'s heart* jdn erfreuen, jdm e-e Freude machen, jdn aufmuntern; **3.** *s* Falte *f*; *tr ir* faltig machen, werden, (sich) fälteln; **4.** (*~-stove*) Kachelofen *m*.

cockney ['kɔkni] *s* (gebürtiger) Londoner *m*, *bes. pej* der unteren Klassen; *a* Cockney-; **~ism** ['-izm] Mundart *f od* (das) Benehmen *n* e-s C.

cockroach ['kɔkrəutʃ] *ent* Küchenschabe *f*.

cockswain *s. coxswain*.

coco ['koukou], **coker** ['koukə] (*~(nut) tree*) Kokospalme *f*; **~a** ['koukou] Kakao(pulver *n*) *m*; **~a bean** Kakaobohne *f*; **~(a)nut** ['-kənʌt] Kokosnuß; *s* Birne *f*, Kürbis, Kopf *m*; *that accounts for the milk in the ~~* da haben wir's (ja)! das ist des Pudels Kern! **~(~) butter** Kokosöl, -fett *n*, -butter *f*; Palmin *n (Warenzeichen)*; **~~ matting** Kokosmatte *f*; **~~ milk** Kokosmilch *f*.

cocoon [kəˈkuːn] *s zoo* Kokon *m*; Schutzhülle *f*; *tr mil (Gerät)* einmotten.

cod [kɔd] **1.** *pl ~* (*~fish*) Kabeljau, Dorsch *m*; *cured* ~ Laberdan *m*; *dried* ~ Stock-, Klippfisch *m*; **~ liver oil** Lebertran *m*; **2.** *sl sbsl* jn foppen, verulken, veräppeln; *itr* Spaß, Blödsinn machen.

coddle ['kɔdl] *tr* verzärteln, verweichlichen; verhätscheln, verwöhnen.

code [koud] *s* Kodex *m*, Gesetzbuch *n*; ungeschriebene Gesetze *n pl*, Sittenkodex, Kode, Schlüssel *m* (zu Geheimschriften), Telegraphenschlüssel *m*; *tr* (ver)schlüsseln, chiffrieren; *~ of honour* Ehrenkodex *m*; *C~ of Civil, Criminal Procedure* Zivil-, Strafprozeßordnung *f*; **~ light** Blink-, Kennfeuer *n*; **~ name** Deckname *m*; **~ number, sign, word** Kodenummer *f*, -zeichen, -wort *m*.

codex ['koudeks] *pl* **codices** ['koudisiːz] Kodex *m*.

codger ['kɔdʒə] *fam (old ~)* alte(r) Knacker *m*.

codicil ['kɔdisil] *jur* Kodizill *n*, Zusatz, Nachtrag *m*.

codification [kɔdifiˈkeiʃən] Systematisierung, Kodifikation, Kodifizierung, Sammlung *f (von Gesetzen)*; **~y** ['kɔdifai] *tr* kodifizieren, in ein System bringen; *(Gesetze)* sammeln.

codling ['kɔdliŋ] **1.** kleine(r) Kabeljau *m*; **2.** Kochapfel *m*; *hot* ~ Bratapfel *m*.

co-ed, coed ['kou'ed] *Am s* Studentin, Schülerin *f*; **~ucation** ['kou(u)edjuːˈkeiʃən] Koedukation, gemeinsame Erziehung *f* beider Geschlechter.

coefficient [koui'fiʃənt] *math phys* Koeffizient, Beiwert *m*, Kennzahl *f*.

c(o)eliac ['siːliæk] *a scient* Unterleibs-.

coequal [kou(u)ˈiːkwəl] *lit* gleich; **~ity** [kou(u)iˈkwɔliti] *lit* Gleichheit *f*.

coerce [kou(u)ˈəːs] *tr (Person)* zwingen, nötigen (*into doing* zu tun); *(Verhalten)* erzwingen; unterdrücken; **~ible** [-ibl] erzwingbar; **~ion** [-ˈəːʃən](moralischer) Zwang *m*, Gewalt, Nötigung *f*; *under ~~* unter Zwang *od* Druck, gezwungenermaßen, zwangsweise; **~ive** [-iv] *a* Zwangs-; *tech* korzetiv; *~~ measure* Zwangsmaßnahme, -maßregel *f*.

coessential [kou(u)iˈsenʃəl] einsseiend; wesensgleich.

coeval [kou(u)ˈiːvəl] gleichzeitig; gleich alt; gleichaltrig, im gleichen Alter.

coexist ['kou(u)igˈzist] *itr* gleichzeitig, zs. (vorhanden)sein, bestehen, existieren *(with* mit); **~ence** [-əns] gleichzeitige(s), Mitvorhandensein, -bestehen *n*; *pol* Koexistenz *f*; **~ent** [-ənt] gleichzeitig (bestehend, vorhanden).

coffee ['kɔfi] Kaffee; Kaffeestrauch, -baum *m*; Kaffeebraun *n*; *ground* ~ gemahlene(r) Kaffee *m*; *~ and cakes (Am sl)* kleine(s) Gehalt *n*; **~-bean, -berry** Kaffeebohne *f*; **~ break** *Am* Kaffeepause *f*; **~ cream** Kaffeecreme *f*; **~~cup** Kaffeetasse *f*; **~~extract** Kaffee-Extrakt *m*; **~~grinder, -mill** Kaffeemühle *f*; **~~grounds** *pl* Kaffeesatz *m*; **~~machine** Kaffeemaschine *f*; **~~percolator** Kaffeefilter *m*; **~~pot** Kaffeekanne *f*; *Am* kleine(s) Restaurant *n*; **~~roaster** Kaffeebrenner *m*, -röst-

coffee-room

maschine *f*; **~-room, shop** Gast-, Frühstückszimmer *n* (*im Hotel*); **~-set** Kaffeeservice *n*; **~-stall** Kaffeestand *m* (*auf d. Straße*); **~ table** Kaffee-, Teetisch *m*.

coffer ['kɔfə] *s* Koffer *m*, Kiste *f*, Kasten *m* (*bes. für Wertsachen*); Kasse *f*, Geldschrank; *tech* Caisson *m*, Schleuse; *pl arch* Nische *f*; *pl* Tresor (-raum) *m*; *pl* Gelder, (Geld-)Mittel *n pl*; Kapital, Vermögen *n*; *tr* verwahren, zurücklegen, horten; *tech* abdichten; **~-dam** *tech* Senkkasten; Caisson, Fangdamm *m*.

coffin ['kɔfin] *s* Sarg *m*; *tr* wegschließen, gut weglegen; *to drive a nail into o.'s ~* s-e Gesundheit untergraben; **~ corner** *Am* (*Fußballplatz*) Ecke *f*; **~-nail** *fam* Sargnagel *m* (*Zigarette*).

cog [kɔg] **1.** *s tech* (Rad-)Zahn *m*, Nase *f*, Daumen *m*; *fig* Rädchen *n* (*Mensch*); *tr tech* mit Zähnen versehen; aufkämmen, auswalzen; *min* mit Bergen versetzen; *to slip a ~* (*fig*) e-n Fehler machen; **~ wheel** Zahnrad *n*; **~ (-wheel) railway** Zahnradbahn *f*; **2.** *v*: *to ~ the dice* beim Würfeln betrügen.

cogen|cy ['koudʒənsi] Stichhaltigkeit, Beweiskraft *f* (*e-s Argumentes*); **~t** ['-t] (*Beweis*) zwingend, schlagend, überzeugend, unwiderlegbar; (*Grund*) triftig.

cogit|able ['kɔdʒitəbl] denkbar, mit dem Verstand erfaßbar; **~ate** ['-eit] *itr* (tief) nachdenken, nachsinnen (*upon* über); gründlich durchdenken (*upon s.th.* etw); **~ation** [-'teiʃən] (Nach-)Denken, Nachsinnen *n*; *pl* Überlegungen *f pl*.

cognac ['koun-, 'kɔnjæk] Kognak *m*; *allg* Weinbrand *m*.

cognate ['kɔgneit] *a* verwandt *a. fig* (*bes. Sprachen*); *s* Verwandte(r) *m*; verwandte(s) Wort *n*.

cognition [kɔg'niʃən] *scient* Erkenntnis(vermögen *n*) *f*.

cogniz|able ['kɔgnizəbl, 'kɔn-] erkennbar; *jur* der Zuständigkeit (*e-s Gerichts*) unterliegend; **~ance** [-əns] Kenntnis *f*, Wissen *n*; Erkenntnisbereich *m*; *jur* Anerkennung; *jur* Zuständigkeit *f*; Erkennungs-, Abzeichen *n*; *to have ~~ of* (*bes. amtlich*) Kenntnis haben von; *to take ~~ of* zur Kenntnis nehmen, K. nehmen von; **~ant** ['-ənt] in Kenntnis (*of* gen), unterrichtet (*of* über); *philos* erkennend.

cognomen [kɔg'noumən] Zu-, Beiname, Spitzname *m*.

cohabit [ko(u)'hæbit] *itr* ehelich zs.wohnen; beiwohnen, -schlafen; **~ation** [-'teiʃən] eheliche(s) Zs.wohnen *n*; Beiwohnung *f*, Beischlaf *m*.

coheir [kou'ɛə, -ris] Miterbe *m*, **~ess** ['kou'ɛə, -ris] Miterbe *m*, -erbin *f*.

coher|e [ko(u)'hiə] *itr* (mitea.) verbunden sein, zs.hängen; zs.halten; *tech* haften, kohärieren; **~ence, ~cy** [-rəns(i)] Zs.hang, -halt *m*; **~ent** [-ənt] zs.hängend, mitea., innerlich verbunden; klar gegliedert u. verständlich; **~er** [-rə] *el* Kohärer, Fritter *m*.

cohes|ion [ko(u)'hi:ʒən] *phys* Kohäsion *f*; *fig* Zs.halt *m*; **~ive** [-'hi:siv] zs.haltend; Kohäsions-.

cohort ['kouhɔ:t] *hist* Kohorte; Schar, Gruppe *f*.

coiff|eur [kwɑː'fəː] Friseur *m*; **~ure** [-'fjuə] Frisur *f*.

coil [kɔil] *s* Spirale, Spule, Rolle; Windung; (*~ of a pipe*) Schlange(nrohr *n*), Rohrschlange; *el* Spule *f*; (Haar-)Wickel *m*; *tr* (*to ~ up*) (auf)wicke.n, -rollen, spulen; *itr* sich winden, sich (auf-)wickeln.

coin [kɔin] *s* Münze *f*; Metall-, Hartgeld; *Am fam* Geld *n*; *tr* (Geld, Wort) prägen; *fig* ausdenken, ersinnen, bes. *pej* aushecken; *Am fam* verdienen; *to pay s.o. back in his own ~* (*fig*) jdm mit gleicher Münze heimzahlen; *to ~ money* (*fig fam*) viel Geld machen, das Geld scheffeln; *false ~* Falschgeld *n*; *fig* Fälschung *f*; *small ~* Kleingeld *n*; **~-age** ['-idʒ] Prägen (*des Geldes*) *n*; Ausmünzen; Geld *n*; Währung *f*; Münzrecht *n*; *fig* Erfindung, *bes.* Schaffung, Bildung, Prägung (*neuer Wörter*); Neubildung, Neuprägung *f*; neue(s) Wort *n*, Neologismus *m*; **~-box telephone** Münzfernsprecher *m*; **~er** (*bes.* Falsch-) Münzer; Präger *m* (*e-s neuen Wortes*).

coincid|e [ko(u)in'said] *itr* (*räumlich*) sich decken; (*zeitlich*) zs.fallen, -treffen; *fig* übereinstimmen, zs.passen; passen (*with* zu), harmonieren (*with* mit); **~ence** [-'insidəns] (*zufälliges*) Zs.treffen *n*; Gleichzeitigkeit; Übereinstimmung *f*; **~ent** [-'insidənt] gleichzeitig; zs.treffend, zs.fallend; übereinstimmend; **~ental** [-'dentl] zufällig übereinstimmend.

coir ['kɔiə] Kokosfaser *f*, -bast *m*.

coition [kou'iʃən], **coitus** [ko(u)itəs] Beischlaf *m*, Koitus *m*.

coke [kouk] *s* Koks *m*; *sl* Kokain *n*; *Am fam* Coca-Cola *n*, *fam f*; *tr* verkoken; *broken ~* Bruchkoks *m*; **~-oven** Kokereiofen *m*; *~~ battery* Koksofenbatterie *f*; *~~ coke* Zechenkoks *m*;

cokernut ~~ **plant** Kokerei f; **~rnut** f am Kokosnuß f; **coking** ['koukiŋ] Verkokung f.
cola ['koulə] Kolabaum m; (**~-nut, -seed**) Kolanuß.
colander, cullender ['kʌləndə] Durchschlag m, (Küchen-)Sieb n.
cold [kould] a kalt; fig kühl, leidenschaftslos; ruhig, zurückhaltend; (Empfang) eisig, frostig; sl besinnungslos; s Kälte f, das Kalte; Erkältung f, Schnupfen m; in ~ **blood** kaltblütig, mit voller Überlegung; (shivering) with ~ (zitternd) vor Kälte; to be, to feel ~ (Mensch) frieren; (on s.th.) Am sl e-r S völlig sicher sein; to be left out in the ~ links liegen gelassen werden; to catch (a) ~ sich erkälten, sich e-n Schnupfen holen; to get ~ feet (fam) es mit der Angst kriegen; to give s.o. the ~ shoulder jdm die kalte Schulter zeigen, e-e Abfuhr erteilen; to make s.o.'s blood run ~ jdn erschau(d)ern lassen; to suffer from the ~ unter der Kälte (zu) leiden (haben); to throw ~ water on (fig) e-e kalte Dusche geben dat; I am ~ ich friere, mir ist kalt; **~-blooded** a zoo fig kaltblütig; fig gefühl-, herzlos; **~ chisel** Kaltmeißel m; **~-cock** tr Am sl bewußtlos schlagen; **~ cream** Art Hautcreme f; **~ cuts** pl kalte(r) Aufschnitt m, kalte Platte f; **~-deck** Am sl gezinkte Karten f pl; **~-drawn** (Stahl) kaltgezogen; ~ **front** mete Kaltfront f; **~ glue** Kaltleim m; **~-hammer** tr tech kalthämmern, -schmieden; ~ **haul** tr Am sl mit der linken Hand, nachlässig tun; itr abhauen; **~-hearted** a gefühl-, herzlos; kaltherzig; **~-ish** ['-iʃ] etwas kalt, kühl; **~-ly** ['-li] adv kalt, teilnahmslos; unfreundlich; **~ness** ['-nis] Kälte f; **~ news** pl mit sing schlechte Nachrichten f pl; **~ pig** kalte Dusche f (zum Wecken); **~-resistant** kältebeständig; **~-rivet** tr kaltnieten; **~-roll** tr kaltwalzen; **~ing mill** Kaltwalzwerk n; **~-short** tech kaltbrüchig; **~-shoulder** tr die kalte Schulter zeigen (s.o. jdm); ~ **snap** mete plötzliche Kälte f; ~ **steel** blanke Waffe f; **~-storage** Lagerung f im Kühlraum; to put in ~ (fig) auf Eis legen; ~ **room** Kühlraum m; ~ **ship** Kühlschiff n; ~ **store** Kühlhaus n; ~ **turkey** Am sl sachlich, offenherzig; ohne Ankündigung; ~ **war** kalte(r) Krieg m; ~ **wave** mete Kältewelle; (Frisur) Kaltwelle f; **~-work** tr tech kaltverformen.
cole [koul] Kohl; Raps, Rübsen m; **~seed** Rübsame(n), Rübsen m;

~slaw ['-slɔ:] Am Kraut-, Kohlsalat m; **~wort** ['-wə:t] Kohl ohne Kopf; Grünkohl m.
coleoptera [kɔli'ɔptərə] pl scient Käfer m pl.
col|ic ['kɔlik] Kolik f, Leibschmerzen m pl, Bauchgrimmen n; **~icky** ['-i] kolikartig; **~itis** [kɔ(u)'laitis] Dickdarmkatarrh m.
collaborat|e [kəˈlæbəreit]itrzs.arbeiten (with mit); mitarbeiten; **~ion** [-'reiʃən] Zs.-, Mitarbeit f; **~or** [-ə] Mitarbeiter; pol Kollaborateur m.
collaps|e [kəˈlæps] s Einsturz m, Zs.-brechen n; fig Zs.bruch a. med psychol; Kollaps, Nervenzs.bruch; (Börse) Krach, Sturz m; itr zs.-, einstürzen, zs.brechen a. fig, umfallen; e-n (Nerven-)Zs.bruch haben od erleiden; **~ible** [-ibl] zs.legbar, zs.klappbar; Falt-; ~ **boat, canoe** Faltboot f; ~~ **roof** Klappdach m; ~~ **top** (mot) Klappverdeck n.
collar ['kɔlə] s Kragen m; Ordenskette f; zoo Halsstreifen m; (Hund) Halsband; (Pferd) Kum(me)t n; tech Kragen, Ring, Reif(en) m, Manschette (a. bei e-m Glas Bier), Muffe f; arch Kranz, Saum m; (Küche) Roulade f; mar Stagkragen m; Am sl Verhaftung f; tr beim Kragen nehmen od packen; festhalten; s.o. jdn anhalten u. mit ihm reden; fam wegnehmen; sl sich unter den Nagel reißen; Am sl verhaften; Am sl gründlich verstehen; (Fleisch) rollen; against the ~ (fig) angestrengt; hot under the ~ (fam) aufgeregt; white ~ **worker** Büroangestellte(r)m;**~-beam** arch Querbalken m; **~-bearing** tech Halslager n; **~-bone** anat Schlüsselbein n; **~-stud, ** Am **~ button** Kragenknopfm.
collat|e [kɔ'leit] tr zs.tragen (Schriftstücke, Bücher) genau vergleichen, kollationieren; **~ion** [-ʃən] Vergleichung, Kollationierung; hist Übertragung, Verleihung f (e-r Pfründe); Imbiß m, leichte Mahlzeit f.
collateral [kɔˈlætərəl] a Seiten-, Parallel-; parallel; Neben-, Ersatz-; zusätzlich; entsprechend; s (Seiten-) Verwandte(r) m; (~ security) fin weitere, zusätzliche Sicherheit od Deckung, Ausfallbürgschaft f; (Ersatz-) Pfand n; ~ **acceptance** Wechselbürgschaft f; ~ **agreement** Nebenabreden f pl; ~ **circumstances** pl Begleitumstände m pl; ~ **insurance** Zusatzversicherung f; **~ly** [-li] adv in der Seitenlinie; zusätzlich.
colleague ['kɔli:g] Kollege m.
collect [kəˈlekt] tr (ein)sammeln, auflesen; zs.tragen, zs.fassen; beschaffen;

abholen, mitnehmen; einkassieren; eintreiben, -ziehen; *(Steuern)* einnehmen; *(Briefmarken, s-e Gedanken)* sammeln; *(Strom)* abnehmen; *fam* holen; *tech* auf-, abfangen; montieren; *itr* sich (an)sammeln, sich (an)häufen, zs.kommen; Geld einziehen; *s* ['kɔlekt] *rel* Kollekte *f (kurzes liturgisches Gebet)*; *pl* Stoßgebete *n pl*; *to telephone* ~ *(Am)* ein R-Gespräch führen; *to* ~ *information* sich orientieren; *to* ~ *the mail* den Briefkasten, die Briefkästen leeren; ~ *on delivery (C.O.D.) (Am)* gegen Nachnahme *f*; **-able, -ible** [kə'lektəbl,-ibl] eintreib-, einziehbar; ~ *call Am* R-Gespräch *n*; **-ed** [-id] *a* (innerlich) gesammelt, gefaßt; **-edness** Gefaßtheit, Fassung *f*; **-ing** [-iŋ] Sammeln *n*; Einziehung, Eintreibung *f*, Einkassieren *n*; Abholung *f*; *attr* Inkasso-; ~ *charges (pl)* Inkassospesen *pl*; ~ *office* Inkassobüro *n*; (Ein-)Hebestelle *f*; ~ *pipe* Auffangrohr *n*; ~ *point* Auffang-, Sammelstelle *f*; ~ *ring* Schleifring *m*; ~ *service (com)* Abholdienst *m*; **-ion** [kə'lekʃən] Sammeln *n*; Ansammlung, Anhäufung *f*, Zs.kommen *n*; Abholung; (Briefkasten-)Leerung; Eintreibung, Einziehung *f*, Einkassieren *n*; *(Steuer)* Erhebung; *(Nachrichten)* Beschaffung; *com* Kollektion; (Geld-, Spenden-)Sammlung, *rel* Kollekte; *pl* Schlußprüfung *f*; ~ *stamp* Briefmarkensammlung *f*; ~ *agent* Inkassovertreter *m*; **-ive** [kə'lektiv] *a* gemeinsam,gemeinschaftlich, geschlossen; Gemeinschafts-, Kollektiv-; Gesamt-; Sammel-; *s* (~ *idea, noun)* Sammelbegriff *m*, -wort *n*; *pol* Kollektiv *n*; ~ *agreement* Kollektivvertrag *m*; ~ *bargaining* Tarifverhandlungen *f pl*; ~ *consignment* Sammelladung *f*; ~ *employment regulation* Tarifordnung *f*; ~ *farm* Kolchose *f*; ~ *guilt* Kollektivschuld *f*; ~ *number (tele)* Sammelnummer *f*; ~ *ownership (tele)* Kollektiveigentum *n*; ~ *passport* Sammelpaß *m*; ~ *penalty* Gesamtstrafe *f*; ~ *security (pol)* kollektive Sicherheit *f*; ~ *training (mil)* geschlossene Ausbildung *f*; **-ivism** [-ivizm] Kollektivismus *m*; **-ivist** [-ivist] Kollektivist *m*; **-ivity** [kɔlek-'tiviti] Allgemeinheit, Gesamtheit *f*; **-ivization** [-vai'zeiʃən] Kollektivisierung *f*; **-or** [-ə] Sammler; Einsammler; Kassierer, (Zoll-, Steuer-)Einnehmer; *tech* Sammelapparat; *el* Stromabnehmer, Kollektor *m*; ~ *of customs* Zolleinnehmer *m*; ~ *ring (el)* Schleifring *m*.

colleg|e ['kɔlidʒ] College *n (Teil e-r Universität)*, Art Fakultät; (kleinere) Universität, Akademie; (Fach-)Hochschule, höhere (Fach-)Schule; höhere Lehr-, Bildungsanstalt; höhere (Privat-)Schule *f*; Universitäts-, Schulgebäude; Kolleg(ium) *n*; *Electoral* ~ *(Am)* Wahlkollegium *n* für die Präsidentenwahl; *Sacred C*~~, ~ *of cardinals (rel)* Kardinalskolleg(ium) *n*; *technical* ~~ höhere technische Lehranstalt *f*; ~~-*pudding* kleine(r) Plumpudding *m*; **-ian** [kə'li:dʒən] höhere(r) Schüler *(e-s College)*, Student *m*; **-iate** [kə'li:dʒiit] College-, Universitäts-, (Hoch-)Schul-; akademisch; ~~ *church* Stifts-, Kollegiatkirche *f*.

collet ['kɔlit] *tech* Zwinge *f*, Klemmring *m*, Metallband *n*; Konushülse *f*; Futter *n*.

collid|e [kə'laid] *itr* kollidieren, zs.-stoßen, -prallen *a. fig (with* mit); *fig* ea. entgegengesetzt sein, in Widerspruch stehen *(with* zu); **-ing** [-iŋ] *(Interessen)* widerstreitend; *(Fahrzeuge)* an e-m Zs.stoß beteiligt.

collie, colly ['kɔli] Collie, schottische(r) Schäferhund *m*.

collier ['kɔliə] Bergmann, Grubenarbeiter, Kumpel *m*; (Seemann *m* auf e-m) Kohlenschiff *n*; **-y** ['kɔljəri] Kohlenbergwerk *n*, (Kohlen-)Grube, Zeche *f*.

collision [kə'liʒən] Zs.stoß, -prall *m. fig*; *fig* Widerspruch, -streit *m*; *in* ~ in Widerspruch *(with* zu); *to come into* ~ *with* in Widerspruch geraten zu.

collocat|e ['kɔləkeit] *tr* zs.stellen, (an)ordnen, arrangieren, verteilen; an s-n Platz bringen; **-ion** [-'keiʃən] Zs.stellung, (An-)Ordnung, Verteilung *f*.

collodion [kə'loudiən] *chem pharm* Kollodium *n*.

collogue [kə'loug] *itr* sich vertraulich besprechen.

colloid ['kɔlɔid] *s chem* Kolloid *n*; *a.* ~**al** [-'lɔidl] kolloid(al).

collop ['kɔləp] Fleischschnitte *f*.

colloqu|ial [kə'loukwiəl] Gesprächs-; umgangssprachlich, familiär; **-ialism** [-izm] familiäre(r) Ausdruck(sweise *f*) *m*, Umgangssprache *f*; **-y** ['kɔləkwi] Gespräch *n*, Konferenz *f*; Kolloquium *f*.

collu|sion [kə'lu:ʒən] geheime(s) Einverständnis *n*; **-sive** [kə'lu:siv] verabredet, abgekartet.

colly *s.* **collie**.

collywobbles ['kɔliwɔblz] *pl fam* Magenknurren; Bauch-, Leibweh *n*.

Cologne [kə'loun] Köln *n*; Kölnischwasser *n*.

colon ['koulən] **1.** *anat* Dickdarm; **2.** *gram* Doppelpunkt *m*.

colonel ['kə:nl] Oberst *m*; *lieutenant-~* Oberstleutnant *m*; **~cy** ['-si] Oberstenstelle *f*.

colon|ial [kə'lounjəl] *a* Kolonial-; *s* Einwohner *m* e-r Kolonie; *C~~ Office* Kolonialamt, -ministerium *n*; **~ialism** [-izm] Kolonialismus *m*; **~ist** ['kɔlənist] Siedler *m*; **~ization** [kɔlənai'zeiʃən] Kolonisation, Kolonisierung, Besiedlung *f*; **~ize** ['kɔlənaiz] *tr* kolonisieren, besiedeln; *itr* e-e Kolonie gründen; sich niederlassen, (sich an)siedeln; **~izer** ['kɔlənaizə] Kolonisator *m*; **~y** ['kɔləni] Kolonie, Niederlassung, (An-)Siedlung; Kolonie *f* (e-r *Landsmannschaft, e-r Berufsgruppe*); *zoo* Kolonie *a. bot*, Volk *n*; *~~ of ants* Ameisenvolk *n*; *~~ of artists* Künstlerkolonie *f*.

colonnade [kɔlə'neid] Säulengang *m*, Kolonnade *f*.

colophony [kə'lɔfəni] Kolophonium, Geigenharz *n*.

Colorado [kɔlə'ra:dou]: **~ beetle** Kartoffelkäfer *m*.

color|ation, colouration [kʌlə'reiʃən] Färbung *f*; **~ific** [kɔlə'rifik] färbend; farbkräftig; **~imeter** ['-rimitə] Kolorimeter *n*, Farbmesser *m*.

coloss|al [kə'lɔsl] *fam* kolossal, gewaltig, gigantisch; **~us** [-'lɔsəs] *pl a. -i* [-ai] Koloß *m*.

colo(u)r ['kʌlə] *s* Farbe *f*; Farbstoff *m*; Haut-, Gesichtsfarbe *f*; (Farb-)Ton *m*, Färbung, Farbgebung, (Farb-)Schattierung, Farbwirkung *f*, Kolorit *n a. mus*; *mus* Ausdruckskraft; *lit* Bildhaftigkeit *f*, *das* Malerische; *allg* Ton *m*, Färbung, Schattierung, Eigenart, Eigentümlichkeit *f*, Charakter; Anstrich, (An-)Schein; Vorwand *m*, Ausrede, -flucht *f*; *pl (bestimmte)* Farben *f pl (als Kennzeichen)*; *pl* Fahne, Flagge; *pl fig* Überzeugung *f*; *tr* färben, farbig machen; (an-, be)malen, (an-)streichen, tönen, schattieren, kolorieren; *fig* glaubhaft machen; abfärben (*s.th.* auf etw); *itr* sich (ver)färben; erröten; *of ~ (Mensch)* farbig; *under ~ of* unter dem Vorwand *gen*; *with flying ~s* höchst erfolgreich; *to be off ~ (fam)* sich nicht wohl fühlen; schlechte Laune haben; *to change ~* die Farbe *(im Gesicht)* wechseln; rot werden; *to come off with flying ~s* großen Erfolg haben; *to get o.'s ~s (sport)* in die Schulmannschaft aufgenommen werden; *to give, to lend ~ to (fig)* unterstreichen, wahrscheinlich, glaubhaft machen; *to give a false ~ to* in ein falsches Licht rücken, entstellen; *to have a high ~* wie das blühende Leben aussehen; *to join the ~s* Soldat werden; *to lose ~* die Farbe im Gesicht verlieren; blaß werden; *to lower o.'s ~s* nachgeben; *to nail o.'s ~s to the mast* sich festlegen; *to paint in bright, dark ~s (fig)* in glänzenden, trüben Farben malen; *to put false ~s upon s.th.* ein falsches Licht auf etw werfen; *to sail under false ~s (fig)* unter falscher Flagge segeln; *to see s.th. in its true ~s (fig)* etw im rechten Licht sehen; *to show o.'s true ~s* Farbe bekennen; *to stick to o.'s ~s* s-r Überzeugung, s-r Partei treu bleiben; **~able** ['-rəbl] glaubhaft; scheinbar richtig; angeblich; **~ bar** Rassenschranke *f*; **~-blind** farbenblind; **~-blindness** Farbenblindheit *f*; **~-box** Farb-, Mal-, Tuschkasten *m*; **~-cast** ['-ka:st] Farbfernsehsendung *f*; **~ chart** Farbtafel *f*; **~ed** ['-d] *a* farbig; bunt; (*angehängt*) -farben; *fig* gefärbt, beschönigt; *Am* Neger-; **~ pencil** Farbstift *m*; *~~ people* (die) Farbige(n) *m pl*; **~ filter** Farbfilter *m*; **~ful** ['-ful] farbenreich, -prächtig *a. fig*; *fig* farbig, lebhaft, lebendig; **~ing** ['-riŋ] Färbung *f*, Farbton *m*, Schattierung; (Gesichts-, Augen-, Haar-)Farbe *f*; Farben *f pl (zum Malen)*; Mal-, *allg* Darstellungsweise *f*; Schein *m*; **~ist** ['-rist] Kolorist *m*; **~istic** ['-'ristik] koloristisch; **~less** ['-lis] farblos, blaß *a. fig*; *fig* matt, kraftlos, uninteressant, nichtssagend; **~ line** *Am* Rassentrennung *f*; *to draw the ~~* Rassenunterschiede machen; **~-man** Farbenhändler *m*; **~-photography** Farbphotographie *f*; **~-printing** Bunt-, Farbendruck *m*; **~ rendition** *Am* Farbwiedergabe *f*; **~-sensitive** farbempfindlich; **~-sensitivity** Farbempfindlichkeit *f*; **~-sergeant** Kompanie-, Hauptfeldwebel *m*; **~-shot** *phot* Farbaufnahme *f*; **~ slide** Farbdia(positiv) *n*; **~ television** Farbfernsehen *n*; **~ vision** *physiol* Farbensehen *n*; **~-wash** Temperafarben *f pl*.

colt [koult] Fohlen *n*; *fig* junge(r) Dachs; Neuling *m*; *mar* Tauende *n (als Prügel)*; Colt *m (Revolver)*; **~ish** ['-iʃ] lebhaft, ausgelassen; unerfahren; **~sfoot** ['-sfut] *bot* Huflattich *m*.

colter ['koultə] *s. coulter*.

columb|arium [kɔləm'bɛəriəm] *pl -ria* Urnenhalle *f*; **~ine** ['-ain] *bot* Akelei *f*.

column ['kɔləm] Säule *a. fig*; *fig* Stütze; *typ* Spalte; Rubrik *f*; regelmäßig erscheinende(r) Zeitungsartikel *m*; *Am* Feuilleton(abteilung *f*) *n*; *mil* Kolonne *a. math*; *geol* Schichtenfolge

columnar

f; to dodge the ~ (fam) sich drücken; *spinal ~ (anat)* Wirbelsäule *f; ~ of figures* Zahlenreihe *f; ~ of march, of route* Marschkolonne *f; ~ of mercury* Quecksilbersäule *f; ~ of smoke* Rauchsäule *f; ~ of water* Wassersäule *f;* **~ar** [kə'lʌmnə] säulenartig, -förmig; von Säulen getragen; in Spalten gedruckt; **~ base** Säulenfuß *m;* **~ed** ['kɔləmd] *a* mit Säulen verziert; auf Säulen ruhend; in Spalten eingeteilt; **~ heading** Tabellen-, Spaltenkopf *m;* **~ist** ['kɔləm(n)ist] Feuilletonist; *Am* Leitartikler *m.*

colza ['kɔlzə] *bot* Raps, Rübsen *m.*

coma ['koumə] **1.** *med* Koma *n,* tiefe Bewußtlosigkeit *f;* **~tose** ['-tous] komatös, in tiefer Bewußtlosigkeit (befindlich); **2.** *pl -ae* [':i:] *bot* Haarbüschel *n; astr* Koma *n; phot* Lichthof *m.*

comb [koum] *s* Kamm; *(horse ~)* Striegel *m; tech (Textil)* (Hechel-)Kamm *m,* Hechel; Kämmaschine *f; (~ collector)* Spitzenabnehmer; *zoo,* bes. *orn* (Hahnen-)Kamm; *fig* (Berg-, Wellen-)Kamm *m; (honey~)* Honigwabe *f; tr* kämmen; *(Pferd)* striegeln; *(Textil)* hecheln, (aus)kämmen; *fig* durchkämmen, -suchen; *itr* sich kämmen; *(Welle)* sich brechen; *to ~ out* auskämmen; *fig mit (Gelände)* aus-, durchkämmen, absuchen; (aus)sieben; *mil sl* erfassen; *to ~ up (Am fam)* sich (über)kämmen; **~er** ['-ə] Kämmer, Hechler *m;* Kämmaschine *f;* Brecher *m,* Sturzwelle *f;* **~ing** ['-iŋ] Kämmen *n; pl* ausgekämmte Haare *n pl; (Textil)* Kammabfall, Kämmling *m;* **~ wool** Kammwolle *f.*

combat ['kɔm-, 'kʌmbət] *s* Kampf *m,* Gefecht *n;* (Kampf-, Front-)Einsatz *m; itr* kämpfen; *tr* bekämpfen, kämpfen gegen; *close ~* Nahkampf *m;* **~ant** ['-ənt] *a* kämpfend; Front-; kämpferisch; *s* Kämpf(end)er *m; non-~ (a)* nichtkämpfend; *s* Nichtkämpfer *m; ~~ value* Kampfwert *m;* **~ area** Kampfgebiet *n;* **~ car** Kampfwagen *m;* **~ fatigue** *Am* Frontneurose *f;* **~ group** Kampfgruppe *f;* **~ive** ['-iv] zank-, streitsüchtig; kampfbereit; *s* Kampfgeist *m;* **~ pay, allowance** Frontzulage *f;* **~ patrol** Stoßtrupp *m;* **~ practice, training** Gefechtsausbildung *f;* **~ ready** einsatzbereit; **~ reconnaissance** Gefechtsaufklärung *f;* **~ report** Gefechtsbericht *m;* **~ section, sector** Kampf-, Frontabschnitt *m;* **~ team** *Am* Kampfgruppe *f;* **~ training** Gefechtsausbildung *f;* **~ unit**

178

come

Kampfeinheit *f,* -verband *m;* **~ zone** Kampfzone *f.*

combin|able [kəm'bainəbl] kombinierbar; vereinbar; **~ation** [kəmbi'neiʃən] Zs.setzung, -stellung, -legung, Verbindung *a. chem,* Vereinigung, Zs.fassung *f,* -schluß *m,* Verschmelzung, Vermischung; Kombination *a. math, el* Schaltung *f;* gemeinsame(s) Handeln *n,* Aktion *f;* Zs.wirken *n; pol com* (Interessen-)Verband *m;* Kartell *n;* Gewerkschaft *f; (~~ lock)* Kombinations-, Vexierschloß; **~ motorrad** *n* mit Beiwagen; *pl* Hemdhose; Garnitur *f* (Unterwäsche); *in ~~ with* in Verbindung mit; **~~ pliers** *(pl)* Kombinationszange *f;* **~e v** [kəm'bain] *trs.* stellen, -setzen, -legen; (mitea.) verbinden, vereinigen; zs.schließen, -fassen, -ziehen; verknüpfen; vermischen; chemisch verbinden; kombinieren; *(verschiedene Eigenschaften)* in sich vereinigen; *itr* sich verbinden *a. chem,* e-e Verbindung eingehen, sich vereinigen, sich zs.schließen *(with mit);* sich mischen, mitea. verschmelzen; gemeinsam handeln, zs.arbeiten, zs.wirken; *s* ['kɔmbain] Verband, Ring *m,* Kartell *n,* Trust *m;* Finanzgruppe *f; Am* Mähdrescher *m; to ~~ in parallel (el)* parallel schalten; *~~ of producers* Erzeugerverband *m;* **~ed** *a* zs.gefaßt, gemeinsam; *chem* gebunden; *~~ action, effect* Gesamtwirkung *f; ~~ board* vermischte(r) Ausschuß *m.*

combo ['kɔmbou] *Am sl* Mischung; Gruppe *f;* kleine(s) (Jazz-)Orchester; Kombinationsschloß *n.*

combust|ibility [kəmbʌstə'biliti] Brennbarkeit *f;* **~ible** ['-bʌstibl] *a* (ver)brennbar; entzündlich, Feuer fangend; *fig* erregbar, reizbar, leicht erregt; *s meist pl* brennbare(s) Material; Brennmaterial *n; fig* Zündstoff *m; highly ~~* leicht Feuer fangend, leicht entzündlich; **~ion** ['-bʌstʃən] Verbrennung *f,* Brand *m; chem physiol* Verbrennung, Oxydation *f; fig* Aufruhr *m; (internal) ~~ engine* Verbrennungsmotor *m; ~~ chamber (mot)* Verbrennungsraum *m; (Rakete)* Brennkammer *f; ~~ fuse* Brennzünder *m; ~~ heat* Verbrennungswärme *f; ~~ residue* Verbrennungsrückstand *m; ~~ temperature* Verbrennungstemperatur *f.*

come [kʌm] *irr came* [keim], *come itr* (an-, her-, herbei)kommen; erreichen *(to s.th.* etw), sich belaufen *(to* auf), hinauslaufen *(to* auf); *(der Ordnung nach)* kommen, folgen; werden; geschehen, sich ereignen,

come about   179   **come in**

stattfinden; die Folge sein *(of doing davon daß,* wenn man tut); sich zeigen, sich erweisen als; erhältlich sein; *Am sl* im Kommen sein, sich erregen; *to have* ~ *da* sein, *to do* tun müssen, zu tun pflegen; *to* ~ (zu)künftig, kommend; *to* ~ *of age* mündig werden; *to* ~ *to an agreement* zu e-r Vereinbarung kommen *od* gelangen; *to* ~ *into blossom, flower* auf-, erblühen; *to* ~ *to blows* anea., sich in die Haare geraten; *to* ~ *off with flying colours (fam)* erfolgreich sein; *to* ~ *clean (fam)* gestehen, die Wahrheit sagen; *to* ~ *a cropper (fam)* e-e Dummheit machen, e-n Fehler begehen; *to* ~ *to a decision* sich entscheiden; *to* ~ *to s.o.'s ear(s)* jdm zu Ohren kommen; *to* ~ *into effect, force* in Kraft treten; *to* ~ *to an end* zu Ende kommen, aufhören; *to* ~ *into existence* entstehen; beginnen; *to* ~ *into fashion, style* Mode, modern werden; *to* ~ *to grief, harm* zu Schaden kommen, Schaden (er)leiden *od* nehmen; *to* ~ *to grips* zu tun haben mit; *to* ~ *to hand* zu Händen kommen; *to* ~ *to a head* zur Entscheidung kommen; *to* ~ *into s.o.'s head* jdm in den Kopf kommen, einfallen; *to* ~ *home* heim-, nach Haus(e) kommen, *to s.o.* jdm einleuchten; *to* ~ *down off o.'s high horse* vom hohen Roß steigen; *to* ~ *before (the) judge* vor den Richter, vor Gericht kommen; *to* ~ *to s.o.'s knowledge, notice* jdm zur Kenntnis gelangen; *to* ~ *into leaf* grün werden, ergrünen, ausschlagen; *to* ~ *to light* ans Licht kommen *od* treten, bekanntwerden; *to* ~ *naturally to s.o.* jdm liegen; *to* ~ *to nothing* ins Wasser fallen, zu Wasser werden, fehlschlagen; *to* ~ *under notice* bekanntwerden; *to* ~ *to pass* sich ereignen, geschehen; *to* ~ *to pieces* in Stücke gehen, zerbrechen; *to* ~ *to a point* spitz zulaufen; *fig* e-n Höhepunkt erreichen; *to* ~ *up to scratch (fam)* s-n Mann stellen; *to* ~ *and see, to* ~ *to see* besuchen; *to* ~ *to o.'s senses, to s.o.* zu sich, zum Bewußtsein kommen; zur Vernunft kommen; *to* ~ *short* zu kurz kommen, *of* nicht erreichen, nicht befriedigen, hinter den Ansprüchen zurückbleiben; *to* ~ *into sight* in Sicht kommen, auftauchen; *to* ~ *to a standstill od stop* zum Stillstand kommen; *to* ~ *it strong (sl)* zeigen, was man kann; *to* ~ *it too strong (sl)* mächtig übertreiben, schaurig angeben; *to* ~ *to terms with s.o.* mit jdm einig werden; *to* ~ *true* wahr, Wirklichkeit werden, sich verwirklichen; in Erfüllung gehen; *to* ~ *into use* auf-, in Gebrauch kommen; *to* ~ *into the world* auf die Welt kommen; *how* ~*s it that ...?* wie kommt es, daß ...? *that* ~*s of doing* das kommt daher, davon, daß man tut); *I'm coming 16* ich werde 16 (Jahre alt); ~ *what may!* komme, was (da) wolle! *let'em all* ~*! (sl)* es kann losgehen, ich bin fertig; *I don't know whether I'm coming or going* ich weiß nicht, wo mir der Kopf steht; ~*!* hör mal! hör zu! ~, ~*!* komm, mach keinen Unsinn! komm, mach mir nichts vor! sei so gut!; *light - light gone (prov)* wie gewonnen, so zerronnen; *to* ~ **about** sich ereignen, geschehen, passieren; *to* ~ **across** *(upon)* (zufällig) treffen, begegnen *(s.o.* jdm); stoßen auf; *with (fam)* blechen für, bezahlen; *sl* bestechen; *to* ~ **after** *s.th.* hinter etw her, auf etw aus sein, nach etw fragen, etw (ab)holen wollen; *to* ~ **again** wieder-, zurück-, noch (ein)mal kommen; ~ *again!* sag es nochmal! *to* ~ **along** *fam* schnellmachen, sich sputen, sich (be)eilen; mitkommen, -gehen *(with s.o.* mit jdm); vorwärtsgehen, gedeihen; ~ *along!* los! mach zu! vorwärts! *everything's coming along fine* alles geht gut; *to* ~ **amiss** zu unpassender Zeit, ungelegen kommen; *to* ~ **apart, asunder** ausea.-, in Stücke gehen, zerbrechen, -reißen; *to* ~ **at** kommen, gelangen zu, erreichen; herfallen über, anfallen, -greifen; *to* ~ **away** weg-, abhanden kommen; sich loslösen; *to* ~ **back** zurückkehren, wiederkommen; wieder einfallen; *fam* sich erholen; *sl* es heimzahlen, Rache nehmen; die passende Antwort geben; *to* ~ **by** *tr* erreichen, erwerben, kommen zu; *itr* vorbei-, vorübergehen; fahren mit; *to* ~ **down** herunterkommen; heruntergehen, -reichen *(to bis);* mit dem Preis heruntergehen; *(durch Überlieferung)* kommen auf; (ein)stürzen, fallen; *fig* (sozial) (ab-)sinken; *(up)on s.o.* jdn tadeln, bestrafen, zur Rechenschaft ziehen; sich auf jdn stürzen; *with (Geld)* hergeben, herausrücken; *fam (Krankheit)* sich holen; sich ins Bett legen müssen; *to* ~ *down handsomely* sich freigebig, großzügig zeigen; *to* ~ **for** *s.th.* um etw, wegen e-r S kommen; kommen, um etw zu holen; *to* ~ **forward** vortreten; Folge leisten; sich freiwillig melden; *to* ~ **from** (her)kommen von; abstammen von; *to* ~ **in** hereinkommen, nähertreten; *(Geld)* einkommen; sich zeigen, sich erweisen als; liegen in; aufkommen, Mode, modern werden; *to ~ in for (fam)* erhalten; *to ~ in handy, useful* zustatten kommen; *to ~ in second (sport)* Zweiter werden, den zweiten Platz belegen; *where do I ~ in?* wie steht es in meiner Angelegenheit? *~ in!* herein! *to ~* **into** kommen an, zu; beitreten; erben; *o.'s own* bekommen, was e-m zusteht, zu s-m Recht kommen; *to ~* **near** sich nähern; beinahe tun *(doing s.th.)*; *to ~* **of** die Folge sein *gen*; werden aus; *to ~* **off** *(Knopf)* ab-, *(Haare)* ausgehen; abblättern, sich ablösen; loskommen, sich losreißen, davonkommen; weggehen, herausgehen; daraus hervorgehen; sich ereignen, stattfinden; eintreten, in Erfüllung gehen; Erfolg haben, ins Schwarze treffen; *~ off (it)!* das ist doch nicht dein Ernst! *to ~* **on** weiterkommen, vorrücken; fortschreiten, gedeihen; sich stürzen, hereinbrechen auf; stoßen auf; *(Frage)* sich erheben, sich ergeben; *theat* auftreten; *(Tag)* fallen auf; *~ on!* los! vorwärts! *to ~* **out** herauskommen *(a. etw Geheimgehaltenes)*; *(Fleck)* herausgehen; hervorgehen *(a. aus e-m Examen)*; an den Tag treten, sich zeigen, bekannt-, offenkundig werden, herauskommen, sich herausstellen; enden; *(Zeitung, Druckschrift)* erscheinen, herauskommen, veröffentlicht werden; *(junge Dame)* in die Gesellschaft eingeführt werden; in Streik treten; *to ~ out against sich erklären gegen*; *to ~ out in the open* die Katze aus dem Sack lassen; *to ~ out with* gestehen; herausrücken mit; veröffentlichen; auf den Markt bringen; hinausgehen, -fahren mit; *~ out of that (sl)* hau, zieh ab! laß das (sein)! *he came out third* er wurde dritter; *to ~* **over** herüberkommen; *radio tele* herauskommen; s-e Ansicht ändern, die Partei wechseln; sich ereignen; *(Gefühle)* überkommen; *what's ~ over you?* was ist in dich gefahren? *to ~* **round**, *Am* **around** (bei Gelegenheit, zufällig) vorbeikommen, hereinschauen; gelegentlich wiederkommen; *(e-r Auffassung)* sich anschließen *(to* an); nachgeben, einlenken; hereinlegen, täuschen; sich wieder erholen, wieder auf die Beine kommen, wieder der alte sein; *to ~* **through** durchkommen, das Ziel erreichen; überstehen; *Am fam* bekennen; herausrücken *(with* mit); den Erwartungen entsprechen; sein Herz ausschütten;

sich durchscheuern; *to ~* **to** dazu kommen *(to do* zu tun); führen zu; *s.o.* jdm zustoßen; einwilligen, einverstanden sein; (wieder) zu sich kommen, sich (wieder) erholen; sich belaufen auf; *mar* ankern; *to ~* **under** fallen unter; unter die Herrschaft, Aufsicht kommen *gen*; *to ~* **up** heraufkommen; *(Gewitter)* im Anzug sein; in die Stadt kommen; die Universität beziehen; *bot* keimen, aufgehen; *fig (Mode)* aufkommen; *(Gedanke)* auftauchen; zur Sprache kommen; *to ~ up to* sich belaufen auf, gleichkommen, erreichen; *(den Erwartungen)* entsprechen; *(s-n Platz)* ausfüllen; *to ~* **up with** erreichen, ein-, überholen; vorschlagen, zur Sprache bringen; sich einfallen lassen; *something has ~ up* es ist etw dazwischengekommen; *to ~* **upon** überfallen, überraschen; *(die Gedanken)* einnehmen; in Anspruch nehmen; lästig fallen; zufällig treffen, stoßen auf; **~-at-able** [-'ætəbl] *fam* erreichbar, zugänglich; **~-back** ['--] Wieder-, Rückkehr *f*; *theat film* Comeback *n*; *sl* schlagfertige Antwort *f*; **~-down** ['--] Niedergang, Sturz *m*; Enttäuschung *f*, *fam* Reinfall *m*; **~-hither** *a fam fig* aufreizend; **~-off** ['--] Ausgang *m*, Ende *n*; Ausrede, -flucht *f*; **~-on** ['--] *Am sl* Werbegeschenk, Lockmittel *n*; Einladung, Aufforderung *f*; Dummkopf *m*.

comed|ian [kə'mi:diən] Komödiant; Lustspiel-, Komödiendichter *m*; Spaßmacher, -vogel, Komiker *m*; **~y** ['kɔmidi] Lustspiel *n*, Komödie *f*; komische Szene(n *pl*) *f* (*e-s Dramas*); Spaß *m*; komische Geschichte *od* Sache *f*; *to cut the ~~ (Am sl)* mit dem Unsinn aufhören; *drawing-room ~* Salonstück *n*; *~~ of manners* Sittenkomödie *f*.

comel|iness ['kʌmlinis] Anmut *f*; angenehme(s), gefällige(s) Äußere(s) *n*; Anstand *m*; **~y** ['-li] *(Mensch)* gutaussehend, hübsch; *(Äußeres)* gefällig, angenehm; *(Benehmen)* gut, artig; *(Umgangsformen)* gewinnend; *(Wesen)* einnehmend, nett.

comer ['kʌmə](An-)Kommende(r) *m*; *Am sl* der kommende Mann; *all ~s* jedermann, all u. jeder; *the first ~* der zuerst Kommende; der erste beste.

comestible [kə'mestibl] *a* eßbar; *s pl* Lebensmittel *n pl*, Eßwaren *f pl*; *hum* Fressalien *pl*.

comet ['kɔmit] *astr* Komet *m*.

comfit ['kʌmfit] kandierte Frucht, bes. Pflaume *f*; Konfekt *n*.

comfort ['kʌmfət] *s* Trost *m*, Beruhigung *f* (*to* für); Tröster *m*, Stütze, Hilfe; Genugtuung; Zufriedenheit, Ausgeglichenheit, (innere) Ruhe; Behaglichkeit, Bequemlichkeit *f*, Komfort *m*; *Am* Steppdecke *f*; *tr* trösten, beruhigen; aufheitern, erfreuen; das Leben leicht, angenehm machen (*s.o.* jdm); *to live in ~* in angenehmen, guten Verhältnissen leben; *aid and ~* Hilfe u. Unterstützung; *creature ~s (pl)* alles, was man zum Leben braucht; **~able** ['-əbl] *a* bequem, behaglich, gemütlich; komfortabel, gut eingerichtet; *fam* auskömmlich, -reichend; sorgenfrei; *s Am* Steppdecke *f*; *make yourself ~~* machen Sie sich's bequem! **~ably** ['-əbli] *adv*: *to be ~~ off* in angenehmen Verhältnissen leben; *~~ warm* angenehm warm; **~er** ['-ə] Tröster; *Br* Schnuller *m*, wollene(s) Halstuch *n*; Steppdecke *f*; *the C~~* der Heilige Geist; *Job's ~~* schlechte(r) Tröster *m*; **~ing** ['-iŋ] tröstend, trostbringend, -reich, tröstlich; **~less** ['-lis] schlecht eingerichtet, ohne Komfort; unbehaglich, ungemütlich; **~ room, station** *Am fam* öffentliche Bedürfnisanstalt *f*.

comfrey ['kʌmfri] *bot pharm* Schwarz-, Wallwurz *f*, Gemeine(r) Beinwell *m*.

comfy ['kʌmfi] *fam* gemütlich, behaglich.

comic ['kɔmik] *a* Komödien-, Lustspiel-; komödienhaft; komisch; spaßig, spaßhaft, lustig, drollig, amüsant; *s (a. comique) fam* Komiker *m*; *pl Am* Witzecke, lustige Seite, Bildgeschichte *f (e-r Zeitung)*; **~al** ['-əl] amüsant, lustig, heiter; drollig, komisch; sonderbar, eigenartig, merkwürdig; **~ book** *Am* Heft *n* mit Bildgeschichten; **~ strip** (lustige) Bildgeschichte *f*.

coming ['kʌmiŋ] *a* kommend, (zu-)künftig; *(zeitlich)* nächst; *fam* vielversprechend; *s* Kommen *n*; Ankunft *f*; *interj* ja! (ich) komme! gleich! sofort! *during the ~ summer* (im) nächsten Sommer; *~ of age* Mündigwerden *n*; *~ to power* Machtübernahme, -ergreifung *f*; **~s-in** *pl* Einnahmen *f pl*; **~-out party** Empfang *m*, um ein junges Mädchen in die Gesellschaft einzuführen.

comity ['kɔmiti] Höflichkeit *f*; *~ of nations* Achtung *f* fremder Gesetze u. Sitten im Zs.leben d. Völker.

comma ['kɔmə] Komma *n*, Pause *f*; *inverted ~s (pl)* Anführungszeichen, Gänsefüßchen *n pl*; **~ bacillus** Kommabacillus *m (Erreger d. Cholera)*; **~ counter** *Am* Kleinigkeitskrämer *m*.

command [kə'mɑ:nd] *s* Befehl *m*; Kommando *n*; Befehlsgewalt *f*, Oberbefehl *m*, Kommando *n*, Führung, Leitung; Beherrschung *f*; Überblick *m*, Übersicht; Herrschaft *f (of* über); *mil* Befehlsbereich, Führungsstab *m*; Kommando *n (Einheit, a. aero)*; *el* Steuerung *f*; *tr* befehlen, den Befehl erteilen (*to* zu); kommandieren (*s.o. to do s.th.* jdn etw zu tun); den Befehl haben über, befehligen, (an)führen; zur, zu s-r Verfügung haben, verfügen über; beherrschen, herrschen über; *fig (Gefühl)* beherrschen, im Zaum halten, in der Gewalt haben; *(Achtung)* fordern, gebieten; *(Mitgefühl)* verdienen; *(Preis)* erzielen; übersehen, -schauen; *mil (Gelände)* beherrschen; *(Rakete)* steuern; *itr* den Oberbefehl, das Kommando haben; herrschen, e-e beherrschende Stellung innehaben; *at my ~* zu meiner Verfügung; *by ~* auf Befehl *(of* gen); *under s.o.'s ~* unter jds Befehl; *to be in ~* die Befehlsgewalt, das Kommando haben *(of* über); *to have a good ~ of s.th.* etw beherrschen; *to take ~ of* die Befehlsgewalt, das Kommando übernehmen über; *to ~ a high price* e-n hohen Preis erzielen; *~ of the air* Luftherrschaft *f*; *~ of execution* Ausführungskommando *n*; **~ant** [kɔmən-'dænt] *(Lager)* Kommandant; Befehlshaber; *(Schule)* Kommandeur *m*; **~ car** Führer-, Befehlswagen *m*; **~ centre** Befehlskopf *m*; **~ channel** Befehlsweg *m*; Unterstellungsverhältnis *n*; **~eer** [kɔmən'diə] *tr* zum Militärdienst pressen; dienstverpflichten; beitreiben, requirieren, mit Beschlag belegen; *fam* gewaltsam wegnehmen; **~er** [kə'mɑ:ndə] Kommandeur, Befehlshaber *m; (Kompanie)* Chef; *(Truppen-, Einheits-)*Führer; Dienststellenleiter; *mar* Fregattenkapitän; *(Panzer, aero)* Kommandant; *(Ordens-)*Komtur *m; wing-~~ (aero)* Oberstleutnant *m*; *~~-in-chief* Oberbefehlshaber *m*; *~~ of the fleet* Flottenchef *m*; *~~ of the guard* Wachhabende(r) *m*; *~~ of a station* Ortskommandant *m*; **~ing** [-iŋ] kommandierend; *(Anhöhe, Stellung)* beherrschend; *fig* überragend, eindrucksvoll; *~~ officer* Einheitsführer *m*; *~~ jurisdiction* Befehlsbereich *m*; **~ment** [-mənt] Gebot *n*, Vorschrift *f*; *the Ten C~~s* die Zehn Gebote *pl*; **~o** [-ou] *pl -os* (Truppen-)Kommando; Expeditionskorps *n*; *Br* Sabotagetrupp *m; pl* Kommando-, Schocktruppen *f pl*; **~ post** Befehls-

command tank — **commiseration**

stelle *f*; Gefechtsstand *m*; *Am* Hauptquartier *n*; **~ tank** Befehls-, Führungspanzer *m*; **~ vehicle** Befehlswagen *m*.

commemor|ate[kə'meməreit] *tr* gedenken (*s.o., s.th.* jds, e-r S); feiern; (*Sache*) erinnern an; **~ation** [kəmemə'reiʃən] Gedenken *n* (*of* an); Gedenk-, Gedächtnisfeier *f a. rel*; *in ~ of* zur Erinnerung an, zum Gedächtnis, zum Gedenken *gen*; **~ative** [kə'meməreitiv, -rətiv] Erinnerungs-, Gedenk-; erinnernd (*of* an).

commence [kə'mens] *tr itr* beginnen, anfangen (*to do* od doing *s.th.* etw zu tun); **~ment** [-mənt] Anfang, Beginn *m*; Promotion(stag *m*, -feier) *f*.

commend [kə'mend] *tr* anvertrauen; (an)empfehlen, herausstreichen; loben, preisen, rühmen; **~able** [-əbl] empfehlens-, lobenswert, rühmlich; **~ation** [kɔmen'deiʃən] Empfehlung *f*; Lob *n*, Preis *m*, Würdigung *f*; Inverwahrunggeben *n*; **~atory** [kə'mendətəri] *a* Empfehlungs-; empfehlend, lobend; **~~ letter** Empfehlungsschreiben *n*.

commensal [kə'mensəl] *s* Tischgenosse; *bot zoo* Schmarotzer *m*.

commensur|able [kə'menʃərəbl] kommensurabel; mit dem gleichen Maß, nach dem gleichen Maßstab zu messen(d), meßbar (*with, to* wie); *math* durch die gleiche Zahl teilbar; vergleichbar (*with, to* mit, *dat*); angemessen (*to* dat); **~ate**[-rit] angemessen, entsprechend (*with, to* dat); im richtigen, rechten Verhältnis (*with, to* zu).

comment ['kɔment] *s* Kommentar *m*, Stellungnahme; Erklärung, Erläuterung, Auslegung *f*; Kritik *f*; Gerede *n*, Klatsch *m*; Bemerkung, Äußerung *f*; *itr* [a. kə'ment] kommentieren (*on s.th.* etw); sich, s-e Meinung äußern (*on* über); erklären, erläutern (*on s.th.* etw); (*bes.* kritische, abfällige) Bemerkungen machen (*on* über); *to make no ~* sich jeder Stellungnahme enthalten; **~ary** ['-əri] Kommentar *m* (*on* zu), Anmerkungen *f pl*; *running ~~* (Rundfunk-)Reportage *f*; **~ation** [-'teiʃən] Kommentieren *n*; **~ator** ['-eitə] Kommentator, Kritiker; (*news, network ~~*) Rundfunkkommentator *m*.

commerc|e ['kɔmə(:)s] (*bes.* Groß-, Zwischen-)Handel; (Geschäfts-)Verkehr *m*, -leben *n*; *fig* gesellschaftliche(r) Verkehr, Umgang *m*; *trade and ~* Handel u. Verkehr *m*; **~ial** [kə'mə:ʃəl] *a* geschäftlich, kaufmännisch, kommerziell; Handels-, Geschäfts-; *s Am* Werbefunk *m*, -fernsehen *n*; Funk-, Fernsehwerbung *f*; lobende(r) Hinweis; *fam* Reisende(r) *m*; *sl* auf Verlangen gespielte(s) Musikstück *n*; **~~ academy, college** Handelshochschule *f*; **~~ agency** Handelsvertretung; *Am* Auskunftei *f*; **~~ agent, broker, representative** Handelsvertreter *m*; **~~ articles** (*pl*) Handelsartikel *m pl*; **~~ art(ist)** Gebrauchsgraphik(er *m*) *f*; **~~ aviation** Verkehrsluftfahrt *f*; **~~ bank** Handels-, Kommerzbank *f*; **~~ building** Geschäftsgebäude *n*; **~~ clerk** Handlungsgehilfe *m*; **C~~ Code** Handelsgesetzbuch *n*; **~~ company** Handelsgesellschaft *f*; **~~ correspondence** Handelskorrespondenz *f*; **~~ court** Handelsgericht *n*; **~~ credit, debt** Warenkredit *m*, -schuld *f*; **~~ crisis** Handelskrise *f*; **~~ firm, house** Handelshaus *n*; **~~ harbo(u)r** Handelshafen *m*; **~~ interests** (*pl*) Geschäftsinteressen *n pl*; **~~ law, legislation** Handelsrecht *n*, -gesetzgebung *f*; **~~ line** Handels-, Geschäftszweig *m*, Branche *f*; **~~ manager** kaufmännische(r) Leiter *m*; **~~ marine** Handelsmarine *f*; **~~ mark** Warenzeichen *n*; **~~ name** Firmenbezeichnung *f*; **~~ navigation** Handelsschiffahrt *f*; **~~ paper** Handelswechsel *m*; Handelsblatt *n*; *pl* (*Post*) Geschäftspapiere *n pl*; **~~ policy** Handelspolitik; **~~ register** Handelsregister *n*; **~~ relations** (*pl*) Handels-, Geschäftsbeziehungen *f pl*; **~~ report** Handels-, Marktbericht *m*; **~~ school** Handelsschule *f*; **~~ stagnation** Geschäftsstockung *f*; **~~ street** Geschäftsstraße *f*; **~~ tariff** Handelstarif *m*; **~~ television** Werbefernsehen *n*; **~~ traveller** (*Br*) Handlungsreisende(r) *m*; **~~ value** Handels-, Marktwert *m*; *the ~~ world* die Geschäftswelt; **~ialism** [kə'mə:ʃəlizm] Handels-, Geschäftsgeist *m*; **~ialization** [kəməʃəlai'zeiʃən] Kommerzialisierung *f*; **~ialize** [kə'mə:ʃəlaiz] *tr* kommerzialisieren; geschäftlich (aus)nutzen; in den Handel bringen.

comminat|ion [kɔmi'neiʃən] Drohung; *rel* Androhung *f* göttliche(r) Strafen; **~ory** ['kɔminətəri] drohend, Droh-; denunzierend.

commingle [kə'miŋgl] *tr itr* (sich) (ver)mischen, (sich) (ver)mengen.

comminut|e ['kɔminju:t] *tr* fein (zer)mahlen, zer-, verreiben, pulverisieren; **~ed** *a*: **~~ fracture** (*med*) Splitterbruch *m*; **~ion** [kɔmi'nju:ʃən] Pulverisierung *f*; *med* Splitterbruch *m*; *fig* Zermürbung *f*.

commiser|ate [kə'mizəreit] *tr* bemitleiden; bejammern, beklagen; **~ation** [-'reiʃən] Mitleid *n*; (Äußerung *f* des) Mitgefühl(s) *n*.

commissar [kɔmi'sa:] (sowjetischer) Kommissar m; **~ial** [kɔmi'sɛəriəl] kommissarisch; **~iat** [-'sɛəriət] Kommissariat a. pol; mil Intendantur f; Nachschub m; **~~ officer** Intendanturbeamte(r) m; **~y** ['kɔmisəri] Beauftragte(r), Kommissar m.

commission [kə'miʃən] s Übertragung f; Auftrag m, Instruktion f; Amt n, Funktion; Indienststellung f (e-s Schiffes); (Offiziers-)Patent n; Kommission f, (Untersuchungs-)Ausschuß m; com Bestellung f, Auftrag m, Order; Kommission(sgebühr); Provision; jur Begehung, Verübung f; tr beauftragen, den Auftrag erteilen (s.o. jdm); ermächtigen, bevollmächtigen; (Schiff) in Dienst stellen; mil (zum Offizier) befördern; com bestellen; by ~ im Auftrag; in ~ (Kriegsschiff) auslaufbereit; fam in Ordnung, in Butter; gebrauchsfähig; in, on ~ (com) gegen Provision, provisionsweise; on ~, by way of ~ (com) in Kommission, im Auftrag; out of ~ nicht gebrauchs- od dienstfähig; außer Betrieb; to appoint a ~ e-e Kommission einsetzen; to buy and sell on ~ Kommissionsgeschäfte machen, Kommissionshandel treiben; to carry out a ~ e-n Auftrag ausführen od erledigen; to give, to take in ~ (com) in Kommission geben, nehmen; to put out of ~ (Schiff) außer Dienst stellen; to resign o.'s ~ den Dienst quittieren, s-n Abschied nehmen; arbitration ~ Schlichtungsausschuß m; ~ of inquiry Untersuchungsausschuß m; ~ of Parliament Parlamentsausschuß m; ~ on turnover Umsatzprovision f; **~ agent** Kommissionär m; **~aire** [kəmiʃə'nɛə] Portier; Dienstmann; Bürodiener m; **~ business, trade** Kommissionsgeschäft n, -handel m; **~ed** [-d] a beauftragt, bevollmächtigt; (Schiff) in Dienst gestellt; ~~ officer Offizier m; **~er** [-ʃnə] Beauftragte(r), Bevollmächtigte(r) m; Kommissions-, Ausschußmitglied m; Regierungsvertreter, leitende(r) Beamte(r); Am Untersuchungsrichter m; Government ~~ Regierungskommissar m; High C~~ Hochkommissar m; police ~~, ~ of police Polizeikommissar m; ~~ for oaths (Br) Urkundsbeamte(r) m; **~ fee** Kommissionsgebühr f; **~ house** Maklerfirma f; **~ rates** pl Provisionssätze m pl; **~ traveller** Provisionsreisende(r) m.

commissure ['kɔmisjuə, -iʃuə] Verbindungsstelle; Naht f; anat Band n, Kommissur f.

commit [kə'mit] tr übergeben, anvertrauen; e-m Ausschuß überweisen; (Verbrechen) begehen, verüben; to ~ o.s. sich verraten, sich bloßstellen; sich festlegen, sich binden, sich verpflichten (to do od to doing s.th. etw zu tun); to ~ to earth, to the flames der Erde, den Flammen übergeben; to ~ to memory dem Gedächtnis einprägen; to ~ to paper, to writing niederschreiben; to ~ to prison ins Gefängnis einliefern, inhaftieren, festnehmen; to ~ for trial dem Gericht überweisen, in den Anklagezustand versetzen; **~ment** [-mənt] Verpflichtung, Bindung; fin Verbindlichkeit; Überweisung (parl an e-n Ausschuß); Einlieferung (ins Gefängnis), Inhaftierung, Festnahme; Einweisung f (to in); (warrant of ~~) Haftbefehl m; **~tal** [kə'mitl] Überweisung (an e-n Ausschuß); Inhaftierung, Festnahme; Verübung, Begehung f; ~~ for trial Versetzung f in den Anklagezustand; Untersuchungshaft f; **~ted** [-tid] a verpflichtet, gebunden; **~tee** [kə'miti] Ausschuß m, Kommission f; Komitee n; Br [kɔmi'ti:] Vormund m (e-s Entmündigten); to appoint, to set up a ~~ e-n Ausschuß, e-e Kommission einsetzen; to be, to sit on a ~~ e-m Ausschuß, e-r Kommission angehören; to refer to a ~~ e-m Ausschuß, an e-n A. überweisen; the matter is in ~~ die Sache liegt dem Ausschuß vor; action ~~ Aktionsausschuß m; arbitration ~~ Schlichtungsausschuß m; joint ~~ gemischte(r) Ausschuß m; permanent, standing ~~ ständige(r) Ausschuß m; special ~~ Sonderausschuß m, -kommission f; supervisory ~~ Überwachungsausschuß m; Aufsichtsrat m; working ~~ Arbeitsausschuß m; ~~ man, woman Ausschußmitglied n; ~~ meeting Ausschußsitzung f; ~~ of experts Sachverständigenkommission f, -ausschuß m; ~~ of inquiry Untersuchungskommission f, -ausschuß m; ~~ of Parliament Parlamentsausschuß m.

commod|e [kə'moud] Kommode f; Nähtischchen n; Am Waschtisch; (night-~~) Nachtstuhl m; Am Toilette f, WC n; **~ious** [-iəs] geräumig, bequem; **~ity** [-'mɔditi] (Gebrauchs-)Artikel; pl Grund-, Rohstoffe m pl; bes. pl Waren f pl; Produkte; Verbrauchsgüter n pl; Lebensmittel n pl; ~~ credits (pl) Warenkredite m pl; ~~ exchange Rohproduktenbörse f; ~~ market Waren-, Rohstoffmarkt m; ~~ prices (pl) Produktenpreise m pl.

commodore ['kɔmədɔ:] *mar* Flotillenadmiral; *(dienstältester) Kapitän (a. e-r Schiffahrtslinie)*; *aero* Brigadegeneral *m*; Präsident *m* e-s Jachtklubs.

common ['kɔmən] *a* gemein(sam, -schaftlich); Gemein-; *math* gemeinsam; Gemeinde-; öffentlich; allgemein, (weit)verbreitet, häufig, alltäglich, abgedroschen, Allerwelts-; gemein *a. zoo bot*, ordinär, vulgär, niedrig; schlecht, gering(wertig), billig; *s* Gemeindeland *n*, -weide *f*; Mitbenutzungsrecht *n (of* an); Gerechtsame *f*; *pl das* gewöhnliche Volk, *die* Gemeinen, *die* Bürgerlichen *pl (im Gegensatz zum Adel)*; *(mit sing)* Gemeinschaftsverpflegung *f*; *the C~s (fam)* das Unterhaus; *at ~ expense* auf Kosten der Allgemeinheit; *by ~ consent* mit Zustimmung aller; *for the ~ good* im allgemeinen Interesse; für das allgemeine Wohl; *in ~ with* in Übereinstimmung mit, (ebenso, so) wie; *out of the ~* ungewöhnlich; *to be on short ~s* nicht viel zu beißen haben; *to be ~ practice* allgemein üblich sein; *to be ~ talk* Stadtgespräch, in aller Munde sein; *to have in ~* gemein(sam) haben *(with* mit); *to have interests in ~* gemeinsame Interessen haben; *to make ~ cause with* gemeinsame Sache machen mit; *it is ~ knowledge that* es ist allgemein bekannt, daß; *the House of C~s* das (Britische) Unterhaus; *~ or garden (sl)* nichts Besonderes, nichts Aufregendes; *~ of pastur(ag)e* Weide(mitbenutzungs)recht *n*, -gerechtsame *f*; *~ of wood* Gemeindewald *m*; **~alty** ['-əlti] *das* gemeine, gewöhnliche Volk; *die* Allgemeinheit *(der Menschen)*; **chord** Dreiklang *m*; **~ council** Gemeinde-, Stadtrat *m (Gremium)*; **~ debtor** Gemeinschuldner *m*; **~ denominator** *math* gemeinsame(r) Nenner *m*; **~er** ['-ə] Gemeine(r), Bürgerliche(r), Nichtadlige(r) *m*; *(selten)* Mitglied *n* des (Britischen) Unterhauses; *First C~~* Sprecher *m* (des Unterhauses); **~ fraction** *math* gemeine(r) Bruch *m*; **~ funds** *pl* öffentliche Gelder *od* Mittel *n pl*; **~ ground**, Verhandlungsgrundlage *f*; **~ household** häusliche Gemeinschaft *f*; **~ informer** Denunziant *m*; **~ land** Gemeindeland *n*; **~ law** *(engl.)* Gewohnheitsrecht *n*; **~ly** ['-li] *adv* gewöhnlich; (im) allgemein(en); *the ~* **man** der gemeine Mann, der Durchschnittsmensch; **C~ Market** Gemeinsame(r) Markt *m*, EWG; **~ market value** gemeine(r) Handelswert *m*; **~**

nuisance allgemeine(s), öffentliche(s) Ärgernis *n*; *the ~* **people** die kleinen Leute *pl*; **~place** ['-pleis] *s* Gemeinplatz *m*, Binsenwahrheit, Banalität; alltägliche Sache *f*; *a* gewöhnlich, alltäglich; abgedroschen; alt; uninteressant; nichtssagend; **~ property** Gemeineigentum *n*; Gütergemeinschaft *f*; **~ rights** *pl* Menschenrechte *n pl*; **~ room** Gemeinschaftsraum *m*; *the ~* **run** die große Masse; **~ school** *Am (öffentliche)* Volks-, Grundschule *f*; **~ sense** *s* gesunde(r) Menschenverstand *m*; *a*: *~~sense* vernünftig; **~ stock** *fin* Stammaktien *f pl*, -kapital *n*; **~ wall** Brandmauer *f*; *the ~* **weal** das (All-)Gemeinwohl, der Gemeinnutz, das allgemeine Wohl, der Nutzen aller; **~wealth** ['-welθ] Gemeinwesen *n*, (Frei-)Staat *m*, Republik *f z. fig*; *Am* Bundesstaat *m*; *the C~~ of Nations* das Commonwealth; *the C~ of Australia* der Australische Staatenbund; *~~ of learning* Gelehrtenrepublik *f*.

commotion [kə'mouʃən] (heftige) Erregung, Erschütterung *f*; Aufruhr *m*; innere Erregung, Erregtheit *f*.

communal ['kɔmjunl] Gemeinde-, Kommunal-; kommunal; gemeindeeigen; Gemeinschafts-; öffentlich; **~ize** [kə'mju:nəlaiz] *tr* kommunalisieren, in Gemeindebesitz *od* -verwaltung überführen; **~ life** Gemeinschaftsleben *n*; **~ tax** Gemeindeumlage *f*.

commune [kə'mju:n, 'kɔmju:n] *itr* sich vertraulich besprechen *od* unterhalten; vertraulich verkehren, vertraut sein *(with* mit; *together* miteinander); *Am rel* kommunizieren, die Kommunion empfangen; *s* ['kɔmju:n] vertrauliche Besprechung; *Am rel* Kommunion; Gemeinde *f*.

communic|able [kə'mju:nikəbl] mitteilbar; *med* übertragbar, ansteckend; **~ant** [-'mju:nikənt] Informant; *rel* Kommunikant *m*; **~ate** [-'mju:nikeit] *tr* mitteilen; übertragen *a. phys med (to* auf); (aus)tauschen, teilen *(with* mit); *itr rel* die Kommunion, das Abendmahl empfangen; in Verbindung stehen, verkehren *(with* mit); *(Zimmer)* durch e-e Tür mit e-a. verbunden sein; **~ation** [kəmju:ni'keiʃən] Mitteilung *(to* an); *phys med* Übertragung *f*, Zs.hang *m*, Verbindung *f*, Verkehr, Umgang, Austausch *m*; Unterredung, Besprechung, Mitteilung, Nachricht, Zuschrift; Verbindung(sweg *m) f*, Verkehr(sweg *m*, -mittel *n) m*; Verbindungstür *f*; Fernmeldewesen *n*; *pl mil* Nachschublinien *f pl*, -verkehr *m*; Fernmeldeeinrich-

communicative 185 **company**

tungen f pl; *channel of* ~~ Dienstweg; *tele* Fernmeldekanal m; *zone of* ~~*s*, ~~*s zone (mil)* rückwärtige(s) Gebiet n; ~~*(s) centre (mil)* Nachrichtensammelstelle; Fernmeldezentrale f; ~~ *cord (rail)* Notleine, -bremse f; ~~ *engineering* Schwachstromtechnik f; ~~ *line* Verbindungslinie f; ~~ *traffic* Fernmeldeverkehr m; ~~ *trench (mil)* Lauf-, Verbindungsgraben m; **~ative** [kə'mju:nikeitiv, -kətiv] mitteilsam, gesprächig; Verbindungs-; **~ator** [kə'mju:nikeitə] Verbindung(smann, -weg m, -mittel n) f; Radiosprecher; *tele* Fernmelder (Person); Zeichengeber m (Gerät); *rail* Notleine f.

commun|ion [kə'mju:njən] (enge) Gemeinschaft, Gemeinschaftlichkeit, Gemeinsamkeit f, enge Beziehungen f pl, Gedankenaustausch m; Glaubensgemeinschaft; *(Holy C*~~*)* (Heilige) Kommunion f, Abendmahl n; *to go to* ~~ zum Abendmahl gehen; *to hold* ~~ *with o.s.* mit sich zu Rate, in sich gehen; **~iqué** [-nikei, -'kei] Kommuniqué n, amtliche, offizielle Mitteilung f; **~ism** ['kɔmjunizm] Kommunismus m; **~ist** ['kɔmjunist] Kommunist(in f) m; **~ist(ic)** ['-ist, -'nistik] kommunistisch; *the C~~ Manifesto* das Kommunistische Manifest; **~ity** [kə'mju:niti] Gemeinschaft, Gemeinsamkeit; Gemeinschaft f, -wesen n, Gesellschaft, Öffentlichkeit f, Staat m; Gemeinde a. *rel*; Übereinstimmung, Ähnlichkeit; *biol* Lebensgemeinschaft f; *the* ~~ die Allgemeinheit, die Öffentlichkeit, der Staat; ~~ *centre* Gemeindehaus n; ~~ *chest, fund (Am)* Wohltätigkeitsfonds m; ~~ *of goods* Gütergemeinschaft f; ~~ *of heirs* Erbengemeinschaft f; ~~ *of interests* Interessengemeinschaft f; ~~ *service* Dienstleistungen f pl für die Gemeinschaft; ~~ *singing* gemeinschaftliche(s) Liedersingen n.

communize ['kɔmjunaiz] *tr* sozialisieren; kommunistisch machen.

commut|ability [kəmju:tə'biliti] Austauschbarkeit f; **~able** [kə'mju:təbl] austauschbar; ersetzbar; **~ate** ['kɔmju(:)teit] *tr el* kommutieren, **~ation** [kɔmju(:)'teiʃən] (Aus-, Um-)Tausch m; Ablösung(ssumme) f; (Straf-)Umwandlung, Herabsetzung, Milderung; *Am* regelmäßige Fahrt zur Arbeitsstätte; Benutzung f e-r Zeitkarte; ~~ *of sentence* Änderung f des Strafmaßes; ~~ *passenger (Am)* Zeitkarteninhaber m; ~~ *pole (el)* Wendepol m; ~~ *ticket (Am)* Zeitkarte f; **~ative** [kə'mju:tətiv, -eitiv] auswechselbar; gegenseitig; Ersatz-; *el* kommutativ, **~ator** ['kɔmju(:)teitə] *el* Kommutator, Stromwender, Kollektor m; **~e** [kə'mju:t] *tr* (aus-, ein-, um-)tauschen (*for* gegen), ersetzen; *fin* ablösen; *jur (Strafe)* umwandeln, herabsetzen (*to, into* in); *itr* als Ersatz dienen (*for* für); e-e Ablösung(ssumme) zahlen; *Am* auf Zeitkarte fahren, e-e Z. benutzen; pendeln; **~er** [kə'mju:tə] *Am* Zeitkarteninhaber; Pendler m; ~~ *train (Am)* Vorortzug m.

compact ['kɔmpækt] *s* (zweiseitiger) Vertrag m, Abkommen n, Pakt m; Übereinkunft, Vereinbarung, Puderdose f; *a* [kəm'pækt] eng, fest geverpackt; dicht (gepreßt), fest; fest gefügt; knapp; kurz(gefaßt), gedrängt, bestehend (*of* aus); *tr* fest zs.packen, fest zs.fügen; pressen, zs.drängen, verdichten; **~ car** *Am* Kompaktwagen m; **~ness** [kəm'pæktnis] Knappheit, Gedrängtheit; Festigkeit, Dichte f; *for* ~~ um Platz zu sparen.

companion [kəm'pænjən] **1.** *s* Begleiter(in f); Genosse m, Genossin f, Gefährte m, Gefährtin f; Gesellschafter; Umgang (Person); Ritter m (*e-s Ordens*); *(lady* ~*)* (angestellte) Gesellschafterin f; Gegenstück, Pendant; Vademekum n, Ratgeber, Leitfaden m (Buch); *tr* begleiten; *itr* Gesellschaft leisten (*with s.o.* jdm); *travel(l)er's* ~ Reisehandbuch n; *travel(l)ing* ~ Reisebegleiter, -gefährte, Mitreisende(r) m; ~ *in arms* Waffenbruder m; **2.** *mar* Kajütkappe f, Deckfenster n; **~able** [-əbl] gesellig, umgänglich; *to be* ~ ein guter Gesellschafter sein; **~ate** [-it] *Am*, *Br obs* Kameradschafts-; ~ *marriage* Kameradschaftsehe f; **~ship** [-ʃip] Gesellschaft f; Umgang m; *typ* (Setzer-)Kolonne f; **~way** [-wei] Kajütentreppe f.

company ['kʌmpəni] Gesellschaft f, Umgang, Verkehr m (*a*. Personen); Gesellschaft f, Gäste m pl, Besuch m; (Menschen-)Gruppe, Ansammlung; *(bes*. Handels-)Gesellschaft, Firma, Innung; (Schauspieler-)Truppe (*ship's* ~) (Schiffs-)Besatzung; *mil* Kompanie f; *for* ~ zur Gesellschaft; *in* ~ zusammen, gemeinsam; *to be good, bad* od *poor* ~ ein guter, schlechter Gesellschafter sein; *to bear, to keep s.o.* ~ jdm Gesellschaft leisten; *to get into bad* ~ in schlechte Gesellschaft geraten; *to keep* ~ *with* verkehren, Umgang haben mit; *to keep good, bad* ~ guten, schlechten Umgang haben; *to part* ~ sich trennen (*with* von); *to* *receive* ~ Besuch empfangen; *affiliated, associated* ~ Tochter(gesellschaft) *f*; *assurance, insurance* ~ Versicherungsgesellschaft *f*; -firma *f*; *broadcasting* ~ Rundfunkgesellschaft *f*; *holding* ~ Holding-, Dachgesellschaft *f*; *(joint) stock* ~ Aktiengesellschaft *f*; *limited liability* ~ Gesellschaft *f* mit beschränkter Haftung (GmbH); ~ **clerk**, *Am* **stooge** Kompanieschreiber *m*; ~**commander** Kompaniechef *m*; ~ **law** Gesellschaftsrecht *n*; ~ **leader** Kompanieführer *m*; ~ **meeting** *com* Generalversammlung *f*; ~ **office** *mil* Schreibstube *f*; ~ **officer** Kompanieoffizier *m*; ~ **punishment** *Am* Disziplinarstrafe *f*; ~ **sergeantmajor** Hauptfeldwebel, *sl* Spieß *m*; ~'s **water** Leitungswasser *n*; ~'s **year** Geschäfts-, Rechnungsjahr *n*.

compar|able ['kɔmpərəbl] vergleichbar; ähnlich; gleichwertig; entsprechend; **-ative** [kəm'pærətiv] *a scient* vergleichend; verhältnismäßig, relativ; Vergleichs-; *s (~ degree) gram* Komparativ *m*; **-atively** [kəm'pærətivli] *adv* vergleichsweise; verhältnismäßig; **-e** [kəm'pɛə] *tr (prüfend)* vergleichen (*with* mit); e-n Vergleich ziehen (*to* mit); gleichstellen, auf eine Stufe stellen (*to* mit); *gram* steigern; *itr* sich vergleichen (lassen) (*with* mit); *s poet* Vergleich *m*; *beyond, past, without* ~~ unvergleichlich *adv*; *to* ~~ *favo(u)rably with* bei e-m Vergleich günstig abschneiden mit; *to* ~~ *notes* in Gedankenaustausch treten; sich aussprechen; **-ison** [kəm'pærisn] Vergleich *m* (*to, with* mit); Gegenüberstellung; *gram* Steigerung *f*; *by* ~~ vergleichsweise, verhältnismäßig *adv*; *in* ~ *with* im Vergleich zu; *to bear, to stand* ~~ *with* sich vergleichen lassen, den Vergleich aushalten mit; *there is no* ~~ *between them* sie lassen sich nicht vergleichen; *that's a lame* ~~ der Vergleich hinkt.

compartment [kəm'pɑ:tmənt] Abteilung *f* Fach, Feld *n*; *aero* Kabine *f*; *rail* Abteil, *Am* Einzelabteil *n* mit Schlafgelegenheit; *mar* Abteilung *f*.

compass ['kʌmpəs] *s* Umfang, -kreis *m*; Um-, Einfassung, Begrenzung *f*; Bezirk *m*, Gebiet *n*, Bereich *m* od *n*; Ausdehnung, Reichweite; *fig* Fassungskraft *f*, Begriffs-, Vorstellungsvermögen *n*, *fam* Horizont; Stimmumfang; (*mariner's* ~) (Schiffs-)Kompaß *m*; *pl (pair of* ~es), *Am sing (drawing* ~) Zirkel *m* (*Gerät*); *tr* herumgehen um; umgeben; um-, einfassen, säumen; *fig* (geistig) erfassen, begreifen, verstehen; vollenden; *(Ziel)* erreichen, durchsetzen; im Schilde führen, anzetteln; *point of the* ~ Himmelsrichtung *f*; ~ **bearing** (Kompaß-)Peilung *f*; ~ **card** Windrose, Kompaßscheibe *f*; ~ **needle** Kompaßnadel *f*; ~ **point** Kompaßstrich *m*; ~ **saw** Stich-, Laubsäge *f*.

compassion [kəm'pæʃən] Mitleid, -gefühl *n* (*for* mit); *to have, to take* ~ *on* Mitleid haben mit; **-ate** [-it] *a* mitleidig, mitleid(s)voll, mitfühlend; ~~ **allowance** Zulage *f* in Härtefällen; ~~ **leave** (*mil Br*) Sonderurlaub *m* aus familiären Gründen.

compatib|ility [kəmpætə'biliti] Vereinbarkeit; Verträglichkeit; Umgänglichkeit *f*; **-le** [kəm'pætəbl] vereinbar, verträglich (*with* mit); in Übereinstimmung (*with* mit); angemessen (*with s.th.* e-r S); *(Mensch)* verträglich, umgänglich.

compatriot [kɔm'pætriət, *Am meist* -pei-] Landsmann *m*, -männin *f*.

compeer [kɔm'piə] Gleichstehende(r); Kollege, Genosse; Kamerad *m*.

compel [kəm'pel] *tr* zwingen, nötigen (*to do* zu tun); erzwingen (*from* von); *Am* überwältigen; **-ling** [-iŋ] zwingend; *fig* verlockend; unwiderstehlich.

compend ['kɔmpend] *s* ~*ium*; **-ious** [kəm'pendiəs] kurz(gefaßt), gedrängt; **-ium** [kəm'pendiəm] *pl a.* -dia [-diə] Zs.fassung *f*, Auszug *m*, Übersicht *f*; Ab-, Grundriß, Leitfaden *m*.

compensat|e ['kɔmpenseit] *tr* ausgleichen, ersetzen; aufwiegen; abgelten; *phys tech* kompensieren; *psychol* sublimieren; *fin* entschädigen; *(Schaden)* ersetzen; *Am* bezahlen, entlohnen, vergüten; *itr* ausgleichen (*for s.th.* etw), e-n Ausgleich gewähren (*for* für), e-n Schaden vergüten, wiedergutmachen (*for s.th.* etw); e-e Entschädigung zahlen, Ersatz leisten, e-e Wiedergutmachung gewähren; **-ion** [-'seiʃən] Ausgleich, Ersatz *m*; *phys tech biol* Kompensierung; *psychol* Sublimierung; *fin* Entschädigung *f*, Schadenersatz *m*; Vergütung; *Am* (Be-)Zahlung; Entlohnung *f*; Lohn *m*, Gehalt *n*; *as* ~~, *by way of* ~~ *of* als Ersatz, als Entschädigung für; *to demand full* ~~ volle Entschädigung verlangen; **-ive** ['kɔmpenseitiv, kəm'pensətiv] als Ausgleich, Ersatz, Entschädigung dienend; Ausgleichs-, Ersatz-, Entschädigungs-; **-or** ['-ə] *tech* Entzerrer, Kompensator, Ausgleicher; Spartransformator *m*; **-ory**

compete   187   **complexity**

[kəm'pensətəri] a Ausgleichs-, Ersatz-, Entschädigungs-.

compete [kəm'pi:t] itr sich mitbewerben (for um); teilnehmen (in a contest in e-m Wettbewerb); im Wettbewerb stehen, wetteifern (with s.o. for s.th. mit jdm um etw); konkurrieren, sich messen (against s.o. in a race mit jdm bei e-m Rennen).

competen|ce, -cy ['kɔmpitəns(i)] Auskommen; Können, Geschick n; Fähigkeit, Befähigung, Qualifikation (for s.th. zu etw); jur Zuständigkeit, Kompetenz, Befugnis f; to be within the ~ of unter die Zuständigkeit fallen gen; ~ of a court Gerichtsstand m; **~t** ['-t] a geschickt, fähig, befähigt, qualifiziert (for s.th. zu etw; to do zu tun); genügend, ausreichend, entsprechend; passend, angebracht (to s.o. für jdn; in, at doing zu tun); erlaubt (to s.o. jdm); jur zuständig; zurechnungsfähig.

competit|ion [kɔmpi'tiʃən] Wettbewerb, -streit, -kampf (for um); Konkurrenz(kampf m); Rivalität f; Preisausschreiben n; to be in ~ with im Wettbewerb stehen mit; to enter into ~ with in Wettbewerb treten mit; to stand, to sustain ~ es mit der Konkurrenz aufnehmen (können), sich gegen die Konkurrenz behaupten; defying all ~, without ~ konkurrenzlos; free, open ~ freie(r) Wettbewerb m; keen ~ scharfe(r) Wettbewerb, heftige(r) Konkurrenzkampf m; **~ive** [kəm'petitiv] a Wettbewerbs-, Konkurrenz-; ~ game Kampfspiel n; ~ power Wettbewerbs-, Konkurrenzfähigkeit; sport Kampfkraft f; ~ price Wettbewerbspreis m; **~or** [-'petitə] Mitbewerber(in f), Konkurrent(in f), Rivale m, Rivalin f; sport Wettkämpfer, Wettbewerbsteilnehmer m (for um).

compil|ation [kɔmpi'leiʃən] Auf-, Zs.stellung f; Kompilation f; **~e** [kəm'pail] tr (Material zu e-m Buch) zs.tragen, zs.stellen; (Buch) kompilieren; **~er** [kəm'pailə] Kompilator m.

complacen|ce, -cy [kəm'pleisns(i)] (stille, ruhige) Behaglichkeit, Beschaulichkeit; Selbstzufriedenheit, -gefälligkeit f; **~t** [-t] selbstzufrieden, -gefällig.

complain [kəm'plein] itr klagen, sich beklagen (of über); sich beschweren (of, about über; to bei); com bemängeln, reklamieren; **~ant** [-ənt] bes. jur Kläger (-in f); Beschwerdeführer(in f) m; **~t** [-t] Klage, Beschwerde, Beanstandung, Reklamation, Mängelrüge f; Grund zur Klage, Beschwerdegrund m; jur Klage, Strafanzeige (against gegen); (bill of ~~) Klag-, Beschwerdeschrift f; med Beschwerden f pl, Leiden n; on ~~ by auf e-e Beschwerde gen; to make, to lodge a ~~ against s.o. sich über jdn beschweren; ~~ book Beschwerdebuch n; ~~ regulations (pl) Beschwerdeordnung f.

complaisan|ce [kəm'pleizəns] Gefälligkeit, Höflichkeit, Umgänglichkeit f; angenehme(s), nette(s) Wesen n; **~t** [-t] gefällig, höflich; entgegenkommend, willfährig.

complement ['kɔmplimənt] s Ergänzung f a. math; volle(r) Betrag m; math Ergänzungswinkel m; gram (~ of the predicate) Prädikatsnomen n; mar Bemannung, mil Sollstärke; aero volle Besatzung f; tr ['-ment] ergänzen, vollständig machen; **~al, ~ary** [-'mentl, -'mentəri] a Ergänzungs-; zusätzlich; ~ary colo(u)rs (pl) Komplementärfarben f pl.

complet|e [kəm'pli:t] a vollständig, -kommen, völlig, ganz; (Untersuchung) eingehend; komplett; voll besetzt; vollendet, fertig(gestellt), zu Ende (gebracht), abgeschlossen; obs (Mensch) perfekt; tr vervollständigen, vollständig machen, abschließen; (Formular) ausfüllen, beenden, fertigstellen, -machen, vollenden; ergänzen; (Vergessenes) nachtragen; fig (Glück) vollkommen machen; **~ely** [-li] adv völlig, ganz (u. gar), vollständig, vollkommen; **~eness** [-nis] Vollständigkeit f; Vollkommenheit, Vollendetheit f; **~ion** [-'pli:ʃən] Vervollständigung f; Abschluß m, Beendigung f; Erledigung, Fertigstellung, Vollendung a. jur; Ergänzung, Vervollständigung; Ausfüllung (e-s Formulars); (Vertrag) Erfüllung; Vervollkommnung; Vollständigkeit; Vollkommenheit f; on ~~ of bei Beendigung gen; to be nearing ~~ vor dem Abschluß stehen.

complex ['kɔmpleks] a zs.gesetzt; kompliziert, schwierig, verwickelt, verworren; s (aus Teilen zs.gesetztes) Ganze(s) n; math komplexe Zahl f; psychol Komplex m; fam unbegründete Abneigung od Angst f; guilt, inferiority Schuld-, Minderwertigkeitskomplex m; **~ion** [kəm'plekʃən] (Haut-, bes. Gesichts-)Farbe f, Aussehen n; fig Erscheinung, Art f, Charakter m, Wesen n; Aspekt, Anblick m; **~ity** [kəm'pleksiti] Kompliziertheit, Verworrenheit, Schwierigkeit; verwickelte Lage f.

complian|ce [kəm'plaiəns] Einwilligung *(with* in), Zustimmung *(with* zu); *(Bedingung, Wunsch)* Erfüllung *(with* gen); *(Gesetz)* Befolgung, Beobachtung; Nachgiebigkeit *a. tech*, Bereitwilligkeit, Willfährigkeit *f*; *in ~ with* in Übereinstimmung mit; entsprechend, gemäß *dat*; **~t** [-t] nachgiebig; bereitwillig, willfährig.

complicat|e ['kɔmplikeit] *tr* komplizieren, (noch) verwickelter, schwieriger machen; *that ~es matters* das macht die Sache noch schwieriger; *a* [-it] *bot zoo* längs gefaltet; **~ed** [-id] *a* kompliziert; verzwickt, verwickelt, schwierig; **~ion** [kɔmpli'keiʃən] Verwick(e)lung; Komplizierung, neue Schwierigkeit; *med* Komplikation *f*.

complicity [kəm'plisiti] Mitschuld *(in* an), Mittäterschaft *f (in* bei).

compliment ['kɔmplimənt] *s* Kompliment *n*, Artigkeit *f*; Anerkennung *f*, Lob *n*; Höflichkeitsbezeigung, Ehrenerweisung *f*; *pl (in Briefen)* Grüße *m pl*, Gruß *m*; Empfehlung *f*; *tr* ['-ment, -'ment] ein Kompliment machen *(s.o.* jdm), beglückwünschen *(on* zu); beschenken *(with* mit); schenken *(s.o. with s.th.* jdm etw); *to fish for ~s* Komplimente hören wollen; *to pay a ~ to s.o.* jdm ein Kompliment machen; *with the ~s of the season* mit den besten Wünschen zum Fest; **~ary** [-'mentəri] höflich, artig; Ehren-, Gratis-; *~ copy* Widmungs-, Freiexemplar *n*; *~ ticket* Frei-, Ehrenkarte *f*.

comply [kəm'plai] *itr* nachgeben, sich fügen, Folge leisten; einwilligen *(with* in); zustimmen *(with* zu), stattgeben *(with s.th.* dat); *(Wunsch, Bedingung, Bitte)* erfüllen *(with s.th.* etw); *(Regeln, Bestimmungen)* sich halten *(with* an), befolgen *(with s.th.* etw), nachkommen, entsprechen *(with s.th.* dat); *(Frist)* einhalten *(with s. th.* etw).

component [kəm'pounənt] *a* einzeln, Einzel-, Teil-; *s* (notwendiger, wesentlicher) Bestandteil *m*; *phys* Komponente *f*; Einzelteil, Ingredienz *n*; *tech* Baugruppe *f*, Bau-, Maschinenteil *m*; **~ layout** Bauplan *m*; **~ parts** *pl* Zubehör-, Einzelteile *m pl*.

comport [kəm'pɔːt] *itr* übereinstimmen, harmonieren *(with* mit), passen *(with* zu); *to ~ o.s.* sich benehmen, sich betragen, sich verhalten.

compos|e [kəm'pouz] *tr* zs.setzen, zs.stellen; (an)ordnen, bilden, (er-)schaffen; *ab*-, verfassen, aufsetzen; dichten; komponieren, vertonen; *typ* setzen; *(Streit)* (gütlich) beilegen, schlichten, (glücklich) beenden; *(s-e Gedanken)* sammeln; *(s-e Gesichtszüge)* glätten; *itr (literarische Werke)* schreiben; dichten; komponieren; setzen; *to ~ o.s.* sich beruhigen, sich fassen; sich anschicken *(to* zu); *to be ~ed of* sich zs.setzen, zs.gesetzt sein, bestehen aus; **~ed** [-d] *a* gefaßt, beruhigt, ruhig, gelassen; *(Gesicht)* unbewegt; **~edness** [-idnis] Gefaßtheit, Ruhe, Gelassenheit *f*; **~er** [-ə] Komponist; Verfasser *m*; **~ing** [-iŋ] Komponieren; Dichten; *typ* Setzen *n*; *~ draught* Schlaftrunk *m*; *~-frame, -stand (typ)* Setzpult *n*; *~-machine* Setzmaschine *f*; *~-room* Setzerei *f*; *~-stick (typ,* Winkelhaken *m*; **~ite** ['kɔmpəzit] *a* zs.gesetzt; *arch (Säulenkapitell)* komposit; vielfältig; *tech* Verbund-; *bot* Korbblütler *m*, Komposite *f*; *~ construction* Gemischtbauweise *f*; *~ photograph* Fotomontage *f*; **~ition** [kɔmpə'ziʃən] Zs.setzung, (An-)Ordnung, Anlage, Bildung; *(Kunst)* Gliederung, Raumaufteilung; Abfassung; Komposition *f*; *typ* (Schrift-)Satz *m*; Fassung *f*; (Musik-)Stück; Schriftstück *n*, (bes. Schul-)Aufsatz *m*; Übersetzung *f*; Bildwerk *n*; *scient* Zs.setzung *f*, (Auf-)Bau; Kunststoff *m*; *psychol* Anlage, Art *f*, Wesen *n*; *jur* Verständigung *f*, Vergleich *m*, gütliche Abmachung *f*, Kompromiß *m* od *n*; Vergleichs-, Abfindungssumme *f*; *~ book (Am)* Schreibheft *n*; *~ costs (pl)* Satzkosten *pl*; *~ sole* Kunstledersohle *f*; **~itor** [kəm'pɔzitə] (Schrift-)Setzer *m*; **~ure** [kəm'pouʒə] Gefaßtheit, Fassung, Gelassenheit, (Gemüts-)Ruhe *f*.

compost ['kɔmpɔst] Kompost, Kompoſt-, Menge-, Streudünger *m*.

compote ['kɔmpout] eingelegte, eingemachte Früchte *f pl*; Kompott *n*; *Am* Obstschale *f*.

compound ['kɔmpaund] *a* zs.gesetzt; aus einzelnen, verschiedenen Teilen bestehend; gemischt; *tech* Verbund-, Kompound-; *s* Zs.setzung; Mischung *f*; *(chemische)* Verbindung; *tech* (Verguß-, Kabel-)Masse *f*; *gram (~ word)* Kompositum, zs.gesetzte(s) Wort *n*; eingefriedigte(r) Platz *m*, Lager *n*; *v* [kəm'paund] *tr* zs.setzen; verbinden; mischen; *(Streit)* beilegen *(Schuld)* tilgen; *(Zinsen)* kapitalisieren; *tech* mit Masse füllen, kompoundieren; *itr* sich vergleichen, sich einigen, sich verständigen *(with* mit); pauschalieren *(for s.th.* etw); *chemical ~* chemische Verbindung *f*; **~ engine** Verbundmaschine *f*; **~ interest** Zinseszins(en *pl*) *m*.

comprehend [kɔmpri'hend] *tr* verstehen, einsehen, begreifen; umfassen, einschließen, enthalten.

comprehens|ibility [kɔmprihensi'biliti] Verständlichkeit *f*; **~ible** [-'hensəbl] verständlich, begreiflich; **~ion** [-'henʃən] Verstehen, Begreifen; Verständnis *n* (*of* für), Einsicht *f*, Fassungs-, Begriffsvermögen *n*; Einschluß *m*, Enthaltensein *n*; (Bedeutungs-, Begriffs-)Umfang *m*; *of wide* **~** umfassend; **~ive** [-'hensiv] umfassend; übersichtlich; verständnisvoll, einsichtig; **~** *school* Einheits-, Sammelschule *f*; **~iveness** [-nis] umfassende(r) Charakter *m*, Reichhaltigkeit; Ausdehnung, Weite; gedrängte Kürze *f*.

compress [kəm'pres] *tr* zs.drücken, (zs.)pressen, verdichten, komprimieren; *tech* drücken, druckvergüten; *s* ['kɔmpres] *med* Kompresse *f*, Kompressions-, feste(r) Verband, Umschlag *m*; Baumwollballenpresse *f*; **~ed** [-'prest] *a* zs.gedrückt; *zoo* platt; *tech* unter Druck stehend; Druck-, Preß-; **~** *air* Druck-, Preßluft *f*; **~** *air brake* Druckluftbremse *f*; **~ible** [-'presəbl] zs.drückbar, -preßbar, verdichtbar; **~ion** [kəm'preʃən] Zs.drücken *n*, (Zs.-)Pressung, Verdichtung, Kompression *f*, Druck *m*; **~** *chamber* (*mot*) Kompressionsraum *m*; **~** *gauge* Manometer *n*; **~** *pump* Druck-, Kompressionspumpe *f*; **~** *spring* Druckfeder *f*; **~** *strength* Druckfestigkeit *f*; **~** *stress* Druckspannung *f*; **~ive** [-iv] drückend; Druck-; **~** *bandage* Druckverband *m*; **~** *strength* Druckfestigkeit *f*; **~** *stress* Druckbeanspruchung *f*; **~or** [-'presə] *tech* Kompressor *m*, Druckpumpe *f*, Verdichter *m*; *med* Klemme *f*, *anat* Schließmuskel *m*.

comprise [kəm'praiz] *tr* umfassen; einschließen (*within* in); enthalten; bestehen aus.

compromise ['kɔmprəmaiz] *s* Kompromiß *m* od *n*; Übereinkunft *f*, Vergleich *m*; Kompromittierung *f*; Risiko *n*, Preisgabe *f*; *itr* e-n Kompromiß, e-n Vergleich schließen, sich vergleichen (*on* über); *tr* durch e-n Vergleich beilegen; kompromittieren, bloßstellen; gefährden, preisgeben; *to come to a* **~** e-n Vergleich schließen.

comptroller [kən'troulə] Rechnungsprüfer *m*.

compuls|ion [kəm'pʌlʃən] Zwang *m*; Zwangslage, Nötigung *f*; *psychol* Zwang(santrieb) *m*, Zwangshandlung *f*; *under* **~** unter Zwang; **~ive** [-siv] Zwangs-; zwingend; **~** *action* (*psychol*) Zwangshandlung *f*; **~ory** [-səri] gezwungen, Zwangs-; obligatorisch; zwingend, bindend; **~** *administration* Zwangsverwaltung *f*; **~** *auction* Zwangsversteigerung *f*; **~** *education*, *school attendance*, *schooling* Schulpflicht *f*; **~** *execution* Zwangsvollstreckung *f*; **~** *insurance* Pflichtversicherung *f*; Versicherungspflicht *f*; **~** *labo(u)r* Arbeits-, Dienstverpflichtung *f*; **~** *labo(u)r service* Arbeitsdienstpflicht *f*; **~** *loan* Zwangsanleihe *f*; **~** (*military*) *service* (allgemeine) Wehrpflicht *f*; **~** *purchase* Enteignung *f*; **~** *rate of exchange* (*fin*) Zwangskurs *m*; **~** *registration* Meldepflicht *f*; **~** *sale* Zwangsvollstreckung *f*; **~** *subject* (*Schule*) Pflichtfach *n*; **~** *vaccination* Impfzwang *m*.

compunction [kəm'pʌŋkʃən] Schuldgefühl, -bewußtsein *n*; Gewissensbisse *m pl*; Reue *f*; Bedenken *n*.

comput|ability [kəmpju:tə'biliti] Berechenbarkeit *f*; **~able** [-'pju:təbl] berechenbar, zählbar; **~ation** [-'teiʃən] (Be-, Er-)Rechnung *f*; Überschlag *m*, Schätzung *f*; (Aus-)Zählung *f*; Rechenmethode *f*; (Rechen-)Ergebnis *n*, Summe *f*, Betrag *m*; **~e** [kəm'pju:t] *tr itr* (aus-, be-, er)rechnen; überschlagen, schätzen, veranschlagen (*at* auf); zählen; auswerten; **~er** [-'pju:tə] Berechner, Auswerter *m*; Rechengerät *n*; (*~ing machine*) Rechenmaschine *f*; *electronic* **~** Elektronenrechner *m*.

comrade ['kɔm-, 'kʌmrid, 'kɔmreid] Kamerad(in *f*); Genosse *m*, Genossin *f*; **~ship** ['-ʃip] Kameradschaft *f*.

con [kɔn] **1.** *tr* (*to* ~ *over*) sorgfältig durchlesen, lernen, (ein)studieren, einüben; auswendig lernen; **2.** *a*. **conn** *tr mar* (durch Anweisung) steuern, lenken, leiten; **~** Steuerung *f*; (*~ning tower*) Kommandoturm *m*; **3.** (von *contra*) *adv*: *pro and* **~** für u. wider; *s* Gegenargument *n*, -stimme *f*; Gegner *m*; *the pros and* **~***s* das Für u. Wider; **4.** *a Am sl* Vertrauens-, Schwindel-; betrügerisch; *tr* beschwindeln, 'reinlegen, betrügen; **~ man** Schwindler *m*.

conat|ion [kou'neiʃən] *psychol* Strebung *f*; **~ive** ['kounətiv] strebend.

concatenat|e [kɔn'kætineit] *tr* (mitea.) verketten, verbinden *fig*; *a* verkettet, verbunden; **~d** *motor* Kaskadenmotor *m*; **~ion** [-'neiʃən] Verkettung; Kette, Folge *f*.

concav|e ['kɔn'keiv] *a* konkav, nach innen gewölbt; *s* ['kɔnkeiv] nach innen gewölbte Fläche *f*; *tr* nach innen wölben; ~~ *glass, mirror* Hohlglas *n*, -spiegel *m*; **~ity** [kənˈkæviti] Höhlung, Wölbung *f* nach innen; **~o-convex** [kɔnˈkeivou-kɔnˈvɛks] konkavkonvex.

conceal [kənˈsiːl] *tr* verstecken, verbergen, verdecken, verheimlichen, verhehlen; verschleiern; geheimhalten (*from* vor); *mil* tarnen; *jur* unterdrücken; ~ *by smoke* vernebeln; **~ed pit** (*mil*) Fall(grub)e *f*; **~ment** [-mənt] Verbergen *n*, Verheimlichung; Geheimhaltung; Verborgenheit *f*; Versteck *n*; *mil* Deckung; Tarnung; Maskierung, Verschleierung *f*; *jur* (*Tatsachen*) Unterdrücken *n*.

concede [kənˈsiːd] *tr* einräumen, zugeben, anerkennen (*that* daß); zugestehen; nachgeben (*a point* in e-m Punkt); (*Recht*) bewilligen; *sport* (*Punkte*) vorgeben; *sport sl* verlieren; *itr* nachgeben, Konzessionen machen; *fam* sich geschlagen geben; **~dly** [-idli] *adv Am* nach allgemeiner Ansicht.

conceit [kənˈsiːt] *s* Selbstgefälligkeit, Einbildung, Eingebildetheit, Überheblichkeit *f*, Dünkel, Hochmut; Einfall *m*, Laune *f*; geistreiche(r) Gedanke *od* Ausdruck *m*; witzige Bemerkung *f*; *in o.'s own* ~ nach s-r eigenen Überzeugung; *out of* ~ *with* nicht mehr zufrieden mit; **~ed** [-id] *a* eingebildet (*about, of* auf); *dial* einfalls-, geistreich, witzig.

conceiv|able [kənˈsiːvəbl] erdenklich, denkbar, vorstellbar; **~e** [kənˈsiːv] *tr* aus-, erdenken, ersinnen (*Gedanken*) fassen, haben; in Worte fassen; sich denken, sich vorstellen, meinen; begreifen, verstehen (*a. itr: of s.th.* etw) (*Abneigung*) fassen; (*Kind*) empfangen; *itr* schwanger werden, empfangen (*with* acc); sich e-e Vorstellung bilden (*of* von); *to be ~ed* ausgedrückt, formuliert werden.

concentrat|e [ˈkɔnsentreit] *tr* zs.ziehen, zs.ballen, konzentrieren; (*Truppen*) massieren; (*Feuer*) zs.fassen; *chem* verdichten, eindicken, eindampfen, kondensieren, sättigen, anreichern; *a. min*; (*Strahlen*) bündeln; *itr* sich sammeln; sich konzentrieren (*upon, on* auf); seine Gedanken zs.nehmen; *s* Konzentrat *n*; *a* konzentriert; **~ed** [-id] *a chem et al* konzentriert; *mil* (*Feuer*) zs.gefaßt; *min* angereichert; *fig* stark; ~~ *charge* (*Am*) geballte Ladung *f*; **~ion** [-ˈtreiʃən] Anhäufung, Ansammlung, Zs.ziehung, Zs.fassung; Konzentration *a. fig chem*; *mil* Zs.ballung, Massierung, Bereitstellung; Schwerpunktbildung; *chem* Verdichtung; Eindampfung, Kondensierung *f*; Gehalt *m*, Dichte, Sättigung(sgrad *m*); *min* Anreicherung *f*; ~~ *area* (*mil*) Aufmarschgebiet *n*, Bereitstellungsraum *m*; ~~ *camp* Konzentrationslager *n*; ~~ (*of*) *fire* (*mil*) Feuervereinigung *f*.

concentr|e [kənˈsentə] *tr itr* (sich) konzentrieren, (sich) vereinigen; *itr* zs.kommen, konvergieren; **~ic(al)** [-trik(əl)] konzentrisch; ~~ *charge* (*Br*) geballte Ladung *f*; **~icity** [kɔnsenˈtrisiti] Rundlauf *m*, Mittigkeit *f*.

concept [ˈkɔnsept] Begriff *m*, Vorstellung, Idee *f*; **~ion** [kənˈsepʃən] (geistige) Gestaltungskraft *f*; Vorstellungsvermögen *n*, Fassungskraft *f*; Begriff *m*; Auffassung, Vorstellung, Idee *f*, Gedanke; Plan, Entwurf; Beginn, Anfang *m*; *physiol* Empfängnis, Befruchtung *f*; ~~ *control* Empfängnisverhütung *f*; **~ual** [-ˈseptjuəl] Begriffs-.

concern [kənˈsəːn] *tr* betreffen, angehen, berühren; interessieren; wichtig sein für; besorgt machen, beunruhigen; *to be ~ed about* sich Gedanken, Sorgen machen um; in Unruhe, in Sorge sein um; *to be ~ed in* zu tun haben, beschäftigt sein mit, verwickelt sein in; *to ~ o.s. about, in* sich bemühen, sich Mühe machen um; *to ~ o.s. with* sich befassen, zu tun haben, sich abgeben mit, *fam* s-e Nase stecken in; *s* Beziehung *f*, Bezug *m*; Interesse *n*, Anteil *m*; Sorge, Besorgnis, Beunruhigung, Unruhe, Angst, Befürchtung (*over* wegen); (wichtige) Angelegenheit, Sache *f*; Geschäft, Unternehmen *n*, Betrieb *m*; *fam* Kram, Plunder, Dreck *m*; *pl* Belange *pl*; *as ~s* was ... betrifft, betreffend, betreffs; *as far as I am ~ed* soweit die Sache für mich von Interesse, Wichtigkeit ist; was mich angeht, von mir aus; *to whom it may ~* an die zuständige Stelle; *with deep ~ adv*; *to have a ~ in* interessiert sein, Anteil haben an; *that is no ~ of yours* das geht Sie nichts an; *business ~s* (*pl*) Geschäftsinteressen *n pl*; *flourishing, paying ~* gutgehende(s) Geschäft, Unternehmen *n*; *industrial ~* Industriebetrieb *m*, gewerbliche(s) Unternehmen *n*; **~ed** *a* betroffen (*in* von), beteiligt (*in* an); besorgt, in Unruhe (*at, for s.o.* um jdn; *about s.th.* wegen e-r S); *all ~* alle Beteiligten; *the persons ~* die Interessenten *m pl*; **~ing** [-iŋ] *prp* betreffend, betreffs, bezüglich, wegen, in bezug auf.

concert ['kɔnsət] *s* Einverständnis, Einvernehmen *n*; Übereinstimmung *f*; Einklang *m*, Harmonie *f*; Konzert *n*; *a* Konzert-; *v* [kən'sə:t] *tr* vereinbaren, verabreden; planen, einrichten, arrangieren; *(Kräfte)* vereinigen; *itr* gemeinsam handeln, zs.arbeiten; *in ~* zusammen, gemeinsam; im Einvernehmen, Einverständnis *(with* mit); *to work in ~* zs.arbeiten *(with* mit); **~ed** [kən'sə:tid] *a* verabredet, abgemacht; überlegt, ausgedacht; gemeinsam; *mus* mehrstimmig; für mehrere Instrumente; *~* **grand (piano)** Konzertflügel *m*; **~ina** [kɔnsə'ti:nə] Ziehharmonika *f*, *fam* Schifferklavier *n*; *mil* zs.legbare(s) Stacheldrahthindernis *n*; **~ master** Konzertmeister *m*; **~o** [kən'tʃəːtou] *pl* -**o** Konzert(stück) *n*; **~ pitch** *mus* Kammerton *m*; *at ~~ (fig)* auf der Höhe.
concess|ion [kən'seʃən] (behördliche) Bewilligung, Genehmigung, Verleihung; Einräumung *f*, Zugeständnis, Entgegenkommen *n*; Zulassung; Konzession *f*; *to grant a ~~* e-e Konzession erteilen; *to make ~~s* Zugeständnisse machen; *to withdraw the ~~ to s.o.* jdm die Konzession entziehen; *~~ to build* Baugenehmigung *f*; **~ion(n)aire** [-seʃə'nɛə] Konzessionär, Inhaber *m* e-r Konzession; **~ionary** ['-seʃnəri] *a* Konzessions-; *s* Konzessionär *m*, **~ive** ['-sesiv] bereitwillig, entgegenkommend; *gram* einräumend, konzessiv.
conch [kɔŋk] (See-)Muschel *f*; *hist rel* Tritonshorn *n*; *arch* Halbkuppel *f*, Apsis *f*; **~a** ['-ə] *pl* -**ae** [-i] Ohrmuschel *f*; **~ology** [kɔŋ'kɔlədʒi] Muschelkunde *f*.
conchy ['kɔnʃi] *sl* Kriegsdienstverweigerer *m*.
conciliat|e [kən'silieit] *tr* beschwichtigen, besänftigen; in Übereinstimmung, in Einklang bringen; *to ~ s.o.* jds Achtung, Gunst, Wohlwollen, Freundschaft gewinnen; **~ion** [-'eiʃən] Ausgleich *m*; Einigung; Schlichtung *f*; *~~ board, court* Schlichtungsausschuß *m*; Schiedsamt *n*; *~~ hearing (jur)* Sühnetermin *m*; **~ive** [-eitiv], **~ory** [-ətəri] versöhnlich, nachgiebig, konziliant; vermittelnd, ausgleichend.
concis|e [kən'sais] kurz (u. bündig), knapp, gedrängt, prägnant, lapidar, scharf formuliert; **~eness** [-nis], **~ion** ['-siʒən] Kürze, Knappheit, Prägnanz, scharfe Formulierung *f*.
conclave ['kɔnkleiv] *rel* Konklave *n*; *allg* Geheimsitzung *f*; *to sit in ~* e-e Geheimsitzung abhalten.

conclud|e [kən'klu:d] *tr* beenden, (be-, ab)schließen, zu Ende führen; zum Schluß sagen; herbeiführen, in die Wege leiten, zustande bringen; *(Vertrag)* (ab)schließen, eingehen, *bes. Am* beschließen, entscheiden, bestimmen; *itr* schließen, den Schluß ziehen, folgern *(that* daß; *from* aus); *jur* beantragen; ausschließen; zu Ende gehen, sein Ende finden; enden, aufhören, schließen; zu e-m Entschluß, zu e-m Ergebnis kommen; *jur* e-e Einrede bringen; **~ing** [-iŋ] abschließend; Schluß-.
conclus|ion [kən'klu:ʒən] Beendigung *f*; (Ab-)Schluß *m*, Ende; Ergebnis *n*, Folge; Herbeiführung *f*; Abschluß *(e-s Vertrages)*; Beschluß, Entscheid (-ung *f*); Schluß(folgerung *f*) *m*, Folgerung *f*; *jur* Klagantrag *m*; Einrede *f*; *in ~~* zuletzt, am Ende, schließlich; zum Schluß; *to bring to a ~~* zum Abschluß bringen, zu Ende führen; *to come to a ~~* zu e-r Ansicht, Überzeugung kommen *od* gelangen; *to draw the ~~ from* den Schluß, die Folgerung ziehen, folgern aus; *to jump at (to) ~~s* voreilige Schlüsse ziehen; *to try ~~s with s.o.* sich mit jdm messen; **~ive** [-siv] abschließend, Schluß-; endgültig; überzeugend; entscheidend; beweiskräftig *(Beweis)*; schlüssig, zwingend; *to be ~~ against s.o. (jur)* gegenüber jdm wirksam sein.
concoct [kən'kɔkt] *tr* zs.brauen; *fig* austüfteln, *fam* -knobeln, -klamüsern, -hecken, -brüten; *(Plan)* schmieden; **~ion** ['-kɔkʃən] Zs.brauen; Gebräu *n*; *pharm* Mischung *f*; *fig* Tüfteln, Aushecken *n*; Erfindung, Idee *f*.
concomitan|ce, -cy [kən'kɔmitəns(i)] Mitea.verbundensein *n*; *rel* Konkomitanz *f*; **~t** [-t] *a* verbunden *(with* mit); Begleit-; *s* Begleitumstand *m*, -erscheinung *f*.
concord ['kɔŋkɔ:d] Übereinstimmung *a. gram*, Eintracht, Harmonie; Übereinkunft *f*, Abkommen *n*, Vertrag; *mus* Akkord *m*; **~ance** [kɔn'kɔ:dəns] Übereinstimmung, Harmonie; *scient* Konkordanz *f*, Wörterverzeichnis *n*; *in ~~ with* in Übereinstimmung mit; **~ant** [-ənt] übereinstimmend *(with* mit), einträchtig, harmonisch; gleichlaufend; einstimmig, -hellig; *geol* gleichförmig gelagert; **~at** [kən'kɔ:dæt] *rel* Konkordat *n*.
concourse ['kɔŋkɔ:s] Zs.treffen, Aufea.prallen *n*, Zs.stoß *m*; (Menschen-) Auflauf *m*, Gewühl, Gedränge *n*; Menge, Masse *f*; *Am* Aufmarschplatz

concrete *m,* -gelände *n;* (großer) freie(r) Platz *m,* breite Straße, Durchfahrt; *Am rail* Bahnhofshalle *f.*

concrete ['kɔnkri:t] *a* fest(geworden), (ver)dicht(et), kompakt; real, wirklich; konkret, gegenständlich, dinghaft; einzeln, besonder, speziell; *(Zahl)* benannt; Beton-; *s* Beton, Zement *m; v* [kən'kri:t] *tr itr* fest werden (lassen), (sich) verdichten, sich kristallisieren (lassen); ['kɔnkri:t] *tr* aus Beton herstellen *od* bauen; betonieren; mit Beton verkleiden; *armoured, reinforced* **~** Eisenbeton *m;* **~d steel work** Stahlskelettbau *m;* **~ foundation** Betonfundament *n;* Zementsockel *m;* **~ mixer** Betonmischer *m,* -mischmaschine *f;* **~ paving, road surface** *(Straße)* Betondecke *f;* **~ pillar** Betonpfeiler *m;* **~ pole** Betonmast *m;* **~r** [-ə] Betonarbeiter *m;* **~ slab** Betondiele *f.*

concret|ion [kən'kri:ʃən] Festwerden *n,* Verdichtung; feste Masse; *geol* Konkretion; *min* Schwiele *f; med* Konkrementn,Stein *m;* **~ize** ['kɔnkri(:)taiz] *Am tr* konkretisieren, e-e feste Form geben.

concubin|age [kɔn'kju:binidʒ] außereheliche(r) Verkehr *m;* Konkubinat *n,* wilde Ehe *f;* **~e** ['kɔŋkjubain] Konkubine, Geliebte; Nebenfrau *f.*

concupiscen|ce [kən'kju:pisns] (geschlechtliche) Begierde, Begehrlichkeit, Sinnlichkeit, Geilheit *f;* **~t** [-snt] lüstern, sinnlich.

concur [kən'kə:] *itr* zs.kommen, -treffen, -fallen, gleichzeitig geschehen; zs.-, mitwirken, (mit) dazu beitragen *(to do s.th.* etw zu tun); beipflichten, -stimmen *(with s.o.* jdm); einer Meinung, sich einig sein, übereinstimmen *(with* mit); **~rence, ~cy** [-'kʌrəns(i)] Zs.treffen, -fallen *n,* Gleichzeitigkeit *f;* Zs.wirken *n,* Mitwirkung *f,* Beitrag *m;* Übereinstimmung *f,* Einverständnis *n,* gleiche Meinung *f od* Ansichten *f pl,* Einigkeit *f; math* Schnittpunkt; *jur* gleiche(r) Anspruch *m;* **~rent** [-'kʌrənt] *a* gleichzeitig, -laufend, zs.treffend, -fallend; mitwirkend, mit dazu beitragend; übereinstimmend, gleicher Meinung, einig; *math* sich schneidend; *s* Begleitumstand *m,* -ursache *f; to be* **~~** *(math)* sich schneiden; *jur* ideell konkurrieren *(with* mit).

concuss [kən'kʌs] *tr* erschüttern *bes. fig;* einschüchtern, durch Drohungen bringen *(into* zu), veranlassen, dazu bringen *(to do* zu tun), erpressen; **~ion** [-'kʌʃən] *med psychol* Erschütterung *f;* Stoß *m;* **~~** *of the brain* Gehirnerschütterung *f.*

condemn [kən'dem] *tr* verurteilen, verwerfen, mißbilligen, ablehnen, verdammen; *jur* für schuldig erklären, schuldig sprechen; verurteilen *(to* zu); (amtlich) für ungeeignet *od* baufällig erklären; *(im öffentlichen Interesse)* enteignen; *(Arzt e-n Kranken)* aufgeben; *(Umstände e-n Schuldigen)* verraten; *to* **~** *to death* zum Tode verurteilen; **~able** [-nəbl] verwerflich, verdammenswert; abzulehnen(d); **~ation** [kɔndem'neiʃən] Mißbilligung, Ablehnung, Verdammung; Verurteilung; Mißbilligung; Verurteilung; Enteignung *f;* **~atory** [kən'demnətəri] ablehnend, mißbilligend; Verdammungs-.

condens|ability [kəndensə'biliti] Verdichtbarkeit *f;* **~able** [-'densəbl] kondensierbar, verdichtbar; **~ate** ['kɔnden-seit] Kondensat *n,* Niederschlag(wasser *n) m;* **~ation** [kɔnden'seiʃən] Verdichtung, Kondensation; *(Gase)* Verflüssigung *f;* Kondensat *n,* Niederschlag *m; fig* Zs.fassung, Straffung *f (e-s Gedankens, e-s Textes);* **~~** *trail (aero)* Kondensstreifen *m;* **~e** [kən'dens] *tr itr* (sich) verdichten; kondensieren, eindicken; *(Gas)* verflüssigen; *opt* sammeln; *el* verstärken; *fig* zs.fassen, straffen, komprimieren; *itr (Wasserdampf)* sich niederschlagen; sich verdichten; **~ed** [-t] *a:* **~~** *milk* kondensierte, Büchsenmilch *f;* **~er** [-'densə] *chem* Kühler; *opt el radio* Kondensator, Kondenser, Verdichter *m.*

condescen|d [kɔndi'send] *itr* sich herablassen, geruhen *(to do* zu tun); leutselig sein; herablassend tun; so tief sinken *(to* daß); **~dence** [-dəns] *s.* **~sion;** **~ding** [-diŋ] herablassend; leutselig; *fam* von oben herab; **~sion** [-ʃən] Herablassung; Leutseligkeit *f;* herablassende(s) Wesen *n.*

condign [kən'dain] *(bes. Strafe)* verdient, angemessen, angebracht.

condiment ['kɔndimənt] Gewürz *n,* Würze; Zutat *f.*

condition [kən'diʃən] *s* Bedingung, Voraussetzung *f (of* für), Erfordernis *n;* Zustand *m,* Verfassung, Beschaffenheit, Lage *f;* Stand *m,* Stellung *f,* Rang; Personenstand *m; sport* gute Form *f; gram* Bedingungssatz; *jur* Vorbehalt *m,* Klausel; *Am (Schule)* Auflage *f; pl* Umstände *m pl,* Gegebenheiten *f pl,* Lage *f; tr* ausbedingen, ausmachen; zur Bedingung machen *(to do* zu tun); an e-e Bedingung, an Bedingungen

conditional   193   **cone**

knüpfen; e-e Bedingung, Voraussetzung sein für; in e-n guten Zustand versetzen, *fam* in Form bringen; regeln, bestimmen; *psychol* e-n bedingten Reflex hervorrufen in; gewöhnen (*to* an); *Am (Schule)* e-e Auflage machen (*s.o.* jdm); *com* prüfen, den Zustand feststellen (*s.th.* e-r S); *tech* konditionieren, klimatisieren; *itr* über die Bedingungen verhandeln; Bedingungen stellen; *in good ~* in gutem Zustand; *sport fam* in Form; *on ~ (that)* unter der Voraussetzung od Bedingung (, daß); *on, under no ~* unter keinen Umständen, auf keinen Fall; unter keiner Bedingung; *out of ~* in schlechter Verfassung, *sport* Form; *tech* nicht gebrauchsfähig; *under existing ~s* so wie die Dinge liegen; *under favo(u)rable ~s* unter günstigen Umständen; *to answer, to comply with, to fulfil a ~* e-e Bedingung erfüllen; *to be in good ~* gut erhalten sein; *sport* in Form sein; *to be in no ~ to* nicht in der Lage sein zu; *to change o.'s. ~* (sich ver)heiraten; *to keep in good ~* gut im Stande halten; *to make s.th. a ~* etw zur Voraussetzung machen; *to make, to lay down ~s* Bedingungen stellen; *he is in (out of) ~* es geht ihm gesundheitlich (nicht) gut; *it is ~ed* es hängt ab (*by* von); *basic ~* Grundbedingung *f;* *dependant ~* Abhängigkeitsverhältnis *n; main, principal ~* Hauptbedingung *f; married ~* Ehe (-stand *m*) *f; operating, working ~* Betriebsfähigkeit *f;* **~al** [-l] *a* an e-e Bedingung geknüpft; bedingt (*on* durch), abhängig (*on* von); e-e Bedingung enthaltend; *com* freibleibend; Kopp(e)lungs-; *s (~~ clause)* Bedingungssatz *m;* (*~~ mood*) Konditional *m;* **~ally** [-ʃnəli] *adv* bedingt, unter gewissen Bedingungen *od* Voraussetzungen; *com* unter Vorbehalt; **~ed** [-d] *a* bedingt; abhängig (*upon* von); in e-m (bestimmten *od* gutem) Zustand; beschaffen, geartet, vorgeplant; *psychol* mit e-m bedingten Reflex; gewöhnt (*to* an); *tech* klimatisiert.
condol|atory [kən'douləˈtəri] *a* Beileids-; **~~ card** Beileidskarte *f;* **~e** [kən'doul] *itr* sein Beileid bezeigen *od* aussprechen (*with s.o. upon the loss of s.o.* jdm zu jds Tode); **~ence** [-əns] *a. pl* Beileid *n; letter of ~~* Beileidsbrief *m; visit of ~~* Beileidsbesuch *m.*
condom ['kɔndəm] Präservativ *n.*
condon|ation [kɔndo(u)'neiʃən] Verzeihung, Vergebung *f;* **~e** [kən'doun] *tr* verzeihen, vergeben; (mit Absicht) übersehen, nicht beachten.
condor ['kɔndɔ:] *orn* Kondor *m.*
conduc|e [kən'dju:s] *itr* beitragen, dienen, führen (*to, toward* zu); **~ive** [-iv] dienlich, förderlich, zuträglich, von Nutzen (*to* für).
conduct [kən'dʌkt] *tr* führen; (ge-) leiten; *(Unternehmen)* (durch)führen, leiten; *(Geschäft)* führen; *(Prozeß)* betreiben; *(Orchester, Chor)* leiten; dirigieren; *(Experiment)* durchführen; *phys (Wärme) el* leiten; *to ~ o.s.* handeln, sich verhalten, sich aufführen, sich betragen, sich benehmen; *itr* die Führung innehaben; als Dirigent tätig sein; *s* ['kɔndʌkt] Führung, Leitung, Verwaltung; Durchführung, Handhabung; Handlungsweise *f,* (Art *f* des) Verhalten(s), Betragen, Benehmen *n,* Führung *f; ~ of the affairs* Geschäftsführung, -leitung *f; ~ of a case* Führung *f* e-s Prozesses; *~ of war* Kriegführung *f;* **~ance** [kən'dʌktəns] *el* Leitwert *m;* **~ book** *mil* Führungs-, *Br* Strafbuch *n;* **~ibility** [-i'biliti] *phys el* Leitfähigkeit *f;* **~ible** [-əbl] *phys el* leitbar; zu leiten(d), zu führen(d); **~ing** [-iŋ] *a* Leit-; Leitungs-; Führungs-; *~~ wire* Leitungsdraht *m;* **~ion** [kən'dʌkʃən] Leitung *f,* Durchgang *m; phys* Übertragung *f;* **~ive** [-iv] *phys el* leitend, leitfähig; Leit(ungs)-; **~ivity** [-'tiviti] *phys el* Leitfähigkeit *f;* **~ money** Reisegeld *n,* -kostenverschuß *m;* **~or** [kən'dʌktə] Führer, Leiter; Direktor; *mus* Dirigent, Chorleiter; Schaffner (*in Bus u. Straßenbahn, Am rail*); *phys el* (Wärme-)Leiter *m; (Kabel)* Ader *m; Am obs* Blitzableiter *m; ~~ rail* Stromschiene *f;* **~ress** [-ris] Schaffnerin *f;* **~ sheet** *mil* Strafliste *f.*
conduit ['kɔndit, *(el)* 'kɔnd(j)uit, 'kɔndwit] Wasserrohr *n,* Rohrleitung *f;* Rohrnetz *n;* (Kabel-)Kanal; *geol* Vulkanschlot; *fig* Weg *m;* *el* Leitungs-, Isolierrohr *n; ~ of water* Wasserleitung *f.* **~ box** *el* Abzweigdose *f;* **~ cable, wire** Rohrkabel *n,* -draht *m;* **~ connection** Leitungsanschluß *m.*
cone [koun] *s math* Kegel, Konus; *allg* Kegel, Trichter; (Berg-, *bes.* Vulkan-) Kegel *m;* Schlechtwettersignal *n;* Eistüte *f; (Scheinwerfer)* Strahlenbündel *n; bot* Zapfen *m* (*der Koniferen*); *tr* kegelförmig gestalten; *itr bot* Zapfen tragen; *alluvial ~ (geol)* Schuttkegel *m; truncated ~* Kegelstumpf *m; ~ of blast* Sprengkegel *m; ~ of dispersion* Streu(ungs)kegel *m; ~ of fire* Geschoß-, Feuergarbe *f;*

cone bearing 194 **confinement**

~ *of light* Lichtkegel *m*; ~ *of rays* Strahlenbündel *n*; ~ **bearing** *tech* Kegellager *n*; ~ **belt** Keilriemen *m*; **~-shaped** *a* kegelförmig; ~ **speaker** *radio* Trichterlautsprecher *m*; ~ **surface** Kegelmantel *m*.
coney *s. cony.*
confab ['kɔnfæb] *fam* = ~*ulate of ~ulation*); **~ulate** [kən'fæbjuleit] *itr* plaudern, sich (zwanglos) unterhalten; **~ulation** [kənfæbju'leiʃən] Unterhaltung *f*, Geplauder *n*.
confection [kən'fekʃən] *s* Zs.setzung, Mischung; Zubereitung, Herstellung; Süßigkeit *f*, Bonbon *m* od *n*, Praline, kandierte Frucht; (*bes.* Damen-)Konfektion; Konfektionsware *f*; Modeartikel *m*; die Zubereiten; (*Konfekt*) machen; (*bes.* fabrik-, serienmäßig) herstellen; **~er** [-'fekʃnə] Süßwarenfabrikant, -händler, Konditor *m*; **~'s sugar** Puderzucker *m*; **~ery** [-'fekʃnəri] Konfekt, Zuckerwerk *n*, Süßwaren *f pl*; Süßwarenhandlung *f*, Schokoladengeschäft *n*, Konditorei *f*.
confeder|acy [kən'fedərəsi] Bund *m*, Bündnis *n*, Allianz, Liga; Verschwörung *f*, Komplott *n*; *the C~~* die KonföderiertenStaaten; **~ate** [-it] *a* verbündet; *s* Bundesgenosse, Alliierte(r); Komplice, Verschwörer, *hist* Konföderierte(r), Südstaatler *m*; *v* [-eit] *tr itr* (sich) verbünden; *itr* sich verschwören; **~ation** [-'reiʃən] Bund *m*, Bündnis *n*; Staatenbund, Bundesstaat *m*.
confer [kən'fə:] *tr* geben, erteilen, verleihen, übertragen; *itr* sich beraten, beratschlagen, verhandeln, konferieren; **~ee** [kɔnfə'ri:], **conferree** *Am* Konferenzteilnehmer *m*; *Am* derjenige, dem e-e Würde *od* ein Recht verliehen wird; **~ence** ['kɔnfərəns] Tagung, Konferenz, Besprechung, Unterredung, Beratung, Verhandlung *f*; Zs.schluß *m*; *to declare a ~ open* e-e Konferenz für eröffnet erklären; *to hold a ~* e-e Konferenz abhalten; *to meet in ~* zu e-r Besprechung zs.kommen; *the ~ is held* die Konferenz findet statt; *news, press ~* Pressekonferenz *f*; *peace ~* Friedensverhandlung *f*; **~ment** [-mənt] Erteilung, Verleihung, Übertragung *f* (*upon* an).
confess [kən'fes] *tr* bekennen, (ein-, zu)gestehen (*to have, to having* zu haben); sich bekennen zu; *poet* bekunden, an den Tag legen; *rel* beichten; die Beichte abnehmen (*s.o.* jdm); *itr* s-e Schuld, s-n Fehler eingestehen; ein Geständnis ablegen; sich bekennen (*to* zu); *to stand ~ed as* sich enthüllen, herausstellen, erweisen als; **~edly** [-idli] *adv* zugestandenermaßen; **~ion** [-'feʃən] Bekenntnis, Geständnis; (Glaubens-)Bekenntnis *n*; *jur* Anerkenntnis; *rel* Beichte *f*; Heiligenschrein *m*, Märtyrergrab *n*; *to go to ~* zur Beichte gehen; *to make a full ~* ein volles Geständnis ablegen; *~ of faith* Glaubensbekenntnis *n*; **~ional** [-'feʃnl] *a* Beicht-; *s* Beichte *f*; Beichtstuhl *m*; *secret of the ~* Beichtgeheimnis *n*; **~or** [-'fesə] Bekenner; Beichtvater *m*.
confetti [kən'feti(:)] *pl mit sing* Konfetti *pl.*
confid|ant, ~ante [kɔnfi'dænt, 'kɔn-] Vertraute(r *m*) *f*; **~e** [kən'faid] *tr* anvertrauen (*to s.o.* jdm); *itr* vertrauen (*in s.o.* jdm); sich verlassen (*in s.o.* auf jdn); **~ence** ['kɔnfidəns] Vertrauen *n* (*in* auf), Zutrauen *n* (*in* zu); Zuversicht, Gewißheit, feste Überzeugung; Selbstsicherheit *f*, sichere(s) Auftreten *n*; vertrauliche Mitteilung *f*, Geheimnis *n*; (*told*) *in* ~ im Vertrauen (gesagt); *to have, to put* ~ *in* Glauben schenken *dat*; *to place* ~ *in s.o.* jdn Vertrauen setzen; *to take s.o. into o.'s* ~ jdn ins Vertrauen ziehen; *question of ~* (*pol*) Vertrauensfrage *f*; *vote of ~* Vertrauensvotum *n*; ~ *trick,* (*Am*) *game* Bauernfängerei *f*, Schwindel, Betrug *m*; Hochstapelei *f*; ~ *vote* Abstimmung *f* über die Vertrauensfrage *f*; **~ent** ['kɔnfidənt] sicher, überzeugt (*of* von); zuversichtlich, voller Zuversicht; sicher (im Auftreten), selbstsicher; überheblich; **~ential** [kɔnfi'denʃəl] (*Mitteilung*) vertraulich, geheim; vertrauensvoll, -selig; vertraut, vertrauenswürdig; ~ *agent* Vertrauensmann *m*; ~ *clerk* Privatsekretär; *com* Prokurist *m*; **~entially** [kɔnfi'denʃəli] *adv* im Vertrauen, vertraulich, im geheimen, (ins)geheim; im Vertrauen gesagt; **~ing** [kən'faidiŋ] vertrauensvoll, -selig; arglos.
configuration [kənfigju'reiʃən] Anordnung, Gestaltung, Bildung; Struktur, Gestalt *f a. psychol*; Umriß *m*; *astr* Planetenstand *m*; **~ism** [-izm] *Am* Gestaltpsychologie *f*.
confine *s* ['kɔnfain] *meist pl* Grenze, Grenzlinie *f*, -streifen *m*, -gebiet *n fig*; *tr* [kən'fain] begrenzen, beschränken (*to* auf); einsperren, eingesperrt, gefangen halten (*in, to* in); *to be ~d* niederkommen, entbunden werden, *to o.'s bed* ans Bett, *to o.'s room* ans Zimmer gefesselt sein; *to ~ o.s. to* sich beschränken auf; *to ~ to, within limits* in Grenzen halten; **~ment**

confirm [kən'fainmənt] Einschränkung, Beschränkung, Begrenzung; Haft; Bettlägerigkeit; Niederkunft f, Wochenbett n; *(being) in* ~~ in Haft (befindlich); *solitary* ~~ Einzelhaft f; ~~ *to barracks* Kasernenarrest m; ~~ *to o.'s room, to quarters* Stubenarrest m.

confirm [kən'fə:m] *tr* bestätigen, bekräftigen *(in* in); erhärten; (unter)stützen, (be)stärken, festigen; ratifizieren, rechtskräftig machen; *rel* konfirmieren, einsegnen; firmen; **~ation** [kɔnfə'meiʃən] Bestätigung, Bekräftigung, Erhärtung; Unterstützung, Bestärkung, Festigung; Ratifizierung, Ratifikation; *rel* Konfirmation, Einsegnung, Firm(el)ung f; *in* ~~ *of* zur Bestätigung *gen*; ~~ *by oath* Beeidigung f; **~ative** [kən'fə:mətiv], **~atory** [-ətəri] bestätigend; ~~ *test* Kontrollversuch m; **~ed** [-d] *a* bestätigt; bestimmt, fest; endgültig; *(Kredit)* unwiderruflich; *mil* erkannt; eingewurzelt, eingefleischt, Gewohnheits-; *med* chronisch; *rel* konfirmiert; ~~ *bachelor* eingefleischte(r) Junggeselle m; ~~ *drunkard* Gewohnheitstrinker, -säufer m; ~~ *by oath* eidlich.

confisc|ate ['kɔnfiskeit] *tr* beschlagnahmen, konfiszieren; einziehen; **~ation** [-'keiʃən] Beschlagnahme, Einziehung, Konfiskation f; ~~ *of property* Vermögensbeschlagnahme f; **~atory** [kɔn'fiskətəri, '-keitəri] Beschlagnahme-.

conflagration [kɔnflə'greiʃən] Feuersbrunst f, Schadenfeuer n, Brandkatastrophe f; (großer) Brand m a. fig.

conflict ['kɔnflikt] *s* Zs.stoß, Kampf m, Gefecht n, Schlacht f; Streit, Konflikt m; Meinungsverschiedenheit f; Widerstreit *(der Gefühle)*; Widerspruch m; *itr* [kən'flikt] entgegenstehen, widerstreiten *(with* dat); im Widerspruch stehen, sich im W. befinden *(with* zu); nicht übereinstimmen, kollidieren *(with* mit), widersprechen *(with* dat); *in* ~ *with* im Widerspruch zu; *labo(u)r* ~ Arbeitsstreitigkeit f; ~ *of authority* Kompetenzstreit(igkeiten f pl) m; ~ *of evidence (jur)* Beweiskonflikt m; ~ *of interests* Interessenkonflikt m; **~ing** [kən'fliktiŋ] *(Gefühle)* widerstreitend; widersprechend.

conflu|ence ['kɔnfluəns] *geog* Zs.fluß m; Zs.strömen n *(von Menschen)*, Zustrom, -lauf m; Menschenansammlung, -menge f; **~ent** [-ənt] *a* zs.fließend, -strömend, -treffend; *bot med* verwachsen; *s* Zu-, Nebenfluß m; **~x** ['-flʌks] = ~ence.

conform [kən'fɔ:m] *tr* in Übereinstimmung bringen *(to* mit), anpassen *(to* an); *itr* übereinstimmen, sich in Übereinstimmung befinden *(to* mit); entsprechen *(to* dat); sich anpassen *(to* an), sich fügen, gehorchen, sich unterwerfen *(to* dat); **~able** [-əbl] übereinstimmend, in Übereinstimmung *(to* mit); entsprechend, gemäß *(to* dat), passend *(to* zu); nachgiebig, fügsam, gehorsam, unterwürfig; *geol* gleich gelagert; **~ance** [-əns], **~ity** [-iti] Übereinstimmung *(with* mit); Anpassung *(to* an); Zugehörigkeit f zur Anglikanischen Kirche; *in* ~ity *with* gemäß, übereinstimmend mit, laut, zufolge; **~ation** [kɔnfɔ:'meiʃən] Form f, (Auf-)Bau m, Gestalt, Struktur f; *anat* Bau m; **~ist** [kən'fɔ:mist] Angehörige(r) m der Anglikanischen Kirche.

confound [kən'faund] *tr* verwechseln *(with* mit); durchea.bringen, -werfen; verwirren, aus der Fassung bringen, in Erstaunen versetzen, überraschen *lit* beschämen, in Verlegenheit bringen; zunichte machen, über den Haufen werfen; ~ ['kən'faund] *it!* verdammt (noch mal)! **~ed** [-id] *a fam* verdammt, verflixt; abscheulich.

confraternity [kɔnfrə'tə:niti] *bes. rel* Bruderschaft f.

confrère, *Am* **confrere** ['kɔnfrɛə] Kollege m.

confront [kən'frʌnt] *tr* gegenüberstellen *(with* dat), konfrontieren *(with* mit); *jur (Urkunden)* vergleichen *(with* mit), gegenea.halten; gegenüber-, entgegentreten *(s.th.* e-r S), ins Auge sehen *(danger* der Gefahr); gegenüberstehen *(s.th.* e-r S); **~ation** [kɔnfrən'teiʃən] *jur* Gegenüberstellung; Vergleichung f *(von Urkunden)*.

confus|e [kən'fju:z] *tr* durchea.bringen, -werfen, verwechseln *(with* mit); in Verwirrung bringen, verwirren; *meist Passiv: to be, to become, to get* ~ed in Verwirrung, aus der Fassung geraten, bestürzt, in Verlegenheit sein; **~ed** [-d] *a* durchea.(gebracht), verwirrt, in Verwirrung, in Verlegenheit; verworren, unklar; **~ion** [-'fju:ʒən] Verwirrung f, Durcheinander n, verworrene Lage f, Tumult m; Verworrenheit; Verwirrtheit, Bestürzung, Fassungslosigkeit, Verlegenheit; Verwechs(e)lung f.

confut|able [kən'fju:təbl] widerlegbar; **~ation** [kɔnfju'teiʃən] Widerlegung f; **~e** [kən'fju:t] *tr* widerlegen; *(Person)* e-s Irrtums überführen, e-n Irrtum nachweisen *(s.o.* jdm).

congé ['kõːʒei] Abschied *m*, Verabschiedung *f*. **congeal** [kən'dʒiːl] *tr (Kälte)* erstarren lassen; *itr* (vor Kälte) erstarren, steif werden; *(Flüssigkeit)* fest werden, (ge-)frieren; gerinnen; *(Küche)* zu Gallerte werden; *fig (to be ~ed)* (vor Schreck) starr werden, erstarren; **~able** [-əbl] gefrier-, gerinnbar; **~ment** [-mənt]. **congelation** [kɔndʒiˈleiʃən] Gefrieren; Gerinnen *n*; Erstarrung *a. fig*; geronnene, erstarrte Masse *f*.
congen|er ['kɔndʒinə] Mensch gleichen Schlages; gleichartige(r), verwandte(r) Gegenstand *m*, ähnliche Sache *f (of* wie); **~ial** [kən'dʒiːniəl] geistesverwandt *(with, to s. o.* jdm); mit gleichen Interessen *(with, to* wie); freundlich, sympathisch; *(Sache)* angenehm, zusagend; passend, angemessen *(to* dat); **~iality** [kəndʒiːni'æliti] geistige Verwandtschaft, Interessengleichheit; Angemessenheit *f*; **~ital** [kən'dʒenitl] angeboren *(with s.o.* jdm); **~itally** [-təli] *adv* von Geburt (an).
conger ['kɔŋgə] Meer-, Seeaal *m*.
congeries [kən'dʒiəriːz] *pl* ~ ungeordnete(r) Haufen *m (von Sachen)*.
congest [kən'dʒest] *itr tr meist Passiv* verstopfen; *(Straßen)* überfüllen, *(Land)* übervölkern, *(Markt)* überschwemmen; *itr med* sich ansammeln; **~ed** [-id] *a* überfüllt; übervölkert, sehr dicht besiedelt; **~ion** [-ʃən] Blutandrang *m*, -wallung *f*; Überfüllung; *(~~ of traffic)* (Verkehrs-)Stauung, Stockung, Verstopfung; *(~~ of population)* Übervölkerung *f*.
conglobat|e ['kɔŋ-, kɔŋˈglo(u)beit, -gləb-] *tr itr* (sich) zs.ballen *(into* zu); *a* zs.geballt; **~ion** [-'beiʃən] Zs.ballung *f*.
conglomerat|e [kənˈglɔmərit] *tr itr* (sich) (zs.)ballen; [kən'glɔmərit] *a* (zs.)geballt, (an)gehäuft, massiert; *s* bunte Masse *f*, Konglomerat *n a. geol*; **~ion** [kənglɔməˈreiʃən] Zs.ballung, Anhäufung *f*; bunte(r) Haufen *m*, Konglomerat *n*.
conglutinat|e [kənˈgluːtineit] *tr* zs.-, anea.kleben, -leimen; *fig* zs.fügen, verein(ig)en; *itr lit fig* zs.hängen; **~ion** [-ˈneiʃən] Zs.kleben *n*; *fig* Vereinigung *f*.
congratul|ate [kənˈgrætjuleit] *tr* beglückwünschen, Glück wünschen *(s.o.* jdm), gratulieren *(s.o.* jdm; *on* zu); *to ~~ o.s. on s.th.* sich über etw freuen, über etw froh sein; **~ation** [-ˈleiʃən] *meist pl* Glückwunsch *m*, Gratulation *f*; **~ator** [-ˈgrætjuleitə] Gratulant *m*; **~atory** [-əri] *a* Glückwunsch-; beglückwünschend.

congregat|e ['kɔŋgrigeit] *tr (Menschen)* zs.bringen; versammeln; *itr* zs.-kommen, sich an-, versammeln; *a* ['kɔŋgrigit] versammelt; Sammel-; **~ion** [-'geiʃən] Ansammlung; Zs.-kunft *f*, Treffen *n*, Versammlung; *rel* Gemeinde(versammlung); Ordens-, Kardinalskongregation *f*; **~ional** [-'geiʃnl] *rel* Gemeinde-, Versammlungs-; kongregationalistisch; **~ionalism** [-ˈgeiʃnəlizm] *rel* Kongregationalismus *m*.
congress ['kɔŋgres] Zs.kunft, Tagung *f*, Kongreß *m*; Versammlung; Gesellschaft *f*; gesellschaftliche(r) Verkehr; Geschlechtsverkehr *m*; *C~ (Am)* der Kongreß *(Senat u. Repräsentantenhaus)*; **~ional** [kɔŋ'greʃənl] *a (pol C~~)* Kongreß-; **~man, ~woman** *pol* Kongreßmitglied *n, bes.* Abgeordnete(r *m*) *f* des Repräsentantenhauses.
congru|ence, ~cy ['kɔŋgruens(i)] Übereinstimmung *a. gram (of ... with* zwischen ... und; *between* zwischen); Richtigkeit, Vernünftigkeit; Angebrachtheit, Angemessenheit *f*; *math* Kongruenz *f*; **~ent** ['-ənt] in Übereinstimmung, übereinstimmend *a. gram (with* mit); angemessen, entsprechend, gemäß *(with* dat), passend *(with* zu); *math* kongruent, deckungsgleich; **~ity** [-'gruː(ː)iti] Übereinstimmung; Angebrachtheit, Angemessenheit *f*; *math* Kongruenz, Deckungsgleichheit *f*; **~ous** ['-əs] übereinstimmend, in Übereinstimmung *(with* mit); angemessen *(with* dat), passend *(with* zu; *to* für); richtig, recht, vernünftig.
conic ['kɔnik] *s* Kegelschnitt *m*; *pl mit sing* Lehre *f* von den Kegelschnitten; **~, ~al** ['-əl] konisch, kegelförmig; **~ section** Kegelschnitt *m*.
conifer ['kounifə] Nadelbaum *m*, Konifere *f*; **~ous** [kouˈnifərəs] *bot* zapfentragend; **~~ tree** Nadelbaum *m*; **~~ wood** Nadelwald *m*.
conjectur|able [kənˈdʒektʃərəbl] zu vermuten(d), konjizierbar; **~al** [-əl] mutmaßlich; **~e** [-ʃə] *s* Vermutung, Mutmaßung; *scient* Konjektur *f*; *tr* mutmaßen, vermuten; *scient* konjizieren; *itr* Vermutungen anstellen.
conjoin [kənˈdʒɔin] *tr itr* (sich) verbinden, (sich) vereinigen; **~t** ['kɔndʒɔint, -'-] verbunden, vereinigt; gemeinsam; **~tly** *adv* gemeinschaftlich, gemeinsam, zusammen *(with* mit).
conjug|al ['kɔndʒugəl] ehelich, Ehe-, Gatten-; **~~ community, duty, faith** eheliche Gemeinschaft, Pflicht, Treue *f*; **~~ happiness** Eheglück *n*; **~~ life** eheli-

conjugate   197   **conning-tower**

che(s) Zs.leben *n*; ~**ate** [-eit] *tr gram* konjugieren, *(Zeitwort)* beugen; *itr biol* sich paaren; [-it] *a (bes.* ehelich) verbunden, verein(ig)t, gepaart; *bot* paarig; *gram* vom gleichen Stamm; *math* konjugiert; *s* [-it] *gram* Wort *n* vom gleichen Stamm; *math* konjugierte Zahl *f*; ~**ation** [-'geiʃən] Verbindung, Vereinigung, *biol* Paarung, Verschmelzung *(der Zellen)*; *gram* Konjugation, Beugung *f*.
conjunct [kən'dʒʌŋkt, 'kɔndʒʌŋkt] verbunden, verein(ig)t; ~**ion** [kən'dʒʌŋkʃən] Verbindung, Vereinigung *f*; Zs.treffen, -fallen *n*; *gram astr* Konjunktion *f*; *in* ~~ *with* in Verbindung mit; ~**iva** [-'taivə] *anat* Bindehaut *f*; ~**ival** [-əl] *a* Bindehaut-; ~**ive** [-'dʒʌŋktiv] *a* verbindend; Binde-; *(Logik, gram)* konjunktiv; *s* (~~ *mood*) *gram* Konjunktiv *m*, Möglichkeitsform *f*; (~~ *word*) Bindewort *n*, Konjunktion *f*; ~~ *tissue* (*anat*) Bindegewebe *n*; ~**ively** *adv* vereint, gemeinsam; ~**ivitis** [-'vaitis] *med* Bindehautentzündung *f*; ~**ure** [kən'dʒʌŋktʃə] Umstände *m pl*, Gegebenheiten *f pl*; Lage, Konjunktur; kritische Lage, Krise *f*.
conjur|ation[kɔndʒuəˈreiʃən](Geister-) Beschwörung *f*; Zauber *m*; ~**e** [kənˈdʒuə] *tr* beschwören, anflehen, flehentlich, inständig bitten; ['kʌndʒə] *tr itr (to* ~ *up)* (Geist) beschwören *a. fig*; *fig* heraufbeschwören; zaubern, hexen; Zauberkunststücke machen *od* ausvorführen; *to* ~ *out od up, away* hervor-, wegzaubern; ~**er**, ~**or** ['kʌndʒərə] Zauberkünstler, Taschenspieler *m*; [kənˈdʒuərə] Beschwörende(r), Flehende(r); ~**ing** ['kʌndʒəriŋ] Zaubern *n*, Hexerei, Zauberei *f*; ~~-**trick** Zauberkunststück *n*, Taschenspielertrick *m*.
conk [kɔŋk] **1.** *itr fam (to* ~ *out)* nicht mehr tun, nicht mehr mitmachen, aussetzen, -fallen, versagen; *mot* stehenbleiben, bocken; mit der Arbeit aufhören; sterben; *to* ~ *off (Am sl)* nicht arbeiten; sich aufs Ohr legen; **2.** *s sl Br* Zinken *m*, Gurke, Nase; *Am* Rübe *f*, Kopf; Schlag *m* auf den Kopf; *tr Am* einen Schlag auf den Kopf verpassen (*s.o.* jdm); ~**er** ['-ə] Roßkastanie *f*; ~**y** ['-i] *a s sl Am* (Mensch *m*) mit e-m großen Zinken.
conn [kɔn] *s. con* **2**.
connat|e ['kɔneit] angeboren; gleichzeitig entstanden, stammverwandt, gleichartig; *zoo bot* mitea. verwachsen; ~**ural** [kəˈnætʃrəl] angeboren, natürlich (*to* dat); gleichartig; verwandt.

connect [kəˈnekt] *tr* verbinden (*with* mit) *a. fig tele*; anschließen (*with* an) *a. tele*; verknüpfen; *tech* koppeln, kuppeln, in Eingriff bringen (*with* mit); *el* schalten, anschließen (*to* an); an-, einschalten; *chem* ketten; *fig* mitea. in Verbindung, in Zs.hang bringen; *fam* zs.reimen; *itr* zs.hängen, Verbindung haben, in V. stehen (*with* mit); *(Zug)* Anschluß haben (*with* an); *Am fam* als Gesprächsgegenstand dienen; *sl* (gut) hinkriegen; *(Sache)* hinhauen, klappen; landen (*with a blow* e-n Schlag); *to* ~ *through (tele)* durchschalten; *to be* ~*ed with* in Verbindung stehen mit; *to be (well)* ~*ed* (gute) Verbindungen, Beziehungen haben; *to* ~ *in series* hinterea.schalten; ~**ed** *a* verbunden; verwickelt (*with* in); *tech* gekoppelt; *el* geschaltet; verwandt; *fig* zs.hängend, logisch aufgebaut; ~~ *in parallel* parallelgeschaltet; ~**er**, ~**or** [-ə] *rail* Kopp(e)lung *f*; *el* Anschluß, Verbindungsklemme *f*, Stecker *m*; ~**ing** [-iŋ] *a* Verbindungs-, Binde-, Zwischen-; *tech meist* Verbindungs-, Anschluß-; ~~ *cord, flex (tele)* Verbindungsschnur *f*; ~~ *link* Zwischen,- Bindeglied *n*; ~~ *pipe, tube* Anschluß-, Verbindungsrohr *n*; ~~ *train* Anschlußzug *m*; ~**ion**, *Br* **connexion** [kəˈnekʃən] Verbindung *f a. tele*, Anschluß *a. tele rail*; Zs.hang *m*; *(a. pl)* Beziehungen (*with* zu), Verbindungen *f pl*; Kundschaft; Bekanntschaft *f*, Bekanntenkreis *m*, Verwandtschaft *f*; Geschlechtsverkehr *m*; Kirchengemeinschaft, Religionsgesellschaft; politische *od* wirtschaftliche Vereinigung *od* Gruppe *f*; *el* Anschluß *m*, Schaltung *f*; *tech* Anschlußleitung(*f*); *in this* ~~ in diesem Zs.hang; *in* ~~ *with* im Zs.hang mit; in bezug auf; *with good* ~~*s* mit guten Beziehungen; *to establish a* ~~ sich e-n Kundenkreis schaffen; *to make* ~~*s* den Anschluß erreichen; Anschluß haben (*at* bei); *to open a* ~~ in Verbindung treten (*with* mit); *what is the* ~~ *between* ... welcher Zs.hang besteht zwischen, wie hängen ... zs.? *rail, train* ~~ Bahn-, Zugverbindung *f*; *series* ~~ Reihenschaltung *f*; *telephone* ~~ Fernsprechverbindung *f*, *trunk* ~~ Ferngespräch *n*; ~~ *by air, by sea* Flug-, Schiffsverbindung *f*; ~~ *box* Anschlußdose *f*; ~~ *cable* Anschlußkabel *n*; ~~ *diagram* Schaltbild *n*; ~**ive** [-iv] verbindend, verknüpfend; Verbindungs-, Binde-; ~~ *tissue* (*anat*) Bindegewebe *n*.

conning-tower *s. con* **2**.

conniption [kəˈnipʃən] (~ *fit*) *Am fam* Wut-, hysterische(r) Anfall *m*.

conniv|ance [kəˈnaivəns] (sträfliche) Nachsicht (*at*, *in* mit), Zustimmung (*at*, *in* zu); Begünstigung *f*; Gewährenlassen; (strafbares) geheime(s) Einverständnis, Einvernehmen *n* (*with* mit); *to be in* ~~ *with* in strafbarem Einvernehmen stehen mit; **-e** [kəˈnaiv] *itr* (*Unrecht*) nicht sehen wollen, mit Absicht übersehen (*at s.th.* etw), ein Auge zudrücken (*at* bei); stillschweigend dulden (*at s.th.* etw); in geheimem Einverständnis sein (*with* mit).

connoisseur [kɔniˈsəː] (Kunst-)Kenner *m*; ~ *of* (*in*) *wine* Weinkenner *m*.

connot|ation [kɔnə(u)ˈteiʃən] Mit-, Neben-, weitere Bedeutung *f*; Attribut *n*, Eigenschaft *f*, Merkmal *n*; Begriffsinhalt, Bedeutungsumfang *m*; Bedeutung *f*; **-e** [kəˈnout] *tr* zugleich bedeuten *od* bezeichnen; (mit)einschließen, einbegreifen; *fam* bedeuten.

connubial [kəˈnjuːbiəl] ehelich; Ehe-; verheiratet; **-ity** [-ˈæliti] Ehe(stand), eheliche Gemeinschaft *f*; Eherecht *n*.

conoid [ˈkɔnɔid] *a* kegelförmig, konisch; *s math* Konoid *n*; *med* Zirbeldrüse *f*.

conquer [ˈkɔŋkə] *tr* erobern; besiegen, unterwerfen, überwältigen, überwinden *a. fig* (*Schwierigkeit*); *fig* Herr werden über (*e-e Leidenschaft*); (*Gewohnheit*) ablegen; *itr* siegen, siegreich sein, gewinnen; **-ing** [ˈ-riŋ] siegreich; **-or** [ˈ-rə] Eroberer, Sieger, Überwinder *m*.

conquest [ˈkɔŋkwest] Eroberung *a. fig*; Unterwerfung *f*; eroberte(s) Land; unterworfene(s) Volk *n*; Beute; *jur* Errungenschaft *f*; *to make a* ~ *of s.o.* jdn erobern.

consanguin|eous [kɔnsæŋˈgwiniəs] blutsverwandt; **-ity** [-iti] Blutsverwandtschaft *f*; nahe Verwandtschaft *f*.

conscience [ˈkɔnʃəns] Gewissen *n*; *for* ~(') *sake* um das Gewissen zu beruhigen; *in all* - (*fam*) alles, was recht ist; *in all* ~, *in*, *upon my* (*fam*) sicher, bestimmt; *to have on o.'s.* ~ auf dem Gewissen haben; *his* ~ *is bothering him* er macht sich Gewissensbisse; ~ **money** bezahlte Gewissensschuld *f*; **~-smitten, -stricken** *a* schuldbewußt.

conscientious [kɔnʃiˈenʃəs] gewissenhaft, pflichtbewußt; (*Arbeit*) sorgfältig; **-ness** [-nis] Gewissenhaftigkeit *f*; ~ **objector** Kriegs-, Wehrdienstverweigerer *m*.

conscious [ˈkɔnʃəs] *a* bewußt; bei (vollem) Bewußtsein; absichtlich, wissentlich; vorsätzlich; selbstbewußt, überzeugt; *s*: *the* ~ (*psychol*) das bewußte Seelenleben; *with* ~ *superiority* im Bewußtsein s-r Überlegenheit; *to be* ~ *of s.th.* sich e-r S bewußt, sich über etw im klaren sein; *to be* ~ *that* überzeugt sein, daß; **-ness** [ˈ-nis] Bewußtheit *f*; Bewußtsein *n* (*of gen*; *that* daß); *class* ~ Klassenbewußtsein *n*; ~ *of guilt* Schuldbewußtsein *n*.

conscript [kənˈskript] *tr mil* ausheben, einziehen, einberufen; [ˈkɔnskript] *a* einberufen, eingezogen, ausgehoben; *s* Eingezogene(r); Einberufene(r), Wehrdienstpflichtige(r) *m*; **-ee** [-ˈiː] *Am fam* Rekrut *m*; **-ion** [kənˈskripʃən] Einberufung, Aushebung; Wehrpflicht *f*; *universal* ~ allgemeine Wehrpflicht *f*; ~ *of labo(u)r* Arbeits-, Dienstpflicht *f*; ~ *law* Wehrgesetz *n*; ~ *list* (Wehr-)Stammrolle *f*, -blatt *n*.

consecrat|e [ˈkɔnsikreit] *tr rel* weihen, konsekrieren; *allg* widmen; heiligen; **-ion** [-ˈkreiʃən] *rel* Weihe, Konsekration; *allg* Hingabe *f* (*to* an).

consecut|ion [kɔnsiˈkjuːʃən] (Aufea-, Reihen-)Folge; (logische) Folge, Folgerung *f*; **-ive** [kənˈsekjutiv] aufeafolgend, fortlaufend; nach-, hintereinander; *attr*; folgerichtig; ~ *clause* (*gram*) Konsekutivsatz *m*; ~ *interpreting* Konsekutivdolmetschen *n*; **-ively** [-ˈsekjutivli] *adv* fortlaufend.

consensus [kənˈsensəs] Übereinstimmung; (~ *of opinion*) übereinstimmende Meinung, allgemeine Ansicht.

consent [kənˈsent] *itr* einwilligen (*to* in), einverstanden sein (*to* mit); beipflichten, zustimmen (*to s.th.* e-r S), billigen (*to s.th.* etw); *s* Einwilligung *f* (*to* in); Einverständnis, Einvernehmen *n* (*to* mit); Zustimmung (*to* zu); Billigung *f* (*to* gen); *by mutual* ~ in gegenseitigem Einvernehmen; *with one* ~ einstimmig, -mütig; *to give o.'s* ~ *to* s-e Einwilligung geben in, s-e Zustimmung erteilen zu; *silence gives* ~ (*prov*) wer schweigt, gibt zu.

consequen|ce [ˈkɔnsikwens] Folge, Konsequenz *f*, Ergebnis *n*, Wirkung; Folgerung *f*, Schluß *m*; Bedeutung, Wichtigkeit *f*, Einfluß *m*; *in* ~ folglich; *in* ~~ *of* infolge *gen*; *of* ~ bedeutend, wichtig (*to* für); *of no* ~ unwichtig, unbedeutend, belanglos, ohne Bedeutung; *to be the* ~ *of s.th.* die Folge e-r S sein; *to have serious* ~~s ernste Folgen haben *od* nach sich ziehen;

to take, to bear the ~~s die Folgen auf sich nehmen *od* tragen; *that's of no further* ~~ das fällt nicht weiter ins Gewicht; **~t** ['-t] *a* folgend (*upon* auf), sich ergebend (*upon* aus); folgerichtig, konsequent; *s* Folge, Konsequenz *f*, Ergebnis *n*; **~tial** [kənsi'kwenʃəl] daraus folgend, sich ergebend (*on* aus); dünkelhaft, eingebildet; *Am* einflußreich; **~tly** ['-tli] *adv* folglich.

conserv|able [kən'sə:vəbl] konservierbar; **~ancy** [-ənsi] Erhaltung (*der Natur*); Unterhaltung (von Anlagen, Einrichtungen); (Forst-, Fischerei-, Hafen-)Verwaltung *f*; *river-*~~ Flußbauamt *n*; **~ation** [kɔnsə(:)'veiʃən] Erhaltung, Bewahrung *f*, Schutz *m*; sachgerechte Verwendung; Melioration; Pflege *f*; *soil* ~~ Bodenmelioration *f*; ~~ *of energy (phys)* Erhaltung *f* der Energie; **~atism** ['-sə:vətizm] *bes. pol* Konservat(iv)ismus *m*; **~ative** [-iv] *a* konservativ *a. pol*; erhaltend; *fam* vorsichtig, zurückhaltend, mäßig, bescheiden; *s pol* Konservative(r) *m*; Schutzmittel *n*; **~atoire** [kɔnsə:'vətwɑ:] *Br* Musikhochschule *f*; **~ator** ['kɔnsə(:)'veitə] Erhalter, Bewahrer, Schützer; *Am jur* Pfleger *m*; [kən'sə:vətə] (Museums-, Landes-)Konservator, Museumsdirektor, -leiter; *Br* (Ober-)Aufseher, Inspektor *m*; **~atory** [kən'sə:vətri] *a* erhaltend; Schutz-; *s* Treibhaus *n*; Wintergarten *m*; *Am mus* Konservatorium *n*, Musik(hoch)schule *f*; **~e** [kən'sə:v] *tr* erhalten, bewahren, schützen; konservieren, einmachen, -kochen; *s* [*a.* 'kɔnsə:v] *meist pl* Konserven *f pl*, Eingemachte(s) *n*.

consider [kən'sidə] *tr* betrachten, erwägen, bedenken; reiflich überlegen, prüfen; berücksichtigen, Rücksicht nehmen auf; ansehen, betrachten als, halten für; *to* ~ *that* der Ansicht sein, daß; für annehmbar, möglich halten (*doing s.th.* etw zu tun); *to be* ~*ed* gelten als; *itr* nachdenken, überlegen; *all things* ~*ed* wenn man alles in Betracht zieht; bei dieser Sachlage; *what do you* ~ *me to be?* wofür halten Sie mich? *I* ~~ ich bin der Auffassung (*that* daß); **~able** [-rəbl] bedeutend (*a. Person*), beachtlich, beträchtlich, erheblich, merklich; *Am* sehr viel; **~ate**[-rit] rücksichtsvoll, aufmerksam, zuvorkommend (*of* gegen); *to be* ~~ *of* Rücksicht nehmen auf; **~ation** [-'reiʃən] Überlegung, Erwägung *f*; Gesichtspunkt *m*; Beweggrund, Anlaß; Umstand *m*; Rücksicht(nahme), Aufmerksamkeit, Zuvorkommenheit (*of* gegenüber); Bedeutung; Belohnung, Vergütung *f*, Entgelt *n*, Entschädigung, Gegenleistung *f*, Gegenwert *m*; *com* Deckung *f*; *after long* ~~ nach reiflicher Überlegung; *in* ~~ *of* in Anbetracht *gen*, im Hinblick, mit Rücksicht auf; *for a* ~~ entgeltlich; *of no* ~~ (*at all*) (völlig) belanglos, unerheblich; *on, under no* ~~ auf keinen Fall, unter keinen Umständen; *on further* ~~ bei näherer Überlegung; *out of* ~~ *for* mit Rücksicht auf; *in Anbetracht gen*; *to be (still) under* ~~ noch nicht entschieden sein; *to come into* ~~ in Frage, in Betracht kommen; *to give careful* ~~ *to s.th.* etw sorgfältig berücksichtigen; *to leave out of* ~~ unberücksichtigt, außer acht lassen; *to take into* ~~ in Betracht, in Erwägung ziehen; berücksichtigen; *the case under* ~~ der vorliegendeFall; *time for* ~~ Bedenkzeit *f*; **~ed** [-d] *a* (wohl)überlegt; geachtet, geschätzt; **~ing** [-riŋ] *prp* in Anbetracht *gen*, im Hinblick auf; ~~ (*adv fam*) unter Berücksichtigung aller Umstände; nach reiflicher Überlegung.

consign [kən'sain] *tr* (ver)senden, (ver)schicken; über-, zusenden, zustellen, übergeben, ausliefern, aushändigen, überlassen (*to* für); einweisen (*to* in); anvertrauen; *lit* (*Gott*) anbefehlen, in die Hände legen (*to* gen); hinterlegen, deponieren; in Kommission geben; konsignieren; *to be* ~*ed to (fig)* ausgeliefert, überlassen sein; **~ee** [kɔnsai'ni:] Empfänger, Adressat, Depositar *m*; **~er, ~or** [kən'sainə] Absender; Deponent; Konsignant *m*; **~ment** [-mənt] Verschickung *f*, Versand *m*, Zustellung, Aushändigung; (Waren-)Sendung; Hinterlegung, Deposition; Kommission; Konsignation *f*; *to take on* ~~ in Kommission nehmen; ~~ *note* Frachtbrief, Ladeschein *m*; ~~ *for (inspection and) approval* Ansichtssendung *f*; ~~ *inpart* Teilsendung, -lieferung *f*.

consist [kən'sist] *itr* bestehen, sich zs.-setzen, gebildet sein (*of* aus); *to* ~ *in* bestehen in; *to* ~ *with* übereinstimmen, im Einklang stehen mit; **~ence, ~cy** [-əns(i)] Dichte, Festigkeit, Konsistenz *f*; Dichte-, Festigkeitsgrad *m*; **~ency** Übereinstimmung; logische Folge *f*, Zs.hang *m*, Folgerichtigkeit; Beständigkeit *f*; **~ent** [-ənt] in Übereinstimmung, in Einklang, vereinbar (*with* mit); beständig, gleichbleibend, konsequent, folgerichtig (*about s.th.* in etw); **~ory** [-əri] *rel* Konsistorium *n*.

consolation — constitution

consol|ation [kɔnsəˈleiʃən] Trost m; ~~ prize Trostpreis m; **-atory** [kənˈsɔlətəri], **-ing** [-ˈsouliŋ] tröstend, trostreich; Trost(es)-; **-e** [kənˈsoul] tr trösten (for über); **-er** [-ə] Tröster m.

console [ˈkɔnsoul] Konsole f; Krage f, Kragträger, -stein m; Wandgestell n; Instrumentenbank; Musiktruhe f; Gehäuse n; ~ **table** Konsol-, Wandtisch m.

consolidate [kənˈsɔlideit] tr itr (sich) stärken, (sich) festigen; tr mitea. verbinden, vereinigen, zs.schließen; zs.legen a. fin; fin fundieren, konsolidieren; mil (Stellung) ausbauen; **-ated** a fin fundiert, konsolidiert; com Am gemeinsam, für mehrere Betriebe arbeitend; ~~ annuities s. consols; ~~ debt fundierte, konsolidierte Schuld f; ~~ school (Am) Sammel-, Bezirksschule f; **-ation** [-ˈdeiʃən] Stärkung, Festigung; Verbindung, Vereinigung f, Zs.schluß f, Fusion; Zs.legung a. fin; fin Verschmelzung; Fundierung, Konsolidierung f.

consols [kən-, kənˈsɔlz, ˈkɔnsɔlz] pl fin Konsols m pl, konsolidierte Staatsanleihen, -renten f pl, -papiere n pl.

consommé [kɔnˈsɔmei, Am kɔnsəˈmei] (klare) Fleischbrühe f.

consonan|ce [ˈkɔnsənəns] Übereinstimmung f, Ein-, Zs.klang m, Konsonanz f; Wohlklang; mus Akkord m; gram Mitlaut-, Konsonantenfolge f; **-t** [-t] a übereinstimmend, in Einklang (with mit); harmonisch; rhythmisch; gereimt; gram konsonantisch, Konsonanten-; s gram Konsonant, Mitlaut m; ~~ chift Lautverschiebung f; **-tal** [-ˈnæntl] konsonantisch.

consort [kənˈsɔːt] itr Umgang haben, verkehren (with mit); in Einklang stehen, harmonieren (with mit), passen (with zu); tr verbinden; s [ˈkɔnsɔːt] Gemahl(in f) m; mar Begleitschiff n; prince ~ Prinzgemahl m; **-ium** [kənˈsɔːtjəm, Am -ˈsɔːʃjəm] fin Konsortium, Syndikat m; eheliche Gemeinschaft f.

conspectus [kənˈspektəs] (allgemeine) Übersicht f, Überblick m; Zs.fassung f.

conspicuous [kənˈspikjuəs] gut zu sehen(d), deutlich sichtbar, bemerkbar; (klar) ersichtlich, offensichtlich, -bar; auffällig, hervorragend, auffallend, bemerkenswert (by, for durch, wegen); to be ~ by o.'s absence durch Abwesenheit glänzen; to make o. s. ~ sich auffällig benehmen; **-ness** [-nis] Deutlichkeit, Auffälligkeit f.

conspir|acy [kənˈspirəsi] Verschwörung; Verschwörergruppe f; fig Zs.-wirken n; **-ator** [-ətə] Verschwörer m; **-e** [kənˈspaiə] itr sich verschwören (against gegen) a. fig; fig zs.wirken; tr (heimlich) planen.

constab|le [ˈkʌnstəbl] (police ~~) Schutzmann, Polizist m; Chief C~~ Polizeichef, -direktor m; to outrun the ~~ Schulden machen; **-ulary** [kənˈstæbjuləri] s städtische od Bezirkspolizei f; a Polizei-.

constan|cy [ˈkɔnstənsi] Standhaftigkeit, Beständigkeit, Unwandelbarkeit, Treue; Festigkeit, Standhaftigkeit; Dauerhaftigkeit; Regelmäßigkeit f; **-t** [-t] a standhaft, beständig, unwandelbar, treu, fest; beständig, ununterbrochen, fortwährend, dauernd; gleichbleibend, regelmäßig, konstant; s math phys Konstante f, Festwert m; el Schaltelement n; **-tly** adv (be)ständig, immer(zu), dauernd, unaufhörlich, fortwährend; wiederholt, oft.

constellation [kɔnstəˈleiʃən] astr Sternbild n; (Astrologie) Planetenstellung f, Aspekte m pl; fig Konstellation f, Aussichten f pl; fig glänzende(r) Kreis m; psychol Komplex m von Gedanken u. Gefühlen.

consternat|ion [kɔnstəˈneiʃən] Entsetzen n, Bestürzung f; völlige Fassungslosigkeit, Verwirrung f.

constipat|e [ˈkɔnstipeit] tr med verstopfen; **-ion** [-ˈpeiʃən] Verstopfung f.

constituen|cy [kənˈstitjuənsi] Wähler (-schaft f) m pl (e-s Wahlbezirks); Wahlbezirk, -kreis m; Anhängerschaft f; Kundenkreis m, Abnehmer m pl; **-t** [-t] a wählend, Wahl-; verfassunggebend; wesentlich; Bestand-; s Wähler; Auftrag-, Vollmachtgeber, Mandant m; (~~ part) wesentliche(r), Haupt-, Grundbestandteil; Bauteil m, Komponente f; el Schaltelement n; ~~ assembly verfassunggebende Versammlung f.

constitute [ˈkɔnstitjuːt] tr (Person) einsetzen, ernennen, bestellen; beauftragen, bevollmächtigen; (Körperschaft) konstituieren, begründen, ein-, errichten; (Ausschuß) bilden, einsetzen; (Einrichtung) schaffen; (Gesetz) in Kraft setzen; (ein Ganzes) ausmachen, bilden, darstellen; (Summe) betragen; to ~ o.s. a judge of sich zum Richter aufwerfen über.

constitution [kɔnstiˈtjuːʃən] Ernennung, Bestellung, Ein-, Errichtung, Begründung, Konstituierung, Einsetzung, Schaffung, Bildung f, (Auf-)Bau m, Struktur, Organisation, Beschaffenheit f; (Mensch) Konstitution;

constitutional   Wesensart *f*, Charakter *m*; Gesellschafts-, Staats-, Regierungsform; Verfassung *f*, (Staats-)Grundgesetz *n*; *to give a* ~ e-e Verfassung geben; **-al**[-nl] *a* konstitutionell, in der Natur *od* im Wesen begründet; wesentlich; natürlich, der Veranlagung entsprechend, Veranlagungs-; gesundheitsfördernd; *pol* verfassungsmäßig, -gemäß, Verfassungs-; *s fam* Verdauungsspaziergang *m*; *to take a* ~ ein bißchen an die (frische) Luft gehen; ~ *charter* Verfassungsurkunde *f*; ~ *crisis, reform* Verfassungskrise, -reform *f*; ~ *monarchy* konstitutionelle Monarchie *f*; **-alism** [-ʃnəlizm] verfassungsmäßige Regierung *f*; Konstitutionalismus *m*; **-alist** [-ʃnəlist] *pol* Konstitutionelle(r) *m*.

constitutive ['konstitju:tiv] konstitutiv, konstituierend, rechtsbegründend; *(Bestandteil)* wesentlich, Grund-; e-n Bestandteil bildend *(of gen)*.

constrain [kən'strein] *tr* (er)zwingen, nötigen; **-ed** [-d] *a* verwirrt, verlegen, befangen; gezwungen, unnatürlich; *to find o.s.* ~ sich gezwungen, genötigt sehen; **-edly** [-idli] *adv* gezwungenermaßen; **-t** [-t] Zwang, Druck *m*, Nötigung; Haft; Verlegenheit, Befangenheit *f*; *under* ~ unter Zwang, zwangsweise; *to be under* ~ sich in e-r Zwangslage befinden; *to put under* ~ unter Druck setzen.

constrict [kən'strikt] *tr* zs.ziehen, -drücken; einengen; abschnüren; *(Muskel, Ader)* zs.schnüren, verenge(r)n; *fig* hemmen; **-ed** [-id] *a* eingeengt, begrenzt; **-ion** [-kʃən] Zs.ziehung; Zs.schnürung, Vereng(er)ung; Beklemmung *f*, (beklemmendes) Druckgefühl *n*; **-or** [-ər] *anat* Schließmuskel *m*; *boa* ~ Abgott-, Königsschlange *f*.

constringent [kən'strindʒənt] zs.schnürend, verenge(r)nd.

construct [kən'strʌkt] *tr* (auf-, er)bauen, errichten; konstruieren; *fig* aus-, erdenken, ersinnen; *gram (Satz)* bauen, konstruieren; *(Kunstwerk)* aufbauen; *(Argument, Theorie)* aufstellen; *s* ['konstrʌkt] Konstruktion *f a. gram*; **-ion** [kən'strʌkʃən] Bau *m*, Erbauung, Errichtung, Gestaltung, Konstruktion; Bauart, -weise, Ausführung *f*; Gebäude *n*, Bau(werk *n*) *m*, Anlage *f*; *fig* Deutung, Erklärung, Auslegung, Bedeutung; *gram* Konstruktion *f*, Satzbau; *(Wort)* Gebrauch *m*; *under* ~, *in the course of* ~ im Bau; *to bear the* ~ die Bedeutung haben; *to put a (good, wrong)* ~ *on*

201   **consult**

(günstig, falsch) auslegen; e-e Bedeutung beilegen; ~ *battalion, company (mil)* Baubataillon *n*, -kompanie *f*; ~ *of bridges* Brückenbau *m*; ~ *cost* Bau-, Anlagekosten *pl*; ~ *drawing* Konstruktionszeichnung *f*; ~ *engineering* Bauwesen *n*; ~ *laborer (Am)* Gleisbauarbeiter *m*; ~ *material* Baumaterial *n*; ~ *office* Konstruktionsbüro *n*; ~ *programme, schedule* Bauprogramm *n*; ~ *series* Baureihe, -serie *f*; ~ *squad, unit, crew* Bautrupp *m*, Kolonne *f*; ~ *supervision* Bauaufsicht *f*; ~ *train* Bauzug *m*; ~ *worker* Bauarbeiter *m*; **-ional** [-'strʌkʃənl] baulich, konstruktiv; Bau-, Konstruktions-; ~ *competition* Bauwettbewerb *m* (mit Modellen); ~ *detail* Einzelheit *f* der Konstruktion; ~ *drawing* Konstruktionszeichnung *f*; ~ *element* Bauelement *n*; ~ *engineering* Maschinenbau *m*; ~ *sketch* Bauskizze *f*; ~ *work* Baukonstruktion *f*; **-ive** [-iv] Bau-, Konstruktions-; *fig* aufbauend, konstruktiv, positiv, fördernd; *(Mensch)* schöpferisch, erfinderisch; *jur* präsumptiv, hypothetisch; **-or** [-ə] Erbauer; Konstrukteur *m*.

construe [kən'stru:] *tr (Satz)* konstruieren, grammatisch erklären; übersetzen; *(Worte od Handlung)* erklären, deuten, auslegen; ableiten, folgern; *(Wort)* gebrauchen, konstruieren; *itr (Satz)* sich konstruieren lassen; *s fam* Übersetzungsaufgabe *f*.

consubstanti|al [kɔnsəb'stænʃəl] *rel* wesensgleich; **-ality** [-ʃi'æliti] *rel* Wesensgleichheit *f*; **-ate** ['stænʃieit] *tr* wesensgleich machen; *itr* sich zu e-m Wesen verbinden; **-ation** [-'eiʃən] Konsubstantiation *f*.

consuetud|e ['kɔnswitju:d] *bes. jur* Gewohnheit *f*; **-inary** [-'tju:dinəri] gewohnheitsmäßig; Gewohnheits-.

consul ['kɔnsəl] Konsul *m a. hist*; *honorary* ~ Wahlkonsul *m*; **-ar** ['-sjulə] konsularisch; Konsular-, Konsulats-; *the* ~ *corps* das konsularische Korps; ~ *officer* Konsulatsbeamte(r); ~ *representation* konsularische Vertretung *f*; **-ate** ['-sjulit] Konsulat *n a. hist*; ~ *general* Generalkonsulat *n*; ~ *general* Generalkonsul *m*; **-ship** ['-ʃip] Amt *n* e-s Konsuls.

consult [kən'sʌlt] *tr* um Rat fragen, zu Rate ziehen, konsultieren, sich beraten lassen von; *(Buch)* nachschlagen, nachsehen in; Rücksicht nehmen auf, denken an, beachten, berücksichtigen, bedenken; *itr* sich beratschlagen *(with s.o. about s.th.*

consultant   202   **contaminate**

mit jdm über etw); **~ant** [-ənt] Spezialist, Berater; (Rechts-)Konsulent; beratende(r) Arzt *m*; *industrial, technical ~~* Industrie-, technische(r) Berater *m*; **~ation** [kɔnsəl'teiʃən] Befragung, Konsultation, Berat(schlag)ung (*with* mit), Konferenz *f* (*on* über), Treffen *n*, Sitzung *f*; Nachschlagen *n*; *on ~~ with* nach Rücksprache mit; *~~ room* Sprechzimmer *n*; **~ative** [kən'sʌltətiv] beratend, konsultativ; *~~ assembly, voice* beratende Versammlung, Stimme *f*; **~ing** [-iŋ] *a* beratend; *s* Beratung *f*; *~~ barrister, engineer, physician* beratende(r) Anwalt, Ingenieur, Arzt *m*; *~~-hours (pl) (med)* Sprechstunden *f pl*, *-zeit f*; *~~-room (med)* Sprechzimmer *n*.

consum|able [kən'sju:məbl] *a* verzehrbar, genießbar; abnutzbar, verschleißbar; zerstörbar; *s pl* Nahrungsmittel *n pl*; *~~ item* Verbrauchsartikel *m*; **-e** [kən'sju:m] *tr* verzehren, genießen, konsumieren; ver-, aufbrauchen (*a. Geld*); (*Geld, Zeit, Kraft*) verbrauchen, verschwenden, vergeuden; (*Zeit*) gänzlich in Anspruch nehmen; verbrauchen, abnutzen, verschleißen; zerstören, vernichten; (*Feuer*) verzehren; (*Strom*) aufnehmen; *itr* sich abnutzen, sich verbrauchen; (*to ~~ away*) sich verzehren, vergehen (*with grief* vor Kummer); *to be ~ed with* von (*Haß, Neid, Kummer*) erfüllt sein; **~er** [-ə] Verbraucher, Konsument, Abnehmer *m*; *ultimate ~~* Endverbraucher *m*; *~'s acceptance* bereitwillige Aufnahme *f* durch den Verbraucher; *~~ advertising* Verbraucherwerbung *f*; *~~(s') goods, durables (pl)* Verbrauchsgüter *n pl*; *~~ income* Verbrauchereinkommen *n*, *~~ research* Marktforschung *f*; *~~ resistance* Kaufunlust *f*; *~~ spending* Verbraucherausgaben *f pl*; *~~s' surplus* Konsumentenrente *f*; **-ing** *a*: *~~ desire* brennende Begierde *f*; *~~ power* Kaufkraft *f*.

consummat|e ['kɔnsʌmeit] *tr* vollenden; *com* perfekt machen; *jur (Ehe)* vollziehen; *a* [kən'sʌmit] vollständig, vollkommen, vollendet; (*im negativen Sinn*) ausgemacht, Erz-; **-ion** ['meiʃən] Vollendung, Erfüllung, Krönung *f* (*des Lebens*); Abschluß *a. com*, Ende *n*; *jur* Vollziehung *f* (*d. Ehe*).

consumpt|ion [kən'sʌmpʃən] Verbrauch, Konsum (*of* an); Absatz *m*; Verschwendung, Vergeudung; Abnutzung *f*, Verschleiß *m*; Vernichtung, Zerstörung; *med* Auszehrung, Schwindsucht *f*; *increase of ~~* Absatzsteigerung *f*; *power of ~~* Kaufkraft *f*; *~~ area* Absatzgebiet *n*; *~~ of current, energy, fuel, materials, water* Strom-, Energie-, Brennstoff-, Material-, Wasserverbrauch *m*; **-ive** [-iv] *a* verbrauchend (*of* acc); *com* Verbrauchs-; schwindsüchtig, tuberkulös; *s* Schwindsüchtige(r *m*) *f*.

contact ['kɔntækt] *s* Berührung *f a. el*; *tech* Eingriff; *el* Kontakt; *phot* Kontaktabzug *m*; *fig* Verbindung (*with* mit), Beziehung (*with* zu); *mil* Fühlung *f*, Anschluß *f*; Meinungsaustausch (*with* mit); *Am* gesellige(r) Verkehr, Umgang *m* (*with* mit); *med* Kontaktperson *f*; *tr Am* Verbindung aufnehmen *od* herstellen; Fühlung nehmen, in Verbindung treten mit; in Verbindung setzen; *to be in ~ with* in Verbindung stehen mit; *to be in ~ with the enemy (mil)* Feindberührung haben; *to break ~ (el)* den Strom unterbrechen; *to bring, to come into ~ with* in Berührung bringen, kommen mit; *to make ~* Verbindung anknüpfen (*with* mit); *el* Kontakt herstellen; *to ~ by telephone* sich telefonisch in Verbindung setzen mit, anrufen; *~ with the enemy* Feindberührung *f*; **~ area** *tech* Berührungsfläche *f*; **~ breaker** *el* Unterbrecher, Schalter *m*; **~ fuse** (*Bombe*) Aufschlagzünder *m*; **~ glass, lens** *opt* Haftschale *f*; **~ landing** Landung *f* mit Bodensicht; **~ (man)** Verbindungsmann, Vermittler *m*; **~ manager** *Am* Pressevertreter *m*; **~ mine** *mil* Flader-, Tret-, Stoßmine *f*; **~ print** *phot typ* Kontaktabzug *m*; **~ rail** Stromschiene *f*.

contagi|on [kən'teidʒən] *med* Ansteckung, Übertragung; ansteckende, übertragbare Krankheit, Seuche *f*; *fig* Einfluß *m*, Vergiftung *f*; **~ous** [-əs] ansteckend *a. fig*, übertragbar.

contain [kən'tein] *tr* enthalten, (um-)fassen, einschließen, in sich begreifen; (*Gefühl, Leidenschaft*) in Schranken, im Zaum halten, beherrschen, zügeln, unterdrücken; *mil* fesseln, binden, abriegeln; *math* enthalten, teilbar sein durch; begrenzen, einschließen; *to ~ o.s.* sich beherrschen, sich in der Gewalt haben, sich fassen, sich mäßigen, sich zurückhalten; **~er** [-ə] Behälter; (Benzin-)Kanister *m*; **~ment** [-mənt] Mäßigung, Zurückhaltung; *pol* Eindämmung *f*, In-Grenzen-Halten *n*.

contaminat|e [kən'tæmineit] *tr* verschmutzen, verunreinigen; *med* verseuchen *a. mil (Gelände)*; (radioaktiv)

contamination *verseuchen; gram* kontaminieren; *fig* beflecken, besudeln, vergiften, anstecken, e-n verderblichen Einfluß ausüben auf, verderben; **~ion** [-'neiʃən] Verschmutzung, Verunreinigung; (*a.* radioaktive) Verseuchung; Besudelung; Ansteckung *f*; verderbliche(r) Einfluß; Schmutz *m*, Unreinigkeit; *gram* Kontamination *f*.

contango [kən'tæŋgo] *s fin* Reportgeschäft *n*, -kurs *m*, -prämie *f*, Aufgeld *n*; *itr* reportieren, Reportgeschäfte machen; **~ days** *pl* Reporttage *m pl*.

contemn [kən'tem] *tr lit* verachten.

contemplat|e ['kɔntempleit] *tr* betrachten, beschauen; nachdenken, (nach)sinnen über; ins Auge fassen, im Auge haben, vorhaben, beabsichtigen; erwarten, rechnen mit; *itr* (nach)sinnen, meditieren (*on* über); **~ion** [-'pleiʃən] Betrachtung *f*; Nachdenken, (Nach-)Sinnen *n*; Beschaulichkeit; Absicht; Erwartung *f*; *to be in ~~* geplant werden; **~ive** ['kɔntempleitiv, kən'templətiv] nachdenklich, besinnlich, beschaulich.

contempor|aneity [kən-, kɔntempərə'ni:iti] Gleichzeitigkeit *f*; **~aneous** [-'reinjəs] gleichzeitig (*with* mit); **~aneousness** Gleichzeitigkeit *f*; **~ary** [kən'tempərəri] *a* gleichzeitig (*with* mit); zeitgenössisch; gleichaltrig; *fam* modern; *s* Zeit-, Altersgenosse *m*; **~ize** [-'tempəraiz] *tr* synchronisieren; *itr* gleichzeitig stattfinden.

contempt [kən'tempt] Verachtung, Geringschätzung; Schande *f*; (*~ of court*) Mißachtung *f* des Gerichts; *to bring into ~* der Verachtung preisgeben; *to fall into ~* der Verachtung anheimfallen; **~ible** [-ibl] verachtenswert, verächtlich; **~uous** [-juəs] verächtlich, geringschätzig; **~uousness** [-juəsnis] Geringschätzigkeit *f*; anmaßende(s) Wesen *n*.

contend [kən'tend] *itr* kämpfen, ringen, sich bewerben (*for* um); streiten, disputieren (*with s.o. about s.th.* mit jdm über etw); *tr* verfechten, behaupten (*that* daß).

content 1. ['kɔntent] Rauminhalt *m*, Volumen, Fassungsvermögen *n*; *math* (Flächen-)Inhalt; Gehalt, Anteil *m*; *lit* Inhalt *m* (*im Gegensatz zur Form*); ['kɔntent, kən'tent] *meist pl* Inhalt; Inneneinrichtung *f*; *table of ~s* (*Buch*) Inhaltsverzeichnis *n*; **2.** [kən'tent] *a* zufrieden (*with* mit); geneigt, bereit, gewillt (*to do zu* tun); *s* Zufriedenheit *f*; *pl parl* Jastimmen *f pl*; *tr* zufriedenstellen, befriedigen; *to ~ o.s. with* zufrieden sein, sich begnügen mit; *to o.'s heart's ~* nach Herzenslust; *~, not ~* (*parl*, nur im Br Oberhaus) ja! nein! **~ed** [-'tentid] *a* zufrieden (*with* mit); **~edness** [-'tentidnis], **~ment** [-'tentmənt] Zufriedenheit *f*.

contenti|on [kən'tenʃən] Streit, Zank, Disput *m*, Wortgefecht *n*, Kontroverse *f*; Streitpunkt *m*; (*verfochtene*) Meinung, Ansicht; Behauptung, Feststellung *f*; *obs* u. *Am* Kampf, Streit *m allg*; *bone of ~* Zankapfel *m*; **~ous** [-əs] streit-, zanksüchtig, rechthaberisch; *jur* streitig; (*Sache*) strittig, umstritten; **~ousness** [-əsnis] Streit-, Zanksucht *f*.

contermin|al, ~ous [kɔn'tə:minəl, -əs] angrenzend (*to, with* an), anea.stoßend, ea. berührend; sich deckend, gleichzeitig, gleichbedeutend (*with* mit).

contest [kən'test] *tr* umkämpfen, kämpfen um; sich bemühen, sich bewerben, wetteifern um; streitig machen, bestreiten, in Frage stellen, nicht gelten lassen; (*Wahl*) anfechten, debattieren über; *itr* streiten, kämpfen (*with, against s.o.* mit jdm); *s* ['kɔntest] Kampf, Streit; Wettkampf, -streit, -bewerb, -eifer (*for* um); Wortwechsel *m*; Ausea.setzung *f*; Preisausschreiben *n*; **~able** [-əbl] bestreitbar, anfechtbar; **~ant** [-ənt] Wettkämpfer; Kandidat; Bewerber *m*; streitende Partei *f*; **~ation** [kɔntes'teiʃən] Streit, Disput *m*.

context ['kɔntekst] (Satz-, Sinn-)Zs.hang; Wortlaut, Text *m*; Milieu *n*; *fam* Gehalt *m*; *in this ~* in diesem Zs.hang; *out of its ~* aus dem Zs.hang (gerissen), zs.hanglos *adv*; **~ual** [kən'tekstjuəl] *a* Kontext-; **~ure** [-'tekstʃə] Gewebe *n*; (Auf-)Bau *m*, Struktur *f*, Gefüge *n*, Zs.setzung, Gliederung *f*.

contigu|ity [kɔnti'gju(:)iti] Berührung *f*, Angrenzen *n* (*to* an); unmittelbare Nähe, Nachbarschaft *f*; **~ous** [kən'tigjuəs] berührend (*to s.th.* etw), in Berührung (*to* mit); angrenzend (*to* an), benachbart (*to* dat).

continen|ce, -cy ['kɔntinəns(i)] Enthaltsamkeit, Genügsamkeit, Mäßigkeit; Keuschheit *f*; **~t** [-t] *a* beherrscht, zurückhaltend; enthaltsam, genügsam, mäßig; keusch, tugendsam; *s* Festland *n*, Kontinent *m*; **~tal** [kɔnti'nentl] *a* kontinental, Land-; Kontinental-, Festlands-; *hist* amerikanisch; *s* Bewohner *m* des Kontinents; **~~ climate** Landklima *n*; *C~~ Divide* Wasserscheide *f* zwischen

contingence 204 **contract**

Atlantischem u. Stillem Ozean; ~~ *drift* (geol) Kontinentalverschiebung f; ~~ *shelf* Festlandssockel m.
contingen|ce, -cy [kənˈtindʒəns(i)] Möglichkeit; Unsicherheit, Ungewißheit, Zufälligkeit f; Ereignis n, Eventualität f; pl unvorhergesehene Ausgaben f pl; **-t** [-t] a möglich, eventuell; unsicher, ungewiß; zufällig; abhängig (*on, upon* von); bedingt; eingeschränkt zutreffend *od* gültig; unwesentlich, unerheblich; s Kontingent n, Quote f, Anteil m; Gruppe, Anzahl f; ~~ *fee* Erfolgshonorar n; ~~ *reserve (com)* Rücklage f für unvorhergesehene Verluste.
continu|able [kənˈtinjuəbl] Am fortsetzbar; **-al** [-əl] wiederholt, immer wiederkehrend; fortwährend, beständig, dauernd; unaufhörlich, ununterbrochen; **-ally** adv immer wieder; ohne Unterbrechung; **-ance** [-əns] nur sing Dauer, Zeit (*of* gen); Fortdauer, f, -bestehen n; Fortführung f, Fortbestand m; Bleiben n (*in* a place an e-m Ort), (weiterer) Aufenthalt m; Folge; jur Vertagung f; **-ation** [-ˈeiʃən] Fortsetzung, Weiterführung, Wiederaufnahme; Fortdauer f, -bestehen n, -bestand m; Ausdehnung, Ergänzung, Erweiterung f, Zusatz m; Verlängerung, com Prolongation f; ~~ *school* Fortbildungs-, Abendschule f; **-e** [kənˈtinjuː] tr fortsetzen, fortfahren mit; verlängern, ausdehnen; (bei)behalten; jur vertagen; itr fortfahren, weitermachen, fortdauern, anhalten; (ver)bleiben; weiterhin sein, sich weiterhin befinden; weitergehen, nicht abge-, nicht unterbrochen werden, fortgesetzt, fortgeführt werden; sich fortsetzen, sich (weiter) erstrecken; wieder anfangen, fortfahren; *to* ~~ *on (o.'s way)* weiterfahren, -reisen; *to* ~~ *to do s.th.* weiterhin etw tun; *to* ~~ *to work, to* ~~ *working* weiterarbeiten; *to be* ~~*ed* Fortsetzung folgt; ~~! mil weitermachen!
-ity [kɔntiˈnjuː(ː)iti] (Fort-)Dauer, Beständigkeit, Stetigkeit; natürliche Folge f, Zs.hang m; film Drehbuch n; radio verbindende Worte n pl, Ansage f, (Sende-)Manuskript n; el Durchgang m; *in* ~~ im Zs.hang, in der richtigen Reihenfolge; *out of* ~~ nicht im Zs.hang, nicht in der natürlichen *od* gegebenen Reihenfolge; ~~ *of programme* Sendefolge f; **-ous** [-ˈtinjuəs] zs.hängend, durchgehend, -laufend, scient kontinuierlich; stetig, beständig, fortlaufend, ununterbrochen; ~~ *current*

(el) Gleichstrom m; ~~ *operation* Dauerbetrieb m; ~~ *output* Dauerleistung f; ~~ *performance (film)* ununterbrochene Vorstellung f; **-um** [-əm] pl *-ua* zs.hängende Reihe f, einheitliche(s) Ganze(s) n.
contort [kənˈtɔːt] tr verdrehen, verzerren a. fig; tech verformen; **-ed** *with anger, pain* wut-, schmerzverzerrt; **-ion** [-ˈtɔːʃən] Verzerrung, Verdrehung (*bes. des Körpers*); tech Verformung f; **-ionist** [-ˈtɔːʃnist] Schlangenmensch; fig pej Verdrehungskünstler, Wortverdreher m.
contour [ˈkɔntuə] tr umreißen; tech formen, profilieren; geog e-r Höhenlinie folgen lassen; s Rand(linie f); Umriß(linie f) m; Kontur f; **- farming** Pflügen n entlang den Höhenlinien; **- line** geog Isohypse, Schicht-, Höhenlinie; tech Profillinie f; **- map** Höhenschichtkarte f.
contra [ˈkɔntrə] adv dagegen; im Gegensatz dazu, im Gegenteil; s Gegenteil n; com Haben-, Kreditseite f; tr com zurückbuchen, stornieren.
contraband [ˈkɔntrəbænd] s Schmuggel, Schleichhandel; Schmuggelware, Konterbande f; a Schmuggel-.
contrabass [ˈkɔntrəˈbeis] mus Kontrabaß m.
contracept|ion [kɔntrəˈsepʃən] Empfängnis-, Schwangerschaftsverhütung f; **-ive** [-tiv] a u. s empfängnisverhütende(s Mittel) n.
contract [kənˈtrækt] tr zs.ziehen a. physiol (*Muskel*), verkürzen; enger machen, einengen; erwerben, erlangen; (*Gewohnheit*) annehmen; (*Krankheit*) bekommen, sich zuziehen, fam kriegen, sich holen; (*Freundschaft*) schließen, (*Ehe*) eingehen, (*Bekanntschaft*) machen, (*Verpflichtung*) übernehmen, (*Schulden*) machen, eingehen, (*Anleihe*) aufnehmen; a. [ˈkɔntrækt] (*Vertrag*) (ab)schließen, eingehen; itr sich zs.ziehen; zs.schrumpfen, einlaufen, enger werden, sich verenge(r)n; fig (ein-, ver-)schrumpfen; a. [ˈkɔntrækt] Vertrag abschließen, sich vertraglich verpflichten, kontrahieren; *to* ~~ *for s.th.* etw vertraglich übernehmen; *to* **-** *out of s.th.* sich von etw freimachen; s [ˈkɔntrækt] Vertrag m, Abkommen n, Kontrakt m, Übereinkunft, Vereinbarung f; Akkord; Abschluß; (Liefer-, Werk-)Vertrag m; com Submission f; vereinbarte(r) Preis; com Schlußschein m, -note; rail (~ *ticket*) Zeitkarte f; *according to, as agreed by, per*,

contract clause

under ~ wie vereinbart, laut Vertrag *od* Vereinbarung, vertragsgemäß; *by* ~ vertraglich; *to accede to a* ~ e-m Vertrag beitreten; *to be under an obligation of* ~ vertraglich verpflichtet sein; *to bind o.s. by* ~ sich vertraglich binden *od* festlegen; *to break a* ~ e-n Vertrag brechen; *to buy on* ~ fest kaufen; *to cancel, to annul a* ~ e-n Vertrag annullieren, aufheben; *to come under a* ~ unter e-n Vertrag fallen; *to execute, to fulfil, to perform a* ~ e-n Vertrag erfüllen; *to give out by* ~ in Submission vergeben; *to invalidate a* ~ e-n Vertrag für nichtig, ungültig erklären; *to make, to pass a* ~ e-n Vertrag abschließen; *to ratify a* ~ e-n Vertrag ratifizieren; *to violate a* ~ e-n Vertrag verletzen; *to withdraw, to recede from, to repudiate a* ~ von e-m Vertrag zurücktreten; *article of a* ~ Vertragsbestimmung *f*; *breach of* ~ Vertragsbruch *m*; *collective labo(u)r* ~ Tarifvertrag *m*; *conclusion, consummation of a* ~ Vertragsabschluß *m*; *draft (of a)* ~ Vertragsentwurf *m*; *labo(u)r* ~ Arbeits-, Dienstvertrag *m*; *marriage* ~ Ehevertrag *m*; *party to a* ~ Vertragspartei *f*; *preliminary* ~ Vorvertrag *m*; *verbal* ~ mündliche Vereinbarung *f*; *violation of a* ~ Vertragsverletzung *f*; *~ of apprenticeship* Lehrvertrag *m*; *~ of arbitration* Schiedsvertrag *m*; *~ for carriage* Frachtvertrag *m*; *~ for delivery* Lieferungsvertrag *m*; *~ of employment* Arbeits-, Anstellungsvertrag *m*; *~ of hiring* Mietvertrag *m*; *~ of insurance* Versicherungsvertrag *m*; *~ of purchase* Kaufvertrag *m*; *~ of sale* Kaufvertrag *m*; *~ of service* Dienst-, Arbeitsvertrag *m*; *~ of tenancy, of lease* Pachtvertrag *m*; *~ of warranty* Garantievertrag *m*; **~ clause** Vertragsklausel *f*, -bestimmung *f*; **~ed** [-id] *a* zs.gezogen, verkürzt; (ein)geschrumpft; verengt; *fig* engstirnig, -herzig; erworben; **~~ price** vereinbarte(r) Lieferpreis *m*; **~ibility** [kəntrækti'biliti] Zs.ziehbarkeit *f*; **~ible** [kən'træktibl] zs.ziehbar; **~ility** [kəntræk'tiliti] Fähigkeit *f*, sich zs.zuziehen; **~ile** [kən'træktail, -il] zs.ziehbar; Zs.ziehung bewirkend; **~ing** [-iŋ] vertragsschließend, kontrahierend; *capable of* ~~ geschäftsfähig; **~ion** [kən'trækʃən] Zs.ziehung, Verkürzung, Einengung; *fig* Schrumpfung; *gram* Kontraktion *f*, zs.gezogene(s) Wort *n*; **~ive** [-iv] zs.ziehend; **~note** Schlußschein *m*, -note *f*; **~or** [kən'træktə, *Am*

205

contrast

'kɔntræktə] Vertragschließende(r), Kontrahent; Lieferant, (Bau-)Unternehmer *m*; *anat* Schließmuskel *m*; **~ual** [kən'træktjuəl] vertraglich; vertragsmäßig; Vertrags-; *~~ obligations (pl)* Vertragspflichten *f pl*; **~ work** Akkordarbeit *f*.

contradict [kɔntrə'dikt] *tr* widersprechen (*s.o.* jdm), Lügen strafen; für falsch, unrichtig erklären, leugnen; im Widerspruch stehen (*s.o., s.th.* zu jdm, zu e-r S), unvereinbar sein (*s.th.* mit e-r S); **~ion** [-kʃən] Widerspruch *m*, Widerrede *f*; Leugnen *n*; Unvereinbarkeit *f*; innere(r) Widerspruch *m*; **~ious** [-kʃəs] zu Widerspruch neigend, streitsüchtig, rechthaberisch; **~ive** [-iv], **~ory** [-əri] (sich) widersprechend, widerspruchsvoll; zu Widerspruch neigend; **~oriness** [-ərinis] Widersprüchlichkeit *f*, Widerspruch *m* (*to* zu); Unvereinbarkeit *f* (*to* mit).

contradistinction [kɔntrədis'tiŋkʃən] Gegensatz *m*, Gegenüberstellung *f*; *in* ~~ *to* im Gegensatz zu.

contrail ['kɔntreil] *aero* Kondensstreifen *m* (*e-s Strahltriebwerks*).

contralto [kən'træltou] *pl-os* Alt(stimme *f*) *m*; Altistin *f*.

contraption [kən'træpʃən] *fam hum pej* komische(s), ulkige(s) Ding(s) *n*; komische(r) Apparat *m*, ulkige Kiste *f*, Monstrum, Mords-, tolle(s) Ding *n*.

contrapuntal [kɔntrə'pʌntl] *mus* kontrapunktisch.

contrar|iety [kɔntrə'raiəti, -iti] Gegensätzlichkeit *f*; Gegensatz, Widerspruch *m* (*to* zu); Widrigkeit *f*, Hindernis, Hemmnis *n*; **~ily** ['kɔntrərili] *adv* entgegen; andererseits; **~iness** ['kɔntrərinis] Gegensätzlichkeit *f*; Widrigkeit, Ungunst; Andersartigkeit, Eigenart *f* [*a*. kən'trɛəri] *fam* Eigensinn *m*; **~iwise** ['kɔntrəriwaiz] *adv* ander(er)seits; im Gegenteil; (ganz) anders; **~y** ['kɔntrəri] *a* entgegengesetzt; widrig, ungünstig, hinderlich, hemmend; [*a*. kən'trɛəri] *fam* verbohrt; bockig; widerspenstig; *s* Gegenteil *n*; (*to* von); *adv*: ~~ *to* entgegen *dat*, gegen; *on the* ~~ im Gegenteil; *to the* ~~ im entgegengesetzten Sinn, in entgegengesetzter Absicht; *proof to the* ~~ Gegenbeweis *m*; ~~ *to expectations* wider Erwarten; ~~ *to order, to rule* befehls-, regelwidrig.

contrast [kən'træst, -tra:st] *tr* (*Gegensätzliches*) vergleichen (*with* mit); gegenüberstellen (*with* dat), in Gegensatz stellen (*with* zu); *itr* sich (stark) abheben (*with* von), abstechen (*with* von, gegen), kontrastieren; im Widerspruch stehen (*with* zu); *s* ['kɔntræst, -trɑ:st] Gegenüberstellung, Kontrastierung *f*; (großer) Unterschied, Gegensatz (*to* zu); Kontrast *m*; (~ *effect*) Kontrastwirkung *f*; *by* ~ *with* im Vergleich zu; *in* ~ *to* im Gegensatz zu; ~y [-'træsti, -'trɑ:sti] *phot* kontrastreich, hart.

contravene| [kɔntrə'vi:n] *tr* zuwiderhandeln (*s.th.* e-r S); (*Gesetz*) übertreten, verstoßen (*a law* gegen ein Gesetz); (*Bestimmung, Vorschrift*) nicht beachten; widersprechen (*s.th.* e-r S), in Abrede stellen, Stellung nehmen (*s.th.* gegen etw); widerstreiten (*s.th.* e-r S), im Widerspruch stehen (*s.th.* zu e-r S); **~tion** [-'venʃən] Zuwiderhandlung *f*, Verstoß *m*, Zuwiderhandlung (*of* gegen), Nichtbeachtung *f*; Widerspruch; Widerstreit *m*.

contribut|e [kən'tribju:t] *tr* geben (*to* für), beitragen, zuschießen, beisteuern *a. fig*; (*e-n Beitrag*) liefern; (*Energie*) abgeben, zuführen; *itr* mitwirken, helfen (*to* bei); spenden; unterstützen, fördern (*to s.th.* etw); *com* in ein Geschäft einbringen; *to* ~~ *to a newspaper* an e-r Zeitung mitarbeiten; **~ion** [kɔntri'bju:ʃən] Mitwirkung *f*; Beitrag *m* (*to* zu) (*a. lit, Zeitung*); Einlage; Spende; Beitragsleistung, Beisteuer *f*; Zwangsauflage; (Kriegs-)Kontribution, Kriegssteuer *f*; eingebrachte(s) Gut *n*; ~~ *of capital* Kapitaleinlage *f*; ~~ *in kind* Naturalleistung *f*; ~~ *period* Beitragsabschnitt *m*; **~ive** [-tiv] mitwirkend, beitragend; **~or** [-ə] Beitragende(r); (*Buch, Zeitung*) Mitarbeiter *m*; **~ory** [-əri] *a* beitragend (*to* zu); mitwirkend (*to* an); mitverursachend; Beitrags-; Kontributions-; *s* Miturheber *m*, -ursache *f*; Beitragspflichtige(r) *m*.

contrit|e ['kɔntrait] zerknirscht, schuldbewußt; reumütig, bußfertig; **~ion** [kən'triʃən] Zerknirschung *f*, Schuldbewußtsein *n*; Reue, Bußfertigkeit *f*.

contriv|ance [kən'traivəns] Erfindung(sgabe); Findigkeit *f*; Plan, Entwurf, Gedanke, Idee *f*, Kunstgriff, Kniff, Dreh *m*; Erfindung (*Sache*), Vorrichtung, Apparat *m*; **~e** [kən'traiv] *tr* ausdenken, ersinnen, ausklügeln, -tüfteln; erfinden; planen, entwerfen; zustande, zuwege bringen, bewerkstelligen, einrichten (*to do, that* mit Konj.); *itr* es dahin, es soweit, es fertigbringen; (gut) haushalten, wirtschaften; Pläne schmieden; e-e Erfindung machen; *I ~ed to meet him* es gelang mir, ihn zu treffen; **~er** [-ə] erfinderische(r) Mensch, findige(r) Kopf; haushälterische(r) Mensch *m*, (gute) Hausfrau *f*; *to be a good ~~* gut wirtschaften können.

control [kən'troul] *tr* beherrschen, in s-r Gewalt haben, die Gewalt haben über; in Händen haben; e-n beherrschenden, entscheidenden Einfluß haben auf; leiten, lenken, dirigieren, bewirtschaften, steuern; in Schranken, zurückhalten; zügeln, mäßigen, eindämmen, einschränken; beaufsichtigen, überwachen; prüfen, kontrollieren; *tech* regulieren, regeln, steuern; schalten; *aero* führen, steuern; *s* Herrschaft, Gewalt, Macht (*of* über); Beherrschung *f*, beherrschende(r), entscheidende(r) Einfluß *m* (*of* auf); Leitung, Lenkung, Führung, Steuerung, Regulierung, Regelung; Bewirtschaftung; Zurückhaltung, Zügelung, Mäßigung, Einschränkung; Aufsicht (*of, over* über), Beaufsichtigung, Überwachung; Kontrolle *f*, Kontrollorgan, Mittel *n* zur Kontrolle; *tech* Regulierung, Steuerung, Betätigung, Bedienung; Schaltung *f*, Regler *m*; *aero* Führung, Steuerung; *pl tech aero* Steuerung; *el* Armatur *f*; *aero* Leitwerk *n*; *out of* ~ herren-, führerlos (geworden); der Steuerung entzogen, ungesteuert; *under* ~ unter Aufsicht od Kontrolle; *under government* ~ unter staatlicher Aufsicht; *without* ~ uneingeschränkt; *to gain, to get* ~ *of, over* in s-e Gewalt bekommen, die Herrschaft gewinnen über; *to get, to bring under* ~ unter Kontrolle bringen; *to lose* ~ *of, over* die Gewalt, die Herrschaft verlieren über; *to relax, to tighten the* ~ die Kontrolle lockern, verschärfen; *to* ~ *from a distance* fernsteuern; *parental* ~ elterliche Gewalt *od* Aufsicht *f*; *price* ~ Preisüberwachung *f*; *remote* ~ Fernlenkung *f*; *volume* ~ (*radio*) Lautstärkeregler *m*; ~ *of the air, sea* (*mil*) Luft-, Seeherrschaft *f*; ~ **board** Kontroll-, Bewirtschaftungsstelle; *tech* Überwachungs-, *el radio* Schalttafel *f*; ~ **cabin** Führerstand *m*, *aero* -kanzel *f*; ~ **cable** *aero* Steuerseil *n*, Bowdenzug *m*; ~ **clock** Kontrolluhr *f*; ~ **column** *aero* Steuersäule *f*; ~ **desk** Steuer-, Schaltpult *n*; ~ **experiment** Kontrollversuch *m*; ~ **fund** Ausgleichsfonds *m*; ~ **gear** Steuergetriebe, -gestänge *n*; ~ **knob, switch** Bedienungs-, Betätigungsknopf, -schalter *m*; **~lability** [-'biliti] Lenkbarkeit *f*; Kontrollierbarkeit; Steuerfähigkeit *f*;

controllable   **conventional**

~**lable** [-əbl] lenkbar; regulierbar; kontrollierbar; *(Luftschraube)* verstellbar; ~**led** [-d] *a* überwacht, kontrolliert; bewirtschaftet; *state-*~~ unter staatlicher Kontrolle *od* Aufsicht; ~~ *company* Tochter(gesellschaft) *f*; ~~ *distribution* Absatzlenkung *f*; ~~ *economy* gelenkte Wirtschaft *f*; ~**ler** [-ə] Leiter; Aufseher, Aufsichtsbeamte(r), Inspektor, Überwacher, Aufsichtführende(r); Geschäftsführer; *Am* Leiter des Rechnungswesens; Kontrolleur; *mil* Leitoffizier; *aero* Flugsicherungslotse; *el* Steuer-, Fahrschalter, Regler *m*; Steuergerät *n*; ~ **lever** Schalt-, Bedienungs-, Betätigungshebel *m*; ~ **light** Kontrollampe *f*; ~ **officer** Kontroll-, Aufsichtsbeamte(r) *m*; ~ **panel** Bedienungsanlage *f*; Schaltbrett *n*, -tafel *f*; ~ **point** Orientierungs-, Kontrollpunkt *m*; *mil* Meldestelle *f*; ~ **post** Befehlsstelle *f*; Kontrollposten *m*; ~ **room** *aero* Kommando-, *radio* Regieraum *m*; Befehlszentrale *f*; Prüfraum *m*; ~ **sheet** Kontrollzettel *m*; ~ **station** Kommando-, Bedienungsstand *m*; *mar* Zentrale *f*; ~ **stick** *aero* Steuerknüppel *m*; ~ **surface** Steuerfläche *f*, Ruder *n*; ~ **system** Kontrollsystem *n*; *aero* Steuerung(sanlage) *f*, Fliegerleitverfahren *n*; ~ **test** Prüfmessung *f*; ~ **tower** *aero* Kontroll-, Flugleitungsturm *m*; ~ **valve** *aero* Regelventil *n*; *radio* Steuerröhre *f*.

controvers|ial [kɔntrə'vəːʃəl] strittig, streitig, umstritten; Streit-; polemisch, streitlustig; rechthaberisch; *to be highly* ~~ stark umstritten sein; ~**ialist** [-ist] Polemiker; streitsüchtige(r) Mensch *m*; ~**y** ['kɔntrəvəːsi] Streitfrage *f*, -punkt, -fall *m*; strittige Frage, Kontroverse *f*; (Wort-)Streit, Disput *m*, (erregte) Debatte; Polemik *f*; *beyond* ~~ über jeden Streit *od* Zweifel erhaben; feststehend.

controvert ['kɔntrəvəːt] *tr* bestreiten, in Frage stellen; zu widerlegen suchen; argumentieren gegen; widersprechen (*s.th.* e-r S); diskutieren, debattieren; ~**ible** [-'vəːtəbl] bestreitbar, anfechtbar, widerlegbar.

contumac|ious [kɔntjuː'meiʃəs] widerspenstig, halsstarrig; widersetzlich, unbotmäßig; *jur* trotz (Vor-)Ladung nicht erschienen; ~**y** ['kɔntjuməsi] Widersetzlichkeit, Unbotmäßigkeit *f*; (vorsätzliches) Nichterscheinen *n* (vor Gericht) trotz (Vor-)Ladung.

contumel|ious [kɔntjuː(ː)'miːliəs] unverschämt, anmaßend; höhnisch, beleidigend; ~**y** ['kɔntjuː(ː)mli] Unverschämtheit *f*, anmaßende(s) Wesen *n*; Hohn *m*, Verhöhnung, Beleidigung *f*.

contus|e [kən'tjuːz] *tr med* quetschen, prellen; ~**ion** [-'tjuːʒən] Quetschung, Prellung *f*.

conundrum [kə'nʌndrəm] (Scherz-)Rätsel *n*, Scherzfrage; knifflige Frage *f*, Problem *n*.

conurbation [kɔnəː'beiʃən] Groß(siedlungs)raum *m*; gesamte(s) Siedlungsgebiet *n* e-r Großstadt.

convalesc|e [kɔnvə'les] *itr* genesen, (wieder) gesund werden; *he is* ~*ing* es geht ihm (wieder) besser; ~**ence** [-ns] Genesung(szeit), Rekonvaleszenz *f*; ~**ent** [-nt] *a* genesend; Genesungs-; *s* Genesende(r *m*) *f*, Rekonvaleszent(in *f*) *m*; ~~ *home, hospital* Genesungsheim *n*; ~~ *leave* Genesungsurlaub *m*.

convect|ion [kən'vekʃən] *phys* (*Wärme*) *el* Leitung, Übertragung, Fortpflanzung, Strömung, Konvektion *f*; ~**ive** [-tiv] leitend; Konvektions-; ~**or** [-tə] *el* Leiter; Konvektionsofen *m*.

conven|e [kən'viːn] *itr* zs.kommen, -treten, sich versammeln; *tr* zs.kommen lassen; *(e-e Versammlung)* einberufen; *jur* (vor)laden *(before the court* vor Gericht); ~**er** [-ə] Versammlungsteilnehmer; Einberufende(r) *m*.

convenien|ce [kən'viːnjəns] Geeignetheit, Bequemlichkeit, Annehmlichkeit; Erleichterung *f*; Vorteil *m*; *meist pl* praktische Dinge *n pl*, Komfort *m*; Waschgelegenheit *f*, Klosett *n*; *at your earliest* ~~ möglichst bald; *at your (own)* ~~ wann es Ihnen recht ist *od* paßt; *to make a* ~~ *of s.o.* jdn ausnutzen; *marriage of* ~~ Verstandesheirat *f*; *(public)* ~~ Bedürfnisanstalt *f*; ~~ *goods (pl)* Waren *f pl* des täglichen Bedarfs; ~**t** [-t] passend, geeignet; angebracht; vorteilhaft; genehm, bequem; *(Zeit)* gelegen; *(Ort)* bequem gelegen *od* zu erreichen(d); *(Werkzeug, Gerät)* praktisch, leicht zu handhaben(d); *if it is* ~~ *for you* wenn es Ihnen paßt *od* recht ist.

convent ['kɔnvənt] *(meist Nonnen-)* Kloster *n*; *to go into a* ~ *(Mädchen)* ins Kloster gehen; ~**icle** [kən'ventikl] Konventikel *n*, (außerkirchliche) Betstunde *f*; ~**ion** [kən'venʃən] Zs.kunft, Versammlung *f*, Treffen *n*; *bes. Am* Tag(ung *f*), Kongreß; *Am pol* Parteitag *m*; Übereinkommen, Abkommen *n*, Vereinbarung, Konvention *f*, Vertrag *m*; (allgemeine) Übereinkunft; Sitte *f*, Brauch *m*, Gewohnheit *f*; Herkommen *n*, Tradition *f*; ~**ional** [-'venʃənl] konventionell, förmlich; üblich, gewöhnlich, gebräuchlich, herkömmlich, traditionell; vereinbart, vertraglich, vertragsgemäß; ~ *sign* Kartenzeichen, Symbol *n*; **-ionalism** [-'venʃnəlizm] Hängen, Festhalten *n* am Hergebrachten; Förmlichkeit *f*; **-ionality** [kənvenʃə'næliti] förmliche(s) Wesen *n*, Traditionsgebundenheit *f*; förmliche(s) Verhalten *n*, Förmlichkeit; *a. pl* Form, Sitte *f*, Brauch *m*; Umgangsformen *f pl*; **-ionalize** ['venʃnəlaiz] *tr* konventionell gestalten; (*Kunst*) in der üblichen, hergebrachten Form darstellen.

converge [kən'və:dʒ] *itr math* konvergieren, zs.laufen; *allg* aufea., auf einen Punkt zustreben, sich näher kommen; sich schneiden (*at* bei); *tr* zs.laufen lassen; **-ence, -cy** [-əns(i)] *math* Konvergenz(punkt *m*); *allg* Annäherung *f*; **-ent** [-ənt] konvergierend, zs.laufend; aufea. zustrebend; *tech* sich verjüngend; **-ing** [-iŋ]: ~ *lens (opt)* Sammellinse *f*.

convers|able [kən'və:səbl] um-, zugänglich, leutselig; gesprächig, redselig, unterhaltsam; Gesprächs-, **-ance, -cy** [kən'və:səns(i), 'kənvəsəns(i)] Vertrautheit, Bekanntschaft, Erfahrung *f* (*with* mit); **-ant** [kən'və:sənt, 'kənvəsənt] vertraut, bekannt (*with* mit); erfahren (*with* in); *to be* ~ auf dem laufenden sein (*with* mit); **-ation** [kɔnvə'seiʃən] Gespräch *n*, Unterhaltung *f*; *obs* Umgang, Verkehr *m*; *Am* Vertrautheit, Erfahrung *f*; *by way of* ~ gesprächsweise; *to enter into a* ~ ein Gespräch anknüpfen; *criminal* ~ (*jur*) Ehebruch *m*; ~ *piece* Genrebild; *allg* interessante(s) Möbelstück *n*; **-ational** [-(ə)nl] gesprächig, unterhaltsam, redselig; Gesprächs-, Unterhaltungs-; Umgangs-; ~ *style* Umgangssprache/; **-ation(al)ist**[-'seiʃn(əl)ist] unterhaltsam(r), gesprächige(r) Mensch *m*; **-ationally**[-ʃnəli]*adv* in der Unterhaltung, gesprächsweise. **-e** *itr* [kən'və:s] sprechen, sich unterhalten (*with s.o. on, about s.th.* mit jdm über etw); ['kɔnvə:s] *a* entgegengesetzt, umgekehrt; *s* Unterhaltung *f*; Umgang; Gegensatz *m*, Umkehrung *f*; **-ion** [kən'və:ʃən] Umwandlung (*from* von; *into* in); Umstellung; *tech* Umformung; *rel* Bekehrung, Konversion *f*, Übertritt *m*; *fin* Konvertierung *f*, Umtausch *m*; Ablösung; Umschuldung; *math* Umkehrung; *jur* widerrechtliche Aneignung *f*; ~ *rate* Umrechnungskurs *m*; ~ *stocks (pl)* Wandelanleihen *f pl*; ~ *table* Umrechnungstabelle *f*; ~ *training* Umschulung *f*.

convert [kən'və:t] *tr* ver-, umwandeln (*into* in); umbauen, -formen; umrechnen (*to* auf); umschulen; *rel allg* bekehren (*to* zu); *fin* umtauschen, wechseln, konvertieren, umstellen, einlösen; zu Geld machen; sich (unrechtmäßig) aneignen, unterschlagen; *tech* umformen, umsetzen (*into* in), windfrischen; *s* ['kɔnvə:t] *rel* Konvertit, Übergetretene(r), Bekehrte(r) *m*; (~ *brother, sister*) Laienbruder *m*, -schwester *f*; **-er, -or** [kən'və:tə] Bekehrer; *tech* Konverter *m*, Bessemerbirne *f*; *el* Umformer; *el* Überlagerer *m*; Chiffriermaschine *f*; *mil* Umwertegerät *n*; *com* Kaufmann *m*, der die Ware noch bearbeitet; ~ *plant*, *station* Umformeranlage *f*, -werk *n*; ~ *process* Bessemerverfahren *n*; ~ *tube*, *valve* Mischröhre *f*; **-ibility** [kənvə:tə'biliti] Umwandelbarkeit; *fin* Konvertierbarkeit, Einlösbarkeit *f*; **-ible** [kən'və:təbl] *a* umwandelbar, *fin* konvertierbar; einlösbar; *s mot* Kabrio (-lett) *n*; ~ *bonds (pl)* Wandelschuldverschreibungen *f pl*; ~ *husbandry* Fruchtwechselwirtschaft *f*.

convex ['kɔn'veks] *bes. opt s* konvex, erhaben, (nach außen) gewölbt; **-ity** [kɔn'veksiti] konvexe Form *f*.

convey [kən'vei] *tr* befördern, transportieren, verfrachten, (über-, weg-) bringen, hinschaffen; (*el Strom*) leiten; mitteilen; (*Nachricht*) übermitteln; (*Sinn, Gedanken*) vermitteln; (*Trost*) spenden; (*Eigentum, Vermögen*) übertragen, abtreten, übereignen (*to* an), *to* ~ *movement to s.th.* etw in Bewegung setzen; **-ance** [-əns] Beförderung *f*, Transport *m*, Spedition; *tech* Zuführung, Leitung; Übermitt(e)lung, Mitteilung; *jur* Übertragung, Abtretung, Übereignung, Auflassung *f*; Fahrgelegenheit *f*; Beförderungsmittel, Fahrzeug *n*; (*deed of* ~) Übertragungsurkunde *f*; ~ *by agreement* (*jur*) Auflassung *f*; ~ *insurance* Transportversicherung *f*; ~ *of passengers* Personenbeförderung *f*; ~ *of property* Eigentumsübertragung *f*; **-ancer** [-ənsə] Notar *m* für Eigentumsübertragungen; **-er, -or** [kən'veiə] Übermittler, Beförderer, Fuhrunternehmer, Spediteur; *tech* Förderer *m*, Förderband *n*, -streifen *m*, -anlage *f*; ~ *belt* laufende(s) Band, Fließ-, Förderband *n*; **-ing** [-iŋ] *s* Beförderung *f*, Transport *m*; *tech* Förderung *f*; *a* Förder-, Transport-; ~ *capacity* Förderleistung *f*; ~ *plant* Förderanlage *f*.

convict ['kɔnvikt] *s* Verurteilte(r); Sträfling, Strafgefangene(r), Zuchthäusler *m*; *tr* [kən'vikt] überführen (*of a crime* e-s Verbrechens); für schuldig befinden *od* erklären; verurteilen (*on a criminal charge* wegen e-r strafbaren Handlung; *of murder* wegen Mords); *Am (fälschlich)* überzeugen; *former ~* Rückfällige(r), Vorbestrafte(r) *m*; **~ion** [kən'vikʃən] *jur* Überführung; Schuldigsprechung, Verurteilung; (feste) Überzeugung *f*; *by ~* aus Überzeugung; *in the (full) ~* that in der (vollen) Überzeugung, daß; *(up)on ~ (jur)* nach Überführung; *to be open to ~* sich überzeugen lassen; *to carry ~* überzeugend wirken; *to have a previous ~* vorbestraft sein (*for* wegen); *former, previous ~* Vorstrafe *f*.

convinc|e [kən'vins] *tr* überzeugen (*of* von); *to be ~d (of)* überzeugt sein (von); *to ~ o.s. (of)* sich überzeugen (von); **~ible** [-ibl] überzeugbar, zu überzeugen(d); **~ing** [-iŋ] überzeugend, schlagend; beweiskräftig.

convivial [kən'viviəl] festlich; Fest-; gesellig(keitsliebend), unterhaltend, -haltsam; heiter, fröhlich, lustig; *fam* angesäuselt; *to be ~* gern in Gesellschaft sein; **~ity** [-'æliti] Geselligkeit; Unterhaltsamkeit; Fröhlichkeit (*bei Tisch*); Festesfreude *f*; Tafelfreuden *f pl*.

convocation [kɔnvə'keiʃən] Einberufung (*e-r Versammlung*); Zs.kunft, Versammlung; (Kirchen-)Synode *f*; (*Universität*) Konzil *n*.

convoke [kən'vouk] *tr* zs.rufen, zs.kommen lassen; (*Versammlung*) einberufen.

convol|ute ['kɔnvəl(j)u:t] *tr itr* (sich) ein-, (sich) zs.rollen; *a (a. ~uted)* ein-, zs.gerollt *bes. bot*; **~ution** [-'lu:ʃən] Ein-, Zs.rollen, -wickeln *n*; Windung; Einrollung *f*, Eingerollte(s) *n*; (*~ of the brain*) Gehirnwindung *f*; **~ve** [kən-'vɔlv] *s. ~ute tr itr*; **~vulus** [kən'vɔlvjuləs] *bot* Winde *f*.

convoy [kən'vɔi] *tr bes. mar (Kriegsschiff)* geleiten, eskortieren; *s* ['kɔnvɔi] (Schutz-)Geleit *n*; *mil* (LKW-)Kolonne; *mil* Eskorte *f pl*, -mannschaften *f pl*; Geleitzug, Konvoi *m*;

convuls|e [kən'vʌls] *tr lit* in Zuckungen versetzen; erschüttern *a. fig*; (*Gesicht*) verzerren; *to be ~ed with pain, laughter* sich vor Schmerzen, Lachen krümmen; sich verzerren (*with rage* vor Wut); **~ion** [-'vʌlʃən] Erschütterung *a. fig*; (Nerven-)Zuckung, (Muskel-)Zerrung, Verkrampfung *f*; (Lach-, Schüttel-)Krampf *m*; *to be in ~s* sich vor Lachen biegen; *~s of laughter* Lachanfall, -krampf *m*; **~ive** [-iv] krampfhaft, konvulsivisch; *fig* erschütternd.

cony, coney ['kouni] Kaninchen; (gefärbtes) Kanin(chenfell) *n*.

coo [ku:] *itr* (*Taube*) girren, gurren; *tr (Worte)* girren; *s* Gurren *n*; *interj Br* Mensch! *to bill and ~* zärtlich tun *od* miteа. sein; *~~ (Am sl)* wahnsinnig, verrückt; unrealistisch.

cook [kuk] *tr itr* kochen; *tr (Essen)* zubereiten; braten, backen; *(to ~ up) fam* zs.brauen, aushecken, -brüten; *fam* verfälschen, (auf)frisieren; (*Konten*) verschleiern; *sl* kaputt machen, erledigen, verderben; *Am* auf dem elektrischen Stuhl hinrichten; *itr* sich kochen lassen; als Koch arbeiten; *Am sl* vor die Hunde gehen; *s* Koch *m*, Köchin *f*; *to ~ s.o.'s goose* jdn ruinieren; *what's ~ing?* (*fam Am*) was gibt's Neues? *too many ~s spoil the broth* viele Köche verderben den Brei; **~book** *Am* Kochbuch *n*; **~ee** [-'ki:] *Am fam* Lagerkoch, Küchenhilfe, -bulle *m*; *Am sl* pfundige(r) Kerl, hübsche(r) Käfer *m*; **~er** ['-ə] Kocher, Kochapparat; (Gas-, Elektro-)Herd *m*; *pl* Kochobst *n*; **~ery** ['-əri] Kochen *n*, Kochkunst, Küche *f*; **~-book** (*Br*) Kochbuch *n*; **~-general** Mädchen *n* für alles; **~-house** Lagerküche, Küchenbaracke, *mar* Kombüse *f*; **~ie, ~y** ['kuki] *Am* (gefülltes) Plätzchen *n*; *mil sl* schwere(r) Brocken *m*; *Scot* süße(s) Brötchen *n*; *Am sl* Pfundskerl, hübsche(r) Käfer *m*; **~~-cutter** (*Am sl*) *(Polizei)* Knüppel; Schwächling *m*; **~ing** [-iŋ] Kochen *n*, Küche *f*; *attr* Koch-; *~~ range*, *Am* **~-stove** Koch-, Küchenherd *m*; **~-out** ['kukaut] *Am* Abkochen (*im Freien*); Picknick *n*; **~-shop** Speisehaus, -lokal *n*.

cool [ku:l] *a* kühl, frisch; *fig* kühl, frostig; zurückhaltend, ablehnend; kaltblütig; dreist, frech, unverschämt; *a ~ (fam) (vor e-r Zahlenangabe)* lausige, lumpige, bloß(e), nur; rund; *Am sl* verächtlich, gefühllos, intellektuell, geschmackvoll; *s* Kühle *f*; *tr itr (to ~ off)* abkühlen (lassen); *itr* kühl werden; *as ~ as a cucumber* ohne e-e Miene zu verziehen, ruhig, gelassen; *to get ~* sich abkühlen; *to keep ~* kühl (bewahren), gelassen bleiben; *to ~ o.'s heels (fam)* sich (*bei langem Warten*) die Beine in den Leib stehen; *to ~ down, off (fig)* abkühlen, ruhiger werden; *a ~ cheek* e-e große

cooler 210 **copper-bearing**

Frechheit, e-e Unverschämtheit; *a ~ customer* ein unverschämter Kerl; **~er** ['-ə] Kühlgefäß *n*, Kühler *m*; *sl* Gefängnis *n*, Bau *m*; *wine ~~* Sektkühler *m*; **~-headed** *a* besonnen; **~ing** ['-iŋ] (Ab-)Kühlung *f*; *~~ by air* Luftkühlung *f*; *~~ rib, water* Kühlrippe *f*, -wasser *n*; *~~-off period* Stillhaltezeit *f*; **~ness** ['-nis] Kühle, Frische *f*; *fig* innere(r) Abstand *m*; Entfremdung; ruhige Sicherheit *f*.

cool|ie, -y ['ku:li] Kuli, Tagelöhner *m* (*in Süd- u. Ostasien*).

coomb, comb(e) [ku:m] enge(s) Tal *n*, Schlucht *f*.

coon [ku:n] Waschbär; *Am sl* doofe(r) Bursche; *sl pej* Nigger, Neger *m*; *a gone ~* (*sl*) ein hoffnungsloser Fall, e-e verpfuschte *od* verkrachte Existenz (Mensch); *a ~'s age* (*fam*) e-e Ewigkeit; *~ song* Negerlied *n* (*d. amerik. Neger*); **~y** ['-i] *Am sl* schlau.

coop [ku:p] *s* Vogel-, *bes.* Hühnerkäfig; Kaninchenstall *m*; *sl* üble Behausung *f*, Loch *n*, Bude *f*; *sl* Kittchen *n*, Knast *m*; *aero sl* Kanzel *f*; *Am sl* Kabrio *n*; *tr* (*to ~ in, up*) in *e-m* Käfig halten; einsperren, einschließen; *to fly the ~* (*Am sl*) entwischen.

co-op, coop ['koʊəp, koʊ(')ɔp] *fam* (*von: co-operative*) Konsum(verein) *m*.

cooper ['ku:pə] Küfer, Böttcher *m*; **~age** ['-ridʒ], **~y** ['-ri] Küferei, Böttcherei *f*; Küfer-, Böttcherarbeit *f*.

co-operat|e [koʊ(')ɔpəreit] *itr* zs.arbeiten (*with* mit); mitarbeiten, -wirken, -helfen (*in an*); *fig* (gemeinsam) beitragen (*to* zu); hinwirken (*to* auf); **~ion** [-'reiʃən] Zs.arbeit, Mitwirkung *f*; genossenschaftliche(r) Zs.schluß *m*; Genossenschaft, Kooperative *f*; *in ~~ with* in Zs.arbeit mit; **~ive** ['-'ɔpərətiv] *a* zs.arbeitend, mitwirkend; zur Zs.arbeit bereit; genossenschaftlich; *s* (*~~ association, society*) Genossenschaft, Kooperative *f*; Konsum *m*; *~~ building ~~* Baugenossenschaft *f*; *credit ~~* Kreditgenossenschaft *f*; *distributive, marketing ~~* Absatzgenossenschaft *f*; *~~ advertising* Gemeinschaftswerbung *f*; *~~ bank* Genossenschaftsbank *f*; *~~ movement* Genossenschaftsbewegung *f*; *~~ shop, store(s)* Konsum(-vereinsladen) *m*; **~or** [-ə] Mitarbeiter *m*; Genossenschafts-, Konsumvereinsmitglied *n*.

co-opt [koʊ(')ɔpt] *tr* hinzuwählen, kooptieren; **~ation** [-'teiʃən] Zu-, Ergänzungswahl, Kooptation *f*.

co-ordinat|e [koʊ(')ɔ:dinit] *a* gleichrangig, -gestellt, bei-, zu-geordnet; *s* Beigeordnete(r) *m*; Zugeordnete(s) *n*; *math* Koordinate *f*; *tr* [koʊ(')ɔ:dineit] gleichstellen; bei-, zuordnen, koordinieren, (aufea.) abstimmen, ea. angleichen; **~ion** [koʊ(')ɔ:di'neiʃən] (rangmäßige) Gleichstellung; Zuordnung; Koordinierung, Angleichung, Abstimmung *f*.

coot [ku:t] Wasserhuhn *n*; *Am fam* Esel *m*; *as bald as a ~* (*fam*) ratzekahl; **~ie** ['-i] *sl mil* (Kleider-)Laus *f*.

co-owner [koʊ(')ounə] Miteigentümer, -inhaber *m*; **~ship** [-ʃip] Miteigentum; Gemeinschaftseigentum *n*.

cop [kɔp] **1.** (*Spinnerei*) Kötzer, Garnwickel *m*; **2.** *s sl* Schupo, Polizist *m*; *tr sl* erwischen, schnappen (*at* bei); stibitzen, mausen; Lappen ergreifen; *no great ~* wertlos; *to ~ the needle* auf die Palme gehen; *to ~ it* Prügel bekommen; bestraft werden; *it's a fair ~* man hat mich erwischt.

copal ['koupəl, koʊ(')pæl] Kopal *m*.

copartner ['koʊ'pɑ:tnə] Teilhaber *m*, Mitbeteiligte(r) *m*; **~ship** [-ʃip] Teilhaberschaft *f*; Gesellschafts-, Genossenschaftsverhältnis *n*; Beteiligung *f*.

cope [koʊp] **1.** *itr* sich messen (können) (*with* mit); Herr werden *od* bleiben (*with* gen, über); gewachsen sein (*with* dat); es aufnehmen, fertigwerden (*with* mit). **2.** *rel* Chorrock *m*; *fig* Mantel *m*, Decke, Hülle *f*; (Himmels-)Gewölbe *n*; *arch* Mauerkappe *f*; *tr* mit dem Chorrock bekleiden; *fig* bedecken, wölben; *itr* sich wölben; **~lessness** ['-lisnis] Lebensuntüchtigkeit *f*; **~-stone** *arch* Deck-, Schlußstein *a. fig*; *fig* Schlußstrich, Höhepunkt *m*.

copier ['kɔpiə] (Ab-)Schreiber, Kopist; Plagiator, Nachahmer *m*.

co-pilot ['koʊpailət] Kopilot, zweite(r) Flugzeugführer *m*.

coping ['koʊpiŋ] (Mauer-)Abdeckung; (*Talsperre*) Krone *f*; **~-stone** Abdeckplatte *f*; *fig* Krönung *f*.

copious ['koʊpjəs] reich(lich), massenhaft, in Mengen; (*Stil*) wortreich, weitschweifig; **~ly** ['-li] *adv* in reichem Maße, in (Hülle u.) Fülle; **~ness** ['-nis] Fülle *f*, Reichtum *m*, Menge, Masse(nhaftigkeit); Weitschweifigkeit *f*.

copper ['kɔpə] *s* Kupfer *n*; Kupfermünze *f*; Kupferkessel *m*; Kupferfarbe *f*; *sl* Schupo, Polizist *m*; *pl* Kupferwerte *m pl*, -münzen *f pl*; *a* kupfern; kupferfarben; *tr* verkupfern; *sl* wetten (*s.th.* gegen etw); *to cool o.'s ~s* e-n hinter die Binde kippen; **~as** ['-rəs] Kupfervitriol *n*; **~bearing** kupfer-

copper-beech / **corduroy**

haltig; **~-beech** Blutbuche f; **~-bottomed** a mar mit Kupferboden; seetüchtig; fig todsicher; **~-head** ['-hed] zoo Mokassinschlange f; **~-mine** Kupfermine f, -bergwerk n; **~-nose** Kupfernase f; **~-ore** Kupfererz n; **~-plate** ['-pleit] typ Kupferplatte f; (Kunst f des) Kupferstich(s) m; **~-plate** tr verkupfern; a (Handschrift) wie gestochen; ~ **pyrites** min Kupferkies m; **~-smith** Kupferschmied m; ~ **sulfate** chem Kupfersulfat n; **~-top** sl Rothaarige(r m) f; ~ **y** ['-ri] kupferig.
coppice ['kɔpis], **copse** [kɔps] Dickicht; (~ wood) Unterholz n, (dichter) junge(r) Wald m.
copra ['kɔprə] Kopra f.
Copt [kɔpt] Kopte m, Koptin f; **-ic** ['-ik] koptisch.
copula ['kɔpjulə] Band a. anat, Bindeglied n; gram Kopula f; **-te** ['kɔpjuleit] itr sich paaren; **-tion** [-'leiʃən] Verbindung; Paarung, Begattung f; **-tive** ['kɔpjulətiv, -leit-] a verbindend, kopulativ a. gram; Binde-, Begattungs-; s Kopula f.
copy ['kɔpi] s Nachbildung, -ahmung; Kopie, Abschrift f, Abdruck m; Durchschrift f, -schlag m; Ausfertigung f; phot Abzug m; (Druck-) Manuskript; (Buch, Druck) Exemplar n; (Zeitung, Zt.schrift) Nummer f; Muster, Modell n; Stoff m, Material n (für ein Buch, e-e Zeitung); Br fam (schriftliche) Schulaufgabe f;tr itr nachahmen, -machen; imitieren; nachbilden; (to ~ down) kopieren, abschreiben; vervielfältigen; durchpausen; (to ~ out) ins reine schreiben; ab-, nachzeichnen; phot abziehen, to ~ after s.th. nachfolgen; s.o. in jds Fußstapfen treten; by way of ~ abschriftlich; to make, to take a ~ of s.th. e-e Abschrift von e-r S machen od anfertigen; certified true ~ für die Richtigkeit; attested, certified, exemplified, legalized, official ~ beglaubigte Abschrift f; clean, fair, final ~ Reinschrift f; conformed, exact, true ~ gleichlautende, genaue, wörtliche Abschrift f; duty ~ Pflichtexemplar n; foul, rough ~ Kladde f, Konzept n; specimen ~ Probenummer f; voucher ~ Belegstück n; **~-book** s (Schön-) Schreibheft; Am Durchschreibbuch n; a abgedroschen, alltäglich, gewöhnlich; **~-cat** fam Nachahmer(in f), Plagiator m; ~ **chief** Am Chefredakteur m; **~ desk** (Zeitung) Schreibtisch m des Redakteurs; **~-hold** ['-hould] hist (England) Lehnsgut n; **~-holder** hist Eigentümer e-s Zinsgutes; (Schreib-

maschine) Stenogrammhalter; Korrektorgehilfe m; **-ing** ['-iŋ] Kopieren n; attr Kopier-; ~ **apparatus** Vervielfältigungsapparat m; ~ **book** Durchschreibbuch n; ~ **ink** Kopiertinte f; ~ **machine** Kopiermaschine f; ~ **pencil** Kopierstift m; ~ **press** Kopierpresse f; **-ist** ['-ist] Abschreiber; Nachahmer, Imitator m; **-reader** Am Redakteur m; **-right** s Urheber-, Verlagsrecht, literarische(s) Eigentum n (in an); a (protected by ~) urheberrechtlich geschützt; tr urheberrechtlich schützen; to be ~ (Br: ~ ed) urheberrechtlich geschützt sein; ~ **reserved** Nachdruck verboten; ~ **on designs** Geschmacksmusterrecht n; **-writer** Texter m.
coquet, -te [ko(u)'ket] itr kokettieren, flirten (with mit); fig tändeln, spielen (with mit); **-ry** ['koukitri] Gefallsucht; Koketterie; Tändelei f; **-te** [kɔ(u)-, kɔ'ket] Kokette f; **-tish** [-iʃ] kokett, gefallsüchtig; gefällig; hübsch.
coracle ['kɔrəkl] Fischerboot n aus Weidengeflecht.
coral ['kɔrəl] s Koralle f; Hummerrogen m; Kinderklapper f; a (~red) korallenrot; **-island** Koralleninsel f; **-line** ['-ain], **-loid(al)** ['-ɔid(əl)] korallenartig; ~ **reef** Korallenriff n.
corbel ['kɔ:bəl] s arch Kragstein m; Knagge f; Balkenträger m; tr durch Kragsteine stützen.
cord [kɔ:d] s Seil n, Strick; Bindfaden, (Österreich) Spagat m; Leine, Kordel; Litze; el Schnur f, Kabel; anat Band n, Strang m; fig Band n, Bindung; Klafter f (3,63 cbm); pl Kordhose f; Kord, Rippsamt m; Kordrippe f; pl Kordhose f; tr verschnüren; (to ~ up) festbinden; (Holz) klaftern; **-age** ['-idʒ] Faserseil n; mar Tauwerk m; **-ed** ['-id] a verschnürt; angeseilt; (Stoff) gerippt; (Holz) geklaftert.
cord|ate ['kɔ:dit, -deit] herzförmig; **-ial** ['-iəl] a herzlich, herzerfrischend; aufrichtig, tiefgefühlt; (Herz)stärkend; Stärkungs-; s herzstärkende(s) Mittel n; Kräuterlikör m; to give a ~ **welcome** e-n herzlichen Empfang bereiten; **-iality** [kɔ:di'æliti] Herzlichkeit f; **-ite** ['-ait] rauchlose(s) Pulver n.
cordon ['kɔ:dən] s Schiffs-, Truppen-, Polizei-, Posten-, Absperrkette f, Kordon m; Litze f; Ordensband n; arch Mauerkranz; Spalierbaum; (sanitary ~) Sperrgürtel m; tr einschließen, umzingeln; to ~ off absperren, -riegeln.
corduroy ['kɔ:dərɔi, -dju-] s Kord, Rippsamt m; pl Kordhose f; a Kord-; gerippt; tr (Straße) mit Knüppeln,

corduroy road Bohlen befestigen; ~ **road** Knüppeldamm, Bohl(en)weg m.

core [kɔ:] s (Apfel) Kerngehäuse, -haus n; tech Formkern; el Eisenkern m; (Kabel-)Ader, Seele f; fig Kern (-stück n) m, Herz, Mark, Inner(st)e(s) n; tr (Apfel) entkernen; tech mit e-m Kern versehen; at the ~ im Inner(ste)n; to the ~ durch u. durch, voll u. ganz, völlig, vollkommen; bis ins Innerste.

corelation ['kouri'leiʃən] s. correlation.

co-religionist ['kouri'lidʒənist] Glaubensgenosse m.

co-respondent ['kouris'pɔndənt] Mitbeklagte(r m) f (bes. in e-m Scheidungsprozeß).

corf [kɔ:f] pl corves (min) Hund, Förderwagen; Fischkorb m.

coriaceous [kɔri'eiʃəs] ledern; lederartig; zäh.

coriander [kɔri'ændə] bot Koriander m.

Corinthian [kə'rinθiən] a korinthisch; s Korinther(in f) m.

cork [kɔ:k] s Kork m (~ oak), Korkeiche; (Baum-)Rinde f; Pfropfen, Stöpsel; Angel-, Netzkork m; a Kork-; tr (to ~ up) ver-, zukorken; fig in Schach, zurückhalten, unterdrücken; mit e-m gebrannten Kork schwärzen; to be like a ~ (fig) sich nicht unterkriegen lassen; ~age ['-idʒ] Ver- od Entkorken; Pfropfengeld n; ~ed [-t] a verkorkt; fig verschlossen; mit-m Korkgeschwärzt; (Wein) mit Korkgeschmack; fam fig verdorben, ruiniert; sl besoffen; ~er [-ə] s sl unwiderlegbare(s) Argument n; unbestreitbare Tatsache; verblüffende Geschichte; tolle Lüge f; sl Mords-, Pfundskerl m; prima, Pfundssache f; ~ing ['-iŋ] s Verkorken n; a sl prima, pfundig, Pfunds-, Klasse-; ~ **jacket** Schwimmweste f, -gürtel m; ~**oak**, -**tree** Korkeiche f; ~**screw** s Kork(en)zieher m; a spiralig; tr itr (sich) in e-r Spirale bewegen; fig mühsam herausziehen; sich hindurchwinden; ~~ **curl** Kork(en)zieherlocke f; ~~ **staircase** Wendeltreppe f; ~**sole** Kork-(einlege)sohle f; ~**y** ['kɔ:ki] aus Kork, Kork-; korkartig; fam fig locker, lose, leicht; quecksilb(e)rig, lebhaft; bockig; (Wein) nach dem Kork schmeckend.

cormorant ['kɔ:mərənt] orn Seerabe, Kormoran m, Scharbe f; fig Nimmersatt, Vielfraß m.

corn [kɔ:n] **1.** s Korn, Getreide n; (England) meist Weizen; (Schottland, Irland) meist Hafer; (Am) meist Mais (Indian ~); Whisky m aus Mais, Korn(schnaps); körnige(r) Schnee m; fam Rührseligkeit, abgedroschene Geschichte f; tr körnen, granulieren; einsalzen, (ein-) pökeln; ~~**ball** Am süße(s) Puffkorn n; sl altmodische(r), sentimentale(r) Mensch m; ~~**beetle** zoo Kornkäfer, -wurm m; **C~~Belt, the** geog der Maisgürtel (im Mittelwesten der US); ~~**bind** bot Ackerwinde f; ~~**brash** ['-bræʃ] Kalksandstein m; ~ **bread** Am Maisbrot n; ~~**chandler, -dealer, -factor, -merchant** Getreide-, Samenhändler m; ~~**cob** Maiskolben m; ~~**cockle** bot Kornrade f; ~~**crake** orn Wiesenknarrer m; ~**ed** [-d] a gekörnt, granuliert; gesalzen, gepökelt; sl besoffen; ~~**eef** Büchsen(rind)fleisch n; ~ **exchange** Getreidebörse f; ~~**fed** ['-fed] a Am mit Körnern gefüttert; sl bäuerisch, simpel; sl fett, plump; ~**field** Korn-, (Schottland) Maisfeld n; ~~**flakes** pl Weizen-, Hafer- od Maisflocken f pl; ~~**flour** Mais-, Reismehl n; ~~**flower** Kornblume; Kornrade f; ~~**harvester** (Getreide-)Mähmaschine f; ~**husk** ['-hʌsk] Am Hüllblätter n pl des Maises, Lieschen pl; ~~**juice** Am Maisschnaps m; ~~**market** Getreidemarkt m; ~ **picker** Am Entkolbe-, Entlieschmaschine f; ~ **pone** Am (viereckiges) Maisbrot n; ~~**poppy** Klatschmohn m; ~~**rose** Klatschmohn m; Kornrade f; ~ **salad** Ackersalat m; ~ **shock** Garbe f; Am aufgeschichtete Maisstengel m pl; ~ **silk** Am Maisgrannen f pl; ~ **sirup** Stärkesirup m; ~ **smut** Getreidebrand m (Pilzkrankheit); ~**stalk** ['-stɔ:k] Getreidehalm; Am Maisstengel m; fam lange(r) Laban, Lulatsch m, Hopfenstange f; ~**y** ['-i] a Korn-; kornreich; sl altmodisch, abgedroschen; rührselig; kitschig; simpel; **2.** med Hornauge n; to tread on s.o.'s ~s (fig) jdm auf die Füße treten, auf jds Gefühlen herumtrampeln; ~**ea** ['kɔ:niə] Hornhaut f (d. Auges); ~~**plaster** Hühneraugenpflaster n.

cornel ['kɔ:nəl] bot Hartriegel, Hornstrauch m, Kornelkirsche f.

cornelian [kɔ:'ni:ljən] min Karneol m.

corner ['kɔ:nə] s Ecke f, Winkel m; (street-~) (Straßen-)Ecke; mot Kurve f; (finsterer, heimlicher) Winkel m, (abgelegene) Gegend f, Ende n; (tight ~) Klemme, schwierige Lage f, Verlegenheit, fam Patsche, Klemme; fam Kante, Ecke f, Stückchen n; com (spekulative) Aufkäufergruppe f; (~ kick) sport Eckball m; (~ protection) Kantenschutz m; tr in die Enge treiben a. fig; com aufkaufen; itr e-e Ecke bilden; mot um die Ecke biegen; Am sich an e-r Ecke treffen; in every nook and ~ (Am) in allen Ecken u. Winkeln; in every ~, in the (four) ~s of the world an allen Enden der Welt, an allen Ecken u. Enden; to cut ~s den Weg abschneiden; fig Ausgaben, Löhne, Zeit einsparen; to cut off a ~ e-e Ecke (des Weges) abschneiden; fig den Preis drücken; to drive, to force, to put s.o. into a ~ (fig) jdn in die Enge treiben; to keep a ~ e-n freien Platz lassen; to turn the ~ um die Ecke biegen; fig (gut) davonkommen, es überstehen, über den Berg kommen; ~-**boy** Faulenzer m; ~**ed** ['-d] a eckig, wink(e)lig; fig in der Klemme; ~ **house** Eckhaus n; ~ **iron** Winkeleisen n; ~-**room** Eckzimmer n; ~ **seat** Eckplatz m; ~-**stone** Eck-, Grundstein m; fig Grundlage f, Fundament n; ~-**wise** ['-waiz] adv schräg; diagonal.

cornet ['kɔ:nit] mus Kornett n; Tüte; Br (Speiseeis) Eistüte f; Cremetörtchen n; Schwesternhaube f; mil hist Kornett, Fahnenjunker m.

cornice ['kɔ:nis] arch Karnies n, Sims m od n, Gesimse n; Zierleiste; Gardinen-, Vorhangleiste; Schneewächte; tech Kehlung f.

cornucopia [kɔ:nju'koupjə] Füllhorn n; (Papier-)Tüte; fig Fülle f, Überfluß m.

corolla [kə'rɔlə] Blumenkrone f; ~**ry** [-ri] philos Folgesatz m; Folgerung, Ableitung; allg (natürliche) Folge, Folgeerscheinung f, Ergebnis n.

coron|**a** [kə'rounə] pl a. -**ae** [-i:] Krone f a. anat; Kron-, Radleuchter (bes. in e-r Kirche); arch Kranz m; (Zahn-)Krone; astr Korona f, Hof m; el (~ discharge) Glimmentladung f; ~**al** ['kɔrənəl] s Diadem n; Kranz m; Stirnbinde f; a Kronen-, Kranz-, Koronar-; ~~ **suture** Kranznaht f; ~**ary** ['kɔrənəri] med koronar; Kranz-; ~~ **artery** (anat) Kranzarterie f; ~~ **thrombosis** Koronarthrombose f; ~**ation** [kɔrə'neiʃən] Krönung(sfeierlichkeiten f pl) f; ~~ **oath** Krönungseid m; ~**er** ['kɔrənə] (amtlicher) Leichenbeschauer n; ~~'s **inquest** (amtliche) Leichenschau f; ~**et** ['kɔrənit] Adelskrone f; Diadem n; (Pferd) Hufkrone f.

corpor|**al** ['kɔ:pərəl] **1.** a körperlich, leiblich; Leibes-; persönlich; ~ **cloth** Meßtuch n; ~~ **punishment** Prügelstrafe, körperliche Züchtigung f; **2.** Unteroffizier m (im engeren Sinn); **lance**-~~ Ober-, Hauptgefreite(r) m; ~**ality** [-'ræliti] Körperlichkeit, Materialität, körperliche Existenz f; ~**ate** ['kɔ:pərit] vereinigt, zs.geschlossen; körperschaftlich, gemeinsam, gemeinschaftlich; ~~ **assets** (pl) Gesellschaftsvermögen n; ~~ **name** Firmenname m; ~~ **income tax** Körperschaftssteuer f; ~**ation** [kɔ:pə'reiʃən] Körperschaft; juristische Person; Innung, Gilde; Gemeindevertretung f, -rat m; Am Gesellschaft f mit beschränkter Haftung (GmbH), Aktiengesellschaft f; fam Dick-, Fettwanst, Schmerbauch m; ~~ **law** (Am) Aktienrecht n; ~~ **tax** Körperschaftssteuer f; ~**ative** ['kɔ:pərətiv] körperschaftlich, korporativ; ~**eal** [kɔ:'pɔ:riəl] körperlich, physisch, sinnlich (wahrnehmbar), greifbar, konkret; ~**e(al)ity** [kɔ:pɔ:ri:iti, -ri-'æliti] Körperlichkeit, körperliche, physische Existenz f.

corposant ['kɔ:pəzənt] St.-Elms-Feuer m.

corps [kɔ:, pl kɔ:z] mil (Armee-)Korps n; Truppe f; allg Korps n; **medical** ~ Sanitätstruppe f; ~ **de ballet** ['kɔ:də'bælei] Ballettgruppe f; C ~ **of Engineers** Pionierkorps n; **the** C~ **Diplomatique** ['kɔ:diplɔ(u)mæ'ti:k] das Diplomatische Korps; ~ **headquarters staff** Korpsstab m; ~**man** ['-mən] Am Sanitäter, Sanitätssoldat m.

corpse [kɔ:ps] Leiche f, Leichnam m.

corpulen|**ce**, -**cy** ['kɔ:pjuləns(i)] Beleibtheit, Korpulenz, Fettleibigkeit f; ~**t** ['-t] beleibt, korpulent, fettleibig, stark, dick, fam fett.

corpus ['kɔ:pəs] pl -**pora** ['-pərə] Körper; Hauptteil; fin Kapitalbetrag m; geschlossene(s) Ganze(s); Korpus n, (Gesetzes-)Sammlung; typ Korpus f; C~ **Christi** ['kristi] rel Fronleichnam(sfest n) m.

corpusc|**le** ['kɔ:pʌsl], -**ule** [-'pʌskju:l] phys Korpuskel, Massenteilchen n; allg sehr kleine(r) Teil m; pl physiol (red, white ~s) (rote, weiße) Blutkörperchen n pl; ~**ular** [kɔ:'pʌskjulə] a phys Korpuskular-.

corral [kɔ:'rɑ:l] s Umzäunung f; Pferch, Korral m; Wagenburg f; tr (Vieh) in e-n Korral einschließen, -sperren, -pferchen; sl sich unter den Nagel reißen, organisieren.

correct [kə'rekt] a richtig, korrekt, genau; (Antwort) zutreffend; (Verhalten) einwandfrei; (bes. Kleidung) vorschriftsmäßig, korrekt; tr (ver)bessern, korrigieren, richtigstellen; (Uhr) stellen; (Fehler) ausschalten, abstel-

correction

len; richtig einstellen; zurechtweisen, tadeln, (be)strafen, züchtigen; abstellen, heilen, entfernen; aufheben, ausgleichen, aufwiegen; *phot* entzerren; *(Ladehemmung)* beheben; *to do the ~ thing* richtig handeln, sich richtig verhalten; *to prove ~* zutreffen; *to ~ proofs (typ)* Korrektur lesen; **~ion** [-kʃən] Verbesserung, Korrektur, Berichtigung, Richtigstellung; richtige Einstellung *f*; Ausgleich *m*; Zurechtweisung *f*, Tadel *m*, Strafe, Züchtigung; *phot* Entzerrung; Beseitigung *f (e-r Ladehemmung)*; *subject to ~~, under ~* unter Irrtumsvorbehalt; ohne Gewähr; *to make ~~s* Verbesserungen vornehmen; **~ional** [-ʃənl] *a* Besserungs-; *jur* Straf-; **~~ court** Strafkammer *f*; **~itude** [-rektitjuːd] Korrektheit *f*; **~ive** [-iv] *a* verbessernd, berichtigend; ausgleichend; *s* Abhilfe *(of, Am for* für*) f*; Ausgleich *m*; *~ exercises (pl)* Ausgleichsübungen *f pl*; **~ly** [-li] *adv* mit Recht; **~ness** [-nis] Richtigkeit, Korrektheit, Genauigkeit *f*; **~or** [-tə] Verbesserer *m*; Abhilfe *f*; *typ* Korrektor; *tech* Entzerrer *m*.

correlat|e ['kɔrileit] *tr* in Wechselbeziehung setzen *(with* zu*)*; (mitea.) in Beziehung, in Zs.hang bringen; aufea. abstimmen; *itr* in Wechselbeziehung stehen *(to, with* zu*)*, sich wechselgegenseitig bedingen; verknüpft sein *(to* mit*)*; *s* Korrelat *n*, Wechselbegriff *m*, Ergänzung *f*; *a* in enger Beziehung, in Wechselbeziehung stehend; **~ion** [kɔri'leiʃən] Wechselbeziehung *f*; Vergleich *n*, Korrelation *f*; Inbeziehungsetzen *n*; **~ive** [kɔ'relətiv] *a* in Wechselbeziehung stehend, zs.hängend; *gram* korrelativ; *s* Wechselbegriff *m*, Gegenstück *n*.

correspond [kɔris'pɔnd] *itr* entsprechen *(to* dat*)*; übereinstimmen, in Einklang stehen *(with, to* mit*)*; den Anforderungen genügen *(to* gen*)*; in Briefwechsel stehen, korrespondieren *(with* mit*)*; **~ence**, *a.* **~cy** [-əns(i)] Übereinstimmung *f*, Einklang *m (with* mit*; between* zwischen*)*; Entsprechung; Verbindung *f*;Zs.hang; Schriftverkehr, Briefwechsel *m*, Korrespondenz; Post (-sachen *f pl*) *f*; *(Zeitung)* Briefkasten *m*, Leserbriefe *m pl*; *(~~ column)* Eingesandt *n*; *to attend to the ~~, to take care of the ~~* die Post erledigen; *to carry on a wide ~* e-n großen Briefwechsel haben; *to be in ~~ with* in Briefwechsel stehen, korrespondieren mit; *~~ clerk* Korrespondent *m*; *~~

course* Fernunterricht *m*;*~~ school* Fernlehrinstitut *n*; **~ent** [-ənt] *a* entsprechend; *s* Briefpartner *(corr, Zeitung)* Korrespondent; Berichterstatter; Einsender; Kunde, Geschäftsfreund *m*; *foreign ~~* Auslandskorrespondent *m*; *war ~~* Kriegsbericht(erstatt)er *m*; **~ing** [-iŋ] entsprechend *(to* dat*)*; übereinstimmend, in Einklang *(with* mit*)*; korrespondierend, im Briefwechsel *(with* mit*)*; *to apply ~~ly* entsprechend anwenden; *~~ member* korrespondierende(s), auswärtige(s) Mitglied *n*.

corridor ['kɔridɔː] Gang, Korridor, *a. pol*, Flur; Luftkorridor *m*, Flugschneise *f*; *~ train* D-Zug *m*.

corrig|endum [kɔri'dʒendəm] *pl* **-da** [-də] Berichtigung *f*; Druckfehler *m*; *pl* Druckfehlerverzeichnis *n*; **~ible** ['kɔridʒibl] verbesserlich; fügsam.

corrobor|ant [kə'rɔbərənt] *a* bestätigend; stärkend, tonisch; Stärkungs-; *s* Bestätigung *f*; *pharm* Stärkungsmittel, Tonikum *n*; **~ate** [-eit] *tr* bestätigen, bekräftigen, erhärten, stützen; festigen; **~ation** [kərɔbə'reiʃən] Bestätigung, Erhärtung, Bekräftigung; Stärkung *f*; **~ative** [kə'rɔbərətiv] bestätigend, bekräftigend.

corro|de [kə'roud] *tr* zerfressen, -nagen, -setzen; angreifen, ätzen *a. fig*; zerstören; *fig* verderben, schädigen, beeinträchtigen; *itr* sich zersetzen; korrodieren, rosten; **~dible** [-əbl] korrosionsempfindlich; **~sion** [kə'rouʒən] Zerfressen, Ätzen *n*, Korrosion *f*, Rosten *n*; Zersetzung, Zerstörung *f*; *~~ resistant* korrosionsfest; **~sive** [-siv] *a* zerfressend, -setzend, ätzend, beizend; *fig* zersetzend; nagend, bohrend, quälend; *s* Korrosions-, Ätzmittel *n*.

corrugat|e ['kɔrugeit] *tr* runzeln; wellen; furchen, riefe(l)n, mit Rillen versehen; **~ed** [-id] *a* gerillt, gerieft, gewellt; *~~ cardboard, paper* Wellpappe *f*; *~~ sheet steel, iron* Wellblech *n*; **~ion** [kɔru'geiʃən] Welle; Rippe; Riefelung; Runzel, Falte *f*.

corrupt [kə'rʌpt] *a* verdorben, verrottet, faul; *fig* (sittlich) verkommen; schlecht, böse; unredlich, unehrenhaft; bestechlich, käuflich, korrupt; *(Text)* verderbt, entstellt, verfälscht; *tr* verderben; anstecken, ungünstig beeinflussen, untergraben; bestechen; *(Text)* entstellen; verfälschen; *itr* verderben, (ver)faulen; **~ibility** [kərʌptə'biliti] Verderblichkeit; Bestechlichkeit, Käuflichkeit *f*; **~ible** [-əbl] verderblich *(im passiven Sinn)*, ver-

corruption 215 **cost**

gänglich, verweslich; bestechlich, käuflich; **~ion** [kəˈrʌpʃən] Fäulnis f, Verfall m, Verwesung f; Sittenverfall m, (Sitten-)Verderbnis; Verkommenheit, Verdorbenheit; Verführung; Bestechung; Bestechlichkeit, Käuflichkeit; Korruption; (*Text*) Entstellung, Verfälschung f; *electoral ~~* Wahlbestechung f; *~~ of witnesses* Zeugenbestechung f; **~ive** [-iv] verderblich (*im aktiven Sinn*); ansteckend; **~ness** [-nis] Verdorbenheit, Verkommenheit; Bestechlichkeit, Käuflichkeit f; **~ practices** pl Bestechung(saffäre) f, Durchstechereien f pl.

corsage [kɔːˈsɑː, *Am* ˈkɔːsidʒ] Oberteil (e-s Damenkleides); (Blumen-) Sträußchen n zum Anstecken.

corsair [ˈkɔːsɛə] Seeräuber(schiff n), Korsar m.

cors(e)let [ˈkɔːslit] (Brust-)Harnisch m; *zoo* Brustschild m; *Am* [kɔːsˈlet] Korselett n.

corset [ˈkɔːsit] a. pl (*pair of ~s*) Korsett n, Hüfthalter, -former m.

cortege [kɔːˈteiʒ, -ˈɛːʒ] Gefolge n; feierliche(r) Zug m.

cort|ex [ˈkɔːteks] pl -ices [-isiːz] bot anat Rinde; (*brain ~~*) Großhirnrinde f; **~ical** [-ikəl] *scient* Rinden-; kortikal.

corundum [kəˈrʌndəm] Korund m.

corusc|ant [kəˈrʌskənt] funkelnd, glitzernd; **~ate** [ˈkɔrəskeit] itr funkeln, glitzern; *fig* (*Geist*) sprühen; **~ation** [kɔrəsˈkeiʃən] Funkeln, Glitzern; Flimmern n; Licht-, fig Geistesblitz m.

corvée [ˈkɔːvei, kɔrveː] *hist* Fron(arbeit) f a. fig.

corvette [kɔːˈvet] *mar* Korvette f.

corvine [ˈkɔːvain, -in] *scient* rabenartig; Raben-.

corymb [ˈkɔ(ː)rim(b)] *bot* Doldentraube f.

coryphee [kɔriˈfei] Primaballerina f.

coryza [kɔˈraizə] Schnupfen, Katarrh m.

cosecant [kouˈsiːkənt] *math* Kosekante f.

cosey s. cosy.

cosh [kɔʃ] s Totschläger, Knüppel m; *math* Hyperbelcosinus m; *tr* mit e-m Knüppel, bewußtlos schlagen; **~er** [ˈ-ə] *tr* verhätscheln, verwöhnen.

cosh [kɔʃ] s Totschläger m (*Waffe*); *math* Hyperbelcosinus m; *tr* mit dem T. treffen; **~er** [ˈ-ə] *tr* verhätscheln, verwöhnen.

co-signatory [ˈkouˈsignətəri] *a* mitunterzeichnend; s Mitunterzeichner m.

cosine [ˈkousain] *math* Kosinus m.

cosiness [ˈkouzinis] Gemütlichkeit f.

cosmet|ic(al) [kɔzˈmetik(əl)] *a* kosmetisch; *s* Schönheitsmittel n; a. pl Kosmetik f; **~ician** [kɔzməˈtiʃən]Kosmetiker(in f) m.

cosmic(al) [ˈkɔzmik(əl)] kosmisch; Welt(en)-; riesig, gewaltig, ungeheuer; (wohl)geordnet, harmonisch; **~ rays** pl kosmische Strahlen m pl.

cosmo|gonic [kɔzmo(u)-, kɔzməˈgɔnik] kosmogonisch, Weltentstehungs-; **~gony** [kɔzˈmɔgəni] Kosmogonie, (Theorie der) Weltentstehung f; **~grapher** [kɔzˈmɔgrəfə] Kosmograph m; **~graphic(al)** [kɔzmo(u)-, kɔzməˈgræfik(əl)] kosmographisch; **~graphy** [kɔzˈmɔgrəfi] Kosmographie, Weltbeschreibung f; **~logical** [kɔzmə-, kɔzmo(u)ˈlɔdʒikəl] kosmologisch; **~logy** [kɔzˈmɔlədʒi] Kosmologie f; **~politan** [kɔzmə-, kɔzmə(u)ˈpɔlitən] *a* über die ganze Erde verbreitet; weltbürgerlich, kosmopolitisch; *s* Weltbürger m; **~politanism** [kɔzməˈpɔlitənizm] Weltbürgertum n; **~s** [ˈkɔzməs] Kosmos m, Weltall n; Harmonie, Ordnung f.

Cossack [ˈkɔsæk] Kosak m.

cosset [ˈkɔsit] *tr* verhätscheln, verwöhnen.

cost [kɔst] *irr* cost, cost itr kosten a. fig, zu stehen kommen; fig (*Zeit, Mühe*) (er)fordern; (*Schaden, Ärger*) einbringen, machen; *tr com* kalkulieren, berechnen, den Kostenpreis festsetzen; *s* Preis m, (Un-)Kosten pl; Kostenbetrag; Einkauf-, Kauf-, Selbstkostenpreis m; Ausgaben, -lagen f pl; fig Einsatz; Schaden, Nachteil, Verlust m, Opfer n; pl Gerichtskosten, Kosten des Verfahrens; Anwaltskosten, Spesen pl; Gestehungskosten pl; *at ~* zum Selbstkostenpreis; *at the ~ of* auf Kosten gen; *at all ~s*, *at any ~* um jeden Preis; *at great ~ of blood* unter großen Blutopfern; *to o.'s ~* zu jds Schaden; *under ~* mit Verlust; *with ~s* kostenpflichtig; *without ~* kostenlos, gratis; *to bear, to pay the ~* die Kosten tragen; *to carry ~s* Kosten nach sich ziehen; *to count the ~* (fig) alles in Anschlag bringen; *to dismiss with ~s* kostenpflichtig abweisen; *to spare no ~* keine Kosten scheuen; *to ~ a pretty penny* e-e schöne Stange Geld kosten; *that will ~ him dearly* das wird ihm teuer zu stehen kommen; *advance on ~* Kostenvorschuß m; *overhead, operating, running, working ~s* (pl) Betriebs-(un)kosten pl; *~ of labo(u)r* Lohnkosten pl; *~ of living* Lebenshaltungskosten pl; *~-of-living bonus* Teuerungs-

cost accounting 216 **cough mixture**

zulage *f*; ~-*of-living index*, *escalator* Lebenshaltungsindex *m*; ~ *of maintenance* Unterhaltungskosten *pl*; ~ *of operation* Betriebskosten *pl*; ~ *of packing* Verpackungskosten *pl*; ~ *of printing* Druckkosten *pl*; ~ *of production* Herstellungskosten *pl*; ~ *of repair* Reparaturkosten *pl*; ~ *of storage* Lagerkosten *pl*, -geld *n*; ~ *of transportation* Transportkosten *pl*; **~ accounting, calculation** Kostenberechnung; Kalkulation *f*; **~ing** ['-iŋ] Kostenberechnung; Kalkulation *f*; **~~ department** Kalkulationsabteilung *f*; **~liness** ['-linis] Kostspieligkeit *f*; **~ly** ['-li] kostspielig, teuer; **~~plus** Kosten *pl* plus Gewinn; **~ price** Einkaufs-, Selbstkostenpreis *m*, Gestehungskosten *pl*; **~ reduction** Kostensenkung *f*; **~ saving** Kosteneinsparung *f*.

costal ['kɔstl] *scient* Rippen-, Seiten-.

co-star ['kou'sta:] *theat film s* zweite(r) *od* weitere(r) Hauptdarsteller(in *f*) *m*; *tr itr* e-e zweite *od* weitere Hauptrolle spielen (lassen).

coster(monger) ['kɔstəmʌŋgə] *Br* Straßen-, Obst- u. Gemüsehändler(in *f*), Höker(in *f*) *m*.

costive ['kɔstiv] *med* verstopft, hartleibig; *fig* langsam, schwerfällig.

costum|e ['kɔstju:m] *s* Tracht *f*; (historisches, Theater-, Masken- *od* Damen-)Kostüm *n*; Ornat *m*; *tr* [kɔs'tju:m] kostümieren; **~~ ball** Kostümfest *n*, -ball *m*; **~~ designer** Gewandmeister *m*; **~~ film, piece** Kostümfilm *m*, -stück *n*; historische(r) Film *m*; **~~ jewel(le)ry** Modeschmuck *m*; **~(i)er** [kɔs'tju:m(i)ə] Kostümschneider, -händler, -verleiher *m*.

cosy, cosey, cozy ['kouzi] *a* gemütlich, behaglich, mollig; *s* (*tea-*~) Tee-, Kaffeewärmer; gemütliche(r) Platz *m*, Sitzecke *f*; *egg-*~ Eierwärmer *m*.

cot [kɔt] **1.** Unterstand *m*, Schutzdach *n*; (Schutz-)Hülle *f*, Fingerling *m*; *poet* Häuschen *n*, Kate, Hütte *f*. **2.** Klapp-, Feld-, Krankenhaus-, Kinderbett *n*; *mar* Hängematte *f*.

cotangent ['kou'tændʒənt] *math* Kotangente *f*.

cote [kout] Schutzdach *n* (*für Vieh*), Stall *m*; *dove-*~ Taubenschlag *m*.

coterie ['koutəri] Gruppe, Clique *f*, Klüngel *m*.

cottage ['kɔtidʒ] Hütte *f*, Häuschen *n*; Siedlungs-, kleine(s) Landhaus; Ferien-, Sommerhaus *n*; **~~ cheese** *Am* Quark *m*; **~ industry** Heimindustrie *f*; **~~loaf** *Art* Doppelbrot *n*; **~~piano** Pianino *n*; **~~pie** Kartoffelpastete *f* mit Fleischfüllung; **~~pudding** Kuchen *m* mit süßem Aufguß; **~r** ['-ə] *Br* Häusler; *Br* Landarbeiter; *Am* Eigentümer *m* e-s Sommerhauses.

cotter ['kɔtə] *s tech* (~ *pin*) Splint, Vorsteck-, Sicherungsstift, Vorsteck-, Schließkeil *m*; *tr* versplinten.

cotton ['kɔtn] *s* Baumwolle *f* (*als Pflanze, Rohstoff u. Gewebe*); Kattun *m*; (~ *yarn*, ~ *thread*, *sewing-*~) Baumwollgarn *n*, -zwirn *m*; *Am* (*absorbent* ~) Watte *f*; *a* Baumwoll(en)-; baumwollen; *tr* (*to* ~ *up*) in B. kleiden; mit B. ausstatten, versehen, füttern; *itr jam* (*to* ~ *together*) dicke Freunde, ein Herz u. e-e Seele sein (*with* mit); *to* ~ *on* sich (eng) anschließen (*to* an), sympathisieren (*to* mit); *to* ~ *up* Freundschaft schließen (*to* mit); **C~ Belt** Baumwollgürtel *m* (*in den USA*); **~~cake** *Am* Baumwollsamenkuchen *m* (*Viehfutter*); **~~gin** Egreniermaschine *f*; **~~grass** *bot* Wollgras *n*, Binsenweide *f*; **~~grower** Baumwollpflanzer *m*; **~~mill** Baumwollspinnerei *f*; **~mouth** Mokassinschlange *f*; **~~picker** Baumwollpflücker(in *f*); Baumwollrupper *m*; **~~seed** Baumwollsamen *m*; ~~ *meal, oil* Baumwollsamenkuchen *m*, -öl *n*; **~~tail** amerik. (Wild-)Kaninchen *n*; ~ *waste* Putzwolle *f*; **~~wood** *bot* Balsampappel *f*; **~~wool** *Br* Watte *f*; *Am* Rohbaumwolle *f*; **~y** ['-i] Baumwoll(en)-; baumwollartig; flauschig, weich.

couch [kautʃ] *s* Couch *f*, Liege-, Ruhesofa *n*; *allg* Ruheplatz *m*; *obs* Lager *n* (*e-s wilden Tieres*); (*Farbe*) Schicht, Lage *f*; *poet* Lager(statt *f*), Bett *n*; (*Mälzerei*) Haufen *m*, Beet *n*, Malzscheibe; *tech* Gautschpresse *f*; *tr* (nieder)legen; (*Lanze*) einlegen; (*Kopf*) senken; (*Gedanken*) ausdrücken, (ein-)kleiden, hüllen, abfassen (*in* in); besticken; (*Gerste in der Mälzerei*) in Haufen aufschütten; *tech* gautschen; *med* (*grauen Star*) stechen; *itr* (*bes. Tiere*) sich (nieder)ducken, (nieder)kauern; sich lagern; (auf)lauern, im Hinterhalt liegen; (ausgestreckt) liegen; ausgebreitet, geschichtet liegen; ~ *grass* Schnürgras *n*; **~ing** ['-iŋ] Plattstickerei *f*; *tech* Gautschen *n*.

cougar ['ku:gə] *zoo* Kuguar, Puma *m*.

cough [kɔ(:)f] *s* Husten *m*; *itr* husten; *tr*: *to* ~ *out*, *up* aushusten; *sl* (*Geld*) 'rausrücken; *to give a* (*slight*) ~ sich durch Husten bemerkbar machen; **~~drop, -lozenge, sweet** Hustenbonbon *n*, -pastille *f*; **~ mixture** Hustentröpfchen *n*.

coulee ['ku:li] geol Lavastrom m; Am Schlucht, Klamm f; Gebirgsbach m.

coulisse [ku(:)'li:s] theat Kulisse f.

co(u)lter ['koultə] (Pflug) Kolter, Sech n.

council ['kauns(i)l] Rat(sversammlung f) m; beratende Versammlung; Beratung f; (church ~) Kirchenrat m; rel Konzil n; Gewerkschaftsrat m; in ~ bei der Beratung; zur Beratung versammelt; to be in ~, to hold ~ beraten; cabinet ~ Kabinetts-, Ministerrat m; security ~ Sicherheitsrat m; shop, workers' ~ Betriebsrat, -ausschuß m; supervisory ~ Kuratorium n; ~ of action Aktionsausschuß m; C~ of elders Ältestenrat m; C~ of Europe Europarat m; ~ of ministers Ministerrat m; ~ of war Kriegsrat m; ~ committee Ratsausschuß m; ~ elections pl Ratswahlen f pl; ~ house Br städtische(s) od staatliche(s) Wohngebäude n; ~(l)or ['kaunsilə] Rat(smitglied n) m; ~man ['-mən] Am Ratsherr, Stadtrat, Stadtverordnete(r) m.

counsel ['kaunsəl] s Beratung f; Ratsbeschluß m, Entschließung, Empfehlung f; Plan m, Absicht, Meinung f; Rat m (den man gibt); (Rechts-)Anwalt, Rechtsbeistand, -berater; Syndikus m; pl (ohne s) Anwaltschaft f; tr (Sache) raten, empfehlen; (Person) beraten; den Rat geben, raten (s.o. to do jdm zu tun); itr beraten; sich Rat holen, Rat suchen; to keep o.'s own ~ schweigen; s-e Gedanken, s-e Absichten für sich behalten; to take, to hold ~ (lit) zu Rate gehen, sich beraten; Rat suchen (with bei); King's, Queen's C~ Kronanwalt m; ~ for the defence Prozeßbevollmächtigte(r); Verteidiger m; ~ for the prosecution Anklagevertreter m; ~(l)or [-ə] Berater, Ratgeber; (Irland, US) (Rechts-)Anwalt m.

count [kaunt] **1.** tr zählen; (to ~ up) zs.zählen, -rechnen; (Geld) (nach-)zählen; nach-, berechnen; (to ~ in) (mit)rechnen, einschließen; halten für, ansehen als; in Rechnung stellen; itr (mit)zählen; ins Gewicht fallen, wichtig sein; phys die Radioaktivität (mit e-m Geigerzähler) feststellen; s (Zs.-)Zählung f; (Be-)Rechnung f; Gesamtzahl; Summe f, Ergebnis n; jur Klag(e)punkt, (~ of an indictment) Anklagepunkt m; (~out) Br parl Vertagung f wegen Beschlußunfähigkeit; (Garn) Feinheitsnummer; tech Impulszahl f; (Boxen) Auszählen n; on all ~s in jeder Beziehung; to ~ against s.o. sich gegen jdn auswirken; to ~ as, for zählen, angesehen werden, gelten als; to ~ the cost die Kosten veranschlagen; to ~ for wert sein; to ~ off abzählen; to ~ out übersehen, auslassen; (Geldstücke) zs.zählen; (Boxen) auszählen; Am (Stimmzettel) unterschlagen, verschwinden lassen; Br parl wegen Beschlußunfähigkeit vertagen; to ~ (up)on rechnen mit, zählen, sich verlassen auf; to keep ~ (richtig) zs.zählen; to lose ~ falsch zs.zählen, sich verrechnen, sich verzählen; den Überblick verlieren; to take no ~ of s.th. etw nicht berücksichtigen; to take the ~ (Boxen) ausgezählt werden; that doesn't ~ das macht nichts; das gilt nicht; ~ me in ich mache mit; **~down** letzte Überprüfung f (e-r Rakete vor d. Abschuß); **~out** parl Br Vertagung f wegen Beschlußunfähigkeit; **2.** (ausländischer) Graf m.

countenance ['kauntinəns] s Gesicht(sausdruck m) n, Miene f; innere Haltung, Fassung, innere Ruhe; Billigung, Unterstützung, Ermunterung f, Beistand m, Gunst f; tr billigen, gutheißen, zulassen, fam durchgehen lassen; begünstigen, unterstützen, ermutigen; in ~ gefaßt, ruhig; out of ~ fassungslos; to change (o.'s) ~ den Gesichtsausdruck wechseln; to give, to lend ~ to billigen, unterstützen; to keep (o.'s) ~ Haltung, die Fassung bewahren; to lose ~ die Fassung verlieren, fam aus dem Häuschen geraten; to put out of ~ jdn aus der Fassung bringen.

counter ['kauntə] **1.** Zähler m; Zählgerät n, -apparat m, -werk n; Spielmarke f; Laden-, Zahltisch m; Theke f, Büfett n; (Bank-)Schalter m; sl Geldstück n; at the ~ an der Theke; over the ~ außerbörslich, im Freiverkehr; gegen bar; under the ~ unter dem Ladentisch, heimlich; Geiger ~ (phys) Geigerzähler m; **~clerk** Am Schalterbeamte(r) m; **2.** adv entgegen, zuwider; a entgegengesetzt; s Gegenteil n; (Pferd) Bug m, Vorbrust f; (Schuh) Fersenleder n; (Schiff) Gilling f; sport Gegenschlag m; (Fechten) Parade f; mus Gegenstimme f; tr (to ~ s.o.) gegen jds Willen handeln, jdm entgegenarbeiten; entgegnen (s.th.); (Angriff) abfangen; (to ~ s.th.) e-r S entgegen-, zuwiderhandeln, etw durchkreuzen; itr (Boxen) kontern; e-n Gegenschlag führen; widersprechen; to run ~ to s.th. gegen etw verstoßen, etw zuwiderlaufen.

counteract [kauntə'rækt] *tr* entgegen-, zuwiderhandeln, entgegenarbeiten (*s.o.* jdm; *s.th.* e-r S); (*to ~ s.o.*) gegen jdn arbeiten; durchkreuzen, verhindern, hintertreiben, unterbinden, verhüten, unterdrücken; aufheben, unwirksam machen; entgegenwirken (*s.th.* e-r S); **-ion** [-kʃən] Zuwiderhandeln *n*; Widerstand *m*; Gegenwirkung *f*; **-ive** [-tiv] *a* entgegenwirkend; *s* Widerstand *m*, Gegenmittel *n*.

counter|-agent [kauntə'reidʒənt] Gegenmittel *n*, -wirkung *f*; **--attack** ['kauntərətæk] *s* Gegenangriff, -stoß *m*; *tr itr* [kauntərə'tæk] e-n Gegenangriff machen (auf); **~ ~ division** Eingreifdivision *f*; **-balance** ['kauntəbæləns] *s* Gegengewicht *a. fig* (*to* gegen); *com* Gegensaldo *m*; *tr* [-'bæləns] ein Gegengewicht bilden (*s.th.* gegen etw); entgegenwirken (*s.o.* jdm); das Gleichgewicht halten (*s.th.* e-r S); aufwiegen, aufheben, ausgleichen, kompensieren; *tech* auswuchten; **-blast** ['kauntəbla:st] *fig* heftige Erwiderung, Widerrede *f*; **-charge** [´-] *s* Gegenbeschuldigung, Widerklage *f*; Gegenangriff *m*; *tr* Gegenklage erheben (*with* wegen); *mil* e-n Gegenstoß ausführen gegen; **-check** [´-] *s* Gegenstoß *m*, -wirkung *f*; Widerstand *m*, Hindernis *n*; (*Schach*) Gegenzug *m*; Gegenprüfung, -kontrolle *f*; *tr* [-'tʃek] entgegenwirken (*s.th.* e-r S); gegenprüfen; **--claim** [´-] *s tr* Gegenforderung, Widerklage *f*; *tr itr* [-'kleim] e-e Gegenforderung, e-e Widerklage erheben; Gegenansprüche stellen (*for* auf); **--clockwise** ['-'klɔkwaiz] *a adv* gegen den Uhrzeigersinn; **--espionage** (Spionage-)Abwehr *f*.

counter|feit ['kauntəfit] *a* nachgeahmt, -gemacht, unecht, falsch; vorgetäuscht, geheuchelt; *s* Nachahmung, Fälschung *f*; *tr* nachmachen, -ahmen, fälschen; vortäuschen, -schützen, heucheln; **~ ~** *money* Falschgeld *n*; **-feiter** ['-fitə] Fälscher; Falschmünzer *m*; **-foil** [´-] (Kontroll-)Abschnitt, Kupon; Gepäckschein *m*; **~** *book* Abreiß-, Quittungsblock *m*; **-fort** [´-] Strebepfeiler; (*Brücke*) Eisbrecher *m*; **--intelligence** ['-rin'telidʒəns] (Spionage-)Abwehr *f*; **C-~ Corps** (*Am*) Spionageabwehrdienst *m*; **-jumper** [´-] *fam* Heringsbändiger, Ladenschwengel *m*; **-mand** [-'ma:nd] *tr* (*Befehl*) widerrufen; (*Anordnung*) aufheben; (*Bestellung*) zurückziehen; absagen; *s* Gegenbefehl, Widerruf *m*; Aufhebung, Zurückziehung; Abbestellung *f*; *unless* **~-ed** bis auf Widerruf; **-march** [´-] *s* Rückmarsch, Rückzug *m*; *itr* zurückmarschieren, sich zurückziehen; **-mark** [´-] Gegenzeichen *n*; **-measure** [´-] Gegenmaßnahme; Repressalie, Vergeltung *f*; **-mine** [´-] *s mil mar* Gegenmine *f*; *pol* Gegenschlag *m*; *tr* durch e-e Gegenmine abfangen; (*Verschwörung*) auffliegen, *fam* platzen lassen; **--motion** [´-] Gegenantrag *m*; **--move** [´-] Gegenzug, -schlag *m*; **--offensive** [-rə-'fensiv] Gegenoffensive *f*, -angriff *m*; **--order** [´-] Gegenbefehl *m*, -order; Abbestellung *f*.

counter-pane ['kauntəpein] Bett-, Steppdecke *f*; **-part** ['kauntəpa:t] Gegenstück *n* (*of* zu), Kopie *f*, Duplikat *n*; Ergänzung *f* (*of* gen); Ebenbild *n*; *mus* Gegenstimme *f*; **~ ~ funds** (*pl*) Gegenwertmittel *n pl*; **-plot** [´-] Gegenschlag *m*; **-point** [´-] *mus* Kontrapunkt *m*; **-poise** [´-] *s* Gegengewicht (*to* zu) *a. fig*; Gleichgewicht (zustand *m*, -lage *f*) *n*; *tr* ein Gegengewicht bilden zu; das Gleichgewicht, die Waage halten (*to* e-r S); aufwiegen, ausgleichen, aufheben; austarieren, durch Gegengewichte ausbalancieren; **C-Reformation** [´-] *hist* Gegenreformation *f*; **--revolution** [´-] Gegenrevolution *f*; **-sign** [´-] *s* Gegenzeichnung *f*; *mil* Kennwort *n*, Losung, Parole *f*; *tr* gegenzeichnen; *fig* bestätigen; **-sink** [-'siŋk] *irr* -sunk, -sunk *tr tech* versenken; ausfräsen; *s* [´-] Versenker, Versenkbohrer *m*; **-stroke** [´-] Gegenschlag, -stoß *m*; Rückschlag *m*; **--tenor** ['-'tenə] *mus* hohe(r) Tenor *m*; Altstimme *f*; **-vail** [´-] *tr* ausgleichen, aufwiegen; aufkommen gegen; *itr* gleich stark sein (*against* wie).

countess ['kauntis] Gräfin *f*.

counting ['kauntiŋ] *s* Zählen, Rechnen *n*; *attr* Zähl-, Rechen-; **--house,** *Am* **-room** Büro, Kontor *n*, Buchhalterei, Buchhaltung *f*; **~ mechanism** Zählwerk *n*.

countless ['kauntlis] zahllos, unzählig.

country ['kʌntri] *s* Land *n*; Heimat (-land *f*) *f*, Vaterland *n*; Staat *m*; *ohne pl* Land(strich *m*) *n*, Gegend(en *pl*) *f*, Gebiet *n a. fig*; *the* ~ das Land (*im Gegensatz zur Stadt*), die Provinz; *Am jur* Jury *f*, Geschworene(n) *m pl*; *a* Land-, ländlich, Bauern-, bäuerlich, Dorf-, dörflich; Provinz-; *from all over the* ~ aus allen Teilen des Landes; *in the* ~ auf dem Lande; *into the* ~ aufs Land; *out of the* ~ im Ausland; *to go to* the ~ (Br parl) Neuwahlen ausschreiben; *this is strange ~ to me* (fig) das sind mir böhmische Dörfer; *agricultural* ~ Agrarland n; *God's (own)* ~ die Vereinigten Staaten; *industrial* ~ Industriestaat m; *member* ~ Mitgliedstaat m; *~ of destination (Post)* Bestimmungsland n; *~ of origin* Herkunfts-, Ursprungsland n; **~ club** Sportklub m auf dem Lande (für Städter); **~ cousin** Vetter m, Base, fig Unschuld f vom Lande; **~-dance** Ländler m (Tanz); **~-fied, countrified** ['-faid] a ländlich; bäurisch; **~ folk** Landvolk n; **~ gentleman** Landedelmann; Großgrundbesitzer m; **~-house** Landhaus n; **~ life** Landleben n; **~-man, ~woman** Landmann m, -frau f; Landsmann m, -männin f; **~ party** Bauernpartei f; **~ people** Landbewohner m pl, -leute pl; **~ road** Landstraße f; **~-seat** Landsitz m; **-side**: *the ~~* das Land *(im Gegensatz zur Stadt)*; *in the ~~* auf dem Lande; **~ squire** Landjunker m; **~ town** Landstadt f; **~-wide** a über das ganze Land hin.

county ['kaunti] s Grafschaft f, etwa (Land-)Kreis m; Am (Verwaltungs-, Regierungs-)Bezirk m (e-s Staates); a Grafschafts-, Kreis-, Bezirks-; fam vornehm, exklusiv; **~ borough, corporate** etwa kreisfreie Stadt f, Stadtkreis m; **~ college** Br Fortbildungsschule f; **~ council** etwa Kreis-, Bezirkstag m; **~ court** etwa Amtsgericht n; **~ family** alteingesessene Familie f; **~ seat** Am Kreisstadt f; **~ town** Br Bezirkshauptstadt f.

coup [ku:] Schlag, Streich fig, Coup m; **~ d'état** [ku:dei'ta:] pol Staatsstreich m; **~ de grâce** [ku:də'gra:s] Gnadenstoß m; **~ de main** [ku:də'mæn] mil Handstreich m.

coupé ['kupei, kupe], Am **coupe** [ku:p] Coupé n (mot u. hist Kutsche); rail Halbabteil n.

coupl|e ['kʌpl] s Paar; *(married ~)* Ehepaar n; Koppel f, Band n, Verbindung f; phys Kräfte-, Zugpaar n; tr (ver)koppeln; verheiraten; fig verbinden, in Verbindung bringen *(with* mit); tech kuppeln, koppeln, einrücken; auskoppeln *(from* aus); rail *(to ~ up)* ankuppeln, -hängen *(with* an); mot kuppeln, schalten; radio chem koppeln; itr sich paaren; heiraten; *a ~ of (fam)* zwei; ein paar; **-er** ['-ə] *(~~ plug)* Gerätestecker m, **-ing** ['-iŋ] Verbindung; tech rail mot Kupp(e)lung f; radio chem Kopp(e)lung f; *(Pferd)* Kruppe f.

couplet ['kʌplit] Reimpaar n.

coupon ['ku:pɔn] Abschnitt, Coupon, Zettel; Gutschein; Zinsschein m; fin Sparmarke f; *book of travel ~s* Fahrscheinheft n; *reply ~* Antwortschein m; **~ bonds** pl Am festverzinsliche Schuldverschreibungen f pl.

courage ['kʌridʒ] Mut m; Unerschrockenheit, Furchtlosigkeit; Tapferkeit f; *to have the ~ of o.'s convictions, opinions* nach s-r Überzeugung handeln, fam Zivilcourage haben; *to lose ~* den Mut verlieren; *to pluck up, to muster up, to take ~* Mut, sich ein Herz fassen; *to take o.'s ~ in both hands* allen Mut zs.nehmen; *Dutch ~* angetrunkene(r) Mut m; **~ous** [kə'reidʒəs] mutig, tapfer, furchtlos, unerschrocken.

courier ['kuriə] Kurier, (Eil-)Bote; Reiseführer m; *by ~* durch Boten.

course [kɔ:s] s Gang, Lauf m a. fig, Fahrt f; fig (zeitl.) Verlauf; Fortschritt; Verlauf (e-r Linie, e-r Straße); (Fluß) Lauf; Kurs m, Richtung, Strecke f; fig Weg m, Möglichkeit; (Verhaltens-, Lebens-)Weise f; *(Mahlzeit)* Gang m; Reihe, Folge f; *(~ of instruction)* Kurs(us), Lehrgang m; Rennen n; Rennbahn f, Sportplatz m; arch *(Stein-)*Lage f; mar Untersegel n; pl Menstruation f; tr jagen; *(Hund)* hetzen; überqueren; itr laufen, rennen, jagen, schießen; *in the ~ of* im Verlauf gen; *während* gen; *in due ~* zu s-r, zu gegebener Zeit, wenn es soweit ist; *in ~ of construction* im Bau (befindlich); *in ~ of organization* in der Bildung begriffen; *in the ~ of time* im Laufe der Zeit; *of ~* natürlich, selbstverständlich; gewiß, sicher adv; *to run its-s-nGang geben, s-nVerlauf nehmen; *to set the ~ for s.th.* etw ansteuern; *to stay the ~ (lit fig)* das Rennen nicht aufgeben; *to take, to hold, to change o.'s ~* Kurs nehmen, halten, den Kurs wechseln; *a matter of ~* e-e Selbstverständlichkeit; *as a matter of ~* selbstverständlich adv; *~ of business* Geschäftsgang m; *~ of a disease* Krankheitsverlauf m; *the ~ of events* der Gang der Ereignisse, der Hergang; *~ of indoctrination* Schulungskurs m; *the ~ of life* der Lauf des Lebens; *the ~ of nature* der Lauf der Welt; **~ light** aero Streckenfeuer m; **~r** ['-ə] poet Rennpferd n; Am Jagdhund m; **coursing** ['-iŋ] Hetzjagd f a. fig.

court [kɔ:t] s Hof; Lichthof m; Sackgasse f, Hof; (Tennis-)Platz m; Spielfeld n; (Fürsten-)Hof; Hofstaat m, -gesellschaft f, -veranstaltung f, Empfang m bei Hof; Aufwartung, Auf-

court circuit — **cover**

merksamkeit f; Werben n, Werbung f; Gericht(shof m); Gerichts-, Justizgebäude n; Gerichtsversammlung, -sitzung f; a Hof-; hoffähig; tr den Hof machen (s.o. jdm), werben um; fig sich bemühen um; (Gelegenheit) erspähen; (Gefahr, Unheil) heraufbeschwören; at ~ bei Hof; by action in a ~ gerichtlich; by order of the ~ auf Grund richterlicher Verfügung; in ~ vor, bei Gericht; in open ~ in öffentlicher Verhandlung; out of ~ nicht dazugehörig; außergerichtlich; to appear before the ~ vor Gericht erscheinen; to assert in ~ gerichtlich geltend machen; to bring, to lay before the ~ vor Gericht bringen; to pay ~ to s.o. jdm den Hof machen, um jdn werben; to represent s.o. in ~ jdn vor Gericht vertreten; to seize through the ~ gerichtlich beschlagnahmen; to settle out of ~ gütlich beilegen; to take to ~ vor Gericht bringen; that is out of ~ das kommt nicht in Frage, nicht in Betracht; the ~ is sitting das Gericht tagt; appellate, appeal ~ Berufungsgericht n; hearing of the ~ Gerichtssitzung f; High, Supreme C~ of Justice Oberste(r) Gerichtshof m; juvenile ~ Jugendgericht n; labo(u)r, industrial ~ Arbeitsgericht n; probate ~ Nachlaßgericht n; ~ of administration Verwaltungsgericht n; ~ of arbitration Schiedsgericht n; ~ of assizes Schwurgericht n; ~ of commerce Handelsgericht n; ~ of conciliation Schiedsamt n; ~ of finances Rechnungshof m, -kammer f; ~ of guardianship Vormundschaftsgericht n; **~ circuit** Gerichtsbezirk m; **~ circular** Hofnachrichten f pl (in der Zeitung); **~ costs** pl Gerichtskosten pl; **~ day** Gerichtstag m; **~ decision, judg(e)ment** Gerichtsentscheidung f; **~-dress** Hofanzug m, -kleid n; **~eous** ['kəːt-, 'kɔːtjəs] höflich, gesittet; aufmerksam, gefällig, freundlich, nett; **~eousness**['-nis]Höflichkeit f; Freundlichkeit f; **~esan, ~ezan** [kɔːti'zæn] Kurtisane f, Freudenmädchen n; **~esy** ['kəːtisi, 'kɔːtəsi] Höflichkeit f, Freundlichkeit f; Aufmerksamkeit, Gefälligkeit f; Entgegenkommen n; Genehmigung f; s. curtsy; as a matter of ~~ aus Höflichkeit; by ~~ of mit freundlicher Genehmigung gen; ~~ call Höflichkeitsbesuch m; **~~hand** Kanzleischrift f; **~ hearing** Gerichtstermin m; **~house** Gerichts-, Justizgebäude n; Am Regierungsgebäude, Kreishaus n; **~ier** ['kɔːtjə] Höfling, Hofmann m; **~ly** ['kɔːtli] a höfisch; würdevoll, fein, elegant; höflich; schmeichlerisch; **~ martial** s Kriegsgericht n; **~-martial** tr vor ein K. stellen; to be ~-led and shot standrechtlich erschossen werden; **~-plaster** Heftpflaster n; **~ room** Gerichtssaal m; **~ship** ['-ʃip] Hofmachen n, Werbung f; **~yard** Hof(raum) m; the ~~ auf dem Hof.

cousin ['kʌzn] Vetter m, Base f, Cousin(e f) m; (entferne(r)) Verwandte(r m) f; pl Geschwisterkinder n pl; boy, girl ~ Vetter m, Base f; first ~, german Vetter m, Base f 1. Grades; second ~ Vetter m, Base f 2. Grades; **~ship** Vetter(n)schaft; Verwandtschaft f.

cove [kouv] **1.** s kleine Bucht; Einbuchtung, Höhle f; geschützte Wiese f; Schlupfwinkel, Unterschlupf m; arch Deckenkehle; Wölbung f; tr auskehlen; (über)wölben; **2.** Br sl Kerl, Bursche m.

covenant ['kʌvinənt] s (feierlicher) Vertrag, Pakt m; Ab-, Übereinkommen n, Vereinbarung, Abmachung; Vertragsklausel; Schadenersatzklage f wegen Vertragsverletzung; rel Bund m; tr itr e-n Vertrag schließen; übereinkommen, vereinbaren, abmachen (with mit); sich (vertraglich) verpflichten (with s.o. jdm gegenüber); Ark of the C~ (rel) Bundeslade f; the Land of the C~ das Gelobte Land (Palästina); the Old and the New C~ (rel) der Alte u. der Neue Bund; C~ of the League of Nations Völkerbundssatzungen f pl; **~er** ['-ə] Verbündete(r), Bündnispartner; Vertragspartner, Kontrahent m; **C~** schottische(r) Presbyteraner m.

Coventr|y ['kʌvəntri] (Stadt in Mittelengland); to send s.o. to ~ jdn schneiden.

cover ['kʌvə] tr zu-, zudecken, be-, überziehen (with mit), ausbreiten über; sich verbreiten, sich erstrecken über; (Land) einnehmen, besetzen; bespritzen; einschlagen, einwickeln, ver-, bekleiden, umhüllen (with mit), einhüllen (with in), verbergen; abschirmen, schützen, decken; (mit Stoff) beziehen; (finanziell) sichern, decken, ausreichen für; (Strecke) zurücklegen; (Wette) den gleichen Betrag setzen, die Bedingungen annehmen; mil bestreichen, beherrschen; (Radar) erfassen; (mit Feuer) belegen; (Waffe) richten auf (with s.th. etw), in Schach halten (with mit); (Kartenspiel) stechen; (Tier) decken, bespringen; (Eier) ausbrüten; fig umfassen, einbeziehen, einschließen, decken; (Gebiet) bearbeiten; Am (Berichterstatter) aufnehmen; e-n Bericht zs.stellen, berichten über; to ~ o.s. (fig) sich be-

cover address   **cowl**

decken *(with glory* mit Ruhm*)*; *s* Decke *f*; Deckel; Überzug *m*; (Schutz-)Hülle *f*, Umschlag *m*, Futteral *n*; *(Buch)* Einband(decke *f*, -deckel); (Brief-)Umschlag *m*; Verpackung; Deckung *f*, Schutz *m (vor dem Feinde, vor Verfolgern)*; Zuflucht *f*, Unterschlupf *m*, Obdach; *bes.* Gebüsch, Dickicht, Unterholz *n*; *fig* Schutz-, Deckmantel, Vorwand *m*; *fin* Deckung, Sicherheit *f*; Gedeck *n (für e-e Mahlzeit, a. der Preis dafür)*; *to ~ in (mit Erde)* auffüllen; *to ~ over* abdecken, -dichten; zudecken; *(Anleihe)* überzeichnen; *to ~ up* (warm) anziehen, (gut) zudecken, (dicht) verhüllen, (gut) verpacken; *fam* verbergen; *s.o.* jdn decken; *from ~ to ~ (Buch)* von Anfang bis zu Ende *(lesen)*; *under ~* in Deckung, versteckt; heimlich; zum Schein; *under ~ of* im Schutz *gen*; unter dem Deckmantel, Vorwand *gen*; *under the same ~* beiliegend, in der Anlage; *under separate ~* mit gleicher Post; *without ~ (fin)* ungedeckt; *to break ~* die Deckung verlassen; *to take ~ in* Deckung gehen, Schutz suchen; *~! Deckung! ~ off!* Vordermann! *cloud ~, ~ of clouds* Wolkendecke *f*; *sufficient ~ (fin)* ausreichende Sicherheit *f*; *~ address* Deckadresse *f*; **~age** ['kʌridʒ] Geltungs-, Anwendungsbereich; Umfang *m* des Versicherungsschutzes; *(Zeitung)* (Zs.-)stellung *f* e-s) Bericht(s) *m*, Berichterstattung; Erfassung *f*; *tele* Empfangs-, Sendebereich *m*, Reichweite; Verbreitung(sgebiet *n*) *f*; *phot aero* Geländeausschnitt *m*; *mil* Sicherung *f*; **~all** [-rɔːl] *Am meist pl* Arbeitsmantel, -kittel *m*; **~ belt** *mil* Sicherungsgürtel *m*; **~ charge** *Am* (Preis *m* e-s) Gedeck(s) *n*; **~ crop** *Am* Schutzbepflanzung *f*; **~ detachment** *mil* Sicherungstrupp *m*; **~ed** ['-d] *a* bedeckt; gesichert; überdacht; *mil* gedeckt, angelehnt; *tech* umsponnen, umhüllt, isoliert; *to be ~~ in file* auf Vordermann stehen; *period ~* Berichtszeit *f*; *~~ wagon (Am)* Planwagen; *Br* geschlossener Güterwagen *m*; *~~ wire* isolierte(r) Draht *m*; **~ girl** Titelbildmädchen *n (auf Illustrierten)*; Reklamechiffre *f*; Fotomodell *n*; **~ing** ['-riŋ] *s* Decke, Hülle *f*; Verkleidung; Überdachung; *tech* Verschalung *f*; Überzug *m*, Futteral *n*; *mil* Deckung, Abschirmung, Sicherung *f*; *~~ letter* Begleitbrief *m*, *-*schreiben *n*; *~~ position (mil)* Aufnahmestellung *f*; **~let** [-lit], **~lid** [-lid] Bett-, Steppdecke *f*; **~name** Deckname *m*; **~ note** vorläufige(r) Versicherungsschein *m*; **~-up** *Am fam* Alibi *n*, Vorwand *m*.

covert ['kʌvət, *mil Am* 'kouvəːt] *a fig* versteckt, verborgen, verhüllt, verschleiert, heimlich, verstellt, irreführend; geheim, getarnt; *jur (Frau)* verheiratet; *s* Zuflucht(sort *m*) *f*, Unterschlupf *m*; Dickicht, Unterholz, Gebüsch *n*; *pl* Deckfedern *f pl*; *to draw a ~ (Jagd)* ein Gebüsch absuchen; *a ~ threat* e-e versteckte Drohung; **~-coat** *Br* kurze(r), leichte(r) Mantel *m*; **~-ure** ['-juə, '-tʃuə]; *(Frau)* Ehestand *m*.

covet ['kʌvit] *tr* (heftig) begehren, verlangen nach, unbedingt haben wollen, versessen sein auf, *fam* verrückt sein nach; **~ous** ['-əs] begierig *(of* nach), versessen *(of* auf); gierig, habsüchtig, geizig; **~ousness** ['-əsnis] Begierde, Gier; Habsucht *f*, Geiz *m*.

covey ['kʌvi] *(Vögel)* Brut, Hecke *f*; Trupp *m*; *(Rebhühner)* Kette *f*, Volk *n*; *(Menschen)* Gruppe, Schar *f*.

cow [kau] **1.** *s* Kuh *f*; Weibchen *n*; *sl* Hexe *f*; *till the ~s come home* e-e Ewigkeit; **2.** *tr* einschüchtern, verängstigen; **~ bell** Kuhglocke *f*; **~berry** ['-beri] Preiselbeere *f*; **~boy** *Am* Cowboy *m*; **~cage** *Am rail* Viehwagen *m*; **~catcher** *Am rail* Schienenräumer *m*; **~dung** Kuhmist *m*; **~fish** Seekuh *f*; Tümmler; Kofferfisch *m*; **~girl** *Am* weibliche(r) Cowboy *m*; **~hand** *Am* Cowboy; Schweizer *m*; **~heel** *(Küche)* (Rinder-)Hesse *f*, Kalbsfuß *m* (in Gelee); **~herd** Kuhhirt *m*; **~hide** *s* Kuhhaut *f*, -leder *n*; *Am* Lederpeitsche *f*, Ochsenziemer *m*; *tr* mit dem Ochsenziemer schlagen; **~lick** ['-lik] (Haar-)Strähne *f*; **~man** *Am* Rinder-, Viehzüchter *m*; **~milker** Melkmaschine *f*; **~parsley**, **~weed** *bot* Wiesenkerbel *m*, Kälberrohr *n*; **~parsnip** *bot* Bärenklau *m*; **~pea** *bot* Vignabohne, Kuherbse *f*; **~pox** *vet med* Kuhpocken *pl*; **~puncher** *Am fam* Cowboy *m*; **~shed** Kuhstall *m*; **~slip** Schlüsselblume, Primel; *Am* Sumpfdotterblume *f*.

coward ['kauəd] *s* Feigling, *fam* Angsthase *m*; *a (a. ~ly)* feige, bange, ängstlich; **~ice** ['-is], **~liness** ['-linis] Feigheit, Angst *f*.

cower ['kauə] *itr* (nieder-, zs.)kauern, sich ducken; *Am (erschrocken)* zs.fahren, (er)zittern, -beben.

cowl [kaul] Kapuze *f*; Schornstein-, Kaminkappe *f*; *mot* Haube *f*; *(Kühler)*

cowling 222 **cracknel**

Verkleidung *f*; **~ing** ['-iŋ] *aero* mot (Hauben-)Verkleidung *f*.
co-work [kou'wəːk] Zs.arbeit *f*; **~er** [-ə] Mitarbeiter *m*.
cowr|ie, ~y ['kauri] *zoo* Kaurimuschel *f*; Kauri *m* od *n*, Muschelgeld *n*.
coxcomb ['kɔkskoum] Narrenkappe *f*; *bot* Hahnenkamm; *fig* Laffe, Geck *m*.
cox(swain) ['kɔks(wein), *mar* 'kɔksn] Boots-, Steuermann; Bootsführer *m*.
coy [kɔi] scheu, schüchtern, zurückhaltend;*(Frau)* spröde,zimperlich; **~ness** ['-nis] Schüchternheit; Sprödigkeit *f*.
coyote ['kɔiout] *zoo* Prärie-, Steppenwolf *m*.
cozen ['kazn] *tr itr lit* betrügen, prellen *(of, out of* um); täuschen, hintergehen; betören, verführen *(into doing* zu tun).
coz(e)y *s. cosy.*
crab [kræb] **1.** *s* Krabbe *f*, Taschenkrebs *m*; *tech* Hebezeug *n*; Winde; Laufkatze *f*; *aero* Schieben *n (im Seitenwind)*; C- *(astr)* Krebs *m*; *pl (Würfelspiel)* Pasch eins *m*; *itr* Krabben fischen; *tr aero* schieben; *to catch a ~* e-n falschen Ruderschlag tun; *to turn out ~s (fam)* schiefgehen, scheitern; **~-louse** Filzlaus *f*; **2.** *s (~ apple)* Holzapfel *m*; *fam* Miesmacher; Nörgler, Meckerer; Querkopf *m*; *a* Holzapfel-; *tr itr fam* meckern, nörgeln, schimpfen *(s.o., s.th. od about s.th.* über jdn, über etw); *to ~ o.'s act (Am fam)* sich die Sache vermasseln; *to ~ the deal (Am fam)* e-n Strich durch die Rechnung machen; **~bed** ['-id] *a* mürrisch, griesgrämig; kompliziert, schwierig; schwer verständlich, schlecht lesbar; **~by** ['-i] mürrisch, sauertöpfisch; querköpfig; **~pot** Krebsreuse *f*; **~-tree** Holzapfel *m (Baum)*.
crack [kræk] *itr* rissig werden; *(Glas)* springen, e-n Sprung bekommen; (auf)platzen, bersten, brechen; knallen, krachen; *(Stimme)* rauh werden *(bes. beim Stimmwechsel)*; umschlagen, überschnappen; *Am (Tag)* anbrechen; *sl* zs.klappen, -brechen, rasen; *sl* Witze reißen, *sl* scharfe Bemerkungen machen; *tr* (zer)brechen; beschädigen, zerstören; *(Nuß, sl: Geldschrank)* knacken; *(Ei)* aufschlagen; *(Öl)* kracken; knallen lassen, *(die Peitsche)* knallen; herausschreien; *(die Stimme)* überschnappen lassen; *fam* eine knallen *(s.o.* jdm); *fam* 'rauskriegen, klären, lösen; *fam (Stellung)* bekommen, erringen; *Am fam* ohne Eintrittskarte, uneingeladen besuchen; *(Geld)* wechseln; *s* Sprung, Riß, Spalt *m*; Ritze *f*; Knall, Krach, (Donner-)Schlag; Schlag, Stoß *m*; *(Stimme)* Überschnappen; *(Peitsche)* Knallen *n*; *sl* Vorstoß, Versuch *m*; *sl* Angabe, Vorspiegelung *f* falscher Tatsachen; *fam* Moment, Augenblick *m*, Sekunde *f*; *sl* Pfunds-, Prachtkerl *m*; Prachtpferd, -stück *n*; Favorit; hervorragende(r) Spieler; *sl* Einbruch; Einbrecher; *sl* Witz, Spaß *m*, bissige Bemerkung *f*; *a fam* großartig, glänzend, blendend, prachtvoll, phantastisch, prima, Pracht-; *adv* krachend; *interj* krach! *to ~ back (Am fam)* scharf erwidern; *to ~ down (fam)* fest anpacken, scharf anfassen *(on s.o.* jdn), was unternehmen, vorgehen, *(on gegen); to ~ up (fam* itr zs.sacken, -klappen, gewaltig nachlassen); *tr fam* herausstreichen, in den Himmel heben; *aero fam* e-e Bruchlandung machen; *at day ~, at the ~ of dawn* bei Tagesanbruch; *beim Morgengrauen; in a ~* im Nu; *on the ~ (Am) (Tür)* angelehnt; *to take a ~ at s.th.* etw versuchen; *to ~ a bottle* e-r Flasche den Hals brechen; *to ~ a crib (in ein Haus)* einbrechen; *to ~ a joke (sl)* e-n Witz reißen; *to ~ wise (Am sl)* e-e witzige Bemerkung machen; *he didn't ~ a smile* er verzog keine Miene; *get ~ing!* los! voran! *a dry ~ (Am sl)* e-e kurze bissige Bemerkung; *~ of the door (Am sl)* Türspalt *m*; *~ of thunder* Donnerschlag *m*; *~ of a whip* Peitschenknall *n*; **~ajack, ~erjack** ['kræk(əː)dʒæk] *Am sl a* pfundig, großartig, Klasse; *s* Pfundssache *f*, -kerl *m*; **~-brained** *a* verrückt, wahnsinnig; **~down** ['-daun] *Am fam* schnelle(s) Eingreifen *n*; **~ed** [-t] *a* gesprungen, rissig; *(Stimme)* übergeschnappt, rauh, schrill; *fam* verrückt, übergeschnappt; **~er** ['-ə] Knall-, Feuerwerkskörper, Schwärmer *m*;*(Christmas ~~)* Knallbonbon *m od n*; *(dünner, harter)* Keks *m*; *fam* Angabe, Lüge *f*; *meist pl (nut-~s)* Nußknacker *m*; *~~-barrel (Am fam)* s Biertisch *m*; *a* einfach, simpel, spießig; *pl (Speck-)* Griepl; *a* knisternd; *~~ noise (tele)* Nebengeräusch *n*; **~nel** ['-nl] harte(r) Keks

crackpot 223 **crapehanger**

m; *pl (Am) (frische, knusprige)* Speckgrieben *f pl*; **~pot** ['-pɔt] *s* Verrückte(r) *m*; *a* verrückt; **~ shot** *Am fam* Meisterschuß *m*; **~sman** *sl* Einbrecher *m*; **~ troops** *pl mil* Kerntruppen *f pl*; **~-up** Zs.bruch, Kollaps; *(Fahrzeuge)* Aufprall, Zs.stoß, -prall; *aero* Absturz, Bruch *m*; **~y** ['-i] rissig; brüchig; *fam* verrückt, wahnsinnig; *by ~~! (Am)* verdammt! verflixt!

cradle ['kreidl] *s* Wiege *a. fig*; *fig* Kindheit *f*; *fig* Ursprungsland, -gebiet; *tech* Gestell *n*; Schlitten *m*; *mar* Ab-, *aero* Anlaufgestell *n*; Telefongabel; *(miner's ~)* Wiege *f*, Schwingtrog *m*; *tr (Kind)* in die Wiege legen; (in den Schlaf) wiegen; aufziehen; *tech* auflegen; *min* wiegen; *from the ~* von klein auf; *in the ~* in frühester Jugend; *to ~ in o.'s arms* auf den Armen wiegen; **~song** Wiegenlied *n*.

craft [krɑːft] *s* Geschick(lichkeit *f*) *n*, (Hand-, Kunst-)Fertigkeit *f*; *fig* Schlauheit, Verschmitztheit *f*; Handwerk, Gewerbe *n*; *(~-guild)* Zunft, Gilde, Innung *f*; Schiff(e *pl*) Flugzeug(e *pl*) *n*; **~iness** ['-inis] Schlauheit, Gerissenheit, Durchtriebenheit *f*; **~sman** Handwerker; Künstler *m*; **~smanship** Handwerk(skunst *f*) *n*, Kunst *f*; fachliche(s) Können *n*; **~y** ['-i] schlau, verschmitzt, listig, gerissen.

crag [kræg] Felsspitze *f*, -zacken, -vorsprung *m*; Klippe *f*; **~ged** ['-id], **~gy** ['-i] *a* zackig, ausgezackt, zerklüftet; steil, schroff; **~sman** ['-zmən] erfahrene(r) Bergsteiger *m*.

crake [kreik] *s. corn-crake*.

cram [kræm] *tr* hineinstopfen; (voll-)stopfen, vollpfropfen *(s.th. into s.th. etw mit e-r S)*; stopfen, nudeln, mästen; *fam* einpauken; mit (Wissens-)Stoff überladen; *sl* belügen; *itr fam* pauken, ochsen, büffeln; verschlingen; *s* Überfülle; Paukerei *f*; Wissensballast; Büffler, Bücherwurm *m*; Lehrbuch *n*; *sl* Lüge *f*; **~-full** vollgepfropft, übervoll; **~mer** ['-ə] Examenskandidat; Repetitor; *sl* Lügner *m*; Lüge *f*.

cramp [kræmp] *s med* (Muskel-)Krampf *m*; *pl (Magen-)*Krämpfe *m pl*; *sing tech* Krampe, Haspe, (Eisen-)Klammer; Schraubzwinge; *fig* Fessel *f*, Hindernis *n*; Zwang *m*; Behinderung, Enge, Beengtheit, Eingeengtheit *f*; *tr* verkrampfen, krampfhaft verzerren; *tech* verklammern; *fig* hindern, hemmen, be-, einengen, in Schranken halten; *a* behindert, beengt, eingeengt; schwer verständlich, schwer lesbar, unleserlich; *writer's ~* Schreibkrampf *m*; **~ed** [-d] *a* verkrampft, steif; gehemmt; eng, be-, eingeengt; engstirnig; *(Schrift)* kritz(e)lig, unleserlich; **~fish** *zoo* Zitterrochen *m*; **~iron** Krampe, Haspe, Klammer *f*; **~on** ['-ən] eiserne(r) Haken *m*; *meist pl* Steigeisen *n (pl)*.

cran|age ['kreinidʒ] Krangeld *n*, -gebühren *f pl*; **~e** [krein] *s orn* Kranich *m*; *tech* Kran *f*; Winde *f*; Hebezug *n*; Ladebaum *m*; *tr itr* (den Hals) recken *(for nach)*; *tr* mit e-m Kran heben *od* bewegen; hochwinden, -heben; **~ beam** Ausleger, Ladearm *m*; **~ driver, operator** Kranführer *m*; **~-fly** (*ent*) Schnake *f*; **~'s bill** (*bot*) Storchschnabel *m*; **~ truck** (*mot*) Kranwagen *m*.

cranberry ['krænbəri] Preisel-, Kronsbeere *f*.

cran|ial ['kreiniəl] *a scient* Schädel-, Kopf-; **~ index** Schädelindex *m*; **~ nerve** Gehirnnerv *m*; **~iology** [kreini'ɔlədʒi] Schädellehre *f*; **~iometry** [-'ɔmətri] Schädelmessung *f*; **~iotomy** [-'ɔtəmi] Schädeleröffnung *f*; **~ium** ['kreiniəm] *pl* **-ia** Schädel *m*.

crank [kræŋk] *s tech* Kurbel *f*; Schwengel *m*; Knie(stück) *n*; *fig* (witziger) Einfall *m*, verrückte Idee *f*; (toller) Streich *m*; *fam* komische(r) Kauz *m*, Original *n*, Sonderling; Nörgler, Querulant *m*; *a tech* wack(e)lig, locker, lose, nicht in Ordnung; *mar* rank; *tr (to ~ up) (Motor)* (an)kurbeln, anwerfen; drehen *(a. film)*; krümmen, biegen, kröpfen; *itr* kurbeln, drehen; **~case** Kurbelgehäuse *n*, -wanne *f*; **~iness** ['-inis] Reizbarkeit; schlechte Laune *f*; komische(s) Wesen *n*; **~le** ['-l] *itr* sich winden, sich schlängelnd bewegen; *s* Windung *f*; **~pin** Kurbel-, Treibzapfen *m*; **~shaft** Kurbelwelle *f*; **~y** ['-i] *tech* nicht in Ordnung; *fam* kaputt; wack(e)lig, lose; *fam* komisch; *fam* schlecht-, übelgelaunt; *mar* rank.

crann|ied ['krænid] *a* rissig; **~y** ['-i] Riß *m*, Ritze *f*, Spalt(e *f*) *m*.

crap [kræp] *s meist pl* Crapsspiel (mit zwei Würfeln); *sl* Unsinn, Schwindel; Schund *m*; *sl* Kacke *f*; *tr Am sl* beschummeln; *to shoot ~s* Crapsspielen, würfeln; *to ~ out (Am sl) (Geld)* verlieren; sich drücken, kalte Füße kriegen; **~per** [-ə] *Am sl* Klo *n*; **~ shooter** Crapsspieler *m*; **~py** ['-i] *Am sl* wertlos, häßlich, widerlich.

crape [kreip] *s* Krepp, Flor; *(~ of mourning)* Trauerflor *m*; *tr* drapieren; **~hanger** *Am sl* Schwarzseher, Pessimist *m*.

crapulence ['kræpjuləns] Trunk(sucht f) m; Ausschweifung f; Katzenjammer, fam Kater m.

crash [kræʃ] **1.** itr (ein)stürzen, zs.brechen, fam (zs.)krachen; herab-, -unterstürzen, -poltern; aero abstürzen, Bruch machen, sl abschmieren; krachen, stürzen (against gegen); brechen (through durch); einbrechen (into in); (wirtschaftlich, finanziell) zs.brechen; tr zerschmettern; aero zum Absturz bringen, bruchlanden; sl eindringen, sich einschleichen in (e-e Gesellschaft, e-e Veranstaltung); s Krachen n; Krach m; Zs.Brechen n, (Ein-)Sturz; Aufprall, Zs.stoß; aero Absturz, Bruch; Aufschlag (auf den Boden); fin Zs.bruch, Bankrott; (bank ~) Bankkrach m; Am fam Schwärmen n; **2.** Drillich m (grobes Leinen); to ~ in, out, through ein-, aus-, durchbrechen; **~-dive** mar Alarmtauchen n; **~-helmet** mot Sturzhelm m; **~ing** ['-iŋ] fam völlig, gänzlich; **~-land** itr aero bruchlanden; **~-landing** aero Bruchlandung f; **~out** Am Ausbruch m aus dem Gefängnis; **~-truck, vehicle** Bergungsfahrzeug n; **~-wagon** Am Kranken-, Unfallwagen m.

crass [kræs] grob; kraß; fam absolut.

crate [kreit] s Lattenkiste f, Verschlag m; Flechtwerk n; mot aero sl (alte) Kiste f; tr in Kisten verpacken.

crater ['kreitə] geol Krater; Granat-, Bombentrichter m.

cravat [krə'væt] Halstuch n; hist Halsbinde f, Krawatte f, Binder m.

crav|e [kreiv] tr erbitten, erflehen; sehnlichst wünschen; dringend benötigen od gebrauchen; itr sich sehnen (for nach); sehnlichst wünschen (for s.th. etw); **~ing** ['-iŋ] heiße(s), heftige(s), starke(s) Verlangen n, Sehnsucht f (for nach).

craven ['kreivn] a feig(e); s Feigling m; to cry ~ um Gnade flehen.

craw [krɔ:] orn Kropf; allg Magen m; to stick in the ~, in o.'s ~ (fig Am) (e-m) im Halse steckenbleiben.

crawfish ['krɔ:fiʃ] s bes. Am = crayfish; Am fam Drückeberger m; itr Am fam kneifen, sich drücken.

crawl [krɔ:l] itr kriechen a. fig (to vor); krabbeln; schleichen; mil robben; (Ort) wimmeln (with von); (Haut) kribbeln; sport kraulen; s Kriechen; sport Kraul n; sl Sauftour f; to go at a ~ im Schneckentempo gehen; **~er** ['-ə] Kriechtier n; sport Kraulstilschwimmer; fig Kriecher, Speichellecker m; pl Krabbelanzug m; tech Raupenkette f; **~-tractor** Raupenschlepper m; **~y** ['-i] krabb(e)lig.

crayfish ['kreifiʃ] (Fluß-)Krebs m; (sea ~) Languste f.

crayon ['kreiən, '-ɔn] s Zeichen-, Farb-, (Öl-)Kreidestift; Pastellstift m; (~-drawing) Kreidezeichnung f; Pastell n; tr mit Kreide zeichnen; mit Pastell malen; skizzieren.

craz|e [kreiz] tr den Verstand rauben (s.o. jdm) (Glasur) rissig machen, krakelieren; itr den Verstand verlieren; s große Begeisterung, Vorliebe f (for für), Manie, fixe Idee f; Hobby n; Modetorheit f; Sprung, f(reien, r) Riß m (in Glasur); to be the ~ sehr beliebt sein; the latest ~ der letzte Schrei; **~ed** [-d] z irre, geistesgestört, wahnsinnig, verrückt (with vor); (Glasur) rissig, krakeliert; to be ~ about verrückt sein nach; **~iness** ['-inis] Irresein n, Geistesgestörtheit f, Wahnsinn m, Verrücktheit f; **~y** ['-i] rissig; wack(e)lig; baufällig, altersschwach; wahnsinnig; außer sich; verrückt (with vor; about nach), versessen (about auf), wild (about nach); aufregend, neu; like ~~ (abg Am fam) wie verrückt, wie wahnsinnig, wie ein Irrer; **~~ bone** (Am) Musikantenknochen m; **~~ paving** mit unregelmäßigen Platten belegte(r) Gartenweg m.

creak [kri:k] itr knarren; quietschen; s Knarren; Quietschen n; **~y** ['-i] knarrend; quietschend.

cream [kri:m] s Sahne f, Rahm m, (Österreich) Obers n; Krem, Schaum-, Süßspeise f, Pudding, Flammeri m; Püree, Mark n; (dickflüssiger) Likör m; (Haut-)Creme od Krem f; (the ~) das Beste, die Besten, die Spitze, die Auslese, die Pointe; Cremefarbe f; a sahnig; Sahne-; cremefarben; itr sahnig od schaumig werden; tr entrahmen; fig das Beste abschöpfen von; Sahne tun an, in; mit Sahne zubereiten; schaumig schlagen; Am fam leicht u. mit Erfolg erledigen, übertrumpfen, hereinlegen; chocolate ~ Schokoladenkrem f; the ~ of the crop das Feinste vom Feinen; ~ of tartar (chem) (gereinigter) Weinstein m; **~ cheese** Sahnekäse m; **~-colo(u)r** Cremefarbe f; **~-colo(u)red** a cremefarben; **~er** ['-ə] Milchschüssel, -schale; Zentrifuge f; Am Sahnekännchen n; **~ery** ['-əri] Molkerei f; Milchgeschäft n, Butter- u. Käsehandlung f; **~-laid, ~-wove** a: ~~ paper (Art) feine(s) Briefpapier n; **~y** ['-i] sahn(ehalt)ig; fig salbungsvoll.

creas|e [kri:s] **1.** s Falte f; Kniff m; Bügelfalte f (in der Hose); Eselsohr n (in Papier); sport Linie f (auf dem Spielfeld); tr falten; (Hose) bügeln;

creasy   225   **creep**

zerknittern; *itr* knittern; **~~-proof** knitterfrei; **2.** *s.* creese; **~y** ['-i] faltig, wellig.

creat|e [kri'eit] *tr* (er)schaffen, erzeugen, hervorbringen, herstellen, machen; erfinden; ins Leben rufen; hervorrufen, verursachen, bewirken *(to ~~ s.o. s.th.)* machen zu, ernennen; gründen, errichten; *(Stiftung)* einsetzen; *(Verpflichtung)* begründen; *(Prokura)* erteilen; *(Hypothek, Pfandrecht)* bestellen; *theat (Rolle)* zum erstenmal spielen; *itr sl* Theater, Tamtam machen *(about* um); **-ion** [-'eiʃən] Erschaffung; Schöpfung; Welt *f*, Universum, All; Werk *n (a.* in *d. Kunst)*; Modeschöpfung; Erzeugung, Hervorbringung, Herstellung; Erfindung; Hervorrufung, Verursachung, Bewirkung; Schaffung, Bildung, Gestaltung; (Be-)Gründung, Errichtung; Ernennung *f; theat* Kreieren *n (e-r Rolle); the C~~ (rel)* die Schöpfung; *~~ of capital* Kapitalbildung *f;* **-ive** [-iv] schöpferisch; produktiv *(of* in); erfinderisch; **-iveness** [-'ivnis] Schöpfer-, Erfindungsgabe *f;* **~or** [-ə] Schöpfer, Erschaffer, Erzeuger, Hersteller; Erfinder; Modeschöpfer *m; the C~~* der Schöpfer, Gott *m.*

creature ['kri:tʃə] Geschöpf *n*, Kreatur *f*, (Lebe-)Wesen, Tier; *meist pej (Mensch)* Geschöpf *n*, Kreatur *f*; *living ~* Lebewesen *n;* **~ comfort(s** *pl)* die Annehmlichkeiten *f pl* des Lebens.

crèche [kreiʃ] Krippe *f*, Tagesheim *n* für Kleinkinder.

creden|ce ['kri:dəns] Glaube(n) *m; allg; rel* Kredenztisch *m; to give ~~ to* Glauben schenken *dat; letter of ~* Empfehlungs-, Beglaubigungsschreiben *n;* **-tial** [kri'denʃəl] *s meist pl* Empfehlungs-, Beglaubigungsschreiben *n;* Zeugnisse; (Ausweis-)Papiere *n pl.*

credib|ility [kredi'biliti] Glaubwürdigkeit, Glaubhaftigkeit, Zuverlässigkeit *f;* **~le** ['kredəbl, -ibl] glaubwürdig, -haft, zuverlässig.

credit [kredit] Glaube(n) *m*, Vertrauen *n;* Glaubens-, Vertrauenswürdigkeit *f;* Ansehen *n*, Geltung *f*, (guter) Name, (guter) Ruf *m;* Verdienst *n*, Ehre *f*, Ruhm; Einfluß *m;* Namensnennung, Quellenangabe *f*, Hinweis *m a. radio; Am (~ point)* Gutpunkt *m; fin* Kredit *m;* Guthaben *n*, -schrift *f; pl* Ausgabemittel *n pl; com* Haben *n; mil* Zuteilung *f* auf Abruf; *tr* glauben, Glauben schenken; (ver)trauen *(s.o., s.th.* jdm, e-r S); Anerkennung bringen *(s.o.* jdm); (ehrenvoll) erwähnen; *Am (Universität)* testieren, bescheinigen; *fin* Kredit geben *(s.o.* jdm); *com* gutschreiben, -bringen, kreditieren; erkennen *(for a sum* für e-e Summe); *to ~ s.th. to s.o., to ~ s.o. with s.th.* jdm etw zutrauen, -schreiben; *on ~* auf Kredit, auf Ziel, *fam* auf Pump; *to s.o.'s ~* zu jds Ehre, Gunsten; *to allow, to give, to grant, to open ~ to s.o.* jdm Kredit gewähren, einräumen, eröffnen; *to be to s.o.'s ~* jds Verdienst sein; *to do ~ to s.o.* jdm Ehre machen; *to give ~ to, to put, to place ~ in* Glauben schenken *dat; to give s.o. ~ for s.th.* jdm etw zutrauen, -schreiben; jdm etw zugute halten; *to give s.th. on ~* etw auf Kredit geben, kreditieren; *to take ~ for* sich als Verdienst anrechnen; *debit and ~* Soll u. Haben *n;* *~ with the bank* Bankguthaben *n*, -einlage *f; ~ on mortgage* Hypothekarkredit *m; ~ with the savings bank* Sparguthaben *n*, -einlage *f; ~ on security* gedeckte(r), gesicherte(r) Kredit *m;* **-able** ['-əbl] ansehnlich, beachtlich *(to* für); achtbar; **~ advice, note** Gutschriftsanzeige *f;* **~ balance** Guthaben *n*, Aktivsaldo *m;* **~ bank** Kreditbank, -anstalt *f;* **~ department** Kreditabteilung *f;* **~ line** *(Zeitung) Am* Quellenangabe; Nennung *f* der Mitarbeiter; *fin* Kreditlinie *f;* **~or** [-ə] Gläubiger *m; (~~ side)* Haben(seite *f) n;* *(~ account)* Kreditorenkonto *n; judg(e)ment ~~* Urteils-, Vollstreckungsgläubiger *m; ~~ in bankruptcy* Konkursgläubiger *m; ~~s' meeting* Gläubigerversammlung *f; ~ slip* Einzahlungs-, Gutschein *m;* **~ society** Kreditverein *n*, -genossenschaft *f;* **~ standing** Kreditwürdigkeit *f;* **~ union** *Am* Kreditgenossenschaft *f;* **~~-worthy** kreditwürdig.

credo ['kri:dou] *pl -os* Kredo, Glaubensbekenntnis *n.*

credul|ity [kri'dju:liti] Leichtgläubigkeit *f;* **~ous** ['kredjuləs] leichtgläubig.

creed [kri:d] (Glaubens-)Bekenntnis, Kredo *n; allg* Überzeugung *f*, Grundsätze *m pl*, Prinzipien *n pl.*

creek [kri:k] Bucht, Einbuchtung *f;* kleine(r) Hafen *m;* Bach *m*, Flüßchen *n; up the ~ (sl) in* der Klemme.

creel [kri:l] Fischkorb *m (der Angler).*

creep [kri:p] *itr irr crept, crept* kriechen, krabbeln; sich langsam (fort)bewegen *od* wandern, schleichen *a. fig (Zeit); (to ~ on) (Zeit)* vergehen; *(Pflanze)* sich ranken; *(Haut)* kribbeln; *to ~ into (fig)* sich einschleichen in; *to ~ up* heranschleichen, sich heran-

creeper arbeiten (*to* an); *s* Kriechen *n*; (*mountain* ~) Bergrutsch; *min* Sohlenauftrieb *m*; *rail* Sichverschieben *n* der Gleise (in der Längsrichtung); niedrige Öffnung *f*; *fam* unangenehme(r), widerliche(r) Mensch *m*; *pl* Kribbeln *n*, Schauder; *pl* Säuferwahnsinn *m*; *it made my flesh ~*, (*fam*) *it gave me the ~s* (*s pl*) es überlief mich (*es*)kalt, ich bekam e-e Gänsehaut; **~er** ['-ə] Kriecher *m a. fig fam*; Kriechtier *n*; Klettervogel *m*; Schling-, Kletterpflanze *f*; Enterhaken *m*; *tech* Transportschnecke *f*; *mot* erste(r) Gang *m*; *pl* Steigeisen *n pl*; *pl* Schuhe *m pl* mit Gummi- od Kreppsohlen; Strampelhöschen *n*; **~ing** ['-iŋ] *a* (*Krankheit*) schleichend; **~~ barrage** (*mil*) Feuerwalze *f*; **~y** ['-i] schaudernd; gruselig.

cremat|e ['kri:meit, *Am a*. 'kri:meit] *tr* (*Leiche*) einäschern; **~ion** ['-'meiʃən] Einäscherung, Feuerbestattung *f*; **~orium** [kremə'tɔ:riəm] *bes. Br* Krematorium *n*; **~ory** ['kremətəri, *Am a*. 'kri:mətəri] *a* Verbrennungs-; *s bes. Am* Krematorium *n*.

crenat|e ['kri:neit], **~ed** [-id] *a bot zoo* gekerbt; **~ion**[-'neiʃən] Kerbung *f*.

crenel|(l)ate ['kreniileit] *tr* mit Zinnen, Schießscharten versehen.

Creol|e ['kri:oul] *s* Kreole *m*, Kreolin *f*; *a* kreolisch.

creosote ['kriəsout] *s chem pharm* Kreosot *n*; *tr* mit Kreosot behandeln.

crepe, crêpe [kreip] (*Textil*) Krepp, Flor *m*; (*~ paper*) Kreppapier *n*; (*~ rubber*) Kreppgummi *m*.

crepitat|e ['krepiteit] *itr* knistern, prasseln, rattern, knattern, rasseln, knacken; **~ion** [-'teiʃən] Knistern, Knattern, Rasseln, Knacken *n*.

crepuscular [kri'pʌskjulə] dämmerig; trüb(e), düster; *bes. zoo* Dämmerungs-.

crescent ['kresnt] *s* Mondsichel *f*; *pol* Halbmond *m*; *Br* bogenförmig geschwungene Häuserreihe *f*; *mus* Schellenbaum *m*; *Am* Hörnchen *n* (*Gebäck*); *a* sichelförmig; *poet* zunehmend, wachsend.

cress [kres] *bot* Kresse *f*; *garden, water ~* Garten-, Brunnenkresse *f*.

crest [krest] *s* (*Hühner*) Kamm *m*; *orn* Feder-, *zoo* Haarbüschel *n* (*auf dem Kopf*); *orn* Haube *f*; *zoo* Schopf *m*; (*Pferd, Löwe*) Mähne *f*; Helmbusch, *poet* Helm; (Wappen-)Helm; (*mountain ~*) Bergkamm, -rücken *m*; (*~ of a wave*) Wellenkamm *m*; *arch* Bekrönung *f*; *fig* Höchst-, Scheitelwert; *tech* Kranz *m*, Spitze *f*; *tr* erklimmen; bekrönen *a. fig*; *on the ~ of the wave* (*fig*) auf dem Gipfel des Glücks; **~ed** [-id] *a* mit e-m Kamm *usw* (versehen); **~fallen** ['-fɔ:lən] *a fig* enttäuscht, hoffnungslos, entmutigt.

cretaceous [kri'teiʃəs] *a* kreidig; Kreide- *a. geol*; *s geol* Kreidezeit *f*.

cretin ['kre-, 'kri:tin] Kretin, Schwachsinnige(r) *m*; **~ism** ['kre-, 'kri:tinizm] Kretinismus, Schwachsinn *m*.

cretonne [kre'tɔn, 'kretɔn] Cretonne *f*.

crev|asse [kri'væs] tiefe(r) Riß, Spalt(e) *m*, *bes*. Gletscherspalte *f*; *tech* Resonanzloch *n*; **~ice** ['krevis] enge(r) Spalt (*e f*), Ritze *f*, Sprung, (Mauer-)Riß *m*.

crew [kru:] *mar aero* Besatzung; *mar* Mannschaft (*ohne Offiziere*); Belegschaft; (Arbeiter-)Kolonne; Gruppe, Gesellschaft; *pej* Bande; (*gun ~*) (Geschütz-)Bedienung *f*; **~ cut** Borsten-, Igel-, Meckifrisur *f*; **~ member** Besatzungsmitglied *n*; **~ space** Kabine *f*.

crewel [kru(:)il, *-əl*] *Am sl* Panzerschrank *m*; **~ yarn** Perlgarn *n*.

crib [krib] *s* Krippe, Raufe *f*, Trog *m*; Box, Bucht *f*, Stand *m* (*im Stall*); Hütte *f*; Kinderbett *n*; Lachsreuse *f*; *min* Kranz *m*; *Am* Lagergestell *n*, Behälter *m* (*bes. für Mais*); *fam* Plagiat *n*; (*Schule*) Eselsbrücke *f*, Spickzettel; kleine(r) Diebstahl *m*; *Br sl* Wohnung *f*, Haus; *Am sl* billige(s) Lokal, Nachtlokal *n*; *Am sl* Panzerschrank *m*; *Am rail* Bremserhäuschen *n*; *tr* einsperren; mit Krippen od Hürden versehen; *fam* plagiieren; (*Schule*) abschreiben; *fam* mausen, stibitzen; *itr* Spickzettel benutzen; **~bage** ['-idʒ] (*Kartenspiel*) Kribbage *n*; **~~biter** Krippenbeißer *m* (*Pferd*); **~bing** ['-iŋ] *fam* Abschreiben *n*.

crick [krik] *s med* (Muskel-)Krampf *m*; *tr* verkrampfen; (*Hals*) verrenken; *~ in the neck* steife(r) Hals *m*.

cricket ['krikit] **1.** *zoo* Grille *f*; (*house-*)Heimchen *n*, Hausgrille *f*; **2.** *s* Kricket *n* (*Spiel*); *fam* sportliche Haltung *f*; *Am* niedere(r) Holzstuhl, Hocker *m*; *itr* K. spielen; *a*: *not ~* (*fam*) unfair, unkameradschaftlich; **~-bat** (Kricket-)Schläger *m*, Schlagholz *n*; **~er** ['-ə] Kricketspieler *m*; **~~field, -ground** Kricketplatz *m*; **~~match** Kricketspiel *n*, **-partie** *f*; **~~pitch** Raum *m* zwischen den Dreistäben.

crier ['kraiə] Schreier, (*bes. Kind*) Schreihals *m*; (*town-~*) (öffentlicher) Ausrufer; Marktschreier *m*.

crikey ['kraiki] *inter fam* herrje!

crime [kraim] strafbare Handlung *f*, Vergehen, Verbrechen *a. fig*; *lit*

Missetat; Verfehlung *f*; Frevel *m*; *to commit, to perpetrate a ~* ein Verbrechen begehen; *~ against humanity* Verbrechen *n* gegen die Menschlichkeit; *~* **prevention** Verbrechensverhütung, -bekämpfung *f*; *~* **rate** *(Statistik)* Kriminalität *f*.

crimin|al ['kriminl] *a* verbrecherisch, kriminell; strafbar; strafrechtlich; Kriminal-, Straf-; *s* Verbrecher(in *f*) *m*; *with ~~ intent* in verbrecherischer Absicht; *habitual ~~* Gewohnheitsverbrecher *m*; *~~ act, offence* strafbare Handlung *f*; *~~ assault* Sittlichkeitsverbrechen, -vergehen *n*; Vergewaltigung, Notzucht *f*; *~~ case* Strafsache *f*; *~~ conversation* Ehebruch *m*; *~~ court* Strafkammer *f*, Kriminalgericht *n*; *~~ investigation department, ~~ police* Kriminalpolizei, Kripo *f*; *~~ jurisdiction* Strafgerichtsbarkeit, -rechtspflege *f*; *~~ law* Strafrecht *n*; *~~ proceedings (pl)* Strafprozeß *m*, -verfahren *n*; *to take ~~ proceedings against s.o.* gegen jdn ein Strafverfahren einleiten; *~~ record* Strafregister *n*; **-ality** [krimi'næliti] Kriminalität, Strafbarkeit, Schuld *f*; Verbrechertum *n*; **-ally** ['-li] *adv* strafrechtlich; **-ate** ['krimineit] *tr* e-s Verbrechens bezichtigen; **-ology** [-'nɔlədʒi] Kriminologie *f*.

crimp [krimp] **1.** *tr* fälteln, riffeln, wellen; *(Haar)* kräuseln; *(Fisch, Fleisch)* schlitzen; *Am sl* hindern; *(Oberleder)* formen, *tech* umbördeln, -nieten; *s* Fälteln *n*; Falte(n *pl*) *f*; *fam* Hindernis *n*; *meist pl* gekräuselte Haare *n pl*; *a (-y)* gekräuselt, kraus; brüchig; *to put s.o. a ~ in (Am)* jdm e-n Stein in den Weg legen; **2.** *s* Werber *m*; *tr* (an)werben, pressen.

crimson ['krimzn] *a* karm(es)inrot; blutrot; *Am* blutig; *s* Karm(es)in *(Farbstoff)*; Karm(es)inrot *n*; *tr* rot färben; *itr* rot werden; erröten.

cringe [krindʒ] *itr* sich (ängstlich) ducken (*to* vor); kriechen, liebedienern, katzbuckeln; *s* kriecherische(s) Benehmen *n*.

cringle ['kriŋgl] *mar* Legel *m*.

crinkl|e ['kriŋkl] *tr itr* wellig, faltig, kraus machen *od* werden; *tr* (zer)knittern; *s* Kräuselung *f*; **-y** ['-i] wellig, faltig, kraus.

crinoline ['krinəli:n] Krinoline *f*, Reifrock *m*.

cripple ['kripl] *s* Krüppel, Körperbehinderte(r) *m*; *tr* zum Krüppel machen; lähmen; verletzen; *fig* (be)schädigen, schwächen, behindern.

crisis ['kraisis] *pl -ses* ['-i:z] Krise, Krisis *f*; Wendepunkt, entscheidende(r) Augenblick *m*; ernste, schwierige Lage *od* Situation *f*; *to bring to a ~* der Entscheidung entgegenführen; *to overcome, to pass a ~* e-e Krise überwinden; *to pass through a ~* e-e Krise durchmachen; *financial ~* Finanzkrise *f*.

crisp [krisp] *a* knusprig; frisch, fest; klar; frisch, belebend, kräftig(end); lebendig, lebhaft, belebt, angeregt; kraus; wellig, faltig; *s pl Br* Kartoffelchips *pl*; *tr itr* knusprig machen *od* werden; *tr* kräuseln; *itr* kraus werden; **-y** ['-i] knusperig; kraus.

criss-cross ['kriskrɔs] *s* Kreuz(zeichen); Kreuzmuster *n*; *tele* gitterartige Störung *f*; *a* sich kreuzend, gekreuzt, Kreuz-; *adv* kreuzweise; schief; *tr* kreuzweise schraffieren; *itr* sich kreuzen.

crit|erion [krai'tiəriən] *pl -ria* [-'tiəriə] Kriterium, Merkmal, Kennzeichen *n*; **-ic** ['kritik] Kunstkenner, -sachverständige(r); Kritiker; Splitterrichter, Tadler *m*; **-ical** ['kritikəl] kritisch, *(Augenblick, Punkt)* entscheidend; ernst, bedenklich, gefahrvoll; tadelsüchtig *(of s.o.* jdm gegenüber); anspruchsvoll; *(Waren)* mangelnd, fehlend, rationiert; *at the ~~ moment* im entscheidenden Augenblick; *in a ~~ situation* in e-r schwierigen Lage; *~~ case* Grenzfall *m*; *~~ load* Belastungsgrenze *f*; *~~ point* Grenz-, Wende-, Gefahren-, Höhe-, Schlüsselpunkt *m*; *~~ supplies (pl)* Mangelgüter *n pl*; *~~ value* Grenzwert *m*; **-icism** ['kritisizm] Kritik *(of* an, über); Besprechung; negative Beurteilung *f*; *philos* Kritizismus *m*; *open to ~~* der Kritik ausgesetzt; *to lay o.s. open to ~~* sich der Kritik aussetzen; *textual ~~* Textkritik *f*; **-icize** ['kritisaiz] *tr* kritisieren, bemängeln; sich kritisch äußern über, zu; tadeln; **-ique** [kri'ti:k] Kritik, Besprechung *f*.

croak [krouk] *s* Quaken, Krächzen *n*; *itr (Frosch)* quaken; *(Rabe)* krächzen; *fig* düster in die Zukunft blicken; *sl* abkratzen; *tr* krächzend sagen; *sl* abmurksen; **-er** ['-ə] Miesmacher *m*; **-y** ['-i] krächzend, heiser.

crochet ['kroufei, *Am* '-'-] *tr itr* häkeln; *sl (~-work)* Häkelarbeit *f*; *~~-hook* Häkelnadel *f*.

crock [krɔk] **1.** *s* Topf *m*, -scherbe *f*; **-ery** ['-əri] Töpferware *f*, Steingut *n*; **2.** *s fam* alte(r) Klepper *m*; *mot* alte Kiste *f*; *(Mensch)* Klappergestell *n*; *tr* kaputtmachen, erledigen; *itr*

crocky

(to ~ up) zs.brechen; **~y** ['-i] *fam* völlig erledigt.
crocodile ['krɔkədail] *zoo* Krokodil *n*; *fam* Schulmädchen *n pl* in Zweierreihen; ~ **tears** *pl* Krokodilstränen *f pl*.
crocus ['kroukəs] *bot* Krokus *m*.
croft [krɔft] eingefriedete(s) Feld *n*; kleine(r) Bauernhof *m*; **~er** ['-ə] Kleinpächter *m*.
cromlech ['krɔmlek] Kromlech *m*.
cron|e [kroun] alte(s) Weib *n*; **~y** ['-i] (Busen-)Freund *m*.
crook [kruk] *s* Haken; Hirten-, *rel* Krummstab *m*; *(Fluß)* Krümmung, Biegung *f*; *fam* Schwindler, Gauner *m*; *tr itr* (sich) krümmen, sich biegen; *a fam* unehrlich; *(Austr.)* krank; *on the ~ (sl)* unehrlich; **~ed** ['-id] *a* gekrümmt, gebeugt; schief; buck(e)lig; *fig (Wege)* krumm; unehrlich; **~edness** ['-idnis] Krümmung, *fig* Unehrlichkeit *f*.
croon [kru:n] *tr itr* schmalzig singen; **~er** ['-ə] Schnulzensänger *m*.
crop [krɔp] *s orn* Kropf *m*; Feldfrüchte *m pl*; Getreide *n*; Ertrag *m*, Ernte *f*; *(~ping result)* Ernteergebnis *n*; Ausbeute *f*; *allg* Haufen *m*, Menge *f*; gegerbte(s) Tierfell *n*, -haut *f*; Peitschenstiel *m*; *(riding-)* Reit-, *(hunting-~)* Jagdpeitsche *f*; (ganz) kurze Haare *n pl*; *agr* Eigentumszeichen *n* am Ohr e-s Tieres; *tr* kurz abschneiden, stutzen, scheren; ab-, kahlfressen, abgrasen; *(ab)ernten*; *(Feld)* bestellen; *itr agr* e-n guten Ertrag bringen; das Feld bestellen; *to ~ out, up* auftauchen; *fam* aufkreuzen; *geol* zutage treten; *land under ~* Anbaufläche *f*; **~-eared** *a* mit Stutzohren; mit ganz kurzen Haaren; **~per** ['-ə] Kropftaube *f*; Scherer *m*; Schermaschine *f*, Schneidemesser *n*; *Am* Farmer *m*, der das Land e-s andern anbaut u. in Naturalien entlohnt wird; *fam* furchtbare(r) Sturz; *fam* Mißerfolg, Reinfall, Zs.bruch *m*; *to be a good, bad ~ (agr)* gut, schlecht tragen; *to come a ~~ (fam)* furchtbar (hin)fallen; versagen; *(im Examen)* durchsausen, -rasseln; ~ **rotation** Fruchtwechsel *m*.
croquet ['kroukei] *s* Krocket *n* *(Kugelspiel)*; *tr* krockieren.
crosier ['krouʒə] Bischofs-, Krummstab *m*.
cross [krɔs] *s* Kreuz *n*; Querstrich *m* *(e-s Buchstabens)*; *the C~* das Kreuz *(Christi)*, *fig* das Christentum; *fig* Kreuz, Leiden; Ordenskreuz *n*; *biol* (Rassen-)Kreuzung; *el* Überbrückung

228

cross-examination

f; *tech* Kreuzstück *n*; *sl* Gemeinheit, Schweinerei *f*; *a* querliegend, quer verlaufend, schräg; kreuzend gekreuzt, Quer-; entgegengesetzt, widrig, Gegen-;gegenseitig; *(Brücke)* gekreuzt, Kreuzungs-; *fam* mißgestimmt, schlecht-, übelgelaunt; gereizt, ärgerlich, böse; launisch, reizbar; *sl* gemein, schuftig; *tr* kreuzen, durch-, überqueren, überschreiten; *lit* durchmessen; das Kreuz machen *(s.th. über etw)*; *(die Arme, die Beine)* kreuzen, übera.schlagen; hinüberbefördern; *(Brücke)* überspannen, hinüberführen *(s.th. über)*; mit e-m Querstrich versehen; übersetzen *(s.th. über)*; überfliegen; verschränken; *(to ~ off, to ~ out)* (durch)streichen; *(Scheck)* mit Verrechnungsvermerk versehen; *(Plan)* durchkreuzen, vereiteln; *sl* hereinlegen; *(Person)* in den Weg, entgegentreten *(s.o. jdm)*; begegnen *(s.o. jdm)*; *(Rassen)* kreuzen; *itr* hinüberfahren *(from...to von...nach)*; sich treffen, sich begegnen, sich kreuzen; sich überschneiden; *(Briefe)* sich kreuzen; *to ~ o.s. (rel)* sich bekreuzen; *to ~ over* hinübergehen; *as ~ as two sticks* in e-r üblen Laune; *on the ~* schräg, diagonal; *to bear, to take up o.'s ~ (fig)* sein Kreuz auf sich nehmen; *to ~ s.o.'s hand with money* jdm Geld in die Hand drücken; *to ~ o.'s mind* in den Sinn kommen, einfallen; *to ~ s.o.'s palms* jdn bestechen, jdm Schmiergelder zahlen; *to ~ s.o.'s path* jds Weg kreuzen, jdm begegnen; *to ~ o.'s t's and dot o.'s i's (fig)* es (ganz) genau nehmen, (sehr) genau sein; *no ~, no crown* ohne Fleiß kein Preis; *~ your heart!* Hand aufs Herz! *I'll keep my fingers ~ed* ich halte den Daumen! **~-action, -suit** *jur* Gegenklage *f*; **~-bar** Querholz *n*, -balken *m*, -stange; *sport* Torlatte *f*; **~-beam** Quer-, Tragbalken, Träger *m*; **~-bencher** *pol* Unabhängige(r) *m*; **~-bill** *orn* Kreuzschnabel *m*; **~-bill** *fin* Gegen-, Rückwechsel *m*; **~-bow** *hist* Armbrust *f*; **~-bred** *a biol* Kreuzungs-; **~-breed** *s* Kreuzung *(Individuum)*; Mischrasse *f*, -ling *m*; *tr* kreuzen; **~-check** *tr* doppelt kontrollieren; **~-country** *a* querfeldein verlaufend; ~ *driving* Geländefahren *n*; ~ *flight (aero)* Überlandflug *m*; ~ *mobility* Geländegängigkeit *f*; ~ *race* Geländelauf *m*; ~ *vehicle* geländegängige(r) Wagen *m*; **~-cut** Querschnitt *m*; Schrotsäge *f*; Abkürzungsweg *m*; **~-ed** [-t] *a*: ~ *cheque* Verrechnungsscheck *m*; **~-examination** Kreuzver-

cross-examine

hör n; **~examine** tr ins Kreuzverhör nehmen; **~eyed** a schielend; **~fade** tr (Radar) einblenden; **~fertilization** Kreuzbefruchtung f; **~fire** mil Kreuzfeuer n a. fig; **~grained** a unregelmäßig gemasert; fig übelgelaunt; widerborstig; **~hatch** tr kreuzweise schraffieren; **~head** tech Kreuzkopf m; **~heading** Schlagzeile f; **~ing** ['-iŋ] Kreuzung f, Kreuz-, Schnittpunkt m; Überquerung f, -gang m, -fahrt; rail Überführung f; (Fußgänger-)Überweg m; arch Vierung f; fig Durchkreuzen n; level, (Am) grade ~ schienengleiche(r) Bahnübergang m; **~-out** Ausstreichen n; **~-legged** a mit übergeschlagenen Beinen; ~ level tech Libelle f; **~-light** Seitenlicht n a. fig; **~-line** biol aus e-r Kreuzung hervorgegangen; **~-link** Am Querverbindung f; **~ness** ['-nis] schlechte Laune; Gereiztheit; Reizbarkeit f; **~-over** Kreuzungsstelle f; Überschneidungspunkt; Nulldurchgang m; **~patch** fam Querkopf, übellaunige(r) Mensch m; **~piece** Querstück n; **~purposes** pl Frage-u.-Antwort-Spiel n; to be at ~ with s.o. mit jdm e-e Meinungsverschiedenheit haben; to talk at ~ anea.vorbeireden; **~rail** Querschiene, Traverse f; **~reference** (Buch) (Kreuz-)Verweisung f; **~road, -street, -way** Querstraße f, -weg m; **~roads** sing Wege-, Straßenkreuzung, Wegspinne f; Treffpunkt m; Am Gemeinde f, Weiler m; at the ~~ (fig) am Scheideweg; **~section** Durch-, Querschnitt m a. fig, Profil n; ~~ paper karierte(s) Papier n; **~-stitch** (Handarbeit) Kreuzstich (-arbeit f) m; **~ talk** tele Übersprechen n; **~tie** Am rail Schwelle; Querstrebe f; **~town** Am quer durch die Stadt (führend); **~trees** pl sport Querbalken m pl; mar Saling f; **~up** Am sl Irreführung, Betrügerei f; **~walk** Am Überweg m für Fußgänger; **~ways, ~wise** adv quer hinüber; kreuzweise; ~ **wind** aero Seitenwind m; **~word (puzzle)** Kreuzworträtsel n.

crotch [krɔtʃ] Gabel(ung) f; Astgabel f; anat Schritt m.

crotchet ['krɔtʃit] Häkchen n, Haken m; mus Viertelnote f; fig Marotte, Schrulle; fixe Idee f; **~y** ['-i] schrullenhaft; exzentrisch.

crouch [krautʃ] itr sich ducken, sich (nieder)kauern; sich (tief) verbeugen, sich verneigen (to vor); s geduckte Stellung; Verneigung f.

croup [kru:p] **1.** med Krupp m, Kehlkopfdiphtherie f; vet Bräune f; **2.** (Pferd) Kruppe f, Kreuz n.

croupier ['kru:piə] Croupier m.

crow [krou] s Krähe f; Krächzen, Krähen; (Kind) Juchzen; (~-bar) Brecheisen n, -stange f, Kuhfuß m; itr (crowed od crew, crowed) krächzen, krähen; jubeln, frohlocken, triumphieren (over über); (Kind, vor Wonne) krähen, juchzen; as the ~ flies, in a ~ line (in) gerade(r Linie); to eat ~ (Am fam) klein beigeben; to have a ~ to pluck, to pick with s.o. mit jdm ein Hühnchen zu rupfen haben; a white ~ ein weißer Rabe, e-e ganz große Seltenheit; **~foot** ['-fut] bot Hahnenfuß; mar Hahnepot m; ~'s **feet** Krähenfüße m pl (im Gesicht); ~'s **nest** mar Mastkorb m.

crowd [kraud] s (Menschen-)Menge f, Menschenmassen f pl; Gedränge, Gewühle, Gewimmel n; die große Masse, das gemeine Volk; fam Gruppe f, Haufen, Verein m, Gesellschaft f; Haufen, Berg, Stoß, Stapel m (Sachen); itr (to ~ round) sich ansammeln, zs.-strömen; (sich) drängen (round um; into in); wimmeln, stoßen (through durch); (to ~ forward) vorwärtsdrängen, -stürmen; tr drängen, stoßen, schieben; vollstopfen, -pfropfen; zum Brechen füllen; fam (Menschen) unter Druck setzen, auf den Leib rücken (s.o. jdm); sport (Gegner) abdecken; to ~ out ausschließen; to ~ up (Am) (Preise) in die Höhe treiben; to follow the ~ (fig) dem Haufen folgen, mitlaufen; to ~ in, out hinein-, hinausdrängen; to ~ in upon (fig) einstürmen auf, jdn bestürmen; to ~ (on) sail alle Segel beisetzen; **~ed** ['-id] a gedrängt, zum Brechen voll (with von), zs.gepfercht; ~ to capacity bis auf den letzten Platz gefüllt.

crown [kraun] s Krone f a. fig pol; the C~ die Krone, der König; (Sieger-)Kranz m; Krone f, Fünfschillingstück n, 5 Schilling; obere(r) Teil m, Krone f, Gipfel m; Scheitel, Schädel m; Kappe f, Aufsatz m; Hutkopf m; (Zahn-)Krone f; (Blüten-, Baum-)Krone f; mar Ankerkreuz n; arch Schlußstein m; fig Höhepunkt m, höchste (Entwicklungs-) Stufe, Krone f, Gipfel m, Krönung, Vollendung f; tr krönen a. fig; fig bekrönen, die Krone aufsetzen (s.th. e-r S); vollenden; (Zahn) mit e-r Krone versehen; sl eins aufs Dach geben (s.o. jdm); to ~ all um das Faß voll-

crown glass   230   **crusher**

zumachen, um der Sache die Krone aufzusetzen; *to ~ s.o. king* jdn zum König krönen; **~ glass** *tech* Kronglas *n*; **~ing** ['-iŋ] *s* Krönung, Vollendung, Erfüllung *f*; *a* (be)krönend, höchst, oberst, letzt; **~ jewels** *pl* Kronjuwelen *n pl*.

cruc|ial ['kru:ʃiəl] entscheidend, kritisch, ernst; *Am* mißlich, streng, schwierig; *anat* kreuzförmig; *to put to a ~~ test* e-r entscheidenden Prüfung unterziehen, -werfen; **~ible** ['-sibl] Schmelztiegel; *(Hochofen)* Tiegel *m*; *fig* Feuer-, Bewährungsprobe *f*; *~~ steel* Tiegelstahl, -guß *m*; **~ifix** ['kru:sifiks] *rel* Kruzifix *n*; **~ifixion** [-'fikʃən] Kreuzigung *f (a. Kunst)*; **~iform** ['-fɔːm] kreuzförmig; **~ify** ['-fai] *tr* kreuzigen *a. fig*; kränken, quälen.

crud|e [kru:d] roh *a. fig*; unreif; unbearbeitet; *fig* ungeformt, unfertig; primitiv, einfach, schlicht, schmucklos, kahl, nackt; *(Sitten)* rauh; *(Bemerkung)* plump; *(Mensch)* grob, ungeschliffen, ungebildet; *~~ iron, oil, rubber* Roheisen, -öl *n*, -gummi *m*; **~eness** ['-nis], **~ity** ['-iti] Roheit; Unreife; Unfertigkeit; Einfachheit, Schmucklosigkeit *f*.

cruel ['kruəl] grausam; unmenschlich, erbarmungs-, mitleid(s)los, herzlos, hart, streng *(to* gegen); schmerzvoll, -lich; *fig* heftig, schwer, stark; **~ty** ['-ti] Grausamkeit; Unmenschlichkeit, Herzlosigkeit; Erbarmungslosigkeit *f*; *~~ to animals* Tierquälerei *f*.

cruet ['kruit] *(Essig-, Öl-)* Fläschchen *n (auf dem Tisch)*; *(~stand)* Menage *f*.

cruis|e [kru:z] *itr* mar kreuzen; (planlos) umherfahren; *aero* fliegen; *(Taxi)* fahren *(u.* Fahrgäste suchen); *s* Kreuz-, See-, Vergnügungsfahrt, Schiffsreise *f*; Reiseflug *m*; *round-the-world ~~* (Schiffs-)Weltreise *f*; **~er** ['-ə] *mar* Kreuzer *m*; Jacht *f*, Segler *m*; Motorboot *n*; *Am* Funkstreifenwagen *m*; Flugzeug *n*; **~ing** ['-iŋ] Reise-; *~~ flight* Reiseflug *m*; *~~ order* Marschordnung *f*; *~~ radius (mot)* Fahrbereich *m*; *~~ range (aero)* Aktionsradius *m*; *~~ speed (mot)* Marsch-, *aero* Reisegeschwindigkeit *f*.

crumb [krʌm] *s* Stück(chen) *n*, Krume *f*, Krümel, Brösel *m*; (Brot-)Krume *f*; *fig* Fetzen *m*, Stück *n*, Brocken *m*; *Am sl* widerliche(r) Kerl *m*; *pl Am sl* kleine Geldsumme *f*; *a ~ of* ein bißchen, ein wenig; *tr itr* zerbröckeln, zerkrümeln; *tr (Küche)* panieren; *fam* die Krümel entfernen von; **~le** ['krʌmbl] *tr itr* zerkrümeln, zerbröckeln; *itr* zer-, verfallen; *fig* einstürzen, zs.brechen; *(Preise)* abbröckeln; **~bly** ['-bli] krüm(e)lig; bröck(e)lig; **~by** ['krʌmi] voller Krümel, weich; *Am sl* verlaust.

crummy ['krʌmi] *sl (Frau)* mollig, üppig, dick, fett; *sl* mies(epet(e)rig), mau, lausig, schäbig, elend.

crump [krʌmp] *sl mil* dicke(r), schwere(r) Brocken *m*.

crumpet ['krʌmpit] *Art* Pfannkuchen *m*; *Br sl* Birne, Rübe *f*, Kopf *m*; *to be barmy on the ~, off o.'s ~ (sl)* e-e weiche Birne, nicht alle Tassen im Spind haben.

crumple ['krʌmpl] *tr* zerknittern, zerknüllen, faltig machen; *itr* faltig werden, knittern; *(to ~ up) fam* zs.brechen, zs.sacken; *to ~ up (tr)* zs.knüllen; *(Feind)* zs.hauen, -schlagen; *itr* zs.schrumpfen; *s* Falte *f*.

crunch [krʌntʃ] *tr* knacken, zerbeißen; *itr* knirschen (lassen); *s* Knacken, Knirschen *n*; *sl* Krise *f*.

crupper ['krʌpə] *(Pferdegeschirr)* Schweifriemen *m*; *(Pferd)* Kruppenhöhe *f*.

crural ['kruərəl] *a anat* Schenkel-.

crusade [kru:'seid] *s hist* Kreuzzug *m a. fig*; *fig* Unternehmen *n*, Kampf *m (against* gegen; *for* für); *itr* sich an e-m Kreuzzug beteiligen; **~r** [-ə] Kreuzfahrer *m*.

cruse [kru:z] *obs* Krug *m*; *widow's ~ (fig)* unerschöpfliche Quelle *f*.

crush [krʌʃ] *tr* (zer-, zs.)drücken, pressen, (zer)quetschen, zermalmen, zerschmettern; zerkleinern; (zer)knautschen, (zer)knüllen, zerknittern; aus der Fasson bringen; *fig* zerstören, vernichten, überwältigen, niederschmettern; nieder-, zu Boden werfen, unterdrücken; *fam* erledigen; *fam* austrinken, leeren, vernichten; *itr* sich drängen, sich stürzen, stürmen; zerquetscht werden; *s* (starker) Druck, Stoß *m*; Gedränge *n*, (Menschen-)Menge *f*, Massen *f pl*; *fam* große Gesellschaft *f*, Haufen *m*; *sl* große Liebe; Verknalltheit *f*; *to ~ down* niederdrücken; zerkleinern; *to ~ in* niederwerfen, unterdrücken; *to ~ out (Frucht)* auspressen, -drücken; *fig* auslöschen, völlig vernichten; *to ~ up* zermahlen, zerstampfen; *to get, to have a ~ on (sl)* sich wahnsinnig verlieben, bis über die Ohren verliebt sein in; **~ed stone** Steinschotter, Split *m*; **~ed sugar** gestoßene(r) Zucker *m*; **~ barrier** Absperrung *f*; **~er** ['-ə] *tech* (Vor-)Brecher, Zerkleinerer *m*, Zerkleinerungsmaschine *f*; *fam* Knüller; *Am sl*

crushing 231 **cubit**

hübsche(r) Junge m; ~**ing** ['-iŋ] a überwältigend, erdrückend; s tech Zerkleinerung f; ~**room** theat fam Foyer n.

crust [krʌst] s (Brot-)Kruste, Rinde f; Stück n hartes, trockenes Brot; Pastete; allg Kruste f a. med geol; med Schorf m; geol Rinde; bot zoo Schale f; Harschm; Ablagerung; sl Unverschämtheit f; tr itr (sich) mit e-r Kruste überziehen; to ~ over überfrieren; ~ of ice Eisdecke f; ~**acea** ['-teiʃə] Krebs-, Krustentiere n pl; ~**acean** ['-teiʃən] a Krebs(tier)-; s Krebs-, Krustentier n; ~**aceous** ['-teiʃəs] krustenartig; mit e-r Kruste od Schale versehen; zoo krebsartig, Krebs-, Krusten-; ~**ed** ['-id] a verkrustet, mit e-r Kruste überzogen; fig veraltet, antiquiert; altmodisch; ~ snow Harsch; verharschte(r) Schnee m; ~**y** ['-i] verkrustet; krustig; fig verdrießlich, mürrisch; barsch, grob.

crutch [krʌtʃ] s Krücke a. fig; fig Stütze; mar Stützgabel, Piek f; anat Schritt m; to go on ~es an Krücken gehen.

crux [krʌks] pl ~es ['-iz] harte Nuß f, schwierige(s) Problem n; fig Haken m.

cry [krai] itr schreien (with vor; for nach); verlangen (for nach); weinen (for um), heulen, jammern (over über); (Tier) rufen, schreien; tr (aus)rufen, (Tier) ausposaunen; s Schrei, Ruf m, Geschrei (for nach); Ausrufen, Verkünden n, Verkündung f; Gerücht n; dringende Bitte f; (allgemeiner) Aufschrei m; Parole f, Schlachtruf m; Schlagwort n; Weinen, Heulen, Geheul n; (Tier) Ruf, Schrei, Laut m, Gebell n; (Jagdhunde) Anschlag m; Koppel, Meute f; to ~ down herabsetzen, -würdigen, schlechtmachen; niederschreien; to ~ for dringend gebraucht, benötigen; verlangen nach; to ~ off widerrufen, sein Wort zurücknehmen; es sich anders überlegen, sich besinnen; sich zurückziehen, zurücktreten, sich lossagen; to ~ out aufschreien, laut schreien, jammern; against scharf protestieren gegen; to ~ up in den Himmel heben, (laut) rühmen, preisen; (Preis) in die Höhe treiben; in full ~ in vollem Eifer; within ~ in Rufweite (of gen); to follow in the ~ mit der großen Masse mitlaufen; to have a good ~ sich ausweinen; to ~ o.'s eyes, heart out sich die Augen aus dem Kopf weinen; to ~ for the moon Unmögliches verlangen; to ~ quits nachgeben; to o.s to sleep, asleep sich in den Schlaf weinen; to ~ over spilt milk Vergangenem nachweinen; to ~ stinking fish herummäkeln; Übles nachsagen; to ~ (for) vengeance nach Rache schreien; much ~ and little wool (prov) viel Geschrei u. wenig Wolle, viel Lärm um nichts; a far ~ e-e große Entfernung, ein weiter Weg (from von); ~**baby** Schreihals m; ~**ing** ['-iŋ] (himmel)schreiend; dringend.

crypt [kript] arch Krypta; Gruft f; med Hohlraum m; ~**ic(al)** ['-ik(l)] geheim, verborgen, versteckt; zwei-, mehrdeutig; zoo Schutz-; ~**o** ['-ou] pol fam Heimliche(r), bes. heimliche(r) Kommunist m; ~**ocentre** ['-o(u)sentə] Schlüsselzentrale f; ~**ogam** ['kripto(u)gæm] bot Bedecktsamer m, Kryptogame f; ~**ogamic** [-ə'gæmik], ~**ogamous** ['-təgəməs] bot bedecktsamig, kryptogam; ~**ogram** [-ə'græm], ~**ograph** [-ə'grɑ:f] chiffrierte(s) Schreiben n, verschlüsselte(r) Text m; ~**ographer** [krip'tɔgrəfə] Schlüßler m; ~**ography** ['-təgrəfi] Geheimschrift f; Ver- u. Entschlüsseln n.

crystal ['kristl] s min chem phys Kristall; Quarz m; (~ glass) Kristall(glas); Kristallgefäß(e pl), -geschirr; Am Uhrglas n; (~ detector) radio Kristalldetektor m; a kristallen a. fig; ~ **gazing** Deutung f der Zukunft mittels e-r Kristallkugel; ~**line** ['kristəlain] kristallinisch; kristallen; Kristall-; kristallklar; ~~ lens (anat) Kristallinse f; ~**lization** [kristəlai'zeiʃən] Kristallisation, Kristallbildung; Kristallisierung f; ~**lize** ['kristəlaiz] tr die Kristallbildung anregen (s.th. e-r S); fig e-e endgültige Gestalt geben (s.th. e-r S); (Küche) mit Zuckerguß überziehen; itr Kristalle bilden; fig sich herauskristallisieren; ~**lography** [kristə'lɔgrəfi] Kristallographie f.

cub [kʌb] Junge(s) n (e-s Raubtieres); (junger) Bursche, Tolpatsch; (Pfadfinder) Wölfling; Am Neuling, Anfänger m; fam (~ reporter) junge(r), unerfahrene(r) Berichter m.

cub|**age** ['kju:bidʒ], Kubik-, Rauminhalt m, Volumen n; ~**e** [kju:b] s Würfel, Kubus m; Kubikzahl, dritte Potenz f; tr math kubieren, zur dritten Potenz erheben; in Würfel schneiden; den Rauminhalt berechnen; ~~ root (math) Kubikwurzel f; ~~ sugar Würfelzucker m; ~**ic** ['-ik] würfelförmig, kubisch; math Kubik-; ~~ capacity Rauminhalt; mot Hubraum m; ~**icle** ['-ikl] (Schlaf-, Umkleide-, Dolmetscher-, Bade-)Kabine; tech Zelle f; ~**ism** ['-izm] (Kunst) Kubismus m; ~**it** ['-it] Elle f (Maß).

cubby-hole ['kʌbihoul] gemütliche(s) Stübchen; *mot* Handschuhfach *n*.

cuckold ['kʌkəld] Hahnrei *m*.

cuckoo ['kuku] *s* Kuckuck(sruf); *sl* Einfaltspinsel *m*; *a sl* verrückt, blöd(e); **~-clock** Kuckucksuhr *f*; **~-flower** Kuckucksblume *f*, Wiesenschaumkraut *n*; **~-pint** *bot* Aronsstab *m*; **~-spit(tle)** *ent* Kuckucksspeichel *m*; Schaumzikade, -zirpe *f*.

cucumber ['kju:kəmbə] Gurke *f*; *cool as a ~* ruhig und beherrscht; kalt wie e-e Hundeschnauze; *~ tree Am* Magnolienbaum *m*.

cucurbit(e) [kju'kə:bit] Kürbis *m*.

cud [kʌd] wiedergekäute(s) Futter *n*; *to chew the ~* wiederkäuen *a. fig*; *fig* (hin u. her, gründlich, gut) überlegen.

cuddle ['kʌdl] *tr* liebevoll umarmen, hätscheln, liebkosen; *itr (to ~ up)* sich *(im Bett)* (zs.)kuscheln; wohlig anea.geschmiegt liegen; *s* Kuscheln *n*; Umarmung *f*.

cudgel ['kʌdʒəl] *s* Keule *f*, Knüppel *m*, Prügel *m*; *tr* (ver)prügeln; *to take up the ~s for s.o.* für jdn Partei ergreifen, sich für jdn einsetzen; *to ~ o.'s brains* sich den Kopf zerbrechen *(about* über; *for* wegen).

cue [kju:] **1.** *theat* Stichwort *n*; Fingerzeig, Hinweis, Wink, Vorschlag *m*; *theat* Rolle *f*; (Handlungs-)Verlauf, Ablauf (des Geschehens); *mus* Einsatz *m*; Denkart, -weise; Stimmung *f*; Temperament *n*; *psychol* zusätzliche(r) Anreiz *m*; *to give s.o. his ~* jdm nahelegen, was er zu tun hat; *to take o.'s ~ from s.o.* sich von jdm anregen lassen; sich nach jdm richten; **2.** (Billard-)Queue *n*; Zopf *m*; Schlange *f (Anstehender)*.

cuff [kʌf] **1.** *s* Manschette *f*; Ärmel-, *Am* Hosenaufschlag *m*; Handschelle *f*; *tr Am sl* anpumpen; *off the ~ (sl)* (frisch) drauflos; ohne Konzept; Stegreif-; inoffiziell; *on the ~ (sl)* auf Pump; gratis; vertraulich; **~-link** *Br*, **~-button** *Am* Manschettenknopf *m*; **2.** *s* Ohrfeige, Backpfeife *f*; *tr* ohrfeigen, backpfeifen.

cuirass [kwi'ræs] *hist* Panzer *m a. zoo*; Korsett *n*; **-ier** [kwirə'siə] Kürassier *m*.

cuisine [kwi(:)'zi:n] Küche, Kochkunst *f*; Essen *n*.

cuke [kju:k] *Am* Gurke *f*.

cul-de-sac ['kuldə'sæk, kyldəsak] Sackgasse *f. a. fig*; *fig* auswegslose Situation *f*.

culinary ['kju:linəri] kulinarisch; Küchen-, Tafel-.

cull [kʌl] *tr (Blumen, Obst)* pflücken; *fig* auslesen, -suchen, -wählen; sortieren; *s* Ausschuß *m*.

cullet ['kʌlit] *tech* Bruchglas *n*, Glasbruch *m*.

cully ['kʌli] *Br sl* (Einfalts-)Pinsel, Esel; Kumpel, Kumpan, Kerl *m*.

culm [kʌlm] **1.** Kohlenstaub, -grus *m*; Steinkohlenklein *n*; *geol* Kulm *m*. **2.** *(bes. Gras-)*Halm *m*.

culmin|ant ['kʌlminənt] *astr fig* kulminierend, auf dem höchsten Punkt (befindlich); *fig* den Höhepunkt, den Gipfel, die Spitze bildend; **~ate** ['-eit] *itr astr fig* kulminieren; *astr* durch den Meridian gehen; *fig* s-n Höhepunkt erreichen, gipfeln *(in in)*; **~ation** ['-'neiʃən] Kulminieren *n*; Höhepunkt, Gipfel; *astr* Meridiandurchgang *m*.

culp|ability [kʌlpə'biliti] Tadelnswürdigkeit; *obs* Straffälligkeit, Schuld *f*; **~able** ['-əbl] tadelnswert; strafbar, schuldhaft; *~ negligence* sträfliche(r) Leichtsinn *m*; *jur* grobe Fahrlässigkeit *f*; **~rit** ['-rit] Angeklagte(r), Angeschuldigte(r); Missetäter *m*; Übeltäter *m*.

cult [kʌlt] *rel* Kult(us) *m a. allg*; Verehrung; Mode(torheit) *f*; Anhänger *m pl*; **~ivable** ['-ivəbl] *(Land)* anbaufähig; **~ivate** ['-iveit] *tr agr* kultivieren, an-, bebauen; *fig* kultivieren, pflegen, unterhalten; (be)fördern; **~ivated** *a agr* bebaut; gezüchtet, Zucht-; *fig* gebildet; **~ivation** ['-'veiʃən] *agr* Kultur, Urbarmachung *f*, Anbau *m*; Pflege, Förderung; Kultiviertheit *f*; *under ~ (Land)* bebaut; *to bring under ~~* in Kultur nehmen; **~ivator** ['-iveitə] Landwirt; *agr* Kultivator *m*; **~ural** ['kʌltʃərəl] kulturell; Kultur-; *~~ lag* Nachhinken *n* auf einem Gebiet der Kultur; **~ure** ['kʌltʃə] *s agr* Kultur, Bebauung *f*, Anbau *m*; Zucht; *fig* Pflege, Unterhaltung, (Be-)Förderung; Bildung, Kultur; Zivilisation; *biol* (Bakterien-)Kultur *f*; *tr* kultivieren, pflegen; *(Bakterien)* züchten; *physical ~~* Körperkultur *f*, Leibesübungen *f pl*; *~~ broth* Kulturlösung *f*; *~~ medium* Nährboden *m*; *~~ pearl* Zuchtperle *f*; **~ured** ['-tʃəd] *a* gebildet.

culvert ['kʌlvət] Durchlaß, Abzugskanal *m*; Kabelrohr *n*.

cumb|er ['kʌmbə] *tr* (unnütz) beladen, -lasten, überladen, -lasten *(with* mit); (be)hindern, versperren; **~ersome** ['-səm], **~rous** ['-rəs] lästig, beschwerlich, mühsam; sperrig, schwerfällig.

cum(m)in ['kʌmin] Kümmel *m*.

cumul|ative ['kju:mjulətiv] sich (an-) häufend, zunehmend; kumulativ; *~~ process* Kettenreaktion *f*; *~~ voting (parl)* Stimmenhäufung *f*, Kumulieren *n*; **~o-cirrus** Schäfchenwolke *f*;

cumulo-nimbus   233   **currency**

~**o-nimbus** Gewitterwolke *f*; ~**o-stratus** Haufenschichtwolke *f*; ~**us** ['·ləs] *pl* -**i** ['-ai] Haufenwolke *f*; Haufe *m*.
cune|ate(d) ['kju:niit, -eitid], ~**iform** ['·niifə:m] keilförmig; ~*iform characters (pl)* Keilschrift *f*.
cunning ['kʌniŋ] *a* schlau, listig, *fam* gerissen; *obs u. Am* geschickt, tüchtig; *Am* gekonnt, gut gemacht; *Am fam* nett; reizend, entzückend; wohlschmeckend; *s* Schlauheit, List *f*.
cup [kʌp] *s* (Ober-)Tasse *f*; Becher; Behälter *m*; Tasse(voll) *f*; Pokal *m a. sport; tech* Kalotte *f*; *rel fig* Kelch *(des Leidens)*; Wein, (guter) Trunk *m*, Trinken *n*; gewürzte(r) Wein; *med* Schröpfkopf; *bot* Blumenkelch *m*; *tr* schröpfen; becherförmig gestalten; aufstülpen; aushöhlen; *in o.'s* ~*s* betrunken; ~ *of sorrow (fig)* Kelch *m* des Leidens; ~ *of tea (fam)* das ist nicht nach m-m Geschmack; ~-**bearer** *hist* Mundschenk *m*; ~**board** ['kʌbəd] Schrank *m*; Büfett *n*; ~~ **love** Bratkartoffelverhältnis *n*; ~ **final** Pokal-Endspiel *n*; ~**ful** ['-ful] Tasse-, Becherv oll *f*, *m*; ~**ping** ['·iŋ] *med* Schröpfen *n*; ~~**tie** *sport* Pokalspiel *n*.
Cupid *(Mythologie)*, **c**~ *(Kunst)* ['kju:pid] Amor *m*; **c~ity** [kju(:)'piditi] Begierde, Gier *f*.
cupola ['kju:pələ] *s arch* Kuppel; *arch* Laterne *f*; *tech (~ furnace)* Kupol-, Schachtofen *m*; *mil* Panzerkuppel *f*; *tr* mit e-r Kuppel versehen, kuppelartig wölben.
cupr|eous ['kju:priəs] kupfern, kupferhaltig, -artig, -farben; ~**ic** ['-ik] *a* chem Kupfer- *(zweiwertig)*; ~~ **acetate, oxide** Kupferazetat, -oxyd *n*; ~**ous** ['-əs] *a chem* Kupfer- *(einwertig)*.
cur [kə:] Köter; *fig* gemeine(r) Kerl, Lump, Schuft, Schurke *m*.
cura|bility [kjuərə'biliti] Heilbarkeit *f*; ~**ble** ['kjuərəbl] heilbar; ~**cy** ['kjuərəsi] Stelle *f* e-s Hilfsgeistlichen, e-s Vikars; ~**te** ['kjuərit] Hilfsgeistliche(r), Vikar *m*; ~**tive** ['kjuərətiv] *a* heilend; Heil-; *s* Heilmittel *n*; ~~ **value** Heilwirkung *f*; ~**tor** [kjuə'reitə] Konservator, Museumsdirektor; Pfleger, Verwalter *m*; ~**torship** *s* Konservatorstelle *f*.
curaçao, curaçoa [kjuərə'sou] Curaçao *m (Likör)*.
curb [kə:b] *s (Pferd)* Zaum(zeug *n*) *m*, Kandare *f*; *fig* Zügel *m pl*; Rahmen (-werk *n*) *m*; *arch* Mauerlatte *f*, Spannring; Brunnenrand; *Am* Bordstein *m*; *(~ market) fin* Freiverkehr *m*; *tr* an die Kandare nehmen; *bes. fig (to put,* *to keep a ~ on)* zügeln, im Zaum halten; bändigen; *to ~ o.'s temper* sich im Zaum halten; ~~-**market** *Am com* Freiverkehr(smarkt) *m*; ~~**roof** Mansardendach *n*; ~**stone** ['-stoun] *Am* Bordstein; *sl* Zigarettens tummel *m*.
curd [kə:d] *oft pl* dicke Milch *f*, Quark *m*; *tr itr* u. ~**le** ['kə:dl] *tr itr* gerinnen (lassen); *itr* sauer werden; *my blood* ~**led** es durchlief mich eiskalt, mir standen die Haare zu Berge.
cure [kjuə] *med* Heilung(sprozeß *m*) *f*; Heilmittel, -verfahren *n*, -methode, Kur *(for gegen)*; Heilung, Genesung *f*; geheilte(r) Fall *m*; *fig* Mittel *n (for gegen)*, Abhilfe *(for* für); Pfarrstelle *f*; Pökeln, Räuchern *n*; *tr* heilen, *fam* kurieren; *fig* abhelfen *(s.th.* e-r S), beheben; pökeln, einsalzen; räuchern; trocknen, dörren; konservieren, haltbar machen; *tech* vulkanisieren, aushärten; *past* ~ unheilbar; ~ *of souls* Seelsorge *f*; *there is no* ~ *for* es gibt kein Mittel gegen; ~~**all** Allheilmittel *n*.
curfew ['kə:fju:] *hist* Abendläuten *n*, -glocke *f*; Sperrstunde, -zeit *f*; Ausgehverbot *n*, -sperre *f*; *mil* Zapfenstreich *m*.
curio ['kjuəriou] *pl* -**os** Seltenheit, Rarität *f*; ~**sity** ['-'ositi] Neugier(de) *f*, Wissensdurst *m*; Seltenheit, Rarität *f*; ~~ **shop** Antiquitätengeschäft *n*; ~**us** ['-əs] neugierig; wißbegierig; seltsam, eigenartig, ungewöhnlich, unbegreiflich, geheimnisvoll; *to be* ~~ *about s.th.* gar zu gerne wissen wollen; auf etw gespannt sein.
curl [kə:l] *s* Locke; Kräuselung; *(Welle)* Schaumkrone; *bot* Kräuselkrankheit *f*; *tr* kräuseln; *itr* sich in Locken legen, sich kräuseln *a. fig*; Curling spielen; *to* ~ **up** *(tr itr)* (sich) zs.-rollen, (sich) aufrollen, (sich) umbiegen; mit angezogenen Beinen liegen; hocken; *fam* zs.brechen (lassen); *in* ~ gekräuselt; *a* ~ *of the lips* verzogene Lippen *f*, *pl*; ~ *of smoke* Rauchwölkchen *n pl*; ~**ing** ['·iŋ] Kräuselung *f*; *sport* Curling *n*; ~~**tongs**, ~**(~)-irons** *(pl)* Brennschere *f*; ~**ers** ['-əz] *pl*, ~~**papers** *pl* Lockenwickel *m pl*; ~**y** ['·i] gewellt, gekräuselt, gelockt; lockig.
curlew ['kə:lju:] *orn* Brachvogel *m*.
curmudgeon [kə:'mʌdʒən] Griesgram, Brummbär; Knicker, Filz *m*.
currant ['kʌrənt] Korinthe; Johannisbeere *f*; Johannisbeerstrauch *m*.
curren|cy ['kʌrənsi] *fin* (Geld-, Noten-)Umlauf; Kurs *m*; Laufzeit, Gültigkeitsdauer *f*; Währung *f*, Zahlungsmittel *n*, Geldsorte, Valuta; *allg* Geltung, (Allgemein-)Gültigkeit, (allge-

current

meine) Anerkennung *f*, Gebrauch *m*; Lebensdauer, -zeit *f*; *in common* ~~ in allgemeinem Gebrauch, gebräuchlich, üblich; *to have short* ~~ e-e kurze Lebensdauer haben; *to gain* ~~ in Umlauf, in Gebrauch kommen; *to give* ~~ *to* in Umlauf setzen *od* bringen; ~~ *agreement* Währungsabkommen *n*; ~~ *area* Währungsgebiet *n*; ~~ *block* Währungsblock *m*; ~~ *control* Devisenkontrolle *f*; ~~ *depreciation, devaluation* Geldent-, abwertung *f*; ~~ *law* Münzgesetz *n*; ~~ *reform* Währungsreform *f*; ~~ *restrictions (pl)* Devisenbewirtschaftung *f*; ~~ *stability, stabilization* Währungsstabilität, -stabilisierung *f*; ~**t** ['-t] *a* laufend; im Umlauf befindlich, umlaufend; gebräuchlich, üblich, gangbar, marktgängig, anerkannt; (allgemein)gültig, landläufig; *s* Strom *m*, Strömung *f*; Luftzug *m*; *el* Strom *m*; Ab-, Verlauf *m*; *fig* Tendenz, Richtung *f*; *alternating* ~~ *(el)* Wechselstrom *m*; *direct* ~~ *(el)* Gleichstrom *m*; *generation of* ~~ Stromerzeugung *f*; *down-, up-*~~ Ab-, Aufwind *m*; ~~ *account* laufende (Ab-)Rechnung *f*, Kontokorrent *n*; Scheckkonto *n*; ~~ *carrying* stromführend; ~~ *consumption* Stromverbrauch *m*; ~~ *demand* Strombedarf *m*; ~~ *events (pl)* Tagesgeschehen *n*; ~~ *expenses (pl)* laufende Ausgaben *f pl*; ~~ *intensity, strength* Stromstärke *f*; ~~ *issue (Zeitschrift)* letzte Nummer *f*; ~~ *market value, price* Marktwert, -preis *m*; ~~ *opinion* öffentliche Meinung *f*; ~~ *rate* (Tages-, laufender) Kurs *m*; ~**tly** ['-tli] *adv* gegenwärtig, jetzt.

curriculum [kə'rikjuləm] *pl a. -la* [-lə] Lehrplan *m*; ~ **vitae** ['vaiti:] Lebenslauf *m*.

currier ['kariə] (Leder-, Pferde-)Zurichter; Gerber *m*.

currish ['kə:riʃ] *fig* knurrig, gemein; ungezogen.

curry ['kari] **1.** *s* (~ *powder*) Curry *m od n (Gewürzpulver)*; Currysoße *f*; mit C. gewürzte(s) Ragout *n*; *tr* mit C. zubereiten; **2.** *tr (Pferd)* striegeln; *(Leder)* zurichten, gerben; schlagen, prügeln, (aus)peitschen; *to ~ favour with s.o.* sich bei jdm einzuschmeicheln suchen; ~~**comb** Striegel *m*.

curse [kə:s] *s* (Ver-)Fluch(ung *f*) *m*, Verwünschung *f*; Fluch, Unsegen *m*, Unglück *n (to* für); *tr* verfluchen, verdammen, fluchen *(s.o.* jdm, *auf* jdn); *itr* fluchen, lästern; *to mutter a ~ under o.'s breath* e-n Fluch vor sich hinmurmeln; ~**d** ['-id, -t] *a* verflucht, *fam* verflixt; eigensinnig.

cushion

cursive ['kə:siv] *a (Handschrift u. typ)* kursiv; *s* Kursivschrift; *typ* Kursive *f*.

cursor|iness ['kə:sərinis] Flüchtigkeit, Oberflächlichkeit, Nachlässigkeit *f*; ~**y** ['-i] flüchtig, oberflächlich, nachlässig.

curt [kə:t] kurz, knapp; barsch (*to* gegen); ~**ail** [kə:'teil] *tr* beschneiden, (ab)kürzen, schmälern, verkleinern *(of* um); verstümmeln *fig; (Lohn)* herabsetzen; ~**ailment** ['-teilmənt] Beschneidung, (Ab-)Kürzung, Verkleinerung, Be-, Einschränkung, Schmälerung *f*.

curtain ['kə:tn] *s* Gardine *f*, Vorhang *a. theat; allg* Schleier *m fig; arch (~wall)* Abschirmwand *f*; *mil* Zwischenwall *m*; *pl sl* Ende, Unglück *n*, Tod *m*; *tr* mit e-m Vorhang versehen; verhüllen, verhängen; verschleiern; *to ~ off* mit e-m Vorhang abteilen; *behind the ~ (fig)* hinter den Kulissen; *to draw the ~* den Vorhang zuziehen; *to draw a ~ over s.th. (fig)* den Vorhang über e-r S zuziehen, über etw nicht mehr sprechen; *to lift the ~* den Vorhang aufziehen; *fig* den Schleier lüften; *the ~ rises, falls od drops (theat)* der Vorhang geht auf, fällt; *iron~ (pol), fireproof, safety-~ (theat)* eiserne(r) Vorhang *m*; *~ of fire* Feuervorhang *m*; *~ of smoke* Rauchschleier *m*; ~~**call** *theat fig* Vorhang *m*; ~~**lecture** Gardinenpredigt *f*; ~~ **raiser** *theat* Eröffnungseinakter; *film* Vorspann *m*; ~~**rod** Gardinenstange *f*.

curts(e)y ['kə:tsi] *s* Knicks *m*; *itr u. to make, to drop a ~* e-n Knicks machen, knicksen (*to* vor).

curv|aceous [kə:'veifəs] *fam (Frau)* kurvenreich, vollschlank; ~**ature** ['kə:vətfə] Biegung, Krümmung *a. math*; *med* Verkrümmung *f*; ~~ *of the spine* Rückgratverkrümmung *f*; ~ *radius* Krümmungsradius *m*; ~**e** [kə:v] *s* Kurve *a. math*, Biegung, Krümmung *f*, Bogen *m*; *(Ball)* Drall *m*; *tr itr* (sich) biegen, e-n Bogen machen; (sich) wölben, (sich) krümmen, (sich) winden; *tech* schweifen; kurven; *to enter, to take a* ~~ in e-e Kurve gehen, e-e K. nehmen; ~~ *sheet, tracer* Kurvenblatt *n*, -zeichner *m*; ~**ed** [-d] *a* bogenförmig, gebogen, gewölbt, gekrümmt; krumm; ~**et** [kə:'vet] *s (Pferd)* Bogensprung *m*; *itr* e-n Bogensprung machen; herumhüpfen; ~**ilinear** [kə:vi'liniə] krummlinig.

cushion ['kuʃən] *s* Kissen *a. tech*, Polster *n a. fig; tech* Puffer *m*; *(Billard)* Bande *f*; *mot (~tyre)* Halbluftreifen *m*; *Am rail pl* Zug *m*; *Am sl* Rück-

cushy 235 **cut**

lage, Gewinnspanne *f*; *tr* polstern; auf ein Kissen setzen *od* legen; abschirmen, -decken; *tech* (ab)federn; *(Stoß)* abfangen; *(Billard)* auf Bande spielen; *air ~* Luftkissen *n*.

cushy ['kuʃi] *a sl* gemütlich, bequem, leicht; *s* Geld, Moos *n*.

cusp [kʌsp] *s* Fluch; Scheitelpunkt *m*; *arch* Bogenspitze *f*; *(Mond)* Horn *n*; *(Herzklappe)* Zipfel *m*; *(Zahn)* Höcker *m*; **-id** ['-id] *s* (menschlicher) Eckzahn *m*; *a u.* **-idal** ['-idl], **-idate(d)** ['-ideit(id)] (zuge)spitz(t); **-idor** ['-idɔ:] *Am* Spucknapf *m*.

cuss [kʌs] *s fam* Fluch; (komischer) Kauz, (verrückter) Kerl *m*; dumme(s) Tier *n*; *tr u. itr fam* (ver)fluchen; *not worth a tinker's ~* keinen Heller wert; *he doesn't care a ~* er kümmert sich e-n Dreck darum; **-ed** ['-id] *fam* verflucht, verdammt; **-edness** ['-idnis] *fam* Bosheit, -haftigkeit *f*; zänkisches Wesen *n*; **-word** *fam* Fluch *m*, Schimpfwort *n*.

custard [ˈkʌstəd] Eiermilch, -krem *f*.

custod|ial [kʌsˈtoudjəl] *a* vormundschaftlich, Aufsichts-; treuhänderisch; *s* Reliquienschrein *m*; **-ian** [-jən] Verwahrer, Pfleger, Kurator, Konservator; Aufseher; Treuhänder; (Haus-) Verwalter, Hausmeister *m*; *~ country* Treuhänderstaat *m*; **-y** [ˈkʌstədi] Obhut, Verwahrung *f*, Gewahrsam *m*; Aufsicht(spflicht), Vormundschaft; *(bes.* Schutz-, Untersuchungs-)Haft *f*; *to release from ~* aus der Haft entlassen; *to take into ~* in Verwahrung nehmen; in Haft nehmen, verhaften; *preventive ~* Untersuchungshaft *f*; *protective ~* Schutzhaft *f*.

custom [ˈkʌstəm] *s* Sitte *f*, Brauch *m*, Herkommen *n*, Gewohnheit, Gepflogenheit *f*; Gewohnheitsrecht *n*; *(commercial, trade ~)* Handelsbrauch *m*, Usance; *com* Kundschaft *f*; Kundenkreis *m*; Klientel *f*; *pl* Zoll(verwaltung *f*, -gebühren *f pl*) *m*; *a Am (Kleidung)* Maß-; *to get, to pass through the ~s* den Zoll passieren, beim Zoll durchgehen; *to pay ~s on s.th.* für etw Zoll bezahlen; *it is his ~ to do* er pflegt zu tun; **-ary** [ˈ-əri] üblich, gebräuchlich, gewöhnlich, herkömmlich, landläufig; Gewohnheits-; *not ~* ungebräuchlich; *~ law* Gewohnheitsrecht *n*; **~ clothes** *pl Am* Maßkleidung *f*; **-er** [ˈ-ə] Kunde, Verbraucher, Abnehmer; Teilnehmer; Auftraggeber; *fam* Kauz, Kunde, Kerl *m*; *pl* Kundschaft *f*, Kundenkreis *m*; *an awkward ~ (fam)* ein schwieriger Mensch; *list of ~s* Kundenkartei *f*; *a queer ~ (fam)* ein komischer Kauz; *regular ~* Stammkunde *m*; *stray ~* Laufkunde *m*; **~-house** Zollamt *n*; **~-made** *a Am* nach Maß angefertigt; *fam* teuer; **-s** *pl*: *~ agent* Zollagent *m*; *~ barrier* Zollschranke *f*; *~ clearance* Zollabfertigung *f*; *~ declaration* Zollerklärung *f*; *~ district* Zollbezirk *m*; *~ dues, duties (pl)* Zollgebühren *f pl*; *~ examination* Zollrevision *f*; *~ office* Zollamt *n*; *~ officer, official* Zollbeamte(r) *m*; *~ regulations (pl)* Zollvorschriften *f pl*; *~ tariff* Zolltarif *m*; *~ territory* Zollgebiet *n*; *~ union* Zollunion *f*; *~ warehouse* Zollspeicher *m*; *~ warrant* Zollauslieferungsschein *m*.

cut [kʌt] *irr cut cut* 1. *tr* (ab-, an-, auf-, aus-, be-, durch-, ein-, zer)schneiden; (sich) schneiden in; *math* (Linie) schneiden; stutzen; (ab)mähen; scheren; spalten, trennen, (zer)teilen, (auf)schlitzen; zer-, abhauen; *mar* kappen; verschneiden, kastrieren; *(Stoff)* zuschneiden; *(Film)* schneiden; schnitzen, (ein)gravieren; *(Karten)* abheben; *sport (Ball)* schneiden; *(alkohol. Getränk)* verschneiden, verdünnen; *fig* beschneiden, verringern, verkleinern; *(Gehalt)* kürzen; *(Preise)* herabsetzen, ermäßigen, reduzieren; *fam (Menschen)* schneiden, nicht sehen wollen; *fam (Schule)* schwänzen; sich drücken vor; *sl* stoppen, Schluß machen, aufhören mit; 2. *itr* scharf sein, schneiden; sich schneiden lassen; *(Wind)* schneiden, *(to ~ through)* pfeifen durch; *fam* abhauen; *(Schule)* schwänzen; *(Karten)* abheben; 3. *a* (ab-, aus-, ein)geschnitten; be-, zerschnitten; behauen; beschnitten, kastriert; *fig* verkleinert, verringert, reduziert, gekürzt; *sl* besoffen; 4. *s* Schnitt, Hieb, Schlag, Stoß, Stich; (Ein-)Schnitt *m*, (Schnitt-) Wunde *f*; Schnittfuge *f*; Ab-, Aus-, Einschnitt *m*; *(Fleisch)* abgeschnittene(s) Stück *n*, Scheibe *f*; *(Schafe)* Schur *f*; Durchstich, Graben *m*; (Druck-)Platte *f*; (Kupfer-, Stahl-) Stich, Holzschnitt; *tech* Schliff, Span(stärke *f*); *(Kleidung)* (Zu-)Schnitt *m*, Fasson *f*; *(Karten)* Abheben *n*; *(short~)* Richtweg *m*, (Weg-)Abkürzung *f*; *fig* Verringerung, Verkleinerung, Verminderung, Kürzung *f (a. d. Gehaltes)*, Abstrich *m*; Nachlassen *f*, Abnahme *f*; Schneiden, Ignorieren, verletzende(s) Verhalten *n od* Worte *n pl*, Hieb (*at* auf); *fam* Rüffel, Anschnauzer m; fam Schwänzen n, Drückebergerei f; sl (Gewinn-)Anteil m; sl soziale Stufe f; **5.** *a ~ above (fam)* ein bißchen, etwas besser als; *to ~ a caper (vor Freude)* e-n Luftsprung machen; *to ~ o.'s coat according to o.'s cloth (fig)* sich nach der Decke strecken; *to ~ and come again* tüchtig (drauflos) essen; *to ~ corners (Am)* einsparen (on bei); *to ~ a dash* sich von s-r besten Seite zeigen; *to ~ a figure* Eindruck schinden od machen; *to ~ it fine (fam)* es (bes. zeitl.) gerade (so) schaffen; *to ~ the ground from under s.o., s.o.'s feet (fig)* jdm den Boden unter den Füßen wegziehen; *to ~ no, not much ice (fam)* nicht viel ausrichten; niemanden überzeugen; *to ~ it out (fam)* Schluß machen, aufhören; *to ~ s.o. to the quick (fig)* jdn tief verletzen; *to ~ the record* den Rekord brechen; *to ~ a record, a take* e-e Schallplattenaufnahme machen *(of* von); *to ~ and run (fam)* schleunigst das Weite suchen; *to ~ o.'s teeth* zahnen; *on* sich früh gewöhnen an; *to ~ in two, in half, into halves* mitten durchschneiden, halbieren; *to ~ both ways (fig)* ein zweischneidiges Schwert sein; *~!* hau ab! zieh ab! mach, daß du wegkommst! *~ it out!* halt den Mund! hören Sie damit auf; **6.** *salary ~* Gehaltskürzung f, -abbau m; *wage ~* Lohnkürzung f; *~ in prices* Preissenkung f, -nachlaß m; **7.** *to* **~ across** quer gehen, laufen über, überqueren; *to* **~ after** hinter sein, auf den Fersen sein *dat*, verfolgen; *to* **~ at** schlagen, ausholen nach, gegen; *to* **~ away** weg-, abschneiden, entfernen; *itr fam* auskneifen, türmen; *to* **~ back** *tr* zurück-, beschneiden, (ab)kürzen; einschränken; ab-, unterbrechen; *itr* in der Erzählung zurückgehen; *film* zurückblenden; *sport* e-n Haken schlagen; *to* **~ down** ab-, umhauen, *(Baum)* fällen; *(Wald)* abholzen; niederhauen, -schlagen; *fig (to ~ down on)* kleiner machen, verkleinern, (ver-)kürzen, verringern, herabsetzen, einschränken; *(Text)* beschneiden; *to* **~ in** einfallen, dazwischentreten, unterbrechen, in die Rede fallen; *mot* nach dem Überholen einbiegen; sich *(durch e-e Lücke)* durchschlängeln; einkerben; *(beim Tanzen)* abklatschen; *to* **~ into** unterbrechen, einfallen in *(e-e Rede)*; *to* **~ loose** tr abtrennen; *itr (Schiff)* den Anker kappen; *fam* (frisch) drauflos reden; sich keine Hemmungen auferlegen; außer Rand u. Band geraten; *to* **~ off** abschneiden, -hauen, -trennen; plötzlich unterbrechen, *tele* trennen; *(Gas, el Strom)* abschneiden, wegnehmen, abstellen; *mot* stillsetzen; abschneiden, -fangen; *(Truppen)* absprengen; ausschließen, verstoßen; *(Zuwendung)* streichen; *to ~ (off) a corner* (auf dem Weg) e-e Ecke abschneiden von; *to ~ off from (fig)* abschneiden von; *to ~ off o.'s nose to spite o.'s face* sich ins eigene Fleisch schneiden; *to ~ off with a shilling* enterben; *to* **~ on** losstürmen; *to* **~ open** aufschneiden, -schlitzen, -schlagen; *to* **~ out** ausschneiden, wegschneiden, entfernen, streichen, weg-, auslassen; *(Weg)* bahnen; *(Stoff)* zuschneiden; *(Rivalen)* ausstechen; übertrumpfen, verdrängen; *(Licht)* abschalten, -stellen; *fam* weg-, auslassen, unterbinden; *(das Rauchen)* aufgeben; *to be ~ out for* geschaffen sein für; *itr tech* aussetzen; *mot* scharf ausbiegen; *(Karten)* ausscheiden; *to* **~ short** abkürzen, unterbrechen; das Wort abschneiden *(s.o.* jdm); *to* **~ through** durchschneiden; durchqueren; *to* **~ under** *fam* unterbieten; *to* **~ up** zerschneiden, -legen, vernichten; Verletzungen beibringen; *(seelisch)* mitnehmen, aufwühlen, *fam* fertigmachen; heftig kritisieren, herunterreißen, *fam* fertigmachen; *Am sl* dumme Witze machen, schwätzen, diskutieren; *itr* viel ab-, hergeben; *to ~ up rough* aufbrausen, wütend werden, (los)poltern; *to ~ up well* reich sterben; **8.** **~-and-come-again** Fülle f, Überfluß m; **~-and-dry, -dried** *a* fix und fertig; *(Meinung)* vorgefaßt; angestaubt *fig*; **~-and-thrust weapon** Hieb- u. Stichwaffe f; **~-away** ['-əwei] *s* Cut (-away) m *(Herrenrock)*; *a tech* aufgeschnitten; **~~ drawing** Schnittzeichnung f; **~~ model** Schnittmodell n; **~-back** Zurück-, Beschneiden n; Kürzung, Verminderung; Einschränkung; Unterbrechung f; Personalabbau m; Rückgang m, Nachlassen n; Zurückgreifen n (in der Erzählung); *film* Rückblende f; *sport* plötzliche Wendung f; **~ face** Schnittfläche f; **~ flowers** *pl* Schnittblumen *f pl*; **~~in** *film* Zwischentitel m; *el* automatische Einschaltung; Eingriffstellung f; *Am sl* Anteil m; **~~off** *Am* Richtweg m, (Weg-)Abkürzung f; *(Fluß)* Durchbruch m; *tech* Schieber m; Abschalten n; Ausschaltung f; *(Ra-*

kete) Brennschluß; Seitenkanal *m*; rail Anschlußgleis *n*; *mil* Stellungsriegel *m*; **~-out** Ausschnitt *m*, Aussparung *f*; *mot* Auspuff; *el* Schalter; *(~~ switch)* Unterbrecher; Auslöser *m*; **~over** ['-ouvə]*Am a s* gerodet(es Land *n*); *tech* Überleitung *f*; **~throat** ['-θrout] *s* Mörder *m*; *a* mörderisch; halsabschneiderisch; **~up** ['-ʌp] *Am sl* Witzbold; freche(r) Kerl; Angeber; Saufbruder *m*.

cutaneous[kju(:)teinjəs]*a scient* Haut-.

cut|e [kju:t] *fam* gewitzt, hell(e); *Am fam* nett, hübsch, reizend, entzückend, süß; **~ie**, **~(e)y** ['-i] *Am sl* fesche(s) Mädel *n*; Schlauberger *m*.

cuticle ['kju:tikl] *anat bot* Oberhäutchen *n*, Kutikula *f*.

cutlass ['kʌtləs] Hirschfänger *m*, *bes*. Entermesser *m*.

cutler ['kʌtlə] Messerschmied *m*; **~y** ['-ri]; Stahlwaren(handel *m*) *f pl*; Besteck, Tafelsilber *n*.

cutlet ['kʌtlit] Kotelett; Schnitzel *n*; *Am* Fleisch- od Fischklops *m*.

cutter ['kʌtə] Schneide(r), Schneider (*bes. in Zssgn*); Zuschneider; Schnitzer; Hauer; *film* Schnittmeister, Cutter; *(Schallplatte)* Schreiber *m*; *tech* Messer *n*, Schneide *f*, Schneidwerkzeug *n*, -apparat *m*, -maschine *f*; Fräser; (Löffel-)Bohrer; *min* Häuer, Gesteinshauer *m*; Münz-, Pappschere *f*; *mar* Kutter *m*; Beiboot *n*; *Am* kleine(r) Schlitten *m*, Küstenschutzboot *n*; **~-head** Fräskopf *m*; Schneidedose *f*.

cutting ['kʌtiŋ] *s* Schneiden *n*, Schnitt *m*; *(Holz)* Einschlag *m*; Fräsen *n*; Einschnitt, Durchstich (für e-e Straße od Bahnlinie); *film* Schnitt; *Br (bes*. Zeitungs-)Ausschnitt *m*; *agr* Reis *n*, Steckling *m*; *fin com* Herabsetzung, Kürzung *f*; *pl* Schneid-, Drehspäne; *pl* Abfälle *m pl*; *a tech* Schneid-, Fräs-;spanabhebend;*(Kälte, Wind)* schneidend; *fig* beißend, verletzend; **~burner**, **-torch** Schneidbrenner *m*; **~ room** *film* Schneideraum *m*; **~ tool** Drehstahl *m*.

cuttle ['kʌtl] *(~-fish)* Tintenfisch *m*, Sepia, Sepie *f*; *(~-bone)* Schulp *m*.

cyan|ic [sai'ænik] *a* : **~~ acid** Zyansäure *f*; **~ate** ['saiəneit] *chem* Zyanat, Salz *n* der Zyansäure; **~ide** ['saiənaid] *chem* Zyanid, blausaure(s) Salz *n*; **~~ of hydrogen** Blausäure *f*; **~ogen** [sai'ænədʒin] *chem* Zyan *n*.

cybernetics [saibə'netiks] *pl mit sing* Kybernetik *f*.

cyclamen ['sikləmən] *bot* Alpenveilchen *n*.

cycl|e ['saikl] *s* Kreis(lauf), Zyklus *m*, Periode *f*; Arbeitsgang *m*; *astr* (Kreis-)Bahn *f*; Zeitalter *n*; *lit* Sagen-, Legendenkreis *m*; *fam* (Fahr-)Rad *n*; *itr* sich in e-m Kreislauf bewegen, periodisch wiederkehren; *fam* radfahren, radeln; **~ic(al)** ['-ik(l)] zyklisch, periodisch; zu e-m Sagenkreis gehörig; **~ist** ['-ist] Radfahrer(in *f*) *m*; **~oid** ['-ɔid] *math* Zykloide *f*; *a* kreisförmig; *med* zyklothym; **~oidal** [-'klɔidl] *math* zykloidal; **~ometer** [-'klɔmitə] Zyklometer, Wegmesser, Kilometerzähler *m*; **~op(a)edia** [-ə'pi(:)djə] Enzyklopädie *f*, Konversationslexikon *n*; **C ~opean** [-klo(u)'pi:ən, -'-] gigantisch, gewaltig, ungeheuer; **C~ops** ['-ɔps] Zyklop *m*; **~otron** ['-ətrɔn] Zyklotron *n*.

cygnet ['signit] junge(r) Schwan *m*.

cylind|er ['silində] *math tech mot* Zylinder *m*; Walze, Trommel, Rolle *f*; *(Papierfabrikation)* Holländer *m*; Mangel-, Rollholz *n*; *attr tech* Zylinder-; **~~ block** Zylinder-, Motorblock *m*; **~~ capacity** *(mot)* Hubraum *m*; **~~ head** Zylinderkopf *m*; **~ric(al)** [-'lindrik(əl)] zylindrisch, walzenförmig.

cymbals ['simbəlz] *pl mus* Becken *n*.

Cymric ['kimrik] *a* kymrisch; *s* Kymrisch *n*.

cynic ['sinik] *s* Zyniker *m*; *a* zynisch; **~al** ['-əl] zynisch, sarkastisch; höhnisch; verächtlich; griesgrämig; **~ism** ['-sizm] Zynismus *m*; zynische Bemerkung *f*.

Cynosure ['sinəzjuə, -ʃuə] *astr* Kleine(r) Bär *od* Wagen; Polarstern *m*; *c~ (fig)* Leitstern; Anziehungspunkt, Mittelpunkt *m* des Interesses.

cypher *s.* cipher.

cypress ['saipris, -əs] *bot* Zypresse *f*.

Cypr|ian ['sipriən], **~iot** ['-ɔt, -ət] *a* zyprisch; *s* Zypriot(in *f*) *m*; **~us** ['saiprəs] Zypern *n*.

cyst [sist] *bot zoo* Beutel *m*; *anat* (Harn-)Blase; *med* Zyste, Sackgeschwulst *f*; *synovial* **~** *(med)* Überbein *n*; **~itis** [-'taitis] *med* Blasenentzündung *f*; **~olith** ['sistəliθ] *med* Blasenstein *m*; **~oscope** ['-əskoup] Blasenspiegel *m*; **~otomy** ['-'tɔtəmi] Blasenschnitt *m*.

czar, **~ina** *s.* tsar.

Czech [tʃek] *s* Tscheche *m*, Tschechin *f*; Tschechisch *n*; *a* tschechisch; **~o-Slovakia**['-o(u)slo(u)va:kjə,-vækiə] die Tschechoslowakei; **~o-Slovakian** *s* Tschechoslowake *m*, Tschechoslowakin *f*; *a* tschechoslowakisch.

D

D, d [di:] *pl* ~'s, ~s *s* D, d *n a. mus; Am (Schule)* ausreichend; ~ **flat** Des, des *n*; ~ **sharp** Dis, dis *n*.

dab [dæb] **1.** *tr* leicht, sanft schlagen, berühren; (leicht) abklopfen; *fam* antippen, klapsen; ab-, betupfen *(with s.th.* mit etw); *typ* klischieren; *(to ~ on)* auftragen *(Farbe); itr* tippen; tupfen; betupfen *(at s.th.* etw); *s* leichte(r), sanfte(r) Schlag, *fam* Klaps *m;* Betupfen *n;* Spritzer, Tupfen, Klecks *m; (Butter)* Klümpchen *n, fig* Schlampe *f; pl sl* Fingerabdrücke *m pl;* **2.** *zoo* Flunder, Scholle *f,* Butt *m;* **3.** *s fam* Kenner, Könner *m,* As *n,* Kanone *f (at s.th* in etw); *to be a ~ (hand)* viel loshaben; *at doing s.th.* in e-r S (sehr) beschlagen, bewandert sein, etw aus dem ff können; *adv: right ~ in the middle (Am fam)* haargenau in die Mitte; ~**ber** ['-ə] Tupfen *m; typ* Filzwalze *f.*

dabble ['dæbl] *tr* bespritzen, benetzen, naß machen; *itr* herumspritzen, (herum)plätschern, plan(t)schen; *fig* sich ein bißchen befassen, abgeben *(at,* in mit); (hinein)pfuschen, (herum)stümpern *(at, in* in); als Hobby betreiben *(at, in s.th.* etw); ~**r** ['-ə] *fig* Stümper, Pfuscher; Dilettant, Liebhaber *m.*

dabchick ['dæbtʃik] *orn* Zwergsteißfuß *m,* Tauchentchen *n.*

dabster ['dæbstə] *fam* Alleskönner, Tausendsasa; *Am fam* Stümper *m.*

dace [deis] Weißfisch *m.*

dactyl ['dæktil] Daktylus *m (Versfuß); zoo* Finger *m,* Zehe *f;* ~**ic** [dæk'tilik] daktylisch; ~**ogram**, -'ti-, -əgræm] Fingerabdruck *m;* ~**ology** [-'lələdʒi] Finger-, Taubstummensprache *f.*

dad(dy) ['dæd(i)], **dad(d)a** ['dædə], **da** [da:] *fam* Papa, Pappi, Vati *m.*

daddy-long-legs ['dædi'ləŋlegz] Bachmücke, (Bach-)Schnake *f; Am* Kanker, Weberknecht *m.*

dado ['deidou] *pl -oes* Sockel, Würfel *(e-s Postaments);* untere(r) Wandteil *m.*

daemon ['di:mən] *s. demon.*

daffodil ['dæfədil] *bot* Narzisse *f;* (Blaß-, Hell-)Gelb *n.*

daffy ['dæfi] *Am fam* verrückt, wahnsinnig; albern; *sl* verliebt *(about* in).

daft [da:ft] albern, dumm, blöd(e); schwachsinnig; verrückt, wahnsinnig.

dagger ['dægə] *s* Dolch *m; typ* Kreuz *n; tr* erdolchen, -stechen; *to be at ~s drawn with s.o.* mit jdm auf (sehr) gespanntem Fuß stehen; *to look ~s at* feindselige Blicke werfen, schleudern auf; *to speak ~s at s.o.* jdm verletzende, beleidigende Worte sagen; ~**s** ['-z] *bot* Wasserschwertlilie *f.*

dago ['deigou] *pl -o(e)s Am sl pej* Italiener, Spanier *od* Portugiese *m.*

dahlia ['deiljə] *bot* Dahlie, Georgine *f.*

Dail Eireann [dail-, dəil'ɛərən] *parl* das Irische Unterhaus.

daily ['deili] *a adv* täglich, Tag(e, es)-; werktäglich; alltäglich, Alltags-; *(~ paper)* Tageszeitung *f; (~ help) fam* Stunden-, Zugehfrau *f; o.'s ~ bread* das tägliche Brot; ~ **allowance** Tagegeld *n;* ~ **consumption** Tagesverbrauch *m;* ~ **dozen** *fam* tägliche Gymnastik *f;* ~ **money** tägliche(s) Geld; Tagesgeld *n;* ~ **output** Tagesleistung *f;* ~ **pay, wages** *pl* Tag(e)lohn *m;* ~ **quantity, rate, scale** Tagessatz *m;* ~ **report, return** Tagesmeldung *f.*

daint|iness ['deintinis] Zierlichkeit, Zartheit *f;* Fein-, Zartgefühl *n,* Verfeinerung; Verwöhntheit, Leckerhaftigkeit; Feinheit, Köstlichkeit *f;* ~**y** ['deinti] *a (Person)* niedlich, hübsch, lieblich, zierlich, zart; fein-, zartfühlend, verfeinert; verwöhnt, wählerisch *(about* in); lecker, schmackhaft; *(Sache)* fein, ausgesucht, köstlich, delikat; *s* Leckerbissen *m,* Leckerei *f; pl* Leckerbissen *m pl.*

dairy ['deiri] *(~ing, ~ farming)* Milchwirtschaft *f; (~ farm) (einzelne)* Milchwirtschaft, Meierei *f;* Molkerei *f;* Milchgeschäft *n;* ~ **cattle** Milchkühe *f pl;* ~**maid** ['-meid] Milchmädchen *n;* ~**man** ['-mən] Milchhändler, *fam* -mann; Schweizer *m;* ~ **produce** Milchprodukte, Molkereierzeugnisse *n pl.*

dais ['dei(i)s] Podium *n;* erhöhte(r) Platz *m (für e-n Thron od Ehrensitz).*

daisy ['deizi] Maßliebchen, Gänseblümchen; *(double ~)* Tausendschön *n; (ox-eye, Ox-eye D~)* Margerite *f; Am* Art Käse *m; sl* Pfundsding *n,* -sache *f,* -kerl *m; fig* Perle *f; to push up the daisies (sl)* die Radieschen von unten begucken; ~ **chain** Gänseblumenkränzchen *n.*

dale [deil] *(nordengl. dial u. poet)* Tal *n.*

dall|iance ['dæliəns] Tändelei *f,* Flirt *m,* Techtelmechtel *n,* Liebelei; Spielerei *f;* Trödeln *n; ~y* ['-i] *itr* tändeln, flirten *(with* mit); *fig* spielen, liebäugeln *(with* mit); die Zeit verplempern *od* vertrödeln *(over o.'s work* bei der Arbeit).

daltonism ['dɔːltənizm] Farbenblindheit *f (bes. rotgrün)*.
dam [dæm] **1.** *s* Damm *m*, Wehr *n*; Talsperre *f*; Stauwasser, -becken *n*; *fam* Wasserbehälter *m*; *tr (to ~ in, up)* (durch e-n Damm, ein Wehr) (auf-)stauen, eindämmen; *to ~ up (fig) (Gefühl)* unterdrücken, zurückhalten mit; **2.** Muttertier *n*.
damage ['dæmidʒ] *s* Schaden *m*, Beschädigung *f*, Verlust *m*, Einbuße *f (to* an); Nachteil *m*; *(Bombe)* Wirkung *f*; *sl* Preis *m*, Kosten *pl*; *pl* Entschädigung *f*, Schaden(s)ersatz *m*; *tr* (be)schädigen; Schaden zufügen *(s.o.* jdm); herabsetzen, (herab)mindern, beeinträchtigen, verletzen; *to his ~* zu s-m Schaden, Nachteil; *to be liable for the ~* für den Schaden haften; *to claim ~s* Schadenersatz fordern; *to pay ~s* Schadenersatz leisten; *to sue s.o. for ~s* jdn auf Schadenersatz verklagen; *to suffer ~* Schaden erleiden *od* nehmen, zu Schaden kommen, be-, geschädigt werden; *what's the ~ (sl)* was kostet's? *adjustment of ~s* Schadensregelung *f*; *appraisal of the ~* Schadensfeststellung *f*; *claim for ~s* Schadensersatzanspruch *m*; *material ~* Sachschaden *m*; *war ~ caused by fire, game, hail, sea, water* Feuer-, Wild-, Hagel-, See-, Wasserschaden *m*; **~able** ['-əbl] *(Sache)* empfindlich; **~assessment** Schadensfeststellung *f*; **~d** [-d] *a* beschädigt, zu Schaden gekommen; *fig* angeschlagen; **~report** Schadensbericht *m*, -aufstellung *f*.
damask ['dæməsk] *s* Damast *(Gewebe)*; Damaszenerstahl *m*; Damaszierung *f*; Rosenrot *n*; *a* Damast-; Damaszener-; rosenrot; *tr* rosenrot machen; damastartig weben; *tr u.* **~een** [-'iːn], **damascene** ['-siːn], *a.* -'siːn] *tr (Stahl)* damaszieren.
dame [deim] *obs poet hum* Frau, Dame; (Titel *m* e-r) Witwe von Stand *(od* e-r) Ordensinhaberin *f*; *sl* Weib(sbild) *n*.
damn [dæm] *tr* verdammen *a. rel*, verfluchen, verwünschen; tadeln, verurteilen, heruntermachen; ruinieren, zuschanden machen; *theat* auspfeifen; *s* Fluch *m*, Verwünschung *f*; *a sl* verdammt, verflucht, verwünscht; *not care, not give a ~* sich e-n Dreck machen aus; *~ it (all)!* verdammt (noch mal)! verflixt (u. zugenäht)! *~ you!* hol dich der Teufel! **~able** ['-nəbl] verdammenswert; abscheulich; schändlich; *fam* verdammt, verflixt, Dreck-; **~ation** [-'neiʃən] *s* Verdammung *a. rel*; *rel* Verdammnis *f*; *interj* verdammt! verflucht! **~ed** [-d] *a* verdammt; verflucht; verflixt; verwünscht; abscheulich, widerlich; *adv* äußerst, sehr; *the ~~* die Verdammten; *to suffer the tortures of the ~~ (fam)* Höllenqualen leiden müssen.
damp [dæmp] *a* feucht; dunstig; *s* Feuchtigkeit *f*; Dunst *m*, Luftfeuchtigkeit *f*; *(fire ~)* Grubengas *n*, Schwaden *m*, schlagende Wetter *n pl*; *fig* gedrückte Stimmung, Niedergeschlagenheit, Mut-, Hoffnungslosigkeit *f*; *tr* an-, befeuchten, benetzen; *(to ~ down) phys tech* drosseln, bremsen; *el* dämpfen *a. fig*; *fig* drücken, herabsetzen, mindern; entmutigen, den Mut, die Hoffnung nehmen *(s.o.* jdm); *to ~ off (agr)* in Fäulnis übergehen (vor Nässe); *to cast, to strike a ~ over, into (fig)* e-n Schatten werfen auf, die Stimmung gen drücken; **~~course** *arch* Isolierschicht *f*; **~en** ['-ən] *tr* an-, befeuchten; mindern, einschränken, bremsen, drosseln; dämpfen; *(to ~~ s.o.'s spirits)* entmutigen; **~er** ['-ə] Dämpfer *(Person u. Sache, a. fig phys tech)* (to für); *mot* Stoßdämpfer; Anfeuchter *m*; (Ofen-) Klappe *f*, Zugregler *m*; *Am fam* Ladenkasse *f*; *(~~ of a radiator)* Kühlerjalousie *f*; *to put the ~~ on* e-n Dämpfer aufsetzen *(s.o.* jdm); entmutigen; die Freude verderben an; **~ing** ['-iŋ] Dämpfung *f*; **~ish** ['-iʃ] etwas feucht; dumpfig; **~ness** ['-nis] Feuchtigkeit *f*; Dunst *m*.
damsel ['dæmzəl] *obs poet* Jungfer, Jungfrau *f*.
damson ['dæmzən] Damaszener Pflaume *f*.
dance [dɑːns] *itr* tanzen *(with* mit); tänzeln; (fröhlich) umherspringen; hüpfen *(for, with* vor); schaukeln; *tr (Tanz)* tanzen; schaukeln; *s* Tanz *m*; *mus* Tanz(weise) *f*; *m*; Tanzparty *f*, -abend, Ball *m*; *to lead s.o. a pretty ~~* jdm Scherereien machen; jdn an der Nase herumführen; *to ~~ attendance on s.o.* sich um jdn unablässig bemühen; *to ~~ to s.o.'s pipe, tune* nach jds Pfeife tanzen; *to ~~ to another tune (fig)* s-n Mantel nach dem Winde hängen; *St Vitus's ~~ (med)* Veitstanz *m*; **~~band** Tanzkapelle *f*; **~~ of death** (Kunst) Totentanz *m*; **~~ floor** Tanzboden *m*; **~~ frock** Tanzkleid *n*; **~~ hall** Tanz-, Ballsaal *m*; *sl* Todeszelle *f*; **~~ music** Tanzmusik *f*; **~~ record** *(Am)* Tanzplatte *f*; **~er** ['-ə]

dancing   240   **darksome**

Tänzer(in *f*) *m*; ~**ing** ['-iŋ] Tanzen *n*; ~~~*girl* Tanzgirl *n*; ~~~*lesson* Tanzstunde *f*, -unterricht *m*; ~~~*master* Tanzlehrer *m*; ~~~*partner* Tanzpartner *m*; ~~~*party* Tanzabend *m*; ~~~*room* Tanzsaal *m*; ~~~*school* Tanzschule *f*; ~~ *shoes* (*pl*) Ballschuhe *m pl*.

dandelion ['dændilaiən] *bot* Löwenzahn *m*.

dander ['dændə] *fam bes. Am* Ärger *m*; Laune *f*; *to get o.'s* ~ *up* ärgerlich werden, in Rage kommen; *to get s.o.'s* ~ *up* jdn auf die Palme bringen.

dandify ['dændifai] *tr* stutzer-, geckenhaft heraus-, aufputzen.

dandle ['dændl] *tr (Kind)* wiegen, schaukeln; hätscheln, liebkosen.

dandruff ['dændrəf] Kopfschuppen *f pl*.

dandy ['dændi] *s* Stutzer, Geck; leichte(r) Wagen; *mar* Treiber *m*; *sl* Pfundsding *n*, -sache *f*; *a* geckenhaft, stutzerhaft; *sl* pfundig, phantastisch, prima, Klasse; *adv* bestens, glänzend; *fine and* ~ *(fam)* in Form, auf der Höhe; ~**ish** ['-iʃ] stutzer-, geckenhaft; ~**ism** ['-izm] geckenhafte(s) Wesen *n*.

Dan|e [dein] Däne *m*, Dänin *f*; *Great* ~ Deutsche Dogge *f*; ~**ish** ['-iʃ] *a* dänisch; *s* (das) Dänisch(e).

danger ['deindʒə] Gefahr *f (to* für); *at* ~ *(Signal)* auf Halt; *in* ~ in Gefahr; *out of* ~ außer Gefahr; *to avert, to ward off a* ~ e-e Gefahr abwenden *od* beseitigen; *to be a* ~ *to* e-e Gefahr bilden, bedeuten für; *to be in* ~ *of losing Geld* Gefahr laufen, zu verlieren; *caution!* ~! Achtung! Lebensgefahr! *war* ~, ~ *of war* Kriegsgefahr *f*; ~ *of fire, to life* Feuer-, Lebensgefahr *f*; ~ *area* Gefahrenzone *f*; ~ *money* Gefahrenzulage *f*; ~**ous** ['-dʒrəs] gefährlich, gefahrvoll *(to* für); ernst; ~ *point* Gefahrenpunkt *m*, -moment *f*; ~ *signal rail* Warn-, Haltesignal *n*; ~ *zone* Gefahrenzone *f*, *mar* Warngebiet *n*.

dangle ['dæŋgl] *itr tr* baumeln, schlenkern (lassen); *tr fig* vor Augen, *fam* vor die Nase halten *(before s.o.* jdm); *to* ~ *about, after, round s.o.* jdm nachlaufen.

dank [dæŋk] unangenehm feucht, feuchtkühl, naßkalt.

Danube, the ['dænju:b] die Donau.

daphne ['dæfni] Lorbeerbaum; Seidelbast *m*.

dapper ['dæpə] nett, fein, hübsch, niedlich; behende, gewandt, flink.

dapple ['dæpl] *tr* sprenkeln; ~**d** ['-d] *a (Tier)* gesprenkelt, scheckig, gefleckt, bunt; ~~**grey**; ~~ *horse* Apfelschimmel *m*.

darbies['da:biz] *pl sl* Handschellen *f pl*.

Darby and Joan ['da:bi ən(d) 'dʒoun] glückliche(s) alte(s) Ehepaar *n*.

dare [dɛə] *v aux (meist in verneinten, fragenden, Bedingungs-* od *e-n Zweifel ausdrückenden Sätzen)* es wagen, können, dürfen *(do s.th.* etw zu tun); *tr* wagen, sich getrauen, riskieren *(to do s.th.* etw zu tun); ins Auge sehen, trotzen *(s.th.* e-r S); heraus-, auffordern; *I* ~ *say* ich darf wohl sagen, ich stehe nicht an zu sagen; doch wohl, vermutlich, wahrscheinlich; *don't you* ~ unterstehen Sie sich! *s fam* wagemutige Tat *f*; ~~**devil** *s* Wagehals *m*; *a* wagehalsig, tollkühn.

daring ['dɛəriŋ] *a* (toll)kühn, wagehalsig, -mutig, unerschrocken; dreist, frech; *s* Wagemut, Unternehmungsgeist *m*; Dreistigkeit, Frechheit *f*.

dark [da:k] *a* dunkel, finster; schwärzlich; *(Farbe, Haut, Haare)* dunkel; brünett; *fig* verborgen, versteckt; geheim(nisvoll); unklar, unverständlich, unerklärlich; unheilvoll, böse, übel; hoffnungs-, mutlos, niedergeschlagen, traurig; trüb(e), finster; unheimlich; unwissend, unaufgeklärt; *Am sl theat sport* geschlossen; *s* Dunkelheit, Finsternis; (Einbruch *m* der) Nacht; Verborgenheit; dunkle Färbung *f*; *at* ~ beim Dunkelwerden; *before, after* ~ vor, nach Einbruch der Dunkelheit *od* Nacht; *in the* ~ im Dunkeln, in der Dunkelheit, bei Nacht; *fig* im dunkeln; nicht auf dem laufenden; *to be in the* ~ *about s.th.* über etw im ungewissen sein; *to keep* ~ *(fig)* im ungewissen lassen; geheimhalten; *to look on the* ~ *side of things (fig)* alles von der Schattenseite sehen; *leap in the* ~ Sprung *m* ins Ungewisse; *the* ~ *side of things* die Schatten-, Kehrseite; *the D*~ *Ages pl* das (Früh-)Mittelalter; ~~**blue, -brown, -colo(u)red** *a* dunkelblau, -braun, -farbig; ~**en** ['-ən] *tr itr* dunkel machen *od* werden; ver-, abdunkeln; (sich) verdunkeln, (sich) verfinstern, (sich) verdüstern; ~ *horse (Rennpferd, a. Mensch)* Außenseiter *m*; ~**ish** ['-iʃ] etwas dunkel, trübe; schwärzlich; ~ **lantern** Blendlaterne *f*; ~**ling** ['-liŋ] *adv* im Dunkel(n); *a poet* dunkel(nd), düster, finster, trüb(e); ~**ness** ['-nis] Dunkelheit, Finsternis; Schwärze *f*; das Geheime; Unverständlichkeit; Unwissenheit; Blindheit *f*; das Böse, Übel *n*; ~ **room** *phot* Dunkelkammer *f*; ~~**skinned** *a* dunkelhäutig; ~ **slide** *phot* Kassette *f*; ~**some** ['-səm] *poet*

darky dunkel *a. fig*, trüb(e); finster, unheimlich; **~y, ~ey, ~ie** ['-i] *fam u. pej* Nigger, Neger *m*.

darling ['da:liŋ] *s* Liebling *m*; *a* lieb, (heiß, innig) geliebt, teuer; allerliebst; Lieblings-.

darn [da:n] **1.** *tr (Strümpfe)* stopfen; ausbessern; *s* Stopfen, Ausbessern *n*; Stopfstelle *f*; **2.** *fam (euph für damn) tr fam* verdammen; *s* Verwünschung *f*, Fluch *m*; *a adv interj* verdammt, verflixt; *not to know a ~ thing* gar nichts wissen; *völlig im dunkeln tappen; I don't give a ~ about it!* ich pfeife darauf! *~ it!* zum Kuckuck nochmal! **~er** ['-ə] Stopfer(in *f*) *m*; Stopfnadel *f*; Stopfei *n*, -pilz *m*; **~ing** ['-iŋ] Stopfen, Ausbessern *n*; auszubessernde Sachen *f pl*; *~~ needle* Stopfnadel; *zoo Am* Libelle *f*; *~~ yarn* Stopfgarn *n*.

dart [da:t] *tr* schießen, schleudern, werfen, schnellen; *(Strahlen)* aussenden; *itr* schießen, sausen, fliegen, flitzen, schnellen; (los)stürmen *(at auf, zu)*; herfallen *(on über); to ~ away* fortstürmen, davonstürzen; *s* Wurfspieß; Pfeil; *zoo* Stachel; *fig* Stich *m*; Schleudern, Werfen, Schießen *n*; Sprung, Sturz (auf etw); *(Textil)* Abnäher *m*; *pl* Pfeilwerfen *n (Spiel); to make a ~ at sich stürzen auf;* **~-board** Zielscheibe *f*; **~er** ['-ə] Schlangenhalsvogel; Weißfisch *m*.

dash [dæʃ] *tr* schmettern, schlagen, stoßen; (aus-, be-, ver)spritzen, versprühen, (aus)gießen, (aus-, ver-) schütten; (ver)mischen *(with mit);* zerschlagen *(to pieces in Stücke);* vernichten; zuschanden, zunichte machen; entmutigen, verwirren, verlegen machen, beschämen; *sl* (= *damn)* verdammen; *itr* schlagen, prallen *(against gegen);* laufen, (sich) stürzen, stürmen, jagen, rasen, sausen; patschen; *s* (heftiger) Schlag, Stoß *m*; Klatschen *n*, Guß, Spritzer *m*; Prise, Messerspitze *f*; Schuß *m*, Beimischung *f*; Schwung, Sturz, Sturm; Vorstoß, Sturmangriff; *fig* Schwung, Elan *m*, Feuer *n*, Schneid; Überschwang *m*, Begeisterung *f*, (Gefühls-)Ausbruch, (Gedanken-)Flug; Gedankenstrich, *(Morsealphabet)* Strich *m*; *mot* Armaturenbrett *n*; *sport* Kurzstreckenlauf *m*; *at a ~* wie der Wind, im Sturm; *at one ~* in e-m Zug; *at (the) first ~* auf Anhieb; *to cut a ~* Aufsehen erregen, auffallen; *to make a ~ at, for s.th.* sich auf etw stürzen, auf etw losstürmen; *~ it! (sl)* verdammt! verflixt! *to ~* **aside** beiseite werfen, -schleudern;

to ~ **away** wegwerfen, -schleudern; *to ~* **down** niederwerfen, zu Boden schleudern; *to ~* **into** hineinstürzen; *to ~ off* *tr* wegwerfen, -schleudern; schnell erledigen, abtun, *fam* hinhauen, -werfen; schnell zu Papier bringen, schreiben; *itr* wegsausen, losrasen, davonstürzen, *fam* (schnell) abhauen; *to ~* **out** aus-, zerschlagen; hinausstürzen; *to ~* **over** ausstreichen; *to ~* **with** verdünnen mit; sprenkeln mit; **~board** ['-bɔ:d] Spritzbrett, -leder *n*; *mot* Armaturenbrett *n*; Schalttafel *f*; *~~ light* Instrumentenleuchte *f*; **~er** ['-ə] Schläger, Stürmer *m*; Rührholz *n*, -flügel *m*; *Am* Spritzleder *n*; *fam* imposante Erscheinung *f*; **~ing** ['-iŋ] schwungvoll, überschwenglich, begeistert; gefühl- *od* geistvoll; lebhaft; feurig, schneidig; aufsehenerregend, auffällig.

dastard ['dæstəd] Feigling, feige(r) Schuft *m*; *a u.* **~ly** ['-li] *a* feige, hinterhältig, gemein.

data ['deitə] *pl Am oft sing* Einzelheiten, Tatsachen, Gegebenheiten *f pl*; *das* Bekannte; (Tatsachen-)Material *n*, Daten *pl*; Unterlagen, Angaben *f pl*; Meßwerte *m pl*; Versuchsergebnisse *n pl*; *personal* ~ Personalangaben *f pl*; **~ processing** Datenverarbeitung *f*; **~ sheet** Unterlagenliste *f*; Lebenslauf *m* in Stichwörtern; **~ transmission** Meßwertübertragung *f*.

date [deit] **1.** *s* Datum *n*, Zeitangabe *f*; (bestimmter) Tag; Termin, Zeitpunkt *m*; Frist, Zeit(raum *m*, -alter *n*); *fam* Verabredung *f*, Stelldichein, Rendezvous *n*; *fam* jem, mit dem man e-e Verabredung hat; *tr* datieren; zeitlich festlegen, bestimmen; die Zeit festlegen *(s.th. e-r S); to ~ s.o. (Am)* sich mit jdm verabreden, mit jdm ausgehen; *itr Am fam* sich verabreden; datiert sein *(from von);* sich herleiten *(from aus);* veralten; *to ~ from, to ~ back to* stammen aus, zurückgehen auf; zählen von; *at an early ~* bald, in Bälde, in Kürze; *at long ~* auf lange Sicht; *at short ~* kurzfristig; *at that ~* zu jener Zeit; damals; *bearing ~ of* unter dem Datum des, datiert vom; *of recent ~* neueren Datums; *out of ~* aus der Mode (gekommen); *(up) to ~* bis jetzt, noch; *under (the) ~ of* unter dem Datum des; *up to ~, (attr a) up-to-~* auf der Höhe (der Zeit), zeitgemäß, modern, in Mode; auf dem laufenden; *without ~* ohne Datum, undatiert; *to become, to get out of ~* aus der Mode kommen, veralten; *to fix, to set a ~* e-e Frist festlegen; den Zeitpunkt bestimmen;

date bait

to have, to make a ~ sich verabreden; *what is the ~ of ...?* wann war ...? *what is the ~ to-day?* welches Datum, den wievielten haben wir heute? *critical, crucial ~* Stichtag m; *effective ~* Tag m des Inkrafttretens; *to-day's ~* das heutige Datum; *~ of acceptance* Annahmetag m; *~ of birth* Geburtsdatum n, -tag m; *~ of delivery* Liefertermin m; *~ of dispatch* Aufgabe-, Absende-, Abgangstag m; *~ of issue* Ausgabe-, Ausstellungs-, Ausfertigungstag m, -datum n; *~ of maturity* Verfall(s)tag m; *~ of the postmark* Datum n des Poststempels; *~ of publication* Bekanntmachungs-, *(Buch)* Erscheinungstag m; *~ of receipt* Eingangsdatum n; **~ bait** *Am* hübsche(s), gerngesehene(s) Mädchen n; **~-block** Abreißkalender m; **~-d** ['-id] *a* datiert; antiquiert, aus der Mode, altmodisch; *to be ~* datiert sein mit; **~ing** ['-iŋ] Datierung f; **~less** ['-lis] undatiert, ohne Datum; unbegrenzt; zeitlich nicht mehr festzulegen(d); immer noch brauchbar *od* interessant; **~-line** *geog* Datumsgrenze f; *(Zeitung)* Datum n *(e-r Nachricht);* **~-stamp** Datums-, Tages-, Poststempel m; **2.** Dattel f; **~-palm** Dattelpalme f.

dative ['deitiv] *gram* Dativ m.

datum ['deitəm] *pl -ta* ['-tə] gegebene *od* angenommene Größe f; Meßwert m; Gegebenheit, Tatsache; Annahme, Grundlage f; *(~ point)* Ausgangs-, Bezugs-, Nullpunkt m; *attr* gegeben, Ausgangs-, Null-; **~ line** Bezugs-, *mil* Stand-, Grundlinie f.

daub [dɔ:b] *tr* (be)schmieren; (be)sudeln, (be)pinseln; bekleckern; *arch* grob auftragen; *s* schmierige(s) Zeug n, Überzug; Lehm-, Gipsbewurf m; *a.* **~ery** ['-əri] Geschmiere n, Sudelei; Pinselei, Kleckserei f; *(Kunst)* Schinken m; **~(st)er** ['-(st)ə] Schmierfink; Farbenklekser m.

daughter ['dɔ:tə] Tochter f *a. fig;* *~ of Eve* Evastochter f; **~-in-law** Schwiegertochter f; **~ly** ['-li] *a* töchterlich.

daunt [dɔ:nt] *tr* schrecken, ängstigen, Angst machen *(s.o.* jdm); entmutigen, den Mut nehmen *(s.o.* jdm); *nothing* **~ed** unverzagt; **~less** ['-lis] furchtlos, unerschrocken; mutig, tapfer.

davenport ['dævnpɔ:t] *Br* (kleiner, Klapp-)Schreibtisch, Sekretär m; *Am* Sofa n; (Schlaf-)Couch f.

davit ['dævit] Davit, Schiffskran m.

Davy ['deivi]: **~ Jones** *mar hum* Neptun, der Seegeist; *~ Jones's locker* der Meeresgrund, das feuchte Grab.

davy ['deivi] *sl* Eid m; *to take o.'s ~* schwören; *on my ~!* Ehrenwort!

daw [dɔ:] *orn* Dohle f.

dawdle ['dɔ:dl] *itr* (herum)trödeln, -bummeln; *tr (to ~ away) (Zeit)* vertrödeln, -bummeln; *to ~ over o.'s work* saumselig arbeiten; **~r** ['-ə] Trödler, Bummler, Bummelant, Tagedieb m.

dawn [dɔ:n] *s* (Morgen-)Dämmerung f, Tagesanbruch m; *fig* Morgenröte f, Anfang, Beginn m *(e-r neuen Zeit); fig* Erwachen n; *itr* dämmern, tagen, Tag werden; *fig* heraufkommen, dämmern, beginnen, anbrechen; *(Sinn)* aufgehen, dämmern *(on, upon s.o.* jdm); *at ~* beim Morgengrauen.

day [dei] Tag *(a. Zeitraum);* Wochentag m; Tageslicht n; entscheidende(r) Tag; Termin m; Epoche, Zeit; (Blüte-)Zeit f; *(at-home ~)* Empfangstag m; *astr* Umdrehungszeit f; *pl* Tage m pl, Zeiten f pl; Leben n; *(three times) a ~* (dreimal) täglich, am Tage; *all (the) ~ long* den ganzen Tag (über); *at, by ~* am Tag(e), bei Tage; *at the present ~* gegenwärtig; *at this time of ~* augenblicklich; *before ~* vor Tag(sanbruch); *by the ~* tageweise; *every ~* jeden Tag, täglich; *from ~ to ~* von Tag zu Tag; *in my boyhood ~s* als ich (noch) ein Junge war; *in a few ~s time* in ein paar, in wenigen Tagen; *in these ~s* heute, heutzutage; *in those ~s* damals; *in ~s of old* in vergangenen Zeiten, früher; *in ~s to come* in Zukunft; *of a ~* Tages-; kurz(lebig); *one ~* eines Tages; einmal, *lit* dereinst; *one of these ~s* in den nächsten Tagen; nächstens; eines Tages; *some ~* einmal, *lit* dereinst; *the other ~* kürzlich, neulich, vor ein paar Tagen; unlängst; *the present ~* die Gegenwart; *the ~ after to(-)morrow* übermorgen; *the ~ before yesterday* vorgestern; *the ~ before, after the fair* zu früh, zu spät; *this ~* heute; *this ~ week, month, year* heute in acht Tagen, vier Wochen, einem Jahr; *these ~s* heutzutage; *up to this ~* bis heute, bis auf den heutigen Tag; *the ~ after* der, am folgende(n) Tag; *~ after ~, ~ by ~* Tag für Tag; von Tag zu Tag; *~ and night, night and ~* Tag u. Nacht, ununterbrochen; *the ~ before* der, am Vortag; *~ in, ~ out* tagein, tagaus; *to call it a ~ (fam)* Feierabend, Schluß machen; *to carry od to win, to lose the ~* siegen od gewinnen, verlieren; *to end o.'s ~s* sein Leben beschließen; *to fix a ~* e-n Tag festlegen; *to have o.'s ~(s)* s-e (Blüte-)Zeit haben; *to keep o.'s ~s* den Termin

day-bed   243   **dead**

einhalten; *to know the time of ~* wissen, was los ist, Bescheid wissen; *to pass the time of ~ with s.o.* jdm (kurz) guten Tag sagen, jdn (kurz) begrüßen; *what ~ of the week is it?* welchen Wochentag haben wir? *business ~* Werk-, Arbeitstag; Markt-, Börsentag *m*; *eight-hour ~* Achtlungstertag *m*; *election ~* Wahltag *m*; *the Last D~* der Jüngste Tag; *market ~* Markt-, Börsentag *m*; *order of the ~* Tagesordnung *f*; *pay-~* Zahltag *m*; *present-~* heutig, von heute; *rainy ~* Regentag *m*; *fig* schlechte Zeiten *f pl*; *red-letter ~* (gesetzlicher) Feiertag *m*; *wedding ~* Hochzeitstag *m*; *work(ing) ~* Arbeitstag *m*; *~ of arrival* Ankunftstag *m*; *~ of birth, of death* Geburts-, Sterbetag *m*; *~ in court* Gerichtstag *m*; *~ of expiration (fin)* Verfall(s)tag *m*; *~ of grace (fin)* Respekttage *m pl*; Gnadenfrist *f*; *~ of issue* Ausgabe-, Erscheinungstag *m*; *D~ of Judg(e)ment (rel)* Tag des Gerichts, Jüngste(r) Tag *m*; *~ of maturity* Verfalltag *m*; *~ of payment* Zahlungstermin *m*; *~ of rest* Ruhetag *m*; *~-to-~ matters (pl)* laufende Angelegenheiten *f pl*; *~-to-~ money (Bank)* Tagesgeld *n*; **~bed** Schlafsofa *n*, -couch *f*; **~boarder** (Schule) Halbpensionär *m*; **~book** Tagebuch *n*; *com* Journal *n*; **~boy, -girl, -pupil** Tagesschüler(in *f*) *m*, Externe(r *m*) *f*; **~break** ['-breik] Tagesanbruch *m*; *at ~~* bei Tagesanbruch; **~ coach** *Am rail* Personenwagen *m*; **~~dream** *s* Wachtraum *m*; Wunschvorstellungen *f pl*; *itr* mit offenen Augen träumen; **~~labourer** Tag(e)löhner *m*; **~ letter** *Am* Brieftelegramm *n*; **~light** ['-lait] Tageslicht *n a. fig*; Öffentlichkeit *f*; Zwischen-, Hohlraum *m*; Lücke *f*; *Am* Bewußtsein; *(Problem)* Lösung *f*; *Am sl* Augen *n pl*; *by ~~* bei Tageslicht; *from ~ till dark* den ganzen Tag (über); *in broad ~~* am hellichten Tag; *to see ~~ (fam)* kapieren; das Ende absehen; *~~ exposure* Tageslichtaufnahme *f*; *~~-saving time (Am)* Sommerzeit *f*; **~long** *a* einen (ganzen) Tag dauernd, *adv* lang; **~ nursery** Tagesheim *n* für Kleinkinder, Kinderbewahranstalt *f*; **~~off** dienstfreie(r) Tag *m*; **~~out** freie(r) Tag, Ausgang *m*; **~'s receipts, takings** *pl* Tageseinnahme, -kasse *f*; **~~shift** Tagesschicht *f*; **~~school** Tagesschule *f*, Externat *n*; **~spring** *poet* Tagesanbruch *m*; **~~star** Morgenstern *m*; *poet* Sonne *f*; **~~ticket** *rail* Tagesrückfahrkarte *f*; **~time** Tag *m*; *during, in the ~~* bei Tage.

daze [deiz] *tr* vor den Kopf stoßen, betäuben *fig*, völlig überraschen; *(vorübergehend)* blenden; *fam* verwirren; *s* Benommenheit, Betäubung; Bestürzung, Verwirrung *f*; **~dly** ['-zidli] *adv* benommen; verwirrt; bestürzt.

dazzl|e ['dæzl] *tr* (vorübergehend) blenden *a. fig*; *fig* ungeheuer beeindrucken, überwältigen *fig*, überraschen, verwirren; *(Schiff)* tarnen; *itr* geblendet sein; blenden, e-n gewaltigen Eindruck machen, überwältigend wirken; *s* Blenden; Geblendetsein *n*; gewaltige(r) Eindruck *m*, große Überraschung *f*; *(~~ paint)* mil Schutz-, Tarnanstrich *m*; **~ing** ['-iŋ] *a* blendend; schimmernd, grell; *s* Blendung *f*.

deacon ['di:kən] *rel* Diakon(us) *m*; **~ess** ['-is] Diakonisse, Diakonissin *f*; **~ry** ['-ri] Diakonat, Diakonenamt *n*.

dead [ded] **1.** *a* tot, ge-, verstorben; *(Pflanze(nteil))* abgestorben, dürr, trocken; *(Materie)* tot, leblos, unbelebt; *min* taub; außer Gebrauch (gekommen), abgekommen, überlebt, veraltet; *(Sprache)* tot; *(Maschine)* nicht in Betrieb; unempfindlich *(to* gegen), gefühl-, kraft-, energie-, bewegungs-, reg(ungs)los, wie abgestorben, wie tot; *fam* todmüde, ausgepumpt, öde, langweilig, leblos; *(Schlaf)* tief; *(Wasser)* stehend, still; *(Feuer)* erloschen; *(Zigarre)* ausgegangen; *(Flasche)* leer; *arch* blind, Blend-, Schein-; *el* spannungslos; unfruchtbar, unproduktiv, unergiebig; unwirksam, unbrauchbar, unbenutzbar; unbenutzt, abgestellt, unverkäuflich; *(Plan)* abgelehnt, erledigt; (toten)still, einsam, öde, leer; kalt, matt, farb-, glanzlos, blind, stumpf, schal; uninteressant, reizlos; (tod)sicher, unfehlbar, unzweifelhaft; vollständig, völlig, total, absolut; unveränderlich; unverlangt; unentschieden; der bürgerlichen Ehrenrechte beraubt; **2.** *adv* (voll u.) ganz, völlig, vollständig, total; zutiefst, außerordentlich, aufs äußerste, tödlich; direkt, genau; **3.** *s* Tiefpunkt *m*; Toten-, absolute Stille *f*; *the ~* die Toten *m pl*; **4.** *in the ~ of night* mitten in der Nacht, in tiefer Nacht; *in the ~ of winter* mitten im Winter, in tiefem Winter; **5.** *~ against* genau entgegen(-gesetzt) *dat*; *~ from the neck up (Am sl)* strohdumm; *~ to rights (Am sl)* sicher; absolut; *~ on the target* genau ins Ziel; *~ to the world (fam)* tief eingeschlafen; betrunken; *~ as a*

dead-alive   244   **deafen**

doornail mausetot; ~ *and gone unwiderruflich* dahin; **6.** *to be in* ~ *earnest about s.th.* in etw keinen Spaß verstehen; *to be a* ~ *failure* (völlig) schiefgehen; ein völliger Versager sein; *to be a* ~ *man* ein Kind des Todes sein; keine Chancen haben; *to come to a* ~ *stop* plötzlich stehenbleiben; *to declare legally* ~ für tot erklären; *that has been* ~ *and buried (for) a long time* darüber ist längst Gras gewachsen; ~ *men tell no tales (prov)* ein Toter redet nicht; ~ *slow!* Schritt fahren! **~-alive** mehr tot als lebendig, halbtot; *fig* sterbenslangweilig; ~ **ball** *sport* Ball *m* außer Spiel; ~ **bargain**: *at a* ~ spottbillig; *that's a* ~~ das ist (halb) geschenkt; **~-beat** *a phys* aperiodisch; *fam (körperlich)* kaputt, erledigt, völlig erschöpft; ~ **beat** *Am sl* Nassauer, Schmarotzer; Zechpreller; *Am sl* Nichtstuer, Tagedieb *m*; ~ **broke** *a fam* völlig abgebrannt, pleite; ~ **calm** Totenstille; *mar* Windstille, Flaute *f*; ~ **capital, money** tote(s) Kapital *n*; ~ **centre** *tech* Totpunkt *m*; ~ **certain, sure** todsicher; ~ **colo(u)r** Grundierung *f*; ~ **drunk** *a* sternhagelvoll; ~**en** ['dedn] *tr* abtöten, unempfindlich machen; abstumpfen (*to* gegen); abschwächen, dämpfen; *tech* mattieren; ~ **end** *s* Endpunkt *m*, -station (*e-r Zweigbahn*); Sackgasse *f*; *fig* tote(s) Geleise *n*; ~~**end** *a* nicht weiterführend, blind, tot; *fam* Elends-; ~~ *kid* Straßenjunge, (kleiner) Rowdi *m*; ~~ *siding* tote(s) Gleis *n*; ~~ *station* Kopfbahnhof *m*; ~~ *street* Sackgasse *f*; ~**fall** Wildfalle *f*; *(Wald)* Windbruch; gestürzte(r) Baum *m*; *Am sl* Räuberhöhle *f*, Nachtlokal *n*; ~ **files** *pl* abgelegte Akten *f pl*; ~ **fire** Elmsfeuer *n*; ~ **freight** Leerfracht *f*; ~ **gold** Mattgold *n*; ~ **ground** *mil* tote(r) Winkel *m*; ~**head** Inhaber *m e-r* Freikarte *od* ~s Freifahr(t)scheins; Schwarzhörer; blinde(r) Passagier; nicht beladene(r) Wagen; Dummkopf *m*; ~ **heat** *sport* tote(s) Rennen *n* ~ **horse** etw, das man am besten vergißt; Ladenhüter *m*; ~ **hours** *f pl* Nachtstunden; *(Schule)* Hohlstunden *f pl*; ~~**house** Leichenhalle *f*; ~ **letter** tote(r) Buchstabe *m*; nicht mehr beachtete(s) Gesetz *n*; nicht zustellbare(r) Brief *m*; ~~ *office* Abteilung *f* für unbestellbare Briefe (bei e-m Postamt); ~ **level** glatte Fläche; *fig* Eintönigkeit, Monotonie *f*; ~ **lift** Kraftanstrengung; schwierige Aufgabe *f*; ~ **light** *arch* Oberlicht *n*; ~~**line** Absperr-, Grenzlinie; äußerste Grenze *f*; letzte(r) Termin; Redaktionsschluß; Stichtag *m*; ~**liness** ['-linis] Tödlichkeit *f*; ~ **load** Eigen-, Leergewicht *n*; ~ **loan** verlorene Anleihe *f*; ~**lock** völlige(r) Stillstand *m*; ausweglose Situation *od* Lage *f*; *at a* ~~ auf dem toten Punkt, festgefahren; *to come to a* ~~ sich festfahren, auf den toten Punkt gelangen; ~ **loss** völlige(r), Totalverlust *m*; ~**ly** ['-li] *a adv* tödlich; giftig; fatal, unheilvoll; Tod-, Toten-, Leichen-; bis zum Äußersten, Letzten; übermäßig, stark; *fam* unerträglich, schrecklich; *Am sl* ausgezeichnet; ~~ *nightshade (bot)* Tollkirsche *f*; ~~ *pale* leichenblaß; ~~ *sin* Todsünde *f*; ~ **man** Tote(r) *m*; **man** ['-mən] *(Zelt)* Hering; *mar el* Abspannpfahl; Verankerungspflock *m*; ~ **march** *mus* Trauermarsch *m*; ~ **marines** *pl fam* leere Flaschen *f pl*; ~ **matter** tote Materie *f*; ~**ness** ['-nis] Abgestorbenheit; Leblosigkeit; Überlebtheit; Unempfindlichkeit; Regungslosigkeit; Unwirksamkeit; Unbrauchbarkeit; Totenstille, Einsamkeit, Leere; Kälte, Mattheit, Farb-, Glanzlosigkeit; Stumpfheit, Schalheit *f*; ~~**nettle** *bot* Taubnessel *n*; ~ **pan** *s Am sl* ausdruckslose(s), nichtssagende(s) Gesicht *n*; ~~**pan** *a sl* mit e-m ausdruckslosen, nichtssagenden Gesicht; ~ **point** tote(r) Punkt *m*; ~**reckoning** *mar* Koppelkurs *m*; ~ **ringer** *Am sl* Doppelgänger *m*; *the* **D~ Sea** das Tote Meer; ~ **season** *com* Sauregurkenzeit, Flaute *f*; ~ **set** *s* heftige(r) Angriff *m*, große Anstrengung *f*; *a fam* versessen *(on* auf); ~ **stock** tote(s) Kapital *n*; *agr* landwirtschaftliche Maschinen *f pl*, tote(s) Inventar *n*; unverkäufliche Ware *f*; ~ **tired** *a* todmüde; ~ **wagon** *Am sl* Totenwagen *m*; ~ **weight** tote(s) Gewicht *n*; schwere Last *f*; Eigengewicht *n* (*e-s Fahrzeugs*); *mar* Nutzlast, Tragfähigkeit *f*; ~ **wind** *mar* Gegenwind *m*; ~**wood** trockene Äste, Zweige *m pl* *(am Baum); fig* Plunder *m*, wertlose(s) Zeug *n*; *sport* unfähige(r) Spieler *m*, Flasche *f*; *gram* überflüssige Wörter *n pl*; ~ **work** vorbereitende Arbeit *f*.

de-aerat|e ['di:'əreit] *tr* entlüften; **-ion** ['-'reiʃən] Entlüftung *f*; **-or** [di:ə'reitə] Entlüfter *m*.

deaf [def] taub *a. fig (to* für, gegen); schwerhörig; *to be ~ of (in) one ear* auf e-m Ohr taub sein; *to turn a ~ ear to* nichts hören wollen von; ~ *and dumb* taubstumm; ~ **aid** Hörapparat *m*; ~**en** ['-n] *tr* taub machen; betäuben; über-

deafening — **death-rate**

tönen, -schreien; schalldicht machen; **~ening** ['-niŋ] *a* taubmachend;(ohren-)betäubend, lärmend; schalldicht (machend); *s* schalldichte(s) Material *n*; **~-mute** Taubstumme(r) *m*; *a* taubstumm; **~ness** ['-nis] Taubheit *f a. fig (to* für, gegen).

deal [di:l] **1.** *v irr* dealt, dealt *tr (to ~ out)* aus-, verteilen; ausgeben; *(Karten)* geben; *(Schlag)* versetzen; *itr* handeln (*in* mit); kaufen (*at, with* bei); in Geschäftsverbindung, -verkehr stehen (*with* mit); in Verbindung stehen, Umgang, zu tun haben, verkehren (*with* mit); fertigwerden (*with* mit); handhaben, einrichten, in Ordnung bringen, erledigen (*with s.th.* etw); umgehen (*with* mit), behandeln (*with s.o.* jdn), sich verhalten (*by, with s.o.* gegenüber jdm); sich befassen (*with* mit); *(Buch)* handeln (*with* von), behandeln (*with s.th.* etw); *s* Handel *m*, Geschäft *n*; (Geschäfts-)Abschluß *m*, Abmachung *f*; Plan *m*, Programm *n*; Menge *f*, Teil, Betrag *m*; *Am* unsaubere(s) Geschäft *n*, Schiebung, Manipulation, *fam* krumme Tour *f*; (Karten-)Geben *n*; *a good, great ~ (of)*, *(sl) a ~* recht, sehr viel, e-e Menge; *to give s.o. a square ~ (fam)* jdn fair behandeln; *who's ~ is it?* wer ist am Geben? *he got a raw ~ (fam)* man hat ihm übel mitgespielt; **~er** ['-ə] Händler (*in* mit); Vertreter; Lieferant; Kartengeber *m*; *retail, wholesale ~* Klein-, Großhändler, Grossist *m*; *second-hand ~~* Altwarenhändler, Trödler *m*; *share ~~, ~~ in securities* Effektenhändler *m*; *~~ in furs* Pelzhändler *m*; **~ing** ['-iŋ] Verhalten(s-weise *f*), Verfahren *n*, Handlungsweise *f* (*with* gegenüber); geschäftliche(s) Verhalten *n*; Geschäft(sgebaren *n*, -verkehr *m*) *n*, Handel *m* (*in* mit); *pl* Geschäft(sabschlüss) *pl*, Transaktionen *f pl*; Beziehungen (*with* zu), Verbindungen (*with* mit) *f pl*; Umsatz *m*; *to have ~~s with s.o.* mit jdm in (Geschäfts-)Verbindung stehen; *option ~~* Prämien-, Distanzgeschäft *n*; *volume of ~~s* Geschäftsumsatz *m*; *~~-out* Verteilung *f*; **2.** (Diele *f*, Brett *n*, Planke *f* aus) Tannen-, Fichten-, Kiefernholz *n*.

dean [di:n] (*rel, Univ., College*) Dekan *m*; *pol* Doyen *m*; *fig* Haupt *n*; **~ery** ['-əri] Dekanat *n*; Stellung *f* e-s Dekans.

dear [diə] *a* teuer *a. fig*; kostspielig; lieb; *fam* reizend; *(in der Briefanrede)* liebe(r); (sehr) geehrt; *s* Liebling, Schatz *m*; *(in der Anrede) (my ~)* mein Lieber; *adv* teuer; *interj*: oh, ~! ~ me! ~, ~! ach herrje! du liebe Zeit! verwünscht! Donnerwetter! *to get ~er* sich verteuern; **~ly** ['-li] *adv* teuer; sehr; **~ness** ['-nis] hohe(r) Preis *m*; Verteuerung, Kostspieligkeit *f*; **~y, ~ie** ['-ri] *fam* Liebling *m*.

dearth [də:θ] Lebensmittelknappheit; Hungersnot *f*; Mangel *m* (*of* an).

death [deθ] Tod *m*, Hinscheiden, Sterben *n*; Todesfall *m* (*pl* nur in dieser *Bedeutung*); *fig* Ende, Aufhören *n*, Vernichtung, Zerstörung *f*, Untergang; Tod(esursache *f*); Mord *m*, Blutvergießen *n*; *at ~'s door* an der Schwelle des Todes; *in ~* im Tode; *till ~* auf Lebenszeit; *under pain, penalty of ~* bei Todesstrafe; *(on) to ~* zu Tode; (bis) auf den Tod; *(up)on ~* beim Tode, im Todesfall, bei Eintritt des Todes; *to be burnt, frozen, starved to ~* verbrennen *itr*, erfrieren, verhungern lassen; *to be in at the ~ (Jagdhund)* beim Verenden des Wildes dabeisein; *fig* das Ende erleben; *to be ~ on* schnell fertigwerden mit; glänzend verstehen; versessen sein auf; nicht riechen können; *to catch o.'s ~ of cold* sich den Tod holen; *of cold* sich auf den Tod erkälten; *to condemn to ~* zum Tode verurteilen; *to die a natural, a violent ~* e-s natürlichen, e-s gewaltsamen Todes sterben; *to do to ~* töten; *to put to ~* töten; hinrichten; *to work o.s. to ~* sich totarbeiten; *that will be my ~* das wird (noch) mein Tod sein; *he'll be the ~ of me yet* er bringt mich noch ins Grab; *the Black D~ (hist med)* der Schwarze Tod, die Pest; *declaration of ~* Todeserklärung *f*; *hour of ~* Sterbe-, Todesstunde *f*; *pale as ~* leichenblaß; *register of ~* Sterberegister *n*; *sure as ~* todsicher; *time of ~* Zeitpunkt *m* des Todes; **~ agony** Todeskampf *m*; **~-bed** Totenbett *n a. fig*; **~~ confession** Geständnis *n* auf dem Totenbett *n*; **~~ repentance** (zu) späte Reue *f*; **~~ will** letzte(r) Wille *m*; **~-bell** Totenglocke *f*; **~-benefit** Sterbegeld *n*; **~-blow** Todesstoß *m* (*to* für); **~-cell**, *(Am)* **~-house** *(Gefängnis)* Todeszelle *f*; **~-certificate** Sterbe-, Totenschein *m*; **~-chamber** Sterbezimmer *n*; *Am* Hinrichtungsraum *m*; **~-duties** *pl* Erbschaftssteuer *f*; **~-less** unsterblich, unvergänglich; **~-like** todesähnlich; **~-ly** *a adv* tödlich; verhängnisvoll, unheilvoll; **~-mask** Totenmaske *f*; **~-notice** Todesanzeige *f*; **~ penalty** Todesstrafe *f*; **~-rate** Sterblichkeit(s-

death-rattle   246   **debt**

ziffer) *f*; **~~rattle** Todesröcheln *n*; **~~ray** Todesstrahl *m*; **~~roll** Verlust-, Gefallenliste *f*; **~'s head** Totenkopf *m*; **~~ moth (ent)** Totenkopf *m*; Todes-; **~ sentence, ~ warrant** Todesurteil *n*, Hinrichtungsbefehl *m*; **~~struggle, ~throes** *pl* Todeskampf *m*; **~~trap** Todesfalle *f*; *fig* gefährliche(r) Stelle *f*, Ort *m*, Lage, *mot* Kreuzung *f*; **~~watch** *zoo* Totenuhr; Totenwache *f*.

deb [deb] *Am* = debutante.

debacle [dei'baːkl] Eisbruch, -gang *m*; *geol* Mure *f*; *fig* Umsturz, Zs.bruch, Untergang *m*.

debar [di'baː] *tr* ausschließen *(from doing s.th.* etw zu tun); versagen, verbieten *(s.o. from s.th.* jdm etw); hindern *(from doing s.th.* etw zu tun).

debark [di'baːk] *tr* ausschiffen, ausbooten; *(aus e-m Schiff)* ausladen; *itr* das Schiff verlassen, an Land gehen; landen; **~ation** [diːbaːˈkeiʃən] Ausschiffung, Ausbootung; Landung *f*.

debase [di'beis] *tr* entwerten, im Wert herabsetzen; entwürdigen, erniedrigen, herabsetzen; verringern, verschlechtern, verderben; verfälschen; **~ment** [-mənt] Entwertung, Erniedrigung, Entwürdigung; Verschlechterung; Verfälschung *f*.

debat|able [di'beitəbl] fraglich; strittig, unentschieden; **~e** [di'beit] *s* Debatte, Aussprache *bes. parl*, Diskussion; Besprechung, Erörterung, Beratung *f*; *itr* diskutieren *(with s.o. on s.th.* mit jdm über etw); zur Diskussion stehen; beraten *(on* über); *tr* debattieren, diskutieren; erörtern, besprechen; beraten, beratschlagen über; erwägen, be-, durch-, überdenken, (bei sich u. her) überlegen *(with o.s., in o.'s own mind* bei sich); *after much ~~* nach langem Hin u. Her; *to open the ~~ (parl)* die Debatte eröffnen; **~er** [-ə] Debattierer, Redner *m* (in e-r Aussprache); *to be a good ~* ein guter Diskussionsredner sein; **~ing society** Debattierklub *m*.

debauch [di'bɔːtʃ] *s* Ausschweifung *f*; ausschweifende(s) Leben *n*; *tr* verführen, -leiten, auf Abwege führen; verderben; **~ed** [-t] *a* verführt, verdorben; ausschweifend, liederlich; **~ee** [debɔː'(t)ʃiː] Wüstling, ausschweifende(r) Mensch *m*; **~ery** [di'bɔːtʃəri] Ausschweifung *f*.

debenture [di'bentʃə] Schuldschein *m*; *(~ bond, certificate)* festverzinsliche Schuldverschreibung, Obligation *f*, Pfandbrief; Zollrückschein *m*; **~ stock** Schuldverschreibungen, Obligationen *f pl*, Pfandbriefe *m pl*.

debilit|ate [di'biliteit] *tr* schwächen, entkräften, entnerven, verbrauchen, abnutzen; *to be ~ating to s.o.* für jdn entnervend sein; **~ation** [-'teiʃən] Schwächung, Entkräftung, Abnutzung *f*; **~y** [di'biliti] Schwäche *f a. fig*.

debit ['debit] *s* Debet, Soll *n*, Lastschrift *f*; Debetposten *m*; Debet-, Sollseite *f*; *tr* debitieren, belasten; ins Soll, Debet eintragen; *to ~ s.o.'s account with s.th., to ~ s.th. against* od *to s.o.'s account* jds Konto mit etw belasten; *~ and credit* Soll und Haben *n*; **~ account** Debet-, Debitorenkonto *n*; **~ balance** Debetsaldo *m*; Restschuld *f*; **~ entry** Lastschrift *f*; **~ note** Lastschriftzettel *m*; **~ side** Soll-, Debet-, Passivseite *f*; **~ voucher** Lastschriftbeleg *m*.

debonair(e) [debə'nɛə] gutmütig, umgänglich, freundlich, nett; heiter, aufgeräumt, munter, lustig.

debouch [di'bautʃ, -'buːʃ] *itr mil* hervorbrechen, ausfallen; auftauchen, in Erscheinung treten; *(Fluß)* einmünden; sich ergießen; **~é** ['debuʃe] *mil* Lücke *f*; *com* Absatzgebiet *n*, -markt *m*; **~ment** [-mənt] (Fluß-) Mündung *f*.

debris, débris ['de-, 'deibri(ː)] Trümmer *pl*, Schutt *m*; *geol* Gesteinstrümmer *pl*.

debt [det] *fin com* Schuld *f*; *in ~* verschuldet; *out of ~* schuldenfrei; *to acknowledge a ~* e-e Schuld anerkennen; *to be in ~* verschuldet sein, Schulden haben; *to be head over heels* od *up to o.'s ears in ~* bis über die Ohren in Schulden stecken; *to be in s.o.'s ~* jds Schuldner, jdm verpflichtet sein; *to be out of s.o.'s ~* jdm nichts mehr schuldig sein; *to call in, to collect, to recover a ~* e-e Schuld beitreiben, einziehen; *to contract, to incur a ~* Schulden machen; *to pay off a ~* e-e Schuld abzahlen, abtragen, tilgen; *to pay the ~ of nature* das Zeitliche segnen, sterben; *to remit a ~ to s.o.* jdm e-e Schuld erlassen; *to run into ~* Schulden machen; *to settle a ~* e-e Schuld begleichen; *action for ~* Forderungsklage *f*; *active ~* ausstehende Forderung *f*; *pl* Außenstände *m pl*; *amount of a ~* Schuldsumme *f*; *bad ~s (pl)* uneinbringliche Außenstände *pl*; *balance of ~s* Restschuld *f*; *burden of ~s* Schuldenlast *f*; *collection of ~s* Einziehung *f* von Außenständen, Inkasso *n*; *floating ~* schwebende Schuld *f*; *outstanding ~s (pl)*

debt-collecting agency

Außenstände m pl; war ~ Kriegsschuld f; ~ of gratitude, of honour Dankes-, Ehrenschuld f; **~-collecting agency** Inkassobüro n; **~-collector** Inkassobeauftragte(r) m; **~-or** ['detə] Schuldner m; Soll, Debet n; (~~ side) Sollseite, Debetseite f; principal ~~ Hauptschuldner m; ~~ account Debetkonto n; ~~ country, nation Schuldnerland n, -staat m; ~~ relief Entschuldung f; **~ service** Schuldendienst m; **~ settlement** Schuldenregelung f.

debunk ['di:'bʌŋk] tr Am fam den Nimbus rauben, den Zauber nehmen (s.o. jdm); das Geheimnis lüften (s.o. jds), entlarven; (Schleier, Geheimnis) lüften; die Binde von den Augen nehmen fig, die Illusion nehmen od zerstören (s.o. jdm).

debus [di:'bʌs] tr mot aussteigen lassen, ausladen; itr aussteigen.

debut ['deibu:, dei'bu:] Debüt n (e-r jungen Dame in der Gesellschaft); erste(s) öffentliche(s) Auftreten (e-s Künstlers); **~ant, ~ante** ['debju(:)tãŋ, -ãːnt] junge(r) Künstler(in f) m (beim ersten Auftreten); Debütantin f.

decad(e) ['dekeid, -əd, di'keid] Dekade; Zehnergruppe, -stufe f; Jahrzehnt n.

decadenc|e, -cy ['dekədəns(i), di-, de'keidəns(i)] Verfall m, Dekadenz f; **~t** ['-t] a verfallen(d); angekränkelt; entartet, dekadent; s (Kunst) Dekadente(r) m.

deca|gon ['dekəgən] math Zehneck n; **~ gram(me)** ['-græm] Dekagramm n.

decalcify [di:'kælsifai] tr entkalken.

Decalogue, the ['dekələg] der Dekalog, die Zehn Gebote n pl.

decamp [di'kæmp] itr das Lager abbrechen od verlassen; sich (auf und) davon-, sich aus dem Staube machen, das Weite suchen, ausreißen, verschwinden; **~ment** [-mənt] Abbrechen n des Lagers; (schneller) Aufbruch m.

decant [di'kænt] tr dekantieren, (vorsichtig) abgießen, abklären; umfüllen; **~er** [-ə] Karaffe f; tech Abklärgefäß n, Schlammabscheider m.

decapitat|e [di'kæpiteit] tr enthaupten, köpfen; Am fam fig absägen, -schießen; **~ion** [-'teiʃən] Enthauptung f, Am fam Entlassung f.

decarboniz|ation [di:ka:bənai'zeiʃən] chem Entkohlung f; **~e** [di:'ka:bənaiz] tr entkohlen; sl reinigen.

decartelization [di:kɑ:təlai'zeiʃən] Konzernentflechtung, Entkartellisierung f.

decasyllabic [dekəsi'læbik] a zehnsilbig; **~s** Zehnsilber m.

decathlon [də'kæθlɔn] sport Zehnkampf m.

decay [di'kei] itr sich zersetzen, verderben, verrotten, verfaulen, verwesen, verwittern; verkommen, verfallen a. fig; (Schönheit, Pflanze) verblühen, vergehen; fig nachlassen, abnehmen; (Hoffnung) schwächer werden; vergehen; tech abklingen, ausschwingen; (Zahn) Karies bekommen; s Zersetzung f, Verderb m, Verfaulen n, Verwesung f; Niedergang, Verfall m; Nachlassen n, Abnahme f; arch Baufälligkeit f; fig (Alters-)Schwäche f; phys Zerfall; Abklang m; in ~ im Verfall; to fall into ~ in Verfall geraten; tooth-~ Zahnfäule, Karies f; **~ed** [-d] a verdorben, verrottet, verfault, schlecht; hinfällig; verfallen; phys abklingend; med kariös.

decease [di'si:s] itr verscheiden, (ver)sterben; s Ableben n, Tod m; **~d** [-t] a verstorben; the ~~ der, die Verstorbene.

decedent [di'si:dənt] Am jur Verstorbene(r m) f; Erblasser m.

deceit [di'si:t] Täuschung, Irreführung f, Betrug, fam Schwindel m; **~ful** [-ful] unaufrichtig, unehrlich, hinterlistig, -hältig; irreführend; (be)trügerisch, unwahr, falsch; **~fulness** [-fulnis] Unaufrichtigkeit, Falschheit, Hinterlist; Unwahrheit f.

deceiv|able [di'si:vəbl] leicht zu täuschen(d), zu hintergehen(d), irrezuführen(d); **~e** [di'si:v] tr täuschen, irreführen, hintergehen; fam hinters Licht führen; verführen, verleiten (into zu); itr lügen; sich e-r Täuschung bedienen; to ~~ out of betrügen, bringen um; to ~~ o.s. sich etwas vormachen (in über), sich täuschen (with von); **~er** [-ə] Betrüger; Verführer m.

decelerat|e [di:'seləreit] tr verlangsamen; verzögern; (Geschwindigkeit) drosseln, (ab)bremsen; itr mot das Gas wegnehmen; sich verlangsamen, langsamer werden; **~ion** [-'reiʃən] Verzögerung, Geschwindigkeitsabnahme, Verlangsamung f; Abbremsen n.

December [di'sembə] Dezember m; in ~ im Dezember.

decency ['di:snsi] Anstand m, Schicklichkeit f, gute(s) Betragen od Benehmen n; Zurückhaltung, Bescheidenheit f; pl Anstandsformen f pl.

decenn|ary [di'senəri] s Jahrzehnt n; a u. **~ial** [-jəl] zehnjährig; alle zehn Jahre stattfindend; **~ial** s zehnte(r) Jahrestag m; **~ium** [-jəm] pl -ia [-jə] Jahrzehnt n.

decent ['di:snt] passend; anständig, schicklich, ordentlich; achtbar, geachtet; bescheiden, zurückhaltend; fam ganz nett, (ganz) ordentlich; annehm-

decentralization   **declare**

bar; *fam* recht nett, freundlich *(to zu, gegenüber)*.
decentraliz|ation [di:sentrəlai'zeifən] Dezentralisation *f*; **-e** [di:'sentrəlaiz] *tr* dezentralisieren.
decept|ion [di'sepfən] Irreführung, Täuschung, Illusion *f*; Betrug, Trick *m*; *mil* Verschleierung *f*; *to practise ~~ on s.o.* jdn irreführen; **-ive** [-iv] täuschend, trügerisch, irreführend.
decibel ['desibel] *el* Dezibel; *Phon n*.
decid|e [di'said] *tr* entscheiden *(between zwischen; for, in favour of zugunsten; against gegen)*; *itr* sich entscheiden *(a. Sache)*, sich entschließen, beschließen *(on über, für)*; **-ed** [-id] *a* bestimmt, entschieden, endgültig; unbestreitbar; klar (erkennbar), merklich, deutlich; (fest) entschlossen; **-edly** [-idli] *adv* fraglos; endgültig; entschieden; **-er** [-ə] *sport* Entscheidungsspiel *n*, -kampf *m*.
deciduous [di'sidjuəs] *bot zoo* ab-, ausfallend; jährlich die Blätter abwerfend, Laub-; *fig* kurzlebig, vorübergehend, vergänglich; **~ tree** Laubbaum *m*, **~ wood** Laubwald *m*.
decim|al ['desiməl] *aero* a Dezimal-; *s u.* **~~ fraction** Dezimalbruch *m*; *recurring* **~~** periodische Dezimalzahl *f*; **~~ point** Komma *n* (e-s Dezimalbruches); **~~ system** Dezimalsystem *n*; **-ate** ['-eit] *tr* dezimieren; die Reihen *gen* lichten; **-ation** [-'meifən] Dezimierung *f*; **-etre** ['desimi:tə] Dezimeter *m*.
decipher [di'saifə] *tr* entziffern; entschlüsseln, dechiffrieren; **-able** [-rəbl] entzifferbar, zu entziffern(d); **-er** [-rə] Entzifferer; Dechiffrierer *m*; **-ment** [-mənt] Entzifferung *f*; Entschlüsselung *f*; entschlüsselte(r) Text *m*.
decis|ion [di'siʒən] Entscheidung *f (over über)*; Entschluß; Beschluß *m*; *jur* Urteil *n*; *(Verwaltung)* Bescheid *m*; Entschlußkraft; Entschlossenheit; Bestimmtheit; Festigkeit, Unbeirrbarkeit *f*; *to appeal against a ~~* gegen ein Urteil Berufung einlegen; *to bring about a ~~* e-e Entscheidung herbeiführen; *to come to a ~~, to make a ~~, to reach a ~~* e-e Entscheidung treffen; e-n Beschluß fassen; *arbitral ~~* Schiedsspruch *m*; *provisional ~~* Vorentscheidung *f*; **-ive** [-'saisiv] entscheidend, ausschlaggebend *(for für)*; schlüssig; *(Maßnahme)* einschneidend; entschieden, entschlossen; bestimmt, fest, unbeirrbar; *~~ battle* Entscheidungsschlacht *f*; **-iveness** [-'saisivnis] Entschiedenheit, Entschlossenheit, Festigkeit *f*.

deck [dek] *s mar* Deck; Verdeck *n*; *allg* Decke *f*, Boden *m*; *Am* Stockwerk *n*; Fahrbahn; *aero* Tragfläche; *aero sl* Erde *f*, Boden *m*; *Am* Spiel *n* Karten; *Am sl* Schachtel *f (Zigaretten)*; *tr* mit e-m Deck versehen; schmücken, verzieren; *to ~ o.s. out* herausputzen *(with mit)*; *on ~* auf Deck; *fig* fam bereit, fertig; *to clear the ~s (for action)* das Schiff klar zum Gefecht machen; *fig* sich bereitmachen; **--cargo, -load** Decklagung *f*, -güter *n pl*; **--chair** Deck-, Liegestuhl *m*; **--hand** Decksmann; *theat Am sl* Bühnenarbeiter *m*; **--landing** *aero* Trägerlandung *f*; **~~ aircraft** Trägerflugzeug *n*; **--passenger** Deckpassagier *m*; **~ runway** Decklandebahn *f*.
declaim [di'kleim] *tr* auf-, hersagen, deklamieren; *itr* (daher-, drauflos)reden; loszichen *(against gegen)*, schimpfen *(against auf)*.
declamat|ion [deklə'meifən] Aufsagen *n*, Deklamation; Vortragskunst; öffentliche Rede; schwungvolle, begeisterte Rede *f*; **-ory** [di'klæmətəri] deklamatorisch; pathetisch; Vortrags-; rhetorisch, Rede-.
declar|able [di'klɛərəbl] steuer-, zollpflichtig; **-ation** [deklə'reifən] Erklärung, Feststellung, Aussage; Deklaration; Anmeldung; *jur* Klageschrift; *com* Zollinhaltserklärung *f*; *to give, to make a ~~* e-e Erklärung abgeben, sich erklären; *export, import ~~* Aus-, Einfuhrerklärung *f*; *~~ of abandonment* Verzicht(erklärung *f*) *m*; *~~ of accession* Beitritt(serklärung *f*) *m*; *~~ of approval, of consent* Zustimmungserklärung *f*; *~~ of bankruptcy* Konkurseröffnung *f*; *~~ of a dividend* Dividendenausschüttung *f*; *~~ of income* Steuererklärung *f*; *the D~~ of Independence* die Unabhängigkeitserklärung *(der USA 1776)*; *~~ of legitimation* Ehelichkeitserklärung *f*; *~~ of love* Liebeserklärung *f*; *~~ of majority* Volljährigkeitserklärung *f*; *~~ of nullity* Nichtigkeitserklärung *f*; *~~ upon oath* eidesstattliche Erklärung *od* Versicherung *f*; *~~ of the poll* Verkündigung *f* des Abstimmungsergebnisses; *~~ of value* Wertangabe *f*; *~~ of war* Kriegserklärung *f*; *~~ in writing* schriftliche Erklärung *f*; **-ative** [di'klærətiv] erklärend; *gram* Aussage-; *~~ sentence* Aussagesatz *m*; **-atory** [di'klærətəri] erklärend; *jur* Feststellungs-; *~~ action, judg(e)ment* Feststellungsklage *f*, -urteil *n*; **~e**

declared   249   **decoy**

[di'klɛə] *tr* erklären; versichern, ausdrücklich erklären, feststellen, behaupten; (öffentlich) bekanntmachen, -geben, verkündigen; ausbieten; zur Verzollung erklären, deklarieren; *(Wert)* angeben; anmelden; *itr* sich erklären, sich entscheiden *(against, for* gegen, für); *to ~ off* zurücktreten *(from* von); *I ~~!* tatsächlich! *to ~~ (o.'s) adherence* den (s-n) Beitritt erklären; *to ~~ null and void* für null u. nichtig erklären; *to ~~ a state of emergency* den Ausnahmezustand verhängen; *to ~~ a strike* e-n Streik ausrufen; *to ~~ war* den Krieg erklären *(on* dat); **~ed** [-d] *a* deklariert; **~edly** [-ridli] *adv* offen; formell.
declassify [di:'klæsifai] *tr* zur Veröffentlichung freigeben; *mil* die Geheimhaltungsstufe aufheben.
declension [di'klenʃən] Neigung *f*, Gefälle *n*; Niedergang, Verfall *m*, Verschlechterung; Abweichung *(from* von); *gram* Deklination, Beugung *f*.
declin|able [di'klainəbl] *gram* deklinierbar; **~ation** [dekli'neiʃən] Neigung *f*, Schräge; Abweichung *(von e-r Richtung, a. d. Kompaßnadel); (Kompaß)* Mißweisung; *astr* Deklination *f*; **~e** [di'klain] *itr* sich neigen, abfallen, sich senken; *(Sonne)* sinken; schwächer werden, nachlassen, abnehmen, verfallen; *(Preise)* zurückgehen, sinken, fallen; ablehnen; *tr* e-e Neigung geben *(s.th.* e-r S); ablehnen, ausschlagen *(doing, to do* zu tun); *gram* deklinieren, beugen; *s* Abhang *m*; Abnahme *f*, Absinken *n*, Abstieg; Niedergang, Verfall *m*; Verfallszeit *f*, Ende; Versagen, Nachlassen *n*, Schwinden *(der Gesundheit)*; Schwindsucht *f*; *astr* Untergang *m*; *to be on the ~* abnehmen, nachlassen, sinken; *(Preise)* fallen, zurückgehen; zur Neige gehen; *~~ of the birth-rate* Geburtenrückgang *m*; *~~ of business* Geschäftsrückgang *m*; *~~ in prices* Preisrückgang *m*, Fallen, Sinken *n* der Preise; *~~ in strength* Kräfteverfall *m*; *~~ in value* Wertminderung, Entwertung *f*.
decliv|ity [di'kliviti] Abschüssigkeit *f*; Abhang *m*; Gefälle *n*; Abdachung *f*.
declutch ['di:'klʌtʃ] *itr tech, bes. mot* auskuppeln.
decoct [di'kɔkt] *tr* (ab-, aus)kochen; **~ion** [-kʃən] (Ab-, Aus-)Kochen *n*; Absud *m*.
decode ['di:'koud] *tr* dechiffrieren, entschlüsseln; **~r** ['-ə] Dechiffrierer *m*; Dechiffriermaschine *f*; *tech* Rufumsetzer *m*.

decohe|re [dikou'hiə] *tr el* entfritten; **~rer** [-rə] Entfritter *m*; **~sion** [-'hi:ʒən] Entfrittung *f*.
decollet|age [dei'kɔltɑ:ʒ] Dekolleté *n*; Dekolletierung *f*; Kleid *n* mit tiefem Ausschnitt; **~é(e)** [dei'kɔltei] *a (Kleid)* tief ausgeschnitten; *(Frau)* mit tief ausgeschnittenem Kleid.
decolo(u)r|ize [di:'kʌlə(raiz)] *tr* entfärben; bleichen; **~ant** [-rənt] *a* Bleich-; *s* Bleichmittel *n*.
decompos|e [di:kəm'pouz] *tr* zerlegen, zergliedern, aufspalten; analysieren; *itr* sich zersetzen, zerfallen; (ver)faulen, verwesen; verwittern; **~ition** [di:kɔmpə'ziʃən] Zerlegung, Aufspaltung *f*, Abbau *m*; Zersetzung, Fäulnis, Verwesung; Verwitterung *f*; *~~ product* Zersetzungs-, Verfallprodukt *n*.
decompress ['di:kəm'pres] *tr* entspannen; **~ion** [-ʃən] Druckentlastung, Entspannung *f*; *~~ chamber* Unterdruckkammer *f*.
decontaminat|e ['di:kən'tæmineit] *tr* entgiften, entseuchen; *(Radioaktivität)* entstrahlen; **~ion** [-'neiʃən] Entseuchung, Entgiftung; Entstrahlung *f*; *~~ squad, station (mil)* Entgiftungstrupp *m*, -station *f*.
decontrol ['di:kən'troul] *tr* die Kontrolle, (Zwangs-)Bewirtschaftung, Preisüberwachung aufheben *(s.th.* e-r S); freigeben; *s* Aufhebung *f* der (Zwangs-)Bewirtschaftung *od* Preisüberwachung *od* Kontrolle; Freigabe *f*; **~led** ['-d] *a* nicht mehr bewirtschaftet.
decorat|e ['dekəreit] *tr* schmücken, (ver)zieren; dekorieren; *(Wände)* bemalen, tapezieren; *(mit e-m Orden)* auszeichnen *(with* mit); **~ion** [-'reiʃən] Ausschmückung *f*; Schmuck *m*, Verzierung; Dekoration *f*; Ehrenzeichen *n*; Auszeichnung *f*, Orden *m*; *D~~ Day* amerik. Gedenktag *(30. Mai) für die Gefallenen*; **~ive** ['dekərətiv, -eit-] dekorativ; Dekorations-, Schmuck-, Zier-; **~or** ['dekəreitə] (Dekorations-) Maler, Tapezierer, Dekorateur; *(interior ~~)* Raumgestalter, Innenarchitekt *m*.
decorous ['dekərəs] anständig, ordentlich, geschmackvoll, dezent.
decorticate [di'kɔ:tikeit] *tr* abrinden, schälen, enthülsen.
decorum [di'kɔ:rəm] *pl a.* -ra [-rə] Anstand *m*, Schicklichkeit *f*; gute(s), gesittete(s) Benehmen *n*; geschmackvolle, dezente Kleidung *f*; *pl* Höflichkeiten *f pl*.
decoy [di'kɔi, 'di:kɔi] *s* Fangstelle *f (für Vögel)*; Lockvogel *m a. fig*; *mil* Schein-

decrease anlage *f*; (~ *ship*) U-Boot-Falle *f*; *fig* Köder; Spitzel *m*; *tr itr* [di'kɔi] (sich) ködern, (ver)locken (lassen); *fig* verleiten, (ver)locken (*into* in; *out of* aus).

decrease [di:'kri:s] *itr* abnehmen, nachlassen, sich vermindern, sich verringern, zurückgehen; abflauen; *tr* (*nach u. nach*) verringern, vermindern, verkleinern, einschränken; reduzieren, herabsetzen; *s* ['di:kri:s] Abnahme, Verringerung, Verminderung *f*, Rückgang *m* (*in* an); *on the* ~ in der Abnahme begriffen, im Abnehmen; *to be decreasing* (*fig*) zurückgehen, abnehmen; *to show a* ~ e-n Rückgang aufweisen; ~ *in output* Leistungsrückgang *m*; ~ *in population* Bevölkerungsrückgang *m*; ~ *of price* Preisrückgang *m*; ~ *in value* Wertminderung *f*; ~ *in weight* Gewichtsabnahme *f*.

decree [di'kri:] *s* Erlaß *m*, Dekret *n*; Verordnung, Verfügung *f*; Gerichtsbeschluß, -entscheid; *rel* Ratschluß *m*; *tr itr* ver-, anordnen, verfügen, beschließen; gerichtlich anordnen, durch Gerichtsbeschluß verfügen; *by* ~s im, auf dem Verordnungswege; *to issue, to pass a* ~ e-e Verordnung erlassen; ~ *nisi* vorläufige(s) (Scheidungs-)Urteil *n*.

decrement ['dekrimənt] Verminderung, Verringerung, Abnahme *f*, Rückgang; Verlust *m*.

decrepit [di'krepit] altersschwach, abgelebt; (durch Krankheit) heruntergekommen, gebrechlich; verbraucht, abgenutzt; **~ude** [-ju:d] Hinfälligkeit, Gebrechlichkeit; Entkräftung, (Alters-)Schwäche *f*.

decrescent [di'kresnt] (*Mond*) abnehmend.

decretal [di'kri:təl] Verordnung *f*, Erlaß *m*; *pl rel* Dekretal(i)en *n pl*.

decry [di'krai] *tr* (offen, öffentlich) anprangern, herabsetzen; in den Schmutz ziehen, in Mißkredit, in Verruf bringen; verleumden; verurteilen.

decuple ['dekjupl] *a* zehnfach; *s* Zehnfache(s) *n*; *tr itr* verzehnfachen.

decussate [di'kaseit] *tr itr* (sich) schneiden, (sich) kreuzen; *a* [*a*. -sit] sich schneidend, sich kreuzend; kreuzweise.

dedicat|e ['dedikeit] *tr rel* weihen *a. fig*; *fig* widmen (*a. ein Buch*); zueignen, dedizieren; (*Gebäude*) einweihen; *Am* (feierlich) dem Verkehr übergeben; *Am* (feierlich) eröffnen; (*Eigentum*) der Öffentlichkeit übergeben, zur Verfügung stellen; **~ion** [-'keiʃən] Weihe, Einweihung; Hingabe (*to* an); (*Buch*) Widmung, Zueignung; *Am* Eröffnung *f*; ~~ *copy* Widmungsexemplar *n*; **~ive** ['-iv], **~ory** ['-əri, -kətəri, (*Am*) dedikə'tɔ:ri] Weih-, Einweihungs-, Widmungs-; **~or** ['-ə] (Ein-)Weihende(r); Zueigner, Widmende(r) *m*.

deduc|e [di'dju:s] *tr* ab-, herleiten (*from* von); folgern, schließen (*from* aus); **~ible** [-ibl] ableitbar.

deduct [di'dʌkt] *tr* (*Summe, Punktzahl*) abziehen, in Abzug bringen (*for* wegen); (*Betrag*) einbehalten; **~ible** [-ibl] absetzbar; abzugsfähig; **~ibility** [-i'biliti] Abzugsfähigkeit *f*; **~ing** [-iŋ] abzüglich; **~ion** [-kʃən] Abzug *m*, Kürzung; Einbehaltung *f*; einbehaltene(r) Betrag *m*; *com* Rabatt *m*; Folgerung *f*, Schluß *m*, Schlußfolgerung *f*; *after* ~~ *of* nach Abzug *gen*; *without* ~~ ungekürzt; *payroll* ~~ Gehalts-, Lohnabzug *m*, -kürzung *f*; **~ive** [-iv] zu folgern(d), sich ergebend; folgernd.

deed [di:d] *s* Tat; Heldentat, (große) Leistung *f*; Handeln, Tun *n*; (*bes.* Notariats-)Urkunde *f*, Schriftstück, Dokument *n*; Vereinbarung *f*, Vertrag *m*; *tr Am* (*Eigentum*) notariell übertragen, überschreiben; *in* ~ in Wirklichkeit; *in word and* ~ in Wort u. Tat; *to draw up a* ~ e-e Urkunde aufsetzen; ~ *of appointment* Bestallungsurkunde *f*; ~ *of consent* Beitrittserklärung *f*; ~ *of conveyance* Übertragungsurkunde *f*; ~ *of donation, of gift* Schenkungsurkunde *f*; ~ *of foundation* Stiftungsurkunde *f*; ~ *of sale* Kaufvertrag *m*; ~ *poll* einseitige Erklärung *f*.

deem [di:m] *tr* halten für, ansehen, betrachten als; beurteilen; *itr* denken (*of* von), meinen, glauben, urteilen (*o über*).

deep [di:p] *a* tief, (*Schnee a.:*) hoch; *fig* tief (*z. B. Schlaf*), stark, groß; tief(sinnig), tiefgründig; gründlich; schwierig, schwerverständlich, dunkel; tief(empfunden), innig, herzlich; *-weise*; scharfsinnig, klug, schlau, listig; (*Farbe*) tief, satt; (*Ton*) tief; *adv* tief; *s* Tiefe *f a. fig*; Abgrund *m*; *poet* Meer *n*, See *f*; *in debt*, thought tief in Schulden, Gedanken; ~ *in love* sehr verliebt; ~ *in mud* tief im Dreck, Schmutz; *in* ~ *array* tief gestaffelt; *in the* ~ *of night* tief in der Nacht; ~ *in the night* bis tief in die Nacht, bis in die tiefe Nacht; *to go off the* ~ *end* sich mitten hineinstürzen; hochgehen, aufbrausen; *to play* ~ hoch spielen; *to take a* ~ *breath* tief atmen; *still waters run* ~ (*prov*) stille Wasser sind tief; *that's too* ~ *for me* (*fam*) das geht über meinen Horizont; **~~breathing**

deep-dyed — **defence**

Atemübung f; **~-dyed** a durchgefärbt; fig vollendet; **~-en** ['-ən] tr vertiefen; dunkler machen; (Farben) verdunkeln; itr tiefer, dunkler werden; **~-felt** a tiefempfunden; **~-foundation** tech Tiefgründung f; **~-freeze** ['-fri:z] (Warenzeichen) tr tiefkühlen; s Tiefkühlschrank m; **~-fry** tr im Fett schwimmend braten; **~-laid** a (Plan) schlau, raffiniert angelegt, ausgedacht; **~-ly** ['-li] adv (zu)tief(st); sehr, stark; **~-hurt** (fig) schwer gekränkt; **~-ness** ['-nis] Tiefe f; Scharfsinn m, Schlauheit f; **~-rooted** a tief ver-, eingewurzelt; **~-sea** a Tiefsee-; Hochsee-; **~-cable** Tiefseekabel n; **~-fishing** Hochseefischerei f; **~-seated** a tief(-sitzend); fig fest verankert; **~-set** a tief, gut befestigt, verankert; (Augen) tiefliegend; **~-shelter** Tiefbunker m.

deer [diə] pl **~-** Hirsch(e pl) m (als Familie); fallow **~** Damhirsch m; red **~** Hirsch m (als Gattung), Rotwild n; small **~** Kleingetier n; Kleinkram m; **~** (Schottischer) Jagdhund m; **~-lick** Salzlecke f; **~-skin** Wildleder n; **~-stalker** pirschende(r) Jäger n; Jagdmütze f; **~-stalking** Pirsch f (auf Hochwild).

deface [di'feis] tr entstellen a. fig, verunstalten, verunzieren, verschandeln; fig verderben; unkenntlich, unleserlich machen; streichen, löschen; abstempeln, entwerten; **~-ment** [-mənt] Entstellung, Streichung, Löschung, Entwertung f.

defalcat|e ['di:fælkeit] itr unterschlagen, Gelder veruntreuen; **~-ion** [-'keiʃən] Unterschlagung, Veruntreuung f; unterschlagene(s) Geld(er pl) n.

defam|ation [defə'meiʃən, di:-] Verleumdung, üble Nachrede, Ehrabschneidung; Schmähung f; **~-atory** [di'fæmətəri] verleumderisch, ehrenrührig, beleidigend, diffamierend; Schmäh-; **~-e** [di'feim] tr verleumden, schmähen, verunglimpfen.

defatted [di:'fætid] a entfettet.

default [di'fɔ:lt] s Unterlassung, Nichteinhaltung, Nichterfüllung f; fin Verzug m, Versäumnis n; Zahlungseinstellung, Insolvenz f; Nichterscheinen, Ausbleiben n; itr s-e Verpflichtungen nicht erfüllen od nicht einhalten, s-n Verbindlichkeiten nicht nachkommen; (mit s-n Zahlungen) in Verzug kommen; die Zahlungen einstellen, zahlungsunfähig werden; vor Gericht od bei e-m Entscheidungsspiel nicht erscheinen; sport durch Nichterscheinen verlieren; tr nicht erfüllen, nicht einhalten, nicht nachkommen (s.th. e-r S); (Zahlung) nicht leisten; sport nicht erscheinen bei; durch Nichterscheinen verlieren; by **~** (jur) im Versäumnisverfahren; in **~** of mangels gen; to be in **~** in, im Verzug sein; to make **~** nicht erscheinen, ausbleiben; nicht bezahlen; judg(e)ment by **~** Versäumnisurteil n; **~** in paying Zahlungsverzug m; Nichtzahlung f; **~-er** [-ə] säumige(r) Zahler; Nichterschienene(r); Verunterreuer; mil Br Delinquent m; **~** book (mil Br) Strafbuch n.

defeat [di'fi:t] tr besiegen, schlagen; vereiteln, zum Scheitern bringen, zunichte machen; (Antrag) ablehnen; (Gläubiger) benachteiligen; jur aufheben, annullieren, für nichtig erklären; anfechten; (Hoffnung) enttäuschen; parl überstimmen; s Niederlage, Schlappe f; Unterliegen n; Mißerfolg m, Scheitern n; Vereitelung; jur Ungültigerklärung, Aufhebung f, Annullierung f; parl Überstimmen n; to be **~-ed**, to suffer, to sustain, to receive a **~** e-e Niederlage erleiden; verlieren, unterliegen; parl überstimmt werden; to **~** s.o.'s plans jds Pläne durchkreuzen; **~** at the polls Wahlniederlage f; **~-ism** [-izm] Defätismus m, Miesmacherei f; **~-ist** [-ist] Defätist, Miesmacher m.

defecat|e ['defikeit] tr klären, läutern; (Zucker) raffinieren; itr Stuhlgang haben; **~-ion** [defi'keiʃən] Reinigung, Klärung, Läuterung f; med Darmentleerung f, Stuhl m.

defect [di'fekt] s Fehler, Defekt m, Störung f (in an); schadhafte Stelle f; Mangel m (of an); Gebrechen n; itr (von e-r Partei, Sache) abfallen; constructional **~** Konstruktions-, Formfehler m; free from **~** s fehlerfrei, tadellos; mental **~** Geistesstörung f; **~-ion** [-kʃən] Versagen n; Treu-, Gewissenlosigkeit f; Abfall m (from von); **~-ive** [-iv] a fehlerhaft, schadhaft, defekt, mangelhaft; gebrechlich; unvollkommen, unvollständig a. gram; s (mental **~~**) Schwachsinnige(r) m; **~-iveness** [-ivnis] Fehlerhaftigkeit, Schadhaftigkeit f; mangelhafte(r) Zustand m; Unvollständigkeit f.

defen|ce, Am **~-se** [di'fens] Verteidigung(sanlage) f; Abwehr f; Widerstand m, Gegenwehr f; Schutz(mittel n) m; jur Verteidigung; (statement of **~~**) Klageerwiderung f; Einrede f, (Rechts-) Einwand m (to an action gegen e-e Klage); Rechtfertigung; Verteidigung, Angeklagte(r m) f u. Verteidiger m; pl Befestigungsanlagen f pl;

defenceless 252 deflate

Abwehrstellung *f; in (the)* ~~ *of* zur Verteidigung *gen; in s.o.'s* ~~ zu jds Rechtfertigung, Entlastung; *to come to s.o.'s* ~~ jdn in Schutz nehmen; *to conduct o.'s own* ~~ sich selbst (vor Gericht) vertreten; *to make a* ~~ sich verteidigen; *to speak, to say in s.o.'s* ~~ für jdn sprechen, plädieren; jdn verteidigen; *all-round* ~~ Rundumverteidigung *f; lawful, legitimate* ~~ Notwehr *f;* **~celess** [-lis] wehrschutzlos; offen; **~celessness** Schutz-, Wehrlosigkeit *f;* **~d** [di'fend] *tr* verteidigen (*against* gegen); (be-)schützen (*against, from* vor), sichern (*against* gegen); rechtfertigen; *jur* verteidigen; **~dant** [-dənt] Ange-, Beklagte(r *m*) *f;* **~der** [-də] Verteidiger *a. jur;* Beschützer *m;* **~sible** [-səbl] zu verteidigen(d), zu schützen(d); verfechtbar, vertretbar; **~sive** [-siv] *a* Defensiv-, Verteidigungs-, Schutz-; *s* Defensive, Verteidigung *f;* Abwehr *f; on the* ~~ in der Verteidigung; *to act on the* ~~ sich (nur) verteidigen; ~ *fire* Abwehrfeuer *n;* ~ *measures (pl)* Verteidigungs-, Schutzmaßnahmen *f pl;* ~ *warfare* Verteidigungs-, Defensivkrieg *m;* ~~ *weapon* Verteidigungswaffe *f.*

defer [di'fə:] **1.** *tr* auf-, hinaus-, verschieben; hinaus-, verzögern (*doing s.th.* etw zu tun); vertagen; zurückstellen (*a.* vom Wehrdienst); *jur* (Urteil) aussetzen; *itr* zögern, warten; **~ment** [-mənt] Verschiebung *f,* Aufschub *m,* Vertagung; Zurückstellung *f (a.* vom Wehrdienst); **~red** [-d] *a* aufge-, verschoben, vertagt; nicht dringlich; *fin* nach e-r bestimmten Zeit fällig werdend; gestundet; befristet; *mil* zurückgestellt; *on* ~~ *terms* auf Raten, auf Abzahlung; ~~ *payment* gestundete *od* Ratenzahlung *f;* **2.** *itr* nachgeben, sich unterwerfen (*to* dat); sich (e-r Meinung) anschließen; **~ence** ['defərəns] Nachgiebigkeit, Unterwerfung *f;* Achtung *f,* Respekt *m,* Ehrerbietung *f (to* für); *in, out of* ~~ *to* aus Achtung vor; aus Rücksicht gegen; *with all due* ~~ mit der gebührenden Hochachtung (*to* vor); *to pay, to show* ~~ *to s.o.* jdm Achtung erweisen; **~ential** [defə'renʃəl] ehrerbietig, achtungsvoll (*to* gegenüber).

defian|ce [di'faiəns] Herausforderung; (Gehorsams ver-)Weigerung *f;* Widerstand *m; in* ~~ *of* trotz, ungeachtet *gen;* entgegen *dat;* (*e-m dat* nachgestellt) zum Trotz; *to bid* ~~ *to, to set at* ~~ sich widersetzen, Widerstand leisten *dat;* (Gesetz) mißachten, verletzen; **~t** [-t] herausfordernd, trotzig, frech, dreist.

deficien|cy [di'fiʃənsi] Mangelhaftigkeit, Unvollständigkeit; Unzulänglichkeit *f,* Fehler; Mangel *m; fin u. fam* Manko *n,* Ausfall *m,* Defizit *n,* Fehlbetrag, -bestand *m;* ~~ *of blood* Blutarmut *f;* ~~-*disease* Mangelkrankheit *f;* ~~ *report* Fehlmeldung *f;* ~~ *in weight* Mindergewicht *n;* **~t** [-t] mangelhaft, ungenügend, arm (*in* an); nicht vollwertig, unvollkommen, unvollständig; *Unter-; to be* ~~ *in* Mangel haben an; *mentally* ~~ schwachsinnig.

deficit ['defisit] Defizit *n,* Fehlbetrag; Ausfall *m; to meet a* ~ e-n Fehlbetrag decken; *to show a* ~ ein Defizit, e-n Fehlbetrag aufweisen; ~ *in taxes* Steuerausfall *m,* Minderaufkommen *n* an Steuern; ~ **account** Verlustkonto *n.*

defilade [defi'leid] *tr itr mil* decken; *s [a.* 'defileid] *mil* Deckung *f* gegen Sicht; *area in* ~ nicht einzusehendes Gelände *n.*

defile [di'fail] **1.** *tr* beschmutzen, schmutzig, dreckig machen; *fig* beflecken, in den Schmutz ziehen, schänden; *rel* entweihen, profanieren; verderben; **2.** *itr* vorbeimarschieren, defilieren; *s* ['difail] Vorbeimarsch, Gänsemarsch; Engpaß *m.*

defin|able [di'fainəbl] *a* abgrenzbar; bestimmbar; definierbar; **~e** [di'fain] *tr* genau, scharf abgrenzen; näher bestimmen, festlegen, -setzen; präzisieren, klarlegen, -stellen; definieren, (genau) erklären; kennzeichnen (*as* als); *to be* ~*ed against* sich abheben von, gegen; **~ite** ['definit] *a* fest umrissen, scharf; klar, deutlich, genau, eindeutig, unmißverständlich; bestimmt, sicher, fest; *tech* unabhängig; *it's* ~~ *that* es ist sicher, daß; **~itely** ['-li] *adv fam* sicherlich, zweifellos; **~iteness** ['definitnis] Deutlichkeit; Eindeutigkeit; Bestimmtheit *f;* **~ition** [defi'niʃən] Erklärung, Definition, (Begriffs-)Bestimmung, Bezeichnung; Festlegung; genaue, scharfe Abgrenzung; *opt phot* (Bild-)Schärfe; *video* Zeilenzahl, Fernsehnorm; *radio fam* Ton-, Lautschärfe *f; by* ~~ definitionsgemäß; **~itive** [di'finitiv] *a* abgrenzend, unterscheidend; genau festgelegt; entscheidend, endgültig, definitiv; *biol* fertig, voll entwickelt; *s gram* Bestimmungswort *n.*

deflat|e [di'fleit] *tr* (die) Luft lassen aus *(e-m Ballon, Reifen);* (*bes.* Noten-

deflation   253   **degree**

umlauf) verringern, vermindern; *fig fam* am Boden zerstören *(s.o.* jdn); *itr* (die) Luft ablassen; im Wert abnehmen; **~ion** [-ʃən] *fin* Deflation *f*; **~ionary** [-ʃnəri] deflationistisch, deflatorisch; Deflations-.

deflect [di'flekt] *tr* um-, ablenken, ableiten; beugen; *itr* abweichen *(from* von); *(Zeiger)* ausschlagen; *mar (vom Kurs)* abweichen; *tech* sich verbiegen; *(Räder)* ausschlagen; **~ion, deflexion** [-'flekʃən] Abweichung; Um-, Ablenkung *f*; *phys el* (Zeiger-)Ausschlag *m*; *tech* Ab-, Durchbiegung; *(Geschoß)* Seitenabweichung *f*.

deflorat|e [di:'flɔ:rit] *bot* verblüht; **~ion** [-'reiʃən] *physiol* Defloration, Entjungferung *f*.

deflower [di:'flauə] *tr physiol* deflorieren, entjungfern; *fig* der Blüte berauben, den Reiz nehmen *(s.th.* e-r S), verderben; entehren.

defoliat|e [di:'fouliit] *tr* entblättern; **~ion** [di:fouli'eiʃən] Entblätterung *f*.

deforest [di:'fɔrest] *s. disforest*.

deform [di'fɔ:m] *tr* deformieren, aus der Fasson bringen, verformen; entstellen, verunstalten; **~ation** [di:fɔ:'meiʃən] Deformation; Entstellung; *tech* Deformierung, Formänderung, Verformung *f*; **~ed** [di'fɔ:md] *a* deformiert, aus der Fasson, verformt; entstellt, häßlich, abstoßend; **~ity** [-iti] Deformation *f*, Körperfehler *m*, Gebrechen *n*; Mißgestalt, Mißbildung; Entstellung; Häßlichkeit; Scheußlichkeit; Verderbtheit *f*.

defraud [di'frɔ:d] *tr* betrügen *(of s.th., s.th.* um etw); unterschlagen; *(Zoll, Steuer)* hinterziehen; *with intent to* ~ in betrügerischer Absicht; **~ation** [-'deiʃən] Betrug *m*; Unterschlagung; Hinterziehung *f*; **~~** *of the customs, of the revenue* Zoll-, Steuerhinterziehung *f*; **~er** [-ə] *tax* ~~ Steuerhinterzieher *m*.

defray [di'frei] *tr* bezahlen, *(Kosten)* bestreiten, tragen, decken; *to ~ s.o.'s expenses* jdn freihalten.

defrock ['di:'frɔk] *tr* den Priesterrock ausziehen *(s.o.* jdm); des Priesteramtes entkleiden.

defrost ['di:'frɔst] *tr* enteisen; ab-, auftauen; *itr* von Eis freiwerden, auftauen; **~er** ['-ə] *mot aero* Entfroster *m*, Enteisungsanlage *f*.

deft [deft] gewandt, geschickt, flink, fix; **~ness** [-nis] Gewandtheit *f*.

defunct [di'fʌŋkt] *a* verstorben; ausgestorben, erloschen; *s*: *the* ~ der, die Verstorbene.

defy [di'fai] *tr* herausfordern *(to do etw* zu tun); den Gehorsam verweigern, sich widersetzen, trotzen *(s.o.* jdm); mißachten; widerstehen, trotzen, Trotz bieten, spotten *(s.th.* e-r S).

degas(ify) [di'gæs(ifai)] *tr* entgasen; entseuchen; **~ifier** [-ifaiə] Entgaser *m*.

degauss ['di:'gaus] *tr* entmagnetisieren.

degener|acy [di'dʒenərəsi] Entartung; Verkommenheit *f*; **~ate** [-rit] *a biol* degeneriert, entartet *a. allg; allg* verkommen; *s* Entartete(r *m*); Geistesschwache(r *m*), sittlich Minderwertige(r *m*) [-reit] *itr biol* degenerieren, entarten *(into* in, zu); *allg* (herab-)sinken, verkommen; *tech* gegenkoppeln; **~ation** [diʒenə'reiʃən] *biol* Entartung, Degeneration *(a. med e-s Gewebes* od *Organs)*; *tech* Gegenkopplung *f*.

degrad|ation [degrə'deiʃən] Degradierung, Absetzung *f*, Rangverlust *m*; Erniedrigung; Herabwürdigung, Verächtlichmachung, Entehrung; *geol* Abtragung; *biol* Entartung *f*; **~e** [di'greid] *tr* degradieren, absetzen; abbauen; *fig* erniedrigen; (sittlich) verderben; herabwürdigen, verächtlich machen, entehren; *(im Wert, im Preis, in der Qualität)* herabsetzen; niedriger einstufen; *geol* abtragen; *itr* auf e-e niedrigere Stufe zurückfallen; entarten; **~ed** [di'greidid] *a* erniedrigt, verdorben; entehrt; **~ing** [di'greidiŋ] herabwürdigend, entehrend.

degreas|e [di'gri:s] *tr* entfetten, -ölen; **~ing** [-iŋ] Entfettung, Entölung *f*.

degree [di'gri:] *math phys* Grad *m a. allg; allg* Stufe *f*; (Aus-)Maß *n*; Stand, Rang *m*, (soziale) Stellung; Ordnung, Klasse *f*; *(~ of consanguinity, of relationship)* Verwandtschaftsgrad; (akademischer) Grad *m*, Würde; *gram* Steigerungsform *f*; *math* (Winkel-)Grad *m*; *mus* Tonstufe *f*, Intervall *n*; *by* ~s stufenweise, Schritt für Schritt, nach und nach, allmählich; *in* ~ einigermaßen; *in its* ~ in s-r, auf s-e Art, Weise; *to a* ~ *(fam)* außerordentlich, in hohem Maße; *to a certain* ~ bis zu e-m gewissen Grade; *to a high, to a very large, to the last* ~ in hohem Maße, besonders, außerordentlich; *to some* ~ gewissermaßen; *to such a* ~ in solchem Maße, dermaßen; *to drop five* ~s um fünf Grad fallen; *to stand at ten* ~s auf zehn Grad stehen; *to take o.'s* ~ promovieren *itr, fam* s-n Magister, Doktor machen; *murder in the first, second* ~ Mord; Totschlag *m*; ~ *of classification* Geheimhaltungsgrad *m*; ~ *of development* Entwicklungs-

degree mark — **deliberation**

stufe *f*; ~ *of heat* Hitzegrad *m*; ~ *of latitude, longitude* Breiten-, Längengrad *m*; ~ *of priority* Dringlichkeitsstufe *f*; ~ *of saturation* Sättigungsgrad *m*; ~ **mark** Gradstrich *m*.

degress|ion [di'greʃən] Abnahme *f*, Geringerwerden, Nachlassen *n*; *fin Am* Degression, gestufte Steuerermäßigung *f*; **~ive** [-'gresiv] *(Steuer)* degressiv.

dehisce [di'his] *itr bot (Samenkapsel)* aufspringen; *med* platzen; **~nce** [-əns] Platzen; Aufspringen *n*.

dehumanize [di:'hju:mənaiz] *tr* entmenschlichen.

dehumidify [di:hju:'midifai] *tr* lüften; entfeuchten, trocknen lassen.

dehydrat|e [di:'haidreit] *tr* dehydrieren, das Wasser entziehen (*s.th.* e-r S), entwässern; trocknen; **~ed** [-id] *a* getrocknet; ~~ *eggs (pl)* Eipulver *n*; ~~ *potatoes (pl)* Trockenkartoffel *f pl*; ~~ *vegetables (pl)* Trocken-, Dörrgemüse *n*; **~ion** [-'dreiʃən] Dehydrierung, Entwässerung *f*; Trocknen *n*.

deice, de-ice [di:'ais] *tr aero* enteisen; **~r** [-ə] Enteisungsanlage *f*, Enteiser *m*.

deif|ication [di:ifi'keiʃən] Vergötterung; göttliche Verehrung *f*; **~y** ['di:ifai] *tr* zum Gott erheben; göttliche Verehrung erweisen (*s.o.* jdm); vergöttern *a. fig*, verehren, anbeten.

deign [dein] *tr* sich herablassen zu; *itr* geruhen (*to do* zu tun); sich herablassen (*to* zu).

deioniz|ation [di:aiənai'zeiʃən] *phys* Entionisierung *f*; **~e** [di:'aiənaiz] *tr* entionisieren.

dei|sm ['di:izəm] *hist philos* Deismus, Vernunftglaube *m*; **~st** ['di:ist] Deist *m*; **~stic(al)** [di:'istik(əl)] deistisch, vernunftgläubig; **~ty** ['-iti] Gottheit *f*; *the D*~~ die Gottheit, Gott *m*.

dejam ['di:dʒæm] *tr tele* entstören.

deject|ed [di'dʒektid] *a* bedrückt, niedergeschlagen; mut-, hoffnungslos; **~ion** [-ʃən] Bedrücktheit, Niedergeschlagenheit; Mut-, Hoffnungslosigkeit *f*; *physiol* Stuhlgang *m*.

dekko ['dekou] *sl* Blick *m*.

delat|e [di'leit] *tr* denunzieren; publik machen; **~ion** [-ʃən] Denunziation *f*.

delay [di'lei] *tr* ver-, hinauszögern (*doing s.th.* etw zu tun); auf-, verhinausschieben; verschleppen; auf-, hin-, zurückhalten; *(Zahlung)* stunden; *itr* zögern, zaudern; Zeit verlieren *od* vertrödeln; *to be* ~*ed* sich verzögern, sich verspäten; aufgehalten werden (*on the way* unterwegs); *s* Verzögerung, Verspätung, Verschleppung *f*; Verzug, Aufschub Zeitverlust *m*; Frist, Stundung *f*; *without (any)* ~ ohne (jeden) Aufschub, sofort, unverzüglich; *to admit, to permit of no* ~ keinen Aufschub dulden; *to grant a* ~ e-e Frist bewilligen; Stundung gewähren; *don't* ~ *!* verliere keine Zeit! nicht aufhalten! ~ *of payment* Zahlungsaufschub *m*; ~ *of proceedings* Prozeßverschleppung *f*; **~ed** [-d]: ~~ *action fuse* Verzögerungs-, Zeitzünder *m*; *el* träge Sicherung *f*; **~ing** [-iŋ] hinhaltend; ~~ *tactics* Verzögerungstaktik *f*.

dele [di:li(:)] *tr typ* tilgen, streichen; *meist Imperativ*: zu tilgen! *s* Deleatur *n*.

delect|able [di'lektəbl] *Br meist iro* ergötzlich, erfreulich; *Am* reizend, entzückend; **~ation** [di:lek'teiʃən] Vergnügen *n*, Belustigung, Unterhaltung *f*.

delega|cy ['deligəsi] Abordnung *f*; **~te** ['deligeit] *tr* bevoll-, ermächtigen; abordnen, delegieren; als Abgeordneten, Delegierten, Vertreter (ent)senden *od* schicken; *(Vollmacht)* erteilen; *(Befugnisse)* übertragen (*to s.o.* jdm); *s* ['deligit] Abgeordnete(r) *Am a. pol*, Bevollmächtigte(r), Delegierte(r), Vertreter *m*; ~~ *conference* Delegiertenversammlung *f*; **~tion** [-'geiʃən] Abordnung, Delegation, Vertretung, Übertragung *f (von Vollmachten, Rechten)*; *(Am)* die Abgeordneten (*e-s Staates im Kongreß*).

delet|e [di'li:t] *tr* ausradieren, (aus-)streichen; *typ* tilgen; löschen; **~erious** [deli'tiəriəs] schädlich, ungesund; nachteilig; **~ion** [di'li:ʃən] Streichung, Tilgung *f*.

delf(t), delftware ['delf(t)wɛə] Delfter Fayence *f*, Delft *n*.

deliberat|e [di'libəreit] *itr* be-, nachdenken, mit sich zu Rate gehen; berat(schlag)en (*upon* über); *tr* (sich) (genau) überlegen, bedenken, erwägen, sich durch den Kopf gehen lassen; *a* [di'libərit] bedächtig, besonnen, behutsam, vorsichtig; (wohl-)überlegt, beabsichtigt, bewußt, absichtlich; planmäßig; *jur* vorsätzlich; ~~ *action* mit Vorsatz begangene Tat *f*; **~ely** [-ritli] *adv* mit Überlegung, mit (Vor-)Bedacht; mit Vorsatz, vorsätzlich; mit Absicht, absichtlich; **~eness** [-ritnis] Bedächtigkeit, Besonnenheit; Absichtlichkeit *f*; **~ion** [dilibə'reiʃən] Überlegung, Erwägung; Beratung; Bedächtigkeit, Besonnenheit, Behutsamkeit, Vorsicht *f*; *pl* Verhandlungen *f pl*; *after due* ~~ nach reif-

deliberative 255 **delivery**

licher Überlegung; **~ive** [di'libəreitiv, -ətiv] beratend; (wohl)überlegt; *~~ assembly (parl)* beratende Versammlung *f*.

delica|cy ['delikəsi] Feinheit, Zartheit, Zerbrechlichkeit; Empfindlichkeit, Anfälligkeit; Schwächlichkeit, Gebrechlichkeit *f*; *(~~ of feeling)* Zart-, Feingefühl; feine(s) Empfinden, Fingerspitzengefühl *n*, Takt *m*; Empfindsamkeit *f*; Leckerbissen *m*, Delikatesse *f*; *of great ~~* heikel, schwierig; *~~ of hearing* feine(s) Gehör *n*; **~te** ['delikit] schmackhaft, köstlich, delikat, lecker; fein, zart; weich, sanft, mild; empfindlich, schwach, schwächlich, anfällig, gebrechlich; *(Situation)* heikel, schwierig; *(Instrument)* empfindlich; feinfühlig, zartfühlend, -besaitet, empfindsam; behutsam, taktvoll, geschickt; sich leicht ekelnd; lecker; **~tessen** [delikə'tesn] *pl* Delikatessen(geschäft *n*) *f pl*; *sing* Feinkosthaus *n*.

delicious [di'liʃəs] köstlich, herrlich, prachtvoll, wunderbar, ausgezeichnet, schmackhaft, delikat; **~ness** [-nis] Köstlichkeit; Schmackhaftigkeit *f*.

delict ['di:likt, di'likt] *jur* Vergehen, Delikt *n*.

delight [di'lait] *tr* erfreuen, entzücken; *itr* Freude, Spaß machen; sich erfreuen, s-e Freude, s-n Spaß haben *(in* an); *s* (große) Freude *f*, Vergnügen, Entzücken *n*, Lust, Wonne *f*; *to the ~ of* zur (großen) Freude *gen*; *to take ~* Freude, Spaß haben *(in doing s.th.* etw zu tun); **~ed** [-id] *a* (hoch)erfreut, sehr froh *(with,* at über), entzückt *(with, at* von); *I shall be ~ed* mit größtem Vergnügen; **~ful** [-ful] (hoch)erfreulich, (sehr) angenehm; köstlich, entzückend, reizend, bezaubernd.

delimit|(ate) [di(:)'limit(eit)] *tr* abgrenzen; die Grenzen *gen* festlegen; **~ation** [dilimi'teiʃən] Abgrenzung *f*, Grenzlinie *f*, Grenzen *f pl*.

delineate [di'linieit] *tr* zeichnen, skizzieren, entwerfen, umreißen; *(mit Worten)* schildern, beschreiben; darstellen, wiedergeben; **~ion** [-'eiʃən] Zeichnung, Skizze *f*, Entwurf *m*; Schilderung, Beschreibung *f*.

delinquen|cy [di'liŋkwənsi] Pflichtvergessenheit; Unterlassung, (Ver-)Säumnis *f (n)*; Fehler *m*, Schuld *f*, Vergehen *n*; *(juvenile ~~)* (Jugend-)Kriminalität *f*; *~ report* Tatbericht *m*; **~t** [-kwənt] *a* pflichtvergessen; säumig; schuldig; *(Steuern)* rückständig; *s* (bes. jugendlicher) Straffällige(r), Missetäter, Verbrecher, Delinquent *m*.

deliquesc|e [deli'kwes, di:-] *itr* (zer-)schmelzen; sich aufspalten, sich verzweigen; *chem* flüssig werden, sich verflüssigen; **~ence** [-əns] Flüssigwerden *n*, Verflüssigung *f*; **~ent** [-ənt] schmelzend, zerfließend; hygroskopisch; *bot* sich verzweigend.

deliri|ous [di'liriəs] im Delirium, geistesabwesend, phantasierend, im Wahn; außer sich *(with* vor); **~ium** [-iəm] Delirium *n*, (Fieber-, Säufer-)Wahn; (Freude-, Begeisterungs-)Taumel *m*, Verzückung *f*; *~~ tremens* [-'tri:menz] Säuferwahn *m*.

deliver [di'livə] *tr* befreien, frei machen; (er)retten, erlösen *(from* von); (ab-, aus)liefern, ab-, übergeben, -reichen, aushändigen *(to* dat); *com* schicken, liefern; *(Post)* verteilen, austragen, zustellen; *(Nachricht)* übermitteln, -bringen; *(Rede, Vortrag)* halten *(to* vor); vortragen; *(to ~ o.s. of)* äußern, ausdrücken, von sich geben; *(Schlag)* austeilen, *(Schlacht)* liefern; *(Ball)* werfen; *(Urteil)* fällen, verkünden; *(Gutachten)* abgeben, erstatten; *(Besitz)* aufgeben; (von sich, her)geben, ausstoßen, e-e Leistung haben von; *Am pol fam* beeinflussen; Geburtshilfe leisten bei *(e-m Kinde); to be ~ed of (Frau)* entbunden werden von *(e-m Kinde); to ~ over* übertragen, abtreten; überantworten; *to ~ up* heraus-, über-, zurückgeben; *to ~ o.s. up* sich ergeben, sich stellen; **~able** [-rəbl] zu liefern(d), abzuliefern(d); lieferbar; **~ance** [-rəns] Befreiung, Freilassung, (Er-)Rettung *(from* von, aus); Äußerung, Aussage, Feststellung *f*; *jur* verkündete(s) Urteil *n*; **~ed** [-d]: *when ~~* bei Lieferung; *~~ free of charge* Lieferung kostenfrei; *~~ free at the station* Lieferung frei Bahnhof; **~er** [-rə] Befreier, Retter; Überbringer; Verteiler *m*; **~ing** [-riŋ] Ablieferung, Aushändigung, Zustellung *f*; *~~ area* Zustellbezirk *m*; *~~ office* Zustellpostamt *n*; *~~ station* Bestimmungsbahnhof *m*; **~y** [-ri] *physiol* Entbindung; (Ab-, Aus-)Lieferung, Übergabe, Überreichung, Aushändigung, Überbringung, Verteilung, Zustellung; *(Abschrift)* Ausfertigung; Aus-, Herausgabe, Errettung, Befreiung; Äußerung, Aussage *f*; Vortrag(sweise *f*) *(a. e-s Sängers, Schauspielers); Schlag*; Wurf *m (e-s Balles); jur* Übertragung; *(Urteil)* Verkündung *f*; *tech* Ausstoß *m*, Zuleitung *f*; *for immediate ~~* sofort, kurzfristig lieferbar; *ready for ~~* lieferbereit; auf Abruf; *on ~~*

dell bei Lieferung; *to refuse ~~* die Herausgabe verweigern; *to refuse to take ~~* die Annahme verweigern; *advice of ~~* Rückschein, Lieferavis *m*; *cash on ~~* gegen Nachnahme; zahlbar bei Empfang; *date, day of ~~* Liefertag *m*; *free ~~* Zustellung *f* frei Haus; *General D~~ (Am)* postlagernd; *non-~~* Unzustellbarkeit *f*; *notice of ~~* Empfangsschein *m*; *parcel(s) ~~, parcel-post ~~* Paketzustellung *f*; *place of ~~* Liefer-, Erfüllungsort *m*; *port of ~~* Bestimmungshafen *m*; *postal ~~* Postzustellung *f*; *special ~~* Zustellung *f* durch Eilboten; *by special ~~* durch Eilboten; *term of ~~* Lieferzeit, -frist *f*; *pl* Lieferbedingungen *f pl*; *~~ area* Liefer-, Zustellbezirk *m*; *~~ charge, fee* Zustellgebühr *f*; *~~ note, ticket* Lieferschein, -zettel *m*; *~~ office* Ausgabestelle *f*; Zustellpostamt *n*; *~~ order* Lieferauftrag; Lieferschein *m*; *~~ pipe* Zuleitung *f*; *~~ room* Kreißsaal *m*; *~~ service* Zustelldienst *m*; *~~ sheet* Empfangs-, Rückschein *m*; *~~ of telegrams* Telegrammzustellung *f*; *~~-truck, van* Lieferwagen *m*.

dell [del] enge(s) (Wald-)Tal *n*, (baumbestandene) Schlucht *f*.

delous|e ['di:'lauz, -s] *tr* entlausen; **-ing** [-iŋ] Entlausung *f*; *~~ centre, station* Entlausungsanstalt *f*.

delphinium [del'finiəm] *bot* Rittersporn *m*.

delt|a ['delta] (Fluß-)Delta *n*; *~~-connection (el)* Dreieck-, Sternschaltung *f*; *~~-wing aeroplane* Deltaflugzeug, fliegende(s) Dreieck *n*; **-oid** ['deltoid] *a* dreieckig; *s u. ~~ muscle* Deltamuskel *m*.

delude [di'lu:d] *tr* täuschen, irreführen; verleiten (*into* zu); *to ~ o.s.* sich selbst etwas vormachen (*regarding* über).

deluge ['delju:dʒ] *s* Überschwemmung, (große) Flut *f*; heftige(r) Regen; *fig (Wort-)*Schwall *m*; große Menge, Flut *f (von Briefen)*; Strom *m (von Besuchern)*; *the D~* die Sintflut; *tr* überfluten, überschwemmen (*with* mit) *a. fig*; *fig* überwältigen.

delus|ion [di'l(j)u:ʒən] Täuschung, Irreführung; Verblendung, Selbsttäuschung *f*; *psychol med* Wahn *m*; *~~ of grandeur* Größenwahn *m*; **-ive** [-siv] täuschend, irreführend.

delve [delv] *tr obs dial* (um)graben; *itr* sich vertiefen (*into* in), er-, durchforschen, untersuchen (*into s.th.* etw).

demagnetiz|ation ['di:mægnitai'zeiʃən] Entmagnetisierung *f*; **-e** ['di:'mægnitaiz] *tr* entmagnetisieren.

demagog|ic(al) [demə'gɔgik(əl), -dʒik-] demagogisch, aufwieglerisch, hetzerisch; Hetz-; **-(ue)** ['demagɔg] Demagoge, Aufwiegler, Hetzer, Volksverführer *m*; **-y** ['demagɔgi, -dʒi] Demagogie, Volksverhetzung *f*.

demand [di'ma:nd] *tr (Person)* fordern, verlangen, beanspruchen; ersuchen um; auffordern; fragen nach; *(Sache)* erfordern, erforderlich machen, bedürfen *gen*, nötig haben, benötigen; anfordern, verlangen, beanspruchen; *s* (An-)Forderung *f*; Verlangen *n*, Anspruch *m* (*on, upon* auf); Begehren *n*; Inanspruchnahme *f* (*on s.th.* gen); Ersuchen *n*, Antrag; *com* Bedarf *m* (*for* an), Nachfrage *f* (*for* nach); Absatz; *jur* Rechtsanspruch *m*, Forderung *f*; Erfordernis *n*; *tech* Leistungsbedarf *m*; *on ~* auf Verlangen; bei Vorzeigung, bei Sicht; *to be in poor ~* nicht gefragt sein; *to make ~s* Ansprüche stellen; *to meet, to supply the ~* den Bedarf decken *od* befriedigen; *he's in great ~* man reißt sich um ihn; *ever increasing ~* -e (sich) steige(r)nde Nachfrage *f*; *~ for capital* Kapitalbedarf *m*; *~ for exemption, for extension, for extradition* Befreiungs-, Verlängerungs-, Auslieferungsantrag *m*; *~ for payment* Zahlungsaufforderung *f*; *(the law of) supply and ~* (das Gesetz von) Angebot u. Nachfrage; *~ bill, draft fin* Sichtwechsel *m*; *~ deposit* Sichteinlage *f*; *~ note Am* Sichtwechsel; *Br* Steuerbescheid *m*.

demarcat|e ['di:ma:keit] *tr* abgrenzen (*from* von, gegen); die Grenzen *gen* abstecken *od* ziehen; **-ion** [-'keiʃən] Abgrenzung, Grenzziehung; *(line of ~~)* Demarkations-, Grenzlinie, Grenze; (Ab-)Trennung *f*.

demean [di'mi:n] **1.** *tr* erniedrigen, demütigen; *to ~ o.s.* sich herabwürdigen, sich erniedrigen *(to do, by doing* zu tun); **2.** *to ~ o.s.* sich benehmen, sich betragen, sich aufführen; **-o(u)r** [-ə] Benehmen, Betragen, Verhalten, Auftreten *n*; Haltung *f*.

dement|ed [di'mentid] *a* wahnsinnig, irr(e), geisteskrank; *fam* ganz durcheinander, völlig fertig; **-ia** [-'menʃ(i)ə] Schwach-, Blödsinn *m*; Geistesschwäche *f*.

demerit [di:'merit] Fehler *m*; Unwürdigkeit *f*; Versehen *n*, Schuld; *(Schule)* schlechte Zensur *f*.

demesne [di-, də'mein, -mi:n] (selbstbewirtschaftetes) (Erb-)Gut, Grundeigentum *n*; Herrensitz *m*; Domäne *f*; *fig* Bereich *m od n*, Gebiet *n*.

demi ['demi] *pref* Halb-, halb; **~god** ['-gɔd] Halbgott *m*; **~john** ['-dʒɔn] Korbflasche *f*, Ballon *m*.

demilitariz|ation ['di:militərai'zeiʃən] Entmilitarisierung *f*; **-e** ['di:'militəraiz] *tr* entmilitarisieren.

demis|able [di'maizəbl] übertragbar, zu verpachten(d); **~e** [di'maiz] *s* Übertragung, Übergabe *f* (*e-s Gutes*); Thron-, Regierungswechsel; Tod *m*, Ableben *n*; *tr* (*Gut*) übertragen; vermachen; hinterlassen; verpachten; (*Gut, Regierung*) übergeben.

demission [di'miʃən] Abdankung *f*, Rücktritt *m*, Demission *f*.

demist [di:'mist] *tr mot* klar halten (*der Windschutzscheibe*); **-er** [-ə] Klartuch *n*.

demitasse['demita:s]*Am* Mokkatasse*f*.

demobiliz|ation ['di:moubilai'zeiʃən] Demobilmachung, Demobilisierung; Auflösung *f* (*e-r Einheit*); **~~ centre** Entlassungsstelle *f*; **-e** [di:'moubilaiz], *Br sl* **demob** ['di:mɔb] *tr* (*Truppen, Soldaten*) entlassen; (*Wehrmacht*) demobilisieren, auflösen.

democra|cy [di'mɔkrəsi] Demokratie *f*; demokratisches Verhalten *n*; *the D-~* (*Am*) die Demokratische Partei; **-t** ['deməkræt] Demokrat *m*; *D-~* (*Am*) (Mitglied *n* der) Demokrat(ischen Partei) *m*; **-tic(al)** [demə'krætik(əl)] demokratisch; **-tization** [diməkrətai'zeiʃən] Demokratisierung *f*; **-tize** [di'mɔkrətaiz] *tr* demokratisieren.

demodulate ['di:'mɔdjuleit] *tr tech* entmodulieren, rückmodeln.

demographer [di:'mɔgrəfə] Bevölkerungsstatistiker, Demograph *m*; **-ic** [demə'græfik] demographisch; **~y** [di:'mɔgrəfi] Bevölkerungsstatistik, Demographie *f*.

demol|ish [di'mɔliʃ] *tr* (*Gebäude*) abbrechen, abtragen, ab-, ein-, niederreißen; abbauen; demolieren, zertrümmern, zerstören; sprengen; **-ition** [demə'liʃən] Abbruch *m*, Abbrechen, Niederreißen *n*; Zerstörung *f*; zerstörte(s) Haus *n*; **~~ bomb** Sprengbombe *f*; **~~ chamber** Sprengkammer *f*; **~~ detail** Sprengkommando *n*.

demon, daemon ['di:mən] Dämon; (böser) Geist; Teufel *m*; **-iac(al)** [di'mouniæk, di:mə'naiəkəl] *a* dämonisch, teuflisch; rasend, von Sinnen; (von e-m bösen Geist) besessen; *s* Besessene(r *m*) *f*; **-ic** [di(:)'mɔnik] dämonisch; besessen; begeistert; **-ism** ['di:mənizm] Dämonen-, Geisterglaube *m*.

demonstr|able [di'mɔnstrəbl, 'demən-] be-, nachweisbar; **-ably** [di'mɔnstrəbli] *adv* nachweislich; **-ate** ['demənstreit] *tr* be-, nachweisen; dartun, -legen, aufzeigen; erklären, klar-, verständlich machen; vorführen, demonstrieren; offenzeigen, an den Tag legen, kundtun; *itr pol* demonstrieren, e-e Kundgebung veranstalten; **-ation** [demɔns'treiʃən] Beweis(führung *f*) *m* (*of* gen, für); Darlegung *f*; Erklärung; Vorführung *f* (*to* vor); Zeigen *n*; *pol* Kundgebung, Demonstration; (Militär-)Parade *f*; *mil* Täuschungsmanöver, Scheinunternehmen *n*, -angriff *m*; **~~ car** Vorführwagen *m*; **-ative**[di'mɔnstrətiv] *a* beweiskräftig; (*Beweis*) überzeugend, schlagend; ausdrucksvoll; (*Mensch*) offen; offenherzig, überschwenglich; *gram* Demonstrativ-; *s* (**~~ pronoun**) Demonstrativpronomen, hinweisende(s) Fürwort *n*; **~~ geometry** darstellende Geometrie *f*; **-ativeness** [di'mɔnstrətivnis] Beweis-, Ausdruckskraft; Überschwenglichkeit *f*; **-ator** ['demənstreitə] Erklärer; *com* Vorführer(in *f*); *chem* wissenschaftliche(r) Assistent; *med* Prosektor; *pol* Demonstrant *m*.

demoraliz|ation [dimɔrəlai'zeiʃən, -li-] Sittenverderbnis; schlechte, gedrückte Stimmung *f*; **-e** [di'mɔrəlaiz] *tr* (sittlich) verderben; demoralisieren, zermürben; die Kampfmoral untergraben (*an army* e-s Heeres); entmutigen; verwirren, durcheabringen.

demot|e [di:'mout] *tr* degradieren (*to* zu); (*Schule*) zurückversetzen; **-ion** [-ʃən] Degradierung; Zurückversetzung *f*.

demount [di:'maunt] *tr* zerlegen, abnehmen, ausbauen; **-able** [-əbl] zerlegbar, abnehmbar, ausbaubar.

demur [di'mə:] *itr* zögern, zaudern, schwanken, unschlüssig sein; Bedenken tragen (*at* gegen); Einwände machen *od* erheben (*at, to* gegen); *s* Zögern *n*, Unschlüssigkeit *f*; Zweifel *m*, Bedenken *n pl*; Einwand *m*, Einwendung *f*, Widerspruch *m* (*at* gegen).

demure [di'mjuə] ruhig, bescheiden, gesetzt, ernst, nüchtern; *pej* spröde, geziert, zimperlich; **-ness** [-nis] Bescheidenheit, Gesetztheit; Geziertheit *f*.

demurr|age [di'mʌridʒ] *fin* Überliegezeit *f*, -geld *n*; **-er** [-ə] *jur* Einwand *m* (*to* gegen).

demy [di'mai] Papierformat *n* 15½ × 20 (*als Schreibpapier*) *od* 18 × 23 Zoll (*als Druckpapier*); Stipendiat *m* des Magdalen College in Oxford.

den [den] *s* Höhle *f*, Bau *m* (*e-s wilden Tieres*); Käfig *m*; (Räuber-)Höhle *f*; Loch *n*; *fam* Bude *f*.

denationalize [di:'næʃnəlaiz] *tr* wieder ausbürgern, die Staatsangehörigkeit aberkennen (*s.o.* jdm); die Verstaatlichung rückgängig machen (*an industry* e-r Industrie), reprivatisieren.

denature [di:'neitʃə] *tr chem* denaturieren; *(Spiritus)* ungenießbar machen, vergällen.

dendr|iform ['dendrifɔ:m]baumförmig; **~ology** [den'drɔlədʒi] Baumkunde *f*.

deni|able [di'naiəbl] zu leugnen(d), bestreitbar; **~al** [-əl] (Ab-)Leugnung, Bestreitung; Verneinung *f*; Dementi *n*; Absage, Ablehnung, Verweigerung *f*; *to give an official ~~* dementieren (*to s.th.* etw); in Abrede stellen; *~~ of justice* Rechtsverweigerung *f*.

denigrat|e ['denigreit] *tr* schwarz machen; *fig* anschwärzen, verunglimpfen, verleumden, diffamieren; **~ion** [-'greiʃən] Schwarzmachen *n*; Verunglimpfung *f*, Anschwärzen *n*, Verleumdung *f*.

denim ['denim] Zwil(li)ch, Drell *m*.

denizen['denizn]sBewohner *m.a.zoo bot.*

denominat|e [di'nɔmineit] *tr* (be)nennen, e-n Namen geben (*s.th.* e-r S), bezeichnen; **~ion** [dinɔmi'neiʃən] Benennung, Bezeichnung *f*, Name *m*; Klasse, Kategorie; Konfession *f*, Bekenntnis *n*, Kirche, Sekte *f*; *math* Nenner *n*; (Maß-)Einheit *f*; *(Banknote)* Nennwert *m*; *to reduce to the same ~~* (*math*) auf e-n Nenner bringen; **~ional** [dinɔmi'neiʃnl] konfessionell; Konfessions-; Kirchen-, Sekten-; **~~ school** Konfessionsschule *f*; **~or** [-ə] *math* Nenner *m*; *common ~~* Hauptnenner *m*.

denotat|ion [di:no(u)'teiʃən] Bezeichnung *f*, (Kenn-)Zeichen *n*;Bedeutung *f*; Begriffsumfang *m*; **~ative** [di'noutətiv] bezeichnend; kennzeichnend; **~e** [di'nout] *tr* be-, kennzeichnen, benennen, bedeuten; (an)zeigen.

denounce [di'nauns] *tr* heftig kritisieren, öffentlich brandmarken; *jur* anzeigen, melden, denunzieren (*to* bei); *(Vertrag, Abkommen)* kündigen; **~ment** [-mənt] Anzeige, Meldung; öffentliche Anklage; Denunziation *f*.

dens|e [dens] dicht, eng(gepreßt), dick, fest, undurchdringlich; *phot* gut belichtet; *fig* schwerfällig, schwer von Begriff (*about* in); **~eness** ['-nis] Dichte, Undurchdringlichkeit; *fig* Beschränktheit *f*; **~imeter** ['-imi:tə] Dichtemesser *m*; **~ity**['-iti] Dichte *f*; *(Fahrzeugkolonne)* Abstand *m*; *fig* Dummheit *f*; *phys* spezifisches Gewicht *n*; Porenfreiheit; *el* Stromdichte *f*; *~~ of population* Bevölkerungsdichte *f*; *~~ of traffic* Verkehrsdichte *f*.

dent [dent] **1.** *s* Kerbe, Beule, Delle *f*; Einschnitt *m*; Vertiefung, Einbuchtung; hohle Stelle *f*, Loch *n*; *tr* einkerben, -drücken, -beulen; zer-, verbeulen, zacken; *itr* sich vertiefen, eingedrückt werden; *to make a ~* e-e Beule machen (*in* in); **2.** *tech* Zahn, Zacken *m*; **~al** ['-] *a* Zahn-; *gram* dental; *s* Dental-, Zahnlaut *m*; **~~ enamel** Zahnschmelz *m*; **~~ hospital** Zahnklinik *f*; **~~ nerve** Zahnnerv *m*; **~~ plate** Zahnprothese *f*; **~~ surgeon** Zahnarzt *m*; **~~ treatment** Zahnbehandlung *f*; **~ate** ['-eit] *bot zoo* gezähnt; **~icle** ['-ikl] Zähnchen, Zäckchen *n*; *arch* Zahn *m* (e-s Zahnfrieses); **~iculate(d)** ['-'tikjulit, -eit(d)] *a* gezähnelt; **~iculation** [-'leiʃən] Auszackung *f*; **~iform** ['-ifɔ:m]zahnförmig; **~ifrice** ['-ifris] Zahnpasta *f*, -pulver *n*; **~il(e)** ['-il] *arch* Zahn *m* (*e-s Frieses*); **~ine** ['-i:n] *anat* Zahnbein, Dentin *n*; **~ist** ['-ist] Zahnarzt *m*; **~istry** ['-istri] Zahnheilkunde *f*; **~ition** ['-tiʃən] Zahnen; *(natürliches)* Gebiß *n*; Zahnformel *f*; **~ure** ['dentʃə] (künstliches) Gebiß *n*.

denud|ation [di:nju'deiʃən] Entblößung, Bloß-, Freilegung; *geol* Abtragung *f*; **~e** [di'nju:d] *tr* entblößen, bloßlegen (*of* von), freilegen; *fig* berauben (*of* gen); *geol* abtragen.

denunciat|ion [dinʌnsi'eiʃən, -ʃi-] Drohung, Warnung *f*; scharfe(r) Tadel *m* (*of* für); *jur* Meldung, Anzeige, Anklage, Denunziation; Kündigung *f* (*e-s Vertrages, Abkommens*); **~or** [di'nʌnsieitə] Denunziant, Angeber *m*; **~ory** [di'nʌnsiətəri] anklägerisch, verleumderisch; Denunzianten-.

deny [di'nai] *tr* (ver)leugnen, ab-, bestreiten, verneinen, in Abrede stellen *(having done s.th.* etw getan zu haben); dementieren; ablehnen, -schlagen, verweigern, ab-, versagen (*to* zu); (*Unterschrift*) nicht anerkennen; *to ~ o.s.* sich versagen, sich abgehen lassen, verzichten auf; sich verleugnen lassen; nicht empfangen (*to visitors* Besucher); *to ~ the door to s.o.* jdn nicht empfangen; *to ~ all responsibility* jede Verantwortung ablehnen; *I don't ~ that* ich leugne nicht, daß.

deodor|ant [di:'oudərənt] *a* desodor(is)ierend(es) Mittel *n*); **~ization** [-rai'zeiʃən, -ri-] Desodor(is)ierung *f*; **~ize** [-aiz] *tr* desodor(is)ieren.

deoxidate, -ize [di:'ɔksideit, -aiz] *tr* desoxydieren, reduzieren.

depart [di'pɑ:t] *itr* sich entfernen, aufbrechen; abreisen, -fahren, -gehen, -segeln, -fliegen (*from* von; *for* nach); *mil* ab-, ausmarschieren, ausrücken;

department   259   **deposit**

verlassen *(from s.th.* etw); abweichen, sich trennen *(from* von); aufgeben *(from s.th.* etw); obs verscheiden, sterben; to ~ *from o.'s customs, principles* von s-n Gewohnheiten, Grundsätzen abweichen; to ~ *(from) this life* aus dem Leben scheiden; to ~ *from o.'s word, promise* sein Wort brechen, sein Versprechen nicht halten; *the ~ed* die Toten *m pl;* **~ment** [-mənt] Abteilung *f,* Zweig *m,* Linie, Seite, Branche *f;* Fach, Gebiet, Ressort *n;* (Dienst-)Stelle *f; D~~ (Am)* Ministerium *n; head of a ~* Abteilungsleiter *m; men's clothing ~~* Abteilung *f* für Herrenkleidung; *research, experimental ~~* Forschungsabteilung *f; ~~ store* Waren-, Kaufhaus *n;* **~mental** [-'mentl] *a* Abteilungs-; Fach-; Ministerial-; **~ure** [di'pɑːtʃə] Aufbruch *a. fig;* Weg-, Abgang *m;* Abreise, -fahrt *f,* -flug *(from* von; *for* nach); *mil* Ab-, Ausmarsch *m,* Ausrücken *n;* Abwendung *f,* Abweichen *n (from* von); Aufgabe *(from* gen); *mar* Abweichung *f; mar* Ausgangspunkt; *fig* neue(r) Anfang, Start *m;* Richtung, Tendenz *f; to make a new ~ (fig)* e-n neuen Weg einschlagen; *to take o.'s ~~* aufbrechen, weggehen; *notice of ~~* Abmeldung *f; port of ~* Abgangshafen *m; ~~ platform* Abfahrtsbahnsteig *m.*

depend [di'pend] *itr* abhängen, abhängig sein *(on;* bedingt sein *(on* durch); sich verlassen, angewiesen sein *(on, upon* auf); *jur* in der Schwebe, noch unentschieden sein; ~ *upon it* verlassen Sie sich darauf! *that ~s, it all ~s* das kommt drauf an; das hängt davon ab; **~ability** [-ə'biliti] Verläßlichkeit, Zuverlässigkeit, Vertrauenswürdigkeit *f;* **~able** [-əbl] verläßlich, zuverlässig, vertrauenswürdig; **~ant** [-ənt] *(bes. s),* **~ent** *(bes. a) a* abhängig *(on* von); bedingt *(on* durch); sich verlassend *(on* auf); *gram* untergeordnet; *s* Abhängige(r); Untergebene(r); Bedienstete(r); Diener; (Familien-)Angehörige(r), Unterhaltsberechtigte(r), Hinterbliebene(r) *m; to be ~~ on* abhängen von; abhängig sein von; *~~s allowance* Familienbeihilfe *f; ~~s relief* Hinterbliebenenfürsorge *f; ~~ clause (gram)* Nebensatz *m;* **~ence, ~ance** [-əns] Abhängigkeit *(on* von); Bedingtheit; Unterordnung *f (on* unter); Verlaß *m,* Vertrauen *n (on* auf); Zuversicht *f (on* in); *to put ~ on* Vertrauen setzen in; **~ency, ~ancy** [-ənsi] Schutzgebiet *n,* Kolonie *f; ~ exemption (fin Am)* Unterhaltsfreibetrag *m;* **~encies** *pl* Zubehör *n, a. m.*

depersonaliz|ation ['diːpəːsənəlai-'zeiʃən] Entpersönlichung, Vermassung *f;* **~e** [diː'pəːsənəlaiz] *tr* entpersönlichen, vermassen.

depict [di'pikt] *tr* (ab)zeichnen, (ab)malen; abbilden; *(mit Worten)* schildern, beschreiben; veranschaulichen; **~ion** [-kʃən] Abbildung, Darstellung, Schilderung, Beschreibung *f.*

depilat|e ['depileit] *tr* enthaaren; **~ory** [-'pilətəri] *a* Enthaarungs-; *s* Enthaarungsmittel *n.*

deplane [diː'plein] *itr* (aus dem Flugzeug) aussteigen; *tr* aus-, ent-, abladen.

deplet|e [di'pliːt] *tr* (aus-, ent-)leeren; erschöpfen; *med (von Flüssigkeit)* erleichtern; **~ed** [-id] *a* ausgebraucht, erschöpft; *(Säure)* matt; **~ion** [-ʃən] Aus-, Entleerung; *med* Erschöpfung(szustand *m) f; fin* Substanzverzehr *m; (Atom)* Abreicherung *f;* **~ive** [-iv], **~ory** [-əri] *a med* entleerend, erleichternd; *s* Erleichterungsmittel *n.*

deplor|able [di'plɔːrəbl] bedauerns-, beklagens-, bejammernswert; jämmerlich, kläglich, armselig, unglücklich; **~e** [di'plɔː] *tr* bedauern, beklagen, bejammern, beweinen.

deploy [di'plɔi] *tr itr mil* sich entwickeln *(for action* zum Gefecht), ausea.ziehen, sich entfalten (lassen); ausschwärmen, aufmarschieren (lassen); **~ment** [-mənt] *mil* Entwick(e)lung *f;* Ausea.ziehen *n,* Entfaltung *f,* Aufmarsch *m.*

depon|e [di'poun] *itr jur* schriftlich unter Eid aussagen; eidlich aussagen; **~ent** [-ənt] *s* vereidigte(r) Zeuge *m; gram (~~ verb)* Deponens *n.*

depopulat|e [diː'pɔpjuleit] *tr itr* (sich) entvölkern; **~ion** [-'leiʃən] Entvölkerung; Bevölkerungsabnahme *f.*

deport [di'pɔːt] *tr* verbannen, *(Ausländer)* aus-, des Landes verweisen; abschieben; *to ~ o.s.* sich verhalten, sich betragen, sich aufführen, sich benehmen; **~ation** [diːpɔː'teiʃən] Deportation, Verbannung, Aus-, Landesverweisung; Zwangsverschickung *f;* **~ee** [diːpɔː'tiː] Ausgewiesene(r) *m;* **~ment** [di'pɔːtmənt] Führung *f,* Verhalten, Betragen, Benehmen *n;* Haltung *f.*

depos|able [di'pouzəbl] absetzbar; **~e** [di'pouz] *tr* aus dem Amt entfernen, absetzen *(from* von); entthronen; *jur* e-e (eidliche) Aussage machen *(to s.th.* über); zu Protokoll erklären.

deposit [di'pɔzit] *tr* deponieren, zur Aufbewahrung, in Depot geben *(with* bei); einlagern; *com* einzahlen, hinterlegen, deponieren *(at the bank* bei der

depositary 260 **depth**

Bank); *(Kaution)* stellen; bezahlen; anzahlen, als An-, Handgeld geben; *(Urkunde)* vorlegen, einreichen; niederlegen, -setzen, -stellen; *(Eier)* legen; *(vor Gericht)* niederlegen; *geol* ablagern *(on auf)*; *chem* ausscheiden, niederschlagen; *s* Aufbe-, Verwahrung; Einlagerung *f*; Depot *n*; Hinterlegung; Kaution *f*, Einsatz *m*, Pfand; eingezahlte(s) Geld *n*, Einzahlung, Einlage *f*, Guthaben *n (at the bank* auf der Bank); Anzahlung *f*, An-, Handgeld *n*; *geol* Ablagerung *f*, Lager *n*; *chem* Niederschlag, Bodensatz, Rückstand *m*; *against a ~ of* gegen Hinterlegung *gen*; *to leave, to pay a ~* e-e Anzahlung machen; *money on ~* Bank-, Spareinlage *f*, -konto *n*; *savings-bank ~* Spareinlage *f*; *sum on ~* Hinterlegungssumme *f*; **~ary** [-əri] *a* Hinterlegungs-, Depot-; *s* Verwahrer, Depositar *m*; **~bank** Depositenbank *f*; **~book** Einlagen-, Sparbuch *n*; **~ion** [depə'siʃən] Niederlegen n;Absetzung,Amtsenthebung; Entthronung; *jur (Zeugen)*Aussage; Aufbewahrung; Hinterlegung *f*; Pfand *n*; *geol* Ablagerung *f*, Lager *n*; *chem* Abscheidung, Niederschlag; *rel (Kunst)* Kreuzabnahme *f*; *tech* Auftrag *m*; **~or** [di'pozitə] Hinter-, Einleger, Depositeninhaber; Einzahler *m*; *(savings-)bank ~* (Spar-)Konteninhaber *m*; **~ory** [di'pozitəri] Aufbewahrungs-, Hinterlegungsort *m*; Lagerhaus *n*; **~ receipt,** *Am* **slip** Einzahlungsbeleg *m*.

depot ['depou] (Waren-)Lager *n*, Niederlage *f*, Depot, Lagerhaus, Magazin; *mil* Nachschublager *n*, Park *m*; *Br mil (~ troop)* Ersatzeinheit *f*, -truppenteil; Regimentsstab; *rail* Schuppen *m*; *Am* ['di:pou] Bahnhof *m*; **~ battalion** *Br* Ersatz-Bataillon *n*.

deprav|ation [deprə'veiʃən] Verführung, -leitung; Verderbtheit *f*; **~e** [di'preiv] *tr* verführen, -leiten, verderben; **~ed** [di'preivd] *a* verdorben, sittenlos, lasterhaft; *fig* [di'præviti] Verderbtheit, Verworfenheit, Sittenlosigkeit *f*; Schlechtigkeit *f*.

deprec|ate ['deprikeit] *tr* mißbilligen, tadeln; verurteilen; ablehnen; verabscheuen, hassen; **~ation** [-'keiʃən] Mißbilligung *f*, Tadel; Abscheu, Widerwillen *m*; **~atory** ['-kətəri] mißbilligend, tadelnd; Entschuldigungs-

depreciat|e [di'pri:ʃieit] *tr* (im Preis) herabsetzen; im Wert mindern, ent-, abwerten; *fin* amortisieren, abschreiben; *fig* herabsetzen, geringschätzen; *itr* (im Preis) fallen; an Wert verlieren; **~ing** [-iŋ] geringschätzig, verächtlich; **~ion** [-'eiʃən] Entwertung, Wertminderung *f*, -verlust, Minderwert *m*; Abschreibung, Amortisation *f*; *(~~ of money)* Geldab-, -entwertung *f*; Sinken, Nachlassen *n*, Rückgang *m*; Geringschätzung, Verachtung *f*; *~~ of coinage* Münzverschlechterung *f*; **~ory** [-ʃətəri] geringschätzig, verächtlich; herablassend.

depredation [depri'deiʃən] Plünderung *f*, Raub *m*.

depress [di'pres] *tr* nieder-, herunterdrücken, -ziehen; senken; niedriger machen; mindern, schwächen; mäßigen; abflauen lassen; *(im Preis, in der Leistung)* herabsetzen; *tech* betätigen, drücken; *mus* tiefer singen od spielen; *fig* niederdrücken, deprimieren, traurig stimmen; **~ant** [-ənt] *a med* beruhigend, hemmend, herabsetzend; *s* Beruhigungsmittel *n*; **~ed** [-t] *a fig* deprimiert, niedergeschlagen, (in) gedrückt(er) Stimmung), traurig; *com* flau; *tech* flach gedrückt; *~~ area* Notstandsgebiet *n*; **~ing** [-iŋ] bedrückend; erbärmlich; **~ion** [-'preʃən] Druck *m*, Senkung; Senke, Druckstelle; Minderung, Schwächung; Abnahme *f*, Nachlassen, Abflauen *n*, Abspannung; *(Gelände)* Vertiefung, Senkung, Mulde; *fin med* Depression; *com* Flaute, Krise *f*, Rückgang *m*; *mete* Tief(druckgebiet); *(Barometer)* Fallen *n*; *phys* Unterdruck; Sattelpunkt *m*; *fig* Niedergeschlagenheit, gedrückte Stimmung *f*.

depriv|ation [depri'veiʃən] Beraubung *f*, Verlust *m*; *rel* Amtsenthebung *f*; **~e** [di'praiv] *tr* berauben *(of s.th. e-r S)*, nehmen *(s.o. of s.th.* jdm etw); entziehen, aberkennen *(s.o. of s.th.* jdm etw); *(bes. rel)* s-s Amtes entheben; *he didn't ~~ himself of anything* er ließ sich nichts abgehen.

depth [depθ] Tiefe; Höhe; *fig* Stärke, Kraft, Tiefe *(des Schweigens, des Tones)*; *(Farben)* Leuchtkraft, Sattheit; *(~ of thought)* Gedankentiefe, Unergründlichkeit, Unerforschlichkeit; *(~ of feeling, of emotion)* Stärke (des Gefühls); Begabung, Begabtheit; Klugheit, Weisheit; *mil* Tiefengliederung, -staffelung; *min* Teufe *f*; *meist pl* (Meeres-)Tiefe *f*, (Erd-)Innere(s) *n*; *in ~ (fig)* gründlich; tief; *in the ~(s) of* mitten in; *in the ~(s) of despair, of misery* in tiefer Verzweiflung, in tief(st)em Elend; *in the ~(s) of o.s heart* im Grunde s-s Herzens; *in the ~ of winter* mitten im Winter; *of great ~* (sehr) tief veranlagt, begabt,

depth psychology klug, weise; *to be out of, beyond o.'s ~ (im Wasser)* keinen Grund mehr haben; *fig* den Boden unter den Füßen verlieren, *~ of focus (phot)* Tiefenschärfe *f*; *~ of column (mil)* Marschtiefe *f*; **~ psychology** Tiefenpsychologie *f*.

deput|ation [depju'teiʃən] Abordnung *f*; **~e** [di'pju:t] *tr* abordnen, bevollmächtigen; beauftragen, anweisen; *(Vollmachten, Befugnisse)* übertragen; **~ize** ['depjutaiz] *tr* abordnen, zu s-m Stellvertreter ernennen; *itr* vertreten *(for s.o.* jdn); **~y** ['depjuti] *pol* Abgeordnete(r), Deputierte(r); *jur* Stellvertreter, Bevollmächtigte(r) *m*; *attr* stellvertretend, geschäftsführend; Vize-; *~~ chairman, (party) leader* stellvertretende(r) Vorsitzende(r), Parteiführer *m*; *~~ consul* Vizekonsul *m*; *~~ judge* Hilfsrichter *m*.

deracinate [di'ræsineit] *tr* entwurzeln; *fig* (ver)tilgen, ausrotten, -löschen.

derail [di'reil] *tr itr* entgleisen (lassen); **~ment** [-mənt] Entgleisen *n*.

derange [di'reindʒ] *tr* in Unordnung, durchea.bringen, *fam* über den Haufen werfen; verwirren; stören; **~d** [-d] *a* in Unordnung, nicht in Ordnung, durcheinander; *(Magen)* verdorben; *(mentally ~~)* geistesgestört; zerrüttet; **~ment** [-mənt] Unordnung *f*, Durcheinander *n*; Verwirrung; Zerrüttung *f*; *(mental ~~)* Geistesgestörtheit *f*.

derate [di'reit] *tr (Gemeindesteuern)* herabsetzen, aufheben.

Derby ['dɑ:bi] Derby(rennen) *n*; *d~* ['də:bi] *Am* Melone *f (Hut)*.

derelict ['derilikt] *a (bes. Schiff)* herrenlos; *Am* pflichtvergessen, nachlässig; *s* herrenlose(s) Gut; Strandgut; Wrack *n a. fig*; *Am* pflichtvergessene(r) Mensch *m*; **~ion** [-'likʃən] Verlassenheit *f*; Landgewinn *m*; vom Meer freigegebene(s) Land *n*; *Am* Pflichtvergessenheit *f*; Vertrauensbruch *m*; Nachlässigkeit *f*.

deride [di'raid] *tr* aus-, verlachen; verspotten; Witze machen über; lächerlich machen.

deris|ion [di'riʒən] Spott *m*, Verspottung, Verhöhnung *f*, Hohn *m*, Verächtlichmachung *f*, Gespött *n*; *to be held in ~* Zielscheibe des Spottes sein; **~ive** [-'raisiv], **~ory** [-əri] spottlustig; spöttisch, höhnisch.

deriv|able [di'raivəbl] ableitbar, abzuleiten(d) *(from* von); **~ation** [deri-'veiʃən] Ableitung; Herkunft *f*; Ursprung *m*, Wurzel, Quelle; *(Wort)* Etymologie *f*; **~ative** [di'rivətiv] *a* abgeleitet; nicht ursprünglich, sekundär; *s* Ableitung *f*; abgeleitete(s) Wort; *chem* Derivat *n*; *math* Differentialkoeffizient *m*; **~e** [di'raiv] *tr* ab-, herleiten *(from* von), zurückführen *(from* auf); gewinnen, erhalten *(from* von); *itr u. to be ~ed* herrühren, stammen *(from* von); *to ~~ benefit, profit from* Nutzen, Vorteile ziehen aus.

derm(a, -is) ['də:m(ə, -is)] *scient* Haut; Lederhaut *f*; **~al** ['-əl], **~ic** ['-ik] *a* Haut-; **~atitis** [-'taitis] Hautentzündung *f*; **~atologist** [də:mə'tɔlədʒist] Dermatologe, Hautarzt *m*; **~atology** [-'tɔlədʒi] Dermatologie *f*.

derogat|e ['derəgeit] *itr* beeinträchtigen *(from s.th.* etw), schaden *(from s.o.* jdm); Abbruch tun *(from s.th.* e-r S); **~ion** [-'geiʃən] Schwächung, Schmälerung, Beeinträchtigung; Herabsetzung, Herabwürdigung, Verleumdung; Verschlechterung *f*, Verfall *m*; *to the ~~ of* auf Kosten *gen*; **~ory** [di'rɔgətəri] nachteilig, abträglich; herabwürdigend.

derrick ['derik] (beweglicher) (Lade-) Kran, Ausleger; *mar* Ladebaum; *Am* Bohrturm *m*.

derring-do ['deriŋ'du:] *obs* Heldentat *f*; Heldenmut *m*.

dervish ['də:viʃ] Derwisch *m*.

descant ['deskænt] mehrstimmige(r) Gesang *m*; Sopran-, Oberstimme *f*; *tr* [des-, dis'kænt] *mus* kontrapunktisch begleiten; *itr* sich (lobend) auslassen *(on, upon* über), (lang u. breit) reden *(on, upon* über); *mus* Sopran singen.

descen|d [di'send] *itr* herab-, hinabsteigen, herabkommen, hinabgehen, -gleiten, -fallen, -sinken; *aero* landen, niedergehen; *(Straße)* hinabführen, -gehen; kommen, greifen, übergehen *(to* zu); *(Fluß)* fließen *(to the sea* in das Meer); *(to be ~ded)* ab-, herstammen *(from* von); sich vererben *(to* auf); sich stürzen *(on* auf), herfallen *(on to* über); heimsuchen, überfallen *(on s.o.* jdn); einfallen, hereinbrechen *(on, upon* in); *mus* tiefer werden; *tr* herabsteigen, hinabgehen; *to ~~ to details* in die Einzelheiten gehen; **~dant** [-ənt] Nachkomme, Abkömmling *m*; *pl* Nachkommenschaft *f*; **~t** [di'sent] Abstieg *m*, Hinabgleiten, Sinken *n*, Fall *m*; *aero* Landung *f*; *(Fallschirm)* Absprung; Abhang; hinabführende(r) Weg *m*; Abstammung, Herkunft *f*; Nachkommen (-schaft *f*) *m pl*; Erbfolge *f*; Sturm, Überfall *(on, upon* auf), Einfall *(on, upon* in); *fig* Niedergang, Verfall *m*.

describable 262 **desire**

describ|able [dis'kraibəbl] zu beschreiben(d); **~e** [dis'kraib] *tr* beschreiben; (mit Worten) schildern, darstellen; *(e-n Kreis)* beschreiben; *(Kurve)* durchlaufen; *to ~~ o.s. as* sich ausgeben als.

descript|ion [dis'kripʃən] Beschreibung; Schilderung, Darstellung; Personalbeschreibung; Titelaufnahme; Gebrauchsanweisung; Bezeichnung, Angabe *f*; nähere Angaben, Einzelheiten *f pl*; *fam* Art, Sorte *f*; *beyond ~~* unbeschreiblich; *to answer to a ~~* e-r Beschreibung entsprechen; **~ive** [-tiv] beschreibend, darstellend; kennzeichnend; erläuternd.

descry [dis'krai] *tr* erblicken, wahrnehmen; erkennen, unterscheiden; erspähen, entdecken.

desecrat|e ['desikreit] *tr rel* entweihen, profanieren, schänden; **~ion** [-'kreiʃən] Entweihung, Schändung *f*.

desegregat|e ['di:'segrəgeit] *tr* die Rassentrennung aufheben in; **~ion** ['-'geiʃən] Aufhebung *f* der Rassentrennung.

desert 1. [di'zə:t] Verdienst *n*; *meist pl* Lohn *m (a. als Strafe)*; *to get o.'s just ~s* s-n gerechten Lohn empfangen; **2.** *v* [di'zə:t] *tr* (böswillig) verlassen, im Stich lassen, aufgeben; abfallen von, untreu werden *(s.th. e-r S)*; *(Frau)* sitzenlassen; *itr* desertieren, fahnenflüchtig werden, Fahnenflucht begehen; überlaufen; **~er** [di'zə:tə] Deserteur, Fahnenflüchtige(r), Überläufer *m*; **~ion** [di'zə:ʃən] Imstichlassen, (böswilliges) Verlassen *n*; Aufgabe *f*; Abfall *m*; Fahnenflucht, Desertion *f*; **3.** ['dezət] *s* Wüste; Einöde *f*; *a* wüst, öde, unfruchtbar; unbewohnt, verlassen.

deserv|e [di'zə:v] *tr* verdienen, wert sein; Anspruch haben auf; *itr* sich verdient machen *(of s.th.* um etw); **~ed** [-d] *a* (wohl)verdient *(of* um); **~edly** [-idli] *adv* verdientermaßen, nach Verdienst, gebührend; **~ing** [-iŋ] *a* verdienstvoll, -lich; wert *(of s.th.* etw), würdig *(of s.th.* etw).

desicc|ant ['desikənt] *a* austrocknend; *s* Trockenmittel *n*, -puder *m*; **~ate** ['-eit] *tr* (aus)trocknen; *(bes. Lebensmittel)* dörren; *itr* Wasser entziehen; austrocknen, -dörren; **~ation** [-'keiʃən] (Aus-)Trocknen, (Aus-)Dörren *n*; **~ator** ['-eitə] Trockenapparat, Entfeuchter *m*.

desideratum [dizidə'reitəm] *pl -ta* [-tə] Bedürfnis; Erfordernis *n*; (Gegenstand des) Wunsch(es) *m*.

design [di'zain] *s* Zeichnung, Skizze *f*; Entwurf, Plan *m*; Planung, Anlage *f*, (Auf-)Bau *m*; Gestaltung, Formgebung; Ausführung, Konstruktion *f*; Auf-, Abriß *m*; Absicht *f*, Vorhaben *n*; Vorsatz *m*; Ziel *n*; Zweck *m*; Ausführung *f*; Modell; Muster; Musterzeichnen *n*, Zeichenkunst *f*; *pl* (geheime) Absichten *f pl*, Anschläge *m pl*; *tr* zeichnen, skizzieren; entwerfen, planen, ausdenken, ersinnen; ausführen, konstruieren; beabsichtigen, vorhaben; auswählen, aussehen, bestimmen *(for* zu); *by ~ = ~edly; in the ~ stage* im Stadium der Planung; *with this ~* in dieser Absicht; zu diesem Zweck; *to be under ~* geplant sein; *to have ~s on, against* Absichten, es abgesehen haben auf; etw im Schilde führen gegen; *to work on a ~* an e-m Entwurf arbeiten; *protection of ~s* (Gebrauchs-)Musterschutz *m*; *registered ~* Gebrauchsmuster *n*; **~ data** Konstruktionsdaten *n pl*; **~edly** [-idli] *adv* absichtlich, mit Absicht; nach vorgefaßtem Plan, vorsätzlich; mit Vorbedacht, mit Überlegung, wohlüberlegt; **~er** [-ə] (Muster-)Zeichner; Formgestalter, Konstrukteur; *theat* Dekorateur; *fig* Ränkeschmied, Intrigant *m*; **~ing** [-iŋ] *a* intrigant; listig, verschlagen, durchtrieben; *s* (Muster-)Zeichnen, Entwerfen; Planen, Konstruieren *n*; **~~ department** Zeichenatelier *n*; Konstruktionsabteilung *f*; **~ stress** zulässige Belastung *f*.

designat|e ['dezigneit] *tr* be-, kennzeichnen, erkennen lassen; beschriften; aus-, erwählen, aussehen, bestimmen, ernennen *(to, for* zu); einsetzen *(to, for, as* als); *(mil)* ansprechen *(a target* ein Ziel); *a* [-nit] auser-, vorgesehen, (aus)erwählt, designiert, bestimmt, ernannt; **~ion** [-'neiʃən] Bezeichnung *f*; Name *m*; Kennzeichnung; Kenntlichmachung; Bestimmung, Be-, Ernennung; Beschriftung *f*; **~~ of origin** Herkunftsbezeichnung *f*.

desir|ability [dizaiərə'biliti] Anziehungskraft; Annehmlichkeit *f*; **~able** [di'zairəbl] wünschens-, begehrenswert; erwünscht, günstig, angenehm, schön, gut; **~e** [di'zaiə] *tr* wünschen, begehren, erstreben, verlangen nach *(to do* zu tun; *od* Konj); wünschen, bitten, ersuchen, auffordern; *s* Wunsch *m*, Verlangen *n*, Begehr(en *n*) *m od n (for doing,* to do etw zu tun; *for* nach); Bitte *f*, Ersuchen *n*, Aufforderung *f*; das Gewünschte, Gegenstand *m* des Wunsches; *at s.o.'s*

desirous   263   **destructor**

~~ auf jds Wunsch, Ersuchen; *by* ~~ auf Wunsch; *to leave (much) to be* ~ed (viel) zu wünschen übriglassen; **~ous** [-'zaiərəs]: *to be* ~~ *of* den Wunsch haben zu; beabsichtigen.

desist [di'zist] *itr* abstehen, Abstand nehmen, ablassen *(from* von; *from doing* zu tun).

desk [desk] (Lese-, Schreib-, Zeichen-) Pult *n*; Schreibtisch *m*; Katheder *n* od *m*; Schulbank *f*; *mus* Notenständer *m*; *Am (~ job)* Platz *m*, Stelle im Büro; *Am* Redaktion *f*; Schalter *m*; *pay* ~ Kasse *f*; *information* ~ Auskunft(sstelle) *f*; ~ **clerk** Büroangestellte(r) *m*; ~ **man**, **jockey** *Am* Redakteur *m*, Redaktionsmitglied *n*; ~ **pad** Schreibtischunterlage *f*; ~ **switchboard** Schaltpult *n*; ~ **work** Schreib-, Büroarbeit *f*.

deskill [di:'skil] *tr (Arbeit durch Teilung* od *Mechanisierung)* vereinfachen.

desolat|e ['desəleit] *tr* verwüsten, verheeren; *(Menschen)* verlassen, sich selbst, s-m Schmerz überlassen; betrüben, traurig, untröstlich machen; *a* [-it] wüst, öde, menschenleer, verlassen, trostlos; *(Mensch)* einsam, verlassen, elend, traurig, ohne Hoffnung; **~ion** [-'leiʃən] Verwüstung, Verheerung *f*; wüste(r) Zustand *m*, Öde, Trostlosigkeit; Verlassenheit, Einsamkeit *f*, Elend *n*, Hoffnungslosigkeit *f*.

despair [dis'pɛə] *itr* verzweifeln *(of* an; *of doing* zu tun); die Hoffnung aufgeben *(of auf)*; *s* Verzweiflung, Hoffnungslosigkeit *f (at* über); *in* ~ verzweifelt *adv*; *to give up in* ~ verzweifeln an, aufgeben; *he is my* ~ ich verzweifle an ihm; **~ing** [-riŋ] verzweifelt; hoffnungslos.

despatch *s. dispatch.*

desperado [despə'rɑ:dou] *pl* -*o(e)s* Bandit *m*.

desperat|e ['despərit] verzweifelt; vor nichts zurückscheckend, rasend, verwegen, tollkühn, alles auf eine Karte setzend; *(Lage)* hoffnungslos; *(a. Krankheit)* gefährlich, ernst; *(übertreibend)* furchtbar, schrecklich; gewaltig, enorm, riesig, ganz groß; **~ion** [-'reiʃən] Verzweiflung, Raserei, Verwegenheit, Tollkühnheit *f*; *in* ~~ verzweifelt; *to drive to* ~~ *(fam)* zur Verzweiflung treiben.

despicable ['despikəbl] verächtlich, verachtenswert, niedrig, gemein.

despise [dis'paiz] *tr* verachten, geringachten, -schätzen; verschmähen.

despite [dis'pait] *s* Bosheit, Gehässigkeit *f*; *prp u. (in)* ~ *(of)* trotz, ungeachtet *gen*.

despoil [dis'pɔil] *tr* berauben *(of s.th.* e-r S); ausrauben, (aus)plündern; **~ment** [-mənt], **despoliation** [dispouli'eiʃən] Be-, Ausraubung, Plünderung *f*.

despond [dis'pɔnd] *itr* verzagen *(of* an); **~ence, -cy** [-əns(i)] Verzagtheit, Mut-, Hoffnungslosigkeit *f*; **~ent** [-ənt], **~ing** [-iŋ] verzagt, mut-, hoffnungslos.

despot ['despot] *pol* Gewaltherrscher, -haber, Tyrann *m a. fig*; **~ic(al)** [des-, dis'pɔtik(əl)] despotisch, tyrannisch; **~ism** ['despətizm] Gewaltherrschaft, Despotismus *m*; Diktatur, Tyrannei *f*.

desquamate ['deskwəmeit] *itr (Haut)* sich abschuppen.

dessert [di'zə:t] *(~-service)* Nachtisch *m*, Dessert *n*; **~-knife**, **-spoon** Dessertmesser *n*, -löffel *m*.

destin|ation [desti'neiʃən] Bestimmung(sort *m*) *f*; Zweck *m*, Ziel *n*; Adresse, Anschrift *f*; *port of* ~~ Bestimmungshafen *m*; **~e** ['destin] *tr* bestimmen, ausersehen *(for* für, zu; *to be* zu sein); *(it) was* ~*ed to (happen)* (es) sollte (so kommen); **~y** ['destini] *(persönliches)* Schicksal, Geschick; Verhängnis *n*; *the D-ies (pl)* die Parzen *f pl*.

destitut|e ['destitju:t] *a* hilflos, in Not, notleidend; mittellos, ohne Mittel, arm, (unterstützungs)bedürftig; ~ *of* ohne; bar *gen*; *to be* ~ *of* entbehren *gen*; **~ion** [-'tju:ʃən] Armut, (bittere) Not *f*, Elend *n*; Bedürftigkeit *f*; Mangel *m (of* an).

destroy [dis'trɔi] *tr* abbrechen, niederreißen; zertrümmern, zerstören, vernichten, vertilgen, *fam* kaputtmachen, ruinieren; *(Gesundheit)* zerrütten; *mil (Truppen)* aufreiben; ein Ende machen mit *(s.th.* e-r S); töten; unwirksam, unschädlich, unbrauchbar machen; *to* ~ *o.s.* Selbstmord begehen; **~er** [-ə] Zerstörer *m a. mar mil*.

destruct|ibility [distrʌkti'biliti] Zerstörbarkeit *f*; **~ible** [-'trʌktibl] zerstörbar; **~ion** [-'trʌkʃən] Abbruch *m (e-s Gebäudes)*; Zertrümmerung, Verwüstung; Zerstörung, Vernichtung, Tötung; *mil* Niederkämpfung *f*; Untergang, Verderb(en) *n m*; *self-*~~ Selbstmord *m*, -vernichtung *f*; ~~ *squad* Abbruchkommando *n*; **~ive** [-iv] zerstörerisch, verderblich, zersetzend; zerstörend; *(Kritik)* vernichtend; niederreißend; negativ; ~~ *fire* Vernichtungsfeuer *n*; **~iveness**, **~ivity** [-'trʌktivnis, -'tiviti] zerstörende Gewalt; Zerstörungswut, -lust *f*; **~or** [-ə] *Br* Müllofen *m*.

desuetude [di'sju(:)itju:d] *s: to fall into* ~ außer Gebrauch kommen.

desulfur(ize) [di:'sʌlfəraiz] *tr* entschwefeln.

desulto|riness ['desəltərinis] Zs.hanglosigkeit; Flüchtigkeit; Plan-, Ziellosigkeit *f*; **~y** ['desəltəri] zs.hanglos, unzs.hängend, abgerissen, abgehackt; zufällig, hin- u. herspringend, planziellos; flüchtig; unmethodisch, unsystematisch.

detach [di'tætʃ] *tr* losmachen; los-, ablösen, abtrennen, abreißen; absondern *a. fig*; *rail (Wagen)* ab-, aussetzen; *fig* abspenstig machen; *mil* (ab)kommandieren, abstellen; *to ~ o.s.* sich trennen, sich losreißen; **~able** [-əbl] ablösbar, abtrennbar, abnehmbar *(from* von); **~ed** [-t] *a* abgelöst, abgetrennt; abgesondert; lose; *(Haus)* freistehend, einzeln(stehend); *fig* unabhängig, unbeeinflußt, selbständig; unvoreingenommen, unbeschwert; sachlich, objektiv; unparteiisch; gleichgültig *(about* gegenüber); *mil* (ab)kommandiert; **~ pieces** *(pl)* Einzelteile *m pl*; **~~ service** Abkommandierung *f*; **~~ unit** Kommando *n*; **~ment** [-mənt] Ablösung *a. med*, Abtrennung; Absonderung *f (from* von); *rail* Ab-, Aussetzen *n*; *mil* (Ab-)Kommandierung *f*; Kommando *n*; Abteilung *f*, Trupp *m*; Unabhängigkeit, Selbständigkeit; Unvoreingenommenheit, Sachlichkeit, Objektivität; Gleichgültigkeit *f (from* gegenüber); *on ~* abkommandiert, abgestellt; **~~ of police** Polizeiaufgebot *n*.

detail ['di:teil] Einzelteil *m*; Einzelheit *f*; *(Kunst)* Detail *n*; Detaillierung, genaue Aufzählung, Wiedergabe *f* im einzelnen; eingehende(r), ins Einzelne gehende(r) Bericht *m*; Beiwerk *n*; *mil* Kommando *m*, Gruppe, Abteilung *f*; (Sonder-)Einsatz *m*, -aufgabe *f*; *pl* (nähere) Einzelheiten *f pl*, Einzelumstände *m pl (of* über); *tr a.* [di'teil] einzeln aufführen, genau aufzählen, detaillieren; im einzelnen wiedergeben, eingehend berichten über, schildern; *mil* abstellen, abkommandieren *(for* um zu); *in ~* im einzelnen, bis in die Einzelheiten, genau, ausführlich; *in every ~* Punkt für Punkt; *to go, to enter into ~s* ins Einzelne, (bis) in die Einzelheiten gehen; **~drawing** Teilzeichnung *f*; **~ed** [di'teild] *a* eingehend, ausführlich.

detain [di'tein] *tr (Person)* ab-, fest-, zurückhalten, nicht gehen lassen; warten lassen; *(Sache)* (ein-)behalten, nicht zurückgeben; vorenthalten, verwahren; verzögern, aufschieben; *(Schüler)* nachsitzen lassen; *jur* in Haft (be)halten; **~ed** [-d] *a* inhaftiert, in Haft; **~ee** [di:tei'ni:] Häftling *m*.

detect [di'tekt] *tr* auf-, entdecken; feststellen, herausfinden, ausfindig machen, ermitteln; entlarven; ertappen; bemerken, sehen, erfassen; *chem* nachweisen; *(Gas)* spüren; **~able**, **~ible** [-əbl, -ibl] feststellbar; *chem* nachweisbar; **~aphone** [-əfoun] Abhörapparat *m*; **~ion** [-ʃən] Auf-, Entdeckung; Ermitt(e)lung; Ortung *f*; *chem* Nachweis *m*; *tele* Gleichrichtung *f*; **~ive** [-iv] *s* Geheimpolizist, Detektiv *m*; *a* Detektiv-; **~~ story** Kriminalroman *m*; **~or** [-ə] Entdecker; *tech* Anzeiger *m*; Spürgerät *n*; *mar* Ortungsgerät *n*; Sucher; *radio* Detektor, Gleichrichter *m*; Nullinstrument *n*.

detent [di'tent] *tech* Rast-, Sperrklinke; Arretierung *f*.

detention [di'tenʃən] Fest-, Zurückhalten; (Ein-)Behalten, Vorenthalten *n*; Verzögerung *f*; Aufschub *m*; *jur* Haft *f*; *mil* Arrest *m*; Beschlagnahme *f*; *(Schule)* Nachsitzen *n*; *to hold under ~* in Haft halten; **~ awaiting trial** Untersuchungshaft *f*; **~~barracks** *pl Br* Arrestlokal, -gebäude, Militärgefängnis *n*; **~~camp** Internierungslager *n*; **~ centre** *Br* Jugendhaftanstalt *f*.

deter [di'tə:] *tr* abschrecken, zurückhalten *(from* von); hindern *(from* an)

detergent [di'tə:dʒənt] *a* reinigend; *s* Reinigungsmittel *n; pl* Detergentien *pl*.

deteriorat|e[di'tiəriəreit]*tr* verschlechtern, verschlimmern; im Wert mindern, abwerten; *itr* sich verschlechtern, sich verschlimmern; verderben; an Wert verlieren; entarten; **~ion**[-'reiʃən] Verschlechterung, Verschlimmerung, (Wert-)Minderung *f*; Verderb *m*.

determin|able [di'tə:minəbl] bestimmbar; **~ant**[-ənt]*a* entscheidend, bestimmend; *s* entscheidende(r) Faktor *m*; *math* Determinante *f*; **~ate** [-it] begrenzt, abgegrenzt, festgelegt, endgültig, genau; entschieden; entscheidend, bestimmt; entschlossen; *math* determiniert; **~ation**['-'neiʃən] Bestimmung, Festsetzung, -legung *f*, Entscheid(ung *f*), Beschluß, Entschluß *m (on doing* zu tun); Bestimmtheit, Entschiedenheit; Entschlossenheit *f*; *jur* Auflösung *f*; Ablauf *m*, Ende *n*; (**~~ of direction**) (Richtungs-)Bestimmung *f*; **~ative** [di'tə:minətiv] *a* entscheidend, bestimmend, einschränkend, begrenzend; *s* entscheidende(r) Faktor *m*; *gram* Determinativpronomen *n*; **~e**

deterrence [di'tə:min] *tr* bestimmen, entscheiden (über), beschließen, festlegen, -setzen (*to* auf); berechnen; zur Folge haben; veranlassen, verursachen, herbeiführen; dazu bringen; beenden, beschließen; (*Vertrag*) (auf)lösen; *itr* sich entschließen, sich entscheiden, sich festlegen (*on* auf); *jur* ablaufen, zu Ende gehen; zum Abschluß kommen; *to be ~~d* entschlossen sein (*to do, on doing* zu tun); bestimmt werden (*by* von).

deterr|ence [di'terəns] Abschreckung(smittel *n*) *f*; **~ent** [-ənt] *a* abschreckend, entmutigend; *s* Abschreckungsmittel *n*.

detest [di'test] *tr* verabscheuen, hassen; **~able** [-əbl] verabscheuens-, hassenswert; abscheulich, scheußlich; **~ation** [di:tes'teiʃən] Verabscheuung *f*, Abscheu (*of* vor); Haß *m*.

dethrone [di'θroun] *tr* entthronen, absetzen; *fig* stürzen; **~ment** [-mənt] Entthronung, Absetzung *f*.

detonat|e ['de-, 'di:tə(u)neit] *tr itr* explodieren, platzen, krepieren; knallen, detonieren (lassen); verpuffen; *mot* klopfen; **~ing** [-iŋ] *a* Zünd-; **~~ cap** Zündhütchen *n*; **~~ gas** Knallgas *n*; **~~ power** Sprengkraft *f*; **~~ wave** Detonationswelle *f*; **~ion** [-'neiʃən] Explosion; Detonation *f*, laute(r) Knall *m*; Sprengung *f*; **~or** [-ə] Zündkapsel *f*, -satz; Sprengkörper *m*; *rail* Knallsignal *n*.

detour ['deituə, dei-, di(:)'tuə] *s* Umweg *m*; Umleitung *f*; Abstecher *m*; *to make a ~* e-n Umweg, e-n Abstecher machen; *tr itr* e-n Umweg machen (lassen); umleiten.

detract [di'trækt] *tr* abziehen, ab-, wegnehmen (*from* von); *itr* Abbruch tun (*from s.th.* e-r S), beeinträchtigen (*from s.th.* etw); **~ion** [-kʃən] Abzug *m*, Wegnahme; Ablenkung *f*; Herabsetzung, -würdigung, Schmälerung *f*; **~or** [-ə] Lästerer, Verleumder *m*.

detrain [di:'trein] *tr rail* ab-, ausladen (*a. Truppen*); *itr* ausgeladen werden; aussteigen; **~ment** [-mənt] Ausladen *n*.

detriment ['detrimənt] Nachteil, Schaden *m* (*to* für); *to s.o.'s ~* zu jds Nachteil, Schaden; *without ~ to* unbeschadet *gen*; **~al** [detri'mentl] nachteilig, ungünstig, schädlich (*to* für); (*Bemerkung*) abfällig.

detrit|al [di'traitl] *a* Geröll-; **~ion** [-'triʃən] *geol* Erosion *f*; **~us** [-'traitəs] Geröll *n*, Flußschotter *m*, Geschiebe (-masse *f*) *n*; Rest *m*.

deuce [dju:s] *s (Spielkarten, Würfel)* Zwei *f*; (*Tennis*) Einstand *m*; *interj u. what the ~* was (zum) Teufel! *to play the ~ with* Schindluder treiben mit; *there will be the ~ to pay* das dicke Ende kommt noch; **~d** [dju:st, 'dju:sid] *a adv fam* verteufelt, verflixt, verflucht, verdammt.

deuter|ium [dju:'tiəriəm] Deuterium *n*, schwere(r) Wasserstoff *m*; **D-onomy** [dju:tə'rɔnəmi] *rel* 5. Buch *n* Mose.

devalu|(at)e [di:'vælju(eit):] *tr* (*Geld*) ab-, entwerten; **~ation** [di:vælju'eiʃən] *fin* Abwertung *f*.

devastat|e ['devəsteit] *tr* verwüsten, zerstören, verheeren; **~ing** [-iŋ] *fig* verheerend, vernichtend; **~ion** [-'teiʃən] Zerstörung, Verwüstung *f*.

develop [di'veləp] *tr* entwickeln *a. phot u. fig*; entfalten, ausweiten, vergrößern; stärken, kräftigen; nutzbar machen, fördern, erschließen; ausarbeiten, auswerten, ausbauen *fig*; (*Krankheit*) sich zuziehen; (*Gewohnheit*) annehmen; *math* entwickeln (nach) aufdecken, enthüllen, bekanntgeben; deutlicher, genauer erklären, ausführlich darlegen; zu Tage, ans Licht bringen; *itr* sich entwickeln (*from* aus; *into* zu); sich entfalten, größer, stärker, kräftiger werden; entstehen; heranwachsen; (*Krankheit*) ins akute Stadium treten, zum Ausbruch kommen; sich herausstellen, sich zeigen, bekanntwerden; **~er** [-ə] Entwickler *m a. phot*; **~ing** [-iŋ] Entwicklungs-; **~ment** [-mənt] Entwick(e)lung, Entfaltung *f*; Wachstum *n*; Ausweitung, Vergrößerung *f*, Ausbau *m*; Stärkung, Kräftigung; Nutzbarmachung, Erschließung *f*, Ausbau *m*; Ausarbeitung, Auswertung *f*; (*Krankheit*) Ausbruch *m*; Enthüllung, Bekanntgabe *f*, -werden *n*; Entwicklungsstufe *f*, -stadium *n*; Verlauf *m*; Fortschritt *m*; Ereignis *n*; Tatsache *f*; Entwicklungsergebnis *n*; *pl* Gang *m* der Ereignisse; *ribbon ~~* Stadtrandsiedlung *f*; *~~ area* Notstands-, Förderungsgebiet *n*; **~mental** [divelop'mentl] *a* Entwicklungs-, Ausbau-.

deviat|e ['di:vieit] *itr* abweichen, abgehen, sich entfernen *fig* (*from* von); (*vom Kurs*) abkommen; **~ion** [di:vi'eiʃən] *fig phys* Abweichung *f*, Abgehen; (*vom Kurs*) Abkommen *n*; (*Kompaß*) Ablenkung; *aero* Versetzung *f*; **~ionism** [di:vi'eiʃənizm] *pol* Mangel *m* an Linientreue; **~ionist** [di:vi'eiʃənist] *pol* Abtrünnige(r), Spalter *m*.

device [di'vais] Absicht *f*, Vorhaben *n*; Plan *m*, Schema *n*, Entwurf; Kunstgriff, Trick *m*; *tech* Vorrichtung, Erfindung *f*, Ding, Gerät *n*; Zeichnung *f*, Muster, Ornament; Sinnbild, Wappen *n*; Wahlspruch *m*, Motto *n*, Devise *f*; *to leave s.o. to his own ~s* jdn sich selbst überlassen.

devil ['devl] *s* Satan; Teufel *a. fig*; böse(r) Geist, Teufelskerl *m*; verteufelte Angelegenheit, dumme Sache *f*; Handlanger, *jur* Anwaltsgehilfe *m*; Würzfleisch *n*; *tech* Wolf *m*; *the D~* der Teufel; *tr* mit viel Gewürz zubereiten; *(im Wolf)* zerreißen; *Am fam* belästigen, behelligen, ärgern, necken; *itr* (als) Anwaltsgehilfe (tätig) sein; Handlangerdienste tun *(for* für); *between the ~ and the deep sea* in der Klemme; *like the ~* wie ein Wilder, Verrückter, Kümmeltürke; *to give the ~ his due* jdm sein Recht werden lassen; *to go to the ~ (sl)* vor die Hunde gehen, versumpfen; *to play the ~ with (fam)* Schindluder treiben mit; auf die Palme bringen; *to raise the ~*, *to talk of the ~ (fig)* den Teufel an die Wand malen; *the ~! (fam)* zum Teufel! *go to the ~* geh, scher dich zum Teufel! *that's the ~* das ist ärgerlich, dumm; *blue ~s (fig)* Bedrücktheit *f*; *printer's ~* Laufjunge, -bursche *m* in e-r Druckerei; *the ~ of* ein(e) verdammte(r), tolle(r); *the ~ a one* nicht einer; *the ~ to pay* das dicke Ende *(, das hinterherkommt)*; **~-fish** *zoo* Seeteufel *m*; **~-ish** ['-iʃ] *a* teuflisch, satanisch; niederträchtig, gemein; *adv fam* verdammt, mächtig, sehr; **~-may-care** *a* rücksichtslos; sorglos, unbekümmert; draufgängerisch, verwegen, burschikos; **~-ment** [-mənt] Teufelei; Gehässigkeit *f*; **~(t)ry** ['-(t)ri] Teufelswerk *n*; Teufelei, Niederträchtigkeit, Gemeinheit; Rücksichtslosigkeit *f*; Übermut *m*.

devious ['di:vjəs] vom (geraden) Wege abweichend, indirekt, gewunden, weitschweifig; irrig, unrichtig, falsch; unrechtmäßig; *(Mensch)* zwielichtig, unaufrichtig; *by ~ways (fig)* auf krummen Wegen, (auf) unrechtmäßig(e Weise); auf Abwegen; **~ step** Fehltritt *m*.

devis|able [di'vaizəbl] erdenkbar; *jur* vererbbar; **~e** [di'vaiz] *tr* aus-, erdenken, ersinnen, planen; erfinden; zuwege bringen, bewerkstelligen; *jur (Grundbesitz)* vermachen; *s* letztwillige Verfügung *f* über Grundbesitz; **~ee** [devi'zi:, divai'zi:] Erbe, Legatar, Vermächtnisnehmer *m*; **~er** [di'vaizə] Erfinder *m*; **~or** [devi'zɔ:, divai'zɔ:, -'vaizə:] Erblasser *m*.

devitalize [di:'vaitəlaiz] *tr* abtöten; schwächen, entkräften, erschöpfen.

devoid [di'vɔid]: *~ of* (völlig) ohne; entblößt von; frei, leer von; ohne, bar... *~ of fear* furchtlos, unerschrocken; *~ of sense* dumm, töricht.

devol|ution [di:və'lu:ʃən] *fig* Ab-, Verlauf; *jur* Heimfall; Erbfall, -gang; Übergang *m*, Übertragung; *parl* Überweisung; Dezentralisation *f* der Verwaltung; *biol* Entartung *f*; **~ve** [di'vɔlv] *tr* übertragen, abwälzen *(on auf)*; *itr* übergehen *(to, (up)on* auf); zufallen *(upon s.o.* jdm).

Devonian [de'vounjən] *s geol* Devon *n*; *a* Devon-.

devot|e [di'vout] *tr* widmen, weihen, hingeben, opfern; **~ed** [-id] *a* geweiht, gewidmet; voller Hingabe (*to* an), ergeben, treu; *to be ~ to s.o.* sehr an jdm hängen; **~ee** [divo(u)'ti:] (leidenschaftlicher) Verehrer, treue(r) Anhänger; tiefreligiöse(r) Mensch; religiöse(r) Eiferer, Fanatiker *m*; **~ion** [di'vouʃən] Weihe; Hingebung (*to* an); Hingabe, Ergebenheit *(for* für); Treue (*to* zu); Frömmigkeit *f*; religiöse(r) Eifer *m*; religiöse Verehrung *f*; *pl* Gebete *n pl*, Andacht *f*; **~ional** [-ʃən(ə)l] *a* andächtig, fromm; Andachts-, Gebets-.

devour [di'vauə] *tr* ver-, hinunterschlingen; *fig (mit den Augen, Buch)* verschlingen; *fig* völlig in Anspruch nehmen; vernichten, zerstören; *(Feuer)* verzehren; *to be ~ed by* erfüllt sein von; **~ing** [-riŋ] *fig* verzehrend.

devout [di'vaut] fromm, religiös, andächtig; ehrfürchtig; ernst(haft), aufrichtig, echt, tiefempfunden, innig, herzlich; **~ness** [-nis] Frömmigkeit, Religiosität; Innigkeit *f*.

dew [dju:] *s* Tau *m a. fig*; *tr* betauen; *allg* be-, anfeuchten; *wet with ~* feucht von Tau; **~-berry** *bot* Gemeine Kratzbeere *f*; **~-claw** *(Hund)* Afterklaue *f*; **~-drop** Tautropfen *m*; **~-fall** Taubildung *f*; **~-lap** *zoo* Wamme *f*; **~-point** *mete* Taupunkt *m*; **~-worm** Regenwurm *m*; **~y** ['-i] taufeucht, -frisch; glänzend; erfrischend.

dext|erity [deks'teriti] Geschicklichkeit, Gewandtheit *a. fig*; Fertigkeit, Übung; (geistige) Beweglichkeit, Klugheit *f*; **~(e)rous** ['dekst(ə)rəs] geschickt, gewandt; (geistig) beweglich; klug *(in doing s.th.* wenn er etw tut).

dextr|in(e) ['dekstrin] Dextrin *n*, (Klebe-)Stärke *f*; **~ose** ['-ous] Traubenzucker *m*, Dextrose *f*.

diabet|es [daiəˈbiːti(ː)z] *med* Zuckerkrankheit, -harnruhr *f*; **-ic** [-ik, -ˈbetik] *a* zuckerkrank; *med* Zucker-; *s* Diabetiker, Zuckerkranke(r) *m*.

diabol|ic(al) [daiəˈbɔlik(əl)] teuflisch, satanisch, **-ism** [daiˈæbəlizm] Teufelsglaube *m*, -unwesen *n*.

diaconal [daiˈækənl] *a rel* Diakonen-, Diakonen-; **-ate** [daiˈækənit, -eit] Diakonat *n*.

diacritic [daiəˈkritik] *a* diakritisch; *(Geist)* scharf, durchdringend; *med* diagnostisch; *s gram* diakritische(s), Unterscheidungszeichen *n*; **-al** [-əl] unterscheidend; Unterscheidungs-; **-mark** Unterscheidungszeichen *n*.

diadem [ˈdaiədem] Diadem *n*; Krone *f*; Blütenkranz *m*; *fig* Herrschaft, Hoheit, Würde *f*.

diagnos|e [daiəgˈnouz, ˈdaiə-] *tr med* diagnostizieren; **-is** [-ˈnousis] *pl* -es Diagnose *f*; **-tic** [-ˈnɔstik] *a* diagnostisch; *s* Diagnose *f*; Symptom *n*; *pl mit sing* Diagnostik *f*; **-tician** [-nɔsˈtiʃən] Diagnostiker *m*.

diagonal [daiˈægənl] *a* diagonal; schräg; quer; *s math* Diagonale *f*; *(~ cloth)* diagonal gestreifte(r) Stoff *m*.

diagram [ˈdaiəgræm] *s* graphische Darstellung *f*, Schaubild, Diagramm *n*; Übersichtsskizze *f*, Schema *n*, Plan *m*, Zeichnung *f*; *tr* graphisch, schematisch darstellen; skizzieren; **-matic (-al)** [daiəgrəˈmætik(əl)] graphisch; schematisch; skizzenhaft; *~ layout, view* schematische Darstellung *f*.

dial [ˈdaiəl] *s (sun-)* Sonnenuhr *f*; *(~-plate)* Zifferblatt *n*, Skalen-, Nummernscheibe; *(Kompaß)* Rose; *tech* Zeigerplatte, Skalen-, Einstell-, Wähl-, Drehscheibe; *radio* Rundskala; *sl* Fresse *f*, Gesicht *n*; *tr tele* drehen, wählen; *radio* einstellen, abstimmen; **~ illumination** Skalenbeleuchtung *f*; **~ knob** Schaltknopf *m*; **~(l)ing** *tele* Wählen *n* der Nummer; **~ pointer** Skalenzeiger *m*; **~ reading** Skalenablesung *f*; **~-tone** *tele* Amtszeichen *n*.

dialect [ˈdaiəlekt] Dialekt *m*, Mundart *f*; **-al** [-ˈlektəl] mundartlich; Dialekt-; **-ic(al)** [-ˈlektik(əl)] *philos* dialektisch; mundartlich; **-ic(s** *pl*)[-ˈlektik(s)] *philos* Dialektik *f*; **-ician** [-ˈtiʃən] *philos* Dialektiker *m*.

dialogue, *Am a.* **dialog** [ˈdaiəlɔg] Unterhaltung *f*, Gespräch *n*; Wechselrede *f*; *lit* Dialog *m*.

dia|meter [daiˈæmitə] Durchmesser *m*, Dicke, Stärke *f*; **-metric(al)** [-æˈmetrik(əl)] diametral; genau entgegengesetzt.

diamond [ˈdaiəmənd] *s* Diamant; *(glazier's, cutting ~)* Glaserdiamant; glitzernde(r) Punkt; *math* Rhombus *m*; *(Spielkarten)* Karo *n*, Schellen *n od f pl*; *typ* Diamant *f (Schriftgrad)*; *(Baseball)* (Innen-)Spielfeld *n*; *a* diamanten, mit Diamanten besetzt; *tr* mit Diamanten besetzen; *~ cut ~* es gibt keiner dem andern etw nach; *rough ~* ungeschliffene(r) Diamant; *fig* Mensch *m* mit gutem Kern in rauher Schale; **~-anniversary, -jubilee** 60jährige(s) Jubiläum *n*; **~-cutter** Diamantschleifer *m*; **~-dust** Diamantstaub *m*; **~-point** Diamantspitze; *rail* Kreuzungsweiche *f*; **~-shaped** *a* rautenförmig; **~-stylus** Saphir *m* (e-s Grammophons); **~-wedding** diamantene Hochzeit *f*.

diapason [daiəˈpeisn] Umfang *(e-s Musikinstrumentes)*, Stimmumfang *m*; Melodie; *(Orgel)* Mensur *f*; Kammerton *m*; Stimmgabel, -pfeife *f*; *normal ~* Pariser Kammerton *m*.

diaper [ˈdaiəpə] *s* (Handtuch *n od* Serviette *f* aus) rautenförmig gemusterte(r) Leinwand *od* Baumwolle *f*; Rautenmuster *n*; Windel *f*; *tr* rautenförmig mustern; *(Kind)* trockenlegen, wickeln.

dia|phanous [daiˈæfənəs] durchscheinend, -sichtig; **-phoretic** [-æfəˈretik] schweißtreibend(es Mittel *n*).

diaphragm [ˈdaiəfræm, -frəm] *anat* Zwerchfell *n*; *allg* Trennwand; *phys tele* Membran; *phot* Blende *f*; Pessar *n*, Mutterring *m*; **~ setting** Blendeneinstellung *f*.

diar|ist [ˈdaiərist] Tagebuchschreiber *m*; **-ize** [-ˈraiz] *itr* Tagebuch führen; *tr* ins Tagebuch eintragen; **-y** [-ri] Tagebuch *a. com;* com Journal *n*, Agenda *f*; *(pocket)* ~~ Taschenkalender *m*; *travel(l)ing* ~~ Reisetagebuch *n*.

diarrh(o)ea [daiəˈriə] *med* Durchfall *m*.

dia|stole [daiˈæstəli] *physiol* Ausdehnung *f* des Herzens; **-thermy** [-əˈθəːmi] *med* Diathermie *f*; **-thesis** [-ˈæθisis] Diathese; **-tom** [ˈdaiətəm, -tɔm] *bot* Kieselalge, Diatomee *f*; **-tonic** [-əˈtɔnik] *mus* diatonisch; **-tribe** [ˈdaiətraib] Schmähung, Verleumdung; heftige Kritik *(on* an); Schmähschrift *f*.

dib [dib] Spielmarke *f*; *pl* Kinderspiel *n* mit Kieselsteinen *od* Knöchelchen; *pl sl* Moos, Geld *n*.

dibble [ˈdibl] *s* Pflanz-, Setzholz *n*; *tr itr* (junge Pflanzen) setzen, stecken.

dice [dais] *s pl (sing: die)* Würfel *m pl*, *(als sing gebraucht)* Würfelspiel *n*; *itr* würfeln; *fam* knobeln; *tr* ver-

spielen; in Würfel schneiden; würfeln, karieren, schachbrettartig mustern; **~-box** Würfel-, *fam* Knobelbecher *m*; **~r** ['ə] Würfelspieler *m*; *sl* Melone *f* (*Hut*); **~y** ['-i] *fam* riskant.

dich|otomy [di'kɔtəmi] *bot zoo* Zweiteilung, Gabelung *f*; *fig* Zwiespalt *m*; **~romatic** [daikro(u)'mætik] zweifarbig.

dick [dik] Bursche, Kerl; *Am sl* Detektiv, Schupo *m*; *to take o.'s ~* (*sl*) steif u. fest, felsenfest behaupten.

dickens ['dikinz] *fam* Teufel *m*; *what the ~!* was zum Teufel!

dicker ['dikə] *s* zehn (Stück) (*bes. Häute*); *Am* (Tausch-)Handel *m*; *sl* Wörterbuch *n*; *itr Am* handeln, schachern; (Tausch-)Handel treiben.

dick(e)y ['diki] *s fam* Esel *m*; (*~-bird*) Vöglein, Vögelchen *n*; Hemdbrust *f*; (Blusen-)Einsatz *m*; Lätzchen *n*; Schürze *f*; (*~-box*) Kutschbock; Bedientensitz; *mot* Notsitz *m*; *a sl* (*dicky*) kränklich; *fig* wackelig.

dicotyledon ['daikɔti'li:dən] *bot* Dikotyledone *f*, Blattkeimer *m*.

dictaphone ['diktəfoun] Diktaphon *n*.

dictat|e [dik'teit] *tr* (*Text, Worte*) diktieren; ausdrücklich befehlen, vorschreiben, auferlegen; *itr* diktieren; befehlen; *s* ['dikteit] Diktat *n*, Befehl *m*, Gebot *n*, Vorschrift, (strikte) Anordnung, Anweisung *f*; **~ion** [-'teifən] Diktat *n*; Herumkommandieren *n*; (Erteilung *f* e-s) Befehl(s) *m*, (Erlaß *m* e-r) Vorschrift, (Geben *n* e-r) Anordnung *f*; *to take a ~~* ein Diktat aufnehmen; *to write at s.o.'s ~* nach jds Diktat schreiben; **~or** [-'teitə] Diktator *m*; **~orial** [-tə'tɔ:riəl] diktatorisch, autoritär, autoritativ, gebieterisch, befehlend; **~~ power** diktatorische Gewalt *f*; **~orship** [-'teitəfip] Diktatur *f*.

diction ['dikfən] Ausdruck(sweise *f*) *m*, Redeweise *f*, Stil *m*, Sprachform, Sprache *f*; *poetic ~* dichterische Sprache *f*; **~ary** [-(ə)ri, *Am* -neəri] Wörterbuch, Lexikon *n*; *pocket ~~* Taschenwörterbuch *n*.

dictum ['diktəm] *pl a. -ta* [-tə] (Aus-)Spruch *m*; Redensart; amtliche Verlautbarung; *jur* richterliche Feststellung *f*.

didactic(al) [di'dæktik(əl)] *a* belehrend, unterrichtend, didaktisch; Lehr-, Unterrichts-; lehrhaft *a. pej*; *pej* schulmeisterlich, pedantisch; *s pl mit sing* Didaktik *f*.

diddle ['didl] *fam itr* schwindeln; *Am sl* zappeln; *tr* beschwindeln, anführen; (*Menschen*) ruinieren; (*Zeit*) verplempern, vertrödeln.

dido ['daidou] *Am fam* (übler) Streich *m*, Posse(n *m*) *f*, Trick *m*.

didy, didie ['daidi] *Am fam* Windel *f*.

die [dai] **1.** *itr ppr dying, pret, pp died* sterben (*of* an; *from, of,* through an, durch; *by* durch; *with, of* vor; *for* für, um ... willen); versterben, verscheiden, das Zeitliche segnen; sein Leben lassen *od* hingeben (*for* für); dahinschwinden, nachlassen, schwächer werden, vergehen, verwelken, verdorren, absterben; erlöschen, eingehen; zu Ende gehen, aufhören, untergehen; gleichgültig werden (*to s.o.* jdm); *fam* den sehnlichen Wunsch haben (*to* zu); vor Sehnsucht vergehen, verschmachten (*for* nach); *rel (geistig)* sterben; (*Motor*) absterben; *to ~ in o.'s bed* e-s natürlichen Todes sterben; *to ~ a beggar* als Bettler sterben; *to ~ in o.'s boots, shoes* e-s gewaltsamen Todes sterben; *to ~ a dog's death* wie ein Hund krepieren; *to ~ in the last ditch* nach verzweifelter Gegenwehr fallen; *to ~ game* im Kampf fallen; *to ~ hard* sich bis zum äußersten wehren; ein zähes Leben haben; *to ~ in harness (fig)* in den Sielen sterben; *to ~ (of) laughing, with laughter* sich totlachen (wollen), sich biegen vor Lachen; *to ~ young* jung sterben; *never say ~!* nur nicht verzweifeln! nicht unterkriegen lassen! *I'm dying to* ich brenne darauf, zu; ich möchte furchtbar gern; *to ~ away* nachlassen, schwächer werden, (ver)schwinden, vergehen, verhallen; *to ~ back (Pflanze)* absterben, verdorren, (ver)welken; *to ~ down* schwächer werden, allmählich erlöschen, nachlassen; (*Pflanze*) absterben; (*Feuer*) verlöschen, ausgehen; (*Aufregung*) sich legen; *to ~ off* weg-, aus-, einer nach dem andern sterben; *to ~ out* aussterben, erlöschen; **~~-away** *a* schmachtend, sehnsuchtsvoll; **~~hard** *a* zähe(r), *fig* verbissene(r), hartnäckige(r) Mensch; zähe(r), unnachgiebige(r) Politiker; *pol* Unentwegte(r), Extremist; Konservative(r) *m*; **2.** *s pl dice* Würfel *m* (*bes. zum Spielen*); *pl dies m arch* Platte *f*; *tech* (Präg-)Stempel *m*; Kokille; Schneidbacke; Prägeplatte; Matrize; Gußform *f*; Gesenk *n*; *tr* (*ppr dieing*) stempeln, formen, schneiden; *to be upon the ~* auf dem Spiele stehen; *the ~ is cast* die Würfel sind gefallen, die Sache ist entschieden; *straight as a ~* kerzenge(e)rade; **~ casting** *tech* Kokillen-, Spritzguß *m*; **~-steel** Werkzeugstahl *m*.

dielectric [daii'lektrik] *a el* dielektrisch, isolierend; *s* Dielektrikum *n*; **~ resistance** Isolationswiderstand *m*; **~ strength** Durchschlagsfestigkeit *f*; **~ test** Spannungsprüfung *f*.

Diesel ['di:zəl] ~ **engine, motor** Dieselmotor *m*; **~ fuel** Dieselkraftstoff *m*; **~ locomotive** Diesellokomotive *f*; **~ oil** Schwer-, Dieselöl *n*; **~ tractor** Dieselschlepper *m*.

diet ['daiət] **1.** *s* Speise, Kost, Nahrung, Ernährung(sweise); (geregelte) Lebensweise; Diät, Kranken-, Schonkost *f*; Heilfasten *n*; *itr* diät leben; *tr* auf Diät setzen; *to keep to a strict ~* strenge Diät einhalten; *he is on a ~* er lebt diät; **2.** Versammlung, Konferenz *f*, Konvent *m*, Tagung *f*; Parlament *n*, Land-, Bundes-, Reichstag *m*; **~ary** ['-əri] *s* Diät, geregelte Lebensweise *f*; Diätzettel *m*, -vorschrift *f*; Tagessatz *m*, Ration *f*; Speisezettel *m*; *a u.* **~etic(al)** [daii'tetik(əl)] diätetisch, Diät-; **~etics** [daii'tetiks] *pl mit sing* Ernährungswissenschaft, Diätetik *f*; **~itian, ~ician** [daii'tiʃən] Diätfachmann; Diätkoch *m*, -köchin; Diätschwester *f*; **~ kitchen** Diätküche *f*.

differ ['difə] *itr* verschieden sein (*in* in); sich unterscheiden, abweichen (*from* von); sich widersprechen; verschiedener, entgegengesetzter Meinung sein (*on* über; *from*, *with* als); nicht übereinstimmen (*with* mit); ausea.gehen; (sich) streiten; *to agree to ~* bei s-r Meinung bleiben; *I beg to ~* Verzeihung, da bin ich anderer Ansicht; **~ence** ['difrəns] Unterschied *m*, Differenz *a. math*; Verschiedenheit, Unterschiedlichkeit *f*; Unterscheidungsmerkmal *n*; Meinungsverschiedenheit *f*; Streit, Konflikt *m*; *with the ~ that* mit dem Unterschied, daß; *to make a ~* e-n Unterschied machen (*between* zwischen); *to make up, to settle a ~* e-n Streit beilegen *od* schlichten; *to split the ~* den Rest teilen; e-n Kompromiß schließen; *I can't see much ~* ich sehe keinen großen Unterschied; *it's the same ~ (Am)* das ist Jacke wie Hose; *it won't make much ~, whether* es macht keinen großen Unterschied, nicht viel aus, ob; *does it make any ~ if* macht es was aus, wenn; *what's the ~? (fam)* was macht das schon? *~ in age* Altersunterschied *m*; *~ of opinion* Meinungsverschiedenheit *f*; *~ in price* Preisunterschied *m*; **~ent** ['-rənt] ander, anders (*from*, *to*, (*obs u. Am*) *than* als), verschieden (*from*, *to*, (*obs u. Am*) *than* von); mannigfach, -faltig; andersartig; *fam* nicht alltäglich, ungewöhnlich; *in a ~ way than* anders als; **~ential** ['-'renʃəl] *a* unterschiedlich, verschieden; gestaffelt; differenziert; unterscheidend, Unterscheidungs-; *math tech* Differential-; *s math* Differential; (*~ gear*) *mot* Differential-, Ausgleichsgetriebe *n*; *~ calculus, coefficient od quotient, equation (math)* Differentialrechnung *f*, -quotient *m*, -gleichung *f*; *~ connection* Differentialschaltung *f*; *~ cost* Grenzkosten *pl*; *~ price* Preisspanne *f*; *~ tariff* Differential-, Staffeltarif *m*; **~entiate** ['-'renʃieit] *tr* verschieden, anders machen *od* gestalten; differenzieren *a. math*; unterscheiden (*from* von); *itr* sich unterscheiden, abweichen; sich verschieden, anders (weiter)entwickeln, sich entfernen (*from* von); **~entiation** [-renʃi'eiʃən] Differenzierung, Abstufung; Unterscheidung, Abweichung; *biol* getrennte, abweichende Entwick(e)lung *f*; *math* Differenzieren *n*.

difficult ['difikəlt] schwer, schwierig (*zu tun*); (*Mensch*) schwierig, anspruchsvoll, nicht leicht zu befriedigen(d), zu lenken(d); eigensinnig; (*Lage*) schwierig, heikel; *~ of access* schwer zugänglich; **~y** ['-i] Schwierigkeit (*in walking* beim Gehen); schwierige Angelegenheit, Verlegenheit; *pl* Notlage *f*; *with ~* mit Mühe; *without much ~* unschwer, leicht *adv*; *to be in ~ies* Schwierigkeiten haben; in Verlegenheit, in Geldnöten sein; *to bridge, to overcome, to surmount ~ies* Schwierigkeiten überwinden; *to make ~ies* Schwierigkeiten machen *od* bereiten; Einwände erheben; *to work under ~ies* unter schwierigen Umständen arbeiten.

diffiden|ce ['difidəns] Mangel *m* an Selbstvertrauen (*in* zu); Schüchternheit, (zu große) Bescheidenheit *f* (*in doing* zu tun); **~t** [-t] ohne Selbstvertrauen; zaghaft, schüchtern, (zu) bescheiden; *to be ~* kein Selbstvertrauen haben (*about doing s.th.* etw zu tun).

diffract [di'frækt] *tr* zerbrechen; (*Licht*) zerlegen, brechen, beugen; **~ion** [-kʃən] *phys* Farbenzerstreuung, Dispersion; Zerlegung, Beugung, Brechung *f*.

diffus|e [di'fju:z] *tr* ausgießen; aus-, ver-, zerstreuen; aus-, verbreiten; *phys chem* mischen; *itr* sich zerstreuen, sich aus-, verbreiten; diffundieren;

diffuseness   270   **dilapidation**

(*through* durch; *to* nach); weitschweifig reden; *a* [-s] weitschweifig, langatmig, wortreich; unscharf, diffus; wirr; **~eness** [-snis] Weitschweifigkeit *f*; **~ion** [-ʒən] Zerstreuung, Aus-, Verbreitung; *phys chem* Mischung, gegenseitige Durchdringung; *opt* Diffusion; Streuung, Unschärfe *f*; Wortreichtum *m*, Weitschweifigkeit, Langatmigkeit; *fig* Zersplitterung *f (der Kräfte)*; **~ive** [-siv] sich aus-, verbreitend; zerstreut, ausgebreitet, verbreitet; diffundierend; streuend; weitschweifig, langatmig.

dig [dig] *irr dug, dug tr* (aus-, um)graben, (durch-, um)wühlen; *(Graben)* ausheben; ernten (*potatoes* Kartoffeln); stoßen, drücken, bohren, wühlen, puffen, knuffen, stoßen, schubsen; *fig* stöbern, suchen nach, heraussuchen; herausarbeiten; herausbekommen, *fam* -kriegen, ausfindig machen, aufdecken; *sl* kapieren, begreifen, verstehen; *sl* verhohnepipeln; *sl* bemerken, (gespannt) zuhören (*s. th.* dat); *itr* graben, wühlen; *min* schürfen, muten; ein Loch machen (*in* in); stöbern, suchen (*for* nach); *fam* wohnen, hausen; *Am* schuften, pauken, ochsen, büffeln; *to ~ s.o. the most (fam)* sich mit jdm glänzend verstehen; *s* Graben, Wühlen *n*; *fam* Puff, Stoß; *Am sl* Büffler; *fam* (Seiten-)Hieb (*at* auf), Stich *m*, bissige, boshafte Bemerkung (*at* gegen); *Am sl* Büffler *m*; *pl fam Br* Bude *f*, möblierte(s) Zimmer *n*; *~ in the ribs* Rippenstoß *m*; *to ~ in* ein-, vergraben; *Am fam* schuften; *(Dünger)* untergraben; *(beim Essen)* zugreifen, zulangen; *mil (to ~ o.s. in)* sich eingraben, sich verschanzen; *fig* sich vergraben in; *to ~* **into** eindringen in; *fig fam* sich hineinwühlen, sich hineinarbeiten in; *to ~* **out** ausgraben; herausbekommen, aufdecken; *to ~* **up** um-, ausgraben *a. fig*; aufstöbern, aufdecken, ausfindig machen, herausbekommen.

digest [di-, dai'dʒest] *tr* verdauen; *chem* digerieren, auslaugen, ziehen; *fig*, ganz, völlig durchdenken, geistig verarbeiten, in sich aufnehmen; ertragen, aushalten, verwinden, hinnehmen; ordnen, (systematisch) zs.fassen; *itr* verdauen; sich verdauen lassen; die Verdauung fördern; *chem* sich auflösen; *s* ['daidʒest] Zs.fassung *f*, Abriß *m*; Besprechung, Zs.stellung, Übersicht, Synopse *f*; Kompendium *n*; Sammlung *f* von Gerichtsentscheidungen; *the D~(s pl)* die Digesten, die Pandekten

pl; **~ible** [-ibl] (leicht)verdaulich; **~ion** [-ʃən] Verdauung; *chem* Digestion; Aufnahme *(e-s Gedankens)*, (geistige) Verarbeitung *f*; *easy of ~~* leichtverdaulich; **~ive** [-iv] *a* Verdauungs-; auslaugend, digestiv; *a s* verdauungsfördernd(es Mittel *n*); *~~ tract* Verdauungsapparat *m*; *~~ trouble* Verdauungsstörungen *f pl*.

digg|er ['digə] Gräber *m*; Grabwerkzeug *n*; Bagger *m*; (*~~ wasp*) *zoo* Grabwespe *f*; *Am sl* Taschendieb; *sl* Kumpan; *sl* Australier *m*; *gold-~~* Goldgräber *m*; **~ings** [-iŋz] *pl* Ausgrabene(s) *n*, Bodenfunde *m pl*; Grabungsstelle *f*; Erdarbeiten *f pl*; (bes. Gold-)Mine *f*, Bergwerk *n* (*oft mit sing*); *sl* Hütte, Bude *f*, Bau *m*.

digit ['didʒit] Finger *m*, Zehe; Fingerbreite; Dezimalstelle, Ziffer *f*, Einer; astronomische(r) Zoll *m* (¹/₁₂ *Sonnen- od Monddurchmesser*); **~al** ['-l] *a* Finger-; mit Fingern versehen; fingerartig; *s* Finger *m*; Taste *f*; *~~ computer* Ziffernrechner *m*; **~alis** [-'teilis] *bot* Fingerhut *m*; *pharm* Digitalis *f*; **~ate** ['-it, '-eit], **ated** ['-eitid] *a zoo* mit Fingern *od* Zehen versehen; fingerartig; *bot* fingerförmig (geteilt); **~igrade** ['-igreid] *s zoo* Zehengänger *m*; *a* auf (den) Zehen gehend.

dignif|ied ['dignifaid] *a* würdig; würdevoll, erhaben; stattlich, ansehnlich; **~y** ['-ai] *tr* mit e-r Würde bekleiden, auszeichnen, ehren; e-n hochtrabenden Namen geben (*s.th.* e-r S); herausstreichen, beschönigen; *fam* schmücken, verzieren, verschönern (*with* mit).

dignit|ary ['dignitəri] (bes. kirchlicher) Würdenträger *m*; **~y** ['-i] Würde *f*, hohe(r) Rang; Adel *m*, Erhabenheit *f*; würdevolle(s) Auftreten *n*; *beneath s.o.'s ~~* unter jds Würde; *to stand (up) on o.'s ~~* sich nichts vergeben.

digress [dai-, di'gres] *itr* (*vom Thema, in der Rede*) abschweifen (*from* von; *into* in); **~ion** [-ʃən] Abschweifung *f*; **~ive** [-iv] ausweichend, abschweifend.

dihedral [dai'hi:drəl] zweiseitig, diedrisch; V-förmig; *~* **angle** V-Winkel *m*.

dike [daik] *s* (Wasser-)Graben; Deich; Damm; (*niedriger*) (Erd-, Stein-)Wall *m*; Schranke *f*, Hindernis *n*; *geol* Ader *f*, Gangstock *m*; *tr* eindeichen, -dämmen; **~~reeve** Deichgraf *m*.

dilapidat|e [di'læpideit] *tr itr* verfallen, baufällig werden (lassen); heruntergekommen (lassen); einreißen *tr fig* zerrütten, vergeuden; **~ed** [-id] *a* (halb) verfallen, baufällig; **~ion** [-'deiʃən]

dilatability   271   **din**

Verfall *m*; Baufälligkeit; *fig* Zerrüttung, Vergeudung *f (e-s Vermögens)*.
dilat|ability [daileitə'biliti, di-] Dehnbarkeit *f*; **~able** [dai'leitəbl] dehnbar; **~ation** [dailei'teiʃən, -lət-] (Aus-)Weitung, Erweiterung, (Aus-)Dehnung, (An-)Schwellung; *med* Erweiterung *f*; *cardiac* **~~** Herzerweiterung *f*; **~e** [dai'leit, di-] *tr* weiten, erweitern, weiter machen, (aus)dehnen; *itr* sich weiten, sich erweitern, weiter werden; sich (aus)dehnen, (an)schwellen; weitläufig reden, sich weitläufig verbreiten, viel sagen *od* schreiben *(upon, on* über); **~ed** [dai'leitid] *a med* aufgetrieben; **~ion** [dai'leiʃən, di-] = **~ation**; **~or** [dai'leitə] Ausweiter; *anat* Dilatator *m (Dehnmuskel)*; *med* Erweiterungssonde *f*.
dilator|iness ['dilətərinis] Säumigkeit, Saumseligkeit, Langsamkeit *f*; **~y** ['-i] hinhaltend, dilatorisch, verzögernd, aufschiebend; säumig, saumselig.
dilemma [di'lemə, dai-] Dilemma *n*, Zwangslage, Verlegenheit, fam Klemme *f*; *on the horns of a ~* in der Klemme, vor e-r schwierigen Entscheidung.
dilettant|e [dili'tænti] *pl a.* **-i** [-i:] *s* (Kunst-)Liebhaber; Dilettant, Stümper *m*; *a u.* **~ish** [-iʃ] dilettantisch; stümperhaft; **~ism** [-izm] Dilettantismus *m*; Stümperei *f*.
diligen|ce ['dilidʒəns] Fleiß *m*; Sorgfalt, -samkeit, Gewissenhaftigkeit; Beharrlichkeit *f*; dauernde Bemühungen *f pl*; *hist* Postkutsche *f*; **~t** ['-ənt] fleißig, sorgfältig, -sam, emsig; gewissenhaft.
dill [dil] *bot* Dill *m*; **~ pickle** (mit Dill gewürzte) saure Gurke *f*.
dilly [dili] *Am sl* Pfundssache; Schönheit *f*, Star *m*; **~-dally** ['dilidæli] *itr fam* (herum)trödeln, bummeln, zögern.
diluent ['diljuənt] *a s* verdünnend(es), auflösend(es Mittel *n*).
dilut|e [dai'l(j)u:t, di-] *tr* verdünnen *(to* auf); verwässern *a. fig*; *fig* abschwächen, verringern, mildern; *a u.* **~ed** [-id] *a* verdünnt; verwässert *a. fig*; *(Farbe)* abgestumpft; *fig* abgeschwächt, verringert; **~ee** [-'ti:] Aushilfe *f*; angelernte(r) Arbeiter *m*; **~ion** [dai'l(j)u:ʃən, di-] Verdünnung, Verwässerung *a. fig*; *fig* Abschwächung, Verringerung *f*.
diluvi|al [dai'l(j)u:vjəl, di-], **~an** [-ən] *a* (Sint-)Flut-; *geol* diluvial; **~um** [-əm] *geol* Diluvium *n*.
dim [dim] *a* trübe, matt; düster; *(Licht, Augen, Sehkraft)* schwach; undeutlich, verschwommen; *(Erinnerung)* blaß, dunkel, unklar; *fam fig* schwer von Begriff; *fig* blaß; *itr* trübe, dunkel, undeutlich, unklar(er) werden; *tr* trüben; verdunkeln; *(Licht)* abblenden; *(Scheibe)* sich beschlagen; *to ~ o.'s lights (mot)* abblenden; *to take a ~ view of s.th.* in e-r S (sehr) schwarzsehen; pessimistisch, skeptisch sein; **~mer** ['-ə] Abblendschalter *m*, -vorrichtung *f*; **~ness** ['-nis] Mattheit; Undeutlichkeit, Verschwommenheit; Dunkelheit *f*; **~-out** *Am* Teilverdunkelung *f*; **~wit** ['-wit] *sl* Dussel, Depp *m*; **~witted** *a sl* doof, blöd(e).
dime [daim] *Am* Zehncentstück *n*; *attr* Spar-, billig; *a ~ a dozen (fam)* in rauhen Mengen, massenhaft; (spott)billig; **~ edition** billige, Taschenbuch-Ausgabe *f*; **~ novel** (billiger) Schundroman *m*; **~ store** Einheitspreisgeschäft *n*.
dimension [di'menʃən, dai-] *s* Dimension *a. math*, Abmessung; Ausdehnung *f*, Umfang *m*, Größe *f*, Ausmaß *n*, Grad *m*; Bedeutung *f*; *pl* (Aus-)Maße *n pl*, Größe *f*; *tr* bemessen, dimensionieren; *of great ~s* von großen Dimensionen, sehr groß; **~al** [-l] ausgedehnt; dimensional; *three-~~* dreidimensional.
dimin|ish [di'miniʃ] *itr* sich vermindern, sich verringern; kleiner, weniger werden; abnehmen *(in* an); nachlassen; *tr* vermindern, verringern; kleiner machen, herabsetzen; *tr itr arch* (sich) verjüngen; **~ution** [-'nju:ʃən] Verminderung, Verringerung, Verkleinerung; Abnahme *f (in* an), Nachlassen *n*; *arch* Verjüngung *f*; **~utive** [di'minjutiv] *a* sehr klein, winzig; verkleinernd; *gram* Diminutiv-, Verkleinerungs-; *s* kleine(s) Kerlchen; winzige(s) Ding *n*; *gram* Verkleinerungsform *f*, Diminutivum *n*.
dimissory [di'misəri] *a* Entlassungs-.
dimity ['dimiti] geköperte(r) Barchent *m*.
dimpl|e ['dimpl] *s* Grübchen *n (in der Haut)*; flache Mulde *f (im Boden)*; *(Wasser)* Kräuseln *n*; kleine Welle *f*; *(Wasserfläche)* (sich) kräuseln; *itr* Grübchen bekommen; **~ed**, **~y** ['-d, '-i] *a* mit flachen Vertiefungen, mit Grübchen.
din [din] *s* Lärm *m*, Getöse *n*, Tumult *m*; *tr fig* dauernd wiederholen, unausgesetzt vorpredigen, einhämmern, eintrichtern, einbleuen *(into s.o.* jdm); *itr* lärmen, tosen, toben; *(in den Ohren)* tönen, klingen; *to ~ s.th. into*

s.o.'s ears jdm mit etw dauernd in den Ohren liegen; *to kick up a ~ (fam)* Krach schlagen.
din|e [dain] *itr* (zu) Mittag essen, speisen, dinieren; *(Gäste)* fassen; *tr* zum (Mittag-)Essen einladen, *(mit e-m Mittagessen)* bewirten; *to ~~ off, on s.th.* etw zu Mittag essen; *to ~~ out* außer (dem) Haus(e), auswärts (zu Mittag) essen; *to ~~ with Duke Humphrey* nichts zu essen haben; **~er** ['-ə] Mittags-, Tischgast; *Am rail* Speisewagen *m*; *Am* kleine(s) Speiselokal *n*; *~~-out* jem, der oft auswärts ißt *od* zum Essen eingeladen wird; Schmarotzer *m*; **-ette** [-'net] *Am* Eßnische, -ecke *f*; **~ing** ['-iŋ]; *~~-car (rail)* Speisewagen *m*; *~~-room* Eß-, Speisezimmer *n*; *~~-table* Eßtisch *m*.
ding [diŋ] *itr (Glocke)* schlagen, läuten; *fam* dauernd vorpredigen; *Am sl* betteln; *tr fam* einzureden suchen (*s.th. into s.o.* jdm etw); *~~ into s.o.* gegen jdn stimmen; *s* Glockenschlag *m*, -läuten *n*; **-bat** ['-bæt] *Am sl* Dingsda *n*, Vorrichtung *f*; Gegenstand; Bettler *m*; **--dong** ['diŋ'dɔŋ] *interj* bimbam; *s* Bimmeln, Geläut, Läuten *n*; (dreieckiger) Gong *m*; *a fam* (Kampf) umstritten, heiß, mit wechselndem Glück; *adv* absichtlich; heftig; *~ how Am sl adv* in Ordnung.
dinghy, dingey, *a.* **dingy** [ˈdiŋgi] Beiboot *n*; *collapsible ~* Faltboot *n*; *rubber ~* Schlauchboot *n*.
ding|iness ['dindʒinis] schmutzige(s) Farbe *f od* Aussehen *n*; **-y** ['-i] schmutzfarben, schmutzig(braun, -gelb), schmierig, trüb(e).
ding|le ['diŋgl] Waldtal *n*, (baumbestandene) Schlucht *f*; **-o** ['-ou] australische(r) Wildhund *m*; **-us** ['-əs] *Am sl* Dingsda *m*; (Herr) Soundso *m*.
dink|ey ['diŋki] *Am* Boot *n*; (Rangier-)Lokomotive *f*; kleine(r) Straßenbahnwagen *m*; **-um** ['-əm] *a (Australien)* zuverlässig, anständig; hübsch; *s* australische(r) Soldat *m*.
dinky ['diŋki] *a fam* hübsch, nett, süß, reizend, entzückend; *Am sl* puppig, klein; nebensächlich, unwichtig.
dinner ['dinə] (Mittag-, Abend-)Essen *n*, Hauptmahlzeit *f*; Diner *n*; Festessen *n*; *after ~* nach Tisch; *at ~* beim (Mittag-)Essen, bei Tisch; *for ~* zum (Mittag-)Essen; *to ask to ~* zum (Mittag-)Essen einladen, zu Tisch laden; *~ is served* bitte, zu Tisch! **--bell** Tischglocke *f*; **~ card** Tischkarte *f*; **--dress** Nachmittags-, Cocktailkleid *n*; **~-hour, -time** Essenszeit *f*; **--jacket** Smoking *m*; **--pail** *Am* Essenträger *(der Arbeiter)*, Eß-, *fam* Picknapf *m*; **--party** Tisch-, Abendgesellschaft *f*; **--service, -set,** *(Am)* **--ware** Eßservice, Tafelgeschirr *n*; **--suit** Gesellschaftsanzug *m*; **--table** Eßtisch *m*; **--wag-(g)on** Tee-, Servierwagen *m*.
dinosaur ['dainəsɔ:] *zoo* Dinosaurier *m*.
dint [dint] *s* Druckstelle, Beule, Einkerbung, Kerbe *f*; *tr* eindrücken, einbeulen, (ein)kerben; *by ~ of* (ver)mittels, mit Hilfe, kraft *gen*, durch.
dioces|an [dai'ɔsisən] *a rel* Diözesan-; *s* (Diözesan-)Bischof *m*; **-e** ['daiəsi(:)s] Diözese *f*.
diode ['daioud] Diode, Zweipolröhre *f*; *~ detector, rectifier* Gleichrichterdiode *f*.
diopt|er [dai'ɔptə] *opt* Dioptrie *f*.
diorama [daiə'ra:mə] Diorama, Schaubild *n*, Guckkasten(bild *n*) *m*.
diorite ['daiərait] *geol* Diorit *m*.
dioxide [dai'ɔksaid] *chem* Dioxyd *n*; *carbon ~* Kohlendioxyd *n*.
dip [dip] *tr* (kurz) (ein-, unter)tauchen, (ein)tunken *(in* in); stecken *(into* in); durch Untertauchen taufen; *(Schafe)* in e-r desinfizierenden Flüssigkeit waschen; *(in e-m Farbbad)* färben; *(Kerzen)* ziehen; *(Fahne)* senken, *mar* dippen; galvanisieren; *mot (Licht)* abblenden; *(to ~ up)* schöpfen, heraus-, hervorholen; *fam* in Schulden stürzen; *itr* (kurz) (ein-, unter)tauchen; (plötzlich) fallen, (ab)stürzen, purzeln; *geol* einfallen; *(to ~ down)* sich neigen, sich senken; greifen *(into s.th.* in etw; *for s.th.* nach etw); herumstöbern, -suchen, *fam* -schnuppern *(into* in); durchblättern, flüchtig lesen *(into a book* ein Buch); *s* (Ein-, Unter-)Tauchen; Bad; (Wasser-, Farb-)Bad; Tauch-, Schöpfgerät *n*; gezogene Kerze *f*; flüchtige(r) Blick *m* *(into* in); *aero* Durchsacken *n*; Neigung; Senke, Mulde; *geol* Neigung(swinkel *m*) *f*; *min* Einfallen *n*; *phys* Inklination; *(Feldmessung, mar)* Kimmtiefe *f*; *fam* Tunke, Soße *f*; *sl* Taschendieb *m*; *at the ~* auf Halbmast; *to have, to take, to go for a ~* baden gehen; *to ~ into o.'s savings* die Ersparnisse angreifen; *to ~ o.'s hand into o.'s purse* tief in die Tasche greifen, viel Geld ausgeben; **-per** ['-ə] Taucher *a. orn*; Wiedertäufer, Baptist; Färber; Schöpfer *(Arbeiter)*; Schöpflöffel *m*, -kelle *f*; *mot* Ölschöpfer; *mot* Abblendschalter *m*; *orn* Tauchente *f*; *the Big, Little D~~ (Am astr)* der Große, Kleine Bär;

dipping 273 **directory**

~ping ['·iŋ] s Eintauchen n; **~py** ['·i] sl plemplem, meschugge, verrückt; **~~dro** ['·drou] Am sl fig Wetterfahne f; **~stick** mot Ölmeßstab m.

diphtheria [dif'θiəriə, dip-] med Diphtherie f.

diphthong ['difθɔŋg, dip-] Diphthong, Doppel-, Zwielaut m; **~al** [dif'θɔŋgəl] diphthongisch; **~ize** ['·aiz] tr diphthongieren.

diploma [di'ploumə] Diplom n; Urkunde f; Befähigungsnachweis m; **~cy** [-əsi] pol Diplomatie f a. allg; **~t** ['diplømæt, -plo(u)m-] pol Diplomat m a. allg; **~tic** [diplə'mætik] adv **~ally** pol allg diplomatisch; gewandt, geschickt, taktvoll; through ~~ channels auf diplomatischem Wege; to break off, to sever ~~ relations die diplomatischen Beziehungen abbrechen; the ~~ body, corps das diplomatische Korps; ~~ copy originalgetreue Abschrift f; ~~ representation diplomatische Vertretung f; ~~ service Auswärtige(r) Dienst m; **~tics** s pl mit sing Diplomatik, Urkundenlehre f; **~tist** [di'ploumətist] Diplomat.

dipsomania [dipso(u)'meinjə] Trunksucht f; **~c** [-iæk] Trunksüchtige(r) m.

dipter|al, ~ous [diptərəl, -əs] bot zoo zweiflügelig.

diptych ['diptik] (Kunst) Diptychon n.

dire ['daiə], **~ful** ['·ful] schrecklich, gräßlich, scheußlich, furchtbar, fürchterlich a. fam; fam gewaltig, mächtig, groß, stark; to be in ~ need of help Hilfe dringend brauchen.

direct [di'rekt, də-, dai·] a g(e)rade, fortlaufend, ununterbrochen; unmittelbar; ohne Umweg; direkt (a. math, Steuer); gerade, offen, klar, deutlich; genau, völlig, vollkommen; adv direkt, gerade, unmittelbar; tr richten (towards auf); steuern, weisen; lenken, leiten, führen, einweisen; den Weg zeigen (to nach, zu); anweisen, anordnen, befehlen; verwalten; belehren; (Verkehr) regeln; (Aufmerksamkeit, Worte) richten (to an); (Brief) adressieren, schicken (to an); (Orchester) dirigieren, leiten; itr befehlen, anordnen; dirigieren; as ~ed laut Verfügung; in a ~ line in gerader Linie; to ~ a play Regie führen, die Leitung haben; ~ **action** Selbsthilfe f bes. pol; Streik m, Demonstration f; **~ current** el Gleichstrom m; ~ **hit** Volltreffer m; **~ion** [di'rekʃən, də-, dai·] Richtung; Gegend f; Gebiet n a. fig; Sinn m; Beziehung, Hinsicht; Leitung, Führung; Verwaltung, Geschäftsleitung, Direktion f, Vorstand m; theat film Regie; Anordnung, Anweisung, Anleitung, Einweisung; Führung, Instruktion f; pl Richtlinien f pl; pl Gebrauchsanweisung f; meist pl Adresse, Anschrift; (Artillerie) Seitenrichtung f; by ~~ of auf Anweisung, Anordnung gen; in the ~~ of in Richtung auf; in many ~~s in vieler Hinsicht; in a northerly ~~ in nördlicher Richtung; in the opposite ~~ in entgegengesetzter Richtung; in this, in every ~~ in dieser, in jeder Beziehung, Hinsicht; under the ~~ of unter Leitung gen; sense of ~~ Ortssinn m; ~~ of firing, flight, march Schuß-, Flug-, Marschrichtung f; ~~ of rotation Dreh-, Umlaufsinn m; ~~ finder Funkpeiler m; ~~ indicator (mot) Fahrtrichtungsanzeiger, Winker; aero Kurszeiger m; ~~-post Wegweiser m; ~~(s) for use Gebrauchsanweisung f; **~ional** [-ʃənl] a Richt(ungs)-; radio gerichtet, Richt-; ~~ aerial, antenna Richtstrahler m, -antenne f; ~~ controls (aero pl) Seitensteuerung m; **~ive** [·iv] a Richt(ungs)-; leitend, führend, maßgebend, -geblich; s (allgemeine An-) Weisung, Richtschnur, Direktive f; ~~ idea Leitgedanke m; ~ **labo(u)r cost** Fertigungslohn m; **~ly** [·li] adv direkt, geradewegs; unmittelbar; sofort, gleich; geradeheraus; conj fam Br ['drekli] in dem Augenblick, Moment, wo, wie, als; sobald als; **~ness** [·nis] lit fig Geradheit, Offenheit f; ~ **object** gram Akkusativobjekt n; **~or**[·ə] Direktor, Leiter; Geschäftsführer, Produktionsleiter m; Verwaltungs-, Aufsichtsratsmitglied n; theat film Regisseur m; mus Dirigent; mil Richtkreis m, Kommandogerät n; mil Manöverleiter m; tech Leitantenne f; tech Nummernspeicher m; board of ~~s Verwaltungs-, Aufsichtsrat; Vorstand m; **~ managing** ~~ Generaldirektor m; operating ~~ Betriebsleiter m; regional ~~ Bezirksleiter m; ~~ general Generaldirektor m; ~~'s fees (pl) Aufsichtsratsvergütungen f pl; **~orate** [·ərit] Stellung f als Direktor, Direktorenstelle; (Geschäfts-)Leitung f, Direktorium n, Vorstand, Verwaltungs-, Aufsichtsrat m; **~orial** [·'tɔriəl] a Direktoren-; **~orship** [·əʃip] Direktorenstelle f, Amt n, Stellung f als Direktor; under s.o.'s ~~ unter jds Leitung; **~ory** [·əri] Adreßbuch; Direktorium n, Vorstand, Aufsichtsrat m; (telephone ~~) Telefonbuch, Fernsprechverzeichnis n; trade, commercial ~~ Handels-, Branchenadreßbuch n;

directress 274 **disappoint**

~ress [di'rektris, dai-] Direktorin, Leiterin, Vorsteherin, Direktrice *f*; **~ train** durchgehende(r) Zug *m*.
dirge ['də:dʒ] Grabgesang *m*; Totenklage; Klage(lied *n*) *f*.
dirigible ['diridʒəbl] *a* lenkbar; *s* lenkbare(s) Luftschiff *n*, Zeppelin *m*.
dirk [də:k] *s* Dolch(messer *n*) *m*; *tr* erdolchen.
dirt [də:t] Schmutz, Dreck, Kot *m*; *Am* (*bes.* Garten-)Erde *f*; *pej* Land *n*; *fig pej* Dreck, Mist; (Schmutz u.) Schund *m*; Schmutzigkeit, Gemeinheit *f*; schmutzige, gemeine Reden *f pl*; *min* (*Gold*) Waschberge *m pl*; *sl* Moos *n*, Moneten *pl*, Geld *n*; *Am sl* geheime Information *f*, Tip *m*; *to do s.o.* ~ (*Am sl fig*) jdn durch den Dreck ziehen; *to eat* ~ was einstecken, ('runterschlucken (müssen)); *to fling, to throw* ~ *at s.o.* jdn in den Schmutz ziehen; *yellow* ~ Gold *n*; ~-**cheap**, *cheap as* ~ spottbillig; ~ **farmer** *Am fam* kleine(r) Farmer *m*; ~**iness** ['-inis] Schmutzigkeit, Dreckigkeit *f*; ~ **road** *Am* Feldweg *m*; unbefestigte Straße *f*; ~-**track** *sport* Aschenbahn *f*; ~ *racing* Aschenbahnrennen *n*; ~**y** ['-i] *a* schmutzig (*a. Wetter, Farbe, Bombe*), dreckig; unflätig, zotig; böse, gemein; (*Wetter*) stürmisch, windig, scheußlich; *tr* schmutzig, dreckig machen, beschmutzen, besudeln; *to do the* ~ *on s.o.* (*Br sl*) jdn gemein behandeln; *to play a* ~ *trick on s.o.* jdm e-n üblen Streich spielen; *that's a* ~ *shame!* (*Am*) das ist e-e Gemeinheit! ~ *green* schmuzziggrün; ~ *neck* (*Am sl*) Farmer; Einwanderer *m*; ~ *wash* (*Am sl*) *fig* schmutzige Wäsche *f*.
disab|ility [disə'biliti] Unfähigkeit *f*, Unvermögen *n*; Arbeits-, Erwerbs-, *jur* Geschäftsunfähigkeit; Invalidität *f*; ~ *benefit od pension, insurance* Invalidenrente, -versicherung *f*; ~**le** [dis'eibl, di'z] *tr* unfähig, untauglich, unbrauchbar machen, außerstand setzen; verstümmeln; *jur* für unfähig erklären (*from doing s.th.* etw zu tun); ~**led** [dis'eibld] *a* verkrüppelt, schwer(kriegs)beschädigt, körperbehindert, arbeits-, erwerbs-, dienstunfähig; betriebsunfähig, außer Betrieb; *mil* abgeschossen; *mar* manövrierunfähig; *seriously* ~ schwerbeschädigt; ~ *soldier* Schwerkriegsbeschädigte(r), Kriegsversehrte(r) *m*; ~**lement** [-mant] Invalidität, Arbeits-, Erwerbs-, Dienstunfähigkeit; *mil* Kampfunfähigkeit *f*; *degree of* ~ Invaliditätsgrad *m*; ~ *pension* Invalidenrente *f*.

disabuse [disə'bju:z] *tr* von s-m Irrtum befreien; von s-n falschen Vorstellungen, Ansichten abbringen; e-s Besseren belehren; aufklären (*of* über).
disaccord [disə'kɔ:d] *itr* nicht übereinstimmen (*with* mit); *s* mangelnde Übereinstimmung, Meinungsverschiedenheit *f*.
disaccustom [disə'kʌstəm] *tr* entwöhnen (*to s.th.* e-r S), abgewöhnen (*s.o. to s.th.* jdm etw).
disadvantage [disəd'va:ntidʒ] Nachteil *m*, Hindernis *n*, Behinderung *f*; Schaden, Verlust *m*; ungünstige Lage *f*; *at a* ~ im Nachteil; *to s.o.'s* ~ zu jds Nachteil; *under* ~*s* unter ungünstigen Bedingungen; *to be at a* ~ im Hintertreffen, im Nachteil sein; *to put at a* ~ benachteiligen; *to sell at a* ~ mit Verlust verkaufen; *to take s.o. at a* ~ jds ungünstige Lage ausnützen; ~**ous** [disædvɑ:n'teidʒəs] nachteilig, ungünstig, unvorteilhaft (*to* für).
disaffect|ed [disə'fektid] *a* unfreundlich (*to* gegenüber); unzufrieden (*to* mit) *bes. pol*; widerspenstig; ~**ion** ['-fekʃən] Abneigung, Unfreundlichkeit (*to* gegen); (*bes. pol*) Unzufriedenheit, Unzuverlässigkeit *f*.
disaffirm [disə'fə:m] *tr* (*Aussage*) zurücknehmen; (*Urteil*) aufheben; (*Vertrag*) zurücktreten von, anfechten.
disagree [disə'gri:] *itr* nicht übereinstimmen (*with* mit; *about* über); verschieden sein, vonea. abweichen; im Widerspruch mitea. stehen; verschiedener Ansicht, Meinung sein; nicht einverstanden, anderer Ansicht, Meinung sein (*with* als); uneins sein, streiten; schlecht *od* nicht bekommen, unzuträglich sein (*with s.o.* jdm); ~**able** [-əbl] unangenehm, widerwärtig; (*Wetter*) häßlich; (*Mensch*) unleidlich, wenig umgänglich, zänkisch, streitsüchtig; (*Sache*) unzuträglich; (*Speise*) unbekömmlich; ~**ment** [-mənt] mangelnde Übereinstimmung, Verschiedenheit; Unstimmigkeit, Mißhelligkeit; Meinungsverschiedenheit *f*, Streit *m*.
disallow [disə'lau] *tr* nicht erlauben, nicht gestatten, verhindern; *jur* nicht zulassen; nicht anerkennen, verwerfen; zurückweisen, ablehnen; (*Forderung*) bestreiten; ~**ance** [-əns] Ablehnung, Zurückweisung *f*.
disappear [disə'piə] *itr* entschwinden (*from* von, aus); ~**ance** [-rəns] Verschwinden *n*; *tech* Schwund *m*.
disappoint [disə'pɔint] *tr* enttäuschen; *s.o.* jds Erwartungen nicht erfüllen;

disappointed 275 **discharge**

sein Wort, sein Versprechen nicht halten (s.o. jdm gegenüber); im Stich lassen, *fam* e-n Strich durch die Rechnung machen (s.o. jdm); *(Absicht, Plan)* durchkreuzen, zunichte, zuschanden machen, vereiteln; **~ed** [-id] *a* enttäuscht *(in s.o.* von jdm); vereitelt; betrübt, traurig; *to be ~~* enttäuscht sein *(at, with s.th.* über etw; *in s.o.* über jdn); *I am ~~ of it* es ist mir entgangen, ich habe darauf verzichten müssen; **~ing** [-iŋ] enttäuschend; **~ment** [-mənt] Enttäuschung *f (at s.th.* über etw; *in s.o.* über jdn); Fehlschlag; Verdruß *m*.

disapprobation [disæpro(u)'beiʃən] = *disapproval*.

disapproval [disə'pru:vəl] Mißbilligung; ungünstige Meinung, Abneigung *f*; Mißfallen *n (of* über); **~e** ['disə'pru:v] *tr itr (~~ of)* mißbilligen, tadeln; ablehnen, verwerfen, zurückweisen; e-e ungünstige, schlechte Meinung haben von; **~ingly** [-iŋli] *adv* mißbilligend, ablehnend.

disarm [dis'a:m] *tr* entwaffnen *a. fig; (Bombe)* entschärfen; *fig* milde stimmen; *itr* abrüsten; **~ament** [-əmənt] Entwaffnung; Abrüstung *f;* **~~ conference** Abrüstungskonferenz *f;* **~ing** [-iŋ] *a fig* entwaffnend.

disarrange ['disə'reindʒ] *tr* in Unordnung, durcheinanderbringen; **~ment** [-mənt] Unordnung *f*, Durcheinander *n*, Verwirrung *f*.

disarray ['disə'rei] *tr* in Unordnung, durcheinanderbringen; *s* Unordnung; Verwirrung *f*.

disassemble [disə'sembl] *tr* auseinandernehmen, zerlegen, demontieren; **~y** [-i] Ausbau *m*, Demontage *f*.

disaster [di'za:stə] Unheil, Verderben, große(s) *od* plötzliche(s) Unglück *n*, Katastrophe *f (to* für); *air, railway ~~* Flugzeug-, Eisenbahnunglück *n*; **~rous** [-rəs] verheerend, schrecklich *(to* für); katastrophal, vernichtend; unglücklich, unheilvoll, verhängnisvoll *(to* für).

disavow ['disə'vau] *tr* (ab-, ver)leugnen, abstreiten; nicht gelten lassen (wollen), ablehnen, nicht anerkennen; **~al** [-ol] (Ver-)Leugnung; Ablehnung, Nichtanerkennung *f*; Dementi *n*.

disband [dis'bænd] *tr (Organisation, Gesellschaft)* auflösen; zerstreuen; *mil* entlassen, verabschieden; *itr* sich auflösen, sich zerstreuen; **~ment** [-mənt] Auflösung; Entlassung *f*.

disbar [dis'ba:] *tr (Rechtsanwalt)* aus der Anwaltschaft ausschließen.

disbelief ['disbi'li:f] Unglaube *m*, Zweifel *m pl (in* an); **~ve** [-i:v] *itr (to ~~ in)* nicht glauben (wollen) (an); *tr* an-, bezweifeln; **~ver** [-və] Ungläubige(r), Zweifler *m*.

disburden [dis'bə:dn] *tr* entlasten, erleichtern *(to s.o.* gegenüber jdm); befreien, freimachen *(of* von); *to ~ o.'s mind* sein Herz erleichtern.

disburse [dis'bə:s] *tr* auszahlen, -geben; auslegen, verauslagen, vorstrecken, vorschießen *(Einnahmen)* verwenden; **~ement** [-mənt] Auszahlung *f;* Vorschuß *m;* Verauslagung *f; pl* Auslagen, Aufwendungen *f pl;* cash ~~s (pl) Barauslagen *f pl;* dividend ~~s (pl Am) Dividendenausschüttungen *f pl;* **~ing** [-iŋ]: **~~ office** *(Am)* Zahlstelle, Kasse *f;* **~~ officer** Zahlmeister *m*.

disc *s.* **disk**.

discard [dis'ka:d] *tr (Karte, Kleider)* ablegen, abwerfen; *allg* wegwerfen, ablegen, aufgeben, beiseite legen, abtun, *fam* ausrangieren; sich lossagen, sich trennen von; *s* ['diska:d] *(Karte)* Ablegen, Abwerfen, Wegwerfen *n*, Aufgabe; abgelegte Karte(n *pl) f; fam* etwas Abgelegtes, *fam* Ausrangiertes; *Am* Abfall(-), Schutt(haufen) *m; in ~ (Am)* abgelegt, ausrangiert; *to throw into the ~ (fig Am)* zum alten Eisen werfen, *fam* ausrangieren.

discern [di'sə:n, di'z-] *tr* deutlich sehen, wahrnehmen; klar erkennen, unterscheiden; *itr* unterscheiden *(between* zwischen; *from* von); **~ible** [-əbl] wahrnehmbar; deutlich sichtbar, klar erkennbar; unterscheidbar, merkbar, -lich; **~ing** [-iŋ] scharfsinnig, verstandesscharf, tiefdringend, einsichtig; **~ment** [-mənt] Unterscheidung *f;* Scharfsinn *m*, Verstandesschärfe, Urteilskraft, -fähigkeit; Einsicht *f*, tiefe(s) Verständnis *n*.

discharge [dis'tʃa:dʒ] **1.** *tr* e-e Last abnehmen (s.o. jdm); *(Fahrzeug)* entladen; *(Ladung, Last)* ab-, ausladen; *mar* löschen; *(el, Feuerwaffe)* entladen; *(Gewehr)* abdrücken; *(Schuß)* abschießen, -feuern; abwerfen, ab-, ausstoßen; von sich geben, ausströmen lassen, abblasen; *(Eiter)* ausscheiden; *chem* ätzen; *arch (durch Druckverteilung)* entlasten; (aus dem Dienst) entlassen, abbauen; freilassen, -machen, auf freien Fuß setzen; *mil* verabschieden; ausmustern; *(des Amtes)* entheben; *mar* abmustern; *(Angeklagten)* entlasten; freisprechen; *(in e-r Kartei)* streichen;

discharger sich freimachen, befreien *(from* von); (ab)bezahlen, begleichen, tilgen; *(Wechsel)* einlösen; *(Konto)* ausgleichen; *(Vertrag)* beenden; *(Gläubiger)* befriedigen; *(Pflicht)* erfüllen; *jur (von e-r Schuld)* freisprechen; entlasten *(a bankrupt* e-n Gemeinschuldner); *(von e-r Verpflichtung)* befreien; *(from* von); *(Beschluß)* aufheben; **2.** *itr (Feuerwaffe)* sich entladen, losgehen; entströmen; *(Fluß)* sich ergießen, einmünden *(into* in); *(Wunde)* eitern; *(frische Farbe)* sich verwischen; **3.** *s* Ab-, Entladen; *mar* Löschen *n*; *(Feuerwaffe)* Entladung *f* a. el, (Ab-)Schuß *m*, (Ab-)Feuern, Feuer *n*, Salve; Explosion, Sprengung *f*; Aus-, Entströmen *n*; el Ab-, Ausfluß *m*, Schüttmenge; *chem* Ätze; Ausscheidung *f*, Eiter(ung *f*) *m*; *mil* Abschied *m*; Ausmusterung; Entlassung; Entlastung; Entbindung *f*; Freispruch; (**~** *certificate*) Entlassungsschein *m*; Bezahlung, Begleichung, Tilgung; Einlösung; Quittung; *(Vertrag)* Beendigung; *(Pflicht)* Erfüllung *f*; *in* **~** *of* zur Begleichung *gen*; in Erfüllung *gen*; **~** *centre* Entlassungsstelle *f*; **~** *pipe, tube* Abfluß(rohr *n*) *m*; **~** *spark* Entladungsfunke *m*; **~** *velocity* Ausflußgeschwindigkeit *f*; **~er** [-ə] *tech radio* Entlader; *el* Widerstandszünder; *mil aero* Abwurfbehälter *m*; **~ing** [-iŋ]: **~** *current* Entladestrom *m*; **~** *point* Entladestelle *f*.

disciple [di'saipl] Anhänger; Schüler; Jünger *m*; **~ship** [-ʃip] Anhängerschaft; Jüngerschaft *f*.

disciplin|able ['disiplinəbl] disziplinierbar; **~arian** [-'nɛəriən] *a* = **~ary**; *s* strenge(r) Zuchtmeister *m*; **~ary** [-əri] disziplinarisch; Disziplinar-; **~** *board, case, committee, court, power, proceedings* od *action* Disziplinar(straf)kammer *f*, -fall, -ausschuß *m*, -gericht *n*, -gewalt *f*, -verfahren *n*; **~** *jurisdiction* Disziplinar-, Ehrengerichtsbarkeit *f*; **~** *measures (pl)*, **~** *punishment* disziplinarische Maßnahmen *f pl*, Strafe *f*; **~** *offence* Disziplinarvergehen *n*; Dienstpflichtverletzung *f*; **~** *transfer* Strafversetzung *f*; **~e** ['disiplin] *s* Wissenszweig *m*, (Lehr-)Fach *n*; Zucht, Disziplin, (Zucht u.) Ordnung; Züchtigung, Bestrafung, Strafe; Lehr-, Unterrichtsmethode *f*; *tr* disziplinieren; *mil* drillen; schulen; *to keep, to maintain* **~** die Disziplin aufrechterhalten, die Ordnung bewahren; *breach of* **~** Disziplinarvergehen *n*; Dienstpflichtverletzung *f*; *party* **~~** *(pol)* Parteidisziplin *f*; *self-~~~* Selbstdisziplin *f*.

disclaim [dis'kleim] *tr* verzichten auf, den Anspruch aufgeben auf; (ver-)leugnen; nicht anerkennen (wollen), ab-, bestreiten, ablehnen, zurückweisen; *(Erbschaft)* ausschlagen; *(Vertrag)* anfechten; **~er** [-ə] Verzicht(leistung *f*) *m*; Aufgabe *f* e-s Anspruches; Einspruch *m*; Ablehnung, Zurückweisung, Weigerung *f*; Widerruf *m*, Dementi *n*; *(Erbschaft)* Ausschlagung *f*.

disclos|e [dis'klouz] *tr* freilegen, enthüllen, aufdecken, ans Tageslicht bringen, an den Tag legen; bekanntmachen, mitteilen, verbreiten; zeigen; **~ure** [-ʒə] Freilegung, Enthüllung, Aufdeckung; Bekanntmachung, Mitteilung *f*; Aufschluß *m*.

disco|graphy [dis'kɔgrəfi] Schallplattenverzeichnis *n*; **~phile** ['disko(u)fail] Schallplattensammler *m*.

discolo(u)r [dis'kʌlə] *tr* ent-, verfärben; fleckig machen; *itr* die Farbe verlieren; verschießen; verfärben; fleckig werden; **~ation** [-'reiʃən] Ent-, Verfärbung *f*; Fleck *m*.

discomfit [dis'kʌmfit] *tr*: *to* **~~** *s.o.* jds Pläne durchkreuzen, jds Erwartungen zuschanden machen; jdn durchea., aus der Fassung, in Verwirrung, in Verlegenheit bringen, verwirren; **~ure** [-ʃə] Enttäuschung; Verwirrung, Verlegenheit, Fassungslosigkeit *f*; Mißerfolg *m*, Niederlage *f*.

discomfort [dis'kʌmfət] *s* Un-, Mißbehagen *n*; Verdruß *m*; unangenehme Sache *f*; *pl* Beschwerden, Beschwerlichkeiten *f pl*.

discommode [diskə'moud] *tr* belästigen, Unannehmlichkeiten bereiten *(s.o.* jdm).

discompos|e [diskəm'pouz] *tr* in Unruhe versetzen, beunruhigen; verwirren; in Unordnung, durchea. bringen; **~ure** [-'pouʒə] Unruhe, Auf-, Erregung, Verwirrung; Unordnung *f*.

disconcert [diskən'sə:t] *tr* aus der Fassung, in Verlegenheit bringen, verwirrt machen; *(Plan)* durchkreuzen.

disconnect ['diskə'nekt] *tr* trennen *(from, with* von) *a. tele; tech* aus-, entkuppeln, ausrücken; unterbrechen; *rail* abhängen; *(Tau)* kappen; *(Segelflugzeug)* ausklinken; *el* aus-, abschalten; *(Wasser)* abstellen; **~ed** [-id] *a* getrennt; unzs.hängend; isoliert; **~ing** [-iŋ]: **~** Ab-, Ausschalten *n*; **~** *switch* Trennschalter *m*; **~ion**, **disconnexion** [-kʃən] Trennung; *tech* Ausrückung; *el* Abschaltung,

disconsolate

Unterbrechung; *tele* Sperre *f*; *fig* mangelnde(r) Zs.hang *m*.

disconsolate [dis'kɔnsəlit] untröstlich; mutlos, ohne Hoffnung; (tief-) betrübt, (tief)traurig; *(Sache)* trost-, freudlos; unfreundlich.

discontent ['diskən'tent] *s* Unzufriedenheit *f (at, with* mit); *tr* unzufrieden machen; **~ed** [-id] *a* unzufrieden, mißmutig, mißgestimmt *(with* mit, über); **~ment**[-mənt] Unzufriedenheit *f*.

discontinu|ance [diskən'tinjuəns], *a.* **~ation** [-'eiʃən] Unterbrechung, Beendigung, Einstellung; *jur (Verfahren)* Aussetzung *f*; Aufhören *n*; *(Zeitung)* Abbestellung *f*; **~ance** *of work* Arbeitseinstellung *f*; **~e** ['diskən'tinju(:)] *tr* ab-, unterbrechen, aussetzen mit, beenden, aufhören *(doing* zu tun); *(Geschäft)* aufgeben; *(Zeitung)* abbestellen; *(Verbindung)* lösen; *jur (Klage)* zurückziehen, fallenlassen; *(Prozeß)* unterbrechen; *itr* aufhören, anhalten; **~ity** ['diskənti'nju(:)iti] Zs.hanglosigkeit; Unstetigkeit; mangelnde Folgerichtigkeit *f*; Abreißen *n*, Unterbrechung, Lücke *f*; **~ous** ['diskən'tinjuəs] zs.hanglos; diskontinuierlich; unstetig, ruckweise; abge-, unterbrochen; *(Welle)* gedämpft.

discord ['diskɔ:d] Zwietracht, Uneinigkeit; Meinungsverschiedenheit *f*; *mus* Mißklang *m*, Dissonanz *f*; Lärm *m*, Getöse *n*; *to sow the seeds of* **~** Zwietracht säen; **~ance** [dis'kɔ:dəns] Uneinigkeit *f*, Mißklang *m*; **~ant** [-'kɔ:dənt] nicht übereinstimmend, widersprechend; uneinig, uneins; nicht zs.passend; mißtönend, disharmonisch.

discount ['diskaunt] *s* (Preis-)Abschlag, Nachlaß, Skonto, Rabatt *(on* auf); (Zahlungs-)Abzug, Diskont; *(~ rate, rate of ~)* Diskontsatz *m*; *tr* abziehen; diskontieren; e-n Rabatt gewähren *(s.th.* für etw); herabsetzen; *fig* von vornherein Abstriche machen *(s.th.* bei etw); vorwegnehmen; berücksichtigen; *at a* **~** unter pari, mit Verlust; *no* **~** feste Preise; *to allow a* **~** Rabatt gewähren; *to be at a* **~** wenig gefragt, leicht zu haben sein; *to give on* **~** zum Diskont geben, diskontieren lassen; *to lower* od *to reduce, to raise the* **~** den Diskont senken, erhöhen; *to take on* **~** in Diskont nehmen, diskontieren; *bank* **~** Bankdiskont *m*; *dealer* **~** Händlerrabatt *m*; *quantity* **~** Mengenrabatt *m*; *retail, wholesale* **~** Klein-, Großhandelsrabatt *m*; **~ability** [-'biliti] Diskontierbarkeit *f*; **~able** [-'kauntəbl] diskontierbar, diskont-

discreet

fähig; **~ bank** Diskontbank *f*; **~ broker, credit** Wechselmakler, -kredit *m*; **~ department** Wechselabteilung *f*; **~er** [-'-ə] Diskontgeber *m*; **~ing** ['-iŋ] Diskontierung *f*; Diskontgeschäft; Einkalkulieren, Inrechnungstellen *n*; **~~** *of bills* Wechseldiskontierung *f*; **~ rate** Diskontsatz *m*; **~ ticket** Rabattmarke *f*.

discountenance [dis'kauntinəns] *tr* aus der Fassung, in Verlegenheit bringen, verlegen machen, beschämen; entmutigen; mißbilligen, ablehnen.

discourag|e [dis'kʌridʒ] *tr* entmutigen; abraten *(s.o. from s.th.* jdm von e-r S); abhalten, abbringen, abschrecken *(from* von; *from doing s.th.* etw zu tun); vereiteln, verhindern; Steine in den Weg legen *(s.o.* jdm); *to get* **~ed** den Mut verlieren, sinken lassen; **~ement** [-mənt] Entmutigung; Mutlosigkeit; Abschreckung(smittel *n*); Schwierigkeit *f*, Hindernis *n (to* für); **~ing** [-iŋ] entmutigend; abschreckend.

discourse [dis'kɔ:s, 'dis-] *s* Ausführung, Rede *(to* an); Vorlesung; Predigt; Abhandlung *f*; *itr* [dis'kɔ:s] über (lange) unterhalten; sprechen, reden, sich äußern; e-n Vortrag, e-e Vorlesung halten; schreiben *(of, upon* über); erörtern, abhandeln *(of, upon s.th.* etw).

discourte|ous [dis'kə:tjəs] unhöflich, grob; ungeschliffen; **~sy** [-'kə:tisi] Unhöflichkeit, Grobheit *f*; schlechte(s) Benehmen *n*.

discover [dis'kʌvə] *tr* entdecken, herauskommen, -finden, ausfindig machen, ermitteln, aufdecken; gewahr werden, erkennen; **~able** [-rəbl] herauszubekommen(d), erkennbar, ersichtlich; **~er** [-rə] Entdecker; Erfinder *m*; **~y** [-ri] Entdeckung; Erfindung; *jur* Pflicht *f* zur Vorlage von Urkunden; Versicherungsanzeige; *theat* Lösung *f* (des Knotens); *to resist* **~** *(jur)* die Aussage verweigern.

discredit [dis'kredit] *tr* an-, bezweifeln, in Zweifel ziehen; anfechten, bestreiten; in Verruf, in schlechten Ruf, in Mißkredit bringen *(with* bei); *s.o.* jds Ruf schaden; *s* Unglaube, Zweifel *m*, Mißtrauen *n*; Mißkredit *m*; Unehre, Schande *f (to* für); schlechte(r) Ruf; Schandfleck *m*; *to fall into* **~** in Mißkredit kommen; *to throw* **~** *on* in Zweifel ziehen; **~able** [-əbl] unehrenhaft, schändlich,schimpflich; *(Ruf)* schlecht.

discreet [dis'kri:t] um-, vorsichtig, klug, besonnen, bedächtig; rücksichtsvoll, verschwiegen, diskret.

discrepan|cy [dis'krepənsi] Unterschied *m*, Verschiedenheit, Abweichung *f*; Gegensatz, Widerstreit, -spruch *m*, Gegensätzlichkeit *f*.

discrete [dis'kri:t] getrennt, (ab)gesondert, einzeln; nicht zs.hängend, nicht stetig; *philos* abstrakt.

discretion [dis'kreʃən] Um-, Vorsicht *f*, Bedacht *m*, Klugheit, Besonnenheit; Verschwiegenheit, Diskretion *f*, Takt *m*, Rücksicht(nahme) *f*; (freies, eigenes) Ermessen, Gutdünken, Belieben *n*; *at* ~ nach Belieben; *to leave to s.o.'s* ~ jdm anheimstellen, jdm freie Hand lassen; *to use* ~ Rücksicht nehmen *od* üben; *it is within your own* ~ es liegt bei Ihnen; *the age, the years of* ~ Strafmündigkeit *f*; **~ary** [-ʃnəri] dem (freien, eigenen) Ermessen überlassen; dem freien Willen unterworfen; willkürlich, beliebig; ~~ *clause* Kannvorschrift *f*.

discriminat|e [dis'krimineit] *tr* unterscheiden *(from* von); ausea.halten; *itr* unterscheiden *(between* zwischen); unterschiedlich behandeln, e-n Unterschied machen; *to* ~~ *in favour of s.o.* jdn bevorzugen; *to* ~~ *against s.o.* jdn benachteiligen, zurücksetzen; **~ing** [-iŋ] unterscheidend; umsichtig, urteilsfähig, scharfsinnig; anspruchsvoll; *(Tarif)* Differential-; *(Kritik)* scharf; *el* Rückstrom-; **~ion** [-'neiʃən] Unterscheidung *f*; Scharfsinn *m*, Unterscheidungsvermögen *n*, -gabe; unterschiedliche Behandlung; Bevorzugung, Begünstigung; Benachteiligung, Diskriminierung *f*; *pl* Handelsbeschränkungen *f pl*; *racial* ~~ Rassendiskriminierung *f*; **~ive**[dis'kriminətiv, -neit-], **~ory** [dis'kriminətəri] unterscheidend; unterschiedlich; nachteilig; ~*ory law* Ausnahmegesetz *n*.

discursive [dis'kə:siv] unstet, abschweifend; unzs.hängend; *philos* diskursiv.

discus [diskəs] *sport* Diskus *m*, Wurfscheibe *f*; *(~ throw)* Diskuswerfen *n*; ~ **thrower** Diskuswerfer *m*.

discuss [dis'kʌs] *tr* diskutieren, debattieren, beraten über; *(mündlich)* erörtern, besprechen; *(schriftlich)* abhandeln; *fam (Speise od Getränk)* verdrücken, sich zu Gemüt führen; *to* ~ *s.th. at great length* über etw des langen u. breiten diskutieren; **~ion** [-'kʌʃən] Diskussion, Debatte, Aussprache, Besprechung, Beratung *f*, Meinungsaustausch *m*; Erörterung, Abhandlung *f*; *fam* Verdrücken *n (e-r Speise);* *to open, to close a* ~~ e-e Aussprache eröffnen, schließen; *it is still under* ~~ es wird noch darüber beraten; *panel* ~~ Forumsdiskussion *f*; *preliminary* ~~ Vorbesprechung *f*; *subject for* ~~ Diskussionsthema *n*.

disdain [dis'dein, diz-] *tr* verachten, herabsehen auf; geringschätzig behandeln; verschmähen, ablehnen *(doing, to do* zu tun); *s* Verachtung, Geringschätzung; Geringschätzigkeit *f*, Hochmut *m*; *with* ~ von oben herab; **~ful** [-ful] verächtlich, geringschätzig.

disease [di'zi:z] *s* Krankheit, Erkrankung *f*, Leiden *n*; *occupational* ~ Berufskrankheit *f*; *venereal* ~ Geschlechtskrankheit *f*; **~d** [-d] *a* krank; ungesund, in Unordnung.

disembark ['disim'ba:k] *tr* ausschiffen, ausbooten, ausladen, löschen; *itr* an Land gehen, landen; *aero* das Reiseziel erreicht haben; **~ation** [disimba:-'keiʃən] Ausbootung, Ausschiffung *f*; Löschen *n*; Landung *f*; *aero* Ende *n* der Reise.

disembarrass ['disim'bærəs] *tr* freimachen, befreien, erleichtern *(of, from* von); aus der Verlegenheit ziehen; **~ment** [-mənt] Befreiung, Erleichterung *f*.

disembod|ied [disim'bɔdid] *a* entkörperlicht, entstofflicht, immateriell; **~iment** [-'bɔdimənt] Entkörperlichung, Entstofflichung *f*; **~y** ['disim'bɔdi] *tr* entkörperlichen, entstofflichen.

disembogue [disim'boug] *tr (to* ~ *o.s.) (Fluß)* sich ergießen *a. fig*.

disembowel [disim'bauəl] *tr* ausweiden, -nehmen.

disenchant ['disin'tʃa:nt] *tr* desillusionieren, ernüchtern, enttäuschen; befreien *(from* von); **~ment** [-mənt] Ernüchterung, Enttäuschung *f (with* über).

disencumber ['disin'kʌmbə] *tr* entlasten, freimachen, befreien *(from* von); entschulden.

disenfranchise ['disin'fræntʃaiz] *s. disfranchise*.

disengag|e ['disin'geidʒ] *tr itr* (sich) lösen, (sich) los-, freimachen, (sich) befreien, (sich) losreißen *(from* von); *(von e-r Verpflichtung)* entbinden; *tr tech* auskuppeln, -rücken, -klinken; *rail* loskuppeln, abhängen; *itr mil* sich absetzen, sich loslösen; **~ed** [-d] *a* (ge)lockert, lose; frei, ungebunden, unbeschäftigt, ohne Verpflichtung; *tele (Leitung)* frei, nicht besetzt; **~ement** [-'geidʒmənt] (Los-)Lösung, Befreiung, *jur* Entlobung *f*; *pol* Ausea.rücken *n*; *tech* Abschaltung; Freiheit, Ungebundenheit, Muße *f*; *mil* Ab-

disengaging setzen n; **~ing** [-'iŋ]: ~~ action (mil) Absetzbewegung f.

disentangle [´disin'tæŋgl] tr los-, freimachen, befreien (from von); herauslösen (from aus); entwirren, ordnen; itr sich entwirren, sich freimachen; **~ment** [-mənt] Entwirrung; Befreiung f.

disentomb ['disin'tu:m] tr (Leiche od archäologischen Fund) ausgraben a. fig.

disequilibrium [disekwi'libriəm] Störung f des Gleichgewichts.

disestablish ['disis'tæbliʃ] tr (die Kirche) vom Staat trennen; **~ment** [-mənt]: ~~ of the Church Trennung f von Kirche u. Staat.

disfavour ['dis'feivə] s Mißfallen n; Mißbilligung, Ablehnung, ablehnende Haltung; Ungnade f; tr mißbilligen, ablehnen; zurücksetzen, ungnädig behandeln; to fall into ~~ with in Ungnade fallen bei; to look with ~ on s.th. etw mißbilligend betrachten.

disfigur|ation [disfigjuə'reiʃən], **~ement** [dis'figəmənt] Entstellung, Verunstaltung f; **~e** [dis'figə] tr deformieren, entstellen, verunstalten.

disfranchise ['dis'fræntʃaiz] tr die bürgerlichen Ehrenrechte, bes. das Wahlrecht entziehen (s.o. jdm); entrechten; **~ment** [-'fræntʃizmənt] Entzug, Verlust m der bürgerlichen Ehrenrechte; Wahlunfähigkeit f.

disgorge [dis'gɔ:dʒ] tr ausspeien, ergießen, entladen (into in); herausrücken, (widerwillig) herausgeben; itr sich leeren; (Fluß) sich ergießen (into in).

disgrace [dis'greis] s Ungnade; Schande (to für); Unehre f, Schimpf; Schandfleck m; tr Schande bringen über, Unehre machen (s.o. jdm); unwürdig, nicht würdig sein (s.o. jds); zurücksetzen, demütigen; to be ~d in Ungnade fallen; there is no ~ in doing s.th. es ist keine Schande etw zu tun; **~ful** [-ful] schändlich, schimpflich, unehrenhaft, entehrend.

disgruntled [dis'grʌntld] a mißgestimmt, übelgelaunt, mürrisch; unzufrieden (at mit); verstimmt (at über).

disguise [dis'gaiz] tr verkleiden (a. Möbel, Wand); (Stimme) verstellen; verhehlen, verbergen; to ~ o.s. sich verkleiden (in in; as als); sich verstellen; s Verkleidung, Maske, Verstellung f; in ~ verkleidet, maskiert; to make no ~ of kein(en) Hehl machen aus, nicht verhehlen.

disgust [dis'gʌst] s Ekel (at, for, towards, against vor), Widerwille (gegen); tr anekeln, -widern; abstoßen, verärgern; in ~ voller Ekel, angewidert; to ~ s.o. with s.th. jdm etw verleiden; I'm ~ed with everything mir hängt alles zum Halse heraus; **~ing** [-iŋ] ekelhaft, widerlich, widerwärtig, abstoßend, abscheulich, scheußlich.

dish [diʃ] s Schüssel, Schale f, Napf m; Platte; Schüsselvoll f; Gericht n, Speise; Portion f (Eis); pl Geschirr n; Am sl Pfundskerl m, phantastische Frau; Am Vorliebe f; tr (Speise) anrichten; (to ~ up) auftragen, servieren; fig schmackhaft, mundgerecht machen; (to ~ out) (flach aus)höhlen, vertiefen; fam austeilen; sl 'reinlegen, pol erledigen, schlagen, (Plan) verpatzen; to wash, (fam) to do the ~es das Geschirr spülen; standing ~ Stammessen n; **~-cloth**, Am **-towel** Geschirr-, Tellertuch n; Abwaschlappen m; **~-drainer** Am, **-rack** Abtropfkörbchen n; **~ed** [-t] a konkav; arch gewölbt; (Radscheiben) gepreßt; fam erledigt, kaputt; **~ful** ['-ful] Schüsselvoll f; **~-pan** Spül-, Abwaschschüssel f; **~-rag** Spül-, Abwaschlappen m; **~-warmer** Wärmplatte f; **~-wash**, **-water** Spül-, Abwaschwasser n; **~-washer** Abwaschfrau; Geschirrspülmaschine f.

dishabille [disæ'bi:l, disə-] Morgenrock m; Hauskleid n; in ~ im Negligé.

disharmon|ious [dis'hɑ:'mounjəs] dis-, unharmonisch; **~y** ['dis'hɑ:məni] Disharmonie f; Mißklang m.

dishearten [dis'hɑ:tn] tr entmutigen; to be ~ing to s.o. für jdn entmutigend sein.

dishevel [di'ʃevəl] tr in Unordnung, durcheabringen; (Haare) zerzausen; **~(l)ed** a (Kleidung) in Unordnung, durcheinander; (Haare) wirr, zerzaust.

dishonest [dis'ɔnist, di'z-] unredlich, unehrlich, unaufrichtig; betrügerisch; fig unsauber; (Geschäft) unreell; **~y** [-i] Unredlichkeit, Unehrlichkeit, Unaufrichtigkeit f; Betrug, Schwindel m.

dishono(u)r [dis'ɔnə, di'z-] s Unehre f, Schimpf m, Schande f (to für); tr beleidigen; Schande bringen über, entehren; (Mädchen, Frau) schänden; (Wort) nicht einlösen, brechen; fin (Wechsel) nicht einlösen, nicht honorieren; **~able** [-rəbl] unehrenhaft, ehrenrührig, schimpflich, schändlich; ehrlos; **~ed** [-d] a entehrt; (Scheck) nicht eingelöst; (Wechsel) notleidend.

disillusion [disi'l(j)u:ʒən] tr u. **~ize** [-aiz] ernüchtern, desillusionieren, ent-

disillusionment   **280**   **dismissal**

täuschen; *to be ~ed with s.th.* über etw die Illusion verloren haben; *s u.* **~ment** [-mənt] Ernüchterung *(with durch)*; Enttäuschung *f (with* über).

disincentive [disin'sentiv] *s* Abschreckung *f (to* von); *a* abschreckend.

disinclin|ation [disinkli'neiʃən] Abneigung *(for* gegen); Abgeneigtheit *f (to* gegen); **~~** *to buy* Kaufunlust *f*; **~e** ['disin'klain] *tr itr* abgeneigt machen, sein; **~ed**[-d] *a* abgeneigt *(for, to* gegen); nicht willens *(to* zu).

disinfect [disin'fekt] *tr med* desinfizieren, entwesen; **~ant** [-ənt] *a* desinfizierend; *s* Desinfektionsmittel *n*; **~ion** [-fekʃən] Desinfektion *f*.

disinfest ['disin'fest] *tr* entwesen, von Ungeziefer befreien; **~ation** ['-'teiʃən] Entwesung *f*.

disingenuous [disin'dʒinjuəs] nicht offen, unaufrichtig; unredlich.

disinherit ['disin'herit] *tr* enterben; **~ance** [-əns] Enterbung *f*.

disintegr|ate [dis'intigreit] *tr itr* (sich) auflösen, (sich) zersetzen *a. fig; itr* zerfallen, sich in s-e Bestandteile auflösen; *geol* verwittern; **~ation** [disinti-'greiʃən] Auflösung, Zersetzung *f*, Zerfall; *fig* Verfall *m; geol* Verwitterung *f*; **~~** *product* Zerfallsprodukt *n*.

disinter ['disin'tə:] *tr* (wieder) ausgraben, exhumieren; *fig* ans Licht bringen, aufdecken; **~ment** [-mənt] Ausgrabung *f*.

disinterested [dis'intristid] *a* uneigennützig, selbstlos; unparteiisch, unvoreingenommen; *fam* uninteressiert, gleichgültig; **~ness** [-nis] Uneigennützigkeit, Selbstlosigkeit; Unvoreingenommenheit, Unparteilichkeit *f*.

disjoint [dis'dʒɔint] *tr* ausrenken *a. med;* zerlegen, zergliedern; auseinander.nehmen; (zer)trennen; den Zs.hang stören *(s.th.* e-r S), durcha.bringen; **~ed** [-id] *a* ausgerenkt, aus den Fugen; ausea.gegangen, -gefallen; *(bes. Reden)* unzs.hängend, zs.hanglos, wirr.

disjunct [dis'dʒʌŋkt] *a* getrennt, gesondert, auseinander; **~ion** [-kʃən] Trennung, Sonderung *f*; **~ive** [-iv] trennend, Trenn-; *gram philos* disjunktiv.

disk [disk] Scheibe *a. med;* (runde) Platte, runde Fläche *f; bot* (scheibenförmiges) Blütenlager *n; med* Papille *f*, Sehfleck *m;* Schallplatte *f; tele* Nummernscheibe *f; tech* Teller *m*, Lamelle *f; identity* **~** *(mil)* Erkennungsmarke *f*; **~ brake, clutch** Scheibenbremse, -kupplung *f*; **~~jockey** *sl radio* (Schallplatten-)Ansager *m*.

dislike [dis'laik] *tr* nicht mögen, nicht leiden können, nicht gern haben; e-e Abneigung, etwas haben gegen *(doing s.th.* dagegen etw zu tun); *s* Abneigung *f*, Widerwille *m*, Antipathie *f (of, for* gegen); *to have a strong* **~** *for s.o.* jdn nicht riechen können; *full of likes and ~s* [-s] mit zahlreichen Vorurteilen.

dislocat|e ['disləkeit, -loːu-] *tr* bes. *med* aus-, verrenken; durchea.-, in Unordnung bringen; verlagern; *fig* verwirren; *(bes. den Verkehr)* (empfindlich) stören; **~ion** [-'keiʃən] Verrenkung; Störung; Unordnung *f*, Durcheinander *n;* Verlagerung, Verschiebung; *fig* Verwirrung *f; geol* Dislokation *f*.

dislodg|e [dis'lɔdʒ] *tr* verlagern, verlegen; umquartieren; vertreiben, verjagen, verdrängen; *(Elektronen)* befreien.

disloyal ['dis'lɔiəl] untreu, treulos *(to* gegen); verräterisch, hinterhältig; pflichtvergessen; **~ty** ['-ti] Untreue, Treulosigkeit *f (to* gegenüber).

dismal ['dizməl] *a* düster, trübe, traurig, trübselig; pessimistisch; niedergedrückt, niedergedrückt, elend, jammervoll; **~s** *pl* gedrückte Stimmung *f*.

dismantl|e [dis'mæntl] *tr* frei-, bloßlegen; leermachen, ausräumen; ausea.nehmen, zerlegen; *(Gebäude)* niederreißen, abbrechen; aus-, abbauen, demontieren; *mar* abtakeln, abwracken; *(Festung)* schleifen; unbrauchbar machen; *(Kontrollen)* abbauen, aufheben; **~ing** [-iŋ] Demontage *f;* Abbau *m*.

dismay [dis'mei, diz-] *s* Bestürzung *(at* über); Angst *f*, Schrecken *m*, Entsetzen *n (at* vor); *tr* erschrecken; in Angst, in Aufregung versetzen; bestürzt machen.

dismember [dis'membə] *tr* zerreißen, zerschneiden; zerstückeln; *(Gebiet)* aufteilen; **~ment** [-mənt] Zerstückelung, Aufteilung *f; med* Amputation *f*.

dismiss [dis'mis] *tr* weg-, fortschicken; (weg)gehen lassen; freilassen; *(aus dem Dienst, e-r Stellung, e-m Amt)* entlassen, s-s Amtes entheben, beurlauben, verabschieden; abbauen; *(Versammlung)* aufheben, -lösen; *(Thema)* fallenlassen; *jur* ab-, zurückweisen, ablehnen; sich *(Gedanken)* aus dem Kopf, aus dem Sinn schlagen; abtun *(as* als); *with a shrug of the shoulder* mit em e-m Achselzucken; übergehen, hinweggehen über; ablegen; *mil* wegtreten lassen; **~!** *(mil)* wegtreten! **~al** [-əl] Freilassung; Entlassung, Amtsenthebung; Schließung

dismount — **dispersal**

(e-r Versammlung); *jur* Ab-, Zurückweisung, Ablehnung *f*; ~~ *without notice* fristlose Entlassung *f*.

dismount [dis'maunt] *tr* aus dem Sattel heben, abwerfen; abmontieren; ausea.nehmen; ab-, ausbauen; *itr* absteigen, absitzen; aussteigen *(from* von).

disobedien|ce [disə'bi:djəns] Ungehorsam *m (to* gegen); Befehlsverweigerung; Unbotmäßigkeit, Widersetzlichkeit, Widerspenstigkeit *f*; **~t** [-t] ungehorsam (*to* gegen); unbotmäßig.

disobey ['disə'bei] *tr* nicht gehorchen, ungehorsam sein, den Gehorsam verweigern (*s.o.* jdm); sich widersetzen (*an order* e-m Befehl).

disoblig|e ['disə'blaidʒ] *tr* ungefällig, unhöflich sein (*s.o.* jdm gegenüber); kränken, verletzen, beleidigen; **~ing** [-iŋ] ungefällig, unhöflich; verletzend; **~ingness** [-iŋnis] Ungefälligkeit, Unhöflichkeit *f*.

disorder [dis'ɔ:də, di'z-] *s* Unordnung *f*, Durcheinander *n*; Tumult, Aufruhr *m*; Unregelmäßigkeit *f*; (gesundheitliche) Störung(en *pl*) *f*; *pl pol* Unruhen *f pl*; *itr* in Unordnung, durchea.-bringen; stören; verwirren; *(körperlich od geistig)* zerrütten; *in* ~ in Unordnung; durcheinander; *mental* ~ Geistesgestörtheit *f*; **~ed** [-d] *a* durcheinander, unordentlich; *(Magen)* verdorben; *(Geist)* zerrüttet; **~ly** [-li] *a adv* unordentlich, unaufgeräumt; ungeordnet; unruhig, aufsässig, aufrührerisch; liederlich, zuchtlos; *~~ conduct* unsittliche(r) Lebenswandel *m*; Ungebührlichkeit *f*; *~~ house* Bordell *n*; Spielhölle *i*.

disorganiz|ation [disɔ:gənai'zeiʃən] Unordnung, Desorganisation, Zerrüttung, Auflösung *f*; **~e** [dis'ɔ:gənaiz] *tr* stören, durchea.-, in Unordnung, in Verwirrung bringen; desorganisieren, zerrütten, auflösen.

disorient(ate) [dis'ɔ:riənt(eit)] *tr fig* desorientieren, verwirren.

disown [dis'oun] *tr* ab-, verleugnen, abstreiten, nicht anerkennen; nicht gelten lassen wollen; nichts zu tun haben wollen mit; *(Kind)* verstoßen.

disparag|e [dis'pæridʒ] *tr* herabsetzen, -würdigen, verkleinern, diskreditieren, verunglimpfen, in Verruf bringen; **~ement** [-mənt] Herabsetzung, -würdigung, Verunglimpfung, Beeinträchtigung *f*; **~ing** [-iŋ] *a* herabsetzend, -würdigend, verunglimpfend.

dispar|ate ['dispərit, -eit] *a* ungleich-, verschiedenartig; (völlig) verschieden;

s pl völlig verschiedene, ganz andere Dinge *n pl*; **-ity** [dis'pæriti] Ungleichheit *f (in* in, bei); *~~ in, of age, rank* Alters-, Rangunterschied *m*.

dispassionate [dis'pæʃnit] leidenschaftslos, ohne Erregung, ruhig; unparteiisch.

dispatch [dis'pætʃ] *tr* abschicken, -senden, befördern; *(Person)* entsenden; *(Zug)* abfertigen; schnell erledigen, abmachen, abtun; *mil* in Marsch setzen; ein Ende machen (*s.th.* e-r S); töten, hinrichten, erledigen; *fam (Essen)* verdrücken; *s* Abschicken, -senden *n*; Versand *m*, Verschickung, Beförderung; Abfertigung, (schnelle) Erledigung; Eile; Tötung, Hinrichtung *f*; Telegramm *n*, Depesche; Mitteilung, Nachricht *f*, Bericht *m*; Nachrichtenbüro *n*; Spedition *f*; *with* ~ in Eile, eilig, schnell; **~-box**, **-case** Kuriergepäck *n*; Meldetasche *f*; **~er** [-ə] Absender, Expedient; *rail* Fahrdienstleiter; *aero* Abfertigungsbeamte(r) *m*; **~goods** *pl* Eilgut *n*; **~ing** [-iŋ]; *~~ of goods* Waren-, Güterbeförderung *f*, -transport *m*; *~~ point* Absendestelle *f*; **~note**, **-order** Versandschein, -auftrag *m*; **~office** Versandstelle *f*; **~rider** *mil* Meldereiter, -fahrer *m*; **~tube** Rohrpost *f*.

dispel [dis'pel] *tr* vertreiben, zerstreuen, auflösen, zum Verschwinden bringen *a. fig*.

dispens|able [dis'pensəbl] entbehrlich, nicht (unbedingt) notwendig; nicht bindend; *(Sünde)* läßlich; **~ary** [-əri] Apotheke; Arzneiausgabe(stelle) *f*; *mil* Krankenrevier *n*; **~ation** [-'seiʃən] Aus-, Verteilung; Verwaltung; Führung, Leitung, Regierung; Befreiung, Dispens *m (from* von); Schickung, Fügung *f (des Schicksals)*; Rechts- *od* Glaubenssystem *n*; **~e** [dis'pens] *tr* ausgeben, aus-, verteilen; *(Arznei)* herstellen u. ausgeben; anwenden, handhaben, verwalten; *rel* spenden; *(Recht)* sprechen; befreien, dispensieren *(from* von); *itr*: *to ~~ with* überflüssig machen, ab-, wegtun; einsparen, auskommen ohne; verzichten auf; außer acht, unberücksichtigt lassen; *I can ~~ with* ich kann entbehren, verzichten auf; **~er** [-ə] Verteiler; Verwalter; Apotheker(gehilfe)*m*; **~ing** [-iŋ] Rezeptur *f*; *~~chemist* Apotheker *m*.

dispers|al [dis'pə:səl] Zerstreuung, Aus-, Verbreitung *(over* über); weite Verteilung, Auflockerung *f*; *mil* Abmarsch *m*; *tech* Dispersion, Zer-

disperse — disposition

disperse streuung *f*; ~~ **point** Abstellplatz *m*, Verteilungsstelle *f*; **~e** [dis'pə:s] *tr* ver-, zerstreuen; aus-, verbreiten; (weit, fein) verteilen; verzetteln; *tech* dispergieren; *(Nebel, Wolken)* zerstreuen, auflösen; *(Licht)* zerlegen; *(Fahrzeuge, Truppen)* ausea.ziehen, auflockern; *mil* ver-, ausea.sprengen; *itr* sich zerstreuen, ausea.gehen, -laufen; **~ed** [-t] *a* aufgelockert; fein verteilt; **~ion** [-'pə:ʃən] Zerstreuung, Aus-, Verbreitung; *mil* Auflockerung *f*, Ausea.ziehen *n*; *opt el* Dispersion, Aufteilung, Zerstreuung, Streuung *f*; *(Diamant)* Feuer *n*.

dispirit [di'spirit] *tr* entmutigen; **~ed** [-id] *a* mutlos, niedergedrückt.

displace [dis'pleis] *tr* versetzen, -legen, -lagern, -schieben, -schleppen; absetzen, (aus dem Amt) entfernen; an die Stelle setzen *od* treten (*s.o.* jds; *s.th.* e-r S), ablösen, ersetzen; *mar (Wasser)* verdrängen; **~d person** Verschleppte(r) *m*; **~ment** [-mənt] Versetzung, Verschiebung; Verlagerung; Absetzung, Entfernung (aus dem Amt); anderweitige Verwendung; Ablösung *f*, Ersatz *m*; *psychol* Verdrängung; *mar* Wasserverdrängung *f*, Tonnengehalt *m*, Tonnage; *geol* Verstellung *f*; *piston* ~~ Hubraum *m*.

display [dis'plei] *tr* entfalten, aufrollen, -decken; ausbreiten; hervorkehren, -heben; (offen) zeigen, zur Schau stellen; ausstellen; *fig* entfalten, entwickeln, an den Tag legen, enthüllen; *typ* hervorheben; *(Radar)* wiedergeben; *s* Entfaltung; Zurschaustellung; (Schaufenster-)Auslage; Ausstellung, Vorführung, Schau(stellung), Darbietung *f*; Prunk, Aufwand *m*, Prachtentfaltung *f*; Pomp *m*, *fam* Angabe; *typ* Hervorhebung; *(Radar)* Wiedergabe *f*, Bildschirm *m*; **to be on** ~ ausgestellt sein; *to make* (*a*) ~ *of* auffällig zur Schau tragen; viel Aufhebens machen von; *to* ~ *a flag* flaggen; ~ *of power* Machtentfaltung *f*; ~ **board** Anschlagbrett *n*; Schautafel *f*; ~ **case** Schau-, Auslagekasten *m*; ~ **compositor** *typ* Akzidenzsetzer *m*; ~ **poster** Aushang *m*, Plakat *n*; ~ **room** Ausstellungsraum *m*; ~ **stand** Auslagestand *m*; ~ **type** Plakatschrift *f*; ~ **window** Auslage-, Schaufenster *n*; ~ **work** Schaufenstergestaltung, -dekoration *f*; *typ* Akzidenzarbeiten *f pl*.

displeas|e [dis'pli:z] *tr* mißfallen (*s.o.* jdm); lästig fallen *od* sein (*s.o.* jdm); ärgerlich machen; *obs* beleidigen; **~ed** [-d] *a* ärgerlich, ungehalten, verstimmt (*at, with* über); **~ing** [-iŋ] unangenehm, lästig; mißfällig; **~ure** [-'pleʒə] Mißvergnügen *n*, -stimmung; Verstimmung *f*, Verdruß, Unwille, Ärger *m*; Mißfallen *n*, Unzufriedenheit *f* (*at, over* mit).

disport [dis'pɔ:t] *itr u. to* ~ *o.s.* sich belustigen, sich amüsieren, Scherze, Späße machen; herumtollen.

dispos|able [dis'pouzəbl] (frei) verfügbar, zur Verfügung stehend, greifbar; *(Geld)* flüssig; verwendbar; zur einmaligen Benutzung, zum Wegwerfen; ~~ *income* Nettoverdienst *m*; ~~ *tissue* Zellstoff *m*; **~al** [-'pouzəl] (An-)Ordnung, Einrichtung; Regelung, Erledigung; Verwendung *f*, Gebrauch *m*, Nutzbarmachung; Verfügung(sgewalt) (*of* über); Leitung; Beseitigung, Weggabe; Übergabe *f*; Verkauf *m*, Veräußerung *f*, *for* ~~ zum Verkauf; *to be at s.o.'s* ~~ zu jds Verfügung stehen; *to have the* ~~ *of s.th.* etw zur Verfügung, die Verfügung(sgewalt) über e-e S haben; **~e** [dis'pouz] *tr* (an)ordnen, ein-, verteilen, einrichten; *(Angelegenheit)* regeln; *(Sache)* erledigen, abmachen, benutzen, gebrauchen, verwenden, verwerten; geneigt machen, dazu bringen, bewegen, veranlassen (*to* zu); *med* anfällig machen (*to catching cold* für e-e Erkältung); *itr: to* ~~ *of* verfügen über, regeln, erledigen; loswerden; beseitigen, wegwerfen; -geben; abschaffen; verkaufen, veräußern, abgeben, absetzen; erledigen, abmachen; *(Frage)* beantworten, erledigen; *(Behauptung)* widerlegen, aus dem Felde schlagen; *(Gegner)* erledigen, aus dem Wege räumen, ungefährlich machen; aufessen; austrinken; *to* ~~ *of o.'s time* über s-e Zeit verfügen, Herr s-r Zeit sein; *man proposes, God* ~**es** der Mensch denkt, Gott lenkt; **~ed** [-d] *a* geneigt, bereit, aufgelegt (*for s.th.* zu etw; *to do* zu tun); veranlagt (*to* für); *easily* ~~ *of* leicht verkäuflich; *well, ill* ~~ *towards* wohlgesinnt *dat*, kritisch eingestellt gegen; *to feel* ~~ *for, to* Lust haben zu; ~~ *to think* geneigt, anzunehmen; **~ition** [dispə'ziʃn] (An-)Ordnung, Aufstellung *f*; Plan *m*; Verwendung, Einteilung, Einrichtung; Vorkehrung; Erledigung; Weggabe; Verfügung(sgewalt) (*of* über); Entscheidung; Bestimmung, Klausel *f*; Natur *f*, Wesen *n*, Art; Gemütsverfassung, Veranlagung; An-

dispossess 283 **dissemination**

lage, Neigung *f*, Hang *m* (*to* zu); *mil* Aufstellung, Gliederung *f*; *pl* Vorkehrungen, Dispositionen *f pl*; *power of* ~~ Verfügungsgewalt *f*.

dispossess [dispə'zes] *tr* enteignen, verdrängen, vertreiben; berauben (*of s.th.* e-r S); **~ion** ['-zeʃən] (Zwangs-)Enteignung, Verdrängung, Räumung *f*.

dispraise [dis'preiz] *tr* herabwürdigen, tadeln; mißbilligen, ablehnen; *s* Tadel, Vorwurf *m*; Mißbilligung *f*.

disproof ['dis'pru:f] Widerlegung *f*.

disproportion ['disprə'pɔ:ʃən] Mißverhältnis *n*; Unproportioniertheit *f*; **-ate** [-ʃnit] *un*-, disproportioniert; unverhältnismäßig (groß) (*to* im Vergleich zu).

disprov|al [dis'pru:vəl] Widerlegung *f*; **~e** ['dis'pru:v] *tr* widerlegen.

disput|able [dis'pju:təbl, 'dis-] anfechtbar; nicht sicher, zweifelhaft; **-ant** [dis'pju:tənt] Disputierende(r), Disputant; Gegner *m* (*im Gespräch*); **-ation** [dispju'teiʃən] Streitgespräch *n*; gelehrte(r) Meinungsaustausch *m*; Disputation, Kontroverse *f*; Wortstreit *m*, -gefecht *n*, Debatte *f*, Disput *m*; **-atious** [-'teiʃəs] streitsüchtig, rechthaberisch; **-e** [dis'pju:t] *itr* disputieren, streiten (*with*, *against* mit; *on*, *about* über); *tr* disputieren, streiten über; bestreiten; widerstreben, -stehen (*s.o.* jdm); streitig machen (*s.th.* *to* *s.o.* jdm etw); *s* (Wort-)Streit *m*, Kontroverse, Meinungsverschiedenheit *f*; *beyond*, *past*, *without* ~~ unbestritten, fraglos, ganz sicher, ganz gewiß *adv*; *in* ~~ strittig; fraglich; *to settle a* ~~ e-n Streit beilegen; *labo(u)r* ~~ Arbeitsstreitigkeit *f*; *wage* ~~ Lohnstreitigkeit *f*; **-ed** [-id] *a* strittig; ~~ *claims office* Rechtsabteilung *f*.

disqualif|ication [diskwɔlifi'keiʃən] Disqualifizierung, Untauglichkeit, Unfähigkeit *f*; *sport* (Grund zum) Ausschluß *m*; **-ied** [dis'kwɔlifaid] *a* untauglich, unfähig; *sport* disqualifiziert; **-y** [dis'kwɔlifai] *tr* untauglich (*for* für), unfähig (*for* zu) machen; für ungeeignet erklären; *sport* ausschließen, disqualifizieren; den Führerschein entziehen (*s.o.* jdm).

disquiet [dis'kwaiət] *tr* beunruhigen; *s* Unruhe, Aufregung, Sorge, Besorgnis *f*; **~ing** [-iŋ] beunruhigend, besorgniserregend, aufregend; **~ude** [dis'kwaiitju:d] Ruhelosigkeit, Besorgtheit, Aufgeregtheit *f*.

disquisition [diskwi'ziʃən] (längere mündliche *od* schriftliche) Ausführungen *f pl* (*on* über).

disregard ['disri'gɑ:d] *tr* nicht beachten, ignorieren, in den Wind schlagen, sich hinwegsetzen (*s.th.* über etw); mißachten, geringachten, -schätzen; *s* Nichtbeachtung, Nichteinhaltung; Geringschätzung *f* (*of*, *for* gen).

disrelish [dis'reliʃ] *s* Widerwille, Ekel *m*; Abneigung *f* (*for* gegen); *tr* e-e starke Abneigung haben gegen.

disrepair ['disri'pɛə] Verfall *m*, Baufälligkeit; Reparaturbedürftigkeit *f*; *in* (*bad*) ~ in (sehr) schlechtem (Erhaltungs-)Zustand; reparaturbedürftig; *to fall into* ~ verfallen.

disreput|able [dis'repjutəbl] in schlechtem Ruf stehend; (*Lokal*) verrufen; anrüchig; unansehnlich; **-e** ['disri'pju:t] schlechte(r) Ruf, Verruf *m*; Schande *f*; Mißkredit *m*; *to bring*, *to fall into* ~ in Verruf bringen, kommen.

disrespect ['disris'pekt] Nichtachtung, Unehrerbietigkeit, Respektlosigkeit, Unhöflichkeit *f* (*to* gegenüber); **-ful** [-ful] respektlos, unehrerbietig; unhöflich, grob (*to* gegen).

disrobe ['dis'roub] *tr* ausziehen, -kleiden; *fig* entkleiden; *itr u. to* ~ *o.s.* sich auskleiden, sich ausziehen.

disroot [dis'ru:t] *tr* entwurzeln; *fig* verdrängen, vertreiben.

disrupt [dis'rʌpt] *tr* zerbrechen, spalten, auf-, zersplittern; (gewaltsam) unterbrechen; *itr* *el* durchschlagen; **~ion** [-'rʌpʃən] Bruch, Riß *m*, Spaltung, Zersplitterung; gewaltsame Unterbrechung *f*; **-ive** [-iv] zum Bruch, zur Spaltung führend; (*Sprengstoff*) brisant.

dissatis|faction ['dissætis'fækʃən] Unzufriedenheit (*with* mit); **-factory** [-'fæktəri] unbefriedigend; **-fied** ['dis'sætisfaid] *a* unbefriedigt; unzufrieden (*with* mit); **-fy** ['dis'sætisfai] *tr* nicht befriedigen, nicht genügen (*s.o.* jdm); mißfallen (*s.o.* jdm).

dissect [di'sekt] *tr anat* sezieren; zergliedern; im einzelnen, genau prüfen, untersuchen, studieren; (*Konten*) aufgliedern; **~ion** [-kʃən] Zerlegung *f*; *anat* Sektion *f*; (seziertes) Präparat *n*; Zergliederung, genaue Untersuchung *f*.

disseise, disseize ['dis'si:z] *tr* widerrechtlich aus dem Besitz verdrängen.

dissembl|e [di'sembl] *tr* (*Gedanken, Gefühle, Absichten*) verbergen, verhehlen; heucheln, vorgeben; ignorieren; *tech* ausea.nehmen; *itr* heucheln; sich verstellen; **-er** [-ə] Heuchler *m*.

disseminat|e [di'semineit] *tr fig* ausstreuen, verbreiten, unter die Leute bringen; **~ion** [-'neiʃən] Ausstreuen *n*, Verbreitung *f*.

10—51713/1

dissen|sion [di'senʃən] Meinungsverschiedenheit; Uneinigkeit *f*; Zwist(igkeit *f*), Streit *m*; **~t** [di'sent] *itr* anderer Ansicht, Meinung sein, e-e abweichende Auffassung haben (*from* als); nicht zustimmen (*from s.th.* etw); nicht der Landeskirche (*in England* der Hochkirche) angehören; *s* andere, abweichende Ansicht, Meinung; von dem der Landeskirche abweichende(r) Glauben *m*; **~ter** [-tə] Andersdenkende(r); *rel* Dissenter *m*; **~tient** [di'senʃ(i)ənt] *a* andersdenkend; e-e eigene Meinung habend *od* vertretend; abweichend, nicht übereinstimmend; *s* Andersdenkende(r) *m*; *with one* **~~** *voice* mit e-r Gegenstimme.

dissertation [disə(:)'teiʃən] Abhandlung; Dissertation *f* (*on* über).

disservice ['dis'sə:vis] Benachteiligung *f* (*to* für); schlechte(r) Dienst *m* (*to* an); *to do s.o. a* **~** jdm e-n schlechten Dienst erweisen.

dissever [dis'sevə] *tr* (ab)trennen, abschneiden (*from* von); teilen, zerteilen, zerlegen (*into* in); *itr* sich (ab-)trennen; ausea.gehen; **~ance** [rəns] Trennung; Zerlegung *f*.

dissiden|ce ['disidəns] Uneinigkeit; eigene, abweichende Meinung *f*; **~t** [-t] *a* andersdenkend; abweichend (*from* von); *s* Andersdenkende(r); Dissident *m*.

dissimil|ar ['di'similə] unähnlich, ungleich (*to* dat); verschieden (*to* von); anders (*to* als); **~arity** [disimi'læriti], **~itude** [disi'militju:d] Unähnlichkeit, Verschiedenartigkeit, Ungleichheit *f*.

dissimulat|e [di'simjuleit] *tr* (*Gefühle, Absichten*) verbergen; *itr* sich verstellen, heucheln; **~ion** [disimju'leiʃən] Verstellung *f*; Heuchelei *f*.

dissipat|e ['disipeit] *tr* zerstreuen; vertreiben, auflösen; verschwenden, vergeuden; *fig* ablenken; *tech* verbrauchen; verwandeln (*into heat* in Wärme); *itr* sich zerstreuen, sich auflösen; (*Kräfte*) sich zersplittern; ein lockeres Leben führen; (*Nebel*) sich verflüchtigen; **~ed** [-id] *a* leichtlebig, vergnügungssüchtig, ausschweifend; liederlich; vertan; zerstreut; *to have a* **~~** *look* verlebt aussehen; **~ion** [-'peiʃən] Zerstreuung, Auflösung; Verflüchtigung; Verschwendung, Vergeudung, Verzettelung; Leichtlebigkeit, Ausschweifung; Liederlichkeit; tech Verteilung, Abgabe; (*Kräfte*) Zersplitterung *f*.

dissoci|able [di'souʃəbl] spaltbar, trennbar; unterscheidbar; nicht zs.passend; [di'souʃəbl] ungesellig; unsozial; **~ate** [di'souʃieit] *tr* trennen, ab-, loslösen, (ab)spalten (*from* von); ausea.halten, unterscheiden; *chem* spalten, zersetzen, dissoziieren; *itr* sich trennen; *chem* sich spalten, sich zersetzen; *to* **~~** *o.s. from* sich lossagen, sich trennen von; **~ation** [disousi'eiʃən] Trennung; *chem* Spaltung, Zersetzung, Dissoziation *f*, Zerfall *m*; *psychol* Bewußtseinsspaltung *f*; **~~** *product* Spalt-, Zerfallsprodukt *n*.

dissolub|ility [disəlju'biliti] *chem* Löslichkeit; *allg* Auflösbarkeit, Trennbarkeit *f*; **~le** [di'səljubl] löslich; auflösbar, trennbar.

dissolut|e ['disəlu:t] ausschweifend, zügellos, liederlich; **~ion** [-'lu:ʃən] Auflösung (*in e-r Flüssigkeit u. allg, a. jur*); Beendigung *f*, Ende *n*, Tod *m*; Liquidierung; *Am* Entflechtung; Annullierung; Vertagung *f*.

dissolv|able [di'zəlvəbl] löslich, auflösbar; trennbar; **~e** [di'zəlv] *tr* verflüssigen, auflösen *a. fig*; trennen; liquidieren; (*Versammlung*) aufheben; (*Sitzung*) schließen; beenden; verschwinden lassen; *film* ein-, überblenden; *itr* sich (auf)lösen, zergehen, schmelzen; *allg* sich auflösen, zerfallen; aufhören, zu Ende gehen; verschwinden; **~ed** *in tears* in Tränen aufgelöst; **~ent** [di'zəlvənt] *a* lösend; *fig* zersetzend; *s* Lösungsmittel *n*.

disson|ance ['disənəns] Mißklang *m*, Dissonanz; mangelnde Übereinstimmung, Unstimmigkeit, Mißhelligkeit, Disharmonie *f*; **~ant** ['-ənt] un-, disharmonisch; entgegengesetzt, gegensätzlich; unvereinbar (*from, to* mit); nicht zs.passend.

dissua|de [di'sweid] *tr* abraten (*s.o. from s.th.* jdm von e-r S), ausreden, (*s.o. from s.th.* jdm etw); abbringen (*from doing s.th.* etw zu tun); **~sion** [di'sweiʒən] Ausreden, Abbringen, Abraten *n*; **~sive** [-siv] abratend.

dis(syllab|ic ['disi'læbik] zweisilbig; **~le** [di'siləbl] zweisilbige(s) Wort *n*.

distaff ['dista:f] Spinnrocken *m*; *on the* **~** *side* in der Familie der Frau.

distan|ce ['distəns] *s* Abstand *m*, Entfernung, Ferne *f*; Zwischenraum, Strecke *f*; Zeitraum *m*; *sport* Distanz *f*; *fig* Zurückhaltung, Reserve, Distanz *f*; *mus* Intervall *n*; *mil* Tiefenabstand *m*; *tr* hinter sich lassen *a. fig*, (*beim Rennen*) abhängen; *fig* übertreffen, überragen, überholen; *fig* Abstand halten, sich distanzieren von; (*Kunst*) den Hintergrund herausbringen *gen*, Tiefe geben *dat*; *at, from a* **~~** in, aus

distant e-r gewissen Entfernung; von fern, von weitem; *at some* ~~ in einiger Entfernung; *at this* ~~ *of time* in diesem zeitlichen Abstand; *in the* ~~ in der Ferne, weit weg; *within easy* ~~ *of* nicht weit von...(weg); nahe bei; *(with) in walking* ~~ noch zu Fuß zu erreichen(d) *(of* von); *to cover a* ~~ e-e Strecke zurücklegen; *to keep o.'s* ~~ Abstand halten *od* wahren; kühl, zurückhaltend sein; *to keep s.o. at a* ~~ sich mit jdm nicht näher einlassen; jdn fernhalten; *it is a great* ~~ *off*, *quite a* ~~ *from here* es ist sehr weit weg (von hier); *it is no* ~~ *at all* es ist ein Katzensprung; *keep your* ~~ bleib mir vom Leibe! *what is the* ~~ *to* wie weit ist es nach; *the* ~~ *covered* die zurückgelegte Strecke; **~t** ['-t] (ent-)fern(t) *a. fig*, weit weg *(from* von); *fig* weit zurückliegend; *(Vetter)* weitläufig; zurückhaltend, kühl; ~~ *(air) reconnaissance* strategische Luftaufklärung, Fernaufklärung *f*; **~tly** [-tli] *adv*: ~~ *related* entfernt, weitläufig verwandt.

distaste ['dis'teist] Abneigung *f*, Widerwille *(for* gegen), Ekel *m (for* vor); **~ful** [-ful] widerwärtig, ekelhaft, eklig; zuwider, unangenehm; **~fulness** [-fulnis] Widerlichkeit *f*.

distemper [dis'tempə] **1.** Unpäßlichkeit, Störung, Krankheit; Staupe *(Hundekrankheit)*; Druse *f (Pferdekrankheit)*; *pol* Unruhen *f pl*; **2.** *s* Temperatechnik, -malerei, -farbe *f*; *tr (Farbe)* mit e-m Bindemittel vermischen; in Temperatechnik malen.

distend [dis'tend] *tr itr* (sich) ausdehnen, (sich) (aus)strecken; (sich) blähen; *itr* (an)schwellen; **~sible** [-'tensəbl] dehnbar; **~sion**, *Am* **~tion** [dis'tenʃən] (Aus-)Dehnung, Schwellung, Blähung *f*.

distich ['distik] Distichon, Verspaar *n*.

distil(l) [dis'til] *itr* (herab-, herunter-)tropfen, tröpfeln, sickern, rieseln; destillieren; *tr* (ab)tropfen lassen; destillieren *(from* aus); *(Schnaps)* brennen; läutern, reinigen; **~late** ['distilit, -leit] Destillat *n*; **~lation** [-'leiʃən] Destillation *f*; Destillat *n*; **~ler** ['-tilə] Destillateur, Branntweinbrenner; Destillierapparat *m*; **~lery** ['-tiləri] Branntweinbrennerei *f*; **~ling** Destillier-; ~~ *flask, vessel* Destillierkolben *m*, -gefäß *n*.

distinct [dis'tiŋkt] verschieden, ungleich *(from* von); ander, besonder, abgesondert, getrennt, einzeln, eigen; deutlich, klar, scharf; fest umrissen, ausgeprägt; genau (ausgedrückt), unmißverständlich, entschieden; *to keep* ~ ausea.halten, nicht verwechseln; **~ion** [-'tiŋkʃən] Unterscheidung *f*; Unterschied *m*; Besonderheit, Eigenart; Qualität; Vornehmheit *f*; Wert *m*, Würde *f*, Rang, Ruf *m*; Auszeichnung *f*, Ehrenzeichen *n*; *of* ~~ ausgezeichnet, von Rang; *without* ~~ ohne Unterschied, unterschiedslos; ohne Ansehung der Person; *to confer a* ~~ *on s.o.* jdm e-e Auszeichnung verleihen, jdn auszeichnen; *to draw a* ~~ *between* e-n Unterschied machen zwischen; *to gain* ~~ sich auszeichnen; *to make* ~~*s* Unterschiede machen, unterscheiden; *a* ~~ *without a difference* e-e spitzfindige Unterscheidung; *class* ~~ Klassenunterschied *m*; ~~ *of rank* Rangunterschied *m*; **~ive** [-iv] unterscheidend, kennzeichnend, charakteristisch, spezifisch *(of* für); Unterscheidungs-, Kenn-; ~~ *badge* Abzeichen *n*; ~~ *feature*, *mark* Unterscheidungsmerkmal, Kennzeichen *n*, -marke, Kennung *f*; ~~ *number* Kennummer *f*; **~ness** [-nis] Verschiedenheit; Besonderheit, Eigenart; Deutlichkeit, Klarheit, Genauigkeit *f*.

distinguish [dis'tiŋgwiʃ] *tr* unterscheiden *(from* von); erkennen, wahrnehmen, bemerken; unterscheiden, ausea.halten; einteilen *(into* in); *itr* unterscheiden *(between*, *among* zwischen); *to* ~ *o.s.* sich auszeichnen, sich hervortun; **~able** [-əbl] zu unterscheiden(d), unterscheidbar, erkennbar; **~ed** [-t] *a* ausgezeichnet, vorzüglich; bemerkenswert *(for* wegen); bedeutend, hervorragend, berühmt; verdient; vornehm (aussehend); ~~ *by* kenntlich an.

distort [dis'tɔ:t] *tr* verdrehen *a. fig*, verrenken, verformen, verzerren *a. fig*; *fig* entstellen, verzerrt darstellen; **~ion** [-'tɔ:ʃən] Verrenkung, Verzerrung *a. fig*, Verformung, Verwindung, Entstellung *f. fig*, (Wort-)Verdrehung; *fig* verzerrte Darstellung *f*; **~ionist** [-ʃənist] Schlangenmensch; Karikaturist *m*.

distract [dis'trækt] *tr (geistig)* ablenken *(from* von), zerstreuen; verwirren, durchea.bringen *(from* bei); geistig zerrütten; **~ed** [-id] *a* (ver)wirr(t), konfus, durcheinander; aus dem Häuschen, außer sich *(with* vor); wahnsinnig; *to drive* ~~ verwirrt *od* ärgerlich *od* verrückt machen; **~ion** [-kʃən] Ablenkung *a. pej*, Zerstreuung, Unterhaltung; Zerstreutheit, mangelnde Aufmerksamkeit; Verwirrung, Kon-

distrain fusion *f*; Wahnsinn *m*; *to* ~~ bis zur Raserei, aufs äußerste; *to drive to* ~~ = *to drive* ~*ed*; *to love to* ~~ bis zum Wahnsinn lieben.

distrain [dis'trein] *tr u. itr: to* ~ *upon* pfänden, zwangsvollstrecken, beschlagnahmen *(for* wegen); **~able** [-əbl] pfändbar; **~ee** [-'ni:] Gepfändete(r), Pfandschuldner *m*; **~er, ~or** [-ə, ə. -'nɔ:] Pfandgläubiger *m*; **~t** [-t] Pfändung, Beschlagnahme *f*.

distraught [dis'trɔ:t] *a* bestürzt, verwirrt.

distress [dis'tres] *s* Kummer, Jammer *m*, Verzweiflung; völlige Erschöpfung *f*; Sorgen *f pl*; Trübsal, Bedrängnis, Not *f*, Elend *n*, Not-, verzweifelte Lage *f*, Notstand; Schmerz *m*; *jur* Pfändung, Beschlagnahme, Zwangsvollstreckung *f*; Pfandsachen *f pl*; *mar* Seenot *f*; *tr* Leid zufügen (*s.o.* jdm), betrüben, unglücklich machen; Kummer, Sorgen bereiten (*s.o.* jdm); in Not bringen, ins Elend stürzen; *jur* pfänden, beschlagnahmen; *to* ~ *o.s.* sich sorgen; *in* ~ *(Schiff)* in Not; *under* ~ gepfändet; *to be in great* ~ sich in großer Not(lage) befinden; *to levy a* ~ *on s.th.* etw pfänden; **~ed**[-t] *a* in Sorgen, in Not, im Elend; ~~ **area** Notstandsgebiet *n*; **~ful** [-ful] leid-, qualkummer-, sorgenvoll; jämmerlich, elend; erschöpft; **~ing** [-iŋ] betrüblich, schmerzlich; ~ **rocket, signal** *mar* Notsignal *n*; ~ **sale** Zwangsversteigerung *f*; ~ **warrant** Vollstreckungsbefehl *m*.

distribut|able [dis'tribjutəbl] verteilbar; **~e** [dis'tribju(:)t, '-u:t] *tr* ver-, auf-, aus-, zuteilen; ausbreiten; *(Dividende)* ausschütten (*among* unter; *to* an); *com* vertreiben, absetzen; einteilen, klassifizieren (*into* in); *typ (Satz)* ablegen; *mil* gliedern; **~ing** [-iŋ] Verteilungs-; ~~ **agent** Großhandelsvertreter *m*; ~~ **box** Verteilerdose *f*, -kasten *m*; ~~ **network, system** Verteilungsnetz *n*; ~~ **pillar** Verteilersäule *f*; ~~ **point** Verteilerpunkt *m*; ~ Verteiler-, Ausgabestelle *f*; ~~ **station** Verteilerbahnhof *m*; ~~ **trade** Verteilergewerbe *n*; **~ion** [distri'bju:ʃən]; Ver-, Auf-, Aus-, Zuteilung; Ausgabe; *fin* Ausschüttung *f*; Anteil *m*; Verbreitung *f*; *film* Verleih; *com* Vertrieb, Absatz *m*; *(Statistik, auf Schriftstücken)* Verteiler(schlüssel) *m*; *(Schriftsatz)* Ablegen *n*; *mil* Gliederung, Aufstellung *f*; ~~ **area** *(com)* Absatzgebiet *n*; ~~ **board, box** (el) Verteilerschalttafel, -dose *f*; ~~ **cost,** *expense* Vertriebs-, Absatzkosten *pl*; ~~ **main** *(el)* Verteilungssammelschiene; *(Wasser)* Hauptleitung *f*; ~~ **office** Wirtschaftsamt *n*; ~~ **panel** Schalttafel *f*; ~~ **point** *(mil)* Verteilungs-, Kraftstoffausgabestelle *f*; ~~ **of power, of prices, of profits, of wealth** Macht-, Preis-, Gewinn-, Güterverteilung *f*; ~~ **switchboard** Verteilerschrank *m*; ~~ **warehouse** Auslieferungslager *n*; **~ive** [dis'tribjutiv] *a* verteilend; einzeln; ausgleichend; *s* Distributivzahl *f*; ~~ **justice** ausgleichende Gerechtigkeit *f*; ~~ **facilities** *(pl com)* Verteilerapparat *m*; **~or** [dis'tribjutə] Verteiler *a. tech*; Vertriebs-, Verkaufsagent, Konzessionär *m*; Konzessionsfirma *f*; Filmverleiher *m*; ~~ **arm** *(mot)* Verteilerfinger *m*; ~~ **box** *(el)* Abzweigdose *f*; ~~ **discount** Händlerrabatt *m*; ~~ **duct** Kabelkanal *m*.

district ['distrikt] *s* Gebiet, Land(strich *m*) *n*, Gau *m*, Gegend *f*; (Stadt-)Viertel *n*; (Verwaltungs-)Bezirk, Kreis *m*; Abschnitt *m*; *tr* in Bezirke einteilen; *business* ~ Geschäftsbereich *m od n*; *customs* ~ Zollbezirk *m*; *electoral, polling* ~ Wahlbezirk *m*; *postal* ~ Post-, Zustellbezirk *m*; *rural* ~ Landbezirk *m*; ~ **attorney** *Am* Amts-, Staatsanwalt *m*; ~ **court** *Am* Bezirksgericht *n*; ~ **heating** Fernheizung *f*; ~ **manager** Bezirksdirektor *m*; ~ **representative** Bezirksvertreter *m*.

distrust [dis'trʌst] *s* Mißtrauen *n*, Verdacht *m (of, towards* gegen); Zweifel *m pl* (*of* an); *tr* mißtrauen (*s.o.* jdm); verdächtigen, an-, bezweifeln; **~ful** [-ful] mißtrauisch, argwöhnisch (*of* gegenüber); zweifelnd (*of* an).

disturb [dis'tə:b] *tr* stören; unterbrechen; beeinträchtigen; aufrühren, durchwirbeln; durchea.-, in Unordnung bringen; beunruhigen, verwirren; *(Pläne)* durchkreuzen; vernichten, zerstören; *to be* ~*ed at, by s.th.* über etw beunruhigt sein; *don't* ~ *yourself* lassen Sie sich nicht stören; **~ance** [-əns] Störung *f*; Behinderung; Unordnung *f*, Durcheinander *n*; Aufregung, Erregung *f*; *pl pol* Unruhen *f pl*; *to cause a* ~ die öffentliche Ordnung stören; ~~ **of the peace** öffentliche Ruhestörung *f*; **~ing** [-iŋ] störend (*to* für).

disuni|on ['dis'ju:njən], **~ty** [-'juniti] Trennung, Spaltung; Uneinigkeit, Unstimmigkeit, Mißhelligkeit *f*; **~te** ['disju:'nait] *tr* trennen, spalten, entzweien; *itr* sich trennen, ausea.-, getrennte Wege gehen.

disuse ['dis'ju:z] *tr (meist Passiv)* nicht mehr gebrauchen *od* benutzen; aufgeben; *s* ['·'ju:s] Nichtgebrauch *m*, -benutzung; Ungebräuchlichkeit *f*; *to fall, to go into* ~ außer Gebrauch kommen; ~**d** ['-zd] *a* außer Gebrauch (gekommen), veraltet.

disyllabic ['disi'læbik] *s. dissyllabic.*

ditch [ditʃ] *s* (Wasser-, Abzugs-)Graben; Wasserlauf *m*; *aero sl* Meer *n*, Bach *m*; *the D*~ (*sl*) die Nordsee, der Kanal; *tr* e-n (Abzugs-)Graben ziehen durch; in den Graben werfen *od* fahren; *Am rail* zum Entgleisen bringen; *sl* im Stich lassen, wegwerfen; *itr* Gräben ziehen *od* ausbessern; *aero* notwassern; notlanden; *to be in a dry* ~ (*fig*) im warmen Nest sitzen; ~**er** ['-ə] Deicharbeiter; Tieflöffelbagger *m*; ~**ing** ['-iŋ] *aero* Notwasserung *f*; ~ **water** stehende(s) Wasser *n*; *clear as* ~~ klar wie Kloßbrühe; *dull as* ~~ dumm wie Bohnenstroh; stinklangweilig.

dither ['diðə] *itr* zittern, beben (*with* vor); *fam* zaudern, schwanken; *s* Zittern *n*; *to be all of a* ~, *to have the* ~s (*fam*) ganz verdattert sein.

dithyramb ['diθiræm(b)] *lit* Dithyrambus *m*; ~**ic** [-'ræmbik] dithyrambisch; begeistert, enthusiastisch.

ditto ['ditou] *pl -os fam* Kopie *f*, Duplikat *n*; Wiederholung *f*; (~ *mark*) Wiederholungszeichen *n*; *adv* desgleichen, ebenso, ebenfalls, dito; *tr* wiederholen; abschreiben; *to say* ~ *to* (*fam*) ins gleiche Horn tuten, einer Meinung sein.

ditty ['diti] Liedchen *n*; ~~**bag, box** *mar* Beutel *m*, Kästchen *n* für persönliche Gebrauchsgegenstände.

diure|sis [daijuə'ri:sis] Diurese *f*; ~**tic** [-'retik] *a u. s* harntreibend(es Mittel *n*).

diurnal [dai'ə:nl] täglich; Tag(es)-; *zoo* e-n Tag lebend.

diva ['di:və] Primadonna *f*.

divagat|e ['daivəgeit] *itr* umherstreifen; *fig* abschweifen; ~**ion** [-'geiʃən] Umherstreifen *n*; *fig* Abschweifung *f*.

divan [di'væn, dai'v-, 'daivæn] Diwan *m*; (~-*bed*) Liege *f*; Rauchzimmer *n*; (Hotel-)Halle *f*; Café *n*; Tabakladen *m*.

divaricat|e [dai'værikeit] *itr* sich gabeln; abzweigen; *tr* weit ausbreiten; *a* [-kit] gegabelt; ~**ion** [-'keiʃən] Gabelung; *fig* Verschiedenheit *f*.

div|e [daiv] *Am irr dove, dove itr* (unter-)tauchen (*into* in; *for* nach); e-n Kopfsprung machen; *aero* e-n Sturzflug machen, stürzen; *fam* sich ducken; (*plötzlich*) verschwinden (*into* in); rasch hineingehen, hineingreifen (*into* in); *fig* sich vergraben, sich vertiefen, sich versenken (*into* in); *s* Tauchen *n*; Kopfsprung *m*; plötzliche(s) Verschwinden, Versinken *n*; *aero* Sturzflug; *Br* Keller(lokal *n*) *m*; *Am fam* Spelunke, Spielhölle *f*; *to make a* ~~ schnappen, haschen (*at* nach); herumwühlen (*into* in); ~ *into o.'s pockets* die Hände in die Tasche stecken; ~**er** ['-ə] Taucher *a. orn*; *Br sl* Taschendieb *m*; ~**ing** ['-iŋ] Tauchen; Kunstspringen *n*; ~~-*bell* Taucherglocke *f*; ~~-*board* Sprungbrett *n*; ~~-*depth* Tauchtiefe *f*; ~~-*dress, -suit* Tauchanzug *m*; ~~ *flipper, -goggles (pl)* Tauchflosse, -brille *f*; ~~-*helmet* Taucherhelm *m*; ~~-*pool* Sprungbecken *n*; ~~-*tower* Sprungturm *m*.

diverg|e [dai'və:dʒ] *itr* ausea.gehen, -laufen, sich trennen; divergieren; (*vonea.*) abweichen (*from* von); ~~**ing** *junction (rail)* Streckenabzweigung *f*; ~**ence, -cy** [-əns(i)] Divergieren *n*, Trennung *f*, Abweichung; Divergenz *f*, Öffnungswinkel *m*; Verschiedenheit; *mete* Divergenz *f*; ~**ent** [-ənt] ausea.gehend, divergierend; abweichend, verschieden; kritisch.

divers ['daivə(:)z] *lit* etliche, mancherlei; ~**e** [dai'və:s, 'dai-] verschieden(artig); mannigfaltig, abwechslungsreich, wechselnd; ~**ification** [daivə:sifi'keiʃən] Veränderung, Umgestaltung; (*Risiko*) Verteilung; Streuung; Abwechslung, Mannigfaltigkeit *f*; *broad* ~~ breite(s) Produktionsprogramm *n*; ~**ify** [dai'və:sifai] *tr* verschieden(artig), abwechslungsreich gestalten; Abwechslung bringen in; variieren, beleben; ~**ion** [dai'və:ʃən, di'v-] Ableitung, Ablenkung; Verteilung; *Br* (Verkehrs-)Umleitung; *fig* Ablenkung, Zerstreuung *f*; *mil* Ablenkungsangriff *m*, Täuschungsmanöver *n*; ~**ionary** [-'və:ʃnəri] *a mil* Ablenkungs-; ~**ity** [dai'və:siti] Verschiedenheit, Verschiedenartigkeit, Mannigfaltigkeit, Vielfalt *f*; ~~ *of interest* Interessenkonflikt *m*; ~~ *of opinion* Meinungsverschiedenheit *f*.

divert [dai'və:t, di'v-] *tr* ableiten, -lenken (*from* von); *Br* (den Verkehr) umleiten; (*Geld*) abzweigen; *fig* ablenken; zerstreuen, unterhalten; ~**ing** [-iŋ] unterhaltsam, amüsant; ~~ *attack* Entlastungsangriff *m*.

divest [dai'vest, di'v-] *tr* entkleiden; (ab)nehmen, widerrechtlich entziehen (*s.o. of s.th.* jdm etw); berauben (*s.o. of s.th.* jdn e-r S); *to* ~ *o.s. of* sich trennen von, sich entäußern *gen*; verzichten auf; (*Kleidungsstück*) ab-

divesture 288 **do**

legen; *(von e-m Amt)* zurücktreten; **~(it)ure** [-'vest(it)ʃə], **-ment** [-mənt] Entkleidung; Besitzentziehung, Beraubung; *Am* Entflechtung *f*.

divid|e [di'vaid] *tr* teilen, zerschneiden, (auf-)spalten, trennen; *math* dividieren, teilen *(by* durch; 2 *into* 6 6 durch 2); auf-, verteilen *(among* unter), austeilen; *(Dividende)* ausschütten; gliedern, einteilen *(into* in), klassifizieren, (an)ordnen; (ab)sondern, scheiden, trennen *(from* von); *(Haar)* scheiteln; entzweien, auseanabringen; *parl* durch Hammelsprung abstimmen lassen; *itr* sich teilen, sich trennen, sich auflösen *(into* in); verschiedener Meinung sein; *parl* (durch Hammelsprung) abstimmen; *s* Trennung; Wasserscheide *f*; **-ed** [-id] *a* getrennt, geteilt; *(Dividende)* ausgeschüttet; *to be ~ on a question* in e-r Frage geteilter Meinung sein; **-end** ['dividend, -ənd] *fin* Dividende *f*, Gewinnanteil *m*; *fin* Ausschüttung *f*; *math* Dividend *m*; *(Versicherung)* Jahresrückzahlung; *(Konkurs)* Quote *f*; *to pass the ~* keine Dividende ausschütten; *to pay, to distribute a ~* e-e Dividende ausschütten; **~-bill, -coupon, -warrant** (Gewinn-)Anteilschein *m*; **-er** [-ə] (Ver-)Teiler *m*; *pl* Stechzirkel *m*; **-ing** [-iŋ] *a* Teilungs-, Trenn(ungs)-; **~** *line* Trenn(ungs)linie *f*; **~** *wall* Trennwand *f*.

divin|ation [divi'neiʃən] Ahnung; Weissagung, Prophezeiung *f*; **-e** [di'vain] *tr* ahnen; weissagen, prophezeien; vermuten, erraten; *itr* wahrsagen; *a* göttlich; göttergleich, erhaben; *fam* herrlich, prächtig; *s* Theologe; *fam* Geistliche(r) *m*; **~** *service* Gottesdienst *m*; **-er** [-'vainə] Wahrsager, Prophet; Rutengänger *m*; **-ing** [-'vainiŋ]: **~** *rod* Wünschelrute *f*; **-ity** [di'viniti] Göttlichkeit; Gottheit *f*; göttliche(s) Wesen *n*; Theologie *f*.

divisib|ility [divizi'biliti] Teilbarkeit *f*; **-le** [di'vizəbl] teilbar *a. math (by* durch); 6 *is ~ by* 2 2 geht in 6 auf.

division [di'viʒən] (Ein-, Ver-)Teilung; *(Wertpapiere)* Stückelung; Klassifizierung, Klassifikation; *math* Division *f*, Dividieren, Teilen *n*; Teil *m*; Gruppe, Abteilung *f*, Abschnitt, Zweig *m*, Branche; *(Gericht)* Kammer; Stufe; Klasse; *mil* Division *f*; *rail* Strecke *f*; Bezirk; Trennungsstrich *m*, Trennlinie, Grenze; *parl* Abstimmung durch Hammelsprung; *fig* Uneinigkeit, Spaltung *f*; *to come to, to take a ~ (parl)* zur Abstimmung schreiten; *to insist on a ~* (namentliche) Abstimmung verlangen; **~** *into degrees* Gradeinteilung *f*; **~** *of labo(u)r* Arbeitsteilung *f*; **~** *into shares* Stückelung *f*; **-al** [-l] *a* Abteilungs-; *mil* Divisions-; divisionseigen; **~** *sector* Divisionsabschnitt *m*; **~ artillery** Divisionsartillerie *f*; **~ bell** Abstimmungsglocke *f*; **~ commander** Divisionskommandeur *m*; **~ command post** Divisionsgefechtsstand *m*; **~ engineer** Pionierführer *m*; **~ manager** Abteilungsleiter *m*.

divisor [di'vaizə] *math* Divisor *m*.

divorc|e [di'vɔ:s] *s* (Ehe-)Scheidung; *allg* Trennung *f (between ... and* von ... und; *from* von); *tr* scheiden; sich scheiden lassen von; *allg* trennen *(from* von); *to apply, to sue, to petition for a ~~* die Scheidungsklage einreichen; *to grant a ~~* die Scheidung aussprechen; *to have been ~ed* geschieden sein; *to obtain a ~~* geschieden werden; *cause of, ground for ~~* Scheidungsgrund *m*; **~~** *action, petition* Scheidungsklage *f*; **~~** *case, suit* Scheidungsprozeß *m*; **-ee** [divɔ:'si:] Geschiedene(r) *m*; **-ement** [-mənt] *s*. **-e**.

divot ['divət] Rasenstück *n*, Sode *f*; *(Golf)* (losgeschlagener) Rasenklumpen *m*.

divulg|ation [daivʌl'geiʃən], **-ence** [di'vʌldʒəns], **-ement** [di'vʌldʒmənt] Bekanntmachung, Veröffentlichung, Verbreitung; Enthüllung, Aufdeckung *f*; **-e** [dai'vʌldʒ] *tr* bekanntmachen, veröffentlichen, ausplaudern.

divvy ['divi] *sl tr itr (to ~ up) (den Gewinn)* teilen; *s* (Gewinn-)Anteil *m*.

Dixie ['diksi], **~-Land** die Südstaaten *pl (der US)*; **-land** [lænd] Dixieland *f (Jazzart)*.

dixy, dixie ['diksi] *obs mil* (Feld-) Kessel *m*, Kochgeschirr *n*.

dizz|iness [dizinis] Schwindel(anfall) *m*; **-y** ['dizi] *a* schwind(e)lig; benommen; schwindelerregend; verwirrt, aufgeregt; *fam* dämlich, dumm; *tr* schwindlig machen; *fig* verwirren, verwirrt machen, durcheabringen.

do [du:] **1.** *irr* did, done *tr* tun, machen, herstellen, anfertigen; verrichten, zustande, zuwege bringen, bewirken, aus-, durchführen; vollführen, -bringen; schaffen; *(Pflicht)* erfüllen; ausrichten; bereiten, herrichten; zurechtmachen; in Ordnung bringen, aufräumen, putzen; beenden, vollenden, fertigmachen; zum Abschluß bringen; *(Aufgabe, Problem)* lösen, *(Frage)* erledigen; antun, widerfahren lassen, erweisen;

passen, recht sein (s.o. jdm); (Stück) aufführen, spielen, auf die Bühne bringen; (Rolle) spielen, darstellen; übersetzen, übertragen; (Strecke, Entfernung) zurücklegen; fam (Land, Stadt, Museum) besichtigen; (Perfekt) gesehen haben; (Essen) zubereiten, fertigmachen, kochen od braten od backen; fam behandeln, bedienen, freihalten; fam reinlegen, anführen, betrügen, übers Ohr hauen, prellen; fam erledigen, ruinieren, den Rest geben (s.o. jdm), zugrunde richten; **2.** itr tätig sein, handeln, arbeiten; (Wagen) fahren; sich verhalten, sich benehmen, sich aufführen; (Perfekt) fertig sein (with mit); sich befinden, aus-, zurechtkommen; genügen, ausreichen (s.o. jdm); passen, recht, dem Zweck entsprechend sein; fort-, weiterkommen, es weiter bringen; **3.** aux: (bleibt in Frage u. Verneinung, bei Inversion u. als Ersatz für ein anderes Verbum unübersetzt:) ~ you go? gehen Sie? I ~ not, don't go ich gehe nicht; you play better than I ~ Sie spielen besser als ich; so ~ I ich auch; nor ~ I (either), neither ~ I ich auch nicht; (als Verstärkung adverbial übersetzt:) I ~ wish I could ich wünsche so sehr, ich könnte es, ich würde es so gern können; I ~ feel better ich fühle mich wirklich, tatsächlich besser; ~ come! kommen Sie doch! **4.** s pl fam Vergnügen n, Fest(lichkeit i) n, Feier f (there is a ~ on da ist was los); sl Schwindel, Betrug, Nepp m; mil Unternehmen n, Angriff m; pl fam Anteile m pl; fair ~'s! nicht schummeln! **5.** to get s.th. done etw machen lassen; to have to ~ with zu tun haben mit; to have done with fertig sein mit; to ~ badly schlechte Geschäfte machen; übel dran sein; to ~ the beds, the dishes die Betten machen; das Geschirr spülen; to ~ o.'s best, the best od all one can, o.'s utmost, everything in o.'s power sein bestes, sein möglichstes, das menschenmögliche, alles, was man kann, tun; to ~ o.'s bit s-e Pflicht tun; (Geflügel) gut zubereiten; to ~ business with s.o. mit jdm Geschäfte machen; to ~ credit to s.o. jdm Ehre machen; to ~ o.'s damnedest (fam) sich gewaltig am Riemen reißen; to ~ the downy (sl) im Bett bleiben; to ~ o.'s duty s-e Pflicht tun; to ~ duty as dienen, gebraucht werden als; to ~ evil Böses tun; to ~ good Gutes tun; gut tun, nützen; to ~ any od some, no good etwas, nichts nützen; to ~ o.'s hair sich kämmen, sich frisieren; to ~ harm schaden; to ~ hono(u)r to s.o. jdm Ehre erweisen; to ~ justice to gerecht werden dat; to ~ the laundry Wäsche waschen; to ~ like for like Gleiches mit Gleichem vergelten; to ~ o.'s nails sich die Nägel reinigen; to ~ proud sehr splendid sein; s.o. jdn fürstlich bewirten; to ~ to a turn (Fleisch) hervorragend zubereiten; to ~ well s-e Sache gut machen; (Getreide) gut stehen; to ~ s.o. well jdm guttun; to ~ o.s. well sein Ziel erreichen; to ~ well by s.o. jdm großzügig helfen; **6.** I could ~ with the money ich könnte das Geld gut gebrauchen; I have done writing ich bin fertig mit Schreiben; I have done with him er ist für mich erledigt; I am doing well es geht mir gut; have done! hör auf! how ~ you ~? wie geht es Ihnen? wie geht's? guten Tag! (beim Vorstellen) sehr angenehm! that will ~ das genügt; that won't ~! das geht nicht! what can I ~ for you? womit kann ich Ihnen dienen? what's to be done with it? was soll damit geschehen? easier said than done das ist leichter gesagt als getan; no sooner said than done gesagt, getan; well begun is half done (prov) frisch gewagt ist halb gewonnen; **7.** to ~ **again**, to ~ over again noch (ein)mal tun od machen, wiederholen; to ~ **away** with abschaffen, beseitigen, weg-, beiseite, auf die Seite schaffen; (Menschen) aus dem Wege räumen, erledigen; o.s. sich das Leben nehmen; to ~ **by** behandeln; sich verhalten, sich aufführen, sich benehmen gegenüber; to ~ **down** fam übers Ohr hauen, reinlegen; to ~ **for** Br sich kümmern um, haushalten (s.o. jdm); e-n Ersatz darstellen; fam kaputt machen, ruinieren, den Rest geben (s.o. jdm); sl um die Ecke bringen, umbringen; to ~ **for** o.s. Selbstmord verüben; die Hausarbeiten selbst erledigen; to be done for hinüber od erledigt sein; to ~ **in** sl um die Ecke bringen, erledigen, umlegen, killen; fam reinreißen, reinlegen; to ~ **into** übersetzen; to ~ **on** (Kleidung) anziehen, anlegen; to ~ **out** leer machen, leeren, aus-, aufräumen, ausfegen, -wischen, reinigen, putzen; (Licht) ausmachen; to ~ out of abschwindeln, abnehmen; hinauswerfen; to ~ **over** neu be-, überziehen, (neu) (an)streichen; wiederholen; to ~ **up** überholen, erneuern, auffrischen, instand setzen; (Wäsche) waschen; einwickeln, -packen; zumachen, -knöpfen, -haken, -schnüren, -binden; (die Haare) auf-,

do with 290 **dodge**

hochstecken; *nur pp* erschöpft, erledigt,fertig; *to ~ up brown (Am)* gründlich, großzügig erledigen; *to ~ with* auskommen, fertigwerden mit; *I can ~ with* ich bin zufrieden mit; ich könnte gebrauchen, hätte nötig; *to ~ without* auskommen, fertigwerden ohne, nicht brauchen, nicht nötig haben; **~able** ausführbar; **~-all** Faktotum *n*; **~-it-yourself** *s* Eigenbau *m*; *a* Bastel-.

doat [dout] *s.* dote.

doc [dɔk] *fam* Doktor *m*.

docile ['dousail, *Am* 'dɔsəl] gelehrig; lenk-, folg-, fügsam; **~ity** [do(u)'siliti] Gelehrigkeit; Folg-, Fügsamkeit *f*.

dock [dɔk] **1.** *bot* Ampfer *m*; sour ~ Sauerampfer *m*; **2.** *s* Schwanzrübe *f*, Stutzschwanz *m*; *tr (bes. Schwanz)* stutzen; *fig (bes. Lohn)* kürzen; *to ~ s.o. for s.th.* jdm von etw abziehen; beschneiden, vermindern, verringern; **3.** *jur* Anklagebank *f*; *in the ~* auf der Anklagebank; **4.** *s mar* Dock *n*; Laderampe *f*; *Am* Kai *m*, Mole *f*, Pier *m od f*; Hafenbahnhof *m*; *rail* Abstellgleise *n*, *pl* Hafenbecken *n pl*, -anlagen *f pl*; *aero* Luftschiff-, Flugzeughalle *f (für die Inspektion);* *tr itr* docken, ins Dock bringen, im Dock liegen; Schiff anlegen; *(Luftschiff)* in die Halle bringen; *(Flugzeug)* zur Reparatur *od* Überprüfung bringen; *loc rail* abstellen; *naval ~s (pl)* Marinewerft *f*; **~age** ['-idʒ] **1.** (~ *dues*) Dockgebühren; Dockanlagen *f pl*; Docken *f*; **2.** Kürzung *f*, Abzug *m*; **~er** ['-ə], **~ labo(u)rer** Schauermann, Dockarbeiter *m*; **~ gate** Dock-, Schleusentor *n*; **~ yard** ['-jɑːd] *mar* (Schiffs-)Werft *f*; **~~ crane** Werftkran *m*.

docket ['dɔkit] *jur* Prozeß-, Urteilsregister *n*; Gerichts-, *allg* Terminkalender *m*; *jur* Aktenregister *n*; *allg* (Inhalts-)Verzeichnis, Register *n*, Liste *f*, Auszug *m*; Etikett *n*, Anhänger; Aktenschwanz; *com* Bestell-, Lieferschein *m*; Zollquittung *f*; *tr* registrieren, e-n Auszug machen von; etikettieren; *wages ~~* Lohnliste *f*.

doctor ['dɔktə] (*D~*) Doktor (*als akad. Grad);* Doktor, Arzt; *hist* Kirchenlehrer; *sl mar* Schiffskoch *m*; Abstreichmesser *n*; (*~ knife*) Rakel; künstliche Fliege *f (zum Angeln); tr (to ~ up) fam (Kranken)* verarzten, *(Krankheit)* zurechtdoktern, behandeln; ausbessern; *fam* manipulieren, verfälschen, zurechtbiegen; *(Bilanz)* frisieren; *itr fam* praktizieren; *to take o.'s ~'s degree* promovieren, den Doktorgrad erwerben; *factory ~* Werk(s)arzt *m*; *lady, woman ~* Ärztin *f*; *panel ~* Kassenarzt *m*; *ship's ~* Schiffsarzt *m*; *~'s certificate* ärztliche(s) Attest *n*; **~ate** [-rit] Doktorgrad *m*, -würde *f*.

doctrin|aire [dɔktri'nɛə] *s* Ideologe, Prinzipienreiter *m*; *a* doktrinär; lebensfremd; **~al** [dɔk'trainl, 'dɔktrinl] lehrhaft; **~e** ['dɔktrin] Lehre, Doktrin *f*, Dogma *n*, Grundsatz *m*.

document ['dɔkjumənt] *s* Urkunde *f*, Dokument *n*, Akte *f*; Beleg *m*; Schriftstück *n*; *pl* Papiere *n pl*, Unterlagen *f pl*; *tr* ['-ment] e-e Urkunde ausstellen (*s.o.* jdm); mit Unterlagen versehen; urkundlich nachweisen *od* belegen; Belege beifügen; *to draw up a ~* e-e Urkunde abfassen; *to have a ~ authenticated* e-e Urkunde beglaubigen lassen; *to produce, to present a ~* e-e Urkunde vorlegen, e-n Beleg beibringen; *to support by ~s* urkundlich belegen; *commercial ~s (pl)* Geschäftspapiere *n pl*; *execution, issue of a ~* Ausstellung *f* e-s Dokuments; *forging, falsification of ~s* Urkundenfälschung *f*; *human ~s* Menschenzeugnisse *n pl*; *negotiable ~* Wertpapier *n*; *secret ~* Geheimdokument *n*; *shipping ~s (pl)* Verladepapiere *n pl*; **~ary** ['-'mentəri] *a* urkundlich, dokumentarisch; *s (~ film)* Kultur-, Lehrfilm *m*; **~~ bill**, *credit* Dokumentenwechsel, -kredit *m*; **~~ evidence** Urkundenbeweis *m*; **~ation** [dɔkjumen'teiʃən] urkundliche(r) Beleg, Nachweis, Quellennachweis *m*, Dokumentation *f*; **~~ centre** Dokumentationszentrale, Literatursammelstelle *f*.

dodder ['dɔdə] **1.** *itr* zittern, schwanken, torkeln; schlurfen; *fam* tattern, e-n Tatterich haben; **~er** ['-rə] *sl* Zittergreis *m*; **~y** ['-ri] zitterig; verwirrt; vertrottelt; **2.** *s bot* Seide, Klebe *f*.

dodge [dɔdʒ] *tr* schnell (nach der Seite) ausweichen (*s.th.* e-r S), beiseite springen, schnell verschwinden vor; *fig* umgehen, vermeiden; sich drücken (*s.th.* um etw); überspielen, hinters Licht, an der Nase herumführen, spielen mit; kreuz u. quer fragen; *itr* ausweichen; Ausflüchte machen; Kniffe anwenden; *s* Sprung *m* zur Seite; List *f*, Kunstgriff, Kniff, Trick *m*; Ausrede *f*, Ausflüchte *f pl*; *to ~ the column (Am)* den Folgen aus dem Wege gehen; **~r** ['-ə] geriebene(r), gerissene(r) Kerl, *fam* Schlaumeier; Drückeberger *m*; *Am* (Mais-)Brot *n*, Fladen; *Am* Anschlag-, Handzettel *m*; *mar* Schanzkleid *n*; *work ~~* Arbeitsscheuer *m*.

dodo ['doudou] pl -o(e)s orn Dronte; dead as a ~ völlig veraltet.

doe [dou] Reh n, Ricke; Hirschkuh, Hindin; Häsin f; Weibchen n; John, Jane D~ (jur) unbekannt; **~skin** ['-skin] Wildleder n; Art (feiner, weicher) Wollstoff m.

doer ['du:ə] Täter; Vollzieher; energische(r) Mensch m; a good ~ eine gut gedeihende Pflanze a. Tier.

doff [dɔf] tr (Kleider) ausziehen, ablegen; (Hut) abnehmen; fig von sich tun, aufgeben, ablegen.

dog [dɔg] **1.** s Hund m; Männchen n; fam Bursche, Kerl; Versager, Tagedieb m; Am sl häßliche, langweilige Frau f; tech Klaue f, Sperrzahn m, Klammer (-haken m) f; tech Mitnehmer; tech Anschlag; (Feuer-, Säge-) Bock m; Am sl alte(s) Auto n; mete Nebensonne f; min Hund, Förderwagen m; (D~) astr Hundsstern, Sirius m; pl mil sl Füße m pl; pl fam Windhundrennen n; **2.** tr auf dem Fuß, auf Schritt u. Tritt folgen, nachspüren (s.o. jdm); fig stehenden Fußes folgen (s.o. jdm); **3.** itr Am sl: to ~ it sich drücken; abhauen; sich aufgedonnert anziehen; adv (in Zssgen) völlig, sehr; hunde-;**4.**to die a ~'s death im Elend sterben; to give, to throw to the ~s vor die Hunde, wegwerfen; to go to the ~s (fam) vor die Hunde gehen, ruiniert sein; not to have a ~'s chance nicht die geringsten Aussichten haben; to lead a ~'s life ein Hundeleben führen; to live a cat and ~ life wie Hund und Katze leben; to put on the ~ (Am fam) sich aufspielen, groß tun; to ~ the (foot) steps of s.o. jdm auf Schritt u. Tritt folgen; **5.** it is raining cats and ~s es regnet junge Hunde, gießt in Strömen; every ~ has his day (prov) es kommt jedem sein Tag; let sleeping ~s lie (prov) man soll schlafende Hunde nicht wecken; **6.** hot ~ warme(s) Würstchen n; a sly old ~ ein alter Fuchs, Schlaukopf m; a ~ in the manger Neidhammel m; **~-berry** bot Hundsbeere f; **~-biscuit** Hundekuchen; mil sl Zwieback m; **~-bowl** Freßnapf m; **~-box** rail Hundeabteil n; **~-cart** (leichter) Jagdwagen m; **~-collar** Hundehalsband n, Halsung f; **~-days** pl Hundstage m pl; **~-eared** a (Buch) mit Eselsohren; **~-fight** Handgemenge n; mil Nahkampf; **~-fish** Hundshai m; **~-ged** ['dɔgid] a verbissen, hartnäckig; widerborstig, störrisch; **~-gedness** ['-idnis]Hartnäckigkeit, Verbissenheit f; Starrsinn m, Widerborstigkeit f, störrische(s) Wesen n; **~-gish** ['-iʃ] hündisch; mürrisch; Am fam aufgedonnert; **~-go** ['-gou] fam verborgen; to lie ~~ (sl) sich nicht rühren; **~~-gone** a verdammt, verflixt; **~-gy** ['-i] s Hündchen n; a fam aufgemacht; **~~-house** Am Hundehütte f; Am Versuchstheater n; in the ~~ (fam) in Ungnade; **~~-kennel** Hundehütte f; ~~ **Latin** Mönchs-, Küchenlatein m; **~-lead** Hundeleine f, (Jagd) Schweißriemen m; **~-rose** Hunds-, Heckenrose f; **~-sled** ['-sled], **~-sledge** ['-sledʒ] Hundeschlitten m; **~-sleep** leichte(r), leise(r) Schlaf m; **~-tag** mil sl Erkennungsmarke f; **~'s age** Am fam Ewigkeit, lange Zeit f; **~'s dinner** sl Überbleibsel n pl; fig aufgedonnerte Kleidung f; **~'s ear** Eselsohr n (im Buch); **~'s tail** Rute f, Hundeschwanz m; **~'s trick** gemeine(r), hinterhältige(r) Streich m; **~ tick** zoo Holzbock m; Milbe; Zecke f; **~~-tired**, **~~-weary** hundemüde; **~~-tooth** arch Zahnfries m; **~~-watch** mar Hundswache f; **~~-whip** Hundepeitsche f; **~~-wood** bot Hartriegel m.

doge [doudʒ] hist Doge m.

dogg(e)rel ['dɔg(ə)rəl] (~ rhyme) Knüttelvers m.

dogma ['dɔgmə] Dogma n, Glaubens-, Lehrsatz m, Doktrin f; Glaubens-, Lehrsystem n, Lehre f; Grundsatz m; unerschütterliche Meinung f; **~-tic(al)** [dɔg'mætik(əl)] dogmatisch; keinen Widerspruch duldend, rechthaberisch, anmaßend, arrogant; bestimmt; **~-tic theology**, **~-tics** pl mil sing Dogmatik f; **~-tism** ['dɔgmətizm] Dogmatismus m; anmaßende(r) Ton m, Arroganz, Dreistigkeit f; **~-tist** ['-ist] Dogmatiker; anmaßende(r), arrogante(r) Mensch m; **~-tize** ['dɔgmətaiz] itr sich anmaßend äußern (on über); tr mit Bestimmtheit behaupten.

doily ['dɔili] (Tisch-, Zier-)Deckchen n.

doing ['du:iŋ] p pr tuend; s pl Taten, Handlungen f pl; Ereignisse, Geschehnisse, Vorkommnisse n pl, Begebenheiten f pl; Verhalten, Betragen, Benehmen n; sl Prügel m pl, Anschnauzer m; that's his ~ das ist sein Werk; nothing ~ nichts los; fam geht nicht! nichts zu machen! fine ~s! schöne Geschichten!

doldrums ['dɔldrəmz] pl Niedergeschlagenheit f; mar Kalmen(gürtel m) f pl; in the ~ niedergeschlagen; in e-r Flaute; mar ohne Wind.

dole [doul] s Spende, milde Gabe f, Almosen n; Arbeits-, Erwerbslosenunterstützung f; tr (to ~ out) spenden,

doleful 292 **donation**

austeilen; sparsam ausgeben; *to be, to go on the* ~ arbeits-, erwerbslos sein, *fam* stempeln (gehen); **-ful** ['-ful] kummer-, leidvoll, schmerzlich, traurig, trübselig; **-fulness** ['-fulnis] Kummer *m*, Leid *n*, Traurigkeit, Betrübtheit *f*.
doll [dɔl] *s* Puppe *f*; *fig* Püppchen *n*; *tr sl (to ~ up)* herausputzen, herausstaffieren, auftakeln; *itr* sich in Schale schmeißen; **~'s face** Puppengesicht *n*; **~'s house,** *Am* **~ house** Puppenhaus *n*, -stube *f a. fig*; **~'s pram, ~ carriage** Puppenwagen *m*; **~ stroller** Puppensportwagen *m*.
dollar ['dɔlə] Dollar *m*; *Br sl* 5 Schilling.
dollop ['dɔləp] *fam* Klumpen, Brocken, Happen *m*.
dolly ['dɔli] *s (Kindersprache)* Püppchen *n*; *fam* Schlampe *f*; *tech* Gegenhalter, Nietkloben; Preßstempel; Stampfer; Transport-, Montagewagen; *film video* Kamera-, Mikrowagen *m*; *itr* den Kamerawagen bewegen; *to ~ in, out (film video)* den Kamerawagen näher heran-, weiter wegfahren; **~ shot** *film* Fahraufnahme *f*; **~-tub** *min* Rühr-, Schlämmfaß *n*.
dolomite ['dɔləmait] *geol* Dolomit *m*.
dol|orous ['dɔlərəs] schmerz-, kummervoll; **~o(u)r** ['doulə] *poet hum* Schmerz, Kummer *m*.
dolphin ['dɔlfin] *zoo* Delphin, Tümmler *m*; *mar* Ankerboje, Dalbe *f*.
dolt [doult] Tölpel, Tolpatsch *m*; **-ish** ['-iʃ] schwerfällig, tölpelhaft, tolpatschig.
domain [də'mein, do(u)'m-] Domäne *f*, (Staats-)Gut *n*; Herrschaftsbereich *m*, -gebiet, *fig* Gebiet *n*, Bereich *m* od *n*; *to fall into public* ~ den Urheberrechtsschutz verlieren; *economic* ~ Wirtschaftsraum *m*; *public* ~ Staatseigentum; Gemeingut *n*.
dome [doum] *arch* Kuppel *a. fig*; (Berg-)Kuppe *f*; Gewölbe *n*; *poet* Palast *m*; *Am sl* Birne *f*, Kopf *m*.
domestic [də'mestik] *a* häuslich, hauswirtschaftlich; Haus-; familiär, Familien-; privat, Privat-; einheimisch, inländisch; Inland-, Binnen-; inner, Innen-; *(Tier)* zahm, Haus- *s* *(~ servant)* Hausangestellte(r *m*) *f*; *pl* inländische Waren *f pl*, Güter *n pl*; *Am* Baumwollzeug *n*; **~ animal** Haustier *n*; **~ appliance** Haushaltgerät *n*; **-ate** [də'mestikeit, do(u)'m-] *tr* ans Haus gewöhnen; häuslich machen; *(Tiere)* zähmen, *scient* domestizieren; heimisch machen; **~ation** [-'keiʃən] Eingewöhnung *(with* bei); Zähmung, *scient* Domestikation *f*; **~**

coal Hausbrand *m*; **~ commerce** Binnenhandel *m*; **~ demand** Inlands-, Haushaltsbedarf *m*; **~ industry** Heimarbeit; heimische Industrie *f*; **-ity** [doumes'tisiti, dɔm-] häusliche(s), Familienleben *n*; Häuslichkeit *f*, häusliche(s) Wesen *n*; *pl* häuslicheAngelegenheiten *od* Pflichten *f pl*; **~ market** Binnenmarkt *m*; **~ policy** Innenpolitik *f*; **~ price** Inlandspreis *m*; **~ production** Inlandsproduktion *f*; **~ sales** *pl* Inlandsabsatz *m*; **~ trade** Binnenhandel *m*.
domicil|e ['dɔmisail] *s* Wohnort; (fester) Wohnsitz; Aufenthalt(sort); *fin* Zahlungsort *m*; *tr* ansässig machen; *(Wechsel)* domizilieren; *to ~~ o.s.* sich niederlassen, s-n Wohnsitz nehmen; **-ed** [-d] *a* wohnhaft, ansässig; **~~ bill** Domizilwechsel *m*; **-iary** [dɔmi'siljəri] *a* Haus-; Wohnungs-; **~~ search, visit** Haussuchung *f*; **-iate** [dɔmi'silieit] *tr com* domizilieren.
domin|ance, -cy ['dɔminəns(i)] Vorherrschaft *f*; Übergewicht *n*, Einfluß *m*; **-ant** ['-ənt] *a* (vor-, be)herrschend, bestimmend, entscheidend; überragend; *biol mus* dominant; *s biol* dominante Eigenschaft; *mus* Dominante *f*; **-ate** [-eit] *tr u. itr: to ~ over* beherrschen *a. fig*; **-ation** [-'neiʃən] Beherrschung, Herrschaft *f*; **-eer** [dɔmi'niə] *itr* den Ton angeben; *to ~~ over* beherrschen, tyrannisieren; **-eering** [dɔmi'niəriŋ] *a* tonangebend, herrisch, beherrschend, tyrannisch; anmaßend.
dominic|al [də'minikəl] *a rel* des Herrn (Jesus); sonntäglich; **~~ prayer** Vaterunser *n*; **D~an** [-ən] *a rel geog* dominikanisch; *s* Dominikaner *m*.
dominie ['dɔmini] *Scot* (Volksschul-) Lehrer; *Am fam* Pfarrer *m*.
dominion [də'minjən] Herrschaft, Souveränität, Oberhoheit *f (over* über); Herrschaftsgebiet *n*, -bereich *m*; *D~~* Dominion *n*.
domino ['dɔminou] *pl* -oes Domino *(Maskenkostüm u. Träger)*; Dominostein *m*; *pl mit sing* Domino(spiel) *n*; *Am sl* Zähne, Würfel *m pl*.
don [dɔn] **1.** *s* Respektsperson; *fam* Kanone *f*, Kenner *(at* in); Direktor, (Studien-)Leiter *m*; **2.** *tr (Kleider)* anziehen; *(Hut)* aufsetzen; **-nish** ['-iʃ] pedantisch.
donat|e [do(u)'neit] *tr* schenken, geben, spenden, stiften; **-ion** [-'neiʃən] Schenkung, Zuwendung, Stiftung; Spende, Gabe *f*; *deed of ~~* Schenkungsurkunde *f*; *~~ in kind* Sach-

donative   293   **dory**

spende *f*; **~ive** ['-ətiv] Schenkung, Stiftung; Gabe *f*.
done [dʌn] *pp von do* getan; erledigt; abgemacht; *jur* ausgefertigt; *a* fertig; gar; *fam* erschöpft, kaputt; half-~ halbgar; *well* ~~ gut (gar); gut durchgebraten; *well* ~ *!* bravo! - **for** *fam* erledigt, verloren; geliefert, kaputt, hin; ~ **in, up** *fam* kaputt, fertig, völlig erschöpft (*from doing s.th.* von der Arbeit); ~ **with** fertig.
donee [dou'ni:] *jur* Beschenkte(r), Schenkungsempfänger *m*.
donjon ['dɔndʒən] Bergfried *m*.
donkey ['dɔŋki] Esel *a. fig*; *fig* Dummkopf; *tech* Traktor, Zugmaschine; *(Kran)* Laufkatze *f*; **~-engine** Hilfsmaschine; kleine Lokomotive; Zugmaschine *f*; **~'s years** *fam* Ewigkeit *f*; ~ **work** Routinearbeit *f*.
donor ['dounə] *jur* Schenkende(r), Stifter; *med* Blutspender *m*.
don't [dount, doun, dən] = do not; *Imperativ*: laß (das, doch)! *s hum* Verbot *n*.
do(o)dad ['du:dæd] *Am fam* Dingsda *n*; Kleinigkeit, Spielerei *f*, Tand *m*.
doodle ['du:dl] *itr* (*geistesabwesend od nebenbei*) herumkritzeln, Männchen malen; *Scot* dudeln, Dudelsack spielen; *s* Gekritzel *n*; *fam* Dussel, Depp *m*; **~-bug** ['-bʌg] *Am zoo* Larve *f* des Ameisenlöwen; *Am fam* Wünschelrute *f*; *Am sl rail* Dieseltriebwagen *m*; *sl mil* Rakete; V-Waffe *f*.
doom [du:m] Verhängnis, Geschick, Schicksal *n*; Verderb(en *n*), Untergang *m*; Jüngste(s) Gericht *n*; *tr* verurteilen (*to death* zum Tode); verdammen (*to*); **~sday** ['du:mzdei] das Jüngste Gericht; *from now till* ~~ bis zum Jüngsten Tag, für immer.
door [dɔ:, dɔə] Tür *f*, Tor *n a. fig*; Pforte; Luke *f*; *fig* Weg *m* (*to* zu); *at death's* ~ an der Schwelle des Todes; *from* ~ *to* ~ von Haus zu Haus; *next* ~ nebenan, im Neben-, Nachbarhaus; *to* ~ neben; *fig* beinahe, fast; *out of* ~s draußen, im Freien; *two* ~s *off* zwei Häuser weiter, im übernächsten Haus; *within* ~s drinnen, im Hause; *to close the* ~ *upon s.th.* etw den Weg versperren *dat*, unmöglich machen; *to lay s.th. at s.o.'s* ~ jdm etw vorhalten, zum Vorwurf machen; *to lie at s.o.'s* ~ jds Schuld sein; *to show s.o. the* ~ jdn vor die Tür setzen; *back* ~ Hintertür *f*; *front* ~ Haustür *f*; **~-bell** Türklingel *f*; **~-pusher** Hausierer *m*; **~-case, -frame** Türrahmen *m*; **~-jamb, -post** Türpfosten *m*; **~-keeper,** *Am* **~-man** Pförtner, Portier *m*; **~-knob** (Tür-) Knopf *m*; **~-mat** Türvorleger; *fig* Schwächling *m*; **~-money** Eintrittsgeld *n*; **~-nail**: *dead as a* ~~ mausetot; **~-plate** Türschild *n*; **~-sill** Türschwelle *f*; **~-step** Türstufe *f*; **~-stop** Türpuffer *m*; **~-to-~**: ~~ *salesman* Hausierer *m*; ~~ *selling* Hausieren *n*; ~~ *transport* Beförderung *f* von Tür zu Tür; **~-way** Eingang; Torweg *fig*; Zugang *m*; **~-yard** *Am* Vorhof *m*.
dop|e [doup] *s* Schmiere *f*, Schmiermittel; *mot* Additiv; Einreibmittel *n*; (halbfester) Überzug; Firnis; Lack; *aero* Spann-, Flieglack; *phot* Entwickler *m*; Reizmittel; *sl* Rauschgift, Narkotikum *n*; *sl* Tip *m*, geheime, vertrauliche Information *f*; *Am sl* Coca-Cola; *Am sl* Rauschgiftsüchtige(r), Morphinist; *sl* Depp, Trottel *m*; *tr (Rennpferd)* dopen; verdrogen, Drogen eingeben (*s.o.* jdm); Alkohol zusetzen; *fig* beruhigen; hintergehen; *mot* mit Zusätzen versehen; *Am sl* (*to* ~~ *out*) rauskriegen, ausfindig machen; *to* ~~ *off* (*Am sl*) tief u. lange schlafen; sich dumm benehmen; *to give s.o. all the* ~~ jdm alle Einzelheiten mitteilen; ~~ *addict*, *fiend (sl)* Rauschgiftsüchtige(r), Morphinist *m*; ~~ *den* Opiumhöhle *f*; ~~ *pedlar (sl)* Rauschgifthändler, -schieber *m*; **~ed petrol** Bleibenzin *n*; **~ester** ['-stə] *Am sl* jem, der geheime, vertrauliche Informationen liefert; **~(e)y** ['-i] *Am sl* narkotisiert, benommen; schlafmützig, dämlich, dusselig.
Doric ['dɔrik] *arch* dorisch; ~ *order* dorische Säulenordnung *f*.
dorm [dɔ:m] *fam* Studentenwohnheim *n*; **~ancy** ['-ənsi] Schlaf-, Ruhezustand *m*; **~ant** ['-ənt] schlafend; ruhend, ruhig, still; untätig, unwirksam, ungenutzt, tot; *zoo* im Winterschlaf; *bot* in der Winterruhe; *to lie* ~~ den Winterschlaf halten; *com* sich nicht verzinsen; *jur* den Termin versäumen; ~~ *partner* stille(r) Teilhaber *m*; **~er** ['-ə] (~~ *window*) Dachfenster *n*, Gaube, Gaupe; Mansarde *f*; **~itory** ['-itri] Schlafsaal *m*; *Am* (Studenten-) Wohnheim *n*; ~~ *town* Schlafstadt *f*.
dormouse ['dɔ:maus] *pl* -*mice* Haselmaus *f*; *fig* Schlafmütze *f*.
dor(r) [dɔ:] Mist-, Mai- *od* Rosenkäfer *m*.
dorsal ['dɔ:səl] *anat zoo bot* Rücken-; ~ **fin** *(Fisch)* Rückenflosse *f*; ~ **shell, shield** *(Schildkröte)* Rückenschild *m*.
dory ['dɔ:ri] *Art* (flaches) Fischerboot *n*; *zoo* Heringskönig, Petersfisch *m*.

dose [dous] *s pharm* Dosis *a. fig*; *fig* Portion, Menge; *sl* Ansteckung *f*; *(bes. Wein)* Zusatz *m*; *tr* e-e Dosis Arznei geben *(s.o.* jdm); *(Arznei)* dosieren; *(Bestandteil)* zusetzen; vermischen *(with* mit); *(Wein)* fälschen.

doss [dɔs] *s sl* Falle, Kiste *f*, Bett *n*; billige Unterkunft *f*; *itr* pennen; **~-house** Übernachtungsheim *n*.

dossier ['dɔsiei] Akten(bündel *n*) *f pl*, Dossier, Vorgang *m*.

dot [dɔt] **1.** Mitgift *f*; **2.** *s* Punkt *m*; Pünktchen *n*, Tüpfel(chen *n*); I-Punkt; Knirps *m*; kleine(s) Ding *n (Mädchen)*; *tr* mit Punkten versehen; tüpfeln, übersäen *(with* mit); *off o.'s ~ (sl)* plemplem; *on the ~ (fam)* auf die Sekunde, ganz pünktlich *adv*; *to ~ o.'s i's and cross o.'s t's* es ganz genau nehmen; *he ~ted him one (fam)* er langte, versetzte ihm eine; **~ted** ['-id] *a* be-, übersät *(with* mit); *~ line* punktierte Linie *f*; *to sign on the ~~ line (fig)* bedingungslos zustimmen; **~ty** ['-i] getüpfelt, gesprenkelt; *fam* schwach, unsicher, zitt(e)rig, schwankend; *fam* verrückt.

dot|age ['doutidʒ] Senilität, Greisenhaftigkeit *f*, Kindischwerden *n*; Affenliebe *f*; *to be in o.'s ~~* kindisch sein *od* werden; **~ard** ['doutəd] kindische(r) Greis *m*; **~e** [dout] *itr (Greis)* kindisch sein, faseln, durchea.reden; *to ~~ (up)on* vernarrt sein in, abgöttisch lieben; **~ing** ['-iŋ] (alt u.) kindisch; vernarrt, heftig verliebt *(on* in).

double ['dʌbl] **1.** *a* doppelt, zweifach, zwiefach; Doppel-; gepaart, paarig; zweischichtig, gefaltet, überea.gelegt; *(Blume)* gefüllt; *fig* zweideutig; doppelzüngig, falsch, scheinheilig; **2.** *adv* doppelt, noch einmal so(viel); zweimal; **3.** *s* das Doppelte, *das* Zweifache; Doppel *n*, Zweitschrift, -ausfertigung *f*, Duplikat *n*; Ebenbild *n*, Doppelgänger *m*; *theat film* Double *n*; *mil* Laufschritt *m*; Falte, Schlinge; *(Fluß)* Schleife; starke Biegung, scharfe Wendung; Kehrtwendung *f*; plötzliche(r) Richtungswechsel; Winkelzug, Trick *m*; *pl (Tennis)* Doppel(spiel) *n*; **4.** *tr* verdoppeln; umbiegen, -legen, -schlagen, falten; *(die Faust)* ballen; *(Garn)* zwirnen; wiederholen; abschreiben; *theat film* das Doublesein *(s.o.* jds); *mar* umsegeln, umschiffen, umfahren; *(Kartenspiel)* kontrieren; **5.** *itr* sich verdoppeln; *mil* die Geschwindigkeit verdoppeln; sich zurückbiegen; sich umwenden, umkehren; scharf umbiegen, e-n Haken schlagen; *film* ein Doublesein; e-n doppelten Zweck erfüllen; auch noch arbeiten *(as* als); zwei Rollen spielen; *at the ~ (mil)* im Geschwindschritt; *on the ~ (Am fam)* im Nu, fix; **6.** *to ~ back (tr)* umschlagen, falten; *itr* umkehren, auf den gleichen Wege zurückkehren; *to ~ up (itr)* sich zs.legen, zs.klappen; sich zs.krümmen; die Faust ballen; sich *(vor Lachen)* biegen, sich *(vor Schmerz)* krümmen; *tr (Zimmer)* teilen, zu zweit, zs. bewohnen; *to ~ upon (mil)* zwischen zwei Feuer nehmen; **7.** *to have a ~ meaning* zweideutig sein; *to wear a ~ face* falsch, hinterhältig sein; *men's, ladies' ~s (pl) (Tennis)* Herren-, Damendoppel *n*; **~-acting** doppelt wirksam; **~-barrelled** *a (Schußwaffe)* doppelläufig; *fig* zweideutig; *gram* doppelgliedr(ig); **~-bass** *s* Baß *m (Musikinstrument)*; *a mus* Kontrabaß-; **~ bed** Doppelbett *n*; **~-bed room** Zweibettzimmer *n*; **~-breasted** *a (Jacke, Mantel)* zweireihig; **~ chin** Doppelkinn *n*; **~-cross** *sl tr* anführen, betrügen, hintergehen; *s* Betrug *m*; **~-crosser** *sl* Betrüger *m*; **~-dealer** falsche(r) Mensch; Betrüger *m*; **~ dealing** Falschheit *f*; Betrug *m*; *to engage in ~~* falsch sein, betrügen; **~-decker** zweigeschossige(s, r) Schiff *n*, Autobus *m*; doppelte(s) Sandwich *n*; **~-Dutch** *fam* Kauderwelsch, Chinesisch *n*; **~-dyed** *a* Erz-; durchtrieben, gerieben, raffiniert; eingefleischt; **~-eagle** *(Heraldik)* Doppeladler *m (mit zwei Köpfen)*; **~-edged** *a* zweischneidig *a. fig*; **~-entry** doppelte Buchführung *f*; **~-faced** *a* falsch, unaufrichtig, heuchlerisch; **~ feature** Filmvorführung *f* mit zwei Hauptfilmen; **~-ganger** ['gæŋə] Doppelgänger *m*; **~-lock** *tr* zweimal verschließen; **~ meaning** *a* zweideutig; *s* Zweideutigkeit *f*; **~-minded** *a* unentschieden, schwankend; **~-ness** ['-nis] *das* Doppelte; Zweideutigkeit; Falschheit *f*, Verrat *m*; **~-O** *tr Am sl* prüfend anblicken; *s* genaue Prüfung *f*; **~-park** *itr* neben e-m geparkten Fahrzeug parken; **~-quick** ['-kwik] *a adv* sehr schnell; *s* Geschwindschritt *m*; *tr itr* im Geschwindschritt marschieren (lassen); **~-saw(buck)** *Am* 20-Dollar-Note *f*; **~ seated** *a* zweisitzig; **~ shuffle** *Am fam* kalte Schulter; Enttäuschung; kurze Abfertigung *f*; **~ standard** *fin* Doppelwährung *f*; **~-t** ['dʌblit] *hist* Wams *n*; Doppelform, Dublette *f*; paarige(r) Gegenstand *m*; Paar *n*;

double take   295   **down quilt**

tech Dipol; *pl (Würfelspiel)* Pasch *m*; **~ take** *fig fam* Spätzündung *f*; **~ talk** zweideutige Reden *f pl*; **~ taxation** Doppelbesteuerung *f*; **~threaded** *a:* **~ screw** Doppelschraube *f*; **~ time** Lauf-, Sturmschritt *m*; **~tongued** *a* doppelzüngig; **~tooth** Backenzahn *m*; **~ track**: *with a ~ (rail)* zweispurig; **~ window** Doppelfenster *n*.

doubl|ing ['dʌbliŋ] Verdoppelung, Falte, zweite Lage *od* Schicht *f*, Futter *n*; Umsegelung *f*; Seitensprung; Winkelzug *m*; **~y** ['dʌbli] *adv* doppelt.

doubt [daut] *itr* zweifeln, Zweifel hegen *(whether, if* ob); nicht sicher sein; schwanken, zögern; *tr* be-, anzweifeln, in Frage ziehen; mißtrauen *(s.th.* e-r S); *s* Zweifel *m (of, about* an); Ungewißheit, Unsicherheit *f*; Bedenken *n*; unerledigte Sache, Schwierigkeit *f; beyond (all) ~* ohne (jeden) Zweifel, ganz sicher, ganz gewiß; *in ~* im Zweifel *(about* über); zweifelhaft, unentschieden; unschlüssig; *in case of ~* im Zweifelsfall; *no ~* zweifellos, ohne Zweifel; *fam* sicher, höchstwahrscheinlich; *without (a) ~* ohne Zweifel, ganz bestimmt; *to be in ~ about s.th.* über etw im Zweifel sein; *to give s.o. the benefit of the ~* jdn wegen Mangels an Beweisen freisprechen; *to have no ~* keinen Zweifel haben *(of* an; *that* daran, daß); **~er** ['-ə] Zweifler *m*; **~ful** ['-ful] zweifelnd, im Zweifel, skeptisch; unsicher; unschlüssig, schwankend; zweifelhaft, ungewiß; fraglich, zweifwürdig; *(Forderungen)* dubios; dunkel, zweideutig, verdächtig, anrüchig; *to be ~* im Zweifel sein *(about* über); zweifelhaft, fraglich sein; **~fulness** ['-fulnis] Unsicherheit, Ungewißheit, Unschlüssigkeit; Fragwürdigkeit, Zweideutigkeit *f*; **~less** ['-lis] *adv* ohne Zweifel, zweifellos; *fam* zweifelsohne, sicher(lich).

douche [du:ʃ] *s* Dusche *f*; Brausebad *n*; Spülung *f*; Spülapparat *m*; *tr* (ab-) duschen; spülen; *itr* sich duschen.

dough [dou] Teig *m*; *sl* Moos *n*, Zaster *m*, Moneten *pl*; **~boy** ['-bɔi] Kloß, Knödel; *Am sl* Fußlatscher, Infanterist; Landser *m*; **~face** *Am sl pol* Extremist, Fortschrittler *m*; **~nut** [-nʌt] Berliner (Pfannkuchen); *Am mot sl* Reifen *m*; **~y** ['-i] teigig, pappig; *fam* käsig, bleich; weich.

doughty ['dauti] *obs hum* tapfer, beherzt, wacker, tüchtig.

dour ['duə] *Scot* hart, starr(sinnig); herb, streng, ernst; finster, düster.

douse [daus] *tr* eintauchen; löschen; *fam (Licht)* auslöschen; *fam (Kleider)* ausziehen; *(Hut)* abnehmen; *(Segel)* schnell herunterlassen.

dove [dʌv] Taube *f*; *fig* (sanftes) Lamm; Unschuldslamm; Täubchen, Liebchen *n*; Friedenstaube *f*, -bote *m*; **~colo(u)red** *a* taubengrau; **~cot(e)** ['dʌvkɔt, -kout] Taubenschlag *m*, -haus *n*; *to flutter the ~s* friedliche Bürger erschrecken; **~eyed** *a* mit sanften Augen; **~'s-foot** *bot* Storchschnabel *m*; **~tail** [-teil] *s tech* Schwalbenschwanz(verzapfung *f*) *m*; *tr tech* (ver)zinken, verschwalben; *fig* zs.stükken, -setzen, (zu e-m Ganzen) verbinden; eingliedern *(into* in); *itr* zs.-passen, ein Ganzes bilden; passen *(into* zu); übereinstimmen *(with* mit).

dowager ['dauədʒə, -idʒə] Witwe von Stande; *fam* Matrone *f*.

dowd|iness ['daudinis] Schäbigkeit, Schlampigkeit *f*; **~y** ['daudi] *a* schäbig, schlampig, schlecht, nachlässig gekleidet; unmodern; *s* Schlampe *f*.

dowel ['dauəl] *s* Dübel, Holzpflock *m*; *tr* verdübeln.

dower ['dauə] *s* Witwenteil *m*, Leibgedinge, *obs* Wittum *n*; Mitgift; (natürliche) Gabe *f*, Talent *n*, Begabung *f*; *tr* e-e Mitgift geben *(s.o.* jdm); begaben *(with* mit).

dowlas ['dauləs] Daulas *n*.

down [daun] **1.** baumlose(r) Höhenzug, -rücken *m*; Düne *f*; **2.** Daunen *f pl*, Flaum(federn *f pl*, -haare *n pl*) *m*; **~ quilt** Daunendecke *f*; **3.** *adv* her-, hinunter, her-, hinab, nieder *a. fig*; seewärts; von der (größeren) Stadt weg *(to the country* auf das Land); von der Universität; unten, am Boden; *fig* in gedrückter Lage *od* Stimmung; im Bett *(with a cold* mit e-r Erkältung); *(Sonne)* untergegangen; *(Ware)* billiger (geworden); *(Preis)* gefallen, gesunken; (in) bar; *mot (Reifen)* platt; *up and ~* hin und her; auf u. ab; *upside ~* das Oberste zuunterst; auf dem Kopf; *~ in the country* draußen auf dem Lande; *~ at heel (fam)* abgebrannt; *(Absatz)* abgelaufen; *~ on o.'s luck* in unglücklicher Lage, im Unglück; *~ in the mouth (fam)* niedergedrückt, -geschlagen *fig*; *~ and out (fam)* erledigt, hin, ruiniert; auf den Hund gekommen; *~ to* bis hinunter (zu); *~ to the present time* bis heute; bis in unsere Tage; *~ under* auf der andern Seite der Erde; *~ upon* über ... her; *to be ~ on s.o. (fig)* auf jdm herumtrampeln;

downcast auf jdn wütend sein; *it's right ~ my alley (Am sl)* das hat glänzend in meinen Kram gepaßt; *~!* hinlegen! *~ with him!* nieder mit ihm! **4.** *prp* her-, hinunter, her-, hinab *(nachgestellt)*; *(zeitlich)* durch, *(nachgestellt)* hindurch; *~ (the) wind* mit dem Winde; **5.** *s*: *to have a ~ on s.o. (fam)* jdn nicht mögen, nicht leiden können, etwas gegen jdn haben; *the ups and ~s of life* das Auf und Ab, die Wechselfälle des Lebens; **6.** *v fam tr* niederzu Boden legen, auf den Boden legen *od* stellen; *aero* herunterholen, abschießen; niederschlagen, -strecken; *fig* ducken, demütigen; *itr* hintergehen, herunterkommen; *to ~ a glass of beer* ein Glas Bier 'runterkippen. **down|cast** ['daunka:st] *a* niedergeschlagen, (nieder)gedrückt, entmutigt; *(Augen)* gesenkt; *s min* Wetterschacht *m*; **~-draught** *aero* Abwind *m*; **~fall** Sturz *a. fig*, Zs.-bruch; *fig* Ruin, Verderb(en *n*), Untergang *m*; *(~~ of rain)* Regenschauer, -guß, Platzregen *m*; *(~~ of snow)* Schneeschauer *m*; **~grade** *s* Neigung *f*, Hang *m*, Gefälle *n (bes. e-r Straße)*; *adv a* bergab, abwärts(führend); *['-'-] (beruflich)* niedriger einstufen, heruntersetzen; *on the ~~ (fig)* auf der schiefen Ebene, auf dem absteigenden Ast; **~hearted** ['-'-] *a* niedergeschlagen, gedrückt, mut-, hoffnungslos; **~hill** ['-'-] *adv* bergab, abwärts; *a* abwärts geneigt; abschüssig; *he is going ~~ (fig)* es geht mit ihm bergab; *~~ race (Ski)* Abfahrt(slauf *m*) *f*; **~land** Hügelland *n*; **~light** Deckenbeleuchtung *f*, Freimut *m*; **~rush** ['-'-] (Ab-)Sturz *m*; **~stairs** ['-'-] *adv* treppab, die Treppe hinunter; (weiter) unten *(im Haus)*; *aero* niedrig; *a* [´-] in e-m tieferen Stockwerk (befindlich); *to go ~~* die Treppe hinuntergehen; **~-stream** ['-'-] *adv* stromabwärts; **~stroke** *(Schrift)* Grundstrich *m*; *tech* Abwärtsbewegung *f*, Niedergang *m (des Kolbens)*; **~town** ['-'-] *Am adv* zum *od* im tiefer gelegenen Teil e-r Stadt, zum *od* im Geschäftsviertel; ['--] *a* im unteren Stadtteil *od* im Geschäftsviertel gelegen; *s (~ town)* Geschäftsviertel, -zentrum *n*; *to go ~~* in die Stadt gehen; **~ train** von der Hauptstation, bes. von London abgehende(r) Zug *m*; **~trodden** *a* niedergetrampelt, (-getreten; *fig* unterworfen, unterdrückt; **~ward** *a* abwärts führend, geneigt; *fig* absteigend; *(Börse)* fallend; später; *adv a. ~wards* abwärts, bergab; bis in unsere Zeit; nach unten; **~wash** *aero* Abwind *m*; **~ wind** Rückenwind *m*.

downy ['dauni] **1.** flaumig, mit Flaum (-federn, -haaren) bedeckt; weich wie Flaum; *sl* auf Draht, helle, (auf)geweckt; gerissen; **2.** hügelig u. baumlos.

dowry ['dauəri] Aussteuer, Mitgift; (natürliche) Gabe *f*, Talent *n*; Begabung *f*.

dows|e [daus] **1.** *s. douse*; **2.** [dauz] *tr* mit der Wünschelrute suchen; **~er** ['-zə] Rutengänger *m*; **~ing** ['-ziŋ]; **~~-rod** Wünschelrute *f*.

doxology [dɔk'sɔlədʒi] *rel* Lobpreisung *f*.

doxy ['dɔksi] **1.** *sl* Nutte *f*; **2.** *fam rel* Lehrmeinung, Lehre *f*.

doyen ['dɔiən] Alterspräsident, Doyen *m*.

doze [douz] *itr* (vor sich hin)dösen; *tr (to ~ away, out)* (Zeit) verdösen; *s* Halbschlaf *m*; Nickerchen *n*; *to ~ off* eindösen, -nicken.

dozen ['dʌzn] Dutzend *n*; *by the ~* dutzendweise; *to do o.'s daily ~ (fam)* Frühsport treiben; *to talk nineteen to a ~* unaufhörlich reden.

drab [dræb] **1.** *s* khakifarbene(r) Stoff *m*; Erd-, Lehmfarbe *f*, Khaki *n*; *a* gelb-, graubraun, erd-, lehm-, khakifarben; *fig* trüb(e), düster, grau; eintönig; **2.** Schlampe, Dirne *f*.

drabble ['dræbl] *tr* beschmutzen.

drachm [dræm], **~a** ['drækmə] Drachme *f*.

Draconian [drei'kounjən, drə-], **~ic** [-'kɔnik] *(Maßnahme, Gesetz)* drakonisch, rigoros, streng.

draff [dræf] Bodensatz *m*; Treber *pl*; Rückstand, Abfall *m*; *fig* wertlose(s) Zeug *n*; **~y** ['-i] voller Rückstände; *fig* wertlos.

draft [dra:ft] *s* Skizze *f*, Entwurf *m*; Konzept; Projekt *n*, Plan; *fin* Wechsel *m*, Tratte *f*, Akzept *n*; Abruf *m*; Abhebung, *fig* starke Inanspruchnahme *(on gen)*, Belastung *(on* für*)*; *mil* Abkommandierung *f*; Kommando; Kontingent *n*; Verstärkung; *Am mil (~ call)* Rekrutierung, Aushebung, Einberufung *f*, Einziehen *n*; Rekruten *m pl*; *Am* Luftzug *m*, Zugluft *f*, Zug *m*, Luftklappe *f*; *s. draught*;

draft board   297   **drainage**

tr skizzieren, entwerfen; zeichnen; *(Brief)* aufsetzen, abfassen; *mil* aussuchen, -wählen, abkommandieren; *Am* rekrutieren, ausheben, einziehen, einberufen; *to give a ~ due protection* e-n Wechsel einlösen; *to have a quick ~ reißend abgehen; to make a ~ on s.th.* etw stark in Anspruch nehmen; *on s.o.* e-e Tratte auf jdn ziehen; *on ~* vom Faß; *~ board Am* (zivile) Rekrutierungsbehörde *f*; *~* **bracket** *Am* wehrpflichtige(r) Jahrgang *m*; *~* **dodger** *Am* Drückeberger *m*; **-ee** [-'ti:] *Am* Rekrut, Einberufene(r), Wehrpflichtige(r) *m*; **-er** *f*-ə] *tele* Aufgeber *m*; **-ing** ['-iŋ] (Ausarbeitung *f* e-s) Entwurf(s) *m*, Abfassung; *mil* Aushebung *f*; *~ committee* Redaktionsausschuß *m*; **-sman** ['-smən] Planer; (Text-)Redakteur; Konstruktions-, technische(r) Zeichner *m*; *~* **term** *Am* (Militär-)Dienstzeit *f*; **-y** ['-i] *Am* zugig.

drag [dræg] *tr* (hinter sich her) ziehen, schleppen, schleifen, zerren; *(den Grund e-s Gewässers)* absuchen *(for* nach); *(Anker)* lichten; ausbaggern; eggen; *mus (Tempo)* verlangsamen; *Am sl* rauchen, langweilen, zu e-m Tanz begleiten; *fig (to ~ on)* hin-, in die Länge ziehen; *fig (to ~ in, to ~ in by the head and shoulders)* an den Haaren herbeiziehen; hineinziehen *(into a quarrel* in e-n Streit); *itr* (auf dem Boden) schleppen; nicht recht (vorwärts) wollen, nicht mehr (so recht) können; *(to ~ out)* den Grund *(e-s Gewässers)* absuchen *(for* nach); *fig (to ~ on)* sich (endlos) in die Länge ziehen, sich dahinschleppen, sich hinziehen *(towards* bis zu); *(Zeit)* schleichen; *com* flaugehen; *fig* nachhinken *(behind* hinter); hinterherkommen; *mus* schleppen, nachklappen; *Am sl* in Begleitung zum Tanz gehen; *to ~ o.s.* sich schleppen *(to work* an die Arbeit); *s (~-net)* Schlepp-, Baggernetz *n*; Enterhaken *m*; schwere Egge *f*; schwere(r) Schlitten *m*, schwere Kutsche *f*; Schlepper *m*; Bremse *f a. fig; fig* Hemmschuh, Klotz *m am* Bein, Hemmnis, Hindernis *n (on* für); Belastung *f*; *aero* Luftwiderstand *m*; schleppende, langsame Bewegung; *(Jagd)* Geruchsspur *f*; *sl* Einfluß *m*; *Am sl* Attraktion, Anziehungskraft; *Am sl* Straße *f* (in e-r Stadt); *Am sl* Begleiterin, Freundin *f*; *Am sl* langweilige Person *od* Angelegenheit *f*; *sl* Zug *m (beim Rauchen)*, Zigarette *f*; *Am sl* Schwof, Tanz *m*; *to ~ down* herunterziehen *a. fig*; *to ~ from*

entreißen; *to ~ in* hereinziehen; in die Debatte werfen; *to ~ up (fam) (Kind)* (irgendwie) aufziehen; *(Bäume)* herausreißen; *fig* aufs Tapet bringen; *to ~ o.'s feet* schlurfen, *fam* latschen; *sl* absichtlich langsam arbeiten; *to ~ out a meeting* e-e Sitzung in die Länge ziehen; *business ~s* das Geschäft geht schlecht, ist schleppend, flau; **~ anchor** *mar* Treibanker *m*; **~-chain** Bremskette *f*; *fig* Hemmschuh *m*; **-ging** ['-iŋ] *fig* schleppend, lähmend; **-gy** ['-i] *Am fam* langweilig; unbefriedigend; **-hound** *(Jagd)* Spürhund *m*; **-line**, **-rope** Schleppseil *n*; **-shoe** Hemmschuh *m*; **-ster** ['-ə] *Am* Rennfahrer *m*; *~* **strip** *Am* Rennbahn *f*.

draggle ['drægl] *tr* durch den Schmutz ziehen, beschmutzen; *itr* durch den Schmutz schleppen, nachziehen; *fig* nachhinken; **~-tail** ['-teil] Schlampe *f*.

dragoman ['drægo(u)mən, -mæn] *pl a.* **-men** Dolmetscher, Fremdenführer *m*.

dragon ['drægən] *(Mythologie)* Drache *a. fig; zoo* Flug(eid)echse; *bot* Drachenwurz *f*, Schlangenkraut *n*; **-fly** Libelle, Wasserjungfer *f*; **-head** *bot* Drachenkopf *m*; **-'s teeth** *mil* Höckerhindernis *n*.

dragoon [drə'gu:n] *s mil* Dragoner; *fig* brutale(r) Mensch, Rohling *m*; *tr* zwingen *(into doing* zu tun).

drain [drein] *tr* dränieren *a. med*, entwässern, trockenlegen; *(to ~ off)* abziehen; *(to ~ away) (Wasser)* ableiten *(from* aus); (aus)trinken; *(Becken)* ablassen; *(Geld)* abziehen; *(Glas)* leeren *fig* allmählich erschöpfen, aufbrauchen, verzehren, berauben, entblößen *(of* von); verbluten lassen; entziehen *(s.o. of s.th.* jdm etw); filtern, filtrieren; *itr (Land)* s-n Abfluß haben *(into* in); *(to ~ away) (Wasser)* ablaufen *(into* in), abtropfen; sickern *(into* in; *through* durch); *fig* sich verzehren, sich verbrauchen; *to ~ off* ablaufen, abfließen; *s* Abzugsgraben, Abfluß(rinne *f*, -rohr *n*), Drän *a. med; fig* Abfluß *m*, starke, übermäßige Inanspruchnahme, Belastung, Erschöpfung *f (on s.th.* e-r S); Kräfteverschleiß *m*; *fam* Mundvoll, Schluck *m*, Schlückchen *n*; *pl* Kanalisation, Kanalisierung, Kanalanlage *f*; *to ~ dry (to the dregs)* bis zur Neige leeren; *s.o.* jdn zugrunde richten; *to go down the ~ (fam)* den Weg alles Fleisches gehen; *foreign ~* Kapitalabwanderung *f (ins Ausland)*; *~ of capital, of money* Geld-, Kapitalabfluß *m*; **-age**

drain-cock 298 **draw**

|'-idʒ] Entwässerung(sanlage *f*, -ssystem *n*), Dränage *f a. med;* Abfluß *m;* Entleerung *f;* Abwässer *n pl; (~~ basin, (Am) area) geog* Flußgebiet *n; ~~ tube (med)* Kanüle *f;* **~~cock** Abflußhahn *m;* **~er** ['-ə] Kanalarbeiter *m;* **~ing** ['-iŋ] Dränage *f; ~~ board, rack* Abtropfbrett, -gestell *n;* **~pipe** ['-paip] Abfluß-, Kanalisationsrohr *n*.

drake [dreik] Enterich, Erpel *m; (~ fly)* Gemeine Eintagsfliege *f*.

dram [dræm] Quent(chen) *n (= ¹⁄₁₆ Unze (1,77 g), als Apothekergewicht ¹⁄₈ Unze (3,54 g));* Schluck *m* Schnaps; *a ~* ein bißchen, ein wenig.

drama ['drɑ:mə] Drama, Schauspiel *n;* Dramatik; spannende Handlung *f;* **~tic(al)** [drə'mætik(əl)] dramatisch *a. allg* lebhaft,spannungsreich;**~tics** *s pl mit sing* Dramatik *f;* Theater; Laienspiel *n (als Einrichtung);* **~is personae** ['dræmətis-pə:'souni:, 'drɑ:-, -nai] Personen(verzeichnis *n) f pl;* **~tist** ['dræmətist] Dramatiker, Schauspieldichter *m;* **~tization** [dræmətai'zeiʃən] Dramatisierung, Bühnen-, Filmbearbeitung *f;* **~tize** ['dræmətaiz] *tr* dramatisieren; für die Bühne, den Film bearbeiten; **~turge** ['dræmətə:dʒ] Dramaturg *m;* **~turgic** [-'tə:dʒik] dramaturgisch; **~turgy** ['-tə:dʒi] Dramaturgie *f*.

drap|e [dreip] *tr* drapieren, (mit Stoff) behängen, verkleiden, (aus)schmücken; in Falten legen, raffen; *itr (Stoff, Kleidung)* lose fallen, (lose) hängen; *s (Kleidung)* Sitz, (Zu-)Schnitt *m; pl* Draperie, (Stoff-)Verkleidung *f,* Vorhang *m; Am sl* modische Kleidung *f;* **~er** ['-ə] Tuch-, Manufakturwarenhändler *m;* **~ery** ['-əri] Tuch *n,* (modische(r) Stoff *m;* Tuchfabrikation *f,* -handel *m;* Draperie *f;* Faltenwurf *m; pl* Vorhänge *m pl; ~~ goods (pl)* Modewaren *f pl*.

drastic ['dræstik] drastisch, stark, kräftig, derb, streng, durchgreifend.

drat [dræt] *interj fam* zum Teufel mit...!

draught [drɑ:ft] Ziehen *n,* Zug; (Luft-) Zug *m,* Zugluft *f,* Luftstrom; Schornsteinzug; Luftregler; Atemzug; Schluck, Zug *m;* (Ab-)Zapfen *n (e-r Flüssigkeit); mar* Tiefgang; (Fisch-) Fang; Fang *m* (Fische); *(Netz)* Einholen *n; pl Br* Damespiel *n; to drink at a, one ~* in einem Zug, auf einmal austrinken; *beer on ~* Bier vom Faß, Faßbier *n;* **~~animal, ~horse** Zugtier, -pferd *n;* **~beer** Faßbier *n;* **~~board** *Br* Damebrett *n;* **~sman** ['-smən] Damestein; ['-smən] Zeichner, Entwerfer *m;* **~y** ['-i] zugig; undicht.

draw [drɔ:] *irr drew* [dru:], *drawn* [drɔ:n] **1.** *tr* (an-, an sich, auf-, aus-, ein-, herab-, heran-, heraus-, herunter-, hinab-, zu)ziehen *(from* aus); hineinziehen *(into s.th.* in etw); *(Segel)* heißen, hissen; *(Jalousie)* herab-, herunterlassen; *(Vorhang)* zuziehen; *(Bogen)* spannen; *mar (Wasser)* verdrängen; e-n Tiefgang haben *(ten feet* von zehn Fuß); einatmen, inhalieren; anziehen, Anziehungskraft ausüben auf, reizen, (ver)locken, bewegen; hervorrufen, -bringen, bewirken, zur Folge haben *(on s.o.* für jdn); *(Zinsen)* tragen, bringen; *(Gehalt)* beziehen; ausreißen, entfernen; *(Zahn, Kork, Schwert)* ziehen; *(Flüssigkeit)* abziehen(lassen), (ab)zapfen, (ab)schöpfen, laufen lassen; *tech* einsaugen; *(Strom)* entnehmen *(from* aus); *(Tee)* ziehen lassen; *(Tier)* ausnehmen, -weiden; erhalten, bekommen, *fam* kriegen; *mil (Rationen)* empfangen, bekommen; *(Essen)* fassen; *(Geld von e-m Konto)* abheben; *(Ware)* beziehen; *(Scheck, Wechsel)* ausstellen; *(in der Lotterie)* gewinnen; *(Karte im Spiel)* nehmen, bekommen; *(aus dem Gegner)* herausziehen; ausfragen; entlocken *(from s.o.* jdm); *(Schluß)* ziehen, folgern, ableiten; in die Länge ziehen, strecken, dehnen, spannen; *tech* treiben; *(Draht)* ziehen; verzerren; zeichnen; *(Linie)* ziehen; beschreiben, schildern; abfassen; *(Tabelle)* aufstellen; *(Vergleich)* ziehen; **2.** *itr* ziehen; gehen, sich wenden, sich bewegen; sich nähern, näher heranrücken *(to* an); sich zs.- ziehen; *(Ofen, Kamin, Tee)* ziehen; *(Wagen)* sich ziehen lassen; *rail (Zug)* einfahren *(into the station n)* in den Bahnhof); *(Jagd)* das Wild verfolgen; losen; trainieren; unentschieden spielen; **3.** *s* Zug *m; (Lotterie)* Ziehung; Verlosung; Anziehung(skraft) Zugkraft *f,* -artikel *m,* -nummer *f,* Schlager *m;* starke Inanspruchnahme *f (on s.th.* e-r S); Unentschieden *n; Am* bewegliche(r) Teil *m (e-r Zugbrücke); Am* Binnengewässer *n;* **4.** *to end in a ~* unentschieden ausgehen; *to ~ a blank* leer ausgehen; *to ~ blood* Blut vergießen; *fig* auf die Palme bringen; *to ~ the long bow* übertreiben; *to ~ a deep breath* tief Atem holen; *to ~ o.'s first breath* das Licht der Welt erblicken; *to ~ o.'s last breath* den letzten Atemzug tun; *to ~ a comparison* e-n Vergleich ziehen; *to ~ to a close* dem Ende zugehen, sich dem

draw along **299** **dream**

Ende nähern; *to ~ a distinction* e-n Unterschied machen (*between* zwischen); *to ~ the line* (*fig*) e-e Grenze ziehen; *to ~ lots* das Los ziehen, entscheiden lassen; *to ~ it mild* (*fam*) die Kirche im Dorf lassen; *to ~ a parallel* e-e Parallele ziehen (*between* zwischen); *to ~ the sword* das Schwert ziehen; *fig* den Fehdehandschuh hinwerfen; *to ~ a sigh* seufzen; *to ~ the winner* Glück haben; *~ it mild!* (*fam*) nun mal langsam! sachte! 5. *to ~* **along** fort-, wegschleppen; *to ~* **aside** zur Seite ziehen; beiseite nehmen; *to ~* **away** *tr* wegziehen; entwenden; entführen; (*Kunden*) abspenstig machen; *itr* sich entfernen; *to ~* **back** *tr itr* (sich) zurückziehen; *to ~* **down** herunterziehen; *on o.s.* sich zuziehen; *to ~ down the curtain* den Vorhang fallen lassen; Schluß machen, aufhören; *to ~* **forth** herausholen, entlocken; hervor-, wachrufen, erwecken, ins Leben rufen; *to ~* **in** *tr* einziehen, -holen; (*Wechsel*) einlösen; (*Ausgaben*) einschränken, verringern, kürzen; (*Anleihe*) zurückfordern; *itr* kürzer werden; *to ~ in o.'s horns* vorsichtig sein; *to ~* **near** (heran)nahen, sich nähern; *to ~* **off** *tr* weg-, ab-, ausziehen; ableiten; herausziehen, -holen; herausdestillieren; *itr* sich zurückziehen; Druckbogen abziehen; *to ~* **on** *tr* anziehen, überstreifen; heranziehen, -locken; herbeiführen, zur Folge haben; (*Kapital*) angreifen, -brechen, zehren, leben von; in Anspruch nehmen; bekommen von; Bezug nehmen auf; (*Wechsel*) ziehen auf; *itr* sich nähern, (heran)nahen; *to ~* **out** *tr* herausziehen; aus-, in die Länge ziehen, verlängern (*a. zeitlich*); entwerfen, skizzieren; zum Sprechen bringen od bewegen, aushorchen; (*Geheimnis*) entlocken; (*Geld*) abheben; (*Plan*) ausarbeiten, entwerfen; *itr* länger werden; sich in die Länge ziehen; *sport* vorgehen; *of* (*rail*) abfahren aus, losfahren; *to ~* **round** näherrücken, -kommen; *to ~* **together** sich ea. nähern; *to ~* **up** *tr* (her)aufziehen; aufstellen; *mil* aufmarschieren lassen; ausfertigen, ausstellen, abfassen, aufsetzen; (*Plan*) entwerfen, ausarbeiten; (*Heer*) aufstellen; *itr* aufsteigen; verfahren, vorgehen; *sport* aufholen; (*Auto*) vorfahren; *mil* aufziehen; *with* einholen, erreichen; *to ~ o.s. up* sich aufrichten.

draw|back ['drɔːbæk] Nachteil, Haken *m*; Kehr-, Schattenseite *f*; Hindernis, Hemmnis *n* (*to* für); Last, Unbequemlichkeit *f*; wunde(r) *od* dunkle(r) Punkt, dunkle(r) Schatten *m*; ärgerliche Sache; (*bes.* Zoll-)Rückerstattung, Rückvergütung *f*; **~bridge** Zugbrücke *f*; **~ee** [-'iː] *fin* Bezogene(r), Trassant; Akzeptant *m*; **~er** ['drɔː(ː)ə] Zeichner; Büfettier, Zapfer; *fin* Trassant, Aussteller *m* (*e-s Wechsels, a. e-r Urkunde*); [drɔː] Schublade *f*, -fach *n*; *pl* Unterhose; (*chest of ~s*) Kommode *f*; **~well** Ziehbrunnen *m*.

drawing ['drɔːiŋ] Ziehen; Zeichnen *n*; Zeichnung, Skizze; *fin* Rücknahme; (*Wechsel*) Ausstellung, Trassierung, Ziehung (*on s.o.* auf jdn); (*Lotterie*) Ziehung; Aus-, Verlosung *f*; *out of ~* verzeichnet, falsch gezeichnet; *mechanical ~* Bau-, Konstruktionszeichnung *f*; *rough, working ~* (Arbeits-) Skizze *f*; **~-account** Girokonto *n*; **~-block** Zeichenblock *m*; *tech* Zieheisen *f*; **~-board** Reißbrett *n*; **~-card** *Am fig* Zugnummer, Attraktion *f*; **~-ink** Tusche *f*; **~-list** (*Lotterie*) Gewinnliste *f*; **~-office** Konstruktions-, Zeichenbüro *n*; **~-paper** Zeichenpapier *n*; **~-pen** Reiß-, Zeichenfeder *f*; **~-pin** *Br* Reißbrettstift *m*, Heftzwecke *f*; **~-room** Wohn-, Empfangszimmer *n*, Salon; (*großer*) Empfang; Besuch *m*, Gäste *m pl*; *Am rail* Privatabteil *n*.

drawl [drɔːl] *tr itr* langsam sprechen, (die Worte) (beim Sprechen) dehnen; *s* langsame(s), gedehnte(s) Sprechen *n*.

drawn [drɔːn] *a* (*Spiel*) unentschieden; (*Nummer*) gezogen; (*Tier*) ausgenommen; (*Gesicht*) eingefallen; verzerrt (*with* vor); *tech* gezogen, gestreckt; *~ by lot* ausgelost; *~* **butter** ausgelassene Butter, Buttersoße *f*; **~-threadwork** Hohlsaum(arbeit *f*) *m*.

dray [drei] Rollwagen *m*; **~-age** [-idʒ] Rollfuhre *f*; **~-horse** (schweres) Zugpferd *n*; **~-man** ['-mən] Roll-, Bierkutscher *m*.

dread [dred] *tr* (be)fürchten, Angst haben vor (*doing s.th.* etw zu tun); *itr* sich fürchten, Angst haben; *s* Furcht, Scheu, (große) Angst *f*, Grauen *n* (*of* vor); *a* (*~ed*) gefürchtet, furchterregend, furchtbar; **~ful** ['-ful] furchterregend, schaurig; (*a. fam* übertreibend) furchtbar, fürchterlich, schrecklich, entsetzlich; *penny ~~* Schauerroman *m*; **~nought, ~naught** ['-nɔːt] Draufgänger; Loden(mantel) *m*; Schlacht-, Großkampfschiff *n*.

dream [driːm] *s* Traum *m*; Träumerei *f*, Tagtraum; Wunsch(bild *n*); Traum

dreamer   300   **dried fruit**

(-gedicht *n*) *m*, Wunder, Märchen *n*; *v irr* ~ed od ~t [dremt] *itr* träumen (*of* von); sich vorstellen, sich denken (*of s.th.* etw); *tr* erträumen, träumen von, ersehnen, sich wünschen; *(to* ~ *away, to* ~ *out)* verträumen; sich ausdenken, sich ausmalen, sich vorstellen; *to* ~ *up* (sich) erträumen; erfinden; *I wouldn't* ~ *of doing it* es fiele mir nicht im Traume ein, das zu tun; **~er** ['-ə] Träumer, Phantast *m*; **~iness** ['-inis] Verträumtheit, Verspieltheit *f*; **~-land, -world** Traumland *n*, -welt *f*; **~less** ['-lis] traumlos; **~like** traumartig; **~y** ['-i] träumerisch, verträumt, verspielt; *sl* reizend, süß.

drear|iness ['driərinis] Düsterkeit, Traurigkeit; Trübseligkeit; Freudlosigkeit, Einsamkeit, Öde *f*; **~y** ['driəri] trüb(e), düster, niederdrückend, traurig; freudlos, trübselig; unfreundlich; einsam, öde, langweilig.

dredge [dredʒ] **1.** *s (Fischerei)* Schleppnetz *n*; Bagger(maschine *f*) *m*; *tr (to* ~ *for)* mit dem Schleppnetz fischen; ausbaggern; **~r** ['-ə] *(bes.* Austern-) Fischer *m*; Fischerboot *n*; (Naß-)Bagger *m*; **2.** *tr (Küche)* streuen (*over* über); panieren, bestreuen (*with* mit); **~r** ['-ə] Streubüchse; *(Zucker)* Streudose *f*.

dregs [dregz] *pl* Bodensatz *m*; *fig* Hefe *f*, Abschaum *m*; *sing* Rest *m*, Überbleibsel *n*; *to drink, to drain to the* ~ bis zur Neige leeren; *not a dreg* (auch) nicht das geringste; *the* ~ *of humanity* der Abschaum der Menschheit.

drench [drenʃ]ʃ *tr* e-n Trank eingeben (*a horse* e-m Pferde); durchnässen; einweichen, eintauchen; *s vet* (Arznei-)Trank; Regenguß *m*; Einweichbrühe *f*; **~er** ['-ə] *fam* Regenguß *m*.

dress [dres] *tr* (an-, be)kleiden, anziehen; kleiden, mit Kleidung versorgen; schmücken, (heraus)putzen, dekorieren *(a. Schaufenster)*; *(die Haare)* kämmen, machen, ordnen, aufstecken; *(Wunde)* verbinden, behandeln; ein-, her-, zurichten, vorbereiten; *(Salat)* anmachen; *(Geflügel)* putzen, rupfen u. ausnehmen; *(Pferd)* striegeln; *(Pflanzen)* anbinden, beschneiden; *(Feld)* bestellen; düngen; *tech* (aus-, zu)richten; *(Erz)* aufbereiten; *(Textilien)* appretieren, polieren, glätten; *(Leder)* gerben; *(Flachs)* hecheln; *(Tuch)* rauhen; *(Stein)* behauen, bossieren; *mil (Front)* ausrichten; *mar* beflaggen;

itr sich anziehen, -kleiden, sich fertigmachen; sich salonfähig, sich fein machen; *s* Kleidung *f*, Kleider *n pl*, Anzug *m*, Aufmachung *f*; (Damen-) Kleid *n*; Gesellschaftskleidung *f*; *a* Bekleidungs-; Gesellschafts-; **~down** *(fam) tr* abkanzeln, heruntermachen, e-e Zigarre verpassen (*s.o.* jdm); vertobaken, verprügeln; *(Pferd)* striegeln; *itr* sich unauffällig anziehen; *to* ~ *up* Gesellschaftskleidung anziehen; sich salonfähig, sich fein machen; *mil* antreten; *in full* ~ in Gala; **~circle** *theat Br* erste(r) Rang *m*; **~clothes** *pl* Gesellschaftskleidung *f*; **~coat** Frack *m*; **~ designer** Modezeichner *m*; **~** ['-ə] Kammerdiener *m*; Zofe; *theat* Ankleidefrau *f*; *med* Assistent; Dekorateur *m*; Friseuse *f*; Zurichter, Aufbereiter *m*; Anrichte *f*, (Küchen-)Büfett *n*; *Am* Frisiertisch *m*, -kommode *f*; **~form** Schneiderpuppe *f*; **~maker** Schneiderin *f*; **~making** Damenschneiderei *f*; **~ parade** Modenschau; *mil* Parade *f*; **~ rehearsal** *theat* Generalprobe *f*; **~shield, -preserver** Schweißblatt *n*; **~shirt** Frackhemd *n*; **~suit** Gesellschaftsanzug *m*; **~ uniform** große(r) Dienstanzug *m*; **~y** ['-i] putzsüchtig, geschniegelt; *(Kleidung)* fein, elegant, modisch, chic.

dressing ['dresiŋ] Ankleiden, Anzieh(en *n*, Verband *m*, Binde *f*; Putzen; Zurichten *n*, Vorbereitung; *agr* Bestellung; Düngung; (Be-)Kleidung *f*; Verband(szeug *n*) *m*; *(Textil)* Füllung, Appretur; *(Salat-)*Soße; *(Geflügel)* Füllung *f*; *fam* Prügel *pl*; **~bag** Kulturbeutel *m*; **~case** (Reise-)Necessaire *n*; Verbandskasten *m*; **~down** *fam* Rüffel, Anschnauzer *m*, Zigarre, Strafpredigt; *fam* Tracht *f* Prügel; **~glass** (großer) Drehspiegel *m*; **~gown** Morgenrock *m*; **~jacket** *Br*, **-sack** *Am* Frisiermantel *m*; **~ material** Verbandzeug *n*; **~room** Ankleidezimmer *n*; *theat* Garderobe *f* (*e-s Schauspielers*); **~station** *mil* Verbandsplatz *m*; **~table** Toilettentisch, Frisiertisch *m*, -kommode *f*.

dribble ['dribl] *tr itr* tröpfeln, rinnen (lassen); *itr* sabbern, geifern; *sport tr itr* dribbeln, (den Ball) vor sich hertreiben; *s* Tröpfchen; Geringsel, Rinnsal;*sport* Dribbeln *n*;*fam* Nieselregen *m*.

driblet ['driblit] *a* ~ ein bißchen, ein wenig, etwas; *in* ~s nach und nach; *to pay off by* ~s in kleinen Beträgen abbezahlen.

dried [draid] *a* getrocknet; Trocken-, Dörr-; **~ egg** Eipulver *n*; **~ fruit**

dried vegetables Dörr-, Backobst n; ~ **vegetables** pl Dörrgemüse n.
drier, dryer ['draiə] meist in Zssgen Trockner m, Trockengerät n, -apparat m; Trockenmittel n; hair-~ Fön m.
drift [drift] s Strömung f; Luftstrom m; Meeresströmung; Fahrt-, Flugrichtung; Kurs-, Flugbahnabweichung, Abtrift; Richtung f, Zug m, Tendenz, Neigung f; (Ereignisse) Gang m; (Gedanke) Tragweite, Bedeutung f, Zweck m, Absicht f; Sichtreibenlassen n; (Schnee-)Verwehung f; geol Geschiebe, Geröll n, Treibsand m; Schwemmland n; Regenschauer m, Schneetreiben n; min Strecke; tech Ramme f, Rammbock m; itr getrieben, verweht werden; treiben (in the open sea auf die offene See); aero abtreiben, vom Kurs abweichen; fig sich treiben lassen; (to ~ along) plan-, ziellos umherwandern, herumbummeln; to ~ apart (fig) sich ausea.leben; tr (zs.)treiben; aufhäufen; to ~ in im Vorbeigehen besuchen, fam hereinschneien; to ~ off (fam) sich verkrümeln; (to sleep) einschlafen; to let things ~ die Dinge laufenlassen; ~ from the land Landflucht f; ~ of snow Schneeverwehung f; ~ **anchor** Warp-, Stromanker m; ~**er** ['-ə] kleine(r) Schleppdampfer, Logger; Treibnetzfischer; Am sl Vagabond m; ~-**ice** Treibeis n; ~ **pin** tech Durchschlag m; ~ **sand** Treibsand m; ~-**wood** Treibholz n.
drill [dril] 1. s Drillbohrer m; tr (aus-, durch)bohren; ~**er** ['-ə], ~**ing machine** Bohrmaschine f; ~ **hole** Bohrloch n; ~**ings** pl Bohrspäne m pl; 2. s strenge Schulung f, Training n; mil Drill m, Exerzieren n, formale, Grundausbildung f; tr eintrainieren, einpauken, einexerzieren, drillen; itr trainieren, üben; exerzieren, militärisch ausgebildet werden; ~-**ground** Exerzierplatz m; ~**master** Am, ~**instructor** mil Ausbilder m; ~**sergeant** Rekrutenfeldwebel m; 3. s agr Furche, Rille; Reihe (Pflanzen); (~ machine, plough) Drillmaschine f; tr drillen, in Rillen säen; in Reihen (be)pflanzen; 4. (a. ~ing) (Textil) Drillich, Drell m.
drink [driŋk] irr drank, drunk tr trinken; (Tier) saufen; (to ~ off) austrinken, leeren; auf-, einsaugen, absorbieren; (Feuchtigkeit) anziehen; (to ~ away) (Geld) vertrinken, versaufen; itr (gewohnheitsmäßig) (Alkohol) trinken, saufen; to ~ to s.o. jdm zutrinken, fam zuprosten, auf jds Gesundheit trinken; to s.th. auf etw trinken; s Trunk; (Wasser) Schluck m; Getränk n; (Gläschen) Schnaps m; (Gewohnheits- od unmäßiges) Trinken n; sl Am der große Teich (Ozean); to ~ down, off, up austrinken; to ~ in (fig) begierig aufnehmen; to have a ~ ein Gläschen trinken; to take to ~ sich dem Trunk, fam Suff ergeben; to ~ s.o.'s health auf jds Gesundheit trinken; ~**able** ['-əbl] a trinkbar; s pl Getränke n pl; ~**er** ['-ə] Trinker, (Gewohnheits-)Säufer m.
drinking ['driŋkiŋ] Trinken, Saufen n; ~-**bout** Trink-, Saufgelage n, Zecherei f, fam Besäufnis n; ~-**fountain** (öffentlicher) Trinkwasserspender, -brunnen m; ~-**song** Trinklied n; ~-**straw** Trinkhalm m; ~-**water** Trinkwasser n; ~ ~ **supply** Trinkwasserversorgung f.
drip [drip] itr tropfen, tröpfeln (from von); triefen, rinnen (with von); tr: to ~ sweat von Schweiß triefen; s Tropfen, Tröpfeln, Triefen, Rinnen n; tech Lecken; Tropfgeräusch, -wasser n; (Dach-)Traufe f; sl miese(r), unangenehme(r) Kerl m; ~-**dry** bügelfrei, no iron; ~**olator** ['-əleitə] Am Filter(kaffee)kanne f; ~**ping** ['-iŋ] a (~~ wet) triefend, patschnaß; s pl Bratenfett n; das Abgetropfte; (~~) pan Bratpfanne f; ~**stone** arch Traufstein; geol Tropfstein m.
drive [draiv] irr drove, driven 1. tr (an-, be)treiben a. fig; (vor-, vorwärts) stoßen, jagen, hetzen; (Regen) peitschen; (Wolken) jagen; (Pfahl) einrammen; (Stollen) vortreiben; fig drängen, an-, aufstacheln, aufhetzen; zwingen, veranlassen (to do zu tun); hinein-, hindurchtreiben, -schlagen (into in); bohren; (Arbeiter) antreiben; (Fahrzeug) fahren, lenken, kutschieren; (Person od Sache in e-m Fahrzeug) fahren, bringen; (als Motor) (be)treiben, in Betrieb setzen od halten; (Schraube) anziehen; el steuern; (Sache) energisch betreiben, durchsetzen, -führen, zum Abschluß bringen; aufschieben, hinziehen, -halten; 2. itr eilen, stürmen, jagen, hetzen, brausen; (im Winde, (sport) den Ball) treiben; (Fahrzeug, Fahrer, Fahrgast) fahren; schwer arbeiten (at an); 3. s Fahren n (Aus-, Spazier-) Fahrt; Fahrstraße f, -weg m; Autostraße; Auf-, Ausfahrt f; mot tech Antrieb m, Triebwerk n; sport heftige(r) Schlag, Stoß m; Schlagart, -weise; Trieb-, Stoßkraft f; psychol Trieb; Antrieb, Schwung m, Unternehmungsgeist m,

drive at   302   **drop**

Energie, Tatkraft *f*; Unternehmen *n* (*against* gegen); Kampagne *f*, (Werbe-, Propaganda-)Feldzug, Vorstoß *m* (*against* gegen); *Am* (besondere) Anstrengung; eilige, dringende Sache *f*; Druck *m*; Treibjagd *f*; *(Vieh)* Auftrieb *m*; Floß *n*; **4.** *to go for, to have, to take a ~* aus-, spazierenfahren; *to lack ~* es an Energie fehlen lassen; *to let ~* zielen, schlagen, schießen (*at* nach); *to ~ a bargain* hart sein (bei Verhandlungen); den niedrigsten Preis zahlen; das Höchstmögliche verlangen; *to ~ into a corner (fig)* in die Enge treiben; *to ~ home (itr)* nach Hause, heimfahren; *fig* nahelegen, zu Gemüte führen; *tr (Nagel)* einschlagen; *to ~ o.'s point home* s-n Standpunkt überzeugend darlegen; *to ~ crazy, mad, insane* verrückt machen; *to ~ a well* e-n Brunnen bohren; **5.** *to ~ at fam* (hin)zielen auf; beabsichtigen; sagen wollen, meinen; *what are you driving at?* worauf wollen Sie denn hinaus? *to ~ away* wegtreiben, -jagen; vertreiben; fort-, verjagen; schwer, eifrig arbeiten (*at* an); *to ~ back* zurücktreiben, -jagen; *to ~ in tr (Nagel)* einschlagen; *itr* (hin)einfahren; *to ~ off* wegfahren; *mar* abtreiben; *to ~ on* vorankommen; *~~!* vorwärts! los! marsch! *to ~ out* hinausfahren (*into the country* aufs Land); herausfahren (*to* zu, nach); *~ past* vorbeifahren; *to ~ up tr* hinauf-, in die Höhe treiben; *itr* vorfahren (*to* bei, vor); **6.** *sales ~* Absatzsteigerung *f*; *~~in s Am mot* Restaurant *n*, Laden *m*, Bank *f* mit Bedienung am Auto; *~~ cinema (mot)* Autokino *n*; *~r* ['-ə] Fuhrmann, Kutscher; Fahrer, Chauffeur, (Wagen-)Führer; (Vieh-)Treiber; *rail (car ~)* Triebwagenführer; Antreiber; *tech* Mitnehmer *m*, Ramme *f*; Treibrad *n*; *(Radar)* Steuerstufe *f*; *(Golf)* Schläger *m*; *~~'s cab* Führerstand *m*, -haus *n*; *~~'s license, permit (Am)* Führerschein *m*; *~~'s seat* Führersitz *m*; *(Wagen)* Bock *m*; *~ shaft* Antriebswelle *f*; *~way Am* Zufahrt *f*; *~~yourself service* Wagenvermietung *f (für Selbstfahrer)*.

drivel ['drivl] *itr* sabbern, geifern; faseln, Unsinn reden; *s* Geschwätz *n*, Gerede *n*, Unsinn *m*.

driving ['draiviŋ] *a tech* treibend, Treib-; heftig, stark; *s* Treiben; Fahren *n*; *~ ban* Führerscheinentzug *m*; *~~belt* Treibriemen *m*; *~ force* Trieb-, treibende Kraft *f*; *~gear* Getriebe, Triebwerk *n*; *~ instructor* Fahrlehrer *m*; *~ lessons pl* Fahrunterricht *m*; *~~licence* Führerschein *m*; *~~mirror mot* Rückspiegel *m*; *~ moment* Antriebsmoment *n*; *~~power* Antriebs-, Steuerleistung *f*; *~ school* Fahrschule *f*; *~~shaft* Antriebswelle *f*; *~ test* Fahrprüfung *f*; *~~wheel* Treibrad *n*.

drizzl|e ['drizl] *itr* nieseln, misseln; *s* Sprühregen *m*; *~y* ['-i] feucht u. neblig.

droll [droul] *a* drollig, ulkig, spaßig, komisch; *s* ulkige(r) Mensch, Spaßvogel *m*; *itr* Witze, Ulk, Spaß machen; *~ery* ['-əri] ulkige Sache *f*; Spaß, Ulk *m*; Drolligkeit, Ulkigkeit *f*.

drome [droum] *fam* Flugplatz *m*.

dromedary ['drʌmədəri, 'drɔm-] Dromedar, einhöckrige(s) Kamel *n*.

drone [droun] *s zoo* Drohn(e *f*) *m*; *fig* Drohne *f*, Faulenzer, Schmarotzer *m*; Summen, Brummen, Gebrumm; ferngelenkte(s) Flugzeug *n*; *itr* summen, brummen; monoton reden; faulenzen; *tr* (her)leiern; *to ~ away o.'s life* sein Leben verbummeln.

drool [dru:l] *s. drivel*.

droop [dru:p] *itr* herabsinken, sich senken; herunterhängen (*over* über); schlaff, matt, kraftlos, welk werden, welken; *(Preise)* fallen; *fig* den Kopf hängen lassen, den Mut verlieren, *tr* senken, hängen lassen; *s* Herunterhängen *n*; *~ing, ~y* ['-iŋ, '-i] schlaff, matt, kraftlos, mutlos; *(Schulter)* abfallend.

drop [drɔp] **1.** *s* Tropfen *m a. allg*; ein bißchen, ein wenig, etwas; Sinken, Fallen *n*; Fall, (Ab-)Sturz; Abwurf *m*; Senkung *f*; *com* Rückgang *m*, Baisse *f*; Höhenunterschied *m*; *tele* Klappe; Falltür *f*; *Am* Briefeinwurf; *el* Abfall; *(Fallschirm)* Abwurf, Absprung; *(~ curtain)* (Theater-)Vorhang; *(~ hammer, press)* Gesenkhammer *m*; *pl pharm* Tropfen *m pl*; Drops *pl*, saure, Fruchtbonbons *m pl*; **2.** *itr* (herab)tropfen, tröpfeln, laufen; (herab-, herunter)fallen (*out of the window* aus dem Fenster); sich fallen lassen; hineingeraten (*into*), stoßen (*into* auf); hin-, umfallen, zs.brechen, tot umfallen (*from exhaustion* vor Erschöpfung); schwächer werden, nachlassen; *(Wind)* abflauen; *fig* keine Bedeutung mehr haben, keine Rolle mehr spielen, zu Ende gehen, aufhören; (herab-)sinken; *(Temperatur)* fallen, sinken; *(Stimme)* sich senken; *(Tiere)* geworfen werden; *Am sl* auf frischer Tat ertappt werden; **3.** *tr* tropfen (lassen), tröpfeln; besprengen, be-

drop across   303   **drug traffic**

spritzen; fallen lassen *a. fig*; (hin-)werfen; *(Arbeit)* niederlegen; *(Lot)* fällen; *(Bomben)* abwerfen; *(Geld)* verlieren; herunterlassen; *(Knicks)* machen; *(Fahrgäste)* absetzen, aussteigen lassen; niederstrecken, -werfen, zu Boden strecken; abschießen; *(Äußerung, Vermutung)* fallenlassen; *(Thema)* fallen-, auf sich beruhen lassen; verzichten, aufgeben; *(Briefwechsel)* einstellen; *(Gewohnheit)* aufgeben; *(Buchstaben, Wort)* auslassen; *(Buchstaben)* nicht (aus)sprechen; *(Brief)* schreiben, schicken; einwerfen *(in the letter-box* in den Briefkasten); *Am* entlassen; ausschließen *(from a club* aus e-m Klub); *(Ei)* aufgeschlagen kochen; *(Junge)* werfen; *Am fam* stehen-, sitzen-, liegenlassen, entlassen; *Am s.o* verlieren *(money* Geld); *s.o.* jdn niederschlagen; **4.** *at the ~ of a hat* auf ein Zeichen; im Nu; ohne zu zögern; *in ~s* tropfenweise; *to the last ~* bis auf den letzten Tropfen; *to get the ~ on* schneller sein (*s.o.* als jem); *to let ~* fallenlassen, aufgeben; *to ~ anchor* den Anker werfen; *to ~ a brick (fam)* e-e Dummheit machen; *to ~ a hint* e-e Andeutung fallenlassen; *to ~ a line* ein paar Zeilen schreiben; *~ it!* laß das! **5.** *ear-~s (pl)* Ohrringe *m pl; tear ~* Tränentropfen *m; ~ of blood* Blutstropfen *m; a ~ in the bucket, in the ocean* ein Tropfen auf den heißen Stein; *~ in prices* Preissturz, -rückgang *m,* Sinken *n* der Preise; *~ of rain* Regentropfen*m; ~ of potential (el)* Spannungsabfall *m; ~ in the temperature* Temperatursturz *m;* **6.** *to ~ across fam* treffen; begegnen, in die Arme laufen (*s.o.* jdm); *to ~ away s. ~ off; to ~ behind* abfallen (gegenüber), zurückbleiben (hinter); *to ~ down* niedersinken; sich niederwerfen; herunterfallen; *(Schiff)* hinunterfahren; *to ~ in at, on, upon s.o.* bei jdm unerwartet vorsprechen, *fam* hereinkommen, auf e-n Sprung vorbeikommen; *(Aufträge)* bei jdm eingehen; *to ~ off* sich zurückziehen, (allmählich, einer nach dem andern) weg-, ausbleiben; abnehmen, nachlassen, zurückgehen; *s.th.* etw abgeben (*at* bei); *(to ~ off to sleep)* fam einnicken, -schlafen; das Zeitliche segnen; *to ~ on* fallen auf; sich niederlassen (*o.'s knees* auf die Knie); *s.o.* jdn herunterputzen; *to ~ out* sich zurückziehen *(of* von), aufgeben *(of s.th.* etw), nicht mehr teilnehmen *(of an);* ausfallen; ausscheiden; *to ~*

through *fig* ins Wasser, unter den Tisch fallen; **~ altitude** *aero* Abwurf-, Absprunghöhe *f*; **~ container** *aero* Abwurfbehälter *m*; **~~forge** *tr* gesenkschmieden; **~~kick** *sport* Prellstoß *m*; **~let** ['-lit] Tröpfchen *n*; **~ letter** *Am* Ortsbrief *m*; **~per** ['-ə] Tropfglas *n*; **~ping** ['-iŋ] Fall(en *n*) *m; das* (Hin-, Herunter-)Gefallene; *pl* Dung, Dünger, Mist *m;* **~~ area, zone** Absprungraum *m*; **~~scene** *theat* Vorhang *m; fig* Schlußszene *f*.

drops|ical ['drɒpsikəl] wassersüchtig; **~y** ['drɒpsi] Wassersucht *f*.

dross [drɒs] (Metall-)Schlacken *f pl; allg* Abfall *m; fig* wertlose(s) Zeug; *fam* Geld *n*; **~y** ['-i] schlackenartig, -haltig.

drought [draut], *bes. Am* **drouth** [drauθ] Trockenheit; Dürre(periode, -zeit) *f*; **~y, drouthy** ['-ti, -θi] trocken, dürr; ausgetrocknet.

drove [drouv] Auftrieb *m (Vieh);* Herde; Menschenmenge, Masse *f; arch* Scharnier-, Breiteisen *n;* **~r** ['-ə] Viehtreiber, -händler *m*.

drown [draun] *tr* ertränken, ersäufen; überfluten, überschwemmen; einweichen; verdünnen; *fig* übertönen, ersticken *(a. in Tränen); (Kummer)* betäuben; *to be ~ed u. itr* ertrinken; *to ~ out (Stimme)* übertönen.

drows|e [drauz] *s* Schläfrigkeit *f; itr* schläfrig, am Einschlafen sein; dösen; *tr* müde, schläfrig machen; *(Zeit)* verdösen; *to ~ off* eindösen; **~iness** ['-inis] Schläfrigkeit; Apathie *f*; **~y** ['-i] schläfrig; einschläfernd; *fig* schlafmützig, langsam, träge.

drub [drʌb] *tr* (ver)prügeln, verdreschen; *sport* haushoch schlagen; *s* (Stock-)Schlag; Puff *m*; **~bing** ['-iŋ] Tracht Prügel, Dresche; *sport* gewaltige Niederlage *f*.

drudg|e [drʌdʒ] *s fig* Packesel *m,* Aschenbrödel *n; itr* sich placken, sich (ab)schinden; **~ery** ['-əri] Plackerei, Fron-, Sklavenarbeit *f*.

drug [drʌg] *s* Droge; Arznei(mittel *n*) *f,* Präparat; Narkotikum, Rauschgift *n; tr (Speise, Getränk)* etwas zusetzen *(s.th.* e-r S); verfälschen; betäuben, narkotisieren; vergiften; anekeln; *to ~ o.s.* Rauschgift nehmen; **~ in, on the market** Ladenhüter *m;* **~ addict** Rauschgiftsüchtige(r); Morphinist, Kokainist *m*; **~gist** ['-ist] Drogist; *Am* Apotheker *m*; **~~'s** Drogerie *f*; **~store** ['-stɔː] *Am* Apotheke (u. Drogerie) *f,* die auch Papier, Tabak u. leichte Mahlzeiten verkauft; **~ traffic** Rauschgifthandel *m*.

drugget ['drʌgit] Bodenbelag *m* aus grobem Wollstoff.

Druid ['dru(:)id] *rel hist* Druide *m*.

drum [drʌm] *s* Trommel *f*, -schlag *m*; *tech* Trommel *f*, Zylinder *m*; Spule *f*; (metallenes) Faß *n*; *arch* Trommel *f*, Unterbau *m* (e-r Kuppel); *anat* (ear-~) Mittelohr, Trommelfell *n*; *itr tr* trommeln (*s.th.*, on *s.th.* auf etw); *tr* (*to ~ up*) zs.trommeln; einhämmern (*s.th.* into *s.o.* jdm etw); hinauswerfen (*out of* aus); *sl* (als Reisender) verkaufen, absetzen; *itr* die Werbetrommel rühren; *to beat the ~* die Trommel rühren; **~beat** Trommeln, Getrommel *n*; **~fire** Trommelfeuer *n*; **~head** Trommelfell *n a. anat*; **~~ courtmartial** (*Am*) Standgericht *n*; **~major** Tambourmajor *m*; **~mer** ['-ə] Trommler; *Am fam* Geschäftsreisende(r), Vertreter *m*; **~roll** Trommelwirbel *m*; **~stick** Trommelstock; (*Geflügel*) Schlegel *m*.

drunk [drʌŋk] *a* betrunken; *fig* trunken, selig (*with* vor); *s* Betrunkene(r) *m*; *to be (out) on a ~* e-e Sauftour machen; *to get ~* e-n Schwips kriegen; *to be drinken; ~ as a lord* sternhagelvoll; **~ard** ['-əd] Trinker, Trunkenbold *m*; **~en** ['-ən] *a* betrunken; trunksüchtig; **~enness** ['-ənnis] (Be-)Trunkenheit *f*; Rausch *m a. fig*; Trunksucht *f*.

drupe [druːp] *bot* Steinfrucht *f*.

dry [drai] *a* trocken; (*Holz*) dürr; ausgetrocknet; *fig* trocken, langweilig, uninteressant; ergebnis-, nutzlos; (*Wein*) herb, trocken; durstig(machend); unter Alkoholverbot; *tr* (ab-) trocknen; dörren; *itr* trocknen, trocken werden; *to run ~* trocken werden; *mot* kein Benzin mehr haben; *to ~ up* (*tr itr*) austrocknen, dörren *a. fig*; *theat* steckenbleiben; *keep ~!* vor Feuchtigkeit zu schützen; *~ up!* (*sl*) halt die Schnauze! halt's Maul! **~ battery** *el* Trockenbatterie *f*; **~ cell** *el* Trockenelement *n*; **~~cleaner('s)** chemische Reinigungsanstalt *f*; **~~clean** *tr* chemisch reinigen; **~ cleaning** chemische Reinigung *f*; **~ dock** *mar* Trockendock *n*; **~er** ['-ə] *s.* drier; **~ farming** Ackerbau *m* in fast regenlosem und unbewässertem Gebiet; **~ goods** *pl Am* Manufakturwaren *f pl od* Textilien *pl*, Kurzwaren *f pl*; **~ ice** Trockeneis *n*; **~ing** ['-iŋ] trocknend; **~~ chamber** Trockenkammer *f*; **~ kiln** Trockenofen *m*, Darre *f*; **~ land** feste(r) Boden *m*; **~ measure** Trocken(hohl)maß *n*; **~ness** ['-nis] Trockenheit *f*; **~ nurse** Kinderfrau *f*, -mädchen *n*; **~ pile** Trockenbatterie *f*; **~ point** (*Kunst*) Kaltnadelradierung *f*; **~~rot** *bot* Trockenfäule *f (a. des Holzes)*; *fig* Verfall *m*, Entartung *f*; **~ run** *Am mil* Schießen *n* mit Exerzierpatronen; *allg* Probe; *aero* Leerlaufprüfung *f (des Motors)*; Übungsluftangriff *m*; **~~salt** *tr* (ein)pökeln u. dörren; **~salter** Drogist *m*; **~saltery** Drogerie *f*; **~~shod** *a* trockenen Fußes; **~ wash** Trockenwäsche *f*.

dryad ['draiəd] Dryade *f*.

dual ['dju(ː)əl] zwei-, zwiefach, doppelt; Zwei-, Doppel-; **~ carriage- -way** doppelte Fahrbahn *f*; **~ control** *aero* Doppelsteuerung *f*; **~ism** ['-izm] Dualismus *m*; **~ist** ['-ist] Dualist *m*; **~istic** [-'istik] dualistisch; **~ity** [dju(ː)'æliti] Zweiheit *f*; **~ personality** *psychol* Persönlichkeitsspaltung *f*.

dub [dʌb] *tr* zum Ritter schlagen; e-n Spitznamen geben (*s.o.* jdm); Leder zurichten; (*Leder*) einfetten; *sl* (*to ~ up*) blechen; *film* synchronisieren, einblenden; *s Am fam* dumme(r) Kerl *m*; *sport* schlechte(r) Spieler *m*; **~bing** ['-iŋ] Lederfett *n*; *film* Synchronisation *f*.

dubious ['djuːbiəs] zweifelhaft, fraglich; mißverständlich, zwei-, mehrdeutig; verdächtig; (*Zukunft, Ergebnis*) ungewiß; unsicher, im Zweifel (*of, about* über); skeptisch, schwankend, zögernd; *to be ~* zweifeln (*of* an); **~ness** ['-nis], **dubiety** [djuː'baiəti] Zweifelhaftigkeit; Ungewißheit, Unsicherheit *f*.

ducal ['djuːkəl] herzoglich.

ducat ['dʌkət] Dukaten *m* (*Goldmünze*); *Am sl* (Eintritts-, Zulassungs-) Karte *f*; *Am sl* Dollar *m*.

duch|ess ['dʌtʃis] Herzogin *f*; **~y** ['dʌtʃi] Herzogtum *n*.

duck [dʌk] **1.** *s* (weibliche) Ente; Ente(nfleisch *n*) *f*; *fam* Täubchen *n*, Liebling; *Am sl* Kerl *m*; *fig* (lame ~) lahme Ente *f*, kranke(s) Huhn *n*; *sport* (~'s egg) Null *f*; *Am sl* nichtwiedergewählte(r) Kongreßabgeordnete(r *m*); *Am sl* Kippe *f*; *s.* **~ing**; *itr* sich ducken, sich schnell bücken; (kurz) untertauchen; *tr* (den Kopf) schnell *od* plötzlich einziehen; ins Wasser tauchen; *Am sl* aus dem Wege gehen (*s.o.* jdm; *s.th.* e-r S); *fam a ~ takes to water (fig)* natürlich, mit der größten Selbstverständlichkeit; *like a dying ~ in a thunderstorm* gottverlassen, hilflos; *like water off a ~'s back* wirkungs-, eindruckslos *adv*; *to play ~s and drakes* e-n Stein über e-e Wasseroberfläche hüpfen lassen; *with o.'s*

duckbill   305   **duly**

money sein Geld aus dem Fenster werfen; **~bill** *zoo* Schnabeltier *n*; **~boards** *pl* Lattenrost *m*; **~er**['-ə] Taucher *m*; Entenjäger *m*; *orn* Tauchentchen *n*, Taucher *m*; **~ing** ['-iŋ] (Unter-)Tauchen *n*; *to get a ~* völlig durchnäßt werden; **~~-stool** Wippe *f*; **~ling** ['-liŋ] Entchen *n*; **~pins** *pl Art Am* Kegelspiel *n*; **~pond** Ententeich *m*; **~('s) egg** Entenei *n*; *sport* Null *f*; **~ soup** *Am sl* Gimpel *m*; leichte Arbeit *f*; **~weed** ['-wi:d] *bot* Entengrütze, Wasserlinse *f*; **~y** ['-i] *fam a* süß, reizend, lieb, nett; *s* Herz(blätt)chen *n*, Liebling *m*; **2.** Segeltuch *n*; *pl* weiße Leinenhose *f*; **3.** *fam mil* Schwimmkampfwagen *m*.

duct [dʌkt] Rohr(leitung *f*) *n*; Kanal *m*; *anat* Gang, Duktus *m*; *bile-, milk-, tear-* Gallen-, Milch-, Tränengang *m*; *spermatic ~ (anat)* Samenleiter *m*; **~ile** ['-ail, *Am* -il] *tech* streckbar, dehnbar, biegsam, geschmeidig; formbar, bildsam, plastisch; *fig* umgänglich; **~ility** [dʌk'tiliti] Dehnbarkeit, Biegsamkeit; Plastizität *f*.

dud [dʌd] *s (~man)* Vogelscheuche *f*; *sl* Blindgänger *(a. Mensch)*; Versager *m*; *pl* Klamotten *pl*, Lumpen *m pl*; alte(s) Zeug *n*, Plunder; *Am sl* ungedeckte(r) Scheck *m*; *a* nachgemacht, falsch; unnütz, unbrauchbar, wertlos.

dud|e [dju:d] *Am* Stutzer; *Am (Westen) sl* Sommerfrischler; Tourist *m*; **~~-ranch** *(Am)* für Sommerfrischler unterhaltene Farm *f*.

dudgeon ['dʌdʒən] Groll, Ärger, Grimm, Zorn *m*; *in high ~* voller Zorn.

due [dju:] *a* geschuldet, Schuld-; zahlbar, zu zahlen(d); *(Zahlung, Arbeit)* fällig; *(Verkehrsmittel)* planmäßig ankommend, fällig *(at noon um 12 Uhr mittags)*; gebührend, gehörig, schuldig, angebracht, passend; nötig, erforderlich, ausreichend, genügend zu verdanken(d), zuzuschreiben(d) *(to dat)*; *Am* die Folge, infolge *(to* gen); zurückzuführen *(to auf)*; *adv mar (vor e-r Himmelsrichtung)* genau; *s* ohne *pl* Geschuldete(s); Zustehende(s) *n*; Anspruch, (gerechter) Lohn *m*; *pl* Abgaben, Gebühren *f pl*; Zoll (-gebühren *f pl*); (Mitglieds-)Beitrag *m*; *after ~ consideration* nach reiflicher Überlegung; *for a full ~* vollständig, völlig, ganz *adv*; *in ~ course* in gegebenem Augenblick, im gegebenen Moment; *in ~ form* ordnungsgemäß; *in ~ time* zur festgesetzten, zur rechten Zeit; *when ~ (fin)* bei Fälligkeit, bei Verfall; *with all ~ respect to* bei aller

Achtung vor; *~ east (mar)* genau Ost; *to be ~ to* sollen, müssen; *Am* im Begriff sein zu; *s.o.* jdm zustehen, gebühren; *s.th.* auf etw beruhen; *to become, to fall ~* fällig werden; *to give the devil his ~* Gnade vor Recht ergehen lassen; *he is ~ to do it* es ist seine Sache *od* Angelegenheit, es liegt an ihm; *the train is ~ at...* die planmäßige Ankunft(szeit) des Zuges ist ...; *the plane is already ~* das Flugzeug müßte schon da sein; *amount, sum ~* Schuldbetrag *m*, -summe *f*; *club ~s (pl)* Vereinsbeitrag *m*; *harbo(u)r ~s (pl)* Hafengebühren *f pl*; **~ date** Fälligkeitstermin *m*.

duel ['dju(:)əl] *s* Duell *n*, Zweikampf; *allg fig* Kampf, Streit *m*; *itr* sich duellieren; **~(l)ist** ['-ist] Duellant *m*.

duenna [dju(:)'enə] Anstandsdame *f*.

duet(t) [dju(:)'et] *mus* Duett; Duo *n*.

duffel, duffle ['dʌfl] Düffel *m (Wollstoff)*; Waldarbeiter-, Jagd-, Wander-, Campingkleidung, -ausrüstung *f*; **~ bag** *bes. mil* Kleidersack *m*.

duffer ['dʌfə] Dummkopf *m*.

dug [dʌg] Zitze *f*; Euter *n*.

dugong ['du:gɔŋ, 'dju:] *zoo* Seekuh *f*.

dug-out ['dʌg'aut] Einbaum *(Boot)*; *bes. mil* Unterstand *m*; Erdloch *n*; *sl* reaktivierte(r) Offizier *m*.

duke [dju:k] Herzog *m*; *pl sl* Hände, Fäuste *f pl*; **~dom** ['-dəm] Herzogtum *n*; Herzogswürde *f*.

dulci|fy ['dʌlsifai] *tr* versüßen; *fig* milde stimmen, besänftigen; **~mer** ['-simə] *mus* Hackbrett *n*.

dull [dʌl] *a* schwerfällig, dumm; abgestumpft, gefühllos, unempfindlich; geistlos; langweilig, uninteressant, öde, fade; langsam, träge; lustlos; schwer verkäuflich; *(Geschäft)* flau, lustlos; *(Messer)* stumpf; *(Schmerz)* dumpf; *(Farbe)* trüb(e), matt, düster; *mar* windstill; *tr* stumpf, unempfindlich machen; abstumpfen; abschwächen, mildern, lindern; *itr* stumpf, schwächer, unempfindlich werden; *as ~ as ditch-water* sterbenslangweilig; **~ard** ['dʌləd] Dummkopf; Nachtwächter *m fig*; **~ish** ['dʌliʃ] ziemlich langweilig; **~ness, dulness** ['dʌlnis] Schwerfälligkeit, Dummheit; Geistlosigkeit *f*, Stumpfsinn *m*; Stumpfheit; Trübe, Trübheit, Düsterkeit; *(Farbe)* Mattheit; Flau(t)e, Flauheit, Lustlosigkeit *f*; **~ of hearing** Schwerhörigkeit *f*; **~ season** *com* tote Jahreszeit *f*.

duly ['dju:li] *adv* gebührend, gehörig, passend, richtig, ordnungsgemäß, genügend; zur gegebenen, zur rechten Zeit, rechtzeitig.

dumb [dʌm] stumm; schweigend, sprachlos (*with* vor); *Am fam* doof, dumm; *to strike ~* zum Verstummen bringen, die Sprache verschlagen (*s.o.* jdm); *to be struck ~* sprachlos sein; *deaf and ~* taubstumm; **~bell** *sport* Hantel *f*; *sl* Esel *m*, Kamel *n*, Hornochse *m*; **~ bunny, ~head, ~o** *Am sl* Dummkopf *m*; **~found, dumfound** ['-faund] *tr* die Sprache verschlagen (*s.o.* jdm), verblüffen; **~founded** *a* völlig sprachlos, wie vom Donner gerührt, wie vom Schlag getroffen; *fam* perplex, platt; **~ness** ['-nis] Stummheit *f*; **~ show** Pantomime *f*; **~~waiter** stumme(r) Diener, Servierwagen, (drehbarer) Serviertisch; *Am* (Speisen-)Aufzug *m*.

dumdum ['dʌmdʌm] *s* (*~ bullet*) Dumdumgeschoß *n*.

dummy ['dʌmi] *s fig* Statist; Strohmann *m*, Werkzeug *n*, Puppe; Schneiderpuppe *f*; Schnuller *m*; Attrappe; Nachahmung *f*; *typ* Blindband, Entwurf *m*; *a* nachgeahmt, fingiert, vorgeschoben, blind; **~ cartridge** Exerzierpatrone *f*; **~ editor** Sitzredakteur *m*; **~ pack** Schaupackung *f*; **~ works** *pl mil* Scheinanlage *f*.

dump [dʌmp] *tr* (mit Gewalt, mit Wucht) (hin)werfen, (hin)schütten, fallen lassen, umkippen, -stürzen; (*in Massen*) ausladen, auskippen; wegwerfen; (*im Freien*) stapeln, lagern; (in Massen u. billig) (*im Ausland*) auf den Markt werfen; den Markt überschwemmen mit; *s* Fall, Sturz, Plumps, (dumpfer) Aufprall; Müll-, Schutthaufen, -abladeplatz *m*; Lager(platz *m*) *n*, Ablade-, Stapelplatz *m*; *mil* (Nachschub-)Lager, Munitions-, Kleiderdepot; Verpflegungslager *n*; *pl* trübe Stimmung *f*; *Am sl* Dreckloch *n*, Bruchbude; *Am sl* Stelle *f*, Platz *m*; *in the ~s* (*fam*) in schlechter Laune; **~er** ['-ə] Kipper *m*; **~ing** ['-iŋ] Unterbieten *n* der Preise (*im Ausland*); Schleuderverkauf *m* (*im Ausland*), Dumping *n*; **~(-) cart** Kippkarren *m*; **~~ ground** Schuttabladeplatz *m*; **~~truck** *mot* Kippwagen, Kipper *m*; **~y** ['-i] kurz und dick, gedrungen, plump, stämmig, untersetzt.

dumpling ['dʌmpliŋ] Kloß *m*; (*apple ~*) Apfel *m* im Schlafrock; *fam* Dickerchen *n*, Wonneproppen *m*.

dun [dʌn] **1.** *a* graubraun; *s* graubraune(s) Pferd *n*; **2.** *tr zu Schuldner*) mahnen, drängen, treten; *s* drängende(r) Gläubiger *m*; Mahnung, Zahlungsaufforderung *f*; *~ning letter* Mahnbrief *m*.

dunce [dʌns] Dummkopf *m*.

dunderhead ['dʌndəhed] Dummkopf; borniert(er) Mensch *m*.

dune [dju:n] Düne *f*.

dung [dʌŋ] *s* Mist, Dung, Dünger; *fig* Schmutz *m*, Gemeinheit *f*; *tr itr* düngen; **~~beetle** Mistkäfer *m*; **~~cart** Mistwagen *m*; **~~fork** Mistgabel, Forke *f*; **~hill** Misthaufen *m*.

dungaree [dʌŋɡəˈriː] *a rober(r)* Baumwollstoff *m*; *pl* Arbeitshose *f*.

dungeon ['dʌndʒən] *s* (Burg-)Verlies *n*.

dunk [dʌŋk] *tr* (ein)tunken, stippen.

dunlin ['dʌnlin] *orn* Meerlerche *f*.

dunnage ['dʌnidʒ] *mar* Stauholz *n*, Unterlegbohle *f*; *Am* Gepäck *n*, Sachen *f pl*, Kleider *n pl*.

duo ['dju(:)ou] *pl -os mus* Duo; Duett *n*; **~decimal** [-'desiməl] *a* Duodezimal-; **~decimo** [-'desimou] *typ* Duodezformat *n*, -band *m*; **~denum** ['-'diːnəm] Zwölffingerdarm *m*; **~logue** ['djuəlɔɡ] *bes. theat* Zwiegespräch *n*.

dup|e [djuːp] *s* Gimpel, Dumme(r); Betrogene(r) *m*; *tr* betrügen, anführen.

duplex ['djuːpleks] *a* doppelt, zwei-, zwiefach; Doppel-; *tech tele* Duplex-; *s rail* private(s) Doppelabteil *n*; (*~ apartment*) Wohnung *f* in zwei Stockwerken; (*~ house*) *Am* Zweifamilien-, Doppelhaus *n*; *tr* duplex schalten.

duplic|able ['djuːplikəbl] zu verdoppeln(d); **~ate** ['-it] *a* doppelt, völlig gleich, genau übereinstimmend, gleichlautend; *s* Duplikat *n*, Zweitschrift, gleichlautende Abschrift *f*; Kopie; doppelte Ausfertigung; *fin* Wechselsekunda; Nachahmung, -bildung *f*; *tr* ['-eit] verdoppeln; abschreiben, kopieren; vervielfältigen; nachahmen, -machen; noch einmal tun; *in ~~* in doppelter Ausfertigung; **~ation** [-'keiʃən] Verdoppelung; Vervielfältigung, Reproduktion, Wiedergabe; Nachbildung; *com* doppelte Buchung *f*; **~ator** ['djuːplikeitə] Vervielfältigungsapparat *m*; **~ity** [djuː(:)-ˈplisiti] Falschheit *f*.

dur|ability [djuərəˈbiliti] Dauerhaftigkeit, Haltbarkeit; Beständigkeit, lange Lebensdauer *f*; **|~able** ['djuərəbl] *a* dauerhaft, haltbar; beständig; *s pl* (*~~ goods*) Gebrauchsgüter *n pl*; **~ance** ['djuərəns] (*bes. lange*) Haft *f*; **~ation** [djuəˈreiʃən] Fortdauer, -bestand *m*; Dauer *f*; *for ~~* für lange Zeit; bis Kriegsende.

duralumin [djuəˈræljumin] Duralumin *n*.

duress(e) [djuəˈres, 'djuː-] Zwang, Druck *m*, Nötigung *f*, Drohungen *f pl*.

during [djuəriŋ] *prp* während.

dusk [dʌsk] *a poet* dunkel(farben), düster; *s* (Abend-)Dämmerung *f*; *at ~* bei Einbruch der Dunkelheit; **~y** ['-i] schwärzlich; dämmerig, düster *a. fig.*

dust [dʌst] *s* Staub(wolke *f*) *m*; Erde *f*; Blüten-, Goldstaub *m*; *sl* Moos *n*, Moneten *pl*, Geld *n*; Müll *m*, Kehricht *m od n*; Plunder *m*, wertlose(s) Zeug *n*; *fig* Asche *f*, sterbliche Überreste *m pl*; *tr* pudern; ausbürsten, abstauben; *aero* abblasen; *itr* staubig werden; *to ~ off (Am sl)* verprügeln; schlagen; *to ~ bite the ~* ins Gras beißen müssen; *to throw ~ in s.o.'s eyes (fig)* jdm Sand in die Augen streuen; *to ~ s.o.'s jacket* jdm das Fell versohlen od gerben; *cloud of ~* Staubwolke *f*; **~bin** Mülleimer, -kasten *m*; **~ bowl** Sandsturmgebiet *n (in den US)*; **~-cover, -jacket** *(Buch)* Schutzumschlag *m*; **~er** ['-ə] Staubtuch *n*, -lappen, -wedel *m*; Streudose *f*; *Am* Staubmantel *m*; **~iness** ['-inis] Staubigkeit *f*; **~less** ['-lis] staubfrei; **~man** Müllfuhrmann; Sandmann *m* (der Kinder); **~proof** staubdicht; **~ storm** Sandsturm *m*; **~-up** *fam* Aufregung *m*, Durcheinander *m*, Krawall *m*; **~y** ['-i] staubig; verstaubt; grau, fahl; *fig* langweilig, uninteressant; *not so ~~ (sl)* (gar) nicht (so) übel.

Dutch [dʌtʃ] *a* holländisch, niederländisch; *Am sl* deutsch; *s* Holländisch *n*; *the ~* die Holländer, *Am sl* die Deutschen; *in ~ (Am sl)* (dr)unter durch, in Ungnade; in der Patsche, im Druck; *to go ~ (fam)* getrennt bezahlen; *to talk to s.o. like a ~ uncle (fam)* jdn ernstlich ermahnen; *double ~* Kauderwelsch *n*; **~ auction** Auktion *f*, die mit e-m hohen Gebot beginnt u. dann heruntergeht; **~ courage** *fam* angetrunkene(r) Mut *m*; **~ lunch** kalte(s) Büfett *n*; **~man** ['-mən] Holländer *m*; holländische(s) Schiff *n*; *the Flying ~~* der Fliegende Holländer; **~ tile** (Ofen-)Kachel *f*; **~ treat** *Am fam* Beisammensein *n* bei getrennter Kasse; **~woman** ['-wumən] Holländerin *f*.

duteous ['dju:tjəs] = *dutiful*.

dutiable ['dju:tjəbl] abgaben-, zoll-, steuerpflichtig.

dutiful ['dju:tiful] pflichtgetreu, -bewußt, -schuldig, -gemäß; gehorsam; respektvoll; ehrerbietig.

duty ['dju:ti] Pflicht, Verpflichtung (*to* gegenüber); Schuldigkeit, Aufgabe, Obliegenheit *f*, Dienst *m*; Gebühr, Abgabe, Steuer *f*, Zoll *m*; *tech* Arbeits-, Nutzleistung, Betriebsart *f* *(e-r Maschine)*; *as in ~ bound* pflichtgemäß; *free from ~* gebühren-, zoll-, abgabenfrei; *off ~* außer Dienst; dienstfrei; *on ~* im Dienst; *to do ~* Dienst tun *od* haben; *for s.o.* jdn vertreten, ersetzen; *sense of ~* Pflichtbewußtsein *n*; **~ of maintenance** Unterhaltspflicht *f*; **~ call** Pflichtbesuch *m*; **~ car** Dienstwagen *m*; **~ copy** Pflichtexemplar *n*; **~-free** abgaben-, steuer-, zollfrei; **~ officer** Offizier *m* vom Dienst; **~-paid** *a* verzollt; **~ roster** Dienstplan *m*.

dwarf [dwɔ:f] *s* Zwerg *m a. allg*; *a* zwergenhaft, winzig, klein; Zwerg-; *tr* verkümmern lassen; verkleinern, herabdrücken, herabsetzen; **~ish** ['-iʃ] zwergenhaft, winzig.

dwell [dwel] *itr irr* dwelt, dwelt wohnen; *to ~ (up)on (in Gedanken)* bleiben bei, sich aufhalten, sich abgeben mit; verweilen bei; beharren, bestehen auf; **~er** ['-ə] Be-, Einwohner *m*; **~ing** ['-iŋ] *s* Wohnung *f*; *(~ place)* Wohnort, -sitz, Aufenthalt(sort) *m*, Bleibe *f*.

dwindle ['dwindl] *itr* abnehmen; *(to ~ down)* (zs.)schrumpfen (*to* zu); *(Preis)* fallen, sinken; *to ~ away* dahinschwinden; **~ing** ['-iŋ] *s* Abnahme *f*; *(Preis)* Fallen *n*; *a:* ~~ *production* Produktionsabnahme *f*.

dye [dai] *s* Farbe; Färbung *f*; Farbstoff *m*; *tr* färben; e-e Färbung, Farbe geben (*s.th.* e-r S); *itr* sich färben (lassen); *to ~ in the grain, in the wool* in der Wolle färben; **~-d-in-the-wool** *a* in der Wolle gefärbt; *fig* (wasch-) echt; **~ing** ['-iŋ] *s* Färben; Fäbereigewerbe *n*; **~r** ['-ə] Färber *m*; **~-stuff** Farbstoff *m*, Farbe *f*; **~weed** *bot* (Färber-)Wau *m*.

dying ['daiiŋ] *a* sterbend; (dahin-) schwindend; Sterbe-; schmachtend; *s* Sterben *n*; **~ bed** Sterbebett *n*; **~ day** Sterbetag *m*.

dynamic(al) [dai'næmik, di'n-] dynamisch *a. fig*; *fig* energisch, kraftvoll; **~ics** [-ks] *pl mit sing* Dynamik *a. fig*; *fig* Bewegkraft *f*; **~ite** ['dainəmait] *s* Dynamit *n*; *tr* (mit D.) sprengen; **~o** ['dainəmou] *pl -os* Dynamo(maschine *f*) *m*.

dynast ['dinəst] Herrscher, Monarch *m*; **~ic(al)** [di'næstik(əl), dai'n-] dynastisch; **~y** ['dinəsti] Dynastie *f*

dyne [dain] *phys* Dyn *n*.

dysenter|ic [disn'terik] *a* Ruhr-; **~y** ['disntri] *med* Ruhr *f*.

dyspep|sia [dis'pepsiə] Verdauungsstörung *f*; **~tic** [-tik] *a* magenkrank; *fig* mißgestimmt; *s* Magenkranke(r) *m*.

E

E, e [i:] *pl* ~'s [i:z] E, e; *mus* E *n*; *Am (Schule)* mangelhaft; **~ flat** Es *n*; **~ minor** e-moll *n*; **~ sharp** Eis *n*.

each [i:tʃ] *a prn* jede(r, s) (einzelne); *adv* je; **~ and every one** jede(r, s) einzelne; **~ other** einander, sich (gegenseitig); *with ~~* miteinander.

eager ['i:gə] eifrig, besorgt, ungeduldig; Feuer und Flamme; begierig (*about*, *after*, *for* auf, nach); versessen, erpicht (*about*, *after*, *for* auf); *to be ~* begierig sein; darauf brennen (*to do* zu tun); **~ beaver** *Am sl* Streber *m*; **~ness** ['-nis] Eifer *m*; Ungeduld; Begierde *f*, heftige(s) Verlangen *n*.

eagle ['i:gl] Adler *m*; *hist* (goldenes) Zehndollarstück (*der US*); **~-eyed** *a* scharfsichtig; **~-owl** Uhu *m*; **~t** ['-it] junge(r) Adler *m*.

eagre ['eigə, 'i:gə] Sprungwelle *f*.

ear [iə] **1.** Ohr; Gehör; *fig* feine(s) Gehör *n* (*for* für); Schlaufe *f*, Öhr *n*; Henkel *m*; *in (at) one ~ and out (at) the other* zu einem Ohr hinein und zum andern hinaus; *over head and ~s, up to o.'s ~s (fig)* bis über die Ohren (*in debt* in Schulden); *to be all ~* ganz Ohr sein; *to fall on deaf ~s* tauben Ohren predigen; *to give, to lend ~ to* hören, achten auf; *to give o.'s ~s* sein Letztes (her)geben, kein Opfer scheuen; *to have, to win s.o.'s ~* bei jdm Gehör finden; *to have, to keep an ~ to the ground* Augen u. Ohren offenhalten; *to pin back s.o.'s ~s (Am sl)* jdn in die Pfanne hauen; *to play by ~ (mus)* nach Gehör, ohne Noten spielen; *to set s.o. by the ~s* zwischen ihn Streit säen; *to turn a deaf ~ to s.th.* etw in den Wind schlagen; *I would give my ~s* koste es, was es wolle; *I pricked up my ~s* ich spitzte die Ohren; *I'm all ~s* ich bin ganz Ohr; *middle ~* Mittelohr *n*; *musical ~*, *~ for music* musikalische(s) Gehör *n*; *quick ~* scharfe(s) Gehör *n*; **~-ache** ['-reik] Ohrenschmerzen *m pl*; **~-deafening** ohrenbetäubend; **~-drop** Ohrgehänge *n pl*; *pharm* Ohrentropfen *m pl*; **~-drum** Mittelohr; Trommelfell *n*; **~-duster** *Am sl* Schwätzer *m*; intime(s) Gerede *n*; **~-flap** Ohrenklappe *f* (e-r Mütze); **~-ful**: *an ~ (fam)* die Ohren voll (*of* von); Tadel *m*, Abreibung *f*; *to hear an ~~* mehr als genug hören; **~-lap**, **~-lobe** Ohrläppchen *n*; **~-mark** *s* Eigentumszeichen am Ohr *(e-s Haustieres)*; *fig* Kennzeichen, Charakteristikum *n*; *tr (Vieh am Ohr)* (kenn)zeichnen; kennzeichnen; identifizieren; vormerken, -sehen, reservieren, zurücklegen, bereitstellen, zweckbestimmen (*for* für); *(Scheck)* sperren; **~-minded** *a* auditiv; **~-muffs** *pl Am* Ohrenschützer *m pl*; **~-phones** *pl tele radio* Kopfhörer *m pl*; **~-piece** *tele* Hörer *m*, Hörmuschel *f*; **~-piercing** schrill; **~-plug** Ohropax *n* (*Schutzmarke*); **~-shot**: *within*, *out of ~* in, außer Hörweite; **~-ring** Ohrring *m*; **~-splitting** ohrenbetäubend; **~-trumpet** Hörrohr *n*; **~-wax** Ohrenschmalz *n*; **~-wig** *zoo* Ohrwurm *m*; **~-witness** Ohrenzeuge *m*; **2.** Ähre *f*; *~ of corn* Kornähre *f*, *Am* Maiskolben *m*.

earl [ə:l] (englischer) Graf *m*; **~dom** ['-dəm] Grafenwürde *f* **E- Marshal** Hofmarschall, Oberzeremonienmeister *m*.

earl|iness ['ə:linis] Frühzeitigkeit, Frühe *f*; **~y** ['-li] *a adv* früh(zeitig); (vor)zeitig; Früh-, Anfangs-; *a* baldig; *adv* bald; *as ~ as* schon; *ct an ~~ date* zu e-m früheren Zeitpunkt; *at your earliest convenience (com)* umgehend; bei erster Gelegenheit; *in ~~ summer* zu Beginn des Sommers; *~~ in life* in jungen Jahren; *~~ riser* Frühaufsteher *m*; *it's the ~~ bird that catches the worm* Morgenstund' hat Gold im Mund; *~~ closing day* frühzeitige(r) Arbeits-, Ladenschluß *m*; *~~ vegetables (pl)* Frühgemüse *n*; *~~ warning* Vorwarnung *f*.

earn [ə:n] *tr itr* (sich) verdienen, (sich) erwerben *a. fig*; eintragen, einbringen, verschaffen, abwerfen; *(Zinsen)* bringen; **~ed** [-d] *a* verdient; angefallen; Arbeits-, Betriebs-; *~~ income* Arbeits-, Lohneinkommen *n*; **~er** ['-ə] Verdiener *m*; *salary*, *wage ~* Gehalts-, Lohnempfänger *m*; **~ing** ['-iŋ]: *~~ capacity* od *power* Erwerbs-, Ertragsfähigkeit *f*; **~ings** ['-iŋz] *pl* Verdienst *m*, Einkommen *n*; Lohn *m*, Gehalt *n*; Einkünfte *pl*, Einnahme(n *pl*) *f*, Ertrag, Gewinn *m*.

earnest ['ə:nist] **1.** *a* ernst(haft); aufrichtig, ehrlich; gewissenhaft; eifrig; ernst gemeint; dringend; *s* Ernst *m*; *in ~* im Ernst; *in dead ~* in vollem Ernst; *are you in ~* ist das Ihr Ernst? **~ly** ['-li] *adv* ernstlich, -haft; inständig; **~ness** ['-nis] Ernsthaftigkeit *f*; **2.**

earth (*~-money*) An-, Handgeld *n*, Anzahlung *f* (*of* auf); (Unter-)Pfand *n*, Beweis *m*, Zeichen *n*; *fig* Hinweis *m* (*of* auf), Andeutung *f*, Vorgeschmack *m* (*of* von).

earth [ə:θ] *s* Erde *f*; Erdreich *n*, Welt *f*; Irdische(s), Diesseits; (festes) Land *n*; (Erd-)Boden *m*, Erde *f*; (Fuchs-, Dachs-)Bau *m*; *chem* Erde *f*; *el radio* Erde, Erdung *f*, Erdschluß *m*, Masse *f*; *tr el radio* erden; *(to ~ up)* mit Erde bedecken; *(Kartoffeln)* häufeln; *(Fuchs)* in den Bau treiben; *itr* sich (im Bau) verkriechen; sich einscharren; *on ~* auf der Erde; auf Erden; auf der Welt; *(in Fragen)* auch immer, denn nur; *to (the) ~* auf die Erde, zu Boden; *to be down to ~* mit beiden Beinen in der Welt stehen; *to come back, to come down to ~* auf den Boden der Wirklichkeit zurückkehren; *to move heaven and ~* Himmel u. Hölle, alle Hebel in Bewegung setzen; *to run to ~ (tr) (Jagd u. fig)* aufstöbern; *to run, to go to ~ (itr) (Fuchs)* sich im Bau verkriechen; *down to ~* praktisch, einfach, mit beiden Füßen auf der Erde stehend; **~born** *a* irdisch; menschlich, sterblich; **~bound** *a* erdgebunden; **~connection** Erdleitung *f*; **~en** ['-ən] irden; **~enware** ['-ənwɛə] *s* irdene(s) Geschirr; Steingut *n*; Ton *m*; *a* irden; **~ing** ['-iŋ] *el radio* Erdung *f*, Erdschluß *m*; *~~ lead (mot el)* Massekabel *n*; **~liness** ['-linis] irdische(s) Wesen, Weltlichkeit, Diesseitigkeit *f*; **~ly** ['-li] irdisch, weltlich, auf Erden, diesseitig; *fam* vernünftig, denkbar; *not an ~~ ... (fam)* nicht den, die, das geringste(n), kleinste(n) ...; *no ~~ use* völlig unnütz; **~moving** Erdbewegung *f*; **~nut** Erdnuß *f*; **~quake** ['-kweik] Erdbeben *n*; **~ward** [*'-wəd*] *a* irdisch; **~ward(s)** *adv* erdwärts; **~work** Erdarbeit; Aufschüttung *f*; Damm-, Deichbau *m*; **~worm** ['-wə:m] Regenwurm; *fig* Kriecher *m*; **~y** ['ə:θi] erdig; irdisch, diesseitig, weltlich; grob(sinnlich).

ease [i:z] *s* Wohlbefinden, -gefühl *n*; Behaglichkeit, Bequemlichkeit, Ruhe, Muße, Entspannung *f*, Behagen *n*; Zwanglosigkeit, Leichtigkeit, Mühelosigkeit, Gewandtheit; Weite *f*, Spielraum *m*; *(~ of money)* (Geld-)Flüssigkeit *f*; *tr* entlasten, befreien (*of* von); beruhigen; *(Schmerz)* lindern, mildern; erleichtern; ermäßigen, herabsetzen; *(to ~ down)* verlangsamen; vorsichtig, behutsam bewegen od befördern; lavieren; *(Saum)* auslassen; *to ~ away, down, off, up (tr)* entspannen, lockern, leichter machen; *(Fahrt)* vermindern; *mar (Tau)* abfieren; *(itr)* nachlassen; leichter werden; *(Preise)* fallen, sinken; *itr* nachgeben, nachlassen, geringer werden; *(Lage)* sich entspannen; *at ~* frei, ungezwungen; behaglich; *with ~* mit Leichtigkeit, ohne Mühe, mühelos; *to be (ill) at ~* sich (nicht) wohlfühlen, (nicht) in s-m Element sein; *to live at ~* in angenehmen Verhältnissen leben; *to take o.'s ~* es sich bequem machen; *to ~ off the throttle (aero)* Gas wegnehmen; *(stand) at ~!* *(mil)* rührt euch! *at ~, march!* ohne Tritt, marsch! **~ment** ['-mənt] *jur* Grunddienstbarkeit *f*.

easel ['i:zl] Staffelei *f*; Gestell *n*.

easi|ly ['i:zili] *adv* leicht, mühelos, fraglos, ohne Frage; zweifellos; bestimmt, bei weitem; wahrscheinlich; **~ness** ['i:zinis] Leichtigkeit; Unbeschwertheit, Unbekümmertheit; Ungezwungenheit; Umgänglichkeit *f*.

east [i:st] *s* Ost(en); *(~ wind)* Ostwind *m*; *the E~* der Osten, der Orient; *Am* der Osten *(der US)*; *a* östlich; Ost-; *adv* ostwärts, in östlicher Richtung, nach Osten; *to the ~* im Osten, östlich (*of* von); *the Far E~* der Ferne Osten, Ostasien *n* *(China, Japan)*; *the Middle E~ (Br)* der Vordere Orient, der Nahe Osten; *Am* Vorder- (Süd- u. Mittel-) Asien *n*; **~bound** *a* nach Osten verlaufend *od* gehend, fahrend; **~erly** ['-əli] *a* östlich; Ost-; *adv* nach, von Osten; **~ern** ['-ən] *a* östlich; Ost-; *(E~~)* orientalisch; *s* Orientale *m*, Orientalin *f*; **~erner** ['-ənə] Orientale *m*, Orientalin *f*; *(E~~) (Am)* Bewohner (-in *f*) *m* der Oststaaten *(der US)*; **~ernmost** ['-nmoust] östlichst; **E~ India**, *the* **E~ Indies** *pl* (Ost-)Indien *n*; **~ing** ['-iŋ] *mar* zurückgelegte(r) östliche(r) Kurs *m*; X-Koordinate *f*; **~ward** ['-wəd] *a* östlich; **~ward(s)** *adv* ostwärts, in östlicher Richtung.

Easter ['i:stə] Ostern *n* od *f pl*; *at ~* an, zu Ostern; ~ **Day, Sunday** Ostersonntag *m*; ~ **egg** Osterei *n*; ~ **holidays** *pl* Osterferien *pl*; **~tide** Osterzeit *f*; **~~week** Osterwoche *f*.

easy ['i:zi] *a* leicht *(zu tun)*, nicht schwer, nicht schwierig; frei von Schmerzen; sorgenfrei, sorglos, unbekümmert, unbeschwert; bequem, angenehm, behaglich; *(Kleidung)* lose, locker, bequem; zwanglos, ungezwungen, lässig; nachgiebig, -sichtig, großzügig, tolerant; umgänglich, gefällig; ruhig, bescheiden, mäßig; *(Ware)* wenig gefragt; *(Geschäft)* lustlos, flau; *(Geld)* flüssig, billig; *(Börse)* freundlich;

easy-chair

adv fam = *easily*; *s mil* Zigarettenpause *f*; *in ~ circumstances, (Am) on ~ street* in angenehmen Verhältnissen; *on ~ terms (com)* zu günstigen Bedingungen; auf Ab-, Teilzahlung; *~ on the eye (sl)* hübsch, knusperig; *to go, to take it ~* sich kein Bein ausreißen, *sl* e-e ruhige Kugel schieben; *it's ~ for you to talk* Sie haben gut reden! *stand ~! (mil)* rührt euch! *take it ~!* ruhig Blut! nur (immer) mit der Ruhe! *~ all!* (an-) halt(en)! *as ~ as falling, rolling off a log (Am)* kinderleicht, ein Kinderspiel; *~ does it!* nimm dir Zeit! **~chair** Lehnstuhl, (Lehn-)Sessel *m*; **~going** *fig* leichtlebig; bequem, lässig; großzügig.

eat [i:t] *irr ate* [et, eit] *od eat* [et], *eaten* [i:tn] *tr* essen; *(to ~ up)* aufessen, verzehren; (auf)fressen; *(to ~ into)* zerfressen, zersetzen, ätzen; sich hineinfressen in; *(to ~ away, to ~ up)* aufessen; verbrauchen; zerstören, vernichten; vertun; *(Feuer)* verzehren; *(Wasser)* wegreißen, fortspülen; *(Kilometer)* verschlingen, fressen; *itr* essen; speisen; *s pl fam* Essen, Futter *n*; Eßwaren *f pl*; *to ~ out* auswärts, außer Haus essen; zum Essen ausgehen; *(Am sl)* jdn heruntermachen; *to ~ dirt (fam)* e-e Beleidigung, Ärger hinunterschlucken; *to ~ humble pie, (Am) crow* klein beigeben müssen; *to ~ o.'s heart out* sich in Kummer verzehren; *to ~ o.'s words* das Gesagte, s-e Aussage zurücknehmen, widerrufen; *what's ~ing you? (fam)* was kommt dich an? **~able** ['-əbl] *a* eß-, genießbar; *s meist pl* Essen *n*, Speise, Nahrung(smittel *n*) *f*; **~er** ['-ə] Esser *m*; Tafelobst *n*; *a big od good, a poor ~~* ein starker *od* guter, ein schwacher Esser *m*; **~ery** ['-əri] *Am hum* Freßlokal *n*; **~ing** ['-iŋ] Essen *n*; Speise *f*; *~~ apron (Am)* Lätzchen *n*; *~~ hall (Am)* Eßraum *m*; *~~-house* Speisehaus, Restaurant *n*.

eaves [i:vz] *pl* (überstehender) Dachrand *m*, Dachrinne, Traufe *f*; **~drop** *itr* horchen, lauschen; **~dropper** Horcher(in *f*), Lauscher(in *f*) *m*.

ebb [eb] *s (~-tide)* Ebbe *f*; *fig* Tiefstand *m*; Abnahme *f*, Nachlassen *n*, Verfall *m*; *itr* zurückfluten *(from* von); verebben *a. fig*; *fig (to ~ away)* nachlassen, abnehmen, zurückgehen; *at a low ~* (sehr) heruntergekommen; *(Preis)* gedrückt; auf e-m Tiefstand.

ebon ['ebən] *a* aus Ebenholz; tief-, pechschwarz; **~ite** ['-ait] Hartgummi *m od n*, Ebonit *n*; **~ize** ['-aiz] *tr* schwärzen, schwarz beizen; **~y** ['-i] *s* Ebenholz *n*; *a s. ebon*.

ebulli|ence, -cy [i(:)'bʌljəns(i)] Enthusiasmus *m*, Überschwenglichkeit *f*; **~ent** [-ənt] *fig* übersprudelnd *(with* von); (hoch)begeistert, enthusiastisch, überschwenglich; **~tion** [ebə'liʃən, -bu'l-] Sprudeln, Wallen *n*; *fig* Aufwallung *f*, (Gefühls-)Ausbruch *m*.

eccentric [ik'sentrik] *a math* exzentrisch *a. fig*; *fig* ungewöhnlich, ausgefallen, unkonventionell, aus dem Rahmen fallend, absonderlich, eigenartig; überspannt, verstiegen; *s* Sonderling; *tech* Exzenter *m*; **~ity** [eksen'trisiti] *math tech* Exzentrizität; *fig* Überspanntheit, Verstiegenheit *f*.

Ecclesiast|es [ikli:zi'æsti:z] Prediger *m* Salomo *(Buch des Alten Testamentes)*; **e~ic** [-ik] *s* Geistliche(r) *m*; **e~ical** [-ikəl] kirchlich; geistlich; *~~ law* Kirchenrecht *n*; *~~ year* Kirchenjahr *n*; **~icus** [-ikəs] *(Bibel)* Ekklesiastikus *m*.

echelon ['eʃələn] *s mil* Gliederung, *mil aero* Staffelung *m aero* Staffel *f (Formation)*; *mil* (Befehls-)Bereich *m*, Stufe, Ebene; (Angriffs-)Welle *f*; *tr* staffeln, gliedern.

echin|ite ['ekinait] versteinerte(r) Seeigel *m*; **~oderm** [i'kainədə:m] *zoo* Stachelhäuter *m*; **~us** [e'kainəs] *pl -ni* [-nai] *zoo* Seeigel *m*; *arch* (Säulen-)Wulst *m*.

echo ['ekou] *pl -oes* Echo *n a. fig*; *fig* Wiederholung, Nachahmung *f*; Nachsprecher, -ahmer *m*; *itr* echoen, widerhallen *(with* von); *tr (Schall)* zurückwerfen; *fig* nachsprechen, wiederholen; *pej* nachbeten; **~~sounder** *mar* Echolot *n*; **~~sounding** Echolotung *f*.

éclat ['eikla:, ekla] glänzende(r) Erfolg, große(r) Beifall *m*, Aufsehen *n*; Berühmtheit *f*, Ruhm; Glanz *m*.

eclectic [ek'lektik] *a* auswählend; eklektisch; zs.getragen, zs.gesetzt; *s* Eklektiker *m*; **~ism** [-tisizm] Eklektizismus *m*.

eclip|se [i'klips] *s bes. astr* Finsternis, Verfinsterung; *fig* Verdunkelung, Verringerung, Abnahme *f*, Nachlassen, (Ver-)Schwinden *n*; Schatten *m* (*of* auf); *tr* verfinstern; *fig* e-n Schatten werfen auf; in den Schatten stellen; überstrahlen; **~tic** [i'kliptik] (scheinbare) Sonnenbahn *f*.

eclogue ['eklɔg] Hirtenlied *n*.

ecolog|ic(al) [ikə'lɔdʒik(əl)] ökologisch; **~y** [i'kɔlədʒi] Ökologie *f*.

econom|ic [i:kəˈnɔmik, e-] ökonomisch, (volks)wirtschaftlich; Wirtschafts-; ~ **agreement** Handels-, Wirtschaftsabkommen n; ~ **boom** Konjunkturaufschwung m; ~ **commission** Wirtschaftskommission f; ~ **conditions** (pl), situation Wirtschaftslage f; ~ **conference** Wirtschaftskonferenz f; ~ **council** Wirtschaftsrat m; (world) ~ **crisis** (Welt-)Wirtschaftskrise f; ~ **cycle** Konjunkturzyklus m; ~ **development** wirtschaftliche Entwicklung f; ~ **geography** Wirtschaftsgeographie f; ~ **goods** (pl) Wirtschaftsgüter n pl; ~ **plan** Wirtschaftsplan m; ~ **planning** gesamtwirtschaftliche Planung f; ~ **policy** Wirtschaftspolitik f; ~ **profit** Grenzkostenergebnis n; ~ **recovery** Wirtschaftsbelebung f; ~ **structure** Wirtschaftsstruktur f; ~ **union** Wirtschaftsunion f; **-ical** [-əl] haushälterisch, wirtschaftlich, sparsam (of mit); **-ics**[-iks] pl mit sing Wirtschaftswissenschaften f pl, Volkswirtschaft(slehre), Nationalökonomie f; **-ist**[i(:)ˈkɔnəmist] gute(r) Haushälter, sparsame(r) Mensch; Volkswirt(schaftler) m; **-ize** [i(:)ˈkɔnəmaiz] itr sparsam sein, sparen, gut wirtschaften (in, on mit); tr sparsam umgehen mit, haushalten (s.th. mit etw); **-izer** [-ˈkɔnəmaizə] tech Vorwärmer m; **-y** [i(:)ˈkɔnəmi] Wirtschaft f, Haushalt m; Wirtschaftssystem n; Wirtschaftlichkeit, Sparsamkeit f; Sparmaßnahme, Einsparung, Ersparnis f; Einrichtung, Organisation, (An-)Ordnung f, Bau m; competitive ~ Wettbewerbswirtschaft f; controlled, planned ~ Planwirtschaft f; home, internal ~ Binnenwirtschaft f; political ~ s. ~ics; private ~ Privatwirtschaft f; uncontrolled ~ freie Wirtschaft f; world ~ Weltwirtschaft f; ~ **drive** Sparaktion f.

ecsta|sy [ˈekstəsi] Verzückung, Ekstase a. rel; Hingerissenheit f, -sein n, Begeisterung(staumel m) f, Enthusiasmus m; to be thrown, to go into ~sies in Verzückung geraten (over wegen), hingerissen werden (over von); **-tic** [ekˈstætik] a ekstatisch; begeistert, verzückt, hingerissen.

ecumenic(al) s. oecumenic(al).

eczema [ˈeksimə] med Ausschlag m, Flechte f, Ekzem n.

edacious [iˈdeiʃəs] gefräßig, gierig.

eddy [ˈedi] s Wirbel, Strudel m; itr wirbeln, strudeln; ~ of dust Staubwirbel m; ~ **current** Wirbelstrom m.

edelweiss [ˈeidlvais] bot Edelweiß n.

Eden [ˈi:dn] rel das Paradies a. fig.

edentate [i(:)ˈdenteit] a zahnlos; s pl Zahnarme m pl (Säugetierordnung).

edge [edʒ] s (Klinge) Schneide; Schärfe (e-r Schneide, a. fig); fig Stärke, Kraft, Heftigkeit (e-s Gefühls); (scharfe) Kante f; Rand, Saum m; Ufer n; (Berg-)Kamm, Grat; (Buch) Schnitt; fam Vorteil m (on vor); tr (um)säumen, einfassen, bördeln; (to put an ~ on) mit e-r Schneide versehen, schärfen; schieben, rücken; itr sich e-n Weg bahnen; vorsichtig gehen, schleichen; sich schieben, vorrücken; at the ~ of am Rande gen; on ~ hochkant; fig nervös, reizbar; ungeduldig, begierig; on the very ~ of doing gerade im Begriff zu tun; to give s.o. the ~ of o.'s tongue jdn herunterputzen, ausschimpfen; to have the ~ on s.o. (Am fam) jdm gegenüber im Plus haben, im Vorteil sein; to have an ~ on (Am fam) angetrunken sein, einen sitzen haben; to set s.o.'s teeth on ~ jdn nervös machen, reizen, aufbringen; to take the ~ off abschwächen; die Schärfe nehmen; to ~ o.'s way through sich schlagen, zwängen durch; to ~ **away** sich davonmachen, sich wegschleichen; to ~ **forward** sich vorschieben, vorrücken; to ~ **in(to)** hineinschieben, -schmuggeln; (Wort) einwerfen; to ~ o.s. into a conversation sich in ein Gespräch einmischen; to ~ **off** ab-, wegrücken; to ~ **out** tr itr (sich) hinausschieben, -drängen; s.o. jdn mit geringem Vorsprung besiegen; ~**tool** Schneidwerkzeug n; ~**ways, ~wise** seitwärts, von der Seite; hochkant; to get a word in ~ways zu Worte kommen.

edg|ed [edʒd] a mit e-r Schneide, e-m Rand versehen; scharf; gesäumt; **-ing** [ˈ-iŋ] Vorstoß, Rand, Saum m, Einfassung f; Borte f, Besatz m, Litze, Paspel f; **-y** [ˈ-i] scharf; scharf; fig nervös, gereizt, kratzbürstig; (Kunst) mit zu scharfen Konturen.

edib|ility [ediˈbiliti] Eß-, Genießbarkeit f; **-le** [ˈedibl] a eß-, genießbar, Nahrungs-; s pl Lebensmittel n pl; ~ **fat, oil** Speisefett, -öl n.

edict [ˈi:dikt] Erlaß m, Edikt n.

edif|ication [edifiˈkeiʃən] fig Erbauung f; **-ice** [ˈedifis] Bauwerk, Gebäude n a. fig; **-y** [ˈedifai] tr (geistig) erbauen, stärken; **-ying** erbaulich.

edit [ˈedit] tr (Buch) herausgeben; (Zeitung) redigieren; film zs.stellen; **-ion** [iˈdiʃən] (Buch) Ausgabe; Auflage f; cheap, popular ~ Volksausgabe f; first ~ Erstausgabe f; morning, evening ~ Morgen-, Abendausgabe f;

pocket ~~ Taschenausgabe *f*; **-or** ['-ə] Herausgeber; Redakteur, Schriftleiter *m*; *chief* ~~, ~~ *in chief* Hauptschriftleiter *m*; *letter to the* ~~ Leserbrief *m*, Eingesandt *n*; **-orial** [edi'tɔːriəl] *a* redaktionell; Redaktions-; *s (Zeitung)* Leitartikel *m*; ~~ *department* Redaktion, Schriftleitung *f*; ~~ *office* Redaktion *f (Raum)*; ~~ *staff* Redaktionsstab, Mitarbeiterstab *m (e-r Zeitung)*; ~~ *writer* Leitartikler *m*; **-orialize** [edi'tɔːriəlaiz] *Am itr* e-n Leitartikel schreiben (*on* über); **-orship** ['-əʃip] Amt *n*, Tätigkeit, Eigenschaft *f* als Schriftleiter; Schriftleitung *f*.

educat|e ['edju(ː)keit] *tr* auf-, erziehen, (aus-, heran)bilden, unterrichten, lehren; **-ion** [edju(ː)'keiʃən] Erziehung, (Aus-, Heran-)Bildung *f*; Unterricht(ssystem *n*) *m*, Schulwesen *n*; Pädagogik *f*; *adult* ~~ Erwachsenenbildung *f*; *Board of E*~~, *E*~~ *Department* Erziehungs-, Unterrichtsministerium *n*; *compulsory* ~~ Schulzwang *m*, -pflicht *f*; *general* ~~ Allgemeinbildung *f*; **-ional** [-'keiʃənl] erzieherisch; Erziehungs-, Bildungs-, Unterrichts-; ~~ *background* Vorbildung *f*; ~~ *establishment*, *institute*, *institution* Bildungsanstalt *f*; ~~ *film* Lehrfilm *m*; **-ion(al)ist** [edju(ː)'keiʃ(ə)list] Schulmann, Pädagoge *m*; **-ive** ['edju(ː)kətiv, -dʒu(ː)-, -keit-] erzieherisch, bildend; **-or** ['edju(ː)keitə] Erzieher *m*.

educ|e [i(ː)'djuːs] *tr* herausziehen, hervorholen, -locken; entwickeln, -falten; darstellen; ableiten (*from* von); *chem* frei machen; **-tion** [i(ː)'dakʃən] Entwick(e)lung, -faltung *f*; Darstellung; Ableitung *f*.

eel [iːl] Aal *m*; *as slippery as an* ~ aalglatt; **~buck**, **-pot** Aalreuse *f*; **-pout** Aalraute, (Aal-)Quappe *f*.

e'en [iːn] **1.** *adv poet* = *even*; **2.** *s poet* = *even(ing)*.

e'er [ɛə] *poet* = *ever*.

eer|ie, **-y** ['iəri] schaurig, gespenstisch.

efface [i'feis] *tr* ausradieren, auslöschen, streichen, tilgen *a. fig*; *fig* in den Schatten stellen; *to* ~ *o.s.* sich zurück-, sich im Hintergrund halten, in H. bleiben *fig*; **-able** [-əbl] tilgbar; **-ment** [-mənt] Löschung, Tilgung *f*.

effect [i'fekt] *s* Wirkung (*on* auf), Folge *f*, Ergebnis, Resultat *n*, Konsequenz (*of* gen); Aus-, Nachwirkung *f*; Eindruck, Effekt *m*; Wirksamkeit; *jur* Gültigkeit *f*; *tech* (Nutz-)Effekt *m*, Leistung *f*; *pl* Gegenstände *n pl*, Sachen *f pl*; Besitz *m*, (bewegliches) Eigentum *n*, Habe *f*, Vermögen; Guthaben *n*; Effekten *pl*, Wertpapiere *n pl*; *tr* bewirken, zur Folge haben; zustande bringen; aus-, durchführen, erstellen; *(Zweck)* erfüllen; *(Buchung, Verhaftung)* vornehmen; *(Zahlung)* leisten; *(Vertrag, Versicherung)* abschließen; *for* ~ der Wirkung halber, wegen; *in* ~ in der Tat, wirklich, in Wirklichkeit; im wesentlichen; *(Gesetz, Bestimmung)* gültig, in Kraft; *of no* ~ wirkungslos; vergeblich; *to the* ~ des Inhalts; *to this* ~ zu dem Zweck; *to bring to, to carry into* ~ wirksam werden lassen; bewerkstelligen, *fam* zuwege bringen; *to come, to go into* ~ in Kraft treten; *to give* ~ *to* in die Praxis umsetzen, Wirklichkeit werden lassen; wirksam machen, Nachdruck verleihen (*s.th.* e-r S); *to have an* ~ wirken (*on* auf); *to put into* ~ in Kraft setzen; *to take* ~ wirksam werden, die gewünschte Wirkung, den gewünschten Erfolg haben; in Kraft treten; *to* ~ *a settlement* zu e-r Einigung kommen; *coming into* ~ Inkrafttreten *n*; *final* ~ Endergebnis *n*; *legal* ~ Rechtskraft *f*; *sound* ~*s (film pl)* Geräuschkulisse *f*; **-ive** [-iv] *a* wirksam; wirkungs-, eindrucksvoll; tatsächlich, wirklich, effektiv; *tech* nutzbar; *mil* einsatzbereit; dienst-, kampffähig; *s pl mil* Ist-Stärke *f*, Effektivbestand *m*; ~~ *immediately* mit sofortiger Wirkung; *to be* ~~ gelten; *to become* ~~ Gültigkeit erlangen; ~~ *area* Nutzfläche *f*; ~~ *capital* Betriebskapital *n*; ~~ *date* Zeitpunkt *m* des Inkrafttretens; ~~ *power* Effektivleistung *f*; ~~ *pressure* Arbeitsdruck *m*; ~~ *range* Wirkungsbereich *m*; *el* Nutzmeßbereich *m*; *mil* Schußfeld *n*; ~~ *strength (mil)* Iststärke *f*; **-iveness** [-ivnis] Wirksamkeit *f*; **-ual** [i'fektjuəl] wirksam; gültig, in Kraft; *to be* ~~ die gewünschte Wirkung haben; **-uate** [-jueit] *tr* bewirken, bewerkstelligen, zustande bringen; aus-, durchführen.

effemina|cy [i'feminəsi] Verweichlichung *f*; **-te** [-it] verweichlicht.

effervesc|e [efə'ves] *itr* perlen, sprudeln, moussieren; aufbrausen, -wallen; *fig* überschäumen; **-ence** [-əns] Sprudeln, Aufwallen *n*; *fig* Munterkeit, Lebhaftigkeit *f*; **-ent** [-ənt] sprudelnd, aufbrausend; *fig* überschäumend; ~ *powder* Brausepulver *n*.

effete [e'fiːt] abgenutzt, erschöpft, verbraucht, unproduktiv, steril.

efficac|ious [efi'keiʃəs] wirksam; **~y** ['efikəsi] Wirksamkeit, Wirkungskraft *f*.

efficien|cy [i'fiʃəns(i)] Leistungsfähigkeit, Ergiebigkeit; Tüchtigkeit *f*; *tech* Wirkungsgrad *m*, Nutzleistung *f*, -effekt *m*, (tatsächliche) Leistung *f*, Ausstoß *m*; *commercial* **~~** Wirtschaftlichkeit *f*; *productive* **~~** Produktionsfähigkeit *f*; **~~ engineer** Rationalisierungsfachmann *m*; **~~ expert** *(Am)* Wirtschaftsberater *m*; **~~ rating** *(Am)* Leistungsbewertung *f*; **~~ report** Leistungsbericht *m*; **-t** [-t] wirksam, wirkungsvoll; rationell, wirtschaftlich; leistungsfähig, ergiebig; *(Mensch)* tüchtig, fähig.

effigy ['efidʒi] Bild(nis), Abbild, Porträt(figur *f*) *n*; *to burn, to hang in* ~ in effigie verbrennen, hängen.

effloresc|e [eflɔ:'res] *itr* (auf-, er-)blühen; *chem min* ausblühen, verwittern; *med* e-n Ausschlag bekommen; **-ence** [-ns] Blüte(zeit) *f a. fig*; *fig* Höhepunkt; *chem min* Beschlag *m*, Ausblühen *n*, Aus-, Verwitterung *f*; *med* Ausschlag *m*; **-ent** [-nt] (auf)blühend; *chem min* ausblühend, verwitternd.

efflu|ence ['efluəns] Ausströmen *n*; Ausfluß *m*; Ausstrahlung *f*; **-ent** [-t] *a* aus-, entströmend; *s* Aus-, Abfluß *m*; **-vium** [e'flu:vjəm] *pl* **-via** [-iə] Ausstrahlung, Aura; Ausdünstung *f*, Dunst *m*; **-x** ['eflʌks] Aus-, Entströmen *n*; Ausfluß *m*; Ausstrahlung *f*.

effort ['efət] Anstrengung, Mühe *f*; Kraftaufwand *m*; Bemühung *f*; *fam* Werk *n*, Tat, Leistung *f*; *without* ~ mühelos; *to be worth the* ~ der Mühe wert sein; *to make every* ~ sich alle Mühe geben; *to spare no* ~ keine Mühe scheuen; ~ *of will* Willensanstrengung *f*; **-less** [-lis] mühelos.

effrontery [e'frʌntəri] Unverschämtheit, Schamlosigkeit, Frechheit, Unverfrorenheit, Anmaßung *f*.

effulg|ence [e'fʌldʒəns] Glanz, Schimmer *m*; Pracht *f*; **-ent** [-ənt] schimmernd, glänzend, strahlend.

effus|e [e'fju:z, i'f-] *tr* aus-, vergießen; aus-, verbreiten; *itr* ausströmen; *a* [-s] *bot* ausgebreitet; *zoo* klaffend; **-ion** [i'fju:ʒən] Ausgießen *n*, *fig* Ausgießung *f*; *med* Erguß *m a. fig*; **-ive** [i'fju:siv] sich ergießend, überfließend; *fig* überschwenglich; aufdringlich.

eft [eft] *zoo* Kammolch *m*.

egalitarianism [igæli'tɛəriənizm](Lehre *f* von der) Gleichheit *f* aller.

egg [eg] **1.** *s* (*bes*. Hühner-)Ei; *biol* Ei(zelle *f*) *n*; *sl* Handgranate *f*, Torpedo *m*, Bombe *f*; *sl* Kopf *m*; *sl* Null; *sl* Niete *f*; **2.** *tr: to* ~ *on* reizen; antreiben, aufstacheln, -hetzen; *as full as an* ~ gerammelt voll; *Am sl* volltrunken; *as sure as* ~*s are* ~*s* todsicher; *in the* ~ *(fig)* in den Kinderschuhen, in den Anfängen; *to lay an* ~ ein Ei legen; *Am sl fig* e-e völlige Niete, ein völliger Reinfall, Versager sein; *to put, to have all o.'s* ~*s in one basket (fig)* alles auf eine Karte setzen; *to teach o.'s grandmother to suck* ~*s* das Ei will klüger sein als die Henne; *a bad* ~ *(sl)* ein Strolch, ein Taugenichts; ein Dreck; *battered* od *scrambled, boiled, fried* ~*s (pl)* Rührei *n*, gekochte, Spiegeleier *n pl*; **hen's** ~ Hühnerei *f*; **~-beater, -whisk** *(Küche)* Schneebesen *m*; **~-beater** *sl* Hubschrauber *m*; *sl* Luftschraube, Latte; Windstoßfrisur *f*; ~ **cell** *biol* Eizelle *f*; **~-cosy** Eierwärmer *m*; **~-cup** Eierbecher *m*; **~-dance** Eiertanz *m a. fig*; **~-flip, -nog** Eierflip *f*; **~-head** *sl* Intellektuelle(r) *m*; **~-laying** *zoo* eierlegend; **~-plant** Aubergine *f*; **~-shell** Eierschale *f*.

eglantine ['eglantain] Heckenrose *f*.

ego ['egou, *Am* 'i:gou] *pl* **-os** Ich *n*; *fam* Ichsucht *f*; **-centric** ['-sentrik] egozentrisch, alles auf sich beziehend; **-ism** ['-izm] Egoismus *m*, Selbstsucht *f*; **-ist** ['-ist] Egoist, selbstsüchtige(r) Mensch *m*; **-istic(al)** [ego(u)'istik(l)] egoistisch, selbstsüchtig; **-mania** ['-'meinjə] Ichsucht *f*; **-tism** ['-tizm] ständige(s) Sich-in-den-Vordergrund-Stellen; Geltungsbedürfnis *n*; Überheblichkeit *f*, Dünkel *m*; **-tist** ['-tist] sich ständig in den Vordergrund stellende(r), überhebliche(r) Mensch *m*; **-tistic(al)** ['-tistik(l)] selbstgefällig; geltungsbedürftig; überheblich, dünkelhaft.

egregious [i'gri:dʒəs] *pej* unerhört, unglaublich, haarsträubend; *(Esel)* ausgemacht; *(Fehler)* kraß.

egress ['i:gres] (Recht *n* auf) freie(n) Ausgang *m*; *astr* Austritt; *fig* Ausweg *m*; **-ion** [i(:)'greʃən] Aus-, Fortgang *m*.

egret ['i:gret] *orn* Silberreiher *m*; Reiherfeder *f*; Federbusch *m*; *bot* Federkrone *f* (der Korbblütler).

Egypt ['i:dʒipt] Ägypten *n*; **-ian** [i'dʒipʃən] *a* ägyptisch; *s* Ägypter(in *f*) *m*; **-ologist** ['-tələdʒist] Ägyptologe *m*; **-ology** ['-tələdʒi] Ägyptologie *f*.

eh [ei] *interj* nanu *!* hm! *(unhöflich)* was? nicht wahr?

eider ['aidə] (~ *duck*) Eiderente *f*; **~-down** Eiderdaune; Daunendecke *f*, -kissen *n*.

eight [eit] *a* acht; *s* Acht *f (Ziffer, Zahl, Figur)*; Achter(boot *n*) *m*; *to have one over the ~ (sl)* einen sitzen haben; **~een** ['ei'ti:n] achtzehn; **~eenth** ['ei'ti:nθ] *a* achtzehnte(r, s); *s* Achtzehntel *n*; **~fold** ['eitfould] *a adv* achtfach; **~h** ['eitθ] *a* achte(r, s); *s* Achtel *n*; *mus* Oktave *f*; *~~ note* Achtelnote *f*; **~hly** ['eitθli] *adv* achtens; **~~hour day** Achtstundentag *m*; **~ieth** ['eitiiθ] *a* achtzigste(r, s); *s* Achtzigstel *n*; **~y** ['eiti] *a* achtzig; *s* Achtzig *f*; *pl* die achtziger Jahre (*e-s Jahrhunderts*); die Achtzigerjahre *pl* (*e-s Menschenlebens*).

Eire ['ɛərə] (Republik) Irland *n*.

either ['aiðə, *Am* 'i:ðə] *prn a u. ~ one(s)* ein(er, e, s), jed(er, e) von beiden, beide(s); *not ... ~* kein(er, e, s) von beiden; *adv:* (mit *Verneinung*) auch nicht; *I shall not go ~* ich gehe auch nicht; *conj:* ~ ... *or* entweder ... oder.

ejaculat|e [i'dʒækjuleit] *tr* ausspritzen, -stoßen; (*Worte*) ausstoßen; **~ion** [idʒækju'leiʃən] *physiol* Samenerguß; Ausruf, (Auf-)Schrei *m*; Stoßgebet *n*; **~ory** [i'dʒækjulətəri] hastig; Stoß-; *med* Ejakulations-.

eject [i(:)'dʒekt] *tr* (*Menschen*) hinauswerfen (*from* aus), ausstoßen, vertreiben; *jur* exmittieren, entlassen, absetzen, s-s Amtes entheben; **~ion** [i(:)'dʒekʃən] Vertreibung, Absetzung, Entlassung, Amtsenthebung *f*; Auswurf, -stoß *m*; **~ment** [-mənt] Vertreibung; *jur* Klage *f* auf Wiederherstellung des Besitzstandes; Räumungsklage *f*; **~or** [i(:)'dʒektə] Vertreibende(r); *tech* Auswerfer *m* (*a. am Gewehr*); **~~ seat** (*aero*) Schleudersitz *m*.

eke [i:k]: *to ~ out* (*tr*) verlängern, erweitern, ergänzen, vervollständigen, abrunden (*with, by* durch); *tech* ansetzen, anstücken; (*Vorrat*) strecken; *to ~ out a living* sich mühsam durchschlagen.

el [el] **1.** *arch* Seitenflügel *m*; **2.** *Am fam* (= *elevated railway*) Hochbahn *f*.

elaborat|e [i'læbərit] *a* sorgfältig, genau ausgearbeitet, aus-, durchgeführt, durchdacht; ausführlich; vielgestaltig; hochentwickelt; *tr* [-eit] sorgfältig, genau aus-, durcharbeiten; ersinnen, erfinden; genauere Einzelheiten (an)geben (*on, upon* über); näher ausführen (*on, upon s.th.* etw); **~eness** [i'læbəritnis] sorgfältige, genaue Ausarbeitung *od* Durchführung; Ausfeilung; Kompliziertheit *f*; **~ion** [ilæbə'reiʃən] = *~eness*; genauere Angaben *f pl*; Einzelheit *f*.

elapse [i'læps] *itr* (*Zeit*) vergehen, verfließen, verstreichen, enteilen.

elastic [i'læstik] *a* biegsam, dehnbar, elastisch *a. fig*; Gummi-; *s* Gummiband *n*; **~ity** [i(:)læs'tisiti, e-] Biegsamkeit, Dehnbarkeit, Elastizität; *fig* Spannkraft, Anpassungsfähigkeit *f*.

elat|e [i'leit] *tr* die Stimmung heben (*s.o.* jds); anregen, begeistern; froh, glücklich, stolz machen; *a obs poet* = *~ed*; **~ed** [-id] *a* in gehobener Stimmung; heiter, froh, glücklich, stolz; angeregt, begeistert (*at, with* von); **~ion** [i'leiʃən] gehobene Stimmung, Begeisterung, Freude *f*, Stolz *m*.

elbow ['elbou] *s anat* Ellbogen (*a. Teil des Ärmels*); *tech* Winkel *m*, Biegung *f*, Krümmer *m*, Knie(stück) *n* (*bes. e-s Ofenrohrs*); *tr* sich bahnen (*o.'s way through* e-n Weg durch); *itr* (*to ~ o.s. forward*) sich e-n, s-n Weg bahnen; *at o.'s ~* bei der Hand, dicht dabei; *out at (the) ~s* (*Kleidung*) schäbig; (*Person*) heruntergekommen; *to be up to the ~s in work* alle Hände voll zu tun haben; *to rub ~s with s.o.* mit jdm in nähere Berührung kommen; *to ~ s.o. out of the way* jdn zur Seite drängen, verdrängen; **~~grease** *fam* Armschmalz *n*; Schufterei, Anstrengung *f*; **~~room** Bewegungsfreiheit *f*, Spielraum *m*.

elder ['eldə] **1.** *a nur attr* (*unter Verwandten*) älter; dienstälter, (rang-)höher; früher, ehemalig; *s* Ältere(r *m*) *f*; Vorfahr; *m*; (*bes.* Kirchen-)Älteste(r) *m*; *my ~s* ältere Leute als ich; **~ly** ['-li] *a* ältlich, älter(r); **2.** *bot* Holunder *m*; **~berry** Holunderstrauch *m*, -beere *f*.

eldest ['eldist] *a nur attr* (*unter Verwandten*) ältest(e).

elect [i'lekt] *a* ausgewählt, erwählt; (*nachgestellt*) designiert, zukünftig; *rel* auserwählt; *s rel* Auserwählte(r *m*) *f*; *the ~* die Elite; *rel* die Auserwählten *pl*; *tr* (aus)wählen (*president* zum Präsidenten); vorziehen, bevorzugen; *rel* erwählen; *to ~* wählen; sich entschließen; *bride-~* Verlobte *f*.

election [i'lekʃən] Wahl *bes. pol*; *rel* Gnadenwahl, Prädestination *f*; *to hold an ~* e-e Wahl durchführen; *by-~*, (*Am*) *special ~* Nachwahl *f*; **~ address**, **speech** Wahlrede *f*; **~ booth** Wahlzelle *f*; **~ campaign** Wahlkampf *m*; **~ commission**, **committee** Wahlausschuß *m*, -komitee *n*; **~ day** Wahltag *m*; **~ district** Wahlbezirk *m*; **~eer** [ilekʃə'niə] *itr* Wahlpropaganda treiben; *s* Wahlredner *m*; **~eering** [ilekʃə'niəriŋ] Wahlpropaganda *f*,

election manifesto 315 **elegant**

-kampf *m*; ~ **manifesto** Wahlmanifest *n*; ~ **meeting** Wahlversammlung *f*; ~ **platform, program**(me) Wahlprogramm *n*; ~ **poster** Wahlplakat *n*; ~ **propaganda** Wahlpropaganda *f*; ~ **results, returns** *pl* Wahlergebnis *n*.
elective [i'lektiv] *a* wahlfähig; gewählt; *(Schule) Am* wahlfrei; Wahl-; *s (Schule) Am* Wahlfach *n*; **~ly** [-li] *adv* durch Wahl; wahlweise.
elector [i'lektə] *Br* Wähler; *Am* Wahlmann; *hist* Kurfürst *m*; **~al** [-rəl] *a* Wahl-, Wähler-; kurfürstlich; ~~ *ballot* Wahl-, Abstimmungsergebnis *n*; ~~ *campaign* Wahlkampf *m*; ~~ *coalition* Wahlbündnis *n*; ~~ *college* Wahlkollegium *n*; *Am* Wahlmänner *m pl*; ~~ *commission, committee* Wahlausschuß *m*, -komitee *n*; ~~ *district* Wahlbezirk *m*; ~~ *list, register, roll* Wählerliste *f*; ~~ *rally* Wahlversammlung *f*; ~~ *reform* Wahlreform *f*; ~~ *system* Wahlsystem *n*; ~~ *victory* Wahlsieg *m*; ~~ *vote* Wahlstimme *f*; **~ate** [-rit] Wähler(schaft *f*) *m pl*; *hist* Kurwürde *f*; Kurfürstentum *n*.
electri|c [i'lektrik] *a* elektrisch; ~~ *arc* Lichtbogen *m*; ~~ *blanket* Heizdecke *f*; ~~ *bulb* Glühbirne *f*; ~~ *chair* elektrische(r) Stuhl *m*; ~~ *circuit* Stromkreis *m*; elektrische Leitung *f*; ~~ *cooker* Elektroherd *m*; ~~ *cushion, pad* Heizkissen *n*; ~~ *discharge* Elektrizitätsentladung *f*; ~~ *eel* Zitteraal *m*; ~~ *eye* Photozelle *f*; ~~ *fan* Ventilator *m*; ~~ *fire* Heizsonne *f*; ~~ *furnace* Elektroofen *m*; ~~ *generator* Lichtmaschine *f*; ~~ *industry* Elektroindustrie *f*; ~~ *load* Strombelastung *f*; ~~ *meter* (Elektrizitäts-)Zähler *m*; ~~ *motor* Elektromotor *m*; ~~ *needle (med)* elektrische(s) Messer *n*; ~~ *plant* Elektrizitätswerk *n*; ~~ *razor* elektrische(r) Rasierapparat *m*; ~~ *saw* Motorsäge *f*; ~~ *sign* Lichtreklame *f*; ~~ *source* Stromquelle *f*; ~~ *starter* Elektroanlasser *m*; ~~ *steel* Elektrostahl *m*; ~~ *supply* Stromversorgung *f*; ~~ *torch* Taschenlampe *f*; ~~ *welding* Elektroschweißung *f*; ~~ *wire* Leitungsdraht *m*; **~cal** [-əl] elektrisch; ~~ *appliances (pl)* Elektrogeräte *n pl*; ~~ *engineer* Elektroingenieur *m*; ~~ *engineering* Elektrotechnik *f*; ~~ *recording* elektrische Registrierung *f*; ~~ *shop* Elektrowerkstatt *f*; ~~ *transcription* (Übertragung *f* von) Rundfunkschallplatte(n) *f*; **~cian** [-'triʃən] Elektriker *m*; **~city** [-'trisiti] Elektrizität *f*; ~~ *cut* Stromsperre *f*; ~~ *meter* Stromzähler *m*; ~~ *rates (pl)* Stromtarif *m*; ~~ *supply* Stromversorgung *f*; ~~ *works* Elektrizitätswerk *n*.
electrif|iable [ilektri'faiəbl] elektrifizierbar; **~ication** [-fi'keiʃən] Elektrifizierung; Elektrisierung *f*; **~y** [i'lektrifai], **electrize** [i'lektraiz] *tr* elektrisieren *a. fig*; elektrifizieren; *fig* anfeuern, begeistern.
electro|analysis [i'lektro(u)ə'næləsis] Elektrolyse *f*; **~cardiogram** Elektrokardiogramm, EKG *n*; **~cardiograph** Elektrokardiograph *m*; **~chemistry** Elektrochemie *f*; **~cute** [i'lektrəkju:t] *tr* auf den elektrischen Stuhl hinrichten; durch elektrischen Strom töten; **~cution** [ilektrə'kju:ʃən] Hinrichtung *f*, Tod *m* durch elektrischen Strom; **~de** [i'lektroud] Elektrode *f*; **~deposition** Galvanisierung *f*; **~dynamic** [-dai'næmik] *a* elektrodynamisch; *s pl mit sing* Elektrodynamik *f*; **~lysis** [ilek'trɔlisis] Elektrolyse *f*; **~lyte** [i'lektro(u)lait] Elektrolyt *m*; **~lytic** [ilektro(u)'litik] elektrolytisch; ~~ *copper* Elektrolytkupfer *n*; ~~ *oxidation* Eloxierung *f*; **~magnet** Elektromagnet *m*; **~magnetic** elektromagnetisch; **~meter** Stromzähler *m*, Elektrometer *n*; **~motive** elektromotorisch; ~~ *force* elektromotorische Kraft *f*; ~~ *intensity* Feldstärke *f*; **~motor** Elektromotor *m*; **~n** [i'lektrɔn] Elektron *n*; ~~ *beam* Elektronenstrahl *m*; ~~ *camera* Ikonoskop *n*; ~~ *emission* Elektronenemission *f*; ~~ *gun* Elektronenquelle *f*; ~~ *microscope* Elektronenmikroskop *n*; ~~ *tube, valve* Elektronenröhre *f*; **~nic** [ilek'trɔnik] *a* elektronisch; Elektronen-; *s pl mit sing* Elektronik *f*; ~~ *brain* Elektronengehirn *n*; ~~ *engineering* (technische) Elektronik *f*; ~~ *microscope* Elektronenmikroskop *n*; ~~ *rectifier* Röhrengleichrichter *m*; **~plate** [i'lektro(u)pleit] *tr* galvanisieren; *s* versilberte(s) Besteck *n*; **~scope** [i'lektrəskoup] Elektroskop *n*; **~static** *a* elektrostatisch; *s pl mit sing* Elektrostatik *f*; **~therapy** [ilektro(u)'θerəpi] Elektrotherapie *f*; **~type** [i'lektro(u)taip] *itr* Galvanos herstellen; *tr* galvanoplastisch vervielfältigen; *s* Galvano *n*.
electuary [i'lektjuəri] *pharm* Latwerge *f*.
eleemosynary [elii:'mɔzinəri] *a* Wohltätigkeits-; von Almosen, von der Wohltätigkeit lebend; gespendet.
elegan|ce, ~cy ['eligəns(i)] Eleganz, Feinheit, Zierlichkeit, Gewähltheit, Vornehmheit *f*, Geschmack *m*, Gefälligkeit, Anmut, Gewandtheit *f*; **~t** ['eligənt] elegant, fein, zierlich,

elegiac [eli'dʒaiək] *a lit* elegisch; *s* Elegie *f*; **-y** ['elidʒi] Elegie *f*, Klagelied *n*, Trauergesang *m*.

element ['eliment] Element *n a. math chem el*; Grundstoff; (Grund-)Bestandteil *m*, Grundtatsache *f*, Prinzip *n*; Faktor, Umstand *m*; *jur* Tatbestandsmerkmal *n*; Umgebung, Sphäre *f*, Milieu *n*; *mil* Truppenteil *m*; *aero* Rotte *f*; *tech* Bauelement *n*, -teil *m*; *the ~s (pl)* die Elemente, Anfangsgründe, Grundlagen, Grundzüge (*e-r Wissenschaft*); die Elemente *pl*, die Natur(gewalten *pl*), die Unbilden *pl* des Wetters; *rel* Brot u. Wein (*beim Abendmahl*); *in, out of o.'s* ~ in s-m, nicht in s-m Element; ~ *of surprise* Überraschungsmoment *n*; **-al** [eli'mentl] elementar; natürlich, Naturgewaltig; einfach, Anfangs-, Grund-; prinzipiell; wesentlich; (eli'mentəri] **-ary** elementar, Elementar-, einführend, Einführungs-, Anfangs-, Grund-; unentwickelt; *chem* einfach, Elementar-; ~ *particle* Elementarteilchen *n*; ~ *school* Volks-, Grundschule *f*; ~ *training* Grundausbildung *f*.

elephant ['elifənt] Elefant *m*; (~ *paper*) Zeichenpapier im Format 71×58 cm; *a white* ~ kostspielige(r), unrentable(r) u. unveräußerliche(r) Besitz *m*; **-iasis** [elifən'taiəsis] *med* Elefantiasis *f*; **-ine** [eli'fæntain] *a* Elefanten-; plump; *fig* schwerfällig, ungeschickt; **~'s ear** *bot* Begonie *f*.

elevat|e ['eliveit] *tr* (hoch)heben; (*die Stimme*) heben; (*Person*) erheben, erhöhen, befördern (*to* zu); auf e-e höhere geistige *od* sittliche Stufe heben; die Stimmung heben (*s.o.* jds), auf-, erheitern; *tech* hochheben, -schwenken; **-ed** [-id] *a* gehoben, erhöht; hoch; hochgestellt, erhaben, würdevoll, würdig; eingebildet (*with* auf); gut gelaunt, in froher Stimmung; *s Am fam u.* ~ *railway* Hochbahn *f*; **-ion** [eli'veiʃən] Erhöhung, Erhebung; erhöhte Lage, Höhe, Höhenlage; Anhöhe; Erhabenheit, Hoheit, Würde *f*; Hochmut *m*; *geog* (Meeres-)Höhe; *astr* Höhe *f* (*über dem Horizont*); *tech arch* Aufriß *m*; Ansicht *f*; *sectional* ~ Längsschnitt *m*; ~ *angle* Höhen-, Ansatzwinkel *m*; **-or** ['eliveitə] Heber, Hebel; (~ *muscle*) Hebemuskel *m*; *aero* Höhenruder; *tech* Becherwerk *n*, Elevator; *Am* Aufzug, Fahrstuhl; *Am* (Getreide-)Silo *m*; *freight* ~ *(Am)* Hebezeug *n*, Warenaufzug *m*; ~ *boy (Am)* Fahrstuhlführer, Liftboy *m*; ~ *control (aero)* Höhenleitwerk *n*.

eleven [i'levn] *a* elf; *s sport* Elf *f*; **-ses** [-ziz] *Br fam* zweite(s) Frühstück *n*; **-th** [-θ] *a* elfte; *s* Elftel *n*; *at the* ~ *hour* in letzter Minute, im letzten Augenblick.

elf [elf] *pl elves* Elf(e *f*), Kobold *m*; *fig* Giftnudel *f*; **-in** ['elfin] elfen-, koboldhaft; **-ish** [-θ] *a* elfisch; *-in*; mißgünstig, gehässig; **-lock** Weichselzopf *m*; **~-struck** *a* verhext.

elicit [i'lisit] *tr* ent-, hervorlocken, herausholen (*from* aus); entlocken.

elide [i'laid] *tr gram* elidieren.

eligib|ility [elidʒə'biliti] Wählbarkeit *f*, passive(s) Wahlrecht *n*; Befähigung, Eignung, Qualifikation *f*; Vorzug *m*; wünschenswerte Eigenschaft *f*; **-le** ['elidʒəbl] wählbar; befähigt (*for* zu), qualifiziert (*for* für); geeignet, passend; berechtigt; wünschenswert; vorzuziehen(d); *fam* heiratsfähig; *Am* bank-, diskontfähig; *to be* ~ in Frage kommen.

eliminat|e [i'limineit] *tr* weg-, fortschaffen, entfernen; ausscheiden, -schalten, -lassen, beseitigen (*from* aus); ausmerzen; (*Konto*) auflösen; außer acht, unberücksichtigt lassen; *math* eliminieren; *physiol* ausscheiden; **-ion** [ilimi'neiʃən] Auslassung, Ausschaltung; Ausmerzung, Beseitigung; Streichung; Nichtberücksichtigung; *med sport chem* Ausscheidung; (*Konto*) Auflösung *f*; ~ *contest* Ausscheidungswettbewerb *m*; **-or** [ilimi'neitə] *sport* Ausscheidungskampf *m*; *el* Sperre *f*, Sieb *n*.

elision [i'liʒən] *gram* Elision *f*.

élite [ei'li:t, el-] Elite, Auslese *f*.

elixir [i'liksə] Elixier *n*, Heiltrank *m*; Allheil-, Wundermittel *n*; ~ *of life* Lebenselixier *n*.

Elizabeth [i'lizəbəθ] Elisabeth *f*; **-an** [iliza'bi:θən] elisabethanisch.

elk [elk] Elch *m*, Elen(tier); *Am* Wapiti *m*.

ell [el] **1.** Elle *f* (= 45 *inches* = 114,2 *cm*); **2.** *Am* L-förmiger Gegenstand; *arch* Seitenflügel *m*; Knie(stück) *n* (*Rohr*).

ellip|se [i'lips] *math* Ellipse *f*; **-sis** [i'lipsis] *pl -ses* [-i:z] *gram* Ellipse, Auslassung *f*; **-soid** [-ɔid] *math* Ellipsoid *n*; **-tic(al)** [i'liptik(əl)] elliptisch.

elm [elm] (~ *tree*) Ulme, Rüster *f*.

elocution [elə'kju:ʃən] Vortragskunst, -weise *f*; **-ary** [-ʃnəri] Vortrags-; (*Ausdrucksweise*) gekünstelt, deklamato-

elocutionist   317   **embed**

risch; **~ist** [-ʃnist] Vortragskünstler, Rezitator; Sprecherzieher *m*.

elongat|e ['iːlɔŋgeit, *Am* iˈlɔŋgeit] *tr* verlängern, dehnen, strecken; *itr* länger werden, sich dehnen, sich strecken; *a* verlängert, gedehnt, gestreckt; länglich; *bot* langgestreckt; **~ion** [iːlɔŋˈgeiʃən] Dehnung, Streckung; Verlängerung; *astr* Elongation *f*.

elope [iˈloup] *itr* entlaufen, ausreißen, -rücken; durchgehen, -brennen, auf u. davon gehen *(bes. mit e-m Liebhaber)*; **~ment** [-mənt] Entlaufen n.

eloquen|ce ['eləkwens] Beredsamkeit; beredte Sprache *f*; **~t** ['-t] beredsam; beredt, redegewandt; ausdrucksvoll.

else [els] *adv* sonst, weiter, außerdem, noch; anders; *anybody* ~ ? sonst noch jemand? *anything* ~ ? sonst noch etwas? *everybody* ~ alle andern; *everything* ~ alles andere; *nothing* ~ nichts weiter; *or* ~ sonst, andernfalls; *somebody* ~ jemand anders; *what* ~ ? was noch? was sonst? was weiter? **~where** [els'wɛə] *adv* anders-, sonstwo, woanders; anderswohin.

elucidat|e [iˈluːsideit] *tr* auf-, erhellen, erklären, erläutern; **~ion** [iluːsiˈdeiʃən] Auf-, Erhellung, Auf-, Erklärung, Erläuterung *f*; **~ory** [iˈluːsideitəri] erhellend, erklärend, erläuternd.

elude [iˈl(j)uːd] *tr* (geschickt) umgehen, vermeiden; sich fernhalten *(s.th.* etw); ausweichen, entgehen, sich entziehen *(s.th.* e-r S).

elus|ion [iˈluːʒən] (geschickte) Umgehung, Vermeidung; Ausflucht *f*; **~ive** [iˈluːsiv] ausweichend; flüchtig; schwer zu begreifen(d), zu (er)fassen(d), zu behalten(d); **~ory** [iˈluːsəri] verschwimmend, täuschend, trügerisch.

elvish ['elviʃ] *s. elfish.*

Elysi|an [iˈliziən] elys(ä)isch; paradiesisch; **~um** [-əm] Elysium *n a. fig.*

em [em] *typ (Maß)* Einheit *f*; **~(quad)** Geviert *n*.

emaciat|e [iˈmeiʃieit] *tr* abmagern lassen, mager machen; **~ed** [-id] *a* abgemagert; **~ion** [imeiʃiˈeiʃən] Auszehrung, Abmagerung *f*.

emanat|e ['emaneit] *itr* ausfließen, -strömen, -strahlen, emanieren *(from* von); *fig* ausgehen, herkommen, herrühren, herstammen *(from* von); **~ion** [-'neiʃən] Ausstrahlung *f*; Ausfluß *m*; *philos phys* Emanation *f*.

emancipat|e [iˈmænsipeit] *tr (Sklaven)* freilassen; für volljährig erklären; *allg* befreien, frei machen, emanzipieren; **~ed** [-id] *a* emanzipiert, ungebunden, frei; vorurteilslos; **~ion** [-'peiʃən] Freilassung; Volljährigkeitserklärung; *allg* Befreiung, Emanzipation, Gleichstellung *f (bes. der Frau)*.

emasculat|e [iˈmæskjuleit] *tr* entmannen, kastrieren; *fig* abschwächen; *a* [-lit] verweichlicht, effeminiert, weibisch; **~ion** [-ˈleiʃən] Entmannung; Abschwächung; Verweichlichung *f*.

embalm [imˈbɑːm] *tr (Leichnam)* (ein-)balsamieren; parfümieren, mit Duft erfüllen; *fig* (das Andenken) bewahren *od* erhalten *(s.o.* jds, an jdn); **~ment** [-mənt] Einbalsamierung *f*.

embank [imˈbæŋk] *tr* die Ufer befestigen *(a river* e-s Flusses); eindämmen; **~ment** [-mənt] Uferbefestigung; Ufermauer *f*, Kai, Damm *m*; Uferstraße; Aufschüttung *f*, (Straßen-, Eisenbahn-)Damm *m*.

embargo [emˈbɑːgou] *s pl* -es Embargo *n*; Hafen-, Handelssperre; Beschlagnahme; *allg* Behinderung, Unterdrückung *f*, Verbot *n*; *tr* sperren; beschlagnahmen; *under an* ~ gesperrt; mit Beschlag belegt; *to lay, to put an* ~ *on* mit Beschlag belegen, beschlagnahmen; *to lift, to raise, to take off the* ~ die Beschlagnahme aufheben; *arms* ~ Waffenausfuhrverbot, -embargo *n*; *export, import* ~ Aus-, Einfuhrsperre *f*.

embark [imˈbɑːk] *tr* einschiffen, verladen *(for* nach); an Bord nehmen; *(Geld)* anlegen, investieren *(in* in); *itr* sich einschiffen *(for* nach), an Bord gehen; abreisen, -fahren *(for* nach); sich einlassen *(in* in; *on* auf), *fam* einsteigen *(in, on* in); sich widmen *(on s.th.* gen); **~ation** [embɑːˈkeiʃən] Ein-, Verschiffung, Verladung *f*.

embarrass [imˈbærəs] *tr* in Verlegenheit, aus der Fassung bringen; (be)hindern, hinderlich, lästig sein *(s.o.* jdm); in Schulden stürzen; in finanzielle Schwierigkeiten bringen; **~ed** [-t] *a* in Verlegenheit, in Schulden, in (finanziellen) Schwierigkeiten; verwickelt, kompliziert; *to be* ~ verlegen sein, sich genieren; **~ing** [-iŋ] peinlich, unangenehm; ungelegen, unpassend; **~ment** [-mənt] (Geld-)Verlegenheit; Störung *f*; Hindernis *n*; Verwirrung *f*.

embassy ['embəsi] *pol* Botschaft(sgebäude, -personal *n*); Botschafterstelle *f*; Sonderauftrag *m*, Mission *f*.

embattle [imˈbætl] *tr* mit Schießscharten versehen; befestigen; in Schlachtordnung aufstellen.

embed [imˈbed] *tr* einpflanzen; einbetten, einlagern; *to be* **~ded** eingebettet, *fig* fest verankert sein *(in* in); *to* ~ *in concrete* einbetonieren.

embellish [im'beliʃ] *tr* verschönern, verzieren, ausschmücken; ausgestalten, -staffieren; **~ment** [-mənt] Verschönerung, Ausschmückung (*a. e-r Erzählung*); Verzierung *f*, Schmuck, Dekor(ation *f*) *m*, Staffage *f*.

ember ['embə] **1.** verglühende(s) Stück *n* Holz od Kohle; *fig*: *life's last* **~s** der letzte Lebensfunke; **2.** (*~ days*) Quatember *m*; **3.** (*~ goose, diver*) *orn* Eistaucher *m*.

embezzle [im'bezl] *tr* entwenden, veruntreuen, unterschlagen; **~ment** [-mənt] Entwendung, Veruntreuung, Unterschlagung *f*; **~r** [-ə] Veruntreuer *m*.

embitter [im'bitə] *tr* verbittern, vergrämen; verschlimmern.

emblazon [im'bleizən] *tr* heraldisch aus-, bemalen (*with* mit); (aus-)schmücken, verzieren; farbenreich, prächtig ausgestalten; verherrlichen, feiern, preisen, den Ruhm verkünden (*s.o.* jds); **~ment** [-mənt] (heraldische) Ausmalung, Ausschmückung *f*.

emblem ['embləm] Sinnbild, Symbol, Emblem *n*; **~atic(al)** [embli'mætik(əl)] sinnbildlich, symbolisch (*of* für).

embod|iment [im'bɔdimənt] Verkörperung; Einfügung; Verwirklichung *f*; **~y** [im'bɔdi] *tr* verkörpern; konkretisieren, feste Form, Gestalt geben (*s.th.* e-r S); verwirklichen, einfügen, aufnehmen, einverleiben, eingliedern (*in s.th.* e-r S); verankern, einschließen, niederlegen (*in* in).

embolden [im'bouldən] *tr* ermutigen (*to* zu).

embolism ['embəlizm] *med* Embolie *f*.

embosom [im'buzəm] *tr* ins Herz schließen; *meist Passiv*: *to be ~ed* eingeschlossen, eingehüllt, schützend umgeben sein (*in, with* von).

emboss [im'bɔs] *tr* (*Verzierung*) erhaben arbeiten; (*dünnes Metall*) treiben, bossieren, prägen; **~ed** [-t] *a* erhaben (gearbeitet), getrieben; **~ map** Reliefkarte *f*; **~ printing** Blindenschrift *f*; **~ sheet** Prägefolie *f*.

embowel [im'bauəl] *tr* ausweiden; *fig* ausschlachten.

embrace [im'breis] *tr* umarmen, in die Arme nehmen *od* schließen; (*Gelegenheit, Beruf*) ergreifen; (*Glauben, Beruf, Angebot*) annehmen; (*Hoffnung*) hegen; umgeben, einschließen *a. fig*; *fig* enthalten, umfassen; (geistig) erfassen; *itr* sich umarmen; *s* Umarmung *f*.

embrasure [im'breiʒə] Leibung; Schießscharte *f*.

embrocat|e ['embro(u)keit] *tr med* einreiben; **~ion** [-'keiʃən] Einreibung *f*; Mittel *n* zum Einreiben.

embroider [im'brɔidə] *tr* besticken, *fig* (*Erzählung*) ausschmücken; übertreiben; *itr* sticken; **~y** [-ri] Stickerei, *fig* Ausschmückung *f*; **~~ frame** Stickrahmen *m*.

embroil [im'brɔil] *tr* verwirren, durchea.bringen; (*in e-e Affäre*) verwickeln; hineinziehen (*in* in); **~ment** [-mənt] Verwirrung, Verwick(e)lung *f*.

embryo ['embriou] *pl* -*os* Embryo; Fruchtkeim *m*; *in* **~** (*fig*) in den Anfängen; **~nic** [embri'ɔnik] *physiol* embryonal; *fig* (noch) unentwickelt.

embus [im'bʌs] *mil tr* auf Lastkraftwagen verladen; *itr* aufsitzen.

emcee ['em'si:] *s Am sl theat radio* Conferencier, Ansager *m* (*bes. beim Werbefunk*); *tr Am sl* die Ansage machen für; einleiten, einführen.

emend [i(:)'mend] *tr* (*bes. e-n Text*) verbessern, berichtigen; **~ation** [i:men'deiʃən, em-] Verbesserung, Berichtigung *f*; **~ator** ['i:mendeitə] Korrektor, Verbesserer *m*; **~atory** [i(:)'mendətəri] verbessernd, berichtigend.

emerald ['emərəld] *s* Smaragd; *typ* Schriftgrad *m* von 6½ Punkten; *a* smaragdgrün; Smaragd-; *the E~ Isle* die Grüne Insel (*Irland*).

emerg|e [i'mə:dʒ] *itr* (*aus dem Wasser*) auftauchen, an die Oberfläche, emporsteigen, hochkommen, hervorbrechen, -treten, entstehen (*from, out of* aus); *fig* auftauchen, in Erscheinung treten, sich ergeben, sichtbar, deutlich, klar, bekanntwerden; **~ence** [-əns] Auftauchen *a. geol*; Sichergeben, Sichtbarwerden; Hervorkommen *n*; **~ency** [-ənsi] Dringlichkeits-, Notfall *m*; kritische Situation *f*; *sport* Ersatzspieler *m*; *attr* Not-, (Aus-)Hilfs-, Behelfs-, Ersatz-; *in an* **~**, *in case of* **~** im Not-, im Ernstfall; *to meet an* **~** e-m Notstand abhelfen; *to provide for* **~encies** gegen Notfälle Vorsorge treffen; *to rise to the* **~** der Lage gewachsen sein; *it'll do in an* **~** zur Not wird's gehen; *state of* **~** Ausnahmezustand *m*; **~ aid** Soforthilfe *f*; **~ brake** Notbremse *f*; **~ bridge** Behelfsbrücke *f*; **~ call** Notruf *m*; **~ committee** Hilfskomitee *n*; **~ decree** Notverordnung *f*; **~ door, exit** Notausgang *m*; **~ dressing** Notverband *m*; **~ fund** Reserve, Rücklage *f* für den Notfall; **~ hatch** Notausstieg *m*; **~ home** Behelfsheim *n*; **~ landing** (*aero*) Notlandung *f*; **~ landing-field**

emergent 319 **employ**

Notlandeplatz *m*; **~~ law** Ausnahmegesetz *n*; **~~ light** Notlicht *n*; **~~ man** Aushilfe, Aushilfskraft *f*; *sport* Ersatzspieler *m*; **~~ measure** Notmaßnahme *f*; **~~ money** Notgeld *n*; **~~ powers** *(pl)* Sondervollmachten *f pl*; **~~-powers act** Notstandsgesetz *n*; **~~ ration** eiserne Ration *f*; **~~ release** *(aero mil)* Notabwurf *m*; **~~ seat** Notsitz *m*; **~~ service** Bereitschaftsdienst *m*; **~~ solution** Notlösung *f*; **~~ steps** *(pl)* Notmaßnahmen *f pl*; **~~ tank** Reservetank *m*; **~~ train** Hilfszug *m*; **~~ valve** Sicherheitsventil *n*; **-ent** [-ənt] *a* auftauchend, sich ergebend, in Erscheinung tretend; plötzlich, dringend; *s scient* Endergebnis *n*, Folge *f*.

emersion [i(:)'məːʃən] *s. emergence*.

emery ['eməri] *min* Schmirgel *m*; *to rub with* **~** abschmirgeln; **~ cloth** Schmirgelleinwand *f*; **~ paper** Schmirgelpapier *n*; **~ wheel, disc** Schmirgelscheibe *f*.

emetic [i'metik] *a pharm* Brech-; *s* Brechmittel *n*.

emigr|ant ['emigrənt] *a* auswandernd; *s* Auswanderer *m*, *returning* **~** Rückwanderer *m*; **-ate** ['emigreit] *itr* auswandern, emigrieren *(from* aus; *to* nach); **-ation** [emi'greiʃən] Auswanderung *f*, Auswanderer *m pl*.

eminen|ce ['eminəns] (An-)Höhe *f*, hohe *od* höhere Stellung; Besonderheit *f*; hervorragende Fähigkeiten, Leistungen *f pl*; Ansehen *n*, Größe, Berühmtheit *f*; *E~ (rel)* Eminenz *f (Titel e-s Kardinals)*; **-t** ['-t] erhaben, hoch, (auf)ragend; hervorragend, außerordentlich, bemerkenswert, bedeutend, ausgezeichnet *(in* in; *for* durch); *(power, right of)* **~~ domain** Enteignungsrecht *n*; **-tly** ['-tli] *adv* in hohem Maße, ganz besonders.

emiss|ary ['emisəri] (Geheim-)Bote, Geheimagent, Kundschafter, Emissär *m*; **-ion** [i'miʃən] *fin* Ausgabe, Emission; *phys* Emission, Ausstrahlung *f*; Ausströmen *n*, Ausfluß, Austritt *m*; *(bes. Samen-)*Erguß *m*; **-ive** [i'misiv] emittierend; **-ivity** [emi'siviti] Ausstrahlungsvermögen *n*.

emit [i'mit] *tr* von sich geben; auswerfen, -speien, ausströmen, ausfließen lassen; *(Gebrüll)* ausstoßen; *(Meinung)* von sich geben; *fin* in Umlauf setzen; *tech* ausstrahlen.

emollient [i'mɔliənt] *a pharm* erweichend; *s* erweichende(s) Mittel *n*.

emolument [i'mɔljumənt] Gehalt *n*, Lohn; Gewinn *m*; *pl* (Neben-)Einkünfte, (Dienst-)Bezüge *pl*.

emote [i'mout] *itr Am fam*, *oft hum* Theater machen, sich verrückt, affektiert benehmen.

emotion [i'mouʃən] (Gefühls-)Erregung, (innere) Bewegung, Erregtheit *f*; (starkes) Gefühl *n*; Rührung *f*; **-al** [-ʃnəl] *a* Gefühls-; gefühlsmäßig, gefühlsbetont; bewegt, erregt; (leicht) erregbar; *(Person u. Sache)* gefühlvoll, sentimental; **-alism** [i'mouʃnəlizm] Gefühlsbetontheit, Empfindsamkeit, Sentimentalität *f*; leichte Erregbarkeit; Rührseligkeit, Affektiertheit *f*; **-alist** [-ʃnəlist] gefühlvolle(r), sentimentale(r) Mensch; an das Gefühl appellierende(r) Redner *m*; **-ality** [imouʃəˈnæliti] Empfindsamkeit, Sentimentalität *f*; **-less** [-lis] gefühllos, unbewegt, kalt.

emotive [i'moutiv] gefühlserregend.

empanel [im'pænl] *tr (Schöffen)* in die Geschworenenliste eintragen; *to* **~** *the jury* die Geschworenenbank zs.stellen.

empathy ['empəθi] Einfühlung(svermögen *n*) *f*.

empennage [im'penidʒ] *aero* Leitwerk *n*.

emperor ['empərə] Kaiser *m*.

empha|sis ['emfəsis] *pl* **-ses** [-siːz] Nachdruck *m*, Betonung *f (on* auf); *to put, to lay* **~** *on s.th* großes Gewicht auf etw legen; **-size** [emfəsaiz] *tr* Nachdruck legen auf, besonders betonen, hervorheben, unterstreichen, herausstellen; **-tic** [im'fætik] emphatisch; nachdrücklich, betont; *(in der Rede)* stark betonend; bedeutend, eindeutig, entscheidend, auffallend.

empire ['empaiə] (Ober-)Herrschaft, (Ober-)Gewalt, Beherrschung; kaiserliche Gewalt *f*; Kaisertum *n*; (Kaiser-)Reich *n*; *the E~* das (Britische) Empire.

empiric [em'pirik] *s* Mann *m* der Praxis; Quacksalber, Scharlatan *m*; **-(al)** *a* empirisch; auf Erfahrung beruhend; *(Heilmittel)* (in der Praxis) erprobt; **~~ rule** Erfahrungssatz *m*; **-ism** [-sizm] Empirismus *m*; Quacksalberei *f*; **-ist** [-sist] Empiriker *m*.

emplacement [im'pleismənt] Aufstellung, Einweisung *f*; *mil* (Geschütz-, Werfer-, MG-)Stand *m*, Bettung *f*.

emplane [im'plein] *itr* das Flugzeug besteigen; *tr* in ein Flugzeug verladen.

employ [im'plɔi] *tr* gebrauchen, benutzen, an-, verwenden *(in doing s.th.* beim Tun); beschäftigen *(in* mit); *(Arbeitskraft)* einsetzen; *(Geld)* anlegen; *to* **~** *o.s. with s.th.* sich mit etw beschäftigen; *out of*

employable

~ arbeits-, stellungslos; **~able** [-əbl] brauchbar; verwendbar, verwendungsfähig; **~ed** [-d] *a* beschäftigt, angestellt (*in a bank* bei e-r Bank); **~é(e** *f*) *m* [ɔm'plɔiei], **~e(e)** [emplɔi'iː] Arbeitnehmer(in *f*) *m*, Angestellte(r *m*) *f*; *pl* Belegschaft *f*; **~~s'** *representatives* (*pl*) Arbeitnehmervertreter *m pl*; **~er** [-ə] Unternehmer, Arbeitgeber *m*; *pl* Arbeitgeberschaft *f*; **~~s'** *association, federation* Arbeitgeberverband *m*; **~ment** [-mənt] Beschäftigung, Verwendung; Arbeit(sverhältnis *n*) *f*, Dienst *m*, Geschäft, Amt *n*, Beruf *m*; *out of ~* arbeits-, stellungslos; *to enter an ~* e-e Arbeit annehmen, e-e Stellung antreten; *casual ~* Gelegenheitsarbeit *f*; *full ~* Vollbeschäftigung *f*; *permanent ~~* Dauerbeschäftigung; feste(s) Anstellung(sverhältnis *n*) *f*; **~~** *agency, bureau, exchange* Stellenvermittlung *f*, Arbeitsnachweis *m*; **~~** *manager* Personalchef *m*; **~~** *market* Arbeitsmarkt *m*; **~~** *office* Arbeitsamt; Einstellungsbüro *n*; **~~** *procedure* Einstellungsverfahren *n*; **~~** *records* (*pl*) Arbeitspapiere *n pl*.

emporium [em'pɔːriəm] Handelsplatz *m*, -zentrum *n*, Markt *m*; Warenhaus *n*, Laden *m*, Geschäft *n*.

empower [im'pauə] *tr* berechtigen, ermächtigen, autorisieren (*to do* zu tun); *allg* befähigen, in den Stand setzen (*to* zu); erlauben (*s.o. to* jdm zu); **~ed** *to* ermächtigt, befugt zu.

empress ['empris] Kaiserin *f*.

empt|iness ['emptinis] Leere *f*, Nichtigkeit, Bedeutungslosigkeit *f*; **~y** ['-i] *a* leer(stehend); ohne Ladung; *fig* inhaltslos, leer, nichtssagend, unbefriedigend, bedeutungslos; unaufrichtig; sinnlos; (*Magen*) nüchtern, leer; *fam* hungrig; (*Drohungen*) leer; *s pl* Leergut *n*; *mil* abgeschossene Hülsen *f pl*; *tr* (*to ~ out*) (aus-, ent)leeren; *itr* sich leeren; (*Fluß*) sich ergießen, münden (*into* in); *returned ~* leer zurück; **~~-handed** (*a*) mit leeren Händen; **~~~-headed** (*a*) hohlköpfig; **~~** *weight* Eigen-, Leergewicht *n*.

emu ['iːmjuː] *orn* Emu *m*.

emul|ate ['emjuleit] *tr* nacheifern (*s.o.* jdm); wetteifern (*s.o.* mit jdm), gleichzukommen (*s.o.* jdm), zu übertreffen suchen; **~ation** [-'leiʃən] Nacheiferung *f*; Wetteifer *m*; **~ous** ['emjuləs] voller Wetteifer; nacheifernd (*of* dat); begierig (*of* auf, nach).

emulsify [i'mʌlsifai] *tr* emulgieren, in Emulsion verwandeln; **~ion** [-ʃən] Emulsion *f*.

320

encirclement

enable [i'neibl] *tr* in den Stand setzen, befähigen (*to do* zu tun); ermöglichen, die Möglichkeit geben, möglich machen (*s.o. to* jdm zu); berechtigen, ermächtigen (*to* zu); *to be ~d to* in der Lage sein zu.

enact [i'nækt] *tr* verfügen, verordnen, erlassen; Gesetzeskraft geben *od* verleihen (*s.th.* e-r S); *theat* spielen, darstellen; *to be ~ed* stattfinden; sich abspielen; **~ion** [-kʃən] Verfügung *f*, Erlaß *m* (*e-s Gesetzes*); **~ment** [-mənt] *s.* **~ion**; gesetzliche Bestimmung *f*; (**~~** *of a law*) Annahme *f* e-s Gesetzes; *theat* Spiel *n*, Darstellung *f*.

enamel [i'næməl] *s* Emaille *f*, Lack *m*; (*a.* Zahn-)Schmelz *m*; Glasur *f*; Schmelz-, Nagellack *m*; *tr* emaillieren, (*bes.* farbig) glasieren; farbig verzieren; **~ paint** Isolierlack *m*.

enamour [i'næmə] *tr* verliebt machen; *to be, to become ~ed of* verliebt sein, sich verlieben in; versessen sein auf.

encage [in'keidʒ] *tr* (in e-n Käfig) einsperren.

encamp [in'kæmp] *tr* in e-m Lager unterbringen; unterbringen (*in tents* in Zelten); *itr* ein Lager aufschlagen; lagern; **~ment** [-mənt] (Feld-, Zelt-) Lager; Lagern *n*.

encase [in'keis] *tr* einschließen; einschachteln; verkleiden, umschließen, umhüllen; *arch* verschalen; *tech* einbauen; **~ment** [-mənt] Gehäuse *n*; Hülle *f*; Verschlag *m*; Verschalung *f*.

encash [in'kæʃ] *tr* einkassieren, einziehen; (*Wertpapier*) einlösen; **~ment** [-mənt] Einkassierung *f*, Inkasso *n*.

encaustic [en'kɔːstik] *a* (*Ton*) gebrannt; *s* Brandmalerei *f*.

encephal|ic [enke'fælik, -s-] *a* Gehirn-; **~itis** [enkefə'laitis] Gehirnentzündung *f*.

enchain [in'tʃein] *tr* in Ketten legen, anketten, fesseln *a. fig*; *fig* bannen; ganz in Anspruch nehmen.

enchant [in'tʃɑːnt] *tr* verzaubern, verhexen; bezaubern, entzücken; **~er** [-ə] Zauberer *m*; **~ing** [-iŋ] faszinierend; bezaubernd, entzückend; **~ment** [-mənt] Verzauberung *f*; Zauber *m*; (Gegenstand *m* des) Entzücken(s) *n*; **~ress** [-ris] Zauberin *f*; bezaubernde Frau *f*.

enchase [in'tʃeis] *tr* (*Edelstein*) fassen; ziselieren; (*Zeichnung*) eingravieren.

encipher [in'saifə] *tr* verschlüsseln, chiffrieren.

encircle [in'səːkl] *tr* ein-, umschließen; umgeben, umstehen; einkreisen; umkreisen; *mil* einkesseln, umzingeln, umfassen; **~ment** [-mənt] Einschlie-

enclave ßung, Einkesselung; Einkreisung f; *policy of* ~~ Einkreisungspolitik f.

enclave ['enkleiv] Enklave f.

enclos|e [in'klouz] tr umgeben, einschließen (*in* in); einfassen; einzäunen, ummauern, (hin)einstecken; *(e-m Brief)* beilegen, -fügen; enthalten; *tech* abschirmen; ~ed [-d] *a* beigefügt, beigeschlossen, in der Anlage, anbei; *tech* geschlossen, gekapselt; *please find* ~~ in der Anlage erhalten Sie; ~~ *area* umbaute(r) Raum m; ~~ *porch* Glasveranda f; ~ure [in'klouʒə] Einfassung, Einzäunung, Umfassungsmauer f; eingehegte(s) Grundstück n; *(Brief)* Anlage f.

encode [in'koud] tr (nach e-m Kode) verschlüsseln.

encomi|ast [en'koumiæst] Lobredner m; ~um [en'koumiəm] Lobrede f.

encompass [in'kʌmpəs] tr umgeben; ein-, umschließen, einkreisen; umzingeln; enthalten.

encore [ɔŋ'kɔː] *interj* noch einmal! *s* Dakaporuf m; Dakapo n, Wiederholung; Zugabe f; tr *(Stück od Künstler)* noch einmal hören wollen.

encounter [in'kauntə] tr (unerwartet) treffen, begegnen *(s.o.* jdm); zs.stoßen mit, (feindlich) entgegentreten *(s.o.* jdm); *(Widerstand)* finden; stoßen auf *(Schwierigkeiten)* ; ins Auge fassen, auf sich nehmen; *(Abenteuer)* bestehen; *s* Begegnung f; Zs.prallen n, -stoß m; Treffen, Gefecht n.

encourag|e [in'kʌridʒ] tr ermutigen, Mut machen *(s.o.* jdm), er-, aufmuntern, zuversichtlich machen; bestärken in; unterstützen, helfen *(s.o.* jdm), begünstigen, fördern; *(Handel)* beleben; ~ement [-mənt] Ermutigung, Aufmunterung; Unterstützung, Förderung f; Ansporn m (to für).

encroach [in'krouʧ] *itr* (unberechtigt) übergreifen (*on,* upon auf); eingreifen *(on, upon* in); beeinträchtigen, verletzen *(on, upon s.th.* etw); sich anmaßen, mißbrauchen *(on, upon s.th.* etw); über Gebühr, übermäßig in Anspruch nehmen *(on, upon s.th.* etw); ~ment [-mənt] Über-, Eingriff m; Beeinträchtigung; Anmaßung; übermäßige Inanspruchnahme f.

encrust [in'krʌst] tr mit e-r Kruste überziehen *od* inkrustieren; verzieren; *itr* e-e Kruste bilden; verkrusten.

encumb|er [in'kʌmbə] tr (be)hindern, belasten, überladen; versperren, vollstopfen, anfüllen; *fig (mit Arbeit, Schulden)* überlasten; *(Grundstück mit e-r Hypothek)* belasten; verschulden; ~rance [-rəns] Hindernis n; (Schulden-)Last; Belastung, Hypothek f; *without* ~~ ohne Anhang, kinderlos; ~rancer [-brənsə] Pfand-, Hypothekengläubiger m.

encyclop(a)edi|a [ensaiklo(u)'piːdjə] Enzyklopädie f, Konversationslexikon n; ~c [-'piːdik] enzyklopädisch.

encyst [en'sist] tr einkapseln; *itr* sich verkapseln; ~ment [-mənt] Verkapselung f.

end [end] *s* Ende n; Schluß; Zweck m, Ziel n, Absicht f; Ergebnis, Resultat n, Folge, Konsequenz f; *sl* Hinterteil n; *Am fam* Anteil m; *tr* beend(ig)en, abschließen; aufhören, Schluß machen, zu Ende kommen mit, schließen; beschließen, den Beschluß bilden *gen*; *itr* enden, aufhören, ausgehen, ein Ende machen *od* finden; zu Ende sein, aus sein; enden, sein Leben beschließen; *to* ~ *up (itr)* enden; schließlich werden zu; landen (*in* in); *to* ~ *up with* beenden; abschließen mit; *at the* ~ am Ende, schließlich; *a few loose* ~s einige Kleinigkeiten; *for this* ~ zu diesem Zweck; ~ *for* ~ umgedreht, umgekehrt; *in the* ~ schließlich, am Ende; auf die Dauer; *no* ~ *(adv fam)* mächtig, gewaltig, sehr; *no* ~ *of* unendlich viel(e); sehr groß; endlos; *on* ~ aufrecht, aufgerichtet; *(Kiste)* hochkant; hinterea., ohne Unterbrechung; einer nach dem andern; ~ *on* mit dem Ende voran; *to an* ~ zu e-m Zweck; *to the* ~ *that* zu dem Zweck, daß; damit; *to no* ~ vergeblich; ~ *to* ~ mit den Enden anea., sich mit den Enden berührend; *without* ~ endlos; *to be at an* ~ zu Ende kommen; *to be at a loose* ~ *(fam)* gerade nichts (Besonderes) zu tun *od* vorhaben; sich verloren vorkommen; *to be the* ~ *of o.'s patience* am Ende s-r Geduld sein; *to be at the* ~ *of o.'s tether* am Ende s-r Kraft sein; *to be at o.'s wits'* *od* *wit's* ~ am Ende s-r Kunst sein; *to come to an* ~ zu Ende gehen; *to come to a bad* ~ ein schlimmes Ende finden; *to gain o.'s* ~s sein Ziel erreichen; *to go off the deep* ~ sich unnötig aufregen; *to have s.th. at o.'s fingers'* ~s etwas parat haben; *to keep o.'s* ~ *up* seinen Mann stehen; *to make an* ~ *of, to put an* ~ *to* ein Ende, Schluß machen mit; *to make (both)* ~s *meet* gerade (mit s-m Gelde) auskommen; *to stand on* ~ zu Berge stehen, sich sträuben; *to turn* ~ *for* ~ umdrehen; *to* ~ *in smoke (fig)*

end-all wie das Hornberger Schießen ausgehen; *I have no ~ of it* es will bei mir nicht abreißen; *he gave us no ~ of trouble* wir hatten unsere liebe Not mit ihm; *there is no ~ of it* es nimmt kein Ende; *there's an ~ of it!* Schluß (damit)! fertig! abgemacht! basta! *the ~ justifies the means* der Zweck heiligt die Mittel; *all's well that ~s well* Ende gut, alles gut; *odds and ~s* alles mögliche, Kleinkram *m*; **~-all** Schluß *m* vom Ganzen; ~ **elevation** Seitenriß *m*; **~ing** ['-iŋ] Ende *n*, Schluß; Tod *m*; *gram* Endung *f*; **~less** ['-lis] endlos, ohne Ende *a. pej tech*; unendlich; ewig; ~~ *band, ribbon* Transport-, Förderband *n*; ~~ *chain* Eimerkette *f*, Paternosterwerk *n*; ~~ *cloth* Rundtuch *n*; ~ *cordrope* Förderseil *n*; **~lessness** ['-lisnis] Endlosigkeit, Unendlichkeit *f*; ~ **man** letzte(r) Mann *m* (e-r Reihe); **~-moraine** *geol* Endmoräne *f*; ~ **paper, leaf** (*Buch*) Vorsatzpapier, -blatt *n*; ~ **product** *chem* Endprodukt *n*; **~ways, ~wise** ['-weiz, '-waiz] *adv* mit dem Ende voran; aufrecht, aufgerichtet; der Länge nach.

endanger [in'deindʒə] *tr* gefährden, e-r Gefahr aussetzen, in Gefahr bringen.

endear [in'diə] *tr* sympathisch, wert, teuer machen; *to ~ o.s.* sich beliebt machen (*to* bei); **~ing** [-iŋ] gewinnend, einnehmend; reizend; zärtlich; **~ment** [-mənt] Zuneigung; Zärtlichkeit; Liebkosung *f*; (*term of ~~*) Kosewort *n*.

endeavo(u)r [in'devə] *itr* sich bemühen, sich Mühe geben, sich anstrengen, sich (eifrig) bestreben (*to do* zu tun); *s* Bemühung, Anstrengung *f* (*to do, at doing* etw zu tun); Streben *n* (*after* nach); Eifer *m*.

endemic(al) [en'demik(əl)] *bot zoo* einheimisch, endemisch; national, regional, lokal; ~ **disease** *med* Endemie *f*.

endive ['endiv, *Am a.* -aiv] *bot Br* Endivie; *Am* Zichorie *f*.

endocarp ['endouka:p] *bot* Endokarp *n*.

endocrin|e ['endo(u)krain] *a physiol* endokrin; ~~ *gland* endokrine Drüse *f*.

endogenous [en'dɔdʒinəs] *biol* endogen, innen entstehend.

endors|e [in'dɔ:s] *tr* auf die Rückseite schreiben, (auf der Rückseite) unterschreiben; indossieren, durch Indossament übertragen, girieren; billigen, gutheißen, zustimmen, beipflichten (*s.th.* e-r S), sanktionieren; unterstützen, sich anschließen (*s.th.* an etw); **~ee** [endɔ:'si:] *fin* Indossat; Girat(ar) *m*; **~ement** [-mənt] *fin* (Übertragung *f* durch) Indossament; Giro *n*; rückseitige(r) Vermerk *m*; Bestätigung, Billigung, Zustimmung, Sanktion; Unterstützung *f*; (*Versicherung*) Nachtrag *m*; ~~ *of a bill* Wechselbürgschaft *f*; **~er** [-ə] Indossant; Girant, Überweiser; Wechselbürge *m*.

endosperm ['endo(u)spə:m] *bot* Endosperm, Nährgewebe *n* (*des Samens*).

endow [in'dau] *tr* ausstatten, dotieren; aussteuern, beschenken; stiften; *fig* begaben; **~ment** [-mənt] Ausstattung, Dotierung; Stiftung; *pl* Begabung *f*, Talent *n*, Anlage *f*; ~ *fund* Stiftungsvermögen *n*; ~~ *insurance* Versicherung *f* auf den Erlebensfall.

endue [in'dju:] *tr* ausrüsten, bekleiden; begaben; (*mit Eigenschaften*) ausstatten; *pp* begabt (*with* mit).

endur|able [in'djuərəbl] erträglich, auszuhalten(d); **~ance** [-rəns] Dauer, Dauerhaftigkeit; Ausdauer, Beständigkeit, Geduld; (Stand-)Festigkeit; (*Kleidung*) Haltbarkeit, Strapazierfähigkeit; Lebensdauer; Schmerz-, Leidensfähigkeit; Mühsal, Härte; *aero* Flugdauer *f*; *past, beyond ~~* nicht auszuhalten(d), unerträglich; ~~ *flight* (*aero*) Dauerflug *m*; ~~ *limit* Ermüdungsgrenze *f*; ~~ *run* (*sport*) Dauerlauf *m*; ~~ *test* (*Material*) Dauerprüfung; Geduldsprobe *f*; **~e** [in'djuə] *tr* ertragen, aushalten, durchmachen, erdulden, erleiden (*to do, doing* zu tun); (*verneint*) ausstehen; *itr* Bestand haben; währen; aus-, durchhalten; **~ing** [-riŋ] beständig, dauerhaft; lange leidend, duldend.

enema ['enimə] *med* Einlauf *m*, Klistier *n*; Klistierspritze *f*.

enemy ['enimi] Feind *m*; *the ~ (mit pl)* der Feind; die Feindstreitkräfte *pl*; *a mil* feindlich; Feind-; *how goes the E~?* wie spät ist es? ~ **action, activity** Feindtätigkeit, -einwirkung *f*; ~ **alien** feindliche(r) Ausländer *m*; ~ **contact** Feindberührung *f*; ~ **fire** Feindbeschuß *m*; **~-occupied** *a* feindbesetzt; ~ **property** Feindvermögen *n*; ~ **resistance** Feindwiderstand *m*; ~ **situation** Feindlage *f*; ~ **territory** Feindgebiet *n*; ~ **waters** *pl* Feindgewässer *n pl*.

energ|etic [enə'dʒetik] energisch, tatkräftig, energiegeladen, voller Energie; **~ize** ['enədʒaiz] *tr* Energie, Tatkraft geben *od* verleihen (*s.o.* jdm); anspornen; *el* Energie liefern an, speisen; unter Strom setzen; *itr* energisch, tatkräftig sein; **~umen** [enə:'gju:mən] Be-

energy 323 **engine**

sessene(r); Fanatiker, Enthusiast m; **~y** ['enədʒi] Arbeitskraft, Tatkraft, Energie; Ausdruckskraft f, Nachdruck m; Wirksamkeit; *phys* Kraft, Energie, Arbeit(swert m) f; *pl* (persönliche) Kraft f, Kräfte *pl*; **~~** *drop* Energieabfall m; **~~** *expenditure* Energieaufwand m; **~~** *supply* Energielieferung f; **~~** *unit* Energieeinheit f.

enervat|e ['enə(:)veit] *tr* kraftlos machen, die (Lebens-)Kraft nehmen, rauben (*s.o.* jdm); entnerven, schwächen; ermüden *a. fig*; **-ion** [enə(:)'veiʃən] Entkräftung, Schwächung, Entnervung; Kraftlosigkeit, Schwäche, Lebensuntüchtigkeit f.

enfeeble [in'fi:bl] *tr* schwächen, entkräften.

enfeoff [in'fef] *tr* belehnen (*with* mit); **-ment** [-mənt] Belehnung f; Lehnsbrief m; Lehen n; Lehnsbesitz m.

enfilad|e [enfi'leid] *mil* Längsbestreichung f; Flankenfeuer n; Linie f (von Anlagen *od* Menschen); *tr* bestreichen.

enfold [in'fould] *tr* (zs.)falten; einwickeln, -packen, -hüllen (*in*, *with* in); umarmen, -fassen, -schließen.

enforce [in'fɔ:s] *tr* bekräftigen, stützen; (be)zwingen; zum Gehorsam zwingen; erzwingen (*upon s.o.* von jdm); (mit Gewalt) durchsetzen, durchdrücken, durchführen; auferlegen (*upon s.o.* jdm); zur Anerkennung bringen, Anerkennung verschaffen (*s.th.* e-r S), zur Geltung bringen; geltend machen; einklagen; vollstrecken; wirksam, rechtskräftig machen; **-able** [-əbl] vollstreckbar, erzwingbar, klagbar; **-ment** [-mənt] Bekräftigung; Erzwingung; (gewaltsame) Durchsetzung f; (*Urteil*) Vollstreckung; (*Gesetz*) Anwendung f; (*Forderung*) Geltendmachung f; **~~** *officer* Vollstreckungs-, Überwachungsbeamte(r) m; **~~** *order* Vollstreckungsbefehl m.

enfranchise [in'fræntʃaiz] *tr* (*Sklaven*) freilassen; befreien *a. fig*; für frei erklären; das Bürgerrecht gewähren, das Wahlrecht zuerkennen (*s.o.* jdm); (*Gemeinde*) zur Stadt erheben; **-ment** [-izmənt] Freilassung; Gewährung f des Bürger-, Zuerkennung f des Wahlrechts; Einbürgerung f.

engag|e [in'geidʒ] *tr* verpflichten; (*sein Wort*) verpfänden; an-, einstellen, engagieren; (*als Rechtsanwalt*) nehmen; *mar* (an)heuern; (*Zimmer*) mieten, belegen, reservieren; (*Platz*) bestellen, belegen; (*Kapital*) investieren; (*in e-e S*) verwickeln, hin-

einziehen, -bringen; dazu bringen; anziehen, einnehmen, reizen; in Anspruch nehmen; (*die Aufmerksamkeit*) fesseln; *mil* zum Kampf stellen, ins Gefecht verwickeln, angreifen; (*Truppen*) einsetzen; *arch* im Verband mauern; *tech* einrücken, kuppeln; *itr* sich verpflichten, sich festlegen, sein Wort (darauf) geben (*to do* zu tun); Versprechungen machen; sich einlassen (*in* auf), sich abgeben (*with* mit); auf sich nehmen (*in s.th.* etw); sich beschäftigen, sich befassen (*with* mit); sich betätigen; sich werfen (*in* auf); *mil* ins Gefecht kommen; *tech* inea.greifen; eingreifen, einrasten; *to ~~ o.s.* sich verpflichten; sich verloben (*to* mit); *to ~~ for* garantieren, verbürgen; bürgen, die Verantwortung übernehmen für; **-ed** [-d] *a* verpflichtet; verlobt; beschäftigt, nicht abkömmlich, nicht zu sprechen(d); in Anspruch genommen; (*Platz*) belegt, besetzt; *tele* besetzt; *mil* im Gefecht; *arch* verbunden; *tech* gekuppelt; *to be* **~~** beschäftigt sein (*in doing s.th.* mit etw); *to become* **~~** *to s.o.* sich mit jdm verloben; **~~** *couple* Brautpaar n; **~~** *signal (tele)* Besetztzeichen n; **-ement** [-mənt] Verpflichtung, Verbindlichkeit, Versprechung f; Verlöbnis n, Verlobung (*to* mit); Abmachung, Verabredung, Vereinbarung; Beschäftigung, (An-)Stellung, Stelle f; Engagement n; *tech* Einkuppeln, Einrücken; *mil* Gefecht n, Kampf(handlung f); Einsatz m; *meist pl fin com* (finanzielle) Verpflichtungen, Verbindlichkeiten *f pl*; *without* **~~** unverbindlich, freibleibend, ohne Gewähr; *to meet, to carry out o.'s* **~~***s* s-n Verpflichtungen nachkommen; *I have a previous* **~~** Ich bin schon verabredet; **~~** *book* Terminkalender m; **~~** *ring* Verlobungsring m; **-ing** [-iŋ] anziehend, einnehmend, gewinnend, gefällig, reizend, reizvoll.

engender [in'dʒendə] *tr* hervorrufen, verursachen, veranlassen, zustande bringen, ins Leben rufen, hervorbringen, erzeugen, wecken.

engin|e ['endʒin] (Kraft-)Maschine f; (Benzin-)Motor m; Triebwerk n; *rail* Lokomotive f; *fig* Mittel, Werkzeug n; *to start, to shut off the* **~~** den Motor anlassen, abstellen; *fire* **~~** Feuerlöschwagen m; *internal combustion* **~~** Verbrennungsmotor m; *steam-* **~~** Dampfmaschine f; **~~** *block* Motorblock m; **~~** *bonnet,* (*Am*) *hood* Motorhaube f; **~~** *brake* Motorbremse f; **~~**

engineer — **enlace**

cowling (aero) Triebwerksgehäuse *n*; *~~ crankshaft* Motorwelle *f*; *~~ damage, failure* Maschinenschaden *m*; *~~-driven (a)* motorgetrieben; *~~ driver* Maschinist; *Br* Lok(omotiv)führer *m*; *~~ fitter* Maschinenschlosser *m*; *~~-house* Lok(omotiv)schuppen *m*; Maschinenhalle *f*; *~~ number* Motornummer *f*; *~~ oil* Motorenöl *n*; *~~ operator* Maschinist *m*; *~~ power, performance, output* Motorleistung *f*; *~~ room* Maschinenraum *m*; *~~ speed, r.p.m.* Motordrehzahl *f*; *~~ test bench* Motorprüfstand *m*; *~~ trouble* Motorstörung *f*; **-eer** [endʒi'niə]s Ingenieur, Techniker; Maschinist; *mil* Pionier; Bauoffizier; *Am* Lok(omotiv)führer *m*; *tr* (als Ingenieur) planen, konstruieren, bauen, leiten; *fig fam* geschickt einfädeln, deichseln, durchsetzen, organisieren, in Gang setzen; *itr* als Ingenieur arbeiten; *chief ~~* Oberingenieur *m*; *electrical ~~* Elektrotechniker *m*; *ship's, naval ~~* Schiffsingenieur *m*; *~~ battalion* Pionierbataillon *n*; **-eering** [endʒi'niəriŋ] *s* Ingenieurwesen *n*, Technik *f*; (*mechanical ~~*) Maschinenbau *m*; *a technisch*; *automotive ~~* Kraftfahrzeugtechnik *f*; *civil ~~* Tiefbau *m*; *electrical ~~* Elektrotechnik *f*; *marine ~~* Schiffsbau *m*; *~~ college* Technikum *n*, Ingenieurschule *f*; *~~ department* technische Abteilung *f*; *~~ industry* Maschinenindustrie *f*; *~~ manager* technische(r) Direktor *m*; *~~ staff* technische(r) Stab *m*; *~~ steel* Baustahl *m*; *~~ works* (*pl a. mit sing*) Maschinenfabrik *f*.

engird [in'gə:d] *tr* (um)gürten, umgeben, einschließen, einfassen.

England ['iŋglənd] England *n*.

English ['iŋgliʃ] *a* englisch; *s* (*das*) Englisch(e), die englische Sprache; *typ* Mittel *f* (*14 Punkte*); *the ~* (*pl*) die Engländer; *in plain ~* schlicht u. einfach (*ausdrücken*); *fig* unverblümt; *he's ~* er ist Engländer; **-man** ['-mən] *pl -men* Engländer *m*; **-woman** ['-wumən] *pl -women* ['-wimin] Engländerin *f*.

engorge [in'gɔ:dʒ] *tr* (gierig) verschlingen; *med* verstopfen.

engraft [in'grɑ:ft] *tr* (*Schößling*) pfropfen (*into, upon* auf); fest einpflanzen, fest verankern, einprägen (*in* in); einverleiben (*into* in).

engrain [in'grein] *tr* in der Faser färben; *meist fig* fest einprägen (*in s.o.* jdm); **-ed** [-d] *a* fest verwurzelt, eingefleischt; unverbesserlich.

engrav|e [in'greiv] *tr* (ein)gravieren, (ein)ritzen (*on* in); stechen, radieren, (in Holz) schneiden; *fig* fest einprägen (*on, upon* in); **-er** [-ə] Graveur, (Kupfer-, Stahl-)Stecher, Radierer, (Holz-)Schneider *m*; **-ing** [-iŋ] Gravieren, Stechen, Radieren, Schneiden *n*; bearbeitete Platte *f*; (Kupfer-, Stahl-)Stich *m*, Radierung *f*; (*wood ~~*) Holzschnitt, -stich *m*; *~~ needle* Radiernadel *f*.

engross [in'grous] *tr* ins reine, in Reinschrift schreiben; in gesetz-, vorschriftsmäßiger, vorgeschriebener Form abfassen *od* ausdrücken; ganz in Anspruch nehmen; ausschließlich beschäftigen; an sich reißen; *com* monopolisieren; ganz vertieft sein (*in* in); ausschließlich beschäftigt sein (*in* mit), gefesselt sein (*in* von); **-er** [-ə] Schreiber, Kanzlist *m*; **-ing** [-iŋ] stark in Anspruch nehmend, fesselnd, sehr interessant; *~~-hand* Kanzleischrift *f*; **-ment** [-mənt] Ausfertigung, Reinschrift *f* (*e-r* Urkunde); (völlige) Inanspruchnahme *f*.

engulf [in'gʌlf] *tr* (wie) in e-n Abgrund stürzen; verschlingen; *fig* überwältigen.

enhance [in'hɑ:ns] *tr* steigern, erhöhen, vergrößern, vermehren, verstärken, verbessern, verschönern, wertvoller machen.

enigma [i'nigmə] Rätsel *n fig*; **-tic(al)** [enig'mætik(əl)] rätselhaft, (*anscheinend*) unerklärlich, mysteriös, dunkel, geheimnisvoll.

enjoin [in'dʒɔin] *tr* (an)befehlen, anordnen, auferlegen (*on s.o.* jdm); einschärfen (*on s.o.* to do jdm zu tun); *Am* verbieten (*s.o. from doing* jdm, etw zu tun); gerichtlich untersagen.

enjoy [in'dʒɔi] *tr* genießen; sich erfreuen (*s.th.* an etw, e-r S); sich freuen (*seeing* zu sehen); *to ~ o.s.* sich gut unterhalten, sich amüsieren; *to ~ credit, s.o.'s confidence* Kredit, jds Vertrauen genießen; *to ~ good health* sich e-r guten Gesundheit erfreuen; *how are you ~ing London?* wie gefällt es Ihnen in London? **-able** [-əbl] angenehm, unterhaltsam, genußreich; **-ment** [-mənt] Freude *f*, Spaß; Genuß *m*; angenehme Unterhaltung *f*; *jur* Genuß, Besitz *m*; *to be in the ~~ of good health, great wealth* im Genuß e-r guten Gesundheit, e-s großen Reichtums sein; *to take ~~ in* Freude, Spaß haben an.

enkindle [in'kindl] *tr fig* (*Leidenschaft*) entzünden, entflammen.

enlace [in'leis] *tr* umschlingen, -stricken; *inea.* verschlingen; verflechten.

enlarge [in'lɑːdʒ] *tr itr* (sich) vergrößern, (sich) verbreitern, (sich) erweitern, (sich) (aus)dehnen; ausweiten, erhöhen; *tr phot* vergrößern; *Am* freilassen, befreien; *to ~ (up)on sich (in Rede od Schrift)* verbreiten über, näher eingehen auf, sich auslassen über; **~ment** [-mənt] Vergrößerung *bes. phot*; Verbreiterung, Erweiterung, Ausdehnung *f*; Zusatz *m*, Erweiterung *f*; *arch* Anbau *m*; *Am* Entlassung *f*; **~r** [-ə] *phot* Vergrößerungsapparat *m*.

enlighten [in'laitn] *tr fig* erleuchten, aufklären, belehren (*on, as to* über); **~ed** [-d] *a* aufgeklärt, vorurteilsfrei, -los; **~ing** [-niŋ] aufschlußreich; **~ment** [-mənt] Aufklärung *f*; *the E~* die Aufklärung.

enlist [in'list] *tr* (in e-e Liste) eintragen; *mil* anwerben; *(Truppen)* ausheben; an-, einstellen; *mar* anmustern; werben, gewinnen (*in* für); *(Hilfe)* in Anspruch nehmen; interessieren (*for* a); *itr* sich anwerben lassen, Soldat werden; sich freiwillig melden (*in the navy* zur Marine); sich einsetzen, eintreten (*in* für), unterstützen (*in s.th.* etw); *to ~ s.o.'s services* jds Dienste in Anspruch nehmen; **~ed man** (*Am*) Soldat *m*; *pl* Unteroffiziere *m pl* u. Mannschaften *f pl*; **~ment** [-mənt] Anwerbung, Einstellung; (Militär-)Dienstzeit *f*.

enliven [in'laivn] *tr* beleben, aufmuntern, anfeuern; *fig* er-, aufheitern.

enmesh [in'meʃ] *tr fig* verstricken, umgarnen; in e-m Netz fangen.

enmity ['enmiti] Feindschaft, Feindseligkeit *f*, Haß *m* (*of, against* gegen); *at ~ with* in Feindschaft mit.

ennoble [i'noubl] *tr* adeln, in den Adelsstand erheben, den Adel verleihen (*s.o.* jdm); *fig* adeln; **~ment** [-mənt] Erhebung *f* in den Adelsstand; *fig* Veredelung *f*.

enorm|ity [i'nɔːmiti] Ungeheuerlichkeit *f*; Greuel *m*; Gemeinheit *f*; **~ous** [i'nɔːməs] riesig, enorm, gewaltig, ungeheuer.

enough [i'nʌf] *adv* genug, genügend, zur Genüge; *a* aus-, hinreichend, hinlänglich, genügend; *s* Genüge *f*; *good ~!* sehr gut! *likely ~* sehr, höchstwahrscheinlich; *more than ~* mehr als genug, wirklich genug; *quite ~* wahrhaft genug; *true ~* nur zu wahr; *sure ~* freilich, gewiß, allerdings; *surprisingly ~* überraschenderweise; *well ~* ziemlich *od* ganz gut, ganz ordentlich, nicht schlecht; sehr, recht gut; *~ and to spare* vollauf, übergenug, reichlich; *to be ~* genug sein, genügen, langen; *be kind ~ to come* sei so gut und komm! *I had ~ to do* ich hatte genug, alle Händevoll zu tun; *that's quite ~* mir langt's jetzt; *he's good ~ in his way* er ist nicht übel; *the best is just good ~* das Beste ist gerade gut genug.

enplane [in'plein] *itr* das Flugzeug besteigen.

enquir|e, ~y *s.* inquire.

enrage [in'reidʒ] *tr* wütend, rasend machen; **~d** [-d] *a* wütend, aufgebracht, entrüstet (*at, by,* über).

enrapt [in'ræpt] *a* hingerissen, entzückt; **~ure** [-tʃə] *tr* hinreißen, bezaubern, entzücken.

enrich [in'ritʃ] *tr* reicher machen *a. fig*; veredeln; *fig* bereichern, befruchten, steigern, erhöhen, wertvoller, schöner machen, verschönen; verschönern, (aus)schmücken, verzieren, ausstatten; (*den Boden*) düngen; (*mit Vitaminen, Mineralien*) anreichern; **~ment** [-mənt] Bereicherung, Steigerung; Befruchtung; Verschönerung, Ausschmückung; Düngung; Anreicherung *f*.

enrol(l) [in'roul] *tr* (*in e-e Stammrolle, e-e Liste, ein Register*) eintragen, registrieren; verzeichnen (*in* in); *mil* (*a. Arbeitskräfte*) anwerben; *mar* anmustern; *itr Am* sich registrieren, sich einschreiben, sich immatrikulieren lassen; Mitglied werden; *mil* sich verpflichten; *to ~ o.s.* sich anwerben lassen; **~ment** [-mənt] Registrierung *f*; Register *n*, Listen *f pl*; Beitrittserklärung; Anwerbung, Einstellung; *mil* Meldung, Verpflichtung *f*.

en route [ɑːn'ruːt] auf dem Wege (*to, for* nach).

ensconce [in'skɔns] *tr* verstecken, verbergen, (be)schirmen, decken; *to ~ o.s.* sich bequem, behaglich niederlassen.

ensemble [ɑːnˈsɑːmbl] das Ganze, die Gesamtheit; *der* Gesamteindruck; *mus* Zs.spiel; *theat* Ensemble; Komplet *n* (*Kleid mit Mantel od Jacke*).

enshrine [in'ʃrain] *tr* in e-n Schrein einschließen; sicher verwahren; wie e-n Augapfel hüten; in sich tragen.

enshroud [in'ʃraud] *tr* ein-, verhüllen (*in* in); *fig* verschleiern.

ensign ['ensain, *mar* 'ensn] (Rang-)Abzeichen *n*; Fahne, Flagge *f*; *Br hist* Fähnrich, Kornett *m*; ['ensn] *Am* Leutnant *m* zur See; *white, red* Flagge *f* der britischen Kriegs-, Handelsmarine.

ensil|age ['ensilidʒ] *s* Silospeicherung *f*; Grün-, Süßpreß-, Gärfutter *n*; *tr u.* **~e** [in'sail] *tr* in e-m Silo einlagern; zu Süßpreßfutter verarbeiten.

enslave [in'sleiv] *tr* in die Sklaverei verkaufen; versklaven; knechten, unterjochen, unterdrücken, beherrschen; *fig* fesseln, binden, verstricken; **~ment** [-mənt] Versklavung *f*; Knechtung; Knechtschaft, Unterjochung; sklavische Bindung *f* (*to* an); **~r** [-ə] Unterdrücker, Beherrscher(in *f*) *m*.

ensnare [in'snɛə] *tr* (in e-r Schlinge) fangen; *fig* verstricken, umgarnen, betören, verleiten, verführen.

ensue [in'sju:] *itr* (unmittelbar) folgen, nachfolgen; folgen, sich ergeben (*from* aus); die Folge, das Ergebnis sein (*from* von); **~ing** [-iŋ] (darauf) folgend; Folge-; nächst; **~~ age(s pl)** Nachwelt *f*.

ensure [in'ʃuə] *tr* (ver)sichern, sicherstellen (*against, from* gegen); gewährleisten, garantieren (*s.th.* etwas); schützen (*against* gegen); *fin* versichern (*against, from* gegen).

entabl|ature [en'tæblətʃə] (von Säulen getragenes) Gebälk *n*; **~ement** [in'teiblmənt] Gebälk *n*; Deckplatte *f*.

entail [in'teil] *tr* nach sich ziehen, erfordern, zur Folge haben, mit sich bringen (*on* für); aufbürden (*on s.o.* jdm); *jur* als Fideikommiß vererben (*on s.o.* jdm); *s* festgelegte Erbfolge *f*; (*~ed inheritance*) Fideikommiß, Majorat; *fig* unveräußerliche(s) Erbe *n*.

entangle [in'tæŋgl] *tr* verwickeln; *fig* verwirren, verwirrt machen, in Verlegenheit bringen; hineinziehen (*in* in); verstricken (*in* in); *to* ~ *o.s., to get ~d* sich verwickeln, sich verwirren, sich verfangen (*in* in); **~ment** [-mənt] Verwick(e)lung; *fig* Verwirrung, Verlegenheit; Liebesaffäre *f*; *pl mil* Verhau *m od n*; Sperre *f*; (*barbed*) *wire* **~~** (Stachel-)Drahtverhau *m od n*.

enter ['entə] *tr* betreten; (*Wagen*) besteigen, einsteigen in; einziehen in; einfahren in; eindringen in, durchbohren; hineinstellen, -setzen, -legen, einfügen; einschreiben, -tragen, auf die Liste setzen *gen*, zu Protokoll geben; *com* buchen; anmelden (*for* für); (*in die Schule*) führen; (*Wörter*) aufführen; eintreten in, Mitglied werden *gen od* in, aufgenommen werden in; aufnehmen, zulassen, Eintritt verschaffen (*s.o.* jdm); anfangen, beginnen, in Angriff nehmen; (*Stelle*) antreten; (*Beruf*) einschlagen, ergreifen; (*e-e Praxis*) anfangen; abrichten, dressieren, (*Pferd*) einreiten; (zur Verzollung) deklarieren; *jur* (*Prozeß*) anstrengen, anhängig machen; (*Klage*) einreichen (*against* gegen); *itr* eintreten, hereinkommen; einsteigen; eindringen; (*Schiff*) einlaufen; sich anmelden (*for* für); sich melden (*for* zu); *to* ~ *the army* Soldat werden; *to* ~ *the Church* in den geistlichen Stand treten; *to* ~ *into details* auf Einzelheiten eingehen; *to* ~ *for an examination* sich zur Prüfung unterziehen, sich zur Prüfung melden; *to* ~ *a judg(e)ment* (*jur*) ein Urteil fällen; *to* ~ *the lists* in die Schranken treten (*for* für; *against* gegen); *to* ~ *o.'s name* sich eintragen, -schreiben (lassen); *to* ~ *a protest* Einspruch, Protest erheben, Verwahrung einlegen; *it never ~ed my head* das ist mir nie in den Sinn gekommen, eingefallen; *to* ~ **into** *itr* sich einlassen in, auf; eingehen auf; teilnehmen an; hineinkommen in; e-n Teil bilden *gen*, e-e Rolle spielen bei, Einfluß haben auf; Anteil nehmen an; (*Abkommen, Vereinbarung*) treffen; (*Vertrag, Geschäft*) abschließen; (*Vergleich*) eingehen; (*e-m Bündnis*) beitreten; *to* ~ *into correspondence* in Briefwechsel treten mit; *to* ~ *with* in Beziehungen treten mit; *to* ~ *into an engagement* e-e Verpflichtung übernehmen; *to* ~ *into relations with* in Beziehungen treten, Beziehungen anknüpfen zu; *to* ~ **up** *tr* vollständig verbuchen; *to* ~ (**up**)**on** *tr* anfangen, beginnen, in Angriff nehmen; (*Laufbahn*) einschlagen; (*Besitz, Erbe*) antreten; eingehen auf; (*Thema*) anschneiden; *he ~ed (upon) his 8th year* ist gerade 8 Jahre alt (geworden); **~ing** ['-riŋ] *s* Eintritt *m*; Auftreten, Erscheinen *n*; Antritt *m* (e-r Stelle); Verbuchung; Eintragung, -schreibung; Zulassung; (*Universität*) Immatrikulation *f*; *attr* Eintritts-, Eingangs-; **~~ clerk** Buchhalter *m*.

enter|ic [en'terik] *a* Eingeweide-; Darm-; *s* (**~~ fever**) Typhus *m*; **~itis** [entə'raitis] (*bes.* Dünn-)Darmentzündung *f*; Darmkatarrh *m*.

enterpris|e ['entəpraiz] Unternehmen, Vorhaben *n*, Pläne *m pl*, Versuch *m*; Unternehmen *n*, Unternehmung *f*, Geschäft *n*, Betrieb *m*; (*spirit of* **~~**) Unternehmungsgeist, Wagemut *m*; *insurance* **~~** Versicherungsgesellschaft *f*; *manufacturing* **~~** Fabrikationsbetrieb *m*; *private* **~~** Privatunternehmen *n*, -betrieb *m*; Privatwirtschaft *f*; freie(s) Unternehmertum *n*;

enterprising ~~ value Unternehmenswert *m*; **~ing** ['-iŋ] unternehmend, unternehmungslustig, wagemutig.

entertain [entə'tein] *tr* unterhalten, *(geistig)* beschäftigen, belustigen; bewirten; einladen *(at dinner* zum Essen); sich *(geistig)* befassen mit; *(Angebot)* in Betracht ziehen; *(Besprechungen)* halten; *(Gedanken, Pläne, Verdacht)* hegen; *(Ansicht)* haben, vertreten; *(Vorschlag)* in Erwägung ziehen; *(Risiko)* tragen, übernehmen; *itr* Gäste haben, Gesellschaften geben; *they ~ a great deal* sie haben sehr oft Gäste; **~er** [-ə] Vortragende(r); Vortragskünstler; Gastgeber *m*; **~ing** [-iŋ] unterhaltend, unterhaltsam; **~ment** [-mənt] Unterhaltung, Belustigung *f*, Vergnügen *n*, Spaß *m*; Bewirtung, Aufnahme (e-s Gastes); Einladung, Gesellschaft; Repräsentation; *mus* Darbietung, *theat* Aufführung *f*; ~~ *allowance* Aufwandsentschädigung *f*; ~~ *expenses (pl)* Bewirtungsspesen *pl*; ~~ *tax* Vergnügungssteuer *f*.

enthral(l) [in'θrɔ:l] *tr fig* fesseln, (für sich) einnehmen, bezaubern; **~ment** [-mənt] *fig* Bezauberung *f*.

enthrone [in'θroun] *tr auf* den Thron setzen; *rel* inthronisieren; *fig* hochschätzen, verehren; **~ement** [-mənt] Inthronisation; *fig* hohe Verehrung *f*.

enthuse [in'θju:z] *itr fam* begeistert, voller Begeisterung sein; schwärmen *(about* für, von); **~iasm** [in'θju:ziæzm] Begeisterung *f*, Enthusiasmus *m*; (helles) Entzücken *n*; **~iast** [-iæst] Schwärmer, Enthusiast; begeisterte(r) Anhänger, große(r) Verehrer, Bewunderer *m* *(about* gen); **~iastic** [inθju:zi'æstik] begeistert, leidenschaftlich eingenommen *(at, about* für).

entice [in'tais] *tr* (an-, ver)locken, verführen, verleiten *(into s.th.* zu etw; *to do, into doing* zu tun); *to ~~ away* weglocken, abspenstig machen *(from* von); *com* abwerben; **~ement** [-mənt] Verlockung, Verführung, Verleitung *f*; Reiz *m*; Lockmittel *n*; **~ing** [-iŋ] verlockend, verführerisch, reizend.

entire [in'taiə] *a* ganz, vollständig, völlig, gesamt, total; aus einem Stück, ungeteilt, fortlaufend; unversehrt, unbeeinträchtigt; unverschnitten; *(Zustimmung)* uneingeschränkt, rückhaltlos; *(Vertrauen)* voll; *s das* Ganze; Ganzheit *f*; Hengst *m*; **~ly** [-li] *adv* gänzlich, durchaus, völlig, vollkommen; entschieden; ~~ *different* grundverschieden; **~ty** [-ti] Ganzheit, Vollständigkeit, Gesamtheit *f*; *das* Ganze; *jur* Alleinbesitz *m*; *in its* ~~ in s-r Gesamtheit, in vollem Umfang.

entitle [in'taitl] *tr* betiteln, nennen; berechtigen *(to* zu); e-n Anspruch, ein Anrecht geben *(to* auf); das Recht geben *(to do* zu tun); **~ed** [-d] *a* berechtigt; *to be ~~ to* Anspruch, ein Anrecht haben auf, berechtigt sein zu; ~~ *to dispose, to inherit, to a pension, to sign, to vote* verfügungs-, erb-, pensions-, zeichnungs-, stimmberechtigt.

entity ['entiti] (Da-)Sein *n*, Existenz, Wirklichkeit, Ding-, Wesenhaftigkeit *f*; *das* Seiende, Ding an sich, Wesen *n*; Einheit *f*; *legal ~* juristische Person *f*.

entomb [in'tu:m] *tr* begraben, beerdigen, bestatten; ein Grab sein für; **~ment** [-mənt] Begräbnis *n*, Beerdigung, Bestattung *f*.

entomologic(al) [entəmə'lɔdʒik(əl)] entomologisch, insektenkundlich; **~ist** [entə'mɔlədʒist] Entomologe *m*; **~y** [entə'mɔlədʒi] Insektenkunde *f*.

entr'acte ['ɔntrækt] Zwischenakt(s-musik *f*) *m*, (Tanz-)Einlage *f*.

entrails ['entreilz] *pl* Eingeweide *n (pl)*; *fig das* Innere.

entrain [in'trein] *tr (Truppen)* ein-, verladen; *itr* ein-, in den Zug steigen; **~ing** [-iŋ] *mil* Verladen *n*, Verladung *f*; ~~ *point* Verladeplatz *m*; ~~ *station* Verladebahnhof *m*; ~~ *table* Verladeplan *m*; **~ment** = *~ing*.

entrance 1. ['entrəns] Eintritt; *theat* Auftritt; Zugang *(into* zu); Eingang(stür *f*) *m*; Einfahrt *f*, Tor *n*; (Amts-)Antritt *m* *(into, upon* gen); Aufnahme *(to* in); Zulassung *f*; Eintritt(sgeld *n*) *m*; Eintragung, -schreibung; Meldung *f*; *on ~ into office* beim Dienstantritt; *to make o.'s ~* eintreten; *no ~!* keine Einfahrt! *main ~* Haupteingang *m*; *~ duty* Einfuhrzoll *m*; *~ examination* Aufnahmeprüfung *f*; *~ fee* Eintrittsgeld *n*; Aufnahme-, Einschreibegebühr *f*; *~ form* Anmeldeformular *n*; *~ hall* Vorhalle *f*; Hausflur *m*; *~ money* Eintrittsgeld *n*; **2.** [in'trɑ:ns] *tr* fort-, hin-, mitreißen, überwältigen *(with* vor); bezaubern, entzücken.

entrant ['entrənt] Eintretende(r) *m*; neue(s) Mitglied *n*; (Berufs-)Anfänger, Neuling *m*; *(Wettkampf)* Teilnehmer, Bewerber *m*.

entrap [in'træp] *tr* (in e-r Falle) fangen; *fig* überlisten, hereinlegen; verführen *(to s.th.* zu etw; *into doing* zu tun).

entreat [in'tri:t] *tr (a. itr: to ~ of)* ernstlich, dringend bitten, anflehen,

entreaty

ersuchen (*for* um); (*Sache*) erbitten, erflehen; **~y** [-i] ernste, dringende Bitte *f*, Ersuchen, Flehen *n*; *at his* **~~** auf s-e Bitte (hin).

entrée ['ɔntrei] Zulassung *f*; Zugang *m* (*of* zu); Eintrittsgeld; Zwischen-, *Am* Hauptgericht *n* (*außer Braten*).

entremets ['ɔntrəmei] (*Küche*) Zwischengericht *n*.

entrench [in'trentʃ] *tr* mit e-m (Schützen-)Graben umgeben; verschanzen; (*Lager*) befestigen; *fig: to be* **~ed** (fest) verankert, eingewurzelt sein (*in* in); *itr* übergreifen, eingreifen (*upon* in); *to* **~** *o.s.* sich einnisten; *fig* sich festsetzen; **~ment** [-mənt] Verschanzung *f*, Schanzwerk *n*; *pl* Schützengräben *m pl*.

entrepôt ['ɔntrəpou] Lagerhaus *n*, Stapelplatz *m*, Transitlager *n*; Niederlage *f*.

entrepreneur [ɔntrəprə'nə:] Unternehmer; Veranstalter *m*.

entresol ['ɔntrəsɔl] Zwischengeschoß *n*.

entrust [in'trʌst] *tr* betrauen (*s.o. with s.th.* jdn mit e-r S); anvertrauen (*s.th. to s.o.* jdm etw).

entry ['entri] Eintritt *m*, Einfahrt *f*; (feierlicher) Einzug; Einmarsch; *bes. Am* Eingang(stür *f*) *m*; (**~way**) Einfahrt; Eingangshalle *f*, Flur; *theat* Auftritt; Durchgang; *Am* Anfang, Beginn *m*; Mündung *f* (e-s Flusses); Vermerk, Eintrag(ung *f*) *m*; Buchung(sposten *m*) *f*, Posten *m*; (*Lexikon*) Stichwort *n*; Anmeldung; Zollerklärung, -deklaration; *jur* Besitzergreifung, Inbesitznahme *f* (*upon s.th.* e-r S); Eindringen *n*; *Am* Antritt *m*; Namensliste; Liste *f* der Bewerber; Bewerber *m* (*bei e-m Wettkampf*); *as per* **~** laut Eintrag; *upon* **~** nach Eingang; *to make an* **~** of s.th. etw buchen; *to make an* **~** *in* eintragen in; *no* **~** kein Zugang! *credit, debit* **~** Gut-, Lastschrift *f*; *unlawful* **~** Hausfriedensbruch *m*; **~ fee** Eintritts-, *sport* Nenngeld *n*; **~ form** Anmelde-, Nennungs- (*sport*), Antragsformular *n*; **~ permit** Einreiseerlaubnis *f*; **~ regulations** *pl* Einreisebestimmungen *f pl*; **~ test** Zulassungsprüfung *f*; **~ visa** Einreisevisum *n*.

entwine [in'twain] *tr* ver-, durchweben (*with* mit); umschlingen, umwinden (*with* mit); winden (*about, around* um).

enucleat|e [i'nju:klieit] *tr* (*Nuß, Mandel*) schälen; (*Geschwür*) ausschälen; *fig* klarmachen, erklären, erläutern.

enumerat|e [i'nju:məreit] *tr* (auf-)zählen; einzeln aufführen; genau durchgehen; **~ion** [-'reiʃən] (Auf-)Zählung; (genaue) Liste *f*.

enunciat|e [i'nʌnsieit, -ʃi-] *tr* endgültig formulieren, abschließend aussagen; ankündigen, verkünd(ig)en, aussprechen; (*Behauptung*) aufstellen; *itr* deutlich sprechen; **~ion** [-'eiʃən] Aussage, Formulierung; Erklärung, Ankündigung, Verkündung; Aussprache *f*.

envelop [in'veləp] *tr* einwickeln, -hüllen; einschließen, umfassen, umklammern *a. mil*; verstecken, verbergen, verhüllen; **~e** ['enviloup] Decke, Hülle; *bot* Haut, Hülse, Schale *f*; (Brief-)Umschlag *m*; *aero* Ballonhülle *f*; *mil* Geschoßmantel *m*; Feldschanze; (**~~** *curve*) Mantelkurve *f*; *to put in an* **~~** in e-n Briefumschlag stecken; *pay* **~~** Lohntüte *f*; *window* **~~** Fenster(brief)umschlag *m*; **~~ opener** Brieföffner *m*; **~ing** [-iŋ] einhüllend; umfassend; **~~ movement** (*mil*) Umfassungsbewegung *f*; **~ment** [in'veləpmənt] Einwickeln *n*; Hülle; *mil* Umfassung, Umklammerung *f*.

envenom [in'venəm] *tr* vergiften *a. fig*; *fig* verbittern.

envi|able ['enviəbl] beneidens-, begehrenswert; **~er** ['enviə] Neider, Neidhammel *m*; **~ous** ['enviəs] mißgünstig, neidisch (*of* auf).

environ [in'vaiərən] *tr* umgeben, umfassen; einschließen (*with* mit); umringen, umzingeln; **~ment** [-mənt] Umgebung; *biol* Umwelt *f*; *psychol* Milieu *n*; **~mental** [-'mentəl] *a* Umwelt-, Milieu-; **~~ conditions, factors** (*pl biol*) Umweltbedingungen *f pl*, -faktoren *m pl*; **~~ influences** (*pl*) Umwelteinflüsse *m pl*; **~s** ['environz, in'vaiərənz] *s pl* Umgebung (e-r *Stadt usw*), Umgegend *f*, Vororte *m pl*.

envisage [in'vizidʒ] *tr* ins Auge schauen *a. fig* (e-r *Gefahr*) (*to s.o., s.th.* jdm, e-r S); *fig* ins Auge fassen; im Geiste sehen, sich vorstellen; *philos* durch Intuition wahrnehmen.

envision [in'viʒən] *tr Am* sich vorstellen, sich ausmalen.

envoy ['envɔi] **1.** Bote, Vertreter, Agent; *pol* Gesandte(r) *m*; **2.** Schlußstrophe *f*; Nachwort *n*.

envy ['envi] *s* Neid *m* (*at, of s.o., s.th.* auf jdn, über etw), Mißgunst *f*; *tr* beneiden (*s.o. s.th.* jdn um etw); mißgönnen (*s.o. s.th.* jdm etw); *out of* **~** aus Neid; *to be eaten up with* **~** vor Neid platzen; *to be the* **~** *of s.o.* jds Neid erregen; *to be green with* **~** grün sein vor Neid.

enwrap [in'ræp] *tr* einwickeln, einhüllen (*in* in).
enzym|e ['enzaim] *chem* Enzym, Ferment *n*.
eo|cene ['i(:)o(u)si:n] *a geol* eozän; *s* (*~~ epoch*) Eozän *n*; **~lith** ['i:o(u)liθ] Eolith *m*; **~lithic** [-'liθik] eolithisch; **~zoic** [-'zouik]: *~~ era* Eozoikum *n*.
epaullement [e'po:lmənt] *mil* Schulterwehr *f*; **~et(te)** ['epo(u)let, -pə:-, -pə-] *mil* Schulterstück *n*.
epergne [i'pə:n] Tafelaufsatz *m*.
ephemer|a, -id [i'femərə, -id] *zoo* Eintagsfliege *f a. fig*; **~al** [-əl] eintägig; kurzlebig, ephemer.
epic ['epik] *s* Epos, Heldengedicht *n*; *a* episch; heldenhaft; Helden-; *art, literary* ~ Kunstepos *n*.
epicur|e ['epikjuə] Feinschmecker, Genießer, Lebemann *m*; **~ean** [epikjuə'ri(:)ən] *a* genießerisch; *s* Genießer *m*; *E~~ (philos) a* epikureisch; *s* Epikureer *m*.
epicycl|e ['episaikl] *math*, Auf-, Rollkreis *m*; **~ic gear** Planetengetriebe *n*.
epidem|ic(al) [epi'demik(əl)] *a* epidemisch, seuchenartig; *fig* sich rasch verbreitend; weitverbreitet; *s u. ~ic disease* Epidemie, Seuche *f*; **~iology** [epidemi'ɔlədʒi, -di:-] Seuchenlehre *f*.
epiderm|al, -ic, -oid [epi'də:məl, -ik, -ɔid] *a* Epidermis-; **~is** [-is] *anat* Oberhaut, Epidermis *f*.
epidiascope [epi'daiəskoup] Epidiaskop *n*.
epigastrium [epi'gæstriəm] *anat* Magengrube *f*, Epigastrium *n*.
epiglottis [epi'glɔtis] *anat* Kehldeckel *m*.
epigram ['epigræm] Epigramm *n*; **~matic(al)** [epigrə'mætik(əl)] epigrammatisch; **~matist** [epi'græmətist] Epigrammatiker *m*.
epigraph ['epigra:f] Inschrift *f*; Motto *n*; **~y** [e'pigrəfi] Inschriftenkunde, Epigraphik *f*.
epilep|sy ['epilepsi] Epilepsie, Fallsucht *f*, Krämpfe *m pl*; **~tic** [epi'leptik] *a* epileptisch; *s* Epileptiker *m*.
epilog(ue) ['epilɔg] Epilog *m*, Nachwort *n*.
Epiphany [i'pifəni] *rel* Epiphanias-, Erscheinungs-, Dreikönigsfest *n*.
episcop|acy [i'piskəpəsi] bischöfliche Verfassung, Bischofswürde *f*, -amt *n*; Episkopat *m* od *n*; **~al** [i'piskəpəl] bischöflich; **E~alian** [ipiskə'peiljən] Anhänger *m* der Episkopalkirche; **~ate** [i'piskəpət] Bischofswürde *f*, -amt *n*; Bischofssitz *m*; Gesamtheit *f* der Bischöfe, Episkopat *m* od *n*.

episod|e ['episoud] Episode, Einschaltung, Neben-, Zwischenhandlung *f*; **~ic(al)** [epi'sɔdik(əl)] episodisch, eingeschaltet; gelegentlich; Zwischen-.
epist|le [i'pisl] *rel* Epistel *f*; *~~ to the Romans* Römerbrief *m*; **~olary** [i'pistələri] *a* Brief-.
epistyle ['epistail] *arch* Architrav *m*.
epitaph ['epitɑ:f] Grabschrift *f*.
epithalamium [epiθə'leimjəm] *pl a.* *-ia* [-iə] Hochzeitsgedicht *n*.
epithelium [epi'θi:ljəm] *anat* Epithel(ium) *n*.
epithet ['epiθet] Beiwort, Epitheton *n*; Beiname *m*.
epitom|e [i'pitəmi] Auszug, Abriß *m*, Zs.fassung, Inhaltsangabe; charakteristische, typische Einzelheit *f*; **~ize** [-aiz] *tr* e-n Auszug, Abriß machen von, zs.fassen.
epoch ['i:pɔk, *Am* 'epək] Epoche *f*, Zeitabschnitt *m*; Beginn *m* e-r neuen Epoche, Wendepunkt *m*; **~al** ['epəkəl] epochal, (hoch)bedeutend, aufsehenerregend; **~~making** aufsehenerregend, umwälzend, bahnbrechend.
Epsom salt ['epsəm sɔ:lt] Magnesiumsulfat *n*.
equab|ility [ekwə'biliti] Gleichmäßigkeit, Gleichförmigkeit; *fig* (innere) Ausgeglichenheit, Abgewogenheit, Abgeklärtheit *f*, Gleichmut *m*, (innere) Ruhe *f*; **~le** ['ekwəbl, 'i:k-] gleichmäßig, gleichförmig; *fig* (innerlich) ausgeglichen, abgewogen, abgeklärt, gleichmütig, ruhig.
equal ['i:kwəl] *a* gleich(artig, -wertig), angemessen; gleichgestellt; ebenbürtig (*to* dat); gleich(förmig), gleichmäßig; ruhig, gleichmütig; *pol* gleichberechtigt (*to, with s.o.* jdm); gewachsen (*to s.th.* e-r S); in der Lage, fähig, imstande (*to doing zu* tun); *s* Gleichgestellte(r) *m*; *to be the ~ of s.th., s.o.'s ~* e-r S, jdm gleich sein; *my ~s* meinesgleichen; *tr* gleichen, gleich sein (*s.o., s.th.* jdm, e-r S); (*Leistung*) erreichen; gleichkommen (*s.o.* jdm); *sport* gleichziehen (*s.th.* mit etw); *math* ergeben; *not to be ~led* nicht seinesgleichen haben; *in ~ parts* zu gleichen Teilen; *on ~ terms* auf gleichem Fuß, zu gleichen Bedingungen; *to be ~ to the occasion* der Lage gewachsen sein; *to fight on ~ terms* (*fig*) mit gleichen Waffen kämpfen; *he has no ~* er hat nicht seinesgleichen; **~ity** [i(:)'kwɔliti] Gleichheit; Gleichsetzung; *pol* Gleichberechtigung *f*; *on an ~~, on a footing of ~~ with* auf gleichem Fuß mit; *~~ of votes*

equalization Stimmengleichheit *f*; **~ization** [i:kwəlai'zeiʃən] Angleichung *f*, Ausgleich *m*; Gleichschaltung, -stellung; Glättung; *tele* Entzerrung *f*; **~~** *fund* Ausgleichsfond *m*; **~ize** ['i:kwəlaiz] *tr* gleichmachen, -schalten, an-, ausgleichen; *tele phot* entzerren; **~izer** [-ə] *tech* Ausgleich, Stabilisator; *tele* Entzerrer *m*; *sport* Ausgleichstor *n*; **~ly** ['-li] *adv* gleich, ebenso, genauso; **~ mark, sign** *math* Gleichheitszeichen (=).

equanimity [i:kwə'nimiti] Gleichmut *m*; Ausgeglichenheit *f*.

equat|e [i'kweit] *tr* gleichsetzen *a. math*, -stellen (*to, with* mit); als gleich ansehen *od* betrachten; **~ion** [i'kweiʃən] *math chem* Gleichung *f*; Ausgleich(ung *f*) *m*; **~or** [i'kweitə] Äquator *m*; **~orial** [ekwə'tɔ:riəl] äquatorial; Äquatorial-; **~~** *region* Äquatorialzone *f*.

equerry [i'kweri] königliche(r) Hofbeamte(r); *hist* Stallmeister *m*.

equestrian [i'kwestriən] *a* Reit-, Reiter-; *s* (Kunst-)Reiter *m*; **~ statue** Reiterstandbild *n*.

equi|angular [i:kwi'æŋgjulə] *math* gleichwinklig; **~distant** ['i:kwi'distənt] *a* in gleichen Abständen, gleichweit entfernt; **~lateral** ['i:kwi'lætərəl] *a s math* gleichseitig (e Figur *f*).

equilibr|ate [i:kwi'laibreit] *tr* ins Gleichgewicht bringen, ausbalancieren; **~ation** [-lai'breiʃən] Gleichgewicht *n* (*to* zu; *with* mit); **~ist** [i(:)'kwilibrist] Gleichgewichtskünstler, Äquilibrist, *bes*. Seiltänzer *m*; **~ium** [i:kwi'libriəm] *pl* **-ia** [-iə] Gleichgewicht *n a. fig; in ~~* im Gleichgewicht; *to come into ~~* ins Gleichgewicht kommen; *price ~~* Preisausgleich *m*; *~~ of forces* Kräfteausgleich *m*; *~~ of payments* Zahlungsausgleich *m*.

equine ['i:kwain] *a* Pferde-.

equino|ctial [i:kwi'nɔkʃəl] *a* Äquinoktial-; Äquatorial-; *s* (*~~ circle, line*) Himmelsäquator; (*~~ gale*) Äquinoktialsturm *m*; **~x** ['i:kwinɔks] Tagundnachtgleiche *f*, Äquinoktium *n*; *astr* (*~ctial point*) Äquinoktial-(Frühlings- *od* Herbst-)Punkt *m*.

equip [i'kwip] *tr* ausrüsten, -statten, versehen (*with* mit); **~age** ['ekwipidʒ] Ausrüstung; Equipage *f*; Luxus-, Staatswagen *m*; *obs* Gefolge *n* (*e-s Fürsten*); **~ment** [i'kwipmənt] Ausstattung, Ausrüstung, Einrichtung; Bestückung; (*a. pl*) Ausrüstungsgegenstände *m pl*) *f*, Gerät(schaften *f pl*) *n*; Apparatur; Anlage *f*; *rail* rollende(s) Material *n*; *camping ~~* Campingausrüstung *f*; *office ~~* Büroeinrichtung *f*; *~~ box* Gerätekasten *m*; *~~ record* Liste *f* der Einrichtungsgegenstände.

equipoise ['ekwipɔiz] Gleichgewicht; Gegengewicht *n a. fig*.

equit|able ['ekwitəbl] billig, gerecht, unparteiisch, unvoreingenommen; *pred* recht u. billig; **~y** ['-ti] Billigkeit, Gerechtigkeit, Unvoreingenommenheit *f*; *jur* Billigkeitsrecht *n*; gerechte(r) Anspruch *m*; *com* Eigenkapital *n*, Nettowert *m*; *pl* Dividendenpapiere *n pl*; **~~ and good faith** Treu u. Glauben.

equivalen|ce, -cy [i'kwivələns(i)] Gleichwertigkeit, Äquivalenz *f a. chem*; **~t** [-t] *a* gleichwertig, äquivalent *a. chem*; gleichbedeutend (*to* mit); *s* Gegenwert *m*; Äquivalent *a. chem el*; Gegenstück *n* (*of, to* zu).

equivoc|al [i'kwivəkəl] zwei-, mehrdeutig; fragwürdig; unsicher; irreführend, zweifelhaft *a. pej;* **~alness** [-əlnis] Zwei-, Mehrdeutigkeit *f*; **~ate** [i'kwivəkeit] *itr* zweideutig reden; **~ation** [ikwivə'keiʃən] Zwei-, Mehrdeutigkeit *f*; zweideutige(r) Ausdruck *m*.

era ['iərə] Zeitrechnung, Ära *f*, Zeitalter *n a. geol*; Zeitabschnitt *m*.

eradic|able [i'rædikəbl] ausrottbar; **~ate** [-eit] *tr* ausrotten, vertilgen, völlig vernichten, unterdrücken; **~ation** [-'keiʃən] Ausrottung; völlige Vernichtung *f*.

eras|able [i'reizəbl] tilgbar, zu entfernen(d); **~e** [i'reiz, *Am* -s] *tr* ausradieren, -kratzen, -wischen; (*Tafel*) ab-, auswischen; vertilgen, entfernen; *fig* auslöschen (*from* aus); (*Tonband*) löschen; **~er** [-ə] Radiermesser *n*; *Am* Radiergum; *Am* Tafelwischer *m*; **~ion** [i'reiʒən] Rasur, Streichung; *med* Auskratzung *f*; **~ure** [i'reiʒə] Radieren *n*; Rasur, radierte Stelle; Streichung *f*.

ere [εə] *prp obs poet* (*zeitlich*) vor; *conj obs poet* ehe, bevor; **~ long** (schon) bald; **~ now, this** schon früher.

erect [i'rekt] *a* aufrecht, senkrecht, aufgerichtet; (*Haare*) gesträubt; *tr* (*Gebäude*) errichten, aufrichten, senkrecht stellen; (*die Ohren*) spitzen; (*Haare*) sträuben; (*Ofen, Maschine*) aufstellen, montieren; *fig* (*Schranken*) aufrichten; *fig* erheben (*into* zu); gründen, schaffen; (*Regierung*) bilden; *math* (*Senkrechte*) errichten; (*Lot*) fällen; *to stand ~* (*Haare*) zu Berge stehen; **~ile** [-ail] *physiol* erektil,

erigibel; ~~ *tissue* (*anat*) Schwellkörper *m pl*; **~ing** [-iŋ] Aufrichten *n*; Aufbau *m*, Montierung, Montage *f*; ~~ **crane** Montagekran *m*; **~ion** [i'rekʃən] Errichtung *f*, (Auf-)Bau *m*; Aufrichtung, -stellung *f*, Montage *f*; Bau(werk *n*) *m*, Gebäude *n*; *physiol* Erektion *f*; **~ness** [-nis] Geradheit *f*; gerade, aufrechte Haltung; senkrechte Stellung *f*; **~or** [-ə] Erbauer; *anat* Aufrichter *m*.

eremit|e ['erimait] Eremit, Klausner *m*.

erg [əːg] *phys* Erg *n* (*Arbeitseinheit*).

ergot ['əːgɔt] *bot* Mutterkorn *n*.

Erin ['iərin] *poet* Irland *n*.

ermin|e [əːmin] *zoo* Hermelin *n*; Hermelin *m* (*Pelz*); *fig* Richteramt *n*, -würde *f*.

erne [əːn] See-, Fischadler, Steingeier *m*.

ero|de [i'roud] *tr* zerfressen, -nagen, ätzen, *geol* auswaschen, abtragen, erodieren; fressen (*in* in); *tech* auskolken; **~se** [i'rous] *a* zerfressen; (aus-)gezackt, gekerbt; **~sion** [i'rouʒən] *geol* Auswaschung, Abtragung, Erosion; *med* Abschürfung *f*; *tech* Verschleiß *m*; *soil* ~~ Bodenerosion *f*, Erdabtragungen *f pl*; **~sive** [i'rousiv] ätzend; erodierend.

erot|ic [i'rɔtik, e'r-] *a* erotisch; Liebes-; *s* Erotiker *m*; Liebesgedicht *n*; **~(ic)ism** ['erɔtisizm, 'erɔtizm] Erotik *f*.

err [əː] *itr* (sich) irren (*in* in); e-m Irrtum verfallen; *rel* fehlen, sich vergehen; (*Angabe*) falsch sein.

errand ['erənd] Botengang *m*, Besorgung *f*; (kleiner) Auftrag *m*; *to go on* ~*s, to run* ~*s* Botengänge, (kleine) Besorgungen machen; *a fool's* ~ Metzgersgang *m*; ~~**boy** Laufbursche *m*.

errant ['erənt] umherstreifend; sündig; *knight*-~ fahrende(r) Ritter *m*; **~ry** [-ri] Irrfahrt *f* (e-s Ritters); Rittertum *n*; ritterliche Taten *f pl*.

erratic [i'rætik] (*adv* ~**ally**) *a* regel-, wahllos; umherirrend, schweifend; (*Denken*) sprunghaft; abweichend; unbeständig, unberechenbar; absonderlich; verschroben; *geol* erratisch; **~ boulder, rock** erratische(r) Block, Findling *m*; **~ fever** Wechselfieber *n*.

errat|um [e'rɑːtəm, i'r-, -'reit-] Schreib-, Druckfehler *m*; *pl* -**ta** [-tə] Druckfehler(verzeichnis *n*) *m pl*.

erroneous [i'rounjəs] irrig, falsch, unrichtig; irrtümlich; **~ judg(e)ment** Fehlurteil *n*.

error ['erə] Irrtum, Fehler *m*, Versehen, Vergehen *n*, Fehltritt; Irrtum *m*, falsche Annahme, falsche Ansicht, verkehrte Auffassung *f*, Irrglaube; *jur* Form-, *tech* Ablesefehler *m*; *astr tech* Abweichung *f*; *by way of trial and* ~ durch Ausprobieren; *in* ~, *through an* ~ aus Versehen, versehentlich, irrtümlich; *to be in* ~ im Irrtum sein, sich im Irrtum befinden, (sich) irren; fehlerhaft sein (*by* um); *to make, to commit an* ~ e-n Fehler machen *od* begehen; *to see the* ~*s of o.'s ways* s-e Fehler einsehen; ~*s excepted* Irrtümer vorbehalten; *free from* ~ fehlerfrei, -los; ~ *of construction* Konstruktionsfehler *m*; ~ *of fact* Tatsachenirrtum *m*; ~ *of judg(e)ment* Fehlurteil *n*; ~ *of law* Rechtsirrtum *m*; ~ *of omission* Unterlassungssünde *f*; ~~**proof** fehlersicher.

erstwhile ['əːstwail] *a adv* ehemalig, früher.

eruct [i'rʌkt] *itr* aufstoßen, rülpsen; *tr* (*Vulkan*) ausstoßen; **~ation** [-'teiʃən] Aufstoßen, Rülpsen *n*; (*Vulkan*) Ausbruch; Auswurf *m*.

erudit|e ['eru(ː)dait] gelehrt (*a. Sache*), belesen; **~ion** [-'diʃən] Gelehrsamkeit, Gelehrtheit, Belesenheit *f*.

erupt [i'rʌpt] *itr* hervorbrechen; (*Vulkan*) ausbrechen; (*Zahn*) durchbrechen, kommen; (*Haut*) e-n Ausschlag bekommen; **~ion** [i'rʌpʃən] (Vulkan-)Ausbruch; (Haut-)Ausschlag *m*; *fig* (Gefühls-)Ausbruch *m*; **~ive** [-iv] *a* ausbrechend; *geol* Eruptiv-; *med* Ausschlag hervorrufend.

erysipelas [eri'sipiləs] *med* Rotlauf *m*, Wundrose *f*.

escal|ade [eskə'leid] *s mil* Ersteigung *f*, Sturm *m* mit Leitern; *tr* mit Leitern ersteigen, erklettern, stürmen, eskaladieren; **~ation** [-'leiʃən] *mil* Steigerung *f* des Einsatzes; **~ator** ['eskəleitə] Rolltreppe *f*; *com* Indexlohn *m*; ~~ *clause* Indexklausel, gleitende Lohnskala *f*.

escapade [eskə'peid] Seitensprung *m*; tolle(r), dumme(r) Streich *m*.

escap|e [is'keip] *itr* (ent)fliehen, flüchten, entweichen, entkommen, ausbrechen, *fam* ausrücken, entwischen (*from* aus); sich retten; entgehen (*from s.th.* e-r S), davonkommen (*with* mit); (*Flüssigkeit, Gas*) entweichen, ausströmen, auslaufen (*from* aus); entschlüpfen, entschwinden (*from dat*); *tr* entfliehen (*s.th.* e-r S); ausweichen (*s.th.* e-r S), umgehen, vermeiden; entgehen (*s.th.* e-r S), sich entziehen (*s.th.* dat); (*Schrei*) entfahren (*s.o.* jdm); (*Name*) entfallen (*s.o.* jdm); (*Fehler*) entgehen (*s.o.* jdm); *s* Flucht *f*, Entweichen; Entkommen *n*; Fluchtfall *m*; Rettung *f* (*from* von); Fluchtweg *m*, Möglichkeit zu entkommen; *tech* undichte Stelle; Flucht aus der Wirklichkeit; *bot* verwilderte Gartenpflanze *f; attr* Auslaß-, Abfluß-; *to have a narrow* ~~ mit knapper Not davonkommen; *fire-*~~ Feuerleiter *f;* ~~ *clause* Rücktrittsklausel *f;* ~~ *hatch (aero)* Notausstieg *m*, Bodenluke, Falltür *f;* ~~ *literature* Unterhaltungsliteratur *f;* ~~~-*pipe (tech)* Abfluß-, Dampfausströmungsrohr *n;* ~~~-*shaft* Notschacht *m;* ~~~-*valve* Auslaß-, Sicherheitsventil *n; a* Unterhaltungs-

escapee [eskəˈpiː] Ausreißer *m;* **-ement** [-mənt] *(Uhr)* Hemmung *f;* **-ism** [-izm] *psych* (dauernde) Flucht *f* aus der Wirklichkeit; **-ist** [-ist] *s* Wirklichkeitsflüchtige(r) *m; a* Unterhaltungs-

escarp [isˈkɑːp] *tr* abdachen, -schrägen; *s u.* **-ment** [-mənt] Steilabhang *m;* Klippe; Böschung, Abdachung *f.*

eschalot [ˈeʃələt] *s. shallot.*

eschar [ˈeskɑː] *med* (Brand-)Schorf *m.*

eschatolog|ical [eskətəˈlədʒikəl] *rel* eschatologisch; **-y** [eskəˈtələdʒi] Eschatologie *f.*

escheat [isˈtʃiːt] Heimfall *m (an den Lehnsherrn, die Krone, den Staat);* heimgefallene(r) Gut *n;* = ~*age;* *tr* konfiszieren; *itr* heimfallen; **-age** [-idʒ] Heimfallsrecht *n.*

eschew [isˈtʃuː] *tr* (ver)meiden, ausweichen *(s.th.* e-r S); umgehen, unterlassen; scheuen; sich enthalten *(s.th.* e-r S).

escort [ˈeskɔːt] Begleiter *m,* Begleit-, Schutzmannschaft *f;* (Ehren-)Geleit, Gefolge *n; mil* Bedeckung *f; mar* Geleitschiff *n; aero* Begleitschutz *m;* [isˈkɔːt] begleiten, geleiten, decken, eskortieren; **- fighter** *aero* Begleitjäger *m.*

escritoire [eskriː(ˈ)twɑː] Sekretär, Schreibtisch *m,* -pult *n.*

esculent [ˈeskjulənt] *a* eßbar, genießbar; *s* Nahrungsmittel *n.*

escutcheon [isˈkʌtʃən] Wappen (-schild), (Namens-)Schild *n; to have a blot on o.'s* ~ *(fig)* keine reine Weste haben.

Eskimo [ˈeskimou] *pl* -*o(e)s* Eskimo *m.*

esophagus *s. oesophagus.*

esoteric [esə(u)ˈterik] esoterisch, geheim, Geheim-; vertraulich, privat.

espalier [isˈpæljə] *s* Spalier *n.*

especial [isˈpeʃəl] *a* besonder; un-, außergewöhnlich, hervorragend, ausgezeichnet, vorzüglich; **-ly** [-li] *adv* (ganz) besonders, insbesondere, vor allem, namentlich.

espi|al [isˈpaiəl] Spionieren, Auskundschaften *n;* **-onage** [espiəˈnɑːʒ, *Am* ˈespiənidʒ, -pai-] Spionieren *n,* Spionage *f; industrial* ~~ Werkspionage *f.*

esplanade [espləˈneid] Esplanade *f;* freie(r) Platz *m;* (Ufer-)Promenade *f.*

espous|al [isˈpauzəl] Parteiergreifung, -nahme *(of für); meist pl obs* Verlobung, Trauung *f;* **-e** [isˈpauz] *tr* Partei ergreifen, eintreten für, unterstützen; sich annehmen *(s.th.* e-r S); übertreten *(a new religion* zu e-m anderen Glauben); *(Mann) obs* heiraten.

espresso [esˈpresou] Espresso *m (Getränk);* **- bar, café** Espresso *n.*

espy [isˈpai] *tr* erblicken, erspähen; auskundschaften, ausspionieren.

Esquimau [ˈeskimou] *pl* -*x s. Eskimo.*

esquire [isˈkwaiə] *obs* Edle(r); Landadlige(r) *m; (als Esq. nach e-m Namen in der Anschrift)* hochwohlgeboren.

essay [eˈsei] *tr* versuchen; erproben; *s* [ˈesei] Versuch *m (at s.th.* an e-r S; *at doing s.th.* etw zu tun), Probe *f;* *lit* Essay, Aufsatz *m,* Betrachtung *f;* **-ist** [ˈeseiist] Essayist *m.*

essen|ce [ˈesns] (inneres) Wesen *n,* Kern *m,* Natur *f,* Geist *m (e-r Sache); das* Wesentliche, Auszug, Extrakt *m* ätherische(s) Öl *n;* Essenz *f;* Duft *m; in* ~~ (im) wesentlich(en); *meat* ~~ Fleischextrakt *m;* **-tial** [iˈsenʃəl] *a* wesentlich *(to* für); unentbehrlich, (lebens)notwendig, unerläßlich, lebenswichtig *(to* für); wichtig, Haupt-; *s das* Wesentliche, Wichtigste, Notwendigste, Hauptsache *f;* wesentliche Umstände *m pl;* ~~*s of life* Lebensbedürfnisse *n pl;* ~~ *oil* ätherische(s) Öl *n;* ~~ *user* Bedarfsträger *m;* **-tiality** [isenʃiˈæliti] Notwendigkeit, Unerläßlichkeit, (Lebens-)Wichtigkeit *f;* **-tially** [iˈsenʃəli] *adv* (im) wesentlich(en), im besonderen, in der Hauptsache; ~~ *necessary* unerläßlich notwendig.

establish [isˈtæbliʃ] *tr* aufstellen, er-, einrichten, gründen; *(Wohnung)* einrichten; *(Geschäft)* eröffnen; *(Konto)* ein-, errichten, eröffnen; festsetzen, bestimmen; *(Gesetz)* erlassen; *(Gesetz* fig, Regel, Theorie) aufstellen; *(Ordnung)* herstellen; *(Regierung)* bilden; *(Beziehungen)* anknüpfen, aufnehmen; *(Verbindungen)* herstellen; *(Beamten)* einsetzen; *(Rekord)* aufstellen; versorgen; (einwandfrei) feststellen, darlegen; be-, nachweisen, begründen; klarstellen; zur Geltung bringen, Geltung verschaffen *(s.th.* e-r S), durchsetzen; verbürgen; *(Kirche)* staatlich erklären; *to ~ o.s.* sich niederlassen, sich selbständig machen *(as a grocer* als Kolonialwarenhändler); ein Geschäft gründen; **-ed** [-t] *a* fest-

establishment   333   **eternize**

stehend, verankert, eingewurzelt; eingeführt; fundiert; begründet, erwiesen; *com* zugelassen; *(Beamter)* planmäßig; *(Recht)* geltend; **~~ church** Staatskirche *f; the E~~ Church* die Kirche von England; **~~ place** *(Br com)* Sitz *m* (e-r Gesellschaft); **~ment** [-mənt] Aufstellung, Er-, Einrichtung, Gründung, Eröffnung; *(Regierung)* Bildung; *(Beziehungen)* Aufnahme, Festsetzung, Bestimmung; *(Steuer)* Erhebung; Einsetzung; Versorgung; Lebensstellung; Fest-, Klarstellung, Begründung *f,* Beweis *m;* Haus(halt *m) n,* Wohnung *f;* Geschäft(shaus) *n,* Firma *f,* Unternehmen *n,* Betrieb *m,* Werk *n,* Fabrik, Anlage, Niederlassung *f,* Etablissement *n;* Anstalt *f,* Institut *n;* Dienststelle, Organisation *f,* (Verwaltungs-, Beamten-)Apparat, Personalbestand *m;* Heeresorganisation; *mil Br* Sollstärke *f; to break up o.'s* **~~** s-n Haushalt auflösen; *to keep up a large* **~~** ein großes Haus führen; *branch* **~~** Zweigniederlassung, Filiale *f; educational* **~~** Lehranstalt *f; industrial* **~~** Industrieunternehmung *f; peace* **~~** *(mil)* Friedensstärke *f; penitentiary* **~~** Strafanstalt *f; principal* **~~** Stammhaus *n;* Hauptbetrieb *m; subsidiary* **~~** Nebenbetrieb *m;* **~ charges** *(pl)* allgemeine Unkosten *pl.*

estate [is'teit] (Lebens-)Alter *n,* Stand *m,* Klasse *f;* Besitz *m,* Eigentum, Vermögen; Anrecht; Kapital *n;* Grund-, Landbesitz *m,* (Land-)Gut *n,* Besitzung *f;* Besitzrecht *n;* Nutznießung *f;* Gelände, Grundstück *n;* Nachlaß *m,* Hinterlassenschaft, Erbmasse; *(bankrupt's ~)* Konkursmasse *f; to come to, to reach man's ~* in die Mannesjahre, ins Mannesalter kommen; *crown ~s (pl)* Krongüter *n pl,* -land *n; entailed ~* Fideikommiß *n; family ~* Familienbesitz *m; the fourth ~ (hum)* die Presse; *housing ~* Wohnsiedlung *f; leasehold ~* Pachtgrundstück *n; life ~* lebenslängliche Nutznießung *f; personal ~* bewegliche Habe *f; private ~* Privatbesitz *m,* -eigentum *n; real ~* Grundbesitz, Grund u. Boden *m,* Liegenschaften, Immobilien *pl;* **~ agent** Grundstücksmakler *m;* **~ car** Kombiwagen *m;* **~ duty,** *Am* **tax** Erbschaftssteuer *f;* **~ owner** Grundstückseigentümer *m.*

esteem [is'ti:m] *tr* hoch-, sehr schätzen, (sehr) achten; ansehen, betrachten, erachten als, halten für; *s* (Hoch-) Achtung *(for, of* vor); Wertschätzung *f (for, of* gen); Ansehen *n; to hold in ~* hochachten, wertschätzen.

ester ['estə] *chem* Ester *m.*

Est(h)onia [es'tounjə] Estland *n;* **~n** [-n] *a* estnisch; *s* Este *m;* Estin *f;* (das) Estnisch(e).

estimable ['estiməbl] schätzbar, errechenbar; schätzens-, achtenswert.

estimat|e ['estimeit] *tr* (ab-, ein)schätzen, taxieren, bewerten; annähernd berechnen, veranschlagen *(at* auf); beurteilen; *itr* e-n Kostenvoranschlag machen *(for* für); *s* [-mit] (Ab-)Schätzung, Bewertung *f;* Überschlag; Kosten-, Vor-, Kostenvoranschlag *m;* Berechnung; *(Lage)* Beurteilung *f; the E~~s (pl)* der Haushaltsplan, der Haushaltsvoranschlag, der Etat, das Budget; *at,* on a rough **~~** grob überschlagen; *in accordance with the E~~s* etatmäßig; *to make up the E~~s* den Etat aufstellen; *building* **~~** Baukostenanschlag *m; conservative* **~~** vorsichtige Schätzung *f; rough* **~~** Überschlag *m;* **~~ of damages** Schadensberechnung *f;* **~ed** [-id] geschätzt; **~~ cost** Sollkosten *pl;* **~~ value** Taxwert *m;* **~ion** [-'meiʃən] (Ein-)Schätzung, Bewertung *f;* Ab-, Einschätzen *n;* Würdigung, Beurteilung *f;* Urteil *n,* Ansicht, Meinung; Hochschätzung, Achtung *f,* Respekt *m; pl* Budget *n; in my* **~~** meines (Er)achtens; *to hold in (high)* **~~** (sehr) hochschätzen.

estop [is'tɔp] *tr* hindern, hemmen *(from* an) *a. jur;* **~pel** [-əl] prozeßhindernde Einrede *f.*

estrange [is'treindʒ] *tr* entfernen *(from* von, aus), fernhalten *(from* dat); entfremden, abspenstig machen *(from s.o.* jdm); **~ment** [-mənt] Entfremdung *f.*

estuary ['estjuəri] (Meeres-)Bucht *f;* Mündungsbecken *n,* (weite) Gezeitenflußmündung *f.*

et cetera [it'setrə] *(etc)* und so weiter, und so fort (usw.); **etceteras** *s pl* Drum und Dran *n;* alles mögliche, Sammelsurium *n.*

etch [etʃ] *tr itr (Kunst)* radieren, ätzen *(on* auf); **~er** ['-ə] Radierer *m;* **~ing** ['-iŋ] (Maler-)Radierung *f;* **~~-needle** Radiernadel *f.*

etern|al [i'tə:nl] *a* ewig, immerwährend; zeitlos; immer gleich, unveränderlich; *fam* fortwährend, ununterbrochen; *s: the E~~ Life ~* das ewige Leben; **~alize** [i(:)'tə:nəlaiz], **~ize** [i:'tə:naiz] *tr* verewigen, unsterb-

eternally 334 **evade**

lich machen; ~ally [-əli] *adv* für alle Zeit(en), für immer, für ewig(e Zeiten); immer, stets, ewig; *fam* ununterbrochen, fortwährend; **~ity** [i(:)'tə:niti] Ewigkeit *a. fam fig*; Unsterblichkeit *f*, ewige(s) Leben *n*.

ether ['i:θə] *chem phys hist poet* Äther *m*; **~eal** [i(:)'θiəriəl] *chem fig* ätherisch; *fig* leicht, zart, schwebend; himmlisch; *poet* Äther-; **~ize** ['i:θəraiz] *tr* mit Äther betäuben.

ethic|al ['eθikəl] sittlich, moralisch, ethisch; **~s** ['eθiks] *pl, a. mit sing* Ethik, Sittenlehre, Moral *f*; Sittenkodex *m*, *(bestimmte)* Moral *f*.

Ethiopia [i:θi'oupjə] Äthiopien *n*; **~n** [-n] *a* äthiopisch; *s* Äthiopier(in *f*) *m*.

ethn|ic(al) ['eθnik(əl)] heidnisch; *scient* ethnisch, völkisch; **~ographer** [eθ'nɔgrəfə] Ethnograph *m*; **~ographic(al)** [eθnə'græfik(əl)] ethnographisch; **~ography** [eθ'nɔgrəfi] Ethnographie, beschreibende Völkerkunde *f*; **~ologic(al)** [eθnə'lɔdʒik(əl)] völkerkundlich; **~ologist** [eθ'nɔlədʒist] Völkerkundler *m*; **~ology** [eθ'nɔlədʒi] Völkerkunde, Ethnologie *f*.

ethos ['i:θɔs] Ethos *n*, Gesinnung *f*.

ethyl ['eθil, 'i:θail] *chem* Äthyl *n*; **~ alcohol** Äthylalkohol *m*; **~ene** ['eθili:n] Äthylen *n* *(Gas)*.

etiolate ['i:tio(u)leit] *tr* (durch Entzug des Sonnenlichtes) bleichen.

etiquette [eti'ket, *Am* 'etəkət] Etikette *f*, Umgangsformen *f pl*; feine(s) Benehmen *n*, gute(r) Ton *m*; ungeschriebene Gesetze *n pl*, Pflichten *f pl*.

Eton ['i:tn]: **~ collar** breite(r), steife(r) Leinenkragen *m*; **~ crop** Herrenschnitt *m*; **~ jacket** kurze Jacke *f*.

Etru|ria [i'truəriə] *hist* Etrurien *n*; **~scan** [i'trʌskən] *a* etruskisch; *s pl* die Etrusker *m pl*.

etymolog|ical [etimə'lɔdʒik(əl)] etymologisch; **~y** [eti'mɔlədʒi] Etymologie *f*.

eucalyptus [ju:kə'liptəs] *bot pharm* Eukalyptus *m*; **~ oil** Eukalyptusöl *n*.

Eucharist ['jukərist] das heilige Abendmahl; **~ic(al)** [ju:kə'ristik(əl)] *a* Abendmahls-.

euchre ['ju:kə] *tr Am fam* reinlegen.

eugenic [ju:'dʒenik] *a* eugenisch, rassenhygienisch; *s pl mit sing* Eugenik, Erbgesundheitslehre *f*.

eulog|ist ['ju:lədʒist] Lobredner *m*; **~istic** [ju:lə'dʒistik] lobrednerisch, lobend; **~ize** [ju:lə'dʒaiz] *tr* übermäßig loben, (lob)preisen; **~y** ['ju:lədʒi] Lobrede, -preisung *f*, hohe(s) Lob *n*.

eunuch ['ju:nək] Eunuch *m*.

euphem|ism ['ju:fimizm] Euphemismus, beschönigende(r) Ausdruck *m*; **~istic(al)** [ju:fi'mistik(əl)] euphemistisch, beschönigend.

euphon|ic(al) [ju:'fɔnik(əl)], **~ious** [ju:'founjəs] wohlklingend; *gram* euphonisch; **~y** ['ju:fəni] Wohlklang, -laut *m*.

euphorbia [ju:'fɔ:biə] *bot* Wolfsmilch *f*.

euphor|ia [ju:'fɔ:riə] Wohlbefinden *n*; *med* Euphorie *f*; **~ic** [ju:'fɔrik] *med* euphorisch.

euphuism ['ju:fju(:)izm] gezierte Ausdrucks-, Rede-, Schreibweise *f*.

Eurasia [juə'reiʒə] Eurasien *n*; **~n** [juə'reiʒjən] *a* eurasisch; *s* Eurasier *m*.

eurhythmics [ju:'riθmiks] *pl mit sing* Eurhythmie *f*.

Europe ['juərəp] Europa *n*; *the Council of ~* der Europarat; **~an** [juərə'pi(:)ən] *a* europäisch; *s* Europäer(in *f*) *m*; *~~ Community* Europäische Gemeinschaft *f*; *~~ Coal and Steel Community* Montanunion *f*; *~~ Economic Community* Europäische Wirtschaftsgemeinschaft *f*; *~~ Monetary Agreement* Europäische(s) Währungsabkommen *n*; *~~ Payments Union* Europäische Zahlungsunion *f*; *~~ plan* *(Am)* Hotelpreis *m* nur für die Übernachtung (ohne Mahlzeiten); *~~ Recovery Program* *(Am)* Marshall-Plan *m*; **~anize** [juərə'pi(:)ənaiz] *tr* europäisieren.

Eurovision [juərə'viʒən] europäische(s) Fernsehsendernetz *n*.

Eustachian [ju:s'teifjən]: **~ tube** *anat* Eustachische Röhre, Ohrtrompete *f*.

euthanasia [ju:θə'neiʒiə] Euthanasie *f*.

evacu|ant [i'vækjuənt] *a* abführend, abtreibend; Brechen erregend; *s* Abführ-, Brechmittel *n*; **~ate** [-eit] *tr* (aus)leeren; (aus)räumen; fortschaffen; freimachen; *(Darm)* entleeren; *(Blase)* leeren; *pharm* abführen, purgieren; *mil* räumen; *(Ort od Gebiet, Bevölkerung)* evakuieren, abtransportieren, abbefördern; verlagern; *tech* leerpumpen; **~ation** [-'eiʃən] Leerung, Räumung *f* *a. mil*; Abtransport, Abschub *m*; Evakuierung, Verlagerung; (Darm-)Entleerung *f*, Stuhlgang *m*; **~ee** [-ju(:)'i:] Evakuierte(r *m*) *f*, Um-, Aussiedler *m*.

evade [i'veid] *tr* aus dem Wege gehen, ausweichen *(s.th.* e-r S); sich entziehen *(s.th.* gen); sich fernhalten von; umgehen, vermeiden *(doing s.th.* etw zu tun); entgehen *(s.th.* e-r S); *(Zoll)* hinterziehen.

evaluate 335 **ever**

evaluat|e [i'væljueit] *tr* (ab)schätzen, bewerten, taxieren; auswerten, berechnen; *math* errechnen; **~ion** [-'eiʃən] Abschätzung, Taxierung; Wertberechnung, -bestimmung, Bewertung *f*.

evanesc|e [i:və'nes, bes. *Am* ev-] *itr* (dahin-, ent-, ver)schwinden, vergehen; **~ence** [-ns] (Dahin-)Schwinden, Vergehen *n*; Vergänglichkeit, Flüchtigkeit *f*; **~ent** [-nt] (ver)schwindend; flüchtig, vorübergehend, kurzlebig, vergänglich.

evangel|ic(al) [i:væn'dʒelik(əl)] *a* evangelisch; **~icalism** [i:væn'dʒelikəlizm] Protestantismus *m*; **~ist** [i'vændʒilist] Evangelist; Wanderprediger *m*; **~ize** [i'vændʒilaiz] *tr* das Evangelium predigen (*s.o.* jdm); (zum Christentum) bekehren.

evaporat|e [i'væpəreit] *tr* verdampfen lassen; trocknen; (*Milch*) kondensieren; *itr* verdampfen, verdunsten; eintrocknen; sich verflüchtigen; *fig* (dahin)schwinden, vergehen, sich in Nichts auflösen, verfliegen; **~ed** *milk* kondensierte, Büchsen-, Dosenmilch *f*; **~ion** [-'reiʃən] Verdampfung, Verdunstung *f*; Einkochen, Kondensieren *n*; **~or** [-ə] Verdampfer *m*.

evas|ion [i'veiʒən] Ausweichen; Umgehen, Vermeiden (*of* gen); Sichentziehen *n*; Ausflucht, Ausrede *f*; (*Steuer*) Hinterziehung *f*; **~ive** [-siv] ausweichend; schwer verständlich.

Eve [i:v] Eva *f*; *daughter of* **~** Evastochter *f*.

eve [i:v] Vorabend, -tag; *poet* Abend *m*; *on the* **~** *of* am Vorabend *gen*, (unmittelbar) vor.

even [i:vən] **1.** *a* eben, flach, glatt; in gleicher Höhe *od* Linie (befindlich); eben-, gleichmäßig, gleichförmig, bleibend, regelmäßig; (*Mensch*) ausgeglichen, abgeklärt, gesetzt, ruhig; (*Handlung*) gerecht, fair, billig, redlich; *pred* quitt; gleich (groß); (*Zahl*) gerade; (*Zahlen-, Maßangabe*) genau; *to be, to get* **~** *with s.o.* jdm mehr schulden; mit jdm abrechnen; *to break* **~** (*fam*) das Spiel unentschieden abbrechen; auf s-e Kosten kommen; *to get* **~** abrechnen (*with s.o.* mit jdm); heimzahlen (*with s.o.* jdm); *to make* **~** *with the ground* dem Erdboden gleichmachen; *I'm* **~** *with you* wir sind quitt; *odd or* **~** gerade oder ungerade; *of* **~** *date* gleichen Datums; **~** *odds* gleiche Aussichten für und wider; **2.** *tr* einebnen, gleichmachen, gleichstellen; *tr* eben, in gleicher Ebene, gleich sein; *to* **~** *up* ausgleichen; **~-handed** *a* unparteiisch, unvoreingenommen, gerecht, sachlich; **~ly** [-li] *adv* gleichmäßig; **~-minded** *a* ausgeglichen, ruhig, bedächtig; **~ness** ['-nis] Ebenheit; Gleich-, Regelmäßigkeit; Gleichheit; (innere) Ausgeglichenheit, (Seelen-) Ruhe *f*, Gleichmut *m*; Geradheit, Redlichkeit, Gerechtigkeit *f*; **~-tempered** *a* gelassen, gleichmütig, ruhig, harmonisch; nicht aus der Ruhe zu bringen(d); **3.** *adv* sogar, selbst; gerade, genau, in dem Augenblick; noch, sogar (*mit Komparativ*); nämlich; gleich (*gut, schnell usw*); *never* **~** nie ... auch nur; *not* **~** nicht einmal; selbst ... nicht; **~** *if, though* selbst, wenn; wenn ... auch; obwohl, obgleich; **~** *now* sogar jetzt, selbst jetzt, auch jetzt; **~** *so* trotzdem; **3.** *poet* Abend *m*; **~song** Abendandacht *f*.

evening ['i:vniŋ] Abend; *Am a.* Spätnachmittag; Abend(veranstaltung, -gesellschaft *f*) *m*, Soiree *f*; *fig* Ende *n*; *in the* **~** am Abend; *on Sunday* **~** Sonntag abend; *one* **~** eines Abends; *this, yesterday, tomorrow* **~** heute, gestern, morgen abend; *musical* **~** Musikabend *m*; **~** *of life* Lebensabend *m*; **~ class, school** Abendschule *f*; **~ clothes** *pl*, **~ dress** Gesellschafts-, Abendanzug *m*; Abendkleid *n*; **~ gown** Abendkleid *n*; **~ paper** Abendzeitung *f*; **~ party** Abendgesellschaft *f*; **~ performance** Abendvorstellung *f*; **~ prayer** Abendgebet *n*, -andacht *f*; **~ shift** Abendschicht *f*; **~ star** Abendstern *m*.

event [i'vent] Ereignis, Geschehnis *n*, Begebenheit *f*; Ergebnis *n*, Folge *f*, Resultat *n*; *sport* Programmnummer *f*, -punkt *m*; (sportliche) Übung, Sportart *f*; *at all* **~s**, *in any* **~** auf alle Fälle, jedenfalls, sowieso; *in the* **~** *of* im Falle *gen od* daß; *in either* **~** in dem einen oder andern Falle; *in that* **~** in d(ies)em Fall; *athletic* **~s** (*pl*) Leichtathletikkämpfe *m pl*; *table of* **~s** Veranstaltungsprogramm *n*; **~ful** [-ful] ereignis-, ergebnisreich.

eventual [i'ventjuəl] *a attr* etwaig, eventuell, möglich; schließlich; **~ity** [-'æliti] Möglichkeit *f*; **~ly** [-li] *adv* schließlich, endlich, am Ende.

eventuate [i'ventjueit] *itr* ausgehen, -fallen; enden (*in* in); zur Folge haben (*in s.th.* etw); *Am* geschehen, eintreten, sich ereignen, stattfinden.

ever ['evə] *adv* je(mals); (*in bestimmten Ausdrücken u. vor comp, sonst obs*) immer, stets, beständig, dauernd; irgend, (auch) immer, noch (irgend) *fam* in aller Welt, zum Kuckuck, in

everglade   336   **eviscerate**

Gottes Namen; *as* ~ wie (auch) immer; *for* ~ *(and* ~*)* für alle Zeiten; für immer; *for* ~ *and* ~ *day* allezeit; *hardly, scarcely* ~ kaum je; fast nie; *not* ... ~ noch nie; ~ *after, since* seitdem (immer); seit ... ständig; die ganze Zeit danach; ~ *and again* immer wieder; ~ *before* von jeher; stets zuvor; ~ *so (much) (fam)* sehr; ~ *such a (fam)* ein mächtig, tüchtig, sehr, schwer- *adv;* **~glade** *Am* Sumpf *m,* Moor *n;* **~green** *a u. s bot* immergrün(e Pflanze *f); s mus* Evergreen *m;* **~lasting** *a* ewig, beständig, fortwährend, dauernd; unverwüstlich; *s* Ewigkeit; *(~~ flower)* Strohblume, Immortelle *f;* dauerhafte(r) Wollstoff *m; the E~~* Gott *m;* **~more** ['-'-'] *adv* immer, stets, ständig; *for ~~* für immer; **~~ready case** *phot* Bereitschaftstasche *f.*

evert [i'və:t] *tr* nach außen kehren.

every ['evri] jede(r, s) (mögliche) *nur attr; (mit nachfolgendem Zahlwort)* alle; *each and* ~ *one* jede(r, s) einzelne; ~ *bit* alles; ganz; ~ *bit of ...* das ganze ...; ~ *man* jeder(mann); ~ *minute* jeden Augenblick; ~ *now and then, now and again, once in a while, (fam) so often* ab und zu, von Zeit zu Zeit, hin u. wieder, manchmal, bisweilen, dann u. wann; ~ *one of them* alle ohne Ausnahme; ~ *other* jede(r, s) zweite; ~ *other day* jeden zweiten, einen um den andern Tag; ~ *other week* alle zwei Wochen, alle vierzehn Tage; *my* ~ *thought* all meine Gedanken; ~ *time (fam)* jedesmal; ~ *way* in jeder Hinsicht *od* Beziehung; ~ *which way (Am fam)* in allen Richtungen, völlig durchea.; *with* ~ *good wish* mit allen guten Wünschen; **~body, ~one,** ~ **one** *prn* jeder, alle; jedermann; **~body else** jeder, alle andere(n), alle übrigen; **~day** *a attr* täglich; Alltags-; alltäglich, gewöhnlich; **~thing** *prn* alles; *s* die Hauptsache; **~where** *adv* überall; wo(hin) auch immer.

evict [i(:)'vikt] *tr (Person)* exmittieren, hinaussetzen; *(Sache)* gerichtlich räumen lassen; **~ion** [i(:)'vikʃən] Vertreibung *f* aus dem Besitz; Exmittierung, (Besitz-)Entsetzung; Wiederinbesitznahme *f; to sue for ~~* auf Räumung klagen, Räumungsklage erheben; ~~ *decree, notice, order* Räumungsbefehl *m.*

evidence ['evidəns] *s* Offenkundigkeit, Klarheit *f,* Augenschein *m;* (An-)Zeichen *n,* Anhaltspunkt, Hin-, Nachweis, Beweis(grund *m,* -material, -stück *n) m,* Beweise *pl,* Tatsachen *f pl,* Unterlagen *f pl; jur* Zeugenaussage *f,* Zeugnis *n;* Zeuge(n *pl); com* Nachweis, Titel *m; tr* klarmachen, deutlich, dartun, klarstellen; bezeugen; *for lack of* ~ wegen Mangels an Beweisen; *in* ~ deutlich sichtbar, offenkundig; *fig* im Vordergrund; *jur* als Beweis; *to be in* ~ auffallen, sehen, zu finden sein; klar zutage liegen; *jur* als Beweis gelten; *to call s.o. in* ~ jdn als Zeugen benennen; *to furnish* ~ den Beweis erbringen (*of* für); *to give* ~ e-e (Zeugen-)Aussage machen (*for* für; *against* gegen); *to give,* to bear ~ *of* Zeugnis ablegen, Beweise geben für; deutliche Anzeichen zeigen von; *to hear* ~ Zeugen vernehmen; *to offer,* to tender ~ den Beweis antreten; *to produce* ~ Beweise erbringen; *circumstantial* ~ Indizienbeweis *m; conclusive* ~ schlüssige(r) Beweis *m; hearing, taking of* ~ Beweisaufnahme *f; King's, Queen's, (Am) state's* ~ Belastungsmaterial *n;* to turn King's ~ gegen s-e Mitangeklagten aussagen; *a piece of* ~ ein Beweis; *refusal to give* ~ Aussageverweigerung *f;* ~ *for the defence, for the prosecution* entlastende(s), belastende(s) Beweismaterial *n;* Entlastungs-, Belastungszeuge *m;* ~ *to the contrary* Gegenbeweis, Beweis *m* des Gegenteils.

evident ['evidənt] offenkundig, -sichtlich, augenscheinlich; einleuchtend, deutlich, klar; *to make* ~ an den Tag legen; deutlich machen, klarstellen; **~ial** [-'denʃəl] beweiskräftig, **~ially** [-'denʃəli] *adv* erwiesenermaßen.

evil ['i:vl, 'i:vil] *a* schlecht, böse, sündig, übel, schlimm, verheerend, unglücklich; *adv* schlecht, übel; *s* Übel *n,* Schlechtigkeit, Sünde *f;* Leid(en) *n,* Schmerz *m,* Krankheit *f;* Unheil, Unglück, Übel(stand *m) n; to wish s.o.* ~ jdm Böses wünschen; *deliver us from* ~ erlöse uns vom Übel; *the lesser* ~ das kleinere Übel; *the* ~ *eye (Magie)* der böse Blick; *the E~ One* der Böse, der Teufel, Satan *m;* ~ **day** Unglückstag *m;* **~~disposed** *a* boshaft, bösartig; **~~doer** Übeltäter *m;* **~~minded** *a* übelgesinnt, boshaft; *(Bemerkung)* hämisch; **~~speaking** *a* verleumderisch; *s* üble Nachrede *f.*

evince [i'vins] *tr* (offen, deutlich) zeigen, an den Tag legen; sehen, merken lassen, zur Schau tragen.

eviscerate [i'visəreit] *tr* ausweiden; *fig* entkräften, schwächen; der Substanz berauben.

evoc|ation [evo(u)'keiʃən] (Geister-)Beschwörung *f*; Wach-, Zurück-, Hervorrufen *n*; **~ative** ['i'vəkətiv] beschwörend; wachrufend.

evoke [i'vouk] *tr (Geister)* beschwören *a. fig*; in die Erinnerung zurück-, wachrufen; hervorrufen, verursachen.

evolut|e ['i:vəlu:t] *math* Evolute *f*; **~ion** [i:və'lu:ʃən, *Am* evə'l-] Entwick(e)lung *a. phys chem*; Evolution; *(Gas)* Abgabe *f*; *math* Wurzelziehen, Radizieren *n*; *mil mar* Formationsänderung *f, (Tänzer)* Bewegung *f*, Tanzschritt *m*; *theory of* ~ *(biol)* Entwicklungstheorie *f*, Evolutionismus *m*; **~ionary** [-'lu:ʃnəri] *a biol* Entwicklungs-, Evolutions-.

evolve [i'vɔlv] *tr itr* (sich) entwickeln, (sich) entfalten *(into* zu); *tr (Plan)* ausarbeiten, ausdenken; *(Hitze)* abgeben; hervorbringen; *chem* ausscheiden; *itr* entstehen *(from* aus).

ewe [ju:] *(Mutter-)*Schaf *n*.

ewer ['juə] Wasserkrug *m*, -kanne *f*.

ex [eks] **1.** *prp fin com* ohne, ausschließlich; frei von, -frei; ab; *price* ~ *works* Preis ab Werk; ~ *dividend, interest* ohne Dividende, ohne Zinsen; **2.** *pref* ehemalige(r, s), frühere(r, s), Ex-.

exacerbat|e [eks'æsə(:)beit, *Am* ig-'zæsəbeit, ik'sæ-] *tr* verschärfen, verschlimmern; verbittern, verärgern, reizen; **~ion** [-'beiʃən] Verschlimmerung; Verbitterung, Verärgerung *f*.

exact [ig'zækt] *a* genau, exakt; pünktlich, gewissenhaft; richtig, korrekt; strikt, streng, scharf, rigoros; *tr (Forderung)* eintreiben, erzwingen; *(Geld)* erpressen *(from, of* von*)*; erfordern, erforderlich machen; fordern, verlangen; **~ing** [-iŋ] anspruchsvoll, streng; anstrengend; *to be* ~ es sehr genau nehmen; viel verlangen; ~ *penalty* Ordnungsstrafe *f*; **~ion** [ig'zækʃən] Eintreibung, Erpressung; *(unbillige)* Forderung; erpreßte Abgabe; hohe Anforderung *f*; **~itude** [ig'zæktitju:d], **~ness** [-nis] Genauigkeit, Exaktheit; Pünktlichkeit, Gewissenhaftigkeit; Richtigkeit, Korrektheit *f*; **~ly** [-li] *adv (als Antwort)* so ist es, allerdings, freilich; genau, ganz; gerade; *(vor Fragewörtern)* eigentlich.

exaggerat|e [ig'zædʒəreit] *tr itr* verstärken; übertreiben; überbewerten; **~ed** [-id] *a* übertrieben hoch; *com* übersetzt *(Preis)*; **~ion** [-'reiʃən] Übertreibung *f*; ~ *of value* Überbewertung *f*.

exalt [ig'zɔ:lt] *tr fig* erhöhen; *(in e-n Stand)* erheben; verstärken; preisen, rühmen, verherrlichen; *(in der Wirkung)* verstärken; *to* ~ *to the skies* in den Himmel heben; **~ation** [egzɔ:l-'teiʃən] Erhebung, Erhöhung, Höhe *f*; Jubel; unbändige(r) Stolz *m*; Verzückung *f*; **~ed** [ig'zɔ:ltid] *a* hoch, erhaben; jubelnd, voller Stolz; begeistert, verzückt, exaltiert.

exam [ig'zæm] *fam* = *examination*.

examin|ation [igzæmi'neiʃən] Prüfung *f*, Examen *n (in* in*)*; Untersuchung(smethode), Überprüfung; Durchsehen, Besichtigung, Kontrolle, Inspektion, Revision; Erhebung; *mil* Musterung *f*; *jur* Vernehmung *f*, Verhör *n*; *(Zoll-)*Revision *f*; *(up)on* ~ bei näherer, eingehender Prüfung; *to admit to an* ~ zu e-r Prüfung zulassen; *to be under* ~ geprüft, vernommen werden; untersucht werden; *to enter, to sit for, to take an* ~ sich e-r Prüfung unterziehen; *to fail in an* ~ bei e-r Prüfung durchfallen, e-e P. nicht bestehen; *to make an* ~ *of* (genau) prüfen, durchsehen, besichtigen; *to pass an* ~ e-e Prüfung bestehen; *to undergo an* ~ *(med)* sich e-r Untersuchung unterziehen; *competitive* ~ Wettbewerb *m*; *intermediate* ~ Zwischenprüfung *f*; *leaving, terminal* ~ Abschlußprüfung *f*; *medical* ~ ärztliche Untersuchung *f*; *oral, written* ~ mündliche, schriftliche Prüfung *f*; *qualifying* ~ Eignungsprüfung *f*; *random* ~ Stichprobe *f*; *state* ~ Staatsprüfung *f*; ~ *of accounts* Rechnungsprüfung *f*; ~ *of the books* Bücherrevision *f*; ~ *paper* (schriftliche) Prüfungsarbeit *f*; ~ *question* Prüfungsfrage *f*; ~ *of witnesses* Zeugenverhör *n*; **~e** [ig'zæmin] *tr* prüfen, e-r Prüfung unterziehen; untersuchen, (über)prüfen, durchsehen, e-r (genauen) Durchsicht unterziehen; besichtigen, inspizieren; verhören, vernehmen; *itr* prüfen, untersuchen *(into s.th.* etw); sich e-e Meinung bilden *(into* von*)*; *to* ~ *o.'s conscience* sein Gewissen erforschen; **~ee** [igzæmi'ni:] Prüfling, Kandidat *m*; **~er** [ig'zæminə] Prüfende(r), Examinator; Revisor; Untersuchende(r); Zollbeamte(r); *jur* Vernehmer *m*; **~ing** [-iŋ] ~ *body* Prüfungsausschuß *m*, -kommission *f*; ~ *magistrate* Untersuchungsrichter *m*.

example [ig'zɑ:mpl] Beispiel *n*; Muster (-beispiel) *(of* für*)*; Vorbild *n*; Warnung *f*, warnende(s) Beispiel *n*; *math* Aufgabe *f*, *obs* Exempel *n*; *beyond, without* ~ beispiellos; *for* ~ zum Beispiel; *to be an ~ to s.o.* für jdn ein Beispiel sein; *to follow s.o.'s ~* jds Beispiel folgen; *to give, to set an ~, a good ~* ein Beispiel geben, mit dem guten Beispiel vorangehen; *to make an ~ of* ein Exempel statuieren an.

exasperat|e [ig'za:spəreit] *tr* erbittern; ärgerlich machen, (ver)ärgern; (auf)reizen; verschärfen, verstärken, verschlimmern; **-ion** [-'reiʃən] Erbitterung *f*, Ärger *m*; *in ~~* aus Wut.

excavat|e ['ekskəveit] *tr* ausheben, -baggern, -schachten, -graben; **-ion** [-'veiʃən] Aushöhlung, -hebung, -schachtung, -baggerung; Höhlung, Höhle; Ausgrabung (*a. Gegenstand*); Erdarbeit *f*; Aushub *m*; **-or** ['ekskəveitə] Erdarbeiter; Trockenbagger *m*.

exceed [ik'si:d] *tr* überschreiten, übersteigen, hinausgehen über, größer sein (*by* als); übertreffen (*s.o.'s expectations* jds Erwartungen); übersteigen; (*Rechte*) mißbrauchen; *itr* sich auszeichnen, sich hervortun (*in* in); **-ing** [-iŋ] hervorragend, gewaltig, un-, außergewöhnlich, außerordentlich; (*Betrag*) überschießend; *an amount not ~~* ein Betrag von nicht über; **-ingly** [-iŋli] *adv* äußerst, (ganz) besonders, in hohem Maße, außerordentlich.

excel [ik'sel] *tr* übertreffen, überragen (*in* in); *itr* sich auszeichnen, sich hervortun (*at* bei; *in* in; *as* als); hervorragend sein; **-lence** ['eksələns] Vortrefflichkeit, Vorzüglichkeit; (besondere) Güte, Fähigkeit; hervorragende Leistung *f* (*at*, *in* in); Vorzug *m*, Stärke *f*; **E-lency** Exzellenz *f* (*Titel*); **-lent** ['eksələnt] ausgezeichnet, hervorragend, vortrefflich, vorzüglich; vollendet; **-sior** [ek'selsiə:] *a* höher, größer; *s* [ik'selsiə] *Am* Holzwolle; *typ* Brillant *f* (*Schriftgrad*).

except [ik'sept] *tr* (her)ausnehmen, auslassen, ausschließen (*from* aus); *itr* widersprechen, Widerspruch erheben, Einwendungen machen (*against* gegen); *prp* außer, ausgenommen; *~ for* bis auf; mit Ausnahme gen; *present company ~ed* Anwesende ausgenommen; **-ing** [-iŋ] *prp* (*nach:* not, without, nothing u. always) außer, ausgenommen; **-ion** [-pʃən] Ausnahme *f* (*to* von); Einwand *m*, Einwendung; Beanstandung; *jur* Einrede; (*Zeuge*) Ablehnung *f*; *as an ~, by way of an ~* als Ausnahme; ausnahmsweise; *with the ~ of, that* mit Ausnahme gen, mit der Ausnahme, daß; *with certain ~s* mit bestimmten, gewissen Ausnahmen; *without ~* ohne Ausnahme, ausnahmslos; *to be an ~~ to s.th.* e-e Ausnahme von etw bilden; *to make an ~~ to s.th.* von etw e-e Ausnahme machen; *to take ~* Anstoß nehmen (*to* an); beanstanden (*to s.th.* etw); widersprechen (*to s.th.* etw); ablehnen (*to s.o.* jdn); *the ~ proves the rule* Ausnahmen bestätigen die Regel; **-ionable** [-pʃnəbl] auszunehmen(d); anfechtbar; **-ional** [-pʃənl] un-, außergewöhnlich; *~~ case, law, prov, provisions (pl)* Ausnahmefall *m*, -gesetz *n*, -preis *m*, -vorschriften *f pl*; **-ionally** [-pʃnəli] *adv* außergewöhnlich, ungewöhnlich, ganz besonders.

excerpt [ek'sə:pt] *tr* ausziehen, e-n Auszug machen (*from* aus); *s* ['eksə:pt] Auszug *m*, Exzerpt; Zitat *n*.

excess [ik'ses] *s* Übermaß *n* (*of* an); Überschuß *m*; Mehr *n*; (Fahrpreis-) Zuschlag *m*; *pl* Ausschweifungen *f pl*, übermäßige(r) Genuß *m*, Unmäßigkeit, Maßlosigkeit *f*; Ausschreitungen *f pl*; *a* [ik'ses, 'ekses] Mehr-, Überschüssig; *in ~* mehr als, über ... hinaus; *to ~* im Übermaß; *to be in ~ of* hinausgehen über, überschreiten, -steigen; *to carry to ~* übertreiben; über das Ziel hinausschießen (*s.th.* mit etw); *~ of exports* Ausfuhrüberschuß *m*; *~ of money* Geldüberhang *m*; *~ of population* Bevölkerungsüberschuß *m*; *~ of purchasing power* Kaufkraftüberhang *m*; **~ amount** Mehrbetrag, Überschuß *m*; **~ consumption** Mehrverbrauch *m*; **~ expenditure** Mehrausgaben *f pl*; **~ fare** *rail* Zuschlag *m*; **~ freight, luggage,** *Am* **baggage** Überfracht *f*; *Am fig* Ballast *m*; **-ive** [-iv] übermäßig, übertrieben, Über-; unmäßig, maßlos; **-iveness** [-ivnis] Übermäßigkeit, Übertriebenheit; Maßlosigkeit *f*; **~ postage** Strafporto *n*, Nachgebühr *f*; **~ pressure** Überdruck *m*; **~ price** Überpreis *m*; **~ production** Produktionsüberschuß *m*; **~ profits** *pl* Mehrgewinn *m*; *~~ tax (Am), (Br) duty* Mehrgewinnsteuer *f*; **~ stock** Mehrbestand *m*; **~ value** Mehrwert *m*; **~ weight** Übergewicht *n*.

exchange [iks'tʃeindʒ] *tr* (aus-, ein-, um)tauschen (*with* mit); (aus-, ein-, um)wechseln (*for* gegen); vertauschen (*for* mit); *itr* wert sein; *mil* sich versetzen lassen; übergehen (*from* von; *into* zu); *s* (Aus-, Um-)Tausch *m*; Aus-, Ein-, Umwechs(e)lung *f*; (Geld-)Wechseln *n*; Wechsel-, Umrechnungskurs *m*; (*foreign ~*) Valuta *f*, Devisen *pl*, auslän-

exchangeable 339 **exclusive**

dische Zahlungsmittel *n pl*; Wechsel *m*, Tratte *f*, Akzept *n*; Umrechnung *f*; Umsatz *m*; Börse *f*, Markt *m*; (Arbeits-, Fernsprech-, Fernschreib-)Vermitt(e)lung *f*, Amt *n*; *Am mil* Kantine, Marketenderei *f*; *pl Am* Verrechnungsschecks *m pl*; *at the ~ of* zum Kurs von; *by way of ~* im Tausch, statt dem Tauschwege; *in ~* dafür; als Ersatz; *in ~ for* im Tausch gegen, für; als Entschädigung für; *to give in ~* in Tausch geben, einwechseln; *to make an ~* e-n Tausch machen; *to obtain, to receive in ~ for s.th.* im Tausch gegen etw erhalten; *to take in ~* in Tausch nehmen; *account of ~* Wechselkonto *n*; *bill of ~* Wechsel *m*, Tratte *f*; *corn, cotton ~* Getreide-, Baumwollmarkt *m*, -börse *f*; *difference of ~* Kursunterschied *m*; *labo(u)r ~* Arbeitsamt *n*, Arbeits-, Stellenvermitt(e)lung *f*; *produce ~* Produktenbörse *f*; *rate of ~* Wechsel-, Verrechnungskurs *m*; *stock ~* Börse *f*; *telephone ~* Fernsprechamt *n*, Fernsprechvermitt(e)lung *f*; *~ of goods* Güter-, Warenaustausch *m*; *~ of letters* Briefwechsel *m*; *~ of notes (pol)* Notenwechsel *m*; *~ of prisoners* Gefangenenaustausch *m*; *~ of territories* Gebietsaustausch *m*; *~ of views* Meinungsaustausch *m*; **~able** [-əbl] austauschbar *(for* gegen); **~ advice** Kursbericht *m*; **~ arbitration** Wechselarbitrage *f*; **~ bank** Wechselbank *f*; **~ broker** Börsenmakler, Wechselagent *m*; **~ brokerage** Wechselprovision *f*; **~ business** Wechsel-, Börsengeschäft *n*; **~ control** Devisenbewirtschaftung *f*; **~~ office** Devisenstelle *f*; **~ fluctuations** *pl* Kursschwankungen *f pl*; **~ list** Kurszettel *m*, -notierung *f*; **~ office** Wechselstube *f*; **~ quotation** Börsennotierung *f*; **~ rate** Umrechnungs-, Wechselkurs *m*; **~ regulations** *pl* Devisenbestimmungen *f pl*, Wechselordnung *f*; **~ report** Börsen-, Kursbericht *m*; **~ restrictions** *pl* Devisenbeschränkungen *f pl*; **~ stability** Währungsstabilität *f*; **~ student, teacher** Austauschstudent, -lehrer *m*; **~ transactions** *pl* Börsen-, Devisenumsatz *m*; **~ usages** *pl* Börsenusancen *f pl*; **~ value** Tausch-, Gegenwert *m*.
exchequer [iks'tʃekə] Staatskasse *f*, -schatz, Fiskus *m*, Finanzverwaltung *f*; *fam* Geldmittel *n pl*, Finanzen *f pl*; *the E~ (Großbritannien)* das Schatzamt, das Finanzministerium; *the Chancellor of the E~* der Schatzkanzler, der Finanzminister; **~ bond** Schatzanweisung *f*.

excis|e [ek'saiz, ik-] **1.** *s (~~ tax)* indirekte, Verbrauchssteuer *f*; *tr* besteuern, mit e-r Verbrauchssteuer belegen; *~~ licence (Am)* Schankkonzession *f*; *~-man, officer* Steuereinnehmer *m*; **2.** *tr* (her)ausschneiden; *med* operativ entfernen; *bot zoo* einkerben; **~ion** [ek'siʒən] Ausschneiden *n*; *med* Entfernung *f*; Ausschluß *m*.

excit|ability [iksaitə'biliti] Erregbarkeit, Reizbarkeit; *biol* Reaktion *f* auf Reize; **~able** [ik'saitəbl] erregbar, reizbar, nervös; **~ant** ['eksitənt] *med* Reizmittel *n*; **~ation** [eksi'teiʃən] Erregung, Reizung *f*; *fig* Auf-, Ermunterung, Anregung *f*; Stimulus *m*; *phys* Erregung, Speisung *f*; **~e** [ik'sait] *tr* anregen, (an)reizen *(to* zu); hervorrufen, erwecken, erregen; in Erregung versetzen, aufregen, nervös machen; *phys* erregen; *(Schwingungen)* erzeugen, hervorrufen; *physiol* e-e Reaktion hervorrufen in; **~ed** [-id] *a* erregt, aufgeregt, nervös; *to get ~~* sich aufregen *(over* über); **~ement** [-mənt] Erregung, Aufregung, Nervosität; Aufregung *f*, Reiz *m*; **~er** [-ə] *phys* Erreger *m*; **~ing** [-iŋ] auf-, erregend; hochinteressant, spannend, erstaunlich, fesselnd; *el* Erreger-; *~~ current* Erregerstrom *m*; *~~ voltage* Erreger-, Gitterspannung *f*.

exclaim [iks'kleim] *tr* (aus)rufen, ausstoßen; *tr itr* (auf)schreien *(from pain* vor Schmerz); *to ~ against s.o.* jdn anschreien, -brüllen; *to ~ at* s-e Überraschung äußern über.

exclamation [eksklə'meiʃən] Ausruf, (Auf-)Schrei *m*; *gram* Ausrufesatz *m*, *-wort n*; *note of ~~, ~ mark, point* Ausrufezeichen *n*; **~ory** [eks'klæmətɔri] Ausrufe-; *~~ sentence* Ausrufesatz *m*.

exclude [iks'klu:d] *tr* aussperren, entfernen, ausschließen *(from* aus); *(Wettbewerb)* ausschalten; *to ~ all possibility of doubt* jeden Zweifel ausschließen; *to be ~d* nicht zugelassen, ausgeschlossen sein *(from* von).

exclus|ion [iks'klu:ʒən] Ausschluß *m*; Zurückweisung, Ablehnung; Ausschaltung, Ausscheidung *f*; *tech* Abschluß *m*; *to the ~~ of* unter Ausschluß *gen*; **~ive** [-siv] ausschließend, -schließlich; alleinig, Allein-; sich abschließend, exklusiv; abweisend, reserviert, dünkelhaft; ausgewählt, vornehm, elegant; *fam (Laden)* teuer; *film* mit alleinigem Vorführungsrecht; *~~ of* ausschließlich *gen*, ohne, abgesehen von;

exclusiveness 340 **execution sales**

to be mutually ~~ sich gegenseitig ausschließen; ~~ *agent* Alleinvertreter m; ~~ *report* Sonderbericht m; ~~ *right* ausschließliche(s), Alleinrecht, Monopol n (*to* auf); ~~ *sale* Alleinverkauf(s-recht n) m; **-iveness** [-sivnis] Exklusivität f.

excogitat|e [eks'kɔdʒiteit] tr ausdenken, ersinnen, *fam* austüfteln, *pej* aushecken; erfinden; **-ion** [-'teiʃən] Überlegung f; Gedanke m, Idee; Erfindung f.

excommunicat|e [ekskə'mju:nikeit] tr mit dem Kirchenbann belegen, exkommunizieren; **-ion** ['-keiʃən] Kirchenbann m, Exkommunikation f.

excoriat|e [eks'kɔ:rieit] tr (*Haut*) abschürfen, wund reiben *od* scheuern; (*Rinde*) abschälen; *Am* heruntermachen; scharf, vernichtend kritisieren; *s.o.* keinen guten Faden an jdm lassen; **-ion** [-'eiʃən] Schinden; Wundreiben n; wunde Stelle f.

excrement ['ekskrimənt] Kot m, Ausscheidung f, Exkrement n; *pl* Fäkalien *pl*.

excrescen|ce [iks'kresəns] Auswuchs m *a.fig*; *med* Wucherung f, Gewächs n; **-t** [-t] e-n Auswuchs bildend; *med* wuchernd; *fig* überflüssig.

excret|a [eks'kri:tə] *pl med* Ausscheidungsstoffe m *pl*; **-e** [eks'kri:t] tr *physiol* ausscheiden, absondern; **-ion** [-'kri:ʃən] Ausscheidung, Absonderung f.

excruciat|e [iks'kru:ʃieit] tr martern, peinigen, quälen *a. fig*; **-ing** [-iŋ] qualvoll, schmerzhaft; *fig* schmerzlich, quälend.

exculpat|e ['eksklpeit] tr entschuldigen, freisprechen (*from* von); entlasten, rechtfertigen, reinwaschen (*from* von); **-ion** [-'peiʃən] Rechtfertigung; Entlastung, Freisprechung, Entschuldigung(sgrund m) f.

excursion [iks'kə:ʃən] Ausflug m; Rundfahrt, -reise; (~ *trip*) Gesellschaftsfahrt; *Am* Reisegesellschaft; Abschweifung f; *mil* Ausfall m; *to go on, to make an* ~ e-n Ausflug machen; *alarms and* ~*s* (*fig*) Aufregung f; **-ist** [-'kə:ʃnist] Ausflügler, Tourist m; ~ **ticket** Ausflugskarte f; ~ **train** Gesellschafts-, Sonderzug m.

excursive [eks'kə:siv] umherschweifend; (*Lektüre*) kursorisch; sprunghaft; abschweifend.

excus|able [iks'kju:zəbl] entschuldbar, verzeihlich; **-e** [iks'kju:z] tr entschuldigen (*for* wegen; *for being late* für das Zuspätkommen); verzeihen (*s.o.* jdm); Nachsicht üben gegen, in Schutz nehmen; rechtfertigen, verteidigen; erlassen (*s.o. from s.th.* jdm etw); befreien, entbinden, entheben (*from* von); *to* ~ *o.s.* sich entschuldigen (*from* wegen, für); ~ *me* entschuldigen Sie! erlauben Sie mal! *you may be* ~*ed now* Sie können jetzt gehen; *s* [-'kju:s] Entschuldigung; Rechtfertigung; Ausrede, Ausflucht f, Vorwand m; Befreiung f (*from* von); *fam* Ersatz m; *in* ~ *of* als, zur Entschuldigung *gen*; *without* ~ unentschuldigt; *to admit of no* ~ unentschuldbar sein; *to make, to offer an* ~ sich entschuldigen (*to* bei); *to make* ~*s for s.o.* jdn entschuldigen; *to make s.th. o.'s* ~ etw zur Entschuldigung vorbringen.

exeat ['eksiæt] (*Schule*) Ausgeherlaubnis f.

execr|able ['eksikrəbl] abscheulich, scheußlich, gräßlich; *Am* minderwertig; **-ate** ['eksikreit] tr verfluchen, fluchen (*s.o.* jdm), verwünschen; verabscheuen, hassen, sich ekeln vor; *I* ~ *it* mir *od* mich schaudert davor; **-ation** [-'kreiʃən] Fluch m, Verwünschung f; Abscheu, Ekel, Schauder m.

execute ['eksikju:t] tr (*Arbeit, Befehl, Auftrag*) ausführen; (*Auftrag*) durchführen, erledigen; (*Verkauf*) tätigen; (*Gesetz*) anwenden, zur Anwendung bringen; (*Amt*) ausüben, verwalten; (*Erklärung*) abgeben; (*Urteil*) vollstrecken; (*Strafe*) vollziehen; hinrichten; unterzeichnen, ausfertigen, rechtsgültig, -kräftig machen; (*Kunst*) ausführen; *mus* vortragen; (*Theat*) darstellen, spielen, aufführen.

execution [eksi'kju:ʃən] Aus-, Durchführung, Erledigung; Anwendung, Handhabung; Vollziehung f, Vollzug m; Vollstreckung; Pfändung; Hinrichtung; Unterzeichnung, Siegelung, Ausfertigung f; (schriftliches) Urteil n; (*Kunst*) Ausführung, Technik f, Vortrag m, Darstellung f, Spiel n; (vernichtende) Wirkung; *tech* Bauweise f; *of* ~ tatkräftig; *to carry into* ~, *to put in(to)* ~ vollenden, aus-, durchführen, bewerkstelligen; *to do great* ~ e-e verheerende Wirkung haben; vernichtend wirken; *to take out an* ~ *against s.o.* jdn (aus)pfänden lassen; *compulsory* ~ Zwangsvollstreckung f; *mass* ~ Massenhinrichtung f; *writ of* ~ Vollstreckungsbefehl m; ~ *of a sentence* Strafvollstreckung f; **-er** [-ʃnə] Scharfrichter, Henker m; ~ **proceedings** *pl s* Zwangsvollstreckungsverfahren n; ~ **sales** *pl Am* Zwangsverkauf m, -versteigerung f.

executive [ig'zekjutiv] *a pol* ausführend, vollziehend; *(Stellung)* leitend; Exekutiv-; *s pol* vollziehende Gewalt; *(~ branch)* Exekutive; Direktion, Geschäftsleitung, -führung *f*; leitende(r) Angestellter; Leiter, Direktor, Geschäftsführer; *Am* Beamte(r) *m*; Staatsführung *f*; *top ~* Spitzenkraft *f*; **~ board, committee, council** Exekutivausschuß *m*, -komitee *n*, -rat; geschäftsführende(r) Vorstand *m*; **~ functions** *pl* Führungsaufgaben *f pl*; **~ order** *Am* Durchführungsverordnung *f*; **~ power** vollziehende Gewalt *f*; **~ secretary** Geschäftsführer *m*; **~ staff** leitende Angestellte *m pl*.
execut|or [ig'zekjutə] *m*, **-rix** [-triks] *f* Ausführende(r *m*) *f*; Testamentsvollstrecker *m*; **-ory** [-əri] *pol* vollziehend, ausübend; *jur* noch zu vollziehen(d).
exegesis [eksi'dʒi:sis] *rel* Exegese *f*.
exemplar [ig'zemplə] Vorbild, Muster, Modell, (Muster-)Beispiel, Exemplar, Stück *n*; **-iness** [-rinis] Mustergültigkeit *f*; **~y** [-ri] musterhaft, -gültig, vorbildlich; abschreckend, exemplarisch.
exemplif|ication [igzemplifi'keiʃən] (Erläuterung *f* durch ein) Beispiel *n*; *jur* beglaubigte Abschrift *f*; **-y** [ig'zemplifai] *tr* durch ein Beispiel erläutern, beispielhaft zeigen; als Beispiel dienen für, erläutern; e-e beglaubigte Abschrift anfertigen von.
exempt [ig'zempt] *tr* befreien, freistellen, dispensieren *(from von)*; erlassen *(s.o. from s.th.* jdm etw*)*; *a* befreit, frei, ausgenommen *(from von)*, bevorrechtet; *s* Befreite(r), Bevorrechtete(r) *m*; *~ from charges* spesen-, kostenfrei; *~ from duty* gebühren-, abgaben-, zollfrei; *~ from military service* vom Wehrdienst befreit; *~ from postage* portofrei; *~ from taxation* steuerfrei; **-ion** [ig'zempʃən] Befreiung, Freistellung, Dispensierung *f*, Freisein *n (from* von), Ausnahme *f*; Ausschluß *m*, Ausschließung, *com* Lastenfreiheit *f*, Steuerfreibetrag *m*; *~~ from duty* Gebühren-, Abgabenfreiheit *f*; *~~ from liability* Haftungsausschluß *m*; *~~ from military service* Befreiung *f* vom Wehrdienst; Freistellung *f*; *~~ from taxation* Steuerfreiheit *f*.
exercise ['eksəsaiz] *s* Übung; (Schul-)Aufgabe; Übersetzung; Tätigkeit, Betätigung, Anwendung *f*, Gebrauch *m*, Ausübung, Praxis; Bewegung; *rel* heilige Handlung; *mus* Etüde *f*; *meist pl* (bes. Leibes-)Übungen *f pl*, and Exerzieren *n*, Drill *m*; *pl Am* Feier(lichkeiten *f pl*) *f*; *tr* üben, anwenden; praktizieren, ausüben, gebrauchen; *(Geduld)* aufbringen; *(Pflichten)* erfüllen; üben lassen, *bes. mil* drillen, ausbilden, einexerzieren; *nur im Passiv: to be ~d* sich aufregen; aufgeregt, verärgert sein; sich Gedanken machen *(about* über); *itr u. to ~ o.s.* üben *(in s.th.* etw), sich üben *(in* in); sich Bewegung verschaffen; *mil* exerzieren; *to take ~* sich Bewegung machen; *to ~ care* aufpassen, achtgeben *(in doing s.th.* wenn man etw tut); *deep-breathing ~s (pl)* Atemübungen *f pl; finger ~s (pl mus)* Fingerübungen *f pl; gymnastic ~s (pl)* Leibesübungen *f pl; opening ~s (pl) (Am)* Eröffnungsfeierlichkeiten *f pl; physical ~(s) (pl)* Leibesübungen *f pl; ~s for the piano, for the violin* Klavier-, Geigenübung *f*; **~ area** Übungsgelände *n*; **~-book** Schul-, Schreibheft *n*.
exert [ig'zə:t] *tr* gebrauchen, anwenden, einsetzen; *(Druck)* ausüben; *(Einfluß)* aufbieten; anspannen, anstrengen; zur Geltung bringen; *to ~ o.s.* sich anstrengen, sich bemühen, sich Mühe geben *(for* um, *wegen)*; **-ion** [ig'zə:ʃən] Gebrauch *m*, Anwendung, Ausübung *f*; Einsatz *m*; Anspannung; Anstrengung *f*.
exeunt ['eksiʌnt] (sie gehen) ab *(Bühnenanweisung)*; **~ omnes** alle ab.
exfoliat|e [eks'foulieit] *itr* abblättern; **-ion** [-'eiʃən] Abblätterung *f*.
exhal|ation [ekshə'leiʃən, egzə'l-] Ausatmung *f*, -atmen *n*; Atem, Hauch *m*, Ausdünstung, Gas-, Dampfabgabe *f*; Dunst, Dampf, Geruch; *fig* Ausbruch *m*; **-e** [eks'heil, eg'z-] *itr* ausatmen, verdunsten, verdampfen; ausströmen *(from* von); *fig* verschwinden; *tr* ausatmen, -hauchen; *(Dampf)* ausstoßen; ausdünsten *(from, out of* aus); *(e-m Gefühl)* Luft machen.
exhaust [ig'zɔ:st] *tr* erschöpfen, völlig aufbrauchen; (aus)leeren, aussaugen, auspumpen, trockenlegen; *(Thema)* erschöpfen(d behandeln); *itr* ausströmen, entweichen; *s tech* Exhaustor; Auslaß *m; mot* Auspuff(rohr *n*) *m*; Auspuff-, Abgas *n*; Abdampf *m*; **-ed** [-id] *a* ver-, aufgebraucht; *tech* ausgebraucht; erschöpft; ermattet; *(Buch)* vergriffen; *(Frist)* abgelaufen; *min* abgebaut; *to be ~~* erschöpft, völlig ausgepumpt sein; **-er** [-ə] Sauglüfter, Exhaustor *m*; **~ fan** Absauventilator *m*; **~ gas** Ab-, Auspuffgas *n*; **-ing** [-iŋ] mühsam, -selig, anstrengend, ermüdend; **-ion** [ig-

exhaustive 'zɔ:stʃən] Auf-, Verbrauchen *n*; Erschöpfung, Ermüdung, Ermattung *f*; Verbraucht-, Vergriffensein *n*; *min* Abbau *m*; *(Dampf)* Ausströmen *n*; **~ive** [-iv] erschöpfend, eingehend, vollständig, völlig; **~~pipe** Auspuffrohr *n*; **~~steam** Abdampf *m*.

exhibit [ig'zibit] *tr* zeigen, sehen lassen, an den Tag legen, zur Schau stellen; *(im Schaufenster, auf Ausstellungen)* ausstellen; *(Ware)* auslegen; vorführen *a. film*; *(Papiere)* vorzeigen, -weisen, -legen; einreichen; *jur (Klage)* ein-, vorbringen; *med (Arznei)* verordnen, applizieren; *s* Ausstellung; Darbietung; Schaustellung *f*; Ausstellungsstück *n*, -gegenstand *m*; *jur* Beweisstück *n*, Beleg *m*; Anlage; Eingabe *f*; *pl film* Reklamephotos *n pl*; **~ion** [eksi'biʃən] Ausstellung, Schau; Zurschaustellung, Darlegung; Vorlage, Vorzeigung, Einreichung; Vorführung *f*; *Br* Stipendium *n*; *to make an ~~ of o.s.* sich lächerlich machen; *to put on an ~~* e-e Ausstellung veranstalten; *art ~~* Kunstausstellung *f*; *industrial ~~* Gewerbeschau *f*; *motor ~~* Automobilausstellung *f*; *universal ~~* Weltausstellung *f*; *~~ hall* Ausstellungshalle *f*; *~~ of pictures* Gemäldeausstellung *f*; *~~ room* Ausstellungsraum *m*; **~ioner** [eksi'biʃnə] *Br* Stipendiat *m*; **~ionism** [eksi'biʃnizm] Exhibitionismus *m*; **~ionist** [eksi'biʃnist] Exhibitionist *m*; **~or** [-ə] Aussteller; Kinobesitzer *m*.

exhilarat|e [ig'ziləreit] *tr* auf-, erheitern; ermuntern, anregen; **~ion** [-'reiʃən] Auf-, Erheiterung *f*; Ermunterung *f*; Frohsinn *m*, Heiterkeit *f*.

exhort [ig'zɔ:t] *tr* ermahnen, mahnen (*s.o.* jdm); **~ation** [egzɔ:'teiʃən] (Er-)Mahnung *f*.

exhum|ation [ekshju:'meiʃən] Exhumierung *f*; **~e** [eks'hju:m] *tr (Toten)* wiederausgraben; *fig* ausgraben, enthüllen, ans Licht bringen.

exig|ence, -cy ['eksidʒəns(i)] Dringlichkeit; Notwendigkeit, Notlage *f*; dringende(s) Bedürfnis, Erfordernis *n*; dringende(r) Fall *m*; **~ent** ['-ənt] dringend, eilig, ernst; anspruchsvoll; *to be ~~ of s.th.* etw dringend erfordern.

exigu|ity [eksi'gju(:)iti] Winzigkeit, Kleinheit, Dürftigkeit, Unerheblichkeit *f*; **~ous** [eg'zigjuəs] klein, winzig, dürftig, schwach; unerheblich.

exile ['eksail, 'egz-] *s* Verbannung *f*, Exil *n*; *fig* lange Abwesenheit *f*; Verbannte(r) *m*; *tr* verbannen, in die Verbannung schicken (*from* aus); *to go* *into ~* in die Verbannung gehen; *to live in ~* im Exil leben.

exist [ig'zist] *itr* bestehen, existieren, (wirklich, Wirklichkeit) sein; leben (*on* von); auskommen (*on* mit); vorkommen, vorhanden sein; *fam* vegetieren; *does that ~?* gibt es das? **~ence** [-əns] Dasein, Existenz *f*; Leben(sweise *f*) *n*; Dauer *f*; *in ~~* bestehend, vorhanden; *to be in ~~* bestehen; *to bring, to call into ~~* ins Leben rufen; *to come, to spring into ~~* (plötzlich) auftreten, dasein; *conditions of ~~* Lebens-, Existenzbedingungen *f pl*; **~ent** [-ənt] bestehend, wirklich; vorhanden, gegenwärtig; **~ential** [egzis-'tenʃəl] existentiell; **~entialism** [egzis-'tenʃəlizm] Existentialismus *m*; **~ing** [-iŋ] bestehend, vorhanden; *under ~~ circumstances* unter den gegenwärtigen Umständen.

exit ['eksit] *s theat* Abgang *m*; Ausreise *f*; *fam* Tod; Ausgang (*aus e-m Gebäude*); *tech* Abzug *m*; *itr*: (er, sie geht) ab *(Bühnenanweisung)*; *she made a hasty ~* sie empfahl sich schleunigst; **~ permit** Ausreisegenehmigung *f*.

ex libris [eks'laibris] Exlibris *n*.

exodus ['eksədəs] Aufbruch, Auszug *m*, Aus-, Abwanderung *f*; *the E~* der Exodus, das 2. Buch Mosis; *mass ~* Massenabwanderung *f*; *rural ~* Landflucht *f*; *~ of capital* Kapitalabwanderung *f*.

ex officio [eksə'fiʃiou] *a adv* von Amts wegen, dienstlich.

exogenous [ek'sɔdʒinəs] von außen verursacht, exogen.

exonerat|e [ig'zɔnəreit] *tr* rechtfertigen; *jur* entlasten; *(von e-r Verbindlichkeit)* befreien, entbinden (*from* von); **~ion** [-'reiʃən] Rechtfertigung; Entlastung; Befreiung *f* (*from* von).

exorbitan|ce, -cy [ɪg'zɔ:bitəns(i)] Übermaß *n*; Übertreibung, Maßlosigkeit *f*; **~t** [-t] übertrieben, maßlos; *~~ price* Wucherpreis *m*.

exorc|ism ['eksɔ:sizm] Geisterbeschwörung *f*; **~ist** ['-ist] Geisterbeschwörer *m*; **~ize, ~ise** ['-aiz] *tr (e-n bösen Geist)* beschwören, bannen, austreiben (*from, out of* aus).

exoteric [ekso(u)'terik] exoterisch, für e-n weiteren Kreis bestimmt, allgemein(verständlich); *fig* volkstümlich.

exotic [eg'zɔtik] ausländisch; fremdartig, exotisch.

expan|d [iks'pænd] *tr* ausstrecken, -spannen, ausbreiten; (aus)dehnen, weiten; vergrößern; erweitern (*into* zu) *a. math*; *math* ausmultiplizieren,

expander 343 **expenditure**

entwickeln; *fig* eingehend erörtern, behandeln; *itr* sich ausstrecken, sich entfalten; sich dehnen (*with heat* durch Hitze); sich (aus)weiten; sich erweitern, sich verbreitern; gesprächig werden; **~der** [-də] *sport* Expander (*Gerät*); *mot* Spreizring *m*; **~se** [iks'pæns] (große) Ausdehnung; weite(r) Raum *m*; **~sion** [iks'pænʃən] Ausdehnung, Erweiterung *a.* math, Ausweitung; Vervollkommnung; *pol* Expansion, Ausbreitung *f*; weite(r) Raum *m*, Weite *f*, Umfang; Zuwachs *m*; *tech* Dehnung *f*; **~sionism** [-'pænʃənizm] Expansionspolitik *f*; **~sive** [-'pænsiv] sich ausdehnend, dehnbar, expansiv; ausgedehnt, weit, umfassend, umfangreich; verständnisvoll, sich einfühlend; frei, offen, mitteilsam; gefühlvoll; überschwenglich; *psychol* größenwahnsinnig; **~siveness** [-'pænsivis] Expansivkraft; Weite *f*; Verständnis, Einfühlungsvermögen *n*, Offenheit, Mitteilsamkeit; Überschwenglichkeit *f*; *psychol* Größenwahn *m*.

expatiat|e [eks'peiʃieit] *itr* sich verbreiten, sich auslassen, sich äußern (*on, upon* über); **~ion** [-'eiʃəri] Auslassung; eingehende, breite Darstellung *f*.

expatriat|e [eks'pætrieit, *Am* -pei-] *tr* ausbürgern; *itr u.* to **~** *o.s.* auswandern; auf s-e Staatsangehörigkeit verzichten; [-iit] *a* heimatlos; *s* Heimatlose(r) *m*; **~ion** [-'eiʃən] Vertreibung, Verbannung; Auswanderung, Ausbürgerung; Aufgabe *f* der Staatsangehörigkeit.

expect [iks'pekt] *tr* erwarten, rechnen mit; zumuten (*from s.o.* jdm); *fam* annehmen, meinen, vermuten; *to be ~ing* (*fam*) (Frau) in anderen Umständen sein; *I ~ed as much* das habe ich erwartet; *I can't be ~ed* man kann nicht von mir erwarten; **~ance, ~cy** [-əns(i)] Erwartung; Anwartschaft *f*; *life ~ancy* (statistisch errechnete) Lebenserwartung *f*; **~ant** [-ənt] *a* (er)wartend; erwartungsvoll; *s* Anwärter *m* (*of* auf); **~~** *heir* Erbschaftsanwärter *m*; **~~** *mother* werdende Mutter *f*; **~ation** [ekspek'teiʃən] oft *pl* Erwartung(en *pl*), Hoffnung(en *pl*), Aussicht(en *pl*); Anwartschaft *f* (*of* auf); Erbaussicht (*from* bei); *according to ~~(s)* erwartungsgemäß; *against, contrary to ~~(s)* wider Erwarten; *beyond ~~(s)* über Erwarten; *in ~~ of* in Erwartung *gen*; *to answer, to come up to, to meet s.o.'s ~~s* jds Erwartungen entsprechen; *to fall short of,* *not to come up to s.o.'s ~~s* jds Erwartungen nicht entsprechen; *to have great ~~s of s.th.* in etw große Erwartungen setzen; **~~** *of life* Lebenserwartung *f*.

expectorat|e [eks'pektəreit] *tr* aushusten, ausspeien; *itr* speien; **~ion** [-'reiʃən] Auswurf; Schleim *m*.

exped|ience, -cy [iks'pi:djəns(i)] Brauchbarkeit, Zweckmäßigkeit, -dienlichkeit; Tunlichkeit, Ratsamkeit *f*; Vorteil(haftigkeit *f*) *m*; eigene(s) Interesse *n*; *on grounds of ~~* aus Zweckmäßigkeitsgründen; **~ient** [-djənt] *a* brauchbar, passend, angebracht, zweckmäßig, -dienlich, vorteilhaft, nützlich (*to* für); tunlich, dienlich, ratsam; im eigenen Interesse liegend; *s* Mittel *n* (zum Zweck); Kniff, Ausweg; (Not-)Behelf *m*; *to resort to ~~s* zu Notbehelfen s-e Zuflucht nehmen; **~ite** ['ekspidait] *tr* beschleunigen; erleichtern, fördern; (schnell) erledigen, absenden, abfertigen; **~ition** [ekspi'diʃən] (*exploring ~~*) (Forschungs-)Reise, Expedition *f a.* mil; mil Feldzug *m*; Eile, Geschwindigkeit *f*; **~ionary** [ekspi'diʃnəri] *a* Expeditions-; **~~** *force* (*mil*) Expeditionskorps *n*; **~itious** [ekspi'diʃəs] schleunig, eilig, prompt, schnell, flink.

expel [iks'pel] *tr* ausweisen, abschieben, des Landes verweisen; hinauswerfen, ausstoßen, ausschließen (*from* aus); (*von der Universität*) relegieren; *tech* hinausdrücken, -treiben, -schleudern; **~lee** [ekspe'li:] *Am* Ausgewiesene(r), Vertriebene(r), Flüchtling *m*.

expend [iks'pend] *tr* (Geld) ausgeben, verausgaben; verbrauchen, (*Mittel*) einsetzen, erschöpfen; (*Munition*) verschießen; (*Zeit, Arbeit, Mühe*) auf-, verwenden (*on, in* auf); (*Sorgfalt*) anwenden; **~able** [-əbl] *a* mil für den Verbrauch *od* Verzehr (bestimmt); zu ersetzen(d); entbehrlich; *s pl* Himmelfahrtskommando *n* (*die Männer*); *Am* Verbrauchsmaterial *n*; **~iture** [-itʃə] (Geld-)Ausgabe; Verausgabung, Aufwendung *f*; Verbrauch, Aufwand *m* (*of* an); *administrative ~~* Verwaltungsunkosten *pl*; *capital ~~* Kapitalanlage *f*; *cash ~~* Geld-, Barausgabe *f*; *estimate of ~~* Kostenanschlag *m*; *excess ~~* Mehrausgaben *f pl*; *government, national, state ~~* Staatsausgaben *f pl*; *initial ~~* Anlagekosten *pl*; *operating ~~* Betriebsausgaben *pl*; *permanent ~~* laufende Ausgaben *f pl*; *social ~~* Soziallasten *f pl*; *~~ authorization* Beschaffungsgenehmigung *f*.

expense [iks'pens] (Geld-)Ausgabe *f*, Auslagen *f pl*, Aufwendungen *f pl*; Aufwand; Verbrauch; Verlust *m*, Opfer *n*; *a. pl* (Un-)Kosten, Lasten *pl*; *pl* Auslagen, Spesen *pl*; *after deducting ~s* nach Abzug der Kosten; *at s.o.'s ~* auf jds Kosten *a. fig*; zu jds Lasten; *at any ~* um jeden Preis; *at great, little ~* mit großen, geringen Kosten; *dividing the ~(s), at joint ~* auf gemeinsame Kosten; *free of ~* kosten-, spesenfrei; *regardless of ~* ohne Rücksicht auf die Kosten; *to allow s.o. his ~(s)* jdm die Auslagen, Kosten ersetzen; *to bear, to defray, to meet, to pay the ~(s)* die Kosten tragen, bestreiten, bezahlen; *to cut down the ~(s)* die Kosten verringern; *to go to great ~* sich in Unkosten stürzen; *to incur ~s* es sich etw kosten lassen; *to involve ~* mit Kosten verbunden sein, Kosten verursachen; *to make o.'s ~(s)* auf s-e Kosten kommen; *to put s.o. to ~* jdm Kosten verursachen; *to spare no ~(s)* keine Kosten scheuen; **~ account** Spesenkonto *n*; **~advanced** Kosten-, Spesenvorschuß *m*; **~allowance** Aufwandsentschädigung *f*; **~ budget** Gemeinkostenbudget *n*; **~ factor** Kostenfaktor *m*; **~ voucher** Kosten-, Spesenaufstellung *f*.

expensive [iks'pensiv] kostspielig, mit hohen Kosten verbunden, aufwendig.

experience [iks'piəriəns] *s* Erfahrung (*in, of* in); Praxis, Sachkenntnis, Beschlagenheit, Bewandertheit *f*; Erleben, Erlebnis *n*; *com* Kenntnisse, praktische Fertigkeiten *f pl*; *tr* erfahren; erleben; begegnen; mit-, durchmachen; *(Verluste)* erleiden; *(auf Schwierigkeiten)* stoßen; *from ~* aus Erfahrung; *to gain ~* Erfahrungen sammeln; *to have a wide ~* über umfangreiche Erfahrungen verfügen; *to learn by ~* aus der Erfahrung lernen; *business ~* Geschäftserfahrung *f*; *driving ~* Fahrpraxis *f*; *professional ~* Berufserfahrung *f*; *~ in life* Lebenserfahrung *f*; **~d** [-t] *a* erfahren, bewandert, sachkundig, *com* versiert.

experiment [iks'perimənt] *s* Versuch *m*, Experiment *n*, Probe *f*; *itr* [-ment] Versuche anstellen; Experimente machen, experimentieren (*on* an; *with* mit); erproben (*with s.th.* etw); **~al** [eksperi'mentl] versuchsweise, experimentell; Versuchs-; **~~ animal** Versuchstier *n*; **~~ department** Versuchsabteilung *f*; **~~ farm** Versuchsfarm *f*; **~~ field** Versuchsgelände *n*; **~~ run (mot)** Probelauf *m*; **~~ stage** Versuchsstadium *n*; **~~ station** Versuchsanstalt *f*; **~alist** [eksperi'mentəlist], **~er** [eks'perimentə] Experimentator *m*; **~ation** [eksperimen'teiʃən] Experimentieren *n*.

expert ['ekspə:t] *a (pred a.* iks'pə:t) erfahren, sachkundig, -verständig; geübt, geschickt (*in, at* in; *with* an); Kenner-, Sachverständigen-, Experten-; *s* (Sach-)Kenner, Sachverständige(r), Experte, Fachmann, Spezialist (*in a field* auf e-m Gebiet); Gutachter *m*; *the ~s* die Fachwelt; *to be ~ at driving* ein ausgezeichneter Fahrer sein; *financial ~* Finanzsachverständige(r) *m*; **~ advice** fachmännische(r) Rat *m*; **~ appraiser** amtliche(r) Schätzer *m*; **~ evidence**: *according to ~~* nach Ansicht der Sachverständigen; **~ inquiry** Sachverständigenuntersuchung *f*; **~ise** [ekspə:'ti:z] Sachverständigengutachten *n*, Expertise *f*; **~ knowledge** Sachkenntnis *f*, Fachwissen *n*; **~ness** [-nis] fachliche Qualifikation, Erfahrenheit; Geschicklichkeit *f*; **~ opinion** Sachverständigengutachten *n*; **~ witness** *jur* Sachverständige(r) *m*; **~ worker** Facharbeiter, Spezialist *m*.

expiable ['ekspiəbl] sühnbar; **~ate** ['ekspieit] *tr* sühnen, büßen (für), abbüßen, Buße tun für; **~ation** [-'eiʃən] Sühne, Buße *f*; **~atory** ['ekspiətəri, -piət-] sühnend, büßend; Sühn-, Buß-.

expiration [ekspaiə'reiʃən, -pi-] Ausatmen *n*, -atmung *f*; Tod *m*, (Lebens-) Ende; Ende *n*, Ablauf *m*, Erlöschen *n*; *fin* Verfall *m*; *at the ~~ of* nach Ablauf *gen*; *at the time of ~~* zur Verfallzeit; bei Verfall; *upon ~~* bei Verfall; *date of ~~* Ablaufzeit *f*; Verfalltag *m*; **~atory** ['ikspaiərətəri] *a* Ausatmungs-; **~e** [iks'paiə] *itr* ausatmen; *lit* in den letzten Zügen liegen, sterben; aufhören, enden; erlöschen, ablaufen, verfallen, die Gültigkeit verlieren; **~y** [iks'paiəri] Verfall, Ablauf *m*.

explain [iks'plein] *tr* erklären, auseinander.setzen, verständlich machen; erläutern; deuten, auslegen; begründen, e-n Grund angeben für, rechtfertigen; *itr* e-e Erklärung geben; *to ~ o.s.* sich verständlich machen; s-e Gründe angeben, sich rechtfertigen; *to ~ away* wegerklären, vertuschen.

explanation [eksplə'neiʃən] Erklärung, Erläuterung; Begründung *f*, Grund *m* (*of* für); Auslegung, Deutung; Ausea.setzung; Verständigung *f*; *in ~~ of* zur Erklärung *gen*; *to come to an ~~ with s.o. about s.th.* sich mit jdm über etw verständigen; *to make* *some* ~~ e-e Erklärung abgeben; **~ory** [iks'plænətəri] erklärend, erläuternd.

expletive [eks'pli:tiv, iks-] *a* (aus-)füllend; überflüssig; Füll-; *s* Flick-, Füllwort *n*; Lückenbüßer; Fluch *m*.

explic|able ['eksplikəbl] erklärbar; deutbar; **~ate** ['-keit] *tr* erklären, deutlich machen; **~ation** [-'keiʃən] Erklärung, Erläuterung, Darlegung, Auslegung, Deutung *f*.

explicit [iks'plisit] eindeutig, deutlich, klar; formell, bestimmt, ausdrücklich; offen, freimütig; *to be ~ about s.th.* detaillierte Angaben über etw machen.

explode [iks'ploud] *itr* explodieren, in die Luft fliegen, (zer)platzen, zerspringen; *(Granate)* krepieren, detonieren; ausbrechen *(with laughter* in ein Gelächter); *(Mensch)* bersten *(with vor); tr* explodieren lassen, in die Luft jagen, sprengen; *fig* zerstören; (gründlich) widerlegen, aufräumen mit, ad adsurdum führen; *(Plan)* über den Haufen werfen; **~d** [-id] *a* erledigt, veraltet; ~~ *view* Ansicht *f* der Einzelteile.

exploit ['eksploit] *s* Heldentat; Groß-, große Tat *f*; *tr* [iks'ploit] aus-, benutzen; verwerten; in Betrieb nehmen; min abbauen; *pej* ausbeuten, mißbrauchen; **~able** [eks'ploitəbl] benutzbar, verwertbar; **~ation** [-'teiʃən] Nutzung; Inbetriebnahme, Bewirtschaftung; Verwertung *f*; Betrieb; min Abbau *m*; Ausnutzung, Ausbeutung *f*; **~er** [eks'ploitə] Ausbeuter *m*.

explor|ation [eksplɔ:'reiʃən] Erforschung; Forschungsreise; Untersuchung *a.* med, Erhebung *f*; tech Schürfen *n*; **~ative** [eks'plɔ:rətiv], **~atory** [eks'plɔ:rətəri] Forschungs-, Untersuchungs-; *~atory flight* Erkundungsflug *m*; **~e** [iks'plɔ:] *tr* er-, durchforschen; auskundschaften; untersuchen *a.* med; *to ~ every possibility* jede Möglichkeit genau prüfen; **~er** [iks'plɔ:rə] Forscher, Forschungsreisende(r) *m*; med Sonde *f*.

explos|ion [iks'plouʒən] Explosion; Sprengung; Detonation *f*, Knall; *fig* Ausbruch *m*; *bomb* ~~ Bombenexplosion *f*; ~~ *of laughter* Lachanfall *m*; ~~ *pressure* Explosionsdruck *m*; ~~ *of wrath* Zornesausbruch *m*; **~ive** ['-plousiv] *a* explosiv *a. fig; fig* jähzornig; aufbrausend; *s* (~~ *substance*) Sprengstoff, -körper; *gram* (~~ *consonant*) Verschlußlaut *m*; ~~ *charge* Sprengladung *f*; ~~ *cotton* Schießbaumwolle *f*;

~~ *flame* Stichflamme *f*; ~~ *force*, *power* Sprengkraft, Brisanz *f*.

exponent [eks'pounənt] *a* erklärend; *s* Erklärer; Vertreter *m*, Beispiel, Muster *n*; *math* Exponent *m*.

export [eks'pɔ:t, iks-] *tr* ausführen, exportieren; *s* ['ekspɔ:t] Ausfuhr *f*, Export; *(~ article)* Ausfuhrartikel *m*; *pl* Ausfuhrgüter *n pl*, (Gesamt-)Ausfuhr *f; to be engaged in ~* im Außenhandel tätig sein; *to go for ~* für den Export bestimmt sein; *capital* ~ Kapitalausfuhr *f*; **~able** [eks'pɔ:təbl] zur Ausfuhr geeignet, exportfähig; **~ation** [-'teiʃən] Ausfuhr *f*, Export *m (from* aus; *of* von); ~ **bounty**, **subsidy** Ausfuhrprämie *f*; ~ **business** Ausfuhrhandel *m*; Exportfirma *f*; ~ **certificate, licence, permit** Ausfuhrlizenz *f*; ~ **country** Ausfuhrland *n*; ~ **department** Exportabteilung *f*; ~ **drive** (planmäßige) Exportförderung *f*; ~ **duty** Ausfuhrzoll *m*; **~er** [eks'pɔ:tə] Exporteur *m*; ~ **firm, house** Exportfirma *f*; ~ **goods** *pl* Exportwaren *f pl*; **~-import balance** Handelsbilanz *f*; ~ **increase** Ausfuhrsteigerung *f*; ~ **manager** Leiter *m* der Exportabteilung *f*; ~ **merchant** Exportkaufmann *m*; ~ **order** Exportauftrag *m*; ~ **prohibition** Ausfuhrverbot *n*, -sperre *f*, Embargo *n*; ~ **promotion** Exportförderung *f*; ~ **regulations** *pl* Ausfuhrbestimmungen *f pl*; ~ **surplus** Exportüberschuß *m*; ~ **trade** Exporthandel *m*.

expos|e [iks'pouz] *tr (Kind)* aussetzen *a. fig (to a danger* e-r Gefahr); *fig* überlassen; entblößen; enthüllen, aufdecken, bloßlegen; *(Person)* bloßstellen, entlarven (*as* als); *phot* belichten; *(Tonband)* besprechen; *com allg* ausstellen, -legen, feilbieten; *to be ~ed for sale* zum Verkauf ausliegen; *to ~ to ridicule* der Lächerlichkeit preisgeben; **~é** [eks'pouzei] Darlegung, -stellung, Denkschrift; Enthüllung, Bloßstellung *f*; **~ed** [-d] *a* ausgesetzt, offen, ungedeckt, ungeschützt, exponiert, gefährdet; *mil (Gelände)* eingesehen; *phot* belichtet; **~ition** [ekspə'ziʃən] Darlegung, -stellung, genaue Ausführung, eingehende Erklärung; *lit mus* Exposition; *com allg bes. Am* Ausstellung, Schau *f*.

ex post facto [eks poust 'fæktou] *a* nachträglich; rückwirkend.

expostulat|e [iks'pɔstjuleit] *itr* zur Rede stellen *(with s.o.* jdm); Vorhaltungen machen *(with s.o.* jdm); zurechtweisen *(with s.o.* jdn; *about, for,*

expostulation *on s.th.* wegen e-r S); **~ion** [-'leiʃən] Zurechtweisung *f*, Vorhaltungen *f pl*, Vorwürfe *m pl*.

exposure [iks'pouʒə] (Kindes-)Aussetzung *f*; Ausgesetztsein *n* (*to the rain* dem Regen); Aus-, Zurschaustellung *f*; Entblößung; Bloßlegung, Enthüllung, Aufdeckung; Bloßstellung, Entlarvung; Lage *f (e-s Gebäudes)*; Erfrieren *n*, Erschöpfung; *phot* Belichtung(szeit), Aufnahme *f*; *to die of ~* erfrieren; *conditions of ~* Belichtungsbedingungen *f pl*; *southern ~* Südlage *f*; *time ~ (phot)* Zeitaufnahme *f*; **~-meter** *phot* Belichtungsmesser *m*; **~-table** Belichtungstabelle *f*.

expound [iks'paund] *tr* genau darlegen; eingehend, ausführlich erörtern; erklären, erläutern.

express [iks'pres] *tr* ausdrücken, aussprechen, in Worte kleiden, bekunden, zum Ausdruck bringen, äußern; *(Zeichen)* bedeuten; durch Eilboten, als Eilgut schicken; *Am* durch e-e Speditionsfirma befördern lassen; *to ~ o.s.* sich ausdrücken, sich verständlich machen; *a* ausdrücklich; klar, deutlich, bestimmt, genau, unmißverständlich; Eil-, Schnell-, Expreß-; *adv (by ~)* durch Eilboten; als Eilgut; *s* Eilbote *m*; eilige Nachricht *f*; *(~ train)* Schnell-, D-Zug; *(~ wagon)* Expreßgutwagen *m*; *(~ bus)* durchfahrende(r) Bus *m*; *(~ delivery) Br* Eilgutzustellung, -beförderung *f*; *Am* Zustellung *f* durch e-e Spedition; *(~ company) Am* Speditionsgesellschaft *f*; **~age** [-idʒ] *Am* Eilgutfracht; Eilgutbeförderung(sgebühr) *f*; **~ agency** *Am* Rollfuhrdienst *m*; **~ goods** *pl* Eilgut *n*; **~ highway** *Am* Autobahn *f*; **~ion** [iks'preʃn] Redewendung *f*, Ausdrucksweise *f*; Ausdruck *m*; Äußerung *f*; *math* Formel *f*; *beyond, past ~* unaussprechlich, unbeschreiblich *adv*; *to find ~~ in* zum Ausdruck kommen in; *to give ~~ to* zum Ausdruck bringen, Ausdruck verleihen *dat*; *~~ (on o.'s face)* Gesichtsausdruck *m*; **~ionism** [iks'preʃnizm] Expressionismus *m*; **~ionist** [iks-'preʃnist] Expressionist *m*; **~ionless** [iks'preʃənlis] ausdruckslos; **~ive** [iks-'presiv] ausdrucksvoll; ausdrückend (*of s.th.* etw); nachdrücklich, bedeutungsvoll; **~ letter** *Br* Eilbrief *m*; **~man** *Am* Angestellte(r) *m* e-r Speditionsgesellschaft; **~ messenger** Eilbote *m*; **~ service** Eilzustelldienst, Eilgutverkehr *m*; **~ package** Eilpaket *n*; **~way** *Am* Schnellverkehrsstraße, Autobahn *f*.

expropriat|e [eks'prouprieit] *tr* enteignen (*s.o. from his estate* jds Grundstück); **~ion** [-'eiʃən] Enteignung *f*.

expuls|ion [iks'pʌlʃən] Vertreibung, Ausweisung, Landesverweisung *f*; Ausschluß *m (from)*; *tech* Hinauspressen *n*; **~ive** [-'pʌlsiv] *a* Ausweisungs-, Ausschluß-.

expunge [eks'pʌndʒ] *tr* (aus)streichen, ausradieren, auslöschen, tilgen *a. fig.*

expurgat|e ['ekspə:geit] *tr (Buch)* reinigen, säubern *(from* von); **~ion** [-'geiʃən] *(Buch)* Säuberung, Reinigung *f*.

exquisite ['ekskwizit, iks'kw-] *a* fein (-gearbeitet), gediegen; vorzüglich, ausgesucht; ausgezeichnet, herrlich; feinfühlig, empfindlich; *(Sinn)* scharf; *(Gefühl)* stark; *(Freude)* groß; *(Schmerz)* stechend.

ex-serviceman ['eks'sə:vismən] Veteran, ehemalige(r) Soldat *m*.

extant [eks'tænt, iks't-, 'ekstənt] *(bes. Bücher, Papiere)* noch vorhanden.

extempor|aneous [ekstempə'reinjəs] **~ary** [iks'tempərəri], **~e** [eks'tempəri] *a adv* unvorbereitet, aus dem Stegreif; improvisiert; **~ize** [iks'tempəraiz] *itr* aus dem Stegreif sprechen *od* reden; *tr* aus dem Stegreif dichten *od* komponieren; improvisieren; **~izer** [iks-'tempəraizə] Stegreifredner, -dichter *m*.

extend [iks'tend] *tr* (aus)dehnen, -strecken, in die Länge ziehen, verlängern *(a. zeitlich)*; *(räumlich u. fig)* weiten, erweitern, verbreitern, verbreiten; *(Geschäft)* ausbauen, ausstrecken, hinhalten; (an)bieten; *(Sympathie)* zeigen; *(Freundlichkeit)* erweisen; *(Geduld)* üben; *(Hilfe)* gewähren; *(Glückwünsche, Einladung)* aussprechen; die Zahlungsfrist verlängern, Aufschub gewähren für; *sport* zur Höchstleistung anspornen; *(Protest)* erheben; *(Saldo)* vor-, übertragen; *(Stenogramm)* umschreiben, in Langschrift übertragen; *jur* pfänden; *(Urkunde)* ausfertigen; *(Küche)* verlängern, strecken; *(Truppen)* auseinanderziehen; *(Fahrgestell) aero* ausfahren; *itr* sich erstrecken, (hinaus)reichen *(beyond* über; *to* bis); *to ~ a line* e-e Linie ziehen; **~ed** [-id] *a* verlängert, *com* prolongiert; zusätzlich; umfangreich; *(Diskussion, Reise)* länger; *~~ formation aero* auseinandergezogene Formation *f*; *~~ period* längere Zeit *f*.

extens|ibility [ikstensə'biliti] Dehnbarkeit *f*; **~ible** [iks'tensəbl] dehnbar, streckbar; *(Tisch)* ausziehbar.

extension [iks'tenʃən] (Aus-)Dehnung, Streckung *f*; Ausstrecken *n*; Verlängerung (*a. zeitlich*); (Aus-)Weitung, Erweiterung, Verbreiterung *f*; Zusatz; Umfang; Bedeutungsumfang *m* (*e-s Wortes*); *med* Streckung; (*Wechsel*) Prolongation; Fristverlängerung *f*, Zahlungsaufschub; (*Saldo*) Vor-, Übertrag; *tele* (Neben-)Anschluß *m*, -stelle *f*, Apparat *m*, (*Öst.*) Klappe *f*; An-, Erweiterungsbau *m*; (*Truppen*) Ausea.ziehen; *aero* (Fahrgestell) Ausfahren *n*; *University E~* (*Br*) Volkshochschule *f*; *~ of business* Geschäftserweiterung, -ausweitung *f*; *~ of credit* Kreditverlängerung *f*; *~ of leave* Nachurlaub *m*; *~ of time* (*limit*), *of a term* Fristverlängerung *f*; *~ of time for payment* Zahlungsaufschub *m*; *~ of validity* Verlängerung *f* der Gültigkeitsdauer; *~ of working hours* (*pl*) Arbeitszeitverlängerung *f*; **~ apparatus** *med* Streckverband *m*; **~ board** *el* (Telefon-, Haus-)Zentrale *f*; **~ cord, flex** *Br el* Verlängerungsschnur *f*; **~ course** *Br* Volkshochschulkurs; *Am* Fernlehrgang *m*; **~ ladder** Ausziehleiter *f*; **~ line, station** *tele* Nebenanschluß *m*; **~ loudspeaker** zweite(r) Lautsprecher *m*; **~ piece** Verlängerungs-, Ansatzstück *n*; **~ table** Ausziehtisch *m*.

extens|ity [iks'tensiti] Ausdehnung *f* (*als Eigenschaft*); *psychol* Raum-Zeit-Empfinden *n*; **~ive** [-iv] ausgedehnt, umfangreich; *fig* umfassend, weitreichend; beträchtlich; Ausdehnungs-; *agr* extensiv; **~iveness** [-ivnis] Ausgedehntheit *f*, (großer) Umfang *m*, Weite *f*; **~or** [-ə] *anat* Streckmuskel *m*.

extent [iks'tent] Ausdehnung, Größe *f*, Umfang *m*, Weite *f*; Breite; Länge *f*; Bereich; Betrag, Grad *m*, Ausmaß *n*, Umfang *m*; (*Anleihe*) Höhe; *fig* Fassungskraft *f*, Umfang *m*, Weite *f*; *to any ~* in beliebiger Höhe; *to a certain ~* bis zu e-m gewissen Grade; gewissermaßen; *to the full ~* in vollem Umfang; *to a great ~* in hohem Maße; *to some ~* bis zu e-m gewissen Grade; einigermaßen; *to what ~* in welchem Maße *od* Umfang? *to the ~ of* bis zum Betrage von.

extenuat|e [eks'tenjueit] *tr* abschwächen, mildern, beschönigen; **~ing** *circumstances* (*jur*) mildernde Umstände *m pl*; **~ion** [-'eiʃən] Abschwächung, Milderung, Beschönigung *f*; *in ~~ of* zur Entschuldigung *gen*.

exterior [eks'tiəriə] *a* äußer, Außen-; außerhalb (*to s.th.* e-r S); auswärtig, fremd; ausländisch, Auslands-; *s das* Äußere, Außenseite *f*; Außenansicht *f*; (äußerer) Schein *m*; *film* Außenaufnahme *f*; **~ angle** *math* Außenwinkel *m*.

exterminat|e [eks'tə:mineit] *tr* vertilgen, ausmerzen, ausrotten; **~ion** [-'neiʃən] Vertilgung, Ausrottung *f*; **~or** [-ə] Kammerjäger *m*; Insektenvertilgungsmittel *n*.

external [eks'tə:nl] *a* äußer; *bes. pharm* äußerlich; oberflächlich; körperlich; *com* außerbetrieblich; auswärtig, fremd; Auslands-; *s das* Äußere, die Außenseite; *pl* Äußerlichkeiten, Nebensächlichkeiten *f pl*; *to judge by ~s* nach dem Äußeren urteilen; **~ aerial** *aerial* antenne *f*; **~ affairs** *pl pol* auswärtige Angelegenheiten *f pl*; **~ economy** Außenwirtschaft *f*; **~ize** [-nəlaiz] *tr* verkörpern; als körperlich, materiell ansehen; **~ line** *tele* Amtsleitung, Außenleitung *f*; **~ loan** Auslandsanleihe *f*; **~ pressure** Außendruck *m*; **~ relations** *pl pol* Auslandsbeziehungen *f pl*; **~ resistance** Außenwiderstand *m*; **~ trade** Außenhandel *m*; **~ treatment** *med* äußere Behandlung *f*; **~ world** *psychol* Außenwelt *f*.

exterritorial ['eksteri'tɔ:riəl] *pol* exterritorial.

extinct [iks'tiŋkt] (*Vulkan*) erloschen *a. fig*; (*Tier*) ausgestorben; *fig* aufgehoben, abgeschafft; gestrichen, gelöscht; **~ion** [-kʃən] *el* (Er-)Löschen *n* Abschalten *n*, *fig* Erlöschen, Aussterben *n*; Vernichtung *f*; Untergang *m*.

extinguish [iks'tiŋgwiʃ] *tr* (*Feuer*) (aus)löschen, ersticken; *el* abschalten; *allg* auslöschen, vernichten, austilgen, ausmerzen; in den Schatten stellen, an die Wand stellen; *fur* aufheben, abschaffen; (*Schuld*) tilgen; **~er** [-ə] (*fire ~~*) Feuerlöscher *m*, Feuerlöschgerät *n*.

extirpat|e ['ekstə:peit] *tr* ausrotten, ausmerzen, völlig vernichten; *med* (operativ) entfernen; **~ion** [-'peiʃən] Ausrottung, Vernichtung, Ausmerzung; *med* Entfernung *f*.

extol(l) [iks'tɔl] *tr* preisen, rühmen; *to ~ to the skies* in den Himmel heben.

extort [iks'tɔ:t] *tr* er-, abpressen (*from* von); abnötigen; **~ion** [iks'tɔ:ʃən] Erpressung *f*; **~ionate** [iks'tɔ:nit] erpresserisch, wucherisch; Wucher-; *~~ price* Wucherpreis *m*; **~ioner** [iks'tɔ:ʃnə] Erpresser, Wucherer *m*.

extra ['ekstrə] *a* besonder, zusätzlich, nachträglich; Sonder-, Extra-, Zusatz-, Nach-; außer-; *adv* besonders;

zusätzlich; übrig, extra; *s* Zuschlag *m*, Sonderleistung, zusätzliche Arbeitskraft *od* Belastung *f*; Extrablatt *n*, Sondernummer *f*; *film* Statist *m*; *oft pl* Mehr-, Nebenausgaben, Nebenkosten *pl*; *to be charged for ~* gesondert berechnet werden; **~ allowance** Sondervergütung *f*; **~~budgetary** außeretatmäßig; **~ charge** Nebenkosten *pl*; Aufschlag; *rail* Zuschlag *m*; **~~curricular** ['~kə'rikjulə] außerhalb des Lehrplans; *~~ activity* Arbeitsgemeinschaft *f*; **~ duty** *mil* Strafdienst; Zollaufschlag *m*; **~ equipment** Sonderausstattung *f*; **~ hour** Überstunde *f*; **~ income** Nebeneinkommen *n*; **~ pay** Zulage *f* (*zum Lohn*); **~ postage** Nachporto *n*; **~ train** Vor-, Nach-, Entlastungszug *m*; **~ weight** Übergewicht *n*; **~ work** Überstunden *f pl*.

extract [iks'trækt] *tr* (her)ausziehen, herauslösen; (*Zahn*), *math* (*Wurzel*) ziehen; (*Flüssigkeit, Saft*) abziehen; *el* (*Spannung*) abnehmen; *chem* auslaugen (*from* aus); herausbekommen (*from s.o.* aus jdm); (*Geständnis*) erpressen, entlocken; erhalten (*from* von); her-, ableiten (*from* von); (*Stelle, Zitat*) entnehmen (*from a book* e-m Buch); e-n Auszug machen (*from* aus); *s* ['ekstrækt] (*Küche, pharm*) Extrakt; (*Buch*) Auszug *m*; **~ of account** Konto-, Rechnungsauszug *m*; **~ of beef** Fleischextrakt *m*; **~ion** [iks'trækʃən] Ausziehen *n*; Auszug, Extrakt *m*; Ab-, Herkunft, Abstammung; *chem* Entziehung, Gewinnung *f*; (*Mehl*) Ausmahlen *n*; **~or** [-ə] *tech* Extraktionsapparat; (*Gewehr*) Auszieher *m*; *med* Zange *f*.

extradit|able ['ekstrədaitəbl] auslieferungspflichtig; **~e** ['ekstrədait] *tr* (*Verbrecher*) ausliefern; **~ion** [-'diʃən] Auslieferung *f*.

extrados [eks'treidəs] *arch* Bogen-, Gewölberücken *m*.

extramarital ['ekstrə'mæritl] außerehelich.

extramural ['ekstrə'mjuərəl] außerhalb der Mauern, der Grenzen (*e-r Stadt*), des Bereichs (*e-r Universität*); Volkshochschul-.

extraneous [eks'treinjəs] fremd; nicht gehörig (*to* zu).

extraordinary [iks'trɔ:dnri] außerordentlich, außer-, ungewöhnlich, bemerkenswert, merkwürdig, seltsam, sonderbar; Ausnahme-; *a*. [ekstrə'ɔ:dinəri] außerordentlich, außerplanmäßig, Sonder-; *ambassador, envoy ~* Sonderbotschafter, -gesandte(r) *m*.

extraterritorial ['ekstrəteri tɔ:riəl] *pol* exterritorial; **~ity** [-'æliti] Exterritorialität *f*.

extravagan|ce, -cy [iks'trævigəns(i)] Übertriebenheit, Überspanntheit, Maß-, Zügellosigkeit, Extravaganz, Verschwendung(ssucht) *f*; **~t** [-ənt] übertrieben, übermäßig; überspannt, maßlos, zügellos, extravagant; verschwenderisch; **~za** [ekstrævə'gænzə] Ausstattungsstück *n*.

extrem|e [iks'tri:m] *a* äußerst; letzt; frühest; höchst, größt; übertrieben, extrem, radikal; gewagt, ausgefallen; sehr streng, drastisch; *s* Extrem *n*; höchste(r) Grad *m*; *das* Äußerste; *der* äußerste Fall; *at the ~~ end* am äußersten Ende (*of* gen); *in the ~~* im Höchstfall, allerhöchstens; im höchsten Grade; *in ~~ old age* im höchsten Alter; *in ~~ youth* in frühester Jugend; *to go to ~~s* bis zum äußersten gehen; *to resort to ~~ measures* zu den äußersten Maßnahmen greifen; *the ~~ left* (*pol*) die äußerste Linke; **~~ penalty** Todesstrafe *f*; *the ~~ unction* (*rel*) die Letzte Ölung; **~ly** *adv* äußerst, höchst, aufs äußerste *od* höchste; überaus; **~ism** [iks'tri:mizm] Extremismus *m*; **~ist** [-ist] Extremist, Radikale(r) *m*; **~ity** [iks'tremiti] äußerste(s) Ende *n*; höchste(r) Grad *m*; höchste Not, äußerste(r) Not(fall *m*) *f*; (Lebens-) Ende *n*; *meist pl* äußerste Maßnahmen *f pl*; *pl* Extremitäten *f pl* (*Hände u. Füße*); *to be in ~~* in höchster Not sein; *to be forced to the ~~ of doing s.th.* etw als äußerste Maßnahme tun müssen; *to be reduced to ~ities* völlig heruntergekommen sein, aus dem letzten Loch pfeifen; *to drive to ~ities* auf die Spitze, zum äußersten treiben; *to go to, to proceed to ~ities* aufs Äußerste, aufs Ganze gehen.

extricat|e ['ekstrikeit] *tr* befreien (*from* aus, von); los-, freimachen; *chem* (*Gas, Hitze*) sich entwickeln lassen; **~ion** [-'keiʃən] Befreiung *f*; *chem* (Gas-, Hitze-)Entwick(e)lung *f*.

extrinsic(al) [eks'trinsik(əl)] äußerlich; fremd, nicht zugehörig (*to* zu).

extrovert ['ekstro(u)və:t] *psychol* extravertiert.

extru|de [eks'tru:d] *tr* (her)austreiben, ausstoßen, herauspressen, -drücken (*from* aus); *tech* strangpressen; **~sion** [-'tru:ʒən] Austreiben, Ausstoßen, Herausdrücken; *tech* Strangpressen *n*.

exuberan|ce, -cy [ig'zju:bərəns(i)] Üppigkeit, Überfülle *f*, Überfluß *m*; Übermaß *n*; Überschwang *m*, Über-

schwenglichkeit *f*; **~t** [-rənt] üppig, reich; überfließend, verschwenderisch, übersprudelnd, überschwenglich *a. fig.*
exud|ation [eksju:'deiʃən] Ausschwitzen *n*; Ausschwitzung *f*; **~e** [ig'zju:d] *itr* (*tr* aus)schwitzen; austreten (*from* aus); *tr* absondern, von sich geben; *fig* ausstrahlen, -strömen.
exult [ig'zʌlt] *itr* frohlocken, jubeln (*at, over, in* über); **~ant** [-ənt] frohlockend, jubelnd, triumphierend; **~ation** [egzʌl'teiʃən] Frohlocken *n*, Jubel, Triumph *m*.
eye [ai] *s* Auge *n*; Gesichtssinn *m*; Augenmaß; Auge *n* (*an e-r Kartoffel*); Knospe *f*; Pfauenauge (*auf der Feder*); Zentrum (*der Schießscheibe*); Loch *n*, (runde) Öffnung *f*, Öhr *n*, Öse, Schlinge *f*; *zoo* Pigment-, Augenfleck *m*; photoelektrische Zelle *f*; *Am sl* Privatdetektiv *m*; *tr* (scharf) ins Auge fassen; anschauen, mustern; schielen nach; mit Ösen versehen; *an ~ for an ~* Auge um Auge; *in s.o.'s ~s* in jds Augen; *in one's ~s* nach jds Ansicht, Meinung, Dafürhalten, Urteil; *in the ~ of the law* vom Standpunkt des Gesetzes aus; *under the very ~s of s.o.* direkt unter jds Augen; *up to the ~s, the ~brows* bis über die Ohren, bis an den Hals; *with an ~ to* mit e-m Auge, mit Rücksicht auf; in der Hoffnung auf; in der Absicht zu; *with the naked ~* mit bloßem Auge; *to be all ~s* aufpassen wie ein Luchs; große Augen machen; *to be in the public ~* im Brennpunkt des öffentlichen Interesses stehen; *to catch s.o.'s ~* jds Blick auf sich ziehen; jds Aufmerksamkeit auf sich lenken; *to catch the Speaker's ~ (parl)* das Wort erhalten; *to clap, to lay, to set ~s on s.o.* jdn anblicken, anschauen; jdn zu Gesicht bekommen; *to close, to shut o.'s ~ to* nicht sehen wollen; *to do s.o. in the ~ (fig)* jdn übers Ohr hauen; *to feast o.'s ~s on s.th.* sich am Anblick e-r S erfreuen; *to have an ~ for* ein Auge, Sinn haben für; *to have an ~ on s.th.* auf etw ein (wachsames) Auge haben; beabsichtigen; *to have an ~ to* achten, aufpassen auf; *to have a cast in o.'s ~* schielen; *to keep an ~ on* (*fig*) im Auge behalten; aufpassen, achtgeben auf; *to keep o.'s ~s open* od *peeled* od *skinned* die Augen offen haben, aufpassen; *to lose an ~* ein Auge verlieren, auf einem Auge blind werden; *to make ~s at s.o.* jdm verliebte Blicke zuwerfen; jdm schöne Augen machen; *to make s.o. open his ~s, to open s.o.'s ~s* (*fig*) jdm die Augen öffnen; *to run o.'s ~s over s.th.* (*fig*) etw überfliegen; *to see ~ to ~ with s.o.* mit jdm Hand in Hand gehen, völlig übereinstimmen, einer Meinung sein; *to see s.th. in o.'s mind's ~* sich etw vorstellen können; *to take o.'s ~ off* wegblicken; das Auge wegwenden von; *to turn a blind ~ to s.th.* etw ignorieren, nicht sehen wollen; *mind your ~!* aufgepaßt! *my ~(s)!* nanu! du meine Güte! das ist ja allerhand! *all my ~!* (*sl*) Quatsch! Unsinn! Blödsinn! *black ~* blaue(s) Auge; *~s left* (*mil*) die Augen links! *~s right* (*mil*) Augen rechts! *his ~s are bigger than his belly* s-e Augen sind größer als sein Magen; **~ball** Augapfel *m*; **~-bath, -cup** *med* Augenschale *f*; **~beam** kurze(r) Blick *m*; **~bright** *bot* Augentrost *m*; **~brow** ['-brau] Augenbraue(nwulst *m*) *f*; **~-catcher, stopper** Blickfang *m*; **~d** [-d] *a in Zssgen* -äugig; *blue-~d* blauäugig; **~ful** ['-ful] *Am sl*: *to get an ~* etw Hübsches sehen; *I had an ~* ich hatte genug gesehen; **~glass** *opt* Linse *f*; Augenglas *n*; Monokel *n*; Okular *n*; Augenschale *f*; *pl* Augengläser *n pl*, Kneifer *m*; Brille *f*; **~hole** Augenhöhle *f*; **~lash** Wimper *f*; **~less** ['-lis] augenlos, blind; **~let** ['-lit] *s* Öhr *n*, Öse *f*; Guckloch, kleine(s) Loch, Auge *n*; *itr* mit Ösen, Löchern versehen; **~leteer** [ailə'tiə] Pfriem *m*; **~lid** ['-lid] Augenlid *n*; *it hangs on by the ~s* es hängt an e-m Faden; **~-opener** *fam* Überraschung, (große) Neuigkeit, Entdeckung *f* (*to* für); *Am fam* Schnäpschen *n* (*bes. am Morgen*); **~piece** Okular *n*; **~-protection** Augenschutz *m*; **~shot**: *within ~* in Sehweite; **~sight** Sehkraft, -schärfe *f*; Gesichtssinn *m*, Augen *f pl*; *bad ~* schlechte Augen *n pl*, Sehfehler *m*; **~socket** Augenhöhle *f*; **~some** *Am sl* hübsch; **~sore** Schandfleck, Dorn *m* im Auge; *med* Gerstenkorn *n*; *it's an ~* das tut den Augen weh; **~-splice** Tauöhr *n*; **~strain** Ermüdung *f* der Augen, schlechte Augen *n pl*; **~tooth** Augen-, Eckzahn *m*; *to have cut o.'s ~teeth* kein Kind mehr sein; **~wash** *s pharm* Augenwasser *n*; *sl* Quatsch, Blödsinn *m*; schöne Worte *n pl*, Speichelleckerei *f*; faule(r) Zauber, Bluff, Schwindel *m*; **~water** Tränen (-flüssigkeit *f*) *f pl*; *pharm* Augenwasser *n*; **~witness** Augenzeuge *m*; **~~-account** Augenzeugenbericht *m*.
eyr|ie, ~y ['aiəri, 'ɛəri] *s.* aerie.

F

F [ef] *pl* ~'s F, f *n a. mus; (Schule)*
Am ungenügend; ~ **flat** Fes *n*; ~
sharp Fis *n*.

Fabian ['feibjən] *a* zögernd.

fable ['feibl] *s* (Tier-)Fabel *f*; Märchen
n; (kollektiv) Sage, Legende *f*; (dummes) Geschwätz *n*, Lüge, Unwahrheit
f; **~d** ['-d] *a* sagenhaft; *fig* erdichtet.

fabric ['fæbrik] *s* Bau *m*, Gebäude *n*,
Konstruktion *f*; (Bau-)Plan *m*, Struktur, Anlage *f*, Gefüge *n*, Aufbau
m; (textile ~) Gewebe *n*, Stoff *m*;
pl Textilien *pl*; Fabrikat *n; (dress,
silk* ~s *pl)* Kleider-, Seidenstoffe *m pl*;
~ate ['-eit] *tr* machen, an-, verfertigen, zs.setzen, errichten, bauen; (fabrikserienmäßig) herstellen, fabrizieren; *fig*
erdichten, -finden; fälschen; **~ation**
[-'keifən] Herstellung; *fig* Fälschung,
Erfindung, Lüge *f*.

fabul|ist ['fæbjulist] Fabeldichter; Märchenerzähler; Lügner *m*; **~ous** ['-ləs]
erdichtet, Phantasie-, Fabel-; sagenhaft, legendär; *fig fam* phantastisch.

face [feis] **1.** *s* Gesicht, *lit poet* Antlitz *n*,
(Gesichts-)Züge *m pl*; Miene *f*, (Gesichts-)Ausdruck *m;* (Ober-)Fläche,
Vorder-, Stirnseite *f*; obere, rechte
Seite *f*; Zifferblatt *n*; *com* genaue(r)
Betrag *m*; *das* Äußere, *die* Erscheinung; Würde *f*, Gesicht, Ansehen *n*;
fam Grimasse, Fratze; *fam* Frechheit,
Dreistigkeit, Unverfrorenheit *f*; **2.** *tr*
das Gesicht zuwenden (*s.o.* jdm); ansehen, ins Gesicht sehen (*s.o.* jdm);
sich mit dem Gesicht drehen (*s.th.* zu
etw); gegenüberstehen, -liegen (*s.th.*
e-r S); nach ..., auf ... liegen; nach ...
gehen; *fig* mutig gegenübertreten, trotzen, Trotz bieten *(s.o.* jdm), a. *e-r Gefahr); (e-r Gefahr)* ins Auge sehen; hinnehmen, anerkennen; *tech* abflächen,
planarbeiten; *arch* verblenden; besetzen, einfassen, verkleiden *(with
mit)*; glätten; *(Flicken)* aufsetzen;
ein falsches Aussehen geben *(s.th.*
e-r S); *(Spielkarte)* aufdecken; *mil*
e-e Kehrtwendung ausführen lassen;
3. *itr* hin-, hersehen, sehen, blicken *(to, towards* nach); *mil* e-e Kehrtwendung machen; *to ~ down* einschüchtern; *to ~ on* gehen, auf, nach; liegen
nach; *to ~ it out* durchhalten, nicht
nachgeben; *to ~ round* umdrehen;
to ~ up to es aufnehmen mit; mutig
herangehen an; **4.** *in (the)* ~ *of* angesichts *gen* trotz *gen; in s.o.'s* ~ jdm ins
Gesicht *a. fig*; vor jds Augen, offen
vor jdm; *on the ~ of it* anscheinend,
dem Schein nach; augenscheinlich;
to s.o.'s ~ (fig) jdm (offen) ins Gesicht;
~ *to ~ (with)* Auge in Auge (mit); *tech*
aufea.gelegt; *to be unable to look s.o.
in the ~* jdm nicht in die Augen sehen
können; *to be ~d with s.th.* etw gegenüberstehen, sich etw gegenübersehen;
vor etw stehen; *to fly in s.o.'s ~ (fig)*
jdm ins Gesicht springen, jdn auffressen wollen; *to have the ~* die Frechheit besitzen; *to look s.o. in the ~* jdm
ins Gesicht, jdn fest ansehen; *to lose
(o.'s) ~* das Gesicht verlieren; *to make,
to pull a ~,* ~s ein Gesicht, Grimassen
schneiden *(at s.o.* jdm); *to make, to
pull a long ~* ein langes Gesicht machen; *to put on a bold ~* keine
Angst haben vor; *to put a new ~ on s.th.
(fig)* e-r S ein ganz anderes Aussehen,
e-e neue Wendung geben; *to save
o.'s ~* das Gesicht, den Schein wahren;
to set o.'s ~ against mißbilligen, entgegentreten, sich widersetzen *dat*;
to show o.'s ~ sich blicken, sich sehen
lassen; sich zeigen; *to ~ the music
(fam)* dafür geradestehen, die Suppe
auslöffeln; *about ~! (mil)* ganze Abteilung — kehrt! *left, right ~!* links —,
rechts — um! *he slammed the door in
my ~* er schlug mir die Tür vor der
Nase zu; *full ~* Vorderansicht *f*; *half ~*
Profil *n*; **~-ache** Neuralgie *f*, Nerven-,
Gesichtsschmerz *m*; **~-amount** Nominalbetrag *m*; **~-card** *(Kartenspiel)*
Bild *n*, Figur *f*; **~-cloth, -flannel**
Waschlappen *m*; **~-cream** Gesichtskrem *f*; **~-lift(ing)** Gesichtsstraffung; *fig* Schönheitsreparatur *f*; **~-lotion** Gesichtswasser *n*; **~-pack** Gesichtspackung *f*; **~-powder** (Gesichts-)Puder *m*; **~-r** [-*] Schlag *m* ins
Gesicht, Ohrfeige; *fig* ernstliche
Schwierigkeit *f*, Rückschlag *m*;
~-value *fin* Nennwert *m*; *to take at ~*
wörtlich, für bare Münze nehmen.

facet ['fæsit] *s* Facette *f*; *fig* Seite *f*,
Aspekt *m*; *tr* facettieren.

facetious [fə'si:fəs] scherzend, scherz-,
spaßhaft, spaßig, ulkig, drollig;
~ness [-nis] Scherzhaftigkeit *f*;
Humor *m*.

facia ['feifə] Ladenschild *n; (~ board,
panel) mot* Armaturenbrett *n*.

facial ['feifəl] *a scient* Gesichts-; *s fam
(~ treatment)* Gesichtspflege, -behandlung; *(~ massage)* Gesichtsmassage *f*;
~ **angle** *(Rassenkunde)* Gesichts-

facial hair   351   **fade**

winkel m; ~ **hair** Barthaare n pl; ~ **muscle, nerve** Gesichtsmuskel, -nerv m; ~ **neuralgia, paralysis** Gesichtsneuralgie, -lähmung f.

facil|e ['fæsail] leicht, mühelos; gewandt, geschickt, behende; *(Stil)* fließend; leicht beeinflußbar, leicht zu überzeugen(d), zu überreden(d), nachgiebig; zu-, umgänglich; **-itate** [fə'siliteit] tr *(Arbeit)* erleichtern, fördern, unterstützen; **-itation** [-'teiʃn] Erleichterung; *psychol* Hemmungslosigkeit f; **-ity** [fə'siliti] Leichtigkeit, Mühelosigkeit; Gewandtheit, Geschicklichkeit, Geschicktheit; Nachgiebigkeit, Um-, Zugänglichkeit f; pl Erleichterungen f pl, Möglichkeit(en pl), Gelegenheit f (for für); Vor-, Einrichtungen, Anlagen f pl; Vorteile m pl; Hilfsmittel n pl.

facing ['feisiŋ] Besatz(stoff); (Ärmel-)Aufschlag; *arch* Verputz, Bewurf m; Verblendung; Verschalung; *tech* Auflage f; pl (Rock-)Aufschläge m pl bes. *mil*; mit Wendungen f pl; *to go through o.'s ~s* erprobt werden; *to put s.o. through his ~s* jdn auf die Probe stellen; ~ **brick** Verblendstein m; ~ **lathe** Plandrehbank f; ~ **sand** Modellsand m.

facsimile [fæk'simili] Faksimile n, genaue Nachbildung, Reproduktion f; ~ **broadcast(ing)** Bildfunk m, -telegraphie f; ~ **equipment** Bildfunkgerät n; ~ **signature, stamp** Unterschriftsstempel m; ~ **transceiver** Bild-Sender-Empfänger m; ~ **transmission** Bildübertragung f.

fact [fækt] Tatsache; Wirklichkeit, Realität, Wahrheit f; *jur* Tatbestand m; pl *jur* Tatumstände m pl; *after, before the ~* nach, vor der Tat; *apart from the ~ that* abgesehen davon, daß; *as a matter of ~, in (point of) ~* in Wirklichkeit, tatsächlich; *the ~ of its being ...* die Tatsache, daß es ... ist; *it's a ~* das ist Tatsache; *stick to the ~s* bleiben Sie sachlich; *founded on ~* auf Wirklichkeit, auf Tatsachen beruhend; *the hard ~s* die nackten Tatsachen pl; *~s of the case* Sachverhalt m; ~ **finding** Tatsachenfeststellung f; ~~ *committee* Untersuchungsausschuß m; ~~ *tour* Informationsreise f; **-ual** ['-juəl] a Tatsachen-; tatsächlich, wirklich, real.

faction ['fækʃən] Gruppe (Unzufriedener), Clique, Partei; Uneinigkeit f, Ausea.setzungen f pl, Aufruhr m.

factious ['fækʃəs] streit-, zanksüchtig; aufrührerisch; Partei-; **-ness** ['-nis], ~ **spirit** Parteigeist m.

factitious [fæk'tiʃəs] gezwungen, künstlich, unnatürlich, unecht, falsch.

factitive ['fæktitiv] *gram* faktitiv.

factor ['fæktə] *com* Agent, Kommissionär, Vertreter, Faktor; Treuhänder; Geschäftsführer; *Scot* (Guts-)Verwalter; Umstand, Faktor; Grund *(behind* für); *biol* Erbfaktor; *math* Faktor m; *production, safety ~* Produktions-, Sicherheitsfaktor m; **-age** ['-ridʒ] Kommissionshandel m, -geschäft n; Kommission(sgebühr) f; **-y** ['fæktəri] Fabrik(anlage); Betriebsanlage f, Werk n; Handelsniederlassung, Faktorei f; *owner, proprietor of a ~* Fabrikbesitzer m; ~~ *accounting* Betriebsbuchhaltung f; ~~ *area* Fabrikgelände n; ~~ *building* Fabrikgebäude n; ~~ *committee, council* Betriebsrat, -ausschuß m; ~~ *cost* Herstellungskosten pl; ~~ *overheads (pl)* Fertigungsgemeinkosten pl; ~~ *equipment* Betriebseinrichtung f; ~~ *fitting* Werkstattleuchte f; ~~ *hand, worker* Fabrikarbeiter m; ~~ *inspection* Gewerbepolizei f; ~~ *management* Fabrikdirektor, Werkleiter m; ~~ *manager* Betriebsleiter m; ~~ *number* Fabriknummer f; ~~ *owner* Fabrikbesitzer m; ~~ *plant* Fabrikanlage f; ~~ *premises (pl)* Fabrikgebäude n pl; ~~ *price* Fabrikpreis m; ~~ *product* Fabrikat n; gewerbliche(s) Erzeugnis n; ~~ *site* Fabrikgelände n; ~~ *town* Fabrikstadt f; ~~ *woman, girl* Fabrikarbeiterin f; ~~ *work* Fabrikarbeit f.

factotum [fæk'toutəm] Faktotum, Mädchen n für alles.

facult|ative ['fækəltətiv, -teitiv] wahlfrei, fakultativ, beliebig; möglich, zufällig; *biol* anpassungsfähig; **-y** ['fækəlti] Fähigkeit; Befähigung, Gabe, Fertigkeit (for für); Kraft, Geschicklichkeit, Gewandtheit, Kunst; *(Universität)* Fakultät f; *Am (Schule)* Lehrkörper m; Lehrerkollegium n; Berufsgruppe f, -stand m; Fachwelt; *jur* Befähigung, Berechtigung, Vollmacht f; *rel* Dispens m; ~~ *meeting* Fakultätssitzung; *Am a.* Sitzung f des Lehrkörpers.

fad [fæd] Laune, Schrulle, Mode(laune, -torheit, -narrheit) f; Hobby, Steckenpferd n, Liebbaberei f; *latest ~* letzte(r) Schrei m; **-dish, -dy** ['-iʃ, '-i] launisch, launen-, grillenhaft, schrullig, versponnen; **-dist** ['-ist] Grillenfänger, Sonderling, Eigenbrötler m.

fade [feid] *itr* schwinden, nachlassen; vergehen, (ver)welken; schwächer, matter werden; *(Farbe)* an Frische verlieren, trüber werden, verblassen,

fade down   352   **fair**

verbleichen, verschießen; *(Ton) (to ~ away, out)* leiser werden, verklingen; *tr* abblenden; bleichen; verblassen lassen; *s: cross ~ (film video)* Überblendung *f*; *to ~ into silence* allmählich verstummen; *to do a ~-out (fam)* französischen Abschied nehmen; *to ~* **down,** *to ~ up film radio video* ab-, aufblenden; *to ~ in, to ~ out film radio video* sich ein-, sich ausblenden;
fading ['-iŋ] *radio* (Ton-)Schwund *m*; *tech* Abnutzung *f*.
f(a)eces ['fi:si:z] Kot *m*, Exkremente *n pl*.
faery, -ie ['fɛəri] *obs* Feen-, Märchen-, Traumland *n*.
fag [fæg] *itr* (to ~ away) schuften, sich abrackern, sich ab-, müde arbeiten *(with* mit); *(Schüler)* Burschendienste für e-n älteren Schüler tun; *tr* schuften lassen; (durch Arbeit) ermüden, auspumpen; fertigmachen; *(Schüler)* als Burschen haben; *s* Schufterei, Plackerei; Ermüdung, Erschöpfung *f*; *Br (Schule)* Fuchs; *sl* Glimmstengel, Sargnagel *m*, Zigarette *f*; **~ged** [-d] *a* ab-, müde gearbeitet, erschöpft, *fam* kaputt; **~-end** *(Textil)* Salband; ausgefranste(s) Tauende *n*; *fig* schäbige(r) Rest *m*; *sl* Kippe *f*, Zigarettenstummel *m*.
fag(g)ot ['fægət] Reisigbündel *n*; Faschine *f*; Bündel *n* Stahlstangen; *tech* Schweißpaket *n*; **~ing** ['-iŋ] Kreuzstich *m*; *tech* Paketierung *f*.
fail [feil] *itr* fehlen, mangeln *(of* an), nicht genügen, nicht ausreichen; versagen *(of* in), s-n Zweck nicht erfüllen, fehlschlagen, scheitern, mißlingen; versäumen *(to do s.th.* etw zu tun); schwächer werden, nachlassen, abnehmen, versiegen, ins Stocken geraten, stocken; *(Ernte)* schlecht ausfallen; *(Mensch)* s-e Pflicht nicht erfüllen, den Erwartungen nicht entsprechen, versagen *(in* in); sein Ziel nicht erreichen, scheitern; *(im Examen)* durchfallen; in Konkurs gehen, Bankrott, *fam* Pleite machen; *tr* nicht dienlich sein, nicht(s) nützen *(s.o.* jdm), nicht passen zu, keinen Zweck haben für, enttäuschen; verlassen, im Stich lassen; unterlassen *(to do* zu tun); *(im Examen)* durchfallen lassen; durchfallen, versagen in *(e-m Fach)*; *s nur in: without ~* ganz bestimmt, ganz gewiß, auf jeden Fall, unbedingt; *never ~ to do s.th.* immer etw tun müssen; *I cannot ~ to* ich muß; *my heart ~ed* ich getraute mich nicht, ich wagte es nicht; *if all else ~s* wenn alle Stricke reißen, *fam* wenn alles schiefgeht; *to ~ to appear* nicht erscheinen; *to ~ to answer an invitation* e-e Einladung nicht annehmen; **~ed** [-d] *a* zahlungsunfähig; **~ing** ['-iŋ] *s* Fehlen *n*, Mangel *m*; Versagen, Fehlschlagen, Scheitern *n*; Schwäche *f*, (kleiner) Fehler *m*; *prp* in Ermangelung *gen*, ohne, mangels; *~ proof to the contrary* bis zum Beweis des Gegenteils; **~ure** ['feiljə] Fehlen *n*, Mangel *m*, Ausbleiben; Schwächerwerden, Nachlassen *n*, Abnahme *f*; Versäumnis, Ausbleiben *n*, Unterlassung *f*; Versagen, Fehlschlagen, Scheitern, Mißlingen *n*; Fehlschlag, Mißerfolg *m*; *(Schule)* Durchfallen *n*; schlechte, ungenügende Zensur *f*; *tech* Ausfall *m*; *mot* Panne; *com* Zahlungsunfähigkeit, -einstellung *f*, Konkurs, Bankrott *m*, *fam* Pleite *f*, Zs.bruch; *(Mensch)* Versager *m*, Niete *f*; *to end in ~* mit e-m Mißerfolg enden; *he is a ~* er taugt nicht viel; *~ to appear* Nichterscheinen *n*; *~ to deliver, of performance* Nichterfüllung *f*.
fain [fein] *a pred obs* genötigt, bereit *(to* zu); *adv nur mit would:* gern(e); *I would ~ do it* ich würde es gern tun.
faint [feint] *a* schwach *(with* vor); matt, kraftlos; mutlos, ängstlich, schüchtern; feige; *(Farbe)* matt, blaß; *(Ton)* schwach, leise; *(Linie)* dünn; *s* Ohnmacht *f*; *itr (to ~ away)* schwächer werden, sich verlieren; e-n Schwächeanfall haben, ohnmächtig werden *(from, with hunger* vor Hunger; *because of the heat* infolge der Hitze); *to become, to grow ~* schwächer werden, nachlassen; *I haven't the ~est idea* ich habe keine Ahnung, keinen blassen Schimmer; *I lay in a dead ~* ich lag in e-r tiefen Ohnmacht; **~-hearted** *a* ängstlich, mutlos, verzagt, kleinmütig; **~-heartedness** Mutlosigkeit, Verzagtheit *f*, Kleinmut *m*; **~-ness** ['-nis] Schwäche; Mattigkeit; Ängstlichkeit *f*.
fair [fɛə] **1.** *a* tadellos, untadelig, einwandfrei, rein, sauber; *(Ruf)* gut; frisch, neu; hell, licht; blond; *(Wetter)* schön, hell, klar, heiter, sonnig; offen, unbe-, ungehindert, g(e)rade; gerecht, ehrlich, billig, redlich, anständig; unparteiisch, unvoreingenommen, vorurteilslos, -frei; *(Spiel)* den Regeln entsprechend, fair, einwandfrei; *(Preis)* angemessen; günstig, vorteilhaft, annehmbar, aussichtsreich, vielversprechend, verheißungsvoll; angenehm, gefällig, entgegenkommend,

höflich; ziemlich, einigermaßen groß; mittelmäßig,(ganz) leidlich,ordentlich, einigermaßen gut; lesbar, leserlich; *obs poet* schön, hübsch, lieblich, anmutig; *adv* den Regeln entsprechend, einwandfrei, anständig; gerade(swegs), mitten *(in* in); *by ~ means* (auf) anständig(e Weise); *to be in a ~ way to* auf dem besten Wege sein zu; *to bid, to promise ~* verheißungsvoll sein, gute Aussichten bieten; *to copy ~ (Urkunde)* ins reine schreiben; *to play ~* sich anständig verhalten, anständig handeln *(with s.o.* gegenüber jdm); *that's only ~* das ist nicht mehr als recht und billig; *the ~ sex* das schöne Geschlecht, die Frauen *pl*; *~ and just* recht u. billig; *~ and square* offen und ehrlich; **~ catch** *Am (Fußball)* Freifang *m*; **~ copy** Reinschrift *f (e-r Urkunde)*; **~ dealing** Redlichkeit, Anständigkeit *f*; **~~** *(a)* ehrlich, unparteiisch; **~ game** jagdbare(s) Wild *n*; **~~haired** *a* blond; **~ish** ['-riʃ] leidlich, einigermaßen gut *od* groß; **~ly** ['-li] *adv* gerecht, redlich, anständig; einigermaßen leidlich, erträglich; ziemlich; klar, deutlich; völlig, vollständig, ganz, gänzlich; wirklich, tatsächlich; **~~minded** *a* gerecht, ehrlich, redlich; unparteiisch, unvoreingenommen; **~ness** ['-nis] Gerechtigkeit, Redlichkeit, Billigkeit, Ehrlichkeit, Anständigkeit; Unparteilichkeit,Unvoreingenommenheit, Vorurteilslosigkeit; Freundlichkeit; Schönheit; Blondheit *f*; *in ~~ to s.o.* um jdm Gerechtigkeit widerfahren zu lassen; *~ play* ehrliche(s) Spiel *n*; **~~spoken** *a* höflich, gefällig, nett, freundlich; einleuchtend; **~way** ['fɛəwei] *mar* Fahrtrinne *f*, Fahrwasser *n; (Golf)* Spielfläche(*f*); **~~weather** *a* Schönwetter-; **~~** *friends (pl)* unzuverlässige Freunde *m pl*; **2.** *s (bes.* Jahr-)Markt *m;* Messe *f; (fancy ~)* Wohltätigkeitsbasar *m; to be at a ~* auf e-r Messe sein; *autumn, spring ~* Herbst-, Frühjahrsmesse *f; world ~* Weltausstellung *f;* **~goer** Messebesucher *m;* **~~ground, site** Messegelände *n;* **~ing** ['-riŋ] **1.** Jahrmarktsgeschenk *n*.

fairing ['fɛəriŋ] **2.** *mar aero* Verschalung, Verkleidung, Profilierung *f*.

fairy ['fɛəri] *s* Fee *f*, Elf(e *f); sl* Homosexuelle(r) *m; a* Feen-; feenhaft, zart, anmutig, graziös; **~~dance** Elfenreigen *m;* **~~lamps, -lights** *pl* Illumination, feenhafte Beleuchtung *f (bes. in Gärten);* **~land** Feen-, Elfen- reich; Märchen-, Traum-, Wunderland, Zauberreich *n;* **~~like** feenhaft, anmutig, zierlich, zart; **~~tale** Märchen *n*.

faith [feith] Glaube(n) *m (in* an); Religion *f;* Vertrauen *n (in* zu); Treue; Zuverlässigkeit; Ehrlichkeit, Ehrenhaftigkeit, Redlichkeit *f;* Wort, Versprechen *n*, Zusage *f; in ~* wirklich, tatsächlich; *in good ~* in gutem Glauben, gutgläubig; *in bad ~* unaufrichtig, unehrlich *adv; on the ~ of* im Vertrauen auf; *to break, to keep (o.'s) ~* sein Versprechen nicht halten, halten *(with s.o.* jdm); *to lose ~ in s.o.* das Vertrauen zu jdm verlieren; *to put o.'s ~ in* sein Vertrauen setzen auf; *breach of ~* Vertrauensbruch, -mißbrauch; Wortbruch *m;* **~~cure, -healing** Gesundbeten *n;* **~~curer, -healer** Gesundbeter *m;* **~ful** ['-ful] treu, ergeben *(to s.o.* jdm); zuverlässig, gewissenhaft, sorgfältig; ehrlich, redlich; *(Abschrift)* genau, getreu, korrekt; *the ~~ (pl)* die Gläubigen *pl (bes. Mohammedaner);* **~fully** ['-fuli] *adv* ergeben; *Yours ~~ (am Briefende)* Ihr (sehr) ergebener, hochachtungsvoll; **~fulness** ['-fulnis] Treue, Ergebenheit, Redlichkeit *f;* **~less** ['-lis] treulos *(to* gegenüber); unehrlich, unredlich; unzuverlässig; *rel* ungläubig; **~lessness** ['-lisnis] Treulosigkeit *f*.

fake [feik] *tr (to ~ up)* fälschen; *(in betrügerischer Absicht)* zurechtmachen, herrichten; *(Bilanz)* verschleiern; *fam* (auf)frisieren, aufmachen, heucheln, schwindeln, vortäuschen, erfinden; *mus* improvisieren; *s* Fälschung *f*, Schwindel, Betrug *m; attr* gefälscht, falsch, unecht; **~ r** ['-ə] Fälscher, Schwindler, Betrüger *m*.

fakir ['fɑː:kiə, fəˈkiə, *Am* 'feikə] *rel* Fakir *m*.

falchion ['fɔːltʃən] Pallasch, Krummsäbel *m; poet* Schwert *n*.

falcon ['fɔː(ː)lkən, 'fɔː:k-] *orn* Falke *m;* **~er** ['-nə] Falkner *m;* **~ry** ['-nri] Falknerei; Falkenbeize, -jagd *f*.

fall [fɔːl] *irr fell, fallen* **1.** *itr* (herab-, herunter-, hinab-, hinunter)fallen, -stürzen; einstürzen, zs.brechen; *(im Kampf)* fallen; (herab-, nieder)sinken; niedergehen; sich senken *(a. Stimme)*, abfallen; (herab)fließen; *(Fluß)* sich ergießen, münden *(into* in); *(Wind)* nachlassen, sich legen, abflauen; *(Temperatur, Preise)* sinken, fallen; *(Regierung)* gestürzt werden; an Achtung, Ansehen verlieren; entgleisen, sündigen; *(Mädchen)* fallen;

fall among 354 **fallen**

(Stadt) fallen, erobert werden; fallen *(on s.o.* auf jdn), zufallen *(on s.o.* jdm); *(auf e-n Tag)* fallen *(on* auf); *(Preis, Gewinn)* fallen *(to s.o.* auf jdn, *(Erbschaft)* an jdn); *(Akzent)* fallen *(on* auf); *(zufällig)* stoßen *(on* auf); herfallen *(on* über); verfallen *(on* auf); zerfallen, eingeteilt sein *(into* in); *(Tier)* geworfen werden; *Am sl* ins Kittchen kommen; **2.** *s* Fall; Sturz *m*; (Herab-)Hängen *n*, (Ab-)Hang *m*; Sinken, Fallen *n (der Preise)*, *com* Baisse; *tech* Senkung *f*, Abfall; Verfall, Sturz *fig*, Untergang *m*, Niederlage *f*; *sport* Schultersieg; Fehltritt *m*, Entgleisung *f*, (sittlicher) Fall; *(Tiere)* Wurf *m*; *das* Ab-, Heruntergefallene; Gefälle *n*; *Am* Herbst *m*; *das* Herabhängende, lose(s) Ende; *(Flaschenzug)* Seil *n*; offene(r), Schillerkragen *m*; *Am sl* Verhaftung, Verurteilung *f*; *meist pl* Wasserfall *m*, Kaskade *f*; **3.** *to ride for a ~* s-m Verderben entgegengehen; *to ~ into disuse* außer Gebrauch kommen; *to ~ on o.'s feet (fig)* auf die Füße, Beine fallen; *to ~ to ground (fig)* ins Wasser fallen; *to ~ into bad habits* schlechte Gewohnheiten annehmen; *to ~ ill, sick* krank werden; *to ~ into line (mil)* antreten; *with* übereinstimmen, einer Meinung sein mit; *to ~ in love with* sich verlieben in; *to ~ over o.s.* über die eigenen Füße fallen; *to ~ to pieces* ausea.-, zer-, verfallen; *to ~ under suspicion* in Verdacht geraten; *his countenance, his face fell* er machte ein langes Gesicht; *I had a bad ~* ich habe e-n bösen Sturz getan; **4.** *~ in the birthrate* Geburtenrückgang *m*; *~ from a horse* Sturz *m* vom Pferd; *the F~ (of Man)* der Sündenfall; *~ in output* Leistungsrückgang *m*; *~ in prices* Fallen, Sinken *n* der Preise, Preisrückgang *m*; *~ in potential* Spannungsabfall *m*; *~ of rain, of snow* Regen-, Schneefall *m*; *~ in value* Wertminderung *f*, -verlust *m*; **5.** *to ~ among* unter ... fallen; *to ~ apart* ausea.-, zs.-, zerfallen; aus dem Leim gehen; *to ~ asleep* einschlafen; *to ~ away* abfallen *(from* von); abnehmen; abmagern; verlassen *(from s.o.* jdn); *to ~ back* zurückgehen, -weichen, sich zurückziehen, nachgeben; *(up)on s.th.* sich auf etw zurückziehen; auf etw zurückgreifen; zu e-r S s-e Zuflucht nehmen; sich mit etw begnügen; *to ~ behind* zurückbleiben, *fam* hinterherhinken; *(mit Zahlungen)* im Rückstand bleiben *(with* mit); in Verzug, ins Hintertreffen geraten; *to ~* **down** (auf die Knie) niederfallen; einstürzen; herunterfallen *(the stairs* die Treppe); zu Bruch gehen; *on (sl)* Pech haben, reinfallen mit; *on the job* versagen; *dead* tot umfallen; *to ~* **due** fällig werden; *to ~* **flat** keinen Eindruck machen, keine Wirkung haben, wirkungslos verpuffen, nicht einschlagen; scheitern; *to ~* **for** sich verknallen, sich vergaffen in; reinfallen auf; schwärmen für; *to ~* **foul** *(Schiff)* zs.stoßen *(of* mit); sich in die Haare geraten, in Streit geraten *(of* mit); zs.brechen; *to ~* **in** einfallen, -stürzen, zs.brechen; zustimmen, ja sagen; *mil* (in Linie) antreten, sich formieren, sich aufstellen; *with s.o.* jdn zufällig treffen, jdm zufällig begegnen; jdm zustimmen, beipflichten; *to ~* **into** verfallen in; *(Unterhaltung)* beginnen; *to ~* **off** herab-, herunterfallen; nachlassen, zurückgehen, geringer, schwächer werden; *fam* magerer werden; sich verschlimmern, verfallen; *mar* sich leewärts legen; *aero* abrutschen, -kippen; *to ~* **on** fallen auf; herfallen über; *the expense will ~ on me* ich werde die Kosten zu tragen haben; *to ~* **out** sich streiten, sich zanken, in Streit geraten, sich überwerfen *(with* mit); *(Haar)* ausgehen, -fallen; *mil* wegtreten; *Am fam* hemmungslos tun, überwältigt sein von; *imp* geschehen, sich ereignen; ausfallen; *out of step* außer Tritt fallen; *to ~* **over** *o.s.* *fig* sich die Beine ausreißen; *to ~* **short** knapp werden, nicht (aus)reichen, *of* zurückbleiben hinter, nicht erreichen; *we fell short of provisions* die Vorräte gingen uns aus; *to ~* **through** scheitern, fehlschlagen, ins Wasser fallen; *to ~* **to** beginnen, anfangen, sich machen an, in Angriff nehmen *(doing s.th.* etw zu tun); herfallen über *(a. Essen)*; zugreifen, *fam* 'reinhauen; *to ~* **under** *(s.o.'s influence)* unter *(jds Einfluß)* geraten; **6. ~ fashions** *pl Am* Herbstmoden *f pl*; **~ guy** *sl* Sündenbock; Hereingefallene(r) *m*; **~-out** Ausfall *m*; radioaktive Niederschläge *m pl*; **~-wind** Fallwind *m*.

fallacious [fə'leiʃəs] trügerisch, verfänglich; irreführend; *philos* Trug-, Fang-; **~y** ['fæləsi] Trugschluß; Irrtum *m*, Täuschung; Verfänglichkeit *f*.

fallen ['fɔ:lən] *pp a* gefallen *a. fig*; zu Boden gestreckt, am Boden (liegend); niedergeworfen, unterworfen, besiegt; vernichtet, zerstört; gefallen, tot;

fallen arches

the ~ die Gefallenen *(Soldaten)*; ~ **arches** *pl* Senkfüße *m pl*.
fallib|ility [fæli'biliti] Fallibilität *f*; **~le** ['fæləbl] fallibel, fehlbar.
falling ['fɔ:liŋ] *a* fallend, sinkend, abnehmend, rückgängig; *(Haar)* ausgehend; *s* Fallen *n*; *to have a* ~ *out Streit haben*; ~ *(of the) birthrate* Geburtenrückgang *m*; ~ *of the womb (med)* Gebärmuttervorfall *m*; ~ *due fin* Fälligkeit *f*, Verfall *m*; **~off** Verminderung, Verringerung, Abnahme *f*; Nieder-, Rückgang *m*; **~star** Sternschnuppe *f*, Meteor *m od n*.
fallow ['fæləu] **1.** *a agr* brach *a. fig*; *fig* vernachlässigt; untätig; *s* Brache *f*, Brachfeld *n*; **2.** falb, fahl, gelbbraun; **~deer** Damhirsch *m*, -wild *n*.
false [fɔ:ls] *a* falsch; unrichtig, unwahr, irrtümlich; unaufrichtig, lügnerisch, lügenhaft, unehrlich; treulos *(to gegen)*; trügerisch, irreführend; unecht; gefälscht, nachgemacht, künstlich; unrichtig, fehlerhaft; *adv nur in*: *to play s.o.* ~ jdn hintergehen, betrügen; *to be in a* ~ *position* sich in e-r schiefen Lage befinden; *to be* ~ *to o.'s promises* s-e Versprechungen nicht halten; *to take a* ~ *step* danebentreten; ~ **alarm** blinde(r) Alarm *m*; **~ bottom** doppelte(r) Boden *m*; ~ **coiner** Falschmünzer *m*; ~ **coining** Falschmünzerei *f*; **~hearted** *a* unaufrichtig, unehrlich; **~hood** ['-hud] Unwahrheit; Lüge *f*, Lügen *n*; irrtümliche Meinung *od* Auffassung *f*; ~ **imprisonment** Freiheitsberaubung *f*; ~ **judg(e)ment, verdict** Fehlurteil *n*; ~ **key** Nachschlüssel *m*; **~ness** ['-nis] Falschheit, Unaufrichtigkeit, Hinterhältigkeit; Treulosigkeit *f*, Verrat *m*; ~ **news, report** Falschmeldung *f*; ~ **oath** Meineid *m*; ~ **pretences** *pl* Vorspiegelung *f* falscher Tatsachen; *by, on, under* ~ unter Vorspiegelung falscher Tatsachen; **~ reasoning** Fehlschluß *m*; ~ **ribs** *pl anat* falsche Rippen *f pl*; ~ **start** Fehlstart *m*; ~ **step** Fehltritt *a. fig*; *fig* Mißgriff *m*; ~ **take-off** *aero* Fehlstart *m*; ~ **teeth** falsche Zähne *m pl*, (künstliches) Gebiß *n*.
falsetto [fɔ:l'setou] *pl -os* Fistel-, Kopfstimme *f*, Falsett *n*.
falsif|ication [fɔ:lsifi'keiʃən] (Ver-)Fälschung *f*; **~ier** ['fɔ:lsifaiə] Fälscher *m*; **~y** ['fɔ:lsifai] *tr* (ver)fälschen; falsch darstellen *od* berichten; willkürlich abändern, -wandeln; als falsch nachweisen, widerlegen; vereiteln, durchkreuzen; *to be* ~**ied**

family welfare

sich als *(Hoffnung)* trügerisch, *(Befürchtung)* grundlos erweisen; widerlegt werden.
falsity ['fɔ:lsiti] Falschheit; Unrichtigkeit *f*, trügerische(r) Irrtum *m*; Unaufrichtigkeit, Unehrlichkeit, Lügenhaftigkeit *f*.
faltboat ['fɑ:ltbout] *Am* Faltboot *n*.
falter ['fɔ:ltə] *itr* (sch)wanken; torkeln, stolpern, straucheln; stottern, stammeln; zögern, zaudern; *tr (to* ~ *out)* stammeln; **~ing** ['-riŋ] stockend; unsicher, schwach; wankend.
fame [feim] *(bes. guter)* Ruf *m*; Berühmtheit *f*, Ruhm *m*; **~d** [-d] *a* bekannt *(as, for* als); berühmt *(for* wegen, durch); *ill-*~ berüchtigt.
familiar [fə'miljə] *a* vertraut *(to s.o.* jdm); gut bekannt *(with, to* mit); vertraulich, zwanglos, intim; (zu) frei; aufdringlich; wohlbekannt; *(Freunde)* eng, nahestehend; gewohnt, alltäglich, (nicht un)gewöhnlich; *(Tier)* zahm; *s* Vertraute(r), vertraute(r) Freund; *hist* Hausgeist *m*; *to be* ~ *with s.th.* sich mit etw auskennen; *to make o.s.* ~ *with s.th.* sich mit etw vertraut machen; **~ity** [fəmili'æriti] Vertrautheit; Vertraulichkeit, Intimität, Zwanglosigkeit; Aufdringlichkeit; Bekanntheit, Vertrautheit *(with* mit); *meist pl* Vertraulichkeiten *f pl*; **~ization** [fəmiliərai'zeiʃən] Gewöhnung *(with* an); **~ize** [fə'miljəraiz] *tr* bekannt machen, verbreiten; vertraut machen *(with* mit), gewöhnen *(with* an); *to* ~~ *o.s. with s.th.* sich mit etw vertraut machen.
family ['fæmili] Familie *f*; Kinder *n pl (e-r Familie)*; Verwandtschaft *f*; Haus(gemeinschaft *f*); Haus, Geschlecht *n*, Stamm *m*; Abstammung, (gute) Herkunft; (Sprach-, Tier-, Pflanzen-)Familie; *math* Schar *f*; *in a* ~ *way* ungezwungen, ungeniert, zwanglos *adv*; *in the* ~ *way (fam) (Frau)* in andern Umständen; *of (good)* ~ aus gutem Hause; *of no* ~ von niedriger Herkunft; ~ **allowance** Familienbeihilfe, Kinderzulage *f*; ~ **circle** Familienkreis *m*; ~ **council** Familienrat *m*; ~ **doctor** Hausarzt *m*; ~ **estate** Stammgut *n*; ~ **hotel** Familienpension *f*; ~ **life** Familienleben *n*; ~ **likeness** Familienähnlichkeit *f*; ~ **man** Familienvater; häusliche(r) Mensch *m*; ~ **name** Familienname *m*; ~ **partnership** Familienunternehmen *n*; ~ **status** Familienstand *m*; ~ **tree** Stammbaum *m*; ~ **welfare** Familienfürsorge *f*.

fam|ine ['fæmin] Hungersnot *f*; (akuter) Mangel *m*, Knappheit *f*; Hunger *m*; *coal, water* ~~ Kohlen-, Wassermangel *m*; ~~ **price** Mangelpreis *m*; **-ish** ['fæmiʃ] *tr* (ver)hungern lassen; *itr* Hunger leiden; verhungern; darben; *I'm ~~ing (fam)* ich bin am Verhungern; *half-~~ed* halbverhungert.
famous ['feiməs] berühmt *(for* durch, wegen)*; fam* prima, erstklassig.
fan [fæn] **1.** *s* Fächer; Ventilator; (Schiffsschrauben-, Propeller-)Flügel *m*; *agr* Schwinge *f*; *tr* (an)fächeln; *(Feuer, Leidenschaft)* an-, entfachen *(into* zu); fächerförmig ausbreiten *od* aufstellen; *agr* worfeln, schwingen; *Am fam* durchsuchen; *itr (to ~ out) mil* sich fächerförmig entfalten, ausschwärmen; *(Straßen)* fächerförmig ausea.gehen; *Am sl* plaudern; **~ belt** Ventilatorriemen *m*; **~ blade** Ventilatorflügel *m*; **~-cooled** *a* fremdgekühlt; **~ palm** Fächerpalme *f*; **~-shaped** *a* fächerförmig; **-tail** ['-teil] *orn* Pfauentaube *f*; Schleierschwanz *m (Fisch);* **~ vaulting** *arch* Fächer-, Trichtergewölbe *n*; **-wise** ['-waiz] *adv* fächerartig; **2.** *fam* begeisterte(r) Anhänger *(e-s Sportes)*, Fan(atiker), Verehrer *m*; *film (od Am) movie, radio ~* Film-, Radionarr *m*; **~ mag**(**azine**) *Am fam* Filmzeitschrift *f*; **~ mail** Verehrerbriefe *m pl*.
fanatic(al) [fə'nætik(əl)] *a* fanatisch; *s (fanatic)* Fanatiker, Eiferer, (religiöser) Schwärmer *m*; **-ism** [-sizm] Fanatismus *m*.
fanci|ed ['fænsid] *a* vorgestellt, eingebildet; **-er** ['-ə] Liebhaber, Freund, Kenner; (Tier-, Pflanzen-)Züchter *m (aus Liebhaberei)*; *dog ~~* Hundeliebhaber *m*; **-ful** ['-ful] phantasiebegabt, einfallsreich; verspielt, launenhaft, unwirklich, phantastisch; wunderlich, sonderbar, seltsam, eigenartig.
fancy ['fænsi] *s* Einbildungskraft, Phantasie; Launenhaftigkeit, Verspieltheit; Einbildung, Vorstellung *f*, vage(r) Gedanke; Einfall *m*, Laune, Schrulle *f*, Spleen; Hang *m*, Neigung, Vorliebe *(for* für); Liebhaberei *f*, Steckenpferd *n*; (Kunst-)Geschmack *m*; *a* Phantasie-; phantastisch, einfallsreich, verspielt, launenhaft, wunderlich; bunt, lebhaft gemustert; modisch, elegant; ausgefallen, ungewöhnlich, extravagant; Luxus-, Kunst-; *Am* ausgesucht, erstklassig, teuer; *(Preis)* übertrieben, Phantasie-, Liebhaber-; *(Tier)* Zucht-, Rasse-; *tr* sich vorstellen, sich einbilden; gern haben, (gern) mögen, lieben, Gefallen haben an; sich denken, meinen; *(Tiere aus Liebhaberei)* züchten; *to have a ~ for s.th.* den Wunsch nach, Appetit auf etw haben; etw gern haben; *to take a ~ for, to* Gefallen, Geschmack finden an, liebgewinnen; *to take, to catch s.o.'s ~* jdm gefallen, jdn anziehen, jdn begeistern; *~ that (now)! just ~!* denken Sie mal, nur! sehen Sie (mal)! *I ~* ich kann mir schon vorstellen; *I have a ~* mir scheint so; ich habe so e-e Idee; *a passing ~* e-e vorübergehende Laune *(with s.o.)* jds; **~-articles, -goods** *pl* Luxus-, Geschenkartikel *m pl*; **~-ball** Maskenball *m*, Maskerade *f*; **~ bazaar, fair** Wohltätigkeitsbasar *m*; **~ bread** Feinbrot *n*; **~ cakes** *pl* Feingebäck *n*, Konditoreiwaren *f pl*; **~ dog** Rassehund *m*; **~ dress** Maskenkostüm *n*; **~-free** ungebunden, frei, ledig; sorgenfrei, sorglos; **~ man** Zuhälter *m*; **~ package** Luxuspackung *f*; **~ price** Phantasie-, Liebhaber-, Luxuspreis *m*; **~ work** Stickerei *od* Häkelarbeit *f*.
fandango [fæn'dæŋgou] *pl* *-oes* Fandango *m*.
fane [fein] *poet lit* Tempel *m*, Kirche *f*.
fanfar|e ['fænfɛə] Fanfare *f*; Tusch, Trompetenstoß; geräuschvolle(r) od prächtige(r) Aufzug *m*; **-onade** [fænfærə'nɑːd] Großsprecherei, -tuerei *f*.
fang [fæŋ] Fangzahn *(der Raubtiere)*; Giftzahn *(der Schlangen)*; *(Eber)* Hauer *m*; (Zahn-)Wurzel; *allg* Spitze *f*, Dorn *m*, Klaue *f*.
fanner ['fænə] *tech* Gebläse *n*.
fantas|ia [fæn'teizjə, fæntə'ziː] *mus* Fantasia *f*; **-tic(al)** [fæn'tæstik(əl)] eingebildet, unwirklich; phantastisch, wunderlich, seltsam, bizarr, grotesk; überspannt, launenhaft, (aus)schweifend; **-y** ['fæntəsi] Phantasie; Vorstellung, Einbildung, Illusion; Laune, Schrulle *f*, Hirngespinst *n*; Träumerei *f*; *mus* Fantasia *f*.
far [fɑː] *a* weit, entfernt, fern *(a. zeitl.);* ganz andere(r, s), völlig andersartig; vorgerückt; *a ~ cry* weit weg; *few and ~ between* selten; *the F~ East* der Ferne Osten *(Ostasien); adv* weit (weg, entfernt), in weiter Ferne; weither; weitweg; *(zeitl.)* lange hin, lange her; bei weitem, beträchtlich, (sehr) viel; *as, so ~ as* bis (zu); *as ~ as, (in) so ~ as* soweit; soviel; *by ~* bei weitem; weitaus; *from ~* von weitem; von weit her; *in so ~ as insofern; in the ~ future* in der fernen Zukunft; *on the ~ side* auf der anderen Seite; *so ~, thus ~*

far-away   **farther**

so weit, bis dahin, bis hierher; bis jetzt; *so ~ as* so weit, wie; soviel; *so ~ so good* kurz und gut; *~ afield* weit ab; *to get ~~ from a subject* von e-m Gegenstand weit abschweifen; *~ and away (fig)* bei weitem; zweifellos; *~ and near* überall; nah u. fern; *~ and wide* weit und breit; *~ from* alles andere als; lange nicht, keineswegs; *~ from it* weit davon entfernt, nicht im geringsten; *~ into the night* bis spät in die Nacht hinein; *~ on in the day* spät am Tage; *to be a ~ cry from ... to* ein himmelweiter Unterschied sein zwischen ... und; *to be few and ~ between (fig)* dünn gesät sein; *to go ~* es weit bringen, viel erreichen; *towards* viel beitragen zu; *I am ~ from doing it* ich denke nicht daran, es zu tun; *he's ~ gone* es steht schlecht um ihn; *~ be it from me* das sei fern von mir! *I wouldn't carry things too ~* ich würde die Sache nicht auf die Spitze treiben; **~~away** *a* weit entfernt; längst vergangen; verträumt, (geistes)abwesend; **~~between** *a* vereinzelt; **~~famed** *a* weithin bekannt; **~~fetched** *a* weit hergeholt *fig*, gesucht, gezwungen; übertrieben, phantastisch; **~~flung** *a* weit ausgedehnt; **~~gone** *a* vorgeschritten; heruntergekommen, abgewirtschaftet; stark betrunken; **~~off** *a* (weit) entfernt; (zeitlich) fernliegend; **~~reaching** weitreichend; wirkungsvoll; einflußreich; **~~seeing** vorausschauend, weitblickend; weit im voraus planend; **~~sighted** *a* weitsichtig; *fig* weitblickend, vorausschauend; **~~sightedness** Weitsichtigkeit; *fig* weise Vorausschau *f*, Scharfblick *m*.

farc|e [fɑːs] Posse(nhaftigkeit) *f*; Schwank *m*; **~ical** ['fɑːsikəl] possenhaft; ulkig, komisch; lächerlich.

fare ['fɛə] *itr* sich befinden, vorankommen; ergehen; *poet* wandern, ziehen, reisen, fahren; *s* Fahrgeld *n*, -preis *m*, Reisegeld *n*; Fahrgast *m*; Kost, Verpflegung *f*; Essen *n*, Speise(n *pl*) *f*; *~s, please!* noch jem zugestiegen? *have your ~s ready* Fahrgeld bereithalten! *how did you ~? how did it ~ with you?* wie ist es dir ergangen? *he is faring well in his business* sein Geschäft geht gut; *he ~d alike* es erging ihm nicht anders, *what's the ~?* was kostet die Fahrt? *bill of ~* Speisekarte *f*; *full ~* Fahrkarte *f* zum vollen Preis; **~~stage** Teilstrecken-, Zahlgrenze *f*; **~well** *s* Abschied(sworte *n pl*) *m*, Lebewohl *n*; *a* Abschieds-; *interj* lebe(n Sie) wohl! *to bid s.o. ~~* jdm Lebewohl sagen; *~~ to ...* Schluß mit ...!

farin|a [fə'rainə, fəˈriːnə] Stärke(mehl *n*) *f*; *Am* Gries; Puder; *bot* Blütenstaub *m*; *chem* Stärke *f*; **~aceous** [færiˈneiʃəs] mehlhaltig; Mehl-; mehlig; stärkeartig; ~ *food* Nährmittel *n pl*.

farm [fɑːm] *s* (Bauern-)Gut *n*; Gutshof *m*; *(~-house)* Bauern-, Gutshaus; *(leased ~)* Pachtgut *n*, -hof; landwirtschaftliche(r) Betrieb *m*; Farm; Züchterei *f*; *tr (Land)* bestellen, bebauen, bewirtschaften; *(to ~ out)* verpachten; *(Arbeitskraft)* zur Verfügung stellen; *(Menschen)* in Pflege geben *od* nehmen; *itr* in der Landwirtschaft arbeiten; Landwirtschaft betreiben; *to ~ out (Arbeit)* vergeben; *Am (Aufträge)* weitergeben; *baby ~* Kinderbewahranstalt *f*, -hort *m*; *chicken~* Hühnerfarm *f*; *experimental ~* Versuchsfarm *f*; *oyster ~* Austernzucht *f*; **~ buildings** *pl* landwirtschaftliche Gebäude *n pl*; **~er** ['-ə] Bauer, Landwirt, Farmer; Pächter *m*; *the ~~s* die Bauernschaft; *baby ~~* Kindergärtnerin *f*; *poultry ~~* Geflügelzüchter *m*; *~~s' association* landwirtschaftliche Genossenschaft *f*; *~~s' bank* Landwirtschaftsbank *f*; *~~'s wife* Bäuerin, Bauersfrau *f*; **~erette** [-'ret] *Am fam* Landarbeiterin *f*; **~hand, -labo(u)rer, -worker** Landarbeiter *m*; **~house** Bauernhaus *n*; *~~ bread* Bauernbrot *n*; **~(ing)** *implements pl* landwirtschaftliche, Acker-Geräte *n pl*; **~ing** ['-iŋ] *s* Landwirtschaft *f*, Ackerbau *m*; *a* landwirtschaftlich, Landwirtschafts-; *baby ~~* Kinderbetreuung *f*; *chicken-~~* Hühnerzucht *f*; *fur ~~* Pelztierzucht *f*; *poultry ~~* Geflügelzucht *f*; *stock ~~* Viehzucht *f*; *~~ and breeding* Ackerbau u. Viehzucht *f*; *~~ lease* Pachtvertrag *m*; *~ land* Ackerland *n*; **~stead** [-'sted] Bauernhof *m (mit dem Land)*; **~work** Landarbeit *f*; **~yard** Wirtschaftshof *m*; *~~ buildings (pl)* Wirtschaftsgebäude *n pl*.

faro ['fɛərou] Phar(a)o *n (Kartenglücksspiel)*.

farrago [fəˈrɑːgou, -'reigə] *pl* -o(e)s Mischmasch *m*, Durcheinander *n*.

farrier ['færiə] Hufschmied *m*.

farrow ['færou] *s* Wurf *m* Ferkel; *tr (Ferkel)* werfen; *itr* ferkeln; *in, with ~* trächtig *(Sau)*.

fart [fɑːt] *s vulg* Furz *m*; *itr* furzen.

farther ['fɑːðə] *(Komparativ von far) a* weiter entfernt, entfernter; zusätzlich; weiter; *adv* weiter (weg);

farthermost außerdem; noch; überdies; in höherem Maße; *nothing is ~ from my mind* nichts liegt mir ferner; **~ermost** *a = ~est (a)*; **~est** ['-ist] *(Superlativ von far) a* entferntest, weitest; ausgedehntest, längst; *adv* am weitesten weg; *(at (the) ~~)* höchstens; spätestens.

farthing ['fɑːðiŋ] Viertelpenny *m*; *not to care a ~* sich nicht das geringste machen aus; *not to matter a ~* nicht das geringste, gar nichts ausmachen; *not worth a (brass) ~* keinen Pfifferling wert.

fasci|a *anat* 'fæʃiə] *pl -ae* [-iː], *arch -as* Band *n*, Streifen *m*, *med* Binde *f*; *arch* Gesimsstreifen *m*, -band; Firmenschild; Armaturenbrett *n*; *zoo bot* (Farb-)Streifen *m*; *anat* Bindegewebe *n*; **~ate(d)** ['fæʃieit(id)] *a* bot bandartig verbreitert u. abgeflacht; gebündelt; *zoo* gestreift.

fascic|le ['fæsikl], **~ule** ['-kjuːl] Bündel, Faszikel *n*; *(Buch)* Lieferung *f (Teil)*; **~ular** [fə'sikjulə], **~ulate** [-lit], **~ulated** [-leitid] *a* gebündelt, Bündel bildend.

fascinat|e ['fæsineit] *tr* fesseln, bezaubern, faszinieren; hypnotisieren; **~ing** ['-iŋ] spannend, fesselnd; **~ion** [-'neiʃən] Bezauberung, Faszination *f*; Zauber, hohe(r) Reiz *m*.

fascine [fæ'siːn] Faschine *f*, Reisiggeflecht, -bündel *n*.

fasc|ism, F~ ['fæʃizm] Faschismus *m*; **~ist** ['fæʃist] *s* Faschist *m*; *a* faschistisch.

fashion ['fæʃən] *s* Form, Gestalt *f*, (Zu-)Schnitt *m*; Fasson; Mode; Art, Weise, Art u. Weise *f*; gute(s) Benehmen *n*, Lebensart, gute Sitte *f*; *tr* formen, gestalten; machen, anfertigen; zustande, zuwege bringen, bewerkstelligen; Gestalt geben *(s.th. e-r S)*; anpassen *(to* an); *after, in a ~* in gewisser Weise, in s-r Art; so gut es geht; gewisser-, einigermaßen; *after the ~ of* nach Art *gen*; *in ~* in Mode, modern; *out of ~* aus der Mode, unmodern; *to be all the ~* die große Mode sein; *to come into ~* Mode werden; *to go out of ~* unmodern werden; *to set the ~* den Ton angeben; *it is the ~ to do es* ist üblich, man pflegt zu tun; **~able** ['fæʃnəbl] *a* modern, modisch, Mode-; elegant, schick, fein; üblich; beliebt; *s* elegante(r) Mann *m*, Frau *f*; **~ableness** ['-əblnis] Schick *m*, Eleganz *f*; Beliebtheit *f*; **~-designer** Modezeichner *m*; **~-house** Modesalon *f*; **~-magazine** Modejournal *n*, -zeitschrift *f*; **~-monger** Modenarr *m*; **~-parade, -show** Modeschau *f*; **~-plate** Modebild *n*, -zeichnung *f*; Modenarr *m*, -püppchen *n*.

fast [fɑːst] **1.** *a* fest; dicht; festsitzend; *(Schlaf)* fest, tief; *(Farben)* (licht- u. wasch)echt; *(Freund(schaft))* fest, treu, beständig; schnell; kurz (dauernd); *(Uhr)* vorgehend; flott, frei, locker, ausschweifend, unsolide; *(Bakterien)* resistent; *phot* lichtstark; *adv* fest, dicht; schnell; *(regnen)* stark, heftig; *to be (an hour) ~ (Uhr)* (eine Stunde) vorgehen; *to lead a ~ life, to live ~* ausschweifend leben, e-n lockeren Lebenswandel haben; *to make ~* festmachen, befestigen; *(Tür)* zumachen; *to play ~ and loose* ein doppeltes Spiel treiben *(with* mit); *to rain ~* stark regnen; *to stand ~* feststehen, sich nicht rühren; nicht wanken; *to stick ~* nicht vorwärts-, vorankommen; festsitzen; *to take (a) ~ hold of s.th.* etw festhalten; *hard and ~* streng; starr; unumstößlich; *~ to light* lichtecht; **~ asleep** in tiefem Schlaf; **~ buck** *Am sl* leichtverdiente(s) Geld *n*; **~ freight** *Am* Eilgut *n*; **~ highway** *Am* Schnellstraße *f*; **~ train** Schnellzug *m*; **2.** *itr* fasten, nüchtern bleiben; *s* Fasten *n*; Fasttag *m*, Fastenzeit *f*; *to break o.'s ~* frühstücken; *to keep the ~* das Fasten einhalten; **~-day** *a*. **~ing-day** *rel* Fasttag *m*.

fasten ['fɑːsn] *tr* befestigen, festmachen, anbinden, anheften *(to* an); zumachen, (ver)schließen; *(o.'s eyes)* den Blick heften, richten *(on* auf); in Verbindung bringen *(on* mit), beimessen *(on s.o.* jdm), anhängen, andichten *(on s.o.* jdm); *itr* sich anheften; haften, festhalten; zugehen; zugemacht werden; sich konzentrieren *(on* auf); sich halten *(upon* an); *to ~ off* ver-, zuknoten; *to ~ up* zumachen; *to ~ (up)on* ergreifen, heraussuchen, (her)aussuchen; aufs Korn nehmen; *to ~ the blame on s.o.* die Schuld jdm zuschieben; **~er** ['-ə] Befestiger; Verschluß *m*; Sperre *f*, Riegel *m*; Musterklammer *f*; Druckknopf; *(zip, slide ~)* Reißverschluß *m*; **~ing** ['-iŋ] Befestigung; Schließe *f*, Halter, Haken, Riegel *m*, Schloß *n*, Klammer *f*, Knopf *m*, Band *n*; **~~ pin** Heftbolzen *m*.

fastidious [fæs'tidiəs] mäk(e)lig, wählerisch, anspruchsvoll; **~ness** [-nis] Mäkelei *f*, anspruchsvolle(s) Wesen *n*.

fastness ['fɑːstnis] Festigkeit *f (Farbe)* Haltbarkeit, Lichtechtheit; Schnelligkeit; Kürze (der Zeit); Leichtlebigkeit; Feste *f*, Bollwerk *n*; *med* Widerstandskraft *f (to* gegen).

fat [fæt] *a* fett; fettig; fett(leibig, -wanstig), dick(bäuchig); dick, stark, um-

fat cat — **fault**

fangreich, breit; reichlich, im Überfluß vorhanden; fruchtbar, (ertrag)reich, ergiebig, einträglich, gewinnbringend; *fam* dumm; *s* Fett *n a. chem* Fettigkeit; Fettheit, Fettleibigkeit *f*; *das Beste (an e-r S)*; *theat sl* gute Rolle *f*; *tr* mästen; *to chew the ~ (sl)* die Köpfe zs.stecken; *to get ~* fett, dick werden; *to have a ~ chance (sl)* geringe Aussichten haben *(of getting zu bekommen)*; *to kill the ~ted calf for s.o. (fig)* jdm e-n großartigen Empfang bereiten; *to live on the ~ of the land* wie Gott in Frankreich leben; *to run to ~* Fett ansetzen; *the ~ is in the fire* jetzt ist der Teufel los; *a ~ lot you care (sl)* Sie kümmern sich e-n Dreck drum; *a ~ book* ein dicker Wälzer; *a ~ purse* ein dickes Portemonnaie; **~ cat** *Am sl* Arrivierte(r); *pol* Geldgeber *m*; **~content** Fettgehalt *m*; **~guts** *sing* Fettwanst, Dickbauch *m (Person)*; **~head** Dummkopf *m*; **~headed, -witted** *a* dumm, blöd(e); **~ling** ['fætliŋ] Stück *n* junges Mastvieh; **~ness** [-nis] Fettheit, Fettigkeit; Fettleibigkeit; Fruchtbarkeit, Ergiebigkeit *f*; **~requirement** Fettbedarf *m*; **~so** ['fætsou] *Am sl* Fettmops *m*; **~soluble** fettlöslich; **~ stock** Mastvieh *n*; **~ten** ['fætn] *tr* fett, dick machen, mästen; düngen; bereichern, füllen; *itr* fett, dick werden; *to ~~ up* dicker werden *od* machen; **~tish** ['-tiʃ] ein bißchen fett; **~ty** ['fæti] *a* fett(ig), ölig; *s fam* Dickerchen *n*; **~~ acid** Fettsäure *f*; **~~ degeneration** *med* Verfettung *f*; **~~ heart** Herzverfettung *f*; **~~ tissue** Fettgewebe *n*; **~~ type** Fettdruck *m*.

fatal ['feitl] schicksalhaft; verhängnisvoll, fatal *(to* für); verderblich, vernichtend *(to* für); tödlich; Schicksals-; **~ accident** tödliche(r) Unfall *m*; **~ism** ['feitəlizm] Fatalismus *m*, Schicksalsgläubigkeit *f*; **~ist** ['-list] Fatalist *m*; **~istic** [feitə'listik] fatalistisch, schicksalsgläubig; **~ity** [fə'tæliti] Schicksal, Geschick, Verhängnis; Mißgeschick, Unglück(sfall *m*) *n*, Tod(esfall *m*) *m*; verhängnisvolle Wirkung *f*; **~ly injured** tödlich verletzt, verwundet *(in an accident* bei e-m Unfall*)*; **~ sisters** *pl* Parzen *f pl*; **~ thread** Lebensfaden *m*.

fate [feit] Schicksal, Geschick, Los, Fatum; Verhängnis, Unheil *n*, Untergang, Tod *m*; *the F~s (pl)* die Parzen *f pl*; *as sure as ~* todsicher; *to meet o.'s ~* sein Ende finden; vom Schicksal ereilt werden; **~d** [-id] *a* vom Schicksal bestimmt; dem Untergang geweiht; **~ful** ['-ful] schicksalhaft, verhängnisvoll; entscheidend.

father ['fɑ:ðə] *s* Vater *a. fig*; (Be-)Gründer, Urheber, Erfinder, geistige(r) Vater; Pater; *F~* Vater, Gott *m*; *pl* (Vor-)Väter, Vorfahren; Stadtväter *m pl*; *tr* der Vater sein *gen*; (er)zeugen; die Vaterschaft übernehmen für; Vaterstelle vertreten bei; (be)gründen, (er-)schaffen, erfinden, ins Leben rufen; die Verantwortung übernehmen für; *(fig) ~ on, ~ upon* e-n Vater, Urheberschaft zuschreiben *(on s.o.* jdm); *the child is ~ to the man* die Kinderjahre sind entscheidend; *like ~ like son* der Apfel fällt nicht weit vom Stamm; *the wish is ~ to the thought* der Wunsch ist der Vater des Gedankens; *the Holy F~* der Heilige Vater, der Papst; *Reverend F~* Ehrwürdiger Vater *(Anrede e-s Geistlichen)*; *the F~s of the Church* die Kirchenväter *pl*; **F~ Christmas** Weihnachtsmann; Nikolaus *m*; **~ confessor** Beichtvater *m*; **F~'s Day** *Am* Vatertag *m*; **~ figure** *psychol* Leitbild *n*; **~hood** ['-hud] Vaterschaft *f*; **~-in-law** ['-rinlɔ:] Schwiegervater *m*; **~land** ['-lænd] Vaterland *n*; **~less** ['-lis] vaterlos; **~liness** ['-linis] Väterlichkeit *f*; **~ly** ['-li] väterlich.

fathom ['fæðəm] *s* Faden *(Längenmaß = 6 Fuß = 1,83 m)*; Klafter *m (= 216 cubic feet = 6,12 cbm)*; *tr (die Wassertiefe)* ausmessen, sondieren, loten; *fig* ergründen, ermessen, erfassen; **~less** ['-lis] unergründlich, unermeßlich.

fatigue [fə'ti:g] *s* Abspannung, Ermüdung, Erschöpfung; Strapaze, Anstrengung *f*; *(~ duty) mil* Arbeitsdienst *m*; *med* (Organ-), *tech* (Material-)Abnutzung, *(Metall)* Ermüdung *f*; *pl (~ clothes, dress, uniform) mil* Drillich-, Arbeitsanzug *m*; *tr* ermüden, strapazieren; erschöpfen, übermüden; *itr tech* ermüden, altern; **~-cap** *mil* Feldmütze *f*, *fam* Krätzchen *n*; **~-party, detail** Arbeitskommando *n*; **~-strength** *tech* Dauerfestigkeit *f*; **~ test** Dauerprüfung *f*.

fatuity [fə'tju(:)iti] Albernheit *f*; **~ous** ['fætjuəs] töricht, albern, närrisch.

faucal ['fɔ:kəl] *a* Rachen-, tiefe(r) Kehl-; **~es** ['fɔ:si:z] *pl* Rachen, Schlund *m*; Rachenenge *f*.

faucet ['fɔ:sit] *bes. Am* (Wasser-)Hahn, (Faß-)Zapfen *m*.

faugh [fɔ:] *interj* pfui!

fault [fɔ:lt] Fehler; Mangel; Defekt *m*; Versehen *n*; Irrtum *m*; Schuld *f*; Verschulden *n*; *tech* Störung *f*; *el* Erd-

fault-finder

fehler *m*; *geol* Verwerfung(sspalte), Sprungkluft *f*; *at ~ (Hund)* auf falscher Fährte *a. fig*; in Vergleenheit; im Irrtum; fehlerhaft; *tech* defekt; *in ~* im Irrtum; schuld; *to a ~* im Übermaß, zu (sehr); *without o.'s ~* ohne Verschulden; *to find ~* etw auszusetzen haben, herumnörgeln *(with an)*; Fehler finden *(in an)*; *the ~ lies with* der Fehler liegt bei; *it's not my ~* es ist nicht meine Schuld; **~-finder** Krittler *m*; **~-finding** *s* Tadelsucht, Nörgelei, Meckerei *f*; *a* tadelsüchtig, nörg(e)lig; **~iness** ['fɔːltinis] Fehler-, Mangelhaftigkeit *f*; **~less** ['-lis] fehlerfrei, untadelig, tadellos; **~sman** *tele* Störungssucher *m*; **~y** ['fɔːlti] fehler-, mangelhaft; schadhaft, defekt; ungenau, unvollkommen; falsch; *(Besitz)* widerrechtlich; *~~ design* Konstruktionsfehler *m*; *~~ drafting* Formfehler *m*.

faun [fɔːn] Faun *m*; **~a** ['fɔːnə] Fauna, Tierwelt *f*.

favo(u)r ['feivə] *s* Gunst *f*, Wohlwollen *n*, Gefallen *m*; Vergünstigung; Nachsicht *f*, Einvernehmen, Einverständnis *n*, Erlaubnis; Begünstigung, Schutz *m*, Obhut, Hilfe; Gunstbezeigung, Gefälligkeit *f*; Andenken; Abzeichen *n*; Schleife, Knopflochblume; *pl* Hingabe *f (e-r Frau)*; *tr* Wohlwollen entgegenbringen *od* zeigen *(s.o.* jdm); Gefallen finden *(s.o.* an jdm); bevorzugen, begünstigen; Nachsicht üben *(s.o.* jdm gegenüber); befürworten, sprechen für; unterstützen, helfen *(s.o.* jdm), decken; ermutigen *(s.o.* jdm); einen Gefallen tun *(s.o.* jdm); schonen *fam* ähnlich sehen *(s.o.* jdm); *as a ~* aus Gefälligkeit; *by ~ of (Brief)* durch Vermittlung *gen*; *by, with your ~* mit Ihrer Erlaubnis; *in ~ of* wohlwollend gegenüber; für, zugunsten, *fin* zahlbar an; *in s.o.'s ~* zu jds Gunsten *od* Vorteil; für; *out of ~* nicht beliebt *(with* bei); aus der Mode; *under ~* mit Verlaub (zu sagen), wenn ich so sagen darf; *under ~ of darkness, night* im Schutz der Dunkelheit; *with ~* wohlgefällig; zustimmend; günstig; *to ask a ~ of s.o.* jdn um e-n Gefallen bitten; *to be in (great) ~* (sehr) in Gunst stehen, (sehr) beliebt, gefragt sein; *to be in ~ of s.th.* für etw sein; *of doing s.th.* dafür sein, etw zu tun; *to do s.o. a ~* jdm e-n Gefallen erweisen; *to find ~ in s.o.'s eyes* jds Zustimmung, Gefallen finden; *to speak in s.o.'s ~* für jdn eintreten; *to withdraw o.'s ~ from s.o.* jdm s-e Gunst entziehen; *fortune ~s the bold od the brave* dem Mutigen gehört die Welt; *who is in ~?* wer ist dafür? *your ~* Ihr wertes Schreiben; **~able** ['-rəbl] günstig, vorteilhaft *(to* für); *(Antwort)* positiv; *(Handelsbilanz)* aktiv; *on ~~ terms* zu günstigen Bedingungen; **~ed** ['-d] *a* begünstigt, bevorzugt; *ill-~~* unansehnlich, häßlich; **~ite** ['-rit] *s* Günstling; *sport* Favorit *m*; *a* Lieblings-; *to be a general ~* allgemein beliebt sein; *~~ book, colo(u)r, pastime, son* Lieblingsbuch *n*, -farbe, -beschäftigung *f*, -sohn *m*; **~itism** ['feivəritizm] Vettern-, Günstlingswirtschaft *f*.

fawn [fɔːn] **1.** *s* Rehkitz, junge(s) Reh; Hirschkalb *n*; Rehfarbe *f*; *a* rehfarben, -braun; *tr itr (Reh, Hirschkalb)* setzen; **2.** *itr (Hund)* s-e Freude zeigen; mit dem Schwanz wedeln; *(Mensch)* schmeicheln (on, upon s.o. jdm), kriechen (on, upon s.o. vor jdm); **~ing** *fig* kriecherisch.

fay [fei] Fee *f*.

faze [feiz] *tr Am fam* aus der Palme, aus der Fassung, in Verlegenheit bringen.

fealty ['fiːəlti] Lehnspflicht, -treue *f*.

fear [fiə] *s* Angst, Furcht(samkeit); Befürchtung, Besorgnis *f*; Schreck *m*; Scheu, Ehrfurcht *f*; *Grund m zu* Befürchtungen; *tr* (be)fürchten, (sich) scheuen(vor); (Ehr-)Furcht haben vor; *itr* sich fürchten, Angst haben *(for* um); bange sein; *for ~ of* aus Angst vor *(of doing s.th.* etw zu tun); *for ~ that,* lest damit nicht; *never ~!* (nur) keine Angst! *without ~ or favo(u)r* unparteiisch, gerecht; *to be in ~ of* sich fürchten vor; bangen um; *to stand in great ~ of* große Angst haben vor; **~ful** ['-ful] furchtbar, schrecklich, entsetzlich *a. fam*; furchtsam, ängstlich, bange, besorgt; *to be ~~ of* Angst haben vor; *of doing s.th.* zögern, etw zu tun; **~fulness** ['-fulnis] Furchtbarkeit *f*; Furchtsamkeit, Ängstlichkeit *f*; **~less** ['-lis] furchtlos *(of* vor); **~lessness** ['lisnis] Furchtlosigkeit *f*; **~some** ['-səm] fürchterlich.

feasibility [fiːzə'biliti] Aus-, Durchführbarkeit, Möglichkeit *f*; **~le** ['fiːzəbl] tunlich, aus-, durchführbar; anwendbar; *(Material)* brauchbar; vernünftig; *(Weg)* gangbar, befahrbar.

feast [fiːst] *s (-day)* Fest *n bes. rel*, Feier, Festlichkeit *f*; Festmahl, -essen, Bankett *n*; *fig* Hochgenuß *m*; *tr* ein Fest(essen) geben *(s.o.* jdm, für jdn); festlich bewirten; erfreuen; *(Nacht)* durchfeiern; *itr* (ein Fest) feiern, tafeln; sich ergötzen (on an); *to ~ o.'s eyes on* s-e Augen weiden an.

feat [fi:t] Heldentat *f*; Kunststück *n*; große Leistung *f*.

feather ['feðə] *s* Feder; *(Pfeil)* Fiederung *f*; Federbusch *m*; *(a. pl)* Gefieder; Stück *n* Federvieh *od* Geflügel; Bagatelle; Schaumkrone *f*; *tr* mit Federn versehen *od* schmücken; *(Ruder)* flach werfen; *(aero)* auf Segelstellung fahren; *as light as a ~* federleicht; *in ~* gefiedert; *in fine, full, good, high ~* in (froher) Stimmung, guter Dinge; gesund und munter; in guter Form, auf der Höhe; *to show the white ~* Angst verraten; kneifen; *to ~ o.'s nest* sein Schäfchen ins trockene bringen; die Gelegenheiten nutzen; *fig* sich warm betten; *birds of a ~ flock together* gleich u. gleich gesellt sich gern; *fur and ~* Haar- u. Federwild *n*; *a ~ in o.'s cap* Leistung *f*, auf die man stolz sein kann; **~-bed** *s* Federbett *n*; *Am sl* leichte Arbeit *f*; *tr* verwöhnen; *(Arbeit)* strecken; **~-bedding** *Am sl* (gewerkschaftlicher Zwang *m* zur) Einstellung *f* nicht benötigter Arbeitskräfte; **~-brained, -headed** *a* dumm, albern; leichtsinnig; **~-broom, -duster** Staubwedel *m*; **~ed** ['-d] *a* gefiedert; **~-edge** ['-redʒ] scharfe Kante *f*; **~few** = *feverfew*; **~ing** ['-riŋ] Gefieder *n*; *(Pfeil)* Fiederung *f*; *aero* (*~ position*) Segelstellung *f* der Luftschraube; **~-stitch** *(Stickerei)* Fischgrätenstich *m*; **~-weight** *(Boxen)* Federgewicht *n*; **~y** ['-ri] gefiedert; federleicht, weich.

feature ['fi:tʃə] *s* Gestalt, Form, Erscheinung *f*; Aussehen; angenehme(s) Äußere(s) *n*; Gesichtsteil *m*, *pl* Gesichtsbildung *f*, (Gesichts-)Züge *m pl*, Gesicht *n*; *allg* Charakterzug *m*, Charakteristikum, hervorragende(s) Kennzeichen, Merkmal *n*; typische(r), wesentliche(r) Bestandteil *m*; *(chief, leading ~)* Grund-, Hauptzug, Hauptbestandteil *m*, -eigenschaft *f*; Anziehungspunkt *m*, Attraktion *f*; *(~ film, picture)* Spiel-, Hauptfilm; *(Radio)* Tatsachenbericht *m*, Reportage, Hörfolge *f*; *(Zeitung)* Sonderbericht; aktuelle(r) Artikel *m*; *tr* kennzeichnen, charakterisieren, darstellen; ein Bild sein *gen*, verkörpern; *fam* sich vorstellen, verstehen, kapieren; wiedergeben, abbilden, gestalten; *(Rolle)* spielen, darstellen; *bes. Am* (groß) heraus-, zur Schau stellen; groß aufmachen, -ziehen; besonders behandeln, bringen; *to make a special ~ of s.th.* sich auf etw spezialisieren; *with X. ~d, featuring X.* (film) mit X. in der Hauptrolle; *distinctive, main ~* Unterscheidungs-, Hauptmerkmal *n*; **~d** ['-d] *a* geformt, gestaltet, geprägt; (besonders) herausgestellt, hervorgehoben; **~-length** ['-leŋθ] *a* film programmfüllend, Haupt-; **~-less** ['-lis] nichtssagend, ohne eigenes Gepräge; uninteressant; *(Markt)* lustlos; **~-program(me)** *radio* Hörbericht *m*, -folge *f*; **~-tte** ['-ret] *Am* kurze(r) Spielfilm *m*; **~-writer** *(Zeitung)* Sonderberichterstatter *m*.

febri|fuge ['febrifju:dʒ] Fiebermittel *n*; **~le** ['fi:brail, 'febrəl, 'febril] fieberhaft, fiebernd; *fig* erregt.

February ['februəri] Februar *m*.

feces *s. faeces*.

feckless ['feklis] schwach, kraftlos; unwirksam; untüchtig, unfähig.

feculen|ce ['fekjuləns] kotige, faulige Beschaffenheit *f*; Bodensatz *m*, Hefe *f*; Schmutz *m*; **~t** ['-t] kotig, faulig, schlammig; schmutzig.

fecund ['fi:kənd, 'fek-, -kʌnd] fruchtbar; ertragreich; **~ate** ['-eit] *tr* fruchtbar machen; befruchten; **~ation** [-'deiʃən] Fruchtbarmachung, Befruchtung *f a. biol.*; **~ity** [fi'kʌnditi] Fruchtbarkeit; Zeugungsfähigkeit; *bot* Keimfähigkeit *f*.

fed [fed] *(pret u.) pp von feed: to be ~ up with s.o., s.th.* (*sl*) jdn, etw satt haben; *I'm ~ up with it* (*sl*) das hängt mir zum Halse 'raus; *poorly ~* unterernährt; *well ~* wohlgenährt.

feder|al ['fedərəl] *a* bundesstaatlich; *(F~~)* Bundes-; *s (F~~)* Föderalist *m*; **~~ aid** *(Am)* Bundeshilfe *f*; **~~ army** Bundesheer *n*; **~~ authority** Bundesbehörden *f pl*; *F~ Bureau of Investigation* Bundeskriminalamt *n*; **~~ council** Bundesrat *m*; **~~ diet, parliament** Bundestag *m*; **~~ government** Bundesregierung *f*; *F~ Income Tax (Am)* Bundeseinkommensteuer *f*; **~~ judge** Bundesrichter *m*; **~~ law** Bundesgesetz *n*; **~~ legislation** Bundesgesetzgebung *f*; *F~~ Register (Am)* Bundesanzeiger *m*; *F~~ Republic* Bundesrepublik *f*; **~~ state** Bundesstaat *m*, -land *n*; **~~ territory** Bundesgebiet *n*; **~~ union** Staatenbund, Bundesstaat *m*; Bund; *com* Verband *m*, Syndikat *n*; *economic ~~* Wirtschaftsverband *m*; *employers' ~~* **~alism** ['fedərəlizm] Föderalismus *m*; **~alist** ['-rəlist] Föderalist *m*; **~alize** ['fedərəlaiz] *tr s. ~ate*; **~ate** ['fedərit] *a* bundesstaatlich; Bundes-; verbündet; *tr itr* ['fedəreit] (sich) zu e-m Bundesstaat *od* Staatenbund zs.schließen, vereinigen; **~ation** [fedə'reiʃən] Zs.schluß *m*; Vereinigung, Verbindung *f*, Bündnis *n*; *com*

federative 362 **feeling**

Arbeitgeberverband *m*; *American F~~ of Labor (AFL)* amerikanische(r) Gewerkschaftsverband *m*; **-ative** ['fedərətiv] bundesmäßig, föderativ.
fee [fi:] *s a. pl* Gebühr(en *pl*), Sportel, Taxe *f*, Honorar *n*; Tantieme *f*; Trinkgeld; Geldgeschenk *n*; Bezahlung *f*; Schulgeld; *jur* Eigentumsrecht; *hist* Lehensgut *n*; *tr* e-e Gebühr entrichten *a*, ein Honorar bezahlen *dat*; *for a small ~* gegen e-e geringe Gebühr; *to charge, to collect a ~* e-e Gebühr erheben; *to hold in ~* besitzen; *basic ~* Grundgebühr *f*; *booking ~* Eintragungs-, Platzgebühr *f*; *scale of ~s* Gebührentarif *m*; **~ simple** *jur* Eigengut, uneingeschränkte(s) Eigentum *n*; **~ tail** *jur* (Grund-)Eigentum *n* mit Erbbeschränkung.
feeble ['fi:bl] schwach, kraftlos, matt; wirkungslos, unwirksam; zart, zerbrechlich; leicht beeinflußbar; **~-minded** *a* schwachsinnig; willenlos, unentschlossen; *s* Schwachsinnige(r *m*) *f*; **~-mindedness** Schwachsinn *m*; **-ness** ['-nis] Schwäche *f*.
feed [fi:d] *irr fed, fed tr* füttern (*on* mit; *Am s.th. to*); mit Futter versorgen; speisen; verpflegen, verköstigen (*at a restaurant* in e-m Restaurant); (ver-)füttern, (als Futter) geben; mästen; ernähren *a. physiol*, versorgen; Nahrung geben *dat a. fig*; *(Hoffnung)* nähren; *(Zorn)* schüren; *(Eitelkeit)* befriedigen; Brenn-, Betriebsstoff, Material zuführen *(the stove* dem Ofen, *a machine* e-r Maschine); das Wasser zuführen *(a lake* e-m See); *agr* weiden lassen; *itr* (fr)essen *a. fam hum (von Menschen)*; sich ernähren, leben (*on, upon* von); *agr* weiden; *s* Füttern *n*, Fütterung; Mahlzeit *f*, Essen; (Vieh-)Futter *n*; Futtermenge; *tech* Zuführung, Zufuhr, Beschickung, Ladung, Speisung *f*; Vorschub; Brenn-, Betriebsstoff *m*, Material *n*; Zubringevorrichtung, Zuführung, Speiseleitung *f*; *to ~ up* herausfüttern, mästen; *to be fed up with s.th.* etw satt haben; *to be off o.'s ~* keinen Appetit haben; **~-back** Rückkopp(e)lung *f*; **~-bag** Futtersack *m*; *to put on the ~ (Am sl)* sich ans Essen machen; **~-cock** Einfüllstutzen *m*; **-er** ['-ə] Fütterer; Viehmäster; Futterverbraucher, -verwerter; Esser *m*; Mastvieh *n*; (Saug-)Flasche *f*; (Kinder-)Lätzchen *n*, (Brust-)Schurz *m*; Wasser-, Bewässerungsgraben; Nebenfluß *m*; *tech* Zuführung(svorrichtung), Aufgabevorrichtung, Speiseleitung *f*; *(Verkehr)* Zubringer *m*; *(~ line)* Zubringerlinie, -strecke *f*; *~ cable* Leitungskabel *n*; *~ line aircraft* Zubringerflugzeug *n*; *~ road* Zubringerstraße *f*; *~ service* Zubringerdienst *m*; **-ing** ['-iŋ] *s* Fütterung, Mästung, Weide *f*; Essen *n*; Ernährung; Speisung; Zuführung, Zufuhr, Beschickung *f*; *attr* Futter-; *a* zunehmend; *sl* ärgerlich; *high ~* Wohlleben *n*; **~-bottle** (Saug-)Flasche *f*; **~ cup** Schnabeltasse *f*; **~-tank** Wasserbehälter *m*; **~ turnip** Futterrübe *f*; **~-pipe** *tech* Speiserohr *n*; **~-pump** *tech* Speise-, *mot* Benzinpumpe *f*; **~-screw** Förderschnecke *f*; **~-water** *tech* Speisewasser *n*.
feel [fi:l] *irr felt, felt tr* (be)fühlen, betasten; spüren, empfinden *a. fig*; ein Gefühl, ein Empfinden, Sinn haben für; ahnen; einsehen, erkennen, begreifen; glauben, meinen, halten für; *itr* sich fühlen; sich bewegen; sich (vor-, vorwärts)tasten *(after, for* nach); mitfühlen *(for s.o.* mit jdm); *s* Fühlen, Gefühl *n*, Gefühlssinn *m*; Fingerspitzengefühl *n*; Gefühlseindruck *m*; Empfinden *n*; *to ~* about *o.s.* denken über; *to ~ for s.o.* mit jdm fühlen; mit jdm Mitgefühl haben; *to ~ out (Menschen)* ergründen; auf den Zahn fühlen; *to ~ up* in der Lage sein; sich in der Lage, sich gewachsen fühlen (*to* zu); *by the ~* dem Gefühl nach; *to get (used) to the ~ of s.th.* sich an etw gewöhnen; *to ~ cheap (sl)* sich eined fühlen; niedergeschlagen sein; *to ~ cold, hungry, tired* frieren, hungrig, müde sein; *to ~ compelled* sich genötigt sehen; *to ~ like doing s.th.* Lust haben, etw zu tun; gern etw tun; *to ~ (quite) o.s.* (gesundheitlich) auf der Höhe, fam auf dem Posten sein; *to ~ sure, certain* sicher sein; *to ~ o.'s way* sich vorwärtstasten *a. fig*; *to sich* tasten zu; *he ~s like a fool* er kommt sich wie ein Narr vor; *I ~ as if* mir ist, als ob; *ich komme mir vor, als ob*; *I'm ~ing much better* ich fühle mich viel wohler, es geht mir viel besser; *I know just how you ~* ich kann es Ihnen nachfühlen; *it has a soft ~* es fühlt sich weich an; **-er** ['-ə] *zoo* Fühler *m*; *(Schnecke)* Fühlhorn *n*; Tasthaare *n pl*; *fig* Versuchsballon *m*; Kundschafter *m*; *tech* Stichmaß *n*; *to put, to throw out a ~~ (fig)* e-n Fühler ausstrecken, die Lage sondieren, *fam* peilen; **-ing** ['-iŋ] *a* gefühlvoll; mitfühlend, teilnahmsvoll; *s* Gefühl(ssinn *m*) *n*; Gefühl *n (of* gen), Sinn *m (of* für); Empfindung *f*;

Fein-, Zartgefühl; Herz, Mitgefühl *n*; Ahnung *f*; Verständnis *n*, Sinn *m (for* für); Auffassung, Meinung, Haltung, Überzeugung; Luft, Atmosphäre *f fig*; *pl* Gefühle *n pl*, Gefühlsleben *n*; *good ~~* Freundlichkeit *f*; *ill ~~* abweisende Haltung *f*; *I have a ~~ that* ich habe das Gefühl, daß ...; *~~ for nature, of pain* Natur-, Schmerzgefühl *n*.

feign [fein] *tr* sich einbilden; (er)heucheln, simulieren, vorgeben, vortäuschen, fingieren; *itr* sich verstellen; **~ed** [-d] *a* verstellt, geheuchelt, simuliert, fingiert; *(Name)* angenommen, falsch; Schein-.

feint [feint] *s* Heuchelei, Verstellung, Finte *f*; *(~ attack)* Scheinangriff *m*; *itr* e-n Scheinangriff machen *(at, upon* auf); *to make a ~ of doing* so tun, als ob man tut.

fel(d)spar ['fel(d)spaːr] *min* Feldspat *m*.

felicitat|e [fi'lisiteit] *tr* beglückwünschen *(on, upon* zu); Glück wünschen *(s.o.* jdm; *on* zu); **~ion** ['teiʃən] Glückwunsch *m*, -wünsche *m pl*.

felicit|ous [fi'lisitəs] *(Ausdruck)* gut gewählt, treffend; **~y** [-ti] Glückseligkeit *f*, Glück *n*; glückliche(r) Umstand; glückliche(r), passende(r) Ausdruck *m*; *to phrase s.th. with ~~* etw sehr geschickt ausdrücken.

feline ['fiːlain] Katzen-; katzenartig; gewandt; schlau; verstohlen.

fell [fel] **1.** *pret* von *fall*; **2.** *tr (to ~ to the ground)* nieder-, zu Boden werfen; *(Baum)* fällen, schlagen, umhauen; *(Stoff)* (ein)säumen; *s* (Holz-)Schlag; *(Stoff)* Saum *m*; **~er** ['-ə] (Holz-)Fäller; Saatstreifen *m*; *sl dial = fellow*; **3.** *poet* grausam, grimmig, schreckenerregend, schrecklich, wild; **4.** (Tier-) Fell *n*, Haut *f*; *(Mensch)* (Haar-) Schopf *m*; **~monger** ['-mʌŋgə] Fellhändler *m*; **5.** kahle (An-)Höhe; Heide *f*, Ödland *n*.

fellah ['felə] Fellache *m*.

felloe ['felou], **felly** ['feli] Felge *f*, Radkranz *m*.

fellow ['felou] Gefährte, Genosse, Kamerad, Kollege *m*; *F~* (vollberechtigtes) Mitglied *n* der Körperschaft e-r Universität, e-s College od e-r gelehrten Gesellschaft; *(Universität)* Absolvent *m* mit Stipendium; *fam* Bursche, Junge, Kerl; *Am fam* Liebhaber, Galan *m*; Gegenstück *n (bei e-m Paar)*, der, die, das andere; *attr* Mit-, -gefährte, -kamerad *m*; *a ~* man, einer; *to be ~s* immer zs.sein, zs.gehören; *to be hail ~ well met (with)* gut befreundet sein (mit); *not to have o.'s ~* nicht seinesgleichen haben; *my dear, my good ~! (fam)* mein lieber Mann! *old ~! (fam)* alter Bursche! alter Junge! *poor ~! (fam)* armer Junge! *school-~* Schulkamerad *m*; **~~citizen** Mitbürger *m*; **~~countryman** Landsmann *m*; **~~creature** Mitmensch *m*; **~~debtor** Mitschuldner *m*; **~~delinquent** Mitschuldige(r), Mitangeklagte(r) *m*; **~~feeling** Sympathie *f*; Gefühl *n* der Zs.gehörigkeit, Harmonie *f* (zwischen Menschen); **~~heir** Miterbe *m*; **~~member:** *to be a ~~* auch zum Klub gehören; **~~men,** *(seltener)* **~~beings** *pl* Mitmenschen *m pl*; **~~passenger** Mitreisender *m*; **~~prisoner** Mitgefangene(r) *m*; **~ship** ['-ʃip] *(oft: good ~~)* Kameradschaft, Gemeinschaft(lichkeit) *f*, kameradschaftliche(s), freundschaftliche(s) Verhältnis *n*, Gemeinsamkeit; Gesellschaft *f*, (Kameraden-, Freundes-) Kreis *m*; Stellung, Würde *f* e-s Fellow *(s. F~)*; (Forschungs-)Stipendium; *Am* (privates) Stipendium *n*; **~~sufferer** Leidensgenosse, -gefährte *m*; **~~traveller** Reisegefährte; *pol* Mitläufer, Sympathisierende(r) *m*; **~~worker** Arbeitskamerad; Mitarbeiter *m*.

felon ['felən] *s* (Schwer-)Verbrecher *m*; *med* Nagelgeschwür *n*; *a poet* grausam, böse, mörderisch; **~ious** [fi'lounjəs] verbrecherisch; **~y** ['feləni] schwere(s), Kapitalverbrechen *n*.

felt [felt] **1.** *pret* u. *pp* von *feel*; *a ~ want* ein Bedürfnis *n*; ein Mangel *m*; **2.** *s* Filz *m*; *attr* Filz-; *tr* zu Filz verarbeiten; mit Filz überziehen; *roofing-~* Dach-, Teerpappe *f*; **~ boot** Filzstiefel *m*; **~ cloth** Filztuch *n*; **~ hat** Filzhut *m*; **~ing** ['-iŋ] (Material *n* zur) Filzherstellung *f*; Filztuch *n*; **~ joint**, **~ packing** Filzdichtung *f*; **~ ring, washer** Filzring *m*; **~ slipper** Filzpantoffel *m*; **~ sole** Filzsohle *f*; **~y** ['-i] filzartig.

female ['fiːmeil] *a* weiblich; Frauen-; *s zoo* Weibchen *n a. pej*; **~ labo(u)r** Frauenarbeit *f*; **~ operatives** *pl* weibliche Arbeitskräfte *f pl*; **~ screw** Schraubenmutter *f*; *the ~ sex* das weibliche Geschlecht; **~ suffrage** Frauenstimmrecht *n*; **~ thread** Innengewinde *n*.

feme [fiːm] *jur* Frau *f*; **~ covert** Ehefrau *f*; **~ sole** unverheiratete Frau; Witwe; geschiedene Frau *f*; **~-sole merchant** *od* **trader** selbständige Geschäftsfrau *f*.

femin|ine ['feminin] *a* weiblich *a. gram*; fraulich, mädchenhaft; *(Mann)*

femininity 364 **fervent**

weibisch; *s gram* Femininum *n*; **~inity** [femi'niniti] Weiblichkeit; Fraulichkeit *f*; **~ism** ['-izm] Frauenbewegung *f*; **~ist** ['-ist] Frauenrechtler(in *f*) *m*.

fem|oral ['femərəl] *a* Oberschenkelknochen-; **~ur** ['fi:mə] *pl a. ~ora (scient)* Oberschenkelknochen, Femur *m*.

fen [fen] *Br* Moor, Fenn *n*, Bruch *m*, Sumpfland *n*; Marsch(boden *m*) *f*; **~~berry** Moosbeere *f*; **~~fire** Irrlicht *n*; **~~goose** *orn* Graugans *f*; **~~land** Marschland *n*; **~ny** ['-i] sumpfig, moorig, bruchig; Sumpf-, Moor-.

fence [fens] *s* (Garten-, *a.* Draht-)Zaun *m*; *allg* Umfried(ig)ung; Hecke; *Am* Mauer; Schutzwehr, -verkleidung *f*; *(iron-~)* Gitter *n*; Fechtkunst *f*; *sport* Hindernis *n*, Hürde; *fig* Debattierkunst *f*; *sl* Hehlernest *n*; Hehler *m*; *tr (to ~ about, in, round, up)* ein-, umzäunen, umfried(ig)en; befestigen; verkleiden, vergittern; (ab-, be-)schirmen, (be)schützen, verteidigen *(from, against* gegen); *itr* fechten; parieren; ausweichen *(with a question* e-r Frage); Ausflüchte machen; *sl* Hehlerei treiben; *sport* e-e Hürde nehmen; *to ~ off* abwehren, sich entziehen *dat*; (durch ein Gitter) absperren; *to come down on the right side of the ~* sich *(in e-m Konflikt)* auf die richtige Seite schlagen; *to sit on the ~* neutral bleiben, (e-e) abwarten(de Haltung) einnehmen); **~~month, -season, -time** *(Jagd)* Schonzeit *f*; **~r** ['-ə] Fechter; Hürdenläufer *m*; **~~rider, -sitter, -man** *Am* Neutrale(r), Parteilose(r), Abwartende(r); Zaungast, (unerwünschter) Zuschauer *m*; **~~riding** *Am* Neutralität, Parteilosigkeit, abwartende Haltung *f*.

fencing ['fensiŋ] Fechtkunst *f*; Debattieren, Wortgefecht; Material *z* zum Einfriedigen; Umzäunung; Einfriedigung(ssystem *n*); *sl* Hehlerei *f*; **~ foil** *sport* Rapier *n*; **~~glove** Fechthandschuh *m*; **~~instructor, ~master** Fechtlehrer, -meister *m*; **~~room** Fechtboden *m*; **~~school** Fechtschule *f*.

fend [fend] *itr* sorgen *(for o.s.* für sich selbst); *tr: to ~ off* abwehren; **~er** ['-ə] Kaminvorsetzer *n*; *mot* Stoßstange *f*; *rail* Schienenräumer; *mar* (Schiffs-, Boots-)Fender *m*; *Am mot* Kotflügel *m*.

fennel ['fenl] *bot* Fenchel *m*.

feoff [fef] *s s. fief*; *tr* belehnen; **~ee** [fe'fi:] Lehnsträger *m*; **~or, ~er** ['fefə] Lehnsherr *m*.

feral ['fiərəl] **1.** wild, ungezähmt; roh, brutal; **2.** tödlich, verhängnisvoll.

ferment ['fə:mənt] *s* Ferment *n*, Gärungsstoff *m*; Hefe; Gärung *a. fig*, Fermentierung; *fig* Unruhe, Bewegung, Erregung *f*; *v* [fə(:)'ment] *tr* gären lassen, vergären; *fig* in Bewegung, in Erregung bringen, erregen; *itr* gären *a. fig*; **~ation** [fə:men'teiʃən] Gärung *a. fig*; *fig* Erregung, Unruhe, Bewegung *f*.

fern [fə:n] Farn(kraut *n*) *m*.

ferocious [fə'rouʃəs] wild, grausam; *fam (übertreibend)* unbändig; **~ty** [fə'rɔsiti] Wildheit, Grausamkeit *f*.

ferreous ['feriəs] *chem* eisenhaltig.

ferret ['ferit] *s* zoo Frettchen *n*; *fig* Detektiv, Spion *m*, Spürnase *f*; *tr* frettieren, mit dem Frettchen jagen; *tr* durchsuchen, -stöbern, -wühlen; *itr (to ~ about)* herumsuchen, -stöbern, -wühlen *(among* zwischen, in); *to ~ out* aufstöbern; auskundschaften.

ferr|i ['feri] *in Zssgen chem* Ferri-, Eisen-; **~ic** ['ferik] *a* Eisen-; *chem* Ferri-, Eisen-; **~~ chloride** Eisenchlorid *n*; **~~ oxide** Eisenoxyd *n*; **~iferous** [fe'rifərəs] eisenhaltig; **~ite** ['ferait] Ferrit *n*; **~o** ['fero(u)] *in Zssgen chem* Ferro-, Eisen-; **~~alloy** Ferrolegierung *f*; **~~concrete** Eisen-, Stahlbeton *m*; **~~nickel** Ferronickel *n*; **~ous** ['ferəs] *chem* Ferro-, Eisen-; **~~ chloride** Eisenchlorür *n*; **~~ oxide** Eisenoxydul *n*; **~~ sulphate** Ferrosulphat *n*; **~uginous** [fe'ru:dʒinəs] Eisen-; eisenartig, -haltig; rostfarben, -braun.

ferrule ['feru:l] *s* Zwinge *f*; Metallring *m*; *tr* mit e-r Zwinge versehen.

ferry ['feri] *s (~boat)* Fähre *f*; *aero* Überführung *f*; *tr (über ein Gewässer)* übersetzen; *aero* überführen; **~~bridge** Fährschiff *n*; **~ cable** Fährseil *n*; **~ fare** Fährgeld *n*; **~ing** ['-iŋ]; **~~point** Übersetzstelle *f*; **~~ service** *(aero)* Zubringer-, Überführungsdienst; Fährbetrieb *m*; **~man** ['-mən] Fährmann *m*; **~ pilot** *aero* Überführungspilot *m*.

fertil|e ['fə:tail] fruchtbar, ergiebig, ertragreich; reich *(of, in* an); einfallsreich, erfinderisch; *(Phantasie, Einbildungskraft)* lebhaft, rege; *(Ei)* befruchtet; **~ity** [fə:'tiliti] Fruchtbarkeit, Ergiebigkeit *f*, Reichtum *m (of* an); **~ization** [fə:tilai'zeiʃən, -li-] Fruchtbarmachung; Düngung; Befruchtung *f a. biol*; **~ize** ['fə:tilaiz] *tr* düngen; *biol* befruchten; **~izer** ['fə:tilaizə] Kunstdünger *m*.

ferule ['feru:l] *s* flache(s) Lineal *n (zur Züchtigung)*.

ferv|ency ['fə:vənsi] Inbrunst, Glut, Hingabe *f*, Eifer *m*; **~ent** ['-ənt] heiß,

fervid 365 **fibre**

brennend, glühend; inbrünstig, hingebungsvoll, innig, voller Eifer; **~id** ['-id] leidenschaftlich, voller Hingabe, hingebungsvoll; **~o(u)r** ['fə:və] Glut, Hitze; Inbrunst, Hingabe *f*, Eifer *m*.
fess(e) [fes] (*Heraldik*) Balken *m*.
festal ['festl] festlich; Fest(es)-; heiter.
fester ['festə] *itr* eitern, schwären; *fig* (*Ärger*) fressen, nagen (*in* in); (ver)faulen, verderben; *tr* eitern lassen; *fig* verbittern; fressen, nagen an; *s* Geschwür *n*, Schwäre *f*; **~ing sore** Eiterbeule *f a. fig.*
festival ['festəvəl] *s* Fest *n*; Feier *f*; *mus theat* Festspiele *n pl*; Festlichkeit, Lustbarkeit *f*; *a* festlich, feierlich; *music* **~~** Musikfestspiele *n pl*; **~~ day** Festtag *m*; **~e** ['festiv] festlich; lustig, fröhlich, froh, heiter; **~ity** [fes'tiviti] Lustbarkeit; Festesfreude, Fröhlichkeit, Heiterkeit *f*; Fest *n*, Feier *f*; *pl* Festlichkeiten, Feierlichkeiten *f pl*.
festoon [fes'tu:n] *s* Girlande *f*, (Blumen-, Laub-)Gewinde *n* (*a. arch u. an Möbeln*); *tr* mit Girlanden verzieren; **~ cloud** Schäfchenwolke *f*.
fetal, **~us** *s. foetal.*
fetch [fetʃ] *tr* (her-, herbei-, hervor-)holen, (her-, herbei)bringen; (*Hund*) apportieren; kommen lassen; hervorlocken; vorlegen; (*Atem*) holen, schöpfen; (*Seufzer*) ausstoßen; (*Tränen*) vergießen; (*Preis*) holen, gewinnen, erzielen; (*Geld*) einbringen; erreichen; *fam* anziehen, -locken, reizen, bezaubern, fesseln, einnehmen; *fam* (*Schlag*) versetzen, (*Schläge*) austeilen; *itr* apportieren; *mar* Kurs nehmen *od* halten; (*Tau*) fieren; *s lit fig* (Herbei-)Holen; Gespenst *n*; *fam* Kniff, Trick *m*; *mar* Linie, Strecke *f*; *to* **~ a breath** Atem, Luft holen; *to* **~ and carry** alle Arbeiten verrichten, Mädchen für alles sein (*for s.o.* für jdn); *to* **~ delight** Vergnügen machen; *to* **~ a sigh** seufzen; *to* **~ along** mitnehmen; *fig* auf die Höhe bringen, *fam* aufmöbeln; *to* **~ away** wegholen; *to* **~ back** *to mind* sich erinnern; *to* **~ down** herunterholen, abschießen; *to* **~ in** hereinholen, -bringen; *to* **~ out** herausholen, -bringen; *to* **~ up** *tr* einholen, erreichen; aus-, erbrechen; (*Preis*) erzielen; herbeiholen; *itr* stehenbleiben, anhalten; scheitern; *Am* enden; **~ing** ['-iŋ] *fam* bezaubernd, reizend, entzückend, süß.
fête, *Am meist* **fete** [feit] *s* (*bes.* Garten-)Fest *n*; *tr* feiern; ein Fest geben (*s.o.* jdm); **~-day** Namenstag *m*.
fetid ['fetid, 'fi:tid] übelriechend, stinkend.

fetish ['fi:tiʃ, 'fetiʃ] *rel psychol* Fetisch *m*; **~ism** ['-izm] Fetischismus *m*.
fetlock ['fetlɔk] (*Pferd*) Kötenschopf *m*; Köten-, Fesselgelenk *n*.
fetter ['fetə] *s meist pl* (Fuß-)Fesseln *f pl a. fig*; *fig* Zwang *m*, Hemmung *f*; *tr* fesseln; *fig* in Schranken halten, unterdrücken, unterbinden.
fettle ['fetl] Zustand *m*, Verfassung, Beschaffenheit *f*; *in fine, in good* **~** in guter Verfassung, *fam* in Form.
feud [fju:d] **1.** *s* Fehde *f*; Streit *m*; *itr* sich befehden; *at* **~** im Streit; **~al** ['-l] *a* Fehde-; **2.** Lehen *n*; **~al** *a* Lehns-, Feudal-; **~~ law** Lehnsrecht *n*; **~~ system**, **~alism** ['-əlizm] Feudalsystem, Lehnswesen *n*; **~ality** [fju:'dæliti] Lehnsverhältnis *n*; Feudalherrschaft *f*, -system; Lehen *n*; **~atory** ['fju:dətəri] *s* Lehnsmann, Vasall *m*; Lehen *n*; *a* Lehns-; lehnspflichtig (*to* dat).
fever ['fi:və] Fieber *n*; *fig* innere Unruhe, Erregung *f*; *to be in a* **~** *of excitement* in fieberhafter Aufregung sein; *to have, to run a* **~** Fieber haben; **~ed** ['-d] *a* fiebernd, fieberkrank; *fig* fieberhaft, erregt, unruhig; **~ heat** Fieberhitze *f*; **~ish** ['-riʃ] fiebernd; *fig* fieberhaft; *to work* **~ly** *on s.th.* fieberhaft an etw arbeiten; **~ishness** ['-riʃnis] Fieberhaftigkeit *f*.
few [fju:] *prn a u. s pl* wenig(e); nicht zahlreich; *a* **~** einige, ein paar, *lit* etliche; *the* **~** die wenigsten, e-e kleine Minderheit; *every* **~** *minutes, hours, days* alle paar Minuten, Stunden, Tage; *a good* **~**, *quite a* **~**, *not a* **~** (*of*) nicht wenige, ziemlich viele; e-e ganze Menge; **~ and far between** dünn gesät; *a* **~ times** ein paar Mal; einige Male; *no* **~er than** nicht weniger als; mindestens; *some* **~** schon einige; **~ness** ['-nis] geringe Anzahl *f*.
fiancé [fi'ā:sei] Verlobte(r) *m*; **~e** Verlobte *f*.
fiasco [fi'æskou] *pl -os*, *Am -oes* Mißerfolg *m*; Fiasko *n*, Reinfall *m*, Pleite *f*.
fiat ['faiæt] Befehl *m*, Anordnung, Verfügung *f*, Erlaß *m*; Dekret *n*; Ermächtigung, Vollmacht *f*; **~ money** *Am* (ungedecktes) Papiergeld *n*.
fib [fib] **1.** *s fam* Flunkerei, kleine Lüge, Schwindelei *f*; *itr* (*to tell a* **~**) flunkern, schwindeln; **~ber** ['-ə] Flunkerer *m*. **2.** *s* (*Boxen*) Schlag *m*; *tr* verprügeln.
fibre, *Am meist* **fiber** ['faibə] *anat zoo bot* Faser, Fiber; *bot* Faserwurzel; (*Textil*) Spinnfaser, Faserung, Struktur *f*; *fig* Charakter *m*, Wesen *n*, Natur *f*; *artificial* **~~** Kunstfaser *f*; *cotton* **~~** Baumwollfaser *f*; **~~ slab** Faserplatte *f*;

fibreboard 366 **field-ambulance**

~~ *structure* Faserstruktur *f*; *a man of coarse, fine* ~~ ein grobschlächtiger, ein zartbesaiteter Mensch *m*; **~eboard** Hartfaserplatte *f (Baustoff)*; **~ed** = **~ous**; **~eglas** Glaswolle *f*; **~eless** ['-əlis] faserlos; *fig* (innerlich) haltlos; **~iform** ['faibrifɔ:m] faserförmig; **~il** ['faibril] *anat* Einzelfaser, Fibrille; *bot* Wurzelfaser *f*; **~in** ['faibrin] Fibrin *n (Faserstoff des Blutes, a. bot)*; **~oid** ['faibrɔid] *a* gefasert; *s med* Fasergeschwulst *f*; **~osis** [fai'brousis] *med* Fibrose *f*; **~ous** ['faibrəs] faserig; ~~ *material* Spinnstoff *m*; ~~ *tissue* Fasergewebe *n*.

fibul|a ['fibjulə] *pl* **-ae** ['-li:] *anat* Wadenbein *n*; *hist* Fibel, Gewandnadel *f*; **~ar** ['-] *a* Wadenbein-.

fickle ['fikl] wechselhaft, unbeständig, unsicher; schwankend; wankelmütig, launenhaft, launisch; **~ness** ['-nis] Wechselhaftigkeit, Unbeständigkeit *f*.

fictile ['fiktail] formbar, plastisch; tönern, Ton-; irden; keramisch; ~ *ware* Steingut *n*.

fiction ['fikʃən] Fiktion *f a. jur*; (Prosa-)Dichtung(en *pl*) *f*, *bes.* Romane *m pl*, Erzählungen *f pl*; Dichtkunst *f*; *work of* ~ Roman *m*, Erzählung *f*; **~al** ['fikʃənl] erfunden, erdacht, erdichtet; ~~ *literature* Unterhaltungsliteratur *f*.

fict|itious [fik'tiʃəs] eingebildet, unwirklich; erdichtet, erdacht, erfunden; vorgetäuscht, fingiert, *fam* markiert; falsch, unecht; Schein-; (*Name*) angenommen; ~~ *bargain* Scheingeschäft *n*; ~~ *bill (Br)* Kellerwechsel *m*; ~~ *person* juristische Person *f*; ~~ *sale* Scheinverkauf *m*.

fiddle ['fidl] *s* Fiedel, Geige *f*, Streichinstrument *n meist hum od pej*; *sl* Schiebung *f*; *tr it fam* fiedeln; *tr (to* ~ *away)* (Zeit) vertrödeln, verplempern; *itr (fam)* fiedeln; *(to* ~ *about)* nervöse Bewegungen machen; nervös spielen (*with* mit), herumspielen (*with* an); *tr sl* beschwindeln, begaunern; *to be fit as a* ~ gesund u. munter sein, sich wie ein Fisch im Wasser fühlen; *to hang up o.'s* ~ keinen Ton mehr sagen; *to play first, second* ~ *(fig)* die erste, die zweite Geige spielen; *a face as long as a* ~ ein langes *od* trauriges Gesicht; **~bow** Geigenbogen *m*; **~bridge** Geigensteg *m*; **~case** Geigenkasten *m*; **~deedee, ~dedee** ['-didi:] *s, meist interj* Quatsch! Unsinn!**~faddle** ['fidlfædl] *s* Unsinn, Nonsens *m*; Lappalie *f*; *itr* die Zeit vertrödeln; **~r** ['-ə] Geiger; *sl* Gauner; Sixpence *m*; **~stick** Geigen-, Fie-

delbogen *m*; ~~*s!* (*interj*) Unsinn! Quatsch! **~string** Geigensaite *f*; **fiddling** *fam* läppisch; geringfügig.

fidelity [fi'deliti] Treue, Gewissenhaftigkeit *f*, Pflichtbewußtsein *n (to* gegenüber); Genauigkeit *f*; *high* ~ einwandfreie Tonwiedergabe *f*.

fidget ['fidʒit] *s* Unruhe, Ungeduld, Nervosität *f*; nervöse(r) Mensch, unruhige(r) Geist, *fam* Zappelphilipp *m*, Nervenbündel *n*; *itr (to* ~ *about)* unruhig, nervös, zappelig sein; nervös spielen (*with* mit); *tr u. to give (s.o.) the* ~*s* (jdn) nervös machen; *to have the* ~*s* kein Sitzfleisch haben; ganz nervös sein; **~iness** ['-inis] Zappeligkeit, Nervosität *f*; **~y** ['-i] unruhig, zappelig, nervös.

fiduci|al [fi'dju:ʃjəl] *a* Glaubens-, Vertrauens-; *scient* Vergleichs-; **~ary** [-əri] *a* treuhänderisch; *com* ungedeckt; *s* Treuhänder *m*.

fie [fai] *interj* pfui!

fief [fi:f] Lehen *n*.

field [fi:ld] *s* Feld *n*, Acker *m*; *bes. in Zssgen* (große) Fläche *f*, Feld; *bes. in Zssgen* (Spiel-)Feld *n*, (Sport-, Flug-, Lande-)Platz *m*; (Schlacht-)Feld, (Kampf-)Gelände, Gebiet; *fig* (Fach-)Gebiet, Fach *n*, Bereich, Sektor *m*; *com* Außendienst *m*; Praxis *f*; *(~ of vision)* Gesichtsfeld *n*; Hinter-, Untergrund *m (Wapper.)* Feld; *phys (~ of force)* Kraftfeld *n*; *sport* die Wettkampfteilnehmer, *die* Mannschaften *pl*, *die* Besetzung; *die* an e-m Rennen teilnehmenden Pferde *pl*; *pl* Gelände, Land(strich *m*) *n*; *tr (Kricket, Baseball)* (den Ball) halten *od* auffangen u. zurückwerfen; (*Spieler*) als Fänger im Ausfeld einsetzen; *itr* als Fänger, im Ausfeld spielen; *in the* ~ *(mil)* im Felde; im Kampf, im Gefecht, im Einsatz; *allg* im Wettbewerb; *in this* ~ auf diesem Gebiet; *to hold, to keep the* ~ *(mil allg)* das Feld behaupten; *to lose the* ~ verlieren, geschlagen werden; *to play the* ~ *(Am)* in voller Breite vorgehen, sich nicht auf ein Ziel beschränken; *to take the* ~ *(mil)* die Feindseligkeiten *eröffnen*; *sport* das Spiel eröffnen; *to win the* ~ gewinnen; den Sieg davontragen; ~ *of activity* Tätigkeits-, Wirkungsbereich *m*; Arbeitsgebiet *n*; ~ *of application* Anwendungsbereich *m*; ~ *of battle* Schlachtfeld *n*; ~ *of operations (mil)* Operationsgebiet *n*; ~ *of view* Gesichts-, Blickfeld *n*; **~allowance** Frontzulage *f*; **~ambulance** *Br* Sanitätsbataillon *f*; Krankenkraftwagen, Sanka *m*; ~~

-artillery Feldartillerie *f*; **~bag** Brotbeutel *m*; **~ damage** Flurschaden *m*; **~day** *mil* Geländedienstübung *f*; *fig* große(r) Tag *m*; *Am* Sportfest *n*; **~ dressing** Notverband *m*; Verbandpäckchen *n*; **~er** ['-ə], **~sman** ['-zmən] (*Baseball, Kricket*) Fänger, Spieler *m* im Ausfeld; **~events** *pl* Hoch- u. Weitsprung *m*, Stoßen u. Werfen *n*; **~fare** ['-fɛə] Krammetsvogel *m*, Wacholderdrossel *f*; **~glass(es** *pl*) Feldstecher *m*; **~gun, -piece** Feldgeschütz *n*; **~hand** *Am* Landarbeiter *m*; **~ hospital** Feldlazarett *n*; **~ing side** (*Krikket*) Fangpartei *f*; **~ intensity** *phys* Feldstärke *f*; **~ investigator** Marktforscher *m*; **~-jacket** Windjakke; *mil* Feldbluse *f*; **~-kitchen** Feldküche *f*; **~-manual** *mil* Dienstvorschrift *f*; **F-Marshal** Feldmarschall *m*; **~-mouse** Feldmaus *f*; **~-music** *Am* Pfeifer u. Trommler *m pl*; **~-officer** (*Heer*) Stabsoffizier *m*; **~-service** Außendienst *m*; **~~~** *regulations pl* Felddienstordnung *f*; **~-sports** *pl* Leichtathletik *f* (außer Laufen); Jagd u. Fischfang; **~ strength** Feldstärke *f*; **~-telephone** Feldfernsprecher *m*; **~-training** Geländeausbildung *f*; **~-trip** (*Schule*) *Am* Exkursion *f*, Ausflug *m*; **~-work** Feldbefestigung; *scient* Feldforschung, Außenarbeit *f*; **~-worker** *scient* Außenarbeiter; Befrager *m*

fiend [fi:nd] Unhold, Dämon; Satan; *fam* in *Zssgen* Begeisterte(r), Fanatiker, Besessene(r), Narr; Süchtige(r) *m*; *As n*, Kanone *f*; *the F~* der Böse (Feind), der Teufel, Satan *m*; *bridge ~* begeisterte(r) Bridgespieler *m*; *cigarette ~* Kettenraucher *m*; *fresh-air, jazz ~* Frischluft-, Jazzfanatiker *m*; *morphia ~* Morphinist *m*; *movie ~* Filmbegeisterte(r), eifrige(r) Kinobesucher *m*; **~ish** ['-iʃ] teuflisch, satanisch.

fierce [fiəs] wild, unbändig, ungebärdig, ungezügelt, zügellos; (*Hund*) scharf; heftig, wütend, grimmig, tobend, tosend; (*Konkurrenz*) erbittert; (*Bremse*) *mot* scharf; ungestüm, übermächtig, -groß, berserkerhaft; *sl* (übertreibend) scheußlich, gräßlich, eklig, ekelhaft; *to give s.o. a ~ look* jdn wütend ansehen; **~ness** ['-nis] Wildheit; Schärfe; Heftigkeit, Wut *f*, Grimm *m*; Ungestüm *n*.

fier|iness ['faiərinis] Feuer *n*, Hitze, Glut *f a. fig*; **~y** ['faiəri] feurig, brennend, glühend, heiß *a. fig*; *fig* erregt, aufwühlend, mitreißend, feuergefährlich; *med* entzündet.

fife [faif] *s mus* Querpfeife *f*; *tr itr* auf der (Quer-)Pfeife spielen; **~r** ['-ə] Pfeifer *m*.

fifteen ['fif'ti:n] *a* fünfzehn; *s* Fünfzehn; *fam* Rugbymannschaft *f*; **~th** [-θ] *a* fünfzehnt; *s* Fünfzehntel *n*.

fifth [fifθ] *a* fünft; *s* Fünftel *n*; *mus* Quinte *f*; **~ column** *pol* Fünfte Kolonne *f*; **~ly** ['-li] *adv* fünftens; **~ wheel** *fig* fünfte(s) Rad *n* am Wagen.

fift|ieth ['fiftiəθ, -iiθ] *a* fünfzigst; *s* Fünfzigstel *n*; **~y** ['fifti] fünfzig; *s pl*: *the ~ies* die fünfziger Jahre (*e-s Jahrhunderts*); die Fünfzigerjahre (*e-s Menschenlebens*); *to go ~~~~ with s.o.* mit jdm halbpart machen; mit jdm teilen (*on s.th.* etw).

fig [fig] **1.** Feige *f*; (*~-tree*) Feigenbaum *m*; *med* Feigwarze *f*; *under o.'s vine and ~-tree (fig)* in s-n vier Wänden; *not to care a ~ for s.th. (fig)* sich einen Dreck aus etw machen; (*I don't care*) *a ~ for it!* das ist mir ganz egal, (völlig) schnuppe; **~-leaf** Feigenblatt *n*; **~-wort** *bot* Knotenwurz *f*, Feigwarzenkraut *n*; **2.** *fam tr* (*to ~ out, to ~ up*) aufputzen, ausstaffieren; *s* Aufmachung *f*, Staat, Putz; Zustand *m*; *in full ~* in vollem Wichs, gut in Schale; *in good ~* (gut) in Form.

fight [fait] *irr* fought, fought *itr* fechten, kämpfen (*against*, *with* gegen; *on the side of*, *with* auf Seiten *gen*); streiten, sich raufen; sich schlagen, sich duellieren; *tr* sich schlagen mit, kämpfen gegen; bekämpfen (*a.* mit geistigen Waffen); (*Prozeß*) durchkämpfen; (*Krieg*) führen; (*Konflikt*) austragen; (*Weg*) erkämpfen; *sport* kämpfen lassen; *s* Gefecht *n*, Kampf (*for* um); Streit *a. fig*; Boxkampf *m*; Schlägerei; Kampfkraft, -bereitschaft *f*, -geist *m*, Streitlust *f*; *to ~ down* niederkämpfen; (*Fehler*) wiedergutmachen, ausbügeln; *to ~ off* abwehren, zurückschlagen; *to ~ on* weiterkämpfen; *to give, to make a ~* e-n Kampf führen; kämpfen (*for* um); *to make a ~ of it* sich in die Schanze schlagen, sein Bestes geben; *to put up a good, a bad ~* sich wacker schlagen, schlecht kämpfen; *to show ~* sich zur Wehr setzen, Widerstand leisten; *to ~ through a campaign* e-n Feldzug mitmachen; *to ~ to a finish, to ~ it out* bis zur Entscheidung kämpfen, es ausfechten; *to ~ shy of s.o., s.th.* jdm, e-r S aus dem Wege gehen; *to ~ o.'s way in life, in the world* s-n Weg machen, sich durchsetzen, sich durchschlagen; *it is a ~ to the finish* es ist ein Kampf bis aufs Messer; *prize-~*

Boxwettkampf *m*; *running* ~ Verfolgungskampf *m*; *sham* ~ Scheingefecht *n*; *stand-up* ~ offene(r), regelrechte(r) Kampf *m*; *valiant in* ~ kampftüchtig; **~er** ['-ə] Kämpfer, Fechter, Streiter; *(prize-~~)* Berufsboxer; *aero* Jäger *m*, Jagdflugzeug *n*; ~~ *base* Jagdfliegerhorst *m*; ~~-*bomber* Jagdbomber *m*; ~~ *command (Am)* Jagdfliegerkommando *n*; ~~ *cover* Jagdschutz *m*; ~~ *defence* Jagdabwehr *f*; ~~ *escort* Jagd(begleit)-schutz *m*; ~~ *formation* Jagdverband *m*; ~~ *group (Am)* Jagdgruppe *f*; *Br* Jagdgeschwader *n*; ~~ *interceptor* Abfangjäger *m*; ~~ *pilot* Jagdflieger *m*; ~~ *reconnaissance* Jagdaufklärung *f*; ~~ *screen* Jagdsperre *f*; ~~ *squadron* Jagdstaffel *f*; ~~ *wing (Am)* Jagdgeschwader *n*; *Br* Jagdgruppe *f*; **-ing** ['-iŋ] Gefecht *n*, Kampf *m*; Kampfführung *f*; *attr* Kampf-; *prize-~~* Berufsboxen *n*; ~~ *capacity* Kampfkraft *f*; ~~ *chance* Aussicht *f* auf Erfolg bei Einsatz aller Kräfte; ~~-*cock* Kampfhahn *m a. fig*; *to feel like a* ~~-*cock* in bester Form sein; *the* ~~ *forces, services (pl)* die Kampf-, Fronttruppen *f pl*; *the* ~~ *men* die (Front-) Soldaten *m pl*; ~~-*plane* Jäger *m*, Jagdflugzeug *n*; ~~-*power, -quality, -spirit* Kampfkraft *f*, -wert, -geist *m*; ~~ *unit* Kampfeinheit *f*; ~~ *value* Kampfwert *m*; ~~-*zone* Kampfgebiet *n*.

figment ['figmənt] Fiktion, (freie) Erfindung; erfundene Geschichte *f*.

figurant *m*, **-e** *f* ['figjurənt, fiɡju'rænt *od* fiɡju'rænti] (Ballett-) Tänzer(in *f*) *m*; *theat* Nebenperson *f*, Statist(in *f*) *m*.

figurat|ion [figju'reiʃən] Gestaltung, Formung; Gestalt, Form, Figur; symbolische Darstellung *f*; Bilderreichtum *m*; **-ive** ['figjurətiv] bildlich, plastisch, metaphorisch, übertragen; **-ively** *adv* in übertragener Bedeutung.

figure ['figə, *Am* 'figj(u)ə] *s* Figur, Form, *(äußere, a. menschliche)* Gestalt; Persönlichkeit *f*, Mensch *m*; Abbildung, Darstellung *f*, Bild *n*; *(Buch)* Zeichnung, Illustration *f*; Muster *n (auf Stoffen)* Zahl(zeichen *n*), Ziffer; (Geld-) Summe *f*; *(Tanz, math, Logik, Rhetorik, mus)* Figur *f*; *pl* Rechnen *n*; *tr* formen, gestalten; (figürlich) darstellen; *s.th. to, for o.s.* sich etw vorstellen, sich etw denken, ausdenken; *(Stoff)* mustern; aus-, berechnen; skizzieren; *fam* glauben, meinen, ansehen als, voraus-, vorhersagen; *itr* figurieren, e-e Rolle spielen; in Erscheinung treten, erscheinen, aussehen; sich darstellen, sich zeigen (*as* als); teilnehmen (*at* an); rechnen; *fam* (hin u. her) überlegen; *Am* meinen, glauben; *at a low, high* ~ billig, teuer; *to add up a column of* ~*s* e-e Zahlenreihe zs.zählen; *to be good at* ~*s* gut im Rechnen, ein guter Rechner sein; *to be a* ~ *of distress* ein Bild des Elends sein; *to cut a fine, poor* ~ e-e gute, schlechte Figur machen *od* abgeben; *to have no head for* ~*s* kein Verständnis für Zahlen haben; *to keep o.'s* ~ s-e Figur behalten, schlank bleiben; *to* ~ *on a list* auf e-r Liste stehen; *this didn't* ~ *in my plans* das hatte ich nicht beabsichtigt; *a fine* ~ *of a man* ein Bild von e-m Mann, ein schöner Mann; ~ *of speech* Redefigur *f*; ~ **on** *Am* ins Auge fassen, einkalkulieren *(doing s.th.* etw zu tun); rechnen mit, sich verlassen auf; *to* ~ **out** *tr* aus-, berechnen, lösen; verstehen, ausdenken, *fam* -knobeln; sich vorstellen; ausfindig machen; *itr* sich belaufen *(at* auf); veranschlagt werden (*at* auf); *to* ~ **up** *tr* zs.zählen, -rechnen; *itr* kommen, sich belaufen *(to* auf); **-d** ['-d] *a* geformt, gestaltet; dargestellt, abgebildet; *(Stoff)* gemustert; **-head** ['-hed] Bugfigur *f*; *arch* Konsol-, Kragsteinfigur; *fig* Puppe *f*, Strohmann *m*, *fam* Repräsentations-, Dekorationsstück *n*; **--skating** Eiskunstlauf *m*.

filament ['filəmənt] (dünner) Faden, (feiner) Draht *m*, (feine) Faser *f*; *el* Glüh-, Heizfaden *m*; *bot* Staubfaden *m*; ~ *of carbon (el)* Kohlenfaden *m*; **-ous** [filə'mentəs] Faden-; dünn, fein; ~ **battery** *radio* Heizbatterie *f*; ~ **current** Heizstrom *m*; ~ **lamp** Glühlampe *f*; ~ **voltage** *radio* Heizspannung *f*.

filbert ['filbə(:)t] Haselnuß(strauch *m*) *f*.

filch [filtʃ] *tr* mausen, stibitzen.

fil|e [fail] **1.** *s* Feile *f*; *sl (old, deep* ~~*)* alter Fuchs, Schlaumeier *m*; *tr* feilen *a.fig*; *to bite, to gnaw a* ~~ *(fig)* sich die Zähne ausbeißen, sich vergebens abmühen; *to* ~~ *away* abfeilen; *to* ~~ *smooth* glattfeilen; *to* ~~ *in two* durchfeilen; ~~ *cutter, maker* Feilenhauer *m*; **2.** *s* Aktenschrank; (Brief-)Ordner *m*; Aktenbündel *n*, Stoß *m* Akten *od* Papiere, Briefbündel *n*; *die* Akten *pl*; *(card index* ~~*)* Kartei *f*; Register *n*, Rolle, Liste *f*; Archiv *n*, Registratur, Kartothek, Reihe, *fam* Schlange; *mil* Rotte *f*; *tr (Briefe, Papiere, Akten)* ordnen, bündeln; abheften, einordnen; *(to* ~ *away)* ab-, zu den Akten legen; *Am (Zeitungsartikel)* telegraphisch durch-

filing geben; *jur* vorlegen; *(Antrag)* einreichen *(with* bei); *(Anspruch)* anmelden; *itr* hinterea., im Gänsemarsch gehen; vorbeimarschieren, defilieren; *in the ~~* in der Registratur; *in single, in Indian ~~ (mil)* in Reihe, *allg* im Gänsemarsch; *on ~~ (Akte)* abgelegt; bei, in den Akten; *to line up in single-~* sich in einer Reihe aufstellen; *to take o.'s place in the ~~* sich anstellen; *to ~~ an action, a charge (jur)* Klage erheben; *to ~~ a petition for divorce* die Scheidung(sklage) einreichen; *to ~~ o.'s petition* Konkurs anmelden; *the rank and ~~ (mil)* die Mannschaften *pl; fig* die große Masse; *~~ clerk (Am)* Registrator *m; ~~ copy* Archivexemplar *n; ~~ mark* Eingangsvermerk *m; ~~ number* Aktenzeichen *n; ~~ punch* Locher *m*; **-ing** [-iŋ] Ablegen *n,* Ablage; Vorlage, Einreichung; *(Meldung)* Aufgabe *f, pl* Feilspäne *m pl; ~~ cabinet* Aktenschrank, Karteikasten *m,* Kartothek, Registratur *f; ~~ card* Karteikarte *f; ~~ fee* Anmeldegebühr *f*.

fili|al ['filjəl] kindlich, Kindes-; *biol (Generation)* (nach)folgend; **~ation** [fili'eiʃən] Kindschaft; Nachkommenschaft, Abstammung; Abzweigung; Tochtergesellschaft, -firma; *jur* Feststellung *f* der Vaterschaft.

filibuster ['filibʌstə] *s* Freibeuter, Seeräuber; *Am parl* Obstruktionist, Dauerredner *m;* Obstruktion *f; itr Am parl* Obstruktion treiben.

filigree ['filigri:] Filigran(arbeit *f*) *n*.

Filipino [fili'pi:nou] *pl -os* Filipino *m*.

fill [fil] *tr* (an-, auf-, aus)füllen; vollstopfen, -pfropfen *(with* mit); *(Zahn)* füllen, plombieren; *(Pfeife)* stopfen; *(Loch)* zustopfen; *(Raum)* ein-, in Anspruch nehmen; *(Segel)* blähen; *(Stellung)* einnehmen; *(Amt)* bekleiden, versehen; *(in ein Amt)* einsetzen; *(Anforderungen)* genügen; *(Stelle)* besetzen; *tech* beschicken *(with* mit); *(Fugen)* ausgießen; *(Am Befehl)* ausführen; *(Auftrag)* erledigen; *(Rezept)* anfertigen; *itr* voll werden, sich füllen; *s* Füllung; Aufschüttung *f;* Genüge *n; to eat, to drink o.'s ~* sich satt essen, trinken *(of* an); *to have o.'s ~ of* sein Teil, sein gerüttelt Maß ... haben; *to ~ the bill* seinen Platz ausfüllen, seinen Mann stehen; *to ~ the chair* den Vorsitz führen; *not to be able to ~ s.o.'s shoes* kein Ersatz für jdn sein; *I have had my ~ of it* ich habe es satt; *to ~ in tr (Hohlraum)* (aus)füllen; vervollständigen, ergänzen; *(Graben)* zuschütten; *(Formular)* ausfüllen; *(in e-n Vordruck)* eintragen; *(Namen)* einsetzen; ausführen; *s.o. on s.th. (Am Posten)* jdm über etw nähere Mitteilungen machen; *itr* aushilfsweise tätig sein, aushelfen; *to ~ out itr* (sich) weiten, (sich) erweitern, (sich) (aus)dehnen, (sich) abrunden, (sich) aufblähen; (sich) runden, (an)schwellen; *tr Am (Formular)* ausfüllen; *(Daten)* eintragen; *to ~ up tr* (aus-, auf)füllen, voll machen; auf-, zuschütten; *mot* auftanken; *fig* vervollständigen; *(sich)* (an)füllen, voll werden; **-ed** [-d] *a* gefüllt, voll; *(Stelle)* besetzt; *fig* erfüllt *(with* von); *~~ to capacity* bis auf den letzten Platz, voll besetzt; **-er** ['-ə] Füller; *(Malerei)* Spachtel; Trichter; Ersatzblock *m;* Füllmaterial *n,* Füllung *f,* Zuschlag; Ersatzmann *m; Am* Einlage *f,* Füller, Lückenbüßer *m;* Flickwort *n; pl mil* Ersatz(mannschaften *f pl*) *m; (Zigarre)* Einlage *f; ~~ cap* Einfüllstutzen *m;* **~-in** Vertreter, Ersatzmann *m;* (zeitweiliger) Ersatz *m;* **-ing** ['-iŋ] (An-, Auf-, Aus-) Füllen *n;* Füllung; Aufschüttung *f; pej* Füllsel *n; (Zahn-)* Plombe, Füllung *f; (Weberei)* Einschuß, -schlag; *(Brot)* Belag *m;* **~-in** Ergänzung, Vervollständigung; *(Auftrag)* Erledigung; *(Stelle)* Besetzung; Ausfüllung; Eintragung *f; ~~ material* Kabelmasse *f; ~~ sleeve* Füllstutzen *m; ~~ station (Am)* Tankstelle *f;* **~~-up** Auffüllung *f;* Zuschütten; Füllmaterial *n; mot* Auftanken *n.*

fillet ['filit] *s* Stirnband; Band *n,* (schmaler) Streifen *m; arch* Leiste *f; (Bucheinband)* Filet *n,* Goldverzierung *f; (Küche) (a.* Fisch-)Filet, Lendenstück *n; tr* mit e-m Band, e-m Streifen, e-r Leiste verzieren; *(Fleisch, Fisch)* ablösen u. in Streifen schneiden.

fillip ['filip] *s* Schnippchen *n*; (sanfter) Klaps *m; fig* Auf-, Ermunterung *f;* Anreiz *m,* Anregung *f (to* für); *tr* e-n Klaps geben *(s.o.* jdm); *fig* aufmuntern, anreizen, anregen; *itr* ein Schnippchen schlagen; *not worth a ~* nicht der Rede wert.

filly ['fili] Stutfohlen; *fig* ausgelassene(s) Mädchen *n*.

film [film] *s* Häutchen *n;* Membran(e) *f,* Überzug, (feiner) Belag; Reif *(auf Früchten);* Schleier *m (über den Augen),* Trübung *(der Augen);* Dunsthaube, -schicht *f;* dünne(r), feine(r) Faden *od* Draht; *phot* Film(streifen) *m,* Rollfilm; *film* Bildstreifen, Film *m; attr* Film-; *tr* (ver)filmen; *itr* sich mit e-m Häutchen, e-m Schleier überziehen;

film advertisement 370 **finance**

verfilmt werden; sich verfilmen lassen; *to act for the ~s* beim Film tätig sein; *to dub a ~* e-n Film synchronisieren; *to have a ~ over the eyes* nicht gut sehen können; *to make, to shoot, to take a ~* e-n Film drehen; *colo(u)r ~* Farbfilm *m*; *documentary ~* Kulturfilm *m*; *educational ~* Lehrfilm *m*; *full-length ~* Hauptfilm *m*; *narrow ~* Schmalfilm *m*; *news, topical ~* Wochenschau *f*; *roll, (Am) spool of ~* Filmrolle *f*; *silent, sound ~* Stumm-, Tonfilm *m*; *supplementary, supporting ~* Beifilm *m*; *talking ~* Sprechfilm *m*; **~ advertisement** Filmwerbung *f*; **~ archives** *pl* Filmarchiv *n*; **~ camera** Filmkamera *f*; **~ cartoon(ist)** Trickfilm(zeichner) *m*; **~company** Filmgesellschaft *f*; **~emulsion** Filmschicht *f*; **~ fan** begeisterte(r) Kinobesucher *m*; **~ formation** *tech* Hautbildung *f*; **~ industry** Filmwirtschaft *f*; **~ library** Filmarchiv *n*; **~ pack** Filmpack *m*; **~ producer** Filmproduzent *m*; **~production** Filmherstellung *f*; **~ projectionist** Filmvorführer *m*; **~ projector** Filmprojektor *m*; **~ reel** Filmrolle *f*; **~ release** Filmverleih *m*; **~ spool** Filmspule *f*; **~ star** Filmstar *m*; **~ strip** Filmband *n*, Stehfilm *m*; **~ studio** Filmatelier *n*; **~ track** Filmkanal *m*; **~ transmission** Filmübertragung *f* im Fernsehen; **~ version** Verfilmung *f*; **~y** ['-i] trüb(e), verschleiert; zart, dünn; *(Frucht)* bereift.

filter ['filtə] *s* Filter; Seiher *m*, Seihtuch *n*; *el tele radio* Siebkette, -schaltung *f*; *tr* filtern, filtrieren, abklären; glätten; sieben, (durch)seihen; *el* als Siebkette dienen für; *itr* durch-, einsickern; *air~* Luftfilter *m*; *sewage-~* Klärbassin *n*, -anlage *f*; *to ~ in* sich (im Verkehr) einreihen, einfädeln; einsickern; *to ~ into* (ein)dringen in *a. fig*; *to ~ through* durchsickern *a. fig*; *fig* sich herumsprechen; **~ circuit** *radio* Sperrkreis *m*; **~ing** ['-riŋ] *a* filtrierend; Filtrier-; *s* Filterung, Filtration *f*; *aero* Sammeln *n*, Auswertung *u*. Weitergabe *f* der Flugmeldungen; **~paper** Filterpapier *n*; **~-tip** Filtermundstück *n*; **~~cigarette** Filterzigarette *f*.

filth [filθ] (häßlicher) Schmutz, (schmieriger) Dreck, Kot *m*, widerliche(s) Zeug(s) *n*, Unflat; *fig* Sumpf *m*, Verkommenheit; Unanständigkeit; Zote *f*; **-iness** ['-inis] Unflätigkeit, Unanständigkeit *f*; Unflat *m*; **~y** ['-i] schmutzig, dreckig; scheußlich; unflätig, unanständig, zotig.

filtrat|e ['filtreit] *tr* filtern, filtrieren, (durch)seihen; *s* ['-it, '-eit] Filtrat *n*; **-ion** [-'treiʃən] Filtrierung, Filtration *f*; **~~ plant** Klär-, Filtrieranlage *f*.

fin [fin] Flosse *a. sl* (= *Hand*); *aero* Kiel-, Seitenflosse, Leitfläche; *(Heizkörper)* Rippe; *(Flugzeugmotor)* Kühlrippe *f*; *(Bombe)* Steuerschwanz *m*.

finagle [fi'neigl] *fam itr* mogeln; gerissen sein; *tr* betrügen; ergaunern.

final ['fainl] *a* letzt, End-, Schluß-; endlich, schließlich; abschließend, entscheidend, endgültig, unabänderlich; *jur* rechtskräftig; absichtlich; *gram* final, Absichts-; *s a. pl* (Ab-)Schlußprüfung *f*, -examen *n*; *sport* Endspiel *n*, End-, Schlußrunde *f*, Finale *n*; Spätausgabe *f*; *to become ~* rechtskräftig werden; *to take o.'s ~s* s-e Abschlußprüfung machen; *to take it as ~* es sich gesagt sein lassen; **~ account** Schlußabrechnung *f*; **~ address** Schlußansprache *f*, -vortrag *m*; **~ aim, objective** Endziel *n*; **~ amplifier** Endverstärker *m*; **~ assembly** *mil* Bereitstellung *f*; *tech* End-, Fertigmontage *f*; **~ chapter** Schlußkapitel *n*; **~ clause** Schlußbestimmung *f*; *gram* Finalsatz *m*; **~ conclusion** Schlußfolgerung *f*; **~ conference, discussion** Schlußbesprechung *f*; **~ decision** endgültige Entscheidung *f*; **~, ~ judg(e)ment** Endurteil *n*; **~ dividend** Abschlußdividende *f*; **~e** [fi'nɑːli] *mus theat* Finale *n*; **~ hearing** *jur* Schlußverhandlung *f*; **-ist** ['-əlist] *sport* Teilnehmer *m* an der Schlußrunde; **-ity** [fai'næliti] Endgültigkeit, Unabänderlich-, Unwiderruflichkeit *f*; **-ize** ['fainəlaiz] *tr* abschließen, endgültig machen, erledigen, festlegen; **~ lecture** Schlußvorlesung *f*; **-ly** ['-i] *adv* am Ende, zuletzt; endlich, schließlich; endgültig, unwiderruflich; **~ plea** *jur* Schlußantrag *m*; **~ point** Endpunkt *m*; **~ product** Endprodukt *n*; **~ protocol** *pol* Schlußprotokoll *n*; **~ remark** Schlußbemerkung *f*; **~ report** (Ab-)Schlußbericht *m*; **~ result** Endergebnis *n*; **~ speed, velocity** Endgeschwindigkeit *f*; **~ stage** Endstufe *f*; **~ state** Endzustand *m*; **~ term** letzte(r) Termin *m*; Schlußsemester *n*; **~ test** *tech* Schlußprüfung, Endabnahme *f*; **~ value** Endwert *m*; **~ vote** Schlußabstimmung *f*.

financ|e [fai'næns, *Am a.* 'fai-, *Br a.* fi'n-] *s* Geld-, Finanzwesen *n*, Finanz(-gebaren *n*) *f*; Finanzen *f pl*; Finanzwissenschaft *f*; *pl* Einkommen *n*,

financial   371   **fine**

Finanzen *f pl*, Vermögen(slage *f*) *n*; Staatseinkünfte *pl*, -wirtschaft *f*; *tr* finanzieren; die (Geld-)Mittel zur Verfügung stellen für; *aristocracy of ~~* Finanzaristokratie *f*; *(the world of) high ~~* Hochfinanz *f*; *minister, ministry of ~~* Finanzminister(ium *n*) *m* (*außerhalb Englands*); *F~~ Act (Br)* Finanzgesetz *n*; *~~ administration* Finanzverwaltung *f*; *F~~ Bill (Br)* Finanzvorlage *f*; *~~ committee* Finanzausschuß *m*; *~~ department* Finanzbehörde *f*, -amt *n*; **~cial** [fai'nænʃəl, fi'n-] finanziell, geldlich, pekuniär; Geld-, Finanz-; *~~ affairs (pl)* Geldangelegenheiten, -sachen *f pl*; *~~ aid* Kredithilfe *f*; *~~ background* finanzielle(r) Rückhalt *m*, Rückendeckung *f*; *~~ backing* Finanzhilfe *f*; *the ~~ circumstances* die finanziellen Verhältnisse, die Vermögensumstände *pl*; *~~ committee* Finanzausschuß *m*; *~~ control* Finanzkontrolle *f*; *~~ crisis* Finanzkrise *f*; *~~ expense* Finanzierungskosten *pl*; *~~ law* Finanzgesetz *n*; *~~ paper* Börsenblatt *n*; *~~ participation* finanzielle Beteiligung *f*; *~~ plan* Finanzierungsplan *m*; *~~ policy* Finanzpolitik *f*; *~~ program(me), scheme* Finanzierungsplan *m*; *~~ rehabilitation* Sanierung *f* der Finanzen; *~~ requirements (pl)* Geldbedarf *m*; *~~ resource* Geldquelle *f*; *pl* Hilfs-, Steuerquellen *f pl*; *~~ settlement* Kapitalabrechnung *f*; *~~ situation, standing* Finanzlage *f*; *~~ statement* Bilanz *f*; *~~ support* finanzielle Unterstützung *f*; *~~ syndicate* Finanzkonsortium *f*; *~~ year* Wirtschafts-, Haushalts-, Finanzjahr *n*; **~cially** *adv*: *~~ strong* kapitalkräftig; *~~ weak* kapitalschwach; **~cier** [fai'nænsiə, fi'n-, *Am* -'siə] Finanz-, Geldmann; Geldgeber *m*.

finch [fintʃ] *orn* Fink *m*.

find [faind] *irr found, found* **1.** *tr* (zufällig) finden, entdecken, stoßen auf, begegnen (*s.o.* jdm), (an)treffen, treffen auf, erreichen; (*~ out*) (heraus-) finden, ausfindig machen, herausbekommen, *fam* rauskriegen, dahinterkommen; feststellen; ansichtig werden (*s.th.* e-r S), bemerken, gewahr werden, erfahren; wiederfinden; zurück-, wiedererlangen; suchen, holen; (her)bekommen; finden, befinden für, halten für, ansehen als; *(Schlag, Wurf)* treffen (auf); *jur* erkennen als, erklären, befinden für *(guilty* schuldig); liefern, (zur Verfügung) stellen, beschaffen; *(Geld)* geben; versorgen, versehen (*in* mit); **2.** *itr jur* das Urteil finden *(for s.o.* für jdn); *to ~ o.s.* sich sehen, sich finden; s-n Weg finden; sich selbst erkennen; **3.** *s* Fund *m*; *fig* Goldkorn *n*; *to ~ against s.o.* gegen jdn entscheiden; *to ~ for s.o.* zugunsten jds entscheiden; *to ~ out* herausfinden, in Erfahrung bringen, ermitteln; ertappen; durchschauen *fig*; *all found* alles einbegriffen, alles inklusive, (in) freie(r) Station; *not to be able to ~ it in o.'s heart* to es nicht übers Herz bringen können zu; *to be well found in* gut versehen, versorgt sein mit; *to ~ amusement, enjoyment in* Vergnügen finden an; *to ~ fault with* etw auszusetzen haben an; *to ~ favo(u)r with s.o.* jds Gunst erwerben; *to ~ o.'s feet* Selbstvertrauen erwerben; sich auf eigene Beine stellen; sich durchsetzen; *to ~ a market* Absatz finden; *to ~ o.'s voice, tongue* die Sprache wiederfinden; *to ~ o.'s way* s-n Weg finden; *in, out, back, home* hinein-, hinaus-, zurück-, heimfinden; *(Am) around* sich zurechtfinden; **~er** ['~ə] Finder *m*; *phot* Sucher *m*; Richtfernrohr *n*; **~ing** [-iŋ] Fund *m*, Entdeckung *f*; Ergebnis *n*, Befund *m*; Feststellung; Beschaffung *f*; *jur* Untersuchungsergebnis *n*; (Wahr-) Spruch *m*, Urteil *n*; *pl Am* Handwerkszeug *n*, Bedarf *m* (*e-s Handwerks*); *~~ of capital* Kapitalbeschaffung *f*.

fine [fain] **1.** *a* fein, schön (*a.* Wetter), gut, nett; (*Klima*) gesund; ausgezeichnet, hervorragend; tadel-, makellos, rein, lauter; anständig; *(Metall)* Feinfein, zart, dünn, spitz, scharf; *fig* fein, genau, scharfsinnig, spitzfindig, schlau, klug; hübsch, schön, gutaussehend; stattlich, prächtig, auffällig, auffallend; *adv fam* sehr gut, prima; *tr* verfeinern, reinigen, läutern, (ab)klären; *metal* frischen; *itr* feiner werden, sich verfeinern; sich (ab)klären, klar werden; *s pl* Feinkies *m*; *to ~ away, down, off (tr itr)* feiner, dünner machen, werden; (sich) verfeinern; *one ~ day, one of these ~ days* eines schönen Tages; *to call by ~ names* beschönigen; *to cut, to run it, things (rather) ~* es haarscharf, haargenau hinkriegen; *com* scharf kalkulieren; *that's ~!* das ist prima! *that's all very ~, but ...* das ist alles ganz gut und schön, aber ...; *that will suit me ~* das paßt mir gut; *these are ~ doings!* (*iro*) das sind wir (ja) schöne Geschichten! *I'm feeling ~* mir geht's bestens; *you're looking very ~ to-day* du siehst heute gut aus; *~ feathers make ~ birds (prov)* Kleider machen Leute; *a ~ thing* e-e gefundene Sache; *the ~ arts* die Schönen, *bes.* die Bildenden Künste *f*

fine adjustment 372 **finite**

pl; ~ **adjustment** Feineinstellung *f;* **~~cut** Feinschnitt *m (Tabak);* **~draw** *irr tr* kunststopfen; fein ausspinnen *a. fig;* **~~n** *(fig)* feingesponnen; **~~fit** *tech* Feinpassung *f;* ~ **gold** Feingold *n;* **~~grained** *a* feinkörnig; **~~looking** gut aussehend; **~~meshed** *a* fein-, engmaschig; **~ness** ['-nis] Feinheit; Schönheit; Reinheit; Zartheit; Schärfe *f;* Genauigkeit; Schlauheit; Eleganz *f;* *(Edelmetall)* Feingehalt *m;* **~ry** ['fainəri] Pracht *f;* Putz, Staat; *tech* Frischofen *m;* ~ **sight** *mil* Feinkorn *n;* **~spun** ['-spʌn] *a* feingesponnen; zart; *fig* überspitzt; überspannt; ~ **tuning** *radio* Feineinstellung *f;* **2.** *s* Geldstrafe, (Geld-)Buße *f; tr* mit e-r Geldstrafe belegen (£ 1 von 1 Pfund); **3.** *s:* **in ~** schließlich, endlich, am Ende; in Kürze.
finesse [fi'nes] *s* Geschicklichkeit, Gewandtheit; Schlauheit *f;* *(Karten)* Schneiden *n.*
finger ['fiŋgə] *s* Finger *m (a. des Handschuhs);* Fingerbreite, -länge *f; Am sl* Polizist *m; Am sl* Bodendeckevoll *f; tr* befühlen, berühren, bearbeiten; betasten; *fam* (weg)nehmen, entwenden, stehlen; *mus* spielen; mit dem Fingersatz bezeichnen; *Am sl* ausbaldowern; *with a* ~ *(fig)* mit Leichtigkeit, spielend; *to cut o.'s* ~ sich in den Finger schneiden; *to burn o.'s* ~s *(fig)* sich die Finger verbrennen; *to have s.th. at o.'s* ~ *ends* etw aus dem ff beherrschen; *to have a* ~ *in the pie* die Hand im Spiel haben; *to lay, to put o.'s* ~ *on (fig)* den Finger legen auf; auffinden; identifizieren; *to let s.th. slip through o.'s* ~s *(fig)* sich etw entgehen lassen; *to look through o.'s* ~s *at (fig)* ein Auge zudrücken vor; *not to stir a* ~ keinen Finger rühren; *to turn, to twist s.o. around o.'s* ~ *(little)* ~ jdn um den kleinen Finger wickeln; *my* ~s *itch (fig)* mich juckt die Hand; *his* ~s *are all thumbs (fig)* er hat zwei linke Hände; *keep your* ~s *crossed!* halten Sie mir den Daumen! **~-alphabet, -language** Finger-, Taubstummensprache *f;* **~-board** *(Geige)* Steg *m;* *(Klavier)* Tastatur *f,* Griffbrett *n;* **~-bowl** Fingerschale *f;* **~-breadth** Fingerbreite *f;* **~ed** ['-d] *a in Zssgen* -fingerig; **~ing** ['-riŋ] **1.** Berührung *od* Bearbeitung *f* mit den Fingern; *mus* Fingersatz *m;* **2.** Strickwolle *f;* **~-mark** Fingerspur *f;* **~-nail** Fingernagel *m; to the* ~s vollständig; **~-plate** Türschoner *m;* **~-post** Wegweiser *m;* **~-print** Fingerabdruck *m; tr* e-n Fingerabdruck nehmen von; ~ **push switch** Druckknopfschalter *m;* **~-stall** Fingerling *m;* **~-tip** Fingerspitze *f; to o.'s* ~~s voll u. ganz; *to have s.th. at o.'s* ~~s etw zur Hand haben; etw wie am Schnürchen können.
fin|ical ['finikəl], **~icking** ['finikiŋ], **~icky** ['finiki], **~ikin** ['finikin] wählerisch, genau, anspruchsvoll, verwöhnt *(about* in); affektiert; knifflig.
fining ['fainiŋ] Reinigen, Klären; *metal* Frischen; *pl* Klärmittel *n.*
finish ['finiʃ] *tr* beenden, aufhören mit *(doing s.th.* etw zu tun); erledigen, vollenden; ver-, aufbrauchen, verzehren, aufessen; austrinken; ausreden; fertigstellen, die letzte Vollendung, den letzten Schliff geben *(s.th.* e-r S); polieren; appretieren; glätten; schlichten; lackieren; *fam* fertigmachen, erledigen, um die Ecke, umbringen; *fam* kaputt machen; *itr* enden *(first* als erster); zu Ende kommen, aufhören *(with* mit); *s* Ende *n,* Schluß *m;* *sport* Endkampf *m,* Entscheidung *f;* Abschluß *m,* Vollendung *f; die letzte Hand, der letzte Schliff; die letzten Feinheiten pl;* Polieren *n;* Politur; Appretur *f;* Lack *m;* Lackierung; Oberfläche(nbehandlung) *f;* Anstrich *m;* gute(s) Benehmen, tadellose(s) Auftreten *n,* hohe Bildung *f; arch* Innenausbau *m;* Furnierholz *f; to* ~ *off, to* ~ *up* völlig, restlos aufessen; *(Arbeit)* völlig erledigen; *fam* erledigen, zur Strecke bringen; *to* ~ *up with* den Beschluß, Schluß machen mit; *to be in at the* ~ den Schluß miterleben; *sport* in die Endrunde kommen *a. fig; to fight to the* ~ bis zum letzten durchhalten; *from start to* ~ von Anfang bis zum Ende; **~ed** ['-t] *a* beendet, vollendet, vervollkommnet; hervorragend; poliert; erledigt, kaputt; **~** *article, product* Fertigware *f,* -produkt *n;* **~** *goods (pl)* Fertigerzeugnisse *n pl;* **~er** ['-ə] *tech* Fertigesenk *n;* Polierer; Appretierer *m;* Polierwalze *f; fam* K.o.-Schlag; Knalleffekt *m;* **~ing** ['-iŋ] *a* letzt, abschließend, Schluß-; *s* Fertigstellung, Vollendung; Ausrüstung *f;* Schlichten *n;* letzte(r) Schliff; Anstrich *m;* Lackierung; *(Neubau)* Installation *f; to give the* ~ *touch, to put the* ~ *hand to s.th.* die letzte Hand an etw legen; ~ *coat* Deckanstrich *m;* ~ *industry* Veredelungsindustrie *f;* ~ *line (sport)* Ziellinie *f;* ~ *school* Mädchenpensionat *n;* ~ *sprint* Endspurt *m;* ~ *stroke* Gnadenstoß *m.*
fin|ite ['fainait] *a* begrenzt, abgegrenzt; endlich *a. math; s* endliche Größe *f;* ~~ *verb (gram)* Verbum *n* finitum.

fink [fiŋk] *s Am sl* Spitzel; Streikbrecher; Verräter *m*; *tr* im Stich lassen.
Fin|land ['finlənd] Finnland *n*; **~n** [fin] Finne *m*, Finnin *f*; **~nish** ['~iʃ] *a* finnisch; **~nish** *s* (das) Finnisch(e).
finny ['fini] Flossen-.
fiord [fjɔːd, fiˈɔːd], **fjord** [fjɔːd] *geog* Fjord *m*.
fir [fəː] (**~-tree**) Nadelbaum *m*, Konifere *f*; Tanne(nholz *n*), Kiefer(nholz *n*) *f*; **~-cone** Tannen-, Fichten- *od* Kiefernzapfen *m*; **~-needle** Tannennadel *f*; **~-wood** Tannenwald *m*; Nadelholz *n*.
fire ['faiə] **1.** *s* Feuer *n* (*a. fig u. mil*), Brand *m*; Feuersbrunst *f*, Schadenfeuer *n*; Glut, Hitze *f*, helle(r) Glanz *m*; Fieberhitze *f*; (Feuer-, innere) Qualen *f pl*; (heftige) innere Erregung, Leidenschaft, Feurigkeit *f*; *mil* Feuer *n*, Beschuß *m*; **2.** *tr* anzünden, an-, in Brand stecken; (*Feuer*) unter-, in Gang halten; (be)heizen; (*Ziegel, Ton*) brennen; trocknen, dörren; (*Ofen*) beschicken; *med* ausbrennen; *fig* anfeuern, entflammen, entfachen, erregen; (*Feuerwaffe, Geschoß*) abfeuern; *fam* losschleudern *a. fig* (*Fragen*); fam 'rausfeuern, -werfen, auf die Straße setzen,'rausschmeißen,entlassen; **3.** *itr* (*Feuer*) anbrennen; sich entzünden; brennen; das Feuer unterhalten, in Gang halten; sich auf-, sich erregen; schießen, feuern; (*Feuerwaffe*) in Tätigkeit sein; *between two ~s* zwischen zwei Feuern, von beiden Seiten angegriffen *a. fig*; *on ~* in Brand, brennend; *under ~* unter Beschuß; *to be on ~* in Flammen stehen; *to be under ~* heftig angegriffen *a. fig, fig* heftig kritisiert werden; *mil* unter Feuer liegen; *to build a ~* ein Feuer machen; *to catch ~* sich entzünden; Feuer fangen, in Brand geraten; *to cease ~* (*mil*) das Feuer einstellen; *to go through ~ and water for s.o.* für jdn durchs Feuer gehen; *to hang ~* (*Feuerwaffe*) nicht losgehen (wollen); *fig* nicht in Gang, nicht vorwärtskommen; *to have s.th. on the ~* (*Am fam*) etw in Vorbereitung haben; an etw arbeiten; *to lay a ~* ein Feuer anlegen; *to light a ~* den Ofen anstecken; ein Feuer anmachen *od* anzünden; *to make a ~* Feuer (an)machen; einheizen; *to miss ~ with s.o.* (*Am fam*) bei jdm nicht ankommen; *to open ~* (*mil*) das Feuer eröffnen; *fig* anfangen; *to play with ~* mit dem Feuer spielen; *to set ~ to,* (*Am*) *to set ~* anzünden, in Brand stecken; *to set on ~* an-, in Brand stecken; anzünden; *fig*: *s.o.* in Aufregung versetzen; jds Leidenschaft erwecken; *to strike ~* Feuer schlagen; *to take ~* Feuer fangen *a. fig*; *fig* in Erregung geraten, leidenschaftlich werden; *he won't set the Thames on ~* er hat das Pulver nicht erfunden; *danger of ~* Feuers-, Brandgefahr *f*; *running ~* Schnellfeuer *n*; *fig* Sturm *m* von Fragen; *sure-~* (*Am fam*) todsicher; *to ~* **away** *tr* abschießen; (dauernd) beschießen; (*Munition*) verschießen; *itr fam* losschießen, -legen (*mit Reden*); *to ~* **off** abfeuern, -schießen (*at, on, upon* auf); *to ~* **up** Feuer machen; *fig* auffahren, in Erregung geraten (*at* über); **~-alarm** Feueralarm *m*; **~-(box)** Feuermelder *m*; **~-arms** *pl* Feuer-, *bes*. Schußwaffen *f pl*; **~-ball** Feuerkugel, Bolide *f* (*Meteor*); Kugelblitz; (*Atom*) Feuerball; *Am sl* rasche(r) Arbeiter *m*; **~-boat** Feuerlöschboot *n*; **~-box** *tech rail* Feuerraum *m*; **~-brand** brennende(s) Holzscheit *n*; *fig* Unruhestifter, Aufwiegler, Hetzer *m*; **~-break** *Am* Feuerschneise *f* (*im Wald od in der Prärie*); **~-brick** Schamottestein *m*; **~-brigade** *Br* Feuerwehr *f*; **~-bug** ['bʌg] *Am fam* Brandstifter *m*; **~-clay** Schamotte *f*; **~ company** *Br* Feuerversicherung(sgesellschaft); *Am* Feuerwehr *f*; **~-control** *mil* Feuerleitung, -überwachung; Feuer-, Artillerieleitstelle *f*; **~-cracker** (*Feuerwerk*) Schwärmer *m*; **~-curtain** *theat* eiserne(r), Asbestvorhang *m*; **~-damage** Brandschaden *m*; **~-damp** *min* Grubengas *n*, schlagende Wetter *n pl*; **~ indicator** Schlagwetteranzeiger *m*; **~ department** *Am* Feuerwehr; *Br* (*Versicherung*) Feuerschadensabteilung *f*; **~-detector** automatische(r) Feuermelder *m*; **~ direction** *mil* Feuerleitung *f*; **~-dog** Feuerbock *m*; **~ door** feuersichere Tür *f*; **~-drill** Feuerwehrübung *f*; **~-duel** *mil* Feuergefecht *n*; **~-eater** Feuerfresser; *fig* Hitzkopf, Raufbold, Streithahn *m*; **~-engine** Feuerspritze *f*; Feuerwehrauto *n*; **~-escape** Nottreppe; Feuerleiter *f*; Sprungtuch *n*; **~ exit** Notausgang *m*; **~-extinguisher** Feuerlöschgerät *n*, -löscher *m*; *Am sl* (*Schule*) Anstandswauwau *m*; **~-fighter** *Am* Feuerwehrmann *m*; **~-fighting** Brandschutz *m*; Brandbekämpfung *f*; Feuerlöschwesen *n*; **~-fly** Leuchtkäfer *m*, Glühwürmchen *n*; **~-guard, ~-screen** Ofenschirm *m*; **~ hazard, risk** Feuersgefahr *f*; **~-hose** Feuerwehr-, Spritzenschlauch *m*; **~-house, station** Spritzenhaus *n*, Feuerwache *f*; **~-insurance** Feuerversicherung *f*; **~-irons** *pl* Ofengerät *n*; Schüreisen *n*,

fireless   374   **first-class**

Feuerzange u. Kohlenschaufel *f*; **~less cooker** Kochkiste *f*; **~-light** Schein *m* des Kaminfeuers; **~-lighter** Feueranzünder *m*; **~lock** *hist* Steinschloßgewehr *n*; **~man** Feuerwehrmann; Heizer *m a. rail*; **~-office** Brandkasse, Feuerversicherungsanstalt *f*; **~ order** Feuerbefehl *m*; *pl Br* Feuerlöschordnung *f*; **~-place** Kamin; (offener) Herd *m*; **~-plug** Hydrant *m*; **~ point** Brandwache *f*; Zündpunkt *m*; **~-policy** Feuerversicherungspolice *f*; **~ pond** Feuerlöschteich *m*; **~-power** *mil* Feuerkraft *f*; **~ prevention** Feuerverhütung *f*; **~-proof** feuerfest, -sicher, unverbrennbar; **~~ curtain** *(theat)* eiserne(r), Asbestvorhang *m*; **~~ wall** Brandschott *n*; **~-protection** Brandschutz *m*; **~-raiser** Brandstifter *m*; **~-raising** Brandstiftung *f*; **~-resistant** feuerbeständig; **~side** ['-said] Platz *m* vor dem *od* um den Kamin; *fig* Häuslichkeit *f*, Familienleben *n*; *attr* häuslich; *by the ~~* am Kamin; **~~ chat** Plauderei *f* am Kamin; **~~ comfort** häusliche Bequemlichkeit *f*; **~-stone** *min* Feuerstein *m*; **~ support** Feuerunterstützung *f*; **~-teaser** Schüreisen *n*; **~-tongs** *pl* Feuerzange *f*; **~-wall** Brandmauer *f*; **~-ward(en)** *Am* Branddirektor *m*; **~-watcher** Brandwache *f*; **~-water** *fam* Feuerwasser *n*; **~wood** Brennholz *n*; **~-work** Feuerwerkskörper *m*; *meist pl* Feuerwerk *n a. fig*; *pl Am* plötzliche Wertpapierhausse; *fig* Erregung *f*; **~-(s) display** Feuerwerk *n*; **~-worshipper** Feueranbeter *m*.

firing ['faiəriŋ] Heizen; Brennen *(von Ziegeln, Ton)*; *mil* Feuern, Schießen *n*; Feuerkampf *m*; Brenn-, Heizmaterial *n*, Feuerung *f*; *mot* Zündung *f*; **~-line** Feuer-, vorderste Linie, Front; Feuerkette; Schützenstandlinie *f*; **~-party**, **~-squad** *mil* Exekutionskommando; Kommando *n* zum Abfeuern e-r Ehrensalve; **~-pin** *(Gewehr)* Schlagbolzen *m*; **~ range** Schießplatz, -stand *m*; Schußweite *f*.

firkin ['fə:kin] Fäßchen *n* (40,9 *l*).

firm 1. *a (a. adv)* fest; hart; fest(stehend); beständig, dauernd, unaufhörlich; standhaft, entschlossen, unerschütterlich; unabänderlich, endgültig; *(Bestellung, Vertrag)* fest; *on ~ account* auf feste Rechnung; *to be a ~ believer in s.th.* fest an etw glauben; *to buy ~* fest, auf feste Rechnung kaufen; *to hold ~* to festhalten an; *to stand ~* s-r Sache treu bleiben; sich nicht erschüttern lassen; **~ament** ['fə:məmənt]

poet Firmament, Himmelszelt, -gewölbe *n*; **~ness** ['-nis] Festigkeit; Beständigkeit; Standhaftigkeit; Entschlossenheit *f*; **2.** Firma, Handelsgesellschaft *f*, (Handels-)Haus, Geschäft, Unternehmen *n*; Firmenname *m*, -bezeichnung *f*; *affiliated ~* Schwesterfirma *f*; *associated ~* Zweiggeschäft *n*, -niederlassung *f*; *commercial, trading ~* Handelshaus *n*.

first [fə:st] *a* erst; vorderst; frühest; oberst, höchst, Haupt-; best; *(Zeugnis)* vorzüglich; *adv* erstens; zuerst, am Anfang, anfangs, erstlich, zunächst; zum erstenmal; das erstemal; zuerst, als erste(r,s), vorher; *fam* eher, lieber; *s der, die, das Erste; (the F~)* der Erste *(Tag e-s Monats);* Anfang, Beginn *m*; *rail* erste Klasse; *sport* erste(r) Platz; *mot* erste(r) Gang; *mus* erste (höchste) Stimme; *pl (Ware)* erste Qualität *f*; *at ~* (zu)erst, am Anfang, zunächst; *at ~ hand* aus erster Hand; *at ~ sight, view, blush* auf den ersten Blick; *for the ~ time* zum erstenmal, das erstemal; *from the ~* von Anfang an; *from ~ to last* von Anfang bis zu Ende; *~ head* kopfüber; *in the ~ instance* in erster Linie; *in the ~ place* an erster Stelle; zuerst (einmal), zunächst, zuerst; erstens; *of the ~ water* reinsten Wassers; *~ of all, ~ and foremost* zuallererst, erstens, vor allem, vor allen Dingen; zunächst, (zu)erst; *~ and last* alles in allem, aufs Ganze gesehen; *~, last, and all the time (Am)* ein für allemal; *~ thing off the bat (Am fam)* sofort, auf der Stelle; *to come in ~* das Rennen gewinnen; *to do s.th. ~ (the) ~ thing* etw als erstes, zuerst tun; *not to get to ~ base (Am fam)* keinerlei Erfolg haben; *to give s.th. ~ consideration* etw in erster Linie berücksichtigen; *to go ~* vorangehen; *to obey s.o. at his ~ word* jdm aufs Wort gehorchen; *~ come ~ served (prov)* wer zuerst kommt, mahlt zuerst; *the ~ comer* der erste beste; *~ of exchange* Primawechsel *m*; *the ~ of the month, year* der Monats-, Jahresanfang; *not the ~ thing* überhaupt nichts; **~ aid** *med* Erste Hilfe *f*; **~-aid** *attr* **~~ bandage** Notverband *m*; **~~ box** Verbandskasten *m*; **~~ dog** Sanitätshund *m*; **~~ dressing** Notverband *m*; **~~ kit, outfit** Verbandszeug *n*; **~~ man** Laienhelfer; *Am* Krankenträger *m*; **~~ packet** Verbandspäckchen *n*; **~~ post, station** Unfallstation *f*; **~-born** *a* erstgeboren; *s* Erstgeborene(r), Älteste(r) *m*; **~-chop** *s (Ware)* beste Qualität *f, das Beste; a* erstklassig; **~-class** *a* erste(r) Klasse *gen (Attribut)*, erst-

first coat 375 **fishy**

klassig, ausgesucht, vorzüglich, hervorragend, auserlesen, *fam* prima; *adv* erste(r) Klasse *gen* (*adverb. Bestimmung*); ~~ **mail** (*Am*) Briefpost *f*; ~~ **ticket** Fahrkarte *f* erster Klasse; ~ **coat** (Farb-)Grund, Grundanstrich *m*; ~ **cost** Gestehungskosten *pl*, Selbstkosten-, Einkaufspreis *m*; ~ **cousin** Vetter *m*, Kusine *f* 1. Grades; *pl* Geschwisterkinder *n pl*; ~ **draft** Konzept *n*; ~ **edition** (*Buch*) Erstausgabe *f*; ~ **feature** *Am* Hauptfilm *m*; ~ **finger** Zeigefinger *m*; ~ **floor** 1. Stock *m*, 1. Etage *f*; *Am* Erdgeschoß, Parterre *n*; ~ **form** unterste (Schul-)Klasse *f*; ~ **fruits** *pl* Erstlinge *m pl* (*als Opfergabe*); die ersten Früchte *a. fig*; *fig* erste Ergebnisse *n pl*; ~ **gear** 1. Gang *m*; ~ **grade** *Am a* erstklassig; *s* erste Klasse *f*; ~~**hand** *a* direkt, unmittelbar; *adv* aus erster Hand; **F**~ **Lady** *Am* Gemahlin *f* des Präsidenten der US; ~ **lieutenant** *Am* Oberleutnant *m*; ~**ling** ['-liŋ] Erstling(swerk *n*) *m*; erste Zucht *f*; ~**ly** ['-li] *adv* erstens; ~ **mate** Obersteuermann, 1. Offizier *m*; ~ **name** Vorname *m*; ~~**name** *tr Am* mit Vornamen anreden; ~ **night** *theat* Erstaufführung *f*; ~~**nighter** Premierenbesucher(r) *m*; ~~**offender** *jur* Nichtvorbestrafte(r) *m*; ~ **papers** *pl Am* erste Ausweise *m pl* für zukünftige Neubürger; ~~**rate** ['-reit] *a* erstrangig, -klassig; *fam* prima, großartig, herrlich, prächtig, Klasse; *adv* ['-reit] *fam* prima, großartig, erstklassig; **F**~ **Sealord** Chef *m* des britischen Admiralstabs; ~ **sergeant** *Am* Hauptfeldwebel, -wachtmeister, *sl* Spieß *m*.

firth [fə:θ] Meeresarm *m*, Förde *f*.

fiscal ['fiskəl] fiskalisch; Steuer-; Finanz-; ~ **administration** Steuer-, Finanzverwaltung *f*; ~ **authorities** *pl* Fiskus *m*; ~ **policy** Steuer-, Finanzpolitik *f*; ~ **year** Rechnungs-, Haushalt(s)-, Geschäftsjahr *n*.

fish 1. *s* (*pl ~ u. ~es*) Fisch; *fig fam* Kerl; Tropf; *Am sl* Neuling *m*; *Am sl* Dollar *m*; **F**~(**es**) *pl astr* Fische *pl*; *itr* fischen; angeln *a. fig* (*for* nach); *tr* fischen, angeln in, (*Fisch*) fangen; (*to ~ out, to ~ up*) aus dem Wasser, *allg* hervorholen; heraus-fischen, hervorziehen; suchen, herumwühlen (*through o.'s pockets* in den Taschen); *fig* forschen nach; ~ *out* (*Teich*) ausfischen; *to drink like a ~* wie ein Bürstenbinder saufen; *to feed the ~* seekrank sein; untergehen, ertrinken; *to feel like a ~ out of water* sich fehl am Platze vorkommen; *to have other ~ to fry* andere, wichtigere Dinge zu tun haben; *to ~ for compliments* Komplimente haben wollen; *to ~ in troubled waters* (*fig*) im Trüben fischen; *all's ~ that comes to his net* er nimmt alles, was er kriegen kann; *that's neither ~, flesh, nor fowl* od *nor good red herring* (*fig*) das ist weder Fisch noch Fleisch; *there's as good ~ in the sea as ever came out of it* es ist alles reichlich vorhanden; *drunk as a ~* sternhagelvoll; *a pretty kettle of ~* (*iro*) eine schöne Bescherung; *mute as a ~* stumm wie ein Fisch; ~ *and chips* gebackene(s) Fischfilet *n* mit Pommes frites; ~~**ball, -cake** Fischfrikadelle *f*; ~~**basket** Fischkorb *m*; ~~**bone** (Fisch-)Gräte *f*; Fischbein *n*; ~~**bowl, -globe** (Gold-)Fischglas *n*; ~~**carver, -slice** Fischvorlegemesser *n*; ~~**dealer** *Am* Fischhändler *m*; ~**er** ['-ə] *obs* Fischer; *zoo* Fischermarder, Pekan *m*; Fischerboot *n*; ~**erman** ['-əmən] Fischer; Angler; Fischdampfer *m*; ~**ery** ['-əri] Fischerei *f*, Fischfang *m*; Fischgründe, Fischteiche *m pl*; Fischrecht *n*; *inshore, deep-sea* ~ Küsten-, Hochseefischerei *f*; ~ **farming** Fischzucht *f*; ~**flour, -meal** Fischmehl *n* (*Dünger*); ~~**glue** Fischleim *m*; ~~**hawk** Fischadler *m*; ~~**hook** Angelhaken; *Am sl* Finger *m*; ~**iness** ['-inis] *fam* Verdächtigkeit, Anrüchigkeit *f*; ~**ing** ['-iŋ] Fischen *n*, Fischerei *f*, Fischfang *m*; Angeln *n*; ~~**banks, -grounds** (*pl*) Fischgründe *m pl*, Fischereigebiet *n*; ~~**boots** (*pl*) Wasserstiefel *m pl*; ~~**fleet** Fischereiflotte *f*; ~~**fly** künstliche Fliege *f*; ~~**licence** Angelschein *m*; ~~**line** Angelschnur *f*; ~~**port** Fischereihafen *m*; ~~**rod** Angelrute *f*; ~~**smack** Fischkutter *m*; ~~**tackle** Angelgerät *n*; ~~ *village* Fischerdorf *n*; ~~**knife** Fischmesser *n*; ~~**ladder** Fischleiter *f*; ~~**line** Angelschnur *f*; ~~**market** Fischmarkt *m*; ~~**monger** *Br* Fischhändler *m*; ~~**'s shop** Fischgeschäft *n*; ~**oil** (Fisch-)Tran *m*; ~~**pole** *Am* Angelrute *f*; ~~**pond** Fischteich *m*; ~~**sound** Fischblase *f*; ~ **story** *Am fam* Jägerlatein *n*; ~~**tail** *s* Fischschwanz *m*; *aero* Abbremsen *n*; *tr aero* abbremsen; *mot* hin u. her schleudern; ~~ *burner* (*tech*) Fischbrenner *m*; ~~**warden** Fischereiaufseher *m*; ~~**wife** Fischfrau *f*; ~ **worm** *Am* Köder *m*; ~**y** ['fiʃi] fischreich; fischartig; (*Augen, Blick*) trübe, verschwommen, ausdruckslos; *fam* verdächtig, zweifelhaft, nicht (ganz) astrein, mulmig, faul; **2.** *s* Spielmarke *f*; **3.** *s mar* Schale, Backe; rail (*~-plate*) (Schienen-)Lasche *f*; *tr rail* verlaschen.

fissil|e ['fisail] spaltbar; **~ity** [fi'siliti] Spaltbarkeit *f*.

fission ['fiʃən] Spaltung, Zersplitterung; *biol* (Zell-)Teilung; *phys* (Kern-)Spaltung *f*; *nuclear ~* Kernspaltung *f*; **~able** ['fiʃnəbl] (*bes. Kernphysik*) spaltbar; **~ product** *phys* Spaltprodukt *n*.

fissure ['fiʃə,-ʃuə] *s* Spalt(e*f*) *m*, Ritze *f*, Riß, Sprung *m*; *anat* (Gehirn-)Furche *f*.

fist [fist] *s* Faust; *fam* Pranke, Flosse, Hand *f*; Griff *m*; *fam* Klaue, (Hand-)Schrift *f*; *tr* mit der Faust schlagen, boxen; *mar* (er)greifen, handhaben; *to shake o.'s ~ at s.o.* jdm mit der Faust drohen; **~ed** ['-id] *a* mit .. Fäusten; *tight-~* geizig; **~ic** ['fistik] *a fam* Box-; **~icuffs** ['fistikʌfs] *pl* Faustschläge *m pl*; Faust-, Boxkampf; Boxsport *m*.

fistul|a ['fistjulə] *med* Fistel *f*.

fit [fit] **1.** *s med* Anfall *a. fig*; (plötzlicher) Ausbruch *m* (e-r seelischen Regung, Leidenschaft); Anwandlung, Laune, Stimmung *f*; plötzliche(r), kurze(r) Eifer, Auftrieb, (innerer) Ruck, Stoß, Einfall *m*, vorübergehende (starke) Steigerung; Ohnmacht *f*; *by ~s (and starts)* ruck-, stoßweise, mit Unterbrechungen, nur zeitweise; *to beat, to knock s.o. into ~s (fam)* jdn völlig fertigmachen; *to fall down in a ~, to go into ~s* in Ohnmacht *od* Krämpfe fallen; *to give s.o. a ~, ~s (fam)* jdn auf die Palme bringen, umhauen *fig*; jdm e-n Schrecken einjagen; *to have, to throw a ~ (fig)* e-n Wutanfall haben *od* kriegen; e-e Überraschung erleben; *(just) as the ~ takes one* wie einen gerade die Laune anwandelt; *~ of anger* Wutausbruch *m*; *~ of apoplexy* Schlaganfall *m*; *~ of coughing* Hustenanfall *m*; *~ of despair* Anfall *m* von Verzweiflung; *~ of energy* Kraftausbruch *m*; *~ of hysteria* hysterische(r) Anfall *m*; *~ of jealousy* Anwandlung *f* von Eifersucht; *~ of laughter* Lachkrampf *m*; *~ of passion* Ausbruch *m* der Leidenschaft; **~ful** ['-ful] unterbrochen; unberechenbar, unregelmäßig, ungleichmäßig von Launen abhängig; krampfhaft; **~fulness** ['-fulnis] Unregelmäßigkeit, Ungleichmäßigkeit, Launenhaftigkeit *f*; **2.** *a* tauglich, geeignet, passend, ratsam, angebracht, gut, (wie) geschaffen, gut genug (*for* für; *to* zu); richtig, (gerade) recht; fähig (*for* zu), gewachsen (*for s.th.* e-r S); vorbereitet (*to* auf), bereit (*to* zu), fertig (*to* für); schicklich, angemessen, angebracht; gesund (und munter), (gesundheitlich) auf der Höhe, *fam* auf dem Damm, auf dem Posten; *sport* (gut) in Form; *mil* wehrtauglich; *fam* drauf und dran, im Begriff zu; *tr* passen zu, in Übereinstimmung sein *od* sich befinden, harmonisieren mit; geeignet sein für, passen für, in; (*bes. Kleidung*) passen, gut sitzen (*s.o.* jdm), (gut) kleiden; passend machen (*for, to* dat), anpassen (*for, to* dat); anprobieren; tauglich, geeignet machen (*for, to* für); her-, einrichten, ausrüsten, ausstatten, versehen (*with* mit); montieren, anbringen, einbauen, -passen, -fügen; *itr* passen, (*bes. Kleidung*) sitzen; sich eignen, taugen, sich schicken, ratsam, angebracht sein; *~ o.s.* sich vorbereiten (*for* auf); *s* Passen *n*; (*Kleidung*) Paßform *f*; (guter) Sitz *m*; *more than is ~* mehr als ratsam, über Gebühr; *to be ~* sich schicken; geeignet, tauglich sein, taugen; *not to be ~ to hold a candle for s.o.* jdm das Wasser nicht reichen können; *to be ~ to be tied (Am sl)* Gift u. Galle spucken; *to feel (quite) ~* sich (ganz) auf der Höhe fühlen; *to keep ~* gesund, in Form bleiben; *to think, to see ~* für recht, richtig halten; *to like a glove* wie angegossen sitzen; *he was crying, laughing ~ to burst* er schrie wie am Spieß, platzte vor Lachen; *~ to eat* genießbar, zu essen(d); *~ to drink* trinkbar; *~ for duty* dienstfähig; *~ as a fiddle* munter wie ein Fisch im Wasser; *~ for a position* für e-e Stelle geeignet; *~ for active service (mil)* kriegsverwendungsfähig; *~ to travel* reisefähig; *~ for work* arbeitsfähig; *to ~* **in** *tr* einfügen, an die rechte Stelle bringen, *fam* 'reinkriegen, ein-, dazwischenschieben; *tech* einbauen, einführen, einmontieren; *itr* passen (*with* zu), in Einklang, in Übereinstimmung sein (*with* mit); *to ~* **on** anpassen, -probieren; verpassen; an-, an s-e Stelle bringen, aufsetzen, befestigen (*to* an); *fam* (*Deckel*) 'raufkriegen; *to ~* **out** ausrüsten, ausstatten, ausstaffieren, einrichten (*for* für); *to ~* **together** zs.passen, -setzen; *to ~* **up** (*bes. Haus*) einrichten, ausstatten, möblieren; ausrüsten (*with* mit); (*Maschine*) aufstellen, montieren; **~ment** ['-mənt] Einrichtungsgegenstand *m*, -stück, Möbel(stück) *n*; *pl* (Wohnungs-)Ein-

fitness 377 **fixed**

richtung, Ausstattung *f*; *tech* Paßteile *m pl*; **~ness** ['-nis] Tauglichkeit, Geeignetheit; Fähigkeit; Ratsamkeit, Angebrachtheit; Angemessenheit, Schicklichkeit; Gesundheit *f*; *~~ for military service* Wehrtauglichkeit *f*; *~~ test* Eignungsprüfung *f*; **~-out** *fam* Ausstattung, Einrichtung *f*; **~ted** ['-id] *a* passend, geeignet; *(~~ up)* eingerichtet, ausgestattet; aufgestellt, montiert; *(Kleid)* anliegend; **~ten** ['-ən] *Am sl* fähig; **~ter** ['-ə] Anprobierer; Einrichter, Ausstatter; *(engine-~~)* Monteur, Schlosser; *(gas-~~)* Installateur *m*; **~ting** ['-iŋ] *a* passend, recht, gut, angebracht, angemessen; am Platze; *s* (*Kleider*) Änderung; Anprobe; *(~~-up)* Einrichtung, Aufstellung, Montage *f*, Einbau *m*; *pl* Einrichtung(sgegenstände *m pl*) *f*, Zubehör(teile *n pl*) *n*, Armatur(en *pl*) *f*; Beschläge *m pl*; Leuchten *f pl*, Beleuchtungskörper *m pl*; *to be ready for a ~~* zur Anprobe fertig sein; *~~-shop* Lehrwerkstätte *f*, -werkstatt *f*; *~~ stand* Montagebock *m*; *~~-work* Paßarbeit *f*; **~-up** *theat* Bühneneinrichtung *f*.
fitchew ['fitʃu:] *zoo* Iltis *m*.
five [faiv] *a* fünf; *s* die Fünf; *fam* Fünfpfund-, Fünfdollarschein *m*; *pl* *Art* Handball(spiel *n*) *m*; *~-day week* Fünftagewoche *f*; *~-o'clock tea* Fünfuhrtee *m*; *~-year plan* Fünfjahresplan *m*; **~fold** ['-fould] fünffach; **~r** ['-ə] *fam* Fünfpfund-, Fünfdollarschein *m*.
fix [fiks] **1.** *tr* festmachen, befestigen (*to* an; *in* in), (an)heften (*to* an); *(Bild)* aufhängen; *(Seitengewehr)* aufpflanzen; sich einprägen (*in o.'s mind* im Gedächtnis); heften, richten (*the eyes* den Blick; *on, upon auf*); den Blick heften, richten auf, starren auf, anstarren, fixieren; *(Hoffnung)* setzen (*on* auf); fest werden, erstarren lassen, härten, dauerhaft machen; *(Preis)* festsetzen, festlegen (*at* auf); *(Aufmerksamkeit)* fesseln; regeln; vereinbaren, abmachen; *(Besprechung)* ansetzen, anberaumen; *(Etat)* aufstellen; mit Sicherheit angeben, festlegen; *chem phot* fixieren; *fam* (*Alkohol*) zu Kopf steigen (*s.o.* jdm); (*to ~ up*) machen, zubereiten, (her)richten, unterhalten; (wieder) in Ordnung bringen, richten, reparieren, instand setzen; *Am fam* drehen, schieben, manipulieren, frisieren; durch Kunstgriffe, Bestechung beeinflussen; sich rächen an (*s.o.* jdm); in Schwierigkeiten bringen, erledigen (*s.o.* jdn); *fam* es heimzahlen, es zurückgeben (*s.o.* jdm); *(Katze)* kastrieren; *(Rauschgift)* verkaufen; **2.** *itr* fest, hart, steif werden; sich festlegen (*on, upon* auf), sich entschließen (*on, upon* zu); wählen (*upon s.th.* etw); *(a. to ~ o.s.)* sich festsetzen, sich niederlassen, s-n Wohnsitz nehmen od aufschlagen; *aero* den Standort bestimmen; *Am fam* vorhaben, sich fertigmachen (*to do* zu tun); *to ~ over (Kleider)* abändern; *to ~ up* Anordnungen treffen für, (an)ordnen, arrangieren, regeln, einrichten, besorgen; ausrüsten (*with* mit); *(Menschen)* unterbringen *(for the night* für die Nacht); verschaffen (*s.o. with a job* jdm e-e Stelle); machen, herrichten, in Ordnung bringen; **3.** *s fam* Klemme, Patsche, Verlegenheit; *Am sl* manipulierbare Sache *f*; bestechliche(r) Mensch; feste(r) Polizeiposten *m*; (Heroin-)Spritze; Dose *f* Heroin; *mar aero* Standortbestimmung; (Funk-)Peilung *f*; **4.** *in a ~* in e-r Klemme; *to ~ a quarrel* e-n Streit beilegen; *to ~ the bed* das Bett machen; *to ~ the blame on s.o.* jdm die Schuld geben od zuschieben; *to ~ up o.'s face* (*sl*) sich schminken; *to ~ the fire* das Feuer unterhalten, in Gang halten; *to ~ o.'s hair* sich die Haare machen od ordnen, sich kämmen; *to ~ the meal* das Essen fertigmachen od zubereiten; *to ~ a position* den Standort bestimmen; sich orientieren; *to ~ the table* den Tisch decken; *to ~ a tyre* e-n Reifen montieren; *to ~ s.o.'s wagon* (*Am sl*) jdn umbringen; jdn scheitern lassen; *~ bayonets!* Seitengewehr pflanzt auf! *everybody is well ~ed* (*Am*) alle haben, was sie brauchen; *I'll ~ him!* (*Am*) ich werde es ihm schon geben! **~ate** [fik'seit] *tr psychol (Triebrichtung)* fixieren; **~ation** [fik'seiʃən] Festsetzung, -legung, Bestimmung, Regelung; *scient* Fixierung, Bindung *f*; **~ative** ['fiksətiv] *a* Fixier-; *s* Fixativ, Fixiermittel *n*; **~ature** ['fiksətʃə] (Haar-)Fixativ *n*, Frisiercreme *f*; **~ed** [fikst] *a* fest(sitzend, -stehend, -liegend), unbeweglich, starr; *(Motor)* ortsfest; festgesetzt, -gelegt, geregelt, abgemacht; ständig; *(Ausgaben)* laufend; *Am* manipuliert, arrangiert; *chem* (luft-, feuer)beständig; *well ~~ (Am)* wohlhabend; *~~ allowance* Fixum *n*; *~~ assets* (*pl*) Sachanlagevermögen *n*; *~~ capital* Anlagevermögen, -kapital *n*; *~~ charges, expenses* (*pl*) allgemeine, feste Unkosten *pl*; *~~ date, day* festgesetz-

fixedly — **flame**

te(r) Zeitpunkt, Tag; Termin *m*; ~~ *idea* fixe Idee *f*; ~~ *income* feste(s) Einkommen *n*; ~~ *period* vorgeschriebene Frist *f*; ~~ *plant* Betriebsanlage *f*; ~~ *price* Festpreis *m*; *pl feste* Preise *m pl*; ~~ *rule* feste Regel *f*; ~~ *salary* feste(s) Gehalt *n*; ~~ *star* Fixstern *m*; **~edly** ['-idli] *adv* unverwandt, starr *(blicken)*; bestimmt; **-er** ['fiksə] Fixierer *m*; *phot* Fixierbad *n*; *Am* Bastler; *Am sl* Winkeladvokat, Mittelsmann, Rauschgifthändler *m*; **~ing** ['-iŋ] Befestigen, Festmachen *n*; Festsetzung, Bestimmung *f*; *phot* Fixieren *n*; *pl fam* Drum und Dran *n*, Zubehör *n*; Klamotten, Sachen *f pl*, Zeug *n*; *(Küche)* Gemüsebeilagen *f pl*; ~~ *bath* Fixierbad *n*. **F-it**: *Mr.* ~~ *(Am fam)* Tausendkünstler *m*; **~ity** ['fiksiti] Festigkeit, Stabilität, Beständigkeit, Dauerhaftigkeit *f*; ~ *of purpose* Zielstrebigkeit *f*; **-ture** ['fikstʃə] feste(r) Gegenstand *m*, feste Anlage; feste Verabredung, Abmachung; feste Veranstaltung *f*; festgesetzte(r) Zeitpunkt, (fester) Termin *m*; kurzfristige(s) Darlehen; *fig fam* alte(s) Inventarstück *n*; *meist pl (Haus)* feste Einrichtung, Installation *f*; Spanner *m*; Zubehör *n*; *pl sport* Spielplan *m*.

fizz [fiz] *itr* zischen; gluckern; sprudeln, moussieren; *s* Zischen, Gluckern *n*; *fam* Sprudel; Schampus, Sekt *m*; **-er** ['-ə] *fam* Pfundssache *f*; **~le** ['fizl] *itr* zischen(d sprühen); *fam (to* ~~ *out, to* ~~ *through)* steckenbleiben, nicht (mehr) weiterkommen, absacken, schließlich (doch) versagen; ohne Ergebnis enden; *s* Zischen *n*; *fam* Reinfall *m*, Fiasko *n*, Schlappe *f*; *to be in a* ~ (wie) auf heißen Kohlen sitzen; **~y** ['fizi] zischend, sprühend, sprudelnd.

fjord *s. fiord.*

flabbergast ['flæbəgɑ:st] *tr fam* verblüffen; *to be ~ed* platt sein.

flabb|iness ['flæbinis] Schlaffheit, Schlappheit; Schwäche *f*; **~y** ['flæbi] schlaff, schlapp; *fig* saft- u. kraftlos.

flaccid ['flæksid] lose hängend; schlaff; *fig* kraftlos; **~ity** [-'siditi] Schlaffheit, *fig* Schwäche *f*.

flag [flæg] **1.** *s* Flagge, Fahne *f*; *tr* beflaggen; mit Fahnen abstecken; *(to* ~ *down)* das Haltesignal geben *(a train* e-m *Zuge)*; anhalten; *(Nachricht, Befehl)* signalisieren; *to dip, to lower, to strike a, o.'s* ~ salutieren; die Fahne streichen, sich ergeben; *to drop the* ~ *(sport)* das Zeichen zum Start geben; *to keep the* ~ *flying* die Fahne hochhalten; *black* ~ Seeräuberflagge *f*; *small* ~ Fähnchen *n*; ~ *of truce* Parlamentärsfahne *f*; *bearer of a* ~ *of truce* Parlamentär, Unterhändler *m*; **~day** Opfertag; *Am (F~ Day)* Tag *m* der „Stars and Stripes" *(14. Juni)*; **~man** *sport* Starter; *mil* Winker *m*; **~officer** *mar* Flaggoffizier *m*; **~pole, ~staff** Fahnenstange *f*, -mast *m*; **~ship** Flaggschiff *n*; **~signal** Flaggensignal *n*; **~wagging** Winken, Signalisieren *n*; **~waver** Chauvinist *m*; **2.** *(~stone) s* Steinplatte *f*; *tr (Hof, Weg)* mit Steinplatten belegen; **3.** Schwertlilie *f*; *a. pl* Riedgras *n*; Blattscheide *f*; **4.** *orn* Schwungfeder *f*; **5.** *itr* schlaff werden, erschlaffen; *fig* ermatten, erlahmen, nachlassen; gleichgültig werden.

flagell|ant ['flædʒilənt] *hist rel* Geißler, Flagellant *m*; **-ate** ['flædʒəleit] *tr* geißeln; *a biol* mit Geißeln versehen; geißelförmig; *s* Geißeltierchen *n*; **-ation** [flædʒə'leiʃən] Geißelung *f*.

flagitious [flə'dʒiʃəs] schändlich, schandbar; abscheulich, häßlich.

flagon ['flægən] bauchige Kanne *od* Flasche *f*.

flagran|cy ['fleigrənsi] Schändlichkeit, öffentliche(s) Ärgernis *n*; **-t** ['-t] himmelschreiend, empörend, skandalös, ärgerniserregend, schamlos.

flail [fleil] *s* Dreschflegel *m*; *tr* dreschen.

flair [flɛə] Spürsinn *m*, Witterung, feine Nase *f*, Fingerspitzengefühl *n*, *fam* Riecher *m*, Ahnung *f*; *to have a* ~ *for* e-e Nase, *fam* e-n Riecher für etw haben.

flak|e [fleik] *s* Flocke *f*; Schnitzel *n od m*, Span, Schnipfel *m*; *(Eis)* Scholle; *(Rost)* Schuppe *f*; *tr* zerschnipfeln, -schneiden; *(to* ~~ *off)* abschiefern, abblättern, abschuppen; *itr* Flocken bilden; sich schuppen; **~y** ['-i] flockig, schuppig; ~~ *pastry* Blätterteig *m*.

flam [flæm] *s* Schwindel *m*; *itr* schwindeln; *tr* beschwindeln.

flamb|eau ['flæmbou] *pl* -s, -x [-z] (brennende) Fackel; große Zierkerze *f*; **-oyance, -cy** [-'bɔiəns(i)] Pracht *f*, Prunk *m*; **-oyant** [-'bɔiənt] *arch* spätgotisch; reichverziert, prunkvoll, (farben)prächtig; überladen.

flam|e [fleim] *s* Flamme *f*; (helles, loderndes) Feuer *n*; Glanz; *tech* Lichtbogen *m*; *(Edelstein)* Feuer *n*; *fig* (Gefühls-)Wallung, Erregung; heftige Leidenschaft; *fam* Angebetete, Geliebte, Flamme *f*; *itr* flammen, lodern; glänzen; entflammen, auflodern; heiß, rot werden, sich röten;

flaming

fig entflammen, (ent)brennen; kochen, schäumen *(vor Wut)*; auffahren, in Zorn geraten; *to ~~ up, to ~~ out* auflodern, auf-, entflammen *a. fig*; erröten; *fig* aufwallen, auffahren, in Wut geraten; *(to be) in ~~s* in Flammen (stehen); *to burst into ~~s* in Flammen aufgehen; *to commit to the ~~s* den Flammen übergeben, verbrennen; *to fan the ~ (fig)* Öl ins Feuer gießen; *~~ cutter* Schneidbrenner *m*; *~~-projector, -thrower* Flammenwerfer *m*; *~~-proof* schlagwettersicher; **-ing** ['-iŋ] flammend, lodernd; brennend; *fig* feurig, glühend, heiß, leidenschaftlich; *fam* verflixt; **-mable** [flæmǝbl] *Am* leicht brennbar.

flamingo [flǝˈmiŋgou] *pl -o(e)s orn* Flamingo *m*.

flan [flæn] (Obst-)Torte, Pastete *f*.

Flanders [ˈflɑːndǝz] Flandern *n*.

flange [flændʒ] *s* Flansche *f*, Bördelrand; Spur-, Radkranz *m*; *tr* flanschen, umbördeln, umkrempeln.

flank [flæŋk] *s allg* Flanke, Weiche *f*; *(Rind)* Quernierenstück *n*; *allg* Seite, Flanke; *mil* Flanke *f*; *a* Seiten-; *tr allg mil* flankieren; *mil* seitlich bestreichen; in die Flanke fallen; umgehen; *itr* angrenzen *(on, upon* an); *to turn the ~* die Flanke aufrollen; **~ attack** Flankenangriff *m*; **~ers** *pl*, **~ guard** *mil* Flankendeckung, -sicherung *f*; **-ing** ['-iŋ]: *~~ fire* Flankenfeuer *m*; **~ man** Flügelmann *m*; **~ protection** Flankenschutz *m*.

flannel [ˈflænl] *s* Flanell; Flanell-, Wasch-, Wisch-, Putzlappen *m*; *pl* Flanellhose; *fam* warme wollene Unterwäsche *f*; *fig* Schmeichelein *f pl*; *tr* in Flanell kleiden; mit Flanell abreiben; **~~-suit** Flanellanzug *m*; **~et(te)** [flænˈlet] Baumwollflanell *m*; **~mouth** [ˈ-mauθ] *Am* Wels *m (Fisch)*; **~mouthed** [ˈ-mauðd] *a Am fam* schüchtern, still; *not to be ~~* nicht auf den Mund gefallen sein.

flap [flæp] Klappe, *(Hut)* Krempe *f*; (Kiemen-)Deckel; (Haut-)Lappen *m*; (Ohr-)Läppchen *n*; Klapptür *f*; Klaps, leichte(r) Schlag *m*, Schlagen *n*; Flügelschlag *m*; *aero* Landeklappe *f*; *pl hum* Ohren *n pl*; *sl mil* Schiß *m*, Angst *f*; *Am fam* Fliegeralarm, Luftangriff *m*; *sl* Aufregung, Auseasetzung *f*, Streit *m*, Verwirrung *f*, Mißgriff *m*; lärmende Party *f*; *tr* leicht schlagen; (auf und nieder) schlagen, klappen; *itr* mit den Flügeln schlagen; flattern; lose herabhängen, baumeln; *to get into a ~* es mit der Angst zu tun kriegen; *to o.'s chops, lip (Am sl)* gedankenlos daherreden; **-doodle** [ˈ-duːdl] *fam* Blödsinn, Quatsch, Quack *m*, Blech *n*; **~-eared** *a* mit Schlappohren; **~-hat** Schlapphut *m*; **~-jack** *s Am dial* Pfannkuchen *m*; Puderdose *f*; *Am* Luftsprung *m*; *itr* (im Freien) kampieren; **~-jaw** [ˈ-dʒɔː] *Am sl* Gespräch *n*; Schwätzer(in *f*) *m*; **~per** [ˈ-ǝ] (Fliegen-)Klappe, Fliegenklatsche; Flosse; junge Wildente; *sl* Flosse *f*; *fam* Backfisch, Teenager *m*; **~~-seat** Klappsitz *m*; **~~-table** Klapptisch *m*; **~ valve** Klappenventil *n*.

flar|e [flɛǝ] *itr* (auf)flackern, (auf)lodern; flackernd brennen; *fig* aufbrausen, in Wut geraten; Leuchtsignale geben; *e-e* Ausbuchtung bilden; sich (trichterförmig) erweitern; *tr* (auf-)flackern lassen; durch Leuchtsignale übermitteln, mitteilen; *s* (kurzes) Aufleuchten; Aufflackern *n*; flackernde(r) Brand *m*; Fackel; Leuchtkugel, Leuchtrakete *f*, *fam* Christbaum *m*; Signallicht; Leuchtsignal *n*; *fig* Ausbruch *m*, Aufbrausen *n*; Prahlerei *f*, Protzentum *n*, *fam* Angabe; trichterförmige Erweiterung, Auskragung, Ausbuchtung, Wölbung *f*; *to ~~ up, to ~~ out* aufflackern; *fig* aufbrausen, auffahren; **~~-bomb** Leuchtbombe *f*; **~~ cartridge** Leuchtpatrone *f*; *(aero)* Leuchtpfad *m*; **~~ pistol** Leuchtpistole *f*; **~~ signal** Leuchtsignal *n*; **~~-up** Aufflackern *n*; *fig* (Zornes-)Ausbruch *m*; Aufbrausen *n*; kurze glanzvolle Laufbahn *f*, kometenhafte(s) Auftreten; Leuchtsignal *n*; **-ing** [ˈ-riŋ] *a* flackernd (kurz) aufleuchtend; blendend; protzig, übertrieben; gewölbt, ausladend; glocken-, trichterförmig.

flash [flæʃ] **1.** *itr* (auf)blitzen, blinken, glühen, flammen, funkeln *a. fig (with anger* vor Zorn); *phot* blitzen, e-e Blitzlichtaufnahme machen; *fig* (plötzlich) auftauchten; ausbrechen, schießen, sausen, flitzen, fahren; *tech (Funke)* überspringen; **2.** *tr* aufblitzen, aufleuchten lassen *(on* auf); *(Blick)* zuwerfen; *(Signal)* blinken; *(Mitteilung)* signalisieren; *(Nachricht)* durchgeben, drahten, funken, schnell verbreiten; *Am fam* scheinbar unabsichtlich sehen lassen (um damit anzugeben); *to ~ by* vorbeisausen; *to ~ on* aufleuchten, aufflammen; *to ~ over (el)* überschlagen; **3.** *s* Blitz-, plötzliche(r) Lichtstrahl, Lichtschein *m*; Stichflamme *f*; *mil* Mündungsfeuer *n*; *photo* Blitzlichtaufnahme *f*; Augenblick, Moment *m*, Sekunde *f*; Aufblitzen (e-s Gedankens, des Verständnisses), plötzliche(s) Auf-

flash-back lodern n (e-s Gefühls), plötzliche(r) Ausbruch m; Szenen f pl aus e-m Film; Am kurze(r) Blick m; Am fam fig Strohfeuer, kurze(s) Telegramm n, Funkspruch m, mil Blitzmeldung f; auffällige Pracht f, Pomp; Am com Blickfang m; Gaunersprache f; Durchschleusen n; Schleusenanlage; Zuckercouleur f; tech plötzliche(r) Stoß m; **4.** a = ~y; Gauner-; (Scheck) ungedeckt; gefälscht; **5.** in a ~ im Nu, blitzschnell, im Handumdrehen; to ~ a light mit e-m Licht leuchten (in s.o.'s face in jds Gesicht); his eyes ~ed fire s-e Augen sprühten Blitze; the idea ~ed into, across, through my mind es fuhr mir durch den Sinn; ~ of the eyes Blitzen, Aufleuchten in der Augen; ~ of fire Feuergarbe f; ~ of hope Hoffnungsstrahl m; ~ of lightning Blitzstrahl m; ~ in the pan (Feuerwaffe) Fehlzündung f a. fig, Versager m (a. Person); fig Strohfeuer n; **~-back** Zurückschlagen n in der Flamme; film Rückblendung f; **~-bulb** phot Blitzlicht(lampe f) n; **~ burn** med Verbrennung f durch Hitzestrahlung (bes. bei Atomexplosion); **~er** ['-ə] Blinkeinrichtung f; **~iness** ['-inis] Prunk-, Pomphaftigkeit; Geschmacklosigkeit, Unechtheit f; **~ing** ['-iŋ] a aufblitzend, -leuchtend; s Aufblitzen, Glühen; Rundfeuer; Steigen des Wassers in e-m Kanal; Abdeck-, Kehlblech n (Regenschutz in Dachkehlen); ~~ period Brenndauer f; **~-lamp** Taschenlampe f; mil Blinkgerät n; **~-light** mar aero Blinklicht n; Scheinwerfer m, Blicklicht n; Am Taschenlampe f; phot Blitzlicht n; electronic ~ Elektronenblitz m; ~~ battery Taschenlampenbatterie f; ~~ (photograph) Blitzlichtaufnahme f; **~-over** el Überschlag m; **~-point** Flammpunkt m; **~y** ['-i] auffallend, blendend; überladen, geschmacklos, unecht.

flask [flɑːsk] hist Pulverhorn n; Feldflasche f; Flakon n; tech Formkasten; chem Glaskolben m; thermos ~ Thermosflasche f.

flat [flæt] a flach, platt (a. Reifen e-s Fahrzeugs); (Absage, Weigerung) glatt, klar, deutlich, offen, kategorisch; com einheitlich, gleichbleibend, pauschal; com matt, flau, lustlos; schwer zu verkaufen; (Getränk) fade, schal, geschmacklos; eintönig, monoton, langweilig, uninteressant; el breitbandig, (Kunst) unplastisch, ohne Perspektive, matt, glanzlos; mus erniedrigt; Am ohne (Berechnung aufgelaufener) Zinsen; Am sl pleite; adv flach (hinfallen), platt, der Länge nach, ausgestreckt (daliegen); glatt, offen, frei-, rundheraus (sagen); zu niedrig (singen); s Fläche; glatte Oberfläche, flache od breite, Breitseite f (e-s Gegenstandes); flache(s) Land n; (bes. Tief-)Ebene, (sumpfige) Niederung; Sandbank f; Flur m; Stockwerk n, Etage, (Etagen-) Wohnung; flache Schale f, flache(r) Korb od Kasten m; flache(s) Boot n; theat (Landschafts-)Kulisse f; Am = ~car; Am Reifenpanne f, platte(r) Reifen, fam Plattfuß m; mus Erniedrigungszeichen, B n; fig Hohlkopf, Depp; Am sl Mulus, angehende(r) Student m; pl Mietshaus n; pl Schuhe m pl mit flachen Absätzen; Am sl Füße m pl; tr flach machen, abflachen; to ~ out (Am) zs.brechen, scheitern, ins Wasser fallen fig; mot Vollgas geben; to fall ~ wirkungslos verpuffen, nicht einschlagen; to go ~ out (fam) sich mächtig anstrengen; to knock ~ zu Boden strecken, niederschlagen; a ~ denial, refusal e-e glatte Absage, e-e strikte Weigerung; the ~ of the hand die Handfläche; **~-bar** Flacheisen n; **~-bed:** ~ trailer Tiefladeanhänger m; **~-boat** (flacher) Lastkahn m; **~-bottomed** a (Boot, Kahn) flach; **~-car** Am rail Flach-, Plattform(güter)wagen, Rungenwagen m; **~ coat** Mattanstrich m; **~-fish** Plattfisch m; **~-foot** Plattfuß m; Am sl Schupo, Polizist m; **~-footed** a plattfüßig; fam schwerfällig; Am fam entschlossen; rundweg, energisch, stur, (ganz) offen; fam (über)raschend schnappen, erwischen; auf frischer Tat ertappen; **~-head** Flachkopf; Am Dummkopf m; **~-iron** Plätt-, Bügeleisen n; **~-let** ['-let] kleine, Kleinwohnung f; **~-ness** ['-nis] Flachheit, Plattheit; Fadheit; Offenheit; Entschiedenheit; com Flaute, Lustlosigkeit; mil Rasanz f; **~nose pliers** pl Flachzange f; ~ **price** Einheitspreis m; ~ **race** Flachrennen n; ~ **rate** Einheits-, Pauschalsatz m; Pauschale f; ~~ method lineare Abschreibung f; ~ **roof** Flachdach n; ~ **silver** Am Tafelsilber n; ~ **sum** Pauschalbetrag m; **~ten** ['-n] tr planieren, einebnen; abflachen, niederschlagen, -strecken; flachdrücken, -hämmern, mattieren; abstumpfen, mus erniedrigen, dämpfen; fig be-, niederdrücken; itr flach(er) werden; schal, matt werden; to ~~ out (tr) ausbreiten, strecken; aero (Maschine) abfangen; itr aero ausschweben; **~ third** mus kleine

flattie — **flesh**

Terz *f*; **~tie** ['-i] *Am sl* Polizist, Polyp *m*; **~ tire** *Am* Reifenpanne *f*; *fig* langweilige(r) Mensch *m*; Pleite *f*; **~ting** ['-iŋ] Abflachen; *metal* Ausrollen; Mattieren *n*; **~~ varnish** Schleiflack *m*; **~~top** *Am sl* Flugzeugträger; *(Kurve)* flache(r) Kopf *m*; **~ tuning** Grobabstimmung *f*; **~ware** ['-wɛə] *Am* Besteck *n*; **~work** glatte Wäschestücke *n pl (die gemangelt werden können)*; **~worm** [''] Plattwurm *m*.

flatter ['flætə] *tr* schmeicheln *(s.o.* jdm); sich einschmeicheln, *fam* sich lieb Kind machen *(s.o.* bei jdm); *(bes.* falsche) Hoffnung erwecken *(s.o.* in jdm), (trügerische) Hoffnungen erwecken *(s.o.* in jdm); angenehm sein, wohltun *(the eye* dem Auge); *~ o.s.* sich einbilden *(that* daß), sich der trügerischen Hoffnung hingeben *(that* daß); *to feel ~ed* sich geschmeichelt fühlen; **~er** ['-rə] Schmeichler *m*; **~ing** ['-riŋ] schmeichelhaft; **~y** ['-ri] Schmeichelei *f*.

flatulen|ce, -cy ['flætjuləns(i)] *physiol* Blähung *f*, *fig* Aufgeblasenheit *f*, Schwulst *m*; **~t** ['-t] aufgebläht; blähend; Bläh(ungs)-; *fig* aufgeblasen, schwülstig, (innerlich) leer, hohl.

flaunt [flɔ:nt] *itr* prunken, paradieren, prahlen; *(Fahne)* frei, stolz flattern, wehen; *tr* zur Schau stellen *od* tragen, prahlen, großtun mit.

flavo(u)r ['fleivə] *s* (Wohl-)Geschmack, (Wohl-)Geruch, Duft; besondere(r), charakteristische(r) Geschmack, Duft *m*; Aroma *n*, Würze; *(Wein)* Blume *f*; *fig* Reiz *(der Neuheit)*; *fig* Beigeschmack *m*; *tr* würzen *a. fig*; **~ed** ['-d] *a* gewürzt; **~ing** ['-riŋ] Würze *f*, Aroma *n (als Stoff)*; **~less** ['-lis] geschmacklos, fade.

flaw [flɔ:] **1.** *s* Sprung, Riß *m*; Blase *f (im Guß)*; *(Edelstein)* Fleck *m*; *allg* fehlerhafte, beschädigte Stelle *f*; (Material-)Fehler, Defekt; Mangel; *fig* (Form-)Fehler *a. jur*, Irrtum *m*, Versehen *n*; **~less** ['-lis] fehlerlos, -frei, makellos, untadelig; **2.** Windstoß *m*, (Regen-)Bö *f*.

flax [flæks] Flachs, Lein *m*; **~en** ['-ən] flächse(r)n; strohgelb; **~~ hair** Flachshaar *n*; **~~seed** Leinsaat *f*, -samen *m*; **~y** ['-i] flachsartig; Flachs-.

flay [flei] *tr* schinden; die Haut abziehen *(s.o.* jdm); *fig* herunterreißen, -machen, -putzen, keinen guten Faden lassen an; *fig* das Fell über die Ohren ziehen *(s.o.* jdm); *sl* aus-, berauben, (aus)plündern.

flea [fli:] Floh *m*; *to go away with a ~ in o.'s ear* wie ein begossener Pudel abziehen; **~bag** *sl* Schlafsack *m*; billige(s) Hotel, armselige(s) Lokal *n*; **~~bane** Flohkraut *n*; **~~bite** Flohbiß; *fig* Mückenstich *m*, Bagatelle *f*; **~~bitten** *a* von Flöhen zerstochen; *(Pferd)* rotbraun getupft; *fam* schäbig; **~~pit** *sl* armselige(s) Kino *n*; Bude *f*.

fleck [flek] *s* Fleck(en), Tupfen *m*; Teilchen *n*; *pl (~s of sunlight)* Sommersprossen *f pl*; *tr* sprenkeln, tupfen; *~ of colo(u)r, of dust* Farbfleck *m*; Stäubchen *n*; **~less** ['-lis] fleckenlos.

flection *s. flexion.*

fledg|e [fledʒ] *itr* flügge werden; *tr* mit Federn versehen *od* bedecken; **~ed** [-d] *a* flügge; **~(e)ling** ['-liŋ] eben flügge gewordene(r) Vogel; *fig* Gelb-, Grünschnabel *m*.

flee [fli:] *irr fled, fled* [fled] *itr* (ent-)fliehen, flüchten *(from* vor; *to* zu, auf); entweichen; verschwinden; sich fernhalten; *tr* fliehen vor, aus; meiden, ausweichen *(s.o.* jdm).

fleec|e [fli:s] *s* Vlies *f*; Vliesgewicht *n*, Rohschurertrag *m*; (Schnee-)Decke; Schäfchenwolke; Haarmähne *f*; *tr (Schaf)* scheren; *fig* rupfen, übers Ohr hauen; beschwindeln, schröpfen *(of* um); **~y** ['-i] wollig, flockig, weich; Schäfchen-; **~~ clouds** *(pl)* Schäfchenwolken *f pl*.

fleer ['fliə] *itr* höhnen, spotten *(at* über); *s* Hohn, Spott *m*.

fleet [fli:t] *s* Flotte *f*; Geschwader *n*; Marine; Luftflotte *f*, -geschwader *n*; Wagenkolonne *f*; *a lit/poet* schnell, flink, eilig; flüchtig; *~ of cars* Wagenpark *m*; **F~ Air Arm** Marineluftwaffe *f*; **~~base** Flottenstützpunkt *m*; **~~commander** Flottenchef *m*; **~~fighter** Bordjäger *m*; **~ing** ['-iŋ] flüchtig, dahinschwindend, vergänglich; **~ness** ['-nis] Flüchtigkeit, Vergänglichkeit *f*; **F~ Street** die (Londoner) Presse.

Flem|ing ['flemiŋ] Flame *m*, Flamin *od* Flämin *f*; **~ish** ['-iʃ] *a* flämisch, flandrisch; *s* (das) Flämisch(e).

flesh [fleʃ] *s* *(bes.* Muskel-)Fleisch; (Frucht-)Fleisch *n*; (menschlicher) Leib, Körper(fülle *f*) *m*; Fett *n*; menschliche Natur, *bes.* Sinnlichkeit, Fleischlichkeit, Fleischeslust; *poet* Menschheit *f*; *(Kunst)* Fleisch *n*; Fleischfarbe *f*; *tr* mit Fleisch füttern; zur Jagd abrichten; scharf machen; *fig* e-n Vorgeschmack geben *(Waffe)* in Blut tauchen; ausfleischen; mästen; *(Leidenschaft)* befriedigen; *itr fam* Fleisch ansetzen, dick(er) werden; *in ~* (wohl)beleibt, dick, fett; *in the ~* lebend(ig); leibhaftig; in Person, in

flesh-brush   382   **fling**

natura; *to go the way of all ~* den Weg allen Fleisches gehen, sterben; *to have o.'s pound of ~* alles auf Heller und Pfennig bekommen; *to make s.o.'s ~ creep* jdm kalte Schauer über den Rücken jagen; *to put on, to lose ~* dicker, dünner werden; zu-, abnehmen; *proud ~* wilde(s) Fleisch *n*; *~ and blood* die menschliche Natur od Schwäche; *o.'s (own) ~ and blood* sein (eigenes) Fleisch u. Blut, nahe Verwandte *pl*; **~-brush, -glove** Frottierbürste *f*, -handschuh *m*; **~-colo(u)red** *a* fleischfarben; **~-diet, -meat** Fleischkost *f*; **~-eater** Fleischesser, -fresser *m*; **~-eating** *s* Fleischgenuß *m*; *a* fleischfressend; **~er** ['~ə] *Scot* Fleischer *m*; **~-fly** Schmeißfliege *f*; **~iness** ['~inis] Fleischigkeit *f*; **~ings** ['~iŋz], **~(-coloured) tights** *pl* fleischfarbene(s) Trikot *n*; **~ly** ['~li] leiblich; fleischlich, sinnlich; **~pots** *pl fig* Fleischtöpfe *m pl* Ägyptens, Wohlleben *n*, -stand *m*; **~ tints** *f (Malerei)* Karnation, Fleischdarstellung *f*; **~-wound** Fleischwunde *f*; **~y** [-i] fleischig; fett; dick; *(Frucht)* fest.

flews [flu:z] *pl (Hund)* Lefzen *f pl*.

flex [fleks] *tr* biegen, beugen; *(Muskel)* zs.ziehen, kontrahieren; *s el* (Anschluß-, Leitungs-)Schnur, Litze, *fam* Strippe *f*; **~ibility** [fleksə'biliti] Elastizität, Biegsamkeit; Anpassungsfähigkeit; Beweglichkeit *f*; **~ible** ['fleksəbl] biegsam, elastisch, dehnbar, geschmeidig; anpassungsfähig; federnd; nachgiebig; *(Schallplatte)* unzerbrechlich; *(Auto)* wendig; *fig* leicht zu beeinflussen(d), lenksam; abänderungsfähig, modifizierbar; **~ axle** Schwingachse *f*; **~ cable, cord** Anschlußschnur *f*; **~ile** ['fleksil] biegsam; beweglich; wendig; **~ion** ['flekʃən] Biegung, Beugung, Krümmung; Kurve *f*, Knie *n*; *gram* Flexion *f*; **~or** ['fleksə] Beugemuskel *m*; **~ure** ['flekʃə] Krümmung, Biegung; *geol* Falte *f*.

flibbertigibbet ['flibəti'dʒibit] Klatschbase *f*, Schwätzer; *fig* Windhund *m*.

flick [flik] *s* Schnippen, Schnipsen, Knipsen *n*; (Peitschen-)Knall; leichte(r) Schlag; *sl* Film, *fam* Kintopp *m*; *tr (Staub, Fliege)* wegschnippen, wegklopfen; knallen mit *(e-r Peitsche.)*

flicker ['flikə] *itr* flattern; zappeln, zittern; züngeln; flackern; flimmern, zucken; *s* Flackern, Flimmern, Zucken *n*; *fig* Funke, Schimmer; *Am* Specht *m*; **~ of hope** Hoffnungsschimmer *m*.

flier *s. flyer.*

flight [flait] **1.** Flug *m*, Fliegen *n*; (Vogel-)Zug *m*; Fliegerei, Luftfahrt; Flugstrecke *f*, -weg *m*; Schar *f*, Schwarm *(Vögel, Insekten)*; *(Pfeile)* Hagel; *aero* Schwarm *m (Einheit)*; Kette *(Flugformation)*; *mil* Flugbahn *f*; *fig* (Gedanken-)Flug, Aufschwung *m*; *(~ of stairs)* Treppenflucht *f*; *in ~* im Fluge; *in the first, highest ~* an der Spitze, *fam* Tete; **~ allowance** Fliegerzulage *f*; **~ altitude** Flughöhe *f*; **~ characteristics** *pl* Flugeigenschaften *f pl*; **~ crew** fliegende Besatzung *f*; **~ deck** Flugdeck *n*; **~ engineer** Bordmechaniker *m*; **~-feather** Schwungfeder *f*; **~ formation** Flugformation *f*; **~iness** ['~inis] Launenhaftigkeit; Unausgeglichenheit *f*; **~ instructor** Fluglehrer *m*; **~ lane** Flugschneise *f*; **~less** ['~lis] *(Vogel)* flugunfähig; **~lessness** ['~lisnis] Flugunfähigkeit *f*; **~ lieutenant** Hauptmann *m* d. L.; **~ log** Bordbuch *n*; **~ manifest** Ladeliste *f*; **~ mechanic** Bordwart *m*; **~ path** Flugbahn *f*; **~ security** Flugsicherung *f*; **~ sergeant** Oberfeldwebel *m*; **~-time** Flugzeit *f a.* zoo; **~y** ['~i] launenhaft, launisch; unausgeglichen, labil, unbeständig, unberechenbar; **2.** Flucht *f*; *to put to ~* in die Flucht schlagen; *to seek safety in ~* sein Heil in der Flucht suchen; *to take (to) ~* fliehen, weglaufen, sich davonmachen; **~ of capital** Kapitalflucht *f*.

flim-flam ['flim-flæm] *s fam* Unsinn *m*, dumme(s) Zeug, Gewäsch *n*.

flims|iness ['flimzinis] Empfindlichkeit; Unzulänglichkeit, Fadenscheinigkeit; Oberflächlichkeit *f*; **~y** ['flimzi] *a* dünn, zerbrechlich, empfindlich; *fig* schwach, unzulänglich, fadenscheinig; nicht überzeugend; *s* dünne(s), Durchschlagpapier *n*; Durchschlag *m (e-s Berichtes)*, Duplikat *n*; *sl* Geldschein, Lappen *m*; *sl* Telegramm *n*; *pl fam* Reizwäsche *f*.

flinch [flintʃ] *itr* (zurück)weichen, nachgeben; sich zurückziehen, abstehen, sich drücken *(from* von); zurückfahren, -zucken, -schrecken *(from* vor); *s Am* Patience *f (Kartenspiel)*; *without ~ing* ohne e-e Miene zu verziehen.

fling [fliŋ] *irr* flung, flung *tr* schleudern, werfen, *fam* schmeißen; *(Angel)* auswerfen; umwerfen, umstoßen; schlingen *(o.'s arms about s.o.* die Arme um jdn); *itr* stürzen, jagen, fahren, eilen; drauflosreden; *s* Wurf *m*, Schleudern *n*; Schlag, Hieb *m*; schnelle, hastige Bewegung *f*; *(Pferd)* Ausschlagen *n*; *fig* Versuch, Anlauf *m*; Ausfall *m*, bissige, spöttische Bemerkung, Stichelei *f*; Rappel *m*, Laune *f*; Sichaustoben *n*,

fling about 383 **flotation**

Zügellosigkeit, volle Freiheit *f*; *Art* lebhafter (*bes.* schottischer (*Highland* ~)) Tanz *m*; *in full* ~ in vollem Gange; *to have a* ~ *at* sich versuchen an, verspotten (*at s.o.* jdn); *to have o.'s* ~ sich austoben; *to* ~ *s.th. at s.o.* jdm etw nach, an den Kopf werfen; *to* ~ *o.s. into s.th.* (*fig*) sich in etw stürzen; *to* ~ *into prison* ins Gefängnis werfen; *to* ~ *s.th. in s.o.'s teeth* jdm etw ins Gesicht schleudern; *to* ~ *to the winds* in den Wind schlagen, außer acht lassen; *that's a* ~ *at you* das gilt dir, das ist auf dich gemünzt; *to* ~ **about** um sich werfen; zerstreuen; *to* ~ **aside** zur Seite werfen *od* schleudern; weg-, von sich werfen; *to* ~ **away** wegwerfen, -schleudern; *to* ~ **back** heftig erwidern; *to* ~ **off** *itr* davon-, hinausstürzen; *tr* (*Verfolger*) abschütteln; wegschleudern; *to* ~ **on** (*Kleider*) schnell überwerfen; *to* ~ **open** (*Tür*) aufreißen; *to* ~ **out** *tr* hinauswerfen; (*Arme*) weit öffnen, ausbreiten; (*Drohung*) ausstoßen (*at s.o.* gegen jdn); *itr* (hinten) ausschlagen; hinausstürzen (*of the house* aus dem Hause); *he flung out* ihm platzte der Kragen; *to* ~ **up** in die Luft werfen; (*Studium*) aufgeben; *to* ~ **(up)on** werfen, schleudern auf, über; *o.s.* sich anheimgeben.

flint [flint] Feuerstein, Flint; (Feuerstein-)Kiesel *m*; *to set o.'s face like a* ~ keine Miene verziehen, fest bleiben; *to skin a* ~ alles zs.kratzen, sehr geizig sein; *to wring water from a* ~ zaubern, Wunder tun; **~glass** Flintglas *n*; **~lock (gun)** Steinschloß(gewehr) *n*; **~y** ['-i] *a* aus Feuerstein; steinhart; *fig* hart(herzig), unnachgiebig.

flip [flip] *tr* wegschnippen, -schnipsen, schnellen; *Am sl* (auf e-n fahrenden Zug) aufspringen; in gute Stimmung bringen; beeindrucken; *itr* schnippen; *Am sl* sich kaputtlachen; völlig perplex, ganz begeistert sein; hin u. her tanzen; *to* ~ **back** (*Zweig*) zurückschnellen; *a sl* schnippisch; *s* Schnippen, Knipsen *n*; Klaps, Ruck *m*; (kleine) Spritztour *f*; *Am sl* Spaß, Clou; *aero sl* kurze(r) Rund-, Probeflug *m*; *to* ~ *o.'s lid* (*Am sl*) rasend werden; sich totlachen wollen; **~flap** Klippklapp *n*; Purzelbaum; Schwärmer *m* (*Feuerwerkskörper*); **~flop** *Am sl* starke(s) Auf u. Ab *n*; schneller Umschwung *m*; **~pancy** ['-ənsi] Respektlosigkeit *f*, vorlaute(s) Benehmen *n*, Keckheit *f*; **~pant** ['-ənt] vorlaut, respektlos, leichtfertig; **~per** ['-ə] *zoo tech* Flosse; *sl* Flosse, Hand *f*;

aero sl Höhenruder, -steuer *n*; ~ **side** *sl* (*Schallplatte*) Rückseite *f*.

flirt [flə:t] *tr* schnell hin- u. herwerfen, -bewegen, wippen mit; schnellen; *itr* hin u. her tanzen, wippen; flattern, springen; *fig* kokettieren, flirten, poussieren; liebäugeln, spielen (*with an idea of doing s.th.* mit e-m Gedanken, etw zu tun); *s* schnelle Bewegung *f*, Ruck *m*; Wippen, Flattern *n*; schnelle(r) Wurf; Poussierstengel *m*; Kokette *f*; **~ation** [flə:'teiʃən] Koketterie *f*, Flirten *f*; Flirt *m*, Liebelei *f*; **~atious** [flə:'teiʃəs] gefallsüchtig, locker, kokett; flirtend, tändelnd.

flit [flit] *itr* wandern, ziehen; (heimlich) weg-, umziehen; (*Vögel*) fortfliegen; flattern, huschen, flitzen; *fig jam* sich aus dem Staub machen; *to* ~ *about* umherflattern, -huschen; lautlos hin- u. hergehen; *to* ~ *by* vorbeihuschen, -flitzen; (*Zeit*) rasch vergehen; *to* ~ *to and fro* hin u. her huschen; *to* ~ *through o.'s mind* im Kopf herumgehen.

flitch [flitʃ] Speckseite; (Holz-)Schwarte *f*; Heilbuttschnitte *f*.

flitter ['flitə] *itr* flattern; zittern; (*Herz*) pochen, -flitzen; **~mouse** Fledermaus *f*.

flivver ['flivə] *s Am sl* Kiste *f*, Klapperkasten *m*, Plunder; Versager *m*; *itr Am sl* schiefgehen, mißlingen.

float [flout] *s tech* Schwimmer *m*; Fischblase *f*; Rettungsring *m*; Floß *n*; schwimmende Masse *f*; *aero* Schwimmwerk *n*; Karren; Plattform-, Rollwagen; Festzugswagen *m*; Reibebrett *n* (*der Maurer*); *Am* (*Schule*) Spring-, Hohlstunde *f*; *a. pl theat* Rampenlicht *n*; *itr* (obenauf) schwimmen; hochsteigen; (dahin)treiben (*a. im Winde*); sich treiben lassen; sich sacht bewegen; schweben, gleiten; *fig* (durch den Kopf) ziehen; *com* im Umlauf sein; *el* auf freiem Potential liegen; *tr* flottmachen, über Wasser halten; flößen; überfluten, überschwemmen; (mit Zement) bestreichen; in Umlauf bringen; (*Gerücht*) verbreiten; auf den Markt bringen, umsetzen; (*Obligation*) ausgeben; (*Anleihe*) auflegen, begeben; (*Handelsgesellschaft*) gründen; *to* ~ *out* hinaustreiben (*to sea* auf das Meer; *upon the lake* auf den See); **~able** ['-əbl] schwimmfähig; (*Wasserlauf*) flößbar; **~age, flotage** ['-idʒ] Schwimmen *n*; Schwimmfähigkeit *f*; Schwimmende(s); Treibgut *n*; **~ation, flotation** [-'teiʃən] Schwimmen; Flottmachen *n*; Ausgabe (*von Obligationen*); (*Anleihe*) Auflage; *com* Gründung *f*;

float chamber   384   **floor polish**

~ **chamber** *mot* Schwimmergehäuse *n*; ~**er** ['-ə] *mot* Schwimmer; Gründer *m (e-r Handelsgesellschaft)*; erstklassige(s) Wertpapier *n*; Pauschalversicherung *f*; *sl fig* Fehler, Mißgriff; *Am* Parteilose(r) *m*; jem, der häufig die Wohnung od den Arbeitsplatz wechselt; ~ **file** Umlaufmappe *f*; ~**ing** ['-iŋ] *a* schwimmend, treibend, schwebend; beweglich, schwankend, Veränderungen unterworfen; *(Bevölkerung)* fluktuierend; *tech* federnd gelagert; *el* ohne definiertes Potential; *com* im Umlauf befindlich, zirkulierend; Umlaufs-; *(Schuld)* schwebend; *(Verbindlichkeiten)* laufend; *(Kapital)* flüssig; Betriebs-; *s* Finanzierung *f*; to be ~~ on air *(Am fam)* im siebenten Himmel sein; ~~ **anchor** Treibanker *m*; ~~ *assets (pl)*, *capital*, *fund* Umlaufs-, Betriebskapital *n*; ~~ *bridge* Schiffs-, Floßbrücke *f*; ~~ *crane* Schwimmkran *m*; ~~ *dock* Schwimmdock *n*; ~~ *ice* Treibeis *n*; ~~ *island* Eierkrem *f* mit Schneeklößchen; ~~ *kidney (med)* Wanderniere *f*; ~~ *light* Leuchtschiff *n*; ~~ *mine* Treibmine *f*; ~~ *rates (pl)* Seefrachtsätze *m pl*; ~~ *ribs (anat) pl* fliegende Rippen *f pl*; ~~ *supply (com)* laufende(s) Angebot *n*; ~~ *vote* Mitläufer *m pl*; ~ **needle** *mot* Schwimmernadel *f*; ~-**plane** Schwimmflugzeug *n*; ~ **valve** Schwimmerventil *n*.

floccul|e ['flɔkju:l] Staubflocke *f*; Flöckchen *n*; ~**ent** ['flɔkjuələnt] wollig, flauschig; *(Insekt)* bepelzt.

flock [flɔk] **1.** *s* Herde *f (von Kleinvieh)*; *(Vögel)* Schwarm, Zug; Flug *m (Wildgänse)*, Menge *(Menschen od Dinge)*, Schar *f*, Haufen *m*; die Gläubigen *pl (e-r Kirche)*; Kinderschar *f (in einer Familie)*; *itr (to ~ together)* zs.kommen, sich sammeln, sich zs.-scharen; sich scharen *(round s.o.* um jdn); strömen *(into* in); in Gruppen wandern od reisen; *in ~s* in (hellen) Scharen; *to ~ out of* herausströmen; *to ~ to* strömen, sich drängen nach; **2.** flockige(r) Niederschlag; Woll- od Baumwollabfall *m*, Polsterflocke *f*; *tr* mit Wolle od Baumwolle ausstopfen; *(Glas)* aufrauhen; ~ **mattress** Wollmatratze *f*; ~ **silk** Flockseide *f*; ~**y** [-i] flockig.

floe [flou] Treibeis *n*; Eisscholle *f*.

flog [flɔg] *tr* (aus)peitschen, verprügeln, verdreschen; *sl* verschachern, klauen; *to ~ a dead horse* offene Türen einrennen; ~**ging** ['-iŋ] Prügel *m pl*; Auspeitschen *n*; Prügelstrafe *f*.

flood [flʌd] *s* Flut *f*, Hochwasser *n*, Überschwemmung; *mar (~-tide)* Flut; *fig* Flut *f*, (Wort-)Schwall *m*; *(Menschen)* Menge *f*; Strom; *fam* Scheinwerfer(licht *n*) *m*; *the F~* die Sintflut; *tr* überschwemmen, überfluten *a. fig*; *mar* fluten; *fig* überschütten *(with* mit); *tech* anstrahlen; *itr (Wasser)* steigen; strömen; sich ergießen, sich stürzen; überlaufen *(Fluß)* über die Ufer treten; *at the ~ (fig)* im günstigsten Augenblick; *to ~ in* hereinstürmen; hineinströmen; *to ~ out (itr)* herausströmen; *tr* durch Hochwasser aus der Wohnung vertreiben; *to ~ over* überspülen; ~*s of rain* Regenfluten *f pl*; ~ **control** Schutzmaßnahmen *f pl* gegen Überschwemmung; ~ **disaster** Hochwasserkatastrophe *f*; ~-**gate** Schleusentor *n*; *fig* Riegel *m*, Schleuse *f*; ~-**lamp** Fotolampe *f*, Strahler *m*; ~-**level** Hochwasserspiegel *m*; ~-**light** *s* Scheinwerfer(licht *n*) *m*, Flutleuchte; (~-*system)* Anstrahlung *f*; *tr* anstrahlen, beleuchten; ~ *projector* Scheinwerfer *m*; ~-**lit** ['-lit] *a* angestrahlt, angeleuchtet; ~-**mark** Hochwassermarke *f*; ~-**plain** Schwemmland *n*.

floor [flɔ:, flɔə] *s* Fußboden, Flur *m*, Diele *f*; Stockwerk *n*, Etage, *f*, Geschoß *n*; *allg (z. B. Meeres-)* Boden, Grund *m*; *tech* Brückenfahrbahn *f*; *fig* die Anwesenden, *parl* Abgeordneten *m pl*; Sitzungssaal *m*; Mindestgrenze, unterste Grenze *f*; (~ *price)* Mindestpreis; Börsensaal *m*, Parkett *n*; *tr (Haus)* dielen; zu Boden strecken, niederschlagen; *fam (Menschen)* erledigen, fertigmachen; *fam* den Mund stopfen *(s.o.* jdm) *sl (Examensfrage)* mühelos beantworten; *Am sl* mit Vollgas fahren; *to give the ~ (Am)* das Wort erteilen; *to take the ~* tanzen; *Am* das Wort ergreifen; *may I have the ~ (Am)* ich bitte ums Wort; ~-**cloth** Bodenbelag *m*; Scheuertuch *n*; ~-**er** ['-rə] harte(r), schwere(r) Schlag *m a. fig*; *fig fam* harte Nuß, Fang-, schwere Frage *f*; *fig* Schlag *m* ins Gesicht; ~**ing** ['-riŋ] Fußboden *m*, -böden *pl*; Fußbodenmaterial *n*, -belag *m*; ~-**lamp**, **standard** Stehlampe *f*; ~-**leader** *Am parl* Fraktionsvorsitzende(r) *m*; ~ **mat** Bodenmatte *f*; ~-**plan** Stockwerkgrundriß *m*; ~-**show** Nachtklubprogramm *n*; ~ **space** Bodenfläche *f*; ~ **switch** Stockwerkschalter *m*; ~ **tile** Fliese *f*; ~-**walker** *Am* Abteilungsleiter *m (in e-m Warenhaus)*; ~-**wax**, ~ **polish** Bohnerwachs *n*.

flop [flɔp] *itr* (herum)flattern, (herum-)hopsen; plumpsen, sacken; *(to ~ down)* sich *(in e-n Sessel)* fallen lassen; sich werfen; *fam* zs.sacken; schiefgehen; *theat* durchfallen; *sl* einpennen; *Am (zur andern Partei)* übergehen, umschwenken; *Am sl* sich zum Schlafen hinlegen; *Am sl (in e-m Examen)* durchfallen; *tr* (hin)knallen, (hin)schmeißen; durchfallen lassen; *s* Schwupp, Wupp, Plumps *m*; *Am fam* Umschwenken *n*; *fam* Reinfall *m*, Fiasko *n*, Mißerfolg *m*; Niete *f*, Versager *m (Mensch)*; *sl* Falle *f (Schlafstelle)*; **~house** *Am fam* Übernachtungsheim *n*, Penne *f*; **~per** ['-ə] *Am fam fig* Windfahne *f*; **~(p)eroo** ['-əruː] *Am sl* Reinfall *m*; **~py** ['-i] schlaff; schlapp *a. fig*; schluderig.

flor|a ['flɔːrə] *pl ~as u. ~ae* [-iː] Flora, Pflanzenwelt *f*; **~al** ['flɔːrəl] *a* Blumen-, Blüten-; **~** *design* Blumenmuster *n*; **~et** ['flɔːrit] kleine Blüte *f (bes. der Korbblütler)*; **~iculture** ['flɔːrikʌltʃə] Blumenzucht *f*; **~id** ['flɔrid] *(Aussehen, Gesichtsfarbe)* blühend; gesund, rosig, frisch; *(Kunst)* (zu) reich verziert, überladen; blumig; **~idity** [-'riditi], **~idness** ['-idnis] gesunde Farbe *f*, blühende(s) Aussehen *n*; Überladenheit *f*, blumige(r) Stil *m*; **~ist** ['flɔrist] Blumenhändler, -züchter, -liebhaber *m*; **~~'s shop** Blumenladen *m*. **Floren|ce** ['flɔrəns] Florenz *n*; **~tine** ['-tain] *a* florentinisch; *s* Florentiner(in *f*) *m*.

florin ['flɔrin] Gulden *m*; Zweischillingstück *n*.

floss [flɔs] Rohseide; Flockseide; *(-silk)* Florett-, Galettseide, Schappe, Filoselle *f*; *bot* Samenflaum *m*; **~y** ['-i] *a* flaumig, (seiden)weich; *Am sl* aufgedonnert; elegant; modisch; *s Am sl* Mädchen *n*, Frau *f*.

flotage, ~ation *s. floatage, floatation.*
flotilla [flo(u)'tilə] Flotille *f*.
flotsam ['flɔtsəm] Seetreibt *f*; **~** *and jetsam* Strandgut *n a. fig*.

flounce [flauns] **1.** *itr (to ~ up) (gereizt)* auf-, in die Höhe fahren *(out of a chair* aus e-m Stuhl); *(to ~ down)* sich verärgert, erregt hinsetzen; (sich) stürzen, losstürzen; *to ~ out* verärgert hinausstürzen *(of a room* aus e-m Zimmer); *s* (plötzlicher) Ruck *m (des Körpers)*; ärgerliche Bewegung *f*; **2.** **~** Besatz, Volant *m*, Falbel *f*; *tr* fälbeln.

flounder ['flaundə] **1.** *itr* sich vergeblich abmühen; sich zu befreien, los-, vorwärtszukommen suchen; herumpflatschen, -waten *(about the water* im Wasser); hilflos, *(fam* sich tot)zappeln; sich abquälen *(through s.th.* mit etw); umhertappen, -taumeln, -stolpern; *fam* Murks machen; sich verheddern; **2.** Flunder *f*, Butt *m (Fisch)*.

flour ['flauə] *s (bes.* Weizen-, Weiß-) Mehl; *allg* Mehl, Pulver *n*, Puder *m*; *tr Am* zu Mehl mahlen; *(Küche)* mit Mehl bestreuen; pudern; **~mill** Getreidemühle *f*; **~y** ['-ri] mehlig.

flourish ['flʌriʃ] *itr* sich gut entwickeln, gedeihen, blühen, (gut) vorankommen; prahlen; Schnörkel, Floskeln machen; geziert schreiben *od* sprechen; *mus* präludieren; e-n Tusch ausbringen; *tr* verschnörkeln; verzieren, schmücken; *(Waffe)* schwingen; *(Fahne)* schwenken; *(Tusch)* blasen, ausbringen; *s* Schnörkel *m*, Floskel *a. fig*; Zierleiste; *mus* Verzierung *f*; Tusch *m*, Fanfare *f*; Schwenken, Schwingen *n*; große Geste *f*; **~ing** ['-iŋ] blühend.

flout [flaut] *tr* verspotten, verhöhnen, verlachen; mißachten; *(Befehl)* verweigern; *itr* spotten, höhnen *(at* über); *s* Spott, Hohn *m*.

flow [flou] *itr* fließen, strömen *a. fig*; *(Blut)* zirkulieren; münden *(into the lake* in den See); rinnen, gleiten; überfließen *a. fig (with* von); *(Flut)* steigen; herrühren, -kommen, -stammen *(from* von); *(Menschen)* strömen *(out of the theatre* aus dem Theater); *tr* überfluten; *to ~ down (Haar)* herunterhängen; fallen; *to ~ in* hereinströmen; *s* Fließen, Strömen, Rinnen *n*; Fluß, Strom, Gerinnsel, Rinnsal *n*; Strömung *f*; Zu-, Ab-, Überfluß; Zustrom *m*; *com* Menge *f*, Verkehr; *(~ of words)* (Wort-)Schwall *m*; *(~ing tide)* Flut *f*; *the river ~ed over its banks der* Fluß trat über die Ufer; **~** *of business* Geschäftsgang *m*; **~** *of commodities* Warenverkehr *m*; **~** *of currency* Geldumlauf *m*; **~** *of traffic* Verkehrsstrom *m*; **~ing** ['-iŋ] fließend, strömend; gleitend; überströmend, -schäumend; wallend; *fig* flüssig, lebhaft; **~~** *well* artesische(r) Brunnen *m*.

flower ['flauə] *s* Blume, Blüte *a. fig*; *fig* Zier(de) *f*, Schmuck *m*; *das* Beste, *die* Auslese; Blütezeit *f*, Höhepunkt *m*; *fam* Blutung; *pl chem* Blüte *f*; *itr* blühen *a. fig*; *fig* den Höhepunkt erreicht haben; *(to be) in ~* in Blüte (stehen); *say it with ~s* laßt Blumen sprechen; *in the ~ of o.'s age*, *strength* in der Blüte der Jahre; *cut ~s (pl)* Schnittblumen *(pl)*; **~s** *of sulphur (chem)* Schwefelblüte *f*; **~age** ['-ridʒ] Blumenflor *m*; Blüte(zeit) *f*;

~~bed Blumenbeet *n*; **~ cup** Blütenkelch *m*; **~-de-luce** [flauəd'ljuːs] *Am* Lilie; Schwertlilie *f*; **~ed** ['-d] *a* mit Blumen geschmückt; geblümt; **~~garden** Blumengarten *m*; **~~girl** Blumenverkäuferin *f*; **~iness** ['-rinis] Blüten-, Blumen-, Bilderreichtum *m*; **~ing** ['-riŋ] (lebhaft) blühend; **~ petal** Blumenblatt *n*; **~pot** ['-pɔt] Blumentopf *m*; **~ shop** Blumengeschäft *n*, -laden *m*; **~~show** Blumenschau *f*, -korso *m*; **~y** ['-ri] blumenreich, blumig; *(Stil)* bilderreich, überladen.
flu [fluː] *(influenza)* Am Grippe *f*.
flub [flʌb] *Am fam tr* verkorksen; *s* Doofling; Schnitzer, Versager *m*; **~dub** ['-dʌb] *Am sl* Gequatsche, Gefasel *n*; Ungeschicklichkeit *f*.
fluctuat|e ['flʌktjueit] *itr* schwanken *a. fig*, fluktuieren, steigen u. fallen; sich ändern; **~ion** [flʌktju'eiʃən] Schwanken *n*, Schwankung *f*; *seasonal ~s (pl)* Saisonschwankungen *f pl*; *~ of costs* Kostenbewegung *f*; *~s of power* Leistungsschwankung *f*; *~s of prices, of temperature* Preis-, Temperaturschwankungen *f pl*.
flue [fluː] **1.** *s* Rauchfang, -schacht, -abzug; Ofen-, Feuerzug *m*, Heizröhre *f*, Heizungsrohr *n*; Kernspalt, *(~-pipe)* Lippenpfeife *f*; **~ boiler** Flammrohrkessel *m*; **~ dust, ash** Flugasche *f*; **~ gas** Rauchgas *n*; **2.** *s* Flocke *f*; **3.** *s* Schleppnetz *n*; **4.** *tr (Fenster)* ausschrägen; *itr* geweitet, ausgeschrägt sein.
fluen|cy ['fluː(ː)ənsi] (Rede-)Fluß *m*; Geläufigkeit, (Rede-)Gewandtheit *f*; **~t** ['-t] *(Rede)* fließend; *(Redner)* gewandt; *(Stil)* flüssig; *to speak ~ English* fließend Englisch sprechen.
fluff [flʌf] *s* Flaumfeder; (Feder-, Haar-, Woll-, Staub-)Flocke *f*; Flaum *f*; Bartflaum *m*; *Am* junge(s) Volk; *(bit of ~) sl* Mädel *n*; *theat* schlecht gelernte Rolle *f*; *theat radio* Sprechfehler *m*, Versprechen *n*; *Am sl* Entlassung *f*; *to ~ off (to ~ out)* aufplustern; *theat radio* falsch sagen, falsch lesen; *(Auftritt) sl* verpfuschen, versauen; *to ~ off (Am sl)* herunterputzen; *itr* Flocken bilden; *to give s.o. the ~ (Am sl)* jdn abkanzeln, 'rauswerfen; **~-off** *Am sl* Drückeberger; ungeschickte(r) Mensch *m*; **~y** ['-i] (feder)weich, flaumig; aufgeplustert; *theat sl* stümperhaft; *sl* torkelnd, schwankend; besoffen.
fluid ['fluː(ː)id] *a* flüssig; gasförmig; *fig* veränderlich, beweglich; *s chem* Flüssigkeit *f*, Gas *n*; **~ drive** hydraulische(s) Getriebe *n*; **~ity** [flu(ː)'iditi] Dünnflüssigkeit *f*.
fluk|e [fluːk] **1.** *s* Ankerpflug, -flügel *m*, -hand; *(Pfeil)* Fiederung *f*; Schwanzflosse des Wales; Flunder, Scholle *f*, Plattfisch; *med* Plattwurm *m*; **2.** *s* glückliche(r) Zufall, *sl* Dusel *m*; **~ey**, **~y** ['-i] *sl* wechsel-, launenhaft, ungewiß; Zufalls-.
flume [fluːm] (künstlicher) Wassergraben, Kanal *m*; *Am* Klamm *f*.
flummery ['flʌməri] Hafer-, Mehlbrei; Flammeri *m*; *fig* bloße Schmeichelei *f*; dumme(s) Gerede *n*.
flummox ['flʌməks] *tr sl* durcheinander bringen, verwirrt machen.
flunk [flʌŋk] *Am fam tr* durchfallen in *(e-r Prüfung)*; durchfallen lassen; zum Scheitern bringen; *itr* versagen, *(in e-r Prüfung)* durchfallen; sich drücken, sich verdünnisieren; die Flinte ins Korn werfen; aufgeben; *s* Versagen, Durchfallen *n*; Reinfall *m*; schlechte Note *f*; Durchgefallene(r) *m*; *to ~ out (fam) tr* aus der Schule entfernen; *itr* ausscheiden.
flunkey, *Am* **flunky** ['flʌŋki] Lakai *m meist pej*; Bedientenseele *f*, Speichellecker *m*; **~ism** ['-izm] Herumscharwenzeln *n*; Speichelleckerei *f*.
fluor [fluːə:] *min* Flußspat *m*; **~esce** [fluə'res] *itr phys* fluoreszieren; **~escence** [fluə'resns] Fluoreszenz *f*; **~escent** [fluə'resnt] fluoreszierend; **~~lamp** Leuchtstofflampe *f*; **~~lighting** Neonbeleuchtung *f*; **~~screen** Leuchtschirm *m*; **~~tube** Leuchtstoffröhre *f*; **~ide** ['fluərid] *chem* Fluorid *n*; **~ine** ['fluəriːn] *chem* Fluor *n*; **~ite** ['fluərait], **~spar** ['fluə-spɑː] *min* Flußspat *m*.
flurry ['flʌri] *s (~ of wind)* Windstoß; Regen-, Hagelschauer *m*, Schneegestöber, *fig* plötzliche(s) Durcheinander *n*, Verwirrung, Aufregung *f*; *tr* durcheinander bringen, konfus, verwirrt machen, aufregen; *in a ~ (of alarm, of excitement)* in (großer) Aufregung.
flush [flʌʃ] *itr* strömen, sich ergießen; *(Blut)* schießen; rot werden *(with anger* vor Wut); erröten, erglühen; begeistert sein *(with* über); (aus)gespült werden; *(Vogel)* auffliegen; *tr* (aus-, durch)spülen; überfluten, überschwemmen; erröten lassen; in Stimmung bringen, aufheitern, aufmuntern, ermutigen, stolz machen; an-, erregen; *(Vögel)* aufjagen, -scheuchen; *(Mauer)* verstreichen; *s* (Wasser-)Guß *m*, Spülung *f*; (Auf-, Empor-)Schießen; kräftige(s) Wachstum, Auf-, Erblühen *n*,

flushing   **fly-blow**

Blüte, Frische, Kraft, Fülle; Aufheiterung, (frohe) Erregung *f*, Aufwallen; Erröten, Erglühen *n*; Fieberanfall, -schauer *m*; *(Karten)* Sequenz *f*; Vogelschwarm *m*; *a* reichlich *(bes. mit Geld)* versehen, versorgt *(of* mit*)*; im Überfluß vorhanden, üppig, reichlich; verschwenderisch, großzügig, freigebig *(with* mit*)*; kräftig, frisch, blühend; von frischer Farbe; glühend; eben, platt, flach, in gleicher Ebene, bündig *(with* mit*)*; *typ* ohne Einzug; *tech* versenkbar, versenkt; *adv* gerade; direkt; *to be* ~ gut bei Kasse, reichlich versorgt sein *(of* mit*)*; ~**ing** ['flʌʃiŋ] Spülung *f*; ~~ **box** Spülkasten *m*.

fluster ['flʌstə] *tr* verwirrt, nervös, aufgeregt machen; *s* Verwirrung, Nervosität *f*; *all in a* ~ ganz verwirrt.

flut|e [flu:t] *s* Flöte; Stange *f (Brot)* Sektglas *n*; *(Kleidung)* (Zier-)Falte, Rüsche *f*; *arch* Rinne, Kehle *f*; *tr* auf der Flöte spielen; flöten; kräuseln, fälteln, plissieren; *arch* auskehlen, riefe(l)n; *itr* Flöte spielen; ~**ed** ['-id] *a (Säule)* kanneliert; flötenartig; ~**ing** ['-iŋ] Flötenspiel; Flöten *n*; Fältelung *f*, Plissee *n*; Riefelung *f*; *arch* Kannelierung *f*; ~~*iron* Plissiereisen *n*; ~**ist** ['-ist] Flötenspieler, Flötist *m*.

flutter ['flʌtə] *itr (Vogel)* flattern *(a. Fahne im Wind)*; sich ziellos hin u. her bewegen; nervös umhergehen; zittern; erregt, unruhig, nervös sein; *(Herz)* schnell schlagen; *(Puls)* jagen; *tr* (schnell) hin u. her bewegen; in Unruhe, Aufregung versetzen; *s* Geflatter; Zittern *n*; Erregung, innere Unruhe, Aufregung; Herzbeschleunigung; *sl* Spekulation *f*; *to be, to put in a* ~ in Unruhe, Aufregung sein, versetzen; *to cause, to make a* ~ *(fig)* Wind machen; *to have a* ~ *(sl)* spekulieren.

fluvi|al ['flu:viəl] *a* Fluß-.

flux [flʌks] *s* Fluß *m*, Fließen, Strömen; Steigen *n* der Flut; ständige Bewegung *f*, dauernde(r) Wechsel *m*, Veränderung *f*; *med* Fluß *m*; *tech* Löt-, Schweißpaste *f*, Zuschlag *m*: *tr (Metall)* schmelzen; *med* purgieren; ~**ion** ['flʌkʃən] Fluß *a. med*, beständige(r) Wechsel; (Aus-)Fluß *m*; *math* Differential *n*; *method of* ~~*s* Differential- u. Integralrechnung *f*; ~**ionary** [-kʃnəri] fließend, wechselnd; veränderlich.

fly [flai] *irr flew, flown* [flu:, floun] **1.** *itr (Vogel, Insekt, Flugzeug, Pilot, Flugpass)* fliegen; fliegen, schweben, wehen, flattern; fliegen, sausen, schlagen; herbeieilen, -stürzen *(to the rescue* zur Rettung); jagen, sich stürzen, (ent)fliehen, (ent)eilen; *(Zeit)* vergehen, verfliegen; *(Geld)* dahinschwinden; *(Glas)* e-n Sprung bekommen; **2.** *tr* fliegen lassen; *(Drachen)* steigen lassen; *(Flugzeug, Flugpass, Fracht)* fliegen; im Flugzeug befördern; fliegen über, überfliegen; befliegen; fliehen, meiden, aus dem Wege gehen *(s.o., s.th.* jdm, e-r S); **3.** *s* Fliegen *n*, Flug *m*; Flugstrecke; *(bes.* Stuben-)Fliege; *(künstliche)* Angelfliege; Klappe *f*; *(Hosen-)*Schlitz *m*; Zelttür *f*, Überzelt *n*; *typ* Greifer *m*; *(Uhr)* Unruhe; *Br* Droschke; Freitreppe *f*; Flugblatt *n*; *pl theat* Soffitten *f pl*; **4.** *a sl* fix, flink, geschickt; gewieft, gerissen, auf Draht; **5.** *a* ~ *in the ointment* ein Haar in der Suppe; *on the* ~ im Fluge; *sl* in Eile; *there are no flies on him* er ist auf Draht; **6.** *to let* ~ *(at)* angreifen; *to make the dust* od *feathers* ~ *(fig)* Staub aufwirbeln; *to make the money* ~ *(fig)* das Geld zum Fenster hinauswerfen, unter die Leute bringen; *to* ~ *blind, on instruments* blindfliegen; *to* ~ *the coop (Am fam)* aus dem Staub machen; *to* ~ *in s.o.'s face (fig)* jdm ins Gesicht fahren od springen; jdn herausfordern; *to* ~ *a flag* e-e Fahne hissen, *(Schiff)* führen; unter e-r Flagge fahren; *to* ~ *(at) high (game)* hochfliegende Pläne, *fam* große Rosinen im Kopf haben; *to* ~ *a kite* e-n Versuchsballon steigen lassen; *com* der Gefälligkeitswechsel borgen; *to* ~ *in pieces* in Stücke springen; *to* ~ *into a rage, temper, passion* wütend werden, in Wut geraten; *to* ~ *off the handle (fig)* außer sich geraten; *to* ~ *right (Am fam)* ein ordentlicher Mensch sein; *I told him to go* ~ *a kite (Am sl)* ich sagte ihm, er solle sich zum Teufel scheren; *to* ~ **about** herumfliegen; *(Nachrichten)* sich verbreiten; *to* ~ **abroad** sich verbreiten; *to* ~ **apart** ausea.fliegen; sich abstoßen; *to* ~ **at**, *to* ~ **upon** sich stürzen auf, herfallen über; *to* ~ **in** aero einfliegen; in Zorn geraten in; *to* ~ **off** wegfliegen; *(Knopf)* abgehen; abdampfen, abhauen; *to* ~ **out** auffällig werden *(at s.o.* gegen jdn*)*; *aero* ausfliegen; herausstürzen *(of the room* aus dem Zimmer*)*; außer sich geraten; *to* ~ **over** überfliegen; *to* ~ **past** vorbeirasen; *to* ~ **up** hinaufliegen *(to* zu*)*; ~**able** ['-əbl]: ~~ *weather* Flugwetter *n*; ~ **agaric** Fliegenpilz *m*; ~**away** *a* flatternd, wehend; flüchtig, unbeständig; *s* Ausreißer *m*; wetterwendische(r) Mensch *m*; ~~**blow** *s meist pl*

(Schmeiß-)Fliegeneier *n pl*; *tr* beschmeißen *(Fleisch)*; *fig* beschmutzen, verderben; **~~blown** *a* verschmutzt, verdorben, schlecht; anrüchig, verrufen; *sl* besoffen; *sl* schäbig; **~~by-night** *s* Nachtbummler; flüchtige(r) Schuldner *m*; *a* unzuverlässig; zweifelhaft; (finanziell) schwach; **~catcher** *orn* Fliegenschnäpper *m*; fleischfressende Pflanze *f*; Fliegenfänger *m*; **~~fisher** Fischer *m*, der mit e-r künstlichen Fliege fischt; **~~leaf** *(Buch)* Vorsatzblatt *n*; **~~mug, -dick, -bob** *Am sl* Polizist *m*; **~~over** überschneidungsfreie Kreuzung *f*; **~~paper** Fliegenfänger *m*; **~~past, -by** Flugparade *f*, Vorbeiflug *m*; **~~sheet** Flugblatt *n*; **~~speck** Fliegenschmutz *m*; **~~trap** Fliegenfalle; fleischfressende Pflanze *f*; *Venus's ~~ (bot)* Venusfliegenfalle *f*; **~~way** Flugweg *m (der Zugvögel)*; **~~weight** *(Boxen)* Fliegengewicht *n*; **~~wheel** ['~wi:l] *tech* Schwungrad *n*.

flyer, flier ['flaiə] Flieger, Flugzeugführer; Expreß, Blitz(zug); Flüchtling *m*; Rennpferd *n*; *Am sport* Sprung *m* mit Anlauf; *Am* Handzettel *m*, Flugblatt *n*; (Treppen-)Stufe *f*; *tech* (Spindel-)Flügel, Fleier *n*; *Am jam* gewagte (Börsen-)Spekulation *f*; *Am (Spezial-)Versandkatalog *m*; *pl* Freitreppe *f*.

flying ['flaiiŋ] *a* fliegend, flugfähig; fliegend, schnell, eilig, kurz; *bes. aero* Flug-; *s* Fliegen; Flugwesen *n*, Luftfahrt *f*; *in ~ condition* flug-, startbereit; *with flags ~*, *(bes. fig) with colo(u)rs* mit fliegenden Fahnen; **~ accident** Flugzeugunglück *n*; **~ allowance** Fliegerzulage *f*; **~ badge** Fliegerabzeichen *n*; **~ boat** Flugboot *n*; **~ bomb** V-Waffe *f*; **~ boot** Fliegerstiefel *m*; **~ boxcar** *Am* fliegende(r) Güterwagen *m*; **~ buttress** *arch* Strebebogen *m*; **~ clothing** Fliegerkleidung *f*; **~ control** *Br* Flugleitung *f*; **~ crew** Flugzeugbesatzung *f*; **~ deck** Landedeck *n (Flugzeugträger)*; **~ distance** Flugstrecke *f*; **F- Dutchman** Fliegende(r) Holländer *m*; **~ exhibition** Wanderausstellung *f*; **~ experience** Flugerfahrung *f*; **~ field** Flugplatz *m*; **~~fish** fliegende(r) Fisch *m*; **~ formation** fliegende(r) Verband *m*; **~ hour** Flugstunde *f*; **~ instructor** Fluglehrer *m*; **~ jump** Sprung *m* mit Anlauf; **~ lane** Flugschneise *f*; **~ man** Flieger *m*; **F- Officer** Oberleutnant *m*; **~ pay** Fliegerzulage *f*; **~ personnel** fliegende(s) Personal *n*; **~ pupil, student** Flugschüler *m*; **~ range** Aktionsradius *m*; **~ safety** Flugsicherheit *f*; **~~saucer** fliegende Untertasse *f*; **~ speed** Fluggeschwindigkeit *f*; **~ squad** *Br* Überfallkommando *n; (Arbeitseinsatz)* fliegende Gruppe *f*; **~ squadron** Fliegerstaffel *f*; **~ suit** Kombination *f*; **~ time** Flugzeit *f*; **~ unit** fliegende(r) Verband *m*; **~ visit** Stippvisite *f*; **~ weather** Flugwetter *n*; **~ wing** Nurflügelflugzeug *n*.

foal [foul] *s* Fohlen, Füllen *n*; *itr* fohlen; *tr (ein Fohlen)* werfen; *in, with ~ (Stute)* trächtig.

foam [foum] *s* Schaum; Gischt *m*; *itr* schäumen *(with rage vor Wut)*; *to ~ at the mouth* vor Wut schäumen; **~ing** ['~iŋ] schäumend; **~ extinguisher** Schaumfeuerlöscher *m*; **~ rubber** Schaumgummi *m* od *n*; **~y** ['~i] schaumig; schaumbedeckt.

fob [fɔb] **1.** Uhrtasche (in der Kleidung); *Am* Uhrkette(nanhänger *m*) *f*; **2.** *tr* foppen, prellen, anführen, betrügen; *to ~ off* aufschwatzen, andrehen *(s.th. on s.o.* jdm etw); loskriegen; *to ~ s.o. off with empty promises* jdn mit leeren Versprechungen abspeisen; **3.** *Abk. für free on board*.

foc|al ['foukəl] *opt* fokal, Brenn(punkt-); **~~ distance, length** Brennweite *f*; **~~ point** Brennpunkt *m*; **~~ plane shutter** Schlitzverschluß *m*; **~~ view** Blickfeld *n*; **~us** ['foukəs] *pl -es* od *-ci* ['fousai] *s math opt* Brennpunkt *m*, -weite; Bildschärfe *f*; *med* Krankheitsherd; *(Erdbeben)* Herd *m*; *fig* Brennpunkt, Herd *m*, Zentrum *n*; *tr opt* im Brennpunkt vereinigen; *opt phot (to bring into ~~)* richtig, scharf einstellen; sammeln; bündeln; *fig* richten, konzentrieren *(on* auf); *in (out of) ~~ (opt phot)* (un)scharf eingestellt; **~us(s)ing** ['~əsiŋ] Scharfeinstellung *f*; **~~ lamp** Projektionslampe *f*; **~~ magnifier** Einstellupe *f*; **~~ point** Brennpunkt *m*; **~~ screen** Mattscheibe *f*.

fodder ['fɔdə] *s* Trockenfutter *n*, Heu u. Stroh; *tr* füttern.

foe [fou] *poet* Feind, Widersacher *m (to* gen).

f(o)et|al ['fi:tl] *a scient* fötal; **~us** ['fi:təs] Fötus *m*, Leibesfrucht *f*.

fog [fɔg] *s* (dicker) Nebel *m*; Rauch-, Staubdecke *(in der Atmosphäre)*; *fig* Umneb(e)lung, Verwirrung *f*; *phot film* (Grau-)Schleier *m*; *tr* vernebeln; *fig* umnebeln, trüben, verdunkeln; *phot* verschleiern; *itr* sich in Nebel hüllen; sich trüben, sich verdunkeln, sich be-

fog-bank

schlagen; **~~bank** dichte Nebelschicht, -hülle, -bank *f*; **~bound** *a mar aero* durch Nebel behindert; in Nebel gehüllt; **~giness** ['-inis] Nebel *m*; Dunstigkeit, Nebligkeit; Um-, Verneb(e)lung *f*; **~gy** ['-i] neb(e)lig; *fig* trüb(e), umwölkt, undeutlich, verwirrt; *phot* verschleiert; **~horn** *mar* Nebelhorn *n*; **~~lamp, light** *mot* Nebellampe *f*, -scheinwerfer *m*; **~~layer** Nebelschicht *f*; **~~signal** Nebelsignal *n*.

fog(e)y ['fougi] *meist*: old ~ altmodische(r), rückständige(r) Mensch *m*.

foible ['fɔibl] schwache Seite, Schwäche *f* (des Charakters).

foil [fɔil] **1.** *tr* e-n Strich durch die Rechnung machen (*s.o.* in *s.th.* jdm bei e-r S); *(Plan)* durchkreuzen; *(Versuch)* vereiteln, zuschanden machen; *s (Jagd)* (Duft-)Spur *f*; (Fechten mit) stumpfe(m) Rapier; Florett *n*; **2.** (Metall-)Folie *f*; Goldfolie *f*, Goldgrund; Spiegelbelag; *fig* Hintergrund *m* (*to* für); *arch* Blattverzierung *f*.

foist [fɔist] *tr* (heimlich) einfügen, -schieben, -schmuggeln; unterschieben, unterstellen, anhängen, -drehen (*s.th.* on, upon *s.o.* jdm etw).

fold [fould] **1.** *tr* (zs.)falten, falzen, zs.legen, -klappen; *(die Arme)* kreuzen, verschränken; *(die Hände)* falten; *(die Flügel)* anlegen; (*to ~* in *o.'s arms*) in die Arme schließen, umarmen; einhüllen, -wickeln, -schlagen; *itr* sich zs.legen, zs.gelegt werden; sich gefaltet sein; *s* Falten *m*, Faltung; Falte *f*, Falz, Kniff, Knick, Bruch *m* (*im Papier*); *(als Lesezeichen)* umgeschlagene Ecke *f*, Eselsohr *n*; Falte, Windung; *geol* Bodenfalte *f*; *in Zssgen* -fach; *to ~* **back** zurückschlagen; umklappen; *(Ärmel)* umkrempeln; *to ~* **down** *(Blatt Papier)* umschlagen, -knicken; *to ~* **in,** *to ~* **over,** *to ~* **together** ein-, über-, zs.schlagen; *to ~* **up** *tr* zs.legen, *(Geschäft)* schließen; *itr sl (Spiel)* verlieren, aufgeben (müssen); *(Zeitung)* eingehen; *allg* aufhören (müssen); *(Mensch)* zs.klappen; **~er** ['-ə] Falzer *m*; Falzbein *n*; Schnellhefter, Aktendeckel *m*; Mappe *f*; Faltplan, -prospekt *m*; gefaltete Broschüre *f*; Merkblatt *n*; *pl* (zs.klappbarer) Kniff *m*; Klemmer *m*; **~ing** ['-iŋ] *a* zs.leg-, zs.klappbar; Falt-; *s* Faltung *f*; Kniff *m*; *Am fam* Papiergeld *n*; *~~ bed* Feldbett *n*; *~~ boat* Faltboot *n*; *~~ camera* Klappkamera *f*; *~~ chair* Klappstuhl *m*; *~~ deck* Klappverdeck *n*; *~~ door* Falttür *f*; *pl* Flügeltür *f*; *~~ hat* Klappzylinder *m*; *~~*

---

follow

money (Am fam) Papiergeld *n*; *~ roof (mot)* Klappverdeck *n*; *~~ screen* spanische Wand *f*; *~~ seat* Klappsitz *m*; *~~ table* Klapptisch *m*; **2.** *s* Schafhürde *f*, Pferch *m*; Schafherde; *fig* Herde; (Gläubige *m pl* e-r) Kirche *f*; ((Mit-)Glieder *n pl* e-r) kirchliche(n) Organisation, weltanschauliche(n) *od* Interessengemeinschaft *f*; *tr (Schafe)* einpferchen; *to return to the (fig)* reumütig zurückkehren.

foli|age ['fouliidʒ] *die* Blätter *pl* (*e-r Pflanze*); Laub, Blatt-, Laubwerk *n* (*als Verzierung*); *~~ plant* Blattpflanze *f*; **~ate** ['-eit] *tr in* dünne Schichten, Folien aufspalten; *(Gold)* zu Folie schlagen; *(Glas)* mit e-r Folie unterlegen, foliieren; mit Blattwerk verzieren; *(Buch)* foliieren, mit Blattzahlen versehen; *itr bot* Blätter treiben; *a* ['-it, '-eit] belaubt; Blatt-; **~ation** [fouli·'eiʃən] *bot* Blattbildung; Belaubung *f*; *metal* (Blatt-)Schlagen; *(Glas)* Unterlegen *n*, Foliieren *f*; *min* Schieferung; *arch* Blattverzierung; *(Buch)* Foliierung, Blattzählung *f*; **~o** ['fouliou] *pl -os s* Folio *n*, Halbbogen(größe *f*); Foliant *m*; *(Buch)* Blatt, *com* Folio *n*, Kontobuchseite; Seitenzahl *f*; *jur* (US) 100, *(England)* 72 *od* 90 Wörter *n pl*; *in ~~* in Folio, im Folioformat; *first ~~* Erstausgabe *f*.

folk [fouk] *pl* Volk *n*, Leute *pl*; *fam* (*o.'s ~s*) Familie *f*, Angehörige, Verwandte *m pl*; *the old ~s at home* die alten Herrschaften *f pl*; *just ~s (fam)* (nette) einfache Leute *pl*; **~~dance** Volkstanz *m*; **~lore** ['-lɔ:] Volkskunde *f*; **~lorist** ['-lɔ:rist] Volkskundler, Folklorist *m*; **~~music** Volksmusik *f*; **~~song** *Am* einfach, schlicht, gesellig; *s* Volkslied *n*; **~sy** *fam* gesellig; volkstümlich; **~~tale** Volkssage *f*.

follic|le ['fɔlikl] *anat* Follikel, (Haar-)Balg, *zoo* Kokon; *bot* Fruchtbalg *m*.

follow ['fɔlou] *tr* folgen, nachgehen, nachkommen (*s.o.* jdm); folgen auf; sich anschließen (*s.o.* jdm); begleiten; Gesellschaft leisten, zu Diensten sein (*s.o.* jdm); verfolgen (*a.* e-n Weg, ein Ziel); (*zeitl., im Amt*) folgen (*s.o.* jdm), folgen auf; *(Beruf)* ausüben; *(Geschäft)* (be)treiben; *(Laufbahn)* einschlagen; nachfolgen, -eifern (*s.o.* jdm); nachahmen, zum Vorbild nehmen, sich richten nach; einverstanden sein mit; gehorchen (*s.o.* jdm); *(Regel)* beachten, befolgen; (*e-m Gedankengang*) sich anschließen; folgen (*s.o.'s ideas* jds Gedankengängen), mitkom-

follow in   390   **fool**

men mit; *(Gespräch, Geschehen, die Politik)* (mit Interesse) verfolgen; sich kümmern um; *itr* (er)folgen, sich ergeben *(from* aus); zunächst kommen; sich später ereignen; *s* Folgen *n;* *(Billard)* Nachläufer *m; (Gaststätte)* Nachbestellung *f; to ~ one another* aufea.folgen; *to ~ close* auf dem Fuße folgen; *to ~ the fashion* sich nach der Mode richten, die M. mitmachen; *~ suit (Kartenspiel)* bedienen; *allg* es genauso machen; *as ~s* wie folgt; folgendermaßen; *it ~s that* daraus folgt, es ergibt sich, daß; *do you ~ my argument?* können Sie mir (geistig) folgen? *to ~ in* nachfolgen; *to ~ on* später folgen; weitermachen; *to ~ out (Plan)* aus-, durchführen; *(Anweisung)* genau befolgen; *to ~ through tr* zu Ende führen; nachdrücklich verfolgen; *itr* bis ans Ende gehen; *sport* durchziehen; *to ~ up* (ständig, eifrig) verfolgen, *(e-r S)* nachgehen; zu Ende führen; *com* nachfassen; *(Bericht)* ergänzen; *(Vorteil, Sieg)* weiterverfolgen, auswerten, (aus)nutzen, auskosten; *mil* nachdrängen, -stoßen; *to ~ s.th. up with s.th.* e-r S etw folgen lassen; **~er** ['-ə] Nach-, Verfolger; Nacheiferer; Anhänger, Jünger, *pej* Mitläufer; Gefolgsmann; Diener, Bediensete(r); *fam obs* Verehrer, Schatz (e-s Hausmädchens); *tech* Führungstift, Stößel, Zubringer *m; pl* Anhängerschaft *f, pej* Anhang *m,* Gefolge *n;* **~ing** ['-iŋ] *a* folgend, weiter, im Anschluß an, nächst; nachstehend; *prp* nach; *s* Anhängerschaft *f,* Gefolge *n;* Anhang *m;* Gefolgschaft *f; the ~~* der, die, das Folgende, *pl* die Folgenden *pl;* **~~ wind** Rückenwind *m;* **~on** *sport* sofortige(s) Wiederauftreten *n;* **~~through** *sport* Durchziehen *n;* **~~up** *s* Weiterverfolgen, Ausnutzen *n; mil* Nachstoß *m; (Erfolg)* Auswertung; Folge (-erscheinung); Mahnung *f; a: ~~ file* Wiedervorlagemappe *f; ~~ letter* Nachfaß-, Erinnerungsschreiben *n;* Mahnbrief *m; ~~ report* Ergänzungsmeldung *f; ~~ system* Wiedervorlageverfahren *n; ~~ visit (com)* nachfassende(r) Besuch *m; ~~ wave (mil)* nachdrängende Welle *f.*

folly ['fɔli] Torheit, Narrheit, Verrücktheit *f, fam* Wahnsinn *m; pl Am* Revue *f;* töricht(es) Unternehmen *n.*

foment [fo(u)'ment] *tr* bähen, mit warmen Umschlägen behandeln, warm baden; *fig* erregen, aufrühren, schüren; **~ation** [-'teiʃən] Bähung *f,* warme(r) Umschlag *m,* Packung; *fig* Aufreizung, Aufstachelung, Aufhetzung *f;* **~er** [fou'mentə] Aufwiegler, Hetzer *m.*

fond [fɔnd] zärtlich, liebevoll; vernarrt *(of* in); zu nachsichtig; *to be ~ of* gernhaben, mögen; lieben; *of doing s.th.* etw gern tun; *to become ~ of s.o.* jdn lieb gewinnen; *a ~ hope* e-e Illusion; *my ~est wish* mein sehnlichster, höchster Wunsch *m;* **~le** ['-l] *tr* (zärtlich, liebevoll) streicheln, hätscheln; **~ly** ['-li] *adv* naiv, in aller Harmlosigkeit; zärtlich; **~ness** ['-nis] Zärtlichkeit; Vorliebe *f (for* für); Hang *m (for* zu).

fondant ['fɔndənt] Fondant *m (Zuckerwerk),* bes. (Bonbon-)Füllung *f.*

font [fɔnt], **fount** [faunt] **1.** Taufstein *m,* -becken; Weihwasserbecken *n; tech* Ölbehälter; *poet* Brunnen *m; fig* Quelle *f,* Ursprung *m;* **2.** *s. fount* 2.; **~anel** [fɔntə'nel] *anat* Fontanelle *f.*

food [fu:d] Nahrung *f, bot* Nährstoffe *m pl;* Essen *n;* Kost, Speise *f;* Nahrungsmittel *n,* Verpflegung *f; (Tiere)* Futter *n; fig* (geistige) Nahrung, Anregung, Beschäftigung *f; a. pl* Lebensmittel *n pl; concentrated ~* hochwertige Lebensmittel *n pl;* Kraftnahrung *f; ~ for thought* Stoff *m* zum Nachdenken; **~~chemist** Nahrungsmittelchemiker *m;* **~~ container** Essenbehälter *m;* **~~cuts** *pl* Lebensmittelkürzungen *f pl;* **~~hoarder** (Lebensmittel-)Hamsterer *m; ~ import* Lebensmittelimport *m,* -einfuhr *f;* **~~less** ['-lis] ohne Essen; *to go ~~* nichts gegessen haben; *~ office* Ernährungsamt *n;* **~~package** Lebensmittelpaket *n;* **~~pipe** *anat* Speiseröhre *f;* **~~processing industry** Nahrungsmittelindustrie *f;* **~~ration: ~~~ card** Lebensmittelkarte *f; ~~~ ticket* Lebensmittelmarke *f;* **~~shortage** Lebensmittelverknappung, -knappheit *f;* **~stuff** ['-stʌf] Nahrungsmittel *n; pl* Nahrungs-, Lebensmittel *n pl;* **~~supply** Lebensmittelversorgung, -zufuhr *f,* -vorrat *m; ~ value* Nährwert *m.*

fool [fu:l] *s* Dummkopf, Esel, Tor, Narr; *hist* (Hof-)Narr; Spaßmacher, Possenreißer, Hanswurst, dumme(r) August *m; a attr fam* dumm, töricht; närrisch; *itr* dumm, närrisch sein; sich dumm anstellen; herumspielen (*with* mit); Spaß machen; *tr* zum Narren haben *od* halten; s-n Spaß haben mit; anführen, hereinlegen, betrügen, prellen (*s.o. out of s.th.* jdn um etw); *to ~ about, to ~ around* herumtrödeln, die Zeit totschlagen;

foolery — **footstep**

herumalbern, -spielen, -lungern, sich herumtreiben; *to ~ away (fam)* vergeuden, verschwenden; *(Zeit)* vertrödeln; *to be a ~ for o.'s pains* sich umsonst geplagt haben; *(to live in) a ~'s paradise* Luftschlösser n pl (bauen); *to make a ~ of o.s.* sich lächerlich machen; sich blamieren; *to make a ~ of s.o.* jdn zum Narren, zum besten haben; *to play the ~* Dummheiten machen; Ulk, Spaß machen; *he's nobody's ~* man kann ihm kein X für ein U vormachen; *you can't ~ me* Sie können mir nichts vormachen; *stop your ~ing!* laß den Blödsinn! *there is no ~ like an old ~ (prov)* Alter schützt vor Torheit nicht; *All F~'s Day* der 1. April; *April ~* in den April Geschick(er) m; **~ery** ['-əri] Dummheit, Torheit f; **~hardiness** Tollkühnheit f; **~hardy** tollkühn; **~ing** ['-iŋ] Ulk m, Späße m pl; **~ish** ['-iʃ] dumm, töricht, unklug; albern, lächerlich; närrisch; **~ishness** ['-iʃnis] Dummheit, Torheit; Albernheit, Lächerlichkeit f; Unsinn m; **~proof** einfach, leicht zu handhaben; betriebs-, narrensicher; **~'s(-)cap** Narrenkappe f; **~scap** ['-skæp] Akten-, Kanzleipapier n; **~'s errand** vergebliche(r) Gang m; *to send, to go on a ~* in den April schicken, geschickt werden; **2.** Kompott n mit Schlagsahne; Fruchtkrem f.

foot [fut] *s pl* **feet** [fi:t] Fuß; untere(r) Teil m, Ende n; Basis; *(Tier)* Tatze, Pfote f; *(Bett, Grab)* Fußende n; *(Strumpf)* Füßling (Zirkel) Schenkel m; Fuß m (= 12 Zoll = 30,5 cm); Fußsoldaten m pl, -truppe, Infanterie f; Versfuß; *(pl ~s)* (Boden-)Satz, Niederschlag m *(in e-r Flüssigkeit)*; *itr* tanzen; *(to ~ it)* (zu Fuß) gehen; *tr* (hinweg)tanzen, -schreiten über; betreten; *(Strumpf)* anfußen, anstricken; zs.zählen, -rechnen; *fam* bezahlen, begleichen; *to ~ up (tr)* zs.rechnen, addieren; *itr* sich belaufen *(to* auf); *at a ~'s pace* zu Fuß; *at the ~ of* am Fußende gen; *at the ~ of the page* unten auf der Seite; *on ~* zu Fuß; auf den Beinen; *fig* im Gange; *on o.'s feet* stehend; (wieder) auf den Beinen; *under ~* unter den Füßen; auf dem Boden; *to be on o.'s feet (nach e-r Krankheit)* wieder auf den Beinen, auf dem Posten, auf der Höhe sein; *(finanziell)* auf eigenen Füßen stehen; *to carry s.o. off his feet* jdn umreißen; jdn begeistern, erregen; *to fall on o.'s feet (fig)* auf die Füße *od* Beine fallen; Glück haben; *to have one ~ in the grave (fig)* mit einem Fuß od Bein im Grabe stehen; *to keep o.'s feet* nicht hinfallen; *to know the length of s.o.'s ~* jdn ganz genau kennen; *to measure another's ~ by o.'s own last* von sich auf andere schließen; *to put o.'s ~ down (fig)* fest auftreten; energisch werden; Einspruch erheben; *to put o.'s best ~ forward* sein Bestes tun; so schnell gehen, wie man kann; *to put o.'s ~ in(to) it (fam)* ins Fettnäpfchen treten, was Dummes machen; *to set on ~ (fig)* auf die Beine stellen; in Gang bringen od setzen; *to set s.o. on his feet* jdn finanziell unabhängig machen; *to ~ the bill (fam)* blechen, alles bezahlen; für die Rechnung aufkommen; *my ~! (sl)* Quatsch! **~age** ['-idʒ] Länge f *(bes. e-s (Spiel-)Filmes)* (in Fuß); **~-and- -mouth disease** Maul- u. Klauenseuche f; **~ball** Fußball m; *(association ~~, soccer)* Fußballspiel n, -sport m; **~~ ground** Fußballplatz m; **~baller** Fußball(spiel)er m; **~~bath** Fußbad n; **~board** bes. mot Trittbrett n; **~boy** Page m; **~~brake** mot Fußbremse f; **~~bridge** Fußgängerbrücke, -überführung f; Steg m; **~ control** mot Fußschaltung f; **~ed** ['-id] *a* in Zssgen: -füßig; *four- ~* vierfüßig; **~er** ['-ə] *sl* Kick m; **~fall** ['-fɔːl] Schritt; Tritt m *(als Geräusch)*; **~~gear** Fußbekleidung f; **F~~ Guards** pl mil Gardeinfanterie f; **~hills** pl Vorberge m pl; **~hold** Halt a. fig; fig feste(r) Stand m; *to have a ~~ (fig)* eingewurzelt sein; **~less** ['-lis] ohne Füße; *Am fig* in der Luft hängend, nutzlos; *fam* schwerfällig; hilflos, unfähig; **~lights** pl theat Rampenlicht n; fig die Bretter pl; **~ling** ['-liŋ] *fam* läppisch; kleinlich; **~loose** ungebunden, frei; ziellos; **~man** ['-mən] Lakai, Diener, Bediente(r); Fußsoldat, Infanterist m; **~mark** (Fuß-)Spur f; **~~note** s Fußnote, Anmerkung f; tr mit Anmerkungen versehen; **~pace** (langsamer) Schritt m; **~pad** ['-pæd] obs Straßenräuber m; **~passenger** Fußgänger m; **~path** Fuß-, Gehweg m; **~print** Fußstapfe(n m), -spur f; **~~race** Wettlauf m, -rennen n; **~~rest** Fußstütze f; **~rule** Zollstock m; **~scraper** Fußabstreicher m, Kratzeisen n; **~~slog** mil sl tr latschen; **~~slogger** sl Fußlatscher m; **~soldier** Infanterist m; **~sore** [-sɔː] fußkrank; **~stalk** ['-stɔːk] bot Stengel, Stiel m; **~step** Schritt, Tritt

foot-stone *m*; Fußstapfe, Spur *f*; *to follow in s.o.'s ~~s* sich jdn zum Vorbild nehmen; **~stone** *arch* Grundstein *m*; **~stool** ['fu:stu:l] Fußbank *f*, -schemel *m*; **~ switch** Fußschalter *m*; **~way** Fuß-, Gehweg *m*; **~wear** ['wɛə] *com* Fußbekleidung *f*; **~work** ['wə:k] *sport* Beinarbeit; *Am sl* Lauferei *f*.

footing ['futiŋ] Standort, -punkt, Halt *m*; Stufe; Grundlage, Basis *f*, Fundament *n*; Beziehungen *f pl*; (*Strumpf*) Anfußen, Anstricken; Zs.-zählen, -rechnen *n*; (End-, Gesamt-) Summe *f*; Einstand(ssumme *f*) *m*; *arch* (vorspringende) Basis *f*; *on a peace, war ~* im Frieden, im Krieg(szustand); *to be on a friendly ~ with s.o.* mit jdm auf freundschaftlichem Fuß stehen; *to be on the same ~ with s.o.* mit jdm auf gleichem Fuß stehen; *to gain, to get a ~* (festen) Fuß fassen (*in* in); *to lose o.'s ~* den Halt verlieren; *to pay (for) o.'s ~* (s-n) Einstand zahlen.

footl|e ['fu:tl] *itr sl* herumalbern; *s sl* Albernheit, Kinderei *f*, Quatsch *m*.

foozle ['fu:zl] *sl tr* verkorksen, -pfuschen; *itr* schlampern, (herum)pfuschen, -stümpern; *s* Pfuscherei, Stümperei, Schlamperei *f*; Murks *m*.

fop [fɔp] Geck, Stutzer, Fatzke *m*; **~pery** ['-əri] Affigkeit *f*; **~pish** ['-iʃ] geckenhaft, stutzerhaft; geziert: eitel.

for [fɔ:, fə] *prp* (*Grundbedeutung*) für; **1.** (*bei Zeitangaben: die Vergangenheit betreffend*) seit, ... lang *od* bleibt unübersetzt; *I haven't been there ~ three years* ich bin seit drei Jahren, drei Jahre (lang) nicht dort gewesen; (*die Zukunft betreffend*) für, auf; *~ three weeks* für, auf drei Wochen; (*bei Ortsangaben*) ... weit; *~ 2 miles* 2 Meilen weit; *~ ever (and ever)* für (immer u.) ewig; *Mary ~ ever!* Mary soll leben! *~ good* für immer; *~ life* fürs Leben; lebenslänglich *adv*; *~ once* (für) diesmal; *~ the present* im Augenblick, zur Zeit; **2.** (*Ursache, Grund*) für, wegen, infolge, durch; aus, vor, zu; *~ joy* vor Freude; *~ fear* aus Furcht; *~ want, lack* aus Mangel (*of* an); (*just*) *~ fun* (nur) zum Spaß; *but ~* ohne; (*all, none*) *the better, worse ~* (nicht) besser, schlechter durch; *to be out ~* aus sein auf; **3.** (*konzessiv*) *~ all his wealth* bei all s-m Reichtum, trotz s-s Reichtums; *~ all that* trotz allem, trotzdem; *~ all I know* soviel ich weiß; *~ all I care* was mich betrifft; *~ all the world (like)* ganz genau(so); **4.** (*Absicht, Zweck*) für, zu, nach, um; *to dress, to come ~ dinner* sich zum Essen anziehen, zum Essen kommen; *the struggle ~ existence* der Kampf ums Dasein; *it's difficult ~ me* es ist schwer für mich; *what ~?* zu welchem Zweck? wofür? weshalb? **5.** (*Wunsch, Erwartung*) auf, um, nach; *to hope, to wait ~* hoffen, warten auf; *eager ~* versessen, erpicht auf; *appetite ~* Appetit auf; Verlangen nach; *oh, ~ ...!* wenn ... doch ...! **6.** (*Richtung*) nach; *to leave ~ Paris* nach Paris abreisen, -fahren; **7.** (*Bestimmung*) als; *~ a joke* (nur) zum Spaß; *he is in ~ it* er ist dran, fällig; **8.** (*Austausch, Ersatz*) für, um, gegen; (an)statt, anstelle; *~ £10* für, um 10 Pfund; *~ how much* wieviel? wie teuer? *word ~ word* Wort für Wort, wörtlich; *once ~ all* ein für allemal; *to take ~* halten für; **9.** (*Beziehung, Verhältnis*) ~ *o.s.* selbst, allein, ohne Hilfe; *fit ~ consumption* zum Verzehr geeignet, eß-, genießbar; *~ my part, as ~ me, I ~ one* ich für meinen Teil, was mich betrifft; *it is ~ me to speak* es ist meine Sache, es ist an mir zu reden; *~ the most part* größtenteils; *~ example, instance* zum Beispiel; **10.** *conj* denn.

forage ['fɔridʒ] *bes. mil* Futter *n*; *itr* Futter suchen; umherstreifen, suchen (*for, about* nach); *tr fig* ausplündern; mit Futter versorgen; aufstöbern; *~ cap* Feldmütze *f*, *sl* Schiffchen *n*.

forasmuch [fərəz'mʌtʃ]: *~ as* (*conj jur*) insofern, insoweit (als).

foray ['fɔrei] *tr* räuberisch überfallen, plündern; *s* räuberische(r) Überfall, Raubzug *m*; Plünderung *f*.

forbear [fɔ:'bɛə] *irr forbore* [-'bɔ:], *forborne* [-'bɔ:n] *tr* sich enthalten (*s.th.* e-r S), unterlassen, vermeiden (*to do, doing* zu tun); *itr* ablassen (*from* von); sich beherrschen, sich im Zaum halten; sich gedulden (*with* mit); **~ance** [-rəns] Enthaltung, Unterlassung, Vermeidung, Abstandnahme; Enthaltsamkeit, (Selbst-)Beherrschung, Geduld *f*; *jur fin* (Zahlungs-)Aufschub *m*, Stundung *f*. **2.** ['fɔ:bɛə] *s meist pl* die Vorfahren, die Ahnen *m pl*.

forbid [fə'bid] *irr forbad(e)* [-'beid, -'bæd], *forbidden* [-'bidn] *tr* verbieten; ausschließen, verhindern, verhüten; *God ~!* Gott bewahre! Gott behüte! **~den** [-n] *a* verboten; **~ding** [-iŋ] drohend, abschreckend, -stoßend; widerwärtig; unfreundlich.

force [fɔːs] *s* Stärke, Kraft, Energie; Wucht; Gewalt *f*; Zwang, Druck *m*; Macht *f*, Einfluß *m*, Wirksamkeit; innere Stärke, sittliche Kraft; Überzeugungskraft *f*; genaue(r) Sinn *m*; beherrschende Kraft *f*, Machtfaktor *m*; *(armed ~s)* Streitmacht, -kraft *f*, Heer *n*; *(police ~) die* Polizeitruppen *f pl*; *Am* Mannschaft, Kolonne, Belegschaft *f*; Arbeitskräfte *f pl*; Gruppe, Gesellschaft *f*; *jur* Gültigkeit *f*; *tr (to ~ the hand of)* zwingen; Zwang antun *(s.o.* jdm); erzwingen, mit Gewalt verschaffen; überwältigen; *(to ~ open)* auf-, erbrechen; sprengen; *(Frau)* vergewaltigen, notzüchtigen; entreißen *(from* dat); aufzwingen, -drängen, -nötigen *(on s.o.* jdm); sich zwingen zu; überfordern, -anstrengen; erkünsteln; forcieren, beschleunigen, vorantreiben; *(Pflanzen)* zu beschleunigtem Wachstum anregen; *(Preise)* in die Höhe treiben; *phot* überentwickeln; *by ~* mit Gewalt, gewaltsam, zwangsweise; *by ~ of* kraft *gen*, mit Hilfe *gen*; *by main ~* mit roher Gewalt; *by ~ of arms* mit Waffengewalt; *in ~* in voller Stärke *od* Zahl; in Kraft; rechtsgültig, bindend; in großer Zahl; *in full ~* in voller Stärke; vollzählig; *of no ~* nicht bindend, ungültig; *to be in ~* in Kraft, rechtskräftig, gültig sein; *to come into ~* in Kraft treten; rechtskräftig werden; *to join ~s with* sich vereinigen, sich zs.tun mit; *to lose ~* außer Kraft treten; ungültig werden; *to put into ~* in Kraft setzen; rechtskräftig werden lassen; *to resort to, to use ~* Gewalt anwenden *od* gebrauchen; *to ~ the issue* die Entscheidung erzwingen, es aufs Äußerste ankommen lassen; *to ~ the pace* den Schritt beschleunigen; *you can't ~ things* das kann man nicht übers Knie brechen; *use of ~* Gewaltanwendung *f*; *~ of character* Charakterstärke *f*; *~ of gravity* Schwerkraft *f*; *the ~ of habit* die Macht der Gewohnheit; *~ of law* Gesetzeskraft *f*; *the ~s of nature* die Naturkräfte *pl*; *~ of numbers* zahlenmäßige Überlegenheit *f*; *to ~ away* vorwärtstreiben, weg-, fort-, mitreißen *(with* mit); *to ~* **away** wegtreiben; *to ~* **back** zurücktreiben, -drängen; *to ~* **down** hinab-, hinunterdrücken; *(Preise)* drücken; *aero* zum Landen zwingen; *to ~* **into** hineindrücken, -pressen; sich hineindrängeln; *to ~* **off** *com* losschlagen, verschleudern; *to ~* **on** antreiben; *to ~* **out** hinausdrängen; *to ~* **through** hindurchtreiben; *to ~* **up** hinauftreiben, in die Höhe treiben; *to ~* **upon** *s.o.* jdm aufzwingen; **~d** [-t] *a* erzwungen, Zwangs-; erzwungen, erkünstelt; *(Lächeln)* gezwungen; *~ agreement* Zwangsvergleich *m*; *~ labo(u)r* Zwangsarbeit *f*; *to make a ~ landing* notlanden; *~ loan* Zwangsanleihe *f*; *~ march* Gewaltmarsch *m*; *~ sale* Zwangsverkauf *m*, -versteigerung *f*; **~dly** ['-idli] *adv* zwangsweise; **--feed lubrication** Druckschmierung *f*; **~ful** ['-ful] kraftvoll, energisch, stark; wirkungsvoll, eindringlich; gewaltsam; **~fulness** ['-fulnis] Energie *f*, Schwung *m*; Eindringlichkeit *f*; **~meat** (zum Füllen bestimmtes) Hackfleisch *n*; **~pump** Druckpumpe *f*.

forceps ['fɔːseps] *pl u. sing med (bes.* Zahn-)Zange; Pinzette; *zoo* Zange *f*; **~ delivery** Zangengeburt *f*.

forcibl|e ['fɔːsəbl] gewaltsam, erzwungen, Zwangs-; stark, kräftig; kraftvoll, eindringlich, überzeugend; **~y** ['-i] *adv* zwangsweise, gewaltsam.

forcing ['fɔːsiŋ] Zwingen *n*; **~bed**, **~frame** Mistbeet(kasten *m*) *n*; **~house** Treibhaus *n*; **~pump** Druckpumpe *f*.

ford [fɔːd] *s* Furt *f*; *tr* durchwaten; **~able** ['-əbl] durchwatbar, passierbar; flach, seicht.

fore [fɔː] *adv (nur noch mar)* vorn; *a* vordere(r, s); *interj (Golf)* Achtung! *s* Vorder-, vordere(r) Teil *m*; *als Vorsilbe:* Vor(der)-; *to ~* nach vorn, *fig* ans Licht, an die Öffentlichkeit; zur Hand, zur Verfügung; (noch) am Leben; *~ and aft (mar)* längsschiffs; *to come to the ~* zum Vorschein kommen; in den Vordergrund treten; ans Ruder kommen; berühmt werden.

fore|arm ['fɔːrɑːm] *s* Unterarm *m*; *tr* [-r'ɑːm] im voraus, vorher bewaffnen; auf e-n Kampf, e-e Schwierigkeit vorbereiten; **~bear** *s. forbear* 2.; **~bode** [-'boud] *tr (Unheil)* voraus-, vorhersagen, prophezeien, vorhersehen, ahnen, im Gefühl haben; ein Zeichen sein für; **~boding** [-'boudiŋ] Prophezeiung, Vorhersage; schlimme Ahnung *f*; **~cast** [-'kɑːst, '--], *irr u. Am:* *~~ (ed)*, *~~(ed) tr* vorhersehen, vorher überlegen, vorherwissen, vorhersagen, prophezeien; ein Vorzeichen sein für; *s* ['-kɑːst] Vorhersage, Vorherbestimmung *f*; *(weather-~~)* (Wetter-)Voraus-, Vorhersage *f*; **~caster** (beratender) Meteorologe *m*; **~castle** ['fouksl] *mar* Vorschiff, Vorderdeck *n*; Back *f*;

~close [fɔːˈklouz] *tr jur* ausschließen (*from* von); *fin* für verfallen erklären; **~closure** [-ˈklouʒə] *jur* Ausschluß *m*; Verfallserklärung *f*; **~court** [ˈ-kɔːt] Vorhof *m*; *sport* Vorfeld *n*; **~date** [-ˈdeit] *tr* vordatieren; **~dated** *a* vordatiert; **~doom** [-ˈduːm] *tr* vorher verurteilen; vorherbestimmen (*to* zu, für); *s* [ˈ-duːm] vorherige Verurteilung; Vorsehung *f*; **~father** Ahnherr, Vorfahr *m*; **~finger** Zeigefinger *m*; **~foot** *pl* ~feet Vorderfuß *m*, -pfote *f*; *mar* vordere(s) Kielende *n*; **~front** Vorderseite *f*; *fig* vorderste Reihe *f*; *to be in the* ~~ im Vordergrund stehen; **~go** [ˈ-gou] *irr* *-went, -gone* **1.** *itr* voran-, -auf-, -ausgehen (*s.th.* e-r S); **2.** *s. forgo;* **~going** *a* vorhergehend; obig, oben gesagt, erwähnt; *s the* ~~ die Genannten *m pl*; das Vorhergehende, oben Gesagte, Erwähnte; **~gone** [ˈgɔn, *attr* ˈ--] *a* vorherig, früher; vorher bekannt; im voraus angenommen; vorweggenommen; vorherbestimmt, vorher, im voraus festgelegt; (*Meinung*) vorgefaßt; unvermeidlich, unausweichlich; ~~ *conclusion* von vornherein feststehende Sache; **~ground** Vordergrund *m a. fig*; *in the* ~~ im Vordergrund; **~hand** *a* vorder, Vorder-; (*Tennis*) Vorhand-; *s* Vorhand *f*, Vorteil *m*; (*Pferd, Tennis*) Vorhand *f*; **~handed** *a Am* vorausschauend, vorsorgend, sparsam; vorsorglich; reich, wohlhabend; vorher erledigt, frühzeitig; **~head** [ˈfɔrid, -red] Stirn *a. fig*; *fig* Vorderseite *f*; **~hold** Vorderteil *m* des Schiffsraumes.

foreign [ˈfɔrin] fremd, nicht (da)zugehörig; auswärtig, ausländisch; **~ affairs** *pl pol* auswärtige Angelegenheiten *f pl*; *Secretary of State, Minister for F~ Affairs* Außenminister *m*; **~ aid** Auslandshilfe *f*; **~ assets** *pl* Auslandsvermögen *n*; Fremdwerte *m pl*; **~ body** Fremdkörper *m a. fig*; **~-born** *a* im Ausland geboren; **~ business** Auslandsgeschäft *n*; **~ commerce** Auslandshandel *m*; **~ correspondent** (*com u. Zeitung*) Auslandskorrespondent *m*; **~ currency** Devisen *f pl*; **~-currency control-office** Devisenstelle *f*; **~ debt** Auslandsschuld(en *pl*) *f*; **~ department** Auslandsabteilung *f*; **~er** [ˈ-ə] Ausländer(in *f*) *m*; Fremde(r *m*) *f*; **~ exchange** Auslandswechsel *m*, *pl* (*Am sing*) ausländische Zahlungsmittel *n pl*, Devisen *f pl*; **~-exchange control, department, market, shortage** Devisenbewirtschaftung, -stelle *f*, -markt *m*, -knappheit *f*; **~ labo(u)r** Gast-, Fremdarbeiter *m pl*; **~ language** Fremdsprache *f*; **~ legion** Fremdenlegion *f*; **~ liabilities** *pl* Auslandsverbindlichkeiten *f pl*; **~ mission** *rel* Äußere Mission; *pol* Auslandsdelegation *f*; **~ness** [ˈ-nis] Fremdheit, Fremdartigkeit *f*; **~ news** *pl mit sing* Auslandsnachrichten *f pl*; the **F~ Office** *Br* das Außenministerium, d. Ministerium für Auswärtige Angelegenheiten; **~ policy** Außenpolitik *f*; the **F~ Secretary** der Außenminister; **~ service** auswärtige(r), bes. diplomatische(r) Dienst *m*; **~ trade** Außenhandel *m*; **~ policy** Außenhandelspolitik *f*; **~ transaction** Auslandsgeschäft *n*; **~ word** Fremdwort *n*.

fore|judge [fɔːˈdʒʌdʒ] **1.** *tr* im voraus, voreilig beurteilen *od* entscheiden; **2.** *s. forjudge;* **~know** *irr -knew, -known tr* vorherwissen; **~knowledge** [ˈfɔːnɔlidʒ] Vorherwissen *n*; **~land** [ˈ-lænd, ˈ-lənd] Vorgebirge, Kap; Vorgelände, -feld *n*; **~leg** [ˈ-leg] Vorderbein *n*; **~lock** [ˈ-lɔk] Stirnlocke *f*; *tech* Splint *m*; *to take time by the* ~~ die Gelegenheit beim Schopf ergreifen; **~man** [ˈ-mən] *pl -men* [ˈ-mən] Obmann, Sprecher, Vorarbeiter, Werkmeister, Polier, Aufseher; *min* Steiger *m*; **~mast** [ˈ-maːst] *mar* Fock-, Vor(der)mast *m*; **~-mentioned** [ˈ-menʃnd] *a* vorerwähnt, -genannt; **~most** [ˈ-moust] *a* vorderst, erst, führend; *adv* zuerst; *first and* ~~ in erster Linie, vor allem, zuallererst; **~name** [ˈ--] *Am* Vorname *m*; **~-named** *a* vorangenannt, -erwähnt; **~noon** [ˈ-nuːn] *s* Vormittag; *a* Vormittags-; *in the* ~~ am Vormittag.

forensic [fəˈrensik] gerichtlich, forensisch; Gerichts-; **~ medicine** Gerichtsmedizin *f*.

fore|ordain [ˈfɔːrɔːˈdein] *tr* vorher anordnen *od* festlegen; vorherbestimmen (*to* zu); **~ordination** [-ɔːdiˈneiʃən] *rel* Vorherbestimmung, Prädestination *f*; **~part** [ˈ-paːt] Vorderteil *n*, erste(r) Teil, Anfang *m*; **~paw** [ˈ-pɔː] Vorderpfote *f*; **~quarter** [ˈ-kwɔːtə] (*Schlachtvieh*) Vorderviertel *n*; **~reach** [ˈ-riːtʃ] *tr* überholen *a. fig*; *itr* aufholen *a. fig*; **~runner** [ˈ-rʌnə, *a.* ˈ--] Vorläufer, Herold; Vorbote *m*, -zeichen *n*; Vorgänger; Vorfahr *m*; **~sail** [ˈ-seil, *mar* ˈfɔːsl] Focksegel *n*; **~see** [ˈ-siː] *irr -saw, -seen tr* vorhersehen; vorher wissen; **~seeable** [ˈ-siːəbl] vorhersehbar, absehbar; (*Zukunft*) überschaubar; **~shadow** [fɔːˈʃædou] *tr*

foreshore Schatten vorauswerfen auf, ahnen lassen, ankünden, vorher andeuten; **~shore** ['fɔː] Watt(enmeer) n; **~shorten** [-'fɔːtn] tr (Deckenmalerei) in Verkürzung darstellen; **~show** [-'fou] irr -showed, -shown tr ankündigen; ahnen lassen; **~sight** ['-sait] Vorhersehen n; Sehergabe f; Voraussicht, -schau; Vorsorge f; mil Korn n (des Visiers); **~ stud** (Korn-)Warze f; **~sighted** ['-saitid, a. -'-] a vorausblickend, -schauend; vorsorgend; vorsorglich; **~skin** ['-skin] anat Vorhaut f.

forest ['forist] s Wald, Forst m; Jagdgebiet n; tr aufforsten; **~ clearing** Waldlichtung f; **~ edge** Waldrand m; **~er** ['-ə] Förster; Waldbewohner m; im Wald lebende(s) Tier n; hochstämmige(r) Baum m; **~ fire** Waldbrand m; **~-fire fighting** Waldbrandbekämpfung f; **~ry** ['-ri] Forstwirtschaft, -wissenschaft; Waldkultur f.

fore|stall [fɔː'stɔːl] tr vorwegnehmen; zuvorkommen (s.o., s.th. jdm, e-r S); aufkaufen; **~stay** ['-stei] mar Fockstag m; **~taste** ['-teist] Vorgeschmack m; Vorwegnahme f; **~tell** [-'tel] irr -told, -told tr vorhersagen, prophezeien; schließen lassen auf; im voraus anzeigen; **~thought** ['-θɔːt] Voraussicht f, Vorbedacht m, Vorsorge f; **~top** ['-tɔp, a. -'-] mar Fockmars m; **~warn** [-'wɔːn] tr vorher warnen (of vor); warnend vorhersagen; **~woman** ['-wumən] tr Vorarbeiterin f; Direktrice, (Abteilungs-)Vorsteherin f; **~word** ['-wəːd] (Buch) Vorwort n.

forever [fə'revə] Am = Br for ever für immer, ewig; immer wieder.

forfeit ['fɔːfit] s verwirkte(s) Pfand n; Verlust m; fig Preis m; Strafe, Buße; com Vertragsstrafe; Verwirkung f; (Verlust durch) Verfall m; pl Pfänderspiel n; a verwirkt, verfallen; verloren, verscherzt; tr verwirken, verfallen lassen; verlieren, einbüßen, verlustig gehen; to play **~s** ein Pfänderspiel machen; to **~ o.'s driving licence** s-n Führerschein entzogen bekommen; **~ money** Abstandssumme f; **~ure** ['-fə] Verwirkung f; Entzug; Verlust m (durch Verfall); (Geld-) Strafe, (Vermögens-)Einziehung f.

forfend [fɔː'fend] tr obs verbieten, verhindern, verhüten.

forgather [fɔː'gæðə] itr sich begegnen, sich treffen, verkehren (with mit).

forg|e [fɔːdʒ] **1.** s Schmiedefeuer n, -herd m, -esse; Schmiede; tech Hütte f; Eisen-, Hüttenwerk n; tr schmieden; formen, gestalten, herstellen; nachahmen, nachmachen, fälschen; (frei) erfinden; to **~ coin** falschmünzen; **~ pig** Puddelroheisen n; **~ed** [-d] a falsch, gefälscht, nachgemacht; **~ money** Falschgeld n; **~er** ['-ə] Schmied; Fälscher; Falschmünzer; Aufschneider, Lügner m; **~ of banknotes** Banknotenfälscher m; **~ery** ['-əri] Fälschung; Nachahmung f; Falschmünzerei f; Betrug m; falsche Unterschrift; lit dichterische Erfindung f; **~ of banknotes** Banknotenfälschung f; **~ of documents** Urkundenfälschung f; **2.** itr (to **~~ ahead**) sich vorarbeiten; sport in Führung gehen.

forget [fə'get] irr forgot, forgotten; tr vergessen (haben) (to do, about doing s.th. etw zu tun); (unabsichtlich) unterlassen; übersehen; (absichtlich) übergehen, außer acht lassen, vernachlässigen; itr vergeßlich sein; sich nicht mehr entsinnen; to **~ o.s.** (immer) nur an andere denken; sich vergessen, aus der Rolle fallen; *about it!* denk nicht mehr dran! **~ful** [-ful] vergeßlich; achtlos; nachlässig; **~fulness** [-fulnis] Vergeßlichkeit; Vergessenheit f; **~-me-not** [-minɔt] bot Vergißmeinnicht n.

forgiv|e [fə'giv] irr forgave, forgiven; tr vergeben, verzeihen (s.o. s.th. jdm etw); (Schuld) erlassen; itr (to **~~ easily**) nachtragend sein; **~eness** [-nis] Vergebung (der Sünden), Verzeihung f; Versöhnlichkeit, Nachsicht f; to ask s.o.'s **~~** jdn um Verzeihung bitten; **~ing** [-iŋ] nachsichtig; versöhnlich; großmütig.

forgo [fɔː'gou] irr -went, -gone tr sich enthalten (s.th. e-r S); verzichten auf.

fork [fɔːk] s Gabel; Gabelung, Abzweigung f; Am Nebenfluß m; pl sl Finger m pl; itr sich gabeln; tr gabeln, spalten; aufgabeln; mit e-r Gabel aufladen; to **~ in** (Am fam) 'runterschlingen; to **~ over, out, up** (fam) aushändigen, übergeben; (aus)zahlen, blechen; **~ed** [-t] a gabelförmig, gegabelt, gespalten; (Blitz) verästelt; -zinkig; **~-lift truck** Gabelstapler m.

forlorn [fə'lɔːn] a verlassen, verloren; hilflos, elend; hoffnungslos, verzweifelt; beraubt (of gen); **~ hope** mil Himmelfahrtskommando n, verlorene(r) Haufen m; allg aussichtslose(s) Unternehmen n.

form [fɔːm] Form, Gestalt, Figur f, Bau, Umriß m; (Guß-)Form f; (Aggregat-)Zustand m; fig Form, Gestalt f, Charakter m, Wesenszüge m pl; (An-)Ordnung f, Ordnungsprinzip, Schema, Muster, Modell n; Art (u.

formal 396 **forte**

Weise); Formalität, Zeremonie, Sitte *f*, Brauch, Ritus *m*; Förmlichkeit *f*, Anstand *m*; Form *f (e-s Schreibens* od *Schriftstücks)*; *(~ letter)* Formbrief *m*; Formblatt, Formular *n*, Vordruck *m*; *sport* Form, (körperliche) Verfassung *f*; Lager *n (e-s wilden Tieres)*; *Br* Bank (ohne Lehne), Schulbank; *Br* (Schul-)Klasse; *gram* (Wort-)Form; *typ* (Druck-)Form *f*; *tr* formen, bilden, gestalten, entwickeln; formieren; erwerben; *tech* formpressen, profildrehen; bilden, unterrichten, erziehen; aus-, erdenken, ersinnen, entwerfen, entwickeln, gestalten; auffassen; bilden, konstituieren, organisieren, zs.stellen, zs.schließen, vereinigen *(into* zu); *(Gesellschaft)* gründen; *(Regierung)* bilden; *gram (Wort, Satz)* bilden; *itr* sich bilden, sich entwickeln; (feste) Gestalt annehmen; *mil* sich formieren; *to ~ up (tr itr)* antreten, aufmarschieren (lassen), (sich) aufstellen; *in due ~* vorschriftsmäßig, in gültiger Form; *without ~* formlos; *to be in good ~* in guter Verfassung, gut in Form sein; *to be out of ~* nicht in Form sein; *to fill out (Am),* up, *in a ~* ein Formular ausfüllen; *to ~ an alliance* e-n Bund, ein Bündnis schließen; *to ~ a conclusion* zu e-m Schluß kommen; *to ~ an idea, a plan* e-n Gedanken, e-n Plan fassen; *to ~ a judg(e)ment, an opinion* sich ein Urteil, e-e Meinung bilden; *application ~* Antragsformular *n*; *bad, good ~* schlechte(s), gute(s) Benehmen *n*; *that is bad, good ~* das gehört sich nicht; *a(mere) matter of ~* e-e(bloße)Formsache *f*; *~ of government* Regierungsform *f*; **~al** ['fɔːl] *a* formal,formell,äußerlich;künstlich, gezwungen; scheinbar, Schein-, nur zum Schein; steif, förmlich, zeremoniell, feierlich; offiziell; ausdrücklich; korrekt, tadellos, gehörig, ordnungsgemäß; wesensmäßig, wesentlich; *s Am fam* Tanz *m* mit vorgeschriebener Gesellschaftskleidung; Abendkleid *n*; *to go ~~ (fam)* Gesellschaftskleidung anhaben; *to make a ~~ apology* sich in aller Form entschuldigen; *~~ call* Höflichkeitsbesuch *m*; *~~ defect* Formfehler *m*; *~~ dress* Abendanzug *m*, -kleid *n*; *~~ requirements (pl)* Formvorschriften *f pl*; **~alism** ['fɔːməlizm] Formalismus *m*; **~alist** ['-əlist] Pedant *m*; **~ality** [fɔːˈmæliti] Förmlichkeit, Steifheit, förmliche(s) Wesen *n*; Formalität, Formsache *f*; *as a ~~* der (bloßen) Form wegen; *without ~~* ohne Umstände; **~alize** ['-əlaiz] *tr* s-e endgültige Gestalt geben *(s.th.* e-r S); zur Formsache machen; **~at**['fɔːmæt]*(Buch)* Format *n*; äußere Aufmachung *f*; **~ation** [fɔːˈmeiʃən] Bildung; Herstellung, Gestalt(ung); Struktur, (An-)Ordnung, Gliederung *f*, Aufbau *m*; *(Gesellschaft)* Gründung; *(Truppen)* Aufstellung;*geol mil* Formation *f*; *~~ flying* Fliegen *n* im Verband; *~~ of terrain* Geländegestaltung *f*; **~ative** ['fɔːmətiv] *a* bildend, gestaltend; plastisch; Entwick(e)lungs-; *s* Wortbildungselement *n*; *~~ years (pl)* Entwicklungsjahre *n pl*; **~ cutter** Profilfräser *m*; **~er** ['-ə] 1. Bildner, Gestalter, Formgeber; *aero* Spant *m*; *tech* Schablone, Vorlage *f*, Rahmen, Wickelkörper *m*; **~less** ['-lis] formlos; **~ letter** *Am* Rundschreiben *n*; **~ master, mistress** Klassenlehrer(in *f*) *m*.

formal|dehyde [fɔːˈmældihaid] *chem* Formaldehyd *m*; **~in** ['fɔːmɔlin] *chem* Formalin, Formol *n*.

former ['fɔːmə] 2. *a* früher, vorhergehend, vergangen, ehemalig; *the ~* der ersterwähnte,erste(r,s), erstere(r,s), jene(r, s); *in ~ times* in früheren Zeiten, einst; **~ly** ['-li] *adv* früher, ehemals.

formic ['fɔːmik] *a* Ameisen-; *~~ acid* Ameisensäure *f*.

formidable ['fɔːmidəbl] furchtbar, fürchterlich, grauenvoll, -erregend, schrecklich, entsetzlich; schwierig; *fam* gewaltig, riesig.

formul|a ['fɔːmjulə] *pl -s u. scient* **-ae** ['-iː] Formel; stehende Redensart; *rel* (Tauf-)Formel *f*; Glaubensbekenntnis; *pharm* Rezept *n*; *Am* Säuglingsnahrung *f*; **~ary** ['-əri] Formelsammlung *f*, -buch *n*; *pharm* Rezeptliste *f*; **~ate** ['-leit] *tr* auf e-e Formel bringen; formulieren, ausdrücken; **~ation** ['-leiʃən] Formulierung *f*.

fornicat|e ['fɔːnikeit] *itr* Unzucht treiben, huren; **~ion** [-ˈkeiʃən] Unzucht, Hurerei *f*; **~or** ['-keitə] unzüchtige(r) Mensch *m*.

forrader ['fɔrədə] *adv fam* weiter voran; *to get no ~* nicht vorwärtskommen.

forsake [fəˈseik] *irr -sook, -saken tr* aufgeben, sich lossagen, sich trennen von, verzichten auf; verlassen, im Stich lassen, sitzenlassen.

forsooth [fəˈsuːθ] *obs* fürwahr.

for|swear [fɔːˈswɛə] *irr -swore, -sworn tr* abschwören; *itr* meineidig werden; *to ~ o.s.* e-n Meineid schwören.

forsythia [fɔːˈsaiθjə] *bot* Forsythie *f*.

fort [fɔːt] *mil* Fort *n*, Schanze *f*.

forte 1. [fɔːt] Stärke, starke Seite *f*; 2. ['fɔːti] *mus* **a** *adv* forte; *s* Forte *n*.

forth [fɔ:θ] *adv (räumlich)* vorwärts, weiter; *(zeitlich)* weiter; *(graduell)* vorwärts, voran, weiter; heraus, hervor, ans Licht; *and so ~* und so fort, und so weiter; *back and ~* vor und zurück, hin und her; *from this day ~* von heute an; **~coming** [fɔ:θ'kʌmiŋ, *attr a.* '-] (unmittelbar) bevorstehend; *(Buch)* im Erscheinen begriffen, herauskommend; bereit, zur Hand, zur Verfügung (stehend); *fig* hilfsbereit, liebenswürdig, zuvorkommend, nett; *to be ~~* bevorstehen; zum Vorschein kommen; *(Buch)* im Erscheinen begriffen sein; *~~ attractions (pl)* Filmvorschau *f*; *~~ books (pl)* Neuerscheinungen *f pl*; *~~ events (pl)* Veranstaltungskalender *m*; **~right** ['fɔ:θrait] *a* frei, offen, aufrichtig; *adv* ['-'rait] geradeaus; *fig* gerade heraus; **~with** ['fɔ:θ'wiθ] *adv* sofort, (so)gleich.

fortieth ['fɔ:tiiθ] *a* vierzigst; *s* Vierzigstel *n*.

fortif|ication [fɔ:tifi'keiʃən] Befestigung *f*; Festungsbau *m*, -wesen *n*; Festung(swerk *n*, -anlage) *f*; **-ier** ['fɔ:tifaiə] Stärkungsmittel *n*; **-y** ['fɔ:tifai] *tr* stärken, kräftigen, festigen; *fig* bestärken, bekräftigen, (unter)stützen; *mil* befestigen; *(alkohol. Getränk)* verstärken; *(Nahrungsmittel)* anreichern; *to ~ o.s.* sich stärken od wappnen *(against* gegen).

fortitude ['fɔ:titju:d] Standhaftigkeit, Unerschütterlichkeit; (innere) Ausgeglichenheit *f*, Gleichmut *m*.

fortnight ['fɔ:tnait] *s* 14 Tage *m pl*; *for a ~* für, auf 14 Tage; *this ~* (seit) 14 Tage(n); *this day od today, tomorrow, next Monday ~, a ~ today, tomorrow, next Monday* heute, morgen, Montag in 14 Tagen; *a ~* vierzehntägig; halbmonatlich; *adv* alle 14 Tage; *s* (*~~ review*) Halbmonatsschrift *f*.

fortress ['fɔ:tris] *s* Festung *f a. fig.*

fortuit|ous [fɔ:'tju(:)itəs] zufällig; Zufalls-; **-ousness** [-təsnis], **-y** [fɔ:'tju(:)iti] Zufälligkeit *f*; Zufall *m*.

fortunate ['fɔ:tʃnit] glücklich; glückbringend, -verheißend, günstig; *to be ~ in s.th.* bei etw Glück haben; **-ly** ['-li] *adv* glücklicherweise.

fortune ['fɔ:tʃən] Geschick, Schicksal; Glück *n*, Erfolg *m*, Gedeihen *n*; Wohlstand, Reichtum *m*, Vermögen *n*, (großer) Besitz *m*; *by ~* zufällig *adv*; *to have good (bad) ~* (kein) Glück haben; *to have ~ on o.'s side* das Glück auf s-r Seite haben; *to have o.'s ~ told* sich die Zukunft sagen lassen; *to make a ~* ein Vermögen verdienen *(out of s.th.* mit etw*)*; *to try o.'s ~* sein Glück versuchen; *bad ~* Unglück *n*; *good ~* Glück *n*; *a man of ~* ein reicher Mann; *soldier of ~* Glücksritter *m*; *~ of war* Kriegsglück *n*; **~-hunter** Mitgiftjäger *m*; **~-teller** Wahrsager(in *f*) *m*; **~-telling** Wahrsagen *n*.

forty ['fɔ:ti] *a* vierzig; *s pl: the forties* die vierziger Jahre *(e-s Jahrhunderts)*; **~ winks** *pl* Nickerchen *n*.

forum ['fɔ:rəm] *allg fig* Forum; Gericht(shof, -sort *m*) *n*.

forward ['fɔ:wəd] *a* vorder, Vorder-; vorderseitig; vorgerückt; früh, früh-, vorzeitig; frühreif; vor-, fortgeschritten; fortschreitend; fortschrittlich; schnell, eilig, bereit(willig), eifrig; voreilig, draufgängerisch, anmaßend, unbescheiden, keck; *com* kommend, künftig, später, auf Ziel; Termin-; *mil* vorgeschoben; *adv* [mar 'fɔrəd] vorwärts, nach vorn; in die Zukunft; hervor, ans Licht; *s sport (bes. Fußball)* Stürmer *m*; *tr* voran-, weiterbringen; fördern, unterstützen; befördern, schicken, (über-, zu)senden; nachschicken, -senden; weiterleiten, -befördern; *from that, this time ~* seitdem; nunmehr; *to bring ~* vorbringen, -tragen, -legen; *to buy ~* auf Termin kaufen; *to carry ~ (com)* übertragen; *(Saldo)* vortragen; *to look ~* an die Zukunft denken; sich freuen *(to s.th.* auf etw; *to doing s.th.* etw zu tun*)*; *to put, to set o.s. ~* sich vor-, nach vorn drängen; *to take a step ~* e-n Schritt nach vorwärts tun; *~!* (*mil)* vorwärts! *please ~!*, *(Am) to be ~ed*, *~ mail* bitte nachsenden! *balance carried ~* Saldovortrag *m*; *sum brought ~* Übertrag *m*; **~ area** Frontgebiet *n*; **~ contract** Liefer-, Terminabschluß *m*; **~ deal, transaction** Termingeschäft *n*; **~er** ['-ə] Spediteur *m*; **~ing** ['-iŋ] Beförderung; Absendung, Verschickung *f*; Versand *m*, Spedition; Nachsendung *f*; *~~ advice* Versandanzeige *f*; *~~-agency, -business, -house* Fuhrunternehmen, -geschäft *n*, Speditionsfirma *f*; *~~-agent* Spediteur, Fuhrunternehmer *m*; *~~-company, -agency* Speditionsgesellschaft *f*, -geschäft *n*; *~~ department* Versandabteilung *f*; *~~-expenses (pl)* Versandkosten *pl*; *~~ of goods* Güterverkehr *m*; *~~-note* Frachtbrief *m*; *~~-office* Versandbüro *n*; Güterabfertigung *f*; **~ motion** Vorwärtsbewegung *f*; **~ness** ['-nis] Frühreife; Fortgeschrittenheit, Fortschrittlichkeit; Bereitschaft, Bereitwilligkeit f, Eifer m; Anmaßung, Unbescheidenheit, Keckheit f; ~ **order** Terminauftrag m; ~ **pass** Am sport Vorlage f; ~**s** [-z] s. forward adv; ~ **sale** Terminverkauf m; ~ **speed** Vorwärtsgang m.

foss|a ['fɔsə] pl -ae ['-i:] anat Grube, Rinne, Höhle f; ~**(e)** [fɔs] (bes. Festungs-)Graben n; anat Grube f; ~**ick** ['-ik] itr fam herumstöbern; ~**il** ['fɔsl, -sil] s geol Versteinerung f, Fossil n; fam verkalkte(r) Mensch m; a versteinert; fig veraltet, antiquiert; ~**ilization** [fɔsilai'zeiʃən] Versteinerung f; ~**ilize** ['-ilaiz] tr versteinern; fig verknöchern.

foster ['fɔstə] tr ernähren; (Kind) aufziehen; fördern, begünstigen; anregen, ermutigen; förderlich, günstig sein (s.th. e-r S); (Hoffnung) hegen; attr Pflege-; to ~ hopes sich der Hoffnung hingeben (of obtaining zu erhalten); ~**-brother** Pflegebruder m; ~**-child** Pflegekind n; ~**er** ['-rə] Pflegevater m; Förderer, Beschützer m; ~**-father** Pflegevater m; ~**ling** Pflegekind n, Pflegling; Schützling m; ~**-mother** Pflegemutter f; Brutapparat m; ~**-parents** pl Pflegeeltern pl; ~**-sister** Pflegeschwester f; ~**-son** Pflegesohn m.

foul [faul] a widerlich, ekelhaft, erregend; übelriechend, stinkend, faulig; (Luft) verbraucht; dreckig, schmutzig, verschmutzt, schmutzstarrend; (Rohr) verstopft; (Seil) verheddert; (Wetter) schlecht; (Wind) ungünstig, widrig; (Nahrungsmittel) faul, verdorben; modrig; (Druck) unsauber; unzüchtig, zotig, obszön, lasziv; (Sprache) gewöhnlich, anstößig; gemein, schäbig, übel, häßlich, abscheulich, schlecht, schändlich, verrucht, ruchlos, böse; unredlich, unehrlich; sport unfair, regelwidrig, falsch; typ voller Druckfehler; fam unangenehm, häßlich; mies, mau; s Zs.stoß, -prall; bes. sport ungültige(r) Versuch m, Foul n; tr dreckig, schmutzig machen; verschmutzen, verstopfen; anfüllen; verwickeln, fangen; zs.stoßen mit, auffahren auf; beschädigen; sport verstoßen gegen; itr dreckig, trübe, schmutzig werden; verschmutzen; sich verstopfen; sich verwickeln, sich fangen; zs.stoßen; sport gegen die Regeln verstoßen; to ~ up (Am fam) durchea.bringen; by fair means or ~ im Guten oder im Bösen, so oder so; through fair and ~ durch dick und dünn; to fall, to go, to run ~ of (mar) zs.stoßen mit, auffahren auf; sich verwickeln in; in Konflikt geraten mit; to play ~ unfair handeln (s.o. jdm gegenüber); to ~ o.'s own nest (fig) das eigene Nest beschmutzen; ~ **ball** (Baseball) über die Grenzlinie fallende(r) Ball m; ~ **line** sport Grenzlinie f; ~**-mouthed** a schmutzige, lose Reden führend; ~**ness** ['-nis] Schmutz(igkeit f) m; Gemeinheit, Schlechtigkeit, Schändlichkeit, Ruchlosigkeit f; unfaire(s) Verhalten n; ~ **page** typ Schmutzseite f; ~ **play** unfaire(s) Spiel n, Verstoß m gegen die Regeln; Verbrechen n; ~ **tongue** belegte Zunge f; fig lose(r) Mund m.

found [faund] 1. tr gründen (on auf), begründen (on mit); (Gebäude, Einrichtung) gründen, stiften, errichten; to ~ o.s. on sich stützen auf (fig); to ~ a family e-e Familie gründen; 2. tr metal (schmelzen u.) gießen.

foundation [faun'deiʃən] (Be-)Gründung; Errichtung; Schenkung, Stiftung; Grundmauer f, Fundament n, Unterlage f, Unterbau; Baugrund m; fig Grundlage, Basis; Stütze f; mil Bettung f; to be completely without ~ jeder Grundlage entbehren; völlig unbegründet sein; to lay the ~s of s.th. für etw den Grund legen; ~**-cream** Puderunterlage, Tagescreme f; ~**er** [-ʃnə] Br Stipendiat m; ~**-garment** Korsett n, Hüftalter m; ~**-member** Mitbegründer m; ~**-muslin** Steifgaze f; ~**-school** Stiftsschule f; ~ **scholar** Stipendiat m; ~**-stone** Grundstein, Eckstein m; to lay the ~ den Grundstein legen; ~ **wall** Grundmauer f.

founder ['faundə] 1. s (Be-)Gründer, Stifter m; 2. s metal Gießer m; 3. itr (Pferd) lahmen, e-n entzündeten Huf haben; (Schiff) sinken, untergehen; allg zs.brechen, scheitern.

foundling ['faundliŋ] Findling m; ~ **hospital** Findelhaus n.

foundry ['faundri] Gießerei f.

fount [faunt] 1. poet Quell, Born m; 2. (Am: font) typ Guß m; ~**-case** Setzkasten m.

fountain ['fauntin] Quelle f a. fig; fig Ursprung; Springquell, -brunnen (drinking ~) Trinkwasserspender; Behälter m, Reservoir n (für Flüssigkeiten); (soda ~) bes. Am Mineralwasserausschank f; Erfrischungshalle f; ~ **of youth** Jungbrunnen m; ~**-head** Quelle (e-s Flusses) f; fig (Ur-, Haupt-)Quelle f; ~**-pen** Füll(feder-halt)er m.

four [fɔː] *a* vier; *s sport* Vierer *m*; *to go on all ~s* auf allen Vieren gehen; **~-cornered** *a* viereckig; **~-digit** vierstellig; **~-door sedan** *Am* viertürige Limousine *f*; **~-flush** *tr Am sl* bluffen, verblüffen, täuschen; **~-flusher** ['-flʌʃə] *Am sl* Bluffer, Blender *m*; **-fold** ['-fould] *a adv* vierfach, -fältig; **-footed** *a* vierfüßig; **~-handed** *a* vierhändig *a. mus*; **F~-H club** *Am* Organisation *f* zur Förderung u. Fortbildung der Landjugend; **~-in-hand** ['fɔːrin'hænd] Vierspänner *m* (*Wagen*); **~-leaf clover** vierblättrige(s) Kleeblatt *n*; **~-letter word** unanständige(s) Wort *n*; **~-O** *Am sl* prima, erstklassig; **-oar** Viererboot *n*; **-pence** ['-pəns] vier Pence; **-poster** ['-'poustə] Himmelbett *n*; **-score** ['fɔː'skɔː] *obs poet* achtzig; **~-seater** Viersitzer *m*; **~-sided** *a* vierseitig; **-some** ['-səm] (*Golf*) Viererspiel *n*; **-square** ['-'skwɛə] *a* viereckig; wuchtig, solide; fest, entschlossen, unnachgiebig; gerade, offen; *s* Viereck *n*; *~ star a Am fam* hervorragend, unübertrefflich; **-stroke** *mot* Viertakt-; **-teen** ['fɔː'tiːn]vierzehn; **-teenth** ['fɔː'tiːnθ] *a* vierzehnt; *s* Vierzehntel *n*; **-th** [fɔːθ] *a* viert; *s* Viertel *n*; *the F~~ of July* der amerikanische Nationalfeiertag; **-thly** ['fɔːθli] *adv* viertens; **~-wheel**: *~~ brake* Vierradbremse *f*; *~~ drive* Vierradantrieb *m*; **~-wheeled** *a* vierrädrig.

fowl [faul] *s* Stück Geflügel; Huhn; Geflügel (*Fleisch*); *a. pl* Geflügel (*Tiere*), Federvieh *n*; *obs* Vogel *m*; *itr* Vögel schießen od jagen; Vogelfang, -stellerei betreiben; **-er** ['-ə] Vogeljäger, -fänger, -steller *m*; **-ing** ['-iŋ] Vogeljagd *f*, -fang *m*, -stellerei *f*; **~-piece** Vogelflinte *f*; **-pest** Hühnerpest *f*; **~-run** Hühnerhof *m*.

fox [fɔks] *s* Fuchs *m*; (*~-fur*) Fuchspelz, *fig* schlaue(r) Fuchs *m* (*Mensch*); *tr* überlisten, anführen, hereinlegen, täuschen; berauschen; (*Schuhe*) ausbessern; *itr* (*Papier*) Stockflecken bekommen; *~ and geese* Gänsespiel *n* (*Brettspiel*); **~-brush** Fuchsschwanz *m*; **~-earth** Fuchsbau *m*; **-ed** [-t] *a* stockfleckig; modrig, verstockt; *sl* besoffen; **-glove** *bot* Fingerhut *m*; **-hole** *mil* Schützenloch *n*; **-hound** Jagdhund *m*; **-hunt** Fuchsjagd *f*; **-tail** ['-teil] Fuchsschwanz *m bes. bot*; **~-saw** Fuchsschwanz *m* (*Säge*); **-terrier** ['-teriə] Foxterrier *m* (*Hunderasse*); *wire-haired ~* Drahthaarterrier *m*; **~-trap** Fuchsfalle *f*; **-trot** ['-trɔt] *s* Foxtrott *m* (*Tanz*); **-y** ['-i] fuchsartig; schlau, listig; fuchsig (*gelbrot*); stockfleckig.

foyer ['fɔiei] *bes. theat* Foyer *n*, Wandelhalle *f*.

frabjous ['fræbʒəs] *fam* hervorragend.

fracas ['frækɑː, *Am* 'freikəs] *pl Br ~* ['-z] *Am -es* Lärm, Krach *m*, Geschrei *n*; Streit, Tumult *m*.

fraction ['frækʃən] *rel* Brechen (*des Brotes*); Bruchstück, -teil, Fetzen, Splitter; *chem math* Bruch *m*; *by ~ of an inch* (*fig*) um ein Haar; *not a ~* nicht ein bißchen; **-al** ['-l] gebrochen, Bruch-; *chem* fraktioniert; *fam* winzig; *~ amount* Teilbetrag *m*; **-ate** ['-eit] *tr chem* fraktionieren; **-ize** ['-aiz] *tr* zerlegen; *- line* Bruchstrich *m*.

fractious ['frækʃəs] aufsässig, aufrührerisch, rebellisch; zänkisch, bissig, reizbar, launisch.

fracture ['fræktʃə] *s* (*bes.* Knochen-) Bruch *m*; Bruchstelle; (*~ plane*) Bruchfläche; *gram* Brechung *f*; *tr itr* (zer)brechen; *~ of the skull* Schädelbruch *m*; **-d** ['-d] *a Am sl* besoffen.

fragil|e ['frædʒail] zerbrechlich, empfindlich; *tech* brüchig; *med* anfällig, schwach; **-ity** [frə'dʒiliti] Zerbrechlichkeit, Empfindlichkeit, Zartheit; *tech* Brüchigkeit *f*.

fragment ['frægmənt] Bruchstück *n*, -teil *m*; *lit* Fragment *n*, *mil* Sprengstück *n*, Splitter *m*; **-ary** ['-əri] bruchstückhaft, fragmentarisch, in Bruchstücken; unvollständig; unzs.hängend; *zs*.hanglos; **-ation** [-'teiʃən] Ausea.-, Zerbrechen, Zersplittern *n*; *mil* (*~~ effect*) Splitterwirkung *f*; *~~ bomb* Splitterbombe *f*.

fragran|ce ['freigrəns] Duft, Wohlgeruch *m*; **-t** [-t] duftend, wohlriechend; *fig* angenehm.

frail [freil] **1.** *a* zerbrechlich, empfindlich, zart, schwach *a. med*; gebrechlich, schwächlich; (innerlich) haltlos, schwankend; sündig; *s Am sl* Püppchen *n*; **-ty** ['-ti] Hinfälligkeit; Schwäche, Schwachheit, (innere) Haltlosigkeit *f*; Fehltritt *m*, Verfehlung *f*; **2.** Binsenkorb *m* (für Trockenfrüchte).

fraise [freiz] **1.** *hist* Halskrause; Palisade *f*; **2.** *tech* Fräser *m* (*Gerät*).

frame [freim] *tr* gestalten, bilden, formen, schaffen; entwerfen, ausarbeiten, auf-, zs.stellen; zs.setzen; (auf)bauen, errichten; in Worte fassen *od* kleiden; Ausdruck geben *od* verleihen (*s.th.* e-r S) ausdrücken; ab-, verfassen; (*Rede*) aufsetzen; aus-, erdenken, ersinnen, planen; einfassen,

frame aerial   400   **freak**

(ein)rahmen; *(to ~ up) fam* fälschlich bezichtigen; aushecken; *itr* sich entwickeln, sich anlassen, *fam* sich machen; versprechen; *s* Bau *m*, Konstruktion *f*; Gerüst, Gestell, Gebälk; Gerippe, Rahmenwerk, Gehäuse *n*; Fassung *f*; *mar aero* Spant; *(Tür-, Fenster-, Bilder-)* Rahmen; Türstock *m*, Zarge *f*; Knochengerüst, Skelett *n*; Körperbau *m*, Figur, Gestalt *f*; Gefüge *n*, (Auf-)Bau *m*, Konstruktion, Anordnung, Gestaltung; *(~ of mind)* Veranlagung, (geistige) Verfassung, Geistes-, Sinnesart *f*, Temperament *n*; Ordnung, Verfassung *f*, (*bes*. Regierungs-)System *n*; *(Gärtnerei)* Treibkasten *m*; *sport* Feld *n*; *phot film* (Einzel-)Aufnahme *f (auf e-m Filmstreifen)*; *video* Rasterfeld, Bild *n*; *mot* Rahmen *m*, Chassis *n*; *(Statistik)* Erhebungsgrundlage *f*; *picture ~* Bilderrahmen *m*; **~ aerial** Rahmenantenne *f*; **~-house** Holzhaus *n*; **~r** ['-ə] Former, Bildner, Gestalter, Planer, Erfinder; Rahmenmacher *m*; **~-saw** Spannsäge *f*; **~-up** *fam* Anschlag *m*, Komplott, abgekartete(s) Spiel *n*, Machenschaften *f pl*; **~work** Gestell, Gerüst, Gebälk, Gerippe; Fachwerk *n*; Rahmenkonstruktion *f*; Traggerüst *n*; *mar* Spanten *m pl*; *fig* Gefüge *n*, Bau *m*, Struktur *f*, Rahmen *m*, System *n*; *to come within the ~~ of s.th.* in den Rahmen e-r S fallen; *~~ of society* Gesellschaftsaufbau *m*.
France [fra:ns] Frankreich *n*.
Franc|es ['fra:nsis] Franziska *f*; **~is** [-] Franz(iskus) *m*.
franchise ['fræntʃaiz] *die* bürgerlichen Rechte *pl*, Wahlrecht; *bes. Am* Privileg, Alleinverkaufsrecht *n*, Konzession, Lizenz *f*.
Franciscan [fræn'siskən] *a rel* franziskanisch; *s* Franziskaner(in *f*) *m*.
Franconia [fræŋ'kounjə] Franken *n*; **~n** [-n] *a* fränkisch; *s* Franke *m*, Fränkin *f*.
frangib|ility [frændʒi'biliti] Zerbrechlichkeit, Empfindlichkeit *f*; **~le** ['frændʒibl] zerbrechlich; empfindlich.
Frank [fræŋk] *hist* Franke *m*.
frank [fræŋk] **1.** frei(mütig), offen (-herzig); ehrlich, aufrichtig, unverstellt; unverhohlen; *to be ~* aufrichtig gesagt, offen gestanden; **~ly** ['-li] *adv* aufrichtig, offen, ehrlich; ehrlich gesagt; **~ness** ['-nis] Freimütigkeit, Offenheit *f*; **2.** *tr* portofrei senden; frankieren, freimachen; befreien *(from* von); freien Eintritt gewähren *(s.o.* jdm); *s* Portofreiheit *f*; Frankovermerk *m*; portofreie Sendung *f*; **~ing machine** Frankiermaschine *f*; **3.** *Am sl* Frankfurter *f (Würstchen)*.
frankfurt(er), frankfort(er) ['fræŋkfət(ə)] Frankfurter *od* Wiener(Würstchen *n*) *f*.
frankincense ['fræŋkinsens] Weihrauch *m*.
franklin ['fræŋklin] *hist Br* freie(r) Bauer, Freisasse *m*.
frantic ['fræntik] *adv* **~ally** ['-əli] rasend, wütend *(with* vor); *(Anstrengung)* krampfhaft; *obs* irr(e); *to be ~* außer sich sein, toben; *with pain* vor Schmerz wahnsinnig werden; *to drive ~* auf die Palme bringen.
frap [fræp] *tr mar* (fest)zurren.
frappé ['fræpei] *a (Getränk)* eisgekühlt; *s* Eisgetränk; Halbgefrorene(s) *n*; gefrorene(r) u. gesüßte(r) Obstsaft *m*.
frat [fræt] *Am sl* (studentische) Verbindung *f*.
fratern|al [frə'tə:nl] brüderlich; Bruderschafts-, Brüder-; **~~ twins** *(pl)* zweieiige Zwillinge *m pl*; **~ity** [-'iti]Brüderschaft; Brüderlichkeit *f*; *rel* Bruderschaft; *allg* Genossenschaft; *Am* (studentische) Verbindung *f*; **~ization** [frætənai'zeiʃən, -ni-] Verbrüderung *f*; **~ize** ['frætənaiz] *itr* sich verbrüdern.
fratricid|al [freitri'saidl] brudermörderisch; **~~ war** Bruderkrieg *m*; **~e** ['freitrisaid] Brudermord; Brudermörder *m*.
fraud [frɔ:d] Betrug *m*, arglistige Täuschung *(on* gegenüber); Unterschlagung *f*; Schwindel *m*; *jur* Arglist *f*; *fam* Schwindler; Hochstapler *m*; **~ulence, -cy** ['-julənsɪi)] Betrügerei, Untreue *f*; **~ulent** [-julənt] betrügerisch; arglistig; böswillig; *with ~~ intent(ion)* in betrügerischer Absicht; *~~ conversion* Unterschlagung *f*; *~~ representation* Vorspiegelung *f* falscher Tatsachen; *~~ transaction* Schwindelgeschäft *n*.
fraught [frɔ:t] beladen, voll *(with* mit); *fig* geladen *(with* mit); *~ with* voller.
fray [frei] **1.** *s* Schlägerei *f*, Streit *m*; *eager for the ~ (lit)* streitsüchtig; **2.** *tr itr* (sich) verschleißen, (sich) abnutzen, (sich) abtragen; ausfransen; sich durchscheuern; *fig* erbittern.
frazil ['freizil] *Am* Grundeis *n*.
frazzle ['fræzl] *Am fam tr* verschleißen, abtragen, abnutzen; ermüden, erschöpfen; *s* Lumpen, Fetzen *m*; *to a ~* bis zur Erschöpfung; *to beat to a ~* windelweich schlagen.
freak [fri:k] Laune *f*, Einfall *m*, Spielerei *f*, Launenhaftigkeit, Verspieltheit *f*; *(~ of nature)* Spiel *n* der Natur,

freakish 401 **free speech**

Mißbildung f, Monstrum n; *fam* verrückte(r) Kerl m; **~ish** ['-iʃ] launisch, launenhaft, verspielt; abnorm.
freckle ['frekl] s Sommersprosse f; *tr itr* sommersprossig machen, werden; **~d** ['-d] *a* sommersprossig.
free [fri:] **1.** *a* frei *(from, of* von); freiwillig; freiheitlich; unabhängig; frei beweglich, lose, locker; unbehindert, ungehindert, uneingeschränkt; zwanglos, ungebunden, unvoreingenommen, vorurteilsfrei; nicht verpflichtet; zur Verfügung stehend; *(Platz, Zimmer)* frei, nicht besetzt, unbesetzt, nicht reserviert; *(Bewegung)* ungezwungen, leicht, spielerisch, anmutig; freigebig, großzügig, *fam hum* spendabel *(with* mit); verschwenderisch, reichlich, massenhaft, im Überfluß (vorhanden); freimütig, offen(herzig), aufrichtig, gerade, unverhohlen, unversteckt; wenig zurückhaltend, rücksichtslos, dreist, keck, ungezügelt, ungebührlich; unziemlich, ungesittet, unanständig; gratis, kostenlos, unentgeltlich, umsonst; öffentlich, allgemein zugänglich; *chem* frei; **~** *from ... -los;* ohne; befreit von; **2.** *adv* gratis; frei, ungehindert, uneingeschränkt; **3.** *tr* frei machen, befreien; freilassen; (ab-, los)lösen; *(Straße)* (wieder) frei machen; entlasten; reinigen, befreien *(from* von); *with a* **~** *hand* großzügig, verschwenderisch *adv; to do s.th. of o.'s own* **~** *will* etw aus freien Stücken tun; *to give, to have a* **~** *hand* freie Hand geben od lassen, haben; *to make, to set* **~** freilassen; *to make, to be* **~** *with s.th.* mit e-r S schalten u. walten; *with o.'s money* sein Geld verschwenden; *with s.o.* sich jdm gegenüber Freiheiten erlauben; *to run* **~** *(tech)* leer laufen; *I am* **~** *to* es steht mir frei zu; **~ alongside ship** frei Schiff; **~ and easy** *(a)* zwanglos, ungeniert; **~ from acid** säurefrei; **~ on board** frei Schiff; **~ from care** sorgenfrei; **~ of carriage, of freight** frachtfrei; **~ of charge(s)** kostenlos, -frei, spesenfrei; **~ of debt** schuldenfrei, ohne Schulden; **~ of duty** gebühren-, abgabenfrei; zollfrei; **~ from error, from deject** fehlerfrei; **~ of interest** zinsfrei, -los; **~ of postage** portofrei; **~ on rail** frei Eisenbahn; **~ of responsibility** frei von Verantwortung; **~ on sale** frei verkäuflich; **~ of (all) tax(es)** steuer-, abgabenfrei; **~board** *mar* Freibord m; **~booter** ['-bu:tə] Freibeuter m; **~born** *a* freigeboren; **~by, ~bie** *Am sl* etw Geschenktes *n;* **F~ Church** Freikirche *f;* **~ delivery** kostenfreie Zustellung, Zustellung *f* frei Haus; **~dman** ['-dmæn] Freigelassene(r) m; **~dom** ['-dəm] Freiheit *f,* Freisein *n,* Befreiung *(from* von); Unabhängigkeit, Ungebundenheit, Ungezwungenheit; Offenheit, Aufrichtigkeit, Geradheit; Auf-, Zudringlichkeit; freie Benutzung *f;* freie(r) Zutritt *m (of* zu); Vorrecht, Privileg *n; to give s.o. the* **~** *of the house* jdm Hausrecht gewähren; *to take, to use* **~***s with s.o.* sich jdm gegenüber zuviel herausnehmen; **~~** *of action* Handlungsfreiheit *f;* **~~** *of association* Vereinsrecht *n;* **~~** *of the city* (Ehren-)Bürgerrecht *n;* **~~** *of the company* Meisterrecht *n;* **~~** *of conscience* Gewissensfreiheit *f;* **~~** *of faith, of religion* Glaubens-, Religionsfreiheit *f;* **~~** *of movement* Bewegungsfreiheit; Freizügigkeit *f;* **~~** *of opinion* Meinungsfreiheit *f;* **~~** *of the press* Pressefreiheit *f; the* **~~** *of the seas* die Freiheit der Meere; **~~** *of speech* Redefreiheit *f;* **~~** *to strike* Streikrecht *n;* **~~** *of the will* Willensfreiheit *f;* **~ enterprise** freie Marktwirtschaft *f;* **~ entry** ungehinderte Einreise; zollfreie Einfuhr *f;* **~-fight, -for-all** *Am* freie(r) Wettbewerb *m;* allgemeine Schlägerei *f;* **~hand** ['-hænd] freihändig; **~** *drawing* Freihandzeichnen *n;* **~-handed** *a* freigebig, großzügig; **~ headroom** lichte Höhe *f;* **~-hearted** *a* freimütig, offenherzig; **~hold** frei(e)r Grundbesitz *m;* **~~** *flat* Eigentumswohnung *f;* **~holder** Grundeigentümer; *hist* Freisasse m; **~ kick** *sport* Freistoß *m;* **~ labo(u)r** nicht gewerkschaftlich organisierte Arbeitskräfte *f pl;* **~ lance** *s hist* Landsknecht; Freiberufliche(r), Freischaffende(r); *pol* Unabhängige(r), Parteilose(r) *m;* **~~** *(a)* freiberuflich; *itr* freiberuflich tätig sein; **~-list** (Zoll-)Freiliste *f;* **~ liver** Schlemmer *m;* **~-living** schlemmerisch; *biol* freilebend, nicht parasitisch; **~-load** *Am fam itr* auf Kosten anderer leben; *s* Freibier *n,* freie Mahlzeit *f;* **~ love** freie Liebe *f;* **~ly** ['-li] frei; offen; reichlich; umsonst; gratis; **~man** ['-mæn] Freie(r); ['-mən] (Voll-, Ehren-)Bürger *m;* **~mason** ['-meisn] Freimaurer *m;* **~~s'** *lodge* Freimaurerloge *f;* **~ moving** freibeweglich; **~ pass** Frei-, Einlaß-, Durchlaß-, *rail* Netzkarte *f;* **~ place** *(Schule)* Freistelle *f;* **~ play** *tech* Spielraum *m;* **~ port** Freihafen *m;* **~ speech** Redefrei-

free-spoken   402   **frequency**

heit *f*; **~-spoken** *a* freimütig, offen; **~-thinker** Freidenker, -geist *m*; **~-thinking** *a* freidenkerisch, -geistig; *s* u. **~-thought** Freidenkerei, -geisterei, Gedankenfreiheit *f*; **~ ticket** Freikarte *f*, -billett *n*; **~ time** Freizeit *f*; *com* freie Liegezeit, Abladefrist *f*; **~ trade** Freihandel *m*; **~~ area** Freihandelszone *f*; **-way** *Am* Art Autobahn *f*; **~-wheel** (*Fahrrad*) Freilauf *m*; **~~ hub** Freilaufnabe *f*; **~-wheeling** *Am sl* freigebig; hemmungs-, rücksichtslos; ohne Zurückhaltung; **~ will** *s* Willensfreiheit *f*; freie(r) Wille *m*; Freiwilligkeit *f*; **~~~** (*a*) freiwillig; *of o.'s own ~~* freiwillig *adv*.

freesia ['fri:zjə] *bot* Freesie *f*.

freez|e [fri:z] *irr froze, frozen itr* (ge-) frieren; zu-, anfrieren (*to* an); (*Wasserleitung*) einfrieren; (vor Kälte) erstarren; (*Mensch*) eiskalt werden, frieren; (*~~ to death*) erfrieren; steif, *fig* starr werden (*with* vor); *fam* sich (völlig) ruhig verhalten, sich nicht rühren; förmlich, abweisend, kühl, unfreundlich werden; (*Flüssigkeit*) (durch Überhitzung) dick, steif werden; *tr* gefrieren, erstarren lassen; mit Eis überziehen; stark abkühlen lassen; (*Lebensmittel*) tiefkühlen; anfrieren lassen; (*Menschen od Körperteil*) erfrieren lassen; steif werden lassen; *fig* mutlos machen, entmutigen, lähmen; *Am fam* blockieren, sperren, kaltstellen; (*Kapital*) einfrieren; (*Löhne, Preise*) stoppen; *s* Frost(periode *f*) *m*; *to ~~ in* einfrieren; *to ~~ off* abfrieren; *to ~~ (on) to* (*fam*) anwachsen an; sich anklammern an; festhalten; *to ~~ out* (*fam*) 'rausekeln; sich vom Leibe halten; überstimmen; ausschalten, an die Wand drücken; *to ~~ over* (*itr*) zu-, überfrieren; *tr* mit Eis bedecken; *to ~~ together* zs.-, anea.frieren; *to ~~ up* (*aero*) vereisen; *to be frozen* gefrieren; eiskalt werden; *to make s.o.'s blood ~~*, *to ~~ s.o.'s blood* (*fig*) jdm das Blut in den Adern erstarren lassen; *to put the ~~ on s.o.* (*Am sl*) jdm die kalte Schulter zeigen; *I'm ~ing* ich friere, mich friert; *~~ box* Kühlraum *m*; *~~-up* Frostperiode *f*; **-er** ['-ə] Kühlschrank *m*; (*ice-cream ~~*) Eismaschine *f*; *rail* Kühlwagen *m*; **-ing** ['-iŋ] *a* eisig, eiskalt; *s* Frost *m*, Frieren; Einfrieren *n*; Erstarrung *f*; *below ~~* unter dem Gefrierpunkt; **~~-machine** Eismaschine *f*; **~~-mixture** Kältemischung *f*; **~~-point** Gefrierpunkt *m*; *~~ of prices* Preisstopp *m*.

freight [freit] *s* Fracht(beförderung), Ladung (*Br mar*, *Am a. rail*); Fracht (-gut *n*) *f*; Frachtkosten *pl*; Lade-, Frachtraum *m*; Schiffsladung, -miete *f*; (*~ train*) *Am* Güterzug *m*; *tr* (*Br nur Schiff*, *Am allg*) beladen; verfrachten, befördern; *by ~* (*Am*) als Frachtgut; *to take in ~* Ladung einnehmen (*for* nach); *~ by air* (*Am*) Luftfracht *f*; **~-age** ['-idʒ] Fracht(gut *n*, -beförderung *f*, -geld *n*) *f*; **~ bill** *Am* Frachtbrief *m*; **~-car** *Am* Güterwagen *m*; **~ depot** *Am* Güterbahnhof *m*; **~-carrying glider** *aero* Lastensegler *m*; **~ elevator** *Am* Güteraufzug *m*; **~ engine** *Am* Güterzuglokomotive *f*; **-er** ['-ə] Befrachter; Reeder, Transportunternehmer *m*; Frachtschiff *n*, -dampfer, Frachter *m*; Transportflugzeug *n*; **~-house** *Am* Gütterschuppen *m*; **-ing** ['-iŋ] Befrachtung *f*; **~ insurance** Gütertransportversicherung *f*; **~-list** Fracht(güter)liste *f*; **~-rate, -tariff** Frachtsatz *m*; **~-reduction** Frachtermäßigung *f*; **~-service, -traffic** *Am* Güterverkehr *m*; **~-station** *Am* Güterbahnhof *m*; **~-steamer** Frachtdampfer *m*; **~ train** *Am* Güterzug *m*; **~ truck** *Am* Fernlaster *m*; **~ warrant** Frachtbrief *m*; **~-yard** *Am* Güterbahnhof *m*.

French [frentʃ] *a* französisch; *s* (das) Französisch(e); *the ~* (*pl*) die Franzosen *pl*; *to take ~ leave* heimlich, ohne sich zu verabschieden, (weg)gehen; **~ beans** *pl* grüne Bohnen *f pl*; **~ chalk** Schlämm-, Schneidekreide *f*; **~ dressing** Salattunke *f*; **~ fried potatoes**, *Am fam* **~ fries** *pl* Pommes frites *f pl*; **~ heel** hohe(r) (Damen-)Absatz *m*; **~ horn** Waldhorn *n*; **~ icecream** Sahneeis *n*; **~ letter** Kondom *m*; **-man** ['-mən] *pl* **-men** Franzose *m*; **~ roof** Mansardendach *n*; **~ seam** überwendige Naht *f*; **~ toast** (*Küche*) Arme Ritter *m pl*; **~ window** (*tiefreichendes*) Flügelfenster *n*, Balkontür *f*; **-woman** ['-wumən] *pl* **-women** ['-wimən] Französin *f*; **-y** ['-i] *Am a* französisch; *s fam* Franzose *m*.

frenetic(al) [frə'netik(əl)] tobend, rasend, toll; wild, stürmisch, begeistert, frenetisch.

frenz|ied ['frenzid] *a* tobend, rasend, toll; wahnsinnig; **-y** ['-i] Raserei *f*; Wahnsinn; *fig* Anfall *m*, Ekstase *f*; *in a ~ of despair* in wilder Verzweiflung; *to rouse to ~~* in Raserei, in e-n Taumel der Begeisterung versetzen.

frequen|ce, -cy ['fri:kwəns(i)] häufige(s) Vorkommen *n*, Häufigkeit

frequent — friendly

frequent *f a. math; phys, bes. el* Frequenz, Schwingungszahl *f*; **~cy of accidents** Unfallhäufigkeit *f*; **~cy band** Frequenzband *n*; **~cy range, coverage** Frequenzbereich *m*; **~cy selection** *(radio)* Grobeinstellung *f*; **~t** ['fri:kwənt] *a* häufig, sich schnell wiederholend; (be)ständig; gewohnt; regelmäßig; *(Puls)* hoch, frequent; *tr* [fri'kwent] häufig, oft, ständig besuchen; häufig vorkommen in;**~tation** [fri:kwen'teiʃən] häufige(r), ständige(r) Besuch *m*; **~er** [fri'kwentə] häufige(r), ständige(r) Besucher; Kunde; Stammgast *m*.

fresco ['freskou] *pl -(e)s* Freskomalerei *(painting in ~)* Freske *f*, Fresko *n*; *to paint in ~, to ~ (tr)* in Fresko malen.

fresh [freʃ] **1.** *a* frisch; *bes. a.* (noch) ungesalzen, (noch) nicht konserviert; *(Hering)* grün; (noch) nicht abgestanden *od* abgelagert, (noch) gut, unverdorben, (noch) nicht welk; (noch) munter, (noch) nicht müde, (noch) auf der Höhe, kräftig, stark; jung u. gesund aussehend; neu; zusätzlich, weiter; (noch) unerfahren; ungewohnt; fremd; ursprünglich, anregend, lebhaft; kühl, (er)frisch(end), belebend; *(Wind)* frisch, rein, kräftig, mäßig stark; *(Wasser)* frisch, nicht salzhaltig; *fam* beschwipst; *Am sl* unverschämt; frech, dreist; *s* (Morgen-) Frühe *f*; Jahresbeginn, -anfang *m*; Frische, Kühle; Welle, Flut *f*; *to break ~ ground (fig)* Neuland gewinnen oder schließen; **~ paint** frisch gestrichen! **~ air** Frischluft *f*; **~~ duct** Frischluftkanal *m*; **~en** ['-n] *tr* frischmachen, auffrischen; erfrischen; waschen; stärken, kräftigen; *itr* frisch werden; *(Wind)* auffrischen, zunehmen; **~et** ['-it] kleine(r) Wasserlauf; Süßwasserzufluß, Küstenfluß *m*; Hochwasser *n*, Überschwemmung *f*; **~man** ['-mən] Anfänger, Neuling; *(Univ., Am a. Schule)* Fuchs *m*; **~ness** ['-nis] Frische, Kühle; Neuheit; Unerfahrenheit; Fremdheit *f*; **~water** *a* Süßwasser-; *fam* unerfahren, ahnungslos; *Am* Binnen-; provinziell, hinterwäldlerisch; **~~fish** Süßwasserfisch *m*.

fret [fret] **1.** *tr* zerfressen, -setzen, -nagen, -reiben; aufscheuern; *(Wasser)* kräuseln; *fig* aufreiben, ermüden, quälen, ärgern, reizen; *itr* fressen, nagen *(into, on, upon* an); *(Wasser)* sich kräuseln; *fig* gereizt sein, schlechte Laune haben; sich ärgern, querulieren, (herum)nörgeln, quengeln; sich grämen, sich sorgen *(about* über); *s* Abnutzung; abgenutzte Stelle; *fig* Aufregung, Gereiztheit *f*; Ärger; Verdruß *m*; *to ~ away* abnutzen; *fig* ruinieren; *to ~ away, to ~ out o.'s life, to ~ to death* sich totärgern; *to be in a ~* beunruhigt, besorgt sein; **~ful** ['-ful] gereizt, reizbar, knurrig, verdrießlich, unzufrieden; **~fulness** ['-fulnis] schlechte Laune, Reizbarkeit, Verdrießlichkeit *f*, Unmut *m*, Unzufriedenheit *f*; **2.** *s* Gitterleiste; Mäanderlinie *f*; *tr* mit e-r Gitterleiste, e-m durchbrochenen Muster verzieren; **~~saw** Laubsäge *f*; **~work** Gitterwerk *n*; Laubsägearbeit *f*; **3.** *(Saiteninstrument)* Bund, Griff(leiste *f*) *m*.

friab|ility [fraiə'biliti], **~leness** ['fraiəblnis] Mürbheit, Bröck(e)ligkeit *f*; **~le** ['fraiəbl] mürbe, krüm(e)lig.

friar ['fraiə] *(bes. Rel.)* Bettel-Mönch *m*; *Augustinian, Black, Grey ~s (pl)* Augustiner; Dominikaner; Franziskaner *mpl*; **~y** ['fraiəri] Mönchskloster *n*, -orden *m*.

fribble ['fribl] *s* Trödler, alberne(r) Mensch *m*; Albernheit, alberne Idee *f*; *itr* die Zeit verplempern *od* vertrödeln.

fricassee [frikə'si:] *s (Küche)* Frikassee *n*; *tr (Fleisch)* frikassieren.

fricative ['frikətiv] *a gram* Reibe-; *s* Reibelaut *m*.

friction ['frikʃən] Reibung *f a. tech*; Frottieren, Abreibung *f*; *fig* Reibungen, Spannungen, Differenzen, Schwierigkeiten *f pl*; *attr tech* Friktions-, Reibungs-; **~al** ['-l] *a* Reibungs-; **~ disk** Bremsscheibe *f*; **~~surface** Reib(ungs)fläche *f*.

Friday ['fraidi, -dei] Freitag *m*; *on ~s* freitags; *Good ~* Karfreitag *m*.

fri(d)ge [fridʒ] *Br fam* Kühlschrank *m*.

fried [fraid] *a* gebraten; Brat-; *Am sl* besoffen; **~cake** *Am* Berliner (Pfannkuchen) *m*; **~ chicken** gebratene(s) Hühnchen *n*; **~ egg** Spiegel-, Setzei *n*.

friend [frend] Freund(in *f*); (guter) Bekannte(r), Kollege, Kamerad; (Partei-)Freund; Anhänger; *F~* Quäker *m*; *to be ~s with* befreundet sein mit; *to be great ~s* eng mitea. befreundet; *fam* dicke Freunde sein; *to make ~s with* Freundschaft schließen, sich anfreunden mit; *to make ~s again* sich wieder vertragen, sich (wieder) versöhnen; *business ~* Geschäftsfreund *m*; *a ~ at court* ein einflußreicher Freund, *fam* Vetter *m*; *the Society of F~s* die Quäker *pl*; **~less** ['-lis] ohne Freund; **~liness** ['-linis] Freundlichkeit *f*; **~ly** ['-li] *a* freundschaftlich, befreundet *(to, with* mit); freundlich, zuvor-, entgegenkommend, hilfsbe-

friendship 404 **frolic**

reit, hilfreich, *fam* nett; günstig, förderlich (*to* für); *to be on ~~ terms with s.o.* mit jdm auf freundschaftlichem Fuß stehen; *~~ letter* (*Am*) Privatbrief *m*; *~~ society* Versicherungsverein *m* auf Gegenseitigkeit; **~ship** ['-ʃip] Freundschaft *f* (*between* zwischen; *with* mit); *that's in ~~* das bleibt unter uns.

frieze [fri:z] **1.** Zierstreifen, *arch* Fries *m*; **2.** Fries *m* (*schwerer Wollstoff*).

frigate ['frigit] *mar* Fregatte *f*; (*~-bird*) Fregattvogel *m*.

fright [frait] Schreck(en); *fam* Kinderschreck *m*, Vogelscheuche *f* (*Mensch*); Ungetüm, Schreckgespenst, Monstrum *n* (*Sache*); *to get off with a bad ~* mit dem Schrecken davonkommen; *to look a ~* völlig verstört aussehen; *to take ~* erschrecken (*at* über); **~en** ['-n] *tr itr* erschrecken; *tr* verängstigen; abschrecken, einschüchtern; *to ~~ away* vergraulen; *to ~~ s.o. into doing s.th.* jdn dazu treiben, daß er etw tut; *to ~~ out, off* hinausgraulen; **~ened** ['-nd] *a* erschrocken, entsetzt (*at* über); *fam* bange (*of* vor); *to be, to get ~~* erschrecken; **~ful** ['-ful] schrecklich, fürchterlich *a. fam*; schreckenerregend; anstößig, anstoßerregend; **~fully** ['-fuli] *adv* schrecklich; *fam* sehr; **~fulness** ['-fulnis] Schrecklichkeit *f*; Terror(maßnahme *f*) *m*.

frigid ['fridʒid] (sehr, eisig, eis)kalt; *fig* frostig, eisig, kühl; *med* (*Frau*) frigid(e), nicht hingabefähig; *the ~ zone* (*geog*) die kalte Zone; **~aire** ['-ɛə] *Am* Kühlschrank *m* (*Warenzeichen*); **~ity** [fri'dʒiditi] (*bes.* Gefühls-)Kälte *f*; frostige(s) Wesen *n*.

frigo ['frigou] *Am fam* Gefrierfleisch *n*; **~rific** [frigə'rifik] kälteerzeugend; Gefrier-, Kühl-.

frill [fril] *s zoo* (Hals-)Krause; Rüsche *f*; *lit* Schnörkel *m a. fig*; *pl* Spitzen *f pl*, Besatz *m*; *pl* Getue *n*, Affektiertheit *f*, Sums *m*, Trara *n*; *tr* kraus machen, kräuseln; fälteln; *to put on ~s* sich aufspielen; **~ies** ['-i:z] *pl fam* Reizwäsche *f*; **~ing** ['-iŋ] Rüschen *f pl*.

fringe [frindʒ] *s* Franse; *allg* Kante *f*, Saum; *bes. fig* Rand *m*; *opt* (Spektral-)Linie *f*; *pl* Pony(frisur *f*) *m*; *attr* Rand-; *tr* mit Fransen besetzen; ausfransen; *allg* säumen, einfassen; **~ area** Randgebiet *n*; **~ benefits** *pl* zusätzliche Sozialaufwendungen *f pl*; **~less** ['-lis] randlos; **~ parking** Parken *n* am Stadtrand.

frippery ['fripəri] Plunder, Firlefanz, Flitterkram, Tand *m*.

Frisian ['friziən] *a* friesisch; *s* (das) Friesisch(e); Friese *m*, Friesin *f*.

frisk [frisk] *s* Luftsprung *m*; *itr* tanzen und springen, hüpfen, herumtollen; *tr* hin und her hüpfen lassen; *sl* durchsuchen; *sl* filzen, beklauen; das Geld aus der Tasche ziehen (*s.o.* jdm); **~iness** ['-inis] Fröhlichkeit, Ausgelassenheit, Munterkeit *f*; **~y** ['-i] ausgelassen, lustig, munter, lebhaft.

frit [frit] *tr tech* fritten, zs.backen, verglasen; *s* Fritte *f*; **~ kiln** Frittenofen *m*.

frith [friθ] **1.** Meeresarm *m*, Förde; (weite Fluß-)Mündung *f*; **2.** Wald (-land, -gebiet *n*); Busch(wald) *m*, Unterholz *n*; Hecke, Hürde *f*.

fritillary [fri'tiləri] *bot bes.* (*Common F-*) Schachbrettblume *f*; *zoo* Perlmutterfalter *m*.

fritter ['fritə] **1.** *tr* (*to ~ away*) vergeuden, vertrödeln; (*Geld,* verschwenden; *tech* abbröckeln; **2.** Eier-, Pfannkuchen *m* mit Obstfüllung; *tech* Fritte *f*.

frivol ['frivəl] *tr* (*itr* die Zeit) vertrödeln; **~ity** [fri'vɔliti] Unwichtigkeit, Nebensächlichkeit, Nichtigkeit; Leichtfertigkeit *f*, Leichtsinn *m*, Oberflächlichkeit *f*; **~ous** ['frivələs] unbedeutend, unwichtig, nebensächlich; wertlos; (*Mensch)* leichtfertig, -sinnig.

frizz [friz] *itr tr* (*beim Braten*) brutzeln, brotzeln (lassen).

friz(z) [friz] *tr itr* (sich) kräuseln; *s* Kraushaar *n*.

frizz|le ['frizl] **1.** *tr itr* (sich) kräuseln; *s* kleine Locke *f*, Löckchen *n*; **~(l)y** ['friz(l)i] kraus, gekräuselt; **2.** *tr itr* brotzeln (lassen); knusprig braten.

fro [frou] *adv* nur in: *to and ~* ['tu(:)ən 'frou] vor u. zurück, hin u. her, auf u. ab.

frock [frɔk] *s* (Mönchs-)Kutte *f*; *fig* Priesteramt *n*; Robe *f*, Kittel *m*; Kinderröckchen, -kleid *n*; (*a.* Seemanns-)Bluse *f*; (Frauen-)Rock *m*, (Damen-)Kleid *n*; Waffenrock; (*~-coat*) Gehrock *m*; *tr* in die Kutte stecken; zum Priester machen.

frog [frɔg] Frosch *m*; *vet* Knollenhuf; Schnürverschluß, -besatz; Säbel-, Seitengewehrhalter *m*; *rail* (Schienen-)Herzstück *n*; (*~-eater*) *hum pej* Franzose; *Am sl* Bizeps *m*; *to have a ~ in the throat* e-n Frosch im Halse haben, heiser sein; **~-hopper** *zoo* Schaumzirpe, -zikade *f*; **~man** Froschmann, Kampfschwimmer *m*; **~'s legs** *pl* Froschschenkel *m pl*; **~-spawn** Froschlaich *m*.

frolic ['frɔlik] *s* Scherz, Spaß, lustige(r) Streich *m*; Lustbarkeit *f*; Vergnügen

frolicsome   405   **front wheel**

n, (gute) Stimmung, Ausgelassenheit *f*; *itr* (*~king, ~ked*) lustig, ausgelassen sein, Spaß machen, scherzen; spielen; **~some** ['-səm] lustig, ausgelassen, verspielt.

from [frɔm, frəm] *prp* von (... ab, an); aus; von (... her); (*zeitlich*) seit; (*away* ~) weg, entfernt, in Entfernung von; aus, von (e-r Anzahl von); von ... ab (*halten*); (*schützen*) vor; (*entlassen*) aus; (*unterschieden sein*) von; wegen, infolge, vor, aus (*Furcht usw*); *apart* ~ abgesehen von; ~ *the beginning* von Anfang an; ~ *a child* von Kindheit an, von klein auf; ~ *experience* aus Erfahrung; ~ *first to last* vom Anfang bis zu Ende, von A bis Z; ~ *morning to night* von früh bis spät; ~ *nature, life* (*Kunst*) nach der Natur, nach dem Leben; ~ *time to time* von Zeit zu Zeit, ab und zu; ~ *year's end to year's end* jahraus, jahrein; *to go* ~ *bad to worse* immer schlimmer werden; *to judge* ~ *appearances* nach dem Äußeren urteilen; *not to know s.o.* ~ *Adam* jdn überhaupt nicht kennen; *to pass* ~ *mouth to mouth* von Mund zu Mund gehen; *where are you* ~ wo sind Sie her? ~ *what I know* meines Wissens; ~ **above** von oben (herab, herunter); ~ **afar** von fern, aus der Ferne; ~ **amidst** mitten aus; ~ **among** von, aus (... heraus); ~ **before** aus der Zeit vor; ~ **behind** hinter ... her; von hinten; ~ **below, beneath** unter ... her; von unten; ~ **between** aus, zwischen ... hervor; ~ **beyond** von jenseits *prp* od *adv*; ~ **now on** von jetzt ab; ~ **on high** von oben, aus der Höhe, vom Himmel; ~ **out** aus ... heraus; ~ **over** über ... weg; ~~ *o.'s glasses* über den Brillenrand; ~ **under** unter ... hervor; ~ **within** von innen; ~ **without** von außen.

frond [frɔnd] (Farn-, Palm-)Wedel *m*; *poet* Palme *f*, Palmzweig *m*; **~age** ['-idʒ] Laub, Laub-, Blattwerk *n*.

front [frʌnt] *s* Stirn *a. fig*; *fig* Frechheit, Dreistigkeit, Unverschämtheit; Stirn-, Vorderseite, Vorderfront *f a. arch*; *fig* äußere(r) Eindruck *m*; Vorhemd *n*; Einsatz *m* (*am Kleid*); (*Buch*) Titelbild *n*; Uferstreifen *m*, -promenade; *mil pol* Front *f*; *Am* Strohmann *m*, -männer *pl*; (falscher) Schein *m*; *meteor* (Kalt-, Warmluft-)Front *f*; *gram* Vorderzunge *f*, vordere(r) Teil *m* der Mundhöhle; *theat* Publikum *n*; *attr* Vor(der)-; *tr* gegenüberstehen, sich gegenüberbefinden (*s.th.* e-r S); gegenübertreten (*s.o.* jdm); herausfordern; *itr* mit der Front liegen (*upon, towards* nach); *Am sl* als Strohmann tätig sein; *to* ~ *on* s-e Vorderseite haben nach; blicken, schauen auf; grenzen an; *at, to the* ~ (*mil*) an der, an die Front; *in* ~ vorn, davor, gegenüber; *in* ~ *of* vor, gegenüber *prp*; *in the* ~ vorne (*im Buch*); *to come to the* ~ (*fig*) hervortreten, bekanntwerden; *to have the* ~ *to* die Stirn haben zu; *to put a bold* ~ *on s.th.* e-r S mutig ins Auge sehen; *to put up a bold* ~ Eindruck machen wollen; *to show, to present a bold* ~ Mut zeigen; (*Börse*) feste Haltung zeigen; *eyes* ~! (*mil*) Augen gerade-aus! **~age** ['-idʒ] *arch* Vorderfront, Frontseite; Straßenfront *f*; Frontstreifen *m*, -linie; *mil* Frontbreite *f*, -abschnitt *m*; ~ *line* Baufluchtlinie *f*; **~al** ['-l] *a* Stirn-, Vorder-, Frontal-; *s anat* Stirnbein; Stirnband; *rel* Antependium *n* (*des Altars*); Fassade *f*; ~~ *area* Vorderfläche *f*; *mil* Frontgebiet *n*; ~~ *attack* Frontalangriff *m*; *to make a* ~ *attack against s.o.* jdn frontal angreifen; ~ **bench** *parl* Regierungsbank *f*; ~ **box** *theat* Orchesterloge *f*; ~ **door** Haustür *f*; Haupteingang *m*; ~ **elevation** Aufriß *m*; ~ **garden** Vorgarten *m*; **~ier** ['-jə, *Am* frʌn'tiə] Grenze *f a. fig*; *hist* (Siedlungs-)Grenze *f*; *state* ~~ Staats-, Landesgrenze *f*; *the* ~~*s of knowledge* die Grenzen *pl* der Erkenntnis; ~~ *dispute* Grenzstreitigkeiten *f pl*; ~~ *district* Grenzgebiet *n*, -bezirk *m*; ~~ *incident* Grenzzwischenfall *m*; ~~ *police* Grenzpolizei *f*; ~~*sman* Grenzbewohner; *Am* Siedler, Pionier *m*; ~~ *station* Grenzbahnhof *m*; ~~ *traffic* Grenzverkehr *m*; **~ispiece** ['-ispi:s] (*Buch*) Titelbild *n*; *arch* Hauptfassade *f*; **~let** ['-lit] Stirnband *n*; *zoo* Stirn *f*; **~line** *mil* Front *f*; ~ *baptism* Feuertaufe *f*; ~~ *fighter* Frontkämpfer, -soldat *m*; ~~ *officer* Frontoffizier *m*; ~~ *pay* Frontzulage *f*; ~~ *service* Frontdienst *m*; ~~ *unit* Gefechtsverband *m*; ~ **name** *Am* Vorname *m*; ~ **office** *Am fam* Verwaltung *f*; *die* maßgebenden Herrn; ~ **page** *s* (*Zeitung*) Titel-, Vorderseite *f*; ~-*page* (*a*) sensationell; hochaktuell; *tr Am* (*in der Zeitung*) groß herausstellen; ~ **rank** *mil* vordere(s) Glied *n*; *to be in the* ~~ (*fig*) im Vordergrund stehen, bekannt sein; ~ **runner** Spitzenkandidat *m*; ~ **seat** Vordersitz *m*; ~ **sector** Frontabschnitt *m*; ~ **sight** (*Gewehr*) Korn *n*; ~ **soaring** *aero* Frontensegeln *n*, Gewitterflug *m*; ~ **view** Vorderansicht *f*; ~ **wheel** Vorderrad *n*; ~~ *drive* Vorder-

front yard 406 **frustum**

radantrieb *m*; ~ **yard** *Am* Vorgarten *m*.

frosh [frɔʃ] *Am fam* (Schul-)Anfänger, Neuling; Fuchs *m*.

frost [frɔst] *s* Frost *m*, Kälte *f*; Reif *m*; Eisblumen *f pl (am Fenster)*; *fig* Kälte, Lauheit *f*; *fam* Reinfall, Versager *m*; *tr* erfrieren lassen; mit Reif *od* Eisblumen überziehen; glasieren, mit Zuckerguß überziehen; *(Glas)* undurchsichtig machen, mattieren; *black* ~ Frost *m* ohne Reif; *glazed* ~ Glatteis *n*; *hoar, white* ~ Rauhreif *m*; *Jack F*~ der *(personifizierte)* Frost, der Winter; ~**bite** *tr* erfrieren lassen; *s* Erfrierung; Frostbeule *f*; ~**bitten** *pp* erfroren; ~**ed** *a* erfroren; bereift, überfroren, vereist; glasiert, mit Zuckerguß; ~~ *glass* Matt-, Milchglas *n*; ~**iness** ['-inis] Frost *m*, Kälte; *fig* Frostigkeit *f*; ~**ing** ['-iŋ] Zuckerguß *m*; Glasur; Mattierung *f*; ~**line** *geog* Frostgrenze *f*; ~~**proof** frostbeständig; ~**work** Eisblumen *f pl (am Fenster)*; ~**y** ['-i] kalt; frostig, eisig *a. fig*; *fig* ergraut, greisenhaft; ~~ *weather* Frostwetter *n*.

froth [frɔθ] *s* Schaum; Geifer *m*; *fig* Schaumschlägerei *f*, dumme Gedanken *m pl*, leere(s) Gerede *n*; *tr* zum Schäumen bringen; *itr* schäumen, geifern; ~**iness** ['-inis] schaumige(r) Zustand *m*; *fig* Leere *f*; ~**y** ['-i] schaumig, schäumend; schaumbedeckt; *fig* dumm, albern, leer.

frou-frou ['fru:-fru:] Rauschen *n* (der Seide); *fam* Aufgedonnertheit *f*.

froward ['frouəd] eigenwillig, -sinnig, störrisch, halsstarrig, widerspenstig.

frown [fraun] *itr* die Stirn runzeln *od* in Falten legen; mißbilligen, mit Mißfallen betrachten (*on, upon s.th.* etw); böse anschauen (*at s.o.* jdn); *tr* (*to* ~ *down*) (durch finstere Blicke) einschüchtern; *s* Stirnrunzeln; finstere(r) Blick *m*; ~**ing** ['-iŋ] stirnrunzelnd; *(Blick)* drohend; *(Gesicht)* verärgert.

frowst [fraust] *s fam* Mief *m*; *itr* in schlecht gelüfteten Räumen leben; herumlungern.

frowziness ['frauzinis] muffige(r), mod(e)rige(r) Geruch; Schmutz *m*; ~**y** ['frauzi] übelriechend; muffig, mod(e)rig; ranzig; schmutzig, schlampig.

frozen ['frouzn] *pp freeze a* (~ *up*) (zu)gefroren; (~ *to death*) erfroren; eisig, sehr kalt; Gefrier-; *Am fig* starr (*with terror* vor Schreck); frostig, kalt, kühl; *fin* eingefroren, blockiert, gesperrt; festliegend; *fig* gefühllos; ~ **food** tiefgekühlte Lebensmittel *pl*; ~ **meat** Gefrierfleisch *n*.

fruct|iferous [frʌk'tifərəs] fruchttragend; ~**ification** [frʌktifi'keiʃən] *bot* Befruchtung *f*; ~**ify** ['frʌktifai] *tr* befruchten; *itr* Früchte tragen *a. fig*; ~**ose** ['frʌktous] Fruchtzucker *m*.

frugal ['fru:gəl] sparsam, haushälterisch, wirtschaftlich (*of* mit); genügsam; einfach, schlicht, bescheiden, dürftig; ~**ity** [fru(:)'gæliti] Sparsamkeit, Wirtschaftlichkeit; Einfachheit *f*.

fruit [fru:t] *s* Frucht *f*; Früchte *pl*, Obst *n*; *a. pl fig* Ergebnis, Resultat *n*, Folge *f*; Erfolg, Ertrag, Gewinn, Nutzen *m*; *pl* (verschiedene) Früchte, Obstsorten *f pl*; *tr* befruchten; *itr u. to bear* ~ (*a. fig*) Früchte tragen; *the* ~*s of the earth* die Früchte des Feldes, die Bodenfrüchte *pl*; *dried* ~ Backobst *n*; *wall*-~ Spalierobst *n*; ~**age** ['-idʒ] Fruchtbarkeit; Obsternte *f*; Obst; Ergebnis *n*, Folge *f*, Ertrag *m*; ~**arian** [fru:'tɛəriən] Obstesser; Rohköstler *m*; ~**beverage** Fruchtsaftgetränk *n*; ~~**cake** *Am* Früchtebrot *n*, Stollen *m*; ~ **cup** Früchtebecher *m* *(Nachtisch)*; Fruchtsaftgetränk *n*; ~**er** ['fru:tə] Obstzüchter; Obstbaum; Fruchtdampfer *m*; ~**erer** ['-ərə] Obsthändler; Fruchtdampfer *m*; ~**ful** ['-ful] fruchtbar *a. fig*; *fig* ertragreich, ergiebig, gewinnbringend, erfolgreich, vorteilhaft; ~**iness** ['-inis] Würze *f*; ~**ion** [fru(:)'iʃən] Genuß *m*; Fruchttragen *n*; Verwirklichung *f*; Ergebnis *n*, Erfolg *m*; ~ **jar** *Am* Konservenglas *n*; ~ **juice** Obstsaft *m*; ~ **knife** Obstmesser *n*; ~**less** ['-lis] unfruchtbar; *fig* frucht-, ergebnis-, erfolglos, vergeblich; ~**lessness** ['-lisnis] Unfruchtbarkeit; *fig* Frucht-, Ergebnis-, Erfolglosigkeit *f*; ~~**salad** Obstsalat *m*; *fig* Lametta *n*; ~~**seller** Obstverkäufer *m*; ~ **stand** Obststand; kleine(r) Obstladen *m*; ~ **store** *Am* Obstgeschäft *n*; ~~**sugar** Fruchtzucker *m*; ~~**tree** Obstbaum *m*; ~~**vinegar** Fruchtessig *m*; ~**y** ['-i] aromatisch, würzig; *(Wein)* vollmundig, ausgereift; *fam* süffig; *fam fig* saftig.

frump [frʌmp] *fig* alte Schachtel *f*; ~**ish** ['-iʃ], ~**y** ['-i] altmodisch (u. wunderlich).

frustrat|e [frʌs'treit] *tr* zunichte machen, vereiteln, zum Scheitern bringen, durchkreuzen; *s.o.* jdn an der Durchführung s-r Absichten, Pläne hindern; enttäuschen; *psychol* hemmen; ~**ion** [-ʃən] Vereitelung, Durchkreuzung, Verhinderung, Hemmung; Enttäuschung *f*; Minderwertigkeitsgefühl; Hindernis, Hemmnis *n*.

frustum ['frʌstəm] *pl a.* -**ta** *math* Kegel-, Pyramidenstumpf *m*.

fry [frai] **1.** *tr itr* braten, backen; *s Br* Gekröse; Bratfleisch *n*, -fisch, Braten *m*; *tele* Brutzeln *n*; *fried eggs (pl)* Spiegeleier *n pl*; *fried potatoes (pl)* Bratkartoffeln *f pl*; **-ing-pan** ['-iŋpæn] Bratpfanne *f*; *out of the ~ ~ into the fire (fig)* vom Regen in die Traufe; **2.** Fischbrut *f*; kleine Fische *m pl*; *allg* Brut *f*; Kinder(schar *f*) *n pl*; *small ~ (pej)* Gören *n pl*; kleine Leute *pl*; Kleinzeug *n*, -kram *m*, *fam* kleine Fische *m pl (Belanglosigkeiten)*.

fubsy ['fʌbsi] pumm(e)lig, rundlich.
fuchs|ia ['fjuːʃə] *bot* Fuchsie *f*; **-ine** ['fuːksiːn] Fuchsin *n (Farbstoff)*.
fudd|le ['fʌdl] *tr* betrunken machen, berauschen; *itr* sich betrinken; *s* Trunkenheit *f*, Rausch *m*; **-y-duddy** ['-idʌdi] *sl* altmodische(r) Kauz; Umstandskrämer; Weichling *m*.
fudge [fʌdʒ] *s* Schwindel *m*; Gewäsch *n*; Unsinn, Blödsinn, Quatsch *m*; *(Zeitung)* (Raum *m* für) letzte Nachrichten *f pl*; Praline *f*, (weicher) Bonbon *m*; Flickwerk *n*; *interj* Unsinn! *tr* zs.stoppeln, hinpfuschen; fälschen; *itr* pfuschen, schlampern.
fuel [fjuəl] *s* Heiz-, Brennmaterial *n*; Brenn-, Betriebs-, Treib-, Kraftstoff *m*; Benzin *n*; *fig* Nahrung *f*; *tr* mit Brenn-, Kraftstoff versorgen; *fig* nähren; *itr* Kraftstoff einnehmen, tanken; *mar* bunkern; *to add ~ to the flames (fig)* Öl ins Feuer gießen, das Feuer schüren; *to be ~ to s.o.'s hatred* den Haß schüren; *aviation ~* Flugkraftstoff *m*; **~ cock** Brennstoffhahnen *m*; **~ consumption** Kraftstoffverbrauch *m*; **~ drum** Kraftstoffbehälter *m*; **~ dump, depot** Kraftstofflager *n*; **~ feed** Kraftstoffzuführung *f*; **~ gas** Treib-, Heizgas *n*; **~ ga(u)ge** Benzinstandsmesser *m*, Benzinuhr *f*; **~ injection** Kraftstoffeinspritzung *f*; **~(l)er** ['-ə] *Am* Heizer *m*; **~ling** Auftanken *n*; **~ station** Tankstelle *f*; **~ mixture** Kraftstoffgemisch *n*; **~ nozzle** Kraftstoffdüse *f*; **~ oil** Heizöl *n*; **~ pipe** Kraftstoffleitung *f*; **~ pump** Kraftstoffpumpe *f*; **~-saving** kraftstoffsparend; **~ storage** Brennstofflagerung *f*; **~ tank** Benzintank *m*; **~ supply** Brenn-, Kraftstoffversorgung *f*; **~ tank** *aero* Kraftstoffbehälter *m*.
fug [fʌg] *a* muff(e)lig; *s* Staubflocke *f*; Mief *m*; *itr* ein Stubenhocker sein; *to have a good ~* sich weich betten; **-gy** ['-i] muffig (riechend).
fugac|ious [fju(ː)'geiʃəs] flüchtig, vergänglich, kurz(lebig); **-ity** ['-'gæsiti] Flüchtigkeit, Vergänglichkeit *f*.

fugitive ['fjuːdʒitiv] *a* flüchtig, entwichen, entflohen; flüchtig, vergänglich; *lit* Gelegenheits-; *s* Flüchtling *m*.
fugle ['fjuːgl] *itr* Flügelmann, Vorbild sein; führen; **-man** [-mæn] *pl* **-men** *mil* Flügelmann *m*; *fig* Vorbild *n*.
fugue [fjuːg] *mus* Fuge *f*.
fulcrum ['fʌlkrəm] *pl* **-cra** *(Hebel)* Dreh-, Stützpunkt; *fig* Angriffspunkt *m*.
fulfil(l) [ful'fil] *tr (Wunsch, Bedingung)* erfüllen; entsprechen, nachkommen *(a request* e-r Bitte); *(Versprechen)* einlösen; ausführen; vollbringen; *(e-m Befehl)* gehorchen; *(Verpflichtung)* einhalten; *to ~ o.s.* s-e Erfüllung finden; *to ~ o.'s purpose* s-n Zweck erfüllen; **-ment** [-mənt] Erfüllung; Ausführung *f*.
fulgent ['fʌldʒənt] *poet* strahlend.
fulgur|ate ['fʌlgjuəreit] *itr* blitzen *a. fig*; **-ous** ['fʌlgjuərəs] blitzend *a. fig*.
fuliginous [fjuː'lidʒinəs] rauchig, rußig.
full [ful] **1.** *a* voll, (voll)gefüllt; satt; angefüllt *(of* mit); voller; (voll)besetzt; reichlich; wimmelnd *(of* von); voll (-zählig, -ständig), völlig, voll, höchst *(Geschwindigkeit)*; unbe-, uneinge-, unumschränkt; rund(lich), voll (ausgefüllt), pausbäckig, drall; *(Stoff, Kleid)* füllig, weit, lose, locker, Falten werfend; *fig* innerlich, tief erfüllt; voller Gedanken; *adv* voll(kommen), völlig; genau, direkt; sehr, ganz; *s* volle Zahl, Größe, Ausdehnung *f*; volle(r) Betrag *m*; *the ~ (of it)* das Ganze, alles; *tr (Kleid)* raffen, fälteln, plissieren; beschweren; *at the ~* in der Fülle; *in ~* voll, ganz *adv*, in voller Höhe, in vollem Umfang, ungekürzt; voll ausgeschrieben, ausgedrückt; *in ~ blossom* in voller Blüte; *in ~ career* in vollem Lauf; *to the ~* völlig, voll u. ganz, durchaus; *(sl) ~ of beans, hops, (Am fam) prunes* lebhaft, tüchtig; *~ blast* auf vollen Touren; *~ nigh* fast, beinahe; *~ ride (Am fam)* einschließlich aller Unkosten; *~ sail* mit vollen Segeln *a. fig*; *~ steam ahead* Volldampf voraus; *~ to overflowing* bis zum Überlaufen voll; *~ up* vollbesetzt; dem Weinen nahe; *fig* satt; *~ well* sehr wohl, sehr gut *adv*; *to be in ~ swing* in vollem Gange sein; *to come to a ~ stop* plötzlich stehenbleiben; *to pay in ~* voll bezahlen; *to write in ~* ausschreiben; *half ~* halbvoll; *a ~ house (theat)* ein volles Haus; **~ age** Volljährigkeit *f*; **~-back** *(Fußball)* Verteidiger *m*; **~-blood** Vollbürtigkeit *f*; Vollblut *n*; **~-blooded** *a* vollblütig *a. fig*, (rasse-) rein; *fig* lebhaft, temperamentvoll;

full-blown kräftig; leidenschaftlich; **~~blown** *a bot* voll aufgeblüht; *fig* voll erblüht; **~~bodied** *a (Wein)* würzig, stark, schwer; **~ details** *pl* genaue Einzelheiten *f pl*; **~ dress** Gesellschaftsanzug *m*, -kleid(ung *f*) *n*; Galauniform *f*; *in ~~* in Gala; **~~dress** *attr* Gala-; **~~ rehearsal** *(theat)* Generalprobe *f*; **~ employment** Vollbeschäftigung *f*; **~~faced** *a* pausbäckig; voll zugewandt; **~~fledged** *a* flügge; *fig* voll entwickelt; selbständig; *fig* richtig (-gehend); **~~grown** *a* voll ausgewachsen; **~~hearted** *a* zuversichtlich, vertrauensvoll; **~~length** *a* in voller Größe; *(Mensch)* in Lebensgröße; ungekürzt; **~ moon** Vollmond *m*; **~~mouthed** *a* in voller Lautstärke; **~ness** ['-nis] Fülle *f*, Reichtum *m*; Vollständigkeit, Vollzähligkeit *f*; *in the ~~ of time* zur rechten Zeit; **~~page** *a* ganzseitig; **~ pay** volle(r) (Arbeits-)Lohn *m*; **~ power** Vollastleistung *f*; Vollgas *n*; **~ professor** ordentliche(r) Professor *m*; **~~rigged** *a mar* voll betakelt; *allg* voll ausgerüstet, bestückt; **~~scale, ~size** in voller, in Lebensgröße; Voll-; **~ speed** *s* Volldampf *m*; *a* mit voller Kraft, mit Höchstgeschwindigkeit; **~ stop** Punkt *m*; **~ swing**: *in ~~* in vollem Gang; **~ text** volle(r) Wortlaut *m*; **~~time** ganztägig; hauptamtlich, vollberuflich; **~ turn** Kehrtwendung *f*; **~~track vehicle** Gleiskettenfahrzeug *n*; **~y** *adv* reichlich; ausführlich; völlig, ganz, vollständig, durchaus; genau; *(bei Zahlangabe)* gut, mindestens, mehr als; *to be ~~ booked* ausverkauft sein; **~~-fashioned** *(Strumpf)* formgerecht; **~~ resolved** fest entschlossen; **2.** *itr* walken; **~er** ['-ə] Walker *m*; **~~'s earth** Bleich-, Füllererde *f*; **~~'s herb** gemeine(s) Seifenkraut *n*; **~ing-mill** ['-iŋ 'mil] Walkmühle *f*.
fulmar ['fulmə] Eissturmvogel *m*.
fulminat|e ['fʌlmineit] *itr fig* donnern, wettern *(against* gegen); *tr* explodieren lassen; donnern, wettern gegen; *(Bann)* schleudern; *s chem* Knallverbindung *f*; *~~ of mercury* Knallquecksilber *n*; **-ing** ['-iŋ] *a* Knall-; donnernd; *~~ cotton* Schießbaumwolle *f*; *~~ powder* Knallpulver *n*; **-ion** [-'neiʃən] Donnern, Krachen *n*; Explosion *f*, Knall *m*; *fig* laute(s) Fluchen; Wettern *n*.
fulsome ['fulsəm] *(Lob, Schmeichelei)* übertrieben, widerlich.
fumb|le ['fʌmbl] *itr (to ~~ about)* (herum)fummeln, -tasten, -suchen *(for* nach; *at* an); ungeschickt sein mit; *tr*

tasten nach; linkisch handhaben, ungeschickt umgehen *(s.th.* mit etw); verpatzen; *(bes. Ball)* fallen lassen, vermasseln; **-er** ['-ə] Tolpatsch, ungeschickte(r) Mensch *m*; **-ing** ['-iŋ] unbeholfen, täppisch, linkisch.
fum|e [fju:m] *s meist pl (bes. unangenehmer, lästiger)* Rauch, Dampf, Dunst, Schwaden *m*, Gas *n*; *sing* Aufregung *f*, Ärger *m*; *itr* rauchen, dampfen, verdampfen, verdunsten; *fig* sich aufregen, sich ärgern; aufgebracht, wütend sein, toben *(about, over* über); *tr (Eichenholz)* räuchern; **-igate** ['fju:migeit] *tr* ausräuchern; entwanzen, entlausen; **-igation** [fju:mi'geiʃən] Ausräucherung; Entwanzung Entlausung *f*; **-ing** ['-iŋ] erregt, aufgebracht, ärgerlich; *~~ with rage* vor Wut schäumend.
fun [fʌn] Vergnügen *n*, Belustigung *f*; Spaß, Scherz *m*; *(only) for ~, in ~* (nur) zum Spaß; *for the ~ of it* spaßeshalber; *to be (great) ~* (viel) Spaß machen; *to have ~ with s.th.* Spaß an etw haben; *to make ~ of s.o., to poke ~ at s.o.* jdn auslachen, lächerlich machen, zum besten halten; *like ~ (Am sl)* denkste! *he's ~* er ist ein netter Kerl.
function ['fʌŋkʃən] *s* Funktion, Tätigkeit, Verrichtung, Wirksamkeit *f*; Zweck *m*; Arbeitsweise; Beschäftigung, Dienstleistung, -stellung *f*, Beruf *m*; Tätigkeit; *math* Funktion *f*; Amt *n*, Obliegenheit, Aufgabe, Pflicht, Verpflichtung; öffentliche Veranstaltung, Feier(lichkeiten *f pl*) *f*; *pl* Aufgaben *f pl*; *itr* funktionieren, laufen; in Betrieb, in Ordnung sein, *fam* klappen; arbeiten, tätig sein *(as* als); **-al** ['-l] *physiol* funktionell; funktional; zweckmäßig, praktisch; offiziell, amtlich; *~~ building* Zweckbau *m*; *~~ disorder (med)* Funktionsstörung *f*; **-ary** ['-əri] Beamte(r); *pol* Funktionär *m*.
fund [fʌnd] *s* Vorrat, Schatz; *fin* Fonds *m*, Kapital *n*, Kasse *f*; *pl* Verfügung stehende Gelder, Geldmittel *n pl*, Kapital *n*; Staatspapiere *n pl*, -anleihen *f pl*, -schuld *f*; *tr (Geld)* anlegen, investieren; kapitalisieren; *(Anleihe, Staatsschuld)* konsolidieren, fundieren; *out of ~s* mittellos; *without ~s in hand* ohne Deckung; *to be out of ~s* schlecht bei Kasse sein; *to raise ~s* Gelder, Mittel aufbringen *od* beschaffen; *insufficient ~s (pl)* ungenügende Deckung *f*; *operating ~* Betriebsmittel *n pl*; *original ~s (pl)* Stammkapital *n*; *trading, working ~* Betriebskapital *n*; *~ of a company* Gesellschaftskapital *n*.

fundament ['fʌndəmənt] Gesäß n; **~al** [fʌndə'mentl] grundlegend, fundamental, Grund-; wesentlich (to für); hauptsächlich; Wesens-, Haupt-; phys mus Grund-; s meist pl Grundlage, Basis f; Grundzüge m pl; Hauptsachen f pl; sing phys mus Grundton m; **~ bass** (mus) Grundbaß m; **~ note** Grundton m; **~alism** [fʌndə'mentəlizm] rel Fundamentalismus m, Orthodoxie f.

funeral ['fju:nərəl] a Beerdigungs-, Begräbnis-, Leichen-, Trauer-; s Beerdigung f, Begräbnis n, Beisetzung f; (~ procession, cortege) Leichenbegängnis n, Leichen-, Totenfeier f; (~ procession) Leichenzug m, Trauergefolge n; ~ **expenses** pl Begräbniskosten pl; ~ **march** Trauermarsch m; ~ **pile, pyre** Scheiterhaufen m.

funereal [fju(:)'niəriəl] a Leichen-, Trauer-; traurig, düster, unheilvoll.

fungible ['fʌndʒibl] a jur ersetzbar, vertretbar; s ersetzbare Sache f.

fungicide ['fʌndʒisaid] Schwamm-, Pilzvernichtungsmittel n; **~oid** ['fʌŋgɔid] pilzartig; **~ous** ['fʌŋgəs] pilz-, schwammartig; med fungös; Pilz-, Schwamm-; fig pilzartig; **~~ flesh** wilde(s) Fleisch n; **~us** ['fʌŋgəs] pl -i ['fʌŋgai, -dʒi, -dʒai] u. -es; Pilz, Schwamm; med Schwamm(gewächs n) m, Krebsgeschwulst f.

funicular [fju(:)'nikjulə] seilartig; Seil-; **~~ railway** Seilbahn f.

funk [fʌŋk] s sl Schiß m, Mordsangst f (of vor); Angsthase, Hasenfuß m, Memme f, Feigling, Drückeberger m; tr sl Schiß haben, sich drücken vor, sich vorbeidrücken an; bange machen; itr sl u. to be in a ~ Schiß, Angst haben, sich drücken; he is in a ~ ihm schlottern die Knie; he got into a ~ ihm fiel das Herz in die Hose(n); a blue ~ ein Mordsschiß; **~~hole** Heldenkeller, Unterstand; Druckposten m; **~y** ['-i] feige.

funnel ['fʌnl] Trichter; mar rail Schornstein; Rauchfang, -abzug; Licht-, Luftschacht m.

funny ['fʌni] a lustig, spaßig, ulkig, drollig, amüsant; unwohl; unerwartet; (Geschäft) unehrlich, faul; fam komisch, sonderbar; Am sl verrückt (for nach, auf); s fam komische Bemerkung f, Witz m; s pl Am (Zeitung) Witzecke f, bes. Comic Strips pl; **~~bone** anat Musikantenknochen m; ~ **paper** Am Witzblatt n.

fur [fə:] s Fell n; Pelz m; Pelztiere n pl; Belag (auf der Zunge); Kessel-, Weinstein; (in e-r Flasche) Satz m; pl Pelz-, Rauchwerk n, -waren f pl; tr mit Pelz füttern; verbrämen; itr sich (mit e-m Belag) überziehen; Kesselstein bilden; to make the ~ fly (fig) Staub aufwirbeln; Streit anfangen; ~ **coat** Pelzmantel m; **~~lined** a pelzgefüttert; **~red** [-d] a pelzgefüttert, -besetzt; (Zunge) belegt; mit Kessel- od Weinstein überzogen.

furbelow ['fə:bilou] s Falbel f; pl pej Flitterkram, Putz m; tr fälbeln.

furbish ['fə:biʃ] tr blank putzen, polieren; (to ~ up) aufpolieren a. fig; auffrischen; **~er** ['-ə] Polierer m.

furcat|e ['fə:keit] itr sich gabeln; a [a. -kit] gegabelt; **~ion** [fə:'keiʃən] Gabelung f.

furious ['fjuəriəs] wütend; heftig, wild; fast and ~ wild, toll, ausgelassen.

furl [fə:l] tr (Flagge) auf-, zs.rollen u. festmachen; (Segel) raffen; (Vorhang) aufziehen; (Schirm) zumachen; zs.-klappen, falten.

furlong ['fə:lɔŋ] Achtelmeile f (201 m).

furlough ['fə:lou] s Urlaub m; tr Am u. to grant ~ to Urlaub bewilligen dat; on ~ auf Urlaub; men on ~ Urlauber m pl.

furnace ['fə:nis] Heizraum; Brenn-, Schmelz-, Hochofen; Heizkessel, Ofen; fig Backofen m; fig Feuerprobe f; tried in the ~ auf Herz und Nieren geprüft; blast ~ Hochofen m; ~ **coke** Zechenkoks m; ~ **throat, top** tech Gicht f.

furnish ['fə:niʃ] tr versehen, versorgen, beliefern, ausrüsten, ausstatten (with mit); einrichten, möblieren; liefern, beschaffen; to ~ proof den Beweis erbringen; den Nachweis führen; to ~ security Sicherheit leisten; **~er** ['-ə] Lieferant m; **~ and upholsterer** Dekorateur m; **~ing** ['-iŋ] Lieferung f, Einrichtung, Ausstattung, Möblierung f; pl Einrichtung(sgegenstände m pl), Inneneinrichtung (e-s Hauses), Ausstattung f; Mobiliar n, Möbel pl; Am Installation f; Kleidung(sstücke n pl) f; **~~ fabrics** (pl) Möbelstoffe m pl.

furniture ['fə:nitʃə] Möbel n pl, Mobiliar n, Hausrat m; tech Ausrüstung f, Beschläge; typ (Format-)Stege m pl; a piece of ~ ein Möbelstück n; a set of ~ e-e Möbelgarnitur f; ~ and fixtures Einrichtungsgegenstände m pl; office ~ Büromöbel n pl; ~ **dealer** Möbelhändler m; ~ **polish** Möbelpolitur f; ~ **van** Möbelwagen m.

furr|ier ['fʌriə] Kürschner; Pelzhändler m; **~iery** ['-əri] Kürschnerei f; Pelzhandel m; Pelz-, Rauchwerk n, -waren f pl; **~ing** ['fə:riŋ] Pelzwerk n, Pelze m pl; tech Kesselstein m; Kru-

furrow 410 **fuzzy**

stenbildung *f*; *med* Belag *m (e-r Zunge)*; *mar* Bekleidung (e-s Schiffes); *arch* Füllung, Einlage *f*.
furrow ['fʌrou] *s* (Acker-)Furche, (Wagen-, Rad-)Spur, Rinne; Furche *(im Gesicht)*, Runzel *f*; *poet* Acker *m*; Querrinne *(auf der Straße)*; *geog* Bodenfalte; *tech* Rille, Riefe, Nut; *arch* Hohlkehle *f*; *tr* (zer)furchen; auskehlen, riefeln; *(das Meer)* durchfurchen; *(Acker)* pflügen; *itr* sich runzeln, Runzeln bekommen.
furry ['fəːri] *a* Pelz-; pelzbedeckt, e-n Pelz tragend; pelzbesetzt; pelzartig.
further ['fəːðə] *a* weiter (entfernt), entfernter; weiter, ferner, zusätzlich; *adv* weiter, ferner (weg); ferner, weiterhin, des weiteren, darüber hinaus; überdies, noch dazu; mehr, in höherem Maße; *tr* (be)fördern, unterstützen; vorwärts-, weiterbringen; *till ~ notice* bis auf weiteres; *I'll see you ~ first (fam)* das kommt nie in Frage; **~ance** ['-rəns] Förderung, Unterstützung; Hilfe *f*; **~more** ['-'mɔː] *adv* überdies, darüber hinaus, des weiteren, ferner; **~most** ['-moust] *a* entferntest, weitest; **~ particulars** *pl* nähere Einzelheiten *f pl*.
furthest ['fəːðist] *a* fernst, entferntest, weitest; spätest; *adv* am weitesten weg *od* entfernt; am meisten.
furtive ['fəːtiv] verstohlen, heimlich; diebisch; **~ness** ['-nis] Heimlichkeit *f*.
furuncle ['fjuərʌŋkl] *med* Furunkel *m*; **~ulosis** [fjuərʌŋkjuˈlousis] Furunkulose*f*.
fury ['fjuəri] Wut, Raserei *f*; Wutanfall, -ausbruch *m*; Heftigkeit, Wildheit *f*; Jähzornige(r) *m*, Furie *f*; *to be in a ~* wütend sein; *to fly into a ~* in Wut geraten; *like ~* wie wild.
furz|e [fəːz] *bot* (Stech-)Ginster *m*.
fuse [fjuːz] **1.** *tr el* schmelzen; *fig* (sich) verschmelzen; *pol Am* e-e Koalition eingehen; *tr fig* fusionieren; *itr el (Sicherung)* durchbrennen; *s el* Sicherung *f*; *the ~ has blown out* die Sicherung ist durchgebrannt; **~-box** Sicherungskasten *m*; **2.** *s tech chem mil* Zünder *m*, Zündschnur *f*.
fusee [fjuːˈziː] Windstreichholz; (Sturm-)Feuerzeug *n*; *rail* Signallaterne; Schnecke *f* (in alten Uhren).
fuselage ['fjuːzilidʒ] *aero* Rumpf *m*.
fusel oil ['fjuːzlˈɔil] *chem* Fuselöl *n*.
fusib|ility [fjuːzəˈbiliti] (leichte) Schmelzbarkeit *f*; **~le** ['fjuːzibl] (leicht) schmelzbar; **~~ wire** Schmelzdraht *m*.
fusilier [fjuːzi'liə] *mil* Füsilier *m*.
fusillade [fjuːziˈleid] *s* Gewehrfeuer *n*; Salve; standrechtliche Erschießung *f*;

fig Hagel *m (von Fragen)*; *tr* niederschießen; standrechtlich erschießen.
fusion ['fjuːʒən] Schmelzen *n*; Verschmelzung *a. fig*, Legierung *f*; *(Sicherung) el* Durchbrennen *n*; *fig* Vereinigung; *com* Fusion; *pol* Koalition *f*; **~ bomb** Wasserstoffbombe *f*; **~ point** Schmelzpunkt *m*; **~ welding** Schmelzschweißen *n*.
fuss [fʌs] *s* Aufregung, Nervosität *f*; Getue, Wesen *n*; (sinnlose) Geschäftigkeit *f*; Nervenbündel *n* (Person); *itr* sich aufregen *(about, over* über); sich viele Umstände machen; Lärm, Aufhebens machen; *tr fam* nervös, verrückt machen; *to ~ around* herumwirtschaften; *to ~ with s.th.* nervös an etw herummachen; *to make a (great) ~* (viel) Wind, Theater, Aufhebens machen *(about s.th.* um etw); *of s.o.* viel Wesens um jdn machen; *don't make so much ~* mach kein Theater! *stop ~ing!* sei nicht so nervös! **~-budget** *Am fam* ewig unzufriedene(r) Mensch; G(e)schaftlhuber *m*; **~ed-up** *a Am fam* aus der Fassung, in Verlegenheit; aufgedonnert; **~iness** ['-inis] Betriebsamkeit *f*; **~-pot** Umstandskrämer *m*; **~y** ['-i] aufgeregt, nervös; geschäftig; schwer zufriedenzustellen(d); umständlich; *(Kleider)* aufgedonnert; *to be ~~ about s.th.* mit etw heikel, wählerisch sein.
fustian ['fʌstiən, *Am* 'fʌstʃən] *s* Barchent; *fig* Schwulst *m*; *a aus* Barchent; *fig* schwülstig.
fustigate ['fʌstigeit] *tr* (ver)prügeln.
fust|iness ['fʌstinis] Modergeruch *m*, Muffigkeit *f*; **~y** ['fʌsti] mod(e)rig, muffig; schal; *fig* veraltet.
futil|e ['fjuːtail] nutzlos, vergeblich, unnütz; unerheblich, unwichtig, nebensächlich; oberflächlich; **~ity** [fjuː(ː)ˈtiliti] Nutz-, Wert-, Wirkungslosigkeit; Oberflächlichkeit; Kleinigkeit *f*.
futur|e ['fjuːtʃə] *a* (zu)künftig, kommend, bevorstehend; *s* Zukunft *f*; Aussichten *f pl*; *gram (~~ tense)* Futur(um) *n*; *pl* Termingeschäfte *n pl*; *for the ~~, in (the) ~~* in Zukunft; *in the near ~~* in naher Zukunft; *~~ life (rel)* Leben *n* nach dem Tode; *~~ market* Terminmarkt *m*; **~-ism** ['-rizm] *(Kunst)* Futurismus *m*; **~ity** [fjuː(ː)ˈtjuəriti] Zukunft *f*; *das* Zukünftige.
fuzz [fʌz] *s* (Feder-, Woll-)Flocken *f pl*; Flaum; *Am sl* Polizist *m*; *tr itr* (sich) mit Flaum bedecken; zer-, ausfasern, **~y** ['-i] *a* flockig, flaumig; flaumbedeckt; kraus; unklar.

G

G [dʒi:] *pl* ~'s G, g *n a. mus*; *Am sl* tausend Dollar *m pl*; *Am (Schule)* Gut *n*; **~ flat** Ges *n*; **~ major** G-Dur *n*; **~-man** *Am* Geheimpolizist *m*; **~ minor** g-Moll *n*; **~ sharp** Gis *n*.

gab [gæb] *itr fam* plappern, schwatzen, plaudern, schnattern; babbeln; *s fam* Geschnatter; Gebabbel *n*; *to have the gift of (the)* ~ *(fam)* ein gutes Mundwerk haben; *tr (schnell)* daherreden; **~ble** ['gæbl] *itr* schnattern, plappern, durcheinanderreden; *tr (schnell)* daherreden; *s* Geschnatter, Geplapper *n*; **~bler** ['gæblə] Schwätzer *m*; **~by** ['-i] *Am fam* geschwätzig, schwatzhaft.

gabardine ['gæbədi:n] Gabardine *m*.
gabion ['geibjən] *mil* Schanzkorb *m*.
gable ['geibl] Giebel *m*; (~-*end*) Giebelwand *f*; **~ roof** Giebeldach *n*.
gaby ['geibi] *fam* Trottel, Tropf *m*.
gad [gæd] *itr (meist: to* ~ *about)* planlos umherwandern, herumstreichen; umherschweifen, herumlungern; *auf Abenteuer ausgehen; on the* ~ *(Vieh)* unruhig; *fig* immer in Bewegung; *interj*: **by** ~ bei Gott! **~about** ['-əbaut] *s fam* Nichtstuer *m*.
gadfly ['gædflai] Viehbremse *f*; *fig* Störenfried, Quäl-, Plaggeist *m*.
gadget ['gædʒit] *fam* Vorrichtung, sinnreiche Einrichtung *f*; Teilchen *n*; Trick, Kniff *n*, Ding *n* mit 'nem Pfiff; Ding(s) *n*; *pl* Krimskrams *m*.
Gael [geil] Gäle *m*; **~ic** ['-ik] *a* gälisch; *s* (das) Gälisch(e).
gaff [gæf] **1.** *s* Fischhaken *m*; Harpune; *mar* Gaffel *f*; **2.** *sl s* Rummelplatz; (*penny* ~) Tingeltangel *m u. n*; Trick *m*; *tr* beschwindeln, 'reinlegen, anführen; **3.** *sl* Quatsch, Blödsinn *m*; *to blow the* ~ *(sl)* die Sache verpfeifen; *to stand the* ~ *(Am sl)* sich nicht unterkriegen lassen; **~er** ['-ə] Gevatter; *fam* (Zirkus-)Direktor; *film* Chefbeleuchter; Vorarbeiter *m*.
gag [gæg] **1.** *s* Knebel *m*; (~-*bit*) Kandare *f*; *fig* Maulkorb; *parl* Schluß *m* in der Debatte; *theat* Einschiebsel *n*, Improvisation, witzige Zwischenbemerkung *f* (*e-s Schauspielers*); witzige(r) Einfall; *sl* Schwindel *m*; *tr* würgen; knebeln; den Mund stopfen (*s.o.* jdm), mundtot machen; *parl* das Wort entziehen (*s.o.* jdm); *tech* verstopfen, verschließen; *sl* beschwindeln; *itr theat* e-e witzige Zwischenbemerkung machen, e-n Witz, Spaß machen, ulken; improvisieren; ersticken, würgen (*on s.th.*

an *etw*); *sl* schwindeln; **~(s)man** *theat film* Verfasser *m* witziger Zwischenbemerkungen.

gaga ['gɑ:gɑ:] *a sl* plemplem, meschugge; *to go* ~ *over s.o.* in jdn vernarrt sein.
gage [geidʒ] **1.** *s* Pfand *n*, Bürgschaft, Sicherheit *f*; Fehdehandschuh *m*; Herausforderung *f*; *tr* verpfänden; *to* ~ *up (Am sl)* wütend werden; *to throw down the* ~ *to s.o.* jdm den Fehdehandschuh hinwerfen; **2.** *s.* *gauge*; **~rs** ['-əz] *pl Am sl* Gucker *pl*.
gaggle ['gægl] *itr (Gans)* schnattern.
gaiety ['geiəti] Heiterkeit, Fröhlichkeit, Freude *f*; *meist pl* Festlichkeiten *f pl*; Pracht *f*, Putz *m*; **~ly** *adv s.* gay.
gain [gein] *s* Gewinn, Zuwachs *m*; Verbesserung *f*, Fortschritt, Vorteil, größere(r) Nutzen, Profit; Erwerb, Verdienst *m*, Einkommen *n*; *pl* Einkünfte *pl*; *radio* Verstärkung *f*; (Uhr) Vorgehen *n*; *tr* gewinnen, (sich) erwerben, verdienen; erreichen; erlangen; (Geld) einbringen; *itr (Kräfte, an Gewicht)* zunehmen; vorankommen, Fortschritte machen; sich (ver)bessern; näherkommen, herankommen (*on, upon* an); e-n Vorteil erlangen (*on* über); Vorsprung gewinnen (*on, upon* vor); sich ausbreiten auf Kosten (*on* von); *(See)* vorrücken (*on the land* gegenüber dem Land); *(Uhr)* vorgehen; *mot* aufholen; *to* ~ *over (Menschen)* für sich gewinnen, auf s-e Seite ziehen; *for* ~ zu Erwerbszwecken; *aus Gewinnsucht*; *to* ~ *a footing* festen Fuß fassen; *to* ~ *ground (fig)* Boden gewinnen, Fortschritte machen; sich durchsetzen; *to* ~ *the upper hand* die Oberhand gewinnen, siegen; *to* ~ *speed* schneller werden; Fahrt aufnehmen; *to* ~ *time* Zeit gewinnen; *to* ~ *weight* (an Gewicht) zunehmen; *clear* ~ Reingewinn *m*; *love of* ~ Gewinnsucht *f*; ~ *in weight* (Gewichts-)Zunahme *f*; **~er** ['-ə] Gewinner; *Am (Schwimmen)* Auerbachsprung *m*; *to be the* ~~ gewinnen; **~ful** ['-ful] einträglich, gewinnbringend; *Am* bezahlt; ~~ *occupation (Am)* Erwerbstätigkeit *f*; **~ings** ['-iŋz] *pl* Gewinn(e *pl*) *m*, Ertrag *m*.
gainsay [gein'sei] *a. irr* ~said, ~said *tr arch lit* (ab)leugnen, abstreiten; widersprechen (*s.o.* jdm).
gait [geit] Gang *m*; Haltung; *bes. Am (Pferd)* Gangart *f*.
gaiter ['geitə] Gamasche *f*.
gal [gæl] *Am sl* Mädchen *n*, Kleine *f*.

gala ['gɑːlə, 'geilə] *s* Fest(lichkeit *f*) *n*, Feier *f*; *attr* festlich; Gala-.

galact|ic [gə'læktik] *a scient* Milch-; *astr* galaktisch, Milchstraßen-; **~ometer** [gælæk'tɔmitə] Milchmesser *m*, -waage *f*.

galantine ['gælənti:n] gewickelte(s) Kalbfleisch *od* Huhn *n* in Gelee.

galaxy ['gæləksi] *astr* Milchstraße *f*; *fig* glänzende Gesellschaft; erlesene Schar *f*.

gale [geil] **1.** steife Brise *f*, steife(r) *od* stürmische(r) Wind; Sturm; *poet* frische(r) Wind; *fig* Ausbruch, Sturm *m*; *Am fam* Erregung; allgemeine Heiterkeit *f*; *it is blowing a* ~ es stürmt; *~ of laughter* schallende(s) Gelächter *n*; **~ warning** Sturmwarnung *f*; **2.** *jur* Pacht-, Zinszahlung *f*; **3.** *bot* Heidemyrthe *f*.

galena [gə'liːnə] *min* Bleiglanz *m*.

galipot ['gælipɔt] Fichtenharz *n*.

gall [gɔːl] **1.** *s physiol* Galle; Galle(nblase) *f*; Bittere(s) *n*; (Gefühl *n* der) Bitterkeit *f*, Groll; Haß *m*; *Am fam* Unverschämtheit, Frechheit *f*; **~bladder** Gallenblase *f*; **~stone** Gallenstein *m*; **2.** *s* wund(geriebene) Stelle *f*, Wolf; *fig* Ärger *m*, Qual; *fig* schwache(r) Stelle *f od* Punkt *m*; *tr* wundreiben; *fig* reizen, ärgern, quälen; **3.** (*~nut*) Gallapfel *m*; **~fly** *zoo* Gallwespe *f*.

gallant ['gælənt] *a* prächtig; stattlich; tapfer; [selten: gə'lænt] galant; Liebes-; *s* [selten: gə'lænt] Held; Galan; Liebhaber; Geliebte(r) *m*; **~ry** ['-ri] Tapferkeit; Ritterlichkeit, Galanterie; Liebesaffäre *f*.

galleon ['gæliən] *mar hist* Galeone *f*.

gallery ['gæləri] *arch theat* (*Kunst*) Galerie *f*; *theat* 3. Rang *m*; Tribüne, Empore; Kolonnade, Säulenhalle *f*, -gang; Korridor, (Lauf-)Gang; *zoo* Gang; *mil* Schießstand; *min* Stollen; Tunnel *m*; *sport* Zuschauer *m pl*; *Am* Veranda *f*; *to play to the ~ (theat)* Effekthascherei treiben.

galley ['gæli] *mar hist* Galeere; Kombüse, Schiffsküche *f*; (großes) Ruderboot; *typ* (Setz-)Schiff *n*; **~proof** *typ* Fahnenabzug *m*; **~slave** *hist* Galeerensklave *m*; *fig* Packesel *m*.

Gallic ['gælik] *hist* gallisch; französisch; *g~* (*chem*) gallensauer; *g~ acid* Gallensäure *f*; **g~ism** ['gælisizm] Gallizismus *m*.

gallipot ['gælipɔt] **1.** *pharm* Salbentopf *m*; **2.** *s. galipot*.

gallivant [gæli'vænt] *itr* (herum)flirten, auf Abenteuer ausgehen.

gallon ['gælən] Gallone *f* (*Hohlmaß*; 4,54, *Am* 3,78 *l*).

galloon [gə'luːn] Borte; Tresse *f*.

gallop ['gæləp] *s* (*Pferd*) Galopp *m a. fam allg*; *itr u. to ride at a* ~ galoppieren; *allg* fliegen, sausen; *tr* galoppieren lassen; *at a* ~ im Galopp; *to break into a* ~ in e-n Galopp fallen.

gallows ['gælouz] *pl meist mit sing* Galgen *m*; Erhängen *n*; **~bird** Galgenvogel *m*.

galluses ['gæləsiz] *pl Am fam* Hosenträger *m*.

galore [gə'lɔː] *adv* in Hülle und Fülle.

galosh [gə'lɔʃ] Gummi-, Überschuh *m*.

galumph [gə'lʌmf] *itr fam* einherstolzieren.

galvan|ic [gæl'vænik] *el* galvanisch; **~ism** ['gælvənizm] Galvanismus *m*; **~ization** [gælvənai'zeiʃən] Galvanisierung *f*; **~ize** ['gælvənaiz] *tr* galvanisieren, verzinken; *med* elektrisieren; *fig* aufschrecken; **~ometer** [gælvə'nɔmitə] Strom(stärke)messer *m*; **~oplastic** [gælvəno(u)'plæstik] *a* galvanoplastisch; *s pl* Galvanoplastik *f*; **~oscope** [gæl'vænəskoup, '-] Galvanoskop *n*.

gambit ['gæmbit] (*Schach*) Gambit *n*; *fig* Schachzug *m*, Eröffnungsmanöver *n*.

gambl|e ['gæmbl] *itr* (um Geld) spielen (*for high stakes* um hohe Einsätze); *fig* ein Risiko auf sich nehmen, etw riskieren, wagen; spekulieren; *to ~ with s.th.* etw auch Spiel setzen; *tr* (*to ~ away*) verspielen; (ver)wetten; *s* gewagte(s) Spiel, Risiko *n*; Wette *f*; Glücksspiel *n*; Spekulation *f*; *to ~ on a fall, on a rise* auf Baisse, Hausse spekulieren; **~er** ['-ə] Spieler; Spekulant *m*; **~ing** ['-iŋ] *s* Spielen; gewagte(s) Spiel; Spekulieren *n*; **~debts** (*pl*) Spielschulden *f pl*; **~den**, **-hell** Spielhölle *f*; **~house** Spielsaal *m*.

gamboge [gæm'buːʒ] Gummigutt *n*.

gambol ['gæmbəl] *s* Luftsprung *m*, *meist pl* Umhertollen *n*; *itr* umherspringen, tollen.

game [geim] **1.** *s* Spiel *n*, Belustigung, Unterhaltung *f*, Zeitvertreib *m*; *sport* Spiel *n*; Runde, Partie *f*; (für den) Sieg (nötige Punktzahl *f*); Spielstand *m*; (für ein) Spiel (notwendige Ausrüstung *f*); *fig* Spiel *n*, Machenschaften *f pl*; Wild(bret); *fam* Opfer *n* (das man sucht); Kniff, Schlich *m*; *sl* Risiko *n*; *fig Am* Schneid; *pl (Schule)* Sport *m*; *a* Wild-; *fam* tapfer, wacker, nicht bange; *fam* aufgelegt, bereit, zu gebrauchen(d) (*for zu*; *to do* zu tun); *itr* spielen; *tr* verspielen; *to be ~ for anything* zu allem zu ge-

brauchen, für alles zu haben sein; bei allem mitmachen; *to be on (off) o.'s* ~ (nicht) in Form sein; *to give the* ~ *away (fam)* die Stellung verraten; *to have the* ~ *in o.'s hands* den Sieg in der Tasche haben; *to make* ~ *of s.o.* jdn zum besten haben; sich über jdn lustig machen; *to play a losing* ~ für e-e verlorene Sache eintreten; *to play the* ~ sich an die Regeln halten, fair spielen; *to play a winning (losing)* ~ (keine) Aussichten haben; *to put up a* ~ *fight (sport)* tapfer kämpfen; *the* ~ *is up (fig)* das Spiel ist aus; *the* ~ *is not worth the candle* die Sache ist nicht der Mühe wert; *big* ~ Großwild; *fam* hohe(s) Spiel *n*; *fair* ~ jagdbare(s) Wild; *fam (Mensch)* passende(s) Opfer *n*; *the Olympic G-s* die Olympischen Spiele *n pl*; ~ *of chance, of skill* Glücks-, Geschicklichkeitsspiel *n*; *a* ~ *of chess* e-e Partie Schach; **~bag** Jagdtasche *f*; **~cock** Kampfhahn *m*; **~keeper** Wildhüter *m*; **~laws** *pl* Jagdrecht *n*; **~licence** Jagdschein *m*; **~ness** ['-nis] Tapferkeit *f*; **~preserve** Wildpark *m*; **~s-master, -mistress** Sportlehrer (-in *f*) *m*; **~some** ['-səm] spielerisch; sportlich; lustig; **~ster** ['-stə] Spieler *m*; **~warden** *Am* Jagdaufseher *m*; **2.** *a (bes. Bein)* lahm; verkrüppelt.
gaming ['geimiŋ] (Glücks-)Spiel, Spielen *n (um Geld)*; **~house** Spielhölle, -bank *f*; **~table** Spieltisch *m*.
gammer ['gæmə] alte(s) Müttterchen *n*.
gammon ['gæmən] **1.** *s* gesalzene(r) *od* geräucherte(r) Schinken *m*; Speckseite *f*; *tr* räuchern; (ein)salzen; **2.** *s* Doppelsieg *m* im Puffspiel *(back-)*; *mar* Bugspriet(befestigung *f*) *m*; *tr* e-n Doppelsieg im Puffspiel erringen gegen; **3.** *s fam* Blödsinn *m*, Flunkerei *f*; *itr* dumm quatschen, flunkern; *tr* etw vorflunkern, -machen (*s.o.* jdm); beschwindeln, foppen.
gamp [gæmp] *Br fam* Mussspritze *f*, *(bes. großer)* Regenschirm *m*.
gamut ['gæmət] Tonleiter *f*; *fig* Skala *f*.
gander ['gændə] *s* Ganter, Gänserich; *fig* Dussel, Depp; *Am sl* Blick *m*; *itr Am sl* blicken *(at* nach); *to take a* ~ *(sl)* e-n Blick werfen *(at* auf).
gang [gæŋ] *s (Menschen)* Gruppe, Abteilung; Gesellschaft; Clique; *(Arbeiter)* Rotte, Kolonne *f*; *(Gefangene)* Trupp *m*; *(Verbrecher)* Bande *f*; *(Werkzeug)* Satz *m*; *itr (to* ~ *up)* e-e Gruppe, Rotte, Bande bilden *(on* gegen); *tr radio* abgleichen; *interj (~way)* Platz, bitte! **~board, -plank** Laufplanke *f*, -steg *m*; **~er** ['-ə] Rottenführer, Vorarbeiter *m*; **~ster** ['-stə] (Angehöriger e-r) Verbrecher(bande) *m*; **~way** ['-wei] Gang *(zwischen Sitzreihen)*; Korridor *m*; *min* Strecke; *mar* Laufplanke *f*, -steg; *aero* Durchgang *m*; *to clear the* ~~ Platz machen; **~work** Serienfabrikation *f*.
ganglion ['gæŋgliən] *pl a. ganglia* [-ə] *anat* Nervenknoten *m*, Ganglion; *med* Überbein, Ganglion; *fig* Kräftezentrum *n*, Knotenpunkt *m*.
gangren|e ['gæŋgri:n] *s med* Gangrän(e *f*) *n*, Brand *m*; *tr* brandig machen, werden; **~ous** ['-inəs] *med* brandig.
gannet ['gænit] *zoo* Tölpel *m*.
gantry ['gæntri] *tech* Gerüst *n*, Bock *m*; *rail* Signalbrücke *f*.
gaol [dʒeil] *s. jail.*
gap [gæp] *s* Lücke *f*, Spalt(e *f*) *m*, Loch *n*, Bresche, Öffnung *f*; Abstand *m*; (Gebirgs-)Schlucht, Klamm *f*, Paß *m*; *(Minenfeld)* Gasse; Lücke, Unterbrechung; *(Versicherung)* Wartezeit *f*; Ausea.gehen, -klaffen *n (der Ansichten, Meinungen)*; Verschiedenheit *(der Naturen)*; *tech* Aussparung, Fuge, Maulweite; *math* Nullstelle *f*; *tr* e-e Bresche schlagen, e-e Lücke reißen in; *to bridge a* ~ e-e Lücke überbrücken; *to close, to fill, to stop, to supply a* ~ e-e Lücke füllen, schließen.
gape [geip] *itr* gaffen; Mund u. Ohren aufsperren; klaffen, gähnen; anstarren *(at s.o.* jdn); *s* Gaffen; Gähnen; Staunen *n*; klaffende, große Lücke *f*; *the* ~ *(pl)* der Pips *(Geflügelkrankheit)*; *hum* Gähnanfall *m*.
garage ['gæra:ʒ, '-ridʒ, *Am* gə'ra:ʒ] *s* Garage; Großgarage *f*, Autoreparaturwerkstatt; Tankstelle *f*; Schuppen *m*, *tr (Wagen)* in die Garage stellen.
garb [ga:b] *s* Tracht, Kleidung *f*; *tr* kleiden *(in* in).
garbage ['ga:bidʒ] (Küchen-, Markt-) Abfall *m*, Abfälle *pl*, Müll *m*; *fig* Ausschuß, Schund *m*; **~can, pail** *Am* Mülleimer *m*, -tonne *f*; **~disposer** *Am* Müllschlucker *m*; **~man** *Am* Müllfuhrmann *m*.
garble ['ga:bl] *tr (Geschichte, Bericht)* durchea.bringen, entstellen.
garden ['ga:dn] *s* Garten *m a. fig*; *pl a.* Anlagen *f pl*, Park *m*; *itr* im Garten arbeiten; *a* Garten-; gewöhnlich, alltäglich; *to lead s.o. up the* ~ *(fam)* jdn hereinlegen; *flower* ~ Blumengarten *m*; *kitchen* ~ Küchen-, Gemüsegarten *m*; *market* ~ Handelsgärtnerei *f*; *vegetable* ~ Gemüsegarten *m*; **~bed** Gartenbeet *n*; **~city, suburb**

Gartenstadt f; **~-cress** Gartenkresse f; **~er** ['-ə] Gärtner m; **~-frame** Mistbeet n; **~-glass** Glasglocke; Gartenkugel f; **~ hose** Gartenschlauch m; **~ing** ['-iŋ] Gartenarbeit f, -bau m; Gärtnerei f; **~-mo(u)ld** Gartenerde f; **~-party** Gartenfest n; **~-plot** Gartengrundstück n; **~ produce** Gemüse n; **~-seat** Gartenstuhl m, -bank f; **~-stuff** Obst u. Gemüse n; **~ tools** pl Gartenwerkzeuge n pl; **~-wall** Gartenmauer f; **~-warbler** orn Gartengrasmücke f; **~-white** zoo Kohlweißling m.
gardenia [gɑ:'di:njə] bot Gardenia f.
gargantuan [gɑ:'gæntjuən] riesig, gewaltig.
gargle ['gɑ:gl] tr itr gurgeln; s Mundwasser n.
gargoyle ['gɑ:gɔil] arch Wasserspeier m.
garish ['gɛəriʃ] (Farbe) grell, schreiend.
garland ['gɑ:lənd] s Kranz m; Girlande f; tr bekränzen.
garlic ['gɑ:lik] bot Knoblauch m.
garment ['gɑ:mənt] s Kleidungsstück n; Hülle a. fig; pl Kleidung f; tr kleiden.
garner ['gɑ:nə] s Kornspeicher m, -haus n; allg Vorrat m; fig Sammlung f; tr (auf)speichern, sammeln a. fig.
garnet ['gɑ:nit] min Granat m.
garnish ['gɑ:niʃ] tr (Küche) garnieren; allg verzieren, schmücken, verschönern; jur pfänden; s Verzierung, (Küche) Garnierung f; **~ment** ['-mənt] Garnierung; Verzierung f; Schmuck m; ~ment of wages Lohnpfändung f.
garniture ['gɑ:nitʃə] Verzierung f; (Küche) Garnierung f; Ausstattung f, Zubehör(teile n pl) n, a. m.
garret ['gærət] Dachkammer f, -boden m; to be wrong in the ~ nicht ganz klar im Oberstübchen sein.
garrison ['gærisn] s mil Garnison f, Standort m; (~ town) Garnison(stadt) f; tr (Stadt, Festung) mit e-r Garnison belegen; (Truppe, Soldaten) in Garnison legen, stationieren; **~ area** Standortbereich m; **~ cap** Feldmütze f; **~ commander** Standortkommandant m; **~ headquarters** pl oft mit sing Standortkommandantur f.
garrul|ity [gæ'ru:liti] Schwatzhaftigkeit, Redseligkeit f; **~ous** ['gærʊləs] schwatzhaft; (Bach) plätschernd.
garter ['gɑ:tə] Strumpfband n; Am Sockenhalter m; (the Order of) the G~ der Hosenbandorden; **~-belt** Am Strumpfgürtel m; **~ girdle** Hüfthalter m.
gas [gæs] s Gas n, gasförmige(r) Körper m; (coal-~) (Leucht-)Gas;

mil (Gift-)Gas n; min Schlagwetter n pl; Am fam Benzin; fig sl leere(s) Gerede n; tr mit Gas versorgen; mit Gas vergiften, vergasen; sl faseln; Am sl beeindrucken, gefangennehmen; mil mit Gas angreifen; to ~ up (Am sl) aufmöbeln; mot auftanken; to be ~sed e-e Gasvergiftung haben; itr sl (to ~ away) angeben, dämlich quatschen; plaudern; to cook by ~ auf Gas kochen; to step on the ~ (Am fam) mot Gas geben a. fig; to turn on, off the ~ den Gashahn auf-, zudrehen; laughing ~ Lachgas n; mixture of ~ Gasgemisch n; **~-ateria** Am Benzinautomat m; **~ attack** mil Gasangriff m; **~-bag** (Gas-)Zelle f; fig pej Schwätzer m; **~-bracket** Gasarm m; **~-burner, -jet, -ring** (Gas-)Brenner m; **~ conduit** Gasrohr n, -leitung f; **~-cooker** Gaskocher m; **~ detector** Gasspürgerät n; **~-engine** Gasmotor; Am Benzinmotor m; Verbrennungsmaschine f; **~eous** ['geizjəs, bes. Am 'gæsiəs], **~iform** ['-ifɔ:m] gasförmig; **~ explosion** Gasexplosion f; **~-fire** Gasofen m; **~-fitter** Installateur, Rohrleger m; **~-fittings** pl Gasanlage f; **~-fixture** Gasschlauch m; **~-flame** Gasflamme f; **~ formation** Gasentwicklung f; **~ heating** Gasheizung f; **~ification** [gæsifi'keiʃən] chem Vergasung f; **~ify** ['gæsifai] tr chem vergasen; in den gasförmigen Zustand überführen; **~-lever** Gashebel m; **~-light** Gaslicht n, -beleuchtung f; **~-lighter** Gaszünder m; **~-main** Hauptgasrohr n; **~-man** Gasmann m (Kassierer); **~-mantle** (Gas-)Glühstrumpf m; **~-mask** Gasmaske f; **~ canister** Filterbüchse f; **~ drum** Filtereinsatz m; **~-meter** ['gæsmi:tə] Gasuhr f; **~ oil** Gas-, Treiböl n; **~-oline** Am **~-olene** ['gæs(ə)li:n,-'li:n] Am Benzin n; **~ gauge** Benzinuhr f; **~ tank** Benzintank m; **~-ometer** [gæ'sɔmitə] Br Gasbehälter, Gasometer m; **~-pedal** Am Gashebel m, -pedal n; **~ pipe** Gasrohr n; Benzinleitung f; **~ pressure** Gasdruck m; **~-proof, ~-tight** gassicher; **~-range, -stove** Gasherd m; **~-ser** ['-ə] Am sl s tolle(r) Witz; Aufschneider; Pfundskerl m, -sache f; ~ zum Totlachen; enorm, phänomenal; **~-shell** mil Gasgranate f; **~ station** Am Tankstelle f; ~ operator Tankwart m; **~-sy** ['-i] Gas enthaltend; gasartig; fam angeberisch; geschwätzig; ~ **tank** Am Gasbehälter, Gasometer m; Benzinbehälter m; **~ tap** Gashahn m; **~-tar** Steinkohlenteer m; ~

gas trap — **gauziness**

trap Gasschleuse *f*; **~-turbine** Gasturbine *f*; *attr* Turbo-; **~ warning, alarm** Gasalarm *m*; **~-welding** autogene(s) Schweißen *n*; **~-works** *pl mit sing*, *Am* **plant** Gasanstalt *f*, Gaswerke *n pl*.

gash [gæʃ] *s* lange, klaffende Wunde *f*, Schmiß; Hieb, Schnitt *m*; *tr* (auf-)schlitzen; e-e tiefe Wunde beibringen.

gasket ['gæskit] *tech* (Flanschen-)Dichtung; *mar* Zeising, Seising *f*.

gasp [gɑːsp] *itr* keuchen, mühsam atmen; *tr (to ~ out)* (Worte) mühsam hervorbringen; hervorkeuchen; *s* Keuchen, schwere(s) Atmen *n*; *at o.'s, at the last* **~** in den letzten Zügen; im letzten Augenblick; *to ~ for breath* nach Luft schnappen; *to ~ o.'s life away, out* sein Leben aushauchen, s-n Geist aufgeben; **~er** ['-ə] *sl* schlechte, billige Zigarette *f*, Sargnagel *m*; **~ing** ['-iŋ] keuchend; krampfhaft.

gastr|ic ['gæstrik] *scient* gastrisch, Magen-; **~~ acid** Magensäure *f*; **~~ juice** *(physiol)* Magensaft *m*; **~~ lavage** Magenspülung *f*; **~~ ulcer** Magengeschwür *n*; **~itis** [gæs'traitis] Magenschleimhautentzündung *f*.

gastro|enteritis [gæstro(u)entə'raitis] Magen-Darm-Katarrh *m*; **~-intestinal** [-in'testinəl] *a* Magen-Darm-.

gastronom|e ['gæstrənoum], **~er** [gæs'trɔnəmə], **~ist** [gæs'trɔnəmist] Feinschmecker *m*; **~ic(al)** [gæstrə'nɔmik(əl)] gastronomisch; **~y** [gæs'trɔnəmi] Gastronomie, feinere Kochkunst *f*.

gate [geit] *s* (Garten-, Stadt-)Tor *n*; (Garten-)Pforte *f*, *fig* Tor *n*, Zugang *m* *(to zu)*; (enge) Durchfahrt *f*, Durchlaß *m*; (Eng-)Paß *m*, Schlucht *f*; *tech* Einguß-trichter, Einlauf *m*; (Tor-, Bahn-)Schranke *f*; Schlagbaum *m*; (Straßen-)Sperre *f*; *phot* Filmfenster; Wehr *(in e-m Wasserlauf)*; Schleusentor *n*; Besucherzahl, Gesamteinnahme *f*; *Am sl* Entlassung *f*, Laufpaß *m*; *itr aero* mit Höchstgeschwindigkeit fliegen; *to give the ~ to s.o. (Am fam)* jdn an die Luft setzen; **~-crash** *itr tr* eindringen, ungebeten erscheinen *(in* bei); **~-crasher** Eindringling, ungebetene(r) Gast *m*; **~-house** Tor-, Pförtnerhaus *n*; **~-keeper** Torwärter, Pförtner; Schranken-, Bahnwärter *m*; **~-latch** Türriegel *m*; **~-leg(ged) table** Klapptisch *m*; **~-man** *Am rail* Schaffner *m* an der Sperre; **~-money** Eintrittsgeld *n*; **~-post** Torpfosten *m*; *between you and me and the* **~~** in strengstem Vertrauen; **~-way** Torweg *m*, Einfahrt *f*; *fig* Weg *m (to* zu).

gather ['gæðə] *tr* versammeln; zs.bringen, sammeln, anhäufen; *(Ernte)* einbringen; pflücken; *(Rost)* ansetzen; *(Geld)* einziehen, kassieren; *(Eindruck)* gewinnen; schließen *(from aus)*, den Schluß ziehen *(that* daß); entnehmen *(from aus)*; zunehmen an *(Kraft, Umfang)*; fälteln, kräuseln; *(die Stirn)* in Falten legen, runzeln; *itr* sich versammeln, zs.kommen; *(Wolken)* sich zs.-ziehen; *(Wunde)* eitern; *(Eiter)* sich zs.ziehen, e-n Kopf bilden; zunehmen, (an)wachsen; *(Stirn)* sich in Falten legen; *s* Falte *f*; *to ~ o.s. together* sich sammeln, sich konzentrieren, sich innerlich vorbereiten, sich gefaßt machen; *to ~ together* zs.lesen; *to ~ up* zs.lesen, -ziehen; *to ~ a bunch of flowers* e-n Blumenstrauß pflücken; *to ~ information* Erkundigung einziehen; *to ~ speed, way* an Geschwindigkeit zunehmen; schneller werden; **~ing** ['-riŋ] Sammeln *n*; Versammlung, (versammelte) Menge; Zs.kunft; (Geld-)Sammlung *(für wohltätige Zwecke)*; Eiterbeule *f*, Abszeß *m*; *pl* (Kräusel-)Falten *f pl*; *family* **~~** Familientreffen *n*.

gaud [gɔːd] Flitter *m*; **~iness** ['-inis] geschmacklose(r) Prunk *m*; **~y** ['-i] *a* auffällig, geschmacklos, protzig; *s* (jährliches) Festessen *n (College)*.

ga(u)ge [geidʒ] *s* Eichmaß *n*, Haupt-, Kontroll-, Gebrauchsnormale *f*; *tech* Maß *n*, Meßkörper *m*, -uhr *f*, -gefäß *n*; Lehre; *(Draht, Blech)* Dicke, Stärke *f*; Manometer *n*; Zollstock *m*; *mar* Wasserverdrängung *f*, Tiefgang *m*, Tonnage *f*; Pegel *m*; Luv-, Windseite *f*; *rail* Spurweite *f*; *mil* Kaliber; *typ* Kolumnenmaß *n*; *(Strumpf)* gg-Zahl *f*; *fig* Maß(stab *m*) *n*; *tr* eichen; lehren; kalibrieren; genau, exakt (aus)messen; *(to take the* **~** *of s.o.)* jdn beurteilen, (ab)schätzen *(by* nach); *narrow* **~** Schmalspur *f*; *standard* **~** Normalspur *f*; **~r** ['-ə] Eichmeister *m*.

Gaul [gɔːl] *hist* Gallien *n*; Gallier, Franzose *m*; **~ish** ['-iʃ] gallisch.

gaunt [gɔːnt] hager, hohlwangig, -äugig; finster, abweisend, trostlos.

gauntlet ['gɔːntlit] *hist* Fehdehandschuh; Stulpenhandschuh *m*; (Handschuh-)Stulpe *f*; *to fling, to throw down the* **~** herausfordern *(to s.o.* jdn); *to pick, to take up the* **~** die Herausforderung annehmen; *to run the* **~** Spießruten laufen *a. fig*.

gauz|e [gɔːz] *s* Gaze *f*, Flor *m*; feine(s) Drahtgeflecht *n*; (leichter) Dunst *m (in der Luft)*; *surgical* **~~** Verbandmull *m*; **~iness** ['-inis] Zartheit *f (e-s Ge-*

gauzy 416 **general delivery**

webes); **~y** ['-i] gazeartig; hauchdünn, -zart, durchscheinend.

gavel ['gævl] (kleiner) Hammer *m*.

gavotte [gə'vɔt] Gavotte *f (Tanz)*.

gawk [gɔːk] *s* Tölpel, Dämlack, Depp *m*; *tr Am* blöde anstarren; **~iness** ['-inis] Tölpelhaftig-, Tolpatschigkeit *f*; **~y** ['-i] ungeschickt, linkisch.

gay [gei] lustig, vergnügt, fröhlich, munter, lebhaft; gesellig, vergnügungssüchtig, ausschweifend, zügellos; hell, glänzend, farbenfroh, bunt; *to get ~ (Am sl)* frech werden, sich Frechheiten erlauben *(with s.o.* gegenüber jdm).

gaze [geiz] *itr* starren, glotzen *(at, on, upon* auf); anstarren, -glotzen; *s* starre(r) Blick *m*; *to stand at ~* Glotzaugen machen, *fam* in die Gegend starren.

gazebo [gə'ziːbou] Aussichtsturm *m*; Sommerhaus *n* mit weiter Sicht.

gazelle [gə'zel] *zoo* Gazelle *f*.

gazett|e [gə'zet] *s (meist in Titeln)* Zeitung *f*; Staatsanzeiger *m*; *tr* amtlich bekanntgeben, -machen; **~er** [gæzi'tiə] geographische(s) Namensverzeichnis *n*.

gear [giə] *s* Handwerks-, Werkzeug; (Pferde-)Geschirr; Gerät *n*, Ausrüstung *f*; *tech* (Gang-)Getriebe *n*, Antrieb *m*, Triebwerk *n*; *mot* Gang *m*; *(Fahrrad)* Übersetzung *f*; *tr* ausrüsten; *(Pferd)* anschirren; *(Betrieb)* abstellen *(to* auf); *tech* mit e-m Getriebe verbinden *od* versehen; in Betrieb setzen; einkuppeln; eng verbinden *(to* mit); *itr* durch ein Getriebe verbunden sein; inea.greifen; eingreifen *(into* in); zs.arbeiten *(with* mit); *in ~* in Betrieb, in Gang; eingekuppelt; *fig* in Ordnung; *out of ~* außer Betrieb; ausgekuppelt; *fig* nicht in Ordnung; *to go, to shift into low ~* den ersten Gang einschalten; *to put, to throw into ~* einschalten; auf Touren bringen *a. fig*; *to shift, to change ~* umschalten *(on a car* bei e-m Wagen); *to throw out of ~ (tech)* ausrücken; *fig* aus dem Gleichgewicht bringen; *to ~ the car down, up (mot)* e-n niedrigeren, höheren Gang einschalten; *'runter-, 'raufschalten; to ~ up (fig)* auf höhere Touren bringen; steigern; *low, second, top, reverse ~ (mot)* erste(r), zweite(r), dritte(r), Rückwärtsgang *m*; **~-box, -case** *mot* Getriebekasten *m*; **~-change** *mot* Gangschaltung *f*; **~ed** [-d] *a* Getriebe-; eingestellt *(to* auf), gerüstet *(to* für); **~ turbine** Getriebeturbine *f*; **~ing** ['-riŋ] Trieb-, Räderwerk; Getriebe *n*; Verzahnung *f*; Vorgelege *n*; *(Fahrrad)* Übersetzung *f*; **~~-lever,** *Am* **~-shift** Schalthebel *m*; **~ oil** Getriebeöl *n*;

~ rim Zahnkranz *m*; **~~-wheel** Zahn-, Getrieberad *n*.

gee [dʒiː] **1.** *interj (~ up)* hott! *s (~~)* Hottehü, Hotto, Pferdchen *n*; *Am sl* Bursche *m*. **2.** *interj (~ whiz) Am* du lieber Himmel! du meine Güte!

geezer ['giːzə] *sl* Mummelgreis *m*; alte Oma *f*; *Am sl* Schluck *m* Schnaps.

Geiger counter ['gaigə'kauntə] *el* Geigerzähler *m*.

geisha ['geiʃə] Geisha *f*.

gelatin(e) [dʒelə'tiːn] *(tierische)* Gallerte; *(pflanzliche)* Gelatine; Gallertmasse *f*; **~ate, ~ize** [dʒi'lætineit, -naiz] *itr tr* gelieren(lassen); **~ous** [dʒi'lætinəs] gallert(art)ig.

geld [geld] *a. irr gelt, gelt tr* kastrieren; verschneiden; *fig* verstümmeln; **~ing** ['-iŋ] Wallach *m*; Kastrieren *n*.

gelid ['dʒelid] eisig, eiskalt.

gem [dʒem] *s* (geschliffener) Edelstein *m*; *Am* Brötchen *n*; *fig* Perle *f*, Prachtstück *n*; *tr* mit Edelsteinen besetzen.

gemin|ate ['dʒemineit] *a scient* paarig; *tr* paarig anordnen; verdoppeln; **~ation** [dʒemi'neiʃən] paarige Anordnung *f*; **G~i** ['dʒeminai] *astr* Zwillinge *m pl*.

gemm|a ['dʒemə] *pl -ae* [-iː] Knospe *a. zoo*; *bot* Spore *f*; **~ate** ['dʒemeit] *itr zoo* sich durch Knospung fortpflanzen; *a* knospig; **~ation** [dʒe'meiʃən] Knospung; *biol* Fortpflanzung *f* durch Knospen.

gen [dʒen] *sl* Wahrheit *f*.

gender ['dʒendə] *gram* Geschlecht *n*.

gene [dʒiːn] *biol* Gen *n*.

genealog|ical [dʒiːnjə'lɔdʒikəl] genealogisch; Abstammungs-; **~~ table** Ahnentafel *f*; **~~ tree** Stammbaum *m*; **~ist** [dʒiːni'ælədʒist] Genealoge *m*; **~y** [dʒiːni'ælədʒi] Genealogie *f*.

general ['dʒenərəl] *a* allgemein; üblich, gewöhnlich, normal; *(Bemerkungen)* andeutend, unbestimmt, allgemein gehalten; Haupt-, General-; *s mil (rel* Ordens-)General; Stratege *m*; *fam* Mädchen *n* für alles; *as a ~ rule, in ~* im allgemeinen; *~ quarters! (mar)* Klarschiff zum Gefecht! *brigadier ~* Brigadegeneral *m*; *consul(ate) ~* Generalkonsul(at) *n*) *m*; *full ~ (Am)* General *m* (der Infanterie *usw*); *lieutenant ~* Generalleutnant *m*; *major ~* Generalmajor *m*; *secretary ~* Generalsekretär *m*; *G~ of the Army (Am)* Oberbefehlshaber des Heeres; **~ agency** Generalvertretung *f*; **~ agent** Generalvertreter *m*; **~ assembly** Voll-, Generalversammlung *f*; **~ bookseller** Sortimentsbuchhändler *m*; **~ dealer** Gemischtwarenhändler *m*; **~ delivery**

general director 417 **gentlemanly**

postlagernd; **~ director, manager** Generaldirektor *m*; **~ editor** Hauptschriftleiter *m*; **~ headquarters** *pl oft mit sing mil* Große(s) Hauptquartier *n*; **~ holiday** öffentliche(r) Feiertag *m*; **~issimo** [dʒenərə'lisimou] *pl -s* Oberbefehlshaber *m*; **~ity** [dʒenə'ræliti] Allgemeinheit; allgemeine Redensart *od* Bemerkung; Grundregel; Allgemeingültigkeit *f*; *mit pl* große Masse, Mehrheit, Mehrzahl *f*; **~ization** [dʒenərəlai'zeiʃən] Verallgemeinerung *f*; **~ize** ['-aiz] *tr* verallgemeinern; allgemein verbreiten; **~ly** ['-i] *adv* (im) allgemein(en), gemeinhin, gewöhnlich, meist; weithin; ganz allgemein, andeutungsweise; **~ management** Geschäftsleitung *f*; **~ map** Übersichtskarte *f*; **~ officer** Offizier *m* im Generalsrang; **~~ commanding-in-chief** Oberbefehlshaber *m*; **~ pardon** Amnestie *f*; Gnadenerlaß *m*; **~ post office** Hauptpost *f*; **~ practitioner** praktische(r) Arzt *m*; **~ public** Allgemeinheit, Öffentlichkeit *f*; **~~-purpose vehicle** Mehrzweckfahrzeug *n*; **~ reader** Durchschnittsleser *m*; **~ servant** Mädchen *n* für alles; **~ship** ['-ʃip] Generalsrang *m*; (Kunst der) Kriegführung; Führereigenschaft; *fig* geschickte Leitung *f*; **~ staff** *mil* Generalstab *m*; **~ store** *Am* Warenhaus *n*; **~ strike** Generalstreik *m*; **~ view** Gesamtbild *n*, -ansicht *f*, Überblick *m*.

generat|e ['dʒenəreit] *tr biol* (er)zeugen; *allg* erzeugen, hervorbringen, -rufen; (*Linie*) ziehen; (*Figur*) zeichnen; *fig* verursachen; **~ing station, plant** (*el*) Kraftwerk *n*; **~ion** [dʒenə'reiʃən] *biol* Zeugung; *allg* Erzeugung, Generation *f*; Menschenalter *n*; **~ive** ['dʒenərətiv] zeugungsfähig, fruchtbar; Zeugungs-; **~or** ['dʒenəreitə] Erzeuger *m*; *tech* Generator, Gas-, Stromerzeuger; Dynamo (-maschine *f*) *m*, Lichtmaschine *f*; Dampfkessel; *chem* Entwickler; *mus* Grundton *m*; **~~ gas** Generatorgas *n*.

generic [dʒi'nerik] allgemein; *biol* Gattungs-; **~ term** Gattungsbegriff *m*.

gener|osity [dʒenə'rɔsiti] Edelmut *m*, Großmut; Großzügigkeit, Freigebigkeit *f*; **~ous** ['dʒenərəs] edel, großmütig (*to* gegenüber); großzügig, freigebig (*of, with* mit); selbstlos; (*Boden*) ergiebig, fruchtbar; reichlich, groß; (*Wein*) vollmundig u. schwer.

genesis ['dʒenisis] Ursprung *m*, Werden *n*, Entstehung, Genese, Genesis *f*; *G*~ 1. Buch *n* Mosis, Genesis; Schöpfungsgeschichte *f*.

genet ['dʒenit] *zoo* Ginsterkatze *f*.

genetic [dʒi'netik] *a* genetisch; Entstehungs-, Ursprungs-; *s pl mit sing* Genetik *f*; **~ist** [-sist] Genetiker *m*.

geneva [dʒi'ni:və] Genever, Wacholder, Steinhäger *m*; **G~** Genf *n*.

genial ['dʒi:njəl] anregend, belebend; angenehm, heiter, froh; liebenswürdig, freundlich, herzlich; (*Klima*) mild, warm; **~ity** [dʒi:ni'æliti] Heiterkeit *f*, Frohsinn *m*; Wärme, Liebenswürdigkeit, Freundlichkeit, Herzlichkeit; (*Wetter*) Milde *f*.

genital ['dʒenitl] *a* Zeugungs-, Geschlechts-; *s pl* Geschlechtsteile *n pl*, Genitalien *pl*.

genitive ['dʒenitiv] *gram* Genitiv *m*.

genius ['dʒi:niəs] *pl genii* [-'niai] Schutzgeist, Genius, (guter *od* böser) Geist, Dämon *m*; *pl -es* ['-njəsiz] Geist *m*, Eigentümlichkeit, Besonderheit; Eigenart *f*, Wesen *n*, Charakter *m*, Natur, Anlage; Fähigkeit *f* (*for, to* zu); geniale(r) Mensch *m*.

genocide ['dʒeno(u)said] Gruppen-, Völkermord *m*.

genotype ['dʒeno(u)taip] *biol* Genotyp *m*, Erbbild *n*.

genre [ʒɑːŋr] *lit* (*Kunst*) Genre *n*, Gattung *f*; **~ painting** Genremalerei *f*.

gent [dʒent] *fam* feine(r) Mann, Gent *m*; **~eel** [-'tiːl] *obs* vornehm, fein, wohlerzogen; elegant, modisch; vornehmtuend, affektiert; **~ility** ['-'tiliti] *meist iro* Vornehmheit, Wohlerzogenheit, Eleganz *f*.

gentian ['dʒenʃiən] *bot* Enzian *m*.

gentile ['dʒentail] *a* nichtjüdisch; *s* Nichtjude *m*.

gentle ['dʒentl] *adv gently* vornehm, fein; wohlerzogen, gebildet, höflich; hochgesinnt; wohlmeinend; leutselig, umgänglich; gutmütig, geduldig, sanft; mild, lind, zart; leise; (*Tier*) zahm; (*Abhang*) sanft ansteigend; (*Brise*) leicht; (*Wärme*) mäßig; *the ~ art, craft* das Angeln; *the ~ reader* der geneigte Leser; *the ~ sex* das schöne Geschlecht; **~folk(s)** ['-fouk(s)] *pl* vornehme, feine Leute *pl*; **~man** [-mən] *pl* **~men** [-mən] vornehme(r), feine(r), gebildete(r) Mann, Ehrenmann *m*; (*Ladies and*) *G~men* meine (Damen und) Herren! **~~'s, ~men's agreement** stillschweigende(s) Abkommen *n*; **~~ driver** Herrenfahrer *m*; **~~-farmer** Gutsbesitzer *m*; **~~ of fortune** Glücksritter, Abenteurer *m*; **~~ in waiting** Kammerherr *m*; **~manlike** ['-mənlaik], **~manly** ['-mənli] *a* vornehm, fein, gebildet, von guten

Umgangsformen; **~ness** [-nis] Sanftmut, Milde, Gutmütigkeit; Güte; Zartheit *f*; **~woman** ['-wumən] *pl ~women* ['-wimən] (vornehme, feine, gebildete) Dame; *hist* Kammerfrau *f*.

gentry ['dʒentri] niedere(r) Adel *m*; vornehme Welt *f*, feine Leute; *hum pej (bestimmte)* Leute *pl*.

genufle|ct ['dʒenju(:)flekt] *itr* die Knie beugen; **-ction, -xion** ['-flekʃən] Kniefall *m*, -beuge *f*.

genuine ['dʒenjuin] wirklich, wahr (-haftig), echt; unverfälscht; authentisch; aufrichtig, ehrlich, offen; *(Käufer)* ernsthaft; *zoo* reinrassig; **~ness** ['-nis] Echtheit *f*.

genus ['dʒi:nəs] *pl genera* ['dʒenərə] *zoo bot* Gattung; *allg* Art *f*; *(Logik)* Oberbegriff *m*.

geocentric(al) [dʒi:(·)o(u)sentrik(əl)] geozentrisch.

geode|sy [dʒi(:)'ɔdisi] Erdvermessung, Geodäsie *f*; **-tic** [dʒio(u)'detik] geodätisch; **~~ mapping** Landesaufnahme *f*.

geograph|er [dʒi'ɔgrəfə] Geograph *m*; **-ic(al)** [dʒiə'græfik(əl)] geographisch; **-y** [dʒi'ɔgrəfi] Erdkunde, Geographie *f*; *economic ~~* Wirtschaftsgeographie *f*.

geolog|ic(al) [dʒiə'lɔdʒik(əl)] geologisch; **-ist** [dʒi'ɔlədʒist] Geologe *m*; **-y** [dʒi'ɔlədʒi] Geologie *f*.

geomagnetic [dʒi:o(u)mæg'netik] geomagnetisch.

geomet|ric(al) [dʒiə'metrik(əl)] geometrisch; **-ry** [dʒi'ɔmitri] Geometrie *f*.

geophysic|al [dʒi:o(u)'fizikəl] geophysikalisch; **-s** [-ks] *pl mit sing* Geophysik *f*.

geopolitics [dʒi:o(u)'pɔlitiks] *pl mit sing* Geopolitik *f*.

George [dʒɔ:dʒ] *s* Georg *m*; *Br sl aero* automatische Steuerung; Pfundssache *f*; *a Am sl* pfundig, erstklassig; *by ~ !* Donnerwetter! **-ia** ['dʒɔ:dʒə] **1.** Georgia *(USA)*; **2.** Georgien *n (UdSSR)*; **-ian** ['-ən] **1.** *(Kunst)* georgisch; **2.** *s* Georgier(in *f*) *m*.

georgette [dʒɔ:'dʒet] Georgette *f*.

geranium [dʒi'reinjəm] *bot* Storchschnabel *m*; Geranie *f*, Geranium *n*.

geriatric|ian [dʒeriə'triʃən] Facharzt *m* für Alterskrankheiten; **~s** [dʒeri-'ætriks] *pl mit sing* Geriatrie *f*.

germ [dʒə:m] *s biol med fig* Keim; *(~ of disease)* Krankheitskeim *m*; *itr fig* keimen; *in ~ (fig)* im Keim; *free from ~s* keimfrei; **~-carrier** *med* Keimträger *m*; **~-cell** *biol* Keimzelle *f*; **~free** keimfrei; **~icidal** [-i'saidl] keimtötend, antiseptisch; **-icide** ['dʒə:misaid] Desinfektionsmittel *n*; **~inal** ['-inl] *a* Keim-; *fig* im Anfangsstadium; **~~ disk, vesicle** *(biol)* Keimscheibe *f*, -bläschen *n*; **-inate** ['-ineit] *itr tr* keimen (lassen); **-inating** ['-ineitiŋ] keimend; **~~ power** Keimfähigkeit *f*; **-ination** [dʒə:mi-'neiʃən] Keimen *n*; **~~ test** Keimversuch *m*; **~plasm** *biol* Protoplasma *n*; **~ warfare** Bakterienkrieg *m*, biologische Kriegführung *f*.

German ['dʒə:mən] *a* deutsch; *s* (das) Deutsch(e); Deutsche(r *m*) *f*; **~ clock** Kuckucksuhr *f*; **-ic** [dʒə:'mænik] germanisch; **-ism** ['dʒə:mənizm] Germanismus *m*, deutsche (Sprach-)Eigentümlichkeit *f*; **-ist** ['-ist] Germanist *m*; **-ity** [dʒə:'mæniti] Deutschtum *n*; **-ization** [dʒə:mənai'zeiʃən] Germanisierung *f*; **-ize** ['dʒə:mənaiz] *tr* germanisieren; verdeutschen; *itr* deutsche Sitten annehmen; **~ measles** *pl med* Röteln *pl*; **~ Ocean** Nordsee *f*; **-ophil(e)** [dʒə:'mæno(u)fil] *s* Deutschenfreund *m*; *a* deutschfreundlich; **-ophobe** ['-mæno(u)foub] *s* Deutschenhasser *m*; *a* deutschfeindlich; **~ sausage** Bier-, Jagdwurst *f*; **~ shepherd dog** *Am* Deutsche(r) Schäferhund *m*; **~ silver** Neusilber *n*; **~ steel** gefrischte(r) Stahl *m*; **~ text, type** *typ* Fraktur *f*; **-y** ['dʒə:məni] Deutschland *n*.

german ['dʒə:mən] eng, nah verwandt *(to* mit); *brother-~* leibliche(r) Bruder *m*; *cousin-~* Vetter *m* 1. Grades.

germane [dʒə:'mein] zugehörig; entsprechend; geeignet *(to* für); passend *(to* zu); eng, nah verwandt *(to* mit).

gerontolog|ist [dʒerɔn'tɔlədʒist] *s. geriatrician*; **-y** [-'tɔlədʒi] *s. geriatrics*.

gerrymander ['gerimændə, 'dʒ-] *tr (Wahlbezirk)* (zugunsten e-r Partei) neu einteilen; *allg* manipulieren, fälschen, *itr* sich unlauterer Mittel bedienen; *s* Wahlschiebung *f*.

gerund ['dʒerənd] *gram* Gerundium *n*.

gestation [dʒes'teiʃən] Trächtigkeit; Schwangerschaft *f*.

gesticulat|e [dʒes'tikjuleit] *itr* Gebärden machen, gestikulieren; **-ion** [dʒestikju'leiʃən] Gestikulieren, Mienenspiel *n*; Gesten *f pl*, Gebärde *f*; **-ive, -ory** [dʒes'tikjulətiv, -leitəri, -lət-] gestikulierend; Gebärden-.

gesture ['dʒestʃə] Gebärde, Miene, Geste *f*.

get [get] *irr got, got od (obs u. Am) gotten* **1.** *tr* bekommen, erhalten, empfangen; verdienen, gewinnen, erreichen, erwerben, *fam* kriegen; holen, besorgen, beschaffen, verschaffen (*him* sich), bringen; (zu) fassen (kriegen), schnappen, kriegen; verstehen, begreifen, *fam* mitkriegen; lernen, sich merken, sich einprägen; veranlassen, überreden, (dazu) bewegen; dahin *fam* dahin-, soweit bringen; machen; bringen (*to* zu); (*Essen*) (fertig)machen; *fam* fertigmachen, schlagen; *fam* treffen, schlagen; *fam* (*Strafe*) (aufgebrummt) kriegen; *fam* ärgern, verwirren; *fam* mitkriegen, sehen; *to have got* (*fam*) haben, besitzen; *fam* müssen (*to do* tun); (*Kleine*) kriegen; (*Junge*) werfen; **2.** *itr* kommen (*from* von; *at* zu; *to* nach); gelangen (*to* nach); erreichen (*to* acc); herankönnen (*at* an); (*in e-e Lage*) kommen, versetzt werden, gelangen, geraten; (*beim Passiv verstärkend*) werden; *fam* anfangen (*doing* zu tun); **3.** *to ~ s.o.'s back up* jdn auf die Palme bringen; *to ~ the better of s.o.* jdn klein kriegen, auf die Knie zwingen, überwinden; *to ~ the boot* (*fam*) entlassen werden, 'rausfliegen; *to ~ to the bottom* auf den Grund gehen; *to ~ cheated on s.th.* mit etw hereinfallen; *to ~ done with* fertigwerden mit; *to ~ even with s.o.* mit jdm abrechnen; *to ~ a glimpse, a sight of* flüchtig sehen, zu Gesicht bekommen; *to ~ s.o.'s goat* jdn auf die Palme bringen; *to ~ going in* Gang setzen; *to ~ to grips with s.th.* sich mit etw energisch befassen; *to ~ o.'s hair cut* sich die Haare schneiden lassen; *to ~ o.'s hand in* sich angewöhnen; *to ~ the hang of s.th.* (*sl*) von etw den Dreh herauskriegen; *to ~ into s.o.'s head* jdm zu Kopf steigen; *to ~ it into o.'s head* sich in etw festbeißen, verrennen; *to ~ hold of* zu fassen kriegen; *fam* aufgabeln, auftreiben; *to ~ home* heim-, nach Hause kommen; *fig* zum springenden Punkt kommen; *to ~ it hot* (*sl*) eine hineingewürgt bekommen; *to ~ to know* in Erfahrung bringen; *to ~ married* sich verheiraten; *to ~ rid of s.th.* etw loswerden; *to ~ shut* (*Tür*) *fam* zukriegen; *to ~ into o.'s stride* sich anpassen; *to ~ there* (*fam*) sein Ziel erreichen, Erfolg haben; *ahead of s.o.* jdm zuvorkommen; *to ~ in touch with* in Berührung kommen mit, in Beziehungen treten zu; *to ~ o.'s own way* zum Ziele kommen; *to ~ o.'s second wind* (*Am*) wieder zu Kräften kommen; *to ~ to work on s.th.* sich an etw machen; *to ~ the worst of it* am schlechtesten wegkommen; *to ~ s.o. wrong* (*Am*) jdn falsch verstehen; *it's ~ting warmer* es wird wärmer; *I ~ it* ich begreife schon; *I've got it* ich hab's! *I got my foot broken* ich habe mir den Fuß gebrochen; *~ going* mach, daß du weiterkommst! *~ you gone!* (*fam*) hau ab! *~ along* od *away with you* sei so gut! *to ~* **about** (viel) herum-, unter die Leute kommen; (*a. to ~ abroad*) (*Nachricht*) sich verbreiten, bekanntwerden; *to ~* **above** *o.s.* sich etwas einbilden; *to ~* **across** *tr itr* klar-, verständlich machen, sein; *to ~* **ahead** vorwärts-, vorankommen; *of* überholen, -treffen, -runden; *to ~* **along** weiter-, voran-, vorwärtskommen (*with* mit); auskommen, fertigwerden, sich vertragen (*with s.o.* mit jdm); *how are you ~ting along?* wie geht's Ihnen? *~~ with you!* das mach anderen weis! *to ~ in years* älter werden; *to ~* **around** *tr* herumkriegen, gewinnen, *s.o.* um jdn herumkommen; *to doing* dazu kommen, etw zu tun; *to ~* herum-, unter die Leute kommen; sich herumsprechen; *to ~* **at** *tr* (*sl*) (jdn) erreichen; jdn beeinflussen, auf s-e Seite ziehen; *s.th.* an etw herankommen; etw herausfinden; *to ~* **away** *tr* wegkriegen, entfernen; wegbringen; *itr* sich fort-, sich aus dem Staube machen; wegkommen, sich freimachen; *from s.o.* jdn loswerden; *with s.o.* mit e-r S fertigwerden; ungestraft davonkommen; durchkommen; *to ~* **back** *tr* zurückbekommen, -kriegen; wiederhaben; *itr* zurückkehren, -kommen, wiederkommen, sich wieder erholen; *to ~ o.'s own back on s.o.*, *to ~ back at s.o.* (*fam*) mit jdm abrechnen; es heimzahlen; *to ~* **behind** *Am* unterstützen; (*in der Arbeit*) zurückkommen; *to ~* **by** vorbeigehen, -kommen an; *fam* durchkommen, es schaffen, es hinkriegen; (*mit Geld*) auskommen; es überstehen; *Am* den Anforderungen entsprechen; *to ~* **down** *tr* hinunterbringen; schlucken; 'runterkommen, *fig* verkraften; entmutigen; *itr* hinuntersteigen (*from* von); *to* sich wieder machen an; sich konzentrieren auf; *to ~ down to brass tacks* zur Sache kommen; *to ~ s.o. down* jdn deprimieren, niederdrücken; *to ~* **in** *tr* hinein-, (*Ernte*) einbringen; hereinholen; hereinbekommen; *itr* herein-, hineinkommen, -gelangen; (*Zug*) an-

get off   420   **giant stride**

kommen, einfahren; sich einlassen (*with* mit); *parl* gewählt werden (*for* in); *to* ~ *in on s.th.* bei etw einsteigen; *he doesn't let you* ~ *a word in edgewise* er läßt einen überhaupt nicht zu Wort kommen; *to* ~ **off** *tr* ab-, weg-, herunter-, los-, herauskriegen verlassen, aussteigen aus, herunterkommen von; davonkommen; *(vor der Strafe)* retten; *(Brief)* abschicken; *(Witz)* machen; *itr* herunter-, ab-, aussteigen; weggehen; *fam* abhauen; davonkommen; Erfolg haben; *aero* vom Boden frei-, loskommen, aufsteigen, starten; *to* ~ **on** *tr (Kleidung)* anziehen; *itr* aufsitzen, auf-, einsteigen; fortfahren (*with* mit); weiterführen (*with s.th.* etw); vorwärts-, voran-, weiterkommen, Erfolg haben; älter werden; einverstanden sein, übereinstimmen; es gut verstehen (*with* mit); mitea. auskommen; *to s.th. (Am)* etw verstehen; *to* ~ *on the ball* sich zs.nehmen; *to* ~ *on o.'s nerves* auf die Nerven fallen; *to* ~ **out** *tr* herausbringen, -bekommen, -holen; (*s.th. out of s.o.* etw aus jdm; *a few words* ein paar Worte); vorbereiten, ausarbeiten; herausbringen, -geben, veröffentlichen; herausbekommen, -kriegen, -schaffen (*out of s.th.* aus etw); *itr* aussteigen, weggehen; her-, hinauskommen, -gelangen; entkommen, entgehen (*of s.th.* e-r S); *(Geheimnis)* herauskommen, bekanntwerden, an die Öffentlichkeit kommen; ~ *that out of your head* schlagen Sie sich das aus dem Kopf; *to* ~ **over** *tr* hinwegkommen über, hinter sich bringen, überstehen, fertigwerden mit, ver-, überwinden, sich trösten über; übersehen, auslassen; *sl* überzeugen; klarmachen, anbringen; *itr* durchkommen; *to* ~ **round** *tr (Sache)* umgehen; *(Person)* herumkriegen, umstimmen; *to* ~ **straight** *tr* in Ordnung bringen; *itr* sich im klaren sein über; *to* ~ **through** *tr* durchkriegen, -bringen; *(Geld)* ausgeben; *itr* durchkommen; *tele* Anschluß bekommen; *to* ~ **together** *tr* zs.bringen; *itr* zs.-kommen, sich treffen; einig werden (*on* über); *to* ~ **under** unter Kontrolle bekommen; *to* ~ **up** *tr* auf die Beine, zustande, zuwege bringen; herrichten, zurechtmachen, aufputzen, inszenieren; steigen, verstärken, erhöhen (*speed* die Geschwindigkeit); durcharbeiten; *itr* aufstehen, sich erheben; (hinauf)steigen; vorwärtskommen, Fortschritte machen; *(Wind)* auffrischen; *(bei der Lektüre)* kommen (*to* bis); stärker werden; *to* ~ *o.s.* up sich herausputzen, sich kostümieren; *to* ~ **up** *to* gelangen zu; **~at-able** [-'ætəbl] (leicht) erreichbar, zugänglich; **~away** Entkommen *n*; *mot* Anfahren *n*, Start *m*; *aero* Abheben *n*; *to make o.'s* ~ entkommen, -wischen; **~off** *s aero* Start, Abflug *m*; **~rich-quick** *com* faul, unreell; *(Plan)* phantastisch; **~table** ['-əbl] erhältlich, zu bekommen(d); **~ter** ['-ə] Erzeuger; *min* Häuer *m*; *der* Erhaltende, Erlangende; **~~-up** *(fam)* Organisator *m*; **~~together** (zwangloses) Treffen *n*, Zs.kunft *f*; **~~up** Aufmachung, Ausstattung *f*; *(Kleidung)* Aufzug *m*; Einrichtung, Inszenierung *f*; *Am* Unternehmungsgeist *m*.

gewgaw ['gju:gɔ:] Plunder, Flitter, Tand *m*, Spielerei *f*, Kinkerlitzchen *n*.

geyser ['gaizə] Geysir, Geiser *m*, (zeitweilig springende) heiße Quelle; *Am sl* Quatschkopf *m*; *Br* ['gi:zə] Durchlauferhitzer, Boiler, Gasbadeofen *m*.

ghastl|iness ['gɑ:stlinis] gespenstische(s) Aussehen *n*; Totenblässe *f*; **~y** ['gɑ:stli] *a* geisterhaft, gespenstisch; totenblaß; grausig, entsetzlich, schrecklich; *adv* gräßlich.

gherkin ['gə:kin] Essig-, Gewürzgurke; Angurie *f*.

ghetto ['getou] *pl -s* Getto *n a. fig.*

ghost [goust] *s* Geist *m* (*e-s Verstorbenen*), Gespenst *n a. fig*; *fig* Schatten *m*, Spur *f*; *tech* Trugbild *n*; *theat* Schatzmeister *m*; *itr Am fam* für e-n andern Reden aufsetzen, Artikel schreiben; *tr (Artikel)* für e-n andern schreiben; *to give up the* ~ den Geist aufgeben, sterben; *the Holy G~* der Heilige Geist; *not a* ~ *of a chance* nicht die geringsten Aussichten *pl* (*with s.o.* bei jdm); **~like** ['-laik] geisterhaft, gespenstisch; **~liness** [-linis] Gespensterhaftigkeit *f*; **~ly** ['-li] geistlich; *s.* **~like**; **~ speaker** *film* akustische(s) Double *n*; **~story** Geistergeschichte *f*; ~ **writer** Neger, ungenannte(r) eigentliche(r) Verfasser *m*.

ghoul [gu:l] leichenschänderische(r) Geist; Leichenfledderer; grauenhafte(r), brutale(r) Kerl *m*.

GI, G.I. ['dʒi:'ai] *(government issue) a Am mil* heereseigen; *fam* kommißmäßig, Kommiß-; *s fam* (~ *Joe*) amerikanische(r) Soldat *m*.

giant ['dʒaiənt] *s* Riese; *(Mythologie)* Gigant *m*; *a* (*-like*) riesenhaft, riesig, Riesen-; **~ess** ['-is] Riesin *f*; **~('s) stride** *sport* Rundlauf *m*.

gib 1. [gib, dʒib] s tech Bolzen, Stift, Keil m; tr verbolzen, verkeilen; **2.** [gib] Katze f, bes. Kater m.
gibber ['dʒibə] itr kauderwelschen, quatschen; s u. ~**ish** ['gibəriʃ, Am a. dʒ-] Kauderwelsch; Geschnatter n.
gibbet ['dʒibit] s Galgen; tech Kranbalken m; tr auf-, erhängen; fig anprangern; lächerlich machen.
gibbon ['gibən] Gibbon m (Affe).
gibb|osity [gi'bɔsiti] Wölbung, Ausbuchtung f; Höcker, Buckel m; ~**ous** ['gibəs] vorspringend; bucklig; (Mond) im 3. Viertel, fast voll.
gibe [dʒaib] tr u. itr (at s.o.) jdn verspotten, ver-, auslachen; fam auf-, durch den Kakao ziehen; s Spott m, Hohngelächter n; Stichelei f.
giblets ['dʒiblits] pl Gänseklein n.
gidd|iness ['gidinis] Schwindel(gefühl n); Leichtsinn m; ~**y** ['gidi] a schwind(e)lig (with von, vor); (Höhe) schwindelerregend; wirbelnd; schwankend, wankelmütig; leichtfertig, leichtsinnig, unbesonnen.
gift [gift] Gabe f, Geschenk n; fig Gabe, Veranlagung, Anlage f, Talent n (for zu); jur Schenkung f; jur Verfügungsrecht n; com Zugabe f; by ~ als Geschenk; that is my ~ darüber kann ich verfügen; I wouldn't take that as a ~ das möchte ich nicht geschenkt haben; never look a ~ horse in the mouth (prov) e-m geschenkten Gaul schaut man nicht ins Maul; the ~ of the gab ein gutes Mundwerk; ~**ed** ['-id] a begabt, talentiert, gut veranlagt; ~**shop** Geschenkartikelladen m; ~ **tax** Schenkungssteuer f; ~**wrap** tr als Geschenk verpacken.
gig [gig] **1.** Gig n, leichte(r) Einspänner m, Sportruder- od leichte(s) Beiboot n; **2.** Harpune f; **3.** (~-mill) Tuchrauhmaschine f; **4.** Am fam Spielzeug n; sl Party f; mot sl alte(r) Kasten; mil sl Tadel m.
gigantic [dʒai'gæntik] riesenhaft, riesig; ungeheuer, gewaltig, riesengroß.
giggle ['gigl] itr kichern; s Kichern, Gekicher n; ~ **water** Am sl alkoholische(s) Getränk n.
gigolo ['ʒigəlou] pl -s Eintänzer; pop Zuhälter m.
gild [gild] **1.** a. irr gilt, gilt tr vergolden; fig Glanz geben od verleihen (s.th. e-S); wertvoller erscheinen lassen; to ~ the pill (fig) die bittere Pille versüßen; ~ed youth Jeunesse dorée f; ~**er** ['-ə] Vergolder m; ~**ing** ['-iŋ] Vergoldung; fig Tünche f; hot ~~ Feuervergoldung f; **2.** s. guild.

gill 1. [gil] s zoo Kieme f; (Huhn) Kehllappen m; (Mensch) Doppelkinn n; pl (Pilz) Lamellen f pl; pl fam Mund m; tr (Fisch) ausnehmen; **2.** [gil] Br Schlucht f; (Gebirgs-)Bach m; **3.** [dʒil] Viertelpinte f (Flüssigkeitsmaß: 0,14, Am 0,12 l); **4.** [dʒil] Mädchen n, Frau; Liebste f, Liebchen n.
gillie ['gili] Scot Jagdgehilfe; Am allg Diener; Am sl (Zirkus-)Wagen m.
gillyflower ['dʒiliflauə] Levkoje, Gartennelke f.
gilt [gilt] a vergoldet; s Vergoldung f; fig Reiz m; ~**-edged** a (Buch) mit Goldschnitt; (Papier) mit Goldrand; fig fin mündelsicher; erstklassig, prima; todsicher, unfehlbar.
gimcrack ['dʒimkræk] s Tand, Kram m, Kinkerlitzchen f; billige Sachen f pl; a billig, wertlos, unbrauchbar; protzig, überladen.
gimlet ['gimlit] (Hand-, Vor-)Bohrer m; ~**-eyed** a mit stechenden Augen.
gimmick ['gimik] sl Trick m, Tour; Sensationswerbung f, Knüller m; Dings(da) n; persönliche Eigenheit f.
gimp [gimp] Besatz(schnur f) m, Kordel f; Nonnenschleier; Am sl Krüppel m; ~**er** ['-ə] Am mil aero sl Pfundskerl m; ~ **stick** Am sl Krücke f.
gin [dʒin] **1.** Wacholderschnaps, Gin m; ~ **mill** Am sl Kneipe f; **2.** s Schlinge f, Netz n, Falle f; Hebezeug, Winde f, Kran m; (cotton ~) Egrenier-, Entkörnmaschine f; tr (Rohbaumwolle) entkörnen, egrenieren, fangen.
ginger ['dʒindʒə] s Ingwer m; rötliche Farbe f, Rotblond n; fam Lebhaftigkeit, Lebendigkeit f, Schwung, Mumm, Schneid m; tr (meist: to ~ up) aufmöbeln, aufrütteln, in Schwung bringen; a rötlich; fam lebhaft, schneidig; ~**-ale, ~-beer, ~-pop** s (alkoholfreies) Ingwerbier n; ~**-bread** s Pfefferkuchen m, a arch verschnörkelt, Zuckerguß f; fig aufgedonnert, auffallend; to take the gilt off the ~~ die Illusion rauben; der Sache den Reiz nehmen; ~**ly** ['-li] a u. adv vorsichtig, zimperlich, behutsam, ängstlich; ~**-nut,** Am ~**-snap** Ingwerkeks m, Pfeffernuß f.
gingham ['giŋəm] Gingan (gestreifter Baumwollstoff); fam Regenschirm m.
gingiv|al [dʒin'dʒaivəl] a scient Zahnfleisch-; ~**itis** [dʒindʒi'vaitis] Zahnfleischentzündung f.
gink [giŋk] Am sl Bursche, Kerl, (komischer) Kauz m.
ginkgo Am, **gingko** ['giŋkou] pl -oes Ginkgo(baum) m.

gipsy, gypsy ['dʒipsi] s Zigeuner(in f) m; a zigeunerhaft; Zigeuner-; itr wie ein Zigeuner leben; **~ caravan** Zigeunerwagen m; **~ girl** Zigeunermädchen n; **~ orchestra** Zigeunerkapelle f.

giraffe [dʒi'rɑ:f] zoo Giraffe f.

gird [gə:d] **1.** irr girt, girt; a. regelmäßig tr (Person) gürten; allg umgeben, einfassen; mil einschließen; bekleiden, ausrüsten, versehen (with mit); to ~ on (Sache) umgürten, -schnallen, -tun; to ~ up auf-, hochbinden; to ~ o.s. sich fertigmachen (for zu); sea-girt (poet) meerumschlungen; **~er** ['-ə] Tragbalken, Träger, Binder m; **~le** ['-l] s Gurt, Gürtel m; a. fig Hüftgürtel m; fig Umgebung f; tr (to ~~ about, in, round) umgürten, umgeben, einfassen; **2.** itr sticheln; spotten (at über); tr verspotten; s Spott m, Stichelei f.

girl [gə:l] (kleines, junges) Mädchen n; Tochter; Hausgehilfin f; fam (best ~) Liebchen n, Liebste f; ~ **friend** Freundin, Geliebte f; **~ guide** Br, **~ scout** Am Pfadfinderin f; **~hood** ['-hud] Mädchenzeit f, -jahre n pl; **~ish** ['-iʃ] mädchenhaft; **~ishness** ['-iʃnis] Mädchenhaftigkeit f; **~'s name** Mädchenname m; **~s' school** Mädchenschule f.

girt [gə:t] **1.** s. gird; **2.** tr (Person) gürten; (Sache) umgürten; die Gürtelweite, den Umfang (e-s Baumes) messen (s.o. jds) a. itr.

girth [gə:θ] s Sattelgurt; Umfang m (e-s Baumes); Gürtel-, Taillenweite f; Gürtel m; tr (Sache) umgürten; mit e-m Gurt befestigen; (Pferd) gürten; itr den Umfang, die Taillenweite messen; of ample ~ korpulent.

gist [dʒist] jur Rechtsgrund; Haupt-, Kernpunkt, des Pudels Kern m; the ~ of the matter der Kern der Sache.

give [giv] irr gave, given **1.** tr (ab-, über)geben, übermitteln, zukommen lassen; iro beglücken; schenken; widmen, verleihen, übertragen; bewilligen, spenden, hervorbringen, liefern; veranlassen, verursachen; einräumen, ein-, zugestehen; vorbringen; (Vorschlag) machen; (Grund) angeben; (Schulaufgabe) aufgeben; hervorbringen, äußern; (Antwort) geben; (Blick) zuwerfen; theat mus geben, aufführen, zur Aufführung bringen; med anstecken; lit (Kunst) darstellen, zeigen; zufügen; (Strafe) auferlegen, verhängen; **2.** itr (gern) geben, Geschenke machen; (e-m Druck) nachgeben, elastisch sein; nachlassen; sich dehnen; (Fenster) gehen (on, upon auf); **3.** s Nachgeben n; Elastizität f; **4.** to ~ o.s. airs sich aufspielen; to ~ s.o. the air (Am) jdn an die Luft setzen; to ~ birth to das Leben schenken dat; to ~ credit Glauben schenken od beimessen (to dat); zugute halten (for s.th. etw); to ~ ear Gehör schenken (to dat); to ~ evidence of s.th. etw zeigen, sehen lassen; to ~ an example to s.o. jdm ein Beispiel geben; to ~ s.o. the gate jdm den Laufpaß geben; to ~ s.o. the go by jdn schneiden, nicht beachten; to ~ ground weichen, sich zurückziehen a. mil; to ~ it the gun (Am mot) Vollgas geben; to ~ s.o. a hand jdm helfen; to ~ it to s.o. es jdm (aber) geben, jdm gehörig die Meinung sagen, jdm den Marsch blasen; to ~ s.o. a lift (mot) jdn mitnehmen; to ~ notice ankündigen, anzeigen; to ~ offence Anstoß erregen (to bei); to ~ place Platz machen (to für); das Feld überlassen (to an); Ursache sein (to für); to ~ a report e-n Bericht erstatten; to ~ rise to veranlassen, wecken; erzeugen, hervorbringen; to ~ s.o. trouble jdm Unannehmlichkeiten bereiten; jdm Ärger, jdm zu schaffen machen; to ~ to understand zu verstehen geben; to ~ voice Ausdruck verleihen (to dat); to ~ way nicht halten, reißen; einstürzen, zs.brechen; weichen, nachgeben; sich hingeben, sich überlassen; (Preis) fallen; ~ her my regards bestellen Sie ihr Grüße von mir; I don't ~ a damn ich scher' mich den Teufel darum; nobody's going to ~ a hoot about that kein Hahn wird danach krähen; to ~ **away** tr weggeben, verschenken, opfern; (Gelegenheit) vorbeigehen lassen, versäumen, vorbei-, vorübergehen lassen; preisgeben, verraten, enthüllen, an den Tag bringen; verteilen; to ~ o.s. away sich verraten; to ~ away o.'s daughter die Hand s-r Tochter geben (to s.o. jdm); to ~ **back** tr zurück-, wiedergeben; rückerstatten; to ~ **forth** tr ankündigen, bekanntgeben, -machen; hergeben, liefern; to ~ **in** tr einreichen; (Name) eintragen; itr nachgeben; weichen, das Feld räumen; to ~ **off** tr von sich geben; (Licht) ausstrahlen; (Geruch) ausströmen; (Tag) freigeben; to ~ **out** tr ab-, ausgeben, verteilen, bekanntgeben, -machen, veröffentlichen; von sich geben, ausströmen; itr aus-, zu Ende gehen; sich erschöpfen, nachlassen, ermatten; müde, erschöpft sein; to ~ o.s. out for, as, to be sich ausgeben für, als; ausgeben zu sein; to ~ **over** tr übergeben, aushändigen,

give up   423   **glass-house**

abliefern; aufgeben, s-m Schicksal überlassen, verlassen; *itr* aufhören; nachlassen; es aufgeben *(doing s.th.* etw zu tun); *to* ~ **up** *tr* auf-, über-, hingeben; abtreten; opfern; *(Zeitung)* abbestellen; *(Kranken, Hoffnung)* aufgeben; *(Wärme)* abgeben; ansehen als; *itr* aufgeben; aufhören; sich abgewöhnen *(doing s.th.* etw zu tun); *to ~ o.s. up* sich stellen; *I don't ~ up that easily* so leicht werfe ich die Flinte nicht ins Korn; **~ and take** ['-ən'teik] (Aus-)Tausch; Meinungsaustausch *m*; gegenseitige(s) Entgegenkommen *n*; Kompromiß(bereitschaft *f*)*mod.*; **~-away** unbeabsichtigte Preisgabe *f*, Verplappern *n*; *com* Gratisprobe *f*; Reklameartikel *m*; **~~ price** Reklame-, Schleuderpreis *m*; **~~ show** *(radio video)* Preisrätselsendung *f*; **~n** ['-n] *pp* gegeben *(at* zu), datiert; abgemacht, festgesetzt, bestimmt; *math* angenommen; *(dem Trunk)* ergeben; geneigt, veranlagt *(to* zu); **~~ that** unter der Voraussetzung, unter der Annahme, vorausgesetzt, angenommen, daß; *she is ~~ that way (fam)* so ist sie eben; **~~ name** *(Am)* Vorname *m*; **~r** ['-ə] Geber; Aussteller *m (e-s Wechsels usw)*.

gizzard ['gizəd] *orn* Kaumagen *m*; *to stick in o.'s ~ (fig)* jdm schwer auf dem Magen liegen.

glabrous ['gleibrəs] glatt, unbehaart.

glacé ['glæsei] poliert; glasiert; kandiert; *(Leder)* Glanz-.

glac|ial ['gleisjəl, '-glæs-, *Am* 'gleiʃəl] *a scient* Eis-, Gletscher-; glazial; eiszeitlich; *allg* eisig *a. fig*; eiskalt; steinhart; **~ epoch, era, period** Eiszeit *f*; **~iated** ['glæsieitid] *a* vereist; **~iation** [glæsi'eiʃən] Vereisung *f*; **~ier** ['glæsjə, *Am* 'gleiʃə] Gletscher *m*; **~~ snow** Firnschnee *m*; **~~ table** Gletschertisch *m*; **~is** ['glæsis, 'gleisis] *pl* ~ ['-iz] (Ab-)Hang *m*; *mil* Glacis *n*.

glad [glæd] froh, fröhlich; glücklich *(about, at, of* über; *to hear* zu hören; *that* daß); freudig, erfreulich, angenehm; erfreut; gern bereit *(to do s.th.* etw zu tun); glänzend, prächtig; *to be ~* sich freuen; *to give s.o. the ~ eye (sl)* jdm verliebte Blicke zuwerfen; *~ to meet you* sehr angenehm! **~den** ['glædn] *tr* froh machen, erfreuen; *itr* sich freuen; **~ly** ['-li] *adv* gern(e); mit Freuden; **~ness** ['-nis] Freude, frohe, freudige Stimmung, Fröhlichkeit *f*; **~ rags** *pl fam* Abendkleidung *f*; **~some** ['-səm] *lit* erfreulich, freudig, froh, fröhlich.

glade [gleid] Lichtung *f*; *Am* Sumpfland *n*, -niederung *f*.

gladiator ['glædieitə] *hist* Gladiator; *allg* Streiter *m*.

gladiolus [glædi'ouləs] *pl* -*li* [-ai] u. -*es* [-əsiz] *bot* Gladiole *f*.

glair [glɛə] *s* (rohes) Eiweiß *n*; klebrige Masse *f*; *tr* mit Eiweiß bestreichen.

glam|orize ['glæməraiz] *tr* (durch Reklame) verherrlichen; **~orous** ['-ərəs] zauberhaft, bezaubernd (schön), blendend; **~o(u)r** ['-ə] *s* Zauber(glanz), (hoher) Reiz *m*, hinreißende Schönheit *f*; *tr* bezaubern; *to cast a ~~ over s.th.* etw verzaubern, in s-n Bann schlagen; **~~ girl** Reklameschönheit *f*.

glance [glɑːns] **1.** *itr (to ~ aside, off)* abgleiten; *(im Gespräch)* (flüchtig) streifen, berühren *(over s.th.* etw), anspielen *(at* auf); abkommen *(off, from the subject* vom Thema); blitzen, glänzen, schimmern; e-n flüchtigen Blick werfen *(at* auf); *s* Abgleiten; Aufblitzen *n*, kurze(r) Schimmer; flüchtige(r) Blick *m*; *at a ~* auf e-n Blick, mit e-m Blick; *to ~ o.'s eye over s.th.* etw (flüchtig) durchsehen; **2.** *min* Glanz *m*; **~ coal** Glanzkohle *f*, Anthrazit *m*.

gland [glænd] *anat* Drüse; *tech* Stopfbuchse *f*; **~ered** ['glændəd], **~erous** ['-ərəs] *a vet* rotzig; Rotz-; **~ers** ['glændəz] *pl vet* Rotz(krankheit *f*) *m (der Pferde)*; **~ular** ['glændjulə], **~ulous** ['-ləs] *a* Drüsen-; **~~ body, secretion, tissue** Drüsenkörper *m*, -sekretion *f*, -gewebe *n*.

glar|e [glɛə] *itr* hell glänzen, leuchten, ein blendendes Licht verbreiten; auffallen, in die Augen springen; (an)starren *(at s.o.* jdn); wütend, böse anblicken *(at s.o.* jdn); *s* helle(r), blendende(r) Glanz, Schimmer *m*; auffällige Aufmachung *f*; wütende(r), böse(r), starre(r), durchdringende(r) Blick; *fig* Mittelpunkt *m*; *Am* spiegelglatte, glänzende Fläche *f*; *a Am* spiegelglatt, glänzend; **~ing** ['-riŋ] blendend hell, grell; glänzend, strahlend; schreiend, aufdringlich, auffällig, auffallend.

glass [glɑːs] *s* Glas *n*; Glaswaren *f pl* (Trink-)Glas *n*; *(pane of ~)* (Fenster-)Scheibe *f*; *(looking-~)* Spiegel *m*; (Vergrößerungs-, Fern-)Glas *n*; Fernrohr, Wetterglas, Barometer *n*; *pl (eye-~es)* Augengläser *n pl*, Brille *f*; *a* gläsern, Glas-; *tr* verglasen; *piece of ~* Glasscherbe *f*; **~-bead** Glasperle *f*; **~-blower** Glasbläser *m*; **~-blowing** Glasbläserei *f*; **~-cloth** Gläser-, Poliertuch *n*; **~-cutter** Glasschneider, -schleifer *m*; **~ eye** Glasauge *n*; **~ful** ['-ful] Glasvoll *n*; **~-house** Treib-, Gewächshaus; Atelier *n*; *mil sl* Bau *m*;

glassiness   424   glorification

aero sl (Vollsicht-, Führer-)Kanzel *f; to sit in a ~~* im Glashaus sitzen; **~iness** ['-inis] glasartige Beschaffenheit *f;* **~maker** Glasmacher *m;* **~ paper** Schleif-, Glaspapier *n;* **~~ware** Glaswaren *f pl;* **~ wool** Glaswolle *f;* **~~works** *pl,* **~ factory** Glashütte *f;* **~y** ['-i] glasartig, gläsern; *(Augen)* glasig; *(Wasser)* klar.

Glauber('s) salt(s *pl)* ['glɔːbəz, 'glau-, sɔːlt] *chem* Glaubersalz *n.*

glauc|oma [glɔːˈkoumə] *med* grüne(r) Star *m;* **~ous** ['glɔːkəs] blaugrün; *bot* bereift.

glaz|e [gleiz] *tr* verglasen; unter Glas legen; glasieren; polieren; mit Zuckerguß bestreichen; *(die Augen)* trüben; *(Papier)* satinieren; *itr* glasig, trübe werden; *s* Glasur; Politur; Satinierung *f;* Häutchen *n;* **~ed frost** Glatteis *n;* **~ed paper** Glanzpapier *n;* **~ed tile** Kachel, Fliese *f;* **~ier** ['-jə] Glaser, Glasierer *m;* **~~'s putty** Glaserkitt *m.*

gleam [gliːm] *s* Lichtstrahl *m;* schwache(s) Licht *n;* Lichtschein, Schimmer *m; fig* (~ *of hope*) schwache Hoffnung *f,* Hoffnungsschimmer *m; itr* strahlen, leuchten, schimmern, funkeln; blinken, aufleuchten.

glean [gliːn] *itr* Ähren lesen; Nachlese halten; *tr (Ähren)* lesen; *allg* sammeln; *fig* entnehmen, erfahren *(from* von); **~er** ['-ə] Ährenleser(in *f); fig* Sammler *m;* **~ings** [-iŋz] *pl* Nachlese *f;* Gesammelte(s) *n.*

glebe [gliːb] *poet* Scholle, Erde *f,* Boden *m;* Kirchen-, Pfarrland *n.*

glee [gliː] Fröhlichkeit, (frohe) Stimmung *f;* Rundgesang *m;* **~ club** Gesangverein *m;* **~ful** ['-ful], **~some** ['-səm] fröhlich, froh.

glen [glen] enge(s) Tal *n,* Klamm *f;* **~garry** [-ˈgæri] *(~~ bonnet, cap)* schottische Mütze *f.*

glib [glib] glatt, flüssig, (rede)gewandt; leichtfertig, unaufrichtig, oberflächlich, wenig überzeugend; **~ness** ['-nis] (Rede-)Gewandtheit *f.*

glid|e [glaid] *itr* gleiten, schweben, dahinfließen, -ziehen; vorübergleiten, -ziehen; *(Zeit)* verfließen, vergehen; *aero* im Gleitflug niedergehen; *aero* segeln; *to ~~ out* sich hinausschleichen; *s* Gleiten, Schweben *n,* Gleitbewegung *f;* Gleit-, Segelflug; Gleitlaut *m;* **~er** ['-ə] Gleit-, Segelflugzeug *n;* **~~ pilot** Segelflieger *m;* **~~ tow** *(aero)* Schleppseil *n;* **~~ towing** Schleppflug *m;* **~~ tug** Schleppflugzeug *n;* **~ing** ['-iŋ] Gleit-, Segelflug *m;* Segelfliegen *n,* -fliegerei *f;* **~~ site** Segelfluggelände *n.*

glim [glim] *sl* Licht *n,* Kerze, Lampe *f;* Auge; *Am sl* Streichholz, Feuer *n.*

glimmer ['glimə] *itr* flimmern; schimmern; *s* Flimmern *n;* Schimmer *m a. fig; pl Am sl* Augen *n pl, mot* Scheinwerfer *m pl,* Brille *f.*

glimpse [glimps] *s* kurze(s) Aufleuchten *n;* flüchtige Erscheinung, schwache Spur *f;* kurze(r), flüchtige(r) Blick *m; tr* im Vorübergehen sehen; *itr* flüchtig blicken *(at* auf); *poet* (schwach) dämmern; *to catch a ~ of s.th.* etw flüchtig zu sehen bekommen.

glint [glint] *itr* glänzen; glitzern, funkeln; strahlen; *tech* flackern; *s* Schimmer; Lichtstrahl; Glanz *m.*

glissade [gliˈsɑːd] *s* Gleiten *n;* Abfahrt *f,* Abrutsch *(im Schnee); (Tanz)* Schleifschritt *m; itr (im Gebirge)* rutschen, gleiten; *(Tanz)* Schleifschritte machen.

glisten ['glisn] *itr* gleißen, glänzen, schimmern, funkeln.

glitter ['glitə] *itr* glitzern, funkeln, strahlen; erstrahlen; *s* Schimmer, Glanz *m,* Funkeln *n; fig* Pracht *f;* **~ing** ['-riŋ] glänzend; *fig* verlockend.

gloaming ['gloumiŋ] Abenddämmerung *f.*

gloat [glout] *itr* sich hämisch freuen, sich weiden *(on, upon, over* an); mit den Augen verschlingen *(over s.th.* etw); **~ing** ['-iŋ] hämisch.

glob|al ['gloubəl] weltweit, -umspannend, Welt-; umfassend, global, Gesamt-; **~e** [gloub] Kugel *f,* Ball; Erd-, Sonnenball *m; (terrestrial ~~)* Weltkugel *f,* (Erd-)Globus *m; (celestial ~~)* Himmelskugel *f;* Kugelglas *n;* Glaskugel *f;* (runder) Lampenschirm *m;* (Glüh-)Birne *f;* Reichsapfel; Augapfel *m;* **~~ joint** Kugelgelenk *n;* **~~ lightning** Kugelblitz *m;* **~~-trotter** Weltbummler *m;* **~ose** ['gloubous], **~ular** ['glɔbjulə] kugelförmig, **~osity** [glo(u)ˈbɔsiti] Kugelgestalt *f;* **~ule** ['glɔbjuːl] Kügelchen, Tröpfchen *n.*

glomer|ate ['glɔmərit] zs.geballt; **~ation** [-ˈreiʃən] Zs.ballung *f.*

gloom [gluːm] *s (a. ~iness* ['gluːminis]) Dunkel(heit *f),* Düster *n; fig* Traurigkeit, Schwermut, Melancholie, düstere Stimmung *f; itr* dunkel, trübe werden; traurig sein, trübselig aussehen; *tr* verdunkeln, verdüstern, trübe machen; **~y** ['-i] dunkel, düster, trüb(e); verdrießlich, trübselig, -sinnig, traurig, schwermütig, bedrückt, melancholisch; niederdrückend.

glor|ification [glɔːrifiˈkeiʃən] Verherrlichung; *rel* Lobpreisung *f; Am fam*

glorify 425 **Gnosticism**

Fest(lichkeit f) n, Feier f; **~ify** ['glɔ:rifai] tr rühmen, preisen, verherrlichen; heraustreichen, -putzen; **~ious** ['glɔ:riəs] ruhmreich, -voll, glorreich; prächtig, majestätisch; fam prachtvoll, großartig, herrlich, pfundig, Pfunds-; ~~ fun ein Bomben-, ein Mordsspaß m; **~y** ['glɔ:ri] s Ruhm m; Verherrlichung; Herrlichkeit f, Glanz f, fig Glanzpunkt m; strahlende(s) Glück n; Pracht, Majestät f; rel Verklärung f; Heiligenschein m; itr sehr stolz sein; frohlocken (in über); sich rühmen (in gen); to be in o.'s ~ im siebenten Himmel sein; to send to ~ (fam) ins Jenseits befördern, töten; the Old G~ das Sternenbanner; ~~-hole (sl) Rumpelkammer f.

gloss [glɔs] **1.** s Glanz, Schimmer, Schein; fig äußere(r) Schein, Firnis m, Tünche f, Anstrich m; tr polieren, auf Hochglanz bringen; glanzpressen; fig (to ~ over) beschönigen, bemänteln, vertuschen; high-~ painting Schleiflack m; **~iness** ['-inis] Glanz m, Politur, Glätte f; **~y** ['-i] a glänzend, spiegelblank; fig einleuchtend; scheinbar, Schein-; salbungsvoll; s fam Illustrierte f; **2.** s Glosse, Randbemerkung, Fußnote; falsche Auslegung f; tr erklären, glossieren, kommentieren; (to ~ over) fig falsch auslegen; **~ary** ['-əri] Wörterverzeichnis, Glossar n.

glott|al ['glɔtl]: ~ **stop** Knacklaut m; **~is** ['glɔtis] anat Stimmritze f.

glove [glʌv] s Handschuh m; tr e-n Handschuh ziehen über; die Handschuhe anziehen (s.o. jdm); to fit like a ~ haargenau passen; wie angegossen sitzen; to handle with (kid) ~s (fig) mit seidenen Handschuhen anfassen; to take up the ~ die Herausforderung annehmen; to throw down the ~ to s.o. jdm den Fehdehandschuh hinwerfen; he is hand in ~ with him sie sind unzertrennlich, ein Herz und eine Seele; boxing ~ Boxhandschuh m; rubber ~ Gummihandschuh m; ~ **factory** Handschuhfabrik f; ~ **leather** Handschuhleder n; **~r** ['-ə], ~ **maker** Handschuhmacher m.

glow [glou] itr glühen; leuchten (a. Farben); fig (Wangen; vor Erregung, Eifer) glühen, (Augen) leuchten (with vor); rot werden, erröten; s Glut f; helle(s) Licht n; (Farben) Lebhaftigkeit, Frische; (Haut) Röte; wohlige Wärme f, Wohlgefühl n; fig Glut, Heftigkeit f (des Gefühls); tech Glimmen, Glühen n; ~ **lamp** Glühlampe f; ~ **tube** Glüh-, Neonröhre f; **~~-worm** Glühwürmchen n.

glower ['glauə] itr stieren; at s.o., s.th. jdn, etw anstarren; jdn, etw finster, wütend anblicken.

gloxinia [glɔk'sinjə] bot Gloxinie f.

gloze [glouz] tr (to ~ over) beschönigen, bemänteln, abschwächen, mildern.

glucose ['glu:kous] Glukose, Dextrose f, Traubenzucker m.

glue [glu:] s Leim; Kleister, Klebstoff m; tr leimen; kleben (on auf; to an); fig heften (to auf); to ~ on anleimen; to ~ together zs.leimen; to be ~d to s.o., to stick to s.o. like ~ jdm nicht von den Fersen gehen; she stood as if ~d to the spot sie stand wie angewurzelt da; **~-factory** Leimsiederei f; **~-pot** Leimtopf m; **~y** ['-i] leimig; klebrig; leimbeschmiert.

glum [glʌm] finster, verdrießlich, mürrisch; niedergedrückt; **~ness** ['-nis] Verdrießlichkeit f.

glut [glʌt] tr (über)sättigen, überfüttern, vollstopfen; fig (den Markt) überschwemmen; s Übersättigung, -fütterung; Fülle f; com Schwemme f, Überangebot n.

glut|en ['glu:tən] Gluten n, Kleber m; **~inous** ['glu:tinəs] klebrig.

glutton ['glʌtn] starke(r) Esser, fam Fresser, Freßsack; unersättliche(r) Mensch; zoo Vielfraß m; to be a ~ of s.th. von e-r S genug kriegen können; **~ous** ['-əs] gefräßig, fam verfressen; gierig (of nach); **~y** ['-i] Gefräßigkeit f.

glyc|erin(e), ~erol [glisə'ri(:)n, 'glisəroul] Glyzerin n; **~ogene** [glo(u)dʒen] Glykogen n, tierische Stärke f; **~ol** ['gl(a)ikɔl] Glykol n.

G-man ['dʒi:mæn] Am FBI-Agent, Bundeskriminalbeamte(r) m.

gnarl [nɑ:l] Knorren, Knoten m; **~ed** [-d], **~y** ['-i] a knorrig, knotig; fig rauh.

gnash [næʃ] tr knirschen (o.'s teeth mit den Zähnen); zerkauen, zermahlen.

gnat [næt] Br (Stech-)Mücke f; Am Kriebel-, Zuckmücke f; to strain at a ~ über e-e Lappalie nicht hinwegkommen; **~-bite** Mückenstich m.

gnaw [nɔ:] tr (zer)nagen; (zer)fressen; fig quälen, martern; itr nagen, fressen (at, on an).

gneiss [nais] min Gneis m.

gnome 1. [noum] Gnom, Zwerg, Erdgeist m; **2.** ['noumi:] Sinnspruch m.

gnomon ['noumən] Zeiger m der Sonnenuhr.

gnosis ['nousis] rel philos Gnosis f.

gnostic ['nɔstik] a rel philos gnostisch; s Gnostiker m; **G~ism** ['nɔstisizm] Gnostik, Gnosis f.

gnu [nu:, nju:] *zoo* Gnu *n*.

go [gou] *irr* went [went], gone [gɔn], he goes [gouz]; **1.** *itr* gehen; *(to ~ on horseback)* reiten; fahren *(by train* mit dem Zuge, *mit der Bahn); (to ~ by air)* fliegen; reisen; *(Maschine)* gehen, arbeiten, in Tätigkeit, in Betrieb sein; funktionieren; sich erstrecken, reichen *(to* bis zu); *(Weg)* führen *(to* nach); darauf hinausgehen, -laufen *(to* zu); übergehen *(to* auf); zuteil werden *(to s.o.* jdm); *(Preis)* zufallen, gehen *(to* an), zugeteilt werden; ab-, verlaufen, s-n Verlauf nehmen, ausgehen; *(Zeit)* ver-, weitergehen, verstreichen; (um)laufen, kursieren, bekannt sein, gelten; Erfolg haben; *(örtlich)* kommen, gehören *(into* in); werden; sein; *(Worte)* lauten; sich befinden; leben *(in fear* in dauernder Furcht); sich richten *(by, upon* nach); weggehen, aufbrechen, abreisen, -fahren, -fliegen; zu Ende gehen, ein Ende nehmen, aufhören; verschwinden; abbrechen, weggerissen werden; nachlassen, schwächer werden; fallen, verschwinden; sterben; *Am* zs.brechen, nachgeben; *(mit a)* werden; **2.** *tr* wetten; *fam* in Angriff, in die Hand nehmen; *(Bewegung od Geräusch)* machen; *Am sl* aushalten, dulden, ertragen; **3.** *s (pl goes* [gouz] Gehen *n*, Gang; Erfolg; *fam* Schwung, Schneid *m*, Tatkraft, Energie; *fam* Sache *f*, Umstand *m*; dumme Sache *od* Geschichte; *fam* Portion *f*, Schlag *m* (Essen), Glas *n* (zu trinken); *the ~ (fam)* die Mode; *a ~* ein Geschäft *n*; ein Versuch *m*; *pred* abgemacht; *from the word ~ (fam)* von Anfang bis zu Ende, völlig; **4.** *to be on the ~ (fam)* im Gange, beschäftigt, tätig, in Bewegung, auf den Beinen, unterwegs sein; dem Ende zugehen; *to have a ~ at (fam)* versuchen; *to let ~* laufenlassen; aufgeben; *to let o.s. ~* sich gehenlassen; *s.o.* jdn laufenlassen; **5.** *to ~ on the air (radio)* senden *itr*; *to ~ bad* (Speise, Getränk) schlecht werden, verderben; *to ~ from bad to worse* immer schlechter werden; *to ~ to bat for s.o. (Am)* für jdn eintreten; *to ~ to the country (pol)* das Volk befragen; *to ~ crazy* verrückt werden; *to ~ for a drive* ausfahren; *to ~ into effect* in Kraft treten; *to ~ to expense* sich in Unkosten stürzen; *to ~ so far as to say* so weit gehen zu sagen; *to ~ s.o. against the grain* jdm gegen den Strich gehen; *to ~ halves, shares* ehrlich teilen; *to ~ hard with s.o.* schwierig sein für; *to ~ off o.'s head* den Verstand verlieren *to ~ to o.'s head* in den Kopf steigen; *to ~ the whole hog (Am fam)* etw gründlich tun; *to ~ hungry* hungern, Hunger leiden; *to ~ hunting* auf die Jagd gehen; *to ~ to law* den Rechtsweg beschreiten; *to ~ mad* verrückt werden; *to ~ to pieces* in Stücke gehen, zerbrechen; *to ~ to pot (Am fam)* auf den Hund kommen; *to ~ into production* in Produktion gehen; *to ~ for a ride* ausreiten; *to ~ to sea* zur See gehen, Seemann werden; *to ~ to see* besuchen; *to ~ to seed (bot)* Früchte ansetzen; *to ~ shopping* einkaufen gehen; *to ~ to show (Am)* ein Beweis sein für; *to ~ sick (mil)* sich krank melden; *to ~ to sleep* einschlafen; *to ~ for a song* für ein Butterbrot weggehen *od* verkauft werden; *to ~ it strong* energisch, forsch auftreten; angeben; *to ~ for a swim* schwimmen gehen; *to ~ with the time, tide* mit der Zeit gehen; *to ~ to trouble* sich Mühe, Umstände machen; sich bemühen; *to ~ unnoticed* unbemerkt bleiben; *to ~ unpunished* ungestraft davonkommen; *to ~ on a visit* e-n Besuch machen; *to ~ for a walk* spazierengehen; ausgehen; *to ~ to waste* in den Abfall kommen; *to ~ the way of all flesh* den Weg alles Fleisches gehen, sterben; *to ~ west (sl)* abkratzen, sterben; *to ~ wrong* schiefgehen; auf dem Holzweg sein, fehlgehen, sich irren; auf Abwege geraten; **6.** *as things ~* wie die Dinge nun einmal liegen; *as people ~* wie die Leute nun mal sind; *as the story ~es* wie man sich erzählt; *as times ~* wie die Zeiten nun (ein)mal sind; *so, as far as it ~es* soweit *adv*; *it's all, quite the ~ (fam)* das ist die große Mode; *it was a near ~ (fam)* es war dicht dran; *it is a queer, a rum ~ (fam)* das ist e-e komische, eigenartige Geschichte; *it's no ~ (fam)* da ist nichts zu machen, da kann man nichts machen; es ist sinn-, zwecklos; *is it a ~? (fam)* abgemacht? *here's a ~, what a ~! (fam)* das ist e-e dumme Sache, böse Geschichte; *let me have a ~ (fam)* laß mich mal ('ran)! *I'll ~ you* ich nehme die Wette an; *don't ~ and make a fool of yourself* mach dich doch nicht zum Narren! *we'll let it ~ at that* wir wollen es dabei belassen; *just ~ and try!* versuchen Sie es doch einmal! *let ~! laß los! let it ~!* laß sein! laß laufen! *~ it! (fam)* los! 'ran! *~ easy!* übernimm dich nicht! *where do you want it to ~?* wo soll es hin (-gestellt werden)? *here ~es!* nun los!

~es there? wer da? *how far did he ~?* (fig) wie weit ist er gegangen? *things have gone badly with him* es ist ihm schlecht er-, gegangen; *one, two, three — ~!* (sport) Achtung — fertig — los! to **~ about** itr (umher)gehen; sich umwenden; die Richtung ändern; (Gerücht) im Umlauf sein, umgehen; sich abgeben, sich befassen mit; tr anfassen, behandeln; to **~ abroad** itr (Gerücht) umgehen, sich verbreiten; to **~ after** s.o. (fam) jdm nachsteigen; to **~ ahead** itr losgehen, anfangen; vorangehen; voran-, vorwärtskommen, Fortschritte machen; weitermachen; *~~!* vorwärts! los! to **~ along** itr weitermachen, -kommen, vorwärtskommen, Fortschritte machen; *with s.o.* mit jdm mitkommen, jdn begleiten; *~~ with you!* (fam) mach doch keine Witze! to **~ around** itr herumgehen; hinkommen, (für jeden) (aus)reichen; *there's enough bread to ~ around* es ist genug Brot für alle da; to **~ astray** itr sich verirren, abirren, e-n Fehltritt begehen; verlorengehen; to **~ at** s.o. auf jdn losgehen; *s.th.* an etw herangehen, etw anpacken; über etw herfallen; to **~ away** itr weggehen; abreisen; to **~ back** itr zurückkehren; zurückgehen, nachlassen, schwächer werden; (zeitlich) zurückgehen, sich zurückführen lassen (*to* auf); *(up)on* (sein Wort) brechen; *on s.o.* jdn betrügen, hintergehen, im Stich lassen; to **~ before** itr voraus-, vorausgehen; to **~ behind** itr hinterhergehen, folgen; *s.th.* e-r S auf den Grund gehen; to **~ between** itr in der Mitte gehen; vermitteln; to **~ beyond** itr darüber hinausgehen; hinausgehen über; to **~ by** itr vorüber-, vorbeigehen (a. Zeit); (Zeit) vergehen, verstreichen, verrinnen; sich richten nach; (Namen) führen; math sich lösen lassen nach; to **~ down** itr hinab-, hinuntergehen, -steigen; med sich hinlegen (*with flu* mit Grippe); (Schiff) untergehen, sinken; (Sonne) untergehen, verlieren, unterliegen (*before s.o.* jdm); an Qualität verlieren, einbüßen; schlechter werden; (Wind, Preise) nachlassen; (Universität) abgehen; Glauben, Beifall finden (*with* bei); zurückgehen, sich zurückführen lassen (*to* bis auf); to *~~ in history* in die Geschichte eingehen; to *~~ on o.'s knees* auf die Knie gehen; *that won't ~~ with me* das lasse ich mir nicht gefallen; to **~ far** itr weit gehen;

es weit, zu etwas bringen; *towards* viel dazu beitragen; to **~ for** s.th. nach etw gehen, etw holen; sl sich interessieren, eintreten für; angesehen, betrachtet werden als; hinauslaufen auf; *s.o.* (sl) auf jdn losgehen; to **~ for a drive** ausfahren; to **~ for nothing** nichts gelten; *how much did it ~ for?* für wieviel wurde es verkauft? to **~ forth** itr (Buch) erscheinen, (Erlaß) ergehen; to **~ forward** itr weiterkommen, Fortschritte machen; fig vorangehen; to **~ in** itr hineingehen; hineinpassen; (Sonne hinter Wolken) verschwinden; *for* sich interessieren für, Spaß haben an, sich widmen dat; teilnehmen an (e-r Prüfung); *with* teilen mit, sich beteiligen an; to **~ into** itr enthalten sein in; untersuchen (s.th. etw); eingehen auf; einsteigen in; to **~ off** itr weg-, hinausgehen; ausrücken; stattfinden, sich ereignen, verlaufen, sich abwickeln; einschlafen; das Bewußtsein verlieren; (Veranstaltung) zu Ende gehen, aus sein; (Ware) weg-, abgehen, Absatz finden; (Zug) (ab)gehen; (Feuerwaffe) losgehen, sich entladen; explodieren; to **~ off well (badly)** (keinen) Beifall, Anklang finden, nicht gefallen; nachlassen, schlechter werden; to **~ off into a fit of laughter** laut loslachen; *~es off* (theat) ab; to **~ on** itr weitermachen, fortfahren (*with* mit); (Zeit) vorrücken, weitergehen; fortfahren (*talking* zu reden); vor sich gehen, vorgehen, geschehen, stattfinden, sich ereignen; fam meckern; sich aufführen, sich benehmen; theat auftreten; (Kleidungsstück) passen; (wirtschaftlich) getragen werden von; (Jahre) gehen auf; sich stützen auf; to *~ on to do* als nächstes tun; to *~ on the road* (com) auf die Reise, theat auf Tournee gehen; *to be ~ing on for fifty* auf die Fünfzig gehen; *this can't ~ on any longer* das kann nicht mehr so weitergehen; *~ on!* interj ach was!; to **~ out** itr hinausgehen; auswandern (*to* nach); (zum Vergnügen) ausgehen; pol (*to ~ out of office*) zurücktreten; (on strike) streiken; (Feuer, Licht) ausgehen; (*to ~ out of fashion*) aus der Mode kommen; (Jahr) zu Ende, ausgehen, ausklingen; Am zs.brechen; (Herz) sich hängen (*to* an); sich bemühen (*for* um), wollen (*for* s.th. etw); *to ~ out of o.'s way* sich besonders anstrengen; to **~ over** tr durchgehen, -sehen, (über)prüfen, untersuchen; überlesen; itr übergehen (*to the other party* zur andern

Partei); hinübergehen *(to* zu); *fam* Erfolg haben; *(Theaterstück)* einschlagen; to ~ *over the figures* nachrechnen; **to ~ through** *tr itr* durchgehen, -sehen; durchführen; *(Gesuch)* durchgehen, angenommen werden; durchmachen, erleiden, erdulden; *(Geld)* ausgeben, *fam* unter die Leute bringen; *(Verkehrszeichen)* überfahren; *with* zu Ende führen, vollenden; to ~ *through ten editions (Buch)* zehn Auflagen erleben; **to ~ together** *itr* zs.passen; sich (gut) vertragen; *fam (Verliebte)* zs.gehen; to ~ **under** *itr* untergehen, sinken; zugrunde, eingehen; *(Namen)* führen; to ~ **up** *itr* hinaufgehen, -steigen; *(im Preis)* steigen; *(Häuser)* gebaut werden, gebaut sein; in die Luft fliegen, explodieren; die Universität beziehen; to ~~ *in the air (fig)* wütend werden; to ~~ *in smoke* in Flammen, in Rauch aufgehen; to ~ **with** *s.o.* mit jdm e-r Meinung sein; zu jdm passen; mit jdm gehen *(fam a. von Verliebten); s.th.* zu etw passen; to ~ **without** *itr* auskommen, fertigmachen, sich behelfen müssen ohne, entbehren müssen; *that ~es without saying* das versteht sich von selbst, das ist selbstverständlich; **~-ahead** *s (Signal)* freie Bahn *f; a* fortschreitend; unternehmungslustig, forsch, schneidig, draufgängerisch; **~-aheadativeness** [gouəˈhedɪtɪvnɪs] *Am fam* Unternehmungsgeist *m*; **~-as-you-please** *a* zwanglos, ungebunden, ungeregelt, planlos, beliebig; **~-between** Vermittler, Mittelsmann; Zwischenträger *m;* **~-by** *fam* Vorüber-, Vorbeigehen *n; to give the ~~ to* schneiden, links liegenlassen, ignorieren; *to get the ~~* geschnitten werden; **~-cart** Laufställchen *n*; zs.klappbare(r) Sportwagen *m (Kinderwagen)*; Sänfte *f;* Handwagen; Go-Cart *m;* **~-getter** *Am sl* Draufgänger *m*; **~-off***: at the first ~~* ganz am Anfang; **~-slow strike** Bummelstreik *m;* **~-to-meeting** *a (Kleidung)* Ausgeh-, Sonntags-.

goad [goud] *s* Stachelstock *(zum Viehtreiben)*; *fig* Stachel, Ansporn, Antrieb *m; tr (Vieh)* antreiben *a. fig*; *fig* aufstacheln *(into doing s.th.* etw zu tun).

goal [goul] *sport* Ziel, Mal; Tor(schuß *m); fig* Ziel *n; to score a ~* ein Tor schießen; *to set o.s. a high ~* sich ein hohes Ziel stecken; *to win by three ~s to one* 3:1 gewinnen; **~ie** ['-ɪ] *fam*, **~-keeper** Torwart *m;* **~-line** Torlinie *f;* **~-post** Torpfosten *m*.

goat [gout] Ziege, Geiß *f; (he-~)* (Ziegen-, Geiß-)Bock; *fig* geila(r) Bock; *(scape~)* Sündenbock *m; the G~ (astr)* der Steinbock; *to get s.o.'s ~ (sl)* jdn auf die Palme bringen; jdn aufziehen; *to play the giddy ~ (fig)* sich albern benehmen; *to separate the sheep from the ~s (fig)* die Schafe von den Böcken sondern; **~ee** ['-tiː] Ziegen-, Spitzbart *m;* **~herd** Ziegen-, Geißhirt *m;* **~ish** ['-ɪʃ] ziegen(bocks)artig; geil; **~skin** Ziegenleder(flasche *f) n;* **~sucker** *orn* Ziegenmelker *m;* **~'s wool** *fig* Mückenfett *n*.

gob [gɒb] **1.** *vulg* Auswurf *m,* Spucke *f,* Rotz; *sl* Mund *m; fig* (große) Menge, Masse *f; itr* spucken; **2.** *min* Alte(r) Mann *m;* taube(s) Gestein *n*; **3.** *Am sl* Bluejacke *f,* Matrose *m*.

gobble ['gɒbl] **1.** *itr (Puter)* kollern; *s* Kollern *n;* **~r** ['-ə] Puter, Truthahn *m*; **2.** *tr* hinunter-, verschlingen; *itr* gierig essen, fressen; **~r** ['-ə] Fresser *m*.

gobbledygook ['gɒblɪdɪgʊk] *Am sl* Geschwafel, Amtsdeutsch *n*.

gobelin ['goubəlɪn] Gobelin *m*.

goblet ['gɒblɪt] Kelch(glas *n) m*.

goblin ['gɒblɪn] Kobold *m*.

god [gɒd] (heidnische(r)) Gott *m,* Gottheit *f; fig* Abgott, Götze *m;* G~ Gott *m; to make a ~ of s.o., s.th.* jdn, etw zu s-m (Ab-)Gott machen, vergöttern; *for G~'s sake!* um Gottes willen! *thank G~!* Gott sei Dank! **~child** Patenkind *n*; **~dess** ['gɒdɪs] Göttin *f;* **~father** Pate *m; to stand ~~* Pate stehen *(to* bei); **~fearing** gottesfürchtig; **~forsaken** *a* gottverlassen; **~head** ['-hed] Gottheit *f;* göttliche Natur *f;* **~less** ['-lɪs] gottlos; **~lessness** ['-lɪsnɪs] Gottlosigkeit *f;* **~like** göttlich; erhaben; **~liness** ['-lɪnɪs] Frömmigkeit *f;* **~ly** ['-lɪ] fromm, gottselig; **~mother** Patin *f;* **~parent** Pate *m;* **~send** Retter *m* in der Not; unerwartete(s) Glück *n;* Gottesgabe *f;* **~son** ['-sʌn] Patensohn *m*, -kind *n;* **~speed** ['-'-ː *to bid; to wish s.o. ~~* jdm Lebewohl sagen, e-e glückliche Reise, alles Gute wünschen; **~ward** ['-wəd] *a* Gott zugewandt; *adv u.* **~wards** *adv* zu Gott; **~wit** ['-wɪt] *zoo* Uferschnepfe *f*.

goer ['gouə] Gänger, Gehende(r), Läufer; *sl* Fachmann *m*.

gof(f)er ['gɔfə] *tr* kräuseln; fälteln, plissieren; *s* Plissiereisen *n*.

goggle ['gɒgl] *itr* glotzen, starren; mit den Augen rollen; *tr (die Augen)* rollen; *s pl* Schutzbrille *f; fam* (runde) Brille *f;* **~-eyed** *a* glotzäugig.

going ['gouiŋ] *ppr von go; a* gehend, laufend, im Gang; arbeitend, funktionierend, in Tätigkeit, in Betrieb; fertig, bereit, vorhanden, erhältlich, zu haben(d); *s* Ab-, Weggang; Aufbruch *m*, Abreise, -fahrt *f*; Gang(art *f*) *m*, Geschwindigkeit; Bodenbeschaffenheit *f*, Straßenzustand *m*; Fortbewegung *f*, Weiterkommen *n*; *to be ~ to* im Begriff sein zu, werden; gerade wollen, die Absicht, vorhaben zu; *to get ~ (fam)* in Gang kommen; *to set (a-) ~* in Gang bringen; *~! ~! gone! (Versteigerung)* zum ersten! zum zweiten! zum dritten! *a ~* ein gutgehendes Geschäft; **~s-on** *meist in: such ~~* ein solches Benehmen *n*; **~~over** *fam* Berichtigung; *Am sl* Dresche *f*, Prügel *m pl*; Anschnauzer *m*.

goitre, *Am* **goiter** ['goitə] *med* Kropf *m*.

gold [gould] *s* Gold *a. fig*; Gold(geld) *n*; Reichtum *m*; Gold(farbe *f*) *n*; *a* golden; gold(farb)en; Gold-; *on ~ (com)* auf Goldbasis; *to be pure ~* Gold wert sein; *all that glisters* od *glitters is not ~ (prov)* es ist nicht alles Gold, was glänzt; **~~beater** Goldschläger *m*; **~~'s skin** Goldschlägerhaut *f*, -häutchen *n*; **~~brick** *fam* Tinnef, Schwindel; *Am sl mil* Drückeberger *m*; *to sell a ~~ to s.o. (sl) Am* jdn anschmieren, 'reinlegen, anführen; **~ bullion** Goldbarren *m*; **~ coin** Goldmünze *f*; **~ content** Goldgehalt *m*; **~~digger** Goldsucher; *sl* Vamp *m*; **~~dust** Goldstaub *m*; **~en** ['-ən] golden; gold(farb)en, goldgelb; kostbar; blühend; *(Gelegenheit)* günstig; *(Stunden)* glücklich; *the ~~ age* das Goldene Zeitalter; *the ~~ calf* das Goldene Kalb; *the ~~ mean* die goldene Mitte; *~~ pheasant* Goldfasan *m*; *the ~ rule* die goldene Regel; *~~ wedding* goldene Hochzeit *f*; **~ fever** Goldrausch *m*; **~~field** Goldfeld *n*; **~finch** Stieglitz, Distelfink *m*; *sl* Goldstück *n*; **~fish** Goldfisch *m*; **~foil**, **-leaf** Blattgold *n*; **~ilocks** ['-iloks] *bot* Hahnenfuß *m*; *fig* Mädchen *n* mit goldfarbigem Haar; **~~ingot** Goldbarren *m*; **~~mine** Goldgrube *f a. fam fig*; **~~nugget** Goldklumpen *m*; **~ plate** Goldgeschirr *n*; **~ plating** Vergoldung *f*; **~ reserve** *fin* Goldreserve *f*; **~ rush** Goldrausch *m*; **~smith** Goldschmied *m*; **~ standard** Goldwährung *f*.

golf [gɔlf] *s* Golf(spiel) *n*; *itr* Golf spielen; **~~club** Golfschläger, -klub *m*; **~~course**, **-links** *pl mit sing* Golfplatz *m*; **~er** ['-ə] Golf(spiel)er *m*.

Goliath [gə'laiəθ] *fig* Riese, Goliath *m*.

golliwog(g) ['gɔliwɔg] groteske Puppe; Vogelscheuche *f*, häßliche(r) Mensch *m*.

golly ['gɔli] *interj (by ~)* Donnerwetter!

goloptious [gə'lɔpʃəs] *Br fam* herrlich, köstlich.

golosh [gə'lɔʃ] *s. galosh*.

gonad ['gɔnæd] *biol* Keimdrüse *f*.

gondol|a ['gɔndələ] Gondel *f a. aero*; *Am* flache(s) Flußboot *n*, Barke *f*; *Am* **rail (~~ car)** Niederbordwagen *m*; **~ier** [gɔndə'liə] Gondoliere *m*.

gone [gɔn] *pp von go; a* vergangen, gewesen, dahin, vorbei; geistig abwesend, ekstatisch; *fam* hin, erledigt; weg, fort, *fam* futsch; *to be ~ on s.o. (sl)* in jdn verknallt, verschossen, sterblich verliebt sein; *he is ~* er ist fort; *he is a ~ man, case, coon (sl)* er ist erledigt, es ist aus, vorbei mit ihm; *be ~! get you ~!* hau ab! scher dich weg! pack dich! zieh ab! *far ~* weit vorgerückt, tief verwickelt; sehr müde; *past and ~, dead and ~* vorüber und vorbei, ein für allemal dahin; **~r** ['-ə] *sl* erschossene(r), erledigte(r), ruinierte(r) Mann *m*.

gonfalon ['gɔnfələn] Banner *n*.

gong [gɔŋ] *s* Gong *m*; Alarmglocke; *sl* Medaille *f*; *tr (Polizei)* mot stoppen.

goniometry [gouni'ɔmitri] Goniometrie, Winkelmessung, -rechnung *f*.

gono|coccus [gɔnə'kɔkəs] *pl -ci* [-ksai] *med* Gonokokkus *m*; **~rrh(o)ea** [gɔnə'riːə] *med* Tripper *m*, Gonorrhöe *f*.

goo [gu:] *Am sl* Klebstoff *m*; verlogene Schmeichelei; übertriebene Sentimentalität *f*; **~ber** ['-bə] *Am* Erdnuß *f*; **~ey** ['-i] *Am sl* klebrig; sentimental.

good [gud] **1.** *a* gut, ausgezeichnet, vorteilhaft; geeignet, passend, angebracht *(for für)*; ausreichend, genügend, zufriedenstellend; *(Nahrungsmittel)* frisch, vollwertig, genießbar, zuträglich, bekömmlich; *physiol* gesund, normal, kräftig, stark; tüchtig, geschickt, gewandt; ordentlich; brauchbar, zuverlässig; pflichtbewußt; tugendhaft, fromm; schicklich; artig, wohlerzogen; höflich; gütig, wohlwollend, freundlich; erfreulich, angenehm, glücklich; ehrenhaft, -voll, würdig; echt; *(Geld)* gangbar, gängig; *(Kaufmann)* sicher, kredit-, zahlungsfähig; **2.** *s* das Gute; Gut *n allg*; das Wohl, das Beste; *the ~* die Guten; *pl* Sachen *f pl*, bewegliche Habe *f*; *com* Güter *n pl*, Waren *f pl*; *rail* Fracht *f*; *Am* Gewebe *n*, Stoff *m*; *~s (Am sl)* das, worauf es ankommt; Beweis; anständige(r) Kerl *m*; *der* Richtige; Diebesgut *n*; **3.** *a ~ deal* ziemlich viel, *fam* eine Menge; *a ~ few* schon einige, nicht wenige; *a ~ many* ziemlich viele, *fam* eine Menge; *all in ~ time* alles zu s-r Zeit; *as ~ as* so gut wie; *for ~* für immer; endgültig; *for ~ and all* ein für allemal; *for a ~ while* e-e ganze Weile, längere Zeit; *in ~ earnest* in vollem Ernst; *in ~ faith* in gutem Glauben, gutgläubig *adv*; *no ~* nichts wert, nicht zu (ge)brauchen, unbrauchbar; *on ~ authority* aus guter Quelle; *to the ~* zum Guten; zum Vorteil; *com* Kreditsaldo, Nettogewinn *m*; *~ and (fam)* mächtig, sehr; recht, (voll und) ganz; **4.** *to be ~* gelten, gültig sein; *to be a ~ boy, girl* artig sein; *to be ~ enough to* so gut sein und; *to be ~ at figures* gut im Rechnen sein; *to deliver the ~s (sl)* s-e Pflicht tun; *to do it ~* es gut haben; *to have ~ looks* gut aussehen; *to have a ~ night* gut schlafen; *to have a ~ time* sich gut unterhalten, sich gut amüsieren; *to have, to get the ~s on s.o.* etw Nachteiliges über jdn erfahren; am stärkeren Hebelarm sitzen; *to make ~* es schaffen; durchführen, bewerkstelligen; wiedergutmachen; bestätigen, bekräftigen; *(Versprechen)* erfüllen; Erfolg haben; sich durchsetzen; aufkommen für, gutmachen; *to say a ~ word for s.o.* ein gutes Wort für jdn einlegen; *to stand ~* gültig bleiben; bürgen, haften *(for* für); **5.** *he will come to no ~* es wird mit ihm kein gutes Ende nehmen; *~ for you!* gut so! bravo! *~ gracious!* ach du meine Güte! du lieber Gott! *my ~ man, my ~ sir!* (*iro*) mein lieber Mann! *~ morning! ~ afternoon! ~ evening! ~ night!* guten Morgen! guten Tag! guten Abend! gute Nacht! *is it any ~ trying? what ~ is it?* hat es Sinn, Zweck? *that's all to the ~* um so besser! *the common ~* das allgemeine Wohl; das öffentliche Interesse; *dry ~s (Am) pl* Schnitt-, Kurzwaren *f pl*; *fancy ~s (pl)* Luxusartikel *m pl*, Neuheiten *f pl*; *~s and chattels (pl)* bewegliche Habe *f*; *a ~ half* die gute Hälfte; *a ~ hour* e-e gute, reichlich eine Stunde; *a ~ turn* ein gutes Werk; **~-bye**, *Am* **by** [-'-] *s* Lebewohl *n*; *interj* ['-'-] auf Wiedersehen! *to bid, to say ~~ to s.o.* jdm Lebewohl sagen; sich von jdm verabschieden; **~-conduct certificate** Führungs-, Leumundszeugnis *n*; **~-for- -nothing** *a* wert-, zwecklos; *s* Taugenichts *m*; **G~ Friday** Karfreitag *m*; **~-hearted** *a* gutherzig, -mütig; **~- humo(u)r** gute Laune *f*; **~-humo(u)r- ed** *a* gutgelaunt, aufgeräumt; gutmütig, freundlich; **~-ish** ['-iʃ] einigermaßen, ziemlich gut; beträchtlich;

~-liness ['-linis] hübsche(s), nette(s) Aussehen *n*; **~-looking** gutaussehend, hübsch; **~ looks** *pl* gute(s) Aussehen *n*; **~-ly** ['-li] hübsch, nett, gefällig, angenehm; ziemlich, beträchtlich; *a ~ number* viele, **~-natured** *a* gutmütig, gütig, freundlich, nett, entgegenkommend; **~-ness** ['-nis] Güte *f*; Kern *m* der Sache; *das Beste; interj (~ gracious!)* (ach) du meine Güte! *interj (~~sake)* um Gottes, um Himmels willen! **~-sized** *a* ziemlich groß; **~s station** *Br* Güterbahnhof *m*; **~s traffic** *Br* Güterverkehr *m*; **~s train** *Br* Güterzug *m*; **~-tempered** *a* heiter, froh; umgänglich; freundlich; **~ turn** Gefallen *m*; *one ~~ deserves another* e-e Hand wäscht die andere; **~-will** gute(r) Wille *m*, Bereitwilligkeit *f*; Wohlwollen *n*, Freundlichkeit; Kundschaft *f*; Firmenwert *m*; *~~ mission* Mission *f* des guten Willens; **~-y** ['-i] *a* scheinheilig, frömmelnd, zimperlich; *s (~~~)* Frömmler(in *f*) *m*; *fam* Frau, Gevatterin *f*; *meist pl* Süßigkeiten, Leckereien *f pl*; *interj* prima! pfundig!

goof [gu:f] *s sl (a. ~er)* Dämlack, Depp *m*; *Am* Dummheit *f*, Schnitzer *m*; *itr* sich verhauen, Mist machen; in Gedanken versunken sein; *tr* necken; **~ ball** *Am* Narkotikum *n*; Beruhigungspille *f*; **~iness** ['-inis] Dämlichkeit *f*; **~y** ['-i] doof, dämlich; vernarrt *(about* in).

gook [gu:k] *Am sl mil pej* Ostasiate; Schmutz, Dreck *m*.

goon [gu:n] *fam* komische(r) Kauz; Schläger; Streikbrecher *m*; **~k** [-k] *Am sl* schmierige Flüssigkeit; widerliche Sache *f*.

goop [gu:p] *Am sl* Tölpel; Schwindel *m*.

goose [gu:s] *pl geese s* Gans *f*; Gänsefleisch *n*; dumme Person *f*; *pl* **~s**: Schneiderbügeleisen *n*; *Am sl* Stoß *m* in den Rücken; *tr Am sl* in den Rücken stoßen; *to be unable to say "bo" to a ~* ein Angsthase sein; *to cook o.'s ~ (fam)* sich die Chancen, Aussichten verderben; *to kill the ~ that lays the golden eggs* die Zukunft opfern; *all his geese are swans* er ist ein großer Optimist; *the ~ hangs high (Am)* alles ist in bester Ordnung; die Zukunft ist glänzend; *sauce for the ~ is sauce for the gander (prov)* was dem einen recht ist, ist dem andern billig; **~berry** ['guzbəri] Stachelbeere *f*; Stachelbeerstrauch *m*; *fam* Drahtigel, *fam* unbequeme(r) Dritte(r), Anstandswauwau *m*; Zeitungsente *f*; **~-egg** Gänseei *n*; *Am (Schule)* ganz ungenügend; **~-flesh, -skin, -pimples** *pl*

goose-grease   431   **governmental**

Gänsehaut f (beim Menschen); **~-grease** Gänseschmalz n; **~herd** Gänsejunge m, -magd f; **~-neck** tech Schwanenhals m, Anschlußstück n; **~-quill** Gänsekiel m, -feder f (zum Schreiben); **~-step** Stechschritt m; **~y, goosy** ['guːsi] a dumm, blöd(e); Am sl wild, nervös, aufgeregt; s fam Gänschen n.

gopher ['goufə] (nordamerik.) Taschenratte f; Backen-, Erdhörnchen n; Am sl Taugenichts, Einbrecher m.

gorcock ['gɔːkɔk] Birkhahn m.

Gordian ['gɔːdjən] a: to cut the ~ knot den gordischen Knoten durchhauen.

gore [gɔː] **1.** s (bes. geronnenes) Blut n; **2.** s Zwickel, (eingesetzter) Keil m; tr e-n Keil, Zwickel einsetzen in; **3.** tr durchbohren, aufspießen.

gorge [gɔːdʒ] s Schlucht, Klamm; Sperre; Arch Hohlkehle f; itr schlingen, gierig essen; tr vollstopfen; hinunter-, verschlingen; my ~ rises mir wird übel (at bei).

gorgeous ['gɔːdʒəs] prächtig, prachtvoll, glänzend, herrlich; fam fabelhaft, großartig; ~ ness ['-nis] Pracht, Herrlichkeit f.

gorget ['gɔːdʒit] hist Halsberge f; (Ring-)Kragen m (a. der Vögel); ~ patch mil (Kragen-)Spiegel m.

Gorgon ['gɔːgən] Gorgo; fig schreckliche Frau f.

gorilla [gəˈrilə] zoo Gorilla m.

gormand ['gɔːmənd] Schlemmer; Vielfraß m; **~ize** ['-aiz] itr prassen, schlemmen; fressen.

gorse [gɔːs] bot (Stech-)Ginster m.

gory ['gɔːri] blutig.

gosh [gɔʃ] interj (by ~!) bei Gott! alle Wetter! Donnerwetter!

goshawk ['gɔshɔːk] zoo Hühnerhabicht m.

gosling ['gɔzliŋ] Gänschen n a. fig.

gospel ['gɔspəl] Evangelium n a. fig; the G~ according to St. John das Johannesevangelium; ~ **truth** unumstößliche Wahrheit f.

gossamer ['gɔsəmə] s Altweibersommer m; sehr feine Gaze; Regenhaut f; a u. **~y** ['-ri] leicht, zart, (hauch)dünn.

gossip ['gɔsip] s Schwätzer m, Klatschbase f; Klatsch m; Geschwätz, Gerede n; itr schwatzen; klatschen; **~column** Klatschspalte f; **~y** ['-i] geschwätzig, klatschhaft.

Goth [gɔθ] hist Gote; fig Barbar, Vandale m; **~ic** ['-ik] a hist (Kunst) gotisch; s (das) Gotisch(e); Gotik f; typ Fraktur, Am Grotesk f; ~ arch Spitzbogen m.

gouache [guˈaːʃ] Guasch-, Deckfarben f pl; Guasch(malerei) f.

gouge [gaudʒ] s Hohlmeißel m, -eisen; Am fam Betrugsmanöver n, Schwindel m; tr mit dem Hohlmeißel bearbeiten, aushöhlen; Am fam anschmieren.

goulash ['guːlæʃ] Gulasch n.

gourd [guəd] Kürbis m; (bottle ~) Flaschenkürbis m; Kürbisflasche f.

gourm|and ['guəmənd] s. gormand; **~et** ['-mei] Feinschmecker m.

gout [gaut] Gicht f, Podagra n; Tropfen, Spritzer m; articular ~ Gelenkrheumatismus m; **~iness** ['-inis] Anlage f zur Gicht; **~y** ['-i] gichtisch.

govern ['gʌvən] tr regieren; verwalten; leiten, lenken; bestimmen, beeinflussen; fig beherrschen, zügeln, im Zaum halten; gram regieren; tech regeln, steuern; itr die Regierung(sgewalt) ausüben, regieren; to be ~ed by sich richten nach; sich leiten lassen von; **~able** ['-əbl] lenksam; **~ance** ['-əns] Regierung(sführung) f; **~ess** ['-is] Erzieherin, Gouvernante f; **~ing** ['-iŋ] regierend, Regierungs-; geschäftsführend; führend, leitend, (be)herrschend; ~~ body Verwaltungsrat m; Führungsgremium n; ~~ commission Regierungskommission f, -ausschuß m; the ~~ idea der Leitgedanke; **~ment** ['-mənt] Regierung f, Kabinett n, Ministerium n; Regierung(sgewalt); Regierungs-, Staatsform; Verwaltung(srat m); (Geschäfts-) Führung, Leitung f; Gouvernement n, Verwaltungsbezirk m; to form a ~~ e-e Regierung bilden; to overthrow a ~~ e-e Regierung stürzen; the ~~ has resigned die Regierung ist zurückgetreten; coalition ~~ Koalitionsregierung f; federal ~~ Bundesregierung f; local ~~ Gemeindeverwaltung f; military ~~ Militärregierung f; self-~~ Autonomie f; ~~ bank Staats-, Nationalbank f; ~~ bill Regierungsvorlage f; ~~ bonds (pl) Staatspapiere n pl; ~~ commission Regierungskommission f, -ausschuß m; ~~ commissioner Regierungskommissar m; ~~ contract Staatsauftrag m; ~~ control Staatsaufsicht f; ~~-controlled (a) unter staatlicher Aufsicht; ~~ department Ministerium n; ~~ expenditure Staatsausgaben f pl; ~~ grant Staatszuschuß m; ~~-in-exile Exilregierung f; ~~ loan Staatsanleihe f; ~~ monopoly Staatsmonopol n; ~~ officer, official Staatsbeamte(r) m; ~~ party Regierungspartei f; ~~ property Staatseigentum n; ~~ revenue Staatseinkünfte, -einnahmen f pl; ~~ securities (pl Br) Staatsanleihe f; ~~ spokesman Regierungssprecher m; **~mental** [gʌvən'mentl] a Regierungs-, Staats-;

governor behördlich; **~or** ['gʌvənə] Regierungsbeamte(r); Statthalter, Gouverneur; Leiter, Direktor, Präsident; Erzieher, Hofmeister; *fam* Chef, Prinzipal, Alte(r) Herr; *tech* Regulator, Regler *m*; **~-general** Generalgouverneur *m*; **~orship** ['-ʃip] Statthalterschaft *f*; Amtszeit *f* e-s Gouverneurs.

gow [gau] *Am sl* Opium *n*; *(Werbung)* Blickfang *m*; **~k** [-k] *fam* Depp *m*.

gown [gaun] *s* (Damen-)Kleid *n*; *(dressing-~)* Morgenrock *m*; *(night-~)* Nachthemd *n*; Robe *f*, Talar; Lehrkörper *m (e-r Universität)*; *tr* ein Kleid, e-n Talar anziehen; **~sman** ['-zmən] akademische(r) Würdenträger *m*.

grab [græb] *tr* ergreifen, packen, schnappen, *fam* grapschen; an sich reißen, sich (gewaltsam *od* unrechtmäßig) aneignen; *itr* die Hand legen (*at* auf); greifen (*at* nach); *s* schnelle(r) (Zu-)Griff *m*; das Ergriffene; *tech* Greifer *m*; *to have the ~ on s.th.* sich den Löwenanteil sichern; *to ~ a bite* e-e Kleinigkeit essen; **~ bag** *Am* Glückstopf *m*; **~ber** ['-ə] habgierige(r) Mensch *m*; **~bing** ['-iŋ] gewaltsame Zugriffe *m pl*; unsaubere Geschäfte *n pl*; **~ble** ['græbl] *itr* (herum)grabbeln, -fummeln; tasten, (auf allen vieren) suchen (*for* nach); **~ dredger** Greifbagger *m*.

grace [greis] *s* Anmut, Grazie; Zierlichkeit *f*; Charme, Reiz; Anstand *m*; Gefälligkeit *f*, Entgegenkommen *n*, Bereitwilligkeit *f*, Wohlwollen, Nachsicht; *rel* Gnade *f*; Tischgebet *n*; *mus* Verzierung *f*; *fin* Aufschub *m*; *pl* gefällige(s) Äußere(s) *od* Wesen *n*; Gunst *f*; *the G~s* die Grazien *f pl*; *tr* verschönen, zieren, schmücken, heben, auszeichnen; ehren; *mus* verzieren; *with* (*a*) *good, bad* ~ bereit-, widerwillig *adv*; *to add ~ to* verschönen, zieren; *to be in s.o.'s good (bad)* ~s bei jdm (nicht) in Gunst stehen, *fam* gut (schlecht) angeschrieben sein; *to give s.o. a day's* ~ jdm e-n Tag Aufschub gewähren; *to say* ~ das Tischgebet sprechen; *days of* ~ *(fin)* Nachfrist *f*; Respekttage *m pl*; *petition of* ~ Gnadengesuch *n*; *Your G~* Euer Gnaden; **~ful** ['-ful] anmutig, graziös, zierlich, reizend, reizvoll; **~fulness** ['-fulnis] Anmut, Grazie, Zierlichkeit *f*; **~less** ['-lis] schwerfällig, plump, ungeschickt; reizlos; unverschämt, unpassend, unangebracht.

gracious ['greiʃəs] gütig, wohlwollend, gefällig; gnädig; leutselig; *good ~! ~ goodness! ~ me!* ach du meine Güte, ach du lieber Himmel!; **~ness** ['-nis] Güte *f*, Wohlwollen *n*; Gnade *f*.

grad|ate [grə'deit] *tr* abstufen, schattieren; **~ation** [-'deiʃən] Stufenfolge; Abstufung *f*; (allmählicher) Übergang *m*; Schattierung, Tönung; Stufe *f*; *geol* Abtragung *f*; *gram* Ablaut *m*; **~e** [greid] *s* Stufe *f*, Schritt; Grad; Rang *m*; (Rang-, Güte-)Klasse, Sorte, Qualität; *Am* (Schul-)Klasse; *Am (Schule)* Zensur; *Am (Straße, Bahnlinie)* Steigung, Neigung *f*, Gefälle *n*; *Am mil* Dienstgrad *m*; *the ~s (Am)* die Volksschule; *tr* ab-, einstufen, sortieren; bewerten, einteilen, klassifizieren; *agr* (*to ~~ up*) (auf)kreuzen; *Am (Schule)* bewerten, zensieren; *Am* abflachen, (ein)ebnen; *mil (Dokument)* mit e-r Geheimhaltungsstufe versehen; *to ~ up* verbessern; in e-e höhere Gruppe einstufen; *at ~~* auf gleicher Höhe; *down ~~* abfallend; sich verschlimmernd; *on the up, down ~~ (Am)* steigend, fallend; *up ~~* ansteigend; sich bessernd; *up to ~~ (fig)* auf der Höhe; dem Standard entsprechend; *to make the ~ (Am)* die Steigung, *fig* die Schwierigkeiten überwinden; es schaffen; *~~ crossing (Am)* schienengleiche(r) Bahnübergang *m*; *~~ label(l)ing (com)* Güteklassebezeichnung *f*; *~~ school (Am)* Grundschule *f*; *~~ teacher (Am)* Grundschullehrer *m*; **~er** ['greidə] Sortierer; *tech* Straßenhobel *m*, Planiermaschine; Sortiermaschine *f*; *first-~~ (Am)* Erstkläßler *m*; **~ient** ['greidjənt] *a* ansteigend; abfallend; *s* (Ab-)Hang *m*; Steigung, Neigung *f*, Gefälle *n*; *phys* Anstieg *m*, Zunahme *f*; **~ing** ['greidiŋ] Einstufung, Eingruppierung, Klassi(fizi)erung; *com* Güteklasseneinteilung *f*; *~~ rule* Klassifizierungsvorschrift *f*.

gradual ['grædjuəl] *a* graduell, stufen-, schrittweise erfolgend *od* sich vollziehend, allmählich; **~ly** ['-i] *adv* stufen-, schrittweise, Schritt für Schritt, nach und nach, allmählich.

graduat|e ['grædjuit] *s (Universität, USA. Schule)* Absolvent; Graduierte(r); Meßzylinder *m*; *a Am* (staatlich) geprüft; ['-djeit] *itr* e-n Grad erlangen, graduieren, promovieren; *Am* ein Abschlußzeugnis erhalten; absolvieren (*from high school* die höhere Schule); *tr Am* graduieren, promovieren, e-n Grad, ein Abschlußzeugnis erteilen (*s.o.* jdm); *(Meßgerät)* einteilen; mit e-r Skala versehen; abstufen; **~ion** [grædju'eiʃən] Promotion *f*; *Am* Schul-, Lehrgangsabschluß *m*; (Grad-)Einteilung; *tech* Grad-, Skaleneinteilung; Abstufung *f*; *(~~ mark)* Teilstrich *m*.

Gr(a)ecism ['gri:sizm] Gräzismus *m*, griechische (Sprach-)Eigentümlichkeit *f*; **~ize** ['-saiz] *tr* gräzisieren; **~o-** ['grikou] *pref* griechisch-.

graft [gra:ft] **1.** *s* Pfropfreis; (*~ing, ~age*) Pfropfen; *med* Transplantat *n*; *tr* (auf-, ein)pfropfen (*in* in; *on* auf), okulieren; *med* verpflanzen; *itr* gepfropft, verpflanzt werden; **2.** *s Am* Bestechung, Schiebung, Korruption *f*; Bestechungs-, Schmiergelder *m pl*, Korruptionsgewinn *m*; *sl* Schufterei *f*; *tr* (*Bestechungsgelder*) erhalten, annehmen; *itr* sich bestechen lassen, schieben; **~er** ['-ə] *Am fam* bestechliche(r), korrupte(r) Beamte(r); Schieber *m*.

Grail [greil] : *the Holy G~* der Heilige Gral.

grain [grein] *s* (Samen-, *bes.* Getreide-) Korn; Getreide, Korn; *allg* (*Sand-, Salz-*)Korn, Körnchen *n*; *fig* Anlage, Neigung *f*, Wesen; Gran *n* (*0,065 g*); (*Leder, Holz, Marmor*) Struktur, Faser, Maserung; (*Fleisch*) Faser *f*; (*Fell*) Strich *m*; (*Leder*) Narbe; Musterung *f* (*e-r Oberfläche*); *tr* marmorieren; narben, körnen; (*Fell*) enthaaren; *a ~ of* ein (kleines) bißchen; e-e Spur *gen*; *against the ~* gegen den Strich; *in ~* im Grunde, an und für sich; *to be without a ~ of sense* nicht ein Fünkchen Vernunft haben; *to dye in the ~* in der Wolle färben; *it is, goes against my ~* das geht mir gegen den Strich; *a cargo of ~* e-e Getreideladung; *a ~ of truth* ein Körnchen *n* Wahrheit; **~ export** Getreideausfuhr *f*; **~field** *Am* Getreide-, Kornfeld *n*; **~ market** Getreidemarkt *m*; **~ weevil** Kornkäfer *m*; **~y** ['-i] körnig, faserig.

gramineous [grei'miniəs] grasartig.

grammalogue ['græməlɔg] (*Stenographie*) Kürzel, Sigel *n*.

grammar ['græmə] Grammatik *f*; **~ school** Gymnasium *n*; **~arian** [grə'mɛəriən] Grammatiker *m*; **~atical** [grə'mætikəl] grammati(kali)sch.

gram(me) [græm] (*Masse*) Gramm; (*Kraft*) Pond *n*; **~ calory** *phys* kleine Kalorie *f*.

gramophone ['græməfoun] Grammophon *n*, Plattenspieler *m*; **~~record** Schallplatte *f*.

grampus ['græmpəs] *zoo* Schwertwal, Butzkopf *m*; *to blow like a ~* (*fam*) wie ein Walroß schnauben.

granary ['grænəri] Getreide-, Kornspeicher *m*; *fig* Kornkammer *f*.

grand [grænd] *a* groß, hoch, erhaben; vornehm, bedeutend, berühmt; würdevoll, würdig; stattlich, prächtig, prachtvoll; anspruchsvoll, hochmütig; *fam* großartig, phantastisch, prima, Klasse; vollständig, endgültig; Haupt-; *s* (*~ piano*) Flügel *m*; *Am sl* tausend Dollar *m pl*; *baby ~* (*mus*) Stutzflügel *m*; *to live in ~ style* auf großem Fuße leben; **~~aunt** Großtante *f*; **~child** Enkelkind *n*; **~ council** *pol* Großrat *m*; **~(d)ad** ['-æd] Opa *m*; **~daughter** Enkelin *f*; **~ duchess** Großherzogin,- fürstin *f*; **~ duchy** Großherzogtum *n*; **~ duke** Großherzog, -fürst *m*; **~ee** [græn'di:] Grande; Große(r) *m*; **~eur** ['grændʒə] Größe, Hoheit, Erhabenheit, Vornehmheit, Würde *f*; (Seelen-) Adel *m*; Bedeutung, Berühmtheit; Stattlichkeit, Pracht *f*; **~father** Großvater; Ahn(herr) *m*; **~~(*'s*) clock** [grænd'fa:ðəkwɔns] Standuhr *f*; **~fatherly** *a* großväterlich; gütig, nachsichtig; **~iloquence** [græn'diləkwəns] Schwulst, Bombast *m*; Prahlerei *f*; **~iloquent** ['-diləkwənt] schwülstig, aufgebauscht, hochtrabend, bombastisch; prahlerisch; **~iose** ['grændious] großartig, eindrucksvoll; bombastisch, hochtrabend; **~iosity** [grændi'ɔsiti] Großartigkeit *f*; **~ma** ['grænma:], **~mam(m)a** ['grænməma:] Oma *f*; **~ master** Großmeister *m*; **~mother** Großmutter *f*; **~motherly** *a* großmütterlich; gütig, nachsichtig; **~~nephew** Großneffe *m*; **~ness** ['-nis] = **~eur**; **~~niece** Großnichte *f*; **~pa** ['grænpa:], **~papa** ['-pəpa:] Opa *m*; **~parents** ['grænpɛərənts] *pl* Großeltern *pl*; **~ piano** *mus* Flügel *m*; **~sire** ['grænsaiə] *obs* Großvater; Ahnherr *m*; **~son** ['grænsʌn] Enkel *m*; **~stand** *s* überdachte Tribüne *f*; *itr Am* für die Galerie spielen; **~ total** Gesamt-, Endsumme *f*; **~~uncle** Großonkel *m*.

grange [greindʒ] Bauernhof *m*, -haus *n*.

granite ['grænit] *min* Granit *m*; *to bite on ~~* (*fig*) auf Granit beißen; **~ic** [grə'nitik] granitartig, Granit-.

granivorous [grə'nivərəs] körnerfressend.

granny, grannie ['græni] *fam* Oma; *allg* alte Oma *f*.

grant [gra:nt] *tr* bewilligen, gewähren, stattgeben (*s.th.* e-r S); zusprechen, erteilen; (*Bescheinigung*) ausstellen; (*Eigentum*) übertragen; (*e-m Gesuch*) entsprechen; zugeben, einräumen, zugestehen; *s* Bewilligung, Gewährung, Erteilung; Verleihung; Übertragung; Konzession *f*; zuerkannte(s) Recht *n*; bewilligte *od* zugewiesene Gelder *n*

grantee   434   **gratis**

pl; Zuschuß *m;* Stipendium; zugewiesene(s) Land *n; to take for ~ed* (fest) annehmen, für sicher, für ausgemacht halten; als selbstverständlich voraussetzen; *~ed!* zugegeben! **~ee** [grɑːnˈtiː] Berechtigte(r); Konzessionsinhaber, Konzessionär *m;* **~-in-aid** staatliche Beihilfe *f,* Zuschuß *m,* Subvention *f;* **~ing** [ˈ-iŋ] angenommen, zugegeben *(that* daß); **~or** [ˈ-ə, -ˈtɔː] Übertragende(r) *m.*

granul|ar [ˈgrænjulə] körnig, gekörnt, graupig, granulös; **-ate** [ˈgrænjuleit] *tr* körnen, granulieren; *tr itr* körnig machen, werden; **-ated** *a* gekörnt, granuliert; *~~ carbon* Kohlegrieß *m; ~~ sugar* Kristallzucker *m;* **-ation** [grænjuˈleiʃən] Körnung; *pl med* Granulation *f,* wilde(s) Fleisch *n;* **-e** [ˈ-juːl] Körnchen *n;* **-oma** [-ˈloumə] *med* Granulom *n;* **-ous** [ˈgrænjuləs] körnig.

grape [greip] Weinbeere *f;* Wein *m;* Weinrot *n; pl* Weintrauben *f pl; vet* Mauke *(der Pferde);* Rindertuberkulose *f;* **~-brandy** Weinbrand *m,* **~~-cure** Traubenkur *f;* **-fruit** [ˈ-fruːt] Pampelmuse *f;* **-juice** Traubensaft *m;* **-ry** [ˈ-əri] Treibhaus *n* für Weintrauben; **~~-shot** *mil* Kartätsche *f;* **~~-stone** Traubenkern *m;* **~~-sugar** Traubenzucker *m;* **~~-vine** Weinstock *m; fig (~~ telegraph)* Flüsterpropaganda *f;* Gerücht; Hörensagen *n.*

graph [græf] *s* graphische Darstellung *f,* Schaubild, Diagramm *n;* Kurve *f; tr* graphisch darstellen; **-er** [ˈ-ə] Registriergerät *n;* **-ic(al)** [ˈgræfik(əl)] graphisch; (hand)schriftlich; geschrieben; Schrift-, Schreib-; anschaulich, lebendig, lebensnah, -wahr; *~~ artist* Gebrauchsgraphiker *m; ~~ arts (pl)* die bildenden Künste *f pl;* Graphik *f;* **-ite** [ˈgræfait] *min* Graphit *m; ~ crucible* Graphittiegel *m;* **-ologic(al)** [græfəˈlɔdʒik(əl)] graphologisch; **-ologist** [græˈfɔlədʒist] Graphologe *m;* **-ology** [græˈfɔlədʒi] Graphologie, Handschriftendeutung *f;* **~ paper** Millimeterpapier *n.*

grapnel [ˈgræpnəl] Dragganker, Draggen; Enterhaken *m.*

grappl|e [ˈgræpl] *s* Enterhaken *m; tech* Greifer; feste(r) (Zu-)Griff *m;* Ringen; Handgemenge *n; tr* ergreifen, packen; entern; *itr* e-n Enterhaken benutzen; ringen; sich herumschlagen *(with* mit); **-ing** [ˈ-iŋ], **~~-iron, -hook** Enterhaken *m.*

grasp [grɑːsp] *tr* (er)greifen, fassen, packen; *fig* begreifen, verstehen, (er)fassen; *itr* greifen, trachten, streben *(at* nach); schnappen *(at* nach);

s (Zu-)Griff *m; fig* Reichweite, Gewalt *f;* Begriffsvermögen *n,* Fassungskraft *f;* Verständnis *n; within s.o.'s ~* in jds Gewalt; in jds Reichweite; *to have a good ~ of s.th.* etw sehr gut beherrschen; *to lose o.'s ~* loslassen; **-ing** [ˈ-iŋ] habgierig.

grass [grɑːs] *s* Gras *n;* Rasen *m;* Weide(land *n) f; sl* Polizist, V-Mann *m; tr* mit Gras einsäen; auf Rasen bleichen; *sl* niederschlagen; *sl* verpfeifen; *out at ~* auf der Weide; *fig* in Ferien; *to go to ~* weiden (gehen); *fig* sich ausruhen; in die Ferien gehen; *Am fam* in die Binsen gehen; *to hear the ~ grow (fig)* das Gras wachsen hören; *not to let the ~ grow under o.'s feet* nicht müßig sein; *keep off the ~* Betreten des Rasens verboten! **-cutter** *Am* Rasenmäher *m;* **-hopper** Grashüpfer *m,* Heuschrecke *f; aero* Leicht-, Verbindungsflugzeug *n;* **-land** Gras-, Weideland *n;* Weide-, Rasen-, -platz *m;* **-roots** *s pl Am* Erdboden *m,* oberste Erdschicht *f; a (~~-)* erdverbunden, bodenständig, urwüchsig; volksnah, -verbunden, -tümlich; *to get down to ~* ganz von vorn beginnen; **~~-snake** Ringelnatter *f;* **~ widow(er)** Strohwitwe(r *m*) *f; Am a.* geschiedene *od* getrennt lebende Frau *f;* **~-work** Arbeit *f* über Tage; **-y** [ˈ-i] grasbewachsen, -bedeckt; grasartig; *(~~-green)* grasgrün.

grat|e [greit] **1.** *tr* (zer)kratzen, (zer)reiben, schaben, raspeln; knirschen *(o.'s teeth* mit den Zähnen); reizen, ärgern; *itr* kratzen, kreischen, reizen, aufregen *(on s.o.* jdn); *to ~~ on s.o.'s nerves* an jds Nerven zerren; **-er** [ˈ-ə] Reiber, Schaber *m (Person od Sache);* Reibeisen *n;* **-ing** [ˈ-iŋ] *a* kratzend, kreischend; aufreizend, -regend; **2.** *s* (Fenster-, Tür-)Gitter *n;* (Feuer-)Rost *m,* Heizgitter *n;* Kamin *m; tr* vergittern; mit e-m Gitter, Rost versehen; **-icule** [ˈgrætikjuːl] Strichgitter, Gradnetz, Fadenkreuz *n;* **-ing** [ˈ-iŋ] *s* Gitter *n; mar* Grätinge *f.*

grat|eful [ˈgreitful] dankbar *(to s.o.* jdm); *obs* willkommen, angenehm, erfreulich, wohltuend; **-efulness** [ˈ-fulnis] Dankbarkeit *f;* **-ification** [grætifiˈkeiʃən] Genugtuung, Befriedigung *f (at* über); Genuß *m,* Freude; *obs* Belohnung *f;* **-ify** [ˈgrætifai] *tr* erfreuen, befriedigen; *(Wunsch)* erfüllen; freien Lauf lassen *(s.th.* e-r S); *to be ~ified* sich freuen; **-ifying** erfreulich, angenehm *(to* für); **-is** [ˈgreitis] *adv* gratis, umsonst; *a* ko-

gratitude 435 **greaves**

stenlos, unentgeltlich, Gratis-; ~ *copy* Freiexemplar *n*; **-itude** ['grætitju:d] Dankbarkeit *f (to* gegenüber; *for* für); *in ~ for* aus Dankbarkeit für; **-uitous** [grə'tju(:)itəs] kostenlos, unentgeltlich, umsonst; freiwillig; unverdient, grundlos, unbegründet, haltlos; *~ article (com)* Zugabe *f*; **-uity** [grə'tju(:)iti] Trinkgeld, Geldgeschenk *n*; Zuwendung, Vergütung, Gratifikation; Abfindung *f*; *no -uities* kein Trinkgeld!
gravamen [grə'veimən] *jur* Beschwerde *f*; Klagegrund *m*.
grave [greiv] **1.** *a* ernst(haft), schwer; besorgniserregend; wichtig, bedeutend; schwerwiegend; feierlich; *(Mann)* gesetzt; dunkel, düster; *(Ton)* tief; *s* [gra:v] *u.* **~ accent** *gram* Gravis *m (Akzent);* **2.** *s* Grab *n a. fig;* Grabhügel *m*, -mal *n*; *fig* Tod *m*, Ende *n*; *tr obs* schnitzen, (ein)gravieren; *fig* tief beeindrucken; endgültig festlegen; *to have one foot in the ~ (fig)* mit einem Fuß im Grabe stehen; **-clothes** *pl* Leichentuch *n*; **-digger** Totengräber *m*; **-stone** Grabstein *m*; **-yard** Friedhof *m*; **3.** *tr mar* kalfatern; **graving** ['-iŋ] Kalfatern *n*; **~-dock** Trockendock *n*.
gravel ['grævəl] *s* Kies; *med* Harngrieß *m*; *tr* mit Kies bestreuen; *fig* in Verlegenheit bringen; **-pit** Kiesgrube *f*; **-stone** Kieselstein *m*.
Graves disease [greivz] Basedowsche Krankheit *f*.
gravid ['grævid] schwanger; **-ity** [græ'viditi] Schwangerschaft *f*.
gravit|ate ['græviteit] *itr phys* gravitieren; *chem* sich absetzen, sich niederschlagen; *fig* tendieren, neigen, streben *(to, towards* zu); **-ation** [grævi'teiʃən] Schwerkraft, Gravitation; Neigung *f*, Zug; *chem* Niederschlag *m*; **-ational** [-ʃnəl] Schwere-; *~ field* Schwerefeld *n*; **-y** ['græviti] Schwere *f*, Ernst *m*; Gemessenheit *f*; Bedeutung; *mus* Tiefe; *phys* Schwere *f*, Gewicht *n*; *(force of ~)* Anziehungs-, Schwerkraft *f* der Erde; Erdbeschleunigung *f*; *~ fault (geol)* Verwerfung *f*; *~ tank, wind* Fallbehälter, -wind *m*.
gravy ['greivi] Fleischsaft *m*; Bratenfett *n*; (Braten-)Soße *f*; *Am sl* gefundene(s) Fressen *n*; *~ beef* Saftbraten *m*; **-boat** Soßenschüssel, Sauciere *f*; *~ train Am* leichte Arbeit *f*.
gray *s. grey.*
graz|e [greiz] **1.** *tr (Vieh)* weiden lassen; *(Gras, Weide)* abweiden (lassen); *(Vieh)* hüten; *itr* weiden, grasen; *to ~ down* abgrasen, -weiden;

-ier ['-jə] *Br* Viehzüchter *m*; **-ing** (**-land**) (Vieh-)Weide *f*; **2.** *tr* streifen; *med* (ab)schürfen; *s* Streifen *m*; Streifschuß *m*; Schramme *f*.
greas|e [gri:s] *s* zerlassenes tierische(s) Fett; Schmierfett *n*, Schmiere *f*; Wollschweiß *m*; ungereinigte(s) Fell; *fam* Schmiergeld *n*; *fam* Schmeichelei; *vet* Mauke *f*; *tr* [gri:z, gri:s] *tr* (ab-, ein)schmieren, (ein)fetten; ölen; *fig* bestechen *(s.o., s.o.'s hand, palm* jdn); *axle ~* Wagenschmiere *f*; *~ box, cup (tech)* Schmierbuchse *f*; *~-cutting* fettlösend; *~ gun* Fettpresse *f*; *~ monkey (Am sl)* Auto-, Flugzeugmechaniker *m*; *~-paint* Schminke *f*; *~-proof paper* Butterbrotpapier *n*; *~ spot* Fettfleck *m*; **-er** ['-ə] (Ein-)Schmierer, Öler; *Am sl pej* Mexikaner *od* Lateinamerikaner, Schmierfink *m*; **-iness** ['gri:zinis] Fettigkeit; Schlüpfrigkeit, *fig* Glätte *f*; **-y** ['gri:zi] fett; fettig, ölig; schmierig; glitschig, schlüpfrig; *fig* aalglatt; *~ lustre* Speckglanz *m*.
great [greit] *a* groß, beträchtlich, ausgedehnt; *(Zeit)* lange, langdauernd; zahlreich; stark, mächtig, gewaltig; überlegen, hervorragend, bedeutend; berühmt; eindrucksvoll, imposant; *(Freund)* eng, intim; *fam* (ganz) groß *(in* in); geschickt *(at* bei, in), beschlagen *(at* in); Feuer und Flamme *(on* für), interessiert *(on* an); *fam* großartig, prima, Klasse; *adv fam* prima, glänzend; *(bei a)* gewaltig, herrlich, mächtig; *s pl fam (Universität)* (~ *go)* Abschlußprüfung *f; the ~* die Großen, die Vornehmen *m pl; a ~ age* ein hohes Alter; *a ~ deal* e-e (ganze) Menge, viel; *a ~ many* sehr viele; eine Menge; *no ~ matter* nichts von Bedeutung; *that's ~!* das ist (ja) prima! *the* **G~ Bear** *astr* der Große Bär; **G~ Britain** Großbritannien *n*; **-coat** Paletot, (Winter-) Mantel *m*; **-grandchild, -granddaughter, -grandfather, -grandmother, -grandparents, -grandson** Urenkel(in *f) m*, -enkelin *f*, -großvater *m*, -großmutter *f*, -großeltern *pl*, -enkel *m*; **~-grandfather** Ururgroßvater *m*; **~-hearted** *a* mutig, tapfer; großmütig, selbstlos; **G~er London** Groß-London *n*; **-ly** ['-li] *adv* sehr, höchst; in hohem Grade; **-ness** ['-nis] Größe, Stärke, Bedeutung *f; the* **G~ War** der (erste) Weltkrieg.
greaves [gri:vz] *pl* **1.** Fett-, Speckgrieben *f pl*; **2.** Beinschienen *f pl*.

grebe [griːb] *orn* Taucher *m*.
Grecian ['griːʃən] *a u. s* = **Greek**.
Greece [griːs] Griechenland *n*.
greed [griːd], **~iness** ['-inis] Gier (*for* nach); Habsucht *f*; **~y** ['-i] habsüchtig, gierig (*for* nach); gefräßig, *fam* verfressen; begierig (*of* auf).
Greek [griːk] *a* griechisch; *s* Grieche *m*, Griechin *f*; (das) Griechisch(e); *it's ~ to me* das sind mir böhmische Dörfer.
green [griːn] *a* grün (*with* vor); frisch, lebendig; neu; (*Fleisch*) roh, ungesalzen; unreif; unerfahren, ungeübt (*at* in); *fam* eifersüchtig, neidisch; *fig* voller Leben, lebenskräftig; *tech* neu, jung; *s* Grün *n*, grüne Farbe; Grünfläche *f*, Rasen *m*, Laub *n*; Golfplatz *m*; *pl* **Am** Grün *n* (*zur Dekoration*); Grünkram *m*, -zeug *n*; *fig* Lebenskraft *f*; *to give the ~ light* freie Fahrt geben *a*. *fig*; *he was ~ with envy* er platzte vor Neid; **~back** *Am* Geldschein *m*; **~ belt** Grüngürtel *m* (*e-r Stadt*), **~-blue** blaugrün; **~ crop** Grünfutter *n*; **~ery** ['-əri] das Grün (*in der Natur*); **~-eyed** *a* grünäugig; *fig* eifersüchtig; **-finch** Grünfink *m*; **~ fingers** *pl* gärtnerische(s) Geschick *n*; **~fly** grüne Blattlaus *f*; **-gage** Reineclaude *f*; **-goods** *pl* Am *sl* falsche Geldscheine *m* pl; **-grocer** (Obst- u.) Gemüsehändler *m*; **-grocery** Obst- u. Gemüsehandlung *f*; **-horn** Grünschnabel; Anfänger *m*; **-house** Gewächshaus *n*; **-ish** ['-iʃ] grünlich; **~ manure** Gründünger *m*; **-ness** ['-nis] grüne Farbe; *fig* Frische; Unreife, Unerfahrenheit *f*; **~ pasture** Grünfutter *n*; **~ proof** *sl* nicht korrigierte(r) Bürstenabzug *m*; **~-room** *theat* Künstlerzimmer *n*; **~ run** Einlaufen *n* (*e-r neuen Maschine*); **-sickness** Bleichsucht *f*; **~ soap** Schmierseife *f*; **-sward** ['-swɔːd] Grünfläche *f*, Rasen *m*; **~ thumb**: *to have a ~ (Am)* e-e geschickte Hand beim Ziehen von Pflanzen haben; **~ vegetables** *pl* Grüngemüse *n*; **~ vitriol** *chem* Eisenvitriol *n*; **-wood** Laubwald *m*.
Greenland ['griːnlənd] Grönland *n*; **-er** ['-ə] Grönländer(in *f*) *m*; **-ic** [griːnˈlændik] grönländisch; **-man** ['-mən] Grönlandfahrer *m*.
Greenwich ['grinidʒ] (*Vorort von London*); **~ time** Weltzeit *f*.
greet [griːt] *tr* (be)grüßen (*on behalf of* im Namen *gen*); entgegen-, in Empfang nehmen; empfangen, entgegenkommen (*s.o.* jdm); sich darbieten (*her eyes* ihren Augen); **-ing** ['-iŋ] Begrüßung *f*; Gruß *m*; **~-card** Glück-

wunschkarte *f*; **~-telegram** Glückwunschtelegramm *n*.
gregarious [griˈgɛəriəs, gre-] *zoo* in Herden lebend; (*Mensch*) gesellig; *bot* in Trauben, Büscheln wachsend; **-ness** [-nis] Geselligkeit *f*; Herdenleben *n*.
Gregorian [greˈgɔːriən] *the* **-calendar** der Gregorianische Kalender; *the ~* **chant** *rel* der Gregorianische Gesang.
gremlin ['gremlin] *aero hum* Kobold *m*, der an allem schuld ist.
grenad|e [griˈneid] (Hand-)Granate *f*; **-ier** [grenəˈdiə] Grenadier *m*; **-ine** [grenəˈdiːn] Granatapfelsaft; Grenadin *m* (*durchbrochener Stoff*).
grey, *Am meist* **gray** [grei] *a* grau; trüb(e), düster *a*. *fig*; grau(haarig), ergraut, alt; *s* Grau *n*, graue Farbe *f*; Grauschimmel *m* (*Pferd*); *to turn ~* grau machen, werden; *to turn ~* grau werden; **~-back** Grauwal *m*; *a.* = **-crow** Nebelkrähe *f*; **-beard** Graubart, alte(r) Mann *m*; **~ friar** Franziskaner *m*; **-headed** *a* graukōpfig; **-hound** Windhund *m*; (*ocean ~~*) Schnelldampfer *m*; **~~ race**, **-cing** (*fam*) Windhundrennen *n*; **-ish** ['-iʃ] gräulich; **-lag** Wildgans *f*; **~ matter** *anat* graue Hirnsubstanz *f*; *fam* Verstand, Grips *m*; **-wacke** ['-weik] min Grauwacke *f*.
grid [grid] *s* (Schutz-)Gitter; *el radio* Gitter(netz); *el* Stromnetz; Leitungs-, Ferngasnetz; (*Karte*) Gitter *n*; *mot* Gepäckträger *m*; *a Am sl* Fußball-; **~ battery** Gitterbatterie *f*; **~ bias** Gittervorspann *m*; **~ circuit** Gitterkreis *m*; **~ current** Gitterstrom *m*; **-der** ['-ə] *Am sl* Fußballer *m*; **~ gas** Ferngas *n*; **-iron** (Brat-)Rost, Grill *m*; (Schiffswerft) Kielbank *f*; *theat* Soffitten *f* pl, Schnürboden *m*; *rail* Schienennetz; *Am* (*Fußball*) Spielfeld *n*; **~-plate** *el* Gitterplatte *f*; **~ rectifier** Gittergleichrichter *m*; **~ square** Planquadrat *n*; **~-valve** *radio* Gitterröhre *f*; **~ voltage** Gitterspannung *f*.
griddle ['gridl](rundes) Kuchenblech *n*, (flache) Bratpfanne *f*; *tech* Drahtblech *n*; **-cake** Pfannkuchen *m*.
grief [griːf] Kummer, Gram *m*, Leid(en) *n*; *to bring to ~* Nachteile bringen, Schaden verursachen, Schwierigkeiten machen (*s.o.* jdm); *to come to ~* Schaden erleiden; scheitern.
griev|ance [ˈgriːvəns] Übelstand *m*; Beschwerde(grund) *m*; Groll *m*; *to have a ~~ against s.o.* gegen jdn e-n Groll haben; **-e** [griːv] *tr* bekümmern, betrüben; traurig machen *od* stim-

grievous — gritty

men; *itr* bekümmert sein; sich grämen, Schmerz empfinden (*at, for, over* bei *od* über); trauern (*at, for, over* um); *it ~~s me* es fällt mir schwer; **~ous** ['-əs] schwer (zu ertragen(f)), heftig; schmerzlich, gram-, kummervoll, bekümmert; bedauerlich; (*Fehler*) schwer; furchtbar, abscheulich, scheußlich, grausig; *~~ bodily harm (jur)* schwere Körperverletzung *f*.

griff(e) [grif] Dreiviertelneger *m*.
griffin ['grifin], **griffon, gryphon** ['-fən] Greif *m* (*Fabeltier*).
griffon ['grifən] (*Hund*) Griffon; Weißköpfige(r) Geier *m*.
grift [grift] *Am sl* erschwindelte(s) Geld *n*; Schwindelei *f*; **~er** ['-ə] Schwindler, Vagabund *m*.
grig [grig] kleine(r) Aal; Grashüpfer *m*, Grille *f*; Quecksilber *n*; *merry, lively as a ~* quicklebendig.
grill [gril] *s* Bratrost, Grillm; gegrillte(s) Fleisch *n*; Rostbraten *m*; (**~room**) Bratstube *f*, Grillroom *m*; *tr* rösten, grillen; *sl* (hochnot)peinlich, *Am* fig streng verhören; *itr* (*Fleisch*) rösten; schmoren, (*Mensch in der Sonne*) rösten, braun braten; **~e** [-] Gitter *n*.
grim [grim] grimmig, grausam, wild, erbarmungslos; hart, streng, unnachgiebig, verbissen; finster, abschreckend, abstoßend; grausig, grauenhaft, -voll; **~ness** ['-nis] Grimmigkeit, Härte; Grauenhaftigkeit *f*.
grimace [gri'meis] *s* Grimasse *f*; *itr* Grimassen schneiden.
grimalkin [gri'mælkin] alte Katze; *fig* alte Hexe *f*.
grim|e [graim] *s* (eingefressener) Schmutz *m*; *tr* schmutzig machen, verschmutzen; **~y** ['-i] schmutzig, verschmutzt; rußig.
grin [grin] grinsen; gezwungen lächeln; (*Hund*) die Zähne zeigen; *to ~ at s.o.* jdn angrinsen; *tr* durch Grinsen zum Ausdruck bringen; *s* Grinsen; gezwungene(s) Lächeln *n*; *to ~ from ear to ear* über das ganze Gesicht grinsen; *I had to ~ and bear it* ich mußte gute Miene zum bösen Spiel machen.
grind [graind] *irr* ground, ground [graund] *tr* (zer)mahlen, zerstoßen, zerreiben; schleifen, wetzen; (*Linse*) schleifen; reiben, bohren; (*Absatz*) bohren (*into the earth* in die Erde); (*Kaffeemühle, Leierkasten*) drehen; *fig* eintrichtern (*s.th. into s.o.'s head* jdm etw); *fig* quälen, bedrücken, plagen; *to ~ down* unterdrücken; *itr* sich mahlen lassen; (*Boot*) knirschend auffahren; *fam* pauken, büffeln, ochsen; sich abplagen; *s* Mahlen *n*; *sl* Gesundheitsspaziergang *m*; Hindernisrennen *n*; *fam* Schinderei, Plackerei; Schufterei, Paukerei, Büffelei *f*; *Am fam* Büffler *m*; *to ~ out* mühsam hervorbringen; fabrizieren; *to ~ o.'s teeth (together)* mit den Zähnen knirschen (*in anger* vor Wut); **~er** ['-ə] (*bes. in Zssgen*) Schleifer (*a. Gerät*), Dreher; Mahlstein *m*; Mühle *f*; Backenzahn; (Orgel-)Dreher; *fam* Einpauker; Marktschreier *m*; Bauchtänzerin *f*; *Am* belegte(s) Brot *n*; Pauker *m*; *pl fam* Zähne *m pl*; **~ing** ['-iŋ] *s* Mahlen; Schleifen *n*; *a* quälend, (*Arbeit*) mühsam; **~stone** Schleifstein *m*; *to keep, to put o.'s nose to the ~~* schuften; pauken, büffeln.
gringo ['griŋgou] *pl -os pej* (Nord-)Amerikaner, Engländer *m*.
grip [grip] *s* (fester, Zu-)Griff *m*; Greifen, Packen, Halten *n*; Halt *m*; Fassungskraft *f*, Verständnis *n*; Herrschaft *f* (*of, on* über); *tech* Greifer; (Hand-)Griff *m*; Klammer, Schelle; *mot* Griffigkeit; *Am* Reisetasche *f*; plötzliche(r), heftige(r) Schmerz *m*; Grippe *f*; *tr* (er)greifen, packen, fassen, festhalten, einspannen, umfassen; (*die Aufmerksamkeit*) fesseln; *to come to ~s* handgemein werden; anea.setzen mit; *with (fig)* sich ausea.setzen mit; *to have a ~ on s.o.* jds Aufmerksamkeit fesseln; *to let go o.'s ~ on s. th.* etw loslassen; *to take a ~ on s.th.* etw ergreifen, fassen; **~per** ['-ə] Greifer *m* (*Person od Sache*); **~ping** ['-iŋ] *a* (*Buch*) spannend, fesselnd; **~sack** *Am* Reisetasche *f*.
gripe [graip] *tr* Leibschneiden verursachen (*s.o.* bei jdm); *mar* (*Boot*) festmachen; *itr* Leibschneiden haben; *Am fam* meckern; *s Am fam* Meckerei, Beschwerde *f*; Meckerer *m*; *pl fam* Leibschneiden *n*; **~r** ['-ə] Greifer; *Am sl* Meckerer *m*.
grippe [grip] *med* Grippe *f*.
grisly ['grisli] gräßlich, schrecklich.
grist [grist] Mahlgut; Mehl *n*; *Am fam* e-e Menge; *to bring ~ to the mill* Nutzen abwerfen, Gewinn bringen; von Vorteil sein; *all is ~ (that comes) to his mill* ihm ist alles recht; er kann alles brauchen.
gristl|e ['grisl] Knorpel *m*; **~y** ['-i] knorp(e)lig.
grit [grit] *s* (grober) Sand, (feiner) Kies *m*; Schlacke, (Flug-)Asche *f*; Korn *n*, Struktur *f* (*e-s Gesteins*); (**~stone**) (grober) Sandstein; *fam* Mumm, Schneid *m*, Zackigkeit; *pl* Hafergrütze *f*; *tr* mit Sand, Kies bestreuen; *itr* knirschen; *to ~ o.'s teeth* die Zähne zs.beißen; **~ty** ['-i] sandig, kiesig; *fam* schneidig.

grizzl|e ['grizl] **1.** s graue(s) Haar; Grau n; **~ed** ['-d] a grau(meliert); grauhaarig, ergraut; **~y** ['-i] a grau(lich); s (*~ bear*) Grisly-, Graubär m; **2.** itr fam (Kind) flennen, quengeln.

groan [groun] itr seufzen, stöhnen, ächzen (*with* vor); brummen, murren; (zu) leiden (haben), seufzen (*davon* unter); sich sehnen (*for* nach); tr (*to ~ out*) seufzend, stöhnend hervorbringen, erzählen; s Seufzen, Ächzen, Murren n; *to ~ down* (*Redner*) durch Gemurmel nicht zu Wort kommen lassen; *to ~ for* jammern nach.

groat [grout] **1.** *hist* Groschen m; **2.** pl (Hafer-)Grütze f.

grocer ['grousə] Kolonial-, Materialwaren-, Spezereihändler; *fam* Kaufmann m; **~'s shop** Kolonialwaren-, Spezereihandlung f; **~y** ['-ri] *Am* Kolonialwarenhandel m, (*~ store*) -handlung f; Lebensmittelgeschäft n; pl Lebensmittel n pl, Kolonialwaren f pl.

groceteria [grousi'tiəriə] *Am* Selbstbedienungsgeschäft n.

grog [grɔg] Grog; Schnaps m; **~gery** ['-əri] *Am* = **~shop**; **~giness** ['-inis] Schwips m; Benommenheit; Schwäche f; **~gy** ['-i] benommen, schwindlig, (sch)wankend, schwach; *sport* groggy; **~-shop** Gastwirtschaft, *fam* Kneipe f.

groin [grɔin] s *anat* Leiste(ngegend) f; *arch* Grat m; Gewölberippe f; *tr* (*Gewölbe*) mit Rippen versehen; **~ed vault** Kreuzgewölbe n.

groom [gru:m] s Stallbursche, Reitknecht; Hofbeamte(r); Bräutigam; Jungverheiratete(r) m; *tr* (*Pferd*) besorgen, pflegen; (*Menschen, Frisur, Kleidung*) pflegen; vorbereiten, schulen, heranziehen (*for* für); *well, badly ~ed* gut, schlecht gepflegt; **~sman** ['-zmən] Brautführer m.

groov|e [gru:v] s Furche, Rille (*a. der Schallplatte*), Nut, Rinne; Nute f; *fig* eingefahrene(s) Geleise, Schema F n, Schablone, Routine, Gewohnheit f; pl (*Gewehrlauf*) Züge m pl; *tr* auskehlen, mit Rillen versehen, riefeln, nuten, kannelieren; *in the ~~* glatt, mühelos, wie am Schnürchen; vernünftig; in Höchstform; *to get into a ~~ (fig)* in e-e Gewohnheit verfallen; **~y** ['-i] engstirnig; *Am sl* ausgezeichnet.

grope [group] itr (*to ~ about*) (herum)tappen; suchen *a. fig* (*for* nach); itr tr (s-n Weg) tasten; *to ~ in the dark* im Dunkeln tappen *a. fig*; *to ~ o.'s way* tastend den Weg suchen.

grosbeak ['grousbi:k] *orn* Kernbeißer m.

gross [grous] a dick, fett, massig, korpulent; dicht, dick; schwer(fällig), plump; (*Sinne*) stumpf; grob, rauh, roh, unfein, unzart; gewöhnlich, vulgär, gemein, anstößig, unanständig; (*Fehler*) schwer, grob; (*Essen*) unappetitlich, unsauber, fettig; (*Pflanzenwuchs*) üppig; *com* vollständig, gesamt, Gesamt-; brutto, Brutto-; s pl **~ Gros** n, 12 Dutzend; s pl **~es** Masse, Gesamtmenge f, -betrag m; *in (the) ~* im ganzen, im großen, in Bausch u. Bogen, brutto; **~ amount** Gesamtbetrag m; **~ earnings** pl, **income, receipts** pl Bruttoverdienst m, -einkommen n, -einnahme f; **~ feeder** unappetitliche(r) Esser m; **~ly** ['-li] *adv* sehr, stark, schwer; grob; **~ness** ['-nis] Korpulenz; Dichte; Plumpheit; Grobheit, Roheit; Gemeinheit, Unanständigkeit f; **~ price** Bruttopreis m; **~ proceeds, produce** Rohertrag m; **~ ton** Bruttoregistertonne f (= 2240 pounds); **~ weight** Bruttogewicht n.

grot [grɔt] *poet* Grotte f.

grotesque [gro(u)'tesk] a grotesk, bizarr, phantastisch; komisch, lächerlich; s *das* Groteske; Groteske f *a. typ*; **~ness** [-nis] *das* Groteske.

grotto ['grɔtou] pl *-o(e)s* Grotte f.

grouch [grautʃ] itr *fam* meckern, nörgeln, brummen, murren; s *Am* Meckerer, Nörgler m; Brummigkeit f, mürrische(s) Wesen n; **~y** ['-i] *fam* meckerig, brummig, mürrisch.

ground [graund] **1.** s Grund, Boden; Meeresboden m; Erdoberfläche f, (Erd-) Boden m, Erde f, Land n; Grund und Boden; Platz m; (Jagd-)Gebiet n; (Fisch-)Gründe m pl; Gebiet *a. fig; fig* Thema n *a. mus; (Kunst)* Untergrund m, Grundierung f; Hinter-, Untergrund m; *fig* Grundlage, Basis f; (Beweg-)Grund m (*for* für, zu), Motiv n, Ursache, Veranlassung f, Anlaß m; *el* Erdung f; pl Grundstück; Gelände n um ein Haus, Anlagen f pl, Gärten m pl; *chem* Niederschlag, (Boden-)Satz m; (Rechts-)Grund m; Begründung; Grundlage f; Anfangsgründe m pl; **2.** *a* Grund-, Boden-; **3.** tr auf den Boden legen, setzen, stellen; den Boden berühren lassen; (*Schiff*) auf Grund auflaufen lassen; *aero* am Aufsteigen hindern; (*Pilot*) sperren; *el* erden; (*Kunst*) unterlegen, grundieren; *fig* begründen; gründen, basieren (*on* auf); den Anfangsunterricht erteilen, die Grundlagen beibringen (*s.o.* jdm; *in* in); **4.** *itr* zu Boden, auf den Boden, hinfallen; (*Schiff*) auflaufen; **5.** *above ~* am Leben; *below* ~ unter der Erde, tot; *down to the* ~ *(fam)* voll und ganz, durchaus, in jeder Weise; *from the* ~ *up* von Grund auf, durch und durch; vollständig, -kommen *adv*; *on the* ~ *of* auf Grund *gen*, wegen; *on o.'s own* ~ daheim, zu Hause a. *fig*, in gewohnter Umgebung; *on firm* ~ *(fig)* auf festem Boden; *under* ~ *(min)* unter Tag; **6.** *to be on common* ~ *(fig)* auf gleichem Boden stehen; *to be forbidden* ~ *(fig)* tabu sein; *to be well* ~*ed in* gute Vorkenntnisse haben in; *to break* ~ den Boden bearbeiten; *arch* mit dem Bau beginnen; *fig* den Anfang machen; *to break fresh* ~ Neuland gewinnen a. *fig*; *to cover (much)* ~ sich (weit) erstrecken; e-e (große) Strecke zurücklegen; (gut) vorankommen, (gute) Fortschritte machen; viel umfassen, weitreichend sein; *to cut the* ~ *from under s.o.'s feet (fig)* jdm den Boden unter den Füßen wegziehen; *to fall to the* ~ *(fig)* versagen, scheitern; *allg* hinfallen; *to gain* ~ Boden gewinnen a. *fig*; sich verbreiten, um sich greifen; *to give* ~ nachgeben, weichen; *to hold, to keep, to stand o.'s* ~ s-n Platz, sich behaupten; s-n Mann stellen; *to lose* ~ an Boden verlieren; *to run into the* ~ *(Am fam)* übertreiben *itr*; *on what* ~*s?* aus welchen Gründen? **7.** *coffee*-~*s (pl)* Kaffeesatz*m*; *fishing*-~*s(pl)* Fischgründe *m pl*; ~ *for divorce* Scheidungsgrund *m*; ~ *for suspicion* Verdachtsmoment *m*; ~ **attack** *aero* Tiefangriff *m*; ~ ~ *aircraft* Schlachtflugzeug *n*; ~ **bass** *mus* Grundbaß *m*; ~~**colo(u)r** Grundfarbe *f*, -anstrich *m*; ~~**connexion** *radio* Erdung *f*; ~ **cover** Bodenwuchs *m*, -bedeckung *f*; ~ **crew** *Am*, ~ **staff** *Br aero* Bodenpersonal *n*; ~ **defence** Bodenabwehr *f*; ~ **elevation** Bodenerhebung *f*; ~ **floor** Erdgeschoß *n*; *to get in on the* ~~ *(fig fam)* gleich zu Beginn einsteigen; ~ **fog** Bodennebel *m*; ~ **frost** Bodenfrost *m*; ~ **glass** Milchglas *n*; Mattscheibe *f*; ~ **hog** amerik. Waldmurmeltier *n*; G~~ **day** *(Am)* Lichtmeß *f*; ~~**ice** Grundeis *n*; ~**ing** ['-iŋ] Grundkenntnisse *f pl*; *el* Erden *n*; Unterbau *m*, Fundament *n*; ~ **ivy** *bot* Gundermann *m*; ~ **keeper** *Am sport* Platzwart *m*; ~ **landlord** Grundeigentümer *m*; ~**less** ['-lis] grundlos, unbegründet, ungerechtfertigt; ~**lessness** ['-lisnis] Grundlosigkeit *f*; ~ **level(l)ing** Planierung *f*; ~~**line** *math* Grundlinie *f*; *pl(fig)* Grundlinien *f pl*; ~**ling** ['-liŋ] Gründling *m (Fisch)*; geschmacklose Person *f*; ~ **marking** *aero* Bodenmarkierung *f*; ~~-**nut, -pea** Erdnuß *f*; ~ **panel** Fliegertuch *n*; ~ **pine** *bot* Bärlapp *m*; ~~**plan** Grundriß *f*; *fig* Grundplan, Entwurf *m*; ~~-**rent** *fin* Grundrente *f*; ~~**sel** ['grausl] *bot* Kreuzkraut, *bes. (common* ~~*)* Goldgrindkraut *n*; (Boden-)Schwelle *f*; ~(**s**)**man** ['-(z)mən] (Sportplatz-)Wärter *m*; ~~**squirrel** *zoo* Erdhörnchen *n*; ~~**station** *aero* Bodenstation *f*; ~ **strafing** *aero* Tiefangriff *m*; ~ **survey** Geländevermessung *f*; ~~**swell** Dünung *f*; *fig* große Erregung *f*; ~~**visibility** Bodensicht *f*; ~~**water** Grundwasser *m*; ~~ *level* Grundwasserspiegel *m*; ~ **wave** *tele* Bodenwelle *f*; ~ **wind** Bodenwind *m*; ~~**wire** *el radio* Erdleitung *f*, -kabel *n*; ~~**work** Fundament *n* a. *fig*; Untergrund; *rail* Unterbau *m*; *fig* Grundlage, Basis *f*.

group [gru:p] **s** Gruppe *f* a. *zoo bot chem*; *aero Br* Geschwader *n*, *Am* Gruppe *f*; *com* Konsortium *n*; *parl* Fraktion *f*; *tr itr* (sich) gruppieren; *to divide into* ~*s* in Gruppen einteilen; ~~**captain** *Br* Oberst *m* der Luftwaffe, ~~**commander** *Am* Gruppenkommandeur *m*, ~**ing** ['-iŋ] (Ein-)Gruppierung, (An-)Ordnung *f*.

grouse [graus] **1.** *s pl* ~ *(Red G~)* Birk-, Moorhuhn *n*; *Great G~, Wood G~* Auerhahn *m*; *White G~* Schneehuhn *n*; **2.** *itr sl* meckern *(about* über), nörgeln, murren; *s pl* ~*s* Meckerei, Nörgelei *f*; ~**r** ['-ə] Meckerer, Nörgler *m*.

grout [graut] **1.** *s* dünne(r) Mörtel *(zum Verstreichen)*; (Ver-)Putz *m*; Vergußmasse *f*; *tr* verstreichen; verputzen; **2.** *itr (Schwein)* die Erde wühlen; *tr (die Erde)* aufwühlen; **3.** *pl* Hefe *f*; Schrot *m*.

grove [grouv] Wäldchen, Gehölz *n*.

grovel ['grɔvl] *itr* liegen *(at s.o.'s feet* jdm zu Füßen); *before s.o.* vor jdm); kriechen a. *fig (in the dirt, dust* im Staube); ~**ler** ['-ə] Kriecher *m*; ~**ling** ['-iŋ] *a* kriechend; *fig* kriecherisch.

grow [grou] *irr* **grew** [gru:], **grown** [groun] *itr* wachsen a. *fig*; *fig* zunehmen, sich entwickeln, sich ausdehnen; sich vergrößern; sich vermehren; werden *(into* zu); dahin kommen *(to do* zu tun); erwachsen *(from* aus); *tr* züchten, (an)bauen; *(Bart)* sich wachsen lassen; entwickeln; *to* ~ *into fashion* Mode werden, in Mode kommen; *to* ~ *into a habit* zur Gewohnheit werden; *to* ~ *on s.o.* jdm ans Herz wachsen; jdm vertraut werden; bei jdm immer mehr Einfluß gewinnen, Eindruck machen; *to* ~ *out of s.th.* aus etw *(Kleidung)* herauswachsen; *fig* aus etw entstehen; von etw herrühren; *to* ~ *out of fashion, use* aus der Mode, aus dem Gebrauch kommen; *to ~ down(wards)* zurückgehen, abnehmen; *to ~ together* zs.wachsen; *to ~ up* auf-, heranwachsen; *fig* sich entwickeln; *to ~ worse* sich verschlimmern; **~er** ['-ə] *meist in Zssgen* Züchter; Bauer; Erzeuger *m*; **~ing** ['-iŋ] *a* (heran)wachsend; *s* Züchten, Anbauen *n*; **~ pains** *(pl)* Wachstumsschwierigkeiten *f pl*; *fig* Kinderkrankheiten *f pl*.

growl [graul] *s* Brummen; Knurren; *(Donner)* Rollen *n*; *Am* ~ Spickzettel *m*; *itr* knurren; brummen, murren; *(Donner)* grollen; *fam* meckern; *tr (to ~ out)* murren über; hervorstoßen; *to ~ at s.o. (Hund)* jdn anknurren; **~er** ['-ə] knurrige(r) Hund; *(Mensch)* Brummbär *m*; Bierkrug *m*, -kanne *f*; *Am* (Bier-)Fäßchen, -tönnchen *n*; *Br obs* Droschke *f*; **~ rushing** *(Am sl)* Trinkgelage *n*.

grown [groun] *a* herangewachsen, voll entwickelt, reif; bewachsen (*with* mit); *full-~* voll ausgewachsen; **~-up** *a* erwachsen; *s* Erwachsene(r *m*) *f*.

growth [grouθ] Wachstum; Heranwachsen *n*; Entwicklung *a. fig*; Züchtung, Erzeugung; Ernte; *fig* Zunahme *f*, Zuwachs *(in* an); Wuchs *m*; Ausdehnung *f*; *med* Tumor *m*, Gewächs *n*; *(Wein)* Sorte *f*, Gewächs *n*; ~ *of o.'s own* selbstgezogen; ~ *of grass* Graswuchs *m*.

groyne, *Am* **groin** [grɔin] *mar* Buhne *f*.

grub [grʌb] *tr* graben; (herum)wühlen, stöbern; sich plagen, *fam* sich abrackern, schuften; *tr* ausgraben, -roden; *(Gelände)* roden; *(Feld)* jäten; *tr* futtern, fressen; *s* Larve, Made *f*, *fam* Wurm; (schwer) Schuftende(r); *sl* Fraß *m*, Futter; *sl fig* Ferkel *n*; *to ~ about* herumwühlen; *to ~ out, up* ausgraben; **~ber** ['-ə] Grabende(r) *m*; Scharegge, Jätehacke *f*; **~by** ['-i] voller Maden; schmutzig, dreckig; unsauber, schlampig.

grudg|e [grʌdʒ] *tr* neiden, mißgönnen (*s.o. s.th.* jdm etw), beneiden (*s.o. s.th.* jdn um etw); nur ungern, mit Widerwillen geben; *s* Groll; Neid; böse(r) Wille *m*; *not to ~~ s.o. s.th.* jdm etw gönnen; *to bear, to owe s.o. a ~~, to hold, to have a ~~ against s.o.* etw gegen jdn haben; jdm etw nachtragen; *to ~~ the time* sich die Zeit nicht gönnen; **~er** ['-ə] Neidhammel *m*; **~ingly** ['-iŋli] *adv* (nur) ungern, widerwillig.

gruel ['gruəl] Haferschleim *m*, Schleim-, Mehlsuppe *f*; *sl* Tracht *f* Prügel; *to have, to get o.'s ~ (fam)* sein Fett, s-e Strafe (weg)haben; eins aufs Dach kriegen; **~ling** ['-iŋ] *a* zermürbend, aufreibend; entnervend, erschöpfend; *s* Qual; *sl* Tracht *f* Prügel.

gruesome ['gru:səm] grausig, schauerlich, schaurig.

gruff [grʌf] bärbeißig, unfreundlich, schroff; grob, barsch; *(Stimme)* rauh; **~ness** ['-nis] Bärbeißigkeit; Grobheit *f*.

grumbl|e ['grʌmbl] *itr* brummen; nörgeln, murren (*at, about, over* über); *(Donner)* (g)rollen; *tr* murrend sagen; *s* Murren; Grollen; Nörgeln *n*; **~er** ['-ə] Nörgler; Brummbär *m*; **~y** ['-i] brummend; brummig, mürrisch.

grump|iness ['grʌmpinis] mürrische(s) Wesen *n*, Reizbarkeit *f*; **~y** ['-i] verdrießlich, mürrisch, reizbar.

grunt [grʌnt] *itr* (*to ~ out*) grunzen; *(Mensch)* stöhnen; *tr (to ~ out)* brummend sagen; *s* Grunzen; Stöhnen *n*; *zoo* Knurrhahn *m*; *Am sl* Rechnung, Unterhaltung *f*, Sport, Ringkampf; *Am rail* Lokführer; *Am tele mil* Helfer *m* beim Verlegen von Leitungen; **~er** ['-ə] Schwein *n*; *fig* Brummbär; *sport* Ringkämpfer *m*.

gryphon ['grifən] *=* griffin.

guarant|ee [gærən'ti:] *s* Garantie; Bürgschaft; Sicherheit, Gewähr(leistung) *f*; *allg* Beweis *m*, Sicherheit, *fam* Garantie *f*; Garant; Bürge; Gewährsmann *m*; *tr* garantieren, gewährleisten, bürgen, Bürgschaft leisten für, ein-, *fam* g(e)radestehen für; dafür bürgen (*that* daß); *he can't ~~ that* dafür kann er nicht garantieren; *conditional ~~* Ausfallbürgschaft *f*; *joint ~~* Mitgarant, -bürge *m*; *~~ of a bill of exchange* Wechselbürgschaft *f*, -bürge *m*; **~eed** [-d] *a* garantiert; gesichert; **~or** [-'tɔ:] Garant; Bürge *m*; *to stand as ~~ for s.o.* für jdn Bürgschaft leisten; **~y** ['gærənti] *jur* Garantie; Kaution, Bürgschaft; Gewähr, Sicherheit *f*.

guard [gɑ:d] *tr* wachen über, bewahren, behüten, beschützen (*from, against* vor); *(Gefangene)* bewachen; im Zaum halten; überwachen, kontrollieren; *tech* schützen; *itr* Wache halten; Vorsichtsmaßnahmen treffen (*against* gegen); auf der Hut sein (*against* vor); Vorkehrungen treffen, sich absichern, sich vorsehen (*against* gegen); *s* Wache, *obs poet* Wacht; Wachsamkeit, Vorsicht; Abwehrbereitschaft, Verteidigungsstellung; Schutzvorrichtung; Wache, Wachmannschaft *f*; Wachmann, Posten; (Gefangenen-)Wärter, *bes. Am*; *rail* Schaffner, Zugführer, *Am*

guard commander Bahnwärter m; sport Auslage, Parade f; (Gewehr) Abzugsbügel m; the G~s (pl) das Wachregiment, die Garde f; to be on (off) o.'s ~ (nicht) auf der Hut sein; to keep under close ~ scharf bewachen; to lower o.'s ~ in der Wachsamkeit nachlassen; fig sich e-e Blöße geben; to mount, to go on ~ auf Wache ziehen; to relieve ~ die Wache ablösen; to stand ~ Posten stehen; **~commander** Wachhabende(r) m; **~ed** ['-id] a beschützt, behütet; be-, überwacht; (Antwort) vorsichtig; **~house** Wache f (Gebäude); Arrestlokal n; **~rail** Geländer n; Schutzwehr; Sicherheits-, Leitschiene f; **~room** Wachraum m, -stube f; **~ship** Wachschiff n; **~sman** ['-zmən] Wärter; (National-)Gardist m.

guardian ['gɑ:djən] Wächter, Wärter; Vormund; Pfleger m; a Schutz-; ~ of the poor Armenpfleger m; **~ angel** Schutzengel m; **~ship** ['-ʃip] Vormundschaft; Kuratel; Pflegschaft f; fig Schutz m; to be, to place under ~~ unter Vormundschaft stehen, stellen; court of ~~ Vormundschaftsgericht n.

gubernatorial [gju:bənə'tɔ:riəl] a Gouverneurs-.

gudgeon ['gʌdʒən] **1.** s Gründling (Fisch); fig Gimpel m; **2.** tech Zapfen, Bolzen m.

guerdon ['gə:dən] poet Lohn m.

guernsey [gə:nzi] Wolljacke f.

guer(r)illa [gə'rilə] s Partisan; Heckenschütze m; a Partisanen-; ~ **war (-fare)** Partisanen-, Kleinkrieg m.

guess [ges] tr (er)raten, vermuten, ahnen; schätzen; Am fam annehmen, glauben, meinen, der Ansicht sein, denken; itr raten; schätzen (at s.th. etw); s Vermutung, Mutmaßung f; at a ~, by ~ aufs Geratewohl; schätzungsweise; to make a ~ at s.th. über etw Vermutungen äußern; I ~ (Am fam) ich glaube; I ~ so vermutlich! have a ~! rate mal! I'll give you three ~es (Am) dreimal darfst du raten; **~work** Vermutung, Mutmaßung f.

guest [gest] s Gast; zoo Parasit m; a Gast-, Gäste-; itr als Gast mitwirken; paying ~ Pensionsgast m; **~appearance** Gastspiel n; **~chamber, -room** Gäste-, Fremdenzimmer n; **~house** (Privat-)Pension f; **~night** Gästeabend m; ~ **rope** mar Schleppseil n, -trosse f.

guff [gʌf] Am sl Quatsch, Unsinn m.

guffaw [gʌ'fɔ:] s schallende(s) Gelächter, fam Gewieher n; itr schallend lachen, fam wiehern.

guggle ['gʌgl] itr glucksen, gurgeln.

guid|able ['gaidəbl] lenkbar, -sam; **~ance** ['-əns] Lenkung, Leitung, Führung; Anleitung, Richtschnur; Studienberatung; tech Führungsschiene f; for s.o.'s ~~ zu jds Orientierung; under s.o.'s ~~ unter jds Leitung; vocational ~~ Berufsberatung f.

guide [gaid] s (Fremden-)Führer; mil Flügelmann; allg Ratgeber m; Vorbild n; (~book) Reiseführer m (Buch); Einführung f, Leitfaden (Buch); Hinweis, (~post) Wegweiser m; (Lochkarte) Leitkarte; tech Führung f; G~ (Br) Pfadfinderin f; tr führen, leiten, lenken; beraten; instruieren, Anweisungen geben (s.o. jdm); tech (fern)steuern; epistolary ~ Briefsteller m; railway, (Am) railroad ~ Kursbuch n; ~ **bar** Führungsschiene f; **~d** ['-id] a tech geführt, (fern)gelenkt, gesteuert, gerichtet; to be ~ by sich leiten lassen von; ~~ **missile** ferngelenkte(s) Geschoß n; ~~ **tour** Gesellschaftsfahrt, -reise f; **~pin** Führungsstift m; **~rail, -way** Lauf-, Führungsschiene f; **~rope** Schlepptau; Leitseil n.

guidon ['gaidən] hist Fähnlein n, Wimpel m; Standarte; Am Regiments-, Kompaniefahne f; Am Fahnenträger m.

g(u)ild [gild] Gilde, Zunft, Innung f; **~hall** Zunft-, Gilde-, Innungshaus; Rathaus n; the G~ das (Londoner) Rathaus; **~sman** Innungsmitglied n.

guilder ['gildə] Gulden m.

guile [gail] Arg-, Hinterlist f; **~ful** ['-ful] arg-, hinterlistig; **~less** ['-lis] arglos, (frei und) offen; ohne Falsch.

guillotine ['giləti:n, -'ti:n] s Fallbeil n, Guillotine; Papierschneidemaschine; Kurbel-, Blechtafelschere; parl Befristung f der Debatten; tr [-'ti:n] mit dem Fallbeil hinrichten; parl Debatten abkürzen.

guilt [gilt] Schuld f; Verschulden n; to admit o.'s ~ s-e Schuld eingestehen, sich schuldig bekennen, ein Geständnis ablegen; **~iness** ['-inis] Schuld (-haftigkeit) f; **~less** ['-lis] schuldlos, unschuldig (of an); unerfahren (of in); ~~ of ohne; **~y** ['-i] schuldig, schuldhaft; schuldbeladen; (Blick) schuldbewußt; to plead ~~ sich schuldig bekennen; to pronounce s.o. ~~ of s.th. jdn e-r S schuldig sprechen; the ~~ person der, die Schuldige.

guinea ['gini] Guinee f (21 Schilling); Am sl Italiener m; **~fowl** Perlhuhn n; **~pig** Meerschweinchen; fig Versuchskaninchen n.

guise [gaiz] Äußere(s), Aussehen n; fig Deckmantel m, Maske f, Vorwand m; *under, in the ~ of* unter dem Vorwand.

guitar [gi'ta:] Gitarre f; **~ist** [-rist] Gitarrist, Gitarrespieler m.

gulch [gʌlʃ] *Am* Schlucht, Klamm f.

gulf [gʌlf] s Meerbusen, Golf m; Kluft f, Abgrund m a. fig; fig Trennwand f; Strudel m *(im Wasser)*; tr verschlingen; *the G~ Stream* der Golfstrom.

gull [gʌl] **1.** *(sea-~)* Möwe f; **2.** s Gimpel m; tr hereinlegen, anführen, betrügen; verleiten *(into* zu); **~ibility** [-i'biliti] Leichtgläubigkeit f; **~ible** ['-əbl] leichtgläubig.

gullet ['gʌlit] *anat* Speiseröhre f; Schlund m, Kehle f, Hals m; *obs u. Am* Wasserrinne f, Kanal m.

gully ['gʌli] (tiefe) (Wasser-)Rinne, Schlucht f; Wasser-, Abzugsgraben; (Abzugs-)Kanal m; **~-drain** Abzugs-, Kanalrohr n; **~-hole** Sink-, Abflußloch n.

gulp [gʌlp] tr *(to ~ down)* hinunter-, verschlingen; (Seufzer) unterdrücken; (Getränk) hinunterstürzen; hinunterschlucken; itr würgen; s Schlingen n; (großer) Schluck m; *to empty at one ~* in einem Zug leeren.

gum [gʌm] **1.** s Harz n; Kautschuk, Gummibaum m; Gummi(lösung f), Klebstoff; *Am* Radiergummi; *Am* Kaugummi m; pl *Am* Gummi-, Überschuhe m pl; itr Harz ausscheiden od absondern; dick od klebrig werden; verharzen; zukleben; *Am sl* schwätzen; tr gummieren; mit Gummilösung kleben; ankleben *(to* an); *Am sl* betrügen, ruinieren, verderben; *to ~ down, together, up* an- od fest-, zs.-aufkleben; *to ~ up the works (fam)* das Spiel, den Spaß, die Arbeit vermasseln; *by ~! (vulg)* verflixt! *chewing ~* Kaugummi m; **~ arabic** Gummiarabikum n; **~-beater** *Am* Schwätzer m; **~-drop** *Am* Geleebonbon m od n; **~ elastic** Kautschuk m, Gummi m od n; **~mer** ['-ə] *Am sl* alte(r), gebrechliche(r) Mann m; **~mous** ['-əs] gummiartig; **~my** ['-i] gummiartig, klebrig; gummiert; kautschuk-, harzhaltig; sl zahnlos; *Am sl* minderwertig, widerlich, sentimental; **~shoe** ['-ʃu:] s Gummi-, Überschuh m; *Am* Turnschuh m; *Am sl (a. ~-foot)* Kriminalbeamte(r); Detektiv; Schleicher m; attr Geheim-; *itr Am sl* (herum)schleichen; **~-tree** Gummibaum m; *to be up a ~ (sl)* in der Patsche sitzen, in der Klemme sein; **2.** Zahnfleisch n; **~boil** ['-bɔil] Zahngeschwür n.

gumbo ['gʌmbou] *Am bot* Rosenpappel f; Okragemüse n *(die unreifen Samenkapseln);* (dicke) Okrasuppe f; *Am* Lehmboden; *Am* französische(r) Dialekt m von Louisiana u. Westindien.

gumption ['gʌmpʃən] *fam* Pfiffigkeit f, Grips, Unternehmungsgeist m.

gun [gʌn] s Kanone f, Geschütz; Maschinengewehr; Gewehr n, Flinte, Büchse; *Am fam* Pistole f, Revolver; *Am sl* mot Gashebel; *Am sl* Dieb; *Am sl* scharfer Blick; Signal-, Salutschuß; Schütze m; *aero* Drosselklappe f; itr auf die Jagd gehen; *mot* Gas geben; tr *Am fam* abknallen; *Am sl tech* auf Hochtour bringen; scharf blicken nach; *(e-e Aufnahme)* machen; *to blow great ~s* stürmen; *to give s.th. the ~ (Am sl)* etw in Schwung, auf Hochtour bringen; *to go great ~s (Am sl)* mit Hochdruck arbeiten; *to beat, to jump the ~* voreilig sein; *to spike s.o.'s ~s (fig)* jdn mattsetzen; *to stand, to stick to o.'s ~s* nicht nachgeben, durchhalten; bei der Stange bleiben; *he's ~ning for you* er hat dich auf dem Korn; *great, big ~ (sl)* hohe(s) Tier n; *son of a ~ (pej)* Strolch m; *sure as a ~* bombensicher; **~-barrel** Gewehrlauf m; Geschützrohr n; **~-boat** Kanonenboot n; **~-carriage** Lafette f; **~-cotton** Schießbaumwolle f; **~-dog** Jagdhund m; **~-fight** *Am* (Revolver-)Schießerei f; **~-fire** Geschütz-, Artilleriefeuer n; **~-flash** Mündungsfeuer n; **~-layer** Richtkanonier m; **~-licence** Waffenschein m; **~-lock** (Gewehr-)Schloß n; **~-man** ['-mən] *Am* bewaffnete(r) Bandit m; **~-nage** ['-idʒ] Bestückung f; **~-ner** ['-ə] Kanonier; *Am* Geschützführer; aero Bordschütze m; *~'s cockpit (aero)* MG-Kanzel f; **~-nery** ['-əri] Geschütze n pl; Fabrikation u. Bedienung f der Geschütze; attr Geschütz-; **~-pointer** Richtkanonier m; **~-powder** Schießpulver n; **~-room** *Br mar* Fähnrichsmesse f; **~-runner** Waffenschmuggler m; **~-running** Waffenschmuggel m; **~-shot** Schuß(weite f) m; *(~~ wound)* Schußwunde f; *within, out of ~~* in, außer Schußweite; **~-smith** Büchsenmacher m; **~-stock** (Gewehr-)Schaft m; **~-turret** Geschützturm m; **~-wale** ['-weil] mar Schandeckel m, Dollbord n.

gunk [gʌŋk] *Am sl* Schmutz m, ölige Flüssigkeit; Schminke f.

gunsel, gonsel ['gʌnsl] *Am sl* unerfahrene(r) junge(r) Mann m.

gup [gʌp] *fam* Geschwätz n; Unsinn m.

gurgitation [gə:dʒi'teiʃən] Sprudeln *n*.
gurgle ['gə:gl] *itr* glucksen, gurgeln, murmeln; *tr* hervorsprudeln.
gush [gʌʃ] *itr* heraussprizen, -sprudeln, sich ergießen *(from* aus); überfließen *(with* von); *fig* schwärmen *(over* von); *s* Guß; *fig* Erguß *m*, Schwärmerei *f*; **~er** ['-ə] (sprudelnde) Ölquelle *f*; *fig* Schwärmer *m*; **~ing** ['-iŋ] sprudelnd; *fig* schwärmerisch; überspannt, überschwenglich; **~y** ['-i] schwärmerisch.
gusset ['gʌsit] Zwickel *m*; Eckblech *n*, -beschlag *m*; Versteifungsplatte *f*.
gust [gʌst] Windstoß *m*, Bö *f*; Schauer, Schwall *m*; *(Rauch)* Wolke *f*; Ausbruch *m*; **~y** ['-i] stürmisch.
gustat|ion [gʌs'teiʃən] Geschmack(ssinn) *m*; **~ory** ['-təri] *a physiol* Geschmacks-.
gusto ['gʌstou] *fig* Geschmack; Genuß *m*; besondere Vorliebe *f* (*for* für); Vergnügen *n*; *with* ~ mit Schwung.
gut [gʌt] *s* Darm *m*; Darmsaite *f*; Catgut; enge(r) Durchlaß, -gang; *Am sl* Magen *m*; *Am (Schule)* leichte Übung *f*; *pl fam* Gedärm, Eingeweide *n*; *pl mit sing* Mumm, Mut *m*, Ausdauer, Purre, Kraft *f*, Mark *n*; *mit pl* Mumm *m*; Bestandteile *m pl* im Innern e-r Maschine; *tr* ausweiden, -nehmen; ausplündern; exzerpieren; im Innern völlig zerstören; *to be* ~*ted by fire* ausgebrannt sein; *it has no* ~*s in it* das hat weder Saft noch Kraft; *blind* ~ Blinddarm *m*; **~sy** ['-si] *Am sl* mutig.
gutta-percha ['gʌtə'pə:tʃə] Guttapercha *f od n*.
gutter ['gʌtə] *s* Dachrinne *f*; Rinnstein *m*, Gosse *f a.* fig; *fig* Elend *n*, Armut; *allg* Rinne, Rille *f*; *typ* Bundsteg *m*; *tr* mit (Dach-)Rinnen *od* Gossen versehen; *tech* riefen; *itr* rinnen; triefen; *(Kerze)* tropfen; *of the* ~ vulgär, ordinär; *to rise from the* ~ von nichts herkommen; *to take out of the* ~ *(fig)* aus der Gosse auflesen; **~-child**, **-snipe** Straßenjunge *m*; **~-man** Straßenverkäufer *m*; ~ **press** Skandalpresse *f*; **~tile** Hohlziegel *m*.
guttural ['gʌtərəl] *a* guttural, Kehl-; *s* Kehllaut, Guttural *m*.
guy [gai] **1.** *mar* Backstag *m*; Geitau *n*; Ankerkette *f*; *(~rope)* Haltetau *n*, Halterung *f*; Zeltleine *f*; **~-wire** *aero* Spanndraht *m*; **2.** *s* Vogelscheuche *f fig*; *Am fam* Kerl, Bursche *m*; *tr fam* lächerlich machen, necken, foppen, frotzeln; *to do a* ~ *(sl)* verduften, abhauen.
guzzle ['gʌzl] *itr tr* saufen; fressen; *tr (to* ~ *away)* verprassen; *s Am sl* Kehle *f*; **~-shop** *Am sl* (Bier-)Lokal *n*.
gym [dʒim] *fam* (= *gymnasium*) Turnhalle *f*; (= *gymnastics*) Turnen *n*, Turnstunde *f*; ~ **shoes** *pl* Turnschuhe *m pl*; ~ **shorts** *pl* Turnhose *f*
gymkhana [dʒim'ka:nə] Sportplatz *m*, Kampfbahn *f*, Stadion *n*; Sportveranstaltung *f*, -wettkampf *m*.
gymn|asium [dʒim'neizjəm] *pl a.* **-ia** [-jə] Turnhalle *f*; Sportplatz *m*; Arena *f*; **~ast** ['dʒimnæst] Turner; (Leicht-)Athlet *m*; **~astic(al)** [dʒim'næstik(əl)] *a* turnerisch, (leicht)athletisch, gymnastisch; Turn-; **~astics** *pl meist mit sing* Turnen *n*, Leibesübungen *f pl*.
gymnospermous [dʒimnə'spə:məs] *bot* nacktsamig.
gyn(a)ecolog|ic(al) [gainikə'lɔdʒik(əl), *Am a.* dʒai-] gynäkologisch; **~ist** [gaini'kɔlədʒist] Gynäkologe, Frauenarzt (u. Geburtshelfer) *m*; **~y** [gaini'kɔlədʒi] Frauenheilkunde, Gynäkologie *f*.
gyp [dʒip] **1.** *(in Cambridge u. Durham)* Studentendiener *m*; **2.** *s Am sl* Schwindel *m*, Gaunerei *f*; Schwindler, Gauner, Ganove; *Br fam* heftige(r) Schmerz *m*; *tr Am sl* beschwindeln, anführen, begaunern, beganeffen, abstauben; *itr* schwindeln; **~-joint** *Am sl* üble(s) Lokal *n*, Kaschemme *f*; **~o** *Am sl* Gelegenheitsarbeiter *m*; **3.**: *to give s.o.* ~ *(sl)* jdm Saures geben, jdn fertigmachen.
gyps|eous ['dʒipsiəs] gipsartig, -haltig, Gips-; **~um** ['dʒipsəm] Gips *m*.
gypsy *s. gipsy.*
gyrat|e [dʒaiə'reit] *itr* rotieren, kreise(l)n, sich drehen, wirbeln *(round* um); *a* ['-rit] spiralig, Ringe bildend; **~ion** [-'reiʃən] Rotation, Kreisbewegung *f*; Wirbel *m*; **~ory** ['dʒaiərətəri] rotierend, sich im Kreise drehend, kreiselnd, wirbelnd; Kreis-, Dreh-; **~~ system** *(of traffic)* Kreisverkehr.
gyro ['dʒaiərou] *pl* -s Kreisel *m*; *fam* (= *autogiro*) *aero* Tragschrauber *m*, Drehflügelflugzeug *n*; = **~compass**; = **~scope**; **~compass** ['-rəkʌmpəs] Kreiselkompaß *m*; **~graph** ['-gra:f] *tech* Umdrehungszähler *m*; **~pilot** ['-rəpailət] *aero* Selbststeuergerät *n*; **~plane** ['-rəplein] *aero* Tragschrauber *m*; **~scope** ['-rəskoup, 'gai-] Gyroskop *n*; **~(scopic) stabilizer** [-'skɔpik] *mar aero* Lagekreisel *m*; **~stat** ['-rəstæt] Gyrostat, Kreisel(vorrichtung *f*) *m*; **~wheel** *sport* Rhönrad *n*.
gyve [dʒaiv] *s meist pl obs poet* Hand-, Fußfesseln *f pl*; *tr* die Hände *od* Füße fesseln *(s.o.* jdm).

H

H, h [eitʃ] *pl* **~'s** ['-iz] H, h *n*; *to drop o.'s ~s* das H (im Anlaut) nicht sprechen; *fig* ungebildet sein; **~-bomb** Wasserstoffbombe *f*.

ha [hɑː] *interj* ha! ah! *(zweifelnd)* wie?

habeas corpus ['heibjəs'kɔːpəs] *(writ of ~) jur* Vorführungsbefehl *m*.

haberdasher ['hæbədæʃə] Kurzwarenhändler; *Am* Inhaber *m* e-s Herrenartikelgeschäfts; **-y** ['-ri] Kurzwaren (-handlung *f*) *f pl*; *Am* Herrenartikel (-geschäft *n*) *m pl*.

habiliments [hə'bilimənts] *pl* (Fest-, Amts-)Kleidung *f*.

habit ['hæbit] *s* (körperliche *od* geistige) Beschaffenheit *f*, Habitus *a. bot*; Zustand *m*, Anlage, Veranlagung, Disposition; Lebensweise *f a. zoo*, Verhalten(sweise *f*) *n*; Angewohnheit, Gewohnheit(ssache), Gewöhnung *f*; Kleid, Gewand, Kostüm *n*; (kirchliche) Tracht *f*; *tr* (an)kleiden; *from, out of ~* aus Gewohnheit; *to be in the ~* die Gewohnheit haben, pflegen *(of doing s.th.* etw zu tun); *to fall, to get into the ~* die Gewohnheit annehmen, sich angewöhnen *(of doing s.th.* etw zu tun); *to break o.s. of a ~* sich etwas abgewöhnen; *~ of mind* geistige Verfassung *f*; **-able** ['-əbl] *(Haus)* bewohnbar; **-ant** ['-ənt] Be-, Einwohner *m; a.* [abitã] *(Louisiana u. Kanada)* Farmer *m* französischer Abstammung; **-at** ['hæbitæt] *biol* Standort *m*, Vorkommen, Verbreitungsgebiet *n; fig* Heimat *f*; **-ation** [hæbi'teiʃən] (Be-)Wohnen *n*, Wohnung, Wohnstätte *f*; *fit for ~* bewohnbar; **-ual** [hə'bitjuəl] gewohnt, gewöhnlich, üblich; Gewohnheits-; **~ criminal, drunkard** Gewohnheitsverbrecher; -trinker *m*; **-ually** *adv* gewöhnlich, gewohnheitsmäßig; **-uate** [hə'bitjueit] *tr* gewöhnen *(to an; to do; doing* daran, zu tun); *Am fam* häufig besuchen; **-ude** ['hæbitjuːd] Neigung, Gewohnheit *f*; Brauch *m*; **-ué** [hə'bitjuei] Stammgast *m*.

hachures [hæ'fjuə] *pl* Schraffierung *f*.

hacienda [hæsi'endə] große(s) (Bauern-)Gut *n*, Farm *f*.

hack [hæk] **1.** *tr* (zer)hacken *(to pieces in Stücke);* einkerben; *agr* hacken *(Fußball)* vors Schienbein treten *(s.o. jdm)*; *itr* hacken *(at nach);* trocken husten; *s* Hacke; Kerbe *f*, Hieb (-wunde *f*); Tritt *m* vors Schienbein; **~ing cough** trockene(r) Husten *m*; **~saw** Metallsäge *f*; **2.** *s* Miet-, Arbeitspferd *n*; Schindmähre *f*; Gelegenheitsarbeiter; *(~ writer)* Lohnschreiber, Skribent, Schreiberling; *Am* Mietwagen *m*, -kutsche, Droschke *f*; Taxi *n*; *Am (~man)* Droschkenkutscher *m*; *a* Miet-; abgedroschen, abgenutzt; *itr* über Land reiten; als Lohnschreiber arbeiten; *Am* ein Taxi fahren; **-er** ['-ə] *Am* Taxifahrer *m*.

hackle ['hækl] **1.** *s* (Flachs-)Hechel; Nackenfeder *f (Hahns u. anderer Vögel)*; *(~ fly)* künstliche Fliege *f (zum Angeln); tr (Flachs)* hecheln; *with his ~s up* mit gesträubten Federn *od* Haaren; *fig* wütend, kampfbereit; *to get s.o.'s ~s up* jdn verärgern; **2.** *tr* zerhacken, zerstückeln.

hackney ['hækni] *s* Reit-, Kutschpferd *n*; Mietwagen; Tagelöhner *m*; *tr* endlos wiederholen, wiederkäuen; **~-carriage, -coach** Mietwagen *m*, -kutsche *f*; **-ed** ['-d] *a* abgedroschen.

haddock ['hædək] *pl* ~ Schellfisch *m*.

h(a)em|al ['hiːməl] *a* Blut-; **-atite** ['hemətait] *min* Roteisenstein *m*, -erz *n*; **-oglobin** [hiːmo(u)'gloubin] Hämoglobin *n*, rote(r) Blutfarbstoff *m*; **-ophilia** [hiːmo(u)'filiə] Bluterkrankheit *f*; **-orrhage** ['hemərid͡ʒ] *s* (schwere) Blutung *f*; Blutsturz *m*; *itr* stark bluten; **-orrhoids** ['hemərɔidz] *pl med* Hämorrhoiden *f pl*.

haft [hɑːft] Griff *m*, Heft *n*, Stiel *m*.

hag [hæg] Hexe *f*; häßliche(s), böse(s) alte(s) Weib *n*; **~-ridden** *a* verängstigt; an Alpdrücken leidend.

haggard ['hægəd] verstört; übernächtigt; verhärmt; hohläugig, -wangig; hager; *(Falke)* ungezähmt.

haggle ['hægl] *itr* sich auseinandersetzen, streiten; feilschen *(about, for, over* über, um); *tr* (zer)hacken, zerstückeln.

hagi|ography [hægi'ɔgrəfi] Heiligengeschichte *f*; **-ology** [hægi'ɔlədʒi] Heiligenliteratur *f*.

ha-ha ['hɑː(ː)hɑː] versenkte(r) Grenzzaun *m*; verdeckte(r) Graben *m*.

hail [heil] **1.** *s* Hagel *m a. fig (of* von); *itr* hageln; *tr fig (to ~ down)* hageln, niederprasseln, -gehen (lassen) *(on, upon* auf); **~-insurance** Hagelversicherung *f*; **~-stone** Hagelkorn *n*; **~-storm** Hagelschauer *m*, -wetter *n*; **2.** *tr* zujubeln *(s.o.* jdm); begrüßen *(as winner* als Sieger); zurufen *(s.o.* jdm), anrufen; loben, preisen; *itr* mar ein Signal geben; *(Schiff, fam a. Mensch)* kommen, (her)stammen *(from* aus,

hair [hɛə] s (einzelnes) Haar n a. bot; das (Kopf-)Haar, die Haare pl; against the ~ gegen den Strich; by a ~ um ein Haar, beinahe; by a ~'s breadth um Haaresbreite; to a ~ ganz genau adv; to do o.'s ~ sich frisieren; to get s.o. by the short ~s (fam) jdn um den kleinen Finger wickeln; to have o.'s ~ cut sich die Haare schneiden lassen; to let o.'s ~ down sich die Haare losmachen; fig sich gehenlassen; vertraulich werden; to lose o.'s ~ die Haare verlieren; fam den Kopf verlieren; to put up, to turn up o.'s ~ das Haar auf-, hochstecken; to split ~s Haarspalterei treiben; not to turn a ~ nicht mit der Wimper zucken; his ~ stood on end die Haare standen ihm zu Berge; keep your ~ on (fam) reg dich doch nicht so auf! it turned on a ~ es hing an e-m Faden; **~-breadth** s = ~'s breadth Haaresbreite; a haarscharf; knapp; **~-brush** Haarbürste f; **~-cut** Haarschnitt m; to have a ~ sich die Haare schneiden lassen; **~-do** pl -dos Frisur f; **~-dresser** Friseur m; Friseuse f; **~-dressing** Frisieren n; ~ saloon (Am) Frisiersalon m; **~-dryer** Fön m (Warenzeichen); **~-dye** Haarfärbemittel n; **~ed** [-d] a behaart; in Zssgen -haarig; ~ felt Haarfilz m; **~-iness** ['-rinis] Behaartheit f; **~-less** ['-lis] kahl; **~-line** Haarstrich; Beginn m des Haaransatzes; tech Strichmarke f; **~-net** Haarnetz n; **~-oil** Haaröl n; **~-pin** Haarnadel f; ~ bend Haarnadelkurve f; **~-raiser** fam schreckliche Geschichte f; **~-raising** haarsträubend; **~-restorer** Haarwuchsmittel n; **~-shirt** Büßerhemd n; **~-splitter** Wortklauber m; **~-splitting** Haarspalterei, Wortklauberei f; **~-spring** Uhrfeder f; **~-stroke** (Schrift) Haarstrich m; ~ tonic Haarwasser n; **~-trigger** s (Gewehr) Stecher m; a fam sehr empfindlich; **~-wash** Haarwasser n; **~-y** ['-ri] behaart; haarig; Am fam (Witz) abgestanden.

hake [heik] pl ~ Hechtdorsch; Meer-, Seehecht m.

halation [həˈleiʃən] phot Lichthof m; no ~ (auf Fotomaterial) lichthoffrei.

halberd, halbert [ˈhælbə(ː)d, -t] hist Hellebarde f.

halcyon [ˈhælsiən] poet Eisvogel m; zoo Königsfischer m; ~ days pl stille, ruhige, friedliche, glückliche Tage m pl.

hale [heil] rüstig, gesund; ~ and hearty gesund und munter.

half [hɑːf] pl halves s Hälfte f; (Schule) Halbjahr n; sport Spielhälfte; Halbzeit f; (~-back) Läufer m; mus halbe Note f; a halb; die Hälfte gen; in Zssgen Halb-; adv halb; zur Hälfte; fam ziemlich; ~ the book das halbe Buch; ~ an hour e-e halbe Stunde; at ~ the price, for ~ price zum halben Preis; by ~ außerordentlich, erstaunlich, mehr als (erwartet), über Erwarten, zu (...um wahr zu sein); too good by ~ viel zu gut; in ~, into halves in zwei gleiche Teile (teilen); not ~ längst, durchaus nicht; nicht annähernd; alles andere als; fam durchaus nicht; sl ganz gehörig; not ~ bad (fam) gar nicht (mal) so schlecht od übel; ~ and ~ halb und halb; ~ as much again noch mal soviel; ~ asleep halb im Schlaf; ~ dead halbtot; ~ past three, ~ after three halb vier (Uhr); ~ (of) his time die Hälfte s-r Zeit; to cut in ~, in(to) halves halbieren; to do s.th. by halves etw nur halb tun; to go halves halbpart machen (with s.o. in s.th. mit jdm in e-r S); to have ~ a mind to do s.th. halb entschlossen sein, etw zu tun; my better ~ (hum) meine bessere Hälfte, meine Frau; **~-and-~** Halbundhalb, Gemischte(s) (Bier) n; Am halb Milch, halb Sahne; **~-back** (Fußball) Läufer m; **~-baked** a halbgar; fam noch nicht ausgereift, unfertig; unreif, unerfahren; **~ binding** Halbfranz-, -leder(-band m) n; **~-blood, ~-breed, ~-caste** Halbblut n, Mischling m; **~-bound** a in Halbledergebunden; **~-brother** Halb-, Stiefbruder m; **~-cloth** Halbleinen (-band m) n; **~-cock** to go off ~~, to go off at ~ cock (Schußwaffe) zu früh losgehen; fam es zu eilig haben; unüberlegt, überstürzt handeln; **~-crown** (silbernes) Zweieinhalbschillingstück n; **~-day** adv halbtags (arbeiten); **~-fare** halbe(r) Fahrpreis m; ~~ ticket Fahrkarte f zum halben Preis; **~-finished** a halb-, unfertig; ~~ goods (pl) Halbfertigwaren f pl; **~-hearted** a lau, wenig interessiert, nur halb bei der Sache; unentschlossen, ohne Schwung; **~-holiday** freie(r) Nachmittag m; **~-hose** Socken f pl; Kniestrümpfe m pl; **~-hour** s halbe Stunde f; a halbstündig, -stündlich; **~-hourly** a adv halbstündlich; adv alle halben Stunden; **~-length** (~~ portrait) Brustbild n; **~-mast, ~-staff** Am ~~ (Flagge) auf Halbmast; **~-monthly** a adv halbmonatlich; **~-moon** Halbmond m; **~-mourning** Halbtrauer f; ~ note

half pay — hamlet

mus halbe Note *f*; **~ pay** Wartegehalt, -geld *n*; *to be on ~~* Wartegeld beziehen; **~penny** ['heipni] *pl ~pennies* Halbpennystück *n*; *~~ (pl a. ~pence* ['heipəns]) *u. ~~worth* ['heipniwəːθ, 'heipəθ] (Wert e-s) halbe(n) Penny *m*; **~~seas- -over** *fam* halbbesoffen, stark angeheitert; **~~shot** *a Am sl* angesäuselt, betrunken; haltlos; **~~sister** Halb-, Stiefschwester *f*; **~~sovereign** *(goldenes)* Zehnschillingstück *n*; **~~timbered** *a* Fachwerk-; **~~time** *s sport* Halbzeit; Halbtagsarbeit *f*; *adv* halbtags *(arbeiten)*; *at ~~ (sport)* bei Halbzeit; **~~title** *(Buch)* Schmutztitel *m*; **~~tone** *mus* halbe(r) Ton; *(Kunst)* Halbschatten *m*; *typ* Autotypie, photomechanische Reproduktion *f*; **~~process** *(typ)* Rasterverfahren *n*; **~~track** Halbraupenfahrzeug *n*, -schlepper; *Am mil* Schützenpanzerwagen *m*; **~~ motorcycle** Kettenkrad *n*; **~~truth** halbe, Halbwahrheit *f*; **~~way** *a* auf halbem Wege liegend; *fig* unvollständig, halb; *adv* halbwegs *a. fig* (nur) halb, *fam* (auch nur) einigermaßen; *to meet ~~ (fig)* entgegenkommen *(s.o.* jdm); **~~ house** Rasthaus *n*; Zwischenstation *f*; *fig* Kompromiß *m od n*; **~~weekly** *a adv* halbwöchentlich; **~~wit** Einfaltspinsel *m*; **~~witted** *a* dumm, einfältig; **~~yearly** *a adv* halbjährlich.
halibut ['hælibət] *pl ~* Heilbutt *m*.
halitosis [hæliˈtousis] unreine(r) Atem, üble(r) Mundgeruch *m*.
hall [hɔːl] Halle *f*, Saal *m*; *(in e-m College)* Speisesaal, Eßraum *m*; gemeinsame(s) Mahl *od* Mittagessen *n*; Diele, (Eingangs-)Halle *f*, Vestibül *n*; Flur, Korridor; Fürsten-, Herrensitz *m*; Herren-, Gutshaus; College(gebäude) *n*; Zunft-, Gildehaus *n*; *Am (H~)* öffentliche(s) Gebäude *n*; Verwaltungsgebäude *n*; wissenschaftliche(s) Institut *n*; *Am (meeting ~)* (öffentlicher *od* halböffentlicher) Versammlungs-, Sitzungs-, Fest-, *(banqueting ~)* Speise-, *(dance ~)* Tanzsaal *m*; *H~ of Fame* Ruhmeshalle *f (in New York City)*; **~ of** *residence (Universität)* Wohngebäude, -heim *n*; *booking ~* Schalterhalle *f*; *city ~* Rathaus *n*; *music ~* Varieté *n*; *Am* Konzertsaal *m*; **~mark** *s (Edelmetall)* (Feingehalts-)Stempel *m*; *fig* (untrügliches) Kennzeichen *n*; *tr* stempeln; kennzeichnen; **~~stand**, *Am ~* **tree** Flurgarderobe *f*, Garderobenständer *m*; **~way** *Am* Eingang(shalle *f*) *m*, Diele *f*, Vestibül *n*; Flur, Gang *m*.
hallelujah, halleluiah [hæliˈluːjə] *interj* halleluja! *s* Halleluja *n*.

halliard *s. halyard*.
hallo(a) [həˈlou] *interj* hallo! *s* Hallo (-ruf *m*) *n*; *itr tr* hallo schreien, (zu)rufen *(s.o.* jdm).
halloo [həˈluː] *interj* hallo! *s* Hallo *n*; *tr (Hund)* durch den Ruf hallo antreiben; *itr* hallo rufen.
hallow ['hælou] *tr* heiligen, weihen; (als heilig) verehren; **H~e'en** ['hælou)iːn] Abend *m* vor Allerheiligen *(31. Okt.)*; **H~mas** ['hælo(u)mæs, -mɔs] *obs* Allerheiligen(fest) *n (1. Nov.)*.
hallucination [həluːsiˈneiʃən] Halluzination, Sinnestäuschung, Wahnvorstellung *f*, -gebilde *n*.
halm *s. haulm*.
halo ['heilou] *pl -(e)s astr* Hof; Heiligenschein *a. fig*; *phot* Lichthof *m*.
halt [hɔːlt] **1.** *s mil* (Marsch-)Pause, kurze Rast, *mil* Haltestelle, *rail* Haltepunkt *m*; *itr* (an)halten; *tr* halten lassen, stoppen; Einhalt gebieten *(s.o.* jdm); *to call a ~* halten lassen *itr*; *to come to a ~* (an)halten, stehenbleiben, zum Stillstand kommen; *to make (a) ~* haltmachen; **2.** *itr* schwanken, unschlüssig sein, zögern; *fig (Vers, Beweis)* hinken; **~ing** [ˈ-iŋ] *a* hinkend; stotternd; *fig* unsicher; schwankend.
halter ['hɔːltə] Halfter *f*; Strick *m (zum Erhängen)*; (Tod *m* durch) Erhängen *n*; *Am* Oberteil *m od n* (e-s zweiteiligen Strand- *od* Badeanzuges).
halve [haːv] *tr* halbieren; *(Zeit)* um die Hälfte verkürzen; teilen *(with* mit).
halyard, halliard ['hæljəd] *mar* Fall, Ziehtau *n*.
ham [hæm] *s* (Hinter-)Schenkel *m*; Schinken *m*; *fam* Hinterteil *n*; *sl* schlechte(r), übertreibend spielende(r) Schauspieler; *sl* Funkamateur *m*; *tr itr sl (Rolle)* übertreibend spielen; *slice of ~* Scheibe *f* Schinken; *~ and eggs* Schinken *m* mit Ei; *~ on rye (Am)* Schinkenbrot *n*; **~-fisted, -handed** *a* tappig, täppisch, ungeschickt; **~-roll** Schinkenbrötchen *n*; **~~sandwich** Schinkenbrot *n*; **~-string** *s anat* Kniesehne *f*; *tr* verkrüppeln; *fig* lähmen, hemmen.
hamburger ['hæmbəːgə] *Am* Rindergehackte(s); *(~ steak*, *Hamburg steak)* deutsche(s) Beefsteak *n*, Frikadelle *f* von Rindergehacktem; Brot, Brötchen *n* mit Deutschem Beefsteak; **~ with, without** *Am* Deutsche(s) Beefsteak *n* mit, ohne Zwiebeln.
hames [heimz] *pl* Kum(me)t *n*.
Hamit|e ['hæmait] Hamit *m*; **~ic** [hæˈmitik] hamitisch.
hamlet ['hæmlit] Weiler *m*, Dörfchen *n (ohne Kirche)*.

hammer ['hæmə] s Hammer a. sport anat mus; (Gewehr) Hahn m; tr hämmern (auf), schlagen; (Sichel) dengeln; (to ~ down) festhämmern, fig (s.th. into s.o. jdm etw) einhämmern, -bleuen; für zahlungsunfähig erklären; fig besiegen, schlagen; itr hämmern (at the door gegen die Tür); (to ~ away) angestrengt, unermüdlich arbeiten (at an), ununterbrochen reden (at über); to ~ in (Nagel) einschlagen; to ~ out aushämmern, flachhämmern; fig (her)ausarbeiten, klären, klarstellen; (Schwierigkeiten) beilegen; ausdenken, ersinnen; ~ and tongs (adv) mit aller Kraft, Gewalt, Macht; gewaltig, mächtig; to bring under the ~ unter den Hammer, zur Versteigerung bringen; to come under the ~, to be put to the ~ unter den Hammer, zur Versteigerung kommen; throwing the ~ (sport) Hammerwerfen n; ~ and sickle (pol) Hammer u. Sichel; **~-blow** Hammerschlag m; **~-head** tech Hammerkopf m a. orn; zoo Hammerhai m; **~-ing** ['~riŋ] s Hämmern n; wiederholte Bombenangriffe m pl; to give s.o. a ~~ (fig) jdn bombardieren, bearbeiten (a. beim Boxen); es jdm tüchtig geben; a: ~~ fire (mil) Trommelfeuer n; **~-lock** (Ringen) Hammergriff m.
hammock ['hæmək] s Hängematte f; ~ **chair** Liegestuhl m.
hamper ['hæmpə] **1.** (großer) Deckelkorb; Geschenkkorb m; **2.** tr (in der Bewegung) hindern, fig behindern, einengen, hemmen, hinderlich sein (s.o. jdm).
hamster ['hæmstə] zoo Hamster m.
hand [hænd] **1.** s Hand f (a. einiger Tiere); Handbreit (Maß für die Schulterhöhe der Pferde = 4 Zoll); Seite f; Richtung; Arbeit, Tätigkeit, Verrichtung, Handreichung, Hilfeleistung; Handfertigkeit f, Geschick n, Fähigkeit f, Können n; Anteil m, Hand f im Spiele, Einfluß m; Macht, Gewalt; Aufsicht, Obhut f; Besitz m, Eigentum n; (Hand-, Fabrik-, Land-)Arbeiter m, Arbeitskraft f, Mann m (bes. e-r Mannschaft; pl Leute); (Schiff) Besatzungsmitglied n; Mensch; Experte, Kenner m, fam Kapazität; Handschrift; Unterschrift f; fam theat (Hände-)Klatschen n, Beifall, Applaus m; (Kartenspiel) Hand f, Karten f pl (e-s Spielers); Spieler m; (einzelnes) Spiel; Bündel n, Hand f (Bananen); (Uhr-)Zeiger m; attr Hand-; **2.** tr aus-, einhändigen, übergeben, -reichen; ausliefern; übertragen, geleiten (to zu), helfen (s.o. into, out of s.th. jdm in, aus e-r S); (Segel) festmachen; Am sl zutrauen (s.o. s.th. jdm etw); **3.** at ~ zur Hand, greifbar, in Reichweite; in der Nähe (zeitlich) in greifbarer Nähe; bereit; at ~'s right, left, ~ rechter Hand, rechts; linker Hand, links; at first, second ~ aus erster, zweiter Hand od Quelle; at the ~s of von seiten gen; at s.o.'s ~s von jdm; by ~ mit der Hand; von Hand; durch (persönlichen) Boten; com frei adv; by s.o.'s ~ mit jds Hilfe; for o.'s own ~ auf eigene Rechnung; in ~ in der Hand, zur Verfügung; in Arbeit; im Gange; unter Kontrolle; in s.o.'s ~s in jds Händen; in good ~s (fig) in guten Händen; ~ in ~ Hand in Hand; off ~ aus dem Stegreif; on ~ in Händen; in Reichweite, nahe; auf Lager, vorrätig; sofort, sogleich; (Geld) bar gezahlt; Am anwesend; on the one ~ ... on the other ~ einerseits ... andererseits; on either ~ auf beiden Seiten, beiderseits; on all ~s auf allen Seiten, in allen Richtungen; out of ~ selbständig, eigenwillig, außer Rand u. Band, unbeherrscht; erledigt; sofort; ~ over ~ od fist Stück für Stück, Zug um Zug; schnell, rasch; (ready) to o.'s ~ zur Hand, greifbar, in Reichweite; under s.o.'s ~s mit jds Unterschrift; with a bold, high ~ anmaßend; willkürlich; selbstherrlich adv; with clean ~s (fig) mit weißer Weste; with a heavy ~ schwerfällig; streng, ernst adv; with an iron ~ (fig) mit eiserner Faust; with a light ~ leicht, mühelos adv; **4.** to be a poor ~ ungeschickt sein (at bei, in); to bear, to lend s.o. a ~ jdm helfen, behilflich sein (in, with bei); to bind s.o. ~ and foot jdm Hände und Füße binden a. fig; to bite the ~ that feeds one Gutes mit Bösem vergelten; to bring up by ~ mit der Flasche aufziehen; to change ~s den Besitzer wechseln; in andere Hände übergehen; not to do a ~'s turn, not to lift a ~ keinen Handschlag tun, keinen Finger rühren; to eat, to feed out of s.o.'s ~ (fig) jdm aus der Hand fressen; to force s.o.'s ~ (fig) jdn zwingen, mit offenen Karten zu spielen; jdn zu etw zwingen; to get s.th. off o.'s ~s sich etw vom Halse schaffen; etw loswerden; to get the upper ~ of die Oberhand gewinnen über; to give s.o. a ~ jdm Beifall spenden; jdm behilflich sein, mit Hand anlegen (with bei); to give s.o. o.'s ~ on s.th. jdm die Hand auf etw geben; to go ~ in ~ with s.o. mit jdm Schritt

halten a. fig; *to have o.'s ~s full* viel zu tun haben; *to have o.'s ~ out* aus der Übung sein; *to have in ~* in der Hand haben; *to have a ~ in s.th.* bei e-r S die Hand im Spiel haben; *to have s.th. on o.'s ~s (fig)* etw auf dem Halse haben; *to hold ~s* sich (in Liebe) bei den Händen halten; *to join ~s* sich zs.tun, -schließen, sich vereinigen; sich heiraten; *to keep o.'s ~ in* in der Übung bleiben; *to keep o.'s ~s, a firm ~ on (fig)* fest in Händen haben; *to lay ~s on s.th.* die Hand auf etw legen; verhaften; *rel* die Hand auflegen, segnen; jdm zu Leibe gehen; *to let s.o. have a ~* jdn ans Spiel lassen; *to lift, to raise o.'s ~s to,* gegen etw die Hände erheben gegen; *to live from ~ to mouth* von der Hand in den Mund leben; *to pass through many ~s (fig)* durch viele Hände gehen; *to play a good ~* gut spielen, ein guter Spieler sein; *to play for o.'s own ~ (fig)* in s-e eigene Tasche arbeiten; *to play into s.o.'s ~s* jdm in die Hände spielen; *to put, to set o.'s ~ to s.th.* etw in Angriff nehmen; etw anpacken; *to shake s.o.'s ~, to shake ~s with s.o.* jdm die Hand drücken; sich die Hand geben; *to show o.'s ~ (fig)* s-e Karten aufdecken; *to take a ~* ein Spiel gewinnen *(at* bei); *to take a ~ in* mitarbeiten, -schaffen, -wirken an, bei; *to take in* in die Hand, in Angriff nehmen; versuchen; unter Kontrolle bringen; *to wait on, to serve s.o. ~ and foot* alles für jdn tun; *to wash o.'s ~ of* nichts wissen wollen von; s-e Hände in Unschuld waschen; *to win ~s down* leichtes Spiel haben; **5.** *I have to ~ it to you* ich muß Sie loben; ich muß Ihnen recht geben; *I'm in his ~s* er hat mich in s-r Gewalt; *he is ~ and glove, ~ in glove with him* sie sind unzertrennlich, ein Herz und eine Seele; *he can turn his ~ to anything* er ist in allen Sätteln gerecht; *he has won her ~* sie hat ihm ihr Jawort gegeben; *the matter is out of his ~s* es kann in der Sache nichts mehr tun; *keep your ~s off that!* laß die Finger davon! *~s off!* Hände weg! *~s up!* Hände hoch! **6.** *all ~* die ganze, gesamte Mannschaft; *child brought up by ~* Flaschenkind *m*; *a cool ~ (fig)* ein kühler Kopf, ein bedächtiger Mensch *m*; *the elder ~ (Kartenspiel)* die Vorhand; *extra ~* zusätzliche Arbeits-, Hilfskraft *f*; *the fourth ~* der vierte Mann *(zum Kartenspiel)*; *a good ~* ein guter Arbeiter *m*; gute Karten *f pl (im Spiel)*; *heart and ~* sehr herzlich;

hour ~ Stundenzeiger *m*; *made by ~* handgearbeitet, -gefertigt; *minute ~* Minutenzeiger *m*; *second ~* ['sekənd] *s* Sekundenzeiger *m*; *~* ['sekənd] alt, gebraucht, *(Buch)* antiquarisch; *the upper ~* die Oberhand; *to* **~ about** herumreichen; *to* **~ down** her-, hinunterreichen *(from* von); *fig* überliefern; *jur* vermachen, hinterlassen; *(Urteil)* fällen; *to* **~ in** einliefern; vorlegen; *(Gesuch)* einreichen; hineinhelfen *(s.o.* jdm); *to* **~ on** weiterreichen, -geben; übergeben; *to* **~ out** ausgeben, verteilen; hinaushelfen *(s.o.* jdm); *to* **~ over** heraus-, abgeben, aus-, abliefern; aushändigen, übergeben, -lassen; herüberreichen; *to* **~ round** herumreichen; *to* **~ up** her-, hinaufreichen; **~bag** Handtasche *f*; **~ball** Handball(spiel *n*) *m*; *Am* Hallen-Faustball *n*; **~barrow** Trage, Bahre; Schubkarre(n *m*) *f*; **~bell** Tischglocke *f*; **~bill** Reklamezettel *m*; Flugblatt *n*; *com* trockene(r) Wechsel *m*; **~book** Handbuch *n*, Reiseführer *m (to* für); *Am* Wettliste *f*; **~brake** Handbremse *f*; **~breadth** Handbreite *f*; **~cart** Handwagen *m*; **~clasp** *Am* Händedruck *m (als Gruß)*; **~cuff** ['-kʌf] *s meist pl* Handschellen *f pl*; *tr* Handschellen anlegen *(s.o.* jdm); **~ed** ['-id] *a in Zssgen* -händig; *four-~~* vierhändig; **~ful** ['-ful] *s*: *a ~* of e-e Handvoll; ein paar *(Leute)*; *fam* Unruhegeist *m*; unangenehme(s) Problem *n*; **~gear** *tech* Hebel *m*; **~glass** Lupe *f*; Handspiegel *m*; *(Gärtnerei)* Glasglocke *f*; **~grenade** Handgranate *f*; **~grip** Handgriff; Händedruck *m*; *to come to ~~s (Am)* handgreiflich werden; **~ guard** *tech* Handschutz *m*; **~hold** (fester) Halt *m* (für die Hände); **~icap** ['-ikæp] *s sport* Vorgabe *f*, Ausgleich *m*, Benachteiligung *f*, Handikap *n*; Ausgleich-, Vorgaberennen, -spiel *n*; *fig* Belastung *f*, Hindernis, Hemmnis *n (to* für); *tr sport* (zum Ausgleich) benachteiligen *a. fig*; *fig* beeinträchtigen, behindern, hemmen, *fam* handikapen; **~icraft** ['-ikra:ft] Geschicklichkeit *f*; Handwerk *n*; **~icraftsman** ['-ikra:ftsmən] Handwerker *m*; **~iness** ['-inis] Handlichkeit *f*, leichte Handhabung; Geschicklichkeit *f*; **~iwork** ['-iwə:k] Handarbeit *f*; eigene Arbeit *f*; *this is my ~~ (fig)* das ist mein Werk; **~kerchief** ['hæŋkətʃif] Taschen-, Ziertuch *n*; Hals-, Kopftuch *n*; **~loom** Handwebstuhl *m*; **~luggage** Handgepäck *n*; **~~made** *a* handgearbeitet; Hand-; **~maid** *obs* Magd, Dienerin,

hand-me-down

Zofe f; **~-me-down** a Am fam von der Stange, Konfektions-; billig; getragen; s getragene(s) Kleidungsstück n; **~-operated** a handbetätigt; **~-out** (Kartenspiel) Geben n; Am milde Gabe f, Almosen n; Verlautbarung, Pressenotiz f; Handzettel m; **~-picked** a handgepflückt; erlesen, ausgesucht; **~-rail** Geländer(stange f) n; **~saw** Handsäge f; **~set** tele Hörer; Handapparat f; **~shake** Händedruck m; **~spike** Brechstange f, bes. mar Hebebaum m; tech Tastspitze f; **~-spring** Radschlagen n; to turn **~-s** radschlagen; **~-stand** Handstand m; to do a **~** e-n Handstand machen; **~-to-~** a adv: **~~** fighting, struggle Nahkampf m; **~-to-mouth** a adv unsicher; von der Hand in den Mund, verschwenderisch; **~-wheel** Handrad n; **~-work** Handarbeit f; **~-writing** Handschrift f; Stil m; **~-y** ['-i] greifbar, zur Hand; handlich; leicht zu handhaben od zu regieren; geschickt; to come in **~~** sich als nützlich erweisen; gerade gut passen; **~-dandy** Raten n, in welcher Hand ein Gegenstand ist; **~~** man Handlanger; Gelegenheitsarbeiter; fam Seemann m.

handl|e ['hændl] s Henkel, Stiel, (Hand-)Griff m, Klinke, Kurbel; fig Handhabe (against gegen); (gute) Gelegenheit f; fam (**~~** to the name) Titel m; tr anfassen, in die Hand nehmen; handhaben a. fig, manipulieren, bedienen; verarbeiten; auf-, abladen; fig in die Hand nehmen, erledigen; leiten, führen; (Sache) behandeln, sich befassen, sich abgeben mit; verwalten; (Geschäft) erledigen; abfertigen; (Thema) abhandeln, schreiben od sprechen über, handeln von; (Verkehr) abwickeln; com handeln mit; (Waren) führen; (Menschen) behandeln, umgehen mit, fertigwerden mit; itr sich handhaben lassen; to fly off the **~~** (fam) aufbrausen, wütend werden; to give a **~~** to s.o. jdm e-e Handhabe bieten, die Möglichkeit geben (to zu); als Vorwand dienen können (to für); glass! **~~** with care! Vorsicht! Glas! **~~-bar** (Fahrrad) Lenkstange f; **-er** ['-ə] Handhabende(r); (Boxen) Trainer, Manager m; **-ing** ['-iŋ] Handhabung, Bedienung; Leitung; (Geld) Verwaltung f.

han(d)sel ['hænsəl] s Neujahrsgeschenk; Geschenk zur Geschäftseröffnung, zum Einstand; An-, Handgeld n; erste Einnahme; fig erste Erfahrung f; fig Vorgeschmack m; tr obs ein Handgeld geben (s.o. jdm); die Eröffnung feiern (s.th. e-r S), einweihen; zum erstenmal benutzen.

handsome ['hænsəm] hübsch; stattlich, gutaussehend; gefällig, angenehm; großzügig; ansehnlich, beträchtlich, bedeutend; to come down **~** (fig fam) großzügig sein; **~ness** ['-nis] Stattlichkeit, Ansehnlichkeit; Großzügigkeit f.

hang [hæŋ] irr hung, hung [hʌŋ] tr (auf-)hängen (by an); (Tür) einhängen (on in); (den Kopf) hängen lassen; (frisch geschlachtetes Tier) abhängen lassen; (Wand) behängen (with mit); (to **~** with paper) tapezieren; (Tapete) ankleben; a. (hanged, hanged) er-, aufhängen, henken; Am an e-r Entscheidung hindern; itr hängen, hangen, aufgehängt sein; fam baumeln; schwingen; schweben, herabhängen, sich neigen; (Stoff, weites Kleidungsstück) fallen; (Gefahr) schweben (over s.o. über jds Haupt); fig unentschlossen sein, zögern, schwanken; to **~** o.s. sich er-, fam sich aufhängen; s (Ab-)Hang m, Neigung f a. fig, Gefälle n; Sitz m (e-s Kleidungsstückes); kurze Unterbrechung f; fam das Wieso und Warum; fig fam Sinn m, Bedeutung f; not to care a **~** about s.th., to let s.th. go **~** (fam) sich den Dreck um etw kümmern; to get the **~** of s.th. (fam) etw herauskriegen; to **~** in the balance (fig) in der Schwebe sein; to **~** fire (Feuerwaffe) nicht losgehen; fig nicht recht in Gang kommen wollen; to **~** by a hair, by a single thread (fig) an e-m (seidenen) Faden hängen; to **~** out o.'s shingle (Am pop) e-n Laden eröffnen, e-n Betrieb aufmachen; **~** it! zum Henker! verdammt noch mal! to **~** about, Am a. to **~** around sich herumtreiben, sich herumdrücken, herumlungern; fig von der Luft liegen; s.o. jdm nicht von den Fersen gehen, jdm am Schürzenzipfel hängen; to **~** back zögern, sich zurückhalten, zurück sein; to **~** down herab-, herunterhängen; to **~** on (to) (fest)hängen (an); sich hängen, sich (fest)halten, sich klammern (an), sich stützen (auf); abhängen (von), beruhen auf; durchhalten; tele am Apparat, in der Leitung bleiben; to s.o. (fig) an jds Lippen hängen; to s.th. etw halten; etw behalten; etw aufbewahren; to **~** out hinaus-, herausbangen (of aus); hinauslehnen; sl wohnen; for s.th. hinauszögern wegen etw; to **~** over

hang together   450   **hard**

überhängen, übriggeblieben sein; sich beugen über; drohen, bevorstehen; *to ~* **together** zs.hängen, ein Ganzes bilden, zs.passen; *(Menschen)* zs.-halten; *to ~* **up** aufhängen; zurückhalten; hinauszögern; *tele* (den Hörer) auflegen, einhängen; unterbrechen, aufschieben; *on s.o. (tele)* auf-, einhängen; **~~dog** Galgenvogel, -strick *m*; **~er** ['-ə] *meist in Zssgen* Aufhänger *(Person u. Sache, a. Zeitung)*; Haken *m*; Seitengewehr *n*, Hirschfänger; Waldhang; *Am* Aushang; Kleiderbügel *m*; **~~-on** [hæŋər'ɔn] *pl -s-on* Nachläufer; Schmarotzer, Parasit *m (Mensch)*; **~ing** ['-iŋ] *a* hängend; überhängend; *fig* schwebend; niedergeschlagen; zur Hinrichtung führend; *s* (Auf-)Hängen; Erhängen *n*, Hinrichtung; *pl* Wandbekleidung, Tapete *f*; **~~ bridge** Hängebrücke *f*; **~~ lamp** Hängelampe *f*; **~~ wall (min) fam** Hangende(s) *n*; **~man** ['-mən] Henker, Scharfrichter *m*; **~nail** ['-neil] Nietnagel *m*; **~~out** *sl* Treffpunkt *m*, Stammkneipe *f*, -lokal *n*; Wohnung *f*; **~~over** *Am* Überbleibsel *n*, Rest *m*; *sl* Kater, Katzenjammer *m*.

hangar ['hæŋə, -ŋgə, -ŋgɑ:] (Flugzeug-)Halle *f*; *allg* Schuppen *m*.

hank [hæŋk] *(Garn)* Strähne *f*, Bund *n*, Docke *f*, Wickel *m*; *allg* Schlinge *f*, Ring *m a. mar*, mar Segel *n*.

hanker ['hæŋkə] *itr* sich sehnen, Verlangen tragen *(after, for* nach); **~ing** ['-riŋ] Sehnsucht *f*, Verlangen *n (after, for* nach).

hanky ['hæŋki] *fam* Taschentuch *n*.

hanky-panky ['hæŋki'pæŋki] *s fam* Hokuspokus *m*, Taschenspielerkünste *f pl*, Trick, Bluff, Schwindel *m*.

Hansard ['hænsəd] Sitzungsbericht *m* des britischen Parlaments.

hansom ['hænsəm] (bespanntes) Kabriolett *n*.

hap [hæp] *s obs* glückliche(r) Zufall *m*, Glück(sfall *m*) *n*; *itr obs* zufällig geschehen; **~hazard** ['-'hæzəd] *s* (bloßer) Zufall *m*; *a, adv (a. at, by* **~)** ganz zufällig; **~less** ['-lis] unglücklich.

ha'p'orth ['heipəθ] *fam* (Wert e-s) halbe(n) Penny *m*.

happen ['hæpən] *itr* sich ereignen, geschehen, stattfinden, vorfallen, vorkommen, *fam* passieren; auftreten; *to ~* **to** *s.o.* jdm zustoßen, *fam* passieren; *to ~* **to** *do* zufällig tun; *to ~* **(up)on** *s.o., s.th.* zufällig auf jdn, etw stoßen, jdn zufällig treffen; *to ~* **along, in** *(Amfam)* hereingeschneit kommen; **~ing** ['hæpniŋ] Ereignis, Geschehnis *n*,

Vorfall *m*; **~stance** ['hæpən'stɑ:ns] *Am fam* Zufall *m*.

happ|ily ['hæpili] *adv* glücklicherweise; glücklich, passend, geschickt *(ausgedrückt, formuliert)*; **~iness** ['hæpinis] Glück *n*; Freude, Zufriedenheit; Angebrachtheit, Geschicktheit *f*; **~y** ['hæpi] glücklich; voller Freude, (über)glücklich, (innerlich) zufrieden *(about* mit); (wohl)gelungen, glücklich(gewählt), angemessen, angebracht, passend, treffend, geschickt; *fam* (ange)heiter(t), beschwipst; *to feel ~~ about s.th.* über etw erfreut sein; *as ~~ as the day is long, as ~~ as a king* überglücklich, glücklich wie noch nie; **~~ birthday!** herzlichen Glückwunsch zum Geburtstag! **~~ landing!** *(vor e-r Seefahrt od e-m Flug) fam* komm gut hin! **~~ dispatch** Harakiri *n*; **~~-go-lucky** *(a)* sorglos, unbekümmert, unbeschwert, frei und leicht; *to go through life in a ~~-go-lucky fashion* in den Tag hinein leben.

harangue [hə'ræŋ] *s* Ansprache *f*; (lange, geschwollene *od* heftige) Rede *f*; *itr* e-e Ansprache halten; (lange, geschwollen *od* heftig) reden; *tr* e-e Ansprache halten an, ins Gewissen reden *(s.o.* jdm).

harass ['hærəs] *tr* stören, beunruhigen, besorgt machen, aufreiben, *fam* mitnehmen, quälen; *mil* stören, nicht zur Ruhe kommen lassen; **~ing** ['-iŋ] *a mil* Stör-; **~~ action, fire, raid** Störaktion *f*, -feuer *n*, -angriff *m*.

harbinger ['hɑ:bindʒə] *s* Herold; *fig* Künder, Vorbote *(a. Sache)*; *hist* Quartiermacher *m*; *tr* (an)melden, ankündigen.

harbo(u)r ['hɑ:bə] *s* Hafen *m*; *fig* geschützte Stelle *f*, sichere(r) Ort, Unterschlupf *m*; *mil* (getarnte) Bereitschaftsstellung *f*, *(bes.* Panzer-)Depot *n*; *tr* beherbergen, schützen; Unterschlupf gewähren, Versteck, Deckung bieten *(s.o.* jdm); verbergen; *fig* sich tragen mit *(e-m Gedanken)*; *(Groll)* hegen; *itr* vor Anker gehen, ankern; Schutz, Zuflucht suchen; *to enter, to leave ~* ein-, auslaufen; **~age** ['-ridʒ] Ankerplatz; Unterschlupf *m*, Unterkunft *f*; **~ captain** Hafenkommandant *m*; **~ charges, dues** *pl* Anker-, Hafengebühren *f pl*; **~ commissioner, master** Hafenmeister *m*; **~ craft** Hafenfahrzeug *n*; **~ entrance** Hafeneinfahrt *f*; **~ police** Hafenpolizei *f*; **~ station** Hafenbahnhof *m*.

hard [hɑ:d] **1.** *a* hart, fest, starr, widerstandsfähig, unnachgiebig; *(Geld)* Hart-,

hard aluminium 451 **hardware**

Metall-; muskulös, kräftig, stark, robust; *(Schlag, Stoß)* stark, heftig, kräftig, kraftvoll, gewaltig, tüchtig; anstrengend, ermüdend, mühsam, (be-)schwer(lich); schwer (zu bewältigen), schwierig, knifflig, verzwickt; wenig umgänglich, schwer zu behandeln(d) *od* zu lenken(d); hart, schwer (zu ertragen); *(Winter)* streng; *(Zeiten)* schlecht, schlimm; hart(herzig), gefühllos, streng, unerbittlich; *(Worte)* hart, grob; zäh, verbissen, unermüdlich, energisch, tüchtig, fleißig, gründlich; hart, scharf, grell, beißend; *(Wasser durch Mineralgehalt)* hart; *Am fam (alkoholisches Getränk)* stark, schwer, zu Kopf steigend, berauschend, hochprozentig; *com* fest, beständig; *(Phonetik)* stimmlos, hart; **2.** *adv* heftig, kräftig, mit Gewalt; mit Mühe, mühsam, -selig, *bes. in Zssgen*: schwer(-); unverdrossen, unermüdlich, unentwegt, eifrig, verbissen, zäh; stark *(frieren)*; dicht *(dabei)*; sehr, (zu)viel; **3.** *s* Steilufer *n*, -küste; (befestigte) Uferstraße *f*, Kai *m*; *sl* Zuchthaus(strafe *f*) *n*; **4.** ~ *by* dicht dabei, ganz in der Nähe; ~ *up* in arger Bedrängnis, in großer Not, schlimm, übel dran; ~ *upon* dicht auf den Fersen; **5.** *to be* ~ *put to s.th.* mit etw s-e Schwierigkeiten, s-e Last haben; *to be* ~ *up* sehr knapp sein *(for* an*)*; *to be* ~ *(up)on s.o.* jdm schwer zusetzen; mit jdm streng sein; *to die* ~ ein zähes Leben haben; *to run s.o.* ~ jdm dicht auf den Fersen sein; *to try* ~ sich große Mühe geben; *to work* ~ schwer, tüchtig arbeiten; *he is* ~ *to deal with* mit ihm ist schlecht Kirschen essen; ~ *to believe* kaum zu glauben(d); *it will go* ~ es wird Schwierigkeiten geben; **6.** *a* ~ *drinker* ein Säufer *m*; *the* ~ *facts (pl)* die rauhe Wirklichkeit; ~ *and fast (Brauch)* streng; *(Regel)* starr, unumstößlich; *a* ~ *fight* ein schwerer Kampf *m*; ~ *of hearing* schwerhörig; ~ *hit* schwer betroffen; ~ *luck* kein Glück; Pech *n*; *a* ~ *nut to crack (fig)* e-e harte Nuß, ein schweres Problem *n*; ~ *to please* schwer zu befriedigen(d); ~ **aluminium** Duralumin *n* *(Warenzeichen)*; ~**-beset** *a* hart bedrängt, in schwerer Bedrängnis; ~**bitten** *a* hartnäckig, zäh; ~**board** Hartfaserplatte *f*; ~**-boiled** *a* (Ei) hartgekocht; *fig fam* hartgesotten, unsentimental, nüchtern, kaltberechnend, geschäftsmäßig; steif; ~ **cash, money** Bar-, Hart-, Metallgeld *n*; ~ **cider** *Am* Apfelwein, Most *m*; ~ **coal** Anthrazit *m*; ~**-earned** *a* schwer verdient, sauer erworben; ~**en** ['-ən] *tr* *(Stahl)* härten; *(Zement)* abbinden; hart machen; abhärten, stählen; *fig* stärken, festigen; hart, streng, unerbittlich machen; *(das Herz)* verhärten; *itr* hart, fest, starr werden *a. fig*; *fig* sich versteifen; streng, unerbittlich werden; *(Preise)* anziehen; *to* ~~ *off (Pflanzen)* abhärten; ~**ener** ['-nə] Härter *m*; Härtemittel *n*, -zusatz *m*; ~**ening** ['-niŋ] *tech* Härten *n*, Härtung *f*; Härtemittel *n*; ~~**-favo(u)red, -featured** *a* mit harten (Gesichts-)Zügen, hartem Gesichtsausdruck; ~~**-fisted** *a* eigen-, selbstsüchtig; geizig, knauserig, knickerig; ~~**-handed** *a* mit schwieligen Händen; *(Herrscher, Regierung)* streng, tyrannisch; ~~**-headed** *a* nüchtern, praktisch; eigensinnig, stur; ~~**-hearted** *a* hartherzig, mitleidlos; ~**ihood** ['-ihud] Kühnheit, Verwegenheit *f*, Wagemut *m*; Dreistigkeit, Frechheit *f*; ~**iness** ['-inis] Stärke, Kraft, Energie, Ausdauer, Zähigkeit, Festigkeit; Unerschrockenheit, Kühnheit; Dreistigkeit *f*; ~ **labour** Zwangsarbeit *f*; ~**lines** *pl* Unglück *n*; ~**ly** ['-li] *adv* (nur) mit Mühe, mit Anstrengung, mühsam, angestrengt; streng, barsch; schwerlich, kaum, fast nicht, nicht recht, eigentlich nicht; ~~ *any* fast kein; ~~ *ever* kaum je(mals), fast nie, so gut wie nie; ~~**-mouthed** *a* (Pferd) hartmäulig; *fig* eigensinnig, widerspenstig; ~**ness** ['-nis] Härte, Kraft, Stärke; Heftigkeit, Beschwerlichkeit, Schwierigkeit; Not; Schwere, Strenge, Schärfe; Hartherzigkeit, Unerbittlichkeit *f*; ~ *degree* Härtegrad *m*; ~~*reduction* Enthärtung *f*; ~**pan** ['-pæn] unbearbeitete(r) Boden *m*; *fig* feste Grundlage; harte Wirklichkeit *f*; Tiefstand, niedrigste(r) Stand *m*; *prices have reached* ~~ die Preise haben e-n Tiefstand erreicht; ~ **rubber** Hartgummi *m od n*; ~ **sauce** *Am* süße Buttersoße *f*; ~**-set** *a* in Bedrängnis, in Schwierigkeiten; starr, fest, hart; unbeugsam, unnachgiebig, hartnäckig; ~~**-shell** *a* mit harter Schale; *fig* stramm, unnachgiebig, zu keinem Kompromiß bereit; *Am* streng, orthodox, konservativ; ~**ship** ['-ʃip] Mühsal, Plage, Härte; Not(lage), Bedrängnis, schwierige Lage *f*; *pl* schwierige Umstände *m pl od* Verhältnisse *n pl*; *to relieve* ~~ Härten lindern; ~ **soap** Kernseife *f*; ~~**tack** Schiffszwieback *m*; ~~**top** *mot* Limousine *f*; ~**ware** ['-wɛə] Eisen-, Stahlwaren *f pl*; harte Güter *n pl*;

~wood Hartholz *n*; **~working** arbeitsam, emsig, fleißig; **~y** ['-i] kühn, verwegen, unerschrocken, wagemutig; waghalsig, unbedacht, voreilig; ausdauernd, zäh, unempfindlich, abgehärtet; *bot* nicht frostempfindlich, winterfest.

hare ['hɛə] Hase *m*; *to be mad as a (March) ~ (fam)* total verrückt sein; *to run with the ~ and hunt with the hounds* es mit beiden Parteien halten, ein doppeltes Spiel spielen; *~ and hounds* Schnitzeljagd *f*; **~bell** Glockenblume *f*; **~~brained** *a* gedankenlos, flüchtig; flatterhaft, unbesonnen; rücksichtslos; **~lip** *med* Hasenscharte *f*.

harem ['hɛərəm] Harem *m*.

haricot ['hærikou] *(~~mutton)* (Hammel-)Ragout *n*; *(~ bean)* grüne Bohne *f*.

hark [ha:k] *itr*, meist *~!* horch! *to ~ back (Hund)* umkehren, um die Fährte wiederzufinden; *fig* zurückdenken, -gehen *(to auf); (in der Rede)* auf das Gesagte zurückkommen.

Harlequin ['ha:likwin] *s* Harlekin *m*; *h~* Spaßmacher *m*; *a* vielfarbig; bunt; **h~ade** [ha:likwi'neid] Possenspiel *n*.

harlot ['ha:lət] Hure, Dirne *f*; **~ry** ['-ri] Hurerei, Unzucht; Prostitution *f*.

harm [ha:m] *s* Schaden, Nachteil *m*; Unrecht, Böses *n*; *tr* verletzen; ein Leid zufügen, wehtun (*s.o.* jdm); Schaden zufügen (*s.o.* jdm), schädigen; Unrecht tun (*s.o.* jdm); *out of ~'s way* in Sicherheit; *to do ~* Schaden anrichten; *to s.o.* jdm schaden; *to mean no ~* nichts Böses im Schilde führen; *no ~ done!* kein (großes) Unglück! **~ful** ['-ful] schädlich, nachteilig; böswillig; **~fulness** ['-fulnis] Schädlichkeit; Böswilligkeit *f*; **~less** ['-lis] harmlos, unschädlich; unschuldig, unbeteiligt, arglos; **~lessness** ['-lisnis] Harmlosigkeit, Unschädlichkeit; Unschuld, Arglosigkeit *f*.

harmon|ic [ha:'mɔnik] *a* harmonisch *a. mus*, harmonierend, übereinstimmend; *math (Reihe)* arithmetisch; *s phys mus* Oberschwingung *f*, Oberton *m*; *mus* Flageolett *n*; *pl oft mit sing mus* Harmonielehre *f*; **~ica** [-ikə], Glas-, *Am* Mundharmonika *f*; **~ious** [ha:'mounjəs] harmonisch; gleichgestimmt, mit gleichen Anschauungen *od* Interessen; **~ist** ['-mənist] Musiker; Komponist *m*; **~ium** [-'mouniəm] Harmonium *n*; **~ize** ['ha:mənaiz] *tr* harmonisieren; in Einklang, *fig* auf einen Nenner bringen; *itr* in Einklang sein, harmonieren; in Einklang stehen, übereinstimmen; **~y** ['ha:məni] Harmonie *f a. mus*, Einklang *m*; Übereinstimmung; (Evangelien-)Harmonie *f*; *to be in ~* im Einklang stehen, übereinstimmen *(with mit)*.

harness ['ha:nis] *s* (Pferde-, *tech* Web-)Geschirr; Gurtzeug *n* *(des Fallschirms)*; Kopfhörerbügel; *hist* Harnisch *m*, Rüstung *f*; *tr (Pferd)* anschirren; anspannen; *(Naturkraft)* nutzbar machen; *in ~* in der Routine, in der gewohnten Arbeit; *to die in ~* in den Sielen sterben; *to work, to run in double ~* e-n Partner haben; verheiratet sein.

harp [ha:p] *s* Harfe *f*; *the H~ (astr)* die Leier; *itr* Harfe spielen; *fig* herumreiten *(on, upon auf)*; **~er** ['-ə], **~ist** ['-ist] Harfner, Harfenist *m*.

harpoon [ha:'pu:n] *s* Harpune *f*; *tr* harpunieren.

Harpy ['ha:pi] *(Mythologie)* Harpyie *f*; *h~* (hab)gierige, unersättliche Person *f*.

harridan ['hæridən] alte Vettel *f*.

harrier ['hæriə] **1.** Plünderer; *orn* Feldweih *m*; **2.** Hasenhund; *sport* Geländeläufer *m*; *pl* Jäger und Hunde *pl*.

harrow ['hærou] *s* Egge *f*; *tr* eggen; *(fig)* verwunden, verletzen; *fig* martern, quälen, plagen; *under the ~ (fig)* in großer Not; **~ing** ['-iŋ] *a* quälend, qualvoll, *fam* schrecklich, herzzerreißend.

Harry ['hæri] Heinrich, Heinz *m*.

harry ['hæri] *tr* stürmen; plündern; verwüsten, zerstören; *(Nest)* ausnehmen; belästigen, quälen, martern.

harsh [ha:ʃ] scharf, rauh; grell; schrill; herb; roh; streng, hart; barsch; **~ness** ['-nis] Schärfe, Rauheit; Herbheit; Strenge, Härte *f*.

hart [ha:t] Hirsch *m*; *~ of ten* Zehnender *m*; **~(e)beest** ['ha:t(i)bi(:)st] *zoo* Hartebeest *m*, Kama *f*; **~shorn** ['-ʃɔ:n] Hirschhorn *n*; *salt of ~* Hirschhornsalz *n*; **~'s-tongue** *bot* Hirschzunge *f*.

harum-scarum ['hɛərəm'skɛərəm] *a* wild, unbändig, lebhaft; hastig, eilig; leichtsinnig, verantwortungs-, rücksichtslos; *adv* in (aller) Eile, Hals über Kopf; *s* Wildfang; Luftikus *m*.

harvest ['ha:vist] *s* Ernte(zeit); Ernte *f*, (Ernte-)Ertrag *m*; *fig* Früchte, Folgen *f pl*; *tr* ernten, einbringen; *(Feld)* abernten; *itr* ernten, Ernte halten; *bad ~* Mißernte *f*; **~~bug, -louse, -mite, -tick** Ernte-, Grasmilbe *f*; **~er** ['-ə] Erntearbeiter; Mäher, Schnitter *m*; Mähmaschine *f*, *(combined ~~)* -drescher *m*; **~ festival** Erntedankfest *n*; **~~home** Erntelied, -fest *n*; **~man** Schnitter; *zoo* Weberknecht *m*; **~~moon** Vollmond *m* um die Zeit der Herbst-Tagundnachtgleiche;

~~mouse Zwergmaus *f*; **~ prospects** *pl* Ernteaussichten *f pl*; **~time** Erntezeit *f*.

has [hæz, həz, əz, z, s] *s.* have; **~been** *fam* Größe *f* von gestern; Gewesene(s) *n*; **~n't** ['hæznt] = has not.

hash [hæʃ] *tr (Fleisch)* hacken, haschieren; *(Gemüse)* wiegen; *fam* verman(t)schen, durcheabringen, vermasseln; *(to ~ over) Am sl* des langen u. breiten bereden; *(e-e Geschichte)* wieder aufwärmen; *s* Haschee, Ragout *n; Am sl* Mahlzeit; *fam fig* aufgewärmte Geschichte *f*; Kuddelmuddel *m*, Durcheinander *n; to make (a) ~ of* vermurksen, verwursteln, verhunzen, vermasseln; *to settle s.o.'s ~* jdn kleinkriegen; mit jdm e-e Rechnung begleichen; **~er** ['-ə], **~ slinger** *Am sl* Kellner *m*; **~ery** ['-əri] *Am sl* kleine(s) Eßlokal *n*; **~ house** *Am sl* billige(s) Eßlokal *n*.

hashish, hasheesh ['hæʃiːʃ] Haschisch *n (Rauschgift)*.

haslets ['heizlits] *pl* Innereien *pl*.

hasp [hɑːsp] *s* Haspe, Krampe *f*; Überfall *m (an e-r Tür, Kiste); (Garn)* Strähne, Docke *f*, Strang *m; tr* mit e-r Haspe, e-m Überfall versehen.

hassock ['hæsək] Grasbüschel; Knie-, Fuß-, Sitzkissen *n*.

hast|e [heist] Hast, Eile, Geschwindigkeit, *fam* Fixigkeit *f*; *in ~* in (aller) Eile, auf dem schnellsten Wege; *to make ~~* sich beeilen, *~~ makes waste (prov)* Eile mit Weile! blinder Eifer schadet nur; **~en** [heisn] *tr* beschleunigen; antreiben, Beine machen *(s.o.* jdm); *itr* (sich be)eilen; **~ily** ['-ili] *adv* eilig, hastig; **~iness** ['heistinis] Hastigkeit, Überstürztheit, Übereiltheit, Voreiligkeit *f*; Heftigkeit *f*, Jähzorn *m*; **~y** ['heisti] eilig, schnell; hastig, überhastet, überstürzt, übereilt, voreilig; *(Arbeit)* flüchtig; stürmisch, heftig, hitzig, jäh(zornig); **~~ bridge** Behelfsbrücke *f*; **~~ pudding** *(Am* Mais-)Mehlpudding, Flammeri *m*.

hat [hæt] Hut; *(cardinal's, red ~) rel* Kardinalshut *m*; Kardinalswürde *f; tr* e-n Hut aufsetzen *(s.o.* jdm); mit e-m Hut versehen; *as black as my ~* kohlrabenschwarz; *under o.'s ~ (fam)* heimlich, (ins)geheim; *~ in hand* unterwürfig; *to be high ~* hochmütig sein; *to hang up o.'s ~* sichhäuslich niederlassen *(with s.o.* bei jdm); *to keep s.th. under o.'s ~* etw für sich behalten; *to pass, to send round o.'s ~* Geld (ein)sammeln *(for* für); *to take o.'s ~ off* den Hut abnehmen *(to* vor); *to talk out of, (Am) through o.'s ~ (fam)* ins Blaue, drauflos reden, faseln, aufschneiden, angeben, kohlen, schwindeln; *to throw o.'s ~ into the ring* als (Mit-)Bewerber auftreten; *my ~! (sl) a bad ~* ein Taugenichts; **~band** Hutband *n; black ~~* Trauerflor *m* (um den Hut); **~block** Hutform *f*; **~box** Hutschachtel *f*; **~check girl** *Am* Garderobenfrau *f*; **~peg** Garderoben-, Kleiderhaken *m*; **~pin** Hutnadel *f*; **~rack** Kleiderrechen *m; Am sl* Klappergestell *n*; **~shop** Hutladen *m*; **~stand**, *Am* **~tree** Garderobenständer *m*; **~ter** ['-ə] Hutmacher; Inhaber *m* e-s Hutgeschäfts; *as mad as a ~~* rabiat, fuchsteufelswild; überdgeschnappt.

hatch [hætʃ] **1.** *tr* ausbrüten *a. fig; fig* ausdenken, ersinnen; *fam pej* aushecken; *itr* brüten; *(Ei)* ausgebrütet werden; *(aus dem Ei)* ausschlüpfen; *s* Brüten *n; sl* Plan *m; ~es, matches and despatches* und *snatches* Familiennachrichten *f pl (bes. in the Times)*; **~ery** ['-əri] Brutanstalt; Fischzuchtanstalt *f*; **2.** untere Halbtür; Klapp-, Falltür *f a. mar; (Flugzeug, Panzer)* Einstieg *m*; Luke; Durchreiche *f*, Servierfenster *n*; Schütz(e) *f n*; *under ~es (mar)* (in Arrest) unter Deck; *fig* außer Sicht; hin(über), erledigt, unter der Erde, tot; **~ list** Ladeliste *f*; **~way** Klappe; (Lade-) Luke *f*; **3.** *tr* schraffieren, schummern; *s* schraffierte Linie *f*; **~ing** ['-iŋ] Schraffur *f*.

hatchet ['hætʃit] Beil *n; to bury the ~* das Kriegsbeil begraben, Frieden machen; *to dig up, to take up the ~* Streit, Krieg anfangen; **~face** scharf geschnittene(s) Gesicht *n*.

hat|e [heit] *tr* hassen, verabscheuen, sich ekeln vor; nicht mögen; *to ~ to do, doing s.th.* etw nicht gern, ungern tun; etw mit Bedauern tun; einem sehr peinlich sein, etw zu tun; *itr* Haß empfinden; *s lit poet* Haß *m*; **~eful** ['-ful] verhaßt, hassenswert, verabscheuungswürdig, ekelhaft; **~er** ['-ə] Hasser, Feind *m*; **~red** ['heitrid] Haß *m*, (starke) Abneigung *f*, Groll *(of, for* gegen); Abscheu, Ekel *m (of* vor).

haught|iness ['hɔːtinis] Stolz, Hochmut *m*, Arroganz, Geringschätzigkeit *f*; **~y** ['-i] stolz, hochmütig, *fam* -näsig, arrogant, anmaßend.

haul [hɔːl] *tr* ziehen, zerren *(at, upon* an); (ab-, weg)schleppen; (be)fördern, transportieren, fahren; *min* fördern; *mar* den Kurs ändern *(a ship* e-s Schiffes); *Am fam* herausholen *(out of bed* aus dem Bett); *itr* ziehen, zerren

haul down

(*at, upon* an); *(Wind)* umschlagen, -springen; *fig* s-e Meinung, sein Verhalten ändern; *mar* den Kurs wechseln; *s* Ziehen, Zerren *n*; Fisch-, Beutezug; Fang *m*, Beute *f*, Gewinn; Transportweg; Schlepptransport *m*; (Beförderungs-)Last *f*; *to make a good* ~ reiche Beute machen; *to* ~ *over the coals* = *to* ~ *up*; *to* ~ *on, to the wind (mar)* an den Wind segeln; *to* **down** *(Flagge)* einziehen, niederholen; *to* ~~ *o.'s flag, colo(u)rs (fig)* die Segel streichen, nach-, *fam* klein beigeben; *to* ~ **off** *mar* abdrehen *itr*; sich zurückziehen; *fam* zurückzucken; *Am* ausholen; *on s.o. (Am sl)* jdn mit den Fäusten bearbeiten; *to* ~ **up** zurechtweisen, tadeln, abkanzeln; **-age** ['-idʒ] Schleppen *n*; Beförderung *f*, Transport *m*; *min* Förderung; Zugkraft *f*; Beförderungs-, Transportkosten *pl*; Rollgeld *n*; ~~ *contractor* Transportunternehmer *m*; ~~ *installation* Förderanlage *f*; ~~ *speed* Förder-, Transportgeschwindigkeit *f*; **-er** ['-ə], **-ier** ['-jə] Schleppende(r); Transportarbeiter; Spediteur *m*.
haulm [hɔːm], **halm** [hɑːm] (*bes.* trockener) (Getreide-)Halm, (Erbsen-, Bohnen-)Stengel *m*; (Dach-)Stroh *n*.
haunch [hɔːntʃ] Hüftpartie *f* und Hinterviertel, Gesäß *n*; Lendenstück *n*, Keule *f*; **~-bone** Hüftbein *n*.
haunt [hɔːnt] *tr* häufig besuchen; (dauernd) verfolgen, belästigen, plagen, quälen; *(Erinnerung)* haften an; *(Vorstellung)* verbunden sein mit; *(Geist, Gespenst)* umgehen in; *s* häufig besuchte(r) Ort *m*; (Wirkungs-)Stätte *f*; gewöhnliche(r) Aufenthalt(s-ort); Schlupfwinkel *m*; Räuberhöhle *f*; *a* ~*ed house* ein Haus, in dem es spukt; **-ing** ['-iŋ] *a*: *a* ~~ *idea* ein Gedanke, der e-n nicht losläßt.
hautboy ['(h)oubɔi] *mus* Oboe *f*.
Havana [həˈvænə] Havanna(zigarre) *f*.
have [hæv] *irr had, had* **1.** *tr allg* haben *(about one* bei sich, *on one* bei, an sich); haben, wissen *(from* von); (in Händen, zur Verfügung) haben, besitzen; wissen, können, verstehen; wollen, besagen, versichern, behaupten, glauben, verstehen; bekommen, erhalten, *fam* kriegen; lassen; zulassen, erlauben, gestatten; *fam* haben (*I* ~ *him* ich habe ihn, er kann mir nicht mehr entwischen); *fam* ('reingelegt) haben; *(als Hilfszeitwort in zs.-gesetzten Zeiten)* haben, sein; müssen *(to do* tun); **2.** *s fam* Dreh *m*, List *f*; Besitzende(r), Wohlhabende(r) *m*; **3.** *to* ~ *a bath* ein Bad nehmen; *to* ~ *it on the ball (Am sl)* intelligent sein, etw auf dem Kasten haben; *to* ~ *a cigarette* e-e Zigarette rauchen; *to* ~ *a cold* erkältet sein; *to* ~ *a dance* tanzen (gehen); *to* ~ *to do with s.o., s.th.* mit jdm, er-S zu tun haben; *to* ~ *done* fertig, durch sein; *to* ~ *no doubt* nicht (be)zweifeln; *to* ~ *a game* im Spiel machen; *to* ~ *the goods on s.o. (Am sl)* gegen jdn Beweise in den Händen haben; *to* ~ *got (fam)* haben; *to* ~ *it* (beim Spiel) gewonnen haben; *to* ~ *it in for s.o.* sich an jdm rächen wollen; jdn auf dem Strich haben; *to* ~ *it out with s.o.* sich mit jdm ausea.setzen, streiten; etw mit jdm ausfechten; *to* ~ *in keeping* in Aufbewahrung, in Verwahrung haben; *to* ~ *kittens, puppies, young (Tier)* Kleine, Junge kriegen *od* werfen; *to* ~ *o.'s leg broken* sich das Bein gebrochen haben; *to* ~ *a look* mal sehen, schauen, gucken; *to* ~ *in mind* im Sinn haben; *to* ~ *a smoke* rauchen; *to* ~ *a swim* schwimmen, baden; *to* ~ *tea* Tee trinken; *to* ~ *a try* e-n Versuch machen; *to* ~ *a walk* spazierengehen; *to* ~ *o.'s way* s-n Willen durchsetzen; *to* ~ *much work* viel zu tun haben; **4.** *you had better* es wäre besser, wenn du; *you had best* das beste, am besten wäre es, wenn du; *I wouldn't* ~ *you do that* das dürfen Sie nicht tun! *what would you* ~ *me do?* was soll ich machen? *will you* ~, *please* ~ *the goodness, kindness* haben Sie die Güte, seien Sie so gut! *I* ~ *it at heart* es liegt mir am Herzen; *you* ~ *it* Sie haben's getroffen; so ist's; *let him* ~ *it! (fam)* gib ihm (Saures)! *he's had it* er ist erledigt, er hat sein Sach! *I would* ~ *you know* Sie müssen wissen; *you* ~ *me, have you?* Sie haben mich verstanden, nicht wahr? *I had rather ... than* ich möchte lieber ... als; ~ *you the time on you?* können Sie mir sagen, wie spät es ist? ~ *it your own way!* mach, was du willst! *I had as well* ich könnte ebensogut; *to* ~ **at** *obs* losgehen auf, angreifen; schlagen, prügeln; *to* ~ **away** wegkriegen, entfernen; *to* ~ **back** zurückbekommen, -kriegen; sich zurückgeben lassen; *to* ~ **in** hereinholen; einladen; *to* ~ **off** wegbringen, -schaffen; *to* ~ **on** *(Kleidung)* anhaben; *sl* beschummeln; *to* ~ *s.th. on s.o. (Am fam)* etw vor jdm voraushaben; *to* ~ **out** hinausschaffen; *to* ~ **up** heraufholen, heraufkommen lassen; *to be had up* vor den Richter kommen *(for* wegen); **~-not** *fam* Habenichts *m*.

haven ['heivn] Hafen; *fig* geschützte(r) Platz *m*, Zufluchtsort *m*.
haven't ['hævnt] = *have not*.
haversack ['hævəsæk] Brotbeutel *m*.
having ['hæviŋ] *s (häufig pl)* Habe *f*.
havoc ['hævək] *s* Verwüstung, Verheerung, Zerstörung *f; to make ~ of, to play ~ with, among* verwüsten; *bes. fig* vernichten, zugrunde richten.
haw [hɔ:] **1.** Hagebutte *f*; **2.** *itr (meist hum and ~)* stammeln, stottern; *s* (Verlegenheits-)Räuspern *n; interj* hm! **3.** *interj* hü! **4.** *zoo* Nickhaut *f*.
hawfinch ['hɔ:fintʃ] *orn* Kirschkernbeißer *m*.
haw-haw ['hɔ:'hɔ:] *interj* haha! *s* schallende(s) Gelächter *n*.
hawk [hɔ:k] **1.** Habicht *m; pl* Falken *m pl (Familie); sing fig* habgierige(r) Mensch; Gauner, Schwindler *m; itr* Falkenjagd treiben *(at auf);* **~er** ['-ə] Falkner *m;* **~-eyed** *a* mit scharfen Augen; scharfsichtig; **~ing** ['-iŋ] Falkenjagd, -beize, Falknerei *f;* **~-nosed** *a* mit e-r Adlernase; **~-weed** *bot* Habichtskraut *n;* **2.** *itr tr* hausieren (mit); *tr (Nachricht) (to ~ about)* verbreiten, ausposaunen; **~er** ['-ə] Straßenhändler; Hausierer *m;* **3.** *itr* sich räuspern; *s* Räuspern *n*.
hawse [hɔ:z] *mar* Klüsenwand; *(~-hole)* Klüse *f;* **~r** ['-ə] *mar* (Anker-)Tau, Kabel *n*, Trosse *f*.
hawthorn ['hɔ:θɔ:n] *bot* Weiß-, Hagedorn *m*.
hay [hei] *s* Heu; *Am sl* Bett *n*, Falle *f; itr (to make ~)* Heu machen; *between ~ and grass (Am fam)* für das eine zu früh und fürs andere zu spät; *to hit the ~ (Am sl)* sich in die Falle hauen, zu Bett gehen; *to look for a needle in a bottle of ~* etw Unmögliches versuchen; *to make ~ of s.th.* etw durcheabringen; *to make ~ while the sun shines* das Eisen schmieden, solange es heiß ist; *that isn't ~ (Am sl)* das ist kein Pappenstiel, keine Kleinigkeit; **~-box** Kochkiste *f;* **~-cart** Heuwagen *m;* **~-cock**, **~-rick**, **~-stack** Heuhaufen *m;* **~-fever** Heuschnupfen *m;* **~-fork** Heugabel *f;* **~-loft** Heuboden *m;* **~-maker** Heu(mach)er *m; Am sl* K.o.-Schlag *m*, bissige Bemerkung *f*, beste(s) Stück *n;* **~-seed** Grassamen *m;* Heuabfälle *m pl; Am sl* Bauer(ntölpel) *m;* **~-wire** *a Am sl* durcheinander, in Unordnung; verkehrt; verpfuscht, kaputt; verrückt, übergeschnappt; *to go ~* verrückt, wahnsinnig werden; kaputtgehen, durcheinandergeraten.

hazard ['hæzəd] *s* Zufall *m*; Wagnis, Risiko *n*, Gefahr; *tech* Gefahrenquelle *f; jur* Versicherungsrisiko *n*; Hasardspiel *n; tr* aufs Spiel setzen *(s.th. on* etw für); wagen, *fam* riskieren; sich aussetzen *(s.th.* dat); *at all ~s* auf alle Gefahren hin; unter allen Umständen; **~ous** ['-əs] zufallsbedingt; gewagt, gefährlich, *fam* riskant.
haz|e [heiz] **1.** Dunst, leichte(r) Nebel; Höhenrauch *m; fig* geistige Trübung, Unklarheit *f; tr* diesig, dunstig machen; **~iness** ['-inis] Verschwommenheit, Unklarheit *f;* **~y** ['-i] dunstig, diesig; verschwommen, vage, unklar, getrübt; **2.** *tr Am* schikanieren, schlauchen, bimsen; hochnehmen.
hazel ['heizl] *s* Hasel(strauch *m*) *f*; Haselstock *m*, -holz; Nußbraun *n; a* Hasel-; nußbraun; **~-nut** Haselnuß *f*.
he [hi:] *prn* er; **~** *who* derjenige, welcher; *s: a ~* ein Er *m; he who laughs last laughs best (prov)* wer zuletzt lacht, lacht am besten; **~~** *(pref) (von Tieren)* männlich; **~-goat** Ziegenbock *m;* **~-man** *Am* starke(r) Mann, Kraftmensch, *fam* Muskelprotz *m;* **~-togs** *pl Am sl* Männerkleider *n pl*.
head [hed] **1.** *s* Kopf *m*, *poet* Haupt *n; fig* Geist *m*, Vernunft *f*, Verstand *m*; Überlegung, Phantasie *f*, Wille *m*, Gedächtnis *n*, Fähigkeit *f; (mit Zahlwort)* Mann, Mensch *m*, Person *f; (pl ~)* (Vieh) Stück *n;* Kopf-, *lit* Hauptesslänge *f;* Haupt *n*, Häuptling *m*, (An-)Führer, Leiter, Chef, Vorsteher, Direktor *m;* Führung, Leitung, führende Stellung, Spitze *f (e-r Organisation);* ober(st)e(r) Teil *m*, obere(s) Ende *n*, Spitze *f*, Gipfel; (Baum-)Wipfel *m*, Krone *f;* Geweih *n*; Schaum(krone *f*) *m (auf dem Bier);* Sahne *f*, Rahm *m;* (Kohl-, Salat-)Kopf; (Stecknadel-)Knopf; *(Nagel)* Kopf; Eiterpfropfen *m;* vordere(s) Ende *n*, Spitze *f (a.* e-r marschierenden Kolonne, e-s Schiffes); *(Schiff)* Bug *m; (Bett)* Kopfende *n;* Landspitze *f*, Kap, Vorgebirge *n;* Quelle *f;* Mühlteich; (Wasser-, Dampf-)Druck; Wasserstand *m;* Gefälle *n; typ* Kolumnentitel *m;* Schlagzeile; (Kapitel-)Überschrift, Rubrik, Kategorie *f;* Abschnitt *m*, Kapitel *n*, Hauptteil *m*; Thema *n*, (Haupt-)Punkt; (Rechnungs-)Posten; Höhe-, Wendepunkt *m*, Krisis *f; sport* Kopfball; *Am sl* Mund *m;* hübsche(s) Mädchen *n; Am mil sl* Toilette *f;* **2.** *a* hauptsächlich, Haupt-, Ober-; Spitzen-; **3.** *tr* (an)führen, leiten; an der Spitze stehen *od*

gehen (*s.th.* e-r S); vorstehen (*s.th.* e-r S); mit e-m Kopf *od* e-r Überschrift versehen; *(Baum)* köpfen, abwipfeln; *sport (Ball)* köpfen; *(in e-e bestimmte Richtung)* stellen; **4.** *itr (Pflanze)* e-n Kopf ansetzen *od* bilden; sich *(in e-r bestimmten Richtung)* bewegen, fahren *(for* in Richtung auf); *(Fluß)* entspringen; als erster stehen *(a list* auf e-r Liste); der Erste sein *(a class* in e-r Klasse); *to ~ off* ableiten, -lenken; in e-e andere Richtung bringen; verhindern, verhüten; abbiegen; *to ~ up (Pflanze)* e-n Kopf ansetzen; *fig* den Höhepunkt erreichen; kritisch werden; **5.** *a ~* pro Kopf; *at the ~ of* an der Spitze *gen*; oben, am oberen Ende; *by a ~ (Pferderennen)* um e-e Kopflänge; *by a short ~* um e-e Nasenlänge; *by the ~ and ears, shoulders* mit Gewalt; *from ~ to foot* von Kopf bis Fuß; *off, out of o.'s ~* verrückt; *on s.o.'s ~ (fig) (Schuld)* auf jds Haupt; auf jds Verantwortung; *on this ~* zu diesem Punkt; *out of o.'s own ~* aus sich selbst (heraus); *under the same ~* unter der gleichen Rubrik; *~ first, foremost* kopfüber; *~ over heels* kopfüber; *fig* bis über die Ohren *(verliebt)*; bis an den Hals *(in Schulden)*; *Hals über Kopf*; völlig, gründlich; **6.** *to ~ for ruin* in sein Verderben stürzen; *to be ~ing for* auf dem Wege sein; zusteuern, Kurs nehmen auf; *aero* anfliegen *(for s.th.* etw); *to be off, out of o.'s ~* aus dem Häuschen sein; den Verstand verloren haben; *to be weak in the ~* e-e weiche Birne haben; *to be ~ and shoulders above s.o. (fig)* weit, *fam* haushoch über jdm stehen; *to beat s.o.'s ~ off* jdn übertrumpfen; *to bringt to a ~* zur Entscheidung bringen; *to come to a ~ (Geschwür)* reif werden; *fig* sich zuspitzen; zum Krach kommen; *to eat s.o.'s ~ off (fig)* essen wie ein Scheunendrescher; *to gather ~* Kräfte sammeln; an Kraft gewinnen; überhandnehmen; *to give s.o. his ~* jdm freien Lauf lassen; *to go to the ~ (Getränk)* zu Kopf steigen *a. fig*; *to go over s.o.'s ~* über jds Kopf hinweg handeln; *to hang, to hide o.'s ~* die Augen *(vor Scham)* niederschlagen; *to have a ~* begabt sein *(for* für); *Am sl* e-n Kater haben; *to have a poor ~ for* nicht viel loshaben an; keine Begabung haben für; *to hit the nail on the ~* den Nagel an den Kopf treffen; *to keep o.'s ~* die Ruhe bewahren, (ganz) ruhig bleiben; *to keep o.'s ~ over water* sich *(wirtschaftlich)* über Wasser halten; *to lay, to put ~s together (fig)* die Köpfe zs.stecken; gemeinsam beraten; sich zs.setzen; *to lose o.'s ~ (fig)* den Kopf verlieren; *to make ~* vorwärtsdrängen; Fortschritte machen; *against s.o.* jdm die Spitze bieten; *to be unable to make ~ or tail of* nicht schlau werden aus; *to put s.th. into s.o.'s ~* jdm etw in den Kopf setzen; *to put s.th. out of o.'s, s.o.'s ~* sich etw aus dem Kopf schlagen; jdn von etw abbringen; *to reckon in o.'s ~* im Kopf rechnen; *to shake o.'s ~* den Kopf schütteln *(at* zu); *to take the ~* die Führung übernehmen; *to take it into o.'s ~* sich etw in den Kopf setzen, sich auf etw versteifen; beabsichtigen, planen; *to talk s.o.'s ~ off* jdn dumm u. dämlich reden; *to talk over s.o.'s ~, over the ~ of o.'s audience* über jdn, über die Köpfe der Zuhörer hinwegreden; *to turn s.o.'s ~* jdn schwindlig machen; *fig* jdm den Kopf verdrehen; **7.** *that's over his ~* das geht über s-n Verstand; *my ~ is spinning* mir dreht sich alles im Kopf herum; *where are you ~ed?* wo wollen Sie hin? *two ~s are better than one* zwei sehen mehr als einer; *~s up!* aufpassen! *~(s) or tail(s)?* Kopf oder Wappen (e-r Münze)? **8.** *back of the ~* Hinterkopf *m*; *old ~ on young shoulders* geistige Reife *f*; *spread ~* ganzseitige Überschrift *f*; *top of the ~* Scheitel *m*; *~ of a charge* Anklagepunkt *m*; *~ of the department* Abteilungsleiter *m*; *~ of the family* Familienoberhaupt *n*; *~ of the government* Regierungschef *m*; *~ of hair* (Haar-)Schopf *m*; *~ of a letter* Briefkopf *m*; *~ of negotiation* Verhandlungspunkt *m*; **~ache** ['eik] Kopfweh *n*, -schmerzen *m pl a. fam fig*; *fam* Sorgen *f pl*; *to have a bad ~* schlimme Kopfschmerzen haben; *to suffer from ~~* an Kopfschmerzen leiden; *~ pill, powder* Kopfwehtablette *f*, -pulver *n*; **~achy** ['-eiki] *a* mit Kopfschmerzen behaftet sein; Kopfschmerzen hervorrufend; **~band** Stirnband *n*; *typ* Kopfleiste *f*; *(Einband)* Kapital *n*; **~board** Kopfbrett *n*; **~cheese** *Am (Küche)* Kopfsülze *f*, *a.* Eisbein *n* in Gelee; **~-clerk** Bürovorsteher *m*; **~-dress** Kopfputz *m*; Frisur *f*; **~ed** ['-id] *a (Kohl)* e-n Kopf bildend, Kopf-; mit e-r Überschrift (versehen); *in Zssgen* -köpfig; **~er** ['-ə] Kopfball *m (Fußball)*; Stecknadelwippe, Knopfspindel *f*; *Am* Ährenköpfer *m (Maschine)*; Verbindungsrohr, -stück *n*; *mot* Falltank; *arch* Binder, Tragstein *m*, Bodenplatte *f*; Kopfstück *n*,

Scheinbinder; *fam* Kopfsprung *(ins Wasser)*; *sl* Versuch, Mißgriff *m*; *to take a ~~* e-n Kopfsprung machen; **~gear** ['giə] Kopfbedeckung *f*; *(Pferd)* Zaumzeug; *tech* Fördergerüst *n*; **~hunter** Kopfjäger *m*; **~iness** ['-inis] Halsstarrigkeit *f*, Eigensinn *m*; Unüberlegtheit *f*, Ungestüm *n*; *(Getränk)* berauschende Wirkung *f*; **~ing** ['-iŋ] *typ* Titel *m*, Überschrift *f*, Kopf; *com* Posten *m*, Rubrik, Position; *(Zeitung)* Schlagzeile *f*; Thema *n*, Punkt; *sport* Kopfball; *mar aero* Steuerkurs *m*; **~land** Landzunge *f*, Vorgebirge, Kap *n*; *agr* Rain *m*; **~less** ['-lis] kopf-, *fig* führerlos; **~light** Scheinwerfer(licht *n*) *m*; *mar aero* Buglicht *n*; *to turn the ~~s on* aufblenden; **~~line** *typ* Titel(zeile *f*) *m* *(bes. Zeitung)*, Schlagzeile *f*; *pl tele* das Wichtigste in Schlagzeilen; *to hit the ~~ s (sl fig)* Schlagzeilen liefern; **~liner** *Am theat* Zugkraft *f*, Hauptdarsteller(in *f*) *m*; **~long** *adv* kopfüber; *a. a* überstürzt, übereilt, voreilig, unüberlegt, rasch, stürmisch, ungestüm; *a (Sturz)* mit dem Kopf nach unten; **~man** ['-mæn] Häuptling; Chef, (An-)Führer, Leiter, Vorsteher; [-'-] Vorarbeiter *m*; **~master** *(Schule)* (Di-)Rektor *m*; **~mistress** *(Schule)* (Di-)Rektorin, Schulvorsteherin *f*; **~money** Kopfsteuer *f*; Kopfgeld, -prämie *f*; **~office** Hauptbüro *n*; **~on** *a* u. *adv* mit der (den) Vorderseite(n); frontal; *adv* direkt auf-, gegenea.; *~~ attack* Frontalangriff *m*; *~~ collision* Auf-, Zs.prall, Frontalzs.stoß *m*; **~phones** *pl tele radio* Kopfhörer *m pl*; **~piece** *obs* Helm *m*; Kopfbedeckung *f*, -stück *n*, *radio* -hörer *m*; Kopf *(a. Person)*, Verstand *m*; *typ* Kopfleiste *f*; *arch* Sturz *m*; **~quarters** *pl oft mit sing* Hauptquartier *n*; Befehls-, Gefechtsstand; Stab *m*; Oberkommando *n*; *com* Hauptsitz *m*, Zentrale *f*, Stammhaus *n*; Hauptgeschäftsstelle *f*; *police ~~* Polizeidirektion *f*; **~~rest** Kopfstütze *f*; **~room** lichte Höhe *f*; **~~sail** *mar* Vorstengestagsegel *n*; **~set** *radio* Kopfstück *n*, -hörer *m*; **~ship** ['-ʃip] Führerschaft, Führung, Leitung, führende, leitende Stellung *f*; **~sman** ['-zmən] Henker, Scharfrichter *m*; **~spring** (Haupt-)Quelle *f a. fig*; *fig* Ursprung *m*; **~start** *Am fam* Vorsprung *m*; **~stock** ['-stɔk] Spindelstock *m*; **~stone** Grabstein; Grund-, Eckstein *m a. fig*; **~stream** Quellfluß *m*; **~strong** eigenwillig, -sinnig, starr-

köpfig, verbissen; **~~voice** Kopfstimme *f*; **~~waiter** Oberkellner *m*; **~waters** *pl* Quellen *f pl*, Quellflüsse *m pl*; **~way** Vorwärtsbewegung, *bes.* *mar* Fahrt *f*; *fig* Fortschritte *m pl*, Erfolg; Vorsprung *m*; *arch* lichte Höhe *f*; *rail* Zugabstand *m*, -folge *f*; *to make ~~* vorwärts-, vorankommen *a. fig*; *fig* Fortschritte machen; **~wind** Gegenwind *m*; **~~word** Stich-, Leitwort *n*; **~~work** Kopf-, geistige Arbeit *f*; **~~worker** Kopf-, Geistesarbeiter *m*; **~y** ['-i] eigenwillig, -sinnig, halsstarrig, dickköpfig; unüberlegt, voreilig; *(Getränk)* berauschend.

heal [hi:l] *tr* heilen; befreien *(von Kummer, Ärger)*; *(Streit)* schlichten, beilegen; *(Streitende)* versöhnen; *itr (Kranker)* wieder gesund werden; *to ~ up, over* zuheilen; *time ~s all sorrows* die Zeit heilt Wunden; **~~all** Allheilmittel *n*; **~er** ['-ə] Heilkundige(r), -praktiker; Gesundbeter *m*; Heilmittel *n*; **~ing** ['-iŋ] *a* heilend; Heil-; *s* Heilung *f*.

health [helθ] Gesundheit(szustand *m*) *f*; *to be in poor ~* kränklich sein; *to drink a ~ to s.o.* auf jds Gesundheit trinken; *board of ~* Gesundheitsamt *n*, -behörde *f*; *ministry of ~* Gesundheitsministerium *n*; *public ~* öffentliche Gesundheitspflege *f*, -wesen *n*; **~certificate** Gesundheitspaß *m*; **~~food store** Reformhaus *n*; **~ful** ['-ful] gesund, zuträglich *(to* für); **~iness** ['-inis] Gesundheit, Zuträglichkeit *f*; **~ insurance** Krankenversicherung *f*; *National H~ I~* Staatliche Krankenversicherung *f*; **~resort** Kurort *m*; **~y** ['-i] gesund; zuträglich; *fam* mächtig, tüchtig.

heap [hi:p] *s* Haufen *m*; *Am sl* alte(s) Vehikel *n*; *~s (fam)* ein Haufen, e-e Menge, e-e Masse *(of money* Geld); *tr (to ~ up, together)* an-, auf-, zs.häufen; voll bepacken, be-, überladen *(with* mit); *fig* überhäufen *(with favo(u)rs* mit Gunstbezeigungen); *in ~s* in Haufen, haufenweise; *~s of times (fam)* mächtig oft; *to be struck, to be knocked all of a ~ (fam)* (völlig) platt, ganz verblüfft sein.

hear [hiə] *irr heard, heard* [hə:d] *tr* hören *(of* von; *doing, do* tun); anhören; zuhören *(s.th.* e-r S); achten, aufmerken, -passen, achtgeben auf; zur Notiz, zur Kenntnis nehmen; erfahren *(Lektion)* abhören; *jur* verhandeln; *(Zeugen)* vernehmen; verhören; *itr* (zu)hören; erfahren *(of, about* von); Nachricht erhalten, Bescheid bekommen *(from* von); *to ~ out* bis zu Ende

hearer ['hɑ:kən] *itr* zuhören (*to s.o.* jdm); hinhören (*to auf*); horchen.

hearse [hɑ:s] Leichenwagen *m*.

heart [hɑ:t] Herz *n a. fig*; *fig* Brust *f*, Busen *m*; Innere(s) *n*, tiefste Gefühle *n pl*, Gedanken *m pl*, Bewußtsein *n*; Charakter *m*, Wesen *n*, Natur; Anlage; Seele *f*; Geist; Mut *m*, Energie, Kraft, Entschlossenheit *f*; Herzchen *n*, Liebling, Schatz *m*; Innerste(s), Zentrum *n*, Mittelpunkt *m*, Hauptsache *f*; *das* Wesentliche, *der* Kern; *pl* (Kartenspiel) Herz *n*; *after o.'s own* ~ nach Herzenslust; *at* ~ im Herzen, im Innersten; wirklich; im Grunde genommen; *by* ~ auswendig (*können*); *for my* ~ um mein Leben gern; *from (the bottom of) o.'s* ~ aus (tiefstem) Herzensgrund; aufrichtig; *in o.'s* ~ *of* ~*s (fig)* im Innersten; *in good* ~ *(agr)* e-n guten Ertrag abwerfend; *out of* ~ niedergeschlagen; *to o.'s* ~*'s content* nach Herzenslust; *with all o.'s* ~ von ganzem Herzen; *with half a* ~ nur halb bei der Sache; ~ *and soul* von ganzem Herzen; mit Leib u. Seele; *to be near to s.o.'s* ~ jdm am Herzen liegen; *to break s.o.'s* ~ jdm das Herz brechen; *to cry o.'s* ~ *out* sich die Seele aus dem Leibe weinen; *to eat o.'s* ~ *out* vor Kummer *od* Sehnsucht vergehen; *to get od to learn, to know by* ~ auswendig lernen, wissen; *to get to the* ~ *of s.th.* etw auf den Grund kommen; *to have a* ~ *(fig)* ein Herz haben; Verständnis haben; *to have o.'s* ~ *in the right place* das Herz am rechten Fleck haben; *not to have the* ~ *to* es nicht übers Herz bringen, zu; *to lay to* ~ beherzigen, sich angelegen sein lassen; *to lose o.'s* ~ *to* sich verlieben in; *to set o.'s* ~ *at rest* sich zufrieden geben; *to set o.'s* ~ *on* sein Herz hängen an; *to take* ~ sich ein Herz fassen; *to take to* ~ sich zu Herzen nehmen; *to wear o.'s* ~ *on o.'s sleeve* das Herz auf der Zunge haben; *I have it at* ~, *I have my* ~ *in it* das liegt mir sehr am Herzen; *I have a heavy* ~ das Herz ist mir schwer; *he has his* ~ *in his mouth*, *boots* das Herz fiel ihm in die Hose(n); *don't lose* ~ verlier den Mut nicht! *change of* ~ Gefühlsumschwung *m*; ~-*to*- ~ *talk* offene Aussprache *f*; ~**ache** Herzeleid *n*, Kummer *m*; ~~**attack** *med* Herzanfall *m*; ~~**beat** *physiol* Puls, Herzschlag *m*; ~ **break** Herzeleid *n*; ~~**breaking** herzzerbrechend; ~~**broken** *a* mit gebrochenem Herzen, in tiefem Schmerz; ~~**burn** Sodbrennen *n*; *fig* Eifersucht *f*, Neid *m*; ~~**burning** Unzufriedenheit *f*, Neid *m*, Eifersucht *f*, Groll *m*; ~~**disease** Herzleiden *n*; ~**en** ['-n] *tr* auf-, ermuntern, ermutigen, stärken; ~ **failure** *med* Herzschlag *m*; ~**felt** *a* aufrichtig; tief empfunden; ~**ily** ['-ili] *adv* herzhaft, tüchtig; herzlich; ~**iness** ['-inis] Herzlichkeit, Innigkeit; Aufrichtigkeit *f*; ~**land** Kernland *n*; ~**less** ['-lis] herzlos, ohne Erbarmen; mutlos, verzagt, kleinmütig; kühl, ohne Begeisterung, schwunglos; ~**lessness** ['-lisnis] Herzlosigkeit; Verzagtheit; Schwunglosigkeit *f*; ~~**rending** *a* herzzerreißend; ~~**searching** *a* schmerzlich; *s* Gewissenserforschung *f*; ~**sease**, ~**'s ease** *bot* wilde(s) Stiefmütterchen *n*; ~~**shaped** *a* herzförmig; ~**sick** gemütsleidend; sehr unglücklich, niedergeschlagen, trübsinnig; ~**sore** bekümmert, bedrückt; ~~**strings** *pl* stärkste Gefühle *n pl*; tiefste Zuneigung *f*; *to pull at s.o.'s* ~ jdn zutiefst erregen; ~~**throb** *fam* Schwarm *m*; Angebetete(r *m*) *f*; ~~**whole** frei, innerlich nicht gebunden; aufrichtig, offen(herzig); unerschrocken, tapfer; ~~**wood** Kernholz *n*; ~**y** ['-i] *a* herzlich, innig; aufrichtig; stark, kräftig, tüchtig, gesund; *(Essen)* nahrhaft, herzhaft; ausreichend; reichlich; *(Esser)* tüchtig; *(Boden)* fruchtbar; *s sl* Sportler *m*; *pl sl* Kameraden, Jung(en)s *m pl*; *hale and* ~~ gesund u. munter; *he is not* ~~ *in it* das ist nicht sein Ernst.

hearth [hɑ:θ] *fig* (häuslicher) Herd *m*; (trautes) Heim *n*, Familienkreis; Feuerrost; Schmiedeofen *m*; *(Hochofen)* Herd, Eisenkasten *m*; ~~**rug** Kaminvorleger *m*; ~~**stone** Kaminplatte *f*; *fig* (häuslicher) Herd *m*.

heat [hi:t] *s* Hitze, *phys* Wärme *f*; Wärmegrad *m*; Wärmeempfindung *f*; heiße(s) Wetter *od* Klima *n*; Heizung *f*; Brennen *(scharfer Speisen od Getränke)*; Fieber(hitze *f*) *m*; Glut *a. fig*, *fig* Erregung *f*, Zorn, Eifer *m*, Leidenschaft; Brunst, *(weidmännisch)* Brunft; *(Hund)*

heat-apoplexy   459   **heavy industry**

Läufigkeit; *sport* Anstrengung *f*; Lauf, Gang *m*, (*bes.* Vor-)Runde, Vorentscheidung *f*; *sl* (Hoch-)Druck; Zwang *m*; *attr* Hitze-, Wärme-, Heiz- *m*; *tr* erhitzen *a. fig*, heiß machen, heizen, entzünden; auf-, erregen, in Auf-, Erregung versetzen; *itr* sich erhitzen, heiß werden; sich entzünden; sich aufregen, in Erregung geraten; *to ~ up* erhitzen; *(Speise)* heiß machen, aufwärmen; *at, in, on ~* brünstig, läufig; *in the ~ of the debate* in der Hitze, im Eifer des Gefechts; *to turn on the ~ (Am sl)* erpressen; unter Druck setzen; *dead ~* unentschiedene(s) Rennen *n*; *final ~ (sport)* Ausscheidungskampf *m*; **~-apoplexy, -stroke** Hitzschlag *m*; **~ barrier** Hitzemauer *f*; **~edly** ['-idli] *adv* in Erregung; **~er** ['-ə] Heizer; Heizkörper, -apparat *m*, -element *n*, -sonne; *Am sl* Pistole *f*; *gas-~~* Gasbadeofen *m*; *~~ current, voltage* Heizstrom *m*, -spannung *f*; **-flash** Hitzestrahlung *f*; **-ing** ['-iŋ] Heizung, Erwärmung *f*; *~~ central ~* Zentralheizung *f*; *~~ coil* Heizspule *f*; *~~ cushion, pad* Heizkissen *n*; *~~ filament* Heizfaden *m*; *~~ plate* Heizplatte *f*; *~~ power* Heizkraft *f*; *~~ surface* Heizfläche *f*; **~ insulation** Wärmeisolierung *f*; **~ lightning** *Am* Wetterleuchten *n*; **~ production** Wärmeentwicklung *f*; **~-proof** hitzebeständig, wärmefest; **~ radiation** Wärmestrahlung *f*; **~-resistant** wärmebeständig; **~-treat** *tr* pasteurisieren; wärmebehandeln; **~-treatment** Wärmebehandlung *f*; **~-unit** Wärmeeinheit *f*; **~-value** Heizwert *m*; **~-wave** *mete* Hitzewelle *f*.

heath [hi:θ] Heide *f*, Ödland *n*; *bot* Erika, Heide(kraut) *n*; *f*; **~-cock** Birkhahn *m*; **~y** ['-i] heidebestanden; Heide-.

heathen ['hi:ðən] *s* Heide; Barbar *m*; *the ~* die Heiden; *a* heidnisch; **~dom** ['-dəm] Heidentum *n*; die Heiden *pl*; **~ish** ['-iʃ] heidnisch; barbarisch; **~ism** ['-izm] Heidentum *n*; Götzendienst *m*, Abgötterei; Barbarei *f*.

heather ['heðə] *s* Heide(kraut *n*), Erika *f*; **~-bell** Heideblüte *f*; **~y** ['-ri] mit Heide bestanden; Heide-.

heave [hi:v] *mar irr* hove, hove [houv] *tr* (an-, hoch)heben; *mar* hieven; *(den Anker)* lichten; *(Brust)* dehnen, weiten; *(Seufzer)* ausstoßen; *(Stein)* werfen; *geol* verwerfen; *itr* sich heben und senken, wogen; (an)schwellen; *physiol* brechen, sich übergeben wollen; keuchen, schwer atmen; *mar* ziehen (*at, on an*); *s* Heben; Wogen, Anschwellen *n*; *geol* Verschiebung *f*; *to ~ in sight (Schiff)* in Sicht kommen; *to ~ down (mar)* kielholen; *to ~ out* auswerfen; *to ~ to (mar)* beidrehen; *~ ho!* hau ruck! **~r** ['-ə] *mar* Trimmer *m*; Hebebaum, -bock *m*; Brechstange *f*.

heaven ['hevn] *rel* Himmel *m*; *fig* (Freuden-)Himmel *m*; *H~* der Himmel, die Vorsehung, Gott *m*; *meist pl, bes. lit poet* (sichtbarer) Himmel *m*, Firmament *n*; *to move ~ and earth* Himmel und Erde in Bewegung setzen, das menschenmögliche tun; *for ~'s sake, good ~s!* du lieber Himmel! du meine Güte! *thank ~!* Gott sei Dank! *~ forbid!* Gott bewahre! **~ly** ['-li] *rel* himmlisch *a. fig*; Himmels-; *~ bodies (pl)* Himmelskörper *m pl*; **~ward** ['-wəd] *a* himmelwärts gerichtet; *adv u.* **~wards** ['-wodz] himmelwärts; *obs poet* von Himmel.

heaviness ['hevinis] Schwere *f*, Druck *m*, Gewichtigkeit, Heftigkeit; Stärke *f*, große(r) Umfang *m*; Lästigkeit; Niedergedrücktheit, Bekümmertheit; Ernst; *(Straße)* schlechte(r) Zustand *m*.

heavy ['hevi] *a* schwer *(von Gewicht)*; (spezifisch) schwer; gewichtig, stark, fest; heftig, laut; grob, dick, massiv; überdurchschnittlich; anhaltend; umfangreich; hoch; ernst(haft, -lich); schwer (zu ertragen), drückend, lästig, unangenehm, unerfreulich, schlimm, schlecht; schwer (zu tun), anstrengend; niedergedrückt, (tief) bekümmert, müde, schläfrig; *(Speise)* schwer, fett, teigig; *(Geruch)* durchdringend, penetrant; *(Himmel)* bedeckt; *(Regen)* stark, heftig; *(Boden)* schwer, lehmig; *(Straße)* schlammig, schmutzig, schwer passierbar; *(Verkehr)* stark; trüb(e); *(Abhang)* steil; *(Strich)* dick; schwerfällig, ungelenk, ungeschickt; *com (Absatz)* schlecht; *(Geldstrafe)* hoch; *(Börse)* lustlos; *mil* schwerbewaffnet; *theat* düster, tragisch; ernst, feierlich; *Am sl (Verabredung)* wichtig; *adv bes. in Zssgen* schwer; *s theat* Bösewicht; *sport* Schwergewichtler *m*; *with a ~ heart* schweren Herzens; *to lie ~ (fig)* schwer liegen, lasten *(on auf)*; *time hangs ~* die Zeit schleicht dahin, will nicht weitergehen; *a ~ sea* e-e schwere See; **~-armed** *a* schwerbewaffnet; **~ beer** Starkbier *n*; **~ buyer** Großeinkäufer *m*; **~ current** Starkstrom *m*; **~-duty** Hochleistungs-, Hochdruck-; **~-gymnastics** *pl* Geräteturnen *n*; **~-handed** *a* unbeholfen, ungeschickt; bedrückend, hart; **~-hearted** *a* traurig, (nieder)gedrückt; **~ industry** Schwerindustrie *f*; **~-laden** *a* schwerbeladen; *fig* kummervoll; **~ oil** Schweröl *n*; **~ print** Fettdruck *m*; **~ water** *chem* schwere(s) Wasser *n*; **~-weight** *s sport a. allg* Schwergewichtler *m*; *fam* Kanone *f*; *a sport* Schwergewichts-; schwer *a. fig*; **~ worker** Schwerarbeiter *m*.

hebdomadal [heb'dɔmədl] wöchentlich.

Hebr|aic [hi(:)'breiik] *a* hebräisch; *s* (das) Hebräisch(e); **~ew** ['hi:bru:] *s* Hebräer, Jude *m*; *a* hebräisch, jüdisch.

hecatomb ['hekətoum] *hist* Hekatombe *f a. fig*; Gemetzel *n*.

heck [hek] *interj fam* verflixt! *s fam* Hölle *f*; *a ~ of a row* ein Höllenlärm.

heckl|e ['hekl] *tr (Flachs)* hecheln; *fig (e-m Redner)* Fangfragen stellen *(s.o.* jdm); belästigen, verwirren, durcheinanderbringen; in die Enge treiben; **~er** ['-ə] lästige(r) Frager; Zwischenrufer *m*.

hectic ['hektik] *a* schwindsüchtig; *med fig* hektisch, fieberhaft; *(Wangen)* fieberheiß, -rot; *fam* aufregend; *s (~ fever)* Schwindsucht *f*; *to have a ~ time* keinen Augenblick Ruhe haben.

hectograph ['hekto(u)gra:f] *s* Hektograph *m*; *tr* hektographieren.

hector ['hektə] *s* Prahlhans, Bramarbas, *fam* Angeber *m*; *tr* von oben herab behandeln; einschüchtern; necken, reizen; *itr* prahlen, *fam* angeben.

he'd [hi:d] = *he had*; *he would*.

heddle ['hedl] *s* (Webe-, Schaft-)Litze *f*.

hedge [hedʒ] *s* Hecke *f*; *(dead ~)* Zaun *m*, Umzäunung *f*; *fig* Schranke *f*; *fin* Deckungsgeschäft *n*; *attr* Hecken-; *pej* Winkel-; *tr* mit *e-r* Hecke umgeben od säumen; *(~ in, round)* einhegen, -friedigen, *fig (e-n Menschen in s-m Handeln)* einengen, behindern; *itr* e-e Hecke pflanzen *od* beschneiden; sich verschanzen *a. fig (behind* hinter); sich Ausweichmöglichkeiten freihalten, Vorbehalte machen; sich sichern, sich den Rücken decken, sich rückversichern; *to ~ about, on* zu umgehen versuchen; *to ~ in (mil)* einschließen; *to ~ off (tr)* abtrennen; *itr Am sl* unentschieden sein; **~ buying** Vorratskäufe *m pl*; **~ clause** Schutzklausel *f*; **~-garlic** *bot* Rauke *f*, Rautensenf *m*; **~-hog** ['-hɔg] Igel *m*; *Am* Stachelschwein *n*; *fig* widerborstige(r) Mensch; *mil* Wasserbombenwerfer *m*; **~- defence, position (mil)** Igelstellung *f*; **~-hop** *itr aero* tief fliegen; **~-hopper** *aero* Tiefflieger, Heckenspringer *m*, Kleinflugzeug *n*; **~r** ['-ə] Heckenpflanzer, -beschneider, -stutzer; *fig* Drückeberger *m*; **~row** ['-rou] Hecke *f*; **~-sparrow** *orn* Braunelle *f*, Graukehlchen *n*.

hedon|ic [hi:'dɔnik] *scient* hedonisch; Lust-; **~ism** ['hi:dənizm] *psychol* Hedonismus *m*.

heed [hi:d] *tr (to give, to pay ~ to, to take ~ of)* achten, aufmerken, aufpassen auf, beachten; *itr* (gut) aufpassen, Obacht geben; *s* Aufmerksamkeit *f*; *to take no ~ of s.th.* etw nicht beachten; *to take ~ of s.o.* sich vor jdm in acht nehmen; **~ful** ['-ful] aufmerksam, sorgfältig, behutsam; **~fulness** ['-fulnis] Aufmerksamkeit, Behutsamkeit, Sorgfalt *f*; **~less** ['-lis] unaufmerksam; sorglos, leichtsinnig; **~lessly** ['-lisli] *adv* achtlos; **~lessness** ['-lisnis] Unachtsamkeit; Sorglosigkeit *f*.

hee-haw ['hi:'hɔ:] *s* Iah *(des Esels)*; wiehernde(s), schallende(s) Gelächter *n*; *itr (Esel)* iahen; schallend lachen.

heel [hi:l] **1.** *s* Ferse *f (a. des Strumpfes)*; *(Schuh)* Absatz *m*, *fam* Hacken; *allg* unterste(r) Teil *m*, hinterste(s) Ende *n*; Rest; *(Brot)* Anschnitt; *Am sl* Schuft *m*; *pl zoo* Hinterfüße *m pl*; *tr* mit Absätzen versehen; *(den Boden)* mit den Fersen berühren; Absätzen folgen *(s.o.* jdm); *Am sl* versehen mit *(bes. Geld)*; *itr* die Fersen *(beim Tanzen)* rhythmisch bewegen; *at, (up)on s.o.'s ~s* jdm auf den Fersen; *down at (the) ~* mit schief(gelaufen)en Absätzen; abgerissen, schäbig, heruntergekommen; *out at ~(s), out at the ~* mit Löchern in den Strümpfen; heruntergekommen, ärmlich; *to ~ (Hund)* bei Fuß; *under s.o.'s ~s (fig)* unter jds Füßen, Stiefeln; *head over ~s, ~s over head* kopfüber; Hals über Kopf; *to bring to ~* zum Gehorsam bringen, *fam* kleinkriegen; *to come on the ~s* dicht folgen *(of* auf); *to come to ~* klein beigeben; *to cool, to kick o.'s ~s (fam)* sich die Beine in den Leib stehen; warten müssen; *to kick up o.'s ~s* vor Freude tanzen; *to lay by the ~s* fesseln; einsperren; unterkriegen; *to show o.'s ~s, a clean pair of ~s, to take to o.'s ~s* das Weite suchen, Fersengeld zahlen, *to turn on o.'s ~(s)* sich auf dem Absatz umdrehen; **~ed** [-d] *a Am sl* gut fundiert, wohlhabend; bewaffnet; **~er** ['-ə] Schuhflicker; *Am sl pol* Mitläufer, *allg* Anhänger *m*; **~less** ['-lis] *a* ohne Absätze; **~-piece** Absatz; (Absatz-)Fleck *m*, Ecke *f*; **~-plate** Stoßplatte *f (am Absatz)*; **~-tap** Absatzfleck; Schnaps-, Likör-

heft [heft] *s Am fam* Gewicht *n*, Schwere *a. fig; Am fam* Bedeutung *f*, Einfluß; *Am fam* Schwere(r) Mann *m*; *dial* (An-)Heben *n*, Stoß *m; tr* anheben, um das Gewicht zu schätzen; *itr Am fam* wiegen; **~y** ['-i] schwer (zu heben); stämmig, stramm; *fig* gewichtig; *(Rechnung)* hoch.

hegemony [hi(:)'gemǝni, -dʒ-] Führung, Vorherrschaft, Hegemonie *f*.

heifer ['hefǝ] Färse *f; Am fam* hübsche(s) Mädchen *n*.

heigh [hei, hai] *interj* he! nun! **~-ho** ['hei'hou] *interj* ach! aha! so!

height [hait] Höhe *a. geog astr*; (Körper-)Größe *f*; Höhepunkt, höchste(r) Grad *m*, oberste Grenze *f*; *das* Höchste, *das* Äußerste; (An-)Höhe, Erhebung *f*; *at its ~* auf s-m, ihrem Höhepunkt; *he is six feet in ~* er ist 6 Fuß groß; *~ of drop, fall* Fallhöhe *f; ~ of fashion* neueste Mode *f; the ~ of folly der* Gipfel der Torheit; **~ difference** Höhenunterschied *m;* **~en** ['-n] *tr meist fig* erhöhen, verstärken; **~ indicator** Höhenmesser *m*.

heinous ['heinǝs] hassenswert, abscheulich; verrucht, schändlich; **~ness** ['-nis] Abscheulichkeit, Verruchtheit, Schändlichkeit *f*.

heir [ɛǝ] Erbe *m (to, of s.o.* jds) *a. fig; to appoint as o.'s ~* als Erben einsetzen; *to be ~ to s.th.* Erbe m e-r S sein; *to become s.o.'s ~* jdn beerben; *sole, universal ~* Alleinerbe *m;* **~ apparent** zukünftige(r) Erbe; Thronfolger *m;* **~-at-law** gesetzmäßige(r) Erbe *m;* **~dom** [ˈɛǝdǝm] Erbrecht *n*; Erbschaft *f;* **~ess** ['ɛǝris] Erbin *f;* **~less** ['ɛǝlis] *a* ohne Erben; **~loom** ['ɛǝluːm] Erbstück *n; ~ presumptive pl* mutmaßliche(r) Erbe *m*.

heist [haist] *s Am sl* bewaffnete(r) Raubüberfall *m; tr* rauben; **~er** ['-ǝ] Räuber *m*.

helical ['helikl], **~oid(al)** [heli'kɔid(l)] spiralig, schraubenförmig.

helicopter ['helikɔptǝ], *fam* **helic** ['helik] *s aero* Hubschrauber *m;* **~air-station, terminal** Hubschrauberlandeplatz, -Flughafen *m;* **~ist** [heli'kɔptǝrist] Hubschrauberpilot *m*.

helidrome ['helidroum], **heliport** ['helipɔːt] = *helicopter air-station*.

helio|centric [hiːlio(u)'sentrik] heliozentrisch; **~chrome, ~chromy** [ˈhiːlio(u)kroum(i)] Farb(en)photographie *f;* **~graph** ['hiːlio(u)graːf] *s* Heliograph, -stat, Spiegeltelegraph *m; tr* heliographieren; **~graphic** [hiːlio(u)'græfik] heliographisch; **~print** Lichtpause *f;* **~graphy** [hiːli'ɔgrǝfi] Heliographie *f;* Lichtdruckverfahren *n;* **~gravure** ['hiːlio(u)grǝ'vjuǝ] Lichtdruck *m*, Heliogravüre *f;* **~therapy** [hiːlio(u)'θerǝpi] *med* Lichtbehandlung *f;* **~trope** ['heljotroup] *bot min* Heliotrop *m*; Heliotropfarbe *f*, Purpurrot *n;* **~tropism** ['heljo(u)-trǝpizm] *biol* Lichtwendigkeit *f;* **~type** ['hiːlio(u)taip] Lichtdruck *m;* **~typy** ['hiːlio(u)taipi] Lichtdruckverfahren *n*.

helium ['hiːljǝm] *chem* Helium *n*.

helix ['hiːliks] *pl a.* **helices** ['helisiːz] Spirale; Schraubenlinie; *anat* Helix, Ohrleiste; *arch* Volute, Schnecke *f*.

hell [hel] *rel u. fig* Hölle *f; interj* verdammt (noch mal)! *like ~* verdammt, sehr; nicht im mindesten; *~ for leather* wie ein Wilder *od* Verrückter; *to be ~ on s.o. (Am sl)* die Hölle für jdn sein; *to catch, to get ~ (Am sl)* e-n tüchtigen Anschnauzer, e-e Strafe aufgebrummt kriegen; *to give s.o. ~* jdm die Hölle heiß machen; *to make s.o.'s life a ~* jdm das Leben zur Hölle machen; *to play ~ with s.o. (sl)* jdm übel mitspielen; *to raise ~ (sl)* Klamauk machen, Unruhe stiften; *he suffers ~ on earth* ihm ist das Leben zur Hölle geworden; *oh, ~!* verdammte Schweinerei! *go to ~!* scher dich zum Teufel! *what the ~ are you doing here?* was zum Teufel machen Sie denn hier? *gambling ~* Spielhölle *f; a ~ of a noise* ein Höllenlärm, ein Heidenspektakel *m;* **~bender** Riesensalamander *m; Am sl* Saufgelage *n*; Säufer, Randalierer *m;* **~bent** *a Am sl* versessen, erpicht *(on, for auf)*; verrückt *(on, for nach); to go ~ for* sich stürzen auf; **~cat** Zankteufel *m*, böse(s) Weib *n;* Draufgängerin *f;* **~fire** Höllen-, höllische(s) Feuer *n;* **~hound** Höllenhund *a. fig, fig* ekelhafte(r) Kerl *m;* **~ish** ['-iʃ] höllisch, teuflisch; *fam* entsetzlich; **~kite** Unmensch *m*.

he'll [hiːl] = *he will*.

hellebore ['helibɔː] *bot* Nieswurz *f*.

Hellen|e ['heliːn] *hist* Hellene, Grieche *m;* **~ic** [he'liːnik] hellenisch, griechisch; **~ism** ['helinizm] Hellenismus *m;* **~ist** ['-ist] Hellenist *m;* **~istic(al)** [heli'nistik(ǝl)] hellenistisch; **~ize** ['helinaiz] *tr* hellenisieren.

hello ['helou] *interj bes. Am für* hallo; **~-girl** *Am fam tele* Fräulein *n* vom Amt.

helm [helm] Steuer(rad, -ruder) *a. fig*; *fig* Ruder *n*; **~sman** ['-zmən] Steuermann *m*.

helmet ['helmit] Helm *m a. fig*; Maske *f (beim Fechten)*; *crash* ~Sturzhelm *m*; **~ed** ['-id] *a* behelmt; helmförmig.

help [help] *tr* helfen, behilflich sein *(s.o.* jdm); unterstützen; verhelfen *(to* zu); dienlich, zuträglich, förderlich sein *(s.th.* e-r S); fördern; bedienen; *itr* helfen, behilflich, dienlich, nützlich sein; *(Kellner)* bedienen; *s* Hilfe, Unterstützung; Abhilfe, Erleichterung; Bedienung *f*; (Halbtags-)Hilfe *f* im Haushalt; Arbeiter *m*; Personal *n*; *to ~ out* aushelfen *(s.o.* jdm); *to ~ s.o. on, off with o.'s coat* jdm in den, aus dem Mantel helfen; *I can't ~ it* ich kann nichts dafür; ich kann nichts daran ändern; *can I ~ you?* womit kann ich Ihnen dienen? was wünschen Sie? *I can't ~ smiling* ich muß lächeln; *that can't be ~ed* das läßt sich nicht ändern; es geht nicht anders; *~ yourself!* bedienen Sie sich! langen Sie zu! *so ~ me God!* so wahr mir Gott helfe! *~ wanted (Zeitung)* Stellenangebot *n*; **~er** ['-ə] Helfer *m (Person)*; Hilfe *f (Sache)*; **~ful** ['-ful] behilflich, hilfreich; dienlich, nützlich; **~fulness** ['-fulnis] Behilflichkeit; Dienlichkeit *f*; **~ing** ['-iŋ] *a* hilfreich; *s* Hilfe(leistung), Unterstützung; Portion *f*, *fam* Schlag *m (Essen)*; **~less** ['-lis] hilflos; auf sich selbst angewiesen *od* gestellt; von keinem Nutzen; **~lessness** ['-lisnis] Hilflosigkeit *f*; **~mate, ~meet** Gehilfe *m*, Gehilfin *f*; Gatte *m*, Gattin *f*; **~yourself** *a* Selbstbedienungs-.

helter-skelter ['heltə'skeltə] *adv* holterdiepolter, durcheinander; Hals über Kopf; *a* stürmisch; wirr; *s* (wüstes) Durcheinander *n*.

helve [helv] Griff, Stiel *m (bes.* e-r *Axt)*; *to throw the ~ after the hatchet* alles dransetzen; das Kind mit dem Bad ausschütten.

Helvetian [hel'vi:ʃjən] *a* schweizerisch; *s* Schweizer(in *f*) *m*; **~ic** [hel'vetik] schweizerisch.

hem 1. [hem] *s* Saum *a. allg*; *allg* Rand *m*; *tech* Stoßkante *f*; *tr* säumen; umgeben; *to ~ in, (a)round,* about einschließen, einengen; einzwängen; **~-line** *(Damen-)* Rocklänge *f*; **~stitch** *s* Hohlsaum *m*; *tr* mit einem Hohlsaum versehen; **2.** [mm, hm] *interj* hm! *itr* sich räuspern; *(beim Sprechen)* e-e Pause machen, zögern; *to ~ and haw* stottern.

hem|al, ~atite, ~oglobin, ~ophilia, ~orrhage, ~orrhoids, ~ostatic *s. haem.*

hemi|cycle ['hemisaikl] Halbkreis *m*; **~sphere** ['hemisfiə] *(bes.* Erd-, Himmels-)Halbkugel, Hemisphäre; *anat* Gehirnhemisphäre *f*; *fig* Fach, Gebiet *n*; **~spheric(al)** [hemi'sferik(əl)] halbkugelförmig.

hemlock ['hemlɔk] *bot* Schierling *m*; Schierlingsgift *n*, *lit* -becher *m*; Schierlings-, Kanadische Hemlocktanne *f*.

hemp [hemp] Hanf; *fig* Strand *m*; **~en** ['-ən] hanfen, hänfen, aus Hanf, Hanf-.

hen [hen] *s* Henne *f*, Huhn; *(bes. Vogel-)* Weibchen *n*; *itr Am sl* klatschen; *like a ~ with one chicken* überbesorgt; **~bane** Bilsenkraut(gift) *n*; **~-coop** Hühnerkäfig, kleine(r) Hühnerstall *m*; *Am sl* Studentinnenheim *n*; **~-harrier** *orn* Kornweih *m*; **~-house** Hühnerstall *m*; **~ry** ['-əri] Hühnerstall, -hof *m*; **~-party** *fam* Damengesellschaft *f*, Kaffeekränzchen *n*, *pej* -klatsch *m*; **~peck** *tr (Frau ihren Mann)* unter dem Pantoffel haben; *to be ~ed* unter dem Pantoffel stehen; *a ~ed husband* ein Pantoffelheld *m*; **~-roost** Hühnerstange *f*, -wiemen *m*.

hence [hens] *adv obs* von hier, weg, fort; von jetzt, nun an, *poet* hinfort; hieraus; folglich, deshalb; *a year ~* übers Jahr, in einem Jahr; **~forth** ['-'fɔ:θ], **~forward** ['-'fɔ:wəd] *adv* hinfort, nunmehr, in Zukunft.

henchman ['hen(t)ʃmən] *hist* Knappe, Page; *pol* Gefolgsmann, Anhänger, Helfershelfer *m*.

henna ['henə] *bot* Hennastrauch *m*; Henna *f (Haarfärbemittel)*.

hep [hep] **1.** *interj mil* links *(zur Schrittmarkierung)*; **2.** *a Am sl*: *to be ~ to* im Bilde sein, Bescheid wissen über; **~-cat, ~ster** ['-stə] Jazzkenner, -begeisterter; junge(r) Mann *m* auf Draht.

hepatic [hi'pætik] *a scient* Leber-; **~ica** [-ə] *bot* Leberblümchen *n*; **~itis** [hepə'taitis] Leberentzündung *f*.

hepta|chord ['heptəkɔ:d] *mus* große Septime *f*, Heptachord *m od n*; **~gon** ['heptəgən] Siebeneck *n*; **~gonal** [hep'tægənl] siebeneckig; **~hedral** ['heptə'hedrəl] siebenflächig; **~hedron** ['heptə'hedrən] Heptaeder *n*.

her [hə:] *prn* sie *acc sing*; ihr *dat*, ihr(e).

herald ['herəld] *s* Herold; *fig* (Vor-)Bote *m*; *tr* ankündigen, verkünden; *to ~ in* einführen; *a ~ of spring* ein Frühlingsbote *m*; **~ic** [he'rældik] heraldisch, Wappen-; **~ry** ['herəldri] Heraldik, Wappenkunde *f*.

herb [hə:b] (einjährige) Pflanze *f*; (Heil-, wohlriechendes) Kraut *n*; **~aceous** [hə:'beiʃəs] Kräuter-, Pflanzen-; bepflanzt; **~age** ['hə:bidʒ] Kräuter *n pl*, Grün *n*; Weide(recht *n*); **~al** ['hə:bəl] *a* Pflanzen-, Kräuter-; *s* Kräuterbuch *n*; **~alist** ['hə:bəlist] Botaniker; Pflanzensammler; Kräuterhändler *m*; **~arium** [hə:'bɛəriəm] Herbarium *n*; **~ivorous** [hə:'bivərəs] *zoo* pflanzenfressend; **~y** ['-i] grasig.

Herculean [hə:kju'li:ən, *Am* -'kju:ljən] herkulisch, riesenstark; ungeheuer; *(Arbeit)* schwer zu vollbringen(d).

herd [hə:d] *s* (Vieh-, Elefanten-)Herde *f*, Rudel *n*; Hirte *m*; *fig pej* (Menschen-)Herde, breite Masse, Menge *f*, Haufen *m*; *tr (Vieh)* hüten, weiden; (hinein-)treiben *(into* in); *itr bes. fig* e-e Herde bilden, in e-m Haufen gehen; *to ~ together* sich zs.rotten; sich zs.tun *(with* mit); *the common, vulgar ~* die große Masse; **~-book** *agr* Herdenzuchtliste *f*; **~ instinct** *psychol* Herdentrieb *m*; **~sman** [':dzmən] Hirt *m*.

here [hiə] *adv* hier(her); her; *(zeitl.)* an dieser Stelle, jetzt, nun; *interj* hier! *s das Hier, das Jetzt; dieses Leben*; *~ below* hienieden; *~ and there* hier(hin) und dort(hin); hie u. da; *~, there and everywhere* vielerorts; *neither ~ nor there* nebensächlich, unwichtig, unbedeutend; *come ~!* komm her! *look ~!* sieh, schau mal (her)! hör zu! *~ he comes!* da kommt er (ja)! *~ you are!* da haben Sie es! *~ goes!* auf! *~'s to...!* auf das Wohl *gen!* **~-about(s)** ['hiərəbaut(s)] *adv* hier herum; **~after** [hiər'ɑ:ftə] *adv* h(i)ernach, von jetzt an, nachher, später, in Zukunft; *s die Zukunft; das künftige Leben*; *~ below* auf Erden; **~by** ['hiə'bai] *adv* hierdurch; -mit; *obs* dicht dabei; **~in** ['hiər'in] *adv* hierin; **~inafter, ~inbefore** ['hiərin'ɑ:ftə, -bi'fɔ:] *adv* vor-, nachstehend; **~of** [hiər'ɔv] *adv* hiervon; **~on** = *~upon*; **~to** [hiə'tu:] *adv obs* hierzu; **~tofore** ['hiətu'fɔ:] *adv* zuvor, bisher; **~under** [hiər'ʌndə] *adv* weiter unten *(im Buch)*; **~unto** ['hiərʌn'tu:] *adv* hierzu; **~upon** ['hiərə'pɔn] *adv* hierauf; **~with** [hiə'wið] *adv* hiermit.

heredit|ariness [hi'reditərinis] Erblichkeit *f*; **~ary** [-əri] (ver)erblich; Erb-; *fig* überkommen; **~~ aristocracy** Erbadel *m*; **~~ disease** Erbkrankheit *f*; **~~ lease** Erbpacht *f*; **~~ monarchy** Erbmonarchie *f*; **~y** [hi'rediti] Erblichkeit *f a. biol*; **~~ mass** *f*, -masse *f*.

here|sy ['herəsi] *rel* Ketzerei, Irrlehre, Häresie *f*; **~tic** ['herətik] Ketzer, Häretiker *m*; **~tic(al)** [hi'retik(əl)] ketzerisch, häretisch.

herit|able ['heritəbl] erblich; erbfähig; **~age** ['heritidʒ] Erbschaft *f*, -gut, Erbe; Erbrecht *n*.

hermaphrodit|e [hə:'mæfrədait] Zwitter *m a. bot*.

hermetic(al) [hə:'metik(əl)] hermetisch (abgeschlossen); luftdicht.

hermit ['hə:mit] Einsiedler, Klausner, Eremit *m*; **~age** [-idʒ] Einsiedelei, Klause *f*; **~ crab** Einsiedlerkrebs *m*.

herni|a ['hə:njə] (Eingeweide-)Bruch *m*; **~al** ['-l] *a* Bruch-; **~otomy** [hə:ni'ɔtəmi] Bruchoperation *f*.

hero ['hiərou] *pl* **-es** Held (*a. e-r Dichtung*); *(Mythologie)* Heros, Heroe *m*; **~ic(al)** [hi'ro(u)ik(əl)] *a* heldisch, heroisch; heldenhaft, -mütig; hochtrabend; *s pl* große Worte *n pl*, hohle(s) Pathos *n*; **~ic age** Heldenzeitalter *n*; **~ic couplet** heroische(s) Reimpaar *n*; **~ic tenor** Heldentenor *m*; **~in** ['hero(u)in] *med* Heroin *n*; **~ine** ['hero(u)in] Heldin *f* *(a. e-r Dichtung)*; **~ism** ['hero(u)izm] Heldenhaftigkeit *f*, -mut, Heroismus *m*; Heldentat *f*; **~-worship** Heldenverehrung *f*.

heron ['herən] *orn* Reiher *m*; **~ry** ['-ri] Reiherstand *m*, -kolonie *f*.

herpes ['hə:pi:z] *med* (Bläschen-)Flechte *f*.

herring ['heriŋ] *pl* **~(s)** Hering *m*; *packed as close as ~s* wie eingepfercht; *kippered ~* Stockfisch *m*; *red ~* Bückling *m*; *fig* Ablenkungsmanöver *n*; *neither fish, nor flesh, nor good red ~* *(fig)* weder Fisch noch Fleisch; **~-bone** *(~ pattern)* Fischgrätenmuster *n*; *(~ stitch)* (Stickerei) Grätenstich *m*; *arch* Zickzackband *n*; *the ~-pond hum* der große Teich, der (Nord-)Atlantik.

hers [hə:z] der, die, das ihre, ihrige; *a friend of ~* e-r ihrer Freunde, ein Freund von ihr; *the book is ~* das Buch gehört ihr.

herself [hə:'self] *prn* sie *sing* (...)selbst, ihr selbst; *(sie)* sich (selbst); *(all) by ~* allein; ohne Hilfe; *she's not ~ today* sie ist heute nicht wie sonst.

hesit|ance, -cy ['hezitəns(i)] Zögern, Schwanken *n*, Unentschlossenheit, Unschlüssigkeit *f*; **~ant** ['-ənt] zögernd, schwankend, unentschlossen, unschlüssig; **~ate** ['heziteit] *itr* stocken, zaudern, zögern *(about doing, to do* zu tun); schwanken; unsicher, unentschlossen, unschlüssig sein; Bedenken tragen *od* haben *(about, over* wegen); stammeln, stottern; **~atingly** ['-eitiŋli] *adv* (nur) zögernd; unschlüssig; **~ation** [hezi'teiʃən] Unschlüssigkeit, Unentschlossenheit, Unsicherheit *f*; Schwanken, Zögern; Bedenken *n*; Zurückhaltung *f*; Stocken; Stammeln *n*; *without a moment's ~~* ohne e-n Augenblick zu zögern; *to have no ~~* keine Bedenken tragen *(in bei)*.

Hess|e ['hesi] Hessen *n*; **~ian** ['-iən] *a* hessisch; *s* Hesse *m*, Hessin *f*; **~~ boots** *(pl)* Schaftstiefel *m pl*.

hetero|clite ['hetərə(u)klait] *a* (von der Norm) abweichend, anomal; *s gram* unregelmäßige(s) Hauptwort *n*; **~clitical** [hetərə(u)'klitikəl] abweichend; **~dox** ['hetərədɔks] *rel* andersgläubig; ketzerisch; **~doxy** ['hetərədɔksi] *rel* Irrglaube *m*, Ketzerei *f*; **~dyne** ['hetərədain] *a radio* Überlagerungs-; *tr* überlagern *(between mit)*; **~geneity** [hetərə(u)dʒi'ni:iti] Anders-, Ungleichartigkeit; Verschiedenartigkeit *f*; **~geneous** ['hetərə(u)'dʒi:njəs] anders-, ungleich-, fremdartig; uneinheitlich, heterogen.

het-up ['hetʌp] *a fam* aufge-, erregt; überarbeitet.

hew [hju:] *pp a.* hewn *tr* zerhauen, -hacken, -schneiden; hauen, schlagen; *(to ~ out)* behauen; *(to ~ down) (Baum)* fällen; *to ~ asunder, to pieces* in Stücke schlagen; *to ~ away, to ~ off* abhauen, -hacken; *to ~ up* spalten; *to o.'s way* sich e-n Weg bahnen; **~er** ['-ə] (Holz-)Hauer; *min* Häuer *m*.

hex [heks] *s Am sl* Hexe *f*, Zauberer *m*; *fam* Unglücksmensch *m*, -ding *n*; *tr* behexen; Unglück bringen *(s.o.* jdm).

hexa|chord ['heksəkɔ:d] *mus* große Sexte *f*, Hexachord *m*; **~gon** ['heksəgən] Sechseck *n*; **~gonal** [hek'sægənl] sechseckig; **~gram** ['heksəgræm] Hexagramm *n*, Davidstern *m*; **~hedral** [heksə'hedrəl] sechsflächig; **~hedron** ['heksə'hedrən] Sechsflach *n*; **~meter** [hek'sæmitə] Hexameter *m*.

hey [hei] *interj* hei! hallo!

heyday ['heidei] *s (zeitl.)* Höhepunkt, Gipfel *m*, Glanzzeit, Jugendkraft *f*; *in his ~* in der Blüte s-s Lebens; *in the ~ of youth* in der Vollkraft der Jugend.

hi [hai] *interj fam* hallo! (guten) Tag! wie geht's? he(da)!

hiatus [hai'eitəs] Lücke *f*, Zwischenraum; *gram* Hiatus *m*.

hibern|al [hai'bə:nl] *a* Winter-; **~ate** ['haibə:neit] *itr* überwintern; Winterschlaf halten; *fig* e-e Pause einlegen *od* machen; faulenzen; **~ation** [haibə:'neiʃən] Überwinterung *f*; Winterschlaf *m*.

hibiscus [hi'biskəs] *bot* Eibisch *m*.

hiccup, hiccough ['hikʌp] *s* Schluckauf *m*, Schlucken *n*; *itr* den Schluckauf haben.

hick [hik] *s Am sl pej* (Bauern-)Tölpel, Simpel, Tolpatsch *m*; *a* tölpelhaft; **~ town** Provinzstadt *f*, *fam* Nest *n*.

hickey ['hiki] *Am* Kniff, Pfiff; *el* Lampenträger *m*, -fassung *f*; *sl* Pickel *m*.

hickory ['hikəri] Hickory(holz *n*) *m (Baum)*; *(~nut)* Hickorynuß *f*.

hide [haid] **1.** *irr* hid [hid], hidden ['hidn] *od* hid *tr* verstecken, verbergen *(from* vor); verhüllen, verdecken; verheimlichen, geheimhalten *(from* vor); beiseite schaffen; *itr* verborgen, unsichtbar sein; sich verbergen, sich verstecken; *s* Versteck *n (des Jägers)*; **~-and-(go)-seek** Versteckspiel *n*, *to play at ~~* Versteck spielen; **~-away** *Am fam* Unterschlupf *m*; Kleinstadt *f*; kleine(s) Lokal *n*; **~-out** *s fam* Versteck *n*, Schlupfwinkel, Unterschlupf *m*; **hiding** ['-iŋ] Verstecken *n*; Verborgenheit *f*; *(~-place)* Versteck *n*, Schlupfwinkel *m*; *to be in ~* sich versteckt halten; **2.** *s* Haut *f*, Fell *n*; *hum pej* Fell *(e-s Menschen)*; *Am sl* Rennpferd *n*; *pl Am sl* (Jazz-)Trommel *f*; *tr* häuten, das Fell abziehen *(a cow* e-r Kuh); *(to tan the ~ of) fam* verdreschen, verwalken, durchbleuen; *neither ~ nor hair* gar nichts; *to have a thick ~ (fig fam)* ein dickes Fell haben; **~-bound** *a* mit straffer Haut; *(Baum)* mit praller Rinde; *fig* stockkonservativ, engstirnig, engherzig, stur; **hiding** ['-iŋ] *s fam* Dresche, Wichse, Tracht *f* Prügel; **3.** Hufe *f*.

hideous ['hidiəs] scheußlich, gräßlich; abstoßend, abscheulich, widrig.

hie [hai] *p pr* ~ing *u.* hying *itr poet* eilen, *hum* schnell machen.

hierarch ['haiərɑ:k] Hohe(r)priester; Erzbischof *m*; **~ic(al)** [haiə'rɑ:kik(əl)] hierarchisch; **~y** ['haiərɑ:ki] Hierarchie; Priesterherrschaft *f*, Kirchenregiment *n*; Klerus *m*; Rangordnung *f*.

hieroglyph ['haiərəglif] Hieroglyphe *f*; **~ic** ['-'glifik] *a* Hieroglyphen-; *s* Hieroglyphe *f a. fig*.

hi-fi ['hai'fai] Hifi-; Plattenspieler *m* mit tongetreuer Wiedergabe.

higgle ['higl] *itr* feilschen *(over* um, über).

higgledy-piggledy ['higldi'pigldi] *adv* drunter und drüber, durcheinander; *a* verwirrt, kunterbunt; *s* Durcheinander *n*, Verwirrung, Konfusion *f*.

high [hai] *a* hoch; *fig* hoch, erhaben *(above* über); *(Ton)* hoch, schrill, scharf; *fig* hochgestellt, -stehend; hervor-,

high altar   465   **high-pressure**

überragend; überlegen; ausgezeichnet, bedeutend; vornehm, edel; groß, mächtig, gewaltig; intensiv; *(Wind)* stark; *(Worte)* heftig; *pol* extrem; *(Fleisch)* leicht angegangen; kostspielig, teuer; luxuriös, üppig, extravagant; hochfahrend, anmaßend, stolz; unbeugsam, unnachgiebig; ärgerlich, wütend; schwer, ernst; hochgestimmt, froh(gemut), heiter; *(Gesichtsfarbe)* rot, frisch; *sl* (ange)heiter(t), schicker, blau, besoffen, duhn; *adv* hoch, stark, sehr; in hohem Maße; *s* Höhe *f*, Hoch-, Höchststand *m*; Höchstziffer *f*, Maximum *n*, Rekord(höhe *f*) *m*; *mete* Hoch (-druckgebiet) *n*; *mot* größte(r) Gang *m*; *from (on)* ~ vom Himmel; *in* ~ *favo(u)r* in hoher Gunst; *in* ~ *spirits* in guter Laune, gutgelaunt; *on* ~ hoch oben; im Himmel; *on the* ~ *ropes (fam)* in Stimmung; in Fahrt; *with a* ~ *hand* hochfahrend, anmaßend, überheblich; ~ *and dry (mar)* gestrandet; auf dem Trockenen; *fig* hilflos, sich selbst überlassen; ~ *and low* überall; weit u. breit; *to fly* ~ hochfliegende Pläne haben; *to play* ~ um e-n hohen Einsatz spielen; *to ride the* ~ *horse, to be on o.'s* ~ *horse (fig)* auf dem hohen Roß sitzen; *to run* ~ *(mar)* hochgehen; *it is* ~ *time* es ist hohe Zeit; *the Most H~* der Allerhöchste, Gott *m*; ~ *and mighty (fam)* hochnäsig, übermütig; ~ **altar** Hochaltar *m*; **~-altitude**: ~~ **nausea** Höhenkrankheit *f*; **-ball** *s Am* Schnellzug, *fam* Whisky *m* (mit) Soda; *itr sl* aufdrehen, Gas geben, rasch fahren; **-binder** *Am sl* Rowdy, Gangster, Ganove *m*; **~-blown** *a* aufgeblasen; **~-born** *a* von hoher Geburt, von hohem Stande; **-boy** *Am* Aufsatzkommode *f*; **~-bred** *a* von hoher Herkunft; vornehm erzogen; **-brow** ['-brau] *s sl* Intellektuelle(r), Bildungsprotz *m*; *a* intellektuell, voller Bildungsdünkel; **H~ Chancellor** Großkanzler *m*; **H~ Church** (anglikanische) Hochkirche *f*; **H~-Church** *a* hochkirchlich; **~-class** erstklassig, hervorragend; **~-colo(u)red** *a* von leuchtender Farbe, in lebhaften Farben; gerötet; blühend; lebhaft; übertrieben, gefärbt; ~ **comedy** *theat* Konversationsstück *n*; **H~ Command** *mil* Oberkommando *n*; **H~ Court (of Justice)** Hohe(r) Gerichtshof *m*; **~-day** Feier-, Fest-, Freudentag *m*; **~-diving** *sport* Turmspringen *n*; **~-duty** Hochleistungs-, Qualitäts-; **-er**: ~~ *education* Hochschulbildung *f*; ~~ *mathematics* höhere Mathematik *f*; ~~-up *(Am fam)* Höhergestellte(r) *m*;

~-explosive hochexplosiv, brisant; ~ **falutin**, *Am a.* ~~g [fə'lu:tin, -ŋ] *fam* geschwollen, bombastisch, hochtrabend; **~-fed** *a* wohlgenährt; **~-fidelity** *attr radio (Wiedergabe)* von höchster Tontreue; **~-finished** *a* in vollendeter Bearbeitung; **~-flavo(u)red** *a* stark gewürzt, von feinem Geschmack; **~-flown** *a* hochfliegend, -trabend, überschwenglich; **~-flyer** ehrgeizige(r) Mensch *m*; **~-flying** hochfliegend, ehrgeizig; **~-frequency** *el* Hochfrequenz *f*; **H~-German** Hoch-, Schriftdeutsch *n*; ~ **gloss** Hochglanz *m*; **~-grade** *a* hochwertig, erstklassig; *tr Am sl* klauen; ~ **hand** Willkür (-maßnahmen *f pl*) *f*; **~-handed** *a* anmaßend; willkürlich, gewaltsam; ~ **hat** Zylinder *m*; *Am sl* Snob, eingebildete(r) Mensch *m*; **~-hat** *a Am sl* elegant; stutzer-, geckenhaft; snobistisch; *s* Geck, Snob *m*; *tr* von oben herab behandeln; ~ **jinks** *pl sl* Ausgelassenheit *f*; **~-jump** *sport* Hochsprung *m*; **-land** Hochland *n*; *the H~s* das Schottische Hochland; **-lander** ['-ləndə] Hochlandbewohner *m*; *H~* *(schottischer)* Hochländer *m*; **-level**: ~~ *bombing (aero)* Bombardierung *f* aus großer Höhe; ~~ *railway* Hochbahn *f*; ~ **life** (Leben *n*, Lebensart der) vornehme(n) Welt, höhere(n) Gesellschaft *f*; **~-light** hellste Stelle *f*, Glanzlicht *n*; *fig* Glanz-, Höhepunkt *m*; **-light** *tr* Glanzlichter aufsetzen (*s.th.* e-r S); *fig* (stark) hervorheben, herausstellen, krönen; **~-ly** ['-li] *adv* in hohem Maße, stark, sehr, äußerst; hoch *(im Rang)*; ehrenhaft, günstig; hoch; teuer; *to speak ~~ of s.o.* von jdm in den höchsten Tönen reden; *to think ~~ of s.o.* große Stücke auf jdn halten; **H~ Mass** *rel* Hochamt *n*; **~-minded** *a* ideal (gesinnt), edel, hochherzig; **~-mindedness** ideale Gesinnung *f*, Edelmut *m*, Hochherzigkeit *f*; ~ **muck-a-muck** *Am fam* wichtige, hochstehende Persönlichkeit *f*; **~-necked** *a (Kleid)* hochgeschlossen; **-ness** ['-nis] Höhe, Erhabenheit; Vornehmheit; Größe; Stärke *f*; *H~* Hoheit *f (Anrede)*; **~-pitched** *a (Ton)* hoch, schrill; *(Dach)* steil; *fig* erhaben, gehoben, exaltiert; **~-power** Hochleistungs-; ~~ *station* Großkraftwerk *n*; **~-powered** *a* sehr mächtig; ~ **pressure** Hochdruck *m*; **~-pressure** *tr fig* bearbeiten (*s.o.* jdn); *a* energisch, selbstbewußt, willensstark, konzentriert, zielbewußt; gezielt; ~~ *aera* Hochdruckgebiet *n*;

high-priced 466 **hinge joint**

~~ *tire* Hochdruckreifen *m*; ~~**priced** *a* teuer, kostspielig; ~ **priest** Hohe(r)priester *m*; ~~**proof** *Am* stark alkoholisch; ~ **relief** *(Kunst)* Hochrelief *n*; ~ **road** Hauptverkehrsstraße *f*; *fig* sicherste(r) Weg *m*; ~ **roller** *Am sl* Verschwender, Spieler *m*; ~ **school** *Am* höhere Schule *f*; ~ **seas** *pl* hohe See *f*; *attr* Hochsee-; ~~ *fleet* Hochseeflotte *f*; ~~**seasoned** *a* scharf gewürzt; *fig (Witz)* gesalzen; ~~**sounding** hochtönend, -trabend, überheblich; ~~**speed** von hoher, großer Geschwindigkeit; schnell(laufend); ~~**spirited** *a* edel, stolz; (wage)mutig; ~ **spirits** *pl* gehobene Stimmung *f*; ~ **spot** *Am* Hauptpunkt *m*, -sache *f*; *to hit, to touch the* ~*s (rail)* nur auf den Hauptstationen halten; *fig (in der Rede)* nur die Hauptpunkte berühren; ~~**stepping** hochtrabend; ~~**strung** *a* überempfindlich, nervös, reizbar; ~~**tail** *Am sl itr* sich schleunigst aus dem Staub machen; *tr mot* dicht fahren hinter; ~ **tea** (Fünfuhr-)Tee *m* mit Imbiß; ~ **tension** *el* Hochspannung *f*; ~~ *circuit, current* Hochspannungsleitung *f*, Starkstrom *m*; ~~**tested** *a* streng geprüft; ~ **tide** Fluthöhe, -eintrittszeit; Flut *f*; *fig* Höhe-, Wendepunkt *m*; ~ **time** hohe, höchste Zeit; schöne, herrliche Zeit *f*; *to have a* ~~ sich glänzend unterhalten *(at bei)*; ~~**toned** *a mus* hoch; *fig* hochstehend, erhaben, würdig; *Am fam* schick, elegant, modisch; *Am fam* prächtig, großartig; ~ **treason** Hochverrat *m*; ~~**up** hoch(gestellt); ~ **voltage** *el* Hochspannung *f*; ~~ *line* Hochspannungsleitung *f*; ~ **water** Hochwasser *n*; ~~ **mark** Hochwasserstand; *fig* Höchststand *m*; ~**way** Landstraße; Haupt(durchgangs)straße *f*; *fig* direkte(r) Weg *m*; ~~ *code* Straßenverkehrsordnung *f*; ~~*s department* Straßenbauamt *n*; ~~*man* Straßenräuber *m*; ~ *robbery* Straßenraub *m*; ~~ *surveyor* Wegemeister *m*.

hijack, *a.* **highjack** ['haidʒæk] *Am tr (Transportgut, bes. geschmuggelte Güter)* rauben; *(bes. Schmuggler)* berauben; **-er** ['-ə] (bewaffneter) Straßenräuber *m*.

hik|e [haik] *s fam* Fußtour, Wanderung *f*; *itr* wandern, e-e (Fuß-)Tour machen; *(Preise) Am* steigen; *tr fam* (hoch)ziehen; **-er** ['-ə] Wanderer *m*; **-ing** ['-iŋ] Wandern *n*.

hilari|ous [hi'lɛəriəs] fröhlich, lustig, vergnügt, heiter; **-ty** [hi'læriti] Lustigkeit, Fröhlichkeit, Vergnügtheit *f*.

Hilary term ['hiləri'tə:m] *jur* im Januar beginnende(r) Termin; *(Schule)* zweite Hälfte *f* des Wintersemesters.

hill [hil] *s* Hügel, Berg *m*, (An-)Höhe *f*; Haufen *m*; *tr* mit Erde umgeben; *agr (Kartoffeln)* häufeln; *up* ~ *and down dale* über Berg u. Tal; *ant-, mole-, dung-*~ Ameisen-, Maulwurfs-, Misthaufen *m*; **-billy** ['-bili] *s Am fam* Hinterwäldler *m*; *a* hinterwäldlerisch; rückständig; **-climbing:** ~ **ability** Steigfähigkeit, Bergfreudigkeit *f*; ~~ **contest** *(mot)* Bergrennen *n*; ~~**iness** ['-inis] Hüg(e)ligkeit *f*; **-ock** ['-ok] (kleiner) Hügel *m*; **-side** (Berg-, Ab-)Hang *m*; ~~ *up-current* Hangwind *m*; ~ **top** Berggipfel *m*, -spitze *f*; **-y** ['-i] hüg(e)lig, bergig.

hilt [hilt] Griff *m*, Heft *n* *(e-r Hieb- u. Stichwaffe)*; *(up) to the* ~ bis an den Hals, (voll und) ganz, völlig, durch und durch.

him [him] *prn* ihn, ihm; dem(-), denjenigen *(who welcher)*; sich; *that's* ~ *(fam)* das ist er; **-self** ['-self] (er) selbst; sich (selbst); *(all) by* ~ (ganz) allein, ohne (fremde) Hilfe; *of* ~~ von selbst; *he is quite beside* ~ er ist ganz außer sich.

hind [haind] **1.** Hindin, Hirschkuh *f*; **2.** *(Nordengland u. Schottland)* Landarbeiter; Kleinbauer *m*; **3.** *a* hinter; Hinter-; **-brain** *anat* Kleinhirn *n*; **-leg** Hinterbein *n*; **-most** ['-moust] hinterst, letzt; **-quarters** *pl* Hinterviertel, -teil, Gesäß *n*; *(Pferd)* Hinterhand *f*; **-sight** späte Einsicht *f*; *mil* Visier *n*; *foresight is better than* ~~ Vorsicht ist besser als Nachsicht; **-wheel** Hinterrad *n*.

hinder ['hində] *tr* verhindern, verhüten; hemmen, aufhalten; hindern *(from an)*; *itr* im Wege sein.

Hind|i ['hin'di:] Hindi *n (Sprache)*; **-u, -oo** ['-'du:] *s* Hindu; Inder *m*; *a* hinduistisch; indisch; **-uism** ['hindu(:)izm] *rel* Hinduismus *m*; **-ustani** [hindu'stɑ:ni] Hindustani *n*.

hindrance ['hindrəns] Behinderung *f*; Hemmnis, Hindernis *n (to* für*)*.

hinge [hindʒ] *s* (Tür-)Angel *f*; Scharnier; Gelenk *n*; *fig* Angelpunkt *m*; Hauptsache *f*; *tr* mit e-m Scharnier versehen *od* befestigen; drehbar aufhängen; *itr* schwingen an; *fig* abhängen *(on, upon* von*)*; sich drehen *(on, upon* um*)*, abhängen *(on, upon* von*)*; *off the* ~*s (fig)* aus den Fugen; aus dem Häuschen; **-d** [-d] *a* drehbar; umlegbar; ~~ *lid* Klappdeckel *m*; ~ **joint** Scharnier(gelenk) *n*.

hinny ['hini] **1.** s Maulesel m; **2.** itr wiehern.

hint [hint] s Hinweis, Wink, Fingerzeig m; Andeutung, Anspielung f (at auf); tr andeuten, anspielen auf, zu verstehen geben; itr Andeutungen, Anspielungen machen (at auf); to drop a ~ e-e Bemerkung fallenlassen; to take a ~ es sich gesagt sein lassen; a broad ~ ein Wink mit dem Zaunpfahl.

hinterland ['hintəlænd] Hinterland n.

hip [hip] **1.** anat Hüfte f; Gratabfall m (des Walmdaches); (up)on the ~ in ungünstiger Lage, im Nachteil; ~ and thigh erbarmungslos; ~~bath Sitzbad n; ~~bone Hüftbein n; ~~disease Hüftgelenksentzündung f; ~~joint Hüftgelenk n; ~~pocket Gesäßtasche f; ~~roof Walmdach n; ~~shot a hüft-, fig lendenlahm; s Hüftverrenkung f; **2.** Hagebutte f; **3.** s Schwermut f, Trübsinn m, Melancholie f; tr trübsinnig machen; to be ~ dagegen sein; den Ohne-mich-Standpunkt vertreten; ~ped [-t] a schwermütig, trübsinnig, melancholisch; beleidigt; Am sl versessen (on auf), verrückt (on nach); ~pish ['-iʃ] etwas schwermütig, ~py ['-i] Am sl Beatnik m; ~ster ['-ə] krasse(r) Individualist m; **4.** interj: ~, ~, hurrah! hipp, hipp, hurra!

hippo|drome ['hipədroum] Hippodrom n; ~griff, ~gryph ['hipəgrif] Pegasus m; ~potamus [hipə'pɔtəməs] pl a. -mi [-ai] Fluß-, Nilpferd n.

hircine ['hə:sain] bocksartig; (wie ein Bock) stinkend.

hire ['haiə] s Miete f, Mietpreis; (Arbeits-)Lohn m; mar Heuer f; Mieten n; tr mieten; (gegen Gebühr) leihen; engagieren, ein-, anstellen; mar heuern; Am (Geld) leihen; to ~ out vermieten; o.s. sich verdingen; for ~ zu vermieten; (Taxi) frei; for, on ~ zu vermieten(d); mietweise; to let on ~ vermieten; to hire on ~ mieten; ~ling ['-liŋ] s Mietling m; a feil; gedungen; ~~purchase Ratenkauf m, Abzahlungsgeschäft n; by ~~ auf Raten, auf Abzahlung; ~~ agreement, price Mietkaufvertrag, -preis m; ~~ system Raten-, Abzahlungssystem n.

hirsute ['hə:sju:t] zott(el)ig, struwwelig, struppig, haarig, rauh.

his [hiz] prn sein(e, r); der, die, das seine, seinige; a friend of ~ e-r s-r Freunde, ein Freund von ihm; the book is ~ das Buch gehört ihm.

hispid ['hispid] zoo bot borstig, struppig, rauh.

hiss [his] itr zischen; tr (to ~ away, down, off) auszischen, -pfeifen; s Zischen, Gezisch n; gram Zischlaut m; ~ing ['-iŋ] Zischen n.

hist [s:t, hist] interj pst! st! still! Ruhe!

histology [his'tɔlədʒi] anat Gewebelehre, Histologie f.

histor|ian [his'tɔ:riən] Historiker, Geschichtsforscher, -schreiber m; ~ic(al) [his'tɔrik(əl)] geschichtlich, historisch; ~icity [histɔ'risiti] Geschichtlichkeit f; ~iographer [histɔ:ri'ɔgrəfə] Geschichtsschreiber m; ~iography [histɔ:ri'ɔgrəfi] Geschichtsschreibung f; ~y ['histəri] s Geschichte f, Werden m, Entwicklung; Lebensgeschichte f, Werdegang m; Geschichte, Erzählung f; Geschichte, Geschichtswissenschaft f; med Anamnese, Vorgeschichte f; attr Geschichts-; ancient, medi(a)eval, modern ~~ Alte, Mittlere, Neuere Geschichte f; natural ~ Naturgeschichte f; universal ~~ Weltgeschichte f; ~~ of art Kunstgeschichte f; ~~ of the (Christian) Church Kirchengeschichte f; ~~ of life Lebensgeschichte f; ~~ of literature Literaturgeschichte f; ~~ of religion Religionsgeschichte f; ~~ sheet Personalbogen m; ~~ of war Kriegsgeschichte f.

histrionic [histri'ɔnik] a schauspielerisch; theatralisch; übertrieben, gemacht, gekünstelt, affektiert; s pl mit sing Schauspielkunst f; Theaterwesen n; Dramatik f; fig Übertriebenheit, Affektiertheit f.

hit [hit] irr hit, hit **1.** tr treffen, stoßen an, auf; aufschlagen auf; schlagen, e-n Schlag versetzen (s.o. jdm); (mit e-m Geschoß) treffen; (etw) stoßen, mit (etw) schlagen (on, against an, gegen); fig (Ziel) erreichen; Am (in e-r Stadt) ankommen; (Schicksalsschlag) treffen, in Mitleidenschaft ziehen; fam mitnehmen; (das Richtige) treffen, finden, stoßen auf; Am sl (Examen) gut bestehen, teilnehmen an; (e-r Versammlung) beiwohnen, (jds Geschmack) treffen, (e-m Wunsch) genau entsprechen; s.o. auf jdn Eindruck machen; verwirren; e-n Vorschlag machen; anpumpen; **2.** itr schlagen, stoßen, treffen (against gegen); geraten, kommen, stoßen, treffen, verfallen (upon auf); (to ~ out) ausholen, schlagen (at nach); Am sl e-e starke Wirkung haben; sich aufmachen (for nach); **3.** a sehr erfolgreich, vom Glück begünstigt; **4.** s Treffer; Auf-, Zs.-stoß, -prall m; treffende Bemerkung f; Glückstreffer, glückliche(r) Zufall; (Erfolgs-)Treffer, (Bom-

hit-and-run

ben-)Erfolg *m*, ausgezeichnete Idee *f*; treffende(r) Ausdruck, Knüller; *bes. mus* Schlager *m*; **5.** *to make a ~* (*fig fam*) Erfolg haben; Eindruck schinden (*with* bei); *to ~ off* (*tr*) nachmachen, -ahmen; abschlagen; kurz und treffend beschreiben; *itr* sich treffen (*well gut*); *to ~ it off* gut mitea. auskommen (*with s.o.* mit jdm); *to ~ (it) up* (*Am mot sl*) Gas geben; *to ~ s.o. below the belt* (*Boxen*) jdm e-n Tiefschlag versetzen; *fig* sich jdm gegenüber unfair verhalten; *to ~ s.o. a blow* aus der Haut fahren; *to ~ s.o.'s fancy* jdm gefallen; *to ~ the hay* (*sl*) in die Falle, ins Bett gehen; *to ~ home* (mit e-r Bemerkung) ins Schwarze treffen; *to ~ the jackpot* (*Am sl*) (beim Spiel) die Bank sprengen; *to ~ the spot* genau das richtige sein; Erfolg haben; *he ~ the (right) nail on the head* er hat den Nagel auf den Kopf getroffen; *that was a ~ at me* das galt mir; *they ~ the town* (*Am sl*) sie kamen an; *hard ~* schwer ge-, betroffen; *direct ~* Volltreffer *m*; *stage ~* Bühnenerfolg *m*; *~ or miss* auf gut Glück; **~-and-run** *a* der Fahrerflucht schuldig; *~~ driver* der Fahrerflucht Schuldige(r) *m*; *~~ driving* Fahrerflucht *f*; ~ **parade** Schlagerparade *f*; ~ **song** Schlager (-lied *n*) *m*.

hitch [hitʃ] *itr* rücken, sich ruckweise (vorwärts)bewegen; humpeln, hinken; hängenbleiben, sich (ver)fangen (*to* an); *Am fam* ein Herz und eine Seele, einer Meinung sein; *Am sl = ~hike*; *tr* rücken; ruck-, stoßweise (fort)bewegen; ruckweise ziehen, zerren; stoßweise schieben; an-, festhaken, -binden, befestigen (*to* an; *round* um); (*Pferd*) anspannen (*to* an); *to be ~ed* (*Am fam*) verheiratet sein; *to ~ up* (*Am*) anschirren; (*Ärmel*) aufkrempeln; *s* Ruck, Stoß *m*, Ziehen; Humpeln, Hinken *n*, Hindernis, Hemmnis, Hängenbleiben *n*; Befestigung *f*, Haken, einfache(r) Knoten *m*; Schwierigkeit *f*; *Am sl* Fahrt per Anhalter; Strecke; *Am sl mil* (aktive) Dienstzeit *f*; *without a ~* ohne Störung, reibungslos, glatt; *to ~ a ride to* (*Am sl*) per Anhalter fahren nach; *that won't ~* (*Am sl*) das klappt nicht, haut nicht hin; *that's where the ~ comes in* da liegt der Hase im Pfeffer; *technical ~* technische(s) Versagen *n*; **~-hike** ['-haik] *Am sl itr* per Anhalter fahren; Autostop machen; trampen; **~-hiker** ['-haikə] *fam* Anhalter *m*.

468

hobnob

hither ['hiðə] *adv* hierher, -hin; *~ and thither* hierhin und dorthin; hin u. her; *a* näher; **~to** [-'tu:] *adv* bisher, bis jetzt.

hive [haiv] *s* (*bee-*) Bienenstock, -korb *m*, -volk *n*, -schwarm *m*; *fig* (Menschen-)Menge, belebte Gegend *f*; *tr* (*Bienen*) einfangen; (*Honig im Stock*) speichern; *allg* e-n Vorrat anlegen von; *itr* (*Bienen*) e-n Stock beziehen; in e-m Bienenstock leben; *fig* eng zs.leben, -wohnen (*with* mit); *to ~ off* ausschwärmen; *com* verlagern.

hives [haivz] *pl* Nesselsucht *f*, Rotlauf *n*; Windpocken *pl*; (Hals-)Bräune *f*.

ho [hou] *interj* oh! oha! he! holla! heda! *westward ~!* auf nach Westen!

hoar [hɔ:] weiß(lich), eisgrau; bereift; altersgrau, grau-, weißhaarig; **~frost** (Rauh-)Reif *m*; **~iness** ['-rinis] weiß(graue, graue Farbe; Grau-, Weißhaarigkeit *f*; **~y** ['-ri] weiß, grau (-weiß); eisgrau; grau-, weißhaarig; altersgrau, uralt; ehrwürdig.

hoard [hɔ:d] *s* (stille) Reserve *f*, Vorrat; Schatz, Hort *m*; *tr* (*to ~ up*) sammeln, anhäufen, -e-n Vorrat anlegen von, hamstern, horten; *fig* heimlich lieben; *itr* hamstern, horten; **~er** ['-ə] Hamsterer *m*; **~ing** ['-iŋ] **1.** Hamstern, Horten *n*; Reserve *f*, Vorrat *m*; *pl* Ersparnisse *f pl*; **2.** Bau-, Bretterzaun *m*; Reklametafel, -fläche *f*.

hoarse [hɔ:s] rauh; heiser; **~n** ['-n] *tr itr* rauh, heiser machen, werden; **~ness** ['-nis] Rauheit; Heiserkeit *f*.

hoax [houks] *s* Scherz, Ulk; Streich, Schabernack *m*; (Zeitungs-)Ente *f*; *tr* zum Narren, zum besten haben, foppen, e-n Possen spielen (*s.o.* jdm).

hob [hɔb] *s* **1.** Kamineinsatz, -leiste (*zum Warmhalten*); (Schlitten-)Kufe *f*; *tech* Schraube *f*; (*Wurfspiel*) Zielpflock *m*; Wurfspiel *n* mit Zielpflöcken; *tr* wälzfräsen; **~nail** Schuhnagel *m*; **2.** (Bauern-)Tölpel *m*; Kobold *m*; (*Am*) *to play, to raise ~* Unheil anrichten, Verwirrung stiften; **~goblin** ['-gɔblin] Kobold *m*; *fig* Gespenst *n*.

hobble ['hɔbl] *itr* humpeln, *fig* untüchtig sein; *tr* e-e Fußfessel anlegen (*a horse* e-m Pferd); *fig* (be)hindern; *s* Humpeln *n*; Fußfessel *f* (*für Pferde*); *fig* (*selten*) Verlegenheit, Schwierigkeit *f*; **~dehoy** [-'dihɔi] Tölpatsch *m*.

hobby ['hɔbi] Steckenpferd *n* meist fig, Liebhaberei *f*; *to ride a ~* (*fig*) ein Steckenpferd haben; **~-horse** Stekken-, Schaukel-, (hölzernes) Karussellpferd *n*; *fig* Lieblingsthema *n*.

hobnob ['hɔbnɔb] *itr* zs. zechen, kneipen; auf freundschaftlichem Fuß,

hobo   469   **hold**

auf du und du stehen (*with* mit); *s sl* Geplauder *n*.
hobo ['houbou] *pl -(e)s Am* Wanderarbeiter; *pej* Landstreicher, Stromer *m*.
hock [hɔk] **1.** *s (Pferd, Rind)* Sprunggelenk *n (am Hinterbein); tr* die Sehnen des Sprunggelenks zerschneiden (*a horse* e-m Pferd); lähmen; **2.** (weißer) Rheinwein *m*; **3.** *s Am* Pfand; Kittchen *n; tr Am sl (to put in ~)* verpfänden, versetzen; *in ~* verpfändet; verschuldet; eingesperrt; **~(shop)** *Am sl* Pfandleihe *f*.
hockey ['hɔki] *sport* Hockey *n; Am = ice ~* Eishockey *m*; **~ ball, stick** Hockeyball, -schläger *m*.
hocus ['houkəs] *tr* betrügen, beschwindeln; berauschen, betäuben; *(Getränk)* mischen; *(Wein)* verschneiden; **~-pocus** ['-'poukəs] *s* Hokuspokus, Schwindel *m*, Gaunerei *f*; Trick *m*, Kunststück(chen) *n*.
hod [hɔd] Trage *f* (für Steine); Mörteltrog, Kohlenfüller *m*; **~-bearer, -carrier, -man** ['-mən] Handlanger *m*.
hodge-podge *s. hotch-potch.*
hoe [hou] *s agr* Hacke *f; tr itr* hacken; *garden-~* Gartenhacke *f*; **~cake** *Am* (dünnes) Maisbrot *n*; **~down** *Am sl* (Volks-)Tanz *m*; Streiterei *f*.
hog [hɔg] *s (bes.* Mast-)Schwein *n*, Sau *f a. fig*; kastrierte(r) Eber; *fig* schmutzige(r), selbstsüchtige(r), gierige(r), gefräßige(r), gemeine(r) Kerl; *mar* (Schiffs-)Besen *m; tr (Rücken, Schiff)* wölben; *(Pferdemähne)* stutzen; *(Schiffsboden)* kehren, fegen; *fam* alles *od* das meiste an sich reißen *od* bringen; sich aneignen (*s.th.* e-r S); *itr* e-n Buckel machen, sich wölben; *mot* rücksichtslos fahren; *to go the whole ~ (sl)* alles mitmachen; aufs Ganze gehen; *to ~ it (sl)* im Schmutz leben; pennen; **~ age** *Am* Flegeljahre *n pl*; **~back, ~'s back** Bergrücken *m* (mit schmalem Grat); **~ged** [-d] *a* gewölbt; *(Pferdemähne)* gestutzt; **~get** ['-it] einjährige(s) Schaf *n od dial* Fohlen *n*; **~gish** ['-iʃ] *fig* schweinisch, säuisch, dreckig, schmutzig, gierig, gemein; **~manay** ['hɔgmənei] *Scot* Silvester (-abend *m*) *n*; Silvestergabe *f*; **~ mane** *(Pferd)* gestutzte Mähne *f*; **~-pen** *Am* Schweinestall *m*; **~-raiser** *Am* Schweinezüchter *m*; **~shead** ['-zhed] große(s) Faß; Oxhoft *n (Flüssigkeitsmaß,* 238 *od* 245 *l*); **~-skin** Schweinsleder *n*; **~sty** Schweinestall *m*; **~tie** *Am tr* an allen vier Füßen, an Händen und Füßen fesseln; *I'm ~~d (fig)* mir sind Hände und Füße gebunden;

ich kann nichts machen; **~wash** ['-wɔʃ] Spül-, Abwaschwasser *n*; Abfälle *m pl; fig* Gewäsch, (dummes) Gerede; Geschreibsel *n*; **~wild** *Am sl* erregt.
hoi(c)k [hɔik] *tr itr* (das Flugzeug) plötzlich hochreißen.
hoick(s) [hɔik(s)] *interj* hallo! *(Jagdruf an die Hunde).*
hoist [hɔist] *tr (bes.* mit Winde *od Kran)* auf-, hochziehen, -winden; *mar* hissen; *min* fördern; *s* Auf-, Hochziehen *n*; Aufzug(svorrichtung *f*) *m*, Winde *f*, Flaschenzug; (Lade-)Kran *m*, Hebewerk *n; mar* Segel- *od* Flaggenhöhe *f; to ~ with o.'s own petard* sich in der eigenen Schlinge fangen; **~ing** ['-iŋ] Aufziehen, Heben, *mar* Hissen *n*; **~~apparatus** Hebevorrichtung *f*, -werk, -zeug *n*; **~~ cable** Zugseil *n*; **~~cage, -rope, -shaft** (*min*) Förderkorb *m*, -seil *n*, -schacht *m*; **~~ winch** Seilwinde *f*; **~way** Fahr(stuhl)schacht *m*.
hoity-toity ['hɔiti'tɔiti] *a* leicht(sinnig), flüchtig, launenhaft; übermütig, anmaßend, arrogant; eingeschnappt; herablassend; *interj* pah! bah!
hok(e)y-pok(e)y ['houki'pouki] billige(s) Speiseeis *n*.
hokum ['houkəm] *Am fam lit theat film* Schnulze *f*; Kitsch *m*; (bloße) Aufmachung *f*; Bluff *m*, Angabe *f*, (dummes) Geschwätz *n*.
hold [hould] *irr held, held* [held] **1.** *tr* (mit den Händen *od indirekt)* (fest)halten; zurückhalten, nicht gehen *od* fahren lassen; *(Körper, Körperteil* in e-r bestimmten Lage, Richtung) halten; festhalten, nicht fallen lassen, tragen *a. arch*; besitzen, innehaben, einnehmen, bekleiden; *(Funktion, Amt)* ausüben, versehen, bekleiden, innehaben; *(Versammlung, Gericht)* abhalten; *(Gespräch)* führen; *(Ansicht)* vertreten; *mil (Stellung)* halten, behaupten; enthalten; *(Raum, Gefäß)* fassen; *fig* im Sinne haben; ansehen, betrachten als, halten für, der Ansicht sein, daß; meinen, glauben; *(Ansicht, Meinung)* vertreten; behaupten; *(Zuhörer)* fesseln, packen; *jur* entscheiden; vertraglich verpflichten; *mus* (Ton) halten; **2.** *itr* festhalten, sich halten (*by, to* an); halten, nicht reißen, nicht brechen; *(Preise, Wetter)* sich halten; *fig* Geltung haben, gelten, in Geltung, in Kraft sein; übereinstimmen (*with* mit), billigen (*with s.th.* etw); *(meist im Imperativ:)* halt! **3.** *s* Ergreifen *n*, Griff *m*, (Fest-)Halten *n*; Halt; Behälter *m; fig* Gewalt, Macht *f*, starke(r) Einfluß *m* (*on* auf); Gewahrsam, Gefängnis *n; obs*

hold against — hole

Festung; *mus* Pause *f (Zeichen)*; *mar* Laderaum *m*; **4.** *to catch, to get, to lay, to seize, to take* ~ *of s.th.* etw fassen, packen, ergreifen, *fam* erwischen; *von* etw Besitz ergreifen, etw in s-e Gewalt bringen; *to have* ~ *of s.th.* etw halten; *to keep* ~ *of s.th.* etw festhalten; *to let go o.'s* ~, *to lose* ~ *of s.th.* etw los-, fahrenlassen, sich etw entgleiten lassen; *to miss o.'s* ~ daneben-, fehlgreifen; *to* ~ *s.o.'s attention* jds Aufmerksamkeit fesseln; *to* ~ *the baby, (Am) the bag* für den Schaden einstehen, aufkommen müssen; *to* ~ *at bay* in der Schwebe halten; *to* ~ *o.'s breath* den Atem anhalten; *to* ~ *cheap* geringachten; keinen Wert legen auf; *to* ~ *in contempt* verachten, *to* ~ *dear* werthalten; *to* ~ *in esteem* hochschätzen, achten; *to* ~ *good, true* zutreffen, gelten, sich bewähren; *to* ~ *o.'s ground, to* ~ *o.'s own* sich behaupten, die Stellung halten; *to* ~ *under a lease* gepachtet haben; *to* ~ *the line, the wire (tele)* am Apparat bleiben; *to* ~ *in mind* im Gedächtnis behalten; *to* ~ *office (Partei)* an der Macht, im Amt sein; *to* ~ *o.'s peace, tongue* still sein, den Mund halten; *to* ~ *s.o. to his promise* jdm zur Einlösung s-s Versprechens zwingen; *to* ~ *the road well (mot)* e-e gute Straßenlage haben; *to* ~ *o.'s sides with laughter* sich den Bauch halten vor Lachen; *to* ~ *a wager* wetten; *to* ~ *water* wasserdicht, *fig* stichhaltig sein; *to* ~ *on o.'s way* weitergehen; **5.** *there's no* ~*ing him* er ist nicht zu halten; ~ *it!* halt! ~ *hard!* ~ *on!* ~ *up!* *(fam)* einen Moment! nicht so eilig! wart (doch), halt mal! ~ *the line, please!* einen Augenblick, bitte! *to* ~ **against** nachtragen, verübeln *(s.o.* jdm); *to* ~ **aloof** sich abseits halten; *to* ~ **back** *tr* zurück-, geheimhalten; *itr* sich zurückhalten *(from* von), zögern; *to* ~ **by** sich richten nach; *to* ~ **down** nieder-, unter Kontrolle, zurückhalten; *Am fam (Stelle, Stellung)* halten; behalten; *to* ~ **fast** zu festhalten an *a. fig; to* ~ **forth** *itr* offen, öffentlich, in der Öffentlichkeit reden *(from* von), sprechen, *fam* loslegen *(from* über); *tr* anbieten, vorschlagen; *to* ~ **in** zügeln; *to* ~ *o.s. in* sich zurückhalten, sich in der Gewalt haben, sich beherrschen; *to* ~ **off** *tr* ab-, fernhalten, abwehren; *(Flugzeug)* abfangen; *itr* sich abseits-, sich fernhalten; *to* ~ **on** (sich) festhalten; sich halten, bleiben; durchhalten, ausdauern; fortfahren; warten; *tele* am Apparat bleiben; *to* sich festhalten an; behalten; aushalten; *to* ~ **out** *itr* Bestand haben, sich halten, ausdauern, bleiben; aushalten, -harren, standhalten, sich behaupten *(against* gegen); abwarten *(for s.th.* etw); *tr* ausstrecken, (dar-, an)bieten; *(Angebot, Hoffnung)* machen; *Am sl* zurück-, vorenthalten; *to* ~ *s.th. out on s.o. (fam)* jdm etw verschweigen; *to* ~ **over** *tr* auf-, verschieben; reservieren, in Reserve halten; *(Waren)* zurücklegen; verlängern; *(Wechsel)* prolongieren; *itr Am* (für e-e weitere Periode) im Amt (ver-)bleiben; *to* ~ **together** *tr itr* zs.halten; *to* ~ **up** *tr* (hoch-, aufrecht)halten, stützen; zeigen, preisgeben *(to dat, to ridicule* der Lächerlichkeit); *Am* als Kandidaten aufstellen; *fam* auf-, zurückhalten; (gewaltsam) festhalten; *Am* überfallen (und ausrauben); *itr (Wetter)* sich halten; *(Waren)* dauerhaft sein, halten; sich (aufrecht)halten, nicht fallen, nicht umkippen; sich halten, bleiben, andauern *(a. Wetter)*; *to be held up* aufgehalten werden; *to* ~ **with** es halten mit, übereinstimmen mit, billigen; ~**all** Reisetasche *f*; ~**back** Hindernis *n*; ~**er** ['-ə] *in Zssgen* -halter; Halterung, Fassung *f*; Halter; Inhaber, Besitzer, Pächter *m*; ~ *of shares* Aktionär *m*; ~ *of value* gutgläubige(r) Erwerber *m*; ~**fast** ['-faːst] Festhalten *n*; Halter, Haken, Nagel *m*, Krampe, Zwinge; *bot* Haftscheibe *f*; ~**file** Wiedervorlage(mappe) *f*; ~**ing** ['-iŋ] (Fest-)Halten; Abhalten *n*; Meinung *f*; Pachtgut *n*, -hof *m*; *meist pl* (Grund-)Besitz, Grundstück *n*; Besitz *m*, Guthaben *n*, (Kapital-)Einlage, (Aktien-)Beteiligung, Teilhaberschaft *f*; Vorrat *m*, Lager *n*, Bestand *m*; *small* ~~ Kleinbesitz *m (an Grund u. Boden* od *Aktien)*; kleine Spareinlage *f*, Sparguthaben *n*, -groschen *m*; ~~**attack** Fesselungsangriff *m*; ~~ *capacity* Fassungsvermögen *n*; ~~**company** Dach-, Holdinggesellschaft *f*, Trust *m*; ~~ *of the court* Gerichtsentscheidung *f*; ~~ *device* Haltevorrichtung *f*; ~~ *power* Durchstehvermögen *n*; ~~ *wire* Prüfdraht *m*; ~**over** ['-ouvə] *Am fam* Verbleibende(r) *m*, Verbleibende(s), Überbleibsel *n*; *(Schule)* Wiederholer, Repetent *m*; ~**up** Behinderung, Störung; *(traffic* ~~*)* Verkehrsstörung, -stockung *f*; (bewaffneter) Raubüberfall *m*; *Am sl* Gehaltsforderung *f*.

hole [houl] *s* Loch *n*, Lücke; Öffnung; kleine Bucht; Aushöhlung; Höhle *f*; Bau *m*, Nest *(wilder Tiere)*; (elendes) Loch, Elendsquartier; Gefängnis, *fam* Loch *n*; Fehler, Makel, Defekt *m*, Ver-

hole-and-corner   **home**

sehen n, Lücke (in e-m Argument); fam Patsche, Klemme, schwierige Lage od Situation f; tr durchlöchern, (aus)höhlen; durchbohren; (to ~ out) (Ball) in ein Loch spielen; itr ein Loch bekommen; zoo in den Bau gehen; to ~ up sich ein-, vergraben; in the ~ in der Patsche, Klemme; to be like a rat in a ~ gefangen sein, keinen Ausweg (mehr) haben; to make a ~ in s. th ein (großes) Loch in e-e S reißen; to pick ~s in s.th. an etw herumkritisieren; to put in a ~ in Verlegenheit bringen; to wear into ~s (Kleidung) völlig auftragen; mouse's ~ Mauseloch n; a square peg in a round ~ ein s-r Stellung nicht gewachsener Mensch; ~ in the wall (sl) Kleinstbetrieb m; **~-and-corner** a attr fam heimlich, geheim, versteckt, unter der Hand; **~proof** unzerreißbar; **~y** ['-i] fam voller Löcher.

holiday ['hɔlidei] s (rel od gesetzlicher) Feiertag, arbeitsfreie(r) Tag, Ruhetag; Gedenktag m; oft pl Ferien pl, Urlaub m; a Ferien-, Urlaubs-; froh, heiter; on ~ in Urlaub; to take a ~ Urlaub, frei nehmen; in Urlaub gehen; bank ~ Bankfeiertag m; a month's ~ ein Monat Urlaub; ~s with pay bezahlt(r) Urlaub m; ~ **camp** Ferienlager n; ~ **clothes** pl Freizeitkleidung f; ~ **course** Ferienkurs m; **~ing** ['-iŋ] Ferienmachen, Urlaubnehmen n; **~-maker** Feriengast, Sommerfrischler m; ~ **mood** Ferienstimmung f; ~ **resort** Sommerfrische f.

holiness ['houlinis] Heiligkeit f; Your, His H~ Euere, S-e Heiligkeit f.

holla ['hɔla:], **hollo** ['hɔlou, hɔ'lou] interj hallo! guten Tag! tr hallo zurufen (s.o. jdm); itr hallo rufen.

Holland ['hɔlənd] Holland n; (brown) h~ (ungebleichte) Leinwand, Baumwolle f; **H~er** ['-ə] Holländer(in f) m; **~s, ~ gin** Genever, Wacholder m.

holler ['hɔlə] Am fam s einfache(s), traurige(s) Liedchen n; itr tr schreien, brüllen; sl (bei der Polizei) auspacken; tr anschreien, anbrüllen; zurufen (s.o. s.th. jdm etw).

hollow ['hɔlou] a hohl; eingefallen, eingesunken; fig leer, hohl, nichtig, wertlos, nichtssagend, unwirklich, falsch, unaufrichtig; fam hungrig, mit leerem Magen; hohl(tönend); adv völlig, durch u. durch; s (Aus-)Höhlung, Vertiefung f, Loch n, Grube; Niederung f, Tal n; tr (to ~ out) aushöhlen; vertiefen; itr hohl werden; to beat all ~ (fam) windelweich schlagen; ~ **brick** Hohlziegel m; ~ **charge** Hafthohl-

ladung f; **~-eyed** a hohläugig; **~-hearted** a unaufrichtig; **~ness** ['-nis] Hohlheit, Nichtigkeit, Falschheit f; ~ **punch** Locheisen n; **~ware** (tiefes) Küchengeschirr n.

holly ['hɔli] Stechpalme f.

hollyhock ['hɔlihɔk] bot Pappelrose, Rosenmalve f.

holm [houm] Werder m, kleine (bes. Fluß-)Insel f; Überschwemmungsgebiet n; **~-oak** Steineiche f.

holocaust ['hɔlɔkɔ:st] Brandopfer n; Brandkatastrophe f, Großbrand m; Massenvernichtung f, -mord m.

holograph ['hɔlɔgra:f] eigenhändig geschriebene Urkunde f).

hols [hɔlz] fam = holidays.

holster ['houlstə] Pistolentasche f.

holy ['houli] a heilig; geweiht; gottgefällig; rein, sündenlos; verehrungswürdig; s Heiligtum n; a ~ **terror** ein entsetzlicher Mensch, ein schreckliches Kind; a ~ war ein Kreuzzug fig; the (Most) **H~ Father** der Heilige Vater (der Papst); the **H~ Ghost**, the **H~ Spirit** der Heilige Geist; the **H~ of Holies** das Allerheiligste; the **H~ Land** das Heilige Land (Palästina); **H~ Rood** Kreuz n Christi; **H~ Saturday** Karsamstag m; the **H~ Scripture,** the **H~ Writ** die Heilige Schrift, die Bibel; the **H~ See** der Heilige Stuhl; **H~ Thursday** Himmelfahrt f od Gründonnerstag m; ~ **water** Weihwasser n; the **H~ Week** die Karwoche.

homage ['hɔmidʒ] hist allg Huldigung f; to do, to pay ~ huldigen (to s.o. jdm).

home [houm] s Heim, Zuhause n, Wohnung; Heimat, Heimstätte, Freistatt f; Am Bungalow m, Eigenheim, Haus n; Familie f, Haushalt m; (Alters-, Blinden-usw) Heim, (Waisen-, Armen-)Haus n; zoo bot Standort m; Zentrum; sport Mal n; a einheimisch, inländisch; häuslich; Inlands-, Binnen-, Familien-; adv heim, nach Hause; itr heimgehen; tr unterbringen; (to ~ in) (Rakete) automatisch ins Ziel steuern; at ~ daheim, zu Hause; at ~ in wie zu Hause, bewandert in; not at ~ nicht zu Hause (to für); at ~ and abroad im In- u. Ausland; to be, to feel o.s. at ~ (fig) zu Hause sein, sich zu Hause fühlen; to bring ~ to s.o. jdn beeindrucken; s.th. to s.o. jdm etw klarmachen; jdm etw zur Last legen, beweisen; jdn überführen; to come ~ heimkehren, nach Hause kommen; nahegehen (to s.o. jdm), empfindlich treffen (to s.o. jdn); (Anker) nicht halten; to drive ~ (Nagel) einschlagen; (Beweis) durchpauken; s.th. to s.o.

home-address 472 **honesty**

jdm etw beibringen; *to go* ~ *nach Hause, heimgehen; to s.o.* jdn empfindlich treffen; *fig* sitzen; *to hit, to strike* ~ *den Nagel auf den Kopf treffen; to make o.s. at home* es sich bequem machen; sich niederlassen; *to see s.o.* ~ jdn nach Hause begleiten; *to send* ~ heim-, nach Hause schicken; *it has come* ~ *to me* ich bin mir darüber im klaren; *that comes* ~ *to you* das gilt Ihnen; das müssen Sie büßen; *there is no place like* ~ zu Hause ist es am schönsten; *nothing to write* ~ *about* nichts Besonderes; **~~address** Heimatanschrift *f*; **~~affairs** *pl pol* innere Angelegenheiten *f pl*; **~-baked** *a* selbstgebacken; **~~base** Heimatflughafen *m*; **~~body** *Am* häuslich; **~~born** *a* eingeboren; einheimisch; **~~bred** *a* daheim aufgewachsen; *fig* hausbacken; **~~brew(ed)** *a (Bier)* selbstgebraut; **~~coming** Heimkehr *f*; *Am (Schule)* Beginn *m* des neuen Schuljahrs; **~~consumption** Inlandsverbrauch *m*; *the* **H~ Counties** *pl* die Grafschaften um London; **~~country** Heimatstaat *m*, Muster-, Herkunftsland *n*; **~~economics** *pl mit sing Am* Hauswirtschaftslehre *f*; **~ economy** Binnenwirtschaft *f*; **~ free** *Am sl* todsicher erfolgreich; **~~grown** *a*: ~~ *produce (agr)* einheimische(s) Erzeugnis *n*; **H~~Guard** Heimatwehr *f*; **~~keeping** *(Mensch)* häuslich; **~lot** *Am* Wohngrundstück *n*; **~ly** ['-li] häuslich, heimisch; einfach, schlicht, alltäglich, anspruchslos; *Am* hausbacken, unansehnlich; ~~ *fare* bürgerliche Küche *f*; **~~made** *a* selbstgemacht, -gebacken; Hausmacher-; **~maker** *Am* Hausfrau *f*; **~making** *Am* Hausarbeit, Haushaltführung *f*; **~ market** Inlandsmarkt *m*; **H~ Office** Innenministerium *n*; **~ plate** *(Baseball)* Schlagmal *n*; **~r** ['-ə] Brieftaube *f*; *aero* Peilanfluggerät *n*; *Am fam* == ~ *run*; **~ rule** Selbstverwaltung *f*; **~ run** *s (Baseball)* Vier-Mal-Lauf *m*; *a Am sl* erstklassig; **H~ Secretary** Minister der Innern, Innenminister *m*; **~sick** an Heimweh leidend; *to be* ~~ Heimweh haben; **~sickness** Heimweh *n*; **~ signal** Einfahrtssignal *n*; **~spun** ['-spʌn] *a (Textil)* heimischen Ursprungs; *fig* einfach, schlicht; rauh, grob; *s* rauhe(r) Wollstoff *m*; **~ state** Heimatstaat *m*; **~stead** ['-sted] Heimstätte *f*; *Am* Wohn-, Eigenheim, Siedlungshaus, -grundstück; *Am* zugewiesene(s) Freiland *n (160 acres)*; **~steader** ['-stedə] *Am* Siedler; Eigenheimbesitzer *m*; **~stretch** *sport* Endspurt *m*; letzte Arbeiten *f pl*; **~ study** Fernunterricht *m*; **~thrust** ['-θrʌst] entscheidende(r) Schlag *m a. fig*; **~town** *Am* Geburts-, Heimatstadt *f*; **~~trade** Binnenhandel *m*; **~~truth** bittere Wahrheit *f*; **~ward** ['-wəd] *a* Heim-, Nachhause-, Rück-; *adv u.* **~wards** *adv* heim, nach Hause, zurück; ~~ *bound (mar)* auf der Rückfahrt; **~work** Heimarbeit *f; (Schule)* Hausaufgaben *f pl*; **~y** ['-i] *fam* anheimelnd, behaglich, heimelig.

homicide ['hɔmisaid] Tötung *f*; Totschlag; Mord; Totschläger; Mörder *m*; **~ squad** Mordkommission *f*.

homily ['hɔmili] *rel* Predigt *f*; *allg* Moralpredigt *f*.

homing ['houmiŋ] *a* heimkehrend; heimwärts gerichtet; *mil* zielsuchend; *s* Heimkehr *f*, Nachhausegehen *n*; *aero* Anflugpeilung *f*; **~ instinct** Heimatsinn *m*, Ortsgedächtnis *n*; **~ pigeon** Brieftaube *f*.

hominy ['hɔmini] *Am* Bruchmais *m*, grobe(s) Maismehl *n*; Maisbrei *m*.

hom(o)eopath ['houmiəpæθ] Homöopath, homöopathische(r) Arzt *m*; **~ic** [houmiə'pæθik] homöopathisch; **~ist** [houmi'ɔpəθist] = ~; **~y** [houmi'ɔpəθi] Homöopathie *f*.

homo|geneity [hɔmo(u)dʒe'ni:iti] *scient* Gleichartigkeit *f*; **~geneous** [hɔmə-'dʒi:njəs] gleichartig, homogen; **~logize** [hə'mɔlədʒaiz] *tr itr scient* in Übereinstimmung bringen *od* sein; **~logous** [hə'mɔləgəs] übereinstimmend; **~logy** [hə'mɔlədʒi] Übereinstimmung *f*; **~nym** ['hɔmənim] Homonym, gleichlautende(s) Wort *n*; **~nymous** [hə'mɔniməs] homonym, mehrdeutig; **~sexual** ['houmo(u)-'seksjuəl] homosexuell, gleichgeschlechtlich empfindend; **~sexuality** ['houmo(u)seksju'æliti] Homosexualität *f*.

hone [houn] *s* Wetzstein *m*; *tr (Messer)* abziehen; *tech* ziehschleifen.

honest ['ɔnist] ehrlich, aufrichtig, zuverlässig, vertrauenswürdig; (frei und) offen, ehrlich, g(e)rade; anständig; ehrenhaft; *to earn an* ~ *penny* sein Geld ehrlich verdienen; *an* ~ *man is as good as his word* ein Mann, ein Wort; **~ly** ['-li] *adv* auf ehrliche Weise; wirklich, tatsächlich; *to tell you* ~~ offengestanden; **~y** ['-i] Ehrenhaftigkeit; Ehrlichkeit, Aufrichtigkeit; Zuverlässigkeit *f*.

honey ['hʌni] s Honig m; Süßigkeit f; fig Goldkind, Schätzchen n, Liebling m; Am Pfundssache f; a honigartig, -süß; fig süß, (ge)lieb(t); tr mit Honig süßen; herzen, liebtun mit; Honig ums Maul schmieren, schmeicheln (s.o. jdm); itr schäkern; zärtlich sein, schmeicheln; **~-bee** Honigbiene f; **~-buzzard** Wespenbussard, Bienen-, Honigfalk m; **~comb** [-koum] s Honigwabe f; tech Waben-; **~~ decoration, pattern** Wabenmuster n; **~~ed** ['-d] a durchbohrt, durchlöchert, löcherig (with von); untergraben; **~-dew** Honigtau, Honigseim m; süße Melone f; süße(r) Tabak m; **~ed** ['-d] a voller Honig; mit Honig gesüßt; fig honigsüß; **~-locust** bot Christusakazie f; **~moon** ['-mu:n] s Flitterwochen f pl; itr Flitterwochen verbringen; **~suckle** ['-sʌkl] bot Geißblatt n.
honied s. honeyed.
honk [hɔŋk] s Schrei m der Wildgans; mot Hupen, Hupsignal n; itr (Wildgans) schreien; mot hupen.
honky-tonk ['hɔŋkitɔŋk] Am sl Spelunke, Kaschemme f, Bumslokal n.
honorar|ium [ɔnəˈrɛəriəm] pl a. ~ia Honorar n; **~y** ['ɔnərəri] a Ehren-; ehrenamtlich, unbesoldet, ehrenhalber (nachgestellt); **~~ appointment, function, office** Ehrenamt n; **~~ citizen** Ehrenbürger m; **~~ debt** Ehrenschuld f; **~~ degree** Ehrendoktor m; **~~ member** Ehrenmitglied n.
hono(u)r ['ɔnə] s Ehre, Würde, Auszeichnung; (Hoch-)Achtung f; Ruhm, Ruf m; Ehrenhaftigkeit, Unbescholtenheit; (Frau, Mädchen) Ehre, Unberührtheit, Reinheit, Keuschheit f; Ehrenzeichen n, -gabe f; pl öffentliche Ehrungen f pl; (Schule) Auszeichnung f; your H~ Euer Gnaden (Anrede für e-n Richter); tr ehren, (hoch)achten, hochschätzen; verehren; e-e Ehrung zuteil werden lassen (s.o. jdm); fin honorieren; einlösen; in s.o.'s ~ zu jds Ehre; with all due ~, with full ~s mit allen Ehren; to do s.o. the ~ of jdm die Ehre erweisen, zu; to do the ~s die Honneurs machen; to give o.'s word of ~, to pledge o.'s ~ sein Ehrenwort geben; to have the ~ die Ehre haben (of, to zu); to put s.o. on his ~ jdn an s-r Ehre packen; jdn moralisch verpflichten; to take ~s in (Universität) sich spezialisieren in; (up)on my ~ auf (meine) Ehre! ~ bright stehen Sie dafür ein? auf mein Wort! bound in ~ moralisch verpflichtet; code of ~ Ehrenkodex m; of ~ Ehrenschuld f; guard of ~ Ehrenwache f; guest of ~ Ehrengast m; the last, funeral ~s (of) die letzten Ehren f pl; maid of ~ Ehrendame f; seat of ~ Ehrenplatz m; sense of ~ Ehrgefühl n; word of ~ Ehrenwort n; **~able** ['ɔrəbl] ehrenhaft, -voll, -wert; Ehren-; Right H~~ ... Sehr Ehrenwerter...; with ~~ intentions in ehrlicher Absicht; my H~~ friend the member for... (Br parl) der Abgeordnete für ....
hood [hud] s Kapuze f; Talarüberwurf m; tech Haube, Kappe f, Aufsatz m; Wagenplane f; mot Verdeck n; Am mot Kühlerhaube f; orn Kamm m, Haube f; Am sl Dieb, Bandit m; tr zudecken, ein-, verhüllen; **~ed** ['-id] a mit e-r Kappe, Haube versehen; haubenförmig; fig verhüllt; **~ie, ~y** ['-i] (~ed-crow) Nebelkrähe f; **~lum** ['hu:dləm] Am sl Rowdy, Gangster m; **~wink** ['-wiŋk] tr die Augen verbinden, fig Sand in die Augen streuen (s.o. jdm); täuschen; betrügen.
hoodoo ['hu:du:] s Unheilbringer m; Pech, Unglück n; tr Unglück bringen (s.o. jdm); ver-, behexen.
hooey ['hui] s interj Am sl Quatsch m.
hoof [hu:f] pl a. hooves s Huf m; Klaue f; fam hum Fuß m (des Menschen); tr treten; itr trampeln, (to ~ it) fam tippeln, trampen, sl schwofen, tanzen; to ~ out (sl) rausschmeißen; on the ~ (Vieh) lebend; **~ed** [-t] a Huf-; **~er** ['-ə] sl Berufstänzer m.
hoo-ha ['hu:hɑ] fam Krach; Streit m.
hook [huk] s Haken; Kleider-, Angelhaken m; mar sl Anker m; Sichel f; gekrümmte Landspitze, -zunge; Biegung f (e-s Wasserlaufs); Klammer, Schlinge; fig Falle f; (Boxen) Haken; (Werbung) Blickfang m, Lockmittel n; mus Notenschwanz m; tr an-, fest-, zuhaken; mit e-m Haken festhalten (to an); fangen; angeln a. fig; (Wagen) anhängen (on to an); fam schnappen, stehlen; betrügen, beschwindeln; (Bulle, Bock) mit den Hörnern stoßen, aufspießen; hakenförmig biegen; sport (Ball) e-n Haken schlagen lassen; (Boxen) e-n Haken versetzen (s.o. jdm); itr (hakenförmig) gekrümmt sein; mit (e-m) Haken befestigt sein, gefangen werden; to ~ on an e-n Haken hängen; sitzen bleiben (to s.o. bei jdm); to ~ up mit (e-m) Haken festmachen, verbinden, heraussziehen, zs.setzen, -bauen, verbinden; el anschließen, sl heiraten; by ~ or by crook ganz gleich, einerlei, gleichgültig, wie; mit allen Mitteln; mit aller Gewalt; off the ~

hooked 474 **horn**

(Am sl) aus Schwierigkeiten heraus; *on o.'s own ~ (fam)* ganz allein, ohne (fremde) Hilfe; *auf eigene Faust;* ~, *line, and sinker (fam)* vollkommen, -ständig *adv;* mit allem Drum u. Dran; *to drop off the ~s (sl)* abkratzen, sterben; *to get o.'s ~s on to s.o.* jdn mit Beschlag belegen; *to get ~ ed on* süchtig werden; *to get the ~ (fam)* 'rausgeschmissen, entlassen werden; *to take the ~* auf den Leim gehen; anbeißen; *to ~ it, to sling o.'s. ~ (sl)* abhauen, türmen, stiftengehen; *reaping-~* Sichel *f;* ~ *and eye* Haken u. Öse; ~ *and ladder (Am)* Feuerwehrleiter *f;* ~*-and- -ladder truck (Am)* Feuerwehrauto *n;* **~ed** [-t] *a* hakenförmig (gebogen), krumm; mit Haken versehen; *Am sl* rauschgiftsüchtig; **~er** ['-ə] *s* Fischerboot *n,* alte Kiste *f (Schiff);* Am Werksspionwerber *m; Am sl* Prostituierte *f;* ~ (*Glas n*) Whisky *m;* **~-nose** Hakennase *f;* **~-up** Zs.setzung, Verbindung; *radio* Schaltung *f,* Schaltplan *m,* Schema *n; radio* Sendergruppe, Ringsendung *f;* Übereinkommen *(zwischen Firmen); pol* Bündnis *n;* **~-worm** Hakenwurm *m;* **~-y** ['-i] hakenförmig, gekrümmt; *to play ~~ (Am fam)* die Schule schwänzen.
hooka(h) ['hukə] Wasserpfeife *f.*
hooligan ['hu:ligən] Rowdy *m.*
hoop [hu:p] *s* Reif(en); Bügel, Ring *m; sport* (Krocket-)Tor *n;* rauche(r) Schrei; *Am fam* Fingerring *m; tr* die Reifen auftreiben *(a barrel* ein Faß *f); a Am* Korbball-; *to go trough the ~ (fam)* e-e schwere Zeit durchmachen; **~er** ['-ə] Böttcher, Küfer *m;* **~-doo(per)** *(Am sl)* a lärmend; *s* lärmende Angelegenheit *f;* große(s) Tier *n;* **~-iron** Bandeisen *n;* **~-la** ['-lɑ:] Ringwerfen *n; Am sl* lärmende Propaganda *f;* **~-man** *Am* Korbballspieler *m;* **~-skirt** Reifrock *m.*
hooping-cough ['hu:piŋkɔ(:)f] Keuchhusten *m.*
hoopoe ['hu:pu:] *orn* Wiedehopf *m.*
hoos(e)gow ['hu:sgau] *n Am sl* Kittchen *n;* öffentliche Bedürfnisanstalt *f.*
hoot [hu:t] *itr* schreien; pfeifen; ertönen; hupen; verhöhnen *(at s.o.* jdn); *tr (s-e Wut)* herausschreien; *(Menschen)* anschreien; *to ~ (at) s.o., to ~ s.o. away, off, out* jdn auspfeifen, -zischen; *to ~ down* niederschreien; *s* Geschrei *(bes. der Eule);* Wutgeschrei, -geheul; *tech* Hupen *n; not to give a ~ for s.th.* keinen Pfifferling für etw geben; **~er** ['-ə] *tech* Sirene; *mot* Hupe *f;* **~-owl** *orn* Waldkauz *m.*

hoover ['hu:və] *tr* staubsaugen.
hop [hɔp] **1.** *itr* hüpfen; springen; *fam* das Tanzbein schwingen; *sl* gehen; *tr* springen über; *Am* springen auf *(ein Fahrzeug); fam (im Flugzeug)* überfliegen; *(Auto)* frisieren; *s* Hupf; Sprung *m; fam* Tänzchen *n; fam* kurze(r) Flug, Rutsch *m;* Etappe *f; Am sl* Rauschgift *n;* Verwirrung *f;* Unsinn *m; to ~ about, (Am) around* umherhüpfen, -springen; *to ~ off (aero fam)* starten; *to ~ over to s.o.* zu jdm e-n Sprung machen; *to ~ up (Am sl)* doppen; *mot* frisieren; ~ *it!* hau ab! *to ~ the twig (sl)* ins Gras beißen; *on the ~* unruhig; unvorbereitet; ~, *step, and jump (sport)* Dreisprung *m;* **~-o'- -my-thumb** ['hɔpəmi'θʌm] Knirps *m (Mensch);* **~per** ['-ə] *s* Hüpfende(r) *m,* Hüpfende(s); hüpfende(s) Insekt *n,* Heuschrecke *f,* Floh *m,* Käsemade *f; tech* Mahl-, Fülltrichter *m;* ~ *waggon, (Am) car (rail)* Trichterwagen *m;* **~-scotch** ['-skɔtʃ] Himmel u. Hölle *(Kinderspiel);* **2.** *s* Hopfen *m (Kletterpflanze); pl* Hopfen *m (Bierzusatz); tr* hopfen, mit Hopfen versehen; *itr* Hopfen tragen *od* zupfen; **~-bind, ~-bine** Hopfenranke *f;* **~-garden** Hopfengarten *m;* **~-picker** Hopfenpflücker *m;* **~-pole** Hopfenstange *f.*
hope [houp] *s a. pl* Hoffnung *f (of auf);* Vertrauen *n (in zu);* Zuversicht *f; tr* hoffen auf, erhoffen, ersehnen; *itr* hoffen *(for* auf), erhoffen *(for s.th.* etw); vertrauen *(in* auf); *past, beyond ~* hoffnungslos; *to hold out a ~* Hoffnung haben; *to live in ~s of s.th.* auf etw hoffen; *I ~ so* hoffentlich! *I ~ not* hoffentlich nicht! ~ *against ~* verzweifelte Hoffnung *f;* ~ **chest** *Am* Aussteuertruhe *f;* **~-ful** ['-ful] *a* hoffnungsvoll; vielversprechend; ermutigend; *s: a young ~~* ein hoffnungsvoller Sprößling; **~-fulness** ['-fulnis] Hoffnungsfreudigkeit, Zuversicht *f;* Optimismus *m;* **~-less** ['-lis] hoffnungslos; aussichtslos; unverbesserlich; **~-lessness** ['-lisnis] Hoffnungslosigkeit; Vergeblichkeit *f.*
horde [hɔ:d] *s* Horde; Menge *f,* Schwarm *m; itr* e-e Horde bilden; in Horden zs.leben.
horizon [hə'raizn] Horizont *m a. fig;* **~-tal** [hɔri'zɔntl] Horizont-; dicht am Horizont; horizontal, waagerecht; eben, flach; ~ *bar (sport)* Reck *n.*
hormone ['hɔ:moun] Hormon *n.*
horn [hɔ:n] *s zoo* Horn *n; zoo* Fühler *m;* Hornsubstanz *f;* (Pulver-, Trink-) Horn; Füllhorn; *mus* Horn, Blasinstrument *n;* Horn-, Schalltrichter *m;*

hornbeam 475 **hortatory**

mot Hupe *f;* *allg* Vorsprung *m,* Spitze; Bergspitze; Spitze *f* der (Mond-)Sichel; *Am sl* Nase *f; pl* Geweih, Gehörn *n; tr* mit den Hörnern stoßen; *to ~ in (Am sl)* hereinplatzen, -schneien (*on* bei); sich einmischen; *to be on the ~s of a dilemma* in e-r Zwickmühle sitzen; *to blow o.'s own ~* (*fam*) ins eigene Horn stoßen, sein eigenes Lob singen; *to blow, to honk the ~ (mot)* hupen; *to draw, to haul, to pull in o.'s ~s* (*fig*) gelindere Saiten aufziehen; *to take the bull by the ~s* (*fig*) der Gefahr ins Auge sehen; *to take a ~ (Am fam)* sich einen (e-n Schnaps) genehmigen; *~ of plenty* Füllhorn *n;* **~beech** Hain-, Weißbuche, Heister *f;* **~bill** Nashornvogel *m;* **~blende** ['-blend] *min* Hornblende *f;* **~ed** [-d] *a* gehörnt; Horn-; **~-viper** Hornviper *f;* **~et** ['-it] Hornisse *f; to stir up a nest of ~s, to bring a ~s' nest about o.'s ears* (*fig*) ins Wespennest stechen; **~less** ['-lis] hornlos; **~-owl** Ohreule *f;* **~pipe** *mus hist* Hornpfeife *f;* **~mannstanz** *m;* **~rimmed** *a:* ~ *spectacles* (*pl*) Hornbrille *f;* **~swoggle** ['-swɔgl] *tr Am sl* beschwindeln; 'reinlegen; **~y** ['-i] horn(art)ig; gehörnt; schwielig; *Am sl* fleischlich, leicht erregt; **~-handed** (*a*) mit schwieligen Händen.

horolog|e ['hɔrɔlɔdʒ] Zeitmesser *m (Gerät);* **~er** [hɔ'rɔlədʒə] Uhrmacher *m;* **~y** [hɔ'rɔlədʒi] Zeitmessung *f.*

horoscope ['hɔrəskoup] Horoskop *n; to cast a ~* ein Horoskop stellen.

horr|ible ['hɔribl] schrecklich, furchtbar, entsetzlich; gräßlich, fürchterlich; **~ibleness** ['-nis] Furchtbarkeit, Entsetzlichkeit *f;* **~id** ['-id] schrecklich, furchtbar, entsetzlich, gräßlich, greulich, abscheulich, ekelhaft, abstoßend; **~ify** ['hɔrifai] *tr* entsetzen; Schrecken einjagen (s.o. jdm); *fam* schockieren; **~or** ['hɔrə] Schrecken *m,* Entsetzen, Grauen *n;* Abscheu, Ekel *m (of* vor); *fam* scheußliche Sache *f; pl* Grausen *n; it gives me the ~s* es läuft mir kalt über den Rücken; **~-stricken, -struck** (*a*) von Entsetzen, von Grauen gepackt.

horse [hɔ:s] *s* Pferd, Roß *n,* Gaul; Hengst *m; fam* od *hum* od *pej* Kerl; Bock *a. sport,* Ständer *m,* Gestell; *sport* Pferd *n;* Sägebock; *fam* (*Schach*) Pferd *n,* Springer; *Am sl* (*Schule*) Schlauch *m; mil* (*pl ~*) Kavallerie, Reiterei *f; itr Am sl (to ~ around)* herumalbern; *out of the ~'s mouth* direkt von der Quelle; *to back the wrong ~* (*fig*) aufs falsche Pferd setzen; *to be on, to mount, to ride o.'s high ~* (*fig*) auf dem hohen Roß sitzen; *to eat like a ~* fressen wie ein Scheunendrescher; *to flog a dead ~* (*fig*) s-e Zeit verlieren; *to put the cart before the ~* (*fig*) das Pferd beim Schwanz aufzäumen; *to take ~* aufsitzen; *to work like a ~* arbeiten wie ein Pferd; *that's a ~ of another, of a different colo(u)r* das ist etwas ganz anderes; *to ~! (mil)* aufgesessen! *never look a gift ~ in the mouth!* (*prov*) einem geschenkten Gaul schaut man nicht ins Maul; *hold your ~s* (*fam*) immer mit der Ruhe! *a dark ~* (*fig*) ein unbeschriebenes Blatt; *sport* Außenseiter *m;* **~-and-buggy** *Am* Pferdekutsche *f;* **~-artillery** berittene Artillerie *f;* **~-back** *s* Pferderücken; Bergrücken *m; a Am sl* schnell erledigt; *adv u. on ~* zu Pferde; *to be, to go on ~* reiten; *to get on ~* aufsitzen; **~-bean** Saubohne *f;* **~-box** *rail* Pferdetransportwagen *m;* **~-breaker** Bereiter *m;* **~-butchery** Pferdemetzgerei, -schlächterei *f;* **~-chestnut** Roßkastanie *f;* **~-cloth** Pferdedecke *f;* -*collar* Kum(me)t *n;* **~-dealer** Pferdehändler *m;* **~-drawn** *a* (pferde)bespannt; **~-flesh** Pferdefleisch *n;* Pferde *n pl;* **~-fly** Pferdebremse *f; the* **H~-Guards** das Garde-Kavallerie-Regiment *n;* **~-hair** Roßhaar *n;* **~-latitudes** *pl geog* Roßbreiten *f pl;* **~-laugh** Gewieher, wiehernde(s) Gelächter *n;* **~-leech** *zoo* Pferdeegel; *fig* Nimmersatt *m;* **~-man** ['-mən] Reiter *m;* **~-manship** Reitkunst *f;* **~-marines** *pl hum* reitende Gebirgsmarine *f; tell that to the ~* machen Sie das einem andern weis; **~-nail** = *~shoe-nail;* **~ opera** *Am sl* Wildwestfilm *m;* **~-play** grobe(r) Unfug *m;* **~-pond** Pferdeschwemme *f;* **~-power** *phys tech* Pferdestärke *f (= 550 ft. lbs./sec. = 1,014 PS = 0,75 kW);* **~-race** Pferderennen *n;* **~-radish** Meerrettich *m;* **~-shoe** [-'ʃu:, -ʃ-] Hufeisen *n; ~ bend* Schleife *f (Straße);* **~-nail** Hufeisen *n;* **~-pitching** (*Am sport*) Hufeisenwerfen *n;* **~-tail** Pferdeschwanz *m;* **~ trade** *Am fig* Kuhhandel *m;* **~-whip** *s* Reitpeitsche *f; tr* durchprügeln; **~-woman** ['-wumən] Reiterin *f.*

hors|iness ['hɔ:sinis] Stallgeruch *m;* Pferdeliebhaberei *f;* **~y** ['hɔ:si] pferdeartig; Pferde-; pferdeliebend; Renn-.

hortat|ive ['hɔ:tətiv], **~ory** ['-əri] (er)mahnend; Mahn-.

horticultur|al [hɔːtiˈkʌltʃərəl] *a* Gartenbau-; **~ exhibition** Gartenschau, -bauausstellung *f*; **~e** [-ˈkʌltʃə] Gartenbau *m*; **~ist** [-ˈkʌltʃərist] Handelsgärtner; Gartengestalter *m*.

hosanna [ho(u)ˈzænə] *s* Hosianna *n*; *interj* hosianna!

hos|e [houz] *tr* mit e-m Schlauch bespritzen; *s* **hist** (Knie-)Hose *f*; (langer) Damenstrumpf; (Gummi-)Schlauch *m*; *pl* **~~** Strümpfe *m pl*; **rubber ~~** Gummischlauch *m*; **~ier** [ˈhouʒə] Strumpfwaren-, Trikotagenhändler, -fabrikant *m*; **~iery** [ˈhouʒəri] Strumpf-, Wirkwaren, Trikotagen *pl*; **(~~ mill)** Wirkerei, Strumpffabrik *f*.

hospice [ˈhɔspis] Hospiz *n*.

hospitabl|e [ˈhɔspitəbl] gastfrei, -lich, -freundlich; *fig* aufgeschlossen (*to* für); **~ness** [-nis] Gastlichkeit *f*.

hospital [ˈhɔspitl] Klinik *f*, Krankenhaus, Hospital; *mil* Lazarett *n*; **mental**, *(Am)* **insane ~** Irrenhaus *n*; **~ fever** Flecktyphus *m*; **~ity** [hɔspiˈtæliti] Gastlichkeit; Gastfreundschaft *f*; **~ization** [hɔspitəlaiˈzeiʃən, -li-] Einlieferung *f* in ein, Unterbringung *f* in e-m Krankenhaus; **~ize** [ˈhɔspitəlaiz] *tr* in ein Krankenhaus einliefern od überweisen; **~(l)er** [ˈhɔspitlə] *hist* Hospitalbruder, Hospitaliter *m*; **~~nurse** Krankenschwester *f*; **~~orderlies** *pl* Sanitätsmannschaften *f pl*; **~~ship** Lazarettschiff *n*; **~~train** Lazarettzug *m*; **~~treatment** Lazarettbehandlung *f*.

host [houst] **1.** Gastgeber, Wirt; Hausherr; (Gast-)Wirt; *biol* Wirt(stier *n*) *m* (*e-s Schmarotzers*); *to reckon without o.'s ~ (fig)* die Rechnung ohne den Wirt machen; **~ess** [ˈ-is] Gastgeberin, Wirtin, Dame *f* des Hauses; (Gast-)Wirtin; Empfangsdame; Geschäftsführerin; *mar aero* Stewardeß *f*; Taxigirl *n*; **~~ gown** Morgenrock *m*; **2.** *lit obs* Heer *n*; *pl rel* Heerscharen *f pl*; **a ~ of**, **~s of** e-e Unzahl, e-e (ganze) Reihe, Menge *f*, Schwarm *m*; sehr viel(e); *the Lord of H~s* der Herr der Heerscharen; **3.** *rel* Hostie *f*.

hostage [ˈhɔstidʒ] Geisel *f*; *fig* Pfand *n*; *to give ~s to fortune* sich Gefahren aussetzen.

hostel [ˈhɔstəl] Herberge *f*, Hospiz, Übernachtungsheim; Wohnheim *n*; **~(l)er** [ˈ-ə] Jugendwanderer; im Wohnheim untergebrachte(r) Student; **~ry** [ˈ-ri] *obs* Gasthaus *n*, -hof *m*.

hostil|e [ˈhɔstail] feindlich, feindselig (*to* gegen); **~~ territory** Feindesland *n*; **~ity** [hɔsˈtiliti] Feindseligkeit *f* (*to, towards, against* gegen); *pl* Feindseligkeiten *f pl* Krieg(szustand *m*, -shandlungen *f pl*) *m*.

hostler [ˈɔslə] *s. ostler*.

hot [hɔt] *a* heiß, sehr warm; brennend, beißend; scharf, stark gewürzt; *fig* heiß(blütig), feurig, hitzig, leicht erregbar, aufgeregt; erregt; heftig; eifrig; (hell) begeistert, leidenschaftlich, glühend; verliebt; *fam* erpicht, scharf (*on*, *for* auf); *sl* geil, lüstern; wollüstig; *(Kampf, Ringen)* heiß, heftig; heißgelaufen; *el* unter Spannung; eingeschaltet; radioaktiv; *mus* heiß; *sport* Favorit-; erfolgreich; *fam* noch warm, (noch) frisch; *sl* geklaut, gestohlen; geschmuggelt, Schmuggel-; *sl* prima, Klasse; wunderbar, hübsch, anziehend; gefährlich, bedenklich; *adv* heftig, eifrig; *in ~ haste* in größter Eile, überstürzt; **~ and** frisch vom Feuer, aus dem Ofen; *with fever* fieberheiß; *not so ~ (fam)* ergebnislos, wirkungslos; *to blow ~ and cold* nicht wissen, was man will; *to get ~ (sl)* in Fahrt kommen; *to get into ~ water* in die Patsche geraten; *to get ~ over s.th.* sich wegen etw erhitzen; *to make it ~ for s.o.* jdm die Hölle heiß machen; *I'm ~ on his trail od track* ich bin ihm dicht auf der Spur; *I don't feel so ~ (Am sl)* ich fühle mich nicht besonders; *give it him ~! (fam)* gib ihm Saures! **~ air** Heißluft *f*; *Am sl* dumme(s) Zeug *n*, Flausen *pl*, blaue(r) Dunst *m*; Angeberei *f*; **~bed** Mistbeet *n*; *fig* Brutstätte *f*; **~blast** *attr tech* Heißwind-; **~blooded** *a* heißblütig, feurig, hitzig; **~box** *Am tech* heißgelaufene(s) Lager *n*; **~brained**, **-headed** *a* leicht erregbar, aufbrausend, heftig, ungestüm; **~cake** Pfannkuchen *m*; *to sell like ~~s* abgehen wie warme Semmeln; **~ corner** *Am fam* gefährliche Gegend *f*; **~ dog** *s Am fam* warme(s), heiße(s) Würstchen *n* (mit Brötchen); *interj* prima! hervorragend! **~-dog stand** *(Am fam)* Würstchenstand *m*, -bude *f*; **~foot** *adv fam* auf dem schnellsten Wege, in aller Eile; *itr fam* schnell machen, sich beeilen; *tr* beschleunigen; **~head** Hitz-, Brausekopf *m*; **~headed** [ˈ-id] *a* hitzköpfig; **~house** Treibhaus *n*; **~pad** Heizkissen *n*; **~ plate** Heiz-, Kochplatte *f*; **~poo** *Am sl das* Neueste, letzte Neuigkeit *f*; **~pot** Eintopf *m* von Fleisch und Kartoffeln; **~ potato** *fig fam* schwierige(s) Problem *n*; **~press** *tr (Gewebe)* dekatieren, dämpfen; *s* Dekatier-

hot rod 477 **householder**

maschine *f*; ~ **rod** *Am sl mot* alte Kiste *f* mit überverdichtetem Motor; Rennwagen *m*; **~rodder** *Am sl* Rennfahrer *m*, -sau *f*; **~rolled** *a* warmgewalzt; **~short** (*Eisen*) rotbrüchig; ~ **shot** *Am sl* tolle(r) Kerl *m*; neueste Nachricht *f*; ~ **spot** *Am sl* Nachtlokal *n*; **~spur** ['-spə:] Heißsporn *m*; ~ **stuff** *sl iro* tolle(r) Bursche *m*; was ganz Besonderes; Diebesgut *n*; **~-tempered** *a* heißblütig, feurig; leicht erregt, heftig; ~ **tip** todsichere(r) Tip *m*; ~ **war** heiße(r) Krieg *m*; ~ **waste** radioaktive(r) Abfall *m*; ~ **water** heiße(s) Wasser; Heißwasser *n*; *in* ~~ (*fam*) in der Tinte; **~-water bottle** Wärm-, Bettflasche *f*; *~-water heater* Warmwasserbehälter *m*; *~-water tank* Heißwasserbehälter *m*; ~ **wire** *fam* (gute) Nachricht *f*; *tech* Hitzdraht *m*.
hotchpotch ['hɔtʃpɔtʃ] (dicke) Gemüsesuppe *f*, Eintopf *m*; gemeinsame(s) Vermögen *n*; *fig* Mischmasch *m*.
hotel [hou'tel, ou't-, ə't-] Hotel, Gasthaus *n*, -hof *m*; ~ **accommodation** Unterbringung *f* im Hotel; ~ **bill** Hotelrechnung *f*; **~ keeper, proprietor** Hotelbesitzer *m*; ~ **register** Fremdenbuch *n*; *the* ~ **trade** das Beherbergungsgewerbe.
hough [hɔk] *s.* hock 1.
hound [haund] *s* Jagdhund; Hund *a. fig pej*; *fig* Schurke; (*Spiel*) Verfolger *m*; *tr* (mit Hunden) jagen, hetzen; (beständig) verfolgen; hetzen (*at, on* auf); *to follow the* ~s, *to ride to* ~s mit der Meute jagen.
hour ['auə] Stunde *f*; Zeit *f*; Zeitpunkt *m*; (Unterrichts-)Stunde; Stunde Weg, Fahrt; Uhr(zeit) *f*; *rel* Stundengebet *n*; *the H*~s (*Mythologie*) die Horen *f pl*; *rel* (*Kunst*) Stundenbuch *n*; *after* ~s nach Feierabend; nach Geschäftsschluß; ~ *after* ~, ~ *by* ~ Stunde für Stunde; *at all* ~s jederzeit, zu jeder Stunde; *at the eleventh* ~ in letzter Minute; *for* ~s stundenlang; *in a good, evil* ~ zu rechter, zu unpassender Zeit; im rechten, im falschen Augenblick; *to keep early, late* ~s früh aufstehen; spät zu Bett gehen *od* lange aufbleiben; *to keep regular* ~s ein geregeltes Leben führen; *the rush* ~ die Hauptgeschäfts-, -verkehrszeit *f*; *the small* ~s die frühen Morgenstunden *f pl*; *working* ~s (*pl*) Arbeitszeit *f*; Dienststunden *f pl*; ~ *of operation* Betriebsstunde *f*; ~ *of service* Betriebs-, Brennstunde *f*; **~-circle** *astr* Stundenkreis *m*; ~ **flown** *aero* Flugstunde *f*; **~-glass** Sanduhr *f*, Stundenglas *n*; **~-hand** Stundenzeiger *m*; **~ly** ['-li] *a* stündlich; beständig, dauernd; *adv* stündlich, alle Stunde; von Stunde zu Stunde; oft, häufig, beständig; ~~ *wage* Stundenlohn *m*.
house [haus] *pl* ~s ['hauziz] (*bes.* Wohn-)Haus *n*; Hausgemeinschaft *f*, -halt *m*; Familie *f*, Geschlecht, (*bes. adliges od fürstl.*) Haus *f*; Geschäft(shaus) *n*, Firma *f*; Gasthaus *n*, -hof *m*; *theat* Vorstellung *f*, Publikum, Theater, Haus *n*; Börse *f*; (*Univ.*) College; Wohngebäude (*e-s Internats*); Ordenshaus; Gotteshaus; (Abgeordneten-)Haus, Parlament; (Schnecken-)Haus; (Vogel-, Raubtier-, Affen-)Haus *n*; Schuppen *m*, (Wagen-)Remise *f*; *v* [hauz] *tr* unterbringen; unter Dach und Fach bringen; verstauen; *itr* unterkommen; wohnen; *on the* ~ auf Kosten der Firma; *to bring down the* ~ (*theat*) großen Beifall ernten; *to clean* ~ das Haus putzen, reinemachen; *fig* ausmisten; *to keep* ~ haushalten (*for s.o.* jdm); e-n Haushalt haben; zs.leben (*with* mit); *to keep the* ~ das Haus hüten; *to make H*~ (*parl*) beschlußfähig sein; *to put, to set o.'s* ~ *in order* reinen Tisch machen; sein Haus bestellen; *apartment-* ~ Mietshaus *n*; *boarding-* ~ Pension *f*; *dwelling-* ~ Wohnhaus *n*; *hen-* ~ Hühnerhaus *n*; ~ *of cards* (*fig*) Kartenhaus *n*; *the H*~ *of Commons* (*parl*) das Unterhaus; ~ *of correction* Besserungsanstalt *f*; ~ *of detention* Untersuchungsgefängnis *n*; *the H*~ *of Lords* (*parl*) das Oberhaus; *the H*~ *of Parliament* das Parlamentsgebäude; *the H*~s *of Parliament* die Kammern *f pl*; *the H*~ *of Representatives* (*Am*) das Repräsentantenhaus; **~-agent** Grundstücksmakler *m*; **~-boat** Hausboot *n*; **~breaker** Einbrecher; Abbrucharbeiter, -unternehmer *m*; **~breaking** Einbruch; Abbruch *m*; **~broken, -trained** *a* (*Tier*) stubenrein; **~ check** *Am* Haussuchung *f*; ~ **coal** Hausbrand *m*; ~ **coat** ['-kout] *Am* Morgenrock *m*; **~-dog** Hofhund *m*; **~ dress** Hauskleid *n*; **~ flag** Reedereiflagge *f*; **~fly** ['flai] Stubenfliege *f*; **~hold** *s* Haushalt *m*; Hofhaltung *f*; *a* Haushalt(s)-, Hof-, ~ *arts* (*pl*) Hauswirtschaft u. Heimgestaltung *f*; ~~ *goods* (*pl*) Haushaltswaren *f pl*. -gegenstände *m pl*; ~~ *jam* billige Marmelade *f*; ~~ *money* Wirtschaftsgeld *n*; ~~ *soap* Kernseife *f*; ~~ *word* alltägliche(r) Ausdruck *m*; *it's a* ~~ *word* das ist ein Begriff; **~holder**

Haushaltungsvorstand; Wohnungsinhaber, Hauptmieter m; ~ **hunting** Wohnungssuche f; ~**keeper** Haushälterin f; Hausmeister m; ~**keeping** Haushalten n, Führung f e-s Haushalts; ~~ **money** Wirtschaftsgeld n; ~**maid** Hausmädchen n, -angestellte, -tochter f; ~~'**s knee** Schleimbeutelentzündung f; ~ **mark** Hausmarke f; ~**master** (Schule) Hausmeister m; ~**number** Hausnummer f; ~ **organ** Hauszeitschrift f (e-r Firma); ~**painter** Anstreicher m; ~**physician** Anstaltsarzt m; ~ **plant** Zimmerpflanze f; ~**rent** Miete f, Hauszins m; ~**room** Wohnraum m; to give ~~ to s.o. jdn aufnehmen; I would not give it ~~ das möchte ich nicht geschenkt haben; ~**servants** pl (Haus-)Personal n, Dienerschaft f; ~~**surgeon** Krankenhauschirurg m; ~ **tent** Hauszelt n; ~**to-~ collection** Haussammlung f; ~**to-~ distribution** Postwurfsendung f; ~**top** Dach n; (meist in:) to publish s.th. from the ~~s etw ausposaunen; ~**wares** pl com Haushaltsartikel m pl; ~**warming** Einzugsfest n; ~**wife** [-waif] Hausfrau f; Haushälterin, Wirtschafterin f; ['hazif] Nähkasten, -beutel m; ~**wifely** ['-waifli] a adv haushälterisch, wirtschaftlich, sparsam; ~**wifery** ['-wifəri] Haushalten n, -wirtschaft f, -wesen n; ~**work** Hausarbeit f; ~**wrecker** ['-rekə] Am Abbrucharbeiter m.

housing ['hauziŋ] **1.** Unterbringung, Aufnahme, Unterkunft, Wohnung f; vorhandene(r) Wohnraum m; Wohnungsbeschaffung f, -wesen n; (Waren) (Ein-)Lagern n, (Ein-)Lagerung f; Lagergeld n; tech Hülse f, Gehäuse, Gerüst n; mar Hüsing f; public ~ öffentliche(r) Wohnungsbau m; ~ **area** Wohngebiet n; **H~ Board** Wohnungsamt n; ~ **conditions** pl Wohnverhältnisse n pl; ~ **estate** Wohnbezirk m, Siedlung f; ~ **market** Wohnungsmarkt m; ~ **problem** Wohnungsproblem n; ~ **program(me)** Wohnungsbauprogramm n; ~ **requirements** pl Wohnraumbedarf m; ~ **shortage** Wohnungsnot f, Wohnraummangel m; **2.** Pferdedecke f.

hovel ['hɔvəl] s Schuppen, Stall m; Hütte; pej Bruchbude f, Loch n.

hover ['hɔvə] itr schweben; (in der Luft) kreisen, flattern (about, over über); herumlungern, sich herumtreiben (about, near in der Nähe gen); warten (about, near bei); fig unsicher sein, schwanken (between zwischen); fig schweben (between life and death zwischen Leben u. Tod); s Schweben n; fig Ungewißheit f; ~**craft** ['-kra:ft] mot Luftkissenfahrzeug n; ~**ing** ['-riŋ] schwebend (a. Akzent); schwankend, zögernd.

how [hau] adv wie; wieso; zu welchem Preis, wie teuer? fam was? s dies; and ~! (Am sl) und wie! ~ about ...? wie steht es mit ...? ~ come ...? (Am sl), ~ is it? wie kommt es, daß ...? wieso? ~ ever? ~ on earth? ~ the goodness? ~ the deuce? ~ the devil, ~ the dickens? wie nur, bloß? wie in aller Welt? wie zum Teufel? ~ many? wie viele? ~ much? wieviel? ~ now? nun? was ist, bedeutet das? ~ so? wieso? warum? ~ then? wie denn nun? wie sonst? was heißt das? ~ are you? ~ do you do? wie geht's? Guten Tag! (bei e-r Vorstellung) sehr erfreut! ~**d'ye-do, ~dy-do** ['haudi'du:] fam fatale, dumme Geschichte f; ~**ever** [hau'evə] adv wie auch immer; wie groß auch; conj indessen; jedoch, aber; trotzdem; ~**soever** [ha(u)sou'evə] wie auch immer; wie sehr auch.

howitzer ['hauitsə] mil Haubitze f.

howl [haul] itr (bes. Wolf, Hund, Wind) heulen; (vor Schmerz, Wut, Angst) brüllen, schreien; radio pfeifen; tr schreien, brüllen; s Geheul, Gebrüll, Gelächter; radio Pfeifen n; Am sl Witz m; to ~ down niederbrüllen, -schreien; to ~ with laughter vor Lachen brüllen; he's a ~ er ist zum Brüllen; ~**er** ['-ə] Brüllaffe f; fam Bock, Schnitzer, dumme(r) Fehler m; ~**ing** ['-iŋ] heulend; sl gewaltig, phantastisch, ungeheuer; (Ungerechtigkeit) schreiend; (Erfolg) toll; (Bildnis) trostlos; ~~ **monkey** Brüllaffe m.

hoy [hɔi] **1.** schwere Barke f; **2.** interj he!

hoyden ['hɔidn] s Range f, Wildfang m, jungenhafte(s) Mädchen n.

hub [hʌb] **1.** (Rad) Nabe f; fig Mittelpunkt m, Zentrum n, Schwerpunkt m; the H~ (Am) Boston n; ~**cap, ~cover, ~plate** Radkappe f; ~~**remover** mot Radabzieher m; **2.** a. ~**by** ['-i] fam Gatte(rich) m.

hubble-bubble ['hʌblbʌbl] (einfache) Wasserpfeife f; Gurgeln, Murmeln, Plätschern (e-r Flüssigkeit); Stimmengewirr n, Aufruhr m.

hubbub ['hʌbʌb] Stimmengewirr n, Lärm; Wirrwarr m, Durcheinander n; Tumult, Aufruhr m.

hubris ['hu:bris] Hybris f.

huckaback ['hʌkəbæk] (Textil) Drillich, Drell m; Gerstenkornleinen n.

huckle ['hʌkl] *(selten)* Hüfte *f;* **~-bone** *anat* Hüftknochen; Fußknöchel *m.*

huckleberry ['hʌklbəri] *Am Art* Heidelbeere *f.*

huckst|er ['hʌkstə] *(a.~-er* ['-rə]) *s (bes.* Gemüse-, Obst-)Höker, (Straßen-) Händler, Krämer *m; fig* Krämerseele *f; Am fam* Reklamefritze *m; tr* hökern, handeln mit; feilschen um.

huddle ['hʌdl] *itr* sich drängen; sich drücken; sich schmiegen *(to* an); *(to ~ o.s.)* sich hocken, sich kauern; *(Fußball)* sich gruppieren; *tr* zs.drängen, drücken; durchea.werfen; *(to ~ over)* pfuschen, sudeln; *s* Wirrwarr *m,* Durcheinander *n,* Verwirrung; *(Fußball)* Gruppe; *Am sl* intime Zs.kunft, Geheimbesprechung *f; to ~ on (Kleider)* rasch überwerfen; *to ~ together, up* (sich) zs.-, (sich) anea.drängen, -drücken; *to be, to go into a ~ (Am sl)* die Köpfe zs.stecken.

hue [hju:] **1.** Farbe; Färbung *f;* Farbton *m,* Schattierung *f;* **2.** *s: ~ and cry* ['-ɒnkrai] laute(s) Geschrei, Zetergeschrei *n; fig* Hetze *f; to raise a ~ and cry against s.o. (fig)* gegen jdn heftig protestieren.

huff [hʌf] *tr* anfahren *(s.o.* jdn); unverschämt, frech werden *(s.o.* gegenüber jdm), einschüchtern; ärgerlich machen, aufbringen; beleidigen; *(Damestein)* pusten, wegnehmen; *itr* blasen, pusten; ärgerlich werden, sich beleidigt fühlen; *s* Ärger, Groll *m,* üble Laune *f; to take the ~* beleidigt sein; **~iness** ['-inis] Empfindlichkeit *f;* Ärger *m;* Eingeschnapptheit *f;* **~ish** ['-iʃ] mürrisch, verdrießlich; launisch, launenhaft; übelnehmerisch; **~ishness** ['-iʃnis] mürrische(s) Wesen *n;* Launenhaftigkeit *f;* **~y** ['-i] leicht beleidigt, empfindlich, *fam* eingeschnappt.

hug [hʌg] *tr* umarmen, in die Arme nehmen *od* schließen; sich dicht halten *(the shore* am Ufer); *mot* sich legen *(the curb* in die Kurve); *fig* hängen an, (großen) Wert legen auf, festhalten an; *to ~ o.s.* sich schmeicheln, stolz sein *(over* auf); *s* Umarmung *f; sport* Griff *m.*

huge [hju:dʒ] sehr, gewaltig, ungeheuer; **~ness** [-nis] gewaltige Größe *f.*

hugger-mugger ['hʌgəmʌgə] *s* Durcheinander *n,* Verwirrung *f;* Geheimnis *n; a* unordentlich, in Unordnung, durcheinander, (ver)wirr(t); *adv* durcheinander; insgeheim; **~y** ['-ri] *Am sl* Enttäuschung *f.*

Huguenot ['hju:gənɒt] Hugenotte *m.*

hulk [hʌlk] *s* schwerfällige(r) Mensch, Klotz, Trampel *m;* unförmige Masse *f; mar* abgetakelte(s) Schiff *n;* **~ing** ['-iŋ] umfangreich, unförmig; plump.

hull [hʌl] *s bot* Hülse, Schale; Schote; *allg* Hülle *f,* Schiffs-, Flugzeugrumpf *m; tr* enthülsen, schälen; *(Schiffswand)* mit e-m Geschoß durchbohren; *~ down (Schiff)* dem Blick entschwunden; **~ insurance** Flugzeug-, Schiffsversicherung *f.*

hullabaloo [hʌləbə'lu:] Lärm *m,* Verwirrung *f,* Wirrwarr, Tumult *m.*

hullo ['hʌ'lou] *interj* hallo! *(Überraschung)* nanu!

hum [hʌm] **1.** *itr* summen, brummen; (er)dröhnen *(with* von); *fam* geschäftig, betriebsam sein; *sl* unangenehm riechen; *tr (Melodie)* summen *(to o.s.* vor sich hin); *s* Summen, Brummen *n; to ~ to sleep* in den Schlaf summen; *to make things ~ (fig) fam* den Laden in Schwung bringen; **~mer** ['-ə] Summer *m,* Schnarre *f; fam* Geschäftshuber *m;* **~ming** ['-iŋ] summend, brummend; *fam* geschäftig, eifrig; gewaltig, mächtig, stark, kräftig; *things are always ~~* es ist immer Betrieb; **~~-bird** Kolibri *m;* **~~-top** Brummkreisel *m;* **2.** *interj* hm! *itr* hm machen; *(meist: to ~ and ha, (Am)* haw [hɑ:]) sich räuspern; zögern, Ausflüchte machen; **3.** *(= humbug)* Schwindel *m; it's all ~* das ist (ja) alles Schwindel.

human ['hju:mən] *a* menschlich; Menschen-; *s (~ being)* Mensch *m,* menschliche(s) Wesen *n; to err is ~* Irren ist menschlich; *I'm only ~* ich bin auch nur ein Mensch; *the ~ nature* die menschliche Natur, das Wesen des Menschen; **~e** [hju(:)'mein] menschlich, wohlwollend, gütig, human, besonnen, vernünftig, weise; verfeinernd, bildend; *~~ learning* humanistische Bildung *f;* **~ism** ['hju:mənizm] klassische Bildung *f;* Humanismus *m;* **~istic** [hju:mə'nistik] humanistisch; **~itarian** [hju(:)-mæni'tɛəriən] *s* Menschenfeund, Philanthrop *m; a* menschenfreundlich; **~itarianism** [hju:mæni'tɛəriənizm] Menschenfreundlichkeit *f;* **~ity** [hju(:)'mæniti] das Menschengeschlecht, die Menschheit, die Menschen *pl;* Menschennatur *f;* Menschlichkeit, Güte, Menschenliebe *f; the ~ities (pl)* die klassische Philologie; die Geisteswissenschaften *pl;* **~ization** [hju:mənai'zeiʃən] Vermenschlichung; Gesittung, Bildung, geistige, sittliche Hebung *f;* **~ize** ['hju:mənaiz] *tr* vermenschlichen; menschlich, gesittet machen, bilden, geistig, sittlich heben; *itr* menschlich, gesittet werden, sich bilden; **~kind** ['hju:mən'kaind] das

humanly   480   **hungry**

Menschengeschlecht, die Menschheit; **~ly** ['hju:mənli] *adv* menschlich; **~ possible** menschenmöglich; **~~ speaking** nach menschlichem Ermessen.

humble ['hʌmbl] *a* demütig, unterwürfig, bescheiden, anspruchslos; niedrig, gering, einfach, schlicht, unbedeutend; *tr* demütigen, herabwürdigen; erniedrigen, herabsetzen; *to eat ~ pie* sich demütigen; s-e Schuld eingestehen; Abbitte tun; *my ~ self* meine Wenigkeit; **~-bee** Hummel *f*; **~ness** ['-nis] Demut; Bescheidenheit, Anspruchslosigkeit, Niedrigkeit *f*.

humbug ['hʌmbʌg] *s* Schwindel, Humbug *m*; dumme(s) Gerede *n*, Blödsinn, Quatsch; Schwindler, Hochstapler *m*; Pfefferminzbonbon *n*; *tr* beschwindeln *(out of* um); 'reinlegen, anführen, *fam* -schmieren, prellen; verleiten *(into* zu).

humdinger ['hʌm'diŋə] *Am sl* prima Kerl *m*; phantastische Sache *f*.

humdrum ['hʌmdrʌm] *a* eintönig, monoton, öde, fade, langweilig; *s* Eintönigkeit, Langweiligkeit *f*.

humer|al ['hju:mərəl] *a* Oberarmbein-; Schulter-; **~us** ['hju:mərəs] *pl* -*i* ['-ai] *anat* Oberarmknochen *m*.

humid ['hju:mid] feucht; dampfgesättigt; **~ification** [hju(:)midifi'keiʃən] Verdunstung *f*; **~ifier** [hju(:)'midifaiə] Verdunster *m*; **~ify** [hju(:)'midifai] *tr* an-, befeuchten; feucht machen *od* halten; **~ity** [hju(:)'miditi] Feuchtigkeit *f*; *mete* Feuchtigkeitsgehalt *m*.

humili|ate [hju(:)'milieit] *tr* demütigen, herabwürdigen, erniedrigen; **~ation** [hju(:)mili'eiʃən] Demütigung, Erniedrigung *f*; **~ty** [hju(:)'militi] Demut; Bescheidenheit, Niedrigkeit *f*.

hummock ['hʌmək] (kleiner) (Erd- *od* Eis-)Hügel, Höcker, Buckel *m*; flache Anhöhe *f*; Landrücken *m*.

humor|al ['hju:mərəl] *a med* Humoral-, die Körpersäfte betreffend; **-esque** [hju:mə'resk] *mus* Capriccio *n*; **~ist** ['hju:mərist] humorvolle(r) Mensch; Humorist *m*; **~istic** [hju:mə'ristik] humorvoll; humoristisch; **~ous** ['hju:mərəs] launisch; humorvoll, launig, lustig, spaßig, amüsant, drollig, komisch; **~~ paper** Witzzeitschrift *f*.

humo(u)r ['hju:mə] *s (sense of) ~* Humor; lustige(r) Einfall, Spaß, Scherz *m*; Laune, Stimmung *f*; Temperament *n*; *tr* willfahren *(s.o.* jdm); nachgeben *(s.o.* jdm gegenüber), den Willen lassen *(s.o.* jdm); sich anpassen *(s.o.* jdm); *to be in a good, bad ~* gute, schlechte Laune haben; gut, schlecht aufgelegt sein; *to be out of ~* nicht in Stimmung, schlecht aufgelegt sein; *sense of ~* Sinn *m* für Humor.

hump [hʌmp] *s (Kamel)* Höcker; *(Mensch)* Buckel; Buckel, (kleiner) Hügel; *min rail* Ablaufberg *m*; *Am sl aero* Flug-, Luftfahrthindernis *n*; *allg* kritische(r) Augenblick *m*; schlechte, üble Laune *f*, Ärger, Verdruß *m*; *tr* krumm machen, krümmen; *(Australien)* schultern, auf die Schulter nehmen; *fam* aus dem Häuschen bringen; *to ~ o.s. (Am sl)* sich am Riemen reißen, sich (große) Mühe geben; *to ~ up* die Schultern hochziehen; *to be over the ~ (fig)* über den Berg sein; *to give s.o. the ~* jdm die Laune verderben; *the cat ~ed her back* die Katze machte e-n Buckel; **~back** ['-bæk] Buckel; Bucklige(r); *zoo* Buckelwal *m*; **~backed** *a* bucklig.

humph [mm(m), hʌmf] *interj* hm!

humpty-dumpty ['hʌmpti'dʌmpti] Dickmops *m*, Dickerchen *n*.

humus ['hju:məs] Humus *m*.

Hun [hʌn] *hist* Hunne *m*; *pej* Barbar *m*.

hunch [hʌn(t)ʃ] *tr* wölben, biegen, krümmen; *itr* nach vorn rücken, stoßen, schieben, drücken; schubsen, puffen; *to ~ o.'s back* e-n Buckel machen; *s* Höcker, Buckel *m*; (dickes) Stück *n (Brot)*; *Am sl* (Vor-)Ahnung *f*, (Vor-)Gefühl *n*; *to ~ out, to ~ up* nach außen, nach oben wölben *od* biegen; *to be ~ed up* zs.gekauert sein; *to have a ~ (Am sl)* e-n Riecher haben; *with ~ed shoulders* mit hochgezogenen Schultern; **~back** Buckel, Bucklige(r) *m*; *to be a ~* bucklig sein.

hundred ['hʌndrəd] *a* hundert; *s* das Hundert; Hundertschaft *f*; *hist* Amt(sbezirk *m*) *n*; *a ~* hundert; *one ~* einhundert; *~s of* Hunderte von; **~fold** ['-fould] *a adv* hundertfach, -fältig; **~th** ['-θ] *a* hundertst; *s* Hundertstel *n*; **~weight** ['-weit] Zentner *m (in England* = 112 *Pfund bzw* 50,8 *kg, in den US* = 100 *Pfund bzw* 45,36 *kg)*.

hung [hʌŋ] *pp von hang:* **~ up** (*Am sl*) altmodisch; rückständig; gequält; verspätet.

Hungar|ian [hʌŋ'gɛəriən] *a* ungarisch; *s* (das) Ungarisch(e); Ungar(in *f*) *m*; **~y** ['hʌŋgəri] Ungarn *n*.

hung|er ['hʌŋgə] *s* Hunger(gefühl *n*) *m*; *fig* (heftiges) Verlangen *n (for, after* nach); *itr* hungern, hungrig sein; sich sehnen, (heftig) verlangen *(for, after* nach); *to die of ~* verhungern; **~-strike** Hungerstreik *m*; **~ry** ['hʌŋgri] hungrig, hungernd; verlangend, (be)gierig *(for*

hunk — **hurtful**

nach); *(Boden)* mager; *to be ~~* Hunger haben, hungrig sein.
hunk [hʌŋk] *fam* dicke(s) Stück *n*, Ranken *m (bes. Brot)*; **-er** *fam* Hinterteil *n*; *on o.'s ~~s (Br sl)* niedergekauert.
hunk|s [hʌŋks] *fam* alte(r) Knacker, Knauser *m*; **-y** ['-i] *Am sl* genügend.
hunt [hʌnt] *tr* jagen, hetzen, *Am* jagen, schießen; treiben, verfolgen; eifrig, intensiv suchen; durchjagen, -streifen; *itr* auf die Jagd gehen, jagen; zur Fuchsjagd benutzen; suchen, forschen *(for* nach); *tech* pendeln; *s Br* Parforcejagd; Fuchsjagd; Jagd(gesellschaft *f*, -revier *n*); *fig* Jagd, Suche *f (for* nach); *to ~ down* erjagen, zur Strecke bringen; *to ~ out* ausfindig machen, auffinden; *to ~ up* aufstöbern, -spüren, -treiben; *to go ~ing* auf die Jagd gehen; *the ~ is up* die Jagd ist eröffnet; **~er** ['-ə] (Großwild-)Jäger, *Am allg* Jäger *m*; Jagdpferd *n*; Taschenuhr *f* mit Sprungdeckel; **~~'s moon** Vollmond *m* im Herbst; **-ing** ['-iŋ] (Fuchs-)Jagen *n*, Jagd; Verfolgung, Suche *f*; *el* Regelschwankung *f*; *tech* Pendeln *n*; *attr* Jagd-; *fox-~~* Fuchsjagd *f*; **~~-ground** Jagdgründe *m pl*, -revier *n a. fig*; **~~-horn** Jagdhorn *n*; **~~-knife** Hirschfänger *m*; **~~-licence** Jagdschein *m*; **~~-lodge** Jagd-, Hochsitz *m*; **~~-party** Jagdgesellschaft *f*; **~~-season** Jagdzeit *f*; **~~-watch** Sprungdeckeluhr *f*; **~ress** ['-ris] Jägerin *f*; **-sman** ['-smən] Jäger, Weidmann *m*; Pikör, Aufseher *m* der Jagdhunde; **-smanship** ['-ʃip] Jägerei.
hurdle ['hə:dl] *s agr sport* Hürde; *mil* Faschine *f*; *fig* Hindernis *n*, Schwierigkeit *f*; *pl u.* **~-race** Hürdenlauf *m*, Hindernisrennen *n*; *tr* beseitigen; mit Hürden umgeben; *fig (Hindernis)* überwinden; *itr* über ein Hindernis setzen; *hundred meters (Am with) ~s* 100 m Hürden(lauf); **-r** ['-ə] Hürdenläufer *m*.
hurdy-gurdy ['hə:digə:di] Drehorgel *f*, Leierkasten *m*.
hurl [hə:l] *tr* schleudern; um-, über den Haufen werfen; hinausbrüllen, -schreien; *(Worte)* ausstoßen *(at* gegen); *itr* schleudern *(at* auf, gegen); *to ~ o.s. on* sich stürzen auf; *s* Schleudern, Stoßen *n*.
hurly-burly ['hə:libə:li] Wirrwarr *m*, Verwirrung *f*; Lärm, Tumult, Aufruhr *m*.
hurrah [hu'rɑ:], **hurray** [hu'rei] *interj* hurra! *s* Hurra(ruf *m*) *n*; *itr* hurra schreien; *tr* mit Hurrarufen umjubeln.
hurricane ['hʌrikən, *bes. Am* -kein] Wirbelsturm, Orkan *m a. fig*; **~-deck** mar Sturmdeck *n*; **~-lamp, -lantern** Sturmlaterne *f*; **~ warnings** *pl* Sturmwarnung *f*.
hurried ['hʌrid] *a* hastig, eilig, gehetzt; übereilt, schnell.
hurry ['hʌri] *tr (to ~ up)* erledigen *od* schicken; beschleunigen; hetzen, jagen, antreiben; schnell überstürzen; *itr* sich beeilen, sich abhetzen; *s* (große) Eile, Hast, Übereilung, Überstürzung, Übereile *f*; Drängen *n*, (innere) Unruhe, Ungeduld; *tech* Rutsche *f*; *a Am* rasch, überstürzt, beschleunigt; *in a ~* in (großer) Eile, in Hast, (zu) schnell; überstürzt; ungeduldig; *not... in a ~ (fam)* nicht... so leicht, bald; nicht von sich aus, nicht ohne Not, nicht freiwillig; *in the ~ of business* im Drang der Geschäfte; *to be in a ~* es sehr eilig haben; darauf brennen *(to do s.th.* etw zu tun); *to be in too big (too much of) a ~* sich übereilen; *there is no ~* damit hat's keine Eile, das hat (noch) Zeit; *why (all) this ~? is there a ~?* ist das so eilig? *don't ~* nur, immer mit der Ruhe! *to ~ away* *tr* (schnell) wegschaffen, *fam* auf die Seite bringen; *itr* davoneilen, sich eiligst davonmachen, *fam* schnell abhauen; *to ~ back* *tr* zurückjagen, -treiben, -schicken; *itr* zurückeilen; *to ~ in* schnell hineinbringen, -schaffen, -tun; *to ~ off* *itr* wegeilen; *tr* wegschicken; *to ~ on* beschleunigen, an-, zu größerer Eile treiben; *to ~ over* schnell erledigen, abtun; überstürzen; schnell weggehen über; *to ~ through (Gesetzesvorlage)* durchpeitschen; *to ~ up* *tr* an-, zu größerer Eile treiben; *itr* eilen, sich beeilen, sich beschleunigen; schnell machen; *~ up!* schnell, schnell! los! **~-scurry** ['-'skʌri] *s* Hast, Übereilung, Überstürzung *f*, Hin und Her, Durcheinander *n*, Wirbel *m*; *a adv* hastig, übereilt, überstürzt; durcheinander, in Verwirrung, verwirrt.
hurt [hə:t] *irr hurt, hurt tr* wehtun *(s.o.* jdm); verletzen, verwunden; schaden, schädigen, Schaden zufügen *(s.o.* jdm); *fig* verletzen, kränken, beleidigen, wehtun *(s.o.* jdm); *itr (Körperteil)* wehtun; *s* Schmerz *m*; Verletzung, Verwundung *f*; Schaden *m*, Schädigung *f*, Nachteil *m (to* für); *to be, to feel ~* sich verletzt, beleidigt, gekränkt fühlen; *to ~ s.o.'s feelings* jdn kränken, verletzen; *that won't ~* das schadet nichts; **~er** ['-ə] Stoßdämpfer *m*, -platte *f*, -balken *m*; Stoß-, Achsring *m*; **~ful** ['-ful] schädlich, nachteilig *(to* für).

hurtle ['hə:tl] *itr* stoßen, zs.prallen, krachen, poltern, (p)rasseln, sausen (*against* auf, gegen; *together* zusammen); *tr* schleudern, werfen, schießen.

husband ['hʌzbənd] *s* (Ehe-)Mann, Gatte, Gemahl *m*; *tr* haushälterisch, sparsam umgehen mit; *ship's ~* Korrespondentreeder *m*; *~ and wife* Eheleute *pl*; **~man** ['-mən] Bauer, Landwirt; Landarbeiter *m*; **~ry** ['-ri] Landwirtschaft *f*; Ackerbau *m*; sparsame(s) Wirtschaften *n*; Wirtschaftsführung *f*; *animal ~* Viehzucht *f*.

hush [hʌʃ] *tr* zum Schweigen bringen, *fam* den Mund stopfen (*s.o.* jdm); beruhigen; einlullen; *itr* verstummen, schweigen; still, ruhig werden; *s* Stille, Ruhe *f*; *interj* still! Ruhe (da)! *to ~ up* (*itr*) sich still, ruhig verhalten; *tr* vertuschen, verheimlichen; **~aby** ['-əbai] *interj* psch! **~-hush** ['hʌʃ|hʌʃ] *a* streng (vertraulich und) geheim; Geheim-; **~-money** Schweigegeld *n*.

husk [hʌsk] *s bot* Hülse, Schote; *allg* Hülle, Schale *f*; *tr* enthülsen, schälen; **~iness** ['-inis] Heiserkeit *f*; *Am* kräftige(r) Wuchs *m*, Stämmigkeit *f*; **~y** ['-i] *a* voller Hülsen; hülsenartig; trocken, rauh, heiser; (*Stimme*) belegt; *Am fam* kräftig, stämmig, stark, robust; *s fam* starke(r) Mann *m*.

Husky ['hʌski] Eskimo *m*; Eskimosprache *f*; *h~* Eskimohund *m*.

hussar [huˈzɑː] Husar *m*.

hussy ['hʌsi] Schlampe *f*; freche(s) Ding *n*, Range *f*, Gör *n*.

hustings ['hʌstiŋz] *pl meist mit sing* Wahlversammlungslokal *n*; Wahlkampf *m*; Rednertribüne *f*.

hustle ['hʌsl] *tr* (herum)stoßen, schieben, -treiben; drängen (*into* zu); *Am fam* übereilen, überstürzen; (*Kunden*) fangen; schnell erledigen; *itr* sich durchschlagen, sich (vor)drängen, sich beeilen, eilen; sich e-n Weg bahnen (*through* durch); *Am fam* wie ein Wilder, wie ein Verrückter, wie toll schuften; *Am sl* betteln, stehlen; *s* Herumstoßen, -schieben *n*; *Am fam* Schufterei, Betriebsamkeit *f*; Drängen *n*; (Hoch-)Betrieb *m*; **~r** ['-ə] tatkräftige(r) Mensch *m*.

hut [hʌt] *s* Hütte; Baracke *f*; *tr* in Baracken unterbringen; *itr* in e-r Hütte, Baracke wohnen; **~ment** ['-mənt] Unterbringung *f* in Baracken; (*~ted camp*) Barackenlager *n*.

hutch [hʌtʃ] Kasten *m*, Kiste *f*; Käfig (*bes.* Kaninchen-)Stall *m*; Hütte; (Back-)Mulde *f*; *min* Trog; Hund *m*.

huzza [huˈzɑː] *interj obs* heißa! hussa!

hyacinth ['haiəsinθ] *bot* Hyazinthe *f*; *min* Hyazinth *m*.

hyaena [haiˈiːnə] *s. hyena*.

hyal|ine ['haiəlin] glasartig, -klar, durchsichtig, hyalin; **~ite** ['-ait] *min* Hyalit, Glasopal *m*.

hybrid ['haibrid] *s bot* Hybride, Bastardpflanze *f*; *zoo* Bastard; *allg* Zwitter(bildung *f*) *m*; hybride Wortbildung *f*; *a* hybrid(isch), von zweierlei Herkunft, Bastard-; **~ism** ['-izm] *biol* Kreuzung, Bastardierung; *allg* Zwitterbildung *f*; **~ity** [haiˈbriditi] Zwitterbildung *f*; **~ization** [haibridai'zeiʃən] Bastardierung, Kreuzung *f*; **~ize** ['haibridaiz] *tr* bastardieren, kreuzen; *itr* sich kreuzen (lassen).

hydra ['haidrə] *zoo* **Hydra** *f a. fig*; **~ngea** [-ˈdreindʒə] *bot* Hortensie *f*.

hydr|ant ['haidrənt] Hydrant *m*; **~ate** ['-eit] *s chem* Hydrat *n*; *tr* hydratisieren; hydrieren; **~ation** [haiˈdreiʃən] *chem* Hydrierung *f*; **~aulic** ['haiˈdrɔːlik] *a* hydraulisch; *s pl mit sing* Hydraulik *f*; **~~ brake** Öldruckbremse *f*; **~~ engineering** Wasserbau *m*; **~~ pressure** Flüssigkeitsdruck *m*.

hydro(aero)plane [haidro(u)ˈɛərəplein] Wasserflugzeug; Gleitboot *n*; **~carbon** [haidro(u)ˈkɑːbən] Kohlenwasserstoff *m*; **~~ compound** Kohlenwasserstoffverbindung *f*; **~cephalus** ['haidro(u)ˈsefələs] *med* Wasserkopf *m*; **~chloric** ['haidrɔˈklɔrik] *a*: **~~ acid** Salzsäure *f*; **~chloride** ['haidrəˈklɔːraid] Chlorhydrat *n*; **~cyanic** ['haidro(u)saiˈænik] *a*: **~~ acid** Blausäure *f*; **~dynamic(al)** ['haidro(u)dainæmik(əl)] hydrodynamisch; **~dynamics** [-dainˈæmiks] *pl mit sing* Hydrodynamik *f*; **~electric** ['haidro(u)iˈlektrik] *a*: **~~ power-station** Wasserkraftwerk *n*; **~fluoric** ['haidro(u)fluˈɔrik] *a*: **~~ acid** Flußsäure *f*; **~gen** ['haidridʒən] Wasserstoff *m*; **~~ bomb** Wasserstoffbombe *f*; **~~ peroxide** Wasserstoffsuperoxyd *n*; **~~ sulphide** Schwefelwasserstoff *m*; **~genate** [haiˈdrɔdʒineit] *tr chem* hydrieren; **~genation** ['haidrədʒəˈneiʃən] Hydrierung; (*Öl*) Härtung *f*; **~~ plant** Hydrieranlage *f*; **~genize** [haiˈdrɔdʒinaiz] = *~genate*; **~genous** [haiˈdrɔdʒinəs] wasserstoffhaltig; **~graphic** [haidro(u)ˈgræfik] hydrographisch; **~graphy** [haiˈdrɔgrəfi] Gewässerkunde, Hydrographie *f*; **~logy** [haiˈdrɔlədʒi] Hydrologie *f*; **~lysis** [haiˈdrɔlisis] *chem* Hydrolyse *f*; **~meter** [haiˈdrɔmitə] Senkwaage *f*; **~pathy** [haiˈdrɔpəθi] Wasserheilkunde, Hydropathie, Wasserkur *f*;

~phobia [haidrə'foubjə] Wasserscheu; *med* Tollwut *f*; **~phobic** [haidrə'foubik] wasserscheu; **~phone** ['haidrəfoun] Unterwasser-Horchgerät *n*; **~pic** [hai-'drɔpik] *med* wassersüchtig; **~ponics** [haidrə'pɔniks] *pl mit sing* Hydroponik, Wasserkultur *f*; **~static** [haidro(u)'stætik] *a* hydrostatisch; *s pl mit sing* Hydrostatik *f*; ~~ *pressure (phys)* Wasserdruck *m*; **~therapeutic** ['haidrəθerə'pju:tik *a* hydrotherapeutisch; *s pl u.* **~therapy** [-'θerəpi] Wasserheilkunde, Hydrotherapie *f*; **~us** ['haidrəs] *scient* wasserhaltig; wässerig; **~xide** [hai'drɔksaid] *chem* Hydroxyd *n*; ~~ *of sodium* Ätznatron *n*.

hyena [hai'i:nə] Hyäne *f*.

hygien|e ['haidʒi:n] Gesundheitspflege, Hygiene *f*; *personal* ~~ Körperpflege *f*; **~ic(al)** [hai'dʒi:nik(əl), *Am* -dʒi'enik] hygienisch; **~ics** [hai'dʒi:niks] *pl mit sing* Gesundheitslehre, -pflege, Hygiene *f*; **~ist** [hai'dʒi:nist] Hygieniker *m*.

hygro|meter [hai'grɔmitə] Hygrometer, Feuchtigkeitsmesser *m*; **~scope** ['haigrəskoup] Hygroskop *n*, Feuchtigkeitsanzeiger *m*; **~scopic** [-grə'skɔpik] hygroskopisch.

Hymen ['haimen] Hymen *m*, der Hochzeitsgott; *h*~ *(poet)* Hochzeit *f*; Hochzeitsgesang *m*, -lied *n*; Jungfernhäutchen, Hymen *n*; **h~eal** [haime'ni(:)əl] *a* hochzeitlich, Hochzeit(s)-; *s* Hochzeitsgesang *m*, -lied *n*.

hymn [him] *s* Hymne *f*, Loblied *n*, -gesang; Kirchengesang *m*, -lied *n*, Choral *m*; *itr tr* Loblieder singen (auf); **~al** ['himnəl] *s* Gesangbuch *n*; **~-book** Gesangbuch *n*; **~ic** ['himnik] hymnisch.

hyper(a)emia [haipər'i:miə] Hyperämie, Blutüberfüllung *f* (in e-m Körperteil); **~(a)esthesia** [haipəres'θi:siə] Überempfindlichkeit, nervöse Reizbarkeit *f*; **~bola** [hai'pə:bolə] *math* Hyperbel *f*; **~bole** [hai'pə:bəli] *(stilistische)* Übertreibung, Hyperbel *f*; **~bolic(al)** [haipə(:)'bɔlik(əl)] *(Stil)* übertreibend; *math* Hyperbel-; **~borean** [haipə(:)'bɔ:ri(:)ən] im hohen Norden (gelegen, wohnend), Nord-; **~critic(al)** ['haipə(:)'kritik(əl)] überstreng urteilend; schwer zu befriedigen(d); **~sensitive** ['haipə(:)'sensitiv] überempfindlich; **~tension** ['haipə(:)'tenʃən] (zu) hohe(r) Blutdruck *m*; **~tonia** [haipə(:)'touniə] Hypertonie, Überspannung *f*; **~trophic** [haipə(:)'trɔfik] hypertrophisch; **~trophy** [hai'pə:trəfi] *s* übermäßige(s) Vergrößerung *f od* Wachstum *n*; *itr* sich übermäßig vergrößern.

hyphen ['haifən] *s* Bindestrich; Trennstrich *m*, *typ* Divis *n*; *tr* = **~ate**; **~ate** ['-eit] *tr* mit e-m Bindestrich versehen *od* schreiben; *(Silben)* trennen.

hypno|sis [hip'nousis] *pl* **-ses** [-i:z] Hypnose *f*, Zwangsschlaf *m*; **~tic** [hip'nɔtik] *a* einschläfernd; hypnotisch; *s* Schlafmittel, Hypnotikum *n*; **~tism** ['hipnətizm] Hypnotismus *m*; **~tist** ['hipnətist] Hypnotiseur *m*; **~tize** ['hipnətaiz] *tr* hypnotisieren; *fam fig* mitreißen, begeistern, faszinieren.

hypo ['haipou] *pl* **-os** *phot* Fixiersalz *n*; *fam med* Spritze *f*; *sl* Hypochonder *m*; **~chondria** [haipo(u)'kɔndriə] Hypochondrie *f*, Krankheitswahn *m*, Schwermut *f*; **~chondriac** [haipo(u)-'kɔndriæk] *a* hypochondrisch; *s* Hypochonder *m*; **~chondriacal** [haipo(u)-kən'draiəkəl] hypochondrisch; **~crisy** [hi'pɔkrəsi] Heuchelei *f*; Schwindel *m*; **~crite** ['hipəkrit] Heuchler, Scheinheilige(r); Schwindler *m*; **~critical** [hipə'kritikəl] heuchlerisch, scheinheilig, unaufrichtig; **~dermic** [haipə-'də:mik] *a* unter der Haut befindlich, subkutan, hypodermatisch; *s (~~ injection)* Einspritzung unter die Haut, subkutane Injektion; *(~~ syringe) med* Injektionsspritze, -nadel *f*; **~gastric** [haipə'gæstrik] *a* Unterleibs-; **~gastrium** [haipə'gæstriəm] Unterleib *m*; **~physis** [hai'pɔfisis] *anat* Hypophyse *f*, Hirnanhang *m*; **~stasis** [hai'pɔstəsis] *pl* **-ses** [-i:z] *philos* Grundlage, Substanz *f*, Prinzip, Wesen *n*, Natur *f*; *rel* (göttliche) Person; *med* Hypostase *f*; **~tension** [haipə'tenʃən] niedrige(r) Blutdruck *m*; **~tenuse** [hai'pɔtinju:z] *math* Hypotenuse *f*; **~thecary** [hai'pəθikəri] pfandrechtlich, hypothekarisch; **~thecate** [hai'pəθikeit] *tr* verpfänden, lombardieren; hypothekarisch, mit e-r Hypothek belasten; **~thesis** [hai'pɔθisis] *pl* **-ses** [-i:z] Hypothese *f*; **~thetic(al)** [haipo(u)'θetik(əl)] hypothetisch.

hypsomet|er [hip'sɔmitə] Höhenmesser *m*, Hypsometer *n*; **~ry** [-ri] Höhenmessung *f*.

hyssop ['hisəp] *bot* Ysop; *rel* Weihwedel *m*.

hyster|ectomy [histə'rektəmi] Hysterektomie *f*; **~ia** [his'tiəriə] Hysterie *f*; **~ic** [his'terik] *a* hysterisch; *s* Hysteriker(in *f*) *m*; *to go into* ~~*s*, *to have a fit of* ~~*s* e-n hysterischen Anfall, hysterische Zustände bekommen, haben; **~ical** [-'terikəl] hysterisch; **~otomy** [histə'rɔtəmi] *med* Kaiserschnitt *m*, Gebärmutteroperation *f*.

I [ai] ~'s I, i *n*; *prn* ich; *s: the* ~ das Ich.
iamb ['aiæmb], **~us** [ai'æmbəs] *pl a.* **-i** [-ai] Jambus *m*; **~ic** [ai'æmbik] *a* jambisch, Jamben-; *s* Jambus *m*.
Iberia [ai'biəriə] *hist* Iberien *n*; *geog* die Iberische Halbinsel; **~n** [-n] *a* iberisch; *s hist* Iberer *m*.
ibex ['aibeks] *pl a. ibices* ['aibisi:z] *zoo* Steinbock *m*.
ibidem [i'baidem] *adv lit* ebenda.
ibis ['aibis] *pl -es* [-i:z] u. **~** *orn* Ibis *m*.
ice [ais] *s* Eis; Speiseeis, Gefrorene(s) *n*; Zuckerguß *m*, Glasur *f*; *Am sl* Diamant *m*, Bestechungsgeld *n*; *tr* gefrieren lassen, in Eis verwandeln; mit Eis bedecken; in, auf Eis packen, mit Eis kühlen; mit Zuckerguß überziehen, glasieren; *itr (to ~ up, to ~ over)* gefrieren, zufrieren, vereisen *a. aero*; *on thin ~* in einer gefährlichen od schwierigen Lage *od* Situation; *to break the ~ (fig)* das Eis brechen, die anfänglichen Schwierigkeiten überwinden; den ersten Schritt tun; *to cut no ~* keine Wirkung haben, keinen Eindruck machen; nicht von Belang sein; *to put on ~ (fig)* auf Eis legen, aufschieben; *dry ~* Trockeneis *n*; **~-age, -period** Eiszeit *f*; **~-axe, -pick** Eispickel *m*; **~-bag** *med* Eisbeutel *m*; **~berg** ['aisbə:g] *(schwimmender)* Eisberg *m a. fig*; **~-blink** *mete* Eisblink *m*; **~-boat** Eisjacht *f*; **~-bound** ['-baund] *a* (ein-, zu)gefroren; **~-box, -chest** Eisschrank *m*; *Am* Kühlschrank *m*; **~-breaker, -fender** Eisbrecher *m*; **-bucket** Sektkübel *m*; **~-cap** *geog* Eiskappe *f*; **~ coating** Eisschicht *f*; **~-cream** Sahneeis *n*, Eiskrem *f*; *a dish of ~* e-e Portion Eis; *~ cone* Tüte *f* Eis; *~ parlo(u)r* Eisdiele *f*; **~ crystal** Eiskristall *m*; **~ cube** Eiswürfel *m*; **~d** [-t] *a* eisgekühlt; glasiert; *~ coffee* Eiskaffee *m*; *~ fruits (pl)* kandierte Früchte *f pl*; **~(-)eliminating (system)** *aero* Enteisung(sanlage) *f*; **~-fall** Eissturz *m*; **~-ferns** *pl* Eisblumen *f pl*; **~-field** *geog* Eisfeld *n*; **~-floe** Treibeisscholle *f*; **~-foot** (Küsten-)Eisgürtel *m*; **~-formation** Eisbildung *f*; **~-free** *(Hafen)* eisfrei; **~-hockey** Eishockey *n*; **~-house** Eiskeller *m*; **~-indicator** *aero* Vereisungsanzeiger *m*; **~-layer** Eisschicht *f*; **~-man** *Am* Eismann, -verkäufer, -händler *m*; **~-needle** *mete* Eisnadel *f*; **~-pack** *geog* Packeis *n*; *med* Eisbeutel *m*; **~-pantomime, ~-show** Eisrevue *f*; **~-rink** Eisbahn *f*; **~-run** Rodelbahn *f*; **~-water** Schmelzwasser; *Am* Eiswasser *n (Getränk)*.
Iceland ['aislənd] Island *n*; **~er** ['-ə] Isländer(in *f*) *m*; **~ic** [ais'lændik] isländisch; **~ moss** Isländische(s) Moos *n*.
ichneumon [ik'nju:mən] *zoo* Ichneumon *n*; Schlupfwespe *f*.
ichor ['aiko:] *med* Jauche Wundsekret *n*, Absonderung *f*.
ichthyo|logist [ikθi'ɔlədʒist] Ichthyologe *m*; **~logy** [-i] Fischkunde, Ichthyologie *f*; **~saur(us)** [ikθiə'sɔ:r(əs)] *pl -ri* [-rai] *zoo* Ichthyosaurus *m*.
ic|icle ['aisikl] Eiszapfen *m*; **~iness** ['aisinis] Eisglätte; eisige Kälte; *fig* Frostigkeit, Unfreundlichkeit *f*; **~ing** ['-iŋ] Zuckerguß *m*, Glasur; **~ sugar** Puderzucker *m*; **~y** ['-i] eisbedeckt; Eis-; *(Straße)* vereist; (glatt) wie Eis; eisig, eiskalt; *fig* eisig.
icky ['iki] *Am sl* altmodisch, gefühlsduselig.
icon ['aikən, -ən] Bild(werk) *n*; *rel* Ikone *f*; **~oclasm** [ai'kɔnəklæzm] *rel* Bilderstürmerei *f a. fig*; **~oclast** [-'kɔnəklæst] Bilderstürmer *m a. fig*.
I'd [aid] *fam* = *I had*; *I should*; *I would*.
idea [ai'diə] Gedanke *m*, Idee *f*; Begriff *m*; Vorstellung, Auffassung, Annahme, Meinung *f*; Plan *m*, Projekt, Vorhaben *n (of doing s.th.* etw zu tun); Absicht *f*, Ziel *n*; Eindruck *m*, vage Vorstellung *f*, Einfall *m*; *to form an ~* sich e-e Vorstellung machen *(of* von); *to get ~s into o.'s head* sich trügerischen Hoffnungen hingeben; *I have an ~ (that)* mir ist (so), als ob; *I have no ~* da komme ich nicht drauf, das kann ich mir nicht denken; *I had no ~ of it* davon hatte ich keine Ahnung; *that's the ~* darum dreht es sich, darauf kommt es an; so ist's richtig; *the ~ of such a thing!* what an ~! das ist doch nicht möglich! man stelle sich so was vor! *what's the big ~? (fam)* was hast du schon wieder für Rosinen im Kopf? *what gives you that ~* wie kommen Sie darauf?
ideal [ai'diəl] *a* ideal, vorbildlich, vollendet, vollkommen, ideell, (nur) gedacht, (nur) vorgestellt, eingebildet, unwirklich; *s* Ideal *n*; **~ism** [-lizm] Idealismus *m*; **~ist** [-list] Idealist *m*; **~istic(al)** [aidiə'listik(əl)] idealistisch; **~ization** [aidiəlai'zeiʃən] Idealisierung *f*; **~ize** [ai'diəlaiz] *tr* idealisieren.

ident|ic(al) [ai'dentik(əl)] identisch (*with* mit); der-, die-, dasselbe, gleich; übereinstimmend; *pol (Schreiben)* gleichlautend; *to be ~~(al)* übereinstimmen (*in* mit); **~~al twins** (*pl*) eineiige Zwillinge *m pl*; **~ifiable** [ai'dentifaiəbl] identifizierbar; **~ification** [aidentifi'keiʃən] Identifikation; Identifizierung; Legitimation *f*, Ausweis *m*; **~~~card** Personalausweis *m*, Kennkarte *f*; **~~~disk**, (*Am*) **~tag** Erkennungsmarke *f*; **~~~mark** Kenn-, Erkennungszeichen *n*; **~~~papers** (*pl*) Ausweispapiere *n pl*; **~ify** [ai'dentifai] *tr* identifizieren; *(Gegenstand)* wiedererkennen; kennzeichnen, machen (*with* zu); gleichsetzen, eng verbinden (*with* mit); *s.o.* jdn ausweisen (*as* als); *to become ~ified* zu einem Begriff werden, mitea. verschmelzen; *to ~ o.s. with s.o.* sich mit jdm solidarisch erklären; **~ity** [ai'dentiti] Identität; (völlige) Gleichheit; Persönlichkeit, Individualität *f*; *to establish, to prove o.'s ~~* sich ausweisen; *mistaken ~~* Personenverwechslung *f*; **~~~card**, **-certificate** (Personal-)Ausweis *m*, Kennkarte *f*.

ideolog|ic(al) [aidiə'lɔdʒik(əl)] ideologisch, weltanschaulich; **~ist** [aidi'ɔlədʒist] Ideologe, Theoretiker *m*; **~y** [aidi'ɔlədʒi] Ideologie, Theorie; Weltanschauung; Denkweise; *philos* Begriffs-, Ideenlehre; *pej* Schwärmerei *f*.

idiocy ['idiəsi] *med* Schwachsinn *m*; Idiotie, (große) Dummheit *f*, Unsinn *m*.

idiom ['idiəm] Sprache *f*, Dialekt *m*, Sprech-, Ausdrucksweise, Spracheigentümlichkeit *f*, Stil *m*; (idiomatische) Redewendung *f*, Ausdruck *m*; **~atic(al)** [idiə'mætik(əl)] idiomatisch.

idiosyncrasy [idiə'siŋkrəsi] geistige Eigenart; individuelle Besonderheit; (individuelle) körperliche Beschaffenheit; *med* Überempfindlichkeit *f*.

idiot ['idiət] *med* Schwachsinnige(r); *(übertreibend)* Idiot, blöde(r) Kerl *m*; **~ic** [idi'ɔtik] *med* schwachsinnig, blöd(sinnig), idiotisch.

idle ['aidl] *a* wert-, nutzlos, unbrauchbar; unwirksam, wirkungslos; vergeblich, zwecklos, nichtig; leer, eitel, hohl; unbegründet; unbeschäftigt, untätig, müßig; faul, arbeitsscheu; unbenutzt, brachliegend, unproduktiv; unbeschäftigt; *(Wohnung)* leerstehend; *tech* nicht in Betrieb; leerlaufend; *itr (to ~ about)* (umher-) bummeln, müßiggehen, faulenzen; unbeschäftigt, untätig sein; *tech* leerlaufen; *tr (to ~ away)* (Zeit) vertun, vergeuden, verschwenden, vertrödeln; *to lie ~* brachliegen; *(Fabrik)* stilliegen; *(Geld)* nicht arbeiten; *to run ~ (tech)* leer laufen; *to stand ~* stillstehen, außer Betrieb sein; **~ capacity** ungenützte Kapazität *f*; **~ capital** tote(s) Kapital *n*; **~ current** Blindstrom *m*; **~ hours** *pl* Mußestunden *f pl*; **~ motion** Leerlauf; *mot* Leergang *m*; **~ness** ['-nis] Nutzlosigkeit, Wirkungslosigkeit; Nichtigkeit; Untätigkeit, Muße; Trägheit, Faulheit *f*; **~ pretext** bloße(r) Vorwand *m*; **~ pulley, wheel** *tech* Leerscheibe *f*; leerlaufende(s) Rad *n*; **~r** ['-ə] Müßiggänger, Trödler, Faulpelz *m*; *tech* leerlaufende(s) Rad *n*, Leerlaufrolle *f*; **idling** ['-iŋ] *a* unbeschäftigt, untätig; müßig; *tech* leerlaufend; *s tech* Leerlauf *m*; *to be ~* leerlaufen; **~~ speed** Leerlauf, -gang *m*.

idol ['aidl] Götter-, Götzenbild *n*; Abgott *m*; Idol *n a. fig*; **~ater** [ai'dɔlətə] Götzendiener; *allg* leidenschaftliche(r) Verehrer *m*; **~atress** [-'dɔlətris] Götzendienerin; *allg* leidenschaftliche Verehrerin *f*; **~atrize** [ai'dɔlətraiz] *tr* vergöttern; leidenschaftlich, abgöttisch verehren; *itr* Götzen verehren; **~atrous** [-'dɔlətrəs] Götzen verehrend, Abgötterei treibend; leidenschaftlich ergeben; **~atry** [ai'dɔlətri] Götzendienst *m*, Abgötterei; *allg* leidenschaftliche Verehrung *f*; **~ization** [aidəlai'zeiʃən] Vergötterung, Vergötzung *f*; **~ize** ['aidəlaiz] = *-atrize*.

idyl(l) ['idil, 'aid-] *lit mus* Idylle *f*; Idyll *n*; **~ic** [ai'dilik, i'd-] idyllisch.

if [if] *conj* wenn, falls; wenn auch; wenn schon; ob; *as ~* als ob, als wenn; *and ~ ...!* und ob ...! *even ~* auch wenn; *~ only!* wenn ... nur ...! *s das* Wenn; Annahme, Voraussetzung *f*; *without ~s or ans* ohne Wenn und Aber; *as ~ ~s and ans were pots and pans!* als wenn das so einfach wäre!

igloo ['iglu:] Iglu *m* od *n*.

ign|eous ['igniəs] feurig, glühend; *geol* vulkanisch; **~~ rocks** (*pl*) Eruptivgestein *n*; **~is fatuus** ['ignis 'fætjuəs] *pl -es fatui* [-i:z -uai] Irrlicht *n*; *fig* Illusion *f*; **~ite** [ig'nait] *tr* entzünden, in Brand setzen; erhitzen, glühend machen; *fig* in Erregung versetzen; *itr* sich entzünden, in Brand geraten, Feuer fangen, anbrennen; **~ition** [ig'niʃən] Entzündung *f*, Anzünden *n*, Erhitzung *f*; *mot* Zündung *f*; ~~ *cable, coil* Zündkabel *n*, -spule *f*; ~~ *charge (Am)* Zündladung *f*; ~~ *failure* Fehlzündung *f*; ~~~-*key* Zündschlüssel *m*; ~~~-*spark* Zündfunke *m*.

ignoble [ig'noubl] unedel, niedrig, gemein, unehrenhaft, schändlich; **-ness** [-nis] Niedrigkeit, Gemeinheit, Schändlichkeit *f*.

ignomin|ious [ignə'miniəs] schändlich, unehrenhaft, schmachvoll; verächtlich; herabwürdigend; **-y** ['ignəmini] Schande, Schmach; Schandtat, Schändlichkeit *f*.

ignor|amus [ignə'reiməs] *pl -ses* Unwissende(r), Ignorant *m*; **-ance** ['ignərəns] Unwissenheit, Ignoranz, Unkenntnis; **-ant** ['ignərənt] unwissend, unerfahren, ungebildet; nicht informiert (*in* über); *to be* ~~ *of* nicht bemerken, nicht beachten; nicht wissen, nicht kennen; **-e** [ig'nɔ:] *tr* keine Beachtung schenken (*s.th.* e-r S); hinweggehen über; *(Verbot)* übertreten; *jur* abweisen, verwerfen.

iguan|a [i'gwɑ:nə] *zoo* Leguan *m*; **-odon** [i'gwɑ:nədən] *zoo* Iguanodon *n*.

ike [aik] *s tele sl* Ikonoskop *n*, Fernseh-Senderöhre *f*; *tr Am sl* herunterhandeln, betrügen.

il|eum ['iliəm] *anat* Krummdarm *m*; **-eus** ['iliəs] *med* Darmverschluß *m*; Kotbrechen *n*; **-ium** ['iliəm] *pl -ia* [-iə] *anat* Darmbein *n*; Hüfte *f*.

ilex ['aileks] Stechpalme; Stein-, Stech-, Immergrüne Eiche *f*.

ilk [ilk] *fam* Familie; Sorte, Klasse *f*; *of that* ~ desselben Namens, Ortes.

ill [il] *a* schlecht, übel, schlimm, böse; unfreundlich, hart, grausam; ungünstig, unglücklich; mißlich; Miß-; krank (*with* an); falsch, fehlerhaft, unvollkommen, unvollständig, ungenau; *adv* schlecht; hart, grausam, unfreundlich; falsch, unvollkommen, ungenau; mit Mühe; kaum, schwerlich; *s* Übel, Böse(s); Unglück, Mißgeschick *n*; Krankheit *f*; *to be* ~ *at ease* sich in s-r Haut nicht wohlfühlen; *to be taken* ~, *to fall* ~ krank werden; *to speak* ~ *of s.o.* schlecht von jdm, über jdn sprechen; *to take* ~ abgestoßen werden; Anstoß nehmen (*s.th.* an etw); **~-advised** *a* schlecht beraten; unbesonnen, unklug, unvernünftig; **~-affected** *a* schlecht aufgelegt; übelgelaunt; übelgesinnt (*to* dat); **~-arranged** *a* schlecht eingerichtet; **~-bred** *a* schlecht erzogen; ungezogen, unhöflich, ungesittet, ungebildet; **~-breeding** schlechte Erziehung; Ungezogenheit; Unhöflichkeit *f*; **~-conditioned** *a* schlecht angelegt; in üblem Zustand; **~-disposed** *a* bösartig, übelgesinnt; unfreundlich (*towards* gegen); nicht günstig (gesinnt) (*towards* dat); **~-fated** *a* unglücklich; unheilvoll; **~-favo(u)red** *a* unschön, häßlich; ungefällig, abweisend; **~-gotten** *a* unrechtmäßig erworben; **~-humoured** *a* schlecht-, übelgelaunt; **~-judged** *a* mißverstanden; unüberlegt, unklug; zur Unzeit; **~-mannered** *a* schlecht erzogen; mit schlechten Umgangsformen; unhöflich; **~-matched** *a* schlecht zs.passend; **~-natured** *a (Mensch)* unangenehm, ungenießbar; bösartig; launisch; mürrisch, verdrießlich; **-ness** ['-nis] Krankheit *f*; **~-omened** *a* von schlechten Vorzeichen begleitet; **~-spent** *a* schlecht angelegt; verschwendet; **~-starred** *a* unter e-m ungünstigen Stern geboren; unglücklich; **~-suited** *a* unpassend; **~-tempered** *a* launisch, launenhaft; mürrisch, verdrießlich; querköpfig, zänkisch, reizbar; **~-timed** *a* zur Unzeit; ungelegen, unpassend, unangebracht; **~-treat**, **-use** *tr* schlecht behandeln, mißhandeln; mißbrauchen; **~-treatment**, **-usage** schlechte Behandlung, Mißhandlung *f*; Mißbrauch *m*; ~ *will* Übelwollen *n*, Feindseligkeit, Feindschaft *f*, Haß *m*.

I'll [ail] *fam = I will; I shall.*

illegal [i'li:gəl] ungesetzlich, unrechtmäßig, illegal; rechtswidrig, widerrechtlich; *(Streik)* wild; *to declare, to make* ~ für ungesetzlich erklären; **-ity** [ili(:)'gæliti] Ungesetzlichkeit, Illegalität *f*; **~-trade, traffic** Schleich-, Schwarzhandel *m*.

illegib|ility [iledʒi'biliti] Unleserlichkeit; Unlesbarkeit *f*; **-le** [i'ledʒəbl] unleserlich; unlesbar.

illegitim|acy [ili'dʒitiməsi] Unehelichkeit; Unrechtmäßigkeit; Ungültigkeit, Ungesetzlichkeit *f*; **-ate** [ili'dʒitimit] unehelich, illegitim; unrechtmäßig, ungesetzlich.

illiberal [i'libərəl] unduldsam, intolerant, engstirnig, -herzig; geizig, knauserig; ungebildet; **-ity** [ilibə'ræliti] Unduldsamkeit, Engherzigkeit *f*; Geiz *m*, Knauserei; Unbildung *f*.

illicit [i'lisit] unerlaubt, verboten; ungesetzlich, gesetz-, rechtswidrig; sittenwidrig; unüblich; **~-trade, trading** Schleich-, Schwarzhandel *m*; **~-work** Schwarzarbeit *f*.

illimitable [i'limitəbl] grenzenlos, unbegrenzt, unbeschränkt; unermeßlich.

illiquid [i'likwid] *Am* zahlungsunfähig; nicht flüssig; *(Anspruch)* unbewiesen; **~ity** [ili'kwiditi] *Am* Zahlungsunfähigkeit *f*.

illiter|acy [i'litərəsi] Unwissenheit, mangelnde Bildung *f*; Analphabetentum *n*; *Am* Schreib-, Sprechfehler *m*; **~ate** [i'litərit] *a* unwissend, ungebildet; des Schreibens und Lesens unkundig; *s* Analphabet, Ungebildete(r) *m*.

illogical [i'lɔdʒikəl] unlogisch; unsinnig.

illum|e [i'lju:m] *tr poet* erleuchten, erhellen *a. fig*; **~inant** [-inənt] *a* (er)leuchtend; erklärend, belehrend; *s* Lichtquelle *f*; **~inate** [i'lju:mineit] *tr* be-, erleuchten, erhellen; *fig* erklären, erläutern, verständlich machen; aufklären, belehren, informieren; berühmt machen; illuminieren, festlich beleuchten, illuminieren, bunt ausmalen, kolorieren; künstlerisch ausführen; **~~d** *advertising* Lichtreklame *f*; **~ination** [ilju:mi'neiʃən] Beleuchtung; *fig* Erläuterung, Erklärung; Belehrung, Unterrichtung, Aufklärung; Festbeleuchtung; Illumination; Ausmalung *f*; Buchschmuck *m*; *opt phot* Bildhelligkeit *f*; **~inative** [i'lju:minətiv] *a* Leucht-, Beleuchtungs-; *fig* belehrend, aufklärend; **~inator** [-ineitə] Beleuchtungskörper; Beleuchter *(Person)* Illuminator, Buchmaler *m*; **~ine** [i'lju:min] *tr* beleuchten, erhellen *a. fig*; *(Licht)* ansteckten, -machen.

illus|ion [i'lu:ʒən] Illusion, irrtümliche Annahme, falsche Vorstellung *f*; Trugbild *n*, trügerische Erscheinung; (Sinnes-)Täuschung *f*, Wahn *m*; **~ionist** [-ist] Zauberkünstler *m*; **~ive** [i'lu:siv], **~ory** [-səri] unwirklich, täuschend, trügerisch.

illustrat|e ['iləstreit] *tr* erklären, (bes. durch Beispiele) erläutern, veranschaulichen; *(Buch)* illustrieren, bebildern; **~ion** [iləs'treiʃən] Erklärung, Erläuterung, Veranschaulichung *f*; Beispiel *n*, Abbildung, Illustration *f*; **~ive** ['iləstreitiv, i'lʌstrətiv] erklärend, erläuternd; anschaulich; **~~** *material, data* Anschauungsmaterial *n*; **~or** ['iləstreitə] Illustrator, Buchkünstler *m*.

illustrious [i'lʌstriəs] bedeutend, berühmt, gefeiert; **~ness** [-nis] Bedeutung, Berühmtheit *f*.

I'm [aim] *fam* = *I am*.

image ['imidʒ] *s* Bild; Bildwerk, Standbild *n*, Statue, Figur; Abbildung, Darstellung *f*; Abbild; Götzenbild; Gegenstück *n*; Eindruck *m*, Vorstellung, Auffassung, Idee; Verkörperung, Versinnbildlichung *f*, Sinnbild *n*; Inbegriff *m*; *psychol* Leit-, Urbild *n*; Metapher, Redefigur *f*; *tr* abbilden, *(bildlich)* darstellen; reflektieren, spiegeln; sich vor-, vor Augen stellen; ein Inbegriff sein gen; *(mit Worten)* lebendig darstellen; **~ry** ['-əri] Bildwerke, *bes.* Standbilder *n pl*; *fig* Vorstellungen *f pl*; Metaphorik *f*, bildhafte Redewendungen *f pl*.

imagin|able [i'mædʒinəbl] vorstellbar; denkbar; erdenklich; *to try everything* **~~** alles Erdenkliche versuchen; **~ary** [-əri] eingebildet, unwirklich, imaginär *a. math*; **~ation** [imædʒi'neiʃən] Einbildungs-, Bildkraft; Phantasie (begabtheit); Einbildung, Phantasie *f*; **~ative** [i'mædʒinətiv] reich an Einbildungskraft, phantasiebegabt, -voll, schöpferisch, einfallsreich; dichterisch, Dicht-; **~e** [i'mædʒin] *tr itr* sich vorstellen, sich ausdenken, ersinnen, geistig erschaffen; sich denken, annehmen, glauben; *just* **~~**! denken Sie nur (mal)! *I* **~~** *so* ich glaube schon.

imag|o [i'meigou] *pl a*. **-ines** [i'meidʒini:z] fertige(s) Insekt *n*, Imago *f*.

imbecil|e ['imbisi:l, -ail, *Am* -il] *a* schwachsinnig, geistesschwach; sehr dumm, stupide; *s* Schwachsinnige(r); Idiot, Einfaltspinsel *m*; **~ity** [imbi'siliti] Schwachsinn *m*, Geistesschwäche *f*.

imbed *s. embed*.

imbibe [im'baib] *tr* auf-, einsaugen; *fam* trinken; *fig (geistig)* aufnehmen.

imbricat|e ['imbrikeit] *tr* dachziegelartig überea.legen, *itr* -liegen; [*a.* -it] *a* dachziegelartig angeordnet.

imbroglio [im'brouliou] *pl* **~s** Verwirrung *f*, Durcheinander *n*, verwickelte, komplizierte Lage *f*; Mißverständnis *n*, Meinungsverschiedenheit *f*.

imbrue [im'bru:] *tr (bes.* mit Blut) beflecken, benetzen *(with* mit).

imbue [im'bju:] *tr* durchtränken, durchfeuchten, (durch)färben; *fig* durchdringen, erfüllen, inspirieren *(with* mit).

imit|able ['imitəbl] nachahmbar; **~ate** ['imiteit] *tr* nachahmen, -machen; kopieren; nacheifern *(s.o.* jdm); ähnlich sehen, ähneln, sich anpassen *(s.o., s.th.* jdm, e-r S); **~ation** [imi'teiʃən] *s* Nachahmung, -bildung; Fälschung; *(Schmuck)* Imitation; *biol* Mimikry *f*; *attr* Kunst-; falsch, unecht; *in* **~~** *of* nach dem Muster, dem Vorbild *gen*, in Anlehnung an; *beware of* **~~***s* vor Nachahmungen wird gewarnt; **~~** *jewellery* unechte(r), falsche(r) Schmuck *m*; **~~** *leather* Kunstleder *n*; **~ative** ['imitəitiv, -tə-] nachgeahmt, -macht; unecht, falsch; (schall-, klang)nach-

imitator   **impish**

ahmend; ~~ *word* lautmalende(s) Wort *n*; **~ator** ['imiteitə] Nachahmer, Imitator *m*.

immaculate [i'mækjulit] fleckenlos, rein; fehlerlos, untadelig; unschuldig, von Sünden rein, unbefleckt.

immanen|ce ['imənəns] *philos* Immanenz *f*; **~t** ['-t] immanent.

immaterial [imə'tiəriəl] immateriell, unkörperlich, geistig; unwesentlich, unerheblich, unwichtig, nebensächlich.

immatur|e [imə'tjuə] unreif; unentwickelt, unfertig; unvollständig, **~ity** [imə'tjuəriti] Unreife *f*.

immeasurable [i'meʒərəbl] unermeßlich, unmeßbar, grenzenlos.

immedi|acy [i'mi:djəsi] Unmittelbarkeit, Unvermitteltheit *f*; **~ate** [-ət] unmittelbar, unvermittelt, direkt; (*zeitlich* od *räumlich*) (unmittelbar) folgend, anschließend; nächst; sofortig, unverzüglich; **~ately** [-i:] *adv* direkt; unverzüglich, sofort, gleich, ohne Aufschub; *conj* sobald, sowie.

immemorial [imi'mɔ:riəl] unvordenklich; uralt; *from time* ~ seit unvordenklichen Zeiten.

immens|e [i'mens] ungeheuer (groß), gewaltig; *sl* prachtvoll, prächtig, prima, Klasse; **~ity** [-iti] Grenzenlosigkeit, Unermeßlichkeit *f*.

immers|e [i'mə:s] *tr* ein-, untertauchen, versenken; *fig* verstricken (*in* in); **~ed** [-t] *a fig*: ~~ *in a book* in ein Buch vertieft; *to be* ~~ *in debt(s)* voller Schulden stecken; *to be* ~~ *in difficulties* vor Schwierigkeiten weder ein noch aus wissen; *to be* ~~ *in o.'s work* in der Arbeit aufgehen; ~~ *in thought* in Gedanken versunken; **~ion** [i'mə:ʃən] Ein-, Untertauchen *n*, Versenkung *f*; *fig* Versunkenheit *f*; ~~ *heater* Tauchsieder *m*.

immigr|ant ['imigrənt] Einwanderer *m*; **~ate** ['-eit] *itr* einwandern (*into* in, nach); *tr* (*Arbeitskräfte*) einführen; **~ation** [-'greiʃən] Einwanderung *f*; ~~ *country* Einwanderungsland *n*; ~~ *papers* (*pl*) Einwanderungspapiere *n pl*; ~~ *restrictions* (*pl*) Einwanderungsbeschränkungen *f pl*.

imminen|ce, ~cy ['iminəns(i)] unmittelbare Drohung; drohende Gefahr *f*; **~t** ['-t] (*Gefahr*) drohend; (*Unglück*) nahe bevorstehend.

immiscible [i'misəbl] unvermischbar.

immitigable [i'mitigəbl] nicht zu mildern(d), nicht zu mäßigen(d), nicht zu besänftigen(d); unerbittlich.

immobil|e [i'moubail] unbeweglich, fest; unveränderlich; reglos, **~ity** [imo(u)'biliti] Unbeweglichkeit, Unveränderlichkeit *f*; **~ization** [imoubilai-'zeiʃən] *fin* Immobilisierung, Festlegung; (*Geld*) Einziehung *f*; **~ize** [i'moubilaiz] *tr* unbeweglich, festmachen; *fin* immobilisieren, festlegen; (*Geld*) aus dem Umlauf ziehen; *mil* bewegungsunfähig machen, fesseln; *med* ruhigstellen.

immoderat|e [i'mɔdərit] unmäßig, maßlos, übertrieben, unvernünftig; **~ion** [imɔdə'reiʃən] Unmäßigkeit, Maßlosigkeit, Übertriebenheit *f*.

immodest [i'mɔdist] unbescheiden; dreist, vorlaut, frech, unverschämt; unanständig; **~y** [-i] Unbescheidenheit, Dreistigkeit, Frechheit, Unverschämtheit; Unanständigkeit *f*.

immolat|e ['imo(u)leit] *tr rel* opfern; **~ion** [imo(u)'leiʃən] Opfer(ung *f*) *n*.

immoral [i'mɔrəl] unrecht, unmoralisch, sittenwidrig, unsittlich, unzüchtig; **~ity** [imə'ræliti] Unrecht *n*; Verderbtheit; Unsittlichkeit; Unzucht *f*; Laster *n*.

immort|al [i'mɔ:tl] *a* unsterblich; unvergänglich, ewig; göttlich, himmlisch; *s* Unsterbliche(r) *m*; **~ality** [imɔ:'tæliti] Unsterblichkeit *f*; unvergängliche(r) Ruhm *m*; **~alize** [i'mɔ:-təlaiz] *tr* unsterblich machen *bes. fig*; **~elle** [imɔ:'tel] *bot* Immortelle, Strohblume *f*.

immovable [i'mu:vəbl] *a* unbeweglich, fest(sitzend), unveränderlich, beständig; *fig* unerschütterlich; *jur* unabänderlich; (*Eigentum*) unbeweglich; gefühllos; *s pl* Immobilien *pl*, Liegenschaften *f pl*, Grundbesitz *m*.

immun|e [i'mju:n] *med* immun, geschützt (*against*, *to* gegen); unempfänglich (*against*, *to* für); sicher, unverletzlich; befreit (*from* von); **~ity** [-iti] *med* Immunität, Unempfänglichkeit (*from* für); *jur* Immunität, Unverletzlichkeit, Straffreiheit; Freiheit, Befreiung *f* (*from* von); Privileg *n*; (~~ *from taxation, from taxes*) Abgaben-, Steuerfreiheit *f*; **~ization** [imju(:)nai'zeiʃən] *med* Immunisierung *f* (*against* gegen); **~ize** ['imju(:)naiz] *tr* unempfänglich machen, immunisieren (*against* gegen); **~ology** [-'nɔlədʒi] Serologie *f*.

immure [i'mjuə] *tr* einsperren, einschließen, einkerkern; *to* ~ *o.s.* sich abschließen, sich vergraben (*in* in).

immutab|ility [imju:tə'biliti] Unveränderlichkeit *f*; **~le** [i'mju:təbl] unveränderlich, unwandelbar.

imp [imp] Wechselbalg, Kobold *m*, Teufelchen *n*; *hum* (kleiner) Schelm, Racker, Spitzbube *m*; **~ish** ['-iʃ] koboldhaft; *hum* schelmisch, spitzbübisch.

impact ['impækt] s (heftiger) Stoß; Zs.stoß, -prall; Aufschlag, -prall; (Geschoß-)Einschlag m; fig (Aus-)Wirkung f, Einfluß m; Wucht, Stoßkraft f; [im'pækt] tr zs.pressen, -drücken, -drängen; einpferchen, einkeilen, einzwängen (into in); itr stoßen (against, with gegen); **~ fuse** Aufschlagzünder m; **~ strength** Stoßfestigkeit f.

impair [im'pɛə] tr verschlechtern, verschlimmern; beschädigen, beeinträchtigen, vermindern, verringern, abschwächen; entkräften; **~ment** [-mənt] Verschlechterung; Beeinträchtigung, Verminderung, Abschwächung f; Nachteil, Schaden m.

impale [im'peil] tr durchbohren; (zur Strafe) pfählen; fig erstarren lassen, lähmen, hilflos machen; quälen.

impalpable [im'pælpəbl] unfühlbar, dem Tastsinn verborgen; fig unbegreiflich, unverständlich, unfaßbar.

impanel s. empanel.

impart [im'pa:t] tr geben, verleihen; übermitteln, mitteilen, Mitteilung machen von (to s.o. jdm).

impartial [im'pa:ʃəl] unparteiisch, objektiv; unvoreingenommen, vorurteilslos, -frei; gerecht; **~ity** ['impa:ʃi'æliti] Unparteilichkeit, Objektivität; Gerechtigkeit; Unvoreingenommenheit, Vorurteilslosigkeit f.

impassab|ility ['impa:sə'biliti] Unwegsamkeit f; **~le** [im'pa:səbl] unwegsam; unüberschreitbar, unpassierbar.

impasse [im'pa:s, æm-] Sackgasse bes. fig; fig ausweglose Situation od Lage f.

impassib|ility ['impæsi'biliti] Unempfindlichkeit f; **~le** [im'pæsəbl] unempfindlich (to für); unverletzbar; gefühl-, teilnahmslos.

impassioned [im'pæʃənd] a leidenschaftlich, erregt, aufgewühlt.

impassiv|e [im'pæsiv] unempfindlich, gefühllos; unverwundbar; leidenschaftslos; gefühllos; ruhig, still.

impaste [im'peist] tr pastos malen.

impatien|ce [im'peiʃəns] Ungeduld f; Übereifer m; Aufgeregtheit, fam Zappeligkeit; Abgeneigtheit; Unduldsamkeit f (of gegen); **~t** [-t] ungeduldig; übereifrig, begierig (for auf, nach; to do zu tun); aufgeregt, fam zappelig; unduldsam (of gegen); to be **~~** of abgeneigt sein, fam etwas haben gegen; for s.th. etw nicht erwarten können.

impeach [im'pi:tʃ] tr anklagen, bezichtigen, zur Rechenschaft, zur Verantwortung ziehen (of, for, with wegen); sich beklagen über, etwas auszusetzen haben an; in Zweifel ziehen, verdächtigen, die Glaubwürdigkeit bestreiten (a witness e-s Zeugen); **~able** [-əbl] anfechtbar; angreifbar; **~ment** [im'pi:tʃmənt] (Stellung unter) Anklage f; Anfechtung, Bestreitung; Ablehnung f; Tadel m; Verdächtigung f.

impeccab|ility [impekə'biliti] Sündlosigkeit; Unfehlbarkeit f; **~le** [im'pekəbl] sündlos; untadelig; unfehlbar.

impecunious [impi'kju:njəs] mittellos, unbemittelt, arm; ohne Geld.

impedance [im'pi:dəns] Wechselstrom-, Scheinwiderstand m.

imped|e [im'pi:d] tr verhindern, vereiteln; behindern, hemmen, erschweren; verzögern; **~iment** [im'pedimənt] Behinderung, Erschwerung f; Hindernis, Hemmnis n (to für); Sprachfehler m; jur Hinderungsgrund m; Ehehindernis n; **~~ to traffic** Verkehrshindernis n; **~imenta** [impedi'mentə] pl Gepäck n; mil Troß m; fig Belastung f.

impel [im'pel] tr (an)treiben; zwingen, nötigen; veranlassen; **~lent** [-ənt] a treibend; Treib-, Trieb-, Antriebs-; s (An-)Trieb m; treibende Kraft f; Grund m; **~ler** [-ə] Schaufel-, Laufrad n, Antriebsrad n.

impend [im'pend] itr hängen (over über); fig schweben (over über); drohen, nahe bevorstehen; **~ing** [-iŋ] (nahe) bevorstehend; drohend; (Felsen) überhängend.

impenetrab|ility [impenitrə'biliti] Undurchdringlichkeit; Unzugänglichkeit; Unergründlichkeit; Unempfänglichkeit f; **~le** [im'penitrəbl] undurchdringlich; unwegsam, unzugänglich, fig unerforschlich; unergründlich; unverständlich; unlösbar; unempfänglich (to, by für); (Einflüssen) unzugänglich.

impeniten|ce, ~cy [im'penitəns(i)] Unbußfertigkeit, Verstocktheit f; **~t** [-t] unbußfertig, verstockt; ohne Reue.

imperative [im'perətiv] a befehlend, gebieterisch; zwingend, dringend, unerläßlich, absolut erforderlich, notwendig; s Befehl m, Gebot n; (**~ mood**) Befehlsform f, Imperativ m.

imperceptible [impə'septəbl] nicht wahrnehmbar, unmerklich, verschwindend klein, äußerst fein, geringfügig.

imperfect [im'pə:fikt] a unvollständig, unvollkommen, unvollendet; nicht fehlerfrei, fehlerhaft, mangelhaft; (Wettbewerb) ungleich; (Verpflichtung) einseitig; (Reim) unrein; s (**~ tense**) gram Imperfekt n, erste Vergangenheit f; **~ion** [impə'fekʃən] Unvollständigkeit, Unvollkommenheit f; Mangel, Fehler m, Schwäche f.

imperforat|e [im'pə:fərit] *(Briefmarke)* ungezahnt, ungezähnt, nicht perforiert; *anat* ohne Öffnung.

imperial [im'piəriəl] *a* kaiserlich; Reichs-; Hoheits-; souverän; majestätisch, hoheitsvoll; *Br* gesetzlich; *s hist* Kaiserliche(r) *m*; Imperial(papier) *n (im Format 56×76 od 81, Am 58×79 cm)*; Knebelbart *m*; **~ism** [-izm] Imperialismus *m*, Weltmacht-, Großmachtpolitik *f*; **~ist** [-ist] *hist* Kaiserliche(r); Imperialist *m*; **~istic** [impiəriə'listik] imperialistisch.

imperil [im'peril] *tr* in Gefahr bringen, gefährden, aufs Spiel setzen.

imperious [im'piəriəs] anmaßend; gebieterisch, herrschsüchtig, beherrschend; dringend, notwendig, unabweisbar; **~ness** [-nis] gebieterische(s) Wesen *n*, Herrschsucht; Dringlichkeit, Unabweisbarkeit *f*.

imperishable [im'perisəbl] unvergänglich, unzerstörbar; widerstandsfähig.

impermanent [im'pə:mənənt] unbeständig, vorübergehend; vergänglich.

impermeab|ility [impə:mjə'biliti] Undurchlässigkeit *f*; **~le** [im'pə:mjəbl] undurchlässig; *(~ to water)* wasserdicht; undurchdringlich, undurchlässig *(to* für).

impersonal [im'pə:snl] unpersönlich *a. gram*; sachlich; Sach-; **~ity** [impə:sə'næliti] Unpersönlichkeit *f*.

imperson|ate [im'pə:səneit] *tr* personifizieren; verkörpern; *theat* darstellen, spielen; *(zur Unterhaltung)* nachahmen, -machen; *a* personifiziert, leibhaftig; **~ation** [impə:sə'neiʃən] Personifizierung; Verkörperung *f*; *theat* Darstellung; Nachahmung *f*; **~ator** [im'pə:səneitə] Verkörperer; Darsteller; Imitator *m*.

impertinen|ce, -cy [im'pə:tinəns(i)] Unangebrachtheit, Ungehörigkeit; Frechheit, Unverschämtheit; Unsachlichkeit; Belanglosigkeit *f*; **~t** [-t] unpassend, unangebracht, ungehörig, frech, unverschämt; *jur* nicht zur Sache gehörig; unerheblich.

imperturbab|ility ['impə(:)tə:bə'biliti] Unerschütterlichkeit *f*; Gleichmut *m*; **~le** [impə(:)'tə:bəbl] unerschütterlich.

impervious [im'pə:viəs] undurchdringlich, unwegsam, undurchlässig *(to* für); *fig (Mensch)* unzugänglich *(to* für), taub *(to* gegen); **~ness** [-nis] Undurchdringlichkeit; Undurchlässigkeit; *fig* Unzugänglichkeit *f*.

impetigo [impi'taigou] *med* Impetigo, Eiterpustel *f*; Eitergrind *m*.

impet|uosity [impetju'ɔsiti] Ungestüm *n*, Heftigkeit *f*; **~uous** [im'petjuəs] ungestüm, wild, heftig, wuchtig; rasch, übereilt, unüberlegt, der ersten Eingebung folgend, impulsiv; **~us** ['impitəs] Wucht *f*; Schwung, Anstoß, Auf-, Antrieb *m*, Stoßkraft, treibende Kraft *f*, Impuls *m*; *to give a fresh ~ to s.th.* e-r S neuen Auftrieb geben.

impiety [im'paiəti] Gottlosigkeit; Ehrfurchtslosigkeit, Pietätlosigkeit; Respektlosigkeit *f*.

impinge [im'pindʒ] *itr* stoßen, schlagen *(on, upon* auf; *against* gegen); verstoßen *(on, upon* gegen); übergreifen *(on, upon* auf); verletzen *(on, upon s.th.* etw); **~ment** [-mənt] Zs.stoß *m (against* mit); Verletzung *f*, Verstoß, Übergriff *m*; Einwirkung *f (on* auf).

impious ['impiəs] gottlos; pietätlos; respektlos, unehrerbietig.

implacab|ility [implækə'biliti, -pleik-] Unversöhnlichkeit; Unerbittlichkeit *f*; **~le** [im'plækəbl, -'pleik-] unversöhnlich, unnachgiebig, unerbittlich.

implant [im'plɑ:nt] *tr* einpflanzen; *med* verpflanzen, übertragen; *fig* einpflanzen, einimpfen, einprägen.

implausible [im'plɔ:zəbl] unglaubhaft, -würdig, unwahrscheinlich.

implement ['implimənt] *s* Gerät, Werkzeug *n*; *pl* Gerätschaften *pl*, Inventar *n pl*, Utensilien *f pl*, Maschinen *f pl*; *tr* ['-ment] aus-, durchführen, vollenden; *(Abkommen, Vertrag)* erfüllen, nachkommen *(an obligation* e-r Verpflichtung); **~ation** [-'teiʃən], **~ing** ['-iŋ] Aus-, Durchführung; Erfüllung *(e-s Vertrages)*; *tech* Inbetriebnahme *f*; **~ing provision** Durchführungsbestimmung *f*.

implicat|e ['implikeit] *tr* zs.falten, -flechten; *(mitea.)* verflechten; verwickeln, (mit) hineinziehen, *lit* verstricken *(in* in); bloßstellen; zur Folge haben; in Zs.hang bringen *(in* mit); *med* beteiligen, in Mitleidenschaft ziehen; **~ion** [impli'keiʃən] Verwick(e)lung *f*; Einbeziehung *f (in* in); Anzeichen *n*, Hinweis *m*; Bedeutung, selbstverständliche Folgerung; *pl* Tragweite *f*; *by ~* stillschweigend, ohne weiteres, selbstverständlich.

implicit [im'plisit] stillschweigend (zu verstehen gegeben), unausgesprochen; einbegriffen, mit enthalten, zugehörig; selbstverständlich; *(Vertrauen, Gehorsam)* unbedingt, blind.

implied [im'plaid] *a* stillschweigend, selbstverständlich; indirekt.

implore [im'plɔ:] *tr* anflehen, ernstlich, dringend bitten *(for* um).

imply [im'plai] *tr* enthalten, einschließen, bedeuten; (stillschweigend)

impolite   491   **impregnate**

voraussetzen; nach sich ziehen, zur Folge haben; andeuten, durchblicken lassen, schließen lassen auf.

impolite [impə'lait] unhöflich, schlecht erzogen, grob; **~ness** [-nis] Unhöflichkeit, Grobheit *f*.

impolitic [im'pɔlitik] unpolitisch, undiplomatisch, unklug, unvorsichtig.

imponderable [im'pɔndərəbl] *a* unwägbar, unmeßbar; nicht abzuschätzen; *s* etw Unwägbares *n*; *pl* Imponderabilien *pl*.

import [im'pɔ:t] *tr com* einführen, importieren; bedeuten, besagen; angehen, betreffen; wichtig, von Bedeutung sein für; *s* ['impɔ:t] Einfuhr *f*, Import; Einfuhr-, Importartikel; Inhalt *m*, Bedeutung *f*, Sinn *m*; Wichtigkeit *f*; **~ance** [im'pɔ:təns] Wichtigkeit, Bedeutung *f*, Gewicht *n fig*, Einfluß *m*, Wirkung *f*; *of ~~* von Bedeutung, von Belang; *of no ~~* ohne Bedeutung, bedeutungs-, belanglos, unwichtig; *to attach ~~ to s.th.* e-r S Bedeutung beimessen; **~ant** [-ənt] (ge)wichtig, bedeutend, erheblich (*to* für); folge-, einflußreich; überheblich, wichtigtuerisch; **~ation** [impɔ:'teiʃən] Einfuhr *f*, Import, Einfuhr-, Importartikel *m*; **~ certificate, licence, permit** Einfuhrerlaubnis, -bewilligung *f*; **~ dealer, ~er** [im'pɔ:tə] Einfuhrhändler, Importeur *m*; **~ duty, tariff** Einfuhrzoll *m*; **~ entry** Einfuhrdeklaration *f*; **~ figure** Einfuhrziffer *f*; **~ firm, house** Importgeschäft, -haus *n*, -firma *f*; **~ goods** *pl*, Einfuhrwaren *f pl*; **~ing** [im'pɔ:tiŋ]: *~~ country* Einfuhrland *n*; *~~ firm* Importfirma *f*; **~ list** Einfuhrliste *f*; **~premium** Einfuhrprämie *f*; **~quota** Einfuhrkontingent *n*; **~ regulations** *pl* Einfuhrbestimmungen *f pl*; **~ restrictions** *pl* Einfuhrbeschränkungen *f pl*; **~ surplus** Einfuhrüberschuß *m*; **~ taxes** *pl* Einfuhrabgaben *f pl*; **~ trade** Einfuhr-, Import-, Passivhandel *m*.

importun|ate [im'pɔ:tjunit] auf-, zudringlich, lästig; **~e** [im'pɔ:tju:n, *Am* -'tju:n] *tr* mit Bitten belästigen; bestürmen; **~ity** [impɔ:'tjuniti] Auf-, Zudringlichkeit *f*; *pl* zudringliche, stürmische Bitten *f pl*.

impos|e [im'pouz] *tr (Last, Steuer, Strafe)* auferlegen (*on, upon s.o.* jdm); *(Last)* aufbürden; *(Hände)* auflegen; *(Strafe)* verhängen; *(Grenze)* setzen; aufzwingen, aufdrängen (*on, upon s.o.* jdm); *typ* ausschießen; *itr* Eindruck machen (*on, upon* auf); sich Freiheiten erlauben, sich etwas herausnehmen (*on, upon s.o.* jdm gegenüber); ausnützen, täuschen, betrügen, hintergehen (*on, upon s.o.* jdn); *to ~~ o.s. on, upon s.o.* sich jdm aufdrängen; **~ing** [-iŋ] eindrucksvoll, imponierend, imposant; **~ition** [impə'ziʃən] Auferlegung, Verhängung; Auf-, Zudringlichkeit; Zumutung, Ausnutzung; Bürde; Last; Abgabe, Steuer(last) *f*; Strafe, Strafarbeit; Täuschung *f*, Betrug *m*; *typ* Ausschießen *n*, Umbruch *m*; *~~ of taxes* Besteuerung *f*.

impossib|ility [impɔsi'biliti] (Ding *n* der) Unmöglichkeit *f*; **~le** [im'pɔsibl] unmöglich *a. fam.* übertreibend; *fam* unausstehlich, unerträglich, unglaublich.

impost ['impoust] Steuer, Abgabe *f*; Einfuhrzoll; *arch* Kämpfer *m*.

impost|or [im'pɔstə] Betrüger, Schwindler, Hochstapler *m*; **~ure** [-tʃə] Betrug, Schwindel *m*, Hochstapelei *f*.

impoten|ce, -cy ['impətəns(i)] Unfähigkeit, Schwäche *f*; Unvermögen *n*, Hilflosigkeit; *med* Impotenz *f*; **~t** [-t] schwach, unfähig; hilflos; unwirksam; *med* impotent.

impound [im'paund] *tr (Vieh)* einpferchen; einsperren, -schließen; *(Wasser)* fassen; beschlagnahmen, in Verwahrung nehmen.

impoverish [im'pɔvəriʃ] *tr* arm machen; schwächen; aussaugen; abnutzen; *agr (Boden)* erschöpfen, auslaugen; *to be ~ed* verarmen.

impractic|ability [impræktikə'biliti] Unaus-, Undurchführbarkeit; Unbenutzbarkeit; Unlenksamkeit *f*; etwas Undurchführbares *n*; *(Straße)* Unpassierbarkeit *f*; **~able** [im'præktikəbl] unaus-, undurchführbar; unbrauchbar, unbenutzbar, ungangbar, unwegsam; *(Mensch)* unlenksam, störrisch, widerspenstig, schwierig (im Umgang); **~al** [-'præktikəl] unpraktisch.

imprecat|e ['imprikeit] *tr (Böses)* herabwünschen (*on, upon* auf); **~ion** [impri'keiʃən] Verwünschung, Verfluchung *f*, Fluch *m*; **~ory** ['imprikeitəri] verwünschend; Verwünschungs-.

impregnab|ility [impregnə'biliti] Uneinnehmbarkeit; Unerschütterlichkeit *f*; **~le** [im'pregnəbl] uneinnehmbar; unerschütterlich, unnachgiebig, fest (*to* gegenüber); unwiderlegbar.

impregnat|e ['impregneit, -'preg-] *tr (Ei)* befruchten, schwängern; *agr (Boden)* düngen, fruchtbar machen; durchtränken; *(mit Flüssigkeit)* sättigen; imprägnieren (*with mit*); *fig* erfüllen; *a* [im'pregnit] befruchtet; geschwängert; durchtränkt, gesättigt,

impregnation 492 improvised

imprägniert (*with* mit); voll (*with* von); **~ion** [impreg'neiʃən] Befruchtung *a. fig*; Schwängerung; Durchtränkung, Sättigung, Imprägnierung *f*.
impresario [impre'saːrioυ] *pl -os* Impresario *m*.
imprescriptible [impris'kriptəbl] unverjährbar;unverlierbar;unverletzlich.
impress [im'pres] *tr* (ein)drücken, (ein)prägen (*with* mit; *on* auf); (ab)stempeln; (auf-, ein-, hinein)drücken (*in* in); verleihen, mitteilen (*on, upon* dat); erfüllen, durchdringen (*with* mit); übertragen (*on, upon* auf); imponieren (*s.o.* jdm), beeindrucken, Eindruck machen auf, (stark) wirken auf; (*Worte*) einprägen (*in o.'s memory* im Gedächtnis), einschärfen, *fam* einbleuen (*on s.o.* jdm); (*Meinung*) aufzwingen (*on s.o.* jdm); *mil, bes. mar* pressen, gewaltsam (an)werben; requirieren, beschlagnahmen; einführen, Gebrauch machen von; *s* ['impres] Abdruck, Stempel *m*; Beeindruckung *f*, Eindruck *m*; *fig* Einfluß *m*; Merkmal *n*; **~ed** [im'prest] *a* beeindruckt; durchdrungen, beseelt (*with* von); **~ion** [im'preʃən] Eindrücken *n*; Prägung, (Ab-)Stempelung *f*; Stempel; *fig* Eindruck *m*; Ahnung *f*, unbestimmte(s) Gefühl *n*; (Wachs-, Gips-)Abdruck; *typ* Druck; Abzug *m*; (Gesamt-)Auflage *f*; *to give the* **~** den Eindruck erwecken *od* machen (*of being s.th.* etw zu sein); **~ionability** [impreʃnə'biliti]Eindrucksfähigkeit, Empfänglichkeit *f*; **~ionable** [im'preʃnəbl] eindrucksfähig, empfänglich; leicht zu beeindrucken; **~ionism** [im'preʃnizm] Impressionismus *m*; **~ionist** ['-'preʃnist] Impressionist *m*; **~ionistic** [impreʃə'nistik] impressionistisch; **~ive** [im'presiv] eindrucksvoll; ergreifend; **~ment** [im'presmənt] *mil mar* Pressen *n*, gewaltsame Anwerbung *f*.
imprimis [im'praimis] *adv* zuerst, zunächst, vorab.
imprint [im'print] *tr* (auf)drücken auf (*a letter with a postmark* e-e Briefmarke auf e-n Brief); (ab)stempeln; drücken (*on* auf); (ab)drucken; einprägen (*on s.o.'s memory* in jds Gedächtnis); *s* ['imprint] Druckstelle *f*; (Fuß-) Abdruck *m*; sichtbare, deutliche Folge *f*, Stempel *fig*, Eindruck *m*; *typ* Impressum *n*, Druckvermerk *m*.
imprison [im'prizn] *tr* einsperren, ins Gefängnis stecken, einkerkern; gefangenhalten; *allg* einschränken, einengen, begrenzen; **~ment** [-mənt] Einkerkerung, Inhaftierung; Haft *f*, Gefängnis *n*; *false, illegal* **~** Freiheitsberaubung *f*; **~** *for life* lebenslängliche Haft *f*; **~** *on remand* Untersuchungshaft *f*.
improbab|ility [imprɔbə'biliti] Unwahrscheinlichkeit *f*; **~le** [im'prɔbəbl] unwahrscheinlich; unglaubhaft.
improbity [im'proubiti] Unredlichkeit *f*; Unehrlichkeit *f*.
impromptu [im'prɔmptjuː] *a* Stegreif-; *a adv* aus dem Stegreif; *s* Improvisation *f*; *theat* Stegreifstück *n*.
improper [im'prɔpə] unpassend, un- .angebracht, untauglich (*to* für); unrichtig, inkorrekt, falsch, ungenau; unzulässig; ungehörig, unziemlich, ungebührlich, unschicklich, unanständig; **~riety** [imprə'praiəti] Unangebrachtheit, Untauglichkeit; Unrichtigkeit, Ungenauigkeit; Ungehörigkeit, Unschicklichkeit, Ungebühr(lichkeit), Unanständigkeit *f*; Versehen *n*, Irrtum *m*; ungehörige(s) Benehmen *n*.
improv|able [im'pruːvəbl] (ver)besserungsfähig; (*Land*) ameliorierbar; **~e** [im'pruːv] *tr* aus-, benutzen, gebrauchen; (ver)bessern, (an)heben, auf e-e höhere Stufe stellen; wertvoller machen, im Wert, wertmäßig steigern, veredeln; (*Beziehungen*) ausbauen; (*Wert*) erhöhen; *agr* (*Land*) ameliorieren; *itr* besser werden; (*Gesundheit*) sich bessern; sich verbessern; (*Markt*) sich erholen; steigen (*in value* im Wert); *to* **~** (*up*)*on* es besser machen als, übertreffen, überbieten; *to* **~** *on acquaintance* bei näherer Bekanntschaft gewinnen; *to* **~** *an occasion* e-e Gelegenheit wahrnehmen; **~ement** [-mənt] Verbesserung, Veredelung, Steigerung, Anhebung, Vervollkommnung; Errungenschaft; (*Gehalt*) Aufbesserung *f*; (*Preise*) Anziehen *n*; Fortschritt *m* (*on, over* gegenüber); (*Land*) Amelioration *f*; *mil* (*Stellung*) Ausbau *m*; *to be an* **~** *on s.th.* etw übertreffen; **~** *industry* Veredelungsindustrie *f*; **~er** [-ə] Mittel *n* zur Verbesserung; Verbesserer; Volontär *m*.
improviden|ce [im'prɔvidəns] mangelnde Vorsorge, mangelnde Voraussicht *f*; **~t** [-t] leichtsinnig, sorglos.
improvis|ation [imprəvai'zeiʃən, -ɔvi-] Improvisation *f*; Behelf *m*; improvisierte Aufführung *f*, Stegreifvortrag *m*; **~e** ['imprəvaiz] *tr* improvisieren, extemporieren; unvorbereitet, aus dem Stegreif tun; **~ed** [im'prɔvaizd] *a* improvisiert; behelfsmäßig, Behelfs-; aus dem Stegreif, Stegreif-.

impruden|ce [im'pru:dəns] Unüberlegtheit, Unklugheit, Unvorsichtigkeit *f*; unkluge(s) Verhalten *n*; **~t** [-t] unklug, unvorsichtig, unüberlegt.

impuden|ce ['impjudəns] Unverschämtheit, Frechheit *f*; **~t** [-t] unverschämt, frech; schamlos.

impugn [im'pju:n] *tr* bestreiten, in Frage stellen, bezweifeln; anfechten; **~able** [-əbl] fraglich; anfechtbar; **~ment** [im'pju:nmənt] Bestreitung, Anfechtung, Widerlegung *f*, Einwand *m*.

impuls|e ['impʌls] Anstoß, Antrieb, Impuls *a. phys physiol; psychol* Trieb, Drang *m*; Regung, Anwandlung *f*; Anreiz *m*, Anregung *f*; *to act on ~* impulsiv handeln; **~ion** [im'pʌlʃən] Antrieb, Anstoß *m*; Triebkraft *f*; Stoß; Trieb, Drang *m*; Regung *f*; Anreiz *m*; **~ive** [im'pʌlsiv] (an)treibend; (leicht) erregbar, impulsiv, lebhaft; spontan, rasch; **~iveness** [-'pʌlsivnis] (leichte) Erregbarkeit, Lebhaftigkeit *f*.

impunity [im'pju:niti] Straflosigkeit, Straffreiheit *f*; *with ~* straffrei.

impur|e [im'pjuə] unrein *a. rel*, unsauber; unsittlich, unzüchtig, unkeusch; mit fremdem Zusatz, verfälscht; **~ity** [-riti] Unreinheit; Unanständigkeit; *tech* Verunreinigung *f*.

imput|able [im'pju:təbl] zuzuschreiben(d), anzurechnen(d); **~ation** [impju(:)'teiʃən] Unterstellung, Be-, Anschuldigung *(on* gegen); Beimessung, Anrechnung *f*; **~e** [im'pju:t] *tr* zuschreiben, zur Last legen, beimessen; zu-, anrechnen.

imshi ['imʃi] *interj mil sl* hau ab!

in [in] **1.** *prp* (räumlich) in; *~ the house* im Hause; *in this house; ~ the envelope* im Umschlag; *~ the book* im Buch *a. fig*; *~ black* in Schwarz *(gekleidet)*; **2.** *(zeitlich)* an, im Verlauf *gen*, innerhalb *gen*; in, nach Ablauf *gen*; in, mit Bezug auf, in Hinsicht auf; **3.** *~ the affirmative* positiv; mit Ja *(antworten)*; *~ amazement* vor Verwunderung; *~ appearance* dem Anschein nach, anscheinend; *~ the circumstances* unter diesen Umständen; *~ my defence* zu meiner Verteidigung; *~ difficulties* in Schwierigkeiten; *~ this direction* in dieser Richtung; *~ the distance* in der Entfernung; *~ doubt* im Zweifel; *~ English* auf englisch; *~ fact* in der Tat; *~ his hand* in der Hand; *~ him* in, an, bei ihm; *~ a good humo(u)r* bei, in guter Laune; *~ ink* mit Tinte *(schreiben)*; *~ all my life* in meinem ganzen Leben; *~ the morning* am Morgen; morgens; *~ the night* in der Nacht; bei Nacht, nachts; *~ oil* in Öl *(gemalt)*; *~ my opinion* meiner Meinung nach, meines Erachtens; *~ pain* vor Schmerz(en); *~ particular* im besonderen; *~ prison* im Gefängnis; *~ a rage* in Wut; *~ the rain* im Regen; *~ reading* beim Lesen; *~ search for* auf der Suche nach; *~ sight* in Sicht; *~ size* in der Größe; *~ the sky* am Himmel; *~ a storm* bei Sturm; *~ the sun* in der Sonne, im Sonnenschein; *~ wood* in, aus Holz *(gearbeitet)*; **4.** *to be wanting ~* es fehlen lassen an; *to believe ~* glauben an; *to have a hand ~ s.th.* bei e-r S die Hand im Spiel haben, an e-r S beteiligt sein; *belief ~ God* Glauben an Gott; Gottesglauben *m; trust ~ God* Vertrauen auf Gott; Gottvertrauen *n*; **5.** *adv* hin-, herein; (dr)innen; daheim, zu Hause; da; dabei; vorhanden, erhältlich; an der Regierung; *to be ~ for s.th.* etw zu erwarten, zu befürchten haben; *for an examination* vor e-r Prüfung stehen; *to be ~ (good) with s.o.* mit jdm auf gutem Fuß stehen; *to breed ~ and ~* Inzucht treiben; *to have it ~ for s.o. (fam)* etw gegen jdn haben; *now you are ~ for it* jetzt geht's dir aber schlecht; *are you ~ on it, too?* sind Sie auch dabei? *she has it ~ for you* sie hat dich auf dem Strich; *summer is ~* der Sommer ist da; *~ with it!* hinein damit! **7.** *a* innen befindlich, Innen-; *(Tür)* nach innen gehend; hereinkommend; herkommend, -fahrend; einheimisch *(ganz in e-r Anstalt lebend)*; an der Regierung befindlich; **8.** *s fam* Zugang *a. fig*; *fam* Einfluß *m*; *pl pol* die Regierungspartei; *sport* die am Spiel befindliche Partei; *the ~s and outs* alle Winkel und Ecken *pl*; alle Schliche *m pl; fig* alle Einzelheiten *f pl*; die Regierungspartei u. die Opposition; **9.** *tr dial (Ernte)* einbringen; *dial* einschließen; **~-and-breeding** Inzucht *f*; **~ so far as** *conj* soweit; **~ that** *conj* da; weil.

inability [inə'biliti] Unfähigkeit *f*, Unvermögen *n*; Mittel-, Machtlosigkeit *f*; *~ to pay* Zahlungsunfähigkeit *f*.

inaccessib|ility ['inækseəs'biliti] Unzugänglichkeit; Unnahbarkeit; Unerreichbarkeit *f*; **~le** [inæk'sesəbl] unzugänglich *a. fig* (to für); unbetretbar, unbefahrbar; *fig* unnahbar; unerreichbar.

inaccur|acy [in'ækjurəsi] Nachlässigkeit; Unrichtigkeit, Ungenauigkeit *f*; **~ate** [-rit] nachlässig; unrichtig, ungenau; fehlerhaft, falsch.

inact|ion [in'ækʃən] Untätigkeit *f*, Nichtstun *n*, Muße *f*; Ruhe *f*; **~ive** [-tiv] untätig, müßig; in Ruhe befindlich, stilliegend; träge, faul; *med* un-

inactivity 494 **incapable**

wirksam; *com* flau, geschäftslos; *(Kapital)* brachliegend; *(Markt)* lustlos; **~ivity** [inæk'tiviti] Untätigkeit, Muße *f*; Stilliegen *n*; Unwirksamkeit, Trägheit, Faulheit; *com* Lustlosigkeit, Stille, Flaute *f*.

inadequ|acy [in'ædikwəsi] Unangemessenheit; Unzulänglichkeit *f*; **~ate** [-kwit] unangemessen; unzulänglich; unzureichend, ungenügend.

inadmissib|ility ['inədmisi'biliti] Unzulässigkeit *f*; **~le** [inəd'misibl] unzulässig; unstatthaft.

inadverten|ce, -cy [inəd'və:təns(i)] Unachtsamkeit; Nachlässigkeit, Fahrlässigkeit *f*; Versehen *n*, Irrtum *m*; **~t** [inəd'və:tənt] unaufmerksam, unachtsam; nachlässig, gleichgültig, fahrlässig *(to* gegenüber); unabsichtlich, unbedacht.

inadvisable [inəd'vaisəbl] nicht ratsam, nicht zu empfehlen(d), nicht empfehlenswert; unklug.

inalienab|ility [ineiljənə'biliti] Unveräußerlichkeit, Unübertragbarkeit *f*; **~le** [in'eiljənəbl] unveräußerlich; nicht übertragbar, unübertragbar.

inalterable [in'ɔ:ltərəbl] unveränderlich.

inamorat|a [inæmə'ra:tə] Geliebte *f*; **~o** [-tou] *pl* **-os** Liebhaber *m*.

inan|e [i'nein] leer, hohl, nichtig; inhalt-, bedeutungs-, sinnlos; dumm; **~ition** [inə'niʃən] Leere; *physiol* Entkräftung *f*; **~ity** [i'næniti] Leere, Hohlheit, Nichtigkeit; Inhalt-, Bedeutungs-, Sinnlosigkeit; Dummheit *f*.

inanimate [in'ænimit] unbeseelt, leblos, tot; dumpf, seelen-, geistlos.

inappeasable [inə'pi:zəbl] nicht zu besänftigen(d), unstillbar.

inapplicab|ility ['inæplikə'biliti] Unanwendbarkeit; Ungeeignetheit *f*; **~le** [in'æplikəbl] unanwendbar *(to* auf); ungeeignet, unpassend *(to* für); nicht zutreffend *(to* für).

inapposite [in'æpəzit] unpassend, unpassend; unerheblich, belanglos.

inappreciable [inə'pri:ʃəbl] nicht wahrnehmbar, unmerklich; unerheblich.

inapproachable [inə'proutʃəbl] unnahbar, unzugänglich; konkurrenzlos.

inappropriate [inə'proupriit] unangemessen, unangebracht; unpassend, ungeeignet; **~ness** [-nis] Unangemessenheit; Ungeeignetheit *f*.

inapt [in'æpt] unpassend, ungeeignet, untauglich; ungeschickt, linkisch; **~itude** [-itju:d], **~ness** [-nis] Ungeeignetheit, Untauglichkeit; Ungeschicktheit *f*.

inarch [in'a:tʃ] *tr (Gartenbau)* ablaktieren, ab-, ansäugen.

inarticulate [ina:'tikjulit] undeutlich, inartikuliert; sprechunfähig, stumm; unfähig, deutlich zu sprechen; *zoo* ungegliedert; **~ness** [-nis] Undeutlichkeit (der Sprache); Sprechunfähigkeit; *zoo* Ungegliedertheit *f*.

inart|ificial [ina:ti'fiʃəl] natürlich; kunstlos; einfach, schlicht; **~istic** [ina:'tistik] unkünstlerisch.

inasmuch [inəz'mʌtʃ] *conj*: **~ as** da, weil.

inatten|tion [inə'tenʃən] Unaufmerksamkeit; Unachtsamkeit, Nachlässigkeit *f (to* gegenüber); **~ive** [-tiv] unaufmerksam, unachtsam, nachlässig *(to* gegenüber *dat*).

inaudib|ility [inɔ:də'biliti] Unhörbarkeit *f*; **~le** [in'ɔ:dəbl] unhörbar.

inaugur|al [i'nɔ:gjurəl] *a* Eröffnungs-, Einweihungs-, Antritts-; *s* Antrittsrede, -vorlesung *f*; **~ate** [-reit] *tr* (feierlich) (ins Amt) einsetzen; (feierlich) eröffnen, einweihen; (feierlich) beginnen; einführen; **~ation** [inɔ:gju'reiʃən] Amtseinsetzung; (feierliche) Eröffnung; Einweihung *f*; Beginn *m*, Einleitung *f*; **I~ Day** Tag *m* der Amtseinsetzung des Präsidenten der USA *(20. Januar)*.

inauspicious [inɔ:s'piʃəs] ungünstig, unglücklich; von schlechter Vorbedeutung, unheilvoll.

inboard ['inbɔ:d] *adv mar* (b)innenbords; *a mar* Innenbord-; *tech* Innen-; *s mar* Innenbordmotor *m*.

inborn ['in'bɔ:n] *a* angeboren.

in-bound ['inbaund] *aero* im Anflug; *mar* auf der Heimfahrt (befindlich).

inbred ['in'bred] *a* angeboren; aus Inzucht hervorgegangen.

inbreeding ['in'bri:diŋ] Inzucht *f*.

incalculab|ility [inkælkjulə'biliti] Unberechenbarkeit; Unzuverlässigkeit *f*; **~le** [in'kælkjuləbl] unberechenbar, unabsehbar; unzuverlässig, unsicher.

incandesc|ence, -cy [inkæn'desns(i)] Weißglut *f*; **~ent** [-ənt] weißglühend; (hell)glänzend; *fig* leuchtend; **~ bulb** Glühbirne *f*; **~ lamp, light** Glühlampe *f*, -licht *n*.

incantation [inkæn'teiʃən] Beschwörung *f*; Zauber; Zauberspruch *m*.

incapab|ility [inkeipə'biliti] Unfähigkeit; Untauglichkeit, Ungeeignetheit *f*; **~le** [in'keipəbl] unfähig, nicht imstande, nicht in der Lage *(of doing* zu tun); untauglich, ungeeignet *(of* für); *jur* nicht berechtigt, unfähig; *(legally ~)* geschäftsunfähig; **~ of proof** unbeweisbar; **~ of work** arbeitsunfähig.

incapac|itate [inkə'pæsiteit] *tr* unfähig machen *(for, from* für, zu); disqualifizieren; entmündigen; **~itated** [-id] *a* arbeits-, geschäftsunfähig; **~itation** ['inkəpæsi'teiʃən] Disqualifizierung; Entmündigung *f*; ~~ *for work* Arbeitsunfähigkeit *f*; **~ity** [inkə'pæsiti] Untüchtigkeit, Unfähigkeit *(for* zu); *(legal* ~~) Geschäftsunfähigkeit *f*.

incarcerat|e [in'kɑ:səreit] *tr* einsperren, gefangen setzen; *med* einklemmen; **~ion** [in'kɑ:sə'reiʃən] Gefangensetzung; *med (Bruch)* Einklemmung *f*.

incarn|ate [in'kɑ:nit] *a* Fleisch, Mensch geworden; verkörpert, personifiziert; leibhaftig; fleischfarben, rosig, rot; *tr* [in'kɑ:neit] verkörpern, darstellen; verwirklichen; **~ation** [inkɑ:'neiʃən] Fleisch-, Menschwerdung *(Christi)*; *allg* Verkörperung *f*, Inbegriff, Typ *m*.

incase [in'keis] *s.* encase.

incautious [in'kɔ:ʃəs] unvorsichtig; sorglos; unklug; unbedacht, übereilt; **~ness** [-nis] Unvorsichtigkeit; Sorglosigkeit; Unbedachtheit *f*.

incendiar|ism [in'sendjərizm] Brandstiftung *f*; Aufwiegelung, Verhetzung *f*; **~y** [-i] *a* Brandstiftungs-; Brand-; aufrührerisch, Hetz-; *s* Brandstifter; *fig* Aufwiegler, Aufrührer, Hetzer *m*; ~~ *bomb* Brandbombe *f*; ~~ *speech* Brandrede *f*.

incense 1. [in'sens] *tr* wütend, zornig machen, in Wut bringen, erzürnen *(against* gegen; *with, at, by* mit); **2.** ['insens] *s* Weihrauch; *allg* Wohlgeruch *m*; *fig* Beweihräucherung, Schmeichelei *f*; *tr* mit Weihrauchduft, mit Wohlgeruch erfüllen; Weihrauch streuen (*s.o.* jdm); be(weih)räuchern.

incentive [in'sentiv] *a* anregend, anspornend; *s* Antrieb *m*, Ermutigung, Anregung *f*, Anreiz *m (to* zu); **~ pay, wage** Leistungslohn *m*.

incept|ion [in'sepʃən] Anfang, Beginn *m*; **~ive** [in'septiv] *a* anfangend, beginnend; Anfangs-; *gram* inchoativ; *s* (~~ *verb*) *gram* Inchoativ(um) *m*.

incertitude [in'sə:titjud] Ungewißheit; Unsicherheit *f*.

incessant [in'sesnt] unablässig, unaufhörlich, beständig, ununterbrochen.

incest ['insest] Blutschande *f*; **~uous** [in'sestjuəs] blutschänderisch.

inch [intʃ] Zoll *m* ($^1/_{12}$ *Fuß* = 2,54 *cm*); Kleinigkeit *f*, ein bißchen, (ein) wenig; *tr* (langsam) schieben; *itr* sich (langsam, schrittweise) bewegen; *to* ~ *along* dahinschleichen; *to* ~ *forward (tr)* langsam vorschieben; *itr* vorrücken; *to* ~ *out* hinausschieben, -drängen; *(spar-*

sam) zumessen; *at an* ~ um Haaresbreite, um ein Haar; *by* ~*es*, *by* ~ nach und nach, Schritt für Schritt, (ganz) allmählich; *every* ~ jeder Zoll, von Kopf bis Fuß, durch und durch; *within an* ~ *of* ganz dicht an, bei; *(mit Dauerform)* beinahe, fast; *not to yield an* ~ keinen Fußbreit nachgeben; *give him an* ~ *and he'll take an ell* wenn man ihm den kleinen Finger gibt, nimmt er die ganze Hand; **~ed** [intʃt] *a in Zssgen* -zöllig; **~meal:** *(by* ~~) Schritt für Schritt, nach und nach, langsam, allmählich; **~ rule** Zollstock *m*.

inchoat|e ['inko(u)eit] *a* noch in den Anfängen steckend; **~ive** ['inko(u)eitiv] *a* selten = ~e *(a)*; *gram* inchoativ; *s* Inchoativ(um) *n*.

inciden|ce ['insidəns] Einfall; Einfluß; Umfang *m*, Vorkommen *n*, Verbreitung, Häufigkeit *f*; *phys* Einfall(srichtung *f*) *m*, Auftreffen, Einfallen *n*; *angle of* ~~ *(phys)* Einfallswinkel; *aero* Anstellwinkel *m*; **~t** ['insidənt] *a* einfallend; zufällig; vorkommend *(to* bei); verbunden *(to* mit); gehörend *(to* zu); *jur* gebunden *(to* an), abhängig *(to* von); *s* Zufall; Zwischenfall; Vorfall *m*, Vorkommnis, Ereignis, Geschehen *n*; Nebenumstand *m*; *lit* Zwischenhandlung, Episode *f*; **~tal** [insi'dentl] *a* zufällig, beiläufig; Neben-; gelegentlich *(to* zu); *mus* Begleit-; *s* Nebensache *f*, Anhängsel *n*; *pl* Vermischte(s), Diverse(s) *n*; *pl* diverse Ausgaben *f pl*, Nebenspesen *pl*; *to be* ~~ *to* gehören zu; ~~ *expenses (pl)* Nebenausgaben *f pl*; ~~ *income* Nebeneinkommen *n*; ~~ *intention* Nebenabsicht *f*; ~~*ly (adv)* so nebenbei, nebenbei gesagt, übrigens; ~~ *music* Hintergrundsmusik *f*; ~~ *plea (jur)* Einwand *m*, Einrede *f*; ~~ *question* Neben-, Zwischenfrage *f*.

incinerat|e [in'sinəreit] *tr* einäschern, verbrennen; *tech* veraschen; **~ion** [insinə'reiʃən] Einäscherung, Verbrennung; *tech* Veraschung *f*; **~or** [in'sinəreitə] Verbrennungsofen *m*.

incipien|ce, -cy [in'sipiəns(i)] Beginn, Anfang(sstadium *n*) *m*; **~t** [-t] beginnend; Anfangs-.

incis|e [in'saiz] *tr* (ein)schneiden in; einkerben; *(Figuren, Inschrift)* einschneiden, einritzen; **~ion** [in'siʒən] Einschnitt *a. med*; Schnitt *m*, Kerbe, Markierung *f*; **~ive** [in'saisiv] (ein-)schneidend; scharf; beißend; durchdringend; **~or** [-ə] Schneidezahn *m*.

incit|ation [insai'teiʃən] Ansporn *m*, Anregung *f*; Aufreizung *f*; **~e** [in'sait] *tr* anregen, auf-, anreizen, anstacheln, aufwiegeln, aufhetzen (to zu); **~ement** [-mənt] Anregung f; Anreiz, Antrieb m, Triebfeder (to für); Aufwiegelung, Aufhetzung f.

incivility [insi'viliti] Unhöflichkeit, Grobheit f.

incivism ['insivizm] Mangel m an staatsbürgerlicher Gesinnung.

inclemen|cy [in'klemənsi] Ungunst; Rauheit, Strenge, Härte; Unfreundlichkeit f; **~t** [-t] ungünstig; rauh, streng, hart; barsch, unfreundlich.

inclin|ation [inkli'neiʃən] Neigung f, Hang m a. fig; fig Vorliebe f (for für); tech Neigungswinkel m; (Kompaß) Inklination f; **~e** [in'klain] s (Ab-)Hang m, Steigung, geneigte Fläche f; itr (Fläche) sich neigen, sich senken (to zu); (Mensch) sich neigen, sich beugen; dazu neigen (to, toward zu; to do zu tun); e-n Hang, e-e Neigung haben; tr (Fläche) abschrägen; e-e Neigung geben (s.th. e-r S); fig geneigt machen, veranlassen; **~ed** [in'klaind] a geneigt a. fig; schräg, schief; **~plane** (phys) schiefe Ebene f; **~ometer** [inkli'nɔmitə] Neigungsmesser m.

inclos|e [in'klouz] tr einschließen; umgeben; (e-m Brief) beifügen; enthalten; please find **~ed** in der Anlage erhalten Sie; **~ure** [in'klouʒə] Einschließung f, Umfassung (smauer) f; Zaun; abgeschlossene(r) Platz m; (Brief) Anlage f.

includ|e [in'klu:d] tr einschließen, umfassen; enthalten; einbeziehen, einbegreifen; mit aufnehmen (in in); tech mit einbauen; to **~** in a bill auf e-e Rechnung setzen; **~ed** [-id] a einbegriffen, enthalten, eingeschlossen, einschließlich, inklusiv; **~ing** [-iŋ] einschließlich (s.th. e-r S).

inclus|ion [in'klu:ʒən] Einschließung f; Einschluß m a. min; **~ive** [in'klu:siv] eingerechnet, einschließlich (of gen); umfassend, gesamt; to be **~** of einschließlich; all **~** alles (e)inbegriffen; **~ terms** (pl) Pauschalpreis m.

incog [in'kɔg] a adv fam inkognito.

incognito [in'kɔgnitou] a adv inkognito; unerkannt; unter fremdem Namen; s pl -os Inkognito n.

incoheren|ce, -cy ['inkə(u)'hiərəns(i)] Zs.hanglosigkeit f; Widerspruch m; unzs.hängende Rede f, Gedanken m pl; **~t** [-t] nicht zs.hanglos; lose (anea.gereiht), (logisch) unverbunden, unzs.hängend, widerspruchsvoll.

incombustib|ility [inkəmbʌstə'biliti] Unverbrennbarkeit f; **~le** [inkəm-'bʌstəbl] a unverbrennbar; feuersicher; s unverbrennbare(s) Material n.

income ['inkəm] Einkommen n, Einkünfte pl (from aus); Ertrag m; to draw an **~** ein Einkommen beziehen (from aus); to exceed, to outrun o.'s **~** über s-e Verhältnisse leben; to live up to o.'s **~** sein (ganzes) Geld ausgeben od verbrauchen; to live within o.'s **~** mit s-m Gelde auskommen; additional, casual, extra **~** Nebeneinkommen n, -einkünfte pl; earned **~** Arbeitseinkommen n; Einkünfte pl aus selbständiger Arbeit; national **~** National-, Volkseinkommen n; Staatseinkünfte pl; net **~** Nettoeinkommen n; Reinertrag, -erlös m; unearned **~** Kapitaleinkommen n; **~-bracket** Einkommensgruppe, -stufe f; **~r** ['-ə] Hereinkommende(r), Eintretende(r), Ankömmling, Zugezogene(r), Nachfolger m; **~-tax** Einkommensteuer f; corporation **~** Körperschaft(s)steuer f; **~ computation** Einkommensteuerberechnung f; **~ law** Einkommensteuergesetz n; **~ rate** Einkommensteuersatz m; **~ return** Einkommensteuererklärung f.

incoming ['inkʌmiŋ] a (her)einkommend, eingehend, -laufend; zurückkommend; neu eingehend, neu ein-, antretend; (Jahr) beginnend; tech ankommend; (Jahr) beginnend; tech ankommend; s Eintritt m; (Zug) Einlaufen n; (Waren) Zugang m; pl (Zahlungs-)Eingänge m pl; **~ orders** pl Auftragseingänge m pl.

incommensur|ability ['inkəmenʃərə'biliti] Unvergleichbarkeit, inkommensurable Eigenschaft f; **~able** [inkə'menʃərəbl] nicht (mit gleichem Maßstab) meßbar; nicht vergleichbar, unvereinbar (with mit); math inkommensurabel; **~ate** [inkə'menʃərit] ungleich; nicht gewachsen (to, with dat); nicht vergleichbar.

incommod|e [inkə'moud] tr belästigen, zur Last fallen (s.o. jdm); **~ious** [-iəs] lästig, unbequem, mühevoll; (räumlich) beengt.

incommunic|able [inkə'mju:nikəbl] nicht mitteilbar; **~ado** [inkəmjuni'kɑ:dou] a Am von der Außenwelt abgeschnitten; jur in Einzelhaft; **~ative** [inkə'mjunikətiv] nicht mitteilsam, zurückhaltend, reserviert, schweigsam.

incomparable [in'kɔmpərəbl] nicht vergleichbar (to, with mit); unvergleichlich.

incompatib|ility ['inkəmpætə'biliti] Unvereinbarkeit; Unverträglichkeit f; **~le** [inkəm'pætəbl] unvereinbar (with mit); nicht zs.passend; (Mensch) unverträglich; to be **~** with nicht passen zu, sich nicht vereinbaren.

incompeten|ce, -cy [in'kɔmpitəns(i)] Unfähigkeit, Unzulänglichkeit; Unzuständigkeit, Inkompetenz; *Am jur* Geschäftsunfähigkeit *f*; **-t** [-t] unfähig, unbrauchbar, unzulänglich; unbefugt, unzuständig, inkompetent (*to* für); *Am jur* nicht geschäftsfähig; ~~ *to act* handlungsunfähig.

incomplet|e [inkəm'pli:t] unvollständig *a. chem*, unfertig, unvollkommen, mangelhaft.

incomprehensib|ility [inkɔmprihensə'biliti] Unbegreiflichkeit *f*; **-le** [inkɔmpri'hensəbl] unverständlich, unbegreiflich.

incompressible [inkəm'presəbl] nicht zs.drückbar, unelastisch.

incomputable [inkəm'pju:təbl] unberechenbar.

inconceivab|ility ['inkənsi:və'biliti], Unbegreiflichkeit, Unfaßbarkeit *f*; **-le** [inkən'si:vəbl] unbegreiflich, unfaßbar, -lich, undenkbar.

inconclusive [inkən'klu:siv] nicht überzeugend, nicht beweiskräftig, nicht schlüssig; nicht endgültig, wirkungs-, ergebnis-, erfolglos; **-ness** [-nis] Mangel *m* an Beweiskraft.

incongru|ity [inkən'gru(:)iti] Unvereinbarkeit; Unausgeglichenheit *f*; Mißverhältnis *n*; Ungereimtheit; Ungeeignetheit; *math* Inkongruenz *f*; **-ous** [in'kɔŋgruəs] nicht zs.passend, unvereinbar; disharmonisch, unausgeglichen; widerspruchsvoll; unrecht; unvernünftig, widersinnig, ungereimt; unpassend, ungeeignet; *math* inkongruent.

inconsequen|ce [in'kɔnsikwəns] Widersinn *m*; Inkonsequenz; Belanglosigkeit *f*; **-t** [-t] folgewidrig; inkonsequent; belanglos; **-tial** [inkɔnsi'kwenʃəl] inkonsequent, unlogisch, widersinnig, sprunghaft; belanglos, unwichtig.

inconsider|able [inkən'sidərəbl] bedeutungslos, unbedeutend, unwichtig, belanglos; **-ate** [inkən'sidərit] unüberlegt, unbesonnen, gedankenlos; achtlos; rücksichtslos (*towards* gegen); **-ateness** [-ritnis] Unüberlegtheit; Gedankenlosigkeit; Rücksichtslosigkeit *f*.

inconsisten|ce, -cy [inkən'sistəns(i)] Unvereinbarkeit *f*; Widerspruch *m*; Unbeständigkeit *f*; **-t** [-t] unvereinbar (*with* mit); widersprechend, widerspruchsvoll; uneinheitlich; inkonsequent; unbeständig, wechselnd.

inconsolable [inkən'souləbl] untröstlich; mit gebrochenem Herzen.

inconspicuous [inkən'spikjuəs] unauffällig, kaum bemerkbar, unmerklich, unscheinbar.

inconstan|cy [in'kɔnstənsi] Unbeständigkeit; Wechselhaftigkeit, Wandelbarkeit; Ungleichheit, Ungleichmäßigkeit, Unregelmäßigkeit *f*; **-t** [-t] unbeständig, unstet, schwankend, inkonstant; wechselhaft, wandelbar; ungleich(mäßig), verschieden(artig).

incontestab|ility [inkɔntestə'biliti] Unbestreitbarkeit *f*; **-le** [inkən'testəbl] unbestreitbar, unstreitig, unanfechtbar; (*Beweis*) unwiderlegbar.

incontinen|ce [in'kɔntinəns] mangelnde Enthaltsamkeit; Unkeuschheit *f*; ~~ *of urine* Harnfluß *m*; **-t** [-t] *a* unenthaltsam, unkeusch, ausschweifend; (~~ *of information*) geschwätzig; *med* unfähig, das Wasser zu halten; *adv* unterbrochen; **-t(ly)** [-li] *adv lit* sofort, unverzüglich, alsbald.

incontrovertible [inkɔntrə'və:təbl] unbestreitbar, unwiderlegbar, unleugbar.

inconvenien|ce [inkən'vi:njəns] *s* Unbequemlichkeit; Lästigkeit, Mühe, Schwierigkeit *f*, Umstände *m pl*; Ungehörigkeit *f*; *tr* belästigen, bemühen; Umstände, Mühe, Schwierigkeiten machen (*s.o.* jdm); *to put s.o. to great* ~~ jdm große Ungelegenheiten bereiten; **-t** [-t] unbequem, unbehaglich, lästig, mühevoll, mühselig, umständlich.

inconvertib|ility [inkɔnvə:tə'biliti] *fin* Unkonvertierbarkeit; Nichteinlösbarkeit; (*Waren*) Nichtumsetzbarkeit *f*; **-le** [inkən'və:təbl] (*Papiergeld*) nicht konvertierbar, nicht einlösbar; (*Waren*) nicht umsetzbar.

inconvincible [inkən'vinsəbl] nicht zu überzeugen(d).

incorporat|e [in'kɔ:pəreit] *tr* (sich) einverleiben, (sich) angliedern, eingliedern, (in sich) aufnehmen; einarbeiten, einbauen, einsetzen; (*als Mitglied*) aufnehmen (*in* in); (zu e-r Körperschaft, zu e-m Verein) zs.schließen; *Am* als Aktiengesellschaft eintragen; gestalten, Gestalt geben, verleihen (*s.th.* e-r S); (amtlich) eintragen, registrieren, inkorporieren; *itr* sich zs.schließen (*with* mit); e-e Körperschaft gründen; e-n Verein bilden; innewohnen; *a* [-rit] vereinigt, (mitea.) verbunden, zs.geschlossen; einverleibt, eingegliedert, aufgenommen; **-ed** [-id] *a* einverleibt; zs.geschlossen, vereinigt; (*Verein*) eingetragen; *Am* als Aktiengesellschaft eingetragen; *to be* ~~ *in* zugehören zu; ~~ *accountant* Wirtschaftsprüfer *m*; ~~ *company* (*Am*) Aktiengesellschaft *f*; ~~ *town* (*Am*) Stadtgemeinde *f*; **-ion** [inkɔ:pə'reiʃən] Einverleibung; Registrierung; Verbin-

incorporator   498   **incursion**

dung *f*, Zs.schluß *m*; Eingemeindung; Gründung *f* e-r juristischen Person; *articles (pl) of* ~~ Satzung *f*; **~or** [-ə] *Am com* Gründungsmitglied *n*.

incorpore|al [inkɔː'pɔːriəl] unkörperlich, immateriell, geistig.

incorrect [inkə'rekt] unrichtig, unwahr; falsch; fehlerhaft, ungenau; ungehörig.

incorrigible [in'kɔridʒəbl] *a* unverbesserlich; nicht korrigierbar; *s* unverbesserliche(r) Mensch *m*.

incorrupt|ibility [inkərʌptə'biliti] Unbestechlichkeit; Unverderblichkeit *f*; **~ible** [inkə'rʌptəbl] unbestechlich; unverderblich, unzerstörbar.

increase [in'kriːs] *itr* (an)wachsen, (an-)steigen, zunehmen (*a. zahlenmäßig*); sich vergrößern, sich vermehren, sich erhöhen; *tr* vergrößern, erhöhen; vermehren; steigern; *(Preis)* heraufsetzen; *s* ['inkriːs] Wachstum *n*, Vergrößerung; Erhöhung, Steigerung (*on* gegenüber); Zulage; Vermehrung, Zunahme *f*; Aufschlag; Zuwachs; Fortschritt *m*; *(Strafe)* Verschärfung *f*; *on the* ~ im Zunehmen, im Steigen, (an-)steigend; im Wachsen; *to* ~ *in size* an Größe zunehmen; ~ *of capital* Kapitalerhöhung *f*; ~ *in consumption* Verbrauchssteigerung *f*; ~ *in costs* Kostensteigerung *f*; ~ *in demand* steigende Nachfrage *f*; ~ *in efficiency* Leistungssteigerung *f*; ~ *of exports, imports* Aus-, Einfuhrsteigerung *f*; ~ *in pay* Gehalts-, *mil* Solderhöhung *f*; ~ *in population* Bevölkerungszunahme *f*, -zuwachs *m*; ~ *in power* Machtzunahme *f*; ~ *in prices* Preiserhöhung *f*, -aufschlag *m*; ~ *of production* Produktionssteigerung *f*; ~ *in the discount rate* Diskonterhöhung *f*; ~ *of rent* Mieterhöhung *f*; ~ *in salary* Gehaltserhöhung, -aufbesserung, -zulage *f*; ~ *in taxes* Steuererhöhung *f*; ~ *of trade* Aufschwung *m* des Handels; ~ *in turnover* Umsatzsteigerung *f*, ~ *in*, *of value* Wertsteigerung *f*, -zuwachs *m*; ~ *in velocity* Geschwindigkeitszunahme *f*; ~ *of wages* Lohnerhöhung *f*; ~ *in weight* Gewichtszunahme *f*.

incredib|ility [inkredi'biliti] Unglaubhaftigkeit *f*; **~le** [in'kredəbl] unglaubhaft, -würdig, -lich.

incredul|ity [inkri'djuːliti] Ungläubigkeit *f*; **~ous** [in'kredjuləs] ungläubig, zweifelnd, skeptisch.

increment ['inkrimənt] Wachstum *f*, Zuwachs *m*, Zunahme (*of* an); Erhöhung, Steigerung *f a. math*; Vermögenszuwachs; *(unearned ~)* Wertzuwachs *m*, -steigerung *f*, Mehrwert; Gewinn *m*.

incriminat|e [in'krimineit] *tr* an-, beschuldigen; e-s Verbrechens, e-s Vergehens anklagen; belasten; **~ing** [-iŋ], **~ory** [in'kriminətəri] belastend; Belastungs-; **~ion** [inkrimi'neiʃən] An-, Beschuldigung; Belastung *f*.

incrust [in'krʌst] *tr* mit e-r Kruste überziehen, überkrusten; *arch (Kunstgewerbe)* inkrustieren; **~ation** [inkrʌs'teiʃən] Krusten-, Schlacken-, Kesselsteinbildung; Überkrustung; *tech* Sinterung *f*, Kesselstein *m*; *arch (Kunstgewerbe)* Bekleidung *f*, Einlegen *n*, Verschalung, Inkrustation *f*.

incub|ate ['inkjubeit] *tr* be-, ausbrüten; in e-r Nährlösung züchten; *fig* aushecken; *itr* ausgebrütet werden; **~ation** [inkju'beiʃən] (Aus-, Be-)Brüten *n*; *med* Inkubation(sstadium *n*) *f*; **~ator** [-ə] Brutapparat, -ofen, *med* -kasten *m*; **~us** ['inkjubəs] Alp(drücken *n*) *m*; *fig* Last, Bürde *f*.

inculcat|e ['inkʌlkeit, *Am* in'k-] *tr* einschärfen, einprägen, *fam* einbleuen (*on*, *upon* dat); **~ion** [inkʌl'keiʃən] Einprägung, Einschärfung *f*.

inculpat|e ['inkʌlpeit, *Am* in'k-] *tr* an-, beschuldigen; belasten; anklagen; tadeln; **~ion** [inkʌl'peiʃən] Beschuldigung; Belastung *f*; Tadel *m*.

incumben|cy [in'kʌmbənsi] (drükkende) Last; Obliegenheit, Pflicht *f*; Amt *n*, Pfründe; Amtsdauer, -zeit *f*; **~t** [-t] *a* aufliegend; drückend; obliegend; *poet* drohend; *s* Pfründeninhaber; Pfarrer; *Am* Amtsinhaber *m*; *to be* ~~ (*up*)*on s.o.* jdm obliegen; *it is* ~~ *on him* er ist dazu verpflichtet.

incunabul|um [inkju(ː)'næbjuləm] *pl* **~a** [-ə] Wiegendruck *m*, Inkunabel *f*; *pl a. allg* Anfangsstadium *n*.

incur [in'kəː] *tr* sich (*etw Unerwünschtes*) zuziehen, auf sich laden, auf sich nehmen; herbeiführen; *to ~ a danger* sich e-r Gefahr aussetzen; *to ~ debts* Schulden machen; *to ~ heavy expenses* sich in große Unkosten stürzen; *to ~ a liability* e-e Verpflichtung eingehen; *to ~ the loss of s.th.* e-r S verlustig gehen; *etw* verwirken; *to ~ a loss* e-n Verlust erleiden; *to ~ a risk* ein Risiko eingehen *od* übernehmen.

incurab|ility [inkjuərə'biliti] Unheilbarkeit *f*; **~le** [in'kjuərəbl] *a* unheilbar; *s* unheilbare(r) Kranke(r) *m*.

incuri|ous [in'kjuəriəs] nicht neugierig, gleichgültig, uninteressiert.

incursion [in'kəːʃən] (feindlicher) Einfall, plötzliche(r) Angriff; Einbruch *m*, Invasion *f*; Streifzug *m*; *(Wasser)* Hereinströmen, -fluten *n*.

incurve [in'kə:v] *tr itr* (sich) einwärts biegen, krümmen, beugen.
incuse [in'kju:z] *s* Prägung *f*; *a*, **~d** [-d] *a* geprägt.
indebted [in'detid] *a* verschuldet (*to* bei); in Schulden; (zu Dank) verpflichtet; *to be ~ to s.o. for s.th.* jdm etw zu verdanken haben; **~ness** [-nis] Verbindlichkeit, Verpflichtung; Schuldenlast, Verschuldung *f*; Schuldbetrag *m*; Gesamtschuld *f*.
indecenc|y [in'di:snsi] Ungehörigkeit; Unanständigkeit *f*; **~t** [-t] unpassend, ungebührlich; unanständig, anstößig, obszön; *~~ assault* Sittlichkeitsvergehen *n*.
indecipherable [indi'saifərəbl] unentzifferbar; unleserlich.
indecis|ion [indi'siʒən] Unentschlossenheit; Wankelmütigkeit *f*, Wankelmut *m*; Zögern, Schwanken *n*; **~ive** [indi'saisiv] nicht entscheidend, nicht endgültig, unentschieden; unentschlossen, wankelmütig, zögernd.
indeclinable [indi'klainəbl] *gram* undeklinierbar, ohne Kasusendungen.
indecomposable ['indi:kəm'pouzəbl] nicht ausea.nehmbar; unzersetzlich, unzerlegbar (*into* in).
indec|orous [in'dekərəs] unziemlich, unschicklich; **~orum** [indi'kɔ:rəm] Unziemlichkeit, Unschicklichkeit *f*.
indeed [in'di:d] *adv* in der Tat, natürlich, allerdings, gewiß, sicher; *interj* wirklich? so? allerdings! das ist ja allerhand! nicht möglich! *thank you very much ~* vielen herzlichen Dank!
indefatigable [indi'fætigəbl] unermüdlich.
indefeasible [indi'fi:zəbl] unantastbar; unveräußerlich.
indefectible [indi'fektibl] haltbar; fehlerfrei.
indefensib|ility [indifensi'biliti] Unhaltbarkeit *f*; **~le** [-əbl] *mil* nicht zu verteidigen(d), unhaltbar *a. fig*.
indefinable [indi'fainəbl] unbestimmbar, undefinierbar.
indefinite [in'definit] unbegrenzt; undeutlich, verschwommen; unsicher, ungewiß, unbestimmt; unbeschränkt; *bot* variabel, veränderlich (*in der Zahl*); *gram* unbestimmt; **~ness** [-nis] Unbegrenztheit; Undeutlichkeit; Unbestimmtheit *f*.
indelib|ility [indeli'biliti] Unvergänglichkeit, Unauslöschlichkeit *f*; **~le** [in'delibl] (*Schrift, Farbe*) nicht zu entfernen(d), dauerhaft; *fig* unauslöschlich, unvergänglich; *~~ ink* Wäschetinte *f*; *~~ pencil* Tintenstift *m*.

indelic|acy [in'delikəsi] Unfeinheit, Grobheit; Taktlosigkeit *f*, Mangel *m* an Feingefühl; Unanständigkeit *f*; **~ate** [in'delikit] unzart, unfein, grob, roh, rauh; unziemlich, ungebührlich, taktlos; gemein, unanständig.
indemn|ification [indemnifi'keiʃən] Entschädigung, Schadloshaltung, Ersatzleistung; Abfindung, Entschädigung(ssumme) *f*, Schadenersatz *m*; *claim of ~~* Schadenersatzanspruch *m*; *~~ in cash* Geldentschädigung *f*; **~ify** [in'demnifai] *tr* entschädigen, schadlos halten, Schadenersatz leisten (*for* für); sicherstellen (*against, from* gegen); *jur* Straflosigkeit zusichern (*s.o.* jdm); **~ity** [in'demniti] Schadenersatz *m*, Entschädigung; Abfindung *f*, Sicherstellung, Versicherung, Amnestie, Straflosigkeit *f*; *to pay full ~~ to s.o.* jdn den Schaden in voller Höhe ersetzen; *~~ bond* Garantieschein *m*, -erklärung; Ausfallbürgschaft *f*.
indent [in'dent] *tr* (ein)kerben, auszacken, einschneiden, zähnen; ausbuchten; (*Zeile*) einrücken; (*Urkunde*) doppelt ausfertigen; (*Vertrag*) (ab)schließen; (*Waren*) bestellen; *itr* (ein)gekerbt, ausgezackt, gezähnt sein; Einkerbungen, Zacken haben; einrücken, e-n Absatz machen; e-e doppelte Ausfertigung machen; e-n Vertrag (ab)schließen; *to ~ on s.o. for s.th.* etw bei jdm anfordern; jdn für etw in Anspruch nehmen; *s* ['indent] Kerbe *f*, Einschnitt *m*; Einrückung *f*, Absatz; (schriftlicher) Vertrag *m*; Warenbestellung *f*, Auftrag *m*; Anforderung *f*; **~ation** [inden'teiʃən] Einkerbung, Auszackung *f*, Einschnitt *m*; Ausbuchtung; *typ* Einrückung *f*, Absatz *m*; **~ed** [in'dentid] *a* gekerbt, gezackt, gezahnt; ausgebuchtet; vertraglich; (durch Lehrvertrag) gebunden; **~ion** [in'denʃən] *s*. *~ation*; **~ure** [in'dentʃə] *s* (schriftlicher, in mehreren Ausfertigungen vorliegender) Vertrag, Kontrakt *m*; Liste, Aufstellung *f*, Inventar *n*; *meist pl* Arbeits-, Lehrvertrag *m*; *tr* vertraglich binden, verpflichten, in die Lehre geben; *to take up o.'s ~~s, to be out of ~~s* ausgelernt haben.
independen|ce, -cy [indi'pendəns(i)] Unabhängigkeit, Selbständigkeit, Autonomie *f*; reichliche(s) Auskommen *n*; *I~~ Day (Am)* Unabhängigkeitstag (*4. Juli 1776*); **~t** [-t] *a* unabhängig (*of* von); selbständig; autonom; *pol* parteilos, wild; finanziell unabhängig; *s pol* Unabhängige(r), Parteilose(r); *rel* Kongregationalist, Independente(r), Sek-

indescribable — **indigestive**

tierer *m; to be* ~~ vom (eigenen) Gelde leben können; auf eigenen Füßen stehen; ~~ *fire, firing (mil)* Einzel-, Schützenfeuer *n;* ~~ *suspension (mot)* Einzelaufhängung *f.*

indescribable [indis'kraibəbl] unbeschreiblich.

indestructib|ility ['indistrʌktə'biliti] Unzerstörbarkeit *f;* **-le** [indis'trʌktəbl] unzerstörbar.

indetermin|able [indi'tə:minəbl] unbestimmbar; unentscheidbar; **-ate** [-it] unbestimmt; unsicher; ungenau, vage; unentschieden; unentschlossen; **-ation** ['inditə:mi'neiʃən] Unbestimmtheit; Unentschiedenheit; Unentschlossenheit *f;* **-ism** [indi'tə:minizm] *philos* Indeterminismus *m.*

index ['indeks] *pl -es* [-iz], *math indices* ['indisi:z] *s* (~-*finger*) Zeigefinger; (*Uhr-*)Zeiger *m;* (Kompaß-)Nadel *f;* Züngelein *n (an der Waage);* Wegweiser *m; typ* Hinweiszeichen *n; fig* Fingerzeig, Hinweis *m (to* auf); (Kenn-) Zeichen *n (of* für, von); *(Buch) (alphabetisches)* (Namens-, Sach-)Register; (Stichwort-)Verzeichnis *n,* Liste *f,* Katalog *m,* Kartei *f; eccl com* Index *m,* Verbotsliste *f; math* Exponent *m,* Hochzahl *f;* (~-*number*) Index *m,* Meßzahl; Kennziffer *f; tr (Buch)* mit e-m Register versehen, ein Register machen zu; registrieren, katalogisieren; *tech* indexieren, (um)schalten; zeigen, hinweisen auf; *to be an ~ of s.th.* ein Gradmesser für etw sein; *to be, to put on the ~* auf dem Index stehen, auf den I. setzen; *business* ~ Handelsregister *n; card* ~ Kartei, Kartothek *f; cost-of-living* ~ Lebenshaltungsindex *m; price* ~ Preisindex *m; wholesale-price* ~ Großhandelsindex *m;* ~ *of intelligence* Intelligenz-(meß)zahl *f;* ~ *of names* Namensverzeichnis *n;* **-card** Karteikarte *f;* **-ed** ['-t] *a* mit e-m Register versehen; katalogisiert; **-er** ['-ə] Bearbeiter *m* e-s Registers, e-s Katalogs; ~ **error** Ablesefehler *m;* **-ing** ['indeksiŋ] Registrierung, Katalogisierung, Anlage *f* e-r Kartei; **~-mark** (Katalog-)Nummernschild *n;* Kennmarke *f;* ~ **number** Index-Meßziffer *f;* ~~ *wages (pl)* an den Lebenshaltungsindex gebundene Löhne *m pl.*

India ['indjə] (Vorder-)Indien *n; Further* ~ Hinterindien *n;* ~ **ink** *Am* chinesische, Ausziehtusche *f;* **~-paper** Chinapapier *n;* ~ **proof** *typ* Dünndruck *m;* **~-rubber** Kautschuk *n,* Radiergummi *m;* ~~ *ball* Gummiball *m.*

Indian ['indjən] *a* indisch; indianisch; Indianer-; *Am* Mais-; *s* Inder(in *f);* Indianer(in *f) m;* Indianersprache *f;* ~ **bread** *Am* Maisbrot *n;* ~ **club** *sport* Keule *f;* ~ **corn** *Am* Mais *m;* ~ **file**: *in* ~~ im Gänsemarsch; ~ **ink** *s. India ink;* ~ **meal** Maismehl *n;* ~ **millet** *bot* Sorgho *m,* Sorghum *n;* ~ **pudding** *Am* Pudding *m* aus Maismehl, Milch u. Sirup; ~ **summer** Altweiber-, Nachsommer *m.*

indicat|e ['indikeit] *tr* hinweisen, zeigen (auf), deuten auf; anzeigen, an-, bedeuten; markieren; angezeigt, ratsam, nützlich erscheinen lassen; *med* indizieren, anzeigen, erforderlich machen; kurz *od* allgemein andeuten; *as* ~*ed* wie angegeben; **-ion** [indi'keiʃən] Hinweis *m,* Andeutung *f;* An-, Kennzeichen, Merkmal *n;* Anhaltspunkt *m; med* Indikation, Anzeige *f (of* für); ~~ *of origin* Ursprungsbezeichnung *f;* **-ive** [in'dikətiv] *a* andeutend, hinweisend *(of* auf); anzeigend *(of s. th.* etw); *s u.* ~~ *mood (gram)* Indikativ *m; to be* ~ *of* ein Hinweis sein für; **-or** ['indikeitə] (An-)Zeiger; Zähler; Registrierapparat *m;* Schauwerk *n;* Indikator *a. chem; mot* Winker *m;* Nullinstrument *n; flashing* ~ *(mot)* Blinker *m;* **-ory** [in'dikətəri, 'indikeitəri] anzeigend *(of s.th.* etw), hinweisend *(of s.th.* auf etw).

indict [in'dait] *tr jur* Anklage erheben gegen, anklagen *(for* wegen); **-able** [-əbl] *(Person)* anklagbar; *(Vergehen)* strafwürdig; **-ed** [-id] *a* unter Anklage (stehend); **-ment** [-mənt] *jur* Anklage; Anklageschrift *f.*

indifferen|ce [in'difrəns] Gleichgültigkeit *(to, towards* gegen); Interesselosigkeit, Apathie; Bedeutungslosigkeit *f;* **-t** [-t] gleichgültig *(to, towards* gegenüber); nebensächlich, unwichtig *(for* für); uninteressiert, interesselos, apathisch; uninteressant, gewöhnlich; mittelmäßig, leidlich; *el chem* neutral; *very* ~~ ziemlich, recht schlecht, *fam* nicht besonders.

indigenc|e ['indidʒəns] Bedürftigkeit, Armut *f;* **-t** [-t] bedürftig, arm.

indigen|e ['indidʒi:n] *a obs* = **-ous;** *s* einheimische Pflanze *f od* Tier *n;* **-ous** [in'didʒinəs] *bot zoo* eingeboren; einheimisch *(to* in); angeboren *(to* dat).

indigest|ed [indi'dʒestid] *a* undurchdacht, ungestaltet, gestalt-, formlos, ungeordnet, wirr, konfus; unverdaut; **-ible** [-əbl] unverdaulich *a. fig;* **-ion** [indi'dʒestʃən] Verdauungsstörung, Magenverstimmung *f;* **-ive** [-iv] schwer verdaulich.

indign|ant [in'dignənt] aufgebracht, entrüstet, empört *(at s.th.* über etw; *with s.o.* über jdn); **~ation** [indig'neiʃən] Entrüstung, Empörung *f (at* über); **~~meeting** Protestversammlung *f*; **~ity** [in'digniti] Beleidigung, Herabsetzung, -würdigung *f*, Schimpf *m*; schimpfliche Behandlung *f*.

indigo ['indigou] *pl* **-os** Indigo *m (blauer Farbstoff)*; Indigopflanze *f*; Indigoblau *n*; **~-blue** *s* Indigoblau *n*.

indirect [indi'rekt] indirekt, nicht gerade, auf Umwegen; mittelbar, Neben-; *fig* nicht frei und offen, unredlich; **~ cost** Fertigungsgemeinkosten *pl*; **~ discourse, speech** *gram* indirekte Rede *f*; **~ion** [indi'rekʃən] Umschweife *pl*, Umwege *m pl*; Unaufrichtigkeit, Unredlichkeit *f*; **~ labo(u)r** Gemeinkostenlohn *m*; **~ taxes** *pl* indirekte Steuern *f pl*.

indiscernible [indi'sə:nəbl] nicht wahrnehmbar, unmerklich.

indiscr|eet [indis'kri:t] unvorsichtig, unbesonnen, unklug; taktlos, unüberlegt, achtlos; **~ete** [-] ungetrennt, zs.-hängend; **~etion** [-'kreʃən] Unvorsichtigkeit, Unbesonnenheit; Unklugheit; Taktlosigkeit, Indiskretion *f*.

indiscriminat|e [indis'kriminit] unterschiedslos; wahllos, blind; unkritisch, kritiklos; **~eness** [-nis], **~ion** [indiskrimi'neiʃən] Unterschiedslosigkeit, unkritische Haltung, Kritiklosigkeit *f*.

indispensab|ility [indispensə'biliti] Unerläßlichkeit, unbedingte Notwendigkeit *f*; **~le** [indis'pensəbl] unbedingt notwendig, erforderlich; unerläßlich, unentbehrlich *(for,* to für); *mil* unabkömmlich.

indispos|e [indis'pouz] *tr* unfähig, untauglich machen *(to, for* für); unpäßlich machen; abgeneigt machen *(to* zu); abraten *(to do* zu tun); **~ed** [-d] *a* unpäßlich, *fam* (gesundheitlich) nicht auf der Höhe, nicht auf dem Posten; abgeneigt *(to* dat); **~ to (fam)** nicht für; **~ition** [indispə'ziʃən] Unpäßlichkeit *f*, Unwohlsein *n*; Widerwille *m*, Abgeneigtheit, Abneigung *f (to, towards* gegen).

indisputab|ility ['indispju:tə'biliti] Unbestreitbarkeit, Fraglosigkeit *f*; **~le** [indis'pju:təbl] unbestreitbar, unstreitig, fraglos.

indissolub|ility [indisɔlju'biliti] Unauflösbarkeit, Unzerstörbarkeit *f*; Festigkeit, Dauerhaftigkeit *f*; **~le** [indi'sɔljubl, in'dis-] unauflösbar, unlöslich, unzersetzbar, unzerstörbar; unauflöslich, fest, beständig, dauerhaft.

indistinct [indis'tiŋkt] undeutlich, unscharf, schwach, trübe, dunkel; *fig* unklar, verworren; **~ive** [-iv] uncharakteristisch; keinen Unterschied machend; **~ness** [-nis] Undeutlichkeit, Unschärfe *f*; *fig* Unklarheit, Verschwommenheit; Verworrenheit *f*.

indistinguishable [indis'tiŋwiʃəbl] nicht zu unterscheiden(d), nicht ausea.zuhalten(d); unmerklich.

indite [in'dait] *tr* niederschreiben; ab-, verfassen; *(Rede)* aufsetzen.

individual [indi'vidjuəl] *a* einzeln, getrennt, besondere; Einzel-; persönlich, individuell, eigen; *s* Individuum *n*, Einzelne(r), Einzelmensch *m*, (Einzel-)Person *f*; **~ case** Einzelfall *m*; **~ credit** Personalkredit *m*; **~ fighter** Einzelkämpfer *m*; **~ income** Privateinkommen *n*; **~ism** [-izm] Individualismus; Egoismus *m*; **~ist** [-ist] *s* Individualist *m*; *a. u.* **~istic** [-'listik] individualistisch; **~ity** [fig'individju'æliti] Individualität, Persönlichkeit *f*; Einzelwesen *n*, -mensch *m*, Individuum *n*, *pl* individuelle Neigungen *f pl*; **~ization** [individjuəlai'zeiʃən] gesonderte Betrachtung *f*; **~ize** [indi'vidjuəlaiz], **individuate** [indi'vidjueit] *tr* e-e persönliche Note geben *(s.o.* jdm); individualisieren, kennzeichnen; einzeln, gesondert betrachten; **~member** Einzelmitglied *n*; **~ part** Einzelteil *m*; **~ performance** Einzelleistung *f*; **~ property** Privatvermögen *n*; **~ purchaser** Einzelkäufer *m*; **~ rights** *pl* Privatrechte *n pl*; **~ training** Einzelausbildung *f*.

indivisib|ility ['indivizi'biliti] Unteilbarkeit *f*; **~le** [indi'vizəbl] unteilbar; **~~ number (math)** Primzahl *f*.

Indo- ['indo(u):-] **~European** *a* indogermanisch; *s* die indogermanischen Sprachen *f pl*; die indogermanische Ursprache.

indocil|e [in'dousail] ungelehrig; undisziplinierbar; **~ity** [indo(u)'siliti] Ungelehrigkeit; Undisziplinierbarkeit *f*.

indoctrinat|e [in'dɔktrineit] *tr* schulen; unterweisen, unterrichten, belehren; **~ion** [-'neiʃən] Schulung, Unterweisung, Belehrung *f*, Unterricht *m*; **~~ film** Schulungs-, Propagandafilm *m*.

indolen|ce ['indələns] Lässigkeit, Trägheit, Faulheit *f*; **~t** [-t] lässig, träge, arbeitsscheu, faul; *med* nicht schmerzend.

indomitable [in'dɔmitəbl] unbezähmbar, unbesiegbar, nicht unterzukriegen(d); unnachgiebig.

Indonesia [indo(u)'niːzjə] Indonesien *n*; **~n** *a* indonesisch; *s* Indonesier(in *f*) *m*.

indoor ['indɔː] *a* Innen-, Haus-, Zimmer-; *sport* Hallen-; **~ aerial** Zimmerantenne *f*; **~ games** *pl* Spiele *n pl* in der Turnhalle, im Zimmer; **~ relief** Krankenhausbehandlung *f*; **~s** ['in'dɔːz] *adv* innen, drin(nen); hinein; *to stay ~~* zu Hause bleiben.

indorse [in'dɔːs] *s. endorse etc.*

indraught, *Am* **indraft** ['indrɑːft] Hereinziehen; Einströmen *n a. fig.*

indubitabl|e [in'djuːbitəbl] unzweifelhaft, fest(stehend); **~y** [-i] *adv* fraglos, (ganz) bestimmt.

induc|e [in'djuːs] *tr* veranlassen, bewegen, dazu bringen, überreden, verleiten, verführen (*to do* zu tun); herbeiführen, bewirken, hervorrufen, verursachen; schließen, die Folgerung ziehen (*from* von, aus); *phys* el induzieren; erzeugen; **~ed** *consumption* Verbrauchssteigerung *f*; **~ed** *current* Induktionsstrom *m*; **~ment** [-mənt] Veranlassung; Überredung; Verleitung, Verführung, Verlockung; Herbeiführung *f*; *com* Anreiz; Anlaß, (Beweg-)Grund (*to* zu); Schluß *m*, Folgerung *f*; *to hold out an ~~ to s.o.* jdm etw als Anreiz bieten.

induct [in'dʌkt] *tr* hineinbringen, einführen; *(in ein Amt)* einsetzen, (feierlich) einführen *(in e-e Organisation, e-n Verein)* aufnehmen; *(in e-e Gesellschaft)* einführen *(into* in); einweihen *(in* in); *Am mil* einziehen, einberufen *(into* zu); *phys* induzieren; **~ance** [-əns] *el* Induktivität *f*; **~ee** [-'tiː] *Am* Rekrut *m*; **~ion** [in'dʌkʃən] (Amts-)Einsetzung, Einführung; Aufnahme *(in e-e Organisation)*; *Am mil* Einberufung, Einziehung; (Schluß-) Folgerung *f*, Schluß *m*, Verallgemeinerung, Veranlassung, Herbeiführung *f*; **~~** *coil (el)* Induktionsspule *f*, Induktor *m*; **~~** *current* Induktionsstrom *m*; **~~** *order (Am mil)* Gestellungsbefehl *m*; **~~** *station* Gestellungsort *m*; **~~** *valve* Einlaßventil *n*; **~ive** [in'dʌktiv] führend *(to* zu); anziehend, überzeugend; *(Logik)* induktiv, folgernd; *phys* Induktions-; *physiol* wirksam; Einführungs-; **~ivity** [indʌk'tiviti] *phys* Induktivität *f*; **~or** [-ə] Einführende(r); *el* Induktor *m*; **~~** *current* Erregerstrom *m*.

indue [in'djuː] *s. endue*.

indulg|e [in'dʌldʒ] *tr* willfahren, nachgeben, frönen (*a desire* e-m Verlangen); befriedigen (*s.o.* jdn; *s.th.*, *in s.th.* etw); nachsichtig sein; Nachsicht üben (*s.o.* jdm gegenüber); nachsehen; verwöhnen *(in s.th.* in e-r S); verzeihen; *rel* e-n Dispens erteilen (*s.o.* jdm); *fin* Aufschub gewähren (*s.o.* jdm); *itr u. to ~ o.s.* frönen *(in s.th.* e-r S), *fam* sich genehmigen, sich bewilligen, sich gestatten *(in s.th.* etw); sich gütlich tun *(in* an); *itr* (zu viel) *(Alkohol)* trinken; sich (den Luxus) erlauben *(in* zu); **~ence** [-əns] Nachgeben *n*, Nachsicht, Nachgiebigkeit, Duldung, Befriedigung; Hingabe *(in* an); Schwäche *f (gegenüber sich selbst)*; Genuß *m*; Gunst *f*; Vorrecht, Privileg *n*; *fin* Aufschub *m*, Stundung *f*; *rel* Ablaß *m*; **~ent** [-ənt] nachsichtig; nachgiebig (*to* gegen); gutmütig, schwach.

indurat|e ['indjuəreit] *tr* härten, hart machen; *fig* abstumpfen, unempfindlich machen *(against, to* gegen); *itr* hart werden, sich verhärten; *a* verhärtet, hart; *fig* stumpf, unempfindlich; **~ion** [indju'reiʃən] Verhärtung; *fig* Abstumpfung *f*.

industr|ial [in'dʌstriəl] *a* gewerblich, industriell; Gewerbe-, Industrie-; gewerbetreibend; *s* Gewerbetreibende(r), Industrielle(r) *m*; *pl* Industriepapiere *n pl*; **~~** *accident* Betriebsunfall *m*; **~~** *area*, *district* Industriegebiet *n*; **~~** *arts (pl)* Kunstgewerbe *n*; **~~** *bank* Gewerbebank *f*; **~~** *branch* Arbeitszweig *m*; **~~** *buildings (pl)* Fabrikgebäude *n pl*; **~~** *centre* Industriezentrum *n*; **~~** *code* Gewerbeordnung *f*; **~~** *concern*, *enterprise* Industrie-, Gewerbebetrieb *m*; **~~** *conflict* Arbeitskonflikt *m*; **~~** *country* Industrieland *n*; **~~** *court* Gewerbegericht *n*; **~~** *design* Gebrauchsmuster *n*; **~~** *disease* Berufskrankheit *f*; **~~** *district* Industriebezirk *m*, -gegend *f*; **~~** *engineer* Wirtschaftsingenieur *m*; **~~** *exhibition* Gewerbeausstellung *f*; **~~** *goods (pl)* Produktions-, Investitionsgüter *n pl*; **~~** *law* Gewerberecht *n*; **~~** *leader* Wirtschaftsführer *m*; **~~** *life* Wirtschaftsleben *n*; **~~** *management* Betriebsführung *f*; **~~** *output* Industrieproduktion *f*; **~~** *partnership* Gewinnbeteiligung *f* der Arbeiter; **~~** *peace* Arbeitsfrieden *m*; **~~** *plant* Industrie-, Fabrikanlage *f*; **~~** *product* Industrieprodukt *n*; **~~** *school* Gewerbeschule; Besserungs-, Erziehungsanstalt *f*; **~~** *show* Gewerbeausstellung *f*; **~~** *town* Industriestadt *f*; **~~** *union* Betriebsgewerkschaft *f*; **~~** *wages (pl)* Industriearbeiterlöhne *m pl*; **~~** *worker* Fabrikarbeiter *m*; **~ialism**

[-izm] Industrialismus *m*; ~**ialist** [-ist] Industrielle(r) *m*; ~**ialization** [indʌstriəlai'zeiʃən] Industrialisierung *f*; ~**ialize** [in'dʌstriəlaiz] *tr* industrialisieren; ~**ious** [in'dʌstriəs] arbeitsam, betriebsam, fleißig, rege, regsam; ~**y** ['indəstri] Arbeitsamkeit, Betriebsamkeit, Regsamkeit *f*, Fleiß *m*; Beruf *m*, Beschäftigung *f*; Gewerbefleiß *m*; Gewerbe *n*; Industrie(zweig *m*) *f*; *automobile* ~~ Kraftfahrzeugindustrie *f*; *basic* ~~ Grundstoffindustrie *f*; *chamber of* ~~ *and commerce* Industrie- u. Handelskammer *f*; *cloathing* ~~ Bekleidungsindustrie *f*; *coal-mining* ~~ Kohlenbergbau *m*; *construction* ~~ Bauindustrie *f*; *electricity* ~~ Energiewirtschaft *f*; *extractive* ~~ Industrie *f* der Steine u. Erden; *finishing* ~~ Veredelungsindustrie *f*; *garment*-~~ Bekleidungsindustrie *f*; *heavy* ~~ Schwerindustrie *f*; *home-, domestic* ~~ Heimindustrie *f*; *iron*-~~ Eisenindustrie *f*; *key*-~~ Schlüsselindustrie *f*; *manufacturing, transforming* ~~ verarbeitende Industrie *f*; *metal*-~~ Metallindustrie *f*; *mining*-~~ Montanindustrie *f*; Bergbau *m*; *motion-picture* ~~ Filmindustrie *f*; *oil*-~~ Erdölindustrie *f*; *power* ~~ Energiewirtschaft *f*; *primary* ~~ Grundstoffindustrie *f*; *processing* ~~ Veredelungsindustrie *f*; *textile* ~~ Textilindustrie *f*; *tourist* ~~ Fremdenverkehr *m*; ~~ *management* führende Wirtschaftskreise *m pl.*

indwell ['indwel] *itr irr* wohnen (*in* in); *tr* bewohnen; ~**ing** [-iŋ] innewohnend.

inebriat|e [i'ni:brieit] *tr* betrunken machen, berauschen *a. fig*; *fig* fanregen, erheitern; [i'ni:briit] *a* betrunken; *s* Betrunkene(r); Trunkenbold *m*; ~**ed** [-id] *a* betrunken; ~**ion** [ini:bri'eiʃən], **inebriety** [ini(:)'braiəti] Trunkenheit *f*, Rausch *m*.

inedib|ility [inedi'biliti] Ungenießbarkeit *f*; ~**le** [in'edibl] ungenießbar.

inedited [in'editid] *a* unveröffentlicht; unverändert herausgegeben.

ineffab|ility [inefə'biliti] Unaussprechlichkeit *f*; ~**le** [in'efəbl] unaussprechlich.

ineffaceable [ini'feisəbl] (*Schrift*) untilgbar; *fig* unauslöschlich.

ineffect|ive [ini'fektiv], ~**ual** [ini'fektjuəl] unwirksam, wirkungslos; unbrauchbar, untauglich, unnütz; dienst-, arbeitsunfähig; *jur* außer Kraft; ~**iveness** [-ivnis] Unwirksamkeit; Unbrauchbarkeit; Dienst-, Arbeitsunfähigkeit *f*.

inefficac|ious [inefi'keiʃəs] *med* unwirksam, wirkungslos; erfolglos; ~**y** [in'efikəsi] Unwirksamkeit *f*.

inefficien|cy [ini'fiʃənsi] Unwirksamkeit; Unbrauchbarkeit; Unfähigkeit, Untüchtigkeit; Unwirtschaftlichkeit *f*; Leerlauf *m*; ~**t** [-t] unwirksam, wirkungslos; unrentabel, unwirtschaftlich; unfähig, untüchtig, ungeschickt; nicht leistungsfähig; (*Betrieb*) unrationell.

inelastic [ini'læstik] unelastisch, unbiegsam, steif; *fig* nicht anpassungsfähig; ~**ity** [inlæs'tisiti] mangelnde Elastizität, Steifheit *f*.

inelegan|ce, -cy [in'eligəns(i)] mangelnde Eleganz, Unfeinheit, Geschmacklosigkeit *f*; ~**t** [-t] wenig elegant, unfein, geschmacklos.

ineligib|ility [inelidʒə'biliti] mangelnde Wählbarkeit, Wahlunwürdigkeit; Ungeeignetheit; *mil* (Dienst-) Untauglichkeit *f*; ~**le** [in'elidʒəbl] nicht wählbar; (*für ein Amt*) ungeeignet, nicht geeignet, nicht qualifiziert; *mil* (dienst)untauglich; *to be* ~~ nicht in Frage kommen.

ineluctable [ini'lʌktəbl] unvermeidbar, -lich, unentrinnbar, unausweichlich.

inept [i'nept] untauglich, unbrauchbar, ungeeignet, unfähig, untüchtig; unangebracht; ungeschickt, unbeholfen; unvernünftig, unsinnig, absurd, albern, abgeschmackt; ~**itude** [-itju:d], ~**ness** [-nis] Ungeeignetheit, Unfähigkeit (*for* zu); Ungeschicktheit; Albernheit, Unvernunft *f*, Unsinn *m*.

inequality [ini(:)'kwɔliti] Ungleichheit *a. math*; Unebenheit; ungleich(mäßig)e Verteilung *f*.

inequit|able [in'ekwitəbl] unbillig, un(ge)recht; ~**y** [-i] Unbilligkeit, Ungerechtigkeit *f*, Unrecht *n*.

ineradicable [ini'rædikəbl] unausrottbar, zu fest verhaftet.

inerrab|le [in'ɔ:rəbl] unfehlbar.

inert [i'nɔ:t] träge *a. phys*, schwerfällig, langsam; *chem* inaktiv, unwirksam; ~**ia** [i'nɔ:ʃjə] Beharrungsvermögen *n*; *bes. phys* Trägheit *f*; ~~ *factor* Trägheitsmoment *n*; ~**ness** [i'nɔ:tnis] Trägheit, Schwerfälligkeit, Langsamkeit *f*; Mangel *m* an Reaktionsfähigkeit.

inescapable [inis'keipəbl] unentrinnbar, unvermeidbar, -lich.

inessential [ini'senʃəl] *a* unwesentlich; nicht erforderlich, nicht unbedingt notwendig; *s* etwas Unwesentliches *n*.

inestimable [in'estiməbl] unschätzbar.

inevitab|ility [inevitə'biliti], **-leness** [in'evitəblnis] Unvermeidbar-, -lichkeit *f*; **-le** [in'evitəbl] unvermeidbar, -lich, unausweichlich, unumgänglich.

inexact [inig'zækt] ungenau, inexakt; **-itude** [-itju:d], **-ness** [-nis] Ungenauigkeit *f*.

inexcusable [iniks'kju:zəbl] unentschuldbar, unverzeihlich, nicht zu rechtfertigen(d), unverantwortlich.

inexhaust|ibility ['inigzɔ:stə'biliti] Unerschöpflichkeit; Unermüdlichkeit *f*; **-ible** [inig'zɔ:stəbl] unerschöpflich; unermüdlich.

inexorab|ility [ineksərə'biliti] Unerbittlichkeit *f*; **-le** [in'eksərəbl] unerbittlich; *fig* unzugänglich.

inexpedien|ce, -cy [iniks'pi:djəns(i)] Unangebrachtheit, Unzweckmäßigkeit; Unklugheit *f*; **-t** [-t] unangebracht, unzweckmäßig, unpassend, ungeeignet; unklug.

inexpensive [iniks'pensiv] billig, preiswert, wohlfeil.

inexperience [iniks'piəriəns] Unerfahrenheit *f*; **-d** [-t] *a* unerfahren.

inexpert [ineks'pə:t] unerfahren, ungeübt; unfachmännisch, laienhaft.

inexpiable [in'ekspiəbl] unsühnbar, nicht wieder gutzumachen(d).

inexplicable [in'eksplikəbl] unerklärlich, unverständlich, unfaßlich.

inexplicit [iniks'plisit] nicht genau, undeutlich ausgedrückt; undeutlich, unklar, vage; allgemein.

inexpress|ible [iniks'presəbl] *a* unaussprechlich; unbeschreiblich; *pred* nicht zu sagen; *s pl hum* Hose *f*; **-ive** [-'presiv] ausdruckslos, leer.

inexpugnable [iniks'pʌgnəbl] unüberwindlich, unschlagbar.

inextensible [iniks'tensəbl] nicht ausdehnbar.

inextinguishable [iniks'tiŋgwiʃəbl] unauslöschlich.

inextricable [in'ekstrikəbl] unentwirrbar; unlösbar.

infallib|ility [infælə'biliti] Unfehlbarkeit *f*; **-le** [in'fæləbl] unfehlbar.

infam|ous ['infəməs] berüchtigt, ehrlos, stadtbekannt; schändlich, schimpflich, unehrenhaft, niederträchtig; **-y** ['infəmi] schlechte(r) Ruf *m*, Ehrlosigkeit; Schande; Schändlichkeit, Niedertracht, Niederträchtigkeit *f*.

infancy ['infənsi] (frühe) Kindheit *f*; Säuglingsalter *n*; *jur* Minderjährigkeit, Unmündigkeit *f*; *fig* Anfänge *m pl*, Frühzeit *f*; *flying was still in its ~* die Fliegerei steckte noch in den Kinderschuhen.

infant ['infənt] *s* (Klein-)Kind *n (unter 7 Jahren)*; Säugling *m*; *jur* Minderjährige(r), Unmündige(r) *m*; *a* kindlich; Kinder-; *jur* minderjährig; *fig* noch in den Anfängen *od* Kinderschuhen steckend; **~a** [in'fæntə] *hist* Infantin *f*; **~e** [in'fænti] *hist* Infant *m*; **-icide** [in'fæntisaid] Kindesmord; Kindesmörder(in *f*) *m*; **-icipate** [-'tisipeit] *itr Am hum (Frau)* in anderen Umständen sein; **-ile** ['infəntail] kindlich, kindisch, Kinder-; infantil, (noch) unentwickelt, zurückgeblieben; (noch) in den Anfängen, Kinderschuhen steckend, Anfangs-; ~~ **disease** Kinderkrankheit *f*; **-ilism** [in'fæntilizm] Infantilismus *m*; **-dustry** (noch) unterentwickelte Industrie (*f*) *f*; **~ mortality, death-rate** Kinder-, Säuglingssterblichkeit *f*; **~ school** Kindergarten *m*; **~ welfare** Kinder-, Säuglingsfürsorge *f*.

infantry ['infəntri] Infanterie, Fußtruppe *f*; **~ attack** Infanterieangriff *m*; **~ battalion** Infanterie-, Schützenbataillon *n*; **~ brigade** Infanterieregiment *n (als taktische Einheit)*; **~ carrier** Mannschaftswagen *m*; **~ division** Infanteriedivision *f*; **~ gun** Infanteriegeschütz *n*; **-man** ['-mən] Infant(e)rist *m*; **~ point** Infanteriespitze *f*; **~ regiment** Infanterieregiment *n*; **~ scout, spotter** Nahaufklärer *m*; **~ screen** Schützenschleier *m*; **~ section** Schützengruppe *f*; *Am* Halbzug *m*; **~ training** infant(e)ristische Grundausbildung *f*.

infarct [in'fɑ:kt] *med* Infarkt *m*; *cardiac ~* Herzinfarkt *m*.

infatuat|e [in'fætjueit] *tr* närrisch, *fam* verrückt machen, den Verstand rauben (*s.o.* jdm); betören, verblenden (*with* durch); **-ed** [-id] *a* närrisch, von Sinnen, verrückt, (ganz) aus dem Häuschen; verblendet; vernarrt (*with* in); *to be ~~ (fig)* ein Brett vor dem Kopf haben; *to become ~~ with s.o.* sich in jdn unsterblich verlieben; **-ion** [infætju-'eiʃən] Verblendung, Verblendetheit, Vernarrtheit (*for, about* in); sinnlose Leidenschaft *f*.

infect [in'fekt] *tr med* infizieren; anstecken (*with* mit); beeinflussen; *(bes. im schlechten Sinne)* beeinflussen; ausstrahlen (*s.o. auf* jdn), mitreißen; *fam* anstecken, verderben (*with* durch); *to become, to get ~ed* sich anstecken, angesteckt werden (*by* von); **-ion** [in'fekʃən] Ansteckung, Infektion;

infectious 505 **inflammation**

Verseuchung *f; fig* schlechte(r) Einfluß *m; to catch an ~~* sich anstecken, angesteckt werden; *risk of ~~* Ansteckungsgefahr *f;* **~ious** [in'fekʃəs] ansteckend *a. fig,* infektiös; Infektions-; *~~ carrier* Bazillenträger *m; ~~ disease* ansteckende, Infektionskrankheit *f;* **~iousness** [-'fekʃəsnis] ansteckende Wirkung *f.*

infelicit|ous [infi'lisitəs] unglücklich; ungeeignet, unpassend; **~y** [-i] Unglück, Elend *n;* Ungeeignetheit *f;* Ungeschicktheit, unpassende Bemerkung *f.*

infer [in'fəː] *tr* folgern, den Schluß ziehen, schließen, ableiten, entnehmen *(from* aus); zu der Annahme führen, darauf schließen lassen; nahelegen, andeuten; **~able** [-rəbl] ableitbar, herzuleiten(d), zu folgern(d); naheliegend; **~ence** ['infərəns] Folgerung, Ableitung *f,* Schluß *m; to draw an ~~ from* e-n Schluß *m,* e-e Folgerung ziehen aus; **~ential** [infə'renʃəl] *a* Folgerungs-, Schluß-; abgeleitet, gefolgert; *~~ proof* Indizienbeweis *m;* **~entially** [-'renʃəli] *adv* durch Schlußfolgerung.

inferior [in'fiəriə] *a (räumlich)* niedriger, unter; Unter-; (rang) niedriger, untergeordnet, untergeben *(to* dat); gering(wertig)er, weniger wert *(to* als); minderwertig, unterdurchschnittlich, sehr mäßig; *typ* tiefgestellt; *rail* nicht vorfahrtberechtigt; *s* tiefer Stehende(r), Untergebene(r) *m; das* weniger Wertvolle; *to be ~ to s.o.* hinter jdm zurückstehen; **~ity** [infiəri'ɔriti] niedrigere(r) Rang *od* Stand *m;* Untergeordnetheit *f;* geringere(r) Grad *od* Wert *m; ~~ complex* Minderwertigkeitskomplex *m.*

infernal [in'fəːnl] Unterwelt-, Höllen-; höllisch; *fig* teuflisch, infernalisch, diabolisch, unmenschlich; *fam (übertreibend)* gemein, schuftig; scheußlich, gräßlich; **~ machine** Höllenmaschine *f; the ~ regions pl* die Unterwelt.

infertil|e [in'fəːtail] unfruchtbar; *(Ei)* unbefruchtet; **~ity** [infəː'tiliti] Unfruchtbarkeit *f.*

infest [in'fest] *tr* in Massen, in Schwärmen überfallen, herfallen über, überschwemmen *fig;* verseuchen; umherschwärmen, sein Wesen treiben in, unsicher machen, heimsuchen; **~ed** [-id] *a* voller *(with* gen); *med u. fig* verseucht *(with* mit); *to be ~ with* wimmeln von; **~ation** [infes'teiʃən] Heimsuchung, Plage, Seuche *f.*

infidel ['infidəl] *a rel* ungläubig; glaubenslos; *s* Ungläubige(r); Glaubenslose(r) *m;* **~ity** [infi'deliti] Unglaube *m;* Untreue *f (to* gegen).

infield ['infiːld] Ackerland (in der Nähe des Hofes); *(Br Kricket, Am Baseball)* innere(s) Spielfeld *n;* Spieler *m pl* des inneren Spielfeldes.

infighting ['infaitiŋ] *(Boxen)* Nahkampf *m.*

infiltr|ate ['infiltreit, in'f-] *tr* durch-, einsickern lassen, infiltrieren *(through* durch; *into* in) *a. mil; fig (Ideen)* einsickern, eindringen lassen *(into* in); durchdrängen *(with* mit); *pol* unterwandern; *itr* durch-, einsickern *a. mil,* eindringen *a. fig (into* in); **~ated** ['-id] *a* durchtränkt, *fig* durchdrungen *(with* von); **~ation** [-'treiʃən] Durch-, Einsickern, Eindringen *n a. fig;* Infiltration *a. mil; pol* Unterwanderung *f;* **~ee** [-'triː] *mil* Eindringling *m.*

infinit|e ['infinit] *a* unendlich *a. math,* unbegrenzt; endlos, unermeßlich; zahllos, unerschöpflich; *s math* unendliche Größe *f; the I~~* Gott *m;* **~esimal** [infini'tesiməl] infinitesimal, unendlich klein; *~~ calculus* Infinitesimalrechnung *f;* **~ive** [in'finitiv] *s gram* Infinitiv *m; a* Infinitiv-; **~ude** [in'finitjuːd], **~y** [-'finiti] Unendlichkeit *f;* unendliche Größe *od* Zahl *f; math* Unendlich *n; to ~y* endlos, unermeßlich.

infirm [in'fəːm] schwach, kraftlos, gebrechlich; altersschwach; unsicher, schwankend; *jur* anfechtbar; **~ary** [-əri] Krankenhaus *n,* Krankenstube *f (in e-r Schule); mil* Revier *n;* **~ity** [-iti] Schwäche, Kraftlosigkeit, Gebrechlichkeit *f,* Gebrechen *n,* Körperfehler (Charakter-)Fehler *m,* Schwäche *f.*

infix [in'fiks] *tr* hineintreiben; *fig* einprägen, beibringen, *fam* eintrichtern; *gram* einfügen; *s* ['infiks] *gram* Infix *n,* Einfügung *f.*

inflame [in'fleim] *tr* anzünden; *fig (Leidenschaft)* entflammen; *(Zorn)* erregen; *med* entzünden; *itr* Feuer fangen; *fig* entflammen, entbrennen *(with* vor); in Wut geraten; *med* sich entzünden.

inflamm|ability [inflæmə'biliti] leichte Entzündbarkeit, Brennbarkeit; *fig* Erregbarkeit, Reizbarkeit *f;* **~able** [in'flæməbl] *a* leicht entzündbar, leicht brennbar, feuergefährlich; *Am* nicht brennbar; *fig* leicht erregt, erregbar, reizbar; *s* feuergefährliche(s) Material *n;* **~ation** [inflə'meiʃən] Entflammen *n; med* Entzündung *f; fig* Auf-, Erregung

inflammatory *f*; **~atory** [in'flæmətəri] *fig* aufreizend, aufrührerisch, Hetz-; *med* entzündlich.

inflat|e [in'fleit] *tr* aufblasen, -blähen; *(Gummireifen)* aufpumpen; *fig* aufgeblasen, stolz, hochmütig machen; *allg* aufblähen; *(Geld-, Notenumlauf)* steigern; *(Preise)* hochtreiben; **~ed** [-id] *a* aufgebläht; geschwollen, schwülstig, aufgeblasen, bombastisch, pompös; *(Preis)* überhöht; **~~ with pride** vor Stolz geschwellt; **~ion** [in'fleiʃən] Aufblähung; *fig* Aufgeblasenheit; *(Stil)* Schwülstigkeit; *fin* Inflation *f*; **~ionary** [-'fleiʃnəri] *a* Inflations-; **~ionist** [-'fleiʃnist] inflationistisch, inflatorisch.

inflect [in'flekt] *tr* (einwärts) biegen; *(die Stimme)* modulieren; *gram* flektieren, beugen; **~ion** *bes. Am* = *inflexion*.

inflex|ibility [infleksə'biliti] Steifheit, Starre; Halsstarrigkeit, Unnachgiebigkeit; Unveränderlichkeit *f*; **~ible** [-əbl] steif, starr; halsstarrig, unnachgiebig, unerschütterlich; unveränderlich, starr; **~ion** [-kʃən] Biegung, Beugung, Krümmung; *(Stimme)* Modulation; *gram* Flexion, Beugung *f*.

inflict [in'flikt] *tr (Schmerz, Wunden)* zufügen; *(Schlag)* versetzen; *(Niederlage)* beibringen; *(Strafe)* auferlegen *(on, upon s.o.* jdm), verhängen *(on, upon* über); *to ~ o.s. on s.o.* sich jdm aufdrängen; **~ion** [in'flikʃən] Zufügung; Auferlegung, Verhängung; (verhängte) Strafe; Heimsuchung, Plage *f*.

inflorescence [inflɔ'resns] Blühen *n*, Blüte *f*; Blüten *f pl*; Blüte(nstand *m*) *f*.

influen|ce ['influəns] *s* Einfluß *m*, Wirkung *(on, over; with* auf); einflußreiche Persönlichkeit; wirkende Kraft *f*; *tr* beeinflussen, Einfluß haben *od* ausüben; (ein)wirken auf; *to be a good ~~* von gutem Einfluß sein; *to bring o.'s ~~ to bear on s.o.* s-n Einfluß bei jdm geltend machen; *to use o.'s ~~ with s.o.* s-n Einfluß bei jdm geltend machen; **~t** ['-t] *a* hineinfließend, mündend; *s* Nebenfluß *m*; **~tial** [influ'enʃəl] von Einfluß *(on* auf; *in* in); einflußreich; maßgebend, maßgeblich; wirksam, wirkungsvoll, entscheidend.

influenz|a [influ'enzə] Grippe *f*.

influx ['inflʌks] (Hin-)Einfließen, Einströmen *n*; Zufluß, Zustrom *m*; *(Fluß)* Mündung *f*.

inform [in'fɔ:m] *tr* benachrichtigen, verständigen, unterrichten, wissen lassen *(of* von); informieren *(about* über); in Kenntnis setzen *(of* von), Nachricht, Bescheid geben, Mitteilung machen *(s.o. of s.th.* jdm von e-r S); *(selten)* erfüllen *(with* mit), beseelen, inspirieren; *itr* anzeigen, denunzieren *(against s.o., s.th.* jdn, etw); Anzeige bringen *(against s.th.* etw); Anzeige erstatten *(against s.o.* gegen jdn); *to keep s.o. ~ed* jdn auf dem laufenden halten; **~al** [-l] form-, regelwidrig; informell; form-, zwanglos, ungezwungen, *fam* leger; gewöhnlich, Alltags-, Umgangs-; *jur* formlos; **~ality** [infɔ:'mæliti] Formwidrigkeit *f*, Formfehler *m*, Regelwidrigkeit; Form-, Zwanglosigkeit, Ungezwungenheit *f*; **~ant** [in'fɔ:mənt] Anzeige-, Berichterstatter, Auskunftgeber; Einsender; Gewährsmann; **~ation** [infə'meiʃən] Nachricht, Auskunft *f*, Bescheid *m*, Information, Benachrichtigung; Mitteilung; Anzeige; Belehrung, Unterweisung; Unterrichtung, Orientierung; Kenntnis *f*, Wissen *n*, Bildung; Auskunftsperson *f*, -büro *n*, -stelle *f*; *jur* Anklage *f*; *a piece of ~~* e-e Auskunft; *for ~~* zur Kenntnisnahme; *to file, to lay, to prefer an ~~ against s.o.* gegen jdn Anzeige erstatten; *to gather ~~ upon* Erkundigungen einziehen, Auskünfte einholen über; *to give ~~ Auskunft erteilen (on, about* über); *so far as my ~~ goes* soweit ich unterrichtet bin, soviel ich weiß; *for your ~~* zu Ihrer Information *od* Kenntnisnahme; *~~ bureau (Am), office* Auskunftei *f*, Auskunftsbüro *n*, -stelle *f*; *~~ department* Auskunftsabteilung *f*; *~~ desk* Auskunft(stelle) *f*; *~~ window* Auskunftsschalter *m*; **~ative** [in'fɔ:mətiv] belehrend, unterrichtend, bildend; **~ed** [-d] *a* unterrichtet, gebildet; **~er** [-ə] Anzeigeerstatter; Denunziant; Spitzel *m*.

infra ['infrə] *adv* (weiter) unten *(in e-m Buch, Text)*; **~costal** ['-kɔstəl] *a* unter den Rippen (befindlich); **~ dignitatem** [-digni'teitəm], *fam* **~ dig** ['-'dig] unter jds Würde; **~red** *a phys* infrarot; *s* Infrarot *n*; **~structure** Unterbau *m*, Grundlage, Basis; *mil* Infrastruktur *f*.

infract [in'frækt] *tr Am (Recht)* brechen, verletzen; *(Gesetz)* übertreten, verstoßen gegen; **~ion** [in'frækʃən] *jur* Übertretung, Verletzung *f*, Verstoß; *med* (Knick-)Bruch *m*.

infrangible [in'frændʒibl] unzerbrechlich; *fig* unverletzlich.

infrequen|ce, -cy [in'fri:kwəns(i)] Seltenheit *f*; **~t** [-t] nicht häufig, selten, gelegentlich, ungewöhnlich.

infringe [in'frindʒ] *tr (Gesetz)* übertreten, verletzen, zuwiderhandeln *(s.th.* e-r S); *to ~ (upon)* ein-, übergreifen in, verletzen *(s.o.'s rights* jds Rechte); **~ment** [-mənt] Übertretung, Verletzung *f*, Zuwiderhandeln *n*, Verstoß *m (of* gegen); *~~ of duty* Pflichtverletzung *f*; *~~ of a treaty* Vertragsbruch *m*.

infructuous [in'frʌktjuəs] unfruchtbar; *fig* fruchtlos, vergeblich.

infuriate [in'fjuəriət] *tr* wütend, rasend machen, aufbringen, *fam* auf die Palme bringen.

infus|e [in'fju:z] *tr* ein-, aufgießen; auslaugen; *(Tee)* aufgießen, -brühen; einweichen (in in); *fig* einflößen *(into s.o.* jdm); erfüllen, inspirieren *(with* mit); **~ible** [-əbl] unschmelzbar; **~ion** [in'fju:ʒən] Einweichen *n*; Auslaugung *f*; Aufguß *m*; Lauge *f*; **~oria** [infju:'zɔ:riə] *pl zoo* Aufgußtierchen *n pl*, Infusorien *f pl*; **~orial** [-'zɔ:riəl] *a zoo* Infusorien-; *~~ earth* Infusorienerde, Kieselgur *f*.

ingather [in'gæðə] *tr itr lit fig* ernten; **~ing** ['ingæðəriŋ] Einsammeln *n*, Ernte *f*.

ingen|ious [in'dʒi:njəs] scharfsinnig, klug; geschickt, erfinderisch; geistreich; *(Sache)* sinnreich, originell; **~uity** [indʒi'nju(:)iti] Scharfsinn *m*, Klugheit, Geschicktheit, Erfindergabe; Genialität *f*, Einfallsreichtum *m*; Originalität *f*; **~uous** [in'dʒenjuəs] frei, offen, aufrichtig, gerade; einfach, schlicht, naiv, unschuldig.

ingest [in'dʒest] *tr (Nahrung)* zu sich nehmen; *(Arznei)* einnehmen.

ingle ['iŋgl] Kamin-, Herdfeuer *n*; Feuerstelle *f*; **~~nook** Kaminecke *f*; *in the ~~* am Kamin.

inglorious [in'glɔ:riəs] ruhmlos, schändlich, schimpflich, unehrenhaft; kaum bekannt, dunkel.

ingoing ['ingo(u)iŋ] *a* hineingehend; *(Amt)* antretend; *(Post)* eingehend.

ingot ['iŋgət] (Metall-)Barren, Gußblock *m*; *~ of gold* Goldbarren *m*; **~~mo(u)ld** Blockform, Kokille *f*; **~~steel** Block-, Flußstahl *m*.

ingraft [in'gra:ft] *s. engraft*.

ingrain ['in'grein] *tr* in der Wolle färben; *pred a* [-'-] in der Wolle gefärbt; *fig* = **~ed**; *s* (noch unverarbeitete) gefärbte Wolle *f*; **~ed** [-'greind] *a fig* (fest) eingewurzelt, in Fleisch und Blut übergegangen; eingefleischt.

ingratiate [in'greiʃieit] *to ~ o.s.* sich beliebt machen, sich einschmeicheln *(with* bei).

ingratitude [in'grætitju:d] Undank (-barkeit) *f) m*.

ingredient [in'gri:djənt] Bestandteil *m*; *pl (Küche)* Zutaten *f pl*.

ingress ['ingres] Eintritt *(into* in); Zugang *m (into* zu).

ingrown ['ingroun] *a (Zehennagel)* eingewachsen; angeboren; eingeboren.

inguinal ['iŋgwinl] *anat* Leisten-.

ingurgitate [in'gə:dʒiteit] *tr* hinunter-, verschlingen.

inhabit [in'hæbit] *tr* bewohnen, wohnen, leben in; **~able** [in'hæbitəbl] bewohnbar; **~ancy** [-ənsi] Bewohnen, Bewohntsein *n*; Wohnung *f*; **~ant** [-ənt] Be-, Einwohner *m*.

inhal|ation [inhə'leiʃən] *med* Inhalieren; Inhaliermittel *n*; **~e** [in'heil] *tr itr* inhalieren; *itr* auf Lunge rauchen, e-n Lungenzug machen; **~er** [-ə] Inhalierende(r); Luftreiniger, Rauchverzehrer *(Apparat)*; *med* Inhalator *m*.

inharmonious [inha:'mounjəs] un-, disharmonisch; *fig* uneinig.

inher|e [in'hiə] *itr* inhärieren, inhärent sein *(in s.o.* in jdm); innewohnen, anhaften *(in s.o.* jdm); angeboren sein *(in s.o.* jdm); **~ence, ~cy** [-rəns(i)] Inhärenz *f*, Innewohnen, Anhaften *n*; **~ent** [-rənt] inhärent, innewohnend, anhaftend; angeboren.

inherit [in'herit] *tr itr* erben *(s.th. from s.o.* etw von jdm); *tr biol (Eigenschaft, Merkmal)* geerbt haben; **~able** [in'heritəbl] *jur biol* erblich, vererbbar; **~ance** [-əns] Nachlaß *m*, Hinterlassenschaft, Erbschaft *f*, Erbe, Erbteil *n*; Erbfolge; *biol* Vererbung *f*; *to come into an ~~* e-e Erbschaft machen *od* antreten; *to disclaim an ~~* e-e Erbschaft ausschlagen; *law of ~~* Erbrecht *n*; *~~ tax (Am)* Erbschaft(s)steuer *f*; **~ed** [-id] *a* ge-, ererbt; **~or** [-ə] Erbe *m*; **~ress** [-ris], **~rix** [-riks] Erbin *f*.

inhibit [in'hibit] *tr* verbieten, untersagen *(s.o. from s.th.* jdm etw); unterdrücken, -binden, verhindern; *psychol* hemmen; **~ion** [inhi'biʃən] Verbot *n*; Unterdrückung, Verhinderung; *chem psychol* Hemmung *f*; **~ive** [-iv], **~ory** [-əri] verbietend; hindernd, hemmend; **~or** [-ə] Verbietende(r), Hemmende(r); *chem* Hemmungskörper *m*; Sparbeize *f*.

inhospit|able [in'hɔspitəbl] ungastlich; *(Gegend)* unwirtlich; **~ality** ['inhɔspi'tæliti] Ungastlichkeit; ungastliche Aufnahme; Unwirtlichkeit *f*.

inhuman [in'hju:mən] unmenschlich, gefühllos, hartherzig, mitleidlos, grausam; **~e** [inhju(:)'mein] inhuman, schonungslos, hart, brutal; **~ity** [in-

inhumation 508 **inlander**

hju(:)'mæniti] Unmenschlichkeit; Gefühllosigkeit, Hartherzigkeit; Brutalität; Grausamkeit f.

inhum|ation [inhju(:)'meiʃən] Beerdigung, Bestattung, Beisetzung f; **~e** [in'hju:m] tr beerdigen, bestatten, beisetzen, begraben.

inimical [i'nimik(ə)l] feindlich, feindselig; nachteilig, ungünstig, schädlich, abträglich (to für).

inimitable [i'nimitəbl] unnachahmlich, unerreichbar; einzigartig.

iniquit|ous [i'nikwitəs] unbillig, un(ge)recht, boshaft; frevelhaft; niederträchtig; **~y** [-i] Unbilligkeit, Unredlichkeit, Schlechtigkeit, Niederträchtigkeit, Bosheit f, Unrecht n; Frevel m, Schandtat f.

initi|al [i'niʃəl] a Anfangs-, erst; ursprünglich; s (großer) Anfangsbuchstabe m, Initiale f; pl Monogramm n, Anfangsbuchstaben m pl (des Namens); tr abzeichnen; mit s-n od s-m Anfangsbuchstaben (unter)zeichnen; (Vertrag) paraphieren; **~~ cost** Anschaffungspreis m; **~~ letter** Anfangsbuchstabe m; **~~ meeting** Eröffnungssitzung f; **~~ point** Abgangspunkt m; **~~ salary** Anfangsgehalt n; **~~ stage** Anfangsstadium n; **~~ velocity** Anfangsgeschwindigkeit f; **~ate** [i'niʃieit] tr (in e-e Tätigkeit) einweihen, -führen (into in); die Anfangsgründe beibringen (s.o. jdm; into s.th. e-r S); (in e-e Bruderschaft) (feierlich) aufnehmen; anfangen, beginnen, einleiten, beginnen, fam starten; (e-n Prozeß) anstrengen; pol als Initiativantrag stellen; a [-ʃiit] eingeweiht, eingeführt; Anfangs-; s [-ʃiit] Eingeweihte(r), Neuling, Anfänger m; **~ation** [iniʃi'eiʃən] Einführung, Einweihung f; **~~ fee** (Am) Aufnahmegebühr f, Eintand m; **~ative** [i'niʃiətiv] a einleitend, -führend, eröffnend; Einleitungs-, -führungs-, Eröffnungs-, Einweihungs-; s erste(r) Schritt m, Initiative, Anregung, Veranlassung; geistige Selbständigkeit f, Unternehmungsgeist m; Gesetzesinitiative f; of, on o.'s own **~~** aus eigenem Antrieb; to take the **~~** die Initiative ergreifen (in bei); private **~~** Privatinitiative f; **~ator** [i'niʃieitə] Anreger, Initiator, geistige(r) Vater, Urheber m; **~atory** [i'niʃiətəri] a Anfangs-, Einführungs-, Eröffnungs-, einleitend, einführend, Einweihungs-.

inject [in'dʒekt] tr med einspritzen, injizieren; tech einführen, anlegen, bes. Am (Bemerkung) ein-, dazwischenwerfen, fallenlassen; fig einflößen; **~ion** [-kʃən] Einspritzung, Injektion, fam Spritze; tech Ein-, Zuführung f; **~~ cock, engine** Einspritzhahn, -motor m; **~or** [-ə] Einspritz-, Strahlpumpe f.

injudicious [indʒu(:)'diʃəs] unverständig, ohne Verstand, unklug; unüberlegt, unsinnig, dumm.

injunction [in'dʒʌŋkʃən] Ersuchen, Gebot n; (richterlicher) Befehl m; Anweisung, (gerichtliche) Anordnung, Verfügung f; to allow od to grant, to lift an **~** e-e Verfügung erlassen, aufheben.

injur|e ['indʒə] tr beschädigen, verletzen; ungerecht behandeln, kränken, Unrecht tun (s.o. jdm); beeinträchtigen, Abbruch tun (s.o. jdm); **~ed** [-d] a beschädigt; verletzt; beleidigt; the **~~ party** der Geschädigte; **~ious** [in'dʒuəriəs] schädlich, nachteilig (to für); beleidigend, Schmäh-; unrecht; **~y** ['indʒəri] Beschädigung, Verletzung f (to an); Schaden, Nachteil m, Schädigung; Kränkung f, Unrecht n, Ungerechtigkeit f; to the **~~** of s.o. zu jds Nachteil; bodily, personal **~~** Körperverletzung f; **~~ to property** Sachbeschädigung f.

injustice [in'dʒʌstis] Ungerechtigkeit f; Unrecht n; to do s.o. an **~** jdm Unrecht tun.

ink [iŋk] s Tinte; Tusche; Stempelfarbe; (printer's **~**) Druckerschwärze; Sepia f; tr mit Tinte bespritzen; e-n Tintenfleck machen auf; mit Tinte (be)zeichnen; (ein)schwärzen; in **~** mit Tinte; **~-bag** zoo Tintenbeutel m; **~-blot, -stain** Tintenklecks, -fleck m; **~-bottle** Tintenflasche f, -fläschchen n; **~er** ['-ə] typ Einschwärzer m; **~-eraser** Tintengummi m; **~ing** ['-iŋ] typ Einschwärzen n; **~-roller** (typ) Auftragwalze f; **~-pad** Stempelkissen n; **~-pencil** Tintenstift m; **~-pot** Tintenfaß n; **~-stand** Schreibzeug n; Tintenfaß n; **~-well** (in den Tisch) versenkte(s) Tintenfaß n; **~y** ['-i] tintenartig; (tief)schwarz; verkleckst.

inkling ['iŋkliŋ] Wink m, (leise) Andeutung; Ahnung f, Vorgefühl n, vage Vermutung f; to have no **~** of s.th. von etw keine Ahnung.

inlaid [in'leid] a eingelegt, getäfelt; **~ floor** Parkett(fuß)boden m; **~ work** Einlegearbeit f.

inland ['inlənd] a inländisch, Inlands-; Binnen-; einheimisch; s Inland; Binnenland n; adv [in'lænd] landeinwärts; **~ bill** Inlandswechsel m; **~ duty** Binnenzoll m; **~er** [-ə] Binnen-

inland manufacture   509   **inosculate**

länder m, hum Landratte f; ~ **manufacture, produce** Inlandserzeugnis n; pl Landesprodukte n pl; ~ **market** Binnenmarkt m; ~ **navigation** Binnen-, Flußschiffahrt f; ~ **postage** Inlandsporto n; ~ **revenue** Steuereinnahmen f pl; Finanzverwaltung f, Fiskus m; ~ **sea** Binnenmeer n; ~ **trade** Binnenhandel m; ~ **traffic** Binnenverkehr m; ~ **waters** pl Binnengewässer n pl; ~ **waterway** Binnenwasserstraße f.

in-laws ['inlɔːz] pl fam Verschwägerte m pl.

inlay ['in'lei] irr inlaid, inlaid tr (als Verzierung in e-e Fläche) einlegen; furnieren, täfeln, auslegen (with mit); s ['~] eingelegte Arbeit, Täfelung f; Furnier n; Plombe f (im Zahn).

inlet ['inlet] Meeres-, Flußarm m; (kleine) Bucht, Ausbuchtung f; Einlaß m, Öffnung; Einlage f, Einschiebsel n, Einsatz m; **~-valve** Einlaßventil n.

in-line engine ['inlain'endʒin] aero Reihenmotor m.

inly ['inli] adv poet im Innern, im Herzen, innerlich, zutiefst.

inmate ['inmeit] Hausgenosse, Mitbewohner, (Anstalts-)Insasse; Bewohner m a. fig.

inmost ['inmoust] innerst; fig geheimst.

inn [in] Gast-, Wirtshaus n; **I~s of Court** (vier Londoner) Rechtsschulen f pl; **~keeper** Gast-, Schankwirt m; **~sign** Wirtshausschild n.

innards ['inədz] sl Magen m.

innate ['i'neit, '~~] angeboren (in s.o. jdm); natürlich, wesensmäßig.

inner ['inə] a inner, inwendig; seelisch, geistig; Seelen-, Geistes-; geheim, verborgen; com (Reserven) still; ~ **harbo(u)r** Binnenhafen m; the ~ **man** hum der Magen; der Gaumen; Seele f, Geist m; **I~ Mongolia** die Innere Mongolei; **~most** innerst, geheimst; ~ **tube** mot Schlauch m; **~width** lichte Weite f.

innervate ['inəːveit] tr anregen, beleben, innervieren a. physiol; **~ation** [inəːˈveiʃən] physiol Innervation f.

innings ['iniŋz] sing od pl sport Dran-, Am-Spiel-Sein n; pol Am-Ruder-Sein n; Amtszeit; Regierung; Gelegenheit f, Glück n; to have o.'s ~ (sport) dran, am Spiel sein, pol am Ruder, an der Macht, an der Regierung sein; a good ~ e-e gute Gelegenheit.

innocen|ce, -cy ['inəns(i)] Unschuld (of an); Schuldlosigkeit; Naivität, Einfachheit, Schlichtheit; Einfalt; Harmlosigkeit f; **~t** [-t] a unschuldig (of an); schuldlos; rein; harmlos; unschädlich; (Geschwulst) gutartig; schlicht, einfach, naiv, fam ahnungslos; dumm, einfältig; fam frei (of von); jur gutgläubig; s Unschuldige(r) m, fam Unschuldslamm n; Simpel, Einfaltspinsel m; the massacre of the I~~s der Bethlehemitische Kindermord.

innocuous [i'nɔkjuəs] harmlos, unschädlich.

innominate [i'nɔminit] unbenannt, namenlos; ~ **bone** Hüftbein n.

innovat|e ['ino(u)veit, -nə-] itr Neuerungen einführen, Veränderungen vornehmen; **~ion** [ino(u)'veiʃən] Neuerung f; **~or** ['ino(u)veitə] Neuerer m.

innoxious [i'nɔkʃəs] unschädlich.

innuendo [inju(ː)'endou] pl -es [-z] (versteckte) Andeutung, Anspielung f, Wink m, Geste; jur Unterstellung; Anzüglichkeit f.

innumer|able [i'njuːmərəbl] unzählig, zahllos; **~ous** [-rəs] poet ungezählt.

inobservan|ce [inɔb'zəːvəns] Nichtbe(ob)achtung (of gen); Unachtsamkeit, Unaufmerksamkeit f (of gegenüber); **~t** [-t] unaufmerksam.

inoccupation ['inɔkjuˈpeiʃən] Beschäftigungslosigkeit, Untätigkeit f.

inoculat|e [i'nɔkjuleit] tr med (Menschen) impfen (into, on in; for gegen); (Serum) einimpfen; fig einimpfen, einpflanzen (s.o. with s.th. jdm etw); bot okulieren; **~ion** [-'leiʃən] med Impfung; bot Okulierung f; preventive ~~ Schutzimpfung f; ~~ **lymph** Impfflüssigkeit f.

inodorous [in'oudərəs] geruchlos.

inoffensive [inɔˈfensiv] harmlos, ungefährlich, unschädlich; einwandfrei; **~ness** [-nis] Harmlosigkeit f.

inoffici|al [inəˈfiʃəl] nichtamtlich, inoffiziell, **~ous** [-əs] funktionslos, ohne Amt; jur pflichtwidrig, gegen die gute Sitte verstoßend, unwirksam.

inoperative [in'ɔpərətiv] nicht in Betrieb (befindlich); nicht betriebsfähig; stillgelegt; unwirksam.

inopportune [in'ɔpətjuːn] ungelegen, unzeitig; unangebracht, unpassend.

inordinate [i'nɔːdinit] ungeordnet, ungeregelt; regellos; unmäßig, ausschweifend; maßlos.

inorganic [inɔː'gænik] chem anorganisch; allg unorganisch.

inosculate [i'nɔskjuleit] tr umeaschlingen, -winden; fig eng mitea. verbinden, vereinigen; itr verschlungen, inea. geschlungen sein; fig eng mitea. verbunden, vereinigt sein.

in-patient ['inpei∫ənt] Anstaltskranke(r), klinische(r) Patient m; ~ **treatment** stationäre Behandlung f.

input ['input] tech Eingangsleistung, (Energie-, bes. Strom-)Zufuhr f; Energie-,Kraft-,Strombedarf,-verbrauch m.

inquest ['inkwest] gerichtliche Untersuchung f; coroner's ~ Leichenschau f.

inquietude [in'kwaiitju:d] Unruhe f.

inquir|e [in'kwaiə] itr sich erkundigen, fragen (about, after nach; of bei), Auskunft suchen, Erkundigung einziehen, (about, after über); fragen (for an article in a shop in e-m Laden nach e-r Ware; for s.o. nach jdm); untersuchen (into s.th. etw); tr fragen, sich erkundigen nach; **~er** [-rə] Fragende(r), Untersuchende(r) m; **~y** [-ri] An-, Nachfrage; Nachforschung; Untersuchung a. jur, Erhebung f; upon ~~ auf Anfrage; to make ~ies Erkundigungen einziehen (about über; of s.o. bei jdm); ~~ form Fragebogen m, Antragsformular n; ~~ office Auskunftsbüro n, -stelle f, -schalter m; Auskunftei f.

inquisit|ion [inkwi'zi∫ən] (strenge) Untersuchung f a. jur; I~~ (rel) Inquisition f, Ketzergericht n; **~ional** [-(ə)l] a Untersuchungs-, Inquisitions-; **~ive** [in'kwizitiv] wißbegierig, wissensdurstig, neugierig (about auf); **~iveness** [-'kwizitivnis] Wißbegierde f, Wissensdrang, -durst m; Neugier(de) f; **~or** [-'kwizitə] Untersuchungsrichter; Ermitt(e)lungsbeamte(r) m; rel Inquisitor m; **~orial** [inkwizi'tɔ:riəl] a Untersuchungs-, Inquisitions-; wißbegierig; (zu) neugierig.

inroad ['inroud] (feindlicher) Ein-, Überfall m (into in); allg Übergriff (on auf), Eingriff m (on in); to make ~s upon s.o.'s savings ein Loch in jds Ersparnisse reißen.

inrush ['inrʌ∫] Zustrom m.

insalubr|ious [insə'lu:briəs] ungesund; (Klima) unzuträglich; **~ity** [-iti] Gesundheitsschädlichkeit f.

insan|e [in'sein] a geisteskrank, irr(e); wahn-, unsinnig, sinnlos; Irren-; s pl Geisteskranke m pl; ~~ asylum Irren-, Heilanstalt f; **~itary** [in'sænitəri] ungesund, gesundheitsschädlich; **~ity** [in'sæniti] Geisteskrankheit, geistige Umnachtung f.

insati|ability [insei∫iə'biliti] Unersättlichkeit, (Hab-)Gier f; **~able** [in-'sei∫jəbl] unersättlich, (hab)gierig, gierig (of auf, nach).

inscribe [in'skraib] tr einritzen, -meißeln, gravieren (on auf); mit e-r Gravierung versehen; (Namen) einschreiben, -zeichnen, -tragen; (Buch) widmen; fig einprägen, eingraben (on s.o.'s memory in jds Gedächtnis); math einbeschreiben; ~d stock Namensaktien f pl.

inscription [in'skrip∫ən] Einschreibung, -zeichnung, -tragung; Auf-, Überschrift; (alte) Inschrift; Widmung f; ~ **form** Anmeldeformular n.

inscrutab|ility [inskru:tə'biliti] Unerforschlichkeit, Unverständlichkeit f; **~le** [-'skru:təbl] unerforschlich, unergründlich, unerklärlich, unverständlich, rätselhaft.

insect ['insekt] Insekt, Kerbtier n; fig pej Wurm m (Mensch); **~arium** [insek'tɛəriəm] Insektarium n; **~icide** [in'sektisaid] Insektenpulver n; **~ivora** [insek'tivərə] zoo Insektenfresser m pl; **~ivorous** [-'tivərəs] zoo insektenfressend; Insektenfresser-; **~ology** [-'tɔlədʒi] Insektenkunde, Entomologie f; ~ **powder** Insektenpulver n.

insecur|e [insi'kjuə] unsicher, gefährdet; (Kredit) ungedeckt; schwankend, ängstlich; trügerisch, ungewiß; (Gebäude) baufällig; **~ity** [-riti] Unsicherheit; Ungewißheit, Unzuverlässigkeit f.

inseminat|e [in'semineit] tr (die) Saat legen in; befruchten, schwängern; fig einpflanzen in; **~ion** [-'nei∫ən] Saat (Tätigkeit); Befruchtung f; artificial ~~ künstliche Befruchtung f.

insens|ate [in'senseit] gefühl-, empfindungslos, leblos, (wie) tot; unsinnig, unvernünftig, ungefühlskalt; **~ibility** [insensi'biliti] Empfindungslosigkeit, Unempfindlichkeit (to für); Bewußtlosigkeit, Ohnmacht; Gleichgültigkeit, Stumpfheit f; **~ible** [in'sensəbl] physiol empfindungs-,wahrnehmungslos; bewußtlos, ohne Bewußtsein, ohnmächtig; gleichgültig (to, of gegen); achtlos (of s.th. gegen etw); winzig (klein), unmerklich, ganz allmählich; **~itive** [-itiv] gefühllos, unempfindlich (to gegen); unempfänglich (to für); **~entient** [in'sen∫iənt] empfindungs-, bewußt-, leblos.

inseparab|ility [insepərə'biliti] Untrennbarkeit; Unzertrennlichkeit f; **~le** [in'sepərəbl] untrennbar; unzertrennlich.

insert [in'sə:t] tr einsetzen, -fügen, -passen, -schalten; einrücken, aufgeben, setzen lassen (an advertisement in a newspaper e-e Anzeige in die Zeitung); setzen (in brackets in Klammern); s ['insə:t] Einsatz m, -fügung,

insertion -schaltung *f*; *Am (Buch)* Bei-, Einlage, (Zeitungs-)Beilage *f*; Einlege-, Beilageblatt *n*; *(Zeitung)* Zusatz *m*, Einschaltung *f*; *tech* Einsatzstück *n*; **~ion** [in'sə:ʃən] Einfügung, -schaltung *f*; Zusatz *m*, Einsatz *m* (*a. in e-m Kleid*); *tech* Einbau *m*; Inserat *n*, Anzeige, Annonce *f*; *(Münze)* Einwurf *m*; Beilage *f*.

inset ['in'set] *tr* einsetzen, -legen, -fügen, -schalten; *s* ['inset] Einsatz *m*, Bei-, Einlage, Einfügung *f*; Nebenbild *n*, -karte *f* (*e-r Landkarte*); Bild *n* im Text; *(Kleid)* Einsatz *m*; *attr* Einsatz-, Einlage-.

inshore ['in'ʃɔ:] *adv a* in der Nähe der Küste (befindlich); *a* Küsten-.

inside ['in'said] *s* Innen-, innere Seite *f*; *das* Innere; der Fahrbahn abgewendete Seite *f* des Gehweges; Fahrgast *m* im Wagen; *a. pl fam* Eingeweide *pl*; *a* inner, inwendig, innerlich; Innen-; Haus-, Heim-; privat, geheim, vertraulich; *adv* innen, im Innern; auf der Innenseite; drin(nen); *prp* auf der Innenseite, im Innern *gen*; (*a. zeitlich*) innerhalb *gen*; *~ of (fam)*: *~ of a week* innerhalb e-r Woche; mitten in der Woche; *to come, to go ~* hereinkommen, hineingehen; *to know ~ out* in- u. auswendig, *fam* aus dem ff kennen; *(turned) ~ out* das Innere nach außen, das Oberste zuunterst (gekehrt, gestülpt); *(Kleidungsstück)* verkehrt an; *~ diameter* lichte Weite *f*; *~ door* Innentür *f*; *~ left sport* Halblinke(r) *m*; *~r* ['-ə] Eingeweihte(r) *m*; *pl* eingeweihte Kreise *m pl*; *~ track sport* Innenbahn; *fig* günstigere Lage *f*, Vorteil *m*; *to have an ~~* günstig dran, im Vorteil sein (*to doing s.th.* etw zu tun); *~ wall* Innenwand *f*.

insidious [in'sidjəs] verräterisch, hinterhältig, -listig, heimtückisch; *(Krankheit)* schleichend.

insight ['insait] Einsicht *f*, Einblick *m* (*into* in), Verständnis *n* (*into* für); Lebenserfahrung *f*.

insignia [in'signiə] *pl, Am a. sing* Insignien *pl*, Hoheitszeichen *n pl*; *~ of rank* Rangabzeichen *n pl*.

insignifican|ce, -cy [insig'nifikəns(i)] Bedeutungslosigkeit, Belanglosigkeit, Nebensächlichkeit, Geringfügigkeit *f*; **~t** [-t] bedeutungslos; unbedeutend, nebensächlich, belanglos, unerheblich, geringfügig; nichtssagend, unscheinbar; verächtlich.

insincer|e [insin'siə] unaufrichtig, unehrlich, lügenhaft, heuchlerisch, falsch; **~ity** [insin'seriti] Unaufrichtigkeit, Unehrlichkeit, Lügenhaftigkeit, Heuchelei, Falschheit *f*.

insinuat|e [in'sinjueit] *tr* langsam, auf Umwegen, geschickt hineinbringen, hineinmanövrieren; hineinschmuggeln (*into* in); zu verstehen geben, andeuten, anspielen auf; einflüstern; beibringen; *to ~~ o.s. into s.o.'s favo(u)r* jds Gunst erschleichen; **~ing** [-iŋ] einschmeichelnd; **~ion** [insinju'eiʃən] (versteckte) Andeutung, Anspielung *f*; leise(r) Wink *m*; Schmeichelei *f*.

insipid [in'sipid] abgeschmackt, geschmacklos; fade, schal; *fig* langweilig, uninteressant, unlebendig; **~ity** [-'piditi] Fadheit, Schalheit; Abgeschmacktheit, Uninteressantheit *f*.

insist [in'sist] *itr* bestehen, beharren, immer wieder zurückkommen, großes Gewicht, (sehr) großen Wert legen (*on, upon* auf); nachdrücklich betonen (*on s.th.* etw); *to ~ on doing s.th.* immer wieder tun; **~ence, -cy** [-əns(i)] Bestehen (*on* auf); Beharren in, Nachdruck *m*; Beharrlichkeit, Hartnäckigkeit; Eindringlichkeit *f*; **~ent** [-ənt] darauf bestehend, beharrend; beharrlich, standhaft, hartnäckig; eindringlich, eindrucksvoll; *to be ~~* bestehen (*on* auf); darauf bestehen (*that* daß).

insnare *s. ensnare*.

insobriety [insə(u)'braiəti] Unmäßigkeit *f*, Ausschweifungen *f pl*; Trunksucht *f*.

insolat|e ['insə(u)leit] *tr* in die Sonne legen; **~ion** [insə(u)'leiʃən] Sonnenbad *n*; *med* Sonnenstich *m*; *mete* Sonneneinstrahlung *f*.

insole ['insoul] Brand-, Einlegesohle *f*.

insolen|ce ['insələns] Unverschämtheit, Frechheit; Anmaßung *f* (*in doing s.th.* etw zu tun); **~t** [-t] unverschämt, anmaßend, frech.

insolub|ility [insəlju'biliti] Unauflöslichkeit, Unlösbarkeit *f*; **~le** [in'səljubl] un(auf)löslich; unlösbar.

insolven|cy [in'sɔlvənsi] Zahlungsunfähigkeit, Insolvenz; Zahlungseinstellung *f*, Konkurs, Bank(e)rott *m*; **~t** [in'sɔlvənt] *a* zahlungsunfähig, insolvent; bank(e)rott, in Konkurs; *(Konto)* dubios; *s* zahlungsunfähige(r) Schuldner *m*; *to become ~~* die Zahlungen einstellen; in Konkurs gehen; *to declare o.s. ~~* Konkurs anmelden; *~~ debtor* Gemeinschuldner *m*; *~~ estate* Konkursmasse *f*.

insomni|a [in'sɔmniə] Schlaflosigkeit *f*; **~ous** [-əs] an Schlaflosigkeit leidend.

insomuch [insou'mʌtʃ] *adv* dermaßen, dergestalt *(as to, that* daß); ~ *as* (in)sofern, soweit.

insoucian|ce [in'su:sjəns] Sorglosigkeit, Unbekümmertheit *f*; **~t** [-t] sorglos, unbekümmert, gleichgültig.

inspect [in'spekt] *tr* genau ansehen, besichtigen, (kritisch) prüfen, genau untersuchen; *com (Bücher)* revidieren; nach-, überprüfen; *(amtlich)* besichtigen, inspizieren; beaufsichtigen, überwachen, kontrollieren; **~ion** [in-'spekʃən] genaue Durchsicht, (kritische) Prüfung, genaue Untersuchung; Nachschau, Nach-, Überprüfung; Einsichtnahme; *(amtliche)* Besichtigung, Inspektion *f*; *mil* Appell *m*; Aufsicht, Kontrolle; Revision *f*; *for your* ~~ zur Ansicht; *to allow, to grant, to permit* ~~ Einsicht gewähren *(of s.th.* in etw); *to conduct an* ~~ e-e Überprüfung durchführen; *to be open to public* ~~ öffentlich zur Einsichtnahme ausliegen; *to send on* ~~ zur Ansicht zusenden; *to submit for* ~~ zur Einsichtnahme vorlegen; *committee of* ~~ Untersuchungs-, Gläubigerausschuß *m*; *customs* ~~ Zollrevision, -kontrolle *f*; *free* ~~ Besichtigung *f* ohne Kaufzwang; *judicial* ~~ gerichtliche(r), richterliche(r) Augenschein *m*; *medical* ~~ ärztliche Untersuchung *f*; ~~ *lamp* Hand-, Ableuchtlampe *f*; ~~ *pit* Montagegrube *f*; ~~ *room* Prüf-, Kontrollraum *m*; **~or** [-ə] Kontrolleur, Prüfungs-, Aufsichtsbeamte(r), Inspektor; Aufseher *m*; *customs* ~ Zollinspektor *m*; *police* ~~ Polizeiinspektor *m*; *road* ~~ Straßenaufseher *m*; *school* ~~ Schulrat *m*; *ticket* ~~ Fahrkartenkontrolleur *m*; ~~ *of taxes* Steuerinspektor *m*; ~~ *of weights and measures* Eichmeister *m*; ~~ *of works* Bauaufseher *m*; **~oral** [-ərəl], **~orial** [-'tɔ:riəl] *a* Kontroll-, Aufsichts-; **~orate** [-ərit] Inspektorenamt *n*; Kontrollbezirk, -abschnitt *m*; Abnahmestelle *f*; **~orship** [-əʃip] Inspektorenstelle *f*.

inspir|ation [inspə'reiʃən] Eingebung, Begeisterung, Inspiration *a. rel*; Erleuchtung *f*; Einatmen *n*; **~ational** [-'reiʃnəl] begeisternd; begeistert; **~ator** ['inspəreitə] Inhalierapparat *m*; **~atory** [in'spaiərətəri] *a* Einatmungs-, Inhalier-; **~e** [in'spaiə] *tr* einatmen; inhalieren; einhauchen; begeistern, inspirieren *a. rel; (Gefühl, Gedanken)* wecken; hervorrufen, -abschnitt *m*; einflößen *(into s.o.* jdm); *(mit e-m Gefühl, Gedanken)* erfüllen; eingeben, veranlassen; *to* ~~ *s.o. with fear* jdn mit Schrecken erfüllen; **~it** [in'spirit] *tr* beleben, anfeuern, aufmuntern, ermutigen, begeistern *(to* zu).

inspissate [in'spiseit] *tr* eindicken, -dampfen; *itr* dick, fest werden.

instab|ility [instə'biliti] Unbeständigkeit; Labilität *a. tech*; Unsicherheit; Haltlosigkeit; Unentschlossenheit *f*; **~le** [in'steibl] *s. unstable*.

install [in'stɔ:l] *tr (in ein Amt)* einsetzen, bestallen; (feierlich) einführen; einrichten, anbringen; *tech* installieren, einbauen; *(Maschine)* aufstellen; *(Draht)* verlegen; *to* ~ *o.s.* sich einrichten, sich niederlassen; **~ation** [instɔ:'leiʃən, -stə-] (Amts-)Einsetzung *f*, Bestallung, (Amts-)Einführung; Einrichtung, Installation *f*; Werk *n*, Anlage *f*; Auf-, Einbau *m*; *(Maschine)* Aufstellung *f*; ~~ *plan* Einbauzeichnung *f*.

instal(l)ment [in'stɔ:lmənt] Rate, Abschlags-, Ab-, Teilzahlung; Teillieferung; *(Veröffentlichung)* Fortsetzung *f*; *by, in* ~s in Raten, ratenweise, auf Teilzahlung, *fam* auf Stottern; *to appear in* ~s in Fortsetzungen erscheinen; *first* ~ Anzahlung, erste Rate *f*; *final* ~ letzte, Schlußrate, Abschlußzahlung *f*; *monthly* ~ Monatsrate *f*; *payment by* ~s Raten-, Teil-, Abzahlung *f*; **~ business** Raten-, Abzahlungsgeschäft *n*; **~ plan,** **~ system** Ab-, Teilzahlungsgeschäft *n*, Ratenplan *m*; **~ sale** Teil-, Abzahlungsverkauf *m*.

instan|ce ['instəns] *s* (dringende) Bitte *f*, Er-, Nachsuchen *n*, Vorschlag *m*, Veranlassung *f*, Betreiben; Beispiel *n*, Fall, Beleg *m*; *jur* Instanz *f*; *tr* (als Beispiel) anführen, nennen, zitieren; *at s.o.'s* ~ auf jds Veranlassung, Ersuchen, Bitte; *for* ~ zum Beispiel; *in this* ~ in diesem Fall; *in the first* ~ in erster Linie, vor allem, zunächst; *in the last* ~ in letzter Instanz, endgültig; *through all* ~s durch alle Instanzen; *appeal* ~ *(jur)* Berufungsinstanz *f*; **~cy** ['-i] Dringlichkeit *f*; **~t** ['-t] *a* dringend, eilig; sofortig, unmittelbar, augenblicklich; (unmittelbar) bevorstehend, drohend; dieses, des laufenden Monats; *s* Augenblick, Moment *m*; *at this* ~ in diesem Augenblick; *in an* ~ im Augenblick; im Nu; *on the* ~, *this* ~ sofort, gleich, im Augenblick; *on the 5th* ~ *(meist: inst.)* am 5. des laufenden Monats; *the* ~ *(that)* sobald (als); ~ *coffee* lösliche(r) Kaffee *m*; **~taneous** [-'teinjəs] augenblicklich, momentan, sofortig, unmittelbar, unverzüglich; Augenblicks-; ~ *exposure, photograph* Momentaufnahme *f*; **-taneously** *adv* unverzüglich, sofort; **-ter** [in'stæntə] *adv* sofort, sogleich, unverzüglich; **-tly** ['-tli] *adv* sofort, augenblicklich, im Augenblick.

instate [in'steit] *tr (in e-n Rang)* erheben; *(in e-e Stellung)* einsetzen.

instead [in'sted] *adv* statt dessen, dafür; ~ *of (prp)* (an)statt *gen*, an Stelle *gen*, an ... Stelle; ~ *of doing* statt zu tun; *to be* ~ *of s.o.* jdn vertreten, an jds Stelle treten.

instep ['instep] *anat* Spann, Rist *m*; *(Pferd)* Röhre *f*, Mittelfuß *m*; *to be high in the* ~ *(fam)* die Nase hoch tragen; *to break o.'s* ~ sich den Fuß brechen; ~ **raiser** Senkfußeinlage *f*.

instigat|e ['instigeit] *tr* (auf)reizen, aufstacheln, anspornen, aufhetzen *(to* zu); anstiften *(to a crime* zu e-m Verbrechen); *(Aufruhr)* anzetteln; veranlassen; **-ion** [-'geiʃən] Aufreizung, Aufhetzung, Anstiftung *f; at, on his* ~ auf sein Betreiben; **-or** [-ə] Hetzer, Anstifter, Verführer *m*.

instil(l) [in'stil] *tr* einträufeln *(into* in); *fig (Gedanken)* allmählich nahebringen, beibringen; *(Gefühl)* langsam erwecken; *(Angst)* einflößen; **-lation** [insti'leiʃən], **-(l)ment** [in'stilmənt] Einträufeln; *fig* Nahebringen, Erwecken, Einflößen *n*.

instinct ['instiŋkt] *s* Instinkt, (Natur-) Trieb *m*; Gabe *f*, Talent *n*, Fähigkeit *f (for* für); *by, on, from* ~ instinktiv; *pred a* [in'stiŋkt] erfüllt *(with* von); voller *(with* an); belebt *(with* von); **-ive** [in'stiŋktiv] instinktiv, triebhaft, angeboren; unwillkürlich.

institut|e ['institju:t] *tr* aufstellen, einrichten, (be)gründen, stiften; anordnen, ein-, in die Wege leiten, einführen; *(Untersuchung)* einleiten; *(in ein Amt)* einsetzen; *(zum Erben)* bestimmen; *(Klage)* einreichen; *s* Einrichtung *f*; Institut *n; pl jur* Institutionen *f pl; to* ~ *legal proceedings against s.o.* Klage erheben gegen; **-ion** [insti'tju:ʃən] Errichtung, (Be-) Gründung, Stiftung; Einleitung, -führung; Einrichtung, Anordnung; Praxis *f*, Regeln, Bestimmungen, Anweisungen *f pl*; Gesetz; Organ *n*; (wissenschaftliche) Gesellschaft *f*, Institut *n*, Anstalt; *rel* Einsetzung *f; fam* altbekannte Person *od* Sache *f; charitable* ~ Wohlfahrtseinrichtung *f; credit* ~ Kreditanstalt *f; educational* ~ Lehranstalt *f; financial* ~ Geldinstitut *n; penal, penitentiary* ~ Strafanstalt *f*; **-ional** [insti'tju:ʃənl] *a* Instituts-, Anstalts-; institutionell; ~ *advertising (Am)* Firmenwerbung *f*; ~ *buyer* Kapitalsammelstelle *f*; ~ *care* Anstaltsfürsorge *f*; ~ **ionalize** [-'tju:ʃnəlaiz] *tr* institutionalisieren; *fam (Person)* in e-e Anstalt stecken.

instruct [in'strʌkt] *tr* unterrichten, belehren, anleiten, unterweisen, ausbilden, erziehen; ein-, anweisen; die Anweisung geben *(s.o.* jdm); auftragen *(s.o.* jdm); unterrichten, informieren *(of s.th.* von e-r S); **-ion** [in'strʌkʃən] Unterricht *m*, Erziehung; Schulung; Ein-, Unterweisung, Belehrung, Ausbildung *f*; Lehrberuf *m*; Anleitung; Anordnung, Anweisung, Vorschrift; Instruktion *f*, Auftrag *m a. mil*; *(~s for use)* Gebrauchsanweisung *f; pl* Verhaltensmaßregeln *f pl; jur* Instruktionen, Weisungen, Richtlinien *f pl; according to* ~s auftrags-, weisungsgemäß; *to ask for* ~s Weisungen einholen; *to comply with* ~s *received* sich nach den empfangenen Weisungen richten; *to give* ~s Anweisungen erteilen, Weisungen geben, Anordnungen treffen; *private* ~ Privatunterricht *m; self-*~ Selbstunterricht *m; service* ~ Dienstanweisung *f; visual* ~ Anschauungsunterricht *m; working* ~ Betriebsordnung *f*; ~ *book* Bedienungs-, Gebrauchsanweisung *f*; ~ *slip* Kennblatt *n*; **-ional** [in'strʌkʃənl] Unterrichts-, Lehr-, Erziehungs-; erzieherisch; ~ *film* Kultur-, Lehrfilm *m*; ~ *school* Fortbildungsschule *f*; ~ *trip* Informationsreise *f*; **-ive** [-iv] belehrend; lehrreich, instruktiv; **-or** [-ə] Lehrer *m*, Lehrperson *f*, Erzieher *m*; Lehrbuch *n; mil* Ausbilder, Instruktor *m; pl* Lehrpersonal *n; Am* (Universitäts-)Dozent *m*; **-ress** [-ris] Lehrerin, Erzieherin *f*.

instrument ['instrumənt] Werkzeug, *(bes. feines)* Instrument; Gerät; (Musik-)Instrument; *fig* Mittel, Werkzeug *n (Person); jur* Urkunde *f*, Dokument, Papier, Instrument; *pl med* Besteck *n*; ~ *of acceptance* Annahmeurkunde *f*; ~ *of debt* Schuldbrief *m*; **-al** [instru'mentl] Instrumenten-; als Werkzeug dienend; nützlich, brauchbar, förderlich; behilflich; *mus* instrumental; *s* Instrumental(is) *m*; *to be* ~ *in s.th., to s.th.* bei, zu e-r S behilflich sein; zu e-r S beitragen; ~ *music* Instrumentalmusik

instrumentality 514 **insusceptible**

f; **~ality** [instrumen'tæliti] Brauchbarkeit, Nützlichkeit, Zweckhaftigkeit *f*; Mittel *n*; Mitwirkung, Vermitt(e)lung *f*; *through, by the ~~ of* durch Vermittlung *gen*; **~ board, panel** *mot aero* Armaturenbrett *n*; **~ flight, flying** Instrumenten-, Blindflug *m*.
insubordinat|e [insə'bɔ:dnit] ungehorsam, widersetzlich; **~ion** ['insəbɔ:di'neiʃən] Ungehorsam *m*, Widersetzlichkeit, Auflehnung; *mil* Gehorsamsverweigerung *f*.
insubstantial [insəb'stænʃ(ə)l] unwirklich, eingebildet, imaginär; dünn, schwach; gehaltlos, dürftig; **~ity** [insʌbstænʃi'æliti] Unwirklichkeit; Gehaltlosigkeit *f*.
insufferable [in'sʌfərəbl] unerträglich; unausstehlich, unleidlich.
insufficien|cy [insə'fiʃənsi] Mangel *m*; Unzulänglichkeit; *med* Insuffizienz *f*; *cardiac ~~* Herzinsuffizienz *f*; **~t** [-t] ungenügend, unzureichend, unzulänglich; untauglich, mangelhaft.
insul|ar ['insjulə] *a* Insel-, insular; abgesondert, isoliert; engstirnig, stur, voller Vorurteile; *med* insulär; **~arity** [insju'læriti] insulare Lage *f*; *fig* Abgeschlossenheit; *fig* Engstirnigkeit, Sturheit, Beschränktheit *f*; **~ate** ['insjuleit] *tr* isolieren, absondern; *el* isolieren; **~ating** ['-leitiŋ] *el* isolierend, Isolier-; nichtleitend; *~~ cardboard* Isolierpappe *f*; *~~ layer* Isolierschicht *f*; *~~ material (el)* Isoliermaterial *n*; *~~ switch* Trennschalter *m*; *~~ tape* Isolierband *n*, -streifen *m*; **~ation** [insju'leiʃən] Absonderung, Isolierung *f a. el*; *el* Isoliermaterial *n*; **~ator** ['insjuleitə] *el* Nichtleiter; Isolator *m*; **~in** ['insjulin] *pharm* Insulin *n (Warenzeichen)*.
insult ['insʌlt] *s* Beleidigung, Beschimpfung, Schmähung, Verunglimpfung *f (to s.o.* jds); *tr* [in'sʌlt] beleidigen, beschimpfen, schmähen, verunglimpfen; **~ing** [-iŋ] beleidigend, verletzend; *~~ language, words (pl)* beleidigende Äußerungen *f pl*.
insuperab|ility [insjupərə'biliti] Unüberwindlichkeit *f*; **~le** [in'sju:pərəbl] unüberwindlich, unschlagbar.
insupportable [insə'pɔ:təbl] unerträglich, unausstehlich.
insur|ance [in'ʃuərəns] Versicherung; (Versicherungs-)Prämie *f*; *to effect, to take out an ~~* e-e Versicherung abschließen; *accident-~~* Unfallversicherung *f*; *disability-, disablement-, invalidity-~~* Invalidenversicherung *f*; *fire-~~* Feuerversicherung *f*; *hail-~~* Hagelversicherung *f*; *health ~~* Krankenversicherung *f*; *liability-~~* Haftpflichtversicherung *f*; *life-~~* Lebensversicherung *f*; *luggage-~~* Reisegepäckversicherung *f*; *motor-car ~~* Kfz.-Versicherung *f*; *old-age ~~* Altersversicherung *f*; *period, term of ~~* Versicherungsdauer *f*; *sick(ness)-~~* Krankenversicherung *f*; *social ~~* Sozialversicherung *f*; *transportation-~~* Transportversicherung *f*; *unemployment-~~* Arbeitslosenversicherung *f*; *~~ act* Versicherungsgesetz *n*; *~~ agent* Versicherungsvertreter *m*; *~~ agreement, contract* Versicherungsvertrag *m*; *~~ benefit* Versicherungsleistung *f*; *~~ against burglary* Einbruchversicherung *f*; *~~ claim* Versicherungsanspruch *m*; *~~ company* Versicherungsgesellschaft *f*; *~~ conditions (pl)* Versicherungsbedingungen *f pl*; *~~ coverage* Versicherungsschutz *m*, -deckung *f*; *~~ fee* Versicherungsgebühr *f*; *~~ fraud* Versicherungsbetrug *m*; *~~ matters (pl)* das Versicherungswesen; *~~ officer* Versicherungsbeamte(r) *m*; *~~ policy* Versicherungsschein *m*, Police *f; to effect, to take out an ~~ policy* e-e Versicherung abschließen; *~~ rate* Prämiensatz *m*; *~~ regulations (pl)* Versicherungsbestimmungen *f pl*; *~~ sum* Versicherungssumme *f*; *~~ swindler* Versicherungsbetrüger *m*; *~~ value* Versicherungswert *m*; **~ant** [in'ʃuərənt] *Am* Versicherte(r), Versicherungsnehmer *m*; **~e** [in'ʃuə] *tr* bestätigen; garantieren, verbürgen, gewährleisten, sichern, sicherstellen; schützen *(against* gegen); versichern; **~ed** [-d] *a* versichert; *s* Versicherte(r), Versicherungsnehmer *m*; *~~ letter, parcel, package* Wertbrief *m*, -päckchen, -paket *n*; *~~ value* Versicherungswert *m*; **~er** [-rə] Versicherer *m*; *pl* Versicherungsgesellschaft *f*.
insurgen|ce, -cy [in'sə:dʒəns(i)] Aufruhr, Aufstand *m*, Erhebung, Rebellion *f*; **~t** [-t] *a* aufrührerisch, aufständisch; *s* Aufrührer, Aufständische(r), Rebell *m*.
insurmountable [insə:'mauntəbl] unübersteigbar, unüberwindlich.
insurrection [insə'rekʃən] Aufruhr, Aufstand *m*, Empörung, Rebellion, Revolte *f*; **~al** [-l], **~ary** [-əri] aufrührerisch, aufständisch, rebellierend; **~ist** [-ʃnist] Aufrührer, Empörer, Rebell *m*.
insusceptib|ility ['insəseptə'biliti] Unempfindlichkeit; Unempfänglichkeit *f*; **~le** [insə'septəbl] unempfindlich, gefühllos, unempfänglich *(of, to* für).

intact [in'tækt] unberührt, unbeschädigt, unverletzt, intakt, ganz.

intaglio [in'tɑ:liou] pl -os Intaglio n, Gemme f.

intake ['inteik] Aufnahme f; Einlaß m, Öffnung; Verengung f; mot Ansaugrohr n, -öffnung f; min Luftschacht m; aufgenommene Energiemenge; Ein-, Annahme f; trockengelegte(s) Land n; **~ valve** Einlaßventil n.

intangib|ility [intændʒə'biliti] Unberührbarkeit, Unwirklichkeit; Unklarheit, Ungreifbarkeit f; **~le** [in'tændʒəbl] unberührbar, unwirklich, schemenhaft; ungreifbar, unklar, nebelhaft, vage; *(Werte)* immateriell.

integ|er ['intidʒə] Ganze(s) n, Einheit; math ganze Zahl f; **~ral** ['intigrəl] *a (Bestandteil)* wesentlich; vollständig, ganz; math ganzzahlig; Integral-; s Ganze(s); math Integral n; **~ calculus** Integralrechnung f; **~rality** [inti'græliti] Ganzheit, Integrität f; **~rant** ['intigrənt] *a* wesentlich, integrierend; s wesentliche(r), integrale(r), konstituierende(r) Bestandteil m; **~rate** ['-greit] tr ergänzen, vervollständigen; vereinigen; zs.fassen; zs.zählen, -rechnen, -fügen; integrieren, eingliedern; die Rassenschranken beseitigen gegenüber; math integrieren; *el* zählen; **~d school** Einheitsschule f; **~d store** Filialbetrieb m; **~d trust** vertikale(r) Konzern m; **~ration** [inti'greiʃən] Ergänzung, Vervollständigung, Vereinigung, Summierung; Integrierung f; Zs.schluß m; math Integration f; Am Aufhebung f der Rassenschranken; **~rity** [in'tegriti] Vollständigkeit, Ganzheit, Integrität f; Unverletztheit, Unversehrtheit; *fig* Geradheit, Aufrichtigkeit, Ehrlichkeit, Lauterkeit, Offenheit, Rechtschaffenheit f.

integument [in'tegjumənt] *bot zoo* Bedeckung, Decke, Hülle f.

intellect ['intilekt] Verstand m, Urteilskraft f, Intellekt m; *a. pl* Intellektuelle *m pl*; Intelligenz f; **~ion** [inti'lekʃən] Denken, Erkennen, Verstehen n; **~ual** [inti'lektjuəl] *a* verstandesmäßig, Verstandes-; intellektuell, geistig; vernünftig; verständig; Geistes-; *s* Intellektuelle(r); Geistes-, Kopfarbeiter m; **~uality** ['intilektju'æliti] Intelligenz f, hohe(r) Verstand m; **~ualize** [inti'lektjuəlaiz] tr vergeistigen; *itr* urteilen, denken.

intelligen|ce [in'telidʒəns] Intelligenz, Auffassungsgabe f, -vermögen n, geistige Wendigkeit; *(bei Tieren)* Klugheit; Mitteilung, Nachricht, Information, Auskunft; Spionage f; Nachrichten-, Geheimdienst m; *mil* Spionageabwehr, (Abteilung) Abwehr f; **~ bureau, department, office** Nachrichtenbüro n; **~ with the enemy** (verräterische) Beziehungen *f pl* zum Feinde; **~ quotient (psychol)** Intelligenz-Quotient m; **~-service** Nachrichten-, Geheimdienst m; **~ test** Intelligenzprüfung f; **~cer** [-ə] Spion m; **~t** [-t] intelligent, geistig wendig; geistig hochstehend, (hoch)gebildet, kenntnisreich; sehr bewandert *(of* in); **~tsia** [inteli'dʒentsiə, -'ge-] Intelligenz f, Intellektuellen(schicht) *m pl*, gebildete Oberschicht f.

intelligib|ility [intelidʒə'biliti] Verständlichkeit f; **~le** [in'telidʒəbl] verständlich, begreiflich, klar *(to s.o.* jdm); *philos* (nur) verstandesmäßig faßbar.

intemper|ance [in'tempərəns] Unmäßigkeit; Trunksucht f; **~ate** [-it] unmäßig, maß-, zügellos; trunksüchtig; heftig, streng; *(Klima)* rauh.

intend [in'tend] *tr* beabsichtigen, planen, vorhaben *(to do, doing* zu tun); meinen, sagen wollen; bestimmen *(for* für, zu); bedeuten, darstellen; *jur* den Vorsatz haben; *this is ~ed for me* das ist auf mich gemünzt; *is this ~ed to be me?* soll ich das sein? **~ed** [-id] *a* beabsichtigt, geplant; kommend, zukünftig, in spe; *s fam* Bräutigam, Verlobte(r) m; Braut, Verlobte f.

intens|e [in'tens] sehr stark, heftig, groß, hochgradig; gespannt, angestrengt, intensiv; *(Farbe)* lebhaft, kräftig; *(Licht)* hell; überspannt; **~eness** [-nis] Stärke, Heftigkeit, Intensität; Angespanntheit, Angestrengtheit f; **~ification** [intensifi'keiʃən] Verstärkung, Steigerung, Intensivierung; *tech* Helltastung f; **~ifier** [in'tensifaiə] Verstärker m; **~ify** [in'tensifai] *tr* verstärken, steigern, intensivieren, vermehren; *itr* stärker werden, sich steigern, zunehmen; *tech* helltasten; **~ion** [in'tenʃən] Stärke, Grad f, hohe(r) Grad m; Verstärkung; Gespanntheit, Entschlossenheit f; **~ity** [in'tensiti] hohe(r) Grad m, Intensität; Stärke, Kraft, Heftigkeit f; **~ of heat** Hitzegrad m; **~ of light, sound, electric current** Licht-, Ton-, Stromstärke f; **~ive** [-iv] verstärkend, steigernd; stark, gründlich, intensiv; *med* stark wirkend.

intent [in'tent] *a* fest gerichtet *(on* auf); (an)gespannt; eifrig bedacht *(on* auf); fest entschlossen *(on* zu); *s* Ab-

intention sicht f, Zweck m; Bedeutung f, Sinn m; to this ~ in dieser Absicht; to the ~ that in der Absicht, daß; to all ~s and purposes in jeder Hinsicht; im Grunde, in Wirklichkeit; with ~ absichtlich, mit Absicht; with ~ to do in der Absicht zu tun; **~ion** [in'tenʃən] Absicht f, Vorhaben n; Zweck m; Bedeutung f, Sinn m; the road to hell is paved with good ~~s (prov) der Weg zur Hölle ist mit guten Vorsätzen gepflastert; **~ional** [-'tenʃənl] absichtlich; **~ioned** [-d] a: well-~~ wohlgesinnt; **~ness** [in'tentnis] (gespannte) Aufmerksamkeit f; Eifer m; (feste) Entschlossenheit f.

inter [in'tə:] tr begraben, beerdigen, bestatten.

interact ['intərækt] 1. s Zwischenakt m, -spiel n; 2. [intər'ækt] itr aufea. wirken, ea., sich gegenseitig beeinflussen; **~ion** [intər'ækʃən] gegenseitige Beeinflussung, Wechselwirkung; tech Überlagerung f; **~ive** [intər'æktiv] sich gegenseitig beeinflussend.

interbreed [intə(:)'bri:d] irr -bred, -bred tr itr biol (sich) kreuzen.

intercal|ary [in'tə:kələri] eingeschaltet; interpoliert; Schalt-; ~~ day, year Schalttag m, -jahr n; **~ate** [-leit] tr einschalten, einschieben; interpolieren; **~ation** [intə:kə'leiʃən] Einschaltung; Interpolation f.

interced|e [intə(:)'si:d] itr sich verwenden, sich einsetzen, Fürsprache einlegen (with bei; for für); vermitteln; **~er** [-ə] Fürsprecher; Vermittler m.

intercept [intə(:)'sept] tr auf-, abfangen, abstellen; (Wasser, Licht) sperren; unterbrechen; verhindern, verhüten, unterbinden, unmöglich machen; (Rückzug) abschneiden; die Verbindung abschneiden (s.o. mit jdm); tele radio abhören, -horchen; aero abschneiden, -fangen; s ['intə(:)sept] aufgefangene Meldung f; **~ion** [-'sepʃən] Abfangen, Abschneiden, Abhören, Abhorchen n; Unterbindung, Verhinderung, Verhütung f; ~~ flight (aero) Sperrflug m; ~~ service Abhördienst m; **~or** [-'septə] Abfangende(r); Abhörende(r); aero Abfang-, Verteidigungsjäger m; tele Unterbrecherklappe f.

intercess|ion [intə'seʃən] Fürsprache; Vermittlung; rel Fürbitte f; **~ional** [-ʃənl] a Vermitt(e)lungs-; **~or** [-'sesə] Fürsprecher; Vermittler m (with bei); **~ory** [-'sesəri] vermittelnd.

interchange [intə(:)'tʃeindʒ] tr austauschen, auswechseln; abwechseln lassen; itr e-n Austausch vornehmen; abwechseln (with mit); s ['intə(:)'tʃeindʒ] Austausch m; Abwechs(e)lung; (Verkehr) kreuzungsfreie Überfahrt; (Autobahn) Auffahrt f; **~ability** ['intə(:)tʃeindʒə'biliti] Auswechselbarkeit f; **~able** [intə(:)'tʃeindʒəbl] austauschbar, auswechselbar.

intercom ['intə(:)kɔm] aero sl (= ~munication) Bordverständigung, -sprechanlage f; **~municate** [intə(:)kə'mju:nikeit] itr mitea. in Verbindung stehen; **~munication** ['intə(:)kəmju:ni'keiʃən] gegenseitige Verbindung f, gegenseitige(r) Verkehr m; **~munion** [intə(:)kə'mju:njən] innere(r) Austausch m; Beziehung en pl) f; **~munity** [intə(:)kə'mju:niti] Gemeinsamkeit f.

intercompany [intə(:)'kʌmpəni] zwischenbetrieblich; Konzern-.

interconnect ['intə(:)kə'nekt] tr mitea. verbinden; itr mitea. in Verbindung stehen; ~ed system Verbundsystem n; **~ion** ['-'nekʃən] gegenseitige Verbindung f; el Kupplungsleitung f.

intercontinental ['intə(:)kɔnti'nentl] interkontinental.

intercourse ['intə(:)kɔ:s] Verkehr, Umgang (with mit); (Gedanken-, Kultur-, Waren-)Austausch m; business, commercial ~ Geschäftsverkehr m, geschäftliche Beziehungen f pl; sexual ~ Geschlechtsverkehr m.

intercross [intə(:)'krɔs] tr itr biol (sich) kreuzen; s ['intə(:)krɔs] Kreuzung f; Bastard m.

intercurrent [intə(:)'kʌrənt] dazwischenlaufend, -tretend; med hinzutretend.

interdepend [intə(:)di'pend] itr vonea. abhängen, vonea. abhängig sein; **~ence, ~cy** [-əns(i)] gegenseitige Abhängigkeit f; **~ent** [-ənt] gegenseitig, vonea. abhängig; inea.greifend; to be ~~ vonea. abhängen.

interdict [intə(:)'dikt] tr (von Amts wegen) verbieten; untersagen (from doing zu tun); mit dem Kirchenbann belegen; mil sperren, abschnüren, abriegeln; s ['intə(:)dikt] u. **~ion** [-'dikʃən] (offizielles) Verbot n; Kirchenbann m; mil Abriegelung; jur Entmündigung f; ~~ fire (mil) Feuerriegel m.

interest ['intrist] s Anspruch m, Recht (in auf); Anrecht n, Anteil m, Beteiligung f, Interesse n, (innere) Anteilnahme (in an); Anziehungskraft f, Reiz m; Anziehungspunkt m; Bedeutung f, Wichtigkeit f, Belang m; Einfluß m, Macht (with bei); Interessengemeinschaft f, Interessenten m pl; Zins(en *pl) a. fig;* Zinssatz, -fuß; *a. pl* Gewinn, Nutzen, Vorteil *m; pl* Belange *m pl*, Interessen *n pl; tr* interessieren *(in* an); anziehen, fesseln; Teilnahme erregen *od* erwecken *(s.o.* jds); betreffen, angehen; *at, (up)on ~* gegen Zinsen; *in the ~(s) of* im Interesse, im Sinne *gen; of general ~* von allgemeinem Interesse; *with ~ (fig)* mit Zinsen; *to bear, to bring, to carry ~* Zinsen tragen, bringen, abwerfen; sich verzinsen; *to have an ~ in* beteiligt sein, Anteil haben an; *to lend, to place, to put out money at ~* Geld gegen Zinsen anlegen; *to pay ~ for s.th.* etw verzinsen, Zinsen für etw zahlen; *to protect, to safeguard s.o.'s ~s* jds Interessen, Belange wahren; *to return, to yield ~* Zinsen tragen *od* bringen *od* abwerfen; *to take an ~ in* Anteil nehmen an, sich interessieren für; *to use o.'s ~* s-n Einfluß geltend machen; *this is of no ~ to me* das interessiert mich nicht; *arrears (pl) of ~* Zinsrückstände *m pl; calculation of ~* Zinsrechnung *f; compound ~* Zinseszinsen *m pl; outstanding, payable ~* fällige Zinsen *m pl; overdue ~* rückständige Zinsen *m pl; penal ~* Verzugszinsen *m pl; private ~s (pl)* Privatinteressen *n pl; rate of ~* Zinsfuß *m; sphere of ~* Interessengebiet *n,* -sphäre *f; usurious ~* Wucherzinsen *m pl;* **~ burden** Zinslast *f;* **~ed** ['-id] *a* interessiert; betroffen; beteiligt; eigennützig; *to be ~~ in* sich interessieren für, interessiert sein an; **~ income** Zinsertrag *m;* **~ing** ['-iŋ] interessant, anziehend, reizvoll, fesselnd; **~ table** Zinstabelle *f.*

interfer|e [intəˈfiə] *itr* zs.stoßen, -prallen; dazwischenkommen; in Widerstreit geraten, sich im Widerstreit befinden *(with* mit); sich dazwischenstecken, s-e Nase hineinstecken; sich einschalten, sich einmischen, eingreifen, intervenieren *(with, in* in); aufhalten, im Wege sein, stören, beeinträchtigen *(with s.th.* etw); *phys* sich überlagern; **~ence** [-rəns] Zs.-stoß, -prall; Widerstreit; Eingriff *m;* Einmischung, Intervention; Störung, Beeinträchtigung *f (with* gen); *jur* Patentanspruch *m; phys* Interferenz; *radio* Störung *f (from* durch); Störgeräusch *n; ~~ elimination (radio)* Entstörung *f;* **~ential** [intəfə(ː)ˈrenʃəl] *a phys* Interferenz-.

interfus|e [intə(ː)ˈfjuːz] *tr* hineingießen; vermischen; durchdringen; *itr* sich (ver)mischen; **~ion** [-ˈfjuːʒən] (Ver-)Mischung; Durchdringung *f.*

interim ['intərim] *s* Zwischenzeit *f; a* Interims-, Zwischen-; vorläufig, einstweilig; *ad ~* vorläufig; *in the ~* in der Zwischenzeit; **~ aid** Übergangs-, Überbrückungshilfe *f;* **~ bill** Interimswechsel *m;* **~ credit** Zwischenkredit *m;* **~ report** Zwischenbericht *m;* **~ solution** Zwischenlösung *f.*

interior [inˈtiəriə] *a* inner, inwendig, Innen-; binnenländisch, Binnen-; *pol* Innen-; privat, eigen; *s das* Innere, Binnenland; *(Kunst)* Interieur *n; phot* Innenaufnahme *f; the I~ (pol)* das Innere; *the (Department of the) I~ (Am)* das Innenministerium; **~ decoration** Innendekoration *f;* **~ duty** Innendienst *m;* **~ lighting** Innenbeleuchtung *f;* **~ market** Binnenmarkt *m;* **~ view** Innenansicht *f.*

interjacent [intə(ː)ˈdʒeisənt] dazwischenliegend.

interject [intə(ː)ˈdʒekt] *tr (Frage)* ein-, dazwischenwerfen; **~ion** [-ˈdʒekʃən] Einwurf; Ausruf *m; gram* Interjektion *f;* **~ional** [-ʃənl], **~ory** [-əri] dazwischen-, eingeworfen.

interlace [intə(ː)ˈleis] *tr* (mitea.) verflechten, verweben, verschlingen; eng mitea. verbinden; *itr* sich verflechten, sich eng (mitea.) verbinden.

interlard [intə(ː)ˈlɑːd] *tr* spicken *a. fig,* vermischen *(with* mit); *fig* ausstaffieren *(with* mit).

interlea|f ['intəliːf] *(Buch)* Durchschuß *m;* **~ve** [intə(ː)ˈliːv] *tr (Buch)* durchschießen.

interlin|e [intə(ː)ˈlain] *tr* zwischen die Zeilen schreiben *od* drucken; **~eal** [-ˈliniəl], **~ear** [-ˈliniə] *a* interlinear, zwischenzeilig, Interlinear-.

interlink [intə(ː)ˈliŋk] *tr* (mitea.) verketten; kuppeln; *s* [ˈintə(ː)liŋk] Zwischenglied *n.*

interlock [intə(ː)ˈlɔk] *tr* mitea. verbinden, verknüpfen; verschachteln; *tech* blockieren; *itr* eng inea.greifen; *s* ['--] Verriegelung *f.*

interlocut|ion [intə(ː)lo(u)ˈkjuːʃən] Unterredung, Besprechung *f,* Gespräch *n;* **~or** [intə(ː)ˈlɔkjutə] Gesprächspartner, -teilnehmer *m;* **~ory** [-ˈlɔkjutəri] *a* Gesprächs-; *jur* Zwischen-; vorläufig, einstweilen; *~~ decision, decree, judg(e)ment (jur)* Zwischenentscheid *m.*

interlope [intə(ː)ˈloup] *itr* sich in fremde Angelegenheiten mischen; *com* wilden Handel treiben; **~r** ['intə(ː)loupə] Eindringling; wilde(r) Händler *m.*

interlude ['intə(ː)l(j)uːd] *theat mus* Zwischenspiel; Intermezzo *n;* Pause, Unterbrechung *f (of* durch).

intermarr|iage [intə(:)'mæridʒ] Misch-, Verwandtenehe *f*; **-y** ['intə(:)'mæri] *itr (soziale Gruppen)* unterea. heiraten; *(nahe Verwandte)* sich heiraten.

intermeddle [intə(:)'medl] *itr* sich einmischen *(with, in in)*.

intermedi|ary [intə(:)'mi:diəri] *a* vermittelnd; dazwischenliegend; Zwischen-; *s* Vermittler; Mittelsmann *m*, -person *f*, Zwischenträger, -händler *m*; Zwischen-, Übergangsform *f*; Zwischenprodukt, -glied *n*; **-ate** [-djət] *a* dazwischen-, in der Mitte liegend; Zwischen-, Mittel-; *s* Zwischenglied, *jam* -ding *n*; Übergang(serscheinung *f*); Vermittler, Mittelsmann *m*; *~ cable* Zwischenkabel *n*; *~~ (examination)* Zwischenprüfung *f*; *~~ landing* Zwischenlandung *f*; *~~ trade* Zwischen-, Transithandel *m*.

interment [in'tə:mənt] Begräbnis *n*, Beerdigung, Bestattung *f*.

intermezzo [intə(:)'medsou] *pl -s theat mus* Intermezzo *n*.

interminable [in'tə:minəbl] endlos; unaufhörlich; **-ness** [-nis] Endlosigkeit *f*.

intermingle [intə(:)'miŋgl] *itr tr* (sich) (ver)mischen *(with* mit).

intermiss|ion [intə(:)'miʃən] Unterbrechung, Pause *f*; *without ~~* pausenlos, ununterbrochen.

intermit [intə:'mit] *tr* unterbrechen; *itr* (zeitweilig) aussetzen; **-tence, -cy** [-əns(i)] Periodizität *f*; **-tent** [-ənt] zeitweilig aussetzend, *scient* periodisch; *med* intermittierend; *~~ fever* Wechselfieber *n*; *~~ fire (mil)* Störfeuer *n*; *~~ light* Blinklicht *n*.

intermix [intə(:)'miks] *tr itr* (sich) vermischen; **-ture** [-tʃə] (Ver-)Mischung, Beimischung *f*.

intern [in'tə:n] *tr* internieren; *s* ['intə:n] *(a. -e) Am med* Assistenzarzt; Internierte(r) *m*; **-al** [-l] inner, inwendig, innerlich, intern; Innen-; inländisch, (ein)heimisch; innerbetrieblich; *~~ affairs (pl) (pol)* innere Angelegenheiten *f pl*; *~~ arrangements (pl)* interne Abmachungen *od* Vereinbarungen *f pl*; *~~-combustion engine* Verbrennungsmotor *m*; *~~ market* Inlandsmarkt *m*; *~~ medicine* innere Medizin *f*; *~~ navigation* Binnenschiffahrt *f*; *~~ policy* Innenpolitik *f*; *~~ revenue* Staatseinkommen; Steueraufkommen *n*; *~~ specialist, specialist for ~~ diseases = ~ist*; *~~ trade* Binnenhandel *m*; *~~ troubles (pl) (pol)* innere Unruhen *f pl*; *~~ waters (pl)* Binnengewässer *n pl*; **-ee** [intə:'ni:] Internierte(r) *m*; **-ist** [-ist] Internist, Facharzt *m* für innere Krankheiten; **-ment** [-mənt] Internierung *f*; *~~ camp* Internierungslager *n*.

international [intə(:)'næʃənl] *a* international, zwischenstaatlich; *s sport* internationale(r) Spieler *m*; *the I-(e)* [-'na:l] *(pol)* die Internationale; *~ exhibition* Weltausstellung *f*; **I-Monetary Fund** Internationale(r) Währungsfonds *m*; **-ity** [-næʃə'næliti] internationale(r) Charakter *m*; **-ization** [-næʃənəlai'zeiʃən] Internationalisierung *f*; **-ize** [-'næʃənəlaiz] *tr* internationalisieren; unter internationale Kontrolle stellen; *~ law* Völkerrecht *n*; **I- Labo(u)r Office** Internationale(s) Arbeitsamt *n*; *~ reply coupon* internationale(r) Postantwortschein *m*; *~ trade* Welthandel *m*.

internecine [intə(:)'ni:sain] tödlich, verderblich, mörderisch.

interoffice ['intərɔfis] Haus-; innerbetrieblich; *~ communication* Haustelephon *n*; *~ slip, tag* Laufzettel *m*.

interpellat|e [in'tə:peleit] *itr parl* interpellieren; **-ion** [intə:pe'leiʃən] *parl* Interpellation, Anfrage *f*.

interpenetrat|e [intə(:)'penitreit] *tr* völlig durchdringen; *itr* sich gegenseitig durchdringen; **-ion** [-o-'treiʃən] völlige, gegenseitige Durchdringung *f*.

interphone ['intə(:)foun] *tele mil aero* Eigenverständigungsanlage *f*; Haustelephon *n*.

interplanetary [intə:'plænitəri] interplanetarisch; *~ aviation, travel, flight* Raumfahrt *f*, -flug *m*.

interplay ['intə(:)plei] *s* Wechselspiel *n*, -wirkung *f*; Inea.greifen *n*; *itr* aufea. (ein)wirken.

interpolat|e [in'tə:pɔ(u)leit] *tr (Text)* erweitern, ändern, verfälschen; *(Textteile)* einschieben, -schalten; interpolieren *a. math*; **-ion** [intə:pɔ(u)-'leiʃən] Einschaltung, -schiebung, Erweiterung, Änderung, Verfälschung; Interpolation *a. math; med* Gewebeverpflanzung *f*.

interpos|al [intə(:)'pouzl] = **-ition**; **-e** [-'pouz] *tr* dazwischensetzen, -stellen, -legen; einschalten; einwenden; *(Bemerkung)* einwerfen; *itr* dazwischentreten; intervenieren; vermitteln; e-e Unterbrechung verursachen; **-ition** [-pə'ziʃən] Einschaltung *f*; Einwand *m*; Intervention; Unterbrechung *f*.

interpret [in'tə:prit] *tr* erklären, darlegen, interpretieren; dolmetschen;

interpretable   519   **intimate**

deuten, auslegen; *theat* darstellen, wiedergeben; **~able** [-əbl] erklärbar, deutbar; **~ation** [-'teiʃən] Erklärung, Darlegung; Interpretation; Deutung, Auslegung; Darstellung *f*; Dolmetschen *n*; *consecutive, simultaneous* ~~ Konsekutiv-, Simultanübertragung *f*; **~er** [-ə] Dolmetscher; Erklärer, Deuter, Ausleger; Darsteller *m*.

interrelation ['intə(:)ri'leiʃən] Wechselbeziehung *f*.

interrogat|e [in'tərəgeit] *tr* aus-, befragen; verhören, vernehmen; **~ion** [intərə'geiʃən] Befragung *f*; Verhör *n*, Vernehmung; Frage *f*; Frageξeichen *n*; *mark, note, point of* ~~, ~~ *mark*, *(Am) point* Fragezeichen *n*; ~~ *officer* Vernehmungsoffizier *m*; **~ive** [intə-'rɔgətiv] *a* fragend; Frage-; *s gram* (~~ *word*) Frage(für)wort *n*; **~or** [in'tərəgeitə] Frag(end)er *m*; Abfragegerät *n*; **~ory** [intə'rɔgətəri] *a* Frage-; *s* Befragung *f*; Verhör *n*.

interrupt [intə'rʌpt] *tr* unterbrechen; stören; beu-, verhindern; ins Wort fallen (*s.o.* jdm); *itr* stören; *tech* ab-, ausschalten; *tele* trennen; **~ed** [-id] *a* unterbrochen; **~edly** [-idli] *adv* mit Unterbrechungen; **~er** [intə'rʌptə] *el* Unterbrecher, Schalter *m*; **~ion** [intə'rʌpʃən] Unterbrechung; Störung *f*; *el* Abreißen *n*; *tele* Trennung *f*; *tech* Betriebsstörung *f*; *without* ~~ ununterbrochen.

intersect [intə(:)'sekt] *tr* durchschneiden, (in zwei Teile) teilen, zerlegen; *math* anschneiden; *itr* sich (über-)schneiden, sich kreuzen; **~ion** [-'sekʃən] Teilung, Zerlegung *f*; Durchschnitt; Schnitt(punkt) *m a. math*; *(Straße, rail)* Kreuzung; *arch* Vierung *f*; ~~ *line* Schnittlinie *f*; **~ional** [-'sekʃənl] *a* Schnitt-, Kreuzungs-.

interspace ['intə(:)'speis] *s* Zwischenraum *m*; *tr* Zwischenräume lassen *od* ausfüllen zwischen.

interspers|e [intə(:)'spə:s] *tr* einstreuen (*between, among* unter); bestreuen; durchsetzen (*with* mit); fein verteilen.

interstate ['intə(:)steit] *Am* (von Bundesstaaten) zwischenstaatlich.

interstellar ['intə(:)'stelə] *a* zwischen den Sternen (befindlich); Weltraum-; ~~ *aviation* Raumfahrt *f*; ~~ *craft* Raumschiff *n*; ~~ *space* Weltraum *m*.

intersti|ce [in'tə:stis] Hohl-, Zwischenraum *m*; Lücke *f*, Spalt(e *f*) *m*; **~tial** [intə(:)'stiʃəl] Zwischenräume bildend; *med* interstitiell.

inter|twine [intə(:)'twain], **~twist** [-'twist] *tr* (mitea.) verflechten, verdrillen; zs.drehen, verknoten, verschlingen.

interurban [intə(:)r'ə:bən] *s Am rail* Städtebahn *f*, -zug *m*; *a* Vorort-; ~ **bus** Überland(omni)bus *m*.

interval ['intəvəl] Zwischenraum, Abstand *m*, Lücke *f*; Zeitabstand *m*, Zwischenzeit, Zeitspanne; Pause *f a. theat*; Unterschied *m*; *mus* Intervall *n*; *after a week's* ~ eine Woche später; *at* ~*s* ab und zu, dann und wann, hin und wieder; hier und da, hier und dort; in Abständen; ~ *signal radio* Pausenzeichen *n*.

interven|e [intə(:)'vi:n] *itr* dazwischentreten, -kommen, -liegen; eingreifen, einschreiten; sich einmischen, intervenieren; vermitteln; *(Ereignis)* eintreten, vorfallen, sich ereignen; *jur* als dritter in e-n (bestehenden) Vertrag eintreten; **~tion** [-'venʃən] Dazwischentreten, -liegen, -kommen *n*; *bes. pol* Einmischung, Intervention *f*; *non-*~~ Nichteinmischung *f*; *treaty of non-*~~ Nichteinmischungspakt *m*; *policy of (non-)*~~ (Nicht-)Einmischungspolitik *f*.

interview ['intəvju:] *s* Unterredung, Besprechung *f*; Interview *n*, Befragung *f*; *tr* interviewen, befragen; *to give an* ~ ein Interview geben; **~ee** [intəvju'i:] Befragte(r) *m*; **~er** ['intəvju:ə] Befragende(r), Interviewer *m*.

interweave [intə(:)'wi:v] *irr* ~*wove*, ~*woven tr* inea.weben; durchwirken (*with* mit); *fig* verweben, vermischen; verflechten.

interzonal [intə(:)'zounl] interzonal.

intest|acy [in'testəsi] Fehlen *n* e-s Testaments; Intestaterbfolge *f*; **~ate** [in'testit] *a* ohne ein Testament zu hinterlassen *(verstorben)*; nicht testamentarisch geregelt; *s* ohne Testament verstorbene(r) Erblasser *m*; ~~ *heir* Intestaterbe *m*.

intestin|al [in'testinl] *a* Eingeweide-, Darm-; **~e** [-tin] *a* inner, einheimisch; *s meist pl* Eingeweide *pl*, Gedärme *pl*; *large, small* ~~ Dick-, Dünndarm *m*; ~~ *war* Bürgerkrieg *m*.

inthral(l) *s*. *enthral(l)*.

intim|acy ['intiməsi] Vertraulichkeit; Intimität; Vertrautheit *f*; **~ate** ['-mit] *a* innerst; eigentlich, wesentlich; ureigenst, ganz persönlich; vertraut, intim, innig, eng; *s* gute(r) Freund, Vertraute(r), Busenfreund, Intimus *m*; *tr* ['-meit] bekanntmachen, verkünden; ankündigen, andeuten, zu verstehen

intimation — intuitive

geben, nahelegen; ~ation [inti'meiʃən] Bekanntmachung, Verkündung, Benachrichtigung, Erklärung, Ankündigung; Andeutung *f*, Wink *m*.

intimidat|e [in'timideit] *tr* ängstlich, bange machen; einschüchtern (*into doing s.th.* etw zu tun); **~ion** [-'deiʃən] Einschüchterung *f*.

into ['intu, 'intə] *prp (räumlich)* in *acc*, in … hinein; *(zeitlich)* bis in (… hinein); *(verwandeln)* in *acc*.

intoler|able [in'tɔlərəbl] unerträglich, nicht auszuhalten(d); **~ableness** [-nis] Unverträglichkeit *f*; **~ance** [-rəns] Unduldsamkeit, Intoleranz *f a. med (for, of* gegenüber); **~ant** [-rənt] unduldsam, intolerant (*of* gegenüber).

inton|ate ['into(u)neit] = ~e; **~ation** [-'neiʃən] Tonfall *m*; Stimmlage; Betonung *f*; *mus* Anstimmen *n*; **~e** [in'toun] *tr* singen(d sprechen); anstimmen, intonieren; *itr* singen(d sprechen); heulen, jaulen.

intoxic|ant [in'tɔksikənt] *a* berauschend, zu Kopf steigend; *s* Rauschgift; berauschende(s) Getränk *n*; **~ate** [-keit] *tr* berauschen *a. fig*, zu Kopf steigen (*s.o.* jdm); *fig* begeistern; *med* vergiften; **~ated** [-keitid] *a* berauscht (*with* von); **~ation** [-'keiʃən] Trunkenheit *f*, Rausch *m*; *fig* Begeisterung; *med* Vergiftung *f*.

intractab|ility [intræktə'biliti] Eigensinn *m*, Halsstarrigkeit, Widerspenstigkeit *f*; **~le** [in'træktəbl] *(Mensch)* schwer zu behandeln(d), eigenwillig, -sinnig, halsstarrig, dickköpfig, widerspenstig.

intrados [in'treidɔs] *arch* Laibung *f*.

intramural ['intrə'mjuərəl] *a* innerhalb der Mauern, der Grenzen (*e-r Stadt, e-r Universität*); *anat med* intramural.

intransigen|ce, -cy [in'trænsidʒəns(i)] mangelnde Kompromißbereitschaft, Unnachgiebigkeit, Unversöhnlichkeit *f*; **~t** [-t] starr, unnachgiebig, unversöhnlich.

intransitive [in'trænsitiv] *a gram* intransitiv; *s* (~ *verb*) intransitive(s) Verbum *n*.

intrant ['intrənt] Neuein-, -antretende(r) *m*.

intrepid [in'trepid] unerschrocken, furchtlos; **~ity** [intri'piditi] Unerschrockenheit *f*; Mut *m*.

intric|acy ['intrikəsi] Kompliziertheit, Verwickeltheit, Schwierigkeit *f*; **~ate** [-kit] kompliziert, verwickelt, schwierig.

intrigu|e [in'tri:g] *itr* intrigieren; ein Verhältnis haben (*with* mit); *tr* durch Intrige (zu) erreichen (suchen); neugierig machen, fesseln; verblüffen; *s* Intrige *f*, Ränke(spiel *n*) *pl*; Liebesaffäre *f*, -handel *m*; **~ing** [-iŋ] sehr spannend, höchst interessant; verblüffend.

intrinsic [in'trinsik] inner, wesentlich, eigentlich, wahr, wirklich.

introduc|e [intrə'dju:s] *tr* hereinführen, -bringen; ein-, dazwischenschalten; hinzufügen, -tun; einflechten; (*neue Sitte, Ware, Menschen in e-e Gesellschaft*) einführen; (*Menschen*) vorstellen (*to s.o.* jdm); bekannt machen (*to s.o.* mit jdm); vertraut machen mit; zur Sprache bringen; (*Thema*) anschneiden; einleiten, beginnen, eröffnen; *Am parl (Vorlage)* einbringen (*into* in); *tech* einführen, einfügen, hineinstecken; *to ~ into the market* auf den Markt bringen; **~tion** [intrə'dʌkʃən] Einführung, Einleitung *f* (*a. e-s Buches*); Vorwort *n*; Leitfaden *m*; *mus* Introduktion; Vorstellung (*e-s Menschen*) *f*; *parl* Einbringung *f*; **~tory** [-'dʌktəri] einführend, -leitend; Einführungs-, Einleitungs-.

intromission [intro(u)'miʃən] Einschaltung *f*; Einlaß *m*.

introspect [intro(u)'spekt] *itr* sich selbst beobachten *od* prüfen; **~ion** [-kʃən] Innenschau, Selbstbeobachtung *f*; **~ive** [-ktiv] einwärts, nach innen gerichtet; Selbstbeobachtungs-.

introver|sion [intro(u)'və:ʃən] *psychol* Introversion *f*; **~t** [-'və:t] *tr* nach innen richten, einwärts kehren; *s* ['intro(u)və:t] Introvertierte(r), nach innen gerichtete(r) Mensch *m*.

intru|de [in'tru:d] *tr* hineinstoßen, -schieben; *itr u. to ~ o.s.* sich eindrängen; eindringen (*into* in); *to ~ upon s.o.* jdn stören, jdm lästig fallen; *to ~ s.th. upon s.o.* jdm etw aufdrängen; *to ~ upon s.o.'s time* jds Zeit in Anspruch nehmen; **~der** [-ə] Eindringling; Störenfried *m*; *aero* Störflugzeug *n*; **~sion** [in'tru:ʒən] Eindringen; (Sich-)Aufdrängen *n*; Zudringlichkeit *f*; Übergriff *m*; *jur* Besitzstörung; *geol* Intrusion *f*; *mil aero* Einflug *m*; **~sive** [-siv] auf-, zudringlich; *geol* intrusiv; **~siveness** [-sivnis] Aufdringlichkeit, Zudringlichkeit *f*.

intrust *s. entrust*.

intuit|ion [intju(:)'iʃən] Intuition, unmittelbare Erkenntnis *od* Erfahrung *f*; **~ive** [-'tju(:)itiv] intuitiv.

intumesc|e [intju(:)'mes] *itr* (an-)schwellen; **~ence** [-əns] *med* (An-)Schwellung; Geschwulst *f*; **~ent** [-ənt] *med* (an)schwellend; geschwollen.
intwine, intwist *Am s.* entwine ...
inund|ate ['inandeit] *tr* überschwemmen, -fluten *a. fig*; **~ation** [-'deiʃən] Überschwemmung,-flutung,Flut*f a. fig*.
inure [i'njuə] *tr* gewöhnen (*to* an), abhärten (*to* gegen); *itr* in Gebrauch kommen; *jur* in Kraft treten, wirksam werden.
inutility [inju(:)'tiliti] Nutzlosigkeit, Unbrauchbarkeit *f*; nutzlose(r) Gegenstand *m*.
invade [in'veid] *tr* einfallen, -dringen in; überfallen; stürmen; *(Krankheit)* befallen; heimsuchen; *(Rechte)* antasten, verletzen, übergreifen; **~r** [-ə] Eindringling, Angreifer *m*.
invalid [in'væli:d] *a* schwächlich, kränklich, gebrechlich; kriegsbeschädigt, -versehrt; nicht mehr (dienst)tauglich, -verwendungsfähig; *s* Invalide *m*; *tr* [invə'li:d] schwächen; krank, (dienst)untauglich machen bzw. dienstuntauglich, dienstunfähig sprechen *od* schreiben; *a* [in'vælid]ungültig; **~ate** [in'vælideit] *tr* ungültig machen, für ungültig, nichtig erklären, annullieren; *(Urteil)* aufheben; *(Gesetz)* außer Kraft setzen; **~ation** [invæli-'deiʃən] Ungültigkeitserklärung, Annullierung, Aufhebung *f*; **~ity** [invə'liditi]*Am* Arbeits-,Erwerbsunfähigkeit, Invalidität; Ungültigkeit, Nichtigkeit *f*; **~~ insurance, pension** Invalidenversicherung, -rente *f*.
invaluable [in'væljuəb] unschätzbar.
invariab|ility [invɛəriə'biliti] Unveränderlichkeit *f*; **~le** [in'vɛəriəbl] unveränderlich, gleichbleibend; fest.
invas|ion [in'veiʒən] Invasion *f*, (feindlicher) Einfall, Einbruch (*of* in); *jur* Über-, Eingriff *m* (*of* in); Störung *f*; *med* Anfall *m*; **~ive** [in'veisiv] *a* angreifend; Angriffs-.
invective [in'vektiv] Schmähung, Beschimpfung *f*; *oft pl* Schimpfrede, *fam* Schimpferei *f*; *volley of* **~s** Flut von Schmähungen, Schimpfkanonade *f*.
inveigh [in'vei] *itr* schimpfen (*against* auf), *fam* herziehen (*against* über).
inveigle [in'vi:gl] *tr* verführen, -leiten, -locken (*into doing* etw zu tun); *to* **~** *s.o. out of s.th.* jdm etw abschwatzen; **~ment**[-mənt]Verführung,Verleitung*f*.
invent [in'vent] *tr* erfinden; ersinnen, erdichten; (sich) ausdenken, sich zurechtlegen; **~ion** [-ʃən] Erfindung(sgabe) *f*, Erdichten, Ausdenken *n*; reine Erfindung, Lüge, Unwahrheit *f*; **~ive** [-tiv] erfinderisch; Erfindungs-; **~~ powers, talent, spirit, ~iveness** [-ivnis] Erfindungsgabe *f*, Erfindergeist *m*; **~or** [-ə] Erfinder *m*; **~ory** ['invəntri] *s* Bestandsverzeichnis *n*, -liste *f*, -nachweis; (Waren-)Bestand *m*, Inventar *n*; *tr* inventarisieren; *to draw up, to make, to take up an* **~~** den Bestand aufnehmen, Inventur machen; **~~ book** Inventarbuch *n*; **~~ of fixtures** Zubehörliste *f*; **~~ cutting** Lagerabbau *m*; **~~ holdings** (*pl*) Lagerbestände *m pl*; **~~ loan** Warenkredit *m*; **~~ sale** Inventurausverkauf *m*; **~~ taking** Inventur, Bestandsaufnahme *f*; **~~ valuation** Bestandsbewertung *f*; **~~ verification** Inventurprüfung *f*.
invers|e ['in'və:s] *a* umgekehrt *a. math*, entgegengesetzt; *s* Gegenteil *n*, Gegensatz *m*, Umkehrung *f*; **~~ flow** Gegenstrom *m*; **~ly proportional** umgekehrt proportional; **~ion** [in'və:ʃən] Umkehrung *a. math chem*; *med psychol gram* Inversion *f*, *gram* Umstellung *f*.
invert [in'və:t] *tr* auf den Kopf stellen; umkehren; *chem* invertieren; *gram* umstellen; *el* wechselrichten; *s* ['invə:t] Invertierte(r), Homosexuelle(r) *m*; Lesbierin; *tech* Sohle *f*; **~ed commas** (*pl*) Anführungszeichen, *fam* Gänsefüßchen *n pl*; **~ed flying** (*aero*) Rückenflug *m*; **~ed rectifier** Wechselrichter *m*; **~ed valve** Hängeventil *n*.
invertebrate [in'və:tibrit] *a zoo* wirbellos; *fig* rückgratlos, (innerlich) haltlos; *s* wirbellose(s) Tier *n*; *fig* rückgrat-, haltlose(r) Mensch *m*.
invest [in'vest] *tr* (ein)hüllen, umgeben; *(feierlich)* ins Amt einführen; ausstatten, versehen, belehnen (*with* mit); *(Geld)* anlegen, investieren, *fam* ausgeben (*in* für); *(Geld, Zeit)* aufbringen, verwenden; *(Arbeit, Mühe)* sich machen; *mil* einschließen, belagern; *itr* Geld anlegen; *fam* sich kaufen (*in s.th.* etw); **~ed capital** Anlagekapital *n*; **~iture** [-itʃə] Belehnung; Investitur *f*; *fig* Ausstattung *f*; **~ment** [-mənt] (Amts-)Einführung; Belehnung; *com* (Geld-, Kapital-)Anlage, Investition, Einlage, Beteiligung; *mil* Einschließung, Belagerung, Blockade *f*; *pl* Wertpapiere *n pl*; **~~ bill, paper** *(fin)* Anlagepapier *n*; **~~ company, trust** Investmentgesellschaft *f*; **~~ funds** (*pl*) Anlagefonds *n*; Investmentfonds *m*; **~~ house** *(Am)* Emissionsbank *f*, -haus *n*; **~~ securities**,

investor

shares, stocks (pl) Anlagewerte *m pl*, -papiere *n pl*; **~or** [-ə] Geld-, Kapitalanlegende(r) *m*.
investigat|e [in'vestigeit] *tr* erforschen, untersuchen, forschen nach; *itr* forschen, Forschungen anstellen *(into* nach); **~ion** [investi'geiʃən] Erforschung, Untersuchung, Prüfung; *jur* Ermitt(e)lung *f*; *criminal* **~~** Strafuntersuchung *f; preliminary* **~~** Voruntersuchung *f;* **~or** [-ə] Forscher; Untersuchende(r); Ermittlungsbeamte(r) *m*.
inveter|acy [in'vetərəsi] Eingewurzeltheit; *med* Hartnäckigkeit; (schlechte) Gewohnheit *f;* **~ate** [-rit] eingewurzelt; zur Gewohnheit geworden; eingefleischt; *med* hartnäckig.
invidious [in'vidiəs] neid-, haß-, ärgerniserregend; anstößig; böswillig, ungerecht, gehässig; **~ness** [-nis] Anstößigkeit; Böswilligkeit *f*.
invigilate [in'vidʒileit] *Br itr* Prüflinge beaufsichtigen.
invigorat|e [in'vigəreit] *tr* stärken, kräftigen, beleben, auffrischen; **~ion** [invigə'reiʃən] Stärkung, Kräftigung, Belebung, Auffrischung *f*.
invincib|ility [invinsi'biliti] Unbesiegbarkeit, Unüberwindlichkeit *f;* **~le** [in'vinsəbl] unbesiegbar, unschlagbar, unüberwindlich.
inviol|ability [invaiələ'biliti] Unverletzlichkeit *f;* **~able** [in'vaiələbl] unverletzlich, unverbrüchlich; unzerstörbar; heilig; **~ate** [-it] unverletzt, unversehrt.
invisib|ility [invizi'biliti] Unsichtbarkeit *f;* **~le** [in'vizəbl] unsichtbar, nicht wahrnehmbar *(to* für); *to be* **~~** sich nicht sehen lassen; **~~** *ink* Geheimtinte *f*.
invit|ation [invi'teiʃən] Einladung(sschreiben *n) (to* an; zu); Verlockung *f;* **~~** *card* Einladungskarte *f;* **~~** *to tender* Ausschreibung *f;* **~e** [in'vait] *tr* einladen; bitten, ersuchen um; auffordern, ermuntern zu; führen, Gelegenheit geben zu; (ver)locken, versuchen; *(Kritik)* herausfordern; *to* **~~** *applications for a position* e-e Stelle ausschreiben; **~ing** [-'vaitiŋ] (ver)lockend, einladend.
invocation [invo(u)'keiʃən] Anrufung *f; rel* Bittgebet *n*.
invoice ['invois] *s* (Waren-)Rechnung, Faktur(a) *f; tr* fakturieren, *(Waren)* berechnen, in Rechnung stellen; *as per* **~** laut Rechnung; *to make out an* **~** e-e Rechnung ausstellen; **~ amount** Rechnungsbetrag *m;* **~ book** Rechnungs-, Einkaufsbuch *n;* **~ clerk** Fakturist *m;* **~ machine** Fakturiermaschine *f;* **~ number** Rechnungsnummer *f*.
invoke [in'vouk] *tr rel* anrufen; *(Geist)* beschwören; erflehen, herabflehen *(on* auf).
involucre ['invəlu:kə] *anat bot* Hülle *f*.
involuntar|iness [in'vɔləntərinis] Unfreiwilligkeit; Unabsichtlichkeit *f;* **~y** [-ri] unfreiwillig; unabsichtlich, zufällig; *physiol* unwillkürlich.
involut|e ['invəlu:t] *a zoo* mit engen Windungen; *bot* nach innen gerollt, *fig* verwickelt, kompliziert; *s* Evolvente *f;* **~ion** [invə'lu:ʃən] *bot* Einrollen, Einbegriffene(s) *n; fig* Verwickeltheit, Kompliziertheit; Verflechtung *f; gram* Schachtelsatz *m; math* Potenzieren *n; (Geometrie)* Involution; *physiol med* Rückbildung; *biol* Entartung *f*.
involve [in'vɔlv] *tr* aufrollen; einwickeln; einhüllen, umgeben *a. fig;* aufrollen, aufwickeln; enthalten, einschließen; erfassen, einbeziehen, berühren; mit sich bringen, bedingen, zur Folge haben, nach sich ziehen; hineinziehen *(in* in); in sich begreifen, enthalten, verbunden sein mit; hineinverwickeln, in Schwierigkeiten *od* in Gefahr bringen; beschäftigt sein *(in working* mit Arbeit); anregen *(in doing* zu tun); *math* potenzieren; *to* **~** *much expense* große Unkosten verursachen; **~d** [-d] *a* verwickelt *(in* in); kompliziert, schwierig; *to be* **~~** auf dem Spiele stehen; *the person* **~~** der Betroffene; **~~** *sentence* Schachtelsatz *m*.
invulnerab|ility [invʌlnərə'biliti] Unverwundbarkeit; *fig* Unangreifbarkeit, Unanfechtbarkeit *f;* **~le** [in'vʌlnərəbl] unverwundbar; *fig* unangreifbar, unantastbar, unanfechtbar.
inward ['inwəd] *a* inner; Innen-; innerlich; nach innen gerichtet; binnenländisch, Inner-; dazugehörig; *s das* Innere; *fam pl* ['inədz] Eingeweide *n pl;* Einfuhrartikel *m pl,* -zoll *m; adv* einwärts, nach innen; zu Gemüte, zu Herzen; **~ bill;** **~~** *of lading* Importkonnossement *n;* **~ duty** Eingangszoll *m;* **~ flight** *aero* Einflug *m;* **~ly** ['-li] *adv* innerlich; im Herzen; **~ness** ['-nis] innere Natur *f,* Wesen *n;* Innerlichkeit; Gefühls-, Gedankentiefe *f;* **~ passage** Rückfahrt *f;* **~ trade** Binnenhandel *m;* **~s** [-z] *adv* **=** **~** *adv*.
inweave ['in'wi:v] *irr* **-wove, -woven** *tr* einweben *(in, into* in); *fig* verflechten, eng verbinden *(with* mit).

inwrought ['in'rɔ:t] (*Muster*) eingewebt, eingewirkt, hineingearbeitet (*into* in); (*Gewebe*) mit eingearbeitetem Muster; *fig* (eng) verflochten, verwoben (*with* mit).

iod|ate ['aiədeit] *tr chem* jodieren; *s* Jodat, jodsaure(s) Salz *n*; **~ation** [-'deiʃən] Jodierung *f*; **~ic** [ai'ɔdik] *a* Jod-; **~~ acid** Jodsäure *f*; **~ide** ['aiədaid] Jodid *n*, Jodverbindung *f*; **~ine** ['aiədi:n, *bes. Am* -ain] Jod *n*; *jam = tincture of ~~* (*pharm*) Jodtinktur *f*; **~poisoning,** Jodvergiftung *f*; **~ize** [-'aiz] *tr* jodieren; **~oform** [ai'ɔdəfɔ:m] *pharm* Jodoform *n*.

ion ['aiən, 'aiɔn] *phys* Ion *n*; **~ beam** Ionenstrahl *m*; **~ counter** Ionenzähler *m*; **~ic** [ai'ɔnik] *a* Ionen-; **~~ cleavage** Ionenspaltung *f*; **~~ ray** Ionenstrahl *m*; **~~ theory** Ionentheorie *f*; **~ium** [ai'ouniəm] *chem* Ionium *n*; **~izable** [ˌaiənaizəbl] ionisierbar; **~ization** [ˌaiənai'zeiʃən] Ionisierung *f*; **~~ chamber** Ionisationskammer *f*; **~ize** ['aiənaiz] *tr* ionisieren; *tr itr* (sich) in Ionen spalten; **~osphere** [ai'ɔnəsfiə] Ionosphäre *f*.

Ion|ia [ai'ounjə] Ionien *n*; **~ian** [-ən] *a geog hist* ionisch; *s* Ionier *m*; *the ~ Islands* die Ionischen Inseln *f pl*; *the ~~ Sea* das Ionische Meer; **~ic** [ai'ɔnik] *geog hist arch* ionisch; **~~ order** ionische Säulenordnung *f*.

iota [ai'outə] Jota; I-Tüpfelchen *n*; *not an ~* nicht das geringste.

IOU ['aiə(u)'ju:] Schuldschein *m*.

ipecac ['ipikæk], **~uanha** [ˌipikækju'ænə] *bot* Brechwurz(el) *f*.

Irak, Iraq [i'ra:k] der Irak; **~i, Iraqi** [-i] *a* irakisch; *s* Iraker *m*.

Iran [i'ra:n] Iran *m*; Persien *n*; **~ian** [i'reinjən] *a* iranisch, persisch; *s* Iran(i)er, Perser *m*.

irascib|ility [iˌræsi'biliti] Reizbarkeit *f*, Jähzorn *m*; **~le** [i'ræsibl] reizbar, aufbrausend, jähzornig.

ir|ate [ai'reit] wütend, erzürnt, zornig.

ire ['aiə] *poet* Zorn, Grimm *m*; **~ful** ['-ful] zornig, ergrimmt.

Ireland ['aiələnd] Irland *n*.

irid|escent [iri'desnt] schillernd, irisierend; **~ium** [ai'ridiəm] Iridium *n*.

iris ['aiəris] *anat* Regenbogenhaut (*des Auges*); Schwertlilie *f*; **~ diaphragm** *phot* (Iris-)Blende *f*.

Irish ['aiəriʃ] *a* irisch; *s* (das) Irisch(e); *the ~* (*pl*) die Iren *m pl*; **~man** [-mən] *pl* **~men** Ire *m*; **~ moss** *bot* Irische(s) Moos *n*, Karrag(h)een *f*; *the ~ Sea* die Irische See; **~ stew** *n* (*Eintopf aus Weißkohl, Kartoffeln u. Hammelfleisch*); **~woman** [-wumən] *pl* **~women** Irin *f*.

irk [ə:k] *tr* ärgern; langweilen; *bes. in*: *it ~s me* es verdrießt, es ärgert mich, es ist mir unangenehm; **~some** ['ə:ksəm] ärgerlich, unangenehm; beschwerlich, verdrießlich, lästig.

iron ['aiən] *s* Eisen; Werkzeug, Gerät *n*, Waffe *f* (*aus Eisen*); (*flat ~*) Bügeleisen *n*; *sl* Schießprügel *m*, Flinte *f*; (Golf-) Schläger *m*; *pharm* eisenhaltige(s) Präparat *n*; *fig* Stärke, Kraft, Macht, Gewalt *f*; *pl* Ketten, Fesseln *f pl*; *a* eisern, Eisen-; *fig* eisern, stark, fest, unerschütterlich, unnachgiebig; hart, erbarmungs-, mitleidlos, grausam; *tr* (mit Eisen) beschlagen; anketten, in Ketten *od* Fesseln legen, fesseln; bügeln, plätten; *to ~ out* (*fig*) ausbügeln; (*Fehler*) beseitigen, ausgleichen; ins reine, in Ordnung bringen; *as hard as ~* stahlhart; *in ~s* in Ketten, in Fesseln; *to have (too many) ~s in the fire* (zu viele) Eisen im Feuer haben; *to put in ~s* in Ketten legen; *to rule with a rod of ~, with an ~ hand* (*fig*) mit eiserner Faust, streng regieren; *to strike while the ~ is hot* das Eisen schmieden, solange es heiß ist; *cast ~* Gußeisen *n*; *wrought ~* Schmiedeeisen *n*; **~ age** *hist* Eisenzeit *f*; **~bar** Eisenstange *f*; **~~bound** *a* eisenbeschlagen; felsig; Fels(en)-; hart, steif; unbeugsam, unnachgiebig; **~~ coast** Steilküste *f*; **~~casting(s)** Eisenguß *m*; **~~clad** *a* gepanzert; eingekapselt; *fig* hart, streng; *s* Panzerschiff *n*; **~~ concrete** Eisenbeton *m*; **~ core** Eisenkern *m*; *the* **I~ Cross** das Eiserne Kreuz (*Auszeichnung*); *the ~* **curtain** *pol* der Eiserne Vorhang; **~ dust** Eisenpulver *n*; **~er** [-ə] Bügler(in *f*) *m*, Plätterin *f*; **~ filings** *pl* Eisenfeilspäne *m pl*; **~~fisted** *a* geizig; **~ fittings** *pl* Eisenbeschläge *m pl*; **~~foundry** Eisengießerei *f*; **~ grating** Eisenrost *m*; **~~grey** stahlgrau; **~ hand** *fig* eiserne Faust *f*; **~~handed** *a fig* hart, streng; **~~hearted** *a* hartherzig, kalt; **~ing** ['-niŋ] Bügeln, Plätten *n*; **~~ board** Bügel-, Plättbrett *n*; **~ lung** *med* eiserne Lunge *f*; **~master** Hüttenmeister, -besitzer *m*; **~~mine** Eisenbergwerk *n*; **~monger** [-mʌŋgə] *Br* Eisenhändler *m*; **~mongery** ['-mʌŋgəri] Eisenhandel *m*, -handlung *f*, -waren *f pl*; **~~mould** Rost-, Tintenfleck *m*; **~~ore** Eisenerz *n*;

~-plate Eisenblech *n*; **~ pyrites** *pl* Eisenkies, Pyrit *m*; **~ ration** *mil* eiserne Ration *f*; **~ scrap** Eisenschrott *m*; **~-stone** Eisenstein *m*; **~ trade** Eisenhandel *m*; **~ware** Eisenwaren *f pl*; **~-wire** Eisendraht *m*; **~-wood** Eisenholz *n*; **~work** Eisenarbeit, -konstruktion *f*, -beschläge *m pl*, -waren *f pl*; **~worker** Eisenarbeiter *m*; **~works** *pl sing* (Eisen-)Hütte *f*, Hüttenwerk *n*.

iron|ic(al) [ai'rɔnik(əl)] ironisch, spöttisch; (etwas) bissig; **~y** ['aiərəni] Ironie *f*, Spott, beißende(r) Humor *m*.

irradi|ance, -cy [i'reidiəns(i)] (Aus-) Strahlen *n*; strahlende(r) Glanz *m*; *tech* Beleuchtungsdichte *f*; **~ant** [-t] strahlend *a. fig* (*with* vor); glänzend, hell leuchtend; **~ate** [-eit] *tr* anstrahlen, erleuchten; *fig* erhellen, Licht werfen auf, aufklären; *(Gesicht)* aufheitern; ein-, ausstrahlen; beleuchten; *med* bestrahlen; elektrisch heizen; **~ation** [ireidi'eiʃən] An-, Aus-, Ein-, Bestrahlung; *fig* Erleuchtung, Aufklärung; *opt* Irradiation *f a. med*.

irrational [i'ræʃənl] *a* vernunftlos; unvernünftig, vernunftwidrig, widersinnig, unsinnig, absurd; *math* irrational; *s u.* **~ number** Irrationalzahl, irrationale Zahl *od* Größe *f*; **~ity** [iræʃə'næliti] Unvernunft, Vernunftwidrigkeit *f*; Widersinn, Unsinn *m*, Absurdität; Irrationalität *f*.

irreclaimable [iri'kleiməbl] unverbesserlich; *(Ödland)* nicht kultivierbar, nicht anbaufähig.

irrecognizable [i'rekəgnaizəbl] nicht wiederzuerkennen(d).

irreconcilable [i'rekənsailəbl] unversöhnlich; unvereinbar (*to, with* mit).

irrecoverable [iri'kavərəbl] nicht wiederzuerlangen(d); endgültig, für immer, unwiderruflich verloren; *jur* nicht eintreibbar, uneinbringlich; nicht abzustellen(d), unheilbar.

irredeemable [iri'di:məbl] nicht rückkaufbar, nicht tilgbar; unablösbar; nicht einlösbar; *(Verlust)* uneinbringlich; unabänderlich; unverbesserlich; unrettbar verloren; nicht wiedergutzumachen(d).

irreducible [iri'dju:səbl] nicht reduzierbar; nicht zurückführbar (*to* auf).

irrefragab|ility [irefrəgə'biliti] Unwiderlegbarkeit, Unumstößlichkeit *f*; **~le** [i'refrəgəbl] unbestreitbar, unwiderlegbar, unumstößlich.

irrefutab|ility [irefjutə'biliti] Unwiderlegbarkeit *f*; **~le** [i'refjutəbl] unwiderlegbar.

irregular [i'regjulə] *a* ungebräuchlich, abweichend; unvorschriftsmäßig; ungesetzlich, unmoralisch, unsittlich, liederlich; unregelmäßig, regellos, regelwidrig; ungleich(förmig); nicht einheitlich; ungewöhnlich; *mil* irregulär; *gram* unregelmäßig; *s pl* irreguläre Truppen *f pl*; **~ity** [iregju'læriti] Unregelmäßigkeit, Regellosigkeit; Unordnung; Uneinheitlichkeit; Liederlichkeit; unerlaubte Handlung; Ausschweifung *f*; *jur* Formfehler *m*; *pl* liederliche(r) Lebenswandel *m*.

irrelative [i'relətiv] beziehungslos, vereinzelt; unerheblich, belanglos.

irrelevan|ce, -cy [i'relivəns(i)] Belanglosigkeit, Unerheblichkeit; Unanwendbarkeit *f* (*to* auf); **~t** [-t] unerheblich, belanglos, unbedeutend, unwichtig; nicht zur Sache gehörig, nicht anwendbar (*to* auf).

irrelig|ion [iri'lidʒən] Religionslosigkeit, -feindlichkeit; weltliche Gesinnung, Gottlosigkeit *f*; **~ious** [iri'lidʒəs] irreligiös, religionslos, -feindlich; weltlich gesinnt, gottlos.

irremediable [iri'mi:djəbl] unheilbar; nicht wiedergutzumachen(d).

irremissible [iri'misəbl] unverzeihlich, unentschuldbar; unerläßlich.

irremovable [iri'mu:vəbl] nicht zu entfernen(d); unabsetzbar.

irreparable [i'repərəbl] nicht wiedergutzumachen(d); unersetzlich.

irreplaceable [iri'pleisəbl] unersetzlich.

irrepressible [iri'presəbl] nicht zurückzuhalten(d), nicht einzudämmen(d); unbezähmbar.

irreproachable [iri'proutʃəbl] untadelig, tadellos, fehlerfrei, einwandfrei.

irresistib|ility ['irizistə'biliti] Unwiderstehlichkeit *f*; **~le** [iri'zistəbl] unwiderstehlich, überwältigend.

irresolut|e [i'rezəlu:t] unentschlossen, unschlüssig, zögernd, schwankend; **~eness** [-nis], **~ion** [irezə'lu:ʃən] Unentschlossenheit, Unschlüssigkeit *f*.

irresolvable [iri'zɔlvəbl] un(auf)lösbar; unauflösbar; nicht unterteilbar.

irrespective [iris'pektiv] *a*: **~~** *of (a. adv)* ohne Rücksicht auf; unabhängig von.

irrespons|ibility ['irispɔnsə'biliti] Unverantwortlichkeit; Verantwortungslosigkeit; Unzurechnungsfähigkeit; Zahlungsunfähigkeit *f*; **~ible** [iris'pɔnsəbl] unverantwortlich; verantwortungslos; *(legally ~~)* unzurechnungsfähig; zahlungsunfähig; **~ive** [-'pɔnsiv] uninteressiert; verständnis-, teilnahmslos (*to* gegenüber); unemp-

irretentive fänglich (*to* für); *to be* ~~ nicht reagieren (*to* auf).

irretentive [iri'tentiv] nicht (be)haltend; (*Gedächtnis*) schwach; gedächtnisschwach.

irretrievable [iri'tri:vəbl] nicht wiederzuerlangen(d), unwiederbringlich; unersetzbar, -lich.

irreveren|ce [i'revərəns] Unehrerbietigkeit, Respektlosigkeit *f*; **~t** [-t] unehrerbietig, respektlos.

irreversib|ility ['irivə:sə'biliti] Nichtumkehrbarkeit; Unwiderruflichkeit *f*; **~le** [iri'və:səbl] nicht umkehrbar; unabänderlich, unwiderruflich.

irrevocab|ility [irevəkə'biliti] Unwiderruflichkeit, Unumstößlichkeit *f*; **~le** [i'revəkəbl] unwiderruflich, unumstößlich.

irrig|able ['irigəbl] *a* zu bewässern(d); **~ate** ['-geit] *tr* bewässern; berieseln; *med* ausspülen; **~ation** [iri'geiʃən] Bewässerung; Berieselung; *med* Spülung *f*; ~~ *plant, tower* Bewässerungsanlage *f*; Rieselturm *m*; **~ator** ['irigeitə] *med* Irrigator, Spülapparat *m*.

irrit|ability [iritə'biliti] Reizbarkeit; *med* Erregbarkeit *f*; **~able** ['iritəbl] reizbar, leicht erregt, gereizt, ungeduldig; *med* erregbar, empfindlich, leicht entzündlich; **~ancy** ['iritənsi] Ärgernis *n*; *jur* Annullierung *f*; **~ant** ['iritənt] *a med* reizerregend; *s* Reizmittel *n*, -stoff *m*; ~~ *clause* (*jur*) Nichtigkeitsklausel *f*; **~ate** ['iriteit] *tr* reizen, ärgern, aufregen, erzürnen, hoch-, aufbringen; irritieren, nervös machen; *med* reizen, wundscheuern, entzünden; (*Haut*) angreifen; **~ated** ['-eitid] *a* verärgert, entrüstet (*at, by, with, against* über); **~ation** [iri'teiʃən] Erbitterung, Verärgerung, Entrüstung *f* (*at, against* über); *med* Reiz *m*, Entzündung *f*.

irrupt|ion [i'rʌpʃən] Einbruch, -fall; Überfall *m*; **~ive** [-ptiv] (her)einbrechend, eindringend.

ischium ['iskiəm] *pl* -*ia* [-iə] *anat* Sitzbein *n*.

isinglass ['aizinɡlɑ:s] Fischleim *m*, Hausenblase *f*; Glimmer *m*.

Islam ['izlɑ:m] Islam *m*; **~ic** [iz'læmik] islamisch.

island ['ailənd] *s* Insel *a. fig*; Verkehrsinsel *f*; *tr* zur Insel machen; isolieren; durchsetzen (*with* mit); *the I*~*s of the Blessed* die Inseln *pl* der Seligen; ~ *of resistance* Widerstandsnest *n*; **~er** ['-ə] Insulaner, Inselbewohner *m*.

isle [ail] *poet* (kleine) Insel *f*; **~t** ['-it] Inselchen *n*.

ism ['izəm] *meist pej* Ismus *m*, bloße Theorie, Doktrin *f*, abstrakte(s) System *n*, reine Lehre *f*.

isn't ['izn(t)] = *is not*.

iso- ['aisο(u)] (*in Zssgen*) iso-, gleich-; **~bar** ['-bɑ:] *mete* Isobare *f*; *phys* Isobar *n*; **~baric** [-'bærik] *a* gleichen Luftdrucks; **~chromatic** [aisο(u)krο(u)-'mætik] einfarbig; farbtonrichtig; **~clinal** [aisο(u)'klainəl] *phys geog* Isokline *f*; ~~ *chart* Isoklinenkarte *f*; ~~ *fold* (*geol*) Isoklinalfalte *f*; **~meric** [-'merik] *a chem* isomer; **~metric** [-'metrik] *a* isometrisch; **~sceles** [ai'sɔsili:z] *math* gleichschenklig; **~therm** ['-θə:m] *mete* Isotherme *f*; **~thermal** ['-θə:məl] *a* isothermisch; **~tope** ['-toup] *chem* Isotop *n*.

isol|ate ['aisəleit] *tr* aus-, absondern, trennen (*from* von); isolieren *a. tech*; *tech* abdichten; rein darstellen; *mil* abschneiden; **~ated** ['-eitid] *a* isoliert; abgesondert; freistehend; vereinzelt; ~~ *case* Einzelfall *m*; **~ating** ['-eitiŋ] isolierend, trennend; Isolier-, Trenn-; **~ation** [aisə'leiʃən] Absonderung, Isolierung *f*; *mil* Abschneiden *n*; ~~ *ward* Isolierstation *f*; **~ationism** ['-leiʃnizm] Isolationismus *m*, Neutralitätspolitik *f*; **~ationist** [-'leiʃnist] Isolationist *m*.

Israel ['izreiəl] (*das Volk*) Israel *n* (*Staat*); **~i** [iz'reili] *a* israelisch; *s* Israeli *m*; **~ite** ['izriəlait] *s* Israelit *m*; *a* israelitisch.

issu|able ['isju(:)əbl] *fin* ausgabe-, emissionsfähig, emittierbar; (*Termin*) anstehend; **~ance** ['-əns] Ausgabe, Ausfertigung, Erteilung *f*, Erlaß *m*; (*Scheck*) Ausstellung *f*.

issue ['isju:, 'iʃ(j)u:] **1.** *s* Ausgang; Ab-, Ausfluß(stelle *f*); *med* Blut-, Eiterfluß *m*; *med* Einschnitt *m*; Folge *f*, Ergebnis, Resultat, Ende *n*, Ausgang *m*, Konsequenz *f*; *jur* Kind(er *pl*) *n*, Nachkomme(n *pl*) *m*, Nachkommenschaft *f*; Punkt *m*, Angelegenheit, Sache *f*, Fall *m*, Problem *n*, (Streit-)Frage *f*, Kern-, Angelpunkt *m*; Einkünfte *pl*, Einnahmen *f pl*; Erlaß *m*, Erteilung, Herausgabe, Emission; Ausgabe, Lieferung, Verteilung; (*Zeitung, Zeitschrift*) Ausgabe, Nummer; Auflage *f*; Vorzeigen *n* (*e-s Ausweises*); **2.** *itr* herausgehen, -kommen; hervorkommen, -dringen; (her)ausfließen, -strömen (*from* aus); herkommen, (her-, ab-) stammen; sich ableiten, folgen, resultieren; enden (*in* in); (*Gelder*) hereinkommen, eingehen; (*Druckwerk*) erscheinen; **3.** *tr* her-, hinauslassen; ablassen; verabfolgen; ausgeben, -stel-

issued 526 **izard**

len, erteilen, erlassen; *(Dokument)* ausfertigen; *(Ausweis)* vorzeigen; herausgeben, in Umlauf setzen, veröffentlichen; *bes. mil* ausstatten, versehen mit; *(Anleihe)* auflegen, begeben; emittieren; *at ~* zur Debatte stehend; strittig; *to be the ~* sich handeln um; gehen um; *to die without ~* kinderlos, ohne Nachkommen sterben; *to force an ~* e-e Entscheidung erzwingen; *to leave ~* Kinder, Nachkommen hinterlassen; *to take, to join ~* nicht übereinstimmen, ausea.gehen, differieren *(on* über); *just ~d* soeben erschienen; Neuerscheinung *f*; *date of ~* Ausgabetag *m*, -datum *n*, -termin *m*; *(im)material ~* (un)wesentliche(r) Einwand *m*; *place, year of ~ (Buch)* Erscheinungsort *m*, -jahr *n*; *~ of fact (jur)* Tatfrage *f*; *~ of law* Rechtsfrage *f*; *~ of orders* Befehlsausgabe *f*; *~ of tickets* Fahrkartenausgabe *f*; **~d** ['-d] *a* ausgestellt, lautend (*to* auf); **~er** ['-ə] Ausgeber, Emittent; Aussteller; Vorzeiger *m*; **~less** ['-lis] kinderlos, ohne Nachkommen; **~ market, price** *fin* Emissionsmarkt, -preis, -kurs *m*; **~ voucher** Ausgabebeleg *m*.

isthmus ['isməs] *pl -es* Landenge *f*, Isthmus *m a. anat.*

it [it] *pron pers* es; er, sie; ihm, ihr, ihn; *(mit prp)* da*(bei, -für, -mit usw)*, dar*(an, -über, -unter)*; *s fam* italienische(r) Wermut *m*; *Am sl* das gewisse Etwas; *for ~* dafür, deshalb, deswegen; *to carry ~ off* sich darüber hinwegsetzen; *to lord ~* sich aufspielen, angeben; *to swim ~* schwimmen; *he is ~ (Am fam)* er ist ganz groß, der Mann, e-e Kanone; *it is ~ (Am fam)* das ist die Sache, das größte, was drin ist; *she has, looks ~ (Am fam)* sie hat Sex-Appeal; *that's ~!* das ist es ja! *go ~!* nur zu! los!

Italian [i'tæljən] *a* italienisch; *s* Italiener(in *f*) *m*; (das) Italienisch(e); **~~ handwriting** lateinische (Schreib-)Schrift *f*; **~~ warehouse** Kolonialwarenhandlung *f*; **~~ warehouseman** Kolonialwarenhändler *m*; **~ianate** [-eit] italienisch aussehend; italienisch gekleidet; **~ianism** [-izm] italienische (Sprach-)Eigentümlichkeit *f*; **~ianize** [-aiz] *tr* italianisieren, italienisch machen; *itr* italienisch werden; **~ic** [i'tælik] *a hist* italisch; *i~~ (typ)* kursiv; *i~~(s) (pl) (typ)* Kursive *f*; **i-icize** [i'tælisaiz] *tr* kursiv drucken; *(im Druckmanuskript)* auszeichnen; **~y** ['itəli] Italien *n*.

itch [itʃ] *itr* jucken; *fig* sich sehnen *(for* nach); darauf brennen *(to do s.th.* etw zu tun); *s* Jucken *n*, Juckreiz *m*; *med* Krätze *f*; Gelüst *n (for* nach); *I ~* es juckt mich; *I have an ~, I ~ for it, I am ~ing to get it* es gelüstet mich danach; **~iness** ['-inis] Juckreiz *m*; **~ing** ['-iŋ] *s* Jucken; Gelüst *n*; **~y** ['-i] juckend; krätzig; Juck-.

item ['aitəm] *s* Ein(zel)heit *f*; Gegenstand, Artikel; Posten *m*, Position *f*, Punkt *m (e-r Aufzählung)*; Notiz; *com* Buchung *f*, Posten *m*; (einzelne) Nachricht, Mitteilung, Information *f*; Zeitungsartikel *m*; *(in e-m Vertrag)* Ziffer *f*, Abschnitt; *tech* Bauteil *m*; *tr* (einzeln) aufführen, aufzählen, in die Liste setzen, anführen; *adv* desgleichen, ferner; **~ize** ['-aiz] *tr Am* einzeln aufführen, genau angeben, spezifizieren, detaillieren.

iterat|e ['itəreit] *tr* wiederholen, nochmal tun; immer wieder sagen *od* tun; wiederholt vorbringen; **~ion** [itə'reiʃən] (dauernde) Wiederholung *f*; **~ive** ['itərətiv] *a* Wiederholungs-; (sich) wiederholend; wiederholt; *gram* iterativ.

itiner|a(n)cy [i'tinərə(n)si] Umherziehen, -reisen, -wandern *n*; Rundreise, Tournee *f*; **~ant** [-ənt] *a* wandernd, umherziehend, auf der Rundfahrt, -reise; Wander-; *s* Wanderer, Reisende(r) *m*; **~** Hausierhandel *m*; **~ary** [i'tinərəri, ai't-] Route *f*, Reiseweg *m*, Fahrtstrecke *f*; Reise-, Fahrtenplan; Reiseführer *m*; Reisebuch *n*, -beschreibung *f*, -erinnerungen *f pl*; *attr* Reise-, Straßen-; **~ate** [i'tinəreit, ai't-] *itr* wandern, herumziehen, (herum)reisen; e-e Rundfahrt, Rundreise machen.

it'll [itl] = *it will*; *it shall*.

its [its] *pron* sein, ihr; dessen, deren.

it's [its] = *it is*.

itself [it'self] (es) selbst; sich (selbst) (all) by ~ (ganz) allein adv; *in ~* an sich, für sich; *of ~* von selbst.

I've [aiv] = *I have*.

ivied ['aivid] *a* efeube-, überwachsen, efeuumrankt.

ivory ['aivəri] Elfenbein; *allg* Zahnbein, Dentin *n*; elfenbeinartige Substanz; Elfenbeinfarbe *f*; Stoßzahn *m*; *pl sl* Zähne, Würfel *m pl*, Billardkugeln, *(Klavier-)*Tasten *f pl*; **I- Coast** Elfenbeinküste *f*; **~ tower** *fig* Elfenbeinturm *m*; Wirklichkeitsferne *f*; **~-white**, Elfenbein-, kremfarben.

ivy ['aivi] *(English ~)* Efeu *m*.

izard ['izəd] *zoo* Bergsteinbock *m*.

J

J, j [dzei] *pl* ~'s, ~s **J, j** *n*.
jab [dʒæb] *tr* (hinein)stechen, stecken, stoßen (*into* in); *itr* stoßen (*with* mit); *s* Stich, (kurzer) Stoß *m*; *(Boxen)* linke Gerade; *fam* Spritze *f*.
jabber ['dʒæbə] *itr tr* daherreden, faseln; schwätzen, plappern, tratschen, quasseln; *s* Gefasel; Geplapper *n*.
Jack [dʒæk] *fam* Hans, Johann(es); Jakob *m*; *~ is as good as his master (prov)* jeder ist seines Lohnes wert; *Cheap ~* billige(r) Jakob, fliegende(r) Händler *m*; *the Union ~* die britische Nationalflagge; *Yellow ~* das gelbe Fieber; **~-a-dandy** Stutzer, Dandy *m*; *~ Frost* der Reif, der Winter; *~ and Gill, Jill* Hans und Grete; *~ in office* übereifrige(r) Beamte(r), Bürokrat *m*; *~ Robinson: before you could say ~~* im Nu, im Handumdrehen, ehe man sich's versah; *~ on, of, o' both sides* Opportunist *m*; *~ of all trades* Hans Dampf in allen Gassen; *~ of all work* Faktotum *n*; **~ie** ['-i] Hänschen *n*, Hansel, Hansi *m*.
jack [dʒæk] *s* Kerl, Bursche, Geselle; (Gelegenheits-)Arbeiter, Taglöhner; *Am (lumber-~)* Holzfäller *m*; *(bes. in Zssgen)* Männchen, männliche(s) Tier *n*; *Am (~ass)* Esel *m*; Kaninchenbock *m*; *(~daw)* Dohle *f*; männliche(r) Lachs; *(boot-~)* Stiefelknecht; (Säge-)Bock *m*; Gestell, Gerüst *n*; (*kitchen-~*) Bratenwender; (*lifting-~*) Wagenheber *m*, Winde *f*, Hebebock *m*; *tele* Klinke; *el* Buchse, Steckdose *f*; *(Kartenspiel)* Bube; *(Spiel)* Stein *m*; *sl* Moos *n*, Zaster *m*, Geld *n*; *mar* Gösch *f*; Matrose *m*; *tr* (an)heben, (hoch)winden; *to ~ up (mot)* aufbocken; *Am fam* (Preise, Löhne) in die Höhe treiben, hinaufschrauben; *fam* in Trab bringen, antreiben, anfeuern *(s.o.* jdn); *(Versuch)* aufgeben; *itr* die Flinte ins Korn werfen; *every man ~* jeder (einzelne); **~anapes** ['-əneips] Geck, Affe, hochnäsige(r), eingebildete(r) Kerl; Naseweis; Schelm *m*; **~ass** ['-æs] Esel *a. fig*; *meist* ['-ɑ:s] *fig* blöde(r) Kerl, Dummkopf *m*; **~boot** hohe(r) Wasserstiefel *m*; **~daw** ['-dɔ:] Dohle *f*; *fig* Nörgler *m*; **~ easy** *fam* gleichgültig; **~hare** Rammler, (männl.) Hase *m*; **~ie** ['-i] *fam* Matrose *m*; **~-in-the-box** Springteufel *m* (Spielzeug); **~knife** (großes) Taschenmesser *n*; *(~ dive)* Hechtsprung *m*; **~o'-lantern** Irrlicht *n a. fig*; Elmsfeuer *n*; *fig* Irrwisch *m*; **~plane** Schrupphobel *m*; **~pot** *Am (Spiel)* Einsatz; (Haupt-)Treffer, Hauptgewinn *m*; *to hit the ~~ (Am sl)* den Gewinn einstreichen; *fig* das Rennen machen; das Große Los gewinnen; **~rabbit** *Am* Eselhase *m*; **~roll** *tr Am sl* ausplündern; **~ screw** Wagenheber *m*; **~snipe** Zwergschnepfe *f*; **~staff** *mar* Göschstock *m*; **~stay** *mar* Stag *n*; Gaffel *f*; **~stone** *Am* Marmel *f*; *pl mit sing* Marmelspiel *n*; **~straw** Strohmann *m*, Puppe *f a. fig*; **~tar** *fam* Teerjacke *f*, Matrose, Seemann *m*; **~towel** Rollhandtuch *n*.
jackal ['dʒækɔ:l] *zoo* Schakal; *pej* Handlanger; gemeine(r) Betrüger *m*.
jacket ['dʒækit] *s* Jacke *f*, Jackett *n*, Joppe; *allg* Hülle; *(Kartoffel)* Pelle, Schale *f*; (Tier) Fell *n*; *tech* Mantel *m*; Gehäuse *n*; *(Buch)* Schutzumschlag; Aktendeckel *m*; *tr* einhüllen, -wickeln; *tech* verschalen, ummanteln; *s.o., to dust s.o.'s ~* jdn verdreschen, verprügeln; *potatoes in the ~* Pellkartoffeln *f pl*.
Jacob ['dʒeikəb] Jakob *m*; **~'s ladder** Jakobsleiter; Schiffsleiter *f*; *bot* Sperrkraut *n*, Jakobs-, Himmelsleiter *f*; **~ean** [dʒækə'bi(:)ən] aus der Zeit Jakobs I. (1603—25); **~in** ['dʒækəbin] *rel hist* Jakobiner *m*.
jade [dʒeid] **1.** *s* Schindmähre *f*; Weibsbild, -stück, Frauenzimmer *n*; **~d** ['-id] *a* abgehetzt, abgearbeitet; erschöpft; **2.** *min* Jade; Nephrit *m*.
jag [dʒæg] **1.** *s* Zacke(n *m*); Kerbe *f*, Riß; *(Kleid)* Schlitz *m*; *tr* kerben, einreißen; **~ged** ['-id], **~gy** ['-i] *a* zackig, gezahnt, gekerbt, eingerissen; zerklüftet; schartig; **2.** *sl* Suff, Schwips *m*; Besäufnis, Sauferei *f*; **~ged** ['-id] *a sl* besoffen, betrunken.
jaguar ['dʒægjuə, *Am* '-wɑ:] *zoo* Jaguar *m*.
jail (*Am nur so*), **gaol** [dʒeil] *s* (Untersuchungs-)Gefängnis *n*; Haftanstalt *f*; *tr (to send to ~)* einsperren, ins Gefängnis einliefern od stecken; *to break ~* (aus dem Gefängnis) ausbrechen; **~bird** (Straf-)Gefangene(r); Gefängnisinsasse *m*; Zuchthäusler; Gewohnheitsverbrecher *m*; **~book** Gefangenenliste *f*; **~breaker** Ausbrecher *m*; **~delivery** *Br jur* Aburteilung *f* der (Untersuchungs-)Gefangenen; (gewaltsame) Gefangenenbefreiung *f*; **~er, ~or, gaoler** ['-ə] Ge-

jail-fever fangenenwärter, -aufseher *m*; **~-fever** (Fleck-)Typhus *m*.

jake [dʒeik] **1.** *s Am fam* Bauernlümmel, -flegel *m*; **2.** *s Am sl (ginger ~)* Ingwerschnaps *m*; **3.** *a Am sl* prima, Klasse, gewaltig; ehrlich, anständig.

jalop(p)y [dʒə'lɔpi] *Am sl mot* Kiste *f*, Klapperkasten *m*; *aero* alte Mühle *f*.

jam [dʒæm] **1.** *tr* ein-, festklemmen, einkeilen; hinein-, durchzwängen; quetschen, drücken, pressen (*against* gegen); stoßen, schieben, (zs.)drängen; *(Straße)* versperren, verstopfen; *tech* verklemmen; blockieren; *radio (durch Störsender)* stören; *Am pol (Gesetzesvorlage)* durchpeitschen; *itr* sich ein-, festklemmen; sich festfressen; *tech* nicht mehr gehen, nicht mehr arbeiten, nicht mehr funktionieren; sich drücken, sich drängen; *sl (Jazz)* improvisieren; *mil* Ladehemmung haben; *s* Einklemmen, Einkeilen; Quetschen, Drücken, Stoßen, Schieben; Gewühl, Gedränge *n*; Verstopfung, Verkehrsstockung, -störung; *tech* Verklemmung, Stokkung; *mil* Ladehemmung; *radio* Störung *(durch Störsender)*; *fam* Klemme, Patsche, schwierige Lage *f*; *to be ~med* gestopft voll sein; verklemmt sein; *to ~ the brakes on* mit aller Kraft bremsen; **~-full** *Am fam* knallvoll; **~mer** ['-ə] Störsender *m*; **~ming** ['-iŋ] *s radio* Störsendung; *tech* Hemmung *f*; **~~ station, transmitter** Störsender *m*; **~packed** *a Am fam* gestopft voll, proppenvoll; **~ session** *Am* improvisierte(s) Zs.spiel *n* von Jazzmusikern; **2.** Marmelade, Konfitüre *f*; *real ~ (Br sl)* Mordsspaß *m*; **~ jar, pot** Marmeladeglas *n*, -topf *m*; **~(ming) sugar** Einmachzucker *m*; **~my** ['-i] voll mit Marmelade verschmiert, klebrig; *sl* prima.

Jamaica [dʒə'meikə]: *~ rum* Jamaika-Rum *m*.

jamb [dʒæm] *(Tür)* Pfosten *m*; *(Tür, Fenster, Kamin)* Gewände *n*.

jamboree [dʒæmbə'ri:] Pfadfindertreffen *n*; *sl* Remmidemmi *n*, (Fest-)Trubel *m*; Saufgelage *n*.

James [dʒeimz] Jakob *m*.

Jane [dʒein] Johanna *f*; *j~ (sl)* Weibsstück, Mädchen *n*; **~t** ['dʒænit] Hanna *f*, Hannchen *n*.

jangl|e ['dʒæŋgl] *itr* schrill ertönen (sich) zanken, keifen; *tr* schrill ertönen lassen; mißtönend hervor-, herausbringen; krächzen; *s* Mißklang, schrille(r) Ton *m*, Geschrei, Gekreisch; Gezänk *n*, Streit *m*; **~ing** ['-iŋ] mißtönend, schrill, kreischend.

janit|or ['dʒænitə] Pförtner, Portier; *Am* Hausmeister *m*; **~ress** ['-tris] Portiers-, Hausmeistersfrau *f*.

janizary ['dʒænizəri] *hist* Janitschar *m*.

January ['dʒænjuəri] Januar *m*.

Jap [dʒæp] *fam* Japaner *m*; **~an** [dʒə-'pæn] *s* Japan *n*; *j~~* japanische(r) Lack *m*; japanische Lackarbeit, -malerei *f*; *tr* mit japanischem Lack überziehen *od* lackieren; **~anese** [dʒæpə'ni:z] *a* japanisch; *s* (das) Japanisch(e); Japaner(in *f*) *m*; *the ~~ (pl)* die Japaner *m pl*; **j~anner** ['-'pænə] Lackarbeiter *m*.

jape [dʒeip] *itr* Spaß, Ulk machen; *tr* verulken, verspotten; e-n Streich spielen (*s.o.* jdm), 'reinlegen; *s* Spaß, Ulk; Streich *m*.

jar [dʒɑ:] **1.** *itr* knarren, quietschen; *fig* unangenehm berühren (*on s.o.* jdn); Mißbehagen erregen (*on s.o.* jds); auf die Nerven gehen (*on s.o.* jdm); in Mißklang stehen (*against, with* zu); nicht harmonieren; sich widersprechen; (er)zittern, schwanken; aufea.stoßen, -prallen, in Streit geraten, (sich) streiten, zanken; *tr* zum Knarren, Quietschen bringen; rütteln an, erzittern lassen; erschüttern; *s* Knarren, Quietschen *n*; Mißton *m*; Erschütterung *f*, Zittern, Schwanken *n*; Stoß, Schlag; Schock, Schreck; Zs.stoß, -prall, Streit, Zank *m*; *to ~ on s.o.'s nerves* jdm auf die Nerven gehen; **~ring** (e)zittern, mißtönend; unangenehm; quietschend; (nerven)aufreibend; **2.** Krug; Steintopf *m*; Einmachglas *n*; **3.** *s*: *on (the) ~ (Tür)* halboffen, angelehnt.

jardinière [ʒɑ:di'njɛə] Blumentisch, -ständer *m*, -schale *f*.

jargon ['dʒɑ:gən] Kauderwelsch *n*; Mischsprache *f*, -dialekt *m*; Zunft-, Standessprache *f*; Jargon *m*.

jasmin ['dʒæsmin], **jessamin(e)** ['dʒesəmin] *bot* Jasmin *m*.

jasper ['dʒæspə] *min* Jaspis *m*.

jaundice ['dʒɔ:ndis, 'dʒɑ:n-] Gelbsucht *f*; *fig* gallige(s) Wesen *n*; Voreingenommenheit, Bitterkeit, Gehässigkeit *f*; Neid *m*, Eifersucht *f*; **~d** ['-t] *a* gelbsüchtig; *fig* gallig, verbittert, gehässig; neidisch, eifersüchtig; krankhaft.

jaunt [dʒɔ:nt] *itr* e-e Wanderung, e-n Ausflug, e-e Tour machen; bummeln; *s* Wanderung *f*, Ausflug *m*, (Spritz-)Tour *f*; **~iness** ['-inis] Lebhaftigkeit, Munterkeit *f*, Frohsinn *m*; Sorglosigkeit; Flottheit, Eleganz *f*; **~ing-car** (irischer) zweirädrige(r) Wagen *m*;

~y ['-i] schick, elegant; lebhaft; munter; übermütig; sorgenfrei.

Java ['dʒɑːvə] Java n; Java(kaffee); (j~) Am fam Kaffee m; **~nese** [dʒɑːvəˈniːz] a javanisch; s Javaner(in f) m; the ~~ (pl) die Javaner m pl.

javelin ['dʒævlin] Wurfspieß; sport Speer m; throwing the ~ Speerwerfen n.

jaw [dʒɔː] s anat Kiefer, Kinnbacken m; Kinn; fig fam Gerede n, Salbaderei f, langweilige(s) Geschwätz n; Moralpauke; tech (Klemm-, Brech-)Backe, Klaue f; pl Mund m, Maul n, Rachen m; Mündung, Öffnung f; Ein-, Ausgang m; itr sl quasseln, schwatzen; tr sl anschnauzen, ausschimpfen; into, out of the ~s of death in, aus den Klauen des Todes; lower, upper ~ Unter-, Oberkiefer m; stop your ~ (fam) halt's Maul! **~bone** s Kieferknochen; Am sl Kredit m; itr Am sl vernünftig reden; **~-breaker** Zungenbrecher (Wort); tech Backenbrecher m; **~-breaking** schwer auszusprechen(d); **~-clutch, -coupling** tech Klauenkupp(e)lung f.

jay [dʒei] orn (Eichel-)Häher; sl Dämlack m; Quasselstrippe f; **~-walk** itr Am fam verkehrswidrig auf der Straße herumlaufen; dösen, träumen; **~-walker** fam unachtsame(r) Fußgänger, Träumer m.

jazz [dʒæz] s Jazz m; (~-music) Jazzmusik; (billige) Tanzmusik; fig Lebhaftigkeit f; Schwung; Am sl Schwindel, Unsinn m; a wild, ausgelassen, stürmisch, turbulent, laut; aufreizend; schreiend, grell, bunt; tr als Jazz spielen od arrangieren; Am sl beschleunigen, übertreiben; itr Jazz spielen od tanzen; Am sl auf die Tube drücken; meist: to ~ up (sl) aufmöbeln; Leben, Schwung bringen in; ~ band Jazzkapelle f; **~er** ['-ə] Jazzmusiker, -spieler m; **~-fiend** Jazzfanatiker m; **~y** ['-i] = ~ (a).

jealous ['dʒeləs] eifersüchtig, neidisch; besorgt (of um); eifrig bedacht (of auf); **~y** ['-i] Eifersucht f (of auf); Neid (of auf); Achtsamkeit (of auf).

jean [dʒein, bes. Am dʒiːn] Baumwollköper m; pl Arbeitshose f, -anzug m; blue ~s (pl) Niethose f.

jeep [dʒiːp] s Am mil Kübelwagen, Jeep, Am sl Rekrut m; Am sl kleine(s) Nahaufklärungsflugzeug n.

jeer [dʒiə] tr verhöhnen, verspotten; itr spotten, sich lustig machen (at über); s Spott, Hohn m; höhnische, spöttische Bemerkung f; **~ingly** ['-riŋli] adv spöttisch, höhnisch.

Jehovah [dʒiˈhouvə] Jehova m, (Luther:) der Herr; **~'s Witnesses** die Zeugen m pl Jehovas.

jejun|e [dʒiˈdʒuːn] dürftig, mager, dürr; (Land) unfruchtbar; fig nüchtern, unbefriedigend; fade, uninteressant, langweilig; **~eness** [-nis] fig Dürftigkeit; Fadheit, Nüchternheit f; **~um** [-əm] anat Leerdarm m.

jell [dʒel] itr (Küche) gelieren; (Flüssigkeit) fest werden; fig fam feste Form, Gestalt annehmen; sich herauskristallisieren; klappen; tr gelieren lassen; fig Gestalt geben (s.th. e-r S); verdichten; s fam = ~y; **~ied** [-id] a (Küche) geliert, eingedickt; in Gelee; **~y** ['-i] s Gallerte, Sülze f; Gelee n; tr gelieren lassen; in Sülze legen; itr gelieren; **~-fish** Qualle f; fig fam Schlappschwanz, Waschlappen m.

jemmy ['dʒemi] Brecheisen n.

Jenny ['dʒeni, 'dʒeni] Hanna f, Hannchen n; j~ Weibchen n (bestimmtes Tier); pref -weibchen; (spinning-~) Jenny-, Spinnmaschine f; Laufkran m; j~-ass Eselin f; j-wren weibliche(r) Zaunkönig m.

jeopard ['dʒepəd], **~ize** ['-aiz] tr gefährden, in Gefahr bringen, aufs Spiel setzen (with mit); **~y** ['-i] Gefahr f, Risiko n; to be in ~ of o.'s life in Lebensgefahr schweben.

jeremiade [dʒeriˈmaiəd] Klagelied n, Jeremiade f.

Jericho ['dʒerikou] Jericho n; go to ~! (sl) scher dich zum Teufel!

jerk [dʒəːk] **1.** tr (heftig) ziehen (an), reißen, stoßen, schnellen, werfen; Am (Mineralwasser) ausschenken; itr auf-, hochfahren; anrücken; sich ruckweise (fort)bewegen, ruckweise fahren; rucken, zucken; sport stemmen; s Ruck, Stoß, Sprung, Satz m; Zs.fahren, -zucken n; med Zuckung f, (Muskel-)Krampf; Am sl Trottel, Narr m; to ~ off (Am sl) Unfug anstellen; to ~ out (Worte) hervorstoßen, -sprudeln; by ~s ruck-, stoßweise; with a ~ mit e-m Ruck, plötzlich; put a ~ in it! (fam) los, los! dalli, dalli! nun mal zu! physical ~s (pl fam) Leibesübungen f pl, Sport m; **~in** ['-in] Wams n; **~iness** ['-inis] Sprunghaftigkeit f; **~water** s Am (~~ train) Kleinbahn; (~~ line) Nebenlinie f; a Am fam gottverlassen; ~(~) town (abgelegenes) Nest n; **~y** ['-i] sprunghaft; med krampfhaft; **2.** tr (Fleisch) in Streifen schneiden u. dörren; s u. **~y** ['-i] Dörrfleisch, bes. gedörrte(s) Rindfleisch n (in Streifen).

jerry ['dʒeri] *sl* Nachttopf *m*; **J~** *(sl mil)* deutsche(r) Soldat, Deutsche(r) *m*; **~-builder** Bauschwindler *m*; **~-building** schlechte(r) Bau(weise *f*) *m*; **~-built** *a* schlecht, nicht solide (genug), billig gebaut; **~~** *house (fam)* Bruchbude *f*; **~can** *sl* Benzinkanister *m*.

jersey ['dʒə:zi] Turnhemd *n*, Unterjacke; (enganliegende) Wolljacke *f*, Pullover *m*.

jessamin(e) s. *jasmin*.

jest [dʒest] *s* Spott *m*, Stichelei *f*, Scherz, Witz, Spaß, Ulk *m*; Zielscheibe *f* des Spottes; *itr* spotten, stichlen; scherzen; Witze, Spaß, Ulk machen *(about* über); spaßen; *in ~* im, zum Spaß, im Scherz; *a standing ~* e-e Witzfigur; **~er** ['-ə] Witzbold; *hist* Spaßmacher, Hofnarr *m*; **~ing** ['-iŋ] lustig; scherzhaft; **~ingly** ['-iŋli] *adv* im Scherz *od* Spaß; zum Spaß.

Jesu|it ['dʒezj(u)it] *rel* Jesuit *m*; **~ic(al)** [dʒez(j)u'itik(əl)] jesuitisch, Jesuiten-; **~s** ['dʒi:zəs] Jesus *m*; *the Society of ~* die Gesellschaft Jesu, der Jesuitenorden.

jet [dʒet] **1.** *tr* ausstoßen, -werfen, -speien; aus-, entströmen lassen; *itr* hervor-, herausprudeln, aus-, entströmen *(from, out of* aus); mit e-m Düsenflugzeug fliegen; *s (Flüssigkeit, Gas)* Strahl *m*; Strahlrohr *n*; Mündung, Öffnung; *mot aero* Düse *f*; *aero* Düsenantrieb, Strahlmotor *m*, **-triebwerk**; Düsen-, Strahlflugzeug *n*; *~ of steam* Dampfstrahl *m*; **~-airliner** Düsenverkehrsflugzeug *n*; **~-bomber** Düsen-, Strahlbomber *m*; **~-carburet(t)or** Düsenvergaser *m*; **~-engine** Strahl-, Rückstoßmotor *m*; **~-fighter** Düsenjäger *m*; **~~** *pilot* Düsenjägerpilot *m*; **~-helicopter** Düsenhubschrauber *m*; **~-interceptor** Abfangdüsenjäger *m*; **~-liner** = **~-airliner**; **~ night-fighter** Düsennachtjäger *m*; **~-pilot** = **~-fighter pilot**; **~-plane** Düsenflugzeug *n*; **~-propelled** *a* strahl(an)getrieben; **~-propulsion** Düsen-, Strahl-, Rückstoßantrieb *m*; **~ turbine-engine**, **~ turbine-unit** Turbinenluftstrahltriebwerk *n*; **~-unit** Strahl-, Düsentriebwerk *n*; **2.** *s* Gagat *m*, Pechkohle *f (Schmuckstein)*; glänzende(s) Schwarz *n*; *a* aus Gagat; glänzend schwarz; **~-black** pechschwarz.

jetsam ['dʒetsəm] *mar* über Bord geworfene(s) Gut; *allg* Gerümpel; *fig* Wrack *n*, haltlose(r) Mensch *m*; *flotsam and ~* Strandgut *n a. fig.*

jettison ['dʒetisən] *s* Seewurf; *aero* Notwurf *m*; Strandgut *n*; *tr mar* über Bord werfen *a. fig*; *aero* abwerfen *(bes. Bomben im Notwurf)*; **~able** [-əbl] abwerfbar; **~~** *fuel-tank* abwerfbare(r) Benzintank, -kanister *m*; **~~** *seat* Schleudersitz *m*.

jetty ['dʒeti] Hafendamm *m*, Mole *f*; Pier *m*, Landungsbrücke *f*.

Jew [dʒu:] *s* Jude *m*, Jüdin *f*; *a pej* Juden-; *(fam)* Ohr hauen, schachern *(s.o.* mit jdm); *to j~ down* herunterhandeln *(to* auf); *an unbelieving ~* ein ungläubiger Thomas; *the Wandering ~* der Ewige Jude; **~-baiting** Judenverfolgung *f*; **~ess** ['dʒu(:)is] Jüdin *f*; **~ish** ['dʒu(:)iʃ] jüdisch; **~ry** ['dʒuəri] Judenviertel, Getto *n*; Judenschaft *f*; **j~'s ear** *bot* Judas-, Judenohr *n*, Ohrpilz *m*; **j~'s harp** *mus* Maultrommel *f*; **~'s thorn** Christusdorn *m*.

jewel ['dʒu:əl] *s* Juwel *a. fig*; *lit poet* Kleinod *n*; Edelstein; *(Uhr)* Stein *m*; *tr* mit Edelsteinen besetzen *od* schmücken; **~-box**, **~-case** Schmuckkasten *m*; **~(l)er** ['-ə] Juwelier *m*; **~(le)ry** ['dʒu:əlri] Juwelen *n pl*, Schmuck (-sachen, -waren *f pl*) *m*.

jib [dʒib] **1.** *s* Kranbalken, Ladebaum, Ausleger; *mar* Klüver *m*; *itr tr (die Segel)* umlegen; *s* Klüver *m* *(Vorsegel)*; *the cut of o.'s ~ (fam)* die äußere Erscheinung *f*; **~-boom** *mar* Klüverbaum *m*; **~ crane** Auslegerkran *m*; **~-door** Tapetentür *f*; **2.** *itr* störrisch sein, bocken, scheuen *(at* vor); *fig* abgeneigt sein *(at* dat); *s (~bing)* Bokken, Scheuen *n*; *(~ber)* störrische(r) Esel *m*, bockige(s) Pferd *n*.

jibe [dʒaib] *itr (Segel)* sich wenden; den Kurs des Schiffes ändern; *Am fam* konform gehen, sich decken, übereinstimmen; *tr (die Segel)* durchkaien; *s* Drehen *n* der Segel; *mar* Kurswechselm.

jiff(y) ['dʒif(i)] *fam* Augenblick, Moment *m*; *in a ~* im Nu; gleich, sofort; *~ bag* *Am* Henkeltüte *f*.

jig [dʒig] *s* Gigue *f (Tanz)*; *tech* Montagegestell *n*, -bock *m*, Bauvorrichtung *f*; *min* Setzkasten *m*; Bohrfutter *n*, -lehre, -schablone *f*; *Am sl pej* Neger *m*, *Am sl* Tanzveranstaltung *f*; *itr* Gigue tanzen; hin u. her hüpfen, -springen; *tech* mit e-r Schablone, *(min)* e-m Setzkasten arbeiten; *tr (e-e Gigue)* tanzen; *tech* einspannen; mit e-r Schablone herstellen; mit setzen, scheiden; *the ~ is up (Am sl)* es ist alles aus; wir können einpacken; **~ger** ['-ə] **1.** Giguetänzer; *tech* Ma-

jiggered 531 **job printer**

schinenformer *m*; *min* Setzmaschine *f*; *mar* Handtalje *f*; Besan *m (Segel)*; Töpferscheibe *f*; *Am* Meßbecher; *Am fam* Schluck; *radio* Jigger *m*; *fam* Dingsbums *n*; **2.** Sandfloh *m*; **~gered** ['-əd] *a* verdammt, *fam* baff; **~saw** Wippsäge *f*; **~~ puzzle** Zs.setzspiel *n*.

jiggle ['dʒigl] *tr* rütteln, schütteln.

jilt [dʒilt] *s* Kokette *f*; *tr (den Liebhaber)* sitzenlassen.

Jim Crow ['dʒim'krou] *Am fam* Diskriminierung *f* der Neger; *Am sl* Nigger, Neger *m*; **Jim-Crow** *attr Am* Neger-; **~~ car** *(rail)* Negerwagen *m*; **~~ section** *(Straßenbahn)* Negerabteil *n*.

jim-dandy ['dʒimdændi] *s Am fam* Prachtkerl *m*; *a* famos, prima, prächtig.

jimjams ['dʒimdʒæmz] *pl sl* Säuferwahn *m*, Delirium *n* tremens; Bammel *m*, Angst(zustände *m pl*) *f*.

jimmy ['dʒimi] *s*. *jemmy*.

jingle ['dʒiŋgl] *itr* (leise) klingeln, klirren, klimpern; *(Kette)* rasseln; *fig (Verse, Musik)* sanft plätschern, gleichmäßig fallen; sich reimen; *tr* klirren lassen; klimpern mit; *s* Klirren, Geklirr; Wortgeklingel *n*.

jingo ['dʒiŋgou] *pl* **-es** *s* Chauvinist, Hurrapatriot *m*; *a* = *~istic*; *by* **~** *!* weiß Gott! alle Wetter! **~ism** ['-izm] Chauvinismus *m*; **~ist** ['-ist] = **~** *(s)*; **~istic** [dʒiŋgo(u)'istik] chauvinistisch.

jink [dʒiŋk]: *high* **~s** *(pl)* Ausgelassenheit *f*, Übermut, tolle(r) Spaß *m*.

jinx [dʒiŋks] *s sl* Unglücksrabe *m*, -ding *n*; *tr* Pech bringen *(s.o.* jdm); *to be ~ed* vom Pech verfolgt sein.

jitney ['dʒitni] *Am sl* Fünfcentstück; *Am sl* billige(s) Verkehrsmittel *n*.

jitter ['dʒitə] *itr Am sl* nervös, aufgeregt sein; den Tatterich haben; Swing tanzen; *s pl Am sl* Nervosität, Aufgeregtheit *f*; Schiß, Bammel *m*, Angst *f*; *to give s.o. the ~s* jdn nervös machen, aufregen; *to have the ~s* die Hosen voll haben; wahnsinnig nervös sein; **~bug** ['-bʌg] Swingenthusiast, -tänzer; Swing *m (Tanz)*; *fig* Nervenbündel *n*; **~y** ['-ri] *Am sl* nervös, aufgeregt, durchgedreht; verdattert, ängstlich.

jiu-jitsu *s*. *ju-jitsu*.

jive [dʒaiv] *sl* Jazz-, Swingjargon; Jazz, Swing *m*; *fig* dumme(s) Geschwätz *n*.

Joan [dʒoun] Johanna, Hanna *f*.

Job [dʒoub] Hiob *m*; *(the Book of ~)* das Buch Hiob; **~'s news** Hiobsbotschaft, schlechte Nachricht *f*; *patience of ~* Engelsgeduld *f*.

job [dʒɔb] **1.** *s* (Stück *n*) Arbeit; Arbeit(sleistung) *f*; Werkstück *n*; Stück-, Akkordarbeit; *typ* Akzidenzarbeit; Verrichtung, Aufgabe, Pflicht; *fam* schwierige Sache *f*; (faules) Geschäft *n*, Schiebung, Spekulation *f*; *Am fam* Ding *n*, Straftat *f*, Verbrechen *n*, *fam* krumme Sache *f*; *Am fam* Arbeit, Stelle *f*, Arbeitsplatz, Posten *m*, Pöstchen *m*; Stellung *f*, Beruf *m*, Handwerk *n*; *Am fam* Sache, Angelegenheit *f*, Fahrzeug *n*; Person *f*; *attr* Stück-, Lohn-, Miet-; *itr* Gelegenheitsarbeit verrichten; im Stücklohn, im Akkord arbeiten; Zwischenhandel treiben; Maklergeschäfte machen; schieben, spekulieren; sein Amt mißbrauchen; *tr* Großhandel treiben mit, vermitteln; verschieben; unterschlagen; *(Arbeit)* vergeben, vermitteln; vermieten, mieten; *by the ~* im Stücklohn, im Akkord; *on the ~* *(fam)* bei der Arbeit; *sl* voll am Draht, bei der Sache; *to be out of (a) ~* keine Arbeit haben, arbeits-, stellungslos sein; *to do a good, bad ~* sehr gut, schlecht machen; *to do odd ~s* Gelegenheitsarbeiten verrichten; *to lie down on the ~* s-e Pflicht nicht erfüllen; *to make a good, bad ~ of s.th.* etw gut, schlecht erledigen; *that's a good, bad ~* das ist gut, dumm; *odd ~s (pl)* Gelegenheitsarbeit *f*; *odd-~ man* Gelegenheitsarbeiter *m*; *permanent ~* Dauerstellung *f*; *put-up ~* abgekartete Sache *f*; **~ analysis** Arbeitsanalyse *f*; **~ber** ['-ə] Gelegenheits-, Stücklohn-, Akkordarbeiter; Handlanger; Zwischenhändler, Makler; Effektenhändler, *fam* Börsenjobber; Schieber, Spekulant *m*; **~bery** ['-əri] Schiebung; Durchstecherei; Spekulation *f*; **~bing** ['-iŋ] *s* Akkordarbeit *f*; Zwischenhandel; Effektenhandel *m*, Börsengeschäfte *n pl*; Spekulation; Schiebung; *(~~ in bills)* Wechselreiterei *f*; *attr* Gelegenheits-; **~~ man** Gelegenheitsarbeiter *m*; **~ counsellor** *Am* Berufsberater *m*; **~ description** Tätigkeitsbeschreibung *f*; **~ evaluation** Arbeitsplatzbewertung *f*; **~ goods** *pl*, **~ lot** Partiewaren *f pl*, Ramsch(ware *f*) *m*; **~ holder** *Am*: *to be a ~~* e-e Lebensstellung haben; **~-horse** Mietpferd *n*; **~ hunter** Stellenjäger *m*; **~master** Pferde-, Wagenvermieter *m*; **~ order** Arbeitsauftrag *m*; **~~ number** Fabrikationsauftragsnummer *f*; **~ printer** Akzidenzdrucker *m*;

~ printing, -work *typ* Akzidenzdruck *m*, -arbeit *f*; **~ rate** Akkordlohnsatz *m*; **~ rotation** Arbeitsplatzwechsel *m*; **~ time** Stückzeit *f*; **~-work** Akkordarbeit *f*; **2.** *tr* (leicht) stechen, stoßen, schlagen; *itr* stoßen, schlagen (*at* nach); *s* Stich, (leichter) Stoß, Schlag *m*.

jockey ['dʒɔki] *s* Jockei; *Br* Handlanger; *Am sl* (Auto-)Fahrer *m*; *tr itr* (*Pferd*) im Rennen reiten; *tr* betrügen, beschwindeln (*out of* um); *fam* einseifen, übers Ohr hauen; zuwege, fertig, dazu bringen (*into doing* zu tun); davon abhalten (*out of doing* zu tun); *to ~ away, in, out* weg-, hinein-, hinausbugsieren; **~-cap** Jockeymütze *f*.

jocos|e [dʒə'kous] scherzhaft, spaßig, lustig, drollig, humorvoll; **~eness** [-nis], **~ity** [dʒo(u)'kɔsiti] Lustigkeit; Scherzhaftigkeit, Drolligkeit *f*; Humor; Spaß *m*.

jocular ['dʒɔkjulə] scherzhaft, spaßig, witzig, humorvoll; lustig; **~ity** [dʒɔkju'læriti] Scherzhaftigkeit *f*, Humor; Spaß, Scherz, Witz *m*.

jocund ['dʒɔkənd, 'dʒou-] froh, fröhlich, lustig, munter, heiter; **~ity** [dʒo(u)'kʌnditi] Fröhlichkeit, Munterkeit *f*; Scherz *m*.

Joe [dʒou] *fam* Sepp, Jupp; amerikanische(r) Landser *m*.

jog [dʒɔg] **1.** *tr* hin- u. herschieben, leicht rütteln, schütteln; (leise) anstoßen, antippen; schaukeln; (*das Gedächtnis*) auffrischen; *fig* e-n Stoß geben; *tr* dahinschlendern, -trotten; aufbrechen; *s* leichte(s) Schütteln, Rütteln *n*; (An-)Stoß *m*, Antippen; (*~-trot*) Trotten *f*; *fig* (*~-trot*) Trott, Schlendrian *m*; *to ~ along, to ~ on* sich fortschleppen; *fig* fort-, weiterwursteln; **2.** *s Am* Ausbuchtung *f*, Vorsprung *m*; Einbuchtung, Kerbe *f*; Einschnitt *m*; *itr Am* e-e Aus-, Einbuchtung haben.

joggle ['dʒɔgl] **1.** *tr itr* (sich) leicht, etwas schütteln; rütteln; vorwärtsstolpern; *s* leichte(s) Schütteln, Rütteln *n*; **2.** Verschränkung, Verzahnung, Vernutung, Nut, Fuge *f*, Falz *m*; *tr* vernuten, verschränken, verzapfen, verzahnen.

John [dʒɔn] Johann(es), Hans *m*; **~ the Baptist** Johannes der Täufer; **~ Bull** England *n*; Engländer *m*; **~ Doe** [-'dou] *jur* Partei *f* X; **~ Hancock** (*Am fam*) Friedrich Wilhelm *m*, Unterschrift *f*; **~ny**, **~nie** ['-i] Hänschen; *j~* Kerl, Bursche *m*;

~-cake (*Am*) Maisbrot; (*Australien*) Weizenbrot *n*; **~-come-lately** (*Am fam*) Neuling *m*; **~-jump-up** (*Am*) Veilchen; wilde(s) Stiefmütterchen *n*; **~ on the spot** (*Am fam*) Hansdampf *m*.

join [dʒɔin] **1.** *tr* zs.bringen, -stellen, kombinieren; verbinden *a.* math, vereinigen (*to, on to* mit); einholen; stoßen, kommen, sich gesellen (*s.o.* zu jdm); sich anschließen (*s.o.* an jdn); eintreten in (*e-n Verein*); sich vereinigen, sich verbinden mit, aufgehen in, verschmelzen mit; münden in; *mil* aufschließen; *fam* grenzen an; **2.** *itr* sich begegnen, sich treffen, zs.kommen; anstoßen, angrenzen (*to* an); (*Wege*) zs.laufen; sich zs.tun, sich verbinden, sich vereinigen (*with, to* mit); mitmachen, sich beteiligen, teilnehmen (*in* an); einstimmen (*in* in); **3.** *s* Verbindung, Vereinigung *f*; Berührungspunkt *m*, Verbindungsstelle, Fuge, Naht; *math* Verbindungslinie *f*; *Am* Vereinsmeier *m*; *to ~ up* (*fam*), *to ~ the army* Soldat werden, einrücken; *to ~ battle* den Kampf aufnehmen; *to ~ company with s.o.* sich an jdn anschließen, sich zu jdm gesellen; *to ~ forces with s.o.* sich mit jdm zs.schließen *od* verbinden; mit jdm zs.arbeiten; *to ~ hands with s.o.* jdm die Hand geben *od* drücken; *fig* mit jdm gemeinsame Sache machen; *to ~ issue with s.o. on s.th.* sich mit jdm über etw ausea.setzen; *to ~ in series* in Reihe schalten; *everybody ~ in the chorus* alles im Chor; **~-der** ['-də] *bes. jur* Verbindung, Vereinigung *f*; Beitritt *m* (*zu e-m Prozeß*); **~er** ['-ə] (*bes.* Bau-)Tischler, -Schreiner *m*; **~~'s bench** Hobelbank *f*; **~ery** ['-əri] Tischlerei, Schreinerei; Tischler-, Schreinerarbeit *f*.

joint [dʒɔint] *s* Berührungspunkt *m*, Verbindungsstelle; (*Kabel*) Lötstelle; Naht, Fuge *f*; *rail* Schienenstoß *m*; Scharnier; *anat* Gelenk; (*Küche*) Stück Fleisch, Bratenfleisch *n* mit Knochen; *bot* Vegetationspunkt, Gelenkknoten *m*; *geol* Spalt; *Am* Kasten *m*, Gebäude, Haus; *Am sl* Freßlokal *n*, Kneipe *f*, Bumslokal *n*, Spelunke, Spielhölle *f*; *a* gemeinschaftlich, gemeinsam; Mit-; *tr* durch ein Gelenk *od* Gelenke miteia. verbinden; (*Fleisch*) in (Braten-)Stücke schneiden; *tech* (ver)fugen, verzapfen; an den Kanten glatthobeln; *during their ~ lives* zu ihren Lebzeiten; *out of ~* ver-, ausgerenkt; *fig* aus den Fugen; *~ and several* gesamtschuldnerisch; *to*

joint account   533   **journalize**

put, to throw out of ~ aus-, verrenken; *to put s.o.'s nose out of* ~ *(fig)* jdn ausstechen; *to take* ~ *action* gemeinsam vorgehen; *universal* ~ Kardan-, Kreuzgelenk *n*; ~ **account** gemeinschaftliche(s) (Bank-)Konto *n*; *on* ~~ auf gemeinsame Rechnung; ~ **capital** Gesellschaftskapital, -vermögen *n*; ~ **committee** gemischte(r) Ausschuß *m pl*; ~ **costs** *pl* Schlüsselkosten *pl*; ~ **debtor** Mitschuldner *m*; ~**ed** ['-id] *a* gegliedert; ~**er** ['-ə] Löter *m* (*Person*); Fügemaschine *f*; Langhobel *m*; *arch* Eisenklammer *f*; ~ **guardian** Mit-, Gegenvormund *m*; ~ **heir** Miterbe *m*; ~ **liability** Gesamthaftung *f*; ~**ly** ['-li] *adv* gemeinsam, zusammen; ~ **owner, ownership** Miteigentümer *m*, Miteigentum *n*; ~ **partner** Mitinhaber, Teilhaber, (Geschäfts-) Partner *m*; ~ **plaintiff** Mitkläger *m*; ~ **property** Gütergemeinschaft *f*; ~ **proprietor** Miteigentümer *m*; ~ **resolution** *pol* gemeinsame Entschließung *f*; ~ **stock** Aktienkapital *n*; ~~ **company** Aktiengesellschaft; *Am* Offene Handelsgesellschaft *f* auf Aktien; ~ **tenant** Mitmieter, -pächter *m*; ~**ure** ['-ʃə] *jur* Witwenleibgedinge, *obs* Wittum *n*.

joist [dʒɔist] *s* Trag-, Querbalken *m*; *pl* Gebälk *n*; *tr* mit Querbalken versehen.

jok|e [dʒouk] *s* Ulk, Spaß, Scherz, Witz; Gegenstand *m* des Gelächters; *itr* Spaß, Witze machen; *tr* verulken, sich lustig machen über, hänseln, necken; *in* ~~ (nur) zum Spaß, im Scherz; *to carry the* ~~ *too far* den Scherz zu weit treiben; *to crack a* ~~ e-n Witz machen, *fam* reißen; *to make a* ~~ *of s.th.* etw ins Lächerliche ziehen; *to play a* ~~ *on s.o.* jdm e-e Streich, e-n Schabernack spielen; *to turn s.th. into a* ~~ sich über etw lustig machen, *fam* etw durch den Kakao ziehen; *he cannot see* od *take a* ~~ er versteht keinen Spaß; *it is no* ~~ das ist kein Spaß; das ist Ernst; *the best of the* ~ die Pointe *f*; *a practical* ~~ ein Streich, Schabernack *m*; *the* ~~ *of the town* das Gelächter der ganzen Stadt; ~**er** ['-ə] Spaßvogel, Witzbold *m*; *sl* Kerl, Bursche; (*Kartenspiel*) Joker *m*; *Am* (*Gesetz, Urkunde*) *fig* Hintertüre, versteckte, zweideutige Klausel *f*; ~**ing** ['-iŋ] Spaßen, Scherzen *n*; ~~ *apart!* Scherz beiseite! ~**ingly** ['-iŋli] im Scherz, im Spaß.

joll|ification [dʒɔlifi'keiʃən] *fam* Remmidemmi *n*, (Jubel u.) Trubel *m*, Festlichkeit, Lustbarkeit *f*; ~**ify** ['dʒɔlifai] *fam tr* in Stimmung bringen; *itr* in Stimmung, lustig, ausgelassen sein; ~**iness** ['dʒɔlinis], ~**ity** ['-iti] Lustigkeit, Fröhlichkeit, Ausgelassenheit, Stimmung; Lustbarkeit, Festlichkeit *f*; ~**y** ['dʒɔli] *a* fröhlich, lustig, heiter, in Stimmung, ausgelassen; angeheitert; *Br fam* prächtig, pracht-voll, famos, tadellos, gut, angenehm, *iro* schön; *adv Br fam* riesig, mächtig, sehr; *tr fam (to* ~ *along)* gut zureden, schmeicheln (*s.o.* jdm); aufmuntern, aufheitern; aufziehen, zum besten haben.

jolly(-boat) ['dʒɔli] Jolle *f*.

jolt [dʒoult] *tr* (auf-, durch)rütteln, -schütteln; *itr* dahinschlendern; *s* plötzliche(r) Stoß *od* Schlag *m*; Rütteln *n*; Schock *m*, Überraschung *f*.

Jonathan ['dʒɔnəθən] Jonathan *m*; (*Brother* ~) Amerika *n* (*US*), Amerikaner *m*.

jonquil ['dʒɔŋkwil] Jonquille *f* (*Narzissenart*).

jorum ['dʒɔ:rəm] Humpen *m*; Bowle *f*.

josh [dʒɔʃ] *Am sl tr* zum besten haben, verulken; *s* Spaß, Scherz, Ulk *m*.

joss [dʒɔs] chinesische(r) Götze(nbild *n*) *m*; ~~**house** chinesische(r) Tempel *m*; ~~**stick** Räucherstäbchen *n*.

josser ['dʒɔsə] *sl* Depp, (blöder) Kerl *m*.

jostle ['dʒɔsl] *tr* stoßen (*against* gegen); schubsen, anrempeln; schieben, drängen; *itr* kämpfen (*with s.o. for s.th.* mit jdm um etw); zs.stoßen (*with* mit); *s* Stoß, Schubs, Puff *m*; *to* ~ *away* wegschubsen, -schieben.

jot [dʒɔt] *s*: *not a* ~ nicht das geringste, nicht im geringsten; kein Jota; *tr (to* ~ *down)* (sich) (kurz) notieren, vermerken; ~**ter** ['-ə] Notizbuch *n*; ~**tings** ['-iŋz] *s pl* Notiz *f*, Vermerk *m*.

joule [dʒu:l, dʒaul] *el* Joule *n*.

jounce [dʒauns] *tr* (durch)schütteln, -rütteln; *itr* durchgeschüttelt, durchgerüttelt werden; *s* Stoß, Ruck, Schubs *m*.

journal ['dʒə:nl] Tagebuch *n*, Aufzeichnungen *f pl*; *com* Journal; *mar* Logbuch *n*; (Tages-)Zeitung, Zeitschrift *f*, Magazin *n*; *tech* (Wellen-) Zapfen, Achsschenkel *m*; ~ **box** Achslager *n*; ~**ese** ['dʒə:nə'li:z] Zeitungsstil *m*; ~**ism** ['-lizm] Zeitungswesen *n*, -schriftstellerei; die Presse *f*; ~**ist** ['-ist] Journalist, Zeitungsschreiber, Tagesschriftsteller *m*; ~**istic** [dʒə:nə'listik] journalistisch; ~**ize** ['-əlaiz] *tr com* in das Journal eintragen; *itr* ein Tagebuch führen; Journalist sein.

journey ['dʒəːni] s Reise f; itr reisen, e-e Reise machen; *to go on a ~* verreisen; *a day's ~* e-e Tagesreise; **~man** ['~mən] Geselle, gelernte(r), Facharbeiter m; **~~ baker** Bäckergeselle m; **~~work** Gesellenarbeit; *fig* Tag(e)löhnerarbeit f.

j(o)ust [dʒaust, dʒuːst] s *hist* Lanzenstechen n, Tjost f; itr turnieren.

Jove [dʒouv] *poet* Jupiter m; *by ~!* Donnerwetter! Himmel!

jovial ['dʒouvjəl] heiter, fröhlich, jovial; **~ity** [dʒouvi'æliti] Heiterkeit, Fröhlichkeit f, Frohsinn m.

jowl [dʒaul] Kinnbacken m; Backe; Kehle f; *zoo* Kehllappen m, Wamme f; *(gewisse Fische)* Kopf m; *cheek by ~* (ganz) dicht beiea.

joy [dʒɔi] s Freude f *(in, of* an; *at* über), Vergnügen *(at* an); Entzücken n, (Glück-)Seligkeit f; itr poet sich freuen *(in* über); *for, with ~* vor Freude; *in ~ and sorrow* in Freud und Leid; *to the ~ of s.o.* zu jds Freude, Vergnügen; *with ~* mit Vergnügen, mit Freude, erfreut *adv*; *tears (pl) of ~* Freudentränen f pl; **~-bells** pl Freudenglocken f pl; **~ful** ['~ful] voller Freude; freudig, froh, glücklich; **~fulness** ['~fulnis] Freudigkeit, Fröhlichkeit f; **~less** ['~lis] freudlos, traurig, trüb(e); **~lessness** ['~lisnis] Freudlosigkeit, Traurigkeit f; **~ous** ['~əs] freudig, froh, glücklich; **~ousness** ['~əsnis] Freude, Fröhlichkeit f; **~-ride** s *fam* Auto-, Spritztour, Vergnügungs-, Spazierfahrt; Schwarzfahrt f; itr fam e-e Spritztour, e-e Schwarzfahrt machen; **~-rider** Schwarzfahrer m; **~-stick** *aero sl* Steuerknüppel m.

jubil|ant ['dʒuːbilənt] frohlockend, triumphierend; **~ate** ['~leit] itr jubeln, jubilieren; **~ation** [dʒuːbi'leiʃən] Jubel, Freudentaumel m; Freudenfest n; **~ee** ['dʒuːbiliː] *rel* Jubeljahr; (50jähr.) Jubiläum; Freudenfest n; *silver, diamond ~~* 25-, 60jährige(s) Jubiläum n.

Jud|(a)ea, ~ea [dʒuː'diə] Judäa n; **~aic** [dʒuː(ː)'deiik] jüdisch; **~aism** ['dʒuːdeiizm] Judentum n; **~aize** ['dʒuːdeiaiz] itr Jude werden; tr jüdisch machen.

Judas ['dʒuːdəs] Judas; *j~* Verräter m; Guckloch n, Spion m; **~-colo(u)red** *a (Haare)* rot; **~-kiss** Judaskuß m; **~-tree** *bot* Judasbaum m.

judge [dʒʌdʒ] s Richter *(of* über) a. *rel hist*; Schieds-, Preisrichter; Kenner, Sachverständige(r) m *(of* in); tr richten, aburteilen; *(Streit)* schlichten; *(Wettbewerb)* die Entscheidung treffen in; entscheiden; sich ein Urteil bilden über; beurteilen, urteilen über; halten für, ansehen als; itr Recht sprechen, richten; das Urteil fällen; entscheiden; urteilen *(of* über; *by, from* nach); vermuten, annehmen; *rel hist* das Richteramt innehaben; *to be a (no) ~ of s.th.* sich in etw (nicht) auskennen, sich auf etw (nicht) verstehen; *as God is my ~!* so wahr mir Gott helfe! *~ of human nature* Menschenkenner m; *associate ~* Beisitzer m; *chief ~* Gerichtspräsident m; *election ~* Wahlprüfer m; *federal ~* Bundesrichter m; *lay ~* Laienrichter, Schöffe m; *police-court ~* Polizei-, Schnellrichter m; *presiding ~* Gerichtsvorsitzende(r) m; *professional ~* Berufsrichter m; *~ in lunacy* Entmündigungs-, Vormundschaftsrichter m; **~-advocate** Kriegsgerichtsrat m; **~~ general** Vorsitzende(r) m des Obersten Kriegsgerichts; **~-made law** Richterrecht n; **~ship** ['~ʃip] Richteramt n

judg(e)ment ['dʒʌdʒmənt] Urteil n *(on* über); Urteils-, Richterspruch m, Gerichtsurteil n, gerichtliche Entscheidung; *(in ~ debt)* ausgeklagte, Urteilsforderung f; *fig* Strafgericht n, Strafe, Meinung, Ansicht f, Urteil, Urteilsvermögen n, Scharfsinn m, Einsicht f, Verständnis n, gesunde(r) Menschenverstand m; *according to my ~* nach meinem Dafürhalten, meiner Meinung nach; *against o.'s better ~* gegen die eigene Überzeugung; *in my ~* meines Erachtens; meiner Ansicht nach; *to the best of my ~* soweit ich das beurteilen kann; *to bring to ~* vor Gericht bringen; *to give, to pass ~* ein Urteil fällen, entscheiden, erkennen *(on* über); *to give ~ for, (against)* s.o. zu jds (Un-)Gunsten entscheiden; *to pass ~ on s.o.* jdn verurteilen; *to pronounce a ~* ein Urteil verkünden; *to quash, to reverse, to set aside a ~* ein Urteil aufheben; *to show ~* Urteilsvermögen besitzen; *to sit in ~* zu Gericht sitzen *(on* über); *to suspend a ~* ein Urteil aussetzen; *it is a ~* for it that is die Strafe dafür; *the Day of J~* der Jüngste Tag, das Jüngste Gericht; *declaratory ~* Feststellungsurteil n; *default ~* Versäumnisurteil n; *error of ~* Fehlurteil n; *interlocutory, provisional ~* vorläufige(s), Zwischenurteil n; **(J~)-day** *= the Day of J~*; **~-proof** unpfändbar; **~-seat** Richterstuhl m.

judicature ['dʒu:dikətʃə] Gerichtsverwaltung, Rechtspflege *f*, -wesen *n*; Rechtsprechung *f*; Richteramt *n*, richterliche Gewalt *f*; Gerichtsbezirk *m*, Jurisdiktion *f*; Gericht(shof *m*) *n*; Richter *m pl*.

judici|al [dʒu(:)'diʃəl] rechtlich, richterlich; Rechts-, Justiz-; gerichtlich, Gerichts-; richterlich; gerecht, unparteiisch, sachlich; kritisch; **~~ act** Rechtshandlung *f*; **~~ assembly** Gerichtshof *m*; **~~ bench** Richterbank *f*; **~~ code** Prozeßordnung *f*; **~~ court** Gerichtshof *m*; **~~ decision** Gerichtsentscheid *m*; **~~ error** Justizirrtum *m*; **~~ finding** Richterspruch *m*; **~~ murder** Justizmord *m*; **~~ order** richterliche Verfügung *f*; **~~ power** richterliche Gewalt *f*; **~~ proceedings** (*pl*) Gerichtsverfahren *n*; **~~ reform** Rechtsreform *f*; **~~ sale** gerichtliche Versteigerung *f*; **~~ separation** Trennung *f* von Tisch u. Bett, Aufhebung *f* der ehelichen Gemeinschaft; **~~ system** Justizverfassung *f*, Rechtswesen *n*; **~ary** [dʒu(:)'diʃiəri] *a* Rechts-, Gerichts-, Justiz-; gerichtlich, richterlich; *s* Gerichtsverwaltung, Rechtspflege *f*, Rechtswesen *n*; Richterschaft *f*; **~ous** [dʒu(:)'diʃəs] urteilsfähig, verständig, einsichtig, klug, weise; **~ousness** ['-diʃəsnis] Einsicht *f*, Verstand *m*, Klugheit, Weisheit *f*.

judy ['dʒu:di] *sl* Frau, Göre *f*; *fig* lächerliche(s) Stück *n*; **to make a ~ of o.s.** *(fam)* sich blamieren.

jug [dʒʌg] *s* Krug *m*, Kanne *f*; *sl* Knast *m*, Kittchen *n*; *tr* in e-n Krug, e-e Kanne füllen; schmoren, dämpfen; *sl* einlochen; **~ged hare** Hasenpfeffer *m*; **~ful** ['-ful] Krug- *m*, Kannevoll *f*; **not by a ~~** *(Am)* nicht im geringsten, nicht entfernt, auf keinen Fall.

juggernaut ['dʒʌgənɔ:t] *(J~ car)* Moloch *m*.

juggins ['dʒʌginz] *sl* Trottel *m*.

juggl|e ['dʒʌgl] *tr* Kunststücke machen mit; fälschen; betrügen *(out of um)*; verzaubern; *itr* jonglieren; verfälschen *(with s.th. etw)*; *s* Kunststück *n*; Schwindelei *f*, Trick, Betrug *m*; **~er** ['-ə] Taschenspieler, Gaukler; Betrüger, Schwindler *m*; **~ery** ['-əri] Taschenspielerei *f*; Schwindel, Betrug *m*.

Jugoslav ['ju:gə(u)'sla:v] *s* Jugoslawe *m*, Jugoslawin *f*; *a* jugoslawisch; **~ia** [-ə] Jugoslawien *n*.

jugul|ar ['dʒʌgjulə] *a* Kehl-, Hals-; *s u*. **~~ vein** *(anat)* Drosselader *f*; **~ate** ['-eit] *tr* die Kehle durchschneiden *(s.o.* jdm); erdrosseln, erwürgen; *bes. fig* abdrosseln, unterbinden, -drücken; *med* kupieren.

juic|e [dʒu:s] Saft *m. bot zoo anat*; *fig* Gehalt *m*, Wesen; *sl* Benzin, Öl *n*, Treibstoff; *sl el* Strom *m*; **to stew in o.'s own ~~** *(fig)* im eigenen Saft schmoren; **gastric ~~** *(physiol)* Magensaft *m*; **~eless** ['-lis] saftlos, trocken; **~er** ['-ə] *film sl* Beleuchter *m*; **~iness** ['-inis] Saftigkeit; *fam* Nässe *f*; **~y** ['-i] saftig; *(Wetter)* naß, feucht; *fam* interessant, spannend, pikant, gepfeffert.

ju-jitsu, jiu-jitsu [dʒu:'dʒitsu] *sport* Jiu-Jitsu *n*.

jujube ['dʒu:dʒu(:)b] Brustbeere *f*; Brustbeerenbaum, Judendorn *m*; Brustbeerbonbon, -gelee *m*.

juke|box ['dʒu:kbɔks] *Am fam* Musikautomat *m*; **~ joint** *Am fam* Kneipe, Kaschemme *f*, Bumslokal *n*.

julep ['dʒu:lep] Heiltrank; *Am* Kühltrank; *(mint ~)* Pfefferminzlikör *m*.

July [dʒu(:)'lai] Juli *m*; **in ~** im Juli.

jumble ['dʒʌmbl] *tr* (ver)mischen, (ver)mengen; *fig* durcheinanderbringen, *fam* -würfeln; *itr (to ~ up)* durcheinandergeraten; *s* Mischmasch *m*; Durcheinander *n*, Wirrwarr *m*; **~-sale** Wohltätigkeitsbasar *m*; **~-shop** Kramladen *m*.

jumbo ['dʒʌmbou] *pl -os s* Koloß *m (Mensch, Tier od Sache)*; *sl fig* Kanone *f*; *a Am com* Riesen-; riesig.

jump [dʒʌmp] 1. *itr* springen; auf-, hochfahren; *rail* entgleisen; *aero (mit dem Fallschirm)* abspringen; *fig (Preise)* in die Höhe schnellen; *(von e-m Thema zum andern)* springen; sich stürzen *(at auf)*; schnell, eilig, eifrig ergreifen, annehmen *(at s.th.* etw); *(Entschluß)* fassen *(to s.th.* etw); anfahren, angreifen *(on, upon s.o.* jdn); übereinstimmen, sich decken *(with* mit); 2. *tr* (hinweg)springen über; springen lassen; *(Küche)* schwenken; *fig(Preise)* in die Höhe schnellen lassen; *(Angebot)* überbieten; *(Buchseite)* überspringen; *fam* sich stürzen auf; *fam* Hals über Kopf verlassen, *Am sl* aufscheuchen, unrechtmäßig in Besitz nehmen, (be)rauben; 3. *s* Sprung *m*. *sport*, *fam* Satz *m*; Auffahren *n*, Zuckung *f*; *aero (Fallschirm-)*Absprung *m*; plötzliche(s) Ansteigen *n (der Preise)*; (Gedanken-)Sprung *m*; **the ~s** *(pl sl)* der Veitstanz; **for the Tatterich**; **on the ~** *(fam)* eifrig im Gange, sehr beschäftigt; zerfahren, nervös; **to be on the ~** auf den Beinen sein;

jump down

to get, to have the ~ on s.o. (sl) vor jdm e-n Vorsprung haben; jdm zuvorkommen; *to ~ bail, bonds* s-e Kaution aufgeben; *to ~ a claim* sich über e-n fremden Anspruch hinwegsetzen; *to ~ to conclusions* voreilige Schlüsse ziehen; *to ~ the gun (Am sl sport)* vor dem Signal starten; *allg* die Zeit nicht abwarten können, vorher anfangen; *to ~ the queue* sich vordrängeln; s-e Sachen hinten herum kriegen; *to ~ the rails, (Am) the track* entgleisen; *to ~ out of o.'s skin (fig)* aus der Haut fahren; *broad od long, high, pole ~ (sport)* Weit-, Hoch-, Stabhochsprung *m; to ~* **down** hinab-, hinunter-, herunterspringen *(from* von*); to ~* **in, out** hinein-, hinausspringen; *to ~ s.o.* **into** jdn verleiten zu; *to ~* **off** herabspringen; *sl* auf losschlagen; *to ~* **on** aufspringen *(to* auf*); to ~* **together** zs.fallen, übereinstimmen; *to ~* **up** auf-, hochspringen; **~ area** *mil* Sprunggebiet *n;* **~ed-up** *a fam* mangelhaft vorbereitet, improvisiert; hochnäsig; **~er** ['-ə] Springer; Floh *m;* Made *f; tech* Stauchhammer; Stoßbohrer *m;* Rauhbank *f; radio* Schalt-, Überbrückungsdraht *m,* Anschlußstrippe *f;* Woll-, Überjacke *f,* Jumper; *fam* (Fahrkarten-)Schaffner *m; high ~~* Hochspringer *m;* **~iness** ['-inis] *f,* Sprunghaftigkeit *f,* **~ing** ['-iŋ] *f;* **~~bean** Springbohne *f;* **~~ board** Sprungbrett *n;* **~~hare, -louse, -mouse** Springhase *m,* -laus, -maus *f;* **~~~jack** Hampelmann *m;* **~~~off** *(mil)* Ausgang; *aero* Absprung *m (mit dem Fallschirm);* **~~~off place** Endstation *f; fig* Ende *n* (der Welt); **~~~off position, ground** *(mil)* Ausgangsstellung *f;* **~~~pole** Sprungstange *f;* **~~master** *(Fallschirmtruppe)* Absetzer *m;* **~~off** *aero* Absprung *m (mit dem Fallschirm);* **~~~base** *(Am aero)* Absprungplatz *m;* **~y** ['-i] sprunghaft; *fam* nervös, aufgeregt.

junct|ion ['dʒʌŋkʃən] Verbindung, Vereinigung *f;* Schnittpunkt *m; (road ~~)* (Straßen-)Kreuzung *f,* (Verkehrs-)Knotenpunkt; Treffpunkt; *rail* Umsteigebahnhof, Eisenbahnknoten(punkt) *m; tech* Stoß-, Lötstelle *f;* **~~ box** *(el)* Abzweigdose *f;* **~~ line** *(rail)* Zweig-, Verbindungslinie *f; tele* Amtsleitung *f;* **~ure** ['dʒʌŋktʃə] Verbindung, Vereinigung *f;* Berührungspunkt *m,* Verbindungsstelle *f,* -stück *n,* Fuge, Naht *f;* Gelenk *n;* Zeitpunkt; kritische(r) Augenblick *m,* Krise *f;* Stand *m* der Dinge.

June [dʒu:n] Juni *m; in ~* im Juni; **~~berry** *bot* Trauben-, Felsenbirne *f;* **~~bug, -beetle** *Am* Juni-, Maikäfer *m.*

jungle ['dʒʌŋgl] Dschungel *m, f od n;* Dickicht *n; Am sl* Landstreicherlager *n,* gefährliche(r) Stadtteil *m;* **~-fever** Sumpffieber *n.*

junior ['dʒu:njə] *a* jünger; von geringerem Dienstalter *od* niedrigerem Rang; später; *(nach e-m Namen)* junior, der Jüngere, Sohn; *sport* Junioren-; *s* Jüngere(r); Rangniedrigere(r); jüngere(r) Schüler *od* Student; *Am* Schüler *od* Student *m* im 3. Schul- *bzw.* Studienjahr; *to be s.o.'s ~* jünger als jem sein *(by two years* zwei Jahre*);* **~ clerk** zweite(r) Buchhalter *m;* **~ college** *Am* College *n* nur für die beiden ersten Studienjahre; **~ counsel** (Anwalts-)Assessor *m;* **~ high school** *Am* Schule *f,* die das 8. u. 9. Schuljahr umfaßt; **~ity** [dʒu:ni-'ɔriti] geringere(s) Alter *n;* niedrigere(r) Rang *m;* **~ partner** jüngere(r) Teilhaber *m; the* **J~ Service** das (brit.) Heer; **~ school** *Br* Grundschule *f.*

juniper ['dʒu:nipə] *bot* Wacholder *m.*

junk [dʒʌŋk] 1. *s* alte(s) Tauwerk; Altmaterial *n,* -waren *f pl,* Schrott *m;* dicke(s) Stück *n; fam* Abfall, Trödel *m;* Gerümpel *n; mar* Pökelfleisch *n; zoo* Walrat *m od n; Am sl* Rauschgift *n; tr fam* ausrangieren, wegwerfen, zum alten Eisen werfen; **~dealer** *Am,* **~man** ['-mən] Altwarenhändler, Trödler, Lumpensammler *m;* **~pile, ~yard** *Am* Schuttabladeplatz; Autofriedhof *m;* **~shop** Marine-Verpflegungslager *n; Am* Altwarenhandlung *f,* Trödelladen *m;* **~y** ['-i] *Am sl* Rauschgiftsüchtige(r) *m;* **2.** Dschunke *f.*

junket ['dʒʌŋkit] *s* Sahne-, Rahmquark *m;* süße Dickmilch *f;* Schmaus *m,* Bankett, Fest; *Am* Picknick *n,* Fahrt *f* ins Grüne, Spritztour, Vergnügungsfahrt *f,* Ausflug *m,* Exkursion *f (auf Staatskosten); tr* bewirten; *itr* schmausen, feiern; *Am* e-e Spritztour machen *(auf Staatskosten).*

junt|a ['dʒʌntə] *pol* Junta *f; a.* **~o** ['-ou] *pl* **-os** *(pol)* Junta *f;* Geheimbund *f,* Verschwörerclique *f,* Komplott *n.*

juridic|(al) [dʒuə'ridik(əl)] gerichtlich, Gerichts-; Rechts-; juristisch; **~al days** *(pl)* Gerichtstage *m pl;* **~al insecurity** Rechtsunsicherheit *f;* **~al person** juristische Person.

jurisdiction 537 **juxtaposition**

jurisdiction [dʒu(ə)ris'dikʃən] Rechtshoheit, -pflege *f*, -wesen *n*, Rechtsprechung, Gerichtsbarkeit *f*, -bezirk *m*; Zuständigkeit(sbereich *m* od *n*) *f*; Gerichtsstand *m*; *to come under the* ~ unter die Zuständigkeit fallen (*of* von); *to have* ~ *over* zuständig sein für.

jurispruden|ce [dʒu(ə)ris'pru:dəns, 'dʒu-] Rechtswissenschaft, Jurisprudenz; Rechtsphilosophie *f*, -system *n*; *medical* ~ gerichtliche, Gerichtsmedizin *f*; **~t** [-t] *s* Rechtsgelehrte(r), Jurist *m*; *a* rechtskundig; **~tial** [-'denʃəl] rechtswissenschaftlich, juristisch.

jurist ['dʒu(ə)rist] Jurist; *Am* Anwalt; *Br* Student m der Rechte.

juror ['dʒu(ə)rə] Geschworene(r), Schöffe; Preisrichter *m*.

jury ['dʒu(ə)ri] Geschworenen-, Schwur-, Schöffengericht *n*; *die* Geschworenen, *die* Schöffen *m pl*; Preisgericht, -richterkollegium *n*; Jury *f*; Sachverständigenausschuß *m*; *gentlemen of the* ~! meine Herren Geschworenen! *common, petty* ~ Urteilsjury *f*; *foreman of the* ~ Geschworenenobmann *m*; *grand* ~ Anklagejury *f*; *trial by* ~ Schwurgerichtsverhandlung *f*; *verdict of the* ~ (Wahr-)Spruch *m* der Geschworenen; **~-box** Geschworenen-, Schöffenbank *f*; **-list, -panel** Geschworenen-, Schöffenliste *f*; **~man** ['-mən] Geschworene(r) *m*.

jury-mast ['dʒu(ə)rima:st] *mar* Notmast *m*.

just [dʒʌst] *1. a* gerecht, unparteiisch, fair; ehrlich, gerade, aufrecht; verdient; *pred* recht u. billig; gesetzlich, rechtlich, in aller Form rechtens; recht, richtig; berechtigt, begründet; genau, korrekt; *adv* genau, gerade; (so) etwa; nur, nicht mehr als; gerade noch, in knapper Not, mit Müh und Not; gerade, (so) eben; nur (so), bloß; mal; *Am fam* ganz, recht, einfach, wirklich, eigentlich; *but* ~, *now* eben erst, im Augenblick; *only* ~ gerade noch; ~ *as* ebenso, geradeso; ~ *as well* ebensogut; ~ *then* gerade in dem Augenblick; *to receive o.'s* ~ *deserts* s-n gerechten Lohn empfangen; *that's* ~ *it!* ganz recht (so)! ~ *the same* (*fam*) macht nichts! ~ *a moment!* einen Augenblick, bitte! ~ *let me see!* laß doch bitte mal sehen; ~ *so* ganz richtig; genau so; ~ *shut the door!* mach doch, bitte, die Tür zu! ~ *tell me!* sag doch mal! ~ *for that* nun gerade; **~ly** ['-li] *adv* richtig; mit Recht; verdientermaßen; **~ness** ['-nis] Gerechtigkeit, Billigkeit; Ehrlichkeit, Geradheit *f*; *2. s. joust.*

justice ['dʒʌstis] Gerechtigkeit; Rechtmäßigkeit, Richtigkeit, Korrektheit *f* (*to* gegenüber); Recht(swesen *n*, -pflege *f*) *n*, Gerichtsbarkeit *f*; Richter *m*; *in* ~ *to s.o.* um jdm Gerechtigkeit widerfahren zu lassen, um jdm gerecht zu werden; *to administer, to dispense* ~ Recht sprechen; *to bring to* ~ vor Gericht bringen; *to do s.o.* ~ jdm Gerechtigkeit widerfahren lassen, jdm gerecht werden; *to do o.s.* ~ sein Licht nicht unter den Scheffel stellen, mit s-n Pfunden wuchern; *to evade* ~ sich der Strafverfolgung, Bestrafung entziehen; *chief* ~ Oberrichter *m*; *court of* ~ Gericht(shof *m*) *n*; *equal* ~ *under the law* Gleichheit *f* vor dem Gesetz; *lay* ~ Laienrichter *m*; *minister of* ~ Justizminister *m*; *ministry of* ~ Justizministerium *n*; ~ *of the peace* Friedensrichter *m*; **~ship** ['-ʃip] Richteramt *n*; **justiciable** [dʒʌs-'tiʃiəbl] der Gerichtsbarkeit unterworfen.

justif|iability [dʒʌstifaiə'biliti] Berechtigung, Rechtmäßigkeit *f*; **~iable** ['dʒʌstifaiəbl] zu rechtfertigen(d), gerechtfertigt, berechtigt; ~ *defence* Notwehr *f*; **~ication** [dʒʌstifi'keiʃən] Rechtfertigung; *tech* Justierung *f*; ~~ *by faith* Rechtfertigung *f* durch den Glauben; **~icative, ~icatory** ['dʒʌstifikeitiv, -ɔri] rechtfertigend, Rechtfertigungs-; Berechtigungs-; **~ier** ['-faiə] Rechtfertiger *m*; **~y** ['-fai] *tr* begründen; rechtfertigen *a. rel* (*to* vor); *typ* justieren; *to be* ~*ied* recht haben (*in doing s.th.* etw zu tun).

jut [dʒʌt] *itr* (*to* ~ *out, forth*) vorspringen, hervorstehen, -ragen; *s* Vorsprung *m*.

Jut|e [dʒu:t] Jüte *m*, Jütin *f*; **~ish** ['-iʃ] jütisch; **-land** ['dʒʌtlənd] Jütland *n*.

jute [dʒu:t] Jute *f*.

juven|escence [dʒu:vi'nesəns] Heranreifen; Jugendalter *n*; *well of* ~ Jungbrunnen *m*; **~escent** [-t] heranwachsend; **~ile** ['dʒu:vinail] *a* jugendlich, jung; unreif; Jugend-; *s* Jugendliche(r) *m*; (~~ *book*) Jugendbuch *n*; ~~ *court* Jugendgericht *n*; ~~ *delinquency* Jugendkriminalität *f*; ~~ *security* Jugendschutz *m*; **~ility** ['-niliti] Jugend(lichkeit) *f*; jugendliche(r) Leichtsinn *m*; *pl* Jugendstreiche *m pl*.

juxtapos|e [dʒʌkstəpouz] *tr* nebenea.stellen; **~ition** [dʒʌkstəpə'ziʃən] Nebenea.stellung *f*.

K

K, k [kei] *pl* ~'s K, k *n*.
Kaf(f)ir ['kæfə] *s pej* Kaffer *m*; Kaffernsprache *f*; *pl* Bergwerksaktien *f pl* der Südafrikanischen Union.
kale, kail [keil] Grün-, Krauskohl *m*; (~ *seed*) *Am sl* Moos, Geld *n*; **~-yard** *Scot* Gemüse-, Küchengarten *m*.
kaleidoscop|e [kə'laidəskoup] Kaleidoskop *n a. fig*; **~ic** [kəlaidə'skɔpik] kaleidoskopisch, ständig wechselnd.
kali ['ka:li, 'keili] *bot* Salzkraut *n*.
kangaroo [kæŋgə'ru:] *pl* -os Känguruh *n*; *parl* (~ *closure*) Abkürzung *f* e-r Diskussion durch Behandlung einzelner Punkte; **~ court** *Am fam* inoffizielle(s), Scheingericht *n*; **~ landing** *aero sl* Bumslandung *f*; **~-rat** *zoo* Känguruh-, Beutelratte *f*.
kaolin ['keiəlin] Porzellanerde *f*, Kaolin *n* od *m*.
kapok ['keipɔk, 'ka:-] Kapok *m*.
katabatic [kætə'bætik] (*Wind*) fallend; **~ wind** Fallwind *m*.
Kate [keit] Käthe *f*.
katydid ['keitidid] *Am zoo* Laubheuschrecke *f*.
kayak ['kaiæk] Kajak *m* od *n*.
kayo ['kei'ou] *tr sl* k.o. schlagen; *s sl* K.O., Knockout *m*.
keck [kek] *itr* Würgen, Brechreiz haben; *fig* sich ekeln, sich schütteln (*at* vor); **~le** ['-l] *itr* kichern.
kedge [kedʒ] *s* (~ *anchor*) Warp-, Stromanker *m*; *tr mar* verholen, warpen; *itr* (*Schiff*) verholt werden.
keel [ki:l] *s mar aero bot* Kiel *m*; *bot* Längsrippe *f*; *poet* Schiff *n*; *mar* Schute *f*; *tr* mit e-m Kiel versehen; (*Schiff*) auf die Seite legen; *itr* (*Schiff*) sich auf die Seite legen; *to* ~ *over* (*tr*) (*fam*) auf den Kopf stellen *od* stülpen; *mar* kentern lassen; *itr* (um)kippen, kentern; *on an even* ~ gerade *adv*, ohne zu schwanken; *fig* gleichmäßig, glatt, ruhig *adv*; *to lay down a* ~ ein Schiff auf Kiel legen; **~-haul** ['-hɔ:l] *tr mar* kielholen; *fig* anschnauzen.
keen [ki:n] **1.** (*Messer, Senf, Augen, Verstand*) scharf; (*Ironie*) beißend; (*Wind*) scharf, schneidend; (*Kälte*) schneidend, durchdringend, streng; (*Ton*) schrill, ohrenbetäubend; (*Schmerz*) stechend, brennend, heftig, stark; (*Appetit*) stark, groß; (*Interesse*) lebhaft, stark; (*Bemühen, Ringen*) heiß; (*Wettstreit*) heftig; (*Mensch*) stark interessiert (*on* an); eifrig (*on* in); begierig, versessen, erpicht, *fam* scharf (*on* auf; *to do*, (*fam*) *on doing* darauf, zu tun); begeistert (*about* von); *Am sl* prächtig; (*as*) ~ *as mustard* (*fam*) ganz wild, (ganz) verrückt (*on* nach); *she is* ~ *on riding* sie ist e-e leidenschaftliche Reiterin; **~-edged** *a* scharf(geschliffen); **~-ness** ['-nis] Schärfe, Heftigkeit, Strenge; Lebhaftigkeit, Stärke; Verstandesschärfe *f*, Scharfsinn *m*; **~-witted** *a* scharfsinnig; **2.** *s* (*Irland*) Totenklage *f*; *tr itr* (e-n Toten) beweinen.
keep [ki:p] *irr* kept, kept **1.** *tr* (be)halten, haben; einhalten, beobachten, befolgen, festhalten an; bewahren, bewachen, beschützen; überwachen; aufbewahren, aufheben; für sich behalten; in Ordnung halten; er-, unterhalten, versorgen, sorgen für; in Verpflegung, in Pension haben; ernähren, beköstigen; (*Vieh*) halten; (*Personal*) beschäftigen; buchführen über; (*Waren, Tagebuch*) führen; (*Fest*) feiern; (*Hotel*) betreiben; (*Zeitung*) halten; handhaben; (*waiting* warten) lassen; aufheben; vorrätig haben; auf-, zurück-, festhalten; hindern, abhalten (*from* von); *Am* (*Versammlung*) abhalten, veranstalten; verbergen, verheimlichen, verschweigen (*from s.o.* jdm); **2.** *itr* bleiben; fortfahren, weitermachen; festhalten (*at s.th.* etw); bleiben (*at s.th.* bei e-r S); sich halten (*to s.o.* an jdn); sich enthalten (*from s.th.* e-r S); (*Lebensmittel*) sich halten, gut bleiben; *fam* dauern; sich befinden; *Am fam* sich aufhalten, wohnen, leben; *to* ~ (*o.s.*) *to o.s.* (*Mensch*) sehr reserviert sein; *to* ~ *doing s.th.* immer wieder etw tun; **3.** ~ *s* (Lebens-)Unterhalt *m*; Unterhaltskosten *pl*; (*Vieh*) Versorgtsein *n*; *hist* Bergfried, Festungsturm *m*; *for* ~*s* (*fam*) für immer; *to* ~ *o.'s bed* das Bett hüten; *to* ~ *a close check on s.th.* etw scharf überwachen; *to* ~ *company* Gesellschaft leisten (*s.o.* jdm); *with s.o.* jdm den Hof machen; *to* ~ *under control* in Schranken halten; *to* ~ *cool* e-n kühlen Kopf bewahren; *tech* kühl aufbewahren; *to* ~ *o.'s end up* (*Am*) s-e Aufgabe erfüllen; *to* ~ *o.'s eye, hand in s.th.* sich in e-r S auf dem laufenden halten; *to* ~ *goal* (*sport*) Torwart sein; *to* ~ *going* (*fig*) nicht einschlafen lassen; *to* ~ *o.'s ground* s-e Stellung behaupten; *to* ~ *o.'s head* die Ruhe bewahren; *to* ~ *hold of*

keep about — **ketchup**

s.th. etw festhalten; *to ~ early od good, late od bad hours* früh (zu Bett) gehen, lange (auf)bleiben; *to ~ house* haushalten; *to ~ left (right)* sich links (rechts) halten; links (rechts) gehen *od* fahren; *to ~ a stiff upper lip* die Ohren steif halten; *to ~ in mind* im Auge behalten; sich merken; *to ~ posted (Am)* auf dem laufenden halten; *to ~ a promise* ein Versprechen halten; *to ~ quiet* still sein; *to ~ in (good) repair* in gutem Zustand (er)halten; *to ~ o.'s seat* sitzen bleiben; *to ~ a shop* e-n Laden führen *od* haben; *to ~ silence* Stillschweigen bewahren; *to ~ in suspense* in der Schwebe, im ungewissen lassen; *to ~ tabs on s.o. (Am)* jdn scharf beobachten; *to ~ o.'s temper* ruhig bleiben; sich beherrschen können; *to ~ time* richtiggehen; Takt, Schritt halten; pünktlich sein; *to ~ in touch* in Fühlung bleiben *(with mit)*; *to ~ track of s.th.* sich etw merken; *to ~ in view (fig)* im Auge behalten; *to ~ watch* aufpassen; *to ~ to o.'s word* zu s-m Wort stehen, sein Wort halten; *~ smiling!* Kopf hoch! *~ your seat* bleiben Sie doch sitzen; *to ~* **about** sich noch immer aufhalten; s-e Pflicht tun; *to ~* **alive** *tr* am Leben erhalten; *itr fam* auf Draht sein; *to ~* **away** *itr* fernhalten; *itr* wegbleiben; *to ~* **back** *itr* zurückbleiben, sich entfernthalten; *tr* abhalten; zurückhalten; *(Geld)* zurückbehalten; *fig* verschweigen; *to ~* **down** *tr* niedrighalten; unterdrücken; bezähmen; *itr* sich nicht aufrichten, nicht aufstehen; *to ~* **in** *tr* zurückhalten, am Ausgehen hindern; *(Feuer)* nicht ausgehen lassen; *(Schüler)* nachsitzen lassen; *itr zu Hause*, daheim bleiben, nicht aus-, weggehen; *fam* auf gutem Fuß stehen *(with mit)*; *(Kunden)* pflegen; *to ~* **off** *itr* weg-, fernbleiben; *~~ the grass!* Betreten des Rasens verboten! *to ~* **on** *tr (Hut)* aufbehalten; *allg* behalten; *itr* dabeibleiben, weitermachen; fortfahren *(doing zu tun)*; *at s.o.* jdn nicht in Ruhe lassen; sich ernähren von; *to ~ on talking* weiterreden; *to ~* **out** *tr* nicht durch-, hereinlassen; *itr* draußen bleiben; sich fernhalten *(of von)*; *~ out!* Eintritt verboten! *~ out of her way* geh ihr aus dem Weg! *to ~* **over** behalten; übertragen; *to ~* **together** zs.bleiben, -halten; *to ~* **under** unter Kontrolle behalten; *to ~* **up** *tr* fortfahren mit, weitermachen; aufrechterhalten, in Ordnung halten; *(Geschäft)* fortführen; *itr* sich hochhalten; aufbleiben; andauern; *(Wetter)* schön bleiben; *(Preise)* sich behaupten; ausharren; auf dem laufenden halten; *with* auf dem laufenden bleiben, mitkommen, Schritt halten mit; *to ~~ appearances* den Schein wahren; *to ~~ with the Jones's* hinter den Nachbarn nicht zurückbleiben; *to ~ it up* so weitermachen; *~ it up!* nur so weiter! nicht nachgeben; **-er** ['-ə] Inhaber, Besitzer; (Tier-) Halter; Aufbewahrer; *(park-~~)* (Park-)Wächter; (Gefangenen-, Tier-) Wärter; Pfleger; Beschützer; *com* Buchhalter; Haken *m*, Klammer, Schlaufe *f*, Verschluß *m*; haltbare Ware *f*; *game-~~* Wildhüter *m*; *goal-~~* Torwart *m*; *lighthouse-~~* Leuchtturmwärter *m*; *shop-~~* Ladeninhaber *m*; **~ing** ['-iŋ] Einhalten, Befolgen *n*; Aufbewahrung; Verwahrung, Obhut, Pflege *f*; (Lebens-)Unterhalt *m*; Einbehaltung *f*, Gewahrsam *m*; *in ~~ with* in Übereinstimmung, in Einklang mit; *~~ room (Am)* Wohnzimmer *n*; **-sake** ['-seik] *s* Andenken *n*, Erinnerung *f* (an den Geber); *a* küstlig; *as, for a ~* als Andenken, zur Erinnerung.

keg [keg] Fäßchen *n*.

kelp [kelp] (See-)Tang *m*; Seetangasche *f*.

Kelt *s. Celt*.

ken [ken] *tr itr Scot* kennen, wissen *(of, about s.th.* etw); *s* (Er-)Kenntnis *f*, Wissen *n*; Gesichtskreis *m*.

kennel ['kenl] **1.** *s* Hundehütte *f*, *(a. pl)* -stall, -zwinger *m*; Koppel *f* Hunde; *fig* armselige Behausung *f*, Loch *n*; *tr itr* in e-r Hundehütte unterbringen *od* untergebracht sein; *fig* in e-m Loch hausen; **2.** Gosse *f*, Rinnstein *m*.

kerb [kə:b] *(a. curb)* Bordkante *f*; **~ drill** Verkehrserziehung *f*; **~ market** schwarze Börse; Nachbörse *f*; **~stone** Bord-, Gossenstein *m*.

kerchief ['kə:tʃif] Hals-, Kopftuch *n*.

kerf [kə:f] Kerbe *f*, Einschnitt *m*; *(Säge)* Schnittbreite *f*, Schnitte *f*,

kermes ['kə:mi(:)z] Kermes *m* (Farbstoff).

kermis, kermess ['kə:mis] Kirmes, Kirchweih *f*; *Am* Wohltätigkeitsbasar *m*.

kernel ['kə:nl] Korn *n*; Kern *a. fig*; *fig* Kernpunkt *m*, Hauptsache *f*.

kerosene ['kerəsi:n] Kerosin, *bes. Am* Petroleum *n*.

kestrel ['kestrəl] *orn* Turmfalke *m*.

ketch [ketʃ] *mar* Ketsch *f*.

ketchup ['ketʃəp] Ketchup *m od n*.

kettle ['ketl] Kessel *a. geog; (tea~)* Teekessel *m; (~-hole) geol* Gletschermühle *f; the pot should not call the ~ black (prov)* wer im Glashaus sitzt, soll nicht mit Steinen werfen; *a (pretty) ~ of fish* e-e dumme Geschichte; e-e schöne Bescherung; **~drum** *mus* Kesselpauke *f;* **~-holder** Topflappen *m.*

key [ki:] *s* Schlüssel *m a. allg fig; fig* Lösung *f (to* für); *tech* Keil, Splint; Schraubenschlüssel; *tele* Manipulator *m,* Taste(r *m*); *mus (a. Schreibmaschine)* Taste; *(Blasinstrument)* Klappe *f; mus* Schlüssel *m;* Tonart; Stimmlage, -höhe; Ausdrucksweise *f,* Stil; Grundgedanke, Ausgangspunkt *m; fig* Zeichenerklärung *f,* Schlüssel *m;* Schlüsselkraft *(Person); (~ number)* Kennziffer *f; tr* festkeilen, -klemmen; mit e-m Keil, *arch* e-m Schlußstein versehen; e-e Zeichenerklärung, e-n Schlüssel geben zu; mit e-r Kennziffer versehen; *mus* stimmen; *fig* aufea. abstimmen; *to ~ up* in e-e höhere Stimmlage bringen; *(Angebot)* erhöhen; *fig* gespannt, aufgeregt, nervös machen; *in ~ with* in Übereinstimmung mit; *in a minor ~ (fig)* gedrückt, mißmutig; *all in the same ~ (fig)* monoton, ohne Abwechslung, ausdruckslos; alles dasselbe; *under lock and ~* unter Verschluß; hinter Schloß und Riegel; *skeleton-~* Haupt-, Nachschlüssel, Dietrich *m;* **~-bit** Schlüsselbart *m;* **~-board** Klaviatur, Tastatur, Tastenplatte *f,* Tasten-, Griffbrett; *(Orgel)* Manual *n;* **~-bugle** *mus* Klappen-, Kenthorn *n;* **~ed** [-d] *a* mit Tasten, Klappen (versehen); mit e-m Keil befestigt *od* verstärkt; festgekeilt; chiffriert; *~~ up* angeregt, in Stimmung; *~~ down* be-, niedergedrückt; **~-game** *sport* Entscheidungsspiel *n;* **~-hole** Schlüsselloch *n; ~* **industry** Schlüsselindustrie *f; ~* **man** Schlüsselkraft, -figur *f;* **~ map** Übersichtskarte *f;* **~ money** Wohnungsprovision *f;* **~-note** *s mus* Grundton; *fig* Grundgedanke *m; tr* das Programm festlegen für; *~~ speech (pol)* programmatische Rede *f;* **~-noter** *pol* Programmatiker *m;* **~-novel** Schlüsselroman *m; ~* **position** Schlüsselstellung *f;* **~-punch** Tastenlocher *m;* **~-ring** Schlüsselring, -bund *m;* **~ signature** *mus* Vorzeichen *n;* **~-station** *radio* Hauptsender *m;* **~-stone** *arch* Schlußstein *m; fig* Grundlage *f,* -gedanke *m;* **~-way** Keilnut *f; ~ word* Schlüsselwort *n.*

khaki ['ka:ki] *a* khakifarben, erdgrau; *s* Khaki, Erdgrau *n;* Khaki, gelbbraune(r) Stoff *m;* Khakiuniform *f.*

kibe [kaib] aufgesprungene *od* vereiterte Frostbeule *f.*

kibitz ['ki:bits] *itr Am fam fig* kiebitzen; **~er** ['-ə] *fam fig* Kiebitz; Besserwisser *m.*

kibosch ['kaibɔʃ] *sl* Quatsch, Unsinn *m; to put the ~ on* Schluß machen mit.

kick [kik] *tr* mit dem Fuß, mit den Füßen stoßen *od* treten; *(Fußball)* kicken; *(Tor)* schießen; *itr (mit den Füßen)* strampeln; *(Pferd)* ausschlagen; *(Feuerwaffe)* zurückschlagen; *(Ball)* hochfliegen; *fam* die Zähne zeigen, sich wehren; nörgeln, meckern *(against, at, about* über); *s* (Fuß-)Tritt, Stoß; *(Fußball)* Schuß; *(Feuerwaffe)* Rückstoß *m; fam* Widerrede, Meckerei *f; fam (bes. alkohol. Getränk)* Feuer, Spritzige(s) *n; fam* Mumm, Schwung, Spaß *m,* Laune *f,* Fez, Übermut *m,* Begeisterung; *fam* Widerstandskraft *f; sl* Sixpence(stück *n) pl; the ~ (sl)* der letzte Schrei *(der Mode); to get the ~ (sl)* 'rausfliegen, -geschmissen werden; *to get a big ~ out of s.th.* viel Spaß an etw haben; *to have no ~ left (fam)* keinen Mumm mehr haben, nicht mehr können; *to ~ the bucket (sl)* ins Gras beißen, abkratzen; *to ~ o.'s heels* sich die Beine in den Bauch stehen, lange warten (müssen); *to ~ against the pricks* wider den Stachel löcken; *I could ~ myself* ich könnte mich ohrfeigen; *to ~ about, to ~ around tr fam* herumstoßen, schlecht behandeln; denken an, reden über; beschwatzen; herumbummeln, sich herumdrücken; *to ~ back itr fam* zurückschlagen; zurückprallen; *tr sl (Gestohlenes)* 'rausrücken; *(Geld)* wieder 'rausrücken, 'rausrücken mit; bestechen; *to ~* **downstairs** die Treppe hinunterwerfen; *to ~* **in** *tr* einstoßen, -treten; *itr Am sl* sein Teil, s-n Anteil beitragen, -steuern; *Am sl* abkratzen, sterben; *to ~* **off** *tr* wegschleudern, -stoßen; *(Fußball)* anspielen; *itr Am sl* abkratzen, ins Gras beißen; *Am fam* beginnen; *to ~* **out** *tr fam* 'rauswerfen, -schmeißen; *(Fußball)* ins Aus schießen; *itr* sich wehren; *to ~* **over** umwerfen; *to ~~ the traces* über die Stränge schlagen; *to ~* **up** *tr* hochstoßen, -schleudern; *sl (Verwirrung)* stiften; *to ~~ a dust, a fuss, a row (fig)* Staub aufwirbeln, auf die Pauke hauen, Krach schlagen; *to ~~ o.'s heels* über die Stränge schlagen;

kick upstairs   541   **kinetic**

to ~ **upstairs** *tr* (durch Beförderung) kaltstellen; **~back** *fam* Ausschlagen *n*; *fig* scharfe Antwort *f*; *sl* Wiederherausrücken *n* (von Gestohlenem); Schmiergelder *n pl*; **~er** ['-ə] Fußballspieler, Kicker; Schläger *f (Pferd)*; *tech* Stößel; *Am fam* Meckerer; Unruhestifter *m*; *Am sl* Quelle *f* des Vergnügens; **~-off** ['-'ɔ:f] *(Fußball)* Anstoß *m a. fig*, Anspiel *n*; *fig* Anlaß; *Am fam* Anfang *m*; **~shaw** ['ʌ-ʃɔ:] Leckerei *f*, Leckerbissen *m*, Schlekkerei *f*, Delikatesse; Spielerei *f*, Flitter (-kram), Tand *m*, Nippsache *f*; **~-starter** *mot* Tretanlasser; Anlaßhebel *m*; **~-up** ['-'ʌp] *fam* Wirbel, Wirrwarr *m*, Theater *m*, Spektakel, Krach *m*.
kid [kid] *s* Zicklein, (Ziegen-)Lamm, Lammfleisch; *(~skin)* Ziegenleder *n*; *(~-glove)* Glacéhandschuh *m*; *fam* Kind, Küken *n*; *sl* Schwindel, Bluff *m*; *itr (Ziege)* Junge werfen; albern, schwindeln; *tr sl* 'reinlegen, anführen, bluffen, beschwindeln, foppen, an der Nase herumführen; zum besten haben, verulken, aufziehen; **~der** ['-ə] Schwindler *m*; **~dy** ['-i] *fam* Kind *n*, Kleine(r *m*) *f*; ~ **glove** Glacéhandschuh *m*; to handle with ~-s *(fig)* mit Glacéhandschuhen anfassen; **~-glove** *a* sanft; wählerisch; **~-nap** *tr (Kind)* entführen; **~nap(p)er** Kidnapper, Kindes-, Menschenräuber *m*.
kidney ['kidni] *anat* Niere; *fig* Veranlagung, Natur, Art *f*; of the right ~ vom rechten Schlag; **~-bean** (Vits-, Schmink-)Bohne *f*; **~-shaped** *a* nierenförmig; **~-stone** *med* Nierenstein; *min* Nephrit *m*.
kike [kaik] *Am sl pej* Jude *m*.
kill [kil] 1. *tr* töten, totschlagen, umbringen, erschlagen; schlachten; erlegen; vernichten, zerstören, ruinieren; *mil* versenken; abschießen; vereiteln; widerrufen, für ungültig erklären; unterdrücken, *fam* unter den Tisch fallen lassen; *(Gesetzesvorlage)* zu Fall bringen; *(Motor)* abwürgen; *(Maschine)* anhalten, zum Stehen bringen; *el* ausschalten; *(Fußball)* stoppen; überwältigen, erdrücken; wirkungslos machen, um s-e Wirkung bringen; *(Tennisball)* (ab)töten; *(Farben)* unwirksam machen; *Am typ* streichen; *fam* auslachen, in Verlegenheit bringen; *Am sl* austrinken, *(Zigarette)* ausdrücken; *itr* den Tod herbeiführen; *fam* e-n tollen Eindruck machen; *s* Tötung *f*, Totschlag *m*; Todesursache; (Jagd-)Beute; *mil* Versenkung *f*; Abschuß; *Am sl* Mord *m*;

sport Abstoppen *n*; to ~ *off* beseitigen, vernichten; to be in at the ~ *(fig)* am Schluß dabeisein; to be ~ed in action *(mil)* fallen; to ~ two birds with one stone zwei Fliegen mit einer Klappe schlagen; to ~ with kindness vor Liebe umbringen (wollen); to ~ time die Zeit totschlagen *od* vertreiben; thou shalt not ~ du sollst nicht töten; **~er** ['-ə] Totschläger; *(~-whale)* *zoo* Schwertwal, Butzkopf; *Am sl* Frauenheld, gutaussehende(r) Mann *m*, tolle Frau *f*; **~ing** ['-iŋ] *a* tödlich, mörderisch, zerstörerisch; ermüdend; *fam* ulkig, zum Totlachen; *fam* ganz reizend, unwiderstehlich; *s* Tötung *f*, Totschlag; *Am fam* unverhoffte(r) Gewinn *od* Erfolg *m*; **~joy** Spaß-, Spielverderber, Störenfried *m*; **~-time** Zeitvertreib *m*; 2. *Am* Bach *m*.
kiln [kil(n)] *s tech* (Brenn-, Röst-, Darr-)Ofen *m*, Darre *f*; *tr* brennen, rösten, darren; **~-dry** *tr* darren.
kilo ['ki(:)lou] Kilo(gramm); Kilometer *n u. m*; **~-calorie** ['kiləkæləri] *phys* große Kalorie *f*; **~-cycle** ['kilə(u)saikl] Kilohertz *n*; **~gram(me)** ['kiləgræm] Kilogramm *n*; **~litre**, **~liter** ['kilə(u)li:tə] Kiloliter *n u. m*; **~metre**, **~meter** ['kiləmi:tə] Kilometer *n*; **~watt** ['kiləwɔt] Kilowatt *n*; **~-hour** Kilowattstunde *f*.
kilt [kilt] *tr* (auf)schürzen; fälteln; *s* Schottenröckchen *n*.
kilter ['kiltə] *s Am fam*: in ~ heil, in Ordnung; out of ~ kaputt, nicht in Ordnung; to be in (out of) ~ (nicht) gehen, funktionieren.
kimono [ki'mounou] *pl -os* Kimono *m*.
kin [kin] *s* die Verwandten *pl*, Verwandtschaft, Sippe, Familie; (Bluts-)Verwandtschaft; *fig* Art, Natur *f*; *a* verwandt (to mit); of ~ (bluts)verwandt; near of ~ nahe, eng verwandt; the next of ~ die nächsten Angehörigen *pl*; **~sfolk** ['-zfouk] die Verwandtschaft *f*, die (Bluts-)Verwandten *pl*; **~ship** ['-ʃip] Verwandtschaft *f a. fig*; **~sman** ['-zmən] Verwandte(r) *m*; **~swoman** ['-zwumən] Verwandte *f*.
kin|(a)esthesia [k(a)ini(:)s'θi:ziə] **~(a)esthesis** [-'θi:sis] *physiol* Bewegungswahrnehmung, Kinästhesie *f*; **~(a)esthetic** [-i(:)s'θetik] kinästhetisch; **~ematic(al)** [k(a)ini'mætik(əl)] kinematisch; **~ematics** [-i(:)'mætiks] *pl mit sing* Getriebelehre, Kinematik *f*; **~ematograph** [ki(:)'mætəgra:f] *= cin ...*; **~escope** ['k(a)iniskoup] Fernsehempfangsröhre *f*; *med* Kineskop *n*; **~etic** [k(a)i'netik] *a phys* kinetisch;

kind 542 **kit**

s pl mit sing Kinetik *f*; ~~ *energy* kinetische, Bewegungsenergie *f*.

kind [kaind] *s* Geschlecht *n*, Rasse, Art, Gattung *f*; Wesen *n*, Natur; (Spiel-)Art, Sorte, Klasse; Art (und Weise) *f*; *a* gütig, gutmütig, freundlich, herzlich, liebenswürdig, nett, entgegenkommend, großzügig (*to s.o.* gegenüber jdm); *a* ~ *of* e-e Art (von); *all* ~*s of* allerlei, alle möglichen; ~ *of (fam)* irgendwie, ziemlich, schon, fast, beinahe, ungefähr; gewissermaßen, sozusagen; *of a* ~ gleich(artig, -wertig); *of the* ~ dergleichen; *in* ~ in gleicher, auf gleiche Weise; *com in* Waren, in Naturalien, in natura; *payment in* ~ Natural-, Sachleistung *f*; *what* ~ *of?* was für ein? *something, nothing of the* ~ etwas, nichts Derartiges; *with* ~ *regards* mit freundlichen Grüßen; **~a** ['-ə] *Am fam* = ~ *of*; **~~hearted** *a* gutmütig, gütig; **~liness** ['-linis] Güte, Freundlichkeit, Liebenswürdigkeit *f*; **~ly** ['-li] *a* gütig, freundlich, gefällig, entgegenkommend, nett, liebenswürdig; angenehm; *adv* freundlicher-, liebenswürdigerweise; in entgegenkommender Weise; gefälligst; bitte, seien Sie so freundlich und; *to take* ~~ *to s.o.* jdn ins Herz schließen, liebgewinnen; **~ness** ['-nis] Güte, Gutmütigkeit, Freundlichkeit, Herzlichkeit, Liebenswürdigkeit; Gefälligkeit *f*, Entgegenkommen *n*.

kindergart|en ['kindəga:tn] Kindergarten *m*; **~(e)ner** ['-nə] Kindergärtnerin *f*; Kindergartenkind *n*.

kindl|e ['kindl] *tr* in Brand stecken; anstecken, anzünden; entfachen *a. fig*; *fig* erwecken, erregen; *itr* Feuer fangen, sich entzünden; erglühen, aufleuchten (*with* vor); *fig* wach werden, sich regen, sich begeistern (*at* an); erregt werden (*at* über); **~er** ['-ə] Brandstifter; *fig* Aufwiegler, Aufrührer; *tech* Feueranzünder *m*; **~ing** ['-iŋ] Anmach(e)holz; Anzünden *n*.

kindred ['kindrid] *s* (Bluts-)Verwandtschaft *f*; Verwandte *pl*, Familie, Sippe *f*, Stamm *m*; Ähnlichkeit *f*; *a* (bluts-)verwandt; *fig* verwandt, ähnlich.

king [kiŋ] *s* König *m* (*a. fig*; Kartenspiel, Schach); *(Damespiel)* Dame *f*; *itr: to* ~ *it* als König auftreten; **~bird** Königsparadiesvogel, *Am* -würger, -tyrann *m*; **~bolt** *tech* Königs-, Drehzapfen; Achsschenkelbolzen *m*; **~~crab** *zoo* Molukkenkrebs *m*; Meerspinne *f*; **~craft** Kunst *f* des Herrschens; **~cup** *bot* Hahnenfuß *m*, Butterblume; (Sumpf-)Dotterblume *f*; **~dom** ['-dəm] (König-)Reich *n a. fig*; *gone to* ~~-*come (fam)* tot; *the animal, vegetable, mineral* ~~ das Tier-, das Pflanzen-, das Mineralreich *n*; *the United K*~~ das Vereinigte Königreich *(Großbritannien und Nordirland)*; *the* ~~ *of heaven* das Himmelreich; **~fish** Königsmakrele *f*, -dorsch; *Am fam* Oberbonze, Boß *m*; **~fisher** Eisvogel *m*; **~let** ['-lit] kleine(r) König, Schattenkönig *m*; *orn* Goldhähnchen *n*; **~like** ['-laik] königlich; **~liness** ['-linis] königliche Haltung *od* Art *f*; **~ly** ['-li] *a adv* königlich; edel, vornehm, stattlich; **~pin** *tech* = **~bolt**; *(Kegeln)* König *m*; *fam* Hauptperson, -sache *f*; **~post** *(Dachstuhl)* Stuhl(säule *f*) *m*; **K~'s Bench** *Br jur* Erste Kammer *f* des High Court; **~'s evil** *med* Skrofulose *f*; **~ship** Königtum *n*; ~ *size a Am fam* besonders groß *od* lang.

kink [kiŋk] *s* Knoten *m*, Schleife *f*; (Muskel-)Krampf *m*; Kräuselung; *fig* Schrulle, Verrücktheit *f*, Spleen; Kniff *m*; *tr itr* verknoten; *to have a* ~ e-n Sparren zuviel, e-n Vogel, e-n Klaps haben; **~y** ['-i] *(Haar)* filzig; *(Tau)* verdreht; *fam* überspannt; *Am sl* unredlich.

kiosk [ki'ɔsk, 'ki:-] Pavillon; Kiosk *m*; *(telephone* ~) Telefonzelle *f*.

kip [kip] **1.** noch ungegerbte Haut *f* e-s jungen *od* kleinen Tieres; **2.** *s fam* Loch *n*, Gasthof *m*; Übernachtung; Falle *f*, Bett *n*; *itr* pennen, schlafen; **3.** *Am sport* Kippe *f*.

kipper ['kipə] Räucherlachs, -hering; männliche(r) Lachs (*in u. kurz nach der Laichzeit*); *sl* Kerl *m*; *tr* (Hering, Lachs) einsalzen u. räuchern.

kirk [kə:k] *Scot* Kirche *f*.

kiss [kis] *tr itr* (sich) küssen; (sich) leicht berühren; *s* Kuß *m*; leichte Berührung *f*; Bonbon *m od n*; Baiser *n*, Meringe *f*; *to* ~ *the dust, the ground* den Staub küssen, sich demütigen; umkommen; *to* ~ *and be friends, to* ~ *and make up* sich den Versöhnungskuß geben; *to* ~ *s.o.'s hand* jdm die Hand küssen; *to* ~ *the rod* alles über sich ergehen lassen; **~aroo** [kisə'ru:] *Am sl* Kuß *m*; **~er** ['-ə] *sl* Mund *m*, Gesicht *n*, Fresse *f*; **~ing-crust** weiche Stelle *f* in der Brotkruste, an der das Brot beim Backen ein anderes berührt hat; **~me-quick**, **~~curl** Schmachtlocke *f*; **~~off** *Am sl* Herauswurf *m*, Entlassung *f*; **~~proof** kußecht, -fest.

kit [kit] **1.** *s* Eimer, Kübel *m*, Bütte *f*, Fäßchen *n*; Gepäck *n*; Ausrüstung,

kit-bag Werkzeugtasche f, -kasten, -schrank m; Handwerkszeug n; fam Satz m, Kollektion; fam Blase, Sippschaft f; tr (to ~ up) ausrüsten, ausstaffieren; itr ausgerüstet werden; the whole ~ and caboodle (fam) der ganze Kram, m; ~-**bag** mil mar (Kleider-)Sack, Tornister m; Reisetasche f; ~ in**spection** mil Sachenappell m; **2.** Kätzchen n, Miez(e) f.

kitchen ['kitʃin] Küche f; ~ (mil) Feldküche f; **unit** ~ Einbauküche f; ~-**chair** Küchenstuhl m; ~-**clock** Küchenuhr f; ~-**cupboard** Küchenschrank m; ~-**dresser** (Küchen-)Anrichte f; ~**er** ['-ə] Küchenmeister (im Kloster); (Küchen-)Herd m; ~**et(te)** ['-net] kleine Küche; Kochnische f; ~-**garden** Küchen-, Gemüsegarten m; ~-**implements** pl, ~**ware** Küchengeräte n pl; ~-**maid** Küchenmädchen n; ~ **midden** hist Kökkenmöddinger pl; ~ **police** Am Küchendienst m; ~-**range** Küchen-, Kochherd m; ~-**sink** s Schüttstein, Ausguß m; a Schmutz-; everything but the ~ (hum) alles und noch mehr, die unmöglichsten Dinge; ~-**stuff** Eßwaren f pl, Lebensmittel n pl; Küchenabfälle m pl; ~-**table** Küchentisch m; ~-**unit** Universalküchenschrank m.

kite [kait] s orn Gabelweih, Rote(r) Milan f; fig Geizhals, Knicker, Gauner; (Papier-)Drachen m; aero sl (alte) Kiste, Mühle f; fin Kellerwechsel m; pl Toppsegel n pl; itr durch die Luft, dahingleiten; fin (to fly a ~) Wechselreiterei treiben; tr aufsteigen lassen; (ungedeckten Wechsel) ausstellen; to fly a ~ e-n Drachen, fig e-n Versuchsballon steigen lassen; com e-n Gefälligkeitswechsel ziehen; ~-**balloon** Drachen-, Sperrballon m; ~-**flying** Steigenlassen e-s Drachens; fig Sondieren f; fin Wechselreiterei f.

kith [kiθ] s : ~ **and kin** Freunde und Verwandte pl; die ganze Familie.

kitten ['kitn] s Kätzchen n a. fig; tr itr (Katze) (Junge) werfen; to have ~s aufgeregt od erschrocken sein; ~**ish** ['-iʃ] a verspielt, spielerisch; kokett.

kittiwake ['kitiweik] Stummel-, bes. Dreizehenmöwe f.

Kitty ['kiti] Käthchen n, Käthe f.

kitty ['kiti] **1.** Kätzchen n; **2.** (Kartenspiel) gemeinsame Kasse f.

kiwi ['ki:wi(:)] orn Kiwi; fam Neuseeländer m; sl aero Angehörige(r) m des Bodenpersonals.

klaxon ['klæksn] mot Hupe f; Signalhorn n.

kleptomania [klepto(u)'meinjə] Kleptomanie f; ~**c** [-niæk] Kleptomane m.

klieg(light) ['kli:g(lait)] s Am film (starker) Scheinwerfer, Aufheller m; tr film anstrahlen.

knack [næk] Kniff, Trick, Kunstgriff m; Geschicklichkeit, Fertigkeit (at, of in); Gewohnheit f; to have the ~ of it den Bogen 'raushaben; there's a ~ in it man muß den Dreh kennen.

knacker ['nækə] Abdecker; Abbruchunternehmer m.

knag [næg] Knorren, Ast m (im Holz).

knap [næp] tr (Steine) klopfen; sl klauen.

knapsack ['næpsæk] Tornister, Rucksack, Ranzen m.

knar [na:] Knorren m.

knav|e [neiv] Kerl, Bursche; Schuft, Lump, Schelm, Bube m (a. Kartenspiel); ~**ery** [-əri] Lumperei, Schuftigkeit f; Schurken-, Buben-, Schelmenstreich m; ~**ish** ['-iʃ] schurkenhaft, schuftig; ~**ishness** ['-iʃnis] Schurkenhaftigkeit, Schuftigkeit f.

knead [ni:d] tr kneten; massieren; (durch Kneten) formen, bilden a. fig; ~**er** ['-ə] Knetmaschine f; ~**ing-trough** Backmulde f.

knee [ni:] Knie; Kniestück, -rohr n; bot Knoten m; zoo (Vorder-)Fußwurzelgelenk n; tr mit dem Knie berühren; itr (Hose) ausgebeult sein; to bring s.o. on his ~s jdn auf die Knie zwingen; to go on o.'s ~s niederknien; kniefällig bitten; ~ **bending** Kniebeuge f; ~-**breeches** pl Kniehose f; ~-**cap** auf Kniescheibe f; Knieschützer m, -leder n; ~-**deep**, -**high** knietief; ~-**joint** Kniegelenk n; ~-**pad** Knieschützer m; ~-**pan** anat Kniescheibe f; ~ **pine** bot Legföhre f; ~-**timber** Knieholz n.

kneel [ni:l] irr knelt, knelt itr (to ~ down) (nieder)knien (to vor).

knell [nel] Totenglocke f; fig böse(s) Vorzeichen n, Vorbote m.

knicker|(bocker)s ['nikə(bəkə)z] pl Knickerbocker pl; ~**s** pl (Damen-) Schlüpfer m.

(k)nick-(k)nack ['niknæk] Kleinigkeit f; Tand m, Zierstück n, Nippsache f; Geschenkartikel m.

knife [naif] pl **knives** s Messer n a. tech; tr (mit e-m Messer) schneiden, stechen; erstechen, erdolchen; (Pflanzen) ausputzen; Am fam hinterrücks überfallen, hintergehen, schneiden; under the ~ (med fam) unter dem Messer; to get o.'s ~ into s.o. (fig) jdn nicht ausstehen können; to play a good

knife-battle   544   **knoll**

~ and fork *(beim Essen)* tüchtig zulangen, *fam* 'reinhauen; *before you can say* ~ im Nu, im Handumdrehen; *carving-*~ Schnitzmesser *n*; *kitchen-*~ Küchenmesser *n*; *pocket-*~ Taschenmesser *n*; *table-*~ Tischmesser *n*; *war to the* ~ Krieg *m* bis aufs Messer; **~-battle** Messerstecherei *f*; **~-edge** (Messer-) Schneide *f a. tech*; **~-grinder** Scherenschleifer *m*; **~-handle** Messergriff *m*; **~-rest** Messerbänkchen *n*; **~-switch** Hebelschalter *m*; **~-tray** Messerkorb *m*.

knight [nait] *s* Ritter *a. fig* (*Schach*) Springer *m*; *tr* zum Ritter schlagen; in den Ritterstand erheben; **~age** ['-idʒ] Ritterschaft *f*; **~-errant** *pl* **~s-errant** fahrende(r) Ritter *m*; **~hood** ['-hud] Ritterwürde *f*, -stand *m*; Rittertum *n*; Ritterschaft *f*; **~liness** ['-linis] Ritterlichkeit *f*; **~ly** ['-li] ritterlich.

knit [nit] *irr* knit, knit *od* ~ted, ~ted *tr* stricken; *fig* (mitea.) verknüpfen, verbinden, zs.fügen; *(Brauen)* zs.ziehen; *itr* stricken; zs.wachsen; *(Stirn)* sich in Falten legen; *to* ~ *together* (mitea.) verbinden; *to* ~ *up* anstricken; *fig* eng verbinden; *to* ~ *the brows* die Stirn runzeln *od* in Falten legen; **~goods** *pl*, **~wear** Wirk-, Strickwaren *f pl*; Strickkleidung *f*; **~ter** ['-ə] Stricker(in *f*) *m*; Wirk-, Strickmaschine *f*; **~ing** ['-iŋ] Stricken *n*; Strickarbeit *f*, -ware *f*, -zeug *n*; **~-machine** Strickmaschine *f*; **~-needle** Stricknadel *f*; **~-yarn** Strickgarn *n*.

knob [nɔb] runde(r) Vorsprung, Auswuchs, Knorren *m*; Schwellung, Beule *f*; (Griff-)Knopf *m*; Bergkuppe *f*; runde(s) Stück *n*; *sl* Kopf *m*, Birne *f*; *with ~s on (sl)* allerdings!; **~by**, **~ly** ['-(l)i] knorrig; knopfartig, rund.

knock [nɔk] *tr* schlagen, stoßen, prallen *(on, against* gegen); klopfen, pochen *(at* an); krachen, knallen; *tech mot* klopfen, flattern; *fig* sich unterwerfen *(under s.o.* jdm); *Am fam* meckern, nörgeln, etw auszusetzen haben; diskutieren; *tr* schlagen, stoßen, treffen; umstoßen, nieder-, zu Boden werfen; *fam* umhauen, überraschen, stark beeindrucken; *Am fam* meckern über, heruntermachen; *s* Schlag, Stoß *m*; (An-)Klopfen, Pochen; *tech mot* Klopfen *n*; *Am fam* Meckerei *f*; Unannehmlichkeit *f*; *to take a ~ (sl)* e-n schweren finanziellen Verlust erleiden; *that ~s you sideways (fam)* das haut dich um; *to* ~ **about**, *to* ~ **around** *itr* sich herumtreiben; *tr* herumstoßen, böse mitnehmen; *to* ~ **against** stoßen auf; kollidieren mit; *to* ~ **back** *Am sl (Glasvoll)* hinunterstürzen; *to* ~ **down** niederschlagen; umstoßen, -werfen, zu Boden werfen *od* schleudern; umfahren; einschlagen; *(Gebäude)* abbrechen; *(für den Transport)* ausea.-nehmen, zerlegen; *(Auktion)* zuschlagen *(to s.o.* jdm); *(im Preis)* herabsetzen; *Br fam* auffordern; *to* ~ **in** *(bes. Nagel)* einschlagen; *to* ~ **off** *itr fam* abhauen; Schluß, Feierabend machen *(with o.'s work* mit der Arbeit); *tr* weg-, abschlagen; *(Staub)* herunterklopfen; *(Arbeit)* einstellen, *fam* hinhauen, rasch erledigen; *(von e-m Preis)* ab-, herunterlassen; abziehen; *sl* stehlen, organisieren; *sl Am (Menschen)* erledigen; *to* ~ *s.o.'s head off (fig)* jdn mühelos übertreffen; *to* ~ **out** *(Pfeife)* ausklopfen; *(Boxen)* k.o. schlagen, kampfunfähig machen; das Bewußtsein nehmen *(s.o.* jdm), *fam* fertigmachen, mitnehmen; auf-, erregen; besiegen; *Am fam* schnell machen; *to* ~ **over** umwerfen; *Am sl* berauben; *to* ~ **together** *itr* anea.stoßen; *tr* zu-, anea.schlagen; *Am fam* zubereiten; *(Arbeit)* schnell zs.hauen; *to* ~ **under** nachgeben, klein beigeben; *to* ~ **up** *itr* hochgestoßen, hochgeschlagen werden; zs.stoßen *(against* mit); *tr* hochstoßen, -schlagen; *(durch Klopfen an die Tür)* wecken; improvisieren; *fam* fertigmachen, ermüden, erschöpfen; *Am sl* ein Kind anhängen *(a woman* e-r Frau); *(Kleidung)* strapazierfähig; umherschweifend, -streifend, unstet; laut, lärmend; derb, rauh; *s (~~ performance)* Radaustück *n*, *Am sl* kleine einmastige Jacht *f*; **~-down** *a (Schlag)* niederstreckend; *fig* niederschmetternd, überwältigend; *(Möbelstück)* ausea.nehmbar; *(Preis)* äußerst (niedrig); *tech* zerlegbar; *s* Niederstrecken *n*, gewaltige(r) Schlag *m*; Rauferei *f*; **~-er** ['-ə] Schläger, Türklopfer; *Am fam* Meckerer, Nörgler, Miesmacher *m*; **~-kneed** *a* X-beinig; *fig* feige; **~-knees** *pl* X-Beine *n pl*; **~-out** *a (Schlag)* niederstreckend; *s (Boxen)* K.o.-Schlag *m*; *fig* vernichtende Niederlage *f*; *sl* Pfundskerl *m*, -weib *n*; Ausscheidung(srunde) *f*; *up to the ~~* einwandfrei, tadellos; *~~ blow* Vernichtungsschlag *m*; *~~ price* Schleuderpreis *m*; **~-proof** ['-pru:f] *mot* klopffest; **~-up** ['-ʌp] *sport* Trainingsspiel *n*.

knoll [noul] (Erd-)Hügel *m*.

knot [nɔt] s Knoten m; Schleife; Kokarde f, Schulterstück n; Gruppe f, Grüppchen; einigende(s) Band n; *fig* Verwirrung, Schwierigkeit f; Klumpen, Knorren, Ast *(im Holz)*, *bot* Knoten *(im Pflanzenstengel)*; *mar* Knoten m *(1,853 km/h)*; *tr* (e- n) Knoten machen in; verknoten, verschnüren; *(Franse)* machen; *fig* mitea. verknüpfen, eng mitea. verbinden; *itr* e-n Knoten bilden, sich verknoten; sich verwirren; Fransen machen; *to cut the ~ (fig)* den Knoten durchhauen; *to stand about in ~s* in Gruppen herumstehen; *to tie o.s. (up) in(to) ~s*, *to get into ~s* in Schwierigkeiten geraten; **~-grass** *bot* Knöterich m; **~-hole** Astloch n *(im Brett)*; **~ted** ['-id] *a* verknotet, verschnürt; *fig* verwirrt, kompliziert; knotig; *(Holz)* voller Äste; **~ty** ['-i] knotig, knorrig, voller Äste; *fig* verwickelt, schwierig.

know [nou] *irr knew* [nju:], *known* [noun] *tr* wissen, kennen; wissen von; sich auskennen in, vertraut sein mit; verstehen *(how to* do zu tun); können; erkennen; erfahren; kennenlernen; unterscheiden *(from* von); *(biblisch u. jur)* erkennen, beiwohnen *dat*; *itr* wissen *(about, of s.th.* über, von etw); verstehen *(about* von); *to be in the ~ (fam)* im Bilde sein; *to ~ again* wieder(er)kennen; *to be ~n* bekannt sein *(to s.o.* jdm; *as* als); *to come to ~* in Erfahrung bringen, erfahren; *to come to be ~n* bekannt werden; *to let s.o. ~* jdn wissen lassen, jdm mitteilen, jdm Bescheid geben; *to make o.s. ~n* sich bekannt machen, sich vorstellen; *to ~ better* (sehr) wohl wissen, *than* klug genug sein, nicht zu ...; *to ~ o.'s own business*, *(sl) to ~ o.'s onions*, *(fam) to ~ the ropes*, *to ~ a thing or two*, *to ~ what's what* Bescheid wissen, sich auskennen, auf der Höhe sein; *to ~ how to* können; *to ~ o.'s way around (Am)* sich auskennen; *not that I ~ of* nicht, daß ich wüßte; *he wouldn't ~* er ist dafür nicht zuständig; **~ability** [nouə'biliti], **~ableness** ['-əblnis] Erkennbarkeit f; **~able** ['-əbl] erkennbar, erfahrbar; **~-all** s Besserwisser m; **~-how** s *fam* Erfahrung f, (Fach-)Wissen, Können n; **~ing** ['-iŋ] informiert, unterrichtet; wissend, (welt-)weise, klug, einsichtig; schlau; *(a Blick)* verständnisvoll; absichtlich; *there's no ~* man kann nie wissen; **~ingly** ['-iŋli] *adv* mit Bewußtsein, bewußt; absichtlich; wissentlich; **~-it-all** *a fam* allwissend; s *fam* Vielwisser m; **~-ledge** ['nɔlidʒ] Kenntnis, Kunde *(of* von), Bekanntschaft, Vertrautheit *(of* mit); Verständnis; Wissen n *(of* von), Kenntnisse f pl; Bildung f, Wissensschatz m; *to (the best of) my ~~* soviel ich weiß, soweit ich orientiert bin; *to the best of my ~~ and belief* nach bestem Wissen und Gewissen; *to my certain ~~* wie ich mit Sicherheit weiß; *without my ~~* ohne mein Wissen; *working ~~* praktisch verwertbare Grundkenntnisse f pl; **~ledgeable** ['nɔlidʒəbl] *fam* gebildet, intelligent; **~~nothing** Nichtswisser, Dummkopf; Agnostiker m.

knout [naut] s Knute f; *tr* auspeitschen.

knuckle ['nʌkl] s Knöchel m; *(Schlachtvieh)* Knöchel n, Haxe f; *(~ of ham)* Eisbein; *allg* Gelenk n *a. tech*; pl Schlagring m; *itr*: *to ~ down, to ~ under* nachgeben, sich fügen *(to s.o.* jdm); *to ~ down (to work)* sich eifrig an die Arbeit machen; *to rap s.o.'s ~s*, *to give s.o. a rap on, over the ~s* jdm auf die Finger klopfen; *near the ~* an der Grenze des Anständigen; **~-deep** knöcheltief; *fig* eindringlich; **~-duster** Schlagring m; **~-joint** *anat tech* (Finger-)Gelenk; Kardangelenk n.

knurl [nə:l] s Knoten, Knopf, Knorren m; *(Münze)* Riefelung f; *tr tech* kordieren, rändeln; *(Münze)* riefeln.

knur(r) [nə:] *bot* Knorren m.

koala [kou'a:lə] *zoo* Koala m.

kodak, **Kodak** ['koudæk] s *Am* Kodak f od m *(Warenzeichen)*; *allg* Kleinbildkamera.

kohlrabi ['koul'ra:bi] Kohlrabi m.

Koran [kɔ'ra:n] *rel* Koran m.

Korea [kɔ'riə] Korea n; **~n** [-n] *a* koreanisch; s (das) Koreanisch(e); Koreaner(in f) m.

kosher ['kouʃə] *a rel* koscher, rein; *Am sl* in Ordnung, klar; s koschere(s, r) Essen n od Laden m.

ko(w)tow ['kau'tau, 'kou-] Kotau m; *itr* e-n Kotau machen; *fig* kriechen *(to s.o.* vor jdm).

kraal [kra:l, *(Südafrika)* krɔ:l] Kral m.

kraft [kra:ft, kræft] *(~ paper) Am* (starkes, braunes) Packpapier n.

Kremlin ['kremlin] Kreml m.

kris [kri:s] s. *creese*.

Kriss Kringle ['kris 'kriŋl] *Am* Nikolaus m, „Christkind" n.

kudos ['kju:dɔs] *fam* Renommee n, gute(r) Ruf m, Ansehen n.

Ku-Klux(-Klan) ['kju:klʌks(klæn)] *Am* Ku-Klux-Klan m.

kumquat ['kʌmkwɔt] Japanische Orange f.

L

L, l [el] *pl* ~'s L, *n*.
la [lɑː] *mus* la *n*.
lab [læb] *fam* Labor(atorium) *n*.
label ['leibl] *s* Etikett(e *f*), Schildchen *n (mit Aufschrift)*; (Paket-)Zettel *m*; Beschriftung, Aufschrift; Kennzeichnung *f*; *jur* Kodizill *n*; *(Buch)* Signatur; *fig* Bezeichnung, Benennung, Klassifikation, Klassifizierung *f*; *arch* Sims *m* od *n*, Rand-, Zierleiste *f*; *tr* etikettieren, mit e-m Etikett, Schildchen, Zettel, e-r Aufschrift versehen; beschriften, kennzeichnen; *fig* bezeichnen, benennen, klassifizieren; (ab)stempeln *(as* als).
labi|al ['leibjəl] *a* Lippen-, labial; *s* Lippenlaut, Labial *m*; **-ate** ['-biit] *a* lippenförmig, -artig; *bot* lippenblütig; *s bot* Lippenblütler *m*; **~odental** ['-o(u)'dentl] labiodental.
labil|e ['leibil] *phys chem* labil, unbeständig.
laboratory [lə'bɔrətəri, 'læbərə-; *Am* 'læbrətɔːri] *s* Labor(atorium) *n*, Versuchsraum *m*; Untersuchungsanstalt, Forschungsstätte *f*; Filmlabor *n*; *(Töpferofen)* Brennraum *m*; *fig* Werkstätte *f*; *a* Laboratoriums-; **~ assistant, helper, technician** Laborant(in *f*) *m*; **~ stage** Versuchsstadium *n*; **~ test** Labor(atoriums)versuch *m*.
laborious [lə'bɔːriəs] *(Arbeit)* schwer, schwierig, anstrengend, mühsam, mühselig; *(Mensch)* arbeitsam, fleißig; *(Stil)* schwerfällig, schleppend; **~ness** [-nis] Mühseligkeit; Arbeitsamkeit; Schwerfälligkeit *f*.
labo(u)r ['leibə] *s* Arbeit, Anstrengung, Mühe, Mühsal *f*, Beschwerden *f pl*; Stück Arbeit, Werk *n*, Aufgabe *f*; Arbeiter(schaft *f*), Lohnarbeiter *m pl*; Arbeitskraft *f*, -kräfte *f pl*; *(direct ~)* Fertigungslohn *m*; *med* Wehen *f pl*, Geburt *f*; *mar* Schlingern, Stampfen *n*; *attr* Arbeits-, Arbeiter-; *itr* arbeiten *(at* an); schaffen, sich anstrengen, sich (ab)mühen *(for* um); *fam* sich abrackern, schuften; *(to ~ along)* sich mühsam (vorwärts)bewegen, kriechen, schleichen, fahren; *(Schiff)* stampfen, schlingern; *med* in den Wehen liegen; leiden, kranken *(under* an); zu kämpfen haben *(under* mit); *tr* zuviel Arbeit verwenden auf; zu genau, zu sorgfältig ausarbeiten; genau ausführen, ausführlich eingehen auf; *to be in ~* in den Wehen liegen; *casual ~* Gelegenheitsarbeit *f*; *hard ~* Zuchthaus *n*, Zwangsarbeit *f*; *manual ~* Handarbeit *f*; *Ministry (Br), (Am) Department of L~* Arbeitsministerium *n*; *skilled ~* Facharbeit *f*; gelernte, Facharbeiter *m pl*; Facharbeiterschaft *f*; *unskilled ~* ungelernte Arbeiter *m pl*; *~ of love* um od umsonst getane Arbeit *f*; **~ bureau** Arbeitsamt *n*; **~ camp** Arbeitslager *n*; **~ charter** Arbeitsordnung *f*; **~ colony** Arbeitersiedlung *f*; **~ contract** Tarif-, Arbeitsvertrag *m*; **~ convention** Arbeitsabkommen *n*; **~ council** Betriebsrat *m*; **~ court** *Am* Arbeitsgericht *n*; **~-creation (programme)** Arbeitsbeschaffung(sprogramm *n*) *f*; **L~ Day** *Am* Tag *m* der Arbeit *(in den meisten Staaten 1. Montag im September)*; **~ disputes** *pl* Arbeitskämpfe *m pl*; **~ed** ['-d] *a* mit großer Mühe, unter Mühen, mühsam; schwerfällig, schleppend; **~er** ['-rə] Arbeiter *m*; *casual ~~* Gelegenheitsarbeiter *m*; *day-~~* Tag(e)löhner *m*; *farm-, agricultural ~~* Landarbeiter *m*; *industrial ~~* Industriearbeiter *m*; *(un)skilled ~~* (un)gelernte(r) Arbeiter *m*; **~ exchange** Arbeitsamt *n*, -nachweis *m*; **~ing** ['-riŋ] *a* arbeitend; *fig* mühsam; *s* (körperliche, ungelernte) Arbeit *f*; *the ~~ class* die Arbeiterklasse *f*; **~ite** ['-rait] Anhänger *m*, Mitglied *n*, Abgeordnete(r *m*) *f* der (engl.) Arbeiterpartei; **~ law** Arbeitsrecht *n*; **~ leader** Arbeiter-, Gewerkschaftsführer *m*; **~ market** Arbeitsmarkt *m*; **~ movement** Arbeiterbewegung *f*; **~ office** Arbeitsamt *n*; **~ paper** Arbeiterzeitung *f*; **L~ Party** (engl.) Arbeiterpartei *f*; **~ permit** Arbeitserlaubnis, -bewilligung *f*; **~ question** Arbeiterfrage *f*; **~ rate** Lohnstundensatz *m*; **~-saving** arbeitssparend; **~ shortage** Mangel *m* an Arbeitskräften; **~ troubles** *pl* Arbeiterunruhen *f pl*; **~ turnover** Arbeitsplatzwechsel *m*; **~ union** *Am* Gewerkschaft *f*.
laburnum [lə'bəːnəm] *bot* Goldregen *m*.
labyrinth ['læbərinθ] Irrgarten *m*, Labyrinth *a. anat*; *anat* innere(s) Ohr; *fig* Gewirr, Durcheinander *n*, Wirrwarr *m*, verwickelte Verhältnisse *n pl*; **~ine** [læbə'rinθain] labyrinthisch, verwickelt, wirr, verworren.
lac [læk] **1.** *(gum-~)* Gummilack *m*; **2.** *s* 100000 *(bes.: of rupies* Rupien) sehr viele.

lace [leis] *s* Schnur *f*; (Schnür-, Schuh-) Senkel *m*; Tresse, Litze, Borte; *(Textil)* Spitze *f*; Schuß *m (Alkohol)* ; *tr (to ~ up) (Schuhe, Kleidungsstück)* (zu-) schnüren; *(die Taille)* schnüren; (ver-) flechten; *(to ~ through)* durchflechten, -ziehen; mit Borten *od* Spitzen besetzen; mit Streifen versehen; e-n Schuß *(Alkohol)* zugeben in *(ein Getränk)*; verdreschen, verprügeln; *itr fam* herfallen *(into s.o.* über jdn); *fam* heruntermachen *(into s.o.* jdn), e-e Zigarre verpassen *(into s.o.* jdm); **~-bobbin** Spitzenklöppel *m*; **~d** [leist] *a* geschnürt; bunt gestreift; **~(~)** *boots (pl)* Schnürstiefel *m pl*; **~~ coffee** Kaffee *m* mit e-m Schuß Branntwein; **~-glass** Venezianische(s) (Faden-)Glas *n*; **~-pillow** Klöppelkissen *n*; **~-ups** *pl fam* Schnürschuhe, -stiefel *m pl*; **~-wings** *pl ent* Netzflügler *m pl*; **~-work** Spitze(nbarbeit), Petmetware *f*; *fig* Filigran *n*.

lacerat|e ['læsəreit] *tr* zerreißen; zerhacken, zerhauen, zerfleischen; *fig (Gefühle)* verletzen; quälen, foltern; *a* [*a.* '-rit] zerrissen, zerfetzt; *(Blatt)* gezackt, gefranst; **~ion** [læsə'reiʃən] Zerreißen; Zerfleischen *n*; Riß *m*; *med* Fleischwunde; *fig* Verletzung *f*.

laches ['leitʃiz, 'læt-] *jur* (schuldhafte) Unterlassung *f*, Verzug *m*.

lachrym|al ['lækriməl] *a* Tränen-; Wein-; *s pl* Tränendrüsen *f pl*; Weinkrampf *m*; **~~ bone**, *duct*, *gland*, *sac* Tränenbein *n*, -gang *m*, -drüse *f*, -sack *m*; **~ator** ['-eitə] Tränengas *n*; **~atory** ['-ətəri] zum Weinen reizend; **~~ gas** Tränengas *n*; **~ose** ['lækriməus] weinerlich; tränenreich; (tief)traurig.

lacing ['leisiŋ] (Zu-)Schnüren *n*; Schnur *f*, (Schnür-, Schuh-)Senkel *m*; (Gold-, Silber-)Tresse, Litze; *fam* Tracht *f* Prügel; *tech* Versteifung *f*.

lack [læk] *s* Mangel *m (of* an); Fehlen *n*; dringend benötigte Sache *f*; *itr* fehlen, nicht (in genügendem Maße) vorhanden sein; Mangel haben *od* leiden *(of, in* an); es fehlen lassen an; *tr* nicht *od* nicht genug haben; brauchen, benötigen; *for ~ of* aus Mangel an; in Ermanglung; **~-ing** ['-iŋ] fehlend; *fam* dumm; *to be ~* fehlen; **~-lustre** glanzlos, trübe.

lackadaisical [lækə'deizikəl] interesse-, lustlos, gelangweilt; langweilig; sentimental, schmachtend; geziert.

lackey ['læki] *s* Lakai *a. fig*; *fig* Speichellecker; Nassauer *m*; *itr* Lakaiendienste verrichten; *tr* herumscharwenzeln um.

laconic [lə'kɔnik] *adv ~ally (Worte)* lakonisch, kurz; *(Mensch)* wortkarg.

lacquer ['lækə] *s* (Farb-)Lack, Firnis *m*; (ostasiatische) Lackarbeit(en *pl*) *f*; *tr* lackieren.

lact|ate ['lækteit] *itr* Milch absondern *od* geben; Junge säugen; stillen; *s* Laktat, milchsaure(s) Salz *n*; **~ation** [læk'teiʃən] Milchabsonderung *f*; Säugen, Stillen *n*; Säuge-, Stillzeit *f*; **~eal** ['læktiəl] milchig; milchartig; *scient* Milch-; Lymph-; Milchsaft *m*, Chylus enthaltend; *s anat* Lymphgefäß *n*; **~~ gland** Milchdrüse *f*; **~ic** ['læktik] *a scient* Milch-; **~~ acid** Milchsäure *f*; **~oflavin** [læktəu'fleivin] Vitamin *n* B₂; **~ometer** [læk'tɔmitə] Milchwaage *f*, Laktometer *n*; **~ose** ['læktous] Milchzucker *m*, Laktose *f*.

lacun|a [lə'kju:nə] *pl a. -ae* [-i:] Lücke *f*, Zwischenraum; *biol* Hohlraum *m*; **~ar** [-ə] *arch* Kassettendecke *f*.

lad [læd] Junge; Bursche; *fam* Kerl *m*.

ladder ['lædə] Leiter; Laufmasche *(im Strumpf)* a*; fig* Stufenleiter *f*, Weg *m*; *to kick down the ~ (fig)* undankbar sein; *rope ~* Strickleiter *f*; *the ~ of success* der Weg zum Erfolg; **~-proof** *(Strumpf)* maschenfest; **~-rope** *mar* Fallreep *n*; **~-rung** Leitersprosse *f*; **~ truck** *Am (Feuerwehr)* Drehleiterwagen *m*; **~-way** *min* Fahrschacht *m*.

lad|e [leid] *irr laded, laden od laded tr (Fahrzeug)* beladen; *(Last)* (auf-, ver)laden, verfrachten; *(Wasser)* ausschöpfen; **~en** ['leidn] *a* beladen *(with* mit); *fig* bedrückt; **~ing** ['-iŋ] Be-, Verladen *n*; Ladung *f*; *bill of ~* Seefrachtbrief *m*, Konnossement *n*.

ladida [la:di'da:] *a fam* affektiert, geziert; *s* Fatzke, Geck *m*.

ladle ['leidl] *s* Schöpflöffel *m*, Kelle; Gießkelle; Rad-, Baggerschaufel *f*; *tr (to ~ out)* (aus)schöpfen, auslöffeln; *fig* austeilen, großzügig verteilen.

lady ['leidi] *s allg* Dame; Frau; *obs* Gemahlin; Herrin; *fam* Liebste, Geliebte, Freundin *f*; L**~** *(Adelsprädikat)*; *a* weiblich; *Ladies and Gentlemen* meine Damen und Herren! *ladies room* Damentoilette *f*; *Our L~ (rel)* Unsere Liebe Frau; *L~ of the Bedchamber* königliche Kammerfrau *f*; *the ~ of the house* die Dame, die Frau des Hauses; **L~-altar** Marienaltar *m*; **~-bird**, *Am* **~-bug** Marienkäfer *m*; **~-chair** *Am* e-m Sitz versichränkte Hände *f pl*; **L~-chapel** Marienkapelle *f*; **L~ Day** Mariä Verkündigung *f (25. März)*; **~ doctor** Ärztin *f*; **~-finger** *Am* Löffelbiskuit *m*; **~ help**

lady-in-waiting Stütze *f* (im Haushalt); **~-in-waiting** Hofdame *f*; **~killer** *fam* Herzensbrecher, Schürzenjäger, Don Juan *m*; **~like** damenhaft; fein; fraulich; **~-love** Geliebte, Angebetete, Freundin *f*; **~'s man, ladies' man** Frauenliebhaber *m*; **~ship**: *your, her ~~* Ihre Ladyschaft; **~-slipper**, **~'s slipper** *bot* Frauenschuh *m*, Kalzeolarie *f*; **~-smock**, **~'s smock** *bot* Wiesenschaumkraut *n*.

lag [læg] **1.** *itr* sich (nur) langsam vorwärtsbewegen, bummeln, zögern, zaudern; *(to ~ behind)* zurückbleiben; *s (time ~)* Verzögerung *f*, Aufschub *m*; *el* Nacheilung *f*; **~an** ['lægən], **~~end** *mar* (versenktes) Wrackgut *n*, Seewurf *m*; **~gard** ['~əd] *s* Nachzügler, Bummler, *fam* Bummelant *m*; *a. u.* **~ging** ['-iŋ] langsam, *lit* saumselig, *fam* bumm(e)lig, zögernd, zaudernd, zurückbleibend; **2.** *s* (Faß-)Daube *f*; *tr tech* verschalen; **~ging** Verschalung, Verkleidung *f*; **3.** *tr sl* einbuchten, -lochen, -sperren; *pl sl* schwere(r) Junge; Knast *m*, Kittchen *n*.

lager (beer) ['lɑ:gə(biə)] Lagerbier *n*.

lagoon [lə'gu:n] Lagune *f*.

laic ['leiik] *a* weltlich; Laien-; *s* Laie *m*; **~ize** ['leiisaiz] *tr* verweltlichen, säkularisieren.

laid [leid] *pp* von *lay*: **~ off** vorübergehend arbeitslos, ohne Arbeit; **~ out** geschmackvoll, mit Geschmack ein-, hergerichtet *od* angelegt; *(Geld)* gut angelegt; **~ paper** gerippte(s) Papier *n*; **~-up** weg-, zurückgelegt; abgelegt, ausrangiert; *fam* bettlägerig *(with* an, mit).

lair [lɛə] *s* Lager *n (bes. e-s wilden Tieres)*; Lagerstatt *f*; *fig* Zufluchtsort *m*.

laird [lɛəd] *Scot* Gutsbesitzer *m*.

laity ['leiiti] *rel u. allg* die Laien *m pl*.

lake [leik] **1.** See *m*; **~~dweller** Pfahlbaubewohner *m*; **~~dwellings** *pl* Pfahlbauten *m pl*; die **Lakeland(s)** das Seengebiet *(in Nordwestengland)*; **2.** rote Pigmentfarbe *f*.

lam [læm] **1.** *tr sl* verdreschen, verprügeln; **2.** *s Am sl* eilige Flucht *f*; *itr Am sl (to take it on the ~)* türmen, stiftengehen, verduften; *on the ~* in eiliger Flucht.

lama ['lɑ:mə] *rel* Lama *m*; **~ism** ['-izm] Lamaismus *m*.

lamb [læm] *s* (Schaf-)Lamm; Lammfleisch, -fell; *fig* Unschuldslamm, Schäfchen *n*; Hereingefallene(r) *m*; *itr (Schaf)* lammen; *L~ of God* Lamm *n* Gottes *(Jesus)*; **~kin** ['-kin] Lämmchen *n a. fig*; **~like** ['-laik] (lamm-) fromm, unschuldig, sanft; **~skin** ['-skin] Lammfell *n*; *a wolf in ~~* ein Wolf im Schafspelz; **~'s wool** Lammwolle *f*.

lambaste [læm'beist] *tr sl* vermöbeln, verdreschen, verprügeln; den Kopf waschen *(s.o.* jdm), 'runterputzen.

lambent ['læmbənt] *(Flamme)* züngelnd, flackernd; (sanft) strahlend; *(Augen)* leuchtend; funkelnd, blitzend *a. fig*.

lame [leim] *a* lahm *(of,* in auf) *a. fig*; *fig* schwach, nicht überzeugend, unbefriedigend, unwirksam; *(Ausrede)* faul; *tr* lähmen; *itr* lahm werden; lahmen; *to walk ~* hinken; **~ duck** *fig* kranke(s) Huhn *n*, Niete, lahme Ente *f*, Pechvogel, Unglücksmensch; ruinierte(r) (Börsen-)Spekulant; *Am* nicht wieder gewählte(r) Abgeordnete(r) *m*; **~ness** ['-nis] Lähmung, Lahmheit *a. fig*; *fig* Schwäche, mangelnde Überzeugungskraft *f*.

lamell|a [lə'melə] *pl a. ~ae* [-li:] Plättchen *n*, Lamelle *f a. zoo bot*; **~ar** [-ə], **~ate** ['læməleit] lamellar, schichtig.

lament [lə'ment] *itr* trauern, klagen *(for s.o.* um jdn); beklagen *(over s.o.'s death* jds Tod); *tr* betrauern, beklagen; sehr, zutiefst bedauern; *s* Wehklage *f*; Klagelied *n*; **~able** ['læməntəbl] beklagens-, bejammerns-, bedauernswert; trauernd, traurig; erbärmlich; **~ation** [læmen'teiʃən] Klagen *n*; Wehklage *f*, Jammer *m*.

lamin|a ['læminə] *pl a. ~ae* [-i:] (dünne) Platte, Scheibe *f*, Plättchen *n*; Überzug *m*, Schicht; *bot* Blattfläche *f*; **~able** ['-əbl] *tech* streckbar; **~al** ['-l], **~ar** ['-ə], **~ate** ['-it] laminar, gewalzt; geblättert; **~ate** ['-eit] *tr* (aus-) walzen, strecken; blechen; lamellieren; *s* ['-it] Kunststoffolie *f*; **~ated** ['-eitid] *a* laminar, lamellenförmig, geschichtet, blätterförmig; **~~ contact** Bürstenkontakt *m*; **~~ glass** Verbundglas *n*; **~~ paper** Hartpapier *n*; **~ation** [-'neiʃən] Schichtung, Lamellierung *f*.

lammer|geyer, **~geier** ['læməgaiə] *orn* Lämmer-, Bartgeier *m*.

lamp [læmp] Lampe; *fig (Mensch)* Leuchte *f*; *poet* Himmelslicht *n*; *pl sl* Augen *f pl*; *desk ~* Schreibtischlampe *f*; *oil ~* Öl-, Petroleumlampe *f*; **~~black** Lampenruß *m*; **~light** Lampenlicht *n*; **~~post** Laternenpfahl *m*; *between you and me and the ~~ (fam)* unter uns (gesagt); **~~shade** Lampenschirm *m*.

lampoon [læm'pu:n] *s* Schmäh-, Spottschrift *f*; *tr* (mit e-r Schmähschrift) verspotten, schmähen; **~er** [-ə], **~ist** [-ist] Schmähschriftenschreiber *m*.

lamprey 549 **landing**

lamprey ['læmpri] *zoo* Neunauge *n*, Lamprete *f*.
lance [lɑːns] *s* Lanze *f*, Speer *m*; *tr* mit e-r Lanze angreifen *od* durchbohren; *med* aufschneiden, aufstechen, öffnen; *to break a ~ for s.o. (fig)* für jdn e-e Lanze brechen; *with s.o.* mit jdm streiten; **~-corporal** Ober-, Hauptgefreite(r) *m*; **~r** ['-ə] *mil hist* Ulan *m*; *pl* Lanciers *pl*; **~-sergeant** *Br* Stabsunteroffizier *m*; **~t** ['lɑːnsit] *med* Lanzette *f*; **~-arch** *(arch)* Spitzbogen *m*; **~-window** Spitzbogenfenster *n*.
land [lænd] *s* (Fest-)Land *n*, Land *n*, Staat *m*, Reich, Volk *n*, Nation *f*; Bereich *m* od *n*, Gebiet *n*, Region *f*, Bezirk *m*, Landschaft *f*, Gelände *n*; *(Acker-, Wald-)* Land *n*; Grund u. Boden *m*; Ländereien *f pl*; Land-, Grundbesitz *m*, (Land-)Gut *n*; *tr* an(s) Land bringen, ausladen, löschen; *(Fische)* ins Boot, auf den Dampfer, an Land ziehen, fangen; *(Flugzeug)* landen, (an)wassern; *(Fallschirmtruppen)* absetzen; *allg fig* bringen *(in, at* nach, in, zu); absetzen *(in, on* in, auf); *fam* einheimsen, -stecken; *(Sache)* durchdrücken; *(Preis)* erringen; nach Hause bringen, in Nummer Sicher haben; *fam* erreichen; *fam (Schlag)* verpassen, versetzen; *itr (Schiff)* landen, anlegen; an Land gehen; *aero* landen; *allg* ankommen, ans Ziel gelangen; *sport* durchs Ziel gehen; *fam* landen; *to ~ o.s. in* hineingeraten in; *by ~* zu Lande; auf dem Landwege; per Achse; *on the ~* auf den Lande; *over ~ and sea* über Land und Meer; *to come to ~* an Land kommen; *to make ~* Land sichten, die Küste erreichen; *to ~ on instruments (aero)* e-e Blindlandung machen; *how the ~ lies* wie die Dinge liegen; *forest ~* Wald(land *n*) *m*; *grass, meadow ~* Wiesen(land *n*) *f pl*; *pasture ~* Weideland *n*; *waste ~* Brach-, Ödland *n*; *the L~ of Promise* das Gelobte Land *(Palästina)*; **~-agent** Gutsverwalter *m*; Gütermakler *m*; **~ annuity** Grundrente *f*; **~-bank** Bodenkreditanstalt, Hypothekenbank; *Am* Landwirtschaftsbank *f*; **~-breeze, -wind** *mar* Landwind *m*; **~ carriage, conveyance, freight, transport** Landtransport *m*, Beförderung *f* auf dem Landwege; **~ charge** Grundschuld *f*; **~ credit** Bodenkredit *m*; **~ development** Geländeerschließung *f*; **~-fall** Sichten *n* von Land; gesichtete(s) Land *n*; Landung *f a. aero*; *to make ~* landen; **~ fighting, operations** *pl* Erdkampf *m*; **~-force(s)** *(pl)* Landmacht *f*, -streitkräfte *f pl*; **~-frontier** Landgrenze *f*; **~-girl** Landhelferin *f*; **~-grabber** jem, der sich auf unfaire Weise *od* unrechtmäßig in Besitz von Land bringt; **~-grant** *Am* Übereignung *f* von staatlichem Grund und Boden; **~-holder** Gutsbesitzer, *bes.* -pächter *m*; **~-hunger** Landhunger *m*; **~-jobber** Bodenspekulant *m*; **~-lady** ['lænleidi] (Haus-, Gast-)Wirtin *f*; **~-less** ['-lis] unbegütert; **~-locked** *a* von Land eingeschlossen; ohne Zugang zum Meer, vom Meer abgeschnitten; **~-loper** Landstreicher, Vagabund *m*; **~-lord** ['lænlɔːd] (Haus-, Gast-)Wirt, Gutseigentümer, -herr *m*; **~-lubber** ['-lʌbə] *mar pej* Landratte *f*; **~-mark** Grenzstein; *mil* Geländepunkt *m*; *mar* Seezeichen *n*; *fig* Markstein, Wendepunkt *m*; **~-mine** *mil* Landmine *f*; **~ office** *Am* Grundbuchamt *n*; **~-owner** Grund-, Gutsbesitzer *m*; *big ~~* Großgrundbesitzer *m*; **~-owning** Landbesitz *m*; **~-reform(er)** Bodenreform(er *m*) *f*; **~-register** Grundbuch *n*; **~-registration** Grundbucheintragung *f*; **~-rover** *agr mot* (geländegängiger) Kraftwagen *m*; **~-scape** ['lænskeip] Landschaft *f*; **~~ architect** Landschaftsarchitekt *m*; **~~ architecture** Landschaftsgestaltung *f*; **~~ gardener** Landschaftsgärtner *m*; **~~ gardening** Landschaftsgärtnerei *f*; **~~ painter**, **~-scapist** ['lænskeipist] Landschaftsmaler *m*; **~-shark** *mar* Halsabschneider *m*; **~-slide** *Am* Erdrutsch *a. fig pol*; überwältigende(r) (Wahl-)Sieg; Umschwung *m*; **~-slip** Erdrutsch, Bergsturz *m*; **~-sman** ['-zmən] Landbewohner *m*, -ratte *f*; **~ speculation** Bodenspekulation *f*; **~-survey(ing)** Landvermessung, Landesaufnahme *f*; **~-surveyor** Land-, Feldmesser *m*; **~-swell** *mar* Dünung *f*; **~-tax** Grundsteuer *f*; **~ value** Grundwert *m*; **~-ward** *a* land(ein)wärts gerichtet; **~-ward(s)** *adv* land(ein)wärts.
landed ['lændid] *a* landbesitzend, begütert; Land-, Grund-; *fam* in der Tinte; **~ estate** Landgut *n*; **~ gentry** Landadel *m*; **~ interests** *pl* Interessen *n pl* des Grundbesitzes; **~ price** Endpreis *m*; **~ property** Land-, Grundbesitz *m*, Liegenschaften, Ländereien *f pl*; *speculation in ~~* Bodenspekulation *f*; **~ proprietor** Grund-, Gutsbesitzer *m*; *big ~~* Großgrundbesitzer *m*.
landing ['lændiŋ] *s mar aero* Landen *n*, Landung, Lande-, Anlegestelle *f*, Landeplatz *m a. aero*; *(Fracht)*

landing area   550   **lap**

Löschen n; Treppenabsatz; Flur, Korridor; min Füllort m; attr Landungs-, Lande-; to make a safe ~ glücklich landen; crash ~ Bruchlandung f; emergency, forced ~ Notlandung f; **~ area** (Start- u.) Landebereich m od n, -zone, -fläche f; (Fallschirm) Absetzgelände n; **~ barge, craft** mil Landungs-, Sturmboot n; **~ beacon** radio Ansteuerungsfeuer n; **~ beam** radio Gleit-, Landestrahl m; **~ charges** pl, **fee** Landegebühren f pl; **~ crew** (Segelflug) Haltemannschaft f; **~ cross, ~ T** Landekreuz n; **~ deck** (Flugzeugträger) Flug-, Landedeck n; **~ direction** Landerichtung f; **~~ indicator** Landeweiser m; **~~~ light** Landerichtungsfeuer n; **~ facilities** pl Landeeinrichtungen f pl; **~ field, ground, place, site** Landefläche f, Flugplatz m; **~ flap** aero Landeklappe f; **~ flare** Landelicht n, -scheinwerfer m, pl Landebahnbefeuerung f; **~ force** mil Landekorps n; **~ gear** aero Fahrgestell, -werk n; **~ impact** Landestoß m; **~ light** Lande-, Bordscheinwerfer m; **~ load** Landebeanspruchung f (des Fahrgestells); **~ mat** Am aero Landematte f; **~ net** Ke(t)scher m, (beim Angeln verwendetes) Beutelnetz n; **~-party mar** mil Landeabteilung f; **~ path** Lande-, Gleitweg m; **~ point** mil Landestelle f; **~ run** Auslauf m, -rollen n; Ausroll-, Landestrecke f; **~ runway** Landebahn f; **~ searchlight** Landescheinwerfer m; **~ sequence** Landefolge f; **~ ship** Landungsschiff n; **~ signal** Landesignal n; **~ ski** Gleitkufe f; **~ speed** Landegeschwindigkeit f; **~-stage** mar Landungssteg m, -brücke f; **~ strip** Landebahn f, Rollfeld n; **~ surface** Landefläche f; **~ wheel** Laufrad n (des Fahrgestells); **~ zone** aero Landezone f, Rollfeld n; (Fallschirmtruppe) Absetzgebiet, -gelände n.

lane [lein] Gasse f; Pfad m, schmale Landstraße; sport (Renn-)Bahn; Gasse, Schneise f, Weg m (durch e-e Menschenmasse); mar Fahrrinne, Route; mot Fahrbahn; mil Minensperrlücke f; air, flying ~ (aero) (An-, Ab-)Flugschneise f; ~ of approach (aero) Einflugschneise f.

langsyne ['læŋ'sain] adv Scot seit, vor langer Zeit; s Scot längstvergangene Zeit f.

language ['læŋgwidʒ] Sprache f a. fig; Sprachvermögen n, Sprechfähigkeit; Ausdrucks-, Sprech-, Rede-, Schreibweise; Spracheigentümlichkeit; Sprachwissenschaft f; bad ~ gemeine Ausdrücke m pl; command of ~ Sprach-, Redegewalt f; finger ~ Finger-, Zeichensprache f; foreign ~ Fremdsprache f; strong ~ Kraftausdrücke m pl; technical ~ Fachsprache f; ~ of flowers Blumensprache f.

langu|id ['læŋgwid] kraftlos, matt, schwach; (Markt) flau; fig lust-, interesselos, gleichgültig; **~idness** ['-nis] Kraftlosigkeit, Mattheit, Flauheit; Interesselosigkeit, Gleichgültigkeit f; **~ish** ['læŋgwiʃ] itr ermatten, schwach werden, Kraft verlieren; dahinsiechen; (dahin)vegetieren; sich sehnen, schmachten (for nach); **~ishing** ['-iʃiŋ] interesselos; nachlassend; flau; schmachtend, sehnsüchtig; **~or** ['læŋgə] Kraftlosigkeit, Mattigkeit; Interesselosigkeit, Gleichgültigkeit; Stumpfheit; Sehnsucht; Gedrücktheit; Stille; Schwüle f; **~orous** ['-gərəs] kraftlos, matt; gleichgültig, stumpf; sehnsüchtig; gedrückt; dumpf, schwül, drückend.

lank [læŋk] schlank, dünn, mager; (Haar) glatt, schlicht, straff; **~iness** ['-inis] Schmächtigkeit f; **~y** ['-i] hager, schmächtig, schlaksig.

lanolin ['lænəli:n] Lanolin n.

lantern ['læntən] Laterne, Lampe f; Lampion m; (magic ~) Laterna magica f; (Leuchtturm) Scheinwerferraum m; arch Laterne f; dark ~ Blendlaterne f; **~-jawed** a hohlwangig; **~ light** Oberlichtfenster n; **~-slide** Dia(positiv), Lichtbild n; **~(~) lecture** Lichtbildervortrag m.

lanyard ['lænjəd] mar Schnur f; kurze(s) Tau, Taljereep n; mil Traggurt f.

lap [læp] **1.** s Schoß m (des Körpers, der Kleidung); allg Senke f, (Tal-)Grund; fig Schoß m, Geborgenheit f; Vorsprung m, vorspringende Kante; tech Überlappung f, Wickel m, Windung; Polierscheibe f; (Buchbinderei) Falz m; Schlaufe, Schleife; sport Runde f; tr falten (on auf; over über); umschlagen, -legen, übereap.legen; einschlagen, einwickeln (in in); fig (meist im pp) (ein)hüllen, betten (in in); sich überlappend legen über, überstehen lassen; überstehen, hinausragen über; sport überrunden; (Strecke) zurücklegen; tech polieren; itr gefaltet werden; überlappen; vor-, überstehen, hervorragen; (räumlich od zeitlich) hinausragen (over über); übergreifen; in,

lap-dog   551   **lash down**

on o.'s ~ im, auf dem Schoß; auf den Knien; *in Fortune's* ~ in glücklichen Umständen *od* Verhältnissen; *in the* ~ *of luxury* wie Gott in Frankreich; **~-dog** Schoßhund *m*; **2.** *tr itr (Hund)* saufen; schlecken; *itr* plätschern *(at, against* an; *on* gegen, auf); *s* Saufen, Schlecken, Lecken; Plätschern, Geplätscher; dünne(s) Futter, Gesöff *n; to* ~ *up* auflecken, -schlecken; *fam* 'runterkippen; *fig fam* fressen; *fam* an sich reißen.

lapel [lə'pel] (Rock-)Aufschlag *m*.

lapid|ary ['læpidəri] *s* Steinschneider *m*; *a* Steinschneide-; in Stein geschnitten; *fig (Stil)* lapidar, wuchtig, kurz und bündig; **~ate** ['-eit] *tr* steinigen; **~ation** [læpi'deiʃən] Steinigung *f*.

Lapland ['læplænd] Lappland *n*; **~er** ['-ə], **Lapp** [læp] Lappe *m*, Lappin *f*.

lappet ['læpit] (Rock-)Zipfel *m*; (Hut-)Band *n*; *anat zoo* Lappen, Fetzen *m*.

lapse [læps] *s* Versehen *n*, Irrtum, Fehler, Fehltritt *m*, (sittliche) Verfehlung, Entgleisung *f*; Versäumnis *n*, Absinken, Abgleiten *n*, Verfall *m*; Dahingleiten, *(bes. Zeit)* Vergehen, Verstreichen *n*, Ablauf, Verlauf *m*; (~ *of time)* Zeitspanne *f*, -raum *m*; *jur* Erlöschen *n*, Verfall; Heimfall; Abfall *m (from* von); *itr* ausgleiten, fallen; fehlen, e-n Fehltritt tun; entgleisen, absinken, abgleiten *(into* in); *(bes. Zeit)* dahin-, vergehen, verstreichen, ablaufen; *jur* verfallen, erlöschen, hinfällig werden, ablaufen, außer Kraft treten, verjähren; heimfallen *(to* an); *to* ~ *into unconsciousness* das Bewußtsein verlieren.

lapwing ['læpwiŋ] *orn* Kiebitz *m*.

larcen|er ['lɑːsnə], **~ist** ['-ist] Dieb *m*; **~y** ['-i] Diebstahl *m*, Entwendung *f*; *grand, compound* ~~ schwere(r) Diebstahl *m*; *petty* ~~ Bagatelldiebstahl *m*.

larch [lɑːtʃ] *bot* Lärche *f*.

lard [lɑːd] *s* (Schweine-)Schmalz *n*; *tr* einfetten, schmieren; spicken *a. fig*; *fig* ausschmücken *(with* mit); **~er** ['lɑːdə] Speisekammer *f*; (Lebensmittel-)Vorräte *m pl*; **~ing** ['-iŋ] ~~-needle, -pin Spicknadel *f*; ~ **oil** Schmalzöl *n*; **~on** ['lɑːdən], **~oon** [lɑː'duːn] Speckstreifen *m*; **~y** ['lɑːdi] schmalzig; schmalzartig.

large [lɑːdʒ] *a* groß, weit, geräumig, umfangreich, ausgedehnt, umfassend, weitreichend; dick, stark; gewaltig, bedeutend, nennenswert; verständnisvoll, einsichtig, weitherzig, großzügig; *mar (Wind)* günstig; *adv* prahlerisch; *Am fam* ereignisreich, populär; *s: at* ~ auf freiem Fuß; ausführlich, in allen Einzelheiten; im allgemeinen, im großen und ganzen; planlos, ziellos; *by and* ~ im großen und ganzen; *in* ~, *on a* ~ *scale* in großem Umfang; *to talk* ~ großspurig reden; *to talk at* ~ ins Blaue hineinreden; *the world at* ~ die ganze (weite) Welt; **~-hearted** *a* weitherzig, großzügig, gutmütig; ~ **intestine** Dickdarm *m*; **~ly** ['-li] *adv* allgemein; größtenteils, hauptsächlich; in hohem Maße; reichlich; **~-minded** *a* frei in s-n Ansichten, tolerant, großherzig; **~-mindedness** Großzügigkeit *f*; **~ness** ['-nis] Größe, Weite, Geräumigkeit; Stärke, Gewalt, Bedeutung; Großzügigkeit *f*; **~-scale** *a* in großem Maßstab; im großen, ausgedehnt, umfangreich, Groß-; ~~ **attack** Großangriff *m*; ~~ **production** Großfertigung *f*; **~-sized** *a* großformatig.

largess(e) ['lɑːdʒes] Freigebigkeit; Gabe *f*, großzügige(s) Geschenk *n*.

largish ['lɑːdʒiʃ] *adv* ziemlich groß.

larg|hetto [lɑː'getou] *mus* Larghetto *n*; **~o** ['lɑːgou] *mus* Largo *n*.

lariat ['læriət] Strick *m*; Lasso *m od n*.

lark [lɑːk] **1.** *orn* Lerche *f*; **~spur** *bot* Rittersporn *m*; **2.** *fam s* Spaß, Ulk, Scherz *m*, Vergnügen *n*; *itr* sich vergnügen, lustig sein; *(to* ~ *about)* herumtollen; *for a* ~ zum Spaß, Vergnügen; *what a* ~*!* wie lustig! zum Schießen! **~spur** *bot* Rittersporn *m*; **~y** ['-i] zum Spaßen, zu Späßen aufgelegt.

larrikin ['lærikin] Halbstarker, Rowdy *m*.

larrup ['lærəp] *tr fam* verdreschen.

larv|a ['lɑːvə] *pl* **~ae** ['-iː] *ent* Larve *f*; **~al** ['-əl] larvenartig, Larven-.

laryn|gal [lə'riŋgəl], **~geal** [lærin'dʒi(ː)əl] *a* Kehlkopf-; **~gitis** [lærin'dʒaitis] Kehlkopfentzündung *f*; **~goscope** [lə'riŋgəskoup] Kehlkopfspiegel *m*; **~x** ['læriŋks] *pl a.* **larynges** [lə'rindʒiːz] Kehlkopf *m*.

lascivious [lə'siviəs] geil, wollüstig, unzüchtig; **~ness** [-nis] Geilheit, Lüsternheit *f*.

laser ['leisə] Laser *m*.

lash [læʃ] *s* Peitsche(nschnur) *f*; Peitschen *n*; Peitschenhieb *m*; *the* ~ die Prügelstrafe *f*; *fig* (Seiten-)Hieb *m*, bissige Bemerkung *f*, scharfe(r) Tadel *m*; *(eye-)*~ Wimper *f*; *tr* (aus)peitschen; (heftig) schlagen; *fig* heruntermachen, heftig tadeln; aufstacheln, (an)treiben *(into* zu); binden *(on, to* an); *mar* (fest)zurren; *itr* schlagen, peitschen, prasseln *(at* gegen); *(Tränen)* strömen; *to* ~ **down** *tr* anbinden *(to, on* an);

lash out *itr (Regen)* niederprasseln; *to ~ out itr (Pferd)* ausschlagen; *fig* ausfällig werden *(at* gegen); *to ~* **together** *tr* zs.binden; **~ing** ['-iŋ] Schlagen, Peitschen; *fig* Schimpfen *n*; *mar* Laschung *f*; *pl fam* e-e Menge *od* Masse; **--up** Improvisation *f*.

lass [læs], **~ie** ['-i] Mädchen, Mädel, Liebchen *n*, Geliebte, Freundin *f*.

lassitude ['læsitju:d] Müdigkeit, Mattigkeit *f*.

lasso ['læsou] *pl -os s* Lasso *m* od *n*; *tr* mit dem Lasso (ein)fangen.

last [lɑ:st] **1.** *a* letzt, hinterst; spätest, jüngst; neuest; vorig, vergangen, äußerst, höchst; geringst, niedrigst; *adv* zuletzt, zum Schluß, am Ende; zum letzten Mal; *s* der, die, das Letzte, Jüngste, Neueste, Modernste; Schluß *m*, Ende *n*; *at ~* schließlich, endlich, zuletzt, am Ende; *at long ~* zu guter Letzt; *for the ~ time* zum letzten Mal; *next to the ~* vorletzt(e, r); *to the ~* bis zum Letzten *od* Äußersten; bis zum Ende, bis zum letzten Atemzug; *~ of all* zuallerletzt; *~ not least* nicht zum wenigsten; *~ night* gestern abend; heute nacht; *~ week* in der letzten, vorigen Woche; *~ but one* vorletzte(r, s); *the week before ~* vorletzte Woche *f*; *to breathe o.'s ~ ~* den letzten Atemzug, *fam* Schnaufer tun; den Geist aufgeben; *never to hear the ~ of s.th.* nichts mehr hören wollen; *to see the ~ of s.th.* etw nicht mehr wiedersehen; *I've said my ~ word on the matter* ich habe nichts mehr hinzuzufügen; *that's the ~ thing I should do* das wäre das letzte, was ich täte; *the L~ Judg(e)ment (rel)* das Jüngste Gericht; *the ~ meal* die Henkersmahlzeit; *~ quarter (Mond)* letzte(s) Viertel *n*; *the L~ Supper (rel)* das Abendmahl; *the ~ word* ist das letzte Wort; das Beste s-r Art; *fam* der letzte Schrei; das Neueste; **~ly** ['-li] *adv* zuletzt, schließlich; **2.** *itr* (an)dauern, (an)halten, bleiben; aushalten, aushalten, sich (gut) halten; langen, (aus)reichen *(for* für); **~ing** ['-iŋ] *a* dauernd, bleibend; dauerhaft, beständig; *s (Textil)* Lasting *m*; **~ingness** ['-iŋnis] Dauerhaftigkeit, Beständigkeit *f*; **3.** *(figürl)* Leisten *m*; *to stick to o.'s ~ (fig)* bei s-m Leisten bleiben; **4.** Last *f (Gewichtseinheit, meist = 4000 (engl.) Pfund).*

latch [lætʃ] *s* (Tür-)Drücker *m*, Sperrklinke *f*, Schnappschloß *n*; (Fenster-) Riegel *m*; *Art* Sicherheitsschloß *n*; *tr* zudrücken, einschnappen lassen; *itr (Tür)* schließen; *to ~ on to s.th.*

(sl) etw (spitz) kriegen; *on the ~ (Tür)* klinggeklinkt, zugeschnappt; **~ key** Haus-, Sperrklinkenschlüssel *m*; **~~ kid** Schlüsselkind *n*.

late [leit] *a* spät, verspätet, vorgerückt, Spät-; jüngst, (jüngst)vergangen, bisherig; (jüngst)verstorben; *adv* spät; *as ~ as* erst, noch; *at a ~ hour* zu später Stunde; *of ~* (erst) kürzlich, neulich (noch), vor nicht langer Zeit; *of ~ years* in den letzten Jahren; *to keep ~ hours* lange auf- *od* fortbleiben; **~ afternoon** Spätnachmittag *m*; **--comer** Spätkommende(r); Spätling *m*; **~ly** [-li] *adv* neulich, kürzlich, vor kurzem; in der letzten Zeit; **~ness** ['-nis] Verspätung *f*, Zuspätkommen *n*; vorgerückte Stunde, *od* (Jahres-)Zeit; Neuheit *f*; **~r** ['-ə] *a* später; *one day ~~* einen Tag darauf; *~~ on* später *adv*; *in ~~-on life* im späteren Leben; *sooner or ~~* früher oder später; *see you ~~*, *till ~~ on* bis später! bis bald! auf Wiedersehen! **~st** ['-əst] *a* spätest; neuest; *adv* zuletzt; *s the ~~* das Allerneueste; *at the ~~* spätestens.

laten|cy ['leitənsi] Verborgenheit, Unentwickeltheit, *scient* Latenz *f*; **~t** ['-t] verborgen, unentwickelt, *scient* latent; *phys (Wärme)* gebunden; **~~ period** *(med)* Inkubationszeit *f*.

lateral ['lætərəl] *a* seitlich; Seiten-, Neben- *a. fig*; *s* Seitenteil *n*; **~ branch** Seiten-, Nebenlinie *f (e-r Familie);* **~ (gallery)** Querstollen *m*; **~ pressure** Seitendruck *m*; **~ thrust** Querschub *m*; **~ view** Seitenansicht *f*; **~ wind** Seitenwind *m*.

latex ['leiteks] *bot* Milchsaft *m*.

lath [lɑ:θ] *pl -s* [-θs, -ðz] Latte *f*; Leiste *f*; Lattenwerk *n*; Putzträger *m*.

lathe [leið] *(turning ~)* Drehbank *f*; Lade *f*, Schlag *m (am Webstuhl)*; **~ hand**, **operator** Dreher *m*; **~ spindle** Drehbankspindel *f*; **~ tool** Drehstahl *m*, -werkzeug *n*.

lather ['lɑ:ðə, -ɑ:-] *s* (Seifen-)Schaum *m*; *tr* einseifen; *fam* verdreschen; *itr* schäumen; **~y** [-ri] schaumig.

Latin ['lætin] *a* lateinisch, Latein-; romanisch; *rel* römisch-katholisch; *s* (das) Latein(ische); Romane *m*; *Old ~* klassische(s) Latein *n*; *Medi(a)eval ~* Mittellatein *n*; *Vulgar ~* Vulgärlatein *n*; **~ America** Lateinamerika *n*; **~ American** *s* Lateinamerikaner(in *f*) *m*; **~~** (*a*) lateinamerikanisch; **~ism** ['-izm] Latinismus *m*, lateinische Spracheigentümlichkeit *f*; **~ist** ['-ist] Latinist *m*;

Latinity   553   **lavatory**

~ity [lə'tiniti] Latinität *f*; **~ize** ['lætinaiz] *tr* latinisieren; ins Lateinische übersetzen.
latish ['leitiʃ] *a adv* etwas, ziemlich, reichlich spät.
latitud|e ['lætitju:d] *meist fig* Breite, Weite *f*, Umfang; Spielraum *m* a. *phot*, Bewegungsfreiheit; geistige, Religionsfreiheit; *geog* Breite; *astr* Deklination *f*; *pl* Breiten, Gegenden, Regionen *f pl*; *of ~~ north, south of the equator* nördlicher, südlicher Breite; *degree of ~~, ~ circle* Breitengrad *m*; **~inal** [læti'tju:dinl] *a* Breiten-; **~inarian** ['lætitju:di'nɛəriən] *a* freiheitlich, liberal, freisinnig, tolerant, duldsam; *s* Freidenker, tolerante(r) Mensch; *rel hist* Latitudinarier *m*.
latrine [lə'tri:n] Latrine *f*; *Am* Waschraum *m*; **news, rumour, gossip** *mil sl* Latrinengerücht *n*, -parole *f*.
latter ['lætə] *a* später, neuer; letzter; *s der, die, das* letztere; *in these ~ days* in der jüngsten Zeit; **~-day** *a* neuest, modern, aus neuester, jüngster Zeit; *L~~ Saint (rel)* Mormone *m*; **~ end** Ende *n*, Tod *m*; **~ grass** Grum(me)t *n*; **~ half** zweite Hälfte *f (des Jahres, Jahrhunderts)*; **~ly** ['-li] *adv* neuerlich, neuerdings, kürzlich; am Ende; **~most** *a* letzt, hinterst.
lattice ['lætis] *s* Gitter(werk) *n*; *tr* gitter-, rautenförmig anordnen; *(to ~ up, to ~ over)* vergittern; **~ bridge** Gitterbrücke *f*; **~ door** Gittertür *f*; **~ frame** Gitterrahmen *m*; **~ gate** Gittertor *n*; **~ girder** Gitterträger *m*; **~ pylon, tower** Gittermast *m*; **~ window** Gitterfenster *n*; **~ work** Gitterwerk *n*, -konstruktion *f*.
Latvia ['lætviə] Lettland *n*; **~n** ['-n] *a* lettisch; *s* Lette *m*, Lettin *f*; (das) Lettisch(e).
laud [lɔ:d] *s* Lob(lied) *n*, Lobeshymne *f*; *tr* loben, preisen; **~ability** [-ə'biliti] Löblichkeit *f*; **~able** ['lɔ:dəbl] löblich, lobenswert; **~ation** [lɔ:'deiʃən] Lob *n*, Preis *m*; **~ative** ['lɔ:dətiv], **~atory** ['-ətəri] lobend, Lob(es)-.
laudanum ['lɔdnəm] Opiumpräparat *n*, -tinktur *f*.
laugh [lɑ:f] *itr* lachen *(at* über; *over* bei) *a. fig*; auslachen *(at s.o.* jdn); *tr* lachend sagen; durch Lachen zum Ausdruck bringen; durch Lachen bringen *(into* zu); *s* Lachen, Gelächter *n*; Spaß *m*; *for ~s (Am sl)* zum Spaß; *to break into a ~* in ein Gelächter ausbrechen; *to get, to have s.o.'s ~, to have the ~ on o.'s side* die Lacher auf seiner Seite haben; *to raise a ~* ein Gelächter verursachen, alle zum Lachen bringen; *to ~ in s.o.'s face* jdm ins Gesicht lachen; *to ~ out of, on the other, the wrong side of o.'s mouth* das Gesicht verziehen; enttäuscht sein; *to ~ in o.'s sleeve* sich ins Fäustchen lachen; *he ~s best who ~s last (prov)* wer zuletzt lacht, lacht am besten; *to ~ away, to ~ off* sich lachend hinwegsetzen über; mit e-m Lachen abtun; *to ~ down* durch Lachen zum Schweigen bringen; *to ~ s.o. out of s.th.* jdn durch Lachen von etw abbringen; **~able** ['-əbl] lächerlich; **~ing** ['-iŋ] lachend; *it's no ~~ matter* das ist nicht zum Lachen; **~~gas** Lachgas *n*; *to make a ~~-stock of s.s.* sich lächerlich machen; **~ter** ['-tə] Gelächter *n*; *to shake with ~~* sich vor Lachen schütteln.
launch [lɔ:ntʃ] **1.** *tr* schleudern, werfen *(at, against* gegen); *(Schlag)* versetzen; in Gang setzen; *(Schiff)* vom Stapel lassen; *(Boot)* aussetzen; in Angriff nehmen, beginnen, starten; *(Rakete)* abschießen; *aero* katapultieren; *(Menschen)* lancieren, starten; *com (Anleihe)* auflegen; *(Geschäft)* gründen; *(Gesetz)* erlassen; *(Rede)* vom Stapel lassen; *itr (to ~ out, forth)* vom Stapel laufen; hinausfahren; beginnen, loslegen; sich in Bewegung setzen; sich an die Arbeit machen; sich stürzen, einsteigen *(into* in); *s* Stapellauf; Abschuß; Start *m*; Barkasse *f*; **~ing** ['-iŋ] Starten *n*; Abschuß *m*; *mar* Stapellauf *m*; **~~pad, -platform, ramp** Abschußrampe *f*; **~~ rope** Startseil *n*; **~~ site** Abschußbasis *f*; **~~tube** Torpedorohr *n*; **~~way (mar)** Helling *f*.
laund|er ['lɔ:ndə] *tr* waschen (u. bügeln); *itr* sich waschen lassen; **~erette** [-ə'ret] Waschsalon *m*; **~ress** ['lɔ:ndris] Wäscherin *f*; **~ry** ['lɔ:ndri] *s* Waschanstalt *f*; Wäsche; Waschküche; Wäscherei, Waschanstalt *f*; *itr Am fam* waschen; **~~man** ['-mən] Wäschereiangestellter *m*; **~~owner** Wäschereibesitzer *m*; **~~soap** Waschseife *f*; **~~woman** Wäscherin *f*.
laureate ['lɔ:riit] *a* lorbeerbekränzt; *s (poet ~)* Hofdichter *m*.
laurel ['lɔrəl], *Am* 'lɔ:-] Lorbeer(baum *m*); *pl* Lorbeer(en *pl*) *m*, Ehre *f*, Sieg *m*; *to rest on o.'s ~s* auf s-n Lorbeeren ausruhen; **~(l)ed** ['-d] *a* lorbeerbekränzt; preisgekrönt.
lava ['lɑ:və] *geol* Lava *f*.
lav|ation [lə'veiʃən] *lit* Waschung *f*; **~atory** ['lævətəri] Waschschüssel *f*, -becken *n*; Waschraum *m*; Toilette *f*, (Spül-)Klosett *n*; *(public ~~)* Bedürf-

lave nisanstalt *f*; **~e** [leiv] *poet itr tr* (sich) waschen.

lavender ['lævində] *bot* Lavendel *m*.

lavish ['læviʃ] *a* verschwenderisch (*of* mit; *in doing*); reich, üppig; *tr* verschwenden (*on* für); **~ness** ['-nis] Verschwendungssucht; verschwenderische, üppige Fülle *f*.

law [lɔː] **1.** Gesetz, Statut *n*, Bestimmung; Vorschrift *f*; Recht *n*; Rechtszustand *m*, -ordnung *f*; Rechtswissenschaft, Jurisprudenz *f*; Gericht *n*; Juristenberuf; Richterstand *m*; Rechtskenntnis *f*; (Natur-)Gesetz *n*; *math gram* (Spiel-)Regel *f*; *rel* Gebot(e *pl*) *n*; *sport* Vorgabe *f*; *Am fam* Polizist *m*; **2.** *according to* ~ nach dem Gesetz, gesetz-, rechtmäßig *adv*, von Rechts wegen; *at* ~ vor Gericht; *by* ~ von Rechts wegen; *contrary to* ~ rechtswidrig; *under the* ~ nach dem Gesetz; **3.** *to abide by the* ~, *to act within the* ~ sich ans Gesetz halten, das Gesetz befolgen; *to administer the* ~ Recht sprechen; *to be at* ~ *with s.o.* mit jdm prozessieren; *to be in the* ~ Jurist sein; *to become* ~ Gesetzeskraft erlangen; *to break the* ~ das Gesetz brechen *od* verletzen *od* übertreten; *to circumvent, to dodge, to elude, to evade the* ~ das Gesetz umgehen; *to give o.s. up to the* ~ sich dem Gericht stellen; *to go to* ~ den Rechtsweg beschreiten; *with s.o.* jdn verklagen; *to infringe, to violate a* ~ gegen ein Gesetz verstoßen, ein G. übertreten; *to keep within the* ~ sich im Rahmen der gesetzlichen Vorschriften halten; *to lay down the* ~ Recht setzen; gebieterisch auftreten; *to s.o.* jdm Vorschriften machen; *to observe the* ~ das Gesetz befolgen; *to practice* ~ e-e Rechtsanwaltspraxis haben; *to proceed at, by* ~ den Rechtsweg beschreiten, e-n Prozeß anstrengen; *to read, to go in for* ~ Rechtswissenschaft studieren; *to resort to* ~ sich ans Gericht wenden; *necessity knows no* ~ (*prov*) Not kennt kein Gebot; **4.** *contrary to the* ~ gesetzwidrig; *game* ~s (*pl*) Jagdrecht *n*; *international* ~ Völkerrecht *n*; *labo(u)r* ~(*s*) (*pl*) Arbeitsrecht *n*; *Lynch* ~ Lynchjustiz *f*; *maritime, naval, sea* ~ Seerecht *n*; *martial* ~ Kriegsrecht *n*; *matter, question of* ~ Rechtsfrage *f*; *natural* ~ Naturrecht *n*; *poor-*~ Armen-, Fürsorgerecht *n*; *principle of* ~ Rechtsgrundsatz *m*; *private* ~ Privatrecht *n*; *public* ~ öffentliche(s) Recht *n*; *statute, statutory* ~ gesetzte(s) Recht *n*; *tribal* ~ Stammesrecht *n*; *unwritten* ~ ungeschriebene(s), Gewohnheitsrecht *n*; *written* ~ geschriebene(s), Gesetzesrecht *n*; **5.** ~ *and order* Recht und Ordnung; *maintenance of* ~ *and order* Aufrechterhaltung *f* der öffentlichen Sicherheit; ~ *of causality* Kausalgesetz *n*; ~ *of health* Gesundheitsregel *f*; ~ *of inheritance, of succession, (Am) of descent* Erbrecht *n*; ~ *of nations* Völkerrecht *n*; ~ *of nature* Naturgesetz *n*; ~ *of supply and demand* Gesetz *n* von Angebot und Nachfrage; **~~abiding** fried-, ordnungsliebend; **~~action** *jur* Klage *f*, gerichtliche(s) Vorgehen *n*; Zivilprozeß *m*; **~~adviser** Rechtsberater *m*; **~~affair** Rechtssache *f*; juristische(s) Werk *n*; **~~book** Gesetzbuch; juristische(s) Werk *n*; **~~breaker** Rechtsbrecher *m*; **~~breaking** Rechtsbruch *m*; **~~case** Rechtsfall *m*; ~ **charges, costs, expenses** *pl* Gerichts-, Prozeßkosten *pl*; **~~court** Gerichtshof *m*; *pl* Justizgebäude *n*; ~ **faculty** juristische Fakultät *f*; **~ful** ['-ful] gesetz-, rechtmäßig; legitim; ehelich (geboren); gültig; erlaubt; berechtigt; ~ *age* Volljährigkeit *f*; *to reach* ~~ *age* mündig werden; **~fulness** ['-fulnis] Recht-, Gesetzmäßigkeit; Legitimität; Ehelichkeit; Gültigkeit; Erlaubtheit; Berechtigung *f*; ~ **gazette** Gesetzblatt *n*; **~giver, ~maker** Gesetzgeber *m*; **~giving, ~making** Gesetzgebung *f*; ~ **language** Rechtssprache *f*; **~less** ['-lis] gesetzlos, -widrig, ungesetzlich; unrechtmäßig; unberechtigt; unerlaubt; friedlos; zügellos; **~lessness** ['-lisnis] Gesetzlosigkeit; Ungesetzlichkeit, Unrechtmäßigkeit; Unerlaubtheit; Fried-,Zügellosigkeit *f*;**~~office**Anwaltsbüro *n*;**~~practice** Rechts-, Gerichtspraxis *f*; **~~school** juristische Fakultät *f*; **~~student** Student *m* der Rechte; **~~studies** *pl* Rechts-, juristische(s) Studium *n*; **~suit** ['-sjuːt] Rechtsstreit, -handel, (Zivil-)Prozeß *m*; Klage *f*; *to be involved, entangled in a* ~~ in e-n Prozeß verwickelt sein; *to carry on a* ~~ e-n P. führen; *to commence, to enter a* ~~ e-n P. anstrengen (*against* gegen); *to lose, to settle, to win a* ~~ e-n P. verlieren, beilegen, gewinnen; ~ **term** juristische(r) Fachausdruck *m*; Sitzungsperiode *f*; **~yer** ['-jə] Jurist, Rechtsgelehrte(r); Rechtsbeistand, -anwalt, Anwalt; *(Bibel)* Schriftgelehrte(r) *m*;*criminal* ~ Kriminalist *m*; *patent* ~ Patentanwalt *m*.

lawn [lɔːn] **1.** Rasen; Rasen(sport)platz *m*; **~~fete** ['-feit] *Am* Gartenfest

lawn-mower 555 **layer**

n; **~~-mower** Rasenmäher *m*; **~~-sprinkler** Rasensprenger *m*; **~~-tennis** (Rasen-)Tennis(spiel) *n*; **2.** Batist; *fig* Episkopat *m*.

lax [læks] lose, locker, schlaff; *(Stuhlgang)* geregelt; *fig* lax, (nach)lässig, ungenau; **-ative** ['læksətiv] Abführmittel *n*; **-ity** ['læksiti], **-ness** ['læksnis] Lockerheit, Schlaffheit; (Nach-)Lässigkeit, Ungenauigkeit *f*; weiche(r) Stuhlgang *m*.

lay [lei] **1.** *irr* laid, laid *tr* (hin-, nieder-, um)legen (on auf; in in); setzen, stellen; *(Linoleum, Ziegel, Kabel, Eier)* legen; *fig (Wert, den Nachdruck)* legen (on auf); *(Wette)* abschließen; wetten; *(den Schauplatz)* (ver)legen (in nach); *(Staub)* sich legen, sich setzen lassen; *(Falte)* glätten; *fig* mäßigen, erleichtern, lindern, stillen, beruhigen, befriedigen, löschen; unterdrücken, überwinden; *(Geist)* bannen; setzen, wetten; *(Steuer, Strafe)* belegen mit; *(Steuer)* legen auf; (zur Ansicht) vorlegen (*s.th. before s.o.* jdm etw); beilegen, -messen, zuschreiben (*s.th. to s.o.* jdm etw); belasten (*s.o. with s.th.* jdn mit e-r S); festlegen, -setzen (at auf); niederlegen, ausarbeiten; *(Feuer)* anlegen; *(Geschütz)* richten; *(den Tisch)* decken; (die Litzen e-s Seil(s) zs.drehen; *fam* aufhauern *(for s.o.* jdm); *Am sl* (Geschlechts-)Verkehr haben mit; *itr* (Eier) legen; wetten; *fam* liegen; sich intensiv befassen (*to* mit); *s* Lage, Situation *f*; (Gewinn-)Anteil *m*; *sl* Geschäft *n*, Beschäftigung *f*, Job *m*, Branche; *fam* Wette *f*; *Am* Preis *m*; Richtung, Windung *f (der Litzen e-s Seils)*; *to ~ bare* bloßlegen, enthüllen, zeigen; *o.'s heart* sein Herz ausschütten; *to ~ the blame on s.o.* jdm die Schuld zuschieben; *to ~ claim to* Anspruch erheben auf, beanspruchen; *to ~ a complaint* Beschwerde führen; *to ~ under contribution* Zahlungen auferlegen (*s.o.* jdm); *to ~ s.th. to, at s.o.'s door, charge* jdm etw zur Last legen, in die Schuhe schieben; *to ~ eyes on* erblicken, sehen; *to ~ o.'s finger on* s-n Finger legen auf; *to ~ a finger on* anrühren; *to ~ hands on* in s-n Besitz bringen, festhalten; packen; finden; *rel de* die Hände auflegen (*s.o.* jdm); *to ~ violent hands on o.s.* Hand an sich legen; *to ~ heads together* die Köpfe zs.stecken; *to ~ to heart* ins Auge fassen; im Auge behalten; *to ~ (fast) by the heels* festnehmen, einsperren; *fig* bewegungs-, handlungsunfähig machen; *to ~ hold of* ergreifen; bekommen; *to ~ o.'s hopes on* s-e Hoffnung setzen auf; *to ~ an information against* zur Anzeige bringen, anzeigen; *to ~ low* niederstrecken, *fam* flachlegen; ans Bett fesseln; *to ~ under a necessity* zwingen; *to ~ under an obligation* verpflichten; *to ~ open* aufdecken, enthüllen; freilegen; *to ~ o.'s chin open* sich das Kinn aufschlagen, -stoßen; *to ~ o.s. open to s.th.* sich e-r S aussetzen; *to ~ siege to* belagern; *to ~ a snare, trap, an ambush* e-e Falle stellen (*for s.o.* jdm); *to ~ great, little store upon* großen *od* viel, wenig Wert legen auf; *to ~ stress, emphasis on* betonen, herausstellen; *to ~ the table* den Tisch decken; *to ~ a tax on* mit e-r Steuer belegen, besteuern; *to ~ waste* verwüsten; *to ~ weight on* Gewicht legen auf; *to ~ about (one)* um sich schlagen; tüchtig loslegen; *to ~ aside, to ~ away* auf die Seite legen, aufheben, sparen; ab-, weglegen; *to ~ back* zurücklegen, -lehnen; *to ~ by* aufheben, sparen; *to ~ down* hin-, niederlegen; (ein)lagern, einkellern; her-, aufgeben, opfern; (be)zahlen; wetten; niederlegen, entwerfen, planen, festlegen; formulieren; *(Grundsatz)* aufstellen; erklären, behaupten; *agr* anbauen (*with, to* mit); *to ~ in* sammeln, e-n Vorrat anlegen von, einkellern, stapeln; *to ~ into fam* verdreschen, fertig-, 'runtermachen; *to ~ off tr* weg-, ablegen; *Am* (vorübergehend) entlassen; abbauen; abgrenzen; *mar* wegsteuern; *itr Am sl* aufhören; den Mund, die Schnauze halten; *to ~ on* tr auflegen; *tech* einrichten, installieren, verlegen; *(Schläge)* verpassen, austeilen; *itr* los-, zuschlagen; *to ~ it on thick, with a trowel (fam)* übertreiben, aufschneiden; dick auftragen; schmeicheln, Komplimente machen; *to ~ out* zurechtlegen; auslegen, -breiten, zur Schau stellen; aufbahren; entwerfen, planen, trassieren; anlegen, -ordnen; gruppieren; *(Geld)* ausgeben, auslegen, aufwenden; *typ* umbrechen; *sl (Menschen)* fertigmachen, umlegen; *to ~ o.s. out* sich Mühe geben, sich bemühen; *to ~ to tr (Schiff)* beidrehen; *itr (Schiff)* fest-, stilliegen; *to ~ up* aufheben, -bewahren, sammeln, horten; lagern, sparen; *(Land)* brachliegen lassen; *(Schiff)* auflegen; *to be laid up* das Bett hüten (müssen) (*with* wegen); *I'll ~ three to one* ich wette drei zu eins; **~~-by** *mar* Liegeplatz; *mot* Rastplatz *m*; **~~ days** *pl mar* Liegetage *m pl*, -zeit *f*; **~er** ['-ə] *s*

layerage 556 **leaden**

Leger(in f) m; Legehenne f, -huhn n; [a. lɛə] Schicht, Lage, Hülle f, Überzug; bot Ableger; agr Setzling m; itr bot Ableger treiben; tr agr durch Setzlinge ziehen; ~~-cake (Schicht-)Torte f; **~erage** ['lei-, 'lɛəridʒ], **~ering** ['lei-, 'lɛəriŋ] Ziehen n von Setzlingen; **~ette** [lei'et] Babyausstattung f; **~ figure** Gliederpuppe; fig Puppe f, Strohmann m; **~ing** ['-iŋ] Legen n; (Hühner) Legezeit f; Gelege n; arch Bewurf, Putz m; Verputzen n; **~~-down** Entwurf m, Planung, Formulierung, Aufstellung f; **~~-off** (Am) (vorübergehende) Entlassung f; **~~-out** Auslage, Zurschaustellung f; Entwurf, Plan m, Anlage; Trassierung, Linienführung f (e-r Bahnstrecke); **~~-up** (Schiff) Außerdienststellung f; **~-off** (zeitweilige) Arbeitsunterbrechung, -pause; (vorübergehende) Entlassung f; **~-out** Anlage, Einrichtung f, Plan m, Anordnung, Ausgestaltung f; Grundriß m; Am typ Layout n; Auslage; Aufmachung, Ausstattung f; Satz m (Werkzeuge); **~~ of rooms** Raumverteilung f; **~-over** Aufenthalt m, Fahrtunterbrechung f; **~-shaft** tech Vorlege-, Zwischenwelle f; **2.** rel weltlich, Laien-; allg laienhaft, Laien-; **~ brother** Laienbruder m; **-man** ['-mən] rel allg Laie m; Laien(-welt f) m pl; **3.** (gesungene) Ballade f, Gesang m, Lied n.

lazaret(to) [læzə'ret(ou)] pl -os Leprakrankenhaus, Spital n; Quarantänestation, -anstalt f.

laz|e [leiz] itr faulenzen, bummeln; tr (to ~~ away) verbummeln, vertrödeln; **~iness** ['-inis] Faulheit, Trägheit, Langsamkeit f; **~y** ['-i] faul, träge; langsam, schwerfällig; ~~-bones fam Faulpelz, Faulenzer m.

lea [li:] **1.** poet Aue, Trift, Flur f. **2.** Gebinde n(Garnmaß 80—300 yards).

leach [li:tʃ] tr auslaugen; durchsickern lassen.

lead 1. [li:d] itr irr led, led tr (an)führen, leiten; vorangehen (s.o. jdm); (den Weg) zeigen; (Wasser) leiten; (Schüler) anleiten; veranlassen (to zu); mil anführen; an der Spitze stehen (of gen); mus dirigieren; (ein Leben) führen; eröffnen; (Kartenspiel) ausspielen; itr an der Spitze, vorangehen, (an)führen; sich führen, leiten lassen; (hin)führen (to zu); herbeiführen (to s.th. etw); führend sein, die erste Stelle einnehmen, an der Spitze stehen, der Anführer sein; sport in Führung gehen; angreifen; anfangen; (Kartenspiel) ausspielen, die Vorhand haben; s Führung, Leitung f; Beispiel n; Hinweis, Fingerzeig m; erste(r) Stelle f od Platz m; leitende Idee f, Leitbild n; theat tragende, Hauptrolle f; Hauptdarsteller m; (Kartenspiel) Vorhand f; sport Vorsprung m; Am einleitende, zs.fassende Worte n pl (e-s Zeitungsartikels), die wichtigste(n) Meldungen f pl; Am (Erz-)Ader; (Hunde-)Leine f; mar Tau(durchlaß) f, Kabel n; Mühlgraben, Kanal m; Rinne f (in e-m Eisfeld); (Schießen) Vorhalt m; tech Ganghöhe; el Leitung(sdraht m) f, Kabel n; pl Richtlinien f pl; on the ~ an der Leine; to be in the ~ e-n Vorsprung haben (by von); to give s.o. a ~ jdm mit gutem Beispiel vorangehen; jdn ermutigen; to have the ~ die Führung haben; den Ton angeben; to take the ~ die Führung übernehmen; to ~ s.o. a (fine, pretty) dance, a chase, a dog's life jdm (viel) zu schaffen machen; to ~ by the nose an der Nase herumführen; an der Kandare haben; to ~ nowhere zu nichts führen, keinen Sinn, Zweck haben; to ~ the way den Weg weisen od zeigen; vorausvorangehen; fig die ersten Schritte tun; to ~ **astray** fig auf Abwege, in die Irre führen; to ~ **off** tr beginnen, anfangen; itr den Anfang machen; sport anspielen; to ~ **on** weiterführen; vorantreiben; verlocken; täuschen; to ~ **out** beginnen, anfangen; zum Tanz führen; to ~ **up** to vorbereiten auf; hinführen, überleiten zu; lenken auf; hinauswollen auf; **~~in** radio Zuleitung(sdraht m) f; radio Einführung; Ansage f; attr Zuleitungs-; **~-off** Anfang, Beginn m; sport Anspielen n, Anstoß, Anschlag m; **~-out** radio Absage f; **~ story** Am (aktuelle) Spitzennachricht f, -artikel m; **~ time** tech mil Anlauf-, Entwicklungszeit f; **2.** [led] s Blei; Lot n; typ Durchschuß m; Blei(kugeln f pl); (black ~) Blei(mine f) n; Graphit m; pl Bleifassung f (von Fensterscheiben); (Dach) Bleiplatten f pl; a Blei-; tr verbleien, plombieren; (Töpferei) glasieren; (to ~ out) typ durchschießen; to cast, to heave the ~ loten; to have ~ in o.'s pants (Am fam) e-e lange Leitung haben; to swing the ~ (sl) sich (von der Arbeit) drücken; red ~ Mennige f; white ~ Bleiweiß n; **~-accumulator** el Bleisammler m; **~ casing** Bleifassung f; **~-coat** tr verbleien; **~-coating, -plating** Verbleiung f; **~ cut-out** el Bleisicherung f; **~-doped petrol** Bleibenzin n; **~en** ['-n] bleiern; bleifarben; drükkend, schwül; *fig* schwerfällig; Blei-; **~ glance** Bleiglanz *m*; **~ing** ['-iŋ] Bleiüberzug *m*; Bleistreifen *m pl*, -platten *f pl*; **~~-lining** Bleiauskleidung *f*; **~-pencil** Bleistift *m*; **~ pipe** Bleirohr *n*; **~ plate** Bleiplatte *f*; **~-poisoning** Bleivergiftung *f*; **~~-solder** Lötblei *n*.

leader ['li:də] (An-)Führer, Leiter *m*; Leitpferd *n*; Leitung(srohr *n*) *f*; *bot* Haupttrieb *m*; *anat* Sehne; *Am (Angel)* Leitschnur; *typ* Auspunktierung *f*; *(Zeitung)* Leit-, Hauptartikel; *tech* Vorlauf; *film* Vorspann; *mus* Dirigent; erste(r) Geiger, Chorführer; *com* Schlager, zugkräftigste(r) Artikel *m*; Suggestivfrage *f*; *industrial, labo(u)r, party ~* Wirtschafts-, Arbeiter-, Parteiführer *m*; **~ette** [li:də'ret] kurze(r) Leitartikel *m*; **~ship** ['-ʃip] Führerschaft, Führung, Leitung *f*; Führereigenschaften *f pl*; **~~-writer** Leitartikler *m*.

leading ['li:diŋ] *a* führend, leitend; Haupt-; *s* Führung, Leitung, Direktion *f*; *men of light and ~* einsichtige und einflußreiche Männer *m pl*; **~ aircraft** Führungsflugzeug *n (e-s Verbandes)*; **~ aircraftman** Luftwaffenobergefreite(r) *m*; **~ article** Leit-, Hauptartikel; *com* Zugartikel *m*; **~ case** *jur* Präzedenzfall *m*; **~ dimensions** *pl* Hauptabmessungen *f pl*; **~ edge** *aero (Flügel, Luftschraubenblatt)* Vorderkante; *(Rotor)* Blattnase *f*; **~ element** Vorausabteilung *f*; **~ feature** Grundzug *m*, Hauptmerkmal *n*; **~ idea** Grundgedanke *m*; **~-in (wire)** *el* Leitungseinführung *f*; **~ man, lady** *theat* Hauptdarsteller(in *f*) *m*; **~ motive** Leitmotiv *n*; **~ principle** oberste(r) Grundsatz *m*; **~ question** Suggestivfrage *f*; **~-strings** *pl* Gängelband *n a. pl*; *to conduct in ~~* am Gängelband führen; **~ vehicle** Spitzenfahrzeug *n*; **~ wheel** Vorderrad *n*.

leaf [li:f] *s pl* leaves; *bot* Blatt; Blumenblatt *n*; Blätter *n pl*; *(Buch)* Blatt; (Metall-)Blättchen *n*, Lamelle *f*, Blattmetall; (Feder-)Blatt *n*; Tischklappe *f*; Türflügel; *mil sl* Urlaub *m*; *tr Am (to ~ through)* durchblättern; *in ~* im Laub; *to be in ~ (Bäume, Sträucher)* grün sein; *to come into ~ (bot)* ausschlagen; *to take a ~ out of s.o.'s book* jdm etw nachmachen, jds Beispiel folgen; *to turn over a new ~* e-n neuen Anfang machen; *gold-* Blattgold *n*; *tobacco ~* Tabakblätter *n pl*; **~age** ['-idʒ] Laub(werk) *n*; **~~-bud**

Blattknospe *f*; **~less** ['-lis] blattlos; **~let** ['-lit] Blättchen *n*; Drucksache *f*, Prospekt *m*, Broschüre *f*; Flug-, Merk-, Faltblatt *n*, Reklamezettel *m*; **~~ mo(u)ld** Kompost *m*; **~ sight** Klappvisier *n*; **~~-spring** *tech* Flach-, Blattfeder *f*; **~~-table** Klapptisch *m*; **~y** ['-i] (dicht)belaubt; breitblättrig.

league [li:g] **1.** *s* Bund *m*, Bündnis *n*; Vereinigung, Union, *bes. sport* Liga *f*; *tr itr* (sich) verbünden; *in ~* verbündet (*with* mit); *the L~ of Nations* der Völkerbund *m*; **~r** ['-ə] Verbündete(r), Bündnispartner *m*; **2.** Meile, Wegstunde *f (= 4,8 km)*.

leak [li:k] *itr* leck, undicht sein; *(Wasserhahn)* tropfen, laufen; *(to ~ in, out)* durchsickern *a. fig*; auslaufen *fig* bekannt, *fam* publik, *lit* ruchbar werden; *s* Leck *n*, undichte Stelle *f*, Loch *n*; *el* Ableitung *f*; *to spring a ~* ein Leck bekommen, undicht werden; **~age** ['-idʒ] Leck(sein) *n*; durchsickernde Flüssigkeit; Leckage *f*, Gewichtsverlust *(bei Flüssigkeiten)*; *el* Isolationsfehler *m*; unerklärliche(s) Verschwinden *n (von Geld)*; Schwund *m*; *fig* Durchsickern, Bekanntwerden *n*; **~y** ['-i] leck, undicht; *fam (Mensch)* nicht dicht.

lean [li:n] **1.** *a. irr* leant, leant [lent] *itr* sich neigen; sich beugen, sich (an-)lehnen (*against* gegen, an; *on* auf); *fig* sich anlehnen (*on, upon* an); sich stützen (*on, upon* auf); neigen (*toward* zu); *fig* e-e Vorliebe haben (*to* für); *tr (to ~ over)* schrägstellen, (zur Seite) biegen; lehnen (*against* an); *s* Neigung, (*to* nach); Schrägstellung *f*; *to ~ over backward(s) (fig fam)* sich mächtig anstrengen; **~ing** ['-iŋ] *s* Neigung *f a. fig*; *fig* Hang *m (towards* zu); *a: the L~ Tower of Pisa* der Schiefe Turm von Pisa; **~-to** arch Pultdach *n*; Anbau *m (mit P.)*; **2.** *a* mager *(a. Fleisch)*; hager, dürr; **~ness** ['- nis] Magerkeit *a. fig*, Hagerkeit *f*.

leap [li:p] *a. irr* leapt, leapt [lept] *itr* springen, hüpfen; schnellen; sich stürzen *(at* auf); *tr* springen über; springen lassen; überspringen; *s* Sprung(weite *f*); *fig* Sprung, unvermittelte(r) Übergang *m*; *by ~s and bounds* mit Windeseile; in großen Sätzen; *fig* sprunghaft; *to ~ at an opportunity* e-e Gelegenheit (beim Schopf) ergreifen; *look before you ~* erst wäg's, dann wag's; *a ~ in the dark (fig)* ein Sprung ins Ungewisse; **~~-day** Schalttag *m (29. Februar)*; **~er** ['-ə]

leap-frog

Springer *m*; **~-frog** *s* Bockspringen *n*; *itr mil* im überschlagenden Einsatz vorgehen; **~-year** Schaltjahr *n*.

learn [lə:n] *a. irr* learnt, learnt [-t] *tr* (er)lernen; erfahren, hören, *lit* vernehmen (*from* von); ersehen, entnehmen (*from* aus); *itr* lernen, erfahren (*of* von); *to ~ by heart* auswendig lernen; *to ~ to write* schreiben lernen; **~ed** ['-id] *a* (hoch)gebildet, gelehrt; fachkundig; wissenschaftlich; **~er** ['-ə] Lernende(r), Schüler, Anfänger; *mot* Fahrschüler *m*; **~ing** ['-iŋ] Lernen *n*; Bildung *f*, Wissen *n*, Gelehrsamkeit *f*; Fachwissen *n*, -kenntnisse *f pl.*

lease [li:s] *s* Pacht, Miete; Verpachtung, Vermietung *f* (*to* an); Pacht-, Mietverhältnis *n*; Pacht-, Mietvertrag *m*; Pacht-, Mietdauer, -zeit; Frist *f*; *tr (to ~ out)* verpachten, vermieten (*to* an); pachten, mieten; *on ~, by way of* pacht-, mietweise; in Pacht *od* Miete; *to give, to let (out) on ~* verpachten, in Pacht geben, vermieten; *to take on ~, to take a ~ of* in Pacht nehmen, pachten, mieten; *a new ~ of life* neue Hoffnungen, neue Lebenschancen *f pl*; **~hold** *s* Pacht(ung) *f*, Pachtvertrag *m*; Erbpacht *f*, -baurecht; Pachtgut, -grundstück *n*; *a* gepachtet; Pacht-; **~holder** Pächter; Erbpächter, -bauberechtigte(r) *m*; **leasing** ['-iŋ] Verpachtung, Vermietung; Pacht, Miete *f*.

leash [li:ʃ] *s* (Hunde-)Leine; Koppel *f*; *tr* an die Leine nehmen; *fig u. to hold in ~ (fig)* an der Kandare, an der Leine haben; *to keep on the ~* an der Leine führen; *to strain at the ~ (fig)* an der Leine zerren; vor Ungeduld platzen.

least [li:st] *a* kleinst, geringst, wenigst; *adv* am wenigsten; *s der, die, das* Kleinste, Geringste; *das* wenigste, mindeste; *at (the) ~* wenigstens, mindestens, zumindest; auf jeden Fall; *not in the ~* nicht im geringsten *od* mindesten; durchaus nicht; *~ of all* am allerwenigsten; *to say the ~ of it* milde ausgedrückt *od* gesagt; ohne zu übertreiben.

leather ['leðə] *s* Leder; Lederzeug; Streichleder *n*; (Leder-)Ball *m*; *pl* Lederhose *f*; Boxhandschuhe *m pl*; *fam* Fell *n (des Menschen)*; *a* Leder-; *tr* mit Leder überziehen; *fam* verdreschen; **~-bound** *a* ledergebunden; **~et(te)** [leðə'ret] Kunstleder *n*; **~ glove** Lederhandschuh *m*; **~-jacket** *zoo* Schweinsfisch *m*, Schnakenlarve; Lederjacke *f*; **~n** ['-n] ledern; lederig; **~-neck** *Am fam* Marineinfanterist *m*; **~oid** ['-rɔid] Kunstleder *n*; **~y** ['-ri] ledern; zäh.

leave [li:v] **1.** *irr left, left* [left] *tr* (ver-, zurück-, übrig-, hinter)lassen; da-, liegen-, stehenlassen; im Stich lassen; überlassen, -geben, abgeben, aushändigen, anvertrauen; verlassen, herausgehen aus; *fig* überlassen, anheimstellen; *Am sl* lassen *mit inf*; *itr* fort-, weggehen, -fahren; abgehen, -fahren, -reisen (*for* nach); kündigen, austreten; abgehen (*school* von der Schule); *to be left* übrigbleiben; *to be left back (Schule)* sitzenbleiben; *to be left out in the cold* das Nachsehen haben; *to be, to get (nicely) left* reinfallen, 'reingelegt werden; *to be better left unsaid* besser ungesagt bleiben; *to ~ alone* in Ruhe, in Frieden, liegenlassen; sich nicht kümmern um; auf sich beruhen, bleiben lassen; *to ~ to chance* dem Zufall überlassen; *to ~ go* los-, fahrenlassen (*of s.th.* etw); *to ~ s.o. on the left* jdn links liegenlassen; *to ~ it at that* es dabei bewenden, sein Bewenden haben lassen; *to ~ lying about, (Am) around* herumliegen lassen; *to ~ much to be desired* viel zu wünschen übriglassen; *to ~ open, shut auf-, offen, zu-, geschlossen lassen*; *to ~ nothing undone* nichts unversucht lassen; *to ~ word* Bescheid hinterlassen; ausrichten lassen; *three minus one ~s two* drei weniger eins ist zwei; *~ it to me* überlassen Sie es mir; *where does that ~ me?* und was ist mit mir? *to be left till called for* postlagernd; *to ~ about* herumliegen lassen; *to ~ behind* zurück-, hinter sich lassen; hinterlassen, vermachen; *to ~ off* aufhören, Schluß, ein Ende machen; *(Tätigkeit)* aufhören mit, beenden, aufgeben; *(Kleidungsstück)* ablegen; *to ~ on (Mantel)* anbehalten; *to ~ out* aus-, fort-, weg-, unterlassen; übersehen, überschlagen, -gehen; *to ~ s.o. out of the picture (fig)* jdn ausschalten; *to ~ over* übriglassen; unentschieden lassen; **leavings** *pl* Überbleibsel *n pl*, Reste *m pl*; **2.** *s* Erlaubnis *f*; *bes. mil* Urlaub; Abschied *m*; *on ~* auf Urlaub; *to ask for ~* Urlaub einreichen, um U. nachsuchen; *to beg ~* um Erlaubnis bitten; *to go on ~* in Urlaub gehen, Urlaub nehmen; *to take o.'s ~* Abschied nehmen; aufbrechen, abreisen; *to take ~ of s.o.* sich von jdm verabschieden; *to take ~ of o.'s senses* den Verstand verlieren; *to take French ~* sich französisch empfehlen; *by, with your ~* Sie gestatten! *absent on ~* beurlaubt;

leave certificate   559   **leg**

man on ~ Urlauber *m*; ~ *of absence (mil)* Urlaub *m*; ~ **certificate** *Am, Br* **pass** Urlaubsschein *m*; ~-**taking** Abschied *m (von jdm)*; ~-**train** Urlaubszug *m*.

leaved ['li:vd] *a in Zssgen* -blättrig; *(Tür)* mit ... Flügeln.

leaven ['levn] *s* Hefe *f*; Sauerteig *a. fig*; *fig* Gärungs-, Zersetzungsstoff *m*, schleichende(s) Gift *n*; zersetzende, umgestaltende Wirkung *f*; *tr* säuern; treiben; durchdringen (*with* mit); *fig* durch-, zersetzen (*with* mit); stark beeinflussen.

Leban|ese [lebəˈniːz] *a* libanesisch; *s* Libanese *m*, Libanesin *f*; ~**on** ['lebənən] Libanon *m (Land)*; ~~ *Mountains (pl)* Libanon *m (Gebirge)*.

lecher ['letʃə] Wüstling, Lüstling *m*; ~**ous** ['-rəs] geil; wollüstig; ~**y** ['-ri] Geilheit; Wollust; Unzucht *f*.

lect|ern ['lektə(:)n] *rel* Lesepult *n*; ~**ure** ['lektʃə] *s (Univ.)* Vorlesung *f (on* über; *to* vor); *allg* Vortrag *m (on* über); Strafpredigt *f*; *itr (Univ.)* lesen, e-e Vorlesung halten (*on* über; *to s.o.* vor jdm); e-n Vortrag, Vorträge halten; *tr* e-e Strafpredigt halten (*s.o.* jdm); schulmeistern, abkanzeln (*s.o.* jdm); *to give, to read a* ~ e-n Vortrag halten; *to s.o.* jdm e-e Strafpredigt halten; jdn abkanzeln; *to shirk, to cut a* ~ e-e Vorlesung schwänzen; *course of* ~*s* Vortragsreihe *f*; ~~ *room* Vortrags-, Hörsaal *m*; ~~ *tour* Vortragsreise *f*; ~**urer** ['-rə] *(engl. Hochkirche)* Hilfsprediger; Vortragende(r), Redner; *(Univ.)* Dozent *m*; ~**ureship** ['lektʃəʃip] Hilfspredigeramt *n*; Dozentur *f*.

ledge [ledʒ] Leiste, vorspringende Kante *f*, Saum, Sims *m*; (Felsen-)Riff; *min* Lager *n*, Ader *f*.

ledger ['ledʒə] *com (general* ~) Hauptbuch *n*; *arch* Querbalken *m*; Grabplatte *f*; (~ *bait*) Köder *m* an e-r ruhenden Angel; ~ **clerk** Buchhalter *m*; ~ **folio** Buchfolio *n*; ~ **line** *mus* Hilfslinie *f*; ~ **sheet** Kontoblatt *n*.

lee [liː] *s* (Wind-)Schutz *m*; (wind)geschützte Stelle; *mar* Lee(seite) *f*; *aero* Windschatten *m*; *a* leeseitig, -wärtig; ~ **shore** Leeküste *f*; ~**ward** ['-wəd] *a* leeseitig, -wärtig, unter dem Wind; ~ Leeseite *f*; *adv* leewärts; in Lee; *to drive to* ~~ abtreiben; ~**way** *mar aero* Abdrift *f*; *fig* Zurückbleiben *n*, Rückständigkeit *f*; *fig* Spielraum *m*, Bewegungs-, Aktionsfreiheit *f*; *to make* ~ abdriften; *fig* zurückbleiben; *to (have to) make up* ~~ *(Versäumtes)* auf(zu)holen (haben).

leech [liːtʃ] *s zoo* Blutegel; *fig* Blutsauger; *med* Schnäpper *m*; *tr* zur Ader lassen (*s.o.* jdm); *to stick like a* ~ *to s.o.* wie e-e Klette an jdm hängen.

leek [liːk] Lauch, Porree *m*.

leer [liə] **1.** *s* Seiten-, scheele(r) Blick *m*; *itr* lüstern, scheel blicken (*at* auf); schielen (*at* nach); ~**y** ['-ri] *fam* im Bilde; gerissen, gerieben; mißtrauisch; **2.** *tech* Glasglühofen *m*.

lees [liːz] *pl* Bodensatz *m*, Hefe *f*; *to drink, to drain to the* ~ *(fig)* bis zur Neige leeren.

left [left] **1.** *a* link *a. pol*; *s* linke Seite *f*; *(Boxen)* Schlag *m* mit der Linke(n) *f*; *the (L)*~ *(pol)* die Linke; *adv* (nach) links; *on the* ~ links, zur Linken; *to the* ~ nach links; links (*of* von); ~-**hand** *a* link; ~-**handed** *a* linkshändig; linkisch, ungeschickt; unaufrichtig, zweifelhaft; *(Ehe)* morganatisch, linker Hand; *tech* linksgängig; gegen den Uhrzeigersinn; ~-**hander** Linkshänder *m*; ~**ist** ['-ist] *s pol* Anhänger *m* der Linken; *a pol* linksgerichtet, Links-; ~ **wing** *pol sport* linke(r) Flügel *m*; ~~ *(a pol)* Links-; dem linken Flügel angehörend; ~**y** ['-i] *Am fam* Linkshänder; linke(r) Handschuh; *pol* links Gerichtete(r) *m*. **2.** *pret u. pp von leave* 1.: *to get* ~ *(sl)* abgehängt werden *fig*; ~-**luggage** ~~ *office (rail)* Gepäckaufbewahrung *f*; ~~ *ticket* Gepäckschein *m*; ~**off** abgelegt; ~**over** *s* Überrest *m*, -bleibsel *n pl*; *a* übrig(geblieben).

leg [leg] *s* Bein *n*; *(Küche)* Keule *f*, Schinken *m*; Strumpf-, Hosenbein *n*; (Stiefel-)Schaft *m*; Tisch-, Stuhlbein *n*; Stütze *f*; Schenkel *m a. math*; *bes. aero* Strecke, Etappe *f*; *itr fam*: *to* ~ *it* sich beeilen; *on o.'s* (*her: hind*) ~*s* auf den Beinen; stehend; *to be all* ~*s (Mensch)* hoch aufgeschossen sein; *to be on o.'s last* ~*s (fam)* aus dem letzten Loch pfeifen; *to feel, to find o.'s* ~*s (Kind)* stehen, laufen können; *to give s.o. a* ~ *up* jdm hochhelfen *a. fig*; *fig* jdm unter die Arme greifen; *not to have a* ~ *to stand on* keine Ursache, keinen Grund, keine Ausrede haben; *to pull s.o.'s* ~ *(fam)* jdn zum besten haben; jdn aufziehen; frotzeln; *to run s.o. off his* ~*s* jdn nicht zur Besinnung kommen lassen; *to set s.o. on his* ~*s* jdn wieder auf die Beine bringen; *to shake a* ~ *(fam)* das Tanzbein schwingen; sich sputen; *to stand on o.'s own* ~*s* auf eigenen Füßen stehen; *to stretch o.'s* ~*s* sich die Beine vertreten, e-n kleinen Spaziergang

leg-bail 560 **leister**

machen; *to take to o.'s ~s* das Weite suchen; Fersengeld geben; *to walk s.o. off his ~s* jdn sich müde laufen lassen; **~-bail**: *to give ~~* Fersengeld geben; **~ged** [-d] *a in Zssgen.* -beinig: **~gings** ['-iŋz] *pl* (lange) Gamaschen *f pl*; **~-guard** *sport* Beinschiene *f*; **~gy** ['-i] langbeinig; **~less** ['-lis] *a* ohne Beine; **~-of-mutton** *a* keulenförmig, Keulen-; **~~ sleeve** Schinkenärmel *m*; **~-pull** *fam* Versuch *m*, jdn 'reinzulegen; **~-up** *fam* tatkräftige Unterstützung *f*; **~work** *fam* Lauferei *f*.

legacy ['legəsi] Vermächtnis *a. fig*, Legat *n a. fig*, Erbschaft *f*; *to come into a ~* e-e Erbschaft machen; **~-hunter** Erbschleicher *m*; **~-hunting** Erbschleicherei *f*.

legal ['li:gəl] gesetzlich, gesetz-, rechtmäßig, legal; rechtlich, juristisch, Rechts-; *rel* Gesetzes-; Werk-; *to take ~ measures* den Rechtsweg beschreiten; *to take ~ steps against s.o.* gerichtlich gegen jdn vorgehen; **~ act** Rechtshandlung *f*; **~ advice** Rechtsberatung *f*; **~ adviser** Rechtsberater, -beistand *m*; **~ aid, assistance** Rechtshilfe *f*, -schutz *m*; **~ basis** Rechtsgrundlage *f*; **~ capacity** Geschäftsfähigkeit *f*; **~ case** Rechtsfall *m*; **~ charges, costs, fees** *pl* Gerichtskosten *pl*, Prozeßgebühren *f pl*; **~ claim** Rechtsanspruch *m*; **~ concept** Rechtsauffassung *f*; **~ currency, coin, tender** gesetzliche(s) Zahlungsmittel *n*; **~ decision** richterliche Entscheidung *f*, Richterspruch *m*, Gerichtsurteil *n*; **~ department** Rechtsabteilung *f*; **~ effect** Rechtswirksamkeit *f*; **~ entity** juristische Person *f*; **~ expert** Gerichtssachverständige(r) *m*; **~ force** Gesetzeskraft *f*; **~ forcefulness** *f*; **~ holiday** gesetzliche(r) Feiertag *m*; **~ incapacity** mangelnde Rechtsfähigkeit *f*, Geschäftsunfähigkeit *f*; **~ity** [li(:)'gæliti] Gesetz-, Rechtmäßigkeit, Legalität *f*; **~ization** [li:gəlai'zeiʃən] gerichtliche Bestätigung, Beglaubigung, Legalisierung *f*; **~ize** ['li:gəlaiz] *tr* rechtskräftig machen, gerichtlich bestätigen, legalisieren, autorisieren, beglaubigen; **~ language** Rechts-, Gerichtssprache *f*; **~ maxim** Rechtsgrundsatz *m*; **~ offence** Rechtsbruch *m*; **~ opinion** Rechtsgutachten *n*; **~ opponent** Prozeßgegner *m*; **~ plea** Einrede *f*; **~ procedure, proceedings** *pl* Gerichtsverfahren *n*, Prozeß, Rechts-

streit *m*; *to take, to institute, to initiate ~ proceedings against s.o.* gerichtlich gegen jdn vorgehen, e-n Prozeß gegen jdn anstrengen; **~ protection** Rechtsschutz *m*; **~ regulation, rule** Rechtsvorschrift, Gesetzesbestimmung *f*; **~ relation** Rechtsverhältnis *n*; **~ remedy** Rechtsmittel *n*; **~ representative** gesetzliche(r) Vertreter *m*; **~ status** rechtliche Stellung; Rechtsfähigkeit *f*; **~ successor** Rechtsnachfolger *m*; **~ title** Rechtsanspruch *m*; **~ validity** Rechtsgültigkeit *f*; **~ year** Kalenderjahr *n*.

legat|e ['legit] *s hist rel* Legat *m*; *tr* [li'geit] *(testamentarisch)* vermachen; **~ee** [legə'ti:] Vermächtnisnehmer, Legatar, Erbe *m*; **~ion** [li'geiʃən] Gesandtschaft, Legation *f*; **~or** [li'geitə] Erblasser *m*.

legend ['ledʒənd] Legende; Sage; *(Münze)* Aufschrift; Bilderklärung *f*, -text *m*; **~ary** [-əri] *a* legendär, sagenhaft; Sagen-; *s* Legendensammlung *f*.

legerdemain ['ledʒədə'mein] (Taschenspieler-)Kunststück *n*; Trick, Schwindel *m*.

Leghorn [leghɔ:n] Livorno *n*; **l~** [le'gɔ:n] Leghorn *n (Hühnerrasse)*; ['--] Strohgeflecht *n*; (breitrandiger) Strohhut *m*.

legib|ility [ledʒi'biliti] Lesbarkeit, Leserlichkeit *f*; **~le** ['ledʒəbl] lesbar; leserlich, deutlich.

legion ['li:dʒən] Legion *f*; **~ary** ['-əri] *a* Legions-; *s* Legionär *m*.

legislat|e ['ledʒisleit] *itr* Gesetze erlassen; **~ion** [ledʒis'leiʃən] Gesetzgebung *f*; **~ive** ['ledʒisleitiv, -lət-] gesetzgebend; **~~ power** gesetzgebende Gewalt *f*; **~or** ['-ə] Gesetzgeber *m*; **~ure** ['-ʃə] gesetzgebende Körperschaft *od* Versammlung; Legislaturperiode *f*.

legitim|acy [li'dʒitiməsi] Gesetz-, Rechtmäßigkeit, Legitimität; Echtheit; Ehelichkeit, eheliche Geburt *f*; **~ate** [-mit] *a* recht-, gesetzmäßig, gesetzlich; legitim; ehelich; berechtigt, einwandfrei; **~** *od n*; *tr* [-eit] *u.* **~ize** [-maiz] *tr* legitimieren, für ehelich erklären; rechtfertigen; berechtigen, autorisieren; **~ation** [lidʒiti'meiʃən] Ehelicherklärung, Legitimierung; Legitimation *f*, Ausweis *m*; Berechtigung *f*.

legum|e ['legju:m] Hülse(nfrucht) *f*; *pl* Hülsenfrüchte *f pl*, Gemüse *n*; **~inous** [le'gju:minəs] *a* Hülsen(frucht).

leister ['li:stə] Fisch-, *bes.* Lachsspeer *m*.

leisure ['leʒə, *Am* 'li:ʒə] *s* (~ *time*) Muße, freie Zeit, Freizeit *f* (*for* zu); *a* Muße-; frei; müßig, ohne ernsthafte Beschäftigung; *at* ~ müßig, frei; in (aller) Ruhe, ohne Hast; *at o.'s* ~ wenn man Zeit hat; wenn es einem paßt; *the* ~(*ed*) *class* die Wohlhabenden; **~d** ['-d] *a* müßig; gemächlich; ~ **hours** *pl* Mußestunden *f pl*; **~liness** ['-linis] Ruhe, Gemächlichkeit *f*; **~ly** ['-li] *a* gemächlich, ruhig; *adv* ohne Eile; in (aller) Ruhe.

Leman ['lemən]: *the Lake* ~ der Genfer See.

lemme ['lemi] *fam* (= *let me*) laß mich!

lemon ['lemən] *s* Zitrone *f*; Zitronenbaum *m*, -gelb *n*; *sl* üble(r) Dreh *m*; *sl* häßliche(s) Entchen *n*, *fig* Niete *f*; *a* zitronengelb; Zitronen-; **~ade** [lemə'neid] Zitronenwasser *n*; ~ **drop** Zitronenbonbon *m*, *pl* -drops *pl*; ~ **juice** Zitronensaft *m*; ~ **peel, ~ rind** Zitronenschale *f*; **~-squash** Sodawasser *n* mit Zitrone; **~-squeezer** Zitronenpresse *f*.

lend [lend] *irr* lent, lent [lent] *tr* (aus-, ver)leihen, borgen, *fam* pumpen (*at interest* auf Zinsen); zur Verfügung stellen, hergeben; gewähren; (*Eigenschaft*) geben, verleihen; beitragen (*to* zu); *itr* Geld verleihen; *to ~ o.s. to s.th.* sich zu etw hergeben, etw mitmachen; *to ~ itself to* sich eignen zu, für; *to ~ a (helping) hand* behilflich sein, mit Hand anlegen; **~er** ['-ə] Aus-, Verleiher *m*; *money-*~ Geldgeber *m*; **~ing** ['-iŋ] (Aus-, Ver)Leihen; Darlehen *n*; **~-library** Leihbibliothek, -bücherei *f*; **~-lease** Pacht-Leihe *f*.

length [leŋθ] Länge; Strecke; Dauer *f*; Stück *n* (*Stoff*) ; *sport* (Pferde-, Boots-) Länge; (*Phonetik*) Länge *f*; *at* ~ schließlich, endlich; ausführlich; ungekürzt; *at (full, great)* ~ sehr ausführlich *adv*; *at full* ~ in voller Länge, ganz ausgestreckt; *at some* ~ in einiger Entfernung; *fig* ziemlich ausführlich; *by a* ~ (*sport*) um e-e Länge (*from* von); *full* ~ der Länge nach; *three feet in* ~ drei Fuß lang; *to go (to) all* ~s bis zum äußersten gehen; *to go any* ~ vor nichts zurückschrecken; *for s.o.* alles für jdn tun; *to go (to) great* ~s (*fig*) sehr weit gehen; alles Erdenkliche tun; *to keep s.o. at arm's* ~ Abstand zu jdm wahren; **~en** ['-ən] *tr* verlängern, längen; (aus)dehnen; (*Wein*) verdünnen; *itr* länger werden; (*to* ~ *out*) sich (aus)dehnen; **~iness** ['-inis] Länge, Weitschweifigkeit, Langatmigkeit *f*; **~ways, ~wise** *a* langseitig; *adv* der Längenach; **~y** ['-i] weitschweifig, langatmig, -weilig, -wierig; *Am fam* (*Mensch*) lang, groß.

len|ience, -cy ['li:njəns(i)], **~ity** ['leniti] Milde, Nachsicht *f*; **~ient** ['li:njənt] mild(e), sanft, gelind(e), nachsichtig (*towards* gegen); **~itive** ['lenitiv] *a u. s* mildernd(es), lindernd(es), schmerzstillend(es) (Mittel *n*).

lens [lenz] *opt phot anat* Linse *f*; (Brillen-)Glas *n*; *anat* Kristallkörper *m*; *phot* Objektiv *n*; **~-cap, ~-cover** Objektivdeckel *m*; **~-hood, -shade**, **~-screen** Sonnen-, Gegenlichtblende *f*; **~-mount** Linsen-, Objektivfassung *f*; **~-opening** Blende *f*; **~-shaped** *a* linsenförmig; ~ **system** Optik *f*.

Lent [lent] Fastenzeit *f*; **~en** ['-ən] *a* Fasten-; fleischlos; **~ lily** Narzisse *f*.

lent|icular [len'tikjulə], **~iculated** [-leited], **~oid** ['lentoid] *a* linsenförmig; *phys* bikonvex; **~il** ['lentil] *bot* Linse *f*.

leonine ['li:ənain] *a* Löwen-.

leopard ['lepəd] *zoo* Leopard *m*.

lep|er ['lepə] Aussätzige(r), Leprakranke(r) *m*; **~rosarium** [leprə'zɛəriəm] Leprakrankenhaus, -asyl *n*; **~rosy** ['leprəsi] Aussatz *m*, Lepra *f*; **~rous** ['leprəs] aussätzig, leprös.

lese-majesty ['li:z'mædʒisti] Majestätsbeleidigung *f*; Hochverrat *m*.

lesion ['li:ʒən] *med jur* Verletzung, Schädigung *f*.

less [les] *a* kleiner, geringer, weniger, minder; *adv* weniger, in geringerem Maße; *s* der, die, das Kleinere, Geringere, Wenigere; kleinere(r) Betrag *m*; *prp* abzüglich *gen*, weniger; *for* ~ für weniger, billiger; *much* ~ geschweige denn; *no* ~, *nothing* ~ nicht weniger (*than* als); *no* ~ *than* ebensogut wie; kein Geringerer als; *none the* ~ nichtsdestoweniger; **~en** ['lesn] *tr* vermindern, schmälern; herabsetzen, verkleinern; *itr* weniger werden, abnehmen, nachlassen; **~er** ['-ə] *nur attr* kleiner, geringer, unbedeutender; *the L*~~ *Bear* (*astr*) der Kleine Bär.

lessee [le'si:] Pächter; Mieter *m*.

lesson ['lesn] (*Schule, Lehrbuch*) Übung, Aufgabe, Lektion; Schularbeit; Lehr-, Unterrichtsstunde; Lehre *f*, Denkzettel *m*; *rel* Lektion *f*, *pl* Kurs(us); Unterricht *m*; Stunden *f pl*; *to* ~ unterrichten; e-n Verweis geben (*s.o.* jdm), tadeln; *to give s.o. a* ~ jdm e-e Lehre erteilen; *to give* ~*s* Unterricht geben *od* erteilen; *to take* ~*s from s.o.* bei jdm Unterricht nehmen;

lessor 562 **letter**

let this be a ~ to you laß dir das e-e Lehre sein! *an English ~, a ~ in music* e-e Englisch-, e-e Musikstunde.
lessor [le'sɔ:] Vermieter; Verpächter *m*.
lest [lest] *conj* aus Furcht, daß; damit, daß nicht; im Fall, daß, falls; *(nach e-m Ausdruck des Fürchtens)* daß.
let [let] **1.** *irr let, let tr* lassen; *mit inf* zulassen, daß; erlauben, zu, daß; einweihen *(into a secret* in ein Geheimnis); vermieten, verpachten *(to* an); *itr* vermietet werden, zu mieten sein *(at, for* für); sich vermieten lassen; *s fam* Vermietung *f*; *to get a ~ (fam)* e-n Mieter finden *(for* für); *to ~ alone* in Ruhe, gewähren lassen; *fam* links liegenlassen; *~ alone* geschweige denn, gar nicht zu reden von; *to ~ be* in Ruhe lassen; *to ~ drive* losschlagen *(at* auf); *to ~ drop od fall* fallen lassen; *to ~ fly (tr)* werfen, feuern; schleudern; *fig* vom Stapel lassen; *itr* loswettern; *to ~ go* gehen lassen; los-, frei-, fortlassen; hingehen lassen; bleiben lassen; loslassen *(of s.th.* etw); loslegen; *to ~ o.s. go* sich gehen lassen; *to ~ have* gehen; *to ~ know* wissen lassen, Bescheid geben; *to ~ loose* los-, freilassen; *to ~ pass* übersehen, nicht beachten; durchlassen; *to ~ things slide* die Dinge laufenlassen; *to ~ slip* loslassen; *(Gelegenheit)* sich entgehen lassen, verpassen; *~ bygones be bygones* lassen wir das Vergangene ruhen! *~ us go* wir wollen gehen; *~ me know it* laß es mich wissen! *to ~ by* vorbeilassen; *to ~ down* herunterlassen; im Stich lassen; enttäuschen; *(in der Arbeit)* nachlassen; *~ easily, gently* nicht vor den Kopf stoßen *(s.o.* jdn); *to ~ in* hinein-, hereinlassen; 'reinlegen; einweihen *(on* in), aufklären *(on* über); *to be ~~* reinfallen; *to ~ o.s. in* sich Eingang verschaffen; *for s.th.* sich etw einbrocken; *to ~ into* einsetzen; *to ~ off (Wasser, Dampf)* ablassen; *(Gewehr)* abdrücken, abfeuern; aus-, absteigen lassen, absetzen *(s.o.* jdn); davonkommen, entwischen lassen; *to ~ on fam* so tun als ob; durchblicken lassen; *not to ~~* sich nichts (an)merken lassen; *to ~ out tr* heraus-, hinauslassen; *(Flüssigkeit)* ablassen, auslaufen *(Kleidungsstück, Saum)* auslassen; ausplaudern, verraten; vermieten, verpachten; *(Arbeit)* vergeben; *fam* entlassen; *Am fam* hinauswerfen; entlassen; *itr Am fam (aus der Schule)* fliegen; herausgeworfen werden; *to ~ out at* losgehen auf; beschimpfen; *to ~ up tr* hinauf-, heraufflassen; *itr fam* nachlassen; aufhören; *Am* ablassen *(on* von); **~-alone principle** Laissez-faire *n*, Grundsatz *m* der freien Wirtschaft; **~-down** Nachlassen *n*, Verlangsamung *f*; *fam* Enttäuschung *f*; Reinfall *m*; Demütigung *f*; **~-off** *tech* Ablassen *n*; *fam* Remmidemmi *n*; **~-up** Nachlassen *n*; Stillstand *m*, Unterbrechung, Pause *f*; **2.** *tr obs* hindern; *s* Hindernis *n*; *(Tennis)* Netzball *m*; *without ~ or hindrance* ohne Hindernis, ungehindert.
lethal ['li:θəl] tödlich; **~ chamber** Todeszelle *f*.
letharg|ic(al) [le'θα:dʒik(əl)] schlafsüchtig; energielos, träge, schlaff; stumpf, dumpf, teilnahms-, interesselos; **~y** ['leθədʒi] Schlafsucht; Energielosigkeit; Stumpfheit, Teilnahms-, Interesselosigkeit *f*.
Lethe ['li:θi(:)] *(Mythologie)* Lethe; Vergessenheit *f*.
Lett [let] Lette *m*, Lettin *f*; (def) Lettisch(e); **~ic** ['~ik] *a* lettisch (u. litauisch); *s* (das) Lettisch(e); **~ish** ['~iʃ] *a* lettisch; *s* (das) Lettisch(e).
letter ['letə] *s* Buchstabe *m*; *typ* Letter, Type; Schrift(gattung) *f*; Brief *m*, Schreiben *n*, Zuschrift *(to* an); *pl* Urkunde *f*; *pl* Literatur *f*, Schrifttum *n*; *(bes.* Literatur-)Wissenschaft; Schriftstellerei *f*; *tr* mit Buchstaben versehen *od* (be)zeichnen; *(mit der Hand)* bedrucken; *itr (mit der Hand)* drucken *(on* auf); *by ~* brieflich; schriftlich; *to the ~* wörtlich, buchstäblich, genau; *to post, (Am) to mail a ~* e-n Brief aufgeben; *airgraph ~* Radiogramm *n*; *airmail ~* Luftpostbrief *m*; *business, commercial ~* Geschäftsbrief *m*; *capital ~* große(r) Anfangsbuchstabe *m*; *chain ~* Kettenbrief *m*; *circular ~* Rundschreiben *n*; *covering ~* Begleitschreiben *n*, -brief *m*; *delivery of ~s* Briefzustellung *f*; *express ~* Eilbrief *m*; *follow-up ~* Mahnschreiben *n*; *German ~* Fraktur *f*; *Italic ~* Kursive *f*; *man of ~s* Literat, Schriftsteller *m*; *money ~* Wertbrief *m*; *the profession of ~s* Schriftstellerberuf *m*; *rectifying ~* Berichtigungsschreiben *n*; *registered ~* eingeschriebene(r) Brief *m*; *Roman ~* Antiqua *f*; *secrecy of ~s* Briefgeheimnis *n*; *small ~* Kleinbuchstabe *m*; *spaced ~s (pl)* Sperrdruck *m*; *turned ~ (typ)* verkehrt stehende(r) Buchstabe *m*; *violation of the secrecy of ~s* Verletzung *f* des Briefgeheimnisses; *~ of acknowledgement, of confirmation* Be-

letter-bag   563   **level crossing**

stätigungsschreiben n; ~ of apology Entschuldigungsschreiben n; ~ of application Bewerbungsschreiben n; ~ of attorney Vollmacht f; ~ of authority Ermächtigungsschreiben n; ~ of condolence Beileidsbrief m; ~ of congratulation Glückwunschschreiben n; ~ of consignment Hinterlegungsschein; (~ of conveyance) Frachtbrief m; ~ of credence Beglaubigungsschreiben n; ~ of credit Kreditbrief m; traveller's ~~ Reisekreditbrief m; ~s to the editor Eingesandt n; ~ of instruction Weisung f; ~ of introduction Empfehlungsschreiben n; ~ of mortgage Hypothekenbrief m; ~ of naturalization Einbürgerungsurkunde f; ~ of notification amtliche Mitteilung f; ~ of protection Schutzbrief m; ~ of recommendation Empfehlungsschreiben n; ~ of reminder Mahnbrief m; ~ of thanks Dankschreiben n; **~-bag** Briefbeutel m; **~-balance** Briefwaage f; **~-binder, -file** Briefordner m; **~-book** Briefordner m (für Kopien); **~-box** Briefkasten m; **~-card** Briefkarte f, Kartenbrief m; **~ carrier** Am Briefträger; Br Briefsortierer m; **~-case** Brieftasche f; typ Setzksten m; **~-chute** Am Briefeinwurf m; **~-cover** Briefumschlag m; **-drop** Am Briefkastenschlitz m; **-ed** [-d] a mit Buchstaben bezeichnet od versehen; des Schreibens u. Lesens kundig; belesen, (akademisch) gebildet, gelehrt; **~-founder** Schriftgießer m; **-gram** ['-græm] Am Brieftelegramm n; **~-head** Briefkopf m; **-ing** ['-riŋ] Beschriftung f; **~-mail** Briefpost f; **~-opener** Brieföffner m; **~-order** schriftliche(r) Befehl m; **~-pad** Briefblock m; **~-paper** Briefpapier n; **~-perfect** buchstabengetreu; theat sicher in s-r, ihrer Rolle; **~-postage** Briefporto n; **-press** (Buch) Gedruckte(s) n, Text; Satz; Hochdruck m; ~~ printing Typendruck m; **~-press** Vervielfältigungsapparat m; Kopierpresse f; **-s patent** Ernennungsurkunde f; Patent n; ~~ of nobility Adelsbrief m; **~-telegram** Brieftelegramm n; **~-weight** Briefbeschwerer m; **~-writer** Briefschreiber; Briefsteller m (Buch).

lettuce ['letis] bot Lattich; Kopfsalat m; sl Lappen, (Geld-)Scheine m pl; cabbage, (Am) head ~ Kopfsalat m.

leuco- ['lju:ko(u)-, 'ljukə-] in Zssgen Leuko-, Weiß-; **~cyte** ['lju:kəsait] weiße(s) Blutkörperchen n; **~ma** [lju:'koumə] med weiße(r) Hornhautfleck m; **~rrh(o)ea** [lju:kə'riə] med

Weißfluß m; **leuk(a)emia** [lju:-'ki:miə] med Leukämie f.

Levant, the [li'vænt] die Levante, das östliche Mittelmeergebiet; **~ine** ['levəntain, li'v] Levantiner(in f) m.

levant [li'vænt] itr Br (mit Schulden) durchbrennen, ausreißen; **~er** [-ə] Br Ausreißer m.

levee ['levi] **1.** Am s Uferdamm, Kai m, Landestelle f (an e-m Fluß); tr (Fluß) eindämmen, in Dämme fassen; **2.** Lever n; Empfang m.

level ['levl] **1.** s Ebene a. fig; gleiche Höhe; Kote, Höhenlinie f; Pegel m; (Meeres-)Höhe; Fläche f, Spiegel m; Niveau n a. fig, Stand m; Libelle, Wasserwaage f; fig Platz, Stand m, Stufe f; **2.** a eben, flach; waagerecht; gleich hoch; (Löffelvoll) gestrichen; fig von gleicher Bedeutung, von gleichem Rang; gleich weit (entwickelt), gleich(wertig); ruhig, vernünftig, ausgeglichen; **3.** adv auf gleicher Ebene od Höhe (with wie); **4.** tr planieren, ebnen, eben machen; (to ~ off) einebnen, nivellieren; gleichmachen, aufea. abstimmen; aero abfangen; sich einpendeln, sich normalisieren lassen; (fig) to ~ down, to ~ up angleichen, ea. anpassen; niederstrecken, um-, flachlegen; (Gewehr) anlegen, in Anschlag bringen (at auf); fig (Anklage, Blick) richten (at, against gegen); **5.** on a ~ with auf gleicher Höhe, fig Stufe mit, wie; on the ~ (fam) offen und ehrlich, gerade; on a high, low ~ auf hohem, niedrigen Niveau; to be ~ with s.th. so hoch sein wie etw; to do o.'s ~ best sein möglichstes tun; to find o.'s ~ den rechten Platz finden; to have a ~ head ausgeglichen sein; to ~ with od to the ground dem Erdboden gleichmachen; he keeps a ~ head er behält e-n klaren Kopf; **6.** dead ~ Gleichförmigkeit, Eintönigkeit f; peak ~ Höhepunkt m; Preisspitze f; pre-war ~ Vorkriegsstand m; price ~ Preisniveau n; lowest price ~ Preisspiegel m; salary ~ Gehaltsstufe f; sea ~ Meeresspiegel m; subsistence ~ Existenzminimum n; wage ~ Lohnniveau n; ~ of employment Beschäftigungsstand m; ~ of living Lebensstandard m; ~ of performance Leistungsniveau n; ~ of production Produktionsstand m; to ~ **down** erniedrigen; herabdrücken, herabsetzen; nach unten ausgleichen; to ~ **off** einebnen; planieren; aero abfangen; to ~ **up** erhöhen; nach oben ausgleichen; ~ **crossing** Br ebenerdige(r), schienengleiche(r) Bahnübergang *m*; **~-headed** *a (Mensch)* ausgeglichen; verständig; **~(l)er** ['-ə] Nivellierer; *fig* Gleichmacher *m*; **~(l)ing** ['-iŋ] *a* Nivellier-; *s* Planieren *n*; **~~ screw** Stellschraube *f*; **~ stress** *(Phonetik)* schwebende(r) Ton *m*.

lever ['li:və, *Am a.* 'levə] *s* Brechstange *f*, Hebebaum, Hebel *a. fig*; *(Uhr)* Anker *m*; *tr* mit e-r Brechstange heben *od* fortbewegen; als Hebel benutzen; *itr* e-n Hebel benutzen; **~age** ['-ridʒ] Hebelansatz *m*, -wirkung, -kraft, -übersetzung; *fig* Macht *f*, Einfluß *m*; **~-arm** Hebelarm *m*; **~-watch** Ankeruhr *f*.

leveret ['levərit] Häschen *n*; Junghase *m*.

lev|iable ['leviəbl] besteuerbar; pfändbar; **~y** ['levi] *s* Umlage, Erhebung, Abgabe; Steuer; *(~~ of execution)* Pfändung, Zwangsvollstreckung; *mil* Aushebung, Rekrutierung *f*; *a. pl* ausgehobene Truppen *f pl*; *tr (Steuer)* erheben, legen auf; *(Pfändung)* betreiben, vornehmen; *mil* ausheben, rekrutieren; *(Krieg)* beginnen *(on* gegen); *to ~~ blackmail* erpressen; *capital ~~* Vermögensabgabe *f*.

leviathan [li'vaiəθən] Seeungeheuer *n*, Leviathan *m*; *allg* Monstrum *n*, Riese *m*.

levigate ['levigeit] *tr* glätten; zerreiben; verreiben, pulverisieren.

levitat|e ['leviteit] *itr* (frei) schweben; *tr* zum Schweben bringen; **~ion** [levi'teiʃən] Schweben *n*.

Levit|e ['li:vait] *rel* Levit *m*; **~icus** [li'vitikəs] 3. Buch *n* Mosis.

levity ['leviti] Leichtigkeit *bes. fig*; Beschwingtheit; Wendigkeit *f*; Leichtsinn *m*, Unbeständigkeit *f*.

lewd [lu:d, lju:d] unkeusch, unzüchtig, geil; liederlich; **~ness** ['-nis] Unkeuschheit, Lüsternheit *f*.

Lewis ['lu(:)is, 'lju-] Ludwig *m*.

lexicograph|er [leksi'kɔgrəfə] Lexikograph *m*; **~y** [-i] Lexikographie *f*.

liab|ility [laiə'biliti] Verbindlichkeit, Haftbarkeit, Haftpflicht, Verpflichtung; Neigung *f (to* zu), Hang *m*, Empfänglichkeit *f (to* für); *pl* Verbindlichkeiten, Verpflichtungen; (Gesamtheit *f der*) Schulden *f pl*, Passiva *n pl*; *without ~~* unverbindlich; *to contract, to undertake, to incur a ~~* e-e Verpflichtung eingehen *od* übernehmen; *to discharge a ~~* e-e Verpflichtung erfüllen, e-r V. nachkommen; *to fulfil(l), to meet o.'s ~ilities* s-e Verpflichtungen erfüllen, s-n V. nachkommen; *assets and ~ilities (pl)* Aktiva u. Passiva *pl*; Forderungen u. Verbindlichkeiten *f pl*; *joint ~~* gemeinsame Verbindlichkeit *f*; *joint and several ~~* Gesamthaftung, -schuld *f*; *~~ to compensation, to pay damages* (Schadens-)Ersatzpflicht *f*; *~~ for defects* Mängelhaftung *f*; *~~ insurance* Haftpflichtversicherung *f*; *~~ for maintenance* Unterhaltspflicht *f*; *~~ for military service* Wehrpflicht *f*; **~le** ['laiəbl] verpflichtet *(for* zu); verantwortlich; haftpflichtig, haftbar *(for* für); ausgesetzt, unterworfen *(to s.th.* e-r S); neigend *(to* zu); *to be ~~ for* haften für; *to be ~~ to* verpflichtet sein zu, müssen; imstande sein, können; sich aussetzen *dat*; leiden an; *to do* leicht tun (können); *s.th.* empfänglich sein für; *~~ to duty, service, tax* zoll-, dienst-, steuerpflichtig; *~~ to prosecution, to punishment* unter Strafe gestellt; straffällig; *~~ to recourse* regreßpflichtig.

liaise [li'eiz] *itr sl mil* Verbindung aufnehmen, in V. stehen *(with* mit); Verbindungsoffizier sein *(with* zu).

liaison [li(:)'eizən] *mil* Verbindung *f*; (Liebes-)Verhältnis *n*; *gram* Bindung *f*; *(Küche)* Binden, Dicken *n*; **~ officer** Verbindungsoffizier *m*.

liana, -ne [li'a:n(ə)] *bot* Liane *f*.

liar ['laiə] Lügner(in *f*) *m*.

Lias ['laiəs] *geol* Lias *m od f*.

libation [lai'beiʃən] Trankopfer *n hum* Zecherei *f*.

libel ['laibəl] *s* Schmähschrift; (öffentliche) Verleumdung; Beleidigung *(upon* gen); Klageschrift *f (wegen e-r Beleidigung)*; *tr* e-e Schmähschrift richten gegen; (öffentlich) verleumden; *fam* beleidigen, verunglimpfen; e-e (Privat-) Klage erheben gegen; *action for ~* Verleumdungsklage *f*; **~(l)ant** ['-ənt] *jur* Kläger *m (in e-r Beleidigungsklage)*; **~(l)ee** [laibə'li:] Beklagte(r) *m (in e-r Beleidigungsklage)*; **~(l)ous** ['-bləs] Schmäh-; verleumderisch, beleidigend, ehrenrührig.

liberal ['libərəl] *a* freigebig, großzügig *(of* mit); frei(sinnig), aufgeschlossen, offen, duldsam, tolerant; freiheitlich, liberal, fortschrittlich; *s* Freisinnige(r), Liberale(r) *m*; *the ~* **arts** *pl* die Geisteswissenschaften *f pl*; **~ education** Unterricht *m* in den allgemeinbildenden Fächern; **~ism** ['-izm] Liberalismus *m*; **~ity** [libə'ræliti] Freigebigkeit, Großzügigkeit *f*; Freisinn *m*, Aufgeschlossenheit *f*; **~ization** [-ai-'zeiʃən] *com* Liberalisierung *f*; **~ize** ['-aiz] *tr com* liberalisieren; **~ profession** freie(r) Beruf *m*.

liberat|e ['libəreit] *tr* freilassen, befreien (*from* von); *chem* frei machen; *Am sl mil* organisieren, klauen; **~ion** [libə'reiʃən] Befreiung, Freilassung *f*; *chem* Freimachen *n* (*from* aus); **~or** ['libəreitə] Befreier *m*.

Liberia [lai'biəriə] Liberia *n*; **~n** [-n] *a* liberisch; *s* Liberier(in *f*) *m*.

libert|arian [libə'tɛəriən] *philos* Indeterminist *m*; **~ine** ['libə(:)tain, -ti(:)n] Wüstling *m*; **~inism, ~inage** ['libətinizm, -idʒ] Liederlichkeit, liederliche(s), wüste(s) Leben *n*.

liberty ['libəti] Freiheit; Erlaubnis *f*; *mar* Landurlaub *m*; *oft pl* (Vor-)Recht(e *pl*) *n*, Freiheiten *f pl*; *at* ~ frei; unbenützt; *to be at* ~ frei sein; nicht benützt werden; *to do* sw dürfen; freie Hand haben zu tun; *to set at* ~ freilassen; *to take the* ~ *of doing*, *to do* sich herausnehmen zu tun; *to take liberties* sich Freiheiten herausnehmen (*with s.o.* gegen jdn); *civil liberties* (*pl*) die bürgerlichen (Ehren-)Rechte *n pl*; ~ *of action* Handlungsfreiheit *f*; ~ *of conscience* Gewissensfreiheit *f*; ~ *of movement* Bewegungsfreiheit *f*; ~ *of the press* Pressefreiheit *f*; ~ *of speech* Redefreiheit *f*; ~ *of thought* Gedankenfreiheit *f*; ~ *of trade* Gewerbefreiheit *f*.

libid|inous [li'bidinəs] wollüstig, geil; unzüchtig, lasziv, obszön; **~o** [li'bi:dou] *scient* Geschlechtstrieb *m*.

librar|ian [lai'brɛəriən] Bibliothekar(in *f*) *m*; **~y** ['laibrəri] Bibliothek, Bücherei *f*; *circulating, lending* ~~ Leihbücherei *f*; *the L*~~ *of Congress* die Kongreßbibliothek (*in Washington*); *public, free* ~~ Volksbücherei *f*; *reference* ~~ Präsenzbibliothek *f*; ~~ *edition* (*Buch*) Vorzugsausgabe *f*.

librett|ist [li'bretist] *mus* Librettist *m*; **~o** [li'bretou] *pl -os mus* Text(buch *n*) *m*.

licen|ce, -se ['laisəns] *s* Erlaubnis, Bewilligung, Genehmigung, Lizenz, Konzession *f*, Gewerbeschein; Lizenz-, Konzessionsschein *m*; Freiheit; Zügellosigkeit *f*; *tr* (*meist:* **-se**) erlauben, gestatten, bewilligen, genehmigen, zulassen, ermächtigen; e-e Lizenz, e-e Konzession erteilen (*s.o.* jdm), konzessionieren, privilegieren; *theat* zensieren; *under* ~~ *from* mit Erlaubnis, Genehmigung *gen*; *to cancel, to revoke, to withdraw a* ~~ e-e Lizenz zurückziehen; *to give, to grant a* ~~ e-e Lizenz, e-e Konzession erteilen; *to take out a* ~~ sich e-e Lizenz, Konzession erteilen lassen; *requiring a* ~~, *subject to a* ~~ genehmigungs-, konzessionspflichtig; *shooting*-~~ Jagdschein *m*; *special* ~~ Sondergenehmigung *f*; *trading-*~~ Handelserlaubnis; Gewerbekonzession *f*; Gewerbeschein *m*; *wireless-*~~ Rundfunkgenehmigung *f*; ~~ *fee* Lizenzgebühr *f*; ~~ *number* (*mot*) Zulassungsnummer *f*; ~~ *plate* (*mot*) Nummernschild *n*; **-sed** ['-t] *a* konzessioniert; privilegiert, zugelassen; *fully* ~~ mit voller Konzession *od* Schankerlaubnis; ~~ *victualler* Inhaber *m* e-r Schankkonzession; **-see** [laisən'si:] Lizenznehmer, Konzessionsinhaber *m*; **-ser** ['-ə] Lizenz-, Konzessionsgeber; *theat* Zensor *m*; **-sing** ['-iŋ] Lizenz-, Konzessionserteilung *f*.

licenciate [lai'senʃiit] Lizentiat *m*.

licentious [lai'senʃəs] zügellos, liederlich; unanständig, obszön; **~ness** [-nis] Zügellosigkeit, Liederlichkeit; Unanständigkeit *f*.

lich [litʃ] *Scot dial* Leiche *f*; **~-gate** (überdachtes) Friedhofstor *n*; **~-house** Leichenhalle *f*.

lichen ['laikən] *bot med* Flechte *f*; **~ous** ['-inəs] *bot* mit Flechten bewachsen; *med* lichenös.

lick [lik] *tr* (auf-, ab-, be)lecken; *fam* verdreschen, vermöbeln; *fam* (*Menschen*) fertigmachen, erledigen, überwinden, schlagen; *itr* (*Flamme*) tanzen, züngeln; *sl* rasen, eilen; *s* Lecken *n*; *ein* bißchen; Schuß, Spritzer *m*; (*salt-*~) Salzlecke *f*; *fam* deftige(r) Schlag; *fam* Anfall *m* von Arbeitswut; *fam* Eiltempo *n*; *mus* (*Jazz*) eingeschobene Improvisation *f*; *oft pl fam* Chance *f*; *to* ~ *up*, *to* ~ *off ab-*, blanklecken; *at full* ~ (*sl*) mit Höchstgeschwindigkeit; *to* ~ *the dust* ins Gras beißen, sterben; *to* ~ *o.'s lips* (*fig*) sich die Lippen lecken; *to* ~ *into shape* (*fam*) auf Hochglanz, auf Fasson, in Form bringen; *to* ~ *s.o.'s shoes* (*fig*) vor jdm kriechen; *that* ~*s creation* (*fam*) das setzt allem die Krone auf, das haut dem Faß den Boden aus; *a* ~ *and a promise* e-e Katzenwäsche; **-er** ['-ə] Leckende(r); *sl* Schläger; *tech* (Tropf-)Öler *m*; ~~*-in* (*tech*) Vorreißer *m*; **~ing** ['-iŋ] (Ab-)Lecken *n*; Niederlage *f*; **~spit(tle)** ['-spit(l)] Speichellecker *m*.

lickety-split ['likəti 'split] *adv Am sl* mit affenartiger Geschwindigkeit.

licorice *s. liquorice*.

lid [lid] Deckel *m*, Klappe *f*; (Augen-)Lid *n*; *sl* Deckel, Hut *m*; *Am fam* Beschränkung *f*; *with the* ~ *off* unverhüllt, ohne Beschönigung; *to put the* ~ *on* (*fam*) aufräumen, Schluß machen

lido ['li:dou] Freibad n.
lie [lai] **1.** irr lay, lain itr liegen (a. Schiff, Truppen, geog u. fig); (Straße) führen, verlaufen; (begraben) liegen, ruhen; schlafen (with s.o. mit jdm); obliegen (on s.o. jdm); fig beruhen (in auf); bestehen (in in); sich verhalten; jur zulässig sein; mar vor Anker liegen; s Lage f; (Tier) Lager n; to ~ in ambush auf der Lauer liegen; to ~ at anchor vor Anker liegen; to ~ in bed im Bett liegen; to ~ on the bed one has made die Folgen tragen, die Sache ausbaden; to ~ under the charge of unter der Anklage stehen gen; to ~ heavy on s.o.'s conscience jds Gewissen belasten; to ~ doggo (sl) (ganz) still(da-)liegen, sich nicht mucksen; to ~ in the dust, in ruins in Trümmern liegen; to ~ at s.o.'s feet auf jds Füßen, jdm zu Füßen liegen; to ~ idle müßig sein, nichts tun; stilliegen, nicht gebraucht, nicht benützt werden; to ~ low am Boden, darniederliegen; fam keinen Ton sagen, sich nicht mucksen; sl nichts verlauten lassen; to ~ open to s.th. e-r S ausgesetzt sein; to ~ in s.o.'s power in jds Macht liegen; to ~ heavy on s.o.'s stomach jdm schwer im Magen liegen; to ~ under the suspicion unter dem Verdacht stehen; as far as in me ~s was in meinen Kräften steht; how the land ~s wie die Dinge liegen, wie die Sache steht; the blame ~s at your door das ist deine Schuld; life still ~s in front of you das Leben liegt noch vor dir; let sleeping dogs ~! rühr nicht an die Sache! laß das auf sich beruhen! to ~ **back** sich zurücklehnen; to ~ **by** nicht benutzt werden, brachliegen; sich zurückhalten, rasten; to ~ **down** sich hinlegen; ~ under widerspruchslos hinnehmen; to ~~ on the job (Am fam) sich kein Bein ausreißen, e-e ruhige Kugel schieben; to ~ **in** im Wochenbett liegen; to ~ **off** mar in einiger Entfernung liegen; Pause machen; to ~ **over** überfällig, aufgeschoben sein; to let ~ aufschieben, liegenlassen; to ~ **to** mar beiliegen; s.th. alle Kraft an etw setzen; to ~ **under** e-r Verpflichtung haben; ~ an obligation e-e Verpflichtung haben; to ~ **up** sich zurückziehen, sich zur Ruhe begeben (haben); das Zimmer hüten (müssen); **~-abed** Langschläfer m; **~-down** Ruhe f; **~-in** Bettruhe f bis tief in den Morgen hinein; **2.** itr lügen; e-n falschen Eindruck erwecken, täuschen; to ~ o.s. out of sich herauslügen aus; to ~ to s.o. jdn anlügen; s Lüge, Unwahrheit f; to act a ~ to s.o. jdm etw vormachen, falsche Vorstellungen in jdm erwecken; to give s.o. the ~ jdn Lügen strafen; to give s.th. the ~ etw widerlegen, als falsch nachweisen; behaupten, daß etw falsch ist; to tell a ~ lügen; to ~ in o.'s throat, to ~ like truth das Blaue vom Himmel, wie gedruckt lügen; lügen, daß sich die Balken biegen; white ~ Notlüge f; **~-detector** Lügendetektor m.

lief [li:f] adv: I would, had as ~ ich würde ebenso gern.

liege [li:dʒ] a attr Lehns-; s (~ lord) Lehnsherr; (~man) Lehnsmann m.

lien [li:(ɔ)n] Pfandrecht n (on an); under a ~ auf Grund e-s Pfandrechts.

lieu [lju:]: in ~ of anstatt, an Stelle gen.

lieutenan|cy [lef'tenənsi, in der brit. Marine: le't-, Am: lu:'t-] Leutnantsrang m, -stelle; Statthalterschaft f; die Leutnante; **-t** [-t] Am Oberleutnant; mar Br Kapitänleutnant m; first ~~ (Br) Oberleutnant m; flight ~~ (aero Br) Hauptmann m; second ~~ (Br) Leutnant m; ~~-colonel Oberstleutnant m; ~~-commander Korvettenkapitän m; ~~-general Generalleutnant m; ~~ governor (US) stellvertretende(r) Gouverneur m; ~~ junior grade (Am) Oberleutnant zur See; ~~ R.N. (Br) Kapitänleutnant m; ~~ senior grade (Am) Kapitänleutnant m.

life [laif] pl lives [laivz] Leben n; Lebenszeit f; Menschenleben n; Lebensgeschichte, -beschreibung, Biographie; Lebensweise, -führung; Lebensdauer f a. tech; Dasein n; Schwung m, Lebenskraft f; Seele f, Inbegriff m, Wesen n; jur Geltungsdauer f; as large od big as ~ in Lebensgröße; fam hum in Person; wie er usw leibt u. lebt; at great sacrifice of ~ unter hohen Verlusten an Menschenleben; during ~ zu Lebzeiten; for ~ auf Lebenszeit, fürs (ganze) Leben; lebenslänglich; for dear ~ um sein Leben (laufen); not for the ~ of me beim besten Willen nicht; from the ~ (Kunst) nach dem Leben; nach der Natur; in ~ lebend; im Leben; early, late in ~ früh, spät; late in ~ in vorgerücktem Alter; in the prime of o.'s ~ im besten Alter; not on your ~ (fam) auf keinen Fall; to the ~ lebenswahr, -echt adv; with all the pleasure in ~ mit dem größten Vergnügen; to bring to ~ ins Leben rufen, beleben, *fam* Schwung bringen in; *to bring back to ~* wieder zum Bewußtsein bringen; *to come to ~* ins Leben treten; in Schwung kommen; wieder zu sich kommen; *to have nine lives* ein zähes Leben haben; *to seek s.o.'s ~* jdm nach dem Leben trachten; *to take s.o.'s, o.'s own ~* jdm, sich das Leben nehmen; *he has the time of his ~* es geht ihm gut; *community, social ~* Gemeinschaftsleben *n; concept of ~* Lebensauffassung *f; conditions (pl) of ~* Lebensbedingungen *f pl; conjugal, marriage ~* Eheleben *n; danger of ~* Lebensgefahr *f; (mean) duration of ~* (mittlere) Lebensdauer *f; economic ~* Nutzungsdauer *f; eternal ~* das ewige Leben; *expectation of ~* Lebenserwartung *f; experience in ~* Lebenserfahrung *f; family ~* Familienleben *n; manner, mode of ~* Lebensart *f*, -stil *m; married ~* Ehestand *m; a matter of ~ and death* e-e lebenswichtige Frage; *military ~* Soldatenleben *n; professional ~* Berufsleben *n; standard of ~* Lebensstandard *m; station in ~* soziale Stellung *f; struggle for ~* Kampf *m* ums Dasein, Existenzkampf *m; true to ~* lebenswahr; **~-annuity** Leibrente *f;* **~-belt** Rettungsgürtel *m;* **~-blood** *poet* Herzblut *n; fig* Kraftquell *m;* **~-boat** Rettungsboot *n;* **~-buoy** Rettungsboje *f;* **~-company** Lebensversicherungsgesellschaft *f;* **~-expectancy** Lebenserwartung *f;* **~-giving** lebensspendend; kraftspendend, belebend, anregend; **~-guard** Leibwache *f;* Rettungsschwimmer *m;* **~-hold** Nießbrauch *m;* **~-insurance, ~-assurance** Lebensversicherung *f;* **~-interest** lebenslängliche(r) Nießbrauch *m;* **~-jacket** Schwimmweste *f;* **~-less** ['-lis] leblos; unbelebt; *fig* matt, flau, trüb(e); **~-lessness** ['-lisnis] Leblosigkeit; Unbelebtheit, Mattheit; *com* Flaute *f;* **~-like** lebenswahr; **~-line** *mar* Rettungsleine; Lebenslinie *(in der Hand);* lebenswichtige Versorgungs-, Verbindungslinie *f;* **~-long** *a* lebenslänglich, auf Lebenszeit; *he was a ~ defender of liberty* er hat zeitlebens, zeit s-s Lebens die Freiheit verteidigt; **~-net** *(Feuerwehr)* Sprungtuch *n;* **~-pension** lebenslängliche Rente *f;* **~-preserver** Rettungsring, Schwimmgürtel *m,* -weste *f;* Totschläger *m (Stock);* **~r** ['-ə] *sl* Lebenslängliche(r) *m;* **~-saver** Lebensretter; Rettungsschwimmer *m; he is my ~~ (fam)* ich kann ohne ihn nicht leben; **~-saving** *s* Lebensrettung *f; a* Lebensrettungs-; **~~ apparatus** Tauchretter *m;* **~-sentence** Verurteilung *f* zu lebenslänglicher Haft; **~-size(d)** *a* lebensgroß, in Lebensgröße; **~-stock** lebende(s) Inventar *n;* **~-strings** *pl fig* Lebensfaden *m;* **~-subscription** einmalige(r) Beitrag *m;* **~-table** Sterblichkeitstabelle *f;* **~-time** Lebenszeit *f; in, during s.o.'s ~~* zu jds Lebzeiten; **~-work** Lebenswerk *n.*

lift [lift] *tr* (auf-, er-, hoch-, in die Höhe) heben; hoch-, in die Höhe halten; *fig* befördern, erhöhen *(a. Preis);* heben, auf e-e höhere Stufe stellen *od* bringen; weiterbringen; die Laune heben *(s.o.* jdm), froher stimmen; Mut machen, Lebenskraft geben *(s.o.* jdm); *(Gesicht)* straffen; *(junge Pflanzen)* ziehen; *(Kartoffeln)* ernten, roden; *(Lager)* abbrechen; *mil (Sperrfeuer)* vorverlegen; *min* fördern; *Am (Beschlagnahmung, Sperre)* aufheben; *fam* abschreiben, plagiieren; *sl* klauen, stibitzen, mausen, mopsen, *mil* organisieren; *(Zoll)* erhöhen, hinaufschrauben; *itr* sich erheben, steigen; *aero* aufsteigen; *(Nebel, Wolken)* sich auflösen; sich heben, steigen; *s* Hochheben; (Auf-)Steigen *n;* Auftrieb *a. aero; tech* Hub; Hebebaum; Aufzug, Fahrstuhl *m; fig* Hebung *f,* Auftrieb *m;* Hilfe *f,* Beistand *m;* Mitnahme *f (im Auto); to give s.o. a ~* jdn mitnehmen, mitfahren lassen; jdm e-n Gefallen tun, jdm helfen; *fam* jdn aufmöbeln; *not to ~ a finger* keinen Finger rühren; *to ~ o.'s hand* die Hand (zum Schwur) erheben; *against s.o.* die Hand gegen jdn erheben; *to ~ up a cry, o.'s voice* aufschreien; *to ~ up o.'s eyes* die Augen aufschlagen; *to ~ up o.'s head (fig)* sich wieder erheben, wieder hochkommen; *to ~ up o.'s horn* von oben herabsehen, hochnäsig sein; ehrgeizig sein; *passenger ~* Personenaufzug *m;* **~-boy, ~-man** Fahrstuhlführer *m;* **~er** ['-ə] *tech* Stößel, Stempel, Nocken, Hebedaumen; *typ* Aufleger; *sport* (Gewichts-)Heber; *sl* Langfinger, Dieb *m; aero* Auftriebskraft *f,* Förder-; **~ing** ['-iŋ] *s* Heben *n; a* Hebe-, Aufzug-, Förder-; *aero* Auftrieb(s)-; **~~-jack** Hebebock *f,* -winde *f;* Wagenheber *m;* **~~-stage** Hebebühne *f;* **~-up seat** Klappsitz *m.*

ligament ['ligəmənt] *anat* Band *n;* **~ature** ['ligətʃuə] *s* Binden; Band *n; med* Bindung *f; typ mus* Ligatur *f; tr* (ab-, ver)binden.

light [lait] **1.** *s* Licht *n a. fig;* Beleuchtung, Helligkeit; Lichtquelle *f,*

-schein; Tag(eslicht *n*) *m*; *aero* Positionslicht *n*; *(flood-)* Scheinwerfer *m*; Feuer(zeug), Streichholz; Feuer *n* (*im Blick*); Gesichtssinn *m*, *poet* Augenlicht; *fig* Licht, Wissen *n*, Kenntnis *f*; Licht *n*, Beleuchtung *f*, Aspekt *m*; Hinsicht *f*, Gesichtspunkt *m*; *pl* Geistesgaben, Fähigkeiten *f pl*; *pl* Erkenntnisse *f pl*, Einsicht *f*; *pl sl* Augen *n pl*; *(Kunst)* Licht *n*; *a* licht, hell, leuchtend; hell(häutig, -haarig),blond; *in Zssgen* hell-; *tr a. irr lit, lit* [lit] *(Feuer, Licht)* anzünden, -machen; *(Licht)* anstecken; *(mit Scheinwerfern)* anstrahlen; be-, erleuchten; *(Flugplatz)* befeuern; leuchten *(s.o.* jdm); aufheitern; erhellen, beleben; *to ~ up (tr)* auf-, erhellen; aufheitern; *j am (Zigarette)* sich anstecken; *itr* aufleuchten, -strahlen, sich erhellen; *according to his ~s* s-n Fähigkeiten entsprechend; nach bester Einsicht; *by the ~ of nature* aus eigener Vernunft; *in the ~ of* im Licht *gen*, angesichts *gen*, im Hinblick auf; *in a favo(u)rable ~* in günstigem Licht; *in a good ~* deutlich (sichtbar); *to bring to ~* an den Tag, ans Licht bringen; *to come to ~* an den Tag kommen; *to put a ~ to s.th.* etw anzünden; *to put in a false ~* in ein falsches Licht stellen; *to see the ~ (of day)* das Licht (der Welt) erblicken; bekannt werden; verstehen, begreifen; *to shed, to throw (a) ~ on (fig)* ein Licht werfen auf; *to stand in s.o.'s ~* jdm im Licht, *fig* im Wege stehen; *to stand in o.'s own ~* sich selbst im Licht stehen; *fig* sich selbst schaden; *to strike a ~* Feuer anzünden *od* machen; *may I trouble you for a ~?* darf ich Sie um Feuer bitten? *that throws a different ~ on the matter* die Sache bekommt dadurch ein anderes Gesicht; *green ~* grüne(s) Licht; freie Fahrt; *fig* freie Hand; *~ and shade (fig)* Licht u. Schatten; **~-ball** Leuchtkugel *f*; **~-bath** Lichtbad *n*; **~ beacon** Leuchtfeuer *n*, -bake *f*; **~ beam** Lichtstrahl *f*; **~-cartridge** Leuchtpatrone *f*; **~ cone** Lichtkegel *m*; **~-dynamo** Lichtmaschine *f*; **~en** ['-n] *tr* erleuchten, erhellen; *fig* aufhellen, aufklären; *(to ~ out, forth)* blitzen lassen; *itr* sich erhellen, aufleuchten; glänzen, strahlen; blitzen; **~er** ['-ə] Anzünder *m*; (Taschen-) Feuerzeug *n*; **~-fitting** Beleuchtungskörper *m*; **~-house** Leuchtturm *m*; **~~ keeper** Leuchtturmwärter *m*; **~ing** ['-iŋ] *s* Anzünden *n*; Beleuchtung; *aero* Befeuerung *f*; *emergency ~~* Notbeleuchtung *f*; **~~-circuit** Lichtleitung *f*; **~~-equipment, installation, -plant** Lichtanlage *f*; **~~-fixture** Beleuchtungskörper *m*; **~~ gas** Leuchtgas *n*; **~~-line** Lichtnetz *n*; **~~-point(el)** Brennstelle *f*; **~~ up (mot)** Aufblenden *n*; **~~-intensity** Lichtstärke *f*; **-less** ['-lis] lichtlos; **~~-lock, -trap** Lichtschleuse *f*; **~meter** Photometer *n*, Lichtmesser *m*; **-ness** ['-nis] Helligkeit *f*; **~ quantum** *phys* Photon *n*; **~ ray** Lichtstrahl *m*; **~~-resisting** lichtecht; **~ screen** Lichtschirm *m*; **~-sensitive** lichtempfindlich; **~ sheaf** Lichtgarbe *f*; **~ship** Feuerschiff *n*; **~~-signal** Lichtsignal *n*; **~ source** Lichtquelle *f*; **-some** ['-səm] leuchtend; hell; **~ switch** Lichtschalter *m*; **~ velocity** Lichtgeschwindigkeit *f*; **~ wave** Lichtwelle *f*; **~-wood** *Am* Kienholz *n*; **~~-year** Lichtjahr *n*; **2.** *a* leicht; (spezifisch) leicht; zu leicht; geringfügig, schwach; fein, zart; sanft; flink; seicht, oberflächlich; unbedeutend; leicht(lebig, -sinnig); sorglos; flatterhaft; unterhaltsam; leicht (-verdaulich); *(Erde)* locker; *(Wein)* leicht, schwach; unbeschwert; (leicht-) bewaffnet; nicht beladen; *(Phonetik)* unbetont; *adv* leicht; *s pl* Lunge *f (von Tieren)*; *itr obs (aus der Luft)* herabkommen, -stoßen; sich niederlassen, sich setzen *(on* auf); fallen, stoßen *(on* auf); *fig* (zufällig) stoßen *(on* auf); *Am sl* herfallen *(into* über); fertigmachen, herunterputzen *(into s.o.* jdn); *to ~ out (Am sl)* ausreißen, -kneifen, türmen, abhauen; *to make ~ of* nicht ernst, auf die leichte Schulter nehmen; **~ in the head** schwindlig; simpel, doof, dumm; **~ alloy, metal** Leichtmetall *n*; **~-armed** *a* leichtbewaffnet; **~ athletics** *pl mit sing* Leichtathletik *f*; **~ car** Kleinwagen *m*; **~ comedian** Komiker *m*; **~ comedy** Unterhaltungsstück *n*; Schwank *m*; **~ current** Schwachstrom *m*; **~en** ['-n] *tr* leichter machen; entlasten, erleichtern; *fig* aufheitern; *mar* löschen, leichtern; **~ engineering** Feinmechanik *f*; **~er** ['-ə] *s mar* Leichter *m*; *tr itr (Güter)* auf e-m Leichter befördern; **~erage** ['-oridʒ] Be-, Ausladen *n*; Leichterkosten *pl*; **~~-fingered** *a* langfingerig, diebisch; *allg* fingerfertig; **~-footed** *a* leichtfüßig, behende; **~~-handed** *a* geschickt, behutsam; unbeschwert; **~~-headed** *a* schwindlig, benommen, wirr (im Kopf); gedankenlos, vergeßlich; **~~-hearted** *a* sorglos, unbeschwert, heiter, fröhlich; **~ heavy-**

-weight *(Boxen)* Halbschwergewicht (-ler m) n; **~-heeled** a = **~-footed**; **~ horse** leichte Kavallerie f; **~ literature** Unterhaltungsliteratur f; **~-ly** ['-li] adv leicht; sacht, sanft; gewandt, flink; froh; gleichgültig, uninteressiert; unvernünftig, unbesonnen; liederlich, schamlos; **~~ come, ~~ gone** wie gewonnen, so zerronnen; **~ metal** Leichtmetall n; **~-minded** a flüchtig, gedankenlos, leichtsinnig; **~mindedness** Gedankenlosigkeit f, Leichtsinn m; **~ music** leichte, Unterhaltungsmusik f; **~ness** ['-nis] Leichtheit, Leichtigkeit Zartheit, Sanftheit; Heiterkeit f, Frohsinn; Leichtsinn m, Leichtfertigkeit, Gedankenlosigkeit; Beweglichkeit, Gewandtheit f; **~ oil** Leichtöl n; **~-o'-love** leichte(s) Mädchen n; **~ opera** Operette f; **~some** ['-səm] behende, anmutig, lebhaft; unbeschwert, heiter, fröhlich; leichtfertig; **~weight** s *(Boxen)* Leichtgewicht(ler m) n; *Am fam* Niete f; a leicht *(im Gewicht)*; Leichtgewichts-.

lightning ['laitniŋ] Blitz m; *like ~, as quick as ~, with ~ speed* wie der Blitz, blitzschnell; *like greased ~ (fam)* wie ein geölter Blitz, wie geschmiert; **ball, globular ~** Kugelblitz m; **heet, summer ~** Wetterleuchten n; **sheet ~** Flächenblitz m; **struck by ~** vom Blitz getroffen; **~-arrester, -discharger** radio Blitzschutz m, -sicherung f; **~ artist** Schnellzeichner m; **~-bug** *Am fam* Glühwürmchen n, Leuchtkäfer m; **~-conductor, -rod** Blitzableiter m; **~-discharge** Blitzschlag m; **~ strike** Blitzstreik m.

lign|eous ['ligniəs] holzig; hölzern; **~ify** ['-fai] tr irr holzig machen, werden; **~ite** ['-ait] Braunkohle f; Lignit m; **~ deposit** Braunkohlenlager n; **~itic** [lig'nitik] a Braunkohlen-.

lik|able ['laikəbl] liebenswert, gefällig, angenehm; **~e** [laik] tr gern haben, (gern) mögen, lieben; gern ... *(doing, to do* s.th. etw tun); gern essen od trinken; *itr* wollen; *I ~* es gefällt, paßt, beliebt mir; s: **~s and dislikes** *(pl)* Zu- u. Abneigungen f *pl*; *as you ~* wie Sie wollen; **~ing** ['-iŋ] Gefallen n *(for an)*; Zuneigung, Vorliebe f, Geschmack m; *to s.o.'s ~* nach jds Geschmack; *to have, to take a ~~ for* Geschmack, Gefallen haben, finden an.

like [laik] a gleich, ähnlich; adv wie, gleichsam, gewissermaßen; *fam (~ enough)* wahrscheinlich; conj *fam* wie; als ob; s Gleiche(r) m; *the ~ of him* seinesgleichen; *something ~* so ungefähr, so gegen, so etwa; *~ mad* wie verrückt adv, wie ein Verrückter; *~ that* so, auf diese Weise; *they are very ~ each other* sie sehen sich sehr ähnlich; *they are as ~ as two peas* sie sehen sich ähnlich wie ein Ei dem andern; *it is just ~ him* das sieht ihm ähnlich; *there is nothing ~* es geht nichts über; *I don't feel ~ work(ing) to-day* ich bin heute nicht zum Arbeiten aufgelegt, ich habe heute keine Lust zur Arbeit; *the rain looks ~ lasting* es sieht so aus, als wolle es sich einregnen; *it looks ~ snow* es sieht nach Schnee aus; es sieht aus, als ob es schneien wolle; *he is ~ to come* er wird wohl, sicher kommen; es sieht so aus, als ob er kommen würde; *what is he ~?* wie ist er? wie sieht er aus? *~ father ~ son (prov)* der Apfel fällt nicht weit vom Stamm; *~ master ~ man (prov)* wie der Herr, so's Geschirr; *people ~ that* solche Leute; *such ~* dergleichen, so (et)was; *the ~s of you (fam)* Leute wie Sie, ihresgleichen; *and the ~* und was dergleichen mehr ist, usw.; **~lihood** ['-lihud] Wahrscheinlichkeit f; *in all ~~* aller Voraussicht nach, höchstwahrscheinlich; **~liness** ['-linis] = **~lihood**; **~ly** ['-li] a wahrscheinlich; glaubwürdig, aussichtsreich, (viel)versprechend; passend, geeignet; adv wahrscheinlich; *as ~~ as not* nicht unwahrscheinlich; *not ~~* schwerlich, kaum; *very, most ~~* höchst-, sehr wahrscheinlich; *to be ~~ to do* wahrscheinlich tun; *that's more ~~* das ist eher möglich; **~-minded** a gleichgesinnt; **~n** ['laikən] tr vergleichen *(to mit)*; **~ness** ['-nis] Ähnlichkeit f; Aussehen n, Gestalt f; (Ab-)Bild n; *in the ~ of* in Gestalt gen; *to have o.'s ~~ taken* sich photographieren, sich malen lassen; **~wise** adv conj ebenso; gleicherweise, ebenfalls, auch.

lilac ['lailək] s Spanische(r) Flieder (-strauch) m; Lila n; a fliederfarben, lila.

lilt [lilt] tr trällern; klimpern; s lustige(s) Lied n, beschwingte(r) Melodie f od Rhythmus m.

lily ['lili] Lilie f; **water ~** Wasserlilie f; *~ of the valley* Maiglöckchen n; **~-livered** a hasenfüßig, feige.

limb [lim] **1.** (Körper-)Glied n; Ast; *(Gebirge)* Ausläufer m; (Mit-)Glied n, Angehörige(r) m; Glied n, Teil m; *fam* Range f, Racker m, ungezogene(s) Balg n; *pl* Gliedmaßen *pl*; *Am sl* (Frauen-)Beine n *pl*; *a ~ of the law* das Auge des Gesetzes; *out on a ~*

limbed

(Am fam) gefährdet, in einer prekären Lage; *to escape with life and ~* mit e-m blauen Auge davonkommen; **~ed** [-d] *a in Zssgen* -gliedrig; **2.** Blütenrand; *astr* Rand; Teilkreis *m (e-s Quadranten).*

limber ['limbə] **1.** *a* biegsam; geschmeidig, gelenkig; *tr* geschmeidig machen; *itr (to ~ up)* geschmeidig werden; **2.** *s mil* Protze *f; tr itr (to ~ up)* aufprotzen.

limbo ['limbou] *pl -os* Vorhölle *f*; Gefängnis *n*; Gefangenschaft; Rumpelkammer; Vernachlässigung, Vergessenheit *f; to cast into ~ (fig)* zum alten Eisen tun *od* werfen.

lime [laim] **1.** *s (burnt, caustic ~)* (gebrannter) Kalk *(meist: bird-~)* Vogelleim *m; tr* mit Kalk düngen; mit (Vogel-)Leim bestreichen; *(Vögel)* mit Leim fangen; *med* mit Kalkwasser waschen; (ver)zementieren *(bes. fig); fig* umgarnen; *quick-~* ungelöschte(r) Kalk *m; slaked ~* gelöschte(r) Kalk *m;* **~burner** Kalkbrenner *m;* **~cast** *arch* Kalkbewurf, (Ver-)Putz *m;* **~ deposit** Kalkablagerung *f;* **~ dust** Kalkstaub *m;* **~kiln** Kalkofen *m;* **~light** *s* Kalklicht; *theat u. fig* Rampen-, Scheinwerferlicht *n; the ~~ (fig)* das Licht der Öffentlichkeit; *tr (mit e-m Scheinwerfer)* anstrahlen; *in the ~~* im Mittelpunkt des öffentlichen Interesses; *to bring into the ~~ (fig)* ins Licht rücken, ans Licht der Öffentlichkeit bringen; *to disappear from the ~~ (fig)* von der Bildfläche verschwinden; **~milk** Kalkmilch *f;* **~pit** Kalkgrube *f;* **~rod, ~twig** Leimrute *f;* **~stone** Kalkstein, ungebrannte(r) Kalk *m;* **~wash** *s* (Kalk-)Tünche *f; tr* kalken, weißen, tünchen; **~water** *med* Kalkwasser *n*, -lösung *f;* **2.** *s* Zitronelle *f;* Zitronellen-, Limonellenbaum *m; a* Zitronellen-; **~juice** Zitronensaft *m;* **~juicer** *Am sl mar* brit. Matrose *m.* **3.** *(~-tree)* Linde(nbaum *m) f.*

limerick ['limərik] fünfzeilige(s) Scherzgedicht *n* ohne Sinn.

lim(e)y ['laimi] *Am sl mar s.* **limejuicer**; Tommy *m.*

limit ['limit] *s* Grenze, Schranke *f;* Endpunkt *m;* Höchstgrenze, -zahl *f; math* Grenzwert *m; com* Limit *n*, Preisgrenze *f*, Höchstpreis *m;* Gültigkeitsdauer *f;* tech zulässige(r) Spielraum *m; pl* Schranken *f pl; tr* begrenzen, be-, einschränken (*to* auf); *(Preis)* limitieren; *within ~s* in Grenzen; *without ~* beliebig, unbegrenzt, unbeschränkt; *to exceed the ~* die Grenze überschreiten; *to go to the ~ (Am fam)* bis zum Äußersten gehen; *to set a ~ to* e-e Grenze setzen *dat; that's the ~ (fam)* das ist doch die Höhe! da hört doch alles auf! *off ~s! (Am)* Zutritt verboten! *(to* für); *there is a ~ to everything* es hat alles seine Grenzen; **~ation** [limi'teiʃən] Begrenzung; Be-, Einschränkung, *jur* Verjährung *f; to know o.'s ~~s* s-e Grenzen kennen; *~~ of armaments* Rüstungsbeschränkung *f; ~~ of liability* Haftungsbeschränkung *f;* **~ case** Grenzfall *m;* **~ed** ['-id] *a* begrenzt; beschränkt *(to* auf); *com* limitiert; *(Markt)* begrenzt aufnahmefähig; *s Am* Schnellzug, -bus *m (mit Platzkarten); in a ~~ sense* in gewissem Sinne; *~~ liability company (Ltd)* Gesellschaft *f* mit beschränkter Haftung (GmbH); *~~ monarchy* konstitutionelle Monarchie *f; ~~ partnership* Kommanditgesellschaft *f;* **~less** [-lis] grenzenlos, weit (-räumig), unendlich.

limn [lim] *tr poet* malen; zeichnen; *fig* beschreiben; **~er** ['-nə] Maler *m.*

limousine ['limu(:)zi:n] *mot* Limousine *f.*

limp [limp] **1.** *itr* hinken; *s* Hinken *n; to walk with a ~* hinken, humpeln; **2.** schlaff, weich; *fig* schwach, haltlos; **~ness** Schlaffheit *f.*

limpet ['limpit] *zoo* Napfschnecke; *fig fam* Klette *f;* **~ mine** *mar* Haftmine *f.*

limpid ['limpid] hell, klar, durchsichtig, ungetrübt; **~ity** [lim'piditi], **~ness** ['limpidnis] Klarheit, Durchsichtigkeit *f.*

limy ['laimi] kalkig; Kalk-; mit (Vogel-)Leim bestrichen; klebrig.

linage ['lainidʒ] Absteckung; Zeilenzahl *f;* Zeilenhonorar *n.*

linchpin ['lin(t)ʃpin] Splint *m*, Lünse *f*, Achsnagel *m; fig* lebenswichtige(r) Teil *m.*

linden ['lindən] *(~-tree)* Linde(nbaum *m) f.*

line [lain] **1.** *s* Leine; (Angel-)Schnur *f;* Zügel; Telephon-, Telegraphendraht *m*, -leitung, -linie; Leitung(sdraht *m*, -rohr *n);* Linie *f a. sport,* Strich *m; mus* Notenlinie *f;* Hand-, Handlinie; Falte, Runzel, Furche; Grenzlinie, Grenze; Demarkationslinie; Verkehrs-, Eisenbahn-, Straßenbahn-, Bus-, Dampferlinie; Bahn-, Flugstrecke; Fahrbahn *f;* Schienenstrang *m*, Gleis *n;* (Menschen-) Schlange; Reihe; Baufflucht; Häuserzeile; Zeile *f;* Vers *m;* kurze Nachricht *f,* Brief *m;* Aufea.folge; Ahnen-

line in   571   **line-up**

reihe *f*; Zweig *m* (der Familie), Familie *f*, Geschlecht *n*; Richtung *f*, Verlauf, Weg; (Gedanken-)Gang *m*; Vorgehen *n*, Handlungsweise; Beschäftigung *f*, Beruf *m*, Fach; Geschäft(szweig *m*) *n*, Branche *f*; (Fach-, Interessen-)Gebiet *n*, Fachrichtung *f*; *com* Artikel *m*, Ware *f*, Posten *m*; Kollektion; Marke; Linie *f* (*Längenmaß* = $^1/_{12}$ Zoll *od* 2,1 mm); *geog* Meridian, Breitenkreis; *L~* Äquator *m*; *mil* Linie; Front *f*; *meist pl* Zügel *m pl*; *pl* Zeilen *f pl*, (kurzes) Schreiben *n*; Linienführung *f*, Konturen *f pl*; *(Schule)* Strafarbeit *f*; *theat* (Text *m* e-r) Rolle *f*; (Trau-)Schein; Entwurf, Plan *m*; Richtlinien *f pl*, Grundsätze *m pl*; Geschick, Schicksal, Los *n*; *tr* Lin(i)ieren, mit Linien versehen; zeichnen; *(to ~ up)* in Linie aufstellen *od* anordnen; *fig* auf Linie bringen; *(e-n Weg mit Bäumen)* säumen; *itr (to ~ up)* antreten; sich aufstellen; e-e Reihe, Spalier bilden; grenzen *(with* an); *all along the ~* auf der ganzen Linie; *in ~* in Reih und Glied; in Linie; *fig* in Einklang; bereit; *in ~ of duty (mil)* im Dienst; *on a ~ with* auf gleicher Ebene wie; *on this ~* auf diese Weise; *out of ~* nicht ausgerichtet; nicht in Einklang; in Unordnung; *to bring into ~* (Menschen) auf Linie bringen; zum Mitmachen bewegen; *to come into ~, to fall in ~* sich anschließen, sich einfügen *(with* in); *fam* mitmachen *(with* mit); *fam* nicht aus der Reihe tanzen; *to draw the ~ (fig)* e-e Grenze ziehen *(at* bei); *to draw up in ~* antreten lassen; *to drop s.o. a ~* jdm kurz, ein paar Zeilen schreiben; *to form a ~* sich in Reih aufstellen; *to get a ~ on s.th. (fam)* etw herausklamüsern, -finden; *to get off the ~* entgleisen; *to give s.o. a ~ on* jdm Mitteilung machen über; *to go down the ~ (fam)* auf den Bummel gehen; *to have a smooth ~* schöne Worte machen; *to hit the ~ (Fußball)* versuchen durchzustoßen; *fig* aufs Ganze gehen; *to hold the ~* die Stellung halten *a. fig*; *tele* am Apparat bleiben; *to keep in ~* in Reih und Glied, *fam* bei der Stange bleiben; im Zaum halten; *to read between the ~s* zwischen den Zeilen lesen; *to stand in ~* sich anstellen, anstehen, Schlange stehen *(for* um); *to take, to keep to o.'s ~* (s-e) eigene(n) Wege gehen; *to take a strong ~* entschlossen vorgehen; *to toe the ~* bei der Stange bleiben; *that's not in my ~* das schlägt nicht in mein Fach;

~ engaged! (Am) ~ busy! (tele) besetzt! *bus ~* Buslinie *f*; *catch ~* Schlagzeile *f*; *date ~* Datumsgrenze *f*; *demarcation ~* Demarkationslinie *f*; *direction of the ~* Linienführung *f*; *feeder ~* Zubringerlinie *f*; *hard ~s (pl fam)* Pech *n*; *life ~* lebenswichtige Verbindung *f*; *local ~* Nebenlinie *f*; *main ~* Hauptverkehrslinie *f*; *tele* Hauptanschluß *m*; *marriage ~s (pl)* Trauschein *m*; *party ~ (pol)* Programm *n*; gemeinsame(r) Anschluß *m*; *shipping ~* Schiffahrtslinie *f*; *steamship ~* Dampferlinie *f*; Dampfschiffahrtsgesellschaft *f*; *telegraph, telephone ~* Telegraphen-, Telephonverbindung *f*; *tram(way) ~* Straßenbahnlinie *f*; *trunk ~* Hauptverkehrslinie; *tele* direkte Fernverbindung *f*; *~ of action* Handlungsweise *f*, Vorgehen *n*; *tech* Angriffslinie *f*; *~ of administration* Verwaltungszweig *m*; *~ of approach* Anflugschneise *f*; *~ of argument* Beweisführung *f*; *~ of battle* Schlachtreihe *f*; *~ of buildings* Häuserreihe *f*; *~ of business* Geschäftszweig *m*; *~ of communication (mil)* Verbindungslinie *f*; *~~'s area* Etappe *f*; *~ of conduct* Verhalten *n*, Lebensführung, -weise *f*; *~ of fire* Schußlinie *f*; *~ of force (phys)* Kraftlinie *f*; *~ of industry* Industriezweig *m*; *~ of march* Marschroute *f*; *~ of policy* politische Richtung *od* Linie *f*; *~ of production* Produktionszweig *m*; *main ~ of resistance (mil)* Hauptkampflinie *f* (HKL); *~ of sight (mil)* Visier-, Ziellinie *f*; *~ of thought* Gedankengang *m*, Denkweise *f*; *to ~ in* einzeichnen; *to ~ off* abgrenzen; *to ~ out* skizzieren, entwerfen, planen; *to ~ through* aus-, durchstreichen; *to ~ up tr* mil aufstellen; *tech* ausrichten, abgleichen; *itr mil* antreten; sich aufstellen; *Am* an-, Schlange stehen; Stellung beziehen *(against* gegen); sich zs.tun *(with* mit); *to be ~d up* anstehen *(in front of* vor); **~ abreast** *mar* Dwarslinie *f*; **~~assembly work** Fließarbeit *f*; **~ astern** *mar* Kiellinie *f*; **~ chart** Linienschaubild *n*; **~ current** Netzstrom *m*; **~ finder** Vorwähler *m*; **~ graph** Liniendiagramm *n*; **~~keeper** Bahnwärter *m*; **~man** ['~mən] Telephon-, Telegraphen(bau)arbeiter; *rail* Streckenwärter *m*; **~~shooter** *sl* Angeber, Großkotz, Prahlhans *m*; **~sman** ['~zmən] Frontsoldat; Telephon-, Telegraphenarbeiter; *rail* Streckenwärter *m*; *sport* Linienrichter *m*; **~~up** Linie, Reihe, Aufstellung *f a. sport*; Tip *m*; *tele* Netz *n*; *fig*

lineage

Schlange f; **2.** tr (Kleidungsstück) füttern; das Futter bilden (s.th. e-r S); tech auskleiden, -füttern, -mauern; to ~ o.'s purse, pocket Geld einstecken.

line|age ['liniidʒ] **1.** Abstammung f; Vorfahren m pl, Geschlecht n, Stamm m; **2.** = linage; **~al** ['liniəl] a (Nachkomme) in direkter Linie; erblich; = ~ar; **~ament** ['liniəmənt] Gesichts-, fig Charakterzug m; **~ar** ['liniə] a Linien-; Strich-; linear; **~~ measure** Längenmaß n.

linen ['linin] s Leinwand f, Leinen, Linnen; Leinengarn, -zeug n; Wäsche f; (~ paper) gute(s) Schreib-, Briefpapier n; a leinen, linnen; to wash o.'s dirty ~ at home, in public (fig) s-e schmutzige Wäsche daheim od zu Hause, in der Öffentlichkeit waschen; bed-~ Bettwäsche f; table-~ Tischwäsche f; **~-bag** Wäschesack m; **~-draper** Br Weißwarenhändler, Inhaber m e-s Wäschegeschäftes; **~-goods** pl Weißwaren f pl, Wäsche f; **~-press, closet** Wäscheschrank m; **~-weaver** Leinweber m.

liner ['lainə] **1.** mar Personen-, Passagierdampfer m; (air-~) Verkehrsflugzeug n, -maschine f; (penny-a-~) Zeilenschinder m; **2.** Ausfütterer; Einsatz m, Ausfütterung f; mil Einstecklauf m.

ling [liŋ] **1.** Leng(fisch) m; Am (Aal-) Quappe f; Seehecht m; **2.** Heide (-kraut n) f.

linger ['liŋgə] itr zögern; sich nicht trennen, sich nicht losreißen können; (to ~ about) sich (noch) herumdrücken an, bei; (to ~ on) sich lange halten, sich hinschleppen; zurückbleiben; lange bleiben, verweilen (on, upon, over an, bei); sich sehnen (after nach); to ~ away vertrödeln, verbummeln; to ~ out hin-, in die Länge ziehen; **~ing** ['-riŋ] a schleppend; langsam, langwierig; widerwillig, abweisend; (Krankheit) schleichend; nachwirkend; (Ton) nachklingend; (Blick) sehnsüchtig.

lingerie ['lɛ̃:nʒəri:, 'læɲʒ-] Damenunterwäsche f.

lingo ['liŋgou] pl -oes hum pej Jargon m, Kauderwelsch n.

lingu|al ['liŋgwəl] a Zungen- (a. Phonetik); s Zungenlaut m; **~ist** ['-gwist] Sprachkundige(r); Sprachwissenschaftler m; **~istic** [liŋ'gwistik] a sprachlich; sprachwissenschaftlich; s pl mit sing Sprachwissenschaft f.

liniment ['linimənt] Liniment, Mittel n zum Einreiben.

lining ['lainiŋ] Ausfütterung f; Futter n; Auskleidung f; (Brems-)Belag; fig Inhalt m; every cloud has a silver ~ (prov) auf Regen folgt Sonnenschein; a silver ~ on the horizon ein Silberstreifen am Horizont.

link [liŋk] **1.** s (Ketten-)Glied n; Ring m; Lasche f, Verbindungsstück n; (cuff-, sleeve-~) Manschettenknopf m; Schlinge f; fig (Binde-)Glied, Band n, Verbindung; Kettenlänge f (= 7,92 Zoll od 20,12 cm); tr (to ~ together) (als Kettenglied) verbinden; anschließen (to an); itr (to ~ up) verbunden sein; sich anschließen (to, with an); to ~ o.'s arm in, through s.o.'s arm jdn einhaken; **~age** ['-idʒ] Verbindung(ssystem n); tech Kupplung f; Gestänge n; **2.** (Pech-) Fackel f; **~boy, ~man** ['-mən] Fackelträger m.

links [liŋks] pl Scot sandige(s) Gelände n, Dünen f pl; Golfplatz m.

linnet ['linit] orn Hänfling m.

lino ['lainou] **1.** = linoleum; **2.** = linotype; **~cut** Linolschnitt m.

linoleum [li'nouljəm] Linoleum n.

linotype ['lainou(ə)taip] Linotype f.

linseed ['linsi:d] Leinsamen m; **~-cake** Lein-, Ölkuchen m; **~-oil** Leinöl n.

linsey(-woolsey) ['linzi'wulzi] Halbwolle(ntuch n) f; billige(s) Zeug n.

lint [lint] Scharpie; Baumwollfaser f.

lintel ['lintl] arch Sturz m, Oberschwelle f.

lion ['laiən] Löwe; fig Herkules; Draufgänger; Held m des Tages, Prominenz f; L~ (astr) Löwe m; pl Sehenswürdigkeiten f pl; to go into the ~'s den sich in die Höhle des Löwen wagen; **~ess** ['-is] Löwin f; **~et** ['-it] junge(r) Löwe m; **~-hearted** a beherzt, tapfer, heldenhaft; **~-hunter** Löwen-, fig Prominentenjäger m; **~ize** ['-aiz] tr (als Helden des Tages) feiern; anhimmeln; tr itr die Sehenswürdigkeiten zeigen od ansehen (a city e-r Stadt); **~'s share** Löwenanteil m.

lip [lip] s Lippe f a. bot; Wundrand; (umgebogener) Rand m, Schnauze (e-s Gefäßes); tech Schneidkante, Schnittfläche, sl Frechheit, Unverschämtheit f; a Lippen-; oberflächlich, unecht; to bite o.'s ~ sich auf die Lippen beißen, s-n Ärger 'runterwürgen; to curl o.'s ~s verächtlich den Mund verziehen; to hang on s.o.'s ~ an jds Lippen hängen; to keep a stiff upper ~ (fig fam) den Kopf hochhalten; to lick, to smack o.'s ~s sich die Lippen ablecken, fig (die) Vorfreude genießen; none of your ~! sei nicht un-

lipped

verschämt! *lower, under* ~ Unterlippe f; *upper* ~ Oberlippe f; *stiff upper* ~ *(fam)* Mumm; Mut m; Bockbeinigkeit, Hartnäckigkeit f; **~ped** [-t] a mit Lippen versehen; mit ... Lippen; gerandet; **~~reading** Lippenlesen n; **~salve** Lippensalbe; *fig* Schmeichelei f; **~~service** Lippendienst m; **~stick** Lippenstift m.

liquat|e ['laikweit] *tr (Metall)* (aus-) schmelzen, seigern; **~ion** ['laikweiʃən] Schmelzen n, (Aus-)Seigerung f.

lique|faction [likwi'fækʃən] Schmelzen n; *(Gas)* Verflüssigung f; **~fiable** ['likwifaiəbl] schmelzbar; **~fy** ['-fai] tr itr schmelzen; *(Gas)* verflüssigen; itr sich verflüssigen; **~scent** [-'kwesənt] schmelzend; flüssig werdend.

liqueur [li'kjuə, *Am* li'kə:] Likör m.

liquid ['likwid] a flüssig a. fin; *(bes. Luft)* klar; *(Augen)* hell u. glänzend; fin flüssig; *(Meinung) (Sprache)* sanft fließend, melodisch; unbeständig; s Flüssigkeit; gram Liquida f; ~ **air** flüssige Luft f; **~ate** ['likwideit] tr fin liquidieren; *(Geschäft)* auflösen, abwickeln; *(Schuld)* ablösen, tilgen, begleichen, bezahlen; *(Geld)* flüssig machen; pol (mißliebigen Menschen) liquidieren, beseitigen; **~ation** [likwi-'deiʃən] Liquidation, Auflösung, Abwick(e)lung, Abrechnung; Ablösung, Tilgung, Begleichung, Bezahlung; Flüssigmachung, Ausea.setzung, (Vermögens-)Teilung; *(Mensch)* Beseitigung f; *in* ~~ in Liquidation; *to go into* ~~ in L. gehen, liquidieren; *compulsory, voluntary* ~~ Zwangs-, freiwillige L.; *proceeds (pl) of* ~~ Liquidationserlös m; ~~ *by order of the court* gerichtliche L.; **~ator** ['likwideitə] Liquidator, Abwickler, Masseverwalter m; **~ity** [li'kwiditi] flüssige(r) Zustand m; Klarheit; fin Liquidität f; **~measure** Flüssigkeitsmaß n.

liquor ['likə] s Flüssigkeit f; Saft m; alkoholische(s) Getränk n, *bes.* Schnaps; Alkohol m; *pharm a.* ['laikwɔː] Lösung f; *pl* Spirituosen *pl*; tr einweichen, -schmieren; *(to ~ up) sl* besoffen machen; *itr (to ~ up) sl* sich besaufen; *in* ~, *the worse for* ~ betrunken; *under the influence of* ~ unter Alkoholeinfluß.

liquorice, *Am* **licorice** ['likəris] Süßholz n; Lakritze f.

lisp [lisp] itr tr lispeln; mit der Zunge anstoßen; stammeln; s Lispeln n.

lissom(e) ['lisəm] biegsam, geschmeidig, gelenk(ig), beweglich; behende, gewandt, flink, *fam* fix; **~ness** ['-nis]

literal

Biegsamkeit, Gelenkigkeit; Behendigkeit, Gewandtheit f.

list [list] **1.** s Streifen, Rand, Saum m, Leiste, (Webe-)Kante; (Holz-)Leiste f; Erdstreifen m; Liste f, Verzeichnis, Register n, Aufstellung f; Katalog m; (Stamm-)Rolle; fin Kursliste; *mil* Rangliste f; tr säumen; streifenartig einteilen; *(in e-e Liste)* eintragen, -schreiben; verzeichnen; registrieren, katalogisieren; *(Posten)* aufführen; *to be on a* ~ auf e-r Liste stehen; *to draw up, to make out a* ~ e-e L. aufstellen; *to enter in a* ~ in e-e Liste eintragen; *to put on a* ~ auf e-e L. setzen; *to strike off (from) a* ~ von e-r L. streichen; *cause* ~ Terminliste f; *hono(u)r* ~ Ehrentafel f; *price* ~ Preisliste f; Kurszettel; Tarif m; *voter's* ~ Wählerliste f; *wine* ~ Weinkarte f; ~ *of charges* Kostenrechnung f; (Gebühren-)Tarif m; ~ *of customers* Kundenliste f; ~ *of members* Mitgliederverzeichnis n; ~ *of questions* Fragebogen m; **~broker** Adressenbüro n; **~er** ['-ə] Häufelpflug m; **~ing** ['-iŋ] Anfertigung e-r Liste, Aufstellung e-s Verzeichnisses; Katalogisierung f; ~ **price** Listenpreis m; **2.** itr obs gefallen *(to s.o.* jdm); (gern) wollen; **3.** itr obs lauschen *(to dat)*; **4.** s mar Schlagseite f; *itr* Schlagseite haben.

listen ['lisn] itr horchen, lauschen, hören *(to* auf); aufpassen, achten *(for* auf); zuhören, (geistig) folgen *(to s.o.* jdm); anhören *(to s.th.* etw); gehorchen *(to s.o.* jdm); *to* ~ *in (tele)* mithören *(to a conversation* ein Gespräch); Radio hören; ~ *in to a program, to a speech, to London (radio)* ein Programm, e-e Rede, London hören; **~er** ['-ə] Horcher, Lauscher; Zuhörer; *radio* Hörer m; *not to be a good* ~~ nicht zuhören können, immer selbst reden wollen; ~~ *research (radio)* Umfrage unter den Hörern; Hörermeinungsforschung f; **~ing** ['-iŋ] a (Ab-)Hör-, Horch-; ~~ *post (mil)* Horchposten m; ~~ *public (radio)* Hörerschaft f, -kreis m.

listless ['listlis] abgestumpft, gleichgültig, uninteressiert, teilnahmslos.

lists [lists] pl Schranken f pl; Turnier-, *fig* Kampfplatz m; *to enter the* ~ in die Schranken treten *(against* gegen).

lit [lit] *pret u. pp von light* 1.; **~~up** sl benebelt, blau.

litany ['litəni] *rel* Litanei f.

liter|acy ['litərəsi] Kenntnis f des Lesens u. Schreibens; **~al** ['-əl] a Buchstaben-; wörtlich, wortgetreu;

literally wörtlich, ursprünglich; sachlich; wirklich, unverfälscht, echt, rein; genau, pedantisch; *(Wahrheit)* ungeschminkt; *(Sinn)* eigentlich; Buchstaben-; **~ally** ['-əli] *adv* wörtlich, wortgetreu, Wort für Wort; *fam* buchstäblich; **~ary** ['-əri] literarisch (gebildet); *~~ property* geistiges Eigentum *n*; **~ate** ['-it] *a* des Lesens u. Schreibens kundig; (literarisch) gebildet; gelehrt; *s* Gebildete(r), Gelehrte(r), Literat *m*; **~ati** [litə'rɑ:ti:] *pl* Gelehrten, Literaten *m pl*; **~ature** ['litəritʃə, -rətʃə, -tjuə] Literatur *f*, Schrifttum *n (of* über); literarische Produktion *f*; *fam* Drucksachen *f pl*.

lith(a)emia [li'θi:miə] *med* Urämie, Harnvergiftung *f*.

litharge ['liθɑ:dʒ] *chem* (Blei-)Glätte *f*.

lithe|(some) ['laiðsəm) biegsam, geschmeidig, gelenkig; **~ness** ['-nis] Biegsamkeit; Gelenkigkeit *f*.

litho|graph ['liθəgrɑ:f] *s* Lithographie *f*, Steindruck *m*, -zeichnung *f*; *tr itr* lithographieren; **~grapher** [li'θɔgrəfə] Lithograph *m*; **~graphic(al)** [liθə'græfik(əl)] lithographisch; **~graphy** [li'θɔgrəfi] *(Kunst der)* Lithographie *f*; **~logy** [li'θɔlədʒi] Gesteinskunde *f*.

Lithuania [liθju(:)'einjə] Litauen *n*; **~n** [-n] *a* litauisch; *s* (das) Litauisch(e); Litauer(in *f*) *m*.

litig|ant ['litigənt] *a* prozessierend, prozeßführend; *s pl u. the ~~ parties (pl jur)* die streitenden Parteien *f pl*; **~ate** ['-eit] *itr (tr)* prozessieren (gegen); streiten (um); *(Forderung)* einklagen; **~ation** [liti'geiʃən] Prozessieren *n*; Prozeß, Rechtsstreit *m*; **~ious** [li-'tidʒəs] prozeßsüchtig; zänkisch; strittig, umstritten; Prozeß-, Streit-.

litmus ['litməs] *chem* Lackmus *m od n*; **~ paper** Lackmuspapier *n*.

litre, *Am* **liter** ['li:tə] Liter *n od m*.

litter ['litə] *s* Sänfte, Trage, (Trag-) Bahre; Streu *f*; *(bes. Hunde u. Schweine)* Wurf *m*; herumliegende Sachen *f pl*, Kram, Plunder *m*; Unordnung; Streudecke *f (auf dem Waldboden); tr* mit e-r Streu versehen od bedecken; *(Junge)* werfen; *(to ~ up)* verunreinigen; verstreuen, umherwerfen, in Unordnung bringen; *itr* Junge werfen; *to ~ down (Boden)* Streu aufschütten für; Streu geben *(a horse* e-m Pferd); **~~bearer** Krankenträger *m*; **~~bin, -basket** Abfallkorb *m*; **~~case** Schwerverwundete(r) *m*.

little ['litl] *a* klein; niedlich, nett; *(Zahl)* niedrig, gering; kurz; schwach; wenig; belanglos, unwichtig, nebensächlich; eng(stirnig); gemein; *adv* wenig; nicht viel, kaum, schwerlich; *s: a ~* ein (klein) wenig, ein bißchen, etwas, e-e Kleinigkeit; *the ~ ones* die Kleinen; *the ~* das wenige; *for a ~* für e-n Augenblick; auf kurze Zeit; *in ~* im kleinen; *in a ~ while* in kurzer Zeit, bald; *~ by ~, by ~ and ~* nach u. nach, allmählich; *~ or nothing* wenig oder gar nichts; *not a ~* nicht wenig; *too ~* zu wenig, nicht genug; *to make ~ of* wenig halten von; *I think ~ of it* davon halte ich nicht viel; das macht mir nicht viel, nichts aus; *the* **L~ Bear** *astr* der Kleine Bär *od* Wagen; **~~ease** Stehzelle *f*; **Mary** *fam* Magen *m*; **~ness** ['-nis] Kleinheit; Geringfügigkeit; Kleinlichkeit *f*; **L~ Red Ridinghood** Rotkäppchen *n*.

littoral ['litərəl] *a* Küsten-; *s* Küstengegend *f*, -land *n*.

liturg|ic(al) [li'tə:dʒik(əl)] *a rel* liturgisch; **~y** ['litə(:)dʒi] Liturgie *f*.

livable ['livəbl] *(Leben)* auszuhalten(d), zu ertragen(d); *(Mensch)* umgänglich; *(Raum)* wohnlich.

live [liv] **1.** *itr* leben; am Leben bleiben, über-, weiterleben; bleiben, andauern, bestehen, aushalten; leben, sein Leben führen; sein Auskommen haben, sich nähren, leben *(on* von); auskommen *(on* mit); wohnen *(with* bei; *at* in); *tr (ein Leben)* leben, führen; vorleben, in die Tat umsetzen; *to ~ high* im Überfluß leben; *to ~ and learn* dazulernen; *to ~ and let ~* leben und leben lassen; *to ~ to see* erleben; *to ~ well* gut leben; *to have barely enough to ~ on* kaum genug zum Leben haben; *to ~* **down** wiedergutmachen; *to ~* **in** im Hause schlafen; *to ~* **off** zehren von; *to ~* **on** weiterleben; *to ~* **out** *itr* außer dem Haus schlafen; *tr (das Ende od)* erleben; durchmachen; *to ~* **through** er-, überleben; *to ~* **to** *o.s.* für sich leben; *to ~* **up to** in Einklang leben mit; *s.th.* etw gemäß *od* entsprechend leben; *(Erwartungen)* erfüllen; **2.** [laiv] *a attr* lebend(ig), am Leben; lebendig, lebhaft, voller Leben; lebensprühend; *(Luft)* frisch, rein; *(Kohlen)* glühend *a. fig; (Diskussion)* lebhaft; *(Streichholz)* (noch) ungebraucht; *(Geschoß)* scharf; *el* geladen, unter Strom, stromführend; *tech* treibend; *typ* gesetzt, druckfertig; *radio* unmittelbar übertragen; *Am* modern, aktuell; *s (~ broadcast)* Live(sendung) *f*; **~ rail** Stromschiene *f*; **~~stock** leben-

live-weight 575 **loading**

de(s) Inventar n; **~-weight** Lebendgewicht n; **~ wire** Draht m unter Strom; *fam* unternehmungslustige(r) Mensch m.
lived [livd] *a in Zssgen* -lebig.
livelihood ['laivlihud] Lebensunterhalt m, Auskommen n; *to earn, to make, to gain a ~* s-n Lebensunterhalt verdienen.
live|liness ['laivlinis] Lebendigkeit, Lebhaftigkeit; Tatkraft *f*; **-ly** ['laivli] (quick)lebendig, lebhaft, voller Leben, lebensprühend, frisch, tatkräftig, aktiv, energisch, kraftvoll; angeregt, lebhaft, belebt, heftig, hitzig, sprudelnd, froh, fröhlich, heiter, lustig, anregend; aufregend; flink, schnell, lebhaft; stark; *(Farbe)* lebhaft; *(Ball)* elastisch; *to make things ~~ for s.o.* jdm die Hölle heiß machen.
livelong ['livloŋ] *a: the ~ day* den lieben langen Tag.
liven ['laivən] *(to ~ up) tr* aufmuntern, -heitern; in Schwung, in Stimmung bringen; *itr* lebhaft, munter werden, in Stimmung kommen.
liver ['livə] **1.** Lebende(r) m; *evil ~* Bösewicht; *fast, loose ~* Lebemann m; *plain ~* einfache(r) Mensch m; **2.** Leber *f*; **~-colo(u)red** a schokoladenbraun; **~ complaint** Leberleiden n; **-ish** ['-rif] *fam* leberkrank, -leidend; verdrießlich, mürrisch; **~-sausage**, *Am* **~-wurst** ['-wə:st] Leberwurst *f*; **~ spot** Leberfleck m; **-wort** ['-wə:t] *bot* Leberblümchen n.
livery ['livəri] Livree (Amts-)Tracht; Mitgliedschaft *f* in e-r Innung *od* Zunft; Unterbringen *n* von Pferden; Halten *n* von Mietpferden, -wagen; *jur* Einweisung; belebend; zum Lebensunterhalt m, Auskommen n; Existenz *f*; Besitzübertragung *f*; *in ~* in Livree; *out of ~* in gewöhnlicher Kleidung; **-man** ['-mən] Zunftmitglied n; **~ stable** Mietstall m.
livid ['livid] bleifarben, aschgrau, fahl, verfärbt, leichenblaß; *Br fam* wütend; **-ity** [li'viditi], **-ness** ['lividnis] aschgraue, fahle Farbe, Leichenblässe *f*.
living ['liviŋ] *a* lebend, lebendig *a. fig*; fließend; lebhaftig; belebend; zum Leben ausreichend; Lebens-; *(Fels)* gewachsen; *s* Leben n; (Lebens-)Unterhalt m, Auskommen *f*, Existenz *f*; Lebensstandard m, -weise *f*; *rel* Pfründe, Pfarrstelle *f*; *the ~* die Lebenden *pl; within ~ memory* seit Menschengedenken; *to make a ~* sein Auskommen haben *(as* als; *out of* durch); **~ conditions** *pl* Lebensbedingungen *f pl*; **~ costs** *pl* Lebenshaltungskosten *pl*; **~ habits** *pl* Lebensgewohnheiten *f pl*; **~ image** genaue(s) Ebenbild *n; to be the ~~ of s.o.* jdm aus dem Gesicht geschnitten sein; **~ picture** lebende(s) Bild *n (gestellte Gruppe)*; **~ quarters** *pl* Wohnviertel *n pl;* **~ room** Wohnzimmer *n*; **~ space** Lebensraum *m*; **~ wage** auskömmliche(r) Lohn *m*, Existenzminimum *n*.
Livonia [li'vounjə] Livland *n*; **-n** [-n] *a* livländisch; *s* Livländer(in *f*) m.
lizard ['lizəd] Eidechse *f*.
Lizzie ['lizi] *Am mot sl (tin ~)* alte Kiste *f*; Auto *n*.
llama ['lɑ:mə] Lama *n*.
lo [lou] *interj* siehe!
loach [loutʃ] *zoo* Schmerle *f*.
load [loud] *s* (Trag-)Last, Ladung, Fuhre; Fracht; Last *(englische Gewichts-, Mengeneinheit)*; (schwere) Last, Belastung *a. fig; fig* Bürde; Tragfähigkeit, -kraft; Arbeitsleistung, Belastung, Beanspruchung; Arbeitsleistung; *(Feuerwaffe)* Ladung *f*; *oft pl*: *~s* of e-e Menge *od* Masse; *itr* Ladung übernehmen; *(Börse)* Aktien kaufen; *tr (Transportmittel)* (be)laden; *(Ladung)* auf-, ein-, verladen; überhäufen, überladen, überlasten, zu sehr belasten *a. fig;* beschweren; *fig* überbürden, mit Arbeit überhäufen, überlasten; *(Feuerwaffe)* laden; *(Photoapparat)* e-n Film einlegen in; *(Kabel)* pupinisieren; *(Würfel)* fälschen; *(Ofen)* beschicken; *(Getränk)* verfälschen; *(Frage)* die Antwort in den Mund legen; *to ~ down* beladen; *to get a ~ of s.th. (Am sl)* etw prüfen, sehen; *that's a ~ off my mind* mir ist (damit) ein Stein vom Herzen gefallen; *breaking ~* Bruchfestigkeit *f; live, pay-, useful, working ~* Nutzlast *f; maximum ~* Höchstbelastung *f; peak ~* Spitzenbelastung *f; safe ~* zulässige Belastung *f; ship-, ship's ~* Schiffsladung *f; total ~ (aero)* Fluggewicht *n*; **-ed** ['-id] *a* beladen; belastet; gepan(t)scht; *(Zunge)* belegt; *~~ up with (com)* mit e-m reichlichen Vorrat versehen sein an; *~~ dice* falsche Würfel *m pl; (total) ~~ weight* Fluggewicht *n*; **-er** ['-ə] Ladearbeiter m; Verladevorrichtung *f*; **~ factor** *el* Belastungsfaktor *m;* **-ing** ['-iŋ] *s* Be-, Verladung; Verfrachtung, Fracht; Belastung; Zusatzprämie *f; fin* Zuschlag *m; el* Pupinisierung *f; attr* Lade-, Verladungs-; **~~ area** Ladefläche *f;* **~~ bridge** Verladebrücke *f;* **~~-capacity** Ladefä-

load-limit higkeit; Belastbarkeit f; **~~-charges** (pl) Ladegebühren f pl; **~~-days** (pl) Ladetage m pl, -frist f; **~~** jib Ladebaum m; **~~-place** Ladeplatz m, -station f; **~~-platform, -ramp** Laderampe f; **~~ road** Verladestrecke f; **~-limit** Belastungsgrenze f; **~-line** mar Lade-, tech Belastungskennlinie f; **~ peak** Belastungsspitze f; **~-shedding** el Stromverteilung f (durch Abschalten); **~space** Laderaum m; **~star** s. lodestar; **~stone** min Magneteisenstein m; **~-test** Belastungsprobe f.

loaf [louf] **1.** s pl loaves (bes. Brot) Laib, (meat-~) Hackbraten; (sugar-~) (Zucker-)Hut m; sl Birne f; half a ~ is better than no bread (prov) besser wenig als gar nichts; **~-cake** Am Königskuchen, Stollen m; **~-sugar** Hut-, Würfelzucker m; **2.** itr herumbummeln, -lungern, umherschlendern, sich herumtreiben; (bei der Arbeit) bummeln; tr (to ~ away) (Zeit) vertrödeln; to be on the ~ faulenzen; **~er** ['-ə] Bummler, Herumtreiber, Landstreicher, Vagabund m.

loam [loum] Lehm(boden) m; **~-pit** Lehmgrube f; **~y** ['-i] lehmig.

loan [loun] s (Aus-, Ver-)Leihen; Darlehen n (to an, für); Anleihe; Leihgabe f; com Vorschuß, Kredit m; tr (aus-, ver)leihen; als Darlehen geben (to an); itr leihen; as a ~ als Leihgabe; on ~ leihweise; geliehen, geborgt; to contract a ~ e-e Anleihe aufnehmen; to grant a ~ ein Darlehen geben od gewähren (to s.o. jdm); to have the ~ of s.th. etw ausleihen; to put to ~ aus-, verleihen; to subscribe to a ~ e-e Anleihe zeichnen; domestic, foreign ~ In-, Auslandsanleihe f; forced ~ Zwangsanleihe f; government ~ Staatsanleihe f; victory, war ~ Kriegsanleihe f; **~-bank** Kredit-, Darlehensbank f; **~-collection** (Kunst) Ausstellung f von Leihgaben; **~ interest** Darlehenszinsen m pl; **~ office** Darlehnskasse; Pfandleihe f; **~ society** Br Kredit-, Darlehnsverein m; **~-word** Lehnwort n.

loath, loth [louθ] a pred, meist mit inf: to be ~ to do nur mit Widerwillen tun; nothing ~ ganz gern; **~e** [louð] tr sich ekeln vor, verabscheuen, hassen; **~ing** ['louðiŋ] Ekel, Abscheu (at vor); Haß m; **~some** ['louðsəm] ekelhaft, abscheuerregend, abscheulich, verabscheuenswert.

lob [lɔb] itr (to ~ along) herumstapfen, -staksen; itr tr sport lobben; s sport Hochball m.

lobby ['lɔbi] s Vorraum m, (Vor-) Halle, Wandelhalle f, Foyer n; pol Interessengruppe f; tr (to ~ through) durch Beeinflussung der Kongreß-, der Parlamentsmitglieder durch(zu)setzen (suchen); itr pol intrigieren; **~-ist** ['-ist] Am Lobbyist m.

lobe [loub] anat bot Lappen; el Zipfel m, Schleife f; ~ of the brain Gehirnlappen m; ~ of the ear Ohrläppchen n; ~ of the lung Lungenflügel m.

lobelia [lo(u)'bi:ljə] bot Lobelie f.

loblolly ['lɔblɔli] (~ pine) Sumpfkiefer f; fam Sumpf-, Dreckloch m.

lobo ['loubou] pl -os Am Steppenwolf m.

lobster ['lɔbstə] Hummer; Am fam Tölpel, Stümper m; ~ **pot** Hummerreuse f.

local ['loukəl] a örtlich; Orts-, Lokal-; ortsansässig; med örtlich; hiesig; beschränkt, eng(stirnig), Kirchturms-; s Ortsansässige(r) m; (~ train) Kleinbahn, Nebenlinie f, Vorortzug m; (Zeitung) Lokalnotiz f, -nachrichten f pl, -teil m, -blatt n; Am Ortsgruppe f; Br fam Gasthaus n am Ort; ~ **administration, government** Gemeindeverwaltung f; ~ **authorities** pl Ortsbehörden f pl; ~ **bill** fin Platzwechsel m; ~ **branch** Ortsgruppe f; ~ **call** tele Ortsgespräch n; ~ **charge** tele Ortsgebühr f; ~ **colo(u)r** lit Lokalkolorit n; **~e** [lou'ka:l] Ort m, Örtlichkeit f, Schauplatz m; ~ **elections** pl Gemeindewahlen f pl; **~ism** ['loukəlizm] lokale Eigenheit f; Lokalpatriotismus; Provinzialismus m; **~ity** [lo(u)'kæliti] Örtlichkeit, Lokalität; Lage f; Standort; min Fundort m; sense, (fam) good bump of ~ Ortssinn m; **~ization** [loukəlai-'zeifən] Lokalisierung f; **~ize** ['loukəlaiz] tr örtlich beschränken; dezentralisieren; lokalisieren (to auf); konzentrieren (upon auf); ~ **knowledge** Ortskenntnis f; ~ **news** pl mit sing Lokalnachrichten f pl; ~ **press** Lokalpresse f; ~ **rate** Gemeindesteuer f; ~ **road** Gemeindeweg m; ~ **service** Nahverkehr m; ~ **(mean) time** (mittlere) Ortszeit f; ~ **traffic** Ortsverkehr m; ~ **train** Personenzug; Zug m im Nahverkehr.

locat|e [lou'keit] tr (örtlich) festlegen, abstecken, abgrenzen, die Grenzen abstecken (s.th. e-r S); ausfindig machen, feststellen; die Lage bestimmen (s.th. e-r S); radio einpeilen, orten; (auf der Karte) zeigen; (in e-e Arbeit, ein Amt) einweisen; Am er-, einrichten; to be ~ed liegen, sich be-

location   577   **lodgment**

finden; *itr Am fam* sich niederlassen, sich ansiedeln; **~ion** [-ʃən] Absteckung, Abgrenzung; Lage; Stelle; Orts-, Lagebestimmung; Ortsangabe *f*; Platz *m (for* für); Grundstück *n*, Bauplatz *m*; Niederlassung, Ansiedlung *f*; Standort *m*; *film* (Platz *m*, Gelände *n* für) Außenaufnahmen *f pl*; *Am* Errichtung; *jur* Vermietung *f*; *on ~~ (film)* auf Außenaufnahme.

loch [lɔx] *Scot* See, Meeresarm *m*.

lock [lɔk] **1.** (Tür-)Schloß *n*; Verschluß *m (a. e-r Feuerwaffe)*; Sperre; Bremse *f tech*; Hindernis *n*; (Verkehrs-)Stokkung, Stauung *(Ringen)* Fesselung; *fig* Sackgasse; *mar* Schleuse, Staustufe; (Gas-)Schleuse *f*; *mot* Einschlag *m*; *tr (to ~ up)* ver-, zuschließen, -sperren; einschließen, ein-, absperren *(in, into* in); *(die Arme)* verschränken; fest umschlingen, -fassen, -spannen; bremsen; versperren, abriegeln, blokkieren; mit e-r Schleuse, mit Schleusen versehen; durchschleusen; *itr (Schloß)* zuschnappen; verschließbar sein; sich inea.schließen, inea.greifen; sich fest schließen, klemmen; *under ~ and key* hinter Schloß u. Riegel; **~**, *stock, and barrel* alles zusammen, *fam* der ganze Kram; *to ~ away* wegschließen; *to ~ in* einschließen, -sperren; *to ~ out* aussperren *(a. Arbeiter)*; *to ~ up* zu-, verschließen, -sperren; einschließen, -sperren; *(Geld)* wegschließen; *(Kapital)* fest anlegen; **~age** [ʹ-idʒ] Durchschleusung *f*; Schleusengeld *n*; Schleusenanlage, -bedienung; Schleusendifferenz *f*; **~-chamber** Schleusenkammer *f*; **~er** [ʹ-ə] (verschließbarer) Kasten, Schrank *m*; Bank-, Schließfach *n*; *mar* verschließbare Kabine *f*; *to be in, to go to Davy Jones's ~* im feuchten Grab liegen, im Meer ertrinken; *not a shot in the ~~* keinen Pfennig Geld in der Tasche; **~~ room** Umkleideraum *m*; **~et** [ʹ-it] Medaillon *n*; **~-gate** Schleusentor *n*; **~-jaw** *med* Mund-, Kiefersperre *f*; **~-keeper** Schleusenwärter *m*; **~-nut** *tech* Gegenmutter *f*; Klemmring *m*; **~-out** Aussperrung *f (von Arbeitern)*; **~-smith** Schlosser *m*; **~~'s shop** Schlosserei, Schlosserwerkstatt *f*; **~-stitch** Ketten-, Steppstich *m*; **~-up** *s* Ver-, Zuschließen *n*; Torschluß *m*; Einsperren; (Polizei-)Gewahrsam *n*; Haft(anstalt) *f*, Gefängnis *n*; feste Anlage *(e-s Kapitals)*; *mot* Einzelgarage *f*; *a attr* verschließbar; **~ washer** Sicherungsring *m*; **2.** (Haar-)Locke *f*; Büschel *n*, Strähne *f*; *pl* Haare *n pl*.

loco [ʹloukou] *a sl* verrückt; *s* Lok *f*.

locomotion [loukəʹmouʃən] (Fort-)Bewegung, Ortsveränderung *f*, Platzwechsel *m*; Fähigkeit *f*, sich von der Stelle zu bewegen; **~ive** [-tiv] *a* beweglich; sich selbst fortbewegend; *fam* fahrend, reisend; *s* Lokomotive *f*.

loc|um tenens [ʹloukəm ʹti:nenz] (Stell-)Vertreter *m*; **~us** [ʹloukəs] *pl ~i* [ʹlousai] Ort *m*, Stelle *f*; *math* geometrische(r) Ort *m*; **~~ in quo** [-inʹkwou] *jur* Tatort *m*.

locust [ʹloukəst] (Wander-)Heuschrekke; Zikade *f*; *(~-tree)* Johannisbrotbaum *m*; Robinie *f*; *migratory ~* Wanderheuschrecke *f*.

locution [lo(u)ʹkju:ʃən] Rede-, Sprechweise; Redensart *f*, Ausdruck *m*.

ode [loud] Abzugsgraben *m*; *min* Erzader *f*, Flöz *n*; **~-star** Leit-, *bes.* Polarstern; *fig* Leitstern *m*, Vorbild *n*; **~-stone** *s.* load-stone.

lodge [lɔdʒ] *s* kleine(s) Haus, Häuschen *n*; (Tor-, Pförtner-, Gärtner-, Jagd-)Haus *n*; Pförtner-, Portiersloge; (Freimaurer-)Loge *f*; Lager *n (e-s wilden Tieres)*, *bes.* Biberbau *m*, -burg *f*; Indianerhütte *f*, Wigwam *m*; *tr* unterbringen, einquartieren; beherbergen; e-n Raum, e-e Wohnung vermieten an; als Untermieter, als Pensionsgast aufnehmen; als Wohnung dienen für; *(Geld, Wertsachen)* zur Aufbewahrung übergeben *(with s.o.* jdm); hinterlegen, deponieren *(with s.o.* bei jdm); *jur (Forderung)* erheben, anmelden; *(Anspruch)* erheben, geltend machen; *(Berufung, Beschwerde)* einlegen, einreichen; *fam (Einwand)* machen, erheben; *(Vollmacht)* übertragen *(in, with, in the hands of s.o.* jdm); bringen, treiben, stoßen, stecken *(in* in); *(Kugel)* jagen *(in* in); *(Getreide)* umlegen; *(Schlag)* versetzen; *itr* wohnen *(with* bei); *(Pfeil, Kugel)* steckenbleiben *(in* in); *(Getreide)* sich umlegen; *to ~ a complaint* Beschwerde einlegen, Klage erheben *od* führen *(with* bei; *at* über; *against* gegen); *to ~ an information* Anzeige erstatten *(against* gegen); *to ~ a protest* Protest einlegen *od* erheben; protestieren *(with* bei; *against* gegen); *caretaker's ~* Hausmeisterwohnung *f*; *grand ~* (Freimaurerei) Großloge *f*; *hunting, shooting ~* Jagdhütte *f*, -haus *n*; **~r** [ʹ-ə] Untermieter; Pensionsgast; Schlafgänger *m*.

lodg(e)ment [ʹlɔdʒmənt] Unterbringung; Wohnung; *(meist lästige)* Ansammlung, Anhäufung, Ablagerung;

lodging 578 **long**

mil (eroberte) Stellung *f*; *fig* feste(r) Halt, Ausgangspunkt *m*; Festsetzen *n*; *(Geld)* Hinterlegung *f*, Deponieren *n*; *jur (Klage)* Einreichung, *(Berufung)* Einlegung *f*; *to make, to effect a ~ (mil)* (festen) Fuß fassen.

lodging ['lɔdʒiŋ] Unterbringung, Beherbergung *f*; Wohnen, Logieren *n*; Wohnung, Unterkunft *f*, Logis *n*; *jur (Berufung)* Einlegen; *pl* möblierte(s) Zimmer *n*, möblierte Wohnung *f*; *board and ~* Unterkunft und Verpflegung; Kost und Logis; *free board and ~* freie Station *f*; *a night's ~* ein Nachtquartier, -lager *n*; **~ allowance** Wohnungsgeld *n*; **~-house** Pension *f*, Fremdenheim *n*.

loess ['lo(u)is] *geol* Löß *m*.

loft [lɔft] *s* (Dach-)Boden, Speicher, Bodenraum *m*; Taubenhaus *n*, -schlag; (Orgel-)Chor *m*; *Am* Obergeschoß, obere(s) Stockwerk *n (in e-m Warenhaus* od *e-r Fabrik)*; *arch* Empore, Galerie *f*; *tr* auf dem Boden einlagern, speichern; e-n Boden einbauen in; *(Golfball)* hochschlagen; *(Golfschläger)* schräg nach hinten halten; **~iness** ['-inis] Höhe *f*; Erhabenheit, Vornehmheit *f*; Hochmut *m*, Arroganz *f*; **~y** ['-i] hoch(ragend); erhaben, stattlich, groß, edel, vornehm, stolz; hochmütig, eingebildet, arrogant.

log [lɔg] *s* (Holz-)Klotz, Block *m*; *mar* Log *n*; *(~-book)* Log-, Schiffstagebuch, -journal; *mot* Fahrtenbuch; *aero* Bordbuch, Flug(tage)buch *n*; *tech (~-sheet)* (Zustands-)Bericht *m*, Betriebsprotokoll *n*; *math* Logarithmus *m*; *tr (Baumstamm)* (in Blöcke) zersägen; abholzen; *mar* loggen *(in e-e Entfernung)* zurücklegen, ins Logbuch eintragen; *itr* Holz fällen und abtransportieren; *in the ~ (Holz)* unbearbeitet; *like a (bump on a) ~* unbeholfen, ungeschickt; wie ein Klotz, leblos; *to sleep like a ~* wie ein Murmeltier schlafen; *roll my ~ and I'll roll yours (fig)* e-e Hand wäscht die andere; **~-cabin, -house, -hut** Blockhaus *n*; **~-chip** *mar* Logbrett *n*; **~ger** ['-ə] Holzfäller *m*; Blockwinde *f*; **~gerhead** ['-əhed] *obs* Dummkopf *m*; *I was at ~~s with him* wir lagen uns in den Haaren; **~ging** ['-iŋ] Holzfällen *n*; **~-line** *mar* Logleine *f*; **~-reel** *mar* Logtrommel *f*; **~-roll** *itr Am parl* e-e Politik gegenseitiger Unterstützung betreiben; *tr (Anträge)* durch gegenseitige Unterstützung durchbringen; **~-rolling** Nachbarschaftshilfe *f*; *parl* gegenseitige Unterstützung *f* (der Parteien); *pej* politische(r) Schacher, Kuhhandel *m*; **~wood** Kampesche-, Blau-, Blutholz *n*.

loganberry ['lougənbəri] Kreuzung *f* von Himbeere und Brombeere.

logarithm ['lɔgəriθəm] *math* Logarithmus *m*; **~ic** [lɔgə'riθmik] logarithmisch.

logic ['lɔdʒik] Logik *f*; **~al** ['-əl] logisch; folgerichtig, natürlich; **~ian** [lo(u)-'dʒiʃən] Logiker *m*.

logistic(al) [lo(u)'dʒistik(əl)] *a mil* Nachschub-, Versorgungs-; *pl -ics mil* Logistik *f*.

logy ['lougi] *Am fam* (ab)gestumpft(t), müde, schwerfällig, träge, wie vor den Kopf geschlagen; *(Nahrung)* stopfend.

loin [lɔin] *(Rind)* Blume *f*; *(Kalb, Hammel)* Nierenstück; *(Schwein)* Rippenstück *n*; *meist pl* Lenden *f pl (des Menschen)*; *to gird up o.'s ~s (lit)* sich rüsten, sich anschicken; *roast ~* Lenden-, Nierenbraten *m*; *(roast) ~ of veal* Kalbsnierenbraten *m*; **~cloth** Lendentuch *n*.

loiter ['lɔitə] *itr (to ~ about)* herumbummeln, herumlungern; zaudern, zögern, bummeln, trödeln, *fam* langsam machen; *tr (to ~ away) (Zeit)* vertrödeln, verbummeln; **~er** ['-rə] Zauderer; Bummler *m* fam Bummelant *m*.

loll [lɔl] *itr* sich (bequem) ausstrecken, sich rekeln; sich zurück-, sich anlehnen; *tr (Kopf, Rücken)* anlehnen; *to ~ (out) tr itr* (die Zunge) herausstrecken.

loll|apalooza, ~apaloosa [lɔləpə-'luzə], **~ypalooza, ~ypaloosa** [lɔli-] *Am sl* Mordsding *n*.

lollipop ['lɔlipɔp] *fam* Bonbon *m* od *n (Am:* am Stiel); *pl* Süßigkeiten *f pl*.

lollop ['lɔləp] *itr fam (beim Gehen)* hin- u. herschlenkern, watscheln, torkeln.

Lombard ['lɔmbəd] *s hist* Langobarde, Lombarde *m*; *a* langobardisch; lombardisch; **~ic** [lɔm'baːdik] *(bes. Kunst)* lombardisch; **~-Street** die Londoner Großfinanz; **~y** ['lɔmbədi] die Lombardei.

lone [loun] *attr* alleinig, *pred* allein; einsam; isoliert; *hum* alleinstehend; *~ hand (Kartenspiel)* Solo(spieler *m*) *n*; *to play a ~~ (fig)* etw im Alleingang tun; **~liness** ['-linis] Einsamkeit *f*; **~ly** ['-li] verlassen, einsam; vereinsamt; sich einsam fühlend; *to live a ~~ life* ein einsames Leben führen; **~some** ['-səm] einsam; verlassen, öde; *to be ~~ for s.o.* sich nach jdm sehnen.

long [lɔŋ] **1.** *a* lang; *(Weg)* weit; Längen-; langsam, -weilig; groß;

(Schätzung) unsicher; *fin* langfristig; *(Preis)* hoch; *com* eingedeckt *(of* mit); *adv* lange; *(all day)* ~ (den ganzen Tag) lang; *s* lange Zeit; *(Phonetik, Prosodie)* Länge *f*; *fam* große Ferien *pl*; *as,* so ~ *as* solange; vorausgesetzt, unter der Bedingung, daß; wenn nur; *Am* da(ja); wenn; *at (the)* ~*est* höchstens; längstens; *before, (lit) ere* ~ in kurzem, bald; *in the* ~ *run* auf die Dauer, am Ende; *no* ~*er* nicht mehr; *not ... any* ~*er* nicht länger, nicht weiter, nicht mehr; *not ... for* ~ nicht lange, nur kurz(e Zeit); *of* ~ *standing* alt, langjährig; ~ *after, before* lange nachher, viel später; lange vorher, viel früher; ~ *ago, since* vor langem, vor langer Zeit; schon lange; *to be* ~ *(in) doing s.th.* viel Zeit brauchen, um etw zu tun; *not to be* ~ *for ...* nicht lange dauern bis ...; *to have the* ~ *arm* die größere Macht haben, *fam* am Drücker sitzen; *to have a* ~ *head (fig)* e-n klugen Kopf haben; vorausschauend sein; *to have a* ~ *tongue* ein gutes Mundwerk haben, viel reden; *to have a* ~ *wind* e-n langen Atem haben; *to take a* ~ *time* viel Zeit brauchen; *to take* ~ *views* auf lange Sicht planen; *don't be* ~! mach schnell! beeil dich! *so* ~! *(fam)* bis später! auf Wiedersehn! *a* ~ *dozen* dreizehn; *a* ~ *face* ein langes, betrübtes Gesicht; *the* ~ *and the short of it* der langen Rede kurzer Sinn, kurz (gesagt); *a* ~ *way round* ein großer Umweg; ~**boat** *mar* große(s) Beiboot *n*, Pinasse *f*; ~**bow** ['·bou] *hist* (englischer) Langbogen *m* *(Waffe)*; *to draw, to pull the* ~~ *(fam)* übertreiben, aufschneiden, angeben; ~ **clothes** *pl* Babytragkleid *n*; ~~**dated** *a fin* langfristig; ~ **distance** *Am* Fernamt; Ferngespräch *n*; ~~**distance** *a* Langstrecken-; Dauer-; *Am tele* Fern-; *(Wetterüberhersage)* langfristig; ~ *call (Am tele)* Ferngespräch *n*; ~~ *central station (el)* Überlandzentrale *f*; ~~ *flight* Langstreckenflug *m*; ~~ *reconnaissance (aero)* Fernaufklärung *f*; ~~**drawn(-out)** *a* lang-, in die Länge gezogen, ausgedehnt; *fig* langatmig; ~ **drink** *Am* mit Wasser verdünnte(s) alkoholische(s) Getränk *n*; ~~**eared** *a* langohrig; ~~**faced** *a* mit langem Gesicht *a. fig*; ~ **finger** Mittelfinger *m*; ~ **firm** Schwindelfirma *f*; ~ **green** *Am sl* Geldschein, Lappen *m*; ~**hair** *a Am fam* intellektuell; theoretisch; klassische Musik bevorzugend; *s* Intellektuelle(r); konservative(r) Musiker *m*; ~**hand** Langschrift *f*; ~ **haul** *Am*

aero Langstrecken-, Nonstopflug *m*; ~~**headed** *a* langschädelig; *fig* klug, schlau; vorausschauend; ~**horn** langhörnige(s) Rind *n*; *Am fam* Alteingesessene(r) *m*; ~ **hundredweight** *Am* englische(r) Zentner *(= 112 engl. Pfund od 50,8 kg)*; ~**ish** ['·iʃ] etwas lang; ~ **jump** *sport* Weitsprung *m*; ~~**legged** *a* langbeinig, ~~**lived** *a* langlebig; ~ **measure** Längenmaß *n*; ~ **neck** *orn* Rohrdommel *f*; ~~**playing record** Langspielplatte *f*; ~ **primer** Korpus, Garmond *f (Schriftgröße von 10 Punkten)*; ~ **range** *s* Tragweite *f*; ~~**range** *a* weitreichend; weit vorausschauend; ~~ *artillery* Fernkampfartillerie *f*; ~~ *bomber* Langstrecken-, Fernbomber *m*; ~~ *fighter (aero)* Langstreckenjäger, Zerstörer *m*; ~~ *(air-)navigation (system), loran (aero)* Funkfernnavigation(ssystem *n*) *f*, Funkfernpeilung *f*; ~**shoreman** Hafenarbeiter *m*; ~ **shot** *film* Fernaufnahme *f*; *fam* schwache Vermutung, riskante Wette *f*; *not by a* ~~ *(fam)* nicht im Traum; ~~**sighted** *a med* weitsichtig; *fig* vorausschauend; ~~**sightedness** Weitsichtigkeit *f*; ~~**spun** *a* lang, weit ausgesponnen; langatmig, -wierig, -weilig; ~~**standing** langwährend, langdauernd, anhaltend; ~~**suffering** *a* geduldig, langmütig; *s* Geduld, Langmut *f*; ~~**tailed** *a* langschwänzig; *that's a* ~~ *bear!* so ein Schwindel! ~~**term** *fin* langfristig; ~ **ton** (engl.) Tonne *f* *(= 2240 Pfund od 1017 kg)*; ~~**tongued** *a* mit e-r langen Zunge (versehen); *fig* redselig, geschwätzig, schwatzhaft; ~ **vacation**, *(fam)* vac große Ferien *pl*; ~ **wave** *s radio* Langwelle *f*; ~~**wave** *a radio* Langwellen-; ~~ *band* Langwellenbereich *m*; ~~ *transmitter* Langwellensender *m*; ~**ways**, ~~**wise** *adv* lang, der Länge nach; ~~**winded** *a* langatmig *a. fig*; *fig* von ermüdender Länge, langweilig; **2.** *itr* sich sehnen *(for* nach); *I* ~ *for (lit)* es verlangt mich nach; ~**ing** ['·iŋ] *a* sich sehnend, *lit* verlangend, voll Verlangen *(for* nach); *s* Sehnsucht *f*, Verlangen *n (for* nach).

longeron ['lɔndʒərɔn] *aero* Rumpf-, Längsholm *m*.

longevity [lɔn'dʒeviti] lange(s) Leben *n*, Langlebigkeit *f*.

longitud|e ['lɔndʒitju:d] (geographische) Länge *f*; ~**inal** [lɔndʒi'tju:dinl] *a* längslaufend, Längs-; *geog* Längen-.

loo [lu:] *fam* Toilette *f*.

look [luk] *itr* sehen, schauen, blicken (*at, on, upon* auf, nach); ansehen, -schauen (*at, on s.o., s.th.* jdn, etw); achtgeben, aufpassen (*to* auf); zusehen (*to s.o., s.th.* jdm, e-r S); s-n Blick richten (*towards* auf); suchen, erwarten (*for s.o., s.th.* jdn, etw); warten (*for s.o., s.th.* auf jdn, etw); prüfen(d ansehen), abschätzen, erwägen, beurteilen (*at s.th.* etw); genau ansehen, prüfen, mustern, zu erforschen suchen (*into s.th.* etw); sich kümmern (*after* um), aufpassen (*after* auf); überwachen (*after s.o., s.th.* jdn, etw); (*mit: a, like* od *as if*) aussehen, scheinen; *tr* sehen (*s.o. in the face* jdm ins Gesicht); zum Ausdruck bringen, Ausdruck geben (*s.th.* e-r S); aussehen wie; *s* Blick *m* (*at* auf, nach); *a. pl* Aussehen *n*, Anblick *m*, Erscheinung *f*; *to cast, to throw a ~* e-n Blick werfen (*at* auf); *to give s.o. a ~* jdm e-n Blick zuwerfen; *to have, to take a ~ at s.th.* etw mal ansehen, -schauen; *to ~ o.s. again* (nach e-r Krankheit) wieder besser aussehen; *to ~ ahead* geradeaus sehen; *fig* an die Zukunft denken; *to ~ daggers at s.o.* jdn wütend anschauen; *to ~ high and low for s.th.* (*Am fam*) etw sorgfältig suchen; *to ~ down o.'s nose at* (geringschätzig) herabsehen auf; *I don't like its ~* das gefällt mir nicht, das sieht mir nicht gut aus; *he ~s his age* man sieht ihm sein Alter an; *it ~s like rain* es sieht nach Regen aus; *~ alive! ~ sharp!* mach zu! schnell! los, los! *to ~ about* sich umsehen, sich umschauen (*for* nach); *one* sich Zeit lassen; *to ~ back* zurückschauen, -blicken (*on, upon* auf); unsicher werden; *to ~ down on* hochmütig herabsehen auf, verachten; sich für mehr halten als; *to ~ down(wards)* die Augen niederschlagen; *to ~ forward to* sich freuen auf; *to ~ in* hereinschauen (*on s.o.* bei jdm); e-n kurzen Besuch abstatten (*on s.o.* jdm); *to ~ into* untersuchen, nachgehen (*s.th.* e-r S); *to ~ out itr* aufpassen, achtgeben (*for* auf); hinaussehen, -gehen (*on* auf); *tr* sich aussuchen; *~ out!* aufpassen! Achtung! Vorsicht! *to ~ over* mustern, prüfen, durchsehen; hinwegsehen über; *to ~ round fig* sich alles, die Sache gut überlegen; sich umsehen; *to ~ through* durchsehen; *fig* durchschauen; *to ~ to* abzielen auf; *to ~ up itr* aufblicken, -schauen, -sehen (*at* auf); (*Preise*) steigen, aufschlagen, *fam* klettern; *to s.o.* zu jdm aufsehen, jdn hochschätzen, bewundern; *tr* (Wort im Wörterbuch) nachschlagen; *fam* besuchen; *things are (he is) ~ing up* es geht (ihm) besser; *to ~ up and down* überall suchen; genau untersuchen; *~er* ['-ə] Betrachter, Beschauer; *fam* (*~~-in*) Fernseher (*Mensch*); *fam* hübsche(r) Kerl *m*, bes. hübsche(s) Ding *n*; **~er-on** [lukə'rɔn] *pl ~ers-on* Zuschauer *m* (*at* bei); **~-in** kurze(r), schnelle(r), flüchtige(r) Blick; kurze(r) Besuch *m*, *fam* Stippvisite *f*; *to have a ~* (*fam, bes. sport*) Aussichten, Chancen haben; **~ing** ['-iŋ] *s* Schauen *n*; *a in Zssgen* aussehend; *good-~* gut aussehend, ansehnlich, stattlich, hübsch; **~~-glass** Spiegel *m*; **~-out** Ausschau *f*, Ausblick *m*; Wache *f*; Ausguck *m*, *mar* Mastkorb, Wachtposten *m*; *fam* Angelegenheit *f*; Aussicht(en *pl*) *f*; *to be on the ~* Ausschau halten, auf der Lauer liegen (*for* nach); *to keep a good ~* ein wachsames Auge haben; *that is his ~* (*fam*) das ist seine Sache; *that is not my ~* das geht mich nichts an, das ist nicht meine Sache; **~~-hole** Sehschlitz *m*; **~~-post** (*Jagd*) Hochsitz *m*; **~-over** Überprüfung *f*; *to give s.th. a ~* etw in Augenschein nehmen; **~-see** *sl* flüchtige(r), kurze(r) Blick *m*; Inaugenscheinnahme *f*; *aero sl* Aufklärungsflug *m*, Luftaufklärung *f*; *to have a ~~ (sl)* sich umsehen.

loom [lu:m] **1.** *s* Webstuhl *m*; **2.** *itr* (*to ~ up*) allmählich, undeutlich sichtbar werden; drohend aufragen; *to ~ large* unheimlich vor Augen treten.

loon [lu:n] **1.** *orn* Haubensteißfuß *m*, -taucher; Eis-, Riesentaucher *m*; **2.** Tolpatsch, Tölpel, Dussel, Depp *m*.

loony ['lu:ni] *a sl* verrückt; *s* Verrückte(r) *m*; **~ bin** *sl* Irrenhaus *n*.

loop [lu:p] *s* Schlinge, Schleife; Windung; Öse *f*, Öhr *n*, Ring *m*; *aero* Looping *m* od *n*, Überschlag *m*; *el* Leitungsschleife; *radio* Rahmenantenne *f*; (*direction-finding ~*) Peilrahmen *m*; *phys* Gegenknoten *m*; *tr* in Schlingen, Schleifen legen; schlingen, winden (*around* um); *el* zu e-r Leitungsschleife verbinden; (*Weberei*) ketteln; *itr* Schlingen, Schleifen bilden; *aero* (*to ~ the ~*) e-n Looping drehen, sich überschlagen; (*Spannerraupe*) spannen; *to ~ up* (*Masche*) aufnehmen; (*Haar*) aufstecken; **~-antenna, -aerial** Rahmenantenne *f*, Peilrahmen *m*; **~er** ['-ə] *zoo* Spannerraupe *f*; **~-hole** *s* Luft-, Guckloch *n*, Sehschlitz *m*; Schießscharte *f*; *fig* Ausweg *m*;

loop-line

tr mit Schießscharten versehen; *a ~~ in the law* e-e Gesetzeslücke; **~~line rail** Überholgeleise *n*, Schleife; *el* Nebenleitung, Schleife *f*; *Am aero* Looping *m* od *n*; **~~stitch** Kettenstich *m*; **~~tip terminal** *el* Kabelschuh *m*; **~~way** Umweg *m*; Umleitung *f*; **~y** ['-i] *sl* verrückt.

loose [lu:s] frei, ungebunden; lose, unverpackt; offen, unverschlossen; lose, locker, wack(e)lig, ungenau; *(Kleidung)* weit; *com* frei verfügbar; locker, aufgelockert; *chem* frei; *fig* unzs.-hängend, zwanglos; *(Übersetzung)* frei; *(Lebenswandel)* locker, ausschweifend; *adv* frei, ungebunden, ungezwungen; lose, locker; *tr* los-, freilassen; lockern; auflockern; lösen; freimachen, befreien, lossprechen *(from* von); abdrücken, -schießen; *itr* sich lockern, locker, lose werden; *at a ~ end* ohne feste Beschäftigung; *in ~ order (mil)* in geöffneter Marschordnung; *on the ~* frei, ungebunden, ohne Bindungen; übermütig, losgelassen; *to be on the ~ (sl)* sich amüsieren; *to break ~* ausbrechen; sich frei machen; *to cast ~ (tr)* freisetzen; *itr* freiwerden; *to come ~ (Band, Knoten)* aufgehen; *(Knopf)* abgehen; *to cut ~ (tr itr)* (sich) losreißen; *itr* sich befreien; sich ungezwungen amüsieren; außer Rand u. Band geraten; *to have a ~ tongue* ein loses Mundwerk haben; *to let, to set, to turn ~* befreien; *to play fast and ~* ein falsches Spiel treiben; *to ride a ~ rein* die Zügel locker lassen *a. fig; to work ~ (Schraube)* sich lockern, locker werden; *there is a screw ~ somewhere* es ist was nicht in Ordnung; es ist mulmig, es riecht sauer; **~ bowels** *pl med* offene(r) Leib *m*; **~ contact** *el* Wakkelkontakt *m*; **~~jointed, -limbed** *a* gelenkig, beweglich, gewandt; **~~leaf notebook** Loseblattbuch *n*; **~ money** Klein-, Wechselgeld *n*; **~n** ['lu:sn] *tr* freilassen, frei machen, lösen, (auf)lockern, mildern; *itr* frei werden, sich lösen, sich lockern; schwächer, milder werden; **~ness** ['-nis] Lockerheit; Ungebundenheit, Zwanglosigkeit, Freiheit; Ungenauigkeit; Schlüpfrigkeit *f*; *med* Durchfall *m*; **~strife** *bot* (Gelb-)Weiderich *m*.

loot [lu:t] *s* Beute *f*, Raub *m*; *tr* plündern; erbeuten; **~er** ['-ə] Plünderer *m*; **~ing** ['-iŋ] Plünderung *f*.

lop [lɔp] **1.** *tr (Baum)* beschneiden, stutzen; *(to ~ off)* abschneiden, -sägen, entfernen; **2.** *itr tr* lose, locker, schlaff herab-, herunterhängen (lassen); **~~ears** *pl* Hängeohren *n pl*; **~sided** *a* (nach einer Seite) hängend, unsymmetrisch, schief; *mar* mit Schlagseite.

lope [loup] *itr* galoppieren, traben; (in leichten Sprüngen) rennen; *s* Galopp, Trab *m*; *at a ~* im Galopp.

loquac|ious [lo(u)'kweiʃəs] schwatzhaft, geschwätzig; **~iousness** [-nis], **~ity** ['-kwæsiti] Schwatzhaftigkeit, Geschwätzigkeit *f*.

loran ['lɔ:rən, 'lou-] *s. long-range navigation.*

lord [lɔ:d] *s* Herr(scher) (*of* über); Adlige(r); Lord; *hist* Lehnsherr; *hum* (Götter-)Gatte *m*; *the L~* der Herr(gott), Gott; *(Our) L~* der Herr (Jesus); *tr* zum Lord machen; *itr* herrschen (*over* über); *to ~ it, to act the ~* den Herrn spielen, als Herr auftreten; *as drunk as a ~* blau wie e-e Strandhaubitze; *the House of L~s* das (Brit.) Oberhaus; *my L~* [mi'l-] gnädiger Herr! *the L~'s day* der Tag des Herrn, Sonntag; *the L~ of hosts* der Herr der Heerscharen; *the L~'s Prayer* das Vaterunser; *the L~'s Supper* das heilige Abendmahl; **~liness** ['-linis] Würde, Hoheit *f*, Adel *fig*; Hochmut, Stolz *m*; **~(l)ing** ['-(l)iŋ] *pej* Herrchen *n*, Krautjunker *m*; **~ly** ['-li] würdig, würde-, hoheitsvoll, adlig *fig*; hochmütig, stolz, gebieterisch; **~ship** ['-ʃip] Lord-, Herrschaft *f; Your, His L~* Eure, Seine Lordschaft; Euer, Seine Gnaden; **~s spiritual, ~s temporal,** geistliche, weltliche Herren *m pl (im Brit. Oberhaus).*

lore [lɔ:] Wissen *n*, Lehre, Kunde, Überlieferung *f*.

loric|a ['lɔrikə] *pl -ae* [-si:] *zoo* Panzer *m*; **~ate(d)** ['-eit(id)] *zoo* gepanzert.

Lorraine [lɔ'rein] Lothringen *n*.

lorry ['lɔri] *(motor-~) Br* Last(kraft)-wagen *m*, -auto *n*; *rail* Lore *f*; *min* Hund *m*; *convoy of lorries* Lastwagenkolonne *f*; **~~borne** *a* verlastet; **~~hop** *itr sl* per Anhalter fahren od reisen.

lose [lu:z] *irr lost, lost tr* verlieren, verlustig gehen (*s.th.* e-r S); einbüßen, *fam* loswerden, kommen um; sich entgehen, *fam* sich aus der Nase gehen lassen, nicht mitbekommen; versäumen; *(Gelegenheit)* versäumen; *(a. Zug)* verpassen; verschwenden, vergeuden; *sport* abhängen; bringen *(s.o. s.th.* jdn um etw), kosten *(s.o. s.th.* jdn etw); *itr* e-n Verlust, Verluste erleiden *(on* bei; *by* durch); *(Am: to ~ out) (im Spiel, Kampf)* verlieren, unterliegen, *fam* den kürzeren ziehen *(to* gegen);

(Uhr) nachgehen; *to be lost* verlorengehen; *to ~ o.s.* sich verirren; verwirrt, verlegen werden; sich verlieren *(in* in); (in Träumerei) versinken; *to ~ ground* den Boden unter den Füßen, den Halt verlieren; *with s.o.* bei jdm an Einfluß verlieren; *to ~ o.'s head (fig)* den Kopf verlieren; *to ~ interest* uninteressant werden; *to ~ o.'s life* ums Leben kommen; *to ~ o.'s place* nicht mehr wissen, wo man *(bei der Lektüre)* stehengeblieben ist; *to ~ reason, senses* den Verstand verlieren *(a. übertreibend)*; sich mächtig aufregen; *to ~ sight of* aus den Augen verlieren; sich nicht mehr kümmern um, vernachlässigen; *to ~ o.'s strength* von Kräften kommen; *to ~ o.'s temper* die Geduld verlieren, aus der Fassung geraten; heftig werden; *to ~ track of* jede Spur *gen*, aus den Augen verlieren; *to ~ o.'s way* den Weg verlieren, sich verirren, sich verlaufen; *I ~ my hair* die Haare gehen mir aus; **~r** ['-ə] Verlierer *m*; *to be ~ by s.th.* durch e-e S Verluste erleiden; *to come off a ~~* den kürzeren ziehen; **~ing** ['-iŋ] *a* verlierend, geschlagen; verloren; aussichtslos; *com* verlustbringend; *s* Verlust *m*; *pl* Spielverluste *m pl*; *~~ business* Verlustgeschäft *n*; *~~ game* aussichtslose(s) Spiel *n*.

loss [lɔs] *s* Verlust *m*; Einbuße *f*, Nachteil, Schaden, Ausfall *m* (*in* an); *com* Wertminderung *f*; *at a ~* in Verlegenheit *(for* um); *com* mit Verlust; *to be at a ~ to do s.th.* etw nicht fertigbringen; *how to do s.th.* nicht wissen, wie man etw anfangen soll; *for s.th.* verlegen sein um; *to sell at a ~* mit Verlust verkaufen; *to suffer heavy ~es* schwere Verluste erleiden; *he is no great ~* an ihm ist nicht viel verloren; *dead ~* vollständige(r) Verlust *m*; *partial, total ~* Teil-, Gesamtschaden *m*; *~ of altitude* Höhenverlust *m*; *~ of appetite* Appetitlosigkeit *f*; *~ of blood* Blutverlust *m*; *~ by fire* Brandschaden *m*; *~ of life* Verluste *m pl* an Menschenleben; *~ of money* Geldverlust *m*; *~ of power* Leistungsabfall *m*; *~ of prestige* Prestigeverlust *m*; *~ of production* Produktionsausfall *m*; *~ of civic rights* Aberkennung *f* der bürgerlichen Ehrenrechte; *~ of time* Zeitverlust *m*; *~ of tonnage* Tonnageverlust *m*; *~ of wages* Lohnausfall *m*; *~ in weight* Gewichtsverlust *m*; **~ leader** *Am* Reklameschlager *m*.

lost [lɔ(:)st] *pret u. pp von lose*; *a* verloren; vergessen; verirrt; abhanden gekommen; verschwunden; *to be ~ upon s.o.* auf jdn keinen Eindruck machen; *to be ~ to hono(u)r*, *to shame* kein Ehrgefühl mehr haben, keine Scham mehr empfinden; *to be ~ in thought* in Gedanken versunken sein; *a ~ cause* e-e aussichtslose Sache; **~ motion** *tech* tote(r) Gang; Leerlauf *m*; **~~property office** Fundbüro *n*.

lot [lɔt] *s* Los *a. fig*; *fig* Schicksal, Geschick *n*; (Gewinn-, Steuer-)Anteil *m*; Parzelle *f*; (Begräbnis-)Platz *m*; *Am* Filmgelände *n*; Gruppe; *com* Partie *f*, Posten *m*; *the (whole) ~ (fam)* der ganze Kram *od* Krempel; *a ~, ~s (of) (fam)* e-e Menge *od* Masse, ein Haufen; viel; *tr* parzellieren; zuteilen; *itr (to draw, to cast ~s)* losen, das Los entscheiden lassen; *(for* um) *to ~ out* auslosen; *by ~* durch das Los; *to cast, to throw lo o.'s ~ with s.o.* jds Schicksal teilen; *a ~ you care! (iro)* das interessiert dich ja doch nicht! *the ~ decides* das Los entscheidet; *a bad ~ (fam)* ein schlechter Kerl, e-e miese Person; *broken ~* Partieware *f*.

lotion ['louʃən] *pharm* Tinktur *f*, Wasser *n*; *hair, shaving ~* Haar-, Rasierwasser *n*.

lottery ['lɔtəri] Lotterie, Verlosung *f*; *fig* Glücksspiel *n*, *fam* -sache *f*; *charity ~* Tombola *f*; *class-, serial ~* Klassenlotterie *f*; **~~collector** Lotterieeinnehmer *m*; **~ list** Ziehungsliste *f*; **~~loan** Prämienanleihe *f*; **~~number** Losnummer *f*; **~~prize** Lotteriegewinn *m*; **~~tax** Lotteriesteuer *f*; **~~ticket** Lotterielos *n*; **~ wheel** Lostrommel *f*, Glücksrad *n*.

lotto ['lɔtou] Lotto *n*.

lotus ['loutəs] Lotos(blume *f*); Honigklee; *(Mythologie)* Lotos *m*; **~eater** *(Mythologie)* Lotosesser *m*; *fig* stille(r) Genießer, Träumer *m*.

loud [laud] *a* laut; geräuschvoll, lärmend; *fig* lebhaft, eifrig; schreiend, grell; auffallend; auffällig, unfein; *Am* stark riechend; *adv* laut; **~ness** ['-nis] Lautstärke *f a. radio*, Lärm *m*; *fig* Lebhaftigkeit; Auffälligkeit *f*; **~~speaker, -hailer** Lautsprecher *m*; Megaphon *n*.

lounge [laundʒ] *itr* herumliegen, -sitzen, -stehen, -bummeln, -lungern, -trödeln; sich rekeln; (herum)faulenzen; *s* Herumbummeln *n*; (Hotel-)Halle, Diele; Eingangshalle *f*, Foyer *n*; Gesellschafts-, Unterhaltungsraum *m*; Chaiselongue *f od n*, Couch *f*, (Liege-) Sofa *n*; *to ~ away* (Zeit) vertrödeln, verbummeln; **~~chair** Klubsessel *m*; **~~coat** Sakko *m*; **~~lizard** *sl* Salon-

lounger löwe; Gigolo *m*; **~r** ['-ə] Bummler, Faulenzer *m*; **~seat** kleine(s) Sofa *n*; **~suit** *Br* Straßenanzug *m*.

lour, lower ['lauə] *itr* finster, drohend blicken *(on, upon, at* auf); die Stirn runzeln; *(Himmel)* finster, schwarz, drohend aussehen; sich verfinstern; *s* finstere(r), drohende(r) Blick *m*; Düsterkeit *f*; **~ing** ['-riŋ] finster blickend; düster, trüb(e), finster.

lous|e [laus] *pl lice* [lais] *s* Laus *f*; *sl* gemeine(r) Kerl *m*, gemeine Person *f*; *tr* [lauz] (ab)lausen; *to ~ up (sl)* versauen; **~ewort** ['lauswə:t] *bot* Stinkende Nieswurz *f*; **~y** ['lauzi] verlaust; *sl* lausig, gemein, ekelhaft; *~ with (sl)* voll von, übersät mit.

lout [laut] Tölpel, Lümmel, Flegel *m*; **~ish** ['-iʃ] tölpel-, lümmelhaft.

louver ['lu:və] *arch* Laterne *f*, Dachreiter *m*; Jalousiefenster *n*, -wand *f*; Lüftungsschlitz *m*.

lovable ['lʌvəbl] liebenswert, anziehend.

love [lʌv] *s* Liebe, Zuneigung *(of, for, to, towards* zu jdm); Liebe, Neigung *f*, Hang *m (of, for s.th.* zu e-r S); Vorliebe *f (of, for s.th.* für etw); Liebe(slust, -erfüllung *f*, -erlebnis *n*); Liebe *(Person)*, Geliebte(r *m*), Liebste(r *m*) *f*, Liebchen *n*, Liebling; Liebhaber *m*; *fam* etw Reizendes; *sport (bes. Tennis)* Null *f*, nichts; *tr* lieben, lieb-, gern haben; (gern) mögen *(a. Speisen)*; *to ~ to do* gern tun; *itr* lieben, verliebt sein; *for ~* aus, zum Spaß *od* Vergnügen; *for the ~ of* aus Liebe zu, *dat* zuliebe, um ... willen; *not for ~ or money* nicht für Geld und gute Worte; *in ~* verliebt; *to be in ~ with s.o.* in jdn verliebt sein, jdn lieben; *to fall in ~ with s.o.* sich in jdn verlieben; *to give o.'s ~ to* jdn herzlich grüßen; *to make ~ (sl)* poussieren; sich mitea. amüsieren, geschlechtlich mitea. verkehren; *to s.o.* jdm den Hof machen; *to send o.'s ~ to s.o.* jdn grüßen lassen; *there's no ~ lost between them* sie können sich nicht ausstehen, *fam* riechen; *fam* sie sind sich nicht grün; **~affair** Liebesgeschichte *f*, -handel *m*; **~bird** *orn* Edelsittich, Unzertrennliche(r) *m*; **~child** Kind *n* der Liebe; **~drink, -philtre, -potion** Liebestrank *m*; **~feast** *rel* Liebesmahl *n*, Agape *f*; **~game, -set** Nullpartie *f*; **~in-idleness** (wildes) Stiefmütterchen *n*; **~knot** Liebesschleife *f*; **~less** ['-lis] lieblos; **~letter** Liebesbrief *m*; **~lies-(a-)bleeding** *bot* Fuchsschwanz *m*;

~liness ['-linis] Lieblichkeit *f*, Liebreiz *m*; *fam* Köstlichkeit *f*; **~lock** Schmachtlocke *f*; **~longing** Liebessehnen *n*; **~lorn** ['-lɔ:n]: *to be ~* Liebeskummer haben; **~ly** ['-li] lieblich, liebreizend; schön, hübsch; *fam* herrlich, großartig; **~making** Liebeswerben *n*; *sl* Poussage *f*; Geschlechtsverkehr *m*; **~match** Liebesheirat *f*; **~r** ['-ə] Liebhaber *a. allg*, Freund, Geliebte(r) *m*; *pl (pair of ~s)* Liebespaar *n*, *die* Liebende(n) *pl*; *~ of horses* Pferdeliebhaber *m*; *a ~ of good music* ein Freund guter Musik; *to be a ~ of good wine* e-n guten Tropfen lieben; **~scene** *theat lit* Liebesszene *f*; **~sick** liebeskrank; **~song** Liebeslied *n*; **~story** Liebesgeschichte *f*; **~token** Liebespfand *n*; **~y** ['-i] *sl* Schätzchen *n*.

loving ['lʌviŋ] *a* liebend; liebevoll, zärtlich; Liebes-; *your ~ (Brief)* Dein(e) Dich liebende(r); **~cup** Pokal *m (a. als Sportpreis)*; **~kindness** Herzensgüte *f*.

low [lou] **1.** *a* niedrig, nieder; tief, tief(er) gelegen, tief(er)liegend; *(Gewässer)* flach, seicht; *(~ in the sky) (Gestirn)* tief am Himmel (stehend), tief(stehend); *geog (Breite)* äquatornah, südlicher; *(~-necked) (Kleid, Bluse)* tief ausgeschnitten; *(Verbeugung)* tief; versteckt, verborgen, *fig* schwach, kraft-, energielos; *(Stimmung)* gedrückt, trüb(e), melancholisch; niedergedrückt, -geschlagen; klein, gering(fügig, -wertig); mäßig, bescheiden, einfach, schlicht, niedrig, nieder *(a. Herkunft, Stand, Rang)*; gewöhnlich; *(Gesellschaft)* schlecht; *(Gesinnung, Verhalten, Ausdrucksweise)* niedrig, niederträchtig, gemein, roh, pöbelhaft, unwürdig, schamlos; *(Meinung)* ungünstig, gering, schlecht; *(Preis, Kosten, Kurs, Lohn, Gehalt, Temperatur)* niedrig; *(Luftdruck, Puls)* schwach; *(Vorrat, Bestand)* erschöpft, verbraucht, zs.geschmolzen, (zs.)geschrumpft; nicht gut versehen *(on* mit); *fam* knapp bei Kasse; *(Verpflegung)* knapp, dürftig, kümmerlich, mager, einfach; *(Kost)* schmal; *(Gesundheit)* schwach, schlecht; *(biol, Kultur)* niedrig, primitiv, unentwickelt; *(Zeit)* noch nicht weit zurückliegend; *(Datum)* neuere(s), jüngere(s); *(Stimme, Laut)* schwach, leise; tief; *mot (Gang)* niedrigst; *rel* niederkirchlich, auf die Low Church bezüglich; *adv* niedrig, tief; nach unten; *fig* auf niedriger Stufe; einfach, bescheiden, gemein, roh; schlecht, ungünstig; schwach, leise *(sprechen, singen)*; tief *(singen)*; billig *(kaufen, verkaufen)*; *s* das Niedrige; *mot* der niedrigste, der erste Gang; *(Kartenspiel)* niedrigste(r) Trumpf; *sport* (Spieler *m,* Mannschaft *f* mit der) niedrigste(n) Punktzahl *f*; *fam* Tiefstand, tiefe(r) Stand *m*; *Am* mete Tief(druckgebiet) *n*; *pl geog* Niederung *f*; *as* ~ *as* so niedrig, so tief wie; hinab, hinunter bis zu; *to be* ~ *(Sonne, Barometer, Preise, Kurse)* niedrig stehen; *to bring* ~ zu Fall bringen; erniedrigen, demütigen; *to fall* ~ tief fallen *a. fig; fig* tief sinken; *to feel* ~ sich krank, elend fühlen; niedergeschlagen, deprimiert sein; *to fly* ~ tief fliegen; *to get* ~ *(mit der Stimme)* heruntergehen; *to have a* ~ *opinion of s.o.* von jdm nicht viel halten; *to lay* ~ umstoßen, -werfen, über den Haufen werfen; umlegen, -bringen, töten; *to be laid* ~ ans Bett gefesselt sein; *to lie* ~ flach, lang, ausgestreckt liegen; sich versteckt halten, sich nicht sehen lassen, sich nicht zeigen; *to live* ~ sehr bescheiden leben, ein kümmerliches Dasein fristen; *to play* ~ (mit) niedrig(em Einsatz) spielen; *to run* ~ *(Vorrat)* erschöpft sein, zu Ende gehen; *the sands are running* ~ es ist nicht mehr viel Zeit, die Zeit drängt; das Leben geht zu Ende, *lit* neigt sich; ~ **altitude, level** *aero* geringe Höhe *f*; ~ *altitude flight* Tiefflug *m*; **~-born** *a* von niederer Herkunft; **~-boy** *Am* Kommode *f*; **~-bred** *a* von niederer Herkunft, aus niederem Stand; ungesittet, ungebildet, gewöhnlich; **~-brow** *a s fam* geistig *od* künstlerisch anspruchslos(er Mensch *m*); *s* Banause, Philister, Spießer *m*; **~-browed** *a* mit niedriger, fliehender Stirn; *(Raum)* düster; **~-budget** billig; the **L~ Church** die niederkirchliche, pietistische Bewegung der anglikanischen Kirche; ~ **comedy** Schwank *m*, Posse, Farce, Burleske *f*; **~-cost** *a* billig; *the* **L~ Countries** *pl* die Niederlande *pl (einschließlich Belgiens u. Luxemburgs)*; **~-down** *a fam* niedrig, gemein, vorkommen; *s sl* ungeschminkte Wahrheit *f*, bloße Tatsachen *f pl*, rauhe Wirklichkeit *f*; Geheimnachrichten *f pl*; **~-flung** *a Am* gemein, niederträchtig; ~ **flying** *aero* Tiefflug *m*; ~~~ *attack (aero)* Tiefangriff *m*; ~ **frequency** *el* Niederfrequenz *f*; ~ **gear** *Am mot* 1. Gang *m*; **L~ German** Nieder-, Plattdeutsch *n*;

~-grade *a* minderwertig; **~-land** ['-lənd] *meist pl (bes. das schottische)* Tief-, Unterland *n*; **~-level**: ~ *attack (aero)* Tiefangriff *m*; ~~~ *flight (aero)* Tiefflug *m*; ~ **life** das Leben des Volkes; **~liness** ['-linis] Schlichtheit; Demut, Bescheidenheit; Gemeinheit; **~ly** ['-li] *a adv* einfach, schlicht; demütig, bescheiden; sanft; gemein, niederträchtig; **~-lying** flach; ~~ *coast* Flachküste *f*; **L~ Mass** *rel* stille Messe *f*; **L~-minded** *a* niedriggesinnt, gemein, gewöhnlich; ~ **neck** (Kleider-)Ausschnitt *m*; **~-necked** *a (Kleid)* (tief, weit) ausgeschnitten; **~ness** ['-nis] Niedrigkeit *(a. d. Geburt, d. Gesinnung, e-s Preises)*; Tiefe *(a. d. Stimme, e-s Tones)*; Flachheit; Schwäche; Gedrücktheit; Gemeinheit *f*; ~~ *of spirits* Niedergeschlagenheit *f*; **~-pitched** *a (Stimme)* tief; *(Dach)* mit geringer Neigung; **~-powered** *a* mit geringer Leistung; ~ **pressure** mete Tiefdruck *m*; ~ *area* Tiefdruckgebiet *n*; ~~~ *chamber* Unterdruckkammer *f*; **~-priced, -rated** *a* billig; ~ **relief** *(Kunst)* Basrelief *n*; ~ **shoes** *pl* Halbschuhe *m pl*; **~-spirited** *a* niedergeschlagen, (nieder)gedrückt, traurig, melancholisch; **L~ Sunday** der Weiße Sonntag, der 1. S. nach Ostern; ~ **tension** *el* Niederspannung *f*; ~ **tide** Ebbe *f*; *fig* Tiefstand *m*; ~ **water** Niederwasser *n*; Ebbe *f*; *fam* Geldmangel *m*; *to be in* ~ knapp bei Kasse sein, auf dem Trockenen sitzen; ~~~ *mark* Tiefpunkt, tiefste(r) Punkt *m*; *the* **L~ Week** die Woche nach Ostern; 2. *itr (Kuh)* muhen, brüllen; *s* Muhen, Brüllen *n (der Kuh)*.

lower ['louə] **1.** *Komparativ von* low tiefer, niedriger, niederer; tiefer gelegen, tiefer liegend, tiefer befindlich; tiefer stehend; *(in Zssgen meist)* Unter-, *geog a.* Nieder-; **L~ Austria** Niederösterreich *n*; ~ **berth** *rail* untere(s) Bett *n*; ~ **case** *typ* Kleinbuchstaben *m pl*; **~-case** *a* Kleinbuchstaben-; *tr* in Kleinbuchstaben (um)setzen; **L~ Chamber, L~ House** *parl* Unter-, Abgeordnetenhaus *n*, 2. Kammer *f*; *the* ~ **classes** *pl* die unteren Gesellschaftsschichten, Klassen *f pl (Am a. Schule)*; ~ **deck** *mar* Unter-, Zwischendeck *n*; Unteroffiziere u. Mannschaften *pl*; ~ **form** *(Schule)* Unterklasse *f*; **~-most** ['-moust] *a* niedrigst, niederst, tiefst, unterst; *adv* am niedrigsten, zuunterst; *the* ~ **school** die Mittel- und Unterstufe, die

lowering unteren Klassen *f pl*; **2.** *tr* hinunter-, herunterlassen, senken; *(die Augen)* niederschlagen; *(Flagge)* niederholen, streichen; (ab)schwächen; *(die Stimme)* senken; *(Tonumfang)* verringern; *(Preis)* senken, drücken; herabsetzen, ermäßigen; *(Stellung, Rang)* herabsetzen; erniedrigen, demütigen, herabwürdigen; *(Boot)* fieren; *aero (Fahrgestell)* ausfahren; *itr* sich senken; *(Preise)* sinken, fallen, heruntergehen; *(Preise)* abnehmen, nachlassen, schwächer werden; sich mäßigen, sich vermindern; *(Boden)* sich neigen, abfallen; *to ~ o.s.* sich erniedrigen, sich demütigen, sich herablassen; **~ing** ['lauəriŋ] *s* Senkung *f*, Sinken *n*; *a* Senk-; **3.** ['lauə] *s. lour.*

loyal ['lɔiəl] loyal, (pflicht)getreu, zuverlässig, anständig, aufrecht; **~ist** ['-ist] Regierungstreue(r), Treugesinnte(r) *m*; **~ty** ['-ti] Loyalität, Treue (*to* zu, gegen); Zuverlässigkeit *f*.

lozenge ['lɔzindʒ] *math* Rhombus *m*, Raute; *pharm* Pastille, Tablette *f*, Bonbon *m* od *n*.

lubber ['lʌbə] Tolpatsch, Tölpel; *m*; *pej* Landratte *f*; **~ly** ['-li] *a adv* tolpatschig, tölpelhaft.

lube ['l(j)u:b] (*~ oil*) *Am* = *lubricant*.

lubric|ant ['lu:brikənt] (*Am a.: ~*) Schmiermittel *n*; **~ate** ['-eit] *tr* (ein-, ab)schmieren, (ein)fetten, (ein)ölen; *fig* erleichtern, schmieren; **~ation** [lu:bri'keiʃən] (Ab-, Ein-)Schmieren, (Ein-)Fetten, (Ein-)Ölen *n*, Schmierung *f*; *fig* Schmieren *n*; **~~ diagram** Schmierplan *m*; **~ator** ['lu:brikeitə] Ab-, Einschmierer *m*; Schmierbüchse *f*, -nippel *m*, -mittel *n*; **~ity** [lu:'brisiti] Schlüpfrigkeit *a. fig*; *fig* Laszivität, Geilheit; Durchtriebenheit *f*.

luce [lju:s] (ausgewachsener) Hecht *m*.

lucen|cy ['lu:snsi] Leuchtfähigkeit, -kraft; Transparenz *f*; **~t** ['-t] leuchtend; durchscheinend, transparent.

Lucern|e ['lu:sə:n] Luzern *n*; *the Lake of ~~* der Vierwaldstätter See; **l~(e)** [lu:'sə:n] *bot* Luzerne *f*.

lucid ['lu:sid] klar, verständlich, einleuchtend; scharf(sichtig); *(Stern)* sichtbar; (geistig) normal, bei (vollem) Verstand; *poet* leuchtend, hell; **~ity** [lu:'siditi] Klarheit; Verständlichkeit; (Verstandes-)Schärfe; Helle *f*; **~ intervals** *pl* lichte Momente *m pl*.

Lucifer ['lu:sifə] Luzifer *m*, der Teufel; *astr* der Morgenstern.

luck [lʌk] Glücksumstände *m pl*, Zufall *m*, Schicksal, Geschick, Glück(s-

fall *m*) *n*; *for ~* als Glücksbringer; *in ~* glücklich; *out of ~* unglücklich; *worse ~* unglücklicherweise, leider; *to be down on o.'s ~* (*fam*) Pech haben, ein Pechvogel sein; *to have no ~* kein Glück haben; *to have a streak of ~* e-e Glückssträhne haben; *to try o.'s ~* sein Glück versuchen; *just my ~!* (*Am*) *tough ~!* (*fam*) so'n Pech! Pech gehabt! Pech wie immer! *bad ~ to him!* der Teufel soll ihn holen! *as ~ would have it* wie es der Zufall wollte; *good, bad ~* Glück, Unglück *n*; **~ily** ['-ili] glücklicherweise, **~iness** ['-inis] Glück(haftigkeit *f*) *n*; **~less** ['-lis] unglücklich; **~y** ['-i] glücklich; glückbringend, günstig; erfolgreich; *to be ~* Glück haben; **~~-bag, ~-dip, -tub** Glückstopf *m*; **~~ day, penny, stone** Glückstag, -pfennig, -stein *m*; **~~ guess, hit, shot** Glückstreffer *m*.

lucr|ative ['lu:krətiv] einträglich, gewinnbringend, lukrativ, lohnend; **~e** ['lu:kə] *meist hum pej (filthy ~~)* schmutzige(s) Geschäft *n*; Profitgier *f*; *hum* Mammon *m*, Geld *n*.

lucubrat|e ['lu:kju(:)breit] *itr* fleißig, *bes.* bei Nacht arbeiten *od* studieren; gelehrt, trocken schreiben; **~ion** [lu:kju(:)'breiʃən] fleißige, Nachtarbeit; gelehrte Tätigkeit *f. a. (bes. pl) hum* hochwissenschaftliche(s) Werk *n*, gelehrte Abhandlung *f*.

ludicrous ['lu:dikrəs] possierlich, drollig, spaßig, ulkig, *fam* komisch.

ludo ['lu:dou] Mensch, ärgere dich nicht *n*.

luff [lʌf] *s mar* Luv(seite) *f*; *itr tr* (*to ~ up*) anluven.

lug [lʌɡ] *tr* schleppen, (hinter sich her)ziehen, zerren (*at* an); *fig* (*Thema, Argument*) an den Haaren herbeiziehen (*in, into a conversation* bei e-m Gespräch); *s Scot* Ohr; Öhr *n*; Henkel, Griff *m*; Ziehen, Zerren *n*, Ruck; *Am sl* Dämlack, Depp *m*; *to put the ~ on* Geld ziehen aus.

luge [lu:ʒ] *s* Rodel(schlitten) *m*; *itr* rodeln.

luggage ['lʌɡidʒ] *s Br* (Reise-)Gepäck; *Am* Rotbraun *n*, Lohfarbe *f*; *a Am* rotbraun, lohfarben; *to have o.'s ~ registered* sein Gepäck aufgeben; *article, piece of ~* Gepäckstück *n*; *free ~* Freigepäck *n*; *passenger's ~* Reisegepäck *n*; *personal ~* Handgepäck *n*; **~-boot** *mot* Kofferraum *m*; **~-carrier** Gepäckträger *m* (*am Fahrrad*); **~-check, -ticket, -receipt** Gepäckschein *m*; **~-dispatch** Gepäckabfertigung *f*; **~-insurance**

Gepäckversicherung *f*; **~ label** Gepäckadresse *f*; **~ locker** Gepäckschließfach *n*; **~~office** Gepäckaufgabe, Gepäckaufbewahrung *f*; **~~rack** Gepäcknetz *n*; **~~rail** Gepäckträger, Kuli *m*; **~~room, -space** *mot* Kofferraum *m*; **~~tag** Gepäckanhänger *m (Zettel)*; **~~van** *rail* Packwagen *m*.

lugger ['lʌgə] *mar* Logger, Lugger *m*.

lugubrious [lu:'g(j)u:briəs] tieftraurig, unheilvoll, (äußerst) schmerzlich.

lukewarm ['lu:kwɔ:m] *(Flüssigkeit)* lauwarm; *fig* lau, gleichgültig, ohne Eifer; **~ness** ['-nis] *fig* Lauheit, Gleichgültigkeit *f*.

lull [lʌl] *tr* einlullen, beruhigen; beschwichtigen, besänftigen; mildern, abschwächen; *itr* sich beruhigen *(a. die See)*; *(Sturm, Wind)* sich legen; *s* Windstille; (kurze) Ruhe(pause); (kurze) Unterbrechung *f*, Stillstand *m*; einschläfernde(s) Geräusch *n*; *com* Flaute *f*; *to ~ to sleep* in den Schlaf wiegen; *a ~ in conversation* e-e Gesprächspause; **~aby** ['lʌləbai] Wiegenlied *n*.

lulu ['lu:lu:] *Am sl* etwas Pfundiges; Zulage *f* (zum Gehalt).

lumb|ago [lʌm'beigou] *med* Lumbago *f*, Hexenschuß *m*; **~ar** ['lʌmbə] *anat* Lenden-.

lumber ['lʌmbə] **1.** *s* Gerümpel; (gesägtes) Bau-, Nutzholz *n*; *tr (mit Gerümpel)* vollstopfen, -pfropfen; auf e-n Haufen werfen; *(Bäume)* fällen, schlagen, zu Nutzholz sägen (u. abtransportieren); **~er** ['-rə], **~man** ['-mən] Holzfäller, -arbeiter; *sl* Schwindler *m*; **~ing** ['-riŋ] Holzfällen *n*, -bearbeitung *f*; **~jack** = **~man**; Lumberjack *m*; *to eat like a ~ (fam)* fressen wie ein Scheunendrescher; **~mill** Sägemühle *f*, -werk *n*; **~room** Rumpelkammer *f*; **~~trade** Holzhandel *m*; **~~yard** Holzlager *n*; **2.** *itr* rumpeln, poltern; *s* Rumpeln, Gerumpel *n*; *to ~ along* dahinrumpeln; *to ~ by, to ~ past* vorüberrumpeln; **~ing** ['-riŋ] rumpelnd.

lumin|ary [lu:minəri] Leuchtkörper *m*, Licht(quelle *f*) *n*; *fig* Leuchte *f*; **~esce** [lu:mi'nes] *itr* lumineszieren, nachleuchten; **~escence** ['-nesns] Lumineszenz *f*; **~escent** ['-nesnt] lumineszierend, nachleuchtend; **~osity** [lu:mi'nɔsiti] Helligkeit, Leuchtkraft, Lichtstärke *f*; **~ous** ['lu:minəs] leuchtend, lichtausstrahlend; Leucht-, Licht-; hell (erleuchtet); *fig* einleuchtend, verständlich, klar; glänzend, hervorragend; **~~ dial** Leuchtzifferblatt *n*; **~~ energy (phys)** strahlende Energie *f*; **~~ intensity** Lichtstärke *f*; **~~ paint** Leuchtfarbe *f*; **~~ ray** Lichtstrahl *m*; **~~ screen** Leuchtschirm *m*.

lummox ['lʌməks] *fam* Tolpatsch, Tölpel; Pfuscher *m*.

lump [lʌmp] *s* (kleinerer) Klumpen *m*, Stück *n (Zucker)*; *fig* Haufen *m*, Masse, Menge; *med* Beule *f (on the forehead* auf der Stirne); *fam* Klotz, Tolpatsch *m*; *tech* Luppe *f*; *com* Pauschal-; *tr (to ~ together)* e-n Klumpen bilden, e-n Haufen machen aus; auf e-n Haufen werfen, zs.werfen, -tun; zs.fassen *(under a title* unter e-r Überschrift); *(to ~ in)* in e-n Topf werfen *(with* mit); *fam* bleibenlassen; *to ~ it (sl)* sich damit abfinden; *itr* Klumpen bilden; *(to ~ along)* sich weiterschleppen; *in the ~* im ganzen; *com* pauschal; in Bausch u. Bogen; *to have a ~ in o.'s throat* vor Erregung nicht sprechen können; *e-n Kloß im Hals haben*; *a ~ of gold* ein Klumpen Gold; *a ~ of sugar, a sugar ~* ein Stück Zucker; **~~coal** Stückkohle *f*; **~ing** ['-iŋ] *a fam* völlig, reichlich; voll; massig, schwer; **~ish** ['-iʃ] klumpig, massig, schwer; schwerfällig, dumm; **~~sugar** Würfelzucker *m*; **~ sum** runde Summe *f*; Pauschalbetrag *m*; *attr* Pauschal-; **~~ allowance** Pauschalvergütung *f*; **~~ charge** Pauschalgebühr *f*; **~y** ['-i] klumpig; holprig; *(Wasser)* bewegt, unruhig; *fig* schwerfällig, tolpatschig.

lun|acy ['lu:nəsi] Geisteskrankheit; Verrücktheit *f*, Wahn-, Irr-, Blödsinn *m*; **~ar** ['lu:nə] *a* Mond-; **~~ caustic** Höllenstein *m*; **~~ month, year** Mondmonat *n*, -jahr *n*; **~atic** ['lu:nətik] *a* geisteskrank, irr(e); wahn-, blödsinnig, verrückt; *s* Wahnsinnige(r) *m*; **~~ asylum** Irrenhaus *n*, Heil- (u. Pflege-)Anstalt *f*; **~~ fringe** *(Am pol)* radikale(r) Flügel *m*.

lunch [lʌntʃ] *s* Gabelfrühstück *n*; (2.) Frühstück *n*; *itr* (zu) Mittag essen; **~ counter** Theke *f*; **~eon** ['-ən] (offizielles) (Gabel-)Frühstück *n*; **~eonette** [lʌntʃə'net] *Am* Imbiß *m*; Schnellgaststätte, Frühstücksstube, Imbißhalle *f*; **~ stand** *Am* (kleine) Imbißhalle *f*; **~ time, hour** Mittag(szeit *f*) *m*.

lunette [lu:'net] *arch* Lünette *f*, Bogenfeld *n*; Unterwasserbrille; *mil* Schlepp-, Zug-, Protzöse; *(Pferd)* Scheuklappe *f*.

lung [lʌŋ] Lungenflügel *m*; *pl* Lunge *f*; *fig* Grünfläche, Lunge *f* e-r Großstadt; *at the top of his ~s* so laut er konnte;

lunger   587   **lysol**

to have good ~s ein lautes Organ haben; *iron ~ (med)* eiserne Lunge *f;* **~er** ['-ə] *sl* Lungenkranke(r); Schwindsüchtige(r) *m;* **~-power** Stoßkraft *f;* **~wort** ['-wə:t] *bot* Lungenkraut *n.*

lunge [lʌndʒ] *s (Fechten)* Ausfall; plötzliche(r) Stoß *od* Sprung *m* (nach vorn); Longe, Laufleine *f (für Pferde); itr* e-n Ausfall machen, (vorwärts-) stoßen; losstürzen, -rasen (*at* auf).

lupin|e ['l(j)u:pin] *bot* Lupine *f;* **~e** ['l(j)u:pain] wölfisch, gefräßig.

lupus ['lu:pəs] Hauttuberkulose *f.*

lurch [lə:tʃ] **1.** *s* Zurseiterollen, Seitwärtskippen; Taumeln; *mar* Überholen *n; itr* zur Seite rollen, seitwärts kippen; taumeln, torkeln; *mar* überholen; **2.** *s: to leave in the ~* im Stich lassen, *fam* sitzenlassen, versetzen; **~er** ['-ə] (kleiner) Dieb; Spion; Art Spürhund *m.*

lure [ljuə] *s* Köder *a. fig; fig* Zauber, Reiz *m; tr (to ~ on)* ködern *a. fig; fig* anlocken, -ziehen; verlocken *(into* zu).

lurid ['ljuərid] (toten)bleich, (asch-) fahl; gespenstisch rot; aufregend, (nerven)aufpeitschend; grausig, grauenhaft, unheimlich.

lurk [lə:k] *itr* auf der Lauer, im Hinterhalt liegen; warten; ein verborgenes Dasein führen, unbekannt sein; herumschleichen; *s: on the ~* auf der Lauer; **~ing-place** Schlupfwinkel *m,* Versteck *n.*

luscious ['lʌʃəs] wohlschmeckend; duftend; köstlich *a. allg;* widerlich süß; *fig* überladen; **~ness** ['-nis] Wohlgeschmack, Duft *m;* Köstlichkeit; (widerliche) Süße *f.*

lush [lʌʃ] **1.** saftig, weich; üppig; luxuriös; *fig* reich (verziert), extravagant; **2.** *sl* Schnaps; Besoffene(r) *m; itr* te saufen, picheln; *a* besoffen.

lust [lʌst] *s* Gelüst, Verlangen *n,* Drang *m,* Gier; *(bes. geschlechtliche)* Begierde *f (for* nach); *itr* verlangen, gierig sein *(after, for* nach); *fam* scharf sein *(after, for* auf); *~s of the flesh (Bibel)* Fleischeslust *f;* **~ful** ['-ful] gierig, begehrlich; lüstern, geil.

lust|iness ['lʌstinis] Energie, Kraft, Stärke, Jugendfrische *f;* **~y** ['lʌsti] kraftvoll, kräftig, stark; jugendfrisch; lebhaft.

lustr|e, *Am* **luster** ['lʌstə] Glanz, Schimmer *m;* strahlende Schönheit *f;* Ruhm *m;* Kristallgehänge *n;* Kronleuchter, Lüster *m;* Poliermittel *n,* Politur *f;* Lüster *m (Glanzgewebe); min* Glanzfläche *f; (Töpferei)* metallische(r) Glanz *m; to add ~ to, to throw ~ on* mit neuem Glanz erfüllen, in neuem Glanz erstrahlen lassen; **~ous** ['lʌstrəs] glänzend, schimmernd; strahlend, hell; *fig* erstklassig.

lut|anist, ~ist ['lu:t(en)ist] Lautenspieler *m;* **~e** [lu:t] **1.** Laute *f;* **2.** Kitt; Gummiring *m; tr* (ver)kitten *(with* mit).

Lutheran ['lu:θərən] *a* lutherisch; *s* Lutheraner *m;* **~ism** ['-izm] Luthertum *n.*

lux [lʌks] *pl. a. luces* ['l(j)u:si:z] Lux *n (Einheit der Beleuchtungsstärke).*

luxat|e ['lʌkseit] *tr* aus-, verrenken; **~ion** [lʌk'seiʃən] Aus-, Verrenkung *f.*

luxur|iance, ~cy [lʌg'zjuəriəns(i)] Üppigkeit *f,* Reichtum *m;* Fülle *f (of* an); **~iant** [-t] üppig, reich; wuchernd; *fig* überschwenglich; *~~ imagination* reiche, blühende Phantasie *f;* **~iate** [-eit] *itr* üppig wachsen, *pej* wuchern; prassen; schwelgen *(in* in); **~ious** [lʌg-'zjuəriəs] schwelgerisch; üppig; luxuriös; **~y** ['lʌkʃəri] Wohlleben *n,* Verschwendung(ssucht) *f;* Luxus(gegenstand) *m;* Extravaganz *f.*

lyceum [lai'siəm] Vortragssaal *m;* literarische Vereinigung, *Am* Volkshochschule *f.*

lych-gate *s. lich-gate.*

lye [lai] *chem* Lauge *f.*

lying [laiiŋ] **1.** *ppr von lie* 1. liegend; horizontal; **~-in** Wochenbett *n; ~~ hospital* Entbindungsanstalt *f,* -heim *n; ~~ woman* Wöchnerin *f;* **2.** *ppr von lie* 2.; *a* lügnerisch, unaufrichtig, -ehrlich; falsch; *s* Lügen *n.*

lymph [limf] *anat med* Lymphe; *poet obs* Quelle *f;* **~atic** [-'fætik] *a anat* lymphatisch, Lymph-; *fig* kraftlos; *s anat* Lymphgefäß *n;* **~(atic) gland** Lymphdrüse *f.*

lynch [lintʃ] *tr* lynchen; **~ law** Lynchjustiz *f.*

lynx [liŋks] *zoo* Luchs *m;* **~~-eyed** *a: to be ~~* Luchsaugen haben.

lyre ['laiə] Leier, Lyra *f.*

lyric ['lirik] *a* lyrisch *a. mus; s* lyrische(s) Gedicht *n; pl* Lyrik *f;* Text *m (e-s Liedes);* **~al** ['-əl] lyrisch; *fam* begeistert; *to become ~~ over s.th.* in Begeisterung für etw geraten; **~ drama, ~ stage** Oper *f;* **~ism** ['lirisizm] Lyrik *f;* Gefühlsüberschwang *m;* **~ist** ['-sist] Schlagerdichter *m.*

lyr|ism ['lirizm] **1.** Lyrik *f;* **2.** Leierspiel *n;* **~ist** ['-ist] Lyriker *m.*

lysol ['laisəl] *pharm* Lysol *n.*

M

M, m [em] *pl* ~'s M, m *n*.
ma [mɑː] *fam* Mama, Mutti *f*.
ma'am [mæm, məm] *fam* gnä(dige) Frau; [mæm, mɑːm] Majestät *f*.
mac [mæk] *fam* = **mackintosh**.
macabre [məˈkɑːbr] grauenhaft, -voll, schauerlich.
macadam [məˈkædəm] *s* Schotter *m*; (~ *road*) Schotterstraße *f*; *a* beschottert; Schotter-; **~ize** [-aiz] *tr* beschottern, makadamisieren.
macaroni [mækəˈrouni] Makkaroni *pl*.
macaroon [mækəˈruːn] Makrone *f*.
mace [meis] **1.** Streitkolben; (Amts-)Stab; (**~-bearer**) Amtsträger *m*; **2.** Muskatblüte *f*.
macerat|e [ˈmæsəreit] *tr* auf-, einweichen, mazerieren; (*aufgenommene Nahrung*) in Speisebrei verwandeln; ausmergeln, kasteien; quälen.
Mach [mɑːk] (~ *number*) *phys* Machsche Zahl *f*.
machinat|e [ˈmækineit] *itr* Ränke schmieden; *tr* aushecken; **~ion** [mækiˈneiʃən] *oft pl* Intrige *f*, Ränke *pl*, Machenschaften *f pl*.
machine [məˈʃiːn] *s* Maschine *a. fig*; Lokomotive *f*, Fahrrad, Motorrad, Auto, Flugzeug; Triebwerk, Getriebe *n*; Apparat, Mechanismus; *fig* Roboter *m*; (gut funktionierende) Organisation; *Am* politische Gruppe, Partei (-organisation) *f*; *a* Maschinen-; *tr* maschinell herstellen, bearbeiten, *bes.* säen, drucken; (zer)spanen; *itr* maschinell arbeiten; *to operate a* ~ e-e Maschine bedienen *od* handhaben; *political* ~ Staatsmaschine *f*; *party* ~ Parteiapparat *m*; ~ **age** Maschinenzeitalter *n*; **~composition** *typ* Maschinensatz *m*; **~d** [-d] *a* (maschinell) bearbeitet; ~ **factory** Maschinenfabrik *f*; ~ **fitter** Maschinenschlosser *m*; **~-gun** *s* Maschinengewehr, MG *n*; *tr* unter Maschinengewehrfeuer nehmen; **~~ belt** MG-Gurt *m*; **~-made** *a* maschinell hergestellt, maschinengefertigt, Maschinen-; *fig* genormt; **~ry** [məˈʃiːnəri] Maschinerie *f*, Mechanismus *m*, Getriebe *n*; Maschinenpark *m*; *fig* Maschine *f*, Räderwerk *n*; **~-shop** Maschinenwerkstatt, *Am* -fabrik; Reparaturwerkstatt; Dreherei *f*; **~-tool** Werkzeugmaschine *f*; **~-unit** Maschinensatz *m*, -anlage *f*; **machinist** [məˈʃiːnist] Maschinist; Maschinenbauer, -ingenieur; Maschinenschlosser, -wärter *m*; (*sewing*~~) Maschinennäherin *f*.

mackerel [ˈmækrəl] *pl* ~ Makrele[s] (*Fisch*); **~-sky** (Himmel *m* mit) Schäfchenwolken *f pl*.
mackinaw [ˈmækinɔː] *Am* (M~ *blanket*) schwere Wolldecke *f*; (M~ *coat*) kurze(r), schwere(r) Wintermantel *m*.
mackintosh [ˈmækintɔʃ] Gummi-, Regenmantel *m*.
macro|- [ˈmækrə, -ou] *pref* Makro-(Groß-); **~cephalic** [mækrousiˈfælik] großköpfig; **~cosm** [ˈmækrəkɔzm] Makrokosmos *m*.
macul|a [ˈmækjulə] *pl* -ae [-iː] (*bes.* Haut-)Fleck; Sonnenfleck *m*; **~ar** [-ə] *a* Fleck-; gefleckt; **~ate** [-eit] *tr* fleckig machen; *fig* beflecken; *a* [-lit] fleckig; *fig* befleckt.
mad [mæd] *irr(e)*, geisteskrank, verrückt, wahnsinnig, toll (*with* vor); sinnlos, unvernünftig, töricht, dumm; verknallt, vernarrt (*about, after, at, for* in); versessen (*about, after, at, for* auf); närrisch vor Freude, *fam* ganz aus dem Häuschen; tollwütig (*Hund*); *fam* wütend (*at, about* über; *with s.o.* auf jdn); *as ~ as a March hare od as a hatter* fuchsteufelswild; *like* ~ wie verrückt *adv*; *to be raving* ~ vor Wut kochen; *to drive, to send* ~ verrücktmachen; *to go* ~ verrückt werden; *to have a ~ time* sich toll amüsieren; **~cap** *s* verrückte(r) Kerl; Wildfang *m*, wilde Hummel *f* (*Mädchen*); *a* übermütig, toll, wild, rasend, rücksichtslos; **~den** [-'n] *tr* verrückt, rasend, toll machen; **~-doctor** Irrenarzt *m*; **~house** Irrenhaus *n*, *fam* Tollhaus *n*; **~man, ~woman** Irre(r *m*), Wahnsinnige(r *m*), Verrückte(r *m*) *f*; *to talk like a ~man* wie irr reden; faseln; **~ness** ['-nis] Geisteskrankheit *f*, Irresein *n*; Verrücktheit *f*; Blödsinn *m*; Besessenheit, Aufgeregtheit; *Am* Wut *f*, Ärger *m* (*at* über).
madam [ˈmædəm] gnädige Frau *f*, gnädiges Fräulein *n* (*Anrede*).
madder [ˈmædə] *bot* Krapp *m*.
made [meid] *pret u. pp von* **make**; *a* (*mit adv*) gebaut, gestaltet, geformt; angefertigt (*of* aus); künstlich; *fig* erfunden, ausgedacht; *ready-~* fertig; Konfektions-; *a ~ man* ein gemachter Mann; **~-to-order** *a* auf Bestellung, nach Wunsch, nach Maß angefertigt; Maß-; **~-up** *a* zs.gestellt, angeordnet; *com* Fabrik-, Konfektions-; *fig* erfunden, ersonnen, ausgedacht; falsch, unwahr; geschminkt.

Madonna [mə'dɔnə] Muttergottesbild *n*, Madonna *f*.

Madeira [mə'diərə] Madeira *m (Süßwein)*; **- cake** Sandtorte *f*.

madrigal ['mædrigəl] *mus* Madrigal *n*.

Maecenas [mi(:)'si:næs] Mäzen *m*.

maelstrom ['meilstroum] Strudel *(im Wasser u. fig)*; *fig* Wirbel, Sog *m*.

Mae West ['mei'west] *aero sl* Schwimmweste *f*.

maffick ['mæfik] *itr fam* (laut) jubeln, lärmend feiern.

magazine [mægə'zi:n, 'mæg-] Lager (-haus), Magazin; Vorrats-, Munitionslager; *(Gewehr)* Magazin; Magazin *n*, Zeitschrift *f*; *illustrated -* Illustrierte *f*; **--rifle** Mehrlader *m*.

Maggie ['mægi] Gretchen *n*.

maggot ['mægət] *ent* Made; *fig* Grille, Laune *f*; **-y** ['-i] madig, voller Maden; *fig* launisch, launenhaft.

Magi, *the* ['meidʒai] *pl rel hist* die Magier; *(Bibel)* die Weisen aus dem Morgenland(er).

magic ['mædʒik] *s* Magie, Zauberei *f*; Zauber *m a. fig*; Zauberkunst *f*; *a u.* **-al** ['-əl] magisch, zauberhaft; Zauber-; **- carpet** fliegende(r) Teppich *m*; **- eye** magische(s) Auge *n*; **-ian** [mə'dʒiʃən] Zauberer; Zauberkünstler *m*.

magist|erial [mædʒis'tiəriəl] obrigkeitlich, behördlich; Herrschafts-; gebieterisch, autoritativ; feierlich, pomphaft, pompös; **-racy** ['mædʒistrəsi] (Friedens-, Polizei-)Richteramt *n*; **-rate** ['mædʒistrit] (höherer richterlicher) Beamte(r); Polizei-, Friedensrichter *m*.

Magna C(h)arta ['mægnə'ka:tə] Magna Charta *f (englisches Grundgesetz a. d. Jahre 1215)*; *allg* (Staats-)Grundgesetz *n*.

magnanim|ity [mægnə'nimiti] Großmut; großmütige Tat *f*; **-ous** [mæg'næniməs] großmütig.

magnate ['mægneit] Magnat *m*; *financial -* Finanzgewaltige(r), -magnat *m*; *industrial -* Großindustrielle(r), Industriemagnat *m*; *territorial -* Großgrundbesitzer, Großagrarier *m*.

magnes|ia [mæg'ni:ʃə] *chem* Magnesia *f*; **-ium** [mæg'ni:ziəm, -ʃiəm] *chem* Magnesium *n*.

magnet ['mægnit] Magnet *m a. fig*; **- coil** Magnetspule *f*; **- core** Magnetkern *m*; **-ic** [mæg'netik] *a* magnetisch; Magnet-; *med* magnetisierbar; *fig* faszinierend; *s pl mit sing phys* Lehre *f* vom Magnetismus; **-- declination** Mißweisung *f*; **-- field** Magnetfeld *n*; **-- needle** Magnetnadel *f*; **-- pole** Magnetpol *m*; **-- tape** Tonband *n*; **-ism** ['-izm] Magnetismus *m*; *fig* Faszination *f*; *animal --* tierische(r) Magnetismus, Mesmerismus *m*; *terrestrial --* Erdmagnetismus *m*; **-ization** [mægnitai'zeiʃən] Magnetisierung *f*; **-ize** ['mægnitaiz] *tr* magnetisieren; *fig* faszinieren, in Bann schlagen; **-o** [mæg'ni:tou] *pl -os s mot* Magnetzünder *m*; **-- board** Klappenschrank *m*; **--electric** magnetoelektrisch; **---generator** Kurbelinduktor *m*; **--ignition** Magnetzündung *f*; **-ron** ['mægnitrən] Magnetron *n*.

magni|fication [mægnifi'keiʃən] *opt phot* Vergrößerung; *el* Verstärkung *f*; *fig* Übertreibung; Verherrlichung *f*; **-ficence** [mæg'nifisns] Pracht *f*, Prunk, Pomp *m*; **-ficent** [mæg'nifisnt] herrlich, stattlich, prächtig, prunkvoll; großartig; glänzend *a. fig*; **-fier** ['mægnifaiə] Vergrößerungsglas *n*, Lupe *f*; Mikroskop *n*; *el* Verstärker; *fig* Lobredner *m*; **-fy** ['mægnifai] *tr opt phot* vergrößern; *el* verstärken; *fig* übertreiben; **--ing glass** Vergrößerungsglas *n*.

magniloquen|ce [mæg'niləkwəns] Bombast, Schwulst *m*; Prahlerei *f*; **-t** [-t] hochtrabend, bombastisch, schwülstig; großsprecherisch.

magnitude ['mægnitju:d] Größe; Ausdehnung *f*, Umfang *m*; Bedeutung, Wichtigkeit; *math astr* Größe *f*; *of the first -* (Stern) 1. Größe; *fig* von größter Bedeutung *od* äußerster Wichtigkeit.

magnolia [mæg'nouljə] *bot* Magnolie *f*.

magnum ['mægnəm] große Wein- *od* Likörflasche; große Flaschevoll *f*.

magpie ['mægpai] *orn* Elster *f*; *fig* Schwätzer *m*, Klatschbase *f*; Dieb *m*.

Magyar ['mægja:] *s* Madjar, Ungar *m*; *(das)* Madjarisch(e), Ungarisch(e); *a* madjarisch, ungarisch.

maharaja(h) [ma:hə'ra:dʒə] Maharadscha *m*; **-nee,** *Am* **-ni** [-ni:] Maharani *f*.

mahlstick *s. maulstick*.

mahogany [mə'hɔgəni] *s* Mahagoni (-holz) *n*; Mahagonibaum *m*; Mahagoni *n (Farbe)*; *a* mahagonifarben.

Mahomet [mə'hɔmit] Mohammed *m*; **-an** [-ən] mohammedanisch; **-anism** [-ənizm] Islam *m*.

maid [meid] *lit* Mädchen; Hausmädchen *n*, -angestellte *f*; *bar-* Bardame *f*; *house--* Hausmädchen *f*; *lady's--* Zofe, Kammerfrau *f*; *nurse--* Kindermädchen *n*; *old -* alte Jungfer *f*; *- of hono(u)r* Hofdame; *Am* Brautjungfer *f*; *the M- (of Orleans)* die

maid-of-all-work   590   **maintenance**

Jungfrau von Orleans; ~ **in waiting** Hofdame *f*; ~**-of-all-work** Mädchen *n* für alles; ~**-servant** (weibliche) Hausangestellte *f*.

maiden ['meidn] *s* Mädchen *n*; Jungfrau *f*; *a attr* Mädchen-; unverheiratet; jungfräulich; erst, Erstlings-; *fig* neu, ungebraucht, unerprobt, unerfahren; **~hair** (~~ *fern*) *bot* Frauenhaar *n*; (~~ *tree*) Ginkgo *m* (*Schmuckbaum*); **~head** ['-hed] Jungfräulichkeit *f*; **~hood** ['-hud] Mädchenjahre *n pl*, Jungmädchenzeit; Jungfräulichkeit *f*; **~ish** [-if], **~like** ['-laik], **~ly** ['-li] mädchenhaft; **~liness** ['-linis] Mädchenhaftigkeit *f*; **~ name** Mädchenname *m*; **~ speech** Jungfernrede *f*; **~ voyage** Jungfernfahrt *f*.

mail [meil] *s* Postsack *m*, -sendung, -beförderung; (*ein- u. ausgehende*) Post; Post(dienst *m*) *f*; *attr* Post-; *tr* mit der Post (ver)senden; abschicken, aufgeben; *Am* in den (Brief)Kasten stecken, zur Post geben; *by, via air* ~ mit Luftpost; *by (the) return(ing) (of)* ~ postwendend; *to do the* ~ die Post erledigen; *incoming od in-going, outgoing* ~ ein-, ausgehende Post *f*; **~ability** [meilə'biliti] *Am* (Post-)Versandfähigkeit *f*; **~able** ['meiləbl] *Am* (post)versandfähig; **~-bag**, *Am* **~ pouch** Postsack *m*; **~~boat** Post-, Paketschiff *n*; **~~box** Post-, *Am* Briefkasten *m*; **~ carrier**, **~man** ['-mən] *Am* Briefträger *m*; **~carrier aircraft**, **~plane** Postflugzeug *n*; **~~cart** Postwagen *m*; **~~charges** *pl* Postgebühren *f pl*, Porto *n*; **~~coach** Postwagen *m*, Post-kutsche *f*; **~~delivery** (Post-)Zustellung *f*; **~~depredation** Postraub *m*; **~er** ['-ə] *Am* Adressier-, Frankiermaschine *f*; **~-ing** ['-iŋ] Postbeförderung; ~~ *list* Postversandliste *f*; ~~~*machine* Adressiermaschine, Adrema *f*; **~ order** Bestellung *f* durch die Post; **~~order business house** *Am* Versandgeschäft *n*; **~~order catalog(ue)** Katalog *m* e-s Versandgeschäfts; **~ stamp** *Am* Poststempel *m*; **~~van**, **~~car** *rail* Postwagen *m*; **2.** *s hist* (Ketten-)Panzer *m*, (Ritter-) Rüstung *f*; *zoo* Panzer *m*; *tr* panzern; *coat of* ~ Panzerhemd *n*; **~~clad**, **~ed** [-d] *a* gepanzert.

maim [meim] *tr* verstümmeln *a. fig*, zum Krüppel machen.

main [mein] *a attr* hauptsächlich, größt, bedeutend, wichtigst, erst; Haupt-; *s* Hauptsache; Hauptleitung *f*, -rohr *n*, -kanal *m*, -linie, -strecke *f*; *the* ~ (*poet*) die (hohe) See, das (Welt-)Meer, der Ozean; *pl* Leitungs-, *el* Stromnetz *n*; *by ~ force* mit voller Kraft *od* Wucht; *in the ~* im ganzen, im wesentlichen, in der Hauptsache, hauptsächlich *adv*; *with might and* ~ mit aller Kraft *od* Gewalt; *to have an eye to the ~ chance* s-n eigenen Vorteil im Auge haben; *operating on the ~s* mit Netzanschluß; **~ action** *jur* Hauptklage *f*; **~ business** Hauptgeschäft *n*; **~ clause** *gram* Hauptsatz *m*; **~ condition** Grund-, Hauptbedingung *f*; **~ constituent** Hauptbestandteil *m*; **~ creditor** Hauptgläubiger *m*; **~~deck** *mar* Oberdeck *n*; **~ feature** Grundzug *m*; **~ film** Hauptfilm *m*; **~ idea** Grundgedanke *m*; **~land** Festland *n*, Landmasse *f*; **~ line** Haupt(verkehrs-, -bahn)linie *f*; *Am sl* Prominenz *f*; *~ of resistance* Hauptkampflinie *f*; **~ly** ['-li] *adv* hauptsächlich, im wesentlichen, größtenteils; **~mast** *mar* Großmast *m*; **~ office** Hauptbüro *n*, Zentrale *f*; **~ point** Haupt-, springende(r) Punkt *m*; **~ profession** Hauptberuf *m*; **~ question** Haupt-, wichtigste, entscheidende Frage *f*; **~sail** Großsegel *n*; **~sheet** *mar* Großschot *f*; **~ spring** *fig* Haupttriebfeder; Uhrfeder *f*; **~s receiving-set** Netzempfänger *m*; **~ stay** *mar* Großstag *n*; *fig* Hauptstütze *f*; **~s transformer** Netztransformator *m*; **~ street**, *sl* **drag**, **stem** Hauptstraße *f*; **~s voltage** Netzspannung *f*; **~ switch** Hauptschalter *m*; **~ tenant** Hauptmieter *m*; **~top** *mar* Großmars *m*.

maintain [mein'tein] *tr* aufrechterhalten; fortsetzen; in gutem Zustand (er)halten, instand halten, pflegen, warten; (*Straße, Familie, Beziehungen*) unterhalten; versorgen; (*Stellung*) halten, behaupten; (*Haltung*) einnehmen; (*mit Worten*) behaupten, stützen, verteidigen; (*Bücher*) führen; *to ~ o.'s ground* sich behaupten, sich halten; **~able** [-əbl] zu halten(d); **~er** [-ə] Versorger (*e-r Familie*); Verteidiger *m*.

maintenance ['meintinəns] Aufrechterhaltung, Wahrung; Fortsetzung; Erhaltung, Instandhaltung, Wartung *f*; (Lebens-)Unterhalt *m*; Behauptung; Verteidigung, Unterstützung *f a. jur*; *to provide ~ to s.o.* jdm Unterhalt gewähren; *claim for ~* Unterhaltsanspruch *m*; *cost of ~* Instandhaltungskosten *pl*; *entitled to ~* unterhaltsberechtigt; *grant of ~* Unterhaltsgewährung *f*; *obligation of ~* Unterhaltspflicht *f*; ~ **and repair** Unterhaltung u. Instandsetzung *f*; ~ **of the poor** Fürsorge, Wohlfahrt *f*; ~ **man** Monteur *m*.

maiso(n)nette [meizə'net] Häuschen *n*; vermietete(r) Hausteil *m*.

maize [meiz] *s* Mais *m*; Maisgelb *n*.

majest|ic(al) [mə'dʒestik(əl)] majestätisch, stattlich, vornehm, erhaben; **~y** ['mædʒisti] Majestät; Hoheit; *fig* Würde, Erhabenheit, Vornehmheit, Stattlichkeit *f*.

major ['meidʒə] *a* größer; höher; Groß-, Haupt-; mündig, volljährig; *(hinter Familiennamen)* der Ältere; *Am (Studienfach)* Haupt-; *mus (nachgestellt)* Dur; *(Intervall)* groß; *(Straße)* bevorrechtet; *s* Höhere(r); Major; Mündige(r), Volljährige(r) *m*; *Am (Univ.)* Hauptfach *n*; *(Logik)* Obersatz, -begriff *m*; *mus* Dur *n*; *itr Am (Univ.)* im Hauptfach studieren (*in s.th.* etw), sich spezialisieren (*in* in); *tr Am* Hauptfach studieren; *a ~ repair* e-e größere Reparatur; *the ~ part of s.th.* der größte Teil von etw; **~domo** [-'doumou] *pl -os* Haushofmeister *m*; **~ette** [meidʒə'rɛt] *Am* Tambourmajorin *f*; **~-general** Generalmajor *m*; **~ity** [mə'dʒɔriti] Mehrheit; *parl* Stimmenmehrheit, Mehrheitspartei(en *pl*), Parlamentsmehrheit; Volljährigkeit, Mündigkeit *f*, Majorsrang *m*, -stelle *f*; *to attain, to reach o.'s ~* mündig werden; *to join the ~* das Zeitliche segnen, sterben; *parl* sich der Mehrheit anschließen; *absolute, crushing, government, great, narrow, overwhelming, parliamentary, qualified, relative, required, simple, two-thirds ~* absolute, erdrückende, Regierungs-, große, knappe, überwältigende, Parlaments-, qualifizierte, relative, erforderliche, einfache, Zweidrittelmehrheit *f*; *(by) ~ of votes* (mit) Stimmenmehrheit *f*, *~-vote (parl)* Mehrheitsbeschluß *m*; **~ event** *sport* Großveranstaltung *f*; **~ league** *Am sport* Oberliga *f*; **~ mode** Durtonart *f*; **~ offender** Hauptschuldige(r) *m*; **~ premise** *(Logik)* Obersatz *m*; **~ scale** *mus* Durtonleiter *f*; **~ term** *(Logik)* Oberbegriff *m*; **~ third** *mus* große Terz *f*; **~ unit** *mil* Verband *m*.

make [meik] *irr* made, made [meid] **1.** *tr* machen (*from, of* aus; *into* zu); herstellen, anfertigen, fabrizieren, (zu)bereiten, fertigmachen, ausführen; hervorbringen, (er)schaffen, bilden; konstruieren, zs.stellen; ausdenken, formulieren; *(Schriftstück)* aufsetzen; *(Urkunde)* ausfertigen; ab-, verfassen; *mus* komponieren; herbeiführen, bewirken, veranlassen, bewerkstelligen, zustande bringen; lassen, veranlassen, daß; machen zu, ernennen zu; machen, erscheinen lassen; *(Mensch etw)* vorstellen, sich erweisen als; (aus)machen, sich belaufen auf, abgeben; machen *(of* aus), halten *(of* von), einschätzen als *(of s.o., of s.th.* jdn, etw), schätzen auf; erwerben, verdienen; *(Gewinn)* einstreichen, einstecken; *(Verlust)* erleiden; *(Schule) (Zensur)* erhalten, bekommen; *(Menschen)* gewinnen als; *(den Zug, die Bahn)* noch kriegen, erreichen; zum Erfolg verhelfen *(s.o.* jdm); *(Arbeit)* erledigen; *(Entfernung)* zurücklegen; *(e-e bestimmte Geschwindigkeit)* fahren; *(Mahlzeit)* haben; *(Spiel)* gewinnen; *(Kartenspiel; die Karten)* mischen; *(Trumpf, Gebot, Stich)* machen; den Stich nehmen mit; *el (Kreis)* schließen; *(Kontakt)* herstellen; *fam* sich Eingang verschaffen in, kommen in; *sl* verführen; **2.** *itr* sich daranmachen, sich anschicken *(to do zu* tun); sich bewegen, gehen *(for auf – zu)*, zugehen *(for auf)*, sich wenden *(for zu)*, sich begeben *(for nach)*; folgen *(after s.o.* jdm), verfolgen *(after s.o.* jdn) *(mit nachfolgendem a)* sich benehmen, auftreten; so tun, sich stellen *(as if* als ob); *like s.o. (sl)* jdn nachmachen, nachäffen; zunehmen, sich vermehren, sich ansammeln, sich anhäufen; *(Flut)* steigen; zielen *(for auf)*; beitragen *(for zu)*, mithelfen, mitwirken *(for bei)*; wirken *(for auf)*; **3.** *s* Herstellung, (An-)Fertigung, Produktion *f*; Ertrag *m*; Erzeugnis, Fabrikat *n*; (Mach-)Art, Fasson, Form *f*, (Zu-)Schnitt, Bau(art, -weise *f) m*, Marke, Type, Art, Anlage, Veranlagung, Natur *f*, Wesen *n*, Charakter *m*; **4.** *to be on the ~ (fam)* auf Gewinn aus sein; *sl* auf Eroberungen, Liebesabenteuer ausgehen; *to ~ much ado about s.th.* viel Lärm, Aufhebens, Wesens machen um; *to ~ the bed* das Bett machen; *to ~ believe* weismachen, den Glauben, die Vorstellung erwecken, so tun als ob; vorgeben, vortäuschen; *to ~ the best, most of s.th.* aus e-r S herausholen, was man kann; *to ~ bold* sich erkühnen, sich erdreisten; *to ~ no bones about* kein Blatt vor den Mund nehmen; *to ~ a bow* e-e Verbeugung machen; *to ~ or break, to ~ or mar* auf biegen od brechen ankommen

make

lassen; *to ~ certain, sure* sich vergewissern *od* versichern (*of s.th.* e-r S; *that* daß); *to ~ a choice* e-e Wahl treffen; *to ~ clear* erklären; *to ~ o.s. comfortable* es sich gemütlich machen; *to ~ a confession* ein Geständnis ablegen; *to ~ default* sich ein Versäumnis zuschulden kommen lassen; *to ~ a difference* e-n Unterschied, etwas ausmachen; *to ~ eyes at s.o.* mit jdm flirten; *to ~ fire* Feuer (an)machen; *to ~ a fool of s.o.* jdn zum Narren, zum besten halten; *of o.s.* sich lächerlich machen; *to ~ free with s.th.* sich e-r S ungehemmt bedienen; *to ~ friends* Freunde gewinnen; *to ~ fun of* sich lustig machen über, lächerlich machen (*s.o.* jdn); *to ~ a go of s.th.* mit etw Erfolg haben; *to ~ good* (*tr*) wiedergutmachen; aufkommen für; bestätigen, bekräftigen; wahrmachen; (*Versprechen*) halten; glücklich durchführen, vollenden; *itr fam* Glück, Schwein haben; *es zu etwas bringen; to ~ haste* sich beeilen, *fam* schnell machen; *to ~ hay of s.th.* etw in Unordnung bringen; *to ~ hay while the sun shines* das Eisen schmieden, solange es heiß ist; *to ~ head or tail of* aus etw klug werden; *to ~ headway* vorwärts-, vorankommen; *to ~ a hit* viel Erfolg haben (*with* bei); *to ~ o.s. at home* sich wie zu Hause fühlen; *to ~ it* (*fam*) es schaffen; *to ~ a killing* (*Am fam*) plötzlich viel Geld verdienen; *to ~ land* (*mar*) Land sehen; *to ~ a living* sich sein Brot verdienen; *to ~ o.'s mark in the world* berühmt werden; *to ~ a match* e-e Verlobung *od* Heirat zustande bringen; *to ~ a meal on, of s.th.* aus etw e-e Mahlzeit machen; *to ~ mention of s.th.* etw erwähnen; *to ~ merry* sich e-n Spaß machen; lustig u. vergnügt sein; *to ~ mouths at s.o.* jdm Gesichter schneiden; *to ~ a movement* e-e Bewegung machen; *to ~ much, little of s.th.* (sich) viel, wenig aus e-r S machen; viel, wenig aus e-r S machen *od* herausholen; *to ~ a night of it* sich die Nacht um die Ohren schlagen; *to ~ an oath* e-n Eid ablegen; *to ~ one of s.th.* sich an e-r S beteiligen, bei e-r S mitmachen; *to ~ peace* Frieden schließen; *to ~ place, room, way for* Platz machen für; *to ~ a point of s.th.* Wert legen auf etw; *to ~ port* (*Schiff*) den Hafen erreichen; *to ~ s.o. a present* jdm ein Geschenk machen; *to ~ provision* sorgen, Vorkehrungen treffen (*for* für); *to ~ ready* fertigmachen, vorbereiten; *to ~ a remark* e-e Bemerkung machen (*on,

make up

upon* über); *to ~ room for s.o.* für jdn Platz schaffen; *to ~ it a rule* sich zur Regel machen; *to ~ sail* die Segel aufziehen; *to ~ shift* sich behelfen; *to ~ a speech* e-e Rede halten; *to ~ a stay* sich aufhalten; *to ~ things hum* die Sache in Schwung bringen; *to ~ time* Zeit gewinnen; *to ~ the train* den Zug erreichen; *to ~ o.s. useful* sich nützlich machen; *to ~ war* Krieg führen (*on, upon* gegen); *to ~ way* Platz machen; *fig* vorwärts-, vorankommen; *to ~ o.'s way in the world* s-n Weg gehen, Erfolg haben, erfolgreich sein; **5.** *I'll never ~ it* ich werde es nie schaffen; *don't ~ such a fuss* mach kein solches Theater; *he ~s good* (*fam*) es geht gut mit ihm; *I don't know what ~s him tick* ich weiß nicht, worauf er reagiert; *he made her his wife* er nahm sie zur Frau; *what do you ~ with it?* (*sl*) was machst du damit? *one swallow does not ~ a summer* (*prov*) e-e Schwalbe macht (noch) keinen Sommer; *does this ~ sense to you?* werden Sie daraus klug? *~ it snappy!* beeile dich; *own ~* eigene Herstellung *f*; **6.** *to ~ after obs tr* verfolgen; *to ~* **against** *tr* ungünstig sein für; *to ~* **away** *itr* sich aus dem Staube machen, *sl* sich wegmachen; *with* durchbringen, verprassen; loswerden; verputzen, verdrücken, essen; klauen, stibitzen; über die Seite, um die Ecke, umbringen; *to ~* **for** *tr* losgehen auf; gut sein für; *to ~* **off** *tr* abhauen, durchbrennen (*with* mit); sich aus dem Staub machen; *to ~* **on** *itr* weitergehen, -eilen; *to ~* **out** *tr* ausfindig machen, herausbekommen, -kriegen, entziffern; *sl* 'rausknobeln; erkennen; begreifen, verstehen; (zu) beweisen (suchen); ausschreiben, -fertigen, -stellen; (*Liste*) aufstellen; (*Formular*) ausfüllen; *Am* zs.bringen, vervollständigen; *itr* weiter-, vorwärtskommen *a. fig*, Erfolg haben; abschneiden; *to ~* **over** *tr* um-, überarbeiten; erneuern, aufarbeiten, auffrischen; (*Eigentum*) übertragen, -schreiben; *fam* sich anbiedern, eingehen auf; *to ~* **up** *tr* zs.stellen, -legen, -setzen; erfinden, erschaffen, ins Leben rufen, auf die Beine bringen; ausdenken, *fam* austüfteln, ausklamüsern; vollenden, vervollständigen, ab-, beschließen; bilden, ausmachen; zurechtmachen, herrichten, ausstaffieren; *theat* frisieren u. schminken; *typ* umbrechen; (*Satz*) bilden; (*Streit*) beilegen; (*Unrecht*)

make-believe 593 **malignant**

wiedergutmachen; *(Schaden)* ersetzen; *(Schulden)* bezahlen; *(Rechnung)* begleichen; *(Prüfung)* noch mal machen, wiederholen; *(Liste)* zs.-stellen; *itr* sich zurechtmachen, sich schminken, sich pudern, Puder auflegen; sich wieder an-, versöhnen (*with* mit); wiedergutmachen, ersetzen; *(verlorene Zeit)* wieder aufholen *(for s.th. etw)*; *(e-e Stunde)* nachholen; schöntun, flattieren (*to s.o.* jdn), herumeiern, -scharwenzeln (*to s.o.* um jdn); *to ~~ o.'s mind* sich entschließen; **~believe** *s* Vorwand *m*; Verstellung, Heuchelei *f*; Heuchler, Schwindler *m*; *a* angeblich; vorgetäuscht, geheuchelt; falsch; **~r** ['-ə] Hersteller, Verfertiger, Fabrikant; *(Urkunde)* Aussteller *m*; *the M~~* der Schöpfer, Gott *m*; *~~'s number* Fabriknummer *f*; *~~-up (typ)* Metteur *m*; **~shift** *s* (zeitweiliger) Ersatz, Notbehelf *m*, Aushilfe *f*; *attr* behelfsmäßig; Behelfs-, Aushilfs-, Not-; **~~-up** Machart *f*, (Auf-)Bau *m*, Struktur, Gestaltung, Anlage; Ausstattung, Aufmachung, Verpackung *f*; Make-up *n*; Kosmetika *pl*; *fig* erfundene Geschichte, Erfindung *f*; *typ* Umbruch *m*; *to have ~~ on* geschminkt sein; *to put ~~ on* sich schminken, sich herrichten; **~~ man** *(film)* Maskenbildner *m*; **~weight** das Gewicht vollmachende Menge *f*; Zusatz; *fig* Lückenbüßer *m*.

making ['meikiŋ] Herstellung, Fertigung, Fabrikation, Produktion; Anlage, Bildung *f*, (Auf-)Bau *m*, Konstruktion, Entwick(e)lung; Schulung; Dar-, Vorstellung; Werk; Produkt *n*, Ertrag, Gewinn *m*; Sprungbrett *n fig*, Chance *f*; *oft pl* Fähigkeiten *f pl*, Talent *n*, Anlage(n *pl*), Veranlagung *f*; *pl* Verdienst *m*, Einnahmen *f pl*; *pl Am fam* Tabak *m* u. Papier *n* zum Zigarettendrehen; *to be the ~ of s.o.* das Glück für jdn sein; *to be in the ~* in der Entwicklung, in der Herstellung sein; *to have the ~s of* das Zeug haben zu.

malachite ['mæləkait] *min* Malachit *m*.
maladjust|ed ['mælə'dʒʌstid] *a* schlecht eingerichtet *od* angeordnet *od* eingestellt *od* angepaßt; *psych* nicht eingegliedert; **~ment** ['mælə'dʒʌstmənt] schlechte Anordnung *od* Anpassung *f*; Mißverhältnis *n*.
maladminist|er ['mæləd'ministə] *tr* schlecht verwalten; **~ration** ['mælədministrei∫ən] Mißwirtschaft *f*.
maladroit ['mælə'drɔit] ungeschickt, unbeholfen, linkisch.

malady ['mælədi] Krankheit *f a. fig*; Gebrechen, Übel *n*.
malaise [mæ'leiz] Unbehagen; Unwohlsein *n*.
malaprop|ism ['mæləprɔpizm] (komische) Wortverwechs(e)lung *f*; **~os** ['mæl'æprəpou, mæləprə'pou] *a* unangebracht, -passend; *adv* in unpassender Weise; zur Unzeit.
malar ['meilə] *a* Backen-; *s* Wangen-, Jochbein *n*, *fam* Backenknochen *m*.
malaria [mə'lɛəriə] Malaria *f*, Sumpffieber *n*.
malark(e)y [mə'lɑːki] *Am sl* Quatsch, Unsinn *m*.
Malay|(an) [mə'lei(ən)] *s* Malaie *m*, Malaiin *f*; (das) Malaiisch(e); *a* malaiisch; **~a** [~ə] Malaya *n*.
malcontent ['mælkəntent] *a* unzufrieden, mißvergnügt; *pol* aufsässig; *s* Mißvergnügte(r); Rebell *m*.
male [meil] *a* männlich; stark, kraftvoll; *s* Mann *m*; *zoo* Männchen *n*; männliche Pflanze *f*; **~ child** *jur* Kind *n* männlichen Geschlechts; **~ choir** Männerchor *m*; **~ screw** Schraube(nspindel) *f*.
malediction [mæli'dikʃən] Verwünschung *f*, Fluch *m*; Verleumdung *f*.
malefact|ion [mæli'fækʃən] Übeltat *f*, Verbrechen *n*; **~or** ['mælifæktə] Übeltäter, Verbrecher *m*.
malefic [mə'lefik], **~ent** [-snt] böse, bösartig, übel; schädlich (*to* für).
malevolen|ce [mə'levələns] Böswilligkeit *f*, böse(r) Wille *m*, Boshaftigkeit *f*; **~t** [-t] boshaft; feindselig, böswillig (*to* gegen).
malfeasance [mæl'fiːzəns] strafbare Handlung *f*, gesetzwidrige(s) Verhalten *n*; *in office* Amtsvergehen *n*, -unterschlagung *f*.
malform|ation ['mælfɔː'meiʃən] (körperliche) Mißbildung *f*; **~ed** [mæl'fɔːmd] *a* mißgestalt, -gebildet.
malic|e ['mælis] Bosheit, Boshaftigkeit; Böswilligkeit *f*, böse(r) Wille *m*; Arglist *f*; *with ~ aforethought, prepense* in böser Absicht, arglistig *adv*; mit Vorbedacht, vorsätzlich *adv*; *to bear s.o. no ~~* jdm nicht grollen; **~ious** [mə'liʃəs] boshaft, böswillig; arglistig; **~iousness** [-'liʃəsnis] Bosheit, Boshaftigkeit *f*.
malign [mə'lain] *tr* verleumden; *a* boshaft, böswillig; unheilvoll, übel, böse; hämisch; **~ance, ~ancy** [mə'lignəns(i)] Bosheit; Böswilligkeit; Gefährlichkeit; Bösartigkeit *f a. med*; **~ant** [-'lignənt] böswillig, übelgesinnt; bösartig, boshaft; tückisch; unheil-

malignity voll, ungünstig, widrig; sehr nachteilig; gefährlich; *(Geschwulst)* bösartig; **~ity** [məˈligniti] Böswilligkeit, Boshaftigkeit, Bosheit; schlechte Gesinnung; Gefährlichkeit *f*; schlechte(r) Streich *m*; üble, böse Geschichte *f fig*.

malinger [məˈliŋgə] *itr* sich krank stellen, simulieren; sich drücken; **~er** [-rə] Simulant; Drückeberger *m*.

mall [mɔːl] **1.** *s* (Schläger *m* für das) Pall-Mall-Spiel *n*; [*a.* mæl] schattige Promenade, Allee *f*; **2.** *tr s. maul*; **3.** *orn* Sturmmöwe *f*.

mallard [ˈmæləd] *orn* Stockente *f*.

malleab|ility [mæliəˈbiliti] Hämmerbarkeit, Dehnbarkeit; *fig* Geschmeidigkeit, Anpassungsfähigkeit *f*; **~le** [ˈmæliəbl] *(Metall)* hämmerbar, dehnbar; verformbar; *fig* nachgiebig, anpassungsfähig, geschmeidig; ~~ **cast iron** Temperguß *m*; ~~ **iron** Schmiedeeisen *n*.

mallet [ˈmælit] Holzhammer, Schlegel; (Krocket-, Polo-)Schläger *m*.

mallow [ˈmælou] *bot* Malve *f*.

malmsey [ˈmɑːmzi] Malvasier(wein) *m*.

malnutrition [mælnjuː(ˈ)triʃən] Unterernährung, fehlende Ernährung *f*.

malod|orant [məˈloudərənt], **~orous** [-rəs] übelriechend.

malposition [mælpəˈziʃən] *med* Lageanomalie *f*.

malpractice [ˈmælˈpræktis] *med* falsche Behandlung *f*; *jur* Amtsmißbrauch *m*, Übeltat *f*.

malt [mɔːlt] *s* Malz *n*; *tr itr* malzen; *itr* zu Malz werden; Malz herstellen; **~ extract** Malzextrakt *m*; **~ house** Mälzerei *f*; **~ing** [-iŋ] Malzen *n*, Mälzerei *f*; **~ kiln** Malzdarre *f*; **~ liquor** Gerstensaft *m*, (Malz-)Bier *n*; **~ose** [ˈmɔːltous], **~ sugar** Malzzucker *m*, Maltose *f*; **~ster** [ˈ-stə] Mälzer *m*; **~y** [ˈ-i] malzhaltig, -artig; *to be* ~ gern Bier trinken.

Malt|a [ˈmɔːltə] Malta *n*; **~ese** [ˈmɔːlˈtiːz] *a* maltesisch; *s pl* ~~ Malteser(in *f*) *m*; **M-~~ Cross** Malteserkreuz *n*.

maltreat [mælˈtriːt] *tr* schlecht behandeln; mißhandeln; **~ment** [-mənt] schlechte Behandlung; Mißhandlung *f*.

malversation [mælvəːˈseiʃən] Unterschlagung *f* öffentlicher Gelder; Amtsmißbrauch *m*; Veruntreuung *f*.

mama, mamma [məˈmɑː] *(Kindersprache)* Mama, Mutti *f*.

mamm|a [ˈmæmə] *pl* **-ae** [-iː] *anat* Brust(drüse) *f*; *zoo* Euter *n*; **~al** [ˈ-l] Säugetier *n*; **~illa, mamilla** [məˈmilə] *anat* Brustwarze *f*.

mammon [ˈmæmən] Mammon *m*.

mammoth [ˈmæməθ] *s zoo* Mammut *n*; *a* Mammut-; *fam* gewaltig, ungeheuer (groß).

mammy [ˈmæmi] *(Kindersprache)* Mama(chen *n*), Mutti *f*; *Am (bes. in den Südstaaten)* Negeramme *f*; *to do a* ~ *act (Am sl)* e-e rührselige Szene machen.

man [mæn] *pl* **men** [men] *s* Mensch; *(ohne Artikel)* der Mensch, die Menschen *pl*, die Menschheit; Mann; (Ehe-)Mann; Liebhaber; (Gefolgs-)Mann, Untergebene(r), Bedienstete(r), Diener, Arbeiter; *mil* Mann; *hist* Lehnsmann, Vasall; *sport* Spieler *m*; *(Schach)* Figur *f*; *(Damespiel)* Stein *m*; *in Zssgen* Schiff *n*; *pl mil* Mannschaften *f pl*, Mannschaftsdienstgrade *m pl*; *attr* männlich; *tr* bemannen; *(Stellung)* besetzen; *(wildes Tier, bes. Falken)* an den Menschen gewöhnen; *to* ~ *o.s.* sich ermannen, Mut fassen; *a* ~ jemand; *not a* ~ niemand; *as a, one* ~ wie ein Mann; *to a* ~ bis auf den letzten Mann; *to the last* ~ (alle) ohne Ausnahme; ~ *and boy* von klein auf; *to be o.'s own* ~ sein eigener Herr sein; im Vollbesitz s-r Kräfte sein; *I'm your* ~ ich bin Ihr Mann, ich mache die Sache; ~*!* Mann! Mensch(enskind)! **key** ~ Mann *m* in Schlüsselstellung; ~ *of business* Geschäftsmann; Vertreter *m*; ~ *of God* Gottesmann *m*; *the* ~ *in the moon* der Mann im Monde; **M-~ of Sorrows** Schmerzensmann *m (Jesus)*; ~ *of straw* Strohmann *m*; *the* ~ *in the street* der Mann auf der Straße, der gewöhnliche Mensch; ~ *about town* reicher Nichtstuer *m*; ~ *of the world* Mann von Welt, Weltmann *m*; **~-ape** Menschenaffe *m*; **~-at-arms** Soldat, *bes. hist* Ritter *m*; **~-child** Kind *n* männlichen Geschlechts, Knabe *m*; **~-eater** Menschenfresser, Kannibale; menschenfressende(r) Löwe, Tiger, Hai *m*; **~ Friday** Freitag *m (im „Robinson")*; *fig* treue(r) Anhänger *od* Diener *m*; **~ful** [ˈful] mannhaft, tapfer, entschlossen; **~fulness** [ˈ-fulnis] Mannhaftigkeit *f*; **~handle** *tr tech* nur mit Menschenkraft betreiben; *fam* rauh, derb anpacken, schlecht behandeln, mißhandeln; **~-hater** Menschenfeind *m*; **~-hole** Einsteigloch *n*, Kanalschacht *m*; **~hood** [ˈ-hud] Mannesalter *n*, -jahre *n pl*; Männlichkeit, Mannhaftigkeit, Tapferkeit *f*, Mut *m*, Entschlossenheit *f*; Männer(welt *f*) *m pl*; **~-hour** [ˈ-ˈ-] Arbeitsstunde *f*;

~-hunt Menschen-, Verbrecherjagd *f*; **~kind** ['-kaind] die Menschheit, das Menschengeschlecht; ['--] das männliche Geschlecht, die Männerwelt; **~like** ['-laik] menschlich; männlich; **~liness** ['-linis] Mannhaftigkeit; Männlichkeit *f*; **~ly** ['-li] mannhaft, beherzt, tapfer, entschlossen, ehrenhaft; männlich, Männer-; **~-made** *a* künstlich; **~nish** ['-iʃ] männlich, wie ein Mann; **~-of-war** Kriegsschiff *n*; **~ bird** (*orn*) Fregattenvogel *m*; **~-power** menschliche Arbeitskraft *f*; Arbeitspotential, Menschenmaterial *n*; **men's-room** Herrentoilette *f*; **~servant** Diener, männliche(r) Hausangestellte(r) *m*; **~-sized** *a* fam von menschlicher Statur, groß; **~-slaughter** ['mænslɔ:tə] Totschlag *m*, fahrlässige Tötung *f*; **~-slayer** Totschläger *m* (*Person*); **~trap** Fußangel *f*.

manacle ['mænəkl] *meist pl* Handschellen *f pl*; *sing fig* Fessel, Eingenung *f*, Hindernis *n*; *tr* Handschellen anlegen (*s.o.* jdm), fesseln; *fig* einengen, (be)hindern.

manage ['mænidʒ] *tr* handhaben; gebrauchen, benutzen; *(Fahrzeug)* fahren, führen; *(Haushalt, Geschäft, Staat)* leiten; verwalten, dirigieren, führen; *(Menschen)* bearbeiten, beeinflussen; (für s-e Zwecke) geneigt machen, *fam* 'rumkriegen; *(Sache)* in die Wege leiten, zustande bringen, einrichten, regeln, *fam* hinkriegen, *sl* drehen, deichseln, schaukeln; *iro* fertigbringen; *(Tier)* bändigen; *obs (Pferd)* zureiten; *itr* die Geschäfte führen; es schaffen, es zuwege bringen; wirtschaften, auskommen (*with*, *on* mit); **~able** ['mænidʒəbl] handlich, leicht zu handhaben(d); leicht zu führen; überschaubar, kontrollierbar; beeinflußbar; einzurichten(d); **~ment** [-mənt] Handhabung *f*; Gebrauch *m*, Benutzung *f*; (Geschäfts-)Führung; Leitung *f*, Betrieb *m*; Verwaltung, Direktion (*a. d. Personen*); Bewirtschaftung; Bearbeitung, Beeinflussung; Einrichtung, Regelung; geschickte Handhabung, Behandlung; Betriebs- u. Menschenführung; Geschicklichkeit, Wendigkeit *f*; *factory* **~~** Werk(s)leitung *f*; **~~ consultant** Industrieberater *m*; **~~ department** Verwaltungsabteilung *f*; **~~ group** Führungsgruppe *f*; **~r** ['-ə] Führer, (Betriebs-)Leiter, Prokurist, Verwalter, Direktor; Bewirtschafter; gute(r) Verwalter, Haushälter, haushälterisch veranlagte(r) Mensch; *theat* Intendant, Regisseur *m*; *bank* **~~** Bankdirektor *m*; *branch* **~~** Filialleiter *m*; *business* **~~** Geschäftsführer *m*; *commercial* **~~** kaufmännische(r) Direktor *m*; *department* **~~** Abteilungsleiter *m*; *district* **~~** Bezirksleiter *m*; *factory*, *works* **~~** Fabrikdirektor, Werk(s)leiter *m*; *general* **~~** Generaldirektor; Betriebsführer *m*; *office* **~~** Büroleiter *m*; *production* **~~** Produktionsleiter *m*; *sales* **~~** Verkaufsleiter *m*; *stage* **~~** Bühnenleiter, Regisseur *m*; *traffic* **~~** Fahrdienstleiter *m*; **~ress** ['mænidʒəres] Vorsteherin, Leiterin, Geschäftsführerin, Betriebsleiterin, Directrice *f*; **~rial** [mænə'dʒiəriəl] führend, leitend; Direktions-, Verwaltungs-; *in* **~~** *capacity* in leitender Stellung.

managing ['mænidʒiŋ] *a* führend, leitend, geschäftsführend; haushälterisch, sparsam; beherrschend; **~ agent** Geschäftsführer *m*; **~ clerk** Büro-, Kanzleivorsteher; Prokurist *m*; **~ director** geschäftsführende(s) Vorstandsmitglied *n*; **~ engineer** leitende(r) Chefingenieur, technische(r) Leiter *od* Direktor *m*.

Manchu [mæn'tʃu:] Mandschu *m*; Mandschu *n* (*Sprache*); **~ria** [mæn'tʃuəriə] Mandschurei *f*; **~rian** [-n] mandschurisch.

mandamus [mæn'deiməs] (*order of* **~**) schriftliche Anweisung *f* e-s höheren Gerichts.

mandarin ['mændərin] Mandarin *m*; *fig* hohe(s) Tier *n*; **~(e)** [-'ri:n] *bot* Mandarine *f*.

mandat|ary ['mændətəri] = **~ory**, **~e** ['mændeit] *s* (schriftliche) Verfügung, Anordnung, Anweisung; Vollmacht *f*, Mandat *n*; *s. mandamus*; *tr* (*Land*) als Mandat unterstellen; *territory under* **~~** Mandatsgebiet *n*; **~~ government** Mandatsregierung *f*; **~~ power** Mandatarmacht *f*; **~or** [mæn-'deitə] Auftraggeber, Mandant *m*; **~ory** ['mændətəri, *Am* -tɔri] *a* zwingend, verbindlich, obligatorisch; zwangsweise; Mandatar-, Mandats-; *s* Beauftragte(r), (Prozeß-)Bevollmächtigte(r); Mandatar(staat) *m*.

mandible ['mændibl] Kinnlade *f*, -backen, Unterkiefer *m*; *ent* Mandibel *f*; *zoo* Vorderkiefer *m*.

mandolin(e) [mændə'li(:)n, 'mæn-] Mandoline *f*.

mandrake ['mændreik] *bot* Alraun(e *f*) *m*.

mandrel, **mandril** ['mændrəl] *tech* (Richt-, Steck-)Dorn *m*; Docke *f*.

mandrill ['mændril] Mandrill *m (Affe)*.
mane [mein] Mähne *f (a. beim Menschen)*.
manes ['mɑːneiz, 'meiniːz] *rel hist* Manen *pl*.
mangan|ese [mæŋgə'niːz] *chem* Mangan *n*; **~ ore** Braunstein *m*; **~~ steel** Manganstahl *m*; **~ic** [mæŋ'gænik] *a* Mangan-.
mang|e [meindʒ] Räude *f*; **~iness** ['-inis] Schäbigkeit; Gemeinheit *f*; **~y** ['-i] räudig; *fig* schmutzig, schäbig; niedrig, gemein.
mangel(-wurzel) ['mæŋgl'wəːzl] *bot* Mangold *m*.
manger ['meindʒə] Krippe *f*, Futtertrog *m*; *to leave all at rack and* **~** alles stehen und liegen lassen; *dog in the* **~** Neidhammel, Spaßverderber *m*.
mangle ['mæŋgl] **1.** *tr* zerfetzen, zerstückeln, zerfleischen, verstümmeln, entstellen (*beyond recognition* bis zur Unkenntlichkeit); *fig (Text)* verstümmeln, verderben; *(Wort)* falsch aussprechen; *mus* falsch singen *od* spielen; **~r** ['-ə] *(Fleisch-)*Wolf *m*; *(Fleisch-)* Hackmaschine *f*; *fig* Verstümmler *m*. **2.** *s* Wäscherolle, (Wäsche-)Mangel *f*; *tr (Wäsche)* rollen, mangeln; **~r** ['-ə] Wäschemangler(in *f*) *m*; *tech* Mangel *f*.
mango ['mæŋgou] *pl* -(e)s Mangobaum *m*; Mangopflaume *f*.
mangold *s. mangel(-wurzel)*.
mangrove ['mæŋgrouv] *bot* Mangrove *f*, Mangrove(n)baum *m*.
man|ia ['meiniə] *med* Manie *f*, manische(r) Zustand *m*; *allg* Manie, Sucht, Besessenheit *f (for* nach); *to have a* **~** *for* verrückt sein auf; **~iac** ['meiniæk] *s* Irre(r), Geisteskranke(r) *m*; *a u.* **~iacal** [mə'naiəkəl] manisch, irre; wahnsinnig, verrückt, toll, besessen; **~ic-depressive** ['meinik-] *med* manisch-depressiv.
manicur|e ['mænikjuə] *s* Maniküre *f*, Hand-(*u. bes.* Nagel-)Pflege *f*; *selten* = **~ist**; *tr* manikünren; **~ist** ['-rist] Maniküre *f*.
manifest ['mænifest] *a* offen (zutage liegend), (offen)sichtlich, offenbar, -kundig, augenscheinlich, nicht zu leugnen(d); *tr* offenbaren, enthüllen, offenkundig machen, kundtun, (öffentlich) bekanntmachen; beweisen, bestätigen, darlegen, -tun, klarstellen; *mar* in die Frachtliste eintragen; *itr* sich zeigen, (offen) zutage treten, bekannt-, offenkundig werden; *pol* e-e Kundgebung veranstalten, öffentlich auftreten; *(Geist)* erscheinen; *s mar* Ladungsverzeichnis *n*, Fracht(güter)-liste *f*; **~ation** [mænifes'teiʃən] Offenbarung, Enthüllung, Kund-, Bekanntmachung *f*; Symptom *n*; *pol* Kundgebung, Demonstration *f*; *(Geist)* Erscheinen *n*; **~o** [mæni'festou] *pl* -o(e)*s* öffentliche Erklärung *f*, Manifest *n*; Kundgebung *f*; *election* **~~** Wahlmanifest *n*, -aufruf *m*.
manifold ['mænifould] *a* mannigfaltig, -fach, verschiedenartig; Mehrzweck-; *s* Mannigfaltigkeit, Verschiedenartigkeit *f*; Durchschlag, Abzug *m*, Kopie *f*; *(~ pipe)* Sammelrohr *n*, -leitung *f*; Auslaßverteiler *m*; *tr* vervielfältigen; **~er** ['-ə], **~ writer** Vervielfältiger *m*, Vervielfältigungsgerät *n*, -apparat *m*; **~ paper** Vervielfältigungspapier *n*; **~ plug** Vielfachstecker *m*; **~ writer** Vervielfältigungsapparat *m*.
manikin ['mænikin] Männchen, -lein *n*, Zwerg *m*; anatomische(s) Modell, Phantom *n*; Gliederpuppe *(für Künstler)*; Schneiderpuppe *f*.
manipulat|e [mə'nipjuleit] *tr* handhaben; *(Schaltbrett)* bedienen; in unfairer *od* unerlaubter Weise) beeinflussen; manipulieren, *fam* deichseln, frisieren, *(bes. com: die Bücher)* fälschen; **~ion** [mənipju'leiʃən] geschickte Handhabung, Manipulation; geschickte Behandlung *f*, kunstvolle(s) Verfahren *n*; (unfaire, unerlaubte) Beeinflussung *f*, Manöver *n*, Kunstgriff *m*, Schiebung; Manipulation; Fälschung *f*; **~ive** [-leitiv], **~ory** [-əri] (geschickt) gehandhabt; manipulierend; gefälscht; **~or** [-ə] Handhaber; *fig* Drahtzieher; *tech* Wender *m*.
mannequin ['mænikin] Glieder-, Schneiderpuppe *f*, Vorführdame *f*, Mannequin *n*; **~ parade** Mode(n)schau *f*.
manner ['mænə] Art, Weise, Art u. Weise, Methode *f*, Vorgehen *n*; Verhalten(sweise *f*), Benehmen *n*; Manieren *f pl*, Lebensart *f*, gute(s), feine(s) Benehmen *n*; *(Kunst)* Manier *f*, Stil *m*; *obs lit* Art, Sorte; *pl* Sitte *f*, Gepflogenheiten *f pl*; gute(s) Benehmen *n*, gute(r) Ton *m*; *all* **~** *of (lit)* aller Art, alle Arten, Sorten (von); *no* **~** *of* nicht der geringste, gar kein; *by all* **~** *of means* selbstverständlich, auf jeden Fall; *by no* **~** *of means* auf keinen Fall; *in a* **~** gewissermaßen; bis zu e-m gewissen Grade; *in a* **~** *of speaking* sozusagen; *in such a* **~** *that* derart, daß; *in this* **~** auf diese Weise; *to the* **~** *born* von klein auf gewohnt, daran gewöhnt; wie geschaffen dafür;

mannered   597   **manure**

comedy of ~s Sittenkomödie *f*; *good, bad* ~s *(pl)* gute(s), schlechte(s) Benehmen *n*; *it's bad* ~s es schickt sich nicht; **~ed** ['-d] *a* affektiert; *(Kunst)* manieriert; *ill*-~ ungesittet; *well*-~ wohlgesittet; **~ism** ['-rizm] Manieriertheit, Affektiertheit; Eigenwilligkeit *f*; **~ist** ['-rist] affektierte(r) Mensch; Künstler, Schriftsteller *m* mit eigenwilligem Stil; **~less** ['-lis] ungesittet, ungezogen; **~liness** ['-linis] Anstand *m*, gute(s) Benehmen, (gute) Lebensart *f*; **~ly** ['-li] *a* (wohl)gesittet, (wohl)anständig, von gutem Benehmen.

manœuvr|ability, maneuverability [mənu:vrə'biliti] Lenkbarkeit, Manövrierbarkeit *f*; **~able** [mə'nu:vrəbl] manövrierbar; **~e** [mə-'nu:və] *s mil mar* Manöver *n*, (Truppen-)Bewegung *f*; *allg* Kunstgriff, Trick *m*, List *f*; *pl* Manöver *n*, Truppen-, Gefechtsübungen *f pl*; *itr tr* manövrieren (lassen); *tr* geschickt einrichten, vorbereiten, einfädeln, *fam* deichseln, drehen, verleiten *(into* zu); *to* ~~ *o.s. out of s.th. (fig)* sich aus e-r S herausmanövrieren; **~er** [mə-'nu:vərə] pfiffige(r) Kopf, Intrigant *m*.

manometer [mə'nɔmitə] Manometer *n*, Druckmesser *m*.

manor ['mænə] *hist* Herrschafts-, Gutsbezirk *m*; Rittergut *n*; *lord of the* ~ Gutsherr, Rittergutsbesitzer *m*; **~ -house** Herrenhaus, (kleines) Landschloß *n*; **~ial** [mə'nɔ:riəl] herrschaftlich.

mansard ['mænsəd] Mansarde, Dachkammer *f*; Dachgeschoß *n*; *(~-roof)* Mansardendach *n*.

manse [mæns] *Scot* Pfarrhaus *n*.

mansion ['mænʃən] (stattlicher) Bau *m*, Palais; *hist* Herrenhaus; *(Astrologie)* Haus *n*; *pl* Wohn-, Häuserblock *m*; *Br* Mietshaus *n*; *the* M~*-house* Amtssitz *m* des Lord Mayor von London.

mantel ['mæntl] Kaminmantel *m*; *a.* **--board, -piece, -shelf** Kaminsims *m*, -platte *f*.

mant(e)let ['mæntlit] kurze(r) Mantel, Überwurf, Umhang *m*, Cape *n*; *mil* Schutzwehr *f*.

mantic ['mæntik] prophetisch.

mantilla [mæn'tilə] Mantille *f*, Schleiertuch *n*; Umhang *m*, Cape *n*.

mantis ['mæntis] *pl a. -tes* ['-iz] *ent* *(praying* ~) Gottesanbeterin *f*.

mantle ['mæntl] *s* Umhang, ärmellose(r) Mantel *m*, Cape *n*; *allg* Mantel *m*, Hülle *f*; (Glüh-)Strumpf *m*; (Guß-)Form; *arch* Decklage *f*; *(Hochofen)* Rauhgemäuer *n*; *geol* (Erd-)Boden *m*; *anat* (Gehirn-)Rinde *f*; *fig* (Deck-)Mantel *m*; *tr* ver-, einhüllen, bedecken, überziehen *(with* mit); *itr* sich bedecken, sich überziehen *(with* mit); *(Wangen)* angehaucht werden *(with blushes* rot); *blushes* ~d *on her cheecks* Röte überzog ihre Wangen.

manual ['mænjuəl] *a* Hand-, manuell; handbuchartig; *jur* tatsächlich; *s* Handbuch *n*, Leitfaden *m*; *(Orgel)* Manual *n*; *mil (~ of arms)* Dienstvorschrift *f*; *sign* ~ eigenhändige Unterschrift *f*; ~ **aid** Handreichung *f*; ~ **exercises** *pl* (Gewehr-)Griffe *m pl*, *sl* Griffekloppen *n*; ~ **labo(u)r, work** Handarbeit *f*; ~ **operation** Handbedienung *f*; ~ **training** Werkunterricht *m*.

manufactur|e [mænju'fæktʃə] *s* Herstellung, Fabrikation, (Ver-)Fertigung, Produktion *f*; Erzeugnis, Produkt, Fabrikat *n*; *tr* herstellen, fabrizieren, (ver)fertigen, produzieren; verarbeiten *(into* zu); *pej (Kunst-, Literaturwerk)* fabrizieren; *(Ausrede, Entschuldigung)* finden; **~ed** [-d] *a*: ~~ *articles, goods (pl)* Fabrikerzeugnisse *n pl*, -waren *f pl*; ~~ *goods (pl)* Fertigwaren *f pl*; ~~ *ice* Kunsteis *n*; **~er** [-rə] *m* Hersteller, Erzeuger, Verfertiger; Fabrikant, Fabrikbesitzer *m*; ~~*'s mark* Fabrikmarke *f*, Warenzeichen *n*; ~~*'s number* Fabrikationsnummer *f*; ~~*'s price* Hersteller-, Fabrik-, Gestehungspreis *m*; ~~*'s sign* Fabrikzeichen *n*; **~ing** [-riŋ] *s* Fabrikation, (fabrikmäßige) Herstellung *f*; *a* Herstellungs-, Fabrikations-, Industrie-, Gewerbe-; ~~ *branch* Industriezweig *m*; ~~ *capacity* Produktionskapazität *f*; ~~ *centre, district* Industriegebiet *n*; ~~ *company* Produktionsgesellschaft *f*; ~~ *country* Industriestaat *m*; ~~ *efficiency* Produktionsleistung *f*; ~~ *engineer* Betriebsingenieur *m*; ~~ *expenses (pl)* Gestehungskosten *pl*; ~~ *industry* verarbeitende, Fertigungsindustrie *f*; ~~ *licence* Herstellungserlaubnis, -lizenz *f*; ~~ *plant* Fabrik, Werkanlage; Produktionsstätte *f*; ~~ *population* Arbeiterbevölkerung *f*; ~~ *price* Selbstkostenpreis *m*; ~~ *process* Fabrikationsverfahren *n*; ~~ *program(me)* Fabrikationsprogramm *n*; ~~ *town* Industriestadt *f*.

manure [mə'njuə] *s* Dünger *m*; *tr* düngen.

manuscript ['mænjuskript] *(bes. alte)* Handschrift *f*; *typ* Manuskript *n*, Satzvorlage *f*; *a u. in ~* handschriftlich; *still in ~* (noch) ungedruckt.

Manx [mæŋks] *a* (von) der Insel Man; *s* Bewohner(in *f*) *m* der Insel Man.

many ['meni] *prn* viel(e); *the ~* die Vielen, die große Menge *od* Masse; *~ a* manche(r, s), manch ein(e); *~ a man* manch einer; *~ a time* manchesmal, nicht selten; *a good ~ times* ziemlich oft; *a great ~ times* sehr oft; *as ~* ebenso viele; *as ~ again* noch mal so viele; *a good ~, a great ~* sehr viele; *one too ~* einer zuviel; *to be one too ~ for s.o. (fig)* jdn in den Schatten stellen, in die Ecke drücken; **~-sided** *a* vielseitig; **~-sidedness** Vielseitigkeit *f*.

map [mæp] *s (Land-, See-, Stern-)* Karte *f*; *(Stadt-)* Plan *m*; *sl* Fresse *f*, Gesicht *n*; *tr* kartographisch darstellen *od* aufnehmen; *(to ~ out)* genau festlegen, einteilen; planen, entwerfen, ausarbeiten; *off the ~ (fam)* ohne Interesse; nicht mehr aktuell; abgelegen; *on the ~ (fam)* von (allgemeinem) Interesse, (hoch)aktuell; *to put on the ~ (fam)* ausposaunen; *road ~* Straßenkarte *f*; *motor road-~* Autokarte *f*; *~ of the city* Stadtplan *m*; *~ case* Kartentasche *f*; *~ grid* Kartengitter *n*; *~ reading* Kartenlesen *n*; *~ room mil* Kartenraum *m*; *~ sheet* Kartenblatt *n*; *~ table* Kartentisch *m*.

maple ['meipl] *bot* Ahorn *m*, -holz *n*; **~-sirup** *Am* Ahornsirup *m*; **~-sugar** *Am* Ahornzucker *m*.

mar [ma:] *tr* beschädigen, beeinträchtigen; verderben, entstellen.

marabou ['mærəbu:] *orn* Marabu *m*.

maraschino [mærəs'ki:nou] Maraschino *m (Likör).*

marasmus [mə'ræzməs] *med* Abzehrung, Entkräftung *f*, Kräfteverfall *m*.

marathon ['mærəθən] *sport* Marathonlauf *m*; *allg* Dauerwettbewerb *m*.

maraud [mə'rɔ:d] *itr* marodieren, plündern; *tr* (aus)plündern; **~er** [-ə] Marodeur, Plünderer *m*.

marble ['ma:bl] *s* Marmor *m*; Marmorbild(werk) *n*; *sl* Murmel, Marmorierung *f*; *a* marmorartig, marmoriert; Marmor-; *fig* gefühllos; *tr* marmorieren, sprenkeln.

marcel [ma:'sel] *tr (Haar)* ondulieren.

March [ma:tʃ] März *m*; *in ~* im März; *~ hare* Märzhase *m a. fig*; *as mad as a ~~ (fam)* total verrückt.

march [ma:tʃ] **1.** *itr* marschieren; fortschreiten; vorrücken, weitergehen; *tr* marschieren lassen; wegschicken, -jagen; *s* Marsch *a. mus*; Schritt, weite(r) Weg; *mil* Vormarsch *(on* auf); (Ver-)Lauf, Gang *(der Ereignisse)*; *fig* Fortschritt *m*; *on the ~* auf dem Marsch; *to steal a ~ on s.o.* jdm den Rang ablaufen, jdn abhängen; jdm zuvorkommen; *~ at ease!* ohne Tritt (marsch)! *dead, forced ~* Trauer-, Gewaltmarsch *m*; *line of ~* Marschrichtung *f*; *the ~ of events* der Gang der Ereignisse; *the ~ of time* der Lauf der Zeit; *to ~ away, to ~ off itr tr* abmarschieren (lassen), abrücken; *to ~ in* führen; *to ~ forth, to ~ on itr tr* weitermarschieren (lassen); *to ~ in, to ~ out itr tr* ein-, ausmarschieren (lassen); *to ~ past itr tr* vorbeimarschieren (lassen); **~ing** ['-iŋ] *a* Marsch-; *~~ order* Marschordnung, -ausrüstung *f*; *pl* Marschbefehl *m*; *~~ song* Marschlied *n*; **~ order** *Am* Marschbefehl *m*; **~ past** Vorbeimarsch *m*; **~ security** Marschsicherung *f*; **2.** *s* meist *pl* Grenze *f*; Grenzland *n*, Mark *f*; *itr* grenzen (*upon* an); e-e gemeinsame Grenze haben *(with* mit); **~land** Grenzland *n*.

marchioness ['ma:ʃənis] *(englische)* Marquise, Markgräfin *f*.

marchpane ['ma:tʃpein] Marzipan *n*.

Margaret ['ma:gərit] Margarete *f*.

mare [mɛə] Stute *f*; *~'s nest* Scherz, Jux, Schwindel *m*; (Zeitungs-)Ente *f*; Reinfall *m*; *~'s tail* Seegras *n*, Tang *m*; Streifenwolken *f pl*.

margarine [ma:dʒə'ri:n, *Am* '-] Margarine *f*.

marge [ma:dʒ] **1.** *poet* Rand, Saum *m*; **2.** *fam* Margarine *f*.

margin ['ma:dʒin] *s* Rand *m*, Kante *f*; *(Schriftstück, Buch)* (weißer, freibleibender) Rand *m*; Grenze *f*; Spielraum *m*, Spanne *f*; *com (profit ~)* Gewinnspanne *f*, Überschuß *m*; *tech* Toleranzgrenze *f*; *fin* Deckung, Anschaffung *f*; *sport* Vorsprung *m*; *tr* mit e-m Rand versehen; einfassen, begrenzen; auf den Rand schreiben, am Rande vermerken, notieren; *fin (to put up a ~ for)* Deckung anschaffen für; *to ~ up* zusätzliche Deckung anschaffen für; *by a narrow ~* mit knapper (Müh und) Not; *in the ~* auf den Rand; *on the ~ am* Rande; *to allow, to reserve a ~* Spielraum lassen; *to have (enough) ~* (genügend) Spielraum haben; *to leave a ~* Spiel-

marginalia   **mark**

raum lassen; Gewinn abwerfen, einträglich sein; *they won by a narrow ~* sie haben knapp gewonnen; *~ of income* Einkommensgrenze *f*; *~ of power* Kraftreserve *f*; *~ of profit* Gewinn-, Verdienstspanne *f*; *~ of safety* Sicherheitsfaktor, -abstand *m*; **~al** ['~əl] e-n Rand, e-e Grenze bildend; begrenzend; Rand-, Grenz-; *(Land)* weniger rentabel; *com* zum Selbstkostenpreis; **~~ cost** Grenzfall *m*; **~~ case** Grenzkosten *pl*; **~~ note** Randbemerkung, -notiz *f*; **~~ price** äußerste(r) Preis *m*; **~~ utility** Grenznutzen *m*; **~alia** [ma:dʒi'neiljə] *pl* Randbemerkungen *f pl*, Marginalien *pl*.
marguerite [ma:gə'ri:t] *bot* Margerite *f*; Gänseblümchen *n*.
marigold ['mærigould] Ringel-, *bes.* Gold-, Totenblume *f*.
marijuana, marihuana [ma:ri-'(h)wa:nə] Marihuana *n (Rauschgift).*
marin|ade [mæri'neid] *s* Marinade *f*; *tr, a.* **~ate** [-eit] *tr* marinieren.
marine [mə'ri:n] *a* See-, Meer(es)-; Marine-; *s* Matrose *m*; (Kriegs-, Handels-)Marine *f*; Marineinfant(e)rist *m*; Marineministerium; *(Kunst)* Seestück *n*; *tell that to the ~s* das mach andern weis! *mercantile, merchant ~* Handelsmarine *f*; **~ adventure, peril, risk** Seegefahr *f*, -risiko *n*; **~ affairs** *pl* Seewesen *n*, Schiffahrt *f*; **~ belt** Hoheitsgewässer *n pl*; **M- Corps** *Am* Marineinfanterie *f*; **~ engineering** Schiffsmaschinenbau *m*; **~ insurance** Seetransportversicherung *f*; **~ plant** Meerespflanze *f*; **~r** ['mærinə] Seemann, Matrose *m*; *master ~~* Kapitän *m*; **~ stores** *pl* Schiffsproviant(amt *n*), -bedarf(smagazin *n*) *m*.
marionette [mæriə'net] Marionette, Puppe *f a. fig.*
marital [mə'raitl, 'mæritl] ehe(männ)lich, Ehe-; **~ partners** *pl* Ehegatten *m pl*; **~ rights** *pl* eheliche Rechte *n pl*; **~ status** Familienstand *m*.
maritime ['mæritaim] *a* See-; Küsten-; Seefahrt treibend; Schiffahrt(s)-; seemännisch; **~ assurance, insurance** Seetransportversicherung, Versicherung *f* gegen Seegefahr; **~ code, law** Seerecht *n*; **~ commerce, trade** (Über-)Seehandel *m*; **~ court** See-, Marineamt *n*; **~ forces** *pl* Seestreitkräfte *f pl*; **~ loan** Bodmerei(darlehen *n*) *f*; **~ navigation** (Hoch-) Seeschiffahrt *f*; **~ power** Seemacht *f*; **~ route** Seeweg *m*; **~ traffic** Seeverkehr *m*; **~ transport(ation)** See-

transport *m*, Beförderung *f* auf dem Seewege; **~ warfare** Seekrieg(führung *f*) *m*.
marjoram ['ma:dʒərəm] *(sweet ~)* Majoran, Meiran *m (Gewürz(pflanze)).*
Mark [ma:k] Markus *m*.
mark [ma:k] **1.** *s* Spur *f*, Mal *n*, Narbe *f*; Brandmal *n*; Fleck *m*; (Kenn-) Zeichen *n*; Stempel *m*, Siegel, Etikett *n*, (Preis-)Zettel *m*, Aufschrift, Auszeichnung; Sorte *f*; *mil* Modell; *fig* (An-, Kenn-)Zeichen *(of* von), Merkmal *n*; Marke *f*, Strich; Einschnitt; *(Bewertungs-)* Punkt *m*, Note, Zensur *f*; Durchschnitt(smaß *n*), Standard *m*; Abzeichen *n*; (hohe) Auszeichnung *f*, Rang *m*; (große) Bedeutung *f*; Eindruck, Einfluß *m*; Beachtung; Markierung(szeichen *n*); *sport* Startlinie; *(Boxen)* Magengrube *f*; Mal, Ziel(punkt *m*) *n a. fig*; *Am sl* Gimpel, leichtgläubige(r) Mensch *m*; *tr* (be-, kenn-, aus)zeichnen, markieren *a. mil*; notieren, anstreichen; (auf)zeigen, herausstellen, zu erkennen, zu verstehen geben; charakterisieren; heraus-, hervorheben, auszeichnen; bewerten, zensieren; *(Ware mit Preis)* auszeichnen; auf-, verzeichnen, (schriftlich) niederlegen; beachten; achten, achtgeben, aufpassen auf; *itr* (ein) Zeichen machen; *(bei Spielen die Punkte)* anschreiben; aufpassen, achtgeben; sich merken; *beside the ~, wide of the ~* am Ziel vorbei, vorbeigeschossen; nicht zur Sache gehörig; *to be below the ~* unter dem Durchschnitt bleiben *od* sein; *to be up to the ~* auf der Höhe sein *(a. gesundheitlich)*; den Erwartungen entsprechen; *to get off the ~ (sport)* starten; *to hit, to miss the ~* das Ziel, ins Schwarze treffen; das Ziel verfehlen, *fam* danebenhauen; *to make o.'s ~* sich e-n Namen machen, berühmt werden; sich durchsetzen; es zu etwas bringen; *to ~ time (mil)* auf der Stelle treten; *fig* nicht weiter-, nicht vom Fleck kommen; den Takt schlagen; **~!** gib acht! paß auf! Achtung! **~ me!** höre mich an! *save the ~!* alle Achtung! *birth-~* Muttermal *n*; *book-~* Lesezeichen *n*; *coiner's, mint-~* Münzzeichen *n*; *ear-~* Erkennungs-, Kennzeichen *n*; *finger-~* Fingerabdruck *m*; *foot-~* Fußspur *f*; *hall-~* Feingehaltstempel *m*; *identity-~* Erkennungsmarke *f*; *land-~* Grenzstein; *fig* Höhe-, Wendepunkt *m*; *a man of ~* ein bedeutender Mann; *post-~* Poststempel *m*; *price-~ (com)*

Preisbezeichnung *f*, -schildchen *n*; *proof-correction ~ (typ)* Korrekturzeichen *n*; *punctuation ~* Satzzeichen *n*; *reference-~* Verweisungszeichen *n*; *trade-~* Firmenzeichen *n*, Fabrik-, Haus-, Schutzmarke *f*; *water~* Wasserstandsanzeiger *m*; *(Papier)* Wasserzeichen *n*; *~ of identification* Merkmal *n*; *to ~* **down** *tr* auf-, niederschreiben, notieren, aufzeichnen; vormerken; bezeichnen; im Preis herabsetzen; *to ~* **off** *tr* abgrenzen *a. fig*; trennen; *to ~* **out** *tr* abgrenzen, -stecken; aussuchen, -wählen, bestimmen, vormerken *(for* für); durchstreichen; *to ~* **up** *tr* mit Zeichen versehen; im Preis heraufsetzen; **-down** Preisnachlaß, -abschlag *m*, Herabsetzung *f* des Preises; **-ed** [-t] *a* bezeichnet, gekennzeichnet; verdächtig(t); merklich, auffällig, in die Augen fallend, hervorstehend; **~--down** *(im Preis)* herabgesetzt; **-er** ['-ə] *(Spiel)* (An-)Schreiber; *(Schießstand)* Anzeiger; Flügelmann; *(Billard)* Markör *m (Vorrichtung)*; Lesezeichen *n*; *mil aero* Markierungs-, Leuchtzeichen *n*; *(~ aircraft)* Beleuchter; Meilen-, Kilometerstein *m*; *Am* Verkehrsschild *n*; *Am* Gedenktafel *f*, Grabstein *m*; **-ing** ['-iŋ] Be-, Kennzeichnung, Markierung; *zoo* bot Zeichnung, Färbung; *com* Notierung, Kursnotiz *f*; **~--ink** Wäschetinte *f*; **~--iron** Brenneisen *n*; **-sman** ['-smən] gute(r) Schütze; *sport* Torschütze *m*; **-smanship** ['-smənʃip] gute(s) Schießen *n*; **-up** Preiserhöhung *f*; 2. Mark *f (Währungseinheit)*.

market ['ma:kit] *s* Markt; Marktplatz *m*, -halle *f*; *Am* große(s) Lebensmittelgeschäft *n*; Markt *m*, Börse *f*, Absatz (-gebiet *n*), Umsatz; Handel(sverkehr); Marktpreis, -wert *m*, -lage *f*; Vorteil, Gewinn; Kurs *m*; *attr* Markt-; *tr* auf den Markt bringen; an-, zum Verkauf, feilbieten; verkaufen, absetzen; *itr* auf dem Markt Geschäfte machen; handeln; einkaufen; *at the ~* zum Marktpreis; auf dem Markt; *Am* bestens; *in the ~* am Markt; zum Verkauf angeboten; *on the ~* auf dem Markt; *to be in the ~ for s.th.* Bedarf haben an; für etw Abnehmer sein; *to be off the ~* nicht mehr im Handel zu haben sein; *to be on the ~* zum Verkauf stehen, an-, feilgeboten werden; *to bring o.'s eggs, hogs to a bad, to the wrong ~* an die falsche Adresse geraten; *to corner the ~* den Markt aufkaufen; *to find a, to meet with a ready ~* guten Absatz finden, sich gut verkaufen, gut weggehen; *to put on the ~* auf den Markt bringen; *black ~* Schwarzmarkt *m*; *bond ~* Pfandbrief-, Effektenmarkt *m*; *buyer's ~* Baisse *f*; Käufermarkt *m*; *capital, money, credit ~* Kapitalmarkt *m*; *cattle ~* Viehmarkt *m*; *Common M~* Gemeinsame(r) Markt *m*; *domestic, home, internal ~* Binnen-, Inlandsmarkt *m*; *easy, firm ~* freundliche, feste Börse *f*; *employment, labo(u)r ~* Stellen-, Arbeitsmarkt *m*; *grain ~* Getreidemarkt *m*, -börse *f*; *official ~* amtliche Notierung *f*; *position, situation, state of the ~* Marktlage, Konjunktur *f*; *property, real estate ~* Grundstücks-, Immobilienmarkt *m*; *security, share, stock ~* Effekten-, Aktienmarkt *m*; *spot ~* Barverkehr *m*; *world ~* Weltmarkt *m*; *~ of consumption* Verbrauchermarkt *m*; **-ability** [ma:kitə-'biliti] Marktfähigkeit; Absatzmöglichkeit *f*; **-able** ['ma:kitəbl] marktfähig, gangbar, gängig, gut verkäuflich, absatzfähig; börsenfähig; **~ analysis, study** Marktforschung, -analyse *f*; **~ analyst** Marktbeobachter *m*; **~--condition** Marktlage *f*; Absatzbedingungen *f pl*; **~--coverage** Marktanteil *m*; **~--day** Markttag *m*; **~--dues** *pl* Marktgebühren *pl*, Standgeld *n*; **~--fluctuations** *pl* Markt-, Preisschwankungen *f pl*; **~--garden** *Br* Handelsgärtnerei *f*; **~--ing** ['-iŋ] Marketing *n*; Vertriebslehre *f*; (Waren-)Absatz *m*; *to do ~* Einkäufe machen, einkaufen, einholen; *~ area* Absatzgebiet *n*, -bereich *m* od *n*; *~ company* Vertriebsgesellschaft *f*; *~ co-operative* Absatzgenossenschaft *f*; *~ costs (pl)* Vertriebskosten *pl*; *~ organisation, system* Absatzorganisation *f*; **~ inquiry** Marktanalyse *f*; **~ jobbery** Börsentermhandel *m*; **~--news,** *Am* **-letters** *pl* Markt-, Börsenbericht *m*; **~--place** Markt(platz) *m*; **~ price** Markt-, Handelspreis; Börsenpreis, -kurs, Kurs(wert) *m*; **~ list** Marktbericht *m*; **~ quotation** Kursbericht *m*; **~ rate** (amtlicher) Diskontsatz; Tageskurs *m*; **~ regulations** *pl* Marktordnung *f*; **~ research** Absatz-, Marktforschung *f*; **~ rigging** Kurstreiberei *f*; **~ risk** Markt-, Konjunkturrisiko *n*; **~--swing** Konjunktur(umschwung *m*) *f*; **~--town** Markt (-flecken *m*) *m*; **~ transactions** *pl* Börsengeschäfte *n pl*, -transaktionen *f pl*; **~ value** Marktwert *m*; Notierung *f*.

marl [ma:l] *s geol* Mergel *m*; *tr* mit Mergel düngen; **~ pit** Mergelgrube *f*.

marm [mɑːm] *Am s.* ma'am.
marmalade ['mɑːməleid] (bes. Orangen-)Konfitüre, Marmelade *f*.
marmore|al, ~an [mɑːˈmɔːriəl, -ən] marmorn. *fig,* Marmor-.
marmose ['mɑːmous] Äneasratte *f (Beutelratte);* **~t** ['-məzet] Krallenaffe *m*.
marmot ['mɑːmət] Murmeltier *n*.
maroon [məˈruːn] **1.** *a* kastanienbraun; **2.** *s* entlaufene(r), flüchtige(r) Negersklave *m; tr (in e-r einsamen Gegend)* aussetzen; *fig* aufgeben, sich selbst überlassen; *itr* herumbummeln; *Am (Südstaaten)* einzeln zelten.
marplot ['mɑːplɔt] Spiel-, Spaßverderber *m*.
marque [mɑːk]: *letter(s pl) of ~ (and reprisal)* Kaperbrief *m*.
marquee [mɑːˈkiː] *Br* (großes) *(an den Seiten)* offene(s) Zelt; *Am* Schutzdach *n (vor e-m Theater, Hotel)*.
marquet(e)ry ['mɑːkitri] Einlegearbeit, Intarsia *f*.
marqu|is, ~ess [mɑːˈkwis] Marquis *m*.
marriage ['mæridʒ] Ehe, Heirat, Hochzeit, Trauung, Eheschließung, Verehelichung *f (to mit);* Ehestand *m;* Trauungszeremoniell *n,* Hochzeitsfeierlichkeiten *f pl; fig* enge Verbindung, Vereinigung *f; by ~* angeheiratet; *in, of the first ~* in, aus erster Ehe; *to contract a ~* e-e Ehe eingehen; *to give in ~ (Tochter)* verheiraten; *to propose ~* e-n Antrag machen, e-n Heiratsantrag stellen; *civil, common law ~, ~ before the registrar* standesamtliche, Ziviltrauung *f; to perform civil ~* standesamtlich trauen; *impediment to ~* Ehehindernis *n; mixed ~* Mischehe *f; morganatic ~* Ehe *f* zur linken Hand; *offer of ~* (Heirats-)Antrag *m; procurement of ~* Ehevermitt(e)lung, -anbahnung *f; promise of ~* Eheversprechen *n; related by ~* verschwägert; *~ of convenience, of propriety* Vernunftehe *f; ~ for money* Geldheirat *f; ~ by proxy* Ferntrauung *f;* **~able** ['mæridʒəbl] heiratsfähig; **~~ age** Ehemündigkeit *f; of ~~ age* im heiratsfähigen Alter; **~~articles** *pl,* **contract, settlement** Ehevertrag *m;* **~ bed** Ehebett *n;* **~~brokage** Heiratsvermitt(e)lung *f;* **~~broker** Heiratsvermittler(in *f) m;* **~~ceremony** Trauung *f;* **~~certificate,** *fam* **-lines** *pl* Heiratsurkunde *f,* Trauschein *m;* **~~law** Eherecht *n;* **~~licence** Heiratserlaubnis, -urkunde *f;* **~~portion** Mitgift *f,* Heiratsgut *n;* **~~register** Heiratsregister *n;* **~~ring** Trau-, Ehering *m;* **~~rites** *pl* Hochzeitsbräuche *m pl; ~* **vow** Ehegelöbnis *n*.

married ['mærid] *a* verheiratet *(to* mit); ehelich; Ehe-; *fig* (eng) verbunden; *to be ~ in church* kirchlich getraut werden; *to get ~* (sich ver)heiraten; **~ couple** Ehepaar *n; newly ~~* junge(s) Ehepaar *n;* **~ life** Eheleben *n;* **~ man** Ehemann *m;* **~ people** Eheleute *pl;* **~ state** Ehestand *m;* **~ woman** Ehefrau *f*.

marrow ['mærou] (Knochen-)Mark *n; fig* Mark *n,* Seele *f, das* Innerste, *der* Kern; Lebenskraft, Vitalität *f; to the ~* bis aufs Mark; *spinal ~* Rückenmark *n; vegetable ~* Markkürbis *m;* **~bone** Markknochen *m; pl fam* Knie *n pl;* **~y** ['-i] markig.

marry ['mæri] *tr* trauen, vermählen *(to s.o.* mit jdm); heiraten *(s.o.* jdn); *fig* (eng) verbinden *(to* mit); *(to ~ off)* verheiraten *(to an, mit); itr* heiraten, sich verheiraten; *fig* sich eng verbinden, sich vereinigen.

marsh [mɑːʃ] Marsch(land *n) f,* Sumpf, Morast *m,* Moor *n;* **~~fever** Sumpffieber *n,* Malaria *f;* **~~fire** Irrlicht *n;* **~~gas** Sumpfgas *n;* **~iness** ['-inis] Sumpfigkeit *f;* **~land** Marschland, Sumpfgebiet *n;* **~~mallow** *bot* Eibisch *m; Art* Konfekt *n;* **~~marigold** (Sumpf-)Dotter-, Kuh-, Butterblume *f;* **~y** ['-i] sumpfig, morastig, moorig; Sumpf-, Moor-.

marshal ['mɑːʃəl] *s hist* Hofmarschall, Zeremonienmeister; *mil* Marschall; Gerichtsmarschall *(Begleiter e-s hohen Richters); Am jur* Vollstreckungsbeamte(r); *Am* Polizeidirektor, -präsident *m; tr (Truppen)* aufstellen; *(Einheit)* zs.stellen; *(Zeremonie, Feier)* leiten; *allg fig* (an)ordnen, arrangieren, disponieren; *aero* einwinken; **field ~** Feldmarschall *m;* **~(l)ing yard** Verschiebebahnhof *m*.

marsupi|al [mɑːˈsjuːpjəl] *a* Beutel(tier-); *s* Beuteltier *m;* **~um** [-əm] Beutel *m (der Beuteltiere)*.

mart [mɑːt] Markt, Handelsplatz *m;* Auktionshalle *f; obs poet* Markt (-platz); Handel und Wandel *m*.

marten ['mɑːtin] Marder(fell *n) m; beech-, stone-~* Stein-, Hausmarder *m; pine, fir ~* Edel-, Baummarder *m*.

martial ['mɑːʃəl] *a* Kriegs-; kriegerisch, soldatisch, tapfer; *court ~* Kriegs-, Militärgericht *n;* **law ~** Kriegs-, Standrecht *n; under ~~* standrechtlich; *to declare ~~* das Standrecht verhängen; den Aus-

martial music   602   **massage**

nahme-, Belagerungszustand erklären; *to try by* ~~ vor ein Kriegsgericht stellen; ~ **music** Militärmusik *f*.

Martian [ˈmɑːʃjən] *a (Mythologie) astr* Mars-; *s* Marsbewohner *m*.

Martin [ˈmɑːtin]: *St.* ~'*s summer* Altweibersommer *m*; *St.* ~'*s day*, ~**mas** [ˈ-məs] Martinstag *m*, Martini *n* (*11. November*).

martin [ˈmɑːtin] (*house-*~) Mauerschwalbe *f*; *bank-, sand-*~ Uferschwalbe *f*; *bee-*~ Königsvogel, Tyrann *m*; *purple-*~ Purpurschwalbe *f*.

martinet [mɑːtiˈnet] strenge(r), pedantische(r) Vorgesetzte(r) *m*.

martini [mɑːˈtiːni] Martini *m (Cocktail)*.

martyr [ˈmɑːtə] *s* Märtyrer, Blutzeuge; *allg* Märtyrer *m*, Opfer *n*; *tr* martern; foltern; verfolgen; *to make a* ~ *of o.s.* sich opfern (*for* für); *a* ~ *to gout* ein Gichtleidender; ~**dom** [ˈ-dəm] Märtyrertum; Martyrium *n a. allg*; Tortur *f*, Leiden *n* [*pl*]; ~**ize** [ˈ-raiz] *tr* zum Märtyrer machen; quälen, foltern.

marvel [ˈmɑːvəl] *s* Wunder; Muster *n*; *itr* sich wundern, erstaunt sein (*at* über); sich fragen (*why* warum); *to work* ~*s* Wunder wirken; ~(**l**)**ous** [ˈ-əs] wunderbar; unfaßbar, unglaublich; erstaunlich, außerordentlich; *fam* wunderbar, prachtvoll, prächtig, herrlich; ~(**l**)**ousness** [ˈ-əsnis] *das* Wunderbare, Unfaßbare, Erstaunliche.

Marx|ian [ˈmɑːksiən], ~**ist** [ˈ-ist] *a* marxistisch; *s* Marxist *m*; ~(**ian**)**ism** [ˈ-(jən)izm] Marxismus *m*.

marzipan [mɑːziˈpæn] Marzipan *n*.

mascara [mæsˈkɑːrə] Wimpern-, Augenbrauentusche *f*.

mascot(te) [ˈmæskət] Maskottchen *n*, Talisman, Glücksbringer, Anhänger *m*; *radiator* ~ Kühlerfigur *f*.

masculin|e [ˈmɑːskjulin, ˈmæs-] *a* männlich *a gram*; mannhaft; typisch, betont männlich; Männer-, Herren-; *s gram* Maskulinum *n*; ~~ *woman* Mannweib *n*; ~**ity** [mæskjuˈliniti] Männlichkeit; Mannhaftigkeit *f*.

mash [mæʃ] *s (Brauerei)* Maische *f*; *agr* Mengfutter; *allg* breiige(s) Gemisch *n*, Brei *m*, Mus *n*; *Br sl* Kartoffelbrei *m*; *fig* Durcheinander *n*; *tr* maischen; (zer)mahlen, zerstoßen, zu Brei schlagen, verrühren; ~*ed potatoes (pl)* Kartoffelbrei *m*, -püree *n*; ~**er** [ˈ-ə] Maischer; Maischapparat *m*; ~**ing tub** Maischbottich *m*.

mask [mɑːsk] *s* Maske (*a. arch*); Schablone; *fig* Hülle *f*, Schleier; Vorwand *m*; Maskenspiel *n*; Verkleidung, Maskerade; *mil* Tarnung *f*; *tr* maskieren; verdecken; *fig* verhüllen, verschleiern, verheimlichen; *mil* tarnen; (*to* ~ *out*) korrigieren, retuschieren; *itr* sich maskieren; sich verstellen; *to throw off o.s.* ~ (*fig*) sein wahres Gesicht zeigen; *death-, gas-, oxygen* ~ Toten-, Gas-, Sauerstoffmaske *f*; ~**ed** [-t] *a* maskiert; *mil* getarnt; *fig* verhüllt, verborgen, versteckt; ~~ *ball* Maskenball *m*; ~**er** [ˈ-ə] Maske *f* (*Person*).

mason [ˈmeisn] *s* Maurer; Steinmetz; (*free-*~) Freimaurer *m*; *tr* mauern; ~**ic** [məˈsɔnik] freimaurerisch; ~**ry** [ˈmeisnri] Maurerhandwerk *n*, -arbeit *f*; Mauerwerk *n*; Freimaurerei *f*.

masque [mɑːsk] Maskenspiel *n*; Maskerade *f*, Maskenball *m*; ~**rade** [mæskəˈreid] *s* Maskerade *f*; Maskenkostüm *n*; *fig* Maskerade *f*, Theater *n*, Vorspiegelung falscher Tatsachen; Maske, Verkleidung *f*; *itr* e-n Maskenball mitmachen; sich verkleiden; *fig* sich verstellen, sich ausgeben (*as* als).

mass [mæs] **1.** *s* Masse *a. phys*, Menge; (Knet-)Masse *f*; (*Blut-*)Klumpen *m*, Umfang *m*, Größe; Mehrheit; *mil* Massierung *f*; *the* ~*es* (*pl*) das gewöhnliche Volk; *attr* Massen-; *tr* massieren, zs.ziehen, anhäufen, konzentrieren; *itr* sich ansammeln, sich anhäufen; (*Wolken*) sich zs.ballen; *in the* ~ im ganzen; *the great* ~ die große Masse; ~ **action** Massenwirkung *f*; ~ **arrests** *pl* Massenverhaftungen *f pl*; ~**-distribution** *com* Massenabsatz *m*; ~ **flight** Massenflucht *f*; ~ **jump** *aero* Massenabsprung *m*; ~ **meeting** Massenversammlung *f*; ~ **murder** Massenmord *m*; ~ **murderer** Massenmörder *m*; ~ **number** Massenzahl *f*; ~~**produce** *tr* serienmäßig herstellen; ~ **production** Massenproduktion, -herstellung *f*; ~ **survey** Reihenuntersuchung *f*; ~**y** [ˈ-i] massig, massiv, kompakt, schwer, umfangreich; **2.** (*a. M-*~) [*a.* mɑːs] *rel mus* Messe *f*; *to attend, to go to* ~ die Messe besuchen; *to hear* ~ die Messe hören; *to say* ~ Messe lesen; *high* ~ Hochamt *n*; *low* ~ stille Messe *f*.

massacre [ˈmæsəkə] *s* Blutbad, Gemetzel, Massaker *n*; *Am sl* (*bes. sport*) gewaltige Niederlage *f*; *tr* niedermetzeln, massakrieren; *Am sl* haushoch schlagen.

mass|age [ˈmæsɑːʒ, *Am* məˈsɑːʒ] *s* Massage *f*; *tr* massieren; *thorough* ~~

massager — **match**

Vollmassage *f*; **~ager** [mæˈsɑːʒə], **~agist** [-ˈsɑːʒist], **~eur** [mæˈsəː] Masseur *m*; **~ageuse** [mæsəˈʒəːz], **~euse** [mæˈsəːz] Masseuse *f*; **~otherapy** [mæsəˈθerəpi] *med* Massagebehandlung *f*.

massif [ˈmæsiːf] (Gebirgs-)Massiv *n*.

massive [ˈmæsiv] massiv, massig, schwer, solide, fest, umfangreich; massiv, gediegen; *fig* gewichtig, bedeutend; **~ness** [-nis] Massigkeit, Schwere, Festigkeit; *fig* Wucht, Gewichtigkeit *f*.

mast [mɑːst] **1.** *s bes. mar* Mast; *tech* Kranbaum *m*; *tr* bemasten; *to sail before the ~* einfacher Matrose sein; **~er** [-ə] *in Zssgen mar* -master *m*; **three-~** Dreimaster *m*; **~head** (Mast-)Topp *m*; *Am* (*Zeitung*) Impressum *n*; **2.** *s agr* Baum-, Obermast *f*.

master [ˈmɑːstə] *s* Herr (u. Meister); Hausherr, Haushaltungsvorstand; Besitzer, Eigentümer, Vorsteher, Leiter, Direktor; Kapitän (*e-s Handelsschiffes*); Arbeitgeber, Chef; (Handwerks-)Meister, Dienst-, Lehrherr; *Br* Lehrer; (*bei einzelnen Colleges*) Rektor; Magister (*akad. Grad*); Meister *m*; *M~* (*Anrede*) (junger) Herr; *our M~* unser Herr (Jesus); *attr* Haupt-; *tr* unter s-e Gewalt bringen, unterwerfen; übertreffen, schlagen; (*Tier*) zähmen; (*Wissensgebiet, Stoff, Aufgabe*) bewältigen; beherrschen (*a. ein Fach, Gebiet, e-e Sprache*); *to be ~ of* Herr sein *gen*, über; beherrschen (*s.th.* etw); *to be o.'s own ~* sein eigener Herr sein; *to be ~ in o.'s own house* Herr im eigenen Hause sein; *to make o.s.* (*the*) *~ of a language* es zur völligen Beherrschung e-r Sprache bringen; *ballet ~* Ballettmeister *m*; *dancing ~* Tanzlehrer *m*; *English ~* Englischlehrer *m*; *fencing ~* Fechtmeister *m*; *geography, history, mathematics ~* Erdkunde-, Geschichts-, Mathematiklehrer *m*; *music ~* Musiklehrer *m*; *sports ~* Sportlehrer *m*; *M~ of Arts* Magister *m* der freien Künste; *~ of ceremonies* Zeremonienmeister; *Am* Conférencier *m*; *~ of the lodge* (*Freimaurerei*) Meister *m* vom Stuhl; **~-at-arms** *mar* Polizeioffizier *m*; **~builder** Baumeister *m*; **~carpenter, ~locksmith, ~mechanic** Zimmer-, Schlosser-, Mechanikermeister *m*; **~ clock** Kontrolluhr *f*; **~copy** *film* Originalkopie *f*; Handexemplar *n*; **~ful** [ˈ-ful] herrisch, gebieterisch; meisterhaft, kundig, erfahren, geschickt; **~hand** Meister *m* (s-s Faches); Meisterschaft *f*, große(s) Können *n*; **~key** Hauptschlüssel *m*; **~less** [ˈ-lis] herrenlos, umherschweifend; **~liness** [ˈ-linis] Erfahrenheit, Geschicktheit; Vorzüglichkeit *f*; **~ly** [ˈ-li] meisterhaft; erfahren, kundig, geschickt; hervorragend, ausgezeichnet, vorzüglich, meisterlich; **~mind** *s* führende(r) Kopf *m*, Kapazität *f*; *tr Am* geschickt lenken; **~piece, ~work** Meisterstück, -werk *n*; **~sergeant** *Am* Stabsfeldwebel *m* [ˈ-ʃip] (Vor-)Herrschaft, Macht (*over* über); Direktion, Leitung *f*; Vorsteher-, Lehramt *n*; Magistergrad *m*; Meisterschaft *f*, (übergehendes) Können *n*; **~singer** *hist mus* Meistersinger *m*; **~stroke** gelungene(r) Schlag *m*, Glanz-, Meisterstück *n*; **~ switch** Hauptschalter *m*; **~ tooth** Eckzahn *m*; **~ touch** Meisterschaft *f*; letzte(r) Schliff *m a. fig*; **~watch** Hauptuhr *f*; **~workman** Meister *m* s-s Faches; Vorarbeiter, Werkmeister *m*; **~y** [ˈ-ri] (Vor-)Herrschaft, Macht, Vormacht(stellung) *f*, Vorrang; Sieg *m* (*of, over* über); Meisterschaft *f*, meisterliche(s) Können *n*, Beherrschung *f* (*of gen*); *to gain the ~* die Oberhand gewinnen, den Sieg davontragen; *es zur Meisterschaft bringen* (*in* in).

mastic [ˈmæstik] Mastix; Kitt *m*.

masticat|e [ˈmæstikeit] *tr* (zer)kauen; *allg* zerkleinern, -mahlen, -reiben; **~ion** [mæstiˈkeiʃən] (Zer-)Kauen; Zerkleinern *n*, *s* [ˈ-ə] Kauende(r) *m*; *anat zoo* Kauwerkzeug *n*; *tech* Mahl-, Knetmaschine *f*; **~ory** [ˈ-əri] *a* Kau-; *s* Kaumasse *f*.

mastiff [ˈmæstif, ˈmɑːs-] Mastiff, Bullenbeißer *m*.

masturbat|e [ˈmæstəbeit] *itr* onanieren; **~ion** [-ˈbeiʃən] Onanie *f*.

mat [mæt] **1.** *s* Matte *f a. sport*; (*door ~*) Türvorleger, Schuhabtreter; Untersetzer *m*, Unterlage *f* (*für ein Gefäß*); *allg* Geflecht, feste(s) Gewebe *n*; Verfilzung *f*; *tr* mit e-r Matte belegen; verflechten, verfilzen; *itr* sich (eng) verflechten, verfilzen; **~ted** [ˈ-id] *a* mit Matten belegt; dicht bewachsen; (*Haar*) verfilzt; **~ting** [ˈ-iŋ] Mattenflechten *n*; Mattenbelag *n*; Matten *f pl*; **2.** *a* matt, glanzlos, stumpf; *s* matte Fläche *f*; Passepartout *n*; *tr* mattieren; **~ted** [ˈ-id] *a* mattiert; **~ting** [ˈ-iŋ] Mattieren *n*.

match [mætʃ] **1.** *s* Gleich(wertige)(r, s), Ebenbürtige(r, s); dazu Passende(r, s) *m f n*; Gegenstück, Pendant; Paar,

matched   604   **matrimony**

Ganze(s) n, Einheit; Partie, Heirat f; (passender) (Ehe-)Partner m; (Wett-)Spiel n, Wettkampf m, Partie f; Turnier n; tr gleichkommen, gleich(wertig), ebenbürtig sein, passen zu, entsprechen (s.o. jdm); etw Passendes finden für, passend machen für, abstimmen auf; tech anpassen; vergleichen; (im Wettstreit) messen (with, against mit); e-n (passenden) (Ehe-)Partner finden, beschaffen für; (Paar) zs.bringen; es aufnehmen (können) mit, sich messen können mit, gewachsen sein, die Spitze bieten (s.o. jdm); itr zs.passen, zuea. passen; (with zu); nur pl (sich) heiraten; to be a ~ for s.o. zu jdm passen; jdm ebenbürtig, gewachsen sein; es aufnehmen, sich messen können mit; to be a good, bad ~ gut, schlecht zs.passen; (Farben) sich vertragen, sich beißen; to be a good ~ (Mädchen, Frau) e-e gute Partie sein; to be more than a ~ for s.o. jdm überlegen sein; to find, to meet o.'s ~ s-n Mann finden; to make a ~ (of it) ein Paar zs.bringen, e-e Heirat vermitteln; a dress with a hat and gloves to ~ ein Kleid mit (dazu) passendem Hut u. passenden Handschuhen; boxing ~ Boxkampf m; football ~ Fußballspiel n; love ~ Liebesheirat f; wrestling ~ Ringkampf m; **~ed** [-t] a: well-, ill-~~ gut, schlecht zs.passend; **~less** ['-lis] unerreicht, unübertroffen, unvergleichlich; to be ~~ nicht seinesgleichen haben; **~~maker** Ehestifter(in f), Heiratsvermittler(in f) m; **~~making** Heiratsvermittlung f; **2.** Streich-, Zündholz n; hist mil Zündschnur, Lunte f; **~~box** Streich-, Zündholzschachtel f; ~ **book** Streichholzbrief m; **~~lock** hist Muskete f; **~~wood** Holz n für Streichhölzer; (Holz-)Splitter m pl; to make ~ of, to reduce to ~~, to break into ~~ kurz u. klein schlagen, fam Kleinholz machen aus.

mate [meit] **1.** s Kamerad, Genosse; (Ehe-)Partner; Gatte m, Gattin f, Mann m, Frau f; (Tiere) Männchen, Weibchen n; mar Begleitoffizier; mar Maat, Gehilfe m; tr itr (sich) vereinigen, sich verbinden; (sich) paaren; (sich) verheiraten; **~y** ['-i] a kameradschaftlich, familiär (with mit); **2.** s (Schach) Matt n; tr mattsetzen.

material [mə'ti(ə)riəl] a materiell, physisch, gegenständlich; körperlich, sinnlich; materiell eingestellt, materialistisch; zur Sache gehörend; wesentlich (to für); jur erheblich; s Material n, Stoff m (for für); Bestandteile m pl; Stoff m, Gewebe n; pl (Arbeits-)Material, Gerät, Werkzeug; pl Unterlagen f pl; building ~ Baumaterial n; direct, raw ~ Rohmaterial n, -stoff m; war ~ Kriegsmaterial n; writing ~s (pl) Schreibmaterial n; ~ **budget** Materialkostenplan m; ~ **damage** Sachschaden m; ~ **goods** pl Sachgüter pl; **~ism** [-izm] Materialismus m; **~ist** [-ist] s Materialist m; a u. **~istic** [mətiəriə'listik] materialistisch; **~ization** [mətiəriəlai'zeiʃən] Verkörperung, Materialisierung f; **~ize** [mə-'tiəriəlaiz] tr (körperlich) Gestalt geben (s.th. e-r S); verkörpern, materialisieren; (Geist) erscheinen lassen; itr (feste) Gestalt annehmen, Tatsache, Wirklichkeit werden, sich verwirklichen; (Geist) erscheinen; ~ **requirement** Materialbedarf m; ~ **shortage** Materialknappheit f; ~ **witness** Hauptzeuge m.

materia medica [mə'tiəriə 'medikə] Arzneimittel n pl, Drogen f pl; Arzneimittellehre f.

matériel, materiel [mətiəri'el] (Arbeits-)Material, Werkzeug n, bes. mil Ausrüstung f; Versorgungsgüter n pl.

matern|al [mə'tə:nl] mütterlich; (Verwandter) mütterlicherseits; ~ mortality Müttersterblichkeit f; **~ity** [-iti] s Mutterschaft f; a für werdende Mütter; Schwangerschafts-; ~ dress, wear Umstandskleid n, -kleidung f; ~~ hospital, home Entbindungsanstalt f, -heim n; ~~ nurse Hebamme f; ~~ ward Wöchnerinnenstation f.

mathematic(al) [mæθi'mætik(əl)] mathematisch; **~ian** [mæθimə'tiʃən] Mathematiker m; **~s** [mæθi'mætiks] pl mit sing Mathematik f.

matinée, Am a. **matinee** ['mætinei] Matinee, Nachmittagsvorstellung, -veranstaltung f; Am Morgenrock m.

matins ['mætinz] s pl (kath.) Frühmette f; (anglikan.) kirchliche(s) Morgengebet n.

matri ['meitri] in Zssgen Mutter-; **~archal, ~archic** [meitri'ɑ:kl, -ik] matriarchalisch; **~archate, ~archy** ['ɑ:kit, -i] Matriarchat n; **~cidal** [-'saidl] muttermörderisch; **~cide** ['-said] Muttermord; Muttermörder m; **~monial** [mætri'mounjəl] a Ehe-, Heirats-; ~ agency Heiratsvermittlung(sbüro n) f; **~mony** ['mætriməni, Am 'mætrəmouni] Ehe(stand m, -leben n); Heirat, Trauung f.

matriculate — **maximum**

matriculat|e [məˈtrikjuleit] *tr itr* (sich) immatrikulieren (lassen); *s* Immatrikulierte(r) *m*; **-ion** [mətrikjuˈleiʃən] Immatrikulation *f*, -sexamen *n*.

matrix [ˈmeitriks, ˈmæt-] *pl a.* -ces [-si:z], *anat* Gebärmutter; *geol* Gesteinshülle; *tech* Gußform; *typ* Matrize *f*; *bot* Nährboden *m*; *math* Matrix *f*.

matron [ˈmeitrən] Matrone *f*, Hausdame, -mutter; (Anstalts-)Leiterin, Vorsteherin, Oberin *f*; **-ize** [ˈ-aiz] *tr* bemuttern; *itr* e-e Matrone werden; **-ly** [ˈ-li] matronenhaft, gesetzt, würdig.

matter [ˈmætə] Stoff *m*, Material *n*; *phys* Materie, Substanz *f*, Stoff; Gegenstand, Inhalt *m* (*e-r* Rede, *e-s Schriftstückes*); Sache, Angelegenheit; Entfernung *f*, Zeitraum *m*, -spanne *f*; Betrag (*of* von); Anlaß, Grund *m*, Ursache *f*; *med* Eiter; *typ* (Schrift-)Satz *m*; Manuskript *n*; *pl* Dinge *n pl*, Umstände *m pl*; *itr* von Belang, von Bedeutung, von Wichtigkeit sein (*for* für); *med* eitern; *for that ~, for the ~ of that* was das betrifft; *to make ~s worse* die Sache noch schlimmer machen; *was die Sache noch schlimmer macht; not to mince ~s* kein Blatt vor den Mund nehmen; *to take ~s easy* alles auf die leichte Schulter nehmen; *what does it ~?* was kommt darauf an? was macht das (schon)? *he'll look into the ~* er geht der Sache nach; *it doesn't ~* das spielt keine Rolle, das macht nichts; *it is* od *makes no ~* das macht nichts, darauf kommt es nicht an; *no ~ what he does* ganz gleich, einerlei, was er tut; *no ~!* macht nichts! *what's the ~* was ist (denn) los? worum geht's, dreht es sich? *it's no laughing ~* das ist nicht zum Lachen; *it's a ~ of life and death* es geht um Leben u. Tod; *first-class ~ (Am)* Briefpost *f*; *postal ~* Post (-sachen *f pl*) *f*; *printed ~* Drucksache *f*; *a ~ of consequence* e-e wichtige Angelegenheit; *a ~ of course* e-e Selbstverständlichkeit; *~-of-course* [ˈ-tərəvˈk-] *a* selbstverständlich; *~-of-fact* [ˈ-tərəvˈf-] *a* tatsächlich, den Tatsachen entsprechend; praktisch, nüchtern, realistisch, prosaisch; *as a ~ of fact* in Wirklichkeit, tatsächlich; eigentlich; *a ~ of form* e-e Formsache *f*; *a ~ of hono(u)r* e-e Ehrensache; *a ~ of law* e-e Rechtsfrage; *a ~ of life and death* e-e Lebensfrage; *a ~ of opinion* Ansichtssache *f*; *a ~ of taste* Geschmackssache *f*; *a ~ of time* e-e Frage der Zeit.

mattock [ˈmætək] Hacke, Haue *f*; *cutter, pick ~* Breit-, Spitzhacke *f*.

mattress [ˈmætris] Matratze *f*; *air-, spring-~* Luft-, Sprungfedermatratze *f*.

matur|ate [ˈmætjuəreit] *tr* eitern; reifen; **-ation** [mætjuəˈreiʃən] Eiterung; Reifung *f*; **~e** [məˈtjuə] *a* reif *a. fig; fig* ausgereift; durchdacht; *fin* fällig; *tr* zur Reife bringen; reifen lassen; *itr* reifen, reif werden; *fin* fällig werden; **-ity** [məˈtjuəriti] Reife *a. fig; fig* Vollkommenheit, Vollendetheit *f*; *fin* Fälligkeit(stermin *m*), Verfallzeit *f*; *at, on ~~* bei Verfall, bei Fälligkeit; *~~ date* Fälligkeitstag *m*; *~~ index, (Am)* tickler Verfallbuch *n*.

matutinal [mætjuˈtainl, məˈtju:tinl] morgendlich, Morgen-; früh.

maudlin [ˈmɔ:dlin] *a* rührselig, weinerlich; weinselig; *s* Rührseligkeit; Weinseligkeit *f*.

maul [mɔ:l] *s* Vorschlag-, Holzhammer, Schlegel *m*; *tr* beschädigen, verletzen; verprügeln; (*to ~ about*) ungeschickt, grob umgehen mit; *fig* heftig kritisieren; (*mit Hammer u. Keil*) spalten.

maulstick [ˈmɔ:lstik] (*Kunst*) Malstock *m*.

maunder [ˈmɔ:ndə] *itr* herumträumen, -dösen; plan-, ziellos herumschlendern; drauflos reden, faseln.

Maundy Thursday [ˈmɔ:ndiˈθə:zdi] Gründonnerstag *m*.

mausoleum [mɔ:səˈli:əm] Mausoleum *n*.

mauve [mouv] *s* Malvenfarbe *f*; *a* malvenfarben.

maverick [ˈmævərik] *Am s* Rind *n* ohne Brandmal, *bes.* verlorene(s) Kalb *n*; *fig fam* Einzelgänger; Parteilose(r) *m*; *itr* ziellos umherstreifen; *fam* sich absondern.

mavis [ˈmeivis] *poet* Singdrossel *f*.

maw [mɔ:] (Tier-)Magen *m*; (*Wiederkäuer*) Drüsen-, Fett-, Labmagen; (*Vogel*) Kropf *m*; (*Fisch*) Luftblase *f*; *fig* Rachen *m*; **-worm** Eingeweidewurm *m*.

mawkish [ˈmɔ:kiʃ] widerlich, ekelhaft, -erregend; weichlich, süßlich; **-ness** [ˈ-nis] Widerlichkeit; Süßlichkeit *f*.

mawseed [ˈmɔ:si:d] Mohnsamen *m*.

maxilla [mækˈsilə] *pl -ae* [-i:] Kiefer (-knochen), *bes.* Oberkiefer *m*; (*Gliedertiere*) Maxille *f*, Unterkiefer *m*; **-ry** [-ri] *a* (Ober-)Kiefer-; *s = ~*.

maxim [ˈmæksim] Grundsatz *m*, Maxime *f*; **-al** [-əl] *a* größtmöglich; höchst, maximal; **-ize** [ˈ-aiz] *tr* bis aufs äußerste steigern; **-um** [ˈ-əm] *pl a.* -a [-ə] *s* Maximum *n*, Höchstmenge *f*, -maß *n*, -zahl *f*, -wert *m*; Höhepunkt *m*; *a* höchst, größt; Höchst-; maximal; *~~ amount* Höchstbetrag *m*; *~~ dura-*

May 606 **mean**

tion Höchstdauer *f*; ~~ *effect (tech)* Maximal-, Höchstleistung *f*; ~~ *limit* Höchstgrenze *f*; ~~ *load* Höchstbelastung *f*; ~~ *output (tech)* Höchstleistung *f*; ~~ *penalty, punishment* Höchststrafe *f*; ~~ *performance* Spitzenleistung *f*; ~~ *price* Höchstpreis *m*; ~~ *safety stress* zulässige Beanspruchung *f*; ~~ *salary* Höchstgehalt *n*; ~~ *speed* Höchstgeschwindigkeit *f*; ~~ *tariff* Höchsttarif *m*; ~ *value* Höchstwert *m*; ~~ *wages (pl)* Höchst-, Spitzenlohn *m*; ~~ *weight* Höchstgewicht *n*.

May [mei] **1.** Mai *m*; Maifeier *f*; Frühling(szeit *f*), Lenz *m*; m~ *(m~-bush)* blühende(r) Weißdornzweig *m*; *attr* Mai-; *in* ~ im Mai; **m~-beetle, -bug** Maikäfer *m*; **m~-bush, -thorn, -tree** Weißdorn *m*; ~ **Day 1.** Mai *m*; Maifeier *f*; *vgl. Mayday*; **m~-flower** Maiblume *f*; *Am* Primelstrauch *m*; **m~-fly** Eintagsfliege *f*; **~ing** [-iŋ] Maifeier *f*; **m~-pole** Maibaum *m*; ~ **Queen** Maienkönigin *f*; **~tide, time** Maienzeit *f*; **2.** Mariechen, Gretchen *n*.

may [mei] **1.** *aux (pret: might)* mögen, können; dürfen; ~ *I?* darf ich? *yes, you* ~ ja, bitte! *be that as it* ~ wie dem auch sei; *it* ~ *be too late* es ist vielleicht zu spät; **~be** ['meibi:], *obs* **~hap** ['meihæp] *adv* vielleicht; **2.** *obs poet* Maid *f*.

Mayday ['meidei] *mar aero* internationaler Notruf.

mayhem ['mei(h)əm] *jur* schwere Körperverletzung *f*.

mayonnaise [meiə'neiz] *(Küche)* Mayonnaise *f*.

mayor [mɛə] Bürgermeister *m*; **~alty** ['mɛərəlti] Bürgermeisteramt *n*; Amtszeit *f* e-s Bürgermeisters; **~ess** ['mɛəris] Bürgermeisterfrau; Bürgermeisterin *f*.

mazarine [mæzə'ri:n] *s* tiefe(s) Blau *n*; *a* tiefblau.

maz|e [meiz] Irrgarten *m*, Labyrinth *n*; Verwirrung, Bestürzung, Ratlosigkeit, Verlegenheit *f*; *to be in a* ~~ verwirrt, ratlos, verlegen sein; **~y** ['-i] labyrinthisch, wirr, verzwickt; verwirrend.

McCoy [mə'kɔi]: *the (real)* ~ *(Am sl)* der wahre Jakob.

me [mi:, mi] mich; mir; *fam* ich; *that's* ~ *(fam)* ich bin's.

mead [mi:d] *hist* Met *m*; *poet* Au(e) *f*.

meadow ['medou] Wiese, Aue *f*; ~ **bird** *Am* Boblink, Sperlingsvogel *m*; **~-grass** *(bes.* Wiesen-)Rispengras *n*; ~ **lark** *orn* Wiesenpieper *m*; *Am orn*

Atzel *f*; **~ore** Raseneisenerz *n*, -stein *m*; **~-saffron, -crocus** *bot* Herbstzeitlose *f*; **~y** ['-i] wiesenartig; Wiesen-.

meagre, *Am* **meager** ['mi:gə] mager, dünn, dürr; *fig* arm, ärmlich, dürftig; **~ness** ['-nis] Magerkeit; Dürftigkeit *f*.

meal [mi:l] **1.** Mahl(zeit *f*) *n*; *to make a* ~ *of s.th.* etw verzehren; *to take o.'s* ~*s* zu speisen pflegen; ~ **ticket** Eßmarke *f*; *Am sl* Brötchengeber *m*, nahrhafte(s) Etwas *n*; ~ **time** Essenszeit *f*; **2.** grobe(s) Mehl; Pulver *n*; *whole* ~ Vollkornmehl *n*; **~ie** ['-i] *(Südafrika)* Maiskolben; *meist pl* Mais *m*; **~iness** ['-inis] Mehligkeit *f*; **~y** ['-i] mehlig, pulverförmig; mehlhaltig, Mehl-; bestäubt, gesprenkelt, fleckig; bleich, blaß; = **~~-mouthed** *(Sprache)* versteckt, gewunden, zögernd, kleinlaut, schüchtern, leisetretend.

mean [mi:n] **1.** *irr* meant, meant *tr* meinen, denken; sich mit dem Gedanken tragen, vorhaben, beabsichtigen *(to do* zu tun); wollen; aussuchen, -wählen, bestimmen *(for* für, zu); *(to be* ~*t for)* gedacht, bestimmt sein für; sagen wollen *(by* mit); *(Wort)* bedeuten; soviel sein wie, bedeuten, heißen; *itr* gesonnen, gesinnt sein; *(hauptsächlich: to* ~ *well)* wohlgesinnt sein *(by, to s.o.* jdm), es gut meinen *(by, to s.o.* mit jdm); *to* ~ *little, much* wenig, viel bedeuten *(to s.o.* jdm); *to* ~ *business, to* ~ *what one says* es ernst meinen, nicht spaßen, nicht scherzen; *to* ~ *s.o. no harm* jdm nichts tun wollen; *to* ~ *mischief* Böses im Schilde führen; *I did not* ~ *to hurt you* ich wollte Sie nicht verletzen; *he didn't* ~ *any harm* er hat sich nichts Böses gedacht; *what did you* ~ *by that?* was wollten Sie damit sagen? *you don't really* ~ *that?* das ist doch nicht Ihr Ernst? *this* ~*s war* das bedeutet Krieg; *it* ~*s a lot to me to meet him* mir liegt viel daran, ihn zu treffen; **2.** *a* gemein, niedrig, gewöhnlich; bescheiden; unerheblich, unbedeutend, belanglos; unscheinbar; dürftig, schäbig, armselig, ärmlich; minderwertig; gemein, niedriggesinnt, kleinlich; *fam* selbstsüchtig, eigenwillig, unwirsch, übelgelaunt, unangenehm, schlecht, böse, boshaft; kleinlaut, verschämt; (gesundheitlich) nicht auf dem Posten, nicht auf dem Damme, nicht auf der Höhe; *sl Am* verdammt schwer, toll; aufregend; *sl Am* auf Draht; *no* ~ kein(e) schlechte(r, s), *fam* nicht von Pappe; *to feel* ~ *(fam)* sich genieren,

meanness sich schämen; *Am* sich nicht wohl fühlen; **~ness** ['nis] Gemeinheit, Niedrigkeit; Belanglosigkeit; Dürftigkeit, Armseligkeit; niedrige Gesinnung; *Am fam* Bösartigkeit *f*; **~ trick** Gemeinheit *f*; **3.** *a* mittler; mittelmäßig, durchschnittlich; Mittel-, Durchschnitts-; *s* Mitte(lpunkt *m*) *f*; Durchschnitt, Mittelwert *m*, -maß *n*; *math* Mittel *n* (*Logik*) Mittelbegriff *m*; *pl a.* mit sing Mittel *n* (zu e-m Zweck), Weg *m*; *pl* (Hilfs-, Geld-)Mittel *n pl*; Vermögen *n*, Reichtum *m*; *by ~s of* (ver)mittels, mit Hilfe *gen*, durch; *by all (manner of) ~s* auf alle Fälle, auf jeden Fall, jedenfalls, unter allen Umständen; selbstverständlich, gewiß; *by any ~s* auf alle mögliche Weise; irgendwie; etwa; überhaupt; *by fair ~s or foul* ganz gleich wie, im guten oder im bösen; *by lawful, legal ~s* auf dem Rechtswege; *by no (manner of) ~s* auf keinen Fall, keinesfalls, -wegs; *by some ~s or other* auf die eine oder andere Weise; *by this ~s* auf diese Weise, hierdurch; *to find the ~s* Mittel und Wege finden; *he lives beyond his ~s* er lebt über s-e Verhältnisse; *the end justifies the ~s* der Zweck heiligt die Mittel; *the golden, happy ~* die goldene Mitte; der goldene Mittelweg; *~s of communication* Verkehrsmittel *n pl*; *~s to an end* Mittel *n pl* zum Zweck; *~s of payment* Zahlungsmittel *n pl*; *~s of production* Produktionsmittel *n pl*; *~s of proving* Beweismittel *n pl*; *~s of redress* Rechtsmittel *n pl*; *~s of transportation* Transportmittel *n pl*; **~ latitude** *geog* mittlere Breite *f*; **~ number** *math* Mittelwert *m*; **~ (solar) time** mittlere (Sonnen-)Zeit *f*; Greenwich M~ *Time* Westeuropäische Zeit, Weltzeit *f*; **~time** *s* Zwischenzeit *f*; *(adv u.) in the ~~*, **~while** inzwischen, unterdessen, mittlerweile.

meander [mi'ændə] *itr* sich winden, sich schlängeln; umherirren, -streifen; *tr* mit Mäanderlinien versehen; *s* gewundene(r) Lauf; Irrweg; *(Kunst)* Mäander *m*.

meaning ['mi:niŋ] *s* Absicht *f*, Zweck, Sinn *m*, Bedeutung *f*; *a* sinn-, bedeutungs-, ausdrucksvoll; beabsichtigt, absichtlich; *well-~* wohlmeinend, -gesinnt; **~ful** ['-ful] bedeutungs-, sinnvoll; absichtlich; **~less** ['-lis] bedeutungs-, sinnlos; unabsichtlich.

measl|ed ['mi:zld] *a vet* finnig; **~es** ['mi:zlz] *pl mit sing med* Masern *pl*; *vet* Finne *f* (*Krankheit*); Finnen *pl*; German *~~* (*med*) Röteln *pl*; **~y** ['mi:zli] *a* an den Masern erkrankt; *vet* finnig; *fig fam* lumpig, kümmerlich, schäbig.

measurab|ility [meʒərə'biliti], **~leness** ['meʒərəblnis] Meßbarkeit *f*; **~le** ['meʒərəbl] meßbar; mäßig; *within ~~ distance of* nicht (mehr) fern *dat*, nicht (mehr) weit entfernt von; **~ly** ['-li] *adv Am* bis zu einem gewissen Grade.

measure ['meʒə] *s* Maß *n*; Messung; Maßeinheit *f*, -system *n*; *fig* Maßstab *m* (*of für*); Maß(band, -gefäß); Maß *n*, abgemessene Menge *f*; Maß *n*, (vernünftige) Grenze *f*; Ausmaß *n*, Grad, Umfang *m*; Maßnahme, -regel *f*, Schritt(e *pl*) *m*; (gesetzliche) Bestimmung *f*, Gesetz; Silben-, Versmaß *n*, Versfuß; Rhythmus; *mus* Takt; *math* Teiler; (Tanz-)Schritt *m*; *typ* Spalten-, Satzbreite *f*; *pl geol* Flöz *n*; *tr* messen; *(to ~ off, to ~ out)* ab-, aus-, vermessen; Maß nehmen *(s.o.* jdm); einstellen, abstufen *(by* nach); durchmessen; *itr* e-e Messung vornehmen; sich messen lassen, meßbar sein; *to ~ o.s.* sich messen *(against* mit); *to ~ up to (Erwartungen)* entsprechen *dat*; *(Forderungen)* erfüllen; *(vorgeschriebenes Maß)* erreichen; *beyond ~* übermäßig *adv*; *lit* über alle Maßen, *poet* über alle Maßen; *in a great, large ~* in weitem Umfang, großenteils; *in a, some ~* gewissermaßen, in gewissem Sinne; *to ~* nach Maß; *made to ~ (Anzug)* Maß-; *to give the ~ of* (richtig) ermessen lassen; *to give full, short ~* gut, schlecht messen; *to remain within ~s* sich in (gewissen) Grenzen halten; *to set ~s* Grenzen setzen *(to* dat); *to take ~s against* Maßnahmen ergreifen gegen; *to take s.o.'s ~ (Schneider)* jdm Maß nehmen; *fig* jdn abschätzen, -wägen; *to ~ s.o. with o.'s eye* jdn mit dem Blick messen, von oben bis unten ansehen, prüfend betrachten; *to ~ o.'s length* der Länge nach hinfallen; *to ~ o.'s strength with s.o.* s-e Kräfte mit jdm messen; *to ~ swords with s.o.* mit jdm die Klingen kreuzen; *coercive, decisive, drastic, harsh, inefficient, legal, preventive, protective, punitive, restrictive, secondary, thorough ~s (pl)* Zwangs-, entscheidende, drastische, einschneidende *od* strenge, ungenügende, gesetzliche, vorbeugende, Schutz- *od* Sicherheits-, Straf-, einschränkende, Hilfs-, durchgreifende Maßnahmen *f pl*; *counter-~* Gegenmaßnahme; Repressalie *f*; *dry*,

measured 608 **mediator**

linear, liquid ~ Hohl-, Längen-, Flüssigkeitsmaß n; *waist* ~ Taillenweite f; *tape*-~ Bandmaß n; ~ *of capacity, of length* Hohl-, Längenmaß n; ~*s of coercion* Zwangsmaßnahmen f pl; ~ *of economy, of retaliation* Spar-, Vergeltungsmaßnahme f; **~d** ['-d] a (ab)gemessen; geregelt, regelmäßig; gleichmäßig, einheitlich; fig gemessen, bedächtig, wohlüberlegt; gebunden, metrisch, rhythmisch; **~less** ['-lis] unermeßlich, grenzenlos; **~ment** ['-mənt] Messung; Größe f, Umfang m; *(Schiff)* Tonnage f; *meist pl* Maße n pl, Abmessungen f pl; min Markscheidung f; *(system of* ~~*)* Maßsystem n.

measuring ['meʒəriŋ] s Messen n, Messung f; Meß-, Maß-; ~ **container, glass** Meßgefäß, -glas n; ~ **range** Meßbereich m; ~ **tape** Bandmaß n; ~ **worm** ent Spannerraupe f.

meat [mi:t] Fleisch *(als Nahrung)*; Am (Frucht-)Fleisch n; Fleischspeise f; fig Inhalt, Gehalt, Kern m (der Sache), Quintessenz f; Am sl Hobby m, Steckenpferd, Vergnügen n; *canned, preserved* ~ Büchsenfleisch n, Fleischkonserve f; *cold* ~ kalte Platte f; *cooked, salted, smoked* ~ gekochte(s), Salz-, Rauchfleisch n; *fresh* ~ frische(s) Fleisch n; *fresh-killed* ~ Frischfleisch n; *frozen* ~ Gefrierfleisch n; *mince*- *(Art)* Gebäckfüllung f; *minced* ~ Gehackte(s), Mett n; *roast* ~ Braten m; *strong* ~ *(fig)* scharfe(r) Tobak m; ~ *and drink* Speise und Trank; *to be* ~~ *to s.o.* jdm viel Spaß machen, ein großes Vergnügen für jdn sein; ~ **ball** Fleischklößchen n; **~broth** Fleischbrühe f; **~~chopper** Hackmesser n, -maschine f; **~~eater** Fleischesser m; **~~extract** Fleischextrakt m; **~~flour** Fleischmehl n; **~~fly** Schmeißfliege f; **~~grinder** Fleischwolf m; **~head** Am sl Dummkopf m; **~~hook** Fleischhaken m; **~~inspection** Fleischbeschau f; **~~jelly** Sülze f; **~less** ['-lis] fleischlos; **~man** ['-mən] Am Fleischer, Schlachter, Metzger m; **~~packing plant** Am Großschlächterei f; **~~pie** Fleischpastete m; **~~safe** Speise-, Fliegenschrank m; **~~tea** Nachmittagstee m mit kalter Küche; **~~wagon** Am sl Sanitätswagen m; **~~waste** Fleischabfälle m pl; **~y** ['-i] fleischig; fleischartig; kräftig; fig gehaltvoll, inhaltreich, markig, lapidar.

mechanic [mi'kænik] Mechaniker, Autoschlosser, Maschinist, Monteur m; pl mit sing phys tech Mechanik f; fig Technik f; **~al** [-əl] mechanisch, maschinell, Maschinen-; automatisch; fig mechanisch, automatisch; gewohnheitsmäßig, unbewußt; ~~ *engineering* Maschinenbau m; ~~ *plant* maschinelle Einrichtung f; ~~ *press (typ)* Schnellpresse f; ~~ *transport* Kraftfahrwesen n; ~~ *troops (pl)* Kraftfahrtruppen f pl; ~~ *woodpulp* Holzschliff m; ~~ *workshop* mechanische Werkstatt f; **~alness** [-əlnis] das Mechanische, Automatische; fig Gedankenlosigkeit f; **~ian** [mekə'niʃən] == ~.

mechan|ism ['mekənizm] Mechanismus m a. fig; Schaltwerk n, Einrichtung, Technik f; fig Funktionssystem n, Apparat m; philos Mechanismus m, mechanistische Weltanschauung f; **~istic** [mekə'nistik] philos mechanistisch; **~ization** [mekənai'zeiʃən] Mechanisierung f; **~ize** ['mekənaiz] tr mechanisieren, auf Maschinenbetrieb umstellen; mil motorisieren; **~~d** *division* Panzergrenadierdivision f.

meconium [mi'kouniəm] physiol Kindspech n.

medal ['medl] s Medaille, Denk-, Schaumünze; Plakette f, Orden m; **~lion** [mi'dæljən] große Denkmünze f; Medaillon n a. arch; **~(l)ist** ['medlist] Stempelschneider; Ordensinhaber; Medaillengewinner m; ~ **ribbon** Ordensband n.

meddle ['medl] itr sich einmischen *(with, in* in*)*; sich abgeben *(with* mit*)*; **~r** ['-ə] Unberufene(r); Wichtigtuer, G(e)schaftlhuber m; **~some** ['-səm] aufdringlich; neugierig; geschäftig.

medi(a)eval [medi'i:vəl] mittelalterlich; **~ism** [-izm] Geist m des Mittelalters; **~ist** [-ist] Spezialist m für das Mittelalter; **M~ Latin** Mittellatein n.

medial ['mi:djəl] mittler; durchschnittlich, Durchschnitts-; gewöhnlich; gram medial; **~ly** ['-i] adv in der Mitte, in Mittellage; gram im Inlaut.

median ['mi:djən] a mittler, Mittel- bes. math; s math Mittelwert, -punkt m; *(*~ *line)* Mittellinie, Seitenhalbierende f.

mediat|e ['mi:diit] a in der Mitte liegend, Mittel-; vermittelnd, Vermitt(e)lungs-; mittelbar, indirekt; tr ['-eit] durch Vermitt(e)lung beilegen, durch Intervention regeln; vermitteln *(between* zwischen*)*; **~ion** [mi:di'eiʃən] Vermitt(e)lung f; math Interpolation f; rel Fürsprache f; *offer of* ~~ Vermitt(e)lungsangebot n; **~or** ['mi:dieitə] (Ver-)Mittler, Mittelsmann

mediatorial

m; **~orial** [mi:diə'tɔ:riəl], **~ory** ['mi:diətəri] vermittelnd; Vermitt(e)lungs-.
medic ['medik] *fam* Doktor, Arzt; *Am* Medizinstudent; *mil fam* Sani (-täter) m; **~al** ['medikəl] *a* medizinisch, ärztlich, Heil-; *s fam* Medizinstudent m; **~~ advice** ärztliche(r) Rat m; **~~ adviser** beratende(r) Arzt m; **~~ board** Gesundheitsamt n; **~~ certificate** ärztliche(s) Attest n; *M~~ Corps (mil)* Sanitätstruppe f; **~~ department** Gesundheitswesen n; **~~ examination, inspection** ärztliche Untersuchung f; **~~ expert** medizinische(r) Sachverständige(r) m; *M~~ Faculty* medizinische Fakultät f; **~~ history** Krankengeschichte f; **~~ jurisprudence** Gerichtsmedizin f; **~~ man** *(fam)* Doktor, Arzt m; **~~ officer** Amtsarzt; *mil* Sanitätsoffizier m; **~~ opinion** ärztliche(s) Gutachten n; **~~ plant** Arzneipflanze f; **~~ practitioner** praktische(r) Arzt m; *the* **~~ profession** der Arztberuf; die Ärzteschaft; **~~ services** *(pl)* ärztliche Bemühungen $f pl$; **~~ specialist** Facharzt m; **~~ student** Medizinstudent m; **~~ ward** innere Abteilung f (*e-r Klinik*); **~ament** [me'dikəmənt] Medikament, Heilmittel n, Arznei, *fam* Medizin f; **~ate** ['medikeit] *tr* medikamentös behandeln; *(Verbandstoff)* mit e-m Heilmittel imprägnieren; **~ation** [medi-'keiʃən] medikamentöse Behandlung; Imprägnierung f mit e-m Heilmittel; Behandlung, Verordnung; Arznei f; **~ative** ['medikətiv] medikamentös; heilkräftig; **~inal** [me'disinl] medizinisch, medikamentös; heilkräftig, heilend, Heil-; **~~ spring** Heilquelle f; **~ine** ['medsin, *Am* 'medisin] Medizin, Heilkunde; Arzneimittellehre, Pharmakologie; Arznei f, Heilmittel n, *fam* Medizin f; *to practice* **~~** den Arztberuf ausüben; *to take o.'s* **~~** s-e Medizin einnehmen; *(fig)* in den sauren Apfel beißen; *forensic, legal* **~~** Gerichtsmedizin f; **~~-ball** Medizinball m; **~~ bottle** Arzneiflasche f; **~~-chest** Hausapotheke f; **~~-man** Medizinmann m; **~o** ['-ou] *pl -os (fam)* Arzt m; **~o-legal** gerichtsmedizinisch.
mediocr|e ['mi:diouka] (mittel)mäßig, durchschnittlich, gewöhnlich, alltäglich; **~ity** [mi:di'ɔkriti] Mittelmäßigkeit; Alltäglichkeit f; Durchschnittsmensch m.
meditat|e ['mediteit] *tr* nachdenken über, betrachten; sinnen auf, vorhaben, planen; *itr* nachdenken, sinnen, grübeln (*on, upon* über); **~ion** [medi-

meet

'teiʃən] Nachdenken, Grübeln n; Betrachtung; *rel* Meditation f; **~ive** ['meditətiv, -teit-] nachdenklich; grüblerisch.
Mediterranean [meditə'reinjən] *a (m~)* mittelländisch; Mittelmeer-; *scient* mediterran; *s (~ Sea)* Mittelländische(s), Mittelmeer n; *(Anthropologie)* mediterrane(r) Mensch m.
medium ['mi:djəm] *pl a. -ia* ['-ə] *s* Mittel, Werkzeug; *(Kunst)* Ausdrucksmittel n; *das* Vermittelnde, Mittelweg m; Mittelsperson f, -mann, (Ver-)Mittler m; *(Spiritismus)* Medium n; *phys* Träger m; tragende(s), umgebende(s) Element n, Umgebung f, Milieu n; *(culture ~)* Nährflüssigkeit, -lösung f, -boden m; *(Farbe)* Bindemittel *(Öl)*; *(advertising ~)* Werbemittel n, Mitte *(zwischen Extremen)*, mittlere Qualität f, mittlere(r) Grad m; *typ* Medianpapier n; *a* mittler, Mittel-; durchschnittlich, Durchschnitts-; mäßig; *by, through the ~ of* durch Vermitt(e)lung, vermittels, mit Hilfe *gen*; *the happy* **~** die goldene Mitte, der goldene Mittelweg; **~ of circulation** *(fin)* Umlaufsmittel n; **~ of exchange** Tauschmittel n; *mus* Potpourri n; **~ faced** *a typ* halbfett; **~ price** Durchschnittspreis m; **~ size** mittlere Größe f; **~-sized** *a* mittelgroß; **~ wave** *radio* Mittelwelle f; **~ range** Mittelwellenbereich m; **~ transmitter** Mittelwellensender m.
medlar ['medlə] Mispel f.
medley ['medli] Gemisch n, Mischmasch m, Durcheinander, Konglomerat; *mus* Potpourri n.
medulla [me'dʌlə] *anat* Knochen-, Rückenmark; *(Gehirn)* verlängerte(s) Mark; *bot* Mark n.
meed [mi:d] *poet* Lohn, Sold m.
meek [mi:k] sanft(mütig), weich (-herzig); freundlich; (zu) nachgiebig; haltlos; *as* **~** *as a lamb, as Moses* sanft wie ein Lamm; **~ness** ['-nis] Sanftmut, Weichherzigkeit; Nachgiebigkeit; Haltlosigkeit f.
meerschaum ['miəʃəm] Meerschaum (-pfeife f) m.
meet [mi:t] *irr met, met* [met] **1.** *tr* treffen, begegnen (*s.o.* jdm); stoßen auf; entgegenkommen; berühren, in Berührung kommen mit; zu sehen, zu hören bekommen; erfahren, erleben; in Verbindung treten zu; bekannt werden mit, kennenlernen; sich treffen mit; gegenüber-, entgegentreten (*s.o.* jdm); (feindlich) zs.stoßen, -prallen mit (*s.o.* jdm); *(e-m Einwand)* begegnen, zurückweisen, -schlagen, fertig werden

meeting   610   **melodramatic**

mit, widerlegen; *(Rechnung, Schuld)* bezahlen; *(e-r Verpflichtung)* nachkommen; *(Wunsch)* erfüllen; **2.** *itr* sich begegnen, sich treffen; mitea. in Berührung kommen, in Verbindung treten; sich kennenlernen; sich versammeln; sich vereinigen; sich feindlich gegenübertreten, mitea. streiten, kämpfen, sich schlagen; treffen, begegnen *(with s.o.* jdn); bekommen, erhalten *(with s.th.* etw); erfahren, erleben, erleiden *(with s.th.* etw) **3.** *s sport* (Teilnehmer *m pl,* Ort *m* e-s) Treffen(s) *n;* Jagdgesellschaft *f;* **4.** *a obs* richtig, passend, angebracht, geeignet, tauglich; *to be well met* (gut) zuea. passen, sich (gut) vertragen; *to come, to go to ~ s.o.* jdm entgegenkommen, -gehen; *to make both ends ~* (gerade) (mit s-m Gelde) auskommen; *to ~ with an accident* verunglücken; e-n Unfall erleiden; *to ~ with approval* Billigung finden; *to ~ the case* das Nötige, Erforderliche tun; *to ~ the deadline* den Termin einhalten; *to o.'s death* den Tod finden; *to ~ demands* Ansprüche befriedigen; *to ~ s.o.'s ear* zu Ohren kommen; *to ~ expenses* Ausgaben bestreiten; *to ~ s.o.'s eye* jdm zu Gesicht kommen; mit jdm e-n Blick tauschen; *to ~ s.o. half-way* jdm auf halbem Wege entgegenkommen; *to ~ a loss* e-n Verlust erleiden; *to ~ an objection* e-m Einwand begegnen; *to ~ the train* zum Zug gehen; *will you ~ him at the train?* holen Sie ihn von der Bahn ab? *I want you to ~ Mr X* ich möchte Ihnen Herrn X. vorstellen; **~ing** ['-iŋ] Zs.-treffen *n;* Begegnung *f;* Treffen *n,* Zs.kunft, Versammlung, Sitzung, Tagung; *sport* Veranstaltung; Versammlung(steilnehmer *m pl*) *f;* Versammlungs-, Tagungsort, Treffpunkt; Zweikampf *m,* Duell; *(Fluß)* Zs.fließen *n;* *fig* Berührungspunkt *m; at a ~* auf e-r Versammlung; **board, committee ~** Vorstands-, Ausschußsitzung *f;* **~~house** Versammlungshaus *n (der Quäker);* **~~-place** Versammlungsort; Treffpunkt *m;* **~~-room** Versammlungsraum; Sitzungssaal *m.*

mega|lo ['megə(lou)] *pref* Mega(lo)-, Groß-, groß-; **~cycle** ['-saikl] *phys* Megahertz *n (1000 Kilohertz);* **~lith** ['-liθ] Megalith *m;* **~lithic** [megə'liθik] megalithisch; Megalith-; **~locardia** [megəlo(u)'ka:diə] *med* Herzerweiterung *f;* **~lomania** ['megəlo(u)'meiniə] Größenwahn *m;* **~lomaniac** [megəlo(u)'meiniæk] größenwahnsinnig; **~phone** ['megəfoun] *s* Sprachrohr *n,* Schalltrichter *m,* Megaphon *n; tr* durch e-n Schalltrichter verstärken; *itr* in e-n Sch. sprechen; **~ton** ['-tʌn] Megatonne *f.*

megohm ['megoum] *el* Megohm *n.*

megrim ['mi:grim] Migräne *f,* halbseitige(r) Kopfschmerz *m;* Grille, Laune *f; pl* Trübsinn *m,* Schwermut *f.*

melanchol|ia [melən'kouljə] *med* Melancholie *f;* **~i(a)c** [-'kɔlik (-'kouljək)] *a med* melancholisch; *s med* Melancholiker *m;* **~y** ['melənkəli] *s* Melancholie *a. med,* Schwermut *f,* Trübsinn *m;* trübe Stimmung, Depression; Grübelei *f; a* melancholisch, schwermütig, trübsinnig; grüblerisch; düster, traurig, kläglich, jämmerlich.

meld [meld] *tr itr (Kartenspiel)* melden; *Am* mischen; *s* Melden *n;* Kombination *f.*

mêlée, *Am* **melee** ['melei] Handgemenge *n.*

meliorat|e ['mi:ljəreit] *tr itr* (sich) verbessern; **~ion** [mi:ljə'reiʃən] Verbesserung; *agr* Melioration *f.*

melli|ferous [me'lifərəs] *ent* honigerzeugend; **~fluence** [-fluəns] Honigfluß *m; fig* Sanftheit, Lieblichkeit *f;* **~fluent** [-fluənt], **~fluous** [-fluəs] sanft, angenehm, einschmeichelnd.

mellow ['melou] *a (Frucht)* reif, weich, mürbe, saftig, süß; *(Wein)* vollmundig, ausgereift, *fam* süffig; *(Farbe)* satt; *(Licht)* wohltuend; *(Ton)* voll, schmelzend; *(Stimme)* volltönend; *(Wetter)* heiter, angenehm; *(Boden)* fett, fruchtbar; leicht; *(Mensch)* (ge)reif(t), abgeklärt, *fam* gemütvoll; Gemüts-; *sl* angeheitert, beschwipst; *tr* zur Reife bringen; weich, süß machen; *(Boden)* auflockern; *fig* mildern; *itr* reifen; reif, weich, süß werden; *fig* sich abklären; **~ness** ['-nis] Reife; Ausgereiftheit; Sattheit; Fülle *f;* Schmelz *m;* Abgeklärtheit *f;* Verständnis, Einfühlungsvermögen *n,* -bereitschaft *f.*

melod|eon [mi'loudjən] *Art* Harmonium *od* Akkordeon; *Am* Varieté *n;* **~ic** [mi'lɔdik] *a = ~ious; s pl mit sing* Melodik *f;* **~ious** [mi'loudjəs] melodisch, wohllautend, -klingend; **~iousness** [-'loudjəsnis] Wohllaut, -klang *m;* **~ist** ['melədist] Liederkomponist, -sänger *m;* **~ize** ['melədaiz] *tr* melodisch machen; vertonen; *itr* melodisch sein; Lieder komponieren; **~y** ['melədi] Melodie, (Sing-)Weise *f.*

melodrama ['melədra:mə] Melodrama *n;* **~tic** [melədrə'mætik] melodramatisch.

melon ['melən] Melone *f*; *sl* Rebbach, Gewinn, Profit *m*; *to cut a* ~ e-n großen Gewinn ausschütten; *water* ~ Wassermelone *f*.

melt [melt] *itr tr* schmelzen, auftauen; *el (Sicherung)* durchbrennen; *itr* sich auflösen, zergehen, verschwimmen, sich zersetzen; *(to* ~ *away)* dahinschwinden, vergehen; verschmelzen *(into* mit); übergehen *(into* in); *fig* erweichen, sanft werden, auftauen; sich besänftigen, sich legen; *tr (to* ~ *away)* auflösen, zersetzen; zum Schwinden bringen; übergehen lassen *(into* in); *fig* erweichen, besänftigen; *(Butter)* zerlassen; *s* Schmelzen *n*; Schmelzung, geschmolzene Masse *f*, Schmelzgut *n*; *tech* Gicht *f*; *to* ~ *down* einschmelzen; *to* ~ *in the mouth* auf der Zunge zergehen; *to* ~ *into tears* in Tränen zerfließen; **~er** ['-ə] Glas-, Tiegelschmelzer; Schmelzofen *m*; **~ing** ['-iŋ] *a fig* gerührt; rührselig, sentimental, weich(herzig); Schmelz-; *(Hitze)* schwül; *s* Schmelzen *n*; *snow-*~~ Schneeschmelze *f*; ~~ *point* Schmelzpunkt *m*; ~~ *pot* Schmelztiegel *m a. fig*; *to go into the* ~~-*pot* große Veränderungen erfahren, *fig* umgekrempelt werden.

member ['membə] (Körper-)Glied; Glied *n*, (Bestand-, Bau-)Teil *m*; Einteilungsglied *n*, Abteilung *f*; Angehörige(r) *m*, Mitglied *n*; *gram* Satzteil *m*; M~ *of Congress* Kongreßmitglied *n*, -abgeordnete(r) *m*; M~ *of Parliament* Parlamentsmitglied *n* -abgeordnete(r) *m*; ~ **country** Mitgliedsstaat *m*; **~ship** ['-ʃip] Mitgliedschaft *f*; Mitglieder *n pl*; Mitgliederzahl *f*, -stand *m*; ~~ *card* Mitgliedskarte *f*; ~~ *fee, dues (pl)* Mitgliedsbeitrag *m*; ~~ *list* Mitgliederliste *f*; ~~ *number* Mitgliedsnummer *f*.

membran|aceous [membrəˈneiʃəs] = *membran(e)ous*; **-e** ['membrein] *phys anat zoo* Membran(e) *f*; Häutchen *n*; *drum* ~~ Trommelfell *n*; **-(e)ous** [memˈbrein(j)əs] membranartig; Membran-; häutig *a. med*.

memento [miˈmentou] *pl* -*o(e)s* Andenken *n*; Erinnerung *f (of an)*; Denkzettel, Mahnruf *m*; *rel* Memento *n*.

memo ['memou] *fam* Notiz *f*.

memoir ['memwa:] Denkschrift; biographische Notiz *f*; *pl* Memoiren *pl*, Erinnerungen, Denkwürdigkeiten *f pl*; Tätigkeitsbericht *m*.

memorab|ilia [meməˈrəbiliə] *pl* Denkwürdigkeiten *f pl*; **-le** ['memərəbl] denkwürdig, bemerkenswert.

memo(randum) [meməˈrændəm] *pl a.* -*da* [-ə] Notiz *f*, Vermerk *m*, Aufzeichnung; kurze Mitteilung, Note; *com* (Waren-)Liste *f*, Verzeichnis *n*; Rechnung *f*; *pol* Memorandum *n*, Denkschrift; *jur* (Vertrags-)Urkunde *f*; *urgent* ~ Dringlichkeitsvermerk *m*; **~-book, -pad** Notizbuch *n*, -block *m*; **~-goods** *pl* Kommissionsware *f*.

memorial [miˈmɔ:riəl] *a* Erinnerungs-, Gedächtnis-; *s* Denkmal *n*, Gedenkstätte *f*, -tag *m*; *pol* Denkschrift; Eingabe, Bittschrift *f*; *war* ~ Gefallenen-, Kriegerdenkmal *n*; **M~ Day** *Am* Gefallenen-, Heldengedenktag *m (30. Mai)*; **~ist** [-ist] Bittsteller; Memoirenschreiber *m*; **~ize** [-aiz] *tr* gedenken *(s.o., s.th.)* jds, e-r S), feiern; e-e Eingabe machen, e-e Bittschrift richten an; ~ **plaque, slate, tablet** Gedenktafel *f*; ~ **service** Gedächtnisgottesdienst *m*.

memorize ['meməraiz] *tr* auswendig lernen, memorieren, sich einprägen, sich merken; notieren, aufzeichnen, schriftlich festhalten.

memory ['meməri] Erinnerungsvermögen; Gedächtnis; Gedenken, Andenken *n*, Erinnerung *f (of* an); *from, by* ~ auswendig; *in* ~ *of* zur Erinnerung an; *of blessed* ~ seligen Angedenkens; *within living* ~ seit Menschengedenken; *to call to* ~ sich ins Gedächtnis zurückrufen; *to commit to* ~ auswendig lernen; *to escape s.o.'s* ~ jds Gedächtnis entfallen; *to keep alive the* ~ *of* die Erinnerung wachhalten an.

menace ['menəs] *s* (Be-)Drohung *f (to* gen); *tr* bedrohen; *itr* drohen.

ménage, *Am a*. **menage** ['mena:ʒ] Haushalt(führung *f*) *m*.

menagerie [miˈnædʒəri] Menagerie *f*.

mend [mend] *tr* ausbessern, reparieren, flicken; *(Strümpfe)* stopfen; verbessern, berichtigen, richtigstellen; *(Feuer)* wieder in Gang bringen, schüren; *itr* sich bessern; wieder gesund werden, genesen; *s* Ausbesserung, Reparatur *f*; ausgebesserte Stelle *f*, Flicken *m*; *on the* ~ auf dem Wege der Besserung; *to* ~ *o.'s pace* s-e Schritte beschleunigen, schneller gehen; *to* ~ *o.'s ways* sich bessern; *that won't* ~ *matters* das ändert auch nichts daran; *least said, soonest* ~*ed (prov)* je weniger man redet, desto schneller wird alles besser; *it is never too late to* ~ *(prov)* es ist nie zu spät, ein anderes Leben anzufangen; **~able** ['-əbl] (aus)besserungsfähig; **~er** ['-ə] Ausbesserer, Flicker *m*; **~ing** ['-iŋ]

mendacious 612 **merciless**

(Aus-)Bessern, Flicken n; pl Stopfgarn n; *invisible* ~~ Kunststopfen n.

mendac|ious [men'deiʃəs] lügnerisch, verlogen, unaufrichtig, falsch; **-ity** [men'dæsiti] Lügenhaftigkeit, Verlogenheit, Unaufrichtigkeit, Falschheit f.

mendic|ancy ['mendikənsi] Bettelei; Bettelhaftigkeit f; **-ant** ['-kənt] a bettelnd; Bettel-; bettelhaft; s Bettler; *(~~ friar)* Bettelmönch m; **-ity** [men'disiti] Bettelei f; Bettelunwesen n; Bettelarmut f; *to reduce to ~~* an den Bettelstab bringen.

menfolk(s) ['menfouk(s)] pl die Mannsleute pl, fam -bilder n pl.

menhir ['menhiə] Menhir m.

menial ['mi:njəl] a Gesinde-; untertänig; niedrig, gewöhnlich; s Diener, Knecht; fig Lakai m.

meningitis [menin'dʒaitis] Hirnhautentzündung f.

miniscus [mi'niskəs] pl -ci [-sai] Mondsichel, konkav-konvexe Linse f; *anat phys* Meniskus m.

menopause ['menəpɔ:z] physiol Wechseljahre f, Klimakterium n.

mens|al ['mensl] monatlich; **-es** ['-si:z] = *menstruation*.

menstru|al ['menstruəl] a physiol Menstruations-; *astr* monatlich; **-ate** ['-eit] itr menstruieren, die Regel haben, unwohl sein; **-ation** [menstru-'eiʃən] Menstruation, monatliche Blutung f, Monatsfluß m.

mensur|ability [menʃurə'biliti] Meßbarkeit f; **-able** ['menʃurəbl] meßbar; **-ation** [mensjuə'reiʃən, Am menʃə'r-] (Ab-, Aus-, Ver-)Messung f; *math* Meßkunst f.

mental ['mentl] 1. geistig; Geistes-, Verstandes-, Kopf-; *med* geisteskrank, Irren-; **~ age** geistige(s) Alter n; **~ arithmetic** Kopfrechnen n; **~ asylum, home, hospital** Irrenanstalt f, -haus n, Heil-(u. Pflege-)Anstalt f; **~ case** Fall m von Geisteskrankheit; **~ deficiency** Schwachsinn m; **~ disease** Geisteskrankheit f; **~ healing** Psychotherapie f; **-ity** [men'tæliti] Geistesverfassung, Mentalität f; = **~ powers** pl Geisteskräfte f pl; **~ reservation** geistige(r) Vorbehalt m; **~ specialist** Psychiater m; **~ test** Intelligenzprüfung f; 2. *scient* Kinn-.

menthol ['menθəl] *chem* Menthol n.

mention ['menʃən] s Erwähnung f; *tr* erwähnen; *not to ~, without ~ing* abgesehen von, ganz zu schweigen von; *to make ~ of* erwähnen; *don't ~ it!* keine Ursache (zu danken)! *that's not worth ~ing* das ist nicht der Rede wert; **-able** ['-əbl] erwähnens-, nennenswert.

mentor ['mentɔ:] Mentor, treue(r) Ratgeber m.

menu ['menju:] Speisekarte, -nfolge f, Menu n.

meou, meow [mi(:)'au] *Am s. mew* 2.

mephit|ic [me'fitik] verpestet, stickig; übelriechend; **-is** [-'faitis] Ausdünstung, Stickluft f; üble(r) Geruch m.

mercantil|e ['mə:kəntail, Am -til] kaufmännisch; Handels-; ~~ *academy* Handelshochschule f; ~~ *agency* Handelsvertretung, Kreditauskunftei f; ~~ *agent* Handelsvertreter m; ~~ *broker* Handelsmakler m; ~~ *correspondence* Handelskorrespondenz f; ~~ *enterprise* kaufmännische(s) Unternehmen n; ~~ *law* Handelsrecht, -gesetz(buch) n; ~~ *marine* Handelsmarine f; ~~ *report* Marktbericht m; ~~ *system (hist)* Merkantilsystem n; ~~ *training* kaufmännische Ausbildung f; **-ism** ['mə:kəntailizm] *hist* Merkantilismus m.

mercenary ['mə:sinəri] a (Person) käuflich; gewinnsüchtig; bezahlt, gedungen; s Söldner; *obs* Mietling m.

mercer ['mə:sə] Schnittwaren-, Tuchhändler m; **-ize** [-'raiz] *tr (Textil)* merzerisieren; **-y** ['-ri] Schnittwaren f pl, Tuche n pl, (bes. Seiden-)Stoffe m pl; Schnittwaren-, Tuchhandel m, -handlung f.

merchandis|e ['mə:tʃəndaiz] s Ware(n pl) f; itr tr Am Handel treiben, handeln (mit); *an article of* ~ e-e Ware; **-ing** ['-iŋ] Verkaufspolitik f.

merchant ['mə:tʃənt] s (Groß-)Kaufmann, Handelsherr, Geschäftsmann, Am Kleinhändler, Ladeninhaber, Kaufmann, Krämer; *sl* auf etw versessene(r) Kerl m; a kaufmännisch; Handels-; *speed* ~ *(sl)* rücksichtslose(r) Autofahrer m; **-able** ['-əbl] verkäuflich, gangbar; **~ bar** *tech* Stabeisen n; **~ flag** Handelsflagge f; **-man** ['-mən], **~ ship, vessel** Handelsschiff n; **~ marine** Handelsmarine, -flotte f; **~ prince** reiche(r) Kaufmann m, große(r) Handelsherr m; **-'s apprentice** Kaufmannslehrling m; **-'s clerk** Handlungsgehilfe m; **--seaman** Matrose m der Handelsmarine; **~ service, shipping** Handelsschiffahrt f; **--tailor** Inhaber m e-s Maßkleidungsgeschäftes.

merci|ful ['mə:siful] gnädig; barmherzig, mitleidig, mild, gütig (*to* zu); **-fulness** ['-fulnis] Barmherzigkeit, Milde, Güte f; **-less** ['-lis] unbarm-

mercilessness 613 **mesozoic**

herzig, erbarmungs-, mitleidlos; **-lessness** ['-lisnis] Unbarmherzigkeit, Mitleidlosigkeit *f*.

mercur|ial [məː'kjuəriəl] *a* Quecksilber-; *fig* quecksilb(e)rig, lebhaft, lebendig; wechsel-, flatterhaft; **-ialism** [-izm] Quecksilbervergiftung *f*; **-ic** [məː'kjuərik], **-ous** ['məːkjurəs] *a* Quecksilber-; **-y** ['məːkjuri] Quecksilber *n*; *astr* Merkur; *fig* Bote *m*.

mercy ['məːsi] Gnade *f*, Erbarmen *n*; Barmherzigkeit *f*, Mitleid *n*, Milde, Güte, Wohltat *f*, Liebesdienst; Segen *m*, Glück *n*; *at the ~ of* in der Gewalt, in den Händen *gen*; preisgegeben, ausgeliefert *dat*; *without ~* erbarmungs-, mitleidslos; *to beg, to plead for ~* um Gnade flehen; *to show s.o. little ~* wenig Mitleid mit jdm haben; *that's a ~!* das ist ein Segen *od* Glück! **~ killing** Euthanasie *f*.

mere [miə] **1.** *a attr* bloß, rein, lauter, nichts als; *a ~* bloß ein(e), nur ein(e), nichts als; *for the ~ purpose of* nur zu dem Zweck *gen*; **-ly** ['-li] *adv* bloß, nur; **2.** *obs poet* (kleiner) See *m*.

meretricious [meri'triʃəs] dirnenhaft; aufdringlich, übertrieben, überladen *(a. Stil)*; (innerlich) hohl, unecht, falsch; *fig* verführerisch.

merg|e [məːdʒ] *itr* aufgehen, übergehen *(in in)*; verschmelzen *(in mit)*; *tr* aufgehen lassen *(into in)*, eng verbinden *(into mit)*; *com* zs. legen, fusionieren; **-ence** ['-əns], **-ing** ['-iŋ] Verschmelzung, Vereinigung *f (into mit)*; **-er** ['-ə] Zs.legung *f*, -schluß *m*, Fusion *f*.

meridi|an [mə'ridiən] *s geog* Meridian, Längen-, Mittagskreis; *astr* Meridian; Kulminationspunkt; Mittag; *fig* Höhepunkt *m*; Blütezeit *f*; *a* Längen-, Meridian-; Kulminations-, Mittags-, mittäglich; *fig* höchst; **-onal** [mə'ridiənl] *a* südlich, südländisch; Meridian-; *s* Südländer, *bes*. Südfranzose *m*.

meringue [mə'ræŋ] Meringe *f*, Baiser *n (Gebäck)*.

merino [mə'riːnou] *pl -os* Merinoschaf *n*, -wolle *f*.

merit ['merit] *a. pl* Verdienst *n*; Wert, Vorzug *m*, Besonderheit, Verdienstlichkeit *f*; Auszeichnung *f*, Ehrenzeichen *n*; *pl* innere Berechtigung *f*; (wahrer, tatsächlicher) Sachverhalt *m*; *die Sache selbst; das* Wesentliche, *die* wesentlichen Punkte, Hauptpunkte; *tr* verdienen, wert sein, beanspruchen können; *according to o.'s ~s* nach Verdienst; *on the ~s of the case* nach Lage der Dinge, wie die Dinge

nun einmal liegen; *to go, to inquire into the ~s of s.th.* e-r S auf den Grund gehen; *to make a ~ of s.th.* sich etw als Verdienst anrechnen; etw als verdienstvoll hinstellen; *a man of ~* ein verdienter Mann; **-ed** ['-id] *a* verdient; **-orious** [meri'tɔːriəs] verdienstlich, anerkennens-, lobenswert; *to be ~~* Anerkennung verdienen.

merlin ['məːlin] *orn* Merlin-, Zwerg-, Stein-, Blaufalke *m*.

mer|maid ['məːmeid] (Wasser-)Nixe; *fam* Badenixe *f*; **-man** ['-mən] Nix, Triton *m*; *fam* Wasserratte *f*.

merri|ment ['merimənt] Lustigkeit, Fröhlichkeit, Ausgelassenheit, Heiterkeit *f*.

merry ['meri] lustig, ausgelassen, fröhlich, froh, vergnügt, heiter, in Stimmung; *sl* beschwipst; *to make ~* ausgelassen, lustig, vergnügt sein, feiern; *over, of* sich lustig machen über; *~ as a lark* kreuzfidel; *a ~ Christmas* fröhliche Weihnachten *f pl*; *the ~ month (of May)* der Wonnemonat (Mai); **~-andrew** Spaßmacher *m*; **~-go-round** Karussell *n*; **~-making** Lustbarkeit *f*; **~-thought** Gabelbein *n*, -knochen *m (e-s Huhnes)*.

mesa ['meisə] *Am* Tafelland *n*.

mesentery ['mesentəri] *anat* Gekröse *n*.

mesh [meʃ] *s* Masche *f*; *pl* Geflecht, Netz(werk) *n*; *pl fig* Schlingen *f pl*, Falle *f*; Inea.greifen *n* der Zahnräder; *tr itr* (sich) *(in e-m Netz, a. fig)* fangen, verwickeln; *fig* (sich) verstricken, umgarnen (lassen); zs.passen; *tech* einrücken; *in ~ (Zahnräder)* inea.greifend; *~* **connection** *el* Dreiecks-, Deltaschaltung *f*; **-ed** [-t] *a* maschig, netzartig; *close-, fine-~~* eng-, feinmaschig; **-work** Gewebe, Gespinst *n*, Maschen *f pl*, Netzwerk *n*.

mesmer|ic [mez'merik] hypnotisch; **-ism** ['mezmərizm] Lehre *f* vom tierischen Magnetismus; **-ist** ['-ist] Heilmagnetiseur, Hypnotiseur *m*; **-ize** [-aiz] *tr* hypnotisieren; *fig* e-n großen Einfluß haben auf, beherrschen.

mesne [miːn] *a jur* Zwischen-; *~* **process, profits** *pl* Zwischenprozeß *m*, -gewinne *m pl*.

meso ['mesə(u)] *in Zssgen* Meso-, Zwischen-; mittler; **-carp** ['-kɑːp] Mesokarp *n*; **-lithic** ['-liθik] *a hist* mesolithisch; *s u.*: *~~* **era, period** mittlere Steinzeit *f*, Mesolithikum *n*; **-(tro)n** ['mesətrɔn, 'miːzɔn] *phys* Meso(tro)n *n*; **-zoic** [-'zo(u)ik] *geol* mesozoisch; *s u.*: *~~* **era, period** Erdmittelalter, Mesozoikum *n*.

mess [mes] *s mil* Kasino *n; mar* Back, Messe *f;* Offiziersheim; Essen *n,* Mahlzeit *f* im Kasino *od* in der Messe; (wüstes) Durcheinander *n,* wirrer Haufen; Schmutz, Dreck *m, fam* Schweinerei; schwierige, verzweifelte Lage, *fam* Patsche, Klemme *f,* Schlamassel *m od n; Am sl* Dummkopf *m; Am sl* aufregende Sache *f; tr* schmutzig, dreckig machen; *(to ~ up)* durchea., in Unordnung bringen; beschmutzen; *itr* gemeinsam essen (*with* mit); alles durchea., in Unordnung bringen; Verwirrung stiften; *a Am sl* ausgezeichnet, beachtlich; *Am sl* blöde, haltlos; *to ~ about, to ~ around* herumtrödeln, nichts Rechtes anfangen, *fam* herummurksen; *with s.o.* (*Am sl*) hänseln, beleidigen; *at ~* beim Essen, im Kasino, in der Messe; *to be in, to get into a ~* in der Klemme sein, in die K. geraten; schmutzig sein, werden; *to go to ~* zum Essen, ins Kasino gehen; *to make a ~ of* verpfuschen, verhunzen; durchea. bringen, auf den Kopf stellen; *o.s.* sich beschmutzen, sich beschmieren; *that's a fine ~* das ist e-e schöne Bescherung; *officers' ~* Offiziersmesse *f;* **~-allowance** Verpflegungsgeld *n;* **~-attendant** Ordonnanz *f (im Kasino);* **~-jacket** im Kasino getragene Jacke *f;* **~-kit, -gear** Eßgeschirr *n;* **~-mate** *bes. mar* Tischgenosse, Messe-, -kamerad *m;* **~-room** Kasino *n,* Messe *f;* **~-sergeant** Küchenfeldwebel, -wachtmeister *m;* **~-tin** Kochgeschirr *n;* **~-up** Durcheinander *n;* Verwirrung *f;* Mißverständnis *n;* **~-y** ['-i] unordentlich; unsauber, schmutzig, dreckig.

message ['mesidʒ] *s* Mitteilung, Nachricht, Benachrichtigung, Meldung *f;* Bericht *m;* Botschaft, Verkündung *f;* (Boten-)Auftrag, Botengang *m;* Bestellung *f; tr* mitteilen, melden, berichten; *to go on a ~* e-n Botengang machen, e-n Auftrag erledigen; *could you take a ~ for him?* könnten Sie ihm etwas ausrichten? *telegraph ~* Telegramm *n; telephone(d) ~* telephonische Benachrichtigung *f; wireless ~* Funkspruch *m; ~ of congratulation (pol)* Glückwunschbotschaft *f;* **~ bag, card** *od* **form, pad** *mil* Meldetasche *f,* -blatt *od* -formular *n,* -block *m;* **~ centre** *mil* Meldesammelstelle *f,* -kopf *m;* **~ form** *tele* Spruchformular *n.*

messenger ['mesindʒə] Bote; Kurier; *mil* Melder; Überbringer; Ausläufer; Dienstmann; *(express, special ~)* Eilbote *m;* (*~ cable*) Tragdraht *m,* -seil, -kabel *n; ~* **boy** Laufbursche *m; ~* **dog** *mil* Meldehund *m; ~* **pigeon** (Heeres-)Brieftaube *f;* **~'s fee** Botenlohn *m,* Bestellgeld *n; ~* **vehicle** Meldefahrzeug *n.*

Messiah, *the* [mi'saiə] *rel der* Messias.

messuage ['meswidʒ] *jur* (Wohn-)Grundstück, Anwesen *n.*

mestiz|o [mes'ti:zou] *pl -os* Mestize *m.*

metabol|ic [metə'bɔlik] *a* Stoffwechsel-; *biol* sich verwandelnd; **~ism** [me'tæbəlizm] *physiol* Stoffwechsel; *biol* Metabolismus *m; constructive ~* Aufbau *m; destructive ~* Abbau *m;* **~ize** [me'tæbəlaiz] *tr* umwandeln.

metacarpus [metə'ka:pəs] *pl -pi* [-ai] *anat* Mittelhand *f.*

metage ['mi:tidʒ] amtliches Messen *od* Wiegen *n* (*e-r* Ladung); (amtliche) Meß- *od* Wiegegebühr *f.*

metal ['metl] *s* Metall; Gußmetall; *min* Korn, Schieferton *m;* (flüssige) Glasmasse *f;* (*road-~*) Schotter *m; typ* Satzmaterial *n;* (druck)fertige(r) Satz *m; fig* Material *n,* Substanz *f,* Stoff *m; pl rail* Schienen *f pl,* Gleise *n pl; attr* Metall-; *tr* mit Metall verstärken *od* überziehen; (Straße) verschottern; *to leave, to run off the ~s (rail)* entgleisen; *coined ~* Metallgeld *n; heavy, light ~* Schwer-, Leichtmetall *n; precious ~* Edelmetall *n; white ~* Weißguß *m,* Neusilber *n; ~* **cutting** spanabhebende Bearbeitung *f;* **~ foil** Metallfolie *f;* **~ founder** Metallgießer *m;* **~lic** [mi'tælik] metallen; Metall-; *(Glanz)* metallisch; *~ compound* Metallegierung *f; ~ currency od standard, money* Metallwährung *f,* -geld *n; ~ vein (min)* Erzader *f;* **~liferous** [metə'lifərəs] metall-, erzhaltig, -führend; **~line** ['metlain] metallisch, Metall-; metallhaltig, -führend; **~(l)ing** ['metliŋ] Beschotterung *f;* **~(l)ize** ['metlaiz] *tr* metallisieren; **~lography** [metə'lɔgrəfi] Metallographie, Metallkunde *f;* **~loid** ['metəlɔid] *s* Nichtmetall *n; a* metallartig; **~lurgic(al)** [metə'lə:dʒik(əl)] metallurgisch; **~lurgist** [me'tælədʒist] Metallurge *m;* **~lurgy** [me'tælədʒi, metə-'lə:dʒi] Metallurgie, Hüttenkunde *f; ~* **plating** Plattierung *f;* **~ shears** *pl* Blech-, Drahtschere *f;* **~ strip** Metallstreifen *m;* **~worker** Metallarbeiter *m; ~* **working** Metallbearbeitung *f.*

metamorph|ic [metə'mɔ:fik] *geol* metamorphisch; *fig* gestaltverändernd; **~ose** [-fouz] *tr itr* (sich) um-, verwandeln (*to, into* in); **~osis** [-'mɔ:fəsis] *pl -ses* [-si:z] Um-, Verwandlung *f; biol* Metamorphose *f.*

metaphor ['metəfə] Metapher *f*, bildliche(r) Ausdruck *m*; **~ic(al)** [metə-'forik(əl)] bildlich, übertragen.

metaphysic|al [metə'fizikəl] metaphysisch; **~ian** [-fi'ziʃən] Metaphysiker *m*; **~s** [-'fiziks] *pl mit sing* Metaphysik; *fam* reine Theorie *f*.

metastasis [mi'tæstəsis] *pl -ses* [-si:z] *med (Krebs)* Metastase *f*; *biol* Substanz-, Stoffwechsel; *(Rede)* unvermittelte(r) Übergang *m*.

metatarsus [metə'tɑ:səs] *pl -si* [-sai] *anat* Mittelfuß *m*.

metathesis [me'tæθəsis] *pl -ses* [-si:z] (Laut-)Umstellung, Metathese *f*.

metcast ['metkɑst] Wettervoraussage *f*.

mete [mi:t] **1.** *(to ~ out)* aus-, verteilen; zumessen, -teilen; *obs poet* messen; **2.** *meist pl* Grenze; Grenzlinie *f*, -stein *m*; **~s** *and bounds (fig)* Grenzen *f pl*.

meteor ['mi:tjə] Meteor *m od n a. fig*, Sternschnuppe *f*; **~ic** [mi:ti'ɔrik] atmosphärisch, Luft-; Meteoren-; *fig* meteorhaft; glanzvoll; schnell, kurz; **~~ iron** Meteoreisen *n*; **~~ shower** Sternschnuppenschwarm *m*; **~ite** ['mi:tjərait] Meteorit, Meteorstein *m*; **~ologic(al)** [mi:tjərə'lɔdʒik(əl)] meteorologisch, Wetter-, Klima-; atmosphärisch; **~~ office** Wetterwarte *f*; **~ologist** [mi:tjə'rɔlədʒist] Meteorologe, *fam* Wetterfrosch *m*; **~ology** [-ə'rɔlədʒi] Meteorologie, Wetter-, Klimakunde *f*.

meter ['mi:tə] **1.** Messer *m*, Meßinstrument *n*, (Meß-)Uhr *f*, Zähler *m*; *gas*, *water ~* Gas-, Wasseruhr *f*; **2.** *Am s. metre*; **~ board, panel** Zählertafel *f*.

methane ['meθein] *chem* Methan, Sumpf-, Grubengas *n*.

methinks [mi'θiŋks] *irr pret methought* [-'θɔ:t] mich dünkt, mich deucht.

method ['meθəd] Methode *f*, Verfahren(sweise *f*) *n*, Prozeß *m*; Denk-, Ausdrucksweise; Lehr-, Heilmethode *f*; (Denk-)Schema, System *n*; **~ic(al)** [mi'-θɔdik(əl)] methodisch, planmäßig, systematisch; **~ism** ['-izm] (übertriebene) Systematik *f*; *(M)~~ (rel)* Methodismus *m*; **(M)~ist** ['-ist] *rel* Methodist *m*; **~ize** ['meθədaiz] *tr* systematisieren, in ein System bringen; **~ology** [meθə'dɔlədʒi] Methodenlehre, Methodologie *f*.

Methuselah [mi'θju:zələ] Methusalem *m*; *as old as ~* ur-, steinalt.

methyl ['meθil, 'mi:θail] *chem* Methyl *n*; **~ acetate** ['meθil] Methylazetat, essigsaure(s) Methyl *n*; **~ alcohol** Methylalkohol, Holzgeist *m*, Methanol *n*; **~ate** ['meθileit] *tr* methylisieren, denaturieren; **~ated** [-id] *a*: **~~ alcohol,**

spirit denaturierte(r) Alkohol, Spiritus *m*; **~ene** ['-li:n] Methylen *n*.

meticul|osity [mitikju'lɔsiti] große Sorgfalt, Gewissenhaftigkeit *f*; **~ous** [mi'tikjuləs] über-, peinlich genau, sehr sorgfältig, (äußerst) gewissenhaft.

metonymy [mi'tɔnimi] Metonymie, übertragene Bedeutung *f (e-s Wortes)*.

me-too ['mi:tu:] *tr Am sl* nachmachen.

metr|e, *Am* meter ['mi:tə] Versmaß, Metrum *n*; *mus* Takt *m*; Meter *n od m*; **~ic(al)** ['metrik(əl)] *a* metrisch; Maß-; Vers-; *metric system* metrische(s) System *n*; **~ics** ['metriks] *s pl mit sing* Metrik, Verslehre *f*; *mus* Rhythmus *m*.

Metro, metro ['metrou] Untergrund-, U-Bahn *f*.

metronome ['metrənoum] Metronom *n*, Taktmesser *m*.

metropol|is [mi'trɔpəlis] Metropole *f*, Zentrum *n*; Hauptstadt *f*; Sitz *m* e-s Erzbischofs; **~itan** [metrə'pɔlitən] *a* hauptstädtisch; erzbischöflich; *s* Großstädter; Erzbischof; *(orthodoxe Kirche)* Metropolit *m*.

mettle ['metl] (Menschen-)Schlag *m*; Anlage, Veranlagung *f*, Temperament *n*; (hohe) Begabung *f*, Geist *m*, Feuer *n*, Mut *m*; *to try s.o.'s ~, to put s.o. on his ~* jdn auf die Probe stellen; *he was on his ~* alle s-e Kräfte waren angespannt; **~d** ['-d], **~some** ['-səm] begeistert; mutig; feurig.

mew [mju:] **1.** (Mauser-)Käfig *m*; Mausern *f*; *pl mit sing* Marstall; Stallkomplex *m*; *tr (to ~ up)* einsperren, verstecken; **2.** *s* Miau *n*; *itr* miauen. **3.** (See-)Möwe *f*.

mewl, mule [mju:l] *itr* wimmern, (leise) vor sich hinweinen; miauen.

Mexic|an ['meksikən] *a* mexikanisch; *s* Mexikaner(in *f*) *m*; **~o** ['-kou] Mexiko *n*.

mezzanine ['mezəni:n] *arch* Zwischenstock *m*, Mezzanin *n*.

mezzo|relievo ['medzo(u)ri'li:vou] *(Kunst)* Halbrelief *n*; **~soprano** [-sə'prɑ:nou] *mus* Mezzosopran *m*; **~tint** ['-tint] *(Graphik)* Mezzotinto *n*, Schabkunst(blatt *n*) *f*.

miaow [mi(:)'au] *s. mew* 2.

miasm|a [mi'æzmə] *pl a. -ata* [-ətə] Miasma *n*, Gifthauch *m*.

mia(o)ul [mi'ɑ:l, mi'aul] *s. mew* 2.

mica ['maikə] *min* Glimmer *m*; **~ceous** [mai'keiʃəs] glimmerhaltig, -artig, Glimmer-; **~-schist, -slate** Glimmerschiefer *m*.

Michael [maikl] Mich(a)el *m*; **~mas** ['miklməs] *(~~ Day)* Michaeli(s) *n*, Michaelstag *m (29. Sept.); at ~~* auf, zu

Mick 616 **middling**

Michaeli(s); ~~ **daisy** (bot) Strandaster f; ~~ **term** (jur) Herbsttermin m; (Univ.) Herbsttrimester, -semester n.
Mick [mik] (= Michael) Am pej Ire m.
mickey ['miki] Am aero sl Radarmann m, -gerät n; sl Ire m; **to take the ~ out of s.o.** (sl) jdn aufziehen, beleidigen; **~ finn** Am sl (Schnaps, Cocktail m mit starkem) Betäubungs- od Abführmittel n.
micro ['maikrə(u)-] in Zssgen: Mikro-; Klein(st)-; **~be** ['maikroub] Mikrobe f; **~bial, ~bic** [mai'kroubiəl, -bik] a Mikroben-; **~cosm** ['-kɔzm] Mikrokosmos m a. fig; **~cosmic(al)** [-'kɔzmik(əl)] mikrokosmisch; **~film** ['-film] s Mikrofilm m; tr mikrofilmen; **~meter** [mai'krɔmitə] Mikrometer n; ~~ **screw** Mikrometerschraube f; **~n** ['maikrɔn] Mikron, My n; **~organism** [-'ɔ:gənizm] Mikroorganismus m; **~phone** ['maikrəfoun] Mikrophon; fam Radio n; **at the ~~** am Mikrophon; **~photograph** ['maikrə'foutəgra:f] Mikrophotogramm n (Bild); **~photography** [-fə'tɔgrəfi] Mikrophotographie f; **~scope** ['maikrəskoup] Mikroskop n; **~scopic(al)** [maikrə'skɔpik(əl)] mikroskopisch; mikroskopisch klein; peinlich genau; **~scopy** [mai'krɔskəpi] Mikroskopie f; **~tome** ['-toum] Mikrotom n; **~wave** el Mikrowelle f.
micturate ['miktjureit] itr med urinieren, Wasser lassen; **~ition** [miktju-'rifən] med Harndrang m; fam Wasserlassen n.
mid [mid] a mittler, in der Mitte befindlich; Mittel-; in Zssgen: **in ~(-)air** in der frischen Luft, frei schwebend; **in ~(-)Atlantic** mitten auf dem Atlantik; **from ~(-)May to ~(-)June** von Mitte Mai bis Mitte Juni; **~brain** anat Mittelhirn m; **~day** s Mittag m; a mittäglich; Mittags-; **~ meal** Mittagsmahlzeit f; **~land** s das Landesinnere; die **M~s** (pl) Mittelengland n; a binnenländisch; Binnen-; **M~lent** Lätare, 4. Fastensonntag m; Mittfasten pl; **~most** a mittelst; adv genau in der Mitte; prp mitten in; **~night** s Mitternacht; tiefe Dunkelheit, Finsternis f; a mitternächtlich, Mitternachts-; finster; **at ~** um Mitternacht; **to burn the ~~ oil** bis tief in die Nacht arbeiten; **~~ sun** Mitternachtssonne f; **~off, -on** (Kricket) Spieler m links, rechts vom Werfer; **~rib** anat Mittelrippe f (e-s Blattes); **~riff** anat Zwerchfell n; mittlere Körpergegend; Obertaille f; **~ship** s Mitte f des Schiffes; Mittelschiff(s)-; **~shipman**, sl **~shipmite** Fähnrich m zur See; **~ships** adv mittschiffs; **~stream** die Mitte des Stromes; **into the ~~ of** mitten in ... hinein; **~summer** Mittsommer m; ~~ **daisy** Margerite(nblume) f; **M~~ Day** Johannistag m, Johanni(s) s. (24. Juni); ~~ **madness** der Gipfel des Wahnsinns, helle(r) Wahnsinn m; **~term** a s Am (Prüfung f) mitten im Quartal od Semester; **~way** s Mitte des Weges, Hälfte f der Entfernung; Mittelweg m; Am Rummel-, Festplatz m; a ['-'-] in der Mitte (befindlich); adv ['-'-] halbwegs (nur räumlich); **~week** s Wochenmitte, Mitte f der Woche; a u. **~weekly** a adv in der Mitte der Woche; **~wife** pl **-wives** Hebamme f; **~wifery** ['-wifəri, Am -waif-] Geburtshilfe f; fig Mithilfe f; **~winter** Mittwinter m; **~year** a u. s (oft pl) Am (Prüfung f) in der Mitte des (Studien-)Jahres.
midden ['midn] obs Misthaufen m; (kitchen ~) K(j)ökkenmöddinger Øl.
middle ['midl] s Mitte(lpunkt m, -stück, -teil n) f; Zwischenstück n; Zwischenzeit f; Körpermitte, Taille f; a mittler; Mittel-, Zwischen-; (gram, Phonetik) medial; **in the ~ of** in der Mitte gen; **in the ~ of the night** mitten in der Nacht; **in the ~ of reading** gerade beim Lesen; **~ age** das mittlere (Lebens-)Alter; **the M~ Ages** das Mittelalter; **~aged** in mittleren Alters; **M~ America** Mittelamerikan; **~brow** fam geistige(r) Normalverbraucher m; **~~class** mittelständisch, bürgerlich; **~ class(es** pl) Mittelstand m, Bürgertum n; **~ course, ~ way** Mittelweg m, Kompromiß m od n; **~ distance** Mittelgrund m; sport Mittelstrecke f; **~ ear** Mittelohr n; **the M~ East** der Vordere Orient, der Nahe Osten; Am der Mittlere Osten; **M~ English, M~ High, Low German, M~ Latin** Mittelenglisch, -hoch-, -niederdeutsch, -latein n; **~finger** Mittelfinger m; **~man** Mittelsmann m, -person f, Vermittler; Zwischenhändler, Wiederverkäufer; Br Feuilletonist m; **~most** = midmost; **~-of-the-road** neutral; **~rate** mittelmäßig; **~ size** Mittelgröße f; **~sized** a mittelgroß, von mittlerer Größe; **~weight** s sport Mittelgewicht n; Mittelgewichtler m; a Mittelgewichts-; **the M~ West** der Mittelwesten.
middling ['midliŋ] a mittler, Mittel-; durchschnittlich, Durchschnitts-; (mit-

middy — **military**

middy ['midi] *fam* Fähnrich *m* (zur See); *Am* (*~ blouse*) Matrosenbluse *f*.
midg|e [midʒ] Mücke *f*; *~ = ~et*; **~et** ['-it] *s* kleine(s), winzige(s) Ding *n*; Knirps, Zwerg *m*; Puppe *f*, Püppchen *n*; *a* zwergenhaft; Miniatur-, Klein(st)-; **~~ car** Kleinauto *n*; **~~ railway**, (*Am*) **railroad** Liliputbahn *f*; **~~ set** Zwergempfänger *m*; **~~ submarine** Kleinst-U-Boot *n*.
midst [midst] *s lit nur in*: *in(to) the ~ of* mitten in, mitten unter *dat* (*acc*); *in our ~* in unserer Mitte, mitten unter uns; *out of, from the ~ of* mitten aus (... heraus), aus der Mitte *gen*; *prp poet* mitten in, mitten unter *dat*.
mien [mi:n] Miene *f*, (Gesichts-)Ausdruck *m*; Verhalten(sweise *f*) *n*.
miff [mif] *s fam* kleine Reiberei, Auseasetzung; *a* (Anfall *m* von) schlechte(r) Laune *f*; *tr* beleidigen; (*to ~ off*) leicht welken.
might [mait] Macht, Gewalt, Stärke, Kraft *f*; *with all o.'s ~*, *with ~ and main* mit aller, mit voller Kraft; **~ily** ['-ili] *adv* gewaltig, kräftig; *fam (übertrieben)* mächtig, gewaltig, sehr; **~iness** ['-inis] Kraft, Stärke, Gewalt, Heftigkeit *f*; **~y** ['-i] *a* mächtig, gewaltig, stark, kräftig, heftig; gewaltig (groß), bedeutend; *fam* eingebildet; *adv* sehr, riesig, gewaltig.
mignonette [minjə'net] *bot* Reseda *f*.
migraine [mi:'grein] Migräne *f*.
migr|ant ['maigrənt] Auswanderer; Nomade; *zoo* Zugvogel *m*; **~ate** [mai-'greit, *Am* 'mai-] *itr* umziehen; auswandern; *zoo* wandern; **~ation** ['-greifən] (Aus-, Ab-)Wanderung *f*; Fortziehen *n*; (Vogel-)Zug *m*; *internal* **~~** Binnenwanderung *f*; **~~ of the** *peoples* Völkerwanderung *f*; **~atory** ['maigrətəri] (aus)wandernd; Wander(ungs)-; umherstreifend, nomadisch, wanderlustig; **~~ bird** Zugvogel *m*; **~~ worker** Wanderarbeiter *m*.
mike [maik] **1.** *s sl* Mikrophon; Radio *n*; **2.** *itr sl* herumlungern; **3.** *M~ sl* Michael; *sl* Ire *m*.
milch [miltʃ] *a nur in*: **~ cow** Milchkuh *f*.
mild [maild] mild, sanft, weich(herzig); leicht, schwach, mäßig; (*Wetter, Klima*) mild; (*Wetter*) gelinde; (*Klima*) gemäßigt; (*Nahrungs-, Ge-*

nußmittel) mild, leicht; (*Stahl*) elastisch, schmied-, hämmerbar; *to put it ~ly* gelinde gesagt *od* ausgedrückt; *draw it ~! (fam)* gib nicht so (schaurig) an! **~ness** ['-nis] Milde; Sanftmut *f*.
mildew ['mildju:] Meltau(pilz); Schimmel *m*; Stockflecken *m pl*; *tr itr* (sich) mit Mehltau überziehen; schimm(e)lig werden (lassen); **~y** ['-i] vom Mehltau befallen; schimm(e)lig.
mile [mail] Meile *f (1,61 km)*; *geographical, nautical, sea ~* Seemeile *f (1,852 km)*; *~s apart* meilenweit ausea.; *fig* himmelweit entfernt; *to feel ~s better* sich erheblich besser fühlen; **~age, milage** ['-idʒ] Entfernung, zurückgelegte Strecke *f (in Meilen)*; Kilometergeld *n*; Fahrt-, Frachtgeld *m*; **~~ (book)** (*Am*) Fahrscheinheft *n*; **~~ indicator, recorder, ~ometer** ['-ləmitə] Meilen-, Kilometerzähler *m*; **~ post** Wegweiser *m* mit Entfernungsangabe; **~r** *sport* Meilenläufer *m*; **~stone** Meilenstein *m*; *fig* Markstein *m*.
milfoil ['milfɔil] *bot* Schafgarbe *f*.
miliar|ia [mili'ɛəriə] *med* Frieseln *pl*; **~y** ['miliəri] *a med* Miliar-.
milit|ancy ['militənsi] Kriegszustand *m*; Kriegsbereitschaft; Kampfeslust *f*, Kampfgeist *m*; **~ant** ['-t] *a* kämpfend, Kampf-; kriegführend; kriegsbereit, -lustig, kriegerisch, militant; *s* Kämpfer, Streiter *m*; **~arism** ['-ərizm] Militarismus *m*; **~arist** ['-ərist] *pol* Militarist *m*; **~aristic** [militə'ristik] kriegerisch; militaristisch; **~arize** ['militəraiz] *tr* auf den Krieg vorbereiten; **~ary** ['militəri] *a* militärisch, Militär-, Kriegs-; Heeres-; *s*: *the ~~* (mit *pl*) das Militär, das Heer; die Soldaten *m pl*; **~~** *academy, college* Militärakademie, Kriegsschule *f*; **~~** *attaché* Militärattaché *m*; **~~** *band* Militärkapelle *f*; **~~** *cemetery* Soldatenfriedhof *m*; **~~** *chest* Kriegskasse *f*; **~~** *commander* Militärbefehlshaber *m*; **~~** *court* Militär-, Kriegsgericht *n*; **~~** *courtesy* militärische Formen *f pl*; *M~~ Cross* Kriegsverdienstkreuz *n*; **~~** *fever* Unterleibstyphus *m*; **~~** *forces (pl)* Streitkräfte *f pl*; *M~~ Government* Militärregierung *f*; **~~** *history* Kriegsgeschichte *f*; **~~** *intelligence* (Spionage-)Abwehr *f*; **~~** *law* Militärgesetzgebung *f*; Kriegsrecht *n*; **~~** *map* Generalstabskarte *f*; **~~**-*minded (a)* kriegerisch, soldatisch; **~~** *music* Militärmusik *f*; **~~** *personnel* Militärpersonal *n*; **~~** *police* Militär-, Feldpolizei *f*; **~~** *school* Kadettenanstalt *f*; **~~** *science* Kriegswissen-

militate 618 **millinery**

schaft *f*; ~~ *service* Wehrdienst *m*; *universal compulsory* ~~ *service* allgemeine Wehrpflicht *f*; ~~ *service book* Wehrpaß *m*; ~~ *song* Soldatenlied *n*; ~~ *training* Militärausbildung *f*; ~~ *tribunal* Militärgericht *n*; **-ate** ['-eit] *itr fig (Tatsache)* sprechen, entgegenwirken *(against* gegen*)*; **-ia** [mi'liʃə] Miliz, Bürgerwehr *f*; **~~man** Milizsoldat *m*.

milk [milk] *s (bes. Kuh-)*Milch; *bot* Milch(saft *m*); *(Kalk-)*Milch *f*; *tr* melken; anzapfen *(fam a. fig, bes. tele)*; *fig* schröpfen, ausnutzen; *(Nachricht)* abfangen; *itr* Milch geben; *to ~ well* viel Milch geben, e-e gute Milchkuh sein; *no use crying over spilt ~* man soll Verlorenem nicht nachtrauern; *butter-* Buttermilch *f*; *coconut ~* Kokosmilch *f*; *condensed ~* kondensierte, Kondens-, Büchsenmilch *f*; *cow's ~* Kuhmilch *f*; *full-cream, unskimmed ~* Vollmilch *f*; *skimmed ~* Magermilch *f*; *~ of almonds* Mandelmilch *f*; *~ for babes (fig)* etwas für Kinder; *~ and honey* Milch u. Honig, Überfluß *m*; *the ~ of human kindness* die Milch der frommen Denkungsart; *~ and water* dumme(s) Gerede *n*; Gefühlsduselei *f*; *~ and-water (a)* läppisch, albern; *salt ~ u.* kraftlos; **~-bar** Milchbar *f*; **~-bill, -can, chocolate, -crust, diet** Milchrechnung, -kanne, -schokolade *f*, -schorf *m*; -diät *f*; **-er** ['-ə] Melker(in *f*), Schweizer *m*; Melkmaschine; *(meist mit a)* Milchkuh *f*; **~-filter, -float** Milchsieb *n*, -wagen *m*; **~iness** ['-inis] milchige Beschaffenheit *f*; *das* Weichliche; **~-jug** Milchtopf *m*, -kännchen *n*; **~maid** Milchmädchen *n*; **~-man** Milchmann *m*; **~~powder** Milchpulver *n*; **~ pudding** Reis-, Grießpudding *m*; **~ run** *Am aero sl* Routineeinsatz *m*; **~~shake** Milchmischgetränk *n*; **~sop** ['-sɔp] Schwächling, Weichling *m*, Muttersöhnchen *n*; **~~sugar** Milchzucker *m*; **~~tooth** Milchzahn *m*; **~weed** *bot* Wolfsmilch *f*; **~~white** milchweiß; **~wort** *bot* Kreuz-, Milchblume *f*; **~y** ['-i] milchig *a. bot*; milchweiß; Milch-; *fig* sanft, weich(lich); *the M~~ Way (astr)* die Milchstraße.

mill [mil] **1.** Mühle; (Saft-)Presse; *(bes. Textil-)*Fabrik *f*, Werk *n*; *(spinning ~)* Spinnerei *f*, Weberei *f*; Walzwerk *f*; Fräsmaschine *f*; *typ* Präg(e)werk *n*, Prägepresse *f*; *sl* Boxkampf *m*, Schlägerei *f*; *tr (Korn)* mahlen; *tech* bearbeiten; prägen; *(Tuch)* walken; walzen, polieren; fräsen, rändeln, bördeln; maschinell hobeln; *(Küche)* quirlen, schlagen; *(Vieh)* im Kreis herumtreiben; *sl* verdreschen, verkloppen; *itr (to ~ around)* sich im Kreise bewegen; *sl* sich prügeln; *to go through the ~* e-e harte Schule durchmachen; *to put s.o. through the ~* jdn durch e-e harte Schule schicken; *that's grist to his ~* das ist Wasser auf seine Mühle; *coffee-~* Kaffeemühle *f*; *cotton-~* mechanische Weberei *f*; *hammer-, marble-, oil-~* Hammer-, Marmor-, Ölmühle *f*; *paper-~* Papierfabrik *f*; *pepper-~* Pfeffermühle *f*; *rolling ~* Walzwerk *n*; *saw-~* Sägemühle *f*, -werk *n*; *steam-~* Dampfmühle *f*; *textile ~* Textilfabrik *f*; *water-, wind-~* Wasser-, Windmühle *f*; **~ board** Graupappe *f*; **~~ing** Faserplatte *f*; **~cake** Ölkuchen *m*; **~~dam** Mühlwehr *n*; **~ed** [-d] *a* gemahlen; bearbeitet; geprägt; gefräst; gebördelt; **-er** ['-ə] Müller *m*; Fräsmaschine *f*; *zoo* Motte *f*; **~~'s thumb** Kaul-, Dickkopf *m (Fisch)*; **~~hand** Spinnerei-, Fabrikarbeiter *m*; **~~owner** Mühlen-, Fabrikbesitzer *m*; **~~pond** Mühlteich *m*; **~~race, -run, -stream** Mühlbach *m*; **~stone** Mühlstein *m*; *fig* schwere Last *f*; *to see far into a ~~ (iro)* das Gras wachsen hören; **~~wheel** Mühlrad *n*; **~wright** Mühlenbauer *m*; Maschinenschlosser *m*; **2.** Zehntelcent, Tausendstdollar *m*.

mill|enarian [mili'nɛəriən], **-ennial** [mi'leniəl] tausendjährig; **-enary** ['milinəri, mi'len-] *a* tausendjährig; Tausendjahr-; *s* (Jahr-)Tausend *n*; Tausendjahrfeier *f*; **-ennium** [mi'leniəm] *pl a.* -nia Jahrtausend *n*; *rel das* Tausendjährige Reich; *allg* Goldene(s) Zeitalter *n*; **~eped(e)** ['milipi:d] *zoo* Tausendfuß, -füß(l)er *m*; **-esimal** [mi'lesiməl] *a* tausendstel; tausendfach; *s* Tausendstel *n*; **~iampere** [mili'æmpɛə] Milliampere *f*; **~iard** ['miljɑ:d] Milliarde *f*; **~ibar** ['-ibɑ:] *mete* Millibar *n*; **~igram(me)** ['-igræm] Milligramm *n* (¹/₁₀₀₀ *g*); **~imetre**, *Am* **-imeter** ['-imi:tə] Millimeter *n*; **~imicron** ['-imaikrɔn] Millimikron *n*; **~ion** ['miljən] Million *f a. fin*; *two ~ men* 2 Millionen Menschen; **-ionaire(ss)** [miljə'nɛə(res)] Millionär(in *f*) *m*; **-fold** ['miljənfould] *a adv* millionenfach; **-th** ['miljənθ] *a* millionst; millionstel; *s* Millionstel *n*.

millet ['milit] Hirse *f*.

milliner ['milinə] Putzmacherin, Modistin *f*; **~y** ['-ri] Damenhüte *m pl*, Modewaren *f pl*, -geschäft *n*.

milling ['miliŋ] Mahlen n; Bearbeitung; Prägung f; Walken, Walzen, Fräsen; Rändeln, Bördeln n; Bördelung; Kreisbewegung; sl Prügelei f; ~ **cutter** Fräser m; ~ **machine** Fräsmaschine f; ~ **plant** Mahlwerk n; ~ **product** Walz-, Mahlprodukt n; ~ **shop** Fräserei f.

milt [milt] s anat Milz f; (Fisch) Milch f; tr (Fischeier) befruchten; **~er** ['-ə] zoo Milchner m.

mim|e [maim] theat hist Mimenspiel n; Burleske, Farce f; Mime, Komiker, Spaßmacher m; [mimiə-gra:f] s Vervielfältigungsgerät n; tr vervielfältigen; **~esis** [mai'mi:sis, mi'm-] Nachahmung; biol Mimikry f; **~etic** [mi'metik] nachahmend, sich verstellend; nachgeahmt, Schein-; mimisch; Mimikry-; **~ic** ['mimik] a = ~etic; s Nachahmer, Imitator m; tr nachahmen, -machen; kopieren; gleichen, ähneln (s.o. jdn); s.o. jds Aussehen haben od annehmen; **~icry** ['-ri] Nachahmung; biol Mimikry f; **~osa** [mi'mouzə] bot Mimose f.

minaret ['minəret, --'-] arch Minarett n.

minatory ['minətəri] drohend, bedrohlich.

minc|e [mins] tr (Fleisch) (zer)hacken, klein schneiden, zerkleinern; zerlegen, zerteilen; fig geziert, affektiert tun od ausdrücken od sagen; beschönigen, abschwächen; bemänteln; itr fig sich zieren, sich affektiert benehmen, affektiert, geziert tun od sprechen od gehen; Fleisch, Gemüse zerkleinern; s Hackfleisch n; not to ~~ matters, ~'s words kein Blatt vor den Mund nehmen; **~~meat** Pasteten-, Gebäckfüllung f bes. aus Apfelstückchen, Rosinen, Korinthen, Sukkade, Zucker; to make ~~meat of zerhacken, zerkleinern; fig heruntermachen, -reißen, -putzen; keinen guten Faden lassen an; **~~pie** mit **~~meat** gefüllte Pastete f; **~er** ['-ə], **~ing machine** Fleischwolf m, Hackmaschine f; **~ing** ['-iŋ] a Hack-; fig geziert, affektiert.

mind [maind] **1.** s Gedächtnis n, Erinnerung; Aufmerksamkeit, Achtsamkeit, Sorge f; Gedanke m; Meinung, Ansicht, Anschauung, Überzeugung; geistige Verfassung; Absicht f, Wille, Wunsch m, Neigung, Lust f (zu etw); (bewußtes) Ich n; Intellekt, Verstand m, Vernunft f, Geist m; Seele f, Gemüt, Gefühl n, Sinn m, Herz n; Geist, Kopf, Mensch m; Denken n, Denkweise f, Geist m (e-r Zeit, e-s Volkes); philos Bewußtsein n; rel Seelenmesse f; **2.** tr (be)merken, beachten; sich in acht nehmen vor; achten, aufmerken, -passen auf, s-e Aufmerksamkeit schenken (s.th. e-r S); gehorchen (s.o. jdm); denken an; sich abgeben, sich befassen mit, sich (be)kümmern um, sorgen für, (be)hüten; etw einzuwenden haben, fam etw haben gegen; **3.** itr aufpassen, bei der Sache sein, sich Mühe geben; gehorchen; etw dagegen haben; widersprechen; es übelnehmen; **4.** in my ~'s eye vor meinem geistigen Auge; time out of ~ vor undenklichen Zeiten; to my ~ meines Erachtens, nach meiner Meinung, nach meinem Dafürhalten; **5.** to be in, of two ~s nicht wissen, was man will; schwanken, zögern; to be of one ~ ein Herz und e-e Seele sein; to be of s.o.'s ~ jds Meinung, Ansicht sein; to be of the same ~ e-r od derselben Meinung sein; to be out of o.'s (right) ~ den Verstand verloren haben; von Sinnen sein; ganz aus dem Häuschen sein (with vor); to bear, to keep in ~ behalten haben, sich (noch) erinnern an; to bring, to call to s.o.'s ~ jdn erinnern an; to change o.'s ~ s-e Meinung od s-e Absicht ändern; sich (anders) besinnen od entschließen; to give s.o. a piece, a bit of o.'s ~ jdm (gründlich) die Meinung sagen; to go, to pass out of s.o.'s ~ bei jdm in Vergessenheit geraten; to have a (good, great) ~ to große Lust haben zu; to have half a ~ to s.th. e-r S nicht abgeneigt sein; halb entschlossen sein zu; to have in ~ sich erinnern an; denken an; vorhaben; to have s.th. on o.'s ~ an etw immer denken müssen; sich um etw Gedanken, Sorgen machen; to keep in ~ denken an; to keep o.'s ~ on achten, aufpassen auf; to keep an open ~ zu keinem Entschluß kommen, sich nicht entscheiden können; to know o.'s ~ sich (selbst) kennen; to know o.'s own ~ wissen, was man will; to make up o.'s ~ zu e-m Entschluß kommen; sich klarwerden (to mit); sich abfinden (to mit); to put s.o. in ~ of s.th. jdn an etw erinnern; to set o.'s ~ on sein Sinnen und Trachten richten auf; sich etw in den Kopf setzen; to slip o.'s ~ entfallen; to speak o.'s ~ offen s-e Meinung sagen; to take o.'s ~ off nicht mehr denken an, sich nicht mehr kümmern um; to tell s.o. o.'s ~ jdm s-e Meinung sagen; to ~ o.'s P's and Q's sich in acht nehmen, vorsichtig sein; **6.** ~! ~ out! gib acht! paß auf! ~ (you) wohlgemerkt; ~ the dog!

Warnung vor dem Hund! ~ *the step!* Achtung, Stufe! ~ *your own business!* kümmern Sie sich um Ihre (eigenen) Sachen, *fam* um Ihren Dreck! *never ~!* macht nichts! schon gut! *I don't* ~ ich habe nichts dagegen; meinetwegen! *I don't* ~ *the rain der Regen* macht mir nichts aus; *do you* ~ *if I smoke, my smoking?* stört es Sie, macht es Ihnen (et)was aus, wenn ich rauche? *what's on your* ~ was haben Sie auf dem Herzen? *would you* ~ *opening the window?* würden Sie bitte, würden Sie so freundlich sein und das Fenster öffnen? *would you* ~ *holding your tongue!* willst du wohl still sein! *I shouldn't* ~ *a glass of beer now* ich hätte jetzt Lust auf ein Glas Bier; *he doesn't know his own* ~ er weiß selbst nicht, was er will; *out of sight, out of* ~ *(prov)* aus den Augen, aus dem Sinn; **7.** *absence, presence of* ~ Geistesabwesenheit, -gegenwart *f*; ~ *frame, state of* ~ Geistesverfassung *f*; *meeting of* ~*s* Übereinkunft *f*; **~ed** [-id] *a* gesonnen, gewillt, geneigt *(to do* zu tun); *in Zssgen* gesinnt, gestimmt; -mütig, -herzig; -freudig, -bewußt; *air-*~ flugbegeistert; **~ful** [-ful] eingedenk, bewußt *(of* gen); *to be* ~~ *of* im Auge haben, beachten, achten auf; **~less** [-lis] unverständig, unvernünftig, dumm; verständnis-, rücksichtslos; unbekümmert *(of* um); nicht achtend *(of* gen); ~ **reader** Gedankenleser *m*; ~ **reading** Gedankenlesen *n*.

mine [main] **1.** *prn* der, die, das mein(ig)e; ~ *is better* meine(r, s) ist besser; *this is* ~ das gehört mir; *a friend of* ~ e-r meiner Freunde, ein Freund von mir; *attr obs poet* mein; **2.** *s* Bergwerk *n*, *(Kohlen-)* Grube, Zeche *f*; *(Erz-, Kohlen-)* Lager, Vorkommen *n*; *fig* Quelle, Fundgrube *(of* an); *mil mar* Mine *f*; *itr* Bergbau treiben; graben *(for* nach); *mil* Stollen treiben; Minen legen; *fig* wühlen; *tr (Bodenschätze)* abbauen, schürfen; *(Kohle)* fördern; Stollen treiben in; *mil* unterminieren *a. fig*; verminen; (zu) sprengen (suchen), in die Luft jagen; *to run into a* ~ auf e-e Mine laufen; *board of* ~*s* Bergamt *n*; ~ *of information* Informationsquelle *f*; **~barrier, -blockade** Minensperre *f*; ~ **car** Förderwagen, Hund *m*; **~chamber** Sprengkammer *f*; **~-clearance** Minenräumen; **~-crater** Sprengtrichter *m*; **~d** [-d] *a* vermint; ~~ *area* = ~-*field*; **~detector** Minensuchgerät *n*; **~field** Minenfeld *n*; ~ **fire** Grubenbrand *m*; **~~gallery**

Minengang *m*; ~ **gas** Grubengas *n*; **~layer** Minenleger *m*; **~r** ['-ə] Bergmann, -arbeiter, Kumpel; *mar* Minenleger *m*, -suchboot *n*; ~~*'s association* Knappschaft *f*; ~~*'s lamp* Grubenlampe *f*; ~~*'s lung* Kohlen(staub)-lunge *f*; **~shaft** Minenschacht *m*; ~ **surveyor** Markscheider *m*; **~sweeper** (Minen-)Räumboot *n*; **~thrower** Minenwerfer *m*.

mineral ['minərəl] *s* Mineral *n*; *pl* Mineralwasser *n*; *a* mineralisch, Mineral-; ~ **coal** Steinkohle *f*; **~ize** [-aiz] *tr (Metall)* vererzen; *(organischen Überrest)* versteinern; *(Wasser)* Mineralien zusetzen *(s.th.* e-r S); **~ogical** [minərə-'lɔdʒikəl] mineralogisch; **~ogist** [minə-'rælədʒist] Mineraloge, **~ogy** [-'rælədʒi] Mineralogie, Gesteinskunde *f*; ~ **oil, ore** Mineralöl *n*, -erz *n*; ~ **pitch** Naturasphalt *m*; ~ **spring** Mineralquelle *f*; ~ **substance** anorganische Materie *f*; ~ **tar** Kohlenteer *m*; ~ **water** Mineralwasser *n*.

minever, miniver ['minivə] Hermelin *m (Pelz)*.

mingle ['miŋgl] *tr* (ver)mischen, mengen; *itr* sich (ver)mischen, sich (ver)mengen, verschmelzen; *fig* sich mischen *(in* in; *among, with* unter).

mingy ['mindʒi] *fam* knickerig.

miniature ['minjətʃə] Miniatur(bild, -gemälde *n*); Miniaturmalerei *f*; stark verkleinerte(s) Abbild, Modell *n*; *attr* Miniatur-, Klein-; *in* ~ in Miniatur; im kleinen, in kleinem Maßstab; ~ **camera** Kleinbildkamera *f*; ~ **grand** *mus* Stutzflügel *m*; ~ **railway** Spielzeug-, Modelleisenbahn *f*; **~rifle** Kleinkalibergewehr *n*; **~rifle shooting** Kleinkaliberschießen *n*.

mini|cab ['minikæb] Kleintaxi *n*; **~car** *mot* Kleinwagen *m*; **~fy** ['-fai] *tr* verkleinern; *fig* herabsetzen.

minikin ['minikin] *s fig* Knirps *m*; Püppchen, kleine(s) Ding *n (a. Sache)*; kleine Stecknadel *f*; *a* winzig; *fig* geziert, affektiert.

minim ['minim] *mus* halbe Note *f*; Grundstrich *m*; 1/60 Drachme *f (0,59 ccm)*; *(etwa ein)* Tropfen *m*, winzige Menge *f*; **~al** ['-əl] minimal, kleinst; **~ize** ['minimaiz] *tr* auf ein Minimum herabsetzen; *fig* verkleinern, herabsetzen, geringschätzen; **~um** ['-əm] *pl a.-a* ['-ə] *s* Minimum *n*, kleinste Menge *f*, kleinste(s) Maß *n*, Kleinstwert *m*, Mindestbetrag *m*; *a* minimal, Minimal-, Mindest-; *to reduce to a* ~~ auf ein Minimum reduzieren; ~~ *of existence* Existenzminimum *n*; ~~ *amount* Mindestbetrag m; ~~ number Mindestzahl f; ~~ penalty Mindeststrafe f; ~~ price Mindestpreis m; ~~ value Mindestwert m; ~~ wage Mindestlohn m; ~~ weight Mindestgewicht n.

mining ['mainiŋ] s Bergbau m; mil Minenlegen n; attr Bergbau-, Montan-; open-cast ~ Tagebau m; ~ **academy** Bergakademie f; ~ **area** Grubenrevier n; ~ **association** Knappschaft f; ~ **board, office** Bergamt n; ~ **disaster** Grubenunglück n; ~ **district** Bergbaugebiet n; ~ **engineer** Bergingenieur m; ~ **industry** Montanindustrie f; ~ **lamp** Grubenlampe f; ~ **share** Kux m.

minion ['minjən] Günstling, Liebling; Schmeichler, Speichellecker m; typ Kolonel, Mignon f (Schriftgrad).

minister ['ministə] s Minister; Gesandte(r); (bes. nichtanglikanischer u. nichtkatholischer) Geistliche(r), Pastor; fig Gehilfe, (Helfers-)Helfer, Handlanger m; itr dienen (to s.o. jdm); arbeiten (to s.o. für jdn); helfen, Hilfe leisten (to s.o. jdm), unterstützen; betreuen; (Kranken) pflegen (to s.o. jdn); mitwirken (to s.th. zu); M~ of Commerce Handelsminister m; M~ of Defence Verteidigungsminister m; M~ of Finance Finanzminister m; ~ plenipotentiary Bevollmächtigte(r) m; M~ without portfolio Minister m ohne Geschäftsbereich; M~ of State Staatsminister m; ~**ial** [minis'tiəriəl] dienend, ausführend, Ausführungs-; vollziehend, Vollzugs-; ministeriell, Regierungs-; amtlich; geistlich; ~~ crisis Regierungskrise f; ~~ decree, decision Kabinettsbeschluß m; ~**ialist** ['-'tiəriəlist] Regierungsanhänger m.

ministr|ant ['ministrənt] a dienend, helfend, unterstützend; s Diener, Gehilfe; rel Ministrant m; ~**ation** [minis'treiʃən] Dienst m (to an) a. rel; Hilfe, Unterstützung f; ~**y** ['ministri] Dienst m; Unterstützung f a; geistliche(s), Priester-, kirchliche(s) Amt n; Geistlichkeit, Priesterschaft f; Br Ministerium n; Br Regierung f, Kabinett n; Br Amt n e-s Gesandten; to enter the ~~ Geistlicher werden; M~~ of Agriculture Landwirtschaftsministerium n; M~~ of Commerce Handelsministerium n; M~~ of Education Erziehungs-, Unterrichtsministerium n; M~~ of Finance Finanzministerium n; M~~ of Foreign, of Home Affairs Außen-, Innenministerium n; M~~ of Health Gesundheitsministerium n; M~~ of Labo(u)r Arbeitsministerium n; M~~ of Transport Verkehrsministerium n.

minitape machine ['miniteip mə'ʃi:n] Bandaufnahmegerät n.

minium ['miniəm] Mennige f; Zinnober m.

miniver s. minever.

mink [miŋk] zoo Nerz m (a. Pelz).

minnow ['minou] zoo Elritze, Pfrille f.

minor ['mainə] a kleiner, geringfügig(er); (Zahl, Betrag) niedriger, weniger bedeutend; Unter-, Nebensächlich, unmündig; (hinter Familiennamen) der Jüngere; Am (Studienfach) Neben-; mus (nachgestellt) Moll; (Intervall) klein; s Minderjährige(r), Unmündige(r) m; Am (Univ.) (~ subject) Nebenfach n; (Logik) Untersatz, -begriff m; mus Moll n; itr Am (Univ.) als Nebenfach wählen (in s.th. etw); in a ~ key (fig) gedrückt, niedergeschlagen; to be a ~ minderjährig sein; ~**ity** [mai'nɔriti, mi-] Minderheit; Minderjährigkeit, Unmündigkeit f; to be in a ~~ in der Minderheit sein; ~ **league** sport Unterliga f; ~ **matter** Nebensache f; ~ **mode** Molltonart f; ~ **point** Nebensache f; ~ **premise** (Logik) Untersatz m.

minster ['minstə] Klosterkirche f; Münster n, Dom m, Kathedrale f.

minstrel ['minstrəl] hist (fahrender) Sänger, Spielmann, Minnesänger; poet Sänger, Dichter m; ~**sy** ['-si] Minnesang m; Sängergruppe, -truppe; Lieder-, Balladensammlung f.

mint [mint] **1.** s Münz(stätt)e; fig unerschöpfliche Quelle, Fundgrube; fam gewaltige Menge od Masse f; a neu(wertig), tadellos, einwandfrei; tr (Geld) prägen, münzen, schlagen; fig erfinden; (Wort) prägen; in ~ condition (Buch, Briefmarke) in tadellosem Zustand; a ~ of money ein Haufen Geld; ~**age** ['-idʒ] Münzen n; (Aus-)Prägung f; Münzgebühr f; fig Erfindung f; ~**ed** ['-id] a gemünzt. **2.** bot Minze f; ~-**sauce** Pfefferminzsoße f; ~~**water** Pfefferminzlikör m.

minuet [minju'et] Menuett n (Tanz).

minus ['mainəs] prp weniger, minus; fam mit ... weniger, ohne; a Minus-; negativ; (Schule) minus; s (~ sign) Minuszeichen n; Minus n, Fehlbetrag, Verlust m; ~ **quantity** math negative Größe f; fam völlig unbedeutende(r) Mensch m; ~**cule** [mi'nʌskju:l, 'minə-] Minuskel f (Schriftart); Kleinbuchstabe m.

minute ['minit] *s* Minute *f*; Augenblick; Entwurf *m*, Konzept *n*; Note, Denkschrift *f*; *pl* Protokoll *n*, Niederschrift *f*; *tr* entwerfen, aufsetzen; zu Protokoll nehmen, protokollieren, aufzeichnen; *a* [mai'nju:t] sehr klein, winzig; *fig* unbedeutend, geringfügig; genau, exakt, sorgfältig; *the ~ (that)* in dem Augenblick, als; *to the ~ (bei e-r Zeitangabe)* genau, pünktlich; *up to the ~* nach der neuesten Mode; *to keep the ~s* das Protokoll führen; *to make a ~ of* schriftlich festhalten *od* fixieren; **~-book** Protokoll-, Geschäfts-, Urkundenbuch *n*; **~-hand** Minutenzeiger *m*; **~ly** ['minitli] *a* Minuten-laufend; *adv* jede Minute, dauernd; [mai'nju:tli] ganz genau, in allen Einzelheiten; **~ness** [mai'nju:tnis] Kleinheit, Winzigkeit; Genauigkeit, Exaktheit, Sorgfalt *f*; **minutiae** [mai'nju:ʃii:] *pl* Einzelheiten *f pl*.

minx [miŋks] *s* freche(s) Ding *n*, Range *f*.

miocene ['maiəsi:n] *geol* Miozän *n*.

mirac|le ['mirəkl] Wunder(tat *f*) *a. fam fig*; große(s) Ereignis; Muster (-beispiel); *(~ play) hist theat* Mirakelspiel *n*; *to a ~* wunderbar *adv*; *to work ~s* Wunder wirken; **~-man** Wundertäter, *fam* -mann *m*; **~ulous** [mi-'rækjuləs] wunderbar, übernatürlich; *(übertreibend)* wunderbar, großartig.

mirage ['mirɑ:ʒ, -'-] Luftspiegelung, Fata Morgana, *fig* Illusion *f*.

mir|e ['maiə] *s* Sumpf; Schlamm, Dreck, Schmutz *m*; *fig* Verlegenheit *f*; *tr* in den Sumpf laufen lassen *od* fahren; mit Dreck bespritzen, beschmutzen, besudeln; *fig* in die Patsche bringen; *itr* im Sumpf, Dreck versinken *od* stecken; *to be in the ~~ (fig)* in der Patsche, in der Tinte sitzen; *to drag s.o. through the ~~ (fig)* jdn durch den Dreck ziehen; **~y** ['-ri] sumpfig, schlammig, schmutzig.

mirk(y) *s.* murk(y).

mirror ['mirə] *s* Spiegel *n a. fig*; *fig* Spiegel-, Abbild *n*; *tr* (wider)spiegeln *a. fig*; **~ finish** Hochglanz *m*; **~ image, writing** Spiegelbild *n*, -schrift *f*.

mirth [mə:θ] Freude *f*, Frohsinn *m*, Fröhlichkeit, Heiterkeit *f*; **~ful** ['-ful] froh, fröhlich, heiter; freudig; **~fulness** ['-fulnis] Fröhlichkeit *f*; Freudigkeit *f*; **~less** ['-lis] freudlos, trüb(e).

mis- [mis] *in Zssgen* miß-, Miß-; falsch, fälschlich, schlecht, übel.

misadventure ['misəd'ventʃə] Mißgeschick *n*, unglückliche(r) Zufall *m*, Unglück(sfall *m*) *n*.

misalliance ['misə'laiəns] Mißheirat *f*.

misanthrop|e ['mizənθroup], **~ist** [mi-'zænθrəpist] Menschenfeind; Einsiedler; mißtrauische(r) Mensch *m*; **~ic(al)** [mizən'θrɔpik(əl)] menschenfeindlich, -scheu; **~y** [mi'zænθrəpi] Menschenhaß *m*, -scheu *f*.

misappl|ication ['misæpli'keiʃən] falsche Anwendung *f*, Mißbrauch *m*; schlechte Verwendung, Verschwendung *f*; **~y** ['misə'plai] *tr* falsch, schlecht anwenden, verschwenden; mißbrauchen.

misapprehen|d ['misæpri'hend] *tr* mißverstehen; **~sion** [-'henʃən] Mißverständnis *n*.

misappropriat|e ['misə'prouprieit] *tr* mißbrauchen, widerrechtlich verwenden; sich widerrechtlich aneignen, veruntreuen, unterschlagen; **~ion** ['misəproupri'eiʃən] Mißbrauch *m*, widerrechtliche Verwendung *od* Aneignung, Veruntreuung, Unterschlagung *f*.

misbecom|e [misbi'kʌm] *irr* *-became*, *-become tr* sich nicht schicken *od* passen *od* lit geziemen für; **~ing** [-iŋ] unschicklich, unpassend.

misbegot(ten) [misbi'gɔt(n)] *a* unehelich; *fig* elend, erbärmlich.

misbehav|e ['misbi'heiv] *itr u. to ~ o.s.* sich schlecht, ungebührlich benehmen *od* betragen *od* aufführen, *fam* sich vorbeibenehmen; **~iour** [-jə] schlechte(s) Benehmen *od* Betragen *n*.

misbelie|f ['misbi'li:f] Irrglaube *m*; **~ver** ['-'li:və] Irrgläubige(r) *m*.

miscalculat|e ['mis'kælkjuleit] *tr* falsch (be)rechnen; *itr* sich verrechnen; sich irren; **~ion** ['-kælkju'leiʃən] Rechenfehler *m*; falsche (Be-)Rechnung *f*; Irrtum *m*.

miscall ['mis'kɔ:l] *tr* mit e-m falschen Namen rufen *od* nennen.

miscarr|iage [mis'kæridʒ] Versehen *n*, Fehler, Fehl-, Mißgriff *m*, Mißlingen *n*; *(Post)* Fehlleitung *f*; Fehlgeburt *f*; *~~ of justice* Justizirrtum *m*; **~y** [-i] *itr* fehlschlagen, mißlingen; *(Post)* verlorengehen; *med* e-e Fehlgeburt haben.

miscasting [mis'kɑ:stiŋ] *theat* falsche *od* schlechte (Rollen-)Besetzung *f*.

miscegenation [misidʒi'neiʃən] Rassenmischung *f*.

miscellan|ea [misi'leiniə] = **~y** *(oft pl)*; **~eous** [-jəs] ge-, vermengt; mannigfaltig; vielseitig; **~eousness** [-jəsnis] Gemischtheit; Mannigfaltigkeit; Vielseitigkeit *f*; **~y** [mi'seləni, *Am* 'misəleini] Gemisch *n*; Sammlung *f*; *oft pl* Sammelband *m*, vermischte Schriften *f pl*.

mischance [mis'tʃɑ:ns] Mißgeschick, Unglück(sfall *m*) *n*, Unfall *m*; *by ~* unglücklicherweise.

mischie|f ['mistʃif] Unheil *n*, Schaden, Nachteil *m*; Gefahr; Bosheit, Boshaftigkeit, Ungezogenheit *f*, Übermut; Lausejunge, Lausbub, Schelm, Frechdachs *m*, Range *f*; böse(r), üble(r) Streich *m*, Teufelei, Frechheit *f*; *up to ~~* zu bösen Streichen aufgelegt; *where the ~~?* wo zum Teufel? *to do s.o. a ~~ (fam)* jdm schaden; jdn verletzen; *to make ~~* böses Blut machen, Unfrieden stiften (*between* zwischen); *to play the ~~ with s.o.* jdm Schaden zufügen; *with s.th.* etw in Unordnung bringen; *to work ~~* Unheil stiften *od* anrichten; *he's up to ~~* er führt Böses im Schild; *the ~~ of it is that* das dumme an der Sache ist, daß; **~~-maker** Unruhestifter *m*; **~~-making** Unruhestiftung *f*; **-vous** ['-tʃivəs] unheilvoll, schädlich, nachteilig; boshaft, frech, mutwillig.

miscible ['misibl] mischbar.

misconce|ive ['miskən'si:v] *tr* falsch auffassen, mißverstehen, mißdeuten; **-ption** ['-'sepʃən] falsche Auffassung, falsche Deutung *f*, Mißverständnis *n*.

misconduct ['miskən'dʌkt] *tr (Geschäft)* schlecht führen, schlecht verwalten; *to ~ o.s.* sich schlecht benehmen *od* aufführen; Ehebruch begehen; *s* [-'kɔndəkt] mangelhafte, schlechte Geschäfts-, Amtsführung *f*; schlechte(s) Benehmen *n*; Ehebruch *m*.

misconstru|ction ['miskəns'trʌkʃən] falsche Führen, Auslegung, falsche Mißdeutung *f*; **-e** ['-'stru:] *tr* falsch über-, auslegen, mißdeuten.

miscount ['mis'kaunt] *tr* falsch (be-)rechnen *od* zählen; *itr* sich verrechnen, sich verzählen; *s* Rechenfehler *m*; falsche Zählung *f*.

miscrean|cy ['miskriənsi] Schurkenhaftigkeit *f*; **-t** ['-t] *a* schurkenhaft, gemein, abscheulich, häßlich; *s* Schurke, Lump, gemeine(r) Verbrecher *m*.

miscreated ['miskri'eitid] *a* mißgestaltet; *pej* ungeheuerlich.

misdate ['mis'deit] *tr* falsch datieren; *s* falsche(s) Datum *n*.

misdeal ['mis'di:l] *irr -dealt, -dealt tr (Karten)* falsch geben; *itr* sich vergeben; *s* falsche(s) Geben *n*.

misdeed ['mis'di:d] Missetat *f*, Verbrechen *n*.

misdemean [misdi'mi:n] *(selten) itr u. to ~ o.s.* sich schlecht benehmen *od* aufführen; **-ant** [-ənt] Delinquent *m*; **-o(u)r** [-ə] Übertretung *f*, Vergehen *n*.

misdirect ['misdi'rekt] *tr* schlecht *od* falsch anbringen, verfehlen; *(Brief)* falsch adressieren; falsch unterrichten, irreleiten, -führen; **-ion** ['-'rekʃən] falsche Adresse; Irreführung *f*.

misdo|er ['mis'du:ə] Übel-, Missetäter *m*; **-ing** ['-iŋ] *meist pl* Übel-, Missetat *f*.

mise [mi:z, maiz] *hist* Vertrag *m*; *jur* Kosten *pl*; *sport* Einsatz *m*; **~ en scène** ['mizɑ:n'sein] *theat* Inszenierung *f*; *fig* Hintergrund *m (e-s Ereignisses)*.

misemploy ['misim'plɔi] *tr* schlecht, falsch anwenden, mißbrauchen; **-ment** ['-mənt] schlechte, falsche Anwendung *f*, Mißbrauch *m*.

miser ['maizə] Geizhals, Knicker, Filz *m*; **-able** ['mizərəbl] *a* elend *(from* vor); unglücklich; erbärmlich, schauderhaft, (hunds)miserabel; jämmerlich; armselig; *s* elende(r) Mensch *m*; *to make life ~~ for s.o.* jdm das Leben sauer machen; **-liness** ['maizəlinis] Geiz *m*; **-ly** ['maizəli] geizig, knickerig, kärglich; **-y** ['mizəri] Elend *n*; (große) Not *f*, Jammer; *fam* Jammerlappen *m*.

misfeasance [mis'fi:zəns] *jur* Übertretung, -schreitung *f*; Mißbrauch *m*.

misfire ['mis'faiə] *tr (Feuerwaffe)* versagen, nicht losgehen; wirkungslos sein; *mot* fehlzünden; *s mil* Versager *m*; *mot* Fehlzündung *f*.

misfit ['misfit] *itr tr* nicht passen (zu); zu groß, zu klein sein (für); *s (Kleidung)* schlechte(r) Sitz *m*; schlecht sitzende(s) Kleidungsstück; nicht passende(s) Stück *n*; Versager *m*.

misfortune [mis'fɔ:tʃən] Mißgeschick, Unglück *n*; unglückliche(r) Zufall *m*.

misgiv|e [mis'giv] *irr -gave, -given tr: my heart misgave me* ich ahnte Böses *od* Schlimmes; **-ing** [mis'giviŋ] Befürchtung; schlimme, böse Ahnung *f*.

misgovern ['mis'gʌvən] *tr* schlecht regieren *od* verwalten *od* leiten; **-ment** ['-mənt] schlechte Regierung *od* Verwaltung; Mißwirtschaft *f*.

misguid|ance ['mis'gaidəns] Irreführung; Verleitung, Verführung *f*; **-e** ['-'gaid] *tr* irreführen, fehlleiten; verleiten, verführen; **-ed** ['-id] *a* irregeführt; verleitet, verführt; verfehlt.

mishandle ['mis'hændl] *tr* schlecht, ungeschickt umgehen mit; falsch handhaben; mißhandeln.

mishap ['mishæp, -'hæp] Mißgeschick *n*, Unglücks-, Unfall *m*; *mot* Panne *f*.

mishear ['mis'hiə] *irr -heard, -heard tr* schlecht verstehen; *itr* sich verhören.

mishmash ['miʃmæʃ] Mischmasch *m*, Durcheinander *n*.

misinform ['misin'fɔ:m] *tr* falsch informieren; *itr* falsch berichten; **~ation** ['-fə'meiʃən] falsche, irreführende Auskunft *f*; falsche(r) Bericht *m*.

misinterpret ['misin'tə:prit] *tr* falsch auslegen *od* deuten; mißdeuten, -verstehen; **~ation** ['-tə:pri'teiʃən] falsche Auslegung, Mißdeutung *f*.

misjoin ['mis'dʒɔin] *tr jur* in unpassender Weise mitea. verbinden; **~der** [-də] *jur* unzulässige Klagehäufung *f*.

misjudg|e ['mis'dʒʌdʒ] *itr (tr)* falsch *od* ungerecht (be)urteilen; **~(e)ment** ['-mənt] Fehlurteil *n*.

mislay [mis'lei] *tr irr* -laid, -laid *tr* verlegen.

mislead [mis'li:d] *irr* -led, -led e-n falschen Weg führen; *fig* irreführen; verführen, verleiten (*into doing s.th.* etw zu tun); **~ing** [-iŋ] irreführend.

mismanage ['mis'mænidʒ] *tr* schlecht verwalten; *itr* schlecht wirtschaften; **~ment** ['-mənt] schlechte Verwaltung; Mißwirtschaft *f*.

misname ['mis'neim] *tr* mit e-m falschen Namen rufen; falsch benennen.

misnomer ['mis'noumə] falsche Benennung; falsche Bezeichnung *f*, falsche(r) Name *m*; *sport* Fehlbesetzung *f*.

miso|gamist [mi'sɔgəmist] ehescheue(r) Mensch *m*; **~gamy** [-gəmi] Ehescheu *f*; **~gynist** [mi-, mai'sɔdʒinist] Weiberfeind *m*; **~gyny** [-dʒini] Weiberfeindschaft *f*.

misplace ['mis'pleis] *tr* an e-n falschen Platz legen; an die falsche Stelle setzen; *(Vertrauen, Zuneigung)* übel anbringen; *fam* verlegen.

misplay [mis'plei] *itr Am sport* falsch, schlecht spielen; *s* falsche(s), schlechte(s) Spiel *n*.

misprint ['mis'print] *s* Druckfehler *m*; *tr* [-'-] verdrucken.

misprision [mis'priʒ(ə)n] *jur* (Pflicht-)Versäumnis *n*; pflichtwidrige Unterlassung *f* e-r Anzeige.

misprize [mis'praiz] *tr* verachten.

mispro|nounce ['misprə'nauns] *tr itr* falsch aussprechen; **~nunciation** ['misprənʌnsi'eiʃən] falsche Aussprache *f*.

misquot|ation ['miskwou'teiʃən] falsche(s) Zitat *n*; **~e** ['-'kwout] *tr* falsch zitieren *od* anführen.

misread ['mis'ri:d] *irr* -read, -read [-'red] *tr* falsch lesen; mißverstehen, -deuten.

misrepresent ['misrepri'zent] *tr* falsch darstellen, e-e falsche Vorstellung geben von; entstellen; **~ation** ['-zen'teiʃən] falsche Darstellung, Verdrehung *f* der Tatsachen; falsche(r) Bericht *m*, unrichtige Angaben *f pl*; *wilful* ~~ Betrug *m*.

misrule ['mis'ru:l] *tr* schlecht regieren; *s* schlechte Regierung *f*; ungeordnete Verhältnisse *n pl*; Aufruhr *m*.

miss [mis] **1.** *tr (Ziel)* verfehlen; *(Gelegenheit, Zug)* verpassen; versäumen; übersehen, -hören; nicht verstehen, *fam* nicht mitkriegen; vermeiden; ausweichen, aus dem Wege gehen *(s.th. e-r S)*; vermissen, (sehr) entbehren, nicht verschmerzen können; *itr* danebenschießen; das Ziel verfehlen, fehlgehen; keinen Erfolg haben, erfolg-, ergebnislos sein, mißglücken; *s* Fehlschuß, -schlag, *fam* Versager; Verlust *m*; *fam* Fehlgeburt *f*; *to* ~ *out* auslassen, übergehen; *on (Am)* verfehlen, verpassen; *to be ~ing* vermißt werden; fehlen; *to* ~ *doing s.th.* beinahe etw tun; *to* ~ *fire (Feuerwaffe)* versagen, nicht losgehen; *to* ~ *o.'s footing, o.'s step* ausgleiten, -rutschen; *to* ~ *o.'s mark* keinen Erfolg haben; nicht genügen, nicht gut genug sein; *to give it a* ~ etw auslassen, vermeiden; *a* ~ *is as good as a mile* immerhin hat es noch gelangt; dicht daneben ist auch vorbei; *a lucky* ~ glückliche(s) Entkommen *n*; *you ~ed the point* Sie haben das Wesentliche nicht begriffen; **2.** *(junges)* Mädchen, *bes. pej* junge(s) Ding, Mädel *n*; *M~ (in d. Anrede)* Fräulein *n*.

missal ['misəl] *rel* Meßbuch, Missale *n*; **~ sacrifice** Meßopfer *n*.

missel ['misəl] (**~-bird**, **-thrush**) *orn* Misteldrossel *f*.

misshapen ['mis'ʃeipən] mißgestalt(et), ungestalt, deformiert.

missile ['misail, *Am* 'misl] *s* (Wurf-)Geschoß *n*; Rakete *f*; *guided* ~ ferngesteuerte Rakete *f*.

missing ['misiŋ] fehlend, nicht vorhanden, nicht da; verloren(gegangen); *mil (~ in action)* vermißt; *s: the* ~ die Vermißten *m pl*; ~ **link** fehlende(s) Zwischenglied *n*.

mission ['miʃən] Sendung, Mission *f*, Auftrag *m*; Beruf *m*, (Lebens-)Aufgabe *f*; *rel* Missionsgesellschaft *f*, -zentrum *n*, Gruppe *f* von Missionaren; Sendung; *pol* Gesandtschaft, Delegation, Vertretung *f*; *mil bes. aero* (Kampf-)Auftrag, (taktischer) Einsatz *m*; *pl* (Heiden-)Mission *f*; *on a secret* ~ in geheimem Auftrag; *Foreign M~s, Home M~s* Äußere, Innere Mission *f*; *military* ~ Militärmission *f*; *special* ~ Sonderauftrag *m*; *trade* ~ Handelsmission

missionary   625   **mix**

f; **~ary** ['ʃnəri] *a* missionarisch; *s* Missionar; *fig* Bote *m*.

missis, missus ['misiz] *fam dial* Frau (des Hauses); bessere Hälfte *f*.

missive ['misiv] Sendschreiben *n*, Botschaft *f*.

misspell ['mis'spel] *a. irr -spelt, -spelt tr itr* falsch buchstabieren *od* schreiben; **~ing** ['-iŋ] falsche Schreibung *f*, Schreibfehler *m*.

misspend ['mis'spend] *irr -spent, -spent tr (Geld)* schlecht anwenden, verschwenden, vergeuden.

misstate ['mis'steit] *tr* falsch, unrichtig angeben; **~ment** ['-mənt] falsche, unrichtige Angabe; falsche, schiefe Darstellung *f*.

missy ['misi] *fam* Fräuleinchen *n*.

mist [mist] *s* (feiner) Nebel; Dunst *m*; *(Staub-, Rauch-)* Wolke *f*; Schleier (vor den Augen); *fig* Nebel, Schleier *m*; *(Glas)* Trübung *f*, Beschlag *m*; *tr* vernebeln; *fig* umnebeln, verdunkeln, verhüllen; *itr* nieseln; *fig* umnebelt, dunkel, verhüllt sein; *to be in a ~* ganz irre sein; **~iness** ['-inis] Nebel, Dunst *m*; *fig* Verschwommenheit; Undeutlichkeit *f*; **~y** ['-i] neblig; *fig* verschwommen; trüb(e); *fig* undeutlich, unklar.

mistak|able [mis'teikəbl] mißverständlich, nicht eindeutig, unklar; **~e** [mis'teik] *irr -took, -taken tr* mißverstehen, verkennen; irrtümlich, versehentlich, fälschlich halten *(for* für); verwechseln *(for* mit); sich irren in; *itr* sich versehen, sich irren, e-n Fehler machen; *s* Fehler *m*, Versehen *n*; Mißgriff; Irrtum *m*, Mißverständnis *n*; *by ~* irrtümlich, versehentlich, aus Versehen; *to make a ~* e-n Fehler machen, sich versehen, sich irren; *and no ~! (fam)* da kannst du Gift drauf nehmen! *there's no ~ing* Irrtum ausgeschlossen; *~ spelling ~~* Rechtschreibungs-, orthographische(r) Fehler *m*; **~en** [-ən] *a* irrig, irrtümlich, versehentlich; falsch; *to be ~~* im Irrtum sein, sich irren; *about, in s.th.* sich über, in e-r S täuschen; *~~ idea* falsche Vorstellung *f*; *~~ identity* (Personen-)Verwechs(e)lung *f*; *~~ policy* falsche Politik *f*.

mister ['mistə] Herr *m (Mr)*; *(als Anrede) fam* Herr! Chef! Meister!

mistimed ['mis'taimd] *a* unzeitig, zur Unzeit; unpassend.

mistletoe ['misltou] *bot* Mistel *f*.

mistranslat|e ['mistræns'leit] *tr* falsch übersetzen; **~ion** ['-'leiʃən] falsche Übersetzung *f*; Übersetzungsfehler *m*.

mistress ['mistris] Herrin *a. fig*; Hausherrin; Lehrerin; Kennerin; Mätresse, Geliebte *f*; *M~* stets abgekürzt: Mrs ['misiz] *(vor dem Familiennamen)* Frau ...; *music-, * Musiklehrerin *f*.

mistrial ['mis'traiəl] *jur* fehlerhafte(s) (Prozeß-)Verfahren *n*; Justizirrtum *m*.

mistrust ['mis'trʌst] *tr* mißtrauen *(s.o., s.th.* jdm, e-r S); kein Vertrauen haben *(s.o.* zu jdm); zweifeln *(s.th.* an e-r S); *itr* kein Vertrauen haben; *s* Mißtrauen *n*, Argwohn *m (of* gegen); **~ful** ['-ful] mißtrauisch *(of* gegen).

misunderstand ['misʌndə'stænd] *irr -understood, -understood tr* falsch, mißverstehen; **~ing** ['-iŋ] Mißverständnis *n*; Uneinigkeit *f*, Streit *m (*über über).

misus|age ['mis'ju:sidʒ] falsche Anwendung *f*, falsche(r) Gebrauch *m*; schlechte Behandlung *f*; **~use** ['-'ju:z] *tr* falsch anwenden *od* gebrauchen; mißbrauchen; schlecht behandeln; *s* ['-'ju:s] Mißbrauch; falsche(r) Gebrauch *m*.

mite [mait] **1.** Heller *m*, Scherflein *a. fig*; *fig* kleine(s) bißchen *n*; Knirps *m*; **2.** *zoo* Milbe *f*.

mitigat|e ['mitigeit] *tr* mildern, erleichtern, lindern; abschwächen, mäßigen; *(Zorn)* besänftigen; **~ion** [miti'geiʃən] Milderung, Erleichterung, Linderung, Abschwächung, Mäßigung *f*; *reason for ~~ (jur)* Milderungsgrund *m*; *~~ of penalty* Strafmilderung *f*; *in ~~ of penalty* strafmildernd *adv*; **~ive** ['mitigeitiv], **~ory** ['-geitəri, *Am* '-gətɔri] mildernd, mäßigend.

mitre, *Am* **miter** ['maitə] *s* Mitra, Inful, Bischofsmütze; Bischofswürde *f*, -amt; Bistum *f*; Kaminaufsatz *m*; *(~ joint) tech* Gehrung *f*; *tr rel* infulieren; *tech* auf Gehrung verbinden; **~-block, -box** Gehrlade *f*; **~-square** Gehrdreieck *n*; **~-wheel** Kegelrad *n*.

mitt|(en) ['mit(n)] Fausthandschuh; lange(r) Handschuh *m* ohne Finger; *(~) Am* Baseballhandschuh *m*; *meist pl sl* Boxhandschuhe *m pl*; *Am sl* Flosse, Hand *f*; *to get, to give the ~~ (fig)* e-n Korb bekommen, geben *(to s.o.* jdm); *to hand s.o. the frozen ~~* jdm die kalte Schulter zeigen.

mittimus ['mitiməs] *jur* richterliche(r) Befehl *m* zur Aufnahme e-s Häftlings; *fam* Laufpaß *m*, Entlassung *f*; *to get o.'s ~* s-n Laufpaß erhalten, auf die Straße gesetzt werden.

mix [miks] *tr* (ver)mischen, (ver)mengen *(with* mit); zs.rühren; mixen; *(Kuchen)* anrühren; *(mitea.)* verbinden, kombinieren; *(Menschen)* zs.bringen;

mixed 626 **mockery**

(Tiere) kreuzen; *itr* sich (ver)mischen (lassen); *fig* (mitea.) verkehren, (mitea.) Umgang haben (*with* mit); zs.passen; sich vertragen; *s* Vermischung, Vermengung *f*; Durcheinander *n*, Kuddelmuddel *m* od *n*; Mischung *f*, Gemisch *n*; *Am* vorgekochte Speise *f*; *to ~ in* sich einmischen; *to ~ up* (völlig vermischen; durchea.-bringen; verwirren, *fam* konfus machen; verwechseln (*with* mit); hineinbringen, -ziehen, verwickeln (*in, with* in); **~ed** [-t] *a* gemischt; Misch-; (bunt) durchea.gewürfelt; durchea.gebracht, (ver)wirr(t); *to be ~~ up* (*fig*) verwickelt sein (*in, with* in); *~~ bathing* Familienbad *n*; *~~ breed* Halbblut *n*; *~~ cargo* Stückgutladung *f*; *~~ doubles* (*pl*) (*Tennis*) gemischte(s) Doppel *n*; *~~ feelings* (*pl*) gemischte Gefühle *n pl*; *~~ forest* Mischwald *m*; *~~ marriage* Mischehe *f*; *~~ number* (*math*) gemischte Zahl *f*; *~~ pickles* (*pl*) Mixed Pickles, Mixpickles *pl* (*Mischgemüse in Essig*); *~~ school* Koedukationsschule *f*; **-er** ['-ə] Mischer *m*; Mischgerät *n*; (Bar-)Mixer *m*; (Beton-) Mischmaschine; Mischflüssigkeit *f* (*für Whisky*); *radio* Toningenieur *m*; Tonmischgerät, Mischpult *n*; (*good, bad*) *~~* (gute(r) od angenehme(r), schlechte(r) Gesellschafter *m*; *Am sl* gesellschaftliche Veranstaltung *f* zum Zweck gegenseitigen Sich-Kennenlernens; **-ing** [-iŋ] *s* Mischen *n*; *a* Misch-; *~~-desk* (*film*) (*fahrbare*) Abhörbox *f* (*für Tonaufnahmen*); *~~-table* (*radio*) Misch-, Regiepult *n*; **-ture** ['-tʃə] (Ver-)Mischen *n*; Mischung *f*, Gemisch, Gemenge *n*; *pharm* Mixtur; *biol* Kreuzung *f*; **~~up** Durcheinander, Gewirr(e) *n*; *fam* Schlägerei *f*.
miz(z)en ['mizn] *mar* Besan *m* (*Segel*); (*~mast*) Besanmast *m*.
mizzle ['mizl] *itr* nieseln, leise regnen; *sl* abhauen; *s* Nieselregen *m*.
mnemo|nic [ni(:)'mɔnik] *a* Gedächtnis-; mnemotechnisch; *s pl mit sing* Gedächtniskunst, Mnemotechnik *f*; Gedächtnisstützen *f pl*, Merkverse *m pl*; **-techny** [ni(:)mo(u)'tekni] Mnemotechnik, Gedächtniskunst *f*.
mo [mou] *fam* Moment *m*; *half a ~!* e-e Sekunde!
moan [moun] *s* Stöhnen, Ächzen *n* (*a. d. Windes*); *itr* stöhnen, ächzen; *tr* stöhnend sagen; beklagen, bejammern; *fam* meckern.
moat [mout] *s* Burg-, Wallgraben *m*; *tr* mit e-m Graben umgeben u. befestigen.

mob [mɔb] *s* (Menschen-)Ansammlung *f*; Menschen-, Volksmassen *f pl*, Pöbelhaufen; Auflauf *m*, Zs.rottung *f*; Pöbel, Mob *m*, *das* (gemeine) Volk, *die* Massen *f pl*; *sl* Gesindel *n*, Diebes-, Räuberbande *f*; *tr* sich zs.rotten u. herfallen über; sich (lärmend) drängen um; anpöbeln; **-bish** ['-iʃ] pöbelhaft; **-law** das Gesetz der Straße; Lynch-, Volksjustiz *f*; **-ocracy** [mə'bɔkrəsi] Pöbelherrschaft *f*; **-sman** Hochstapler *m*; **-ster** ['-stə] *Am sl* Gangster *m*.
mobcap ['mɔbkæp] *hist* (*im Haus getragene*) Frauen(b)i)haube *f*.
mobil|e ['moubail, -bi(:)l] beweglich; leicht, sehr beweglich, wendig; lebhaft; (*Charakter*) wetterwendisch; dünnflüssig; *mil* beweglich, elastisch, fliegend, schnell; motorisiert; *~~ library* Autobücherei *f*; *~~ warfare* Bewegungskrieg *m*; **-ity** [mo(u)'biliti] Beweglichkeit; Lebhaftigkeit; Erregtheit; *tech* Leichtflüssigkeit *f*; **-ization** [mo(u)bilai'zeiʃən] Mobilisierung *f*; Aufgebot *n*; Mobilmachung; *com* Flüssigmachung *f*; *~~ order* Mobilmachungsbefehl *m*; **-ize** ['moubilaiz] *tr* beweglich machen; mobilisieren, einsatzbereit machen, heranziehen, *fam* auf die Beine bringen; *mil* mobil machen; (*Truppen*) aufbieten; (*Kapital*) flüssig machen.
mocassin ['mɔkəsin] Mokassin(slipper) *m*; Mokassinschlange *f*; *~ flower Am bot* Frauenschuh *m*.
mocha ['moukə, 'mɔkə] *s* Mokka *m*; *fam* Kaffee *m*; *a* Mokka-.
mock [mɔk] *tr* verspotten, verhöhnen, verulken, lächerlich machen, sich lustig machen über, *fam* durch den Kakao ziehen, verhohnepipeln; nachmachen, -äffen; irreführen, täuschen, *fam* an der Nase herumführen; standhalten, widerstehen, trotzen (*s.o.* jdm); *to ~ up* (*fam*) improvisieren; *itr* spotten, höhnen, ulken *s* Spott, Hohn *m*; Gespött *n*, Zielscheibe des Spottes; Nachahmung; Fälschung *f*; *a* nachgemacht, imitiert; Schein-, Schwindel-; falsch; *to make a ~ of* sich lustig machen über; *~ attack* Scheinangriff *m*; *~ battle, fight* Scheingefecht *n*; *~ duck, goose* falsche Ente *od* Gans *f* (*Schweinebraten mit Zwiebel- u. Salbeifüllung*); **-er** ['-ə] Spötter; Betrüger *m*; **-ery** ['-əri] Spott, Hohn *m*; Spöttelei *f*; Gespött *n* (der Menschen); Spottfigur *f*, Ulk *m* (*of* auf); verlorene Mühe, vergebliche

Bemühung *f*; Blendwerk *n*; Farce *f*;
~-heroic komisch-heroisch; **~ing**
['-iŋ] Hohn, Spott *m*, Gespött *n*,
Spöttelei *f*; **~-bird** Spottdrossel *f*;
~ingly ['-iŋli] *adv* spottend, spöttisch,
zum Spott; **~ king** Schattenkönig *m*;
~ purchase Scheinkauf *m*; **~ trial**
Schauprozeß *m*; **~-turtle soup** Mock-
turtlesuppe *f*; **~-up** (Lehr-)Modell *n*
(in voller Größe); Attrappe *f a. mil.*

mod|al ['moudl] *a gram philos* modal;
Modal-; **~ity** [mo(u)'dæliti] Modalität,
Art u. Weise *f*; *pl* Bedingungen *f pl*; **~e**
['moud] Modus *m*, Art u. Weise,
Methode *f*, Verfahren *n*; Sitte *f*,
Brauch *m*; Mode *f*; *gram* Modus *m*,
Aussageweise *f*; *mus* Tonart *f*; *(Statistik)* häufigste Zahl *od* Größe *f od*
Wert *m*; *major, minor* **~~** Dur-, Moll-
tonart *f*; **~~** *of life, of operation* Lebens-,
Arbeitsweise *f*.

model ['modl] *s* Modell, Muster (*for*
für); Modell(kleid) *n*; *mot* Type; Vor-
lage *f*, Vorbild, Beispiel; *(Kunst,
Photo)* Modell *n* (*Person*); Vorführ-
dame *f*, Mannequin *n*; *a* muster-, bei-
spielhaft, vorbildlich; Muster-; *tr* ein
Modell anfertigen *gen*; modellieren,
gestalten, formen; einrichten, zu-
(recht)stutzen (*after, on, upon* nach);
Am (Kleid) vorführen; *itr* modellieren
(*in clay* in Ton); als Vorführdame
arbeiten; Modell stehen; *(Kunst)* pla-
stisch wirken; **~(l)er** [-ə] Modellierer
m; **~ farm** Mustergut *n*; **~ husband**
Mustergatte *m*; **~(l)ing** ['-iŋ] Modellieren
n; Form, Gestalt *f*; Modell-
stehen *n*; *(Kunst)* plastische Wirkung
f; **~ number** Typennummer *f*;
~ plant Versuchsanlage *f*; **~ test**
Modellversuch *m*.

moderat|e ['modərit] *a* (ge)mäßig(t);
mild, sanft, ruhig; (mittel)mäßig;
(Forderung) maßvoll; *s pol* Gemä-
ßigte(r) *m*; ['-reit] *tr* mäßigen, mildern,
abschwächen; den Vorsitz führen
über; *itr* nachlassen, schwächer
werden, sich legen; den Vorsitz
führen; **~~** *gale* steife Brise *f*; **~eness**
['modəritnis] Mäßigkeit, Mittelmäßig-
keit; Billigkeit *f*; **~ion** [modə'reiʃən]
Mäßigung, Milderung, Abschwächung;
Mäßigkeit; Sanftheit; Ruhe *f*; *pl
(Oxford)* erste öffentliche Universi-
tätsprüfung *f*; *in* **~~** in Maßen, ohne
Übertreibungen; **~or** ['modəreitə] Be-
schwichtigende(r), Vermittelnde(r);
Diskussionsleiter; Vorsitzende(r);
Schiedsrichter; *(Oxford)* Prüfungs-
vorsitzende(r); *phys* Moderator *m*,
Bremssubstanz *f*.

modern ['modən] *a* modern, neuzeit-
lich; Neu-; *s* moderne(r) Mensch *m*;
**M~ Englisch, Latin, Greek,
Hebrew** Neuenglisch, Neulatein;
Neugriechisch, Neuhebräisch *n*;
~ history Neuere Geschichte *f*; **~ism**
['modə(:)nizm] moderne Richtung *f*,
heutige(r) Geschmack; *rel* Modernis-
mus *m*; **~ity** [mo'də:niti] Modernität;
Modesache, -erscheinung *f*; **~ization**
[modə(:)nai'zeiʃən] Modernisierung *f*;
~ize ['modənaiz] *tr* modernisieren;
~ness ['modənnis] Modernität *f*;
~ times *pl* die Neuzeit.

modest ['modist] bescheiden, an-
spruchslos; zurückhaltend, reserviert;
sittsam, anständig; mäßig; einfach,
unauffällig; **~y** ['-i] Bescheidenheit;
Zurückhaltung; Sittsamkeit; Mäßig-
keit; Einfachheit *f*.

modicum ['modikəm] Kleinigkeit *f*,
ein bißchen, ein wenig.

modi|fiable ['modifaiəbl] modifizier-
bar, abänderungsfähig; **~fication**
[modifi'keiʃən] Modifikation, Modifi-
zierung, Veränderung, Abänderung,
-wandlung; Einschränkung, Ab-
schwächung; Abart; *(Bedeutung)*
nähere Bestimmung; *gram* Umlau-
tung *f*; **~fy** ['modifai] *tr* abändern,
modifizieren; einschränken, abschwä-
chen, mildern; *(Bedeutung)* näher be-
stimmen; *tr itr gram* umlauten.

mod|ish ['moudiʃ] modisch, modern;
~iste [mo(u)'di:st] Modistin *f*.

mods [modz] *pl* (gutgekleidete) Halb-
starke *m pl*.

modulat|e ['modjuleit] *tr* regulieren,
einstellen, abmessen, anpassen (*to*
an); *tr itr mus* modulieren, in e-e
andere Tonart übergehen (lassen);
radio abstimmen; **~ion** [modju'leiʃən]
Regulierung, Einstellung, Anpassung;
radio mus Modulation; Abstimmung
f; **~or** ['modjuleitə] Regulierende(r),
Regulator; *radio* Modulator *m*;
Mischstufe *f*.

Mogul [mo(u)'gʌl]: *Great, Grand* **~** *(hist)*
Großmogul *m a. fig.*

mohair ['mouhɛə] Angorawolle *f*,
Mohair *m*.

Mohammed [mo(u)'hæmed] Moham-
med *m*; **~an** [-idən] *a* mohammeda-
nisch; *s* Mohammedaner *m*; **~anism**
[-idənizm] Islam *m*.

moiety ['moiəti] Hälfte *f*; (An-)Teil *m*.

moil [moil] *itr (to toil and* **~)** sich ab-
rackern, schuften.

moire [mwa:] Moiré *m* od *n*.

moist [moist] feucht, naß; regnerisch;
med nässend; **~en** ['moisn] *tr* feucht

machen; an-, befeuchten; *itr* feucht werden; **~ness** ['-nis], **~ure** ['-ʃə] Feuchtigkeit *f*; *~ure proof* feuchtigkeitsfest.

moke [mouk] *sl* Esel *m a. fig.*

molar ['moulə] **1.** *a*: *~ tooth u. s* Back(en)zahn *m*; **2.** *a chem* molar; *phys* Massen-; **3.** *a med* Molen-.

molasses [mə'læsiz] *pl mit sing* Melasse *f*, Sirup *m*; **~ cake** *Am Art* Honigkuchen *m (mit Sirup)*; **~candy, taffy** *Am* Sirupbonbon *m* od *n*; **~ gingerbread** *Am* Pfefferkuchen *m*.

mold *s. mould.*

mole [moul] **1.** Muttermal *n*, Leberfleck *m*; **2.** Maulwurf *m*; *blind as a ~* stockblind; **~-catcher** Maulwurfsfänger *m*; **~-cricket** *ent* Maulwurfsgrille, Werre *f*; **~-hill** Maulwurfshügel, -haufen *m*; *fig* Kleinigkeit *f*; *to make a mountain out of a ~~* aus e-r Mücke e-n Elefanten machen; **~skin** Maulwurf(sfell *n*) *m*; Moleskin *m od n*, Englischleder *n (Stoff)*; *pl* Moleskinhose *f*; **3.** *med* Mondkalb, Windei *n*, Mole *f*; **4.** Mole *f*, Hafendamm *m*; Mausoleum *n*.

molecul|ar [mo(u)'lekjulə] *a chem* molekular; Molekular-; **~~ weight** Molekulargewicht *n*; **~e** [-'mɔlikju:l] Molekül *n*, Molekel *f, a. n.*

molest [mo(u)'lest] *tr* belästigen; **~ation** [moules'teiʃən] Belästigung *f*.

Moll [mɔl], **~y** ['-i] Mariechen *n*; m**~** Gangsterliebchen *n*; Schickse, Landstreicherin; Nutte *f*.

molli|fication [mɔlifi'keiʃən] Besänftigung; Milderung *f*; **~fy** ['mɔlifai] *tr* besänftigen, beschwichtigen; mildern, lindern, abschwächen.

mollusc, mollusk ['mɔləsk] Weichtier *n*, Molluske *f*; **~an** [mə'lʌskən] *a* Mollusken-; **~ous** [-'lʌskəs] *a* Mollusken-; *fig* weich, schwammig.

molly-coddle ['mɔlikɔdl] *s* Muttersöhnchen *n*, Weichling *m*; *tr* verhätscheln, verzärteln, verwöhnen.

Moloch ['moulɔk] *rel hist* Moloch *a. fig*; *fig* Götze *m*; m**~** *(zoo)* Stachelechse *f*, Moloch *m*.

molt *s. moult.*

molten ['moultən] *a* geschmolzen, flüssig (gemacht); gegossen.

molybdenum [mɔ'libdinəm] *chem* Molybdän *n*.

mom [mɔm] *Am fam* Mama(chen *n*) *f*.

moment ['moumənt] Augenblick, Moment; Zeitpunkt *m*; *fig* Tragweite, Bedeutung, Wichtigkeit *f (to* für); *phys philos* Moment *n*; *at the ~ im* Augenblick, (gerade) jetzt, zur Zeit; *at this ~* in diesem Augenblick, zu jenem Zeitpunkt; *at any ~* jederzeit; *at a ~'s notice* jeden Augenblick; *in a ~, this (very) ~* gleich, sofort, auf der Stelle; *in a few ~s* in wenigen Augenblicken, im Nu; *of (great) ~* von Belang; *of no (great) ~* ohne Belang, belanglos; *not for a ~* keinen Augenblick; nie; *the ~ (that)* sowie, sobald; *to the ~* auf die Minute *od* Sekunde, pünktlich; *please wait a ~* warten Sie, bitte, e-n Augenblick! *(just) a ~, please!* e-n Augenblick, bitte! *the man of the ~* der rechte Mann zur rechten Zeit; *~ of inertia, of resistance (phys)* Trägheits-, Widerstandsmoment *n*; **~arily** [-əriIi] *adv* für den *od* im Augenblick, momentan; vorübergehend; **~ary** ['mouməntəri] vorübergehend, flüchtig, von kurzer Dauer, kurzlebig; **~ly** ['-li] *adv* jeden Augenblick; auf der Stelle; für e-n Augenblick; **~ous** [mo(u)'mentəs] sehr wichtig, bedeutsam, bedeutungsvoll, folgenschwer; von großer Tragweite; **~um** [-'mentəm] *pl a. -ta* ['-tə] *phys* Impuls *m*, Moment *n*, Trieb-, Schwungkraft *f*; *fig* Schwung *m*, Wucht *f*.

monad ['mɔnæd] *philos* Monade *f*; *biol* Einzeller *m*; *chem* einwertige(s) Element *n*.

monarch ['mɔnək] Monarch, (Allein-)Herrscher *m*; **~(i)al** [mə'nɑ:k(i)əl] königlich, Herrscher-; **~ic(al)** [-'nɑ:kik(əl)] monarchisch; **~ism** ['mɔnəkizm] Monarchismus *m*; **~ist** ['-ist] Monarchist *m*; **~istic** [mɔnə'kistik] monarchistisch; **~y** ['mɔnəki] Monarchie *f*.

monast|erial [mɔnəs'tiəriəl] klösterlich, Kloster-; mönchisch, Mönchs-; **~ery** ['mɔnəstəri] Kloster *n*; **~ic(al)** [mə'næstik(əl)] klösterlich, Kloster-; mönchisch, Mönchs-; asketisch; **~icism** [mə'næstisizm] Mönchswesen, Klosterleben *n*.

Monday ['mʌndi] Montag *m*; *on ~* am Montag; *Black ~ (sl) (Schule)* erste(r) Schultag *m* nach den Ferien; *St. ~, (Am) Blue ~* Blaue(r) Montag *m*.

monetary ['mʌnitəri] *a* Geld-, Münz-, Währungs-; **~ agreement, convention** Währungsabkommen *n*; **~ crisis** Währungskrise *f*; **~ gold** Münzgold *n*; **~ policy** Währungspolitik *f*; **~ question** Geldfrage, -sache *f*; **~ reform** Währungsreform *f*; **~ standard** Münzfuß *m*; **~ unit** Währungs-, Münzeinheit *f*; **~ value** Geld(es)wert *m*.

monetiz|ation [mʌnitai'zeiʃən] Ausmünzung *f*; **~e** ['mʌnitaiz] *tr* ausmünzen; zum gesetzlichen Zahlungsmittel machen.

money ['mʌni] Geld *n*; Münze *f*; Papiergeld; Zahlungsmittel *n*; Reichtum *m*, Geld *n*; *pl* Gelder *n pl*; *to be in the ~ (Am)*, *to be made of ~* steinreich sein; *to be short of ~* knapp bei Kasse sein; *to be worth ~* Geld wert sein; *to coin ~* im Gelde schwimmen; Geld scheffeln; *to draw ~* Geld abheben; *to get o.'s ~'s worth* auf s-e Kosten kommen; *to lend ~ on interest* Geld auf Zinsen ausleihen; *to make ~* Geld machen, reich werden *(by* bei, an); *to pay ~ down* bar (be)zahlen; *to put ~ into* Geld stecken in; *to put ~ on (bei e-r Wette)* Geld setzen auf; *time is ~ (prov)* Zeit ist Geld; *he has ~ to burn* er hat Geld wie Heu; *blood~* Blutgeld *n*; *call ~* Geld *n* auf Abruf; Tagesgeld *n*; *counterfeit, forged ~* Falschgeld *n*; *foreign ~* ausländische Zahlungsmittel *n pl*; *paper, soft, fiduciary ~* Papiergeld *n*; *ready ~* Bargeld *n*; *small ~* Klein-, Wechselgeld *n*; *smart ~* Reu-, Schmerzensgeld *n*; *sum of ~* Geldsumme *f*, *-betrag m*; *in hand* Bargeld *n*; *or ~'s worth* Geld oder Geldeswert; **~ affairs, matters** *pl* Geldangelegenheiten *f pl*; **~-bag** Geldbeutel *m*; *pl fam* Reichtümer *m pl*; *mit eing* Geldsack, reiche(r) Knopf *m*; **~ bill** Finanzvorlage *f*, *-gesetz n*; Haushaltplan *m*; **~-box** Sparbüchse *f*; **~-broker** Geldmakler *m*; **~-changer** (Geld-)Wechsler *m*; **~-circulation** Geldumlauf *m*; **~ claims** *pl* Geldforderungen *f pl*; **~ due** ausstehende(s) Geld *n*; **~ed** ['-d] *a* vermögend, wohlhabend, reich, finanzkräftig; geldlich, pekuniär, finanziell; Geld-, Finanz-; **~ assistance** finanzielle Unterstützung *f*; **~ capital** Barvermögen *n*; *the ~ classes (pl)* die besitzenden Klassen *f pl*; *the ~ interest* die Finanzwelt, die Hochfinanz; **~ man** Geldmann, Kapitalist; Reiche(r) *m*; **~-grubber** geldgierige(r) Mensch, *fam* Raffke *m*; **~-lender** Geldverleiher, -geber *m*; **~ letter** Geld-, Wertbrief *m*; **~-maker** erfolgreiche(r) Geschäftsmann *m*; Goldgrube *f fig*; **~-making** *s* Gelderwerb *m*, *-verdienen n*; *a* einträglich, gewinnbringend; geschäftstüchtig; **~ market** Geld-, Kapitalmarkt *m*; *in the ~~* an der Börse; *~~ intelligence* Börsennachrichten *f pl*; *~~ report* Börsen-, Kursbericht *m*; **~-office** Kasse *f (Abteilung)*; **~-order** Postanweisung *f*; **~~ telegram** telegraphische Postanweisung *f*; **~-payment** Barzahlung *f*; **~-sale** Kassageschäft *n*; **~ supply** Geldbedarf *m*; **~-squeeze** Geldklemme *f*; **~-token** Wertmarke *f*; **~-transactions** *pl* Geldgeschäfte *n pl*, -verkehr *m*; **~-value** Geldwert *m*; **~-vault** *Am* Geld-, Kassenschrank *m*; **~-wort** *bot* Pfennigkraut *n*.

monger ['mʌŋgə] *bes. in Zssgen.* Händler *m*; *coster~* Höker(in *f*) *m*; *fish-, iron~* Fisch-, Eisenhändler *m*; *news~* Neuigkeitskrämer *m*; *scandal~ (fig pej)* Klatschmaul *n*; *war~* Kriegshetzer *m*.

Mongol ['mɔŋgɔl] *s* Mongole *m*, Mongolin *f*; *a* mongolisch; Mongolen-; **~ia** [mɔŋ'gouljə] die Mongolei; *Inner ~~* die Innere Mongolei; **~ian** [-'gouljən] *a* mongolisch; *s* Mongole *m*, Mongolin *f*; **~oid** ['mɔŋgɔlɔid] mongol(o)id.

mongoose ['mɔŋguːs] *zoo* Mungo *m*.

mongrel ['mʌŋgrəl] *s* zoo Bastard *m*; *fam* Promenadenmischung *f*; *zoo bot* Kreuzung *f*; *a oft pej* Bastard-.

moni(c)ker ['monikə] *Am sl* Zinke *f*, Gaunerzeichen *n*; (Spitz-)Name *m*.

mon|ism ['mɔnizm] *philos* Monismus *m*; **~ist** ['mɔnist] Monist *m*; **~istic(al)** [mɔ'nistik(əl)] monistisch.

monit|ion [mo(u)'niʃən] (Er-)Mahnung, (Ver-)Warnung *f*, Verweis *m*; *jur* Vorladung *f*; **~or** ['mɔnitə] *s (Schule)* Klassensprecher, -ordner *m*; Erinnerung, Warnung *f*; *zoo* Waran; *mar* Monitor; *radio video* Kontrollempfänger, -lautsprecher; Abhörer *m*; *tr itr* abhören, -horchen *a. radio*; überwachen, steuern, kontrollieren; **~orial** [mɔni'tɔːriəl] *a* Repetitoren-; = **~ory** *a*; **~oring** ['mɔnitəriŋ] Mithören, Überwachen *n*; **~~ service** Abhördienst *m*; **~ory** ['mɔnitəri] *a* mahnend, warnend; Mahn-, Warn-; *s* Mahnschreiben *n*, -brief *m*.

monk [mʌŋk] Mönch *m*; **~ery** ['-əri] Mönchswesen, Mönchtum *n*, *pej* Möncherei *f*; Kloster *n*; **~'s hood** *bot* Eisenhut *m*.

monkey ['mʌŋki] *s* Affe *m*. *fig*; *tech* Rammblock *m*; *sl* 500 £; *tr* nachäffen; *itr Am fam* spielen, herumalbern *(with, around with* mit); herumfummeln *(with, around with* an); *to get o.'s ~ up (sl)* aus der Haut fahren; *to put s.o.'s ~ up (sl)* jdn auf die Palme bringen; *to suck, to sup the ~ (fam)* aus der Flasche trinken; *my ~'s up (sl)* ich bin auf 90, ich könnte aus der Haut fahren; **~ bread** (Frucht *f*

monkey business 630 **moon**

des) Affenbrotbaum(es) *m*; ~ **business** *Am sl* Blödsinn, Quatsch, Schwindel, Unfug *m*; ~**engine** Rammaschine *f*; ~**ish** ['-iʃ] äffisch, wie ein Affe; ~~**jacket** *fam* (enge) Matrosenjacke *f*; ~**shines** *pl Am sl* dumme Streiche *m pl*, Albernheiten *f pl*; ~ **suit** *Am sl* Uniform *f*; ~~**wrench** Engländer, Universalschraubenschlüssel *m*.

mono ['mɔnɔ(u)] *pref* Mono-, Einzel-, Ein-; ~**acid(ic)** [-'æsid, -ə'sidik] *chem* einsäurig; ~**atomic** [-ə'tɔmik] *(Molekül)* einatomig; ~**basic** [-'beisik] *chem* einbasig; ~**chromatic** ['mɔnəkro(u)-'mætik] *a* einfarbig; *s video* Einfarbenbild *n*, -sendung *f*; ~**chrome** ['-əkroum] einfarbige(s) Gemälde *n*; ~**chromic(al)** [-ə'krɔmik(əl)] *a* einfarbig; ~**cle** ['mɔnəkl] Monokel *n*; ~**cular** [mə'nɔkjulə] einäugig; für ein Auge (bestimmt); ~**culture** ['mɔnə(u)-,kʌltʃə] *agr* Monokultur *f*; ~**gamous** [mə'nɔgəməs] *a* monogam; ~**gamy** [-'nɔgəmi] Einehe, Monogamie *f*; ~**gram** ['mɔnəgræm] Monogramm *n*; ~**graph** ['-gra:f] Monographie *f (Buch)*; ~**graphic** [mɔnə'græfik] monographisch; ~**lith** ['mɔnə(u)liθ] *scient* Monolith *m*; ~**logize** [mə'nɔlədʒaiz] *itr* ein Selbstgespräch führen; ~**logue** ['mɔnələg] Selbstgespräch *n*, Monolog *m*; ~**mania** ['mɔnə(u)'meinjə] fixe Idee *f*; ~**maniac** mit e-r fixen Idee behaftet, monoman; ~**phthong** ['mɔnəfθɔŋ] Monophthong *m*; ~**plane** ['-plein] *aero* Eindecker *m*; ~**polist** [mə'nɔpəlist] Monopolist *m*; ~**polize** [-'nɔpəlaiz] *tr* monopolisieren *a. fig*; für sich an sich reißen; ~**poly** [-'nɔpəli] Alleinverkauf(srecht *n*) *m*; Monopol *a. fig*; Alleinrecht *n*; ~**rail** ['mɔnə(u)reil] Einschienenbahn *f*; ~**syllabic** ['mɔnəsi-'læbik] *(Wort)* einsilbig; ~**syllable** [-'siləbl] einsilbige(s) Wort *n*; ~**theism** ['mɔnə(u)θi:izm] Monotheismus *m*; ~**theist** ['-θiist] Monotheist *m*; ~**theistic(al)** [mɔnəθi'istik(əl)] monotheistisch; ~**tone** ['mɔnətoun] Geleier *n*; Einförmigkeit *f*, gleiche(r) Ton *m*; ~**tonous** [mə'nɔt(ə)nəs] eintönig, -förmig, monoton; ~**tony** [-'nɔt(ə)ni] Eintönigkeit, Einförmigkeit, Monotonie *f*.

monsoon [mɔn'su:n] Monsun *m*.

monster ['mɔnstə] *s* Mißgeburt *f*; Ungeheuer, Monstrum; Scheusal *n*; *a* ungeheuer (groß), riesig, gewaltig, enorm; Riesen-; ~ **film** Monsterfilm *m*; ~ **meeting** Massenversammlung *f*.

monstrance ['mɔnstrəns] *rel* Monstranz *f*.

monstr|osity [mɔns'trɔsiti] Absonderlichkeit, Abnormität, Ungeheuerlichkeit; Scheußlichkeit, Gräßlichkeit *f*; ~**ous** ['mɔnstrəs] ungeheuer (groß), gewaltig, riesenhaft; abnorm, absonderlich, ungeheuerlich; scheußlich, gräßlich; schrecklich, furchtbar.

montage [mɔn'ta:ʒ] (Photo-)Montage; *film radio* Montage *f*.

month [mʌnθ] Monat *m*; *at the end of the ~* am Monatsende; *by the ~* monatlich; *every two ~s* alle zwei Monate; *every three ~s* jedes Vierteljahr, vierteljährlich *adv*; *once, twice a ~* einmal, zweimal im Monat *od* monatlich; *this day ~* heute in einem Monat; *within a ~* in Monatsfrist; ~ *after ~*, *~ by ~*, *~ in*, *~ out*, *every*, *each ~* jeden Monat; *calendar ~* Kalendermonat *m*; *current ~* laufende(r) Monat *m*; *one ~'s bill* Monatswechsel *m*; *one ~'s notice* monatliche Kündigung *f*; ~**ly** ['-li] *a* monatlich; Monats-; *adv* monatlich, einmal im Monat, jeden Monat; *s* Monatsschrift; *pl* monatliche Blutung *f*; ~~ *balance* Monatsbilanz *f*; ~~ *instalment* Monatsrate *f*; ~~ *production* Monatsproduktion *f*; ~~ *report* Monatsbericht *m*; ~~ *return* Monatsabschluß, -ausweis *m*; ~~ *salary* Monatsgehalt *n*; ~~ *ticket* Monatskarte *f*.

monument ['mɔnjumənt] (Bau-)Denkmal, Monument; *fig* Denkmal *n*; ~**al** [mɔnju'mentl] monumental; überlebensgroß, *fig* riesig, gewaltig; ~~ *mason* Steinbildhauer *m*.

moo [mu:] *s (Kuh)* Muh(en) *n*; *itr* muhen, muh machen.

mooch, mouch [mu:tʃ] *itr sl (to ~ about, along)* herumlungern, -schleichen, -bummeln; *tr sl* mausen, mopsen, stibitzen; schnorren, zs.betteln; ~**er** ['-ə] *sl* Bummler; Schnorrer *m*.

mood [mu:d] **1.** Stimmung, Laune *f*; *pl* (Anfall *m* von) schlechte(r) Laune *f*; *to be in the ~* aufgelegt sein *(for* zu); *to be in a good ~* gutgelaunt sein; ~**iness** ['-inis] launische(s), mürrische(s) Wesen *n*; Niedergedrücktheit; Schwermut *f*; ~**y** ['-i] launisch, wetterwendisch; schlechtgelaunt, mürrisch, niedergedrückt; düster, trüb(selig), traurig, schwermütig; **2.** *gram* Modus *m*, Aussageweise; *mus* Tonart *f*.

moola(h) ['mu:lə] *Am sl* Geld *n*.

moon [mu:n] *s* Mond *a. poet*; Mondschein *m*, -licht *n*; *astr* Mond, Satellit *m*; *itr (to ~ about, around)* herumtrödeln; *tr (to ~ away) (Zeit)* vertrö-

moonbeam   631   **morbidness**

deln; *once in a blue ~* alle Jubeljahre (einmal); *to cry for the ~ (fig)* nach den Sternen greifen; *there is a ~ to-night* heute nacht scheint der Mond; *age of the ~* Mondphase *f*; *full ~* Vollmond *m*; *half-~* Halbmond *m*; *new ~* Neumond *m*; *old, waning ~* abnehmende(r) Mond *m*; **~beam** Mondstrahl *m*; **~calf** Tölpel, Idiot *m*; **~ed** [-d] *a* kreisrund, halbmond- *od* sichelförmig; mit Mondsicheln verziert; **~-faced** *a* mit e-m Vollmondgesicht; **~fish** Mondfisch *m*; **~light** *s* Mondschein *m*, -licht *n*; *a* mondhell, -beschienen; Mondschein-; nächtlich; *~~ flit(ting)* heimliche(r) Auszug *m (bei Nacht und Nebel)*; *~~ night* Mondnacht *f*; **~lit** *a* mondbeschienen, -hell; **~rise** Mondaufgang *m*; **~set** Monduntergang *m*; **~shine** *s* Mondschein *m*; *fig* dumme Reden *f pl*; Unsinn, Blödsinn, Quatsch; *sl* schwarz gebrannte(r) *od* geschmuggelte(r) Alkohol *m*; *a fig* eitel, nichtig; *all ~~!* Blödsinn! Quatsch! **~shiner** *Am sl* Schwarzbrenner; Alkoholschmuggler *m*; **~stone** *min* Mondstein *m*; **~stricken, ~struck** *a* mondsüchtig; **~y** [-i] *a* Mond-; kreisrund, halbmond- *od* sichelförmig; mondhell, -beschienen; träumerisch, verträumt, geistesabwesend; *sl* beschwipst, besoffen.

Moor [muə] Maure *m*; **~ish** [-riʃ] *bes arch* maurisch.

moor [muə] **1.** Heide(land *n*) *f*, Ödland; Moor, Sumpfland; Jagdgebiet, -gelände *n*; **~-fowl** Schottische(s) Moorhuhn *n*; **~land** Heide *f*; Moor *n*; **2.** *tr (Schiff)* vertäuen, festmachen, verankern; *allg* festmachen, sichern; **~age** ['-ridʒ] Verankern *n*; Liege-, Ankerplatz *m*; Ankergebühr *f*; **~ing** ['-riŋ] Vertäuen, Festmachen, Verankern *n a. aero*; *oft pl* Haltetaue *n pl*; *pl* Ankerplatz *m*; **~~-mast, -tower** *(aero)* Ankermast *m*; **~~-rope** Haltetau *n*.

moose [mu:s] *inv zoo* Amerikanische(r) Elch *m*.

moot [mu:t] *s hist* Volksversammlung *f*; *jur* Streitfall, strittige(r) Punkt *m*, Streitfrage *f*; *a* strittig, umstritten; *tr* erörtern, diskutieren; debattieren über; zur Debatte stellen; *jur (als Anwalt)* vertreten.

mop [mɔp] **1.** *s* Scheuerwisch, Mop, *fig* Wuschel(kopf) *m*; *tr (to ~ up)* (feucht) aufwischen; *(Gesicht)* abwischen; *fam (Speise, Getränk)* hinunterstürzen; erledigen, zu Ende bringen; *mil* säubern, durchkämmen; *to ~ o.'s brow* sich den Schweiß von der Stirn wischen; *to ~ the floor with s.o. (sl)* jdn fertigmachen, erledigen; **~board** Scheuerleiste *f*; **~head** *fam* Wuschelkopf *m*; **~ping-up operations** *pl mil* Säuberungsaktion *f*; **2.** *s* Grimasse, Fratze *f*; *itr (to ~ and mow)* Grimassen schneiden, e-e Fratze machen; *~s and mows* Grimassen *f pl*.

mop|e [moup] *itr* (dumpf) vor sich hinbrüten; teilnahmslos, apathisch sein; den Kopf hängen lassen, Trübsal blasen; *s* apathische(r), teilnahmslose(r) Mensch *m*; *fam* Häufchen *n* Elend; *pl* Teilnahmslosigkeit *f*, Trübsinn *m*, *fam* heulende(s) Elend; **~ed** [-t] *a* niedergeschlagen, entmutigt; **~ing** ['-iŋ], **~ish** ['-iʃ] teilnahmslos, apathisch; mutlos; bedrückt, trübsinnig; hoffnungs-, aussichtslos; *(Stimmung)* gedrückt.

moped ['mouped] Moped *n*.

moppet ['mɔpit] Püppchen *n a. fig.*

moraine [mɔ'rein] *geol* Moräne *f*; *lateral, terminal ~* Seiten-, Endmoräne *f*.

moral ['mɔrəl] *a* sittlich, moralisch, ethisch; (sittlich) gut, rechtschaffen; sittenrein; pflichtbewußt; geistig; *s* Lehre, Nutzanwendung, Moral *f (e-r Geschichte)*; Grundsatz *m*, Maxime *f*; *pl* sittliche(s) Verhalten *n*, Sittlichkeit, Sittenlehre, Moral, Ethik *f*; **~ certainty** innere Gewißheit *f*; **~e** [mɔ'ra:l] geistige Verfassung, Stimmung *bes. mil*; innere, geistige Zucht *f*; **~ insanity** (innere) Haltlosigkeit *f*; **~ist** ['-ist] *(Literatur)* Moralist; Sittenlehrer *m*; **~ity** [mɔ'ræliti] Sittlichkeit; Sittenreinheit *f*; Sittenkodex *m*, -gesetz *n*; Sittenlehre, Ethik *f*; Lehre *f*; *theat hist (~~ play)* Moralität *f*; **~ize** ['mɔrəlaiz] *itr* moralisieren, moralische Betrachtungen anstellen; *tr* vom moralischen Standpunkt betrachten; e-e Lehre ziehen aus; sittlich heben.

morass [mɔ'ræs] Morast, Sumpf *m*; *fig* verfahrene Lage, Klemme *f*; Schwierigkeiten *f pl*.

morator|ium [mɔrə'tɔ:riəm] Moratorium *n*, Zahlungsaufschub *m*, Stundung *f*; **~y** ['mɔrətəri] aufschiebend; Stundungs-.

morb|id ['mɔ:bid] krank(haft); kränklich; ungesund, pathologisch; *fig* greulich, grauenhaft, furchtbar, schrecklich, entsetzlich; *~~ anatomy* pathologische Anatomie *f*; **~idity** [mɔ:'biditi], **~idness** ['-bidnis] Krankhaftigkeit; Kränklichkeit; Ungesundheit; Krankheitshäufigkeit, -ziffer *f*.

mordant ['mɔːdənt] *a* ätzend; beißend *a. fig; (Schmerz)* brennend; *s* Beize *f*, Beizmittel *n*; ätzende Flüssigkeit *f*.

more [mɔː] **1.** *a u. adv* mehr; noch (mehr); weitere(s); *any, some* ~ noch (mehr); *a few* ~ noch einige; noch ein paar; *a little* ~ etwas mehr; noch etwas; *many, much* ~ viel mehr; *no* ~ kein(e) ... mehr; *three* ~ noch drei; drei weitere; *what* ~? was noch? *what's* ~ außerdem; **2.** *adv* mehr, in höherem Maße; ausgiebiger, eher; **3.** *s* Mehr *n* (*of an*); *once* ~ noch einmal; *any od no, never* ~ nicht, nie mehr; ~ *or less* mehr oder weniger; ~ *and* ~ immer mehr; immer weiter; ~ *and* ~ *exciting* immer spannender; *so much the* ~ um so mehr (*as, because* als, da); *the* ~ ... *the* ~ je mehr ... desto mehr; *to be no* ~ nicht mehr (am Leben) sein; *and what is* ~ und was wichtiger, entscheidender ist; *I don't care any* ~ es liegt mir nichts mehr dran; **~over** [mɔː'rouvə] überdies, des weiteren, ferner.

morel [mɔ'rel] **1.** *bot* Schwarze(r) Nachtschatten *m*; **2.** *bot* Speisemorchel *f*.

morello [mə'relou], ~ **cherry** Weichselkirsche *f*.

Moresque [mɔ'resk] *(Kunst)* maurisch.

morganatic [mɔːgə'nætik] *(Ehe)* morganatisch, zur linken Hand.

morgue [mɔːg] Leichenschauhaus; *Am* Archiv *n* (*e-r Redaktion*).

moribund ['mɔribʌnd] sterbend, im Sterben, in den letzten Zügen (liegend); *fig* dem Ende entgegengehend.

Mormon ['mɔːmən] *rel* Mormone *m*; *a* mormonisch; **~ Church** Kirche *f* Jesu Christi der Heiligen der letzten Tage; **~ism** ['-izm] Mormonentum *n*; *the* ~ **State** der Mormonenstaat, Utah *n* (*US*).

morn [mɔːn] *poet* Morgen *m*.

morning ['mɔːniŋ] *s* Morgen; Vormittag, Tagesanbruch *m*; Morgengrauen *n*; *fam* (Nach-)Mittag; *fig* Anfang *m*, erste Zeit *f*; *a* Morgen-, morgendlich; *(Kleidung)* Tages-; *from* ~ *till night* von früh bis spät; *in the* ~ am Morgen, morgens; *on Sunday* ~ am Sonntagmorgen; *this* ~ heute morgen; *to-morrow* ~ morgen früh; *yesterday* ~ gestern morgen; *good* ~! guten Morgen! ~ **call** Nachmittagsbesuch *m*; **~-coat** Cut(away) *m*; **~-dress** Haus-, Tageskleid *n*; Besuchsanzug *m*; **~-gift** *hist* Morgengabe *f*; **~-glory** *bot* Garten-, Trichterwinde *f*; **~-gown** Morgenrock *m*; ~ **paper** Morgenzeitung *f*; ~ **performance** Matinee, Nachmittagsvorstellung, -veranstaltung *f*; ~ **prayer** (anglikanische) Morgenandacht *f*; Morgengebet *n*; **~-star** Morgenstern *m*; **~-watch** *mar* Morgenwache *f* (*von 4 bis 8 Uhr*).

Morocc|an [mə'rɔkən] *a* marokkanisch; *s* Marokkaner(in *f*) *m*; **~o** [-ou] Marokko *n*; **m~~** *(leather)* Saffian, Maroquin *m*.

moron ['mɔːrɔn] Schwachsinnige(r *m*) *f*, *fam* Trottel, Dämlack *m*.

morose [mə'rous] mürrisch, verdrießlich, griesgrämig, grämlich; **~ness** [-nis] mürrische(s) Wesen *n*; Griesgrämigkeit *f*.

morph|ia ['mɔːfjə], **~ine** [-iːn] Morphium *n*; **~inism** ['-inizm] Morphinismus *m*; **~inist** ['-inist] Morphinist *m*.

morpholog|ic(al) [mɔːfə'lɔdʒik(əl)] morphologisch; **~y** [mɔː'fɔlədʒi] Morphologie *f*.

morrow ['mɔrou] *obs lit poet* Morgen; folgende(r) Tag *m*; *on the* ~ *of* bald, kurz nach.

Morse [mɔːs] *a tele* Morse-; ~ **alphabet, code** Morsealphabet *n*; ~ **sign** Morsezeichen *n*.

morse [mɔːs] **1.** *zoo* Walroß *n*; **2.** Agraffe, Gewandspange, Fibel *f*.

morsel [mɔːsəl] *s* Bissen *m*; bißchen, Stückchen *n*; *tr* in kleine Teile teilen; in kleinen Portionen verteilen.

mortal ['mɔːtl] *a* sterblich; irdisch; menschlich; Todes-; tödlich, verderbenbringend, unheilvoll (*to* für); schrecklich, entsetzlich; *fam* gewaltig, ungeheuer; endlos (lang); entsetzlich langweilig; *fam* menschenmöglich; *s* Sterbliche(r); *fam* Mensch *m*; ~ **agony** Todeskampf *m*; ~ **combat** Kampf *m* um Leben und Tod; ~ **enemy** Todfeind *m*; ~ **hour** Todesstunde *f*; **~ity** [mɔː'tæliti] Sterblichkeit(sziffer); Menschheit *f*; ~~ **table** Sterblichkeitstafel *f*; ~ **sin** Todsünde *f*.

mortar ['mɔːtə] *s* Mörser *m*, Reibschale *f*; *mil* Mörser, Granatwerfer; Mörtel, Speis *m*; *tr* mit Granatwerferfeuer belegen; *(Steine beim Bau)* binden, verstreichen; **~-board** *arch* Streichbrett; *(Universität)* quadratische(s) Barett *n*.

mortgage ['mɔːgidʒ] *s* Verpfändung *f*; *(~ deed)* Pfandbrief *m*, Hypothek *f*; Pfandrecht *n*; *tr* verpfänden (*to* an); *(mit e-r Hypothek)* belasten; *to give in* ~ verpfänden; *to have a* ~ *on* e-e Hypothek haben auf; *to pay off, to redeem a* ~ e-e Hypothek tilgen; *to raise a* ~ e-e

Hypothek aufnehmen (*on* auf); *to register a ~* e-e Hypothek eintragen; *claim, debt on ~* Hypothekenforderung, -schuld *f*; *first ~* erste Hypothek *f*; *free of ~s* hypotheken-, schuldenfrei; *redemption of ~* Tilgung *f* e-r Hypothek; *satisfaction of ~* Erlöschen *n* e-r Hypothek; *secured by ~* hypothekarisch gesichert; *~ of goods* Sicherungsübereignung *f*; **~ claim** Hypothekenforderung *f*; **~ debt** Hypothekenschuld *f*; **~e** [mɔːgəˈdʒiː] Hypothekengläubiger *m*; **~r, mortgagor** [ˈmɔːgidʒə, -gəˈdʒɔː] Hypothekenschuldner *m*; **~ register** Hypotheken-, Grundbuch *n*.
mortice *s.* **mortise**.
mortician [mɔːˈtiʃən] *Am* Leichenbestatter *m*.
mortif|ication [mɔːtifiˈkeiʃən] Abtötung, Kasteiung; Demütigung, Kränkung, Beschämung, Schande *f*; Verlust *m* der Selbstachtung; med kalte(r) Brand *m*; **~y** [ˈmɔːtifai] *tr* kasteien; abtöten, demütigen, beschämen, kränken; *s.o.* jdn verletzen; *med* brandig machen; *itr* sich kasteien; *med* brandig werden.
mortise, mortice [ˈmɔːtis] *s* Zapfenloch *n*; Falz *m*, Fuge; (Keil-)Nut; *fig* Stütze *f*; *tr* mit e-m Zapfenloch, e-r Nut versehen; *(to ~ together)* verzapfen, mit e-m Zapfen verbinden; einzapfen, -lassen *(into* in); **~ chisel** Lochbeitel *m*.
mortmain [ˈmɔːtmein] *jur* (Recht *n* der) Tote(n) Hand *f*; *in ~* unveräußerlich.
mortuary [ˈmɔːtjuəri] *s* Leichenhalle *f*, -haus *n*; *a* Sterbe-, Toten-, Leichen-, Trauer-, Begräbnis-; **~ rites** *pl* Beisetzungsfeierlichkeiten *f pl*.
Mosaic [məˈzeiik] *rel* mosaisch.
mosaic [məˈzeiik] *s* Mosaik(arbeit *f*) *n*; *fig* Mosaik-, *phot* Reihenluftbild *n*; *a*: **~ gold** Musiv-, Mosaikgold *n*.
Moselle, the [məˈzel] die Mosel; **m~** Mosel(wein) *m*.
mosey [ˈmouzi] *itr Am sl* dahinschlendern; abhauen, stiftengehen.
Moslem [ˈmɔzlem] Moslem, Mohammedaner *m*.
mosque [mɔsk] *rel* Moschee *f*.
mosquito [məsˈkiːtou] *pl* -*oes* Stechmücke *f*, Moskito *m*; **~ boat** Schnellboot *n*; **~ net** Moskitonetz *n*.
moss [mɔs] Moos(polster) *n*; **~back** *Am fam* bemooste(s) Haupt *n*; altmodische(r), rückständige(r) Mensch, Spießer *m*; **~-grown** *a* moosbewachsen, bemoost; altmodisch, veraltet; **~iness**

[ˈ-inis] moosige Beschaffenheit *f*; **~y** [ˈ-i] bemoost, moosig, moosbedeckt.
most [moust] *a* meist; größt; höchst; *adv* am meisten; höchst, überaus, äußerst; *s das meiste; das Höchste,* Äußerste; *at (the) ~* höchstens; *for the ~ part* meist(ens); meisten-, größtenteils, in der überwiegenden Mehrheit; *~ of all* am allermeisten; *~ people* die meisten Leute; *~ of the time* die meiste Zeit, meist; *to make the ~ of* alles herausholen aus, voll ausnutzen; ins rechte Licht setzen (*s.o.* jdn); **~-favo(u)red-nation clause** *pol* Meistbegünstigungsklausel *f*; **~ly** [ˈ-li] meist(ens); in der Hauptsache, im wesentlichen.
mote [mout] Stäubchen, Körnchen *n*; *the ~ in another's eye (fig)* der Splitter im Auge des andern.
motel [mouˈtel] *Am* Motel.
motet [mo(u)ˈtet] *mus* Motette *f*.
moth [mɔθ] Motte *f*; Nachtfalter *m*; *clothes-~* Kleidermotte *f*; **~-ball** *s* Mottenkugel *f*; Schutzüberzug *m*; *tr Am mil (Waffen)* einlagern, einmotten; **~-eaten** *a* mottenzerfressen; *fig* abgenutzt, verbraucht; veraltet; **~y** [ˈ-i] vermottet; mottenzerfressen.
mother [ˈmʌðə] *s* Mutter *a. fig*; *rel (~ superior)* Oberin, Äbtissin; *fig* Ursache, Veranlassung *f*; *tr* bemuttern; zur Welt, *fig* hervorbringen; die Urheberschaft zugeben *od* anerkennen (*s.th.* an e-r S); *necessity is the ~ of invention (prov)* Not macht erfinderisch; *M~ of God* Mutter *f* Gottes; **M~-Church** Mutterkirche *f*; **~ country, ~land** Mutterland *n*; **~ earth** Mutter *f*, Erde; **~hood** [ˈ-hud] Mutterschaft; Mütterlichkeit *f*; die Mütter *pl*; **~-in-law** *pl* ~s-in-law Schwiegermutter *f*; **~less** [ˈ-lis] mutterlos; **~liness** [ˈ-linis] Mütterlichkeit *f*; **~ liquor** *chem* Mutterlauge *f*; **~ lodge** *(Freimaurerei)* Mutterloge *f*; **~ly** [ˈ-li] *a* mütterlich; *adv* wie e-e Mutter; **~-of-pearl** *s* Perlmutter *f*; *a* perlmuttern; **~-rock** *geol* Urgestein *n*; **M~'s Day** Muttertag *m*; **~ tongue** Muttersprache *f*; **~ wit** Mutterwitz *m*; **~y** [ˈ-ri] *(Flüssigkeit)* trüb(e), getrübt, hefig.
motif [mo(u)ˈtiːf] *(Kunst) lit mus* Motiv *f*; *fig* Leitmotiv *n*, -gedanke *m*.
motil|e [ˈmoutail, ˈ-il] *a biol* bewegungsfähig; *s* motorische(r) Mensch *m*; **~ity** [mo(u)ˈtiliti] Bewegungsfähigkeit *f*.
motion [ˈmouʃən] *s* Bewegung; Körperbewegung; Hand-, Kopfbewegung, Geste *f*, Wink *m*, Zeichen *n*; *psychol*

motionless   634   **motto**

Antrieb; Vorschlag *m*; Anregung *f*; *parl* Antrag (*for*, *of*, *to* auf); *tech* Mechanismus *m*, Triebwerk *n*; *physiol* Stuhlgang *m*; *pl* Schritte *m pl*; e-e (bedeutungsvolle) Hand-, Kopfbewegung machen; winken (*with* mit; *to* dat); *tr* mit e-r Geste zu verstehen, ein Zeichen geben (*s.o.* jdm); *to ~ away* abwinken (*s.o.* jdm); *to ~ in* hereinwinken (*s.o.* jdm); *in ~* in Bewegung, in Gang; *of o.'s own ~* aus eigenem Antrieb; *to adopt a ~* e-n Antrag annehmen; *to bring forward, to file, to make, to put a ~* e-n Antrag einbringen, *od* stellen; *to carry a ~* e-n Antrag durchbringen; *to defeat, to reject a ~* e-n Antrag ablehnen; *to hear a ~* über e-n Antrag verhandeln; *to put, to set in ~* in Bewegung setzen, in Gang bringen; *to sustain a ~* e-m Antrag stattgeben; *to withdraw a ~* e-n Antrag zurücknehmen, -ziehen; *counter-~* Gegenantrag *m*; *free ~* Bewegungsfreiheit *f*, Spielraum *m*; *idle ~* Leerlauf *m*; *slow-~* (*a*) langsam; *film* Zeitlupen-; *~~ picture* Zeitlupenaufnahme *f*; *~ to adjourn, ~ for adjournment* Antrag *m* auf Vertagung; *~ to amend* Ergänzungs-, Abänderungsantrag *m*; *~ of censure* Tadelsantrag *m*; *~ of 'no confidence'* Mißtrauensantrag *m*; **~less** ['-lis] bewegungs-, reglos; bewegungsunfähig; *~ picture* Film *m*; **~-picture** *Am* Film-; *~~ actor, actress* Filmschauspieler(in *f*) *m*; *~~ camera* Filmkamera *f*; *~~ projector* Filmvorführapparat *m*; *~~ theatre* Film-, Lichtspieltheater, Kino *n*; *~ study* Zeitstudie *f*.

motiv|ate ['moutiveit] *tr* begründen, motivieren; anregen; **-ation** [mouti'veiʃən] Begründung, Motivierung; Anregung *f*; **-e** ['moutiv] *s* Beweggrund *m* (*for* zu); Absicht *f*, Zweck *m*, Ziel; (*Kunst*) *lit mus* Motiv *n*; *a* bewegend, treibend *a. fig*; *tr* motivieren, begründen; **~ power** Triebkraft *f a. fig*.

motley ['mɔtli] *a* scheckig, bunt; buntgekleidet; gemischt; *s* Narrenkleid *n*; *fig* Mischmasch *m*; *to wear the ~* den Narren spielen.

motor ['moutə] *s* Motor *m*; treibende Kraft *f a. fig*; Kraftfahrzeug, bes. Auto(mobil) *n*; (Kraft-)Wagen; *(~ nerve)* motorische(r) Nerv *m*; *a* bewegend, (an)treibend; Motor(en)-, Kraft-; Auto-; *physiol* motorisch; *itr* Auto fahren; *tr* mit e-m Kraftfahrzeug befördern; **~-accident** Autounfall *m*; **~-ambulance** Krankenwagen *m*; **~-assisted bicycle** Fahrrad *n* mit Einbaumotor; **~-bicycle** = **~-cycle**; **~-bike** *fam* Motorrad *n*; **~-boat** Motorboot *n*; **~-bus** Autobus *m*; **~-cab** Taxe *f*; **~-cade** ['-keid] *Am* Auto-, Wagenkolonne *f*; **~-car** Auto(mobil) *n*, Kraftwagen *m*; *~~ industry* Automobilindustrie *f*; **~-coach** *rail* Triebwagen; *Am* Bus *m*; *~ court, park* *Am* Rasthaus *n*, -stätte *f*, Motel *n*; Campingplatz *m*; **~-cycle** *s* Motor-, Kraftrad *n*; *itr* Motorrad fahren; *~ dispatch-rider* (*mil*) Kradmelder *m*; *~~ tractor* Kettenrad *n*; **~-cyclist** Motorradfahrer *m*; **~-drive** Motorantrieb *m*; **~-driven** *a* mit Motorantrieb; *~~ railway-car* Triebwagen *m*; **~-drome** ['-droum] Auto-, Motorradrennbahn *f*; **~-ed** ['-d] *a* mit e-m Motor, mit Motoren ausgestattet; *bes. in Zssgen*: -motorig; **~-engine** Kraftmaschine *f*; **fire-engine** Motorspritze *f*; **~-fitter, -mechanic** Autoschlosser *m*; **~-generator** Motorgenerator, -umformer *m*; **~-goggles** *pl* Motorrad-Schutzbrille *f*; **~-ing** ['moutəriŋ] Kraftfahrwesen *n*; Motorsport *m*; **~-ist** ['moutərist] Kraft-, Autofahrer *m*; **~-ization** [moutərai'zeiʃən] Motorisierung *f*; **~-ize** ['moutəraiz] *tr* motorisieren; **~-launch** Motorbarkasse *f*; **~-less** ['-lis] motorlos; *~~ flight* Segelflug *m*; **~-lorry** *Br* Last(kraft)wagen *m*, -auto *n*; **~-man** ['-mən] *el* Wagenführer *m*; *~ mimicry psychol* Einfühlung *f*; **~ noise** Motorenlärm *m*; **~-oil** Treiböl *n*; **~-pool** Fahrbereitschaft *f*; **~-road** Autobahn, Kraftverkehrsstraße *f*; **~ scooter** Motorroller *m*; **~-ship** Motorschiff *n*; **~-show** Automobilausstellung *f*; **~ sled, sleigh** Motorschlitten *m*; **~ spirit** Kraftstoff(gemisch *n*) *m*; **~ taxi** Kraftdroschke, Taxe *f*; **~ torpedo-boat** Schnellboot *n*; **~-tractor** Traktor, Trecker, Motorschlepper *m*; **~ transport** Kraftwagentransport *m*; **~ trip** Autotour *f*; **~-trouble** Motorschaden *m*, Panne *f*; **~ truck** *Am* Last(kraft)wagen *m*, -auto *n*; *el* Elektrokarren *m*; **~-van** Lieferwagen *m*; **~ vehicle** Kraftfahrzeug *n*; *~-vehicle repair-shop* Kraftfahrzeug-Reparaturwerkstatt *f*; **~-way** *Br* Autostraße *f*; **~-y** ['-ri] *physiol* motorisch; *allg* treibend.

mottl|e ['mɔtl] *tr* bunt machen; sprenkeln; marmorieren; **~ed** ['-d] *a* buntscheckig; gesprenkelt; marmoriert; (*Roheisen*) meliert.

motto ['mɔtou] *pl* **-o(e)s** Motto *n*; Leitsatz; Wahlspruch *m*.

mo(u)ld [mould] **1.** *s* (Guß-)Form *f*; Formholz, -brett *n*; Schablone *f*, Modell, Muster, Vorbild *n*; Abguß, -klatsch *m*, -bild *n*; *typ* Matrize, Mater; Form, Gestalt, Struktur *f*, Bau *m*, Beschaffenheit, Natur, Art *f*; *tr* formen, pressen, gießen, bilden (*upon* nach); *(Gießerei)* abformen; *(Holz)* profilieren; **~er** ['-ə] Former, Gießer; *fig* Bildner *m*; *typ* Galvano *n*; **~ing** ['-iŋ] Formen, Pressen, Gießen, Bilden, Modellieren *n*; Preßling *m*; Gesims, Karnies *n*, Fries *m*; **~ board** Formbrett *n*; **~ box** Form-, Gießkasten *m*; **~ material, sand** Formsand *m*; **~ press** Formpresse *f*; **~ shop** Gießerei, Presserei, Formerei *f*; **~wax** Modellierwachs *n*; **2.** *s* Moder; Schimmel; Schimmelpilz *m*; *itr tr* (ver)modern, (ver)faulen, (ver)schimmeln (lassen); **~iness** ['-inis] mod(e)rige(r), schimm(e)lige(r) Zustand *m*; **~y** ['-i] mod(e)rig, schimm(e)lig; **3.** Humus(boden *m*, -schicht *f*); Kompost *m*, Gartenerde *f*; (Erd-)Boden *m*; Material *n*, Materie *f*; *tr* mit Gartenerde bedecken; **~er** ['-ə] *itr* vermodern; *(to ~ away)* verfallen, vergehen; *tr* vermodern, verfallen lassen.

mo(u)lt [moult] *itr* sich mausern; sich häuten; *tr (das Federkleid)* wechseln; *(die Haut)* abwerfen; *s* Mauser(ung) *f*.

mound [maund] **1.** *s* Erdhügel, -wall *m*; Bodenerhebung *f*; *burial ~* Grabhügel *m*; **2.** *s* Reichsapfel *m*.

mount [maunt] **1.** *poet u. in Namen* Berg *m*; **2.** *itr (to ~ up)* (empor-, auf-, hinauf)steigen; (hinauf)klettern, (hinauf)fahren; aufs Pferd steigen, das Pferd besteigen; *fig* (an)steigen, sich vermehren, zunehmen, (an)wachsen; *tr* hinaufsteigen; klettern auf; *(Pferd)* besteigen, steigen auf; setzen auf; beritten machen; *(Tier)* decken; stellen (*on* auf); *tech* einbauen, montieren; zs.stellen; *(Edelstein)* fassen; *(Bild)* aufziehen, -kleben; *zoo bot* präparieren; *(Landkarte)* aufziehen; *theat* einrichten, inszenieren, auf die Bühne bringen; *(Kleidungsstück)* anziehen, zur Schau tragen, paradieren mit; *(Geschütz)* in Stellung bringen; *(Schiff mit Geschützen)* bewaffnet sein mit; *mil (Posten)* aufstellen; *(Stellung)* beziehen; *s* Besteigen (*e-s Pferdes*), Aufsitzen; Montieren *n*; Reittier, Pferd *n*; Fahrrad *n*; Fassung *f*, Rahmen *m*, Gestell *n*; *(Mikroskop)* Objektträger *m*; *to ~ up to* sich belaufen auf, betragen; *to ~ guard* auf Wache ziehen; **~ed** ['-id] *a* beritten; aufgezogen; *(Geschütz)* in Stellung gebracht; *(Truppe)* ausgerüstet; **~ing** ['-iŋ] Montage; Fassung, Halterung, Aufhängung *f*; Rahmen, Karton *m*; *el* Installation *f*; *pl* Beschläge *m pl*, Armaturen *f pl*.

mountain ['mauntin] *s* (hoher) Berg; *fig* (großer) Haufen, Berg *m*; *pl* Gebirge *n*; *a* Berg-, Gebirgs-; gewaltig, riesig, riesenhaft; *to make a ~ out of a molehill* aus e-r Mücke e-n Elefanten machen; *a ~ of debts* ein Haufen Schulden; **~air** Gebirgsluft *f*; **~artillery** Gebirgsartillerie *f*; **~ ash** Eberesche *f*, Vogelbeerbaum *m*; **~ cat, lion** *Am zoo* Puma; Kuguar *m*; **~ chain, range** Bergkette *f*; **~ cock** *zoo* Auerhahn *m*; **~ crest** Bergkamm *m*; **~ crystal** Bergkristall *m*; **~ cure** Höhenkur *f*; **~eer** [maunti'niə] *s* Bergbewohner; Bergsteiger *m*; *itr* Bergsport treiben; **~eering** ['-niəriŋ] *s* Bergsteigen *n*; **~-high** haushoch; **~ous** ['mountinəs] bergig, gebirgig; *fig* riesenhaft, ungeheuer; **~ pass** Gebirgspaß *m*; **~ pasture** Alm *f*; **~ plant** Gebirgspflanze *f*; **~ railway** Bergbahn *f*; **~ range** Gebirgskette *f*; **~ resort** Höhenkurort *m*, -station *f*; **~ sickness** Bergkrankheit *f*; **~side** (Berg-, Ab-)Hang *m*, Berglehne *f*; **~ slide** Bergrutsch *m*; **~sun** Höhensonne *f*; **~ top** Bergspitze *f*; **~ track, trail** Saumpfad *m*; **~ troops** *pl* Gebirgstruppen *f pl*.

mountebank ['mauntibæŋk] Marktschreier, Quacksalber; Scharlatan *m*.

mourn [mɔ:n] *itr* trauern *(for, over* um); klagen, jammern *(at, over* über); in Trauer sein, Trauer tragen; *tr* bedauern, beklagen; betrauern; jammernd sagen; **~er** ['-ə] Leidtragende(r) *m*; *pl* Trauergäste *m pl*, -gemeinde *f*; **~ful** ['-ful] *a* Trauer-; traurig, kummervoll, bekümmert; schmerzlich; **~ing** ['-iŋ] *s* Trauer(kleidung, -zeit) *f*; *a* Trauer-; *in (deep) ~* in (tiefer) Trauer; *to go into (out of) ~* Trauer an-, ablegen; **~band** Trauerflor *m*; **~boarder, ~edge** Trauerrand *m*.

mouse [maus] *pl mice s* Maus *f*; *fig* Angsthase *m*; *sl* blaue(s) Auge *n*; *itr* [mauz] mausen, Mäuse fangen; *fig* eifrig, heimlich suchen; *~ and man* mit Mann und Maus; *house-, field-* Haus-, Feldmaus *f*; **~colo(u)r** *s* Mausgrau *n*; **~-deer** *zoo* Moschustier *n*; **~-ear** *bot* Vergißmeinnicht; Habichtskraut *n*; **~-hole** Mauseloch *n*; **~r** ['mauzə] *(Katze,*

mouse-trap   636   **mow**

Hund) Mausefänger *m*; **~-trap** Mausefalle *f*; ungenießbare(r) Käse *m*; **~y** ['-i] *a* voller Mäuse; *fig* ängstlich, furchtsam; *fig* trübe.

mo(u)stache [məs'tɑ:ʃ] Schnurrbart *m*.

mouth [mauθ] *pl* **-s** [-ðz] *s* Mund *a. fig*; *fig* Esser, Mensch *m*; Maul *n*, Schnauze; Grimasse *f*; *fig* lose(s) Maul *n*, Frechheit; Öffnung; *(Gewehrlauf, Fluß)* Mündung *f*; Ein-, Ausgang *m*; *(Blasinstrument)* Mundstück *n*; *v* [mauð] *tr* affektiert sprechen; in den Mund nehmen; *(mit dem Mund)* berühren; *(Pferd)* ans Gebiß gewöhnen; *itr* affektiert sprechen; Grimassen schneiden; *by word of* ~ mündlich; *down in the* ~ *(fam)* niedergeschlagen, gedrückt, traurig, betrübt; *to be down in the* ~ den Kopf hängen lassen; *to give* ~ anschlagen, bellen, Laut geben; *to keep o.'s* ~ *shut* den Mund halten; *to have a big* ~ *(Am sl)* das große Wort führen; *to laugh on the wrong side of o.'s* ~, *to make a wry* ~ das Gesicht verziehen; jammern; *to put s.th. into s.o.'s* ~ *(fig)* jdm etw in den Mund legen; *to shoot off o.'s* ~ aus der Schule plaudern; *to take the words out of s.o.'s* ~ *(fig)* jdm das Wort aus dem Munde nehmen; **~ful** ['-ful] Mundvoll, Bissen *m*; ein bißchen, etwas; *fam* Zungenbrecher *m (Wort)*; *to say a* ~~ *(sl)* den Mund vollnehmen *fig*; *Am* etwas Wichtiges sagen; **~-organ** Mundharmonika; Panflöte *f*; *zoo* Freßwerkzeug *n*; **~piece** *(Blasinstrument)* Mundstück; *fig* Sprachrohr *n*, Wortführer *m*.

movable ['mu:vəbl] *a* beweglich *a. jur (Habe)*; *s pl* Mobilien *pl*, Mobiliar *n*, bewegliche Habe *f*; **~ holidays** *pl* bewegliche Feiertage *m pl*; **~ kidney** Wanderniere *f*.

move [mu:v] *tr* bewegen; in Bewegung bringen *od* setzen *od* halten; veranlassen; wegbringen, -nehmen; *fig* erregen, bewegen, rühren, ergreifen, aus der Ruhe bringen; anregen, vorschlagen; beantragen; *(Antrag)* stellen; *com* verkaufen; *(den Darm)* entleeren; *Am sl* stehlen; *itr* sich bewegen *a. fig*, in Bewegung sein; gehen *(to* zu, nach); *(Maschine)* laufen; umziehen *(to* nach); die Wohnung wechseln; *fig* verkehren, sich bewegen; *(Brettspiel)* ziehen, e-n Zug machen; voran-, vorwärtskommen; fortschreiten; *com* verkauft werden; e-n Antrag stellen *(for* auf); *(Darm)* sich entleeren; *fam (to ~ on)* abhauen, losziehen, weggehen; *s* Bewegung *f*; Schritt *fig (zu e-m Ziel)*; Umzug; *(Brettspiel)* Zug *m*; *to* ~ *along, to* ~ *on* weitergehen; in Bewegung kommen; *to* ~ *away (itr)* wegziehen; *tr* wegschieben, -rücken; *to* ~ *in, out* ein-, ausziehen; *to* ~ *off* sich davonmachen; *to* ~ *up (tr)* versetzen *(s.o.* jdn); *itr (Preise)* anziehen; *on the* ~ *(fam)* in Bewegung; *to be* ~ *to tears* zu Tränen gerührt sein; *to get a* ~ *on (Am sl)* sich auf die Socken machen; *to make a* ~ aufbrechen; *fig* Schritte unternehmen; *to* ~ *heaven and earth* Himmel und Erde in Bewegung setzen; alles (Erdenkliche) tun; *to* ~ *house* umziehen; *to* ~ *a motion* e-n Antrag stellen; *to* ~ *on!* weitergehen! *it's your* ~ Sie sind am Zug; **~ment** ['-mənt] (Fort-)Bewegung; Tätigkeit, Handlung, Entwicklung; *mil* Truppenbewegung; *pol rel* (Massen-)Bewegung *f*, Bestrebungen *f pl*; Tendenz; Preis-, Kursbewegung *f*; (Waren-)Verkehr, Umsatz; *tech* Mechanismus *m*, (Uhr-)Werk; *mus* Tempo *n*, Rhythmus; *mus* Satz *m*; Darmentleerung *f*, Stuhlgang *m*; *pl* Maßnahmen *f pl*, Schritte *m pl*; *without* ~~ bewegungs-, reg(ungs)los; *downward, upward* ~~ Fallen; Steigen *n*; *underground* ~~ *(pol)* Untergrundbewegung *f*; ~~ *by air* Lufttransport *m*; ~~ *area (aero)* Rollfeld *n*; ~~ *order (mil)* Marschbefehl *m*; ~~ *of population* Bevölkerungsverschiebung *f*; **~r** ['-ə] *Am* Möbeltransporteur; *parl* Antragsteller; *tech* Motor *m*; *fig* Ursache *f*, Urheber *m*; *prime* ~~ Haupttriebfeder *f*.

movie ['mu:vi] *Am fam* Film *m*; Kino *n*; *pl fam* Film *m (kollektiv)*; Kino(vorstellung *f*) *n*; Filmindustrie *f*; *to go to the* ~**s** ins Kino gehen; **~-goer** *Am fam* Kinobesucher(in *f*) *m*; **~ projector** Kinoprojektor *m*; **~ song** Filmschlager *m*.

moving ['mu:viŋ] beweglich; in Bewegung (befindlich); bewegend; *com* gut verkäuflich; *fig* (an)treibend, anregend, -reizend, aufstachelnd; rührend; hinreißend, packend; **~ band** Fließband *n*; **~-car, -van** Möbelwagen *m*; **~ coil** *el* Drehspule *f*; **~-force, power** treibende, Triebkraft *f*; **~-man** ['-mən] Möbeltransporteur *m*; **~ picture** Film; *pl* Film *m*, Kino, Lichtspieltheater *n*; ~~ *advertising* Filmwerbung *f*; **~ spring** Antriebsfeder *f*; **~ stair (-case)** Rolltreppe *f*; **~ van** *Am* Möbelwagen *m*.

mow [mou] **1.** *irr* mowed, mowed *od* mown *tr* (ab)mähen; *itr* mähen, heuen, Heu machen; *to* ~ *down (den Feind)* niedermachen, -mähen; **~er** ['-ə] Mäher, Schnitter *m*; Mähmaschine *f*; **~ing** ['-iŋ] Mähen *n*; Mahd *f*; das geschnittene Gras *od* Korn; **~~-machine** Mähmaschine *f*; **2.** *meist dial Am* Heu-, Kornhaufen *m*; *(hay~*, *hayloft)* Heuboden; (Korn-)Speicher *m*.

much [mʌtʃ] *a* viel; *s* viel(es); Menge *f*; *adv* sehr; viel; oft; (so) ziemlich, beinahe, fast, ungefähr; *as ~* ebensoviel *(as wie)*; ungefähr, etwa; so sehr; *as ~ again*, *more* noch (ein)mal soviel; *how ~?* wieviel? *so ~* soviel *(as wie)*; *nothing as* od *so ~ as* nicht einmal; *so ~ the more* um so mehr; *that, this ~* soviel; *very ~* sehr; *~ less* viel weniger; geschweige denn; *~ ado about nothing* viel Lärm um nichts! *~ of a size* ungefähr von der gleichen Größe; *to be not ~ of a* kein(e) gute(r) ... sein; nichts Besonderes leisten in; *to make ~ of* viel Aufhebens machen mit *od* von; *he is too ~ for me* ich komme mit ihm nicht mit; *I thought as ~* das dachte ich mir schon; **~ness** ['-nis] nur in: *~ of a ~~* so ziemlich dasselbe, ungefähr das gleiche; *that is ~ of a ~~* das läuft auf eins raus.

mucilag|e ['mjuːsilidʒ] (Pflanzen-) Schleim *m*; *Am* Gummilösung *f*; **~inous** [mjusi'lædʒinəs] schleimig, klebrig; schleimabsondernd.

muck [mʌk] *s* Dung *m*, Jauche *f*; Kompost(erde *f*); Dreck, Schmutz, Unrat, Kot; *min* Kohlengrus; *fam* Unsinn, Quatsch *m*; *tr* düngen; *fam* dreckig, schmutzig machen; *(to ~ out)* ausmisten; *fig sl (to ~ up)* versauen, zur Sau machen; verkorksen; *to make a ~ of* verschmieren; verpfuschen; *to ~ about (sl)* herumtrödeln, -bummeln; **~er** ['-ə] *sl* Sturz *m*; Reinfall; *sl* Prolet, Scheißkerl *m*; *to come, to go a ~~ (sl)* stürzen; *fig* reinfallen; **~-heap**, **-hill** Misthaufen *m*; **~~-rake** *s* Mistgabel *f*; *itr Am fig* im Dreck wühlen, *bes. pol* Korruptionsfälle aufspüren und Kapital daraus schlagen; **~raker** *Am* Sensationsmacher *m*; **~-worm** *fig* Geizhals *m*; **~y** ['-i] schmutzig, dreckig.

muc|osity [mju'kɔsiti] schleimige Beschaffenheit *f*; **~ous** ['mjuːkəs] *physiol* schleimig; Schleim-; **~~ membrane** *(anat)* Schleimhaut *f*; **~us** ['mjuːkəs] *physiol* Schleim *m*.

mud [mʌd] *s* Schlamm, Kot, *(nasser)* Dreck, Schmutz; *fig* Dreck, Mist (-dreck), Plunder *m*, wertlose(s) Zeug *n*; Verleumdung, üble Nachrede *f*; *Am sl* Kaffee *m*, Schokolade *f*; *tr* mit Schmutz bespritzen; beschmutzen, schmutzig machen; *to drag in the ~ (fig)* in den Schmutz ziehen; *to fling, to throw ~ at (fig)* mit Dreck bewerfen, verleumden; *to stick in the ~* im Dreck stecken(geblieben sein); *here's ~ in your eye* zum Wohl! **~-bath** Schlamm-, Moorbad *n*; **~diness** ['-inis] Verschlammung; Trübung; *fig* Unklarheit, Verwirrung *f*; **-dy** ['-i] *a* schlammig, verschlammt, kotig, schmutzig, dreckig; *(Flüssigkeit)* trübe; dunkel; *(Farbe)* verschwommen; *fig* unklar, trüb(e), (ver)wirr(t); *tr itr* schmutzig machen, werden; *fig* verwirren; **~-guard** *(Auto)* Kotflügel *m*; *(Fahrrad)* Schutzblech *n*; **-lark** Schmutzfink, Dreckspatz *m*; **-rock** *geol* Schieferton *m*; **~~-slinger** *fam* Verleumder *m*; **~~-slinging** *fam* Verleumdung, üble Nachrede *f*.

muddle ['mʌdl] *tr* durchea.-, in Unordnung bringen; verwirren; über den Haufen werfen; verpfuschen; *Am (Flüssigkeiten)* mischen; umrühren; aufwühlen, trübe machen, trüben; *fig* verwirrt, konfus machen, durchea.bringen; benebeln; *itr* herumwursteln; pfuschen; *s* Durcheinander *n*, Unordnung, Verwirrung; *fig* Verwirrtheit, Unklarheit *f*; *to make a ~ of s.th. (fam)* etw verhunzen, vermasseln; *to ~ on, to ~ along* weiterwursteln; *to ~ through* sich durchwursteln; **~~-headed** *a* durcheinander, geistig nicht auf der Höhe, wirr im Kopf; **~r** ['-ə] Wirrkopf; *Am* Rührlöffel *m*.

muff [mʌf] **1.** *tech* Muff, Stutzen *m*; *foot-~* Fußwärmer *m*; **-etee** [-ə'tiː] Pulswärmer *m*; **2.** *s sport* Niete *f*, Versager; *fam* Dummkopf, Tölpel *m*; *(Ball)* ungeschickte(s) Auffangen *n*; *tr* verderben, verpfuschen, *fam* verbocken, versieben, *sl* vermasseln; *(Ball)* verfehlen.

muffin ['mʌfin] *Art* kleine(s) flache(s) (Tee-)Gebäckstück *n*; **-eer** [mʌfi'niə] Salz-, Zuckerstreuer *m*.

muffle ['mʌfl] *tr (to ~ up)* einmummeln; verhüllen; *(zwecks Schalldämpfung)* umwickeln, bedecken; *(Schall)* dämpfen; *s* gedämpfte(r) Ton; *zoo* Muffel *m*, *tech j* *tech* Schalldämpfer, Auspufftopf; *min* Schmelztiegel *m*; **~ furnace** Muffelofen *m*; **-r** ['-ə] dicke(r) Wollschal; Faust-, Boxhandschuh; *mus* Dämpfer; Schalldämpfer, Auspufftopf *m*.

mufti ['mʌfti] Mufti *m*; *mil* Zivil (-anzug *m*) *n*; *in ~* in Zivil.

mug [mʌg] s Krug m, Kanne f; Humpen, Becher m; sl Schnauze; Fresse; Fratze; Grimasse f; sl Dussel, Dämlack, Am sl Kerl; Am sl Ganove; Br sl Büffler, Streber m; itr sl Gesichter, Grimassen schneiden; *that* dicht auftragen; *sl* büffeln, ochsen, pauken; *tr Am sl* fürs Verbrecheralbum knipsen; *Am sl* von hinten überfallen; *to ~ up (sl)* sich anmalen, sich schminken; büffeln, ochsen; **~ger** ['-ə] Gangster; schlechte(r) Schauspieler m; **~gins** ['-inz] *sl* Tölpel, Simpel, Dussel m.

mugg|iness ['mʌginis] Schwüle f; **~y** ['-i] schwül, dumpf; muffig.

mug|weed ['mʌgwi:d], **~wort** ['-wə:t] *bot* Beifuß m, Mutterkraut n.

mugwump ['mʌgwʌmp] *Am fam* Einzelgänger; *pol* Unabhängige(r), Parteilose(r) m; unzuverlässige(r) Parteimitglied; *fam* hohe(s) Tier n.

mulatto [mju:ˈlætou] *pl -oes s* Mulatte m, Mulattin f; *a* hellbraun.

mulberry ['mʌlbəri] Maulbeere f; Maulbeerbaum m.

mulch [mʌltʃ] *s (Gärtnerei)* Streu, Strohdecke f; *tr* mit e-r Streu, mit Stroh, Laub abdecken.

mulct [mʌlkt] *tr* mit e-r Geldstrafe belegen; betrügen *(of* um); *s* Geldstrafe f.

mule [mju:l] **1.** Maulesel m, *bes.* Maultier n; *biol* bes. unfruchtbare) Kreuzung f, Bastard m, Hybride f; *fam* Dickkopf, eigensinnige(r) Mensch; *tech* Traktor m; *(Spinnerei)* Mule-, Jennymaschine f; **~driver, ~teer** [mju:liˈtiə], *Am* **~skinner** Maultiertreiber m; **~track, trail** Saumpfad m; **2.** Pantoffel m; **3.** *s. mewl*.

mulish ['mju:liʃ] *a* Maultier-; *fig* dick-, starrköpfig, bockig, eigensinnig.

mull [mʌl] **1.** Mull m; **2.** *s* Kuddelmuddel *m od n*, Wirrwarr m, Durcheinander n; Torfmull m; *tr (to make a ~ of)* durcheinander.bringen; verkorksen, verpfuschen; *itr Am* nachdenken, -sinnen, grübeln *(over* über); **3.** *tr (alkohol. Getränk)* erhitzen, süßen u. würzen; **~ed** ale, beer Warmbier m; **~ed** wine Glühwein m; **4.** *Scot* Vorgebirge, Kap n.

mullein ['mʌlin], *Am* a. **mullen** ['mʌlin] *bot* Königskerze f.

mullet ['mʌlit] See-, Meerbarbe*(Fisch)*; Meeräsche *f (Fisch)*.

mulligan ['mʌligən] *(~ stew) Am* Eintopf m.

mulligatawny [mʌligəˈtɔ:ni] *(indische)* Fleischsuppe f mit Curry.

mulligrubs ['mʌligrʌbz] *pl* schlechte Laune f; Rappel, Koller m; *hum* Bauchweh n, Kolik f.

mullion ['mʌliən] *s* Mittel-, Fensterpfosten m; *tr* mit Fensterpfosten versehen; abteilen.

mullock ['mʌlək] *(Australien)* mintaube(s) Gestein n; *dial* Schutt m.

multeity [mʌlˈti:iti] Vielheit f.

multi [mʌlti] *pref* viel-, mehr-; **~cellular** [-ˈseljulə] *biol* vielzellig; **~colo(u)r** [-ˈkʌlə] viel-, mehrfarbig; **~ print** Mehrfarbendruck m; **~farious** [-ˈfɛəriəs] vielfältig, mannigfaltig, -fach; **~form** ['mʌltifɔ:m] vielgestaltig; **~formity** [mʌltiˈfɔ:miti] Vielgestaltigkeit f; **~lateral** [mʌltiˈlætərəl] vielseitig; *biol* allseitwendig; *pol* multilateral; **~lingual** [mʌltiˈliŋgwəl] mehrsprachig; **~millionaire** [ˈmʌltimiljəˈnɛə] Multi-, mehrfache(r) Millionär m; **~motored** [mʌltiˈmoutəd] *a* mehrmotorig; **~ple** [ˈmʌltipl] *a* viel-, mehrfach *a. el*; mannigfaltig, *med* multipel; Vielfach-, Mehrfach-; *s (~~ switch)* Mehrfachschalter m; *math* Vielfache(s) n; *in ~~* parallel geschaltet; **~~disk clutch** Mehrscheibenkupplung f; **~~ firm, shop, store (com)** Filialgroßbetrieb m; **~~ plug** Mehrfachstecker m; **~~ production** Serienherstellung f; **~~road crossing** Straßenspinne f; **~~ sclerosis** *(med)* multiple Sklerose f; **~~ star** Sternhaufen m; **~plex** [ˈpleks] viel-, mannigfach, -fältig, **~~ telephony** Mehrfachfernsprechen n; **~pliable** [ˈplaiəbl], **~plicable** [ˈplikəbl] *math* multiplizierbar; **~plicand** [mʌltipliˈkænd] *math* Multiplikand m; **~plicate** ['mʌltiplikeit] viel-, mannigfach; **~plication** [mʌltipliˈkeiʃən] Vervielfachung; Vermehrung f; *tech* Übersetzung f; *bes. math* Multiplikation f; **~~ process (math)** Vervielfältigungsvorgang; *biol* Fortpflanzungsprozeß m; **~~ table** Einmaleins n; **~plicity** [mʌltiˈplisiti] Vielfalt, -fältigkeit; (große) Menge f; **~plier** [ˈmʌltiplaiə] Vermehrer; *math* Multiplikator m; *phys* Verstärker; *el* Vorwiderstand m; *tech* Übersetzung f; *bot* Brutzwiebel f; **~ply** [ˈplai] *tr itr* (sich) vervielfältigen, (sich) vermehren, (sich) vergrößern, (sich) erweitern, (sich) verstärken; *math* multiplizieren, malnehmen *(by* mit); **~~ing glass** Vergrößerungsglas n; **~polar** [-ˈpoulə] mehrpolig; **~purpose** [-ˈpə:pəs] Mehrzweck-; **~stage** [ˈsteidʒ] mehrstufen-; **~stor(e)y** [ˈstɔ:ri] Hochhaus-; mehrgeschossig; **~~ car park** Parkhaus n; **~tude** [ˈtju:d] Vielheit, große Zahl; Menge; Masse *f (Menschen); the ~~* die große

multitudinous Masse, der große Haufen, das gewöhnliche Volk; **~tudinous** [-'tjuːdinəs] (sehr) zahlreich; mannigfach, vielfältig; **~way plug** Vielfachstecker m.

mum [mʌm] **1.** a still; interj: ~! u.: ~'s the word pst! still! Mund halten! **2.** Mama f; **3.** tr itr mimen.

mumble ['mʌmbl] tr itr murmeln; mummeln; s Gemurmel n.

mumbo jumbo ['mʌmbou 'dʒʌmbou] Medizinmann; Popanz, Götze m, Idol n; Fetisch m; Schreckgespenst; Wortgeklingel; Kauderwelsch n.

mummer ['mʌmə] Vermummte(r); Possenreißer; hum Mime, Schauspieler m; **~y** ['-ri] Mummenschanz; pej Firlefanz, Hokospokus m.

mumm|ification [mʌmifi'keiʃən] med trockene Gangrän; Mumifizierung; Einbalsamierung f; **~ify** ['mʌmifai] tr mumifizieren; einbalsamieren; itr austrocknen, einschrumpfen; **~y** ['mʌmi] **1.** Mumie f a. fig; **~~** case Mumiensarg m; **2.** Mama f.

mumps [mʌmps] pl mit sing med Ziegenpeter, Mumps m.

munch [mʌntʃ] itr schmatzen.

mundane ['mʌndein] irdisch, weltlich; Welt-.

municipal [mju(ː)'nisipəl] städtisch, kommunal, Stadt-, Gemeinde-; pol Landes-; **~ administration, government** Stadt-, Gemeindeverwaltung f; **~ borough** Stadtbezirk m; **~ budget** Gemeindehaushalt m; **~ building** öffentliche(s) Gebäude n; **~ council** Stadt-, Gemeinderat m (Körperschaft); **~ council(l)or** Stadtrat, -verordnete(r) m; **~ elections** pl Gemeindewahlen f pl; **~ity** [mju(ː)nisi'pæliti] Stadt-, Gemeindeverwaltung f, Magistrat m; (Stadt-)Gemeinde f; **~ loan** Kommunalanleihe f; **~ rates, taxes** pl Gemeindesteuern f pl; **~ undertakings** pl Stadtwerke n pl, Kommunalbetriebe m pl.

munificen|ce [mju:'nifis(ə)ns] Freigebigkeit f, **~t** [-t] freigebig; großzügig.

muniment ['mjuːnimənt] meist pl (Besitz-)Urkunde f, Rechtstitel m; Archiv n.

munition [mjuː'niʃən] tr mit Kriegsmaterial od Munition versorgen; s pl Kriegsmaterial n; Nachschub m; **~ plant** Rüstungsfabrik f.

mural ['mjuərəl] a Mauer-, Wand-; s (~ painting) Wandgemälde n, -malerei f.

murder ['məːdə] s Mord m (of an); Ermordung f; tr (er)morden, umbringen; fig verhunzen, verderben; (Zeit) totschlagen; Am sl besiegen, schlagen; itr morden; e-n Mord begehen; a Am sl schwierig; (Mensch) eigensinnig; to commit (a) ~ e-n Mord begehen; to cry blue ~ (fam) zetermordioschreien; to get away with ~ (Am sl) sich aus der Affäre ziehen; ~ will out die Sonne bringt es an den Tag; accused of, charged with ~ unter Mordanklage; attempted ~, attempt at ~ Mordversuch m; ~ in the first degree vorsätzliche(r) Mord m; ~ in the second degree Totschlag m; ~ by poisoning Giftmord m; ~ with robbery Raubmord m; **~er** ['-rə] Mörder m; mass ~~ Massenmörder m; **~ess** ['-ris] Mörderin f; **~ous** ['-rəs] mörderisch a. fig; blutig; Mord-; **~~ weapon** Mordwaffe f.

muriat|e ['mjuəriit] chem Hydro-, Kaliumchlorid n; **~ic** [-'ætik]: acid (com) Salzsäure f.

murky ['məːki] dunkel, finster, trüb(e); (Finsternis) tief; fam schändlich.

murmur ['məːmə] s Murmeln; Murren; (Wasser) Rauschen; (Bienen) Summen; med Rasseln, Geräusch n; itr murmeln; murren (at, against gegen); tr (vor sich hin) murmeln; **~ous** ['-rəs] murmelnd; murrend.

murrain ['mʌrin, Am ~rin] Vieh-, bes. Maul- u. Klauenseuche f.

musc|adel [mʌskə'del], **~at** ['mʌskət] **~atel** [mʌskə'tel] Muskateller(traube f) m.

musc|le ['mʌsl] s Muskel(gewebe n, -kraft f); Am sl Muskelprotz m; itr: to ~ in (Am fam) sich s-n Weg bahnen, sich ein-, vordrängen (on bei); not to move a ~~ keine Miene verziehen; sich nicht rühren; to be ~~-bound e-n Muskelkater haben; **~ular** ['mʌskjulə] a Muskel-; muskulös, kräftig, stark; **~~ spasm** Muskelkrampf m; **~~ strength**, **tissue** Muskelkraft f, -gewebe n.

Muscovite ['mʌskəvait] s Moskowiter, Russe m; a moskowitisch, russisch.

Muse [mjuːz] Muse f a. fig.

muse [mjuːz] itr tr (nach)denken, -sinnen, -grübeln (on, over über); **~ful** ['-ful] grüblerisch; in Gedanken versunken; **~r** ['-ə] Grübler m.

museum [mju(ː)'ziəm] Museum n; Sammlung(en pl) f; fit for a ~ (a. pej) museumsreif; **~ piece** Museumsstück n a. fig.

mush [mʌʃ] **1.** Am (Mais-)Mehlbrei; allg Brei m; Am sl Geschwätz n, Mund m, Gesicht; Am sl Süßholzraspeln; radio Knistern n; **~y** ['-i] breiig; fig rührselig, weinerlich; sentimental. **2.** itr u. s Am (u. Kanada)

mushroom 640 **mute**

(mit e-m Hundeschlitten) (e-n) Fußmarsch *m* über Schneefelder (machen); durch den Schnee stapfen; **3.** *sl* (~*room*) Mußspritze *f*, (Regen-)Schirm *m*.
mushroom ['mʌʃrum] *s* (*bes*. eßbarer) Pilz; *fam* (*breitrandiger*) (Damen-) Strohhut *m*; *fig* Eintagsfliege, kurzlebige Erscheinung *f*; Emporkömmling, Neureich; *sl* Regenschirm *m*; *a* pilzartig, -förmig; *fig* wie Pilze aus dem Boden geschossen, Eintagsrasch; *itr* Pilze sammeln; (*Gewehrkugel*) sich abplatten; *Am* (*Feuer*) sich ausbreiten; *to* ~ *up* (*Am*) wie Pilze aus dem Boden schießen.
music ['mju:zik] Musik; Tonkunst *f*; Musikstück; Orchester *n*, Musikkapelle *f*; Noten *f pl*, Musikalien *pl*; Klang, Wohllaut; Gesang *m*; *to face the* ~ (*fam*) keine Angst haben; für seine Sache gradestehen; *to play from* ~ vom Blatt spielen; *to set to* ~ (*Gedicht*) in Musik setzen, vertonen; *background* ~ musikalische Untermalung *f*; **~al** ['-əl] *a* musikalisch, Musik- *a. theat*; wohlklingend, melodisch; musikalisch, musikbegabt; *s* (~ *film*) Filmoperette *f*; *Am* (~ *comedy*) musikalische Komödie *f*; ~~ *box* (*Br*) Spieldose *f*; ~~ *clock* Spieluhr *f*; ~~ *instrument* Musikinstrument *n*; ~~ *piece* Musikstück *n*; **~ale** [mju:zi'ka:l, *Am* -'kæl] *Am* (*fam* ~*al*) Musik-, musikalische(r) Abend *m*; **~ality** [-'kæliti], **~alness** ['mju:zikəlnis] Musikalität *f*; Wohlklang *m*; **~book** Notenheft *n*; **~box** *Am* Spieldose *f*; ~ *festival* Musikfestspiele *n pl*; **~hall** Varieté(theater), Kabarett *n*, *fam pej* Tingeltangel *m* u. *n*; *Am theat mus* Zuhörerschaft *f*; **~ian** [mju(:)'ziʃən] Musiker; Musikant *m*; *to be a good* ~ sehr musikalisch sein; gut spielen; **~paper** Notenpapier *n*; **~rack**, **~stand** Notenständer *m*; **~stool** Klavierhocker *m*.
musk [mʌsk] Moschus, Bisam *m*; Moschusparfüm; (~*deer*) Moschustier *n*; (~*mallow*) Moschusmalve *f*; **~bag** Moschusbeutel *m*; **~deer** Moschustier *n*; **~ox** Moschus-, Bisamochse *m*; **~rat** Bisamratte *f*; Bisam *m* (*Pelz*); **~shrew** Bisam-, Moschusspitzmaus *f*; **~y** ['-i] *a* Moschus-; nach Moschus riechend; moschusartig.
musket ['mʌskit] *hist mil* Muskete *f*; **~eer** [mʌski'tiə] Musketier *m*; **~ry** ['mʌskitri] Musketiere *m pl*; Musketen *f pl*; Musketenfeuer *n*; Schießkunst *f*, -unterricht *m*; ~~ *manual* Schießvorschrift *f*.

muslin ['mʌzlin] Musselin *m*.
musquash ['mʌskwɔʃ] Bisamratte *f*; Bisam *m* (*Pelz*).
muss [mʌs] *s Am fam* Durcheinander *n*, Unordnung *f*, Wirrwarr *m*; *tr Am fam* (*to* ~ *up*) durchea.-, in Unordnung bringen; vermasseln, verpfuschen; zerknittern; beschmutzen; **~y** ['-i] *Am fam* schmutzig; zerknittert, verwühlt; unordentlich.
mussel ['mʌsl] (Mies-, Fluß-)Muschel *f*.
Mussulman ['mʌslmən] *pl* -*s*; *s* Moslem, Mohammedaner *m*; *a* islamisch, mohammedanisch.
must [mʌst] **1.** *aux pret:* must muß, müssen; *I must* (*fam*) ich muß mal (austreten); ~ *I?* darf ich? *you* ~ *not* du darfst nicht; *a* notwendig, erforderlich; unbedingt wichtig, wesentlich; *s* Notwendigkeit *f*, Muß, Erfordernis *n*; *this book is a* ~ dieses Buch muß man gelesen haben; **2.** Most; neue(r) Wein *m*; **3.** Moder(geruch) *m*.
mustach|e [məs'ta:ʃ], **~io** [-ou] *Am* Schnurrbart *m*.
mustang ['mʌstæŋ] Mustang *m*.
mustard ['mʌstəd] Senf *a. bot*, Mostrich *m*; Senffarbe *f*; *Am mil sl* schneidige(r) Kerl *m*; **~gas** Senfgas, Gelbkreuz *n*; **~oil, plaster, poultice, pot, seed** Senföl *n*, -pflaster *n*, -packung *f*, -topf *m*, -same *m*.
muster ['mʌstə] *tr mil* antreten lassen; mustern; (*to* ~ *up*) sammeln, zs.-, aufbringen; *itr mil* antreten, sich sammeln; *s mil* Antreten *n*, Appell *m*, Parade; Musterung; angetretene Mannschaft *f*, vorgezeigte Sachen *f pl*; Stärkemeldung; Musterrolle *f*; *to* ~ *in, out* (*Am mil*) einberufen; entlassen; *to pass* ~ die Bedingungen erfüllen, Zustimmung finden (*with* bei); *to* ~ (*up*) *courage, strength* allen Mut, s-e ganze Kraft zs.nehmen; ~~ *roll mar mil* Muster-, Stammrolle *f*.
must|iness ['mʌstinis] Dumpfigkeit; Dumpfheit; *fig* Antiquiertheit *f*; **~y** ['-i] dumpfig, muffig, mod(e)rig; *fig* abgestanden; abgenutzt; antiquiert.
mutab|ility [mju:tə'biliti] Veränderlichkeit; *fig* Unbeständigkeit; *biol* Mutationsfähigkeit *f*; **~le** ['mju:təbl] veränderlich; unbeständig, wankelmütig; *biol* mutationsfähig.
mutation [mju:'teiʃən] (Ver-)Änderung; Wandlung *f*; Wandel *m*; *mus biol* Mutation *f*; *tech* Umformung *f*; *gram* Umlaut *m*.
mute [mju:t] *a* stumm (*a. Buchstabe*); schweigend; *s* (Taub-)Stumme(r); *theat* Statist; *gram* stumme(r) Buch-

muteness   641   **myxomycete**

stabe; *(~ consonant)* Verschlußlaut; *mus* (Schall-)Dämpfer *m*; *tr mus* dämpfen; *to stand ~ (jur)* die Antwort verweigern; sprachlos dastehen; **-ness** ['-nis] Stummheit *f*.

mutilat|e ['mju:tileit] *tr* verstümmeln *a. fig*; **-ion** [mju:ti'leiʃən] Verstümmelung *f*.

mutin|eer [mju:ti'niə] Meuterer *m*; **-ous** ['mju:tinəs] meuternd; meuterisch, aufrührerisch; **-y** ['-i] *s* Meuterei *f*; *itr* meutern.

mut(t) [mʌt] *sl* Schafskopf, Esel, Dussel; *sl* Köter *m*.

mutter ['mʌtə] *itr* (vor sich hin)murmeln; murren *(at* über); *(Donner)* rollen; *tr* brummen, murmeln; murren; *s* Gemurmel; Murren *n*.

mutton ['mʌtn] Hammelfleisch *n*; *to eat o.'s ~ with* zu Mittag essen mit; *dead as ~* mausetot; *leg of ~* Hammelkeule *f*; **~-chop** Hammelkotelett *n*, *pl* Koteletten *pl (Bart)*; **~-head** *fam* Schafs-, Dummkopf *m*.

mutual ['mju:tjuəl, *Am* -tʃu-] gegen-, wechselseitig; gemeinsam; *by ~ agreement, consent* in gegenseitigem Einverständnis; *for ~ benefit* zu beiderseitigem Nutzen; *on ~ terms* auf (der Grundlage der) Gegenseitigkeit; **~-aid society** Hilfs-, Unterstützungsverein *m* (auf Gegenseitigkeit); **~-aid treaty** *pol* Beistandspakt *m*; *~* **association** Genossenschaft *f*; *~* **assurance, insurance** Versicherung *f* auf Gegenseitigkeit; *~* **building association** Baugenossenschaft *f*; *~* **relations** *pl* Wechselbeziehungen *f pl*; *~* **savings-bank** Genossenschaftsbank *f*; **~ity** [mju:tju'æliti] Gegen-, Wechselseitigkeit *f*.

muzzle ['mʌzl] *s* (vorspringende) Schnauze *f*, Maul *n*; Maulkorb *m*; *tech* Mündung *f*; *tr* e-n Maulkorb anlegen *(an animal* e-m Tier); *fig* den Mund, *sl* das Maul stopfen *(s.o.* jdm); *(Menschen*; *Presse)* knebeln; mundtot machen; *Am sl* küssen; *itr* herumschnüffeln, (herum)schnuppern; **~-loader, -loading gun** Vorderlader *m (Gewehr)*; **~-velocity** Anfangsgeschwindigkeit *f (e-s Geschosses)*.

muzzy ['mʌzi] *fam* verwirrt, durcheinander, kopflos; benebelt, duselig.

my [mai] *prn attr* mein(e); *interj (oh, ~!)* ach, du Schreck!

myalgia [mai'ældʒiə] Muskelschmerz *m*.

myc|ology [mai'kɔlədʒi] Mykologie, Pilzkunde *f*; **-osis** ['-'kousis] Pilzkrankheit *f*.

myelitis [maiə'laitis] Rücken-, Knochenmarkentzündung *f*.

myocardi|ogram [maiɔ(u)'ka:diəgræm] *med* Elektrokardiogramm *n*; **~ograph** [-gra:f] EKG-Apparat *m*; **~tis** [-'daitis] Herzmuskelentzündung *f*; *~* **um** [-diəm] Herzmuskel *m*.

my|ology [mai'ɔlədʒi] Myologie, Muskellehre *f*; **~oma** [-'oumə] *pl a. ~ta* Myom *n*, Muskelgeschwulst *f*.

myop|e ['maioup] Kurzsichtige(r) *m*; **~ia** [mai'oupjə], **~y** ['maioupi] Kurzsichtigkeit *f*; **~ic** [mai'ɔpik] kurzsichtig.

myriad ['miriəd] *s* große Zahl, Myriade *f*; *a ~* zehntausend; *a* zahllos.

myriapod ['miriəpɔd] *zoo* Tausendfuß, -füß(l)er *m*.

myrmidon ['mə:midən] blind gläubige(r) Anhänger *m*; willenlose(s) Werkzeug *n*; Scherge *m*.

myrrh [mə:] Myrrhe(nharz *n*) *f*.

myrtle ['mə:tl] Myrte *f*; *Am* Immer-, Singrün *n*.

myself [mai'self] *prn* ich (selbst); *(reflexiv)* mich, mir; *(my ... self)* mein eigenes Ich; *I'm not ~ today* ich bin heute nicht ganz bei mir.

myster|ious [mis'tiəriəs] geheimnisvoll, -umwoben, rätselhaft, mysteriös; **~iousness** [-nis] Rätselhaftigkeit *f*, *das* Geheimnisvolle, Mysteriöse, Dunkle; **~y** ['mistəri] Geheimnis, Rätsel *(to* für, dat); Dunkel; Mysterium *a. rel*; *(~ ~ play)* theat hist Mysterienspiel; *theat* Kriminalstück *n*; *pl rel hist* Mysterien *n pl*; **~-(novel)** Kriminalroman *m*; **~ station (radio)** Geheimsender *m*; **~ tour** Fahrt *f* ins Blaue.

mystic ['mistik] *a* mystisch; geheim, okkult; rätselhaft, mysteriös; unklar; *s* Mystiker; *rel hist* Myste *m*; **~al** ['-əl] allegorisch, sinnbildlich, symbolisch; geheim; rätselhaft; **~ism** ['mistisizm] Mystizismus *m*; Mystik *f*.

mystif|ication [mistifi'keiʃən] Irreführung, Täuschung, Fopperei *f*; **~y** ['mistifai] *tr* stutzig, perplex machen; an der Nase herum-, anführen, foppen, narren; mit Geheimnissen umgeben, in Dunkel hüllen.

myth [miθ] Mythos, Mythus *m*, Mythe; Mythologie; *fig* Fabel, erfundene Geschichte; Fiktion, Erfindung *f*; **~ic(al)** ['miθik(əl)] mythisch; *fig* fiktiv, erfunden; **~ologic(al)** [miθə'lɔdʒik(əl), mai-] mythologisch; **~ology** [mi'θɔlədʒi, mai-] Mythologie, Götterlehre; Mythenforschung *f*.

myx|oedema [miksi'di:mə] *med* Myxödem *n*; **~omatosis** [miksəmə'tousis] *med* Myxomatose *f*; **~omycete** [miksoumai'si:t] Schleimpilz *m*.

N

N, n [en] *pl '~s* N, n *n.*
nab [næb] *tr fam* schnappen; erwischen; klauen; *s fam* Polizist *m*.
nabob ['neibɔb] *hist* Nabob *m a. fig.*
nacelle [nə'sel] *aero* (Flugzeug-)Rumpf *m*; (Motor-)Gondel *f*; Ballonkorb *m*
nacr|e ['neikə] Perlmuschel, -mutter *f*; **~(e)ous** ['neikr(i)əs] Perlmutter-; perlmutterartig.
nadir ['neidiə] *astr* Nadir; *fig* Tiefpunkt *m; at the ~* auf dem Nullpunkt.
n(a)evus ['ni:vəs] *pl* n(a)evi ['-ai] Muttermal *n*.
nag [næg] **1.** *tr* (dauernd) herumnörgeln an, schimpfen mit; *itr* schimpfen, meckern, keifen *(at mit)*; **2.** kleine(s) Pferd; Pony *n*; *pej* Klepper; *mot* Klapperkasten *m*; **~ger** ['-ə] Nörgler *m*; **~ging** ['-iŋ] nörgelnd; *(Schmerz)* bohrend.
naiad ['naiæd] Najade, Quellnymphe; *fig* Wassernixe *f*.
nail [neil] *s* (Finger-, Zehen-)Nagel *m*; *zoo* Kralle, Klaue *f*; Nagel *(zum Befestigen)*; *sl* Glimmstengel *m*, Zigarette *f*; *tr* nageln *(on auf; to* an); fest-, zs.-, an-, zunageln; befestigen; *(Pflock)* einschlagen; *(den Blick)* heften *(on auf; s-e Aufmerksamkeit)* richten *(on auf)*; *(Handel)* abschließen; bloßstellen; *fam* herauskriegen, entdecken; *fam* schnappen, festhalten, verhaften; *to ~ down (fig)* festnageln, -legen; *to ~ up* an-, zunageln; *on the ~* auf der Stelle; zur rechten Zeit; am rechten Ort; *to hit the ~ on the head (fig)* den Nagel auf den Kopf treffen; *to ~ o.'s colo(u)rs to the mast* Farbe bekennen; keinen Schritt nachgeben; *to ~ a lie to the counter* e-e Lüge festnageln; *coffin ~ (sl)* Sargnagel *m*, Zigarette *f*; *right as ~s* goldrichtig; *as hard as ~s* von eiserner Gesundheit; *fig* steinhart; **~-brush** Nagelbürste *f*; **~-claw, ~-puller** Nagelzieher *m*; **~er** ['-ə] *hist* Nagelschmied *m*; *sl* Prachtding *n*, -kerl *m*; *sl* Kanone *f*, As *n*; **~-file** Nagelfeile *f*; **~-head** Nagelkopf *m*; **~-ing** ['-iŋ] *a sl* prima, Klasse, famos; *s* Zu-, Vernageln; *(Schuh)* Nageln *n*; **~-scissors** *pl* Nagelschere *f*; **~-varnish** Nagellack *m*.
naive, naïve [nɑː'iːv] naiv, unbefangen, kindlich; **naïveté** [nɑːˈiːvtei], **naïvety, naivety** [nɑː'iːvti] Naivität, Unbefangenheit, Kindlichkeit *f*.
naked ['neikid] nackt, bloß, unbedeckt, unverhüllt; kahl, dürr; leer; offen; ungeschützt, schutzlos; mittellos, unbemittelt; *(Draht)* blank; *with the ~ eye* mit bloßem Auge; *with ~ fists* mit bloßen Fäusten; *the ~ fact, truth* die nackte Tatsache, reine Wahrheit; *N~ Lady (bot)* Herbstzeitlose *f*; **~ness** ['-nis] Nacktheit, Blöße, Unverhülltheit *a. fig*; Ungeschütztheit; Mittellosigkeit; Kahlheit; Leere *f*.
namby-pamby ['næmbi'pæmbi] *a* weichlich, süßlich; seicht; saft- u. kraftlos, abgeschmackt, albern; *s* alberne(r) Mensch *m*; dumme(s) Gerede *n*.
name [neim] *s* Name; (guter) Ruf *m*; Berühmtheit; Familie *f*; *a Am* bekannt, berühmt; *tr* (be)nennen *(after, from, (Am)for* nach); bezeichnen (als); erwähnen, auf-, anführen; festsetzen, bestimmen; *bes. Am* ernennen *(for, to für, zu); by ~* mit Namen, namentlich; dem Namen nach; *in ~ only* nur dem Namen nach; *in the ~ of* im Namen *gen; of the ~ of* mit Namen, namens; *to s.o.'s ~* jdm gehörig; *under the ~ of* unter dem Namen; *not to have a penny to o.'s ~* keinen Pfennig besitzen; *to call (bad) ~s* beschimpfen; *to give o.'s ~* s-n Namen nennen; *to give it a ~ (fam)* s-e Wünsche äußern; *to have a ~ for* bekannt sein für; *to know only by ~* nur dem Namen nach kennen; *to make a ~ for o.s.* sich e-n Namen machen; *to put o.'s ~ down for* kandidieren für; *to take o.'s ~ off the books* (aus e-m Verein) austreten; *to win o.s. a ~* berühmt werden; *to ~ o.'s price* den Preis sagen; *Christian ~, (Am) first, given ~* Vorname *m*; *family ~, (Am) last ~* Familien-, Nachname *m*; *full ~* Vor- u. Zuname *m*; **~-day** Namenstag *m*; **~-less** ['-lis] namenlos, ohne Namen; unbe-, -genannt; unbekannt, obskur; unsagbar, unaussprechlich; unbeschreiblich, nicht wiederzugeben(d); *in ~~ dread* in namenloser Angst; **~ly** ['-li] *adv* nämlich; **~-part** *theat* Titelrolle *f*; **~-plate** Namens-, Firmen-, Türschild *n*; **~-sake** Namensvetter *m*.
nam(e)able ['neim(i)əbl] nennbar; erwähnens-, bemerkenswert.
nancy ['nænsi] *sl* Muttersöhnchen *n*.
nankeen, nankin [næn'kin] Nanking *m (Stoff); pl* Nankinghosen *f pl.*
nanny ['næni] *(Kindersprache)* Kindermädchen *n*; **~-goat** *fam* Ziege, Geiß *f*.

nap [næp] **1.** *itr* schlummern; *fam* ein Schläfchen machen; *s* Schlummer *m*, Schläfchen, *fam* Nickerchen *n*; *to catch s.o. ~ping* jdn überraschen, überrumpeln; *to take a ~* ein Nickerchen machen; **2.** *s* Flor *m*; Noppe *f*; *tr (Tuch)* (auf)rauhen; **~ fabric** Noppenstoff *m*; **~less** ['-lis] *(Tuch)* glatt; abgetragen, -genutzt, fadenscheinig; **3.** *(Kartenspiel)* Napoleon *m*; *to go ~ (fig)* aufs Ganze gehen.

napalm ['neipɑ:m] Napalm *n*; **~ bomb** Napalm-, Brandbombe *f*.

nape [neip] Genick *n*, Nacken *m*.

napery ['neipəri] *obs Scot Am* Haushalts-, *bes.* Tischwäsche *f*.

naphtha ['næfθə] Naphtha *n od f*, Roherdöl; *Am* Petroleum *n*; **~lene** ['-li:n] Naphthalin *n*.

napkin ['næpkin] Serviette *f*, Mundtuch; kleine(s) Handtuch *n*; *bes. Br* Windel; *Am (sanitary ~)* Monatsbinde *f*; **~ring** Serviettenring *m*.

napoleon [nə'pouljən] *Am* Blätterteig *m*; **N~ic** [nəpouli'ɔnik] napoleonisch.

nap|oo [nɑ'pu:] *z sl* nichtsnutzig; erledigt; **~py** ['næpi] *a (Bier)* stark; *s* Windel *f*.

narciss|ism [nɑ:'sisizm] *psychol* Narzißmus *m*; **~us** ['-sisəs] *pl a. -cissi* [-ai] *bot* Narzisse *f*.

narc|osis [nɑ:'kousis] *pl a. -ses (med)* Narkose, Betäubung *f*; **~otic** [nɑ:'kɔtik] *a* narkotisch, betäubend; *s* Narkotikum; Betäubungsmittel; Rauschgift(süchtiger *m*) *n*; **~otism** ['nɑ:kətizm] Rauschgiftsucht *f*; **~otize** ['nɑ:kətaiz] *tr* narkotisieren, betäuben.

nard [nɑ:d] *bot* Narde(nöl *n*) *f*.

narghile ['nɑ:gili] Wasserpfeife *f*.

nark [nɑ:k] *s fam* Lockvogel, Spitzel *m*; *tr fam* bespitzeln; ärgern; **~ it!** hör auf.

narrat|e [næ'reit] *tr* erzählen; berichten; **~ion** [-ʃən] Erzählung *f*; Bericht *m*; erzählende Prosa *f*; *(Buchung)* Wortlaut *m*; **~ive** ['nærətiv] *a* erzählend; mitteilsam; *s* Erzählung, Geschichte *f*; Bericht *m*, Darstellung *f*; Erzählkunst *f*; **~or,** *Am a.* **~er** [næ'reitə] Erzähler; Berichtende(r); *theat radio* Sprecher *m* (des Zwischentextes); **~ress** [-ris] Erzählerin *f*.

narrow [nærou] *a* eng, schmal, eingeengt; *fig* begrenzt, beschränkt; knapp; *(Verhältnisse)* dürftig, ärmlich, eng; engherzig, -stirnig; genau, gründlich, sorgfältig; *s* Enge, enge Stelle; Straßenenge; *pl* Land-, Meerenge *f*; *itr* sich verengen *(into* zu); enger, schmäler werden; Maschen abnehmen; *tr* enger machen, einengen; begrenzen, beschränken; in die Enge treiben; *tech* bündeln; **to ~ down** to hinauslaufen auf; *by a ~ margin* knapp; gerade, noch; *in a ~ circle of friends* im engsten Freundeskreis; *in ~ circumstances* in dürftigen Verhältnissen; *in the ~est sense* im engsten Sinne des Wortes, ganz wörtlich; *with a ~ majority* mit knapper Mehrheit; *to have a ~ escape, (fam) squeak* mit knapper Not davonkommen; *to look ~ly into s.th.* etw genau untersuchen; *a ~ victory* ein knapper Sieg *m*; **~ gauge** *s* Schmalspur *f*; **~-gauge** *a* schmalspurig, Schmalspur-; *fam fig* verbohrt, engstirnig; **~~ railway** Schmalspurbahn *m*; **~ market** geringe(r) Umsatz, flaue(r) Markt *m*; **~-minded** *a* engstirnig, -herzig, voller Vorurteile; **~-mindedness** Kleinlichkeit; Engstirnigkeit *f*; **~ness** ['-nis] Enge; Begrenztheit, Beschränktheit, Knappheit; Genauigkeit; Engstirnigkeit *f*.

nasal ['neizəl] *a* Nasen-; *(Phonetik)* nasal, Nasal-; nasalierend, näselnd; *s (~ sound)* Nasallaut *m*; **~ bone** *anat* Nasenbein *n*; **~ cavity** *anat* Nasenhöhle *f*; **~ity** [nei'zæliti] nasale Beschaffenheit *f*; **~ization** [neizəlai'zeiʃən] Nasalierung *f*; **~ize** ['neizəlaiz] *tr* nasalieren; **~ partition, septum** Nasenscheidewand *f*; **~ twang** Näseln *n*.

nascent ['næsnt] werdend, entstehend, aufkeimend; *chem* freiwerdend.

nast|iness ['nɑ:stinis] Schmutz *m*; Häßlichkeit; Widerlichkeit; Anstößigkeit; Gemeinheit *f (a. Handlung)*; gemeine Reden *f pl*; *(Wetter)* Abscheulichkeit *f*; **~y** ['-i] schmutzig, dreckig; garstig, häßlich, scheußlich, sehr unangenehm; *(Wetter)* abscheulich, greulich; widerlich, eklig, ekelerregend; *fig* unflätig, anstößig, obszön; gemein, niedrig, tückisch, boshaft, bösartig; garstig, ekelhaft *(to* gegen); *(Krankheit)* schwer, ernst, gefährlich; *(See)* sehr bewegt.

nasturtium [nəs'tɔ:ʃəm] *bot (bes.* Brunnen-, Kapuziner-)Kresse *f*.

natal ['neitl] *a* Geburts-; **~ hour** Geburtsstunde *f*; **~ity** [nei'tæliti] Geburtenziffer *f*.

nat|ant ['neitənt] schwimmend; **~ation** [nei'teiʃən] Schwimmen *n*, Schwimmsport *m*; **~atorial** [neitə'tɔ:riəl], **~atory** ['neitətəri] *a* Schwimm-; **~atorium** [neitə'tɔ:riəm] *pl a. -ria* [-riə] *Am (bes.* Hallen-)Schwimmbad, -becken *n*.

nation ['neiʃən] Volk *n*, Nation *f*; *commonwealth of ~s* Staatengemeinschaft *f*; *creditor, debtor* ~ Gläubiger-, Schuldnerstaat *m*; *law of ~s* Völkerrecht *n*; *the League of N~s* der Völkerbund; *member* ~ Mitgliedsstaat *m*; **~al** ['næʃənl] *a* national; National-, Volks-; staatlich; Staats-; national (gesinnt), patriotisch; *s* Staatsangehörige(r), -bürger *m*; *~~ anthem* Nationalhymne *f*; *~~ assembly* Nationalversammlung *f*; *~~ bank* Staatsbank *f*; *N~~ Bureau of Economic Research (Am)* Statistische(s) Bundesamt *n*; *~~ character* Nationalcharakter *m*; *~~ church* Staatskirche *f*; *~~ costume* Volkstracht *f*; *~~ council* Nationalrat *m*; *~~ debt* Staatsschuld *f*; *~~ defence* Landesverteidigung *f*; *~~ economy* Volkswirtschaft *f*; *~~ flag* Nationalflagge *f*; *~~ government (Am)* Bundesregierung *f*; *~~ guard* Nationalgarde *f*; *~~ income* National-, Volkseinkommen *n*; *N~~ Industrial Conference Board (Am)* Arbeitgeberverband *m*; *~~ insurance* Sozialversicherung *f*; *~~ interest* Staatsinteresse *n*; *~~ language* Landessprache *f*; *~~ monument* (geschütztes) Natur-, Baudenkmal *m*; *~~ park* Nationalpark *m*; *~~ product* Sozialprodukt *n*; *~~ property* Volksvermögen, Staatseigentum *n*; *~~ security* Staatssicherheit *f*; *~~ status* Staatsangehörigkeit *f*; *~~ team (sport)* Ländermannschaft *f*; *~~ wealth* Volksvermögen *n*, -wohlstand *m*; **~alism** ['næʃnəlizm] Nationalismus *m*; **~alist** ['næʃnəlist] *s* Nationalist *m*; *a* u. **~alistic** [næʃnə'listik] nationalistisch; **~ality** [næʃə'næliti] Staatsangehörigkeit, Nationalität *f*; National-, Volkscharakter; *com* Ursprung *m*; *certificate of ~~* Staatsangehörigkeitsausweis *m*; **~alization** [næʃnəlai'zeiʃən] Verstaatlichung, Nationalisierung; Naturalisierung *f*; **~alize** ['næʃnəlaiz] *tr* verstaatlichen, nationalisieren; naturalisieren; **~~-wide** national, Landes-; durch das ganze Land (gehend); allgemein.

nativ|e ['neitiv] *a* angeboren, natürlich; geboren, gebürtig (*of* aus); einheimisch, inländisch, Geburts-, Heimat-; naturrein, Natur-; *(Gold)* gediegen; Volks-; eingeboren, Eingeborenen-; *s* Landesprodukt *n*; einheimische(s) Gewächs *od* Tier *n*; Einheimische(r); Eingeborene(r); *(Astrologie)* Geborene(r) *m*; Zuchtauster *f*; *to go ~* die Zivilisation abstreifen; *~~-born* einheimisch; *~~ country* Vaterland *n*; *~~ port* Heimathafen *m*; *~~ rock (geol)* gewachsene(r) Fels *m*; *~~ tongue* Muttersprache *f*; *~~ town* Vaterstadt *f*; **~ity** [nə'tiviti] Geburt(sumstände *m pl*) *f*; Horoskop *n*; *the N~~* Geburt *f* Christi *(a. Kunst)*; Weihnachten *n* u. *f pl*; *~~ play* Krippenspiel *n*.

natron ['neitrən] *chem* Natron; doppel(t)kohlensaure(s) Natrium *n*.

natter ['nætə] *itr fam* schwätzen; *s fam* Geschwätz; Gemecker *n*.

natty ['næti] schmuck, nett, sauber, adrett; elegant; gewandt, flink, fix.

natural ['nætʃrəl] *a* natürlich *a. math*; Natur-; ursprünglich, wild, primitiv, urtümlich, naturhaft; angeboren, naturgegeben; unbearbeitet; fleischfarben; *(Abbildung)* naturgetreu; lebenswahr, echt; ungekünstelt, ungezwungen, frei; selbstverständlich, natürlich; *(Kind)* unehelich; *mus* ohne Vorzeichen; *s* Idiot *m*; *Am fam* Kanone *f (Mensch)*, Treffer *m (Sache)*; Naturbegabung; *mus* weiße Taste; ganze Note *f*; *(~ sign)* Auflösungszeichen *n*; *during o.s ~ life* auf Lebenszeit; *to come ~ to s.o.* jdm leichtfallen; *to die a ~ death* e-s natürlichen Todes sterben; **~-born** *a* gebürtig, von Geburt; **~-colo(u)red** *a* naturfarben; *~ fibre* Naturfaser *f*; *~* **force** Naturerscheinung *f*; *~* **frequency** Eigenfrequenz *f*; *~* **gas** Erdgas *n*; *~* **gift** Veranlagung, Anlage *f*; *~* **history** Naturkunde, -geschichte, -beschreibung *f*; **~ism** ['-izm] Naturalismus *m*; **~ist** ['-ist] Naturwissenschaftler, -forscher; Tierhändler; Präparator; Naturalist; Anhänger *m* der Nackt-, Freikörperkultur; **~ization** [nætʃrəlai'zeiʃən] Naturalisierung, Einbürgerung *f*; **~ize** ['nætʃrəlaiz] *tr* naturalisieren, die Staatsangehörigkeit verleihen *(s.o.* jdm); einbürgern *a. fig (e-e Sitte, ein Wort)*; *(Tier, Pflanze)* akklimatisieren; heimisch machen; **~ philosophy** Physik, Naturphilosophie *f*; *~* **product** Rohprodukt *n*; *~* **resources** *pl* natürliche Hilfsquellen *f pl*; Bodenschätze *m pl*; *~* **science** Naturwissenschaft *f*; *~* **selection** *biol* natürliche Zuchtwahl *f*; *~* **sign** *mus* Auflösungszeichen *n*; *~* **silk** Naturseide *f*; *~* **sponge** Naturschwamm *m*; *~* **spring** Mineral-, Heilquelle *f*; *~* **state** Naturzustand *m*; *~* **vibration** Eigenschwingung *f*.

nature ['neitʃə] Natur *f*, Wesen *n*, Beschaffenheit, Art *f*, Charakter *m*, Naturell *n*, natürliche Anlage; Wirkungsweise *f*; *against* ~ gegen die Natur(gesetz); *contrary to* ~ *mus* Auflösungszeichen; *by* ~ von Natur (aus); *from* ~ nach der

Natur; *in, of the ~ of* nach Art *gen*, in der Art *gen*; *in the course of ~* im Lauf der Dinge *od* der Entwick(e)lung; *to ease ~* sich erleichtern; *to pay the debt of ~, o.'s debt to ~* das Zeitliche segnen; sterben; *it's not in my ~* es liegt mir nicht; *~ of the ground* Bodenbeschaffenheit *f*; *good ~* Gutmütigkeit, Hilfsbereitschaft, Selbstlosigkeit *f*; *the human ~* die menschliche Natur; *true to ~* lebenswahr, -echt; **~ cure** Naturheilkunde *f*; **~~~ practitioner** Naturheilkundige(r) *m*; **~d** ['-d] *a in Zssgen.* geartet; *good-~~* gutmütig; *ill-~~* boshaft, bösartig; **~ lover** Naturfreund *m*.

naught, nought [nɔːt] *s* Nichts *n*; Null *f*; *a* nichtig, wertlos, unnütz, unbrauchbar; *fam (Geschichte) ~* gesalzen; *all for ~* ganz umsonst; *to bring, to come to ~* zunichte machen, werden; *to care ~ for* sich nichts machen aus; *to set at ~* geringschätzen, verachten; **~iness** ['-inis] Ungezogenheit *f*; **~y** ['-i] unartig, ungezogen; nichtsnutzig, ungesittet; unanständig.

nausea ['nɔːsiə, *Am* '-ʃ(i)ə] Übelkeit *f*; Brechgefühl *n*, -reiz; *fig* Ekel, Widerwille *m*; **~ate** ['-ieit] *tr* Übelkeit, Ekel erregen (*s.o.* jdm); *itr u. to be ~~d* sich ekeln, Ekel empfinden (*at* bei); ganz krank sein (*at* vor); **~ating** ['-ieitiŋ], **~ous** ['nɔːsiəs] ekelerregend, ekelhaft.

nautical ['nɔːtikəl] seemännisch; See-(manns-), Schiffs-; nautisch; **~ chart** Seekarte *f*; **~ mile** See-, nautische Meile *f (1,852 km)*.

naval ['neivəl] *a* Flotten-, Marine-, See-, Schiff-; **~ academy** Marineoffiziersschule *f*; **~ aerodrome** Marineflughafen *m*; **~ agreement** Flottenabkommen *n*; **~ airplane** Marineflugzeug *n*; **~ architect** Schiffbauingenieur *m*; **~ artillery** Schiffsartillerie *f*; **~ aviation** Marineflugwesen *n*, Seeflieger *m pl*; **~ base** Flottenstützpunkt *m*; **~ battle** Seeschlacht *f*; **~ construction** Schiffbau *m*; **~ forces** *pl* Seestreitkräfte *f pl*; **~ officer** Marineoffizier *m*; **~ pilot** Marineflieger *m*; **~ port** Kriegshafen *m*; **~ power** Seemacht *f*; **~ staff** Admiralstab *m*; **~ supremacy** Seeherrschaft *f*; **~ warfare** Seekrieg *m*.

nave [neiv] **1.** *(Kirche)* (Haupt-)Schiff *n*; **2.** (Rad-)Nabe *f*.

navel ['neivəl] (Bauch-)Nabel *m*, *fig* Mittelpunkt *m*, Zentrum *n*; **~ orange** Navelorange *f*; **~-string, -cord** Nabelschnur *f*; **~-wort** *bot* Nabelkraut *n*.

navicert ['nævisəːt] *mar* Warendurchgangsbescheinigung *f*.

navicular [nə'vikjulə] *s u. a*: **~ bone** *anat* Kahnbein *n*.

navig|ability [nævigə'biliti] *(Fluß)* Schiffbarkeit *f*; *aero* Lenkbarkeit *f*; **~able** ['nævigəbl] schiffbar; lenkbar; **~~ water** Fahrrinne *f*; **~ate** ['nævigeit] *itr* (mit dem Schiff) fahren; ein Schiff, Flugzeug steuern; *tr (Strecke)* befahren, befliegen; *(Schiff, Flugzeug)* steuern, segeln *(to* nach); den Kurs festlegen für, orten, navigieren; **~ation** [nævi'geiʃən] Schiffahrt(skunde) *f*; Navigation *f a. aero*; *coastal, high-sea, inland, river ~~* Küsten-, Hochsee-, Binnen-, Flußschiffahrt *f*; **~~ chart** Navigationskarte *f*; **~~ light** *(aero)* Positionslicht *n*; **~~ officer** Navigationsoffizier *m*; **~~ route** Schiffahrtsstraße *f*; **~~ school** Seemannsschule *f*; **~or** ['nævigeitə] Seefahrer; See-, Steuermann; *Am* Navigationsoffizier *m*; *aero* Navigator; (Flugzeug-)Orter *m*; **~~'s compartment** *(aero)* Orterraum *m*.

navvy ['nævi] *(ungelernter)* Straßen-, Erd-, Kanalbau-, *rail* Streckenarbeiter; Löffelbagger, Exkavator *m*.

navy ['neivi] (Kriegs-)Marine *f*, Seestreitkräfte *f pl*; *Am* Marineministerium *n*; **~ bean** *Am* weiße Bohne *f*; **~ blue** marineblau; **N~ Department** *Am* Marineministerium *n*; **~ yard** Marinewerft *f*.

nay [nei] *adv* nein, ja (... sogar); *obs* nein; *s* Neinstimme *f*; Nein *n*; *to say ~* sich weigern, nein sagen.

naze [neiz] Landspitze *f*, Vorgebirge *n*.

neap [niːp] *s u. a*: **~ tide** Nippflut, -tide *f*; *itr* (Flut, Tide) geringer, niedriger werden.

Neapolitan [niə'pɔlitən] *a* neapolitanisch; *s* Neapolitaner(in *f*) *m*; **~ ice-cream** Familieneis *n*.

near [niə] **1.** *a (räuml. od zeitl.)* nah(e) *(to the river* beim Fluß); nah(e) verwandt *(to* mit); eng befreundet, vertraut, intim, nahestehend; genau; *(Ähnlichkeit)* groß; *(Übersetzung)* wörtlich; sparsam; *(Tier, Fahrzeug)* link; *com* kurzfristig; Imitations-, Kunst-; *the ~ way* der kürzere Weg; *~est price* genaueste(r) Preis *m*; *to have a ~ escape, thing* mit knapper (Müh und) Not davonkommen; **2.** *adv (räuml. od zeitl.)* nah(e); eng, intim; *fam* sparsam; beinahe, fast; *far and ~* weit und breit; *those ~ and dear to me* die mir Nahestehenden; *~ at hand* bei der *od* zur Hand; kurz bevorstehend;

~ *by* dicht dabei, (ganz) in der Nähe; ~ *upon* kurz vor; *to come, to go* ~ *to do, doing* im Begriff sein, nahe daran sein etw zu tun; *to draw* ~ nahen, vor der Tür stehen; *to live* ~ *to* in der Nähe wohnen von; *that's* ~*er the truth* das kommt der Wahrheit näher; **3.** *prp* (*räuml., zeitl., graduell*) nahe dat; **4.** *itr tr* sich nähern, näherkommen (*to s.th., s.th.* e-r S); ~ **beer** Dünnbier *n*; ~**by** *adv a* in der Nähe (befindlich); ~**ly** ['-li] *adv* fast, beinahe; eng, intim; sparsam; *not* ~ (auch) nicht annähernd, durchaus nicht, auf keinen Fall; ~ **miss** *mil* Nahkrepierer *m*; *fig* halbe(r) Erfolg *m*; ~**ness** ['-nis] Nähe *f*; nahe Verwandtschaft (*to* mit); Vertrautheit; Genauigkeit; (allzugroße) Sparsamkeit *f*; ~**sighted** *a* kurzsichtig; ~**sightedness** Kurzsichtigkeit *f*; ~ **silk** Halbseide *f*.

neat [ni:t] **1.** rein, sauber; von angenehmem Äußeren, gut geformt, zierlich; gefällig, angenehm, nett; elegant; sauber, ordentlich, gepflegt; (*Äußerung*) kurz und bündig, treffend, gewählt, geschickt; (*Arbeit*) gelungen; (*Rede*) gewandt formuliert; (*alkohol. Getränk*) unvermischt, unverdünnt; ~**ness** ['-nis] Sauberkeit *f*; gute(s) Aussehen *n*, Schönheit, Zierlichkeit; einfache Eleganz; Gefälligkeit; Gepflegtheit; Geschicklichkeit *f*; **2.** *fast obs* Rind(vieh) *n*; ~**herd** Kuhhirte *m*; ~'**s-foot oil** Klauenfett *n*; ~'**s leather** Rindsleder *n*; ~'**s tongue** Ochsenzunge *f*.

neb [neb] *zoo* Schnabel *m*; Schnauze *f*; Mund *m*, Nase *a. allg*; Spitze *f*.

nebul|a ['nebjulə] *pl -ae* [-i:] *astr* Nebelfleck, Sternnebel; *med* Hornhautfleck *m*; (*Harn*) leichte Trübung *f*; ~**ar** ['-ə] *a astr* Nebel-; ~**osity** [nebju'lɔsiti] Nebligkeit *f*; *fig* Undurchsichtigkeit *f*; ~**ous** ['nebjuləs] *astr* Nebel-; neblig, wolkig; verschwommen; *fig* nebelhaft, vag(e), unbestimmt, unklar.

necess|ary ['nesisəri] *a* notwendig, nötig, erforderlich, unerläßlich (*to, for* für); unvermeidlich, unumgänglich; ge-, erzwungen; *s* Bedürfnis *n*; *das Notwendige*; (notwendiger) Bedarfsartikel, Gebrauchsgegenstand *m*; *pl* unvermeidliche Ausgaben *f pl*; *no comment* ~ Kommentar überflüssig! ~**aries** *of life* Lebensbedürfnisse *n pl*; *das Nötigste*; *if it is* ~ falls nötig; *it is* ~ *to* man muß; ~**itate** [ni'sesiteit] *tr* nötig, notwendig, erforderlich machen; (notwendigerweise) zur Folge haben; *to be* ~~*d* gezwungen sein (*to do* zu tun); ~**itous** [ni'sesitəs] bedürftig, in Not; ~**ity** [ni'sesiti] Notwendigkeit, Unabweislich-, Unerläßlich-, Unvermeidlich-, Unumgänglichkeit *f*; Zwang(släufigkeit *f*) *m*; logische Notwendigkeit; Not, Armut; Lebensnotwendigkeit *f*; *in case of* ~~ im Notfall; *of* ~~ notwendigerweise, zwangsläufig, notgedrungen, unvermeidlich; *to be in* ~~ bittere Not leiden; *to bow to* ~~ sich der Gewalt beugen; *to make a virtue of* ~~ aus der Not e-e Tugend machen; ~~ *is the mother of invention* (*prov*) Not macht erfinderisch; ~~ *knows no law* (*prov*) Not kennt kein Gebot; *bare* ~*ities of life* Existenzminimum *n*.

neck [nek] *s* Hals *m a. tech*; Genick *n*; (*Kleidung*) (Hals-)Ausschnitt, Kragen; *tech* Einfüllstutzen *m*; Landenge *f*, Isthmus *m*; *fam* Unverschämtheit *f*; *tr* den Kopf abhacken (*a hen* e-m Huhn), schlachten; *tr itr Am sl* (sich) abknutschen, (sich) liebkosen; *to* ~ *down* verengen; *by a* ~ (*Pferderennen*) um e-e Halslänge; *allg* (mit) knapp(em Vorsprung); ~ *and crop* von oben bis unten; völlig, ganz; ~ *and* ~ Seite an Seite, (genau) gleich, ohne Unterschied; ~ *or nothing* auf Biegen oder Brechen; alles oder nichts; *to be up to o.'s* ~ *in work* bis über den Hals in Arbeit stecken; *to break o.'s* ~ den Hals brechen; e-e übermenschliche Anstrengung machen (*doing s.th.* um etw zu tun); *to break the* ~ *of s.th.* das Schlimmste e-r S überstehen; *to fall upon s.o.'s* ~ jdm um den Hals fallen; *to get it in the* ~ (*sl*) eins aufs Dach, den Laufpaß kriegen; *to give s.o. a pain in the* ~ jdn anekeln, anwidern; *to have a* ~ die Frechheit besitzen; *to risk o.'s* ~, (*fam*) *to stick o.'s* ~ *out* Kopf und Kragen riskieren; sich exponieren; *to save o.'s* ~, *to slip o.'s* ~ *out of the collar* den Hals aus der Schlinge ziehen, davonkommen; *I've a pain in my* ~ mir tut der Hals weh; ~**band** Halsband *n*; (*Kleidung*) Halsbund *m*; ~**cloth** Halstuch *n*; Krawatte *f*; ~**ed** [nekt] *a*: *stiff-*~~ hartnäckig, halsstarrig; ~**erchief** ['-ətʃif] Halstuch *n*, Schal *m*; ~**ing** ['-iŋ] *arch* Säulenhals *m*; *Am sl* Abknutscherei *f*; ~**lace** ['-lis] Halsband *n*, -kette *f*; ~~ *microphone* Kehlkopfmikrophon *n*; ~**let** ['-lit] (kleines) Halsband *n*; (Hals-)Pelzkragen *m*; ~**line** (*Kleid*) Ausschnitt *m*, Dekolleté *n*; *with a low* ~~ tief ausgeschnitten; tief dekolletiert; ~~**strap** Umhängerie-

necktie men *m*; **~tie** ['-tai] Krawatte, Halsbinde *f*, Schlips *m*; *Am sl* Schlinge *f*; **~wear** ['-wɛə] Krawatten, Kragen und Halstücher *pl*.

necro|logist [ne'krɔlədʒist] Nachrufschreiber *m*; **~logy** [-lədʒi]Totenliste*f*; Nachruf *m*; Todesanzeige *f*; **~mancer** ['nekro(u)mænsə] Geisterbeschwörer, Nekromant *m*; **~mancy** Toten-, Geisterbeschwörung, Nekromantie *f*; **~polis** [ne'krɔpɔlis] Totenstadt *f*; **~sis** ['-krousis] *med* Brand *m a. bot.*

nectar ['nektə, -a:] *(Mythologie) bot fig* Nektar *m*.

née, nee [nei] *(vor dem Mädchennamen e-r Frau)* geborene.

need [ni:d] *s* Notwendigkeit *f*, Zwang(slage *f*) *m*; Bedürfnis *n*; Not(lage), Bedürftigkeit, Armut *f*; Mangel *m* (*of an*); *pl* Bedürfnisse *n pl*; *tr* nötig haben, brauchen; bedürfen, bedürftig sein (*s.th.* e-r S); müssen (*do, to do tun*); *itr* in Not sein; *v aux* brauchen, müssen, nötig sein; *in ~* in Not; *in ~ of repair* reparaturbedürftig; *in case of ~* im Notfall; *in times of ~* in schwierigen Zeiten; *more than ~s* mehr als nötig; *to be in ~, to have ~ of s.th.* etw brauchen, nötig haben; *to have ~ to do* etw tun müssen; *to supply the ~s of s.o.* für jds Bedürfnisse sorgen; *if ~ be, were* not-, nötigenfalls, wenn es die Umstände erfordern; *that's all we ~ed!* das hat uns gerade noch gefehlt; *this ~s no saying* das versteht sich von selbst; *he ~ not do it or brauchst es nicht zu tun*; **~ful** ['-ful] *a* notwendig, nötig; erforderlich (*for, to* für); *s sl* Moneten *pl*, Geld *n*; *das Notwendige*; *to do the ~~* das Nötige tun; **~iness** ['-inis] Bedürftigkeit, Armut, Not *f*; **~less** ['-lis] unnötig, nicht notwendig, überflüssig; *~~ to say* es erübrigt sich zu sagen; **~lessness** ['-lisnis] Unnötigkeit, Überflüssigkeit *f*; **~s** [ni:dz] *adv (nur bei must)* notwendigerweise, unbedingt, durchaus; *~ must when the devil drives* da bleibt e-m nichts anderes übrig; **~y** ['-i] bedürftig, notleidend, in Not, arm.

needle ['ni:dl] *s* (Näh-)Nadel; Strick-, Häkelnadel; (Grammophon-)Nadel; Kompaßnadel *f*; Zeiger *m (e-s Meßgerätes)*; (Tannen-, Fichten-, Kiefern-)Nadel, Felsspitze; *tech* Graviernadel *f*, Schneidstift *m*; *allg* Nadel, Spitze *f*; Obelisk *m*; *med* Spritze; *fam* Aufregung, boshafte Bemerkung *f*; *tr* mit e-r Nadel durchbohren *od* stechen; *med* punktieren; *fam* auf-, anstacheln; *fam* sticheln, necken (*about* wegen); *sl* Alkohol beimischen *od* zusetzen (*s.th.* e-r S); *itr* nähen; stricken; häkeln; *(Kristallisation)* Nadeln bilden; *to get the ~(s)* Lampenfieber bekommen; *to look for a ~ in a bundle of hay* Unmögliches wollen; *to thread the ~* die Nadel einfädeln; *I'm on pins and ~s* ich sitze wie auf glühenden Kohlen; *darning-~* Stopfnadel *f*; *hypodermic ~* Injektionsnadel *f*; *packing-~* Packnadel *f*; *pins and ~s (physiol)* Prickeln *n*, eingeschlafene Füße *m pl*; *sewing-~* Nähnadel *f*; **~book** Nadelheft *n*; **~case** Nadelbüchse *f*; **~gun** Zündnadelgewehr *n*; **~lace** Klöppelspitzen *f pl*; **~point** Nadelspitze *f (Handarbeit)*; *~'s eye* Nadelöhr *n*; **~valve** Nadelventil *n*; **~woman** Näherin *f*, **~work** (weibliche) Handarbeit *f*; *~~ case* Nähkorb *m*.

ne'er [nɛə] *s. never*; **~-do-well** Tunichtgut *m*.

nefarious [ni'fɛəriəs] lasterhaft, ruchlos, **~ness** [-nis] Ruchlosigkeit *f*.

negat|e [ni'geit] *tr* verneinen, (ab-, ver)leugnen, ab-, bestreiten; ablehnen; verwerfen; **~ion** [-ʃən] Leugnung; Verneinung; Negation *f*; Nicht(vorhanden)sein *n*; Annullierung *f*; **~ive** ['negətiv] *a* ablehnend, verneinend; *(Antwort)* abschlägig; ergebnis-, erfolglos; unergiebig, unfruchtbar; *(Logik)* math phys phot negativ; negativ zu bewerten(d); *s* Verneinung, Ablehnung, Absage *f*; negative(r) Standpunkt *m*; Veto(recht) *n*; *math* negative Größe *f*; Minuszeichen; *el* negative(s) Element; *phot* Negativ *n*; *gram* Negation *f*; *tr* ablehnen, -weisen, verwerfen; leugnen, verneinen, widersprechen (*s.th.* e-r S); widerlegen; mißbilligen; entgegenwirken, zuwiderhandeln (*s.th.* e-r S); unwirksam machen, neutralisieren; *in the ~~* negativ; *to answer in the ~~* verneinen; *~~ lead (el)* Minusleitung *f*; *~~ sign* Minuszeichen *n*.

neglect [ni'glekt] *tr* vernachlässigen; versäumen, unterlassen (*to do, doing* zu tun); außer acht lassen; sich nicht kümmern um; geringschätzen, ignorieren; *jur* fahrlässig handeln; *s* Vernachlässigung, Nachlässigkeit *f*, Versäumnis *n*; Verwahrlosung; Fahrlässigkeit *f (of gegenüber)*; *state of ~* verwahrloste(r) Zustand *m*; *~ of o.'s duties* Pflichtverletzung *f*; **~ful** [-ful] nachlässig; sorglos, unachtsam (*of* gegenüber); *jur* fahrlässig; **~fulness** [-fulnis] Nachlässigkeit, Unachtsamkeit *f*.

neglig|ence ['neglidʒəns] Nachlässigkeit, Unachtsamkeit, Gleichgültigkeit, Sorglosigkeit, Pflichtvergessenheit, Fahrlässigkeit *f*; Verschulden *n*; *contributory* ~~ Mitverschulden *n*; *gross* ~~ grobe Fahrlässigkeit *f*; *professional* ~~ Verletzung *f* der beruflichen Sorgfaltspflicht; **-ent** ['-t] nachlässig, unachtsam, gleichgültig (*of gegen*); sorglos, pflichtvergessen; *jur* fahrlässig; *(Schuldner)* säumig; **-ible** ['neglidʒəbl] geringfügig, unerheblich, unbedeutend, unwichtig, belanglos, nebensächlich; ~~ *quantity* Belanglosigkeit, Nebensache *f*.

negoti|ability [nigouʃjə'biliti] Übertrag-, Begebbarkeit; Börsen-, Bankfähigkeit; Verwertbarkeit, Verkäuflichkeit *f*; **-able** [ni'gouʃjəbl] diskutierbar; *com* verkäuflich, übertrag-, begebbar; börsen-, bankfähig; verwertbar; veräußerlich; *(Weg)* passierbar; *non-~~, not* ~~ nicht übertragbar, nur zur Verrechnung; ~~ *instrument, paper* Verkehrs-, Inhaberpapier *n*; **-ate** [ni'gouʃieit] *tr* verhandeln (über), aus-, unterhandeln; *(Vertrag)* zustande bringen; abschließen, tätigen; *(Wechsel)* begeben, in Verkehr setzen, unterbringen; *fam (Hindernis, Kurve)* nehmen, überwinden, bewältigen; *itr* ver-, unterhandeln (*with* mit; *for, about* um, wegen); **-ation** [nigouʃi'eiʃən] Unter-, Verhandlung; *fin* Begebung *f*; *fam* Nehmen *n (e-s Hindernisses, e-s Berges)*; *by way of* ~~s auf dem Verhandlungswege; *open to* ~~ zu Verhandlungen bereit; *under* ~~ in Verhandlung; *to be in* ~~s *with* in Verhandlungen stehen mit; *to enter into* ~~s *with* in Verhandlungen treten mit; **-ator** [ni'gouʃieitə] Unterhändler *m*.

negr|ess ['ni:gris] Negerin *f*; **N-o** ['ni:grou] *pl -oes* Neger *m*; *attr* Neger-; schwarz; ~~ *question* Negerfrage *f*; **-oid** ['ni:grɔid] negroid.

Negus ['ni:gəs] Negus, Kaiser *m* von Abessinien; *n~* Glühwein *m*.

neigh [nei] *itr* wiehern; *s* Wiehern *n*.

neighbo(u)r ['neibə] *s* Nachbar(in *f*) *m*; Anwohner, Anlieger; Nächste(r) *m*; *tr itr* benachbart sein (*s.th.; upon, with s.th.* an); angrenzen (*s.th.; upon, with s.th.* an); *fam* e-r S sein; **-hood** ['-hud] Nachbarschaft; (Um-)Gegend *f*, Gebiet, Viertel *n*, Bezirk *m*; Nähe *f*; *in the* ~~ *of* in der Nähe von; *fam* (von) ungefähr, nahe an; in der Größenordnung von; ~~ *unit* Wohngemeinschaft *f*; **-ing** ['-riŋ] benachbart, angrenzend; umliegend; ~~ *community* Nachbargemeinde *f*; **-liness** ['-linis] gutnachbarliche Haltung *f od* Beziehungen *f pl*; **-ly** ['-li] *a* (gut)nachbarlich, freundschaftlich.

neither ['naiðə, *Am* 'ni:ðə] *pron* keine(r) (von beiden) (*of gen*); *adv conj* auch nicht; ~~ ... *nor* weder ... noch.

nelson ['nelsn] *sport* Nelson(griff) *m*.

nematode ['nemətoud] *zoo* Faden-, Rundwurm *m*.

nemesis ['nemisis] Nemesis *f a. fig*.

neo ['ni(:)o(u)] *in Zssgen* Neu-, Neo-, Jung-; **-lithic** ['-liθik] jungsteinzeitlich, neolithisch; **-logism** [ni(:)-'ɔlədʒizm], **-logy** ['-ɔlədʒi] neue(s) Wort *n*, Neubildung *f*, Neologismus *m*, neue Bedeutung *f*; *(Theologie)* Rationalismus, Liberalismus *m*; **-phyte** ['ni(:)-o(u)fait] Neubekehrte(r), Neophyt *m*.

neon ['ni:ən] *chem* Neon *n*; ~ **lamp, light** Neonröhre *f*, -licht *n*; ~ **sign** Neonreklame *f*.

nephew ['nevju(:), *Am* 'nefj-] Neffe *m*.

nephr|itic ['nefrait] *min* Nephrit *m*; **-itis** [ne'fraitis] Nierenentzündung *f*.

nepotism ['nepətizm] Vetternwirtschaft *f*; Nepotismus *m*.

nerv|e [nə:v] *s anat* Nerv *m*; *(Insektenflügel, Blatt)* Ader, Rippe; *arch* Gewölberippe; *fig* Selbstbeherrschung, Kaltblütigkeit *f*; Mut *m*; Stärke, (Tat-)Kraft, Energie; *fam* Unverschämtheit, Frechheit *f*; *pl* Nerven *m pl*; Kraft, Ausdauer, Zähigkeit, Beharrlichkeit *f*, Mut *m*; Nervosität, Reizbarkeit, Aufgeregtheit *f*; *tr* stärken, kräftigen, ermutigen; *to* ~ *o.s.* Kräfte sammeln; sich zs.nehmen; *to get on s.o.'s* ~~s *(fam)* jdm auf die Nerven gehen; *to have the* ~ *to do s.th.* den Mut haben, *fam* die Frechheit besitzen, etw zu tun; *not to know what* ~~s *are* nicht aus der Ruhe zu bringen sein; *to lose o.'s* ~~ die Nerven verlieren; *to strain every* ~ alle Kraft anspannen; *bag of* ~~s *(fig)* Nervenbündel *n*; *fit of* ~~s Nervenkrise *f*; ~~-*cell* Nervenzelle *f*; ~~-*centre* Nervenzentrum *n*; ~~-*fibre, cord* Nervenstrang *m*; ~~-*knot* Nervenknoten *m*, Ganglion *n*; ~~-*racking* nervenaufreibend; ~~-*shattered (a)* innerlich zerrüttet, *fam* fertig mit den Nerven; ~~ *specialist* Neurologe *m*; ~-*strain (fig)* Belastung *f*; ~~-*(w)racking* auf die Nerven gehend, aufregend; **-eless** ['-lis] kraft-, mutlos; *zoo* ungeädert; **-ine** ['-i:n] *a* Nerven-; *pharm* nervenstärkend, beruhigend; *s pharm* Beruhigungsmittel, Tonikum *n*; **-ous** ['-əs] *a* Nerven-;

kräftig, stark; *(Stil)* markig; nervös, reizbar, erregbar; unruhig, aufgeregt; ängstlich, furchtsam, schüchtern; **~~ breakdown** Nervenzusammenbruch *m*; **~~ prostration** Nervenschwäche *f*; **~~ system** Nervensystem *n*; **~ousness** [-əsnis] Nervosität *f*; **~ure** ['-juə] *zoo bot* Ader, Rippe *f*; **~y** ['-i] *poet* sehnig, stark; *fam* draufgängerisch, unverschämt; *fam* nervös, aufgeregt; *sl* nervenzerfetzend.

nescien|ce ['nesiəns] Unwissenheit *f*; *philos* Agnostizismus *m*; **~t** [-t] unwissend *(of* in); agnostisch.

ness [nes] Vorgebirge *n*, Landzunge *f*.

nest [nest] *s (bes.* Vogel-)Nest *n*; Wurf *m*, Brut *f*, Schwarm *m*, Volk; *fig* Nest, (trautes) Heim *n*, Ruheplatz *m*; *pej* (Räuber-)Höhle; Brutstätte; (Räuber-) Bande *f*; *tech* Bündel *n*; *(Kurven)* Schar *f*; Satz *m (Gegenstände); itr* nisten; *(to go ~ing)* Nester ausnehmen; *tr* ein Nest machen für; *tech* einfügen, -passen; *to feather o.'s ~* sein Schäfchen ins trock(e)ne bringen; *to foul o.'s own ~ (fig)* das eigene Nest beschmutzen; *birds' ~* Vogelnest *n*; *wasps' ~* Wespennest *n*; **~ of drawers** Aktenschrank *m*; Aufsatzkommode *f*; **~ of pirates** Piratennest *n*; **~ of shelves** Regal *n*; **~ of tables** Satz *m* ineinandergeschobener Tische; **~ of vice** Lasterhöhle *f*; **~ of vipers** *(fig)* Otterngezücht *n*; **~egg** Nestei *n*; *fig* Notpfennig, -groschen *m*; **~le** ['nesl] *itr* es sich bequem, gemütlich machen; sich an ea.schmiegen, versteckt liegen; sich anschmiegen *(to* an); *tr* an sich drücken; **~ling** ['-(t)liŋ] Nestling, -vogel *m*; *fig* Nesthäkchen *n*.

net [net] **1.** *s* Netz *n*; Schlinge, Falle *f*; Netzwerk; *(Textil)* lockere(s) Gewebe *n*, Tüll, Musselin, Batist; *(Tennis)* Netzball *m*; *tr* zu e-m Netz verarbeiten; mit e-m Netz bedecken *od* überziehen; *(Gewässer)* mit Netzen auslegen; mit dem Netz fangen; *(Tennisball)* ins Netz schlagen; *itr* Netze *od* Filetarbeiten machen; *a* Netz-; netzartig, durchbrochen; im Netz gefangen; *to fall into the ~* ins Garn gehen; *butterfly*, *fishing-~* Schmetterlings-, Fischnetz *n*; *hair-~* Haarnetz *n*; *mosquito-~* Moskitonetz *n*; *shopping ~* Einkaufsnetz *n*; *tennis-~* Tennisnetz *n*; **~ful** ['-ful] Netzvoll *n*; **~ting** ['-iŋ] Netzflechten; Fischen; *mil* Tarngeflecht *n*; Netze *m pl*, Netzwerk, Geflecht *n*, Filetarbeit *f*; **~~ wire** Maschendraht *m*; **~work** Netzwerk; (Straßen-, Autobahn-, Eisenbahn-, Kanal-, Flug-)Netz *n*; *fig* Netz, (Filial-, Agenten-, Spionage-)Netz *n*; verzweigte Anlage *f*; *el* Stromnetz *n*; Schaltung *f*; *radio video* Sendenetz *n*, Sendergruppe *f*; *highway ~* Straßennetz *n*; **2.** *a* netto, rein, ohne Abzug, kosten-, spesenfrei; *tr* netto einbringen *od* verdienen; Reingewinn erzielen; **~ amount** Nettobetrag *m*; **~ balance** Nettosaldo *m*; **~ cost** Selbstkostenpreis *m*; **~ earnings** *pl* Nettoverdienst *m*; **~ gain, proceeds, profit** Reingewinn, -ertrag *m*; **~ income, revenue** Reineinkommen *n*; **~ load** Nutzlast *f*; **~ national product** Nettosozialprodukt *n*; **~ price** Nettopreis *m*; **~ receipts** *pl* Reineinnahmen *f pl*; **~ weight** Nettogewicht *n*; **~ worth** Eigenkapital *n*; **~yield** Nettoertrag *m*.

nether ['neðə] *a* unter, nieder; Unter-; **~ garments** *pl* Beinkleider *n pl*, Hose *f*; **~most** ['-moust] unterst; **~ world** Unterwelt, Hölle *f*.

Netherland|er ['neðələndə] Niederländer(in *f*) *m*; **~s,** *the* ['-z] die Niederlande *pl*.

nettle ['netl] *s bot* Nessel *f*; *tr* mit e-r (Brenn-)Nessel stechen; *fig* reizen, (ver)ärgern, quälen; *to grasp the ~* schnell zufassen, entschlossen handeln; **~ stinging ~** Brennnessel *f*; **~~rash** *med* Nesselsucht *f*.

neur|al ['njuərəl] *a* Nerven-; **~algia** [njuə'rældʒə] Neuralgie *f*, Nervenschmerz *m*; **~algic** [-'rældʒik] neuralgisch; **~asthenia** [njuərəs'θi:niə] Neurasthenie, Nervenschwäche *f*; **~asthenic** [-'θenik] neurasthenisch; **~itis** [-'raitis] Nervenentzündung, Neuritis *f*; **~ological** [njuərə'lɔdʒikəl] neurologisch; **~ologist** [njuə'rɔlədʒist] Neurologe, Nervenarzt *m*; **~ology** [-'rɔlədʒi] Neurologie *f*; **~on** ['-ɔn] *anat* Neuron *n*, Nervenzelle *f*; **~opath** ['-əpæθ] Neuropath *m*; **~opathic** [-ə'pæθik] neuropathisch; **~opathy** [-'rɔpəθi] Nervenleiden *n*, nervöse Veranlagung, Neuropathie *f*; **~osis** [-'rousis] *pl -ses* [-si:z] Neurose *f*; **~otic** [-'rɔtik] *a* neurotisch; **~** *s pharm* Nervenmittel *n*; Neurotiker *m*.

neuter ['nju:tə] *a biol* geschlechtslos; *gram* sächlich; intransitiv; *s biol* geschlechtslose(s) Lebewesen; kastrierte(s) Tier; *gram* sächliche(s) Geschlecht *n*; *tr* kastrieren.

neutral ['nju:trəl] *a* neutral, unparteiisch, parteilos, unentschieden; *(zwischen zwei Dingen)* in der Mitte stehend, keins von beiden, unausge-

neutral conductor   650   **newspaper**

sprochen; uncharakteristisch, blaß, farblos, zurückhaltend; *(Farbe)* chem neutral; *tech* Ruhe-, Null-; *s* Neutrale(r); neutrale(r) Staat *m*; neutrale Farbe; *tech mot* Leerlaufstellung *f*; *to remain* ~ neutral bleiben; ~ **conductor** *tech* Nulleiter *m*; ~ **gear** *mot* Leergang *m*; **~ity** [nju(:)-'træliti] Neutralität; neutrale Haltung *f*; *armed, friendly* ~~ bewaffnete, wohlwollende Neutralität *f*; *declaration of* ~~ Neutralitätserklärung *f*; *policy of* ~~ Neutralitätspolitik *f*; *violation of* ~~ Neutralitätsverletzung *f*; **~ization** [nju:trəlai'zei∫ən] Neutralisierung; Nullung *f*; **~ize** ['nju:trəlaiz] *tr* neutralisieren *a.* chem *el*; nullen; kompensieren, aufheben; unwirksam machen, lähmen, behindern; ~ **line** *tech* Nullinie *f*; ~ **point** *tech* Nullpunkt *m*; ~ **position** *tech* Null-, Ruhestellung *f*.

neutron ['nju:trɔn] *phys* Neutron *n*.

never ['nevə], **ne'er** [nɛə] *adv* nie (-mals); durchaus nicht, ganz und gar nicht, keineswegs, auf keinen Fall, unter keinen Umständen; *interj* ach das glaube ich nicht! das ist unmöglich! nie! ~ *so* (auch) noch so; *now or* ~ jetzt oder nie; *on the* ~~~ *(sl)* auf Abzahlung; *I should* ~ *have believed it* das hätte ich nie für möglich gehalten; *he* ~ *so much has smiled* er hat nicht einmal gelächelt; ~ *again!* nie wieder! *I* ~ *(did) !* das ist mir noch nie begegnet, das ist mir ganz neu! nein, so was! ~ *mind* das macht nichts; das hat nichts zu sagen; laß gut sein! ~~ *country* Märchenland *n*; **~ceasing, -ending** unaufhörlich; nicht enden wollend; **~dying** unsterblich; **~failing** unfehlbar; **~more** ['-mɔ:] *adv* nie wieder, nimmermehr; **~theless** [nevəðə'les] nichtsdestoweniger, trotzdem; **~to- -be-forgotten** unvergeßlich.

new [nju:] *a* neu *(from* aus); neu(entdeckt, -erschienen); ungewohnt, fremd(artig); noch nicht gewöhnt *(to* an); noch nicht vertraut *(to* mit); unerfahren; neu, ander; *(Brot)* frisch; *(Kartoffeln)* neu; neu(wertig); ungebraucht, noch unbenutzt; modern, modisch; weiter, zusätzlich; aufgefrischt, erholt; *I feel a* ~ *man* ich fühle mich wie neugeboren; *what's* ~? was gibt es Neues? **~born** *a* neu-, wiedergeboren; **~build** *tr* wieder aufbauen; **~building** Neubau *m*; **~coined** *a* frisch geprägt; **~comer** (Neu-)Ankömmling; Neuling *m (to* in); **~fangled** ['nju:fæŋgld] *a* neu(modisch); neuerungssüchtig; ~ **formation** Neubildung *f*; **~high** *fam* neue(r) Höchststand *m*; **~-laid eggs** *pl* frische Eier *n pl*; **~ly** ['-li] *adv* neulich, unlängst, vor kurzem; aufs neue, von neuem; ~~~*discovered (a)* neuentdeckt; ~~ *married (a)* frisch verheiratet; ~~*weds (pl)* jungverheiratete(s) Paar *n*; ~ **moon** Neumond *m*; **~~mown** *a* frischgemäht, -geschnitten; **~ness** ['-nis] Neuheit; Ungewohntheit; Unerfahrenheit; Frische; Neuwertigkeit; Unbenutztheit *f*; *the* **N~ Testament** das Neue Testament; *the* **N~ World** die Neue Welt; **N~ Day**, ~~'s *Day* Neujahr(stag *m*) *n*; *a happy* ~~! glückliches Neues Jahr! ~~'s *Eve* Silvesterabend *m*.

newel ['nju:əl] Seele, (Treppen-)Spindel *f*; Treppen-, Geländerpfosten *m*.

Newfoundland [nju:fənd'lænd, nju(:)-'faundlənd] Neufundland *n*; ~ **dog** ['-'f-] Neufundländer *m*.

news [nju:z] *s pl mit sing* Neuigkeit(en *pl*); Nachricht(en *pl*) *a. radio*; Berichterstattung; Zeitung *f*; *to break the* ~ *to s.o.* jdm schlimme Nachricht beibringen; *what's the* ~? was gibt's Neues? *that's* ~ *to me* das ist mir neu, das habe ich (noch) nicht gewußt; *that's no* ~ *to me* das ist mir nicht neu; das wußte ich schon längst; *I've had no* ~ *from him for a long time* ich habe lange nichts von ihm gehört; *no* ~ *is good* ~ *(prov)* keine Nachricht ist gute Nachricht; *a piece of* ~ e-e Neuigkeit, Nachricht *f*; **~agency** Nachrichtenbüro *n*; **~agent**, *Am* **~dealer** Zeitungshändler, -verkäufer *m*; **~analyst** Nachrichten-, Rundfunkkommentator *m*; **~boy** Zeitungsjunge, -verkäufer, -austräger *m*; ~ **broadcast, ~cast** *radio* Nachrichten(sendung *f*) *f pl*; ~ **butcher** *Am* Zeitungs- u. Süßigkeitenverkäufer *m (im Zuge)*; **~caster** ['-ka:stə] *radio* Nachrichtensprecher *m*; ~ **cinema** Aktualitätenkino *n*; ~ **commentator** Rundfunkkommentator *m*; ~ **editor** Chef *m* vom Dienst; **~hawk** ['-hɔ:k] *Am sl* Nachrichtenjäger, Reporter *m*; ~ **item** Zeitungsnotiz *f*; **~let** ['-lit] Kurznachricht, kurze Meldung *f*; **~letter** Rundschreiben *n*; ~ **man** Zeitungsverkäufer; Journalist *m*; **~monger** Neuigkeitskrämer *m*; **~paper** Zeitung *f*; *daily* ~~ Tageszeitung *f*; *commercial* ~~ Wirtschaftszeitung *f*; ~~ *clipping*, *Am* ~~ *cutting* Zeitungsausschnitt *m*; ~~ *man* Zeitungsmann; Journalist *m*; ~~ *press* Nachrichtenpresse *f*; ~~

reader Zeitungsleser m; **~~ report** Zeitungsbericht m; **~ photographer** Bildbericht(erstatter), Pressephotograph m; **~print** Zeitungspapier n; **~ reader** Nachrichtensprecher m; **~~reel, -picture** film Wochenschau f; **~ reporter** Presseberichterstatter m; **~~room** Zeitschriftenzimmer n, -raum, -saal (e-r Bibliothek); Am (Zeitung, radio) Nachrichtenredaktion f; Zeitungskiosk m; **~ service** Nachrichtendienst m; **~~stall** Br, **-stand** Am Zeitungsstand, -kiosk m; **~ summery** Nachrichten f pl in Kurzfassung; **~~vendor** Zeitungsverkäufer m; **~y** ['-i] a fam voller Neuigkeiten; s Am Zeitungsjunge m; to be ~~ voller Neuigkeiten stecken.

newt [nju:t] zoo Molch m.

next [nekst] a nächst, folgend; ~ but one übernächst; ~ best zweitbest; ~ time das nächste Mal; ~ door im Nachbarhaus, nebenan; (to) nebenan von; beinahe, fast; in the ~ place dann, darauf; the ~ day am nächsten Tag; tags darauf; s der, die, das Nächste, Folgende; ~ of kin nächste(r) Verwandte(r) m, nächste Verwandte, Angehörige pl; in my ~ im nächsten Brief; who's ~? wer ist dran? adv dann, darauf, nachher; das nächste Mal; zunächst; what ~? was nun, was noch? to come ~ folgen, der nächste sein; prp (~ to) (ganz) dicht bei; (ganz) in der Nähe gen; ~ to (in der Reihenfolge) nach; neben; bei; so gut wie, fast beinahe; ~ to nothing fast nichts; to get ~ to s.o. (Am sl) sich bei jdm lieb Kind machen; **~~door** a im Nachbarhaus, in der unmittelbaren Nachbarschaft; ~~ neighbo(u)r unmittelbare(r) Nachbar m.

nexus ['neksəs] pl ~, -es Verbindung f, Band n; Zs.hang m.

nib [nib] Schnabel m; (Schreib-) Feder(spitze); allg Spitze f, Dorn; pl sl feine(r) Kerl m; pl gemahlene Kaffee- od Kakaobohnen f pl.

nibble ['nibl] tr knabbern; be-, anknabbern, -nagen, -beißen; fig nicht recht heranwollen an; itr (ein wenig) knabbern (at an); fig nicht recht anbeißen wollen; herumnörgeln, (herum-) kritteln (at an); s Knabbern n; a ~ ein bißchen.

niblick ['niblik] Art Golfschläger m.

nice [nais] hübsch, niedlich, zierlich; gefällig, angenehm; schön, geschmackvoll; gut, ausgezeichnet; nett, liebenswürdig, zuvorkommend, gütig, rücksichtsvoll (to gegen); bescheiden, zurückhaltend, (wohl)gesittet, anständig; umsichtig, bedacht; zart, fein, genau, gewissenhaft; sorgfältig, geschickt; fein, genau unterscheidend; alles genau nehmend, spitzfindig; wählerisch, schwierig, schwer zu befriedigen(d), heikel (about mit); schwer zu handhaben(d) od zu bewältigen(d), schwierig; it's ~ and warm es ist angenehm warm; did you have a ~ time? haben Sie sich gut unterhalten? ~ and early sehr früh; **-ly** ['-li] adv angenehm, nett, liebenswürdig(erweise); hübsch, nett, prima, gut, schön; genau, gerade, richtig; zufriedenstellend; he is doing ~~ geht ihm (ganz, recht) gut; **~ness** ['-nis] Zierlichkeit; Schönheit; Liebenswürdigkeit, Güte; Bescheidenheit, Gesittetheit; Zartheit, Feinheit, Sorgfalt; Genauigkeit; Schwierigkeit f; **-ty** ['-ti] Schüchternheit, Bescheidenheit; Gewissenhaftigkeit; Spitzfindigkeit; Genauigkeit, Sorgfalt; Feinheit f, hohe Anforderungen f pl; Bedeutung, Wichtigkeit; heikle, schwierige Sache od Angelegenheit f; pl unwichtige Einzelheiten, Kleinigkeiten f pl; to a ~~ aufs Haar, ganz genau, haargenau.

niche [nitʃ, niːʃ] s (Wand-)Nische f; Auskehlung, Einbuchtung f; fig (rechter) Platz m (for für); tr in e-e Nische stellen.

Nick [nik] Klaus m; Old ~ der Teufel.

nick [nik] s Kerbe f, Einschnitt m; Auszackung; Scharte f; (Porzellan, Glas) abgesplitterte Stelle f; (Schraube) Schlitz; (Würfel) Treffer m; sl Gefängnis n; tr (ein)kerben; ein-, durchschneiden; genau treffen od fassen; herausbekommen, (er)raten; gewinnen; (Zug) erwischen; sl schnappen, klauen; sl anschmieren, -führen, 'reinlegen; Am sl besteuern, fordern; (Lohn) zurückbehalten; in the ~ of time gerade im richtigen Augenblick.

nickel ['nikl] s chem Nickel; (US, Kanada) Fünfcentstück n; tr vernickeln; **-odeon** ['loudiən] Am obs Kintopp n; Am Musikautomat m; **~~plate** tr vernickeln; ~ plate Vernickelung f; ~ silver Neusilber n; ~ **steel** Nickelstahl m.

nick-nack s. knick-knack.

nickname ['nikneim] s Spitzname; Kosename m; tr e-n Spitz-, Kosenamen geben (s.o. jdm); mit e-m Spitz-, Kosenamen rufen.

nicotin|e ['nikəti:n] Nikotin n; **-ism** ['-izm] Nikotinvergiftung f.

niece [niːs] Nichte f.

nifty ['nifti] *a Am sl* schick, fesch; prima, Klasse, Sache; riechend; *s Am sl* glänzende Bemerkung *f*, kluge(r) Einfall *m*; hübsche(s) Mädchen *n*; prima Sache *f*.

niggard ['nigəd] *s* Knicker, Knauser, Filz, Geizhals *m*; *a* knickerig, knauserig, filzig, geizig; **~linis** ['-linis] Knickerigkeit, Knauserigkeit *f*, Geiz *m*; **~ly** ['-li] *a* knauserig, geizig (*of* mit); klein, knapp, mäßig; schäbig.

nigger ['nigə] *s pej* Neger, Nigger *m*; *a* (~-*brown*) kaffeebraun; *to work like a ~* wie ein Pferd arbeiten; *that's the ~ in the woodpile* da liegt der Hase im Pfeffer; das ist des Pudels Kern.

niggl|e ['nigl] *itr* sich in Einzelheiten verlieren; trödeln, bummeln; **~ing** ['-iŋ] kleinlich, pusselig; unbedeutend; (*Handschrift*) verkrampft.

nigh [nai] *obs dial adv prp* nah(e).

night [nait] Nacht *f a. fig;* (später) Abend *m;* Dunkelheit, Finsternis *f; fig* geistige(r), sittliche(r) Tiefstand *m;* Bekümmernis, Trübsal *f;* Schatten *m pl* des Todes; *theat* Vorstellung, Aufführung *f; all ~ (long)* die ganze Nacht (über); *at ~* abends; bei Nacht, nachts; *at the dead of ~* mitten in der Nacht; in tiefer Nacht; *late at ~* spät am Abend, spät abends; *at ~s* bei Nacht u. Nebel; *by ~* bei Nacht, in der Nacht, nachts; *on the ~ of June 3rd* am Abend des 3. Juni; *last ~* gestern abend; *the ~ before last* vorgestern abend; *o' ~s (fam)* bei Nacht, nachts; *the ~ after* übermorgen abend; *~ and day* Tag und Nacht; immer, dauernd, ununterbrochen; *~ after ~* Nacht für Nacht, jede Nacht; *to have, to pass a good, bad ~* gut, schlecht schlafen; *to have a ~ out, off* e-n freien Abend haben; ausgehen; *to make a ~ of it* durchfeiern, -zechen; *to stay the ~* die Nacht verbringen (*at* in; *with* mit); *to turn ~ into day* die Nacht zum Tage machen; *~ is falling* die Nacht bricht herein; *first ~* Erstaufführung, Premiere, Eröffnungsvorstellung *f; the Arabian N~s* Tausendundeine Nacht; **~-attack, -raid** *aero* Nachtangriff *m;* **~-bell** Nachtglocke *f;* **~-bird** Nachtvogel *m; fig pej* Nachtschwärmer *m* (*Mensch*); **~-black** (kohl)rabenschwarz; **~-blindness** Nachtblindheit *f;* **~-bomber** Nachtbomber *m;* **~-cap** Nachtmütze *f; fam* Schnäpschen *n* vor dem Schlafengehen; *sport* Schlußveranstaltung *f;* **~-cellar** Kellerkneipe *f;* **~-chair, -stool** Nachtstuhl *m;* **~-clothes, -wear** Nachtgewand *n;* **~ club** *Am,* **spot** *Am fam* Nachtlokal *n;* **~ crawler** *Am fam* Nachtschwärmer *m* (*Mensch*); **~ current** Nachtstrom *m;* **~-dress, ~gown, -robe** (Damen-)Nachthemd *n;* **~-driver** *mot* Nachtfahrer *m;* **~-duty** Nachtdienst *m;* **~ery** ['-əri] *Am fam* Nachtlokal *n;* **~ exposure** *phot* Nachtaufnahme *f;* **~-fall** Dunkelwerden *n,* Einbruch *m* der Nacht; *at ~~* beim Dunkelwerden; **~ fighter, ~ flight** *aero* Nachtflug *m;* **~-haunt** Nachtlokal *n;* **~ie** ['-i] *fam* Nachthemd *n;* **~jar** ['-dʒɑː] *orn* Ziegenmelker *m;* **~ landing** *aero* Nachtlandung *f;* **~ letter** *Am* Brieftelegramm *n;* **~-light** Nachtlicht *n;* **~-long** *a* die ganze Nacht dauernd; **~ly** ['-li] *a* (all)nächtlich; abendlich; *adv* nachts; jede Nacht; **~ march** Nachtmarsch *m;* **~-mare** ['-mɛə] Alpdrücken *n; fig* Beklemmung *f;* **~-marish** ['-mɛəriʃ] beklemmend, beängstigend; **~ nurse** Nachtschwester *f;* **~ nursery** Kinderschlafzimmer *n;* **~ owl** Nachteule *f; fig* Nachtarbeiter, -schwärmer *m;* **~ pass** *mil* Nachturlaub(schein) *m;* **~ performance** Nachtvorstellung *f;* **~-piece** (*Kunst*) Nachtstück *n;* **~-porter** Nachtportier *m;* **~ reconnaissance** *aero* Nachtaufklärung *f;* **~s** ['-s] *fam dial, Am* nachts; **~-school** Abendschule *f;* **~ service** Nachtdienst *m;* **~ session** Nachtsitzung *f;* **~shade** *bot* Nachtschatten *m; deadly ~~* Tollkirsche *f;* **~ shelter** Nachtasyl *n;* **~-shift** Nachtschicht *f; to be on ~~* Nachtschicht haben; *~~ bonus* Nachtschichtvergütung *f;* **~-shirt** (Herren-)Nachthemd *n;* **~-soil** Fäkalien *pl;* **~ stick** *Am* Gummiknüppel *m* (*der Polizei*); **~-stop** *aero itr* über Nacht bleiben; *s* Übernachtung *f;* **~-time** Nachtzeit *f; in the ~~* bei Nacht, nachts; **~-train** Nachtzug *m;* **~-walker** Nacht-, Schlafwandler *m;* **~-walking** Schlafwandeln *n;* **~-watch** Nachtwache *f;* **~-watchman** Nachtwächter *m;* **~-work** Nachtarbeit *f;* **~y** ['-i] *fam* Nachthemd *n.*

nightingale ['naitiŋgeil] Nachtigall *f.*

nihil|ism ['naiilizm] Nihilismus *m;* **~ist** ['-ist] Nihilist *m;* **~istic** (naii-'listik] nihilistisch.

nil [nil] *s* Nichts *n;* Null *f; two (to) ~* (*sport*) zwei zu null; **~ return** Fehlanzeige *f.*

nimble ['nimbl] (geistig) gewandt, wendig, behende, hurtig, flink (*at, in* bei); *fam* fix, auf Draht; **~-footed**

nimble-minded

a leichtfüßig; **~-minded** *a* schlagfertig; **~ness** ['-nis] Gewandtheit, Wendigkeit; Lebhaftigkeit *f*.

nimbus ['nimbəs] *pl a. -bi* [-ai] Nimbus *a. fig*; Strahlenkranz, Heiligenschein; Nimbus *m*, Regenwolke *f*.

niminy-piminy ['nimini'pimini] zimperlich, geziert, *fam* übergeschnappt.

nincompoop ['ninkəmpu:p] Einfaltspinsel, Simpel *m*.

nine [nain] *a* neun; *s* Neun *f* (*bes. Baseballmannschaft*); *the* N~ die (neun) Musen *f pl*; *dressed up to the* ~s (*fam*) geschniegelt und gebügelt; ~ *days' wonder* Ereignis *n* des Tages; **~fold** ['-fould] *a adv* neunfach; ~ *months pl* Dreivierteljahr *n*; **~pins** ['-pinz] *pl mit sing* Kegel *m pl*; Kegelspiel, Kegeln *n*; *to play at* ~~ kegeln; **~teen** ['nain'ti:n] neunzehn; **~teenth** ['-ti:nθ] *a* neunzehnte; *s* Neunzehntel *n*; *a* **~tieth** ['naintiiθ] *a* neunzigst; *s* Neunzigstel *n*; Neunzigste(r) *m*; **~ty** ['nainti] *a* neunzig; *s* Neunzig *f*; *the* ~ties die neunziger Jahre (*e-s Jahrhunderts*); die Neunzigerjahre (*e-s Menschenlebens*).

ninny ['nini] Dummkopf, Tropf *m*.

ninth [nainθ] *a* neunt; *s* Neuntel *n*; Neunte(r *m*) *f*; *mus* None *f*.

nip [nip] **1.** *tr* kneifen; (ab)zwicken; (ein)klemmen; (*Pflanzentrieb*) abkneifen; erstarren lassen; (*Frost*) vernichten; Schaden zufügen (*s.th.* dat); *allg* unterdrücken, -binden, hemmen; *fam* schnappen, ergattern, mausen, stibitzen; sich unter den Nagel reißen; *itr* (*Kälte*) schneiden; *tech* klemmen; *fam* rasen, flitzen; *s* Kneifen, (Ein-)Klemmen *n*, Biß *m*; ein bißchen, Stück(chen), (*der Kälte*); schneidende Kälte *f*; *agr* Frostbrand *m*; bissige Bemerkung *f*; *tech* Knick; (*Käse*) starke(r) Geruch *m*; *to* ~ *in the bud* im Keim ersticken; ~ *and tuck* ganz knapp, haarscharf, gerade so eben; genau gleich, ohne Unterschied; *sport Am* Seite an Seite; *to* ~ **along** *fam* dahinsausen; sich beeilen; *to* ~ **away** *fam* abhauen, stiftengehen, türmen; *to* ~ **in** *fam* dazwischenkommen, -fahren; hineinwitschen, sich hineindrängeln; *to* ~ **off** *tr* abkneifen, abzwicken, abschneiden; *itr fam* = *to* ~ *away*; *to* ~ **on ahead** *fam* nach vorn stürmen; *to* ~ **out** heraussschneiden; *fam* hinauswitschen (*of* aus); **~per** ['-ə] (*Pferd*) Schneidezahn *m*; (*Krebs*) Schere; *mar* Zeising *f*; *fam* Bengel, Bursche *m*; *pl* Drahtschere, (Kneif-)Zange, Pinzette *f*;

sl opt Kneifer *m*; *sl* Handschellen, Fußfesseln *f pl*; *sl* Rindvieh *n*; **~ping** ['-iŋ] kneifend, schneidend, beißend; scharf; *fig* bissig, sarkastisch; **~py** ['-i] *a* (*Kälte*) schneidend; beißend; scharf; *fam* fix, flink, munter, lebhaft; *s fam* Kellnerin *f*; **2.** *s* Schlückchen *n*; *itr* nippen; *tr* nippen an, von; **3.** N~ (*Am pej*) Japaner *m*.

nipple ['nipl] Brustwarze; Zitze *f*; Schnuller; *tech* Nippel *m*; (Rohr-)Stutzen *m*.

Nisei, nisei ['ni:'sei] (gebürtiger) Amerikaner *m* japanischer Abkunft.

Nissen hut ['nisn'hʌt] Nissenhütte, Wellblechbaracke *f*.

nit [nit] *ent* Nisse *f*; **~picker** *Am sl* Pedant *m*; **~wit** ['-wit] *fam* kleine(s) Licht *n*; Nichtskönner, Versager *m*.

nitr|ate ['naitreit] *s chem* Nitrat, salpetersaure(s) Salz *n*; *tr* nitrieren; **~e,** *Am* **niter** ['naitə] *chem* Salpeter *m*; **~ic** ['naitrik] salpetersauer; ~ *acid* Salpetersäure *f*; **~ide** ['naitraid] *tr* nitrierhärten; **~ification** [naitrifi'keiʃən] Nitrifikation *f*; **~ify** ['-ifai] *tr* nitrieren; **~ite** ['naitrait] Nitrit *n*; **~obacteria** [naitro(u)bæk'tiəriə] Nitro-, Salpeterbakterien *f pl*; **~o-cellulose** ['-o(u)'seljulous] Schießbaumwolle *f*; **~ogen** ['naitridʒən] Stickstoff *m*; ~~ *fertilization* Stickstoffdüngung *f*; **~ogenous** [nai'trɔdʒinəs] *a* Stickstoff-; stickstoffhaltig; **~o-glycerin(e)** ['naitro(u)glisə'ri:n] Nitroglyzerin *n*; **~ous** ['naitrəs] salpet(e)rig; ~~ *acid* salpet(e)rige Säure *f*; ~~ *oxide* Lachgas *n*.

nix [niks] **1.** Wassergeist, Nix *m*; (Wasser-)Nixe *f*; **~ie** ['-i] (Wasser-)Nixe *f*; **2.** *prn sl* nichts; niemand; *adv sl* nicht; *tr sl* ablehnen, zurückweisen; *to* ~ *out* abhauen; *interj sl* halt (mal)! das gibt's (aber) nicht! laß das! ~ *on!* (*Am*) aus damit! *s Am* unbestellbare Postsendung *f*; *sl* Ablehnung *f*.

no [nou] **1.** *interj* nein; ~! nein! nanu! was Sie nicht sagen! **2.** *s pl -es* Nein *n*; Absage; *parl* Neinstimme *f*; *the* ~*es have it* der Antrag ist abgelehnt; **3.** *adv* (*beim Komparativ*) nicht, um nichts; keineswegs; *no ... than* nicht ... als; *or* ~ oder nicht; *whether or* ~ in jedem Fall; ob ... oder nicht; ~ *more* nicht mehr, kein(e, en) ... mehr; ~ *sooner ... than* so schnell (wie); ~ *sooner said than done* gesagt, getan; ~ *such sein* solcher, keine solche; **4.** *a* kein(e); ~ *one* keiner, niemand; ~ *one man* nicht ein einziger; *by* ~ *means* auf keine Weise;

no-account   654   **noisome**

in ~ time im Nu; *~ admittance* Zutritt verboten! *~ cards* statt Karten! *~ doubt* ohne Zweifel; *~ end of (fam)* e-e Menge *od* Masse; *~ go (fam)* zweck-, nutzlos; *~ great shakes (sl)* unbedeutend; *~ parking* Parkverbot *n*; *~ soap (Am sl)* ich weiß nicht! *~ smoking!* Rauchen verboten! *~ use* nutzlos, sinnlos; *~ thoroughfare* keine Durchfahrt; Durchfahrt verboten; *~ wonder* kein Wunder *(that* daß); *there's ~ getting away from the fact* man kommt nicht um die Tatsache (herum); es läßt sich nicht leugnen; **~-account** *Am sl* unbedeutend, unwichtig; **~-ball** *sport* ungültige(r) Ball *m*; **~-being** Nichtsein *n*; **~-confidence vote** *parl* Mißtrauensvotum *n*; **~-good** *s* Nichtsnutz *m*; *a* nichtsnutzig; **~-load** *tech* Leerlauf-; *~* **man's-land** Niemandsland *n*; *~* **show** *Am* Passagier *m*, der zum Abflug nicht erscheint.

nob [nɔb] **1.** Knopf *m*; *sl* Birne *f*, Kopf *m*; **2.** *sl* reiche(r) Kerl, feine(r) Knilch *m*; hohe(s) Tier *n*; *pl* die Reichen *m pl*; **~by** ['-i] *sl* schick, schmissig; pfundig, bombig, prima.

nobble ['nɔbl] *tr sl (Rennpferd)* untauglich machen; mit unreellen Mitteln gewinnen; beschwindeln, begaunern; *(Stimmen)* kaufen, klauen; **~r** ['-ə] *sl* Betrüger, Schwindler *m*.

Nobel prize ['noubel 'praiz] Nobelpreis *m*; **Nobel-prize winner** Nobelpreisträger *m*.

nobil|iary [no(u)'biliəri] *a* Adels-; **~ity** [no(u)'biliti] (hoher) Adel, Hochadel *m*; *die* Adligen; *fig* Vornehmheit *f*.

noble ['noubl] *a* adlig, hoch(geboren); *fig* edel, hochherzig; vornehm, würdig, würdevoll; stattlich, prächtig, prachtvoll; ausgezeichnet, vortrefflich; *(Metall)* edel, Edel-; *s* Adlige(r) *m*; *~* **gas** Edelgas *n*; **~man** ['-mən] Adlige(r), Edelmann *m*; *~* **metal** Edelmetall *n*; **~-minded** *a* edel, hochherzig; **~-mindedness** Edelmut *m*; **~ness** ['-nis] Adel *m*, Würde, Vornehmheit *f*.

nobody ['noubədi] *prn* niemand; *s fam* Null *f*, nichtssagende(r), unbedeutende(r) Mensch, Unbekannte(r) *m*.

nock [nɔk] *s (Bogen, Pfeil)* Kerbe *f*, Einschnitt *m*; *tr (Bogen, Pfeil)* kerben; *(Pfeil)* auflegen.

noctambul|ant [nɔk'tæmbjulənt], **~ist** [-ist] Schlafwandler *m*; **~ism** [-izm] Schlafwandeln *n*.

nocturn|al [nɔk'tə:nl] nächtlich; Nacht-; **~(e)** ['nɔktə:n] *(Kunst)* Nachtstück; *mus* Notturno *n*.

nocuous ['nɔkjuəs] schädlich, nachteilig.

nod [nɔd] *itr* (zu)nicken *(to s.o.* jdm); einnicken *(over* über); den Kopf (im Einschlafen) sinken lassen; schläfrig, müde, unaufmerksam, unachtsam sein; dösen; e-n Fehler machen; sich hin- und her-, auf und ab bewegen, schwanken; *tr* nicken *(o.'s head* mit dem Kopf); *(Einverständnis)* durch Zunicken zum Ausdruck bringen; *s* Nicken, Schwanken; Zunicken *n*; *sport* günstige Entscheidung *f*; *(land of) N~* Traumland *n*; *on the ~ (Am) fam* auf Pump; *to answer with a ~, to ~ assent* zustimmend nicken; *to get the ~ (sport)* ausgewählt werden *(over* vor); *to give s.o. a ~* jdm zunicken; *Homer sometimes ~s* hier irrt Goethe; **~ding acquaintance** oberflächliche Bekanntschaft *f*.

nod|al ['noudl] *a* Knoten-; *~* **point** Knotenpunkt *m*; **~e** [noud] Knoten *m a. anat bot astr phys math fig (e-r Erzählung, e-s Dramas)*; *med (gouty ~~)* (Gicht-)Knoten *m*; **~ose** ['no(u)dous] *bot* knotig; **~osity** [no(u)'dositi] knotige Beschaffenheit *f*; **~ular** ['nɔdjulə] *a* Knoten-; knotenartig; **~ule** ['nɔdju:l] Knötchen *n*; *geol* Nest *n*, Niere *f*.

noddle ['nɔdl] *fam* Kürbis *m*, Birne *f*.

nog [nɔg] **1.** (Holz-)Pflock; Dübel; Aststumpf; kleine(r) Balken *m*; **~ging** ['-iŋ] Ausmauerung *f* e-r Riegelwand; **2.** *(egg~)* Eierflip *m*.

noggin ['nɔgin] Becher, Schoppen *m*; Viertelpinte *f (Großbrit.: 0,14 l; Am 0,12 l)*; *Am fam* Kürbis, Kopf *m*.

nohow ['nouhau] *adv fam* in kein(st)er Weise, nicht im geringsten; *sl (to feel)* nicht auf dem Damm (sein).

noil [nɔil] *sing u. pl* Kämmling *m*.

nois|e [nɔiz] *s* Geräusch *n*; Lärm *m*, Geschrei; *tele* Rauschen; *radio* Nebengeräusch *n*, Störung *f*; *tr (to ~ abroad) (Nachricht, Gerücht)* verbreiten; *to make a ~* Krach machen *(about* wegen), *in the world* Aufsehen erregen; *big ~~ (fam)* hohe(s) Tier *n*; *~~* **figure, level** Stör-, Geräuschpegel *m*; *~~* **suppression (radio)** Entstörung *f*; **~eless** ['-lis] geräuschlos; ruhig, still; lärmfrei; leise; **~elessness** ['-lisnis] Geräuschlosigkeit; Ruhe, Stille *f*; **~emaker** Lärminstrument *n*; **~iness** ['nɔizinis] Lärm *m*, Geschrei *n*; Turbulenz *f*; **~y** ['nɔizi] geräuschvoll, laut, lärmend; *(Farbe)* schreiend, grell; lebhaft, turbulent; *(Stil)* geschwollen.

noisome ['nɔisəm] ungesund, schädlich; stinkend, eklig, widerlich.

nol-pros ['nɔl'prɔs] *tr Am jur (Anklage)* zurücknehmen; *(Verfahren)* niederschlagen.

nomad ['nəməd, 'noumæd] *s* Nomade *m a. fig*; *a* u. **-ic** [no(u)'mædik, nɔ'm-] nomadisch; nomadenhaft; wandernd, unstet; **-ism** ['nomədizm] Nomadentum *n*; **-ize** [-aiz] *itr* nomadisieren.

nomenclature [no(u)'menklətʃə, 'noumenkleitʃə] Nomenklatur *f*, Namen-, Wörterverzeichnis *n*; Terminologie *f*, Fachausdrücke *m pl*, -sprache; Benennung, Bezeichnung *f*.

nomin|al ['nominl] *a* Namens-; namentlich; Nenn-; nominell, dem Namen nach; gering(fügig), klein; *gram* nominal; ~~ *amount* Nennbetrag *m*; ~~ *capital* Stammkapital *n*; ~~ *exchange* Nominalkurs *m*; ~~ *fine* Ordnungs-, Polizeistrafe *f*; ~~ *load* Nennbelastung *f*; ~~ *output* Nennleistung *f*; ~~ *price* nominelle(r) Preis *m*; ~~ *roll* Namensverzeichnis *n*; ~~ *value* Nennwert *m*; ~~ *wages (pl)* Nominallohn *m*; **-ally** ['-əli] *adv* namentlich, mit Namen; (nur) dem Namen nach; nominell; **-ate** ['-eit] *tr* ernennen *(to zu);* benennen, namhaft machen; zur Wahl vorschlagen, als Kandidaten aufstellen *(for für);* **-ation** [nomi'neiʃən] Ernennung *(to zu);* Namhaftmachung, Benennung *f*, Vorschlag *m*; Aufstellung *f* (*e-s Kandidaten*); *(right of ~~)* Vorschlagsrecht *n*; *to be in ~~ for* kandidieren für; **-ative** ['nominətiv] *a gram* Nominativ-; *s gram* Nominativ *m*; **-ator** ['-eitə] Benennende(r), Vorschlagende(r) *m*; **-ee** [nomi'ni:] *(vorgeschlagener)* Kandidat; (Renten-)Empfänger *m*.

non [nɔn] *pref* Nicht-, nicht-; **~-acceptance** Nichtannahme, Annahmeverweigerung, *(Wechsel)* Akzeptverweigerung *f*; **~-accomplishment** Nichtdurchführung *f*; **~-admission** Nichtzulassung *f*.

nonage ['nounidʒ, 'non-] Minderjährigkeit, Unmündigkeit; *fig* Unreife *f*; Frühstadium *n*.

nonagenarian [nounədʒi'nɛəriən] *a* neunzigjährig; *s* Neunzigjährige(r) *m*.

non|-aggression pact ['nɔnə'greʃən'pækt] *pol* Nichtangriffspakt *m*; **~-alcoholic** alkoholfrei; **~-appearance** Nichterscheinen, Ausbleiben *n*.

nonary ['nounəri] *a* Neuner-; *s* Neunergruppe *f*.

non|-attendance ['nɔnə'tendəns] Fernbleiben *n*; **~-automatic** nichtautomatisch; **~-available** unabkömmlich; **~-belligerent** nichtkriegführend; **~-burnable** nicht brennbar; **~-business day** Bankfeiertag *m*; **~-capitalistic** nichtkapitalistisch.

nonce [nɔns] *s*: *for the ~* im Augenblick, in diesem Fall; **~-word** Ad-hoc-Bildung *f* e-s Wortes.

nonchalan|ce ['nɔnʃələns] Gleichgültigkeit, Uninteressiertheit, Lässigkeit, Formlosigkeit *f*; **-t** ['-t] gleichgültig, uninteressiert, (nach-)lässig, saumselig; formlos.

non|-coagulating ['nɔnkou'ægjuleitiŋ] nicht gerinnend; **~-combatant** *s mil* Nichtkämpfer; Zivilist *m*; *a* nichtkämpfend; **~-commercial enterprise** nicht gewerbliche(s) Unternehmen *n*; **~-commissioned** *a* nicht bevollmächtigt; ~~ *officer (N.C.O.), fam* **noncom** Unteroffizier *m*; **~-committal** (sich) nicht verpflichtend; nicht bindend, unverbindlich; **~-compliance** Nichtbefolgung *f*, Nichteinhaltung *f* *(with s.th.* e-r S); **~ compos mentis** *jur* unzurechnungsfähig; **~-conducting** *phys el* nichtleitend; **~-conductor** *phys el* Nichtleiter *m*.

nonconform|ist ['nɔnkən'fɔ:mist] Dissenter, Dissident *m*; **-ity** [-iti] Nichtübereinstimmung *f (with* mit); *rel* Dissentertum *n*; Nichtbefolgung *f (to s.th.* e-r S).

non|-contagious ['nɔnkən'teidʒəs] *med* nicht ansteckend; **~-contentious litigation** freiwillige Gerichtsbarkeit *f*; **~-contributory** beitragsfrei; **~-cooperation** passive(r) Widerstand *m*; **~-corroding, ~-corrosive** nichtrostend; **~-creasing** knitterfrei; **~-cutting** spanlos; **~-dazzle** *mot* blendfrei; **~-delivery** Nichtablieferung, -bestellung *f*.

nondescript ['nondiskript] *a* schwer zu beschreiben(d) *od* einzuordnen(d); unbestimmbar, unbestimmt; *s* schwer einzuordnende(r) Mensch *m od* Sache *f*; Arbeitsunfähige(r) *m*.

none [nʌn] *prn* kein; *mit pl* niemand, keine *pl*; nichts; *~ at all* kein einziger; *~ but* niemand, (nichts) außer; nur; *~ of that!* laß das! Schluß damit! *that's ~ of your business* das geht dich nichts an; *adv* (durchaus, gar) nicht; in keiner Weise; *~ too soon* gerade noch zur rechten Zeit; *~ the less* nichtsdestoweniger, trotzdem.

non|-edible ['nɔn'edibl] nicht genießbar; **~-effective** *a* unwirksam; *mil* (dienst)untauglich; *s mil* (Dienst-)Untaugliche(r) *m*; **~-ego** Nicht-Ich *n*;

~~enforceable nicht vollstreckbar, nicht klagbar.
nonentity [nɔ'nentiti] Nichtvorhandensein; Phantasieprodukt; Unwirkliche(s) n; fig Null f.
non-essential ['nɔni'senʃəl] a unwesentlich, unbedeutend; unnötig, überflüssig, nicht lebenswichtig; s unbedeutende(r) Mensch m; Nebensache f; pl unwesentliche Bestandteile m pl, Nebensächlichkeiten f pl.
non(e)such ['nʌnsʌtʃ] Ausnahme (-mensch m) f; etwas Einmaliges; Vorbild n.
non|-existence Nichtvorhandensein, -bestehen n; Abwesenheit f; **~~existent** nicht vorhanden; **~~expendable supplies** pl mil Gebrauchsgüter n pl; **~~feasance** jur (pflichtwidrige) Unterlassung f; **~~ferrous metal** NE-Metall n; **~~fiction book** Sachbuch n; **~~flowering** nichtblühend; **~~freezing** kältebeständig; **~~fulfil(l)ment** Nichterfüllung f; **~~fusible** nicht schmelzbar; **~~graded** a nicht klassifiziert; **~~halation** phot lichthoffrei; **~~inductive** induktionsfrei; **~~intervention** pol Nichteinmischung f; **~~policy** Nichteinmischungspolitik f; **~~linear** nichtlinear; **~~litigious** nicht streitig; **~~luminous** nichtleuchtend; **~~malignant** med gutartig; **~~member** Nichtmitglied n; **~~ state** Nichtmitgliedstaat m; **~~membership** Nichtmitgliedschaft f; **~~metal** chem Nichtmetall n; **~~military** nichtmilitärisch; **~~negotiable** nicht übertragbar; **~~observance** Nichtbeachtung, -befolgung, -einhaltung f; **~~official** nichtamtlich.
nonpareil ['nɔnpərəl, Am -'rel] a unvergleichlich; s Unvergleichliche(r m) f; etwas (völlig) Unvergleichliches; Muster n; typ Nonpareille f (Schriftgrad); zoo Papstfink m.
non|-participation ['nɔnpɑːtisi'peiʃən] Nichtbeteiligung f; **~~partisan** unparteiisch; überparteilich; **~~party** nicht parteigebunden; **~~payment** Nicht(be)zahlung f; **~~performance** Nichtausführung, -erfüllung f.
nonplus ['nɔn'plʌs] s Verwirrung, völlige Ratlosigkeit f; tr verblüffen; verwirrt, ratlos, perplex machen; in größte Verlegenheit bringen.
non|-political ['nɔnpə'litikəl] unpolitisch; **~~productive** unproduktiv; **~~professional** nichtberuflich; **~~-profit** gemeinnützig; **~~resident** a nicht (orts)ansässig, auswärtig; (Geistlicher) abwesend, nicht amtierend; s Auswärtige(r), Pendler; Devisenausländer; (Schule) Externe(r); Gelegenheitsgast m; **~~return valve** Rückschlagventil n; **~~rigid** unstarr; **~~scheduled** a außerplanmäßig.
nonsens|e ['nɔnsəns] s Unsinn m, dumme(s) Zeug n Blödsinn, Quatsch m a. interj; Albernheiten, Dummheiten f pl; and no ~ about it! keine falsche Vorstellung! **~ical** [nɔn'sensikəl] un-, blödsinnig, albern, dumm.
non|-shrinkable ['nɔn'ʃrinkəbl] nicht schrumpfend, nicht einlaufend; **~~-skid** a Gleitschutz-; **~~ chain** Schneekette f; **~~ tyre** Gleitschutzreifen m; **~~smoker** Nichtraucher m; **~~-smoking compartment** Nichtraucherabteil n; **~~stop** a Ohnehalt-; durchgehend; **~~ flight** Ohnehalt-, Nonstopflug m; **~~ journey** Reise f ohne Unterbrechung; **~~ performance** durchgehende Veranstaltung f; **~~ train** durchgehende(r) Zug m.
nonsuit ['nɔnsjuːt] s jur Klagabweisung f; tr mit e-r Klage abweisen (s.o. jdn); (Prozeß) sistieren.
non|-support ['nɔnsə'pɔːt] Vernachlässigung f der Unterhaltspflicht; **~~union** nicht (gewerkschaftlich) organisiert; **~~ shop** gewerkschaftsfreie(r) Betrieb m; **~~violence** Gewaltlosigkeit f; **~~voter** Nichtwähler m; **~~warranty clause** Haftungsausschlußklausel f.
noodle ['nuːdl] **1.** fam Dussel, Trottel, Depp m; sl Birne f, Kürbis, Kopf m; **2.** Nudel f; **~ soup** Nudelsuppe f.
nook [nuk] (Zimmer-)Ecke f; (Schlupf-) Winkel m; breakfast ~ Eßecke f.
noon [nuːn] s Mittag a. fig; fig Höhepunkt m; attr Mittags-; itr Am Mittag machen; at ~ mittags; um zwölf Uhr (mittags); **~day, ~tide, ~time** Mittag m; at ~ zu Mittag.
noose [nuːs] s Schlaufe, Schlinge a. fig; fig Einschnürung, Fessel f; tr in e-r Schlinge fangen; schlingen (round um); to put o.'s head into the ~ (fig) in die Falle gehen.
nope [noup] Am sl ne(e), nein.
nor [nɔː] adv und (auch) nicht, noch; neither ... ~ weder ... noch; ~ I ich auch nicht.
Nordic ['nɔːdik] nordisch.
norm [nɔːm] Richtschnur, Norm; Regel f; Typ m, Muster n; Arbeitsnorm f; biol Typus m; **~al** ['-əl] a normal, durchschnittlich; Durchschnitts-, Normal-; regelrecht, normgerecht; gewöhnlich, natürlich; typisch; math senkrecht; med normal, ohne Befund

normalcy *(o.B.);* s das Normale, die Norm, die Regel; normale Verhältnisse n pl; Normalwert, -stand m; math Senkrechte f; ~ consumption Normverbrauch m; ~ output Normalleistung f; ~ school Lehrerseminar n, pädagogische Akademie f; ~ size Normalgröße f; ~ value Durchschnittspreis m; ~ velocity Normalgeschwindigkeit f; **~alcy** ['-ǝlsi], **~ality** [nɔː'mæliti] Normalzustand m, Vorschriftsmäßigkeit, Normalität f; **~alization** [nɔːmǝlai'zeiʃǝn] Normalisierung f; **~alize** ['nɔːmǝlaiz] tr normalisieren; standardisieren, normen; vereinheitlichen; **~ally** ['-ǝli] adv normalerweise, im Normalfall.

Norman ['nɔːmǝn] s Normanne m; a normannisch; **~dy** ['-di] die Normandie.

normative ['nɔːmǝtiv] a normativ.

north [nɔːθ] s Nord(en) m *(Richtung, Gegend);* a nördlich; Nord-; adv in nördlicher Richtung, nach Norden; *in the ~* im Norden; *to the ~ of* im Norden von; *to fly ~* nach Norden fliegen; **N~ America** Nordamerika n; **N~ American** nordamerikanisch; **N~ Atlantic Treaty Organization** NATO; **~~east** ['nɔːθ'iːst] s Nordost(en) m; a nordöstlich; adv (in) nordöstlich(er Richtung); **~~easter** Nordostwind m; **~~eastern** a nordöstlich; **~er** ['nɔːðǝ] *Am* Nordwind m; **~erly** ['-ǝli] a nördlich; Nord-; adv nach, von Norden; **~ern** ['nɔːðǝn] nördlich, nordisch; Nord-; *the N~~ Hemisphere* die Nordhalbkugel *(der Erde);* **N~ Ireland** Nordirland n; **~~ lights** *(pl)* Nordlicht n; **~erner** Nordländer(in f); *(Am)* Nordstaatler m; **~ernmost** ['-moust] nördlichst; **N~ German** s Norddeutsche(r m) f; a norddeutsch; **~ing** ['nɔːðiŋ] astr nördliche Deklination f; mar Breitenunterschied m nach Norden; **N~man** ['-mǝn] Wikinger m; **N~ Pole** Nordpol m; **N~ Sea** Nordsee f; **N~ Star** Nord-, Polarstern m; **~ward** ['nɔːθwǝd] a nördlich *(of, from* von*);* *(~~s)* adv nach Norden; **~west** *[mar* nɔː'west*]* s Nordwest(en) m; a nordwestlich; adv (in) nordwestlich(er Richtung); **~~westerly** a adv nordwestlich; **~ wind** Nordwind m.

Norw|ay ['nɔːwei] Norwegen n; **~egian** [nɔː'wiːdʒǝn] a norwegisch; s Norweger(in f) m.

nose [nouz] s Nase; Schnauze f; Geruch(ssinn) m, Nase f *(for* für*);* Duft m; *allg* Vorsprung m, Nase f; *tech* Vorderteil n; *mar* Bug m; *aero* Nase f, Bug m, Kanzel; *(Rohr)* Mündung f; *sl* Spion, Spitzel m; *tr* riechen, wittern; spüren; mit der Nase berühren *od* reiben; *mar* vorsichtig fahren; *itr* riechen, schnüffeln *(at* an; *for* nach; *into* in); *fig* herumschnüffeln *(after, for* nach*); sl* spionieren, Spitzeldienste leisten; *to ~ down (aero) tr* (an)drücken; *itr* im Steilflug niedergehen; *to ~ out* herausriechen; aufstöbern; ausspionieren; um e-e Nasenlänge schlagen; *to ~ over (aero)* sich *(beim Landen)* überschlagen; *to ~ up (aero)* hochziehen; *by a ~ (Pferderennen)* um e-e Nasenlänge; *fig* um Haaresbreite, ganz knapp; *on the ~ (sl)* haarscharf, -genau; *under s.o.'s (very) ~* vor, unter jds Augen; *to bite, to snap s.o.'s ~ off* jdn anfahren; *to blow o.'s ~* sich die Nase putzen; *to count, to tell ~s* die Köpfe, die Anwesenden zählen; *to cut off o.'s ~ to spite o.'s face (fig)* sich ins eigene Fleisch schneiden; *to follow o.'s ~* der Nase nach, geradeaus gehen; *to keep o.'s ~ to the grindstone* nicht von s-r Arbeit aufschauen; *to lead s.o. by the ~ (fig)* jdn um den Finger wickeln können; *to look down o.'s ~ at s.o.* jdn von oben herab, mit Verachtung ansehen; *to make a long ~ at s.o.* jdm e-e Nase drehen; *to pay through the ~* e-n zu hohen Preis bezahlen; *fam* bluten müssen; *to poke, to push, to thrust o.'s ~ into s.th. (fig)* s-e Nase in etw stecken; in e-r S herumschnüffeln; *to put s.o.'s ~ out of joint (fig)* jds Pläne vereiteln; jdn ausstechen; *to turn up o.'s ~ at* die Nase rümpfen über; nichts zu tun haben wollen mit; *to ~ o.'s way* sich (nach vorn) durcharbeiten, -schlagen; *as plain as the ~ on o.'s face* sonnenklar, *hum* klar wie dicke Tinte; *aquiline, crooked, pug, snub ~* Adler-, Haken-, Stumpf-, Stupsnase f; *tip of the nose* Nasenspitze f; **~~ape** Nasenaffe m; **~~bag** *(Pferd)* Futterbeutel m; **~~band** *(Pferd)* Nasenriemen; Eßkorb m; **~~bleed(ing)** Nasenbluten n; **~d** [-d] *a in Zssgn* -nasig; **~~dive** s *aero* Sturzflug; *com fam* Preissturz m; *itr* e-n Sturzflug machen; *(Preise)* stürzen; **~gay** ['-gei] Blumenstrauß m; **~ gunner** *aero* Bugschütze m; **~heavy** *aero* kopflastig; **~~over** *aero* Kopfstand, Überschlag m *(beim Landen);* **~~piece** Nasenschutz, -riemen m; Mündung, Öffnung f; Mundstück, Vorderteil n; *(Mikroskop)* Revolver; *(Brille)* Steg m; **~~ring** Nasenring m; **~~wheel** *aero* Bugrad n; **~y** s. nosy.

nosing ['nouziŋ] vorstehende Kante *f*; Schutzstreifen *m*.

nosology [nɔs'ɔlədʒi] Nosologie, Lehre *f* von den Krankheiten.

nostalgi|a [nɔs'tældʒiə] Heimweh *n*; **~c** [-k] heimwehkrank.

nostril ['nɔstril] Nasenloch *n*, Nüster *f*.

nostrum ['nɔstrəm] Haus-, Geheim-, Allheil-, Wundermittel *n a. fig.*

nosy ['nouzi] übelriechend, *fam* stinkig; duftend; *fam* neugierig; **~ parker** *fam* Topfgucker, Pottkieker *m*.

not [nɔt] *adv* nicht; ~ *a* kein; ~ *at all* durchaus, überhaupt, gar nicht; auf keinen Fall; keineswegs; *interj* keine Ursache!; ~ *but what, that* trotzdem; ~ *a few* nicht wenige; ~ *half (sl)* äußerst, tüchtig, mächtig; ~ *in the least* nicht im geringsten; ~ *to say* um nicht zu sagen; ~ *seldom* nicht selten, oft; ~ *so* nein; ~ *to speak of* ganz zu schweigen von; ~ *yet* noch nicht; *certainly* ~ gewiß nicht; *as likely as* ~ vielleicht; vielleicht auch nicht; *it's* ~ *to be thought of* daran ist nicht zu denken; das kommt nicht in Frage.

notab|ility [noutə'biliti] Auffälligkeit, Ungewöhnlichkeit; *(Hausfrau)* Tüchtigkeit *f*, Fleiß *m*; bemerkenswerte, bedeutende Persönlichkeit *f*; **~le** ['noutəbl] *a* bemerkenswert, angesehen, bedeutend, auffällig, in die Augen fallend; hervorragend, ungewöhnlich; *(Hausfrau)* tüchtig, fleißig, umsichtig; *s* Standesperson; bekannte Persönlichkeit *f*.

notar|ial [no(u)'tɛəriəl] notariell; Notariats-; **~~** *act, deed, document* Notariatsurkunde *f*; **~~** *fees (pl)* notarielle Gebühren *f pl*; **~~** *verification* notarielle Beurkundung *f*; **~~ly** *certified* notariell beglaubigt; **~ize** ['noutəraiz] *tr* notariell beglaubigen; **~y** ['noutəri] (**~~** *public*) (öffentlicher) Notar *m*; *before a* **~~** vor e-m Notar; *by a* **~~** durch e-n Notar; *office of a* **~~** Notariat *n*.

notation [no(u)'teiʃən] Bezeichnung *f*, mathematische Zeichen *n pl*; *mus* Notenschrift; *Am* Notierung, Aufzeichnung, Anmerkung *f*.

notch [nɔtʃ] *s* Aussparung, Nute, Kerbe *f*, Einschnitt *m*; Scharte *f*; *tech* Zahn *m*; *Am* Schlucht *f*, Engpaß *m*; *Am fam* Nummer, Stufe *f*, Grad *m*; *tr* (ein)kerben, mit e-m Einschnitt versehen; *tech* nuten, zähneln, falzen; *fig* ankreiden, -schreiben.

note [nout] *s* (charakteristische) Note; *mus* Note; Taste *f*; *(Vogel)* Gesang *m*; (Satz-)Zeichen *n*; Zettel *m*, Notiz; Aufzeichnung, Anmerkung *f*; Kommentar *m*; Fußnote *f*; Vermerk; Brief *m*, kurze Mitteilung; (diplomatische) Note *f*; Memorandum *n*; Rechnung *f*; schriftliche(s) Zahlungsversprechen *n*; Banknote *f*; *fig* Ton, Klang; Ruf, Schrei *m*; (gegebenes) Zeichen; Ansehen *n*, Ruf *m*; *tr* bemerken, beachten, achten auf, beobachten; vermerken, vormerken, notieren, zu Notiz nehmen, aufzeichnen, schriftlich niederlegen, aufschreiben; besonders erwähnen; mit Anmerkungen, Fußnoten versehen; bezeichnen, bedeuten; *mus* in Noten festhalten *od* niederlegen, mit Noten versehen; *to* ~ *down* aufnotieren; *of* ~ von Bedeutung *od* Rang; *to compare* ~*s* s-e Meinungen austauschen (*on* über); *to make a* ~ *of s.th.* sich etw aufschreiben; *fig* sich etw merken; *to strike the right, wrong* ~ *(fig)* den richtigen, falschen Ton treffen; *to take* ~ *of s.th.* etw Beachtung schenken; etw zur Kenntnis nehmen; *to take* ~*s* sich Notizen machen (*of* über); *bank* ~ Banknote *f*; *biographical* ~ biographische Notiz *f* (*in e-m Buch*); *circular* ~ Reisescheck, -kreditbrief *m*; *consignment* ~ Versandanzeige *f*; *credit* ~ Gutschriftanzeige *f*; *exchange of* ~*s (pol)* Notenwechsel *m*; *foot*~ Fußnote *f*; *marginal* ~ Randbemerkung, -notiz *f*; *promissory* ~, ~ *of hand* Schuldschein *m*; ~ *of entry* Eintragungsvermerk *m*; ~ *of sale* Verkaufsvertrag *m*; ~ *of exclamation, interrogation* Ausrufe-, Fragezeichen *n*; **~book** Notizbuch; Heft *n*; ~ **case** *Br* Geldscheintasche *f*; ~ **circulation** Notenumlauf *m*; **~d** ['-id] *a* bedeutend, hervorragend; wohlbekannt, berühmt (*for* wegen); **~** *below* unten erwähnt; **~holder** Wertpapierinhaber *m*; ~ **issue** Notenausgabe *f*, -umlauf *m*; **~pad** Schreibblock *m*; **~paper** Schreib-, Briefpapier *n*; ~ **press** Banknotenpresse *f*; **~worthy** ['-wəːði] bemerkens-, beachtenswert, beachtlich, bedeutend, hervorragend.

nothing ['nʌθiŋ] *s* Nichts *n*; *math fig* Null (*to* gegenüber); Kleinigkeit, Bagatelle *f*; *prn* nichts; *adv* durchaus nicht, keineswegs; *five feet* ~ genau 5 Fuß; *for* ~ für nichts und wieder nichts; um nichts; umsonst; *to say* ~ *of* ganz zu schweigen von; ~ *but* nichts als; ~ *less than* nichts weniger als; ~ *much* nicht viel; ~ *if not* äußerst, im höchsten Grade; ~ *to write home about (fam)* völlig unbedeutend; *to come to* ~ zunichte werden, sich zerschlagen; *to* *have ~ to do with* nichts zu tun haben mit; *to hear ~ of* nichts hören von; *to make ~ of* sich nichts machen aus, nichts halten von; nicht verstehen; nichts anfangen können mit; *to think ~ of* nichts halten von; *there is ~ like that* da kommt nichts mit; *~ came of it!* daraus wurde nichts!; *~ doing!* nichts zu machen! *there is ~ for it but* es gibt keine andere Möglichkeit als; *good for ~* zu nichts zu gebrauchen; **good-for-~** Taugenichts *m*; *little or ~* wenig oder (gar) nichts; *next of od to ~* fast nichts; **-ness** ['-nis] Nicht(vorhanden)sein *n*; Nichtigkeit, Bedeutungslosigkeit; Lappalie *f*.

notice ['noutis] **1.** *s* Bemerkung, Be(ob)achtung, Kenntnis(nahme); Aufmerksamkeit, Rücksicht, Höflichkeit; Ankündigung, Mitteilung, Anzeige, Notiz, Nachricht, Benachrichtigung, Warnung; Bekanntmachung *f*, Anschlag *m* (*on the bulletin board* am Schwarzen Brett); Entlassung, Kündigung(sfrist); Frist; Vorschrift, Anordnung; *(Buch, Theaterstück, Kunstwerk)* Besprechung, Kritik, Rezension; *jur* Vorladung; *(Patent)* Anmeldung *f*; **2.** *tr* (be)merken, be(ob)achten, zur Kenntnis nehmen; beachten, achten auf, Aufmerksamkeit schenken (*s.th.* e-r S), aufpassen auf; Rücksicht nehmen auf, höflich sein gegen; erwähnen, Bezug nehmen auf; kommentieren; *(Buch, Theaterstück, Kunstwerk)* besprechen; kündigen; **3.** *at ~* gegen Kündigung; *at a moment's ~* sofort, unverzüglich, auf der Stelle, jeden Augenblick, jederzeit; *at short ~* kurzfristig; *at a week's ~* innerhalb e-r Woche; *till, until further ~* bis auf weiteres; *without ~* ohne Ankündigung; fristlos; **4.** *to bring s.th. to s.o.'s ~* jdn auf etw aufmerksam machen, jdm etw zur Kenntnis bringen; *to come under s.o.'s ~* jdm zur Kenntnis gelangen; *to escape ~* übersehen werden, unbeachtet bleiben; *o.'s ~* übersehen; *to give s.o. ~* jdm kündigen; *of s.th.* jdn von etw in Kenntnis setzen; *(e-n Schaden)* anmelden; *to put up a ~* e-e Bekanntmachung anschlagen; *to serve ~ on s.o.* jdm etw ankündigen; *jur* jdn vorladen; *to take ~* beobachten, aufpassen; *of s.th.* etw beachten, zur Kenntnis, von etw Notiz nehmen; *to take no ~ of* übersehen, -gehen, nicht beachten; ignorieren; **5.** *he sits up and takes ~ (hum)* es geht ihm wieder besser, das Essen schmeckt ihm (schon) wieder; *she gave us ~ to move* sie hat uns gekündigt; **6.** *advance ~* Voranzeige *f*; *a month's ~* monatliche Kündigung *f*; *obituary ~* Nachruf *m*; *official ~* amtliche Bekanntmachung *f*; Dienstvermerk *m*; *previous ~* Voranzeige *f*; *public ~* öffentliche Bekanntmachung *f*; *verbal ~* mündliche(r) Bescheid *m*; *~ of appeal (jur)* Berufung *f*; *~ of assessment* Steuerbescheid *m*; *~ of delivery, receipt* Empfangs-, Rückschein *m*; *~ to pay* Zahlungsaufforderung *f*; *~ to quit* Kündigung *f* e-s Mietverhältnisses; *~ of trial (jur)* Ladung *f* zur mündlichen Verhandlung; **-able** ['-əbl] auffällig, nicht zu übersehen(d); bemerkenswert, beachtlich; **--board** Anschlagbrett *n*, -tafel *f*, Schwarze(s) Brett *n*; (Warnungs-)Tafel *f*, Schild *n*; **-period** Kündigungsfrist *f*.

notif|iable ['noutifaiəbl] meldе-, anzeigepflichtig; **-ication** [noutifi'keiʃən] Benachrichtigung, Mitteilung, Meldung, Anzeige; Bekanntmachung *f*; *jur* Ladung *f*; *~~ of birth, death* Geburts-, Todesanzeige *f*; *~~ of loss* Schadensmeldung *f*; **-y** ['noutifai] *tr* benachrichtigen, anzeigen; informieren, (offiziell) unterrichten (*of* von); bekanntmachen, -geben; verkünden, melden, berichten; *(Anspruch)* anmelden; *(Behörde)* verständigen; *jur* vorladen; zustellen (*s.o. of a decision* jdm ein Urteil).

notion ['nouʃən] Begriff *m*, Vorstellung; Auffassung, Ansicht, Meinung; Neigung *f*, Hang, Wunsch *m*; Absicht; Laune *f*; *pl Am* Kurzwaren *f pl*; *to have no ~ of s.th.* von etw keine Ahnung haben; *I have a ~ that* ich denke mir, daß; **-al** ['-l] begrifflich, Begriffs-, Vorstellungs-, (nur) eingebildet; versonnen, versponnen.

notori|ety [nouto'raiəti] allgemeine Bekanntheit *f*; schlechte(r) Ruf *m*; bekannte Persönlichkeit *f*; **-ous** [no(u)-'tɔ:riəs] (all)bekannt, offenkundig, stadtbekannt; berüchtigt (*for* wegen).

notwithstanding [nɔtwiθ'stændiŋ] *prp* trotz, ungeachtet *gen*; *adv* trotzdem, dennoch, nichtsdestoweniger; *conj (~ that) obs* obgleich, obwohl.

nougat ['nu:ga:] Nugat *m od n*.

nought *s.* naught.

noun [naun] *gram* Hauptwort, Substantiv *n*.

nourish ['nʌriʃ] *tr* (er)nähren (*on, with* von); *fig* nähren, hegen, unterhalten, (unter)stützen, fördern, anregen, stärken; **-ing** ['-iŋ] *a* Nähr-; nahrhaft; förderlich, gesund; **-ment** ['-mənt]

Ernährung f; Unterhalt m; Nahrung(smittel n) f a. fig.
nous [naus] Verstand f; fam Mutterwitz m.
novel ['nɔvəl] a neu, ungewohnt, ungewöhnlich; überraschend; s Roman m; jur Novelle f, Gesetzesnachtrag m; **~ette** [nɔvə'let] Unterhaltungsroman m; **~ist** ['-ist] Romanschriftsteller m; **~istic** [nɔvə'listik] romanhaft; **~ty** ['nɔvəlti] Neuheit, Ungewohntheit, Neuartigkeit; Neuheit f, neue(r) Artikel m; meist pl com Neuheiten f pl; **~ item** Neuheit f, Schlager m.
November [no(u)'vembə] November m.
novic|e ['nɔvis] rel Novize; Neubekehrte(r); a(l) Anfänger, Neuling m; **~iate, novitiate** [no(u)'viʃiit] Noviziat n (a. Räumlichkeiten); Novize m; fam Lehr-, Probezeit f.
now [nau] **1.** s Jetzt n, Gegenwart f; **2.** adv jetzt, nun; gleich, sofort; (so)eben; nun, da, dann; before ~ schon früher; by ~ jetzt, schon; from ~ (on, onwards) von nun, jetzt an; in a week from ~ heute in e-r Woche; just ~ gerade eben; im Augenblick; up to, till, until ~ bis jetzt; ~ ... bald ... bald; ~ then nun also; (every) ~ and again, (every ~ and then) von Zeit zu Zeit, ab und zu, dann und wann, hin und wieder; ~ or never jetzt oder nie; **3.** conj (~ that) jetzt, wo; **~adays** ['-ədeiz] adv heutzutage, heutigentags.
no|way(s) ['nouwei(z)] adv auf keinen Fall, durchaus nicht, gar nicht, nicht im geringsten, keineswegs; **~where** ['-wεə] adv nirgends, nirgendwo, -wohin; sport überrundet; ~ near (fam) auch nicht annähernd; to be, to get ~~ zu nichts, auf keinen grünen Zweig kommen; that will take you ~~ das führt zu nichts; **~wise** ['-waiz] adv auf keine Weise, nicht im geringsten.
noxious ['nɔkʃəs] schädlich, verderblich, ungesund (to für); giftig; **~ness** ['-nis] Schädlichkeit f.
nozzle ['nɔzl] tech Düse, Spritze, Öffnung f; Ansatzrohr, Mundstück n, Stutzen; sl Zinken m, Nase f; Schnauze f.
nuance [nju(:)'ã:ns] Nuance, Schattierung f.
nub [nʌb] Knopf, Knoten m; Stück (-chen) n; fam Pointe f, Kern(punkt) m, das Wesentliche; **~bin** ['-in] Am Stückchen n; kleine(r) od unreife(r) Maiskolben m; unreife Frucht f; **~ble** ['-l] Knöpfchen, Knötchen, Stückchen n; **~bly** ['-li] knotig.
nubil|e ['nju:bil] (Mädchen) heiratsfähig; **~ity** [nju(:)'biliti] Heiratsfähigkeit f.

nucle|ar ['nju:kliə] phys Kern-; Atom-; **~~ attack** Angriff m mit Atomwaffen; **~~ attraction** Kernanziehung f; **~~ bombardment** Kernbeschießung f; **~~ chain reaction** Kern-Kettenreaktion f; **~~ charge** Kernladung f; **~~ chemistry** Kernchemie f; **~~ disintegration** Kernzerfall m; **~~ energy** Kernenergie, Atomkraft f; **~~ energy plant, power station** Atomkraftwerk n; **~~ fission** Kernspaltung f; **~~ fuel** spaltbare(s) Material n; **~~ fusion** Kernverschmelzung f; **~~ mass** Kernmasse f; **~~ particle** Kernteilchen n; **~~ physicist** Kernphysiker m; **~~ physics** (pl mit sing) Kernphysik f; **~~ pile** Atommeiler m; **~~ propulsion** Atomantrieb m; **~~ reaction** Kernreaktion f; **~~ reaction pile** Uranbrenner m; **~~ reactor** Kernreaktor m, Zyklotron n; **~~ research** Kernforschung f; **~~ scientist** Kernforscher m; **~~ test** Atom-, Kernwaffenversuch m; **~~ theory** Kerntheorie f; **~~ transformation** Kernumwandlung f; **~~ warfare** Atomkrieg m; **~~ warheads** (pl) Atomsprengköpfe m pl; **~~ weapons** (pl) Atomwaffen f pl; **~ate** ['-eit] tr zu e-m Kern verdichten; um e-n Kern sammeln; itr e-n Kern bilden; **~ation** [nju:kli'eiʃən] Verdichtung zu e-m Kern; Kernbildung; künstliche Regenbildung f; **~ic** ['nju:kliik] a chem: **~~ acid** Nukleinsäure f; **~in** ['-in] chem Nuklein n; **~on** ['-ɔn] phys Nukleon, Kernteilchen n; **~onics** [nju:kli'ɔniks] pl mit sing Kernphysik f; **~us** ['nju:kliəs] pl -i ['-ai] fig Kern, Mittelpunkt; Ausgangspunkt; scient (Kondensations-)Kern; Keim; biol Zellkern; bot Samenkern m; **~~ of the atom** Atomkern m.
nud|e [nju:d] a nackt, bloß, unbekleidet, unbedeckt; jur (Verpflichtung) einseitig; s nackte(r) Körper m; (Kunst) nackte Figur f, Akt m; from the ~~ nach dem (lebenden) Modell; in the ~~ nackt; **~ism** ['-izm] Nackt-, Freikörperkultur f; **~ist** ['-ist] Anhänger m der Nackt-, Freikörperkultur; **~ity** ['-iti] s Nacktheit; Kahlheit; Aktfigur f.
nudge [nʌdʒ] tr (heimlich) mit dem Ellbogen anstoßen; fam e-n Schubs geben; s leise(s) Anstoßen n, fam Schubs m.
nugatory ['nju:gətəri] unwichtig, nebensächlich, bedeutungslos, nichtig; wertlos; wirkungslos, jur unwirksam.
nugget ['nʌgit] (Gold-)Klumpen m; pl sl Moos n, Zaster m.

nuisance ['nju:sns] etwas Lästiges, Unangenehmes, Ärgerliches, Anstößiges, Häßliches, Widerliches; Ärgernis *n*; Plage; unangenehme, peinliche Lage *od* Situation *f*, Mißstand; unangenehme(r), lästige(r) Mensch *m*; *jur* Besitzstörung, Beeinträchtigung *f*; *commit no ~* Verunreinigung, Schuttabladen verboten! *what a ~!* wie unangenehm! wie peinlich! *public ~* öffentliche(s) Ärgernis *n*; *~* **raid** *aero mil* Störangriff, -flug *m*.

null [nʌl] *jur* ungültig, nicht bindend, ohne Rechtskraft, nichtig; *~ and void* null und nichtig; **~ification** [-ifi-'keiʃən] Ungültigkeits-, Nichtigkeitserklärung, Annullierung *f*; *tech* Nullabgleich *m*; **~ify** ['nʌlifai] *tr* ungültig *od* nichtig machen, annullieren, für nichtig erklären; aufheben, auflösen; *tech* auf Null bringen; **~ity** ['nʌliti] Nichtigkeit, Ungültigkeit; *fig* Null *f*; **~~ action, decree** Nichtigkeitsklage, -erklärung *f*; **~ position** Nullstellung *f*.

numb [nʌm] *a* (er)starr(t), steif, gefühllos, unempfindlich, empfindungslos, benommen (*with* vor); *fig* betäubt; *tr* erstarren lassen; unempfindlich, gefühllos machen, betäuben; **~-fish** Zitterrochen *m*; **~ness** ['-nis] Erstarrung, Steifheit; Gefühllosigkeit, Benommenheit, Betäubung *f*.

number ['nʌmbə] *s* Zahl; (An-)Zahl; Nummer (*a. e-r Zeitschrift*); Einzelnummer *f*, Heft *n*, Lieferung *f*; *gram* Numerus *m*, Zahl; Gruppe; *theat* (Programm-)Nummer; *fam* Nummer *f* (*Mensch*); Ding *n*; *a large, great ~* e-e große Zahl *od* Menge *f*, sehr viele (*of people* Leute); *pl* (*science of ~s*) Arithmetik *f*; *mus poet* Rhythmus *m*; Verse *m pl*; *N~s* (*pl*) Numeri *pl*, 4. Buch *n* Mosis; *tr* zählen; numerieren; einordnen, klassifizieren; zählen, rechnen (*among* zu); zs.zählen, -rechnen; sich belaufen auf; *beyond ~* ohne Zahl, zahllos; *by (force of) ~s* durch zahlenmäßige Überlegenheit; *in ~* an der Zahl; *in ~s* in Lieferungen; *in large ~s* in großen Mengen; *in equal ~s* in gleicher Stärke, gleichmäßig verteilt; paritätisch; *to the ~ of* in Höhe von; *without ~* ohne Zahl, zahllos; *times without ~* unzählige Male; *to dial s-e* Nummer wählen; *to get s.o.'s ~* (*sl*) jdm auf die Schliche kommen; jdn durchschauen; *to look after, to take care of ~ one* (*fam*) für sich selbst sorgen; *he is not of our ~* er gehört nicht zu uns; *my ~ is up* (*sl*) ich bin dran, am dransten; *his days are ~ed* s-e Tage sind gezählt; *back ~* (*com*) Remittende *f*; *fig* Ladenhüter; Übriggebliebene(r) *m*; (*Zeitschrift*) alte Nummer *f*; *box ~* Schließfachnummer *f*; *cardinal ~* Grundzahl *f*; *collective ~* Sammelnummer *f*; *decimal ~* Dezimalbruch *m*; *even, odd ~* gerade, ungerade Zahl *f*; *file ~* Aktenzeichen *n*; *fraction ~* Bruch(zahl *f*) *m*; *house ~* Hausnummer *f*; *index ~* Indexzahl *f*; *ordinal ~* Ordnungszahl *f*; *serial ~* Fabriknummer *f*; *telephone, call ~* Fernsprechnummer *f*; *~ of entry* Buchungsnummer *f*; *~ one* (*fam*) das reine Ich; große Klasse *f*; *~ of votes recorded* abgegebene Stimme *f pl*; **~-card** *sport* Rückennummer *f*; **~ed** '-d] *a* numeriert; **~less** [-lis] zahllos, unzählig, ungezählt, ohne Zahl; nicht numeriert, ohne Nummer; **~-plate** *mot* Nummernschild *n*.

numer|able ['nju:mərəbl] zählbar; numerierbar; **~al** ['-əl] *a* Zahl-; *s* Zahl *f*; Zahlzeichen *n*, Ziffer *f*; *gram* Zahlwort *n*; *Arabic, Roman ~s* (*pl*) arabische, römische Ziffern *f pl*; **~ation** [nju:məˈreiʃən] Zählen; Rechnen *n*, Zählung *f*, Numerierung *f*; **~ator** ['nju:məreitə] (*Bruch*) Zähler; Zählende(r) *m*; **~ic(al)** [nju(:)'merik(əl)] numerisch, zahlenmäßig Zahl(en)-; **~~ order** Reihen-, Zahlenfolge *f*; **~~ value** Meßzahl *f*, Zahlenwert *m*; **~ous** ['nju:mərəs] zahlreich, groß, umfangreich, umfassend; **~ousness** ['-rəsnis] große Zahl *f*, große(r) Umfang *m*.

numismat|ic(al) [nju:miz'mætik(əl)] *a* Münz-, numismatisch; **~ics** [-iks] *pl mit sing* Münzkunde, Numismatik *f*; **~ist** [nju(:)'mizmətist] Numismatiker, Münzsammler *m*.

numskull ['nʌmskʌl] Dummkopf, Gimpel, Ignorant *m*.

nun [nʌn] *rel* Nonne; *orn* Blaumeise; Perücken-, Mähnentaube *f*; **~nery** ['-əri] Nonnenkloster *n*.

nuncio ['nʌnʃiou] *pl -os* Nuntius *m*.

nuptial ['nʌpʃəl] *a* Hochzeits-, Braut-; Ehe-; hochzeitlich; *s pl* Trauung, Hochzeit(sfeier *f*, -feierlichkeiten *f pl*), Vermählung *f*; **~ day, rites** *pl* Hochzeitstag *m*, -bräuche *m pl*.

nurs|e [nə:s] *s* (*wet ~~*) Amme; Kinderfrau *f*, -mädchen *n*; (*dry ~~*) (Kranken-)Schwester; Pflege *f*; *allg* Ernährer, Pfleger, Beschützer *m*, Hüterin *f a. fig*; *ent* Amme; *zoo* Arbeiterin *f*; *tr* säugen, stillen, nähren, die Brust geben; Amme sein (*a child* e-s Kindes); (*Kind*) warten, betreuen, pflegen, großziehen; (*Kranke*) pflegen;

nursling 662 **nymphomaniac**

fig nähren, Nahrung geben *(s.th.* e-r S), pfleglich behandeln; *(Krankheit)* behandeln, kurieren; *(Gefühl)* hegen, nähren; schonen, schonend behandeln, umgehen mit; *fig* sich eifrig kümmern um; hätscheln, liebkosen; *bot* pflegen, hegen; *itr* ein Kind stillen; als Amme dienen; *(Kind)* gestillt werden; *to put out to ~* in Pflege geben; *head ~* Oberschwester *f*; *male ~~* Krankenwärter *m*; *~~~-child* Brustkind; Pflegekind *n*; *~~~-maid* Kindermädchen *n*, -frau *f*; *~(e)ling* ['-liŋ] Brustkind *n*, Säugling *m*; Pflegekind *n*, Pflegling, Zögling *m*; *~ery* ['-ri] Kinderzimmer *n*; Kinderbetreuungsstelle; (Klein-)Kinderbewahranstalt *f*, Kinderhort *m*; *(~~~-garden)* Pflanzenzuchtanstalt, Baumschule; *fig* Pflanzschule, Pflegestätte *f*; *day ~~* Tageskinderheim; Spielzimmer *n*; *night ~~* Kinderheim; Kinderschlafzimmer *n*; *~~~-gardener* Baumschulenbesitzer *m*; *~~~-governess* Kinderfräulein *n*; *~~~-maid* Kindermädchen *n*; *~~~-man* Baum-, Pflanzschulenbesitzer, -arbeiter *m*; *~~ nurse* Kindergärtnerin *f*, *~~~-rhyme* Kinderverse *m*; *~~~-school* Krippe, Kleinkinderbewahranstalt *f*; *~~~-slopes pl (Schi)* Anfänger-, *fam* Idiotenhügel *m pl*; *~~~-tale* Ammenmärchen *n*; *~ing* ['-iŋ] Stillen *n*; Kinderbetreuung, Krankenpflege *f*; *~~~-bottle* Säuglingsflasche *f*; *~~~-home* Privatklinik *f*; (privates) Genesungsheim *n*; *~~ mother* stillende Mutter; Pflegemutter *f*.
nurture ['nə:tʃə] *s* Nahrung; Ernährung; Erziehung, Aufzucht *f*; *(Soziologie)* Umweltfaktoren *m pl*; *tr* (er-) nähren; er-, aufziehen; hegen, fördern.
nut [nʌt] *s* Nuß; *fig (hard ~)* harte Nuß *f*, schwere(s) Problem *n*; (Schrauben-)Mutter *f*; *(Streichinstrument)* Saitenhalter; *(Geige)* Frosch *m*; *com Am* Betriebskosten *pl*; *sl* Birne *f*, Kürbis, Kopf; *sl* komische(r) Kerl, Knilch; *sl* Verrückte(r), Idiot *m*; *pl* Nußkohlen *f pl*; *pl sl* Hoden *f pl*; *itr* Nüsse suchen *od* pflücken; *to ~ out* ausknobeln; *not for ~s (sl)* nicht für Geld und gute Worte; *off o.'s ~ (sl)* nicht bei Trost; plemplem, verrückt; *to crack a ~* e-e Nuß knacken; *to do o.'s ~ (sl)* sich verrückt benehmen; *a hard ~ to crack* e-e harte Nuß, ein schweres Problem *n*; ein schwieriger Mensch; *chest-* Kastanie *f*; *earth-, pea-~* Erdnuß *f*; *hazel-~* Haselnuß *f*; *wal-* Walnuß *f*; *~-brown* nußbraun; *~-butter* Nußbutter *f*; *~-cracker zoo* Tannenhäher;

pl Nußknacker *m*; *~* **factory, house** *Am sl* Klapsmühle *f*, Irrenhaus *n*; *~-gall* ['-gɔ:l] *bot* Gallapfel *m*; *~-hatch orn* Kleiber *m*, Spechtmeise *f*; *~-key* Schraubenschlüssel *m*; *~meg* ['-meg] Muskatnuß *f*; *~s* [-s] *a sl* verrückt, blöd(e); wirr, komisch; *interj sl* Quatsch! Blödsinn! Unsinn! *to be (dead) ~~ on, about, over* (ganz) verrückt sein nach, scharf sein auf; *to drive ~s (sl)* verrückt machen; *to go ~~ (sl)* verrückt werden; überschnappen; vor die Hunde gehen; *~~ to ...! (sl)* hau ab mit ...! geh weg mit ...!
~shell Nußschale *f*; *in a ~~* kurz, mit wenigen Worten; *put it in a ~~!* machen Sie's, fassen Sie sich kurz! *~ting* ['-iŋ] Nüssesammeln *n*; *~~-tree* Haselnußstrauch *m*; *~ty* ['-i] nußreich; nußartig; *sl* verrückt, blöd(e); *sl* verrückt, wild (*on, upon, about* nach); scharf (*on, upon* auf).
nut|ate [nju:'teit] *itr bot* den Kopf hängen lassen; *~ation* [-'teiʃən] Kopfnicken *n*; *astr bot* Nutation *f*.
nutria ['nju:triə] *zoo* Nutria *f (a. Pelz)*.
nutri|ent ['nju:triənt] *a* nahrhaft; *s (~~ medium)* Nährstoff *m*, -substanz, -flüssigkeit *f*; *~~ solution* Nährlösung *f*; *~ment* [-mənt] Nahrung *f*; Aufbaustoff *m*; *mineral ~~* Nährsalz *n*; *~tion* [-'triʃən] Ernährung; Nahrungsaufnahme; Nahrung(smittel *n*) *f*; *~tional* [-l] *a* Ernährungs-; ernährungsmäßig; *~tionist* [-ist] Ernährungswissenschaftler *m*; *~tious* [nju:(')triʃəs] nahrhaft; *~tive* ['-tritiv] *a* Ernährungs-, Nähr-; nahrhaft; *s* Nahrungsmittel *n*; *~~ value* Nährwert *m*.
nux vomica ['nʌks'vɔmikə] Brechnuß *f*.
nuzzle ['nʌzl] *tr* mit der Nase *od* Schnauze stoßen *od* reiben an; mit der Schnauze wühlen in, aufwühlen; *(Kind)* liebkosen; *itr* mit der Nase, Schnauze stoßen *(against* an); mit der Schnauze fahren *(into* in), wühlen *(for* nach); *fam* sich kuscheln, sich schmiegen *(to* an).
nyctalopia [niktə'loupiə] Nachtblindheit *f*.
nylon ['nailən] *(Textil)* Nylon *n*; *~* *(~ stockings)* Nylonstrümpfe *m pl*; *pl* Nylongarnitur, -wäsche *f*; *~* **bristle** Nylonborste *f*; *~-reinforced* nylonverstärkt; *~* **velvet** Nylonsamt *m*.
nymph [nimf] *(Mythologie)* Nymphe *f*; hübsche junge Frau *f*; *ent* Larve, Puppe *f*; *~al* ['nimfəl] Nymphen-; *ent* Puppen-; *~omania* [nimfə'meiniə] Mannstollheit *f*, Nymphomanie *f*; *~omaniac* [-ək] mannstoll.

O

O, o [ou] *pl* ~'s O, o.
o, oh [ou] *interj* o ...! oh! ach! *s* O, o *n*; *tele* Null *f*; ~ *dear (me)!* ach Gott!
oaf [ouf] Tölpel *m*; **~ish** ['-iʃ] einfältig, blöd(e).
oak [ouk] *s* Eiche(nholz *n*) *f*; Eichenkranz *m*, -laub, -möbel *n*; *Br sl (Univ.)* (Eichen-)Tür *f*; *the O~s* Fohlenrennen in Epsom; *a* ~ = *~en*; *to sport o.'s* ~ *(Br sl Univ.)* nicht gestört werden wollen, nicht zu sprechen sein; *the Hearts of O~* die (engl.) Marine; **~-apple, ~-gall** Gallapfel *m*; **~-bark** Eichenrinde *f*; **~en** ['-ən] eichen, aus Eiche(nholz); **~-leaves** *pl* Eichenlaub *n*; **~-let** ['-lit], **~-ling** ['-liŋ] junge Eiche *f*; **~-tree** Eichbaum *m*, Eiche *f*; **~-wood** Eichwald *m*, -enholz *n*.
oakum ['oukəm] Werg *n*.
oar [ɔː] *s* Ruder *n*, Riemen; Ruderer *m*; *tr itr* rudern; *to have an* ~ *in every man's boat* überall s-e Hand im Spiel haben; *to pull a good* ~ ein guter Ruderer sein; *to put o.'s* ~ *in* sich einmischen, *fam* s-n Senf dazu geben; *to rest on o.'s* ~*s* aufhören zu rudern; *fig* sich auf die faule Haut legen, auf s-n Lorbeeren ausruhen; *four-~* Vierer *m*; *pair-~* Zweier *m*; **~-blade** Ruderblatt *n*; **~ed** [-d] *a* mit Rudern ausgestattet; *in Zssgen* -rud(e)rig; **~-lock** Ruderklampe, -dolle *f*; **~s-man** ['-zmən] Ruderer *m*; **~swoman** Rud(r)erin *f*.
oasis [o(u)'eisis] *pl* **oases** [-iːz] Oase *f a. fig.*
oast [oust] Hopfen-, Malz-, Tabakdarre *f*.
oat [out] *meist pl* Hafer; *pl mit sing* Haferbrei *m*; *to sow o.'s wild* ~*s (fig)* sich die Hörner abstoßen; *he feels his* ~*s (Am sl)* ihn sticht der Hafer; *rolled, crushed* ~*s* Haferflocken *f pl*; **~-cake** (flacher, harter) Haferkuchen *m*; **~en** ['outn] aus Hafer(stroh); Hafer-; **~-meal** Hafermehl *n*, -flocken *f pl*, -grütze *f*; (**~ porridge**) Haferbrei *m*, -flockensuppe *f*, -schleim *m*; **~ soup** Haferschleimsuppe *f*.
oath [ouθ, *pl* ouðz] Eid, Schwur *m*; Eidesformel *f*; Fluch *m*; *by, (up)on* ~ auf Eid, eidlich; *in lieu of an* ~ an Eides Statt, eidesstattlich; *under* ~ unter Eid; *under the* ~ *of secrecy* unter dem Siegel der Verschwiegenheit; *to administer an* ~ *to s.o.* jdn unter Eid nehmen, vereidigen; *to be on* ~, *to be under* ~ durch e-n Eid gebunden sein; *to bind by (an)* ~ eidlich verpflichten; *to break an* ~ e-n Eid brechen; meineidig werden; *to give s.o. the* ~ jdm den Eid zuschieben; *to make, to swear, to take an* ~ (e-n Eid) schwören; *to put s.o. (up)on his* ~ jdn unter Eid nehmen, vereidigen; schwören lassen; *refusal to take an* ~ Eidesverweigerung *f*; ~ *of allegiance, of loyalty* Treu-, Fahneneid *m*; ~ *of disclosure, of manifestation* Offenbarungseid *m*; **~-breaker** Eidbrüchige(r), Meineidige(r) *m*; **~-taking** Eidesleistung *f*.
obdur|acy ['ɔbdjurəsi] Verstocktheit; Halsstarrigkeit, Hartnäckigkeit *f*; **~ate** ['-it] verstockt; halsstarrig.
obedien|ce [ə'biːdjəns] Gehorsam *m* (*to* gegen); *in* ~~ *to* entsprechend, gemäß; *passive* ~~ stillschweigende Duldung *f*; **~t** [-t] gehorsam; folgsam; *Your* ~~ *servant (Briefschluß)* Ihr sehr ergebener.
obeisance [o(u)'beisəns] Ehrerbietung; Verbeugung *f*; *to do, to make, to pay* ~ *to s.o.* jdm huldigen.
obelisk ['ɔbilisk] Obelisk *m*; *a.* **~us** [-əs] *pl* **-i** [-ai] *typ* Kreuz *n*.
obes|e [o(u)'biːs] dick, stark, korpulent, beleibt, fettleibig; **~ity** [-iti] Beleibtheit, Korpulenz, Fettleibigkeit *f*.
obey [o(u)'bei, ə'b-] *tr* gehorchen, Folge leisten (*s.o.* jdm); (*Befehl*) ausführen; befolgen; hören auf, sich leiten lassen von; *itr* gehorchen, gehorsam sein (*to* dat).
obfuscat|e ['ɔbfʌskeit, *Am* -'fʌs-] *tr* verdunkeln; *fig* verwirren; scheu, stutzig machen; **~ion** [ɔbfʌs'keiʃən] Verdunkelung; *fig* Verwirrung *f*.
obit ['ɔbit, 'oubit] Jahrgedächtnis *n*, Seelenmesse *f*; Todestag *m*, -anzeige *f*; **~uary** [ə'bitjuəri] *s* (**~ notice**) Todesanzeige *f*, Nachruf *m*; Totenregister *n*; *a* Todes-, Toten-.
object ['ɔbdʒikt] *s* Gegenstand *m*, Ding; Ziel *n*, Zweck *m*; *philos gram* Objekt *n*; *fam* lächerliche Person *f*, erbärmliche(r) Mensch *m*; *v* [əb'dʒekt] *tr* einwenden (*s.th. against s.o.* etw gegen jdn); beanstanden; *itr* e-n Einwand, Einwände, Einspruch erheben (*to* gegen); etw haben, protestieren (*to* gegen); (*Zeugen*) ablehnen (*to acc*); Anstoß nehmen (*to* an); *no* ~ (*in Anzeigen*) nicht entscheidend; Nebensache; *with this* ~ in dieser Absicht; zu diesem Zweck; *there is no* ~ *in going* es nützt

object ball   664   **oblivion**

nichts zu gehen; *direct ~* Akkusativobjekt *n*; *indirect ~* Dativobjekt *n*; *~ of an action* Klaggegenstand *m*; *~ of exchange* Tauschobjekt *n*; **~ ball** *(Billard)* Zielball *m*; **~-finder** *phot* Sucher *m*; **~-glass, -lens** *opt* Objektiv *n*; **~ify** [ɔb'dʒektifai] *tr* vergegenständlichen, objektivieren; **-ion** [əb-'dʒekʃən] Einwand, Einspruch *m*, Einwendung (*to* gegen), Beanstandung *f* (*to* gen); Hindernis *n*, Schwierigkeit *f*; Unwille *m*, Abneigung *f*, Widerwille *m* (*against* gegen); *(Zeuge)* Ablehnung *f*; *to have no ~s* nichts einzuwenden haben; *to raise, to make an ~* e-n Einwand erheben (*to* gegen); *to take ~* s-n Unwillen äußern (*to* gegen); *if he has no ~* wenn er nichts dagegen hat; *there is no ~ to it* dagegen ist nichts einzuwenden; *are there any ~s?* erhebt jemand Einspruch? **-ionable** [-'dʒekʃnəbl] nicht einwandfrei, zu beanstanden(d); unzulässig; ungebührlich; unangenehm, anstößig (*to* für); **-ive** [-'dʒektiv] *a* objektiv, sachlich, gegenständlich; wirklich, real; vorurteilsfrei, unvoreingenommen, unpersönlich; offensichtlich, augenscheinlich; Ziel-; *gram* Objekts-; *s* Ziel *n*; Zweck *m*, *gram (~ case)* Objektsfall *m*; *opt* Objektiv *n*; *~ point* Zielpunkt *m*; *~ value* Schätzwert *m*; **-iveness** [-ivnis], **-ivity** [-'tiviti] Objektivität, Sachlichkeit; Wirklichkeit *f*; **-less** ['ɔbdʒiktlis] gegenstands-, ziel-, zweck-, planlos; **~-lesson** *fig* Denkzettel; Anschauungsunterricht *m*; **-or** [əb-'dʒektə] Gegner *m*; *conscientious ~* Kriegsdienstverweigerer *m*; **~-plate** *opt* Objektträger *m*.

objurgat|e ['ɔbdʒə:geit] *tr* heftig schelten, ausschimpfen, abkanzeln; **-ion** [ɔbdʒə:'geiʃən] heftige(r) Tadel *m*; **-ory** [ɔb'dʒə:gətəri] (heftig) scheltend; Schelt-.

oblat|e ['ɔbleit] *a rel (Mensch)* geweiht; abgeplattet; *s* Geweihte(r) *m*; **-ion** [o(u)'bleiʃən] Opfer(gabe *f*) *n*.

obligat|e ['ɔbligeit] *tr* verpflichten, binden *meist pass*; **-ion** [ɔbli'geiʃən] Verpflichtung, Bindung; Verbindlichkeit, Leistung; Dankesschuld *f*; Entgegenkommen *n*; Gefälligkeit *f*; *jur* bindende Verpflichtung *f*; *com* Schuldschein *m*, -verschreibung *f*; *under an ~* (zu Dank) verpflichtet (*to s.o. for s.th.* jdm für etw); *no, without ~* unverbindlich; *to assume an ~* e-e Verpflichtung übernehmen; sich verpflichten; *to contract, to incur, to undertake an ~* e-e Verbindlichkeit eingehen; *to fulfil, to meet an ~* e-r Verpflichtung nachkommen, e-e Verbindlichkeit erfüllen; *to impose an ~* e-e Verpflichtung auferlegen; *~ to buy* Kaufzwang *m*; *~ to compensate* (Schadens-)Ersatzpflicht *f*; *~ of guaranty* Bürgschaftsverpflichtung *f*; *~ to give assistance* Beistands(ver)pflicht(ung) *f*; *~ of humanity* Gebot *n* der Menschlichkeit; *~ of maintenance, to maintain, to support* Unterhaltspflicht *f*; *~ to pay* Zahlungspflicht *f*; *~ to vote* Wahlpflicht *f*; *~ of warranty* Garantie(ver)pflicht(ung) *f*; **-ory** ['ɔbligətəri, ə'bli-] verbindlich, bindend, verpflichtend, obligatorisch (*on, upon* für); *to be ~* Pflicht, Vorschrift sein (*on* für); *to make it ~ upon s.o.* jdm die Verpflichtung auferlegen; *~ writing* Schuldschein *m*.

oblig|e [ə'blaidʒ] *tr* verpflichten, nötigen, zwingen; zu Dank verpflichten; e-e Gefälligkeit erweisen, gefällig sein, e-n Gefallen erweisen *od* tun, entgegenkommen (*s.o.* jdm); *s.o. with s.th.* jdm etw leihen; *(itr) to ~ with s.th.* etw zum besten geben; *to ~ o.s.* sich verpflichten, sich binden, sich festlegen (*to s.o.* gegenüber jdm); *please ~ me by (... ing)* seien Sie so freundlich, liebenswürdig und ...; *to be ~ed to do* tun müssen; verpflichtet sein zu tun; *I'm much ~ed to you* ich bin Ihnen sehr verbunden, zu großem Dank verpflichtet (*for* für); *much ~ed!* verbindlichsten Dank! **~ee** [ɔbli'dʒi:] (Obligations-)Gläubiger *m*; **-ing** [ə'blaidʒiŋ] hilfsbereit, gefällig, zuvor-, entgegenkommend, liebenswürdig; **-ingness** [-iŋnis] Gefälligkeit, Zuvorkommenheit *f*; **-or** [ɔbli'dʒɔ:] Schuldner *m*.

obliqu|e [ə'bli:k] *a* schräg, geneigt, schief; gewunden, auf Umwegen, indirekt; ausweichend, nicht offen, versteckt, unaufrichtig, unehrlich, unredlich; *gram (Fall)* abhängig; *(Rede)* indirekt; *(Winkel)* schief; **-eness** [-nis], **-ity** [ə'blikwiti] schräge Richtung, Schiefe, Geneigtheit; *fig* Verstecktheit, Unaufrichtigkeit, Unredlichkeit *f*.

obliterat|e [ə'blitəreit] *tr* ausradieren, verwischen, unleserlich machen; ausstreichen, auslöschen, tilgen; *(die Erinnerung)* auslöschen; *(Briefmarke)* entwerten, abstempeln; **-ion** [əblitə-'reiʃən] Auslöschung, Tilgung; *fig* Vernichtung, Zerstörung; Entwertung *f*.

obliv|ion [ə'bliviən] Vergessen(heit *f*) *n*; Vergeßlichkeit; Nichtbeachtung *f*; *(Act, Bill of ~)* Amnestie *f*; *to fall, to*

oblivious 665 **obstruction**

sink into ~~ in Vergessenheit geraten; **~ious** [-iəs] vergeßlich; uneingedenk *(of, to s.th.* e-r S); nichtachtend, nicht bemerkend; *to be* ~ *of, to* vergessen (haben), nicht denken an; außer acht lassen; **~iousness** [-iəsnis] Vergeßlichkeit *f.*

oblong ['ɔblɔŋ]*a* länglich; rechteckig; *s* Rechteck *n.*

obloquy ['ɔbləkwi] üble Nachrede, Schmähung, Verleumdung; Schande *f,* schlechte(r) Ruf *m.*

obnoxious [əb'nɔkʃəs] (sehr) unangenehm, widerwärtig, verhaßt, mißliebig, anstößig, herausfordernd *(to* für); *Am jur* verantwortlich *(to* für); *to be* ~ *to s.o.* jdm ein Dorn im Auge sein; **~ness** [-nis] Verhaßtsein *n,* Mißliebigkeit, Anstößigkeit *f.*

obo|e ['oubou] *mus* Oboe *f;* **~ist** ['-ist] Oboist *m.*

obscen|e [ɔb'si:n] unanständig, unzüchtig, schlüpfrig, obszön, laszıv; zotig; **~ity** [-iti, -'sen-] Unanständigkeit, Schlüpfrigkeit, Obszönität; Zote *f.*

obscur|ant [ɔb'skjuərənt], **~antist** [ɔbskjuə'ræntist] *s* Dunkelmann *m; a* bildungs-, fortschrittsfeindlich; **~ism** [ɔbskjuə'ræntizm] Bildungs-, Fortschrittsfeindlichkeit *f;* **~ation** [ɔbskjuə'reiʃən] Verdunkelung *f; astr* Verfinsterung *f;* **~e** [ɔb'skjuə] *a* dunkel, düster, finster; trüb(e), verschwommen, unklar, undeutlich; *fig* schwer verständlich, mehrdeutig, dunkel; *(Lage)* ungeklärt; verborgen, versteckt; unbekannt, obskur; *tr* verdunkeln, verfinstern; verdecken, verbergen; in den Hintergrund treten lassen, in den Schatten stellen; unklar(er) machen, verwirren; **~ity** [-riti] Dunkelheit, Finsternis *f, fig* Verschwommenheit, Unklarheit, Unverständlichkeit; Unbekanntheit *f.*

obsequies ['ɔbsikwiz] *pl* Leichenbegängnis *n.*

obsequious [əb'si:kwiəs] unterwürfig *(to* gegen); kriecherisch; **~ness** [-nis] Unterwürfigkeit *f.*

observ|able [əb'zə:vəbl] bemerkbar, wahrnehmbar, sichtbar; bemerkenswert, beachtlich; einzuhalten(d), zu feiern(d); **~ance** [-əns] Beachtung, Befolgung, Einhaltung, Be(ob)achtung *f;* Brauch *m,* herkömmliche Feier *f,* Ritus *m,* Zeremonie; *rel* Observanz, (Ordens-)Regel *f;* **~ant** [-ənt] *a* einhaltend, beobachtend *(of s.th.* etw); (sehr) aufmerksam *(of* auf); beachtend *(of s.th.* etw); hellhörig;

s rel Observant *m;* **~ation** [ɔbzə(:)-'veiʃən] Wahrnehmung, Beobachtung; Bemerkung; *mar* Standort-, Lagebestimmung *f; to keep s.o. under* ~ jdn beobachten lassen; *to take an* ~ *(mar)* das Besteck aufnehmen; *final* ~ Schlußbemerkung *f;* ~~ *aircraft* (Nah-) Aufklärungsflugzeug *n;* ~~ *balloon* Fesselballon *m;* ~~ *car (Am rail)* Aussichtswagen *m;* ~~ *officer* Beobachtungsoffizier *m;* ~~ *post* Beobachtungsstelle *f,* -stand; Gefechtsstand; Flugmeldeposten *m;* ~~ *power* Beobachtungsgabe *f;* ~~ *slit (mil)* Sehschlitz *m;* ~~ *tower* Aussichtsturm *m;* ~~ *ward (med)* Beobachtungsstation *f;* **~ational** [ɔbzə(:)'veiʃnəl] Beobachtungs-; ~~ *data* Beobachtungsunterlagen *f pl;* **~atory** [əb-'zə:vətri] Sternwarte *f,* Observatorium *n; meteorological* ~~ Wetterwarte *f;* **~e** [əb'zə:v] *tr* be(ob)achten, befolgen, einhalten; *(Feier)* begehen; *(Feiertag)* halten; feiern; *(Stille)* bewahren; bemerken, beobachten, wahrnehmen, feststellen; einsehen; besonders beachten; *(Sorgfalt)* anwenden; (wissenschaftlich) beobachten; *itr* aufpassen, beobachten; äußern, bemerken, e-e Bemerkung machen *(on, upon* über, zu); **~er** [əb'zə:və] Beobachter *a. pol mil; aero* Orter *m.*

obsess [əb'ses] *tr* keine Ruhe lassen *(s.o.* jdm), verfolgen, quälen, plagen; *to be* ~*ed by, with* besessen sein von; **~ion** [əb'seʃən] *med* Zwangsvorstellung; Besessenheit; fixe Idee *f.*

obsol|escence [ɔbsə'lesns] Veralten *n;* **~escent** [-t] veraltend; **~ete** ['ɔbsəli:t] veraltet, altmodisch; *(Schrift)* verwischt; *(Ausweis)* verfallen, ungültig; verbraucht, abgenützt; *biol* unentwickelt, rudimentär.

obstacle ['ɔbstəkl] Hindernis *n (to* für); *to put* ~*s in the way of s.o.* jdm Hindernisse in den Weg legen; ~ **race** *sport* Hindernisrennen *n.*

obstetric|(al) [ɔb'stetrik(əl)] *a* Geburtshilfe-, Entbindungs-; **~ian** [ɔbste-'triʃən] *med* Geburtshelfer *m;* **~s** [ɔb-'stetriks] *pl mit sing* Geburtshilfe *f.*

obstin|acy ['ɔbstinəsi] Starr-, Eigensinn *m,* Hartnäckigkeit, Widerspenstigkeit, Verbohrtheit *f;* **~ate** ['-it] starr-, eigensinnig, widerspenstig.

obstreperous [əb'strepərəs] lärmend, schreiend; widerspenstig.

obstruct [əb'strʌkt] *tr* (ver)sperren, verstopfen; (be)hindern, hemmen; verdecken; *(die Sicht)* behindern, nehmen; *(Aussicht)* verbauen; **~ion**

[əb'strʌkʃən] (Ver-)Sperrung, Verstopfung; Behinderung, Hemmung *f*; Hindernis *n* (*to* für); Störung; *parl* Obstruktion *f*; *to practice* ~~ Obstruktionspolitik betreiben; **~ionism** [-ʃənizm] *parl* Obstruktionspolitik *f*; **~ionist** [-ʃənist] *parl* Obstruktionspolitiker *m*; **~ive** [-tiv] hinderlich, hindernd, hemmend (*of*, *to* für).
obtain [əb'tein] *tr* erhalten, erlangen, bekommen; (*Preis*) erzielen, erreichen; sich beschaffen; gewinnen; *chem* darstellen (*from* aus); *itr* bestehen, in Kraft, Geltung, Gebrauch sein; andauern, weiterbestehen; **~able** [-əbl] erhältlich, zu haben(d) (*at* bei); *to be* ~~ (*Börse*) gehandelt werden; **~ment** [-mənt] Erlangung *f*.
obtru|de [əb'tru:d] *tr* aufdrängen, aufnötigen, aufzuzwingen suchen (*on*, *upon s.o.* jdm); *itr* u. *to* ~ *o.s.* sich aufdrängen (*on*, *upon s.o.* jdm); **~sive** [-siv] zu-, aufdringlich; (*Geruch*) durchdringend; (*Irrtum*) sich aufdrängend.
obtuse [əb'tju:s] stumpf; abgestumpft, gefühllos; dumm; (*Gefühl*) dumpf; ~ *angle* stumpfe(r) Winkel *m*; **~ness** [-nis] Stumpfheit; Dummheit *f*.
obverse ['ɔbvə:s] *a* dem Betrachter zugekehrt; umgekehrt; gegenteilig; *s* Ober-, Vorder-, (*Münze*) Bildseite *f*; Gegenteil *n*; (*Logik*) Umkehrung *f*.
obviate ['ɔbvieit] *tr* ausschalten, beseitigen, entfernen; abhelfen (*s.th.* e-r S); verhindern; abwenden, verhüten; vorbeugen (*s.th.* e-r S); Vorsichtsmaßnahmen ergreifen (*s.th.* gegen etw); überflüssig machen.
obvious ['ɔbviəs] offenbar, -sichtlich, augenscheinlich; selbstverständlich, klar, deutlich; unverkennbar, offenkundig; durchsichtig; einleuchtend, naheliegend; *to be glaringly* ~ in die Augen springen; *it's* ~ das liegt auf der Hand; **~ness** ['-nis] Offensichtlichkeit, Augenscheinlichkeit; Deutlichkeit *f*.
occasion [ə'keiʒən] *s* (gute, passende) Gelegenheit *f* (*of* zu); Anlaß *m*, Veranlassung *f*, Ursache *f*, Grund *m* (*for* für); (Vor-)Fall *m*, Vorkommnis *f* Ereignis *n*; Notfall *m*; *tr* Anlaß, Veranlassung sein zu, ins Rollen bringen; *for the* ~ für den Fall; *on* ~ bei Gelegenheit, gelegentlich; wenn nötig; *on the* ~ *of* bei Gelegenheit, aus Anlaß, anläßlich *gen*; *to avoid all* ~s *of* jeden Anlaß vermeiden zu; *to give* ~ *to* Anlaß geben zu; *to have no* ~ *for* keine Verwendung haben für; nicht brauchen; *to* keine Veranlassung haben zu; *to rise*, *to be equal to the* ~ den Anforderungen gewachsen sein, Herr der Lage sein; die Situation meistern; *to take* ~ die Gelegenheit benutzen, *by the forelock* die Gelegenheit beim Schopf ergreifen (*to do zu* tun); *there is no* ~ *to* es besteht kein Grund *od* Anlaß zu; *should the* ~ *arise* nötigenfalls; **~al** [-l] gelegentlich; Gelegenheits-; Gebrauchs-; zufällig; ~~ *visit* Gelegenheitsbesuch *m*; **~ally** [-əli] *adv* gelegentlich, ab und zu.
Occident ['ɔksidənt] Westen *m*, Abendland *n*; *o*~ (*poet*) West(en) *m* (*Himmelsrichtung*); **~al** [ɔksi'dentl] *a* westlich, abendländisch; *s* Abendländer *m*.
occip|ital [ɔk'sipitl] *a anat* Hinterhaupts-; *s* u. ~~ *bone* Hinterhauptsbein *n*; **~ut** ['ɔksipʌt] Hinterhaupt *n*, -kopf *m*.
occlu|de [ɔ'klu:d] *tr* versperren, -schließen; ein-, ausschließen (*from* von); *chem* adsorbieren; **~sion** [-ʒən] Verschluß *f*; Ein-, Ausschluß *m*; (*Wetter*) Okklusion *a. med*; *chem* Adsorption *f*.
occult [ɔ'kʌlt] *a* verborgen; geheim (-nisvoll); okkult; *tr itr* (*astr*) (sich) verfinstern, verdecken; **~ation** [ɔkəl-'teiʃən] Verbergen; Verschwinden *n*; *astr* Verfinsterung, Verdeckung *f*; **~ism** ['ɔkəltizm] Okkultismus *m*; **~ist** ['ɔkəltist] Okkultist *m*.
occup|ancy ['ɔkjupənsi] Besitz *m*; Inbesitznahme, Besitzergreifung, Inanspruchnahme; Besitzdauer; (*Räume*) Belegung *f*; Einzug *m* (*of* in); ~~ *expenses* (*pl*) Instandhaltungskosten *pl* für ein Haus; **~ant** ['-ənt] Besitzer, Inhaber, Bewohner; Besitzergreifende(r) *m*; **~ation** [ɔkju-'peiʃən] Besetzung, Besitzergreifung, Inbesitznahme *f*; Besitz *m*; Inanspruchnahme, Beschäftigung, berufliche Tätigkeit *f*, Beruf *m*; Geschäft *n*; (militärische) Besetzung; Besatzung *f*; *by* ~~ von Beruf; *in regular*, *secondary* ~~ haupt-, nebenberuflich; *without* ~~ ohne Arbeit, arbeitslos; *army of* ~~ Besatzungsheer *n*; *clerical* ~~ Bürotätigkeit *f*; ~~ *census* Berufszählung *f*; ~~ *troops* (*pl*) Besatzung(struppen *f pl*) *f*; **~ational** [ɔkju(:)'peiʃənl] beruflich, Berufs-, Arbeits-; Besatzungs-; ~~ *description* Berufsbezeichnung *f*; ~~ *disease* Berufskrankheit *f*; ~~ *forces* (*pl*) Besatzungstruppen *f pl*; ~~ *group* Berufs-, Fachgruppe *f*; ~~ *injury*, *accident* Betriebsunfall *m*; ~~ *power* Besatzungsmacht *f*; ~~ *qualifications* (*pl*) berufliche Fähigkeiten *f pl*; ~~ *therapy* Beschäftigungstherapie *f*; ~~ *training*

occupied 667 **odds**

Fachausbildung *f*; **~ied** ['ɔkjupaid] *a* beschäftigt; *(Platz)* belegt, besetzt *a. mil*; *fully ~~* vollbeschäftigt; *~~ population* werktätige Bevölkerung *f*; **~ier** ['-aiə] Besitzer, Inhaber, Bewohner *m*; **~y** ['-ai] *tr* in Besitz nehmen, Besitz ergreifen von; besitzen, innehaben; bewohnen; *(Stellung)* ausfüllen, einnehmen, bekleiden; *(Zeit)* ausfüllen; *(Raum)* belegen, in Anspruch nehmen, beanspruchen, beschäftigen *(with* mit); (militärisch) besetzen; *to ~~ the chair* den Vorsitz führen; *to keep s.o. ~ied* jdn beschäftigen.

occur [ə'kə:] *itr* vorkommen, angetroffen werden; zustoßen, sich ereignen, geschehen; einfallen, in den Sinn kommen *(to s.o.* jdm); *it didn't ~ to me* darauf bin ich nicht gekommen *(to do* zu tun); **~rence** [ə'kʌrəns] Auftreten, Vorkommen, Vorkommnis, Ereignis, Geschehen *n*, Vorfall *m*, Begebenheit *f*; *to be of frequent, rare ~~* häufig, selten vorkommen.

ocean ['ouʃən] Ozean *m*, (Welt-)Meer *n*, See *f*; *~s of (fam)* e-e Menge, e-e Masse ...; *by the ~* am Meer; *Arctic, Antarctic O~* Nördliche(s), Südliche(s) Eismeer *n*; *Atlantic, Indian, Pacific O~* Atlantische(r), Indische(r), Stille(r) *od* Große(r) Ozean *m*; *German O~* Nordsee *f*; **~ freight** Seefracht *f*; **~-going** *a* Hochsee-; **~~ fleet** Hochseeflotte *f*; *~~ tug* Hochseeschlepper *m*; **O~ia** [ouʃi'einə], **O~ica** [ouʃi'ænikə] Ozeanien *n*; **O~ian** [ouʃi'einjən] *a* ozeanisch; *s* Ozeanier(in *f*) *m*; **o~ic** [ouʃi'ænik] ozeanisch, Ozean-; *fig* (unendlich) weit; **~ lane** Schiffahrtslinie *f*; **~ liner** Ozeandampfer *m*; **~ographer** [ouʃə'nɔgrəfə] Meereskundler, Ozeanograph *m*; **~ographic** [ouʃənɔ(u)'græfik], **~ographical** [ouʃənɔ(u)'græfikəl] meereskundlich, ozeanographisch; **~ography** [ouʃə'nɔgrəfi] Meereskunde, Ozeanographie *f*; **~ trade** Seehandel *m*; **~ traffic** Seeverkehr *m*; **~ tramp** Frachtdampfer *m*; **~ voyage** Seereise *f*.

ocelot ['ousilɔt] *zoo* Ozelot *m*.

ochre, *Am* **ocher** ['oukə] *min* Ocker *m od n (a. Farbe)*; **~ous**, *Am* **ocherous** ['oukriəs, 'oukərəs] ockerartig, -haltig.

o'clock [ə'klɔk] ... Uhr.

oct|achord ['ɔktəkɔ:d] *mus* Oktachord *m*; **~agon** ['ɔktəgən] Achteck *n*; **~agonal** [ɔk'tægənəl] achteckig; **~ahedron** ['ɔktə'hedrən] *math* Oktaeder *n*, Achtflächner *m*; **~ane** ['ɔktein] *chem* Oktan *n*; *high ~~ fuel* Superkraftstoff *m*; *~~ number, rating* Oktanzahl *f*; **~ant** ['ɔktənt] *mar* Oktant *m*; **~ave** [*mus* 'ɔktiv, *rel* 'ɔkteiv] *s* Oktave *f*; **~avo** [ɔk'teivou] *pl -os (Buch)* Oktav(format) *n*; Oktavband *m*; **O~ober** [ɔk'toubə] Oktober *m*; *in ~~* im Oktober; **~odecimo** ['ɔktou(u)'desimou] *pl -os (Buch)* Oktodez(format) *n*; Oktodezband *m*; **~ogenarian** [ɔktɔ(u)dʒi'neəriən] *a* achtzigjährig; *s* Achtzigjährige(r *m*) *f*; **~opus** ['ɔktəpəs] Polyp *m a. fig*, Krake *f*; **~osyllabic** ['ɔktɔ(u)si'læbik], **~osyllable** ['ɔktɔ(u)siləbl] *a* achtsilbig; *s* achtsilbige(r) Vers *m*.

ocul|ar ['ɔkjulə] *a* Augen-; *(Beweis)* unmittelbar; *s opt* Okular *n*; *~~ demonstration, proof* Beweis *m* ad oculos; *~~ inspection* Augenschein *m*; *~~ mirror* Augenspiegel *m*; **~ist** ['-ist] Augenarzt *m*.

odd [ɔd] *a* einzeln; *(Zahl)* ung(e)rade; *(Monat)* mit 31 Tagen; einige, u. etliche, u. darüber; überzählig, -schüssig; Extra-; nicht (mit)gezählt, -gerechnet; gelegentlich; Gelegenheits-; ungewöhnlich, ausgefallen, besonder, überspannt; *at ~ times* hin und wieder, dann und wann, ab und zu; **~-ball** *Am sl a* überspannt; unverlässig; *s* Sonderling *m*; **~ity** ['-iti] Ungewöhnlichkeit, Ausgefallenheit; Sonderbarkeit, Seltsamkeit *f*; sonderbare(r) Mensch *m*; eigenartige Sache *f*; **~ job** Gelegenheitsarbeit; kleine Reparatur *f*; **~ lot** *com* Restpartie *f*; **~ly** ['-li] *adv* eigenartiger-, sonderbarerweise; *~ enough* es klingt verwunderlich; seltsamerweise; **~ man** Gelegenheitsarbeiter *com* Ersatzmann *m*; **~ment** ['-mənt] Rest *m*; Überbleibsel *n pl*; Abfall, Ramsch(waren *f pl*) *m*; *pl* Rest-, Einzelstücke *n pl*; *pl typ* Titelbogen, Vorspann *m*; **~ness** ['-nis] Ungewöhnlichkeit, Seltsamkeit, Sonderbarkeit *f*; **~ pair** Einzelpaar *n*; **~ size** *com* ausgefallene, wenig gefragte Größe *f*; **~ volume** Einzelband *m*.

odds [ɔdz] *s pl a. mit sing* Unterschied *m*, Ungleichheit *f*; ungleichmäßige, unregelmäßige, ungleiche Dinge *n pl*; Vorteil *m*, Überlegenheit *f*, die besseren Aussichten *od* Chancen *f pl*; Möglichkeit, größere Wahrscheinlichkeit *f*; Umstände *m pl*; *(Spiel, Wette)* Vorgabe *f*; Buchmacherkurs *m*; *at ~* uneins, uneinig, im Streit; *by (all, long) ~* bei weitem; mit großem Unterschied; *over the ~* zu viel; *to be at ~ with s.o.* sich mit jdm herumstreiten, -zanken, -schlagen; *to give, to lay ~ (Spiel, Wette)* vorgeben; *to take the ~*

e-e ungleiche Wette eingehen; *the ~ are 2 to 1* die Chancen stehen 2 zu 1; *the ~ are that* es ist (sehr) wahrscheinlich, damit zu rechnen, daß; *the ~ are in his favour* der Vorteil ist auf s-r Seite; *it makes no ~* das ist einerlei, *fam* egal; *what's the ~?* was macht (denn) das? *~ and ends* Überbleibsel *n pl*; Reste *m pl*; dies und das, dies und jenes, alles mögliche, verschiedene(r) Kleinkram *m*; **~on** *s* gute Chance *f*, *a* aussichtsreich.
ode [oud] Ode *f*.
odi|ous ['oudjəs] hassenswert, verhaßt; abstoßend, widerlich, ekelhaft, abscheulich, scheußlich; **~ousness** ['-jəsnis] Verhaßtheit; Widerlichkeit, Abscheulichkeit *f*; **~um** ['-jəm] Haß *m*, Gehässigkeit *f*; Verhaßtheit, Mißliebigkeit *f*; Schimpf *m*, Schande *f*, Schandfleck *m*; *to cast ~~ upon s.o.* über jdn Schimpf u. Schande bringen.
odometer [o'dɔmitə] Kilometerzähler *m*.
odontology [ɔdɔn'tɔlədʒi] Zahnheilkunde *f*.
odor|iferous [oudə'rifərəs], *poet* **~ous** ['-rəs] wohlriechend, duftend.
odour ['oudə] Geruch *a. fig*; Wohlgeruch, Duft *m*, Aroma *n*; *fig* Geruch, Ruf *m* (*with* bei); *to be in bad, ill ~* in schlechtem Ruf stehen; *to be in good, bad* od *ill ~ with s.o.* bei jdm gut, schlecht angeschrieben sein; **~less** ['-lis] geruchlos.
oecumenical [i:kju(:)'menikəl] ökumenisch.
œdema [i(:)'di:mə] *pl* -ta [-tə] *med* Ödem *n*.
o'er ['ouə] *poet* = over.
oesophagus [i:'sɔfəgəs] *pl a.* -gi [-gai] *anat* Speiseröhre *f*.
of [ɔv, əv] *prp* 1. *possessiv*: *the works ~ Shakespeare* Shakespeares Werke; *the Tower ~ London* der Londoner Tower; *the capital ~ France* die Hauptstadt Frankreichs, die französische Hauptstadt; *a friend ~ mine* ein Freund von mir; 2. *attributiv*: *~ great value* von großem Wert; *~ no importance* ohne Bedeutung, bedeutungslos; *~ ability* fähig; *~ bei Eigennamen*: *the City ~ Manchester* die Stadt M.; 4. *it is kind ~ you* das ist nett von ihnen; *that is ~ his doing* das ist sein Werk; *to be quick ~ eye* alles gleich sehen; *to be robbed ~ o.'s money* s-s Geldes beraubt werden; *to get rid ~ a cold* e-e Erkältung los werden; *to make a fool ~ s.o.* jdn zum Narren halten; *to tell ~ s.th.* von e-r S erzählen, über e-e S berichten; *news ~ success* Erfolgsnachrichten *f pl*; *a story ~ adventure* e-e abenteuerliche Geschichte; *~ gold* von Gold, golden; *a piece ~ chalk* ein Stück Kreide; *a cup ~ tea* e-e Tasse Tee; *one ~ them* e-r von ihnen; *~ humble origin* von bescheidener Herkunft; *glad ~* froh über; *the fear ~* die Furcht vor; *~ fright* vor Angst; *the love ~ study* die Liebe zum Studium; *nimble ~ foot* flink auf den Beinen; *a quarter ~ ten* (*Am fam*) ³/₄10 (Uhr); 5. *~ age* mündig, volljährig; *~ course* natürlich, selbstverständlich; *~ late* neulich, unlängst, jüngst; *~ necessity* notwendigerweise; *~ old, ~ yore* einst, ehemals, -dem; *~ rights* von Rechts wegen.

off [ɔ(:)f] 1. *adv* weg, fort; ab, herunter, heraus; *el* aus; vorbei, aus; entfernt, weit (weg); (*zeitlich*) hin *it is still two weeks ~* das ist noch zwei Monate hin; *~ and on, on and ~* dann u. wann, ab u. zu, von Zeit zu Zeit; *far ~* lange hin; *to be ~* (weg)gehen, aufbrechen; verschwunden sein; (*Knopf*) ab sein, fehlen; entfernt sein; Ausgang haben; falsch sein; *to be well, badly ~* reich, arm sein; *to be ~ the market* nicht mehr im Handel zu haben sein; *to bite ~* abbeißen; *to cut ~* abschneiden; *tele* unterbrechen; *to drink ~* austrinken; *to drop, to fall ~* abnehmen, nachlassen; *to pass ~* vorüber-, vorbeivergehen; *to see ~* fortbegleiten; *to take ~* (Kleidungsstück) ablegen, ausziehen; (sich) freinehmen; *aero* abfliegen; *to tear ~* abreißen; *to turn ~* aus-, abschalten, abstellen; *keep ~!* bleib weg! bleib mir vom Leibe! *~ with you!* weg mit dir! *fam* hau ab! *sl* verdufte!; *he's a little ~* er ist nicht ganz richtig im Kopf; 2. *prp* (herunter) von; (*leben*) von; abseits von; von ... abzweigend, ausgehend; frei von; weniger als; *mar* auf der Höhe von, gegenüber; 3. *a* abgenommen, ausgezogen; abgetrennt, los; aus-, abgeschaltet; auf dem Wege (*to* zu); kleiner, geringer; schlechter; nicht anwesend, nicht da; abgelegen; weiter entfernt, entfernter (*Seite*); recht; im Irrtum, *fam* auf dem Holzweg; (*gesundheitlich*) nicht auf der Höhe; (*Speise*) nicht mehr frisch, nicht mehr gut; **~ chance** geringe Aussicht *f*; *to go on the ~~ of doing s.th.* riskieren etw zu tun; **~~color** *a Am*: *to be ~~* e-e Fehlfarbe sein; (*Witz*) etwas gewagt sein; **~ colour** (gesundheitlich) nicht auf der Höhe; **~~day** Unglückstag *m*; **~ duty** dienstfrei;

off-face   669   **offerer**

to be ~~ dienstfrei haben; **~-face** *a* stirnfrei (*Damenhut*); **~ o.'s feed** *sl* ohne Appetit; *to be* ~ keinen Appetit haben; **~ form** *fam* nicht in Form; **~-grade** *com* von geringerer Qualität; **~-hand** *adv* aus dem Stegreif, ohne Vorbereitung, sofort; *a u.* **~-ed** unvorbereitet, spontan, übers Knie gebrochen; unfreundlich; **~-manner** ungezwungene Art *f*; **~ o.'s head** *sl* verrückt, plemplem; **~ key** *Am (Klavier)* verstimmt; **~-licence** *Br* Schankrecht *n* über die Straße; **~ limits** verboten (*to für*); **~ peak** abfallend; nicht auf der Höhe; **~-print** Sonderdruck *m*; **~ season** *com* Sauregurkenzeit *f*; **~ shade** Fehlfarbe *f*; **~-shore** *adv* von der Küste weg; in Küstennähe; *a* küstennah; **~-side** *a adv sport* abseits; **~ stage** *attr* a hinter den Kulissen; **~ street** *attr a* abseits der Straße; **~ the map** *fam* vorbei, passé; bei Hintertupfing; **~ the mark** am Ziel vorbei; *fig* nicht entscheidend, unerheblich; **~ the point:** *to wander* ~ vom Thema abkommen; **~-the-record** *attr* vertraulich, nicht zur Veröffentlichung bestimmt; **~ time** freie Zeit *f*; **~ year** schlechte(s) Jahr *n*.

offal ['ɔfəl] *mit sing od pl* Abfall *m*, Abfälle; Speisereste; Schlachtabfälle *m pl*, Innereien *pl*; *fig* Ausschuß, Schund *m*.

offbeat ['ɔ(:)fbi:t] *fam* ungewöhnlich.

offcast ['ɔ(:)fka:st] Ausschuß, -wurf; Verworfene(r), Verstoßene(r) *m*.

offence, *Am* **-se** [ə'fens] Verstoß *m*, Vergehen *n* (*against* gegen); Übertretung (*against* gen); strafbare Handlung, Straftat *f*, Delikt *n*; Sünde; Beleidigung, Kränkung, Verärgerung; Gekränktheit *f*, Ärger; Anstoß; *mil* Angriff; Angreifer *m*; *to cause, to give* ~ Anstoß erregen (*to* bei); *to s.o.* jdn beleidigen, (ver)ärgern; *to commit an* ~ sich vergehen (*against* gegen); *to take* ~ sich beleidigt fühlen, sich ärgern; Anstoß nehmen (*at* an); übelnehmen (*at s.th.* etw); *I meant no* ~ das habe ich nicht bös(e) gemeint; *no* ~! nichts für ungut! *petty* ~ Übertretung *f*; *war, weapons of* ~ Angriffskrieg *m*, -waffen *f pl*; ~ *against common decency, propriety* Erregung *f* öffentlichen Ärgernisses; **~less** [-lis] harmlos.

offend [ə'fend] *itr* e-e Straftat, ein Verbrechen, e-e Sünde begehen; sich vergehen, verstoßen, zuwiderhandeln (*against* gegen); Anstoß, Ärgernis erregen; *tr* beleidigen, verletzen, (ver-)ärgern; mißfallen, unangenehm sein

(*s.o.* jdm); *to be* ~*ed with s.o.* mit jdm beleidigt sein (*at s.th.* wegen etw); **~er** [-ə] Übertreter, Täter, Schuldige(r), Straffällige(r); Beleidiger *m*; *first* ~ nicht Vorbestrafte(r) *m*; *joint* ~ Mittäter *m*; *second, hardened* ~ Vorbestrafte(r), Rückfällige(r) *m*.

offens|**e** *s.* offence; **~ive** [ə'fensiv] *a* angreifend, offensiv; Angriffs-; unangenehm, widerlich; anstößig, Anstoß erregend; beleidigend, verletzend, kränkend; *s* Offensive *f*, Angriff(shaltung, -stellung *f*) *m*; *to switch over to the* ~ zur Offensive übergehen; *to take the* ~, *to act on the* ~ die Offensive ergreifen, angreifen; ~ *defence* offensive Verteidigung *f*; ~ *patrol* bewaffnete Aufklärung *f*; ~ *reconnaissance* gewaltsame Erkundigung *f*; ~ *spirit* Angriffsgeist *m*; ~ *sweep (aero)* Angriffsstreife *f*; ~ *war* Angriffskrieg *m*; ~ *weapon* Angriffswaffe *f*.

offer ['ɔfə] *tr rel (to* ~ *up) (Opfer)* darbringen, -bieten; opfern; (an)bieten, vorlegen; *com* offerieren; vorschlagen, unterbreiten; vorbringen; zeigen, ankündigen; versuchen, Miene machen (*to do* zu tun); *itr rel* ein Opfer bringen, opfern; sich an-, erbieten (*to* zu); *(Gelegenheit)* sich bieten, sich zeigen; *to* ~ *o.s.* sich bewerben (*for* um); *s* Darbringung, -bietung *f*; Angebot, Anerbieten *n*, Offerte *f*; (Heirats-)Antrag; Vorschlag *m*; *on* ~ (zum Verkauf) angeboten; verkäuflich; *to submit* ~*s* Offerten vorlegen; *to* ~ *battle* sich zum Kampf stellen; *to* ~ *an excuse* sich entschuldigen (*for* wegen); *to* ~ *an explanation* e-e Erklärung geben; *to* ~ *guarantee* Bürgschaft leisten; *to* ~ *o.'s hand to s.o.* jdm die Hand bieten; jdm e-n (Heirats-)Antrag machen; *to* ~ *an opinion* e-e Meinung, Ansicht äußern; *to* ~ *a plan* e-n Plan vorlegen; *to* ~ *a price* ein Preisangebot machen; *to* ~ *a remark* e-e Bemerkung machen; *to* ~ *resistance* Widerstand leisten; *to* ~ *a reward* e-e Belohnung aussetzen; *to* ~ *violence to s.o.* jdm Gewalt antun; *counter-*~ Gegen(an)gebot *n*; *firm* ~ feste(s) Gebot *n*, Festofferte *f*; *free* ~ freibleibende(s) Gebot *n*; *peace* ~ Friedensangebot *n*; *sham* ~ Scheinangebot *n*; *special* ~ Sonder-, Vorzugsangebot *n*; ~ *of compromise* Vergleichsvorschlag *m*; ~ *and demand* Angebot u. Nachfrage; ~ *of mediation* Vermittlungsvorschlag *m*; ~ *by telegraph* Drahtofferte *f*; **~ee** ['-ri:] Empfänger *m* e-s Angebots; **~er** ['-rə] (An-)Biet(end)er *m*; *the highest* ~ der

offering Meistbietende; *no* ~~*s (Auktion)* ohne Gebote; **-ing** ['ɔfiŋ] *Anerbieten*; Angebot *n*; Vorschlag *m*; Darbringung, Gabe *f*, Opfer *n*; **~ price** *(Börse)* Briefkurs *m*; **-tory** ['-təri] *rel* Offertorium *n*; (Kirchen-)Kollekte *f*.

office ['ɔfis] Dienst *m*; Amt *n*, (Amts-) Pflicht, Aufgabe, Obliegenheit, Funktion; Stelle, Stellung *f*, Posten; Schalter *m*; Amt, Kontor, Büro *n*, (Geschäfts-, Dienst-)Stelle *f*; Ministerium; Büro *n* e-r Versicherungsgesellschaft *f*; Dienstraum *m*; Filiale, Zweigniederlassung *f*; Amts-, Büro-, Geschäftsgebäude *f*; Amts-, Büro-, Geschäftspersonal; *rel* Offizium *n*, Gottesdienst *m*, Abendmahlsfeier *f*; *(bestimmte)* Gebete *n pl*; *fam* Wink, Hinweis *m*; **~ of** Geschäfts-, Wirtschaftsräume *m pl*; Wirtschafts-, Nebengebäude *n pl*; *in* **~** im Amt; an der Macht, *fam* am Ruder; *out of* **~** nicht an der Macht *od* an der Regierung; in der Opposition; *through s.o.'s good* ~*s* durch jds Vermittlung; *to accept, to come into, to enter upon, to take* **~** ein Amt übernehmen *od* antreten; Minister werden; *to be called to* **~** e-n Ministerposten erhalten; *to continue* **~** im Amt bleiben; *to discharge, to fill, to hold, to perform an* **~** ein Amt, e-e Stellung bekleiden; *to give the* **~** *(sl)* e-n Wink geben; *to leave* **~**, *to resign, to surrender o.'s* **~** sein Amt niederlegen; demissionieren; *to perform the last* ~*s to s.o.* jdm den letzten Dienst erweisen; **~ accommodations** *pl* Büroräume *pl*; **~ appliances** *pl* Büroausstattung *f*; **~-bearer** Amtsträger, Beamte(r); Stelleninhaber *m*; **~-boy** Laufbursche, -junge *m*; **~ building** Bürohaus *n*; **~ car** Geschäftswagen *m*; **~-copy** beglaubigte, amtliche Abschrift *f*; **~ corrections** *pl typ* Hauskorrektur *f*; **~ day** Arbeitstag *m*; **~-employee** Büroangestellte(r) *m*; **~ equipment** Büroeinrichtung, -ausstattung *f*; **~ expenses** *pl* Bürounkosten *pl*; **~ furniture** Büromöbel *n pl*; **~-girl** Kontoristin, Bürohilfe *f*; **~-hands** *pl* Büropersonal *n*; **~-holder** Amts-, Stelleninhaber, Beamte(r) *m*; **~-hours** *pl* Dienst-, Büro-, Geschäftsstunden *f pl*; *in* **~** während der Geschäftszeit; **~-hunter, -seeker** *Am* Postenjäger *m*; **~-manager** Bürovorsteher *m*; **~ personnel** Büropersonal *n*; **~ politics** *pl Am* Stellen(besetzungs)politik *f*; **~-routine** Bürobetrieb *m*; **~-seal** Dienstsiegel *n*; **~ staff** Büropersonal *n*;
~-stamp Firmenstempel *m*; **~ supply** Büromaterial *n*, -bedarf *m*; **~-tour** Dienstreise *f*, **~ work** Büroarbeit, -tätigkeit *f*, Innendienst *m*.

officer ['ɔfisə] *s* Beamte(r); Offizier; *(Verein)* Funktionär, Wart *m*, Vorstandsmitglied *n*; *pl* Vorstand *m*; *tr* mit Offizieren versehen; (an)führen, befehligen; leiten; *he was elected an* **~** *of our club* er wurde in den Vorstand unseres Vereins gewählt; *customs* **~** Zollbeamte(r) *m*; *non-commissioned* **~** *(N.C.O.)* Unteroffizier *m*; *control* **~** Kontrollbeamte(r) *m*; *police, reserve* **~** Polizei-, Reserveoffizier *m*; **~** *of the day* Offizier *m* vom Dienst (O.v.D.); **~** *of the deck (mar)* Wachoffizier *m*; **~** *of the guard* Offizier *m* vom Ortsdienst; **~** *in the active list* aktive(r) Offizier *m*; **~** *of state* Minister *m*; **~ cadet** Fähnrich *m*; **~ candidate** Offiziersanwärter *m*; **~s' carrier** Offizierslaufbahn *f*; **~s' club** Offiziersklub *m*; **~s' mess** Offizierskasino *n*; **~s' quarters** *pl* Offiziersunterkunft *f*; **~'s servant** (Offiziers-)Bursche *m*; **~s' training** Offiziersausbildung *f*.

offici|al [ə'fiʃəl] *a* amtlich; Amts-; Beamten-; offiziell; förmlich, zeremoniell; *s* Beamte(r) *m*; *administrative* ~~ Verwaltungsbeamte(r) *m*; *bank* ~~ Bankbeamte(r) *m*; *career* ~~ Berufsbeamte(r) *m*; *court* ~~ Justizbeamte(r) *m*; *customs* ~~ Zollbeamte(r) *m*; *government* ~~ Regierungsbeamte(r) *m*; *post-office* ~~ Postbeamte(r) *m*; *railway* ~~ Bahnbeamte(r) *m*; *semi-*~~ halbamtlich; *state-*~~ Staatsbeamte(r) *m*; *supervisory* ~~ Aufsichtsbeamte(r) *m*; *top* ~~*s (pl)* Spitzenkräfte *f pl*; ~~ *act* Amtshandlung *f*; ~~ *advertisement, announcement* amtliche Bekanntmachung *f*; ~~ *authority* Amtsgewalt *f*; ~~ *business* Dienstsache *f*; *he's here on* ~~ *business* er ist dienstlich hier; ~~ *call* Dienstgespräch *n*; ~~ *channels (pl)* Dienstweg *m*; *through* ~~ *channels* auf dem Dienstweg; ~~ *document* öffentliche Urkunde *f*; ~~ *dress* Amtstracht *f*; ~~ *duty* Amts-, Dienstpflicht *f*; ~~ *function* Amtspflicht, -handlung *f*; ~~ *gazette* Amtsblatt *n*, Staatsanzeiger *m*; ~~ *hours (pl)* Dienststunden *f pl*; Geschäftszeit *f*; ~~ *language* Amtssprache *f*; ~~ *letter* amtliche(s) Schreiben *n*; ~~ *mail* Dienstpost *f*; ~~ *oath* Amtseid *m*; ~~ *organ* Staats-, Regierungsorgan *n*; ~~ *receiver* Konkursverwalter *m*; ~~ *residence* Amtssitz *m*; ~~ *seal* Dienstsiegel *n*; ~~ *secret* Dienstgeheimnis *n*; ~~ *stamp* Dienststempel *m*;

officialdom 671 **oil shale**

~~ *statement* amtliche Verlautbarung *f;* ~~ *title* Amtsbezeichnung *f;* ~~ *tour* Dienstreise *f;* ~~ *use* Dienstgebrauch *m;* ~~ *year* Geschäftsjahr *n;* **~aldom** [-əldəm] Beamtentum *n,* -schaft *f;* **~alese** [-əli:z] Beamten-, Amtsjargon *m;* **~alism** [-əlizm] Beamtentum *n,* Bürokratie *f;* Bürokratismus, *fam* Amtsschimmel *m;* **~ate** [ə'fiʃieit] *itr* amtieren *(as* als); das Priester-, Predigeramt versehen; **~ous** [ə'fiʃəs] übereifrig, aufdringlich; halbamtlich, offiziös; **~ousness** [ə'fiʃəsnis] *m,* Aufdringlichkeit *f.*

officinal [ɔfi'sainl] *med* offizinell; Arznei-, Heil-.

offing [ɔfiŋ] hohe See; Entfernung *f od* Abstand *m* von der Küste; *in the ~* auf hoher See; *(zeitlich)* in (Aus-)Sicht.

offish [ɔfiʃ] *fam* kühl, zurückhaltend.

offscourings [ɔ(:)fskauriŋz] *pl,* **offscum** ['-skəm] Kehricht *m od n,* Abfall, Schmutz *m; the ~ of humanity* der Abschaum der Menschheit.

offset [ɔ(:)fset] *s bot* Ableger, Schößling *m;* Abzweigung *f; (Berg)* Ausläufer *m; el* Nebenleitung *f; arch* Mauerabsatz *m,* Kröpfung *f; tech* Knick *m,* Biegung, Krümmung *f (in e-m Rohr); typ* Offsetdruck *m;* Abziehen *n; (Feldmessung)* Ordinate *f;* Höhenunterschied; Ausgleich *m,* Gegengewicht *n; com* Gegenposten *m,* -rechnung, Aufrechnung *f,* Ausgleich *m; tr irr -set, -set* abzweigen, -leiten; mit e-m Absatz versehen; knicken, biegen, krümmen; im Offsetverfahren drucken; ausgleichen, aufheben; *com* aufrechnen; *arch* kröpfen; *itr* sich abzweigen; *typ* abziehen; **~ account** Verrechnungskonto *n;* **~ printing** Offsetdruck *m.*

offshoot [ɔ(:)fʃut] Sproß, Schößling, Ableger *m;* Ausläufer *m,* Abzweigung *f; fig* Nebenlinie *f.*

offspring [ɔ(:)fspriŋ] *pl ~* Kind(er *pl) n,* Abkömmling(e *pl) m,* Nachkomme(n *pl) m,* Nachkommenschaft *f;* Sproß *m; fig* Ergebnis, Resultat *n.*

offstreet [ɔ(:)fstri:t] Seiten-, Nebenstraße *f.*

offtake [ɔ(:)fteik] Wegnahme *f;* Zurückziehen *n (bes. vom Markt);* Abzug *m.*

oft [ɔ(:)ft] *poet = ~en;* **~en** [ɔ(:)fən], **~entimes** ['-taimz] *adv* oft(mals), häufig, wiederholt; *as ~en as not* sehr oft; *every so ~en* von Zeit zu Zeit.

ogee [ɔudʒi:] Kehlleiste *f,* Karnies *n;* S-Kurve *f; (~ arch)* arch Eselsrücken *m.*

ogival [o(u)'dʒaivəl] *arch* spitzbogig; Spitzbogen-; **~e** ['oudʒaiv] *arch* Grat-

rippe *f;* Spitzbogen *m; (Statistik)* Frequenzkurve *f.*

ogle ['ougl] *tr itr* liebäugeln *(at* mit); freche Blicke werfen *(at* auf).

ogr|e ['ougə] Menschenfresser *m (im Märchen); allg* Scheusal *n;* **~(e)ish** ['ougriʃ] scheußlich; **~ess** ['ougris] Menschenfresserin *f.*

oh [ou] *interj* oh! ach!

oil [ɔil] *s* Öl *n;* Tran *m;* (Mineral-, Erd-)Öl, Petroleum *n;* Ölfarbe *f,* -gemälde, -bild *n; Am sl* Schmeichelei *f,* Schmiergeld *n; tr* (ein)ölen; *fig* bestechen; *Am sl* verprügeln; *itr* zu Öl, ölig werden; *mar* Öl aufnehmen; *to burn the midnight ~* bis spät in die Nacht (hinein) arbeiten *od* lernen; *to paint in ~s* in Öl malen; *to pour ~ on troubled waters* die Gemüter beruhigen; die Wogen zu glätten suchen; *to pour, to throw ~ on the flames (fig)* Öl aufs Feuer gießen; *to strike ~* auf Öl *(im Boden)* stoßen; *fig* sein Glück machen; *to ~ s.o.'s hand,* palm, *fist* jdn bestechen, jdn schmieren; *to ~ o.'s tongue* honigsüß reden, schmeicheln; *it is like ~ and vinegar* das paßt wie die Faust aufs Auge; *~ of almonds* Mandelöl *n; ~ of turpentine* Terpentinöl *n; ~ of vitriol* Schwefelsäure *f;* **~ bath** Ölbad *n;* **~-bearing** ölhaltig; **~-box** Schmierbüchse *f;* **~-brake** Ölbremse *f;* **~-burner** Ölbrenner *m; Am sl* alte Kiste *f;* **~-cake** Ölkuchen *m;* **~-can** Ölkanne *f;* **~-changing** *mot* Ölwechsel *m;* **~-circulation** Ölumlauf *m;* **~-cloth** Wachstuch *n;* **~-colo(u)r** Ölfarbe *f; ~ consumption** Ölverbrauch *m;* **~-cup** sech Schmierbüchse *f;* **~ deposit** Ölvorkommen *n;* **~ duct** Ölleitung *f;* **~ dumping** *mar* Lenzen *n;* **~-engine** Diesel-, Ölmotor *m;* **~ed** *a* geölt; *Am sl* betrunken; **~er** ['-ə] Öler *m;* Ölkanne *f;* Tanker *m;* **~-feed** *tech* Ölzufuhr *f;* **~-field** (Erd-)Ölfeld *n;* **~ film** Ölschicht *f;* **~ filter** Ölfilter *n;* **~-fuel** Heiz-, Treiböl *n; ~ ga(u)ge* Ölstandszeiger *m;* **~-furnace** Ölfeuerung *f;* **~-heater** Ölofen *m;* **~-heating** Ölheizung *f;* **~ industry** Erdölindustrie *f;* **~-iness** ['-inis] ölige Beschaffenheit *f; fig* salbungsvolle(s) Wesen *n;* **~-level** *tech* Ölstand *m;* **~-painting** Ölgemälde *n,* -malerei *f;* **~-paper** Ölpapier *n;* **~-pressure** *tech* Öldruck *m; ~ ga(u)ge* Öldruckanzeiger *m; ~ lubrication* Öldruckschmierung *f;* **~ pump** Ölpumpe *f; ~ refinery* Ölraffinerie *f; ~ residue* Ölrückstand *m; ~ shale* Ölschiefer *m;*

~-silk *(Textil)* Ölhaut *f*; **~-skin** Öltuch; *pl* Ölzeug *n*; **~-stone** geölte(r) Wetzstein *m*; **~-strainer** Ölsieb *n*; **~-sump**, *Am* **~ pan** Ölwanne *f*; **~ supply** Ölzufuhr *f*; **~ tank** Öltank *m*; **~-well** Ölquelle *f*; **~y** ['-i] ölig; ölhaltig; fettig, schmierig; *fig* aalglatt; schlüpfrig; *fig* salbungsvoll.

ointment ['ɔintmənt] Salbe *f*; *there is a fly in the* **~** die Sache hat e-n Haken.

O. K., okay ['ou'kei] *a adv interj sl* (geht) in Ordnung; *tr* gutheißen, billigen; *s* Zustimmung, Billigung *f*.

old [ould] *a* alt; früher, ehemalig, vergangen; bejahrt,betagt; (lebens)erfahren; erprobt; geübt; ge-, verbraucht, abgenutzt, schäbig; altertümlich; weit zurückliegend, -reichend; *fam* alt(vertraut, -gewohnt), lieb(geworden); *of* a-tamos, prächtig, großartig; *s pl: the* **~** die Alten, die alten Leute; *as* **~** *as the hills* uralt; *of* **~** einst(ens), ehemals, -dem; *in times of* **~** in alten Zeiten; *to grow* **~** alt werden; altern; *he has an* **~** *head on his shoulders* er hat Verstand wie ein Alter; *young and* **~** alt u. jung; **~ age** (hohes, Greisen-)Alter *n*; **~-~ pension** Altersrente *f*; **~ boy** *hum* alte(r) Knabe *od* Junge *m*, alte(s) Haus *n*; **O~ Catholic** altkatholisch; **~-clothes shop** Trödelladen *m*; **~ country** *Am* frühere Heimat *f*; **~en** ['-ən] *poet* alt; **O~ English** (das) Altenglisch(e); **~-fashioned** *a* altmodisch, unmodern; rückständig; **~ fogy** *alte(r)* Kauz *m*; **~-fog(e)yish** schrullenhaft, schrullig, kauzig; *the* **O~ Glory** *Am* das Sternenbanner; **~ hand** erfahrene, geübte Kraft *f*; **O~ Harry, O~ Nick, O~ Scratch** der Teufel; **~ hat** *Am fam* altmodisch; **~ish** ['-iʃ] ältlich; *the* **O~ Lady** *fam* die Alte *(Frau)*, die alte Dame *(Mutter)*; **~-line** alt(überliefert), traditionell; traditionsbewußt, konservativ; **~ maid** alte(s), *hum* verspätete(s) Mädchen *n*, alte Jungfer; Zimperliese *f*; **~-maidish** altjüngferlich; zimperlich; *the* **O~ Man** *fam* der Alte *(Ehemann, Chef)*; der alte Herr *(Vater)*; **O~ Man River** Mississippi *m*; **~ master** *(Kunst)* alte(r) Meister *m*; **~ moon** letzte(s) Viertel *n*; **~ offender** alte(r) Sünder *m*; **~ salt** alte(r) Seebär *m*; **~ school:** *he is one of the* **~**, *he belongs to the* **~** er ist noch von der alten Schule; **~-standing** traditionell; alt renommiert; **~ster** ['-stə] *fam* alte(r) Knabe *m*; **~ style** *(Kalender)* alten Stils; **O~ Testament** Alte(s) Testament *n*;

~-time altmodisch; **~-timer** *fam* e-r von der alten Garde; alte(r) Kunde; am Alten hängende(r) Mensch *m*; **~ wives' tale** Altweibergeschichte *f*; **~-womanish** altweiberhaft; **~-world** unamerikanisch; vorsintflutlich;*the***O~World**dieAlteWelt.

oleaginous [ouli'ædʒinəs] ölig, fettig; ölhaltig; *fam* salbungsvoll.

oleander [ouli'ændə] *bot* Oleander *m*.

oleograph ['ouliə(u)grɑ:f] Öldruck *m*.

olfact|ion [ɔl'fækʃən] *a* Geruchssinn *m*; **~ory** [-təri] *a* Geruch-; **~~ nerves** *(pl)* Geruchsnerven *m pl*; **~~ organ** Geruchsorgan *n*.

olig|archic(al) [ɔli'gɑ:kik(əl)] oligarchisch; **~archy** ['ɔligɑ:ki] Oligarchie *f*; **~ocene** [ɔ'ligo(u)si:n, 'ɔ-] *geol* Oligozän *n*.

olio ['ouliou] *pl -os* Ragout *n*; *fig* Mischmasch *m*, (buntes) Durcheinander; *mus* Potpourri *m*.

oliv|aceous [ɔli'veifəs] *a* Oliven-; olivfarben; **~e** ['ɔliv] *s* Olive *f*; Ölbaum, -zweig *m*; *(~~-green)* Olivgrün; *a* Oliven-; olivgrün; *the Mount of O~s (Bibel)* der Ölberg; **~~-branch** Ölzweig *m*; **~~-drab** olivgrün; **~~-grove** Olivenhain *m*; **~~-oil** Olivenöl *n*.

Olymp|iad [o(u)'limpiæd] Olympiade *f*; **~ian** [-iən] *s* Olympier *m*; *a* olympisch; göttergleich; **~ic** [-ik] *a* olympisch; *s pl: the* **~~s**, *the* **~~ Games** die Olympischen Spiele *n pl*; **~us** [-əs], *Mount* **~~** der Olymp; der Himmel.

omelet(te) ['ɔmlit] Omelett(e *f*) *n*, Eierkuchen *m*.

om|en ['oumən] *s* Omen, Vorzeichen *n*, Vorbedeutung *f (for* für); *tr* ein Vorzeichen sein für; bedeuten, ankündigen; **~inous** ['ɔminəs] unheilverkündend.

omiss|ible [o(u)'misibl] auslaßbar; **~ion** [o(u)'miʃən] Aus-, Weglassung, Lücke; Unterlassung, Nichtbeachtung, Vernachlässigung, (Pflicht-)Versäumnis *f*; *typ* Leiche *f*; *errors and* **~~s** *excepted (com)* Irrtum vorbehalten; *sin of* **~~** Unterlassungssünde*f*.

omit [o(u)'mit] *tr* aus-, weglassen *(from* aus); übergehen; unterlassen, versäumen *(doing, to do* zu tun).

omnibus ['ɔmnibəs] *s* Omnibus, Autobus, Bus *m*; *a* um-, zs.fassend, Sammel-, Mantel-; *railway* **~** Schienenbus *m*; **~ bill** Mantelgesetz *n*; **~ (book), volume** Sammelband *m*; **~ credit** Warenkredit *m*; **~ driver** Omnibusfahrer *m*; **~ edition** Gesamtausgabe *f* in e-m Band; **~ order** Sammelbestellung *f*; **~-route** Omnibuslinie *f*; **~ train** Personenzug *m*.

omnifarious [ɔmni'fɛəriəs] mannigfaltig, abwechs(e)lungsreich, aller Art.
omnipoten|ce [ɔm'nipɔtəns] Allmacht *f*; **~t** [-t] allmächtig.
omnipresen|ce ['ɔmni'prezəns] Allgegenwart *f*; **~t** [-t] allgegenwärtig.
omniscien|ce [ɔm'nisiəns, *Am* -∫əns] Allwissenheit *f*; **~t** [-t] allwissend.
omnium ['ɔmniəm] *fin* Gesamtwert *m*; *fam* Habseligkeiten *f pl*; **~ gatherum** ['-'gæðərəm] Sammelsurium *n*; bunt zs.gewürfelte Gesellschaft *f*.
omnivorous [ɔm'nivərəs] allesfressend; *fig (als Leser)* alles verschlingend.
omoplate ['oumo(u)pleit] *scient* Schulterblatt *n*.
omphal|o- ['ɔmfələ(-ou)] *in Zssgen scient* Nabel-; **~os** [-ɔs] *pl -i* [-ai] Nabel *m a. fig*; *fig* Mittelpunkt *m*.
on [ɔn] **1.** *prp (räumlich)* auf, an; *~ the table* auf dem Tisch(e), auf den Tisch; *~ the wall* auf der, die Mauer; *~ the wall*, die Wand; *~ the river* am, an den Fluß; *(zeitlich)* an, bei; *~ that day* an dem Tage; *~ Sunday* am Sonntag; *~ entering* beim Eintritt; als ich *usw* eintrat; *(Art u. Weise)* *~ the cheap* billig *adv*; *(verschiedene Umstände)* *~ a trip* auf e-m Ausflug; *~ a committee* in e-m Ausschuß; *to have ~ o.* bei sich haben; *~ this occasion* bei dieser Gelegenheit; *~ these conditions* unter diesen Bedingungen; *to draw a knife ~ s.o.* ein Messer gegen jdn ziehen; *a lecture ~ Shakespeare* ein Vortrag über Sh.; *to live ~ s.th.* von etw leben; *to have s.th. ~ s.o. (fam)* belastendes Material über jdn haben; *I got it ~ good authority* ich weiß es aus guter Quelle; *this is ~ me* das geht auf meine Kosten; *Ausdrücke*: *~ no account* auf keinen Fall; *~ authority* mit Vollmacht; *~ an average* im Durchschnitt, im Mittel; *~ board* an Bord; *~ demand* auf Antrag; *~ earth* auf der Welt; *~ hand* zur Hand, zur Verfügung; auf Lager, vorrätig; *~ the other hand* ander(er)seits; *~ its own* für sich (selbst) *(betrachten)*; *~ leave* auf, im Urlaub; *~ my part* meinerseits; *~ purpose* absichtlich; *~ the spot* auf der Stelle; *~ a sudden* plötzlich *adv*; *~ time* pünktlich, auf die Minute; *~ trial* zur Probe; nach Erprobung; *~ the whole* im ganzen; **2.** *adv (in Verbindung mit e-m Verb)* an, auf; dran, an der Reihe; im Gange; fort, weiter; *to have nothing ~* nichts an haben, nackt sein; *I had, put a hat ~* ich hatte, setzte e-n Hut auf; *the light is ~* das Licht ist an; *the radio is ~* das Radio ist angestellt, spielt; *the water is ~* das Wasser läuft; *the brakes are ~* die Bremsen sind in Tätigkeit; *Hamlet is ~* Hamlet wird gespielt; *he is ~ as Macbeth* er spielt M., tritt als M. auf; *the battle was still ~* die Schlacht dauerte noch an, war noch im Gange; *he hurried ~* er eilte weiter; *come ~!* mach weiter! *time is getting ~* die Zeit rückt vor; *it's getting ~ for eight o'clock* es geht auf acht zu; *to be ~ (sl)* einen drauf haben, besoffen sein; *to s.th.* über etw im Bilde sein; *~ to* auf (... hinauf) *mit acc; Ausdrücke*: *and so ~* und so weiter, usw.; *later ~* später; *~ and off* mit Unterbrechungen, zeitweise, von Zeit zu Zeit; *~ and ~* in e-m fort, ununterbrochen, andauernd; **3.** *a sport (Seite)* link; *com* örtlich; *fam* gut; *Am sl* aufgeweckt, klug, bereitwillig; *(Licht)* eingeschaltet; **4.** *s Am sl* Eiskreme *f*; **~-the-spot** [ɔnðə'spɔt] *a*: *~~ decision* Sofortentscheid *m*; *~~ observer, report* Augenzeuge(nbericht) *m*.
onanism ['ounənizm] Onanie *f*.
once [wʌns] *adv* einmal; früher einmal; je(mals); (ein)mal, einst, ehemals; *conj* sobald; wenn ... einmal; *a* einstig, ehemalig, früher; *s: this ~* dies e-e Mal, diesmal; *all at ~* alle auf einmal, alle zugleich; *at ~* sofort, sogleich, auf der Stelle; *auf einmal, plötzlich; zu gleicher Zeit; for (this) ~* für diesmal; *more than ~* mehr als einmal; mehrmals, *-fach*; öfter(s); *not ~* nicht einmal, nie; *~ a day* einmal am Tag; *~ again, ~ more* noch (ein)mal; nochmals; *~ and again, ~ in a way, ~ in a while* ab u. zu, von Zeit zu Zeit; dann u. wann, hin u. wieder; *~ before* schon einmal, früher einmal; *~ (and) for all* ein für allemal; *~ in a blue moon* alle Jubeljahre einmal; *~ or twice* das eine oder anderemal, nicht (gerade) oft; *~ upon a time (there was)* (es war) einmal; *~ doesn't count* einmal ist keinmal; **~-over** *s fam* schnelle(r), prüfende(r) Blick *m*; *to give s.o. a ~~* jdn von oben bis unten ansehen.
oncoming ['ɔnkʌmiŋ] *a* heran-, näherkommend, an-, vorrückend; *fig* entgegenkommend; *s* (Heran-)Nahen *n*; *~ traffic* Gegenverkehr *m*.
one [wʌn] *a* ein(er, e, s); einzige(r, s) ein(e) gewisse(r); *s* Eins *f*, Einser *m*; eine(r, s); jemand; man; etwas; *a blue ribbon and a red ~* ein blaues Band u. ein rotes; *the little ~s* die Kleinen; *another ~* ein anderer; *~ another* einander, sich gegenseitig; *every ~* jeder; *no ~* keiner, niemand;

such a ~ so e-r; ein solcher; *that ~* jener; *this ~* dieser; *number ~ man* selbst; *all ~* alle zs., einmütig; (ganz) egal, gleich(gültig), einerlei, eins, *fam* Schnuppe, Wurst; *all in ~* alles zs., zugleich, in e-m; *at ~* e-r Meinung; in Übereinstimmung; *at ~ time* früher (einmal); *for ~ thing* (erstens) einmal, zum ersten; *~ after another* e-r nach dem andern; *~ and all* alle (samt u. sonders); *~ at a time, ~ by ~* einzeln, jeder für sich; *to give s.o. ~ in the eye* jdm e-e 'runterhauen; *to be given ~ in the eye* jdm erledigt, fertig sein; *to make ~ (itr)* Mitglied sein, dazugehören; teilnehmen, dabei sein, sich anschließen *(of an)*; *tr:* to be made *~ (sich ver)heiraten; *he's a ~ (pop)* der ist einmalig; **~-armed** *a* einarmig; **~-eyed** *a* einäugig; *sl* unbedeutend; **~-handed** *a* einhändig; **~-horse** *a* einspännig; *fam* bescheiden, mäßig, unbedeutend; **~-hour** einstündig; **~-legged** *a* einbeinig; *fig* einseitig; **~-line business** Fachgeschäft *n*; **~-man** *a* Einmann-; *~ operation* Einmannbedienung *f*; *~~ rubber raft* Einmannschlauchboot *n*; *~~ submarine* Kleinst-U-Boot *n*; *~~ tent* Einmannzelt *n*; **~-ness** ['-nis] Eins-, Alleinsein *n*; Einheit; Einmütigkeit, Einigkeit; Identität *f*; **~-night stand** *Am* einmalige Aufführung *od* Veranstaltung *f*; **~-piece** einteilig; **~-price shop** Einheitspreisgeschäft *n*; **~r** ['-ə] *sl* Pfundskerl; tolle(r) Schlag *m*; **~self** ['-'self] *prn* man selbst; sich; *by ~, for ~ alone* (ganz) allein; ohne Begleitung; *to be ~* sein, wie man immer ist; sich geben, wie man ist; *to come to ~* wieder zu sich kommen; sich wieder fassen; *to take s.th. upon ~* etw auf sich nehmen; **~-shot** *s* einmalige(s) Ereignis *n*; *a* einmalig; **~-sided** *a* einseitig *a. fig*; *fig* voreingenommen, parteiisch, ungerecht; **~-sidedness** Einseitigkeit *a. fig*; *fig* Voreingenommenheit *f*; **~-step** Onestep *m (Tanz)*; **~-time** *a* einstig, ehemalig, früher; **~-track** *a (Fahrbahn, Schienenweg)* einspurig; *fam (geistig)* beschränkt, einseitig; **~-way** *a (Verkehr)* Einbahn-; *tech* Einweg-; *~~ street* Einbahnstraße *f*; *~~ ticket (Am)* einfache Fahrkarte *f*; *~~ traffic* Einbahnverkehr *m*.

onerous ['ɔnərəs] lästig, beschwerlich, drückend *(to* für); **~ness** ['-nis] Lästigkeit, Beschwerlichkeit *f*.

onion ['ʌnjən] Zwiebel *f*; *Am sl* Depp; *sport sl* Kürbis; *allg* Dollar *m*; *off o.'s ~ (sl)* ganz aus dem Häuschen; nicht ganz bei Trost; *to know o.'s ~s (sl)* sein Geschäft verstehen; **~skin** Zwiebelhaut *f*; Luftpost-, Durchschlagpapier *n*.

onlook|er ['ɔnlukə] Zuschauer; Gaffer *m (at* bei); **~ing** ['-iŋ] zuschauend.

only ['ounli] **1.** *a* alleinig, einzig, ausschließlich; von allen ... nur; *one and ~* allereinzigst; **2.** *adv* nur, bloß, allein, erst; aber; gerade; *if ~* wenn doch nur; *not ~ ... but also* nicht nur ... sondern auch; *~ just, ~ yesterday* eben, gestern erst; *~ too (mit a)* nur zu ...; **3.** *conj* nur daß, wenn nicht, wenn nur; *~ that* nur, daß; außer, wenn.

onomatopoe(t)ic [ɔno(u)məto(u)'pi:ik, -po(u)'etik] *gram* lautmalend.

onrush ['ɔnrʌʃ] Anprall, Ansturm *m*.

onset ['ɔnset] Angriff, -sturm; *mil* Sturmangriff; Anfang, Beginn, Ansatz, Start; *med* Ausbruch, Anfall *m*; *at the ~* am Anfang; *from the ~* von Anfang an.

onslaught ['ɔnslɔ:t] heftige(r) Angriff; *med* Anfall *m*.

onto ['ɔntu, 'ɔntə] *prp* auf (... hinauf); *to be ~ s.th. (sl)* über etw im Bilde sein.

onto|genesis [ɔntə'dʒenəsis], **~geny** [ɔn'tɔdʒəni] *biol* Ontogenese *f*; **~logical** [ɔntə'lɔdʒikəl] *philos* ontologisch; **~logy** [ɔn'tɔlədʒi] Ontologie *f*.

onus ['ounəs] *nur sing* Last, Aufgabe, Verpflichtung, Verantwortung *f*; *~ of proof (jur)* Beweislast *f*.

onward ['ɔnwəd] *adv* nach vorn, vorwärts, weiter; *a* nach vorn (gerichtet); vorwärtsgehend; fortschreitend; *from ... ~* von ... an; *~s* [-z] *adv = ~ adv*.

onyx ['ɔniks] *min* Onyx *m a. dial*.

oodles ['u:dlz] *pl sl* Unmassen, Unmengen *f pl (of* von); ein Haufen (*of money* Geld).

oof [u:f] *sl* Moos, Geld *n*; *sport* Stärke, Kraft *f*; **~bird** *sl* reiche(r) Knopp *m*; **~y** ['-i] *sl* gut bestückt, schwerreich.

oomph [u:mf] *sl* Sex-Appeal; Charme *m*; Begeisterung *f*; Mumm *m*; Kraft *f*; Unternehmungsgeist *m*.

ooz|e [u:z] **1.** *s* Lohbrühe *f*; Sickern *n*; *itr* lecken, auslaufen, rinnen; *(Flüssigkeit)* (durch)sickern *(through, out of, into)*; *(Gefäß)* nicht dichthalten; *(to ~ out, away)* vergehen, verschwinden; *fig* durchsickern, bekanntwerden; *tr (Gefäß)* ausschwitzen; ausstrahlen; *to ~ with sweat* in Schweiß gebadet sein; **2.** Schlick, Schlamm; Sumpf *m*; **~y** ['-i] *sl* schlammig, schleimig.

opa|city [o(u)'pæsiti], **~queness** [ou-'peiknis] Undurchsichtigkeit; Trübheit; *fig* Stumpfheit, Dunkelheit, Unverständlichkeit *f*; **~que** [o(u)'peik] undurchsichtig, milchig, trüb; nicht reflektierend, stumpf, dunkel; undurchlässig (*to* für); *fig* dunkel, unverständlich; stumpf, verständnislos.

opal ['oupəl] *min* Opal *m*; **~esce** [oupə'les] *itr* opalisieren, schillern; **~escence** ['-lesns] Opaleszenz *f*, Opalschiller *m*; **~escent** ['-lesnt] opalisierend, schillernd; **~ine** ['-li:n] *s* Opalglas *n*; *a* ['-lain] Opal-.

open ['oupən] **1.** *a* offen, unversperrt, unverschlossen, unbedeckt; frei; unverhüllt; ohne Verdeck, offen; ungeschützt; ausgesetzt (*to s.th.* etw); ausgebreitet; (*Buch*) aufgeschlagen, geöffnet, offen; (*Waren*) offen ausgelegt; aufgelockert, durch-, unterbrochen; *mil* geöffnet; (*Gewässer*) eis-, (*Wetter*) frost-, schneefrei, offen; (*Veranstaltung*) allgemein zugänglich, öffentlich, offen; allgemein bekannt, öffentlich; (*Frage*) unentschieden, unerledigt, (noch) offen; offen, aufgeschlossen (*to* für); weltoffen, freisinnig, -mütig; weitherzig, großzügig; (offen und) ehrlich, aufrichtig; zugänglich (*to s.o.* jdm); erhältlich (*to, for s.o.* für jdn); unterworfen (*to* dat); (*Stelle*) (noch) unbesetzt, frei; *(Konto)* offen, laufend; *(Phonetik)* offen; (*Gelände*) offen, unbe-, ungedeckt; *mar* (*Sicht*) (nebel)frei, klar; *Am* ohne Alkohol- *od* Spielverbot; **2.** *tr* öffnen, aufmachen; aufdecken, freimachen, -legen; beginnen, einleiten, eröffnen; erschließen; freigeben; auf-, einschneiden; (auf)lockern; *mil* öffnen; (*Buch*) aufschlagen, öffnen; (*Sitzung, Geschäft, Konto*) eröffnen; (*Voranschlag*) vorlegen; enthüllen, bekanntmachen, -geben; freigeben; aufgeschlossen, weltoffen machen; *Am sl* berauben; **3.** *itr* sich öffnen; offen sein *od* -stehen; (*Fenster*) gehen (*on to* auf; *into* nach); sich entfalten, sich ausbreiten; bekannt-, offenkundig werden, auftauchen; in Sicht kommen; anfangen, beginnen, aufgeschlossen, weitherzig werden; *tech* zurückfedern; **4.** *s: the ~* offene(s) Land *n*, offene See *f*; Öffentlichkeit *f*; *in the ~* im Freien, draußen; *min* über Tag; *to ~ out (tr)* enthüllen; *tr itr* (sich) erweitern, ausdehnen; *itr* sich entwickeln; mitteilsam werden; *to ~ up (tr itr)* (sich) öffnen; (sich) erschließen; *itr* sich ausbreiten, sich entfalten; e-n Zugang haben (*into, on to* zu); anfangen, beginnen, *fam* sich aussprechen, reden, das Geheimnis preisgeben; *~ day and night* Tag u. Nacht geöffnet; *in the ~ air* in der frischen Luft, unter freiem Himmel, im Freien; *in (the) ~ court* vor Gericht; *in ~ court (jur)* in öffentlicher Sitzung; *in the ~ market (com)* aus freier Hand, freihändig; *in the ~ sea* auf hoher See; *with ~ arms* mit offenen Armen, begeistert; *with ~ hands* mit offenen Händen, freigebig; *to be ~ and above board with s.o.* mit jdm offen u. ehrlich sein; *to come into the ~ (fig)* alle Karten auf den Tisch legen; *to have an ~ mind about s.th.* sich noch nicht auf etw festgelegt haben; *to keep ~ house* sehr gastfrei sein; *to lay o.s. ~ to s.th.* sich e-r S aussetzen; *to leave ~ (fig)* offen, unentschieden lassen; *to ~ a discussion* in e-e Diskussion eintreten; *to ~ o.'s eyes* große Augen machen; *to ~ s.o.'s eyes (fig)* jdm die Augen öffnen (*to* über); *to ~ fire (mil)* das Feuer eröffnen (*on, at* auf); *to ~ o.'s heart, mind to s.o.* jdm sein Herz, s-e Gedanken eröffnen; *~ sesame* Sesam, öffne dich! *a. fig*; *~ to bribery* bestechlich; **~-air** *a* Freiluft-, Freilicht-; im Freien, unter freiem Himmel; **~ storage** Lagerung *f* unter freiem Himmel; **~-and-shut** *Am fam*: *~ case* klare(r) Fall *m*; **~-cast mining, -pit mining, ~ work(ings)** *pl min* Tagebau *m*; **~ cheque** Barscheck *m*; **~-door policy** Politik *f* der offenen Tür; **~-eared** *a* hellhörig; **~er** ['-ə] *(bes. in Zssgen)* Öffner *m*; Eröffnungsspiel *n*; *bottle-~~* Flaschenöffner *m*; *tin-, (Am) can-~~* Büchsenöffner *m*; **~-eyed** *a* aufmerksam, mit offenen Augen; überrascht; **~-handed** *a* freigebig; **~-hearted** *a* offenherzig, frei; aufrichtig; großzügig; **~-hearth process** *tech* Siemens-Martin-Verfahren *n*; **~ing** ['-pniŋ] Öffnung *f*, Lücke *f*; *(Brücke)* Spannweite *f*; *Am (Wald)* Lichtung, Errichtung, Eröffnung *f (a. Schach)*; Beginn, Anfang *m*; Inbetriebnahme, -setzung; (günstige) Gelegenheit, Aussicht *f*; offene Stelle; Erschließung *f*; *~~ balance sheet* Eröffnungsbilanz *f*; *~~ bridge* Klappbrücke *f*; *~~ speech* Eröffnungsrede *f*; **~-minded** *a* aufgeschlossen, nicht engstirnig; **~-mouthed** *a* mit offenem Mund, gaffend; gierig; laut; Schrei-; **~-ness** ['-nis] Offenheit *f*; Aufgeschlossenheit; Weitherzigkeit; Großzügigkeit; Aufrichtigkeit *f*; **~ order** *mil* geöffnete Ord-

open question — operator

nung *f*; **~ question** offene Frage *f*, strittige(r) Punkt *m*; **~ season** Jagdzeit *f*; **~ secret** offene(s) Geheimnis *n*; **~ shop** *Am* Betrieb *m*, der auch nichtorganisierte Arbeiter einstellt; **~ sight** *mil* Visierlinie *f*; **~ war(fare)** Bewegungskrieg *m*; **~-wire circuit** Freileitung *f*; **~-work** *a (Textil)* durchbrochen; *min* Tagebau-.

opera ['ɔpərə] Oper *f*; *(~ house)* Opernhaus *n*; *comic* ~ komische Oper *f*; *grand* ~ große Oper *f*; *light* ~ Singspiel *n*, Operette *f*; **~-cloak** Abendmantel *m*; **~-dancer** Ballettänzer(in *f*) *m*; **~-glass(es** *pl*) Opernglas *n*; **~-hat** Klappzylinder *m*; **~-tic** [ɔpəˈrætik] opernhaft; Opern-.

oper|able ['ɔpərəbl] durchführbar, gangbar; *med* operierbar; *tech* betriebsfähig; **-ate** ['ɔpəreit] *itr* in Betrieb, im Gange sein, arbeiten *(on steam* mit Dampf); funktionieren, s-n Zweck erfüllen; wirken *(on* auf); tätig sein; in Kraft sein, gelten, gültig sein; handeln; *mil med* operieren *(against* gegen; *on s.o.* jdn); *com* spekulieren; *tr* bewerkstelligen, bewirken, herbeiführen; in Gang bringen, in Betrieb setzen, betätigen; in Gang, in Betrieb halten; handhaben, bedienen; *bes. Am* betreiben, leiten; *(Auto)* fahren; *(Geschäft)* führen, leiten; *to be* ~d betrieben werden; in Betrieb sein; **-ating** [ˈɔpəreitiŋ] *s* Funktionieren *n*; Arbeitsgang *m*; *a attr:* ~~ *cabin* Vorführraum *m*; ~~ *characteristic* Betriebsmerkmal *n*; ~~ *condition* Betriebsfähigkeit *f*; *pl* -bedingungen *f pl*; ~~ *costs (pl)* Betriebskosten *pl*; ~~ *crew* Bedienung(smannschaft) *f*; ~~ *director, manager* Betriebsführer, Werkleiter, Direktor *m*; ~~ *engineer* Betriebsingenieur *m*; ~~ *hour* Betriebsstunde *f*; ~~ *instructions (pl)* Bedienungsanweisung *f*; ~~ *knob* Bedienungsknopf *m*; ~~ *lever* Schalthebel *m*; ~~ *panel* Bedienungstafel *f*; ~~ *range* Arbeitsbereich *m*; ~~ *receipts (pl)* Betriebseinnahmen *f pl*; ~~ *room (tele)* Bedienungs-, *film* Vorführ-, *med* Operationsraum *m*; ~~ *staff* Betriebspersonal *n*; ~~ *table (med)* Operationstisch *m*; ~~ *temperature* Betriebstemperatur *f*; ~~ *theatre (med)* Operationssaal, -raum *m*; ~~ *time* Betriebszeit, -dauer *f*; ~~ *trouble* Betriebsstörung *f*; ~~ *voltage* Betriebsspannung *f*; **-ation** [ɔpəˈreiʃən] Arbeitsgang *m*, -weise *f*, Verfahren *n*, Vorgang; Betrieb, Gang *m*, Handhabung, Tätigkeit *f*, Funktionieren; Betreiben *n*; Führung, Leitung; Handlungsfähigkeit, Wirkung(skraft) *(on* auf); Wirksamkeit; Betätigung; Geltung; Arbeit; Operation *f allg mil med; med* Eingriff *(on s.o.* bei jdm; *for* wegen); *com* Geschäftsvorgang *m*, Transaktion; Spekulation *f*; *mil* Einsatz *m*, Kampfhandlung *f*; *aero* Feindflug *m*; *in* ~~ in Betrieb; *out of* ~~ außer Betrieb; *to be in, to come, to put into* ~~ in Kraft sein, treten, setzen; in Betrieb sein, nehmen; *to undergo an* ~~ sich e-r Operation unterziehen; *banking* ~~ Banktransaktion *f*, -geschäft *n*; *financial* ~~ Geldgeschäft *n*; ~~ *analysis* Betriebsanalyse, Arbeitsstudie *f*; ~~ *for appendicitis* Blinddarmoperation *f*; ~~s *board* Lagekarte *f*; ~~ *costs (pl)* Betriebskosten *pl*; ~~ *of large formations (mil)* Führung *f* großer Verbände; ~~ *lever* Bedienungshebel *m*; ~~ *manual* Betriebshandbuch *n*; ~~ *order (mil)* Operationsbefehl *m*; ~~ *range (mil)* Operationsgebiet *n*; *aero* Aktionsradius *m*; ~~s *section (mil)* Abteilung *f* Ia; ~~s *staff (mil)* Führungsstab *m*; ~~ *supervision* Betriebsüberwachung *f*; **-ational** [-ˈreiʃən] *a* Betriebs-, Einsatz-; Führungs-; *mil* Operations-; taktisch; operativ; *tech* betrieblich; gebrauchs-, einsatzfähig; ~~ *airfield* Einsatz-, Feldflugplatz *m*; ~~ *base (mil)* Aufmarschgebiet *n*; *aero* Einsatzflugplatz *m*; ~~ *chart (tech)* Schaubild *n*; ~~ *difficulties (pl)* Betriebsschwierigkeiten *f pl*; ~~ *flight* Feindflug *m*; ~~ *funds (pl)* Betriebsmittel *n pl*; ~~ *headquarters (pl)* Führungsstab; Gefechtsstand *m*; ~~ *height* Einsatzflughöhe *f*; ~~ *instructions (pl)* Bedienungsvorschrift *f*; ~~ *order* Operationsbefehl *m*; ~~ *plan (mil)* Aufmarschplan *m*; ~~ *report* Gefechtsmeldung *f*; ~~ *staff (mil)* Führungsstab *m*; **-ative** ['ɔpərətiv, 'ɔpəreitiv] *a* betriebs-, einsatzfähig; betriebsbereit, funktionierend, in Betrieb; wirksam, fähig; durchführbar, praktisch; *mil med* operativ; Operations-; *to become* ~~ in Kraft treten; *s* (Industrie-, Fabrik-)Arbeiter; *Am* Detektiv *m*; **-ator** ['ɔpəreitə] Bedienende(r); Techniker; Maschinist; *med* Operateur; Kameramann; *(wireless* ~~) Funker; (Börsen-)Spekulant; *mot Am* Fahrer; *Am* Manager, Unternehmer, Betriebsleiter *m*; *fig* Triebkraft *f*; *Am sl* fabelhafte(r) Kerl *m*; *(telephone* ~~) Telephonistin *f*; *black-market* ~~ Schwarzhändler *m*; *cinema* ~~ Filmvorführer *m*.

opercul|ar [o(u)'pə:kjulə] deckelartig; Deckel-; **~um** [-əm] *pl* *-la* *bot* *zoo* Deckel *m*, Klappe *f*.

operetta [ɔpəˈretə] Operette *f*.

ophthalm|ia [ɔfˈθælmiə] Bindehautentzündung *f*; **~ic** [-ik] *a scient* Augen-; Ophthalmie-; **~** *dispenser (Am)* (Augen-)Optiker *m*; **~** *hospital* Augenklinik *f*; **~ologist** [ɔfθælˈmɔlədʒist] Augenarzt *m*; **~ology** [-ˈmɔlədʒi] Augenheilkunde *f*; **~oscope** [ɔfˈθælməskɔup] Augenspiegel*m*.

opiate [ˈoupiit] *s* Opiat; Schlaf-, Beruhigungsmittel *n*; *a* opiumhaltig; einschläfernd, beruhigend.

opine [o(u)ˈpain] *tr* meinen.

opinion [əˈpinjən] Meinung, Ansicht, Auffassung, Anschauung (*of* von); Stellungnahme *f*; Gutachten *n* (*on, upon* über); *jur* Urteil(sbegründung *f*) *n*; Schiedsspruch *m*; *pl* Anschauungen *f pl*, Überzeugung *f*; *by way of* **~** gutachtlich; *in my* **~** nach meiner Meinung; meiner Ansicht nach; meines Erachtens; *to act up to o.'s* **~s** nach s-r Überzeugung handeln; *to be of (the)* **~**, *to hold the* **~** *that* der Meinung *od* Ansicht sein, den Standpunkt vertreten, daß; *to form an* **~** sich e-e Meinung bilden; *to have no* **~** *of* keine gute Meinung haben, nichts halten von; *to have the courage of o.'s* **~s** sich zu s-r Überzeugung bekennen; *counsel's, legal* **~** Rechtsgutachten *n*; *expert's* **~** Sachverständigengutachten *n*; *a matter of* **~** Ansichtssache *f*; *medical* **~** ärztliche(s) Gutachten *n*; *press* **~s** *(pl)* Pressestimmen *f pl*; **~ated** [-eitid] *a* starrsinnig, verbohrt; voreingenommen; **~** *poll* Meinungsforschung *f*.

opium [ˈoupjəm] Opium *n*; **~-den** Opiumhöhle *f*; **~-eater** Opiumesser *m*; **~-smoker** Opiumraucher *m*.

opossum [əˈpɔsəm] *zoo* Opossum *n*.

opponen|cy [əˈpounənsi] Gegnerschaft, Opposition *f*, Widerstand *m*; **~t** [-t] *a* entgegengesetzt; gegnerisch, oppositionell (*to* dat); *s* Gegner, Opponent, Gegenspieler *m*.

opportun|e [ˈɔpətju:n, *Am* ɔpəˈt(j)u:n] *(Zeit)* gelegen, günstig, passend, angebracht; rechtzeitig; **~ism** [ˈɔpətju:nizm] Opportunismus *m*; **~ist** [ˈ-ist, *Am* -ˈtju:-nist] *s* Opportunist *m*; *a* opportunistisch; **~ity** [ɔpəˈtju:niti] glückliche Umstände *m pl*; rechte, günstige Zeit; (gute) Gelegenheit, Chance *f (of doing*, *to do* zu tun; *for s.th.* zu etw); *at the first* **~** bei der ersten Gelegenheit; *to miss, to take od to seize an* **~** e-e Gelegenheit verpassen, ergreifen; **~** *for advancement* Aufstiegsmöglichkeit *f*.

oppos|e [əˈpouz] *tr* entgegen-, gegenüberstellen, entgegensetzen; entgegentreten, bekämpfen; einwenden, Einspruch erheben, sich widersetzen; *itr* Widerstand leisten, opponieren *(against* gegen); **~ed** [-d] *a* entgegengesetzt, gegenteilig; feindlich *(to* gegen); Gegen-; *to be* **~** *to s.th* gegen etw sein; sich e-r S widersetzen; **~** *to common sense* vernunftwidrig; **~ing** [-iŋ] widerstrebend, -streitend, entgegengesetzt; **~ite** [ˈɔpəzit] *a* entgegenübergestellt, entgegengesetzt, feindlich *(to* dat); entgegengesetzt, völlig verschieden; *bot* gegenständig; *s* Gegenteil *n*, -satz *m*; *adv* im Gegensatz *(to* zu); *theat* in der Gegenrolle; *prp* gegenüber *dat*; *to take the* **~** *view* die gegenteilige Auffassung vertreten; **~** *number* Gegenstück, Pendant *n*; Gegenspieler *m*; **~** *party* Gegenpartei *f*; **~** *side* gegenüberliegende Seite *f*; **~ition** [ɔpəˈziʃən] Gegenüberstellung *f*; Gegensatz *(to* zu); Widerstand, -spruch *m (to* gegen); Feindseligkeit; *pol astr* Opposition *f*; *jur* Einspruch *m*; *to be in* **~** in der Opposition sein; *to meet with* **~** auf Widerstand stoßen; *to offer* **~** Widerstand leisten; **~** *leader (parl)* Oppositionsführer *m*; **~** *meeting* Protestversammlung *f*.

oppress [əˈpres] *tr* be-, niederdrücken; (gewaltsam) unterdrücken; tyrannisieren; **~ed** [-t] *a* niedergedrückt *(with* von, durch); **~ion** [əˈpreʃən] schwere(r) Druck *m*, Belastung; Be-, Unterdrückung; (schwere) Last; Niedergeschlagenheit, Verzweiflung *f*, Elend *n*, Not *f*; *jur* Mißbrauch *m* der Amtsgewalt; *feeling of* **~** Gefühl *n* der Beklemmung; **~ive** [əˈpresiv] (be-, er)drückend, (schwer) lastend; tyrannisch; niederdrückend, beklemmend; *(Hitze)* drückend; **~iveness** [-ˈpresivnis] Druck *m*, Belastung; Tyrannei *f*; *das* Niederdrückende, Beklemmende; **~or** [əˈpresə] Unterdrücker, Tyrann *m*.

opprobr|ious [əˈproubriəs] schändlich, schimpflich, schmählich, infam; **~** *language* Schimpfworte *n pl*; **~ium** [-əm] Schande, Schmach *f (to* für).

oppugn [əˈpju:n] *tr (geistig)* bekämpfen, bestreiten.

opt [ɔpt] *itr* stimmen, optieren, sich entscheiden *(for* für); *to* **~** *out* sich heraushalten; **~ion** [ˈɔpʃən] Wahl *f*; Abstimmung *f*, Entscheid *m*; Wahl-

optional recht *n*, -möglichkeit, -freiheit; (freie) Wahl *(Sache) f*; *com* Termin-, Prämiengeschäft; *com* Option *f*, Vorkaufsrecht *n*; *at s.o.'s* ~~ nach jds Wahl, Belieben; *to leave s.th. to s.o.'s* ~~ jdm etw freistellen; etw in jds Belieben stellen; *to make o.'s* ~~ s-e Wahl treffen; *I have the* ~~ *of doing so* es steht mir frei zu tun; *I have no* ~~ *but to* es bleibt mir nichts anderes übrig als zu; *first* ~~ Vorkaufsrecht *n*; *selling* ~~ Verkaufsrecht *n*; ~~ *of repurchase, redemption* Rückkaufsrecht *n*; ~~ *market* Terminmarkt *m*; ~~ *money* Prämie *f*; **-ional** ['ɔpʃənl] *a* wahlfrei, fakultativ; *s Am* Wahlfach *n*; *to be* ~~ freistehen; *to leave* ~~ freistellen; ~~ *at extra cost* auf Wunsch gegen besondere Berechnung.

optic|(al) ['ɔptik(əl)] optisch; Seh-; **~al** *illusion* optische Täuschung *f*; **~al** *range finder* optische(r) Entfernungsmesser *m*; **~al** *refraction* Lichtbrechung *f*; **~al** *view finder* Durchsichtssucher *m*; **-ian** [ɔp'tiʃən] Optiker *m*; *dispensing* ~~ Brillenhändler *m*; ~ **nerve** *anat* Sehnerv *m*; **-s** [-s] *pl mit sing* Optik *f*.

optim|ism ['ɔptimizm] Optimismus *m*; **-ist** ['-ist] Optimist *m*; **-istic(al)** [ɔpti-'mistik(əl)] optimistisch, hoffnungsfroh; **-um** ['ɔptiməm] Optimum *n a. biol*, Bestwert *m*.

opulen|ce, -cy ['ɔpjuləns(i)] Reichtum, Wohlstand; Überfluß *m*; **-t** ['-t] reich, wohlhabend; reichlich, üppig, luxuriös; *(Mahl)* opulent.

or [ɔː, ə] *conj* oder; *either* ... ~ entweder ... oder; *whether* ... ~ ob ... oder; ~ *else* sonst, andernfalls; ~ *even* oder sogar; ~ *rather* oder vielmehr; ~ *so* oder so, etwa, ungefähr; ~ *somebody, something, somewhere* oder sonst jemand, etwas, -wo.

orac|le ['ɔrəkl] *rel hist* Orakel *n a. fig*; *fig* Prophet; Weisheitsspruch *m*; *to consult the* ~~ das Orakel befragen; *to work the* ~~ *(fig)* geheime Fäden spinnen; Geld beschaffen; **-ular** [ɔ'rækjulə] orakelhaft, geheimnisvoll.

oral ['ɔːrəl] *a* mündlich, gesprochen; *anat* Mund-; *s fam* mündliche Prüfung *f*; *in* ~ *contact (radio)* in Sprechverbindung; ~ **cavity** Mundhöhle *f*; ~ **evidence** Zeugenvernehmung *f*; ~ **examination, test** mündliche Prüfung, *f*; **-ly** ['-i] *adv* mündlich; *med* oral.

orange ['ɔrindʒ] *s* Apfelsine, Orange *f*; *(~-tree)* Orangenbaum *m*; Orange(nfarbe *f*) *n*; *a* Apfelsinen-, Orangen-;

orange(farben), kreß; *bitter, sour* ~ Pomeranze *f*; **-ade** ['ɔrindʒ'eid] Orangeade *f*; ~ **peel** Orangenschale *f*.

orang|-outang, ~~utan ['ɔːrəŋ 'utæn(ŋ)] *zoo* Orang-Utan *m*.

orat|e [ɔː'reit] *itr hum pej* große Reden schwingen; **-ion** [ɔː'reiʃən] (feierliche, Fest-)Rede; *funeral* ~~ Grabrede *f*; *(in)direct* ~~ *(gram)* (in)direkte Rede *f*; **-or** ['ɔrətə] Redner *m*; *jur Am* Kläger *m*; **-orical** [ɔrə'tɔrikəl] rednerisch; Rede-; **-orio** [ɔːrə'tɔːriou] *pl -os mus* Oratorium *n*; **-ory** ['ɔrətəri] Redekunst, Rhetorik; *rel arch* (kleine) Kapelle *f*.

orb [ɔːb] Kugel *f*; Himmelskörper, Reichsapfel; *poet* Augapfel *m*, Auge *n*; **-ed** [-d] *a* gerundet, kreisförmig; umringt; **-icular** [ɔː'bikjulə] kugelig; kreisförmig; **-it** ['ɔːbit] *s med* Augenhöhle; *orn* Augenliderhaut; *phys astr* Kreis-, Umlauf-, Planetenbahn *f*; *fig* Erfahrungs-, Tätigkeits-, Wirkungs-, Lebensbereich *m*; *tr* auf e-e Bahn bringen um; *itr* kreisen; **-ital** ['-itl] Kreis-, Bahn-; ~~ *cavity* Augenhöhle *f*.

orchard ['ɔːtʃəd] Baumwiese *f*, (großer) Obstgarten *m*; **-ing** ['-iŋ] Obstbau *m*.

orchestr|a ['ɔːkistrə] Orchester *n*; *hist* Orchestra *f*; *(~~ pit) theat* Orchesterraum *m*; *(~~ stalls, (Am) ~~ chairs, seats) theat* Orchestersessel *m (Platz) f*; *(Am:* ~~ *circle) theat* Parkett, Parterre *n*; **-al** [ɔː'kestrəl] orchestral; Orchester-; **-ate** ['ɔːkistreit] *tr mus* orchestrieren, instrumentieren; **-ation** [ɔːkes'treiʃən] Orchestrierung *f*.

orchid ['ɔːkid] Orchidee *f*; **-aceous** [ɔːki'deiʃəs] *bot* Orchideen-; *fig* prächtig, herrlich; ~ **grower** Orchideenzüchter *m*; **orchis** ['ɔːkis] *pl -es* [-iz] Knabenkraut *n*; Orchidee *f*.

ordain [ɔː'dein] *tr jur* an-, verordnen, verfügen, erlassen; *fig* bestimmen, festlegen; *rel* ordinieren, zum Priester weihen; **-ing** [-iŋ] *rel* Ordination *f*.

ordeal [ɔː'diːl] *hist* Gottesurteil *n*; *fig allg* Feuerprobe, Schicksals-, schwere Prüfung *f*, böse Erfahrungen *f pl*.

order ['ɔːdə] **1.** *s* (An-)Ordnung, (Reihen-)Folge *f*; Plan *m*, System *n*, Klasse, Gruppe; Art *f*; Stand, Rang *m*, gesellschaftliche Stellung *f*; Orden *m*, Bruderschaft *f*; Ordensabzeichen *n*; Ordnung *f*, geordnete(r) Zustand *m*, Verhältnisse *n pl*; ordentliche(s) Betragen; *mil* Kommando *n*, Befehl *m*; Anweisung, -ordnung, Verfügung *f*, Erlaß *m*; Vorschrift; Tages-, Geschäftsordnung, Festordnung *f*; *com* Auftrag *m*, Bestellung, Order *(for* auf); bestellte Ware; Portion *f*; Zahlungsauftrag *m*, (Geld-)

order   679   **ordinary**

Anweisung; *Br* Freikarte; *jur (vorläufige)* Verfügung *f*, Beschluß *m*; *mil (bestimmter)* Anzug *m*, Ausrüstung *f*; *arch* (Säulen-)Ordnung; *zoo bot* Ordnung; *med* Verordnung *f*; **2.** *tr* (an)ordnen, arrangieren; in Ordnung halten; befehlen; *mil* kommandieren; e-n Befehl, e-n Auftrag geben *od* erteilen (*jdm*), beauftragen, anweisen; verfügen, bestimmen; vorschreiben; in Auftrag geben, bestellen (*from* von); *rel* ordinieren; *med* verordnen; *to ~ about (tr)* herumkommandieren; **3.** *according to ~* auftragsgemäß; *as per ~* laut Bestellung; *by ~* auf Befehl, im Auftrag (*of s.o.* jds); *com* auf Bestellung (*of gen*), laut Auftrag; *by ~ of the court* auf Gerichtsbeschluß; *in ~* in Ordnung, der Reihe nach; passend, angebracht; *in ~ of* (geordnet) nach; *in ~ of size* der Größe nach geordnet; *in ~ to* um zu; *in ~ that* damit, daß; *in alphabetical ~* in alphabetischer Ordnung, nach dem Alphabet; *in (good) ~* in gutem Zustand; *in short ~ (Am)* in (aller) Eile, ohne weitere Umstände; *of the first ~* erstklassig; *on ~* bestellt; auf Bestellung; *in* Auftrag gegeben; *out of ~* außer der Reihe *od* Ordnung; unpassend; in Unordnung; in schlechtem Zustand; nicht betriebsfähig; kaputt; *to ~* auftragsgemäß; *an* Order; *under the ~s of (mil)* unter dem Befehl *gen*; **4.** *to be under ~s to* Befehl haben zu; *to call to ~* zur Ordnung rufen; *Am (Versammlung)* eröffnen; für eröffnet erklären; *to call for ~s* Bestellungen einholen; *to execute an ~* e-n Befehl, e-n Auftrag, e-e Bestellung ausführen; *to give an ~* e-n Befehl, e-n Auftrag geben *od* erteilen (*com a.: to place an ~*); *to keep in ~* in Ordnung halten; *to make to ~* auf Bestellung anfertigen; nach Maß machen; *to put in ~* in Ordnung bringen; *to restore ~* die Ordnung wiederherstellen; *to rise to ~* zur Geschäftsordnung sprechen; *to take (holy) ~s* in den geistlichen Stand treten; *~! ~!* zur Ordnung! *arms!* Gewehr — ab! *you are out of ~* Sie haben nicht das Wort! *I'm just following ~s* ich halte mich nur an die Anordnungen; **5.** *buying, purchasing ~* Kaufauftrag *m*; *confirmation of an ~* Auftragsbestätigung *f*; *counter-~* Gegenbefehl *m*; Abbestellung *f*; *delivery ~* Lieferschein *m*; *a large, tall ~ (fig)* keine leichte Sache; *law and ~* öffentliche Ordnung *f*; *monastic ~* Mönchsorden *m*; *money ~* Zahlungsanweisung; Geldüberweisung *f*; *payable to ~* zahlbar an Order; *peace and ~* Ruhe u. Ordnung *f*; *postal ~* Postanweisung *f*; *religious ~* geistliche(r) Orden *m*; *rule of the ~ (rel)* Ordensregel *f*; *standing ~* Geschäftsordnung *f*; *com* Dauerauftrag *m*; *~ to arrest* Haftbefehl *m*; *~ of battle* Schlachtordnung, Kampfgliederung *f*; *~ of the court* Gerichtsbeschluß *m*; *~ of the day* Tagesordnung *f*, -befehl *m*; *the O~ of the Garter* der Hosenbandorden; *the O~ of the Purple Heart* das (amerik.) Verwundetenabzeichen; *~ of knighthood* Ritterorden *m*; *~ to pay* Zahlungsbefehl *m*; *~ of precedence* Rangordnung *f*; *~ of, to release* Freilassungsbefehl *m*; *~ to sell* Verkaufsauftrag *m*; **~-bill** *com* Orderpapier *n*; **~ blank, form** Auftragsformular *n*, Bestellschein, -zettel *m*; **~ book** Auftragsbuch *n*; **~ department** Auftragsabteilung *f*; **~ed** ['-d] *a* bestellt; *as ~* laut Bestellung; *to be ~ to pay costs* zu den Kosten verurteilt werden; **~ing** ['-riŋ] Ordnen *n*, Regelung *f*; **~less** ['-lis] ungeordnet, in Unordnung, unordentlich; **~liness** ['-linis] (gute) Ordnung; Ordentlichkeit, Regelmäßigkeit; Disziplin *f*; **~ly** ['-li] *a* ordentlich, geordnet, systematisch, regelrecht, -mäßig, sauber; gesetzlich, gesittet, friedlich, ruhig; *mil* Dienst-, Ordonnanz-; diensttuend; *s* Ordonnanz *f*; (Offiziers-)Bursche; Melder; *(hospital ~~)* (Kranken-)Wärter *m*; *street ~~* Straßenkehrer *m*; **~ book** Dienstbuch *n*; **~ corporal** Unteroffizier *m* vom Dienst (U.v.D.); **~ officer** Offizier *m* vom Dienst (O.v.D.); Ordonnanzoffizier *m*; **~~ room** *(mil)* Geschäftszimmer *n*, Schreibstube *f*; **~ number** Bestell-, Auftragsnummer *f*; **~ paper** Tagesordnung *f*; *Am* Orderpapier *n*; **~ sheet** Bestellschein, -zettel *m*.

ordin|al ['ɔ:dinl] *a* Ordnungs-; *s (~~ number) gram* Ordnungszahl *f*; **~ance** ['ɔ:dinəns] Anordnung, -weisung, Vorschrift; *Am* Verordnung *(e-r städtischen Behörde)*; Regel *f*, Brauch *m*, Sitte *f*; *rel* Ritus *m*, *bes.* Kommunion, Abendmahlsfeier *f*; **~ary** ['ɔ:dnri] *a* gebräuchlich, üblich, alltäglich; regulär, normal, gewöhnlich; einfach, schlicht; vertraut; *s* ordentliche(r) Richter *od* Geistliche(r); Anstaltsgeistliche(r) *m*; *rel* Ordinarium; *Br* Tagesgericht; *Am* Wirtshaus; gewöhnliche(s) Leben *n*, Lauf *m* der Dinge; *hist* Hochrad *n*; *in ~~ (bei e-r Berufsbezeichnung)* ordentlich, aktiv; Leib-*(Arzt)*, Hof-

ordinate 680 **originally**

(Lieferant); *in the ~~ way* unter gewöhnlichen, normalen Umständen; *out of the ~~* außerordentlich, außer-, ungewöhnlich, selten, Ausnahme-; *not out of the ~~* nicht aus dem Rahmen fallend; *~~ bill* Handelswechsel *m*; *~~ court* ordentliche(s) Gericht *n*; *~~ debt* Massenschuld *f*; *pl* Buchschulden *f pl*; *~~ face* Alltagsgesicht *n*; *~~ reader* Durchschnittsleser *m*; *~~ seaman* Leichtmatrose *m*; *~~ shares (pl) stock* Stammaktien *f pl*; **-ate** ['ɔ:dnit] *math* Ordinate *f*; **-ation** [ɔ:di'neiʃən] *rel* Priesterweihe *f*.

ordnance ['ɔ:dnəns] *s* Artillerie *f*, Geschützwesen *n*, Geschütze *n pl*; Waffen u. Geräte, Waffen u. Munition; *attr* Geschütz-, Waffen- u. Munitions-; *piece of ~* Geschütz *n*; **- department** Waffenamt *n*, Feldzeugmeisterei *f*; **- depot** Artillerie-, Geschützdepot *n*; **- (field-)park** Gerätepark *m*; **- piece** Geschütz *n*; **- survey** Landesaufnahme *f*; Vermessungstrupp *m*; **~(-survey) map** *Br* Generalstabskarte *f*, Meßtischblatt *n*; **- workshop company** Waffenausbesserungskompanie *f*; **- yard** Artillerieschießplatz *m*.

ordure ['ɔ:djuə] Schmutz, Kot; Dung *m*; *fig* schmutzige Rede *f*.

ore [ɔ:] *min* Erz *n*; **~-bearing** erzhaltig; **- dressing** Erzaufbereitung *f*.

organ ['ɔ:gən] *biol* Organ *a. fig*; *fig* Werkzeug, Mittel *n*; Orgel; Stimm(stärk)e *f*; **~-builder** Orgelbauer *m*; **~-grinder** Leierkastenmann *m*; **-ic** [ɔ:'gænik] *physiol med chem fig* organisch; *mil* verbands-, einheitseigen; *~~ chemistry* organische Chemie *f*; *~~ disease* organische(s) Leiden *n*; *~~ law* Grundgesetz *n*, Verfassung *f*; *an ~~ unity* e-e organische Einheit; **-ism** ['ɔ:gənizm] *biol fig* Organismus *m*; *fig* Organisation *f*, Gefüge *n*; **-ist** ['-ist] *mus* Organist *m*; **-ization** [ɔ:gənai'zeiʃən] Organisation *f*; (Auf-)Bau *m*, Struktur, Bildung, Gliederung, Gestalt(ung); Gründung, Einrichtung *f*; *mil* Stellungsausbau *m*; Organisation, Gesellschaft, Vereinigung *f*, Verein, Verband *m*; Parteiorganisation, -leitung *f*, Funktionäre *m pl*; Dienststelle *f*; *charity ~~* Hilfswerk *n*; *marketing ~~* Absatzorganisation *f*; *youth ~~* Jugendorganisation *f*; *~~ chart* Organisationsplan *m*; **-ize** ['ɔ:gənaiz] *tr* organisieren, einrichten, aufbauen, gestalten, gliedern; ins Leben rufen, gründen; *(Arbeit)* einteilen; *Am (Arbeiter gewerkschaftlich)* organisieren; *itr* sich aufbauen, sich gliedern; *~~d labor (Am)* organisierte Arbeiterschaft *f*; **-izer** ['-aizə] Organisator; Gründer *m*; **~-loft** Orgelbühne *f*; **~-pipe** Orgelpfeife *f*; **~ recital** Orgelkonzert *n*; **~ stop** Orgelregister *n*.

organdie, organdy ['ɔgəndi] Organdy *m*.

orgasm ['ɔ:gæzm] *physiol* Orgasmus *m*; *fig* Höhepunkt *m*.

org|iastic [ɔ:dʒi'æstik] orgiastisch; **-y** ['ɔ:dʒi] Orgie; Ausschweifung *f*.

oriel ['ɔ:riəl] Erker(fenster *n*) *m*.

orient ['ɔ:riənt] *s geog* Orient *m*; *obs poet* Morgenland *n*; *poet* Ost(en) *m (Himmelsrichtung)*; *a poet* östlich; *poet (Gestirn)* aufgehend; strahlend, glänzend; *v* ['ɔ:rient] *tr* orientieren *a. fig*, ausrichten *(to* nach); in Beziehung setzen; *(Karte)* einnorden; **-al** [ɔ:ri'entl] *a* östlich; *(O~~)* orientalisch, *obs* morgenländisch; *s* Orientale *m*, Orientalin *f*; *~~ carpet, rug* Orientteppich *m*; **-alist** [-'entəlist] Orientalist *m*; **-ate** ['ɔ:rienteit] *tr* orientieren a. *fig*; *itr* orientiert sein; sich anpassen; *to ~~ o.s. (fig)* sich orientieren; **-ation** [ɔ:rien'teiʃən] Orientierung *a. fig*; *fig* Informierung, Anweisung; Ortung; Anpassung *f*; Ortssinn *m*, Orientierungsgabe *f*; *(Karte)* Einnorden *n*; *~~ course* Schulungskurs *m*.

orifice ['ɔrifis] Öffnung, Mündung *f*.

origin ['ɔridʒin] *s* Ursprung, Anfang, Beginn *m*; Herkunft, Abstammung, Geburt; Quelle *f*; *tech* Nullpunkt *m*; *country of ~* Herkunftsland *n*; *place of ~* Herkunfts-, Aufgabe-, Geburtsort *m*; *proof of ~* Herkunftsnachweis *m*; **-al** [ə'ridʒnəl] *a* ursprünglich, anfänglich; Anfangs-, Ausgangs-; Ur-; Original-; original; originell; selbständig, erfinderisch; *s* Ausgangsform *f*; *(Kunst, lit)* Original *n*; Erstausfertigung, Urschrift *f*, Urtext *m*; *(Kunst)* Modell *n*, Vorlage *f*; Original *n*, (komischer) Kauz *m*; *in the ~~* urschriftlich; *~~ capital* Anfangs-, Grundkapital *n*; *~~ cost* Anschaffungskosten *pl*; *~~ edition (Buch)* Originalausgabe *f*; *~~ firm* Stammhaus *n*; *~~ language* Ursprache *f*; *~~ price* Selbstkostenpreis *m*; *~~ share* Stammaktie *f*; *~~ sin* Erbsünde *f*; *~~ version* Urfassung *f*; **-ality** [əridʒi'næliti] Ursprünglichkeit; Selbständigkeit; Originalität; Echtheit *f*; **-ally** [ə'ridʒnəli] *adv* ursprünglich, anfänglich; hauptsächlich, in erster Linie; auf neue

originate — **ostentation**

Weise; **~ate** [ə'ridʒineit] *tr* hervorbringen, erzeugen, (er)schaffen, ins Leben rufen; verursachen; begründen; erfinden; *itr* entstehen, entspringen *(from, in* aus; *with, from s.o.* bei, durch jdn); ins Leben treten, s-n Ausgang nehmen, anfangen, beginnen; **~ation** [ərıdʒi'neıʃən] Erzeugung, (Er-)Schaffung; Erfindung; Entstehung *f*, Ursprung, Beginn, Anfang *m*; **~ative** [ə'rıdʒineıtıv] schöpferisch; erfinderisch; **~ator** [ə'rıdʒıneıtə] Erzeuger, Erschaffer, Urheber, Erfinder; Schöpfer, Begründer; Schreiber, Absender; Ausgangspunkt *m*, Motiv *n*; **~~'s** *number* Referenznummer *f*.
oriole ['ɔːrıoul] Pirol *m*.
ormolu ['ɔːməluː] Goldbronze *f*; unechte(s) Blattgold *n*.
ornament ['ɔːnəmənt] *s* Schmuck *m*, Zier(de) *(to* für); Verzierung *f*, Dekor(ation *f*) *m* u. *n*; Zier-, Dekorationsstück *n*; *fig* Zierde *(Mensch)*; Ausschmückung, Verzierung *a. mus*, Verschönerung; Staffage *f*, äußere(r) Prunk *m*; *pl* kirchliche Geräte u. Kleidungsstücke *n pl; tr* ['-ent] ausschmücken, verzieren, dekorieren, verschönern; **~al** [ɔːnə'mentl] ausschmückend, verschönernd, dekorativ; Schmuck-, Zier-; **~~** *lantern* Schmuckleuchte *f*; **~~** *painter* Dekorationsmaler *m*; **~~** *shrub* Zierstrauch *m*; **~~** *type* Zierschrift *f*; **~ation** [-men'teıʃən] Ausschmückung, Verschönerung *f*; Dekor(ation *f*), *m* u. *n* Schmuck *m*.
ornate [ɔː'neıt] *a* (mit Schmuck, Verzierungen) überladen *a. fig; (Stil)* geziert, gekünstelt.
ornitholog|ical [ɔːniθə'lɔdʒikl] *a* ornithologisch; **~ist** [ɔː'niθələdʒist] Ornithologe *m*; **~y** [-'θələdʒi] Ornithologie, Vogelkunde *f*.
oro|graphy [ə'rɔgrəfi] Orographie, Beschreibung *f* der Gebirgsformen; **~logy** [ə'rɔlədʒi] Gebirgskunde *f*.
orotund ['ɔrə(u)tʌnd] *(Stimme)* (klang)voll, kräftig, hell; *(Stil)* schwülstig, pomphaft, überladen.
orphan ['ɔːfən] *s* Waise *f*; *a* verwaist *a. fig;* Waisen-; *tr* zu e-r Waise machen, der Eltern berauben; **~age** ['-idʒ] Verwaistheit *f*, -sein *n*; Waisen *f pl; (~asylum, -home)* Waisenhaus *n*; **~boy** Waisenknabe *m*; **~child** Waisenkind *n*; **~ed** ['-d] *a* verwaist.
orrery ['ɔrəri] Planetarium *n*.
orris, *Am a.* **orrice** ['ɔris] **1.** Schwertbes. Himmelslilie; *(~root)* Gilgenwurzel *f*; **2.** Goldborte *f*.

ortho|- ['ɔːθə, 'ɔːθə, 'ɔːθə(u)] *in Zssgen* Recht-; **~chromatic** ['ɔːθə(u)krə(u)-'mætik] *photo* orthochromatisch; **~dox** ['ɔːθədɔks] recht-, strenggläubig, orthodox; *the O~~ (Eastern) Church* die (Griechisch-)Orthodoxe Kirche *f*; **~doxy** ['-dɔksi] Recht-, Strenggläubigkeit, Orthodoxie *f*; **~graphic(al)** [ɔːθə'græfik(əl)] orthographisch, Rechtschreib-; **~graphy** [ɔː-'θɔgrəfi] Rechtschreibung, Orthographie *f*; **~p(a)edic** [ɔːθə(u)'piːdik] *a* orthopädisch; *s pl* u. **~p(a)edy** ['ɔːθə(u)piːdi] Orthopädie *f*; **~p(a)edist** [ɔːθə(u)'piːdist] Orthopäde *m*.
ortolan ['ɔːtələn] *orn* Garten-, Fettammer *f*, Ortolan *m*.
Oscar ['ɔskə] Oskar; *Am sl* Zaster *m*.
oscill|ate ['ɔsileıt] *itr* schwingen *a. el*; unentschieden, unentschlossen sein, schwanken; pendeln; **~ating** ['-eıtıŋ] schwingend; Schwing-; **~~** *circuit, period* Schwingkreis, -ungsdauer *f*; **~ation** [ɔsi'leıʃən] Schwingung *a. phys el*; Pendelbewegung *f*; Schwankungen *f pl*, Ungleichmäßigkeit *f; natural ~~* Eigenschwingung *f*; **~ator** ['ɔsileıtə] *radio* Oszillator *m*; **~~** *tube* Senderöhre *f*; **~atory** ['ɔsilətəri] schwingend; periodisch; **~ograph** ['ɔ'siləgraːf] *el* Oszillograph *m*; **~oscope** [ə'siləskoup] Braunsche Röhre *f*, Bildschirm *m*.
oscul|ant ['ɔskjulənt] sich berührend; *biol* Zwischen-, gemeinsam; *zoo* verwandt; **~ate** ['-eıt] *tr itr* (sich) küssen; (sich) berühren; *math* (sich) schmiegen; *tr biol (Merkmale)* gemeinsam haben *(with* mit); **~ation** [ɔskju'leıʃən] *hum* Küssen *n*; Kuß *m*; enge Berührung *f; math* Schmiegungspunkt *m*.
osier ['ouʒə] Korbweide *f*; **~~bottle** Korbflasche *f*; **~~furniture** Korbmöbel *n pl*; **~~work** Korbwaren *f pl*.
osmo|sis [ɔz'mousis] *phys biol* Osmose *f*; **~tic** [ɔz'mɔtik] osmotisch.
osprey ['ɔspri] Fisch-, Flußadler *m*; Reiherfedern *f pl*.
oss|eous ['ɔsiəs] knöchern; Knochen-, knochig; **~~** *system* Knochensystem *n*; **~icle** ['ɔsikl] Knöchelchen *n; auditory ~~ (anat)* Gehörknöchelchen *n*; **~ification** [ɔsifi'keıʃən] Verknöcherung *f*; **~ify** ['ɔsifai] *tr itr* verknöchern *a. fig*; verhärten *(into* zu); *itr fig* sich fixieren, sich einfressen, erstarren *(into* zu); **~uary** ['ɔsjuəri] Knochenurne *f*; Beinhaus *n*.
osten|sible [ɔs'tensəbl] vor-, angeblich, vorgetäuscht, scheinbar; **~tation** [ɔsten'teıʃən] Zurschautragen,

Gepränge *n*, Prunk *m*; Protzen *n*; **~tatious** [-'teiʃəs] prahlerisch, prunkend, protzig, *fam* angeberisch.

osteo|logy [ɔsti'ɔlədʒi] Osteologie, Knochenlehre *f*; **~plasty** ['ɔstiəplæsti] Osteoplastik *f*, Knochenersatz *m*; **~tomy** [ɔsti'ɔtəmi] Osteotomie, Knochenresektion *f*.

ostler ['ɔslə] Stall-, Pferdeknecht *m*.

ostrac|ism ['ɔstrəsizm] *hist* Ostrazismus *m*, Scherbengericht *n*; *allg* (soziale) Ächtung *f*; **-ize** ['-aiz] *tr* verbannen; *fig* ächten.

ostrich ['ɔstritʃ] *orn* Strauß *m*; *to bury o.'s head ~-like in the sand (fig)* den Kopf in den Sand stecken; *to have the digestion of a ~* e-n guten Magen haben; **~ feather** Straußenfeder *f*.

other ['ʌðə] *a prn* ander; andersartig; weiter, zusätzlich; *s: the ~* der, die, das andere; *adv* anders, auf andere Weise; *among ~s* unter anderen; *among ~ things* unter anderem; *each ~, one another* einander, sich (gegenseitig); *every ~ day* einen Tag um den andern; jeden zweiten Tag; *none ~ than* kein anderer als; *of all ~s* von allen; *on the ~ hand* ander(er)seits; *one after the ~* e-r nach dem andern; *one from the ~* voneinander; *somehow or ~* irgendwie; *someone or ~* der eine oder andere; *some time, day or ~* (irgendwann) einmal, e-s (schönen) Tages; *some way or ~* auf irgendeine Weise; *the ~ day* neulich; *~ than* anders als; *~ things being equal* unter gleichen Umständen; *the ~ side of the coin (fig)* die Kehrseite *f* der Medaille; *the ~ world* das Jenseits; **~ness** ['-nis] Andersartigkeit, Verschiedenheit *f*; **-wise** ['-waiz] *adv* auf andere Weise; in anderer Hinsicht, sonst; im übrigen; unter andern Umständen; *a pred* anders; **~worldly** ['-'wə:ldli] *adv* aufs Jenseits gerichtet; weltfremd.

ot|ic ['outik, 'ɔtik] *a* Ohren-, Gehör-; **~itis** [o(u)'taitis] Ohrenentzündung *f*; **~~ media** [-'mediə] Mittelohrentzündung *f*; **~ologist** [o(u)'tɔlədʒist] Ohrenarzt *m*; **~ology** [o(u)'tɔlədʒi] Ohrenheilkunde *f*; **~o-rhino-laryngologist** ['outo(u)-'raino(u)lærin'gɔlədʒist] Facharzt *m* für Hals-, Nasen- u. Ohrenkrankheiten; **~o-rhino-laryngology** Hals-, Nasen- u. Ohrenheilkunde *f*; **~scope** ['outəskoup] *med* Ohrenspiegel *m*.

otiose ['ouʃious] müßig, unwirksam, unfruchtbar; unnütz, überflüssig.

otter ['ɔtə] *zoo* (Fisch-)Otter *(Marderart)*; Otterpelz *m*.

Ottoman ['ɔtəmən] *a* osmanisch, türkisch; *s* Osmane, (osmanischer) Türke *m*; *o~* Liegesofa *n*, Couch *f*.

ouch [autʃ] *interj* au! autsch!

ought [ɔ:t] **1.** *aux itr, nur pret* sollte, müßte; *you ~ to do it* du solltest es tun; *you ~ to have done it* du hättest es tun sollen; **2.** *s fam* Null *f*; **3.** *s aught*.

ounce [auns] **1.** Unze *f (Gewicht, = 1/16 engl. Pfund od 28,35 g)*; ein bißchen, etwas; *by the ~* dem Gewicht nach; **2.** *zoo* Luchs; Schneeleopard *m*.

our ['auə] *prn* unser(e); **-s** ['-z] der, die, das unsrige, uns(e)re; *pl* die unsrigen, uns(e)re; *that is ~~* das gehört uns; *a friend of ~* ein Freund von uns; e-r unserer Freunde; **~selves** [-'selvz] *refl* uns (selbst); *(verstärkend) (wir ...)* selbst; *between, (all) by ~~* (ganz) unter uns, allein.

oust [aust] *tr* austreiben, hinauswerfen, verdrängen *(from* aus); enteignen; *(~ from office)* s-s Amtes entheben; *to ~ jurisdiction* den Rechtsweg ausschließen; **-er** ['-ə] *jur* Besitzstörung, (unrechtmäßige) Enteignung; Entfernung aus dem Amt; Amtsenthebung *f*.

out [aut] **1.** *adv* her-, hinaus, nach draußen; (von zu Haus) weg; draußen; aus dem Hause, nicht zu Hause, nicht daheim; außer Haus *(schlafen)*; in die Gesellschaft eingeführt; *(Buch)* erschienen; (bis) zu Ende, aus; *(Feuer, Licht)* aus; *(Gerät)* abgestellt; nicht in Tätigkeit, nicht bei der Arbeit, im Streik; nicht (mehr) im Amt, nicht (mehr) an der Regierung, entlassen; *(Buch)* verliehen; aus der Übung, aus der Mode, unmodern, veraltet; verschoben, verrutscht; im Irrtum; heraus, ans Licht (gekommen); *mit Verben:* aus-, her-, hinaus-; *all ~ (fam mot)* mit Vollgas; *~ and about (nach e-r Krankheit)* wieder auf (dem Posten); *~ and away* weit entfernt; *~ and ~ (adv)* durch u. durch, voll u. ganz, ganz u. gar; *~ from under (fam)* über den Berg *fig; to be ~* nicht zu Hause, ausgegangen sein; nicht mehr im Amt *od* am Ruder sein; aus der Mode sein; auf See, im Felde sein; zu Ende sein; streiken; *to be ~ after s.o.* hinter jdm her sein; *to be ~ at elbows* die Ärmel an den Ellbogen durchgestoßen haben; *fig* in schlechten Verhältnissen leben; *to be ~ for* aus sein auf, es abgesehen haben auf; *to be ~ of work* arbeitslos sein; *to break ~* ausbrechen; *to come ~* gesellschafts-, ballfähig werden; *to fill ~* ausfüllen; *to find ~* ausfindig machen; erfahren; *s.o.* jdn durchschauen; *to give* ~ austeilen; zu Ende gehen; *to have it* ~ *with s.o.* sich mit jdm gründlich ausea.setzen; *to look* ~ achtgeben, aufpassen; *(Fenster)* hinausgehen (on auf); *to read, speak* ~ laut u. deutlich lesen, sprechen; *to stand* ~ hervorragen; *to wash* ~ *(Fleck)* sich auswaschen; *to wear* ~ *(Kleidungsstück)* auftragen; *this isn't* ~ *of your way* das ist kein Umweg für Sie; *that's* ~ *of the question* das kommt nicht in Frage; **2.** *prp (meist:* ~ *of)* aus (... heraus); außer *dat*, nicht in, außerhalb *gen*; aus *(e-m Material)*, von; *(Grund)* aus, vor; ~ *of bounds* verboten (to für); ~ *of breath* außer Atem; ~ *of curiosity* aus Neugierde; ~ *of date* veraltet; ~ *of doors* vor der, die Tür; im Freien; ~ *of doubt* außer Zweifel, zweifellos; ~ *of drawing* verzeichnet; ~ *of fear* vor Angst; ~ *of gold* aus Gold; ~*of-hand* sofort(ig); ~ *of hearing* außer Hör-, Rufweite; ~ *of it* nicht dabei; im Irrtum; ~ *of joint* aus den Fugen; ~ *of mind* nicht bei Verstand; ~ *of money* nicht bei Kasse; ~ *of number* ohne Zahl, zahllos, ungezählt; ~ *of print (Buch)* vergriffen; ~ *of sight* außer Sicht; ~ *of step* nicht im Schritt; ~ *of temper* aus der Fassung; ~ *of town* auswärts, außerhalb; ~ *of tune* verstimmt; ~ *of the way* aus dem Wege; ~ *of wedlock* unehelich; ~ *of work* ohne Arbeit, arbeitslos; **3.** Außenstehende(r); Entlassene(r), *fam* Ausgebootete(r) *m*; ausgegebene Summe *f*; *sport* Aus *n*; Auslassung, *typ* Leiche, *fam* Ausrede, -flucht; *pl parl* Opposition *f*; *the ins and the* ~*s* die Regierung u. d. Opposition; alle Einzelheiten *f pl*; **4.** *itr* herauskommen, bekanntwerden; *tr fam* 'rauswerfen, an die Luft setzen; *(Boxen)* k.o. schlagen; besiegen; umbringen; **5.** *interj* hinaus *(with mit)*! ~**-and-**~ *a* völlig, vollständig, vollkommen; durch u. durch, ausgemacht; ~**-and-**~**er** *sl* Pracht-, Pfundskerl *m*; Pfunds-, ganz große Sache *f*, tolle(s) Ding *n*; ~**-of-date** *a* veraltet; unmodern, altmodisch; ~**-of-door** *a* Außen-, Freiluft-, Freilicht-; ~**-of-doors** *a* = ~*-of-door*; *adv s* = *out-doors*; ~**-of-fashion** altmodisch; ~**-of-pocket**: ~~ *expenses (pl)* Barauslagen *f pl*; ~**-of-school** außerschulisch; ~**-of-the-way** *a* abgelegen, einsam; ausgefallen, ungewöhnlich; abseitig; *(Preis)* übertrieben hoch; ~**-of-work** *a* Arbeits-, Erwerbslosen-; *s* Arbeitslose(r) *m*.

out|age ['autidʒ] Aussetzen *n*, Unterbrechung, Pause*f*; ~**balance**[-'bæləns] *tr* übertreffen, -steigen; ~**bid** [-'bid] *irr (s. bid) tr* überbieten; ~**bidder** [-'bidə] Mehrbietende(r) *m*; ~**bidding** [-'bidiŋ] Mehrgebot; höhere(s) Gebot *n*; ~**board** ['-bɔ:d] *a* Außenbord-; ~~ *motor* Außenbordmotor *m*; ~**bound** ['-baund] *a* für das Ausland bestimmt; ins A. fahrend; auf der Ausreise (begriffen); *aero* im Abflug; ~**brave** [-'breiv] *tr* an Mut übertreffen, mutiger sein als; herausfordern, trotzen (*s.o.* jdm); ~**break** ['-breik] Ausbruch *m* (*e-r Krankheit, e-s Aufstandes*); ~~ *of war* Kriegsausbruch *m*; ~**breeding** ['-bri:diŋ] Exogamie, Heirat *f* außerhalb des Stammes; ~**building** ['-bildiŋ] Nebengebäude *n*; ~**burst** ['-bə:st] Ausbruch *m a. fig*; an ~~ *of anger* ein Zornausbruch *m*; ~**cast** ['-ka:st] *s* Ausgestoßene(r); Auswurf *m*; *a* ausgestoßen, verbannt; *tr irr s. cast* ausstoßen, verbannen; ~**caste** ['ka:st] Kastenlose(r), Paria *m* (*in Indien*); ~**class** [-'kla:s] *tr* weit hinter sich lassen, weit übertreffen; ~**come** ['-kʌm] Ausgang *m*, Ergebnis *n*, Folge *f*; ~**crop** ['-krɔp] *s geol* Zutageliegende(s) *n*; *itr* [-'-] zutage liegen; *fig* hervortreten; ~**cry** [-'krai] Aufschrei; *fig* Schrei *m* der Entrüstung.

out|dare [aut'dɛə] *tr* trotzen, Trotz bieten (*s.o.* jdm), herausfordern, mutiger sein als; ~**dated** [-'deitid] *a* veraltet, überholt; unmodern, altmodisch; ~**distance** [-'distəns] *tr sport allg* (weit) hinter sich lassen, übertreffen, *fam* abhängen; ~**do** [-'du:] *irr s. do tr* übertreffen (*in* in), überbieten, ausstechen; *to* ~ *o.s.* sich selbst übertreffen; alle Kräfte zs.nehmen; ~**door**, ['-dɔ:] *a* draußen, im Freien (befindlich); Straßen-; Freiluft-, Freilicht-; Außen-; *to lead an* ~ *life* viel im Freien, an der frischen Luft sein; ~~ *advertising* Plakatwerbung, Straßenreklame *f*; ~~ *relief* Fürsorgeunterstützung *f*; ~~ *scenes (pl)* Außenaufnahmen *f pl*; ~**doors** ['-'-z] *adv* draußen, im Freien, an der frischen Luft.

outer ['autə] *a* äußer; Außen-; *s* (Schuß auf den) Rand *m* (e-r Schießscheibe); *the* ~ *man* der äußere Mensch, die äußere Erscheinung; *the* ~ *regions (pl)* die Außenbezirke *m pl*; *the* ~ *world* die Außenwelt; ~**ear** Ohrmuschel *f*; ~**most** ['-moust] *a* äußerst; *adv* am weitesten weg; ~**skin** Außenhaut, Epidermis *f*; ~ **wall** Außenwand *f*; ~**wear** Überkleidung *f*.

out|face [aut'feis] *tr* mit e-m vernichtenden Blick messen; mit e-m Blick einschüchtern, aus der Fassung bringen; herausfordern, trotzen (*s.o.* jdm); **~fall** ['-fɔːl] Ausfluß, Abfluß(röhre *f*, -kanal) *m*; Mündung *f*; **~field** ['-fiːld] *sport* Außenfeld *n*; **~fit** ['-fit] *s* Einrichtung; Ausstattung, Ausrüstung *f*; *tech* Satz *m*; *Am* Arbeitsgruppe, Rotte, Mannschaft; Gesellschaft; *Am mil* Einheit *f*,Truppenteil *m*; *tr* ausstatten, ausrüsten, *fam* ausstaffieren (*with* mit); *a* ausgestattet, ausgerüstet; *bridal* **~~** Aussteuer *f*; *camping* **~~** Campingausrüstung *f*; *spring* **~~** Frühlingsgarderobe *f*; **~fitter** ['-ə] (Herren-) Ausstatter; Lieferant *m*; *gentleman's* **~~** Inhaber *m* e-s Herrenartikelgeschäftes; **~flank** ['-flæŋk] *tr mil* umfassen, überflügeln; *fig* umgarnen, überlisten; **~~ing** *movement (mil)* Umfassungsbewegung *f*; **~flow** ['-flou] Ausfluß; Ausstoß *m*.

out|general [aut'dʒenərəl] *tr* taktisch übertreffen; **~go** ['-gou] *s pl -es* Ausgang *m*; Ausgaben *f pl*; **~going** ['-gouiŋ] *a* aus-, weggehend; (*Post*) auslaufend; (*Beamter*) scheidend; *rail* abfahrend; gesellig; mitteilsam; *s* Aus-, Weggehen *n*; *pl* Ausgaben *f pl*; **~grow** ['-grou] *irr s. grow tr* schneller wachsen als, herauswachsen aus, entwachsen (*s.th.* e-r S) *a. fig*; *fig* ablegen; *to* **~~** *o's strength* zu schnell wachsen; in die Höhe schießen; **~growth** ['-grouθ] Auswuchs *m*; Entwicklung *f*; Ergebnis, Resultat *n*, Folge *f*; **~guard** ['-gɑːd] *mil* vorgeschobene(r) Posten *m*, Feldwache *f*; **~house** ['-haus] Nebengebäude *n*; *Am* Toilette *f* außer dem Haus; **~ing** ['-iŋ] *s* Ausflug; Spaziergang *m*; *a* Ausflugs-; *to go for an* **~~** e-n Ausflug machen.

out|landish [aut'lændiʃ] fremdartig; eigenartig, sonderbar, merkwürdig, wunderlich; **~last** ['-lɑːst] *itr* überdauern, überleben; **~law** ['-lɔː] *s* Geächtete(r), Vogelfreie(r); Gewohnheitsverbrecher; Räuber *m*; *tr* ächten; für ungesetzlich, ungültig erklären; **~lawry** ['-lɔːri] Ächtung *f*; Geächtetsein;asoziale(s) Verhalten *n*; **~lay** ['-lei] *s* (Geld-)Ausgabe, Auslage *f*; Aufwand *m*; *capital, initial* **~~** Anschaffungskosten *pl*; **~let** ['-let] Abfluß, Auslaß, -gang, -fluß, -zug *m*; Öffnung *f*; *tech* Abzug *m*; *fig* Ventil, Ausdrucksmittel *n* (*for* für); *com* Absatzmarkt *m*, -gebiet *n*; Verkaufsstelle *f*; Abnehmer *m*; *el* Stromentnahmestelle, Steckdose *f*; *el* Verbraucher *m*; *Am radio* Sendestelle *f*; *to find an* **~~** sich Luft machen; sich austoben; **~~** *gutter* Ablaufrinne *f*; **~~** *pipe* Abflußrohr *n*; **~~** *valve* Ablaßventil *n*; **~lier** ['-laiə] Pendler; Außenstehende(r), -seiter *m*; **~line** ['-lain] *s* Umriß *m*, Kontur; Umrißzeichnung *f*; ungefähre(r) Plan *m*, Disposition; Zs.fassung, Übersicht *f*, -blick *m* (*of* über); Andeutung, Skizze *f*, Abriß *m*; *fig* Hauptzüge *m pl*; Sigel *n*; *tr* im Profil darstellen; in Umrißlinien zeichnen; *fig* umreißen, skizzieren; kurz zs.fassen, e-n Überblick geben über, in großen Zügen darstellen; *in* **~~** im Umriß; *broad* **~~s** Grundzüge *m pl*; **~~** *drawing* Umrißzeichnung *f*; **~~** *map* Umrißkarte *f* (*of* von); **~lined** ['-laind] *a* scharf umrissen, klar, deutlich; *to be* **~~** *against s.th.* sich gegen etw abheben; **~live** ['-liv] *tr* überleben, -dauern; **~look** ['-luk] Ausguck; Ausblick *m*, -sicht; Ausschau; *fig* Ansicht, Auffassung *f*, Standpunkt *m*, Anschauung; *fig* Aussicht, Erwartung *f*; *on the* **~~** auf der Suche (*for* nach); **~lying** ['-laiiŋ] *a* (weiter) abliegend, entfernt, abgelegen, entlegen; Außen-.

out|manoeuvre *Am meist* **outmaneuver** [autmə'nuːvə] *tr mil* ausmanövrieren; *fig* überlisten; **~march** ['-mɑːtʃ] *tr* (im Marschieren) überholen; **~match** ['-mætʃ] *tr* übertreffen, überlegen sein (*s.o.* jdm); **~moded** ['-moudid] *a* unmodern, aus der Mode, veraltet; **~most** ['-moust] *a* äußerst *a. fig*; **~number** ['-nʌmbə] *tr* an Zahl übertreffen, mehr sein als, zahlenmäßig überlegen sein (*s.o.* jdm).

out|pace [aut'peis] *tr* schneller gehen als, überholen; **~patient** ['-peiʃənt] Kranke(r) *m* in ambulanter Behandlung; **~~** *clinic* Poliklinik *f*; **~play** ['-plei] *tr* besser spielen als, schlagen; *fam* beherrschen; **~point** ['-pɔint] *tr sport* nach Punkten schlagen; **~post** ['autpoust] *mil* Vorposten *m a. fig*; **~~** *area (mil)* Vorfeld *n*; **~~** *engagement* Vorpostengefecht *n*; **~pouring** ['-pɔːriŋ] Erguß *m bes. fig*; **~put** ['-put] Ausstoß, Ertrag *m*, Leistung; (Jahres-)Produktion *f*, Ausstoß *m*, Erzeugung; Ausbeute, Ausbringung; Produktionsmenge, -ziffer; *min* Förderung *f*; *tech* Leistung *f*; *radio* Sendeleistung *f*; *annual* **~~** Jahresertrag *m*, -produktion *f*; *capacity of* **~~** Produktionskraft, Leistungsfähigkeit *f*; *daily* **~~** Tagesproduktion *f*; *effective* **~~** Nutzleistung *f*; *maximum* **~~** Produktionsoptimum *n*; *world* ~~ Weltproduktion *f*; ~~ *boost* Leistungssteigerung *f*; ~~ *cost* Produktionskosten *pl*; ~~ *figure* Produktionsziffer *f*; ~~ *power (tech)* Nutzleistung *f*; ~~ *stage* Endstufe *f*; ~~ *target* Produktionsziel *n*; ~~ *valve (radio)* Endverstärkerröhre *f*; ~~ *voltage (el)* Ausgangsspannung *f*.

outrage ['autreidʒ, -ridʒ] *s* Greueltat, Gewalttat (*on* an); schwere Beleidigung, Beschimpfung, Herausforderung; Unverschämtheit *f*; (schwerer) Rechtsbruch *m*, (schwere) sittliche Verfehlung, schwere Ausschreitung *f*; Verbrechen *n* (*on* gegen); *tr* e-e Gewalttat begehen an; Gewalt antun (*s.o.* jdm), sich schwer vergehen gegen; vergewaltigen; gröblich beleidigen, beschimpfen, herausfordern; (*Recht, Gesetz*) brechen; *act of* ~ Gewalttat *f*; **~ous** [aut'reidʒəs] greulich, gräßlich, abscheulich; unverschämt, schändlich, schamlos, anstößig; empörend, unerhört; zügellos, heftig, unbändig; übermäßig.

out|range [aut'reindʒ] *tr* e-e größere Schuß-, Reich-, Tragweite haben als; *fig* übertreffen; **~rank** [-'ræŋk] *tr* Am e-n höheren Rang bekleiden als, den Vorrang haben vor; hinter sich lassen (*s.o.* jdn); **~reach** [-'ri:tʃ] *tr* weiter reichen als, hinausgehen über, übersteigen; *tr* sich erstrecken; **~ride** [-'raid] *irr s. ride tr* schneller reiten als; entkommen; **~rider** ['-raidə] Vorreiter *m*; **~rigger** ['-rigə] *mar* (Mast-)Ausleger, Luvbaum; *sport* Ausleger (-boot *n*); *arch* tech Ausleger *m*; **~right** ['-rait] *a* vorbehaltlos; aufrichtig; gerade; völlig, vollständig, gänzlich; (*Lüge*) glatt; *adv* [aut'rait] vorbehaltlos, offen, geradeheraus, ohne zu zögern, gleich, sofort; völlig, gänzlich; *to buy* ~~ auf feste Rechnung, per Kasse kaufen; *to refuse* ~~ glatt ablehnen; ~~ *expense* Gesamtausgaben *f pl*; ~~ *payment* vollständige Auszahlung *f*; **~rival** [-'raivəl] *tr* (*Rivalen*) ausstechen; überbieten, schlagen; **~run** [-'rʌn] *irr s. run tr* schneller laufen als; *fig* größer sein als, überschreiten; (*im Laufen*) überholen; entlaufen, entkommen (*s.o.* jdm); *to* ~~ *o.'s income* über s-e Verhältnisse leben; **~runner** ['-rʌnə] Vorläufer *m*; Leithund *m*; Beipferd *n*.

out|sail [aut'seil] *tr mar* (*ein anderes Schiff*) überholen; **~sell** [-'sel] *irr s. sell tr* e-n größeren Umsatz haben als; e-n höheren Preis erzielen als, mehr einbringen als; teurer verkaufen; **~set** ['-set] Anfang, Beginn; (*Reise*) Aufbruch *m*; *at the* ~~ am Anfang, im Beginn (*of* gen); *from the* ~~ von Anfang an; **~shine** [-'ʃain] *irr s. shine tr* überstrahlen; *fig* übertreffen.

outside ['aut'said] *s*: *the* ~ die Außenseite, das Äußere; der äußere, sichtbare Teil; das Äußerliche; das Äußerste, die Grenze; *a* ['--] äußer, Außen-; von außen (kommend), äußerst, höchst, maximal; *adv* ['-'-'] (dr)außen; außerhalb; nach (dr)außen; darüber hinaus; äußerlich; *prp* ['-'-'] (~ *of*) außerhalb *gen*; aus (... hinaus); über ... hinaus, jenseits *gen*; *Am fam* außer *dat*, ausgenommen *acc*; *at the (very)* ~ (aller)höchstens; *from the* ~ von außen; *on the* ~ außerhalb; ~ **broadcast** *radio* Sendung *f* von außerhalb des Funkhauses; ~ **cabin** Außenkabine *f*; ~ **capital** Fremdkapital *n*; ~ **help** Hilfe *f* von außen; ~ **left, right** (*Fußball*) Links-, Rechtsaußen *m*; ~ **market** *com* Freiverkehr *m*; **~r** ['-ə] Außenstehende(r), Uneingeweihte(r) *m*; Nichtmitglied *n*; Außenseiter; *com* Freiverkehrsmakler *m*.

out|sit [aut'sit] *irr s. sit tr* länger sitzen als; **~size** ['-saiz] *s* Übergröße *f*, *a* übergroß; **~skirts** ['-skə:ts] *pl* Stadtrand *m*, Peripherie *f*; Weichbild *n*, Außenviertel, -gebiete *n pl*; (*Wald-*)Rand *m*; Grenze *f*; **~smart** [-'sma:t] *tr fam* einwickeln, überlisten, hereinlegen; **~spoken** [-'spoukən] *a* frei (-mütig), offen (ausgesprochen); unverblümt; **~spokenness** [-nis] Freimut *m*, ungeschminkte Offenheit *f*; **~standing** [-'stændiŋ] *a* vorstehend, -springend; *fig* hervorragend, prominent, (all)bekannt; (*Schulden*) (noch) ausstehend, rückständig, unerledigt, ungeregelt; *s pl* Außenstände *m pl*; *to have money* ~~ Geld ausstehen haben; *to have work* ~~ Arbeitsrückstände haben; ~~ *event* Hauptereignis *n*; **~station** ['-steiʃən] Außenstelle; *tele* Gegenstation *f*; **~stay** [-'stei] *tr* länger bleiben als; über ... hinaus bleiben; *to* ~~ *o.'s welcome* (*fam*) Wurzeln schlagen; **~step** [-'step] *tr* überschreiten, hinausgehen über; **~stretch** [-'stretʃ] *tr* ausstrecken; sich über ... hinaus erstrecken; **~strip** [-'strip] *tr* schneller gehen als; überholen, überrennen *a. fig*; *fig* übertreffen; **~talk** [-'tɔ:k] *tr* lauter, eindringlicher sprechen als; im Reden übertreffen; **~vote** [-'vout] *tr* überstimmen; **~voter** ['-voutə] Wähler *m* mit Wahlschein.

outward ['autwəd] *a* äußer, äußerlich, Außen-; nach außen gekehrt; sichtbar; offen zutage, auf der Hand liegend; körperlich, physisch, materiell, äußerlich, oberflächlich; *adv, a.* **~s** ['-z] außen, auf der Außenseite, äußerlich; nach außen, nach auswärts; (ganz) offen, öffentlich; **~ bound** *a (Schiff)* ausfahrend; **~ freight** Hinfracht *f*; **~ly** ['-li] *adv* (nach) außen; in äußerer Hinsicht; **~ room** nach außen gelegenes Zimmer *n*; **~ voyage** Ausreise *f*.

out|wear [aut'wɛə] *irr s. wear* tr aufbrauchen, -tragen, abnutzen; länger halten als; überdauern, überleben; *fig* erschöpfen, ermüden; **~weigh** [aut-'wei] *tr* an Gewicht übertreffen, mehr wiegen als; *fig* bedeutender, wertvoller sein als; übertreffen; **~wit** [aut'wit] *tr* überlisten; **~work** ['autwəːk] *mil* Vor-, Außenwerk; *fig* Bollwerk *n*; Heimarbeit *f*; **~worker** ['autwəːkə] Heimarbeiter *m*; **~worn** ['-wɔːn, *pred* -'-] *a* abgenutzt; *fig* überholt, veraltet; erschöpft.

ouzel ['uːzl] Drossel, *bes.* Schwarzdrossel, Amsel *f*.

oval ['ouvəl] *a* oval, ei-, länglichrund; *s* Oval *n*.

ovar|ian [o(u)'vɛəriən] *a anat* Eierstock-; *bot* Fruchtknoten-; **~y** ['ouvəri] *anat* Eierstock; *bot* Fruchtknoten *m*.

ovation [o(u)'veiʃən] Ovation, Huldigung *f*.

oven ['ʌvn] Back-, Trockenofen *m*; *in a slow* **~** mit kleiner Flamme.

over ['ouvə] **1.** *adv* hin-, herüber, drüben; (vorn-, hinten-, kopf)über; vorüber, vorbei, aus, zu Ende; übrig, zurück; noch (ein)mal; *vor a:* über-, (all)zu, übermäßig; *in Verbindung mit v:* über-; *all* **~** ja: über-, über; durch u. durch; überall; *it is all* **~** *with him* es ist mit ihm vorbei; *ten times* **~** zehnmal hintereinander; **~** *and above* obendrein, (noch) außerdem; **~** *again* noch (ein)mal; **~** *against* gegenüber *dat*, verglichen mit; **~** *all* von e-m Ende zum andern; **~** *and* **~** *(again)* immer wieder, (zu) wiederholt(en Malen); **~** *there* dort, da drüben; *to be all* **~** *s.o.* (sl) an jdm e-n Narren gefressen haben; *to boil* **~** überkochen; *to come* **~** herüberkommen; *to fall* **~** umfallen; *to get* **~** hinwegkommen über, sich trösten über; *to go* **~** hinübergehen; *(Rechnung)* durchgehen; *theat* einschlagen; *to make* **~** umarbeiten; *to think* **~** überdenken; *to turn* **~** (sich) umdrehen; **2.** *prp* über; über (... hinüber); über; über, mehr als; *(zeitl.)* ... über; *all* **~** *the town* in der ganzen Stadt; **~** *and above* über ... hinaus; **~** *his newspaper* beim Zeitunglesen; **~** *a glass of wine* bei e-m Glas Wein; **~** *night* über Nacht; **~** *the way* gegenüber; *the lecture is* **~** *my head* der Vortrag ist mir zu hoch; **3.** *interj radio* Ende! bitte kommen! *(Buch)* bitte wenden! **4.** *s* Überschuß; *mil* Weitschuß *m*; **5.** *a* überschüssig; Über-; ober, höher.

over|abundance ['ouvərə'bʌndəns] große(r) Überfluß *m*; **~act** ['-'rækt] *tr itr* übertreiben; *theat* chargieren, übertrieben spielen, an die Wand spielen; **~all** ['-rɔːl] *a (a. ~-all)* durchgehend; umfassend; Gesamt-; *s* (Arbeits-)Kittel; Schutz-, Arbeitsanzug *m*; *pl* Arbeits-, Latzhose *f*; **~** *length* Gesamtlänge *f*; **~anxiety** ['-ræŋ'zaiəti] Überängstlichkeit *f*; **~anxious** ['-'ræŋkʃəs] überängstlich; **~arch** ['-'rɑːtʃ] *tr* überwölben; *itr* ein Gewölbe, e-e Laube bilden; **~arm** ['-rɑːm] *a adv sport* Hand-über-Hand-; **~awe** ['-'rɔː] *tr* verängstigen; einschüchtern.

over|balance [ouvə'bæləns] *tr* schwerer sein als; *fig* übertreffen; überwiegen; aus dem Gleichgewicht bringen; umkippen; *itr* das Gleichgewicht verlieren; umfallen, -kippen; *s* ['-] Übergewicht *n*; *com* Überschuß *m*; **~bear** ['-'bɛə] *irr s. bear tr* niederdrücken; *fig* unterdrücken; überwältigen, gefügig machen; hinweggehen *(over s.o.'s wishes* über jds Wünsche); **~bearing** ['-'bɛəriŋ] anmaßend, rücksichtslos; beherrschend; **~bid** ['-'bid] *irr s. bid tr* überbieten, übersteigen; *(Bridge)* überreizen; **~blown** ['-'bloun] *a* verblüht; *(Sturm)* ausgetobt; *(Stahl)* übergar; **~board** ['-bɔːd] *adv* über Bord; *fig* im Stich gelassen; *to throw s.th.* **~** **~** über Bord werfen *a. fig*; etw völlig aufgeben; **~brim** ['-'brim] *itr* tr überfließen (über); **~build** ['-'bild] *irr s. build tr* überbauen; zu eng bebauen; **~burden** ['-'bəːdn] *tr* überladen, überbelasten; *fig* überlasten; überbeanspruchen; **~busy** ['-'bizi] überbeschäftigt; **~buy** ['-'bai] *irr s. buy tr itr* zuviel, zu teuer kaufen.

over|call ['ouvə'kɔːl] *tr (Bridge)* überbieten; **~capitalization** ['-kæpitəlai-'zeiʃən] Überkapitalisierung *f*; **~capitalize** ['-'kæpitəlaiz] *tr* überkapitalisieren; **~cast** ['-'kɑːst] *irr s. cast tr* überziehen, bedecken, verdunkeln, umwölken *a. fig*; säumen, einfassen; *(Geist)* verdüstern; *a* ['--] bedeckt, überzogen; bewölkt, dunkel, trübe;

overcharge 687 **overindulge**

gesäumt, eingefaßt; überwendlich genäht; *s* ['--] Wollkendecke; *min* Stütze; überwendliche Naht *f*; **~charge** ['-'tʃɑ:dʒ] *tr* überladen; *fig* übertreiben; zu hoch berechnen, zu viel fordern, überteuern, -fordern; *s a.* ['--] zu große Last, Überlastung *f*; *tech el* Überdruck *m*; *com* zu hohe Forderung, Überteuerung *f*; *to make an ~~ on s.th.* etw zu teuer verkaufen; **~cloud** ['-'klaud] *tr* mit Wolken bedecken; verdunkeln, trüben; *fig (das Gesicht)* verfinstern; *itr* sich verdunkeln, sich bewölken, sich verfinstern; **~coat** ['-'kout] Überzieher, Mantel *m*; **~come** [-'kʌm] *irr s.* come *tr* besiegen, schlagen, siegen über; überwältigen; überwinden, meistern, Herr werden (*s.th.* e-r S), fertig werden mit (*e-r Aufgabe*); *itr* siegen, siegreich sein; *to be ~~ (fig)* ergriffen, überwältigt sein; betäubt werden; *~~ with joy* vor Freude hingerissen; **~confidence** ['-'kɔnfidəns] zu große(s) (Selbst-)Vertrauen *n*; **~confident** ['-'kɔnfidənt] zu vertrauensvoll; **~credulous** ['-'kredjuləs] allzu leichtgläubig; **~crop** ['-'krɔp] *tr agr (Boden)* erschöpfen, auslaugen; **~crowded** ['-'kraudid] *a (mit Menschen)* überfüllt; übervölkert; *com* übersetzt.

over|develop [əuvədi'veləp] *tr phot* überentwickeln; **~do** [-'du:] *irr s.* do *tr* übertreiben; (mit Arbeit) überlasten, -bürden; zu lange kochen od backen; *tr (to ~ it)* zuviel tun, sich überarbeiten, sich überanstrengen; (es) übertreiben; **~done** ['-'dʌn] *a* überbürdet, -lastet; überarbeitet, erschöpft; übertrieben; übergar; **~dose** ['-dous, -'dous] *s* zu starke Dosis, Überdosierung *f*; *tr* ['-'dous] e-e zu starke Dosis geben (*s.o.* jdm); **~draft, ~draught** ['-drɑ:ft] *fin* (Konten-) Überziehung *f*; Debetsaldo *m*; **~draw** ['-'drɔ:] *irr s.* draw *tr* überspannen; übertreiben; verzeichnen; *(sein Konto)* überziehen; **~dress** ['-'dres] *tr itr* (sich) übertrieben kleiden; **~drive** ['-'draiv] *irr s.* drive *tr itr* (sich) überanstrengen; *tr* sich überarbeiten, sich abhetzen; *s* [--] *mot* Schnellgang *m*; *~~ transmission* Schnellganggetriebe *n*; **~due** ['-'dju:] *fin* überfällig *a. allg*, rückständig, im Rückstand; *(Zug)* verspätet.

over|eat ['ouvər'i:t] *itr* sich übereressen, *fam* -füttern, *sl* -fressen; **~emphasize** ['-'r'emfəsaiz] *tr* zu starken Nachdruck legen auf; überbetonen; **~estimate** ['-'r'estimeit] *tr* überschätzen; zu hoch bewerten; *s* [-mit] Überschätzung *f*; **~expansion** ['-riks'pænʃən] übermäßige Ausweitung *f*; **~expose** ['-riks'pouz] *tr phot* überbelichten; **~exposure** ['-iks'pouʒə] Überbelichtung *f*; **~extend** ['-iks'tend] *tr* übermäßig ausweiten; **~fatigue** ['-fə'ti:g] *tr* übermüden; *s* Übermüdung *f*; **~feed** ['-'fi:d] *irr s.* feed *tr* überfuttern; *itr* zuviel fressen; **~flow** ['-'flou] *irr s.* flow *tr* überfluten *a. fig*; über *(die Ufer)* treten; *fig (Schranken)* durchbrechen; zum Überlaufen bringen; *itr* überfließen, -fluten; überlaufen *(into* in); über die Ufer treten; *fig* voll sein *(with* von); überfließen *(with* vor); im Überfluß vorhanden sein; *s* ['--] Überfließen *n*, -flutung, -schwemmung *f*; Überfluß, *fig* -schuß *(of an)*; *tech (~~ pipe)* Überlauf *m*; *~~ meeting* Parallelversammlung *f*; **~freight** ['-'freit] *tr* überbefrachten; ['--] *s* Überfracht *f*.

overgrow ['ouvə'grou] *irr s.* grow *tr* überwachsen, -wuchern, hinauswachsen aus; *itr* zu schnell, zu stark, übermäßig wachsen; **~n** ['-'n] *a* überwachsen; übermäßig gewachsen; lang aufgeschossen; **~th** ['-'grouθ] Überwucherung *f*; übermäßige(s) Wachstum *n*.

over|hand ['ouvəhænd] *a adv* von oben herab; *(Nähen)* überwendlich; *(Knoten)* einfach; *sport* überhand; *(Schwimmen)* Hand-über-Hand-; **~hang** ['-'hæŋ] *irr s.* hang *tr* hängen über; bedrohen, drohen *(s.o.* jdm); *itr* überhängen, -stehen; hinausragen über; überkragen; *s* ['---] Überhang *m*; **~happy** ['-'hæpi] überglücklich; **~~ hasty** ['-'heisti] übereilig; **~haul** ['-'hɔ:l] *tr* durchsehen, genau überprüfen; abschreiben; *tech* überholen; instandsetzen; *mar* ein-, überholen; *s* ['---] *tech* Überholung *f*; **~head** ['-hed] *a* oberirdisch; *mot* obengesteuert; höher; allgemein; Gesamt-, General-; *s* (*~ charges, costs, expenses*) allgemeine Unkosten *pl*, Betriebskosten *pl*; *adv* ['-'hed] über dem Kopf, in der Luft; droben; *el* Oberleitung *f*; *~~ line, wires (pl)* Hochbahn *f*; *~~ price* Gesamtpreis *m*; *~~ railway, train* Hochbahn *f*; *~~ statement* Gesamtübersicht *f*; **~hear** [-'hiə] *irr s.* hear *tr* zufällig (mit)hören, abhören; erlauschen; **~heat** ['-'hi:t] *tr* überhitzen; *itr tech* zu heiß werden, heißlaufen; **~heated** ['-'hi:tid] *a* überhitzt, -heizt.

over|indulge ['ouvərin'dʌldʒ] *tr* verwöhnen; *itr* zuviel Vergnügen haben (*in* an); **~indulgence** ['-rin'dʌldʒəns] übermäßige(r) Genuß *m*; zu große Nachsicht *f*; **~indulgent** ['-rin-'dʌldʒənt] zu nachsichtig; **~insure** ['-rin'ʃuə] *tr* überversichern; **~issue** ['-r'isju:, '-r'iʃju:] *tr* zuviel *(Papiergeld)* ausgeben; **~joyed** ['-'dʒɔid] *a* voller Freude, überglücklich.

over|laden ['ouvə'leidn] *a* überlastet, -beladen (*with* mit); **~land** [-'lænd] *adv* über Land; *a* ['ouvə'lænd] Überland-; **~** *route* Überlandweg *m*; **~lap** [-'læp] *tr* hinüber-, hinausragen über; übergreifen auf; *itr* inea. übergreifen; sich überlappen, sich überlagern, sich überdecken, sich überschneiden; *s* ['ouvə'læp] Überschneidung, Überlappung *f*; Überhängende(s), -stehende(s) *n*; Überhang *m*; **~lapping** ['ouvə'læpiŋ] *a* überhängend, -stehend; sich überschneidend; *s* Überschneidung *f*; **~lay** [-'lei] *irr s.* lay *tr* darauflegen, -breiten; auflegen; bedecken, überziehen; *tech* überlegen; *typ* zurichten; *s* ['---'] Überzug *m*, Decke; Auflage *f*; *typ* Aufzug *m*, Zurichtung; Planpause *f*; **~leaf** [-'li:f] *adv* umseitig; **~leap** [-'li:p] *irr s.* leap *tr* springen über; *fig* überspringen, auslassen; weiter springen als; ['---'] *to* **~** *o.s.* zu weit gehen *fig*, über das Ziel hinausschießen; **~lie** ['-'lai] *tr* liegen auf, über; *geol* überlagern; **~live** ['-'liv] *tr itr* überleben; **~load** ['-'loud] *tr* überladen, -belasten; *el* übersteuern; *s* [-'loud] zu große, schwere Last *f*; Übergewicht *n*, -belastung *f*; **~loading** ['ouvə'loudiŋ] Überlastung *f*; **~look** [-'luk] *tr* schauen über; überschauen; überragen, (hinaus)ragen über; *(Fehler)* übersehen, durchgehen lassen; nicht beachten, vernachlässigen; nachsehen, entschuldigen; durchsehen, prüfen; beaufsichtigen, leiten; **~lord** ['-'lɔ:d] *hist* Ober(lehns)herr *m*; **~ly** ['-li] *adv* bes. *Am* (zu) sehr, übermäßig.

over|man ['ouvəmæn] *s* Vorgesetzte(r), Führer, Leiter; Aufseher, Vorarbeiter; *min* Steiger; Schiedsrichter; ['-'mæn] Übermensch *m*; *tr (Stelle)* überbesetzen; **~mantel** [-'mæntl] Kaminaufsatz *m*; **~master** [-'mɑ:stə] *tr* überwältigen, besiegen, unterwerfen; **~much** ['-'mʌtʃ] *a adv* zuviel; **~night** ['-'nait] *adv* über Nacht, die Nacht über *od* (hin)durch; letzte, vergangene Nacht; *a* ['---'] Nacht-; *s* ['---'] vergangene(r), letzte(r) Abend *m*; *to stay* **~~** übernachten; **~~** *bag, case* Stadtköfferchen *n*.

over|pass [ouvə'pɑ:s] *tr* überschreiten *a. fig*, -queren; kreuzen; überstehen; übertreffen, -ragen; übersehen, -gehen; *s* ['---'] Überweg *m*; Überführung *f*; **~pay** ['-'pei] *irr s. pay itr* zuviel bezahlen; *tr* zu hoch, zu teuer bezahlen; **~peopled** ['-'pi:pld] *a* übervölkert; **~pitch** ['-'pitʃ] *tr sport* zu weit werfen; *fam* übertreiben; **~play** ['-'plei] *tr theat (Rolle)* übertreiben, übertrieben spielen; *to* **~** *o.'s hand (Kartenspiel)* zu hoch spielen; **~plus** ['-plʌs] Überschuß, Mehrbetrag *m*; **~populated** ['-'pɔpjuleitid] *a* übervölkert; **~power** [-'pauə] *tr* überwältigen *a. fig*; **~print** ['-'print] *tr typ* überdrucken; *phot* überkopieren; *s* ['---'] Überdruck *m*; **~produce** ['-'prɔ'dju:s] *tr itr* überproduzieren; **~production** ['-prə'dʌkʃən] Überproduktion *f*.

over|rate ['ouvə'reit] *tr* überschätzen, zu hoch einschätzen; zu hoch veranlagen; **~reach** [-'ri:tʃ] *tr* sich über ... hinaus erstrecken *(a. zeitl.)*, hinausragen über; sich ausbreiten über, bedecken; hinaussehnden über; überlisten, -vorteilen; *itr* zu weit reichen; betrügen; *to* **~** *o.s.* sich übernehmen; des Guten zuviel tun; **~rev** ['ouvə'rev] *tr tech* überdrehen; **~ride** ['-'raid] *irr s. ride tr* hinwegreiten über; *fig* unterdrücken; unbeachtet lassen, sich hinwegsetzen über; *(Vollmacht)* überschreiten; außer Kraft setzen, aufheben; beiseite schieben; **~riding** *responsibility* Gesamtverantwortung *f*; **~rule** [-'ru:l] *tr* aufheben, annullieren, außer Kraft setzen, umstoßen; *(Urteil)* verwerfen; *(Anspruch)* nicht anerkennen; *(Einwand)* zurückweisen; Macht haben über, Einfluß haben auf; überstimmen (*s.o.* jdn); **~run** ['-'rʌn] *irr s. run tr* überfluten, -schwemmen; überwachsen; herfallen über *(ein Land)*, besetzen, verwüsten, plündern; *rail (Signal)* überfahren; *fig* sich schnell verbreiten; überschreiten, hinausgehen über; *typ* umbrechen; *itr* überfließen; die Grenzen überschreiten; *s* ['---'] *com* Überschuß *m*; *aero* Startbahnverlängerung *f*; *to be* **~** *with* wimmeln von; überwuchert sein von.

over|sea ['ouvə'si:] *adv a.* **~~s** nach Übersee; ins Ausland; *a* Übersee-; Auslands-, ausländisch; **~~** *market* Überseemarkt *m*; **~~** *trade* Überseehandel *m*; **~see** ['-'si:] *irr s. see tr* überwachen, beaufsichtigen, leiten; **~seer** ['-siə] Aufseher; Werkmeister, Polier; *typ* Faktor *m*; **~sell** ['-'sel] *tr* über

den Bestand verkaufen; **~sensitive** ['-'sensitiv] überempfindlich; **~set** ['-'set] *irr s. set tr* überwinden, bezwingen; in Unruhe, Aufregung versetzen; umstürzen, über den Haufen werfen; **~sew** ['-'sou] *irr s. sew tr* überwendlich nähen; **~shadow** [-'ʃædou] *tr* e-n Schatten werfen auf; überschatten, verdecken, verdunkeln *a. fig; fig* in den Schatten stellen; **~shoe** ['-'ʃu:] Über-, Gummischuh *m;* **~shoot** ['-'ʃu:t] *irr s. shoot tr* hinausgehen über, überschreiten, *itr* zu weit schießen; *aero* durchstarten; *itr, to ~ o.s, to ~ the mark* übers Ziel (hinaus)schießen, zu weit gehen; **~shot** ['-'ʃɔt] *a (Waserrad)* oberschlächtig; **~sight** ['-sait] Aufsicht, Überwachung *f;* Übersehen *(e-s Fehlers);* Versehen *n; through an ~* aus Versehen; **~size** ['-saiz] *s* Übergröße *f; a* übergroß, zu groß; *~ in tyres* Reifenübergröße *f;* **~slaugh** ['-slɔ:] *tr Am mil* bei e-r Beförderung übergehen; abkommandieren; **~sleep** ['-'sli:p] *irr s. sleep itr u. to ~ o.s* (sich) verschlafen, die Zeit verschlafen; **~specialized** ['-'speʃəlaizd] *a* überspezialisiert; **~speed** ['-'spi:d] *irr s. speed tr* zu schnell laufen lassen, überdrehen; **~spend** ['-'spend] *irr s. spend tr* mehr ausgeben als; *itr* zuviel ausgeben; *pp* erschöpft, überarbeitet; **~spill** ['-spil] (Bevölkerungs-)Überschuß *m;* **~spread** ['-'spred] *irr s. spread tr* überziehen, bedecken *(with* mit); *itr* sich ausbreiten; **~staffed** ['-'stɑ:ft] *a* überbesetzt; *to be ~~* zuviel Personal haben; **~state** ['-'steit] *tr* besonders hervorheben, betonen; herausstreichen, übertreiben, zu stark auftragen; **~statement** ['-'steitmənt] Übertreibung *f;* **~stay** ['-'stei] *tr (Zeit, Urlaub) überschreiten; to ~ the market (Am)* die günstigste Zeit zum Kaufen *od* Verkaufen verpassen; **~step** ['-'step] *tr meist fig* überschreiten; **~stock** ['-'stɔk] *tr* überfüllen *(with goods, cattle* mit Waren, Vieh); übersättigen; *s* Überfüllung *f,* Überfluß *m; to ~~ the market* den Markt überschwemmen; **~strain** ['-'strein] *tr* (sich) überanstrengen, (sich) überarbeiten; *s* ['ouvəstrein] Überanstrengung, Überbürdung *f;* **~strung** ['-'strʌŋ] *a* überspannt; *(Nerven)* überreizt; **~subscribe** ['-səb'skraib] *tr fin* überzeichnen; **~subscription** ['-sʌb'skripʃən] Überzeichnung *f;* **~supply** ['-sə'plai] *tr (Ware)* reichlich anbieten; *s* Überangebot *n.*
overt ['ouvə:t] offen(kundig).

over|take [ouvə'teik] *irr s. take tr* einholen; überraschen, *(plötzlich)* überfallen, ertappen, *fam* erwischen; überwältigen; *mot* überholen; *to ~~ arrears of work* Rückstände aufarbeiten; **~task** ['-'tɑ:sk] *tr* überfordern *(s.o.* jdn); **~tax** ['-'tæks] *tr* zu hoch besteuern; überlasten, überbürden; zu sehr in Anspruch nehmen; *to ~ o.'s strength* sich übernehmen; **~throw** [-'θrou] *irr s. throw tr* umstürzen *a. fig,* über den Haufen werfen; überwältigen, besiegen; *s* ['ouvəθrou] (Um-)Sturz *m;* Ruin *m,* Ende *n; mil* Niederlage *f;* **~thrust** ['-θrʌst] *geol* Überschiebung *f;* **~time** ['-taim] *s* Überstunden *f pl; sport* Verlängerung *f; a* Überstunden-; *tr phot* überbelichten; *to be on ~ u. adv: to work ~* Überstunden machen; *~~ pay* Überstundenbezahlung *f;* **~tire** ['-'taiə] *tr* übermüden; **~tone** ['-toun] *mus* Oberton *m;* Neben-, Hintergedanken *m pl;* **~top** ['-'tɔp] *tr* sich erheben über (... hinaus) überragen *a. fig; fig* übertreffen; **~train** ['-'trein] *itr tr sport* übertrainieren; **~trump** ['-'trʌmp] *tr* übertrumpfen *a. fig.*
overture ['ouvətjuə] Eröffnung *f,* Vorschlag *m,* Angebot *n; mus* Ouvertüre *f,* Vorspiel *n;* Einleitung *f (e-s Epos); pl* Annäherungsversuche *m pl.*
over|turn [ouvə'tə:n] *tr* umwerfen, -stoßen, -stürzen; auf den Kopf stellen; *(Schraube)* überdrehen; niederwerfen, ruinieren; *itr* umkippen, -fallen; *mar* kentern; *aero* sich überschlagen; *s* ['ouvətə:n] Umsturz *m;* Ruin *m,* Ende *n; Am* Umsatz *m;* **~valuation** ['-vælju'eiʃən] Überschätzung, Überbewertung *f;* **~value** ['-'vælju] *tr* überschätzen, zu hoch einschätzen, überbewerten; *s* ['---'] Mehrwert *m;* **~voltage** ['-vɔltidʒ] Überspannung *f;* **~weening** [-'wi:niŋ] eingebildet, arrogant, hochmütig, *fam* -näsig; **~weight** ['-weit] *s* Übergewicht *n a. fig; a* zu schwer; *~~ed* ['-weitid] *a* überlastet, überladen; **~whelm** [-'welm] *tr* bedecken *(with* mit); überschütten, überfluten; begraben, tauchen *(beneath* unter); niederdrücken, -werfen; überwältigen; besiegen; *~~ed with work* mit Arbeit überlastet; **~whelming** ['-'welmiŋ] *a* erdrückend, überwältigend; *an ~~ majority* e-e erdrückende Mehrheit *f;* **~wind** ['-'waind] *irr s. wind tr (Uhr)* überdrehen; **~work** ['-'wə:k] *tr itr* (sich) überanstrengen *tr* übertreiben; *to ~~ o.s.* sich überarbeiten; *tr* übertreiben; *s* Schwerarbeit; Überarbei-

overwrought — **ozonize**

tung *f*; ['ouvəwəːk] Überstunden *f pl*, Mehrarbeit *f*; **~wrought** ['-rɔːt] *a* überarbeitet, -müdet; überreizt, nervös; **~zealous** ['-'zeləs] übereifrig.

ov|iduct ['ɔvidʌkt] *anat* Eileiter *m*; **~iform** ['-fɔːm] eiförmig; **~iparous** [o(u)'vipərəs] *zoo* eierlegend, sich durch Eier fortpflanzend; **~ipositor** [ouvi-'pɔzitə] *ent* Legeröhre *f*; **~oid** ['ouvɔid] = **~iform**; **~ular(y)** ['ouvjulə(ri)] *a* Ei-; **~ulation** [ouvju'leiʃən] *physiol* Eiaustritt, Follikelsprung *m*, Ovulation *f*; **~ule** ['ouvjuːl] Ovulum, Ei *n*; *bot* Samenanlage *f*; **~um** ['ouvəm] *pl -a* ['-ə] *scient* Ei *n*.

ow|e [ou] *tr* schulden, schuldig sein *a. fig*; *fig* verpflichtet sein zu; verdanken; (*Gefühle*) hegen; *itr* Schulden haben; **~ing** ['-iŋ] (*Geld, Dank*) schuldig; geschuldet, (noch) unbezahlt; (*Betrag*) ausstehend; **~ to** infolge, auf Grund *gen*; kraft, vermöge *gen*; dank *dat*; *to be* **~~** noch offenstehen; *to* herrühren von, zu verdanken sein *dat*.

owl [aul] Eule *f*; *fig* Nachtvogel; *fam* Dummkopf *m*; *barn, screech* **~** Schleiereule *f*; *brown* **~** Waldkauz *m*; *horned* **~** Ohreule *f*; **~ bus, car** *Am sl* letzte(r) Bus *m*; Nachtstraßenbahn *f*, Spätwagen, Lumpensammler *m*; **~ish** ['-iʃ] eulenartig, wie e-e Eule; **~ train** *Am sl* Nacht-, Spätzug *m*.

own [oun] *a* eigen; *s* Eigen *n*; *tr* (zu eigen) haben, besitzen, Eigentümer sein *gen*; zugeben, (sich) bekennen (zu), anerkennen; *itr* sich bekennen (*to zu*); *to* **~** *up to s.th.* etw bekennen, (ein)gestehen; *all o.'s* **~** ganz besonder, eigentümlich; *at o.'s* **~** *risk* auf eigene Gefahr; *of o.'s* **~** für sich allein; zu eigen, selbst; *of o.'s* **~** *accord* von sich aus; *on o.'s* **~** *account* auf eigene Rechnung; *on o.'s* **~** (*hook*) auf eigene Faust; *with o.'s* **~** *eyes* mit eigenen Augen; *to be s.o.'s* **~** jdm gehören; *to be o.'s* **~** *man, master* sein eigener Herr sein; *to be (living) on o.'s* **~** (*fam*) auf eigenen Füßen stehen; selbständig sein; *to come into o.'s* **~** zu s-m Recht kommen; Anerkennung finden; zu Geld kommen; *to get o.'s* **~** *back* (*fam*) es jdm heimzahlen; *to hold o.'s* **~** sich behaupten, sich gut halten, durchhalten; *to make o.'s* **~** *dresses* s-e Kleider selbst nähen; *who* **~** *this house?* wem gehört dieses Haus? **~er** ['-ə] Eigentümer; (*Konto*) Inhaber; *mar* Reeder *m*; *policy* **~~** Versicherungsnehmer *m*; *property* **~~** Grundeigentümer *m*; *store* **~~** Ladenbesitzer *m*;

~~-driver Herrenfahrer *m*; **~~-operator** (*agr*) Eigenbetrieb *m*; **~~-pilot** Herrenflieger *m*; **~erless** ['-əlis] herrenlos; **~ership** ['-əʃip] Eigentum(srecht) *n*; Besitz *m*; *under new* **~~** unter neuer Leitung; *co-, joint* **~~** Miteigentum(srecht) *n*; *common, collective* **~~** Kollektiv-, Gesamteigentum *n*; *public* **~~** Eigentum *n* der öffentlichen Hand.

ox [ɔks] *pl -en* ['-n] Ochse *m*; Rind *n*; **~-bow** Jochbogen *m*; *pl* Joch *n*; *Am* (Land *n* in e-r) Flußschleife *f*; **~-cart** Ochsenkarren *m*; **~-eyed** *a* kuhäugig; **O~ford,** **~** *shoe* Halbschuh *m*; **~** *blue* dunkelblau; **~-hide** Rinderfell; Rindsleder *n*; **~-lip** weiße Schlüsselblume *f*; **~-tail**: **~~** *soup* Ochsenschwanzsuppe *f*; **~~-tongue salad** Ochsenmaulsalat *m*.

oxal|ate ['ɔksəleit] *chem* kleesaure(s) Salz *n*; **~ic** [ɔk'sælik] oxalsauer; **~~** *acid* Oxalsäure *f*.

oxid|ate ['ɔksideit], **~ize** ['-daiz] *tr itr chem* oxydieren; **~ation** [ɔksi-'deiʃən] Oxydierung, Oxydation *f*; **~e** ['ɔksaid] Oxyd *n*.

Oxonian [ɔk'sounjən] *a* Oxforder; *s* Oxforder (*in f*); (ehemaliger) Oxforder Student *m*.

oxy-acetylene ['ɔksiə'setiliːn]: **~ welding** Autogenschweißen *n*.

oxygen ['ɔksidʒən] Sauerstoff *m*; **~ apparatus** Sauerstoffgerät *n*; **~ate** [ɔk'sidʒineit], **~ize** [-aiz] *tr* (*bes. Metalloide*) mit Sauerstoff anreichern; **~ation** [ɔksidʒi'neiʃən] Anreicherung *f* mit Sauerstoff; **~ bottle, cylinder, flask** Sauerstoffflasche *f*; **~ compound** Sauerstoffverbindung *f*; **~ mask** Sauerstoffmaske *f*; **~ous** [ɔk'sidʒinəs] Sauerstoff-; **~ starvation** Sauerstoffmangel *m*; **~ tent** med Sauerstoffzelt *n*.

oxyhydrogen ['ɔksi'haidridʒən] Knallgas *n*; **~ blowpipe, torch** Knallgasgebläse *n*.

oyes, oyez [o(u)'jes] *interj* Achtung! Ruhe! (*Ruf der Gerichtsdiener*); hört (zu)!

oyster ['ɔistə] Auster *f*; *as dumb as an* **~** stumm wie ein Fisch; **~ bar** Austernbüfett *n*; **~-bed** Austernbank *f*; **~-catcher** *orn* Austernfischer *m*; **~-farm** Austernpark *m*; **~-knife** Austernmesser *n*; **~-man** Austernsammler, -züchter, -händler, -verkäufer *m*; **~-shell** Austernschale *f*.

ozon|e ['ouzoun, ou'zoun] *chem* Ozon *n*; *sl* frische Luft *f*, Ozon *n*; **~~** *cinema*, **~er** *Am sl* Freilichtkino *n*; **~ic** [o(u)-'zɔnik] *a* Ozon-; ozonhaltig; **~iferous** [ouzo(u)'nifərəs] ozonhaltig; **~ize** ['ouzo(u)naiz] *tr* ozonisieren.

P

P, p [piː] *pl* ~'s P, p *n*; *to mind o.'s p's and q's* auf die gute Form achten.

pa [pɑː] *fam* Papa, Vati *m*.

pabulum ['pæbjuləm] *oft fig* Nahrung, Speise *f*; *mental* ~ Nahrung *f* des Geistes.

pace [peis] *s* Schritt; Gang(art *f*) *m*; (Marsch-)Tempo *n*; (Gleich-)Schritt; (Gehen *n* im) Schritt; *(Pferd)* Paßgang *m*; Stufe *f*, Podium *n*; *fig* Leistung *f*; *tr* durchschreiten; abschreiten, (ab)messen; *(Pferd)* einreiten, Schrittmacher sein, das Tempo angeben für; *itr* im Schritt gehen; (einher)schreiten; *(Pferd)* im Paßgang gehen; *at a quick* ~ raschen Schrittes; *to* ~ *out, to* ~ *off* abschreiten, abmessen; *to* ~ *up and down* auf u. ab schreiten; *to go the* ~ ein scharfes Tempo anschlagen; *fig* flott, leichtsinnig leben; *to go a good* ~ e-n guten Schritt haben; flott gehen; *to keep* ~ Schritt halten *(with* mit); *to put s.o. through his* ~*s* jdn auf die Probe stellen, jdn auf Herz u. Nieren prüfen; *to set the* ~ das Tempo angeben; *fig* den Ton angeben; *double-time* ~ Laufschritt *m*; ~**d** [-t] *a* mit Schrittmacher; abgeschritten; *in Zssgen: fast-, slow-*~ mit schnellen, langsamen Schritten; *thorough-* ~ *(fig)* mit allen Hunden gehetzt, mit allen Wassern gewaschen; ~**-maker** Schrittmacher *m*; ~**-making** Schrittmachen *n*; ~**r** ['-ə] Schreitende(r); Paßgänger *(Pferd)*; Schrittmacher *m*.

pachyderm ['pækidəːm] *zoo* Dickhäuter *m a. fig*.

pacific(al) [pəˈsifik(əl)] *a* friedlich, friedfertig, -liebend; versöhnlich, beruhigend; *s: the P~fic (Ocean)* der Pazifik, der Pazifische, Stille *od* Große Ozean; ~**fication** [pæsifiˈkeiʃən] Befriedung, Beruhigung, Beschwichtigung, Versöhnung *f*; ~**fier** ['pæsifaiə] Friedensstifter, -vermittler; *Am* Schnuller *m*; ~**fism, ~ficism** ['pæsifizm, '-fisizm] Pazifismus *m*; ~**fist, ~ficist** ['pæsifist, '-fisist] Pazifist, Kriegsgegner *m*; ~**fy** ['pæsifai] *tr* befrieden; beruhigen, besänftigen, versöhnen; *(Zorn)* beschwichtigen; *(Hunger, Durst)* stillen.

pack [pæk] *s* Pack, Ballen *m*, Bündel *n*, Stapel, Stoß *m*; (Trag-)Last; Rückentrage *f*; *mil* Gepäck(stück) *n*, Tornister; Haufen *m*, Menge, Anzahl, Gruppe *f*; *tech* Satz *m*; (Lumpen-)Pack *n*, Bande *f*; *(Tiere)* Rudel *n*; *(Hunde)* Koppel, Meute *f*; *(Rebhühner)* Volk *n*; *Am (Zigaretten, Bonbons, Gebäck)* Packung *f*; *(Karten)* Spiel *n*; Fallschirmsack *m*; *(~-ice)* Packeis *n*; *med* Packung *f*, Wickel; *(ice-~)* Eisbeutel *m*; *(Kosmetik)* Gesichtspackung *f*; *(Rugby)* Sturm *m*; *das Eingemachte, in Konserven Verpackte*; *a Pack-*; *tr* be-, ver-, einpacken; *(Koffer)* packen; *(Lebensmittel)* einmachen; eindosen; *(Menschen)* zs.drängen, einpferchen, vollstopfen, -pfropfen; fest ein-, umwickeln; *tech* abdichten; *med* e-e Packung geben *(s.o.* jdm), wickeln; feststampfen; *(Lasttier)* bepacken, beladen; *Am* (normalerweise, für gewöhnlich) tragen, mit sich führen, (bei sich) haben; *jur pol* parteiisch aufstellen *od* zs.setzen; *itr* (s-e Sachen) packen; *(to ~ easily)* sich (gut) (ver)packen lassen; sich (zs.)ballen; sich (zs.)drängen; *(to ~ (o.s.) off)* (schleunigst) abhauen, sich davonmachen; *to ~ in* einpacken; *fam* e-e große Menschenmenge anlocken; zs.pferchen; *to ~ it in (sl)* es ist aufgebens; *to ~ off, to send ~ing* wegjagen, Beine machen *(s.o.* jdm); *to ~ up* einpacken *a. fam*; *fam* es aufgeben; *(Motor)* stehenbleiben; *that's a ~ of lies* das sind lauter Lügen; ~**age** ['-idʒ] *s* eindosen, in Flaschen füllen; zs.stellen, konzentrieren, vorfabrizieren; bündeln; *s* Packen *n*; Pack, Ballen *m*, Bündel; *bes. Am* Paket *n*; Packung *f*, Päckchen *n*; Kiste *f*, Karton *m*, Schachtel; Emballage, Verpackung *f*, Packmaterial *n*; Packerlohn *m*; Vorteile *m pl* bei Tarifverhandlungen; Werbematerial *n* (für Händler); *Am sl* hübsche(s) Mädchen *n*, große Geldsumme *f*; *postal ~~* Postpaket *n*; *registered ~~* Einschreibpaket *n*; ~~ *advertising* Versandwerbung *f*; ~~ *deal* Koppelungsgeschäft *n*; ~~ *freight* Stückgutfracht *f*; ~~ *library* Wanderbücherei *f*; ~~ *store (Am)* Wein- u. Likörhandlung *f*; ~~*(d) tour* Pauschalreise *f*; ~ *animal* Lasttier *n*; ~~**cloth** Packleinwand *f*; ~**ed** [-t] *a* ge-, verpackt; zs.gepfercht; *(Versammlung)* überfüllt; gestopft voll; ~**er** ['-ə] Packer(in *f*) *m*; Packmaschine *f*; Eigentümer *m* e-r Konservenfabrik; ~**et** ['-it] *s* (Post-)Paket, Päckchen *n*; *(Zigaretten)* Packung *f*; *(Briefe)* Stoß *m*; *sl* Haufen *m* Geld; *sl* Schlag *m*, Strafe, *mil* Verwundung *f*; *(~~-boat)* Passagier-,

Postdampfer m, Postschiff n; tr ein Paket, Päckchen machen aus; in e-n Karton packen; ein-, verpacken; **~horse** Pack-, Saumpferd n; **~ing** ['-iŋ] s (Ver-)Packen; Einmachen, -kochen n; med Packung, Wickelung; Tamponade; tech Dichtung, Liderung; Verpackung f, Packmaterial n; attr Pack-; **~~-box**, **-case** Kiste; Lattenkiste f, Verschlag m; **~~-cloth** Packleinen n; **~~** costs (pl) Verpackungskosten pl; **~~** house, industry (Am) Konservenfabrik, -industrie f; **~~** label Packzettel m; **~~** list Versandliste f; **~~~-needle** Packnadel f; **~~~-paper** Packpapier n; **~~** piece Beilage f, Futter n; **~~~-ring** (tech) Dichtungsring m; **~~~-room** Packraum m; **~~~-rubber** Dichtungsgummi m od n; **~~~-sheet** Packleinwand f; med Umschlag m; **~~~-washer** (tech) Dichtungsscheibe f; **-man** ['-mən] Hausierer m; **-saddle** Packsattel m; **-thread** Bindfaden m, Schnur f; **~ train** Am Tragtierkolonne f.

pact [pækt] Vertrag m, Abkommen n, Pakt m; to make a ~ e-n Vertrag schließen; guarantee ~ Garantievertrag m; secret ~ Geheimabkommen n, -vertrag m; ~ of mutual assistance Beistandspakt m; ~ of non-aggression Nichtangriffspakt m.

pad [pæd] **1.** s Kissen, Polster n; (Aus-)Polsterung, Wattierung; Füllung, Einlage; Unterlage f; (writing-~) Schreibblock m; (stamp ~) Stempelkissen n; zoo Ballen m; (Kaninchen) Pfote f; sport Beinschützer m; (Rakete) Abschußrampe f; sl Bett n, Opiumhöhle f; tr (aus)polstern, wattieren, ausstopfen, füllen; (mit Watte) füllen; (Rede, Schrift) aufbauschen; (Verwaltung) aufblähen; warming ~ Heizkissen n; to ~ out (fig) in die Länge ziehen, Zeilen schinden; **-ded** ['-id] a gepolstert, wattiert; **~~ cell** Gummizelle f; **-ding** ['-iŋ] Polsterung, Wattierung f; Polstermaterial n; fig Füller m, (Zeilen-)Füllsel, Geschreibsel, (leeres) Gerede n; tele blinde Gruppe f; **2.** itr zu Fuß gehen, wandern, trampen; s (**~-nag**) (Pferd) Paßgänger m; sl Landstraße f; to ~ it, to ~ the hoof (sl) zu Fuß latschen, tippeln.

paddle ['pædl] s Paddel n; Radschaufel; Rührschaufel f, -holz n; Spachtel; metal Rührstange, Kratze f; Wäscheklopfer m; Am Stock m (zum Prügeln); itr paddeln; planschen; herumfummeln; (herum)torkeln; tr paddeln; (um)rühren; Am schlagen, (ver)prügeln; to ~ o.'s own canoe (fig) auf eigenen Füßen stehen; **~-box** Radkasten m (e-s Raddampfers); **-r** ['-ə] Paddler m; **~-steamer** Raddampfer m; **~-wheel** Schaufelrad n.

paddock ['pædək] s Pferdekoppel f; (Rennsport) Sattelplatz m (Australien) (eingefriedigtes) Gut n.

Paddy ['pædi] Ire m (Spitzname).

paddy ['pædi] **1.** ungeschälte(r) Reis m; (**~-field**) Reisfeld n; **2.** fam Wut f, -anfall m; to be in a ~ e-n Wutanfall haben; **-wagon** Am sl Grüne Minna f.

padlock ['pædlɔk] s Vorhängeschloß n; tr mit e-m Vorhängeschloß verschließen.

padre ['pɑːdrei] mil sl (Feld-)Geistliche(r) m.

paean ['piːən] Päan m, Dankes-, Siegeslied n.

p(a)ederast ['piːdəræst, 'ped-] Päderast m; **-y** ['-i] Päderastie f.

p(a)ediatrician [piːdiəˈtriʃən], **-ist** ['piːdiətrist] Kinderarzt m; **-ics** [piːdiˈætriks] pl mit sing Kinderheilkunde f.

pagan ['peigən] s Heide m, Heidin f; a heidnisch; **-ism** ['-izm] Heidentum n.

page [peidʒ] **1.** s (Buch) Seite f, a. Blatt; fig Blatt n, Episode; typ Kolumne f; tr paginieren, mit Seitenzahlen versehen; title ~ Titelseite f; **~~-one(r)** Am sl sensationelle Nachricht; Berühmtheit f; **~~-number** Seitenzahl f; **~~-proof** Umbruchkorrektur f, -abzug m; **2.** s Page, Edelknabe m; (Hotel-)Page, Boy; Am Amts-, Gerichtsdiener m; tr durch e-n Pagen holen lassen; über den Lautsprecher rufen lassen.

pageant ['pædʒənt] Aufzug m, Prozession, Parade, Schau f; Festspiel n; leere(r) Pomp, bloße(r) Prunk m; **-ry** ['-ri] Aufzüge m pl, Paraden f pl; Prachtentfaltung; fig leere Pracht f.

pagination [pædʒiˈneiʃən] (Buch) Seitenzählung, Paginierung f.

pagoda [pəˈgoudə] rel arch Pagode f.

pah [pɑː] interj pah! pfui!

pail [peil] Eimer, Kübel m; dinner-~ (Am) Eßgeschirr n; **-ful** ['-ful] Eimervoll m.

paillasse, palliasse [pælˈjæs] Strohsack m.

pain [pein] s Schmerz(en pl) m; Weh, Leid(en) n, Qual f, Kummer m, Angst, Sorge, Not f, Elend n, Mühe f; pl (Geburts-)Wehen f pl; pl Mühe f; tr itr schmerzen, wehtun (s.o. jdm); Schmerz, Kummer bereiten (s.o. jdm); under, (up)on ~ of bei Strafe gen; death bei Todesstrafe; to be at ~s of

pained 693 **pale**

doing s.th. Mühe haben, etw zu tun; to be in ~ leiden; to feel ~ Schmerz empfinden od spüren; to give s.o. a ~ in the neck jdn auf die Palme bringen; to put to ~ quälen; to spare no ~s keine Mühe scheuen; to take ~s sich (große) Mühe geben od machen (with mit); it ~s me to es fällt mir schwer zu; compensation for ~ and suffering Schmerzensgeld n; ~s and penalties Geld- u. Freiheitsstrafen f pl; ~ in the neck (Am sl) widerliche(r) Kerl m; unangenehme Arbeit f; **~ed** [-d] a leidend; **~ful** ['-ful] schmerzhaft, schmerzend; schmerzlich, unangenehm, peinlich; mühsam, mühevoll, mühselig; **~fulness** ['-fulnis] Schmerzhaftigkeit; Peinlichkeit f; **~killer** schmerzstillende(s) Mittel n; **~less** ['-lis] schmerzlos; **~lessness** ['-lisnis] Schmerzlosigkeit f; **~ sensation** Schmerzgefühl n; **~staking** ['-zteikiŋ] a arbeitsam; gewissenhaft, gründlich, sorgfältig; s Mühe(waltung); Gewissenhaftigkeit, Sorgfalt f.
paint [peint] tr (be)malen; anstreichen; schminken, fam anmalen; med auftragen; bepinseln; fig schildern, beschreiben; itr malen; sich schminken; s Farbe f; Anstrich m; mot Lack m; Schminke f; to ~ in hineinmalen, to ~ out anmalen, -streichen; übermalen; to ~ the town red (fig) alles auf den Kopf stellen; he is not so bad as he is ~ed er ist besser als sein Ruf; wet ~! frisch gestrichen! war ~ Kriegsbemalung f; **~~box** Malkasten m; **~brush** (Mal-)Pinsel m; **~ coat** Farbanstrich m; **~ed** [-id] a ge-, bemalt; geschminkt; bot zoo bunt, scheckig; fig künstlich, gestellt; bunt, farbenprächtig; P~~ Lady (ent) Distelfalter m; bot Pinks-, Federnelke; Rote Wucherblume f; **~er** ['-ə] (Kunst- od Dekorations-)Maler; mot Lackierer; (house ~~) Anstreicher m; mar Vor-, Fangleine f; zoo Puma, Kuguar m; to cut the ~~ sich aus dem Staube machen; sich loslösen; **~ing** ['-iŋ] Malen; Anstreichen; Spritzlackieren; Schminken n; Malerei f; Bild, Gemälde n; Schilderung f; **~ remover** Farbentferner m; **~ress** ['-ris] Malerin f; **~ spray gun** Farbspritzpistole f.
pair [pɛə] s Paar; Gespann n; Partner; sport Zweier m; tr paaren, ein Paar machen aus; itr sich paaren, ein Paar bilden; to ~ off (itr) sich paarweise absondern; ein Paar bilden; fam (sich) heiraten; tr verheiraten; ein Paar od Paare machen aus; paarweise ordnen; in ~s paarweise; a ~ of gloves, shoes ein Paar ~ Handschuhe, Schuhe; a ~ of scissors, tongs, trousers e-e Schere, Zange, Hose; a ~ of stairs, steps e-e Treppenflucht; that's another ~ of shoes das ist e-e andere Sache; **~ing** ['-riŋ] Paarung f; **~~season**, **-time** Paarungszeit f.
pajamas s. pyjamas.
Pakistan [pa:ki'sta:n] Pakistan n; **~i** [-i] a pakistanisch; s Pakistaner(in f) m.
pal [pæl] s sl Kumpel, Genosse, Kamerad m; itr (to ~ up) sl dicke Freunde werden od sein; sich anfreunden (with mit); **~ly** ['-i] adv sl kameradschaftlich, freundschaftlich.
palace ['pælis] Palast m, Schloß n; **~~car** rail Salonwagen m; **~yard** Schloßhof m.
pal(a)eo|grapher [pæli'ɔgrəfə] Paläograph m; **~graphic(al)** [pæliə(u)-'græfik(əl)] paläographisch; **~graphy** [pæli'ɔgrəfi] Paläographie f; **~lithic** [pæli(o)u'liθik] paläolithisch, altsteinzeitlich; **~logy** [pæli'ɔlədʒi] Paläologie, Altertumskunde f; **~ontologic(al)** ['pælionto'lɔdʒik(əl)] paläontologisch; **~ontologist** [pælion-'tɔlədʒist] Paläontologe m; **~ontology** [pælion'tɔlədʒi] Paläontologie f.
palanquin, palankeen [pælən'ki:n, Am 'pæ~] Tragsessel m, Sänfte f.
palat|able ['pælətəbl] schmackhaft; fig angenehm; **~al** ['pælətl] a Gaumen-; s Gaumenlaut m; **~alization** [pælətəlai'zeiʃən] Palatalisierung f; **~e** ['pælit] Gaumen; Geschmack(s-sinn); fig Geschmack m (for an), Vorliebe f (for für); hard ~~ harte(r) Gaumen m; soft ~~ weiche(r) Gaumen m, Gaumensegel n; **~ine** ['pælətain] **1.** a Gaumen-; s (~~ bone) Gaumenbein n.
palat|ial [pə'leiʃəl] palastartig; stattlich, prächtig; **~inate** [pə'lætinit] Pfalzgrafschaft; Pfalz f; P~~ Pfälzer(in f) m; the (Rhine) P~ die (Rhein-) Pfalz; **~ine** ['pælətain] **2.** a Palast-; Pfalz-; pfalzgräflich; P~~ pfälzisch; s Pfalzgraf; (Schulter-)Pelz m; P~~ Pfälzer(in f) m.
palaver [pə'la:və] s Palaver; (endloses) Gerede, Geschwätz n; Schmeichelei f, Schmus m; itr schwatzen, klatschen; schmeicheln.
pal|e [peil] **1.** a bleich, fahl; blaß; (Licht) schwach; fig schwach, matt, farblos; itr erbleichen, erblassen, die Farbe verlieren; fig verblassen (before, beside neben); tr bleich machen, erbleichen lassen; to turn ~~

paleness 694 **palter**

blaß, bleich werden, erbleichen; **~~ blue** blaßblau; **~~ face** Bleichgesicht *n*; **~~-faced** bleichgesichtig; **-eness** ['-nis] Blässe *f a. fig*; **2.** Pfahl; Pfosten; (Grenz-)Zaun *m*; *fig* Grenzen *f pl*; Gebiet *n*, Bezirk *m*; *inside* od *within*, *outside* od *beyond the ~ of* innerhalb, außerhalb der Grenzen *gen bes. fig*; im Schoße *gen*; **-ing** ['-iŋ] Einzäunung *f*; (Pfahl-)Zaun *m*.
paleo- *s. palaeo-.*
Palestin|e ['pælistain] Palästina *n*; **-ian** [pæles'tinien] *a* palästin(ens)isch.
paletot ['pæltou] Paletot, Überzieher; lose(r) (Damen-)Mantel *m*.
palette ['pælit] Palette *a. fig*; *fig* Farbskala *f*; **--knife** Streichmesser *n*, Spa(ch)tel *m* od *f*.
palfrey ['pɔ:lfri] *obs* Zelter *m (Pferd)*.
palingenesis [pælin'dʒenisis] Wiedergeburt; *biol* Palingenese *f*.
palisade [pæli'seid] *s* Palisade(npfahl *m*) *f*; *pl Am* Flußklippen *f pl*; *tr* mit e-r Palisade umgeben; einzäunen; verschanzen.
pall [pɔ:l] **1.** *itr* zuviel, langweilig werden (*on, upon s.o.* jdm); überdrüssig werden (*with s.th.* e-r S); reizlos sein (*on* für); *it never ~s on you* man bekommt es nie satt; **2.** *s* Bahr-, Leichentuch *n*; Altar-, Kelchdecke *f*; *(Rauch)* Schleier; *obs* (Staats-)Mantel *m*; Pallium *n*; *fig* Decke, Hülle *f*; *tr* ein-, umhüllen; **-bearer** *Am* Leichenträger; *Br* Hauptleidtragende(r) *m*.
palladium [pə'leidjəm] *pl -dia* Palladium, Schutzheiligtum *n*; *fig* Schutz, Hort *m*; *chem* Palladium *n*.
pallet ['pælit] **1.** Töpferscheibe; Palette *f*; Vergoldestempel *m*; *(Uhr)* Radhemmung *f*; **2.** Strohsack *m*; Matratze *f*; Bettlager *n*.
palliasse *s. paillasse.*
palliat|e ['pælieit] *tr* lindern, erleichtern, beruhigen; *fig* beschönigen, bemänteln, entschuldigen; abschwächen; **-ion** [pæli'eiʃən] Linderung, Erleichterung; *fig* Beschönigung, Bemäntelung *f*; **-ive** ['pæliətiv] *a* lindernd, erleichternd; *fig* beschönigend; abschwächend; *s* Linderungsmittel *n*.
pall|id ['pælid] blaß, bleich; **-or** ['pælə] Blässe *f*.
palm [pɑ:m] *s* Handfläche *f*, -teller *m*; Handbreite, -länge *f*; flache(s) Ende *n*; (Anker-)Flügel *m*; Schaufel *(e-s Geweihs)*; Palme; Siegespalme *f*; Sieg, Triumph *m*; *tr* streicheln; durch e-e Handbewegung verschwinden lassen; in der Hand verbergen; *Am sl* klauen;

to ~ s.th. off on s.o. jdm etw andrehen, an-, aufhängen; *to bear, to carry off the ~* den Sieg davontragen; *to give the ~* den Preis zuerkennen; *to grease, to oil s.o.'s ~* jdn bestechen; *to have an itching ~ (fam)* ein einnehmendes Wesen haben; *to have in the ~ of o.'s hands (fig)* fest in der Hand haben; *to know like the ~ of o.'s hand* wie s-e Hosentasche kennen; *to yield the ~ to s.o.* jds Überlegenheit anerkennen; **-ary** ['pælməri] ausgezeichnet, erstklassig, hervorragend; siegreich; **-ate** ['pælmit] handförmig; *bot (Blatt)* gefingert *od* handnervig; *zoo* mit Schwimmhäuten (versehen); **~ butter** Palmbutter *f*; **-er** ['-ə] Wallfahrer, Pilger; Taschenspieler, Schwindler *m*; **~~ worm** *(ent)* Prozessionsraupe *f*; **-ette** [pæl'met] Palmette *f (Ornament)*; **-etto** [pæl'metou] Zwergpalme *f*; **--greasing** Bestechung *f*; **-house** Palmenhaus *n*; **-iped(e)** ['pælmiped, -pi:d] *zoo* mit Schwimmhäuten (versehen); **-ist** ['-ist] Handliniendeuter, -sener, Chiromant *m*; **-istry** ['-istri] Handliniendeuten *n*, Chiromantie *f*; **--leaf** Palmzweig *m*; **--nut oil** Palmkernöl *n*; **--oil** Palmöl *n*; *hum* Bestechungsgelder *n pl*; **P- Sunday** Palmsonntag *m*; **--tree** Palmbaum *m*, Palme *f*; **-y** ['pɑ:mi] palmenreich, -beschattet; Palmen-; *fig* glücklich, erfolgreich; **~~ days** *(pl)* Blüte-, Glanzzeit *f*.
palooka, paluka [pə'lu:kə] *Am sl* Versager *m*, Flasche *f*.
palp [pælp] *zoo* Fühler *m*, Tastorgan *n*; **-ability** [-ə'biliti] Fühlbarkeit; Wahrnehmbarkeit; Handgreiflichkeit *f*; **-able** ['-əbl] berührbar, fühlbar; *fig* handgreiflich, offenbar; **-ate** ['-eit] *tr med* palpieren, (untersuchend) ab-, betasten; *a* [-it] *zoo* mit Fühlern versehen; **-ation** [pæl'peiʃən] *med* Palpieren, Ab-, Betasten, Befühlen *n*; **-ebral** ['pælpəbrəl] *a scient* Augenlider-; **-itant** ['-itənt] pochend, zitternd; **-itate** ['-iteit] *itr (Herz)* klopfen, pochen, rasch schlagen; zittern, beben (*with* vor); **-itation** [pælpi'teiʃən] Herzklopfen, Zittern *n*.
palsy ['pɔ:lzi] *tr* lähmen; *s* Lähmung *a. fig*; Kraftlosigkeit *f*; Zittern *n*, Tremor *m*; *fig* lähmende(r) Einfluß *m*.
palter ['pɔ:ltə] *itr* unaufrichtig handeln (*with s.o.* an jdm); zweideutig reden (*with s.o.* mit jdm; *about s.th.* über etw); gleichgültig, leichtsinnig sein; leichtfertig umgehen (*with* mit);

paltriness schachern, feilschen (*with s.o. about s.th.* mit jdm über etw).

paltr|iness ['pɔːltrinis] Belanglosigkeit, Wertlosigkeit, Erbärmlichkeit *f*; **~y** ['-i] belanglos, unwichtig, unbedeutend, nebensächlich, geringfügig; erbärmlich, jämmerlich; **~~ debts** (*pl*) Bagatellschulden *f pl*; **~~ excuses** (*pl*) fadenscheinige Ausreden *f pl*.

pampas ['pæmpəz] *pl* Pampas *f pl*.

pamper ['pæmpə] *tr* verwöhnen, verzärteln, verhätscheln; frönen.

pamphlet ['pæmflit] Broschüre *f*; Prospekt *m*, Werbe-, Flugschrift *f*; Pamphlet *n*; **~eer** [pæmfli'tiːə] Pamphletist *m*.

pan [pæn] **1.** *s* Pfanne *a. allg min geog*; (flache) Schüssel, Schale; Zündpfanne *f* (*alter Feuerwaffen*); *typ* Setzschiff *n*; Waagschale; (*kleine*) Eisscholle; *sl* Fresse *f*, Gesicht *n*; *Am sl* vernichtende Kritik *f*; *tr min* (*Kies, Sand in der Pfanne*) waschen; (*Kamera*) schwenken; *Am fam* bekommen; *Am fig* scharf kritisieren, verreißen; *itr min* Kies waschen; (*Kies*) Gold hergeben, liefern; *to ~ out* (*tr*) hergeben, liefern; *itr fam* (*to ~ out well*) klappen, glücken, hinhauen, einschlagen; *it was a flash in the ~* es war ein Strohfeuer; *bread-~* Brotschüssel *f*; *flushing-~* Klosettschale *f*; *frying-~* Bratpfanne *f*; *out of the ~ into the fire* vom Regen in die Traufe; *meat-~* Fleischschüssel *f*; *sauce-~* Tiegel *m*, Schmorpfanne *f*; **~cake** *s* Eier-, Pfannkuchen *m*; (**~~ landing**) *aero* Bumslandung *f*; schwere(r) Fall *m*; *itr tr aero* durchsacken (lassen); (*fam*) *as flat as a ~~* flach wie ein Tisch; *to fall flat as a ~~* (*sl*) ein großer Reinfall sein; schiefgehen; *P-~ Day* Fastnachtsdienstag *m*; **2.** *in Zssgen* Pan-, All-; **~handle** *s* Pfannenstiel; *Am* vorspringende(r) schmale(r) Gebietsstreifen *m*; *itr sl Am* fechten, betteln; **~handler** *Am sl* Bettler *m*; **~nikin** ['-ikin] Pfännchen *n*; (*kleiner*) Metallbecher *m*; *sl* Rübe *f*, Kopf *m*; **~tile** ['-tail] Dachpfanne *f*, Hohlziegel *m*.

Pan [pæn] **1.** *rel* Pan, Faun *m*; **2.** *geogr* Pan-, pan-; **~~American** panamerikanisch; **~~Europe** Paneuropa *n*; **~~Germanism** Pangermanismus *m*; **~~Islamic** panislamisch; **~~Slavism** Panslawismus *m*.

panacea [pænə'siːə] Allheil-, Universalmittel *n*.

panache [pə'næʃ] Helm-, Federbusch *f*; *fig* Prunk *m*, Pracht; Prahlerei *f*.

Panama [pænə'mɑː, *in Zssgen*: 'pænəmɑː] Panama *n*; **~ Canal** Panamakanal *m*; **~ hat** Panamahut *m*.

panchromatic [pænkrɔ(u)'mætik] *phot* panchromatisch.

pancre|as ['pæŋkriəs] *anat* Pankreas *n*, Bauchspeicheldrüse *f*; **~atic** [pæŋkri-'ætik] pankreatisch, Pankreas-; **~~ juice** (*physiol*) Bauchspeichel *m*.

panda ['pændə] *zoo* Panda *m*.

pandemic [pæn'demik] (*Krankheit*) allgemein verbreitet.

pandemonium [pændi'mounjəm] *fig* Inferno *n*; Tumult, Höllenlärm *m*.

pander ['pændə] *s* Kuppler(in *f*); (Ver-) Mittler *m*; *tr* (ver)kuppeln; *itr* Vorschub leisten (*to s.o., s.th.* jdm, e-r S).

pane [pein] (viereckige) Scheibe, Fläche *f*, (flaches) Fach *n*; Fensterscheibe; Tür-, Wandfüllung *f*.

panegyr|ic [pæni'dʒirik] Lobrede *f* (*on, upon* auf); **~ic(al)** [-ik(əl)] lobend, voller Lob; Lob-.

panel ['pænl] *s arch* Paneel *n*, Täfelung, Verkleidung; Tafel *f*, Feld *n*, (glatte, viereckige) Fläche; (*Wand, Tür*) Füllung; (Holz-)Platte; Fensterscheibe; (*Kleid*) Bahn *f*; *phot* Hochformat *n*; (*instrument ~*) Instrumententafel *f*; *mot* Armaturenbrett *n*; *el* Schalttafel *f*; (*Anzeige*) Kästchen *n*; *aero* Signaltafel *n*; *min* Grubenabschnitt; Ausschuß *m*, Kommission; *jur* Geschworenenliste *f*, Geschworene, Schöffen *m pl*; Liste *f* der Kassenärzte; Diskussionsgruppe *f*, Forum *n*; (*Meinungsforschung*) Befragtengruppe *f*; *tr* täfeln (*with* mit); (*Fläche*) in Felder einteilen; *jur* (*Geschworenenliste*) aufstellen; (*Kleid*) mit Streifen verzieren; *on the ~* (*Arzt*) zu allen Kassen zugelassen; krankenversichert; *advisory ~* beratende(r) Ausschuß *m*; **~ of experts** Sachverständigenausschuß *m*; **~ discussion** Podiumsgespräch *n*; **~ doctor** Kassenarzt *m*; **~ envelope** Fenster(brief)umschlag *m*; **~ house** *Am* Bordell *n*; **~ize** ['-aiz] *itr* an e-r Fernsehdiskussion teilnehmen; **~ist** ['-ist] Diskussionsteilnehmer *m*; **~(l)ing** ['-iŋ] Täfeln *n*; Täfelung *f*; **~ patient** Kassenpatient *m*; **~~work** *arch* Fachwerk *n*.

pang [pæŋ] stechende(r), plötzliche(r) heftige(r) Schmerz; Krampf *m*; *fig* plötzliche Angst, Beklemmung *f*; Weh *n*; **~s of conscience** Gewissensqual *f*; **~s of death** Todesangst *f*.

panic ['pænik] **1.** (**~ grass**) Hirse *f*; **2.** *a* panisch; *s* Panik *f*, panische(r)

panicky 696 **paper**

Schreck(en) *m*; plötzliche Panik *bes. fin; fig sl* Bombe *f*; *tr* in Schrecken versetzen, e-n Schreck einjagen (*s.o.* jdm); mit panischer Angst erfüllen; *Am sl* entzücken, begeistern, mitreißen; zum Lachen bringen, Beifall ernten von; *itr* von panischer Angst ergriffen sein; den Kopf verlieren; **~ky** ['·i] *fam* in panischem Schrecken, nervös, unruhig (*at* über); alarmierend; **~ measures** (*pl*) Angstmaßnahmen *f pl*; **~ monger** Panikmacher *m*; **~ purchase, sale** Angstkauf, -verkauf *m*; **~~stricken** *a* in panischem Schrecken.
panicle ['pænikl] *bot* Rispe *f*.
panjandrum [pən'dʒændrəm] große(s) Tier *n; pej* Wichtigtuer, *fam* Angeber; Hochstapler *m*.
pannier ['pæniə] große(r) Korb; Rückentragkorb *m*, Kiepe *f*; Reifrock *m*, Krinoline *f*; Petticoat *m*.
panocha [pə'noutʃə] *Am* Karamelbonbon *m* od *n*, (Sahne-)Karamelle *f*.
panoply ['pænəpli] vollständige Rüstung; *allg* Prachtausstattung *f*.
panoram|a [pænə'rɑ:mə] Panorama *n a. fig*, Rundblick *m* (*of* über); *fig* (gute) Übersicht *f* (*of* über); **~~ equipment** Rundsuchgerät *n*; **~ic** [-'ræmik] panoramaartig; *mot* Rundsicht-; **~~ sketch** Ansichtsskizze *f*; **~~ windscreen** (*mot*) Rundsichtverglasung *f*.
pansy ['pænzi] *s bot* Stiefmütterchen *n*; *sl* Weichling, Homosexuelle(r) *m*; *a sl* weibisch.
pant [pænt] *itr* keuchen; (*to ~ for breath*) nach Luft schnappen; (*Herz*) klopfen, pochen; verlangen, lechzen, *fam* wild sein (*for, after* nach); Dampf, Rauch ausstoßen; *tr* (*to ~ forth, to ~ out*) (keuchend) hervorstoßen; *s* keuchende(r) Atemzug *m*; Keuchen *n*; Schlag *m* (*des Herzens*); *tech* Auspuffen *n*.
pantaloon [pæntə'lu:n] *hist* Hanswurst; dumme(r) August *m*; *Am pl* Hose *f*.
pantechnicon [pæn'teknikən] Lagerhaus *n*, (Möbel-)Speicher *m*; (*~ van*) Möbelwagen *m*.
panthe|ism ['pænθi(:)izm] Pantheismus *m*; **~ist** ['-ist] Pantheist *m*; **~istic(al)** [pænθi(:)'istik(əl)] pantheistisch.
panther ['pænθə] Panther; *Am* Puma *m*.
panties ['pæntiz] *pl* (Damen-)Schlüpfer *m*; Kinderhöschen *n pl*.
pantograph ['pæntəgrɑ:f] *tech* Storchschnabel *m*.
pantomim|e ['pæntəmaim] *theat* Pantomime *f*; *allg* Gebärdenspiel; (*in England*) Weihnachtsspiel *n*; **~ic** [pæntə'mimik] pantomimisch.
pantry ['pæntri] Vorrats-, Speisekammer *f*; (*butler's ~*) Anrichtezimmer *n*.
pants [pænts] *pl* (lange) Unterhose; *fam bes. Am* Hose *f*.
panty ['pænti]: **~ set** Garnitur *f* Unterwäsche; **~~waist** *Am pop* weibische(r) Mann *m*; Hemdhöschen *n*.
pap [pæp] **1.** *obs* Brustwarze; (Berg-)Kuppe *f*; **2.** (Kinder-)Brei *m*, Mus *n*, Papp; *allg* Brei *m*, Mark, (Frucht-)Fleisch *n*; *Am fam* Protektion *f*; **~py** ['·i] *a* breiig, musig; *fig* schwächlich; *s* Brei, Papp *m*.
papa [pə'pɑ:, *Am a.* 'pɑ:pə] (*Kindersprache*) Papa, Vati *m*.
pap|acy ['peipəsi] Pontifikat; Papsttum *n*; **~al** ['·əl] päpstlich; (römisch-)katholisch; *the P~ States* (*hist*) der Kirchenstaat; **~ist** ['·ist] *s pej* Papist *m*; *a u.* **~istic(al)** [pə'pistik(əl)] *pej* papistisch.
paper ['peipə] *s* Papier; Blatt *n*, Zettel *m*; Blatt Papier; Formblatt, Formular; Schriftstück *n*, Akte *f*, Dokument *n*, Urkunde *f*; Aufsatz *m*, Abhandlung *f*, Vortrag *m* (*on* über); (*examination ~*) Prüfungsarbeit *f*; Wertpapier *n*, Schuldtitel, Wechsel *m*; Banknote *f*, (*Börse*) Brief *m*; Zeitung *f*, Blatt *n*; (*wall ~*) Tapete *f*; (*Nadeln*) Brief *m*, Heft *n*; *theat* Freikarte *f*; *pl* (Ausweis-, Legitimations-)Papiere *n pl*; Akten *f pl*; Papiere *n pl*, Briefschaften, -sachen *f pl*; *a* papieren, aus Papier, Papier-; (hauch)dünn; nur auf dem Papier (stehend); *tr* zu Papier bringen, niederschreiben, aufzeichnen; einwickeln, verpacken; tapezieren; *fam* (*das Theater*) durch Verteilen von Freikarten füllen; *Am sl* Falschgeld verbreiten in; *on ~* auf dem Papier, geschrieben, gedruckt; *fig* in der Theorie; *to commit to ~, to put down on ~* zu Papier bringen, schriftlich niederlegen; *to move for ~s* die Vorlage der schriftlichen Unterlagen beantragen; *to read a ~* e-n Vortrag halten (*on* über); *to send in o.'s ~s* s-n Abschied nehmen, abdanken, zurücktreten; *ballot(ing), voting ~* Stimm-, Wahlzettel *m*; *bank~* Bankwechsel *m*, -akzept *n*; *blotting-~* Löschblatt *n*; *brown ~* Packpapier *n*; *call-up ~s* (*pl*) Einberufungsbefehl *m*; *carbon-~* Kohle-, Durchschlag-, -schreibpapier *n*; *command-~* Bestellzettel *m*; *commercial ~* Waren-, Handelswechsel *m*; *daily, evening, sports ~* Tages-, Abend-, Sportzeitung *f*; *fashion ~* Modejournal

paperback

n, **-zeitung** *f*; *illustrated* ~ Illustrierte *f*; *letter-*, *note-*~ Briefpapier *n*; *official* ~ Aktenpapier *n*; *parchment-*~ Pergament-, Butterbrotpapier *n*; *printing-*~ Druckpapier *n*; *sanitary*, *toilet-*~ Klosettpapier *n*; *sheet of* ~ Blatt *n* Papier; *stamped* ~ Stempelpapier *n*; *Sunday* ~ Sonntagsblatt *n*; *trade* ~ Fach-, Wirtschaftszeitschrift *f*; *typewriting-*~ Schreibmaschinenpapier *n*; *waste* ~ Altpapier *n*; *weekly* ~ Wochenblatt *n*; *wrapping* ~ Packpapier *n*; *writing-*~ Schreibpapier *n*; **~back** Buch *n* in Pappband; **~bag** Tüte *f*; **~basket** Papierkorb *m*; **~board** Pappe *f*; **~bound** *a* mit Pappeinband; **~boy** Zeitungsjunge *m*; **~-carriage** Wagen *m* (e-r Schreibmaschine); **~-chase** Schnitzeljagd *f*; ~ **circulation** *fin* Notenumlauf *m*; **~-clip**, **-fastener** Büro-, Heft-, Musterklammer *f*; ~ **clipping** Zeitungsausschnitt *m*; **~credit** Wechselkredit *m*; ~ **currency** Papiergeld *n*; Notenumlauf *m*; **~-cutter** Brieföffner *m*; Papierschneidemaschine *f*; **~-folder** Falzbein *n*; **~-hanger** Tapezierer *m*; *Am sl* Wechselreiter, Banknotenfälscher *m*; **~hangings** *pl* Tapete *f*; *Am sl* Wechselreiterei, Banknotenfälschung *f*; **~-industry** Papierindustrie *f*; **~-knife** Brieföffner *m*; ~ **lantern** Lampion *m*; **~-mill** Papierfabrik *f*; **~manufacture** Papierherstellung *f*; **~-money** Papiergeld *n*; **~-profits** *pl com* Buchgewinne *m pl*; **~-pulp** Papierbrei *m*, -masse *f*; **~-shavings** *pl* Papierschnitzel *m pl*; **~-size** Kleister *m*; **~-stainer** Tapetenmaler *m*; **~-standard** Papierwährung *f*; **~-war(fare)** Pressefehde *f*; Papierkrieg *m*; **~-weight** Briefbeschwerer *m*; **~work** Schreibarbeit *f*; **~y** ['-ri] papierartig, blättrig, dünn.

papier mâché ['pæpjei'ma:ʃei, *Am* 'peipəmə'ʃei] Papier-, Pappmaché *n*.

papill|a [pə'pilə] *pl* **-ae** [-i:] Papille, Warze *f*; **~ary** [-əri] warzenförmig, -artig, papillar.

papoose [pə'pu:s] (nordamerik.) Indianerkind *n*; *Am sl* nicht gewerkschaftlich organisierte(r) Arbeiter *m*.

paprika *Am a.* **paprica** ['pæprikə] Paprika *m*.

papyrus [pə'paiərəs] *pl a.* **-ri** [-ai] Papyrus(staude *f*); Papyrus *m*.

par [pa:] *s fin* Pari *n*, Kurswert, Wechselkurs; *fam* Abschnitt, Zeitungsartikel *m*; *above* ~ über pari; *fig* überdurchschnittlich, überragend; *at* ~ al pari; zum Nennwert; *below* ~ unter pari; *fig* unterdurchschnittlich, nicht auf der Höhe; *on a* ~ *with* auf gleicher Stufe mit; ebenbürtig; *up to* ~ *(fig)* auf der Höhe; *to feel below* ~ sich nicht wohl fühlen; *issue* ~ Ausgabekurs *m*; *mint* ~ Münzparität *f*; ~ *of exchange* (Währungs-)Parität *f*, Parikurs *m*.

par(a) ['pær(ə)-] *pref scient* Para-.

Para ['pɑ:rə] ~ **nut** Paranuß *f*.

parab|le ['pærəbl] Gleichnis(rede *f*) *n*, Parabel, Allegorie *f*; **~ola** [pə'ræbələ] *math* Parabel *f*; **~olic(al)** [pærə'bɔlik(əl)] gleichnishaft, allegorisch; *~olic (math)* parabelartig, Parabel-; *~olic mirror*, *reflector* Parabolspiegel *m*; **~oloid** [pə'ræbəlɔid] *math* Paraboloid *n*.

parachut|e ['pærəʃu:t] *s* Fallschirm *m*; *zoo* Flughaut *f*; *tr* (mit dem Fallschirm) abwerfen, absetzen; *itr* abspringen; ~~ *bag*, *pack* Fallschirmsack *m*; ~~ *bomb* Fallschirmbombe *f*; ~~ *brake* Bremsschirm *m* (e-s Flugzeuges); ~~ *canister*, *container* (Fallschirm-)Abwurfbehälter *m*; ~~ *cord* Fallschirm-, Fangleine *f*; ~~ *course* Fallschirmspringerlehrgang *m*; ~~ *descent* Fallschirmabsprung *m*; ~~ *drop* Fallschirmabwurf *m*; ~~ *equipment* Fallschirmausrüstung *f*; ~~ *flare* Leuchtfallschirm *m*; ~~ *harness* Fallschirmgurt *m*; ~~ *jump* Fallschirmabsprung *m*; ~~ *jumper* Fallschirmspringer *m*; ~~ *rigger* Fallschirmwart *m*; ~~ *rip-cord*, *rip-line* (Fallschirm-)Reißleine *f*; ~~ *tower* (Fallschirm-)Sprungturm *m*; ~~ *troops* *pl* Fallschirmtruppen *f pl*; **~er** ['-ə] *Am* Fallschirmjäger *m*; **~ist** ['-ist] Fallschirmspringer, *mil* -jäger *m*.

parade [pə'reid] *s* Prachtentfaltung *f*, Prunk, Pomp *m*, Gepränge *n*; (Truppen-)Parade, Truppen-, Heerschau *f*, Vorbeimarsch; (*~-ground*) Exerzier-, Paradeplatz; Appell; Auf-, Festzug *m*; Vorführung; (*fashion* ~) Modenschau, Modevorführung; *Br* Promenade *f* (*am Meer*); *~* Spaziergänger *m pl*; *tr* aufziehen, -marschieren, exerzieren lassen; festlich ziehen durch; prunken, protzen, *fam* angeben mit; *itr* paradieren; in e-m Festzug (mit)marschieren; herumstolzieren, großspurig auftreten, *fam* angeben; *mil* aufmarschieren, -ziehen; exerzieren; *to* ~ *over* nachexerzieren; *to be on* ~ aufmarschiert sein; exerzieren; *to make a* ~ *of s.th.* mit etw protzen; *~ rest!* rührt Euch!

paradigm ['pærədaim, *Am* '-dim] Muster, (Muster-)Beispiel *n*; **~atic** [pærədig'mætik] beispiel-, musterhaft, exemplarisch.

paradise 698 **parcel**

paradis|e ['pærədais] *(P)* das Paradies, der Garten Eden; *in* ~~ im siebenten Himmel; *to live in a fool's* ~~ sich etw vormachen; **~iac(al)** [pærə-'disiæk, pærədi'saiəkəl] paradiesisch.
paradox ['pærədɔks] Paradox(on) *n*, Widersinn *m*, widersinnige Behauptung *f*; **~ical** [pærə'dɔksikəl] paradox, widersinnig, sonderbar, seltsam.
paradrop ['pærədrɔp] *tr* (mit dem Fallschirm) abwerfen.
paraffin ['pærəfin], **~e** [-fi:n] *chem* Paraffin; *(~ oil)* Paraffinöl *n*; **~ candle** Paraffinkerze *f*.
paragon ['pærəgən] Vorbild, Muster *n*; *fam* Musterknabe; Paragon, (großer) Brillant *m*; *typ* Text *f (20 Punkte)*.
paragraph ['pærəgra:f] *s typ* Absatz; Abschnitt *m*, Abteilung *f*, Paragraph; *(~ mark)* Paragraph; (kurzer) Zeitungsartikel *m*; *tr* in Absätze, Paragraphen einteilen; in e-m Zeitungsartikel behandeln; **~er** ['pærəgra:fə], **~ writer** Artikelschreiber, Reporter, (Lokal-)Berichterstatter *m*.
Paraguay ['pærəgwai] Paraguay *n*; **~an** [pærə'gwaiən] *a* paraguayisch; *s* Paraguayer(in *f*) *m*; **~ tea** Matetee *m*.
parakeet ['pærəki:t], **paroquet** ['pærəket] Sittich *m*; *Australian grass* **~** Wellensittich *m*.
parall|actic [pærə'læktik] parallaktisch; **~ax** ['pærəlæks] *astr* Parallaxe *f*.
parallel ['pærəlel] *a math* parallel *(with, to* mit); *fig* gleichlaufend, -gerichtet *(to, with* zu, mit); verwandt, ähnlich, entsprechend; *s math* Parallele *a. fig* *(to* zu); *fig* Entsprechung *f*, Gegenstück *n*, Parallelfall *m*; Parallelität *f*, Gleichlauf; *geog (~ of latitude)* Parallel-, Breitenkreis; *el* Mehrfachstromkreis *m*; *mil* Sperrlinie *f*; *typ* Parallel-, Hinweiszeichen *n* (||); *tr* parallel machen *(to zu)*; parallel sein *od* (ver)laufen zu; vergleichen, ea. gegenüberstellen; ein Gegenstück bilden zu, passen zu, gleichkommen *(s.th.* e-r S); entsprechen *(s.th.* dat); *el* parallel schalten; *without* **~** unvergleichlich; *to be in* **~** *with* in Parallele stehen zu, vergleichbar sein mit; *to be without (a)* **~** einzig dastehen, keine Parallele haben; *to draw a* **~** *between* e-e Parallele ziehen zwischen, e-n Vergleich anstellen zwischen; **~ bars** *pl sport* Barren *m*; **~ connection** Parallelschaltung *f*; **~epiped** [pærəle'lepiped] *math* Parallelepiped(on), Parallelflach *n*; **~ism** ['pærəlelizm] Parallelismus *m*; **~ogram** [pærə'leləgræm] Parallelogramm *n*; **~~ of forces** Kräfteparallelogramm *n*.

paraly|se, *Am* **~ze** ['pærəlaiz] *tr* lähmen *a. fig; (Verkehr)* lahmlegen; *fig* zum Erliegen, zum Stillstand bringen; unwirksam machen; **~~d** *with fear* starr vor Schrecken; **~sis** [pə'rælisis], *pl -ses* [-si:z] Lähmung *f a. fig; fig* Stillstand *m*, Unwirksamkeit *f*; **~tic** [pærə'litik] *a* paralytisch; gelähmt; *s* Gelähmte(r), Paralytiker *m*.
paramilitary ['pærəmilitəri] halbmilitärisch, militärähnlich.
paramount [pærə'maunt] höherstehend *(to* als), überlegen *(to* dat); wichtigst, äußerst, höchst, größt, oberst, Haupt-; *to be* **~** an erster Stelle stehen.
paramour ['pærəmuə] Geliebte *f*; Liebhaber *m*.
paranoi|a [pærə'nɔiə] Geistesgestörtheit *f*; **~ac** [-ək] *s* Paranoiker *m*; *a* geistesgestört, paranoisch; **~d** [-ɔid] *a* paranoid.
parapet ['pærəpit, -pet] *mil* Brustwehr *f*; (Brücken-, Balkon-)Geländer *n*.
paraphernalia [pærəfə'neiljə] *pl* persönliche(s) Eigentum *n*; Gegenstände *m pl*, Dinge *n pl*; Zubehör *n*, Ausrüstung *f*.
paraphrase ['pærəfreiz] *s* Umschreibung *f*; *tr itr* umschreiben.
parapsychology ['pærəsai'kɔlədʒi] Parapsychologie *f*.
parasit|e ['pærəsait] *biol* Schmarotzer, Parasit *m a. fig*; **~ic** [pærə'sitik] *biol* parasitisch; *med tech* parasitär; *fig* schmarotzerhaft; **~ism** ['pærəsaitizm] *scient* Parasitismus *m*; *fig* Schmarotzertum *n*.
parasol [pærə'sɔl] Sonnenschirm *m*.
parasuit ['pærəsju:t] Fallschirmkombination *f*.
paratroop ['pærətru:p] *attr* Fallschirmjäger-; Luftlande-; *s pl* Fallschirm-, Luftlandetruppen *f pl*; **~ boots** *pl* Fallschirmjägerstiefel *m pl*; **~ descent** Fallschirmjägerabsprung *m*; **~ dropper** Absetzflugzeug *n*; **~er** ['-ə] Fallschirmjäger *m*; **~~ raid** Springerangriff *m*; **~ operation** Luftlandeoperation *f*.
paratyphoid ['pærə'taifɔid] *(~ fever)* *med* Paratyphus *m*.
parboil ['pɑ:bɔil] *tr* ankochen; *(Raum)* überhitzen.
parcel ['pɑ:sl] *s* Paket, Päckchen *n*; *com* Partie *f*, Posten *m*, Los; Gepäckstück; *fig pej* (Lumpen-)Pack *n*; *(Land)* Parzelle *f*; *fam* Haufen *m*, Menge; *pl* (Grundstücks-)Beschreibung *f*; *tr (to* **~** *up)* verpacken, ein Paket machen aus; *(to* **~** *out)* parzellieren, aufteilen;

parcel delivery *mar* schmarten; *a* Teil-; *by* ~s stückweise; *part and* ~ ein wesentlicher Bestandteil; *postal* ~ Postpaket *n*; ~ *of land* Landparzelle *f*; ~ *of shares* Aktienpaket *n*; ~ **delivery** Paketzustellung *f*; ~ **lift** Warenaufzug *m*; ~ **office** Paketschalter *m*; ~ **post** Paketpost *f*; *to send by* ~ als Postpaket schicken; ~ **service** Paketzustelldienst *m*; ~ **sticker** Paketaufklebeadresse *f*; ~ **van** Gepäckwagen *m*.

parcenary ['pɑ:sinəri] Erbengemeinschaft *f*; gemeinschaftliche(s) Erbe *n*.

parch [pɑ:tʃ] *tr* dörren, rösten; austrocknen; durstig machen (*s.o.* jdn); *to be* ~*ed with thirst* vor Durst verschmachten *od* umkommen; ~**ing** ['-iŋ] *(Hitze)* sengend; *(Durst)* brennend.

parchment ['pɑ:tʃmənt] Pergament (-handschrift, -urkunde *f*) *n*.

pard [pɑ:d] *Am sl* Partner, Kumpel *m*.

pardon ['pɑ:dn] *tr* begnadigen; vergeben, verzeihen (*s.o.* jdm); *s* Verzeihung, Vergebung; Begnadigung(sschreiben *n*) *f*; *rel* Ablaß *m*; *I beg your* ~ ich bitte um Entschuldigung; Verzeihung! wie bitte? ~**able** ['-əbl] verzeihlich, entschuldbar; *(Sünde)* läßlich; ~**er** ['-ə] *hist rel* Ablaßprediger, *pej* -krämer *m*.

pare [pɛə] *tr* schälen; (ab)schälen; *(Nägel)* schneiden; *(Leder)* anschärfen; *fig* kürzen, reduzieren.

paregoric [pærə'gɔrik] *a* lindernd, schmerzstillend; *s* Linderungsmittel *n*.

parent ['pɛərənt] Elternteil, Vater *m*, Mutter *f*; Erzeuger *m*, Muttertier *n*, -pflanze *f*; Ursprung *m*, -sache, Quelle *f*; Ausgangs-, Grund-; *pl* Eltern *pl*; *attr* Vater-, Mutter-, Erzeuger-; ~*s-in--law* Schwiegereltern *pl*; ~**age** ['-idʒ] Abstammung, Ab-, Herkunft *f*, Ursprung *m*; Familie; Elternschaft *f*; ~**al** [pə'rentl] elterlich; *fig* ursprünglich; ~ **company** Stammhaus *n*, Mutter-, Dachgesellschaft *f*; ~**less** ['-lis] elternlos; ~ **metal** Grundmetall *n*; ~ **rock** Urgestein *n*; ~ **ship** Mutterschiff *n*; ~ **unit** Stammtruppenteil *m*.

parenthe|sis [pə'renθisis] *pl* -*ses* [-si:z] Einschaltung *(im Text)*, Parenthese; Zwischenbemerkung *f*; *pl* runde Klammern *f pl*; ~**size** [-saiz] *tr* einschalten; in (runde) Klammern setzen; ~**tic(al)** [pærən'θetik(əl)] eingeschaltet; eingeklammert; *fig* erläuternd; beiläufig.

parget ['pɑ:dʒit] *tr (Wand, Decke)* verputzen, gipsen; *s* Bewurf, Verputz; Stuck *m*.

pariah ['pæriə, *Am* pə'raiə] *rel* Paria *a. fig*; *fig* Ausgestoßene(r) *m*.

parietal [pə'raiitl] *anat bot* parietal; Parietal-, Wand-; ~ **bone** Scheitelbein *n*; ~ **lobe** Scheitellappen *m*.

paring ['pɛəriŋ] Abschneiden; Schälen *n*; *(abgetrennte)* Schale *f*, abgeschnittene(s) Stück *n*; *pl* Abschabsel *n pl*, Späne *m pl*, Abfall *m*, Schnitzel *m pl*; ~~**knife** Schaber *m*; Schäl-, Schustermesser *n*; ~ **plough** Schälpflug *m*.

Paris ['pæris] Paris *n*; *attr* Pariser; ~**ian** [pə'rizjən] *a* Pariser; aus Paris; *s* Pariser(in *f*) *m*.

parish ['pæriʃ] *s* Kirchspiel *n*; (Pfarr-, Kirchen-)Gemeinde; *(civil* ~) (Land-)Gemeinde *f*; *attr* Pfarr-, Gemeinde-; *to go on the* ~ der Gemeinde zur Last fallen; ~ **church** Pfarrkirche *f*; ~ **clerk** Küster *m*; ~ **council** Gemeinderat *m*; ~**ioner** [pə'riʃənə] Pfarrkind; Gemeindeglied *n*; ~ **meeting** Gemeindeversammlung *f*; ~(**-pump**) **politics** Kirchturmpolitik *f*; ~ **priest** Ortspfarrer *m*; ~ **register** Kirchenbuch *n*; Gemeinderegister *n*; ~ **relief** öffentliche Armenfürsorge, Fürsorgeunterstützung *f*; ~(**-pump**) ~ **road** Gemeindeweg *m*; ~ **school** Gemeindeschule *f*.

parity ['pæriti] Gleichheit, Gleichberechtigung; Ähnlichkeit, Analogie; *fin* Parität *f*, Wechsel-Umrechnungskurs *m*; *to be at a* ~ *with* a pari stehen; ~ *of reasoning* Analogieschluß *m*; ~ *of votes* Stimmengleichheit *f*.

park [pɑ:k] Park *m*, (Park-)Anlagen *f pl*; Grünfläche *m*; Naturpark *m*, -schutzgebiet *n*; *Am* weite Lichtung *f*, weite(s) Tal *n*; *mot* Parkplatz *m*; mil Wagen-, Artilleriepark, Sammelplatz *m*, -stelle *f*; *tr (Gelände)* einfriedigen, einhegen; aufbewahren; abstellen; *mil* (auf e-r Sammelstelle) zs.bringen, sammeln; zs. auffahren; *mot* parken, abstellen; *itr mot* parken; *Am sl* sich ruhig hinsetzen; *to* ~ *out* in Pflege geben *(with* bei); *artillery* ~ Artilleriepark *m*; *car* ~ *(Br)* Parkplatz; *national* ~ Nationalpark *m*; *oyster* ~ Austernpark *m*; ~ *of tanks* Panzerpark *m*; ~ **guard** Parkwächter *m*; ~**ing** ['-iŋ] Parken-; *attr* Park-; *problem of* ~~ Parkproblem *n*; ~~ *area, place* Abstell-, Parkplatz *m*; ~~ **building** Parkhaus *n*, -gebäude *n*; ~~ **garage** Parkhaus *n*; ~~ **light** *(mot)* Standlicht *n*; ~~ *lot, space (Am)* Parkplatz *m*; ~~ *meter* Parkuhr *f*; ~~ **way** *Am* Allee *f*.

parka ['pɑ:kə] Anorak *m*; *mil* Schneehemd *n*.

parky ['pɑ:ki] *sl* eisig, kalt, frostig.

parlance ['pɑːləns] *obs u. Am* Rede-, Ausdrucks-, Sprechweise; Sprache *f*, Idiom *n*; *in common, ordinary* ~ in der Alltags-, Umgangssprache; *in legal* ~ in der Rechtssprache; *in vulgar* ~ vulgärer Ausdrucksweise.

parlay ['pɑːli, -lei] *tr itr Am* (den ursprünglichen Einsatz mit Gewinn) wieder (ein)setzen; (e-n Vorteil) ausnutzen; vermehren.

parley ['pɑːli] *itr* unter-, verhandeln, sich besprechen, konferieren (*with* mit); *hum* parlieren; *s* Unter-, Verhandlung, Unterredung, Konferenz *f*; *to hold a* ~ unterhandeln (*with* mit); *peace* ~s Friedensverhandlungen *f pl*; **~voo** ['-vuː] *hum* a französisch; *s* Franzose *m*; *itr* französisch parlieren.

parliament ['pɑːləmənt] Parlament *n*, Volksvertretung *f*; *P*~ das *(britische)* P.; *to convene, to summon P*~ das Parlament einberufen; *to open P*~ das P. eröffnen; *Member of P*~ Parlamentsmitglied *n*; **~arian** [pɑːləmən-'tεəriən] *s* Parlamentarier *m*; *a* parlamentarisch; **~arism** [-'mentərizm] Parlamentarismus *m*; **~ary** [pɑːlə-'mentəri] parlamentarisch; höflich; Parlaments-; ~~ *elections (pl)* Parlamentswahl *f*; ~~ *majority* Parlamentsmehrheit *f*.

parlo(u)r ['pɑːlə] *obs* Wohnzimmer; Empfangszimmer *n*, -raum, Salon *m*; *(bar* ~*)* kleine(s) Klubzimmer; *(Kloster)* Sprechzimmer *n*; *Am* Diele *f*, Salon *m*; *beauty* ~ *(Am)* Schönheitssalon *m*; *hair-dresser's, tonsorial (Am)* Frisiersalon *m*; *ice-cream* ~ *(Am)* Eissalon *m*, -diele *f*; *ladies'* ~ *(Am)* Damenzimmer *n*; *refreshment* ~ *(Am)* Erfrischungsraum *m*; *shoe-shining (Am)* Schuhputzsalon *m*; **~ car** *Am* Salonwagen *m*; **~ game** Gesellschaftsspiel *n*; **~ lizard** *Am* Salonlöwe *m*; **~-maid** Stubenmädchen *n*; **~organ** Harmonium *n*; **~ pink, red** Salonbolschewist *m*; **~ strategist** Bierbankpolitiker *m*.

parochial [pə'roukjəl] *a* Kirchspiel-, Pfarr-; *fig* beschränkt, eng(stirnig), provinzlerisch, provinziell; **~ism** [pə'roukjəlizm] *fig* Beschränktheit, Enge, Engstirnigkeit *f*; **~ politics** Kirchturmpolitik *f*; **~ school** *Am* Konfessionsschule *f*.

parod|ist ['pærədist] Parodist *m*; **~y** ['-i] *s* Parodie (*of* auf); schwache Nachahmung *f*, Abklatsch *m*; *tr* parodieren.

parol|e [pə'roul] *s bes. mil* Ehrenwort *n*; Entlassung, Freiheit auf Ehrenwort; *Am jur* bedingte Strafaussetzung *f*; *mil* Kennwort *n*, Parole *f*; *tr Am jur* bedingt entlassen; *on* ~~ auf Ehrenwort; *to break o.'s* ~~ sein Wort brechen; ~~ *board (Am)* Kommission *f* zur Gewährung der bedingten Strafaussetzung; **~ee** [pərou'liː] *Am jur* bedingt Entlassene(r) *m*.

parot|ic [pə'rɔtik] *a anat* neben dem Ohr befindlich; **~id** [-id] *s* (~~ *gland*) Ohrspeicheldrüse *f*; **~itis** [pærə'taitis] *med* Ziegenpeter, Mumps *m*.

paroxysm ['pærəksizm] *med* plötzliche Verschlimmerung *f*, heftige(r) Anfall, Paroxysmus *m*; Krampf; (plötzlicher) Ausbruch *m*; *fig* Krise *f*.

parquet ['pɑːkei, -kit, *Am* -'kei] *s* Parkett *n*; Parkett-, getäfelte(r) Fußboden *m*; *Am theat* Orchestersessel, Sperrsitz *m*; Parterre *n*; *tr (Fußboden, Raum)* parkettieren, mit Parkett auslegen; ~ **circle** *Am theat* Parkett *n*; **~ry** ['pɑːkitri] Parkett(fußboden *m*) *n*; Täfelung *f*.

parrakeet *s*. *parakeet*.

parricid|al [pæri'saidl] vater-, muttermörderisch; **~e** ['pærisaid] Vater-, Muttermörder; Vater-, Muttermord *m*.

parrot ['pærət] *s* Papagei; *fig* Nachplapperer, Schwätzer *m*; *tr* nachplappern; ~ **fever** Papageienkrankheit *f*.

parry ['pæri] *tr* abwehren, parieren; *(Frage)* ausweichen *(s.th.* e-r S) *a. fig*; *(Schwierigkeit)* umgehen; *s* Abwehr, Parade *f*.

parse [pɑːz] *tr gram (Satz)* zerlegen, analysieren, (zer)gliedern, konstruieren; *(Wort)* grammatisch, im Satzzs.hang erklären.

parsimon|ious [pɑːsi'mounjəs] (übertrieben) sparsam, haushälterisch; geizig, knauserig *(of* mit); **~iousness** [-jəsnis], **~y** ['pɑːsiməni] (übertriebene) Sparsamkeit *f*; Geiz *m*, Knauserigkeit *f*.

parsley ['pɑːsli] *bot* Petersilie *f*.

parsnip ['pɑːsnip] *bot* Pastinak(e *f*) *m*.

parson ['pɑːsn] Pfarrer, Pastor; Geistliche(r) *m*; **~age** ['-idʒ] Pfarrhaus *n*, Pfarrei *f*; **~'s nose** *fam* Pfaffenschnittchen *n*, Bürzel *m*.

part [pɑːt] *s* Teil *m u. n*; Bestandteil *m*; (Maschinen-, Bau-)Teil *n*; Stück *n* (*e-s Ganzen*); Anteil, Abschnitt, Teil *m* (*a. e-s Buches*); *(Buch)* Lieferung *f*; *math* aufgehende(r) Bruch *m*; Aufgabe, Pflicht *f*, Interesse *n*; Sache, Angelegenheit, *theat* Rolle; *mus* Stimme, Partie *f* (*a. d. Instrumente*); *(Geschäft, Verhandlung, (Rechts-)Streit)*

parted Partei *f*; *Am (Frisur)* Scheitel *m*; *pl* Fähigkeiten *f pl*, Talente *n pl*, Gaben *f pl*, Begabung *f*; Gegend *f*, Gebiet *n*, Bezirk *m*; Geschlechts-, Schamteile *pl*; *attr* Teil-; *adv* teilweise, teils, zum Teil; *tr* teilen; *(das Haar)* scheiteln; *(Menschen)* trennen, ausea.bringen *(from* von); *(Verbindung)* lösen; *chem* scheiden; *fig* unterscheiden; *mar* brechen, zerreißen; *itr* zerbrechen; zerreißen; sich teilen; ausea.gehen, sich trennen *(from, with* von); scheiden *((as) friends* als Freunde) *a. chem*; aufgeben *(with s.th.* etw); gehen lassen, entlassen *(with s.o.* jdn); wegkommen *(from* von); verlassen *(from s.o.* jdn); Platz machen; sterben; *the greater ~* der größte Teil, die Mehrheit; *for the most ~* meist(ens), größten-, meistenteils; *for my ~* meinerseits, meinesteils, was mich betrifft; *in ~* teilweise, teils, zum Teil; *in equal ~s* zu gleichen Teilen; *in foreign ~s* im Auslande; *in these ~s* hierzulande; *on the ~ of* von seiten, seitens; *to be ~ and parcel of s.th.* von etw wesentlicher Bestandteil sein; *to do o.'s ~* s-e Pflicht *od* Schuldigkeit tun; *to have neither ~ nor lot in* nichts zu tun haben mit; *to pay in ~* e-e Teilzahlung leisten; *to play, to act a ~* e-e Rolle spielen, Anteil haben *(in* an); unaufrichtig sein; betrügen; *to take ~* teilnehmen; sich beteiligen *(in* an); *to take s.o.'s ~* für jdn, jds Partei ergreifen, für jdn eintreten, sich für jdn einsetzen; *to take s.th. in good ~* etw nicht übelnehmen; etw gut aufnehmen; *to take s.th. in ill ~* etw übel-, *fam* krummnehmen; *to take in ~ exchange* in Zahlung nehmen; *to ~ company* sich trennen *(with* von); anderer Ansicht, Meinung sein *(with* als); *with s.th.* etw aufgeben; *to ~ o.'s hair* e-n Scheitel haben; *it is not ~ of mine* das ist nicht meine Sache, das geht mich nichts an; *constituent ~s (pl)* Bestandteile *m pl*; *leading ~* Hauptrolle *f*; *a man of ~s* ein begabter, talentierter Mensch; *name ~* Titelrolle *f*; *spare ~* Ersatzteil *n a. m*; *~ of the body* Körperteil *m*; *~ of the country* Gegend *f*; *~ of speech (gram)* Wortart *f*; **~ed** ['-id] *a* geteilt, getrennt, gespalten; **~ damage** Teilschaden *m*; **~ delivery** Teillieferung *f*; **~ly** ['-li] *adv* teilweise, zum Teil, teils; **~ owner** Miteigentümer *m*; **~ ownership** Miteigentum *n*; **~ payment** Raten-, Teilzahlung *f*; **~~ terms (pl)** Teilzahlungsbedingungen *f pl*; **~ singing** mehrstimmige(r) Gesang *m*; **~-time** *a* Kurz-, Neben-, Aushilfs-; *to be on ~~* nicht ganztägig beschäftigt sein; **~~ job** Nebenbeschäftigung *f*; **~~ work** Kurz-, Halbtagsarbeit *f*; *to do ~~ work* e-r Halbtagsarbeit nachgehen; **~~ worker** Kurz-, Aushilfsarbeiter *m*; **~~timer** Kurzarbeiter *m*; Halbtagskraft *f*.

partak|e [pɑːˈteik] *irr s. take itr* teilnehmen, sich beteiligen *(of, in* an); mitessen *(of* von); *to ~ of s.th.* etw *(e-e Eigenschaft)* an sich haben; von etw beeinflußt sein; *tr* teilhaben, Anteil haben an; **~er** [-ə] Teilnehm(end)e(r *m*) *f (in, of* an).

parterre [pɑːˈtɛə] (regelmäßig angelegte) Blumenbeete *n pl*; *theat* (hinteres) Parkett, Parterre *n*.

partial [ˈpɑːʃəl] parteiisch, voreingenommen; eingenommen *(to* von, für); partiell, Teil-; *to be ~ to s.th.* für etw e-e Vorliebe, e-e Schwäche haben; etw bevorzugen; **~ amount** Teilbetrag *m*; **~ delivery** Teillieferung *f*; **~ity** [pɑːʃiˈæliti] Vorurteil *n*, Voreingenommenheit; Parteilichkeit; Vorliebe *f (for, to* für); **~ loss** Teilschaden, -verlust *m*; **~ly** ['-i] *adv* teilweise; **~ payment** Abschlags-, Teilzahlung *f*; **~~ plan** Abzahlungsplan *m*; **~ sale** Partieverkauf *m*; **~ success** Teilerfolg *m*.

particip|ance, -cy [pɑːˈtisipəns(i)] = *~ation*; **~ant** [-ənt] *a* teilnehmend; *s* Teilnehmer *m*; **~ate** [-eit] *itr* teilnehmen, -haben, sich beteiligen *(in* an); gewinnbeteiligt sein; **~ation** [pɑːtisiˈpeiʃən] Mitwirkung, Teilnahme *(in* an); *com* Beteiligung *f*; *financial ~~* Kapitalbeteiligung *f*; **~~ in profits** Gewinnbeteiligung *f*; **~ator** [pɑːˈtisipeitə] Teilnehmer, -haber *m (in* an); **~ial** [pɑːtiˈsipiəl] *gram* partizipial, Partizipial-; **~le** [ˈpɑːt(i)sipl] *gram* Partizip, Mittelwort *n*.

particle [ˈpɑːtikl] Teilchen *n a. phys*; *fig* Spur; *gram* Partikel *f*; *not a ~ of sense* kein Fünkchen Verstand.

parti-colo(u)red [ˈpɑːtikʌləd] *a* bunt; verschiedenartig, mannigfach.

particular [pəˈtikjulə] *a* besonder, einzeln, speziell, privat; Sonder-, Einzel-, Spezial-, Privat-; bestimmt; *(Freund)* vertraut; ungewöhnlich, ausgefallen, nicht alltäglich; ausgeprägt; in die Einzelheiten gehend, eingehend, ausführlich; anspruchsvoll, wählerisch, heikel, eigen *(about* in bezug auf); peinlich genau, korrekt, schwer zufriedenzustellen(d); *s* Einzelheit *f*, -fall; (einzelner) Punkt m; pl nähere Angaben f pl, Details n pl, Einzelheiten (about, of über); Personalangaben f pl, Personalien pl; in ~ insbesondere, im besonderen, besonders; nothing ~ nichts von Bedeutung; without giving ~s, without entering od going into ~s ohne nähere Angaben (zu machen), ohne auf Einzelheiten einzugehen; to be ~ es genau nehmen (about mit); to enter, to go into ~s auf Einzelheiten eingehen; ins einzelne gehen; to take ~ pains sich besonders bemühen; for ~s apply to ... (nähere) Auskünfte durch ...; full ~s (pl) genaue Angaben, alle Einzelheiten pl; ~ **case** Einzelfall m; ~ **interests** pl Privat-, Sonderinteressen n pl; **-ism** [-ərizm] Sonderinteressen n pl, -bestrebungen f pl; pol Partikularismus m; **-ity** [pətikju'læriti] Besonderheit, Seltsamkeit; Ausführlichkeit; Genauigkeit, Exaktheit, Korrektheit, Sorgfalt f; anspruchsvolle(s) Wesen n; Einzelheit f; **-ization** [pətikjulərai'zeiʃən] Spezifizierung, Detaillierung f; **-ize** [pə'tikjuləraiz] tr einzeln angeben od aufführen; **-ly** [pə'tikjuləli] adv im einzelnen; im besonderen; insbesondere; ausdrücklich.

parting ['pɑ:tiŋ] a teilend; trennend; scheidend; sterbend; Abschieds-; s Teilung f; Riß, Bruch m, Trennung; chem Scheidung; Trenn-, Bruchstelle, Trennlinie f; Scheitel; Abschied (with von); Aufbruch; Tod m; at ~ beim Abschied; ~ of the ways Wegegabelung f; fig Scheideweg m; ~ **cup** Abschiedstrunk m; ~ **gift** Abschiedsgeschenk n; ~ **kiss** Abschiedskuß m; ~ **line** Trennlinie, -fuge f; ~ **strip** Trennstreifen m; ~ **visit** Abschiedsbesuch m; ~ **words** pl Abschiedsworte n pl.

partisan, partizan [pɑ:ti'zæn, Am 'pɑ:tizn] **1.** s Parteigänger, Anhänger m; mil Partisan, Widerstandskämpfer m; a (blind) ergeben; Partisanen-, Widerstands-; **-ship** [-ʃip, Am '-ʃip] Parteinahme, Parteigängerschaft; (blinde) Ergebenheit f; **2.** ['pɑ:tizn] Partisane f.

partitl|e ['pɑ:tait] geteilt; oft in Zssgen -geteilt, -teilig; **-ive** ['pɑ:titiv] a Teilungs-; gram partitiv; s (gram) Partitiv(um) n.

partition [pɑ:'tiʃən] s Teilung, Trennung; Ver-, Zer-, Aufteilung; Zerstückelung; Parzellierung; Trenn-, Zwischen-, Scheidewand f; Teil m, Abteilung f, Abschnitt m, Teilstück n; Fach; Abteil n, Verschlag m; tr (auf-)teilen, zerstückeln; (Land) parzellieren; to ~ off abtrennen, -teilen; ~ **treaty** Teilungsvertrag m; ~ **wall** Zwischenwand; Brandmauer f.

partner ['pɑ:tnə] s com Partner, Teilhaber (in an), Gesellschafter, Kompagnon; (Ehe-, Tanz-, Spiel-)Partner; Teilnehmer m (in, of an); tr zs.schließen (with mit); to ~ s zs. spielen; to become a ~ of, to enter, to join as ~ als Teilhaber eintreten in; to make s.o. a ~ jdm zum Teilhaber machen; active, working ~ aktive(r), tätiger Teilhaber m; ~ contracting ~ Vertragspartner m; dormant, secret, silent, sleeping ~ stille(r) Teilhaber m; junior ~ 2. Teilhaber m; Juniorchef m; limited ~ Kommanditist m; senior ~ Haupt-, 1. Teilhaber m; ~ in life Lebensgefährte m; -gefährtin f; **-ship** ['-ʃip] Partner-, Teilhaberschaft, Beteiligung; Mittäterschaft; offene (Handels-)Gesellschaft; Mitbeteiligung f (in an); to enter, to go into ~~ with s.o. sich mit jdm geschäftlich verbinden; to take into ~ als Gesellschafter aufnehmen; industrial ~~ Gewinnbeteiligung f der Arbeitnehmer; limited ~~ Kommanditgesellschaft f; ~~ capital, deed, interest, property Gesellschaftskapital n, -vertrag, -anteil m, -vermögen n.

partridge ['pɑ:tridʒ] Rebhuhn n.

parturi|ent [pɑ:'tjuəriənt] gebärend; kreißend, in den Wehen; Geburts-; fig ideenschwanger; **-ition** [pɑ:tjuə'riʃən] Gebären n, Geburt f.

party ['pɑ:ti] (politische) Partei; (Arbeits-, Interessen-)Gruppe; mil Abteilung f, Kommando n; Einladung, Gesellschaft, Party, Veranstaltung f; Teilnehmer, Beteiligte(r) m (to an); jur Partei f; Teil; com Kontrahent, Teilhaber, Beteiligte(r); fam hum Kerl m, Person f; mil fam Unternehmen n, Einsatz m; to be a ~ to s.th. an e-r S beteiligt sein; sich hergeben zu etw; mitmachen bei etw; to be of the ~ mit dabei sein; mitmachen; to become a ~ to s.th. sich in e-e S einlassen; to give a ~ e-e Einladung geben, Gäste haben; to go to a ~ e-r Einladung folgen, eingeladen sein; to join a ~ in e-e Partei eintreten; to make one of the ~ sich anschließen; adverse ~ Prozeßgegner m; coalition ~ Koalitionspartei f; dinner, tea ~ Einladung f zum Essen, zum Tee; evening ~ Abendgesellschaft f; firing ~ Hinrichtungskommando n; government ~ Regierungspartei f; Labour P~ Arbeiterpartei f; the opposing ~ die

Gegenpartei *f*; opposition ~ Oppositionspartei *f*; splinter ~ Splitterpartei *f*; the surviving ~ (jur) der überlebende Teil; third ~ Dritte(r), Unbeteiligte(r), Unparteiische(r) *m*; working ~ Arbeitsgruppe *f*; the ~ concerned der Beteiligte, der Betroffene; ~ to a contract Vertragspartei *f*; the ~ opposed die Gegenpartei *f*; the ~ ordering der Besteller; the ~ receiving der Empfänger; **~-badge** Parteiabzeichen *n*; **~-boss** Parteiführer, -bonze *m*; ~ **boy** *Am* Salonlöwe *m*; **~-colo(u)red** *s. parti-colo(u)red*; **~-conference**, **~-congress**, **~-meeting**, **-rally** Parteiversammlung *f*, -kongreß, -tag *m*; ~ **discipline** Parteidisziplin *f*; **~-leader** Parteiführer, -chef *m*; **~-line** *jur* Eigentums-, Grundstücksanschluß *m*; *tele* Gemeinschaftsanschluß *m*; *Am* Parteilinie *f*; *pl Am* Parteidirektiven, -richtlinien *f pl*; to follow the ~-s Parteidisziplin halten, linientreu sein; **~-liner** *Am* treue(r) Gefolgsmann *m*; **~-machinery** *Am* Parteimaschine, -organisation *f*; **~-man** (überzeugter) Parteimann *m*; **~-member** Parteimitglied *n*; **~-platform**, **-program(me)** Parteiprogramm *n*; ~ **politics** *pl* Parteipolitik *f*; ~ **pooper** *Am sl* Besucher *m*, der bei e-r Veranstaltung zuerst geht; ~ **spirit** Parteigeist *m*; ~ **status** Parteizugehörigkeit *f*; **~-ticket** Sammel-, Gesellschaftsfahrschein *m*; *pol* Parteiprogramm *n*, -wahlliste *f*; ~ **truce** Burgfrieden *m* zwischen den Parteien; **~-wall** Brandmauer; Zwischenwand *f*.

parvenu ['pɑːvənjuː] Emporkömmling *m*.

parvis ['pɑːvis] *rel arch* Vorhof *m*.

paschal ['pɑːskəl] *a rel* Passah-; Oster-; ~ **flower** *s. pasqueflower*; ~ **lamb** *rel* Osterlamm *n*; the P~ Lamb das Lamm Gottes (*Jesus*).

pasha, pacha ['pɑːʃə] Pascha *m*.

pasqueflower ['pæskflauə] *bot* Küchenschelle *f*.

pasquil ['pæskwil], **~inade** [pæskwi'neid] Schmähschrift *f*.

pass [pɑːs] **1.** *itr* sich (fort)bewegen, gehen, ziehen, sich fahren, fliegen, reisen; sich ziehen, sich erstrecken, führen; vorbei-, vorüber-, weitergehen, -ziehen, -fahren, -fliegen (*by* an); um-gehen, zirkulieren; übergehen, -wechseln (*from* ... *to* von ... zu); (*Funke*) überspringen; (*Worte*) gesprochen, gewechselt werden; übergehen (*into* in; *to* auf); hinausgehen (*beyond* über); überschreiten (*beyond s.th.* etw); weg-, fortgehen, aufbrechen, abreisen; vorbei-, vorübergehen, aufhören, ein Ende haben; (*Zeit*) vergehen, verfließen, verstreichen; entschlafen, sterben; sich unterziehen (*under s.th.* e-r S); *parl* durchgehen, passieren, angenommen werden; (die Prüfung) bestehen; (*Schlimmes*) durchmachen (*through s.th.* etw); gelten, gehalten werden (*for* für); bekannt sein (*by the name of* ... unter dem Namen ...); stattfinden, geschehen, vorfallen, sich ereignen, vor sich gehen, *fam* passieren; *jur* zu Gericht sitzen, urteilen (*on, upon*) über; (*Urteil*) gefällt, gesprochen werden, ergehen; (*Kartenspiel*) passen; *sport* passen, den Ball weitergeben; **2.** *tr* vorbeigehen, -fahren an, hinausgehen über, hindurchgehen durch, passieren; hinter sich lassen; *mot* überholen; übergehen, -sehen, außer acht lassen, unterlassen, versäumen, auslassen; sich unterziehen (*s.th.* e-r S); (*Lehrgang*) mitmachen, absolvieren; (*Prüfung*) bestehen; *s.o.* jds Kräfte übersteigen; hinausgehen über, übertreffen, übersteigen; gehen, ziehen, reisen, passieren lassen; vorbei-, vorüber-, hindurchlassen; gleiten, fahren lassen; durchgehen lassen, genehmigen, billigen, sanktionieren; (*bei e-r Prüfung*) bestehen lassen; (*Zeit*) vergehen, verstreichen lassen *od* verbringen; (*Tuch*) ausbreiten (*over* über); (*Eintragung*) vornehmen; *o.'s hand* mit der Hand fahren (*over* über; *through* durch); (*around* um; *through* durch); (ab-) schicken, -senden, aufgeben, fortschaffen, in Umlauf setzen; reichen, weiterreichen, -geben, herumreichen; weiterleiten, befördern; abwälzen (*on* auf); *sport* (den Ball) weitergeben; (*Ansicht*) äußern; (*Meinung*) sich bilden; *jur* (*Urteil*) sprechen, fällen (*on* über); ergehen lassen; *parl* (*Entschließung, Antrag*) annehmen; durchbringen; genehmigen; (*Gesetz*) erlassen; verabschieden; (*Wort*) verpfänden; (*Eid*) schwören; **3.** *s* Gang, Zug *m*, Vorbei-, Vorübergehen *n*, Durchgang, -zug; Arbeitsgang *m*; Absolvieren (*e-s Kurses*); Bestehen (*e-r Prüfung*); Testat, Zeugnis; (*Univ.*) keine Berechtigung gebende(s) Zeugnis *n*; Passierschein, Ausweis(karte *f*); *mil* Urlaubsschein *m*; (*free ~*) *theat rail* Freikarte *f*; (*Kartenspiel*) Passen; *sport* Zuspielen *n* (*des Balles*); (*Ta-*

schenspieler-)Trick *m*; (Be-)Streichen *n (beim Magnetisieren* od *Hypnotisieren); (Fechten)* Ausfall, Stoß; *sl* Annäherungsversuch *m (gegenüber e-r Frau); (meist:* kritische, unangenehme, üble) Lage, Situation *f*, Umstände *m pl*, Verhältnisse *n pl*; *geog* Engpaß *m*, Gebirgsjoch *n*; Durchgang *m*, -fahrt *f*; **4.** on ~ *(mil)* auf Urlaub; **5.** *to bring to* ~ zustande, fertigbringen; bewerkstelligen; *to come to* ~ Wirklichkeit werden, sich ereignen, geschehen, sich zutragen, vorfallen; *to hold the* ~ die Stellung halten; *to let* ~ durchgehen, passieren lassen; *to make a* ~ *at* die Hand erheben, e-e drohende Haltung einnehmen gegen; *sl* zudringlich werden (gegenüber *e-r Frau); to sell the* ~ *(fig)* die Katze aus dem Sack lassen; **6.** *to* ~ *to s.o.'s account* jdm in Rechnung stellen; *to* ~ *into the books* buchen, eintragen; *to* ~ *the baby, the buck (Am)* die Verantwortung abschieben; *to* ~ *a cheque* e-n Scheck einlösen; *to* ~ *current (Geld)* gültig sein, sich im Umlauf befinden; *(Gerücht)* umgehen; *to* ~ *over the details* über die Einzelheiten hinweggehen; *to* ~ *the dividend* keine Dividende zahlen; *to* ~ *the hat* e-e Sammlung veranstalten; *to* ~ *judg(e)ment* ein Urteil fällen; *to* ~ *into law* Gesetzeskraft annehmen, in Kraft treten; *to* ~ *s.o.'s lips* jdm über die Lippen kommen; *to* ~ *muster* annehmbar sein; dem Standard, den Anforderungen entsprechen; *to* ~ *a remark* e-e (unfreundliche) Bemerkung machen od fallenlassen; *to* ~ *a resolution* e-e Entschließung annehmen; *to* ~ *in review (mil)* vorbeimarschieren lassen; *to* ~ *a sentence (jur)* ein Urteil fällen, od sprechen; *to* ~ *in silence* mit Stillschweigen übergehen; *to* ~ *the time of day with s.o.* sich mit jdm grüßen; *to* ~ *unnoticed* unbemerkt durchschlüpfen; *to* ~ *a vote of confidence* das Vertrauen aussprechen; *to* ~ *o.'s word* sein Wort geben; ~ *(me) the sugar, please* reichen Sie mir bitte den Zucker! darf ich um den Zucker bitten? **7.** *a pretty* ~ *(fam)* e-e Patsche, Klemme *f*; **8.** *to* ~ *along* s-s Weges ziehen; weitergehen; *to* ~ *around Am* herumreichen; *to* ~ *away itr* zu Ende gehen, aufhören; dahinschwinden; vergehen, sterben; *tr (Zeit)* verbringen; *to* ~ *back* zurückgeben, -reichen; *to* ~ *by itr* vorübergehen, -fahren, -fließen; *tr* (stillschweigend) übergehen, unbeachtet lassen; vorübergehen an; übersehen, auslassen; *to* ~ **down** hinuntergehen; *to* ~ **for** gelten als; *to* ~ **in** *itr* hineingehen; *tr (Gesuch)* einreichen; *to* ~ **off** *itr* vorbei-, vorübergehen; ver-, dahinschwinden, aufhören; sich abspielen, stattfinden, vor sich gehen, verlaufen; *o.s.* sich ausgeben als; *on s.o.* jdm andrehen; *tr* außer acht lassen, beiseite schieben; *to* ~ **on** *itr* weitergehen; übergehen (*to* zu, an); *tr* weitergeben, -reichen, -sagen (*to s.o.* jdm); sterben; *to* ~ **out** hinausgehen; *sl* das Bewußtsein verlieren; *sl* abkratzen, ins Gras beißen; *he ~ed out* die Sinne schwanden ihm; *to* ~ **over** stillschweigend übergehen, nicht sehen (wollen), auslassen; überreichen, -tragen; *to* ~ **round** *itr* herumgehen; *tr* herumreichen, -gehen lassen; *to* ~ **through** *tr* durchgehen, -ziehen, -reisen, -stecken; *fig* erleben, durchmachen; *itr* durchkommen, -gehen; *to* ~~ *the regular channel* den Dienstweg gehen; *to* ~ **up** *itr* hinaufgehen; *tr Am sl* in den Wind schlagen, sich aus der Nase gehen lassen; ablehnen; auslassen, weglassen; *to* ~ **upon** ein Urteil abgeben über; **~able** ['ɔbl] passierbar, begehbar, befahrbar; *(Geld)* gangbar, gültig; *allg* ausreichend, genügend, leidlich; **~book** Bankbuch *n*; **~card** Ausweiskarte *f*; **~check** Passierschein *m*; **~degree** *(Univ.)* nicht mit e-m Titel *od* Berechtigungen verbundene(r) Grad *m*; **~duty** Durchgangszoll *m*; **~key** Hauptschlüssel *m*; **~man** Inhaber *m* e-s **~degree** (s. d.); **~mark** Ausreichend *n (in der Prüfung)*; **~out** Verteilung *f*; *sl* Ohnmächtigwerden *n*; Betrunkene(r) *m*; **~port** (Reise-)Paß; Geleitbrief; *fig* Weg, Schlüssel *m* (*to* zu); *collective* ~ Sammelpaß *m*; *ship's* ~ Schiffs-, Seepaß *m*; ~ *application* Paßantrag *m*; ~ *inspection* Paßkontrolle *f*; ~ *office* Paßstelle *f*; **~word** *mil* Kennwort *n*, Parole, Losung(swort *n*) *f*.

passage ['pæsidʒ] Vorbei-, Vorübergehen, -ziehen, -fahren, Passieren *n*; Gang *m*, Fahrt *f*, Zug; Durchgang, -zug *m*, -fahrt, -reise; Überfahrt, Seefahrt, -reise, Passage *f*; Schiffsplatz *m*; *(~money)* Überfahrtsgeld *n*; Flugreise *f*; (Durch-)Gang, Korridor *m*, Gasse *f*, Weg *m*; (Text-)Stelle *f*, Abschnitt, Passus; Austausch; Übergang *m fig*; Verabschiedung, Annahme *f (e-s Gesetzes);* Durchgangs-, Durchfahrtsrecht *n*; *mus* Lauf *m*, Passage *f*; *med* Kanal, Gang; *(Stuhl)*

Abgang *m*; *(Urin)* Ausscheiden *n*; *pl* Beziehungen *f pl*, Gedankenaustausch; Wortwechsel *m*, Auseasetzungen *f pl*; *to book o.'s ~* e-n Schiffsplatz belegen; *to take o.'s ~* sich einschiffen, an Bord gehen; *no ~* kein Durchgang; *bird of ~* Zugvogel *m*; *connecting ~* Verbindungsweg *m*; *~ of, at arms* Waffengang *m a. fig*; *~ into law* Inkrafttreten *n*; **~ back** *mar* Rückfahrt, -reise *f*; **~ money** Überfahrtsgeld *n*; **~ ticket** Schiffskarte *f*; **~ way** Reiseweg *m*, Route *f*; **~-way** Korridor; Durchgang *m*.

passenger ['pæsindʒə] Fahr-, Fluggast, Passagier, Reisende(r); *fam* Drückeberger *m*; *cabin ~* Kajütenpassagier *m*; *fellow ~* Mitreisende(r), Reisegefährte, -genosse *m*; *first-class ~* Passagier *m* der 1. Klasse; *foot-~* Fußgänger *m*; *tourist ~* Passagier *m* der Touristenklasse; **~-aircraft** Passagierflugzeug *n*; **~-boat, -ship** Passagierschiff *n*; **~ cabin** *aero* Fluggastraum *m*, -kabine *f*; **~-car** *mot, Am rail* Personenwagen *m*; *(Luftschiff)* Fahrgastgondel *f*; **~-carriage** *Br rail* Personenwagen *m*; **~-flight** Passagierflug *m*; **~-lift,** *Am* **-elevator** Personenaufzug *m*; **~ list** Passagierliste *f*; **~-pigeon** Wandertaube *f*; **~ plane** Verkehrsflugzeug *n*; **~-ramp** *aero* Flugsteig *m*; **~-rate, -tariff** Personentarif *m*; **~-service, -transport** Personenbeförderung *f*; **~-station,** *Am* **depot** Personenbahnhof *m*; **~-traffic** Personenverkehr *m*; **~-train** Personenzug *m*; *by ~* als Eilgut.

passe-partout ['pæspɑːtuː] Hauptschlüssel *m*; Passepartout, *(~ frame)* Wechselrahmen *m*; **~ reel** Klebstreifenrolle *f*.

passer-by ['pɑːsə'bai] *pl passers-by* ['pɑːsəz'bai] Passant, Vorübergehende(r) *m*.

passim ['pæsim] *adv* an verschiedenen Stellen, verschiedentlich.

passing ['pɑːsiŋ] *a* vorübergehend *a. fig* flüchtig, kurz, beiläufig; gelegentlich, zufällig; vorkommend; *tech* durchgehend; *adv obs* sehr, äußerst; *s* Vorbei-, Vorübergehen, Verstreichen *n*; Durchgang *m*, -fahrt *f*; *mot* Überholen; *(Prüfung)* Bestehen *n*; *(Gesetz)* Annahme, Verabschiedung; *fin* Ausgabe; *(Dividende)* Ausschüttung *f*; Ende; *poet* Hinscheiden, Ableben *n*; *in ~* beiläufig, bei Gelegenheit; nebenbei (bemerkt); *no ~!* Überholen verboten! *~ of judg(e)ment* Urteilsfällung *f*; *~ into law* Inkrafttreten *n*; **~-bell** Totenglocke *f*; **~ events** *pl* Tagesereignisse *n pl*, Aktualitäten *f pl*; **~ flight** Vorbeiflug *m*; **~-grade** *Am (Schule)* Ausreichend *n*; **~-on** Weitergabe *f*; **~-place** *rail* Weiche *f*; **~ remark** flüchtige Bemerkung *f*.

passion ['pæʃən] Leidenschaft *f*; Zorn *m*, Wut, Raserei; Begeisterung *f*, Enthusiasmus *m*, Passion, Leidenschaft, Vorliebe *(for* für); heftige, starke Liebe, Zuneigung *f*; heftige(s) Verlangen *n (for* nach); heftige Begierde, Gier, Fleischeslust *f*; *(P~)* Leiden *n* Christi, Passion *a. fig*; Leidensgeschichte *f*; *in ~* in Wut; *to be in a ~* (vor Wut) rasen; *to conceive a ~* sich verlieben *(for* in); *to fly into a ~* aufbrausen; e-n Wutanfall bekommen; *smoking is a ~ with him* er ist ein leidenschaftlicher Raucher; *fit of ~* Wutanfall *m*; **~ate** ['-it] leidenschaftlich, heißblütig, feurig; hitzig, leicht erregt; jähzornig; hingebungsvoll, aufgewühlt; *(Gefühl)* heftig, stark; **~ateness** ['-itnis] Leidenschaftlichkeit; Erregtheit; Hingabe; Heftigkeit *f*; **~-flower** Passionsblume *f*; **~-less** ['-lis] leidenschaftslos, ruhig, kühl; **~ pit** *Am sl* Autokino *n*; **P~ play** *theat* Passionsspiel *n*; **P~ Sunday** (Sonntag) Judika *m (14 Tage vor Ostern)*; **P~ Week** Karwoche *f*.

passiv|e ['pæsiv] *a* passiv *a. gram fin chem*; widerstandslos, nachgebend, -giebig, geduldig; teilnahmslos, untätig; *fin* keine Zinsen tragend; *s (~ voice) gram* Passiv *n*; *to remain ~~* sich abwartend verhalten; **~~ resistance** *passive(r)* Widerstand *m*; **~~ trade** Einfuhrhandel *m*; **~eness** ['-nis], **~ity** [pæ'siviti] Passivität, Untätigkeit; Teilnahmslosigkeit *f*.

Passover ['pɑːsouvə] *rel* Passah(fest) *n*.

past [pɑːst] *a* beendet, zu Ende, vorüber, vorbei; vergangen, verflossen; einstig, ehemalig, früher; letzt, vergangen, abgelaufen; ehemalig; *gram* Vergangenheits-; *s* Vergangenheit *f a. gram*; *prp (zeitl.)* nach, später als; *(räuml.)* jenseits *gen*, weiter als; vorbei; *(zeitl., räuml., graduell)* über(... hinaus); *adv (zeitl., räuml.)* vorbei, vorüber; *in the ~* früher, einst, ehemals; bisher; *for some time ~* seit einiger Zeit; *to be ~ s.th.* über etw hinausgehen, etw überschreiten, übersteigen; *to go ~* vorbei-, vorübergehen; *half ~ three (o'clock)* (um) halb vier (Uhr); **~ bearing, endurance** unerträglich; **~ belief** unglaublich; **~ cure** unheilbar; **~ due** *fin* überfällig;

past hope

~~ *interest* Verzugszinsen *m pl*; ~ **hope** hoffnungslos, verzweifelt; ~~**master** (Alt-)Meister, Experte *m* (*at, of,* in in); *to be a* ~~ *in s.th.* in etw unübertroffen sein; ~ **perfect** *gram* Plusquamperfekt *n*; ~ **praying for** (rettungslos) verloren; ~ **seventy** über 70 (Jahre alt); ~ **tense** Vergangenheit *f*, Imperfekt *n*; ~ **week** letzte, vergangene Woche *f*.

paste [peist] *s* (Kuchen-)Teig *m*; *Am* Teigwaren *f pl*; Paste, Krem *f*; Kleister, Klebstoff *m*; *tech* (Ton-, Glas-) Masse *f*; Glasstein *m*, Paste *f*; künstliche(r) Edelstein *m*; *tr* an-, fest-, über-, zukleben, -kleistern (*with* mit); kleben (*on* auf); *sl* verhauen, verdreschen, vertobaken; *Am sl sport* entscheidend schlagen; *Am sl* anklagen; *to* ~ *up* an-, aufkleben; *almond* ~ Mandelpaste *f*; *anchovy* ~ Sardellenpaste *f*; *shoe* ~ Schuhkrem *f*; *short* ~ Mürbeteig *m*; *starch* ~ Stärkekleister *m*; *tooth*-~ Zahnpasta *f*; ~ *of lime, plaster* Kalk-, Gipsbrei *m*; ~**board** *s* Pappe *f*, Karton *m*; *sl* Fahr-, Visiten-, Spielkarte *f*; *a* aus Pappe, Papp-; pappartig; *fig* schwach, dünn, fadenscheinig, gehaltlos; kitschig; ~~ *articles (pl)* Kartonagen *f pl*; ~~ *box* Pappschachtel *f*; ~~**in** angeklebte(r) Zettel *m*; ~~**pot** Kleistertopf *m*; ~~**roller** Nudel-, Wellholz *n*; ~~**up** Fotomontage *f*, Papparbeit *f*.

pastel ['pæstel, -'tel] *s bot* Färberwaid *m*; Pastellfarbe *f*, -stift *m*, -bild *n*, -ton *m*; *lit* Skizze *f*; *a* ['pæstl] *(Farbe)* zart, matt; Pastell-; ~ **shades** *pl* Pastelltöne *m pl*.

pastern ['pæstəːn] *(Pferd)* Fessel *f*; ~~**joint** Fesselgelenk *n*.

pasteuriz|ation [pæstərai'zeiʃən] Pasteurisierung *f*; ~**e** ['pæstəraiz] *tr* pasteurisieren, keimfrei machen.

pastil(le) ['pæstil, -'-] *pharm* Pastille *f*; Räucherkerzchen *n*; Pastellstift *m*.

pastime ['paːstaim] Zeitvertreib *m*; Kurzweil, Unterhaltung, Zerstreuung, Belustigung, Erholung *f*; *as a* ~, *by way of* ~ zum Zeitvertreib, zum (bloßen) Vergnügen.

pastiness ['peistinis] teigige Beschaffenheit *f*; *fig* Blässe *f*.

pastor ['paːstə] Pastor, Pfarrer, Seelsorger *m*; ~**al** [-'ral] *a* Hirten-; ländlich; Land-; Weide-; *poet* Schäfer-; einfach, geruhsam, friedlich; Pfarramts-, seelsorgerisch, seelsorgerlich; *s* Hirtengedicht; Schäferspiel *n*; Schäferpoesie; Hirten-, ländliche

patchouli

Szene; (Buch *n* über) Pastoraltheologie *f*; Hirtenbrief; *(~ staff)* Krummstab *m*; ~~ *land* Weideland *n*; ~~ *tribe* Hirtenvolk *n*; ~**ate** ['-rit], ~**ship** ['-ʃip] Pfarramt *n*; Pfarrerschaft *f*; *Am* Pfarrhaus *n*.

pastry ['peistri] Pasteten-, Kuchenteig *m*; Pasteten *f pl*; Backwerk, Gebäck *n*, Konditor(ei)-, feine Backwaren *f pl*; ~~**cook** Pastetenbäcker; Konditor, Kuchen-, Zuckerbäcker *m*; ~~**mo(u)ld** Back-, Kuchenform *f*; ~~**shop** *Am* Konditorei *f*.

pastur|age ['paːstjuridʒ] Weiden; Weiderecht *n*; Weide *f*; ~**e** [paːstʃə] *s* Grünfutter *n*; Weide *f*; *tr* weiden; abgrasen; *itr* grasen, weiden; ~~ *land* Weideland *n*.

pasty ['peisti] *a* teigig, weich; *fig* bleich, blaß, milchig, käsig; *s* ['pæsti] *Br* (Fleisch-)Pastete *f*.

pat [pæt] **1.** *s* leichte(r) Schlag, Klaps *m*; Tapsen; Klümpchen, Stück(chen) *n*, *fam* Klacks *m* (*z. B. Butter)*; *tr* klopfen, e-n Klaps geben (*s.o.* jdm); streicheln, tätscheln; tapsen; *itr* klappen; klopfen (*on* auf); *to* ~ *s.o. on the back* jdm auf die Schulter klopfen; *fig* jdn beglückwünschen; ~~**a-cake** backe, backe Kuchen; **2.** *a* passend, geeignet; *(Antwort)* treffend; *adv* (gerade) recht; zur Hand; *to have,* *to know s.th.* ~ *(fam)* etw in- u. auswendig wissen; *to stand* ~ *(fam)* bei der Stange *od* stur bleiben; *to answer* ~ schlagfertig antworten.

Pat [pæt] *(Patrick)* Ire *m*.

patch [pætʃ] *s* Flicken, Fleck; Besatz (-stück *n*); Zwickel *m*; (Wund-)Pflaster *n*; (Augen-)Klappe, Binde *f*; Schönheitspflästerchen *n*; *(Schuhe)* Riester; (Farb-)Fleck *m*; Fleckchen *n* Erde, Stück *n* Land; Stück(chen) *n*, Rest *m*; *mot* Flicken *m*; *tr* flicken; als Flicken dienen für; (ab)steppen; e-n Flecken setzen auf; *(Reifen)* flicken; *(to ~ up, to ~ together)* zs.flicken, -stücke(l)n, -stoppeln, -stümpern, notdürftig flicken; *fig* wieder in die Reihe bringen; *(Streit)* beilegen, schlichten; *(Freundschaft)* kitten; *not to be a* ~ *on (fam)* nicht tippen können an; *to strike a bad* ~ e-e Pechsträhne haben; ~**ed** [-t] *a* gestümpert, *fam* hingehauen; ~~**pocket** *(Kleidung)* aufgesetzte Tasche *f*; ~~**test** *med* Reizprobe *f*; ~**work** Flickarbeit *f*; *fig* Stückwerk *n*; *(~~ quilt)* Flickendecke *f*; ~**y** ['-i] zs.geflickt, -gestoppelt; bunt zs.gewürfelt; unregelmäßig.

patchouli ['pætʃuli, pə'tʃuːli] *bot* Patschuli *n* (*a. Parfüm*).

pat|e [peit] *fam hum pej* Kürbis, Kopf; Schädel; *fig* Grips, Verstand *m*; **~ed** ['-id] *a in Zssgen*: -köpfig.

patell|a [pə'telə] *pl -ae* [-i:] *anat* Kniescheibe *f*; **~ar** [-] *a* Kniescheiben-; **~ reflex** *(physiol)* Kniescheibenreflex *m*.

paten ['pætən] *rel* Patene *f*, Hostienteller *m*; Metallscheibe *f*.

patent ['peitənt, 'pæ-] *a* offen, öffentlich, allgemein zugänglich; offenkundig, -sichtlich, augenscheinlich; unge-, unbehindert; *jur* patentiert, gesetzlich geschützt; *fam* neu, patent, praktisch, brauchbar; vorzüglich, *(Mehl)* hochwertig, 1. Güte; *s (letters ~* ['pæ-]*)* Urkunde *f*, Brief *m*, Patent, Privileg; *bes.* Patent, Schutzrecht; *fig* Vorrecht *n*, Anspruch *m (on auf)*; *tr* patentieren; *sich patentieren lassen*; *to apply for a ~* ein Patent anmelden; *to grant, to issue a ~* ein Patent erteilen; *to take out a ~ for s.th.* etw zum Patent anmelden; sich etw patentieren lassen; *it's ~ to me that* mir ist klar, daß; *~ applied for, ~ pending* (zum) Patent angemeldet; *application for a ~* Patentanmeldung *f*; *design, (Am) petty ~* Gebrauchsmuster *n*; *holder, owner of a ~* Patentinhaber *m*; *~ of gentility* Adelsbrief *m*; **~able** ['-əbl] patentierbar, patentfähig; **~-act** Patentgesetz *n*; **~-agent**, *Am* **~-attorney** Patentanwalt *m*; **~-application** Patentanmeldung *f*; **~ article** *com* Markenartikel *m*; **~-coverage** Patentschutz *m*; **~ department** Patentabteilung *f*; **~ed** ['-id] *a* patentiert, gesetzlich geschützt; **~ee** [peitən'ti:, *Am* pæ-] Patentinhaber *m*; **~-engineer** technische(r) Berater *m* in Patentsachen; **~ fastener** Druckknopf *m*; **~ goods** *pl* Markenartikel *m pl*; **~-holder** Patentinhaber *m*; **~ infringement** Patentverletzung *f*; **~ key** Sicherheitsschlüssel *m*; **~-law** Patentrecht *n*; **~ leather** Lackleder *n*; **~(-) boot** Lackstiefel *m*; **~ medicine** pharmazeutische(s) Präparat *n*; **P-~-Office** ['pæ-] Patentamt *n*; **~-owner** Patentinhaber *m*; **~-register, ~-roll** Patentregister *n*; **~-right** Schutzrecht *n*; *pl* gewerbliche(r) Rechtsschutz *m*; **~-specification** Patentschrift *f*.

patern|al [pə'tə:nl] väterlich; *on the ~ side* väterlicherseits; **~ authority, ~ power** väterliche, elterliche Gewalt *f*; **~ity** [-iti] Vater-, Urheberschaft *f*; **~ case** Vaterschaftsprozeß *m*, -klage *f*.

paternoster ['pætə'nɒstə] *(P-)* Vaterunser *n*; Rosenkranz *m*.

path [pɑ:θ] *pl -s* [pɑ:ðz] Pfad; *(Fluß)* Lauf; *(foot~)* (Fuß-)Weg *m*; *astr sport* Bahn *f*; *fig* Weg *m*; (Verhaltens-) Weise; (Mach-, Herstellungs-)Art *f*; **~ cinder-~** Aschenbahn *f*; **~finder** Pfadfinder; *fig* Pionier; *aero* Zielbeleuchter *m*; **~less** ['-lis] unwegsam, pfad-, weglos; unbegangen, -betreten; **~way** Pfad, Weg *m*.

path|etic(al) [pə'θetik(əl)] mitleiderweckend, ergreifend, erschütternd, rührend, sympathieerregend, mitreißend, gefühlsmäßig, Gefühls-; **~etic fallacy** *(lit)* Vermenschlichung *f* der unbelebten Natur; **~ologic(al)** [pæθə'lɒdʒik(əl)] pathologisch; krankheitsbedingt; Krankheits-; **~ologist** [pə'θɒlədʒist] Pathologe *m*; **~ology** [-'θɒlədʒi] *med* Pathologie *f*; *Am* Krankheitsbild *n*; **~os** ['peiθɒs] *das* Ergreifende, Erschütternde; *(lit, Kunst)* Pathos *n*.

patien|ce ['peiʃəns] Geduld; Ausdauer, Beharrlichkeit; Patience(spiel *n*) *f*; *in ~~* geduldig; *to be out of ~~ with* aufgebracht sein gegen; *to have no ~~ with* nicht vertragen (können), nicht (länger) aushalten; *to play ~~* Patiencen legen; *to possess o.'s soul in ~* sich in Geduld fassen; *the ~ of Job* [dʒoub] e-e Engelsgeduld; **~~-dock** *(bot)* Wiesenknöterich *m*, Natter-, Drachenwurz *f*; **~t** ['-t] *a* geduldig, beharrlich, ausdauernd; zulassend, gestattend *(of s.th.* etw); *s* Patient *m*; *out-~* ambulante(r) Patient *m*.

patina ['pætinə] Patina *f*.

patio ['pætiou, 'pɑ:-] *pl -s* Innenhof *m*.

patriarch ['peitriɑ:k] *rel* Erzvater; Patriarch *m a. fig*; **~al** [peitri'ɑ:kəl] patriarchalisch; Patriarchen-; ehrwürdig; **~ate** ['peitriɑ:kit] *rel* Patriarchat *n*.

patrician [pə'triʃən] *a* patrizisch; vornehm, aristokratisch; *s hist* Patrizier; *allg* Aristokrat *m*.

patricid|al [pætri'saidəl] vatermörderisch; **~e** ['pætrisaid] Vatermord *m*.

patrimon|ial [pætri'mounjəl] *a* Patrimonial-; *fig* erblich, ererbt; **~y** ['pætriməni] Patrimonium, väterliche(s) Erbe, Erbteil *n a. fig*; Stiftung *f*, Kirchengut *n*.

patriot ['peitriət, 'pæ-] Patriot *m*; **~ic** [pætri'ɒtik, *Am* pei-] patriotisch; **~ism** ['pætriətizm] Patriotismus *m*.

patrol [pə'troul] *s mil* Patrouille, Streife, Runde *f*; Spähtrupp *m*; *aero* Luftstreife *f*; Überwachungsflug *m*; *Am* (Polizei-)Revier *n*; *tr* abpatrouillieren; abfliegen, -gehen; *itr* patrouillieren, die Runde machen;

patrol activity — **pavilion**

Sperre fliegen; **~ activity** Spähtrupptätigkeit *f*; **~ boat, ~vessel** Vorposten-, Wachschiff *n*; **~ car** Streifen-, *mil* Spähwagen *m*; **~ clash** Vorpostenkampf *m*; **~ leader** Spähtruppführer *m*; **~man** *Am* Streifenpolizist *m*; **~ mission** Patrouillenflug *m*; **~ plane** Überwachungs-, Sperrflugzeug *n*; **~ report** Spähtruppmeldung *f*; **~ service** Streifendienst *m*; **~ wagon** *Am* Gefangenentransportwagen *m*.

patron ['peitrən] Schutz-, Patronatsherr; *(~ saint)* Schutzheilige(r), Patron; Schirmherr, Beschützer, Gönner, Wohltäter, Mäzen; Vorkämpfer, Verfechter, Vertreter; *com* (Stamm-) Kunde *m*; **~age** ['pætrənidʒ, 'pei-] Patronat(srecht) *n*; Schirm-, Schutzherrschaft; Förderung, Unterstützung, Gunst, Gönnerschaft; Herablassung; (Stamm-)Kundschaft *f*; Geschäft *n*; **~~ dividend** Rabattmarke *f*; **~ess** ['peitrənis] Schutzherrin, -heilige; Schirmherrin *f*; **~ize** ['pætrənaiz, *Am* 'pei-] *tr* beschützen, -schirmen, protegieren, unterstützen; begönnern; Stammgast, Kunde sein *(a shop* e-s Geschäftes); *theat* regelmäßig besuchen; **~izer** ['pætrənaizə, *Am* 'pei-] Beschützer; *com* Kunde; Gönner *m*; **~izing** ['pætrənaiziŋ, *Am* 'pei-] *a* gönnerhaft, herablassend.

patten ['pætn] Holzschuh *m*, -pantine *f*; *arch* Sockel, Säulenfuß *m*.

patter ['pætə] **1.** *itr* klatschen, klappen, prasseln; *(Füße)* trappeln, trampeln, trippeln; knirschen; peitschen; *tr* klatschen, klappen mit; *s* Klatschen, Klappen, Geprassel; Getrappel; *(Regen)* Peitschen; *(Schnee)* Knirschen *n*; **2.** *itr tr* (her)plappern, -leiern; *s* Geplapper, Geleier; Kauderwelsch *n*, Jargon *m*; *fam* Gewäsch, Geschwätz *n*.

pattern ['pætən] *s* Ideal, Vorbild, Muster, Modell *n*, Schablone, Vorlage; Bauart, Gußform *f*; *(paper ~)* Schnittmuster; (Muster-)Beispiel, Muster, Probe; Warenprobe *f*, Muster ohne Wert; *(Textil, Tapete)* Muster *n*, Zeichnung *f*; *fig* Vorbild, Muster; *mil* Trefferbild; *tech* Diagramm, Schaubild *n*; *Am* Stoff *m* zu e-m Kleidungsstück; *attr* Muster-; vorbildlich, ideal; *tr* bilden, formen, gestalten *(on, upon, after* nach); als Beispiel anführen; mustern, mit e-m Muster versehen; *to ~ o.s.* on sich richten nach; *according to ~* nach Muster; *by ~ post* als Warenprobe *f*, als Muster *n* ohne Wert; *to take a ~ by* sich ein Beispiel nehmen an, sich zum Vorbild nehmen; *behavio(u)r*

~-Verhaltensweise *f*; **~~articles** *pl* Massenware *f*; **~~assortment** Musterkollektion *f*; **~~bomb** *tr* e-n Bombenteppich legen auf; **~~bombing** *aero* versetzte(r) Reihenwurf *m*; Flächenbombardierung *f*; Legen *n* e-s Bombenteppichs; **~~book** Musterbuch *n*; **~~card** Musterkarte *f*; **~~designer** Modell-, Musterzeichner *m*; **~ ga(u)ge** Formlehre *f*; **~ husband** Mustergatte *m*; **~~maker** Modellschreiner, -tischler *m*; **~~pupil** Musterschüler *m*; **~~shop** Modellwerkstätte *f*; **~ painting** Tarnanstrich *m*.

patty ['pæti] kleine Pastete; Frikadelle *f*, Bratklops; kleine(r) flache(r) Kuchen *m*; **~-cake** *s. pat-a-cake*; **~~pan** kleine Pfanne *f*.

paucity ['pɔ:siti] geringe Menge *od* Anzahl; Knappheit *f*, Mangel *m*.

Paul [pɔ:l] Paul *m*; **~a** ['~ə] Paula *f*; **~ine** [pɔ:'li:n, '~] *s* Pauline *f*; *a* ['pɔ:lain] *rel* paulinisch; **~ Pry** naseweise(r) Mensch *m*.

paunch [pɔ:ntʃ] Bauch *m*; (Fett-)Wanst, Bier-, Hängebauch; *zoo* Pansen *m*; **~y** ['~i] dickbäuchig, fettleibig.

pauper ['pɔ:pə] Arme(r); Unterstützungsempfänger; auf Armenrecht Klagende(r *m*; **~ asylum** Armenhaus *n*; **~ism** ['~rizm] (Massen-)Armut *f*; **~ization** [pɔ:pərai'zeiʃən] Verarmung, Verelendung *f*; **~ize** ['pɔ:pəraiz] *tr* an den Bettelstab bringen; **~ relief** Armenunterstützung *f*.

pause [pɔ:z] *s* (Ruhe-)Pause *f*; Zögern *n*; Aufschub *m*, Unterbrechung *f*; *typ* Gedankenstrich *m*; *poet* Zäsur *f*; *mus* Verlängerungszeichen *n*, Fermate *f*; *itr* e-e Pause machen, pausieren; inne-, anhalten, zögern, überlegen; verweilen *(on, upon* bei); aushalten *(upon a note* e-n Ton); *without a ~* ununterbrochen, ohne Unterbrechung; *to give s.o. ~* jdn unsicher machen, zur Überlegung veranlassen.

pav|e [peiv] *tr* pflastern; asphaltieren, betonieren, ausbauen; be-, zudecken; *to ~~ the way for s.o. (fig)* jdm den Weg ebnen; *~ed with good intentions* mit guten Vorsätzen gepflastert; **~ement** ['~mənt] Pflaster *n*; Straßendecke; *Am* Fahrbahn, ausgebaute Straße *f*; Straßenbaumaterial *n*; *Br* Gehweg, Bürgersteig *m*, Trottoir *n*; **~~ artist** Gehwegzeichner *m*; **~er** ['~ə], **~io(u)r** ['~jə] Steinsetzer; Platten-, Fliesenleger; *(~ing stone)* Pflasterstein *m*.

pavilion [pə'viljən] große(s) Zelt *n*; *(Ausstellungs-, Park-)*Pavillon; *arch* (Seiten-)Flügel *m*; Nebengebäude *n*.

paw [pɔː] *s* Pfote, Tatze; *fam* Pfote, Hand *f*; *itr tr* stampfen, scharren (in); *fig* ungeschickt umgehen mit, unsanft anfassen; tätscheln; **~ky** ['-ki] schlau.

pawl [pɔːl] *tech* Sperrhaken *m*, -klinke; *mar* Palle *f*.

pawn [pɔːn] **1.** *s (Schach)* Bauer *m*; *fig* Schachfigur, Puppe *f*, Werkzeug *n*; **2.** *s* Pfand(stück) *n*; Bürgschaft *f*; Bürge *m*; Verpfändung *f*; *tr* verpfänden; versetzen; lombardieren, als Sicherheit hinterlegen; ein-, aufs Spiel setzen, wagen; *at, in* ~ verpfändet; versetzt; pfandweise, zur Sicherheit; *to give in* ~ verpfänden; *to hold in* ~ als Pfand behalten; *to* ~ *o.'s hono(u)r* s-e Ehre verpfänden; *to* ~ *o.'s word* sein Wort geben; **~broker** Pfandleiher *m*; **~~'s shop, ~shop** (Pfand-)Leihhaus *n*; **~broking** Pfandleihe *f*; **~ee** [pɔːˈniː] Pfandinhaber *m*; **~er** ['pɔːnə] Pfandgeber *m*; **~~ticket** Pfandschein *n*.

pay [pei] *irr* paid, paid [-d] **1.** *tr* (be)zahlen; *(Rechnung, Schulden)* begleichen; *(Kosten)* tragen, erstatten; *(Arbeit)* entlohnen; *mil* besolden; *mar* abmustern; *(Gewinn)* einbringen, abwerfen; *tech* (Kabel) abrollen, auslegen; *fig* ent-, vergelten, lohnen; dienlich, nützlich sein *(s.o.* jdm), befriedigen; *(Dank, e-n Besuch)* abstatten; *allg* entgegenbringen, *(Aufmerksamkeit)* schenken; **2.** *itr* (be)zahlen; Gewinn abwerfen, etwas einbringen, sich rentieren, sich bezahlt machen; büßen *(for für)*; **3.** (Be-)Zahlung; Lohnzahlung, Entlohnung *f*; Lohn *m*, Gehalt *n*; *mil* Löhnung *f*, Sold *m*; Besoldung *f*; *fig* Entgelt *n, a. m*, Lohn *m*; **4.** *a Am mil* abbauwürdig; Münz-; *without* ~ unbezahlt; ehrenamtlich; *to be in s.o.'s* ~ bei jdm beschäftigt sein; *to draw o.'s* ~ sein Gehalt beziehen; *to get less* ~ sich (gehaltlich) verschlechtern; *to* ~ *afterwards* nachträglich, postnumerando bezahlen; *to* ~ *attention* achtgeben, achten (*to* auf); *o.'s attention to s.o.* jdm den Hof machen; *to* ~ *beforehand* im voraus, pränumerando bezahlen; *to* ~ *a call, a visit* e-n Besuch machen; *to* ~ *a compliment* ein Kompliment machen; *to* ~ *court to s.o.* jdm den Hof machen; *to* ~ *damages* Schadenersatz leisten; *to* ~ *the debt of nature* das Zeitliche segnen; *to* ~ *o.'s footing* Lehrgeld bezahlen; *to* ~ *as you go (Am)* immer gleich bezahlen; *to* ~ *in instal(l)ments*

(in Raten) abzahlen; *to* ~ *lip service to s.th.* e-r Sache nur äußerlich zustimmen; *to* ~ *the penalty* Strafe leiden, bestraft werden; *to* ~ *the piper (fig)* die Zeche bezahlen; *to* ~ *o.'s respects* e-n Höflichkeitsbesuch machen *(to s.o.* bei jdm); *to* ~ *through the nose* es teuer bezahlen müssen; Wucherpreise bezahlen; *to* ~ *o.'s way* alles bezahlen, keine Schulden machen; s-e eigenen Auslagen bestreiten; *that doesn't* ~ das lohnt sich nicht; *there will be the devil to* ~ es gibt e-n großen Klamauk; *basic* ~ Grundgehalt *n*; *holidays with* ~ bezahlte Ferien *pl*; *leave-* ~ Urlaubsgeld *n*; *monthly* ~ Monatsgehalt *n*; *sick-* ~ Krankengeld *n*; *take-home* ~ Nettogehalt *n*; *weekly* ~ Wochenlohn *m*; *to* ~ **away** (Kabel) abfieren, abrollen lassen; *to* ~ **back** zurückzahlen, erstatten; *fig* heimzahlen; *to* ~ *s.o. back in his own coin* in gleicher Münze zurückzahlen; *to* ~ **down** bar bezahlen; anzahlen; *to* ~ **for itself** sich bezahlt machen; *to* ~ *for with o.'s life* mit dem Leben bezahlen; *to* ~ **in** ein(be)zahlen; ~~ *a check* e-n Scheck einlösen; *to* ~ **off** *tr (Schulden)* abbezahlen, tilgen; *(Gläubiger)* abfinden, befriedigen; *(Arbeiter)* entlohnen, auszahlen (u. entlassen); abgelten; *mar* abmustern; wiedergutmachen; Rache nehmen an *od* für; *itr* sich rentieren; Erfolg haben; ~~ *old scores (fig)* e-e alte Rechnung begleichen; *to* ~ **out** *(Geld)* ausgeben; aus(be)zahlen; abfinden; es heimzahlen *(s.o.* jdm); *mar* (Tau) auslassen, abrollen (lassen); *to* ~ **up** voll bezahlen; abbezahlen, tilgen; **~able** ['-əbl] zahlbar, fällig; *no-tabel*, lohnend; *accounts* ~~ Passiva, Verbindlichkeiten *f pl*; ~~ *to bearer* zahlbar an Überbringer; ~~ *to order* an Order lautend; **~~as-you-~earn** *Br* Lohnsteuerabzug *m*; **~bill** Zahlungsanweisung *f*; **~book** *mil* Soldbuch *n*; ~ **boost** *(Am sl)*, **raise** Gehaltserhöhung *f*; **~box, -desk** Kasse(nschalter *m*) *f*; ~ **clerk** Rechnungsführer *m*; **~day** Zahl-, Löhnungs-, Abrechnungs-, Verfallstag *m*; ~ **dirt** *Am min* abbauwürdige(s) Gestein *n*; *to strike* ~ sein Glück machen; **~ee** [-ˈiː] Zahlungsempfänger; Wechselnehmer, -inhaber *m*; **~envelope** Lohntüte *f*; **~er** ['-ə] (Be-, Ein-)Zahler; *(Wechsel)* Trassat, Bezogene(r) *m*; *tax-* ~ Steuerzahler *m*; ~~-**in** Einzahler *m*; ~ **grade** Besoldungsgruppe *f*; ~ **increase** Lohn-, Gehaltserhöhung *f*; **~ing** ['-iŋ] einträglich, ertragbringend, -reich; gewinnbringend, lohnend, rentabel; *(Geschäft)* vorteilhaft; **~~-back** Rückzahlung *f*; **~~-guest** Pensionär *m*; **~~-in** Einzahlung *f*; **~~-in slip** *(Br)* Einzahlungsbeleg *m*; **~(~) library** Leihbücherei *f*; **~~-off** Ab(be)zahlung; Aus(be)zahlung; Abfindung *f*; **~~-office** Zahlstelle *f*; **~~-out** Auszahlung; Abfindung *f*; **~~-up** volle Bezahlung; Tilgung *f*; **~~-load** Nutzlast *f*; **~~ capacity** Ladefähigkeit *f*; **-master** Zahlmeister *m*; **~~'s office** Zahlmeisterei; Kasse *f*; **-ment** ['-mənt] (Be-)Zahlung, Entrichtung, Begleichung, Erstattung; *(Wechsel)* Einlösung; Rate; *(Anspruch)* Befriedigung; Entlohnung, Löhnung *f*, Lohn *m*, Gehalt *n*, Sold *m*; Belohnung od Strafe *f*; *in ~~* of zum Ausgleich *gen*; *on ~~ of* nach Eingang *gen*; *to demand ~~* Zahlung verlangen; *to effect, to make a ~~* Zahlung leisten; *to refuse ~~* die Zahlung verweigern; *to stop, to suspend ~~s* die Zahlungen einstellen; *~~ received* Betrag erhalten; *additional ~~* Nachzahlung *f*; *advance ~~* Vorauszahlung *f*; *application, request for ~~* Zahlungsaufforderung *f*; *cash-~~* Barzahlung *f*; *date, day of ~~* Zahlungstermin *m*; *delay for ~~* Zahlungsaufschub *m*; *dividend-~~* Dividendenausschüttung *f*; *down ~~* sofortige Barzahlung *f*; *easy ~~* Zahlungserleichterungen *f pl*; *means of ~~* Zahlungsmittel *n pl*; *non-~~* Nichtbezahlung *f*; *order for ~~* Zahlungsanweisung *f*; *place of ~~* Erfüllungsort *m*; *promise of ~~* Zahlungsversprechen *f*; *refusal of ~~* Zahlungsverweigerung *f*; *salary-~~* Gehaltszahlung *f*; *wage-~~* Lohnzahlung *f*; *way of ~~* Zahlungsweise *f*; *~~ on account* Anzahlung *f*; Teil-, Abschlags-, Ratenzahlung *f*; *in advance* Vorauszahlung *f*; *~~ by, in instal(l)ments* Ratenzahlung *f*; *~~ instructions (pl)* Zahlungsanweisungen *f pl*; *~~ in kind* Sach-, Naturalleistung *f*; *~~ terms (pl)* Zahlungsbedingungen *f pl*; *~~ load* Lohnkostenanteil *m*; **~~-off** *fam* Abrechnung, *fig* Überraschung *f*, unerwartete(r) Höhepunkt, Knalleffekt; *fig* Lohn, Erfolg *m*; **~~-roll**, **-sheet** Lohn-, *mil* Löhnungsliste, Lohnsumme *f*; *to be on the ~~* angestellt, beschäftigt sein; *~~ clerk* Lohnbuchhalter *m*; *~~ office* Lohnbuchhaltung *f*; **~ seniority** Besoldungsdienstalter *n*; **~sergeant** *mil* Rechnungsführer *m*; **~slip** Lohnzettel *m*; **~ station** öffentliche(r) Fernsprecher *m*; **~ television** *Am* Münzfernsehen *n*.

pea [pi:] Erbse *f*; *as like as two ~s* gleich wie ein Ei dem andern; *to jump about like a ~ on a drum* sich wie verrückt gebärden; *green, garden-~s (pl)* junge Erbsen *f pl*; *split -s (pl)* getrocknete Erbsen *f pl*; *Sweet ~ (bot)* Garten-, Spanische Wicke *f*; **~-pod, -se-cod** Erbsenschote *f*; **~-shooter** Blasrohr, *sl* MG, Maschinengewehr *n*; **~-soup** Erbsensuppe *f*; **~-souper** *fam* Waschküche *f*; **~-soupy** *(Nebel)* dick u. gelb.

peace [pi:s] Friede(n); Friedens(schluß, -vertrag) *m*; Ruhe (u. Ordnung); Eintracht; Ruhe, Stille; öffentliche Ordnung *f*; *(to be) at ~* in Frieden (leben) *(with* mit); *to break the ~* den Frieden brechen; die öffentliche Ruhe stören; *to give s.o. no ~* jdn nicht in Ruhe lassen; *to hold, to keep o.'s ~* sich ruhig verhalten, still sein; *to keep the ~* die öffentliche Sicherheit wahren; *to leave s.o. in ~* jdn in Ruhe lassen; *to make ~* Frieden schließen; *to make o.'s ~ with* sich versöhnen, sich vertragen mit; *~ be with you* der Friede sei mit dir; *breach of the ~* Ruhestörung *f*; *domestic ~* Hausfriede(n) *m*; *breach of the domestic ~* Hausfriedensbruch *m*; *industrial ~* Arbeitsfrieden *m*; *King's ~* Landfrieden *m*; *proposal of ~* Friedensvorschlag *m*; *public ~* öffentliche Ordnung *f*; *threat to ~* Bedrohung *f* des Friedens; *~ in the home* häusliche(r) Frieden *m*; *~ of mind* Seelenfrieden *m*, innere Ruhe *f*; **-able** ['-əbl] friedlich; **~-breaker** Friedensbrecher, Ruhestörer *m*; **~ conditions, terms** *pl* Friedensbedingungen *f pl*; **~ conference** Friedenskonferenz *f*; **~ congress** Friedenskongreß *m*; **~ establishment, footing** Friedensstärke *f*; **-ful** ['-ful] friedlich; friedliebend, verträglich; ruhig; gütlich; **-fulness** ['-fulnis] Friedlichkeit *f*; **~-loving** friedliebend; **~-maker** Friedensstifter *m*; **~ negotiations, parleys** *pl* Friedensverhandlungen *f pl*; **~ offer** Friedensangebot *n*; **~-offering** *rel* Sühnopfer *n*; Genugtuung *f*; Friedensopfer; Friedensangebot *n*; **~-officer** Sicherheitsbeamte(r); Sheriff; Schutzmann, Polizist *m*; **~-pipe** Friedenspfeife *f*; **~-time** Friedenszeit *f*; *~~ economy, production* Friedenswirt-

peace-treaty

schaft, -produktion *f*; **~~ strength** Friedensstärke *f*; **~-treaty** Friedensvertrag *m*.

peach [pi:tʃ] **1.** Pfirsich(baum *m*, -farbe *f*); *sl* Pfunds-, Prachtkerl; süße(r) Käfer *m*; nette(s) Ding *n* (*Mädchen*); Pfunds-, prima Sache *f*; **~-blossom** Pfirsichblüte *f*; **~y** ['-i] pfirsichfarben; samtweich; *sl* prächtig, prima, Klasse; reizend; auffallend; **~y-keen** *Am sl* bestens, in Ordnung; **2.** *itr sl* verpfeifen, angeben, verraten (*against, upon s.o.* jdn); **~er** ['-ə] *sl* Verräter *m*.

pea|chick ['pi:tʃik] junge(r) Pfau *m*; **~cock** ['pi:kɔk] *s* Pfau; *fig* aufgeblasene(r) Mensch *m*; *itr* fig sich aufblasen, sich aufblähen; *proud as a* **~** stolz wie ein Pfau; **~~-blue** pfauenblau; **~~** *blue* Pfauenblau *n*; **~~-butterfly** (*ent*) Tagpfauenauge *n*; **~fowl** ['-faul], **~hen** Pfauhenne *f*; **~-jacket** *mar* Matrosenjacke *f*.

peak [pi:k] **1.** Spitze *f*; (Berg-)Gipfel; Bergkegel; (Haar-)Wirbel; Mützenschirm; Scheitelpunkt; *fig* Gipfel *m*, Spitze *f a. el*; Höhepunkt; (~ *value*) Höchstwert *m*; *mar* Piek *f*; *tr itr* (sich) aufrichten; anspitzen; *to be at the* **~** *of o.'s power* auf dem Gipfel der Macht stehen; *to reach the* **~** den höchsten Stand erreichen; *post-war* **~** Nachkriegshöchststand *m*; **~** *of production* Produktionsspitze *f*; **~** *of capacity* Höchstleistungsgrenze *f*; **~ed** [-t] *a*, **~y** ['-i] spitz; **~ hours** *pl* Verkehrsspitze *f*; **~ level** Höchststand *m*; **~ load** Spitzenbelastung *f*; **~ output** Höchstproduktion *f*; **~ power** *tech* Leistungsspitze *f*; **~ season** Hochkonjunktur *f*; **~-traffic hours** *pl* Hauptverkehrszeit *f*; **2.** *itr* (*to* **~** *and pine*) kränkeln, dahinsiechen; **~ed** *a*, **~y** spitzig, schmächtig, kränklich, bleich.

peal [pi:l] *s* (Glocken-)Läuten, Geläute *f*; Glockenspiel; Dröhnen *n*, Lärm *m*, Getöse *n*; *itr tr* laut läuten, dröhnen, schallen, donnern, krachen (lassen); **~s** *of applause* Beifallssturm *m*; **~** *of laughter* schallende(s) Gelächter *n*, Lachsalve *f*; **~** *of rain* Platzregen *m*; **~** *of thunder* Donnergetöse, -rollen *n*.

peanut ['pi:nʌt] *s* Erdnuß *f*; *pl Am sl* unbedeutende Sache *f*; *a Am sl* unbedeutend; *Am* **~** *butter* Erdnußbutter *f*; **~** *gallery theat* Olymp *m*; **~** *oil* Erdnußöl *n*; **~** *politics* *pl* mit sing *Am* politische(s) Intrigenspiel *n*; *to play* **~~** (*Am*) (politisch) intrigieren.

pear [pɛə] Birne *f*; (**~-tree**) Birnbaum *m*.

pearl [pəːl] *s* Perle *f*. *allg u. fig*; Perlfarbe; *typ* Perl *f* (*Schriftgrad*); *itr* Perlen fischen; *to cast* (*o.'s*) **~s** *before swine* s-e Perlen vor die Säue werfen; *mother-of-~* Perlmutter *f*; **seed-~** Saatperle *f*; **~-ash** *chem* Pottasche *f*; **~-barley** Perlgraupen *f pl*; **~-button** Perlmutterknopf *m*; **~-diver, -fisher** Perlenfischer *m*; **~-fishery** Perlenfischerei *f*; **~-oyster** Perlmuschel *f*; **~-powder, -white** Schminkweiß *n*; **~-shell** Perlmutt(er *f*) *n*; **~y** ['-i] perlmutterartig; perlen-, perlmutterverziert.

peasant ['pezənt] *s* Landwirt, Kleinbauer; Land-, landwirtschaftliche(r) Arbeiter *m*; *a* (klein)bäuerlich; **~-boy, -girl** Bauernjunge *m*, -mädchen *n*; **~-leader** Bauernführer *m*; **~-party** Bauernpartei *f*; **~ property-holding** kleinbäuerliche(r) Grundbesitz *m*; **~ proprietor** Kleinbauer *m*; **~ry** ['-ri] Landvolk; Kleinbauerntum *n*; Landarbeiterschaft *f*.

peat [pi:t] Torf *m*; *to cut, to make* **~** Torf stechen; **~-bog** Torfmoor *n*; **~-cutter, -digger** Torfstecher *m*; Torfbagger *m*; **~-sod** Torfsode *f*; **~y** ['-i] torfartig; Torf-.

pebbl|e ['pebl] *s* Kiesel(stein); (Linse *f* aus) Bergkristall *m*; (Leder) Narbe *f*; *tr* (*Leder, Papier*) narben; *you are not the only* **~** *on the beach* man kann auch ohne dich auskommen; **~~** *leather* Narbenleder *n*; **~y** ['-i] kiesig; genarbt.

pecan [piˈkæn] Pekannuß *f*, -baum *m*.

peccadillo [pekəˈdilou] *pl -o(e)s* läßliche Sünde *f*.

peck [pek] **1.** *tr* (*Loch*) picken, hacken; (*Futter*) aufpicken; *fam* flüchtig küssen; *itr* picken, hacken (*at* nach); *fam* herumnaschen (*at* an); *fam* (mit Worten) herumhacken (*at* auf); *s* (Schnabel-)Hieb *m*; Loch *n*; Pickstelle *f*; flüchtige(r) Kuß *m*; *sl* Futter *n*, Fressalien *pl*; *to have s.th. to* **~** *at* etw zum Nagen u. zu Beißen haben; **~er** ['-ə] Picke, Haue *f*; *to keep o.'s* **~~** *up* (*sl*) den Kopf oben behalten; **~ing** ['-iŋ]: **~~** *order* strenge soziale Rangordnung *f*; **~ish** ['-iʃ] *fam* hungrig; *Am* reizbar; **2.** Viertelscheffel *m* (*Trockenmaß, 9,1 l*; *Am 8,8 l*); *fig* e-e Menge, Masse, ein Haufen *m*.

pectoral ['pektərəl] *a* Brust-; *s* Brustplatte *f*, -schild *n*; *rel* Pektorale *f*; Brustmuskel *m*, (**~~** *fin*) -flosse *f*; *pharm* Brustmittel *n*.

peculat|e ['pekjuleit] *tr (öffentliche Gelder)* veruntreuen; unterschlagen; **~ion** [pekju'leiʃən] Veruntreuung, (Amts-)Unterschlagung *f*.

peculiar [pi'kju:ljə] *a* besonder, Sonder-; ausschließlich, eigen, eigentümlich *(to* für); einzigartig, charakteristisch *(to* für); sonderbar, eigenartig, seltsam; *s* Sondervermögen, -recht *n*; **~ity** [pikju:li'æriti] Besonderheit; Eigentümlichkeit, Eigenheit, Einzigartigkeit; Sonderbarkeit, Seltsamkeit, Eigenart *f*; *das* Besondere, Einzigartige, Sonderbare, Seltsame; kennzeichnende Eigenschaft *f*; Charakter-, Wesenszug *m*; **~ly** [-li] *adv* besonders; seltsam; persönlich.

pecuniary [pi'kju:njəri] pekuniär, geldlich; Geld-; **~ advantages** *pl* materielle Vorteile *m pl*; **~ affairs, matters** *pl* Geldangelegenheiten, -sachen *f pl*; **~ assistance** finanzielle Unterstützung *f*; **~ benefit** *for ~~* in gewinnsüchtiger Absicht; **~ claim** Geldforderung *f*; **~ compensation** Geldentschädigung *f*; **~ embarrassments** *pl* Geldverlegenheit *f*; Zahlungsschwierigkeiten *f pl*; **~ loss** Vermögensverlust *m*; **~ penalty** Geldstrafe *f*; **~ present** Geldgeschenk *n*; **~ profit** finanzielle(r) Vorteil *m*; **~ request** Geldforderung *f*; **~ requirements** *pl* Geldbedarf *m*; **~ resources** *pl* Geldmittel *n pl*; **~ transactions** *pl* Geldgeschäfte *n pl*; **~ troubles** *pl* finanzielle Schwierigkeiten *f pl*.

pedagog|ic(al) [pedə'gɔdʒik(əl)] pädagogisch, erzieherisch; Erziehungs-; **~ics** [pedə'gɔdʒiks] *s pl mit sing s.* **~y**; **~(ue)** ['pedəgɔg] Pädagoge, Erzieher, Lehrer; *pej* Schulmeister *m*; **~y** ['pedəgɔgi, '-dʒi] Pädagogik, Erziehungswissenschaft *f*.

pedal ['pedl] *s tech mus* Pedal *n*; Fußhebel *m*; *a [a. pi:dl] zoo* Fuß-; Tret-; *itr* das Pedal, die Pedale bedienen; radfahren; *tr* mit e-m Pedal in Gang setzen; *(Rad)* fahren, treten; **~-boat, -craft, -o** ['-əlou] Wassertretrad *n*; **~ brake** *mot* Fußbremse *f*.

pedant ['pedənt] Pedant, Kleinigkeitskrämer; Schulfuchs; Wissensprotz *m*; **~ic** [pi'dæntik] pedantisch, kleinlich; angeberisch; **~ry** ['pedəntri] Pedanterie *f*; Protzen *n* mit s-m Wissen.

peddl|e ['pedl] *itr* hausieren; (herum-) trödeln; sich mit Kleinigkeiten abgeben; *tr* hausieren mit *a. fig*; **~er(y)** *Am s. pedlar(y)*; **~ing** ['-iŋ] herumtrödelnd; *fig* geringfügig, unbedeutend.

pederast(y) *s. paederast(y)*.

pedest|al ['pedistl] Sockel *m*, Fußgestell *n*, Untersatz *m*, Piedestal *n*; *fig* Grundlage, Basis, Stütze *f*; **~rian** [pi'destriən] *a* zu Fuß (gehend); Fuß-; *fig (Stil)* prosaisch, langweilig, trocken, schwunglos, nüchtern; *s* Fußgänger *m*; **~~ crossing** Überweg *m*.

pediatr... *s. paediatr....*

pedic|el ['pedisl], **~cle** [-kl] *zoo bot* (kleiner) Stiel; Blütenstengel *m*.

pedicure ['pedikjuə] Fußpfleger *m*; Fußpflege, Pediküre *f*.

pedigree ['pedigri:] Stammbaum *m*, *a. zoo*; Herkunft, Abstammung; Ahnentafel; *(Wort)* Ableitung *f*; *attr u.* **~d** ['-d] *a (Tier)* mit Stammbaum; Zucht-; **~ cattle** Zuchtvieh *n*; **~ dog** Rassehund *m*.

pediment ['pedimənt] *arch* Tympanum, *(flaches)* Giebelfeld *n*.

pedlar ['pedlə] Hausierer *(of* mit), ambulante(r) Gewerbetreibende(r) *m*; **~y** ['-ri] ambulante(s) Gewerbe *n*; Trödelkram *m*.

pedometer [pi'dɔmitə] Schrittzähler *m*.

peduncle [pi'dʌŋkl] Blumen-, Blütenstiel; *anat zoo* Stiel *m*.

pee [pi:] *itr fam* pinkeln.

peek [pi:k] *itr* gucken *(at* nach); spähen *(into* in); *s* schnelle(r), kurze(r) Blick *m*.

peel [pi:l] **1.** *tr* schälen; die Haut abziehen *(s.th.* e-r S); *(Kleider)* abstreifen; *itr* sich häuten; sich abschälen; abgehen, abblättern, abbröckeln; *sl* sich auspellen, sich ausziehen; *s* Schale, Haut *f (e-r Frucht); to keep o.'s eyes ~ed (Am fam)* ein wachsames Auge, die Augen überall haben; *to ~ off (itr) (aero)* ausscheren; *sl* ab-, entblättern; abblättern, sich abschuppen; *Am sl* abhauen; *candied* **~** Zitronat *n*, Sukkade *f*; **~er** ['-ə] Schäler *m*; Stripteaze-Tänzerin *f*; **~ings** ['-iŋ] *pl* (Obst-, *bes.* Kartoffel-)Schalen *f pl*; **2.** (Brot-) Schieber *m (Gerät)*.

peep [pi:p] **1.** *itr* (verstohlen) gucken, lugen, spähen *(at* nach); teilweise od allmählich sichtbar werden; zum Vorschein kommen; *s* kurze(r), schnelle(r), flüchtige(r), heimliche(r) Blick; Durchblick *m*; erste(s) Erscheinen, Auftreten; Guckloch *n*; *at ~ of dawn, day* bei Tagesanbruch *m*; *to have a ~ at s.th.* nach etw verstohlen blicken; **~-bo** Guckguckspiel *n*; **~er** ['-ə] Zugucker, Späher, Beobachter, Neugierige(r) *m*; *pl fam* Augen *n pl*,

peephole   713   **pen-tray**

Gucker *m pl*; **~hole** Guckloch *n*; **~ing -Tom** heimliche(r) Beobachter, Voyeur *m*; **~-show** Guckkasten *m*; *Am sl fig* Fleischbeschau *f*; **~-sight** *(Gewehr)* Lochvisier *n*; **2.** *itr* piepen; piepsen; *s* Piepen *n*; *Am sl* Piepser, Ton *m*, Wort *n*; **~er** Piep(s)ende(r) *m*.

peer [piə] **1.** *itr* angestrengt schauen, spähen, lugen *(at* auf; *into* in; *for* nach); auftauchen, in Erscheinung treten, sich zeigen, zum Vorschein kommen; *to ~ at* angucken; **2.** *s* Gleichgestellte(r), Ebenbürtige(r), Pair, Peer, Angehörige(r) *m* des hohen Adels; *~ of the realm (brit.)* Pair *m*; **~age** ['-ridʒ] Pairswürde *f*, -stand *m*; Adelsliste *f*; **~ess** ['-ris] Frau *f* e-s Pairs, weibliche(r) Pair *m*; **~less** ['-lis] unvergleichlich, ohnegleichen.

peev|e [pi:v] *fam tr* auf die Palme bringen, ärgern; **~ed** [-d] *a fam* ärgerlich, gereizt, gekränkt, verärgert, *fam* eingeschnappt *(about, at* über, wegen); **~ish** ['-iʃ] reizbar, launisch, ungeduldig; schlecht-, übelgelaunt.

peewit *s. pewit.*

peg [peg] *s* Pflock, Holznagel, Dübel, Bolzen *m*, Sprosse *f*, Splint, Keil *m*, Knagge *f*, Daumen, Haken *m*, Klammer *f*; Wirbel *m (e-s Saiteninstruments)*; *(clothes-~)* Wäscheklammer *f*; *(Zelt)* Hering *m*; Stufe *f*, Schritt, *fig* Vorwand *m*, Gelegenheit *f*; *fig* Aufhänger *m*; *fam* Stelze *f*, Bein *n*; *fam* Zahn; Whisky *m* (mit) Soda; *com* Kurs-, Marktstützung *f*; *tr* festpflöcken, -stecken; abgrenzen, markieren; festsetzen; *(Schuhe)* nageln; durchstoßen; anhaken; *com (Preis)* halten, stabilisieren; *Am fam* erkennen, festlegen; *fam* werfen, schmeißen *(at* nach); *itr* schlagen, werfen *(at* nach); *off the ~ (Kleidung)* von der Stange; *to be a square ~ in a round hole* am falschen, verkehrten Platz sein; *to come down a ~ or two (fig)* e-n Pflock zurückstecken, gelindere Saiten aufziehen; *to take s.o. down a ~ or two* jdn demütigen; *a good ~ on which to hang a sermon* ein Grund *m* zum Reden; *tent-~* Zeltpflock *m*; *to ~* **along**, *to ~* **away** drauflos-, weiterarbeiten *(at* an); sich anstrengen; drauflosessen; *to ~* **down** festpflocken, befestigen; festmachen; *fig* festnageln; *to ~* **out** abgrenzen, abstecken; *fam* ins Gras beißen, sterben; erledigt *od* fertig sein; ausgehen; **~-house** *sl* Kneipe *f*; **~-leg** Stelzfuß *m*; **~-tooth** Stiftzahn *m*; **~-top** Kreisel *m*.

Peg(gy) ['peg(i)] Gretchen *n*.

peignoir ['peinwa:] Morgenrock; Frisier-, Bademantel *m*.

pejorative ['pi:dʒərətiv, pi'dʒɔrətiv] *(Wort)* herabsetzend, verschlechternd.

peke, Pekin(g)ese [pi:k, pi:ki'ni:z, -iŋ'i:z] *zoo* Pekinese *m*.

pelf [pelf] *pej* Mammon *m*.

pelican ['pelikən] *orn* Pelikan *m*.

pelisse [pe'li:s] *obs* Damen-, Kindermantel *m*.

pellet ['pelit] Kügelchen *n*; Pille *f*; Schrotkorn *n*.

pellicle ['pelikl] Häutchen *n*; dünne Hautschicht *f*.

pell-mell ['pel'mel] *adv* durcheinander; *a* hastig; verworren; *s* Durcheinander *n*, Unordnung *f*.

pellucid [pe'lju:sid] durchsichtig; *fig* klar, verständlich.

pelt [pelt] **1.** *tr* bewerfen, beschießen *(with* mit); werfen *(s.o. with s.th.* etw nach jdm); *(mit Fragen)* bombardieren; *itr* (nieder)prasseln, trommeln *(against the roof* auf das Dach); stürmen; *s* Wurf; Schlag *m*; Eile, Geschwindigkeit *f*; *to ~ down* nieder-, herunterprasseln; *at full ~* in voller Geschwindigkeit; *it was ~ing with rain* es goß; **~ing rain** Platzregen; Regenguß, -schauer *m*; **2.** Fell *n*, Haut *f*; Pelz *m*; **~ry** ['-ri] Felle *n pl*, Häute; Pelzwaren *f pl*, Rauchwerk *n*.

pelv|ic ['pelvik] *a anat* Becken-; **~is** ['-is] *pl -ves* [-i:z] *anat* Becken *n*.

pem(m)ican ['pemikən] Pemmikan *m*.

pen [pen] **1.** *s* (Schreib-)Feder; *fig* Feder; Ausdrucksweise *f*, Stil *m*; Schreiben *n*, Schriftstellerei *f*; Schriftsteller *m*; *tr* schreiben, ver-, abfassen; entwerfen; *to put o.'s ~ to paper* zur Feder greifen; *ball(-point)* **~** Kugelschreiber *m*; *fountain-~* Füllfeder (-halter *m*) *f*; *fountain-~ ink* Füllfedertinte *f*; *quill* **~** Gänsefeder *f*; *steel-~* Stahlfeder *f*; *stroke of the ~* Federstrich *m*; **~ and ink** Schreibmaterial *n*; **~-and-ink** *a* Feder-, Schreib-; **~-drawing** Federzeichnung *f*; **~-case** Federkasten *m*; **~-holder** Federhalter *m*; **~-knife** Feder-, Taschenmesser *n*; **~-man** Schreiber, Schriftkünstler; Schriftsteller *m*; **~-manship** ['-mənʃip] Schreibkunst; Form; Duktus, Schriftform *m*; **~-name** Schriftstellername *m*, Pseudonym *n*; **~-nib** Federspitze *f*; **~-pal, -friend** *Am fam* Brieffreund *m*; **~-pusher** *fam* Schreiberling, Schreiberseele *f*; **~-tray** Federschale *f*; **2.** *s* Pferch *m*, Gehege *n*, Verschlag; (Schweine-, Hühner-)Stall *m*; *(play-~)*

penal Laufställchen *n*; (U-Boot-)Bunker; *mil sl* Bunker, Bau, Arrest(lokal *n*) *m*; *Am fam* Kittchen *n*; *tr a. irr pent, pent* [pent] *(to ~ up, in)* einpferchen, -schließen, -sperren.

penal ['pi:nl] *a* Straf-; strafbar; **~ act** strafbare Handlung *f*; **~ action** öffentliche Anklage *f*; **~ clause** Strafbestimmung *f*; **~ code** Strafgesetzbuch *n*; **~ colony, settlement** Strafkolonie *f*; **~ confinement** Strafhaft *f*; **~ duty** Strafzoll *m*, Zollstrafe *f*; **~ establishment** Strafanstalt *f*; **~ interest** Verzugszinsen *pl*; **~ization** [pi:nəlai'zeiʃən] Bestrafung; Benachteiligung *f*; **~ize** ['pi:nəlaiz] *tr* unter Strafe stellen, mit Strafe belegen; bestrafen, e-e Strafe verhängen über; benachteiligen, schlechter stellen, zurücksetzen; *sport* mit e-m Handicap, mit Strafpunkten belegen; **~ jurisdiction** Strafrechtspflege *f*; **~ law** Strafrecht *n*; **~ legislation** Strafgesetzgebung *f*; **~ offence** strafbare Handlung; Straftat *f*; **~ provisions** *pl* Strafbestimmungen *f pl*; **~ reform** Strafrechtsreform *f*; **~ register** Strafregister *n*; **~ servitude** Zuchthaus(strafe *f*) *n*; **~~ for life** lebenslängliche Zuchthausstrafe *f*; **~ suit** Strafklage *f*; Strafprozeß *m*, -verfahren *n*; **~ty** ['penlti] Strafe *a. fig*; Geldbuße, -strafe; Benachteiligung *f*; *sport* Strafpunkt *m*; *fig* Folgen *f pl*; Kehrseite *f* (*of fame* des Ruhmes); *on, under ~~ of* bei ...strafe; *to incur a ~~* e-e Strafe verwirken; *to pay the ~~* die Folgen tragen (*of s.th.* e-r S); *aggravation of ~~* Strafverschärfung *f*; *in aggravation of ~~* strafverschärfend; *collective ~~* Kollektivstrafe *f*; *disciplinary ~~* Disziplinar-, Ordnungsstrafe *f*; *maximum, minimum ~~* Höchst-, Mindeststrafe *f*; *mitigation of ~~* Strafmilderung *f*; *in mitigation of ~~* strafmildernd; *remission of the ~~* Straferlaß *m*; *~ of death* Todesstrafe *f*; *~ for delay* Verzugsstrafe *f*; *~ of imprisonment* Gefängnisstrafe *f*; *~~ area (Fußball)* Strafraum *m*; *~~ box (Eishockey)* Strafbank *f*; *~~ clause* Strafklausel *f*; Vertrags-, Konventionalstrafe *f*; *~~ kick (Fußball)* Strafstoß, Elfmeter *m*; *~~ postage* Strafporto *n*.

penance ['penəns] *rel u. allg* Buße *f* (*for* für); *to do ~* Buße tun.

penchant ['pāːŋʃɑːŋ, *Am* 'pentʃənt] Vorliebe, Neigung *f*, Hang *m*, Lust *f* (*for zu*), Geschmack *m* (*for* für).

pencil ['pensl] *s* (Farb-, Blei-, Augenbrauen-)Stift, Griffel *m*; (*~ of rays*) Strahlenbündel *n*; *zoo* Haarpinsel *m*; *(Kunst)* Pinsel-, Strichführung *f*; *fig* Stift *m*; *tr* mit e-m (Blei-)Stift markieren *od* schreiben *od* zeichnen; *(Augenbrauen)* (nach)ziehen; *to write in ~* mit Bleistift schreiben; *colo(u)red* **~** Buntstift *m*; *lead* **~** Bleistift *m*; **~~case** Federkasten *m*; **~(l)ed** [-d] *a* gezeichnet; büschelig; *(Strahlen)* gebündelt; **~~sharpener** Bleistiftspitzer *m*; **~~-sharpening machine** Bleistiftspitzmaschine *f*.

pend|ant, -ent ['pendənt] Gehänge *n*, Anhänger *m*; Ohrgehänge *n*, -ring *m*; *(Taschenuhr)* Knopf u. Bügel *m*, Pendant *n*; Lampenzug *m*; Hängelampe *f*; *arch* Pendentif *n*, Zwickel; *mar* Wimpel *m*; *fig* Gegen-, Seitenstück, Pendant *n* (*to* zu); **~ency** ['pendənsi] *(Prozeß)* Schweben *n*; **~ent, -ant** ['-ənt] hängend, schwebend; Hänge-; überhängend; *fig* unentschieden, schwebend; **~~ light** Hängeleuchte *f*; **~entive** [pen'dentiv] *arch* Zwickel *m*; **~ing** ['-iŋ] *a fig* schwebend, in der Schwebe, unentschieden, unerledigt; *jur* anhängig; *prp* während *gen*; bis zu, in Erwartung *gen*; *still ~~* noch nicht erledigt; noch in der Schwebe; *~~ further instructions, notice* bis auf weiteres; *to be ~~* schweben; **~ulate** ['pendjuleit] *itr* pendeln, schwingen; *fig* schwanken; unentschlossen, unentschieden sein; zögern; **~ulous** ['-julǝs] (frei, lose, herab)hängend; pendelnd, schwingend; schwebend; **~ulum** ['-julǝm] Pendel *n*; *the swing of the ~* das Schwanken der öffentlichen Meinung; *~~ clock, length, motion, swing, test* Pendeluhr, -länge, -bewegung, -schwingung *f*, -versuch *m*.

penetr|ability [penitrə'biliti] Durchdringbarkeit, Durchlässigkeit *f*; **~able** ['penitrəbl] durchdringbar; **~alia** [peni'treiljə] *pl* das Innerste; *das* Allerheiligste; Geheimnis(se *pl*) *n*; **~ate** ['penitreit] *tr* dringen durch; vor-, eindringen in; durchdringen *a. fig* (*with* mit); durchstoßen; *fig* (geistig) durchdringen, durchschauen, erkennen, ergründen, erfassen; *itr* eindringen (*into* in), vordringen (*to* bis); durchdringen (*through* durch); durchstoßen; *aero* einfliegen; *fig* ergründen (*into s.th.* etw); **~ating** ['-eitiŋ] durchdringend, scharf, stark; tief; scharfsinnig, verständig, einsichtig; **~ation** [peni'treiʃən] Ein-, Durchdringen *n*; Ein-, Durchbruch *m*; Durchschlagskraft, Einschlagtiefe *f* (*e-s Geschosses*); Durchstoß *m*; Durchdringen *n*, (poli-

penetrative 715 **penury**

tische u. wirtschaftliche) Durchdringung *f*; Scharfsinn, Verstand *m*, Einsicht *f*, Einfühlungsvermögen *n*; *aero* Einflug *m*; **~ative** ['penitreitiv] = *~ating*; **~~ power** *(Geschoß)* Durchschlagskraft *f*; *(Strahlen)* Eindringungsvermögen *n*.

penguin ['peŋgwin] *orn* Pinguin *m*; *king* ~ Königs-, Fettpinguin *m*.

penicillin [peni'silin] Penizillin *n*.

peninsul|a [pi'ninsjulə] Halbinsel *f*; **~ar** [-] halbinselförmig; Halbinsel-.

penis ['pi:nis] *anat* Penis *m*.

peniten|ce ['penitəns] Reue, Bußfertigkeit *f*; **~t** [-t] *a* reu(müt)ig, bußfertig; *s* reuige(r) Sünder(in *f*) *m*; Bußfertige(r *m*) *f*; Büßer(in *f*) *m*; **~tial** [peni'tenʃəl] *a* Buß-; bußfertig; *s* Büßer(in *f*) *m*; *(~ book)* Buß-, Beichtbuch *n*; **~tiary** ['-tenʃəri] *a* Buß-, Besserungs-; *Am* strafbar; Straf-; *s* Besserungsanstalt, *Am* Strafanstalt *f*, Zuchthaus *n*; *rel* Apostolische Pönitentiarie *f*; *rel* Großpönitentiar *m*; **~~ system** Strafvollzug *m*.

pennant ['penənt] Stander, Wimpel *m*, Fähnchen *n*.

pennate *s. pinnate.*

penniless ['penilis] völlig mittellos, ohne e-n Pfennig.

pennon ['penən] *mil* Fähnlein *n*; Stander, Wimpel *m*; Schwinge *f*.

penny ['peni] *pl* **pence** [pens] *(Wert) u. pennies (Anzahl Münzen)* Penny *m* (¹/₁₂ *Schilling);* Pennystück *n; (US* od *Kanada)* Cent; *fig* Heller *m; to take care of the pence* den Pfennig zehnmal umdrehen, ehe man ihn ausgibt; *to turn an honest ~* etwas (dazu-)verdienen; *the ~ dropped* der Groschen ist gefallen; *in for a ~, in for a pound (prov)* wer A sagt, muß auch B sagen; *a ~ for your thoughts* wo sind Sie mit Ihren Gedanken? *a pretty ~* e-e schöne Stange Geld; **~-a-liner** *pej* Zeilenschinder *m*; **~dreadful** [peni'dredful] Schund-, Schauerroman *m*; **~farthing** *Br* Hochrad *n*; **~-in-the-slot** automatisch; Automaten-; **~ number**: *to do s.th. in ~~s* etw nicht auf einmal machen; **~royal** *bot* Poleiminze *f*; **~weight** Pennyweight *n (Gewicht,* = ¹/₂₀ *Unze* od *1,42 g)*; **~wise:** *~~ and poundfoolish* sparsam im Kleinen u. verschwenderisch im Großen; **~wort** ['-wə:t]; *(Wall P~~)* Nabelkraut *n; (Marsh P~~, Water P~~) bot* Gemeine(r) Wassernabel *m*; **~worth**, **penn'orth** ['penəθ] Wert e-s Penny; kleine(r) Betrag *m; a good, bad ~~* ein guter, schlechter Kauf *m*.

penology [pi:'nɔlədʒi] Lehre *f* vom Strafvollzug.

pension ['penʃən] *s* Rente; Pension *f*, Ruhe-, Witwengehalt; ['pɑ̃:ŋsiɔ̃ŋ] Fremdenheim *n*, Pension *f*; Pensionat *n*; *tr* pensionieren, e-e Pension zahlen *(s.o.* jdm); *mil* verabschieden; *to ~ off* pensionieren; *to draw a ~* e-e Rente beziehen; *to live en ~* in e-r Pension wohnen; *to retire on a ~* in Pension gehen, sich pensionieren lassen; *disability ~* Invalidenrente *f*; *entitled to a ~* pensionsberechtigt; *old-age ~* Altersrente *f*; *retirement ~* Ruhegehalt *n*; *war ~* Militär-, Kriegsrente *f*; *widow's ~* Witwenrente *f*; *~ for orphans* Waisenrente *f*; **~able** ['-əbl] ruhegehalts-, pensionsberechtigt; **~~ age** Pensionsalter *n*; **~~ account** Pensionskasse *f*; **~ary** ['-əri] *a* Pensions-, Renten-; im Genuß e-r Pension; abhängig; *s* u. **~er** ['-ə] Pensionär, Ruhegehalts-, Rentenempfänger; *fig* Mietling *m*, Werkzeug *n*, Puppe *f*; **~aire** [pɑ̃:ŋsiɔ'nɛə] Pensionsgast; Pensionatsschüler(in *f*) *m*; **~ plan** Altersversorgungsplan *m*.

pensive ['pensiv] nachdenklich, gedankenvoll; tiefsinnig; **~ness** ['-nis] Nachdenklichkeit *f*; Tiefsinn *m*.

penstock ['penstɔk] *tech* Wehr *n*, Schleuse *f*; *Am* Druckrohr *n*.

penta|gon ['pentəgən] Fünfeck *n*; *the P~* das amerik. Verteidigungsministerium *(in Arlington, Virginia);* **~gonal** [pen'tægənl] fünfeckig; **~gram** ['pentəgræm] Pentagramm *n*, Drudenfuß *m*; **~meter** [pen'tæmitə] Pentameter *m*; **P~teuch**, *the [*pentətju:k] der Pentateuch, die 5 Bücher *m pl* Mosis; **~thlon** [pen'tæθlən] *sport* Fünfkampf *m*.

Pentecost ['pentikɔst] Pfingsten *n* od *pl*, Pfingstfest *n*.

penthouse ['penthaus] angebaute(r) Schuppen *m*; Schutz-, Wetterdach; Pultdach *n*; *Am* kleine Wohnung *f* auf dem Dach e-s Hochhauses.

pent-up ['pent'ʌp] *a* eingepfercht; *(Gefühl)* unterdrückt, angestaut; **~ demand** *Am com* Nachholbedarf *m*.

penult [pi'nʌlt] vorletzte Silbe *f*; **~imate** [-imit] *a* vorletzt (e Silbe *f*).

penumbra [pi'nʌmbrə] Halbschatten *m*.

penur|ious [pi'njuəriəs] karg, knapp, dürftig, ärmlich; knauserig, filzig, geizig; schäbig; **~iousness** [-iəsnis] Kargheit, Knappheit, Dürftigkeit; Knauserigkeit *f*, Geiz *m*; **~y** ['penjuri] (völlige) Armut *f*; (großer) Mangel *m (of* an).

peon ['piːən] *(in Lateinamerika)* Tagelöhner, Arbeiter; *(in Indien)* Infanterist, Fußsoldat; Polizist; Bote; Diener, Lakai *m*; **~age** ['piːənidʒ] Tagelohn *m*; Schuldknechtschaft *f*.

peony ['piəni] Pfingstrose, Päonie *f*.

people ['piːpl] *s pl* die Menschen; die Leute; die Be-, Einwohner; *(the common ~)* das gemeine Volk; *mit Possessivpron.*: Familie *f*, Leute *pl*, Angehörige *m pl*; *sing (pl ~s)* Volk *n*; Nation, Völkerschaft *f*; *tr* bevölkern *(with* mit*)*; *what will ~ say?* was werden die Leute sagen? *many ~* viele Leute; *man of the ~* der Mann aus dem Volke; **~'s bank** Volks-, Genossenschaftsbank *f*; **~'s court** Volksgerichtshof *m*; **P-'s Democracy** Volksdemokratie *f*; **~'s front** Volksfront *f*; **~'s party** Volkspartei *f*.

pep [pep] *s Am sl* Mumm, Schmiß, Schwung *m*, Begeisterung, Kraft, Energie *f*; *tr: to ~ up (Am sl)* aufpulvern, aufmöbeln, ankurbeln, anfeuern, in Schwung bringen, aufputschen, begeistern; *to be ~ped up* mächtig in Fahrt sein; *to be ~ped out* erschöpft, erledigt sein; **~py** ['-i] *sl* forsch, schmissig, schwungvoll, temperamentvoll *a. mot*; **~ rally** Versammlung *f* mit aufmunternden Reden; **~ talk** *sl* aufmunternde Rede *f*.

pepper ['pepə] *s* Pfeffer; Paprika; *Am sl* Schwung *m*, Energie *f*; *tr* pfeffern; dick bestreuen; *fig* hageln lassen auf, bombardieren *(with* mit*)*; schlagen, verdreschen; **~-and-salt** *attr* Pfeffer-u.-Salz- *(Muster)*; **~-box, -pot, -castor,** *Am* **-shaker** Pfefferstreuer *m*; **~corn** Pfefferkorn *n*; *fig* Kleinigkeit *f*; **~~ rent** nominelle Miete*f*; **~mill** Pfeffermühle *f*; **~mint** *bot* Pfefferminze *f*; Pfefferminz*öl*; *(~~ drop)* Pfefferminz(plätzchen) *n*; **~~upper** *Am sl* jem, etw, das aufmöbelt; **~y** ['-ri] gepfeffert; scharf, heftig; hitzig, heißblütig, reizbar.

pep|sin ['pepsin] *chem physiol* Pepsin *n*; **~tic** ['-tik] *a* Verdauungs-; *s* verdauungsfördernde(s) Mittel *n*; **~ ulcer** Magengeschwür *n*; **~tone** ['-toun] *pharm* Pepton *n*.

per [pəː] *prp* per, pro, je, für; durch, mit (Hilfe *gen*); laut, gemäß; *as ~ usual* (hum) wie gewöhnlich, wie immer; *(as) ~ account* laut Rechnung; *~ annum, diem, mensem* pro Jahr, Tag, Monat; *~ capita* pro Kopf; *~~ quota* Kopfbetrag *m*; *~ cent* pro *od* vom Hundert; *~ contra (adv)* dagegen; *~ diem allowance* Tagessatz *m* für Reisespesen; *~ hour, minute, second* pro *od* in der Stunde, Minute, Sekunde; *~ man* pro *od* je Mann, Kopf; *~ post* mit der Post; *~ procuration* per Prokura; *~ se* an (und für) sich, für sich (genommen).

peradventure [pərəd'ventʃə] *adv obs* vielleicht; *nach if u. lest:* zufällig.

perambulat|e [pə'ræmbjuleit] *tr* wandern, ziehen, reisen durch *od* um; besichtigen; *(Land)* begehen; *itr* umherwandern, -streifen, -ziehen; **~ion** [pəræmbju'leiʃən] Durchwandern *n*; Besichtigung(sreise) *f*; Begehung *f*; Umherstreifen *n*; **~or** ['præmbjuleitə] *Br* Kinderwagen *m*; *doll's ~~* Puppenwagen *m*.

perceiv|able [pə'siːvəbl] wahrnehmbar; erkennbar; **~e** [pə'siːv] *tr* wahrnehmen; spüren, (be)merken, erkennen, erfassen, verstehen.

percentage [pə'sentidʒ] Hundert-, Prozentsatz; (Prozent-)Gehalt, Anteil *m (of* an*)*; Tantieme; *com* Provision *f*; Teil *m*.

percept|ibility [pəsepti'biliti] Wahrnehmbarkeit *f*; **~ible** [pə'septibl] wahrnehmbar; merklich; **~ion** [pə'sepʃən] Empfindungsvermögen *n*; Wahrnehmung, Einsicht, Einfühlung; Kenntnis, Vorstellung *f*; Bewußtsein *n*; **~ive** [pə'septiv] *a* Wahrnehmungs-; wahrnehmend; scharfsichtig; **~iveness** [-ivnis], **~ivity** [pəsep'tiviti] Wahrnehmungsvermögen *n*.

perch [pəːtʃ] **1.** *s* Vogel-, *bes.* Hühnerstange *f*; Sitzplatz e-s Vogels; *fam* hohe(r), sichere(r) Platz; *(Wagen)* Langbaum *m*; *mar* Prick, Rute; Rute *(Längenmaß = 5½ yards od 5,029 m)*; *(square ~)* (Quadrat-)Rute *f (= 30¼ square yards od 25,29 qm)*; *itr* sich niederlassen, sich setzen *(on* auf*)*; *aero sl* landen; (hoch) sitzen, stehen; *tr* (hoch hinauf)stellen; *to hop the ~ (sl)* das Zeitliche segnen, abkratzen; *to knock s.o. off his ~* jdn erledigen, besiegen, vernichten; *the bird takes its ~* der Vogel setzt sich; *come off your ~* spiel dich nicht so auf! **~ed** [-t] *a* hochliegend, -gelegen; **~er** ['-ə] Baumvogel *m*; **2.** Barsch *m (Fisch)*.

perchance [pə'tʃɑːns] *adv obs poet* vielleicht; zufällig.

percipien|ce, -cy [pə'sipiəns(i)] Wahrnehmung(svermögen *n*) *f*; **~t** [-t] *a* wahrnehmend; *s* (durch Telepathie) Wahrnehmende(r) *m*.

percolat|e ['pəːkəleit] *tr* durchseihen, filtern; *(Kaffee)* in e-m Filter zube-

percolation 717 **perfunctory**

reiten; *itr* durchsickern *a. fig; Am mot* ruhig laufen; **~ion** [pəːkəˈleiʃən] Durchseihen, Filtern; Durchsickern *n*; **~or** [ˈpəːkəleitə] Filter *m; (coffee-~~)* Kaffeefilter *m*.

percuss|ion [pəːˈkʌʃən] Stoß, Schlag *m*; Erschütterung *f*; Aufschlagen *n; med* Perkussion; Klopfmassage *f; (~~ instruments) (mus)* Schlaginstrumente *n pl*; *~~ cap* Zündhütchen *n*; *~~ fuse* Aufschlagzünder *m*; *~~ wave* Druckwelle *f*; **~ive** [pəːˈkʌsiv] *a* Schlag-, Stoß-.

perdition [pəːˈdiʃən] Ruin *m*; Verderben *n; rel* Verdammnis *f*.

perdu(e) [pəːˈdjuː] *a* versteckt, verborgen; auf der Lauer, im Hinterhalt.

peregrin|ate [ˈperigrineit] *tr (Strecke, Weg)* zurücklegen; entlang-, durchwandern; bereisen; *itr* wandern, ziehen, reisen; **~ation** [perigriˈneiʃən] Wanderung, Wanderschaft *f*.

peremptor|ily [pəˈremptərili] *adv* unweigerlich; ein für allemal; **~iness** [-inis] Endgültigkeit; Bestimmtheit, Entschiedenheit *f*; **~y** [pəˈrem(p)təri, ˈperəm-] endgültig, definitiv, entscheidend; unabdingbar, unerläßlich, zwingend; unabänderlich, unaufschiebbar; bestimmt, entschieden.

perennial [pəˈrenjəl] *a* ein (ganzes) Jahr dauernd; langdauernd, beständig, immerwährend, ewig; (immer) wiederkehrend; *bot* ausdauernd, perennierend; *s* ausdauernde Pflanze *f*.

perfect [ˈpəːfikt] *a* vollendet, vollkommen, untadelig, tadellos, fehlerlos; vollständig, völlig, gänzlich; genau, exakt; *(Wettbewerb)* uneingeschränkt; *s gram (~ tense)* Perfekt *n*; *tr* [pəˈfekt] vervollkommnen, vervollständigen, verbessern, (vollständig) ausbilden; auf beiden Seiten bedrucken; *he is a ~ stranger to me* er ist mir völlig unbekannt; *present ~ tense* Perfekt *n; past ~* Plusquamperfekt *n; future ~ 2.* Futurum *n*; **~ible** [pəˈfektibl] vervollkommnungsfähig; **~ion** [pəˈfekʃən] Vervollkommnung; Vollendung, Vollkommenheit; Verkörperung *f*, Inbegriff; *fig* Gipfel, höchste(r) Grad *m*; *to ~~* vollkommen *adv; to bring to ~~* vollenden; vervollkommnen; **~ionism** [-ˈfekʃnizm] Perfektionismus *m*; **~ionist** [-ˈfekʃnist] Perfektionist *m*; **~ly** [-li] *adv* vollkommen, völlig, durchaus, absolut; tadellos; **~ pitch** absolute(s) Gehör *n*; **~o** [pəˈfektou] *pl -os Am* dicke Zigarre *f* mit spitzen Enden; **~ participle** Partizip *n* des Perfekts.

perfervid [pəːˈfəːvid] glühend(heiß), glutvoll.

perfid|ious [pəˈfidiəs] verräterisch, treulos, perfid(e); **~iousness** [pəˈfidiəsnis], **~y** [pəːfidi] Vertrauens-, Treubruch, Verrat *m*; Treulosigkeit *f*.

perforat|e [ˈpəːfəreit] *tr* durchbohren, -löchern; perforieren, lochen; *itr* (hinein)dringen *(into in; through* durch); *a* [-rit], **~ed** [-reitid] *a* perforiert; *~ed brick* Lochziegel *m; ~ed tape* Lochstreifen *m*; **~ion** [pəːfəˈreiʃən] Durchbohrung, -löcherung; *a. pl* Perforierung, Lochung *f*; Loch *n*; **~ive** [ˈpəːfəreitiv, -rətiv] *a* Perforier-; **~or** [ˈ-ə] Perforierer *(Person)*; *(paper ~~)* Locher *m*; Perforiermaschine *f*.

perforce [pəˈfɔːs] *adv* notgedrungen.

perform [pəˈfɔːm] *tr* ausführen, verrichten, machen, tun, bewerkstelligen; zustande bringen, leisten; voll-, durchführen, einhalten, erfüllen; *theat* aufführen, spielen, vortragen, -führen; *(Rolle)* spielen *a. mus; (Handlung)* vornehmen; *(Pflicht, Versprechen)* erfüllen; *(Verpflichtung)* nachkommen; *itr (öffentlich)* auftreten, spielen; *tech* funktionieren; **~ance** [-əns] Aus-, Durchführung, Verrichtung; Bewerkstelligung; Erfüllung; Funktion(ieren *n*); Leistung *f*, Werk *n*; Funktions-, Leistungsfähigkeit; Tat *f*, Werk *n*, Arbeit; *theat* Aufführung, Vorführung, Vorstellung, Darbietung *f*, Spiel *n*, Schau; *sport* Veranstaltung; Darstellung *f*; *afternoon, evening ~~* Nachmittags-, Abendvorstellung *f*; *first ~~* Premiere *f*; *~~ curve, graph* Leistungskurve *f*; *~~ in kind, in money* Sach-, Geldleistung *f*; *~~ level* Leistungsgrad *m*; *~~ report* Leistungsbericht *m*; *~~ test(ing)* Leistungsprüfung *f*; *~~-type glider (aero)* Leistungssegler *m*; **~er** [-ə] Ausführende(r); Darsteller, Spieler; Künstler; Schausteller *m*; **~ing** [-iŋ] *(Tier)* abgerichtet, dressiert.

perfum|e [ˈpəːfjuːm] Duft, Wohlgeruch *m*; Parfüm *n*; Riech-, Duftstoff *m*; *tr* [pəˈfjuːm] parfümieren; *~~ flacon* Parfümfläschchen *m*; *~~-sprayer (Parfüm)* Zerstäuber *m*; **~er** [pəˈfjuːmə] Parfümfabrikant; Parfümeriewarenhändler, Parfümeur *m*; **~ery** [pəˈfjuːməri] Parfümfabrik; Parfümerie *f*; Parfümeriewaren(handel *m*) *f pl*; Parfüm *n*.

perfunctory [pəˈfʌŋktəri] mechanisch, routinemäßig, teilnahmslos; oberflächlich, flüchtig; gleichgültig, (nach-)lässig.

pergola ['pə:gələ] Pergola, Laube(ngang *m*) *f*.

perhaps [pə'hæps, *fam* præps] *adv* vielleicht, eventuell; zufällig.

pericard|iac, ~ial [,peri'ka:djæk, -əl] *a anat* Herzbeutel-; **~itis** [-ka:'daitis] *med* Herzbeutelentzündung *f*; **~ium** [-'ka:djəm] *pl* -dia [-djə] *med* Herzbeutel *m*.

pericarp ['perika:p] *bot* Fruchthülle *f*.

peri|gee ['peridʒi:] *astr* Perigäum *n*, Erdnähe *f*; **~helion** [,peri'hi:ljən] *astr* Perihel(ium) *n*, Sonnennähe *f*.

peril ['peril] *s* Gefahr *f*, Risiko *n*; *tr* in Gefahr bringen, gefährden; riskieren, wagen; *at s.o.'s ~* auf jds Gefahr, Risiko, Verantwortung; *in ~ of o.'s life* in Lebensgefahr; *~ of war* Kriegsgefahr *f*; **~ous** ['-əs] *a* gefährlich, riskant.

perimeter [pə'rimitə] *bes. math* Umfang, Umkreis *m*; *~ of defence* (*mil*) Verteidigungsgürtel *m*; **~ defence** Rundumverteidigung *f*; **~ track** *aero* Rollfeld-Ringstraße *f*.

perineum [,peri'ni:əm] *pl* -nea [-'ni:ə] *anat* Damm *m*.

period ['piəriəd] *s astr* Umlaufszeit; *allg* Periode *f* *a. geol*, Zeit(raum, -abschnitt *m*) *f*, Abschnitt *m*; Epoche *f*; Phase *f*, Stadium *n*; Dauer; Frist; *a. pl physiol* Periode, Regel, Menstruation *f*; Ende *n*, Schluß(punkt, -strich); *gram* (vollständiger) Satz *m*, Satzgefüge *n*; (Sprech-)Pause *f*; Punkt *m*; (Metrik, *mus math*) Periode; *Am* (Unterrichts-, Schul-)Stunde *f*; *a* (*Kunst*) zeitgenössisch; Stil-; *interj Am sl* Punkt damit! Schluß! (und damit) basta! *for a ~ of* für die Dauer von; *to put a ~ to* Schluß, ein Ende machen mit; *bright ~* Aufklärung *f*; *election ~* (*parl*) Legislaturperiode *f*; *transition ~* Übergangszeit *f*; *~ of assessment* Veranlagungs-, Steuerperiode *f*; *~ of availability* Gültigkeitsdauer *f*; *~ of incubation* (*med*) Inkubationszeit *f*; *~ of office* Amtszeit *f*; *~ of notice, of prescription* Kündigungs-, Verjährungsfrist *f*; *~ of service* Dienstzeit *f*; *~ of validity* Gültigkeitsdauer *f*; **~ furniture** Stilmöbel *n pl*; **~ic(al)** [,piəri'ɔdik(əl)] periodisch, regelmäßig auftretend *od* wiederkehrend; **~ical** (*s*) Zeitschrift *f*, Magazin *n*; **~icity** [,piəri'disiti] *scient* Periodizität; *el* Frequenz *f*; **~ novel** zeitgeschichtliche(r) Roman *m*; **~ play** Zeitstück *n*.

periost|eum [,peri'ɔstiəm] *anat* Knochenhaut *f*; *dental ~~* Wurzelhaut *f*;

~itis [,periɔs'taitis] *med* Knochenhautentzündung *f*.

peripher|al [pə'rifərəl] peripher(isch) *a. anat*; **~y** [-'rifəri] Umfang, Rand *m*; Oberfläche, Außenseite *f*, Umkreis *m*, Umgebung *f*; Stadtrand *m*.

periphras|e ['perifreis], **~is** [pə'rifrəsis] *pl* -*es* [-si:z] Umschreibung *f*; **~tic** [,peri'fræstik] umschreibend.

periscope ['periskoup] *mar mil* Periskop, Sehrohr *n*.

perish ['periʃ] *itr u. to be ~ed* eingehen, zugrunde gehen, umkommen (*by* durch; *of*, *with* an); (*Waren*) verderben; *tr* vernichten; *to ~ with cold* (*fam*) erfrieren; *to ~ from starvation* verhungern; *~ the thought!* daran darf man gar nicht denken; **~able** ['-əbl] *a* vergänglich, (*Ware*) verderblich, dem Verderb ausgesetzt; *s pl* verderbliche Waren *f pl*; *~~ commodities* (*pl*) Verbrauchsgüter *pl*; **~er** ['-ə] *sl* Lümmel *m*; **~ing** ['-iŋ] *a* vernichtend; *sl* widerlich; *adv sl* verflixt, verdammt.

peristyle ['peristail] *arch* Säulenumgang *m*, -reihe *f*.

periton(a)eum [,perito(u)'ni:əm] *pl* -*ea* [-ə] *anat* Bauchfell *n*; **~itis** [-tə-'naitis] *med* Bauchfellentzündung *f*.

periwig ['periwig] Perücke *f*.

periwinkle ['periwiŋkl] *bot* Immergrün *n*; *zoo* Uferschnecke *f*.

perjur|e ['pə:dʒə] *tr*: *to ~~ o.s.* falsch schwören, meineidig werden; *to be ~ed* des Meineids überführt werden; **~ed** ['-d] *a* meineidig; **~er** ['-rə] Meineidige(r) *m*; **~y** ['-ri] Falsch-, Meineid; Eidbruch *m*; *to commit ~~* e-n Meineid leisten.

perk [pə:k] **1.** *tr* (*to ~ up*) (den Kopf) aufwerfen, hochtragen; (Ohren) spitzen; *itr* (*to ~ up*) den Kopf aufwerfen; sich in die Brust werfen; wieder auf die Höhe kommen; lebhaft, munter werden; *Am mot* ruhig laufen; *to ~ o.s.* (*up*) sich herausputzen; **~iness** ['-inis] Keckheit *f*, Übermut *m*; Munterkeit *f*; selbstbewußte(s) Auftreten *n*; **~y** ['-i] unternehmungs-, angriffslustig; keck, frech; übermütig, munter, lustig; **2.** *s pl Br fam* Nebeneinkünfte, Sportein *f pl*; **3.** *fam tr* durchseihen, *itr* durchsickern.

perm [pə:m] *s fam* Dauerwelle *f*; *tr*: *to have o.'s hair ~ed* sich Dauerwellen machen lassen.

permanen|ce ['pə:mənəns] (Fort-) Dauer; Dauerhaftigkeit; *tech* Konstanz *f*; **~cy** ['-i] Dauer(haftigkeit) *f*; Dauerstellung *f*; **~t** ['-t] *a* (fort)dauernd, bleibend; ständig; beständig, dauerhaft; auf Lebenszeit; *tech* ortsfest, massiv; *(Menschen)* ortsansässig, bodenständig; *s fam* Dauerwelle *f*; ~ *abode* ständige(r) Aufenthalt *m*; ~ *appointment* feste Anstellung *f*; ~ *assembly* ständige Versammlung *f*; ~ *assets, capital* Anlagevermögen, -kapital *n*; ~ *committee* ständige(r) Ausschuß *m*; ~ *establishment* ständige Einrichtung *f*; ~ *income* Kapitaleinkommen *n*; ~ *investment (fin)* Daueranlage *f*; *pl* langfristige Anlagegüter *pl*; ~ *position, situation* Lebens-, Dauerstellung *f*; ~ *residence* feste(r) Wohnsitz *m*; ~ *staff* Stammpersonal *n*; ~ *wave* Dauerwelle *f*; ~ *way (rail)* Oberbau, Bahnkörper *m*.

permanganate [pə(:)'mæŋgənit] *chem* Permanganat *n*; *potassium* ~ Kaliumpermanganat *n*; **~ic** [pə(:)mæŋ-'gænik] *a*: ~ *acid* Übermangansäure *f*.

permea|bility [pə:mjə'biliti] Durchlässigkeit *f*; **~ble** ['pə:mjəbl] durchlässig (*to* für); **~te** ['pə:mieit] *tr (Flüssigkeit)* eindringen, -ziehen in; ziehen durch; *itr* eindringen, -ziehen (*into, among* in); dringen (*through* durch); sich verbreiten (*among* unter); **~tion** [pə:mi'eiʃən] Durch-, Eindringen *n*.

Permian ['pə:miən] *geol* Perm *n*.

permiss|ible [pə'misəbl] zulässig, **~ion** [pə'miʃən] Zustimmung, Genehmigung, Bewilligung, Erlaubnis *f*; Erlaubnisschein *m*; *by special* ~ mit besonderer Genehmigung; *without* ~ unbefugt; *to ask s.o.'s* ~, *s.o. for* ~ jdn um Erlaubnis bitten; *to grant a* ~ e-e Erlaubnis erteilen; *to grant s.o.* ~ *to speak* jdm das Wort erteilen; *grant of a* ~ Erlaubniserteilung *f*; ~ *by the authorities* behördliche Genehmigung *f*; **~ive** [pə'misiv] zulassend; zulässig, erlaubt; *jur* fakultativ.

permit [pə'mit] *tr* erlauben, gestatten, zulassen, dulden; *itr* zulassen; *to* ~ *of (fig)* (es) zulassen; *s* ['pə:mit] Erlaubnis(schein *m*); Genehmigung, Bewilligung, Lizenz *f* (*to* für); Durchlaß-, Passierschein, Ausweis; Freigabe-, Zollerlaubnisschein *m*; *weather* ~*ting* bei günstigem Wetter; *to take out a* ~ sich e-e Erlaubnis geben lassen; *building* ~ Baugenehmigung *f*; *entry* ~ Einreisebewilligung *f*; *exit* ~ Ausreisebewilligung *f*; *export, import* ~ Ausfuhr-, Einfuhrgenehmigung *f*; *labo(u)r* ~ Arbeitserlaubnis *f*; *purchase* ~ Bezug(s)schein *m*; *special* ~ Sondergenehmigung *f*; ~ *of residence, residence* ~ Aufenthaltsbewilligung *f*;

~ted [-id] *a* erlaubt, gestattet, genehmigt, zugelassen; *to be* ~ *to* dürfen.

permut|ation [pə:mju(:)'teiʃən] Wechsel *m*; Veränderung; Vertauschung; *math* Permutation *f*; ~ *lock* Buchstabenschloß *n*; **~e** [pə'mju:t] *tr* (ver)ändern; vertauschen.

pern [pə:n] *orn* Wespenbussard *m*.

pernicious [pə(:)'niʃəs] schädlich, verderblich (*to* für); *med* bösartig; ~ **anaemia** *med* perniziöse Anämie *f*; **~ness** [-nis] Verderblichkeit; Bösartigkeit *f*.

pernickety [pə'nikiti] *fam* kleinlich, genau; *(Arbeit)* heikel.

perorat|e ['pərəreit] *itr* e-e (lange) Rede halten; s-e Rede zs.fassen *od* abschließen; **~ion** [perə'reiʃən] zs.fassende(r) Redeschluß *m*.

peroxid(e) [pə'rɔksaid] *chem* Peroxyd; *(hydrogen* ~*)* Wasserstoffsuperoxyd *n*; ~ **blonde** *fam* Wasserstoffblondine *f*.

perpendicular [pə:pən'dikjulə] *a* senk-, lotrecht (*to* zu); sehr steil; *s math* Senkrechte *f*, Lot(rechte *f*); Lot *n*, Perpendikel *m od n*; aufrechte Stellung *f*; *out of the* ~ schief, schräg, aus dem Lote; *P*~ *style* englische Spätgotik *f*.

perpetrat|e ['pə:pitreit] *tr (Fehler)* machen, begehen; *(Verbrechen)* verüben; **~ion** [pə:pi'treiʃən] Begehung, Verübung *f*; Vergehen *n*; **~or** ['pə:pitreitə] (Übel-)Täter, *lit* Frevler *m*.

perpetu|al [pə'petjuəl] *a* dauernd, (be)ständig, ewig; fortwährend, unaufhörlich, unablässig, ununterbrochen; lebenslänglich, auf Lebenszeit; unkündbar; *a u. s* (~ *plant)* immerblühend(e Pflanze *f*); ~ *calendar* immerwährende(r) Kalender *m*; ~ *motion* (Bewegung *f* e-s) Perpetuum mobile *n*; ~ *snow* ewige(r) Schnee *m*; **~ate** [-eit] *tr* verewigen; der Vergessenheit entreißen; **~ation** [pəpetju'eiʃən] Verewigung; *jur* Sicherung *f*; **~ity** [pə:pi'tju(:)iti] (Be-)Ständigkeit, Dauer; Unaufhörlichkeit; Ewigkeit; Rente *f* auf Lebenszeit; dauernde(r) Genuß *m*; *in, for, to* ~ auf ewig.

perplex [pə'pleks] *tr (Menschen)* unsicher, schwankend machen; aus der Fassung, durchea.bringen; verblüffen, verwirren; *(Sache)* verkomplizieren; **~ity** [-iti] Unsicherheit, Fassungslosigkeit; Verwirrung, Konfusion *f*; Durcheinander *n*; komplizierte Sache *f*.

perquisites ['pə:kwizits] *s pl* Nebeneinkünfte *f pl*, -bezüge *m pl*, Sporteln *f pl*.

persecut|e ['pə:sikju:t] *tr* verfolgen; belästigen, drangsalieren, plagen, quälen (*with* mit); *to be ~ed* Verfolgungen erleiden *od* ausgesetzt sein; **~ion** [pə:si'kju:ʃən] Verfolgung; Belästigung *f*; *~ mania (med)* Verfolgungswahn *m*; **~or** ['-ə] Verfolger *m*.

persever|ance [pə:si'viərəns] Ausdauer *n*; Ausdauer, Beharrlichkeit *f*; **~e** [pə:si'viə] *itr* aus-, durchhalten, ausharren, festhalten (*in* an); **~ing** [-riŋ] beharrlich, ausdauernd, standhaft.

Persia ['pə:ʃə] Persien *n*; **~n** [-n] *a* persisch; *s* Perser(in *f*) *m*; (das) Persisch(e); *~ blinds (pl)* Jalousie *f*; *~ cat* Angorakatze *f*; *~ lamb* Persianer *m (Pelz)*; *~ rug*, *carpet* Perserteppich *m*.

persimmon [pə:'simən] Dattelpflaume *f*; *(~ tree)* Dattelpflaumenbaum *m*.

persist [pə'sist] *itr* beharren (*in* auf, bei), bestehen (*in* auf), nicht nachgeben; dabei bleiben, nicht aufhören (*in doing* zu tun); weiterarbeiten (*with* an); fortdauern, -bestehen, sich hartnäckig halten; **~ence**, **~cy** [-əns(i)] (hartnäckiges) Beharren *n* (*in* auf); Beharrlichkeit, Entschlossenheit, Hartnäckigkeit *f*; Anhalten *n*; Fortdauer *f*, -bestehen *n*; **~ent** [-ənt] beharrlich, unnachgiebig; unentwegt, (an)dauernd, beständig; wiederholt; *biol* bleibend.

person ['pə:sn] Person *f a. pej gram rel*; Individuum *n*; Persönlichkeit *f*, Mensch *m*, menschliche(s) Wesen *n*, Einzelmensch *m*, -wesen *n*; Gestalt, Erscheinung *f*, Äußere(s) *n*; *theat* Rolle *f*; *in ~* in Person, persönlich *adv*, selbst, leibhaftig; *in o.'s own ~* in eigener Person; *per ~* pro Person *od* Kopf; *without exception of ~s* ohne Ansehen der Person; *artificial*, *fictitious ~*, *~ at law* juristische Person *f*; *authorized ~* Berechtigte(r) *m*; *average ~* Durchschnittsmensch *m*; *confidential ~* Vertrauensperson *f*; *the deceased ~* der, die Verstorbene; *natural ~* natürliche Person *f*; *private ~* Privatperson *f*; *a third ~* ein Dritter, e-e dritte Person; *unauthorized ~* Unbefugte(r) *m*; *a unknown* ein Unbekannter, ein unbekannter Täter *m*; *against a ~ unknown*, *against ~s unknown (jur)* gegen Unbekannt; **~able** ['-əbl] stattlich, ansehnlich, gutaussehend, hübsch; *jur* prozeßfähig; **~age** [-idʒ] Persönlichkeit *f*; Person; *lit* Gestalt, Figur; *theat* Person *f*, Charakter *m*; **~al** ['-l] *a* persönlich; privat; Privat-; individuell; physisch, körperlich; *(Auskunft)* mündlich; *s Am (Zeitung)* persönliche Nachricht *f*; persönliche(s) Auftreten *n* (*e-s Filmstars*); *jur* persönliche(r) Gegenstand *m*; *to become ~~* (*in s-n Äußerungen*) persönlich, anzüglich werden; *~ account* Privatkonto *n*; *~ affair, matter* Privatangelegenheit, -sache *f*; *~ background, history* Lebenslauf *m*; *~ belongings, effects, estate, property* persönliche(r) Habe *f od* Besitz *m*; *~ call (tele)* Gespräch *n* mit Voranmeldung; *~ column (Zeitung)* Briefkasten *m*; *~ data* Personalien *pl*; *~ equation* Reaktionszeit *f*; *~ files (pl)* Personalakten *f pl*; *~ freedom, liberty* persönliche Freiheit *f*; *~ hygiene* Körperpflege *f*; *~ income* Privateinkommen *n*; *~ injury (jur)* Körperverletzung *f*; *~ life* Privatleben *n*; *~ number* Wehrstammrolle *f*; *~ opinion* Privatmeinung *f*; *~ pronoun (gram)* Personalpronomen *n*; *~ questionnaire* Personalbogen *m*; *~ representative* gesetzliche(r) Vertreter *m*; *~ share* Namensaktie *f*; *~ status* Personenstand *m*; *~ tax* Kopfsteuer *f*; *~ union* Personalunion *f*; *articles (pl) for ~ use* Gegenstände *m pl* des persönlichen Gebrauchs; **~ality** [pə:sə'næliti] Persönlichkeit, Individualität *f*; Person *f*; Wesen *n*; *pl* persönliche Bemerkungen, Anzüglichkeiten *f pl*; **~alize** ['pə:snəlaiz] *tr* auf e-e bestimmte Person beziehen; personifizieren; persönlich machen *od* gestalten; **~d** *(service)* individuell(e) Bedienung *f*; **~alty** ['pə:snlti] *jur* persönliche(s) Eigentum *n*; **~ate** ['pə:sənəit] *tr theat* spielen, darstellen, verkörpern; *lit* moet personifizieren; sich ausgeben, auftreten als; **~ated** ['-eitid] *a* gespielt, fingiert; **~ation** [pə:sə'neiʃən] Darstellung, Verkörperung; Personifikation *f*; falsche Personenstandsangabe *f*; **~ification** [pə:sənifi'keiʃən] Verkörperung, Personifikation *f*; **~ify** [pə:'sɔnifai] *tr* verkörpern, personifizieren, versinnbildlichen; **~nel** [pə:sə'nel] Personal *n*; Belegschaft; *mil* Mannschaft(en *pl*); *mar* Besatzung *f*; *attr* Personal-, Belegschafts-, Mannschafts-; *to recruit ~~* Personal einstellen; *~ carrier (mil)* Mannschaftswagen *m*; *~ division, office* Personalabteilung *f*; *~ strength* Kopfstärke *f*.

perspective [pə'spektiv] *s (Kunst)* Perspektive *f*; perspektivische(s) Bild *n*; Fernsicht *f*, -blick *m*; *fig* Perspektive, Aussicht *f*, -blick, Standpunkt *m*;

a perspektivisch; *to view in ~ (fig)* mit Abstand betrachten.
perspex ['pə:speks] Plexiglas *n (Schutzmarke).*
perspic|acious [pə:spi'keiʃəs] scharfsinnig, -blickend; **~acity** [-'kæsiti] Scharfsinn, -blick *m*; **~uity** [-'kju(:)iti] Klarheit, Deutlichkeit, Verständlichkeit *f*; **~uous** [pə'spikjuəs] klar, deutlich, verständlich.
perspir|ation [pə:spə'reiʃən] Schwitzen *n*; Ausdünstung *f*; Schweiß *m*; **~~ cure** Schwitzkur *f*; **~e** [pəs'paiə] *tr* ausschwitzen, -dünsten; *itr* schwitzen.
persua|de [pə'sweid] *tr* überreden *(of s.th.* zu e-r S); verleiten, dazu bringen *(to do,* (*Am*) *into doing* zu tun); überzeugen *(of s.th.* von e-r S); *to be ~~d of* überzeugt sein von; *to ~~ s.o. from s.th.* jdm etw ausreden; **~sion** [pə'sweiʒən] Überredung *f*; Überzeugung(skraft) *f*; (feste) Überzeugung *f*, Glaube *m*, politische Überzeugung; *sl* Art, Sorte, Klasse *f*, Typ *m*, Geschlecht *n*; **~sive** [pə'sweisiv] redegewandt, überzeugend; **~siveness** [-sivnis] Überredungskunst, Redegewandtheit *f*; Überzeugungskraft *f*.
pert [pə:t] vorlaut, keck, dreist, frech; schnippisch, naseweis; *dial u. Am* lebhaft, munter, lustig; **~ness** ['-nis] Keckheit, Dreistigkeit *f*.
pertain [pə(:)'tein] *itr* gehören *(to* zu), ein (wesentlicher) Bestandteil sein *(to gen)*; passend, angebracht sein, sich gebühren, sich schicken *(to für)*; zukommen *(to dat)*; Zs.hang haben, in Zs.hang, in Verbindung stehen *(to mit)*; betreffen *(to acc)*; sich beziehen *(to auf)*.
pertinac|eous [pə:ti'neiʃəs] entschlossen, beharrlich, standhaft; versessen, verbissen; eingewurzelt, festsitzend, hartnäckig, zäh; **~eousness** ['-neiʃəsnis], **~ity** [-'næsiti] Entschlossenheit, Beharrlichkeit, Standhaftigkeit; Hartnäckigkeit, Zähigkeit *f*.
pertinen|ce, -cy ['pə:tinəns(i)] Zugehörigkeit; Eignung *(to für)*; Relevanz, Wichtigkeit *f*; **~t** ['-t] *a* in Zs.hang stehend *(to mit)*, betreffend *(to acc)*; sachdienlich, zur Sache (gehörig); einschlägig; *s pl* Zubehör *n*; *to be ~ to s.th.* sich auf etw beziehen.
perturb [pə'tə:b] *tr* verwirren; aufregen, beunruhigen; stören; **~ation** [pə:tə:'beiʃən] Verwirrung, Aufregung, Unruhe; Störung; *astr* Perturbation *f*.
peruke [pə'ru:k] Perücke *f*.
perus|al [pə'ru:zəl] Durchlesen *n*; (genaue) Durchsicht, Prüfung *f*; *for ~~* zur Einsicht; **~e** [pə'ru:z] *tr* (genau, sorgfältig) durchlesen; (prüfend) durchsehen, durchstudieren.
Peruvian [pə'ru:vjən] *a* peruanisch; *s* Peruaner(in *f*) *m*; **~ bark** *pharm* Chinarinde *f*.
perva|de [pə:'veid] *tr* durchdringen *a. fig*; sich ausbreiten in; **~sion** [pə'veiʒən] Durchdringung *a. fig*; Ausbreitung *f*; **~sive** [pə'veisiv] durchdringend; *fig* beherrschend.
perverse [pə'və:s] verkehrt, falsch; pervers, widernatürlich; verderbt; böse, schlecht; störrisch, widerborstig, verstockt; **~eness** [-nis], **~ity** [-iti] Verkehrtheit; Perversität; Widernatürlichkeit; Verderbtheit; Schlechtigkeit; Widersetzlichkeit *f*, Eigensinn *m*; **~ion** [pə'və:ʃən] Um-, Verkehrung, Verdrehung, Perversion; Abkehr *(vom Glauben)*; Verderbtheit; Perversität *f*; **~~ of law** Rechtsbeugung *f*; **~ive** [pə'və:siv] *fig* verdrehend, entstellend, pervertierend *(to s.th.* etw); verderblich *(of* für).
pervert [pə'və:t] *tr* umkehren, verdrehen; mißdeuten, mißbrauchen; irreführen, verführen, verderben; *(Sinn)* entstellen; *s* ['pə:və:t] *rel* Abtrünnige(r); perverse(r) Mensch *m*.
pervious ['pə:vjəs] durchlässig *(to* für); *fig* beeinflußbar, zugänglich *(to* für).
pesky ['peski] *Am fam* dumm, blöde, vertrackt, verdammt, verteufelt.
pessary ['pesəri] *med* Pessar *n*.
pessim|ism ['pesimizm] Pessimismus *m*, Schwarzseherei *f*; **~ist** ['-ist] Pessimist, Schwarzseher *m*; **~istic** [pesi'mistik] *adv* **~~ally** pessimistisch, schwarzseherisch.
pest [pest] Plagegeist *m*; Plage *f*; Schädling *m*; *obs* Pest, Seuche *f*; **~ control** Schädlingsbekämpfung *f*; **~hole** Seuchenherd *m*; **~icide** ['-isaid] Schädlingsbekämpfungsmittel *n*; **~iferous** [pes'tifərəs] verseucht; verdorben, sittenverderbend; *fam* ärgerlich; **~ilence** ['pestiləns] Beulenpest; *allg* ansteckende Krankheit; Seuche *f a. fig*; **~ilent** ['-t] tödlich; verderbenbringend, verderblich; *fig* sittengefährdend; *fam* ärgerlich; **~ilential** [pesti'lenʃəl] ansteckend; gefährlich, tödlich, verderblich; sittengefährdend, -verderbend; abscheulich, widerwärtig, lästig; *fam* ärgerlich.
pester ['pestə] *tr* belästigen, quälen, plagen *(with* von, mit).
pestle ['pesl] *s* (Mörser-)Keule *f*, Stößel *m*; *tech* Stampfe(r *m*) *f*; *tr* zerstoßen, zerstampfen, zermahlen.

pet [pet] **1.** *s* Lieblingstier; Haustier *n*; Liebling *m*, Schoßkind, Schätzchen *n*; *a* Lieblings-; *hum* ganz speziell, ganz besonder; *tr* (ver)hätscheln; verwöhnen; *Am* liebkosen, streicheln; *fam* (ab)knutschen; *itr Am* sich in den Armen liegen, *fam* sich abknutschen; **~ aversion**: *it is my ~~* das ist mir ein Greuel, das widert mich an; **~ mistake** Lieblingsfehler *m*; **~ name** Kosename *m*; **~ shop** Tierhandlung *f*; **~ subject** Steckenpferd *n*; **~ting party** *Am* Knutscherei *f*; **2.** *s* schlechte, üble Laune *f*; *itr: to be in a ~*, *to take (the) ~* schlechte Laune haben.

petal ['petl] *bot* Blumenblatt *n*.

petard [pe'tɑ:d] Knallfrosch; *mil hist* Sprengmörser *m*, Petarde *f*; *to be hoist with o.'s own ~* sich in der eigenen Schlinge gefangen haben.

Peter ['pi:tə] Peter, Petrus *m*; *to rob ~ to pay Paul* ein Loch aufreißen, um ein anderes zu verstopfen; *Blue ~ (mar)* blaue(r) Peter *m*; **~'s pence** Peterspfennig *m*.

peter ['pi:tə] *itr: to ~ out* immer schwächer werden; nachlassen, allmählich zu Ende gehen, dahinschwinden, versickern, versanden; sich totlaufen, zu nichts führen; *mot* absterben.

petiole ['petioul] *bot* Blattstiel *m*.

petition [pi'tiʃən] *s* Bitte *f*, Ersuchen *n*; Bittschrift, Eingabe *f*, Gesuch *n*; Forderung *f*; *jur* Antrag *m* *(for* auf); *tr* bitten, ersuchen *(s.o.* jdn); e-e Bittschrift richten *(s.o.* an jdn); bitten um, beantragen; *itr* einkommen, nachsuchen, bitten *(for* um); *to file a ~* e-n Antrag einreichen; *to file o.'s ~ in bankruptcy* Konkurs anmelden; *to grant a ~* e-n Antrag bewilligen; *to ~ for divorce* die Scheidung(sklage) einreichen; *to ~ for mercy, for pardon* ein Gnadengesuch einreichen; *counter-, cross-, ~ (jur)* Gegenantrag *m*; *election ~* Wahlanfechtung *f*, -einspruch *m*; *~ in bankruptcy* Konkurseröffnungsantrag *m*; *~ for divorce* Scheidungsklage *f*; *~ for mercy, for pardon, for reprieve* Gnadengesuch *n*; *~ for nullification* Nichtigkeitsbeschwerde *f*; *~ for revival (jur)* Erneuerungsantrag *m*; **~er** [-ʃnə] Bittsteller; *jur* Antragsteller; Kläger *m* *(bes. in Scheidungssachen)*; **~ jobbing** *Am* Unterschriftensammeln *n*.

petrel ['petrəl] *orn* Sturmvogel *m*; *stormy ~ (fig)* unruhige(r) Geist *m*.

petrifaction [petri'fækʃən] Versteinerung *f*, *fig* lähmende(r) Schreck *m*, Bestürzung *f*, Entsetzen *n*; **~ify** ['petrifai] *tr* versteinern *a. fig*; *fig* erstarren lassen; *itr* versteinern; erstarren; *fig* starr werden vor Schreck; **~ography** [pe'trɔgrəfi], **~ology** [pe'trɔlədʒi] Gesteinskunde *f*.

petrol ['petrəl] *Br* Benzin *n*, Kraft-, Treibstoff *m*; **~ can** Benzinkanister *m*; **~ consumption** Benzinverbrauch *m*; **~ cooker** Benzinkocher *m*; **~ drum** Benzinfaß *n*; **~ dump** Benzinlager *n*; **~ engine** Benzinmotor *m*; **~eum** [pi'trouljəm] Roh-, Erdöl, Petroleum *n*; **~~ lamp** Petroleumlampe *f*; **~~ pitch** Erdpech *n*; **~ feed** Benzinzuführung *f*; **~ ga(u)ge** Benzinstandanzeiger *m*, -uhr *f*; **~ lorry** Tankwagen *m*; **~ pipe** Benzinleitung *f*; **~ point, station** Tankstelle *f*; **~ pump** Zapfstelle *f*; **~ voucher** Benzinscheck *m*.

petticoat ['petikout] *s* Unterrock *m*; *fam* Weib(sbild) *n*; *tech* Glocke *f*; *a* weiblich; Weiber-; **~~-chaser** *(Am fam)* Mädchenjäger *m*; **~~ government** Weiberregiment *n*, -herrschaft *f*; **~~ insulator** Isolierglocke *f*; **~ifogging** ['-fɔgiŋ] *a* unreell; kleinlich; unwesentlich; gemein; *s* Unehrlichkeit im kleinen; Haarspalterei; kleine Betrügerei *f*; **~iness** [-inis] Geringfügigkeit *f*; **~ish** ['-iʃ] launisch, reizbar, verdrießlich; **~y** ['-i] klein, geringfügig, unbedeutend, nebensächlich; trivial, banal; kleinlich, engstirnig; gemein, niedrig; **~~ case** *(pl) jur* Bagatellsache *f*; **~~ cash** (Porto-)Kasse *f*, Geld *n* für kleine Ausgaben; **~~ dealer** Kleinhändler *m*; **~~ debts** *(pl)* Bagatellschulden *f pl*; **~~ jury** Urteilsjury *f*; **~~ larceny** Bagatelldiebstahl *m*; **~~-minded** *(a)* engstirnig; **~~ offence** Übertretung *f*; **~~ officer** *(mar)* Bootsmann *m*; **~~ trader, tradesman** kleine(r) Geschäftsmann *m*; **~~ wares** *(pl)* Kurzwaren *f pl*.

petulan|ce, -cy ['petjuləns(i)] Ungeduld, Reizbarkeit; Launenhaftigkeit *f*, mürrische(s) Wesen *n*; **-t** ['-t] ungeduldig, reizbar, empfindlich; launisch, verdrießlich, nörgelnd.

petunia [pi'tju:njə] *bot* Petunie *f*.

pew [pju:] Kirchenstuhl, -sitz *m*, -bank *f*; *sl* Sitzgelegenheit *f*, Stuhl *m*.

pewee ['pi:wi:] *orn Am* Tyrann; Königswürger, -tyrann *m*.

pewit, peewit ['pi:wit] *orn* Kiebitz *m*; *(~ gull)* Lachmöwe *f*; *Am* Königswürger, -tyrann *m*.

pewter ['pju:tə] Hartzinn, Weißmetall; Zinn(geschirr, -gerät) *n*; *a* zinnern;

Zinn-; grey ~ Graumetall n; **~er** ['-rə] Zinngießer m; **~ pot** Zinnkanne f.
phaeton ['feitn] Phaeton; mot Reisewagen m.
phalanx ['fælæŋks, Am 'fei-] pl a. phalanges ['fæ-, fə'lændʒi:z] hist u. fig Phalanx; fig geschlossene Front f; anat Finger-, Zehenglied n.
phantasm ['fæntæzm] Trugbild n; **~agoria** [fæntæzmə'gɔriə] Truggebilde, Blendwerk n, Wahnvorstellung, Phantasmagorie f; **~al** [fæn'tæzməl] trügerisch, illusorisch, unwirklich.
phantom ['fæntəm] s Phantom a. med, Gespenst n, Geist m; Einbildung f, Hirngespinst; Vorstellungs-, Erinnerungsbild n; a ~ of a ... ein(e) angebliche(r, s); attr Schein-; Gespenster-; itr mitklingen; **~ circuit** el Viererleitung f.
Pharis|aic [færi'seiik] rel hist pharisäisch; p~aic(al) [-(əl)] allg pharisäisch, buchstabengerecht; scheinheilig; **~aism** ['færiseiizm] rel hist Pharisäertum n; p~~ (allg) Pharisäertum n, Buchstabengerechtigkeit; Scheinheiligkeit f; **~ee** ['færizi:] rel hist Pharisäer m; p~~ (allg) Pharisäer, Heuchler m.
pharmac|eutic(al) [fa:mə'sju:tik(əl)] pharmazeutisch; Heilmittel-; **~~ chemist** Apotheker m; **~eutics** [-s] s pl mit sing Pharmazeutik, Arzneimittelkunde f; **~ist** ['fa:məsist] Apotheker m; **~ology** [-'kɔlədʒi] Pharmakologie f; **~opoeia** [fa:məkə'pi:ə] amtliche(s) Arzneibuch n; **~y** ['fa:məsi] Pharmazie; Apotheke f.
pharyn|gal [fə'riŋgəl], **~geal** [-n-'dʒi:əl] a anat Rachen-, Schlund-; **~gitis** [færin'dʒaitis] Rachenkatarrh m; **~goscope** [fə'riŋgəskoup] med Rachenspiegel m; **~x** ['færiŋks] anat Rachen, Schlundkopf m.
phase [feiz] astr phys Phase f; allg (Entwick(e)lungs-)Phase, Stufe f, Stadium n; Seite f, Aspekt m, Betrachtungsweise f; mil Abschnitt m; phys chem Aggregatzustand m; in ~ phasengleich; ~ **of the moon** Mondphase f; **~ number, reversal, sequence, shift, voltage** Phasenzahl, -umkehrung, -folge, -verschiebung, -spannung f.
pheasant ['feznt] (bes. Edel-, Jagd-) Fasan m; Gold(en) P~ Goldfasan m; **~ry** ['-ri] Fasanerie f.
phen|acetin(e) [fi'næsitin] chem Phenazetin n; **~ic** ['fi:nik]: **~~ acid, ~ol** ['fi:nɔl] Phenol n, Karbolsäure f; **~yl** ['fenil, 'fi:nil] chem Phenyl n.

pheno|menal [fi'nɔminl] a Erscheinungs-; fam außergewöhnlich, -ordentlich, phänomenal; **~menalism** [-'nɔminəlizm] philos Phänomenalismus m; **~menology** [finɔmi'nɔlədʒi] Phänomenologie f; **~menon** [fi'nɔminən] pl -na [-ə] Erscheinung f; Vorgang m, Tatsache f; fam Phänomen, Genie, Wunder n; **~type** ['fi:nətaip] biol Phänotyp m.
phew [fju:] interj puh! pfui! ach!
phial ['faiəl] Phiole f; Fläschchen n.
philander [fi'lændə] itr (Mann) (herum)poussieren, flirten; **~er** [-rə] Poussierstengel, Schürzenjäger m.
philanthrop|ic(al) [filən'θrɔpik(əl)] philanthropisch, menschenfreundlich; **~ist** [fi'lænθrəpist] Philanthrop, Menschenfreund m; **~y** [-'lænθrəpi] Philanthropie, Menschenliebe f.
philatel|ic [filə'telik] philatelistisch; Briefmarken-; **~ist** [fi'lætəlist] Briefmarkensammler m; **~y** [-'lætəli] Briefmarkensammeln n.
philharmonic [fila:'mɔnik] musikliebend; philharmonisch; **~ pitch** Pariser Kammerton m.
Philip ['filip] Philipp(us) m; **p~pic** [fi'lipik] Philippika, Strafrede, fam Standpauke f; **P~pine** ['filipi:n] a geog philippinisch; s pl u. **~~ Islands** die Philippinen pl.
Philistin|e ['filistain, bes. Am '-in] s hist u. fig Philister; fig Spieß(bürger) m; a fig philisterhaft, philiströs, spießbürgerlich, spießig; **~ism** ['-inizm] Spießbürgertum n.
philodendron [filə'dendrən] bot Philodendron n.
philolog|ic(al) [filə'lɔdʒik(əl)] philologisch; **~ist** [fi'lɔlədʒist] Philologe m; **~y** ['-lɔlədʒi] Philologie f.
philosoph|er [fi'lɔsəfə] Philosoph m; **~~'s stone, a. ~~s' stone** Stein m der Weisen; **~ic(al)** [filə'sɔfik(əl)] philosophisch; fig weise, einsichtig, gelassen; **~ize** [fi'lɔsəfaiz] itr philosophieren; **~y** [fi'lɔsəfi] Philosophie; (Lebens-) Weisheit; Abgeklärtheit, Gelassenheit f, Gleichmut m; moral **~~** Ethik f; natural **~~** Naturwissenschaft f; **~~ of history** Geschichtsphilosophie f; **~~ (of life)** Lebens-, Weltanschauung f.
philtre, Am **philter** ['filtə] Liebestrank m.
phiz [fiz] fam Gesicht n, Visage, Fratze f.
phleb|itis [fli'baitis] Venenentzündung f; **~otomy** [fli'bɔtəmi] med Aderlaß m.
phlegm [flem] physiol med Schleim m; Phlegma n; fig Trägheit, Apathie,

phlegmatic Ruhe *f*, Gleichmut *m*; **~atic(al)** [fleg'mætik(əl)] phlegmatisch, träge, stumpf, apathisch; *fig* ruhig, gleichmütig, unerschütterlich.

phlox [flɔks] Phlox, Flammenblume *f*.

phobia ['foubiə] krankhafte Furcht *f*.

Ph(o)enicia [fi'niʃiə] Phönizien *n*; **~n** [-n] *a* phönizisch; *s* Phönizier(in *f*) *m*.

ph(o)enix ['fi:niks] (*Mythologie*) Phönix *m*.

phon [fɔn] Phon *n*; **~e** [foun] *s* (*Sprache*) Phonem *n*; *fam* Telephon *n*; *pl* Kopfhörer *m pl*; *itr* telephonieren, ein Ferngespräch führen; *tr* anrufen, *fam* anklingeln; *over the* **~~** telephonisch *adv*; *to be on the* **~~** am Apparat sein, sprechen; Telephon(-anschluß) haben; *to be wanted on the* **~~** am Telephon verlangt werden; **~~** *booth* Telephonzelle *f*; **~~** *call* (*telephonischer*) Anruf *m*; **~eme** ['founi:m] gram Phonem *n*; **~emic** [fo(u)'ni:mik] Phonem-; **~etic** [fo(u)'netik] *a* phonetisch, Aussprache-; **~~** *spelling* Lautschrift *f*; *s pl mit sing* Phonetik *f*; Lautsystem *n* (*e-r bestimmten Sprache*); **~etician** [founi'tiʃən] Phonetiker *m*; **~ic** ['fo(u)nik] lautlich; Laut-; **~ogram** [founəgræm] Lautzeichen *n*; Tonspur *f*; zugesprochene(s) Telegramm *n*; **~ograph** ['founəgra:f] *Am* Phonograph *m*; Grammophon *n*, Plattenspieler *m*; **~~** *pickup* Tonabnehmer *m*; **~~** *radio* Kombinationsgerät, Rundfunkgerät *n* mit Plattenspieler; **~~** *record* Schallplatte *f*; **~~** *recorder* (Platten-)Aufnahmegerät *n*; **~ographic** [founə'græfik] phonographisch; **~ology** [fo(u)'nɔlədʒi] Lautlehre *f*; **~ometer** [fo(u)'nɔmitə] Lautstärkemesser *m*.

phon(e)y ['founi] *Am a sl* unecht, falsch, Schwindel-; *s* Schwindel *m*, Fälschung *f*; Schwindler, Hochstapler; Snob *m*.

phos|gene ['fɔzdʒi:n] *chem* Phosgen *n*; **~phate** ['fɔsfeit] *chem* Phosphat, phosphorsaure(s) Salz *n*; **~phatic** [fɔs'fætik] phosphathaltig; **~phorate** ['fɔsfəreit] *tr* mit Phosphor verbinden *od* imprägnieren; **~phoresce** [fɔsfə'res] *itr* phosphoreszieren; **~phorescence** [fɔsfə'resns] Phosphoreszenz *f*; **~~** *of the sea* Meeresleuchten *n*; **~phorescent** [-'resnt] phosphoreszierend; Leucht-; **~phoric** [fɔs'fɔrik] *a* Phosphor-; **~~** *acid* Phosphorsäure *f*; **~phorism** ['fɔsfərizm] Phosphorvergiftung *f*; **~phorous** ['fɔsfərəs] *a*: **~~** *acid* phosphorige Säure *f*; **~phorus** [-] Phosphor *m*.

photo ['foutou, foutə(u), -tə] *in Zssgen* Licht-, Photo-; photographisch, Lichtbild-, Photo-; *s fam* Photo *n*, Photographie *f*; *tr fam* knipsen, photographieren; **~bacterium** Leuchtbakterie *f*; **~cell** photoelektrische Zelle *f*; **~chemical** photochemisch; **~chemistry** Photochemie *f*; **~chromy** ['-təkroumi] Farbphotographie *f*; **~copy** Photokopie *f*; **~ dealer** Photohändler *m*; **~drama** *Am* Film *m*, *fam* Kinostück *n*; **~electric(al)** photoelektrisch; **~~** *cell* photoelektrische Zelle *f*; **~engraving** *typ* photomechanische Wiedergabe, Klischeeherstellung *f*; **~ finish** *Am sport* Finish *n*, Endkampf *m*, der nur durch Photographie entschieden werden kann; knappe(r) Sieg *m*; **~flash** Vakublitz *m*; **~~** *bulb* Vakublitzlampe *f*; **~flood** *a*: **~~** *bulb* Nitraphotlampe *f*; **~g** ['foutəg] *Am sl* Photograph *m*; **~genic** [foutou'dʒenik] photogen, bildwirksam; *biol* phosphoreszierend; **~grammetry** [-tə'græmitri] Photogrammetrie *f*, Meßbildverfahren *n*; **~graph** ['foutəgra:f] *s* Lichtbild *n*, Photographie *f*; *tr* photographieren, aufnehmen; *itr* photographieren; sich (*gut od schlecht*) photographieren lassen; *to take a* **~~** e-e Aufnahme machen; **~grapher** [fə'tɔgrəfə] Photograph, Lichtbildner *m*; **~graphic** [foutə'græfik] *adv* **~~ally** photographisch; **~~** *copy* Photokopie *f*; **~~** *flight, mission* (*aero*) Bildflug *m*; **~~** *interpretation* Luftbildauswertung *f*; **~~** *personnel* (*aero*) Bildpersonal *n*; **~~** *plane* Bildflugzeug *n*; **~~** *post* Bildstelle *f*; **~~** *reconnaissance* Bildaufklärung *f*; **~~** *report* (*mil*) Bildmeldung *f*; **~~** *strip* Luftbildreihe *f*; **~graphy** [fə'tɔgrəfi] Photographie, Lichtbildkunst *f*; *natural-colo(u)r* **~~** Farb(en)photographie *f*; **~gravure** [foutəgrə'vjuə] Kupfertiefdruck *m*, Heliogravüre *f*; **~ interpreter** (*Luft-*) Bildauswerter *m*; **~lithograph** Photolithographie *f*; **~map** Luftbildkarte *f*; **~maton** [fə'tɔmətən] Photomaton *n* (*Warenzeichen*); **~mechanical** photomechanisch; **~meter** [foutomitə] Belichtungsmesser, Photometer *m*; **~metric(al)** [foutə'metrik(əl)] photometrisch; **~metry** [fou'tɔmitri] Photometrie *f*; **~micrograph** Mikrophotographie *f* (*Bild*); **~micrography** Mikrophotographie *f* (*Verfahren*); **~montage** Photomontage *f*; **~mural** Photoplakat *n*; **~n** ['foutən] *phys* Photon *n* (*Strahlungs-, Lichtquant*); **~ observer** *aero* Bildbeob-

photoplay 725 **pick**

achter *m*; **~play** *Am* Film *m*, *fam* Kinostück *n*; **~print** Abzug *m*; Photokopie *f*; **~radiogram** Funkbild *n*; **~ reporter** Bildbericht(erstatt)er *m*; **~sensitive** lichtempfindlich; **~sphere** *astr* Photosphäre *f* (*der Sonne*); **~stat** ['foutou)stæt] *s* (*Warenzeichen*) Photokopiergerät *n*; Photokopie, Lichtpause *f*; *tr* photokopieren; **~telegram** Bildtelegramm; Lichtsignal *n*; **~telegraphy** Bildtelegraphie *f*; **~therapeutics**, **~therapy** *med* Phototherapie *f*, Lichtheilverfahren *n*; **~tropism** [foutou)'troupizm] *bot* Phototropismus *m*; **~tube** photoelektrische Zelle *f*; **~type** ['foutoutaip] *s* Lichtdruck(platte *f*) *m*; *tr* durch Lichtdruck vervielfältigen; **~typy** ['foutotipi] Lichtdruck(verfahren *n*) *m*.

phrase [freiz] *s* Ausdrucksweise; Redensart *f*, Ausdruck; *gram* Satzteil *m*; Wortgruppe; *mus* Periode *f*, Satz *m*; *tr* in Worte kleiden; zum Ausdruck bringen; ausdrücken; *mus* in Sätze, Perioden einteilen; **~-monger** Phrasendrescher *m*; **~ology** [freizi'olədʒi] Ausdrucks-, Redeweise, Phraseologie *f*.

phren|etic(al) [fri'netik(əl)] wild, tosend, tobend, rasend, toll, *fam* wahnirrsinnig; fanatisch; **~ic** ['frenik] *a* Zwerchfell-; **~ology** [fri'nolədʒi] Phrenologie, Schädellehre *f*.

phthis|ic(al) ['θaisik(əl), 'fθai-]schwindsüchtig; **~is** ['θaisis, 'fθai-, 'tai-] Schwindsucht, Tuberkulose *f*; *pulmonary* **~** Lungenschwindsucht *f*.

phut [fʌt] *interj* fft! *to go ~* (*fam*) futsch-, draufgehen, dran glauben müssen.

phylloxera [filok'siərə] *pl* **-rae** [-ri:] *ent* Reblaus *f*.

phys|ic ['fizik] *s* Heilkunde *f*, ärztliche(r) Beruf *m*; *fam* Medizin, Arznei *f*, Heil-, *bes.* Abführmittel *n*; *pl mit sing* Physik *f*; *tr* (e-e) Medizin, *bes.* ein Abführmittel geben (*s.o.* jdm); heilen, kurieren; e-e günstige Heilwirkung haben auf; *experimental ~s* Experimentalphysik *f*; **~ical** ['fizikəl] physisch, natürlich, materiell; körperlich, Leibes-; physikalisch; naturwissenschaftlich; *~ chemistry* physikalische Chemie *f*; *~ condition* Gesundheitszustand *m*, körperliche(s) Befinden *n*; *~ culture* Körperpflege, -kultur *f*; *~ defect* Körperfehler *m*, körperliche(s) Gebrechen *n*; *~ disability benefit* Versehrten-, Unfallrente *f*; *~ education* Turnunterricht *m*, Turnen *n*; *~ fitness* Tauglichkeit *f*; *~ geography* physikalische Geographie *f*; *~ inspection* (*mil*) Gesundheitsappell *m*; *~ inventory* Bestandsaufnahme *f*; *~ reconditioning* Wiederherstellung *f* der Arbeitsfähigkeit; *~ science* Physik *f*; Naturwissenschaften *f pl*; *~ therapy* Naturheilkunde *f*; *~ training*, (*fam*) *~ jerks* (*pl*) Leibesübungen *f pl*; **~ician** [fi'ziʃən] Arzt *m*; **~icist** ['fizisist] Physiker *m*; **~iocrat** ['fiziəkræt] Physiokrat *m*; **~iognomic** [fiziə'nomik] physiognomisch; **~iognomy** [fizi'o(g)nəmi] Physiognomie *f*; Gesichtszüge *m pl*, -ausdruck *m*; **~iography** [fizi'ogrəfi] Naturbeschreibung; physikalische Geographie; *Am* Geomorphologie *f*; **~iologic(al)** [fiziə'lodʒik(əl)] physiologisch; **~iologist** [fizi'olədʒist] Physiologe *m*; **~iology** [-'olədʒi] Physiologie *f*; **~iotherapy** [fiziou'θerəpi] Naturheilkunde *f*; **~ique** [fi'zi:k] Körperbau *m*, -form *f*, körperliche Erscheinung, Konstitution, Leibesbeschaffenheit *f*.

pi [pai] *sl* (*Schule*) artig, brav; *~ jaw sl* Gardinenpredigt, Standpauke *f*.

pian|ino [pi:ə'ni:nou] Pianino *f*; **~ist** ['pjænist, 'piə-] Pianist, Klavierspieler *m*; **~o 1.** ['pjæ:nou] *a adv mus* piano; **2.** ['pjænou] *pl* **-os**, (*~~forte*) [pjæno(u)'fɔ:ti] Piano(forte); Klavier *n*; *to play (on) the ~~* Klavier spielen; *cottage ~~* Kleinklavier *n*; *grand ~~* Flügel *m*; *upright ~~* Klavier *n*; *~~ lesson*, *teacher* Klavierstunde *f*, -lehrer *m*; **~ola** [piə'noulə] Pianola *n*.

piazza [pi'ædzə, *Am* pi'æzə] (großer, viereckiger) Platz; *Am* Laubengang *m*, Arkaden *pl*; Veranda *f*.

pibroch ['pi:brɔk, -ɔx] Dudelsackstück *n*, -variationen *f pl*.

pica ['paikə] *typ* Cicero *f* (*Schriftgrad*).

picaresque [pikə'resk] *a lit* Schelmen-.

picaroon [pikə'ru:n] Strolch; Dieb; Seeräuber, Pirat *m*; Piratenschiff *n*.

picayun|e [pikə'ju:n] *s Am* kleine Münze *f*, Groschen *m*; *fig* Kleinigkeit, Lappalie, Bagatelle *f*; *fam* Plunder, Dreck; unbedeutende(r) Mensch *m*, Null *f*; *a u.* **~ish** [-iʃ] *Am* gewöhnlich, billig, schäbig, *fam* lumpig, mies.

piccalilli ['pikəlili] mit scharfen Gewürzen eingemachte(s) Mischgemüse *n*; **piccaninny** ['pikənini] (Neger-) Kind *n*.

piccolo ['pikəlou] *pl* **-es** Pikkoloflöte *f*.

pick [pik] **1.** *tr* (*Boden, Gestein, Pflaster*) (auf)hacken, aufbrechen; aushöhlen, hacken, kratzen an; abkratzen, stochern an, ausstochern, sich stochern in (*den Zähnen*); (*Naht*) auftrennen; (*Obst, Blumen*) pflücken; (*Baum*) leer pflücken; (*Ähren*) lesen;

pick off   726   **picket**

(Geflügel) rupfen; *(Vogel)* (auf)picken; (halb widerwillig) essen, herumpicken, -stochern in; ab-, benagen; (ausea.-, zer)zupfen, ziehen *(at* an); *Am mus (Saiten)* zupfen; *Am (Gitarre, Mandoline)* spielen; *(Schloß)* mit e-m Dietrich öffnen, aufbrechen; stehlen aus *(s.o.'s pocket* jds Tasche); suchen nach, herausmachen, -lesen, -finden, ausfindig machen; *(Händel, Streit)* suchen; *(Streit)* vom Zaun brechen; *itr* hacken; Beeren, Blumen pflücken; sich pflücken lassen; widerwillig *od* zerstreut essen *(at* an); herumspielen, -fummeln *(at* an); herumsuchen, -wühlen; *(to ~ on)* auswählen; *Am fam* schikanieren, (herum)meckern *(at, on* an), anöden *(on s.o.* jdn), ärgern *(on s.o.* jdn); *s* Picken, Hacken; (Herum-)Suchen *n*; Fund *m*; *(the ~ of the bunch)* das Beste (von allem), das (Aller-)Beste; Auswahl *f*; *typ* Spieß *m*; Picke; Spitzhacke, Haue *f*; *meist in Zssgen*: Pickel, Stocher *m*; *to have a bone to ~ with s.o.* mit jdm ein Hühnchen zu rupfen haben; *to have, to take o.'s s-e* Wahl treffen; *to ~ s.o.'s brains* sich jds Ideen zunutze machen; *to ~ and choose* sorgfältig (her)aussuchen; *to ~ holes in s.th.* an e-r S herummeckern, etw auszusetzen haben; *to ~ a lock* ein Schloß knacken; *to ~ to pieces* kein gutes Haar lassen *(s.o.* an jdm); in Stücke reißen; zerpflücken; *to ~ pockets* Taschendiebstahl begehen; *to ~ a quarrel with s.o.* mit jdm e-n Streit vom Zaun brechen; *to ~ and steal* stibitzen; *to ~ o.'s teeth* in den Zähnen stochern; *to ~ o.'s way, o.'s steps* vorsichtig gehen, behutsam e-n Fuß vor den andern setzen; sich durchschlängeln; *to ~ o.'s words* die Worte wählen, gewählt sprechen; *to ~* **off** abpflücken; wegnehmen; abschießen; *to ~* **out** heraussuchen, (aus)wählen; ausfindig machen; *(Rätsel)* herausbekommen, *fam* -kriegen, *(Farbe)* hervorheben, zur Geltung bringen, absetzen *(with* gegen); *(Ton)* angeben, -schlagen; *to ~* **over** überprüfen; durchsehen; *to ~* **up** *tr* aufhacken; aufpicken, -heben, -lesen; auf-, mitnehmen *(a. Fahrgäste), fam* aufgabeln; finden, sammeln, zs.-bringen; *(billig, teuer)* erstehen; herausfinden, -bringen, in Erfahrung bringen, *fam* aufschnappen; verstehen, erfassen; *(Kenntnisse)* sich aneignen; *fam* zufällig kennenlernen, *s.o.* jds Bekanntschaft machen; *Am fam* verhaften; begeistert sein für;

(mit dem Scheinwerfer) anleuchten; zu Gesicht, zu Gehör bekommen *(Funkspruch, Rundfunksendung)* aufnehmen; *(Zimmer)* aufräumen, saubermachen; *tech* abgreifen, aufnehmen; *itr* sich erholen, wieder zu Kräften kommen *(a. tr: to ~~ health, power, spirits)*; *(to ~~ efficiency)* aufholen; *mot* auf Touren kommen; *with s.o.* *(fam)* mit jdm Freundschaft schließen; *to ~ o.s. up* (wieder) aufstehen; *to ~~ courage* Mut fassen; *to ~~ a living* s-n Unterhalt finden, sich durchbringen; *to ~~ speed* an Geschwindigkeit gewinnen, schneller werden, in Fahrt kommen; **~~-a-back** ['·əbæk] *adv* huckepack; *a*: *~~ airplane* Huckepackflugzeug *n*; **~~-ax(e)** *s* Spitzhacke, Haue *f*; *itr tr* (auf)hacken; **~ed** [-t] *a* gepflückt; ausgewählt, -gesucht, -erlesen; aufgehackt; *~~ troops (pl)* Kern-, Elitetruppen *f pl*; **~er** ['·ə] Pflücker; (Beeren-)Sammler; *(Textil)* Fadenklauber *(Gerät)*; *min* Klaubhammer *m*; **~ing** ['·iŋ] Hacken, Stochern, Zupfen, Picken, Rupfen, Pflücken; Stehlen *n*; *pl* Abfälle, Reste *m pl*, Überbleibsel *n pl (bes. e-r Mahlzeit)*; gestohlene, *fam* geklaute Sachen *f pl*, Diebesgut *n*; Gewinn *m*; **~lock** Einbrecher, Dieb; Dietrich *m*; **~~-me-up** *fam* (zwischendurch getrunkenes) Schnäpschen; Stärkungsmittel *n*; **~~-off** *a Am* abmontierbar; **~pocket** Taschendieb *m*; *beware of ~~s!* vor Taschendieben wird gewarnt!; **~~-up** *sport* Aufheben *n (des Balles)*; *(Plattenspieler)* Tonabnehmer *m*; Abtastdose; Rundfunk-, Fernsehaufnahme(apparatur); Außenaufnahmestelle; Apparatur *f* zur Übertragung von Außenaufnahmen; *com* Gelegenheitskauf; *Am* kleine(r) Lieferwagen *m*; Beschleunigung(svermögen *n*) *f*; *fam* Gelegenheitsbekanntschaft; (kleine) Aufmunterung; Erholung *a. com*; *Am sl* Verhaftung *f*; *attr* Aufnahme-; Gelegenheits-; *air mail ~~* Luftpostaufnahme *f* im Flug; *~~ girl (Am sl)* leichte(s) Mädchen *n*; *~~ head* Tonabnehmerkopf *m*.

pickaninny *s. piccaninny.*

pickerel ['pikərəl] *zoo* junge(r) Grashecht *m*.

picket ['pikit] *s* Pflock, (Zaun-)Pfahl, Pfosten *m*; *mil* (Feld-)Wache *f*, (Wacht-)Posten; *bes. pl* Streikposten *m*; *tr* an e-n Pfahl binden; einzäunen; als Streikposten einsetzen, Streikposten stehen vor, durch Streikposten absperren; *mil* als Feldwache, Posten aufstellen; *itr* Streikposten, *mil* Feld-

picket boat

wache stehen; ~ **boat** Wach-, *Am* Hafenpolizeiboot *n*; ~ **fence** Pfahlzaun *m*; ~ **line** *mil* Vorposten-, Streikpostenlinie *f*; ~ **pole** Meßlatte *f*, Fluchtstab *m*.

pickl|e ['pikl] *s* Pökel *m*, (Salz-)Lake, Würzbrühe; *tech* Beize *f*, Metall-, Holzbad *n*; *fam* unangenehme, peinliche Lage, Verlegenheit; schöne Bescherung; *fam* Range *f*, ungezogene(s) Kind *n*; *pl* eingelegte(s) Gemüse *n*; Essiggurken *f pl*; *tr* (ein-) pökeln, einmachen; marinieren; in Essig einlegen; *agr tech* beizen; *Am sl* ruinieren; *itr* Gurken einlegen; *to be in a nice, sad, sorry* ~ *(fam)* ganz schön in der Patsche sitzen, in der Klemme sein; *to have a rod in* ~ *for s.o.* für jdn e-e unangenehme Überraschung haben; *to put up* ~*s* Gurken einlegen; *mixed* ~~*s (pl)* gemischtes Essiggemüse *n*; *onion* ~~*s (pl)* Essigzwiebeln *f pl*; ~~~*herring* dumme(r) August, Clown *m*; ~**ed** ['-d] *a* gepökelt, eingemacht; *sl* besoffen; ~~ *herring* Salzhering *m*.

picnic ['piknik] *s* Landpartie *f*, Picknick; *fam* Kinderspiel; *sl* nette(s) Erlebnis, Vergnügen *n*, *fig* Kleinigkeit *f*; *itr (pp* ~*ked)* ein Picknick veranstalten; picknicken; ~**ker** ['-ə] Ausflügler, Teilnehme(r) *m* an e-m Picknick.

picric ['pikrik] *a*: ~ **acid** Pikrinsäure *f*.

picto|graph ['piktəgra:f] Bildzeichen, (Schrift-)Symbol *n*; Bilderschrift *f*; ~**rial** [pik'tɔ:riəl] *a* bildlich, bebildert, in Bildern, illustriert; bildhaft, malerisch; Bilder- *s* Illustrierte *f*; ~~ *advertising* Bildwerbung *f*.

picture ['piktʃə] *s* Bild; Gemälde *n*; Abbildung *f*; *phot* Aufnahme *f*; *(moving* ~*)* Film(streifen) *m*; *fig* Ab-, Ebenbild *n*, Verkörperung; Vorstellung *f*, Bild *n*, Idee; Darstellung, Beschreibung, Schilderung, Wiedergabe *f*; *fam* etw Bildschöne; *pl fam (moving* ~*s)* Kino *n*; *tr* abbilden, malen, zeichnen; photographieren; (ver)filmen; illustrieren; *fig* anschaulich machen, schildern, beschreiben, wiedergeben, darstellen, -legen, erklären; sich vorstellen, sich e-n Begriff machen von; *to be a* ~ bildschön sein; *not to come into the* ~ außer Betracht bleiben; *to give a* ~ *of s.th.* ein Bild von etw geben, etw darstellen; *to go to the* ~*s* ins Kino gehen; *to look the* ~ *of health* wie das blühende Leben aussehen; *to put s.o. in the* ~ jdn ins Bild setzen; *to take a* ~ photographieren, aufnehmen; *silent, sound* ~ Stumm-, Tonfilm *m*; ~ **band** *video* Bildbereich *m*; ~~**book** Bilderbuch *n*; ~~**card** Bild *n (im Kartenspiel)*; ~ **cartoon** Trickfilm *m*; ~ **control** *video* Bildsteuerung *f*; ~~**dealer** Kunsthändler *m*; ~~**fastener** Bilderhaken *m*; ~~**frame** Bilderrahmen *m*; ~~**gallery** Gemäldegalerie *f*; *Am sl* Verbrecheralbum *n*; ~~**goer** Kinobesucher *m*; ~~**hat** breitrandige(r) (Damen-)Hut *m*, *hum* Wagenrad *n*; ~~**house**, **-palace**, **-theatre** Lichtspielhaus, Lichtspiel-, Filmtheater *n*; ~~**mo(u)lding** Bilderleiste *f*; ~ **play** Film *m*; ~ **postcard** Ansichtskarte *f*; ~ **primer** Bilderfibel *f*; ~ **puzzle** Bilderrätsel *n*; ~ **reception** *video* Bildempfang *m*; ~~**rail**, **-rod** Bilderschiene *f*; ~ **show** Film(vorführung *f*) *m*; Kino *n*; ~ **size** Bildformat *n*; ~~**story** Bildergeschichte *f*; ~ **telegraphy** Bildtelegraphie *f*; ~~**transmission** Bildübertragung *f*, -funk *m*; ~~**tube** *video* Bildröhre *f*; ~ **window** Panoramafenster *n*; ~~**writing** Bilderschrift *f*.

pictur|esque [piktʃə'resk] malerisch; *(Stil)* lebhaft, lebendig, anschaulich, plastisch; ~**ization** *Am* [piktʃərai'zeiʃən] bildliche Darstellung; Verfilmung *f*; ~**ize** ['piktʃəraiz] *tr Am* bildlich darstellen; verfilmen.

piddl|e ['pidl] *itr* vertrödeln; *fam* pinkeln; ~**ing** ['-iŋ] unbedeutend, belanglos, *fam* lumpig.

pidgin ['pidʒin] *fam* Arbeit, Aufgabe, Angelegenheit *f*; ~ **English** Pidgin-Englis(c)h *n*.

pie [pai] **1.** Pastete *f*; *Am* Torte *f*; *Am sl* gefundene(s) Fressen *n*; Protektion *f*; *easy as* ~ kinderleicht; *to eat humble* ~ klein beigeben; *to have a finger in the* ~ die Hand im Spiel haben; *apple-*~ Apfeltorte *f*; ~ *meat* Fleischpastete *f*; ~**crust** Pastetenkruste, -hülle *f*; ~~**dish** Pastetenform *f*; ~~**eyed** *a Am sl* besoffen; ~**man** ['-mən] Pastetenverkäufer *m*; ~**plant** ['-plænt] *Am* Rhabarber *m*; ~ **wagon** *Am sl* grüne Minna *f*; **2.** *(printer's)* typ Zwiebelfische *m pl*; *fig* Durcheinander *n*, Wirrwarr *m*; **3.** *(mag-)* *orn* Elster *f*; ~**bald**, **-d** *a* bunt, (bunt)scheckig; *the Pied Piper (of Hamelin)* der Rattenfänger von Hameln.

piece [pi:s] *s* Stück; Bruchstück *n*; Abschnitt *m*; Stelle *f (in e-m Buch)*; Einzelteil, -stück *(e-s Services, Satzes)*; *(~ of money)* Geldstück, Münze *f*; *in Zssgen* -stück; *Am sl* Anteil *m*; *(Brettspiel)* Stein *m*; *(Schach)* Figur *f (außer den Bauern)*, Offizier *m*; *(bes. in*

piece out 728 **pigsticking**

Zssgen) Gewehr, Geschütz *n*; (Stoff-) Ballen *m*, (Tapeten-)Rolle; Stückarbeit *f*; (Musik-, Theater-)Stück, (literarisches, Kunst-)Werk; *sl* Mädchen *n*; *a ~ of...* ein(e) ...; *tr* anstücken (*on to* an); flicken; zs.stücken, -setzen, -flicken; verbinden; *itr Am fam* zwischen den Mahlzeiten essen; *by the ~* stückweise; im Akkord; *~ by ~* Stück für Stück, eins nach dem andern; *in ~s* entzwei, *fam* kaputt; *of 20 ~s (Service)* 20teilig; *of a, of one ~* aus e-m Stück, einheitlich, homogen; gleichmäßig, -artig; übereinstimmend (*with* mit); *all of a ~* aus e-m Stück; *to ~s* in Stücke; kaputt; *to be all of a ~ (fam)* vom selben Kaliber sein; *to fall to ~s* ausea.fallen; *to give s.o. a ~ of o.'s mind* jdm gehörig die Meinung *od* Bescheid sagen, jdn gehörig zurechtstutzen; *to go to ~s* zerbrechen; *fig* die Herrschaft über sich selbst verlieren; *to speak o.'s ~* s-e Meinung sagen; *to take to ~s* in Stücke teilen, zerlegen, ausea.nehmen; *(Kleid)* auftrennen; *to tear to ~s* zerreißen, zerpflücken *a. fig*; *a ~ of advice* ein Rat *m*; *a ~ of business* e-e Geschäftsangelegenheit *f*; *a ~ of change, of jack (Am sl)* e-e schöne Stange Geld; *a ~ of folly* e-e Dummheit, Torheit, ein Wahnsinn *m*; *a ~ of impudence* e-e Unverschämtheit; *a ~ of land* ein Grundstück; *a ~ of luck* ein Glück *n*; *a ~ of money* ein Geldstück; *a ~ of music* ein Musikstück; *a ~ of news* e-e Neuigkeit; *a ~ of nonsense* Unsinn *m*; *a ~ of painting* ein Bild *n*; *a ~ of poetry* ein Gedicht *n*; *a (fine) ~ of work* e-e saubere Arbeit; *pocket ~* Glückspfennig *m*; *to ~ out* vervollständigen, ergänzen; *to ~* **together** zs.stücken, -setzen, -flikken; *to ~ up* flicken, ausbessern; **~ cost** Stückkosten *pl*; **~er** ['-ə] Flicker(in *f*) *m*; **~-goods** *pl (Textil)* Meter-, Schnittware *f*; **~-meal** ['-mi:l] *adv* stückweise; Stück für Stück, nach u. nach; *a* nach u. nach erfolgend; fragmentarisch; planlos, ohne Methode; **~-price** Stückpreis *m*; **~-rate** Akkordsatz *m*; **~-wages** *pl* Stück-, Akkordlohn *m*; **~-work** Stück-, Akkordarbeit *f*; *to do ~~* im Akkord arbeiten; **~-worker** Akkordarbeiter *m*.
pier [piə] Brückenpfeiler *m*; Landungsbrücke *f*, Landesteg; Pier *m* u. *mar f*; Ladebühne; Mole *f*, Hafendamm; *arch* (Fenster-, Strebe-)Pfeiler *m*; **~age** ['-ridʒ] Hafen-, Kaigebühren *f pl*; **~-glass** *(hoher)* Pfeilerspiegel *m*; **~-head** Molenkopf *m*.

pierc|e ['piəs] *tr* eindringen in; durchbohren, -dringen, -stoßen; ein Loch bohren in *od* durch; *(ein Loch)* machen, bohren; einbrechen in, brechen durch; *mil* durchstoßen; *fig* durchdringen, -schauen; *(Sinne, Gefühle)* stark erregen; *itr* eindringen *(into* in); dringen *(through* durch); **~er** ['-ə] Bohrer *m*, Ahle *f*, Pfriem *m*; **~ing** ['-iŋ] durchdringend, schneidend, scharf; *(Schrei)* gellend.
piet|à [pie'ta:] *(Kunst)* Pietà, Schmerzensmutter *f*; **~ism** ['paiətizm] *rel* Pietismus *m*; **~ist** ['paiətist] Pietist *m*; **~istic(al)** [paiə'tistik(əl)] pietistisch; **~y** ['paiəti] Frömmigkeit; Pietät, kindliche Liebe, Achtung, Ehrfurcht *f (to* vor).
piffl|e ['pifl] *fam s* Quatsch, Blödsinn, Unsinn *m*, *sl* Blech *n*; *itr sl* dämlich quatschen; **~ing** ['-iŋ] *sl* unbedeutend, unwichtig, lächerlich.
pig [pig] *s* Schwein; Ferkel; Schweinefleisch; *fam pej* (Dreck-)Schwein *n*, Sau, Schlampe *f*; Dickschädel *m*; *Am sl* Mädchen *n*; *tech* Massel *f*, Roheisen(barren *m*) *n*; Mulde *f (Form für Bleiguß)*; *itr (Sau)* ferkeln; *(to ~ it, to ~ together)* wie (im) Schwein(stall) hausen; zs.gepfercht leben; *in a ~'s eye (Am sl)* keineswegs; denkste! *to bring o.'s ~s to a fine, pretty, wrong market (fig iro)* an den Rechten kommen; *to buy a ~ in a poke (fig)* die Katze im Sack kaufen; *to make a ~ of o.s.* sich überfuttern; *~s might fly* es geschehen noch Wunder; *guinea-~* Meerschweinchen; *fig* Versuchskaninchen *n*; *sucking ~* Spanferkel *n*; **~ bed** *metal* Gießbett *n*; **~-boat** *Am sl* U-Boot *n*; **~-breeder** Schweinezüchter *m*; **~~-breeding** Schweinezucht *f*; **~~-copper** Rohkupfer *n*; **~-gery** ['-əri] Schweinerei *f*; Schweinestall *m a. fig pej*, *fam* Saustall, -laden *m*; Schweinerei, Sauerei *f*; **~-gish** ['-iʃ] schweinisch, säuisch; gierig; **~-gy** ['-i] Schweinchen *n*; *Am sl* Zehe *f*; **~~-back** huckepack; **~~ bank** Sparschweinchen *n*; **~-headed** ['-'--] *a* verbohrt, halsstarrig, störrisch, *fam* stur; **~-headedness** Verbohrtheit, Halsstarrigkeit, *fam* Sturheit *f*; **~~-iron** Roheisen *n*; **~-let** ['-lit], **~-ling** ['-liŋ] Schweinchen *n*; **~-nut** *bot* Nußkümmel *m*; Erdkastanie, -nuß; *Am* Hickorynuß *f*; **~-pen** Schweinestall *m*; **~-skin** Schweinsleder *n*; *sl* Sattel *m*; *sl sport* Leder *n*; **~-sticker** Hirschfänger *m*; Schweineschlächter; Wildschweinjäger *m*; **~-sticking** Sauhatz *f*; Schlacht-

pigsty fest, (Schweine-)Schlachten *n*; **~sty** Schweinestall; *fig pej* Schweine-, Saustall *m*; **-tail** Hängezopf *m*; Tabakrolle *f*; **~-trough, -tub** Schweinetrog *m*; **~-wash** Drang *m*, Küchenabfälle *m pl* (*als Schweinefutter*); *fig pej* Abwasch-, Spülwasser, Gesöff *n*.

pigeon ['pidʒin] *orn* Taube *f*; *fig* Täubchen *n*; *sl pej* Gimpel *m* (*Mensch*); *carrier, homing ~* Brieftaube *f*; *clay-~* Tontaube *f*; *cock-~* Täuberich *m*; *wild ~* Wildtaube *f*; **~-breast** *med* Hühnerbrust *f*; **~-breeder, -fancier** Taubenzüchter *m*; **~-hawk** Sperber; Hühnerhabicht; *Am* Merlinfalke *m*; **~-hearted** *a* bange, ängstlich; **-hole** *s* Taubenloch *n*; (Ablege-, Brief-, Post-)Fach *n*; *tr* (*Papiere*) ablegen, einordnen, klassifizieren; zurücklegen, aufheben (*for* für); beiseite legen, zurückstellen; unerledigt lassen, auf-, *fam* auf die lange Bank schieben, hinauszögern, *fam* ad acta, auf Eis legen; **~-house, -loft, -ry** ['-ri] Taubenschlag *m*, -haus *n*; **~-livered** *a* feige; **~-toed** *a* mit einwärtsgekehrten Zehen.

pigment ['pigmənt] *biol* (Haut-)Pigment *n*; (unlöslicher) Farbstoff *m*, Farbe *f* (*in Pulverform*); **~al** [pig'mentl], **~ary** [-əri] *a* Pigment-; **~ation** [pigmən'teiʃən] *biol med* Pigmentierung *f*.

pigmy *s.* pygmy.

pike [paik] *s* Pike *f*, Spieß *m*; (Speer-) Spitze *f*; *zoo* Hecht *m*; (*turn-~*) Zollschranke *f*, Schlagbaum *m*; Mautstraße *f*; Straßen-, Wegzoll *m*; *Am* (Berg-) Spitze *f*; *Am pej* Hinterwäldler *m*; *tr* aufspießen; *itr Am sl* bescheiden *od* vorsichtig spielen *od* spekulieren; *Am sl* (*to ~ along*) flitzen, sausen; **-let** ['-lit] *Art* Teegebäck *n*; **~-man** ['-mən] *mil hist* Pikenträger; *min* Häuer; Zolleinnehmer *m*; **~-r** ['-ə] *Am sl* arme(r) Schlucker; Drückeberger; kleinliche(r) Mensch, Knicker; vorsichtige(r) Spieler *m*; **-staff**: *as plain as a ~~* sonnenklar.

pilaster [pi'læstə] *arch* Pilaster *m*.

pilch [piltʃ] Dreieckswindel *f*.

pilchard ['piltʃəd] *zoo* Sardine *f*.

pile [pail] **1.** *s* (Ramm-)Pfahl, Pfosten; (Brücken-)Pfeiler *m*; *tr* Pfähle schlagen *od* treiben in; mit Pfählen, Pfeilern stützen; **~-bent** Pfahljoch *n*; **~-bridge** Jochbrücke *f*; **~-driver** Pfahlramme *f*; **~-dweller** Pfahlbaubewohner *m*; **~-dwelling** Pfahlbau *m*; **~-grating** Pfahlrost *m*; **~-worm** Bohrwurm *m*; **piling** ['-iŋ] Verpfäh-

pillar-tap lung; Pfahlkonstruktion *f*; Pfähle *m pl*; **2.** *s* Haufen, Stoß, Stapel; Holzstoß; (*funeral ~*) Scheiterhaufen; (Kohlen-)Meiler *m*; Häuserblock, Gebäudekomplex; *fam* (großer) Haufen *m*, Menge, Masse *f*; *sl* (*~ of money*) Haufen *m*, Masse *f* Geld; Riesenvermögen *n*; *el* galvanische Säule; Trockenbatterie *f*; (*atomic, chain-reaction ~*) Atommeiler, Kernreaktor *m*; *tr* (*to ~ up*) aufhäufen, -stapeln, -türmen, anhäufen; (schwer) beladen; *itr* (*to ~ up*) e-n Haufen bilden, sich anhäufen, sich ansammeln; wimmeln; *to ~ in, to ~ up* (*aero sl*) Kleinholz machen; *mot aufea.prallen*; *to make o.'s ~* (*fam*) sein Schäfchen ins trockene bringen (*in* mit, durch); *to ~ on the agony* (*fam*) die Sache (noch) schlimmer machen, als sie (schon) ist; *to ~ arms* die Gewehre zs.setzen; *to ~ it on* (*fam*) dick auftragen, übertreiben; *~ of arms* Gewehrpyramide *f*; **~-cloud** Haufenwolke *f*; **~-up** Massensturz *m*, -karambolage *f*; Autounfall *m*; **3.** (*Textil*) Noppe(nfläche) *f*; weiche(s) Haar, Fell *n*, Pelz *m*, Wolle, Daune *f*; Flor *m*; **4.** *pl med* Hämorrhoiden *f pl*.

pilfer ['pilfə] *tr itr* stehlen, *fam* mausen, mopsen, stibitzen; **~age** ['-ridʒ], **~ing** ['-iŋ] Mausen *n*; Diebsrei *f*, kleine(r) Diebstahl *m*; **~er** [-rə] (kleiner) Dieb *m*.

pilgrim ['pilgrim] Pilger; Wanderer, Wandersmann; *Am* Neuankömmling *m*; *the P~s, the P~ Fathers* (*hist*) die Pilgerväter *m pl*; **~age** ['-idʒ] Pilger-, Wallfahrt *f* (*to* nach).

pill [pil] *s pharm* Pille, Tablette; *fig* (*bitter ~*) bittere Pille *f*; *sl sport* Ball *m*; *sl* (Billard-, Kanonen-)Kugel; *sl* Nervensäge *f*, Ekel *n*; *tr* (bei der Wahl) durchfallen lassen, ablehnen, nicht wählen; mit Pillen behandeln; *to gild the ~* (*fig*) die Pille versüßen; *to swallow the ~* (*fig*) die (bittere) Pille schlucken; *a ~ to cure an earthquake* ein Tropfen auf den heißen Stein; **~-box** Pillenschachtel; *mil* betonierte(r) MG-Stand, kleine(r) Betonbunker *m*; **~-bug** *zoo* Rollassel *f*.

pillag|e ['pilidʒ] *s* Plünderung, Beraubung; Beute *f*; *tr* plündern, (be-)rauben; *itr* plündern, rauben.

pillar ['pilə] *s* Pfeiler; Ständer *m*, Säule *a. fig*, Stütze *f*; *tr* mit Pfeilern abstützen; *driven from ~ to post* (*fig*) (ab-, hin u. her)gehetzt; *the P~s of Hercules* die Säulen *f pl* des Herkules; **~-box** Briefkasten *m*; **~ed** [-d] *a* mit Pfeilern (abgestützt); säulenförmig; *bot* gestielt; **~-tap** *tech* Standhahn *m*.

pillion ['piljən] (zusätzliches) Sattelkissen n; Br mot Soziussitz, fam Sozius m; to ride ~ (auf dem) Sozius (mit)fahren; im Damensitz mitreiten; ~ **passenger** Soziusfahrer(in f) m.

pillory ['piləri] s Pranger, Schandpfahl m; tr an den Pranger stellen a. fig; fig anprangern; in the ~ am Pranger.

pillow ['pilou] s Kopfkissen, -polster; tech (Zapfen-)Lager n; (Mikroskop) Stativsäule f; tr (aufs Kopfkissen) legen; als Kopfkissen dienen für; to ~ up hoch betten; to take counsel of o.'s ~ e-e S beschlafen; **~-case, -slip** Kopfkissenbe-, -überzug m; **~-fight** Kissenschlacht f; **~-lace** Klöppelspitze f.

pilos|e ['pailous], **pilous** ['piləs] bot zoo (fein) behaart, flaumbedeckt.

pilot ['pailət] s mar Lotse; aero Pilot, Flugzeugführer; fig Führer m; tech Steuergerät n; Zündflamme, Kontrollampe f; attr Führungs-, Leit-; Versuchs-; tr lotsen; steuern; aero führen; to drop the ~ den Lotsen absetzen; fig e-n bewährten Ratgeber gehen lassen; automatic ~ (tech) Selbststeuergerät n; gyro-~ Kreiselsteuergerät n; second ~ Kopilot m; **~age** ['-idʒ] Lotsendienst m, -geld n; aero Führung(stechnik); fig Führung, Lenkung f; compulsory ~~ Lotsenzwang m; **~ balloon** Pilot-, mete Registrierballon m; **~ biscuit, bread** Am Schiffszwieback m; **~ boat** Lotsenboot n; **~ burner** Sparbrenner m; **~~cloth** (Textil) Flausch, Fries m; **~ engine** Leerlokomotive f; **~~fish** Lotsenfisch m; **~ flag** Lotsenflagge f; **~ instructor** Fluglehrer m; **~ jet** tech Leerlaufdüse f; **~ lamp** Kontroll-, Signal-, Warnlampe f; **~-less** ['-lis] führerlos, unbemannt; **~ light** Zünd-, Kontroll-, Sparflamme f; aero Leitscheinwerfer m; **~ officer** Br Fliegerleutnant m; **~ pin** Führungsstift m; **~ plant** Versuchsanlage f; **~ scheme** Versuchsprojekt n; **~ school** Flugzeugführerschule f; **~'s licence** Flugzeugführerschein m; **~ stage** Entwicklungsstadium n; **~ train** Vorzug m; **~ trainee** Flugschüler m; **~ training** Flugzeugführerausbildung f.

pimento [pi'mentou] pl -os Piment, Nelken-, Jamaikapfeffer; Pimentbaum m.

pimp [pimp] s Kuppler(in f); Am sl Strichjunge m; itr Kuppelei treiben.

pimpernel ['pimpənel] bot (common ~) Pimpernelle, Bibernelle f; (scarlet ~) Gauchheil m.

pimpl|e ['pimpl] Pickel m, Pustel f, Mitesser m; Eiterbläschen n; **~ed** ['-d], **-y** ['-i] pick(e)lig, unrein.

pin [pin] s (Steck-)Nadel; Anstecknadel, Brosche f; fam Abzeichen n; tech Pinne f, Stift, Dorn, Bolzen m, (Reiß-)Zwecke f, Nagel, Kegel, Splint; (Geige) Wirbel; Kegel m (des Spiels); fig Kleinigkeit f; pl fam Beine m pl; tr mit e-r Nadel, e-m Stift befestigen; festmachen, (an)heften, anstecken; (mit e-r Nadel) stechen, fam pik(s)en; (fest)halten; einklemmen; drücken (against, to gegen); s.th. on s.o. jdm etw zur Last legen, fam ankreiden; to ~ down niederhalten a. mil; fig festlegen, fam -nageln (to auf); mil fesseln; to ~ on anstecken (for an); sich anstecken; to ~ together zs.heften; to ~ up aufspießen; (Saum) abstecken; (Haar) aufstecken; mit Reißzwecken befestigen; (Notiz) anschlagen; for two ~s um e-e Kleinigkeit; to sit on, to be ~s and needles wie auf Nadeln, wie auf glühenden Kohlen sitzen; to ~ o.'s ears back (sl) die Ohren spitzen; s.o.'s ~ jdn am Boden zerstören; to ~ o.'s faith on, to sein Vertrauen setzen, sich völlig verlassen auf; to pull the ~ die Arbeit od Familie im Stich lassen; I have (got) ~s and needles in my feet mir sind die Füße eingeschlafen; I don't care a ~ das ist mir (ganz) egal, einerlei, fam schnuppe, Wurst; neat as a new ~ blitzsauber; clothes-~ (Am) Wäscheklammer f; drawing-~ Reißnadel f; hair-~ Haarnadel f; hat-~ Hutnadel f; knitting-~ Stricknadel f; neat as a new ~ (funkel)nagelneu; nine-~ Kegel m (des Spiels); rolling-~ Teigrolle f, Wellholz n; safety-~ Sicherheitsnadel f; scarf-, tie-~ Krawattennadel f; split-~ Splint m; **~afore** ['-əfɔ:] Kinder-, Kittelschürze f, Schürzenkleid n; **~-ball machine** Art Spielautomat m; **~-bone** Hüftknochen m; **~ boy** Am Kegeljunge m; **~-cushion** Nadelkissen n; **~-feather** orn Stoppelfeder f; **~-head** Stecknadelknopf m a. fig; fig winzige(s) Bißchen n; Kleinigkeit f; Dummkopf m; **~-hole** winzige(s) Loch; Zapfenloch n; **~-money** Nadelgeld n; com Saison-, Heimarbeiterlohn m; **~-point** s Nadelspitze f; etwas völlig Belangloses, Unwichtiges n; tr (Ziel) markieren; genau treffen; a ~ Punkt-; haarscharf; **~~ bombing** (aero) Bomben-, Punktzielwurf m; **~~ target** Punktziel n; **~-prick** Nadelstich m a. fig; fig spitze Bemerkung,

pin punch kleine Schikane *f*; ~ **punch** *tech* Durchschlag *m*; ~**stripe** *(Textil)* feine(r) helle(r) Streifen *m*; ~**tab** Fähnchen *n*; ~**table** *Art* Spielautomat *m*; ~**tooth** Stiftzahn *m*; ~**tuck** schmale Zierfalte *f*; ~**up** *s* hübsche(s) Mädchenphoto *n (in e-r Zeitung)*; *a* bevorzugt; hübsch; ~~ *girl* Bild *n* e-s hübschen Mädchens *n*; ~**wheel** Windmühle *f (Spielzeug)*; Feuerrad *n*; ~**worm** *zoo* Pfriemenschwanz, Springwurm *m*.

pince-nez ['pɛ̃:nsnei] *opt* Kneifer, Klemmer, *fam* Zwicker *m*.

pincer|s ['pinsəz] *pl* (Kneif-, Beiß-)Zange; *med* Pinzette; *zoo* (Krebs-)Schere *f*; ~ **movement, attack** *mil* Zangenbewegung *f*, -angriff *m*; ~**shaped** *a* zangenförmig.

pinch [pintʃ] *tr* kneifen, zwicken; (ein-)klemmen, quetschen, *(Schuh, Kleidung)* zu eng sein *(s.o.* jdm), drücken; *fig* bedrücken, beklemmen; in die Enge treiben; darben lassen, kurz halten; *sl* klauen, stibitzen, mausen; *sl* in Nummer Sicher bringen, hinter Schloß u. Riegel setzen, einsperren; *mar* dicht am Wind halten; *to be ~ed* umkommen *(with hunger* vor Hunger); vergehen *(with cold* vor Kälte); *(for money)* in Geldnöten, -schwierigkeiten sein; knapp sein *(for, in, of* an); *itr* drücken, kneifen; sich einschränken; knausern, knauserig, geizig sein; Schwierigkeiten machen; *s* Kneifen *n*, Prise, Messerspitzevoll; *fig* Klemme, Enge, Schwierigkeit; Not(fall *m) f*, Druck; kritische(r) Augenblick *m*; *sl* Verhaftung; *sl* Klauerei *f*, Diebstahl; Knick *m*, Falte *f*; *to ~ off* abkneifen, abquetschen; *to ~ out (Pflanzentrieb)* ausknеipen; *at*, *(Am) in a ~* in e-r schwierigen Lage; im Notfall; zur Not; in der Not; *to have ~ed o.'s finger* sich den Finger eingeklemmt haben; *to give s.o. a ~* jdn kneifen; *that's where the shoe ~es (fig)* da drückt der Schuh, das ist der wunde Punkt; *if it comes to the ~* notfalls; im kritischen Augenblick; *a ~ of salt, snuff* e-e Prise Salz, (Schnupf-)Tabak *m*; ~**bar** Brechstange *f*; ~**beck** *a* unecht; billig, minderwertig; *s* Tombak *m*; *fig* Talmi *n*; Schund, Tinnef, Plunder *m*; ~**cock** *tech* Quetschhahn *m*; ~**ed** [-t] *a* zs.gedrückt; eng, schmal; schmächtig; hager; ~ *with cold* blaugefroren; ~**er** ['-ə] Kneifende(r); *fig* Knauser, Knicker, Geizhals *m*; ~**hit** *itr Am* einspringen, eintreten *(for s.o.* für jdn), ersetzen *(for s.o.* jds); for s.o. an jds Stelle treten; ~**hitter** *Am* (Stell-)Vertreter, Ersatz(mann) *m*.

pine [pain] **1.** Kiefer, Fichte, Föhre, Tanne *f*; Nadelbaum *m*; Pinie *f*; Fichten-, Kiefernholz *n*; *fam* Tannenzapfen *m*; *fam* Ananas *f*; ~**al** ['piniəl] tannenzapfenförmig; ~~ *gland (anat)* Zirbeldrüse *f*; ~**apple** Ananas; *sl* Handgranate; kleine Sprengbombe *f*; ~**cone, -nut** Kiefern-, Fichten-, Tannenzapfen *m*; ~**grove** Pinien-, Fichten-, Tannenwäldchen *n*; ~**kernel** Kiefernsamen *m*; ~**needle** Kiefern-, Fichten-, Tannennadel *f*; ~**resin** Kiefernharz *n*; ~**ry** ['-əri] Kiefern-, Fichten-, Tannen-, Nadelwald *m*; Ananaspflanzung *f*, -treibhaus *n*; ~**siskin, -finch** *Am* Zeisig *m*; ~**tar** Kienteer *m*; ~**tree** Kiefer; Fichte; Tanne *f*; ~**tum** [pai'ni:təm] *pl* -ta [-ə] Kiefern-, Tannenpflanzung *f*; ~**wood** Kiefern-, Fichten-, Tannen-, Nadelwald *m*; **2.** *itr (to ~ away)* umkommen *(with hunger* vor Hunger); vergehen *(with grief* vor Kummer); schmachten, vergehen vor Sehnsucht, sich sehnen *(for, after* nach).

pinfold ['pinfould] *s* Pferch *m*; *tr (Vieh)* einpferchen.

ping [piŋ] *s* Päng, Schwirren, Pfeifen *n*, Aufschlag *m* (e-r Kugel); *mot* Klopfen *n*; *itr (Kugel)* pfeifen, aufschlagen; sausen, schwirren; *mot* klopfen.

ping-pong ['piŋpɔŋ] *(Warenzeichen)* Tischtennis, *fam* Pingpong *n*.

pinion ['pinjən] **1.** Flügelspitze *f*; Flügel *m*, Schwinge *f*, *fig* Schwungfeder *f*; *tr* die Flügel beschneiden *(a bird* e-m Vogel); *(die Flügel)* (fest-)binden; *fig* die Hände binden *(s.o.* jdm); festbinden, fesseln *(to* an); einsperren; *fig* lähmen; **2.** *tech mot* (kleines) Getrieberad, Ritzel *n*.

pink [piŋk] **1.** *s bot* Nelke *f*; Blaßrot *n*; (roter) Jagdrock (der Fuchsjäger); Fuchsjäger *m*; *fig* das Beste, die Spitze, *der* Gipfel; *Am pej* Salonbolschewist *m*; *Am sl* Kraftfahrzeugpapiere *n pl*, Fahrerlaubnis *f*; *Am sl* Privatdetektiv *m*; *a* blaßrot; *pol* rosarot; *to be in the ~ (fam)* in bester Verfassung, in Form sein; *the very ~ of perfection* ein Muster *n* der Vollkommenheit; *rose-~* rosenrot, rosa; *salmon-~* lachsrot; ~**ish** ['-iʃ] blaßrosa, rötlich *a. pol*; ~**slip** *tr* entlassen; *s* Entlassungsschreiben *n*; ~ **tea** *Am fam* vornehmer Kaffeeklatsch *m*; ~**y** ['-i] *Am fam* kleine(r) Finger *m*; **2.** *tr (to ~ out) (Leder)* punzen; durchbohren;

pinna 732 **piping**

auszacken; stechen; *(to ~ out)* verschönern, schmücken; **3.** *itr mot* klopfen, klingeln.

pinn|a ['pinə] *pl -ae* [-i:] *zoo* Feder *f*; Flügel *m*; Flosse; *anat* Ohrmuschel; *bot* Fieder *f*; **~ace** ['-is] *mar* Pinasse *f*; **~acle** ['-əkl] *s* Zinne, Fiale *f*, Spitztürmchen *n*; Turmhelm *m*, -spitze; Bergspitze *f*; *fig* Gipfel, Höhepunkt *m*; *tr* mit Zinnen verzieren; krönen, die Spitze bilden (*s.th.* e-r S); *at the ~~ of* auf der Spitze *gen*; **~ate** ['-it], **pennate** ['penit] *zoo bot (Blatt)* gefiedert; **~er**, **~y** ['-ə, '-i] *fam* Schürze *f*; **~iped** ['-iped] *zoo* Flossenfüßler *m*, Robbe *f*.

pint [paint] Pinte *f* (¹/₈ *Gallone*; *Br* 0,568 *l*, *Am* 0,473 *l*).

pintle ['pintl] (Dreh-)Zapfen; *(Steuerruder)* Fingerling *m*; **~-hook** *mot* Zughaken *m*.

pinto ['pintou] *pl -os Am a* (bunt-)scheckig; *s* Scheck(e) *m (Pferd)*; *(~ bean)* bunte Bohne *f*.

pioneer [paiə'niə] *s mil* Pionier *a. fig*; *fig* Vorkämpfer, Bahnbrecher *m*; *itr fig* Pionierarbeit leisten, die Bahn freimachen; den Weg bahnen; *tr (e-n Weg)* eröffnen; den Weg, die Bahn freimachen für; **~ work** Pionierarbeit *f*.

pious [paiəs] fromm, gottesfürchtig; religiös.

pip [pip] **1.** *s* (Obst-)Kern; *bot* Ableger; *(~pin) sl* Bombenkerl *m*, -sache *f*; *a Am sl* ausgezeichnet, pfundig; **~less** ['-lis] kernlos; **~eroo** ['-əru:] *Am sl a* pfundig, hervorragend; *s* Schönheit *f*; **~ squeak** *sl* Schwachmatikus; miese(r) Kerl *m*, miese(s) Ding *n*; **2.** *(Spielkarten, Würfel, Dominosteine) Br* Auge *n*; *mil sl* Stern *m (Rangabzeichen)*; *(Tannenzapfen)* Deckschuppe; Blüte(nstengel *m*) *f*; **3.** Pips *m (Geflügelkrankheit)*; *hum* Wehwehchen *n*; *sl* miese Stimmung *f*; *I've the ~* mich ekelt alles an; ich bin nicht auf der Höhe; *that gives me the ~* das kotzt mich an, hängt mir zum Halse raus; **4.** *Br* Piepen *m*, Piepton; *radio* Kurzton *m*; Zeitzeichen; (Radar-)Zeichen *n*, Bildspur *f*; **5.** *tr fam* abblitzen, durchsausen lassen; abknallen; abhängen; *(Examen)* versauen; *sport* schlagen, besiegen; *to ~ off* abschalten; *itr: to ~ out* sterben.

pipe [paip] *s* Pfeife *f (zum Blasen)*; Orgel-, Signalpfeife *f*; Pfeifenton *m*; Singstimme *f*; *(Vogel)* Ruf *m*; Rohr *n*, Röhre; *anat* (Luft-, Speise-)Röhre; *Am sl* Kehle; (Tabaks-)Pfeife; *com* Pipe *f (großes Faß n Br 477,3 l, Am 397,4 l)*; *fig Am sl* Kinderspiel *n*, Leichtigkeit; *Am sl* Besprechung, Unterredung; *pl* Panflöte *f*; Dudelsack(pfeife *f*) *m*; Atemwege *m pl*; *itr* pfeifen; *allg* quieken, quietschen; *tr (Lied)* pfeifen, anstimmen; schrill ausstoßen, ertönen lassen; heraus-, zs.pfeifen; mit Röhren versehen; durch ein Rohr, *tele* über den Draht leiten; paspelieren; *(Torte)* spritzen; *Am sl* reden, benachrichtigen, ausplaudern, bemerken, beobachten; *to ~ o.'s eye(s)* weinen, *fam* flennen; *put that in your ~ and smoke it (fig)* das kannst du dir hintern Spiegel stecken; *to ~ away* das Startsignal geben für *(ein Boot)*; *to ~ down tr mar* das Schlußsignal geben für; *itr sl* das Maul halten; klein beigeben; *to ~ in fam* ein Wörtchen mitreden; *to ~ off* auf die schwarze Liste setzen, ächten, denunzieren; *to ~ up tr sl* loslegen, anfangen; *bag-~s (pl)* Dudelsack *m*; *blow-~* Blasebalg *m*; *feed-~ (tech)* Speiserohr *n*; *gas-~* Gasrohr *n*; *Pan's ~s (pl)* Panflöte *f*; *water-~* Wasserrohr *n*; *wind-~ (anat)* Luftröhre *f*; *~ of peace* Friedenspfeife *f*; **~-bend** Rohrbiegung *f*; **~-bowl** Pfeifenkopf *m*; **~-burst** Rohrbruch *m*; **~-clay** Pfeifenton *(Material)*; *mil sl* Barras, Kommiß *m*; **~-cleaner** Pfeifenreiniger *m*; **~-clip**, **-clamp** Rohrschelle *f*; **~-coil** Rohrschlange *f*; **~-connection** Rohranschluß *m*; **~ course** *Am sl* leichte Übung *f*; **~-dream** *Am* Wunschtraum, fromme(r) Wunsch *m*, Luftschloß *n*, Wahnidee *f*; **~-fitter** Klempner, Rohrleger *m*; **~-fitting** Rohrmuffe *f*; **~-ful** ['-ful] Pfeifevoll *f*; **~ inlet** Saugstutzen *m*; **~-layer** Rohrleger *m*; *Am sl pol* Schieber, Drahtzieher *m*; **~-line** *s* Pipeline, Rohrleitung *f (für Wasser od Öl)*; *(~~ for information) Am* Nachrichten-, Informationsquelle; *mil* Nachschublinie *f*; *tr* durch ein Rohr leiten; *in the ~~* unterwegs, im Anzug od Kommen; **~~ system** Rohrnetz *n*; **~-organ** Orgel *f*; **~r** ['-ə] Pfeifer *m*; *to pay the ~* die Zeche bezahlen; für alles gradestehen, die Konsequenzen tragen; **~-socket** Rohrstutzen *m*; **~-stem** Pfeifenrohr *n*; *pl* dünne Beine *n pl*; **~-wall** Rohrwand *f*; **~-wrench** Rohrschlüssel *m*.

pipette [pi'pet] *chem* Pipette *f*.

piping ['paipiŋ] *a* pfeifend; schrill, piepsend; friedlich, ruhig, idyllisch; *s* Pfeifen *n*, Pfiff *m*; Pfeifentöne *m pl*;

piping hot 733 **pitch**

schrille(r) Ton *m*, schrille Stimme *f*; Rohrnetz *n*, -leitung; *(Konditorei)* Garnitur *f*; feine(r) Zuckerguß(verzierung *f*) *m*; *(Schneiderei)* Biese, Paspelierung *f*; *in the ~ time(s) of peace* in Friedenszeiten; *the ~ times of yore* die gute alte Zeit; *~ hot* kochend, siedend heiß.

pipit ['pipit] *orn* Pieper *m*; Stelze *f*.

pipkin ['pipkin] kleine(r) irdene(r) Topf *m*.

pippin ['pipin] Pippinapfel; *(Obst-)* Kern; *sl* Bombenkerl *m*, -sache *f*, hübsche(r) Käfer *m*; **~-faced** *a* pausbäckig.

piqu|ancy ['pi:kənsi] *(Speise)* Pikantheit; *fig* Interessantheit *f*, Reiz *m*; **~ant** ['-t] pikant, appetitanregend; *fig* anregend, reizvoll, interessant; **~e** [pi:k] *s* (heimliche(r) Groll, *fam* Pik *m*; plötzliche(s) Unlustgefühl *n*; *tr* (auf)reizen, verärgern, herausfordern; erregen; *to ~~ o.s. (up)on* sich etw zugute tun, stolz sein auf, sich brüsten mit; *to take a ~~ against s.o.* e-n Pik auf jdn haben.

pira|cy ['paiərəsi] Piraterie, Seeräuberei *f*; *fig* unberechtigte(r) Nachdruck; geistige(r) Diebstahl *m*; **~te** ['-rit] *s* Seeräuber, Pirat *m*; Piratenschiff *n*; Plagiator, Nachdrucker *m*; *itr* Seeräuberei, Piraterie treiben; geistigen Diebstahl begehen; *tr* rauben; plündern *a. fig*; (unberechtigt) nachdrucken; *radio (Welle)* unerlaubt benutzen; **~~ edition** Nachdruck *m*; **~~ listener** Schwarzhörer *m*; **~tic(al)** [pai'rætik(əl), pi-] *a* Piraten-, Raub-.

piragua [pi'rægwə], **pirogue** [-'roug] *mar* Piroge *f*, Einbaum *m*.

pirouette [piru'et] Pirouette *f*.

pisciculture ['pisikʌltʃə] Fischzucht *f*.

pish [piʃ] *interj* pfui! *s* Pfui *n*.

piss [pis] *itr* pissen; *s* Pisse *f*, Urin *m*; **~ed** [-t] *a* sl besoffen, voll; **~~ off** *(Am sl)* verärgert, erschöpft, unglücklich.

pistachio [pis'ta:ʃiou] *pl -os* Pistazie(nnuß) *f*.

pistil ['pistil] *bot* Fruchtknoten, Stempel *m*.

pistol ['pistl] *s* Pistole *f (Waffe)*; *tr* mit e-r Pistole erschießen; **~ grip**, **holster**, **shot** Pistolengriff *m*, -tasche *f*, -schuß *m*.

piston ['pistən] *tech* Kolben, Stempel, Bolzen *m*; **~-bearing** Kolbenlager *n*; **~-displacement** Kolbenverdrängung *f*, Hubraum *m*; **~-engine** Kolbenmotor *m*; **~-packing** Kolbenpackung, -liderung *f*; **~-pin** Kolbenbolzen *m*; **~-ring** Kolbenring *m*; **~-rod** Kolbenstange *f*; **~-stroke** Kolbenhub *m*; **~-wrench** Kolbenschlüssel *m*.

pit [pit] **1.** *s* Grube *f*, (Erd-)Loch *n*, Mulde, Vertiefung, Höhle *f*; Abgrund *m*; (Schacht *m* e-r) (Kohlen-)Grube, Zeche; Fallgrube; Hölle; *(working ~)* Arbeitsgrube; *fig* Grube, Falle *f a. sl mil (Bett)*; *fig* Abgrund *m*, Tiefe *f*; (Hirsch-)Graben, (Bären-)Zwinger; Kampfplatz *m (bei Hahnenkämpfen)*; *mot* Box *f*; *theat Br* Parterre, Parkett *n*; Orchesterraum *m*; *agr* (Kartoffel-)Miete; *Am com* Börse(nplatz *m*) *f*; *mil* Geschützstand *m*, Schützenloch *n*; *med* Vertiefung, Delle; (Magen-)Grube; (Pocken-)Narbe *f*; *tr agr* einmieten; Gruben graben in; *(Metall)* durchbohren; mit Narben überziehen; *tech* mitea. kämpfen lassen; ausspielen *(against* gegen); ea. gegenüberstellen; *to ~ o.s. against* sich messen mit; *arm-~* Achselhöhle *f*; *chalk-, clay-, coal-~* Kalk-, Ton-, Kohlengrube *f*; *refuse ~* Müllgrube *f*; **~-bracer** Grubenholz *n*; **~-fall** Fallgrube *f*, *fig* -strick *m*; *fig* Falle *f*; **~-head** *min* Schachteingang *m*, Grubenhalde *f*; **~-man** ['pitmən] *min* Bergmann, -arbeiter, Häuer *m*; **~-prop** *min* Stempel *m*; **~-saw** Schrotsäge *f*; **~-ted** ['-id] *a* mit Narben (versehen); pockennarbig; **2.** *Am s* Stein *m* (e-r *Steinfrucht)*; *tr (Frucht)* entsteinen.

pit-(a-)pat ['pitə'pæt] *adv: to go ~* schnell klopfen, schlagen, trappeln; *s* Ticktack, Klippklapp *n*.

pitch [pitʃ] **1.** *tr* errichten, aufstellen; *(Zelt)* aufschlagen, werfen, schleudern, stoßen, aufladen; festsetzen, -legen; *(e-n Trumpf)* machen, bestimmen; *mus (Ton)* angeben; *(Instrument)* stimmen; *fig (Erwartungen)* hochschrauben; *Am sl* auf der Straße verhökern, anpreisen; *(e-e Party)* geben; *itr* ein Lager aufschlagen, Stellung beziehen; der Länge nach hinfallen, hinschlagen; verfallen *(on, upon* auf); (aus)wählen *(on, upon auf)*, sich festlegen *(on, upon auf)*, sich entscheiden *(on, upon* für); vornüberneigen, -kippen; *(~ down) aero* abkippen; *(Schiff)* stampfen; *fam* herfallen, sich hermachen *(into* über); *(mit Worten)* fertigmachen *(into s.o.* jdn); *Am sl* als Straßenverkäufer tätig sein, sich ins beste Licht setzen, übertreiben, aufschneiden; *to ~ in (fam)* sich schwer ins Zeug legen, sich tüchtig 'ran, an die Arbeit machen; loslegen, zupacken; *to ~ out* hinauswerfen; *to ~ upon* sich entscheiden für; *s* Wurf, Stoß *m*; Wurfweite, -höhe; Gesamtlänge; *mus* Tonhöhe; *fig* Höhe *f*, Grad *m*, Stufe *f*, Standort *m*; *fig Am sl* Annäherungsversuch *(for an)*, Plan, Gesichtspunkt *m*; Neigung(swinkel *m*) *f a. geol arch*, Abfall *m*; (Dach-)Schräge; *tech* Steigung, Steig-, Ganghöhe *f*; Abstand, Zwischenraum *m (Rad, Schraube)*; *(Schiff)* Stampfen *n*; Stand(platz) *m (e-s Straßenhändlers)*; Warenangebot *n*, Anpreisung *f*; *sl* Rastplatz *m*; *(Krikket)* (Mittel-)Feld *n*; *at the ~ of her voice* so laut sie konnte; *to fly a high ~ (fig)* hoch hinauswollen, hochfliegende Pläne haben; *to queer s.o.'s ~* jds Pläne durchkreuzen; *to ~ it strong (fam)* aufschneiden, übertreiben; *to ~ o.'s tent (fig)* s-e Zelte aufschlagen, sich niederlassen, ansässig werden; *to ~ a yarn (fam)* e-e Geschichte vom Stapel lassen, ein Seemannsgarn spinnen; *excitement was raised to the highest ~* die Erregung hatte ihren Höhepunkt erreicht; *concert-, philharmonic ~ (mus)* Pariser Kammerton *m*; *~-and-toss (Münze)* Kopf oder Schrift; **~ angle** Steigungswinkel *m*; **~-circle** *tech* Teilkreis *m*; **~ed** [-t] *a*: **~~ battle** regelrechte Schlacht *f*; **~er** ['-ə] Werfende(r), Werfer *m*; *Am* Kanne *f*, Krug *m*; **~fork** *s* Heu-, Mistgabel; Stimmgabel *f*; *tr* mit der Heugabel werfen *od* wenden; *fig (Menschen)* plötzlich versetzen *(into a position* in e-e Lage); hineinlancieren *(into a job* in e-e Stellung); **~man** ['-mən] *Am fam* Straßenhändler; Ansager *m* beim Werbefernsehen; **~-pipe** *mus* Stimmpfeife *f*; **~ speed** *aero* Steigungsgeschwindigkeit *f*; **2.** *s* Pech *n*; *tr* verpichen; *mar* teeren; *who touches ~ shall be defiled (prov)* wer Pech angreift, besudelt sich; *as dark as ~* schwarz wie die Nacht; *mineral ~* Erdpech *n*; **~-black**, **~-blende** ['-blend] Pechblende *f*; **~-dark** stockfinster; **~-pine** *bot* Pechkiefer *f*; **~-y** ['-i] mit Pech beschmiert; pechartig; pechschwarz.

piteous ['pitiəs] kläglich, jämmerlich.

pith [piθ] Mark *a. fig*; *med* Rückenmark *n*; *(Orange)* Haut *f*; *fig* Kern *m*, Substanz *f*, *das* Wesentliche, Quintessenz; Kraft, Stärke; Bedeutung *f*; **~ helmet** Tropenhelm *m*; **~iness** ['-inis] *fig* Kraft; Gedrängtheit *f*, Gehalt *m*; **~y** ['-] markig; *fig (Stil)* gedrängt; inhaltsreich, gehaltvoll, kraftvoll; **~~ sayings** *(pl)* Kraftsprüche *m pl*.

piti|able ['pitiəbl] bemitleidenswert; erbärmlich, jämmerlich, verächtlich; **~ful** ['-ful] mitleidig, mitleidsvoll; bemitleidens-, bejammernswert; erbärmlich, jämmerlich; **~less** ['-lis] mitleids-, erbarmungslos, unbarmherzig; **~lessness** ['-lisnis] Unbarmherzigkeit *f*.

pittance ['pitəns] (knappe) Zuteilung *f*; kleine(r) Betrag *od* Anteil *m*, Bißchen *n*; Hungerlohn *m*.

pituitary [pi'tju(:)itəri] *physiol* schleimig, Schleim-; Hypophysen-; **~ gland**, **body** *anat* Hypophyse *f*.

pity ['piti] *s* Mitleid, Erbarmen, Bedauern *n*; Jammer *m*; *tr* bemitleiden, bedauern; *in ~ of, out of ~* aus Mitleid; *to be in ~ of, to feel ~ for, to have, to take ~ on* Mitleid haben mit; *I ~ you* Sie tun mir leid; *what a ~!* wie schade! *it's a ~ (a thousand pities) that* es ist (ewig) schade, daß; *the ~ is that* es ist ein Jammer, daß; *for ~'s sake!* um('s) Himmels, um Gottes willen! **~ing** ['-iŋ] mitleidig.

pivot ['pivət] *s* Drehpunkt, (Dreh-)Zapfen *m*; Achse; (Tür-)Angel *f*; *mil* Flügelmann; *(~ing point)* Schwenkungspunkt; *fig* Dreh-, Angelpunkt *m*; Schlüsselfigur; Drehung, Kreisbewegung *f*; *a = ~al*; *tr* mit (e-m) Drehzapfen *od* mit Angeln versehen; drehbar lagern; schwenken; *itr* drehbar gelagert sein *(on auf)*; sich drehen *(on, upon* um) *a. fig*; **~al** ['-] als Zapfen, Achse dienend; Kardinal-, Haupt-; entscheidend, lebenswichtig; *the ~~ question* die Kernfrage; **~~-arm** Schwenkarm *m*; **~~-bearing** Zapfen-, Drehlager *n*; **~~-bridge** Drehbrücke *f*; **~-industry** Schlüsselindustrie *f*; **~~-pin** *mot* Achsbolzen *m*; **~~ position** Schlüsselstellung *f*; **~~-ring** Drehring *m*; **~ tooth** Stiftzahn *m*.

pix [piks] **1.** *s. pyx*; **2.** *pl (pictures)* *Am fam* Kino *n*; *(Zeitung)* Bilder *n pl*, Illustrationen *f pl*.

pixie, pixy ['piksi] Fee *f*, Elf(e *f*) *m*.

pixilated ['piksileitid] *a Am* verwirrt; *fam* durchgedreht, durcheinander; *Am sl* besoffen, blau.

plac|ability [plækə'biliti] Versöhnlichkeit, Nachgiebigkeit *f*; **~able** ['plækəbl] versöhnlich; nachgiebig; **~ate** [plə'keit, *Am* 'pleikeit] *tr* besänftigen, beruhigen; versöhnen; **~atory** ['-kətəri] versöhnend, versöhnlich.

placard ['plækɑːd] *s* Plakat *n*, Anschlag(zettel) *m*; *tr* mit Plakaten, Zetteln bekleben; anschlagen, plakatieren, durch Anschlag bekanntmachen *(on* auf); *fig* (offen) zur Schau tragen; *itr* Zettel ankleben.

place [pleis] **1.** *s* Platz, Ort *m*, Stelle *f*, Raum *m*, *lit* Stätte; Lage *f*; *geog* Ort; Wohnort, -sitz *m*; Haus *n*, Wohnung *f*; *(~ in the country)* Landhaus; Lokal *n*; Fleckchen *n* Erde; (Sitz-, Theater-)Platz, Sitz *m*; (Schrift-, Buch-)Stelle; *fig* Stelle *f*, Platz *m (in e-r Ordnung, Reihenfolge)*; Stelle, (An-)Stellung *f (im Beruf)*; Stand, Rang *m*; Amt *n*; *fig* Lage *f*; Amtspflichten *f pl*, -geschäfte *n pl*, Aufgabe *f*; **2.** *adv Am fam in Zssgen*: ...wo; **3.** *tr* (auf)stellen, legen, setzen *a. fig (Vertrauen, Hoffnung)* (in auf); plazieren; unterbringen, ein-, anstellen; *(Ware)* absetzen; *(Gespräch)* anmelden; *(Geld)* anlegen; *(Geschäft)* abschließen; (hintun, hinbringen, einordnen; *(Bestellung)* aufgeben; *(Auftrag)* erteilen; *fig* ein-, abschätzen; identifizieren; **4.** *itr sport (to be ~d)* unter den drei ersten, Besten sein; **5.** *all over the ~* überall, an allen Orten; *any ~ (Am fam)* irgendwo; *at this ~* hier; *com* am hiesigen Platze; *every ~ (Am fam)* überall; *from ~ to ~* von Ort zu Ort; *from this ~ (com)* ab hier; *in ~* an Ort u. Stelle; in Ordnung, angebracht, angemessen; *of s.o.* an jds Stelle; *(an)statt* jds, anstelle von; (stellvertretend) für jdn; *in all ~s* überall; *in my ~* an meiner Stelle, in meiner Lage; *in the first ~* in erster Linie, vor allem, zunächst (einmal); *no ~ (Am fam)* nirgendwo; *out of ~* nicht am (rechten) Platz, unangebracht; außer Dienst; stellenlos; *some ~ (Am fam)* irgendwo; **6.** *to be s.o.'s ~ to do s.th.* jds Sache, Aufgabe sein, etw zu tun; *to be awkwardly ~d* sich in e-r unangenehmen Lage befinden; *to calculate to five ~s (of decimals)* auf 5 (Dezimal)Stellen berechnen; *to give ~* Platz machen *(to* für); *to go ~s (Am fam)* e-n Lokalitätenbummel machen; *Am sl* das Rennen machen; *to have lost o.'s ~* nicht mehr wissen, wo man aufgehört hatte zu lesen; *to hold a ~* e-e Stellung bekleiden; *to keep s.o. in his ~* in Schranken halten; *to keep o.'s ~* s-e Stellung behaupten; *to know o.'s ~ (fig)* wissen, wo man hingehört; *to lay, to set a ~ for s.o.* für jdn ein Gedeck auflegen, für jdn decken; *to put s.o. to, in his ~* jdn in s-e Schranken verweisen; jdn zurechtweisen; *to take ~* stattfinden; *to take s.o.'s ~* jds Stelle einnehmen; an jds Stelle treten; **7.** *to ~ to account* in Rechnung stellen; *to ~ to s.o.'s credit* jdm gutschreiben; *to ~ to s.o.'s debit* jdn belasten *(s.th.* mit e-r S); *to ~ on file* zu den Akten nehmen; *to ~ a matter in s.o.'s hands* jdm die Erledigung e-r S übertragen; *to ~ in position* einbauen; *to ~ on record* notieren, auf-, verzeichnen; **8.** *his heart is in the right ~* er hat das Herz auf dem rechten Fleck; *she was out of ~* sie fiel aus dem Rahmen; *there is no ~ for doubt* es besteht kein Anlaß *od* Grund zum Zweifeln; *put yourself in my ~!* versetzen Sie sich in meine Lage! **9.** *birth~* Geburtsort *m*; *decimal ~* Dezimalstelle *f*; *market ~* Marktplatz *m*; *meeting ~* Treffpunkt *m*; *permanent ~* Dauerstellung *f*; *sore ~* wunde Stelle *f*; *watering ~* Badeort *m*; **10.** *~ of abode* Aufenthalt(sort) *m*; *~ of amusement* Vergnügungsstätte *f*; *~ of arrival* Ankunftsort *m*; *~ of business* Geschäft *n*; *~ of delivery* Zustell-, Erfüllungsort *m*; *~ of destination* Bestimmungsort *m*; *~ of employment, of work* Arbeitsplatz *m*; *~ of origin* Ursprungs-, Herkunfts-, Heimat-, Aufgabeort *m*; *~ of refuge* Zufluchtsort *m*; *~ of residence* Wohnort *m*; *~ of worship* Gotteshaus *n*; Kultstätte *f*; **~-card** Tisch-, Platzkarte *f*; **~-hunter** Stellenjäger *m*; **~-hunting** Stellenjägerei *f*; **~-kick** *(Fußball)* Abschlag *m (vom Tor)*; **~man** ['-mən] *pej* Stelleninhaber *m*; **~ment** ['-mənt] Unterbringung, Plazierung; Verwendung, Anlage, Investition *f*; Arbeitseinsatz *m*; *~~ service* Stellenvermittlung *f*; *~~ test* Einstufungsprüfung *f*; **~-name** Ortsname *m*; **~-r** ['-ə] Stellende(r); Setzende(r); Börsen-, Effektenhändler *m*; *Am* (Gold-, Platin-)Ablagerung, Seife *f*; *~~ mining* Gold-, Platinwäscherei *f*; **placing** ['-iŋ] *fin* Anlage *f*.

placebo [pləˈsiːbou] *pl -os med* Placebo *n*; *fig* Beruhigungspille *f*.

placenta [pləˈsentə] *pl -tae* [-iː] *anat* Mutterkuchen *m*.

placid ['plæsid] ruhig, gelassen, gesetzt, still, sanft(mütig); **~ity** [plæˈsiditi] Ruhe, Gelassenheit, Gesetztheit, Sanftmut *f*, -mut *m*.

placket ['plækit] *(~ hole)* (Damen-)Rockschlitz *m*, -tasche *f*.

plagiar|ism ['pleidʒjərizm] Abschreiben, Plagiieren; Plagiat *n*; **~ist** ['-ist] Plagiator, literarische(r) Freibeuter *m*;

~ize ['pleidʒəraiz] *tr* abschreiben; plagieren, kopieren, nachahmen.

plague [pleig] *s* (Land-)Plage; (Gottes-)Geißel *f*; *(tödliche)* Seuche; (Beulen-)Pest *f*; *fig* Quälgeist *m*; *fam* Plage *f*, Ärger *m*; *tr* heimsuchen; belästigen, quälen, schinden, peinigen, plagen; *to ~~ the life out of s.o.* jdn grün u. blau ärgern; *~~ on it!* verdammt noch mal! verflucht! verflixt!; **~~-spot** Pestbeule *f a. fig*; verseuchte(s) Gebiet *n*; *fig* Schandfleck *m*; **~y** ['-i] *a fam* blöd(e), dumm, ärgerlich; *adv* sehr, äußerst.

plaice [pleis] *pl* ~ *zoo* Gemeine Scholle *f*, Goldbutt *m*.

plaid [plæd] (viereckiger, wollener) Überwurf *m* (der Schotten); (Wollstoff *m* mit) Schottenmuster *n*.

plain [plein] *a* flach, eben, ohne Hindernisse, offen, glatt; *(Textil)* ungeköpert, ungefärbt, ungemustert, einfarbig, uni; *(Alkohol)* unverdünnt; schmucklos, einfach, schlicht, gewöhnlich, reizlos, hausbacken, derb, platt, nicht schön, häßlich; einfach, unkompliziert, klar, offensichtlich, verständlich, deutlich; *(Essen)* einfach, bürgerlich; unzweideutig, offen, ehrlich, gerade, unverblümt; *(Worte)* unumwunden; *(Wahrheit)* rein, nackt, bloß; *adv* offen (u. ehrlich), frei, geradeheraus; *s* (weite) Ebene, freie Fläche *f*, freie(s) Feld *n*; *pl Am* Prärie *f*; *in ~ clothes* in Zivil; *in ~ English, in ~ word* auf gut deutsch, (frei u.) offen, geradeheraus; *to be ~, to use ~ language with s.o.* jdm die Wahrheit, offen *s-e* Meinung sagen, offen mit jdm sprechen; *to make ~* deutlich, zu verstehen geben, klarmachen; *to tell the ~ truth* die volle Wahrheit sagen, reinen Wein einschenken; *I'm a ~ man* ich bin ein einfacher Mann; *that's as ~ as a pikestaff, as ~ as the nose on your face* das ist sonnenklar; **~ bearing** Gleitlager *n*; **~~chant, -song** *rel* Gregorianische(r) Gesang *m*; **~~clothes man** Geheimpolizist, Detektiv *m*; **~ country** Flachland *n*; **~ dealing** aufrichtige, ehrliche, gerade Handlungsweise *f*; **~~dealing** *a* offen, ehrlich, gerade, aufrichtig; **~ fare** Hausmannskost *f*; **~ly** ['-li] *adv* einfach, klar, offen; deutlich; *to put it ~~* um es klar auszudrücken; **~ness** ['-nis] Einfachheit, Schlichtheit, Gewöhnlichkeit, Reizlosigkeit, Derbheit, Plattheit, Häßlichkeit; Unkompliziertheit, Klarheit, Deutlichkeit; Offenheit, Geradheit, Ehrlichkeit *f*; ~ **sailing** e-e einfache Sache; *pred* (ganz) leicht, einfach; ~ **sewing** Weißnähen *f*; **~sman** ['-zmən] *Am* Präriebewohner *m*; ~ **speaking** freie Meinungsäußerung *f*; **~~spoken** *a* freimütig, offen; ~ **suit** *(Karten)* einfache(s) Spiel *n*; ~ **text** Klartext *m*; ~ **tile** Biberschwanz, Flachziegel *m*.

plaint [pleint] *jur u. poet* Klage; *jur* Beschwerde *f*; **~iff** ['-if] *jur* Kläger(in *f*) *m*, klagende Partei *f*; **joint ~~** Nebenkläger *m*; **~ive** ['-iv] klagend, trauernd, traurig, schmerzlich, kläglich.

plait [plæt, *Am* pleit] *s* Falte; Tresse; Flechte *f*, Zopf *m*; *tr* falten, fälteln; (zu e-m Zopf) flechten.

plan [plæn] *s* Entwurf *m*, Skizze *f*; *(~ view)* Grundriß, (Lage-)Plan *m*; Übersicht(stafel) *f*; *fig* Absicht *f*, Vorhaben *n*, Plan *m*, Projekt, Programm; Verfahren(sweise) *f* *n*, Methode *f*; *itr* planen *(for s.th.* etw); *tr* entwerfen, skizzieren; *(to ~ out)* ausarbeiten, vorplanen; *Am* planen, vorhaben, beabsichtigen, (zu tun) gedenken, erwarten, (er)hoffen; *(Zeit)* einteilen; *to ~ on* rechnen mit, bauen auf; *in ~* im Grundriß; *to ~* nach Wunsch; *five-year ~* Fünfjahresplan *m*; **~ned economy** Planwirtschaft *f*; **~less** ['-lis] planlos; **~ner** ['-ə] Planer; *pej* Pläne-, Projektemacher *m*; **~ning** ['-iŋ] Planung, Ausarbeitung *f*; **family ~~** Geburtenkontrolle *f*; **town ~~** Stadtbebauungsplan *m*; **~~ office** Lenkungsstelle *f*; **~~position indicator** Radarschirm *m*; **~ view** Draufsicht *f*.

plane [plein] **1.** *a* flach, eben *a. math*; *scient* plan-; *s* (glatte) Fläche, Ebene *f a. fig*; *fig* Niveau *n* (Entwicklungs-)Stufe, Höhe; *aero* Tragfläche *f*; Flugzeug *n*; *min* Förderstrecke *f*; *itr aero* gleiten; *to ~ down (aero)* niedergleiten, -schweben; *on the same ~* auf der gleichen Ebene *(as* wie); *inclined ~ (phys)* schiefe Ebene *f*; ~ **of culture** Kulturstufe *f*; ~ **of living** Lebensstandard *m*; **~~mirror** Planspiegel *m*; **~~spotter** Luftspäher *m*; **~~table** Meßtisch *m*; **~~ sheet** Meßtischblatt *n*; **~~ticket** Flugkarte *f*; **2.** *s* Verstreichkelle *f (des Maurers)*; Hobel *m*; *tr* verstreichen, hobeln, glätten; planieren; *to ~ off, away, down* ab-, weghobeln; **~r** ['-ə] Verstreicher; Hobler; Hobel(-maschine *f*) *m*; *typ* Klopfholz *n*; **3.** *(~-tree) bot* Platane *f*.

planet ['plænit] *astr* Planet, Wandelstern *m*; **~arium** [plæni'tɛəriəm] Planetarium *n*; **~ary** ['plænitəri] Planeten-;

planetoid

planetarisch; irdisch; in Bewegung (befindlich); *phys* sich in e-r Kreisbahn bewegend; ~~ **gear** *(mot)* Planetengetriebe *n*; **~oid** ['-ɔid] *astr* Planetoid *m*; **~-wheel** *tech* Planetenrad *n*.

planimet|er [plæ'nimitə] Planimeter *n*; **~ry** [plæ'nimətri] Planimetrie *f*.

planing ['pleiniŋ] *s* (Ab-, Be-)Hobeln; Planieren *n*; *attr* Hobel-; **~-bench** Hobelbank *f*; **~-machine** Hobelmaschine *f*.

planish ['plæniʃ] *tr* schlichten, glätten, polieren; *(Blech)* ausbeulen; *phot* satinieren.

plank [plæŋk] *s* Planke, Bohle, Diele *f*; Brett *n*; *(~ing)* Bohlen(holz *n*) *f pl*; *arch* Träger *m*, Stütze, Grundlage *f*; *Am pol* Grundsatz, (Partei-)Programmpunkt *m*; *tr* mit Planken, Bohlen, Dielen aus-, belegen; beplanken, verschalen; *(Fleisch, Fisch)* auf e-m Brett backen u. servieren; hinlegen; *to ~ down, to ~ out (fam)* blechen, (be)zahlen; *(Geld)* ausspucken; **~ bed** Pritsche *f*; **~ing** ['-iŋ] Bohlen-, Dielenlegen *n*; Bohlen, Dielen *f pl*; Verschalung *f*; *(Brücke)* Belag *m*.

plankton ['plæŋktən] *biol* Plankton *n*.

plant [plɑ:nt] *s bot* Pflanze *f*; *agr* Setzling *m*; Gewächs, Kraut *n*; Blume; *tech* Fabrik *f*, Werk(sanlage *f*) *n*, Betrieb(seinrichtung *f*) *m*; Apparatur, Anlage, Maschinerie *f*, Maschinenpark *m*, Gerät *n*; Gebäude *n pl*; *rail* Betriebsmaterial *n*; *min* Grubenanlage *f*; *sl* Betrug(smanöver *n*), Schwindel (-unternehmen *n*) *m*; Versteck *n*; *sl* Falle, Irreführung *f*, Spitzel *m*; *tr* pflanzen, setzen; fest (auf)stellen, einpflanzen; *(Fahne)* aufpflanzen; *fig* (im Gedächtnis) einprägen, -pflanzen, -impfen; *(Anschauungen, Gewohnheiten)* einbürgern; ansiedeln; (be)gründen, stiften; anlegen, einrichten; bestücken; *(junge Fische, Austern)* setzen; *sl (Schlag)* verpassen, versetzen; *sl (Menschen* od *Sache)* als Täuschung, als Falle aufstellen; *sl (Diebesgut)* hehlen, verstecken, verbergen; *sl (Menschen)* 'reinlegen; *sl (Ware)* andrehen *(on s.o.* jdm); *to ~ o.s.* sich aufstellen, *fam* sich hinpflanzen; *to lose ~* absterben; **assembly ~** Montagewerk *n*; **garden ~** Gartenpflanze *f*; **power ~** Kraftanlage *f*, -werk *n*; **tobacco ~** Tabakpflanze *f*; **~ation** [plɑ:n'teiʃən] (An-)Pflanzung, Plantage *f*; Plantagenbetrieb *m*; Baumschule; *hist* Niederlassung, (An-)Siedlung, Kolonie *f*; **coffee, cotton,**

737

plastic surgery

sugar ~~ Kaffee-, Baumwoll-, Zuckerplantage *f*; **~ capacity** Betriebskapazität *f*; **~er** ['plɑ:ntə] Pflanzer, Plantagenbesitzer; Siedler, Kolonist; Pionier *m*; Pflanz-, Setzmaschine *f*; **~ facilities** *pl* Betriebseinrichtungen *f pl*; **~-louse** Blattlaus *f*; **~ management** Betriebsführung *f*; **~ protection** Werkschutz *m*.

plantain ['plæntin] **1.** *bot* Wegerich; **2.** *bot* Pisang *m*; (Mehl-)Banane *f*.

plantigrade ['plæntigreid] *a zoo* auf den (Fuß-)Sohlen gehend; *s* Sohlengänger *m*.

plaque [plɑ:k] Platte *f*, Plättchen *n*; (Gedenk-)Tafel; Plakette; Brosche, Anstecknadel; (Ordens-)Schnalle *f*; *med* Fleck *m*, Platte *f*.

plash [plæʃ] **1.** *s* Pfütze *f*, Pfuhl *m*, Sumpfloch *n*; **~y** ['-i] naß, sumpfig; feucht; **2.** *itr* platschen; plätschern; planschen; *tr* platschen, klatschen auf; *s* Klatschen, Platschen; Plätschern *n*; **~y** ['-i] plätschernd, spritzend; feucht, sumpfig; **3.** *tr (Zweige)* mitea. verflechten; zu e-r Hecke flechten.

plasm ['plæzm], **~a** ['plæzmə] *biol min* Plasma *n*; *(proto-~)* Protoplasma *n*; **~(at)ic** ['plæzmik, plæz'mætik] *a* Plasma-.

plaster ['plɑ:stə] *s arch* (Ver-)Putz, Bewurf *m*; *(~ paint)* Tünche *f*; *(~ of Paris)* Gips; Mörtel *m*; *med pharm* Pflaster *m*; *Am sl* Banknote, Vorladung *f*, *fig* Schatten *m*; *tr* verputzen, bewerfen, (ver-, ein)gipsen; tünchen; bepflastern, bekleben; *Am sl* verpfänden; **sticking ~** Heftpflaster *n*; **~-board** *arch* Gipsplatte *f*; **~-cast** *(Kunst)* Gipsabguß *f*; *med* Gipsverband *m*; **~ed** ['-d] *sl* besoffen, (sternhagel)voll; **~er** ['-rə] Gipsarbeiter, Gipser, Stukkateur *m*; **~ing** ['-riŋ] (Be-)Pflastern *n*; Bewurf, Verputz *m*; Stukkatur *f*.

plastic ['plæstik] *a* bildend, formend, gestaltend; verformbar, knetbar, plastisch; biegsam, formbar, bildsam *a. fig*; *biol* veränderlich; *physiol (Gewebe)* erneuerungsfähig; *med* plastisch; *s (pl)* Kunststoff *m*, -harz *m*; **~ arts** *pl* bildende Kunst *f*; **~ clay** Knetton *m*; **~ compound** Preßstoff *m*; **~ effect** *phot* Tiefenwirkung *f*; **~ine** ['-si:n] Plastilin *n*, Knetmasse *f*; **~ity** [plæs-'tisiti] Formbarkeit, Bildsamkeit; Gestaltungsfähigkeit, Nachgiebigkeit *f*; **~ize** ['plæstisaiz] *tr itr* knetbar, formbar machen *od* werden; **~ operation** *med* Hautplastik *f*; **~s industry** Kunststoffindustrie *f*; **~ surgery** plastische Chirurgie *f*.

plastron ['plæstrən] Brustharnisch; *(Fechten)* Paukschurz *m*.

plat [plæt] **1.** *s* Fleckchen *n* Erde, Stück *n* Land; *Am* Karte *f*, Plan *m*; *tr Am* e-e Karte, e-n Plan machen *od*; **~band** *arch* Kranzleiste *f*, (erhabener) Streifen, Sturz *m*; Blumenbeet *n*; **2.** *tr* (ver)flechten.

plate [pleit] *s* Platte, Tafel, Scheibe *f*; (Grob-)Blech *n*; Lamelle; (Metall-)Schuppe *f*; Schuppenpanzer *m*; Namens-, Firmen-, Metallschild(chen) *n*; *(Graphik)* Kupfer-, Stahl-, Druckplatte *f*; Kupfer(stich), Stahlstich *m*, Lithographie, Tafel *f*, Einschaltbild *n* *(in e-m Buch)*; *typ* Stereotypplatte; Bildseite, -tafel; *phot* Platte; *el* Anode, Elektrode; (Geschirr-)Platte *f*; Teller *m*; Tafel-, Silbergeschirr *n*; Tellervoll; *(Mahlzeit)* Gang *m*, Gedeck *n*; *sport* Pokal; Preis *m*; (Pferde-)Rennen *n*; *med (dental* ~*)* Zahn-, Gaumenplatte *f*; *anat zoo* Blatt *n*; *arch* Querbalken, Träger; *rel* Kollektenteller *m*; *Am sl* gut gekleidete, hübsche Frau *f*; *pl sl* Füße *m pl*; *tr (mit Metall)* überziehen, plattieren, dublieren; *(bes. Schiff)* panzern; *(Papier)* satinieren; *typ* stereotypieren; *dial* ~ *(tele)* Wählscheibe *f*; *door* ~ Türschild *n*; *hot* ~ Heizplatte *f*; *identification* ~ Erkennungsmarke *f*; *number*, *(Am)* *license* ~ *(mot)* Nummerntafel *f*; *soup*, *dinner* ~ Suppenteller *m*; **~basket** Besteckkorb *m*; **~battery** *el* Anodenbatterie *f*; **~brass** Messingblech *n*; **~circuit** *el* Anodenstromkreis *m*; **~clutch** Scheibenkupplung *f*; **~condenser** *el* Plattenkondensator *m*; **~cover** Deckel *m* *(e-r Schüssel)*; **~covering** Blechbelag *m*; **~cutter** Blechschere *f*; **~d** ['-id] *a* gepanzert, Panzer-; mit Metall überzogen, plattiert; *chromium*-~ verchromt; *copper*-~ verkupfert; *electro*-~ galvanisiert; galvanisch versilbert; *gold*-~ vergoldet; *nickel*-~ vernickelt; *silver*--~ versilbert; *tin*-~ verzinnt; **~ful** ['-ful] Tellervoll *m*; **~ga(u)ge** Blechlehre *f*; **~glass** Dick-, Spiegelglas *n*; **~glazer** Papiersatinierer *m*; **~goods** *pl* plattierte, versilberte Ware *f*; **~holder** *phot* Kassette *f*; **~iron** Walzblech *n*; **~layer** *rail* Schienenleger, Streckenarbeiter *m*; **~lunch** Tellergericht *n*; **~maker** Blechschmied *m*; **~mark** Feingehaltsstempel *m*; **~mill** (Eisen-)Walzwerk *n*; **~powder** (Silber-)Putzpulver *n*; **~r** ['-ə] *tech* Plattierer *m*; *sport* (schlechtes) Rennpferd *n*; **~race** *sport* Preisrennen *n*; **~rack** Geschirrspülkorb *m*; **~rail** Platt-, flache Schiene *f*; **~roller** Blechwalzer *m*; **~rolling mill** (Grobblech-)Walzwerk *n*; **~shears** *pl* Blechschere *f*; **~spring** Blattfeder *f*; **~supply** Anodenspannung *f*; **~warmer** Tellerwärmer *m*; **~wheel** Radscheibe *f*.

plateau ['plætou, *Am* -'tou] *pl a.* **-x** [-z] Hochebene, -fläche *f*, Plateau, Tafelland *n*.

platen ['plætən] *typ* (Druck-)Tiegel *m*, Platte *f*; **~press** Tiegeldruckpresse *f*; **~(-roller)** Schreibmaschinenwalze *f*.

platform ['plætfɔ:m] Plattform; Hochebene; Terrasse *f*; flache(s) Dach *n*; (Treppen-)Absatz *m*; Rampe *f*; *Br* Bahnsteig *m*; *tech* Laufbühne; *mar* Laufbrücke; *mil* Geschützbettung; *Am rail* Bühne, Wagenplattform *f*; Podium *n*, (Redner-)Tribüne *f*; *pol* (Partei-)Programm *n*; Grundsatzerklärung; *fig* Ebene *f*; *arrival*, *departure* ~ Ankunfts-, Abgangsbahnsteig *m*; *charging*-~ *(tech)* Beschickungsbühne *f*; *end* ~ Kopfbahnsteig *m*; *lifting* ~ Hebebühne *f*; *loading*-~ Ladebühne *f*; **~balance** Brückenwaage *f*; **~barrier** Bahnsteigsperre *f*; **~car** *Am* Rungen-, offene(r) Güterwagen *m*; **~refreshment stall** Büfett *n* auf dem Bahnsteig; ~ **scale** Brückenwaage *f*; **~ticket** Bahnsteigkarte *f*; **~underpass** Bahnsteigunterführung *f*.

plating ['pleitiŋ] Panzerung; Plattierung *f*, Metallüberzug *m*; Beplankung *f*; **~vat** Galvanisierbottich *m*.

platin|oid ['plætinɔid] *a* platinartig; *s* Platinlegierung *f*, Platinoid *n*; **~um** ['-əm] Platin *n*; ~ *blonde* *(fam)* Platinblondine *f*.

platitud|e ['plætitju:d] Plattheit, Seichtheit *f*; Gemeinplatz *m*, Platitüde, Banalität *f*; **~inarian** [-'nɛəriən] Schwätzer *m*; **~inize** [plæti'tju:dinaiz] *itr* seichte Bemerkungen machen, *fam* (dämlich) quatschen; **~inous** [-'tju:dinəs] banal, seicht.

Platonic [plə'tɔnik] platonisch.

platoon [plə'tu:n] *mil* Zug *m*; *allg* Abteilung, Gruppe *f*, Aufgebot *n*; *(Polizei)* Kommando *n*; *(Fußball)* Mannschaft *f*; ~ **commander**, *Am* **officer** Zugführer *m*; ~ **sergeant**, *Am* **leader** stellvertretende(r) Zugführer *m*.

platter ['plætə] *Am* (Braten-)Platte; flache Schüssel; *Am sl* (Schall-)Platte *f*; *Am sport* Diskus *m*.

plau|dits ['plɔ:dits] *pl* Beifallklatschen *n*, Applaus *m*; **~sibility** [plɔ:zə'biliti]

plausible   739   **play up**

Annehmbarkeit, Überzeugungskraft; Glaub-, Vertrauenswürdigkeit *f*; **~sible** ['plɔːzəbl] annehmbar, überzeugend, einleuchtend, glaubhaft.

play [plei] **1.** *itr* spielen *a. fig (vom Sonnenlicht, Lächeln: on* auf, *over* über; *at a game* ein Spiel; *with s.o.* mit jdm *a. fig; fig on s.o.* sein Spiel mit jdm treiben); *mus* Musik machen, spielen (*on a violin* auf e-r Geige); *theat* spielen, auftreten; *(Musik-, Theaterstück)* sich spielen lassen, zu spielen sein; tändeln, flirten; *tech* Spielraum haben; Wasser spritzen (*on s.th.* auf etw); beschießen (*on s.th.* etw); **2.** *tr (ein Spiel)* spielen; spielen gegen; *(e-n Spieler)* spielen lassen, einsetzen, verwenden (*as* als); wetten, setzen auf; *(Musik, ein Instrument, ein Theaterstück, e-e Rolle)* spielen; *(auf e-m Instrument)* begleiten; sich benehmen, auftreten als; *(Karte)* ausspielen; *(Theater)* spielen in *(e-r Stadt)*; spielen mit *(e-m Gegenstand)*; *(Licht-, Wasserstrahl)* spielen lassen (*on, over* über); *(Fisch an der Angel)* zappeln lassen; leicht, gewandt umgehen mit, handhaben; *Am sl* hofieren, gehen mit; Geschäftsverbindungen haben mit; **3.** *s* Spiel *n*; Spaß, Scherz *m*; Wette *f*; (Theater-)Spiel, Stück; Spielen *n (des Lichtes)*; freie Bewegung, Bewegungsfreiheit *f*, Spielraum *a. tech; fig* Umtrieb *m*, Aktivität, Tätigkeit; Kurzweil *f*; Verhalten *n*, Handlungsweise *f*; **4.** *as good as a* ~ unterhaltsam; *at* ~ beim Spiel; *at the* ~ im Theater; *in* ~ im Spaß, Scherz; *sport* im Spiel; *in full* ~ in vollem Gange; *out of* ~ *(sport)* aus (dem Spiel); **5.** *to allow full* ~ *to s.th.* e-r S freien Lauf lassen; *to bring into* ~ ins Spiel, in Gang bringen; Gebrauch machen von; *to come into* ~ s-e Tätigkeit entfalten; in Tätigkeit treten; *to give free, more* ~ *to s.th.* e-r S freien, mehr Spielraum lassen; *to go to the* ~ ins Theater gehen; *to make a* ~ *for (Am sl)* alles in ihr Gebote Stehende tun, um zu; allen Charme aufbieten; *to* ~ *ball (Am sl) fig* zs.arbeiten; *to* ~ *to capacity audience (theat)* vor vollem Haus spielen; *to* ~ *at cards* Karten spielen; *to* ~ *o.'s cards well* das Beste aus der Sache herausholen; *to* ~ *at chess* Schach spielen; *to* ~ *ducks and drakes with s.th.* mit etw verschwenderisch umgehen; *to* ~ *by ear (mus)* nach Gehör spielen; *to* ~ *both ends against the middle* mit allem rechnen; die beiden Gegner gegenea. ausspielen; *to* ~ *fair* fair, ehrlich spielen; sich ordentlich, anständig benehmen; *to* ~ *s.o. false* jdn betrügen, hintergehen; *fam* jdn übers Ohr hauen; *to* ~ *fast and loose* rücksichtslos umgehen mit; *to* ~ *the second fiddle* in untergeordneter Stellung sein; die zweite Geige spielen *(to* bei); *to* ~ *the fool* sich albern benehmen; *to* ~ *football* Fußball spielen; *to* ~ *foul* unfair, falsch spielen; sich schlecht benehmen; *to* ~ *to the gallery* auf die Straße gehen, an den Pöbel appellieren; *to* ~ *the game* die Spielregeln einhalten; *to* ~ *games with s.o. (Am sl)* jdn hereinlegen; *to* ~ *hard (Am)* alle Mittel anwenden; *to* ~ *at hide-and-seek* Versteck spielen; *to* ~ *into the hands of s.o.* jdm in die Hände spielen; *to* ~ *(at) hockey* Hockey spielen; *to* ~ *it (low) on s.o.* jdn ausnützen; *to* ~ *for safety* auf Sicherheit gehen; sich vorsichtig verhalten; *to* ~ *tennis* Tennis spielen; *to* ~ *with edged tools* ein großes Risiko eingehen; *to* ~ *for time* Zeit zu gewinnen suchen; *to* ~ *truant, the wag, (Am) hooky* die Schule schwänzen; **6.** *it* ~ed *on our nerves* es ging uns auf die Nerven; *it is your* ~ Sie sind am Spiel; **7.** *child's* ~ Kinderspiel *n*, leichte, einfache Sache *f; fair* ~ ehrliche(s) Spiel; *fig* einwandfreie(s) Verhalten *n; foul* ~ regelwidrige(s) Spiel *n; fig* Betrug *m*; Gewalt *f; as good as* ~ sehr lustig, spaßig; ~ *of colo(u)rs* Farbenspiel *n*; ~ *on words* Wortspiel *n; to* ~ **about** herum-, umherspielen (*with s.th.* mit etw); *to* ~ **against** ausspielen gegen; *to* ~ **away** *sport* auswärts spielen; *to* ~ **back** *(Platte)* abspielen; *to* ~ **down** geringen Wert beimessen (*s.th.* e-r S); herabsetzen; nicht viel reden über, beschönigen; *to s.o.* sich auf jds Ebene begeben; *to* ~ **for** spielen um (*s.th.* etw; *s.o.* für jdn); *to* ~ **off** *tr sport (Spiel)* beenden; (mit der Hand) abwehren; sich lustig machen über; betrügen um *(on s.o.* jdn); *s.o. against s.o. else* jdn gegen jdn anders ausspielen; *itr* ein Entscheidungsspiel spielen; *to* ~ **on** weiterspielen; *to* ~ **out** zu Ende spielen; mit Musik hinausbegleiten; ~*ed out* ausgespielt, erledigt; verbraucht, erschöpft, *fam* fertig; überholt, veraltet; *to* ~ **to** vorspielen (*s.o.* jdm); *to* ~ **up** *itr* sich (beim Spiel) zs.reißen; dem Beispiel folgen; *tr fam* breittreten, an die große Glocke hängen; besonders herausstellen; *fam* verärgern, aufbringen; *to s.o. (fam)*

play upon — **pledge**

jdm Honig ums Maul schmieren; sich an jdn anpassen; *with s.th.* etw durcheinanderbringen; *to ~ upon* ausnützen (*s.o.* jdn); **~able** ['-əbl] spielbar; **~actor** *pej* Komödiant *m*; **~back** Ab-, Rückspielen *n* (*e-r Tonaufnahme*); **~bill** Theaterzettel *m*, -programm *n*; **~~book** Textbuch; Schauspielbuch *n*; **~box** Spiel(zeug)kiste *f*; **~boy** *fam* Lebemann; Luftikus *m*; **~day** freie(r) Tag *m*; **~debt** Spielschuld *f*; **~er** ['-ə] Spieler; *theat* Darsteller *m*; *chess-, football-, piano-~* Schach-, Fußball-, Klavierspieler *m*; **~~-piano** elektrische(s) Klavier *n*; **~fellow** Spielgefährte *m*; **~ful** ['-ful] zu Scherz aufgelegt; lustig, fidel, spaßig, spaßhaft; **~fulness** ['-fulnis] Mutwille *m*; Lustigkeit *f*; **~game** Kinderspiel *n fig*; **~goer** Theaterbesucher *m*; **~ground** Spielplatz; Schulhof *m*; **~house** Theater; *Am* Spielhaus *(für Kinder)*; *Am* Puppenhaus *n*; **~ing** ['-iŋ] Spiel(en) *n*; **~~-card** Spielkarte *f*; **~~-field** Sportplatz *m*; **~let** ['-lit] *theat* Dramolett *n*, Einakter *m*; **~mate** Spielgefährte; Partner *m (im Spiel)*; **~off** Entscheidungs-, Wiederholungsspiel *n*; **~pen** Laufställchen *n*; **~room** Spielzimmer *n*; **~suit** Strandanzug *m*; **~thing** Spielzeug *n*; **~time** Spielzeit; Pause *f*; **~wright** ['-rait] Schauspieldichter, Bühnenschriftsteller, Dramatiker *m*.

plea [pli:] Ausrede *f*, Vorwand *m*, Entschuldigung *f*; Einwand *m*; *jur* Rechts-, Prozeßeinwand *m*, Einrede; (*counter ~*) Klagentgegnung, -erwiderung; Verteidigung(seinwand *m*); Rechtfertigung *f*; Prozeß, Rechtsstreit *m*; dringende Bitte *f*, Gesuch *n* (*for* um); *on the ~ of* unter dem Vorwand *gen*; *to enter, to put in, to tender a ~* e-e Einrede erheben *od* einbringen; *~ of guilty* Schuldbekenntnis *n*; *~ of nullity* Nichtigkeitseinrede *f*.

plead [pli:d] *itr jur* plädieren, vortragen, verhandeln; *for s.th.* um etw bitten; sich für etw einsetzen, sich für etw verwenden (*with s.o.* bei jdm); anflehen (*with s.o.* jdn); *tr* verteidigen, vertreten, erörtern; einwenden, geltend machen, vorbringen, angeben, behaupten; vorschützen, sich entschuldigen mit; *to ~ the cause of s.o.* für jdn eintreten; jds S vertreten; *to ~ guilty* sich schuldig bekennen (*to* an); *to ~ not guilty* s-e Schuld bestreiten, leugnen; *to ~ ignorance* Unkenntnis vorschützen; *to ~ for mercy* um Gnade bitten; **~er** ['-ə] Verteidiger, Fürsprecher; Sachwalter; Prozeßbevollmächtigte(r), Anwalt *m*; **~ing** ['-iŋ] Plädoyer *n*, Verteidigung *f*; Bitten *n (for* um); *pl* Gerichtsverhandlungen *f pl*; Vorverhandlung *f*; Aussagen *f pl* der Prozeßparteien; (vorbereitende) Schriftsätze *m pl*; Prozeßakten *f pl*.

pleas|ant ['pleznt] angenehm, gefällig, erfreulich; umgänglich, liebenswürdig; heiter, fröhlich, lustig, gemütlich; scherzhaft, scherzend; **~antness** ['plezntnis] Annehmlichkeit; Gemütlichkeit; Liebenswürdigkeit; Heiterkeit, Fröhlichkeit; Scherzhaftigkeit *f*; **~antry** ['plezntri] Lustigkeit, Ausgelassenheit *f*; Scherz, Spaß *m*; **~e** [pli:z] *tr* gefallen, angenehm sein (*s.o.* jdm), befriedigen; zufriedenstellen, recht machen; *itr* gefallen, angenehm sein, zufriedenstellen; *iro* geruhen, belieben; *to ~ o.s.* nach s-m Belieben tun *od* handeln; *to be ~d* zufrieden sein (*with* mit); froh, erfreut sein (*with* über); *as ~ed as Punch* quietschvergnügt; *if you ~* denken Sie nur; wenn ich bitten darf; *it ~es me* es gefällt mir; *(if you) ~!* bitte! *~ yourself, do as you ~* tun Sie ganz nach Belieben! *~ be seated* setzen Sie sich, bitte; *~ God* so Gott will; *hard to ~* wählerisch, anspruchsvoll; **~ing** ['pli:ziŋ] angenehm; anziehend; erfreulich; **~urable** ['pleʒərəbl] angenehm, erfreulich; **~ure** ['pleʒə] Vergnügen *n*, Freude *f*; Gefallen *n*; Zufriedenheit *f*; Genuß *m*; *at ~* nach Belieben; *with ~* mit Vergnügen; *to afford great ~* großes Vergnügen machen; *to have the ~ of doing* das Vergnügen haben, zu tun; *to take ~ in* Gefallen finden an; *business comes before ~* zuerst die Arbeit, dann das Vergnügen; **~-boat** Vergnügungsdampfer *m*; **~~-ground** Fest-, Spiel-, Sportplatz *m*; **~~ party** Ausflug *m*; **~~-principle** *(psychol)* Lustprinzip *n*; **~~ resort** Vergnügungsort *m*; **~~-trip** Vergnügungsreise *f*.

pleat [pli:t] *s* (Zier-)Falte *f*, Plissee *n*; *tr* in Falten legen, fälteln, plissieren.

pleb [pleb] *sl* Prolet *m*; **~e** [pli:b] *Am das* (gemeine) Volk; **~eian** [pli'bi(:)ən] *s hist* Plebejer; Proletarier; Prolet *m*; *a hist* plebejisch; proletarisch; proletenhaft; **~iscite** ['plebisit, *Am* '-ait] Volksentscheid *m*, -abstimmung *f*.

plectrum ['plektrəm] *pl a.* **-tra** [-trə] *mus* Plektron *n*.

pledg|e [pledʒ] (Faust-)Pfand *n*, Bürgschaft, Sicherheit *f*; Geisel *m*

od *f; fig* Unterpfand; Gelöbnis, Versprechen *n*, Zusage *f*; Trinkspruch, Toast; Novize *m; tr* verpfänden, *a. fig* als Pfand geben, versetzen; verpflichten; geloben, zusagen (*s.th.* etw); *s.o.* auf jdn e-n Trinkspruch ausbringen, jdm zutrinken; jdn verpflichten (*to* zu); jdn als Novizen, als neues Mitglied aufnehmen; *to ~ o.s.* sich verbürgen, sich verpflichten (*to do* zu tun); *in ~* als, zum Pfand; *under the ~ of secrecy* unter dem Siegel der Verschwiegenheit; *to hold in ~* als Pfand haben; *to put, to give in ~* als Pfand geben; *to take the ~* sich zur Abstinenz verpflichten; *to take in ~* als Pfand nehmen; *to take out of ~* auslösen; *to ~ o.'s word* sein (Ehren-)Wort geben; *dead ~* Faustpfand *n; election ~* Wahlversprechen *n; ~~-holder s. ~ee; ~ed* [-d] *a* verpflichtet; *~ee* [ple'dʒi:] Pfandnehmer, -halter, -inhaber, -gläubiger *m;* **~er**, **~or** [-ə, '-ɔ:] Pfandgeber, -schuldner *m;* **~et** ['-it] *med* Tampon *m;* **~ing** ['-iŋ] Verpfändung; Pfandbestellung *f.*
pleistocene ['pli:stə(u)si:n, 'plai-] *geol* Pleistozän *n.*
plen|ary ['pli:nəri] voll(ständig, -kommen); Voll-, Plenar-; *~ assembly, meeting* Vollversammlung *f; ~ indulgence (rel)* vollkommene(r) Ablaß *m; ~ powers (pl)* (unbeschränkte) Vollmacht *f; ~ session* Voll-, Plenarsitzung *f;* **~ipotentiary** [plenipə-'tenʃəri] *a* bevollmächtigt; Vollmacht-; *s* Bevollmächtigte(r) *m;* **~itude** ['plenitju:d] Fülle *f*, Reichtum *m* (*of* an); Vollständigkeit *f; ~ of faculties* Vollbesitz *m* der geistigen Kräfte; *~ of power* Machtvollkommenheit *f.*
plent|eous ['plentjəs] reichlich; **~eousness** [-'jəsnis] (Über-)Fülle *f*, Überfluß *m;* **~iful** ['-iful] reichlich, im Überfluß; **~ifulness** [-'ifulnis] (Über-)fülle *f*, -fluß, Reichtum *m (of* an); **~y** ['-i] *s* Reichtum *m*, Fülle *f*, Überfluß *m; Am a pred* reichlich, im Überfluß; *adv fam* reichlich; *~ of e-e* Menge ...; reichlich; sehr viel; *~ more* e-e Menge mehr; *in ~* in Hülle u. Fülle, *fam* in rauhen Mengen; *horn of ~* Füllhorn *n; land of ~* Schlaraffenland *n.*
plenum ['pli:nəm] *phys* erfüllte(r) Raum *m;* Vollversammlung *f*, Plenum *n;* **~ heating** Umwälzheizung *f.*
pleon|asm ['pli(:)ənæzm] Pleonasmus *m;* **~astic** [pliə'næstik] *adv ~~ally* pleonastisch.
plethor|a ['pleθərə] *med* Blutandrang *m; fig* Fülle, Überfüllung *f (of* an);

~ic [ple'θɔrik] *adv ~~ally; med* vollblütig; *fig* übervoll; *(Stil)* geschwollen.
pleurisy ['pluərisi] Brustfell-, Rippenfellentzündung *f.*
plex|iglass ['pleksigla:s] *(Warenzeichen)* Plexiglas *n;* **~us** [-əs] Netzwerk, Geflecht, Gewirr; *anat* (Gefäß-, Nerven-)Geflecht *n.*
pli|ability [plaiə'biliti] Biegsamkeit; Geschmeidigkeit *f a. fig;* **~able** ['plaiəbl] biegsam, formbar, geschmeidig *a. fig; fig* leicht zu beeinflussen(d) *od* zu überreden(d), nachgiebig, umgänglich, entgegenkommend; **~ancy** ['-ənsi] *= ~ability;* **~ant** ['-ənt] *= ~able.*
plica ['plaikə] *pl -ae* [-si:] *anat* Falte *f; med* Weichselzopf *m; bot* Verwachsung *f;* **~tion** [plai'keiʃən] *geol* Faltung *f.*
pliers ['plaiəz] *pl* (Draht-, Flach-)Zange *f.*
plight [plait] **1.** (*bes.* gefährliche *od* peinliche) Lage *f;* **2.** *tr* verpfänden; *to ~ o.s.* sich verpflichten, sich binden; sich verloben (*to* mit); *s* Verlobung *f.*
plinth [plinθ] *arch* Plinthe, Säulenplatte; Fußleiste *f.*
pliocene ['plaiəsi:n] *geol* Pliozän *n.*
plod [plɔd] *tr (~ on) (o.'s way)* (mühsam) daherstapfen; *itr* sta(m)pfen; mühsam vorwärtsschreiten; sich (ab)placken, schuften; *~ on* mühsam weitermachen; *s* schwere(r) Tritt *m;* Plackerei *f;* **~der** ['-ə] Packesel *fig,* Büffler; stumpfsinnige(r) Mensch *m;* **~ding** ['-iŋ] schwerfällig; ausdauernd.
plop [plɔp] *itr tr* plumpsen (lassen) (*into* in); *s* Plumps(en *n*) *m; (Kork)* Knallen *n; adv* plumpsend.
plosive ['plousiv] Verschlußlaut *m.*
plot [plɔt] **1.** *s* Fleck(chen *n*) *m* Erde *od* Land; Parzelle *f;* Platz *m*, Stelle *f*, Standort *m; bes. Am* Grundriß, Plan *m,* Schaubild, Diagramm *n,* Karte, graphische Darstellung *f;* Plan, Anschlag *m,* böse Absicht, Intrige, Verschwörung; *lit* Handlung, Fabel, Verwick(e)lung, Intrige *f; tr* e-n Plan, e-e Karte machen von, graphisch darstellen *a. math;* ein-, aufzeichnen, auf-, eintragen; *(Kurs)* abstecken, absetzen; *(Plan)* aushecken, schmieden; *lit* ausdenken, entwerfen; *to ~ out* skizzieren, entwerfen, parzellieren; *itr* Ränke schmieden, intrigieren, konspirieren (*against* gegen); *to lay, to hatch a ~* e-e Verschwörung anzetteln *od* aushecken; *building ~* Bauplatz *m;* **~ter** ['-ə] Intrigant, Ränkeschmied; Verschwörer; *tech* Zeichner; Auswerter, Rechner *m;* **~ting** ['-iŋ]

plough *aero* Eintragung, Auswertung *f*; Planen *n*; Darstellung *f*; ~~ *table* Auswerte-, Koppeltisch *m*.

plough, *Am meist* **plow** [plau] *s* Pflug; *tech* Kehl-, *(Buchbinderei)* Beschneidhobel; *fig sl (Prüfung)* Mißerfolg *m*, Durchfallen *n*; *the* P~ *(astr)* der Große Bär, der Große Wagen; *tr* pflügen; *(Furche)* ziehen; (durch)furchen; durchziehen; hobeln; *(Weg)* bahnen; *fig* durchfallen lassen; *to be* ~ed die Prüfung nicht bestehen, durchfallen; *to* ~ *back* unterpflügen; *itr* pflügen; sich pflügen lassen; ziehen *(through* durch); einherstapfen; *fig* sich vergraben *(into* in); durchackern *(through a book* ein Buch); *to* ~ *up* umpflügen; *to put o.'s hand to the* ~ Hand anlegen; *to* ~ *a lonely furrow* alles allein machen; *to* ~ *the sands (fig)* sich vergebliche Mühe machen; *motor*-~ Motorpflug *m*; *snow*-~ Schneepflug *m*; ~**boy** Pflüger; Bauernjunge *m*; ~~**land** Hufe *f*; ~**man** Pflüger; Landarbeiter *m*; ~**share** Pflugschar *f*; ~~**stock, -tail** Pflugsterz *m*.

plover ['plʌvə, *Am a.* 'plouvə] *orn* Regenpfeifer; *a.* Kiebitz *m*.

ploy [plɔi] List; Arbeit *f*.

pluck [plʌk] *tr* ab-, ausreißen, reißen, zerren; *(Geflügel)* rupfen; zupfen; *(Augenbrauen)* auszupfen; *(Blume)* pflücken, abreißen; *sl* rupfen, abstauben, begaunern; *Br sl (in e-r Prüfung)* durchfallen lassen; *itr* reißen, zerren, zupfen, ziehen *(at* an); schnappen *(at* nach); *s* Ruck, Zug *m*; Zerren, Reißen *n*; *fig* Beherztheit *f*, Mut *m*, Tapferkeit *f*; *(Tier)* Innereien *f pl*; *to* ~ *out, to* ~ *up* ausreißen; *(Unkraut)* jäten; *to* ~ *up (courage, heart, spirits)* Mut fassen; ~**ed** [-t] *a* mutig; ~**iness** ['-inis] Mut *m*, Kühnheit *f*; ~**y** ['-i] mutig, kühn, beherzt.

plug [plʌg] *s* Pflock, Stöpsel, Pfropfen; *(Faß)* Spund; Zapfen, Dübel; Verschluß; *(*~ *of cotton)* Wattebausch; *el* Stöpsel, Stecker *m*; *mot (spark*-~*)* Zündkerze *f*; *(fire*-~*)* Hydrant; *(WC)* Druckspüler *m*; *med* Plombe, Füllung; *sl* Kugel; *Am sl (*~ *hat)* Angströhre *f*, Zylinder; *Am sl* (alter) Klepper *m*, Schindmähre *f*, alte(r) Kasten *m*, alte Mühle *f*, alte(r) Plunder, Ladenhüter; *(Buch)* Schmöker *m*; *Am sl* Reklame *f*, Werbespruch *m*, Empfehlung; radio eingeschaltete Werbesendung *f*; *tr (to* ~ *up)* zustopfen, -stöpseln; *(Faß)* zuspunden; hineinstecken; *(Zahn)* plombieren, füllen; ein Stück herausschneiden aus *(e-r Melone)*; *sl* e-e Kugel jagen in; mit der Faust schlagen auf, bearbeiten; *fam* die Werbetrommel rühren für; einhämmern, -bleuen, -trichtern; *s.th. on s.o.* jdm etw aufdrängen, anhängen; *to* ~ *away (at fam)* sich abquälen mit, herumschuften an, büffeln in; *to* ~ *in (el)* einstöpseln, hineinstecken; einschalten; *to* ~ *into connection* an die Steckdose anschließen; *to pull the* ~ das Klo spülen; *Am sl* hängen lassen, Schwierigkeiten machen, verpfeifen; ~~**box, -connector, -contact, -point, -socket** Steckdose *f*, -kontakt *m*; ~**ger** ['-ə] *fam* Einhämmerer, -trichterer; begeisterte(r) Zuschauer; Arbeitsfanatiker, Büffler *m*; ~~**ugly** *Am* Rowdy, Gangster *m*.

plum [plʌm] Pflaume *f*; *(*~*-tree)* Pflaumenbaum *m*; Rosine *f (im Kuchen od Pudding)*; *fig* das Beste, die Auslese, Spitze; das Glanzstück; *sl* Belohnung, gutbezahlte Stelle *f*; *sl* 100000 £; *to get the* ~ den Vogel abschießen; den Löwenanteil bekommen; *cherry-, dried-, egg*-~ Kirsch-, Back-, Zierpflaume *f*; *French* ~ Damaszene(r Pflaume) *f*; *mussel*-~ Zwetsch(g)e *f*; *sugar*-~ Bonbon *m* od *n*; ~~**cake** Rosinenkuchen *m*; ~~**duff** (einfacher) Rosinenpudding *m*; ~~**jam** Pflaumenmarmelade *f*; ~~**pudding** Plumpudding *m*; ~~ *stone (geol)* Puddingstein *m*; ~~**tart** Zwetsch(g)enkuchen *m*, Pflaumentorte *f*.

plumage ['plu:midʒ] Gefieder *n*.

plumb [plʌm] *s (*~*-line, -bob)* Lot, Senkblei *n*; *a* lot-, senkrecht; aufrecht stehend; *fig* aufrecht, aufrichtig; *fam* vollkommen, völlig, absolut, glatt *(Unsinn)*; *adv* senkrecht; direkt; *Am fam* vollkommen, absolut, glatt, total; *tr* (aus)loten, sondieren *a. fig*; *fig* erforschen, herausbekommen, lösen, verstehen; lot-, senkrecht machen; mit Blei beschweren *od* versiegeln; *(als Klempner)* installieren; *(Rohre)* legen; *Am sl* völlig versauen; *out of, (Am) off* ~ aus dem Lot, schief; ~**ago** [-'beigou] *min* Graphit *m*; Bleistiftzeichnung; *bot* Bleiwurz *f*; ~**eous** ['-biəs] bleiartig, -haltig, Blei-; bleiern; ~**er** ['-ə] Klempner, Flaschner, Spengler; Installateur *m*; ~**ery** ['-əri] Klempnerei, Flaschnerei, Spenglerei; Installation *f*; Rohrlegen *n*; ~**ic** ['-bik] *a chem* Plumbi-; *med* Blei-; ~**iferous** [-'bifərəs] bleihaltig; ~**ing** ['-iŋ] Lotung; Klempner-, Flaschner-, Spenglerarbeit *f*; Rohre u. Bindungen *pl*;

~ism ['bizm] Bleivergiftung *f*; **~~rule** Senk-, Lotwaage *f*.
plume [plu:m] *s (bes.* wehende, wallende, Straußen-)Feder *f*; Federbusch *m*; Gefieder *n*; *zoo* Feder; *Am* Trophäe *f*, Siegespreis *m*; *tr* mit Federn schmücken; *(Vogel das Gefieder)* glätten; *to ~ o.s. (Vogel)* sein Gefieder glätten; *fig* sich brüsten *(on* mit); *~ of smoke* Rauchfahne *f*.
plummet ['plʌmit] *s* Senkblei; *fig* Bleigewicht *n*; *itr* senkrecht hinunterfallen, (ab)stürzen.
plummy ['plʌmi] pflaumenreich, voller Pflaumen; pflaumenartig; *fam* pfundig, prima.
plumose ['plu:mous] gefiedert; flaumig, federartig.
plump [plʌmp] **1.** *a* rundlich, mollig; pausbäckig, *fam* pumm(e)lig; *tr itr (to ~ up, to ~ out)* aufschwellen; dick machen *od* werden; **~er** ['-ə] Bausch *m*; **~ness** ['-nis] Rundlichkeit *f*; **2.** *itr* plumpsen; stoßen; *fig* ausschließlich wählen *od* unterstützen *(for s.o.* jdn); *to ~ into* hineinplatzen in; *tr* plumpsen, fallen lassen; *(to ~ up) (Kissen)* aufschütteln; *fig* offen herausragen *(with s.th.* etw); *s* schwere(r) Fall, Zs.stoß; Plumps(en *n*) *m*; *adv* plumpsend, heftig; gerade hinunter; gerade heraus, (ganz) offen; *a* gerade, offen, unverblümt; **~er** ['-ə] schwere(r) Fall, Plumps *m*; Wahl *f* nur *e*-s Kandidaten, plumpe Lüge *f*.
plumy ['plu:mi] *a* aus Federn; federgeschmückt; federartig.
plunder ['plʌndə] *tr* (aus)plündern; *itr* plündern, stehlen; *s* Plünderung *f*, Diebstahl; Raub *m*, Beute *f*, Diebesgut *n*; *sl* Profit, Gewinn; *Am fam* Plunder *m*; **~er** ['-rə] Plünderer, Dieb *m*.
plunge [plʌndʒ] *tr* tauchen, tunken; *(in e-e Flüssigkeit, e-e Waffe)* stoßen; *(in Schulden, in e-n Krieg)* stürzen *(in, into* in); *itr* tauchen, sich (hinein)stürzen *a. fig (into* in); *(Pferd)* durchgehen; *(Schiff)* stampfen; *(Hang)* steil abfallen; *(Straße)* steil hinabführen; *fam* mit dem Geld um sich werfen, das Geld aus dem Fenster werfen; wild spekulieren; *s* Tauchen *n*; (Ab-)Sprung, Sturz *m*; Schwimmen; Schwimmbecken; *(Pferd)* Ausschlagen *n*; *fam* schnelle(r) Entschluß *m*, Investierung, Spekulation *f*; *to take the ~~* sich in ein Abenteuer stürzen; **~r** ['-ə] Taucher; *fam* Spekulant; *tech* Tauchkolben *m*.
plunk [plʌŋk] *tr* hinwerfen, umstoßen, -kippen; heftig werfen, hinschleudern; *mus (Instrument)* zupfen; *Am sl* umlegen; *itr* hinfallen, umfallen, -kippen; *(Saiteninstrument)* erklingen; *(sl) to ~ down (Geld)* auf den Tisch legen; blechen; *s mus* Zupfen; Erklingen *n*; *Am fam* (heftiger) Schlag, Stoß; *Am sl* Dollar *m*; *adv* mit e-m Plumps; genau.
pluperfect ['plu:'pə:fikt] *s gram* Plusquamperfekt *n*.
plural ['pluərəl] *a* mehrfach; *gram* pluralisch, Plural-; *s* Plural *m*, Mehrzahl *f*; **~ism** ['-izm] Pluralismus *m*; Vereinigung *f* mehrerer Ämter *od* Pfründen; **~istic** [pluərə'listik] *philos* pluralistisch; **~ity** ['-'ræliti] Vielheit, *(Wahl)* Mehrheit; *(~~ of votes)* Stimmenmehrheit *f*; *~~ of gods* Vielgötterei *f*; *~~ of wives* Vielweiberei *f*.
plus [plʌs] *conj* und, plus; *prp* zuzüglich *gen*; *adv* dazu, außerdem, obendrein; *el* positiv; *a* Plus-; positiv; Extra-; *com* Haben-; *s* Plus, Mehr; *(~sign)* Pluszeichen *n*; **~~fours** *pl* Golfhose *f*, Knickerbocker *pl*.
plush [plʌʃ] *s* Plüsch; *Am sl* luxuriöse(r) Gegenstand *m*; *a* aus Plüsch; *sl* luxuriös, üppig, schick, elegant; **~y** ['-i] *a* aus Plüsch; plüschartig; *sl* luxuriös, elegant.
plutocra|**cy** ['plu:'tɔkrəsi] Plutokratie *f*, Geldherrschaft; Geldaristokratie *f*; **-t** ['plu:tɔkræt] Plutokrat, Geldaristokrat, Großkapitalist; *fam* Geldprotz *m*; **~tic** [plu:tə'krætik] plutokratisch.
plutonium [plu:'tounjəm] *chem* Plutonium *n*.
pluv|**ial** ['plu:viəl], **~ious** ['-iəs] *a* Regen-; regenreich; regnerisch; **~iometer** [plu:vi'ɔmitə] Regenmesser *m*.
ply [plai] **1.** *tr* biegen, winden, falten, formen; *itr fig* nachgiebig, anpassungsfähig sein; nachgeben *(to s.o.* jdm), zustimmen *(to s.th.* e-r S); *s* Falte, Windung; Schicht, Lage; *(Garn-)* Strähne *f*, Strang *m*; Furnier *n*; *fig* Neigung *f*, Hang *m*; *three-~* dreifach; **~wood** Sperrholz *n*; *~~ covering, fairing* Sperrholzbeplankung *f*; *~~ sheet* Sperrholzplatte *f*; *~~ shelter* Finnenzelt *n*; **2.** *tr* gebrauchen, benutzen, (eifrig) handhaben; bearbeiten, arbeiten an *(with* mit); beschäftigt sein mit; *(Gewerbe)* ausüben, betreiben; *fig* bearbeiten, bestürmen *(with questions* mit Fragen); zusetzen *(s.o.* jdm); überhäufen *(with* mit); (regelmäßig) versorgen *(with* mit); *(Schiff)* (regelmäßig) überqueren, befahren; *itr* fleißig arbeiten *(at* an), dauernd beschäftigt sein *(at* mit); regelmäßig ver-

pneumatic 744 **point**

kehren (*between* zwischen); *mar* lavieren, aufkreuzen.
pneum|atic [nju(:)'mætik] *adv* ~~*ally*; *a* pneumatisch; Luft-, Preß-, Druckluft-; Rohrpost-; mit Luftbereifung; luftgefüllt, Luft enthaltend; *s* Luftreifen *m*; Fahrzeug *n* mit Luftbereifung; *pl mit sing* Mechanik *f* der Gase; ~ *air* Preßluft *f*; ~ *boat* Schlauchboot *n*, Floßsack *m*; ~ *brake* Druckluftbremse *f*; ~ *chipper* Preßluftmeißel *m*; ~ *dispatch* Rohrpost *f*; ~ *drill*, *hammer* Druckluftbohrer, -hammer *m*; ~ *post* Rohrpost *f*; ~ *pump* Luftpumpe *f*; ~ *trough* pneumatische Wanne *f*; ~ *tube* Rohrpost *f*; ~ *tyre*, (*Am*) *tire* Luftreifen *m*; ~**onia** [nju(:)'mounjə] Lungenentzündung *f*.
poach [poutʃ] **1.** *tr* zertrampeln, -treten, herumtrampeln auf; versumpfen; verdünnen; hineinstecken (*into* in); unbefugt betreten; (*Wild*) unberechtigt jagen; (*Fische*) unberechtigt fangen; stehlen, abgaunern; *itr* (*in weichen Boden*) einsinken; stapfen; zertreten, -trampeln, schmutzig werden; wildern; unberechtigt angeln; *to* ~ *on s.o.'s preserves* sich gegenüber jdm Übergriffe leisten; **~er** ['-ə] Wilddieb *m*; **~ing** ['-iŋ] Wilddieberei *f*; **~y** ['-i] (*Boden*) aufgeweicht, sumpfig; **2.** *tr* (*Ei*) pochieren; *~ed eggs* (*pl*) verlorene Eier *n pl*.
pock [pɔk] (Eiter-)Pustel; (*~mark*) Pocken-, Blatternarbe *f*; **~marked** *a* pocken-, blatternarbig.
pocket ['pɔkit] *s* Tasche *f*; Sack *m* (= 76 *kg*); Höhlung, Höhle *f*; (*Billard*) Loch, (*air~*) Luftloch *n*, Fallbö *f*; *min* Erzlager, -nest *n*; *med* Tasche *f*, Beutel *m*, Höhle *f*; *fig* Geld(mittel *n pl*) *n*; *Am st* Klemme *f*; *mil* Kessel *m*; Widerstandsnest *n*; *a* Taschen-; klein; *tr* in die Tasche stecken; einstecken; einwickeln, einheimsen; sich aneignen; *fam* stibitzen; (*Beleidigung*) einstecken; (*Stolz*) überwinden; nicht zeigen; (*Billard*) ins Loch spielen; *mil* einkesseln; *Am* (*Gesetz*) durch ein Veto aufhalten; *to be s.th. in* (*out of*) ~ etw gewonnen, verloren haben; *to have s.o. in o.'s* ~ jdn in der Gewalt haben; *to pick s.o.'s* ~ *of s.th.* jdn etw aus der Tasche stehlen; *to put o.'s hand in o.'s* ~ in die Tasche greifen *a. fig*; *to put o.'s pride in o.'s* ~ s-n Stolz überwinden; *to suffer in o.'s* ~ Verluste einstecken; *~back*, *breast* ~ Gesäß-, Brusttasche *f*; *out-of-* ~ *expenses* (*pl*) Barauslagen *pl*; ~ **battleship** *mar* Westentaschenkreuzer *m*;

~~**book** Taschenbuch; Notizbuch *n*; *Am* Hand-, Brieftasche *f*; ~~ *edition* Taschenausgabe *f*; ~~**comb** Taschenkamm *m*; ~~**ful** ['-ful] Taschevoll *f*; ~~**knife** Taschenmesser *n*; ~~**lamp** Taschenlampe *f*; ~~**lighter** Taschenfeuerzeug *n*; ~~**money** Taschengeld *n*; ~~**picking** Taschendiebstahl *m*; ~~**size** Taschenformat *n*; ~ **veto** *Am* Verzögerung *f* e-s Gesetzes durch Nichtunterschreiben des Präsidenten.
pod [pɔd] **1.** *s bot* Schote, Hülse *f*; (*Seidenraupe*) Kokon; *vulg* Bauch *m*; *itr* Schoten tragen; *tr* enthülsen; **2.** *s zoo* Schule, Herde *f*; *tr* (*Tiere*) zs.-treiben; ~**net** Aalreuse *f*.
podgy ['pɔdʒi] *fam* untersetzt; klein u. dick.
poem ['po(u)im] Gedicht *n*.
poesy ['po(u)izi] *obs* = poetry.
poet ['po(u)it] Dichter, Poet *m*; ~**ess** ['po(u)itis] Dichterin *f*; ~**ic(al)** [po(u)-'etik(əl)] dichterisch, poetisch (veranlagt); ~*ic licence* dichterische Freiheit *f*; ~**ics** *pl mit sing* Poetik *f*; ~**ize** ['po(u)itaiz] *itr* dichten; *tr* in Verse bringen; dichterisch gestalten; ~ **laureate** [-'lɔːriit] *pl ~s laureate*, *~s Br* Hofdichter *m*; ~**ry** ['po(u)itri] Dichtkunst; Dichtung *f*; Gedichte *n pl*.
pogrom ['pɔgrɔm, pə'grɔm, *Am* 'pougrəm] (*bes.* Juden-)Verfolgung *f*, Pogrom *m*.
poignan|cy ['pɔinənsi] Schärfe *a. fig*; Heftigkeit *f*; ~**t** ['-t] scharf, beißend *a. fig*; pikant; schneidend, stechend, heftig; *Am* ergreifend.
point [pɔint] **1.** *s* Punkt *m*; Pünktchen *n*, Fleck(chen *n*) *n*; (genaue) Stelle *f*; Platz; (Zeit-)Punkt, Moment, Augenblick; (einzelner) Punkt *m* (*e-s Problems*, *e-s Gespräches*, *e-s Programms*); Einzelheit *f*, Detail *n*, Einzelfrage, Sache *f*; *the* ~ der Hauptpunkt, das Wesentliche, der springende Punkt, das Thema; (*Witz*) die Pointe; Punkt *m* (*e-r Einteilung*, *Skala*, *Bewertung*, *beim Spiel*); Richtung *f*; (*Kompaß*) Strich, Grad *m*, Stufe *f*; (*Würfel*) Auge *n*; *typ* (*Schriftgrad*) Punkt *m*; (Unterscheidungs-)Merkmal, Charakteristikum *n* (*e-s Tieres*); besondere, hervorstechende Eigenschaft *f*, Vorzug *m*; *fig* Seite, Stelle *f*; Sinn *m*, Absicht *f*, Zweck *m*; Spitze *f*; spitze(s) Ende *n*, spitze(r) Gegenstand *m*; (*Geweih*) Ende *n*; Radiernadel; (*pen-~*) Federspitze *f*; (*~lace*) genähte Spitze *f*; *el* Metallstift *m* (*e-s Steckers*); Steckdose *f*; Anschluß(stelle *f*) *m*; Landzunge *f*, Vorgebirge, Kap; Vorstehen

n (des Jagdhundes); pl rail Weiche *f*; **2.** *tr* (an-, zu)spitzen; *(Werkzeug)* schärfen; *(to ~ up) Am* betonen, Nachdruck geben *od* verleihen *(s.th.* e-r S); unterstreichen; *(to ~ out)* zeigen, hinweisen, deuten, die Aufmerksamkeit, das Interesse richten auf; *(Waffe)* richten *(at* auf); *(Jagdhund)* stehen vor; *(Fugen)* verstreichen; *(Satz)* mit Satzzeichen versehen, interpunktieren; *(Rede)* durch Pausen gliedern; **3.** *itr* (hin)weisen, zeigen *(at* auf); die Aufmerksamkeit, das Interesse richten *(to* auf); gerichtet sein, (hin-) zielen *(to* auf); *(Jagdhund)* vorstehen; *(Geschwür)* reif werden; mit dem Winde segeln; *to ~ off (Dezimalstellen)* abstreichen; *to ~ toward* hinweisen, hindeuten auf; **4.** *at the ~ of* am Rande *gen*, dicht an; *at all ~s* in allen Punkten *od* Stücken; ganz (und gar), völlig, vollständig; *at this ~* in diesem Augenblick; *at the ~ of the sword* unter Androhung von Gewalt; *beside the ~* nebensächlich, unerheblich, belanglos; *in ~, to the ~* angebracht, passend, zur Sache, hierher gehörend, treffend; *in ~ of* in Hinsicht, mit Hinblick auf; *in ~ of fact* tatsächlich, in Wirklichkeit; *off the ~* nicht zur Sache gehörend; unzutreffend, unpassend, unangebracht; *on, upon the ~* im Begriff *(of doing* zu tun); *on ~s (sport)* nach Punkten; *on the ~ of o.'s toes* auf Zehenspitzen; *up to a certain ~* bis zu e-m gewissen Grade; *to the ~* zur Sache gehörig; *~ by ~* Punkt für Punkt; **5.** *to bring to a ~* zu Ende führen; *to carry, to gain o.'s ~* sein Ziel erreichen; s-e Auffassung durchdrücken; *to come to the ~* zur (Haupt-)Sache kommen; am entscheidenden Punkt ankommen; *to get the ~ (fam)* verstehen; *to get away from the ~* vom Thema abschweifen; *to give ~ to s.th.* etw Nachdruck verleihen; *to give ~s to s.o.* es mit jdm aufnehmen können; *to keep to the ~* bei der Sache bleiben; *to make a ~ of s.th.* auf etw bestehen, dringen, Wert legen; sich etw zur Richtschnur nehmen, sich etw zur Regel machen, sich etw als Aufgabe setzen, sich vornehmen; *to make, to score a ~ (fig)* e-n Punkt für sich buchen; *(Jagdhund)* stehen; *to miss the ~* die Pointe nicht kapieren; *to speak to the ~* zur Sache sprechen; offen reden; *to stretch, to strain a ~* ein Zugeständnis, e-e Ausnahme machen; *fam* fünfe gerade sein lassen; *to ~ the finger at* mit dem Finger zeigen auf; **6.** *I don't see your ~* ich weiß nicht, worauf Sie hinauswollen; *I see no ~ in (doing)* ich halte es für sinnlos zu; *it has come to the ~* es ist soweit; *there is no ~ in that* das hat keinen Sinn; *that's the ~!* da liegt der Hase im Pfeffer! *that's beside the ~* das gehört nicht zur Sache; *not to put too fine a ~ on it* rundheraus gesagt; **7.** *boiling-~* Siedepunkt *m*; *cardinal ~* Himmelsrichtung *f*; *a case in ~* ein gutes, treffendes Beispiel; *exclamation ~ (Am)* Ausrufezeichen *n*; *freezing-~* Gefrierpunkt *m*; *melting-~* Schmelzpunkt *m*; *saturation-~* Sättigungspunkt *m*; *sore ~* wunde(r) Punkt *m*; *stand-~* Standpunkt *m*; *starting-~* Ausgangspunkt *m*; *strong ~* starke Seite, Stärke *f*; *turning-~* Wendepunkt *m*; **8.** *~ of aim (mil)* Ziel-, Haltepunkt *m*; Abkommen *n*; *~ of attack* Angriffspunkt *m*, -stelle *f*; *~ of balance* Schwerpunkt *m*; *~ of conscience* Gewissensfrage *f*; *~ of contact* Berührungspunkt *m*; *~ of controversy* Streitpunkt *m*; *~ of death* Todesstunde *f*; *~ of departure* Ausgangspunkt *m*, *mil* -stellung *f*; *~ of exclamation* Ausrufungszeichen *n*; *~ of fracture* Bruchstelle *f*; *~ of hono(u)r* Ehrensache *f*; *~ of impact* Treffpunkt, Einschlag *m*; *~ of ignition* Flammpunkt *m*; *~ of interrogation* Fragezeichen *n*; *~ of intersection* Schnittpunkt *m*; *~ of junction* Kreuzung *f*, Kreuz-, Knotenpunkt *m mil* Nahtstelle *f*; *~ of land* Landspitze *f*; *~ of order (parl)* Frage *f* zur Geschäftsordnung; *~ of origin (Am)* Versandstation *f*; *~ of penetration (mil)* Durchbruchsstelle *f*; *~ of rest* Nullstellung *f*; *~ of support (Brücke)* Auflager *n*; *tech* Stützpunkt *m*; *~ of time* Zeitpunkt *m*; *~ of view* Gesichtswinkel, Standpunkt *m*; **~-blank** *a* schnurgerade; flach, horizontal; *fig* offen, direkt, gerade; glatt; *adv* aus großer Nähe; *fig* geradeheraus, (ganz) offen, unverblümt; *at ~~ range* auf Kernschußweite; *a ~~ refusal* e-e glatte Weigerung; **~-duty** *(Polizei)* Posten-, Verkehrsdienst *m*; *constable on ~~* Verkehrsschutzmann *m*; **~ed** ['-id] *a* (zuge-) spitz(t); *fig* scharf, beißend, treffend; *(Bemerkung)* anzüglich; betont, offen(-sichtlich); deutlich, auffällig; *~~ arch* Spitzbogen *m*; **~edness** ['-idnis] Schärfe, Bissigkeit; Anzüglichkeit; Offenheit, Deutlichkeit *f*; **~er** ['-ə] Zeiger, Weiser, Pfeil; Zeigestock; *mil* Richtschütze; Vorsteh-, Jagd-,

Hühnerhund; *fam* Tip, Wink *m*; ~~ **knob** Einstellknopf *m*; ~~ **reading** Zeigerablesung *f*; **-ing** ['-iŋ] Interpunktion *f*; (An-)Spitzen *n*; Betonung *f*, Nachdruck; Hinweis *m*; Richten *(e-r Waffe)*; *(Ziegel)* Verstreichen *n*; **-less** ['-lis] stumpf *a. fig*; schwach, bedeutungs-, sinn-, witz-, zwecklos; *sport* ohne Punkte; ~~**policeman** Verkehrsschutzmann, -polizist *m*; ~**sman** ['-smən] *Br* Weichensteller; *Br* Verkehrspolizist *m*; ~~**-system** Punktsystem *n*; ~~**-to-** ~~ **communication** *tele* Direktverbindung *f*; ~~**-to-** **(race)** Querfeldeinrennen *n*.

poise [poiz] *s* Gleichgewicht *n*, Stabilität *f*; *fig* (inneres) Gleichgewicht *n*, (innere) Ausgeglichenheit, Ruhe, Gelassenheit; (Körper-, Kopf-)Haltung *f*; sichere(s) Auftreten *n*; Schwebe (-zustand *m*); Unentschlossenheit *f*, Schwanken *n*; *tr* im Gleichgewicht halten, balancieren; tragen; auswägen; *to be* ~*d*, *itr u. to* ~ *o.s.* im Gleichgewicht, in der Schwebe sein; schweben; sich halten; *to have a lot of* ~ ein sicheres Auftreten haben; *to lose o.'s* ~ die Fassung verlieren.

poison ['poizn] *s* Gift *n a. fig (to für)*; *a* giftig; *tr* Gift geben *(s.o.* jdm), vergiften *a. fig*; *med* infizieren; verderben; *to* ~ *s.o.'s mind against* jdn aufhetzen gegen; **rat-**~ Rattengift *n*; ~**er** [-ə] Giftmischer(in *f*) *m*; ~**fang** Giftzahn *m*; ~**gas** Giftgas *n*; Kampfstoff *m*; ~~**hemlock** *Am* Schierling *m*; ~**ing** ['-iŋ] Vergiftung *f*; ~~**nut** Brechnuß *f*; ~**ous** [-əs] giftig; *fam* ekelhaft, eklig *a. fam*; *fig* zersetzend.

pok|e [pouk] **1.** *tr* anstoßen, schubsen, knuffen; *Am sl* eine knallen *(s.o.* jdm); *(ein Loch)* bohren; wühlen, kratzen, stochern *(in* in); *(to* ~ *up) (Feuer)* schüren; *Am sl* beeinflussen, in Schwung bringen; *(Baseball) (e-n Treffer)* erzielen; *itr* (herum)bohren *(at* in); sich (ein)mischen *(into* in); *(to* ~~ *about, around)* herumstöbern, -schnüffeln; *(to* ~~ *along)* herumbummeln, -schlendern; *s* Stoß, Schubs, Knuff *m*; Bohren, Wühlen *n*; *Am sl* Faustschlag; *Am* Faulenzer, Bummelant; *(-bonnet)* Kapotthut *m*; *to* ~~ *fun at s.o.* sich über jdn lustig machen; *to* ~~ *one's nose into* s-e Nase stecken in; *to* ~~ *s.o. in the ribs* jdm e-n Rippenstoß geben; ~~~**bonnet** Schute *f*, Kiepenhut *m*; ~~~**out** *(Am sl)* Freßpaket; Essen *n* im Freien, Camping *n*; ~**er** ['-ə] Feuerhaken *m*, Schüreisen; *(Spiel)* Poker *n*; *(Univ. Oxford u. Cambridge)* Pedell; *Am* Popanz *m*, Schreckgespenst *n*; **red-hot** ~~ *(Brandmalerei)* Brennstift *m*; ~~ **face** eiserne(s) Gesicht *n*; ~~~**work** Brandmalerei *f*; ~**(e)y** ['-i] *a* bumm(e)lig; (eng u.) muffig; schäbig; langweilig; *s Am sl* Kittchen *n*; **2.** *obs u. Am sl* Beutel, Sack *m*, Tasche *f*; *Am sl* Cowboy, Langweiler *m*; *to buy a pig in a* ~~ *(fig)* die Katze im Sack kaufen.

Pol|and ['pouland] Polen *n*; ~**e** [poul] Pole *m*, Polin *f*; ~**ish** ['-iʃ] *a* polnisch; *s* (das) Polnisch(e).

polar ['poulə] *a astr* Polar-; *fig* Leit-; *astr phys* polar; *fig ea.* entgegengesetzt, gegensätzlich; ~ **air** arktische Kaltluft *f*; ~ **bear** Eisbär *m*; ~ **circle** Polarkreis *m*; ~ **front** *mete* Polar-, Kaltluftfront *f*; ~ **ice** Polareis *n*; ~**ity** [po(u)ˈlæriti] *phys el* Polarität *a. fig*; *fig* Gegensätzlichkeit *f*; ~**ization** [poulaiˈzeiʃən] *phys* Polarisation *f*; ~**ize** ['poulraiz] *phys el tr* polarisieren; *fig* zs.fassen; ~ **lights** *pl* Nordlicht *n*; ~ **star** Polarstern *m*; ~ **zone** Polargebiet *n*.

pole [poul] **1.** Pfahl, Pfosten, Mast *m*; Deichsel *f*; *sport* Stab (Schi-)Stock *m*; (Balancier-)Stange; Rute *f* (= 5½ *yards* = 5,029 m, bzw. 30¼ *square yards* = 25,29 qm); *tr (Boot, Floß)* staken; an Stangen binden; *itr* staken; *Am sl* abstimmen; *under bare* ~*s* vor Topp u. Takel; *fig* nackt, kahl, bloß; *up the* ~ *(sl)* in der Patsche; verrückt; entfallen, aus dem Gedächtnis; ~~**ax(e)** Streitaxt *f*; Enterbeil *n*; ~~**cat** *zoo* Iltis; *Am* Skunk *m*, Stinktier *n*; ~~**jumping, vault** Stabhochsprung *m*; ~~**jumper, vaulter** Stabhochspringer *m*; **2.** *geog* Pol *m a. phys el*; **North, South P~** Nord-, Südpol *m*; *math philos* Bezugspunkt *m*; *to be* ~*s apart* himmelweit vonea. verschieden sein; **~ magnetic** ~ magnetische(r) Pol *m*; ~~**reversal** *el* Umpolung *f*; ~~**shoe** Polschuh *m*; ~~**star** Polar-, *fig* Leitstern *n*.

polem|ic [pəˈlemik] *adv* ~~**ally**; *a* polemisch; streitsüchtig; *s* Ausea.setzung *f*, Streit; streitsüchtige(r), rechthaberische(r) Mensch *m*; *pl mit sing* Polemik *f*; Streitgespräch *n*.

police [pəˈliːs] *s* Polizei *f*; Amt *n* für öffentliche Ordnung *f*; Polizisten *m pl*, Polizeiaufgebot *n*; *Am mil* Ordnungsdienst *m*; *tr* polizeilich be-, überwachen; schützen *od* in Ordnung halten; in Ordnung bringen; regu-

police-action   747   **political**

lieren, regeln, verwalten; *(to ~ up) Am* säubern, sauberhalten; *auxiliary, frontier, harbour, local, military, railway, road, rural, secret, water ~* Hilfs-, Grenz-, Hafen-, Orts-, Feld- *od* Militär-, Bahn-, Straßen-, Feld-, Geheim-, Wasserpolizei *f*; *kitchen ~* Küchendienst *m*; **~action** Polizeiaktion *f*; **~authority** Polizeibehörde *f*; **~commissioner, ~superintendent** Polizeikommissar *m*; **~court** Polizeigericht *n*; **~decoy, ~informer, ~spy** Polizeispitzel *m*; **~dog** Polizeihund *m*; **~escort** Polizeibedeckung *f*; **~force** Polizeitruppe *f*; **~inquiry, ~investigation** polizeiliche Untersuchung *f*; **~inspector** Polizeiinspektor *m*; **~intervention** polizeiliche(s) Einschreiten *n*; **~magistrate** Polizeirichter *m*; **~man** [-mən], **~constable** Polizist, Schutzmann *m*; **~measure** polizeiliche Maßnahme *f*; **~office** Polizeiverwaltung *f*, -präsidium, -büro *n*; **~officer** Polizei-, Sicherheitsbeamte(r) *m*; **~picket** Polizeiposten *m*, -streife *f*; **~raid** Razzia *f*; **~record** Strafregister *n*; **~state** Polizeistaat *m*; **~station** Polizeirevier *n*, -wache *f*; **~supervision** Polizeiaufsicht *f*; *to be, to place under ~~* unter Polizeiaufsicht stehen, stellen; **~surgeon** Gerichtsarzt *m*; **~trap** Autofalle *f*; **~van** Zellenwagen *m*, *sl* grüne Minna *f*; **~woman** Polizistin, Polizeibeamtin *f*.

policlinic [poli'klinik] Poliklinik *f*.

policy ['pɔlisi] **1.** Politik; Staats-, Regierungskunst *f*; (Welt-)Gewandtheit *f*; Diplomatie; Schlauheit, Vorsicht, List *f*; politische(s), umsichtige(s), kluge(s), geschickte(s) Verhalten *n*; kluge, umsichtige, geschickte Staatsführung; *pl* (bestimmte) Politik *f*, politische Maßnahmen *f pl*; Grundsatz *m*, Absicht *f*, Ziel *n*, Plan *m*; Regierungshandlung *f*; *Am* Lotto *n*; *he makes it a ~ to* er hat es sich zum Grundsatz gemacht, es ist sein Prinzip zu; *commercial, domestic* ~ *home od internal, economic, financial, fiscal, foreign, social* ~ Handels-, Innen-, Wirtschafts-, Finanz-, Steuer-, Außen-, Sozialpolitik *f*; *new alignment of* ~ Neuorientierung *f* der Politik; *population* ~ Bevölkerungspolitik *f*; *wage* ~ Lohnpolitik *f*; ~ *of alliances* Bündnispolitik *f*; ~ *of appeasement* Beschwichtigungspolitik *f*; ~ *of the open door* Politik *f* der offenen Tür; ~ *of non-intervention* Nichteinmischungspolitik *f*; **2.** (Versicherungs-) Police *f*; *to take out a ~* e-e Versicherung abschließen *od* eingehen; *bearer ~* Inhaberpolice *f*; *fire (insurance)* ~ Feuerversicherungspolice *f*; *life (insurance)* ~ Lebensversicherungspolice *f*; **~holder** Policeninhaber, Versicherungsnehmer, Versicherte(r) *m*; ~ **number** Policennummer *f*.

polio(myelitis) ['pouliou(maiə'laitis)], (spinale) Kinderlähmung *f*.

polish ['pɔliʃ] *tr* polieren; blank reiben; verfeinern, *fam* aufpolieren; glätten, (ab)schleifen; bohnern, schmirgeln; *(Schuhe)* putzen, wichsen; verschönern, vervollkommnen, vollenden; *itr* glänzend, feiner, elegant werden; *s* Politur *f*, (Hoch-)Glanz *m*; Politur *f*, (flüssiges) Putzmittel *n*; Schuhcreme, -wichse *f*, Bohnerwachs *n*; Eleganz, Verfeinerung *f*, *fam* Schliff *m*; *to ~ off (fam)* schnell erledigen; *(Essen)* verwegputzen; *(Gegner)* erledigen, loswerden; *to ~ up (fam)* aufpolieren, aufmöbeln; *(Kenntnisse)* auffrischen; **~ed** ['-t] *a* poliert; glatt, glänzend, *fig* fein, elegant, manierlich; makellos, fehlerfrei; ~ **plate glass** Spiegelglas *n*; **~er** ['-ə] Polierer *m*; Politur *f*, Putzmittel *n*; **~ing** ['-iŋ] *s* Polieren *n*; *attr* Polier-, Putz-, Glanz-; ~~ **disk** Polierscheibe *f*; ~~ **wax** Bohnerwachs *n*.

polite [pə'lait] (ver)fein(ert); elegant; korrekt; höflich, zuvorkommend *(to* gegen); **~ness** [-nis] Höflichkeit *f*.

politic ['pɔlitik] *a* politisch, diplomatisch *a. fig*; *fig* (welt)gewandt, klug, um-, vorsichtig, berechnend, schlau, gerissen, raffiniert; *s pl mit sing* Politik, Staatskunst, -wissenschaft *f*; Politik *f*, politische(s) Geschehen *n*; politische Angelegenheiten *od* Machenschaften *f pl*; *Am (politische)* Taktik *f*; *(mit pl)* politische Überzeugung *f*, Grundsätze *m pl*, Verbindungen *f pl*; *to talk ~s* politisieren; *parish-pump ~s* Kirchturmpolitik *f*; *party-~s* Parteipolitik *f*; *power ~s* Machtpolitik *f*; *world ~s* Weltpolitik *f*; **~al** [pə'litikəl] politisch; staatspolitisch; Staats-, Regierungs-; *for ~~ reasons* aus politischen Gründen; ~~ *activities (pl)* politische Betätigung *f*; ~~ *economy* Volkswirtschaft, Nationalökonomie *f*; ~~ *geography* politische Geographie *f*; ~~ *liberties, rights (pl)* politische, staatsbürgerliche Rechte *n pl*; ~~ *offence* politische(s) Vergehen *n*; ~~ *police* (Geheime) Staatspolizei *f*; ~~ *prisoner* politische(r) Gefangene(r)

politician 748 **pomatum**

od Häftling *m*; ~~ *science* Staatswissenschaft *f*, politische Wissenschaften *f pl*; ~~ *strife* parteipolitische Auseinandersetzungen *f pl*; ~~ *warfare* psychologische Kriegführung *f*, Propagandakrieg *m*; **~ian** [pəli'tiʃən] Staatsmann; (Partei-)Politiker; *Am sl* gewandte(r) Bursche, Schmeichler, Radfahrer *m*; **~o** [pə'litikou] Politiker; *pej* politische(r) Ehrgeizling *m*.
polity ['pəliti] politische, staatliche Organisation *f*; Staatsorgane *n pl*; Staatswesen *n*, -körper *m*; Gemeinwesen *n*.
polka ['pɔlkə, *Am* 'pou(l)kə] *s* Polka *f* (*Tanz*); *itr* Polka tanzen; **~-dot** *Am* Pünktchen (*auf Stoff*); (Stoff *m* mit) Punktmuster *n*.
poll [poul] **1.** *s* Kopf *m*, Person *f*; Namensverzeichnis *n*, *bes.* Wählerliste; (*politische*) Wahl, Abstimmung, Wahlbeteiligung *f*, -ergebnis; Stimmenzählen *n*, -zahl; Umfrage, Erhebung *f*; *pl Am* Wahllokal *n*; *tr* ab-, be-, kurz schneiden; stutzen, kappen; Wählerlisten anlegen von; erfassen, registrieren (*s.o.* jdn); (*Stimmen*) erhalten, auf sich vereinigen; befragen; *itr* s-e Stimme abgeben; stimmen (*for* für); abstimmen; wählen; *per ~* pro Kopf (der Bevölkerung); *to be defeated at the ~s* e-e Wahlniederlage erleiden; *to be at the head of the ~s* die meisten Stimmen auf sich vereinigt haben, an der Spitze liegen, führen; *to declare the ~* das Wahl-, Abstimmungsergebnis bekanntgeben; *to go to the ~s* zur Wahl gehen; *heavy, light ~* hohe, niedrige Wahlbeteiligung *f*; *public opinion ~* Meinungsumfrage *f*; **~~book** Wählerverzeichnis *n*, Wahlliste *f*; **~ed** [-d] *a* hornlos(es Rind *n*); **~ing** ['-iŋ] *s* Wahl(akt, -gang *m*, -handlung) *f*; *attr* Wahl-, Wähler-; **~~~book** Wahlliste *f*, Wählerverzeichnis *n*; **~~~booth** Wahlzelle *f*; **~~~clerk** (Wahl-)Beisitzer *m*; **~~~district, ~section** Wahlbezirk *m*; **~~ enquiry** Meinungsbefragung *f*; **~~~station** Wahllokal *n*; **~ster** ['-stə] *Am* Meinungsforscher *m*; **~~tax** Kopfsteuer *f*; **2.** [pɔl] (**~~parrot**) Papagei *m*; *sl* Prostituierte *f*.
pollard ['pɔləd] *s* hornlose(s) Tier *n*; gekappte(r) Baum *m*; feine Kleie *f*; *tr* (*Baum*) kappen.
pollen ['pɔlin] Blütenstaub, Pollen *m*.
polliwog, pollywog ['pɔliwɔg] *dial u. Am* Kaulquappe *f*.
pollut|e [pə'luːt] *tr* entweihen, schänden; besudeln, verunreinigen, beschmutzen; (*sittlich*) verderben; **~ion** [pə'luːʃən] *fig* Entweihung, Schändung; Befleckung; *physiol* Pollution; *tech* Verschmutzung, Verunreinigung *f*.
polo ['poulou] Polo(spiel) *n*; **~-ist** ['-ist], **~~player** Polospieler *m*; **~~shirt, -stick** Polohemd *n*, -schläger *m*.
polonaise [pɔlə'neiz] Polonaise *f* (*Tanz*).
polony [pə'louni] *Art* Jagdwurst *f*.
poltroon [pɔl'truːn] Feigling *m*, Memme *f*; **~ery** [-əri] Feigheit *f*.
poly ['pɔli] *in Zssgen* Viel-, Mehr-, Poly-; **~andry** ['-ændri] Vielmännerei, Polyandrie *f*; **~chromatic** [pɔlikrə(u)-'mætik] *adv ~ally*; *a* in vielen od wechselnden Farben; **~chrome** ['pɔlikroum] bunt, farbig; (*Kunst*) bemalt, polychrom; **~chromy** ['pɔlikroumi] Buntheit; (*Kunst*) Polychromie *f*; **~clinic** [pɔli'klinik] Poliklinik *f*; **~gamist** [pə-'ligəmist] Polygamist *m*; **~gamous** [-'ligəməs] polygam; **~gamy** [-'ligəmi] Polygamie, Vielweiberei, Viel-, Mehrehe *f*; **~glot** ['pɔliglɔt] *a* mehrsprachig, polyglott; *s* Polyglotte *m*; Polyglotte *f*; **~gon** ['pɔligən] *math* Vieleck, Polygon *n*; **~gonal** [pɔ'ligənl] vieleckig, polygonal; **~hedral** [pɔli'hedrəl] *math* vielflächig, polyedrisch; **~hedron** [-'-'hedrən] Vielflächner, Polyeder *m*; **~meric** [pɔli'merik] *chem* polymer; **~merism** ['-merizm] *chem biol* Polymerie *f*; **~merisation** [pɔliməri'zeiʃən] Polymerisation *f*; **~merize** ['pɔliməraiz] *tr* polymerisieren; **~morphic** [pɔli-'mɔːfik], **~morphous** [-'-'mɔːfəs] vielgestaltig, polymorph; **~morphism** [-'-'mɔːfizm] Vielgestaltigkeit *f*; **P~~nesia** [pɔli'niːzjə] Polynesien *n*; **P~nesian** [-'-'niːzjən] *a* polynesisch; *s* Polynesier(in *f*) *m*; **~nomial** [pɔli-'noumjəl] *math* polynomisch, vielgliedrig; **~p** ['pɔlip] *zoo med* Polyp *m*; **~phase** ['pɔlifeiz] *el* mehrphasig; **~~ current** Drehstrom *m*; **~phonic** [pɔli'fɔnik] *mus* polyphon, mehr-, vielstimmig; **~phony** [pɔ'li-fəni] polyphone(r) Satz, Kontrapunkt *m*; Polyphonie *f*; **~pous** ['pɔlipəs] *a* Polypen-; **~pus** [-] *pl a. -i* [-ai] = **~p**; **~syllabic(al)** ['pɔlisi-'læbik(əl)] mehrsilbig; **~syllable** ['-siləbl] mehrsilbige(s) Wort *n*; **~technic** [pɔli'teknik] *a* polytechnisch; *s* Polytechnikum *n*, Ingenieurschule *f*; **~theism** ['pɔliθi(ː)izm] Polytheismus *m*, Vielgötterei *f*; **~theistic** [pɔliθi(ː)'istik] polytheistisch; **~valent** [pɔli'veilənt] *chem* mehrwertig.
pom|ace ['pʌmis] Treber, Trester *pl*; **~ade** [pə'maːd, *Am* pou'meid]; **~atum**

[pə'meitəm] Pomade, (Haar-)Salbe f; **~e** [poum] Kernfrucht f; **~granate** ['pɔmgrænit] Granatapfel m; **~elo** ['pɔmilou] pl -os Pampelmuse f; **~iculture** ['poumikʌltʃə] Obstbaumkultur f; **~ology** [pə'mɔlədʒi] Obst(bau)kunde f.

Pomerania [pɔmə'reinjə] Pommern n; **~n** [-n] a pommer(i)sch; s Pommer(in f); (~ dog) Spitz m.

pommel ['pʌml] s (Degen-, Sattel-) Knopf m; tr mit der Faust schlagen; puffen, knuffen; **sword-~** Schwertknauf m.

pomp [pɔmp] Pomp, Prunk m, Gepränge n, Pracht f; **~osity** [pɔm'pɔsiti] Prunk; Schwulst m; Anmaßung f; **~ous** ['pɔmpəs] prunkvoll, pompös; (Stil) schwülstig, bombastisch, hochtrabend; hochfahrend, anmaßend; **~on** ['-ɔn] (Mode) Pompon m.

pom-pom ['pɔmpɔm] (automatisches) Schnellfeuergeschütz n; Maschinenflak f.

ponce [pɔns] sl Louis, Zuhälter m.

poncho ['pɔntʃou] pl -os Regencape n, -umhang m.

pond [pɔnd] Teich, Weiher m; **duck-~** Ententeich m; **~age** ['-idʒ] Staumenge f; **~-lily** Teich-, Seerose f; **~weed** Laichkraut n.

ponder ['pɔndə] tr erwägen, nachdenken über, sich überlegen; itr tief nachdenken, nachsinnen (on über); grübeln (over über); **~ability** [pɔndərə-'biliti] Wägbarkeit f; fig Abschätzbarkeit f; **~able** ['pɔndərəbl] wägbar; fig zu ermessen(d), abzuschätzen(d); **~osity** [pɔndə'rɔsiti], **~ousness** ['pɔndərəsnis] Schwere; fig Schwerfälligkeit; Unbeholfenheit f; **~ous** ['pɔndərəs] schwer, massig; unhandlich; fig schwerfällig; mühsam, langweilig; fig unbeholfen, umständlich.

pone [poun] Am Maisbrot n.

poniard ['pɔnjəd] s Dolch m; tr erdolchen, -stechen.

pontif|f ['pɔntif] rel (Altrom) Pontifex; Hohe(r)priester; Bischof; Papst m; **~ical** [pɔn'tifikəl] Hohepriester-; pontifikal; bischöflich; päpstlich a. fig; **P~~ Mass** Pontifikalmesse f; **~icate** [pɔn'tifikit] s Pontifikat n od m; itr [-eit] geschwollen reden; rel ein Pontifikalamt zelebrieren.

pontoon [pɔn'tu:n] Ponton m; mar Kiell(e)ichter; aero Schwimmer m; Br Art Kartenspiel; **~-bridge** Ponton-, Schiffsbrücke f; **~ train** Brückenkolonne f.

pony ['pouni] s Pony n; fig Zwerg m; sl (Wettrennen) 25 £; Am fam Schnapsgläschen, kleine(s) Glas n Bier; Am fam (Schule) Klatsche, Eselsbrücke f, Schlauch (Übersetzungshilfe), Spickzettel m; Am sl Revuetänzerin f, Rennpferd n; tr itr Am sl (Schule) spicken, e-e Eselsbrücke benutzen, abschreiben; **to ~ up** (Am sl) blechen, bezahlen; **~-edition** Kurzausgabe f; **~-engine** Rangierlokomotive f; **~-tail** (hair-do) Pferdeschwanz m (Frisur).

pooch [pu:tʃ] Am sl Köter m.

poodle ['pu:dl] zoo Pudel m.

pooh [pu:] interj pah! bah! tr Am sl fertigmachen, erledigen fig; **~-~** [pu:'pu:] tr (mit e-r Handbewegung) abtun, lächerlich machen.

pool [pu:l] 1. kleine(r) Teich, Pfuhl m, Wasserloch n, Lache f; (swimming-~) Schwimmbecken, -bassin n; tech Schmelze f; 2. s Poule f (Spieleinsatz, a. sport); Art Billard n; (Einsatz m für) gemeinsame(s) Spiel n; gemeinsame(r) Fonds m; Toto m od n; com Kartell n, Pool, Ring m, Interessengemeinschaft f; Park m, Lager, Wettbüro n, -annahme(stelle) f, Totalisator m; tr itr sich (zu e-m Pool) zs.schließen, (e-e Interessengemeinschaft) bilden; (Gewinn) teilen; (Geld) zs.werfen; **to ~ o.'s funds** die Kapitalien zs.legen; **to ~ the orders** die Aufträge kartellieren; **~-typist's** = Sekretärinnenzimmer n, Schreibtisch m; **~-counter** Spielmarke f; **~-room** Billard-, Poulezimmer n; Totalisator m, Wettbüro n.

poop [pu:p] 1. s mar Heck; (~ deck) Achterdeck n; tr mar über das Heck kommen; 2. s sl Einfaltspinsel, blöde(r) Kerl m; 3. Am sl tr: **to be ~ed** erschöpft sein; 4. s Am sl Nachrichtenmaterial n, Tatsachen f pl; (Kindersprache) Häufchen n.

poor [puə] a arm, bedürftig, notleidend, wirtschaftlich schwach; ärmlich, dürftig, schlecht, schäbig; mangelhaft, schwach; (Meinung) gering, knapp, unzulänglich, unzureichend, kümmerlich; (Ernte) mager, (Boden) dürftig, dürr, unfruchtbar; (Gestein) taub; (Körper) ausgemergelt; armselig, minderwertig; (Zeit) schlecht, unangenehm, ungemütlich; (Nacht) unruhig, schlecht; unglücklich, bedauernswert, arm; s pl: **the ~** die Armen, die wirtschaftlich Schwachen m pl; **to be ~ in arithmetic** schwach im Rechnen sein; **to have a ~ opinion of s.o.** nicht viel von jdm halten;

to make but a ~ shift sich kümmerlich durchschlagen; *that is a ~ consolation* das ist ein schwacher Trost; *~ me! ich* Ärmster! **~-box** Opferstock, Klingelbeutel *m (für die Armen)*; **~-boy** *Am* große(s), belegte(s) Brot *n*; **~-house,** *Am* **-farm** Armenhaus *n*; **~-law** Armenrecht *n*, -gesetzgebung *f*; **~-ly** ['-li] *adv* schwach, knapp, unzulänglich, mangelhaft, dürftig; *a fam* kränklich, schwach; *to be ~ off* übel dran sein; *to feel ~* sich nicht wohl fühlen; *to think ~ of s.o.* nicht viel von jdm halten; **~ness** ['-nis] Armut *f*, Beschränktheit *f*, Mangel *m*, Dürftigkeit *f*; *(Boden)* Unfruchtbarkeit *f*; **~-relief** (Armen-)Fürsorge, Wohlfahrt *f*; **~-spirited** *a* feig(e), ängstlich, bange; armselig, jämmerlich.

pop [pɔp] **1.** *s* Knall(en *n*); Schuß *m*; *fam* Brause *f*, Sprudel, Schampus *m*; *itr* puffen, knallen; (mit e-m Knall) (zer)springen, platzen; stoßen, bumsen, knallen, sausen, fliegen; *(Augen)* plötzlich groß werden; (mit e-m Gewehr) knallen *(at* auf); springen, huschen; *tr* puffen, knallen, aufspringen lassen; *bes. Am (Mais)* rösten; *(Pistole)* abfeuern; ab-, niederknallen; stoßen, knallen, feuern; *sl* verpfänden; *adv* mit e-m Knall; plötzlich; *to ~ in* hereinplatzen; *(Kopf)* hereinstrecken; *to ~ off* lossausen; abhauen; *sl* abkratzen, sterben; *sl (Worte)* heraussprudeln; *to ~ up* in die Höhe, hoch-, auffahren; plötzlich auftauchen; *~ to (Am mil sl)* stillgestanden! *in ~ (sl)* versetzt, im Leihhaus; *to go ~* platzen, losgehen; *to ~ the question (fam)* e-n Heiratsantrag machen; *his eyes ~ped* er riß die Augen weit auf; *ginger-~ (fam)* Ingwerbier *n*; **~-corn** *Am* Puffmais *m*; **~-eyed** *a Am* glotzäugig, mit Glotzaugen; *to be ~ with* große Augen, Glotz-, Stielaugen machen vor; **~-eyes** *pl* Glotzaugen *n pl*; **~-gun** Knallbüchse *f*; **~-over** *Am* Windbeutel *m (Gebäck)*; **~-per** ['-ə] *Am* Maisröster *m*; **~-shop** Leihhaus *n*; **2.** *Am sl* Papa; *fam hum* Alte(rchen *n*) *m*; **3.** *s* volkstümliche(s) Konzert *n*; *a* populär, volkstümlich; *~ music, song* volkstümliche Musik *f*; populäre(s) Lied *n*.

pop|e [poup] *(P)* Papst *m*; **~ery** ['-əri] *pej* Papisterei *f*; **~ish** ['-iʃ] *pej* papistisch; Pfaffen-.

popinjay ['pɔpindʒei] *fig* Fatzke *m*.

poplar ['pɔplə] Pappel *f*.

poplin ['pɔplin] Popelin(e *f*) *m (Stoff)*.

poppet ['pɔpit] *tech* Schlittenständer, Reitstock *m*; *(~-head) (Drehbank)* Docke *f*; *(~-leg) min* Strebe *f*, Pfosten, Schenkel *m*; *dial* Püppchen *n*; **~-valve** Schnarch-, Schnüffel-, Rohrventil *n*.

poppy ['pɔpi] Mohn(blume *f*) *m*; Hochrot *n*; *corn, field ~* Klatschmohn *m*; **~-cock** *sl* Quatsch *m*; **~-head** Mohnkapsel *f*; **~-seed** Mohnsamen *m*.

popsy(-wopsy) ['pɔpsi('wɔpsi)] *fam* Goldkäferchen, süße(s) Püppchen *n*.

popul|ace ['pɔpjuləs] Pöbel, Mob *m*; (gemeines) Volk *n*, (große) Masse *f*; **~ar** ['-ə] *a* allgemein; volkstümlich, populär; Volks-; *(Preis)* niedrig, erschwinglich, volkstümlich; gemeinverständlich; beliebt *(with* bei); *s* Platzkonzert *n*; *at ~ prices* zu volkstümlichen Preisen; *to make o.s. ~* sich beliebt machen *(with* bei); *~ edition (Buch)* Volksausgabe *f*; *~ etymology* Volksetymologie *f*; *~ front (pol)* Volksfront *f*; *~ hero* Volksheld *m*; *~ insurrection* Volksaufstand *m*, -erhebung *f*; *~ referendum, (Am) vote* Volksabstimmung *f*; *~ song* Schlager *m*; *~ tumult* Volksauflauf *m*; **~arity** [pɔpju'læriti] Volkstümlichkeit, Popularität, Beliebtheit *f* (with bei; among unter); **~arize** ['pɔpjuləraiz] *tr* populär, beliebt machen; popularisieren; gemeinverständlich darstellen; **~ate** ['pɔpjuleit] *tr* bevölkern, besiedeln; **~ation** [pɔpju'leiʃən] Bevölkerung, Einwohnerschaft; Einwohnerzahl; Bevölkerungsgruppe *f*; *biol* Population *f*; Bestand *m*, Menge, Zahl *f*; *civil(ian) ~* Zivilbevölkerung *f*; *fall, increase* od *rise in ~* Bevölkerungsabnahme *f od* -rückgang *m*, -zunahme *f*; *rural, urban ~* Land-, Stadtbevölkerung *f*; *surplus ~* Bevölkerungsüberschuß *m*; *working-class ~* werktätige Bevölkerung *f*; *~ census* Volkszählung *f*; *~ density* Bevölkerungsdichte *f*; *~ policy* Bevölkerungspolitik *f*; *~ pressure* Bevölkerungsdruck *m*; *~ pyramid* Bevölkerungspyramide *f*; **~osity** [pɔpju'lɔsiti], **~ousness** ['pɔpjuləsnis] Volkreichtum *m*, dichte Bevölkerung *f*; **~ous** ['pɔpjuləs] volkreich, dicht bevölkert, dicht besiedelt.

porcelain ['pɔ:slin, -lein] Porzellan *n*; *~ cement, clay* Porzellanzement *m*, -erde *f*.

porch [pɔ:tʃ] Vor-, Säulenhalle *f*, Portikus *m*, Kolonnade *f*; *bes. Br* Kirchenquerschiff *n*; *Am* Veranda *f*; *the P~* die Stoa; **~-climber** *Am* Fassadenkletterer *m*.

porcine ['pɔ:sain] *a scient* Schweine-.

porcupine ['pɔ:kjupain] Stachelschwein n; tech Kamm-, Nadelwalze f; ~ **ant-eater** Ameisenigel m.

pore [pɔ:] **1.** itr starren (at, on, over auf); vertieft sein (over in); (nach-)sinnen, -grübeln (at, on, over über); eifrig studieren (over a book ein Buch); **2.** Pore f.

pork [pɔ:k] Schweinefleisch n; Am sl Schmiergelder n pl, Pöstchen n; ~ **barrel** Am sl pol Wahlgeschenk n; ~-**butcher** Schweineschlächter, -metzger m; ~ **chop** Schweinskotelett n; ~**er** ['-ə] Mastschwein n; ~**ling** ['-liŋ] Ferkel n; ~-**pie** (Schweine-)Fleischpastete f; ~-**rind** Schwarte f; ~**y** ['-i] a Schweine(fleisch)-; fam fett, dick, korpulent; Am sl miserabel; s Am fam Stachelschwein n.

pornography [pɔ:'nɔɡrəfi] Schmutzu. Schundliteratur, Pornographie f.

por|osity [pɔ:'rɔsiti] Durchlässigkeit, Porosität f; ~**ous** ['-əs] durchlässig, porös.

porphyry ['pɔ:firi] min Porphyr m.

porpoise ['pɔ:pəs] zoo Tümmler m.

porr|idge ['pɔridʒ] Milch-, Mehlsuppe f, -brei; Haferflockenbrei, Haferschleim m; ~**inger** ['-indʒə] Suppen-, milEßnapf m.

port [pɔ:t] **1.** tr (Waffe zur Inspektion) über der Brust kreuzen; s Haltung f; Anstand m, Benehmen n; Bedeutung f, Zweck m; ~**able** ['pɔ:təbl] fahrbar, tragbar, transportabel; beweglich; ~~ chair Tragstuhl m; ~~ engine Lokomobile f; ~~ gramophone Koffergrammophon m; ~~ lamp Handlampe f; ~~ railway Feldbahn f; ~~ station fahrbare Funkstation f; ~~ (type-writer) Reise(schreib)maschine f; ~~ wireless-set Kofferempfänger m; ~**age** ['-idʒ] Tragen n, Transport m, Beförderung f, Ladung, Fracht f; Transportkosten pl; mar Tragen n (von Fluß zu Fluß); Landbrücke f; ~-**crayon** Bleistifthalter m; ~**er** ['-ə] (Gepäck-)Träger, Dienstmann; Am Hausdiener; Am Salon-, Schlafwagenschaffner m; Porter n (Bier); Pförtner, Portier m; Am (~~-**house steak**) (Rinder-)Filet n; ~**erage** ['-əridʒ] Tragen n, Beförderung f, Transport; Träger-, Botenlohn m, Zustellgebühr f; ~-**folio** [-'fouljou] Brieftasche; (Akten-, Brief-)Mappe f; Geschäftsbereich m (e-s Ministers); minister without ~~ Minister m ohne Geschäftsbereich; ~~ of bills (com) Wechselbestand m; ~~ investment Wertpapierbestand m; ~**liness** ['-linis] Korpulenz; Stattlichkeit f; ~**ly** ['-li] korpulent, dick; stattlich; ~**manteau** [-'mæntou] pl a. -x Klappkoffer m; ~~-**word** Schachtelwort n; **2.** (See-)Hafen m; Hafenstadt f, -platz m; fig Zuflucht, Hilfe f in der Not; to come into, to reach ~ in den Hafen einlaufen; to put safely into ~, to reach ~ safely den Hafen sicher erreichen; to leave ~ auslaufen; air-~ Flughafen m; fishing-~ Fischereihafen m; free, open ~ Freihafen m; home-~ Heimathafen m; inland-~ Binnenhafen m; interdiction of a ~ Hafensperre f; naval ~ Kriegshafen; Flottenstützpunkt m; sea~ Seehafen m; ~ of anchorage Ankerhafen m; ~ of arrival Ankunftshafen m; ~ of call Anlauf-, Anflughafen m; ~ of clearance, of departure, of l(o)ading Abgangshafen m; ~ of destination Bestimmungshafen m; ~ of entry Eingangs-, Einfuhrhafen m; ~ of exportation Ausfuhrhafen m; ~ of registry Heimathafen m; ~ of transit Durchgangs-, Transithafen m; ~-**authority** Hafenbehörde f; ~-**charges, -dues, -duties** pl Hafengebühren f pl; ~ **installations** pl Hafenanlagen f pl; ~ **station** Hafenbahnhof m; **3.** obs u. Scot Tor(weg m) n; mar (~-**hole**) Ladepforte, Pfortluke f; tech Durchlaß, Kanal m; ~**al** ['-l] Tor(einfahrt f); Portal n, Haupteingang; fig poet Eingang m (of zu); (~~ vein) anat Pfortader; tech Öffnung f; ~**cullis** [-'kʌlis] Fallgatter n; **4.** s mar Backbord n; attr Backbord-; itr tr mar (das Steuer) nach Backbord halten; ~~-**engine** aero Backbordmotor m; ~~-**light** aero Backbordlicht n; ~-**sider** Linkshänder m; **5.** Portwein m.

porten|d [pɔ:'tend] tr ankündigen, andeuten, anzeigen; ~**t** ['pɔ:tent] (schlimme) Vorbedeutung f, böse(s) Vorzeichen, Omen; Wunder n; ~**tous** [pɔ:-'tentəs] ominös, verhängnis-, unheilvoll; schrecklich, furchtbar; wunderbar, ungewöhnlich.

portico ['pɔ:tikou] pl -o(e)s Säulenhalle f, -gang m, Kolonnade f.

portion ['pɔ:ʃən] s (An-)Teil m Gebühr; Stück; Erbteil m; Mitgift, Aussteuer f, (Essens-)Portion f, fam Schlag m (Essen); (zufallendes) Schicksal, Los n; tr (to ~ out) ein-, zu-, austeilen; (Person) ausstatten, -steuern; ~**less** ['-lis] a ohne Anteil; ohne Mitgift.

portr|ait ['pɔ:trit] Bild(nis), Porträt n; fig Schilderung, Beschreibung f; to get o.'s ~~ painted sich malen lassen;

portraitist 752 **possession**

~~ *painter*, **~aitist** ['-itist] Bildnis-Porträtmaler, Porträtist *m*; **~aiture** ['-itʃə] Bildnis-, Porträtmalerei *f*; Bildnis, Porträt *n*; **~ay** [pɔː'trei] *tr* porträtieren; abmalen, -zeichnen; *fig* schildern, beschreiben; *theat* darstellen; **~ayal** [-'treiəl] Porträtieren; Abmalen, -zeichnen *n*; *fig* Schilderung, Beschreibung; *theat* Darstellung *f*.

Portug|al ['pɔːtjugəl] Portugal *n*; **~uese** [pɔːtjuˈgiːz] *a* portugiesisch; *s* Portugiese *m*, Portugiesin *f*; (das) Portugiesisch(e).

pose [pouz] **1.** *tr (Behauptung)* aufstellen; *(Anspruch)* stellen; *(Beweis)* liefern; *(Frage)* stellen, aufwerfen; ausgeben *(as* für*)*; *(Modell, Objekt)* in e-e bestimmte Stellung bringen; *itr* Modell stehen, posieren, sich stellen (*for a photo* e-m Photographen); sich in Positur werfen, schauspielern; e-e bestimmte Haltung einnehmen; auftreten; sich ausgeben *(as* als); *s* Stellung *(e-s Modells)*, Pose *a*. *fig*; Haltung *f*, Auftreten *n*; **~r** ['-ə], **poseur** [po(u)ˈzəː] Poseur; affektierte(r) Mensch *m*; **2.** *tr* konfrontieren, behelligen, aus der Ruhe, in Verlegenheit bringen *(with* mit); verwirren; sich ausgeben *(as* als); **~r** ['-ə] schwierige Frage; harte Nuß *f*.

posh [pɔʃ] *sl* großartig, prima, piekfein, tipptopp, Klasse.

posit ['pɔzit] *tr* voraussetzen, annehmen; behaupten; fordern, postulieren; **~ion** [pəˈziʃən] *s* Voraussetzung, Annahme; Behauptung; Forderung, Postulierung; Stellung, Lage; Anordnung, Disposition; Haltung, (innere) Einstellung *f*, Standpunkt; Standort *m*; *mil* Stellung *f*; *mar* Position *f*, Besteck *n*; *mot* Begrenzungslichter *n pl*; gesellschaftliche Stellung; hohe Stellung; (feste) Stelle, Stellung, Position *f*, Amt *n* (*with* bei); *tr* in die (rechte) Lage bringen *od* versetzen; *tech* einstellen; *in, out of* ~ am rechten, falschen Platz; *in my* ~ in meiner Lage; *in a difficult, in an awkward* ~ in e-r schwierigen, schiefen Lage; *to be in a* ~ *to do* in der Lage, imstande, fähig sein zu tun; *to define o.'s* ~ s-n Standpunkt darlegen; *to hold, to occupy a* ~ e-e Stelle haben, ein Amt bekleiden; *to place in a difficult* ~ in e-e schwierige Lage bringen; *to take up a* ~ *(fig)* Stellung beziehen; *firm, permanent* ~ feste Stelle *f*; *legal* ~ Rechtslage *f*; *people of* ~ Leute *pl* von Rang u. Stand; *policy-making* ~ leitende Stellung *f*; *top* ~ Spitzenstellung *f*; ~ *for life* Lebensstellung *f*; ~ *of trust* Vertrauensstellung *f*; **~~-change** Standortänderung *f*; **~~-determination** Standortbestimmung *f*; **~~-finder** Ortungsgerät *n*; **~~-finder station** (Funk-)Peilstelle *f*; **~~-fixing**, **-finding** Ortung *f*; **~~-light** *(aero)* Positionslicht *n*; **~~-message, -report** *(aero)* Positions-, Standortmeldung *f*; ~~ *warfare* Stellungskrieg *m*; **~ional** [pəˈziʃənl] Stellungs-, Lage-; **~ive** ['pɔzətiv] *a* fest(stehend), (ganz) bestimmt, ganz sicher; genau, exakt, ausdrücklich; entschieden; selbstbewußt, -sicher; eigensinnig, von sich selbst überzeugt, dogmatisch; entschlossen; zustimmend, bejahend, positiv; konstruktiv, aufbauend; unabhängig, absolut; wirklich, tatsächlich, positiv; *scient* empirisch, praktisch, positiv; *(Angebot)* fest; *el phot math gram* positiv; *fam* vollkommen, komplett; *s phot* Positiv *n*; *gram* Positiv *m*; *to be* ~ ganz sicher sein (*that* daß); **~ivism** ['pɔzitivizm] *philos* Positivismus *m*; **~ivist** ['-ist] *philos* Positivist *m*; **~vistic** [pɔziti'vistik] *philos* positivistisch; **~iveness** ['pɔzitivnis] Bestimmtheit; Selbstbewußtsein *n*; Wirklichkeit, Realität *f*; **~ron** ['pɔzitrɔn] *phys* Positron *n* *(Kernteilchen)*.

posse ['pɔsi] (Polizei-)Aufgebot *n*; Haufe(n) *m*, Schar, Gruppe *f*.

possess [pəˈzes] *tr* besitzen, (inne-) haben; *(Sprache)* beherrschen; *(Gedanke, e-n Menschen)* beherrschen, Besitz ergriffen haben von; in der Gewalt haben *fig*; in den Besitz setzen *(of* gen*)*; *to* ~ *o.s. of s.th.* sich in den Besitz e-r S setzen, von e-r S Besitz ergreifen, sich e-r S bemächtigen; sich etw aneignen; *to be* **~ed** *of* im Besitz sein *gen*; *with* ergriffen, (ganz) eingenommen sein; besessen sein von; *to* ~ *o.s. in patience* sich in Geduld fassen; *what* **~ed** *you to do that?* was ist in Sie gefahren, so etwas zu tun? **~ed** [-t] *a* besessen *(by* von); erfüllt *(with* von); begabt *(of* mit); **~ion** [pəˈzeʃən] Besitz *m*; Besitz-, Eigentum *n*; *pol* Besitzung *f*; *fig (self-*~~) Selbstbeherrschung *f*; *pl* Besitz *m*, Habe *f*, Reichtum, Wohlstand *m*; *to be in* ~ *of s.th.*, *to have s.th. in o.'s* ~ im Besitz e-r S sein, etw in Besitz haben; *to be in* ~ *of the House (parl)* das Wort haben; *to come, to enter into* ~ *of s.th.* in den Besitz, Genuß e-r S kommen *od* gelangen; *to put s.o. in* ~ *of s.th.* jdn in den Besitz e-r S setzen; *to take* ~~ *of* Besitz ergreifen

possessive von, in Besitz nehmen; **~ive** [pə'zesiv] *a* Besitz-; *gram* besitzanzeigend, possessiv; *s u.* **~ case** Genitiv *m*; **~ pronoun** Possessivpronomen, besitzanzeigende(s) Fürwort *n*; **~or** [-ə] Besitzer, Inhaber; Eigentümer *m*; **~ory** [-əri] *a* Besitz-; **~ action, right** Besitzklage *f*, -recht *n*.

posset ['pɔsit] heiße Milch *f* mit Bier *od* Wein.

possib|ility [pɔsə'biliti] Möglichkeit *f* (*of doing* zu tun; *of* zu, für); **~le** ['pɔsibl] *a* möglich (*for* für; *with* bei); denkbar, geeignet; *fam* erträglich; *s sport* höchste Punkt-, Ringzahl *f*; in Frage kommende Person *od* Sache *f*; *as early, as soon as* ~ so früh, so bald wie möglich; *if (it is)* ~ wenn möglich; *to do o.'s* ~ sein möglichstes tun; **~ly** ['-li] *adv* möglicherweise, eventuell, nur; *if I* ~ *can* wenn ich irgend kann; wenn es mir irgend möglich ist; *I cannot* ~ *come* ich kann unmöglich kommen.

possum ['pɔsəm] *fam* Opossum *n*, Beutelratte *f*; *to play* ~ (*fam*) sich krank stellen; den Unschuldsengel spielen (*with s.o.* vor jdm).

post [poust] **1.** *s* Pfosten, Pfahl, Mast *m*; *tr (to ~ up)* ankleben, -schlagen; (durch Anschlag) bekanntgeben, -machen; (*mit Zetteln*) bekleben; mit e-m Verbotsschild versehen; ~ *no bills* Ankleben verboten! *bed, gate, lamp-* Bett-, Tor-, Lampenpfosten *m*; *starting* ~ *(sport)* Start *m (Ort)*; *winning* ~ *(sport)* Ziel *n*, **~er** ['-ə] (Plakat-)Ankleber *m*; Plakat *n*, Anschlag *m*; *publicity* **~** Reklameplakat *n*; **~** *advertising* Plakatwerbung *f*; **~** *panel* Plakattafel *f*. **2.** *s mil* Posten(bereich), Platz *m*; Stellung *f*; Standort *m*, Garnison *f*; *(last ~)* Zapfenstreich; (Arbeits-)Platz *m*; Stelle, Stellung *f*; *(trading ~)* Handelsplatz; *com* Rechnungsposten *m*; *tr mil* als Posten aufstellen, (ab-)kommandieren; *to apply for a ~* sich um e-e Stellung bewerben; *first, last* ~ (erstes, zweites Signal *n* des) Zapfenstreich(s); **~ commander** *Am* Standortkommandant *m*; **3.** *s* Post (-sendung) *f*, Postsachen *f pl*; *(~-office)* Post(amt *n*) *f*; Briefkasten *m*; *hist* Postkutsche *f*; Papierformat *n* 16 × 20 Zoll *(40,6 × 50,8 cm)*; *itr hist* mit der Post reisen; eilig reisen; *tr* in den Briefkasten werfen; auf die Post geben; aufgeben, abschicken, -senden; *(to ~ up)* laufend unterrichten, auf dem laufenden halten; *com (to ~ up)* ins Hauptbuch ein-, übertragen, (ver-)buchen; *(Buchung)* vornehmen; ins reine schreiben; *by* ~ *o.s.* sich informieren, sich unterrichten; *adv* in Eile, eilig; *by* ~ mit der Post; *by return of* ~ postwendend; *by the same* ~ mit gleicher Post; *by separate* ~ in besonderem Umschlag; *to keep s.o.* ~ed jdn auf dem laufenden halten; *to take to the* ~ zur Post bringen; *evening, letter, morning, parcel* ~ Abend-, Brief-, Morgen-, Paketpost *f*; **~age** ['-idʒ] Porto *n*, (Post-)Gebühr *f*; *additional, extra* ~~ Nachgebühr *f*, Strafporto *n*; *letter-*~~ Briefporto *n*; *liable, subject to* ~~ portopflichtig; *return-*~~ Rückporto *n*; *~~-due* Nachgebühr *f*, Strafporto *n*; *~~-envelope* Freiumschlag *m*; *~~-free, -paid* gebührenfrei, portofrei, franko; frankiert; *~~-meter (Am)* Frankiermaschine *f*; *~~-rates (pl)* Postgebühren *f pl*, -tarif *m*; *~~-stamp* Briefmarke *f*, Postwertzeichen *n*; ~~ *unpaid* unfrankiert; **~al** ['-əl] *a* postalisch; Post-; *s Am fam* (frankierte) Postkarte *f*, *rail* -wagen *m*; ~~ *address* Postanschrift *f*; ~~ *administration, authorities (pl)* Postverwaltung, -behörde *f*; ~~ *agency* Postagentur, -hilfsstelle *f*; ~~ *car (Am)*, *rail* Postwagen *m*; ~~ *card (Am)* Postkarte *f (mit aufgedruckter Freimarke)*; ~~ *cheque* Postscheck *m*; *~~-cheque account* Postscheckkonto *n*; ~~ *clerk, employee* Postangestellte(r) *m*; ~~ *district* Zustellbezirk *m*; ~~ *mailing (Am)* Poststreuversand *m*; ~~ *matters (pl)* Postsachen *f pl*; ~~ *note (Am), order (Br)* Postanweisung *f*; ~~ *packet, parcel* Postpaket *n*; ~~ *rates (pl), tariff* Posttarif, -gebührensatz *m*; ~~ *reply coupon* Antwortschein *m*; ~~ *service* Postdienst *m*; ~~ *subscription fee* Bestellgeld *n*; ~~ *tuition* Fernunterricht *m*; *Universal P*~~ *Union* Weltpostverein *m*; ~~ *wrapper* Kreuz-, Streifband *n*; **~bag** Postsack *m*; **~box** Briefkasten *m*; **~boy** *hist* Postreiter; Postillion *m*; **~card** Postkarte *f*; *picture* ~~ Ansichtspostkarte *f*; **~chaise** Postkutsche *f*; **~ed** ['-id] *a*: *well-*~ gut unterrichtet, gut informiert; **~e restante** ['poust 'resta:nt, *Am* '-'-'-] *adv* postlagernd; *s* Abteilung *f* für postlagernde Sendungen; **~ exchange** *(PX) Am mil* Marketenderei *f*; **~free** portofrei, franko; frankiert, freigemacht; **~haste** *adv* in großer Eile; **~il(l)ion** [pɔs'tiljən] Postillion *m*; **~man** Briefträger *m*; *~~'s horn* Posthorn *n*; **~mark** *s* Post-

postmaster 754 **pot**

stempel *m*; *tr* (ab)stempeln; **~master** Postmeister *m*; *P~~ General* Generalpostmeister *m*; **~-office** Postamt *n*; *auxiliary ~~* Posthilfsstelle *f*; *branch ~~* Zweigpostamt *n*; *general ~~* Hauptpost; (Ober-)Postdirektion *f*; *railway ~~* Bahnpostamt *n*; *~~ box* Postschließfach *n*; *~~ clerk* Postangestellte(r) *m*; *P~~ Department (Am)* Postministerium *n*; *~~ hours (pl)* Schalterstunden *f pl*; *~~ order* Postanweisung *f*; *~~ receipt* Posteinlieferungsschein *m*; *~~ savings-bank* Postsparkasse *f*; **~-package, -parcel** Postpaket *n*; **~-paid** *a* frankiert, freigemacht; *~~ reply card* Werbeantwort *f*; **~-stamp** Poststempel *m*; **~-terminal** *Am* Bestimmungsort *m*. **4.** *prp u. in Zssgen* Nach-, nach-.
post|-date ['poust'deit] *tr* nachdatieren; folgen auf, später sein als; **~entry** ['-'entri] nachträgliche Eintragung *od* Buchung *od* Verzollung *f*.
poster|ior [pos'tiəriə] *a* später (*to* als); folgend; hinter, rückwärtig, Rück-; *s fam* Hintere, Hintern *m*; **-ity** [pos'teriti] Nachkommen(schaft *f*), -fahren *pl*; Nachwelt *f*.
postern ['pousta:n] Hintertür *f a. fig.*
post-fix ['poustfiks] *s gram* Suffix *n*; *tr* [poust'fiks] (e-m *Wort*) anfügen; **~graduate** ['-'grædjuit] *a* (*Studium*) nach dem Examen, vorgeschritten; *s* Doktorand *m*.
posthumous ['postjuməs] nachgeboren, posthum; nachträglich; (*Buch*) nachgelassen; **~ fame** Nachruhm *m*.
postlude [poust'lu:d] *mus* Postludium, Nachspiel *n*; **~-meridian** ['-mə'ridiən] nachmittägig; Nachmittags-; **~ meridiem** ['poustmə'ridiəm] (*p.m.*) nachmittags; **~-mortem** ['-'mɔ:tem] *a* nach dem Tode (stattfindend *od* eingetreten *od* vollzogen); *s u. ~~ examination* Leichenöffnung, Autopsie *f*; **~-natal** ['-'neitl] nach der Geburt (stattfindend); **~-nuptial** ['-'nʌpʃəl] nach der Hochzeit (stattfindend); **~-obit** ['-'ɔbit] *a u. s* nach dem Tode fälliger Schuldschein *m*).
postpon|able [poust'pounəbl] aufschiebbar; **~e** [-'poun] *tr* auf-, verschieben, zurückstellen; (*Termin*) verlegen, vertagen; unterordnen (*to* e-r *S*), als weniger behandeln (*to* als); zurückstellen (*to* hinter); **~ement** [-mənt] Aufschub *m*, Zurückstellung *f*; Vertagung; Unterordnung *f*.
post|position ['poustpə'ziʃən] *gram* Nachstellung *f*; nachgestellte Präposition *f*; **~positive** ['-'pɔzətiv] *gram*

nachgestellt; **~-prandial** [poust'prændiəl] nach dem Mittagessen (stattfindend); **~script** ['pous(k)script] Nachschrift *f*; (*Buch*) Nachwort *n*; Rundfunkkommentar *m (nach den Nachrichten)*.
postul|ant ['pɔstjulənt] Bewerber, Kandidat *m*; **~ate** ['pɔstjuleit] *tr* (er)fordern; voraussetzen, postulieren; (als selbstverständlich) annehmen; *itr* ersuchen (*for* um); *s* [-lit] (Grund-) Voraussetzung *f*, Postulat *n*; (selbstverständliche) Annahme *f*; **~ation** [pɔstju'leiʃən] Forderung *f*, Erfordernis *n*; Voraussetzung; Annahme *f*.
posture ['pɔstʃə] *s* (Körper-)Stellung, Lage, Haltung; (Geistes-)Haltung; Lage *f* (der *Dinge*), Zustand *m*, Umstände *m pl*, Verhältnisse *n pl*; *tr* in e-e bestimmte Stellung bringen; e-e Stellung einnehmen lassen; *itr* e-e bestimmte Stellung einnehmen; posieren; auftreten (*as* als).
post-war ['poust'wɔ:] *a* Nachkriegs-; **~ demands** *pl* Nachkriegsbedürfnisse *n pl*; **~ years** *pl*, **period** Nachkriegszeit *f*.
posy ['pouzi] Blumenstrauß *m*.
pot [pɔt] Topf, Kessel *m*; Kanne *f*, Krug *m*, Kruke, Tonflasche *f*; Topfvoll *m*, Kannevoll *f*, Krugvoll *m*; Steingut *n*; Ton *m*; Portion *f*; (Krug) Schnaps *m*, Bier *n*, Wein; *sport sl* Preis, *bes.* (Silber-)Pokal; *fam* (Wett-)Einsatz *m*; (*~s of money*) *fam* Menge *f* Geld; *fam* mühelose(r) Schuß, Zufallstreffer *m*; *fam* (*big ~*) hohe(s) Tier *n (Mensch)*; *Am sl* rechthaberische Frau *f*; *Am sl* Motor *m*, Lokomotive *f*, Vergaser *m*; *Am sl* Marihuana *n*; *tr* in e-n Topf tun; einmachen; in e-m Topf kochen; (*Pflanzen*) eintopfen; (ab)schießen, *fam* abknallen; *fam* ein-, in die Tasche stecken, einwickeln *fig*; *fam* auf den Topf setzen; *itr fam* (herum)knallen; *at s.th.* auf etw losknallen; (*Billard*) ins Loch spielen; *to go to ~ (sl)* in den Eimer, in die Brüche gehen; *to keep the ~ boiling* sein Auskommen haben; die Sache in Gang halten; *to put a quart into a pint ~* Unmögliches versuchen; *the ~ should not call the kettle black* wer im Glashaus sitzt, soll nicht mit Steinen werfen; *the ~ goes so long od so often to the well that it is broken at last (prov)* der Krug geht so lange zum Brunnen, bis er bricht; *chimney-~* Kaminaufsatz *m*; *coffee-~* Kaffeekanne *f*; *cooking-~* Kochtopf *m*; *fish-~* Fischreuse *f*; *flower-~* Blumentopf *m*;

ink-~ Tintenfaß n; jam-~ Marmeladentopf m; lobster-~ Hummerkorb m; pint ~ Maßkrug m; tea-~ Teekanne f; watering-~ Gießkanne f; ~-**bellied** a dickbäuchig; ~-**belly** Dickbauch, Wanst m; ~-**boiler** fam Brotarbeit(er m) f; ~-**boy** Kellner m; ~-**cheese** Am Quark m; ~-**hat** fam Melone f (Hut); ~-**herb** Gemüse, Küchenkraut n; ~-**holder** Topflappen m; ~-**hole** tiefe(s) runde(s) Loch; Schlagloch n; Gletschertopf m; ~-**holer** Höhlenforscher m; ~-**hook** Kesselhaken; fam Krakelfuß m; ~-**house** Br Wirtschaft f, Lokal n, Kneipe f; ~~ manners (pl) rüpelhafte(s) Benehmen n; ~~ politician Biertischpolitiker m; ~-**hunter** Jäger m, der jedes Wild abknallt; sport Preisjäger m; fig materiell eingestellte(r) Mensch m; ~-**ladle** Kochlöffel m; ~-**lid** Topfdeckel m; ~-**luck**: to take ~~ mit dem vorlieb nehmen, was es gerade gibt (with s.o. bei jdm); ~-**pie** Am Topfsülze f; ~-**roast** Am Schmorbraten m; ~-**sherd** (Topf-)Scherbe f; ~-**shot** mühelose(r) Schuß, Nahschuß, Glückstreffer m; fig leichte Sache f; ~-**ted** ['-id] a eingetopft, eingemacht; fig schlecht zs.gefaßt; sl besoffen; ~~ meat Pökelfleisch n; ~-**ter** ['-ə] **1.** Töpfer m; ~~'s wheel Töpferscheibe f; ~-**tery** ['-ri] Töpferei f; Töpferwaren f pl, irdene(s) Geschirr n; ~-**ty** ['-i] a sl winzig, puppig; läppisch; kinderleicht; verrückt (about über; of nach); fam Töpfchen n; ~-**valiant**: to be ~~ sich Mut angetrunken haben.

pot|able ['poutəbl] a trinkbar; Trink-; ~s pl Getränke n pl; ~ation [po(u)-'teiʃən] Trinken, Zechen n; Zug m; Getränk n; Schnaps m; ~ion ['pouʃən] Trunk; (Arznei-, Gift-)Trank m; love-~~ Liebestrank m.

potash ['potæʃ] chem Pottasche f; Kali n; caustic ~ Ätzkali n; ~ lye, mine, salt Kalilauge f, -bergwerk, -salz n.

potassium [pə'tæsjəm] chem Kalium n; ~ chlorate Kaliumchlorat, chlorsaure(s) Kalium n; ~ chloride Kaliumchlorid, Chlorkalium n; ~ cyanide Zyankali n; ~ hydrate Ätzkali n; ~ permanganate Kaliumpermanganat n.

potato [pə'teitou] pl -es Kartoffel; Am sl Rübe f, Dollar m; boiled, a. steamed ~es Salzkartoffeln f pl; chipped ~es, (Am) French fried ~es (pl) Pommes frites pl; fried ~es (pl) Brat-, Röstkartoffeln f pl; mashed ~es (pl) Kartoffelbrei m, -püree n; sweet, Spanish ~ Batate f, Süße Kartoffel f; ~es in the jacket Pellkartoffeln f pl; ~-**beetle, bug** Kartoffelkäfer m; ~-**blight, -disease, -rot** Kartoffelfäule f; ~ **chips** pl Kartoffelchips pl; ~ **cultivator** Hack-, Häufelpflug m; ~-**digger** Kartoffelroder m, -rodemaschine f; ~-**flour, -meal** Kartoffelmehl n; ~-**starch** Kartoffelstärke f.

poteen [pɔ'tiːn] (Irland) heimlich gebrannte(r) Whisky m.

poten|ce, -cy ['poutəns(i)] Macht, Kraft, Stärke; Wirksamkeit; Überzeugungskraft; Wirkungsfähigkeit; physiol Potenz f; ~**t** ['-t] mächtig, kraftvoll, stark, einflußreich; wirksam; überzeugend, zwingend; physiol potent; ~**tate** ['poutənteit] Machthaber, Herrscher, Potentat m; ~**tial** [pə'tenʃəl] a potentiell, möglich, denkbar, latent, im Keim vorhanden; noch unentwickelt, entwicklungsfähig, zukunftsträchtig; phys el potentiell; gram potential; s Potential n a. phys; Wirkungs-, Leistungsfähigkeit f; gram (~~ mood) Potentialis m; el Spannung f; war ~~ Kriegspotential n; ~~ difference (math) Potentialdifferenz f, -gefälle; el Spannungsgefälle f; ~~ drop Spannungsabfall m; ~~ energy (phys) potentielle Energie f; ~**tiality** [pətenʃi-'æliti] Möglichkeit, Denkbarkeit, Latenz; Keim-, Entwick(e)lungsfähigkeit f; verborgene Kraft od Stärke f; pl (Entwicklungs-)Möglichkeiten f pl; ~**tilla** [poutən'tilə] bot Fingerkraut n; ~**tiometer** [pətenʃi'ɔmitə] el Potentiometer n, Spannungsteiler m.

pother ['pɔðə] s Rauch-, Staubwolke f; Aufruhr m, Durcheinander n, Lärm, Krach m; tr in Aufregung versetzen, tr itr (sich) aufregen; to make a ~ Krach schlagen (about um).

potpourri [po(u)'puri, Am pɔt'-] mus Potpourri n; lit Blütenlese f; Dufttopf m.

pottage ['pɔtidʒ] (dicke) Suppe f, Eintopf(essen n) m; to sell o.'s birthright for a mess of ~ sein Erstgeburtsrecht um ein Linsengericht verkaufen.

potter ['pɔtə] **2.** itr (to ~ about) herumtrödeln, -bummeln; herumpfuschen (at an); tr (to ~ away) vertrödeln, verbummeln, vertun; s s. pot.

pouch [pautʃ] s Beutel, (kleiner) Sack m, Tasche a. bot; (ammunition ~) Patronentasche f; (tobacco-) Tabaksbeutel; Postsack m; Scot Tasche f (in der Kleidung); zoo Beutel m (der Beuteltiere); Kropf, Beutel m (der Pelikane); Backentasche f; med Tränen-, Hodensack m; tr in e-n

Beutel, in e-e Tasche stecken; einstecken; verschlingen; ausbauchen, bauschen; *fig* beschenken; *itr* sich bauschen, e-n Beutel bilden; *diplomatic* ~ Diplomatengepäck *n*; **~ed** [-t] *a* bauschig; *zoo* Beutel-.
poult [poult] *orn* Küken *n a. fig*; **~erer** ['-ərə] *bes. Br* Geflügelhändler *m*; **~ry** ['-ri] Geflügel, Federvieh *n*; **~~-farm** Geflügelfarm *f*.
poultice ['poultis] *s med* Breiumschlag *m*, Packung *f*; *tr* e-e warme Packung machen auf.
pounce [pauns] **1.** *s* Kralle, Klaue *f*; Herabstoßen (*e-s Raubvogels*); Anspringen *n* (*e-s Raubtiers*); *tr* (mit den Krallen) packen; *itr* herabstoßen, sich stürzen (*on, upon, at* auf); anspringen (*on, upon, at* auf); herfallen (*on, upon, at* über); *on the* ~ sprungbereit; *to make a* ~ sich stürzen (*on, upon, at* auf); **2.** *s hist* Bimsstein-, Löschpulver; Kohle-, Pauspulver *n*; *tr* abbimsen; (durch)pausen.
pound [paund] **1.** Pfund (*lbs., 16 Unzen = 453,592 g*); (*~ sterling*) Pfund *n* (£ *= 20 Schilling*); *by the* ~~ pfundweise; *to exact s.* ~ *of flesh* (*fig*) auf s-m Recht bestehen; *in for a penny in for a* ~ (*prov*) wer A sagt, muß auch B sagen; *two shillings in the* ~ zehn Prozent; *an ounce of prevention is worth a* ~ *of cure* Vorsicht ist besser als Nachsicht; **~age** ['-idʒ] Provision *f* pro Pfund; Pfundgeld *n*; **~~-cake** Art (*schwerer*) Teekuchen *m*; **~er** ['-ə] *in Zssgen* -pfünder *m*; **~ foolish**: *penny wise and* ~ sparsam im Kleinen und verschwenderisch im Großen; **2.** *s* Pferch; Pfandstall *m*; Falle *f* (*für große Tiere*); Fischkasten *m*; (Tier-)Asyl; Gefängnis *n*; *tr* (*Vieh*) einpferchen, -sperren; **3.** *tr* (zer)stoßen, (zer)stampfen, pulverisieren; schlagen, stoßen, trommeln auf *od* gegen; *itr* schlagen, stoßen, trommeln, hämmern (*at, on* auf, gegen); (*Maschine*) stampfen; (*Herz*) heftig schlagen; *to* ~ *about* herumstapfen; *to* ~ *along* mühsam gehen; *to* ~ *away* sich ins Zeug legen; heftig angreifen (*at s.o.* jdn); *to* ~ *the pavement* (*Am sl*) Arbeit suchen; s-e Runde machen; **~er** ['-ə] Schlagende(r), Stoßende(r); Schläger, Stößel *m*, Keule *f*; *Am sl* Polizist *m*.
pour [pɔː(ə)] *tr* gießen, schütten (*out of, from* aus; *into* in; *on* auf; *over* über); (*Getränk*) eingießen, -schenken; verschwenden; *itr* fließen, strömen, sich ergießen; gießen, strömen, heftig regnen; (*Menschen*) sich (in Massen) stürzen; *s* Guß *m*; Strömen *n*; Regenguß; *tech* Einguß *m*; *to* ~ *it on* (*Am sl*) 'rangehen; *mot* Vollgas geben; *to* ~ *oil on troubled waters* die erhitzten Gemüter beruhigen; *to* ~ *cold water on s.o.* jdn ernüchtern; *it never rains but it* ~*s* (*fig*) es kommt immer alles zusammen; *the sweat* ~*ed off him* der Schweiß floß ihm (nur so) vom Leibe; *it's* ~*ing with rain* es gießt in Strömen; *to* ~ **down** niedergehen lassen; *itr* herabstürzen; in Strömen fallen; *to* ~ **forth** aus-, hervorstoßen; ertönen lassen; *to* ~ **in** *itr* hereinströmen; (*Aufträge*) in großen Mengen eingehen; *tr* eingießen, -schenken; *to* ~ **off** abgießen; *to* ~ **out** *itr* herausströmen; *tr* ausgießen; (*sein Herz*) ausschütten; *he* ~*ed his troubles out to me* er hat mir sein Leid geklagt; **~ing** ['-riŋ] *a* strömend, triefend, in Strömen; **~~** *defect* (*metal*) Gußfehler *m*; ~ **point** (*Öl*) Stockpunkt; (*Metall*) Fließpunkt *m*.
pout [paut] *itr* die Lippen aufwerfen *od* spitzen; schmollen, ein böses Gesicht machen; vorstehen; *s* Schmollen *n*; *pl* (Anfall *m*) schlechte(r) Laune *f*; **~er** ['-ə] Schmoller *m*; Kropftaube *f*; **~ing** ['-iŋ] *a* (*Lippen*) aufgeworfen, dick; *s* Schmollen *n*; **~y** ['-i] *Am fam* übelnehmerisch, sauertöpfisch.
poverty ['pɔvəti] Armut, Dürftigkeit *f*; Elend *n*, Not(durft) *f*; Mangel *m* (*of, in* an); Mangelhaftigkeit, Minderwertigkeit *f*; *to be reduced to* ~ verarmt sein; **~-stricken** *a* sehr arm; *fig* armselig, ärmlich, dürftig.
powder ['paudə] *s* Puder *m*, Pulver *n*, Staub *m*; *tr* (ein)pudern; bestreuen (*with* mit); pulverisieren; *itr* pulverförmig sein, stäuben; (*to* ~ *o.'s face*) sich pudern; *Am sl* abhauen, sich aus dem Staub machen = *to take a* ~; *to keep o.'s* ~ *dry* (*fig*) auf der Hut sein; *baby*-~ Kinder-, Körperpuder *m*; *face*-, *foot*-~ Gesichts-, Fußpuder *m*; *gun*-~ Schießpulver *n*; *smell of* ~ Pulvergeruch *m*; *not worth* ~ *and shot* keinen Schuß Pulver wert; nicht der Mühe wert; ~ **blue** rauchblau; **~-box, ~-compact** Puderdose *f*; ~ **chamber** *m*; ~ **charge** Pulverladung *f*; **~ed** ['-d] *a*: ~~ *coal* Kohlenstaub *m*; ~~ *egg* Eipulver, Trockenei *n*; ~~ *coffee* Kaffeepulver *n*; ~~ *sugar* Puder-, Staubzucker *m*; **~-flask, ~-horn** Pulverhorn *n*; ~ **keg** Pulverfaß *n*; **~-magazine** Pulvermagazin *n*, -kammer *f*; **~-mill** Pulvermühle, Munitionsfabrik *f*; **~-puff** Puderquaste *f*;

Am sl vorsichtige(r) Boxer *m*; ~ **room** *Am* Damentoilette *f*; ~ **smoke** Pulverqualm *m*; ~ **sticks** *pl* Stangenpulver *n*; ~**y** ['-ri] pulverförmig, pulverisiert; mürbe, leicht (zu Staub) zerfallend; staubig, staubbedeckt; ~~ *snow* Pulverschnee *m*.
power ['pauə] (Handlungs-, Leistungs-)Fähigkeit *f*, Vermögen *n*; Kraft, Stärke, Energie; Gewalt; Herrschaft *f* (*over* über); Einfluß *m* (*with* auf); Vollmacht (*a. als Dokument*), Berechtigung, Befugnis; *pol* Macht; *phys tech el* (Treib-)Kraft, Energie; Leistung; (Strom-)Stärke *f*; *el* Strom; *opt* Vergrößerungskraft, Stärke; *min* Mächtigkeit; *math* Potenz; *fam* Menge, Masse *f* (*of money* Geld); *attr tech* Kraft-, Energie-; *pl* Behörden *f pl*; *pl* Rechte *n pl*, Vollmacht *f*; *tr tech* mit e-r Kraft, Energiequelle versehen; antreiben; potenzieren; *fam* mit Gewalt durchsetzen; *in* ~ an der Macht; im Amt; *to be in s.o.'s* ~ in jds Gewalt sein; *to be within (beyond) s.o.'s* ~ in (nicht in) jds Macht liegen; *to come into* ~ an die Macht gelangen; *to do all in o.'s* ~ alles in s-r Macht Stehende tun; *to give s.o. full* ~*s* jdm Vollmacht erteilen; jdm freie Hand lassen; *to have full* ~*s* Vollmacht haben; *to have s.o. in o.'s* ~ jdn in der Gewalt haben; *he is losing his* ~*s* s-e Kräfte lassen nach; *more* ~ *to you* viel Erfolg! *abuse of* ~ Amtsmißbrauch *m*; *accession, coming to, assumption of* ~ Machtübernahme *f*; *balance of* ~ Gleichgewicht *n* der Mächte; *borrowing* ~ Kreditfähigkeit *f*; *buying* ~ Kaufkraft *f*; *central* ~ Zentralgewalt *f*; *colonial* ~ Kolonialmacht *f*; *competitive* ~ Konkurrenzfähigkeit *f*; *consuming* ~ Konsumkraft *f*; *disciplinary* ~ Disziplinargewalt *f*; *display of* ~ Machtentfaltung *f*; *earning-*~ Ertrags-, Erwerbsfähigkeit *f*; *economic* ~ Wirtschaftspotenz *n*; *electric* ~ elektrische Energie *f*; *financial* ~ Finanzkraft *f*; *full* ~ Vollmacht *f*; *great* ~ Großmacht *f*; *horse-*~ Pferdestärke *f*; *increase of* ~ Leistungssteigerung *f*; *land* ~ Landmacht *f*; *military* ~ Militär-, Kriegsmacht *f*; *occupational* ~ Besatzungsmacht *f*; *parental* ~ elterliche Gewalt *f*; *productive* ~ Produktionskraft *f*; *purchasing* ~ Kaufkraft *f*; *rated* ~ (*tech*) Nennleistung *f*; *sea* ~ Seemacht *f*; *separation of* ~ Gewaltenteilung *f*; *signatory* ~ Signatarmacht *f*; *source of* ~ Kraft-, Energiequelle *f*; *sphere of* ~ Machtsphäre *f*, Einflußbereich *m*; *water* ~ Wasserkraft *f*; *will to* ~ Machtwille; Wille *m* zur Macht; *world* ~ Weltmacht *f*; *the* ~*s above* die himmlischen Mächte *f pl*; ~ *of appointment* Ernennungsrecht *n*; ~ *of attorney* (Handlungs-, Prozeß-)Vollmacht *f*; ~ *of life and death* Gewalt über Leben u. Tod; *the* ~*s that be* die Machthaber *m pl*; die Obrigkeit; ~ **amplifier** Leistungs-, Endverstärker *m*; ~~**basin** Staubeckenanlage *f*; ~~**boat** *Am* schnelle(s) Motorboot, *mil* Sturmboot *n*; ~ **cable** Starkstromkabel *n*; ~~**circuit** Starkstromleitung *f*; Starkstromkreis *m*; ~ **consumer** Stromabnehmer *m*; ~ **consumption** Strom-, Kraftverbrauch *m*; ~ **demand** Kraftbedarf *m*; ~~**dive** *aero* Sturzflug *m* mit Vollgas; ~~**driven** *a* mit Motorantrieb; ~ **economy** Energiewirtschaft *f*; ~**ed** ['-d] *a* angetrieben; *in Zssgen tech* Kraft-; ~~ *glider* (*aero*) Motorsegler *m*; ~ **factor** Leistungs-, Machtfaktor *m*; ~ **failure** *aero* Motorausfall *m*; ~ **frequency** Netzfrequenz *f*; ~**ful** ['-ful] mächtig, stark, einflußreich; vermögend, wohlhabend; leistungsfähig; ~**fully** ['-fuli] *adv fam* mächtig, gewaltig; ~ **generation** Krafterzeugung *f*; ~~**house** Kraftwerk *n*; *Am sl* Kraftprotz *m*, Kanone *f*; ~ **increase** Leistungsanstieg *m*, -zunahme *f*; ~ **input** Eingangsleistung *f*; ~**less** ['-lis] kraft-, machtlos; ~**lessness** ['-lisnis] Kraft-, Machtlosigkeit *f*; ~ **level** Leistungspegel *m*; ~ **line** Starkstrom-, Hochspannungsleitung *f*; ~ **load** Kraftstrom *m*; Strombelastung *f*; ~~**loom** mechanische(r) Webstuhl *m*; ~ **loss** Energieverlust *m*; ~ **mains** *pl* Kraftnetz *n*; ~ **output** Ausgangsleistung *f*; ~ **peak** Leistungsspitze *f*; ~ **plant** Kraftwerk *n*; *tech* Maschinensatz *m*; *mot* Triebwerk *n*; ~ **plug** Netzstecker *m*; ~~**point** *el* Steckdose *f*; ~ **politics** Machtpolitik *f*; ~ **rail** Stromschiene *f*; ~ **rating** Nennleistung *f*; ~ **reserve** Kraftreserve *f*; ~ **saw** Motorsäge *f*; ~ **set** *el* Aggregat *n*; ~ **shovel** Löffelbagger *m*; ~**-down** Stromsperre *f*; ~ **source** Energie-, Kraftquelle *f*; ~ **station** Kraftwerk *n*, -zentrale *f*; ~ **steering** *mot* Servosteuerung *f*; ~ **stroke** Arbeitshub *m*; ~ **supply** Energie-, Stromversorgung *f*; *radio* Netzanschluß *m*; ~ *line* Zuführungsleitung *f*; ~ **take-off** *tech* Abtrieb *m*; ~ **traction** *mot* Kraftzug *m*; ~ **transmis-**

power tube   758   **prance**

sion tech Kraftübertragung f; **~ tube** Lautsprecherröhre f; **~ unit** Krafteinheit f.

powwow ['pauwau] s Am Medizinmann; fam Konferenz, Versammlung f; Fest n; Br sl Manöverbesprechung f; itr (to hold a ~) Am fam debattieren, konferieren (about über).

pox [pɔks] (small-) Pocken, Blattern pl; fam Syphilis f; chicken, cow ~ Wind-, Kuhpocken pl.

pract|icability [præktikə'biliti], **-icableness** ['præktikəblnis] Aus-, Durchführbarkeit; Brauchbarkeit; Befahr-, Begehbarkeit f; **-icable** ['præktikəbl] aus-, durchführbar; brauchbar; benutzbar, gangbar; befahr-, begehbar; **-ical** ['præktikəl] praktisch; leicht zu handhaben(d); durchführbar; anwendbar; (Vorschlag) praktisch, brauchbar; nützlich; zweckmäßig (Können, Wissen) praktisch, in der Praxis gewonnen (Wissenschaft) angewandt; (Mensch) praktisch (veranlagt); erfahren; alltäglich, Alltags-, Umgangs-; tatsächlich, wirklich; wirklichkeitsnah, -verbunden; **~ capacity** Betriebsoptimum n; **~ chemist** Chemotechniker m; **~ joke** handgreifliche(r) Spaß, Streich m; **~ knowledge** Erfahrungswissen n; **-icality** [prækti'kæliti] einfache Handhabung; Brauchbarkeit; praktische Veranlagung; Wirklichkeitsnähe, -verbundenheit f; **-ically** ['præktikəli] adv in der Praxis; (in) praktisch(er) Weise, wirklichkeitsnah; ['præktikli] praktisch, faktisch, so gut wie, nahezu, beinahe, fast; it's ~~ the same es ist fast dasselbe; **-ice** ['præktis] Ausübung, Handhabung f, Verfahren n; praktische Tätigkeit, Praxis (f. e-s Arztes od Rechtsanwalts); Klientel; Gewohnheit f, (Ge-)Brauch m, Sitte; Übung a. mil; praktische Erfahrung f, pl pej Praktiken f pl, Kniffe m pl, Schliche pl, Gaunereien f pl, Ränke pl; v Am = ~ise; in ~~ in Wirklichkeit, tatsächlich; in (der) Übung; out of ~~ aus der Übung; to be in ~~ (Arzt, Anwalt) praktizieren; to make it a ~~ to do, to make a ~~ of doing es sich zur Gewohnheit machen zu tun; to put in(to) ~~ in die Tat umsetzen, wirklich machen, ausführen; ~~ makes perfect (prov) Übung macht den Meister; barrister's, law ~~ (Rechts-)Anwaltspraxis f; doctor's ~~, ~~ of medicine Arztpraxis f; ~~ alarm Probealarm m; ~~ alert Luftschutzübung f; ~~ ammunition (mil) Übungsmunition f;

~~ cartridge Exerzierpatrone f; ~~ firing Übungsschießen n; ~~ ground Schießstand m; ~~ target Schießscheibe f; **-ician** [præk'tiʃən] Praktiker, Mann der Praxis, fam Praktikus; praktizierende(r) Arzt, Anwalt m; **-ise**, Am meist **-ice** ['præktis] tr ausüben, betreiben; es sich zur Gewohnheit machen; (ein)üben; (praktisch) anleiten, ausbilden; itr (sich) üben (on an, auf); praktisch tätig sein, praktizieren; sport trainieren; mißbrauchen, hintergehen, hereinlegen (on, upon s.o.) jdn); to ~~ law, as a lawyer od attorney e-e Anwaltspraxis haben, als Anwalt tätig sein; to ~~ medicine, as a doctor e-e ärztliche Praxis haben, (als Arzt) praktizieren; **-ised**, Am meist **-iced** ['-t] a geübt, erfahren, bewandert, gewandt, geschickt; **-itioner** [præk'tiʃnə] Fachmann; Praktiker, Mann m der Praxis; (general ~~) praktische(r) Arzt; legal ~~ (praktizierender) Rechtsanwalt m.

pragmat|ic [præg'mætik] pol hist philos pragmatisch; **-ical** [-ikəl] geschäftig, aufdringlich; von sich selbst überzeugt, rechthaberisch, dogmatisch; philos pragmatisch; **-ism** ['prægmətizm] Tätigkeit f; Fleiß; Übereifer m, Geschäftigkeit; Sachlichkeit, Nüchternheit f; philos Pragmatismus m; **-ist** ['prægmətist] Pragmatiker m; **-ize** ['prægmətaiz] tr als wirklich ansehen od hinstellen; (Mythus) rational auslegen.

prairie ['prɛəri] Prärie, Grasebene (bes. in Nordamerika); Am Wiese, a. Lichtung f; **~ chicken, hen** orn Präriehuhn n; **~ dog** Präriehund m; **~ oyster** Prärieauster f (rohes Eigelb mit Tomatenmark u. Gewürzen); **~ schooner** Am (großer) Planwagen m; **~ wolf** Präriewolf m.

praise [preiz] tr preisen, loben (for wegen); bewundern; s Preis m, Lob n; Anerkennung, Bewunderung f; to ~ up rühmen; to ~ to the skies (fam) in den Himmel heben; über den grünen Klee loben; **-worthiness** ['-wə:ðinis] lobenswerte Eigenschaften f pl; **-worthy** ['-wə:ði] anerkennens-, lobenswert.

pram [præm] **1.** mar Prahm m; **2.** fam Kinderwagen m.

prance [pra:ns] itr (of Pferd) sich aufbäumen, sich auf die Hinterhand aufrichten, e-e Levade, e-e Kurbette machen; (Mensch) (auf e-m Pferde) paradieren; (vor Ungeduld) stampfen; umherspringen; fig einherstolzieren; sich brüsten.

prang [præŋ] *s aero sl* Bruchlandung *f*; Bombenhagel, schwere(r) Luftangriff *m*; Heldentat *f*; *tr* bepflastern, schwer bombardieren; *(durch Bruchlandung)* kaputtmachen.

prank [præŋk] **1.** *s* (übler) Streich, Ulk, Possen, handgreifliche(r) Scherz; *(Tier)* übermütige(r), ausgelassene(r) Sprung *m*; *to play ~s on s.o.* jdm e-n Streich spielen; **2.** *tr ir itr (to ~ out, to ~ up)* (sich) ausstaffieren *(with* mit); *fig* herausstreichen.

prat [præt] *sl* Hinterteil *n*; **~fall**: *to have a ~~ (Am sl)* auf den Hintern fallen.

prat|e [preit] *itr* schwatzen, plappern; albern reden; *tr* daherreden; ausschwatzen; *s* Geschwätz, Gewäsch, Geplapper *n*; **~er** [´-ə] Schwätzer *m*; **~ing** [´-iŋ] geschwätzig.

praties [´preitiːz] *pl fam* Kartoffeln *f pl*.

prattl|e [´prætl] *itr* schwatzen, plappern, babbeln; quasseln; *s* Geschwätz *n*, Schwatz *m*; Geplapper *n* Gequassel; Gebabbel *n*; **~er** [´-ə] Schwätzer *m*, Plappermaul *n*; **~ing**[´-iŋ]schwatzhaft.

prawn [prɔːn] *zoo* (Stein-)Garnele *f*.

pray [prei] *tr* beten, flehen um; erflehen; *to ~ s.o. to do s.th.* jdn bitten, etw zu tun; *itr* beten *(to* zu; *for* um); flehen(tlich bitten) *(for* um); *(I) ~ (you)* (ich) bitte (Sie); **~er** [prɛə] Gebet; Flehen *n*, flehentliche Bitte *f*; Bittgesuch *n*; *pl* Bittgottesdienst *m*; [´preiə] Bet(end)er *m*; *to say o.'s ~s* sein Gebet verrichten; *he hasn't got a ~~ (Am sl)* er hat keine Chance; *the Book of Common P~* die Liturgie *f* der englischen Hochkirche; *the Lord's P~* das Vaterunser; *morning-, evening-* Morgen-, Abendgebet *n*; **~~-book** Gebetbuch *n*; **~~-meeting** Betstunde *f*; **~~-rug, -mat** Gebetsteppich *m*; **~~-stool** Betstuhl *m*; **~~-wheel, -mill** Gebetsmühle *f*; **~ing** [´-iŋ]; **~~ mantis** *(ent)* Gottesanbeterin *f*.

pre [priː]) *pref* Vor(aus)-, vor(aus)-; Prä-, prä-; vorher(ig), früher.

preach [priːtʃ] *itr* predigen *a. pej* *(to* vor); *tr* predigen; verfechten, sich einsetzen für; *(Predigt)* halten; *to ~ down* heruntermachen; *to ~ up* herausstreichen; *to ~ to deaf ears* tauben Ohren predigen; **~er** [´-ə] Prediger, salbungsvolle(r) Redner *m*; **~ify** [´-ifai] *itr fam* salbadern; **~ing** [´-iŋ] Predigen *n*; Predigt *f*; **~ment** [´-mənt] lang(weilig)e Predigt, Salbaderei *f*; **~y** [´-i] salbungsvoll.

preamble [priː´æmbl] *jur pol* Präambel; Einleitung, Vorrede *f*, Vorwort *n*; *fig* Auftakt *m*.

prearrange [´priːə´reindʒ] *tr* vorher einrichten, festlegen, bestimmen; vorbereiten.

prebend [´prebənd] *rel* Pfründe *f*; **~ary** [´-əri] Pfründner; Domherr *m*.

precarious [pri´kɛəriəs] *jur* widerruflich; unsicher, ungewiß, schwankend; unbestätigt, unbewiesen; prekär, riskant, gefährlich.

precast [priː´kɑːst] *a* (Beton) Spann-, vorgefertigt; **~ pile** Betonmast *m*.

precaut|ion [pri´kɔːʃən] Vorsicht(s-maßnahme, -maßregel) *f*; Umsicht *f*; *by way of ~~* aus Vorsicht; *to take ~~s* Vorsichtsmaßnahmen treffen; **~ionary** [-ʃnəri] *a* Vorsichts-, Warn(ungs)-; **~~ signal** Warnsignal *n*.

preced|e [pri(ː)´siːd] *tr* vorausgehen, vorangehen *(s.o., s.th.* jdm, e-r S); *fig* vorausschicken; den Vorrang haben vor; bedeutender, wichtiger sein als; *itr* voran-, vorangehen; **~ence, ~ency** [pri(ː)´siːdəns(i), ´presi-] Voraus-, Vorangehen *n*; Vorrang, -tritt, höhere(r) Rang *m*, höhere(s) Dienstalter, Vorrecht *n*; *to give s.o. ~~, to yield ~~ to s.o.,* jdm den Vortritt lassen; *order of ~~* Rangordnung *f*; **~ent** [´presidənt] *a* vorher-, vorangehend; *s* Präzedenzfall *m*; *pl* Rechtsprechung *f (of a case* zu e-m Fall); *to become a ~~* ein Präzedenzfall werden.

precept [´priːsept] Verordnung, Vorschrift; Anweisung, Verhaltensmaßregel; (Lebens-)Regel, Maxime; Richtschnur, Unterweisung; *jur* gerichtliche Anordnung *f*; *(Steuer)* Zahlungsauftrag *m*; **~ive** [pri´septiv], **~ory** [-əri] instruktiv, lehrhaft; **~or** [-´septə] Lehrer; *Am (Universität)* Tutor, Repetitor *m*; **~orial** [prisep-´tɔːriəl] *a* Lehrer-; **~ress** [-´septris] Lehrerin; Erzieherin *f*.

precinct [´priːsiŋkt] *Am* (Stadt-, Polizei-, Wahl-)Bezirk; *fig* Bereich *m* od *n*; Grenze *f*; *pl* Umkreis *m*, Umgebung, Nachbarschaft *f*.

precious [´preʃəs] *a* wertvoll *(to* für); kostbar *a. fig*; ausgezeichnet; (ge)liebt, teuer; zierlich, geziert, affektiert; *fam* riesig, gewaltig; *adv fam* mächtig, schrecklich, sehr, höchst, äußerst; *s fam* Liebling *m*, Schätzchen *n*; **~ metal** Edelmetall *n*; **~ness** [´-nis] Kostbarkeit *f*, hohe(r) Wert *m*; Affektiertheit *f*; **~ stone** Edelstein *m*.

precip|ice [´presipis] Abgrund *a. fig*, Steilhang *m*; *fig* große, ungeheure Gefahr *f*; **~itance, ~cy** [pri´sipitəns(i)] Überstürzung, Übereilung, Hast, große Eile, Unüberlegtheit *f*; **~itant**

precipitate 760 **preemy**

[pri'sipitənt] *a Am* kopfüber; *fig* überstürzt, übereilt; plötzlich, unerwartet; *s chem* Fällungsmittel *n*; **~itate** [pri'sipiteit] *tr* (kopfüber) hinabstürzen; niederstoßen, -werfen; *fig* überstürzen, übereilen, übers Knie brechen; stark beschleunigen; *chem mete* niederschlagen, kondensieren, fällen; *itr chem mete* sich niederschlagen; *a* [-tit] steil abfallend; (her-, hin)abstürzend; *fig* überstürzt, übereilt; *s chem mete* Niederschlag *m*; **~itation** [prisipi'teiʃən] (tiefer) Sturz, Absturz *m*; Überstürzung, Übereilung, Hast; *chem* Fällung *f*; *mete* Niederschläge *m pl*, Niederschlagsmenge *f*; **~~ area** Niederschlagsgebiet *n*; **~itous** [pri'sipitəs] abschüssig, steil (abfallend), jäh.

précis ['preisi:] *pl* **~**[-si:z] Abriß, Auszug *m*; (kurze) Zs.fassung, Übersicht *f*; **~-writing** *(Schule)* Nacherzählung *f*.

precis|e [pri'sais] genau, exakt, bestimmt, fest umrissen, deutlich, klar; gewissenhaft; pünktlich; pedantisch, umständlich; **~ely** [-li] *adv* genau; stimmt, so ist es; **~eness** [-nis] Genauigkeit; Korrektheit; Pedanterie *f*; **~ian** [-'siʒən] Pedant *m*; **~ion** [pri'siʒən] *s* Genauigkeit, Exaktheit, Bestimmtheit; *tech* Präzision *f*; *attr* Präzisions-; **~~ balance** Präzisionswaage *f*; **~~ bombing** gezielte(r) Bombenwurf *m*; **~~ instrument** Präzisionsinstrument *n*; **~~ landing** *(aero)* Ziellandung *f*; **~~ mechanic** Feinmechaniker *m*; *pl* Feinmechanik *f*; **~~ tools** *(pl)* Präzisionswerkzeuge *n pl*.

preclu|de [pri'klu:d] *tr* ausschließen, -schalten, verhüten, vermeiden, (ver)hindern *(from doing* etw zu tun); *to* **~~ all doubt** jeden Zweifel ausschließen; **~sion** [-ʒən] Ausschluß *m (from* von); Ausschaltung, Verhütung, Vermeidung, Verhinderung *f*; **~sive** [-siv] *a* Verhütungs-; ausschließend, verhütend *(of s.th.* etw).

precoc|ious [pri'kouʃəs] frühreif *a. fig*; *med* Jugend-; **~iousness** [-nis], **~ity** [-'kɔsiti] Frühzeitigkeit, -reife *f*.

preconc|eive ['pri:kən'si:v] *tr* sich (schon) vorher Gedanken machen *od* e-e Meinung bilden über; vorwegnehmen; **~~d opinion** vorgefaßte Meinung *f*; **~eption** [-'sepʃən] vorgefaßte Meinung *f*; Vorurteil *n*.

preconcert ['pri:kən'sə:t] *tr* vorher absprechen; **~ed** ['-id] *a* abgesprochen, abgekartet.

precurs|or [pri'kə:sə] Vorläufer, -bote; Vorgänger *m*; **~ory** [-əri] an-, verkündigend, Ankündigungs-; vorbereitend, einleitend, Eingangs-; *to be* **~~** *of s.th.* etw verkünden, anzeigen.

predatory ['predətəri] räuberisch, raubgierig; schädlich; **~~ bird** Raubvogel *m*.

predecessor ['pri:disesə] (Amts-)Vorgänger; Vorfahr(e), Ahn(herr) *m*.

predestin|ate [pri(:)'destineit] *tr rel* vorherbestimmen *(to* für); *a*. **~e** [-'destin] *tr allg* vorher festlegen; *a* [-tit] vorherbestimmt; **~ation** [pri(:)desti-'neiʃən] Prädestination *f*.

predetermin|ation ['pri:ditə:mi'neiʃən] Vorherbestimmung *f*; **~e** ['pri:di'tə:min] *tr* vorher festlegen; *to* **~~** *s.o. to s.th.* jdn für etw vorbestimmen.

predic|able ['predikəbl] aussagbar, auszusagen(d) *(of* von, über); **~ament** [pri'dikəmənt] mißliche, üble, ungenehme, heikle Lage *f*; *philos* Kategorie *f*; **~ate** ['predikeit] *tr* aussagen *(of* über); feststellen; behaupten; einschließen, in sich begreifen, umfassen; *Am* (be)gründen *(on, upon* auf); abhängig machen *(on a condition* von e-r Bedingung); *itr* e-e Behauptung aufstellen, e-e Feststellung treffen; [-kit] *s gram (a. Logik)* Prädikat *n*; *a* Prädikats-; **~~ noun** Prädikatsnomen *n*; **~ation** [predi'keiʃən] Aussage *f*; **~ative** [pri-'dikətiv] *a* Aussage-; *gram* prädikativ.

predict [pri'dikt] *tr* vorhersagen, prophezeien; **~ion** [pri'dikʃən] Vorhersage; Weissagung, Prophezeiung *f*; **~~ angle** *(mil)* Vorhaltewinkel *m*; **~ive** [pri'diktiv] in die Zukunft weisend; prophetisch; **~or** [pri'diktə] Prophet *m*; *(Flak)* Kommandogerät *n*.

predilection [pri:di'lekʃən] Vorliebe, Voreingenommenheit *(for* für).

predispos|e ['pri:dis'pouz] *tr* geneigt, empfänglich machen *(to* zu, für); günstig stimmen in *s.o.'s favo(u)r* für jdn; empfänglich *a. med*, aufnahmebereit machen, prädisponieren *(to* für); **~ition** ['pri:dispə'ziʃən] Geneigtheit, Empfänglichkeit *a. med*; *med* Prädisposition *f (to* für).

predomin|ance, -cy [pri'dɔminəns(i)] Überlegenheit *f*, Übergewicht *n (over* über); Vorherrschaft *f*; Vorherrschen *n (over* über; *in* in); **~ant** [-ənt] überlegen, beherrschend; vorherrschend, überwiegend; **~ate** [-eit] *itr* überlegen sein; die Oberhand haben *(over* über); vorherrschen *(over* unter).

preem [pri:m] *Am theat sl s* Erstaufführung, Premiere *f*; *tr* erstaufführen; **~y** ['-i] *Am fam med* Frühgeburt *f*.

pre-eminen|ce [pri(:)'eminəns] Vorrang *m*, Überlegenheit *f* (*over* über); **~t** [-t] hervor-, überragend (*above* über).

pre-empt [pri(:)'empt] *tr* auf Grund e-s Vorkaufsrechts erwerben; (*Am*) *s.th.* sich das Vorkaufsrecht auf e-e S sichern; **~ion** [-'empʃən] Vorkauf(s-)recht *n*) *m*; **~ price** Vorkaufspreis *m*; **~ive** [-iv] Vorkaufs-.

preen [pri:n] *tr* (*Gefieder*) putzen, glätten; *itr* u. *to ~ o.s.* sich fein machen; *to ~ o.s.* sich etw einbilden (*on* auf).

pre-engage ['pri:in'geidʒ] *tr* im voraus verpflichten; *itr* sich im voraus verpflichten; *com* vorbestellen; **~ment** ['-mənt] frühere Verpflichtung *f*.

pre-exist ['pri:ig'zist] *itr* vorher existieren; **~ence** [-əns] Präexistenz *f*.

prefab ['pri:fæb] *tr fam* = **~ricate**; *s fam* Fertighaus *n*; **~ricate** ['-rikeit] *tr* vorfabrizieren; (*Haus*) fabrik-, serienmäßig, in genormten Fertigteilen herstellen; **~rication** ['-fæbri-'keiʃən] Fertigbauweise *f*.

prefa|ce ['prefis] *s* Vorwort *n*; Einleitung *f*; *tr* mit e-r Vorrede, Einleitung versehen; einleiten (*with* mit); einführen in; **~torial** [prefə-'tɔ:riəl], **~tory** ['prefətəri] einleitend, -führend; *tr typog note* Vorbemerkung *f*.

prefect ['pri:fekt] (Polizei-)Präfekt; *Br* Vertrauensschüler, Ordner *m*.

prefer [pri'fə:] *tr* vorziehen, bevorzugen; lieber tun *od* haben (*s.th. to s.th. else* etw als e-e andere S; *rather than* als); (*im Amt, Rang*) befördern (*to* zu); (*Bitte*) vortragen; in Vorschlag bringen, vor-, einbringen; (*Gesuch*) einreichen; (*Anspruch*; *Klage, Anschuldigung*) erheben (*against* gegen; *to* bei); **~able** ['prefərəbl] vorzuziehen(d), wünschenswerter (*to* als); **~ably** *adv* vorzugsweise, mit Vorliebe; besser, eher, lieber; **~ence** ['prefərəns] Bevorzugung *f* (*over* vor); Vorliebe (*for* für); Vortritt *m*, Vorrecht *n*, höhere(r) *od* ältere(r) Anspruch *m*, Priorität(srecht *n*); Meistbegünstigung *f*, Vorzugstarif *m*; *pl* Vorzugsaktien *f pl*; *a* Vorzugs-, Präferenz-; bevorrechtigt, privilegiert; *by*, *for*, *from* ~~ mit Vorliebe, besonders gern, vorzugsweise; *in* ~~ *to* lieber als; *to give* ~~ *to s.o.* jdm den Vorzug geben; *to have a* ~~ *for* e-e Vorliebe haben für; *what is your* ~~? was ziehen Sie vor? *I have no* ~~ das ist mir einerlei; ~~ *bonds* (*pl*) Prioritätsobligationen *f pl*; ~~ *capital* Vorzugsaktienkapital *n*; ~~ *loan* Prioritätsanleihe *f*; ~~ *offer* Vorzugs-, Sonderangebot *n*; ~~ *share*, (*Am*) *stock* Vorzugsaktie *f*; **~ential** [prefə-'renʃəl] *a* Vorzugs-; bevorzugt, bevorrechtet; ~~ *claim, debt* bevorrechtete Forderung *f*; ~~ *creditor* Prioritätsgläubiger *m*; ~~ *dividend* Vorzugsdividende *f*; ~~ *duty* Vorzugszoll *m*; ~~ *loan* Prioritätsanleihe *f*; ~~ *offer* Vorzugs-, Sonderangebot *n*; ~~ *price* Vorzugs-, Sonderpreis *m*; ~~ *rate*, *tariff* Vorzugssatz, -tarif *m*; ~~ *share*, *stock* Vorzugsaktie *f*; ~~ *treatment* bevorzugte Behandlung, Bevorzugung *f*; **~entially** [prefə'renʃəli] *adv* vorzugsweise; **~ment** [pri'fə:mənt] Beförderung (*im Amt*); höhere Stelle *f*; **~red** [pri'fə:d] *a* bevorzugt; Vorzugs-.

prefigur|ation [pri:figju'reiʃən] Andeutung, Vorwegnahme; vorherige Ausmalung *f*; Prototyp *m*, Urbild *n*; **~e** [pri(:)'figə] *tr* andeuten, vorwegnehmen; sich vorher ausmalen.

prefix ['pri:fiks] *s* Vorsilbe *f*, Präfix *n*; *tr* [pri:'fiks] als Vorsilbe, Präfix setzen vor; *fig* voranstellen, voransetzen.

pregnan|cy ['pregnənsi] (*Frau*) Schwangerschaft(sdauer) *f*; (*Tier*) Trächtigkeit(sdauer) *f*; *fig* Fruchtbarkeit *f*, Reichtum *m*, Gewichtigkeit; (*Ereignis*) Tragweite, Bedeutung *f*; **~t** ['-t] (*Frau*) schwanger; (*Tier*) trächtig; voll (*with* von); reich (*in* an); *fig* fruchtbar, gedankenreich; bedeutungsvoll, gewichtig; inhaltsreich.

preheat [pri:'hi:t] *tr* vorwärmen, vorerhitzen, anheizen.

prehensile [pri'hensail] *zoo* Greif-.

prehist|oric(al) ['pri:his'tɔrik(əl)] vor-, urgeschichtlich, prähistorisch; **~ory** ['pri:'histəri] Vor-, Urgeschichte *f*.

pre-ignition ['pri:ig'niʃən] *mot* Frühzündung *f*.

prejudge ['pri:'dʒʌdʒ] *tr* vorschnell ab-, verurteilen.

prejudic|e ['predʒudis] *s* Vorurteil *n*, vorgefaßte Meinung (*against* gegen); Voreingenommenheit (*in favo(u)r of* für); Beeinträchtigung, Schädigung *f*, Schaden, Nachteil *m*; *tr* ungünstig beeinflussen, einnehmen (*s.o. against* jdn gegen); sich nachteilig auswirken auf, Abbruch tun (*s.th.* e-r S); *to s.o.'s* ~~ zu jds Nachteil, Schaden; *without* ~~ unverbindlich, unter Vorbehalt, ohne Gewähr; *to s.th.* ohne e-r S vorzugreifen, unbeschadet e-r S; **~ed** ['-t] *a* voreingenommen (*in favo(u)r of* zugunsten); voller Vorurteile (*against* gegen); **~ial** [predʒu'diʃəl] nachteilig, schädlich (*to* für); *to be* ~~ *to* sich nachteilig auswirken auf.

prela|cy ['preləsi] Prälatenwürde *f*; Prälaten *m pl*; **-te** ['prelit] *rel* Prälat *m*.

prelect [pri'lekt] *itr (Univ.)* Vorlesungen halten *(on* über; *to* for); **~ion** [-'lekʃən] Vorlesung *f*; **~or** [-'lektə] Lektor, Dozent *m*.

prelim [pri'lim] *fam* Vor-, Aufnahmeprüfung *f*; *sport* Vorkampf *m*.

preliminary [pri'liminəri] *a* einleitend, -führend, vorbereitend; vorläufig, einstweilig; *s* Einleitung, Vorbereitung *(to* zu); Vorarbeit; vorbereitende Handlung *f*; Vorstadium *n*; *fam* Vorprüfung; *typ* Titelei *f*; *pl pol* Vorverhandlungen *f pl*, Präliminarien *pl*; *as a* **~**, *by way of* **~** einleitend, vorbereitend *adv*; **~ advice, announcement, notice** Voranzeige *f*; **~ agreement, contract** Vorvertrag *m*; **~ custody** vorläufige Festnahme *f*; **~ decision** Vorbe-, -entscheid *m*; **~ decree** einstweilige Verfügung *f*; **~ discussion** Vorbesprechung *f*; **~ dressing** Notverband *m*; **~ estimate** Voranschlag *m*; **~ examination** Vorprüfung *f*; **~ inquiry** Voranfrage *f*; *jur, a.* **~ investigation** Voruntersuchung *f*; **~ knowledge** vorherige Kenntnis *f*; Vorkenntnisse *f pl*, -bildung *f*; **~ meeting** Vorversammlung *f*; **~ plan** Vorentwurf *m*; **~ question** Vorfrage *f*; **~ report** Vorbericht *m*; Vorausmeldung *f*; **~ round** *sport* Vorrundenspiel *n*; **~ signal** Vorsignal *n*; **~ state** Vorstadium *n*; **~ step** erste(r) Schritt *m fig*; **~ studies** *pl* Vorstudien *f pl*; **~ warning** Vorwarnung *f*; **~ works** *pl* Vorarbeiten *f pl*.

prelude ['prelju:d] *s* Einleitung *(to* zu), Eröffnung *f (to* gen); *mus* Vorspiel, Präludium *n*; *fig* Auftakt *m*; *tr* einleiten, eröffnen; *itr* als Einleitung, *fig* als Auftakt dienen; *mus* präludieren.

prematur|e [premə'tjuə, *Am* pri:-] vorzeitig, sehr früh, zu früh; *fig* voreilig; *med* frühreif; **~~ birth** Frühgeburt *f*; **-eness** [-nis], **-ity** [-riti] Vorzeitigkeit; Voreiligkeit; Frühreife *f*.

premeditat|e [pri(:)'mediteit] *tr* vorher bedenken; *tr itr* vorher überlegen; **~ion** [pri(:)medi'teiʃən] vorherige Überlegung *f*; Vorsatz *m*; *with* **~~** überlegt *adv*, vorsätzlich.

premier ['premjə, *Am* pri'miə] *a* erst; frühest; *s* Premier(minister), Ministerpräsident, -er; **~ship** ['-ʃip] Amt *n* des Premierministers.

première ['premiɛə, *Am* pri'miə] *theat film* Ur-, Erstaufführung *f*.

premise ['premis] *s* Prämisse, Voraussetzung *f*, *(Logik)* Vordersatz *m*; *the* **~s**
(pl) das Besagte, das Vorerwähnte, das Vorausgeschickte; die Vorbemerkungen *f pl*, die einleitenden Punkte *m pl* e-r Urkunde; das Grundstück, das Anwesen; die Geschäftsräume, das Lokal; *tr* [pri'maiz] einleitend bemerken *od* feststellen, vorausschicken; *itr* e-e einleitende Bemerkung machen; *in the* **~s** im Vorstehenden; *on the* **~s** an Ort u. Stelle; *bank, factory* **~s** *(pl)* Bank-, Fabrikgebäude *n*; *business* **~s** *(pl)* Geschäftsgrundstück *n*, -räume *m pl*.

premium ['pri:mjəm] *com* Prämie *f*, Bonus *m*; Aufgeld, (Wechsel-)Agio *n*; Provision; Zugabe *f*; Lehrgeld *n*; (Versicherungs-)Prämie; Rabattmarke *f*; Preis *m*, Belohnung *f* (*on* auf); *fin* höhere(r) Realwert *m*; *at a* **~** *(fin)* über pari, mit Gewinn; *fig* sehr geschätzt, sehr gesucht; *to put a* **~** *on* e-e Belohnung setzen auf; *to sell at a* **~** mit Gewinn verkaufen; *rate of* **~** Prämiensatz *m*; **~** *on exports* Ausfuhr-, Exportprämie *f*; **~ pay** Zuschlag *m*; **~ promotion** Zugabewesen *n*.

premonit|ion [pri:mə'niʃən] Warnung; Vorbedeutung; Vorahnung *f*; *med* Vorgefühl *n*; **-ory** [pri'mɔnitəri] warnend, ankündigend, -deutend; **~~** *symptoms* *(pl)* erste Anzeichen *n pl*; *to be* **~~** *of s.th.* etw ankündigen.

pre-natal ['pri:'neitl] vor der Geburt; **~ home** Heim *n* für werdende Mütter.

preoccup|ancy [pri:'ɔkjupənsi] (Recht *n* der) frühere(n) (In-)Besitznahme *f*; **-ation** [pri(:)ɔkju'peiʃən] vorherige, frühere (In-)Besitznahme *f*; Inanspruchnahme *f*; Vertieftsein *n (with* in); Sorge; *(mental* **~~**) Voreingenommenheit, Befangenheit *f*; **-ied** [pri(:)'ɔkjupaid] *a* in Anspruch genommen, beschäftigt; in Gedanken versunken; **-y** [pri(:)'ɔkjupai] *tr* vorher, früher in Besitz nehmen; ausschließlich (in Gedanken) beschäftigen, ganz beherrschen.

preordain ['pri:ɔ:'dein] *tr* vorher anordnen, bestimmen, festlegen.

prep [prep] *(= preparation)* (Schule) *fam* Hausaufgabe *f*; *(= preparatory school) fam* Vorschule *f*.

prepaid ['pri:'peid] *a* (voraus)bezahlt; porto-, gebührenfrei; **~ reply** Rückantwort bezahlt.

preparation [prepə'reiʃən] Vor-, Zubereitung; Herstellung *f*; Vorkehrungsmaßnahmen *f pl*; Schularbeit *f*; *(Bericht)* Abfassen *n*; *mil* Rüstung *f*; *tech* Aufbereitung *f*; *pharm* Präparat *n*; *med* Vorbehandlung *f*; *to make* **~~s** Anstalten, Vorbereitungen treffen

preparative 763 **presence**

(for für); **~ative** [pri'pærətiv] *a = ~atory; s* vorbereitende Maßnahme, Vorbereitung *f (for* auf; *to* zu); **~atory** [pri'pærətəri] *a* vorbereitend; Vorbereitungs-; einführend; ~~ *to* vor; *s (~~ school, student)* (Schüler m e-r) private(n) Vorbereitungsschule *f*; ~~ *command* Ankündigungskommando *n*; ~~ *course* Vorbereitungslehrgang *m*; ~~ *period* Vorbereitungszeit; *(Versicherung)* Wartezeit *f*; **~e** [pri'pɛə] *tr* vorbereiten *(for s.th.* auf etw; *to do* zu tun); Vorbereitungen, Vorkehrung(smaßnahm)en treffen für; *mil* sich rüsten auf; präparieren; fertigstellen; *tech* zurichten, *chem* darstellen; *(Erz)* aufbereiten; *(Essen)* zubereiten; *(Rechnung)* aufstellen; *(Vertrag)* entwerfen, anfertigen; *(Fragebogen)* ausfüllen; *itr* Vorbereitungen treffen, Anstalten machen; sich vorbereiten, sich anschicken; sich gefaßt machen *(for* auf); **~ed** [pri'pɛəd] *a* bereit, fertig *(for* für); *mil* kriegsbereit, gerüstet, einsatzbereit; *(innerlich)* vorbereitet, gefaßt *(for* auf; *to do* zu tun); präpariert; *to be ~~ to acknowledge, to admit* bereit sein, anzuerkennen, zuzugeben; *to be ~~ for the worst* auf das Schlimmste gefaßt sein; *I am not ~~ to say* ich möchte nicht behaupten; **~edness** [pri'pɛədnis, -ridnis] Bereitschaft *(for* zu); *mil* Einsatz-, Kriegsbereitschaft *f*.

prepay ['pri:'pei] *irr s. pay tr* im voraus, vorher bezahlen, vorauszahlen; *(Postsendung)* freimachen, frankieren; **~ment** ['~mənt] An-, Vorauszahlung; Freimachung *f*, Frankieren *n*.

prepense [pri'pens] vorbedacht, überlegt, vorsätzlich; *with malice ~~* in böser Absicht, vorsätzlich *adv*.

preponder|ance, -cy [pri'pondərəns(i)] Übergewicht *n a. fig*, -macht *f* (*over* über); **~ant** [-t] überwiegend, vorherrschend; *to be ~~* überwiegen; **~ate** [-eit] *itr* mehr wiegen, schwerer sein; das Übergewicht haben *(over s.th.* über etw); *(Waagschale)* sich neigen; *fig* überwiegen, vorherrschen.

preposit|ion [prepə'ziʃən] *gram* Präposition *f*; **~ional** [-ʃənl] *gram* präpositional.

prepossess [pri:pə'zes] *tr* von vornherein einnehmen *(in favo(u)r of* für); alles andere vergessen lassen; beeinflussen *(against* gegen); **~ing** [-iŋ] einnehmend, anziehend; **~ion** [pri:pə-'zeʃən] Voreingenommenheit *f (in favo(u)r of* für; *against* gegen); Vorurteil *n (against* gegen).

preposterous [pri'postərəs] unnatürlich, sinnwidrig, unsinnig; albern, lächerlich; *fam* hirnverbrannt.

prepot|ence, -cy [pri'poutəns(i)] Vorherrschaft *f*; Überlegenheit *f*; *biol* Dominanz *f*; **~ent** [-t] vorherrschend, stärker, überlegen; *biol* dominant.

preprint ['pri:'print] Vorabdruck *m*.

prepuce ['pri:pju:s] *anat* Vorhaut *f*.

Pre-Raphaelite ['pri:'ræfəlait] *s (Kunst)* Präraffaelit *m*; *a* präraffaelitisch.

prerequisite ['pri:'rekwizit] *a* vorher erforderlich, notwendig *(to* für); *s* Vorbedingung, Voraussetzung *f (to, for* für).

prerogative [pri'rɔgətiv] *s* Vorrecht *n*, Prärogative *f*, Privileg; Hoheitsrecht *n*; *a* bevorrechtet, privilegiert.

presage ['presidʒ] *s* Vorzeichen *n*, -bedeutung *f*, Omen; Vorgefühl *n*, Vorahnung *f*; *tr [a.* pri'seidʒ] ein Vorzeichen sein für; bedeuten; ahnen; vorhersagen, prophezeien.

presbyop|ia [prezbi'oupjə] (Alters-)Weitsichtigkeit *f*; **~ic** [-'ɔpik] (alters-) weitsichtig.

presbyter ['prezbitə] Kirchenältester, *hist* Presbyter *m*; **P~ian** [prezbi-'tiəriən] *a* presbyterianisch; *s* Presbyterianer *m*; **~y** ['prezbitəri] Altarplatz; Kirchenrat *m*; Presbyterium; *(röm.-kath.)* Pfarrhaus *n*.

prescien|ce, -[t] ['presiəns, -ʃ-] Vorherwissen, -sehen *n*; **~t** [-t] vorherwissend, -sehend *(of* acc); *to be ~~ of s.th.* etw vorhersehen.

prescribe [pris'kraib] *tr* vorschreiben *(to s.o.* jdm); anordnen, -weisen, bestimmen; *med* verschreiben, verordnen *(s.th. for s.o.* jdm etw); *jur* für ungültig erklären, außer Kraft setzen; *itr* Vorschriften machen, Anweisungen geben; (ärztlich) beraten, behandeln *(for s.o.* jdn); verschreiben; *jur* ein Gewohnheitsrecht geltend machen *(to, for* auf); verjähren, ungültig werden, außer Kraft treten; **~d** [-d] *a* vorgeschrieben; *as ~~, in the ~~ form* vorschriftsmäßig, ordnungsgemäß, in der vorgeschriebenen Form; *in the ~~ time* fristgerecht, in der vorgesehenen Frist; *~~ by law* gesetzlich vorgeschrieben, obligatorisch.

prescript ['pri:skript] Vorschrift *f*; **~ion** [-'kripʃən] Vorschrift, Anordnung, Anweisung; *med* Verordnung *f*, Rezept *n*; *jur* Verjährung; Ersitzung *f*.

presence ['prezns] Gegenwart, Anwesenheit *f*; (unmittelbare) Nähe, Um-

presence-chamber 764 **presidency**

gebung; Begleitung *f*, Begleiter *m pl*; (hohe) Persönlichkeit, stattliche Erscheinung *f*, Äußere(s); Auftreten, Benehmen *n*; Geist(erscheinung *f*) *m*; *min* Vorkommen *n*; *in the ~ of* im Beisein, in Gegenwart *gen*; *saving your ~* mit Verlaub (zu sagen); *your ~ is requested* Sie werden gebeten, sich einzufinden; *~ of mind* Geistesgegenwart *f*; **~-chamber** Audienzzimmer *n*.

present ['preznt] *a (räuml.)* anwesend, zugegen; *(räuml. u. zeitl.)* gegenwärtig; *(zeitl.)* augenblicklich, momentan, vorliegend; laufend; *s* Gegenwart *f*, augenblickliche(r) Zeitpunkt *m*; diese Gelegenheit *f*; *jur* vorliegende(s) Schriftstück; *gram* Präsens(form *f*) *n*, Gegenwart *f*; Geschenk, Präsent *n*, kleine Aufmerksamkeit *f*; *tr* [pri'zent] *(Person)* vorstellen; vortragen; vorlegen, (vor)zeigen; aufweisen; darbieten, vorführen, zur Schau stellen; *theat* spielen, aufführen; zu bedenken geben, anheimstellen; empfehlen, vorschlagen *(to für)*; überreichen, schenken; beschenken *(with* mit); *jur parl* eingeben, vorlegen; einreichen; anklagen, Klage erheben gegen; *(Schwierigkeiten)* mit sich bringen; bieten; *(Gewehr)* anlegen, in Anschlag bringen; präsentieren; *at ~, at the ~ time* gegenwärtig, momentan *adv*, im Augenblick, zur Zeit, im gegenwärtigen Zeitpunkt; *by these ~s* mit der vorliegenden Urkunde; hiermit, hierdurch; *for the ~* vorerst, vorläufig; einstweilen; *in the ~ case* im vorliegenden Fall; *up to the ~ time* bis zum heutigen Tage, bis heute; *to be ~ at s.th.* bei e-r S anwesend, zugegen sein, e-r S beiwohnen; *to ~ o.'s apologies* sich entschuldigen; *to ~ arms* das Gewehr präsentieren; *to ~ o.s. at an examination* sich zu e-m Examen melden; *to ~ o.'s compliments to s.o.* sich jdm empfehlen, jdn grüßen, jdm Grüße ausrichten lassen; *all ~* alle Anwesenden; *~ arms!* präsentiert — das Gewehr! **~able** [pri'zentəbl] gesellschaftsfähig; würdig, ansehnlich, respektabel; **~ation** [prezen'teiʃən] Vorstellung; Vorlage, Vorzeigung; *theat* Darbietung, Schaustellung, Vorführung, Aufführung *f*; Vortrag *m*, Darstellung; Überreichung, Schenkung *f*; Geschenk *n*; Eingabe, Vorlage *f*; Vorschlagsrecht *n*; *com* Aufmachung, Ausstattung; *med* Lage *f*; *mil* Anschlag *m*, Präsentieren *n*; *philos* Bewußtseinsinhalt *m*, Vorstellung *f*; *on ~~* gegen Vorzeigung; *~~ of claim* Anspruchserhebung *f*;

~~ copy (Buch) Frei-, Widmungsexemplar *n*; *~~ of proof* Beweisantritt *m*; **~-day** gegenwärtig, heutig, zeitgenössisch; zeitgemäß, modern; **~ly** ['prezntli] *adv* bald, in kurzem, in Kürze; *Am* gegenwärtig; *obs* sofort, gleich; **~ment** [pri'zentmənt] Vorstellung, Aufführung; *theat* Darbietung, Vorführung, Schaustellung *f*; Schauobjekt *n*; Darlegung; *com fin* Vorzeigung, Vorlage; *jur* Anklage *f* von Amts wegen; *philos* Bewußtseinsinhalt *m*, Vorstellung *f*; *~ participle* Mittelwort *n* der Gegenwart, Partizip *n* des Präsens; *~ perfect* Perfekt *n*; *~ tense* Präsens *n*, Gegenwart *f*; *~ value* Realwert *m*.

presentiment [pri'zentimənt] Vorgefühl *n*, *(bes.* böse) (Vor-)Ahnung *f*.

preserv|able [pri'zə:vəbl] konservierbar; **~ation** [prezə(:)'veiʃən] Erhaltung, Konservierung; Beibehaltung, Aufrechterhaltung; *tech* Imprägnierung *f*; *state of ~~* Erhaltungszustand *m*; *in good state of ~~* gut erhalten; **~ative** [pri'zə:vətiv] *a* konservierend; Schutz-; *s* Konservierungs-, Schutzmittel; *med* Vorbeugungsmittel *n*, *(against, from* gegen); **~e** [pri'zə:v] *tr* bewahren, schützen *(from* vor); schonen; *(in gutem Zustand)* erhalten; instand halten; *(Nahrungsmittel)* einmachen, konservieren; *(Wild)* hegen; *tech* imprägnieren; *allg* beibehalten, aufrechterhalten; festhalten an; *(Frieden)* erhalten; *(Ruhe)* bewahren; *s (Wild, Fische)* Gehege *n*; *Br (game ~~)* Reservat, private(s) Jagdgebiet; Sonderrecht *n*; *meist pl* Eingemachte(s) *n*, Konserven *f pl*; Konfitüre, Marmelade *f*; *to encroach on s.o.'s ~~s* jdm ins Gehege kommen; *~~-jar* Einmach-, Marmeladenglas *n*; *~~ing salt* Pökelsalz *n*; **~ed** [-d] *a* konserviert, eingedost, eingemacht; *Am sl* betrunken; *well ~~* noch gut aussehend, jünger erscheinend; *~~ food* Konserven *f pl*; **~er** [-ə] Erhalter, Bewahrer *(from* von); Konservenfabrikant; Einkochapparat *n*; Konservierungsmittel *n*; *dress-~~ (Kleid)* Schweißblätter *n pl*.

pre-shrunk ['pri:'ʃrʌŋk] *a (Textil)* nicht einlaufend, schrumpffest, krumpfecht.

presid|e [pri'zaid] *itr* vorsitzen *(over s.th.* e-r S); den Vorsitz, die Aufsicht führen, präsidieren *(over* über: *at* bei); leiten *(over s.th.* etw); die Macht in den Händen haben; *mus* führen *a. fig*; **~ency** ['prezidənsi] Vorsitz *m*, Präsidium *n*; (Ober-)Aufsicht; Präsidentschaft

president   765   **pressure**

f; Am Rektorat *n (e-r Universität);* **~ent** ['prezidənt] Vorsitzende(r), Präsident; Direktor; *Am (Universität)* Rektor *m;* **~ential** [prezi'denʃəl] *a* Präsidial-; Präsidenten-.

press [pres] **1.** *tr* drücken *(the button* auf den Knopf); pressen; *(Obst od Saft)* ausdrücken, -pressen; keltern; zs.drücken, -pressen; *(Hebel)* herunterdrücken, betätigen; plätten, bügeln; fest drücken *(to* an); dringlich ersuchen, bestürmen, bitten *(to do* zu tun); nachdrücklich vorbringen; aufdrängen, -nötigen *(s.th. on s.o.* jdm etw); *(Auffassung)* durchsetzen; Nachdruck legen auf, hervorheben, betonen; drängen auf; energisch durchführen; bedrücken; *(to ~ hard)* bedrängen; zwingen, antreiben; *hist mil* pressen, gewaltsam anwerben; requirieren; *fig* an sich nehmen; **2.** *itr* e-n Druck ausüben, drücken *(on, upon* auf); vorwärtsdrängen, -stürmen; sich e-n Weg bahnen; drängen *(for s.th.* auf etw); bestehen *(for* auf); eindringen *(on, upon* auf); lasten *(against* auf); nötigen *(on, upon s.o.* jdn); dringlich sein; sich drängen; *to be ~ed for s.th.* an e-r S Mangel, nicht genug von e-r S haben, etw dringend brauchen; **3.** *s* Druck; Drang *m,* Dringlichkeit, Eile, Bedrängnis *f;* Andrang *m,* Gedränge *n,* (Menschen-)Menge; (Frucht-, Öl-)Presse, Stampfe; *(printing-~)* Druckpresse; (Buch-)Druckerei *f;* (Buch-)Druck *m;* Druckereigewerbe, -wesen; Druck- u. Verlagshaus *n;* Presse *f,* Zeitungen *f pl;* Zeitungs-, Pressewesen *n;* Journalismus *m;* Journalisten *m pl;* (Wäsche-, Bücher-)Schrank *m (mit Regalen); sport* Spanner *m; to ~ back* zurückdrängen, -drücken; *to ~ down* nieder-, zu Boden drücken; *to ~ in* eindrücken; *to ~ on, to ~ forward* weiter-, vorwärtseilen; vorwärts-, weiterdrängen; sich beeilen; *to ~ out* ausdrücken; ausbügeln; *to ~ upon* lasten auf; aufdrängen; **4.** *in the ~* in der Presse, im Druck; *to be hard ~ed* in großer Verlegenheit sein; *to have a good (bad) ~* e-e gute (schlechte) Presse haben, gut (schlecht) aufgenommen, beurteilt werden; *to ~ o.'s advantage* hinter s-m Vorteil her sein; *to ~ the button (el)* auf den Knopf, *fig* auf den Hebel drücken, den entscheidenden ersten Schritt tun; *to ~ s.o.'s hand* jdm die Hand drücken; *to ~ home* mit Nachdruck vertreten; energisch durchführen; *to ~ o.'s point* s-e Auffassung durchsetzen; *time ~es* die Zeit drängt, *fam* es pressiert; *I won't ~ the matter* ich möchte in dieser Sache nicht weiter drängen; *copying-~* Vervielfältigungsapparat *m; daily ~* Tagespresse *f; gutter ~* Skandalpresse *f; liberty of the ~* Pressefreiheit *f; linen-~* Wäscheschrank *m; local ~* Lokalpresse *f; rotary ~* Rotationspresse *f; trouser-~* Hosenbügler *m (Gerät); wine-~* Kelter *f;* **~agency** Nachrichtenbüro *n,* Presseagentur *f;* **~agent** Presse-, Reklamechef, Werbeleiter *m;* **~attaché** Presseattaché *m;* **~board** Preßspan *m;* **~box** Presseloge *f;* **~button** *el* (Druck-)Knopf *m; ~ control* Druckknopfsteuerung *f; ~ switch* Druckknopfschalter *m;* **~campaign** Pressefeldzug *m;* **~censorship** Pressezensur *f;* **~clipping,** *Br* **~cutting** Zeitungsausschnitt *m; ~cutting agency* Zeitungsausschnittbüro *n;* **~ commentary** Pressekommentar *m; ~ correspondent* Pressekorrespondent *m;* **~conference** Pressekonferenz *f;* **~copy** Durchschlag *m; (Buch)* Besprechungsexemplar *n;* **~ date** Redaktionsschluß *m;* **~er** ['~ə] Presser, Drucker *m;* Presse, Stampfe, Quetsche; Druckwalze *f;* **~fastener** Druckknopf *m (an der Kleidung);* **~fit** Preßsitz *m;* **~gallery** Pressetribüne *f;* **~guide** Zeitungskatalog *m,* -verzeichnis *n;* **~ing** ['-iŋ] *a* dringend, dringlich, eilig; aufdringlich; *s* Pressen *n; tech* Preßling *m,* -stück, -teil *n,* -matrize, -platte *f; (Papier)* Satinieren *n;* **~hammer** Preßhammer *m;* **~iron** Bügeleisen *n;* **~plant** Preßwerk *n,* -anlage *f;* **~roll** Preß-, Druckwalze *f;* **~ item, notice** Pressenotiz *f;* **~law** Pressegesetz *n;* **~man** ['-mən] Drucker; Journalist, Pressemann; *tech* Stanzer *m;* **~mark** *(Bibliotheksbuch)* Standortnummer *f;* **~ opinions** *pl* Pressestimmen *f pl; ~ photographer* Pressephotograph *m;* **~proof** *typ* Maschinenrevision *f;* **~reader** Korrektor *m; ~'s mark* Korrekturzeichen *n;* **~ release** Pressemitteilung *f;* **~reporter** Pressekorrespondent *m;* **~room** *typ* Maschinensaal *m;* **~service** Pressedienst *m;* **~stud** Teppichnagel *m;* **~up** *sport* Liegestütz *m;* **~work** Druckarbeit; Berichterstattung *f.*

pressure ['preʃə] Druck *m a. phys tech; el* Spannung *f; fig* Dringlichkeit *f;* Druck, Zwang *m;* Bedrückung, drückende Lage, Bedrängnis, Not *f; under ~~* unter Druck *od* Zwang, un-

pressurized   766   **pretty**

freiwillig; *under the ~~ of circumstances* unter dem Druck der Verhältnisse; *under the ~~ of necessity* notgedrungen, der Not gehorchend; *to put ~~* Druck, Zwang ausüben (*on* auf); unter Druck setzen (*on s.o.* jdn); *to work at high ~~* mit Hochdruck arbeiten; *atmospheric ~~* Luftdruck *m*; *blood ~~* Blutdruck *m*; *economic ~~* wirtschaftliche(r) Druck *m*; *financial ~~* finanzielle Schwierigkeiten *f pl*; *gas(eous) ~~* Gasdruck *m*; *high, low ~~ (mete)* Hoch-, Tiefdruck *m*; *monetary ~~* Geldmangel *m*, -knappheit *f*; *tyre ~~* Reifendruck *m*; *~~ of business* Geschäftsdrang *m*; *~~ of the hand* Händedruck *m*; *~~ of money* Geldverlegenheit *f*; *~~ on space* Raummangel *m*; *~~ of taxation* Steuerdruck *m*; *~~ balance* Druckregler, -ausgleich *m*; *~~ cabin* Druckkabine *f*; *~~ compensation* Druckausgleich *m*; *~~ cooker* Schnellkochtopf *m*; *~~ distribution* Druckverteilung *f*; *~~ drop* Druck-, el Spannungsabfall *m*; *~~ga(u)ge* Druckmesser *m*; *~~ gradient* Druckgefälle *n*; *~~ group* Interessengruppe *f*; *~~ head* Druckhöhe *f*, Staudruck *m*; *~~-hull* Druckkörper *m*; *~~ lubrication* Druckschmierung *f*; *~~ point (physiol)* Druckpunkt *m*; *~~-pump* Druckpumpe *f*; *~~ regulator* Druckregler *m*; *~~-sensitive (med)* druckempfindlich; *~~ suit* Druckanzug *m*; *~~ turbine* Druckturbine *f*; *~~ wave* Druckwelle *f*; **-ized** ['preʃəraizd] *a aero (Kabine)* mit Druckausgleich (*für Höhenflüge*).
prestidigitat|ion [ˌprestidiˈdʒiteiʃən] Taschenspielerkunst *f*; **-or** [prestiˈdidʒiteitə] Taschenspieler *m*.
prestige [presˈtiːʒ] Prestige *n*, Nimbus, Zauber *m*; *pol* Ansehen *n*, Einfluß *m*.
prestressed [priːˈstrest] *a*: **~ concrete** Spannbeton *m*.
presum|able [priˈzjuːməbl] vermutlich, mutmaßlich, sehr wahrscheinlich, voraussichtlich; **-e** [priˈzjuːm] *tr* annehmen, vermuten, mutmaßen, schließen (*from* aus); schließen lassen auf, wahrscheinlich machen; sich herausnehmen, sich erdreisten, sich anmaßen; *itr* vermuten; sich zuviel herausnehmen; sich etw einbilden, pochen (*on, upon* auf); ausnutzen (*on s.th.* etw); **-edly** [-idli] *adv* vermutlich, wie man annehmen muß; **-ing** [-iŋ] anmaßend, *lit* vermessen.
presumpt|ion [priˈzʌm(p)ʃən] Vermutung *a. jur*, Mutmaßung, Annahme *f*; Grund *m* zur Annahme; Wahrscheinlichkeit *f*; Anmaßung, Vermessenheit, Unverschämtheit *f*; *on the ~~ that* in der Annahme, daß; **-ive** [-tiv] mutmaßlich; *~~ evidence* Indizienbeweis *m*; *~~ proof* Wahrscheinlichkeitsbeweis *m*; **-uous** [-tjuəs] überheblich, anmaßend, unverschämt.
presuppos|e [priːsəˈpouz] *tr* im voraus, von vornherein annehmen; voraussetzen; **-ition** [ˌpriːsʌpəˈziʃən] Annahme; Voraussetzung *f*.
preten|ce, *Am* **pretense** [priˈtens] Anspruch *m* (*to* auf); Vorspiegelung *f*, Vorwand, Deckmantel *m*; Ausrede, -flucht; Heuchelei; Verstellung, Maske *f*, Spiel *n*; Anmaßung *f*; *on, under the ~~ of* unter dem Vorwand, unter der Maske *gen*; *on the slightest ~~* aus dem geringsten Anlaß; *(under) false ~~s* (unter) Vorspiegelung falscher Tatsachen; *to make a ~~ of s.th.* etw vorschützen, -täuschen; *at s.th.* Anspruch erheben auf (*to be, at being an*. sein); *devoid of all ~~* ohne Verstellung, offen, aufrichtig; **-d** [-d] *tr* beanspruchen; behaupten, vorgeben, -schützen; vortäuschen, heucheln; sich ausgeben als, spielen (*itr* Anspruch erheben (*to* auf); sich verstellen; (nur) so tun (*that* als ob); spielen; sich ausgeben (*that he is a doctor* als Arzt); *he's just ~~ing* er tut nur so; **-ded** [-did] *a* gespielt, geheuchelt; angeblich; vermeintlich; **-der** [-də] Ansprüche Erhebende(r); (*~~ to the throne*) (Kron-) Prätendent *m*; **-sion** [priˈtenʃən] Behauptung *f*, Vorwand; Anspruch *m* (*to* auf); Überheblichkeit *f*; **-tious** [-ʃəs] anmaßend, überheblich; prahlerisch, prunkend; **-tiousness** [-ʃəsnis] Anmaßung *f*.
preterit|(e) ['pretərit] (*~~ tense*) *gram* Präteritum *n*, erste Vergangenheit *f*.
preternatural [priːtəˈnætʃrəl] ungewöhnlich, abnorm; übernatürlich.
pretext ['priːtekst] *s* Vorwand *m*, Ausrede, -flucht; Entschuldigung *f*; *tr* [priːˈtekst] vorschützen, -geben; *on, under the ~* unter dem Vorwand (*of doing* etw zu tun); *to make a ~ of s.th.* etw zum Vorwand nehmen (*in order to* um zu).
prett|ify ['pritifai] *tr* (oberflächlich) verschönern; **-iness** ['-inis] Gefälligkeit, Niedlichkeit *f*, reizende(s) Wesen *n*; (*Stil*) Geziertheit *f*; **-y** ['-i] *a* angenehm, gefällig; nett, hübsch, gut aussehend; niedlich, reizend, reizvoll; *iro* nett, sauber, reizend; geziert, geckenhaft; *fam, a. als adv* ziemlich, (ganz) ordentlich, anständig, ganz schön, beachtlich; *adv* recht;

pretzel *s* Hübsche, Kleine *f*; *pl* hübsche Kleinigkeit *f*; *to be sitting ~~* sein Schäfchen im trockenen haben; *~~ bad* recht *od* ziemlich mies; *~~ good* (gar) nicht (so) übel; ganz gut; *~~ much* so ziemlich; *~~ near* beinah(e), fast; *a ~~ penny* e-e schöne Stange Geld; *I'm ~~ well* es geht mir ganz gut; *that's ~~ much the same (thing)* das läuft auf eins hinaus; *~~~~* ganz entzückend, süß.

pretzel ['pretsl] (Salz-)Brezel *f*.

prevail [pri'veil] *itr* die Oberhand gewinnen, herrschen (*over, against* über); sich durchsetzen, sich behaupten (*against* gegen); Erfolg haben, erfolgreich sein; maßgebend sein; vorherrschen, überwiegen (*in* bei); veranlassen, dazu bewegen, überreden, verleiten, verführen (*on, upon, with s.o.* jdn); **~ing** [-iŋ] stärker, einflußreicher; (vor)herrschend, maßgebend, überwiegend; wirksam; *com* üblich, gangbar, geltend; *under the ~~ circumstances* unter den obwaltenden Umständen.

prevalen|ce ['prevələns] allgemeine *od* weite Verbreitung; Geltung *f*; Überhandnehmen *n*; **~t** [-t] allgemein *od* weit verbreitet; vorherrschend.

prevaricat|e [pri'værikeit] *itr* Ausflüchte machen, am Wesentlichen vorbeireden; flunkern; **~ion** [priværi'keiʃən] Ausflucht; Verdrehung; Unaufrichtigkeit; Lüge *f*; **~or** [pri'værikeitə] Wortverdreher; unaufrichtige(r) Mensch; Lügner *m*.

prevent [pri'vent] *tr* ab-, zurückhalten (*from doing s.th.* etw zu tun); verhindern, verhüten, vermeiden; zuvorkommen, vorbeugen; **~able, ~ible** [pri'ventəbl] vermeidbar; **~ion** [pri'venʃən] Verhinderung, Vermeidung, Vorbeugung, Verhütung *f*; *in case of ~~* im Fall der Verhinderung; *~~ is better than cure* Vorsicht ist besser als Nachsicht; *crime ~~* Verbrechensverhütung, -bekämpfung *f*; *~~ of accidents* Unfallverhütung *f*; *(society for the) ~~ of cruelty to animals* Tierschutz(verein) *m*; **~ive** [pri'ventiv] *a* verhütend; Verhütungs-, Schutz-; *bes. med* vorbeugend, prophylaktisch, Vorbeugungs-; *s* Schutzmaßnahme *f*; Schutz, *bes. med* Vorbeugungsmittel *n* (*of* gegen); *~~ custody* Schutzhaft *f*; *~~ detention* Schutzhaft; Sicherungsverwahrung *f*; *~~ medicine* Gesundheitspflege *f*; Vorbeugungsmittel *n*; *~~ officer* Beamte(r) *m* des Zollfahndungsdienstes; *~~ war* Präventivkrieg *m*.

preview, *Am a.* **prevue** ['pri:'vju:] *theat film* private Voraufführung, Vorschau *f*; Vorabdruck *m*; vorherige Beurteilung *f*.

previous ['pri:vjəs] *a (zeitl.)* voraus-, vorhergehend, früher; letzt; *fam (too ~)* voreilig, -schnell; *prp*: *~ to* vor; *without ~ notice* ohne Vorankündigung; *~* **conviction** Vorstrafe *f*; *to have (no) ~~s* (nicht) vorbestraft sein; *~* **experience** Vorkenntnisse *pl*, Vorbildung *f*; *~* **history** *jur* Vorgeschichte *f*; *~* **holder** Vorbesitzer *m*; **~ly** ['-li] *adv* früher; vorher; *~* **month** Vormonat *m*; *~* **notice** Vorankündigung *f*; *~* **owner** Voreigentümer *m*; *~* **payment** Vorauszahlung *f*; *~* **question** Vorfrage; *Am parl* Frage *f*, ob über die Hauptfrage ohne weitere Debatte sofort abgestimmt werden soll; *to move the ~~ (parl)* den Übergang zur Tagesordnung beantragen.

prevision [pri(:)'viʒən] Ahnung *f*, Vorhersehen *n (der Zukunft)*.

pre-war ['pri:'wɔ:] *a* Vorkriegs-, Friedens-; *~* **years** *pl*, **period** Vorkriegszeit *f*.

prey [prei] *s* Beute(tier *n*) *f*; Raub *m*; Opfer *n fig*; *itr* plündern, rauben; herfallen (*on* über); nachstellen (*on, upon other animals* anderen Tieren); fangen (*on, upon* acc); leben (*on* von), fressen (*on s.th.* etw); *fig* lasten (*on, upon auf*); beeinträchtigen (*on, upon s.th.* etw); nagen, zehren (*on* an); *to fall a ~ to* zum Opfer fallen *dat*; *to fall an easy ~ to* e-e leichte Beute sein *dat*; *beast of ~* Raubtier *n*; *bird of ~* Raubvogel *m*.

price [prais] *s com* (Kauf-)Preis, Kosten(punkt *m*) *pl*; (Börse) Kurs; Wert *m*; Belohnung *f*; *tr* e-n Preis festsetzen für, bewerten; mit e-m Preis versehen, auszeichnen; *fam* nach dem Preis fragen, sich nach dem Preis erkundigen (*s.th.* e-r S); *above, beyond, without ~ (fig)* unbezahlbar; *at all ~s* in jeder Preislage; *at any ~ (fig)* um jeden Preis, auf jeden Fall, unter allen Umständen; koste es, was es wolle; *at half-~* zum halben Preis; *at a low ~* billig; *beyond, without ~* unbezahlbar; *under ~* unter Preis; *to fetch a ~* e-n Preis erzielen; *to have o.'s ~* käuflich sein; *to peg ~s* Preise stützen; *to put, to set a ~ on s.o.'s head* e-n Preis auf jds Kopf aussetzen; *to realize a good, a high ~* e-n hohen Preis erzielen; *~s have dropped, hardened* Kurse sind gefallen, haben angezogen; *what ~? (fam)* was halten Sie von? *bargain ~* Ausverkaufs-, Vorzugspreis *m*; *base,* *basis* ~ Grundpreis *m;* *calculation of* ~*s* Preisbildung, Kalkulation *f;* *cash* ~ Preis *m* bei Barzahlung; *class, range, schedule of* ~*s* Preisklasse *f;* *ceiling* ~ amtliche(r) Höchstpreis *m;* *collapse of* ~*s* Kurssturz *m;* *consumer* ~ Verbraucherpreis *m;* *cost, manufacturing* ~ Herstellungspreis *m;* *cut, decline, fall in* ~*s* Preisrückgang *m;* *deduction, reduction in* ~*s* Preisabschlag, Rabatt *m;* *difference in* ~*s* Preisunterschied *m,* -differenz *f;* *discount* ~ Wiederverkaufspreis *m;* *domestic* ~ Inlandspreis *m;* *estimated* ~ Schätzwert *m;* *factory* ~ Fabrikpreis *m;* *fancy* ~ Liebhaber-, Phantasiepreis *m;* *firmness, stability of* ~*s* Preisstabilität *f;* *fixed* ~ Festpreis *m;* *fluctuation in* ~*s* Preisschwankungen *f pl;* *gross* ~ Bruttopreis *m;* *knockdown* ~ Reklamepreis *m;* *list, table of* ~*s* Preisliste *f;* *market* ~ Börsen-, amtliche(r) Kurs *m;* *maximum* ~ Höchstpreis *m;* *net* ~ Nettopreis *m;* *opening* ~ *(Börse)* Eröffnungskurs *m;* *preferential* ~ Vorzugspreis *m;* *published, publishing* ~ *(Buch)* Verlagspreis *m;* *purchasing* ~ Kauf-, Anschaffungspreis *m;* *quantity* ~ Mengenpreis *m;* *quotation of* ~*s,* *quoted* ~ Preisnotierung, -angabe *f;* *real-estate* ~ Grundstückspreis *m;* *resale, reselling* ~ Wiederverkaufspreis *m;* *reserved* ~ Mindestpreis *m;* *retail* ~ Kleinhandelspreis *m;* *sales* ~ Verkaufspreis *m;* *special* ~ Ausnahme-, Extra-, Sonderpreis *m;* *subscription* ~ Subskriptions-, Bezugspreis *m;* *top* ~ Höchstpreis *m;* *total* ~ Gesamtpreis *m;* *uniform* ~ Einheitspreis *m;* *wholesale* ~ Großhandelspreis *m;* *world* ~ Weltmarktpreis *m;* ~ *of money* Kapitalmarktzins *m;* ~ *at station* Preis *m* frei Bahnhof; ~ *at works* Fabrikpreis *m;* **~-administration, -control** Preisüberwachung, -kontrolle *f;* **~-boost** Preissteigerung, -treiberei *f;* **~-calculation** Preisbildung, -gestaltung, Kalkulation *f;* **~-catalogue, -current, -list** Preisliste *f;* **~-curb** Preisdrosselung *f;* **~-cutting** Preissenkung, -drückerei *f;* **~-d** [-t] *a* mit Preis versehen, ausgezeichnet (*at* mit); *economy-* ~ preisgünstig; *high-* ~ teuer; *low-* ~~ billig; **~ development** Preisentwicklung *f;* ~ **difference** Preisunterschied *m;* ~ **fixing** Preisfestsetzung *f;* ~ **fluctuations** *pl* Preis-, Kursschwankungen *f pl;* ~ **increase** Preiserhöhung, -steigerung *f;* **~-index** Preisindex *m;* ~~ *number* Preisindexzahl *f;* **-less** ['-lis] unbezahlbar, unschätzbar, unvergleichlich; *Br* amü-

sant, aus dem Rahmen fallend, verrückt; **~-level** Preisniveau *n;* **~-limit** Preisgrenze *f;* **~-list** Preisliste *f;* *(Börse)* Kurszettel *m;* ~ **maintenance** Preisbindung *f;* ~ **margin** Preisspanne *f;* **~-mark** Preiszettel *m;* ~ **movement** Preis-, Kursbewegung *f;* **~-policy** Preispolitik *f;* ~ **quotation** Preisangabe *f;* ~ **range** Preislage; *(Börse)* Kursbildung *f;* ~ **regulation** Preislenkung *f;* ~ **tag** Preisschild *n;* **~y** ['-i] *fam* teuer.

prick [prik] *s* (Nadel-)Stich *m;* Punktur *f,* stechende(r) Schmerz; Dorn, Stachel *m;* Hasenspur *f; tr* stechen; *(Loch)* bohren; *(Blase)* aufstechen; punktieren; sich stechen (*o.'s hand* in die Hand); anstreichen, markieren, bezeichnen; *(Spur)* verfolgen; *fig* keine Ruhe lassen (*s.o.* jdm); wurmen; anspornen; *agr* pikieren; *itr (Schmerz, Wunde)* stechen; ein Stechen, Prickeln haben; prickeln (*with* von); dem Pferde die Sporen geben; *(Wein)* sauer werden; *to* ~ *in, to* ~ *off, to* ~ *out (Pflanzen)* versetzen; *to kick against the* ~*s (fig)* sich aufreiben, *lit* wider den Stachel löcken; *to* ~ *the bladder, bubble (fig)* die Illusion zerstören; *to* ~ *a chart (mar)* ein Besteck machen; *to* ~ *up o.'s ears* die Ohren spitzen; ~*s of conscience* Gewissensbisse *m pl;* **~-ears** *pl* Stehohren *n pl;* **~-er** ['-ə] Pfriem *m,* Ahle, Räumnadel *f;* **-et** ['-it] Kerzenhalter; Spießer *m (Hirsch im 2. Jahr);* **~ing** ['-iŋ] stechend; prickelnd; in die Höhe stehend; *fig* anspornend; **~le** ['-l] *s* Stachel, Dorn *m;* Prickeln *n; tr* stechen; *tr itr* prickeln; **~ly** ['-li] stach(e)lig; prick(e)lig; *fig* reizbar; ~ *heat (med)* Hitzpickel *m pl;* ~~ *pear (bot)* Feigendistel *f.*

pride [praid] *s* Stolz; Hochmut *m,* Überheblichkeit, Arroganz *f,* Dünkel *m; fig* Feuer *n (Pferd); the* ~ die Blüte *fig (of youth* der Jugend); *zoo* Rudel *n,* Schwarm *m; v: to* ~ *o.s.* (*up*)*on, to take (a)* ~ *in* stolz sein auf, sich viel einbilden auf, sich brüsten, *fam* angeben mit; *he is his father's* ~ er ist der ganze Stolz s-s Vaters; ~ *goes before a fall,* ~ *will have a fall (prov)* Hochmut kommt vor dem Fall; ~ *of place* Standesbewußtsein *n,* -dünkel *m.*

priest [pri:st] Priester; Geistliche(r) *m;* **~ess** ['-is] Priesterin *f;* **~hood** ['-hud] Priesteramt *n,* -würde; Priesterschaft, Geistlichkeit *f;* **~ly** ['-li] priesterlich; **~'s pintle** *bot* Knabenkraut *n.*

prig [prig] *s* Pedant, Schulfuchs; Sittenrichter; *sl* Gauner, (Taschen-)

priggery — **prince**

Dieb *m; tr sl* stibitzen, stehlen; **~gery** ['-əri], **~ishness** ['-iʃnis] Pedanterie *f*; **~gish** ['-iʃ] pedantisch; dünkelhaft, besserwisserisch.

prim [prim] *a* steif, (über)korrekt, förmlich, genau, eigen, geziert; *(Lächeln)* gezwungen; *v: to ~ o.s.* sich zieren.

prima|donna ['pri:mə'dɔnə] *mus u. allg* Primadonna *f*; **~ facie** ['praimə'feiʃi(:)] auf den ersten Blick; **~-facie evidence** *(jur)* Beweis *m* des ersten Anscheins.

prim|acy ['praiməsi] Vorrang(stellung) *f*; Primat *m* od *n (des Papstes)*; **~aeval** *s.* **~eval**; **~al** ['-əl] erst; frühest; ursprünglich, primitiv; *fig* wesentlich, hauptsächlich, Haupt-; **~~ cause** *(fig)* Urgrund *m*; **~~ man** Urmensch *m*; **~ary** ['-əri] *a* erst, Erst-; frühest, anfänglich, Anfangs-; Ur-, ursprünglich, primär, Primär-; grundlegend, Grund-; elementar, Elementar-; fundamental, Fundamental-; hauptsächlich(st), wichtigst, Haupt-; *(Bedarf)* vordringlich; **s** Hauptsache; *(~~ colo(u)r)* Grundfarbe; Schwungfeder *f*; *(~~ planet)* Planet *m (e-r Sonne)*; *(~~ coil) el* Primärspule *f*; *(~~ assembly, meeting, elections)* Vorwahl(en *pl*), Urwählerversammlung *f*; *(~~ product)* Grundstoff *m*; *pl* erste Grundlagen *f pl*; **direct ~~** *(pol)* direkte Kandidatenwahl *f*; **of ~~ importance** von größter Wichtigkeit; **~~ accent** *(gram)* Hauptton *m*; **~~ battery** *(el)* Primärbatterie *f*; **~~ cell** *(el)* Primärelement *n*; **~~ concern** Hauptsorge *f*; **~~ current** *(el)* Primärstrom *m*; **~~ education** Grundschul-, Elementarunterricht *m*; **~~ industry** Grundstoffindustrie *f*; **~~ material** Roh-, Ausgangsstoff *m*; **~~ meaning** Grundbedeutung *f (e-s Wortes)*; **~~ pressure** *(el)* Primärspannung *f*; **~~ receiver** *(radio)* Einkreisempfänger *m*; **~~ rock** Urgestein *n*; **~~ school** Grund-, Elementarschule *f*; **~~ share** Stammaktie *f*; **~~ target** Hauptziel *n*; **~~ trainer** Schulflugzeug *n*; **~~ winding** *(el)* Primärwick(e)lung *f*; **~ate** ['praimit] Primas, Erzbischof *m*; *pl* [-'meiti:z] *zoo* Primaten *m pl*; **~e** [praim] *a* erst; Haupt-, Ober-; bedeutendst, wichtigst, wesentlich; Haupt- *a. math*; erstklassig, erster, bester Qualität; ursprünglich, Grund-; *math* unteilbar; *s* Morgenstunde *f*; Anfang; Lenz *m (des Lebens)*; *rel* Prime; Anfangs-, Frühzeit, Blüte(zeit) *f*; Höhepunkt *m*; das Beste, die Besten, die Auslese, Spitze; *math* Primzahl; *mus* Prim; *(Fechten)*

Prime *f; tr* vorbereiten, fertigmachen; instandsetzen; ausrüsten; betriebsfertig machen; *tr itr* (e-e Feuerwaffe) laden; (e-e Granate) schärfen; (e-e Pumpe) in Gang bringen, anstechen; *tech* Wasserdampf einströmen lassen; Benzin einspritzen; *(Malfläche)* grundieren; *fam (to ~~ up)* (e-n Menschen) vollaufen lassen, füttern; (jdn) (vorher) informieren; **in o.'s ~~** in der Blüte des Lebens; **~~ cost** Gestehungs-, Anschaffungs-, Selbstkosten *pl*; **~~ meridian** Nullmeridian *m*; **~~ minister** Premierminister, Ministerpräsident *m*; **~~ mourner** Hauptleidtragende(r) *m*; **~~ mover** Kraftquelle, Antriebskraft; *tech* Energie *f*; Motor *m*; Zugmaschine *f*, Schlepper *m*; **~~ number** *(math)* Primzahl *f*; **~ely** ['-li] *adv fam* prima, bestens; **~er** ['-ə, *Am a.* 'primə] Fibel *f*; Elementarbuch *n*; Leitfaden *m*; Lehrgang; Grundierer; Zünddraht *m*, -nadel *f*, -hütchen *n*; Sprengkapsel *f*; *tech* Grundanstrich *m*; *mot* Einspritzpumpe *f*; **~ typ** ['primə] **great ~~** Schriftgrad *m* von 18 Punkten *(zwischen Tertia u. Text)*; **long ~~** Korpus, Garmond *f*; **~eval** [prai'mi:vəl] ursprünglich; urzeitlich, Ur-; **~~ forest** Urwald *m*; **~~ world** Urwelt *f*; **~ing** ['praimiŋ] *s* Grundierung; *(Feuerwaffe)* Zündung *f*; Zündstoff *m*, Pulver *n*; Gezeitenverfrühung *f*; *mot* Einspritzen *n* von Kraftstoff; *attr* Zünd-, Pulver-; **~~ composition** Zündsatz *m*; **~~ fuel** Anlaßkraftstoff *m*; **~~ pump** Einspritzpumpe *f; tech* Grundierbürste *f*; **~itive** ['primitiv] *a* ursprünglich, urzeitlich, Ur-; *biol* Stamm-; primitiv, roh, einfach, unkultiviert; grundlegend, Grund-; primär; *s* Primitive(r), Naturmensch; *(Kunst)* frühe(r) Meister *m*; *gram* Stammwort *n*; *pl* die Primitiven *m pl*, die Naturvölker *n pl*; **~itiveness** ['primitivnis] Ursprünglichkeit; Primitivität, Einfachheit, Roheit, Unkultiviertheit *f*; **~ogeniture** ['praimo(u)'dʒenitʃə] Erstgeburt(srecht *n*), Primogenitur *f*; **~ordial** [prai'mɔ:diəl] ursprünglich, Ur-; fundamental; *bes. biol* Stamm-; **~rose** ['primrouz] *s* Primel, Schlüsselblume *f*; Blaßgelb *n*; *a* Primel-; blaßgelb; **~ula** ['primjulə] Primel *f*.

primp [primp] *Am tr itr* (sich) herausputzen.

prince [prins] Fürst; Monarch, Herrscher; Prinz; *fig* Fürst, König; *Am fam* pfundige(r) Kerl *m*; **~ of the Church** Kirchenfürst *m*; **the P~ of Darkness** der Fürst der Finsternis,

prince consort der Teufel; *the P~ of Peace* der Friede(ns)fürst, Christus *m*; *P~ of Wales (Titel des englischen Thronfolgers)*; **~ consort** Prinzgemahl *m*; **~ling** ['-liŋ] Duodezfürst *m*; **~like** ['-laik], **~ly** ['-li] fürstlich; königlich; großzügig, edel(mütig), *fam* nobel, splendid; prächtig, verschwenderisch; **~ regent** Prinzregent *m*; **~ royal** Kronprinz *m*; **~ss** [prin'ses, *attr u. Am* 'prinses] Fürstin; Prinzessin *f*; **~~ royal** Kronprinzessin *f*; **~ss(e)** [prin'ses] Prinzeßrock *m*; **~~ dress** Prinzeßkleid *n*.

princip|al ['prinsəpəl] *a* oberst; wichtigst, bedeutendst; hauptsächlich, größt; Haupt-; *s* Hauptperson, -sache *f*, -punkt *m*; Oberhaupt *n*; Chef, Prinzipal; Vorsitzende(r); Geschäftsinhaber; *Am* Vorsteher, (Di-)Rektor, Schulleiter; *com* Auftraggeber; *theat* Hauptdarsteller; *mus* Solist; *jur* Haupttäter, -schuldige(r); Hauptschuldner *m*; Kapital *n*, Hauptsumme *f*; *arch* Träger, Binderbalken *m*; *(Orgel)* Prinzipal *n*; *sport* Duellant *m*; **~~s only!** Vermittler verboten! *lady ~~* Schulleiterin, (Di-)Rektorin *f*; **~~ activity** Haupttätigkeit *f*; **~~ clause** Hauptsatz *m*; **~~ establishment** Stammhaus *n*; **~~ parts** *(pl)* Stammformen *f pl* (e-s Zeitworts); **~ality** [prinsi'pæliti] Fürstentum *n*; Fürstenrang *m*, -würde *f*; **~ally** ['prinsəp(ə)li] *adv* hauptsächlich, besonders, vor allem; **~le** ['prinsəpl] Ursprung *m*, Ursache *f*, Grund; Grundbestandteil *m*, -richtung *f*, Wesen(smerkmal *n*, -zug *m*) *n*; Grundwahrheit *f*, -gesetz *n*, -lage *f*, Grundsatz *m*, Prinzip *n*; (Grund-Lebens-)Regel *f*; Prinzipien *n pl*; *chem* (Haupt-)Bestandteil *m*; *in ~~* im Prinzip, im Grunde, im wesentlichen, grundsätzlich; *on ~~* aus Prinzip, grundsätzlich; *to hold a ~~* e-n Grundsatz haben; *to lay down a ~~* e-n Grundsatz aufstellen; *to make it a ~~* es sich zum Grundsatz machen *(to zu)*; *a man of ~~(s)* ein Mann *m* von Prinzipien; *as a matter of ~~* grundsätzlich, prinzipiell.

prink [priŋk] *tr* anziehen, fertigmachen; *itr (to ~ o.s.)* sich anziehen; *(to ~ up)* sich herausputzen.

print [print] *s* (Ab-)Druck *m*; Druckstelle *f*, -mal *n*, Spur *f*; *fig* Spuren *f pl*; (Druck-)Form *f*, (Präge-)Stempel *m*, Siegel; *(Gießerei)* Gesenk; geformte(s) Stück *n (Butter)*; (Kleid *n* aus) bedruckte(m) Kattun *m*; gemusterte(s) Kleid *n*; *typ* Druck; *(Graphik, phot)* Abzug *m*; Radierung *f*, Stich *m*; Lichtpause; *phot* Kopie *f*, Positiv *n*; *Am* Druckwerk *n*, -schrift, Veröffentlichung; Zeitschrift, Zeitung; Auflage *f*; *(news-)* Zeitungspapier *n*; *tr* eindrücken, pressen, formen, prägen, stempeln, siegeln; *(Form, Stempel, Siegel)* drücken, pressen; *(Zeichen, Buchstaben)* einprägen, -schneiden, schnitzen, ritzen, einzeichnen *(on in)*; *(Papier, Stoff)* bedrucken; *(Stoff)* mustern; *(Text)* (ab)drucken; in Druck geben; herausgeben, veröffentlichen, in Druckbuchstaben schreiben; *phot* abziehen, kopieren; *fig* einprägen; *itr* drucken, als Drucker tätig sein; *(Druckplatte, Negativ)* e-n Abdruck geben; in Druckschrift schreiben; *in ~* gedruckt, herausgegeben, veröffentlicht; *(Buch)* lieferbar; *in cold ~ (fig)* schwarz auf weiß; *out of ~* vergriffen; *to take a ~ from* e-n Abzug machen von; **~able** ['-əbl] druckfähig, -fertig; (gute) Abzüge liefernd; **~ed** ['-id] *a*: *~~ and mixed consignment* Postwurfsendung *f*; *~~ form* Vordruck *m*, Formular *n*; *~~ goods (pl)* bedruckte Stoffe *m pl*; *~~ matter* Drucksache *f*; **~er** ['-ə] (Buch-, *a.* Kattun-) Drucker; Druckereibesitzer; Kopierapparat *m*; *~~'s devil* Setzerlehrling *m*; *~~'s error* Druckfehler *m*; *~~'s flower* Vignette *f*; *~~'s ink* Druckerschwärze *f*; *~~'s mark* Druckerzeichen *n*; *~~'s pie (typ)* Zwiebelfische *m pl*; *~~'s reader* Korrektor *m*; **~ery** ['-əri] *bes. Am* Druckerei *f*; **~ing** ['-iŋ] Druck(en *n*); Buchdruck(erkunst *f*); Druck(werk *n*) *n*; Auflage; Druck-, Zierschrift *f*; *(~~ charges)* Druckkosten *pl*; *phot* Abziehen, Kopieren *n*; *(cloth ~~)* Zeugdruck *m*; *cylinder-, flat, hand ~~* Walzen-, Flach-, Handdruck *m*; *(copper-)plate ~~* (Kupfer-)Tiefdruck *m*; *~~ in black* Schwarzdruck *m*; *~~ in colo(u)rs* Bunt-, Farbdruck *m*; *~~-block* Klischee *n*; *~~-box* Druckkasten *m (zum Spielen)*; *~~-character, -letter, -type* (Druck-)Type, Letter *f*; *~~-cylinder* Auftragwalze *f*; *~~-frame* Kopierrahmen *m*; *~~-ink* Druckerschwärze *f*; *~~ laboratory* Kopieranstalt *f*; *~~ licence* Druckerlaubnis *f*; *~~-machine* (Buch-)Druckmaschine, Schnellpresse *f*; *phot* Kopiermaschine *f*; *~~-office* (Buch-)Druckerei *f*; *~~-paper* Druckpapier; *phot* Kopierpapier *n*; *thin ~~-paper* Dünndruckpapier *n*; *~~-press* Druckpresse *f*; Maschinenraum *m*; Druckerei *f*; *~~ process* Druckverfahren *n*; *~~ space* Satzspiegel *m*; *~~ trade* Druck(erei)gewerbe *n*; *~~ types (pl)*

print-shop   **private**

Lettern *f pl*; **~-works** *(pl)* typographische Anstalt, Großdruckerei *f*; **~-shop** Kunsthandlung; *Am* Druckerei *f*.

prior ['praiə] *a* voraus, voraufgehend, früher, älter *(to* als); bedeutender, wichtiger *(to* als); bevorzugt, Vorzugs-; *com* bevorrechtigt; *s rel* Prior *m*; *adv*: ~ *to (prp)* vor; ~ *to my arrival* vor meiner Ankunft; ~ *to my buying the car* ehe, bevor ich den Wagen kaufte; *the* ~ *condition* die erste Voraussetzung *(for* für); **~ate** ['-rit] Priorat *n*, Priorei *f*; ~ **claim** ältere(r, s) Anspruch *m*, Recht *n*; **~ess** ['-ris] Priorin *f*; **~ity** [prai'ɔriti] *s* Priorität *f*, Vorrang *m*, Vorrecht *(over, to* vor); Dringlichkeit, -stufe; *mot* Vorfahrt(srecht *n*) *f*; *attr* Vorzugs-; dringend; *of first* ~~ von größter Dringlichkeit; *to claim* ~~ den Vorrang beanspruchen; *to give* ~ e-r S den Vorrang geben; vordringlich behandeln; *to have, to take* ~ den Vorrang haben *(of* vor); *creditor by* ~ bevorrechtigte(r) Gläubiger *m*; ~~ *of birth* Erstgeburt(srecht *n*) *f*; ~~ *call* Vorranggespräch *m*; ~~ *claim* Prioritätsanspruch *m*; ~~ *list* Dringlichkeitsliste *f*; ~~ *message* dringende Meldung *f*; ~~ *share* Vorzugsaktie *f*; **~y** ['-ri] Priorei *f*.

prism ['prizm] *math phys opt* Prisma *n*; **~atic** [priz'mætik] *adv* **~ally** prismatisch; Prismen-; *fig* glänzend; ~ **colo(u)rs** *(pl)* Regenbogenfarben *f pl*; **~-glass, ~atic binoculars** *(pl)* Prismenglas *n*, -feldstecher *m*.

prison ['prizn] Gefängnis *n*; Straf-, Haftanstalt; *fig* Haft, Freiheitsstrafe *f*; *to be in* ~ e-e Freiheitsstrafe verbüßen; *to be sentenced to go to* ~ zu Gefängnis verurteilt werden; *to escape from* ~ aus dem Gefängnis ausbrechen; *to go, to be sent to* ~ eingesperrt, mit Gefängnis bestraft werden; *to send to* ~ einsperren, inhaftieren, in Haft nehmen; **~-administration** Gefängnisverwaltung *f*; **~-breaker** Ausbrecher *m*; **~-breaking** Ausbrechen *n* (aus dem Gefängnis); **~-camp** Gefangenenlager *n*; **~er** ['-ə] Gefangene(r), Häftling *m*; *(~ at the bar, awaiting, before trial, on remand, on suspicion)* Angeklagte(r); Untersuchungsgefangene(r) *m*; *to be a* ~~ *to (fig)* gefesselt sein an; *to hold, to keep* ~ gefangenhalten; *to take* ~ gefangennehmen; *exchange of* ~~s Gefangenenaustausch *m*; ~~'s *bars (pl), base (sport)* Barlauf *m*; ~~ *of war* Kriegsgefangene(r) *m*; **~~-of-war camp** Kriegsgefangenenlager *n*; **~-governor** Gefängnisdirektor *m*; **~-van** Zellenwagen *m*; **~-warden** Gefängnisdirektor, -aufseher, -wärter *m*; **~-yard** Gefängnishof *m*.

prissy ['prisi] *Am fam* (über)genau, pusselig; zimperlich, affektiert.

pristine ['pristi(:)n, '-ain] ursprünglich; vormalig, früher; (noch) unberührt, unverdorben.

privacy ['praivəsi] private Sphäre, Intimsphäre; Stille, Zurückgezogenheit, Abgeschiedenheit *f*; Geheimnis *n*; Heimlichkeit, Geheimhaltung *f*; *in strict* ~ im engsten Kreise; im Vertrauen; *to live in* ~ ganz für sich, zurückgezogen leben.

privat|e ['praivit] *a* privat, persönlich, eigen, individuell; allein, einsam; privat, nicht öffentlich, Privat-; abgetrennt, abgeschlossen; *(Ort)* abgeschieden; geheim, vertraulich; *s* (einfacher) Soldat, Gemeine(r) *m*; *pl (~~ parts)* Geschlechtsteile *n pl*; *for s.o.'s* ~~ *ear* (ganz) im Vertrauen; vertraulich; *for* ~~ *use* für den eigenen Gebrauch; *in* ~ privat(im); im geheimen, insgeheim; unter vier Augen; *in o.'s* ~~ *capacity* als Privatmann, -person; *in* ~~ *hands* in Privathand; *to keep* ~~ geheimhalten; **~~ account** Privat-, Geheimkonto *n*; ~~ *affair, business, concerns, matter* Privatsache, -angelegenheit *f*; ~~ *agreement* Privatabkommen *n*, -vertrag *m*; ~~ *arrangement, settlement* private Vereinbarung; gütliche Einigung *f*; Privatvergleich *m*; ~~ *audience* Privataudienz *f*; ~~ *boarding-house* Privatpension *f*; ~~ *box (Post)* Abholfach *n*; ~~ *branch exchange* Fernsprechnebenstelle *f*; ~~ *citizen* Privatperson *f*; ~~ *clothes (pl)* Zivilkleidung *f*; *in* ~ *clothes* in Zivil; ~~ *company* offene Handelsgesellschaft (OHG); Personalgesellschaft *f*; ~~ *contract* Privatabkommen *n*, -vertrag *m*; *by* ~~ *contract* unter der Hand, freihändig; ~~ *conversation* Privatgespräch *n*; ~~ *customer* Privatkunde *m*; ~~ *detective* Privatdetektiv *m*; ~~ *enterprise* Privatunternehmen *n*, -betrieb *m*; ~~ *first class (Am)* Gefreiter *m*; ~~ *fortune* Privatvermögen *n*; ~~ *gentleman* Privatmann, Rentier *m*; ~~ *house* Privathaus *n*; ~~ *income* Privatvermögen *n*; ~~ *industry* Privatwirtschaft *f*; ~~ *information* vertrauliche Mitteilung *f*; ~~ *initiative* Privatinitiative *f*; ~~ *law* Privat-, Zivilrecht *n*; ~~ *lessons (pl)* Privatstunden *f pl*, -unterricht *m;* ~~ *letter* Privatbrief *m;* ~~ *life* Privatleben *n;* ~~ *means (pl)* eigene Mittel *n pl (pl);* Privateinkommen *n;* ~~ *opinion* Privatmeinung *f;* ~~ *property* Privateigentum *n;* ~~ *residence* Privatwohnung *f;* ~~ *road* Privatweg *m;* ~~ *sale* freihändige(r) Verkauf *m;* ~~ *school* Privatschule *f;* ~~ *secretary* Privatsekretär *m;* ~~ *soldier* gemeine(r) Soldat *m;* ~~ *talks (pl)* interne Besprechungen *f pl;* ~~ *theatre* Liebhabertheater *n;* ~~ *view* Sonderführung *f (geladener Gäste auf e-r Ausstellung);* **~eer** [praivə'tiə] *s* Kaperschiff *n; itr* Freibeuterei treiben; **~ion** [prai'veiʃən] Entzug; Verlust *m;* Not *f,* Mangel *m (of an); pl* Entbehrungen *f pl;* **~ive** ['privətiv] *a* ausschließend; *s gram* Privativum *n.*

privet ['privit] *bot* Liguster *m.*

priv|ilege ['privilidʒ] *s* Privileg, Vorrecht *n,* Vorrang *m; parl* Unverletzlichkeit, Immunität *f;* Monopol *n; tr* privilegieren, bevorzugen, bevorrechten; befreien, ausnehmen *(from* von); **~ileged** ['-d] *a* privilegiert, bevorrechtet; *to be* ~ das Vorrecht genießen *(to do s.th.* etw zu tun); **~ily** ['privili] *adv* heimlich, insgeheim, im geheimen; **~ity** ['-iti] Mitwisserschaft *f;* Rechtsgemeinschaft *f;* **~y** ['privi] *a jur* eingeweiht *(to* in); vertraut *(to* mit); beteiligt *(to* an); *s jur* Beteiligte(r), Teilhaber *(to* an); Abtritt, Abort *m,* Klosett *n (bes. im Freien); to be ~ to s.th.* in e-e S eingeweiht sein; ~ *council* Geheime(r) Staatsrat *m (Gremium);* ~ *councillor* Staats-, Geheime(r) Rat *m (Person);* ~ *parts (pl)* Geschlechtsteile *n pl.*

prize [praiz] **1.** *s* (Sieges-)Preis *m,* Prämie *f;* (Lotterie-)Gewinn, Treffer; *fig* Preis, Lohn *m; attr* Preis-; *a* preisgekrönt; *fam* ausgemacht, Erz-; *fam* hervorragend, erstklassig; *tr* e-n Preis setzen auf; (sehr) (hoch)schätzen; *to carry off, to take the* ~ den Preis davontragen; *consolation* ~ Trostpreis *m; first* ~ Große(s) Los *n;* Hauptgewinn *m;* **~-competition, contest** Preisausschreiben *n,* Wettbewerb *m;* **~-drawing** Aus-, Verlosung *f;* **~-fight** (Berufs-)Boxkampf *m;* **~-fighter** Berufsboxer *m;* **~-fighting** Berufsboxen *n;* **~-giving** Preisverteilung *f;* **~-list** *(Lotterie)* Gewinnliste *f;* **~-man, ~-winner** Preisträger, Gewinner *m;* **~-money** Geldpreis *m;* **~-question** Preisfrage *f;* **~-ring** (Box-)Ring *m; fig* Wettkampf *m;* **~-winning** preisgekrönt. **2.** *s mar* Prise; (Kriegs-)Beute *f; tr (Schiff)* aufbringen; erbeuten; **~-court** Prisengericht *n;* **~-crew** Prisenkommando *n;* **~-master** Prisenkommandant *m;* **~-money, ~-bounty** Prisengeld *n,* -anteil *m;* **3.** *tr (to ~ open)* aufbrechen, gewaltsam öffnen; *s* Brechstange *f,* Hebel *m.*

pro [prou] *adv* dafür; *adj* günstig; *s pl* **-s** Befürworter, Verfechter, Vertreter *m; pl* Ja-Stimmen *f pl; the ~s and cons* das Für u. Wider; *to argue s.th.* ~ *and con* etw von allen Seiten beleuchten *fig; pref* Vor-, vor-, vorwärts; anstelle, anstatt; für, pro-, Pro-; *fam (für:* ~*fessional) sport a* Berufs-; *s* Profi, Berufssportler *m;* **~ rata** ['-reitə, -'rɑːtə] *a* verhältnismäßig; **~ tem(pore)** *adv* zur Zeit, gegenwärtig, augenblicklich; *adv u. a* vorübergehend.

prob|ability [prɔbə'biliti] Wahrscheinlichkeit *f; in all* ~~ aller Wahrscheinlichkeit nach; *what are the ~abilities?* welche Aussichten bestehen da? *the* ~~ *is that he will come* er wird wahrscheinlich kommen; *theory of* ~ Wahrscheinlichkeitsrechnung *f;* **~able** ['prɔbəbl] *a* wahrscheinlich; mutmaßlich, zu erwarten(d), anzunehmen(d); einleuchtend; *s* aussichtsreichste(r) Kandidat *m;* **~ate** ['proubit, -eit] *(gerichtliche)* Testamentseröffnung (u. -bestätigung); Erblegitimation *f;* (~ *court, department, division)* Nachlaßgericht *n;* beglaubigte Abschrift *f* e-s gerichtlich bestätigten Testaments; ~ *duty* Erbschaft(s)- steuer *f;* **~ation** [prə'beiʃən] Prüfung, Erprobung, Probe(zeit) *f; jur* Bewährungsfrist, Strafaussetzung *f,* -nachlaß *m; on* ~ auf Probe; widerruflich; *jur* mit Bewährung(sfrist); ~ *officer* Bewährungshelfer *m;* **~ational** [prə'beiʃənl], **~ationary** [prə'beiʃnəri] *a* Prüfungs-, Probe-; auf Probe; widerruflich; mit Bewährungsfrist; ~*ationary employment* Probeanstellung *f;* **~ationer** [prə'beiʃnə] Prüfling, (Probe-)Kandidat, auf Probe Angestellte(r); Novize; *allg* Neuling *m; med* Lernschwester *f; jur* Strafentlassene(r) *m* mit Bewährungsfrist; **~ative** ['proubətiv] Prüfungs-, Probe-; *(Tatsache)* beweiserheblich; Beweis-; *a.* **~atory** ['proubətəri] als Beweis dienend *(of* für); **~e** [proub] *s tech med* Sonde; Sondierung; *Am jur* Untersuchung *f (durch e-n Ausschuß); mil* (~*ing attack)* Sondierungsangriff *m;*

probity 773 **process**

tr sondieren; *tr itr fig* (eingehend) untersuchen (*into s.th.* etw); **~~-scissors** (*pl*) Wundschere *f*.

probity ['prɔbiti, 'prou-] Rechtschaffenheit, Redlichkeit *f*.

problem ['prɔbləm] Problem *n*, Frage; Schwierigkeit *f*; Rätsel *n*; Sorge; *math* Aufgabe *f*; *a* Problem-; problematisch, schwierig; *to set a ~ to s.o.* jdn vor e-e schwierige Aufgabe stellen; *it is a ~ to me* das ist mir ein Rätsel; *that's your ~* das ist Ihre Sorge; **~atic(al)** [prɔbli'mætik(əl)] problematisch; fraglich, zweifelhaft, unsicher, ungewiß, fragwürdig; **~ child** schwierige(s) Kind *n*; **~ novel, play** Problemroman *m*, -stück *n*; **~ range** Problemkreis *m*.

proboscidian [prou(u)bə'sidiən] Rüsseltier *n*; **~is** [prə'bɔsis] Rüssel; *hum* Zinken *m*, Nase *f*.

procedure [prə'si:dʒə] Verfahren, Verhalten, Vorgehen *n*, Vorgang *m*, Prozedur *f*; Verfahrens-, Verhaltens-, Handlungsweise, Verfahrensart *f*; (*code of*) *civil ~* Zivilprozeß(ordnung *f*) *m*; (*code of*) *criminal ~* Strafprozeß (-ordnung *f*) *m*; *disciplinary ~* Disziplinarverfahren *n*; *electory ~* Wahlmodus *m*; *law of ~* Prozeßrecht *n*; *legal ~* Gerichtsverfahren *n*, Prozeß *m*; *operating ~* Herstellungsverfahren *n*; *question of ~* Verfahrensfrage *f*; *rules* (*pl*) *of ~* Verfahrensbestimmungen *f pl*; *~ by arbitration* Schiedsgerichtsverfahren *n*.

proceed [prə'si:d] *itr* vorwärtsgehen, vorschreiten, vorrücken; s-n Weg machen, fortsetzen (*on a journey* e-e Reise); weitergehen, -fahren, -reisen; weitergehen, s-n Fortgang nehmen; weitermachen, fortfahren (*with, in* mit); fortsetzen, verfolgen (*to s.th.* etw); schreiten (*to* zu); in Angriff nehmen (*to s.th.* etw); anfangen, beginnen (*to s.th.* (mit) etw); übergehen (*to* zu); vorgehen, verfahren, handeln (*on a principle* nach e-m Grundsatz); vor sich gehen, sich vollziehen, sich entwickeln; sich ereignen; hervorgehen (*from* aus); erwerben (*to a degree* e-n Grad); gerichtlich vorgehen, e-n Prozeß anstrengen (*against s.o.* gegen jdn); verklagen, gerichtlich belangen (*against s.o.* jdn); *to ~ to blows* tätlich werden; *to ~ to business* zur Sache kommen; *to ~ to extremes* bis zum äußersten gehen; *to ~ to the order of the day* zur Tagesordnung übergehen; *to ~ to take evidence* in die Beweisaufnahme eintreten; *to ~ to violence* gewalttätig werden, zu Gewalttätigkeiten greifen; **~ing** [-iŋ] *s* Fortsetzung *f*, Fortgang, (weiterer) Verlauf *m*; Handlung(sweise) *f*, Verhalten, Vorgehen, Verfahren(sweise *f*) *n*, Maßnahme(n *pl*) *f*; *pl* (Gerichts-)Verfahren *n*, Verhandlungen; Beratungen *f pl*; Sitzungs-, Verhandlungsberichte *m pl*, Prozeßakten *f pl*; Prozeß *m*; *to commence, to initiate, to institute, to take legal ~s* den Rechtsweg beschreiten, ein gerichtliches Verfahren einleiten, e-n Prozeß anstrengen; gerichtlich vorgehen, Klage erheben (*against s.o.* gegen jdn); *to stay ~s* das Verfahren aussetzen; *to stop ~s* das Verfahren einstellen; *arbitration ~s* Schieds(gerichts)verfahren *n*; *bankruptcy ~s* Konkursverfahren *n*; *civil ~s* Zivilprozeß *m*; *criminal ~s* Strafprozeß *m*; *disciplinary ~s* Disziplinarverfahren *n*; *divorce ~s* Scheidungsprozeß *m*; *execution ~s* Zwangsvollstreckung *f*; *legal ~s*, *~s at law* Gerichtsverfahren *n*, Prozeß *m*; *preparatory ~s* Vorverfahren *n*; *reopening of the ~s* Wiederaufnahme *f* des Verfahrens; *summary ~s* Schnellverfahren *n*; **~s** ['prousi:dz] *s pl* Ergebnis, Resultat *n*; Ertrag, Erlös *m*, Einnahmen *f pl*, Gewinn *m* (*from* aus); *annual ~~* Jahresertrag *m*; *cash ~~* Barerlös *m*; *diminished, falling-off in ~~* Minderertrag *m*; *gross ~~* Bruttoerlös, -ertrag *m*; *net ~~* Reinerlös, -ertrag, Nettoertrag *m*; *~~ of labo(u)r* Arbeitsertrag *m*.

process ['prouses, *Am* 'prɔ-] *s* Ablauf, Verlauf *m*, Entwicklung *f*, Vorgang; Fortgang *m*, -schreiten *n*; (Ver-)Lauf *m* (der Zeit); (Arbeits-)Verfahren *n*, Arbeitsweise *f*, -gang *m*, Fabrikation *f*; *typ* (*~ printing*) photomechanische(s) Reproduktionsverfahren *n*; *chem* Prozeß; *jur* Prozeß, Rechtsstreit *m*, (Gerichts-)Verfahren *n*; *anat zoo bot* Fortsatz *m*; *a* (besonders) präpariert; *tr* (besonders) präparieren, (chemisch) behandeln; ver-, bearbeiten; e-r besonderen Behandlung, e-m besonderen (chemischen) Prozeß unterwerfen; veredeln; photomechanisch reproduzieren; *Am fig* abfertigen (*s.o.* jdn); *itr* [prə'ses] *fam* in e-r Prozession mitgehen; *in ~* im Gange; *in* (*the*) *~ of* im (Ver-)Lauf *gen*; dabei; *in ~ of completion* in Arbeit; *in ~ of construction* im Bau (befindlich); *in ~ of time* im (Ver-)Lauf der Zeit; *to serve a ~ on s.o.* jdn gerichtlich vorladen; *Bessemer ~* (*metal*) Bessemerverfahren *n*; *executory ~*

process block   774   **produce**

Vollstreckungsverfahren *n; finishing ~* Veredelungsverfahren *n; manufacturing ~* Produktionsprozeß *m; ~ of combustion* Verbrennungsvorgang *m; ~ of digestion* Verdauungsvorgang *m; ~ of distraint* Zwangsvollstreckungsverfahren *n; ~ of growth (biol)* Wachstumsvorgänge *m pl; ~ of manufacture* Arbeitsvorgang, -prozeß *m; ~ of reproduction* Zeugungsvorgang *m; ~ block* Klischee *n;* **~ cheese** Streichkäse *m;* **~ costing** Kostenrechnung *f* für Massenfertigung; **-ing** ['-iŋ] *agr tech* Veredelung; Verarbeitung, Behandlung; *tech* Aufbereitung; *fig* Bearbeitung *f; ~ cost* Fertigungskosten *pl; ~ industry* Veredelungsindustrie *f.*
-ion [prəˈseʃən] *s* Prozession, (feierlicher) Umzug; (Fest-)Zug *m; (~ of the Holy Spirit)* Ausgießung *f* des Heiligen Geistes; *itr* sich in feierlichem Zug bewegen, in e-r Prozession gehen; e-n Zug bilden; *funeral ~~* Leichenzug *m; ~~ caterpillar (ent)* Prozessionsspinnerraupe *f; ~~ moth* Prozessionsspinner *m;* **-ional** [-ʃənl] Prozessions-; **~ printing** Mehrfarbendruck *m;* **~ server** Zustellungsbeamte(r) *m.*
proclaim [prəˈkleim] *tr* proklamieren, verkünden; ausrufen, erklären (*s.o. king* jdn zum König); *(Versammlung)* verbieten; ächten, in Acht u. Bann tun; den Belagerungszustand verhängen über; zeigen, erweisen (*s.o. master* jdn als Meister).
proclamation [prɔkləˈmeiʃən] Proklamation, Ausrufung, Bekanntmachung (*to* an); Ächtung *f.*
proclivity [prəˈkliviti] Neigung *f*, Hang, Trieb *m* (*to, towards* zu).
proconsul [proˈ(u)kɔnsəl] Statthalter; *hist* Prokonsul *m.*
procrastinat|e [proˈ(u)kræstineit] *itr* zögern, zaudern; **-ion** [proˈ(u)kræstiˈneiʃən] Aufschub *m;* Verzögerung *f.*
procre|ant ['proukriənt] sich fortpflanzend; (er)zeugend; fruchtbar; **-ate** ['-eit] *tr* (er)zeugen; hervorbringen; ins Leben rufen; *itr* sich fortpflanzen; **-ation** [proukriˈeiʃən] Fortpflanzung; Zeugung *f; fig* Hervorbringung *f;* **-ative** ['proukrieitiv] *a* Zeugungs-, Fortpflanzungs-; sich fortpflanzend, fruchtbar.
proctor ['prɔktə] Prokurator, bevollmächtigte(r) Vertreter; Anwalt (*vor e-m freiwilligen* od *Seegericht); (Univ.)* Proktor; Aufsichtführende(r) *m* (bei Prüfungen).
procur|able [prəˈkjuərəbl] erhältlich, zu beschaffen(d), zu besorgen(d); **-ation** [prɔkjuəˈreiʃən] Verwaltung, Vertretung; Vollmacht, Prokura; Vollmachtsurkunde; Beschaffung, Besorgung; Kuppelei *f; (~~ fee)* Maklergebühr *f*, -lohn *m; per ~~* per Prokura; **-ator** ['prɔkjuəreitə] Sachwalter; *Am jur* (Prozeß-)Bevollmächtigte(r) *m;* **-e** [prəˈkjuə] *tr (mühsam)* erhalten, erlangen, bekommen; ver-, beschaffen, besorgen; verkuppeln; *obs* zustande bringen, bewerkstelligen; herbeiführen, verursachen, veranlassen; *itr* kuppeln, Kuppelei treiben; **-ement** [-mənt] Erlangung; Beschaffung, Besorgung; Vermittlung *f; ~~ division (Am)* Beschaffungsamt *n;* **-er** [-rə] Besorger; Kuppler *m;* **-ess** [-ris] Kupplerin *f.*
prod [prɔd] *tr* stechen; stoßen; *fig* an-, aufstacheln (*into* zu); *s* Stich; Stoß; Stachelstock *m;* Ahle *f.*
prodigal ['prɔdigəl] *a* verschwenderisch (*of* mit); *s* Verschwender *m; to be ~ of* verschwenden; nicht sparen mit; (nur so) um sich werfen mit; *the ~ son* der verlorene Sohn; **-ity** [prɔdiˈgæliti] Verschwendung(ssucht); übertriebene Großzügigkeit; Fülle *f*, Überfluß *m* (*of* an); **-ize** ['prɔdigəlaiz] *tr* verschwenden.
prodig|ious [prəˈdidʒəs] wunderbar, -voll; erstaunlich; gewaltig; ungeheuer(lich); **-y** ['prɔdidʒi] Wunder (-ding, -werk), Weltwunder (*of* an); *(Mensch)* Phänomen; Ungeheuer; *infant ~~* Wunderkind *n.*
produc|e [prəˈdjuːs] *tr* vorführen, zeigen; *(Papiere)* vorzeigen, -weisen, -legen; *(Zeugen)* beibringen; *(Nachweis)* erbringen, führen; *(Gründe)* anführen; aufweisen; *agr* tragen, liefern, hervorbringen; erzeugen, produzieren, herstellen, fertigen, ausstoßen, fabrizieren; *(Eier)* legen; *min* fördern; *fig* hervorrufen, veranlassen, bewirken, zur Folge haben; *(Buch)* herausbringen, -geben, veröffentlichen; *theat* einstudieren, inszenieren, heraus-, auf die Bühne bringen; *film* drehen, produzieren; *(Aufnahme)* leiten; *math (Strecke)* verlängern (*to* bis); *(Fläche)* erweitern; *fin* abwerfen, einbringen; *itr* tragen; produzieren; *s* ['prɔdjuːs] *nur sing bes. agr* Ertrag *m*, Erträgnis(se), Erzeugnis(se), Produkt(e) *n (pl);* Ausbeute *f; brought to ~~* sortiert; *colonial ~~* Kolonialwaren *f pl; daily ~~* Tagesleistung *f; net ~~* Reinertrag *m; raw ~~* Rohstoffe *m pl; ~~ business, dealer* od *merchant, exchange, market* Produktenhandel,

-händler m, -börse f, -markt od Erzeugermarkt m; ~ of the country Landesprodukte n pl; **-er** [prə'dju:sə] Erzeuger, Hersteller, Produzent, Fabrikant, Lieferant m; Lieferfirma f; theat film Spielleiter, Regisseur; theat Direktor; film Produzent; radio Sendeleiter; tech (~ plant) (Gas-)Generator m; ~ cooperative Absatz-, Produktionsgenossenschaft f; ~ country Erzeuger-, Herstellerland n; ~ gas Generatorgas n; ~'s goods (pl) Produktionsgüter n pl; ~ price Erzeugerpreis m; **-ible** [-ibl] zu erbringen(d), beizubringen(d); produzierbar, herstellbar; **-ing** [-iŋ] a Erzeugungs-, Herstellungs-, Produktions-; produzierend; ertragbringend, produktiv; ~-charges, -costs (pl) Herstellungs-, Gestehungskosten pl; ~ country Erzeuger-, Herstellungsland n; ~ facilities (pl) Fabrikationsanlagen f pl; ~ method Produktionsweise f; ~ power Leistungsfähigkeit, Kapazität f; ~ unit Produktionseinheit f.

product ['prɔdəkt] Erzeugnis, Produkt; Werk (geleistete Arbeit); fig Ergebnis, Resultat n, Folge, Frucht f; com Fabrikat n, Artikel m; chem math Produkt n; by-~ Nebenprodukt n; final ~ Endprodukt n; garden ~s (pl) Gartenerzeugnisse n pl; industrial ~ (pl) Industrieerzeugnisse n pl; national ~ Sozialprodukt n; primary ~ (pl) Rohprodukte n pl; semi-finished ~ Halb(fertig)fabrikat n; staple ~ Hauptprodukt n; ~ of combustion (chem) Verbrennungsprodukt n; **~ion** [prə-'dʌkʃən] Erzeugung, Herstellung, Produktion, Fabrikation, Fertigung; min Förderung; Leistung, Kapazität f; Erzeugnis, Produkt f, Fabrikat; (geistige) Produktion f, Werk n; theat Aufführung, Inszenierung; theat film Regie; film Produktion; (Dokument) Vorlage, Beibringung f; to curb the ~ die Produktion drosseln; to go into ~ die Produktion aufnehmen; annual ~ Jahresproduktion f; cost of ~ Herstellungskosten pl; excess, surplus, over-~ Produktionsüberschuß m; loss of ~ Produktionsausfall m; mass, quantity ~ Massenproduktion f; means of ~ Produktionsmittel n pl; method, way of ~ Produktionsweise f; ~ of current Stromerzeugung f; ~ of goods Güterzeugung f; ~ of income Einkommensbildung f; ~ area Produktionsgebiet n; ~ bonus Leistungsprämie f; ~ capacity Leistungsfähigkeit; Produktionskapazität f; ~ car (mot) Serienwagen m; ~ centre Produktionszentrum n, Kostenstelle f; ~ control Betriebsüberwachung, Fertigungskontrolle; Produktionsbeschränkung f; ~ costs (pl) Herstellungs-, Gestehungskosten pl; ~ cut Produktionseinschränkung f; ~ decrease Produktionsrückgang m; ~ director (radio) Sendeleiter m; ~ engineer Betriebsingenieur m; ~ figures (pl) Produktionszahlen f pl; ~ increase Produktionssteigerung f; ~ index Produktionsindex m; ~ line Fließband n; ~ manager Produktionsleiter m; ~ plan, schedule Fertigungsplan m; ~ process Herstellungsverfahren n, -prozeß m; ~ program(me) Produktionsplan m, -programm n; ~ scheduling Fertigungs-, Arbeitsplanung f; ~ surplus Produktionsüberschuß m; ~ target Produktionsziel m; ~ time Arbeitszeit f; ~ volume Produktionsumfang m; **-ive** [prə'dʌktiv] agr ertragreich, ergiebig, fruchtbar (of an) a. fig; min abbauwürdig; fig produktiv, schöpferisch; Erzeugungs-, Produktions-; Ertrags-; gewinnbringend, rentabel; werteschaffend; to be ~ of hervorrufen, zur Folge haben, die Ursache sein gen; erzeugen; ~ of interest zinsbringend, -tragend; ~ capacity, power Leistungsfähigkeit f; ~ industry Produktionsmittelindustrie f; ~ labo(u)r Fertigungslöhne m pl; ~ value Ertragswert m; **-iveness** ['-dʌktivnis], **-ivity** [prɔdʌk'tiviti] Ertragfähigkeit, Ergiebigkeit, Rentabilität; Fruchtbarkeit; Produktivität; Leistungsfähigkeit f.

proem ['prouem] (kurze) Einführung, Einleitung, Vorrede f, -wort n.

prof, proff [prɔf] fam Professor m.

profan|ation [prɔfə'neiʃən] Entweihung, Schändung, Profanation f; **-e** [prə'fein] a profan, weltlich; un(ein)geweiht (to in); ruchlos, gottlos; fluchend; tr (Heiligtum) miß-, verachten; entweihen, schänden, profanieren; ~ word Fluch m; **~eness** [prə'feinnis], **-ity** [prə'fæniti] Weltlichkeit; Uneingeweihtheit; Ruchlosigkeit, Gottlosigkeit f; ruchlose, gottlose Worte n pl, Lästerung f; Fluchen n; pl Flüche m pl.

profess [prə'fes] tr gestehen, bekennen; versichern, erklären; sich bekennen zu; vorgeben, -täuschen, heucheln, spielen; (Beruf) ausüben; (Fach) vertreten, unterrichten, lehren; itr rel praktizieren; die (Ordens-)Ge-

professed 776 **profuse**

lübde ablegen; **~ed** [-t] *a* erklärt, ausgesprochen, offen; vor-, angeblich, vorgetäuscht, geheuchelt, gespielt; **~edly** [-idli] *adv* offen, unverhohlen; angeblich; **~ion** [prə'feʃən] Erklärung, Versicherung *f*; Bekenntnis *n*; Glauben(sbekenntnis *n*); (geistiger) Beruf, Stand *m*; Berufsgruppe *f*, -vertreter *m pl*; (Ordens-)Gelübde *n pl*; *by ~* von Beruf; *to take up a ~* e-n Beruf ergreifen; *the learned ~s (pl)* die akademischen Berufe *m pl*; *~ of faith* Glaubensbekenntnis *n*; **~ional** [prə'feʃənl] *a* beruflich; berufsmäßig; gelernt; fachlich; freiberuflich tätig; Berufs-, Fach-; *s (~ man)* Berufsangehörige(r), -vertreter *m*; Akademiker; Berufskünstler; Berufssportler, -spieler, -boxer *m*; *to take ~ advice on s.th.* e-n Fachmann um etw befragen; *~ business, work* Berufsarbeit *f*; *~ disease* Berufskrankheit *f*; *~ employee* höhere(r) Angestellte(r) *m*; *~ experience* Berufserfahrung *f*; *~ jealousy* Konkurrenz-, Brotneid *m*; *~ journal* Fachzeitschrift *f*; *~ player* Berufsspieler *m*; *~ secrecy, secret* Berufsgeheimnis *n*; *~ soldier* Berufssoldat *m*; *~ tax* Gewerbesteuer *f*; *~ training* Berufsausbildung *f*; **~ionalism** [-'feʃnəlizm] fachliche Qualifikation *f*; Berufsstand *m*; *sport* Berufsspielertum *n*; **~or** [prə'fesə] Bekenner *m*; Professor, (Hochschul-)Lehrer *m (in the university* an der Universität); *Am fam hum* Kanone *f (Mensch)*; *Am sl* Klavierspieler *m*; *assistant ~* Dozent *m*; *associate ~ (Am)* außerordentliche(r) Professor *m*; *full ~ (Am)* ordentliche(r) Professor, Ordinarius *m*; **~orial** [prɔfe'sɔːriəl] *a* Professoren-; professorenhaft; **~oriate** [-'sɔːriit] Professorenschaft; Professur *f*; **~orship** [prə'fesəʃip] Professur *f*; *to be appointed to a ~* e-e Professur erhalten.

proffer ['prɔfə] *tr lit* anbieten; *s* Anerbieten, Angebot *n*.

proficien|cy [prə'fiʃənsi] Erfahrenheit, Fähigkeit, Tüchtigkeit, Geschicklichkeit *f*; **~t** [-t] *a* geübt, erfahren, fähig, tüchtig; *lit* kundig, *fam* bewandert (*in* in); *s* Experte, (erfahrener) Fachmann *m*.

profile ['proufi:l, -ail] *s* Profil *n*, Seitenansicht *f*; Querschnitt; Umriß *m*, Konturen *f pl*; Lebens-, biographische Skizze *f*; *arch* Aufriß *m*; *tr* im Profil darstellen *od* zeichnen; profilieren; *s.o.* jds Lebensbild entwerfen; *in ~* im Profil; *wing, airfoil ~ (aero)* Flügelprofil *n*; *~ cutter* Fassonfräser *m*.

profit ['prɔfit] *s* Gewinn, Ertrag, Verdienst, Nutzen, Vorteil *m*; *pl* Erträgnisse *pl*; Aufkommen *n*; Nutzung *f*; Einkünfte *pl*; *tr itr* Nutzen, Gewinn bringen; etw einbringen, eintragen (*s.o.* jdm); *itr* Nutzen ziehen, lernen (*by* aus, durch); profitieren, gewinnen (*by* an); *at ~* mit Gewinn; gewinn-, nutzbringend; vorteilhaft *adv*; *to bring, to show, to yield a ~* e-n Gewinn abwerfen; Nutzen bringen; *to make a ~ on s.th.* aus etw Gewinn ziehen; *to turn to o.'s ~* sich etw zunutze machen; *you ~ from your mistakes* durch Schaden wird man klug; *book ~* Buchgewinn *m*; *chances (pl) of ~* Gewinnaussichten, -chancen *f pl*; *clear, net ~* Reingewinn *m*; *margin of ~* Gewinnspanne *f*; *pecuniary ~* Vermögensvorteil *m*; *share in the ~s* Gewinnanteil *m*; *war ~* Kriegsgewinn *m*; *~ and loss* Gewinne u. Verluste *pl*; **~able** ['-əbl] gewinn-, nutzbringend, vorteilhaft, günstig, einträglich, lohnend, rentabel (*to* für); *to be ~* sich rentieren; **~ableness** ['-əblnis] Einträglichkeit, Wirtschaftlichkeit, Rentabilität *f*; **~ balance** Gewinnüberschuß *m*; **~-earning** rentabel; **~eer** [prɔfi'tiə] *s* Schieber, Wucherer *m*; *itr* schieben, unsaubere, Schiebergeschäfte machen; *war-~* Kriegsgewinnler *m*; **~eering** [-'tiəriŋ] *s* Schieber-, Wuchergeschäfte *n pl*; Preistreiberei; Profitgier, Gewinnsucht *f*; *attr* Schieber-, Wucher-; **~ forward** Gewinnvortrag *m*; **~less** ['prɔfitlis] *a* ohne Gewinn, ohne Nutzen; nicht einträglich, unrentabel; **~ margin** Gewinnspanne *f*; **~-seeking, -making** auf Gewinn gerichtet; **~ sharing** Gewinnbeteiligung *f (der Arbeitnehmer)*; **~-sharing** *a* am Gewinn beteiligt.

proflig|acy ['prɔfligəsi] Verworfenheit, Verkommenheit, Lasterhaftigkeit; Verschwendung *f*; **~ate** ['prɔfligit] *a* verworfen, verkommen, verdorben, lasterhaft, verschwenderisch; ausschweifend, liederlich; *s* verkommene(r) Mensch; Verschwender *m*.

profound [prə'faund] (*Schmerz, Schlaf, Schweigen*) tief; stark; tiefgründig, -schürfend, gründlich, unergründlich; (*Veränderungen*) tiefgreifend; schwerwiegend; **~ness** [-nis], **profundity** [prə'fʌnditi] (große) Tiefe; Tiefgründigkeit; Stärke *f*.

profus|e [prə'fju:s] überreichlich, verschwenderisch (*of* an); in Hülle u.

profuseness   777   **proletarian**

Fülle; (allzu) freigebig, sehr großzügig (*in, of* mit); **~eness** [-nis], **~ion** [prə'fju:ʒən] Überfluß *m*, -fülle, verschwenderische Fülle *f*, Luxus *m* (*of* an); Verschwendung(ssucht), Großzügigkeit *f*; *in ~ion* im Überfluß.

prog [prɔg] **1.** *s sl* Futter *n*, Fraß *m*; **2.** *a.* **~gins** ['-inz] *sl* (*Oxford u. Cambridge*) Univ.-Proktor *m*.

progen|itive [pro(u)'dʒenitiv] zeugungs-, fortpflanzungsfähig; Zeugungs-, Fortpflanzungs-; **~itor** [-itə] Vorfahr, Ahn(herr) *m*; **~y** ['prɔdʒini] Kinder *n pl*; Nachwuchs *m*; Nachkommen(schaft *f*) *m pl a. zoo* bot; *zoo* Brut; Abstammung *f*, Geschlecht *n*; *fig* Ergebnis *n*, Folge, Frucht *f*.

progno|sis [prɔg'nousis] *pl* -*ses* [-i:z] *bes. med* Prognose; Voraus-, Vorhersage *f*; **~stic** [prɔg'nɔstik] *s* Vorzeichen *n a. med*; Vorhersage, Prognose *f*; **~sticate** [prɔg'nɔstikeit] *tr* ein Vorzeichen sein für; voraus-, vorhersagen, prophezeien; med prognostizieren; **~stication** [prɔgnɔsti'keiʃən] Voraus-, Vorhersage, Weissagung, Prophezeiung, Prognose *f a. med*.

program|(me) ['prougræm] Programm *n*, Spiel-, Vortragsfolge *f*, Festablauf; *theat* Spielplan, Theaterzettel *m*; *radio* Hör-, Sendefolge; Tanzkarte *f*; Lehr-, Arbeitsplan *m*; Tagesordnung *f*; *med* Diätplan *m*; *itr* ein Programm aufstellen; *tech* programmieren; *radio* das Programm gestalten; *what's on your ~* was haben Sie vor? (*emergency*) *aid(-) ~* (Sofort-)Hilfsprogramm *n*; *change of ~* Programmänderung *f*; *home construction, housing ~* Wohnungsbauprogramm *n*; *party ~* Parteiprogramm *n*; *production, manufacturing ~* Produktionsplan *m*; *reform ~* Reformprogramm *n*; *working ~* Arbeitsplan *m*; **~ advertising** Theater-, Kinowerbung *f*; **~ director** *radio* Sendeleiter *m*; **~mer** Programmierer *m*; **~matic** [prougrə'mætik] programmatisch; **~ music** Programmusik *f*; **~ picture** *Am* Beifilm *m*; **~ seller** Programmverkäufer(in *f*) *m*.

progress ['prougres] *nur sing s* Vorrücken, Weiter-, Fortschreiten *n*; Fortschritt(e) *m* (*pl*), (Weiter-)Entwick(e)lung *f*, Fortgang, Verlauf *m*; *itr* [prə'gres] vorrücken (*towards* gegen); weiter-, fortschreiten; vorwärtskommen; sich entwickeln; Fortschritte machen (*with* in, bei); *in ~* im Gange; in Vorbereitung; *to make ~* Fortschritte machen; vorankommen; *~ of*

events Gang *m* der Dinge; **~ion** [prə'greʃən] Fortschreiten *n*, -schritt, Fortgang *m*; Vorrücken *n*; Verlauf *m*; *mus astr math* Progression; *math* Reihe *f*; *arithmetic, geometric ~* arithmetische, geometrische Reihe *f*; **~ional** [prə'greʃənl] *a* Progressions-; fortschreitend; **~ionist** [prə'greʃnist] Fortschrittsgläubige(r), Fortschrittler *m*; **~ive** [prə'gresiv] vorrückend; fortschreitend, zunehmend; fortschrittlich; *med* progressiv; *(Steuer)* gestaffelt; **~ assembly** Fließbandmontage *f*; **~ form (gram)** Progressiv-, Dauerform *f*; **~ report** Tätigkeitsbericht *m*.

prohibit [prə'hibit] *tr* verbieten (*s.o. from doing s.th.* jdm etw zu tun); verhindern, unterbinden; **~ed area** (Luft-)Sperrgebiet *n*; **~ion** [pro(u)i'biʃən] Verbot *n*; *hist* Prohibition *f*; **~ionist** [pro(u)i'biʃnist] Anhänger des Schutzzollsystems; *Am* Alkoholgegner *m*; **~ive** [prə'hibitiv], **~ory** [-əri] *a* verhindernd, ausschließend; Prohibitiv-, Hinderungs-; *fam* unerschwinglich; **~ive duty** Schutzzoll *m*; **~ive system** Schutzzollsystem *n*.

project ['prɔdʒekt] *s* Projekt *n*, Plan, Entwurf *m*; Vorhaben, Unternehmen *n*; *v* [prə'dʒekt] *tr* werfen, schleudern, feuern; vorstrecken, vorspringen lassen; *opt math psychol* projizieren (*on* auf); entwerfen, planen, vorhaben; *itr* vorspringen, hervorstehen; *arch* auskragen (*over* über); *to ~ o.s.* sich (*in Gedanken*) (hinein)versetzen (*into* in); *development ~* Entwicklungsvorhaben *n*; **~ile** ['prɔdʒiktail] *s* (Wurf-)Geschoß, Projektil *n*; *a* [prə'dʒektail] Wurf-, Geschoß-; antreibend; *zoo* ausstreckbar; **~ion** [prə'dʒekʃən] Wurf; Vorsprung, vorspringende(r) Teil *m*; *arch* Auskragung *f*, Entwurf, Plan *m*; *fig* Bild *n*, Auffassung *f*; *opt film (Karten-)*Projektion *f*; *film* Vorführung *f*; **~ room, (*Am*) booth** Vorführraum *m*; **~ screen** Bildschirm *m*; **~ionist** [prə'dʒekʃənist] *film* Vorführer *m*; **~or** [prə'dʒektə] Projektenmacher; Pläneschmied; *com* Gründer; Scheinwerfer; Bildwerfer *m*, Projektions-, *film* Vorführgerät *n*.

prolapse ['proulæps] *s med* Vorfall *m*; *itr* vorfallen.

prolate ['prouleit] *(Körper)* (an den Polen) abgeplattet; länglich, gestreckt.

prolegomenon [proule'gɔminɔn] *meist pl:* -*a* [-ə] Vorbemerkung(en *pl*), Einführung, -leitung, Vorrede *f*.

proletari|an [proule'tɛəriən] *a* proletarisch; *s* Proletarier *m*; **~~ dictatorship**

proletariat 778 **promotive**

Diktatur *f* des Proletariats; **~at(e)** [-riət] Proletariat *n*.

proli|ferate [prɔ-, pro(u)'lifəreit] *itr biol* sprossen, sich vermehren; *med* wuchern; **~feration** [pro(u)lifə'reiʃən] Sprossung; Wucherung *f*; **~fic** [prɔ-'lifik] *biol* fruchtbar *a. fig*; *fig* produktiv, reich (*of, in* an).

prolix ['prouliks] weitschweifig, langatmig, wortreich; **~ity** [pro(u)'liksiti] Weitschweifigkeit, Langatmigkeit *f*.

prolog(ue) ['proulɔg] *s* Prolog *m (bes. e-s Dramas)*, Vorspiel *n*, -spruch *m*, -rede, Einleitung *f (to* zu); *fig* Auftakt; *theat* Prologsprecher *m*; *to be the* **~** *to s.th.* zu etw den Auftakt bilden; *tr* durch e-n Prolog einleiten.

prolong [pro'lɔŋ] *tr* verlängern; aufschieben, hinauszögern; *(Wechsel)* prolongieren; **~ation** [proulɔŋ'geiʃən] Verlängerung; Hinauszögerung *f*; *(Zahlungs-)*Aufschub *m*; *(Wechsel)* Prolongierung *f*.

prom [prɔm] *fam* Promenadenkonzert *n*; *Am fam* Schüler-, Klassenball *m*, Tanzparty *f*.

promenade [prɔmi'nɑ:d, *Am* -'neid] *s* Spaziergang *m*; Promenade *f*, Spazierweg; Wandelgang *m*, -halle *f*; *Am* Ball *m*; Polonäse *f*, Einzug *m* der Ballgäste; *itr* spazieren(gehen), promenieren, *lit* lustwandeln; *tr* spazieren(gehen) in, durch, ... entlang; zur Schau tragen, paradieren mit; **~ concert** Promenadenkonzert *m*; **~ deck** *mar* Promenadendeck *n*.

prominen|ce, -cy ['prɔminəns(i)] Hervorragen, -stehen *n*; Vorsprung, vorspringende(r) Teil *m*, Protuberanz, Anhöhe; *fig* Bedeutung, Wichtigkeit *f*; **~ce** Prominente(r) *m*, prominente Persönlichkeit *f*; *to bring s.th. into* **~ce** etw herausstellen; *to come into* **~ce** *(fig)* in den Vordergrund treten; **~t** ['-t] vorstehend, -springend; *fig* hervorragend, bedeutend; auffällig; (wohl)bekannt, prominent.

promiscu|ity [prɔmis'kju(:)iti] (buntes) Durcheinander *n*, Wirrwarr *m*; Vermischung; Promiskuität *f*; **~ous** [prə'miskjuəs] (bunt) gemischt, wirr, durchea.geraten, -geworfen, -gewirbelt; wahl-, unterschiedslos; gemeinsam; (geschlechtlich) sehr frei; *fam* planlos, gelegentlich.

promis|e ['prɔmis] *s* Versprechen; Gelöbnis, Gelübde *n*; Verheißung; (feste) Zusage, Zusicherung; (feste) Aussicht, Hoffnung *f (of* auf); Eheversprechen *n*; *tr* versprechen, zusagen, in Aussicht stellen; *itr* Hoffnungen erwecken; zusagen; *to* **~** *o.s.* sich freuen auf, erwarten; *of great* **~** vielversprechend; *to break o.'s* **~** sein Wort brechen; *to give, to make a* **~** ein Versprechen geben; *to go back on o.'s* **~** sein Versprechen zurücknehmen; *to keep o.'s* **~** sein Versprechen, sein Wort halten; *to redeem o.'s* **~** sein Versprechen einlösen; *to show great* **~** zu großen Hoffnungen Anlaß geben *od* berechtigen; *the day* **~***s well* der Tag verspricht schön zu werden, sieht günstig aus; *breach of* **~** Wortbruch *m*; *empty* **~***s (pl)* leere Versprechungen *f pl*; *P~ed Land* Gelobte(s) Land *n*; **~** *of payment* Zahlungsversprechen *n*; **~ee** [prɔmi'si:] Versprechensempfänger *m*; **~er,** *jur* **~or** ['prɔmisə, '-ɔ:] Versprechende(r) *m*; **~ing** ['-iŋ] vielversprechend, verheißungs-, hoffnungsvoll, aussichtsreich; erfolgversprechend; ein Versprechen enthaltend; *to be* **~** andeuten; **~** *note* Schuldversprechung, -verschreibung, -schein *m*; Eigen-, Solawechsel *m*.

promontory ['prɔmɔntri] Vorgebirge *n a. anat*.

promot|e [prɔ'mout] *tr* fördern, begünstigen, weiterbringen, unterstützen; arbeiten, eintreten, sich einsetzen für; befürworten, erleichtern; erregen, erwecken; *(e-r S)* Vorschub leisten; ins Werk setzen; *(Geschäft)* gründen; *(Gesetzentwurf)* einbringen; *(im Rang)* befördern; *Am (Schüler)* versetzen; *(Schach:* Bauern zur Dame*)* machen; *Am com* werben für *(e-n Artikel)*; *(Verkauf)* steigern; *Am sl* erbetteln, klauen, stibitzen; **~er** [-ə] Förderer, Befürworter; Urheber, geistige(r) Vater; Anstifter; *tech* Katalysator *m*; (Geschäfts-)Gründer *(e-r AG)*; Organisator; *sport* Veranstalter; *com* Gründer; **~'s shares** *(pl)* Gründeraktien *f pl*; **~ion** [-ʃən] Förderung, Begünstigung, Unterstützung, Befürwortung, Erleichterung; *com* Gründung; Beförderung; *Am* Versetzung; *Am* Werbung, Reklame, Propaganda *f*; *to get o.'s* **~** befördert werden; *export* **~** Exportförderung *f*; *sales* **~** Verkaufsförderung, Absatzsteigerung *f*; **~** *of employment* Arbeitsbeschaffung *f*; **~** *manager* Reklamemanager *m*; **~** *matter (Am)* Werbematerial *n*; **~ional** [-ʃənl] fördernd, Förderungs-, begünstigend, günstig; erleichternd, Erleichterungs-; *Am* Werbe-, Reklame-, Propaganda-; **~ive** [-iv] fördernd; *to be* **~** *of s.th.* etw fördern.

prompt [prɔmpt] *a* bereit, fertig; zur Hand, griffbereit; umgehend, sofortig, unverzüglich, prompt; *(Bezahlung)* bar; *(Mensch)* schnell, fix, (sofort) bereit; bereitwillig; pünktlich; *s theat* Soufflieren *n*; *com* Zahlungsfrist *f*, Ziel *n*; *tr* anspornen, -treiben, veranlassen (*to* zu); auf die Sprünge helfen, *theat* soufflieren, einsagen (*s.o.* jdm); zuflüstern, eingeben, inspirieren (*s.o.* jdm; *with s.th.* etw); beeinflussen; *at six months* ~ Ziel 6 Monate; *to be* ~ *in doing s.th.* pünktlich etw tun; **~book** Soufflierbuch *n*; **~box** Souffleurkasten *m*; **~er** ['-ə] Antreiber; Souffleur *m*, Souffleuse *f*; Anstifter, Inspirator *m*; **~ing** ['-iŋ] Antreiben, Soufflieren *n*; Eingebung, Inspiration *f*; Impuls *m*; **~itude** ['-itjuːd] Bereitwilligkeit, Schnelligkeit, Fixigkeit, *com* Promptheit; Pünktlichkeit *f*; **~ly** ['-li] *adv* pünktlich; *to start* ~ *at eight* Punkt 8 Uhr anfangen; ~ **note** Mahnzettel *m*.

promulgat|e ['prɔməlgeit] *tr* (öffentlich) bekanntmachen, -geben; *(a. Gesetz)* verkünden; aus-, verbreiten; **~ion** [prɔməl'geiʃən] Bekanntmachung, -gabe, Verkündung; Aus-, Verbreitung *f*; **~or** ['-ə] Verkünder; Verbreiter *m*.

prone [proun] *a* vorgebeugt, vornübergeneigt; abschüssig; mit dem Gesicht auf dem Boden liegend, ausgestreckt; *fig* geneigt (*to* zu), empfänglich (*to* für); *to fall* ~ *to the floor* lang, flach auf den Boden fallen; **~ness** ['-nis] vorgebeugte Haltung *f*; Liegen *n* auf dem Gesicht; Hang *m*, Neigung (*to* zu), Empfänglichkeit *f* (*to* für); **~position** Bauchlage *f*.

prong [prɔŋ] *(Gabel)* Zinke; Heu-, Mistgabel; *allg* Spitze, Zacke; *(Geweih)* Sprosse *f*; **~ed** [-d] *a* gezackt, spitz(ig).

pronominal [prə'nɔminl] *gram* pronominal.

pronoun ['prounaun] *gram* Pronomen, Fürwort *n*.

pronounc|e [prə'nauns] *tr* verkünden; *(feierlich)* erklären; *(Urteil)* abgeben, *jur* fällen; erklären (*für*); äußern; (richtig) aussprechen; *itr* sich erklären, sich aussprechen (*on* über; *for, in favo(u)r of* für; *against* gegen); **~eable** [-əbl] aussprechbar; **~ed** [-t] *a* ausgesprochen, deutlich; festgelegt, entschieden; *(Tendenz)* ausgeprägt; **~ement** [-mənt] Verkündung; (feierliche) Erklärung; Äußerung *f*; **~ing** [-iŋ] *a* Aussprache-.

pronto ['prɔntou] *adv Am fam* fix, rasch, schnell, sofort, gleich, dalli.

pronunciation [prənʌnsi'eiʃən] Aussprache *f*.

proof [pruːf] *s* Beweisführung, *jur* -aufnahme *f*; Nachweis, Beleg; Beweis (-mittel *n*) *m*; Begründung; Bestätigung; (Nach-)Prüfung *f*, Versuch *m*, (Kost-)Probe; Erprobung, Erprobtheit; Festigkeit, Stärke; *(Getränk)* Normalstärke *f*; *(Graphik, phot)* Probeabzug; *typ* Probedruck, Korrekturbogen *m*; *a* fest, sicher (*against* gegen); undurchdringlich, undurchlässig (*to, against* für); *fig* stichhaltig, gefeit (*against* gegen); unempfindlich (*against* für); Probe-; *(Alkohol)* probehaltig; *tr* prüfen; imprägnieren, wasserdicht machen; *by way of* ~ als Beweis; *to furnish, to produce* ~ den Beweis erbringen; *to give* ~ *of s.th.* etw unter Beweis stellen; *to put to (the)* ~ auf die Probe stellen; *to read (the)* ~*s* Korrektur lesen (*on an article* e-s Artikels); *the* ~ *of the pudding is in the eating* Probieren geht über Studieren; *bomb-*~ bombenfest, -sicher; *brush-*~ *(typ)* Bürstenabzug *m*; *bullet-*~ kugelsicher; *burden, onus of* ~ Beweislast *f*; *burglar-*~ einbruchsicher; *fire-*~ feuerfest; *fool-*~ narrensicher; *galley-*~ *(typ)* Fahne *f*, Korrekturbogen *m*; *press-*~ druckfertige(r) Korrekturbogen *m*; *revised* ~ *(typ)* Revision *f*, Umbruch *m*; *water-*~ wasserdicht; *weather-*~ wetterfest; ~ *against bribe* unbestechlich; ~ *by the evidence of witnesses* Zeugenbeweis *m*; ~ *of origin* Herkunftsnachweis *m*; Ursprungszeugnis *n*; **~correcting, -correction, -reading** Korrekturlesen *n*; **~impression** Probeabzug *m*; **~ing** ['-iŋ] Imprägnierung *f*; **~less** ['-lis] unbewiesen; ~ **load** Probebelastung *f*; **~mark** Probestempel *m*; **~puller** Fahnenabzieher *m*; **~read** *itr irr Am* Korrektur lesen; **~reader** *typ* Korrektor *m*; **~'s marks** (*pl*) Korrekturzeichen *n pl*; **~reading** Korrekturlesen *n*; **~sheet** Korrekturbogen *m*, Druckfahne *f*; **~spirit** Normalweingeist *m*; ~ **test** Abnahmeprüfung *f*.

prop [prɔp] **1.** *s* Pfosten *m*, Stütze, Strebe *f*; *tech* Stempel *m*; *fig* Stütze, Säule *f*; *pl theat* Requisiten *pl*; *pl sl* Stelzen *pl*, Beine *n pl*; *tr* (*to* ~ *up*) (mit e-m Pfosten) stützen; verstreben; (an)lehnen (*against* an); *mot* aufbocken; *min* absteifen; *fig* (unter-)stützen; *sl* umlegen, niederschlagen; *to* ~ *o.s. against* *(fig)* sich stemmen

propaganda   780   **proportion**

gegen; **2.** *Am sl aero* Latte *f*, Propeller *m*; **3.** *(Schule) sl (mathematischer)* Lehrsatz *m*.

propag|anda [propə'gændə] Propaganda(apparat *m*); Reklame, Werbung *f*; *to make* ~ Propaganda treiben *od* machen *(for* für); *election* ~ Wahlpropaganda *f*; *whispering*-~-~ Flüsterpropaganda *f*; ~ *film* Werbe-, Reklamefilm *m*; ~ *leaflet* Flugblatt *n*; ~ *week* Werbewoche *f*; **-andist** [-'gændist] Propagandist *m*; **-andistic** [propəgæn'distik] propagandistisch; **-andize** [propə'gændaiz] *tr (Idee, Lehre)* propagieren; werben für; *(Menschen)* mit Propaganda bearbeiten; *itr* Propaganda treiben; **-ate** ['propəgeit] *tr (Pflanze, Tier)* züchten; *biol u. fig* fortpflanzen, übertragen; *phys opt* ausbreiten; *(Idee, Sitte)* ausverbreiten; *itr u. to* ~ *itself (bot zoo)* sich fortpflanzen, sich vermehren; **-ation** [propə'geiʃən] *biol* Fortpflanzung, Übertragung; Aus-, Verbreitung *f*; ~ *velocity* Fortpflanzungsgeschwindigkeit *f*; **-ator** ['propəgeitə] Verbreiter *m*.

propane ['proupein] Propan(gas) *n*.

propel [prə'pel] *tr* vorwärts-, fort-, weitertreiben; in Bewegung setzen; **-lant** [-ənt] Treibstoff *m*, -mittel *n*, *mil* -ladung *f*; **-lent** [-] *a* (vorwärts-, an)treibend; Treib-; *s* Treibstoff *m*, -kraft *f*; Antrieb *m*; **-ler** [-ə] Propeller *m*, Schiffs-, Luftschraube *f*; ~ *blade* Propeller-, Luftschraubenblatt *n*; ~ *pitch* Ganghöhe *f*; ~ *shaft* Luftschraubenwelle; *Am mot* Kardanwelle; ~ *slipstream* Luftschraubenstrahl *m*; ~ *turbine* Propellerturbine *f*; ~-*turbine engine* Propellerturbinen-(Luftstrahl-)Triebwerk *n*; **-ling** [-iŋ] *a* treibend, Trieb-, Antriebs-; ~ *charge* Treibsatz *m*, -ladung *f*; ~ *nozzle (aero)* Schubdüse *f*; ~ *pencil* Drehbleistift *m*; ~ *power* Triebkraft *f*.

propensity [prə'pensiti] Neigung *f*, Hang *m (to, toward s.th.* zu etw; *for doing* zu tun).

proper ['propə] *a* passend, angebracht, richtig, geeignet *(for* für); richtig, korrekt, gehörig, geziemend, ordnungsmäßig, ordnungsgemäß; sittsam, bescheiden, höflich; eigentlich, charakteristisch *(to* für), eigen *(to* dat); besonder; *(häufig nachgestellt)* eigentlich, genau(genommen), im engeren Sinn, selbst; *fam* recht, richtig, wahr, gehörig; *in* ~ *condition* in gutem Zustand; *to deem* ~ *to* es für richtig halten zu; *that's not* ~ das gehört sich nicht; *everything at the* ~ *time* alles zu s-r Zeit; ~ **fraction** *math* echte(r) Bruch *m*; **-ly** ['-li] *adv* korrekt, richtig; *fam* durch u. durch, gründlich; ~ *speaking* genaugenommen, eigentlich, in Wirklichkeit; **-tied** ['-tid] *a* besitzend, begütert, vermögend; **-ty** ['-ti] Besitz *m*, Eigentum, Vermögen *n*; *(landed* ~) Landbesitz *m*, Ländereien *f pl*; Grundstück, Stück Land, Gut *n*; Eigenschaft, Eigentümlichkeit, Besonderheit *f (e-r Sache)*; Merkmal *n*; *pl theat* Requisiten *n pl*; *to hold* ~ Eigentum besitzen; *enemy* ~ Feindvermögen *n*; *lost* ~ *office* Fundbüro *n*; *private* ~ Privatvermögen *n*; ~ *agent* Grundstücksmakler *m*; ~ *assets (pl)* Vermögenswerte *m pl*; ~ *control* Vermögensaufsicht *f*; ~ *holder* Eigentümer *m*; ~ *insurance* Sachversicherung *f*; ~ *loss* Vermögensverlust *m*; *market* Immobilienmarkt *m*; ~ *right* Eigentumsrecht *n*; ~-*room* Requisitenkammer *f*; ~ *tax* Grund-, Vermögen(s)steuer *f*.

prophe|cy ['profisi] Prophezeiung, Weissagung; Vorhersage; prophetische Gabe *f*; **-sy** ['profisai] *tr* prophezeien, weissagen *(s.th. for s.o.* jdm etw); vorhersagen; *tr* wahrsagen *(of s.th.* etw); **-t** ['profit] *rel* Prophet *a. allg*, Wahrsager *m*; **-tess** ['-tis] Prophetin *f*; **-tic(al)** [prə'fetik(əl)] prophetisch.

prophyl|actic [profi'læktik] *a med* vorbeugend, prophylaktisch; Vorbeugungs-; *s* vorbeugende(s) Mittel *n*; *med* Sanierungsmittel *n*; ~ *aid centre*, *(Am) station* Sanierungsstelle *f*; **-axis** [-sis] *med* Vorbeugung(smaßnahme), vorbeugende Behandlung, Prophylaxe *f*.

propinquity [prə'piŋkwiti] Nähe; (nahe) Verwandtschaft *f*.

propiti|able [prə'piʃiəbl] versöhnlich; **-ate** [-eit] *tr* günstig, versöhnlich stimmen; versöhnen, besänftigen, beruhigen, befriedigen; **-ation** [prəpiʃi-'eiʃən] Versöhnung, Beruhigung, Befriedigung; Sühne *f*; **-ative** [prə-'piʃiətiv], **-atory** [-əri] versöhnlich (stimmend), beruhigend; Sühne-; **-ous** [prə'piʃəs] geneigt, günstig gesinnt, gnädig; *(Vorzeichen, Gelegenheit, Wetter, Wind)* günstig *(to, for* für).

proportion [prə'po:ʃən] *s* (An-)Teil *m*, Quote *f*; (Größen-)Verhältnis *n*, Proportion *f a. math*; Ebenmaß *n*, Ausgeglichenheit, Ausgewogenheit, Har-

proportional 781 **prosecution**

monie; relative Größe f, Grad m; pl Dimensionen, Proportionen f pl; Ausmaße n pl; tr in das richtige Verhältnis bringen (to zu); abstimmen (to auf); anpassen (to an); einteilen, verhältnismäßig verteilen; in ~ verhältnismäßig, anteilig; im Verhältnis (to zu); in dem Maße (as wie); in due ~ wohlproportioniert; out of ~ unverhältnismäßig; out of all ~ in gar keinem Verhältnis (to zu); ~ of costs, of profit Kosten-, Gewinnanteil m; **~al** [-∫nəl] s math Proportionale f; a proportional a. math. im (richtigen) Verhältnis (to zu); entsprechend; verhältnismäßig, relativ; ~ representation Verhältniswahlsystem n; **~ate** [-∫nit] proportional, im richtigen Verhältnis; anteilig; angemessen; ausgeglichen; **~ed** [prə'pɔ:∫ənd] a in bestimmtem Verhältnis; well ~ wohlproportioniert.
propos|al [prə'pouzəl] Vorschlag m, Anregung f; (bes. Heirats-)Antrag; Plan m, Absicht f, Vorhaben n; upon the ~ of auf Vorschlag gen; to place ~s before s.o. jdm Vorschläge unterbreiten; **~e** [prə'pouz] tr vorschlagen (s.th. to s.o. jdm etw, doing s.th. etw zu tun); (Person) in Vorschlag bringen (for zu); anregen; (e-n Antrag) stellen; (to ~ s.o.'s health) e-n Toast ausbringen auf; itr e-n Vorschlag machen; beabsichtigen, e-n Plan, e-n Entschluß zu äußern; e-n Heiratsantrag machen (to s.o. jdm); anhalten (to um); to ~ o.s. sich vornehmen; to ~ a vote of censure e-n Mißtrauensantrag einbringen; man ~s, God disposes (prov) der Mensch denkt, Gott lenkt; **~er** [-ə] pol Antragsteller m; **~ition** [prɔpə-'zi∫ən] Vorschlag m, Anregung f; Antrag; fam Liebesantrag; Plan m, Absicht f, Vorhaben n; math Lehrsatz m; Feststellung, Behauptung f; Thema; com Angebot; Am fam Projekt, (geplantes) Geschäft, Unternehmen n; Am fam Aufgabe, Frage, Sache, Angelegenheit f; that's an expensive ~ das ist ein teures Vergnügen; it's a different ~ das steht auf e-m andern Blatt; **~itional** [prɔpə'zi∫ənl] a Vorschlags-, Antrags-; vorgeschlagen, beantragt.
propound [prə'paund] tr vorlegen, -tragen, -schlagen.
propriet|ary [prə'praiətəri] a Eigentums-; besitzend; com gesetzlich geschützt; s Eigentümer m (pl); Eigentum(srecht) n; ~ article Marken-

artikel m; ~ capital Eigenkapital n; ~ possession Eigenbesitz m; ~ rights (pl) Eigentumsrecht n; **~or** [-ə] Eigentümer, Besitzer; (Geschäfts-)Inhaber m; landed ~ Grundeigentümer, Grund-, Gutsbesitzer m; sole ~ Alleininhaber m; **~orship** [-ə∫ip] Eigentum(srecht) n (in an); **~ress** [-ris] Eigentümerin, Besitzerin, Inhaberin f; **~y** [-i] Angebrachtheit, Angemessenheit; Schicklichkeit f, Anstand m; the ~ies (pl) die Anstandsformen f pl; das gute Benehmen; breach of ~ Mangel m an Lebensart.
props [prɔps] pl sl theat Requisiten n pl.
propuls|ion [prə'pʌl∫ən] tech Antrieb m; fig Anstoß, Impuls m, treibende Kraft f; jet ~ Strahl-, Düsenantrieb m; ~ equipment, unit Triebwerk m; **~ive** [-siv] (an-, vorwärts)treibend; ~ charge Treibsatz m; ~ effect Treibwirkung f; ~ power Vortriebsleistung f.
prorate [pro(u)'reit] tr Am anteilmäßig ver-, zuteilen.
prorog|ation [prourə'gei∫ən] parl Vertagung f; **~ue** [prə'roug] tr vertagen.
prosaic(al) [pro(u)'zeiik(əl)] a Prosa-; fig prosaisch, nüchtern, trocken.
proscenium [pro(u)'si:njəm] theat Proszenium n.
proscri|be [pro(u)s'kraib] tr ächten, für vogelfrei erklären; fig verbannen, ausweisen; fig verbieten, untersagen; **~ption** [-'krip∫ən] Ächtung; Acht; Verbannung f; Verbot n.
pros|e [prouz] s Prosa; Alltagssprache f, -ausdruck m; Alltäglichkeit f; a Prosa-; prosaisch, nüchtern; itr tr (in) Prosa schreiben; itr nüchtern, trocken, langweilig reden, sprechen (about über); ~ poem Prosagedicht n; **~er** ['-ə] (langweiliger)Erzähler, Redner m.
prosecut|e ['prɔsikju:t] tr (Absicht, Ziel, Anspruch) verfolgen; (Tätigkeit) fortsetzen, ausüben; (Studien) eifrig betreiben, durchführen; (Gewerbe) nachgehen; (Reise) ausführen; gerichtlich, strafrechtlich verfolgen, belangen; ein (Straf-)Verfahren einleiten gegen (for s.th. wegen e-r S); itr Klage erheben; die Anklage vertreten; trespassers will be ~ed unbefugtes Betreten bei Strafe verboten; **~ing** ['-iŋ] jur (Partei) klagend; ~ attorney (Am) Anklagevertreter, Staatsanwalt m; **~ion** [prɔsi'kju:∫ən] Verfolgung, Fortsetzung, Betreibung, Ausübung, Durchführung; Strafver-

prosecutor folgung *f; the* ~~ die Anklage(behörde), die Staatsanwaltschaft; *to start a* ~~ *against s.o.* gegen jdn gerichtlich vorgehen; *liable to* ~~ strafbar; ~~ *witness, witness for the* ~~ Belastungszeuge *m;* **~or** ['prɔsikjuːtə] (An-)Kläger; *(public* ~~) Anklagevertreter, Staatsanwalt *m.*

proselyt|e ['prɔsilait] Neubekehrte(r), Proselyt *m;* **~ism** ['-litizm] Proselytentum *n;* Bekehrungseifer *m;* **~ize** ['-litaiz] *itr* Proselyten machen; *tr* bekehren.

prosody ['prɔsədi] Prosodie *f.*

prospect ['prɔspekt] *s* Aussicht *f,* -blick, Fernblick *m;* Ausschau, Vorwegnahme; Erwartung; Anwartschaft *f (of* auf); *Am* mögliche(r) Käufer, Interessent, Kunde, Anwärter, Kandidat *m; min* Schürfstelle *f; pl* Aussichten *f pl; itr tr* [prə'spekt] sich umsehen, Ausschau halten, suchen (nach); versprechen; *min* schürfen *(for* nach); *(Öl)* bohren; *in* ~ in Aussicht, erwartet; *to hold out the* ~ *of s.th.* etw in Aussicht stellen; *what are your* ~*s?* haben Sie Aussicht *(of doing s.th.* etw zu tun)?; **~ive** [prəs'pektiv] vorausschauend, -blickend, weitsichtig; in die Zukunft weisend; voraussichtlich, in Aussicht stehend, zu erwarten(d), angehend, zu gewärtigen(d), zukünftig; ~~ *buyer, customer* Reflektant, Interessent *m;* **~or** [prə'spektə] *min* Schürfer *m;* **~us** [prə'spektəs] Prospekt *m,* Werbeschrift; Ankündigung, Voranzeige *f.*

prosper ['prɔspə] *itr* gedeihen, blühen, Fortschritte machen; weiter-, vorankommen; Erfolg, Glück haben, Erfolge erzielen *(in* bei); gutgehen; *tr* weiterbringen, begünstigen, zum Erfolg verhelfen *(s.o.* jdm); *he is* ~*ing* es geht ihm gut; **~ity** [prɔs'periti] Gedeihen; Glück *n,* Erfolg *m,* Wohlergehen *n;* Wohlstand *m;* **~ous** ['prɔspərəs] erfolgreich, blühend, wohlhabend, glücklich, erfolgbringend, günstig, glücklich.

prostate ['prɔsteit] *s u. a.:* **~ gland** *anat* Vorsteherdrüse, Prostata *f.*

pro-station ['prousteiʃən] *mil fam* = *prophylactic station.*

prosthesis ['prɔsθisis] *pl* -es [-iːz] *med* Prothese *f.*

prostitut|e ['prɔstitjuːt] *tr (o.s.* sich) feilbieten, prostituieren; *(o.s.* sich) verkaufen, hergeben, erniedrigen, herabwürdigen *(to* zu); *s* Prostituierte, Dirne *f; fig* käufliche(r) Mensch *m;* **~ion** [prɔsti'tjuːʃən] Prostitution, gewerbsmäßige Unzucht; *fig* Herabwürdigung, Erniedrigung *f.*

prostrat|e ['prɔstreit, -it] *a* hingestreckt, mit dem Gesicht am Boden liegend; *bot* am Boden wachsend; *fig* fußfällig, unterwürfig, demütig; *fig* kraftlos, gebrochen; *tr* [prɔs'treit, *Am* '--] zu Boden, niederwerfen, hinstrecken; *fig* aller Kraft berauben, entkräften, niederschmettern; *to* ~ *o.s.* sich niederwerfen *(at a shrine* an e-m Altar; *before s.o.* vor jdm); sich demütigen *(before s.o.* vor jdm); **~ion** [prɔs'treiʃən] Demütigung; Niedergeschlagenheit; Entkräftung, (völlige) Erschöpfung *f;* Fußfall *m.*

prosy ['prouzi] prosaisch, gewöhnlich, nüchtern, trocken, langweilig.

protagonist [prou'tægənist] *lit theat* Held *m; allg* Hauptperson *f,* führende(r) Kopf; *fig* Vorkämpfer *m.*

protean [prou(u)'tiːən, 'proutjən] *fig* wandelbar.

protect [prə'tekt] *tr* schützen, bewahren *(from* vor); beschützen, verteidigen *(against* gegen); abschirmen, decken *a. mil;* (durch Schutzzölle) sichern; *fin (Wechsel)* honorieren, einlösen; *to* ~ *o.s.* sich sichern *(against* gegen); *to* ~ *s.o.'s interests* jds Interessen wahrnehmen *od* wahren; **~ion** [-'tekʃən] Schutz *m (from* vor), Abwehr *f;* Schutz-, Geleitbrief *m; mil* Abschirmung, Deckung *f; com* Schutzzoll(politik *f) m; (Interessen)* Wahrnehmung; *(Wechsel)* Honorierung, Einlösung *f;* ~~ *of registered design* Gebrauchsmusterschutz *m;* **~ionism** [-ʃənizm] Schutzzollsystem *n;* **~ionist** [-ʃənist] Vertreter, Verfechter *m* des Schutzzollsystems; **~ive** [prə'tektiv] schützend, Schutz-; ~ ~ *tariff* Schutzzoll *m; mil* Deckungs-; ~~ *clothing* Schutzkleidung *f;* ~~ *coating* Schutzanstrich *m;* ~~ *colo(u)ring, coloration (biol)* Schutzfärbung *f;* ~~ *cover(ing)* Schutzhülle *f;* ~~ *custody* Schutzhaft *f;* ~~ *device* Schutzvorrichtung *f;* ~~ *duty, tariff* Schutzzoll *m;* ~~ *fire (mil)* Feuerschutz *m;* ~~ *goggles (pl)* Schutzbrille *f;* ~~ *inoculation* Schutzimpfung *f;* ~~ *measure* Schutzmaßnahme *f;* **~or** [-ə] Schutz-, Schirmherr, Beschützer; *hist* Protektor, Regent, Statthalter, Gönner *m;* Schutzmittel *f,* -vorrichtung, Sicherung *f;* **~orate** [-ərit] Schutz-, Schirmherrschaft *f,* Protektorat *n;* **~ory** [-əri] (Kinder-)Fürsorgeheim *n;* **~ress** [-ris] Schirmherrin, Beschützerin, Gönnerin *f.*

protégé *m,* ~e *f* ['proute3ei] Schützling *m.*

prote|in ['prouti:n, '-i(:)in] *chem* Protein *n; pl* Eiweißkörper, -stoffe *m pl.*

protest [prə'test] *tr* (feierlich) erklären, beteuern; (felsen)fest behaupten, versichern; *Am* protestieren gegen; *fin (Wechsel)* protestieren, zu Protest gehen lassen; *(Zeugen)* ablehnen; *itr* protestieren; Einspruch, Protest erheben *od* einlegen *(to s.o.* bei jdm); sich verwahren *(against* gegen); *s* ['proutest] Einspruch, Protest *m (against* gegen); *com* Reklamation *f; as a ~, in ~ against* als Protest gegen; *under ~* unter Protest; *unter* Vorbehalt; *without ~* widerspruchs-, vorbehaltlos; *to enter, to lodge, to make a ~* Protest erheben, Verwahrung einlegen *(against s.th.* gegen etw*; with s.o.* bei jdm); **(P)~ant** ['prɔtistənt] *s rel* Protestant *m; a* protestantisch; **P~antism** ['prɔtistəntizm] Protestantismus *m;* **-ation** [proutes'teiʃən, prɔ-] Beteuerung, Erklärung, Behauptung, Versicherung *f;* Einspruch, Protest *m.*

prot(o)- ['prout(ə)-] *in Zssgen* Proto-, Erst-, Ur-, Haupt-.

proto|col ['proutəkɔl] Protokoll *n a. pol;* (Verhandlungs-)Niederschrift *f; opening, final ~~* Eröffnungs-, Schlußprotokoll *n; secret ~~* Geheimprotokoll *n; to declare on the ~~* zu Protokoll geben; *to draw up a ~~* protokollieren; **-n** ['prouton] *phys* Proton *n;* **-plasm** ['-plæzm] *biol* Protoplasma *n;* **-plast** ['-plæst] Protoplast, Zellkörper *m;* **-type** ['-taip] Prototyp *m,* Urbild, Modell, Vorbild, Muster *n;* **-zoan** [proutə'zo(u)ən], **-zoon** [-] *pl* -zoa [-'zo(u)ə] Protozoon, Urtierchen *n.*

protract [prə'trækt] *tr (zeitl.)* in die Länge *(od* hin)ziehen, verlängern, ausdehnen; hinauszögern, aufschieben, verschleppen; (maßstabgerecht) zeichnen, auftragen, -reißen; *zoo (Fühler)* ausstrecken; **-ed** [-id] *a* in die Länge gezogen; langatmig, weitschweifig; langwierig; *(Verteidigung)* hinhaltend; **-ile** [-ail] *zoo* ausstreckbar; **-ion** ['træk ʃən] Ausdehnung, Verzögerung *f. jur,* Aufschiebung, Verschleppung *f;* (maßstabgerechte) Zeichnung *f;* Auftragen *n;* **-or** [-'træktə] Transporteur, Winkelmesser, Gradbogen; *anat* Streckmuskel *m.*

protru|de [prə'tru:d] *tr* heraus-, hervorstoßen, -strecken; *itr* herausragen, -treten, vorstoßen *(beyond* über); **-dent** [-ənt], **-ding** [-iŋ], **-sive** [-siv] herausragend, -tretend; vorspringend; *fig* aufdringlich; **-sion** [-'tru:ʒən] Herausragen, -treten *n.*

protuber|ance, -cy [prə'tju:bərəns(i)] Ausbauchung, -buchtung, (An-)Schwellung *f,* Höcker *m; astr* Protuberanz *f;* **-ant** [-t] heraustretend, -stehend; *~~ eyes (pl)* Glotzaugen *n pl.*

proud [praud] stolz *(of* auf); hochmütig, -fahrend, überheblich, eingebildet, arrogant; stolz, stattlich; prächtig; *to do s.o. ~* jdm Ehre antun, *od* erweisen; jdn königlich bewirten; *~ flesh* wilde(s) Fleisch *n.*

prov|able ['pru:vəbl] beweisbar, nachweisbar; **-e** [pru:v] *tr* erproben, (nachbar) prüfen; erfahren, erleben; be-, er-, nachweisen; den Nachweis führen; unter Beweis stellen; bestätigen; beglaubigen, beurkunden; *math* die Probe machen auf; *itr* sich erweisen, sich herausstellen als; *(gut, schlecht)* ausfallen; *to ~~ out (Am)* sich bestätigen; *to ~~ up* die Richtigkeit dokumentarisch nachweisen; *to ~~ o.'s identity* sich ausweisen, sich legitimieren; *to ~ (to be) false (true)* sich (nicht) bestätigen, sich als falsch (richtig) herausstellen; *the exception ~s the rule* Ausnahmen bestätigen die Regel; **-ed** [-d] *a* be-, er-, nachgewiesen; erprobt, bewährt; **-en** ['-ən] *verdict of not ~~ (jur)* Freispruch *m* wegen Mangels an Beweisen; **-ing** ['-iŋ] Erprobung *f; ~~ flight* Probeflug *m; ~~ ground* Versuchsgelände *n.*

provenance ['prɔvinəns] Herkunft *f,* Ursprung, Abstammung, -leitung *f.*

provender ['prɔvində] *agr* Trockenfutter; *fam hum* Futter, Essen *n.*

proverb ['prɔvəb] Sprichwort *n; to a ~ (nach: a)* bekannt als; sprichwörtlich; *to be a ~* sprichwörtlich, notorisch, berüchtigt sein; *he is a ~ for idleness* s-e Faulheit ist sprichwörtlich; *(the Book of) P~s (Bibel)* (die) Sprüche *m pl* (Salomos); **-ial** [prə'və:bjəl] sprichwörtlich *a. fig (for* wegen); *fig* bekannt, notorisch, berüchtigt.

provid|e [prə'vaid] *tr* beschaffen, besorgen; heranschaffen, liefern; zur Verfügung, bereitstellen; versorgen, versehen, ausstatten, beliefern *(with* mit); *itr* vorsorgen; Vorsorge, Vorbereitungen treffen *(for* für; *against* gegen); verhindern *(against s.th.* etw); sorgen *(for* für); versehen *(for* für); versorgen *(for s.o.* jdn); *fin* Deckung schaffen; *jur* bestimmen, festsetzen, vorsehen; *to ~~ o.s.* sich versorgen;

~ed [-id] *a* vorbereitet *(for* für); versehen *(with* mit); vorgesehen; *(conj)* **~~ *(that)*** vorausgesetzt, unter der Voraussetzung, daß; sofern; *unless otherwise* **~~** sofern keine anderen Bestimmungen vorliegen; **~ence** ['prɔvidəns] Vorsorge; Vorsorglichkeit, weise Voraussicht; Sparsamkeit; *(P~~)* die Vorsehung, der Himmel, Gott; *a special* **~~** e-e Fügung des Himmels; **~ent** ['prɔvidənt] vorsorglich; haushälterisch, wirtschaftlich, sparsam; **~~** *bank* Sparkasse *f;* **~~** *fund* Hilfs-, Unterstützungskasse *f;* **~~** *reserve (fund)* Reservefonds *m*, Sicherheitsreserve, Sonderrücklage *f;* **~~** *scheme* Hilfsaktion *f;* **~~** *society* (Arbeiter-)Hilfs-, Unterstützungsverein *m;* **~ential** [prɔvi'denʃəl] von der Vorsehung beschlossen; glücklich; **~er** [prɔ'vaidə] Ernährer, Versorger *f;* Lieferant *m; universal* **~~** Waren-, Kaufhaus *n;* **~ing** [-iŋ] vorausgesetzt.

provinc|e ['prɔvins] Provinz *f a. fig;* Bezirk, Distrikt *m*, Gebiet *n;* (Kirchen-)Provinz; *(Tier-, Pflanzengeographie)* Subregion *f;* (Unterrichts-)Fach *n;* (Aufgaben-, Tätigkeits-)Bereich *m* od *n;* Arbeitsgebiet *n;* Verwaltungs-)Zweig, Sektor *m;* Amt, Ressort *n; to fall within s.o.'s* **~~** zu jds Aufgabenbereich gehören; **~ial** [prɔ'vinʃəl] *a* Provinz-; provinziell, kleinstädtisch, ländlich; *fig* eng(stirnig), begrenzt; *s* Provinzbewohner, Provinzler *m; pl* Provinztruppen *f pl;* **~ialism** [prɔ'vinʃəlizm] Provinzlertum *n*, Spießigkeit *f;* Provinzialismus *m.*

provis|ion [prɔ'viʒən] *s* Vorsorge, Vorkehrung, Vorbereitung, Planung; Beschaffung, Besorgung, Lieferung; Bereitstellung *f;* Vorrat *m (of* an); *jur* Vorschrift, Bestimmung, Vereinbarung, Klausel *f; fin* Deckung, Rückstellung, Rücklage, Reserve *f; pl* (Mund-)Vorrat, Proviant *m; tr* mit e-m Vorrat, *bes*. mit Nahrungsmitteln, mit Proviant versorgen; verproviantieren; *to fall within the* **~~s** *of the law* unter die gesetzlichen Bestimmungen fallen; *to make* **~~s** *for, against* Vorkehrungen, Anstalten treffen für, gegen; **~~** *business* Lebensmittelhandel *m*, -branche *f;* **~~** *dealer* Lebensmittelhändler *m;* **~~** *industry* Nahrungsmittelindustrie *f;* **~~** *merchant* Lebensmittelhändler *m;* **~~** *store* Lebensmittelgeschäft *n*, Kolonialwarenhandlung *f;* **~ional** [-ʒənl] vorläufig, einstweilig; Interims-; provisorisch; bedingt; **~~** *arrangement* Provisorium *n;* **~~** *bill* Interimswechsel *m;* **~~** *order* einstweilige Verfügung *f;* **~~** *result (sport)* Zwischenergebnis *n;* **~o** [prɔ'vaizou] *pl* -o(e)s *jur* (Zusatz-)Bestimmung, Klausel *f*, Vorbehalt *m;* **~ory** [-'vaizəri] = *~ional.*

provocat|ion [prɔvə'keiʃən] Provozierung *(of s.th.* e-r S), Provokation, Herausforderung, Aufreizung *f (to* zu); Antrieb, Anreiz *(to* zu); Ärger *m;* **~ive** [prɔ'vɔkətiv] *a* provokatorisch; herausfordernd *(of s.th.* etw); aufreizend *(of th.* zu etw); *s* Herausforderung, Aufreizung *f (Sache);* Reiz(mittel *n) m.*

provok|e [prɔ'vouk] *tr* provozieren, herausfordern; aufreizen, -stacheln; reizen, wütend machen, aufbringen; veranlassen, bewirken, hervor-, wachrufen; **~ing** [-iŋ] provozierend, herausfordernd, aufreizend; ärgerlich, unausstehlich.

provost ['prɔvəst] Vorsteher, Aufseher; *Scot* Bürgermeister *m; rel* Erste(r) Dom-, Stiftsherr; Hauptpastor; Direktor *(gewisser Schulen); Am* (Univ.-)Kurator *m;* **~-marshal** [prə'vou'mɑːʃəl] Kommandeur *m* der Feldgendarmerie.

prow [prau] *mar* Bug *m.*

prowess ['prauis] Tapferkeit, Kühnheit; Heldentat; Überlegenheit *f.*

prowl [praul] *itr* herumschleichen, -suchen; *tr* durchstreifen, -suchen; *s* Umherstreifen *n; to be, to go on the* **~** herumschleichen; **~** *car Am* (Polizei-)Streifenwagen *m;* **~er** ['-ə] Landstreicher, Vagabund *m.*

proxim|ate ['prɔksimit] nächst; unmittelbar, direkt; **~ity** [prɔk'simiti] (unmittelbare) Nähe *f;* **~~** *of blood* Blutsverwandtschaft *f;* **~~** *fuze (Am)* Annäherungszünder *m;* **~o** ['prɔksimou] nächsten Monats.

proxy ['prɔksi] (Stell-)Vertretung, (schriftliche) Vollmacht, Vollmachtsurkunde *f;* (Stell-)Vertreter, Bevollmächtigte(r); Anwalt *m; Am (~ vote)* in Stellvertretung abgegebene Wahlstimme *f; by* **~** in Vertretung; *to stand for s.o.* jdn vertreten; *marriage by* **~** Ferntrauung *f.*

prud|e [pruːd] spröde, prüde, zimperliche Person *f;* **~ery** ['-əri] Prüderie; Zimperlichkeit, Ziererei *f;* **~ish** ['-iʃ] prüde, spröde, zimperlich, geziert.

pruden|ce ['pruːdəns] (Lebens-)Klugheit, Verständigkeit *f;* kluge(s) Verhalten *n;* Um-, Vorsicht, Bedachtsamkeit *f;* **~t** ['-t] klug, verständig; um-, vorsichtig, vorausschauend, vor-

prudential 785 **public**

sorgend, haushälterisch; **~tial** [pru(:)-'denʃəl] *a* Klugheits-; Vorsichts-; ratsam; klug, verständig; umsichtig.

prun|e [pru:n] **1.** *tr (Baum, Strauch)* beschneiden, ausputzen; *allg* sorgfältig entfernen; *fig (stilistisch)* (aus)feilen; *to ~ away* ab-, wegschneiden; *fig* entfernen, ausmerzen; *to ~ down* zurückschneiden; **~ers** ['-əz] *pl* Baumschere *f*; **~ing** ['-iŋ]: *~~-hook*, *~shears (pl)* Heckensichel, Baumschere *f*; *~~-knife* Gartenmesser *n*; **2.** Backpflaume; *Am* Zwetsch(g)e *f*; **~ello** [pru(:)'nelou], *Am* **~elle** [-'nel] Prünelle *f*.

pruri|ence, -cy ['pruəriəns(i)] Begehrlichkeit *(for* nach); Lüsternheit *f*, Kitzel *m*; Gier, Geilheit *f*; **~ent** ['-t] lüstern, gierig, geil; **~go** [-'raigou] *med* Juckflechte *f*, juckende(r) Ausschlag *m*.

Pruss|ia ['prʌʃə] Preußen *n*; **~ian** ['-n] *a* preußisch; *s* Preuße *m*, Preußin *f*; **~~ blue** Preußischblau *n*; **p-ic** ['prʌsik]: **~~ acid** Blausäure *f*.

pry [prai] **1.** *itr (to ~ about)* (umher-)spähen, herumspionieren, -schnüffeln, -horchen; *s-e* Nase stecken *(into* in); *s* Gucker *m*, neugierige Person *f*; **~ing** ['-iŋ] *a* herumspionierend, -schnüffelnd, -horchend; (sehr) neugierig. **2.** *s* Hebel *m*, Stemm-, Brecheisen *n*; Hebelwirkung, -kraft *f*; *tr (to ~ open)* auf-, erbrechen; *(to ~ up)* hochstemmen; *fig (Geheimnis)* herauspressen *(out of s.o.* aus jdm).

psalm [sɑːm] Psalm *m*; *the (Book of) P~s* die Psalmen *m pl*; **~book** Psalter *m*; **~ist** ['-ist] Psalmist *m*; **~odic** [sæl'mɔdik] psalmodisch, psalmartig; **~odist** ['sælmədist] Psalmsänger *m*; **~ody** ['sælmədi] Psalmodie *f*, Psalmengesang *m*.

Psalter, the ['sɔːltə] der Psalter, die Psalmen *m pl*; **p-y** ['sɔːltəri] *rel mus* Psalter *m*.

pseudo ['(p)sjuːdou] *in Zssgen* Pseudo-, falsch; **~nym** ['(p)sjuːdənim] Pseudonym *n*, Deckname *m*; **~nymous** [(p)sjuː'dɔniməs] pseudonym.

pshaw [pʃɔː] *interj* pah! bah!

psittacosis [psitə'kousis] Papageienkrankheit *f*.

psoriasis [psɔː'raiəsis] *med* Schuppenflechte *f*.

psych|e ['saiki(:)] Seele; *psychol* Psyche *f*; Geist *m*; **~iatric(al)** [saiki-'ætrik(əl)] *a* psychiatrisch; **~iatrist** [sai'kaiətrist] Psychiater *m*; **~iatry** [sai'kaiətri] Psychiatrie *f*; **~ic(al)** ['saikik] *a* psychisch, seelisch; telepathisch; *s (Spiritismus)* (gutes) Medium *n*; *pl mit sing* Parapsychologie *f*; **~ic trauma** psychische(s) Trauma *n*, seelische(r) Schock *m*; **~o-analyse** [saiko(u)'ænəlaiz] *tr* psychoanalytisch behandeln; **~o-analysis** [saiko(u)-ə'næləsis] Psychoanalyse *f*; **~o-analyst** [saiko(u)'ænəlist] Psychoanalytiker *m*; **~o-analytic(al)** [saiko(u)-ænə'litik(əl)] psychoanalytisch; **~o-logic(al)** [saikə'lɔdʒik(əl)] psychologisch; **~ological moment** kritische(r) Moment, entscheidende(r) Augenblick *m*; **~ological warfare** *(fam:* psy*-war)* psychologische Kriegführung *f*, Propagandakrieg *m*, Kriegspropaganda *f*; **~ologist** [sai'kɔlədʒist] Psychologe *f*; **~ology** [sai'kɔlədʒi] Psychologie, Seelenkunde *f*; *applied ~~* angewandte Psychologie *f*; *child ~~* Kinderpsychologie *f*; *experimental, individual, social ~~* Experimental-, Individual-, Sozialpsychologie *f*; *~~ of the adolescent* Jugendpsychologie *f*; **~opath** ['saikəpæθ] Psychopath *m*; **~opathic** [saikə(u)'pæθik] psychopathisch; **~opathology** [saiko(u)pə-'θɔlədʒi] Psychopathologie *f*; **~opathy** [sai'kɔpəθi] Geisteskrankheit *f*; **~osis** [sai'kousis] *pl* *-ses* [-iːz] Psychose *f*; **~osomatic** ['saiko(u)sou'mætik] psychosomatisch; **~otherapeutics** ['sai-ko(u)θerə'pjuːtiks] *pl mit sing*, **~therapy** [-'θerəpi] Psychotherapie *f*.

ptarmigan ['tɑːmigən] *orn* (Alpen-)Schneehuhn *n*.

ptomain ['toumein] Leichengift *n*; *~ poisoning* Fleischvergiftung *f*.

pub [pʌb] *fam* Kneipe *f*, Wirtshaus *n*; **~-crawl** Bierreise *f*, Bummel *m*; **~-keeper** Gastwirt *m*.

pub|erty ['pjuːbəti] Pubertät(szeit *f*, -alter *n*), *lit* Mannbarkeit *f*; **~escence** [pjuː(:)'besns] Beginn *m* der Geschlechtsreife; *bot zoo* Haarflaum *m*, Flaumhaare *n pl*; **~escent** [pjuː(:)-'besnt] mannbar (werdend); *bot zoo* mit Flaumhaaren bedeckt; **~ic** ['pjuː(:)bik] *a anat* Scham-; **~is** ['-is] *pl* *-es* [-iːz] *anat* Schambein *n*.

public ['pʌblik] *a* öffentlich, allgemein, gemeinnützig; national, Volks-; staatlich, Staats-; städtisch, Stadt-, Gemeinde-; allgemein bekannt, offen (-kundig), notorisch; *s* Publikum *n*; *the ~* die Öffentlichkeit, die Allgemeinheit *f*, die Leute *pl*, die Welt *f*; *fam* Kneipe *f*, Lokal *n*; *in ~* offen, öffentlich *adv*, in der Öffentlichkeit, vor aller Welt; *to be in the ~ eye* im Brennpunkt des öffentlichen Lebens stehen; *to become ~* bekannt-

public accountant 786 **public works**

offenkundig werden; sich herumsprechen; *to make, to render* ~ öffentlich bekanntgeben, -machen; *the cinema-going, the theatre-going* ~ das Film-, das Theaterpublikum; ~ Notar *m*; *the reading* ~ die Leserschaft; **~ accountant** *Am* Wirtschaftsprüfer *m*; **~ act** Gesetz *n*, Verordnung *f*; **~-address system** Lautsprecheranlage *f*; **~ administration** Staatsverwaltung *f*; **~ affairs** *pl* öffentliche Angelegenheiten *f pl*, Staatsgeschäfte *n pl*; **~an** ['ʌn] Gast-, Schankwirt; *hist* Zöllner *m*; **~ appointment** Staatsanstellung *f*; **~ assistance** öffentliche Unterstützung *od* Fürsorge *f*; **~ation** [pʌbli'keiʃən] (öffentliche) Bekanntmachung; Veröffentlichung *f* (*bes. e-s Buches*), Herausgabe *f*, Erscheinen *n*; Publikation, Veröffentlichung *f*, (veröffentlichtes, Verlags-)Werk, Erscheinen *n*; *in course of* ~ im Erscheinen begriffen, im Druck; *list of* ~*s* Verlagskatalog *m*; *monthly, weekly* ~ Monats-, Wochenschrift *f*; *new* ~ Neuerscheinung *f*; soeben erscheinend; ~ *price* Ladenpreis *m* (*e-s Buches*); **~ authority** Staatsgewalt; Behörde *f*; **~ body, corporation** Körperschaft *f* des öffentlichen Rechts; **~ bonds** *pl* Staatsanleihe *f*; **~ call-office** öffentliche(r), Münzfernsprecher *m*; **~ comfort-station, convenience** öffentliche Bedürfnisanstalt *f*; **~ conveyance** öffentliche(s) Verkehrsmittel *n*; **~ corporation** Körperschaft *f* des öffentlichen Rechts; **~ debt** Staatsschuld *f*; **~ domain** *Am* Staatseigentum *n*, staatliche(r) Grund u. Boden *m*; *in the* ~ (*geistiges Eigentum*) frei (geworden); **~ enemy** *Am* Staatsfeind; Asoziale(r) *m*; **~ expenditure, expenses** *pl* Staatsausgaben *f pl*; *at the* ~ *expense* auf Staatskosten; **~ finance** Staatsfinanzen *f pl*; **~ funds** *pl* Staats-, öffentliche Gelder *n pl*; Staatspapiere *n pl*; **~ gallery** Zuschauertribüne *f*; **~ health** Volksgesundheit *f*; **~** *service* öffentliche Gesundheitspflege *f*; **~ holiday** gesetzliche(r) Feiertag *m*; **~ house** *Br* Wirts-, Gasthaus *n*, Gaststätte *f*; **~ information officer** Presseoffizier *m*; **~ indecency** öffentliche(s) Ärgernis *n*; **~ interest** öffentliche(s), Staatsinteresse *n*; **~ist** ['pʌblisist] Völkerrechtler; Publizist, politische(r), Tagesschriftsteller, Journalist; Werbefachmann *m*; **~ity** [pʌb'lisiti] Offenkundigkeit, Publizität *f*; öffentliche(s) Interesse *n*; Reklame, Werbung, Propaganda *f*, Werbeabteilung *f*; *to give* ~ *to s.th.* etw bekannt machen, einführen; veröffentlichen; *to give s.o.* ~, *to make* ~ *for s.o.* für jdn Reklame, Propaganda machen, werben; *outdoor* ~ Straßenreklame *f*; ~*~-agent* Propagandist; Pressechef *m*; ~*~-bureau*, *-agency* Werbebüro *n*, Inseratenannahme *f*; ~*~-campaign* Werbefeldzug *m*; ~*~-department* Werbeabteilung *f*; ~*~-expenses, costs* (*pl*) Werbekosten *pl*; ~*~-man* Werbefachmann *m*; ~*~-manager* Werbeleiter, Reklamechef *m*; ~*~ material* Werbematerial *n*; **~ize** ['pʌblisaiz] *tr* bekanntmachen; werben für, Reklame, Propaganda machen für; **~ law** Staatsrecht *n*; *under* ~~ öffentlich-rechtlich; öffentliche(r) Vortrag *m*; **~ ledger** Hauptbuch; Staatsschuldbuch *n*; **~ library** Staats-, Stadtbibliothek, Volksbücherei *f*; **~ life** öffentliche(s) Leben *n*; **~ loan** Staatsanleihe *f*; **~ man** Mann *m* im öffentlichen Leben; **~ nuisance** öffentliche(s) Ärgernis *n*; *fam* unbeliebte(r) Mensch *m*; **~ opinion** öffentliche Meinung *f*; ~~ *analyst* Meinungsforscher *m*; ~~~ *poll* Meinungsbefragung, Umfrage *f*; **~ orator** (*Univ.*) Sprecher; Volksredner *m*; **~ property** Gemeingut *n*; **~ prosecutor, trustee** Staatsanwalt *m*; **~ records** *pl* Staatsarchiv *n*; **~ relations** *pl* Verhältnis *n* zur Öffentlichkeit; Vertrauenswerbung, Öffentlichkeitsarbeit *f*; **~-relations counsel**, *mil* **officer** Pressechef, -offizier *m*; **~ release** Presseverlautbarung *f*; **~ revenue** Staatseinkünfte *pl*, -einnahmen *f pl*; **~ school** *Br* (exklusives) Internat *n* (*für 13—18jährige*); *Am* öffentliche, staatliche Schule *f*; **~ security, safety** Staats-, öffentliche Sicherheit *f*; **~ servant** Angestellte(r) im öffentlichen Dienst; Staatsbeamte(r) *m*; **~ service** Staatsdienst *m*; **~ spirit** Gemeinsinn *m*; **~-spirited, -minded** *a* sozial gesinnt; **~ telephone** öffentliche(r) Fernsprecher *m*; **~ treasure** Staatskasse *f*, Schatzamt *n*; **~ trial** *jur* öffentliche Verhandlung *f*; **~ utility** Gemeinnutz; (öffentlicher) Versorgungsbetrieb *m*, Stadtwerke *n pl*, Wasser-, Gas-, E(lektrizitäts)-werk *pl*; **~ weal** Allgemeinwohl *n*; **~ welfare** allgemeine Wohlfahrt *f*; **~ works** *pl* öffentliche Arbeiten *f pl od* Bauvorhaben *n pl od* Einrichtungen *f*

public worship 787 **pug-mill**

pl; **~ worship** öffentliche(r) Gottesdienst *m*.
publish ['pʌbliʃ] *tr* (öffentlich) bekanntgeben, -machen, publik machen; in Umlauf bringen, verbreiten; *(Buch)* veröffentlichen, herausgeben, verlegen, erscheinen lassen, verlegen; *to be ~ed in instal(l)ments* in Lieferungen herauskommen *od* erscheinen; *about to be ~ed* im Erscheinen begriffen, im Druck; *just ~ed* soeben erschienen; *to be ~ed shortly* erscheint in Kürze; *to ~ the bans* das Aufgebot bestellen; **~er** ['-ə] Herausgeber, Verleger, Verlags(buch)händler; *Am (newspaper ~~)* Zeitungsverleger *m*; *pl* Verlag(sanstalt *f*) *m*; *~~'s binding* Leineneinband *m*; *~~'s reader* (Verlags-)Lektor *m*; **~ing** ['-iŋ] Bekanntgabe; Verbreitung, Veröffentlichung, Herausgabe *f*, Verlag *m*; Erscheinen *n*; *~~ business, trade* Verlagsbuchhandel *m*, -geschäft *n*; *~~ firm, house* Verlag(s)buchhandlung *f*, -haus *n*) *m*.
puce [pju:s] flohfarben, rotbraun.
puck [pʌk] **1.** Kobold, Elf *m*; **2.** Eishockeyscheibe *f*, Puck *m*.
pucka ['pʌkə] gut, erstklassig; dauerhaft, echt, wirklich.
pucker ['pʌkə] *tr (itr* sich) falten, (sich) in Falten legen; *(Stirn)* (sich) runzeln; *s* Falte, Runzel; *fig fam* Verlegenheit, Aufregung *f (about* über); *pl* Krähenfüße *m pl (im Gesicht)*; **~y** ['-ri] faltig, runz(e)lig.
pudding ['pudiŋ] Süßspeise *f*, Pudding *m*; *dial u. Scot Art* Wurst *f*; *mar (= puddening)* Fender *m*; *batter, Yorkshire ~* Eierkuchen *m*; *black ~* Blutwurst *f*; *currant ~* Rosinenpudding *m*; *hog's ~* Schwartenmagen *m*; *milk, plum, rice ~* Milch-, Plum-, Reispudding *m*; *white ~* Preßsack *m*; **~-face** *fam* Vollmondgesicht *n*; **~-head** *fam* Dummkopf *m*; **~-stone** *geol* Puddingstein *m*; **~y** ['-i] dumm; fett.
puddl|e ['pʌdl] *s* (Wasser-)Lache, Pfütze *f*; *tech* Lehm-, Ton-, Lettenschlag *m*; *tr (Wasser)* trüben; verunreinigen; *(Lehm, Sand)* anrühren; (mit Lehmschlag) abdichten; *tech* puddeln; *itr (to ~~ about)* herumplanschen; *~ed iron* Puddeleisen *n*; **~er** ['-ə] *tech* Puddler *m*; **~ing** ['-iŋ] Puddeln *n*; *~~-furnace* Puddelofen *m*.
puden|cy ['pju:dənsi] Schamhaftigkeit *f*; **~da** [pju:'dendə] *pl* äußere Schamteile *pl*.
pudgy ['pʌdʒi] untersetzt, plump.
puer|ile ['pjuərail] kindisch, knabenhaft, unfertig; dumm, albern, nichtssagend; **~ility** [pjuə'riliti] kindische(s) Wesen *n*, Kinderei, Dummheit, Albernheit *f*; **~peral** [pju(:)'ɔ:pərəl] *a physiol med* Kindbett-; *~~ fever* Kindbettfieber *n*.
puff [pʌf] *s* Atem-, Windstoß *m*; Paffen *n*; ausgestoßene(r) Rauch; Zug *m* *(an e-r Zigarette)*; Blase, Geschwulst *f*; Bausch *m*; *(Frisur)* lockere Rolle; *(powder-~)* Puderquaste, Steppdecke *f*; Windbeutel *m (Gebäck)*; übertriebene(s) Lob *n*; marktschreierische Reklame *f*; *(Buch)* Waschzettel *m*; *sl* Lebensdauer *f*; *itr* puffen, (stoßweise) blasen; Rauch, Dampf ausstoßen, schnaufen, keuchen, heftig atmen; *(Raucher)* paffen *(at* an); sich aufblasen *a. fig*; *tr* ausstoßen, -puffen; aufblasen; außer Atem bringen; *fig* übertrieben loben *od* preisen, ein Loblied singen auf; (über Gebühr) herausstreichen; *(Preis)* in die Höhe treiben; *(Haar, Kleid)* bauschen; *to be out of ~* *(fam)* außer Atem sein; *jam-~* mit Marmelade gefüllte Schillerlocke *f*; *to ~ away* wegblasen, -pusten; *to ~ out tr (Flamme)* ausblasen; *(Luft)* ausstoßen; *itr* (sich) aufblasen, -blähen; *to ~ up itr (Rauch)* stoßweise aufsteigen; *fig* sich aufblähen, -plustern; *tr* aufgeblasen machen; *(Preise)* in die Höhe treiben; *~ed up (fig)* aufgeblasen, hochmütig; **~-adder** *zoo* Puffotter *f*; **~-ball** *bot* Bofist, Bovist *m (Pilz)*; **~-box** Puderdose *f*; **~er** ['-ə] Paffer; Schaufbende(r), Keuchende(r); *fig* Aufschneider; Marktschreier; Preistreiber *m*; *fam* Lokomotive *f*; **~ery** ['-əri] Aufschneiderei *f*; übertriebene(s) Lob *n*; marktschreierische Reklame *f*; **~in** ['-in] *zoo* Papageitaucher *m*; **~iness** ['-inis] geschwollene(r) Zustand *m*; *fig* Aufgeblasenheit *f*; **~ing** ['-iŋ] *a* marktschreierisch; *s* Aufblähung *f*; **~-paste** Blätterteig *m*; **~-pastry** Blätterteiggebäck *n*; **~-puff** *(Kindersprache)* Lokomotive; Eisenbahn *f*; **~y** ['-i] böig, in Stößen; keuchend; *fig* aufgeblasen, geschwollen; *(Gesicht)* aufgedunsen; dick, fett; *(Ärmel)* bauschig.
pug [pʌg] **1.** *(~~-dog)* Mops *m*; **~gish** ['-iʃ], **~gy** ['-i] mops(art)ig; **~-nose** Stups-, Stumpfnase *f*; **~-nosed** *a* stups-, stumpfnasig. **2.** *s* Lehm, (feuchter) Ton *m*; *tr (Lehm, Ton)* anfeuchten, stampfen, kneten; mit schalldämpfendem Material ausfüllen; **~-mill** Mischtrommel *f*; **3.** (Fuß-)Spur *f (e-s Tieres)*; **4.** *sl* Boxer *m (Mensch)*.

pugil|ism ['pju:dʒilizm] Boxen *n*, Box-, Faustkampf *m*; **~ist** ['-list] Boxer, Faustkämpfer *m*.
pugnac|ious [pʌg'neiʃəs] kampflustig, kriegerisch; streitsüchtig; **-ity** ['-næsiti] Kampf(es)lust; Streitsucht *f*.
puisne ['pju:ni] *jur* niedriger im Rang; im Dienstalter nachstehend; jünger.
puke [pju:k] *itr* (sich er)brechen.
pulchritude ['pʌlkritju:d] *bes. Am* Schönheit *f*.
pule [pju:l] *itr* wimmern, winseln, (vor sich hin) weinen.
pull [pul] **1.** *tr* ziehen, zerren, reißen (*by the hair* an den Haaren); (*Zahn*) (aus-) ziehen; ausrupfen, -reißen; (*Blume, Frucht*) pflücken; ausea.-, zerreißen; (*Muskel*) zerren; (*Ruder*) anziehen; (*Boot*) rudern; (*Boot*) bewegt werden von, haben (*four oars* 4 Ruder); *typ* abziehen; (*Pferd beim Rennen*) zurückhalten; zurückhalten mit (*s-r Kraft, s-n Schlägen*); *fam* abhalten, durchführen, veranstalten, machen; *sl* einbuchten, festnehmen, verhaften; (*Verbrecherbande, Unterschlupf*) ausheben; (*Verbrechen*) ausführen, begehen; **2.** *itr* ziehen, zerren, reißen (*at* an); (*Trinken, Rauchen*) e-n Zug machen; sich ziehen lassen; sich bewegen; *Am fam* den Daumen drücken (*for* für); **3.** *s* Zug, Ruck *m*; Zerren, Reißen *n*; (Zug-)Kraft, Stärke, Gewalt *f*; (*Trinken, Rauchen*) Zug *m*; Rudern *n*, Ruderfahrt; Anspannung, Anstrengung, Mühe *f*; (Tür-)Griff, Drücker, (Klingel-)Zug; Handgriff; *typ* (Probe-) Abzug *m*, Fahne *f*; Vorteil *m*, Chance *f*, Glück *n* (*of* bei); Werbe-, Zugkraft *f*; Einfluß *m* (*with* auf); Protektion *f*; *to ~ a boner* ins Fettnäpfchen treten; *to ~ s.o.'s chestnuts out of the fire für* jdn die Kastanien aus dem Feuer holen; *to ~ a face, to ~ faces* das Gesicht verziehen, Fratzen schneiden; *to ~ a fast one* (*sl*) hereinlegen (*on s.o.* jdn); *to ~ it* (*Am fam*) ausreißen, abhauen, türmen; *to ~ s.o.'s leg* jdn an der Nase herumführen, zum besten, zum Narren haben; *to ~ to pieces* in Stücke reißen, zerreißen; *to ~ a pistol* (*Am*) e-n Schuß abgeben, feuern (*on* auf); *to ~ o.'s punches* (*fig*) sich zurückhalten; *to ~ o.'s rank* s-e Stellung herauskehren; *to ~ the strings, wires* (*fig*) die Fäden in der Hand haben; *to ~ strings* Beziehungen spielen lassen; *to ~ a dirty trick on s.o.* jdm e-n bösen Streich spielen; *to ~ o.'s weight* sich ins Ruder legen, *fig* sich Mühe geben, sich anstrengen; *to ~ the wool over s.o.'s eyes* jdn hereinlegen; *to give a ~* rudern; *to have the ~* e-n Vorteil haben (*of, on, over* vor); *don't ~ any funny stuff!* machen Sie keine Geschichten! *political ~* (*Am*) Beziehungen *f pl*, Vitamin B *n*, Protektion *f*; *to ~ about* hin u. her zerren, -reißen, -stoßen; *to ~ apart* *fig* zerreißen, zerrupfen, kein gutes Haar lassen an; *to ~ away* wegziehen, *fam* abhauen; *to ~ back* zurückreißen, -stoßen, *fig* verzögern; *to ~ down* nieder-, einreißen, demolieren; (*Jalousie*) herunterlassen; (*Person*) heruntermachen, kein gutes Haar lassen an; entmutigen; (*Preis*) herabsetzen; (*Geld*) verdienen; (*Regierung*) stürzen; (*Stellung*) ausfindig machen; *to ~ in tr* (*Pferd u. fig*) zügeln; (*Gürtel*) enger schnallen; *fig* in Schranken halten; verhaften; *itr* sich be-, sich einschränken; (*Zug*) einfahren, ankommen; *mot* am Straßenrand halten; ~~ *your ears, your neck* (*Am sl*) halt die Klappe! *to ~ off* wegziehen, -reißen, -zerren; (*Boot*) abstoßen; ausziehen; (*Hut*) abnehmen; (*Handel*) abschließen; *fam* Glück haben mit, *sl* (*Sache*) schmeißen; (*Sieg*) davontragen; *to ~ out tr* (her)ausziehen, -reißen; *itr bes. Am* (*Zug*) abfahren; (*fam a. von Menschen*) abdampfen; (*Mensch*) weggehen, *fam* abhauen; *to ~ over mot fam* (*Wagen*) heranfahren (*to the side* auf die Seite); *to ~ round* *tr* (*Kranken*) durchbringen, *fam* -kriegen; *itr* durchkommen, die Krankheit überstehen; *to ~ through* *tr* (hin)durchziehen; (*Sache*) durchbringen, *fam* -kriegen, *sl* hinhauen; durchhelfen (*s.o.* jdm); *itr* sich durchschlagen, (*Kranker*) durchkommen; *to ~ together* *fig* am gleichen Strang ziehen, (gut) zs.arbeiten; *to ~ o.s. together* sich zs.nehmen, sich zs.reißen, alle Kräfte anspannen; *to ~ up* *tr* anhalten, zum Stehen bringen, stoppen; Einhalt gebieten (*s.o.* jdm); (*Pflanze*) herausziehen; (*Flagge*) aufziehen, hissen; heranziehen, -ziehen, -kriegen; *sl* anhalten, stehenbleiben (*at* an, bei; *vor*); einholen (*with s.o.* jdn); *sport* aufholen; *mot* vorfahren; *to ~ ~ short* plötzlich bremsen; *to ~ up stakes* (*sl*) abhauen, türmen, das Weite suchen; ~~! halt! **~back** Zurückziehen; Hindernis *n*; *tech* Hemmung *f* (*Vorrichtung*); **~down** Abbruch *m* (*e-s Hauses*); **~ed** [-d] *a* gerupft, geschoren; ~~ *chicken* Hühner-

frikassee n; **~ figs** (pl) getrocknete u. gepackte Feigen f pl; **~er** ['-ə] Ziehende(r) Ruderer m; Am sl zugkräftige Anzeige f; **~fastener** Reißverschluß m; **~-off** (Gewehr) Druckpunkt m; **~-out** aero Abfangen n; **~ branch** Abfangbahn f; **~-over** Pullover m; **~-through** Gewehrreiniger; sl dünne(r) Mensch m; **~-up** Anhalten n (a. ~-in) Halte-, Rastplatz m, Raststätte f, Absteigequartier n.

pullet ['pulit] Hühnchen n.

pulley ['puli] tech Rolle; Flasche f; Kloben, Block; Flaschenzug m; mar Talje f.

Pullman ['pulmən]: (~ car) rail Pullman-, Schlaf-, Salonwagen m.

pullulat|e ['pʌljuleit] itr keimen, sprossen; sich schnell u. stark vermehren; üppig gedeihen, wuchern; fig wimmeln; **~ion** ['-ʃən] Sprossen n.

pulmon|ary ['pʌlmənəri] a scient Lungen-; lungenkrank; **~ artery** Lungenschlagader f; **~ disease** Lungenkrankheit f; **~ vein** Lungenvene f; **~ic** [pʌl'mɔnik] = **~ary**.

pulp [pʌlp] s breiige Masse f, Brei m; bot Fruchtfleisch, Mark; anat Zahnmark n, Pulpa f; (paper-~) Papierbrei m, Pulpe f; fam (~ magazine) Groschenheft n, billige (minderwertige) Zeitschrift f; tr zu Brei machen; einstampfen; das Mark, das Fleisch entfernen von; itr breiig werden; **~er** ['-ə] (Papierfabrikation) Holländer m; **~iness** ['-inis] breiige Beschaffenheit f; **~y** ['-i] breiartig, breiig.

pulpit ['pulpit] Kanzel f; Katheder n; die Geistlichen m pl, die Geistlichkeit f; Predigen n; in the **~** auf der Kanzel; **~ eloquence** Kanzelberedsamkeit f; **~ orator** Kanzelredner m.

puls|ate ['pʌlseit, -'-] itr (regelmäßig) klopfen, schlagen, pochen; zittern, vibrieren; pulsieren (with von); **~atile** ['-sətail] klopfend, schlagend; mus Schlag-; **~atilla** [pʌlsə'tilə] bot Küchenschelle f; **~ation** ['-'seiʃən] Klopfen, Schlagen; Vibrieren n; **~atory** ['pʌlsətəri] klopfend, schlagend; pulsierend; **~e** [pʌls] 1. s Puls (~ beat) Pulsschlag a. fig; phys el Impuls m; el (Strom-)Stoß m; itr pulsieren a. fig; to feel, to take s.o.'s **~** jdm den Puls, fig auf den Zahn fühlen; 2. Hülsenfrüchte f pl.

pulver|ization [pʌlvərai'zeiʃən] Pulverisierung f; **~ize** ['pʌlvəraiz] tr pulverisieren, zermahlen, -stäuben; fig zermalmen; itr pulverisiert, zu Staub werden; **~izer** ['-aizə] Zerstäuber m; Zerkleinerer m; **~ulent** [pʌl'verjulənt] pulverförmig; staubig; leicht zerfallend.

puma ['pju:mə] zoo Puma m.

pumice ['pʌmis] (~-stone) Bimsstein m.

pummel ['pʌml] tr mit der Faust schlagen, verprügeln.

pump [pʌmp] 1. s Pumpe f; Am sl Herz n; tr pumpen; (to ~ out) aus-, leer pumpen a. fig; fig erschöpfen; ausholen, ausfragen; die Würmer aus der Nase ziehen (s.o. jdm); to ~ up aufpumpen; fig (Wissen) eintrichtern; itr pumpen; auf- u. abbewegen; to ~ dry leerpumpen; **~-fed lubrication** Druckschmierung f; **~-handle** s (Pumpen-)Schwengel m; tr fam (Hand) überschwenglich schütteln; **~ing** ['-iŋ] Pumpen n; fig Kunst f des Ausfragens; **~ plant, station** Wasserwerk n, Pumpstation f; **~ priming** fig Ankurbelung f (d. Wirtschaft); **~-room** (Kurort) Trinkhalle f; **~-valve** Pumpenventil n; **~-water** Brunnenwasser n; 2. pl Pumps m.

pumpernickel ['pumpənikl] Pumpernickel m.

pumpkin ['pʌmpkin] bot Kürbis; Am sl Kopf, Fußball m, Kaff m.

pun [pʌn] 1. s Wortspiel n; itr ein Wortspiel machen (on, upon auf); witzeln (on über); **~ner** ['-ə], **~ster** ['-stə] Freund m von Wortspielen.

Punch [pʌntʃ] Hanswurst, dumme(r) August m; Kasperle n; pleased as ~ hocherfreut; **~-and-Judy show** Kasperle-, Puppentheater n.

punch [pʌntʃ] 1. s Locheisen n, Locher, Durchschlag, Stempel, Körner, Dorn, Pfriem m, Punze f; Preßstempel m; tr durchbohren, lochen, körnen, stempeln, stanzen, punzen; **~-card** Lochkarte f; **~-clock** Kontrolluhr f; **~-cutter** Stempelschneider m; **~ed-tape** Lochstreifen m; **~er** ['-ə] Stanzer; Locher m (Person); **~ing** ['-iŋ] **~ machine** Stanz-, Lochmaschine, Lochstanze f; **~-press** Stanze, Lochmaschine f; 2. tr mit der Faust (an)stoßen, schlagen, knuffen; Am mit e-m Stock stoßen; (Vieh) treiben; Am sl (Prüfung) versieben, durchfallen; s Faustschlag, Stoß, Knuff, Puff; Am fam Schmiß, Schwung m, Energie, Tatkraft f; to pull o.'s ~es (Boxen) verhalten schlagen; fig sich zurückhalten; **~-drunk** (Boxen) angeschlagen, (wie) benommen (von Schlägen); fam durchgedreht, durcheinander, verwirrt; **~er** ['-ə] Schläger, Knuffer; Am (cow ~~) Viehtreiber m; **~ing-bag, ~(ing-)ball** (Boxen)

Sandsack, Punchingball m; **~line** fig Höhe-, Schlußpunkt m; Am Pointe f; **~up** sl Boxkampf m; **~y** ['·i] Am sl doof, benommen; kräftig, kraftvoll; **3.** gedrungene(s) Pferd n; **~y** ['·i] fam pumm(e)lig, klein u. dick; **4.** Punsch m; **~bowl** Bowle f (Gefäß); Loch n (an e-m Berghang).

puncheon ['pʌntʃən] **1.** kurze(r) Pfosten; Stempel m, Stanze f, Pfriem, Dorn; Preßstempel; Am Riemen m (e-s Fußbodens); **2.** (großes) (Bier-, Wein-)Faß n (111,6 gallons = 324 l).

punct|ate(d) ['pʌŋkteit(id)] a bot zoo getüpfelt; **~ilio** [·'tiliou] pl-s Förmlichkeit, peinliche Genauigkeit f; kitz(e)lige(r) Punkt m der Etikette; Ehrensache f; **~ilious** [·'tiliəs] förmlich, steif; peinlich genau, sehr gewissenhaft; pedantisch; spitzfindig; **~iliousness** [·'tiliəsnis] Strenge, Förmlichkeit, Steifheit, Genauigkeit, Gewissenhaftigkeit, Pedanterie, Spitzfindigkeit f; **~ual** ['pʌŋktjuəl] genau; gewissenhaft; pünktlich (in bei); **~uality** [pʌŋktju'æliti] Pünktlichkeit f; **~uate** ['pʌŋktjueit] tr interpunktieren, mit Satzzeichen versehen; fig zeitweise unterbrechen; fig hervorheben, betonen; **~uation** [pʌŋktju'eiʃən] Interpunktion, Zeichensetzung f; Satzzeichen n pl; **~ mark** Satzzeichen n; **~ure** ['pʌŋktʃə] s Stich m; Loch n; Stichwunde; med Punktur, Punktion; mot (Reifen-)Panne f, fam Plattfuß; el Durchschlag m; tr auf-, durchstechen; (Sicherung) durchschlagen; perforieren, durchlöchern; fig zum Platzen bringen; (Hoffnungen) vernichten; med punktieren; itr (Reifen) platzen; to have a ~ (mot) e-e (Reifen-)Panne haben; **~ outfit** (mot) Flickzeug n.

pundit ['pʌndit] Pandit; allg große(r) Gelehrte(r) m, oft hum gelehrte(s) Haus, wandelnde(s) Lexikon n.

pungenc|y ['pʌndʒənsi] Schärfe bes. fig; Schmerzhaftigkeit f; Scharfsinn m; **~t** ['·t] (Geruch, Geschmack) scharf, beißend a. fig (Worte); prickelnd, stechend, schmerzhaft; (Sorgen) quälend; scharfsinnig; (stark) anregend.

punish ['pʌniʃ] tr (be)strafen (for für; with mit); fam (körperlich) fertig-, sl zur Sau machen; zusetzen (s.o. jdm); sl (Essen) 'runterputzen, verdrücken; itr strafen; **~able** ['·əbl] strafbar; to make ~ unter Strafe stellen; **~** act strafbare Handlung, Straftat f; **~ment** ['·mənt] Bestrafung, Züchtigung; Strafe; fam schlechte, rauhe Behandlung; Strapaze; sport Niederlage f; as a ~ zur Strafe; to impose, to inflict a ~ (up)on s.o. gegen jdn e-e Strafe verhängen; to take a lot of ~ viel aushalten; capital ~ Todesstrafe f; corporal ~ körperliche Züchtigung f; disciplinary ~ Disziplinarstrafe f; exemption from ~ Straffreiheit f; maximum ~ Höchststrafe f; mitigation of ~ Strafmilderung f; pecuniary ~ Geldstrafe f.

punit|ive ['pju:nitiv], **~ory** ['·əri] a strafend; Straf-; ~ damages (pl) Buße f; ~ power Strafgewalt f.

punk [pʌŋk] s Am faule(s) Holz n, getrocknete Pilze m pl, Zunder m; Am sl Dreck, Mist; sl Unsinn, Quatsch; sl Rowdy m; Am sl Anfänger m, Nulpe f, Brot n; a Am sl mies, mau, schäbig, armselig; I'm feeling ~ (sl) mir ist mies.

punt [pʌnt] **1.** s (Fußball) Fallstoß m; tr e-n Fallstoß geben (the ball dem Ball), im Flug zurückschlagen; itr e-n Fallstoß machen; **2.** s Flachboot n, Stechkahn m; tr (Boot) staken; itr punten; **~ ferry** Kahnfähre f; **3.** itr (gegen den Bankhalter) wetten; (auf ein Pferd) wetten.

puny ['pju:ni] klein, schwach, unbedeutend.

pup [pʌp] s junge(r) Hund od Otter od Seehund; fig Laffe m; Am sl heiße Saitenwürstchen, Wiener pl; Am sl kleine Zugmaschine f; itr (Hündin) (Junge) werfen; in ~ trächtig; to sell s.o. a ~ jdn übers Ohr hauen, jdn betrügen; **~mobile** ['·moubi:l] mot fam Kleinwagen m, (Straßen-)Wanze f; **~py** ['·i] junge(r) Hund; fig Fatzke, Schnösel m; pl Am sl Füße m pl; **~ cake**, (Am) biscuit Hundekuchen m; **~dog** (Kindersprache) kleine(r) Wauwau m; **~ tent** Einmannzelt n.

pup|a ['pju:pə] pl -ae [·i:] ent Puppe f; **~ate** ['·eit] itr sich verpuppen.

pupil ['pju:pl] Schüler, Zögling m; Mündel n; anat Pupille f; **~(l)age** ['·ilidʒ] Schulzeit; Minderjährigkeit f; fig Anfangsstadium n, Anfänge m pl; to be still in o.'s ~ (fig) noch in den Kinderschuhen stecken; **~ teacher** Pädagogikstudent m in der Praxis.

puppet ['pʌpit] (Draht-)Puppe, Marionette a. fig; fig Puppe f, Strohmann m, Werkzeug n; **~eer** [pʌpi'tiə], **~ player** Puppenspieler m; **~ government** Marionettenregierung f; **~~show** Puppenspiel n.

purblind ['pə:blaind] halbblind, stark kurzsichtig; *fig* schwer von Begriff, blöde; *to be* ~ e-e lange Leitung haben.

purchas|able ['pə:tʃəsəbl] käuflich; bestechlich; **~e** ['pə:tʃəs] *tr* (an-, auf-, ein)kaufen; (käuflich) erwerben; erstehen, anschaffen, besorgen; *fig* erkaufen; *tech* (an)heben, hochwinden; *s* (An-, Auf-, Ein-)Kauf; Erwerb *m*, Erstehung *f*, Anschaffung, Besorgung *f*; Kaufobjekt; Einkommen *n*, (Jahres-)Ertrag *m*; (fester) (Zu-)Griff, Halt; Handgriff *m*; *tech* Greifvorrichtung *f*, Greifer *m*; *mar* Takel; *fig* Mittel *n*, Einfluß *m*; *pl com* Wareneingänge *m pl*; *by (way of)* ~ durch Kauf, käuflich; *to conclude, to effect, to make a* ~ e-n Kauf tätigen; *to* ~ *at auction* ersteigern; *his life is not worth a day's* ~ sein Leben ist keinen Pfifferling wert; *cash-, ready money* ~ Barkauf *m*; *credit-* ~ Kreditkauf *m*; *hire-* ~ Abzahlungs-, Ratenzahlungsgeschäft *n*; *occasional* ~ Gelegenheitskauf *m*; *terms of* ~ Kaufbedingungen *f pl*; ~ *book* Einkaufsbuch *n*; ~ *contract-deed* Kaufvertrag *m*, urkunde *f*; ~~*department* Einkaufsabteilung *f*; ~~*money*, *-price* Kauf-, Einkaufspreis *m*; ~ *order* Bestellung *f*; ~ *register* Kreditorenjournal *n*; ~ *requisition number* Bestellnummer *f*; ~ *tax* Warenumsatzsteuer *f*; **-er** ['-ə] Käufer, Abnehmer; Kunde; *(Auktion)* Ersteigerer *m*; *to find, to meet with* ~s Käufer finden; *prospective* ~ Kauflustige(r) *m*; **-ing** ['-iŋ] Kauf, Erwerb *m*, Anschaffung; Beschaffung *f*; ~~*clerk* Einkäufer *m*; ~~*department* Einkaufabteilung *f*; ~~ *manager* Einkaufsleiter *m*; ~~*order* Kaufauftrag; Bestellschein *m*; ~~*power* Kaufkraft *f*; *excessive* ~~*power* Kaufkraftüberhang *m*.

pure [pjuə] rein *a. rel philos biol*; lauter; sauber *fig*; untadelig, tadel(s)frei, -los, fehlerfrei; schuldlos, unschuldig; *jur* bedingungslos; rein, keusch, jungfräulich; unverfälscht; unge-, unvermischt, schier; *that's* ~ *nonsense* das ist reiner Unsinn; ~ **blood** Vollblut *n*; **-bred** ['-bred] *a* reinrassig, rasserein; *s* reinrassige(s) Tier *n*; ~ **gold** Feingold *n*; **-ly** ['-li] *adv* ausschließlich; **-ness** ['-nis] Reinheit, Lauterkeit *f*.

purée ['pjuərei] Püree *n*; (dicke) Suppe *f*.

purg|ation [pə:'geiʃən] Reinigung *a. fig rel*; *pol* Säuberung *f*; *jur* Rechtfertigung *f*; *med* Abführen *n*; **-ative** ['pə:gətiv] *a* reinigend; *med* abführend, Abführ-; *s* Abführmittel *n*; **-atory** ['pə:gətəri] Fegefeuer *n a. fig*; **-e** [pə:dʒ] *tr* reinigen, säubern *a. fig*; *fig* befreien, frei machen (*of, from* von); *pol* säubern; *jur* rechtfertigen; *(Verbrechen)* sühnen; *fin* sanieren; *med* abführen; *s* Reinigung(smittel *n*); *pol* Säuberung(saktion) *f*; *med* Abführmittel *n*; *fin* Sanierung *f*; *jur* Rechtfertigung *f*.

purif|ication [pjuərifi'keiʃən] Reinigung (*from* von) *a. fig rel*; *tech* Aufbereitung, Regenerierung *f*; ~ *plant* Kläranlage *f*; **-icatory** ['pjuərifikeitəri] reinigend; Reinigungs-; **-ier** ['pjuərifaiə] Reiniger *m*; Klär-, Reinigungsmittel *n*; **-y** ['pjuərifai] *tr* reinigen, läutern (*of, from* von) *a. fig rel*; säubern (*of, from* von); *tech* reinigen, waschen, klären, raffinieren, veredeln, aufbereiten.

pur|ism ['pjuərizm] Purismus *m*; **-ist** ['-ist] Purist *m*.

Puritan ['pjuəritən] *rel* Puritaner *m*; *a* puritanisch; **p-ic(al)** [pjuəri'tænik(əl)] puritanisch, sittenstreng; **P-ism** ['pjuəritənizm] Puritanismus *m*.

purity ['pjuəriti] Reinheit *f a. fig*.

purl [pə:l] 1. *tr* säumen; linksstricken; *s* Saum *m*, (gestickte, Gold-, Silber-)Borte *f*; Linksstricken *n*; 2. *itr (Wasser)* murmeln, plätschern; *s* Murmeln, Plätschern; warme(s) Bier *n* mit Gin; 3. *tr itr fam* kopfüber stürzen; *itr* hinpurzeln; **-er** ['-ə] *s fam* Sturz, Fall; Schlag, Stoß *m*; *to come, to take a* ~ lang hinschlagen.

purlieus ['pə:lju:z] *pl* Grenzen *f pl*, Gebiet *n*; Umgebung *f*; Armenviertel *n* (*e-r Stadt*), Slums *pl*; Stadtrand *m*.

purlin(e) ['pə:lin] *arch* Dachstuhlpfette *f*.

purloin [pə:'lɔin] *tr* stehlen, entwenden.

purple ['pə:pl] *s* Purpur(farbe *f*); (~ *robe*) Purpurmantel *m*; *zoo* Purpurschnecke *f*; *pl med* Purpura *pl*; *a* (~ *red*) purpur(farbe)n, purpurrot; *fig* glänzend; *Am fam* zotig; *tr itr* purpurn färben *od* werden; *born in the* ~ von hoher Geburt; *(Order of the) P*~ *Heart (Am)* Verwundetenabzeichen *n*.

purport ['pə:pət] *s* Bedeutung *f*, Sinn, Inhalt; Wortlaut; Zweck *m*, Absicht *f*, Ziel *n*; *tr* [*a. pə:'pɔ:t*] den Eindruck machen, den Anschein erwecken; sich den Anschein geben; zu verstehen geben; besagen.

purpose ['pə:pəs] *s* Absicht *f*, Ziel, Vorhaben *n*; Entschluß *m*, Entscheidung; Entschlußkraft *f*; Zweck, Sinn

purposeful   792   **push**

m; Wirkung; Zweckbestimmung, Zielsetzung *f*; *tr* beabsichtigen, vorhaben, sich vornehmen, sich als Ziel setzen; *for that ~* zu diesem Zweck, deswegen, deshalb; *for the ~ of* zum Zweck *gen*; *jur* im Sinne *gen*; *for what ~?* weshalb? *of set ~, on ~* absichtlich, mit Absicht; *jur* vorsätzlich; *to ~* nach Wunsch; *to all intents and ~s* in jeder Hinsicht *od* Beziehung; *to good ~* mit guter Wirkung, wirkungsvoll; *to little ~* mit geringer Wirkung; mit wenig Erfolg; *to no ~* ohne Erfolg, wirkungslos; vergeblich; *to some ~* mit einigem Erfolg; zwecksprechend; *to the ~* im beabsichtigten Sinne; zweckdienlich; zur Sache; *to answer, to serve the ~* dem Zweck entsprechen *od* dienen; *to be to little ~* wenig Zweck haben; *to serve no ~* zwecklos sein; *to turn to good ~* gut ausnützen; *business ~* Geschäftszweck *m*; *novel with a ~* Tendenzroman *m*; *weak, infirm of ~* von mangelnder Entschlußkraft; **~ful** ['·ful] zweck-, sinnbedeutungsvoll; entschlossen, zielbewußt; **~fulness** [-'fulnis] Zweckhaftigkeit; Entschlossenheit *f*; **~less** ['-lis] ziel-, zweck-, planlos; **~lessness** ['-lisnis] Ziel-, Planlosigkeit *f*; **~ly** ['-li] *adv* absichtlich, mit Absicht, vorsätzlich, (wohl)überlegt; **~novel** Tendenzroman *m*; **~-trained** *a* mit Spezialausbildung; **purposive** ['-iv] absichtlich; zweckdienlich; auf ein Ziel gerichtet.

purr [pəː] *itr* (*Katze*) schnurren *a. fig*; *tech* surren, brummen; *tr* schnurrend sagen; *s* Schnurren; Surren *n*.

purse [pəːs] *s* Geldbeutel *m*, Börse *f* *a. sport*, Portemonnaie; Geld *n*, Finanzen *f pl*, Kasse *f*; Hilfsquellen *f pl*; Geldpreis *m*, -geschenk *n*; (Damen-)Handtasche *f*; Beutel *m*; *tr* (*to ~ up*) in Falten legen, zs.ziehen; (*Lippen*) schürzen; *beyond s.o.'s ~* zu teuer; *to have a common ~ with s.o.* mit jdm gemeinsame Kasse machen; *to make up a ~ for s.th.* für etw Geld sammeln; *to ~ up o.'s mouth* den Mund verziehen; *o.'s forehead* die Stirn runzeln; *long, light ~* volle, leere Kassen; *the public ~* die Staatskasse, der Staatssäckel; **~-net, ~seine** Fischnetz *n*; **~-proud** geldstolz; **~r** ['-ə] *mar* Zahlmeister *m*; **~-strings** *pl*: *to hold the ~~* übers Geld verfügen; *to loosen, to tighten the ~~* mehr, weniger Geld 'rausrücken.

pursiness ['pəːsinis] Kurzatmigkeit, Engbrüstigkeit; Fettleibigkeit *f*.

purslane ['pəːslin] *bot* Portulak *m*.

pursu|ance [pə'sjuː(ː)əns] Aus-, Durchführung, Verfolgung *f*; *in ~~ of* in Verfolg *gen*; gemäß *dat*; auf Grund *gen*; **~ant** [-ənt] *~~ to* zufolge, entsprechend, gemäß *dat*; in Übereinstimmung mit; **~e** [pə'sjuː] *tr* verfolgen, jagen; (*Weg*) einschlagen; (*Plan, Absicht, Zweck*) verfolgen; streben nach, suchen; (*Tätigkeit, Beruf*) ausüben, nachgehen; (*Aufgaben*) erledigen; obliegen (*a study* e-m Studium); fortsetzen, -führen; nicht in Ruhe lassen; *itr* fortfahren, weitermachen; *to ~ the subject* beim Thema bleiben; **~er** [-ə] Verfolger; *jur* Kläger *m*; **~it** [-t] Verfolgung, Jagd *f* (*of* auf); Streben, Trachten *n* (*of* nach); Beschäftigung, Tätigkeit, Arbeit, Laufbahn *f*; *pl* Bestrebungen *f pl*, Arbeit *f*, Beruf *m*; Geschäfte *n pl*; Beschäftigung *f*, Zeitvertreib *m*; Studien *f pl*; *in ~~ of* auf der Jagd nach; **~~-flyer** Jagdflieger *m*; **~~-plane** Jagdflugzeug *n*.

pursy ['pəːsi] **1.** kurzatmig, engbrüstig; (*Pferd*) dämpfig, herzschlächtig; fett (-leibig); **2.** faltig; **3.** reich.

purulen|ce, -cy ['pjuərulens(i)] eit(e)rige(r) Zustand; Eiter *m*; **~t** [-t] eit(e)rig, Eiter-.

purvey [pəː'vei] *tr com* (*bes. Lebensmittel*) liefern (*to* an); an-, beschaffen; *itr* liefern (*for* für); beliefern, versorgen (*for s.o.* jdn); **~ance** [-əns] Versorgung, Lieferung; Beschaffung *f*; gelieferte Ware *f*; **~or** [-ə] (*bes. Lebensmittel-*)Lieferant *m*; *~~ to the Court* Hoflieferant *m*.

purview ['pəːvjuː] (*Gesetz*) Geltungsbereich; Herrschafts-, Tätigkeitsbereich *m od n*, Wirkungskreis, Rahmen *m*, Sphäre *f*, Gebiet *n*; Gesichtskreis, Horizont *m*, Blickfeld; (*geistiges*) Fassungsvermögen *n*; wesentliche(r) Inhalt *m*.

pus [pʌs] Eiter *m*; **~sy** ['-i] eit(e)rig.

push [puʃ] **1.** *tr* stoßen, drücken (auf), schieben, drängen, (an)treiben; *fig* eifrig, energisch betreiben; be-, vorantreiben, (eifrig) fördern, energisch verfolgen; (*Bekanntschaft*) pflegen; vorstoßen mit, ausdehnen (*to* bis zu); sich verwenden für, Reklame machen für; *Am fam* heranrücken an; *Am sl* (*Auto*) anschieben; (*Person*) umbringen; **2.** *itr* drücken, schieben, stoßen (*at* an); sich (sehr) anstrengen; sich vorwärtsschieben, vordrängen; *Am sl* zu weit gehen; **3.** *s* Stoß, Druck, Schub; Vorstoß (*for* auf) *a. mil*;

push along

Schubs; *tech* Drücker; *arch* Druck; (An-)Trieb, Drang, Schwung, Eifer *m*, Energie, Tatkraft, Anstrengung, Bemühung *f*; Schwierigkeiten *f pl*, Verlegenheit *f*, *fam* Druck; Not-, Ernstfall; *fam* Unternehmungsgeist *m*, Angriffslust; Protektion; *sl* (Menschen-)Masse *sl* (Verbrecher-)Bande *f*; **4.** *at a ~* im Notfall; in (großer) Verlegenheit, in Schwierigkeiten; *at one ~* mit e-m Ruck; auf einmal; *to be ~ed for (time, money)* in (Zeit-)Schwierigkeiten, in (Geld-)Verlegenheit sein; *to bring to the last ~* aufs Äußerste, auf die Spitze treiben; *to get the ~ (sl)* ('raus)fliegen, 'rausgeschmissen, entlassen werden; *to give s.o. the ~* jdn 'rausschmeißen, auf die Straße setzen; *to make a ~* e-e Anstrengung, *mil* e-n Vorstoß machen; *to ~ o.'s advantage* s-n Vorteil wahrnehmen; *to ~ the blame on s.o.* die Schuld auf jdn abwälzen; *to ~ o.'s way* (im Leben) vorwärts-, vorankommen; sich e-n Weg bahnen; sich hineindrängeln *(into* in*); when it comes to the ~* im entscheidenden Augenblick; *to ~* **along** weiter-, vorwärtskommen; *to ~* **around** herumstoßen; *fig* schlecht behandeln; *to ~* **away** wegstoßen, -schieben; *to ~* **back** zurückstoßen; *sl* hinunterschlucken; *to ~* **down** hinab-, hinunter-, niederstoßen; herunterdrücken; *to ~* **forward** weiterschieben, vortreiben; vorantreiben, beschleunigen; fördern; *to ~ o.s. forward* sich vordrängen; sich emporarbeiten; *to ~* **in** *tr* hineinstoßen, -drücken, schieben; *itr* sich hineindrängeln; *to ~* **off** *tr* (Ware) abstoßen, losschlagen; *(Boot)* abstoßen; *itr fam* abhauen, (weg-)gehen, -fahren, in See stechen; *~ off!* los! mach zu! *to ~* **on** *tr* vorwärts-, vorantreiben, *fig* -bringen; *itr* (mühsam) voran-, vorwärts-, weiterkommen; vordringen; *to ~* **out** *tr* hinausstoßen, -drücken, -schieben, -drängen; *itr bot* treiben; *mar* in See stechen; *to ~* **through** durchsetzen; *(Gesetz)* durchbringen; *fig* zu e-m guten Ende bringen; *to ~* **up** hinaufschieben; drücken *(against* gegen*); (Preise)* hochtreiben, hinaufschrauben; *fig* sich verwenden für; **~-and-pull** *a* im Pendelverkehr; **~-ball** *sport* Pushball(spiel *n*) *m*; **~-bike** *fam* Fahrrad *n*; *~* **button** *el* Drücker, Knopf *m*; (Druck-)Taste *f*; *~-~* **switch** Druckknopfschalter *m*; *~-~* **warfare** automatisch abrollende(r) Krieg *m*; **~-cart** Schubkarren; *Am* Verkaufskarren *m*;

~-er ['-ə] Stoßende(r), Schiebende(r); *fig* Streber, *fam* Radfahrer; Draufgänger; *metal* Ausdrücker; *min* (Wagen-)Aufschieber; Schieber *m* *(Kinderlöffel)*; *(~-plane, -aircraft)* Flugzeug *n* mit Druckluftschraube *(~-airscrew)*; **-ful** ['-ful] energisch, rührig, unternehmungslustig, *fam* auf Draht; **-ing** ['-iŋ] *a* unternehmend, unternehmungslustig, tatkräftig, energisch; auf-, zudringlich; **~ key** Drucktaste *f*; **~-off** *fam* Anfang *m*; **~-over** *Am sl* Kinderspiel *n*, Kleinigkeit, leichte, einfache Sache *f*; *fig* Gimpel; *Am sl* Schwächling *m*; **~-pin** *Am* Reißzwecke *f*; **~-pull** Gegentakt *m*; **~ communication** (tele) Gegentaktverkehr *m*; **~-rod** Stoßstange *f*; **~-up** *sport* Liegestütz *m*; **~-y** ['-i] *Am s* Streber, Emporkömmling *m*; *a* anmaßend.

pusillanim|ity [pjuːsilə'nimiti] Zaghaftigkeit, Schüchternheit *f*; **~ous** [pjuːsi'lænimɔs] kleinmütig, furchtsam, ängstlich, zaghaft.

puss [pus] Pussi, Miez(e), (Mieze-)Katze *f*; Häschen, -lein *n*, Meister *m* Lampe; *fig* Katze *f*; *Am sl* Gesicht *n*, Fresse, Grimasse *f*; *~ in boots* der Gestiefelte Kater; *~ in the corner* Drittenschlagen *n* *(Kinderspiel)*; **~-cat** *ent* Gabelschwanz *m*; **~-y** ['-i] *(~-cat)* Mieze(katze) *f*; *bot* (Weiden-)Kätzchen *n*; **~-yfoot** ['-ifut] *sl Am itr* schleichen; *fig* sich (herum)drücken, der Entscheidung aus dem Wege gehen; nicht mit der Sprache herauswollen, heimlichtun, sich ausschweigen *(on* über*)*; *pol* keine klare Stellung beziehen; *s* Schleicher, Kriecher, Leisetreter, Heimlichtuer *m*; *a* kriecherisch, heimlichtuend; **~-y-willow** *bot* Salweide *f*.

pustul|ate ['pʌstjuleit] *tr* Pusteln verursachen; *itr* in Pusteln übergehen; **~ation** [pʌstju'leiʃən] Pustelbildung *f*; **~e** ['pʌstjuːl] Pustel *f*, Pickel *m*, Eiterbläschen *n*; *bot zoo* Warze *f*.

put [put] *irr* put, put **1.** *tr* setzen, stellen, legen; stecken *(into* in; *at* an); anbringen *(to* an); *fig* (in e-e Lage) bringen, versetzen; *(Jungen)* geben *(to shoemaking* in die Schuhmacherlehre*)*; einfügen, hineinlegen *a. fig (into words* in Worte*)*; ausdrücken *(it mildly* sich gelinde); kleiden *(into words* in Worte); übersetzen *(into French* ins Französische); *(Frage)* stellen, vorlegen, unterbreiten; *(Steuer)* legen *(on* auf*)*, auferlegen *(on s.o.* jdm); festsetzen *(on* für); ansetzen, berechnen *(at* mit, zu); zur Last legen *(on s.o.* jdm); tun, hinzufügen *(to* zu); *(Unter-*

schrift) setzen *(to* unter; *on* auf); *(Pferd)* spannen *(to* vor); bestimmen *(to* für); stoßen, werfen, schleudern; treiben, zwingen; **2.** *itr* gehen, fahren, sich begeben, (ab)reisen *(for* nach; *to* zu); **3.** *s* Stoß; Wurf; *com* Terminverkauf *m*, Prämiengeschäft *n*; **4.** *a fam* unbeweglich; **5.** *to be (hard)* ~ *to it* in e-r schwierigen Lage *od* Situation sein; *to feel* ~ *upon, out* sich ungerecht behandelt, sich ausgenützt fühlen; ungehalten sein; *to* ~ *to account* in Rechnung stellen; *to* ~ *out of action* außer Betrieb setzen; *mil* kampfunfähig machen; *to* ~ *on airs* sich aufs hohe Roß setzen; *to* ~ *to bed* zu Bett bringen; *to* ~ *the blame on s.o.* jdm die Schuld zuschieben; *to* ~ *to blush* schamrot machen, beschämen; *to* ~ *(money) into a business* Geld in ein Geschäft stecken; *to* ~ *in two cents (Am)* s-n Senf dazu beisteuern; *to* ~ *clearly* klarlegen, -stellen; *to* ~ *in commission* in Dienst stellen; *to* ~ *the date on s.th.* etw datieren; *to* ~ *to death* umbringen; hinrichten; *to* ~ *all o.'s eggs in one basket* alles auf e-e Karte setzen; *to* ~ *an end to s.th.* Ende machen mit e-r S; *to o.s., to o.'s life* sich das Leben nehmen; *to* ~ *s.o. to expense* jdm Unkosten verursachen; *to* ~ *s.o. on his feet* jdn auf die Beine bringen; *to* ~ *up a fight* e-n Kampf liefern; Widerstand leisten; sich wehren; *to* ~ *to flight* in die Flucht schlagen; *to* ~ *o.'s foot down* energisch auftreten; *to* ~ *in force* in Kraft setzen; *to* ~ *in hand (fig)* in die Hand nehmen; *to* ~ *s.th. in(to) s.o.'s hands* etw in jds Hände legen, jdm etw überlassen; *to* ~ *o.'s hand in o.'s pocket* die Hand in die Tasche stecken; *to* ~ *s.th. out of o.'s head* sich etw aus dem Kopf schlagen; *to* ~ *o.'s heads together* die Köpfe zs.stecken; *to* ~ *s.o. in a hole (fig)* jdn in e-e schiefe Lage bringen; *to* ~ *it to s.o.* es jdm anheimstellen *od* überlassen; *to* ~ *s.o. to it* jdm schwer zusetzen, *fam* jdm auf den Pelz rücken; *to* ~ *it there (Am sl)* sich die Hand reichen; *to* ~ *it upon s.th.* es ankommen lassen auf; *to* ~ *the lid on it* noch den letzten Schlag versetzen; *to* ~ *on the market* auf den Markt bringen; *to* ~ *o.'s mind on s.th.* sich konzentrieren auf; jds Aufmerksamkeit richten auf; *to* ~ *in mind of* erinnern an; *to* ~ *in motion* in Bewegung setzen; *to* ~ *s.o. on his oath* jdn unter Eid nehmen; *to* ~ *in order* in Ordnung bringen; *to* ~ *s.o. through his paces* jdn auf die Probe stellen, jdm auf den Zahn fühlen; *to* ~ *in possession* in Besitz setzen, versehen *(of* mit); *to* ~ *into practice* in die Praxis umsetzen; *to* ~ *the question* die Frage stellen; *parl* zur Abstimmung schreiten; *to* ~ *s.o. to ransom* ein Lösegeld für jdn fordern; *to* ~ *right* verbessern; in Ordnung bringen; *to* ~ *to sea* in See stechen; *to* ~ *into service* in Dienst stellen; *to* ~ *s.o. in good shape* jdn in gute Verfassung bringen; *to* ~ *a stop to* Schluß, ein Ende machen mit; *to* ~ *to trial* vor Gericht bringen; *to* ~ *to a good use* gut verwenden; *to* ~ *to the vote* zur Abstimmung stellen; *to* ~ *on weight* an Gewicht zunehmen, dicker werden; *to* ~ *s.o. out of the way* jdn beiseite schaffen; *to* ~ *the weight, the shot (sport)* die Kugel stoßen; *to* ~ *wise (Am)* enttäuschen; aufklären; informieren; *to* ~ *in a word for s.o.* für jdn ein gutes Wort einlegen; *to* ~ **about** *tr (Schiff)* herumlegen; *(Flasche)* herumgehen lassen; *(Nachricht)* verbreiten; in Umlauf setzen; *s.o.* jdn in Aufregung versetzen; *to be* ~~ Ärger, Schereieien haben; *itr* die andere Richtung einschlagen; *(Schiff)* beidrehen; *to* ~ **across** *mar* übersetzen; *sl* fertig, durchkriegen; erledigen, durch-, zustande bringen, lancieren; verkaufen; *theat film* zu e-m (Publikums-)Erfolg machen; *to s.th., it across s.o. (sl)* jdn übers Ohr hauen; jdn verdreschen; *s.th. to s.o.* jdm etw beibringen; *to* ~ **aside** zurücklegen, aufheben; *(Geld)* auf die Seite, *fam* auf die hohe Kante legen; aus der Hand, weg-, beiseite legen; *to* ~ **away** weg-, an s-n Platz legen *od* stellen; zur Seite, zurücklegen, sparen; sich aus dem Kopf schlagen; *fam* aus dem Wege räumen; an s-n Platz legen *od* stellen; zur Seite, zurücklegen, sparen; sich aus dem Kopf schlagen; aus dem Wege räumen; *sl (Essen)* verdrücken, 'runterputzen, konsumieren; *sl* beseitigen, umbringen; *itr (Schiff)* sich entfernen *(from* von); *to* ~ **back** *tr (an s-n Platz)* zurücklegen, -stellen; *(für später)* zurücklegen; *(Uhr)* zurückstellen; zurücksteuern; *(Schüler)* zurückversetzen; Einhalt gebieten (*s.th.* e-r S), *fam* abbremsen; *tele* wieder verbinden *(to* mit); *itr* zurückkehren; *mar* -fahren; *to* ~ **before** dar-, vorlegen; *to* ~ **by** *(für später)* zurücklegen, -stellen; zur Seite legen, ablegen, -schieben; übergehen; *to* ~ **down** *tr* niedersetzen, -stellen, -legen; *(Vorhang)* herunter-

put forth — put up

lassen; *(Schirm)* zumachen; nieder-, unterdrücken; *(Aufstand)* niederschlagen; abschaffen, aufheben; zum Schweigen bringen, mundtot machen; tadeln, herabsetzen, erniedrigen, demütigen; verringern, verkleinern, herabsetzen; *(in writing)* nieder-, aufschreiben, notieren; ,buchen; (jdn) vormerken *(for* für); anschreiben *(to s.o.* jdm), in Rechnung stellen *(to s.o., to s.o.'s account* jdm); zuschreiben *(s.th. to s.o.* jdm etw); halten *(as, for* für); ansehen, betrachten *(as, for* als); *(Lager, Vorrat)* anlegen; *itr mar aero* landen; to ~ **forth** *tr* bot hervorbringen, treiben; *(Kraft, Mühe)* an-, aufwenden, aufbieten; herausstellen, vorbringen, vorschlagen, anbieten; von sich geben, behaupten; *(Behauptung)* aufstellen; *(Ansicht)* vorbringen; ausgeben *(as* als); herausgeben, -bringen, veröffentlichen; *itr mar* in See stechen, auslaufen; *bot* blessen; to ~ **forward** vorschlagen, in Vorschlag bringen *(o.s.* sich); unterbreiten, vorlegen; *(Bitte)* vorbringen; *(Uhr)* vorstellen; to ~ **in** *tr* hineinbringen, einführen, -stellen; *(Glasscheibe)* einsetzen; vorlegen, unterbreiten, vorschlagen; einreichen; *(Papiere)* vorzeigen, -weisen; *(Kandidaten)* aufstellen; *(Zeit)* verwenden, hineinstecken; *(Extrastunde)* einlegen; einfügen, -schalten, -rücken; *(Bemerkung)* einwerfen; *(Anzeige in die Zeitung; Geld)* setzen; *fam (Zeit)* verbringen; *(Schlag)* anbringen, versetzen; *itr mar* anlaufen *(at* acc); sich bewerben *(for* um); to ~~ *an appearance* in Erscheinung treten; kurz halten *(at* bei, an); to ~~ *a claim* Anspruch erheben, anmelden *(for* auf); to ~~ *a plea* e-n Rechtseinwand erheben; to ~~ *a word* ein (gutes) Wort einlegen *(for* für); to ~~ *writing* schriftlich machen; to ~ **off** *tr* auf-, hinaus-, verschieben, zurückstellen, auf die lange Bank schieben; *(jdn)* hinhalten, abschieben, vertrösten, abspeisen, *fam* abwimmeln *(with fine words* mit schönen Worten); *(jdn)* abhalten, -bringen, davon zurückhalten, daran hindern; ablegen, beiseite lassen; *(Pferd)* ausspannen; *(Kleidungsstück)* ausziehen, ablegen; *(Hut)* absetzen; *itr mar* auslaufen, abfahren; *(Tischtuch)* auflegen; to ~ **on** *(Kleidung)* anlegen, anziehen; *(Hut)* aufsetzen; *(Uhr)* vorstellen; *(Zeiger)* vorrücken; *tech (Bremse)* anziehen; in Gang setzen, anlassen; *(Pfeife)* anstecken;

vermehren, erhöhen, auflegen; einlegen; *(Zug)* zusätzlich fahren lassen; *(Wasser auf dem Herd)* aufsetzen; *(Briefmarken)* aufkleben; *theat* heraus-, auf die Bühne bringen; *(Darbietung)* bringen; mitteilen *(to s.o.* jdm); *(Haltung)* annehmen, heucheln, vorgeben; *(an Gewicht)* zunehmen, sich zulegen; to ~ **out** *tr* hinauswerfen, vor die Tür setzen, entlassen; *(Hand)* ausstrecken; aus der (gewohnten, normalen) Lage bringen, ausrenken; *(Licht, Feuer)* ausmachen, löschen, fertig-, herstellen, hervorbringen, produzieren; *(Arbeit)* vergeben; *(Geld)* ver-, ausleihen, anlegen; *(öffentlich)* ausschreiben, in Submission geben; stören, verärgern, verstimmen, in Verlegenheit, in Verwirrung bringen; *itr mar* auslaufen, in See stechen; abfahren, -fliegen; to ~ *o.s. out* sich Umstände machen; to ~ **over** *tr* aufschieben, zurückstellen, -setzen; *theat film* e-n Publikumserfolg sichern für; an den Mann bringen; *itr mar* hinüberfahren *(to* zu); to ~ *s.th. over on s.o.* jdm etw weis-, vormachen; to ~ **past:** *I wouldn't ~ it past him* ich traue es ihm zu *(to* zu); to ~ **through** (glücklich) durchführen, vollenden; *fam* fertigkriegen; durchgeben, mitteilen; *tele* verbinden *(with* mit); to ~ **together** zs.setzen, -stellen, -stecken; aufbauen, montieren; to ~ **up** *tr* hochheben, -halten; *(Flagge)* hissen; *(Vorhang)* hochziehen; auf-, errichten, (auf)bauen, aufstellen, montieren, einrichten, installieren; *(Preis)* ausschreiben; beiseite tun, -stellen, beiseite-, weglegen, einstecken; *(Schirm)* aufspannen; *(Waren)* anbieten *(for sale* zum Verkauf); weglegen, *fam* verstauen, einpacken (u. verwahren); verpacken; *(Haar)* aufstecken; *(Denkmal)* errichten; *(Lebensmittel)* einmachen; *(Geld)* aufbringen; *(Person)* unterbringen, beherbergen; *(Wild)* aufscheuchen, aufspüren; herausstellen, hervorkehren, -heben, zeigen; *(als Kandidaten)* vorschlagen, in Vorschlag bringen, aufstellen; *theat* zur Aufführung bringen, auf die Bühne bringen; *(Gebet)* richten *(to* an); *(Preis)* erhöhen, heraufsetzen; informieren *(to* über), unterrichten *(to* von); *fam (jdn)* bringen, (auf)reizen, verführen, aufhetzen *(to* zu); *fam* im Schilde führen *(itr* einkehren, absteigen *(at* in); wohnen *(with* bei); sich bewerben *(for* um); *with s.th.* sich mit e-r S abfinden,

put-off mit e-r S fertigwerden; **6. ~-off** Ausrede, -flucht *f*, Vorwand; Aufschub *m*; **~-on** *a* scheinbar; angeblich, vorgetäuscht; *s* Kniff *m*, Täuschungsmanöver *n*; **~-put** *sl mot* Knatterkiste *f*; Tuckern *n*; **~ting** ['-iŋ] Stoß, Wurf *m*; **~~** *the weight, the shot* Kugelstoßen *n*; **~-up** *fam* abgemacht, abgekartet.

putative ['pju:tətiv] angenommen, vermeintlich, mutmaßlich; *jur* putativ.

putlog ['putlɔg], **putlock** ['-lɔk] kurze(r) Tragbalken *m*, Rüststange *f*.

putr|efaction [pju:tri'fækʃən] Fäulnis, Verwesung; Zersetzung *f*; faulige Stoffe *m pl*; Moder *m*; **~efactive** [-'fæktiv] fäulniserregend; Fäulnis-; **~efier** ['pju:trifaiə] Fäulniserreger *m*; **~efy** ['pju:trifai] *itr tr* (ver)faulen, verwesen, sich zersetzen (lassen); **~escence** [pju:'tresns] Fäulnis, Verwesung *f*; faulige(s) Zeug *n*, Moder *m*, *fig* Sittenverderbnis, Korruption *f*; **~escent** [-'tresnt] (ver)faulend, faulig; Fäulnis-; **~id** ['pju:trid] faul(ig); verwest; zersetzt; fäulniserregend, Fäulnis-; *fig (sittlich)* verdorben, verkommen; *fam* ekelhaft, scheußlich, miserabel; **~idity** [pju:'triditi], **~idness** ['pju:tridnis] Fäule, Fäulnis; *fig* (Sitten-)Verderbtheit *f*.

putt [pʌt] *tr itr (Golfball)* putten; **~er** ['-ə] **1.** *(Golf)* Putter, Schläger *m*; **~ing** [-iŋ] *(Golf)* Putten *n*; **~~-green** Grün *n*; **~~-hole** (Golf-)Loch *n*.

puttee ['pʌti] *s* (Reit-, Leder-, Wickel-) Gamasche *f*.

putter ['pʌtə] **2.** *Am itr* geschäftig tun; (herum)trödeln *(over* mit); *tr* verbummeln, vertrödeln.

putty ['pʌti] *s* (Öl-, Harz-, Leim-Gummi-)Kitt *m*; *tr (to ~ up)* (ver)kitten; **~-knife** Spa(ch)tel *m*.

puzzle ['pʌzl] *tr* durchea.bringen, verwirren, in Verlegenheit bringen; konfus, verwirrt, verlegen machen; *itr* durchea., verwirrt, konfus, perplex, bestürzt, verlegen, in Verlegenheit sein; sich den Kopf zerbrechen *(about, over* über); knobeln *(over* an); *s* Verwirrung, Konfusion, Verlegenheit; schwierige, knifflige Frage *f*, schwierige(s) Problem; Rätsel, Geduldspiel *n*; *to ~ out* austüfteln, -sinnen, *fam* -klamüsern, -knobeln; *(Schrift)* entziffern; *(Problem)* lösen; *to ~ over* sich den Kopf zerbrechen über, *fam* herumknobeln an; *to ~ o.'s brains* sich den Kopf zerbrechen *(over* über); *it ~s me* es läßt mir keine Ruhe, will mir nicht aus dem Kopf; **~-headed** ['-hedid] *a: to be ~~* unklare Vorstellungen haben, nicht klar denken (können); **~-lock** Vexier-, Kombinationsschloß *n*; **~ment** ['-mənt] Verwirrung, Konfusion, Bestürzung *f*; **~r** ['-ə] schwierige(s) Problem *n*.

pyelitis [paii'laitis] Nierenbeckenentzündung *f*.

pygm|(a)en [pig'mi:ən] zwergenhaft; **~y** ['pigmi] *s* Pygmäe; Zwerg *m a. fig*; *a* zwergenhaft; unbedeutend, belanglos.

pyjamas, *Am* **pajamas** [pə'dʒa:məz] *pl* Schlafanzug, Pyjama *m*.

pylon ['pailən] *arch* Eingangstor *n*; *tech* Standpfeiler, Pylon; (Licht-, Leitungs-)Mast *m*; *aero* Wendemarke *f*.

pylorus [pai'lɔ:rəs] *pl* -ri *anat* Pförtner *m*.

pyo|genesis [paiou'dʒenisis], **~sis** [-'ousis] Vereiterung *f*; **~rrh(o)ea** [paiə'riə] Eiterfluß *m*; Paradentose *f*.

pyramid ['pirəmid] *math min bot* Pyramide *f*; **~al** [pi'ræmidl] pyramidal, pyramidenförmig.

pyre ['paiə] Scheiterhaufen *m*.

Pyren|ean [pirə'ni:ən] pyrenäisch; *the* **~ees** [-'ni:z] *pl* die Pyrenäen *pl*.

pyretic [pai'retik] *a* Fieber-; *s* Fiebermittel *n*.

pyrex ['paireks] *Am (Warenzeichen)* Art *(feuerfestes)* Jenaer Glas *n*; **~ia** [-'reksia] Fieberanfall, -zustand *m*.

pyrites [pai'raiti:z] *min* Pyrit, Schwefel-, Eisenkies *m*.

pyro ['paiərou)] *in Zssgen* Feuer-, Brand-; Wärme-; **~graphy** [pai-'rɔgrəfi] Brandmalerei *f*; **~ligneous** ['paiərə'lignies] *a*: **~~** *acid* Holzessig *m*; **~mania** [paiərə(u)'meinjə] *(krankhafter)* Brandstiftungstrieb *m*; **~meter** [pai'rɔmitə] Pyrometer *n*, Hitzemesser *m*; **~pe** [pai'roup] *min* böhmische(r) Granat *m*; **~technic** [paiərə(u)'teknik] *a* pyrotechnisch; Feuerwerks-; *fig* blendend; *s pl mit sing* Feuerwerkerei *f*; *(~~ display)* Feuerwerk *n a. fig*; *fig* Glanz-, Prachtentfaltung *f*; **~technist** ['-teknist] Feuerwerker *m*; **~xylin(e)** [pai'rɔksilin] Kollodiumwolle *f*.

Pyrrhic ['pirik]: **~** *victory* Pyrrhussieg *m*.

Pythagorean [paiθægə'ri:ən] *a* pythagoreisch; *s* Pythagoreer *m*.

python ['paiθən] Python-, *allg* Riesenschlange *f*; **~ess** ['-is] Wahrsagerin *f*.

pyx [piks] *rel* Monstranz *f*; Münzbehälter *m (der brit. Münze)*; **~idium** [-'sidiəm] *pl* -ia [-iə] *bot* Deckelkapsel *f*; **~ie** ['-i] *bot* Blühende(s) Moos *n*; **~is** ['-is] (Juwelen-)Kästchen *n*.

Q

Q [kju:] *pl* ~'s Q, q *n*; **~-boat, -ship** U-Boot-Falle *f*.

quack [kwæk] **1.** *itr (Ente)* quaken *a. fig*; *s* Gequake *n a. fig*; **2.** *s* Quacksalber, Scharlatan, Kurpfuscher; *allg* Schaumschläger *m*; *a* marktschreierisch, großsprecherisch, angeberisch; quacksalberisch; Schwindel-; **~doctor** Kurpfuscher *m*; **~ery** ['-əri] Quacksalberei, Kurpfuscherei; Marktschreierei, Schaumschlägerei *f*; Schwindel *m*; **~ medicine** Wundermittel *n*.

quad [kwɔd] *fam (Schule)* Viereck *n*; *fam* Vierling; *Br sl* Knast *m*, Gefängnis; *typ* Quadrat *n*.

quadr|agenarian [kwɔdrədʒi'nɛəriən] *a* vierzigjährig; *s* Vierzigjährige(r *m*) *f*; **Q-agesima** [kwɔdrə'dʒesimə] (**~~ Sunday**) Invokavit *m* (*1. Fastensonntag*); **~angle** ['kwɔdræŋgl] Viereck *n*; (viereckiger) (*bes. Schul-, Gefängnis-*)Hof; Baublock *m* (*um e-n Hof*); **~angular** [kwɔ'dræŋgjulə] viereckig; **~ant** ['kwɔdrənt] *math astr* Quadrant *f*, Viertelkreis *m*; **~at** ['kwɔdræt] *typ* Quadrat *n*; **~ate** ['-it] *a* quadratisch; rechteckig; *s* Quadrat; Rechteck *n*; [kwɔ'dreit] *tr* passend machen (*to* zu), anpassen (*to* zu); *itr* passen (*with* zu); übereinstimmen (*with* mit); **~atic** [kwɔ'drætik] *a* quadratisch; **~atic equation** quadratische Gleichung *f*; **~ature** ['kwɔdrətʃə] Quadratur *f a. astr*; **~ennial** [kwɔ'dreniəl] vierjährig; alle vier Jahre stattfindend; **~ilateral** [kwɔdri'lætərəl] *a* vierseitig; *s* Viereck *n*; **~ille** [kwə'dril] Quadrille *f (Tanz)*; **~illion** [kwə'driljən] *Br* Quadrillion, *Am* Billiarde *f*; **~ipartite** [kwɔdri'pa:tait] vierteilig; *pol (Verhandlung, Vertrag)* vierseitig; **~~ treaty** Viermächteabkommen *n*; **~oon** [kwə'dru:n] Viertelneger(in *f*) *m*; **~uped** ['kwɔdruped] *zoo* Vierfüß(l)er *m*; **~uple** ['kwɔdrupl] *a* vierfach; viermal so groß (*to* wie); Vierer-; *s* Vierfache(s) *n*; *tr itr* (sich) vervierfachen; **~uplet** ['kwɔdruplit, -et] Vierling *m*; **~uplicate** [kwə'dru:plikit] *a* vierfach; *s*: *in* **~~** in vierfacher Ausfertigung; *tr* [-eit] *tr* vervierfachen; vierfach ausfertigen.

quaff [kwɑ:f, kwɔ(:)f] *itr tr* in langen Zügen, begierig trinken; *tr (to* **~** *off)* hinunterstürzen.

quag [kwæg], *meist* **~mire** ['-maiə] Sumpf(boden), Morast *m*, Moor *n*; *fig* (**~mire**) Klemme, Patsche *f*; **~gy** ['-i] sumpfig, morastig, moorig; weich, schlaff, nachgiebig.

quail [kweil] **1.** *itr* (ver)zagen; *(Herz)* erzittern; zaghaft, ängstlich sein; zurückschrecken (*to, before* vor); **2.** *orn* Wachtel *f*; *Am sl* Mädchen *n*.

quaint [kweint] altmodisch; sonderbar, seltsam, eigenartig; launisch; **~ness** ['-nis] Seltsamkeit, Absonderlichkeit *f*; *das* Altmodische.

quake [kweik] *itr* (er)beben, schwanken; zittern (*with cold, fear* vor Kälte, Angst); *s* Zittern, Beben (*earth-*) Erdbeben *n*.

Quaker ['kweikə] *rel* Quäker *m*; **~dom** ['-dəm], **~ism** ['-rizm] Quäkertum *n*; **~ess** ['-ris] Quäkerin *f*.

qual|ifiable ['kwɔlifaiəbl] qualifizierbar; **~ification** [kwɔlifi'keiʃən] genaue Beschreibung *f*, genaue Angaben *f pl*; Befähigung, Eignung, Qualifizierung, Qualifikation (*for an office, for a profession* für ein Amt, für e-n Beruf); Berechtigung *f*; gestellte Anforderungen *f pl*; erforderliche, notwendige Voraussetzung *f*, Erfordernis *n*, (Vor-)Bedingung (*of, for* für); Modifikation, Einschränkung *f*, Vorbehalt *m*, Klausel *f*; *subject to* **~~** Änderungen vorbehalten; *without* **~~** vorbehaltlos; **~~ test** Eignungsprüfung *f*; **~ified** ['kwɔlifaid] *a* befähigt, geeignet; qualifiziert, kompetent, zuständig (*for* für); (*Mehrheit*) qualifiziert; (*Diebstahl*) schwer; berechtigt, ermächtigt (*for* zu); amtlich geprüft; eingeschränkt, bedingt, mit Vorbehalt, verklausuliert; *in a* **~~** *sense* mit Einschränkung(en), eingeschränkt, beschränkt; *to be* **~~** *to vote* stimmberechtigt sein; *duly, legally* **~~** (*Arzt*) approbiert; *fully* **~~** vollberechtigt; **~~** *approval* bedingte Zustimmung *f*; **~~** *to inherit* erbberechtigt; **~~** *seaman* Maat *m*; **~~** *voter* Wahlberechtigte(r) *m*; **~~** *worker* Facharbeiter *m*; **~ify** ['-ifai] *tr* genau beschreiben, bestimmen; genaue, nähere Angaben machen über; befähigen, geeignet machen, ausbilden (*for* für); berechtigen (*for* zu); modifizieren, be-, einschränken; mäßigen, abschwächen; (*Getränk*) verdünnen; (*Urteil*) mildern; *itr* die erforderliche Befähigung erwerben, besitzen *od* nachweisen; sich eignen (*for* für); die Bestimmungen erfüllen (*for* für); sich qualifizieren (*for* für); *to* **~~** *as a doctor* die Approbation erwerben; **~ifying**

qualitative ['-ifaiiŋ] *a* berichtigend; ~~ *certificate* Befähigungsnachweis *m*; ~~ *examination* Eignungs-, Aufnahmeprüfung *f*; ~~ *period* Probezeit *f*; ~~ *round (sport)* Ausscheidungsspiele *n pl*; **-itative** ['-iteitiv, -tə-] qualitativ; **-ity** ['kwɔliti] Beschaffenheit, Eigenschaft, Eigenart *f*, Charakter *m*, Wesen *n*, Natur; (hohe) Qualität, Güte, Besonderheit *f*, (besonderer) Wert *m*; *mus* Klangfarbe; hohe soziale Stellung; *com* Sorte, Marke *f; in the* ~~ *of* als; *of the best* ~~ erste Wahl; beste Qualität; ~~ *area* Güteklasse *f;* ~~ *inspection* Güte-, Abnahmeprüfung *f;* ~~ *label, mark* Gütezeichen *n;* ~~ *product* Qualitätserzeugnis *n*.

qualm [kwɔ:m, kwa:m] (Krankheits-, Schwäche-)Anfall, Anfall *m* von Übelkeit; *fig* (plötzliches) unangenehme(s) Gefühl *n*, böse Ahnung *f*, (plötzlicher) Zweifel *m; pl* Gewissensbisse *m pl;* **-ish** ['-iʃ] unwohl; Schwäche-, Übelkeit erregend.

quandary ['kwɔndəri] Ungewißheit; unangenehme, schwierige Lage; Verlegenheit *f; in a* ~ in Verlegenheit, in der Klemme.

quantitative ['kwɔntitətiv, -tei-] quantitativ, mengen-, größenmäßig, meß-, zählbar; *gram* Quantitäts-; ~~ *analysis (chem)* Maßanalyse *f;* **-ity** ['kwɔntiti] Quantität, Menge, Größe, Zahl *f*, Umfang *m*; Masse *f*; Quantum *n*; große Menge *od* Zahl; meßbare Größe; *philos math mus* großes Quantität *f; in* ~~ in großen Mengen; *to produce in large* -*ities* in großen Mengen herstellen; *unknown* ~~ *(math)* Unbekannte *f;* ~~ *discount* Mengenrabatt *m;* ~~ *production* Massenproduktion *f;* ~~*surveyor (Br)* Bausachverständige(r) *m;* **-um** [-əm] *pl -a* [-ə] Quantum *n*, Menge *f*, Betrag *m;* bestimmte Menge *od* Größe *f; phys* Energiequantum *n;* ~~ *mechanics (pl)* Quantenmechanik *f;* ~~ *theory* Quantentheorie *f*.

quarantine ['kwɔrənti:n] *s med* Quarantäne *f; tr (to put under* ~) unter Quarantäne stellen; *fig* (politisch, wirtschaftlich) isolieren.

quarrel ['kwɔrəl] **1.** *s* Streit *m*, Meinungsverschiedenheit, Ausea.setzung *f (against, with* mit); Zank *m*, Gezänk *n;* Streit-, strittige(r) Punkt *m;* Entfremdung *f*, Bruch *m* in der Freundschaft; *itr* streiten, zanken, sich ausea.setzen *(with* mit; *about* um, über; *for* wegen); etw auszusetzen haben *(with* an); sich beklagen *(with* über); brechen *(with s.o.* mit jdm); in Widerspruch stehen *(with* zu); *to fight s.o.'s* ~*s for s.o.* sich für jdn einsetzen, für jdn eintreten; *to seek, to pick a* ~ *with s.o.* mit jdm Streit anfangen, Händel suchen; *to take up, to espouse s.o.'s* ~ jds Partei ergreifen; *to* ~ *with o.'s bread and butter (fig)* sich ins eigene Fleisch schneiden; *I have no* ~ *with him* ich habe nichts gegen ihn; **~(l)er** ['-ə] Zänker, streitsüchtige(r) Mensch *m;* **-some** ['-səm] streit-, zanksüchtig, zänkisch; **2.** *s* rautenförmige kleine Glasscheibe *f*; Pfeil, Bolzen; Steinmetzmeißel; Glaserdiamant *m*.

quarry ['kwɔri] **1.** *s* Steinbruch *m; fig* Fundgrube, (Informations-)Quelle *f; tr (to* ~ *out)* (aus e-m Steinbruch) gewinnen, hauen, brechen; *fig* mühsam suchen, stöbern nach; durchstöbern, -wühlen; *itr* Steine hauen *od* brechen; *fig* stöbern, wühlen, forschen *(in* in); **-man** [-mən], **quarrier** ['kwɔriə] Steinbrucharbeiter *m;* **~-stone** Bruchstein *m;* **2.** *s* Wild *n*, Jagdbeute *f; fig* Opfer, verfolgte(s) Ziel *n*.

quart [kwɔ:t] Quart *n*, Viertelgallone *f (Br 1,14 l, Am 0,95 l); mus* Quart(e); [ka:t] *(Fechtkunst, Karten)* Quart *f;* **-an** [-n] *a u. s* viertägig(es) Fieber *n*).

quarter ['kwɔ:tə] *s* Viertel *n (a. e-s Schlachttieres)*; Viertelzentner *m* (28 *engl. bzw. 25 amerik. Pfund);* 8 Scheffel *m pl (Viertel tonne* = 291 *l);* Viertelmeile *f* (402,34 *m);* Spanne, Viertelelle *f* (22,8 *cm);* Vierteljahr, Quartal; *(Uhr)* Viertel *f*, volle Viertelstunde *f; Am (~ dollar)* Vierteldollar *m,* .25 Cent (-stück *n);* Himmelsrichtung; Weltgegend *f;* (Mond-)Viertel; (Stadt-)Viertel *n*, Stadtteil *m; mar* Achterschiff *n; mil* Gnade, Schonung *f;* Wappenfeld *n; fig* Quelle *f;* Ort *m*, Stelle; *pl* Wohnung, Unterkunft, Bleibe *f*, Nachtquartier; *mil* Quartier *n*, Ortsunterkunft *f;* (Personen-)Kreise *m pl; tr* in vier (gleiche) Teile teilen, vierteln; *(Verbrecher)* vierteilen; ein Quartier beschaff *od* besorgen für; einquartieren, unterbringen; *to* ~ *o.s. upon s.o.* sich bei jdm einquartieren; *itr (to be* ~*ed)* im Quartier liegen, untergebracht sein, wohnen *(at, with* bei); *at a* ~ *to (Am of) three* um Viertel vor drei; *at close* ~*s* dicht zs.(gedrängt); dicht dabei, nahebei; *from all* ~*s, from every* ~ von allen Seiten, von überallher; *from another* ~ von anderer Seite, anderswoher; *from official* ~*s* von amtlicher Seite; *from a reliable* ~ aus

quarterage zuverlässiger Quelle; *in close ~s* (be)eng(t) *adv*; *in this ~* in dieser Gegend, hier(zulande); *not a ~* nicht annähernd; *to ask for ~, to cry ~* um Gnade bitten; *to come to close ~s* handgemein werden; *to change o.'s ~s* umziehen, das Quartier, *fam* die Tapeten wechseln; *to find no ~* keine Gnade finden (*with* bei); *to give ~* Gnade, Schonung gewähren; *to receive ~* Gnade finden; *to take up o.'s ~s at, with s.o.* bei jdm Unterkunft, e-e Bleibe finden; sich bei jdm einquartieren; *collective ~s (pl)* Sammelunterkunft *f*; *fore, hind ~* (*Schlachttier*) Vorder-, Hinterviertel *n*; *manufacturing ~* Fabrikviertel *n*; *poor ~* Armenviertel *n*; *residential ~* Wohnviertel *n*; *winter ~s (pl)* Winterquartier *n*; *~ of the century* Vierteljahrhundert *n*; *~ of an hour* Viertelstunde *f*; *a bad ~~* ein unangenehmes Erlebnis; *~s in kind* freie Unterkunft; **~age** ['-rɪdʒ] Vierteljahrszahlung, -miete *f*; *mil* Quartier *n*; Einquartierung *f*; Quartiergeld *n*; **~back** *Am s* (*Fußball*) Verteidiger *m*; *tr* leiten, dirigieren; **~binding** Halbleder-, Halbfranzband *m*; **~day** Quartals-, Mietzahltag *m*; **~deck** *mar* Achterdeck *n*; *fig mar* Offiziere *m pl*; **~ed** ['-d] *a* in vier Teile geteilt, vierteilig; untergebracht; *~~ in barracks* kaserniert; **~hour** Viertelstunde *f*; **~ing** ['-rɪŋ] Teilung in vier Teile; Quartierbeschaffung, *mil* Einquartierung *f*; **~ly** ['-lɪ] *a* vierteljährlich, Vierteljahrs-; ein Viertel ausmachend; *adv* alle Vierteljahre; vierteljährlich; *s* Vierteljahrsschrift *f*; **~master** *mil* Quartiermeister, Verpflegungsoffizier; *mar* Steuerer *m*; *Q~ Corps (Am mil)* Versorgungstruppen *f pl*; *Q~ General* Generalquartiermeister *m*; **~~note, ~tone** *mus* Viertelnote *f*; **~ section** *Am* Viertelquadratmeile *f* (*etwa 65 Hektar*); **~~sessions** *pl* vierteljährlich zs.-tretende(s) Friedensgericht *n*.

quartl|ern ['kwɔːtən] Viertel *n*; Viertelpinte *f* (*Br 0,142 l, Am 0,118 l*); Viertelstein *m* (= 1,588 *kg*); (*~~ loaf*) Vierpfundbrot *n*; **~et(te)** [kwɔː'tet] *mus* Quartett *n*; **~o** ['kwɔːtou] *pl -os* Quartformat *n*, -band *m*.

quartz [kwɔːts] *min* Quarz *m*; **~~lamp** Quarzlampe *f*.

quash [kwɔʃ] *tr* zerdrücken, -quetschen, -malmen; *fig* unterdrücken; (*Aufstand*) niederwerfen; *jur* kassieren, aufheben; (*Verfahren*) niederschlagen.

quasi ['kwɑːzi(ː)] *adv* gewissermaßen, gleichsam, *fam* quasi; beinahe, fast; *a: a~ ...* e-e Art ...; *in Zssgen* Schein-, Halb-; **~~official** halbamtlich.

quaternary [kwə'təːnərɪ] *a* aus vier bestehend; durch vier teilbar; quaternär *a. chem*; Vier(er)-; *geol* Quartär-; *s* Vierzahl, Viergruppe *f*; *the Q~ (Period)* (*geol*) das Quartär.

quatrain ['kwɔtreɪn] Vierzeiler *m*.

quaver ['kweɪvə] *itr* zittern; (*Stimme*) tremolieren; *mus* trillern *a. tr*; *tr* zitternd hervorbringen *od* sagen; *s mus* Tremolo *n*; *Br* Achtelnote *f*.

quay [kiː] (*Schiffs-*)Landeplatz, Kai; Ufer-, Hafendamm *m*; Uferstraße *f*; *alongside the ~* längseits Kai; **~age** ['-ɪdʒ] Kaigeld *n*, -gebühr *f*.

queas|iness ['kwiːzɪnɪs] Ek(e)ligkeit; Übelkeit; große Empfindlichkeit *f*; **~y** ['kwiːzɪ] ek(e)lig, ekelerregend; unwohl; empfindlich.

queen [kwiːn] *s* Königin *a. fig ent*; (*Schach, Kartenspiel*) Dame; *Am sl* Pfundsfrau *f*; *tr* zur Königin, (*Schach*) zur Dame machen; (*Bienen*) beweisen; *itr* Königin sein, als Königin regieren; *to ~ it* die große Dame, die führende Rolle spielen; *~ of hearts* (*Karten*) Herzkönigin; *allg* schöne Frau *f*; *Q~ of Heaven* Himmelskönigin *f*; *~ of the May* Maienkönigin *f*; **~bee** Bienenkönigin *f*; **~cake** kleine(r) Rosinenkuchen *m*; *~ dowager* Königinwitwe *f*; **~like** ['-laɪk], **~ly** ['-lɪ] königlich; *Q~ Mab* Feenkönigin *f*; **~ mother** Königinmutter *f*; **~'s metal** Weiß-, Lagermetall *n*; **~'s ware** kremfarbene(s) Wedgwood *n* (*Steingut*).

queer [kwɪə] *a* ungewöhnlich, absonderlich, sonderbar, ausgefallen, eigenartig, seltsam, merkwürdig; wunderlich, schrullig, schrullenhaft; *fam* unwohl, von Übelkeit befallen; *fam* anrüchig, verdächtig, nicht astrein; *sl* nachgemacht, unecht; *sl* nicht ganz bei Trost, nicht ganz klar im Kopf; *sl* schwul; *tr sl* versauen, vermasseln; vermiesen; verrückt machen, durchea.bringen; *to ~ o.s.* (*sl*) sich was (Schönes) einbrocken; sich in die Nesseln setzen; *s sl* Blüte *f*, Falschgeld *n*; *sl* Schwule(r) *m*; *to ~ s.o.'s pitch* jds Pläne durchkreuzen, jdm e-n Strich durch die Rechnung machen; *to be in Q~ Street* in schlechten Verhältnissen sein; finanziell schlecht dran sein; **~ness** ['-nɪs] Eigenart, Absonderlichkeit, Seltsamkeit, Merkwürdigkeit, Schrull(enhaft)igkeit *f*.

quell [kwel] *tr lit poet* unterdrücken.
quench [kwentʃ] *tr* (aus)löschen; *(Begeisterung)* abkühlen; *tech* löschen; *(Metall)* abschrecken; *(Durst)* löschen, stillen; befriedigen, beruhigen, dämpfen; *(Rührung)* unterdrücken; *fam* den Mund stopfen *(s.o.* jdm); **~er** ['-ə] *fam* Schluck *m;* **~less** ['-lis] unauslöschlich.
quer|ist ['kwerist] Fragesteller *m;* **~ulous** ['kwerulǝs] mürrisch, nörgelnd, verdrossen, *fam* mäk(e)lig, meck(e)rig; **~** *person* Querulant, Nörgler, *fam* Meckerer *m;* **~y** ['kwiǝri] *s* Frage(zeichen *n*) *f;* Zweifel *m; tr* (be-, aus)fragen; fragen nach, in Frage stellen; bezweifeln, mit e-m Fragezeichen versehen *a. typ.*
quern [kwǝːn] Hand-, Pfeffermühle *f.*
quest [kwest] *s* Suche, Jagd *(for, of* nach); abenteuerliche Fahrt; Nachforschung *f; itr (Jagd)* e-e Spur verfolgen; *in ~ of* auf der Suche nach.
question ['kwestʃǝn] *s* Frage *f;* Zweifel *m (of* an); Ungewißheit, Unsicherheit; (Streit-)Frage *f,* Problem *n,* Streitpunkt *m; jur* Streitsache *f,* -objekt *n; parl* Anfrage, Interpellation; Folter *f; tr* (aus-, be)fragen, verhören; bezweifeln, in Zweifel ziehen; in Frage stellen; herausfordern; *itr* e-e Frage, Fragen stellen; *beside the ~* nicht zur Debatte stehend; *beyond (all) ~, out of (the) ~* (völlig) außer Frage (stehend), ausgeschlossen; *in ~* fraglich, zur Debatte stehend; betreffend; *without, past ~* ohne Frage, fraglos, ohne Zweifel; *to answer a ~* e-e Frage beantworten; *to ask, to put, to raise a ~* e-e Frage stellen; *to be out of the ~* nicht in Frage kommen; ganz ausgeschlossen sein; *to call for the ~ (parl)* um Abstimmung bitten; Schluß der Debatte verlangen; *to call in ~* in Frage stellen, in Zweifel ziehen; *to come into ~* in Frage kommen; besprochen werden; *fam* aufs Tapet kommen; *to enter into a ~* auf e-e Frage eingehen; *to put the ~ (parl)* e-e Frage zur Abstimmung stellen; die Debatte schließen; *to put to the ~* foltern; *to shoot ~s at s.o. (fam)* jdn mit Fragen bombardieren; *what is the ~?* worum geht es, handelt es sich, *fam* dreht es sich? was steht zur Debatte? *there is no ~ but* es steht außer Zweifel, daß; *~! zur* Sache! *contentious ~* Streitfrage *f; cross-~* Gegenfrage *f; economic ~* Wirtschaftsproblem *n; leading ~* Suggestivfrage *f; legal ~* Rechtsfrage *f; preliminary, previous ~* Vorfrage *f;*
a sixty-four-dollar ~ (Am fam) e-e ganz verzwickte Sache; *technical ~* Verfahrensfrage *f; ~ of confidence* Vertrauensfrage *f; ~ of guilt* Schuldfrage *f; ~ of money* Geldfrage *f; ~ of procedure* Verfahrensfrage *f; ~ of time* Zeitfrage *f;* **~able** ['-ǝbl] fraglich, zweifelhaft; fragwürdig, bedenklich, verdächtig; **~ary** ['-nǝri] *a* fragend; Frage-; *s =* **~naire; ~ box** *(Zeitung)* Briefkasten *m;* **~er** ['-nǝ] Fragende(r), Fragesteller *m;* **~ing** ['-niŋ] *a* fragend; *s* Befragung *f;* Verhör *n;* **~mark** Fragezeichen *n;* **~naire** [kwestiǝ'nɛǝ, *Am* -tʃǝ-] Fragebogen *m; to fill in a ~~* e-n Fragebogen ausfüllen; **~ time, period** Fragestunde *f.*
queue [kjuː] *s hist* Zopf *m; fig* Schlange *f (at a ticket window* vor e-m Fahrkartenschalter); *(Haar)* in e-n Zopf flechten; *itr (to ~ up)* sich anstellen, e-e Schlange bilden; *to fall in at the end of the ~* sich hinten anstellen; *to form a ~* e-e Schlange bilden; *to stand, to wait in a ~* Schlange stehen, anstehen; *to take o.'s place in a ~* sich anstellen; **~ing** ['-iŋ] Schlange-, Anstehen *n.*
quibbl|e ['kwibl] *s* Wortspiel *n;* Spitzfindigkeit, Wortklauberei; Ausflucht, Ausrede *f; itr* Wortspiele gebrauchen; ausweichen(d) antworten, Ausflüchte machen, sich herausreden; **~er** ['-ǝ] Wortklauber *m;* **~ing** ['-iŋ] spitzfindig.
quick [kwik] *a* schnell, rasch, flink; behende, gewandt, geschickt; aufgeweckt, schlagfertig; munter, lebhaft, quicklebendig; unruhig, ungeduldig; *(~ with child)* (hoch)schwanger; *(Auge, Geruch)* scharf; *(Ohr)* fein; *min* ergiebig; *zoo* lebend; *adv* schnell, rasch; *s* lebende(s) Fleisch *n,* empfindliche (Körper-)Stelle *f; the ~ (and the dead) (pl)* die Lebenden (u. die Toten) *pl; at a ~ trot* in schnellem Schritt; *to the ~* tief *adv (schmerzen, verletzen);* zutiefst, in tiefster Seele, im Innersten; bis ins Mark; *~ on the draw (Am)* impulsiv; *to be ~* sich beeilen, *fam* schnell machen *(about* mit); *at doing s.th.* rasch etw tun; *to be ~ of scent* e-e feine, gute Nase haben; *to cut to the ~* tief kränken, *fam* schwer beleidigen; **~-action closure** Schnellverschluß *m;* **~-change artist** Verwandlungskünstler *m;* **~en** ['-ǝn] *tr* (neu) beleben; auf-, ermuntern, munter, lebendig machen; anregen, an-, aufreizen; entfachen; *(Gang)* beschleunigen; *itr* sich (neu) beleben; wieder lebendig, wieder munter

werden; *(Fötus)* sich zu regen beginnen; sich beschleunigen, schneller werden; **~-eyed** *a* scharfäugig; **~ fire, -firing** *mil* Schnellfeuer *n*; **~-fire gun** Schnellfeuergewehr *n*; **~-freeze** *tr* tiefkühlen; **~-freezing** Tiefkühlung *f*; **~ie** ['-i] *s* ein paar (kurze) Worte *n pl od* Zeilen *f pl*; kurze(r) Schluck; schnelle(r) Happen, schnell, hergestellte(r), billige(r) Film; *com* Ramsch(ware *f*) *m*; **~lime** ungelöschte(r) Kalk *m*; **~ lunch** *Am* schnelle(s) Mittagessen *n*; **~ counter** Schnellgaststätte, Imbiß-, Frühstückstube *f*; **~ly** ['-li] *adv* schnell, rasch, geschwind, eilig, in Eile; *to go off ~* reißenden Absatz finden; **~ march, -step, -time** *mil* Eilmarsch; Schnellschritt *m*; *~ time, march!* Im Gleichschritt, marsch! **~ match** Zündschnur *f*; **~-motion apparatus** *film* Zeitraffer *m*; **-ness** ['-nis] Schnelligkeit, Fixigkeit, Gewandtheit; Wendigkeit, schnelle Auffassungsgabe; Lebendigkeit, Lebhaftigkeit, Munterkeit; Hitzigkeit; Schärfe, Feinheit *f*; **~-release** *aero* Schnellablaß *m*; **~~ cord** Reißschnur *f*; **~~ fastener** Schnellverschluß *m*; **~~ hook** Sicherungshaken *m*; **~~-repair service** Schnellreparaturdienst *m*, -werkstatt *f*; **~sand** Treib-, Trieb-, Flugsand *m*; **~~-service restaurant** *Am* Schnellgaststätte *f*; **~-set** Setzling *m*; Heckenstrauch; Weißdorn *m*; *(~~ hedge)* (lebende) Hecke *f*; **~-sighted** *a* mit scharfen Augen; **~-silver** Quecksilber *n a. fig*; **~-step** = *~ march;* Quickstep *m (Tanz)*; **~-tempered** *a* leicht erregbar, reizbar; jähzornig; **~-witted** *a* schlagfertig, *fam* nicht auf den Mund gefallen.

quid [kwid] **1.** Priem *m (Kautabak)*; **2.** *sl* Pfund *n (Sterling).*

quiddity ['kwiditi] Wesen *n*, Kern *m*; *fig* Wortklauberei, Spitzfindigkeit *f*.

quidnunc ['kwidnʌŋk] Neuigkeitskrämer *m*; Klatschmaul *n*; Bierbankpolitiker *m*.

quid pro quo ['kwid pro(u) 'kwou] *pl -os* Gegenleistung *f*, Entgelt *n*, Lohn *m*; *to return a ~* heimzahlen.

quiescen|ce, -cy [kwai'esns(i)] Ruhe, Stille; Reglosigkeit, Untätigkeit *f*; **-t** [-t] ruhig, still; *gram* stumm; reglos; untätig, in Ruhe.

quiet ['kwaiət] *a* ruhig, still; laut-, geräuschlos; reg(ungs)-, bewegungslos; friedlich; *(Genuß)* ungestört; schlicht, einfach; unauffällig, unaufdringlich, zurückhaltend; versteckt, geheim; *com* lustlos, flau; *s* Ruhe, Stille; Laut-, Geräuschlosigkeit; Untätigkeit; Seelenruhe *f*, Frieden *m*; *tr* beruhigen; besänftigen, befriedigen; *itr (to ~ down)* ruhig(er) werden, sich beruhigen; *(Aufregung)* sich legen; *on the ~, (sl) on the q.t.* ['kju:'ti:] (ganz) heimlich; insgeheim; *fam* klammheimlich; *to keep ~ (tr)* geheimhalten; *itr* schweigen; **~en** ['-n] *tr itr* (sich) beruhigen; **~ism** ['-izm] *rel* Quietismus *m*; **~ist** ['-ist] *s* Quietist *m*; *a* quietistisch; **-ness** ['-nis], **-ude** ['kwaiitju:d] *(bes.* innere) Ruhe, Seelenruhe, Unbewegtheit, Ausgeglichenheit *f*, Gleichmut *m*.

quietus [kwai'i:təs] (Schluß-)Quittung *f*; Tod(esstoß); Schluß *m*, Ende *n*; *to get o.'s ~* den Rest kriegen *fig*; *to give s.o. his ~* jdm den Rest geben.

quiff [kwif] Stirnlocke *f*; *sl* Dreh *m*.

quill [kwil] *s* Federkiel *m*; *(~-feather)* Kielfeder *f*; Stachel *m (Igels od Stachelschweins)*; Federkiel *m*; *mus* Plektron *n*; Rohrpfeife; *tech* Hülse; (Garn-)Spule; *(Zimt)* Stange *f*; *(Angel)* Schwimmer *m*; *tr* in bauschige Falten legen, fälteln; aufspulen; **~-driver** Federfuchser, Schreiberling *m*; **-ing** ['-iŋ] Rüsche *f*.

quilt [kwilt] *s* Steppdecke *f*; Steppstich *m*; *pl* Stepp- u. Bettdecken *f pl*; *tr* steppen; wattieren; einnähen; auspolstern; ausstopfen; *fig* zs.stoppeln; **-ing** ['-iŋ] Steppen; Steppmaterial *n*, -arbeit *f*; Pikee *m od n*; Wattierung *f*; **~~ bee** *(Am)* Handarbeitskränzchen *n*.

quince [kwins] *bot* Quitte *f*.

quinine [kwi'ni:n, *Am* 'kwainain] Chinin *n*.

quinqu|agenarian [kwiŋkwədʒi'nɛəriən] *a* fünfzigjährig; *s* Fünfzigjährige(r) *m*; **Q-agesima** [kwæŋkwə'dʒesimə] Quinquagesima *f (7. Sonntag vor Ostern)*; **-ennial** [kwiŋ'kweniəl] fünfjährig; alle fünf Jahre stattfindend; **-ennium** [-'kweniəm] *pl -ia* [-iə] Jahrfünft *n*.

quins [kwinz] *pl fam* Fünflinge *m pl.*

quinsy ['kwinzi] Angina, Mandelentzündung *f*.

quint [kwint] *mus* Quint(e) *f*; *fam* Fünfling *m*; **-al** [-'l] Doppelzentner *m (Br* 112 *Pfund, Am* 100 *Pfund)*; **-essence** [kwin'tesns] Quintessenz *f*, *fig* Kern *m*, Hauptsache *f*, Grundgedanke *m*; **-et(te)** [-'tet] *mus* Quintett *n*; **-uple** ['kwintjupl] *a* fünffach; *s* Fünffache(s) *n*; *tr itr* (sich) verfünffachen; **-uplets** ['kwintjuplits] *pl* Fünflinge *m pl.*

quip [kwip] *s* geistreiche, witzige, spöttische, bissige Bemerkung; Stichelei *f*; *itr* spotten, sticheln.

quire ['kwaiə] *typ* Buch *n* (= 24 *od* 25 Bogen); Lage *f*.

quirk [kwə:k] Finte *f*, Kniff *m*, Ausflucht, -rede; geschickte Wendung (*in der Rede*); Anwandlung *f*, Einfall *m*; Eigenart, -heit *f*; Schnörkel *m a. fig*; *arch* Hohlkehle *f*; *aero* Anfänger, Flugschüler *m*.

quirt [kwə:t] *Am* Art Reitpeitsche *f*.

quisling ['kwizliŋ] Kollaborateur, Quisling; *fam* Verräter *m*.

quit [kwit] *tr (Stellung)* aufgeben; *(Amt)* niederlegen; *(Arbeit)* einstellen; aus den Händen, weggeben; endgültig verlassen; räumen; *(Schuld)* streichen; *fam* aufhören mit, unterbrechen *(doing s.th.* etw zu tun); *poet* lohnen, vergelten; *itr* weg-, fortgehen; aufhören; *fam* s-e Stelle aufgeben, den Dienst quittieren; *Am* schlapp machen; *to ~ o.s.* sich frei machen (*of* von); *a* quitt, erledigt; frei, los (*of* von); (*~ of charges*) spesenfrei; *to ~ hold of* loslassen; *to ~ the service* den Abschied nehmen; *notice to ~* Kündigung *f*; *to give notice to ~* kündigen; *~ it!* Schluß damit! **~claim** *s* Verzicht (-leistung, -erklärung *f*) *m*; *itr* verzichten, Verzicht leisten; **~s** [-s] *a*: *to be ~~* quitt sein (*with* mit); *to cry ~~* erklären, daß man quitt ist; **~tance** ['-əns] Streichung (e-r Schuld); *poet* Lohn *m*, Vergeltung *f*; *com* Quittung *f*; **~ter** ['-ə] *Am fam* Schlappschwanz, Waschlappen *m*; **~ting** ['-iŋ]: *~~ time* *(Am)* Geschäftsschluß *m*.

quite [kwait] *adv* ganz, völlig, vollständig; durchaus; sehr wohl; (*~ so*) wirklich, tatsächlich, allerdings; ganz recht! *fam* ziemlich, recht; sehr; *~ a few* nicht wenig(e); eine ziemliche Anzahl.

quiver ['kwivə] **1.** *itr* zittern, beben (*with* vor); *(Augenlider)* flattern; *s* Zittern, Flattern *n*; *to ~ its wings* mit den Flügeln schlagen. **2.** Köcher (-voll) *m*.

quixotic [kwik'sɔtik] überspannt; welt-, wirklichkeitsfremd.

quiz [kwiz] *pl ~zes* ['-iz] *s obs* Scherz, Ulk *m*; (Reihe *f* von) Fragen *f pl*; (unterhaltsame) Befragung, Prüfung *f*, Frage-und-Antwort-Spiel, Quiz *n*; *Am (Schule)* Prüfung(sarbeit), Klassenarbeit *f*, Examen *n*; *tr* verspotten, verulken, aufziehen, hänseln, necken; frech angucken, -schauen; *(a. Schule)* ab-, befragen, prüfen; **~master** Frage(n)steller, Prüfende(r), Quizmaster *m*; *~* **program(me)** *radio video* Quizsendung *f*; **~zical** ['-ikəl] komisch, ulkig; eigenartig, sonderbar; spottlustig.

quod [kwɔd] *s Br sl* Knast *m*, Gefängnis *n*; *tr sl* einlochen, -sperren; *in ~* hinter schwedischen Gardinen; *out of ~* auf freiem Fuß.

quoin [k(w)ɔin] *s arch* Ecke *f*; Eckstein; *typ* Keil *m*; *tr* mit Ecken versehen; verkeilen.

quoit [kɔit, *Am* kwɔit] *sport* Wurfscheibe *f*, -ring *m*; *pl mit sing* Wurfscheibenspiel *n*.

Quonset hut ['kwɔnsit 'hʌt] Nissenhütte *f*.

quorum ['kwɔ:rəm] *parl* Zahl *f* der zur Beschlußfähigkeit erforderlichen Abgeordneten; *to constitute, to form, to have a ~* beschlußfähig sein; *to lack a ~* beschlußunfähig sein; *there is a (no) ~* die Versammlung ist beschluß(un)fähig.

quota ['kwoutə] Anteil *m*, Quote *f*, Kontingent *n*; (Lieferungs-)Soll *n*; Beitrag *m*; *to fix, to establish ~s* kontingentieren (*for s.th.* etw); *export, import ~* Ausfuhr-, Einfuhrkontingent *n*; *fixing of ~s* Kontingentierung *f*; *immigration ~* Einwanderungsquote *f*; *~* **goods** *pl* kontingentierte Waren *f pl*.

quot|able ['kwoutəbl] zitierbar, anführbar; *com* notierbar; **~ation** [kwo(u)'teiʃən] Zitieren *n*, Anführung; angeführte Stelle *f*, Zitat *n*; Beleg *m*; Börsen-, Kurs-, Preisnotierung *f*; Kurs; Kostenanschlag *m*; *pl* gehandelte Kurse *m pl*; *asked, bid ~~s (pl)* Brief-, Geldkurs *m*; *closing ~~ (com)* Schlußnotierung *m*; *familiar ~~* geflügelte(s) Wort *n*; *market ~~, ~~ of the day* Tagesnotierung *f*, Marktkurs *m*; *price ~~* Preisangabe *f*; *~~ board* Kurstafel *f*; *~~ marks (pl)* Anführungszeichen, *fam* Gänsefüßchen *n pl*; **~e** [kwout] *tr* anführen, zitieren (*from* aus); angeben; *com* notieren (*at* mit); *(Preis)* feststellen, nennen, veranschlagen; *typ* in Anführungszeichen setzen; *s fam* Zitat, *fam* Gänsefüßchen, Anführungszeichen *n*; *~ed list* amtliche(r) Kurszettel *m*; *~ed price* Preisangebot *n*; *(officially) ~ed shares (pl)* (amtlich) notierte Aktien *f pl*; *~ed value* Kurswert *m*.

quoth [kwouθ] *obs (mit nachfolgendem Subjekt)* sagte.

quotidian [kwɔ'tidiən] *a* täglich; *s med* Quotidianfieber *n*.

quotient ['kwouʃənt] *math* Quotient *m*.

R

R [a:] *pl* ~'s R, r *n; the three* ~'s Lesen, Schreiben u. Rechnen *n*.

rabbet ['ræbit] *s tech* Fuge, Nute *f*, Falz *m; tr* nuten, falzen; ein-, zs.-fügen; **~-plane** Falzhobel *m*.

rabbi ['ræbai] Rabbi(ner) *m*.

rabbit ['ræbit] Kaninchen *n; Am* Hase *m; (Welsh* ~) Röstbrot *n* mit Schmelzkäse; *sl sport* Niete, Flasche *f; Am sl* grüne(r) Salat *m; buck-*~ Rammler *m;* geröstete(s) Käsebrot mit Ei; **~-burrow, -hole** Kaninchenbau *m;* **~ fever** *med* Tularämie, Hasenpest *f;* **~-hutch** Kaninchenstall *m;* **~ punch** (Boxen) Nackenschlag *m;* **~-warren** (offenes) Kaninchengehege *n; fig* überfüllte(r) Raum *m;* **~-y** ['-i] Kaninchen-; *(Mensch)fam* mickerig; wertlos.

rabble ['ræbl] **1.** *s* Pöbelhaufen *m*, Volksmenge *f; the* ~ der Mob; **~ rouser** *Am* Volksverhetzer, Demagoge *m;* **2.** *s metal* Kratze, Rührstange *f; tr (Metall)* umrühren.

rabid ['ræbid] toll, rasend, wütend; *(Haß)* wild; *(Durst)* brennend; fanatisch, übereifrig; *(Hund)* tollwütig; **~ness** ['ræbidnis] Tollheit, Wut, Raserei *f;* Fanatismus, Übereifer *m*.

rabies ['reibii:z, 'ræ-](Hunds-)Tollwut *f*.

rac(c)oon [rə'ku:n] Waschbär *m*.

rac|e [reis] **1.** *s* (Wett-)Rennen *n*, Wettlauf *a. fig*, Wettflug; Wettbewerb, Kampf *m (for* um*); fig* Jagd *f;* Lauf *m,* ständige Bewegung; *(Wasser)* Strömung *f; Am (~way)* (Wasser-)Rinne *f,* Kanal; *(mill-*~) Mühlgraben *m; tech* Gleit-, Lauf-, Führungsrinne *f;* Laufring; *aero* Nachstrom *m; pl* (Pferde-)Rennen *n; itr* an e-m (Wett-)Rennen teilnehmen; um die Wette laufen *(against, with* mit*);* rennen, jagen, rasen; Rennpferde halten; *tech* durchgehen; *tr* um die Wette rennen mit; an e-m Rennen teilnehmen lassen, rennen lassen; jagen; *(Gesetz)* durchpeitschen; *tech* durchgehen lassen; *mot* hochjagen; *(to* ~ *up)* abbremsen; *his* ~ *is nearly run (fig)* es geht mit ihm zu Ende; *bicycle* ~ Radrennen *n;* **~-boat** Rennboot *n;* **~-card** Rennprogramm *n*, -folge *f;* **~-course,** *(Am)* **-track** Rennbahn *f,* -platz *m;* **~-horse** Rennpferd *n;* **~-meeting** (Pferde-)Rennen *n;* ~ *for power (pol)* Machtkampf *m;* **~r** ['-ə] Rennfahrer, -wagen *m,* -boot, -flugzeug, -pferd *n;* **~ing** ['-iŋ] *s* (Wett-, Pferde-)Rennen *n;* Rennsport *m;*

a Renn-; **2.** (Menschen-)Rasse; Menschengruppe *f,* Volk *n,* Nation *f,* Stamm, (Menschen-)Schlag *m;* Rassenzugehörigkeit *f,* -merkmale *n pl;* Geschlecht *n,* Stamm *m,* Sippe, Familie *f, fig* Geschlecht *n; zoo* Unter-, Spielart, Varietät; *agr* Zucht *f,* Schlag *m,* Rasse *f; (Wein)* charakteristische(r) Geschmack *m; fig* geistige Prägung, Lebhaftigkeit *f,* Feuer *n; the human* ~ das Menschengeschlecht; **~** *conflict,* **~** *riot* Rassenkampf *m;* **~** *conscious* rassebewußt; **~** *consciousness* Rassebewußtsein *n;* **~** *hatred* Rassenhaß *m;* **~** *segregation* Rassentrennung *f;* **~-ial** ['reiʃəl] rassisch; Rassen-; **~** *policy* Rassenpolitik *f;* **~-(ial)ism** ['-ʃəlizm, 'reisizm] Rassenbewußtsein *n,* -standpunkt *m,* -überheblichkeit *f;* **~iness** ['reisinis] Urwüchsigkeit, Kraft, Stärke; Lebhaftigkeit, geistvolle Art; *Am* Gewagtheit *f;* **~-ist** ['reisist] *a* rassebewußt; *s* Anhänger *m* des Rassenstandpunktes; **~-y** [reisi] rassig, ur-, eigenwüchsig; kraftvoll, stark; lebensvoll, lebhaft, lebendig, geistvoll; anregend, pikant; *Am* gewagt, zweideutig, etwas frei.

raceme [rə'si:m, '--] *bot* Traube *f (als* Blütenstand*)*.

rach|is ['reikis] *pl* -*ides* ['ræ-, 'reikidi:z] *scient* Wirbelsäule; *bot* (Blütenstand) Hauptachse, Spindel *f; zoo* (Feder) Schaft *m;* **~itic** [ræ'kitik, rə'k-] rachitisch; **~itis** [ræ'kaitis, rə'k-] Rachitis, Englische Krankheit *f*.

rack [ræk] **1.** *s* Gestell, Gerüst *n;* (Futter-)Raufe *f;* Kleiderrechen, Garderobenständer *m; rail* Gepäckablage *f*, -netz *f;* Ablage *f,* Regal *n* (mit Fächern); Wagenleiter; *typ* (Setzer-)Regal; *aero* (Steuer-)Gestell *n; aero (bomb-*~) Bombenträger *m; tech* Zahnstange; Folterbank *f; (plate-*~) Spülkorb *m; fig* Folter, Qual *f;* Sturm(wirbel), heftige(r) Wind(stoß) *m; tr* (aus-)strecken, recken; auf ein Gestell legen; *(Raufe)* füllen; auf die Folter spannen *a. fig; fig* foltern, quälen; *(wirtschaftlich)* auspressen, aussaugen; *(Miete)* hochschrauben; *to be* ~*ed with* gequält werden von, leiden an; *to be on the* ~ gefoltert werden; *fig* Folterqualen leiden; *to put s.o. on the* ~ jdn auf die Folter spannen; *to* ~ *o.'s brains (fig)* sich den Kopf zerbrechen; *bicycle* ~ Fahrradständer *m; hat* ~ Hutständer *m; roof-*~ Gepäckträger,

rack-railway   804   **radiocasting**

Kuli *m*; **~-railway** Zahnradbahn *f*; **~-rent** *s* Wuchermiete, -pacht *f*; *tr* e-e Wuchermiete verlangen (*s.o.* von jdm); **~-wheel** Zahnrad *n*; **2.** *to go to ~ and ruin* völlig zugrunde gehen; **3.** *s* treibende(s), dahinziehende(s) Gewölk *n*; *itr (Gewölk)* dahinziehen, treiben; **4.** *tr (to ~ off) (Wein, Most)* abziehen; **5.** *s (Pferd)* Schritt *od* Paßgang *m*; **6.** *s* Arrak *m*; *~ punch* Grog *m* von Arrak.

racket ['rækit] **1.** *s* Lärm, Tumult, Aufruhr; (Fest-)Trubel, Spektakel, Radau, Rummel *m*, laute Lustbarkeit, Ausgelassenheit; *fig* Nervenprobe; *sl* Schiebung, Gaunerei, Halsabschneiderei; *fam* Erpressung *f*; *fam* Geschäft(emacherei *f*) *n*, (leichter) Job *m*; *itr* lärmen, (herum)toben; *(to ~ about)* sich austoben; *to go on the ~* ein lockeres Leben führen; *to make a ~* Krach schlagen, lärmen, Radau machen; *to stand the ~* die Folgen tragen, die Verantwortung auf sich nehmen; die Sache durchstehen; **~eer** [ræki'tiə] Erpresser; Schmuggler, Schieber, Spekulant *m*; **~eering** [-'tiəriŋ] Erpressung; Schiebung(en *pl*) *f*; **~y** ['rækiti] lärmend, tumultartig; ausgelassen; vergnügungssüchtig. **2.** *(a. racquet)* (Tennis-)Schläger *m*, Rakett *n*; Schneereifen *m*; *pl* Rakettspiel *n*.

radar ['reidə, -a:] Radar *m od n*, Funkmeßtechnik *f*, -verfahren; Radar-, Funkmeßgerät *n*; *attr* Radar-; *to be on the ~* auf dem Radarschirm zu sehen sein; *to pick up, to spot by ~* mit dem Radargerät erfassen, orten; *long-range-~* Großraumübersichtsgerät *n*; *~ altimeter aero* Radarhöhenmesser *m*; *~ beacon* Radarfunkfeuer *n*; *~ scope* Radarschirmbild *n*; *~ screen* Radar(leucht)schirm *m*; *~ station* Radarstation *f*.

raddle ['rædl] *s* Rötel, Roteisenstein *m*; *tr* mit Rötel färben.

radi|al ['reidjəl] *a* strahlig, radial; Radial-; *anat* Schienbein- *od* Speichen-; *s med* Radialarterie *f*; *(~~ engine)* Sternmotor *m*; *~~ bearing* Querlager *n*; *~~ bone (med)* Speiche *f*; **~an** ['-ən] *math* Bogengrad *m*; **~ance**, **~cy** ['reidiəns(i)] Strahlen *n*, Glanz *a. fig*, (heller) Schein *m*; **~ant** [-ənt] *a* strahlend *(with* vor, von) *a. fig*; glänzend, (hell)scheinend, leuchtend, glühend; (freude)strahlend; *s* Strahlungspunkt *m*; *to be ~~ with joy* vor Freude strahlen; *~~ energy* Strahlungsenergie *f*; *~~ heat* Strahlungswärme *f*; *~~-heat lamp (med)* Höhensonne *f*; **~ate** ['reidieit] *itr (Licht, Wärme, Glück)* (aus)strahlen *(from* von); sich strahlenförmig ausbreiten; strahlenförmig verlaufen; *tr (Licht, Wärme)* ausstrahlen; *a* ['-iit] strahlig, radial; *zoo, a. s* radialsymmetrisch(es Tier *n*); *~~d beam* Richtstrahl *m*; *~~d field* Strahlungsfeld *n*; **~ation** [reidi'eiʃən] (Aus-)Strahlung *f*; Strahlen *m pl*; *med* Bestrahlung; strahlenförmige Anordnung *f*; *cosmic ~~* Höhenstrahlung *f*; **~ator** ['reidieitə] Heizkörper *m*; Heizsonne *f*, elektrische(s) Heizgerät *n*; *mot* Kühler *m*; *~~-cap, cover, shutter* Kühlerverschluß *m*, *-haube, -jalousie f*.

radical ['rædikəl] *a* Wurzel-, Grund-; wesentlich, grundlegend, gründlich, grundsätzlich; fundamental; ursprünglich; angeboren; *bot math* Wurzel-; *pol* radikal; *s* Grundbestandteil *m*; Grundlage *f*, Fundament; *chem* Radikal *n*; *(Wort)* Wurzel *f*, Stamm; *mus* Grundton; *pol* Radikale(r) *m*; *to make ~ changes in s.th.* bei etw grundsätzliche Änderungen vornehmen; *~ error, evil* Grundirrtum *m*, *-übel n*; **~ism** [-izm] *pol* Radikalismus *m*; *~ sign math* Wurzelzeichen *n*.

radicle ['rædikl] *anat* Haargefäß *n*, Kapillare *f*; (Nerven-)Ast *m*; *bot* Wurzelfaser *f*; *chem* Radikal *n*.

radio ['reidiou] *pl -os s* (Rund-)Funk *m*, drahtlose Telegraphie *f*; (Rund-)Funknetz *n*; Rundfunk *m*, *fam* Radio (-apparat *m*) *n*; Funkspruch *m*; Hochfrequenztechnik *f*; *in Zssgen*: Radio-, Strahlungs-; (Rund-)Funk-; *itr* funken; *tr* funken, drahtlos übermitteln; (im Rundfunk) senden; in Funkverbindung stehen (*s.o.* mit jdm); e-e Röntgenaufnahme machen von; durchleuchten; *by ~, on the ~* im Rundfunk; *to announce over the ~* im Rundfunk durchgeben; *to go on the ~* im Rundfunk sprechen; *to turn off, on, the ~* das Radio an-, abschalten; *voice-~* Sprechfunk *m*; **~active** ['-'æktiv] radioaktiv; *~~ contamination* radioaktive Verseuchung *f*; *~~ decay* radioaktive(r) Zerfall *m*; *~~ deposit* radioaktive(r) Niederschlag *m*; **~activity** [-æk'tiviti] Radioaktivität *f*; **~ address** Rundfunkansprache *f*; **~ advertising** Funkwerbung *f*; **~ apparatus, set** (Rund-)Funkgerät *n*, Radioapparat *m*; **~ beacon** Funkbake *f*, *-feuer n*; **~ beam** Funk-, Leitstrahl *m*; **~ bearing** Funkpeilung *f*; **~(broad)cast** *irr (s. cast) Am tr* senden, durch Rundfunk verbreiten; **~(broad)casting** *Am* (Rundfunk-)Sendung *f*; Ver-

radio buoy   805   **ragamuffin**

breitung *f* durch den Rundfunk; ~ **buoy** Funkboje *f*; ~ **call-sign** Funkrufzeichen *n*; ~ **car, truck** Funkwagen *m*; ~ **censorship, monitoring** Funküberwachung *f*; ~ **circuit** Funknetz *n*; Hochfrequenzkanal *m*; ~ **commentator** Rundfunkkommentator *m*; ~ **communication** Funkverbindung *f*, -verkehr *m*; ~ **control** Fernlenkung, -steuerung *f*; ~ **dealer** Rundfunkhändler *m*; ~ **direction-finder** Funkpeilgerät *n*; ~ **drama, play** Hörspiel *n*; ~ **element** radioaktive(s) Element *n*; ~ **engineer, technician** Funktechniker *m*; ~ **engineering, technology** Hochfrequenz-, Funktechnik *f*; ~ **equipment** Funkausrüstung *f*; ~ **frequency** Hochfrequenz *f*; ~**gram** ['reidio(u)græm] Funkspruch *m*; *Br* Röntgenaufnahme *f*; *Br* Rundfunkgerät mit Plattenspieler; Musiktruhe *f*; ~**graph** ['-gra:f] *s* u. *tr* (e-e) Röntgenaufnahme *f* (machen von); ~**graphy** [reidi'ɔgrəfi] Röntgenphotographie *f*; ~ **hookup** Ringsendung *f*; ~ **installation** Funkanlage *f*; ~ **interference, jamming** Funkstörung *f*; ~ **location** Funkortung *f*; ~**logic(al)** [reidio(u)-'lɔdʒik(əl)] radiologisch; ~**logist** [reidi-'ɔlɔdʒist] Röntgenologe *m*; ~**logy** [reidi'ɔlɔdʒi] Röntgenologie *f*; ~ **mast** Funkmast *m*; ~ **mechanic** Funkwart *m*; ~ **message** Funkspruch *m*; ~**meteorograph, sonde** *mete* Radiosonde *f*; ~**meter** [reidi'ɔmitə] Strahlungsmesser *m*; ~**metry** ['-ɔmitri] Strahlungsmessung *f*; ~**mobile** *radio* Aufnahmewagen *m*; ~ **navigation** Funknavigation *f*; ~ **net(work)** Funknetz *n*; ~ **noise** Funkstörpegel *m*; ~ **officer** Funkoffizier *m*; ~ **operator** Funker, *aero* Bordfunker *m*; ~ **orientation** Funkortung *f*; ~**phone** = ~**telephone**; ~**phonograph** *Am* Musiktruhe *f*; ~**photogam** Funkbild *n*; ~ **range** Peilfeld *n* (*e-s Flugplatzes*); ~ **receiver** (Rundfunk-)Empfänger *m*, Empfangsgerät *n*; ~ **reception** (Rundfunk-)Empfang *m*; ~**scopy** [reidi'ɔskəpi] Röntgenuntersuchung, Durchleuchtung *f*; ~ **section** *mil* Funktrupp *m*; ~ **signal** Funksignal *n*; ~ **silence** Funkstille *f*; ~ **station** Rundfunkstation, Funkstelle *f*; ~**(tele)gram** [reidio(u)'teli)græm] Funktelegramm *n*; ~**telegraphy** ['reidio(u)ti'legrəfi] Funktelegraphie *f*; ~**(tele)phone** Sprechfunkgerät *n*; ~**telephony** ['reidio(u)ti'lefəni] Sprechfunk *m*; ~ **teleprinter, teletype-**

writer Funk-Fernschreibgerät *n*; ~**therapeutics** [reidio(u)θerə'pju:tiks] *pl mit sing* ~**therapy** [-'θerəpi] *med* Röntgentherapie *f*; ~ **tower** Funkturm *m*; ~ **tracer** Aufspürer *m* radioaktiver Stoffe; ~ **traffic** Funkverkehr *m*; ~ **transmitter** (Funk-)Sender *m*, Sendegerät *n*; ~**trician** ['reidio(u)-'triʃən] *Am* Radioelektriker, -fachmann *m*; ~ **tube** (Radio-)Röhre *f*; ~ **wave** Funkwelle *f*; ~ **weatherstation** Funkwetterwarte *f*.

radish ['rædiʃ] Rettich *m*.

radium ['reidjəm] *s chem* Radium *n*; ~ **disintegration** radioaktive(r) Zerfall *m*; ~ **emanation** ~ *radon* (s.d.); ~ **paint** Leuchtfarbe *f*; ~ **radiation** radioaktive Strahlung *f*; ~ **rays** *pl* radioaktive Strahlen *m pl*; ~**therapy** ['-θerəpi] *med* Radiumtherapie *f*.

radius ['reidiəs] *pl radii* ['-ai] Strahl *n*; (Rad-)Speiche *f*; *math* Halbmesser, Radius; Umkreis; *fig* (Erfahrungs-) Bereich *m*; *anat* Speiche *f*; **cruising ~** (*aero*) Flugbereich *m*; **steering ~** (*mot*) Wendekreis *m*; **~ of curvature** Krümmungsradius *m*.

radix ['reidiks] *pl* -**dices** ['-si:z] *math bot gram fig* Wurzel *f*; *fig* Ursprung *m*.

radon ['reidən] *chem* Radon *n*, (Radium-)Emanation *f*.

raffia ['ræfiə] Raphiabast *m*; (~ *palm*) Raphiapalme *f*.

raffish ['ræfiʃ] gemein, niedrig; pöbelhaft; liederlich.

raffle ['ræfl] *s* Aus-, Verlosung; Lotterie, Tombola *f*; *tr* (*to* ~ *off*) verlosen.

raft [rɑ:ft] **1.** *s* Floß *n*; *tr* flößen; zu e-m Floß zs.zimmern; auf e-m Floß befördern, überqueren; ~**er** ['-ə], ~**sman** ['-smən] Flößer *m*; **2.** [ræft] *Am fam* (große) Menge, Masse *f*.

rafter ['rɑ:ftə] *s arch* (Dach-)Sparren *m*; *tr arch* mit Sparren versehen; *agr* halbschichtig pflügen.

rag [ræg] **1.** Lumpen, Lappen, Fetzen, Flicken; Staub-, Wisch-, Putz-, Abwaschlappen *m*; *fig* Bruchstück, bißchen; Abfall, Plunder *m*; *fam* Zunge *f*; *fam* Fetzen *m (Kleid)*, Fahne *f*, Käseblatt *n*; *pl* Lumpen *(altes Zeug)*; *hum* Klamotten *f pl*; *a* Lumpen-; **in** ~**s** *(and tatters)* zerrissen; in Lumpen, zerlumpt; **in** *o.'s glad* ~**s** im Sonntagsstaat; **like a red** ~ **to a bull** (*fig*) ein rotes Tuch; **to be all in** ~**s** in Lumpen gehen; ganz abgerissen sein; **to chew the** ~ *(fam)* quasseln, quatschen, reden; **not to have a** ~ **to put on** *o.'s* **back** nichts anzuziehen haben; ~**amuffin**

rag-and-bone-man 806 **rain**

['rægəmʌfin] Lump, Strolch, Rowdy; Straßenjunge m; **~-and-bone-man, ~man, -picker** Lumpensammler m; **~bag** Flickenbeutel m; fig Durcheinander n; **~-book** unzerreißbare(s) Bilderbuch n; **~-chewing** Am Geschwätz n; **~-fair** Trödelmarkt m; **~ged** ['-id] a abgetragen; zerlumpt, schäbig; schartig, rauh; spitzig; zottig, strähnig; (Stimme) rauh; unfertig, (noch) roh; (Stil) ungefeilt; on the ~ edge (fig) auf der schiefen Ebene, am Rande des Abgrunds; **~ robin** Kuckucksblume f; **~-paper** Lumpenpapier n; **-tag: ~~ and bobtail** Krethi u. Plethi pl, Hinz u. Kunz m; **-time** s mus Ragtime m; a sl lustig; **-wort** ['-wɔ:t] Jakobskraut n; 2. arch grobe(r) (Dach-)Schiefer; geol Kalkstein m; 3. tr sl fertig-, 'runtermachen; durch den Kakao ziehen; e-n Streich spielen, übel mitspielen (s.o. jdm;) s Krach, Radau, Tumult; Streich, Ulk m.
rage [reidʒ] s Wut f, Toben n a. fig (d. Elemente); Raserei; Gefühlswallung f, Sturm m der Begeisterung; Sucht, Gier (for nach); Leidenschaft f; Modeschrei m; (Stil) wüten, rasen, toben a. fig (against gegen; at über); (Krankheit) wüten; to fly into a ~ in e-e Wut geraten; she is all the ~ man reißt sich um sie.
ragout ['ræguː] s Ragout n.
raid [reid] s (feindlicher) Überfall m (into auf); Stoßtrupunternehmen n; aero Luftangriff, Feindflug m; (Polizei-)Razzia f (on auf); fig Ansturm (on auf); tr überfallen, e-n Überfall machen auf; plündern; com (den Markt) drücken; (Reserven) angreifen; **~ on a bank** Banküberfall, -raub m; **~er** ['-ə] Plünderer, Einbrecher m; Kaperschiff n; aero Bomber m; Am mil für den Nahkampf ausgebildete(r) Marinekorpssoldat m; **~~s past signal** Entwarnung f; **-ing party** mil Stoßtrupp m; aero Jagdkommando n; (Polizei-)Streife f.
rail [reil] s Geländer(stange f) n; Handlauf m; mar Reling f, Zaun m, Gitter; rail Gleis n; Schiene(nstrang, -weg m); (Wagen-)Leiter; (waagerecht angebrachte) Stange f; Querholz n, -balken; Riegel m; pl Eisenbahnaktien f pl; Schienennetz n; tr (to ~ off) mit e-m Geländer versehen; (to ~ in) einzäunen, -friedigen; absperren; mit Schienen versehen; Br mit der Bahn befördern; by ~ auf dem Schienenwege, mit der (Eisen-)Bahn; off the ~s entgleist; fig in Unordnung, im Irrtum;

to run off the ~s entgleisen; hand-~ Geländerstange f; **~bus** Schienen(omni)bus m; **~ga(u)ge** Spurweite f; **~-head** Schienenkopf m; Endstation f; Zentral-, Sammel-, Kopfbahnhof m; Umschlagstelle f; **-ing** ['-iŋ] Geländer n; mar Reling f; Schienen(material n) f pl; **~ joint** Schienenstoß m; **~-lifter** Gleisheber m; **~-motor**, Am car Triebwagen m; **~ post** Geländerpfosten m; **~ traffic vehicle** Schienenfahrzeug n; **~ train** tech Walzenstraße f; **2.** itr schimpfen, losziehen (against, at auf; über); **-er** ['-ə] fig böse Zunge f; **-ing** ['-iŋ] Schimpfen, Geschimpfe n; **-lery** ['-əri] Gespött n, Spott m; **3.** orn Ralle f.
railway ['reilwei], Am **railroad** ['-roud] s Eisenbahn f; tr (to ~road) Am jam (Antrag) durchpeitschen; circular ~ Ringbahn f; elevated ~ Hochbahn f; standard gauge ~ Normalspurbahn f; **~-accident** Eisenbahnunglück n; **~-administration** Eisenbahnverwaltung f; **~ bookstall** Bahnhofsbuchhandlung f; **~ bridge** Eisenbahnbrücke f; **~-car, -carriage** Eisenbahnwagen m; **~-company** Eisenbahngesellschaft f; **~-conductor** Zugführer m; **~-crossing** Bahnübergang m; **~-engine** Lokomotive f; **railroad engineer** Am Lokomotivführer m; **~ fares** pl (Eisen-)Bahntarif m; **~ ferry** Eisenbahnfähre f; **~ freight rate** Gütertarif m; **~-guard** Zugbegleiter, Schaffner; Zugführer m; **~-guide** Kursbuch n; **~-junction** Eisenbahnknotenpunkt m; **~-line** Eisenbahnlinie f; **~-man** (Eisen-)Bahnbeamte(r) m; **~-net** Eisenbahnnetz n; **~-plant** Bahnanlage f, Bahn-, Gleiskörper m; **~ post-office** Bahnpostamt m; **~ service** Eisenbahnbetrieb m; **~ siding** Anschluß-, Abstellgleis n; **~-station** Bahnhof m; **~-terminus** Endbahnhof m; **~-traffic** Eisenbahnverkehr m; **~-transport** Bahntransport m; **~-truck** offene(r) Güterwagen m; **~ warrant** Militärfahrschein m; **~-worker** Bahnarbeiter m; **~-workshop, repairshop** Eisenbahnausbesserungswerk n.
raiment ['reimənt] poet Gewand n.
rain [rein] s Regen a. fig; fig Erguß m; (Tränen) Strom; (Pfeile) Hagel m; the ~s Regenzeit f (in den Tropen); itr tr regnen a. fig; (Tränen) strömen; herabfließen (on auf); (Schläge) hageln lassen; **~ or shine** ob Regen oder Sonnenschein; it ~s cats and dogs,

rainbow   **rally**

it is pouring with ~ *es* regnet in Strömen; *it never* ~*s but it pours (prov)* ein Unglück kommt selten allein; *it looks like* ~ es sieht nach Regen aus; *drizzling* ~ Nieselregen *m; golden* ~ *(bot)* Goldregen *m; shower of* ~ Regenschauer *m;* ~ *of ashes* Aschenregen *m;* ~ *of bullets* Kugelregen *m;* **~bow** ['-bou] Regenbogen *m;* ~~ *trout* Regenbogenforelle *f;* ~ **check** Eintrittskarte, Einladung *f* für e-e (wegen Regen) ausgefallene Veranstaltung; ~~**cloud** Regenwolke *f;* **~coat** Regenmantel *m;* **~drop** Regentropfen *m;* **~fall** Regenschauer *m;* Regenmenge *f;* ~~**ga(u)ge** ['-geidʒ] Regenmesser *m;* **~iness** ['-inis] Regenwetter *n;* ~ **insurance** Regenversicherung *f;* **~proof** *a* regendicht; *s* Regenmantel *m; tr* gegen Regen abdichten, wasserdicht machen; ~ **shower** Regenschauer *m;* ~~**soaked** *a* (vom Regen) durchnäßt, *fam* durchgeregnet; **~water** Regenwasser *n;* ~ **wear** Regenkleidung *f;* **~y** ['-i] regnerisch, naß, trüb(e); ~~ *day* regnerische(r) Tag *m; fig* schwierige Zeit *f;* ~~ *weather* Regenwetter *n.*

rais|e [reiz] *tr* (auf-, er-, hoch)heben; auf-, hochziehen; auf-, errichten *(a. ein Gebäude);* aufrecht hinstellen; *(Häuser)* bauen; *(Teig)* gehen lassen; *(Staub)* aufwirbeln; *(Kohle)* fördern; *(Hut)* lüften *(to s.o.* vor jdm); vergrößern, erhöhen, heraufsetzen, steigern, anheben *(a. Preis); (Scheck)* abändern; *(geistig, sittlich, sozial)* heben; vermehren; verstärken; *(Ruf)* festigen; *fig* befördern; erregen; *(Gefühl, Hoffnung)* erwecken; in Gang bringen *od* setzen; ins Leben rufen; anfeuern, antreiben; *(Forderung)* geltend machen; *(Geschrei, Einspruch)* erheben; *(Gelächter)* verursachen; *(Schrei)* ausstoßen; *(Truppen)* aufstellen; *(Verbot)* aufheben; *(Belagerung)* abbrechen, beenden; *agr* anbauen, ziehen; *Am (Kinder)* großaufziehen; *(Tiere)* züchten; *(Familie)* ernähren; *(Tuch)* aufrauhen; *(Dampf)* aufmachen; *Scot* auf-, in Harnisch bringen, aufregen; *mar* sichten; *itr fam* spucken müssen; *s* Erhebung;

(~ *in wages) Am (bes.* Lohn-, Gehalts-) Erhöhung, Aufbesserung *f; to* ~~ *Cain, the devil, hell, the roof, a row, a rumpus, a stink* Krach schlagen; *to* ~~ *a dust* Staub aufwirbeln; *to* ~~ *s.o.'s hair (Am)* jdn skalpieren; *to* ~~ *land (mar)* Land sichten; *to* ~~ *from the ranks* in den Offiziersstand erheben; *to* ~~ *s.o.'s spirits* jdm wieder Mut machen; *to* ~~ *o.'s voice against* s-e Stimme erheben gegen; *to* ~~ *the wind (sl)* das (nötige) Geld auftreiben; das Schiff wieder flottmachen *fig;* **~ed** [-d] *a* überhöht; *(Kunst)* erhaben, reliefartig; *(Gebäck)* (durch Hefe *od* Backpulver) locker (gebacken); **~er** ['-ə] *Am* Pflanzer; Züchter *m.*

raisin ['reizn] Rosine *f.*

rak|e [reik] **1.** *s* Rechen *m,* Harke *f;* Schür-, Stochereisen *n; fam* Kamm, Lausrechen *m; tr* zs.harken, -rechen; *fig* zs.kratzen, (mühsam) zs.bringen, zs.raffen; (glatt) harken; *(Feuer)* schüren; abkämmen, -suchen; durchstöbern *(for* nach); *mil* bestreichen; (mit den Augen) mustern; *itr* harken *(over, across* über); *fig* wühlen, stöbern; *to* ~~ *in (Geld)* scheffeln; in großen Mengen einnehmen; *to* ~~ *through* durchwühlen, -stöbern; *to* ~~ *up* durchwühlen; aufstöbern, wieder ans Licht bringen; zs.bringen; *to* ~~ *s.o. over the coals (Am fam)* jdn ausschimpfen, jdm die Meinung sagen, jdn herunterlaufen lassen; ~~-*off (sl)* Ramsch, Profit, Gewinn, Vorteil; Anteil *m,* Gewinnbeteiligung *f;* **2.** Wüstling *m;* **~ish 1.** ['-iʃ] wüst, liederlich, ausschweifend. **3.** *itr* geneigt, schräg, schief sein; schief, nicht gerade stehen; überhangen; sich neigen; Fall haben; *tr* geneigt, schief stellen; *s* Schiefe, Neigung, Abschrägung *f,* Überhangen *n; at a* ~~ *of* bei e-r Neigung von; **~ish** ['-iʃ] *(bes. Schiff)* schnittig; *fig* schneidig; schick, elegant.

rally ['ræli] **1.** *tr bes. mil* wieder sammeln; versammeln, zs.bringen; scharen *(round, to* um); *fig (Kräfte)* sammeln, aufbieten; aufmuntern; *itr* sich wieder sammeln; zs.kommen, sich zs.finden, sich versammeln; sich zs.nehmen; sich scharen *(round, to* um); zu Hilfe kommen *(to s.o.* jdm); sich anschließen *(to s.o.'s opinion* jds Meinung); sich (wieder) erholen *(from* von); *(Preise)* wieder anziehen, steigen; *s mil* Sammeln *n;* Versammlung, Zs.kunft, Tagung *f;* Treffen *n; com* Erholung *f,* Anziehen *n (der Preise); sport* Schlagwechsel; mehr-

rallying 808 **range**

malige(r) Ballwechsel *m*; *mot* Sternfahrt *f*; ~**ing** ['-iŋ] *mil* Sammeln *n*; ~~ *point* Sammelplatz *m*; ~~ *position* Aufnahmestellung *f*; **2.** *tr obs* sich lustig machen über, auslachen, verspotten.
ram [ræm] *zoo* Widder, Schafbock; *hist mil* Widder, Sturmbock; Rammbock, -bär *m*, Ramme *f*; Stößel, Preßstempel; Fallblock *m*; hydraulische Presse *f*; Tauchkolben; *aero* Staudruck *m*; *Am* Fliegerrakete *f* mit starker Durchschlagskraft; *the R~* (*astr*) der Widder; *tr* rammen; stoßen (*against* gegen); hineinstoßen, -drücken, -pressen; (*to ~ up*) vollstopfen, verrammeln (*with* mit); *fam* schmeißen; *fig* eintrichtern; *to ~ home* (*fig*) ausführlich immer wieder darlegen; ~-**air** *aero* Luftstrom *m*; ~-**effect** Stauwirkung *f*; ~-**jet** *Am aero* Staustrahl-, Lorintriebwerk *n*; ~-**med concrete** Stampfbeton *m*; ~**mer** ['-ə] Rammer; Rammbock; Fallblock *m*; = ~*rod*; ~**rod** (*Gewehr*) Ladestock *m*; *as stiff as a ~~* steif wie ein Besenstiel.
rambl|e ['ræmbl] *itr* umherschweifen, (umher)streifen; dahinschlendern; *fig* (*beim Reden* od *Schreiben*) vom Hundertsten ins Tausendste kommen; abschweifen; *bot* ranken, wuchern; *s* Umherschweifen, -streifen *n*; Bummel *m*; *fig* Zs.hanglosigkeit *f*; *to go for a ~~* e-n Spaziergang machen; ~**er** ['-ə] unstete(r) Mensch *m*; (*crimson ~~*) Kletterrose *f*; ~**ing** ['-iŋ] umherschweifend, -streifend; *fig* weitschweifig, sich verlierend, zs.hanglos; abschweifend; (*Haus*) planlos gebaut; (*Weg*) gewunden; *bot* rankend, kletternd.
rambunctious [ræm'bʌŋkʃəs] *Am fam* frech, laut, krakeelend, randalierend.
ram|ification [ræmifi'keiʃən] Verzweigung, Verästelung *f*; Zweig *m* a. *fig*; *fig* Abzweigung; Auswirkung, Folge; *com* Zweiggesellschaft *f*; ~**ify** ['-fai] *itr tr* (sich) verzweigen, (sich) verästeln.
ramp [ræmp] **1.** *s* Rampe, Auf-, Abfahrt; schräge(s) Straßen-, Weg-, Verbindungsstück *n*; (*Treppengeländer*) Krümmling *m*; *arch* Abdachung; *mot* Hebebühne *f*; *fam* Wutanfall, -ausbruch *m*; *tr* mit e-r Rampe, mit Aufu. Abfahrt versehen; *itr* e-n Niveauunterschied überwinden; sich auf die Hinterbeine, sich zum Sprung erheben; *fig* e-e drohende Haltung einnehmen; *hum* (*to ~ about*) (herum)wüten, -toben; *bot* sich ranken (*on* an); ~**age** ['-peidʒ] *itr* (herum)tollen, -toben, wüten; *s*: *to be on the ~~* sich

austoben; e-n Tobsuchtsanfall haben; ~**ageous** [ræm'peidʒəs] tobsüchtig, wild, unbeherrscht, unbändig; (*Farbe*) schreiend; ~**ancy** ['ræmpənsi] Zügellosigkeit, Wildheit, Heftigkeit *f*; ~**ant** ['-ənt] *arch* schräg, steigend; sich (drohend) aufrichtend; *bot* wuchernd; *allg* überhandnehmend; zügellos, wild, heftig; *to be ~~* um sich greifen; **2.** *sl s* Betrugsmanöver *n*, Schwindel, Wucher *m*.
rampart ['ræmpɑ:t] *s* Wall *m* a. *fig*.
rampion ['ræmpjən] *bot* Rapunzel(l) *f*.
ramshackle ['ræmʃækl] wack(e)lig, altersschwach, baufällig.
ran [ræn] **1.** *pret u. pp von run*; *also ~ ferner liefen* a. *fig*; **2.** Stück *n*, Strick *m*; Schnur; Docke *f*.
ranch [rɑ:n(t)ʃ, *Am* ræn(t)ʃ] Viehfarm, Ranch *f*; *itr* e-e Ranch bewirtschaften, auf e-r Ranch arbeiten; ~**er** ['-ə], ~**man** ['-mən] Viehzüchter; Farmer *m*.
rancid ['rænsid] ranzig; ~**ity** [ræn'siditi], ~**ness** ['-nis] ranzige(r) Geruch *m*.
ranc|orous ['ræŋkərəs] grollend, erbittert; böswillig, boshaft, gehässig; ~**o(u)r** ['ræŋkə] Groll *m*, Bosheit; Gehässigkeit *f*.
rand [rænd] Rand; Bergrücken *m*; ~**an** ['-ən] *sl* Sauferei *f*; ~**y** lärmend; *fam* lüstern.
random ['rændəm] *a* zufällig; Zufalls-; absichtslos, unabsichtlich, ziel-, planlos; *s*: *at ~* aufs Geratewohl; auf gut Glück; *to talk at ~* bald von diesem, bald von jenem reden; ~ **sample**, **selection, test** Stichprobe *f*; ~ **shot** Schuß *m* ins Blaue.
range [reindʒ] **1.** *tr* arrangieren, einreihen, einrangieren; in e-r Reihe anordnen *od* aufstellen; (systematisch) ordnen, klassifizieren; (jdn, sich) in e-e Reihe stellen (*with* mit), einreihen (*with* in); *mil* einschießen (*on* auf); (*Fernrohr*) einstellen; (*Geschütz*) richten (*on* auf); durchstreifen, -ziehen, -wandern; (*Vieh*) auf die Weide bringen; (*Ankertau*) ause.a.rollen; *mar* entlangfahren; **2.** *itr* sich erstrecken, sich ausdehnen, sich ausbreiten; reichen bis, e-e Reichweite haben (*over* von); (*in der Größe*, *im Gewicht*, *im Alter*, *im Preis*) schwanken, sich bewegen (*from ... to* zwischen ... und); im gleichen Rang stehen (*with* mit); *bot zoo* vorkommen; *mil* sich einschießen; schweifen, streifen (*through* durch); *to ~ along* (*mar*) entlangfahren; **3.** *s* Reihe, Linie; Gruppe, Klasse; (*~ of mountains*) (Berg-)Kette *f*, Gebirgszug *m*; (*Feuerwaffe*) Schuß-, Reichweite *f*; (*rifle-~*) Schießplatz,

range-finder -stand m; Entfernung f; allg Reich-, Tragweite f, Aktionsradius, Wirkungsbereich m; (Arbeits-)Feld n; Spielraum, Umfang m, Bereich m od n, Spanne, Schwankung; Differenz; (Farben-)Skala f; (Umher-)Schweifen, (Umher-)Streifen n; Fläche, Ausdehnung f; Weidegründe, -plätze m pl, -fläche f; zoo bot Verbreitungsgebiet n; (kitchen-~) (Koch-, Küchen-)Herd m; com Kollektion, Sammlung, Auswahl f; **4.** at a ~ of in e-r Entfernung von; at close, wide ~ auf kurze, weite Entfernung; in ~ with in e-r Reihe mit; out of ~ außer Hör-, Reich-, Schußweite; within the ~ of s.o. (fig) für jdn verständlich; to give free ~ freien Lauf lassen (to s.th. dat); annual, daily ~ (mete) Tages-, Jahresschwankung f; long, short ~ große, geringe Reichweite f; price ~ Preislage, -klasse, -bewegung; (Börse) Kursbewegung f; ~ of application Anwendungsbereich m; ~ of flight Flugreichweite f; ~ of reception (radio) Empfangsbereich m; ~ of transmission (radio) Sendebereich m; ~ of vision Sichtweite f, Gesichtsfeld n; **~-finder** Entfernungsmesser m (Gerät); **~-pole** Meßlatte f; **~r** ['-ə] Am Förster; Br Aufseher e-s königlichen Forstes; (Pfadfinder) Ranger m; pl Am Kommandotruppe f; **~s** ['-iŋ] bes. Am weiträumig; (Vieh) umherschweifend; sehnig, straff.

rank [ræŋk] **1.** s Reihe, Linie; (An-)Ordnung; Stellung, Klasse f, Stand, Rang m; hohe Stellung f, hohe(r) Rang; mil (Dienst-)Grad m; mil Glied n; pl Heer n, Armee f; the ~s der Mannschaftsstand; tr einreihen, -ordnen, klassifizieren; einschätzen (as als); rechnen, zählen (with zu); stellen fig (above über; below unter); kommen, rangieren (s.o. vor jdm); Am den Vorrang haben vor; Am sl ärgern, belästigen, verraten; itr gelten (among als); gerechnet werden, zählen, gehören (among zu); einnehmen, haben (third den 3. Platz); Am die erste Stelle, den höchsten Rang einnehmen; to ~ above, below über, unter stehen; at the head of the ~ an der Spitze; of the very first ~ erste(r) Ordnung; to ~ high großes Ansehen genießen; to break ~s (mil) wegtreten; to fall in ~ (mil) antreten; ins Glied treten; fig in Ordnung kommen; to pull o.'s ~ (Am) autoritär auftreten; to reduce to the ~s degradieren; to rise from the ~s (mil u. allg) von der Pike auf dienen; fig es zu etw bringen; to take ~ of s.o. vor jdm den Vorrang haben; with s.o. mit jdm auf e-r Stufe stehen; front, rear ~ (mil) Vorder-, hintere(s) Glied n; taxi-~ Droschkenhalteplatz m; the ~ and file (mil) Unteroffiziere u. Mannschaften; allg die gewöhnlichen Sterblichen m pl; **~er** ['-ə] Rangälteste(r); einfache(r) Soldat; aus dem Mannschaftsstand hervorgegangene(r) Offizier m; **~ing** ['-iŋ] erste(r), höchste(r); **2.** (Pflanzenwuchs) wuchernd, üppig; überwuchert (with von); (Boden) fruchtbar, fett; (Tier) brünstig; stinkend, übelriechend, ranzig; anstößig, unanständig; pej kraß, glatt, rein, schier; Erz-; **~ness** ['-nis] Üppigkeit, Fruchtbarkeit f; üble(r) Geruch m; Unanständigkeit f.

rankle ['ræŋkl] itr fig nagen, fressen (with s.o. an jdm); unter der Oberfläche schwelen.

ransack ['rænsæk] tr durchsuchen, -wühlen (for nach); (aus)plündern.

ransom ['rænsəm] s Freikauf m; Lösegeld n a. fig rel; fig Gegenleistung, rel Erlösung f; tr los-, freikaufen; (Gegenstand) auslösen; gegen ein Lösegeld freilassen; rel erlösen; to exact a ~ from s.o. von jdm ein Lösegeld erpressen; to hold s.o. to ~ gegen ein Lösegeld festhalten; a king's ~ e-e Riesensumme.

rant [rænt] itr großspurig reden, prahlen; (laut) eifern, brüllen, toben; tr (to ~ out) hinausschreien; übertrieben deklamieren; s (laute) Prahlerei f, hochtrabende Reden f pl; Wortschwall m; **~ankerous** [-'tæŋkərəs] Am fam rechthaberisch; mürrisch; **~er** ['-ə] Schreihals, Schreier, Prahlhans m.

ranunculus [rə'nʌŋkjuləs] pl a. -li [-lai] bot Hahnenfuß m; Butterblume f.

rap [ræp] **1.** tr itr klopfen, schlagen, stoßen (at an); Am fam tadeln, kritisieren; Am sl verhaften, verurteilen, identifizieren; s Klaps, Schlag (on auf); Stoß; sl Am Rüffel, Tadel m; Strafe; Identifizierung; Verurteilung f; to ~ out hervor-, ausstoßen; durch Klopfen ausdrücken; to beat the ~ (Am sl) freikommen; to give s.o. a ~ on the knuckles jdm auf die Finger klopfen; fig jdn auf s-n Platz verweisen; to take the ~ (sl) bestraft werden; e-n Anpfiff einstecken; there was a ~ at the door es klopfte an der Tür; **2.** s: not to give a ~ for keinen Heller geben für; I don't care a ~ das ist mir völlig egal.

rapacious [rə'peiʃəs] raubend, plündernd; fig (raub-,hab)gierig; zoo Raub-; **~ity** [-'pæsiti] (Raub-, Hab-)Gier f.

rape [reip] **1.** s Raub m, Entführung; jur Vergewaltigung, Notzucht f; tr rauben, entführen; jur vergewaltigen; attempted ~ Notzucht(s)versuch m; statutory ~ Unzucht f mit Minderjährigen; ~ and murder, ~ slaying Lustmord m; **2.** bot Raps m; **~-oil, ~seed oil** Rüböl n; **~seed** Rübs(am)en m; **3.** Trester, Treber pl.

rapid ['ræpid] a schnell, flink, eilig; (Fluß) reißend; (Abhang) steil; phot lichtstark; s pl Stromschnellen f pl; **~ity** [rə'piditi] Schnelligkeit; Geschwindigkeit f.

rapier ['reipjə] Rapier n; **~-thrust** fig Nadelstich m.

rapine ['ræp(a)in] lit Raub m, Plünderung f.

rapist ['reipist] Vergewaltiger m.

rapport [ræ'pɔ:(t)] (bes. enge) Beziehung f, (enges) Verhältnis n; Übereinstimmung, Freundschaft f; in ~ with in Übereinstimmung, in enger Verbindung mit; **~eur** [ræpɔ'tə:] Berichterstatter m.

rapprochement [ræ'prɔʃmɑ:(ŋ)] pol (bes. Wieder-)Annäherung f.

rapt [ræpt] fig versunken (in in); entzückt; **~ure** ['ræptʃə] Entzücken, Hingerissensein n; Verzückung f; to go into ~~s over s.th. über etw in Entzücken geraten; **~urous** ['ræptʃərəs] ver-, entzückt, hingerissen; (Beifall) stürmisch.

rare [rɛə] selten, ungewöhnlich, rar; dünn, fein; fam fig unbezahlbar, herrlich; (Fleisch) nicht durchgebraten; **~faction** [rɛəri'fækʃən] Verdünnung; Verfeinerung f; **~fy** ['rɛərifai] tr (sich) verdünnen; fig (sich) verfeinern; **~ gas** Edelgas n; **~ness** [-nis], **rarity** ['rɛəriti] Seltenheit, Ungewöhnlichkeit; Kostbarkeit; Dünnheit, Feinheit; Rarität f.

rarebit ['rɛəbit]: Welsh ~ überbackene Käseschnitte f.

raree-show ['rɛəri:ʃou] Guckkasten m; Jahrmarktsschau, -veranstaltung f.

rascal ['rɑ:skəl] Schurke, Schuft; fam hum (kleiner) Schelm, Schlingel m; **~ity** [rɑ:s'kæliti] Schurkenhaftigkeit, Schuftigkeit f; **~ly** ['rɑ:skəli] a adv schuftig; gemein, erbärmlich.

rase s. raze.

rash [ræʃ] **1.** zu schnell, (zu) rasch, eilig, hastig; vorschnell, übereilt, unbesonnen; tollkühn; **~ness** ['-nis] Eile, Hast; Übereiltheit, Unbesonnenheit f; **2.** Hautausschlag m (on o.'s face im Gesicht); fig Ansammlung f; heat-~ Hitzebläschen n pl.

rasher ['ræʃə] Speck-, -schnitte f.

rasp [rɑ:sp] tr tech raspeln; (Brot) reiben; krächzen; fig reizen, irritieren; itr kratzen (a. akustisch); s Raspel f, Reibeisen; Raspeln; Kratzen n; to ~ s.o.'s nerves jdm auf die Nerven gehen; **~ing** ['-iŋ] a kratzend, rauh; aufreizend; s Raspeln; Kratzen n; pl Raspelspäne m pl.

raspberry ['rɑ:zbəri] Himbeere f; (~ bush) Himbeerstrauch m; sl verächtliche Mundbewegung f, Zischen; sl Mißfallen n; vulg Furz m; to give s.o. the ~ jdm e-n Rüffel erteilen; jdn auspfeifen; **~cane** Himbeerranke f.

rat [ræt] s Ratte f; fig Abtrünnige(r), Überläufer, Verräter, Gesinnungslump; Br Streikbrecher; Lockspitzel; sl gemeine(r) Kerl, Schuft, Lump, Gauner; falsche(r) Fünfziger; Am fam Haarpolster n, -einlage f; itr Ratten fangen; fahnenflüchtig werden, die Gesinnung wechseln, überlaufen; Streikbrecher od Lockspitzel sein; unter Tarif arbeiten; to ~ on s.o. (Am sl) jdn verpetzen; jdn im Stich lassen; to ~ out (Am sl) abhauen; like a drowned ~ pudel-, patschnaß; to smell a ~ (fig) Lunte, fam den Braten riechen; ~s! sl Quatsch! Blödsinn! black, old-English ~ Hausratte f; brown, grey, Norway ~ Wanderratte f; musk-~ Bisamratte f; water-~ Wasserratte f; **~-catcher** Rattenfänger m (Mensch); **~-cheese** Am einfache(r) Käse m (vom Stück); **~-face** Am sl hinterlistige(r) Bursche m; **~-hole** tr hamstern; **~-poison** Rattengift n; **~-race** sl rücksichtslose(r) Wettstreit m; soziale Angeberei f; **~sbane** Rattengift n; **~'s-tail** Nadel-, Lochfeile f; **~-trap** Rattenfalle f; rücksichtslose(r) Strebertum m; Am fig Falle f; **~ty** ['-i] rattenartig, Ratten-; voller Ratten; sl mies, schäbig, elend, Ratten-; sl (leicht) eingeschnappt (about über).

ratability [reitə'biliti] **1.** Ab-, Einschätzbarkeit; Umlage-, Steuerpflicht; Zollpflichtigkeit f; **~able** ['reitəbl] ab-, einschätzbar; gebühren-, umlage-, steuer-, zollpflichtig; anteilsmäßig; **~al** ['reitəl] fin Meßbetrag, Veranlagungswert m; **~e** [reit] **1.** s Betrag m, Höhe f, Grad m; Geschwindigkeit; Ziffer, Quote f, Anteil m, Rate; Quote f, Verhältnis n, Maßstab; Kurs m, Taxe f, Prämien-, Gebührensatz, Tarif m, Veranschlagung f; (postal ~) Posttarif m, Porto n; Gebühr f, Preis; (Zeitung) Anzeigenpreis m; Klasse

rating *f*, Rang *m*, Stufe *f*; *pl* Gemeindesteuer *f*, -abgaben *f pl*; *tr* ab-, einschätzen, taxieren (*at auf*); bewerten; einstufen, rechnen (*among* zu); bemessen; (*Steuern*) veranlagen; zu e-r Umlage heranziehen, besteuern; *mar* einstufen; *Am sl* Anspruch haben auf; *itr* angesehen werden, gelten (*as* als); *at any* ~~ *auf jdn Fall, auf alle Fälle, jedenfalls; zu jedem Preis; at that* ~~ *wenn dem so ist; dann; at this* ~~ *auf diese Weise; so; unter den gegenwärtigen Umständen; at the* ~~ *of zum Kurse von; mit e-r Geschwindigkeit von; at a low, high* ~~ *zu e-m niedrigen, hohen Kurs od* (Gebühren-)Satz; *at a terrific* ~ mit wahnsinniger Geschwindigkeit; *to be ~ed as* eingeschätzt werden als; *asked, buying* ~~ Brief-, Geldkurs *m*; *assessment, tax* ~~ Steuersatz *m*; *basic salary* ~~ Grundgehalt *n*; *birth* ~~ Geburtenziffer *f*; *church* ~~ Kirchensteuer *f*; *clearing* ~~ Verrechnungskurs *m*; *death* ~~ Sterbeziffer *f*; *dog* ~~ Hundesteuer *f*; *first-*~~ erstklassig; *flat* ~~ Pauschalsatz *m*; *forced* ~~ Zwangskurs *m*; *inofficial* ~~ Freiverkehrs-, außerbörsliche(r) Kurs *m*; *market* ~~ Börsen-, amtliche(r) Kurs *m*; *marriage* ~~ Heiratsziffer *f*; *maximum, minimum* ~~ Höchst-, Mindestsatz *m*; *mortality* ~~ Sterblichkeitsziffer *f*; *preferential* ~~ Vorzugstarif *m*; *subscription* ~~ Abonnementspreis *m*; *supplementary* ~ Zuschlag *m*; *telephone* ~~ Grundgebühr *f*; *water* ~~ Wassergeld *n*; ~~*-aided (a)* von der Gemeinde gefördert; ~~-book Preisliste; Steuerrolle *f*; ~~-card Anzeigentarif *m*; ~~ *of climb* Steiggeschwindigkeit *f*; ~~ *of conversion* Umrechnungskurs *m*; ~~-cutting Tarifkürzung *f*; ~~d load Nennleistung *f*; ~~ *voltage* Nennspannung *f*; ~~ *of the day* Tageskurs *m*, -notierung *f*; ~~ *of discount* Diskontsatz *m*; ~~ *of duty* Zollsatz *m*; ~~ *of exchange* Wechselkurs *m*; ~~ *of insurance* Versicherungsprämie *f*; ~~ *of interest* Zinssatz, -fuß *m*; ~~ *of living* Lebenshaltung *f*, -standard *m*; ~~-office (Gemeinde-)Steueramt *n*; ~~-payer Steuerzahler *m*; ~~ *of subscription* Bezugspreis *m*; Teilnehmergebühr *f*; ~~ *of wages* Lohnsatz *m*; **2.** *tr* ausschimpfen, heruntermachen (*for* wegen); *itr* schimpfen, wüten, toben (*at* gegen); **-ing** ['-iŋ] **1.** (Ein-)Schätzung, Bewertung, Bemessung; Einstufung; *Am* Note, Zensur; Heranziehung zu e-r Umlage, Besteuerung; Erhebung *f* e-r Umlage; Umlagen-, Steuerbetrag *m*;

Einteilung *f* in (Rang-)Klassen; *mar* Rang, (Dienst-)Grad; *mar* Mannschaftsdienstgrad *m*; *tech* Leistung(sfähigkeit) *f*; *credit* ~~ Einschätzung *f* der Kreditwürdigkeit; ~~ *assessment* Umlagenverteilung *f*; **2.** Schimpfen *n*; strenge(r) Tadel, Verweis *m*.

ratch [rætʃ] Sperrstange, -klinke, -vorrichtung *f*; **-et** ['-it] Ratsche, Knarre; (~~ *release*) (Sperrad-)Auslösung *f*; ~~-wheel Sperrad *n*;

rather ['rɑːðə] *adv* lieber; eher; richtiger, genauer, besser; im Gegenteil, dagegen, vielmehr; fast, beinahe, ziemlich, nicht wenig; *fam* (als Antwort) klar, natürlich, selbstverständlich; *the* ~ that um so mehr, als; *I would, I had* ~ ich würde, hätte lieber, eher; *a* ~ *failure* fast ein Reinfall.

ratif|ication [rætifi'keiʃən] Billigung, Genehmigung; Bestätigung; *pol* Ratifizierung, Ratifikation(surkunde) *f*; **-y** ['rætifai] *tr* billigen, genehmigen; anerkennen, bestätigen, ratifizieren.

ratio ['reiʃiou] *pl -os* (zahlenmäßiges, Größen-, Stärke-)Verhältnis *n a. math*; math Quotient; Anteil *m*; *tech* Übersetzungsverhältnis *n*; *in the* ~ *of 2 to 3* im Verhältnis 2 zu 3; *in the inverse* ~ im umgekehrten Verhältnis; *current* ~ Liquiditätsgrad *m*; ~ *of distribution* Verteilungsschlüssel *m*; **-cination** [rætiɔsi'neiʃən] Schlußfolgerung *f*, (logischer) Schluß *m*.

ration ['ræʃən] *s* Ration; Zuteilung *f*; *mil* (~ *scale*) (Tages-)Verpflegungssatz *m*; *pl sl* mil Nahrung(smittel *n pl*) *f*; *tr mil* verpflegen, versorgen; *com* einteilen, rationieren, bewirtschaften; *on the* ~ rationiert; *to be on short* ~s auf schmale Kost gesetzt sein; *to put s.o. on* ~s jdn auf Rationen setzen; *out of* ~s jdn von der Verpflegung absetzen; *iron* ~ eiserne Ration *f*; ~s *in kind* Naturalverpflegung *f*; ~ **allowance** Verpflegungsgeld *n*; ~-book, -card Lebensmittelkarte *f*; *clothing* ~ Kleiderkarte *f*; **-depot, -dump** Verpflegungslager *n*; ~ **distribution point** Verpflegungsausgabestelle *f*; **-ing** ['-iŋ] Zuteilung; Rationierung, Bewirtschaftung *f*; **-party** Essenholer *m pl*; **-strength** *mil* Verpflegungsstärke *f*; ~ **ticket** Lebensmittelmarke *f*.

rational ['ræʃənl] vernunftgemäß, vernünftig, verständig, rational, Vernunft-; denkfähig; zweckmäßig, rationell; *math* rational; **-e** [ræʃiə'nɑːliː] logische Grundlage; vernünftige Erklärung *f*; **-ism** ['ræʃnəlizm] Rationalismus *m*;

~ist [-ist] Rationalist m; **~istic** [ræʃnə-'listik] rationalistisch; **~ity** [ræʃə'næliti] Vernunft; Vernünftigkeit; Denkfähigkeit f; **~ization** [ræʃnəlai'zeiʃən] Rationalisierung, wirtschaftlichere Gestaltung f; *industrial* **~** betriebswirtschaftliche Rationalisierung f; **~ize** ['ræʃnəlaiz] tr mit der Vernunft in Einklang bringen; rational erklären; com rationalisieren, wirtschaftlicher gestalten; math die Wurzel(n) auflösen (an equation e-r Gleichung).

rat-tat(-tat) ['ræt'tæt, '-tətæt] s Knallen, Geknatter n; itr klopfen, knattern.

rattl|e ['rætl] itr klappern, rattern, rasseln, knarren, poltern; röcheln; klopfen (at an); plappern, fam quasseln (on über); to **~ down** herunterprasseln; to **~ on** daherplappern; tr klappern, rasseln mit; mus (to **~ off**) herunterrasseln; rütteln (the doorknob an der Tür); Am fam durchea.-, aus dem Konzept bringen; auf die Palme bringen; (to **~ through**) (Gesetz) durchpeitschen; s Geklapper, Gerassel, Gepolter, Röcheln; Geplapper, fam Gequassel n; (Kinder-)Klapper, Rassel, Schnarre f; to get s.o. **~ed** ins aus dem Konzept bringen; **~-box** (Am) Plappermaul n, fam Quasselstrippe; Schnarre f; bot Klappertopf m; **~-brain, -head, -pate** Hohlkopf, Windbeutel, fam Luftikus, Schwätzer m; **~-brained, -headed, -pated** (a) hohl(köpfig), dumm; windbeutelig, leichtsinnig; geschwätzig, schwatzhaft; **~-snake** Klapperschlange f; **~-trap** Klapperkasten m (altes Fahrzeug); sl Quasselstrippe f, Quatschmaul n; sl Fresse f, Maul n; pl Tand, Krimskrams m, Klamotten f pl; **~er** ['-ə] Schwätzer m, Klatschmaul n, -base; sl Klappe f; (heftiger) Schlag, Stoß; (schwerer) Sturz m; fam prima Sache f, Pfundskerl m; Am Klapperschlange f; Am fam (Güter-)Zug m; **~ing** ['-iŋ] a klappernd, ratternd, rasselnd; fam (Tempo) flott, lebhaft, rasend, toll; phänomenal, unglaublich; (Geschäft) florierend; adv mächtig, gewaltig, kolossal.

raucous ['rɔːkəs] rauh, heiser.

ravag|e ['rævidʒ] s Verwüstung, Verheerung, Zerstörung f a. fig; Ruin m; tr verwüsten, verheeren, zerstören; plündern; itr Verwüstungen anrichten (among unter); **~s of time** Zahn m der Zeit.

rav|e [reiv] itr med im Fieberwahn reden, phantasieren; fig schwärmen (about, of von); wüten, toben, rasen (about, at über; against gegen); (Meer) tosen, heulen; s Phantasieren n; Am fam überwältigende Begeisterung; Schwärmerei f, Gefasel n; Am sl Liebling m; **~ review** tolle Kritik f; völlige(r) Verriß m; **~ing** ['-iŋ] a phantasierend, faselnd; fam hinreißend, bezaubernd; adv: **~ mad** vollkommen übergeschnappt; s (oft pl) Fieberwahn m, Gefasel n.

ravel ['rævəl] tr verwickeln, verwirren; fig komplizieren, kompliziert machen; (to **~ out**) abwickeln, aufziehen, -trennen; zerfasern; fig entwirren; itr sich verwickeln, sich verwirren; fig kompliziert werden; aufgehen, zerfasern; (to **~ out**) ausfransen; fig sich aufklären; s lose(r) Faden m; fig Verwirrung; Schwierigkeit, Verwicklung f; ausgefranste(s) Ende n; **~(l)ing** ['-liŋ] Aufziehen, -trennen n; aufgezogene(r) Faden m; **~ment** ['-mənt] Verwick(e)lung, Komplikation f.

raven ['reivn], a. **ravin** ['rævin] **1.** s (Kolk-)Rabe m; a rabenschwarz, schwarzglänzend; **2.** itr ['rævn] plündern, rauben; gierig (fr)essen; von Raub leben; e-n Heißhunger haben, sich sehnen (for nach); tr (gierig) verhinunterschlingen a. fig; s Raub m, Plünderung; Beute; Gefräßigkeit f; **~ous** ['rævinəs] räuberisch; raubgierig; gefräßig, heißhungrig; gierig (for nach); versessen (for auf).

ravine [rə'viːn] Schlucht, Klamm f.

ravish ['ræviʃ] tr fig hinreißen, entzücken; obs rauben, entführen, entreißen (from aus); obs vergewaltigen, schänden, entehren; **~er** ['-ə] Räuber; Schänder m; **~ing** ['-iŋ] a hinreißend, bezaubernd, entzückend; **~ment** ['-mənt] fig Hingerissenheit, Ekstase, Begeisterung f, Entzücken n; obs Entführung; Vergewaltigung, Schändung f.

raw [rɔː] a (Nahrung) roh; (Material) roh, unver-, unbearbeitet; (Alkohol) unverdünnt, rein; fig unausgebildet, unerfahren, ungeschult; ungebildet, unreif; (Haut) abgeschürft, wund, entzündet; (Wind, Wetter, Klima) rauh, unwirtlich, naßkalt; fam unanständig; sl roh, grob; s wunde, entzündete Stelle f; pl com Rohstoffe m pl; *in the **~*** im Naturzustand; unverändert, unbearbeitet; Am sl nackt; *to touch s.o. on the **~*** (fig) jds wunden Punkt berühren; jdn an der empfindlichsten Stelle treffen; **~-boned** a grobknochig, hager, mager; **~ deal**

raw hide

fam miserable, schlechte Behandlung *f*; *he got, he was handed a ~~* ihm wurde übel mitgespielt; **~ hide** Rohhaut; Reitpeitsche *f*; **~ material** Rohmaterial *n*, -stoff *m*; **~~ market,** shortage Rohstoffmarkt *m*, -knappheit *f*; **~ness** ['-nis] Roheit *f*; Rohzustand *m*; *fig* Reinheit; Unerfahrenheit, Unreife; Rauheit, Rauhigkeit *f*; *med* Wundsein *n*; **~ silk** Rohseide *f*; **~ spirit** reine(r) Alkohol *m*; **~ steel** Rohstahl *m*; **~ sugar** Roh-, braune(r) Zucker *m*.

ray [rei] **1.** *s* (Licht-)Strahl *a. fig*; Lichtstreifen; (schwacher) Schimmer; *phys* Strahl *m*; *fig* Spur *f*, Schimmer *m*; *itr* (aus)strahlen *a. fig*; *tr* ausstrahlen *a. fig*; *phys med* bestrahlen; mit Strahlen verzieren; *Am fam* ein Röntgenbild machen von; *heat-~s (pl)* Wärmestrahlen *m pl*; *X-~s (pl)* Röntgenstrahlen *m pl*; *a ~ of hope* ein Hoffnungsschimmer, Lichtstreifen *m* am Horizont; **~less** ['-lis] ohne Strahlen; dunkel, düster; **~~treatment** *med* Bestrahlung *f*; **2.** *s zoo* Rochen *m*; *electric ~* Zitterrochen *m*.

rayon ['reiən] Kunstseide *f*, Reyon *m* od *n*; **~ staple** Zellwolle *f*.

raze, rase [reiz] *tr* völlig zerstören, dem Erdboden gleich machen; *mil* schleifen; *fig (aus dem Gedächtnis)* (aus)tilgen, -löschen, -merzen.

razor ['reizə] *s* Rasiermesser *n*; *on the ~'s edge (fig)* auf des Messers Schneide; *to strop o.'s ~* das Rasiermesser abziehen; *electric ~* elektrische(r) Rasierapparat *m*; *(safety) ~* Rasierapparat *m*; *tr: a well-~ed chin* ein glattes Kinn *n*; **~~back** *zoo* Finnwal *m*; *Am (Südstaaten)* Wildschwein *n*; *Am sl* (Hand-)Arbeiter *m*; **~~backed** *a* scharfkantig; mit hervorstehendem Rückgrat; **~~blade** Rasierklinge *f*; **~~edge** scharfe Schneide *f*; scharfe(r) Bergkamm; *fig* kritische(r) Punkt *m*; **~~strop** Streichriemen *m*.

razz [ræz] *sl tr* durch den Kakao ziehen, aufziehen, lächerlich machen; *itr* witzeln, spotten; *s* verächtliche Mundbewegung *f*; Rüffel *m*.

razzia ['ræziə] Raubzug *m* (*on* auf).

razzle-dazzle ['ræzldæzl] *s sl* Rummel *m*, Remmidemmi *n*, Besäufnis, Sauferei *f*; *Am sl* Durcheinander *n*, Trubel; Schwindel *m*; *a* glänzend, toll; *to go on the ~* sich ins Vergnügen stürzen.

re [ri:] **1.** *s mus* D *n*; re *n*; **2.** *prp (s: in ~) (Schriftverkehr)* mit Bezug auf, betreffend; *jur* in Sachen; **3.** *pref* zurück; wieder, noch einmal.

reach [ri:tʃ] *tr (to ~ out)* (dar)reichen, hinhalten, ausstrecken; (herüber)reichen, geben; herankommen an, (hin)reichen bis (zu); *(Gerücht)* dringen bis zu; ergreifen, berühren, treffen; erreichen, erlangen; einholen; treffen, erzielen *(an agreement* e-e Vereinbarung); kommen nach, ankommen in; Verbindung haben mit, Beziehungen haben zu, in Berührung, in Kontakt kommen mit; *typ (e-e Auflage)* erleben; *(e-n Schlag)* versetzen; *fig* begreifen, erfassen; *itr* die Hand, den Fuß ausstrecken; greifen, *fam* langen *(for, after* nach; *into o.'s pocket* in die Tasche); reichen, gehen, sich erstrecken *(to* bis; *into* bis in ... hinein); gelangen *(to* nach); sich belaufen *(to* auf); zu erreichen, zu erlangen suchen, erstreben, etw (geistig) zu erfassen versuchen *(after* s.th. etw); *(to ~ down)* herunterreichen; *to ~ out, forth* ausstrecken; *to ~ up to* reichen bis zu; *s* Ausstrecken *n*; Berührung; Erreichung; Reich-, Tragweite *f*, Fassungsvermögen *n*, -kraft *f*; Bereich *m* od *n*, Spielraum *m*; Strecke (Weg); Strecke Land, Landzunge; Flußstrecke *f*, Meeresarm *m*; *as far as the eye can ~* soweit das Auge reicht; *out of ~* unerreichbar; *within ~* in Reichweite; erschwinglich; *to be beyond the ~ of s.o.* für jdn unerreichbar sein; nicht in jds Macht stehen; *to be within easy ~ of* leicht zu erreichen, nicht weit (entfernt) sein von; *to be ~ed* erfaßt werden *(by von)*; *to ~ a high price* e-n hohen Preis erzielen; *he was beyond the ~ of human help* niemand konnte ihm (mehr) helfen; *to have a long ~ (fig)* e-n langen Arm haben; **~able** ['-əbl] erreichbar; **~less** ['-lis] unerreichbar; **~~me-down** *s fam* Anzug *m*, Kleid *n* von der Stange; *pl* Konfektion(sware) *f*; *a* billig; Konfektions-; von der Stange.

react [ri(:)'ækt] *itr* zurückwirken *(on, upon* auf; *against* gegen); in der entgegengesetzten Richtung wirken; entgegenarbeiten; zurückgehen; reagieren *(to* auf) *a. chem*; **~ance** [-əns] *el* Reaktanz *f*, Blindwiderstand *m*; **~ion** [-'ækʃən] Rück-, Gegenwirkung *f (against* gegen); Rückschlag; Gegendruck; Rückschritt *m*; Reaktion *(to, on* auf) *a. pol u. chem physiol psychol*; *fig* Stellungnahme *f*, Verhalten *n*, Einstellung *f*; *el* Rückkoppelung *f*; *mil* Gegenstoß, -schlag; *(Waffe)* Rückstoß *m*; **~~ time** *(psychol)* Reaktionszeit *f*; **~ionary** [-'ækʃnəri] *a pol*

reaktionär, rückschrittlich; *com* rückläufig; *s* Reaktionär *m*; **~ivate** [-'æktiveit] *tr* reaktivieren; **~ive** [-'æktiv] rückwirkend; reagierend (*to* auf); empfänglich (*to* für); *el* Blind-; **~or** [-'æktə] *el radio* Drossel(spule) *f*; *phys* Reaktor *m*; *nuclear* ~~ Kernreaktor *m*.

re-act [ri(:)'ækt] *tr theat* wieder aufführen.

read [ri:d] *irr* read, read [red] *tr* lesen; ver-, vorlesen (*to s.o.* jdm); (*Buch*) aus-, durchlesen; (*to ~ off*) ablesen; entziffern; *fig* ablesen (*in s.o.'s face* aus jds Gesicht); auslegen, deuten, interpretieren; verstehen (*as* als); hineinlesen (*in*, *into* in); (*die Zukunft*) vorhersagen; (*Rätsel*) lösen; hören, erfahren; *Br* studieren; (*als Lesart*) haben, lauten; (*Meßgerät*) anzeigen; *Am sl* durchschauen, sorgfältig prüfen; *itr* (laut) lesen; hören, erfahren (*about*, *of* von); lernen, studieren; Vorlesungen halten; sich vorbereiten (*for s.th.* auf etw); lauten; sich lesen (lassen) (*like* wie); *s* Lesen *n*, Lektüre; Zeit *f* zum Lesen; *to ~ between the lines* zwischen den Zeilen lesen; *to ~ a will* ein Testament eröffnen; *to have a quiet ~* Zeit zum ruhigen Lesen haben; *to ~* **on** weiterlesen; *to ~* **out** laut lesen; *to ~* Ende lesen; *to ~* **over**, *to ~* **through** durchlesen; *to ~* **up** sich einarbeiten (*on* in); **~able** ['ri:dəbl] lesbar; **~er** ['-ə] Leser; Vorleser *a. rel* (Verlags-)Lektor; *typ* Korrektor; Dozent, außerordentliche(r) Professor; Ableser *m* (*von Meßgeräten*); Lesebuch; (Mikrofilm-)Ablesegerät *n*; *Am sl* Steckbrief *m*, Lizenz *f*; *pl Am sl* gezinkte Karten *f pl*; ~~*'s mark* Korrekturzeichen *n*; **~ership** ['-əʃip] Leserkreis *m*; Dozentur *f*; **~ing** ['-iŋ] *a* Lese-; *s* Lesen *n*, Lektüre *f*; Vorlesen *n*, Vorlesung *f*; Studium *n*; Belesenheit *f*; Lesestoff *m*, Lektüre; Lesart, Variante; Auslegung, Deutung, Erklärung, Interpretation; *parl* Lesung *f*; *tech* Ablesen *n*; (*Meßgerät*, *Zähler*) Stand *m*; *a book that makes a good* ~~ ein interessantes, ein anregend geschriebenes Buch *n*; *proof ~~* Korrekturlesen *n*; ~~-*desk* Lesepult *n*; ~~-*glasses* (*pl*) Lesebrille *f*; ~~-*lamp* Leselampe *f*; ~~ *matter* Lesestoff *m*; ~~ *public* Leserschaft *f*; ~~-*room* Leserau *m*, -zimmer *n*.

read|ily ['redili] *adv* bereitwillig, ohne Zögern, ohne weiteres; ohne anstandslos; gleich, sofort; (ganz) leicht, ohne Schwierigkeit; **~iness** ['redinis] Bereitschaft; Bereitwilligkeit, Geneigtheit; Geschicktheit, Gewandtheit, Wendigkeit; Fertigkeit; Schnelligkeit, Fixigkeit *f*; *to keep in ~~* bereithalten; ~~ *of mind* Geistesgegenwart *f*; **~y** ['redi] *a* (*Person* od *Sache*) bereit, fertig (*for* für; *to* zu); prompt; *mar* klar; (*Geld*) verfügbar, flüssig; bereit, willens, willig, geneigt (*to* zu); (*Markt*) aufnahmebereit; geschickt, gewandt, wendig; schnell, rasch, flink, fix; griffbereit, zur Hand, zur Verfügung (stehend), bequem; *adv* mit *pp* fertig; *s* (*Gewehr*) Anschlag *m*; *the ~~* das Bargeld, die Kasse; *tr to make ~* vorbereiten, fertigmachen; *to ~~ o.s.* sich vorbereiten, sich fertigmachen; *to find a ~~ market* (*com*) gut gehen, rasch Absatz finden; *at the ~~* (*Sache*) in Bereitschaft, bereit, *fam* gezückt; (*Gewehr*) schußbereit, in Anschlag; *I feel ~~ for dinner* mich plagt der Hunger; *he's always ~~ with an excuse* er ist immer mit e-r Entschuldigung bei der Hand; ~~ *for judg(e)ment* (*jur*) spruchreif; ~~ *for printing* druckreif; ~~ *for sea* seeklar; ~~ *for take-off* (*aero*) startklar; ~~ *for working* betriebsfertig; ~~ *cash*, *money* Bargeld *n*, -zahlung *f*; ~~-*made* (*a*) Konfektions-(*Kleidung*) *fig* Klischee-, stereotyp; unoriginell, unpersönlich; ~~ *reckoner* Rechentabelle *f*; ~~-*room* (*aero*) Bereitschaftsraum *m* (*für fliegendes Personal*); ~~-*to-eat* kochfertig; ~~-*to-wear* *a* Konfektions-(*Kleidung*); ~~-*witted* (*a*) von schneller Auffassungsgabe, schlagfertig.

readjust ['ri:ə'dʒʌst] *tr* wieder in Ordnung bringen; neu ordnen; *tech* nachstellen; **-ment** ['-mənt] Neuordnung, -orientierung; Reorganisation; Sanierung *f*.

readmi|ssion ['ri:əd'miʃən] Wiederzulassung *f* (*to* zu); **-t** ['-'mit] *tr* wiederzulassen (*to* zu); **-ttance** ['-əns] Wiederzulassung *f*.

reaffirm ['ri:ə'fə:m] *tr* nochmals versichern; erneut bestätigen; **-ation** [-æfə:'meiʃən] nochmalige Versicherung *f*.

reafforest ['ri:æ'fɔrist] *tr* wiederaufforsten; **-ation** [-æfɔris'teiʃən] Wiederaufforstung *f*.

reagent [ri(:)'eidʒənt] *chem* Reagens *n*; *fig* Wirkung *f* (*against* gegen).

real ['riəl] *a* wirklich, tatsächlich, real, wahr, effektiv; echt, authentisch; (*Blumen*) natürlich; *jur* dinglich, Sach-; unbeweglich; Grund-, Land-; *phys* reell; *adv Am fam* mächtig, gewaltig, kolossal; *the ~ McCoy* das Eigentliche, Echte, Unübertreffliche;

it's the ~ thing das ist das einzig Wahre; **~ action** *jur* dinglinche Klage *f*; **~ assets** *pl*, **earnings** *pl* Realeinkommen *n*; **~ estate** Grundbesitz *m*, -vermögen *n*, Immobilien, Liegenschaften *pl*, Grund u. Boden *m*; **~-estate** *attr*: **~~ agent, broker** Grundstücksmakler *m*; **~~ mortgage** Hypothek *f*; **~~ price** Grundstückspreis *m*; **~~ recording-office** (*Am*) Grundbuchamt *n*; **~~ register** (*Am*) Grundbuch *n*; **~~ security** hypothekarische Sicherheit *f*; **~ injury** Körperverletzung *f*; **~ investment** Sachanlage *f*; **~ism** ['-izm] Realismus *m*; **~ist** ['-ist] Realist *m*; **~istic** [riə'listik] realistisch; sachlich, wirklichkeitsnah, nüchtern, praktisch; **~ity** [ri(:)'æliti] Wirklichkeit, Realität *f*; *in* **~~** in Wirklichkeit; **~izable** ['riəlaizəbl] aus-, durchführbar, realisierbar; erkennbar, verständlich; *fin* realisierbar, verkäuflich, flüssig zu machen(d); kapitalisierbar; verwertbar; (*Börse*) börsengängig; **~ization** [riəlai'zeiʃən] Verwirklichung, Realisation; Einsicht *f*, Verständnis *n* (*of* gen); Vorstellungskraft; lebendige Vorstellung, *com* Flüssigmachung, Liquidation; Verwertung *f*, Verkauf *m*, Glattstellung; Kapitalisierung *f*; **~ize** ['riəlaiz] *tr* verwirklichen, wirklich machen, realisieren, in die Tat umsetzen; einsehen, verstehen, erkennen, sich vergegenwärtigen, (er-)fassen; sich lebhaft vorstellen; *fin* flüssig, zu Geld machen, veräußern; glattstellen; (*Gewinn*) erzielen, machen, *fam* einstecken; **~ly** ['riəli] *adv* wirklich, tatsächlich, in Wirklichkeit, in der Tat, wahrhaftig; eigentlich; **~ property** = **~ estate**; **~ servitude** Grunddienstbarkeit *f*; **~ silk** Naturseide *f*; **~tor** ['-tə] *Am* Grundstücksmakler *m*; **~ty** ['-ti] = **~ estate**; **~ value** Sachwert *m*; **~ wages** *pl* Reallohn *m*.

realm [relm] Königreich *n*, Sphäre *f*, Bereich *m od. n*, Gebiet *n*.

ream [ri:m] **1.** Ries *n* (*480 od 516 Bogen*); *pl fam* e-e (ganze) Menge, e-e Masse; **2.** *tr* (*to ~ out*) (*Loch, Öffnung*) erweitern; (aus)räumen; (*Zitrone, Apfelsine*) ausdrücken, -pressen; **~er** ['-ə] Reibahle *f*.

reanimat|e [ri:'ænimeit] *tr* ins Leben zurückrufen, wieder ins Leben rufen; *fig* wieder, neu beleben.

reap [ri:p] *tr* (*Getreide*) schneiden, mähen; (ein)ernten; (*Acker*) abernten; (*Nutzen*) ziehen; *fig* ernten; *itr* ernten *a. fig*; *to sow the wind and ~ the whirlwind* (*fig*) Wind säen u. Sturm ernten; *to ~ where one has not sown* (*fig*) ernten, wo man nicht gesät hat; **~er** ['-ə] Schnitter, Mäher *m*; Mähmaschine *f*; *the (Grim) R~~* der Schnitter Tod; **~~binder** Mähbinder *m*; **~ing-hook** Sichel *f*; **~ing-machine** Mähmaschine *f*.

reappear ['ri:ə'piə] *itr* wiedererscheinen; **~ance** ['-rəns] Wiedererscheinen *n*.

reappl|ication ['ri:æpli'keiʃən] Wiederanwendung *f*; erneute(s) Gesuch *n*; **~y** ['ri:ə'plai] *tr* wieder anwenden; erneut einreichen; *itr* sich erneut bewerben (*for* um).

reappoint ['ri:ə'point] *tr* wiederanstellen; **~ment** ['-mənt] Wiederanstellung, -ernennung *f*.

rear [riə] **1.** hintere(r), rückwärtige(r) Teil *m*; Rückseite *f*; Hintergrund; *fig* Schwanz *m* (*e-r Schlange*); *mil* die rückwärtigen Linien *od* Stellungen *f pl* (*~-guard*) Nachhut *f*, *fam* Hinterteil; *fam* Klo *n*; *in the ~* hinten; *to attack, to take in (the) ~* von hinten angreifen; *to be in the ~, to bring up the ~* der letzte sein, den Schluß bilden; **~-admiral** *mar* Konteradmiral *m*; **~ army area** rückwärtige(s) Armeegebiet *n*; **~-axle** Hinterachse *f*; **~~ drive** Hinterradantrieb *m*; **~ communications** *pl mil* rückwärtige Verbindungen *f pl*; **~ cover** Rückendeckung *f*; **~ drive** *mot* Heckantrieb *m*; **~ engine** *mot* Heckmotor *m*; **~ gunner** Heckschütze *m*; **~-lamp, -light** *mot* Rücklicht *n*; **~most** hinterst, letzt; **~ party** Nachkommando *n*; **~ position** *mil* rückwärtige, Auffangstellung *f*; **~ rank** *mil* hintere(s) Glied *n*; **~ sight** (*Geschütz*) Aufsatz *m*; (*Gewehr*) Kimme *f*; **~ view mirror** Rückspiegel *m*; **~ wall** Rückwand *f*; **~-ward** ['-wə(:)d] *a* hinter, rückwärtig; *adv a.* **~~s** rückwärts, zurück; nach hinten; **~ wheel** Hinterrad *n*; **~-window** *mot* Rückfenster *n*; **2.** *tr* aufrichten, heben; errichten, (er-)bauen; *agr* ziehen, züchten; (*Kind*) auf-, erziehen; *itr* (*Pferd*) sich (auf-)bäumen; (*to ~ up*) (*im Zorn*) auf-, hochfahren; (*Berg*) sich erheben.

rearm ['ri:'ɑ:m] *tr* wiederbewaffnen; *itr* (wieder)aufrüsten; **~ament** ['-ə-mənt] (Wieder-)Aufrüstung *f*.

rearrange ['ri:ə'reindʒ] *tr* neu (an)ordnen; umgruppieren; **~ment** [-mənt] Neuordnung; neue Anordnung; Umwandlung; Änderung; *chem* Umlagerung *f*.

reason ['ri:zn] s Vernunft f; Verstand m; Vernünftigkeit, Verständigkeit, Einsicht f, gesunde(r) Menschenverstand m; Erklärung, Begründung f (of für); Grund m, Ursache f, Anlaß m (of für; for doing s.th. etw zu tun); itr logisch denken; Schlußfolgerungen, Schlüsse ziehen (from aus); vernünftig denken od urteilen od reden (on, about über); gut zureden (with s.o. jdm); tr untersuchen, durchdenken, überlegen; folgern (that daß); begründen; erörtern, diskutieren (with mit); überzeugen (into von); abbringen (out, of von); ausreden (s.o. out of s.th. jdm etw); einreden (s.o. into s.th. jdm etw); to ~ away wegdiskutieren; by ~ of wegen; auf Grund gen; for this ~ aus diesem Grunde; for no particular ~ aus keinem besonderen Grund; in ~ begründetermaßen; in vernünftiger Weise; out of all ~ (ganz) unvernünftig, sinnlos; völlig unberechtigt; with ~ mit (Fug u.) Recht; without rhyme or ~ ohne Sinn u. Verstand; without any ~? grundlos; the ~ why weswegen; deswegen; to bring to ~ zur Vernunft bringen; to give a ~ ein Grund angeben; to listen to ~ Vernunft annehmen; to lose o.'s ~ den Verstand verlieren; to stand to ~ Sinn u. Verstand, Hand u. Fuß haben; einleuchtend sein; there is ~ to believe that es besteht Grund zur Annahme, daß; for what ~? aus welchem Grund? **~able** [-əbl] vernünftig; verständig, verständnisvoll; sinnvoll; (Frist) angemessen; (Zweifel) berechtigt; (sich) in (vernünftigen) Grenzen, in Maßen (halten), nicht übertrieben, mäßig; (Preis) vernünftig, tragbar, angemessen, gangbar, annehmbar; (Forderung) billig; **~ableness** ['-əblnis] Vernünftigkeit; Verständigkeit; Annehmbarkeit f; **~ably** ['-əbli] adv vernünftig(erweise); einigermaßen, leidlich, ziemlich; **~ing** ['-iŋ] s Folgern, Urteilen n; Schlußfolgerungen f pl, Beweisführung f; Urteilskraft f, -vermögen n; (Vernunft-)Gründe m pl; a vernunftbegabt.

reassembl|e ['ri:ə'sembl] tr itr (sich) wieder versammeln; tr tech wieder zs.setzen; **~y** [-i] parl Wiederzs.tritt m.

reassert ['ri:ə'sə:t] tr wieder, aufs neue behaupten; wieder geltend machen.

reassign ['ri:ə'sain] tr wieder abtreten, zurückübertragen; wieder zuteilen.

reassur|ance [ri:ə'ʃuərəns] Beruhigung; erneute Versicherung; Rückversicherung f; **~e** [-'ʃuə] tr (wieder) beruhigen; aufs neue versichern; fin wieder versichern; rückversichern; **~ing** [-riŋ] beruhigend.

rebapt|ism ['ri:'bæptizm] Wiedertaufe f; **~ize** ['ri:-bæp'taiz] tr noch einmal taufen; umtaufen, -benennen.

rebate ['ri:beit] **1.** s (Preis-)Nachlaß, Abschlag, Abzug m, Ermäßigung, Verbilligung f, Rabatt m (on auf); (Bank) Bonifikation f; tr [ri:'beit] tr (Preis) herabsetzen, verringern, vermindern; **2.** s ['ræbit] u. v [ri:'beit] = rabbet.

rebel ['rebl] s Rebell, Aufrührer, Aufständische(r) m; a aufrührerisch, aufständisch; Rebellen-; tech spröde; itr [ri'bel] itr sich empören, rebellieren (against gegen) a. fig; **~lion** [ri'beljən] Empörung, Rebellion f, Aufruhr, Aufstand m (against gegen); **~lious** [ri'beljəs] aufrührerisch, aufständisch; rebellisch, widersetzlich; widerspenstig.

re|birth ['ri:'bə:θ] Wiedergeburt f a. fig; **~born** ['-'bɔ:n] wiedergeboren a. fig.

rebound [ri'baund] itr ab-, zurückprallen; fig zurückfallen (on, upon s.o. auf jdn); fig (Gesundheit) wiederhergestellt werden; (Lebensgeister, -mut) zurückkehren; s Rückprall (from von); fig Rückschlag, Umschwung m, Reaktion f; to catch, to take s.o. at, on the ~ jdn (nach e-m Fehlschlag) vom Gegenteil überzeugen.

rebuff [ri'bʌf] s Zurückweisung; (schroffe) Ablehnung, Abfuhr f; tr abweisen, fam e-e Abfuhr erteilen (s.o. jdm); (Person, Sache) ab-, zurückweisen; (Sache) ablehnen; to meet with a ~ e-e Zurückweisung erfahren (from von).

rebuild ['ri:'bild] irr s. build; tr wieder auf-, zs.bauen.

rebuke [ri'bju:k] tr zurechtweisen, tadeln, fam abkanzeln (s.o. for s.th. jdn wegen etw); s Zurechtweisung f, Tadel m, fam Zigarre f.

rebus ['ri:bəs] Bilderrätsel n, Rebus m od n.

rebut [ri'bʌt] tr zurückweisen, ablehnen; widerlegen; (Vermutung) entkräften; **~tal** [-l] jur Widerlegung; Entkräftung f; Gegenbeweis m; **~er** ['-ə] Ablehnende(r) m; jur Quadruplik f.

recalcitr|ance, -cy [ri'kælsitrəns(i)] Widerspenstigkeit f, störrische(s) Wesen n; **~ant** [-t] widerspenstig, störrisch.

recall [ri'kɔ:l] tr zurückrufen; erinnern (to an); sich ins Gedächtnis zurückrufen, sich (wieder) erinnern an; zurücknehmen, -ziehen, widerrufen; com (auf)kündigen; ab-, zurückberufen; jur (Urteil) aufheben; mil wieder ein-

recant 817 **recension**

berufen; *s* Zurücknahme *f*, Widerruf *m*; *com* Aufkündigung; *Am* (Recht *n* der) Abberufung *f* (durch Volksentscheid); *mil* Signal *n* zum Sammeln; *tele* Rückruf *m*; *beyond, past* ~ unwiederbringlich, unwiderruflich; (völlig) vergessen; *until* ~*led* bis auf Widerruf.

recant [ri'kænt] *itr tr* (*bes.* öffentlich, feierlich)widerrufen; ~**ation** [ri:kæn-'teiʃən] Widerruf *m*.

recap ['ri:kæp] *tr* (*Reifen, Lauffläche*) runderneuern; vulkanisieren; *fam* kurz zs.fassen.

recapitulat|e [ri:kə'pitjuleit] *tr* kurz wiederholen, rekapitulieren; kurz zs.fassen; ~**ion** ['ri:kəpitju'leiʃən] kurze Wiederholung, kurze Zs.fassung *f*.

recapture ['ri:'kæptʃə] *tr* zurück-, wieder in Besitz nehmen; wieder besetzen; ins Gedächtnis zurückrufen; *s* Zurücknahme; Wiedererlangung; Wiederbesetzung *f*.

recast ['ri:'ka:st] *tr* umschmelzen, -gießen; *fig* umformen; um-, neu gestalten, umarbeiten; neu formulieren, umschreiben; nachrechnen, -zählen; überprüfen; *theat* neu besetzen; *s* Umschmelzung; Umformung, -arbeitung, Neugestaltung *f*; neue(r) Entwurf *m*; *theat* Neubesetzung *f*.

recce, reccy ['reki], **recco** ['rekou], **recon** ['rekɔn] *sl mil* (= *reconnaissance*) *s* Aufklärung, Erkundung *f*; *attr* Aufklärungs-; *tr* (= *reconnoitre*) aufklären, erkunden.

reced|e [ri(:)'si:d] *itr* zurückweichen, -treten; entschwinden; *fig* sich zurückziehen, zurücktreten (*from* von); Abstand nehmen (*from* von); verzichten (*from* auf); aufgeben (*from o.'s opinion* s-e Meinung); (*Preise*) nachgeben; (*to* ~ *into the background*) in den Hintergrund treten; (*aus dem Gedächtnis*) entschwinden; *a* ~*ing chin, forehead* ein fliehendes Kinn, e-e fliehende Stirn.

receipt [ri'si:t] *s* (Koch-)Rezept *n*; Empfang *m*, Annahme *f*, Erhalt *m*; Quittung, Empfangsbestätigung *f*; Beleg *m*; *pl* Einnahme(n *pl*) *f*, Eingänge *m pl*; eingehende Waren *f pl*; (*tax* ~*s*) Steueraufkommen *n*; *tr ir* quittieren; den Empfang bestätigen (*s.th.* e-r S); *against* ~ gegen Quittung; (*up*)*on* ~ bei Empfang, nach Eingang; gegen Quittung; *to acknowledge* ~ den Empfang bestätigen;*to give s.o. a* ~ jdm e-e Quittung ausstellen; *accountable* ~ Rechnungsbeleg *m*; *daily, day's* ~ Tageseinnahme, -kasse *f*; *date, day* *of* ~ Eingangsdatum *n*; *delivery* ~ Lagerschein *m*; *luggage-*~ Gepäckschein *m*; *net* ~*s* (*pl*) Nettoeinkommen *n*; Betriebsüberschüsse *m pl*; *return* ~ Rück-, Empfangsschein *m*; *warehouse-* ~ Lagerschein *m*; ~ *of money* Geldempfang, -eingang *m*; ~-**book** Rezept-, Quittungsbuch *n*; ~-**form** Quittungsformular *n*.

receiv|able [ri'si:vəbl] *a* annehmbar, zulässig; *com* (noch) zu zahlen(d), ausstehend, fällig; *pl Am* Außenstände *m pl*; *accounts* ~ (*pl*) Außenstände *m pl*, Forderungen, Aktivschulden *f pl*; *bills* ~ Wechselforderungen *f pl*; *mortgages* ~ Hypothekenforderungen *f pl*; ~**e** [ri'si:v] *tr* erhalten, bekommen; empfangen, in Empfang nehmen; (*Besucher*) bewillkommnen; an-, auf-, einnehmen; entgegen-, hinnehmen; (*Geld*) vereinnahmen; (*Gehalt*) beziehen; hinnehmen müssen, erfahren, erleiden; vernehmen, anerkennen; *jur* hehlen; *itr* Besuch empfangen; *rel* das Abendmahl empfangen; ~**ed** [-d] *a* erhalten, empfangen; (allgemein) anerkannt, herrschend; echt, gültig, vorschriftsmäßig; *when* ~ nach Erhalt; ~**er** [-ə] Empfänger, Adressat; (Steuer-)Einnehmer; Hehler; (~ *in bankruptcy*) Zwangs-, Konkursverwalter; Liquidator; Treuhänder; *tech* Behälter; *chem* Rezipient; *tele* Hörer; *radio video* Empfänger *m*; *head-*~ (*radio*) Kopfhörer *m*; *hook of the* ~ Hörergabel *f*; ~ *of a loan* Darlehensnehmer *m*; ~ *of stolen goods* Hehler *m*; ~-*shell* (*tele*) Hörermuschel *f*; ~**ership** [-əʃip] Zwangs-, Konkursverwaltung *f*; (*temporary* ~) Geschäftsaufsicht *f*; *under* ~ in Konkurs; ~**ing** [-iŋ] Ab-, Annahme *f*, Empfang *m a. radio*; (~ *department*) Warenannahmestelle; *jur* Hehlerei *f*; ~~~-*office* Annahmestelle *f*; ~~~-*order* Konkurseröffnungsbeschluß *m*; ~~~-*room* (*radio*) Empfangsraum *m*; *com* Wareneingangsstelle *f*; ~~~-*set* (*radio video*) Empfänger *m*, Empfangsgerät *n*; ~~~-*station* Empfangsstation *f*.

recen|cy ['ri:snsi] Neuheit *f*; ~**t** ['-t] *a* neu, frisch, jung, modern; (*Nachrichten*) letzt; *ours is a* ~ *acquaintance* wir kennen uns erst seit kurzem; ~**tly** ['-tli] *adv* neulich, kürzlich, vor kurzem, unlängst, *lit* jüngst; *until quite* ~ bis vor kurzem; ~**tness** ['-tnis] Neuheit *f*.

recension [ri'senʃən] (Text-)Revision, kritische Durchsicht *f*; kritisch durchgesehene(r), revidierte(r) Text *m*.

recept|acle [ri'septəkl] Behälter m, Gefäß n; el Stecker m, Steckdose f; bot (floral ~~) Blütenboden m; **~ible** [ri'septibl] aufnahmefähig; **~ion** [ri'sepʃən] Aufnahme f, Empfang m; An-, Hinnahme, Billigung; Zulassung f; tele radio Empfang m; fig Aufnahmefähigkeit f; to give s.o. a warm ~~ jdm e-n warmen Empfang bereiten; to meet with a favo(u)rable ~~ günstig aufgenommen werden; state ~~ Staatsempfang m; ~~ area, camp, centre Aufnahmegebiet, -lager, -zentrum n; ~~clerk (Am) Empfangschef m; ~~desk Empfang(sbüro n) m; ~~ hall Empfangshalle f; ~~office Empfangsbüro n; ~~ order (med) Entmündigungsbeschluß m; ~~room Empfangsraum m, -zimmer n, Salon m; **~ionist** [-ʃənist] Empfangschef m, -dame; Sprechstundenhilfe f; **~ive** [ri'septiv] Empfangs-; empfangs-, aufnahmebereit; empfänglich (of für); **~iveness** [-ivnis], **~ivity** [risep'tiviti] Empfangs-, Aufnahmebereitschaft; Empfänglichkeit f (of für).

recess [ri'ses] s kurze Unterbrechung od Pause f; (Schul-, Gerichts-, Parlaments-)Ferien pl; arch Vertiefung; Nische f, Alkoven m; geog Depression f; anat (kleiner) Hohlraum m, Vertiefung, Abgeschiedenheit f, Schlupfwinkel m; pl fig geheime Winkel m pl, Falten f pl; tr zurücksetzen; einsenken, aussparen, -schneiden; itr Am jur sich vertagen; **~ion** [-'seʃən] Zurücktreten, -weichen n; com Rückgang, Rückschlag m, Flaute, Rezession, Depression f; **~ional** [-'seʃənl] a Rücktritts-; parl Ferien-; s rel Schlußgesang m; **~ive** [ri'sesiv] zurückgehend, nachlassend; biol (Vererbung) rezessiv.

recidiv|ism [ri'sidivizm] jur (gewohnheitsmäßige) Rückfälligkeit f; **~ist** [-ist] rückfällige(r), Gewohnheitsverbrecher m; **~ous** [-əs] rückfällig.

recipe ['resipi] med pharm allg Rezept; fig Mittel n.

recipient [ri'sipiənt] s Empfänger m; a empfangsbereit, empfänglich.

reciproc|al [ri'siprəkl] a gegen-, wechselseitig, entsprechend; bes. math reziprok; s Gegenstück n, Ergänzung f; math reziproke(r) Wert, Kehrwert m; ~~ insurance Versicherung f auf Gegenseitigkeit; ~~ trade agreement Handelsabkommen n mit Meistbegünstigungsklausel; **~ate** [-keit] tr austauschen, wechseln; (Gefühle) erwidern (with mit); itr tech pendeln; fig e-n Gegendienst leisten; sich erkenntlich zeigen (for für; with mit); **~ating**: [-keitiŋ]: ~~ engine Kolbenmotor m; **~ation** [risiprə'keiʃən] tech Pendeln n; Wechselwirkung; Entsprechung f; Austausch m; Erwiderung f; **~ity** [resi'prositi] Wechsel-, Gegenseitigkeit a. pl; Wechselwirkung f.

recit|al [ri'saitl] Auf-, Hersagen n; Erzählung, Schilderung (der Einzelheiten); jur Darlegung des Sachverhalts; Wiedergabe f, Bericht; mus (Solo-)Vortrag m, Darbietung; Hörfolge f, Programm n; **~ation** [resi'teiʃən] Auf-, Hersagen n, Deklamation f, Vortrag m; Vortragsstück n; (Schule) Am Übungsstunde f, Abfragen n; ~~ room (Am) Klassenzimmer n; **~ative** [resitə'ti:v] s mus Rezitativ n; a mus rezitativ; deklamatorisch; **~e** [ri'sait] tr itr auf-, hersagen, deklamieren, vortragen; tr aufzählen; genau schildern, darstellen; **~er** [-ə] Rezitator, Deklamator, Vortragende(r) m; Vortragsbuch n.

reckless ['reklis] nachlässig, achtlos, sorglos, unbekümmert (of um); rücksichtslos, unverantwortlich; jur grob fahrlässig; **~ness** ['-nis] Nachlässigkeit, Unbekümmertheit (of um); Sorglosigkeit; Rücksichtslosigkeit; jur grobe Fahrlässigkeit f.

reckon ['rekən] tr zählen, (er)rechnen; be-, anrechnen, in Ansatz bringen (s.th. to s.o. jdm etw); com berechnen, kalkulieren; zählen (among, with zu); rechnen (among, with unter); einstufen, einschätzen, ansehen, betrachten (as als); halten (for für); einschätzen, beurteilen; itr zählen, gelten, etwas ausmachen; rechnen, sich verlassen (on, upon auf); (ab)rechnen (with mit); fam denken, meinen, annehmen, vermuten; to ~ for berücksichtigen; to ~ in einbeziehen; einrechnen; to ~ over nachrechnen; to ~ up aus-, zs.-rechnen; auf-, verrechnen; to ~ without o.'s host (fig) die Rechnung ohne den Wirt machen; to be ~ed gelten; **~er** ['-ə] Rechner m; (ready ~~) Rechentabellen f pl; **~ing** ['-iŋ] Zählung, (Be-)Rechnung f; Berechnungen, Vermutungen f pl; Ab-, Abrechnung; (zu bezahlende) Rechnung f; mar Besteck; (dead ~~) gegißte(s) Besteck n; to the best of my ~~ nach bestem Wissen u. Gewissen; to be out in o.'s ~~ sich verrechnet haben a. fig; to pay the ~~ die Rechnung bezahlen a. fig; fig die Suppe auslöffeln; day of ~~ Zahltag; rel Tag des Gerichts, Jüngste(r) Tag; pol Tag m der Abrechnung.

reclaim [ri'kleim] *tr* zurückgewinnen; *(Ödland)* kultivieren, urbar machen; *(Neuland)* gewinnen; *(aus Abfällen)* rückgewinnen; *tech* regenerieren; *(Tiere)* zähmen; *(Menschen)* bekehren; kulturell, sittlich heben *od* bessern; zurückbringen *(from* von); zurückfordern, herausverlangen; **~able** [-əbl] regenerier-, kultur-, (ver)besserungsfähig.

reclamation [reklə'meiʃən] Nutzbarmachung, Kultivierung, Urbarmachung; (Neu-)Gewinnung; *tech* Rückgewinnung; *Am* Berichtigung; *fig* kulturelle, sittliche Hebung, Besserung; *jur* Zurückforderung *f*; Einspruch, Einwand *m*, Beanstandung, Reklamation *f*.

recline [ri'klain] *tr itr* (sich) zurücklehnen *(on* auf; *against* gegen); (sich) niederlegen; *itr fig* sich verlassen *(on, upon* auf).

recluse [ri'klu:s, *Am* 're-] *s* Klausner, Eremit; Einsiedler *m*; *a* zurückgezogen lebend; eremitenhaft.

recogn|ition [rekəg'niʃən] (Wieder-)Erkennen *n*; Anerkennung *(e-r Leistung, e-s Staates)*; Bestätigung, Ratifizierung *f*; *beyond ~~* bis zur Unkenntlichkeit *(entstellt)*; *in ~~ of* als Anerkennung für; **~izable** ['rekəgnaizəbl] erkennbar, kenntlich, wiederzuerkennen(d); **~izance** [ri'kɔgnizəns] *jur* (schriftliche) Verpflichtung; Sicherheitsleistung, Kaution *f*; Schuldschein *m*; Anerkennung *f*; Geständnis *n*; *to enter into ~~s* Kaution stellen; **~ize** ['rekəgnaiz] *tr* wieder(er)kennen *(as* als); erkennen *(by* an); *(Leistung, Staat)* anerkennen; beachten, grüßen; *Am* das Wort erteilen *(s.o.* jdm).

recoil [ri'kɔil] *itr* sich zurückziehen; zurückfahren, -prallen; zurückschnellen; *fig* zurückfallen *(on, upon* auf); zurückschrecken *(from* vor); *s* Rückzug *m*; Zurückprallen, -schnellen *n*; *(Feuerwaffe)* Rückstoß *m*; *fig* Zurückschaudern *n (from* vor); Abscheu, Widerwillen *m (from* vor); **~less** [-lis] *(Geschütz)* ohne Rückstoß.

recollect [rekə'lekt] *tr itr* sich besinnen auf, sich erinnern an, ins Gedächtnis zurückrufen; **~ion** [-'lekʃən] Erinnerung *(of* an); *fig* Sammlung, Fassung *f*; *within my ~~* soweit ich mich erinnern kann; **~s of youth** Jugenderinnerungen *f pl*.

re-collect ['ri:kə'lekt] *tr* wieder (auf-, zs.)sammeln, wieder zs.bringen; *to re-collect o.s.* sich sammeln, sich fassen, wieder zu sich kommen.

recommence ['ri:kə'mens] *tr itr* wieder, neu anfangen *od* beginnen.

recommend [rekə'mend] *tr* (an)empfehlen *(for* für; *as* als; *to do zu tun*); vorschlagen, befürworten; raten *(s.th.* zu e-r S); anvertrauen *(to s.o.* jdm); **~able** [-əbl] empfehlenswert, zu empfehlen(d); **~ation** [rekəmen'deiʃən] Empfehlung, Befürwortung *f*; Vorschlag, Rat(schlag) *m*; *letter of ~~* Empfehlungsschreiben *n*; **~atory** ['-mendətəri] empfehlend; Empfehlungs-.

recommission ['ri:kə'miʃən] *tr (Schiff, Flugzeug)* wieder in Dienst stellen; *(Offizier)* reaktivieren.

recommit ['ri:kə'mit] *tr* wieder übergeben; *(Verbrechen)* wieder begehen *od* verüben; *(Gesetzentwurf)* an e-n Ausschuß zurückverweisen; *to ~ to prison* wieder festnehmen.

recompense ['rekəmpens] *tr* belohnen, entschädigen *(for* für; *with* mit; *by* durch); vergüten, vergelten; zurückerstatten, ersetzen, wiedergutmachen. *s* Belohnung, Entschädigung *f*, Entgelt *n*, Vergütung *(for* für); Rückerstattung *f*; (Schaden-)Ersatz *m*.

recompos|e ['ri:kəm'pouz] *tr* wieder, neu zs.setzen *od* anordnen *od* umgruppieren; *typ* neu setzen; *fig* wieder beruhigen.

reconcil|able ['rekənsailəbl] versöhnlich; vereinbar, verträglich *(with* mit); **~e** ['-sail] *tr* (wieder) versöhnen, aussöhnen *(to s.th., with s.o.* mit etw, jdm); *(Streit)* beilegen, schlichten; aufea. abstimmen; in Einklang, in Übereinstimmung bringen *(with, a. to* mit); *to be ~ed, to ~~ o.s.* sich abfinden, sich aussöhnen *(to* mit; *to doing s.th.* etw zu tun); **~iation** [rekənsili'eiʃən] Ver-, (Wieder-)Aussöhnung *f (to, with* mit); *attempt at ~~* (jur) Sühneversuch *m*.

recondite [ri'kɔndit, rɔ'k-, 're-] geheim; dunkel, schwer(verständlich), tief(gründig).

recondition ['ri:kən'diʃən] *tr* (wieder) instand setzen; wiederherstellen; überholen; *(Werkzeuge)* aufarbeiten, zurichten.

reconnaissance [ri'kɔnisəns] *mil mar aero* Aufklärung, Erkundung *f*; *fig* Untersuchung *f*; *attr* Aufklärungs-, Erkundungs-; *~ in force* gewaltsame Aufklärung *f*; *~ aircraft* Aufklärungsflugzeug *n*; **~ area** Aufklärungsraum *m*; **~ car** Spähwagen *m*; **~ flight** Aufklärungsflug *m*; **~ patrol** Spähtrupp *m*.

reconnoit|re, *Am* **-er** [rekə'nɔitə] *tr itr mil mar aero* erkunden, erforschen, auskundschaften.

reconque|r ['riːˈkɔŋkə] tr wieder erobern (*from* von); **~st** ['-'kɔŋkwest] Wiedereroberung f.

reconsider ['riːkənˈsidə] tr wieder in Betracht ziehen, wieder erwägen *od* erörtern; überdenken; nachprüfen; (*erledigte Sache*) wieder aufgreifen; **~ation** [-ˈsidəˈreiʃən] nochmalige Erwägung f.

reconstruct ['riːkənˈstrʌkt] tr wieder aufbauen, wiederherstellen; umbauen; rekonstruieren; *com* sanieren; **~ion** ['-ˈstrʌkʃən] Wiederaufbau m *a. fig*; Wiederherstellung f; *com* Reorganisation, Sanierung f; Umbau m.

reconver|sion ['riːkənˈvəːʃən] Umstellung f; **~t** ['-ˈvəːt] tr umstellen; umwandeln.

record [riˈkɔːd] tr auf-, verzeichnen, zu Papier bringen, niederschreiben, protokollieren; buchen, eintragen, registrieren; festhalten; dokumentieren, urkundlich belegen, beurkunden; (auf Schall-, Wachsplatte) aufnehmen; (an)zeigen, angeben; s ['rekɔːd, *Am* 'rekəd] Aufzeichnung, Niederschrift f; Bericht m; Verzeichnis n, Aufstellung f; Urkunde f, Dokument; Protokoll; *com* Kontobuch n; *pl* (Parlaments-, Gerichts-, Polizei-, Personal-)Akten f *pl*; Unterlage f, Beleg m; (Ton-)Aufnahme, (Schall-)Platte f; Rekord m, Höchst-, Bestleistung f; *fig* Ruf m, Vorleben n, Vergangenheit f; *attr* Rekord-; *at* ~ *speed* mit Rekordgeschwindigkeit; *off the* ~ (*Am*) nicht für die Öffentlichkeit (bestimmt); *on* ~ schriftlich niedergelegt, zu Protokoll genommen; belegt, nachgewiesen; *Am* öffentlich bekanntgegeben; *to bear* ~ *to* bezeugen; *to beat, to break, to cut a* ~ e-n Rekord brechen *od* schlagen; *to enter in the* ~ im Protokoll vermerken; *to go on* ~ (*Am*) offen s-e Meinung sagen; s-e Stimme abgeben; zu Protokoll genommen werden; *to keep a* ~ of s.th. über etw Buch führen; *to make a* ~ *of s.th.* etw zu Protokoll nehmen; *to place, to take down on* ~ zu Protokoll geben, nehmen; *to set up a* ~ e-n Rekord aufstellen; *he has a good (bad)* ~ s-e Papiere sind (nicht) in Ordnung; er wird (nicht) gut beurteilt; er hat ein gutes (schlechtes) Schulzeugnis; *gramophone* ~ Grammophonplatte f; *a matter of* ~ verbürgte Tatsache f; *criminal* ~ Vorstrafenverzeichnis n; ~ *of attendance* Anwesenheitsliste f; ~ *of the proceedings* Sitzungsprotokoll n; ~ **card** Karteikarte f; **~-changer** Plattenwechsler m; ~ **crop** Rekordernte f; ~ **dealer** Schallplattenhändler m; **~ed** [riˈkɔːdid] a: ~~ *music* Schallplattenmusik f, -konzert n; **~er** [riˈkɔːdə] Protokollführer; Registrator; Archivar; Stadtrichter; *tech* (Gang-)Zähler, Registrierapparat m; (Ton-)Aufnahmegerät n; *mus* Blockflöte f; *tape* ~ Magnetophongerät n; ~ **film** Dokumentarfilm m; ~ **holder** Rekordhalter m; **~ing** [riˈkɔːdiŋ] a Registrier-; s Aufzeichnung, Registrierung, (Ton-)Aufnahme, (*radio*) Bandsendung f; ~~ *of accidents* Unfallstatistik f; ~~ *barometer* Höhenschreiber m; **~~-car** (*radio*) Aufnahmewagen m; ~~ *tape* Tonband n; ~ **library** Schallplattenarchiv n; ~ **output** Rekordproduktion f; ~ **player, turntable** Plattenspieler m; ~ **time** Rekordzeit f; ~ **smasher, breaker** Rekordbrecher m.

recount [riˈkaunt] tr im einzelnen erzählen; ['riːˈkaunt] tr nachzählen.

recoup [riˈkuːp] tr (*Verlust*) wieder einbringen, decken; entschädigen, schadlos halten (*for* für); zurückzahlen; *jur* einbehalten, abziehen; *to* ~ *s.o. for injury* jdn schadenersatzpflichtig machen.

recourse [riˈkɔːs] s Zuflucht f (*to* zu); Rückhalt; *jur* Regreß, Rückgriff m; *liable to* ~ regreßpflichtig; *to have* ~ *to* Zuflucht suchen bei; *jur* regreßpflichtig machen; *right of* ~ Rückgriffsrecht n.

recover [riˈkʌvə] tr zurückbekommen, -erhalten; (*s-e Gesundheit*) wiedererlangen, -gewinnen; (*das Bewußtsein*) wieder-, zurückerlangen; (*Verlust*) wiedereinbringen, decken, einholen; wiedergutmachen; eintreiben, -ziehen; (*Pfand*) einlösen; (*Land, Abfallprodukte*) gewinnen; (*verlorene Zeit*) wieder aufholen; (*Krankheit*) überwinden; *itr* (*to* ~ *o.s.*) sich erholen (*from* von); wieder zu sich kommen; *com* (*Markt*) sich wiederbeleben; (*to* ~ *o.s.*) sich im letzten Augenblick, sich gerade noch halten; (*Fechten*) in Paradestellung zurückkommen; *jur* entschädigt werden; sich schadlos halten, Regreß nehmen; gewinnen (*in a suit*) e-n Prozeß); *to* ~ *o.'s breath* wieder zu Atem kommen; *to* ~ *o.'s legs* wieder hoch-, wieder auf die Beine kommen; *he* ~*ed himself from a stumble* er wäre beinahe gestolpert; **~able** [-rəbl] wiederzuerlangen(d), zurückzugewinnen(d); besserungsfähig; (*Gesundheit*) wiederherzustellen(d); *tech* regenerierbar; *com* beitreibbar, einziehbar; **-y** [-ri]Zurück-, Wiedererlangung, Wieder-, Rückgewinnung *a. tech*; *jur* Einziehung, Eintreibung; *tech* Gewinnung; Genesung, Erholung; Wiedererlangung des Bewußtseins; *com* (Wieder-)Belebung, Erholung *f*; *past ~~* unrettbar verloren; *to be on the road to ~~* auf dem Wege der Besserung sein; *right of ~~* Regreßrecht *n*; *~~ of damages* Erlangung *f*, Erhalt *m* von Schadenersatz; *~~ measures (pl)* Wiederaufbaumaßnahmen *f pl*; *~~ plant (tech)* Rückgewinnungsanlage *f*; *~~ program(me)* Wiederaufbauplan *m*; *~~ service (mot)* Abschleppdienst *m*; *~~ vehicle* Abschleppwagen *m*.

re-cover ['riː'kʌvə] *tr* wieder bedecken.

recreant ['rekriənt] *a* feige; abtrünnig, verräterisch; *s* Feigling; Abtrünnige(r), Verräter *m*.

recreat|e ['rekrieit] *tr* erfrischen, *lit poet* erquicken; entspannen; aufmuntern; unterhalten; *itr* u. *to ~~ o.s.* sich erfrischen, sich entspannen, wieder munter werden, sich erholen; sich amüsieren (*with* mit); **-ion** [rekri'eiʃən] Erfrischung, Erholung, Entspannung; Aufmunterung, -heiterung; Belustigung, Unterhaltung *f*; *~~ center (Am)* Soldatenheim *n*; *~~ ground* Sport-, Spielplatz *m*; *~~ leave* Erholungsurlaub *m*; *~~ room* Erholungs-, Unterhaltungsraum *m*; **-ional** [-'eiʃənl], **-ive** ['-tiv] erfrischend, entspannend, erholsam; erheiternd.

re-create ['riːkri'eit] *tr* neu (er)schaffen.

recriminat|e [ri'krimineit] *itr* Gegenbeschuldigung vorbringen; **-ion** [rikrimi'neiʃən] Gegen(an)klage *f*.

recrudesc|e [riː'kruː'des] *itr med* sich wieder verschlimmern; *fig* von neuem ausbrechen; *(Wunde)* wieder aufbrechen; **-ence, -cy** [-sns(i)] *med* Verschlimmerung *f*, Rückfall, Wiederausbruch *m a. fig*.

recruit [ri'kruːt] *tr* mil u. *allg* rekrutieren, ergänzen, verstärken; *(zum Heeresdienst)* einziehen, ausheben; *(d. Gesundheit)* wiederherstellen; *(Anhänger)* gewinnen; *(Nachschub)* sicherstellen; *itr* Rekruten einziehen; sich neu versorgen; sich (wieder) erholen; *s* Rekrut *m*; *fig* neue(s) Mitglied *n*; **-ing** [-iŋ] *s mil* Aushebung; (personelle) Ergänzung; *med* Wiederherstellung *f*; *~~ administration* Wehrersatzverwaltung *f*; *~~ board* Musterungskommission *f*; *~~ centre, office, station* Rekrutierungsstelle *f*.

rect|al ['rektəl] *a anat med* Mastdarm-; rektal; *~~ syringe* Klistierspritze *f*; **-angle** ['-æŋgl] Rechteck *n*; **-angular** [rek'tæŋgjulə] rechtwinklig; *~~ block* Quader *m*; *~~ timber* Kantholz *n*; **-angularity** [-tæŋgju'læriti] Rechtwinkligkeit *f*; **-ifiable** ['rektifaiəbl] zu berichtigen(d), richtigzustellen(d); *math* rektifizierbar; **-ification** [rektifi'keiʃən] Berichtigung, Richtigstellung; *el* Gleichrichtung; *math chem* Rektifikation; *(Luftbild)* Entzerrung *f*; **-ifier** ['rektifaiə] Berichtiger; *el* Gleichrichter *m*; *phot* Entzerrungsgerät *n*; *chem* Rektifikator *m*; **-ify** ['rektifai] *tr* berichten, richtigstellen, korrigieren, verbessern; *el* gleichrichten; *math chem* rektifizieren; **-ilineal** [rekti'liniəl], **-ilinear** [-'liniə] geradlinig; **-itude** ['rektitjuːd] Redlichkeit; Geradheit, Korrektheit *f*; **-o** ['rektou] *typ* Vorder-, rechte, un(ge)rade Seite *f*, Rekto *n*; **-or** ['rektə] Pfarrer, Pastor; *(Schule, College)* Direktor; *(Univ.)* Rektor *m*; **-orate** ['-ərit], **-orship** ['-əʃip] Pfarrstelle *f*, -amt; (Di-)Rektorat *n*; **-ory** ['rektəri] Pfarrhaus *n*, -stelle *f*; **-um** ['-əm] *anat* Mastdarm *m*.

recumben|ce, -cy [ri'kʌmbəns(i)] zurückgelehnte Haltung; Ruhelage *f*; **-t** [-t] liegend; zurückgelehnt; (aus-)ruhend.

recuperat|e [ri'kjuːpəreit] *tr* wieder zu Kräften bringen, *(Gesundheit)* wiederherstellen; wiedergewinnen, -erlangen; *itr* sich wieder erholen *a. fin*, wieder zu Kräften kommen; **-ion** [rikjuːpə'reiʃən] Wiederherstellung, -erlangung; *med* Erholung, Genesung *f*; **-ive** [-rətiv], **-ory** [-ətəri] erholsam; *med* stärkend, kräftigend; *tech* rekuperativ.

recur [ri'kəː] *itr* zurückkehren *fig (to* zu); wieder zurückkommen (*to* auf); wieder auftreten, wieder auftauchen, sich wieder ergeben; *(Frage)* sich wieder stellen; wieder einfallen (*to s.o.'s mind* jdm); *(Ereignis)* sich wiederholen; *(Gelegenheit)* sich wieder bieten; regelmäßig, periodisch wiederkehren; **-rence** [-'kʌrəns] Zurückkommen (*to* auf); Wiederauftauchen, -treten *n*, Rückkehr, Wiederholung *f*; *med* Rückfall *m*; **-rent** [-'kʌrənt] sich wiederholend, regelmäßig, periodisch wiederkehrend; *anat* rückläufig; *~~ fever* Rückfallfieber *n*.

recurve [riː'kəːv] *tr* zurückbiegen.

recusant ['rekjuː-, ri'kjuːzənt] widerspenstig (*against* gegen).

red [red] *a* rot; rothaarig; von rötlicher Hautfarbe; gerötet (*with* von); *(R~) pol* rot, radikal, revolutionär, kommunistisch; *(Fleisch)* blutend; *s* Rot *n*; rote(r) Farbstoff; *(R~) pol* Rote(r) *m*; *the ~s (pl)* die Rothäute *f pl*; *to be in the ~ (Am fam)* in Schulden stecken; *to be out of the ~ (Am fam)* s-e Schulden los sein; *to become, to go ~ in the face* erröten, rot werden, rot anlaufen; *to paint the town ~* die Stadt auf den Kopf stellen; *to see ~* rot sehen; wild, wütend werden; sich vergessen *(vor Wut)*; *she makes me see ~* sie wirkt auf mich wie ein rotes Tuch; *with ~ hands* blutbefleckt; *~ with anger* rot vor Zorn; **~bird** *orn* Dompfaff *m*; **~-blooded** *a* lebendig, lebhaft; kraftstrotzend; **~breast**, *robin-~ (orn)* Rotkehlchen *n*; **~ cabbage** Rotkohl *m*; **~cap** *orn* Stieglitz, Distelfink *m*; *Br fam* Militärpolizist, Feldgendarm; *Am* Dienstmann, Gepäckträger *m*; **~ carpet** *a* elegant; *s fig* große(r) Bahnhof *m*; *to roll out the ~ for s.o.* jdn großartig empfangen; **~cent** *Am fam*: *not a ~~* keinen roten Heller; *the* **R~ Cross** das Rote Kreuz; **~ current** Johannisbeere *f*; **~ deer** Rotwild *n*; **~den** ['~ən] *tr* röten, rot färben; *itr* rot werden, erröten (*with* vor; *at* über); **~dish** ['~iʃ] rötlich; **R~ Ensign** britische Handelsflagge *f*; *the* **R~ Flag** die Rote Fahne; **~ fox** Rotfuchs *m*; **~-handed** *a* blutbefleckt; *to be caught ~* auf frischer Tat ertappt werden; **~ head** rothaarige(r) Mensch; *(College)* Fuchs *m*; **~headed** *a* rothaarig; **~ heat** Rotglut *f*; **~ herring** Bückling *m*; *to draw a ~~ across the path* ein Ablenkungsmanöver unternehmen; *neither fish, flesh, nor good ~ herring (fig)* weder Fisch noch Fleisch; undefinierbar; **~-hot** *a* rotglühend; *fig* aufgeregt; begeistert; *fig (Nachricht)* brühwarm; *s Am sl* Frankfurter Würstchen *n*; **R~ Indian** Rothaut *f*; **~ lead** Mennige *f*; **~-letter day** Fest-, Feiertag; *fig* Glückstag *m*; **~ light** *(Verkehr)* rote(s) Licht; Warnsignal *n*; *to see the ~~ (fig)* die Gefahr erkennen; **~~ district** *(Am)* Bordellviertel *n*; **~ man**, **~skin** Rothaut *f*; **~ meat** Rind- u. Hammelfleisch *n*; **~ ochre** Rötel, Roteisenstein *m*; **~ rag** rote(s) Tuch *n*; *it's like a ~ to him* es wirkt auf ihn wie ein rotes Tuch; *the* **R~ Sea** das Rote Meer; **~start** *orn* Rotschwänzchen *n*; **~ tape** Bürokratismus, Amtsschimmel *m*; **~ tapist** Bürokrat *m*; **~wing**

orn Rot-, Weindrossel *f*; **~wood** *bot* Mammutbaum *m*.

redact [ri'dækt] *tr* abfassen, redigieren, bearbeiten, herausgeben; **~ion** [-'dækʃən] Abfassung, Bearbeitung, Redaktion, Revision, Herausgabe; *(bes.* Neu-)Ausgabe *f*.

reddle ['redl] Rötel *m*.

redeem [ri'di:m] *tr* zurückkaufen, -erwerben; ein-, ablösen; (ab)bezahlen, amortisieren, tilgen; *(Schulden)* abtragen; *(Wechsel)* honorieren; auslösen, los-, freikaufen; wettmachen; *rel* erlösen; *(Sünde)* abbüßen; *(Versprechen)* einlösen, erfüllen; wiedergutmachen, Schadenersatz leisten für; **~ing** *feature* ausgleichende(s) Element *n*; versöhnende(r) Zug *m*; **~able** [-əbl] rückzahlbar, amortisierbar, tilgbar, kündbar, ab-, einlösbar; rückkaufbar; **~~ loan** Tilgungsdarlehen *n*; **~er** [-ə] Rückkäufer, Einlöser *m*; *the* **R~~** der Erlöser, der Heiland.

redempt|ion [-'dempʃən] Rückkauf, -erwerb *m*; Ein-, Ablösung, (Ab-)Bezahlung, Amortisation, Tilgung; Auslosung *f*; Los-, Freikauf *m*; *rel* Erlösung; *(from* von); Einlösung, Erfüllung; Sühne, Wiedergutmachung *f*; Lösegeld *n*; Ausgleich *m* *(of* für); *beyond, past ~~* nicht wiedergutzumachen(d); unrettbar verloren; *in the year of our ~~* im Jahre des Heils; *~~ capital* Ablösungssumme *f*, -betrag *m*; *~~ fund* Tilgungskasse *f*; *~~ plan*, *table* Tilgungs-, Amortisationsplan *m*; *~~ rate* Ein-, Ablösungskurs *m*; Tilgungssatz *m*, -quote *f*; *~~ service* Anleihedienst *m*; Einlösungswert *m*; *~~ voucher* Einlösungsschein *m*; **~ive** [-iv] Rückkaufs-, Einlösungs-, Amortisations-, Tilgungs-; *rel* erlösend.

redeploy ['ri:di'plɔi] *tr (Truppen)* verlegen, umgruppieren; **~ment** ['-mənt] *mil* Verlegung; Umgruppierung *f*.

redintegrate [re'dintigreit] *tr* wieder vervollständigen, wieder ergänzen; wiederherstellen, erneuern.

redirect ['ri:di'rekt] *tr* umadressieren, nachsenden.

redistribut|e ['ri:dis'tribju(:)t] *tr* neu verteilen; **~ion** [-'bjuʃən] Neuverteilung *f*.

redo ['ri:'du:] *irr s. do*; *tr* neu machen, erneuern, renovieren.

redolen|ce, -cy ['redo(u)ləns(i)] Wohlgeruch, Duft *m*; **~t** ['-t] wohlriechend; duftend *(of* nach); *to be ~~ of s.th.* an etw erinnern.

redouble [ri(:)'dʌbl] *tr* verdoppeln; wiederholen; nachhallen lassen; doppelt falten, zs.legen; *itr* sich verdoppeln; stärker werden; nachhallen.

redoubt [ri'daut] *mil* Feldschanze *f*; Stützpunkt *m*; **-able** [-əbl] furchtbar, schrecklich.

redound [ri'daund] *itr* gereichen, führen (*to* zu); zur Folge haben, bewirken (*to s.th.* etw); Einfluß haben (*to* auf); zurückfallen, zurückwirken (*upon* auf).

redraft ['ri:'drɑ:ft] *s* Neu-, neue(r) Entwurf; *fin* Rückwechsel *m*; *tr* neu entwerfen.

redress [ri'dres] *tr* wiedergutmachen, Abhilfe schaffen für, abhelfen (*s.th.* e-r S); (*Fehler*) abstellen; (*Schaden*) beseitigen; (*Übel*) beheben; wiederherstellen; *tech* aufbereiten; *s* Wiedergutmachung, Genugtuung, Abhilfe *f*, Regreß *m*; *beyond* ~ nicht wiedergutzumachend; *legal* ~ Rechtshilfe *f*; *self*-~ (Akt *m* der) Selbsthilfe *f*.

reduc|e [ri'dju:s] *tr* verringern, vermindern, abbauen, herunter-, herabsetzen, abschwächen, reduzieren (*to* auf); (*Preis*) senken, ermäßigen; ab-, nachlassen; einschränken, verkleinern; verdünnen; erniedrigen; (*Produktion*) drosseln; ordnen, ein-, aufteilen; um-, verwandeln (*to* in); zurückführen (*to* auf); (*Geld*) umrechnen; (*in e-e Form, zur Vernunft, zum Gehorsam, in s-e Gewalt, in Not*) bringen (*to* zu); machen (*to* zu); (*in e-e Lage*) versetzen; *mil* degradieren; (*Feind*) niederkämpfen; zwingen (*to doing s.th.* etw zu tun); *math* kürzen; *chem* reduzieren; *med* einrenken, in s-e normale Lage bringen; *itr* abnehmen, abmagern; *at* ~*ed prices* zu zurückgesetzten Preisen; verbilligt; *to* ~~ *to an absurdity* ad absurdum führen; *to* ~~ *to nothing* zunichte machen; *to* ~~ *s.o. to poverty* jdn an den Bettelstab bringen; *to* ~~ *to silence* zum Schweigen bringen, den Mund stopfen (*s.o.* jdm); *to* ~~ *to a system* in ein System bringen; *to* ~~ *to tears* zu Tränen rühren; *to* ~~ *in value* entwerten; *to* ~~ *to writing* zu Papier bringen, schriftlich niederlegen; ~*ed circumstances* (*pl*) beschränkte Verhältnisse *n pl*; -**er** [-ə] *chem* Reduktions-, Abmagerungsmittel *n*; *phot* Abschwächer *m*; *tech* Reduzierstück *n*; -**ible** [ri'dju:səbl] zurückführbar, reduzierbar (*to* auf); -**ing** [ri'dju:siŋ] *s agent* (*chem*) Reduktionsmittel *n*; ~~ *diet* Abmagerungs-, Hungerkur *f*; ~~~-*glass* (*opt*) Verkleinerungs-
linse *f*; ~~ *scale* verkürzte(r) Maßstab *m*; ~~ *valve* Reduzierventil *n*.

reduction [ri'dʌkʃən] Verringerung, Verminderung, Kürzung, Verkleinerung, Verdünnung *f*; (*Personal*) Abbau *m*; Herabsetzung, (Preis-)Ermäßigung, Senkung *f*, Nachlaß, Abbau, Rabatt *m*; (Lohn-, Gehalts-)Kürzung; (*Produktion*) Drosselung; Reduktion, Zurückführung, Umwandlung, Umrechnung (*to* auf); *mil* Degradierung; (*Produktion*) Drosselung; Reduktion, Zurückführung, Umwandlung, Umrechnung; *mil* Degradierung; (*Feind*) Niederkämpfung; (*Land*) Eroberung, *math* Kürzung; (*Zeichnung*) verkleinerte Wiedergabe; *chem* Reduktion; *phot* Abschwächung; *med* Einrenkung; Abmagerung *f*; *to grant, to make a* ~ e-e Ermäßigung einräumen; *tax* ~ Steuerermäßigung *f*, -nachlaß *m*; *wage* ~ Lohnsenkung *f*, -abbau *m*; ~ *in the discount rate* Diskontherabsetzung *f*; ~ *of fare* Fahrpreisermäßigung *f*; ~ *in, of numbers* zahlenmäßige Verringerung *f*; ~ *of a penalty* Strafmilderung *f*; ~ *in prices* Preisabbau, -sturz *m*; ~ *of staff* Personaleinschränkung *f*, -abbau *m*; ~ *in value* Wertminderung, Abwertung *f*; ~ *of working hours* Arbeitszeitverkürzung *f*.

redundan|ce, -cy [ri'dʌndəns(i)] Überfluß *m*, Fülle *f* (*of* an); Überflüssigkeit; Weitschweifigkeit *f*; -**t** [-t] im Überfluß vorhanden, überreichlich, übermäßig; überflüssig, unnötig; wortreich, weitschweifig; (*Stil*) überladen; *com* entlassen, arbeitslos.

reduplicat|e [ri'dju:plikeit] *tr* verdoppeln; *a* [-kit] (ver)doppelt; -**ion** [ridju:pli'keiʃən] Verdoppelung; *gram* Reduplikation *f*.

re-echo [ri(:)'ekou] *tr itr* noch einmal widerhallen; *s* doppelte(s) Echo *n*.

reed [ri:d] *s* Riedgras; Ried, Rohr *n*; *poet* (Rohr-)Flöte *f*, Pfeil *m*; *mus* Zunge; (~-*pipe*) (Orgel-)Pfeife *f*; *arch* Stab; Weberkamm *f*; *pl* Dachstroh *n*; *the* ~*s* die Zungeninstrumente; *broken* ~ (*fig*) schwanke(s) Rohr *n*; ~-**bird** *orn* Bobolink *m*; ~-**bunting, -sparrow** *orn* Rohrammer *f*; ~**ing** ['i:iŋ] *arch* Stabverzierung; (*Münze*) Ränftelung *f*; -**ling** ['li:liŋ] *orn* Bartmeise *f*; ~-**organ** Harmonium *n*; ~-**warbler, -wren** *orn* Teichrohrsänger *m*; ~**y** [-i] riedbestanden, schilfreich; Rohr-, rohrartig; (*Ton*) flötend, dünn.

re-edit ['ri:'edit] *tr* (*Buch*) neu herausgeben.

re-educat|e ['ri:'edju(:)keit] *tr* umerziehen, umschulen; **-ion** ['ri:edju(:)-'keiʃən] Umschulung, Umerziehung *f*.
reef [ri:f] **1.** *s* (Felsen-)Riff *n*; Untiefe; *min* Ader *f*; **2.** *s mar* Reff; Reffen *n*; *tr* reffen; **-er** ['-ə] zweireihige (Seemanns-, *a.* Damen-)Jacke *f*; *mar* Reffer; *mar sl* Seekadett *m*; *sl* Marihuanazigarette *f*; *sl* Kühlwagen, -schrank *m*.
reek [ri:k] *s* Dampf, Dunst; Gestank *m*; *itr* dampfen, rauchen; übel riechen, stinken (*of* nach); bedeckt sein (*of, with* mit); **-y** ['-i] dampfend, dunstig; übelriechend; schmutzig.
reel [ri:l] **1.** *s* Rolle, Spule, Winde, Haspel, Trommel, Walze; Filmrolle *f*, -streifen *m*; Angelschnurrolle *f*; *tr* rollen, spulen, winden, haspeln, wickeln; *off the ~ (fig)* wie am Schnürchen; in einem fort; *to ~ in* aufrollen, -spulen, -winden, -haspeln, -wickeln; *to ~ off fig* herunterleiern, -rasseln; spielend erledigen; *to ~ out* abrollen, -haspeln, -wickeln; **2.** *itr* (sch)wanken; wirbeln; taumeln; *I'm ~ing* mir dreht sich alles, mir schwindelt.
re-elect ['ri:i'lekt] *tr* wiederwählen; **-ion** ['-'lekʃən] Wiederwahl *f*.
re-eligible ['ri:'elidʒəbl] wiederwählbar.
re-enact ['ri:i'nækt] *tr* wieder in Kraft setzen; *theat* wiederaufführen, neu inszenieren.
re-engage ['ri:in'geidʒ] *tr* wiedereinstellen, neu verpflichten; *tech* wiedereinrücken.
re-enlist ['ri:in'list] *itr mil* dienen, sich weiterverpflichten, kapitulieren.
re-ent|er ['ri:'entə] *tr* wieder eintreten (*into* in); *tr* wieder betreten; wieder an-, wieder in Besitz nehmen; wieder eintragen; **-ry** [ri'entri] Wiedereintreten *n*, *f*; *fig* Wiedereintritt *m*; Wiederannahme *f*.
reeve [ri:v] *a. irr* rove, rove *tr mar* einscheren; *(Tau)* spannen; *s hist* Vogt *m*.
re-exchange ['ri:iks'tʃeindʒ] *fin* Rückwechsel, Rikambio *m*.
re-export ['ri:eks'pɔ:t] *tr com* wiederausführen; *s*['-'ekspɔ:t] Wiederausfuhr *f*.
refect|ion [ri'fekʃən] Erfrischung *f*, Imbiß *m*; **-ory** [-təri] Refektorium *n*, Speisesaal *m* (*in e-m Kloster*).
refer [ri'fə:] *tr* zuschreiben, -rechnen, -zählen (*to s.th.* e-r S); zurückführen, beziehen (*to* auf); verweisen (*to s.o.* an jdn); vorlegen, unterbreiten (*s.th. to s.o.* jdm etw); übergeben, überweisen (*to* an); *itr* sich berufen, sich beziehen, Bezug nehmen (*to* auf); sich befassen (*to* mit); aufmerksam machen, hinweisen, verweisen (*to* auf); erwähnen (*to s.th.* etw); anspielen (*to* auf); sich (*rat-, hilfesuchend*) wenden (*to* an); *(Buch)* nachschlagen (*to s.th.* etw); *to ~ back to* zurückverweisen an; **-able** [-rəbl, 'refərəbl] zuzuschreiben(d), -rechnen(d), -zählen(d) (*to s.th.* e-r S); bezüglich (*to* auf); **-ee** [refə'ri:] Referent, Sachverständige(r); *jur* Schiedsrichter, -mann; Unparteiische(r), Schlichter; *sport* Schieds-, Ringrichter *m*; **-~'s court** Schiedsgericht *n*; **-ence** ['refrəns] Berufung *f*, Bezug(nahme *f*) *m*; Verweisung; Anspielung (*to* auf), Erwähnung (*to s.th.* e-r S); Quellenangabe *f*, erwähnte(s) Werk *n od* Stelle *f*; Verweisungszeichen *n*; Vorgang *m*; Aktennummer *f*, -zeichen, *n*; Empfehlung, Referenz *f* (*a. Person*); Gewährsmann *m*; (Dienst-)Zeugnis; Nachschlagen *n*; *jur* Zuständigkeit; Notadresse *f*; *attr* Nachschlage-; *for ~* zur Unterrichtung; *in, with ~ to* in bezug, mit Bezug auf, betreffend, betreffs *gen*, hinsichtlich *gen*; *without ~ to* ohne Bezug auf, unabhängig von; *to give s.o. as a ~* jdn als Referenz angeben; *to have no ~ to* nichts zu tun haben mit; *to make ~ to* sich beziehen, Bezug nehmen, anspielen auf, erwähnen; *to take up s.o.'s ~s* über jdn Referenzen einholen; *cross ~* Querverweis *m*; *terms of ~* Richtlinien *f pl*; **~ book** Nachschlagewerk *n*; **~ files** (*pl*) Handakten *f pl*; **~ library** Handbücherei *f*; **~ mark** Verweisungszeichen; Einstellmarke; Bezeichnung *f*; **~-number** Aktenzeichen *n*; Geschäftsnummer *f*; **~ point** Bezugspunkt *m*; **~ room** Nachschlageraum *m*; **-endum** [refə'rendəm] Volksabstimmung *f*, -entscheid *m* (*on* über).
refill ['ri:'fil] *tr* wieder (an)füllen, nachfüllen; *itr mot* auftanken; *s* ['ri:fil] Nachfüllung *f*; *(Drehbleistift)* Ersatzmine, -füllung *f*; Ersatzfilm *m*, -batterie *f*, -blätter *n pl*; **-ing station** Tankstelle *f*.
refin|e [ri'fain] *tr* reinigen, läutern *a. fig*; klären, raffinieren; verfeinern; veredeln; *tech* frischen; *fig* verfeinern, kultivieren; *itr* rein, klar werden; sich reinigen; feiner, eleganter werden; sich geziert benehmen; (*to ~ upon words*) geziert sprechen; *to ~ on, upon* verfeinern, verbessern; grübeln über, herumtüfteln an; **-ed** ['-d] *a* gereinigt; (ver)fein(ert); **~ copper**

refinement 825 **refreshment**

Raffinatkupfer *m*; ~~ *manners (pl)* feine Manieren *f pl*; **~ement** [-mənt] Reinigung, Klärung; Verfeinerung *a. fig*; *fig* Läuterung; Feinheit, Eleganz, Gewähltheit, Geziertheit; Grübelei *f*; **~er** [-ə] Raffineur; *metal* Frischmeister *m*; *metal* Walzenreibmaschine *f*; **~ery** [-əri] Raffinerie *f*; *sugar* ~~ Zuckerraffinerie *f*; **~ing** [-iŋ]: ~~ *industry* Veredelungsindustrie *f*; ~~ *process* Frischverfahren *n*.

refit ['ri:'fit] *tr* wieder in Ordnung bringen; überholen, wiederherstellen; wiederher-, einrichten; wieder ausrüsten; *itr* überholt, wiederhergestellt werden; *s* Überholung, Wiederherstellung, Wiederinstandsetzung, Ausbesserung *f*.

reflect [ri'flekt] *tr* zurückwerfen, -strahlen, widerspiegeln *a. fig*, reflektieren; zur Folge haben (*on* für); einbringen (*on s.o.* jdm); *fig* reflektiert werden; zurückgeworfen, reflektiert werden; zurückfallen, -strahlen; reflektieren, spiegeln; *fig* nachdenken (*on, upon* über); überlegen, erwägen, in Betracht ziehen (*on, upon s.th.* etw); in Zweifel ziehen (*on s.th.* etw); sich nachteilig äußern (*on, upon* über); tadeln (*on, upon s.th.* etw); ein schlechtes Licht werfen, sich nachteilig auswirken (*on* auf); **~ing** [-iŋ] zurückwerfend; ~~ *projector* Epidiaskop *n*; ~~ *telescope* Spiegelteleskop *n*; **~ion, reflexion** [-'flekʃən] (Zu-)Rückstrahlung *f*, Reflex(ion *f*) *m*, (Wider-)Spiegelung *f*; Bild *f*; *fig* Nachdenken *n*, Betrachtung, Überlegung *f*, Äußerung; abfällige Bemerkung *f*, Vorwurf, Tadel *m*; *on* ~~ nach gründlicher Überlegung; *to cast* ~~s *on s.o.* jdn in ein schlechtes Licht setzen; **~ive** [-'flektiv] reflektierend, spiegelnd; *gram* reflexiv; nachdenklich, gedankenvoll; **~or** [ri'flektə] Reflektor, Hohlspiegel; Scheinwerfer *m*; Spiegelteleskop *n*; *mot* Rückstrahler *m*, Katzenauge *n*.

reflex ['ri:fleks] *s* Widerschein *m* (*from* von); (Wider-)Spiegelung *f*, Spiegelbild *n*, Reflex (*a. Kunst*); *physiol* Reflex(handlung *f*) *m*; *a* zurückgeworfen, -gestrahlt, reflektiert; reflektierend; rückwirkend; *physiol* Reflex-; *bot* zurückgebogen; **~ action** Reflexbewegung *f*; **~ (camera)** Spiegelreflexkamera *f*; **~ion** *s. reflection*; **~ive** [ri'fleksiv] *a* reflektierend; reflektiert; rückwirkend; *gram* rückbezüglich, reflexiv; *s* (~~ *pronoun*) Reflexivpronomen *n*.

reflu|ent ['-ənt] zurückflutend, verebbend; **~x** ['ri:flʌks] Zurückfluten *n*, Ebbe *f*; *tech com* Rückfluß, Rücklauf *m*.

reforest ['ri:'fɔrist] *tr itr* wiederaufforsten; **~ation** ['ri:fɔris'teiʃən] Wiederaufforstung *f*.

reform [ri'fɔ:m] *tr* um-, neugestalten, umbauen, reformieren, bessern; *(Mißbrauch)* abstellen; *(Mißstand)* beseitigen, abschaffen; *(Menschen)* bessern; *itr* sich bessern; *s* Reform, Umgestaltung; (Ver-)Besserung *f*; Reformbestrebungen *f pl*, -bewegung *f*; *land* ~ Bodenreform *f*; *penal* ~ Strafrechtsreform *f*; **~ation** [refə'meiʃən] Um-, Neugestaltung; (Ver-)Besserung *f*; *(R~~)* *rel hist* Reformation *f*; **~atory** [-ətəri] *a* Reform-, Besserungs-; *s* Besserungsanstalt *f*; **~er** [ri'fɔ:mə] Reformer; *rel hist* Reformator *m*; **~ school** Besserungsanstalt *f*.

re-form ['ri:'fɔ:m] *tr itr* (sich) neu bilden; *tr mil* neu gliedern.

refract [ri'frækt] *tr phys* (Strahlen) brechen, ablenken; **~ing angle** Brechungswinkel *m*; **~ing telescope** = **~or**; **~ion** [-'frækʃən] Strahlen-, Lichtbrechung; *astr* Refraktion *f*; **~ive** [-'fræktiv] lichtbrechend; Brechungs-; **~or** [-'fræktə] *opt* Refraktor *m*; **~oriness** [-ərinis] Widerspenstigkeit; Hartnäckigkeit, Widerstandsfähigkeit *a. med*; Hitzebeständigkeit, Feuerfestigkeit; Strengflüssigkeit *f*; **~ory** [-əri] widerspenstig (*to* gegen); *chem* strengflüssig; *med* hartnäckig; widerstandsfähig; feuerfest, hitzebeständig; ~~ *brick* Schamottestein *m*.

refrain [ri'frein] **1.** *tr itr* (sich) zurückhalten (*from doing s.th.* etw zu tun); *itr* sich enthalten (*from s.th.* e-r S); sich zurückhalten, absehen (*from* von); **2.** Kehrreim, Refrain *m*.

refrangib|ility [rifrændʒi'biliti] *opt* Brechbarkeit *f*; **~le** [-'frændʒibl] brechbar.

refresh [ri'freʃ] *tr* erfrischen, stärken; erneuern; auffrischen (*a. Kenntnisse*), beleben; *itr* sich erfrischen, sich stärken; wiederaufleben, sich erneuern; **~er** [-ə] Erneuerung, (Neu-)Belebung; *(Wissen)* Wiederauffrischung; *sport* Wiederaufnahme *f*; *fam* Erfrischung, Stärkung *f*, Imbiß *m*, Gläschen *n*, Schluck *m*; Zuschlagshonorar *n (für e-n Anwalt)*; *attr*: ~~ *course* Wiederholungs-, Auffrischungskurs *m*; **~ing** [-iŋ] erfrischend, belebend, anregend; **~ment** [-mənt] Erfrischung *f*; *pl* Erfrischungen *f pl*; ~~-*room* Erfrischungsraum *m*.

refrigerant [ri'fridʒərənt] *a* kühlend; Kühl-, Gefrier-; *s pharm* kühlende(s) Mittel *n*; *tech* Kühlerträger *m*; **~ate** [-eit] *tr* kühlen, gefrieren lassen; kühl halten, aufbewahren; **~ation** [rifridʒə-'reiʃən] (Ab-)Kühlung; Kälteerzeugung; Kühlhaltung *f*; **~ator** [-reitə] Kühlanlage *f*, -raum, -schrank; Eisschrank *m*; ~~ *lorry*, *(Am) car (rail)* Kühlwagen *m*.

refuel [ri:'fjuəl] *tr itr* auftanken.

refug|e ['refju:dʒ] *s* Zuflucht(sort *m*) *f*, Obdach *n*; Beschützer; Schutz *m*, Sicherung *(from* von); Sicherheitsmaßnahme *f*; *fig* Ausweg *m*, -flucht *f*, Hilfsmittel *n*; *Br* Verkehrsinsel; Schutzhütte *f*; *tr* Zuflucht gewähren; *itr* Zuflucht suchen; *to seek*, *to take* ~~ Zuflucht suchen *(in, at a place* in e-m Ort; *for* vor; *with s.o.* bei jdm); **~ee** [refju(:)'dʒi:] Flüchtling *m*; ~~ *camp* Flüchtlingslager *n*.

refulgen|ce, -cy [ri'fʌldʒəns(i)] Schimmer, Glanz *m*; Pracht *f*; **~t** [-t] leuchtend, schimmernd, strahlend.

refund [ri:'fʌnd] **1.** *tr* zurückzahlen, -erstatten, begleichen; rückvergüten; *die Auslagen ersetzen (s.o.* jdm); *s* ['ri:fʌnd] Rückzahlung, -vergütung, (Rück-)Erstattung *f*; erstattete(s) Geld *n*; **2.** [ri:'fʌnd] *tr* neu finanzieren.

refurbish ['ri:'fə:biʃ] *tr* (wieder)aufpolieren; erneuern.

refus|al [ri'fju:zəl] (Ver-)Weigerung, Ablehnung; Absage *f*, abschlägige(r) Bescheid *m*, Antwort *f (from* von); *com* Vorkauf(srecht *n*) *m*; *first* ~~ *of* erste(r) Anrecht *n* auf; *in case of* ~~ im Weigerungsfalle; *to meet with a* ~~ e-e abschlägige Antwort erhalten; *to take no* ~~ sich nicht abweisen lassen; ~~ *of acceptance* Annahmeverweigerung *f*; **~e** [ri'fju:z] *tr* ablehnen, zurückweisen, nicht annehmen, verweigern, versagen; abschlagen *(to do* zu tun; *s.o. s.th.* jdm etw); *(Gesuch)* abfällig bescheiden; *(Angebot)* ausschlagen; *itr* die Annahme, s-e Einwilligung verweigern, sich weigern; *(Pferd)* nicht über die Hürde gehen; *I* ~~ *to let you go* ich lasse dich nicht gehen; ['refju:s] *s* Abfälle *m pl*, Abfall, Müll; Ramsch, Ausschuß *m*; *a* wertlos; ausgemustert; *household* ~~ Haushaltsabfälle *m pl*; ~~ *bin* Mülleimer *m*; ~~ *dump* Abfallhaufen *m*.

refut|able ['refjutəbl] widerlegbar; **~ation** [refju'teiʃən] Widerlegung *f*; **~e** [ri'fju:t] *tr* widerlegen; zurückweisen.

regain [ri'gein] *tr* zurück-, wiederbekommen, -erhalten, -erlangen, wieder-, zurückgewinnen; *(Ort)* wiedererreichen; *to* ~ *o.'s footing* wieder auf die Beine kommen.

regal [ri:gəl] königlich; majestätisch, prunkvoll, prächtig; **~e** [ri'geil] *tr* festlich bewirten, unterhalten, erfreuen *(with* mit); *e-e große Freude machen (to* jdm); *to* ~~ *o.s. on s.th.* sich an etw erfreuen; **~ia** [ri'geiljə] *pl hist* Hoheitsrechte, Regalien *n pl*; Krönungsinsignien *pl*, Kronjuwelen *n pl*; Ordensattribute *n pl*.

regard [ri'gɑ:d] *tr* (aufmerksam, fest) ansehen, -schauen, betrachten *(with suspicion* mit Mißtrauen); in Betracht ziehen, erwägen, berücksichtigen; beachten, Beachtung schenken *(s.th.* e-r S); achten, schätzen; ansehen, betrachten *(as* als), halten *(as* für); angehen, betreffen; *s* feste(r) Blick *m*; Aufmerksamkeit *(to, for* für); Rücksicht, Berücksichtigung; (Hoch-)Achtung, Wertschätzung *f*; Bezug *m*, Beziehung *f (to* auf); *pl (Brief)* Grüße, Wünsche *m pl*; Empfehlungen *f pl*; *as* ~ was ... betrifft; *in* ~ *to od of, with* ~ *to* in bezug, mit Bezug auf, mit Rücksicht auf; *in this* ~ in dieser Hinsicht; *with kind* ~s mit freundlichen, herzlichen Grüßen *(to* an); *without* ~ *to, for* ohne Rücksicht auf; *to pay* ~ *to* Rücksicht nehmen auf; *give my* ~s *to* ... Grüße an ...; grüßen Sie ...; *this does not* ~ *me at all* das geht mich überhaupt nichts an; *she has no* ~ *for others* sie nimmt auf andere keine Rücksicht; **~ful** [-ful] aufmerksam *(of* auf); rücksichtsvoll *(of* gegen); **~ing** [-iŋ] *prp* betreffend, betreffs, hinsichtlich *gen*; **~less** [-lis] *a* unaufmerksam, unachtsam, rücksichtslos, achtlos *(of* auf); *adv fam* ohne Rücksicht auf die Kosten *od* Folgen.

regatta [ri'gætə] Regatta *f*.

regen|cy ['ri:dʒənsi] Regentschaft; *(Kunst)* Régence(stil *m*) *f*; **~t** [-t] *s* Regent *m*; *prince* ~~ Prinzregent *m*.

regenerat|e [ri'dʒenəreit] *tr rel* zu neuem Leben erwecken; zu e-m besseren Menschen machen; wieder ins Leben rufen; auf e-e neue Grundlage stellen; verjüngen; *biol* regenerieren; *chem* reinigen; *el (Strom)* zurückgewinnen; *tech* regenerieren, auffrischen; *radio* rückkoppeln; *itr* geistig wiedergeboren werden; ein besserer Mensch werden; sich erneuern; sich regenerieren; *biol* nachwachsen; *a* ['-rit] wiedergeboren *fig*; (innerlich) erneuert; verjüngt; **~ion** [ridʒenə-

'reiʃən] rel Wiedergeburt; geistige Erneuerung; biol chem tech el Regeneration; Auffrischung, Wiedergewinnung; radio Rückkopplung f.
regicide ['redʒisaid] Königsmörder, -mord m.
regim|e, régime [rei'ʒi:m] Regime n, Regierungsform f, politische(s) System n; geog Wasserstandsverhältnisse n pl; **~en** ['redʒimen] Lebensweise, Diät; gram Rektion f.
regiment ['redʒimənt] s mil Regiment n; fig große Zahl, Schar f; tr ['-ment] zu e-m Regiment zs.stellen; organisieren; e-r strengen Zucht od Disziplin unterwerfen; bevormunden; **~al** [-'mentl] a Regiments-; s pl mil (hist Regiments-)Uniform f; **~ command post** Regimentsgefechtsstand m; **~ officer** (Br) Truppenoffizier m; **~ sector** Regimentsabschnitt m; **~ation** [redʒimen'teiʃən] Organisation; Bevormundung, strenge Zucht, Disziplin f.
region ['ri:dʒən] Gegend f, Gebiet n a. fig, Landstrich m, Region f a. zoo bot; Bezirk, Bereich m; **~al** ['-l] a lokal, regional; Gebiets-, Bezirks-, Distrikts-; örtlich, Orts-; s radio Bezirkssender m.
register ['redʒistə] s Liste f, Verzeichnis, Register n, Rolle f, Matrikel f; Kontobuch; Inhaltsverzeichnis n, Index m; Tabelle, Zahlentafel f; Zählwerk m, Zähler, Zähl-, Registrierapparat m; Registrierung f, Protokoll; Fremdenbuch; typ Register m; jur Grundbuch n, Kataster m; phot (Entfernungs-)Einstellung f; tech (Regulier-)Schieber m, Zug-, Luftklappe f, Ventil; mus Register n, Tonlage f, Stimmumfang m; tr eintragen, -schreiben, registrieren, auf-, verzeichnen, protokollieren; einschreiben, -tragen lassen; (an)melden (with bei); Am immatrikulieren; (Gepäck) aufgeben; (Brief) einschreiben (lassen); (Meßgerät, Zähler) anzeigen; tech einpassen; (Gesicht) zeigen, ausdrücken, zum Ausdruck bringen; itr sich eintragen, sich einschreiben (lassen); sich (an)melden (with bei); Am parl sich in die Wahlliste eintragen; die Orgelregister ziehen; mil sich einschießen; tech in Eingriff stehen; fam Eindruck machen od schinden; to keep the **~** Protokoll führen; baptismal **~** Taufregister n; cash **~** Registrierkasse f; church, parish **~** Kirchenbuch n; commercial, trade **~**, **~ of companies** Handelsregister n; firm **~** Firmenregister n; land **~** Grundbuch n; Lloyd's **~** (englisches) Schiffsregister n;

patent **~** Patentregister n, -rolle f; parliamentary **~**, **~ of electors** Wählerliste f; **~ of associations** Vereinsregister n; **~ of births** Geburtsregister n; **~ of births, marriages and deaths** Personenstandsregister n pl; **~ of deaths** Sterberegister n; **~ of marriages** Heiratsregister n; **~ of members** Mitgliederverzeichnis n; **~ of voters** Wählerliste f; **~ed** ['-d] a (amtlich) eingetragen, gesetzlich geschützt; staatlich geprüft; (Brief) eingeschrieben, ‚Einschreiben'; to be **~~** auf den Namen lauten; **~~ charge** Grundschuld f; **~~ club, firm** eingetragene(r) Verein m, Firma f; **~~ customer** Stammkunde m; **~~ design** Gebrauchsmuster n; **~~ letter** Einschreibbrief; Wertbrief m; **~~ parcel** Einschreibpäckchen n; **~~ shares** (pl), stock Namensaktien f pl; **~~ trade-mark** eingetragene(s) Warenzeichen n, Schutzmarke f.
registr|ar [redʒis'trɑ:, 'redʒistrə] Registraturbeamte(r), Registrator; Archivar; Gerichtsschreiber, Urkundsbeamte(r); Standesbeamte(r) m; Register n; to get married before the **~~** sich standesamtlich trauen lassen; R**~~** General (Br) Leiter m des Statistischen Amtes; **~~ of mortgages** Grundbuch(amt); Hypothekenamt n; Grundbuchrichter m; **~~'s licence** Heiratslizenz f; **~~'s office** Standesamt; Am Universitätssekretariat n; **~~ of societies** Vereinsregister n; **~ation** [redʒis'treiʃən] Einschreibung, Registrierung; Anmeldung f; Eintrag(ung f) m; Listen-, Registerführung f; (Gepäck) Aufgeben f; (Brief) Einschreiben n; mot Zulassung f; compulsory **~~** Meldepflicht f; **~~ certificate** Zulassung, Genehmigung, (Aufenthalts-)Bewilligung f; **~~ fee** Eintragungs-, Einschreibegebühr f; **~~ form** Meldeschein, -bogen m, Anmeldeformular n; **~~ number** Matrikelnummer f; mot polizeiliche(s) Kennzeichen n, Wagennummer f; **~~ office** Meldestelle f, Einwohnermeldeamt n; **~~ plate** (mot) Nummernschild n; **~~ window** Gepäckschalter m; **~y** ['redʒistri] Eintragung, Registrierung f; Verzeichnis n, Liste f, Register n; Registratur f; (**~~ office**) Register-, Standesamt n, Gerichtsschreiberei, Stellenvermitt(e)lung f; land **~~** (Br) Grundbuch(amt) n; port of **~~** Heimathafen m.
reglet ['reglit] arch schmale, flache Leiste; typ Reglette f, Durchschuß m.
regnant ['regnənt] regierend, herrschend; fig vorherrschend.

regress ['ri:gres] s Rückkehr f; Rückschritt m; itr [ri'gres] zurückkehren; sich rückwärts, rückläufig bewegen; **~ion** [ri'greʃən] Rückkehr f; Rückwärtsbewegung f; Rückgang, -fall m; biol Rückentwick(e)lung; psychol Regression f; **~ive** [ri'gresiv] rückläufig; (Steuer) regressiv a. biol.

regret [ri'gret] tr bedauern, beklagen, betrauern, (schmerzlich) vermissen; s Bedauern n (at über); Reue f; Schmerz m, Trauer f (for um); to express ~ sein Bedauern aussprechen (for über); to have ~s bereuen; I ~ es tut mir leid; it is to be ~ted es ist bedauerlich, schade (that daß); **~ful** [-ful] bedauernd; reue-, kummervoll, traurig; **~table** [-əbl] bedauerlich; bemitleidenswert.

regroup ['ri:'gru:p] tr umgruppieren, -schichten.

regul|ar ['regjulə] a regelmäßig; geordnet, geregelt; vorschriftsmäßig, ordentlich; geprüft, gelernt, regulär, gewöhnlich, üblich, gebräuchlich, normal; rail fahrplanmäßig; (Bewegung) gleichförmig, -mäßig; periodisch; symmetrisch; math gram regelmäßig; mil aktiv; rel Ordens-; Am pol linientreu; fam regelrecht, Erz-; Am fam pfundig, patent; s Ordensgeistliche(r), -angehörige(r); (~ soldier) Berufssoldat; fam Festangestellte(r); fam Stammkunde, -gast m; Am linientreue(s) Parteimitglied n; ~ army stehende(s) Heer n; a ~ guy (Am fam) ein Pfunds-, Prachtkerl, ein prächtiger Bursche m; ~ officer Berufsoffizier m; **~arity** [regju'læriti] Regelmäßigkeit; Ordnung; Vorschriftsmäßigkeit f; **~arize** ['regjuləraiz] tr gesetzlich od amtlich festlegen; **~ate** ['regju:leit] tr tech steuern, regeln; regulieren, nach-, einstellen; vereinheitlichen, ordnen; anpassen; ~ating screw Stellschraube f; **~ation** [regju'leiʃən] s Regelung, Regulierung, Einstellung, Vereinheitlichung, Ordnung; Regel f, Prinzip, System n; Vorschrift, Anordnung, Anweisung f; pl (Ausführungs-)Bestimmungen, Statuten, Satzungen f pl; a angeordnet, vorgeschrieben, vorschriftsmäßig; regulär, normal, üblich, gewöhnlich; contrary to ~s unvorschriftsmäßig; currency ~s (pl) Devisenbestimmungen f pl; price ~s (pl) Preisbestimmungen f pl; road, traffic ~s (pl) Verkehrsvorschriften f pl, Straßenverkehrsordnung f; safety ~s (pl) Sicherheitsbestimmungen f pl; shop, working ~s (pl) Arbeitsordnung f; trade ~s (pl) Gewerbeordnung f; **~ative** ['regjulətiv] regulierend; **~ator** ['-leitə] Ordner (Person); tech Regler; Regulator m, Wanduhr f.

regurgitat|e [ri'gə:dʒiteit] itr zurückströmen, -fluten; tr erbrechen; (Wiederkäuer) zurückschlucken.

rehabilitat|e [ri:ə'biliteit] tr wiedereinsetzen, -gliedern (in in); rehabilitieren; normalisieren; wieder auf die Beine stellen fig; com sanieren; (Truppen) auffrischen; Ehrenrettung; **~ion** [ri:əbili'teiʃən] Wiedereinsetzung, -gliederung; Normalisierung; Ehrenrettung; com Sanierung; med Wiederherstellung (der Arbeitsfähigkeit); (Truppen) Wiederauffrischung f; ~ relief soziale Fürsorge f.

rehash ['ri:'hæʃ] tr fig wieder aufwärmen; wiederholen; s Wiederaufwärmen n, Wiederholung f.

rehears|al [ri'hə:səl] Wiederholung f, Hersagen n; Bericht m; theat Probe f; dress ~ Haupt-, Kostüm-, Generalprobe f; **~e** [ri'hə:s] tr (laut) wiederholen, hersagen; genau erzählen, haarklein ausea.setzen; theat einüben, -studieren, proben; (Rolle) eintrainieren.

reign [rein] s Regierung(szeit); Herrschaft f a. fig; itr regieren, herrschen (over über) a. fig; in the ~ of während der Regierungszeit gen; ~ of law Rechtsstaatlichkeit f; R~ of Terror (hist) Schreckensherrschaft f.

reimburse [ri:im'bə:s] tr zurückzahlen, (zurück)erstatten; entschädigen (s.o. s.th. jdn für etw); vergüten, ersetzen (s.o. (for) s.th. jdm etw); (Kosten) decken; to ~ o.s. sich schadlos halten (for für; on an); **~ment** [-mənt] Rückvergütung, Rückzahlung, (Rück-)Erstattung; Entschädigung f, Ersatz m; ~ credit Rembourskredit m.

rein [rein] s Zügel, Zaum m; pl fig Zügel m pl; tr zügeln; fig kontrollieren, beherrschen; to ~ in zurückhalten; to ~ up, back (Pferd) zum Stehen bringen; to assume the ~s of government die Regierung antreten od übernehmen; to draw ~ anhalten; fig langsamer voranmachen; zügeln; to give (the) ~(s) die Zügel locker od schießen lassen (to dat); to hold the ~s (fig) das Heft in der Hand haben; to keep a tight ~ on s.o. jdn fest in der Gewalt od Hand haben.

reincarnation ['ri:inkɑ:'neiʃən] rel Wiedergeburt, Reinkarnation f.

reindeer ['reindiə] Ren, Ren(n)tier n.

reinforce [ri:in'fɔ:s] tr verstärken a. mil u. fig, erhöhen; (Beton) armieren;

reinforcement   829   **relaxation**

arch absteifen; *fig* Nachdruck verleihen (*s.th.* dat); *s* Verstärkung *f*; **~d** *concrete* Stahlbeton *m*; **~ment** ['-mənt] Verstärkung *a.* mil; Verfestigung; *arch* Absteifung; *pl* mil Verstärkung *f*.

reinstall [ˌriːinˈstɔːl], **reinstate** [ˈ-steit] *tr* wiedereinsetzen (*in* in); (*Versicherung*) wiederaufleben lassen; wiederherstellen; **~ment** ['-mənt], **reinstatement** ['-mənt] Wiedereinsetzung; Wiederherstellung *f*.

reinsur|ance [ˌriːinˈʃuərəns] Wieder-, Rückversicherung *f*; **~e** ['-ˈʃuə] *tr* rückversichern; **~er** ['-ˈʃuərə] Rückversicherer *m*.

reissue [ˈriːisjuː, *Am* '-iʃuː] *s* Neuausgabe, -auflage; *fin* Neuemission; *film* Reprise *f*; *tr typ* neu herausgeben; wieder ausgeben.

reiterat|e [riːˈitəreit] *tr* (oft) wiederholen; **~ion** [riːitəˈreiʃən] Wiederholung *f*; **~ive** [-rətiv] wiederholend.

reject [riˈdʒekt] *tr* ablehnen, ausschlagen, zurückweisen; (*Plan*) verwerfen; ausscheiden, ausmustern, abstoßen, abrangieren; *com* als Ausschuß verkaufen; *med* erbrechen; *s* ['riːdʒekt] *com* Ausschuß; *mil* Ausgemusterte(r) *m*; **~ion** [-ˈdʒekʃən] Ablehnung, Zurückweisung; *com* Annahmeverweigerung *f*; *pl* Ausschuß, Abfall *m*; *med* Exkremente *n pl*.

rejig [riːˈdʒig] *tr tech fam* auf neu bringen; wieder ausrüsten.

rejoic|e [riˈdʒɔis] *tr* erfreuen (*by* durch); *itr* sich freuen (*at, over* über, an); sich erfreuen (*in s.th.* e-r S); **~ing** [-iŋ] *s* Freude *f*; (oft *pl*) Vergnügen *n*, Lustbarkeit, Feier *f*; *a* erfreulich; fröhlich, frohlockend (*at, in* über).

rejoin 1. [riːˈdʒɔin] *tr itr* wieder zusammen-, -treffen mit; wieder verein(ig)en (*to, with* mit); wieder eintreten in; **2.** [riˈdʒɔin] *tr itr* erwidern, entgegenhalten; *jur* duplizieren; **~der** [-də] Erwiderung; *jur* Duplik *f*.

rejuven|ate [riˈdʒuːvineit] *tr* (wieder) verjüngen; *itr* sich verjüngen; **~ation** [ridʒuːviˈneiʃən], **~escence** [-ˈnesns] Verjüngung *f a.* biol.

rekindle [ˈriːkindl] *tr* wieder an-, entzünden; *fig* neu beleben.

relapse [riˈlæps] *itr med* e-n Rückfall erleiden (*into* in); zurückfallen, -sinken, nachlassen; *rel* rückfällig sein; *s* Rückfall (*into* in) *a. med rel*; Rückschlag *m*, Zurücksinken *n*.

relat|e [riˈleit] *tr* berichten, erzählen; wiedergeben, schildern; verbinden, verknüpfen, verein(ig)en (*to* mit); in Verbindung bringen, in Beziehung setzen (*with* mit); *itr* Verbindung haben, in Verbindung stehen (*to* mit); Bezug haben, sich beziehen (*to* auf); **~ed** [-id] *a* verwandt (*to* mit); *to be* **~** *to* verbunden, verwandt sein mit; **~** *by marriage* verschwägert (*to* mit); **~ion** [riˈleiʃən] Bericht *m*, Erzählung; Wiedergabe; Beziehung *f*, Verhältnis *n*; Verwandtschaft; Verschwägerung *f*; Verwandte(r) *m*; *pl* Beziehungen *f pl*; *in, with* **~** *to* in bezug, mit Bezug auf; *to be out of (all)* **~** *to*, *to bear no* **~** *to* keinerlei Beziehung haben zu, nichts zu tun haben mit; *to enter into* **~s** *with s.o.* zu jdm in Verbindung treten; *to entertain, to have, to maintain* **~s** *to* Beziehungen unterhalten, in Beziehungen stehen (*to* mit); **~** *between cause and effect* Kausalzs.hang *m*; *amicable* od *friendly, business, commercial* od *trade, diplomatic, economic* **~s** (*pl*) freundschaftliche, Geschäfts-, Handels-, diplomatische, Wirtschaftsbeziehungen *f pl*; *blood* **~** Blutsverwandtschaft *f*; *human* **~s** (*pl*) Kontaktpflege *f*; *public* **~s** (*pl*) Öffentlichkeitsarbeit *f*; **~ionship** [-ˈleiʃənʃip] Verbindung, Beziehung *f* (*to* zu); Verwandtschaft; (**~** *by marriage*) Verschwägerung *f*; *fiduciary* **~** Treuhandverhältnis *n*; **~ive** [ˈrelətiv] *a* sich beziehend, in Bezug (*to* auf); in Beziehung (stehend) (*to* mit); **~** ... *to* auf ... bezüglich; relativ, bezüglich, sich beziehend (*to* auf); vergleichsweise, bedingt; entsprechend; verhältnismäßig; *gram* rückbezüglich, relativ; *s gram* Relativ(pronomen) *n*; Verwandte(r) *m*; *to be* **~** *to* in Beziehung stehen zu, sich beziehen auf, zu tun haben mit; **~** *clause* Relativsatz *m*; **~** *pronoun* Relativpronomen *n*; **~ively** [ˈrelətivli] *adv* verhältnismäßig; im Verhältnis (*to* zu); **~ivism** [ˈrelətivizm] Relativismus *m*; **~ivity** [reləˈtiviti] Relativität, Bezüglichkeit, Bedingtheit *f*; *theory of* **~** Relativitätstheorie *f*.

relax [riˈlæks] *tr* lockern; (*Muskeln, Geist*) entspannen; erschlaffen lassen, verweichlichen; mildern, abschwächen; vermindern, verringern; *med* laxieren; *itr* sich lockern; sich erholen, sich entspannen, sich ausspannen, sich Ruhe gönnen; sich beruhigen; ausruhen; (*Miene*) sich aufheitern; erschlaffen; nachlassen, sich abschwächen, sich mildern; *to* **~** *the bowels* (*med*) abführen; **~ation** [riːlækˈseiʃən] Lockerung; Erholung, Entspannung;

relay   830   **relieve**

Zerstreuung *f*, Vergnügen; Ausruhen *n*; Erschlaffung *f*; Nachlassen *n*, Abschwächung, Milderung *f*.
relay [ri:'lei] *s* (frischer) Vorspann *m*; Ersatzpferde *n pl*, -hunde *m pl*; Ablösung(smannschaft) *f*; ['ri:lei] *sport* Staffel, Stafette *f*; (~ *race*) Staffel-, Stafettenlauf *m*; *tele* radio Relais *n*, Verstärker *m*; *tr* ['-'-] (*bei e-r Tätigkeit*) ablösen; *tele radio* verstärken; anschließen; (*Sendung*) (mit Relais) übertragen; ~ **point** Umschlagstelle *f*; ~ **station, transmitter** *radio* Relaisstation *f*, Zwischensender *m*.
re-lay, relay ['ri:'lei] *irr s. lay*, *tr* neu, wieder legen.
release [ri'li:s] *tr* frei-, entlassen, freigeben (*from* von); loslassen; fallen, abgehen lassen; *tech* auslösen; (*Bremse*) lösen; (*Bomben*) abwerfen; (*Gase*) freisetzen, abblasen; *fig* befreien, frei machen (*from* von); (*Recht, Anspruch*) aufgeben; verzichten auf; (*Schuld, Steuer, Strafe*) erlassen; (*Kapital*) flüssig machen; (*zur Veröffentlichung, Verbreitung*) freigeben; zulassen; *film* zur Aufführung zulassen; *s* Frei-, Entlassung (*from aus*); Entlastung, Entpflichtung, Befreiung, Entbindung *f* (*from* von); Verzicht *m*, Aufgabe; Verzichtleistung, -erklärung, -urkunde *f*; Erlaß *m* (*e-r Schuld*); (*Beschlagnahme*) Aufhebung; Quittung *f*; Freigabeschein *m*; Freigabe (*zur Veröffentlichung, Verbreitung, e-s Sperrkontos*); Zulassung; (*Konto*) Entsperrung; *tech* Auslösung *f*; (*Bomben-*)Abwurf; *phot* Auslöser *m* (*Vorrichtung*); **to ~ the clutch** auskuppeln; *conditional* ~ bedingte, vorläufige Ent-, Freilassung *f*; *first* ~ (*film*) Uraufführung *f*; *press* ~ freigegebene Nachricht *f* für die Presse; ~ *from custody* Haftentlassung *f*; ~ *of mortgage* Löschung *f* e-r Hypothek; ~ *upon word of honour, (Am) on parole* Freilassung *f* auf Ehrenwort, bedingte Begnadigung *f*; ~ **button** Auslöseknopf *m*.
relegat|e ['religeit] *tr* verbannen (*to* nach; *out of* aus); versetzen, verweisen (*to* auf); einordnen, -stufen; über-, verweisen (*to s.o.* an jdn).
relent [ri'lent] *itr* gelindere Saiten aufziehen, sich erweichen lassen; **~less** [-lis] mitleidlos; unerbittlich, unnachgiebig.
relevan|ce, -cy ['relivəns(i)] Sachdienlichkeit; Bedeutung, Relevanz *f* (*to* für); **~t** ['-t] sachdienlich; erheblich, wichtig, relevant (*to* für).

reli|ability [rilaiə'biliti] Zuverlässigkeit, Verläßlichkeit, Glaubwürdigkeit; *tech* Betriebssicherheit *f*; **~able** [ri'laiəbl] zuverlässig, verläßlich, vertrauens-, glaubwürdig; *tech* betriebssicher; *com* solide, kreditwürdig; **~ance** [-'laiəns] Ver-, Zutrauen *n*; *to have, to place, to put* ~ *in, (up)on* Vertrauen setzen in *od* auf, Vertrauen schenken (*s.o.* jdm); **~ant** [-'laiənt] vertrauensvoll, zuversichtlich.
relic ['relik] Überrest *m*, -bleibsel *n*; Andenken *n*; *rel* Reliquie *f*; **~t** ['-t] Witwe *f*.
relief [ri'li:f] Erleichterung, Befreiung, Linderung (*from* von); *fig* Erholung; (geistige) Abwechs(e)lung, Wohltat (*to* für); Hilfe *f*, Beistand *m*, (*Arbeitslosen-*)Unterstützung, Fürsorge; Abhilfe; Entlastung, Ablösung *f a. mil*; mil Entsatz; *jur* (Straf-)Erlaß *m*; Rechtshilfe *f*; Schadenersatz *m*; (*Kunst*) Relief(arbeit *f*) *n*; (*Landkarte*) (Höhen-)Schraffierung *f*; *lit allg* Gegensatz, Kontrast *m*; *to be on* ~ Unterstützung beziehen; *to bring, to throw into* ~ hervortreten lassen; *to stand out in* ~ *against* in Gegensatz stehen zu, sich scharf abheben von; *to throw into* ~ hervortreten lassen *a. fig*; *old-age* ~ Altersfürsorge, -unterstützung *f*; *poor* ~ Armenunterstützung *f*; *tax* ~ Steuererleichterung, -befreiung *f*; *unemployment* ~ Arbeitslosenunterstützung *f*; ~ *for refugees* Flüchtlingshilfe *f*; ~ *of tension* Entspannung *f*; ~ **attack** Entlastungsangriff *m*; ~ **committee** Hilfsausschuß *m*; ~ **credits** *pl* Hilfskredite *m pl*; ~ **driver** *mot* Beifahrer *m*; ~ **fund** Unterstützungs-, Hilfsfonds *m*; ~ **map** Reliefkarte *f*; ~ **measure** Hilfsmaßnahme *f*; ~ **road** Entlastungsstraße *f*; ~ **train** *rail* Vor-, Entlastungszug *m*; ~ **valve** Überdruckventil *n*; ~ **work** Hilfswerk *n*; *pl* Notstandsarbeiten *f pl*.
relieve [ri'li:v] *tr* (*Los*) erleichtern; entlasten (*from* von); (*Krankheit, Schmerz, Not*) lindern, mildern; Erleichterung verschaffen (*a part of the body* e-m Körperteil); entheben, befreien, entbinden (*from* von); *tech* entspannen, auslösen; *hum* erleichtern (*of* um, von); (*belagerte Stadt*) entsetzen; (*Wache*) ablösen; (*Lage*) entspannen; unterstützen, beistehen, helfen (*s.o.* jdm); abhelfen; Abwechs(e)lung bringen in, angenehm unterbrechen; beleben (*with* mit); abheben (*from* von); hervorheben (*against* gegen); *to* ~ *one another* sich gegenseitig abwechseln;

to ~ o.s., to ~ nature (physiol) sich Erleichterung verschaffen; austreten; to ~ o.'s feelings s-n Gefühlen freien Lauf lassen; sich Luft machen; to ~ s.o.'s mind jdn beruhigen; to feel ~~d sich erleichtert fühlen.

relig|ion [ri'lidʒən] Religion f, Glaube(n) m; Gottesfurcht, Frömmigkeit, Gottseligkeit f; gottselige(s) Leben; höchste(s) Gebot n, oberste Richtschnur f; to be in ~ im Kloster sein; to make a ~ of s.th. sich ein Gewissen aus etw machen; *freedom of ~* Religionsfreiheit f; *State, Established ~* Staatsreligion f; *war of ~* Religionskrieg m; **~iosity** [-dʒi'ɔsiti], **~iousness** [ri'lidʒəsnis] Religiosität f, Frömmigkeit f; **~ious** [ri'lidʒəs] a religiös; gottesfürchtig, fromm; mönchisch; Mönchs-, Ordens-; gewissenhaft; s Ordensgeistliche(r m) f.

relinquish [ri'liŋkwiʃ] tr aufgeben, preisgeben, verzichten; (Recht) abtreten; (Erbschaft) ausschlagen; (Plan) aufgeben.

reliquary ['relikwəri] rel Reliquienschrein m.

relish ['reliʃ] s (angenehmer) Geschmack m; Würze f; Appetitanreger, -happen; Genuß m, Vergnügen n (for an); Lust, Neigung f (for zu); Sinn m (for für); Anregung f, Reiz m; Beigeschmack m (of von); fig Andeutung f, Anflug m, Spur f (of von); tr würzen; genießen; gern mögen; angenehm finden; Geschmack finden an (having to do daran finden, etw zu tun); itr schmecken (of nach); to have a ~ for e-e Vorliebe haben für.

relocation [rilo(u)'keiʃən] Verlagerung, Verlegung; (Zwangs-)Umsiedlung f; *~ centre* Umsiedlerlager n.

reluctan|ce, -cy [ri'lʌktəns(i)] Abneigung f, Widerwille m, Widerstreben n (to gegen; to do s.th. etw zu tun); tech magnetische(r) Widerstand m; **-t** [-t] abgeneigt, widerstrebend, ungern, un-, widerwillig (to zu).

rely [ri'lai] itr sich verlassen, bauen, zählen (on, upon auf); vertrauen, glauben (on, upon s.o. jdm); ~*ing on* im Vertrauen auf.

remain [ri'mein] itr (ver)bleiben; fortdauern, bestehenbleiben; übrigbleiben; s pl Überbleibsel n pl, Rest m; Reste m pl, Trümmer pl; Überlebende m pl; hinterlassene Werke n pl; *die sterblichen Reste m pl; there ~s nothing else to do but to es bleibt nichts anderes übrig als zu; that ~s to be seen* das wird sich zeigen; **~der** [-də]

s Rest a. math; Rückstand m; (Buchhandel) Restauflage f, -bestand m; jur Anwartschaft f (auf ein Nacherbe); Servitut f; pl Reste m pl; a übrig, verbleibend; tr als Restauflage, im modernen Antiquariat verkaufen; *without a ~~* restlos; *~~ shop* moderne(s) Antiquariat n; **~ing** [-iŋ] übrig(geblieben), restlich, verbleibend.

remake ['ri:meik] irr s. make; tr noch einmal, neu machen; s Neuverfilmung f.

remand [ri'mɑ:nd] tr (to ~ in custody) wieder in Untersuchungshaft nehmen; an die untere Instanz zurückverweisen; zurückstellen (for a week e-e Woche); s Rücksendung f, Untersuchungshaft f; Untersuchungsgefangene(r) m; *to be on ~* in Untersuchungshaft sein; *prisoner on ~* Untersuchungsgefangene(r) m; *~ home* Anstalt f für jugendliche Straffällige vor ihrer Aburteilung.

remark [ri'mɑ:k] tr bemerken, beobachten, feststellen (that daß); (mündlich od schriftlich) bemerken, äußern, erwähnen; itr e-e Bemerkung machen (on, upon über); s Beobachtung, Feststellung; Beachtung; (kurze) Bemerkung (on über); Anmerkung f; *concluding ~* Schlußbemerkung f; *preliminary ~* Vorbemerkung f; *worthy of ~* der Beachtung wert; **~able** [-əbl] bemerkenswert, beachtlich, auffallend, auffällig, ungewöhnlich (about an).

remarr|iage ['ri:'mæridʒ] Wiederverheiratung f; **-y** ['ri:'mæri] itr tr (sich) wieder (ver)heiraten (to, with mit).

remed|iable [ri'mi:djəbl] a Heil-, heilbar; **~ial** [-jəl] a Heil-; heilend; heilkräftig; abhelfend; *~~ gymnastics (pl)* Heilgymnastik f; *~~ measure* Abhilfsmaßnahme f; **-y** ['remidi] s Heilmittel n, Arznei, Medizin f (for gegen); Hilfs-, Gegenmittel n (for gegen); (wirksame) Hilfe, Abhilfe f; (Münze) Toleranz f; jur Rechtsmittel n, -hilfe f; tr heilen; (wieder) in Ordnung bringen; abhelfen (s.th. e-r S), Abhilfe schaffen (s.th. für etw); (Übelstand) abstellen (s.th. etw); (Mängel) beseitigen; *household ~~* Hausmittel n.

rememb|er [ri'membə] tr sich (wieder) erinnern an; sich ins Gedächtnis zurückrufen, sich merken, behalten; lit eingedenk sein (s.th. e-r S); daran denken; (wohlwollend) denken an; (mit etw Gutem) bedenken; ein Trinkgeld geben (the waiter dem Kellner); empfehlen; sich erinnern, sich entsinnen; *~~ me to your father* grüßen Sie Ihren Vater von mir! **~rance**

remind

[-rəns] Erinnerung *f (of* an); Gedächtnis *n*; Erinnerung(sstück *n*) *f*, Andenken *n*; *pl* Grüße *m pl (im Brief); in ~~ of* zur Erinnerung an; *within the ~~ of man* seit Menschengedenken; *R~~ Day* Waffenstillstandstag *(11. Nov.)*.

remind [ri'maind] *tr* erinnern, mahnen *(of* an; *to do* zu tun; *that* daß); *that ~s me* dabei fällt mir ein; *~ me about it* erinnere mich daran; **-er** [-ə] Gedächtnisstütze, Mahnung *f*, Wink *m*.

reminisc|e [remi'nis] *itr* in Erinnerungen schwelgen; **-ence** [-ns] Erinnerung *f (of* an); Gedächtnis *n*; Spur *f*; *pl* (Lebens-)Erinnerungen *f pl*; **-ent** [-nt] sich erinnernd *(of* an).

remise [ri'maiz] *tr jur (Recht)* aufgeben, abtreten; *s* Rechtsverzicht; [rə'mi:z] Wagenschuppen; *(Fechten)* Nachstoß *m*.

remiss [ri'mis] nachlässig, sorglos *(in* bei); *(Arbeit)* schlampig, schlud(e)rig; lässig, schlaff, energielos; **-ible** [-əbl] verzeihlich; *(Sünde)* läßlich; **-ion** [ri'miʃən] Vergebung *(von Sünden)*; Erlassung *(von Schulden, Steuern, Strafen)*; Befreiung *(von Gebühren)*; Ermäßigung *f*; Nachlassen *n*, Abschwächung *f*, Rückgang *m*, Verminderung, Verringerung; *med* vorübergehende Besserung *f*.

remit [ri'mit] *tr (Sünde)* vergeben; verzeihen; *(Strafe, Schuld, Steuer)* erlassen, streichen; verzichten auf; überlassen, abtreten; verringern, vermindern, herabsetzen, nachlassen in, mäßigen; verweisen *(to s.o.* an jdn); *jur (an e-e untere Instanz)* zurückweisen, vertagen, verschieben; *(bes. Geld)* schicken, (über)senden, überweisen; *(Wechsel)* einlösen; zurücklegen, -stellen, auf-, verschieben *(till, to* bis); *itr* abnehmen, nachlassen; Geld senden; *com* remittieren; **-tal** [-l] Vergebung; Erlassung; *jur* Zurückverweisung; *com* Überweisung *f*; **-tance** [-əns] *(Geld)* Sendung, Überweisung *f*; *fam* Wechsel *m*; *upon ~~ of* gegen Einsendung von; *to provide for, to make ~~ (com)* Deckung anschaffen; *~~ account, form, order* Überweisungskonto, -formular *n*, -auftrag *m*; **-tee** [rimi'ti:] Empfänger *m (e-r* Überweisung); **-tent** [ri'mitənt] vorübergehend nachlassend; **-ter** [ri'mitə] *(Geld)* Absender, Einzahler; Remittent *m*; *jur* Zurückverweisung; Wiedereinsetzung *f (to* in).

remnant ['remnənt] (schwacher) Rest, Überrest *m*, Überbleibsel *n (of* gen); Stoffrest *m*; *fig* Spur *f (of* von); *~ sale* Resteverkauf *m*.

remodel ['ri:'mɔdl] *tr* umbilden, -gestalten, -formen; erneuern.

remonstr|ance [ri'mɔnstrəns] Einwand *m*, Beschwerde *f*, Vorwurf, Protest *m*; **-ant** [-t] *a* protestierend, Einwände machend; *s* Beschwerdeführer *m*; **-ate** [-eit] *itr* Einwendungen machen, *(against* gegen), vorstellig werden *(on* wegen), sich beschweren *(on* über; *with* bei).

remorse [ri'mɔ:s] Gewissensbisse *m pl (at* über; *for* wegen); *without ~* mitleids-, erbarmungslos; *to feel ~* Gewissensbisse haben; **-ful** [-ful] reumütig; **-less** [-lis] mitleids-, erbarmungslos, rücksichtslos.

remote [ri'mout] *a* entfernt, entlegen, abgelegen *(from* von); *(zeitl.)* weit zurück- *od* in ferner Zukunft liegend; *(Vergangenheit, Zukunft)* fern; *(Gedanke)* fernliegend; *(Verwandter)* entfernt; *(Verwandtschaft)* weitläufig; *(Ähnlichkeit, Aussichten)* schwach, unbedeutend, gering; *(Mensch)* zurückhaltend; *s pl* Fernsehaufnahmen *f pl* außerhalb des Senderaumes; *I haven't the ~st idea* ich habe nicht die mindeste Vorstellung; *~* **control** *tech* Fernbedienung, -steuerung, -lenkung *f*; **--controlled** *a* ferngelenkt, -gesteuert; **-ness** [-nis] Entlegenheit, Abgeschiedenheit *f*.

remount [ri:'maunt] *tr* wieder besteigen; *mil* mit frischen Pferden versehen; *(Bild, Karte)* neu aufziehen; *(Fluß)* hinauffahren; *itr* wieder aufsteigen, wieder hinaufgehen; wieder be-, ersteigen; *fig* zurückgehen *(to* auf); *s* ['ri:maunt] frische (Reit-)Pferd(e *pl*) *n*.

remov|able [ri'mu:vəbl] heraus-, abnehmbar; abstell-, behebbar; auswechselbar; absetzbar; **-al** [-əl] Entfernung *f*; Wegräumen, Weg-, Fortschaffen *n*, Wegnahme; Abschaffung, -stellung, Beseitigung; Entlassung, Versetzung *f (from* von); Umzug *(to* in, nach); Ortswechsel *m*; Verlegung *f*; *tech* Ausbau *m*; *~~ from office* Amtsenthebung *f*; *~~ van* Möbelwagen *m*; **-e** [ri'mu:v] *tr* entfernen, beseitigen, wegschaffen, -nehmen; forträumen, woanders hinbringen, -schaffen; *tech* abmontieren; *(Geschäft)* verlegen; *(von der Universität)* relegieren; *(Kleidung)* ausziehen, ablegen; *(Hut)* absetzen; *(Einrichtung)* abschaffen; *(Schwierigkeiten)* beseitigen; *(Mißbrauch)* abstellen, beheben; *(Name)* streichen; *(Pflanze)* versetzen; *(Zweifel)* zerstreuen, aus der Welt schaffen;

(Beamten) entlassen, aus dem Amt entfernen, absetzen; versetzen; entfernen, beseitigen, aus dem Wege räumen, umbringen; *med* ausschneiden, exstirpieren; *(Verband)* abnehmen; *itr* umziehen *(to* nach); *s* Entfernung, Beseitigung; Entlassung *f; (Schule)* Versetzung *f;* Verwandtschaftsgrad *m;* Strecke *f,* Abschnitt, Grad *m; to ~~ from the agenda* von der Tagesordnung absetzen; *to ~~ to (the) hospital* ins Krankenhaus bringen; *not to get o.'s ~~ (Schule)* sitzenbleiben; *to ~~ a pupil from school* e-n Schüler aus der Schule nehmen; **-er** [ri'mu:və] *(Möbel-)*Spediteur, Transporteur *m;* **-ing** [ri'mu:viŋ]: *~~ cream* Abschminkcreme *f; ~~ expenses (pl)* Umzugskosten *pl.*

remunerat|e [ri'mju:nəreit] *tr (Menschen)* belohnen, entschädigen *(for* für); *(Bemühungen)* vergüten; *(Unkosten)* erstatten; **-ion** [rimju:nə'reiʃən] Belohnung; Entschädigung *f,* Entgelt *n,* Vergütung *f;* Lohn *m;* Honorar *n;* Erstattung *f;* **-ive** [-ətiv] *a* Entschädigungs-, Vergütungs-; lohnend, einträglich, vorteilhaft.

Renaissance [ri'neisəns, *Am* 'renəsa:ns] *s* Renaissance *f; a* Renaissance-.

renal [ri:nl] *a scient* Nieren-; **~ calculus** *med* Nierenstein *m;* **~ colic** Nieren(stein)kolik *f.*

rename [ri:'neim] *tr* umbenennen; neu benennen.

renascen|ce [ri'næsns] Wiedergeburt *f,* Wiederaufleben *n fig;* R-~~ Renaissance *f;* **-t** [-t] wiederauflebend, -blühend, sich erneuernd.

rend [rend] *irr* rent, rent *tr* (weg)reißen *(from* von); zerreißen *bes. fig; (Land)* zerstückeln; *to ~ away* wegreißen.

render ['rendə] *tr* ab-, übergeben *a. mil,* überreichen; vorlegen, unterbreiten; übersenden, überweisen; *(Rechenschaft)* ablegen; *(to ~ back)* zurückgeben, erstatten; *(Dank)* abstatten; *(Gehorsam,* e-n *Dienst)* erweisen; *(Hilfe)* leisten; *(Nutzen, Gewinn)* bringen, abwerfen; machen *mit a;* verwandeln in; *lit* Kunst *mus* wiedergeben; *mus* vortragen; *theat* darstellen, spielen; *(Thema)* behandeln; *(Gründe)* angeben; *(in Worten)* ausdrücken, erzählen, sagen; übertragen, übersetzen *(into* in); *(Gutachten)* erstatten; *(Fett)* auslassen; *arch* verputzen, bewerfen; *jur (Urteil)* verkünden; *mar* durchscheren; *s arch* (Roh-)Bewurf *m; to ~ an account of* Rechenschaft ablegen über; berichten über; *to ~ difficult* erschweren; **-ing** ['riŋ] Übertragung, Übersetzung *(into* in); Darstellung; *mus* Wiedergabe *f; arch* (Roh-)Bewurf *m; ~~ of account* Rechnungslegung *f.*

rendezvous ['rondivu:, 'ra:nd-] *pl* ~ ['-z] Treffpunkt *m a. mil,* Stelldichein *n,* Verabredung *f; mil* Sammelplatz *m.*

rendition [ren'diʃən] *mus* Wiedergabe, Interpretation; *theat* Verkörperung; Übertragung, -setzung; *Am* (Urteils-)Verkündigung *f.*

reneg|ade ['renigeid] *s rel* Renegat, Apostat; *allg* Abtrünnige(r) *m;* **~(u)e** [ri'ni(:)g] *itr (Kartenspiel)* nicht bedienen; nicht einhalten *(on a promise* ein Versprechen).

renew [ri'nju:] *tr* erneuern; *tech* auswechseln; auffrischen; ermuntern, erneuern, wiederaufnehmen, -greifen; *(Versuch)* wiederholen; *(Vorräte)* erneuern, auffrischen; *(Lager)* ergänzen; *(Vertrag)* verlängern; *(Wechsel)* prolongieren; **-al** [-l] Erneuerung *f; tech* Ersatz *m;* Auffrischung; *(Wechsel)* Prolongation; Wiederaufnahme; Verlängerung *f.*

renn|et ['renit] **1.** (Kälber-)Lab *n;* **2.** Renette *f (Apfel).*

renounce [ri'nauns] *tr* verzichten auf, aufgeben; entsagen *(s.th.* e-r S); *(Erbschaft)* ausschlagen, ablehnen; sich lossagen von, verleugnen; *(Schuld)* nicht anerkennen; *(Karte)* nicht bedienen; *(Vertrag)* aufkündigen, zurücktreten von; *itr* (auf sein Recht) verzichten; *(Kartenspiel)* nicht bedienen, passen.

renovat|e ['renə(u)veit] *tr* erneuern, (wieder) instand setzen, renovieren; **-ion** [renə(u)'veiʃən] Erneuerung, Instandsetzung, Renovierung *f;* **-or** ['-ə] Erneuerer *m.*

renown [ri'naun] Ruf *m,* Berühmtheit *f,* Renommee *n;* **-ed** [-d] *a* bekannt, berühmt, namhaft, angesehen *(for* wegen).

rent [rent] **1.** *pp von rend; s* Riß *a. fig;* Sprung, Spalt; *fig* Bruch *m,* Spaltung *f;* **2.** *s* Miete *f,* (Miet-)Zins *m,* Pacht (-zins *m) f;* Einkommen *n,* Rente; *Am fam* Wohnung *f; tr* mieten, pachten *(from* von); *Am* (aus)leihen; *Am (to ~ out)* vermieten, verpachten; *itr* zu mieten sein *(at, for* für); sich verzinsen *(at* zu); *for ~ (Am)* zu vermieten(d); zu verleihen; **ground ~** Grundrente; Reallast *f;* **~able** ['-əbl] zu vermieten(d); **~al** ['rentl] Mietbe-

rent-day   834   **repeople**

trag *m*; Miete, Pacht(summe) *f*; Mietsaufkommen; Mietbuch; *Am* Miethaus *n*, -wohnung *f*; *subscriber's* ~~ Fernsprechanschlußgebühr *f*; ~~ *allowance* Wohnungsgeld *n*, Mietzuschuß *m*; ~~ *control* Mietpreisüberwachung *f*; ~~ *library (Am)* Leihbücherei, -bibliothek *f*; **~day** Miet-, Pachtzahlungstag *m*; **~er** ['-ə] Mieter, Pächter; Vermieter, Eigentümer; (Film-)Verleiher *m*; **~free** pachtfrei; **~less** ['-lis] ertrag-, zinslos; **~roll** Pachtverzeichnis; Mietaufkommen *n*, -einnahmen *f pl*.

renunciation [rinʌnsi'eiʃən] Verzicht *m* (*of* auf); Aufgabe; Ablehnung (*e-r Erbschaft*); (Selbst-)Verleugnung *f*.

reopen ['ri:'oupən] *tr itr* wieder (er-)öffnen; wieder aufnehmen *od* anfangen.

reorganiz|ation ['ri:ɔːgənai'zeiʃən] Neu-, Umgestaltung, Neugliederung, Reform, Reorganisation; *fin* Sanierung *f*; *Am* Gläubigervergleich *m*; **~e** ['ri:'ɔːgənaiz] *tr* neu-, umgestalten, reorganisieren; *fin* sanieren.

reorientation ['ri:ɔːrien'teiʃən] Neuorientierung *f*.

rep [rep] **1.** (*a.* repp, reps) Rips *m*; **2.** *sl* Flittchen *n*; Wüstling *m*; *Am sl* Ruf *m*; **3.** *sl* (*Schule*) (= *repetition*) Auswendiggelernte(s) *n*; **4.** *sl mil* Anschiß *m*; **5.** Repertoiretheater *n*.

repair [ri'pɛə] **1.** *tr* (wieder) ausbessern, reparieren, instand setzen; erneuern, wiederherstellen; (*Fehler*) berichtigen, richtigstellen; abhelfen (*s.th.* e-r S); (*Unrecht*) wiedergutmachen; (*Verlust*) wettmachen; *s* Ausbesserung, Reparatur *f*; bauliche(r) Zustand *m*; *pl* Instandsetzungsarbeiten *f pl*; *beyond* ~ nicht mehr zu reparieren; *in good* ~ in gutem Zustand; *out of* ~ nicht in Ordnung; baufällig; *under* ~ in Reparatur; *to keep in* ~ instand halten; *closed during* ~s wegen Renovierung geschlossen; *road* ~s (*pl*) Straßeninstandsetzungsarbeiten *f pl*; **~able** [-rəbl] (noch) zu reparieren(d); reparaturbedürftig; **~er** [-rə], **~man** [-mən] Mechaniker *m*; ~ **kit**, **outfit** Reparaturwerkzeug *n*, Werkzeugkasten *m*; ~ **order** Reparaturauftrag *m*; ~ **service** Kundendienst *m*; ~ **shop** Reparaturwerkstatt *f*; **2.** *itr* sich (häufig *od* zahlreich) begeben (*to* nach); sich wenden (*to* an; *for* wegen).

repar|able ['repərəbl] wiedergutzumachen(d); ersetzbar; **~ation** [repə'reiʃən] Ausbesserung, Instandsetzung, Reparatur *f*, Wiederherstellung; Wiedergutmachung; Entschädigung *f*, Ersatz *m*; *meist pl* Reparationen *f pl*, Kriegsentschädigung *f*.

repartee [repɑː'tiː, *Am* repɑː'tiː]schnelle, geschickte Entgegnung *od* Erwiderung; Schlagfertigkeit *f*; *to be good at* ~ schlagfertig sein.

repartition [riːpɑː'tiʃən] Auf-, Einteilung, Verteilung; Neuein-, Neuverteilung *f*.

repast [ri'pɑːst] Essen *n*; Mahlzeit *f*.

repatriat|e [riː'pætrieit, *Am* -pei-] *tr* ins Heimatland zurückbringen, -führen, -senden, repatriieren; *s* [riː-'pætriət] Repatriierte(r *m*) *f*; **~ion** ['riː'pætri'eiʃən] Rückführung *f*.

repay [riː'pei] *irr s.* pay *tr* zurückzahlen, (zurück)erstatten (*s.o.* jdm); ersetzen; entschädigen (*for* für); (*Kredit*) abdecken; (*Gefälligkeit, Besuch*) erwidern; (*Unrecht*) vergelten; (*Mühe*) belohnen; **~able** [-əbl] rückzahlbar; **~ment** [-mənt] Rückzahlung, Erstattung, Vergütung; (*Kredit*) Abdeckung, Tilgung; Erwiderung; Vergeltung *f*.

repeal [ri'piːl] *tr* widerrufen, zurücknehmen, -ziehen, aufheben; (*Gesetz*) außer Kraft setzen; *s* Widerruf *m*, Zurückziehung, Aufhebung *f*.

repeat [ri'piːt] *tr* wiederholen; nachsagen, -sprechen; auf-, hersagen; ausplaudern; wiederholen; noch einmal tun; *itr* u. *to ~ o.s.* sich wiederholen; *med* aufstoßen; *itr Am* mehr als eine (Wahl-)Stimme abgeben; e-e Klasse wiederholen; *to ~ after* nachsprechen, -sagen; *s* Wiederholung *f a. mus radio*; *mus* Wiederholungszeichen *n*; *com* (~ *order*) Nachbestellung *f*; **~ed** [-id] *a* wiederholt, mehrmalig; **~edly** [-idli] *adv* (zu) wiederholt(en Malen); **~er** [-ə] Wiederholende(r); *Am* (*Schule*) Sitzengebliebene(r); *Am* (*Gefängnis*) Rückfälliger *m*; *Am* jem, der mehr als e-e (Wahl-)Stimme abgibt; Repetieruhr *f*, *Am* (~*ing rifle*) -gewehr *n*; *tele* Übertrager; Verstärker; (~*ing decimal*) periodische(r) Dezimalbruch *m*.

repel [ri'pel] *tr* zurückschlagen, -stoßen, -treiben; ab-, zurückweisen; (*Flüssigkeit*) abstoßen *a. fig*; anwidern; **~ent** [-ənt] zurück-, abstoßend *a. fig*; wasserdicht; *fig* widerwärtig.

repent [ri'pent] *itr tr* bereuen; Reue empfinden (*of* über); *I ~ it* es reut mich, es tut mir leid; **~ance** [-əns] Reue; Bußfertigkeit *f*; **~ant** [-ənt] reuig (*of* über); bußfertig.

repeople ['riː'piːpl] *tr* wieder bevölkern.

repercussion [ri:pə:'kʌʃən] Rückprall, -stoß; Widerhall m, Echo n; fig Rückwirkung f (on auf); pl fig Reaktionen, Auswirkungen f pl.

repertoire ['repətwa:] theat Repertoire n, Spielplan m.

repertory ['repətəri] fig Fundgrube, Schatzkammer f; theat Repertoire n; **~ theatre** Repertoirebühne f.

repetit|ion [repi'tiʃən] Wiederholung f; Auf-, Hersagen n; Nachbildung, Zweitanfertigung; (Kunst) Kopie; com Kollationierung f; **~~ work** Serienherstellung f; **~ive** [ri'petitiv] Wiederholungs-; sich wiederholend.

repin|e [ri'pain] itr mißvergnügt, unzufrieden sein (against mit); murren, sich beklagen (at über); **~ing** [-iŋ] unzufrieden, mißgestimmt, -vergnügt.

replace [ri'pleis] tr wieder hinsetzen, -stellen, -legen; an die Stelle treten (s.o., s.th. ersetzen (by durch) a. tech; auswechseln, erneuern (by durch); (Schaden) ersetzen; zurückerstatten, rückvergüten; to ~ the receiver den Hörer auflegen; **~able** [-əbl] ersetzbar; auswechselbar; **~ment** [-mənt] Ersatz m; Wiederbeschaffung f; Vertretung f, Vertreter; mil Ersatzmann m; Ergänzung, Reserve f; (**~~ part**) Ersatzteil n, a. m; com Ersatzbeschaffung; (Lager) Auffüllung f; pl mil Verstärkungen f pl; stock of **~~s** Ersatzteillager n; **~~ engine** Austauschmotor m; **~~ price** Wiederbeschaffungspreis m.

replant ['ri:'pla:nt] tr umpflanzen; neu pflanzen.

replay ['ri:plei] sport Wiederholungsspiel n.

replenish [ri'pleniʃ] tr (wieder) auffüllen (with mit); (Vorrat) ergänzen, vervollständigen; **~ment** [-mənt] Auffüllung; Ergänzung f; Nachschub m.

replet|e [ri'pli:t] (wohl)gefüllt, voll (with von); vollgestopft, bis zum Platzen voll (with mit); **~ion** [-'pli:ʃən] (Über-)Fülle f; to eat to **~~** sich vollessen; filled to **~~** randvoll.

replica ['replikə] Kopie f; fig Ebenbild n; **~tion** [repli'keiʃən] jur Erwiderung, Replik f; Widerhall m, Echo n; (Kunst) Kopie f.

reply [ri'plai] itr antworten, (e-e) Antwort geben, entgegnen (to auf); (Tätigkeit, mil: Feuer) erwidern (to s.th. etw); widerhallen; tr beantworten, erwidern, entgegnen; s Antwort, Entgegnung f (to auf); Erwiderung; jur Replik f; Antwortschreiben n, Rückäußerung f; in ~ to in Erwiderung auf; to make no ~ keine Antwort geben; intermediate ~ Zwischenbescheid m; **~-card** Antwortkarte f; **~-coupon** Antwortschein m; **~-postage** Rückporto n.

report [ri'pɔ:t] tr berichten (über), Bericht erstatten über; erzählen; vortragen; verbreiten; (Nachricht, Meldung) (über)bringen; melden, anzeigen, angeben, denunzieren (for wegen); to the police bei der Polizei); (Zoll) deklarieren, anmelden; itr e-n Bericht machen, Bericht erstatten, berichten (on über; for wegen); als Berichter(statter) tätig sein (for für); sich melden, Meldung machen (to bei); sich stellen; to ~ upon s.th. über etw referieren; s Bericht m (of, on über); Meldung f; Protokoll n; Vortrag m, Referat n; Rechenschaftsbericht m; Überbringung f; Gerücht n, Gerede n, Klatsch m; Ruf, Leumund; Knall m (bei e-r Explosion); (Schul-)Zeugnis n; Zolldeklaration f; pl Akten f pl; to make, to prepare a ~ Bericht erstatten, to make a progress ~ über den Stand e-r Angelegenheit berichten; to prepare a ~ e-n Bericht abfassen; annual, monthly, weekly ~ Jahres-, Monats-, Wochenbericht m; committee ~ Ausschußbericht m; damage ~ Schadensmeldung f; financial ~ Geschäftsbericht m; market ~ Marktbericht m; money-market ~ Börsen-, Kursbericht m; negative ~ Fehlmeldung f; newspaper ~ Zeitungsbericht m; official ~ amtliche(r) Bericht m, Protokoll n; period, month, year under ~ Berichtszeit f, -monat m, -jahr n; press ~ Pressemeldung f; sick ~ Krankenstandsbericht m; treasurer's ~ Kassenbericht m; weather ~ Wetterbericht m; **~ed speech** indirekte Rede f; **~ card** Am (Schul-)Zeugnis n; **~er** [-ə] Bericht(erstatt)er, Reporter; jur Protokollführer m; **~'s gallery** Pressetribüne f; **~ stage** parl Berichtsstadium n.

repose [ri'pouz] **1.** tr (zur Ruhe) legen, ausruhen (on auf); niederlegen (on auf); itr liegen, ruhen (on auf); fig beruhen (on auf); to ~ o.s. sich ausruhen; schlafen; s Ausruhen n, Erholung (from von); Ruhe; Stille f; Schlaf m; Gelassenheit f; **~ful** [-ful] ruhig, erholsam; **2.** tr (Vertrauen) setzen (in auf).

repository [ri'pɔzitəri] Aufbewahrungsort m; Ablage f; (Waren-)Lager n, Niederlage f; Speicher, Lagerraum m, -haus m, Magazin n; Behälter; allg Sammelplatz m, -lager n; Grab(gewölbe);

repp | 836 | **reptilian**

min Lager *n*; *fig* Fundgrube *f*; *fig* Vertraute(r) *m*, Vertrauensperson *f*.

repp *s. rep*.

reprehen|d [repri'hend] *tr* tadeln, rügen, etwas auszusetzen haben an, (scharf) kritisieren; **~sible** [-'hensəbl] tadelnswert; **~sion** ['-henʃən] Tadel *m*, Rüge *f*, Verweis *m*, (scharfe) Kritik *f*.

represent [repri'zent] *tr (geistig)* vorstellen; darlegen, darstellen, schildern, begreiflich machen, ausmalen, hinstellen (*as* als); behaupten, vorgeben; *(Bild)* darstellen, wiedergeben; *(Zeichen)* bedeuten; *(durch Zeichen)* ausdrücken; sein, bedeuten (*to s.o.* jdm); verkörpern, repräsentieren, vertreten; *theat* darstellen, spielen; aufführen; *com pol* vertreten; als Beispiel dienen für; **~ation** [reprizen'teiʃən] Vorstellung; Darstellung, Schilderung; Wiedergabe; Abbildung *f*, Bild *n*; *theat* Aufführung, Vorstellung; (Stell-)Vertretung *f*; *oft pl* Vorstellungen, Vorhaltungen, (Er-)Mahnungen *f pl*, Proteste *m pl*; *to make ~s* Vorstellungen erheben (*to* bei); **~ative** [-'zentətiv] *a* vor-, darstellend, wiedergebend; (stell)vertretend (*of* für); repräsentativ; parlamentarisch; typisch, symbolisch (*of* für); *s allg com* pol Vertreter; Repräsentant; Beauftragte(r); Abgeordnete(r), Volksvertreter *m*; typische(s) Beispiel *n* (*of* für); *commercial, sales ~~* Handelsvertreter *m*; *diplomatic ~~* diplomatische(r) Vertreter *m*; *general ~~* Generalvertreter *m*; *House of ~~s* Abgeordneten-, (*Am*) Repräsentantenhaus *n*; *legal, personal ~~* Rechtsvertreter; Vormund *m*; *sole ~~* Alleinvertreter *m*; *special ~~* Sonderbeauftragte(r) *m*; *~~ assembly* Abgeordnetenversammlung *f*; *~~ government* parlamentarische Regierungsform *f*; *~~ sample* Serienmuster *n*.

repress [ri'pres] *tr (Aufruhr)* unterdrücken; unterwerfen, -jochen; zügeln; *psychol* verdrängen; *(Gefühl)* nicht aufkommen lassen; **~ion** [-'preʃən] Unterdrückung; Zügelung; *psychol* Verdrängung *f*; **~ive** [ri'presiv] *a* Unterdrückungs-; hemmend; *~~ measures (pl)* Unterdrückungsmaßnahmen *f pl*.

reprieve [ri'pri:v] *tr* Strafaufschub, e-e Gnadenfrist gewähren (*s.o.* jdm); *(Unangenehmes)* aufschieben; *s* Begnadigung *f*; Strafaufschub *m*; Gnadenfrist, vorübergehende Befreiung, Erleichterung; *fig* Atempause *f*; *right of ~* Begnadigungsrecht *n*.

reprimand ['reprimɑ:nd] *s* (strenger) Verweis, Tadel *m*; *tr* [-, repri'mɑ:nd] e-n (strengen) Verweis erteilen (*s.o.* jdm), zurechtweisen.

reprint ['ri:'print] *tr* wieder (ab)drucken, neu auflegen; *s [a. '--]* Neudruck *m*, -ausgabe *f*; *cheap ~* Volksausgabe *f*.

reprisal [ri'praizəl] Repressalie; Vergeltung(smaßnahme) *f*; *as ~s for* als Vergeltung für; *to make ~s* Repressalien ergreifen (*upon* gegen).

reproach [ri'proutʃ] *tr* vorwerfen (*s.o. with s.th.* jdm etw); Vorwürfe, Vorhaltungen machen (*s.o. with s.th.* jdm wegen e-r S); schelten, tadeln (*for* wegen); Unehre machen, Schande bringen (*s.o.* jdm); *s* Vorwurf *m*, Vorhaltung *f*, Tadel *m*; Unehre, Schande *f* (*to* für); *to be a ~ to s.o.* für jdn ein Schandfleck sein; **~ful** [-ful] vorwurfsvoll; tadelnswert, schändlich.

reprob|ate ['repro(u)beit] *a* verderbt, verkommen; laster-, frevelhaft; ruchlos, verworfen; *rel* verdammt, verloren; *s* verkommene(r), lasterhafte(r) Mensch; *rel* Verdammte(r) *m*; *tr* mißbilligen, verurteilen; verwerfen; *rel* verdammen; **~ation** [repro(u)-'beiʃən] Mißbilligung; *rel* Verdammnis *f*.

reproduc|e [ri:prə'dju:s] *tr biol* hervorbringen; *(die Art)* fortpflanzen; *(verlorenen Körperteil)* regenerieren; *agr* züchten; reproduzieren, nachbilden, kopieren, vervielfältigen; *tech* wiedergeben; wiederholen; *theat* neuinszenieren; wiederaufführen; *itr* sich fortpflanzen; **~eable, ~ible** [-əbl] reproduzierbar; wiederholbar; **~er** [-ə] Züchter; Vervielfältiger *m*; *tech* Wiedergabegerät *n*; **~tion** [ri:prə'dʌkʃən] Wiederholung; Nachbildung, Reproduktion, Vervielfältigung; Wiedergabe; Kopie; *biol* Fortpflanzung; Züchtung *f*; *~~ cost* Wiederbeschaffungs-, Verdrangungskosten *pl*; **~tive** [-'dʌktiv] sich wiederholend; sich fortpflanzend; Fortpflanzungs-, Zucht-.

reproof [ri'pru:f] Mißbilligung, Beanstandung *f*; Tadel, Vorwurf *m*.

re-proof ['ri:'pru:f] *tr* neu imprägnieren.

reprov|able [ri'pru:vəbl] zu beanstanden(d); tadelnswert; **~al** [-əl] = *reproof*; **~e** [ri'pru:v] *tr* mißbilligen, beanstanden; zurechtweisen, tadeln.

reps *s. rep 1*.

rept|ant ['reptənt] *zoo bot* kriechend; **~ile** ['-tail] *s* Reptil, Kriechtier *n*; *fig* Kriecher, Schleicher *m*; *a* reptilartig; kriechend; *fig* kriecherisch; **~ilian** [rep'tiliən] *a* Reptilien-; reptil-

artig; *fig* kriecherisch, hinterhältig, niederträchtig; *s* Reptil, Kriechtier *n*.
republic [ri'pʌblik] Republik *f a. fig*, Freistaat *m*; *the ~ of letters* die Gelehrtenrepublik; **~an** [-ən] *a* republikanisch; *s* Republikaner *m*; **~anism** [-ənizm] republikanische Prinzipien *n pl od* Gesinnung *od* Staatsform *f*.
republication ['ri:pʌbli'keiʃən] *(Buch)* Wiederherausgabe; Neuausgabe, -auflage *f*; **~ish** ['ri:'pʌbliʃ] *tr* neu herausgeben *od* auflegen.
repudiat|e [ri'pju:dieit] *tr (Frau, Sohn)* verstoßen; verwerfen, ablehnen, zurückweisen; nicht anerkennen, in Abrede stellen; **~ion** [ripjudi'eiʃən] Verstoßung; Verwerfung, Ablehnung, Zurückweisung, Nichtanerkennung; *com* Erfüllungsverweigerung *f*.
repugn|ance, -cy [ri'pʌgnəns(i)] Widerspruch *m* (*with* mit); Gegensatz *m*, -sätzlichkeit; Unvereinbarkeit (*between* zwischen); Ungereimtheit *f*; Widerwille *m*, (heftige) Abneigung *f* (*against, to* gegen); **~ant** [-ənt] unvereinbar (*to* mit), im Widerspruch stehend (*to* zu); gegensätzlich, gegenwidrich, abstoßend, unangenehm.
repuls|e [ri'pʌls] *tr (Angriff)* zurückschlagen; zurück-, abweisen; zurückstoßen; ablehnen; *s* Abweisung *f*, Weigerung; Ablehnung *f*; *phys* Rückstoß *m*; *to meet with a ~* abgewiesen werden; **~ion** [-'pʌlʃən] Zurückschlagen *n*, Abweisung *f*; Widerwille *m*, (starke, heftige) Abneigung *f*; *phys* Abstoßung *f*; **~ive** [-'pʌlsiv] abweisend; abstoßend *a. phys*; *fig* widerlich, widerwärtig.
repurchase ['ri:'pə:tʃəs] *tr* zurückkaufen, -erwerben; *s* Rückkauf *m*; **~ value** Rückkaufwert *m*.
reput|able ['repjutəbl] angesehen, achtbar, respektabel; anständig; **~ation** [repju(:)'teiʃən] Leumund, Ruf, Name *m*; Ansehen *n*, Achtung *f*; *of good, high ~* von gutem Ruf; *to have a ~~ for beauty* als schön gelten; wegen s-r Schönheit bekannt sein; *to have the ~~ of being lazy* in dem Ruf stehen, faul zu sein; *to lose o.'s ~~* in schlechten Ruf kommen; **~e** [ri'pju:t] *tr*: *to be ~ed in dem Ruf stehen* (*to be .... zu* sein); *s = ~ation*; **~ed** [-'pju:tid] *a* vermeintlich; angeblich.
request [ri'kwest] *s* Bitte *f*, An-, Ersuchen, Verlangen *n*, Nachfrage *f*; Gesuch *n*; Auf-, Anforderung *f*; *to ~ bitten*, er-, nachsuchen (*s.th. of s.o.* jdn um etw); einkommen um; beantragen; *to ~ s.o. to do s.th., that s.th. is done* jdn bitten, etw zu tun; *to ~ s.th. from s.o.* etw von jdm erbitten; *as ~ed* wie gewünscht; *at s.o.'s ~* auf jds Bitte, Wunsch; *by, on ~* auf Wunsch; *at Verlangen od Ansuchen*; *in ~* gesucht, gefragt, beliebt, geschätzt; *to be in ~* gefragt sein; *to grant, to refuse a ~* e-m Gesuch stattgeben; ein Gesuch ablehnen; *to make a ~* ein Gesuch einreichen; e-e Forderung stellen; *to ~ permission* um Erlaubnis bitten; *it is ~ed* es wird gebeten (*to do* zu tun); **~ for extradition** Auslieferungsantrag *m*; **~ for payment** Zahlungsaufforderung *f*; **~ for respite** Stundungsgesuch *n*; **~ book** Beschwerdebuch *n*; **~ form** Antragsformular *n*; Bestellschein *m*; **~ program(me)** Wunschkonzert *n*; **~ stop** Bedarfshaltestelle *f*.
requiem ['rekwiem] Requiem *n a. mus*, Seelen-, Totenmesse *f*.
require [ri'kwaiə] *tr* fordern, verlangen (*s.th. of s.o.* etw von jdm); bedürfen; befehlen, den Befehl, die Anweisung geben (*s.o. to do s.th.* jdm etw zu tun); erforderlich sein zu, erfordern, nötig haben, brauchen, Bedarf haben an; *itr* nötig sein; *if ~d* falls nötig; nötigenfalls; *that ~s some time* das kostet einige Zeit; **~ment** [-mənt] (An-)Forderung *f*, Verlangen *n*; Vorschrift *f*; Erfordernis *n*, Bedingung *f*; Bedürfnis *n*, Notwendigkeit; erforderliche Eigenschaft, Voraussetzung *f*; Bedarf *m*; *pl Am* Pflichtfächer *n pl*; *according to ~~* nach Bedarf; *to fulfil, to meet the ~~s* die Bedingungen erfüllen; den Anforderungen entsprechen.
requisit|e ['rekwisit] *a* erforderlich, notwendig, unerläßlich (*for* für); *s* Erfordernis *n*, Bedingung, Notwendigkeit *f* (*for* für); *pl com* Bedarfsartikel, Gebrauchsgegenstände *m pl*; *office ~s (pl)* Büroartikel *m pl*; **~ion** [rekwi-'ziʃən] *s* (Auf-)Forderung *f*, Ersuchen *n* (*on s.o.* an jdn); Anweisung *f*; Antrag *m*; Gesuch; Erfordernis *n*; *jur* (*~~ for extradition*) Auslieferungsantrag *m*; *com* Zahlungsaufforderung *f*; Verlangen *n*, Bedarf *m*; *mil* Beschlagnahme, Requirierung, Erfassung *f* (*for* von); *tr mil* requirieren, beschlagnahmen, erfassen; anfordern, beanspruchen; zu Lieferungen, Abgaben heranziehen; *in ~~* dringend benötigt, gesucht; *to call into, to put in ~~* beschlagnahmen, requirieren; **~~ blank, form** Anforderungsformular *n*; **~~ number** Bestellnummer *f*.

requit|al [ri'kwaitl] Belohnung (*for* für); Vergütung, Erstattung (*for* für); Kompensation; Vergeltung *f*; *in ~~ of, for* als Belohnung für; **~e** [ri'kwait] *tr* belohnen (*with* mit); vergüten, erstatten; kompensieren; (*Beleidigung*) heimzahlen, vergelten, rächen.

resale ['ri:'seil] Weiterverkauf *m*; **~ price** Wiederverkaufspreis *m*.

resci|nd [ri'sind] *tr* annullieren, aufheben, abschaffen; zurücknehmen, rückgängig machen; für ungültig erklären; (*Urteil*) kassieren; zurücktreten (*a bargain* von e-m Geschäft); **~ssion** [ri'siʒən] Annullierung, Aufhebung, Abschaffung; Zurücknahme, Rückgängigmachung; Ungültigkeitserklärung *f*; *action for ~~* Anfechtungsklage *f*; *~~ of a contract* Rücktritt *m* von e-m Vertrag.

rescript ['ri:skript] Erlaß *m*.

rescue ['reskju:] *tr* (er)retten, befreien (*from* aus); bergen; (*Gefangenen*) gewaltsam befreien; entreißen (*from* aus); *s* (Er-)Rettung, Hilfe, Befreiung; Bergung; gewaltsame Befreiung *f*; Pfandbruch *m*; *to ~ from oblivion* der Vergessenheit entreißen; *to come to the ~ of s.o.* jdm zu Hilfe kommen; **~ party** Bergungstrupp *m*; **~r** ['-ə] Retter, Befreier *m*.

research [ri'sə:tʃ] *s* oft *pl* Untersuchung, Nachforschung (*after, for* nach); Forschung(sarbeit) (*on* über) *f*; *itr* Untersuchungen anstellen (*on* über); untersuchen (*into s.th.* etw); Forschungen treiben; *to be engaged in ~ work* in der Forschung tätig sein; *to make ~es* Nachforschungen anstellen; *business, industrial ~* Konjunkturforschung *f*; *market ~* Marktanalyse *f*; **~er** [-ə], **~ worker** Forscher *m*; **~ expenditures** *pl* Forschungsausgaben *f pl*; **~ laboratory** Forschungslaboratorium *n*; **~ plant, station** Forschungsstelle *f*; **~ work** Forschungsarbeit *f*.

reseat ['ri:'si:t] *tr* wieder setzen; mit neuen Sitzen versehen; (*Ventile*) nachschleifen.

resect [ri:'sekt] *med* herausschneiden, -sägen; **~ion** [-'sekʃən] *med* Resektion *f*.

reseda [ri'si:də] *s bot* Reseda *f*; *a* resedafarben.

resembl|ance [ri'zembləns] Ähnlichkeit (*to* mit; *between* zwischen); *to bear great ~~* e-e große Ähnlichkeit haben (*to* mit); **~e** [ri'zembl] *tr* ähneln, ähnlich sehen, gleichen (*s.o.* jdm).

resent [ri'zent] *tr* übelnehmen; verübeln (*s.o.* jdm; *doing s.th.* etw zu tun); sich ärgern über; **~ful** [-ful] beleidigt, *fam* eingeschnappt; aufgebracht (*against, of* gegen); empfindlich; **~ment** [-mənt] Verdruß, Ärger, Groll *m*, Verstimmung *f*; *to bear no ~~ against s.o.* jdm nicht böse sein, nichts gegen jdn haben.

reserv|ation [rezə'veiʃən] Vorbehalt *m*, Einschränkung *f*; Reservat(recht *n*, -bestimmung *f*); *Am* (*staatl.*) Reservat(gebiet); *Am* Reservieren *n*, Vorbestellung *f*; Zurücklegen *n* (*von Theater-, Fahrkarten*); vorbestellte(s) Zimmer *n*, vorbestellte(r) Platz *m*, vorbestellte Karte; Platzkarte *f*; *with ~~s* unter Vorbehalt; *with ~~ of* vorbehaltlich *gen*; *without ~~* vorbehaltlos, uneingeschränkt; *ohne* Hintergedanken; *to make o.'s ~~* e-e Platzkarte, ein Zimmer bestellen; *mar* e-n Platz buchen; *mental ~~s* (*pl*) geistige(r) Vorbehalt *m*; **~e** [ri'zə:v] *tr* zurücklegen, -behalten, zurückstellen; aufbewahren, aufheben, aufsparen (*for* für); reservieren, vorbestellen (*to, for* für); sich (*ein Recht*) vorbehalten; *to ~~ o.s.* sich schonen (*for* für); *s* Rücklage, Reserve *f*, Vorrat; Rückhalt *m*; Begrenzung, Einschränkung, -engung *f*; Vorbehalt *m*; *fig* Zurückhaltung, Reserviertheit; Verschwiegenheit *f*, Schweigen *n*; (*Stil*) Einfachheit, Schlichtheit *f*; *mil* Reserve *f*, Reservetruppen, -einheiten *f pl*; Reserve *f*; *sport* Ersatzspieler *m*; *Am* Reservat(land) *n*; *pl* Rücklagen *f pl*; *in ~~* in Reserve; vorrätig; *under ~~* unter Vorbehalt, vorbehaltlich; *with all* (*due*) *~~s* mit allem *od* unter ausdrücklichem Vorbehalt; *without* (*any*) *~~* ohne (jeden) Vorbehalt; *to build up ~~s* Rücklagen bilden; *to dig into s.o.'s ~~s* jds Reserven angreifen; *to exercise, to observe ~~* Zurückhaltung üben; *to place, to put a ~~ on s.th.* etw e-r Einschränkung unterwerfen; *bank(er's) ~~* Bankreserve *f*; *capital ~~* Kapitalreserve *f*; *cash ~~* Barbestand *m*; *gold ~~* Goldreserve *f*, -bestand *m*; *operating ~~* Betriebsreserve *f*; *power ~~* Kraft-, Leistungsreserve *f*; *secret ~~* stille Reserve *f*; *statutory ~~* Mindestreserve *f*; *tax ~~* Steuerrücklage *f*; *~~ fund* Reservefonds *m*, Rücklagen *f pl*; *~~ position* Auffangstellung *f*; *~~ price* Mindestpreis *m*; *~~ seat* Notsitz *m*; *~~ tank* Reservebehälter *m*; **~ed** [-d] *a* reserviert, zurückgelegt, vorbestellt, belegt; (*Urteil*) ausgesetzt; (*Preise*) beschieden; (*Rücklagen*) zweckgebunden; *mil* zurückgestellt; zurückhaltend, reserviert; verschwiegen; *all rights ~~* alle Rechte vorbehal-

reservist

ten; ~ *area* Sperrgebiet *n*; ~ *surplus* Gewinnvortrag *m*; **-ist** [-ist] *mil* Reservist *m*; **-oir** ['rezəvwɑ:] Wasserbecken; Staubecken *n*, -see *m*; (Flüssigkeits-)Reservoir; Reservoir *n*, große Reserven *f pl (of an) a. fig.*

reset ['ri:'set] *tr (Knochen)* wieder einrenken; *tech* umrichten, nachstellen; *(Edelstein)* neu fassen; *(Uhr)* stellen; *typ* neu setzen; *agr* neu bepflanzen.

resettle ['ri:'setl] *tr* um-, neu ansiedeln; *fig* wieder eingliedern; *itr* sich niederlassen; *tr itr* (sich) wieder setzen; (sich) (wieder) beruhigen.

reshuffle ['ri:'ʃʌfl] *tr (Spielkarten)* neu mischen; umordnen, -sortieren, -stellen, -gruppieren; *(Regierung)* umbilden; *s* Umstellung, -gruppierung, -bildung *f*; *Cabinet* ~ Regierungsumbildung *f*.

resid|e [ri'zaid] *itr* s-n Wohnsitz haben, wohnen, leben, sich aufhalten *(in,* at in); *fig (Eigenschaft)* innewohnen, sich finden *(in s.th.* e-r S); liegen *(in* bei); *(Kraft, Recht)* beruhen *(in* auf); **~ence** ['rezidəns] Aufenthalt; Aufenthaltsort, Wohnsitz, -ort *m*; Wohnung; Residenzpflicht *f*; (großes) (Wohn-)Haus *n*; *(official ~~)* Amtssitz *m*; *in* ~ am Ort; *(Student)* in e-m Wohnheim wohnend; *to change o.'s* ~ die Wohnung wechseln, umziehen; *to have o.'s* ~ wohnen *(in* in); *to take up o.'s* ~ s-n Wohnsitz aufschlagen *(at* in); *change of* ~ Wohnungswechsel, Umzug *m*; *delivery at* ~ Lieferung *f* ins Haus; *permanent* ~ feste(r) Wohnsitz *m*; *private* ~ Privatwohnung *f*; ~ *of a company* Gesellschaftssitz *m*; ~ *insurance* Gebäudeversicherung *f*; **~ency** ['rezidənsi] Wohn-, Amtssitz *m*, Residenz *f*; **~ent** ['rezidənt] *a* wohnhaft, ansässig *(in* in); Anstalts-; *(Eigenschaft)* innewohnend; *zoo biol* einheimisch; *s* Be-, Einwohner, Einheimische(r), Ortsansässige(r) *m*; *pol* Resident *m*; *to be* ~ ansässig sein; ~ *agent (com)* Platzvertreter *m*; ~ *bird* Standvogel *m*; *the* ~ *population* die ortsansässige Bevölkerung; **~ential** [rezi'denʃəl] *a* Wohn-; im Hause wohnend; herrschaftlich; ~ *allowance* Ortszulage *f*; ~ *area* Wohngegend *f*; ~ *estate, property* Wohngrundstück *n*; ~ *hotel* Familienpension *f*; ~ *quarter*, *(Am) district* Wohnviertel *n*; ~ *rent* Wohnungsmiete *f*.

residu|al [ri'zidjuəl] *a* zurückbleibend, restlich, Rest-; *s* Rest *m*, Differenz *f a. math* (~ *quantity*); ~ *product* Abfallprodukt *n*; ~ *sound* Nachklang *m*; **~ary** [-əri] übrig(geblieben, -gelassen), restlich; **~e** ['rezidju:] Rest(betrag); *chem* Rückstand *m*; *jur* dem Haupterben verbleibende Erbmasse *f*; **-um** [ri'zidjuəm] *pl -ua* [-juə] *chem* Rückstand *m*, Residuum *n*; *fig* Abschaum *m*.

resign [ri'zain] *tr* verzichten auf *(e-n Anspruch)*; *(Amt)* niederlegen, aufgeben; zurücktreten von *(e-m Amt)*; *(e-e Stelle)* aufgeben; abtreten; *itr* zurücktreten *(from* von); *(König)* abdanken; *pol* demissionieren; verzichten; e-e Stelle aufgeben, ein Amt niederlegen; austreten *(from* aus); *to* ~ *o.s.* Verzicht leisten, resignieren, sich fügen *(to s.o.* jdm); sich ergeben, sich schicken *(to s.o.* jdm); sich abfinden *(to* mit); **-ation** [rezig'neiʃən] Verzicht (-leistung) *f*; Rücktritt *m*; Niederlegung *f*; Abtretung *f*; Austritt(serklärung *f*) *m*; Ergebung *f* (to in); Resignation *f*; *to hand in o.'s* ~ um s-e Entlassung einkommen, sein Entlassungsgesuch einreichen; **-ed** [ri'zaind] *a* ergeben, resigniert.

resil|ience, -cy [ri'ziliəns(i)] Elastizität, Spannkraft *f a. fig (e-s Menschen)*; *fig* Schwung *m*; Federung *f*; **-ient** [-'ziliənt] elastisch, federnd; *fig* unverwüstlich.

resin ['rezin] *s bot* Harz *n*; *tr* mit Harz behandeln; **-ous** ['-əs] harzig.

resist [ri'zist] *tr itr* widerstehen *(s.th.* e-r S; *doing s.th.* etw zu tun); sich widersetzen, Widerstand leisten *(s.o.* jdm); *tech* entgegenwirken; *s* Schutzbeize *f*; *to* ~ *temptation* der Versuchung widerstehen; **-ance** [-əns] Widerstand *m* (to gegen) *a. fig u. el; tech* Festigkeit; Beständigkeit *f*; *(R)* ~ *(pol)* Widerstand(sbewegung *f*) *m*; *to offer* ~ *to s.o.* jdm Widerstand entgegensetzen; *to take the line of least* ~ der Linie des geringsten Widerstands folgen; **~-coil** *(el)* Widerstandsrolle *f*; ~ *to heat* Hitzebeständigkeit *f*; ~ *to wear* Verschleißfestigkeit *f*; ~ *movement* Widerstandsbewegung *f*; **~ant** [-ənt] widerstehend, Widerstand leistend; widerstandsfähig (*to* gegen); ~ *to acids, to cold* säure-, kältebeständig; **-ive** [-iv] widerstrebend; Widerstands-; **-ivity** [rizis'tiviti] *el* spezifische(r) Widerstand *m*; **-or** [-ə] *el* Widerstand *m*.

resole ['ri:'soul] *tr (Schuh)* neu besohlen.

resoluble ['rezəljubl, ri'zɔ-] lösbar *(into* in) *a. fig*.

resolut|e ['rezəlu:t] entschlossen, beherzt; fest, unerschütterlich, *fam*

resolut, **~eness** ['-nis] Entschlossenheit, Festigkeit, Unerschütterlichkeit f; **~ion** [rezə'lu:ʃən] Auflösung a. mus math med; (Geschwulst) Zerteilung f; Be-, Entschluß m, Entschließung, Beschlußfassung, Entscheidung; Resolution; Entschlossenheit, Standhaftigkeit; Lösung f (e-r Frage); to adopt a ~~ e-n Beschluß annehmen; to make good ~~s gute Vorsätze fassen; ~~ of the majority Mehrheitsbeschluß m.

resolv|able [ri'zɔlvəbl] (auf)lösbar (into in); **~e** [ri'zɔlv] tr auflösen, zerlegen, analysieren; zu dem Entschluß bringen (to do zu tun); beschließen (on, upon s.th. etw); sich entschließen (to do zu tun); entscheiden; (Problem) lösen; (Frage) klären; (Zweifel) beheben, beseitigen; mus med auflösen (into in); opt zerlegen; itr sich auflösen (into, to in); sich entschließen (upon s.th. zu etw); to ~~ o.s. into sich umwandeln in; sich konstituieren als; s Be-, Entschluß m; Resolution; Am Beschlußfassung f; to ~~ itself into a committee sich als Ausschuß konstituieren; **~ed** [-d] a entschlossen; **~ent** [-ənt] a u. s med auflösend(es Mittel n).

resonan|ce ['reznəns] mus phys el Resonanz f, Mitschwingen n; fig Widerhall, Anklang m; **~t** ['-t] mittönend, -schwingend; (Stimme) volltönend; wieder-, nachhallend (with von).

resor|b [ri'sɔ:b, -z-] tr resorbieren, aufeinsaugen; **~ption** ['-sɔ:pʃən] Resorption, Aufsaugung f.

resort [ri'zɔ:t] itr (häufig, regelmäßig) gehen (to in, zu, nach); (oft, regelmäßig) auf-, besuchen (to s.th. etw); fig greifen, s-e Zuflucht nehmen (to zu); s Treffpunkt m; Ferien-, Ausflugsort m, Erholungsstätte; Zuflucht (to zu); Hilfe f, Mittel n; in the last ~ (fig) wenn alle Stricke reißen; jur in letzter Instanz; to have ~ to s-e Zuflucht nehmen zu; to ~ to force, to drastic measures zur Gewalt, zu drastischen Maßnahmen greifen; health ~ (Luft-)Kurort m; holiday ~ Ferien-, Urlaubsort m; mountain ~ Höhenkurort m; seaside ~ Seebad n; summer ~ Sommerfrische f; winter ~ Winterkurort m.

resound [ri'zaund] itr ertönen, erschallen, widerhallen (with von); fig Widerhall, ein Echo finden; tr widerhallen lassen; fig (laut) verkünden.

resource [ri'sɔ:s] Hilfsquelle f, -mittel n; Zuflucht f, Ausweg m; Findigkeit f; pl (Geld-)Mittel n pl; Hilfsquellen f pl (e-s Landes); Unterhaltung f, Zeitvertreib m; as a last ~ als letzter Ausweg; without ~ mittellos; to be at the end of o.'s ~s am Ende s-r Kunst sein, nicht mehr weiter wissen; to exhaust all ~s alle Mittel erschöpfen; to tap, to open up new ~s neue Hilfsquellen erschließen; **~ful** [-ful] reich an Hilfsquellen, -mitteln; findig, sl auf Draht; to be ~~ sich zu helfen wissen.

respect [ris'pekt] tr achten, respektieren; Achtung zollen (s.o. jdm); Rücksicht nehmen auf; betreffen, angehen, sich beziehen auf; s (Hoch-)Achtung f, Respekt m (for vor); Rücksicht f (to, of auf); pl Grüße m pl, Empfehlungen f pl; in ~ of, to in Hinsicht, in bezug, mit Rücksicht auf; in ~ that in Anbetracht dessen od der Tatsache, daß; in every ~ in jeder Hinsicht od Beziehung; in many ~s in mancher Hinsicht, in vieler Hinsicht; in this ~ in dieser Hinsicht; with ~ to was ... betrifft; to have ~ to s.th. etw betreffen; to enforce ~ Achtung verschaffen (for s.th. dat); to pay o.'s ~s to s.o. jdm s-e Aufwartung machen; without ~ to persons ohne Ansehung der Person; ~ for the law Achtung f vor dem Gesetz; **~ability** [rispektə'biliti] Achtbarkeit f; gute(r) Ruf m, Ansehen n, gesellschaftliche Stellung f; pl Respektspersonen f pl; meist pl Anstandsregeln f pl; **~able** [ris'pektəbl] achtbar, schätzenswert, angesehen, com solide, reell; beachtlich, ansehnlich; nennenswert; (Kleidung) korrekt; konventionell, förmlich; **~er** [-ə]: to be no ~~ of keine Rücksicht nehmen auf; no ~~ of persons jem, der ohne Ansehen der Person handelt; **~ful** [-ful] ehrerbietig, respektvoll (towards gegen); **~fully** [-fuli] adv höflichst; yours ~~ hochachtungsvoll; **~ing** [-iŋ] prp hinsichtlich gen, in bezug auf, betreffs gen; **~ive** [-iv] a attr jeweilige, einzelne; **~ively** [-ivli] adv jeweils, im einzelnen; beziehungsweise.

respir|able ['respirəbl] einatembar; atemfähig; **~ation** [respə'reiʃən] Atmen n; Atmung f, scient Respiration f; **~ator** ['-reitə] Atemgerät n; Gasmaske f; **~atory** [ris'paiərətəri, 'respirətəri] a Atmungs-; Atem-; **~e** [ris'paiə] itr atmen; (wieder) Luft schöpfen; fig aufatmen.

respite ['respait, a. '-it] s jur Aufschub m, Frist, Stundung f (for für); Strafaufschub m; Atempause f; med Erholung f (for von); tr e-n Aufschub, e-e Frist gewähren (s.o. jdm); auf-,

resplendence verschieben; *med* Erleichterung geben; *days of ~ (fin)* Respekttage *m pl*.

resplenden|ce, -cy [ris'plendəns(i)] Glanz *a. fig*; *fig* Pracht *f*; **~t** [-t] strahlend, glänzend; *fig* prächtig.

respon|d [ris'pɔnd] *itr* antworten (*to* auf); erwidern (*with* mit); *physiol psychol* reagieren, ansprechen (*to* auf); eingehen (*to* auf); *Am* verantwortlich, haftbar sein (*to* für); *s rel* Responsorium *n*; *arch* Strebepfeiler *m*; **~dent** [-ənt] *a* antwortend; reagierend (*to* auf); *s jur* (Scheidungs-)Beklagte(r) *m*; **~se** [ris'pɔns] Antwort; Erwiderung; *jur* Klagebeantwortung *f*; *physiol psychol* Ansprechen *n a. tech*, Reaktion (*to* auf); Empfindlichkeit *f* (*to* für); *rel* Responsorium *n*; *in ~~ to* als Antwort auf; *to meet with a ~* beantwortet werden; *with a warm ~~* herzliche Aufnahme finden; **~sibility** [risponsə'biliti] Verantwortung (*for, of* für); Verantwortlichkeit; Verpflichtung, Haftung, Haftpflicht, Haftbarkeit; *fin* Zahlungsfähigkeit *f*; *on o.'s own ~~* auf eigene Verantwortung; *without ~~* ohne Gewähr; *to assume, to take the ~~ for s.th.* die Verantwortung für etw übernehmen; *to decline, to disclaim the ~~* die Verantwortung ablehnen; *sense of ~~* Verantwortungsgefühl *n*; **~sible** [ris'pɔnsəbl] verantwortlich (*for* für); verantwortungsvoll, -bewußt; haftbar (*for* für); schuld (*for* an); *jur* zurechnungsfähig; *com* zahlungsfähig; *to be ~~* verantwortlich sein, die Ursache sein (*for* für); zurechnungsfähig sein; *to be held ~~* verantwortlich gemacht werden (*for* für); *~~ partner* persönlich haftende(r) Gesellschafter *m*; **~sive** [-siv] *a* Antwort-; entsprechend; leicht reagierend (*to* auf); (*Motor*) temperamentvoll; verständnisvoll, empfänglich (*to* für); *to be ~~ to* ansprechen, eingehen auf.

rest [rest] **1.** *s* Ruhe *f*, Schlaf *m*; Rast *f*, Ausruhen *n*, Erholung; Arbeits-, Ruhepause; (seelische) Entspannung; innere Ruhe; letzte, ewige Ruhe *f*; Reg-, Bewegungslosigkeit, Ruhe(zustand *m*) *f*; Rastplatz, Ruhepunkt; *tech* Halter *m*, Stütze, Auflage *f*; (*Brille*) Steg *m*; Telephongabel; *mus* Pause *f*; Pausenzeichen *n*; (*Vers*) Zäsur *f*; *itr* ruhen, (sich) ausruhen, sich erholen, (sich aus-)schlafen, *fam* ausspannen; nicht arbeiten, feiern; (be)ruhig(t) sein; ruhen, die ewige Ruhe haben, tot sein; (*Augen, Blick*) ruhen (*on* auf); (*Sache, Arbeit*) ruhen; auf sich beruhen, beruhen (*in, on, upon* auf); (*Last, Verantwortung*) ruhen (*on, upon s.o.* auf jdm); liegen *fig* (*with* an, bei); abhängen (*on, upon* von); sich verlassen (*on, upon* auf); (da)bleiben; *agr* brachliegen; *Am jur* sein Plädoyer schließen; *tr* Ruhe gewähren (*s.o.* jdm); (aus)ruhen lassen; sich ausruhen, sich erholen, schlafen lassen; legen, stützen (*on* auf); basieren (*on* auf), begründen (*on* mit); lehnen (*against* an); (*s-e Augen*) ruhen lassen (*on auf*); anhalten; *Am jur* schließen (*o.'s case* sein Plädoyer); *at ~* in Ruhe; tot; *to be at ~* ruhig sein, stehen; beruhigt sein; ruhen; *to be laid to ~* zur ewigen Ruhe gebettet werden; *to come to ~* stehenbleiben; *to give s.th. a ~* etw Ruhe gönnen; *to go, to retire to ~* zu Bett, schlafen gehen; *to put (s.)o.'s mind, to set (s.)o.'s heart at ~* jdn, sich beruhigen; *to take a ~* sich ausruhen; *to ~ on o.'s oars* die Ruderschläge unterbrechen; *fig* sich e-e Ruhepause gönnen; einschlafen; *let the matter ~* lassen Sie die Sache auf sich beruhen; *a good night's ~* e-e gute Nacht; *arm-~* Armstütze *f*; **~-cure** Liegekur *f*; **~ful** ['-ful] ruhig, friedlich; beruhigend; **~-house** Rasthaus *n*; **~ing** ['-iŋ] Ruhe(n *n*) *f*; **~-place** Ruheplatz *m*; **~less** ['-lis] ruhelos; unruhig, unstet; unzufrieden; **~lessness** ['-lisnis] Ruhelosigkeit; Unruhe *f*; **~-room** *Am* Toilette *f*; Aufenthaltsraum *m*. **2.** *s* Rest *m*, Übriggebliebene(s) *n*; (*the ~*) das übrige, die übrigen; *fin* Saldo; Reservefonds *m*; *com* Rechnungs-, Bücherabschluß *m*; *itr* bleiben; lasten (*on* auf); liegen *fig* (*with* bei); *it ~s with you* es liegt (ganz) bei Ihnen, Sie haben die Entscheidung; *you may ~ assured* seien Sie versichert; *(all) the ~ (of it)* alles andere; alles übrige; *(all) the ~ of us* (mit *pl*) wir andern, wir übrigen.

restate ['ri:'steit] *tr* neu formulieren.

restaur|ant ['restərɔ:ŋ, *Am* '-rənt] Restaurant *n*, Speisewirtschaft *f*, -lokal *n*; **~~-car** (*rail*) Speisewagen *m*.

restitution [resti'tju:ʃən] Rückerstattung, Wiederherausgabe; Wiedergutmachung, Entschädigung *f*; Ersatz *m*; Wiederherstellung, -einsetzung *f*; *phys* Rückstellung *f*; *phot* Entzerrung *f*; *to make ~* Ersatz leisten (*of* für).

restive ['restiv] störrisch, bockig; widerspenstig; unruhig, nervös (*over* über); **~ness** ['-nis] Widerspenstigkeit; Nervosität, Aufgeregtheit *f*.

restock ['ri:'stɔk] *tr* wieder, neu versorgen (*with* mit); (*Lager*) wieder auffüllen.

restor|ation [restə'reiʃən] (Rück-)Erstattung, Rückgabe; Wiederherstellung, -einsetzung (*to* in); Wiedergutmachung; Restaurierung; Instandsetzung; *com* Sanierung; *med* Heilung *f*; the R~~ die (*englische*) Restauration (*der Stuarts* 1660); **~ative** [ri'stɔrətiv] *a* heilend, stärkend, kräftigend; *s* Heil-, Stärkungs-, Wiederbelebungsmittel *n*; **~e** [ris'tɔ:] *tr* zurückgeben, -erstatten, ersetzen; wiedereinsetzen (*to an office* in ein Amt); wiederherstellen, restaurieren; erneuern, instand setzen; wieder gesund machen, stärken, kräftigen, heilen; (*to ~~ to life*) wieder ins Leben rufen; *to ~~ to its former condition* den früheren Zustand wiederherstellen; *to ~~ s.o. to liberty* jdm die Freiheit schenken, jdn (wieder) auf freien Fuß setzen; **~ed** *to health* geheilt; **~er** [ris'tɔ:rə] Restaurator *m*; (*hair-~~*) Haarwuchsmittel *n*.

restrain [ris'trein] *tr* ab-, zurückhalten (*from doing s.th.* etw zu tun); hindern (*from* an); einschränken, in Schranken halten; (*Gefühl*) unterdrücken; (*Neugier*) bezähmen; (*Befugnisse*) einschränken; (*Produktion*) drosseln; einsperren; **~ed** [-d] *a* zurückhaltend; maßvoll; beherrscht; **~edly** [-dli] *adv* mit Zurückhaltung; **~t** [-t] Be-, Einschränkung *f*; Hemmnis *n*, Unterdrückung *f*, Zwang *m*; Zwangsmaßnahme *f*, -mittel *n*; Freiheitsbeschränkung *f*, -entzug *m*; Zurückhaltung *f*; *under ~~* in e-r Anstalt untergebracht; in Gewahrsam; *without ~~* rückhaltlos, bedenkenlos; **~~-jacket** Zwangsjacke *f*; **~~ of trade** Konkurrenz-, Handelsbeschränkungen *f pl*.

restrict [ris'trikt] *tr* be-, einschränken, begrenzen (*to* auf); **~ed** [-id] *a* eingeschränkt, begrenzt; nur für den Dienstgebrauch; *com* bewirtschaftet; (*Geld*) zweckgebunden; *Am* nur für Weiße; *locally ~~* örtlich begrenzt; **~~ area** Sperrgebiet; *mot* Gebiet *n* mit Geschwindigkeitsbegrenzung; **~ion** [-'trikʃən] Be-, Einschränkung, Begrenzung *f*; Vorbehalt *m*; *mil* Ausgehverbot *n*; *to be subject to ~~s* Beschränkungen unterliegen; *credit ~~* Kreditrestriktion *f*; *export, import ~~* Ausfuhr-, Einfuhrbeschränkung *f*; *rent ~~s (pl) (Br)* Mieterschutzbestimmungen *f pl*; *zoning ~~s (pl)* Baubeschränkungen *f pl*; **~~** *of production* Produktionsbeschränkung *f*; **~~** *on sales* Verkaufsbeschränkung *f*; **~ive** [ris'triktiv] be-, einschränkend (*of s.th.* etw) *a. gram*.

result [ri'zʌlt] *itr* hervorgehen, herrühren, sich ergeben, folgen, erwachsen, resultieren (*from* aus); führen (*in* zu), hinauslaufen (*in* auf), enden (*in* in, mit); *jur* zurückfallen (*to* an); *s* Ergebnis *n*, Ausgang *m*, Resultat *n* *a. math*, Wirkung, Folge *f*; *pl* Erfolg *m*; *as a ~ of* als Folge *gen*; *without ~* ergebnislos; *to bring, to yield good ~s* gute Ergebnisse bringen *od* zeitigen; *to obtain a good ~* ein gutes Ergebnis erzielen; *to ~ in a profit* mit Gewinn abschließen; e-n Gewinn abwerfen; *the ~ is that die* Folge (davon) ist, daß; *election ~s (pl)* Wahlergebnis *n*; *final ~* Schlußergebnis *n*; *football ~s (pl)* Fußballergebnis *n*; *total ~* Gesamtergebnis *n*; **~ant** [-ənt] *a* sich ergebend; resultierend (*from* aus); *s* Resultat, Ergebnis *n*; *phys* Resultante *f*; **~ fee** *Br* Erfolgshonorar *n*; **~ing** [-iŋ] *a* herrührend (*from* von).

resum|e [ri'zju:m] *tr* wieder (an-, auf-, ein)nehmen, zurücknehmen; wiedererlangen, zurückbekommen, -erhalten, -gewinnen; (*Inhalt*) rekapitulieren, zs.fassen; *tr itr* wieder beginnen, wieder anfangen; *itr* fortfahren; *to ~~ o.'s seat* sich wieder setzen; s-n Platz wieder einnehmen; **~ption** [-'zʌmpʃən] Zurücknahme; Wiederaufnahme *f*, -beginn *m*; Wiederannahme *f*.

resurg|ence [ri'sə:dʒəns] Wiederaufstieg *m*, -aufleben *n*; **~ent** [-ənt] *a* wieder auftauchend; wieder auflebend; sich wieder erhebend.

resurrect [rezə'rekt] *tr* ausgraben, exhumieren; *fig* zu neuem Leben erwecken; wieder aufleben lassen; **~ion** [-'rekʃən] Auferstehung *f*; Wiederaufleben *n*; *jur* Exhumierung *f*; *the R~~* die Auferstehung der Toten *od* Jesu.

resuscitat|e [ri'sʌsiteit] *tr itr* wieder zu sich bringen, kommen; *tr fig* wiederbeleben, -erwecken; *itr fig* wieder aufleben, wieder lebendig werden; das Bewußtsein wiedererlangen; **~ion** [risʌsi'teiʃən] Wiederbelebung *f* *a. fig*; *fig* Wiederaufleben *n*.

ret [ret] *tr (Flachs)* rösten, rötten.

retail [ri:teil] *s* Einzel-, Kleinhandel *m*; *attr* Einzelhandels-, Wiederverkaufs-; *itr* [ri:'teil] im Einzelhandel verkauft werden (*at* um); ein Einzelhandelsgeschäft betreiben; *tr* im kleinen, an den Verbraucher verkaufen; *fig* weiter-

retail bookseller   843   **retortion**

erzählen; breittreten; detaillieren; *by ~*, *(Am) at ~* im kleinen, stückweise, en detail, im Einzelhandel; *to sell ~* im Einzelhandel verkaufen; ~ **bookseller** Sortiment(sbuchhändl)er *m*; ~ **book-trade** Sortiment(sbuchhandel) *m* n; ~ **business** Einzelhandelsgeschäft *n*; ~ **customer** Einzelhandelskunde *m*; ~ **dealer** Einzelhändler *m*; ~**er** [riːˈteilə] Einzelhändler, Wiederverkäufer *m*; *fig* Klatschmaul *n*; ~ **market** Einzel-, Kleinhandel *m*; ~ **price** Einzelhandels-, Ladenpreis *m*; ~ **sale** Ladenverkauf *m*; ~ **store** Einzelhandelsgeschäft *n*.

retain [riˈtein] *tr* zurück-, festhalten, (ein-, zurück)behalten; *(Platz)* belegen; (im Gedächtnis) behalten; *(Gebräuche)* beibehalten; *tech* halten; bleiben bei; (mit Beschlag) belegen; *(für Dienste)* in Anspruch nehmen; *(e-n Anwalt)* sich nehmen; *to ~ s.o.'s services* sich jds Dienste versichern; ~**ing wall** Stütz-, Staumauer *f*; ~**er** [-ə] *hist* Gefolgs-, Dienstmann; *tech* Spannring, Mitnehmer *m*; Bestellung, Inanspruchnahme *f (bes. e-s Rechtsanwalts)*; Rechtsanwaltsvorschuß *m*, Pauschalgebühr *f*, -honorar *n*; Prozeßvollmacht *f*; *tech* Läppkäfig *m*; *old* ~~ alte(s) Faktotum *n*.

retake [ˈriːˈteik] *irr s. take tr* wieder, zurücknehmen; *Am phot* noch einmal aufnehmen; *film* noch einmal drehen; *s Am* Neu-, zweite Aufnahme *f*.

retaliat|e [riˈtælieit] *itr* Vergeltung üben, sich rächen *(on an)*; *tr* vergelten; ~**ion** [ritæliˈeiʃən] (Wieder-)Vergeltung *f*; *pl* Vergeltungsmaßnahmen *f pl*; ~**ive** [riˈtæliətiv], ~**ory** [-iətəri] *a* Vergeltungs-; ~~ *measures (pl)* Repressalien *pl*.

retard [riˈtɑːd] *tr* verzögern, aufhalten, hinausschieben; verlangsamen, hemmen; *tech* retardieren *a. biol* bremsen; *(Zündung)* nachstellen; *mentally* ~**ed** geistig zurückgeblieben; ~**ed ignition** Spätzündung *f*; ~**ation** [riːtɑːˈdeiʃən] Verzögerung *f*, Aufschub *m*, Verlangsamung *f*; *phys biol* Retardation *f*; Hemmnis *n*; *tech* (Ab-)Bremsung, Nacheilung *f*; ~**ing** [-iŋ]: ~ **field**, *force*, *torque* Bremsfeld *n*, -kraft *f*, -moment *n*.

retch [retʃ] *itr* würgen, sich erbrechen (wollen), in Brechreiz haben.

retell [ˈriːˈtel] *irr s. tell tr* noch einmal erzählen.

retent|ion [riˈtenʃən] Behalten, Zurückhalten *n*; Beibehaltung, Bewahrung; *(Harn)* Verhaltung; Erinnerung *f*, (gutes) Gedächtnis *n*; *right of* ~~ Zurückbehaltungsrecht *n*; ~**ive** [-tiv] (zurück)haltend; bewahrend; *(Gedächtnis)* gut, treu.

reticen|ce, -**cy** [ˈretisens(i)] Schweigsamkeit; Verschwiegenheit; Zurückhaltung, Reserviertheit *f*; ~**t** [ˈ-t] schweigsam; verschwiegen *(on, about* über); zurückhaltend, reserviert.

reti|cle [ˈretikl] *opt* Fadenkreuz *n*; ~**cular** [riˈtikjulə] netzartig; ~**culate** [riˈtikjuleit] *tr* netzartig einteilen; *a* [ˈ-it] netzartig; ~**d glass** Filigranglas *n*; ~**culation** [ritikjuˈleiʃən] Netzwerk *n a. fig*; ~**cule** [ˈretikjuː] Handtäschchen; Fadenkreuz *n*; ~**form** [ˈriːtifɔːm] netzförmig, -artig; ~**na** [ˈretinə] *pl a. -ae* [ˈ-iː] *anat* Netzhaut *f*; ~**nitis** [retiˈnaitis] Netzhautentzündung *f*.

retinue [ˈretinjuː] Gefolge *n*, Begleitung *f*.

retir|e [riˈtaiə] *itr* sich zurückziehen *a. mil*; sich entfernen *(from* von, aus); zu Bett, schlafen gehen; sich aus dem Geschäftsleben zurückziehen, sich zur Ruhe setzen; *(von e-m Amt)* zurücktreten, ausscheiden; niederlegen *(from o.'s office* sein Amt); sich pensionieren lassen; in Pension gehen; *tr* zurückziehen *a. mil*; *(Truppen)* zurücknehmen, in den Ruhestand versetzen, pensionieren, entlassen; verabschieden; *com* ausbuchen; *(Anleihe)* zurückkaufen; *fin* aus dem Verkehr ziehen; zurückzahlen; *(Wechsel)* einlösen; *to ~ into o.s. (fig)* sich verschließen; ~**ed** [-d] *a* zurückgezogen; abgeschieden, einsam; verborgen; im Ruhestand, außer Dienst, pensioniert, ausgeschieden; Ruhestands-; *com* ausgebucht; *to be placed on the ~ list* in den Ruhestand versetzt werden; ~~ *pay* Ruhegehalt *n*; ~**ement** [-mənt] Ausscheiden *n*, Austritt *(from* aus); Rücktritt *n*, Pensionierung *f*; Ruhestand *m*; Zurückgezogenheit, Einsamkeit; *fin* Rückzahlung, Ablösung *f*; *mil* Rückzug *m*; *compulsory* ~ Zwangspensionierung *f*; ~~ *age limit* Pensionierungsgrenze *f*; ~**ing** [-iŋ] zurückhaltend, reserviert; bescheiden; schüchtern, scheu; (aus)scheidend; Ruhestands-; *to reach* ~~ *age* das Pensionierungsalter erreichen; ~~ *allowance*, *pension* Ruhegehalt *n*; ~~ *place* Zufluchtsort *m*.

retort [riˈtɔːt] **1.** *tr (Beleidigung, Schlag)* zurückgeben *(upon s.o.* jdm); vergelten, heimzahlen; gehörig beantworten, erwidern; *itr* schlagfertig antworten, nicht auf den Mund gefallen sein; *s* schlagfertige Antwort *od* Erwiderung *f*; ~**ion** [riˈtɔːʃən] Umkehrung;

retouch   844   **return**

Vergeltung(smaßnahmen *f pl*) *f*, Repressalien *pl*; **2.** *chem* Retorte *f*.

retouch ['riːˈtʌtʃ] *tr* überarbeiten; *phot* retuschieren; *s phot* Retusche *f*.

retrace [riˈtreis] *tr* zurückführen; zurückgehen (*to auf*); noch einmal durchgehen, sich in die Erinnerung zurückrufen; nachgehen (*s.th.* e-r S); ['riːˈtreis] *tr* nachzeichnen; *to ~ o.'s steps* den gleichen Weg zurückgehen; *fig* etw ungeschehen machen.

retract [riˈtrækt] *tr* zurück-, einziehen; (*Äußerung*) zurücknehmen; (*Fahrgestell*) einziehen, einfahren; *itr* sich zurück-, einziehen lassen; *fig* zurücktreten (*from* von); *tr itr* widerrufen; **~able** [-əbl], **~ile** [-ail] zurück-, einziehbar; *aero* einfahrbar; **~able landing-gear, undercarriage** (*aero*) Einziehfahrwerk, einziehbare(s) Fahrgestell *n*; **~ation** [ritrækˈteiʃən], **~ion** [riˈtrækʃən] Zurücknahme *f*; Widerruf *m*; Zurück-, Einziehen *n*; *zoo med* Retraktion *f*; **~or** [-ə] *anat* Retraktionsmuskel; *med* Retraktor *m*.

retread ['riːˈtred] *tr* (*Autoreifen*) runderneuern; *s* runderneuerte(r) Reifen *m*.

retreat [riˈtriːt] *s* Rückzug *m a. mil*; Rückzugssignal *n*; Zapfenstreich *m*; (*Meer*) Zurückweichen *n*; *fig* Zurückgezogenheit *f*; Zuflucht(sort *m*) *f*, Versteck *n*; Heilanstalt *f*, Asyl *n*; *itr* sich zurückziehen; den Rückzug antreten; zurückweichen; *tr* (*Schachfigur*) zurückziehen; *to beat a ~* sich zurückziehen *a. fig*; *to sound the ~* zum Rückzug blasen.

retrench [riˈtrentʃ] *tr* (*Ausgaben*) einschränken, kürzen, herabsetzen; (*Rechte*) beschneiden, schmälern; (*Teil e-s Buches*) herausschneiden, entfernen, unterdrücken, streichen; *itr* sich einschränken; sparen; *to ~ o.'s expenses* Einsparungen vornehmen; **~ment** [-mənt] Einschränkung, Kürzung, Verminderung; Einsparung; Beschneidung *f*; Abbau *m*; Streichung; *mil* Auffangstellung *f*.

retrial ['riːˈtraiəl] *jur* neue Verhandlung *f*; Wiederaufnahmeverfahren *n*.

retribut|ion [retriˈbjuːʃən] Vergeltung; Strafe; *rel* ausgleichende Gerechtigkeit *f*; **~ive** [riˈtribjutiv] Vergeltungs-.

retriev|able [riˈtriːvəbl] ersetzbar; **~al** [-əl] Wiedererlangung; Wiederherstellung, Neubelebung; Wiedergutmachung; Genesung *f*; *beyond, past ~~* unheilbar; **~e** [-ˈtriːv] *tr* wiedererlangen, zurückerhalten, -bekommen; wiederherstellen, auffrischen, neubeleben; retten (*from* aus); wiedergutmachen; (*Schaden*) ersetzen; (*Verlust*) wettmachen; bewahren (*from* vor); (*Irrtum*) richtigstellen; sich ins Gedächtnis zurückrufen; *tr itr* (*Jagdhund*) apportieren; *s* = *~al*; **~er** [-ə] Apportierhund *m*.

retro [(ˈ)retro(u), (ˈ)riːtro(u)] *in Zssgen* (zu)rück-.

retroact [retro(u)ˈækt] *itr* zurückwirken, rückwirkende Kraft haben (*on* auf); **~ion** [-ˈækʃən] Rückwirkung, rückwirkende Kraft *f* (*on* auf); **~ive** [-ˈæktiv] rückwirkend (*on* auf); *with ~~-effect* mit rückwirkender Kraft (*as from* von).

retroce|de [retro(u)ˈsiːd] *itr* zurückgehen; *med* nach innen schlagen; *tr* zurückgeben, -erstatten, wiederabtreten (*to* an); **~ssion** [retro(u)ˈseʃən] Zurückgeben, -weichen *n*; Rückgabe, -erstattung; Rückübertragung, Wiederabtretung *f*.

retrograd|ation [retro(u)grəˈdeiʃən] Rückwärtsbewegung *f*; *fig* Rückschritt, Rückgang, Verfall *m*; *astr* rückläufige Bewegung *f*; **~e** [-ˈgreid] *a* rückgehend; Rückwärts-; *com* rückgängig; *astr* rückläufig *a. fig*; *fig* rückschrittlich; *itr* rückwärtsgehen; *astr* sich rückläufig bewegen; *fig* sich verschlechtern, absinken; verfallen; *biol* entarten.

retrogress [retro(u)ˈgres] *itr* zurückgehen bes. *fig*; *fig* ab-, verfallen, absinken, degenerieren; **~ion** [-ˈgreʃən] Rückwärtsbewegung *f*; *fig* Rückgang, Verfall *m*; *biol* Degeneration; *astr* rückläufige Bewegung *f*; **~ive** [-ˈgresiv] *a* Verfalls-; degenerativ; Degenerations-.

retrospect ['retro(u)spekt] *fig* Rückblick *m* (*of, on s.th.* auf etw); *in* (*the*) *~* rückblickend, -schauend; **~ion** [retro(u)ˈspekʃən] Rückblick *m*, -schau (*of* auf); Erinnerung *f* (*of* an); **~ive** [-ˈspektiv] rückblickend, -schauend; rückwärts gerichtet; *jur* rückwirkend.

return [riˈtəːn] **1.** *itr* zurückkehren (*to* zu) *a. fig*; *fig* wiederkehren; zurück-, wiederkommen (*to auf*); wieder werden (*to zu*); *jur* zurückfallen (*to* an); antworten, e-e Antwort geben; *tech* zurückschalten (*to* auf); **2.** *tr* zurückgeben, -bringen, -schicken, -senden, -stellen; wieder zustellen; zurückerstatten, -zahlen; (*Gruß, Besuch, Liebe, Gefälligkeit*) erwidern; (*Farbe im Kartenspiel*) bedienen; (*Gewinn*) einbringen, -tragen, abwerfen; (*Kapital*) umsetzen; sich verzinsen (5% mit 5%); (*Schreiben an e-e Behörde*) einreichen; (*Be-*

richt) erstatten; *(offiziell, amtlich)* mitteilen, berichten, melden, verlautbaren, verkünden, bekanntgeben, -machen; *com* retournieren, zurückgehen lassen; *pol* (wieder)wählen *(to Parliament* ins Parlament); *jur (Urteil)* fällen, verhängen, aussprechen; *(Ball)* zurückschlagen; *(von der Bahn)* ablenken; *tech* zurücklaufen lassen; *(Ton)* zurückwerfen; **3.** *s* Rückkehr, -kunft; *fig* Wiederkehr; Rückgabe *f*; Zurückschicken, -senden *n*; Rückerstattung, -zahlung, Entschädigung *f*, Ersatz *m*; Rücknahme; Erwiderung *f (e-r Freundlichkeit)*; *(Kartenspiel)* Bedienen *n*; Ertrag, Gewinn, Nutzen; *(Kapital)* Umsatz; Geldverkehr, Bankausweis *m*; Ausstellung, Übersicht *f*, -blick *m*; (Bestands-)Nachweisung *f*; (amtlicher) Bericht *m*, Meldung, Mitteilung, Verlautbarung; *jur* Stellungnahme; (Steuer-)Erklärung; (Termin-)Meldung; Wahlmeldung *f*, -bericht *m*; Volkszählung; Wiederwahl *f*; *(Tennis)* Rückschlag; *med* Rückfall; *tech* Rücklauf, -schlag *m*; *el* Rückleitung *f*; *(Radar)* Echo *n*; *arch* Einkehle *f*, Knick, Seitenflügel *m*; *pl* Einnahmen *f pl*, Einkünfte *pl*, Gewinn, Ertrag *m*, Ergebnis *n*, Gegenwert, (Kapital-, Geld-)Umsatz *m*; (statistische) Angaben *f pl*; Aufstellung *f*; *(bes.* Wahl-)Bericht *m*, *(election* ~*s)* Wahlergebnis *n*; **4.** *by* ~ *(of post)*, *(Am) by* ~ *mail* umgehend, postwendend; *in* ~ dafür; als Gegenleistung, -gabe *(for* für); in Erwiderung *(for* gen); *on* ~ nach der Rückkehr; *to send on sale or* ~ in Kommission geben; *to* ~ *to dust* wieder zu Staub werden; *to* ~ *guilty* schuldig sprechen; *to* ~ *thanks* Dank sagen; das Dankgebet (nach Tisch) sprechen; e-n Toast erwidern; *many happy* ~*s (of the day)!* viel Glück (zum Geburts-, Hochzeitstag)! *annual, quarterly, monthly, weekly* ~ Jahres-, Vierteljahrs-, Monats-, Wochenbericht *m*; *bank* ~ Bankausweis *m*; *(income-tax)* ~ (Einkommen-)Steuererklärung; *to make, to file a tax* ~ e-e Steuererklärung abgeben; *nil* ~ Fehlmeldung *f*; ~ *on sales* Gewinnspanne *f*; ~**able** [-əbl] rückgabepflichtig; rückzahlbar; *parl* wählbar; *not* ~~ nicht umtauschbar; ~ **card** (Rück-)Antwortkarte *f*; ~ **cargo, freight** Rückfracht *f*; ~ **copies** *pl* Remittenden *f pl*; ~ **fare** Fahrgeld *n* für Hin- u. Rückfahrt *f*; ~ **flight** Rückflug *m*; ~ **gear** *tech* Rücklaufgetriebe *n*; ~**ing** [-iŋ] Rückkehr, -gabe, -sendung, -erstattung,

Wahl *f*; *on* ~~ bei Rückgabe; ~~-*officer* Wahlleiter, -vorsteher *m*; ~ **journey, voyage** Rückreise *f*; ~ **match** *sport* Rückspiel *n*; ~ **payment** Rückzahlung *f*; ~ **postage** Rückporto *n*; ~ **receipt** Rück-, Empfangsschein *m*; ~ **ticket** Rückfahr-, -flugkarte *f*; ~ **transport(ation)** Rücktransport *m*, -beförderung *f*; ~ **valve** Rückschlagventil *n*; ~ **visit** Gegenbesuch *m*; ~ **wire** *el* Nulleiter *m*.

reunification ['ri:ju:nifi'keiʃən] *pol* Wiedervereinigung *f*.

reun|ion ['ri:'ju:njən] Wiedervereinigung; Zs.kunft *f*, Treffen *n*, Wiedersehensfeier *f*; ~**ite** ['ri:ju:'nait] *tr itr* (sich) wiedervereinigen; wieder zs.bringen, -kommen.

rev [rev] *s fam tech* Drehzahl, Umdrehung *f*; *tr fam (to* ~ *up) (Motor)* auf Touren bringen; *itr* auf Touren kommen.

reval|orization ['ri:vælərai'zeiʃən] *fin* Aufwertung *f*; ~**orize** ['ri:'væləraiz] *tr* (wieder)aufwerten; ~**uate** ['-'væljueit] *tr* neu bewerten; aufwerten; ~**e** ['ri:'vælju:] *tr* aufwerten; nochmals schätzen.

revamp ['ri:'væmp] *tr Am* vorschuhen; *fam* flicken, ausbessern, erneuern; *fig fam* aufpolieren.

reveal [ri'vi:l] **1.** *tr bes. rel* offenbaren; bekanntgeben, -machen; enthüllen, verraten; zeigen, zur Schau stellen; ~*ed religion* Offenbarungsreligion *f*; **2.** *arch* (Fenster-, Tür-)Wange *f*, Pfosten *m*, Leibung *f*; *mot* Fensterrahmen *m*.

reveille [ri'væli, *Am* 'reveli] *mil* Wecken *n*; Frühappell *m*.

revel ['revl] *itr* sich amüsieren, lustig sein, (lärmend) feiern; sein Vergnügen, s-e Freude haben, schwelgen *(in* in); *s* u. ~**ry** ['-ri] (laute) Feier *f*, (Zech-)Gelage *n*, Lustbarkeit *f*, Rummel *m*; ~(l)**er** ['-ə] (lustiger) Zecher, Zechbruder *m*.

revelation [revi'leiʃən] (sensationelle) Enthüllung; *bes. rel* Offenbarung *f* a. *fig*; *the R*~ *(of Saint John the Divine) (Bibel)* die Offenbarung (St. Johannis).

revenge [ri'vendʒ] *tr* Rache nehmen für; *(Person)* rächen; *to be* ~*d*, *to* ~ *o.s.* sich rächen *(on s.o.* an jdm; *for s.th.* für etw); *s* Rache *f*; Racheakt; Rachedurst *m*, Rachsucht; Revanche (-spiel *n*) *f*; *in* ~ aus Rache *(for* für); *to meditate* ~ auf Rache sinnen; *to take* ~ *on s.o. for s.th.* sich an jdm wegen etw rächen; *thirsting for* ~ rachedürstend;

revengeful

~ful [-ful] rachsüchtig; **~fulness** [-fulnis] Rachsucht *f*.
revenue ['revinju:] Einkommen *n*, Einkünfte *pl*; Einkommensquelle; Einnahme *f*, Ertrag *m*; *(tax, (Am) internal ~)* Steuereinnahmen *f pl*, -aufkommen *n*; *(national, public ~)* Staatseinkommen *n*, -einkünfte *pl*; Finanzverwaltung *f*; *yearly ~* Jahreseinkommen *n*; **~ agent** *Am* Steuer-, Finanz-, Zollbeamte(r) *m*; **~ board** Finanzamt *n*; **~ cutter** Zollboot *n*, -kutter *m*; **~ duty** Finanzzoll *m*; **~earning** gewinnbringend, einträglich; **~ laws** *pl* Steuergesetzgebung *f*; Zollbestimmungen *f pl*; **~ offence** Steuerhinterziehung *f*; Zollvergehen *n*; **~ office** Finanzamt *n*; Finanz-, Steuerkasse *f*; Zollamt *n*; **~ officer** Steuer-, Finanz-, Zollbeamte(r) *m*; **~r** ['-ə] *Am sl* Steuer-, Zollbeamte(r) *m*; **~ receipts** *pl* Steueraufkommen *n*; **~ stamp** Steuer-, Stempelmarke, Banderole *f*.
reverber|ate [ri:'və:bəreit] *tr (Schall)* zurückwerfen; *(Licht)* reflektieren, zurückstrahlen; *(Hitze im Flammofen)* ablenken; *itr (Schall)* widerhallen; *(Licht)* reflektiert, zurückgestrahlt werden; *(Hitze)* abgelenkt werden; *fig* Widerhall erwecken *(to* bei); **~ation** [rivə:bə'reiʃən] Widerhall *m*, Echo *n* a. *fig*; Rückstrahlung, Reflexion; Ablenkung *f (der Hitze im Flammofen)*; *(Flamme)* Zurückschlagen *n*; **~ator** [-eitə] Reflektor; Hohlspiegel; Scheinwerfer; Flammofen *m*; **~atory** [-ətəri] *a* zurückstrahlend, -gestrahlt; nachhallend; *(Hitze)* abgelenkt; *s u.* **~ furnace** *(tech)* Flammofen *m*.
rever|e [ri'viə] *tr* verehren, achten, hochschätzen; **~ence** ['revərəns] *s* Verehrung, Hochachtung *(for* für); Ehrfurcht *(for* vor); Verbeugung *f*; *tr* (ver-)ehren; **~end** ['revərənd] *a* (verehrungs-)würdig; *s fam* Pastor, Pfarrer *m*; *the Rev. John Jones, the Rev. Mr Jones* Pastor, Pfarrer J.; *the Right Rev. the Bishop of A.* S. Exzellenz der Bischof von A.; **~ent** ['revərənt], **~ential** [revə'renʃəl] ehrerbietig, ehrfurchtsvoll.
reverie, -ry ['revəri] Träumerei *f a. mus*; *lost in ~* in Träumen versunken.
revers|al [ri'və:səl] Umkehr(ung) *f a.el*; *jur* Widerruf *m*, Aufhebung, Annullierung; *com* Stornierung *f*; *fig* Umschwung *m*, Änderung; *mot* Rückwärtsschaltung *f*; **~~ point** Wendepunkt *m*; **~e** [ri'və:s] *a* umgekehrt, entgegengesetzt *(to* zu); *tech* Rückwärts-, Rück-; *s* Gegenteil *n*; Rück-, Kehr-

review

seite; Umkehrung *f*; Rückschlag, Schicksals-, harte(r) Schlag *m*; Niederlage, *fam* Schlappe *f*; Verlust *m*; *pl* Mißgeschick, Unglück *n*; *tech* Rückwärts-, rückläufige Bewegung *f*; *tech mot* (~~ *gear, speed)* Rückwärtsgang *m*; *tr* umkehren, umdrehen; das Innere nach außen, das Obere zuunterst kehren; ins Gegenteil verkehren, verwandeln; umstellen; *mot* zurückstoßen, zurücksetzen, rückwärts fahren; *tech* umsteuern; *jur* umstoßen, widerrufen, aufheben, annullieren; *itr* sich umwenden, sich rückwärts bewegen; *mot* auf Rückwärtsgang schalten; *in the ~~ order* in umgekehrter Reihenfolge; *on the ~~* umstehend; auf der Rückseite; *to go into ~~* rückwärts fahren; *fig* den Krebsgang gehen; *to suffer a ~~* e-n Rückschlag erleiden; *~~ side* Linke, Rückseite *f*; **~~ slope** Hinterhang *m*; **~ible** [ri'və:səbl] umkehrbar *a. chem phys*; drehbar; *tech* umsteuerbar; *(Kleidung)* doppelseitig; *chem (Prozeß)* umkehrbar; **~ion** [ri'və:ʃən] Umkehrung *(to* zu); *el* Umpolung; Rückkehr *f (in e-n früheren Zustand)*; *biol* Atavismus *m*; *jur* Anwartschaft *f*, Heimfall *m (to* an); **~ionary** [ri'və:ʃnəri] *jur* zu erwarten(d), Anwartschafts-; *biol* atavistisch; **~~ heir** Nacherbe *m*; **~ioner** [re'və:ʃnə] Anwärter; Nacherbe *m*.
revert [ri'və:t] *itr* umkehren; zurückkommen, -greifen *(to* auf); *biol* zurückschlagen *(to* zu); wieder zurückfallen *(to* in); sich zurückverwandeln *(to* zu, in); *jur* heim-, zurückfallen *(to s.o.* an jdn); *tr (Blick)* zurückwenden; **~ible** [-əbl] *a jur* heimfällig *(to* an).
revet [ri'vet] *tr (Mauer)* verkleiden, abstützen; **~ment** [-mənt] Verkleidung; Futtermauer *f*.
review [ri'vju:] *s* Rückblick *(of* auf); (nochmaliger) Blick *m*; Überfliegen *n*; (nochmalige) Durchsicht; *jur* (nochmalige) Überprüfung, Nachprüfung, Revision; Besprechung *(in e-r Zeitschrift)*, Kritik, Rezension *f*; Überblick *m (of* über); Rundschau, kritische Zeitschrift; *theat s. revue*; *mil* Besichtigung, Truppenschau, (Truppen-)Parade *f*; *tr* zurückblicken, e-n Rückblick werfen auf; e-n Überblick geben über; noch einmal überblicken, überfliegen; kritisch durchsehen; an sich vorbeiziehen lassen; *jur* (nochmals) überprüfen, nachprüfen, revidieren, e-r Revision unterziehen; *(Auffassung)* berichtigen; besprechen, rezensieren; *(Truppen)* be-

sichtigen, inspizieren; *(Schule)* abhören *(a lesson* e-e Aufgabe); *itr* Besprechungen, Kritiken schreiben; *in ~ing our records* bei Durchsicht unserer Bücher; *to come under ~* e-r Prüfung unterzogen werden; erwogen werden; *to hold the ~* die Parade abnehmen; *to pass in ~* mustern; *fig* an seinem geistigen Auge vorüberziehen lassen; *to take the ~ (mil)* die Front abschreiten; *market ~* Marktbericht *m*; *weekly, monthly ~* Wochen-, Monatsbericht *m*; *week, month, year under ~* Berichtswoche *f*, -monat *m*, -jahr *n*; **~ board** Prüfungsausschuß *m*; **~ copy** *(Buch)* Besprechungsexemplar *n*; **~er** [-ə] (Über-)Prüf(end)er; Rezensent, Kritiker *m*; **~'s copy** Rezensionsexemplar *n*; **~ lesson** *Am* Wiederholungs-, Hausaufgabe *f*.

revile [ri'vail] *tr itr* sich abfällig äußern, abfällige Bemerkungen machen, herziehen *(at, against* über); *lit* schmähen.

revis|al [ri'vaizəl] Durchsicht, Überprüfung, Revision *f a. typ*; **~e** [ri'vaiz] *tr* durchsehen, überprüfen, revidieren; (ab)ändern, verbessern; be-, überarbeiten; *typ* Revision lesen von; *s* Durchsicht; Revision *f*; *typ* zweite Korrektur, Revision *f*; *R~ed Version* Durchgesehene(r) *(engl.)* (Bibel-)Text *m*; **~er, ~or** [-ə] Über-, Nachprüf(end)er; *typ* Korrektor *m*; **~ion** [ri'viʒən] (erneute) Durchsicht; Revision; Änderung; Be-, Überarbeitung; *jur* erneute Verhandlung *f*.

revitalize ['ri:'vaitəlaiz] *tr* neu beleben, wieder Leben bringen in.

reviv|al [ri'vaivəl] Wiederbelebung *f a. fig*; *fig* Wiederaufleben, -blühen *n*; *com* Belebung *f*, Aufschwung *m*; *rel* Erweckung(sbewegung) *f*; *theat* Neueinstudierung; *theat film* Wiederaufführung, -aufnahme; *(Buch)* Neuausgabe *f*; *jur* Erneuerung *f*, Wiederinkraftsetzen, -treten *n*; *the R~~ of Learning* der Humanismus; **~e** [ri'vaiv] *itr* ins Leben zurückkehren, wieder lebendig werden; wieder zu sich kommen, das Bewußtsein zurückerlangen; *fig* zu neuem Leben erwachen, wieder aufleben, wieder aufblühen; wieder auf-, in Gebrauch kommen; *jur* wieder in Kraft treten; *com* sich wiederbeleben, *(Aktien)* sich erholen; *tr* ins Leben zurückrufen; wieder zu sich bringen; *fig* zu neuem Leben erwecken, wiedererwecken, -beleben; wiederaufleben lassen; wieder in Erinnerung bringen; *(Brauch, Gesetz, Vertrag)* erneuern; wieder auffrischen; wieder in Kraft setzen; *chem* frischen; *theat* wieder einstudieren; *theat film* wieder aufführen; **~er** [-ə] Erneuerer *m*; Auffrischungsmittel *n*; *com* Aufmunterungsspritze; *sl* Stärkung *f*, Schnäpschen *n*; **~ify** [ri(:)'vivifai] *tr* wiederbeleben.

revoc|able ['revəkəbl] widerruflich; **~ation** [revə'keiʃən] Widerruf *m*, Zurücknahme, Aufhebung *f*; Entzug *m*.

revoke [ri'vouk] *tr* widerrufen, zurücknehmen, -ziehen, aufheben; *(Auftrag)* rückgängig machen, annullieren; *itr (Kartenspiel)* nicht Farbe bekennen.

revolt [ri'voult] *s* Revolte *f*, Aufruhr *m*, Empörung, Rebellion *f*, Aufstand *m*, Aufsässigkeit, Meuterei *f (against* gegen); *itr* revoltieren, rebellieren, sich empören, sich erheben; meutern *(against* gegen); überlaufen *(to* zu); angewidert, angeekelt abkehren, -wenden *(from* von); angewidert, angeekelt werden *(at, against, from* von); *tr fig* anwidern, -ekeln, abstoßen; *to rise in ~* sich erheben *(against* gegen); *to stir up to ~* aufwiegeln *(against* gegen); **~ing** [-iŋ] *fig* abstoßend, widerlich.

revolution [revə'lu:ʃən] *astr* Kreisbewegung *f*, Umlauf(szeit *f*) *m*; *phys* Umdrehung, Rotation *f*; *fig* Ablauf *m (d. Ereignisse);* Umwälzung *f*, Umschwung *f*; *pol* Umsturz *m*, Revolution *f*; **~ary** [-ʃnəri] *a* Revolutionär *m*; *a* revolutionär, umstürzlerisch; *fig* umwälzend; Revolutions-, Umsturz-; **~ counter** Umdrehungszähler *m*; **~ist** [-ʃnist] Revolutionär *m*; **~ize** [-ʃnaiz] *tr* revolutionieren, von Grund auf umneugestalten.

revolv|e [ri'vəlv] *tr* kreisen, rotieren lassen; *fig* hin u. her überlegen; *fig* überdenken, im Kopf wälzen; *itr* kreisen, sich drehen *(round* um); rotieren *(about, round* um); periodisch ablaufen od wiederkehren; **~er** [-ə] Revolver *m*; **~ing** [-iŋ] *a tech* Drehrotierend, umlaufend, wiederkehrend; **~~ assets** *(pl)* Umlaufvermögen *n*; **~~ bookstand** drehbare(r) Bücherständer *m*; **~~ chair** Drehstuhl *m*; **~~ crane** Drehkran *m*; **~~ door** Drehtür(e) *f*; **~~ light** Drehfeuer *n*; **~~ pencil** Drehbleistift *m*; **~~ shutter** Rolladen *m*; **~~ stage** Drehbühne *f*; **~~ turret** *(mil)* MG-Turm, Drehkranz *m*.

revue [ri'vju:] *theat* Revue *f*, Ausstattungsstück *n*.

revuls|ion [ri'vʌlʃən] *fig* Gefühlsumschwung *m*; heftige Reaktion; *med* Ableitung *f*; **~ive** [-siv] *a u. s (med)* ableitend(es Mittel *n*).

reward [ri'wɔ:d] *s* Belohnung *f*, *poet* Lohn *m*; Entgelt *n*, Entschädigung; Vergütung *f*; Gewinn, Ertrag *m*; *tr (Person od Dienst)* belohnen, vergelten *(with* mit; *for* für); *as a ~ for* zum Dank für; als Belohnung für; *for ~* gegen Entgelt; **-ing** [-iŋ] lohnend *a. fig.*

reword ['ri:'wɔ:d] *tr* in andere Worte kleiden, neu formulieren; wiederholen.

rewrite ['ri:'rait] *irr s. write tr* abschreiben; um-, neu schreiben; *(Geschriebenes)* abändern, umarbeiten; *(Pressebericht)* bearbeiten; *s* bearbeitete(r) Pressebericht *od* Artikel *m*; **~ man** *Am (Presse)* Bearbeiter *m*.

rhapsod|ic(al) [ræp'sɔdik(əl)] rhapsodisch; *fig* ekstatisch, überschwenglich; **-ist** ['ræpsədist] Rhapsode, Schwärmer *m*; **-ize** [-'aiz] *tr itr* rhapsodieren, *itr* schwärmen *(on, over, about* von); **-y** ['-i] Rhapsodie *f a. mus; fam* überschwengliche(r) Vortrag *m*; *to go into ~ies over* in Ekstase geraten über.

rheostat ['ri:o(u)stæt] *el* Rheostat *m*.

rhesus ['ri:səs] Rhesusaffe *m*; **R~ factor** *(med)* Rh-, Rhesusfaktor *m*.

rhetor|ic ['retərik] Rhetorik, Redekunst *f*; **-ical** [ri'tɔrikəl] rhetorisch; **~ question** rhetorische Frage *f*; **-ician** [retə'riʃən] gute(r) Redner; Schönredner *m*.

rheum|atic [ru(:)'mætik] *a* rheumatisch; *s* Rheumatiker, Rheumaleidende(r) *m*; *pl u.* **-atism** ['ru(:)mətizm] Rheuma(tismus) *m* (*n*).

rhin|al ['rainl] *a scient* Nasen-; **-o** ['-ou] *sl* Zaster *m*, Moneten *pl*; **-oceros** [-'nɔsərəs], *fam* **~o** Nashorn, Rhinozeros *m*.

Rhine, *the* [rain] der Rhein; **-land**, *the* [-lænd, -lənd] das Rheinland; **r-stone** *min* Rheinkiesel *m*; **~ wine** Rheinwein *m*.

rhizome ['raizoum] *bot* Wurzelstock *m*.

rhododendron [roudə'dendrən] *pl a.* **-dra** *bot* Rhododendron *n, a. m.*

rhomb [rɔm] *math* Rhombus *m*, Raute *f*; **-ic(al)** ['rɔmbik(əl)] rhombisch, rautenförmig; **-oid** ['rɔmbɔid] *math* Parallelogramm *n*; **-us** ['-əs] = **~**.

rhubarb ['ru:bɑ:b] *bot* Rhabarber; *Am sl* Streit, Krach *m*.

rhumb [rʌm] Kompaßstrich *m*; **-line** Loxodrome, Kompaßlinie *f*.

rhym|e, **rime** [raim] *s* Reim *(to* auf); (gereimter) Vers *m*; Poesie *f*; *itr* sich reimen *(to* auf; *with* mit); reimen, dichten, Gedichte machen; *tr* reimen; in Verse bringen; *without ~~ nor reason* ohne Sinn u. Verstand; *nursery ~~* Kindervers *m*, -lied *n*; **~~ scheme** Reimschema *n*; **-eless** ['-lis] reimlos; **-er** ['-ə], **-ester** ['-stə] Verseschmied *m*.

rhythm ['rið(ə)m, -θ-] Rhythmus; Takt *m*; **~ of speech** Redefluß *m*; **-ic(al)** ['riðmik(əl), -θ-] rhythmisch; taktmäßig; **-ics** ['-miks] *pl mit sing* Rhythmik *f*.

rib [rib] *s anat bot tech* Rippe; *tech* Leiste *f*, Spant *m*; *arch* (Gewölbe-)Rippe; *fam* bessere Hälfte; *Am sl* witzige Bemerkung *f*; *tr* mit Rippen versehen; versteifen, verstärken; *sl* sich lustig machen über, durch den Kakao ziehen; *to dig, to poke s.o. in the ~s* jdm e-n Rippenstoß geben; **-grass, -wort** ['-wɔ:t] *bot* Spitzwegerich *m*.

ribald ['ribəld] *a* zotig, obszön; *s* Zotenreißer *m*; **-ry** ['-ri] zotige Reden *f pl*; Zoten(reißerei *f*) *f pl*.

ribbon ['ribən], **riband** ['ribənd] Band *n*; Borte *f*; Ordensband; *(typewriter ~)* Farbband; Metallband *n*, -streifen *m*; *(~saw)* Bandsäge *f*; *Am sl* Mikrophon *n*; *fig* (Farb-)Streifen *m*; *pl* Fetzen *pl*; *pl* Zügel *m pl*; **~-building**, **-development** Stadtrandsiedlung *f* (entlang e-r Ausfallstraße).

rice [rais] Reis *m*; **~-field** Reisfeld *n*; **~-flour** Reismehl *n*; **~-growing** Reisanbau *m*; **~-milk** Milchreis *m*; **~-paper** Reispapier *n*; **~-pudding** Reispudding *m*; **~-straw** Reisstroh *n*; **~-wine** Sake *m*.

rich [ritʃ] *a* reich, wohlhabend; *allg* reich *(in, with* an); reichlich; wertvoll, kostbar; prächtig, prachtvoll, herrlich, stattlich; luxuriös, üppig, nahrhaft, kräftig, fett; *(Wein)* vollmundig; schwer; duftend; *(Stimme)* voll, klangreich; *(Farben)* satt, kräftig; *(Ton)* voll; *(Boden)* fruchtbar, *allg* ergiebig; *mot* fett; *fam* ulkig, spaßig; *sl* unanständig; *s: the ~* die Reichen *m pl*; **-es** ['-iz] *pl* Reichtum, Wohlstand *m*; Reichtümer, Schätze *m pl*; **-ness** ['-nis] Reichtum *m* (*in* an); Pracht, Herrlichkeit; Üppigkeit *f*, Luxus *m*; Kraft, Fülle, Sattheit; Klangfülle; Fruchtbarkeit *f*.

rick [rik] **1.** Heuhaufen, -schober *m*; Strohmiete *f*; **2.** *s.* **wrick**.

ricket|s ['rikits] *pl mit sing* Rachitis, englische Krankheit *f*; **-y** ['-i] *med* rachitisch; schwach, wack(e)lig.

ricochet ['rikɔʃet] *s* Abprall; *mil* Querschläger, Abpraller *m*; *itr* abprallen.

rid [rid] *a. irr* **rid**, **rid** *tr* frei machen, befreien *(of* von); *to ~ o.s. of s.o., s.th.* sich jdn, etw vom Halse schaffen; *to be ~ of s.o., s.th.* jdn, etw los sein,

riddance

vom Halse haben; *to get ~ of s.o., s.th.* jdn, etw loswerden; sich jdn, etw vom Halse schaffen; **~dance** ['-əns] Befreiung *f (of* von); Losgewerden *n (of* gen); *good ~~!* den wäre ich glücklich los!

ridden ['ridn] *pp* von *ride*; *(in Zssgen)* beherrscht, besessen, verfolgt *(by* von); *hag-~* (wie) besessen, irr-, wahnsinnig; *police-~* von der Polizei verfolgt.

riddle ['ridl] **1.** *s* Rätsel *n a. fig*; *tr (Rätsel)* lösen; erklären; enträtseln; *itr* Rätsel aufgeben; *fig* in Rätseln sprechen; **2.** *s* Rätter *m (großes Sieb)*; *tr* rättern; durchlöchern, -bohren; *fig* heruntermachen, zerpflücken.

ride [raid] *irr* rode, ridden *itr* reiten; fahren *(on a bicycle* auf e-m Rad; *in a train* mit e-m Zug); sich bewegen *(on, upon* auf); gleiten, getragen werden; schwimmen; *(Wolken)* schweben, dahinziehen; *(to ~ at anchor)* vor Anker liegen; sich reiten, fahren, tragen lassen; *(Straße, Boden)* sich befahren lassen; sich überschneiden, sich kreuzen; *sl* (sich *be*)ruhen; *tr* reiten *(Fahrrad)* fahren; fahren auf, in *(e-m Fahrzeug)*; reiten, fahren auf *(e-r Straße)*; reiten, fahren lassen; rittlings sitzen (lassen) auf; *(Schiff)* vor Anker liegen lassen; *Am fig* beherrschen, tyrannisieren, bedrücken, quälen *(meist pp* mit *by)*; *fam* fertigmachen, durch den Kakao ziehen, piesacken; *s* Ritt *m*; Fahrt *f*; Radfahrt *f*; Reitweg *m*, Schneise; *Am sl* leichte Arbeit *f*, Vergnügen *n*; *to give s.o. a ~* jdn (im Auto) mitnehmen; *to go for a ~* e-e (Auto-)Fahrt unternehmen; *to let s.th. ~* sich mit etw abfinden; *to take for a ~ (Am sl) (im Auto)* entführen u. umbringen; hochnehmen *(s.o.* jdn); *sl* lustig machen *(s.o.* über jdn); *to ~ an airline* e-e Fluglinie benutzen; *to ~ for a fall* nachlässig *od* rücksichtslos reiten; *fig* in sein Verderben rennen; *to ~ to hounds* auf Fuchsjagd gehen; *to ~ roughshod* sich rücksichtslos hinwegsetzen *(over* über); *to ~* **away** wegreiten, -fahren; *to ~* **down** niederreiten; überfahren; *(Flüchtigen)* stellen; einholen, erreichen; *to ~* **out** *(Schiff)* gut (hindurch)kommen durch; *fig* gut überstehen; *to ~* **up** sich verschieben, verrutschen; **~r** ['-ə] Reiter; (Motor-)Radfahrer; *tech* Reiter *m*, Laufgewicht *n*; *math* knifflige Aufgabe *f*; Zusatz, Nachtrag *m*; Zusatzklausel; (Wechsel-)Allonge *f*; *pl mar* Binnenspanten *n pl*; *to be no ~* nicht reiten können; **~rless** ['-lis] ohne Reiter.

ridge [ridʒ] *s* Rücken *(e-s Tieres*; *der Nase)*; (Berg-)Rücken, Grat; (Wellen-)Kamm *m*; Untiefe *f*, Riff *n*; (Erd-)Wall *m*; Berg-, Hügelkette; Wasserscheide *f*; (Dach-)First; *mete* Hochdruckrücken; *(~plough)* Häufelpflug *m*; Ackerfurche *f*; *tr itr* (an)häufeln; (sich) furchen; **~-piece, -pole** Firstbalken *m*, -stange *f (Zelt)*; **~roof** Satteldach *n*; **~ soaring** Hangsegeln *n*; **~tile** Firstziegel *m*.

ridicul|e ['ridikjuːl] *s* Hohn, Spott *m*; *tr* verspotten; *to turn into ~, to hold up to ~~* lächerlich machen; **~ous** [ri'dikjuləs] lächerlich; **~ousness** ['-'dikjuləsnis] Lächerlichkeit *f*.

riding ['raidiŋ] *a* reitend; fahrend; Reit-; *s* Ritt *m*, Fahrt *f*; *mar* Ankern *n*; *mot* Federung *f*; Reitweg *m*; *sport* Reiten *n*; **~boots** *pl* Reitstiefel *m pl*; **~breeches** *pl* Reithose *f*; **~crop, -whip** Reitpeitsche *f*; **~habit** Reitkostüm *n*; **~light** Anker-, Positionslicht *n*; **~master** Reitlehrer *m*; **~school** Reitschule *f*.

rif [rif] *Am sl tr* entlassen, auf die Straße setzen; **~f** [-] *Am sl s* Improvisation *f*; *unwahre(s)* Gerede *n*.

rife [raif] *a pred* häufig, (weit) verbreitet, allgemein, (vor)herrschend; *with* voll (-gestopft) mit, voller, reich an.

riffle ['rifl] *Am* Untiefe *f (in e-m Wasserlauf)*, Furt, Stromschnelle; Riefelung *f*; *(Goldwäscherei)* Riffel *f*; *(Karten)* Stechen *n*; *tr (Buch)* (schnell) durchblättern; *tech* riffeln; *(Karten)* stechen; **~r** ['-ə] Lochfeile *f*.

riff-raff ['rifræf] Pöbel, Mob *m*, Gesindel, (Lumpen-)Pack *n*, Abschaum *m*.

rifle ['raifl] **1.** *s* Gewehr *n (mit gezogenem Lauf)*; Büchse, Flinte *f*; *pl* Schützen *m pl*; *tr (Gewehrlauf)* ziehen; ausplündern, berauben; durchwühlen; **~ barrel, butt** Gewehrlauf, -kolben *m*; **~ company** Schützenkompanie *f*; **~ exercise** (Gewehr-)Griffe *m pl*; **~ grenade** Gewehrgranate *f*; **~ inspection** Waffenappell *m*; **~man** ['-mən] Schütze *m*, Jäger, Grenadier; Scharfschütze *m*; **~ pit** Schützenloch *n*; **~ rack** Gewehrgestell *n*; **~ range** Schießstand *m*; Schußweite *f*; *within, out of ~~* in, außer Schußweite; **~shot** Büchsenschuß *m*; Schußweite *f*; gute(r) Schütze *m*; **~ sling** Gewehrriemen *m*; **~ stock** Gewehrschaft *m*; **~ target** Ringscheibe *f*; **~ training** Schießausbildung *f*.

rift [rift] *s* Riß *a. fig*; Spalt *m*, Ritze *f*, Sprung *m*, *fam* Knacks *m*; *tr* (zer)spalten,

rift valley   850   **right**

rissig machen; *itr* reißen, sich spalten, rissig werden, springen; **~ valley** *geol* Senkungsgraben *m*.

rig [rig] *tr mar* (auf)takeln; *aero* (auf)rüsten; *(to ~ out, to ~ up)* ausrüsten, einrichten; montieren; *(to ~ up)* eilig, behelfsmäßig *od* provisorisch herrichten; *(Preise)* künstlich hochschrauben; *fig* betrügerisch handhaben, manipulieren, fälschen; *(Markt)* künstlich beeinflussen; *fam (to ~ out, to ~ up)* auftakeln, (wie e-n Pfingstochsen) herausputzen; *s mar* Takelage *f*, Takelwerk *n*, Takelung; Auf-, Ausrüstung, Einrichtung; Anlage, Maschinerie *f*; *Am* Gespann *n*; *fig* Manipulation *f*, Trick, Schwindel, Betrug *m*; Börsenmanöver *n*; *fam* Aufputz, -zug *m*, -machung *f (auffällige Kleidung)*; *fam* Streich, Possen *m*; *to ~ the market* die Preise manipulieren, künstlich hochtreiben *od* drücken; **~ger** ['-ə] *mar* Tak(e)ler; *aero* (Rüst-)Mechaniker *m*; *arch* Schutzgerüst *n (an e-m Neubau)*; *tech* Bandscheibe *f*; Betrüger, Schwindler *m*; *(Börse)* Kurs-, Preistreiber *m*; **~ging** ['-iŋ] *mar* Takelage *f*, Takelwerk *n*; Takelung; *aero* (Auf-)Rüsten *n*; *tech* Montage *f*; **~-band** *(aero)* Ballon-, Traggurt *m*; **~-line** Fallschirm-, Fangleine *f*; **~-loft** *(theat)* Schnürboden *m*; **~-out** *fam* Toilette *f*, Kleider *n pl*; **~-up** Hilfskonstruktion *f*.

right [rait] **1.** *a* gerade; aufrecht(stehend); (ge)recht, aufrecht, tugendhaft, gut; normal, gesund; richtig, korrekt; in Ordnung; passend, geeignet, angebracht; rechtmäßig; geeignetste(r, s), günstigste(r, s); *(Stoffseite)* recht; *(Edelstein)* echt; **2.** *s* das Rechte, Gute, Richtige; (An-, Vor-)Recht *n*, Berechtigung *f*; die Rechte, rechte Seite; *(Boxen)* die Rechte, rechte Hand; Schlag *m* mit der Rechten; *(the R~) pol* die Rechte; **3.** *adv* (auf) gerade(m Wege), geradeswegs; direkt, genau, ganz, gleich; gerade; recht, richtig, ordentlich, wie es sich gehört; völlig, vollständig, ganz; sehr, recht, ganz; gleich, sofort; **4.** *tr* (wieder) aufrichten; berichtigen, verbessern, korrigieren; in Ordnung bringen, aufräumen; Recht widerfahren, zuteil werden lassen, zu s-m Recht verhelfen *(s.o. jdm)*; wiedergutmachen; **5.** *itr mar* sich (wieder) aufrichten; **6.** *at the ~ time* zur rechten Zeit; *by ~(s)* mit Recht; von Rechts wegen; *by ~ of* auf Grund, kraft, mittels, vermöge, mit Hilfe *gen*; *in o.'s own ~* unabhängig;

on the ~ rechts, zur Rechten; *on the ~ side of 50* (noch) nicht über 50 (Jahre alt); *to ~s (Am fam)* in Ordnung; *~ along (Am)* immer geradeaus; *~ away, now, off (Am)* gleich, sofort; *~ down (fam)* voll u. ganz; *~ into (Am)* direkt hinein; *~ and left* auf, nach beiden Seiten; überall; *~ on (Am)* immer geradeaus; *~ through* durch u. durch; *~ to (Am)* gerade drauflos; *the ~ way* in der rechten Weise; **7.** *to abandon ~s, to acquire, to alienate, to claim, to dispute, to forfeit, to grant, to reserve, to vindicate a ~* ein Recht aufgeben, erwerben, veräußern, beanspruchen, bestreiten, verwirken, verleihen, vorbehalten, geltend machen; *to assert o.'s ~s, to stand on o.'s ~s* sein Recht behaupten; *to be ~* recht haben; richtig sein, stimmen, zutreffen; auf dem richtigen Wege sein *(for nach)*; *to be in the ~* im Recht sein; *to be in o.'s ~ mind, senses* bei klarem Verstand sein; *to get ~* klarstellen; *to go ~* in Ordnung, gutgehen; *not to go ~* schiefgehen; *to keep to the ~* sich rechts halten; *to put s.th. to ~s* etw in Ordnung bringen; *to put o.'s ~ hand to the work* tüchtig arbeiten; *to put, to set ~* (wieder) in Ordnung bringen; *to turn out all ~* gut ausgehen, in Ordnung kommen; *to waive o.'s ~s* auf s-e Rechte verzichten; **8.** *I never got to know the ~s of it* ich bin niemals ganz dahintergekommen; *it serves him ~* das geschieht ihm recht; *you can't be in your ~ mind* Sie sind wohl nicht richtig im Kopf; *have you the ~ time on you?* haben Sie genaue Zeit? *what is the ~ time?* wie spät ist es genau? *all ~!* in Ordnung! schön! gut! *eyes ~!* (*mil*) Augen rechts! *~ you are! (fam), ~ oh! (sl)* da hast du (ganz) recht! *go ~ straight ahead* gehen Sie nur geradeaus; *~ enough!* sicher! einverstanden! **9.** *bill of ~s* Grundrechte *n pl*; *birth ~* Geburtsrecht *n*; *the civic ~s (pl)* die bürgerlichen Rechte *n pl*; *contractual ~* Vertragsrecht *n*; *dramatic ~s (pl)* Aufführungs-, Bühnenrechte *n pl*; *exercise of a ~* Ausübung *f* e-s Rechtes; *natural ~s (pl)* Grundrechte *n pl*; *patent ~* Patentrecht *n*; *sovereign ~* Hoheitsrecht *n*; *~ of action* Klagerecht *n*; *~ of appeal* Beschwerderecht *n*; *~ of assembly* Versammlungsrecht *n*; *~ of asylum* Asylrecht *n*; *~ of control* Aufsichtsrecht *n*; *the ~s of man* die Menschenrechte *n pl*; *the ~ man at the ~ place* der rechte Mann am rechten Platz; *~ of passage* Durchmarschrecht *n*; ~ *of pre-emption* Vorkaufsrecht *n*; ~ *of priority* Priorität(srecht *n*) *f*; ~ *of property* Eigentum(srecht) *n*; ~ *as rain, as a trivet (fam)* prima; ~ *of repurchase* Rückkaufsrecht *n*; ~ *of residence* Wohn-, Aufenthaltsrecht *n*; ~ *of reversion* Rückfallsrecht *n*; ~ *of succession* Erbrecht *n*; ~ *of usufruct* Nießbrauch *m*; ~ *of victory* Recht *n* des Siegers; ~ *of voting* Wahl-, Stimmrecht *n*; ~ *of way* Wegerecht *n*; Vorfahrt *f*; ~~**about** *a* entgegengesetzt; *adv* in der entgegengesetzten, in die entgegengesetzte Richtung; *s* Kehrtwendung *f*; *to send s.o. to the* ~~ jdn wegschicken, -jagen, entlassen; ~~ *turn! (mil)* ganze Abteilung – kehrt! ~~ *turn, face* Kehrtwendung *f*; ~~**angled** *a* rechtwinklig; ~ **arm:** *to be s.o.'s* ~~ *(fig)* jds rechte Hand sein; ~~**ascension** *astr* Rektaszension *f*; ~~**down** *a adv* völlig, durch u. durch; ~**eous** ['raitʃəs] recht(schaffen), gerecht, ehrlich, gerade, tugendhaft; *Am fam* selbstgerecht, hochnäsig; *Am sl* furchtbar; ~**eousness** ['-tʃəsnis] Rechtschaffenheit, Gerechtigkeit, Geradheit; recht(schaffen)e Tat *f*; ~**ful** ['-ful] (ge)recht; berechtigt, rechtmäßig; ~**fulness** ['-fulnis] Gerechtigkeit; Berechtigung, Rechtmäßigkeit *f*; ~~**hand** *a* recht, rechtsseitig, -gerichtet; rechtshändig; *tech* rechtsläufig; *fig* tüchtig, zuverlässig; *to be s.o.'s* ~ *man (fig)* jds rechte Hand sein; ~~**handed** *a* rechtshändig; Rechts-; im Uhrzeigersinn; ~~**hander** Rechtshänder *m*; ~**ist** ['-ist] *s* Konservative(r); Rechtsradikale(r); *a* konservativ; rechtsradikal; ~**ly** ['-li] *adv* rechtmäßig; richtig, korrekt; wie es sich gehört; ~~**minded** *a* wohlmeinend; rechtlich; gerecht denkend *od* empfindend; ~**ness** ['-nis] Geradheit; Gerechtigkeit; Richtigkeit, Korrektheit *f*; ~**turn** Rechtswendung *f*; ~~*!* rechts um!

rigid ['ridʒid] steif, starr; unelastisch, unbeweglich, fest; *fig* unnachgiebig, unbeugsam, hart, streng; *(Bestimmung, Regel)* streng; *(Luftschiff)* starr; ~**ity** [ri'dʒiditi] Starrheit; Festigkeit, Unbeweglichkeit; *fig* Unnachgiebigkeit, Härte, Strenge *f*.

rigmarole ['rigməroul] dumme(s) Geschwätz, Gerede, Gewäsch *n*; Unsinn *m*.

rig|or ['raigɔ:, *Am a.* 'rigə] *med* Schüttelfrost *m*; *Am* ['rigə] =~**our**; ~ *mortis* ['-'mɔ:tis] Leichenstarre *f*; ~**orous** ['rigərəs] rigoros, streng, strikt, scharf, hart; *(Wetter, Klima)* rauh; streng, genau, exakt; ~**our** ['rigə] Härte, Strenge, Unbeugsamkeit; Genauigkeit; *(Wetter, Klima)* Rauheit *f*.

rile [rail] *tr fam* ärgern.

rill [ril] *s* Bächlein *n*.

rim [rim] *s* Rand *m*, Kante *f*, Reif; Randstreifen *m*; Hutkrempe; *(Brille)* Fassung; *(Rad)* Felge; *arch* Zarge *f*; *tr* mit e-m Rand, Reif versehen; ~**less** ['-lis] randlos; ~**zone** Randzone *f*.

rim|e [raim] **1.** *s lit* (Rauh-)Reif *m*; *tr* mit (Rauh-)Reif überziehen; ~**y** ['-i] bereift; **2.** *s. rhyme*.

rim|ose ['raimous], ~**ous** ['-əs] *bot zoo* zerklüftet, rissig, schrundig.

rind [raind] *s* (Baum-, Käse-)Rinde; Kruste; Hülse; Speckschwarte *f*; *tr* entrinden, abschälen.

ring [riŋ] **1.** *irr rang (selten: rung), rung* [ræŋ, rʌŋ] *itr (Glocke)* läuten; *(Person)* läuten, klingeln *(for* nach); schellen; klingen; erklingen, erschallen, -ertönen, widerhallen *(with, of* von) *a. fig*; nachklingen; *tr (Glocke)* läuten (lassen); erklingen, erschallen, ertönen lassen; *(durch Geläut)* verkünden; *(Münze)* klingen lassen; *(tele (to* ~ *up)* anrufen; *s* Geläut(e) *n*; Glockenklang, -ton *m*, -zeichen; Klingelzeichen, Klingeln, Geklingel *n*; Schall, Widerhall; Klang *a. fig; tele* Anruf *m*; Rufzeichen *n*; *to give s.o. a* ~ *(tele)* jdn anrufen; *to* ~ *the bell (fam)* es geschafft haben; *allg* klingeln, läuten; *to* ~ *a bell (fig)* vertraut klingen; *to* ~ *the changes on s.th.* immer wieder auf etw zurückkommen; *to* ~ *the knell of s.th. (fig)* etw zu Grabe läuten; *to* ~ *s.o.'s praises* jds Lob singen *od* verkünden; *a* ~ *of laughter* ein schallendes Gelächter; *there was a* ~ es hat geläutet; *to* ~ **back** *tele* zurückrufen; *to* ~ **down** abblasen; *to* ~ **off** *tele* den Hörer auflegen; *to* ~ **out** *tr (Feiertag)* ausläuten; *itr* den Weggang an der Kontrolluhr markieren; verhallen; ertönen, erklingen; *to* ~ **up** *tele* anrufen; *to* ~~ *the curtain (theat)* das Klingelzeichen für den Aktbeginn geben; ~**er** ['-ə] Läutende(r), Glöckner *m*; Läutwerk *n*; *Am* eingeschmuggelte(r) Mitspieler, Mitbewerber *(a. Rennpferd)*; Doppelgänger *m*; *to be a* ~~ *for s.o.* jds Doppelgänger sein; ~**ing** ['-iŋ] *a* schallend, dröhnend; ~~ *tone* Rufzeichen *n*; **2.** *s* Ring (*on o.'s finger* am Finger); Reif; Kreis; Rand; *(Mond)* Hof; Spiralring *m*; runde (Tanz-)Fläche *f*; *(Zirkus)* Ring *m*, Manege, Arena *f*; (Box-)Ring *m*; Boxen *n*, Boxsport; *(Rennplatz)* Totalisator *m*; *die Buchmacher m pl*; *com* Interessengemeinschaft *f*, Kartell *n*, Ring *m*, Syndikat *n*; Gruppe, Bande *f*; *math* Kreisring; *chem* Ring *m*; *tr* im Kreis aufstellen; *(Vogel)* beringen; e-n Ring durch die Nase ziehen (*an animal* e-m Tier); einkreisen; zs.treiben; *itr* e-n Kreis beschreiben; *to have ~s round the eyes* Ringe um die Augen haben; *to make, to run ~s round s.o.* jdn übertreffen; *to toss o.'s hat in the* ~ als Kandidat auftreten; *annual* ~ *(Baum)* Jahresring *m*; *circus-~* Zirkusring *m*; *ear-* Ohrring *m*; *key-* Schlüsselring *m*; *napkin-~* Serviettenring *m*; *prize-~* Boxring *m*; *wedding* ~ Ehering *m*; ~-**a-**~-**a-roses**, ~-**game** Ringelreihen *m pl* (Kinderspiel); ~-**connection** *el* Ringschaltung *f*; ~-**dove** Lach-, Ringeltaube *f*; ~**ed** [-d] *a* beringt; ~**finger** Ringfinger *m*; ~-**leader** Rädelsführer *m*; ~**let** ['-lit] Ringlein *m* (Hänge-)Locke *f*; ~-**mail** Kettenpanzer *m*; ~-**master** Zirkusdirektor *m*; ~-**net** Schmetterlingsnetz *n*; ~-**road** Ringstraße *f*; ~-**shaped** *a* ringförmig; ~-**side** Platz *m* in den vordersten Reihen; ~-**snake** Ringelnatter *f*; ~**ster** ['-stə] *fam pol* Mitglied *n* e-s politischen Kreises; ~**worm** *med* scherende Flechte *f*.

rink [riŋk] (künstliche) Eis-, Rollschuhbahn *f*; Spielfeld *n*.

rins|e [rins] *tr* (ab-, aus)spülen; *s u.* ~**ing** ['-iŋ] Spülen; *pl* Spülicht *n*; ~~ *bath, vessel, water* Spülbad, -gefäß, -wasser *n*.

riot ['raiət] *s* Tumult; (Volks-)Auflauf, Aufruhr; *jur* Landfriedensbruch *m*; Zs.rottung *f*; Trubel *m*, laute Lustbarkeit, Feier; Orgie *f a. fig*; *Am fam* tolle Sache *f*, amüsante(r) Kerl *m*; *pl* Unruhen, Ausschreitungen *f pl*; *itr* (herum)toben, randalieren; lebhaft, laut feiern; umherschwärmen; ein wüstes Leben führen; sich austoben (*in* in); *to be a* ~ *(theat)* Furore machen, das größte Aufsehen erregen; zum Brüllen sein; *to read the R~ Act (fig fam)* warnen (*to s.o.* jdn); *to run* ~ sich austoben, sich über alle Schranken hinwegsetzen; *bot* wuchern; *a* ~ *of colo(u)rs* ein prächtiges Farbenspiel; *a* ~ *of laughter* ein schallendes Gelächter, e-e

Lachsalve; ~**er** ['-ə] Aufrührer, Krawallmacher; Saufbruder, -kumpan *m*; ~**ous** ['-əs] aufrührerisch; tobend, lärmend, ausgelassen; liederlich; ~ **squad** *Am* Überfallkommando *n*.

rip [rip] **1.** *tr* auf-, ein-, zerreißen, auftrennen; *(Holz)* spalten, der Länge nach sägen; *itr* (ein-, zer)reißen; *fam* durch die Gegend sausen, herumrasen, -toben; fluchen; vor Wut platzen; *s* Riß, Schlitz *m*; *like ~s* (*Am fam*) energisch *adv*; *let her ~ (mot)* laß ihn laufen od sausen! gib Vollgas! *to let s.o.* ~ jdn auf die Palme bringen; *let things* ~ mach dir keine Gedanken! ~ *of laughter (Am)* schallende(s) Gelächter *n*; *to* ~ *away* zerreißen; *to* ~ *off* wegreißen; *to* ~ *open* aufschlitzen; *to* ~ *out* herausreißen; *fig* herausplatzen mit; fahren lassen; *to* ~ *up* auftrennen; *(Holz)* spalten, aufschlitzen; ~**cord** *aero* Reißleine *f*; ~**hook** Faschinenmesser *n*; ~**per** ['-ə] Aufschlitzer *m*; Zerreißmaschine *f*; *Am* Doppelschlitten *m* Prachtkerl *m*, -ding *n*; ~**ping** ['-iŋ] *a* Trenn-, Reiß-; *sl* prächtig, prima, Klasse; *adv sl* toll, unheimlich; ~**roaring** *Am sl* tobend, lärmend, laut, ausgelassen, feuchtfröhlich; ~**saw** Langsäge *f*; ~**snorter** *Am sl* tolle Sache *f*; tolle(r) Kerl *m*. **2.** (~-*tide*) Kabbelung, gekräuselte Wasserfläche *f*; starke Strömung *f*; Strudel *m*; **3.** Luftikus, Taugenichts *m*; Schindmähre *f*; Schund *m*.

riparian [rai'pɛəriən] *a* Ufer-; *s* Uferbewohner, -anlieger *m*.

ripe [raip] *(Frucht, Käse)* reif; *(Wein)* ausgereift, abgelagert; *(Vieh)* schlachtreif; *(Tier)* ausgewachsen; *(Mensch)* erwachsen; reif, in den besten Jahren, (lebens)erfahren; *(Alter)* hoch, gereift; *(Geschwür)* reif; *(Angelegenheit)* genügend fortgeschritten *od* gediehen, ausgereift; *(Zeit)* reif, gekommen (*for* für); *(Lippen)* voll; *(Schönheit)* vollendet; bereit (*for* zu); *sl* zum Brüllen, obszön, besoffen; *of* ~ *age (Mensch)* reif; *of* ~(*r*) *years* reiferen Alters; *soon* ~, *soon rotten (prov)* gut Ding will Weile; ~**n** ['-ən] *itr tr* reifen; *itr* heranreifen, sich entwickeln (*into* zu); ~**ness** ['-nis] Reife *f a. fig*.

ripost(e [ri'poust] *s (Fechten u. fig)* Nach-, Gegenstoß *m*; *fig* schlagfertige Antwort *f*; *itr* e-n Gegenstoß führen; *fig* die Antwort nicht schuldig bleiben.

rippl|e ['ripl] *itr (bewegliche Fläche)* sich (leicht) kräuseln, sanft wogen; *(Wasser)* rieseln; murmeln, plätschern; *(Laut)* vibrieren; *(Unterhal-*

ripply   853   **rival**

tung) dahinplätschern; *tr* (leicht) kräuseln, sanft bewegen; wellenförmig machen *od* gestalten; *(Haar)* ondulieren; *s* kleine Welle *f*; Kräuseln; Geriesel; Geplätscher, Gemurmel *n*; Haarwelle *f*; **~~ mark** Wellenlinie *f* im Sand; **~~** *of laughter* perlende(s) Gelächter *n*; **~y** ['-i] leicht gekräuselt, sanft wellig; rieselnd; murmelnd; **2.** *tr (Flachs)* riffeln, kämmen, aufrauhen; *s* Riffel *f*, Flachs-, Reffkamm *m*.

rise [raiz] *irr rose, risen* **1.** *itr* aufstehen, sich erheben; *(von den Toten)* auferstehen; aufbrechen, weggehen; *(Vögel)* wegfliegen; *(Versammlung)* ausea.gehen, sich vertagen; sich erheben, revoltieren, sich empören; e-n Aufstand machen *(against* gegen); *(to ~ up)* aufsteigen; *(Gestirn, Vorhang)* aufgehen; *(Weg)* aufwärts gehen, ansteigen; *(Wasser)* steigen, ansteigen, -schwellen; *fig* aufsteigen; reich, berühmt werden; *(Gebäude, Berg)* sich erheben; sichtbar werden, auftauchen; *(Ton)* sich heben; größer werden, wachsen, zunehmen; werden *(into* zu); *(Preise)* anziehen, ansteigen, in die Höhe gehen; lauter, stärker, lebhafter werden; *(Teig)* (auf)gehen; heraus-, hervorstehen; s-n Anfang, Ursprung haben; *(Fluß)* entspringen; entstehen; sich ergeben; *(Zweifel)* sich erheben; **2.** *tr (Vögel)* aufjagen; *(Fische)* anbeißen lassen; **3.** *s* (Auf-)Steigen *n*, Aufwärtsbewegung *f*; *(Wasser)* Ansteigen *n*; *(Gestirn)* Aufgang *m*; *(Vorhang)* Aufgehen *n*; Auferstehung *f*; (An-)Wachsen, Anschwellen *n*; (Boden-)Erhebung, Anhöhe, Höhe *f*; Aufschwung *m*; Zunahme; (Gehalts-)Erhöhung; *(Preise)* Steigerung *f*, Ansteigen, Anziehen *n*; *arch* Stich *m*; *tech* Ganghöhe *f*; (sozialer) Aufstieg *m*; Beförderung *f*; Anlaß, Anstoß *m*, Veranlassung, Ursache, Quelle *f*, Ursprung, Anfang, Beginn *m*; **4.** *to ask for a ~* um Gehaltserhöhung bitten; *to be on the ~* im Steigen begriffen sein; *to buy for a ~ (fin)* auf Hausse spekulieren; *to give ~ to* veranlassen, Anlaß, Veranlassung geben zu; herbeiführen, bewirken; *to have, to take o.'s ~ (Fluß)* entspringen *(in* in; *from* aus); *to take, to get a ~ out of s.o.* jdn hoch-, *fam* auf die Palme bringen; *to ~ with the lark* mit den Hühnern aufstehen; *to ~ to the occasion* sich der Lage gewachsen zeigen; *to ~ to order* zu der Geschäftsordnung sprechen; *I did not get a ~* es hat kein Fisch angebissen; *he rose*

from the ranks er hat von der Pike auf gedient; *~ in the bank-rate* Diskonterhöhung *f*; *~ in population* Bevölkerungszunahme *f*; *~ to power* Machtübernahme *f*; *~ in prices* Preissteigerung, -erhöhung *f*; *~ in temperature* Temperaturerhöhung *f*, -anstieg *m*; Erwärmung *f*; *~ in value* Wertzuwachs *m*; *~ of wages* Steigen *n* der Löhne; Lohnerhöhung *f*; **~r** ['-ə] *metal* Steiger *m*; (Kollektor-)Fahne *f*; Steigrohr; *(Treppenstufe)* Setz-, Futterbrett *n*; *early ~~* Frühaufsteher *m*; **~~** *pipe* Steigrohr *n*.

risib|ility [rizi'biliti] Lachlust *f*; *meist pl* Sinn *m* für Humor; **-le** ['rizibl] Lach-; lachlustig, lachhaft, spaßig, lustig.

rising ['raiziŋ] *a* (auf-, an)steigend; *(Gestirn)* aufgehend; heranwachsend; aufstrebend; *fig* kommend; *s* (Auf-, An-)Steigen; Aufstehen *n*; Auf-, Anstieg *m*; Steigung; Erhöhung, Zunahme, Steigerung *f*; Anschwellen *n*; Erhebung *f*, Aufstand, Aufruhr; Aufbruch *m*; *parl* Vertagung; Anhöhe *f*; *astr theat* Aufgehen *n*; *med* Eiterpickel *m*, -beule, Pustel *f*; *min* Aufbau *m*; *rel* Auferstehung *f*; *prp Am fam* über, mehr als; gegen, an die *(fifty* fünfzig); *the ~ generation* die kommende Generation; **~ floor, platform, stage** Hebebühne *f*; **~ ground** Bodenerhebung *f*; **~ gust** Steigbö *f*.

risk [risk] *s* Gefahr *f*, Wagnis, Risiko *n a. fin*; *fin* Versicherungsgegenstand *m*; *tr* wagen, *fam* riskieren *(to do s.th.* etw zu tun); *in Gefahr* bringen, aufs Spiel setzen; *at the ~ of* auf die Gefahr gen; *o.'s life* unter Lebensgefahr; *at s.o.'s ~* auf jds Verantwortung; *at all ~s* auf jede Gefahr hin; *at o.'s own ~* auf eigene Gefahr; *without ~* gefahr-, risikolos; *to assume a ~* ein Risiko übernehmen; *to run, to take the ~* Gefahr laufen *(of doing s.th.* etw zu tun); *~ of breakage* Bruchgefahr *f*; **~y** ['-i] gefährlich, gewagt, heikel.

rissole ['risoul] Frikadelle *f*, deutsche(s) Beefsteak *n*.

rit|e [rait] feierliche Handlung *f*; Ritus *a. rel*; Brauch *m*; *rel* Liturgie, gottesdienstliche Ordnung *f*; *marriage ~s (pl)* Hochzeitsbräuche *m pl*; **~ual** ['ritjuəl] *a* rituell; feierlich; *s* Ritual, Zeremoniell; Zeremonienbuch *n*.

ritzy ['ritsi] *Am sl*, *oft iro* super-, hochelegant, piekfein; übergeschnappt.

rival ['raivəl] *s* Mitbewerber, Rivale, Nebenbuhler, Konkurrent *m*; *a* rivalisierend; *tr* rivalisieren, in Wettbewerb treten, wetteifern mit; *(to be a ~ of)* es aufnehmen (können) mit; ausstechen (s.o. jdn); itr wetteifern (with mit); ~ry ['-ri] Rivalität, Nebenbuhlerschaft, Konkurrenz f; to enter into ~~ with s.o. mit jdm in Wettbewerb treten, jdm Konkurrenz machen.

rive [raiv] irr pp a. ~n tr zerreißen; spalten; itr reißen (at an); bersten; fig (Herz) brechen; sich spalten; to ~ away, off weg-, herausreißen.

river ['rivə] Fluß; Strom m; up, down the ~ stromauf-, abwärts; to sell s.o. down the ~ (sl) jdn verraten; the ~ Thames die Themse; ~s of blood Ströme m pl von Blut; ~ of lava Lavastrom m; ~-basin Stromgebiet n; ~-bed Flußbett n; ~-borne auf dem Fluß befördert; ~-fish Flußfisch m; ~-god Flußgott m; ~-head Quelle f; ~-horse zoo Fluß-, Nilpferd n; ~ine ['-rain], ~ain ['-rein] a Fluß-; ~-navigation Flußschiffahrt f; ~-police Wasserpolizei f; ~-port Flußhafen m; ~side s Flußufer n; a (Fluß-)Ufer-; by the ~ am Fluß(ufer); ~-steamer Flußdampfer m.

rivet ['rivit] s tech Niet(e f) m; tr (ver-) nieten; festmachen, befestigen a. fig (to an); (den Blick) heften, (die Aufmerksamkeit) richten (on auf).

rivulet ['rivjulit] Flüßchen n, Bach m.

roach [routʃ] **1.** Plötze, Rotfeder f, -auge n (Fisch); as sound as a ~ gesund wie ein Fisch; **2.** (cock-~) ent (Küchen-) Schabe f; **3.** mar Gilling f.

road [roud] (Land-)Straße f; fig Weg m (to power zur Macht; to success zum Erfolg); Am (rail-~) Eisenbahn; meist pl (~stead) mar Reede; min Strecke f; a Straßen-, Weg-; by ~ auf der Landstraße; im Straßentransport, per Achse; in the ~ auf der Landstraße; auf der Reede; to be on the ~ auf der Straße, unterwegs sein; to get in s.o.'s ~ (fig) jdm in den Weg, in die Quere kommen; out of o.'s ~ aus dem Weg gehen; to give s.o. the ~ jdn vorbeilassen; to go on the ~ auf Tour, theat auf Tournee gehen; to hit the ~ (Am) sich aus dem Staub machen; to ride at the ~ auf der Reede liegen; to take the ~ sich auf den Weg machen; losfahren; where does this ~ go to? wohin führt diese Straße? it's your ~ Sie haben Vorfahrt; get out of the ~ geh mir aus dem Weg! ~ closed ahead gesperrt für den Durchgangsverkehr! accomodation ~ Zufahrtsstraße f; royal ~ leichte(r) Weg (to zu); rule of the ~ Straßenverkehrsordnung f; side ~ Seitenstraße f; ~-ability [-ə'biliti] mot Straßenlage f; ~ accident Verkehrsunfall m; ~ agent Am Straßenräuber m; ~-bed Am Bahnkörper m; ~-bend, ~-curve (Straßen-) Biegung, Kurve f; ~-block mil Straßensperre f; ~ book Straßenführer m (Buch); ~ carpet Straßendecke f; ~ conditions pl Straßenzustand m; ~ construction Straßenbau m; ~ hog Kilometerfresser, rücksichtslose(r) Fahrer m; ~ holding Straßenlage f; ~ hole Schlagloch n; ~-house Rasthaus n; Kneipe f; ~ intersection Straßenkreuzung f; ~ jam Verkehrsstockung f; ~ junction (Straßen-)Stern, Knotenpunkt m; ~-man, ~-mender Straßenarbeiter m; ~ map Straßen-, Autokarte f; ~ metal Straßenbaumaterial n, Schotter, Steinschlag m; ~ net Straßennetz n; ~-roller Straßenwalze f; ~-sense Fahrtüchtigkeit f; ~ show Wanderschau, -bühne f; ~-side s Straßenrand m; attr an der (Land-)Straße; Straßen-; ~~ inn Rasthaus m; ~-sign Wegweiser m; ~-stead mar Reede f; ~-ster [-stə] mot (offener) Sportzweisitzer m; Reit-, Reisepferd n; Tourenrad n; auf der Reede liegende(s) Schiff n; ~-stud Straßennagel m; ~ surface Straßendecke f; ~ test Am mot Probefahrt f; ~-up Baustelle, Straßensperre f; ~ user Verkehrsteilnehmer m; ~-way Landstraße f; Fahrweg m, -bahn f.

roam [roum] itr (to ~ about) umherschweifen; tr durchstreifen a. fig; sich herumtreiben (the streets auf den Straßen); s Umherschweifen n; ~er ['-ə] Landstreicher m.

roan [roun] **1.** a (Pferd) falb od rotbraun; mit grauen od weißen Flecken; s Gelb-, Braun-, Rot-, Muskatschimmel m; **2.** (sumachgegerbtes) Schafleder n (bes. für Bucheinbände).

roar [rɔ:] itr brüllen (with vor); schreien, laut reden; schallend, laut lachen (at über); vet (Pferd) keuchen; (Maschine) rattern, rasseln; Krach machen; dröhnen (with von); donnern; (Sturm) brausen, heulen, gellen, toben; (Geschütze) krachen; (Donner) grollen; tr (to ~ out) (hinaus)brüllen, schreien; to ~ down niederschreien, -brüllen; s Gebrüll; Geschrei; laute(s) Gelächter n; Lärm, Spektakel m; Getöse; (Sturm) Toben, Heulen; (Wasserfall) Brausen n; to ~ o.s. hoarse sich heiser schreien; to ~ with laughter vor Lachen brüllen; ~er ['-rə] keuchende(s) Pferd n; Am fam plötzlich

roaring   855   **rocketeer**

fließende Ölquelle *f*; **~ing** ['-riŋ] *a* brüllend (*with* vor); donnernd, tosend, brausend, heulend; *(Nacht)* stürmisch; *fam* flott, lebhaft, glänzend, großartig; *(Handel)* schwunghaft; *s* Gebrüll *n*; *vet (Pferd)* Keuchen *n*; *to be in ~~ health* vor Gesundheit strotzen.

roast [roust] *tr* braten, rösten, schmoren *a. fig*; *(Kaffee)* rösten; erhitzen; *metal* rösten, ausglühen, abschwelen; *fam* herunter-, fertigmachen; *fam* auf-, durch den Kakao ziehen, hänseln; *itr* braten, rösten, schmoren *a. fig; to o.s.* sich aufwärmen; *s* (Stück *n*) Braten *m*; Bratenfleisch; Braten; *fam* Picknick *n*; *fam* Anpfiff; Spott, Hohn *m*; *a* gebraten, geröstet; Brat-, Röst-; ~ (*of) pork, veal* Schweins-, Kalbsbraten *m*; **~ beef** Roastbeef *n*, Rinder-, Rostbraten *m*; *Am fam* Zigarre *f*, Anpfiff *m*; **~ chicken** Brathuhn *n*; **~er** ['-ə] (Brat-)Rost *m*; Röstmaschine *f*; *fam* Bratgeflügel; Spanferkel *n*; **~ing** ['-iŋ] Braten; *(Kaffee)* Rösten *a. tech*; *fam* Spotten *n*; *pl* Röstgut *n*; *fam* Abreibung *f*; **~-jack** Bratspieß *m*, Bratenwender *m*; **~ meat** Braten (-fleisch *n*) *m*; **~ venison** Rehbraten *m*.

rob [rɔb] *tr (Sache)* rauben; *(Person)* berauben; *s.o. of s.th.* jdm etw rauben; jdn e-r S berauben; jdm etw ab-, wegnehmen; plündern, ausrauben; *itr* räubern; **~ber** ['-ə] Räuber *m*; **~~baron** Raubritter *m*; **~~ farming** Raubbau *m*; **~bery** ['-əri] Raub(überfall) *m*; *fig* Räuberei *f*; *highway* **~~** Straßenraub *m*.

robe [roub] *s* (Ober-)Gewand, Kleid *n*, Mantel *m*; Robe *f*, Talar; Morgen-, Hausrock, *Am* (*bath, slumber* ~) Bademantel *m*; *(elegantes)* (Damen-)Kleid *n*; Am Decke *f*, Fell *n*; *pl* Kleider *n pl*, Kleidung *f*; *tr itr* (sich) e-n Talar, Morgenrock überziehen; (sich) ankleiden; *baby's* **~** Kinderkleid *n*; *night* **~** *(Am)* Nachthemd *n*; *the gentlemen of the* **~** die Juristen *m pl*; **~** *of office* Amtstracht *f*.

robin ['rɔbin] *(~ redbreast) orn* Rotkehlchen *n*; *Am* Wanderdrossel *f*.

roborant ['roubərənt] *a pharm* stärkend; *s* Stärkungsmittel, Tonikum *n*.

robot ['roubɔt] *s* Roboter *a. fig*; Maschinenmensch *m*; Robe *f*, Automat *m*; *(~ pilot) aero* Selbststeuergerät *n*; *attr* Roboter-; mechanisch, automatisch.

robust [rə'bʌst, *Am* 'roub-] *a* stark, kräftig, kraftvoll, robust; kräftig gebaut, muskulös; *(Arbeit)* schwer; *fig* selbstsicher; *(Humor)* derb; **~ness** [-nis] Stärke, Kraft, Robustheit *f*.

rock [rɔk] **1.** Gestein(smasse *f*) *n*; Fels(en) *m*, Klippe *f*; *Am fam* Stein; *fig* Felsen, Rückhalt *m*, feste Burg; *fig* gefährliche Klippe *f*, Gefahrenpunkt *m*; Lutschstange *f*, Kandis *m*; *pl sl* (Edel-)Stein *m*, Geldstück *n*, Zaster *m*; *the R~* Gibraltar *n*; *on the ~s (fam)* aufgeschmissen; blank, ohne Geld; *(Getränk)* mit Eiswürfeln; *as firm as a* **~** felsenfest, unerschütterlich; **~bottom** *a (bes. Preis)* sehr, äußerst niedrig; **~ bottom** *s fig* Tiefpunkt *m*; *to go down to* **~~** der Sache auf den Grund gehen; **~ burst** *min* Gebirgsschlag *m*; **~-cake** Art kleine(r) trockene(r) Kuchen *m*; **~-candy** Kandiszucker *m*; **~-crusher** Stein-, Erzbrecher *m*; **~-crystal** Bergkristall *m*; **~ debris** *geol* Felsgeröll *n*; **~-drill** Gesteinsbohrmaschine *f*; **~-garden, ~ery** Steingarten *m*; **~-gas** Erdgas *n*; **~-iness** ['-inis] felsige, steinige Beschaffenheit *f*; **~-oil** Petroleum *n*; **~-plant** Stein-, Felsen-, Alpenpflanze *f*; **~ pressure** *min* Gebirgsdruck *m*; **~-salt** Steinsalz *n*; **~-slide** Felsrutsch *m*; **~y** ['-i] felsig; steinig; steinhart; *fig* hart wie Stein; **2.** (Spinn-)Rocken *m*; **3.** *tr* schaukeln, wiegen; kippen; *(Kind)* einwiegen *a. fig; fig* einlullen; rütteln, erschüttern; *(Sand, Kies durch ein Sieb)* schütteln; *sl* aufschrecken; *itr* schaukeln; schwanken (onauf); wackeln, wippen; (er)zittern; *(durch ein Sieb)* geschüttelt werden; *(Schiff)* schlingern; *to make* **~** erschüttern; *to* **~** *asleep* in den Schlaf wiegen; *to* **~** *the boat (fig)* das Unternehmen gefährden; **~-and-roll, ~'n'roll** Rock 'n' Roll *m*; **~er** ['-ə] Wiegen-, Schaukelstuhlkufe *f*; *Am* Schaukelstuhl *m*; *tech (~ arm)* Schwing-, Kipphebel *m*; Wippe *f*; *pl* ungepflegte(r) Halbstarke(r) *m*; *to go off o.'s* **~~** *(fam)* den Verstand verlieren; **~ing** ['-iŋ] *a* schaukelnd; Schaukel-; **~~chair** Schaukelstuhl *m*; **~~horse** Schaukelpferd *n*; **~y** ['-i] *fam* schaukelnd, schwankend, wack(e)lig *a. fig.*

rocket ['rɔkit] **1.** *s* Rakete *f*; *mil sl* scharfe(r) Verweis *m*; *itr (Vogel)* senkrecht aufsteigen; pfeilschnell davonschießen; wie aus der Pistole geschossen kommen; *(Filmstar)* über Nacht berühmt werden; *(Preise)* rasch steigen, hochschnellen; *tr* mit Raketen beschießen; **~ aircraft, plane** Raketenflugzeug *n*; **~ battery** *mil* Raketenbatterie *f*; **~ bomb** V-Waffe, Raketenbombe *f*; **~ drive, power** Raketenantrieb *m*; **~eer**

[-'tiə] Raketenforscher m; ~ **engine, jet, motor** Raketentriebwerk n; **~-launching site** Raketenabschußbasis f; **~-propelled** a mit Raketenantrieb; *supersonic ~~ fighter* Überschallraketenjäger m; ~ **propulsion** Raketenantrieb m; ~ **range** Raketenversuchsgelände n; **~ry** ['-əri] Raketentechnik f; **2.** *bot* Senf-, Raukenkohl m; (*bes.* Rote) Nachtviole f.
rococo [rə'koukou] s Rokoko n; a Rokoko-; verschnörkelt.
rod [rɔd] Rute, Gerte f; (*biblisch*) Reis n; (Rund-)Stab, Stock m, Stange f; *tech* (Schweiß-)Draht m; Rute f, Rohrstock m; *fig* Strafe f; Herrscherstab m, Zepter n; Macht, (Gewalt-)Herrschaft; (*fishing-~*) Angelrute, Meßstange, -latte; Rute (*16½ Fuß od 5,03 m*); (Quadrat-)Rute f (*26,7 qm*); *anat* (Netzhaut) Stäbchen n; Bakterie f; *Am sl* Schießeisen n, *pl tech* Gestänge n; *to have a ~ in pickle for s.o.* (*fig*) mit jdm ein Hühnchen zu rupfen haben; *to kiss the ~* (*fig*) die Hand, die e-n schlägt, küssen; *to make a ~ for o.'s own back* sich das Leben (unnütz) schwer machen; sich etw selbst einbrocken; *curtain-~* Gardinenstange f; *lightning-~* Blitzableiter m; *measuring-~* Meßlatte f; *piston-~* (*tech*) Kolbenstange f, Pleuel m; **~ antenna** Stabantenne f; **~ bacterium** Stäbchenbakterie f; **~ grid** Stabgitter n; **~-iron** Stabeisen n; **~ magnet** Stabmagnet m; **~-shaft** Pumpenschacht m; **~-shaped** a stabförmig; **~-winding** el Stabwick(e)lung f.
rodent ['roudənt] a nagend; *med* fressend; s Nagetier n; *fam* Ratte, Maus f.
rodeo [ro(u)'deiou, 'roudiou] *pl -os Am* Viehauftrieb; Sammelplatz m (für Vieh); Wildwestschau f.
rodomontade [rɔdə'mɔnteid, -'teid] Prahlerei, Aufschneiderei f.
roe [rou] **1.** (~ *deer*) Reh n; **~buck** Rehbock m; **2.** (*hard ~*) (Fisch-)Rogen m; *soft* ~ Milch f.
Roentgen ['rɔntjən, 'rʌnt-, -gən] *attr* Röntgen-; **r~ize** ['-aiz] *tr* röntgen, durchleuchten; **r~ogram** [rɔnt'genəgræm] Röntgenbild n, -aufnahme f; **r~oscope** [-ə'skoup] Röntgenschirm m; **r~otherapy** [rɔntjəno(u)'θerəpi] Röntgentherapie, -behandlung f; **~ rays** *pl* Röntgenstrahlen *m pl*.
rogation [ro(u)'geiʃən] *meist pl rel* Bittgesang m; **R~ days** die drei Tage *pl* vor Himmelfahrt; **R~ Sunday** (Sonntag) Rogate f; **R~ week** Himmelfahrtswoche f.

rogu|e [roug] Schuft, Schurke, Strolch; *hum* Schelm; Spaßvogel; *zoo* Einzelgänger m; widerspenstige(s) Pferd n; *biol* Mißbildung f; **~~s' gallery** (*Am*) Verbrecheralbum n; **~~'s march** (*Am*) unehrenhafte Entlassung f; **~ery** ['-əri] Schurkenstreich m; Schurkerei, Schuftigkeit f; *pl* Streiche *m pl*; **~ish** ['-iʃ] schurkenhaft, schurkisch, schuftig; gewissenlos; schelmisch.
roil [rɔil] *tr Am* (Flüssigkeit) trüben, *fam* ärgern, aufbringen, reizen, auf die Nerven gehen *od* fallen (*s.o.* jdm); **~y** ['-i] *Am* trübe; *fig* ärgerlich, gereizt.
roister ['rɔistə] *itr fam* großtun, prahlen; lärmen, toben; **~er** ['-rə] Krakeeler m.
role, rôle [roul] *theat fig* Rolle f; Amt n, Funktion f; *to play a ~* e-e Rolle spielen; *leading ~* Hauptrolle f; *title-~* Titelrolle f.
roll [roul] *itr* rollen (*a.* Augen, Wogen, Donner); (auf Rädern) laufen, fahren; auf der Walze sein, wandern; rotieren, (*Trommel*) wirbeln; (*Himmelskörper*) kreisen; (*Schiff*) schlingern; (*im Gehen*) schwanken, dahinschlenkern; vorwärts-, vorankommen; (*Zeit, Wogen*) dahinrollen; (*Meer*) wogen; sich rollen, sich wälzen; *tr* rollen, wälzen; (*Straße, Eisen*) walzen; rotieren, kreisen lassen; zs.rollen, (auf)wickeln (*into* in); einwickeln (*in* in); (*Zigarette*) drehen; (*die Augen*) rollen, verdrehen; (*Teig*) (aus)rollen; (*Rasen*) walzen; (*Wäsche*) rollen, mangeln; (*Ärmel*) ohne Falte bügeln; *tech* kalandern, walzvergüten; *typ* einschwärzen; *gram* rollend (aus)sprechen; *Am sl* bestehlen, berauben; *theat* anfangen; s Rollen n; Rolle; Walze; Tapeten-, Papier-, Pergamentrolle f; *jur* Terminkalender m; Mutter-, Stammrolle f, Register, Verzeichnis n, Liste; Akte, Urkunde f; Brötchen n, Semmel f, Rundstück n; (*Küche*) Roulade f; (Fett-)Wulst m; (*Schiff*) Schlingern n; *arch* Schnörkel m; *sport aero* Rolle f; (Trommel-)Wirbel m; Grollen, Rollen n (*d. Donners*); (Rede-)Fluß m; *pl* Archiv; *sl* Moos n, Zaster m, Moneten *pl*, Stange f Geld; *to call the ~* die Namen verlesen; *to keep the ~s* Protokoll führen; *to strike off the ~s* (*Rechtsanwalt*) von der Liste streichen; disqualifizieren; *to ~ in money* im Geld schwimmen; **~ed gold, glass, plate, steel** Walzgold, -glas, -blech n, -stahl m; *death-~* Liste f der Toten; *membership-~* Mitgliederliste f; *pay-~* Lohn-, Gehaltsliste f; *to ~* **about** umher-

roll along 857 **roof**

rollen; *to ~ along* entlangrollen; *fam* eintrudeln; *to ~ away* (sich) entfernen; wegrollen; *to ~ back (Preise)* herabsetzen; festlegen; zurückrollen; *to ~ by* vorbeirollen; *to ~ down* herunterrollen, -kullern; *to ~ in* anrollen; hereinströmen; (an Land) wogen; *fam (Geld)* zu Bett gehen; *to ~ off* abrollen; *to ~ on itr* weiterrollen; *(Zeit)* verfließen; *tr (Kleidungsstück)* überziehen; *to ~ out* tr aus(ea.)rollen; *itr fig* schwankend hinausgehen; *fam* aufstehen; *to ~ the red carpet (fig)* jdn feierlich, mit e-m großen Bahnhof empfangen; *to ~ over* sich umdrehen; sich kugeln, kopfüber hinfallen; *to ~ round (wie im Kreis)* zurückkehren, wiederkommen; *to ~ up tr* auf-, zs.rollen; zs.falten; einwickeln; anhäufen; *(Ärmel)* aufkrempeln; *itr fam* anrollen; sich aufhäufen; hereinströmen; kommen, erscheinen; **~away** *a (Möbel)* Roll-; **~back** *Am* Preissenkung, -festsetzung *f*; (Personal-, Gehalts-)Abbau *m*; **~call** *mil* Anwesenheitsappell, Namensaufruf *m*; **~collar** Rollkragen *m*; **~film** Rollfilm *m*; **~fronted cabinet** Rollschrank *m*; **~on (belt)** Hüfthalter *m*, Kors(el)ett *n*; **~top desk** Rollschreibtisch *m*; **~train** Walzenstraße *f*; **~up** Abbrechen *n*, Abbau *m*; **~way** Roll-, Gleitbahn *f*.
roller ['roulə] *tech* Trag-, Laufrolle, Rolle, Walze *a. typ*; *(~bandage)* Rollbinde; *mar* Woge, Sturzsee *f*; *orn* Purzler, Tümmler *m (Taube)*; road-Dampfwalze *f*; **~ bearing** *Am tech* Rollenlager *n*; **~ blind** Rollvorhang *m*, Marquise *f*; **~ coaster** *Am* Achter-; Berg-und-Talbahn *f*; **~skate** *s* Rollschuh *m*; *itr* Rollschuh laufen; **~ towel** Rollhandtuch *n*.
rollick ['rɔlik] *itr* fröhlich, ausgelassen, übermütig sein, (herum)tollen; **~ing** ['-iŋ] fröhlich, lustig, ausgelassen.
rolling ['rouliŋ] *a* rollend *(a. Ton, Donner)*; sich drehend; *mar* schlingernd; *(Gang)* schwankend, unsicher; wogend; *(Rauch)* dick; *(Gelände)* wellig, wellenförmig; *(See)* hohl; *s* Rollen, Walzen; *mar* Schlingern; *(Donner)* Rollen *n*; **~ capital** Betriebskapital *n*; **~ chair** Rollstuhl *m*; **~ collar** Rollkragen *m*; **~ door** Rolltür *f*; **~ machine** Kalander *m*; **~mill** Walzwerk *n*; **~pin** Teigrolle *f*, Wellholz *n*; **~ press** Rotations(druck)-presse *f*; **~ stock** *rail* rollende(s) Material *n*, Wagenpark *m*; **~ train** Walzstraße *f*.

roly-poly ['rouli'pouli] *a* dick u. rund, rundlich, untersetzt, *fam* pumm(e)lig; *s* Pummelchen *n*; *Br* Schinkenrolle *f*.
Roman ['roumən] *a* römisch; römisch-katholisch; *s* Römer(in) *f*; römische(r) Katholik *m*; *r~ (typ)* Antiqua *f*; **~Catholic** römisch-katholisch; **~ization** [roumənai'zeiʃən] Romanisierung *f*; **~ize** ['roumənaiz] *tr* romanisieren; **~ nose** Adlernase *f*; **~ numerals** *pl* römische Ziffern *f pl*; **~ road** Römerstraße *f*.
Romance [rə'mæns] *a (Sprache)* romanisch; *s* romanische Sprachen *f pl*.
romance [rə'mæns] *s* Ritter-, Abenteuer-, Liebesroman *m*; Abenteuer *n (pl)*; *fig* Romantik; Übertreibung, Erfindung; Liebesgeschichte; *fig* Poesie; *mus* Romanze *f*; *itr* abenteuerliche Geschichten erzählen; übertreiben, aufschneiden; *tr fam* den Hof machen (*a girl* e-m Mädchen).
Romanesque [roumə'nesk] *a* romanisch; *s* Romanik *f*, romanische(r) (Bau-)Stil *m*.
Romanic [ro(u)'mænik] *(Sprache)* romanisch.
romantic [rə'mæntik] *a* romantisch; unwirklich, erdichtet; wirklichkeitsfremd, unrealistisch; *s* Romantiker *m*; **~ism** [-tisizm] romantische(s) Wesen *n*, romantische(r) Geist *m*; Romantik *f*; **~ist** [-tisist] *(Kunst)* Romantiker *m*.
Romany ['rɔməni] Zigeuner(sprache)*f m*.
Rom|e [roum] Rom *n*; römische Kirche *f*; *when in ~~, do as the Romans do* man muß mit den Wölfen heulen; **~ish** ['-iʃ] *pej* römisch(-katholisch), päpstlich.
romp [rɔmp] *itr* herumtollen, sich *(im Spiel)* austoben, ausgelassen sein; *sl* rasen; *s* Range, Göre *f*, Wildfang *m*; Herumtollen; lärmende(s) Spiel *n*; *to ~ home, in (fam)* mühelos gewinnen; **~er** ['-ə] *meist pl* Spielhöschen *n*.
röntgen ['rɔntjən] *s. Roentgen*.
roneo ['rouniou] *s* Vervielfältigungsapparat *m (Schutzmarke)*; *tr* vervielfältigen.
rood [ru:d] Kreuz (Christi); Kruzifix *n*; Rute *f (etwa 5—7 m)*; Viertelsmorgen *m (40 (Quadrat-)Ruten = 10,7 a)*; **~loft** Lettnerempore *f*; **~screen** *arch rel* Lettner *m*.
roof [ru:f] *s* Dach (*over o.'s head* über dem Kopf) *a. fig*; *fig* Haus, Heim *n*; (Altar-)Himmel *m*; *mot* Verdeck *n*; *aero* Gipfelhöhe *f*; *min* Hangende(s) *n*, First(e) *f m*; *tr* mit e-m Dach versehen; bedachen, decken; *fig* unterbringen,

roof covering

beherbergen; *to ~ over* überdachen; *under s.o.'s ~* unter jds Dach, in jds vier Wänden, bei jdm zu Hause; *to raise the ~ (Am fam)* Krach machen *od* schlagen; sich über alles hinwegsetzen; *the ~ of heaven* das Himmelszelt; *the ~ of the mouth* der harte Gaumen; *the ~ of the world* das Dach der Welt, hochgelegene(s) Tafelland *n*; **~ covering** Dachdeckerarbeiten *f pl*; Dachhaut *f*; **~ed-in** *a* überdacht; **~er** ['-ə] Dachdecker *m*; *fam* Dankbrief *m*; **~-garden** Dachgarten *m*; **~ing** ['-iŋ] Bedachung(smaterial *n*) *f*; Dach *n*, **~haut** *-f*; **~~-paper** Dachpappe *f*; **~~-tile** Dachziegel *m*; **~less** ['-lis] *a* ohne Dach; *fig* obdachlos; **~ light** *mot* Decken-, Innenleuchte *f*; Oberlicht *n*; **~ tile** Dachziegel *m*; **~tree** Firstbalken *m*; *fig* Dach *n*; **~ truss** Dachstuhl *m*.

rook [ruk] **1.** *s* Saatkrähe *f*; *fig* Schwindler, Betrüger *m*; *itr tr* betrügen; *fam* hereinlegen, übervorteilen; **~ery** ['-əri] (Saatkrähen-)Brutkolonie *f*, Krähenhorst *m*; *fig* alte Mietskaserne *f*; Elendsviertel *n*; **2.** *(Schach)* Turm *m*.

rookie ['ruki] *sl mil* Rekrut *m*; *allg* Neuling, Anfänger *m*.

room [ru(:)m] *s* Raum, Platz; *(Wohn-)* Raum *m*, Zimmer *n*; *fig* Raum, Grund, Anlaß *m*, Gelegenheit *f* (*für*); *pl* Wohnung *f*; *itr Am* (möbliert) wohnen *(at* in; *with* bei; *together* zusammen); *tr Am* unterbringen; *in s.o.'s ~* an jds Stelle, statt jds; *to make ~ for* Platz schaffen für; *to take too much* ~ zuviel Platz einnehmen *od* beanspruchen; *there is ~ for improvement* es liegt sich noch manches verbessern; *~s to let* Zimmer zu vermieten; *bed, dining-, living-* Schlaf-, Eß-, Wohnzimmer *n*; *reception* ~ Empfangsraum *m*; *show ~s (pl)* Ausstellungsräume *m pl*; *state* ~ *(mar)* Kabine *f*; *strong* ~ Banktresorm; *waiting* ~ Wartezimmer *n*; *~ and board* Unterkunft u. Verpflegung; **~ clerk** *Am* Empfangschef *m* (im Hotel); **~ed** [-d] *a in Zssgen:* two-~~, three-~~ *flat* Zwei-, Dreizimmerwohnung *f*; **~er** ['-ə] *Am* (Unter-)Mieter *m*; **~ette** [ru'met] *Am rail* Einzelabteil *n* (im Schlafwagen); **~ful** ['-ful] Zimmervoll *n* (*of people* Leute); **~iness** ['-inis] Geräumigkeit *f*; **~ing house** *Am* Mietshaus *n* mit möblierten Wohnungen; **~-mate** Stubengenosse, Kamerad *m*; **~-temperature** Zimmertemperatur *f*; **~y** ['-i] geräumig.

roorback, roorbach ['ru:əbæk] *Am pol* verleumderische(s) Gerücht *n*.

roost [ru:st] *s* Hühnerstange *f*, -stall *m*; *fam* Ruheplätzchen *n*, Schlafstelle *f*; *itr (Vogel)* sich auf die Stange setzen; *(Mensch)* zu Bett, schlafen gehen; schlafen; übernachten; hausen, wohnen; *at ~* auf der Stange; *fig* im Bett, schlafend; *to come home to ~ (fig)* auf den Urheber zurückfallen; *to go to ~* zu Bett, schlafen gehen; *to rule the* ~ das Regiment führen; **~er** ['-ə] Hahn *m*.

root [ru:t] **1.** *s bot* Wurzel *f*, Wurzelknolle; (Haar-, Zahn-)Wurzel *f*; *fig* Ahnherr *m*, Vorfahren *m pl*; Fundament, Basis, Grundlage *f*; Kern *m*, *fig*; Quelle *f*, Ursprung *m*, Ursache *f*; Urgrund *m*; *math* Wurzel *f*; *mus* Grundton *m*; *(Wort)* Wurzel *f*, Stamm *m*; *pl (~-crops)* Knollengewächse *n pl*; *itr* Wurzeln, *fig* Wurzel schlagen; beruhen *(in* auf); *tr* (ein)pflanzen; *fig* ansiedeln, einrichten; einimpfen, verankern *(in* in); *to ~ up, out, away* mit der Wurzel ausreißen; *fig* ausrotten, -merzen; *~ and branch (fig)* mit Stumpf u. Stiel, ganz u. gar, vollkommen; *to go to the ~ of s.th.* e-r S auf den Grund gehen; *to strike at the ~ of s.th. (fig)* etw an der Wurzel packen *od* angreifen; *to take, to strike ~* Wurzeln, *fig* Wurzel schlagen; *fig* sich einbürgern; *fear ~ed him to the ground* er stand vor Furcht wie angewurzelt; *square, cube, fourth* ~ *(math)* Quadrat-, Kubik-, 4. Wurzel *f*; **~age** ['-idʒ] Verwurzelung *f*, Wurzelwerk *n*; **~ beer** *Am* leichte(s) nichtalkoholische(s) Getränk *n*; **~ed** ['-id] *a* fest-, eingewurzelt; bodenständig; *to the spot (fig)* festgewurzelt; **~-fallen** *a (Getreide durch Regen)* liegend; **~ hair** Haarwurzel *f*; **~less** ['-lis] wurzellos; **~let** ['-lit] Würzelchen *n*, Wurzelfaser *f*; **~ sign** *math* Wurzelzeichen *n*; **~-stalk, ~-stock** Wurzelstock *m a. fig*; **~y** ['-i] stark verwurzelt; wurzelartig; **2.** *tr* (mit der Schnauze) aufwühlen, durchwühlen; *itr* wühlen *(through* in); *fam* schuften; *Am sl sport* (durch laute Zurufe) anfeuern, anspornen *(for s.o.* jdn); applaudieren *(for s.o.* jdm); *to ~ about* herumwühlen in; *to ~ up* aufstöbern; **~er** ['-ə] *Am sport* Anfeuerer *m*; **~ing-tooting** *Am sl* lärmend; aufregend; *(Geschichte)* handlungsreich.

rope [roup] *s* Seil, Tau; *mar* (Tau-)Ende *n*; Strick, Strang *m*; Schnur *f*; Tod *m* durch Erhängen; *Am* Lasso *m od n*; *(Zwiebeln)* Bund *m*; *(~ team)* Seilschaft *f*; *(Getränke)* Fadenziehen *n*, Zähflüssigkeit *f*; *pl* Tauwerk *n*; *(Boxen)*

rope-dancer   859   **rotatory**

Seil *n*; *tr* mit e-m Seil befestigen, zs.binden, fesseln; *(Bergsport)* anseilen; *Am* mit dem Lasso fangen; *itr (Flüssigkeit)* Fäden ziehen; *to ~ down* (sich) abseilen; *to ~ in* einschließen; *s.o.* jdn (ein)fangen, *sl* einwickeln; bei e-r Razzia fangen; *to ~ off, to ~ out* mit e-m Seil absperren; *fig* ausschließen; abspenstig machen; *on the ~* angeseilt; *on the ~s (Boxen)* im Seil; ill erschossen, fertig, erledigt; *on the high ~s* in gehobener Stimmung; hochfahrend; *to be at the end of o.'s ~* am Ende sein, nicht mehr können; *to give s.o. (plenty of)* jdm die Zügel schießen, jdm Spielraum lassen; *to know the ~s (fam)* die Schliche kennen; genau Bescheid wissen; *to put on the ~* sich anseilen; *to show s.o. the ~s* jdn einweihen; *~ of pearls* Perlenschnur *f*; *a ~ of sand (fig)* ein schwacher Halt *m*; **~-dancer, -walker** Seiltänzer *m*; **~-end, ~'s end** Tauende *n*; **~-ferry** Seilfähre *f*; **~-ladder** Strickleiter *f*; **~-maker** Seiler, Reepschläger *m*; **~ry** ['-əri], **~-walk, -yard** Seilerei, Seilerbahn *f*; **~-way** (Draht-)Seilbahn *f*; **~-yarn** Kabelgarn *n*; *fig* Bagatelle *f*; **ropiness** ['-inis] Klebrigkeit, Zähigkeit *f*; **ropy** ['-i] Fäden ziehend, klebrig, zäh; tau-, seilartig.

rosiaceous [ro(u)'zeiʃəs] *a bot* Rosazeen-; rosenartig, rosenfarben, rosig; **~ary** ['rouzəri] Rosenbeet *n*, -garten; *rel* Rosenkranz *m*; **~e** [rouz] *s bot* Rose; Rosenfarbe *f*, Rosa *n*; *mar* Windrose; *(Gießkanne)* Brausekopf *m*); Rosette; Fensterrose; *med* Wundrose; *fig* Schönheit *f*; *a* rosenfarben, rosig, rosa; *tr* röten, e-n rosigen Hauch geben *(the cheeks* den Wangen); *under the ~~* heimlich, im Vertrauen; *no bed of ~~s* kein reines Vergnügen; *not to be all ~~s* nicht vollkommen sein; *not to be on a bed of ~s* nicht auf Rosen gebettet sein; *to gather (life's) ~~s* das Leben genießen; *no ~~ without a thorn* keine Rose ohne Dornen; *climbing, rambler ~~* Kletterrose *f*; **~~-beetle** Rosenkäfer *m*; **~~-bud** Rosenknospe *f*; *Am* hübsche(s) Mädchen *n*; **~~-bush** Rosenstrauch *m*; **~~-colo(u)red** (*a*) rosenfarben, rosig; *fig* schön, anziehend; **~~-garden** Rosengarten *m*; **~~-hips** (*pl*) Hagebutten *f pl*; **~~ leaf** Rosenblatt *n*; **~~-oil** Rosenöl *n*; **~~-pink** rosarot; **~~-tree** Rosenstock *m*; **~~-water** Rosenwasser *n*; **~~-window** Fensterrose *f*; **~~-wood** Palisander-, Rosenholz *n*; **~eate** ['rouziit] rosenfarben, rosa; Rosen-; *fig* rosig, optimistisch; **~emary** ['rouzməri] *bot* Rosmarin *m*; **~eola** [ro(u)'zi:ələ] Röteln *pl*; **~ette** [ro(u)'zet] Rosette *f a. arch*; **~iness** ['rouzinis] rosenrote Farbe *f*; rosige(r) Zustand *m*; **~y** ['rouzi] rosenrot, rosig *a. fig*; mit Rosen geschmückt; blühend; *fig* vielversprechend; optimistisch.

rosin ['rəzin] *s (bes.* Geigen-)Harz, Kolophonium *n*; *tr* mit Kolophonium einreiben; **~y** [-i] harzig, harzartig.

roster ['roustə, *Am* 'rɔ-] *bes. mil* Namens-, Dienstliste *f*; *(duty ~)* Dienstplan *m*; Tabelle *f*.

rostral ['rɔstrəl] *a* schnabelförmig; Schnabel-; **~um** ['-əm] *pl a. -a* ['-ə] *hist* Schiffsschnabel *m*; Rednerbühne; Tribüne *f*; Rednerpult *n*, Kanzel *f*; Dirigentenpult *n*; *zoo* Rüssel, Schnabel *m*.

rot [rɔt] *itr* (ver)faulen, vermodern, verwesen; *fig* (sittlich) verkommen, verderben, sinken; entarten; *geol* verwittern; *sl* quatschen; *tr* verfaulen lassen; *(Flachs)* rösten; *tech* verderben, angreifen; *sl* durch den Kakao ziehen; hänseln; *s* Fäulnis, Verwesung *f*; Moder *m*; *fig* Demoralisierung; Pechsträhne; *zoo bot* Fäule *f (Krankheit)*; *sl* Un-, Blödsinn, Quatsch *m*; *interj* Quatsch! *to ~ away, to ~ off* dahinschwinden, verfallen; *to talk ~ (sl)* Unsinn, Kohl reden; **~-gut** *sl* Fusel *m*.

rota ['routə] *rel* Rota; Runde *f*, Umlauf *m*; Routine; Dienstliste *f*; **R~arian** [rou'tɛəriən] Rotarier *m*; **~ary** ['-əri] *a* rotierend, sich drehend, kreisend; *s (~~ machine)* Rotationsmaschine *f*; *Am* Kreisverkehr *m*; *R~~ Club* Rotary-Club *m*; *~~ current* Drehstrom *m*; *~~ engine* Umlaufmotor *m*; *R~~ International* Weltvereinigung *f* der Rotary-Clubs; *~~ momentum* Drehmoment *n*; *~~ motion* Kreis-, Drehbewegung *f*; *~~ press (typ)* Rotationspresse *f*; *~~ pump* Umlaufpumpe *f*; *~~ switch* Drehschalter *m*; *~~ tower crane* Turmdrehkran *m*; *~~ traffic* Kreisverkehr *m*; *~~ wing* Drehflügel *m*; **~ate** [ro(u)'teit] *itr* rotieren, sich drehen; umlaufen; *fig* turnusmäßig abwechseln; *tr* rotieren lassen; *fig* turnusmäßig wechseln lassen; *to ~ crops* im Fruchtwechsel anbauen; **~ation** [-'teiʃən] Umdrehung, Rotation *f*; *(Geschoß)* Drall; *fig* Kreislauf, turnusmäßige(r) Wechsel, Turnus *m*; *by, in ~~* turnusmäßig, im Turnus; *~~ of crops (agr)* Fruchtwechsel *m*; **~ative** ['routətiv], **~atory** ['-tətəri, -'tei-] rotierend; *fig* turnus-

rotogravure 860 **round**

mäßig wechselnd, abwechselnd; **~atory storm** Wirbelsturm m; **~ogravure** [routəgrəˈvjuə] (Kupfer-)Tiefdruck m; **~or** [ˈroutə] Rotor, Drehzylinder, Induktor; aero Drehflügel m; **~~ core plane** Anker(kern) m; **~~ plane** Drehflügelflugzeug n, Hubschrauber m; **~umbulator** [rouˈtæmbjuleitə] film Kamerawagen m; **~und** [ro(u)ˈtʌnd] rundlich; (Stimme) voll, wohltönend; (Stil) hochtrabend; **~unda** [ro(u)ˈtʌndə] Rund-, bes. Kuppelbau m, Rotunde f; **~undity** [ro(u)ˈtanditi] Rundlichkeit f; rundliche(r) Gegenstand m.

rote [rout] **1.** s: by ~ mechanisch, gedankenlos, wie aufgezogen; **2.** s Am Meeresrauschen n.

rott|en [ˈrɔtən] a (ver)faul(t), verfallen, zersetzt, verdorben; (Zahn) faulig; weich; brüchig; (Balken) morsch; fig (sittlich) verdorben, heruntergekommen; niederträchtig, gemein; bestechlich; sl scheußlich, gräßlich, ekelhaft; to feel ~~ (sl) auf dem Hund sein; **~er** [ˈ-ə] sl Lump, gemeine(r) Kerl m.

rouge [ru:ʒ] s Rouge n, rote Schminke f; tech Polierrot n; tr schminken; itr sich schminken, Rouge auflegen.

rough [rʌf] **1.** a rauh, uneben, holp(e)rig; rauh(haarig), zottig; rauh, heftig; (Wetter) stürmisch; (See) aufgewühlt, rauh, stark bewegt; (Wein) herb; ungestüm, wild; roh, grob, ungehobelt, fam ungeschliffen; ungefügig; mißtönend; heftig, hart, scharf; roh, unbearbeitet, ungehobelt; primitiv, einfach; (Edelstein) ungeschliffen; unausgewogen, unausgeglichen; annähernd, ungefähr; fam scheußlich, ungemütlich; (Phonetik) aspiriert; sl ungenießbar; Am fam gefährlich, schwierig, unangenehm; **2.** adv grob, roh; **3.** s unebene(r) Boden m; Rohmaterial n; rohe(r) Zustand, Rohzustand m; das Rauhe, Grobe, Harte (e-r S); das Unfertige; Abfall; fig Grobian, Flegel, Rüpel, Lümmel, Rowdy m; **4.** tr (auf-) rauhen, roh behauen; sport (to ~ up) rauh, roh, grob behandeln; zurichten; tech vorbehandeln, -drehen, schruppen (to ~ in, to ~ out) in groben Zügen, im Umriß, roh entwerfen, skizzieren; **5.** itr rauh werden; sich flegel-, lümmelhaft, rüpelig benehmen; **6.** at a ~ estimate grob geschätzt; über den Daumen gepeilt; in the ~ unfertig; im Rohzustand; adv ungefähr, in groben Umrissen od Zügen; to be ~ on s.th. für etw nachteilig sein; to take the ~ with the smooth die Dinge nehmen, wie sie kommen; to treat s.o. ~ jdn derb anfassen; to ~ it sich roh benehmen; sich (mühsam) durchschlagen; Am ohne jede Bequemlichkeit, ganz primitiv leben; it's ~ on him er hat kein Glück; alles hackt auf ihm herum; the ~ of life die Beschwerlichkeiten, die Mühsale des Lebens; **~-and-ready** ungefähr, über den Daumen gepeilt; Überschlags-; (Mensch) urwüchsig; (Arbeit) zs.gepfuscht; **~-and-tumble** s Schlägerei f; fig Wirren pl; a wüst, wirr, regellos, wild; **~ adjustment** Grobeinstellung f; **~age** [ˈ-idʒ] rohe(s), grobe(s) Material; bes. grobe(s), zellulosereiche(s) Futter n, grobe Nahrungsmittel n pl; **~calculation** Überschlag m; on a ~~ ungefährer Berechnung; **~cast** s arch Roh(ver)putz; Roherste(r) Entwurf m; a roh verputzt; fig im Entwurf; tr arch (roh)verputzen; roh, in den Umrissen entwerfen; **~coated** a zoo langhaarig; **~ copy** erste(r) Entwurf m, Skizze f; **~ customer** grobe(r) Klotz, freche(r) Kerl m; **~-cut:** ~~ tobacco Grobschnitt m; **~ diamond** ungeschliffene(r) Diamant m; fig Rauhbein n; **~ draft** Rohentwurf m; **~drill** tr tech vorbohren; **~-dry** tr (Wäsche) (nur) trocknen lassen (ohne zu bügeln); **~en** [ˈ-ən] tr (auf)rauhen; itr rauh werden; **~ estimate, guess** ungefähre Schätzung f, Überschlag m; **~-grained** a grobkörnig; **~handle** mißhandeln; **~-hew** irr tr grob behauen; fig grob umreißen, flüchtig entwerfen; **~ house** sl Krach, Krawall m, Schlägerei f; **~-house** tr e-n Streich spielen (s.o. jdm); itr randalieren; **~ly** [ˈ-li] adv rauh, grob; barsch; ungefähr, annähernd, überschlägig, etwa; **~-machine** tr tech vor(be)arbeiten, schruppen; **~neck** Am sl Rowdy m; **~ness** [ˈ-nis] Rauheit f, Unebenheit f; Heftigkeit f, Ungestüm n, Wildheit f; Roheit, Grobheit; Härte, Schärfe f; (Wein) Herbheit f; Roheit, Einfachheit f; **~ plane** tr vorhobeln; **~rider** Be-, Zureiter m; **~shod** a (Pferd) scharf beschlagen; to ride ~~ over s.o. jdn rücksichtslos behandeln; **~spoken** a grobschnäuzig; **~up** sl Schlägerei f.

roul|ade [ruːˈlɑːd] (mus u. Küche) Roulade f; **~ette** [ruːˈlet] Roulett n (Glücksspiel).

R(o)umania [ru(ː)ˈmeinjə] Rumänien n; **~n** [ˈ-ən] a rumänisch; s Rumäne m, Rumänin f; (das) Rumänisch(e).

round [raund] **1.** a rund, kreis-, kugelförmig, zylindrisch; gerundet; rundlich; im Kreis herumgehend; (Vokal)

round   861   **rouse**

offen; *(Zahl)* ganz; voll, rund; abgerundet, abgeschlossen; Rund-; ungefähr; beträchtlich, ansehnlich, bedeutend; *(Stil)* vollendet, gefeilt; ausgereift; *(Stimme)* voll, wohlklingend; lebhaft, schnell; *(Schritt)* ausgreifend; *(Rede)* offen, klar, bestimmt; eindeutig; uneingeschränkt; *(Lüge)* frech; **2.** *s* Rundteil *n*; Scheibe *(Brot)*; Rundung *f*; Kreis *m*; (Leiter-)Sprosse; *(~ of beef)* (Rinder-)Keule *f*; Rundheit; Runde *(Menschen u. Getränke)*; Kreisbewegung *f*; Rundtanz, Reigen; Rundgesang *m*; Runde *f*, Um-, Ablauf *m*, Folge, Serie *f*; (ganzer) Umfang *m*, Gesamtheit *f*; Rundgang *m*, *mil* Runde *f*; *mil* Salve *f*; Schuß *m (Munition)*; *(Schußwaffe)* Ladung *f*, Lachsalve; *(Bier)* Lage; *(Brot)* Scheibe; *sport* Runde *f*; *mus* Kanon; *astr* Umlauf *m*; **3.** *tr* runden, rund machen; *fig* offen aussprechen; abrunden, vollenden; herumgehen, -fahren, -reiten um; umgeben, einschließen; sich im Kreise bewegen lassen; herumdrehen *(towards* nach); **4.** *itr* sich im Kreise bewegen, in e-n Kreis(bogen) beschreiben; sich umdrehen, kehrtmachen; sich runden, rund werden; sich abrunden *(into* zu); herfallen *(on, upon* über), verraten *(on s.o.* jdn); anfahren *(on s.o.* jdn); **5.** *adv* im Kreise; (rings)herum; rund(her)um; auf, nach allen Seiten, in allen Richtungen, allgemein, auf der ganzen Linie; hier u. dort, da; annähernd, nahezu, beinahe, fast; **6.** *prp* um (... herum); durch alle Teile *gen*; überall in; *(zeitlich)* während; **7.** *to ~ off (tech)* abrunden a. com, *fig*; *to ~ out (fig)* abrunden, vervollständigen; *to ~ up (Vieh)* zs.treiben; *fam (Menschen)* zs.bringen; **8.** *all, right ~* ganz herum; *all the year ~*, *the whole year ~* das ganze Jahr über; *in ~ numbers* rund, ungefähr *adv*; *in the ~ (fig)* vollständig; realistisch; *taken all ~* alles insgesamt; *~ and ~* immer wieder herum; *the other way ~* anders herum; **9.** *to bring ~* wieder zu sich kommen lassen; *to come ~* herüberkommen; *s.o.* jdn überlisten, *fam* einwickeln; sich bei jdm einschmeicheln, lieb Kind machen; *to get s.o. ~* jdn herumkriegen; *to go ~ (fig)* umgehen; herumgehen *(in a circle* in e-m Kreis); *to go, to make o.'s ~s* s-e Runde, s-n Rundgang machen; *to go the ~ (fig)* die Runde machen *(of* in); *to hand ~* herumreichen; *to look ~* sich *(in e-r Stadt)* umsehen; sich *(nach hinten)* umsehen, -schauen; *to make the ~s* die Runde machen; *to show s.o. ~* jdn herumführen; *to take s.th. all ~* etw von allen Seiten betrachten; *to turn ~* sich umdrehen; *is there enough tea to go ~?* reicht der Tee für alle? *what are you hanging ~ for?* was stehen Sie hier 'rum? worauf warten Sie? *the daily ~* die täglichen Pflichten; *~-the-clock* ganztägig; *~ of beef* Rinderkeule *f*; **~about** *a* umständlich, weitschweifig; umgebend, einschließend; *s (~~ way)* Umweg *m*; Umschweife *pl*; kurze, enge (Herren-,Knaben-)Jacke *f*; *Br* Karussell *n*; *Br* Kreisverkehr *m*; *to hear s.th. in a ~~ way* wie hintenherum hören; **~ dance** Rundtanz *m*; **~el** ['raundl] (kleine) runde Scheibe *f*, Medaillon *n*; *(Flugzeug-)*Kokarde *f*, Erkennungszeichen; Rondell *n*; **~elay** ['raundilei] Rundgesang *m*; **~er** ['~ə] *Am sl* Verschwender, Lebemann, Trunkenbold, Berufsverbrecher *m*; *tech* Rundmaschine *f*; *pl mit sing* Schlagball *m*; **~ game** Gesellschaftsspiel *n*; **~~hand** Rundschrift *f*; **R-head** *hist* Rundkopf *m (engl.* Puritaner des 17. *Jhs. mit kurzer Haartracht)*; **~~house** *s mar* (Achter-)Hütte, Latrine *f*; *Am rail* Lokomotivschuppen *m*; *a Am sl* weitausholend; **~ing** *s* Rundung *f*, Bogen *m*; Auf-, Abrundung *f*; **~ly** ['-li] rundweg, rund heraus; ehrlich, offen; gründlich; in Kreisform; **~ness** ['-nis] Rundheit; *fig* Aufrichtigkeit, Geradheit; *(Stil)* Ausgeglichenheit *f*; **~ oath** kräftige(r) Fluch *n*; **~ robin** Beschwerde-, Bittschrift *f* mit kreisförmig angeordneten Unterschriften; *Am sport* Wettspiel *n* im Rahmen e-r Gruppe; **~ rod** Rundstab *m*; **~shot** Kanonen-, Gewehrkugel *f*; **~shouldered** *a* mit runden Schultern; **~sman** ['-zmən] Laufjunge, -bursche; Austräger; *Am (Polizei)* Unterwachtmeister *m*; **~~table** runde(r) Tisch *m*; Tafelrunde *f*; *~~ conference* Konferenz *f* am runden Tisch; **~ trip, tour, voyage** Rundfahrt; *Am* Hin- u. Rückfahrt *f*; *aero* Hin- u. Rückflug *m*; *~~ ticket* Rückfahrkarte *f*; **~~up** zs.getriebene(s) Vieh *n*, Auftrieb *m*; Treffen *n*, Versammlung *f*; zs.getriebene Menschengruppe; Razzia; *Am sl* gewalttätige Beilegung *f* e-s Streites.

roup [ru:p] Pips *m (Geflügelkrankheit)*; **~y** ['-i] pipsig.

rous|**e** [rauz] *tr (Wild)* aufscheuchen; aufwecken *(from* aus); aus der Ruhe, in Bewegung bringen; Leben bringen in, in Unruhe versetzen; aufregen,

rouser anstacheln, antreiben, aufmuntern *(to* zu); (auf)wecken; Bewußtsein zurückbringen; *(Bewunderung)* erregen, erwecken; *(Entrüstung)* hervorrufen; *itr (Wild)* die Flucht ergreifen; *(to ~~ up)* auf-, erwachen; wach, aktiv, lebendig werden; *s mil* Wecken *n*; Weckruf *m*; *to ~~ to action* zur Tat anstacheln; **~er** ['-ə] *fam* unverschämte, freche Lüge; Sensation *f*; **~ing** ['-iŋ] laut; zündend, aufwühlend; aktiv, lebhaft; *fam* gewaltig; erstaunlich; frech; *(Beifall)* brausend.

roust [raust] *tr Am sl* verhaften; *(to ~ up) fam* auf die Palme bringen; *(to ~ out) fam* 'rausschmeißen.

roustabout ['raustəbaut] *Am* Wander-, Gelegenheits-, ungelernte(r) Arbeiter, Handlanger *m bes. mar.*

rout [raut] **1.** *s* Pöbel, Mob *m*; Menschenmasse *f*, Volkshaufen *m*, Rotte *f*; *jur* Zs.rottung, Friedensstörung; *mil* wilde Flucht; völlige Niederlage; Verwirrung *f*; *tr (to put to ~)* in die Flucht schlagen; **2.** *itr (Schwein)* im Boden wühlen; *(to ~ about)* herumstöbern; *tr (den Boden)* aufwühlen; *(to ~ out, to ~ up)* aufstöbern; *tech* ausfräsen, -holen; *to ~ out of bed* aus dem Bett holen.

route [ru:t, *mil a.* raut] *s* Weg *m*, Straße, Strecke, Linie, Route *f*; Transportweg *m*; *Am* feste Kunden *m pl*, (Kunden-)Tour *f*; *mil* Marschbefehl *m*, -richtung; *tele* Verbindung *f*; *tr* transportieren *(via* über); in Marsch setzen, schicken, senden, leiten *(via* über); mit Leitvermerk versehen; *fig* leiten *(through* über); *~ step, march!* ohne Tritt, marsch! *air, overland, sea, shipping ~* Luft-, Land-, See-, Schiffahrtsweg *m*; *bus ~* Omnibusstrecke *f*; *~ of advance (mil)* Vormarschstraße *f*; *~ of approach* Anmarschweg *m*; *~ of transmission* Transportweg *m*; *~* **card** Arbeitsablaufkarte *f*; *~* **column** Marschkolonne, -ordnung *f*; *~* **lightning** Streckenbefeuerung *f*; *~* **map** Straßenkarte *f*; **~march** Übungsmarsch; Marsch *m* mit Marscherleichterung; *~* **signing** Streckenmarkierung *f*.

routine [ru:'ti:n] *s* (gewöhnlicher, normaler) Geschäftsgang *m*, Schablone, Routine(arbeit) *f*; *mil* Dienstbetrieb *m*; *a* routine-, gewohnheitsmäßig; mechanisch; laufend, gewöhnlich, normal, üblich; *to do s.th. as a matter of ~* etw routinemäßig tun; *to make a ~ of s.th.* etw zur Regel machen; **~board** Dienstplan *m*; *~* **inquiry**, **report** Routineanfrage *f*, -bericht *m*; *~* **work** Routinearbeit *f*.

roux [ru:] *(Küche)* Mehlschwitze *f*.

rov|e [rouv] **1.** *itr* umherschweifen, -streifen, -irren; *tr* durchstreifen; herumirren *in*; *s* Wandern, Umherschweifen *n*; *to be on the ~~* herumvagabundieren; auf der Wanderschaft sein; **~er** ['-ə] Wanderer; *(sea-~~)* Seeräuber, Pirat; Rover *m (Pfadfinderführer)*; *fig* Fernziel *n*; **2.** *tr (Fasern)* vorspinnen; *(Wolle)* krempeln, ausfasern; *s* Vorgespinst(garn) *n*; **~er** ['-ə] Vorspinnmaschine *f*.

row 1. [rou] Reihe *a.* astr; *theat* (Sitz-)Reihe; (Auto-)Schlange; Häuserreihe, Zeile, Straße *f*; *in ~s* reihenweise; *in a ~* hintereinander; *a hard, long ~ to hoe (Am)* ein schweres, *iro* schönes Stück Arbeit; *to set in a ~* der Reihe nach aufstellen; *to get in a ~* sich in eine Reihe stellen; **2.** [-] *itr tr* rudern; *s* Rudern *n*; Ruderfahrt, -strecke *f*; *to ~ down (tr)* beim (Wett-)Rudern überholen; *to ~ stroke* Bootsführer sein; *to go for a ~* rudern gehen; **~er** ['-ə] Ruderer *m*; **~(ing) boat** Ruderboot *n*; **~ing club** Ruderklub *m*; **~lock** Ruderklampe *f*; **3.** [rau] *s fam* Krawall, Tumult; Krach *m*; *fig fam* Abreibung *f*, scharfe(r) Tadel *m*; *itr fam* randalieren; streiten *(with* mit); *fam* 'runtermachen, -putzen; *to get into a ~* eins auf den Deckel kriegen; *to have a ~ with s.o.* mit jdm Krach haben; *to kick up a ~* Krach schlagen; *hold your ~ (pop)* halt den Schnabel!

rowan ['rauən] *(~-tree)* Eberesche *f*, Vogelbeerbaum *m*; **~~berry** Vogelbeere *f*.

row-de-dow, **rowdydow** ['raudi'dau] Radau, Lärm *m*.

rowd|iness ['raudinis] Rauflust; Rüpelhaftigkeit *f*; **~y** ['raudi] *s* Raufbold, Rabauke, Rowdy, Rüpel *m*; *a* rauflustig; rüpelhaft; gewalttätig, roh; **~yism** ['-iizm] Rauflust; Rüpelhaftigkeit *f*; rüpelhafte(s) Benehmen *n*.

rowel ['rauəl] *s* Spornrädchen *n*; *tr* die Sporen geben *(a horse* e-m Pferd).

rowen ['rauən] *Am agr* Grum(me)t *n*.

royal ['rɔiəl] *a* königlich; *fig* fürstlich, prächtig, prunkvoll; majestätisch, stattlich, edel; extra groß *od* fein; *s fam* Mitglied *n* der königlichen Familie; *Papierformat (20 × 25 Zoll = 50,8 × 63,5 cm* als Druck-, *19 × 24 Zoll = 48,26 × 60,96 cm als Schreibpapier*); *(~ sail, main ~)* Oberbramsegel *n*; *(Hirschgeweih)* Sprosse *f*; kapitale(r) Hirsch *m*; **~ fern** *bot* Königsfarn *m*; **R~ Highness**: *Your, His, Her ~~*

Ew., S-e, Ihre Königliche Hoheit *f*; **~ism** ['-izm] Monarchismus *m*; Königstreue *f*; **~ist** ['-ist] Monarchist; Royalist; Königstreue(r) *m*; **~ mast** Großmast *m*; **~ palm** Königspalme *f*; **~ stag** *zoo* Zwölfender *m*; **~ty** ['-ti] Königtum *n*, Königswürde *f*, königliche(r) Rang *m*; *(Träger der)* Krone *f*; Königreich *n*; Majestät *f*; *meist pl* Kronrecht; Regal, Hoheitsrecht *n*; Abgaben, Lasten *f pl*; Lizenz(abgabe, -gebühr) *f*, Ertrags-, Gewinnanteil *m*, Tantieme *f*; Verfasserhonorar *n*, Autorenanteil *m*; *min (mining ~ties)* Förderabgaben *f pl*; on a ~~ basis gegen Zahlung e-r Lizenz.

rozzer ['rɔzə] *sl* Schupo *m*.

rub [rʌb] *tr* (ab-, ein)reiben; *(to ~ together)* anea.reiben; *(Pferd)* abreiben; (ab)wischen, scheuern, frottieren, reiben, polieren, bohnern, fegen; streifen (*s.th. against* mit etw an); wundreiben, -scheuern; einreiben (*in, into* in); *(Geweih)* fegen; *itr* (sich) reiben, scheuern (*against, on* an); sich abnutzen; *s* Reiben, Scheuern *n*; rauhe *od* wundgeriebene, durchgescheuerte Stelle *f*; *fig* Hindernis *n*; Schwierigkeit; Unannehmlichkeit, ärgerliche Sache *od* Geschichte *f*; *Am fam* das Wesentliche, die Pointe; *to give s.th. a ~* up etw abstauben; *to ~ o.'s hands (together)* sich (zufrieden) die Hände reiben; *to ~ shoulders, elbows with s.o.* mit jdm verkehren; *to ~ s.o. the wrong way* jdm anecken, Anstoß erregen; *there's the ~ (fam)* da liegt der Hase im Pfeffer; *there's a ~ in it (fam)* die Sache hat e-n Haken; *to ~* **along** *fam* sich durchschlagen; *~~ together* mitea. auskommen; *to ~* **down** abreiben, frottieren; massieren; zerreiben; blank, glatt reiben, scheuern; *fam* durchsuchen, filzen; *to ~* **in** einreiben (*the salve die Salbe*; *into the skin* in die Haut); *fig* einbleuen, -trichtern, -pauken; *to ~ it in* jdm etw unter die Nase reiben; *to ~* **off** *tr* wegreiben, -scheuern; abstreifen (*on auf*); *itr* sich abnutzen; *Am fam* abhauen; *Am sl* abmurksen, killen; *to ~* **out** ausradieren; *Am sl* abmurksen, killen; *to ~* **through** *fig* durchstehen, überstehen; *to ~* **up** blank reiben; (auf)polieren; *fig (Kenntnisse)* auffrischen; *~~ against s.o. (fam)* mit jdm verkehren; **~bing** ['-iŋ] Reiben, Frottieren, Scheuern, Polieren, Putzen *n*; **~~~-away** Abnutzung *f*; **~~~-cloth** Frottiertuch *n*; **~~~-down** Abnutzung *f*; Abreiben *n*; **~~~-up** Putzen, Wichsen *n*; **~~ varnish** Schleiflack *m*; **~~~-wax** Bohnerwachs *n*; **~~-down** Abreiben, Frottieren *n*; Abreibung *a. fig*; Massage *f*; **~~-joint** *Am sl* billige(s) Tanzlokal *n*; **~~-stone** Schleifstein *m*; **~~-out** *Am sl* Mord *m*.

rub-a-dub ['rʌbədʌb] *s* Rumtata, Getrommel *n*, Trommelwirbel *m*.

rubber ['rʌbə] *s* Polierer; Masseur *m*; Frottier-, Poliertuch *n*; Reibfläche *f*, -kissen *n*; *(india-~)* Gummi *m od n*, Kautschuk; Radiergummi *m*; *(~~band)* Gummiband *n*; *(Rad)* Gummireifen; *(Karten)* Robber *m*; *Am pop* Präservativ *n*; *pl* Gummi-, Überschuhe *m pl*; *itr Am sl* Stielaugen machen; *tr* mit Gummi überziehen; **hard~** Hartgummi *m od n*; **~-articles**, **-goods** *pl* Gummiwaren *f pl*; **~-blanket** Gummituch *n*; **~-boots** *pl* Gummistiefel *m pl*; **~ check** *Am* gefälschte(r) Scheck *m*; **~ coating** Gummierung *f*; **~-cover** Gummiüberzug *m*; **~-dinghy** Schlauchboot *n*; **~-gasket, -joint, packing** Gummidichtung *f*; **~-glove** Gummihandschuh *m*; **~-heel** Gummiabsatz *m*; **~-hose** Gummischlauch *m*; **~ize** ['-raiz] *tr* mit Gummi überziehen *od* imprägnieren; gummieren; **~-neck** *Am sl* Gaffer, neugierige(r) Mensch; Tourist *m*; *a* Touristen-, Reise-; *itr* sich den Hals ausrecken; interessiert besichtigen; **~-plant** Gummibaum *m*; **~-ring** Gummiring *m*; **~-roll** Gummiwalze *f*; **~-solution** Gummilösung *f*; **~-stamp** *s* Gummistempel *m*; *fam* abgedroschene Phrase *f*; sture(r) Beamte(r), Jasager *m*; *tr* (ab)stempeln; *fam* automatisch genehmigen; **~ stopper** Gummipfropfen *m*; **~ tape** Isolierband *n*; **~-tree** Gummibaum *m*; **~-truncheon** Gummiknüppel *m*; **~-tube** *(Rad)* Gummischlauch *m*; **~-tyre, tire** *mot* Gummireifen *m*, -decke *f*; **~y** ['-ri] gummiartig, dehnbar, zäh.

rubbish ['rʌbiʃ] Schutt, Abfall, Schund; *min* Abraum *m*, taube(s) Gestein; *fig* dumme(s) Zeug *n*, Blödsinn, Quatsch *m*; *interj* Unsinn! *to be all ~* nichts wert sein, nichts taugen; **~y** ['-i] nichts (mehr) wert, wertlos; minderwertig; *fam* blödsinnig.

rubble ['rʌbl] (Bau-)Schutt *m*; *(~~-work)* Bruchsteinmauerwerk *n*; *geol* Geschiebe *n*; **~y** ['-i] Schutt-; voller Schutt.

rube [ru:b] *Am sl* Bauer(ntölpel) *m*.

rubefacient [ru:bi'feiʃ(j)ənt] *a s med* Rötung der Haut bewirkend(es

rubefaction 864 **rule**

Mittel *n*); **~efaction** [-'fækʃən] Rötung *f* der Haut; **~efy** ['ru:bifai] *tr (die Haut)* röten; **~ella** [ru'belə] *med* Röteln *pl*; **~icund** ['ru:bikənd] rötlich; *(Gesichtsfarbe)* frisch u. rot; **~y** ['ru:bi] *s min* Rubin *m*; Rubinfarbe *f*; *typ* Parisienne *f*; *a* rubinrot; *(Nase)* kupferrot.

rubric ['ru:brik] *s* Rubrik, Überschrift *f*, Titel, Paragraph *m*; liturgische, gottesdienstliche Regel *f*; *a* rot gedruckt *od* geschrieben; **~ate** ['-eit] *tr (Buch)* rot illuminieren, rubrizieren.

ruche [ru:ʃ] Rüsche *f*.

ruck [rʌk] **1.** *s* (große) Menge *f*; *fig (the common ~)* der große Haufen, die (Volks-)Massen *f pl*; *(Rennen)* übrige(s) Feld *n*; **2.** *s* Falte *f*, Kniff, Knick *m*; *tr itr* (sich) falten, (zer)kniffen; (zer)knittern; *to ~ up* zerknüllen, zerknautschen.

rucksack ['ruksæk, 'rʌk-] Rucksack *m*.

ruckus ['rʌkəs] *Am fam* Spektakel, Krawall, Tumult, Hexensabbat *m*.

ruction ['rʌkʃən] *sl* Krawall, Aufruhr *m (about wegen)*.

rudder ['rʌdə] *mar* Steuer-, *aero* Seitenruder *n*; *fig* Richtschnur *f*.

rudd|iness ['rʌdinis] Röte; gesunde Farbe *f*; **~y** ['rʌdi] *a (Gesichtsfarbe)* frisch u. rot; gesund; rötlich; rot; *sl* verdammt, verflixt.

rude [ru:d] roh, primitiv, kunstlos; *(Entwurf)* flüchtig; barbarisch, unzivilisiert; primitiv, robust; bäu(e)risch, tölpelhaft; unhöflich, patzig, frech; unverschämt, ungezogen *(to* gegen); rauh, heftig, stark, kräftig, ungestüm, unsanft, heftig; *(Worte)* unpassend, unanständig; **~ness** ['-nis] Roheit; Primitivität; Grobheit, Unhöflichkeit *f*.

rudiment ['ru:dimənt] *biol* Rudiment *n*; *meist pl* Anfänge *m pl*, Elemente *n pl*, Anfangsgründe *m pl*; *zoo* erste(r) Ansatz, Ausgangspunkt *m (of* zu); **~al** [ru:di'mentl], **~ary** [-'mentəri] *biol* rudimentär; elementar, Anfangs-.

rue [ru:] **1.** *tr* bereuen, bedauern, beklagen; *you'll live to ~ it* du wirst es e-s Tages noch bereuen; **~ful** ['-ful] bedauerns-, beklagenswert; traurig, kummervoll, bekümmert, wehmütig; *the Knight of the R~~ Countenance* der Ritter von der traurigen Gestalt; **~fulness** ['-fulnis] Trauer *f*, Gram, Kummer, Jammer *m*; **2.** *bot (bes. Garten-)*Raute *f*.

ruff [rʌf] **1.** *hist* Halskrause *f*; *zoo* Halsgefieder *n*, Kragen *m*; (Blumentopf-) Manschette; Perückentaube *f*; Kampfhahn, -läufer *(Schnepfe)*; *(a. ~e)* Kaulbarsch *m (Fisch)*; **~ed grouse** nordamerik. Haselhuhn *n*; **2.** *itr (Karten)* mit Trumpf stechen; *tr (Trumpf)* ausspielen; *s* Stechen *n*.

ruffian ['rʌfjən] *s* Raufbold, Rohling, brutale(r) Mensch *m*.

ruffle ['rʌfl] **1.** *tr* kräuseln, fälteln; zerknittern; falten, in Falten legen; spreizen; *fig* aufregen, aufwühlen; *(Buch)* schnell umblättern; *(Karten)* mischen; *(Gefieder)* sträuben; *itr* sich kräuseln, faltig werden, Falten schlagen; *fig* sich aufplustern; sich aufspielen; sich aufregen; lärmen, Krach machen; *s* Kräuselung *f*; *(Wasser)* Kräuseln *n*; Rüsche *f (am Kleid)*; *zoo* Kragen *m*, Feder-, Haarkrause *f*; *fig* Aufregung, Unruhe, Störung *f*; Lärm, Tumult, *m*; **~r** ['-ə] Unruhestifter *m*; **2.** Trommelwirbel *m*; *tr itr* (e-n Trommelwirbel) schlagen.

rug [rʌg] *(kleinerer)* Teppich, Läufer *m*, Brücke *f*; *(travelling ~)* (Reise-)Decke; *(bedside ~)* Bettvorlage *f*; *~ joint Am* teure(r) Nachtklub *m*.

Rugby ['rʌgbi], **~ football** *sport* Rugby *n*.

rugged ['rʌgid] uneben, rauh, holp(e)rig; unregelmäßig, eckig, scharf; *(Fels)* zerklüftet; *(Gesicht)* runzelig, zerfurcht; rauh, hart, streng; kraß; *fig* grob, barsch, unhöflich; *Am* stark, kräftig, robust; **~ness** ['-nis] Unebenheit; Rauheit; Unregelmäßigkeit; Härte; Grobheit; *Am* Widerstandsfähigkeit, Robustheit *f*.

Rugger ['rʌgə] *sl = Rugby*.

ruin ['ru(:)in] *s* Ruine *f a. fig*; *pl* Trümmer *pl*, Trümmerhaufen *m*; *fig* menschliche(s) Wrack *n*; Verwüstung, Zerstörung *f*; *(a. wirtschaftl., sittl.)* Verfall; Ruin, Zs.bruch, Untergang *m*; *tr* verwüsten, zerstören, vernichten; *(to bring to ~)* ruinieren, zugrunde richten; *(Pläne)* zunichte machen; *(sittlich)* verderben; *(Gesundheit)* zerrütten; *(Mädchen)* verführen; *to go to ~* verfallen; **~ation** [rui'neiʃən] Zerstörung *f*; *fam* Verderben *n*; **~ous** ['-əs] einstürzend, verfallen(d), baufällig; zerstörerisch, verderblich, verheerend; verlustbringend; ruinös; **~~ price** Schleuderpreis *m*.

rul|e [ru:l] **1.** *s* Regel *a. math*; (Ordens-) Regel *f*; Grundsatz, Brauch *m*; Richtschnur *f*; Gepflogenheit, Gewohnheit, Sitte; *com* Usance *f*; *as a rule*, in der Regel, das Übliche, *das* Gewöhnliche; Rechtsgrundsatz *m*; (Gesetzes-)Bestimmung, Vorschrift *f*; (Gerichts-)Entscheid *m*, Verfügung, Verordnung; Herrschaft,

Regierung, Verwaltung, Leitung *f*; Lineal *n*, Zollstock *m*, Maß(stab *m*) *n*; *typ* Linie *f (Material)*; *pl* Satzungen *f pl*, Ordnung *f*; **2.** *tr* regeln, festlegen, -setzen, anordnen, bestimmen, entscheiden; regieren, verwalten, leiten, lenken; beherrschen; in Schranken halten, einschränken; verringern, herabsetzen; lini(i)eren *(Linie)* ziehen; *itr* herrschen, regieren *(over* über); vorherrschen; gelten, gültig, in Kraft sein; *jur* e-n Entscheid treffen; *com (Preise)* notieren; *to ~ off* e-n Schlußstrich ziehen unter, abschließen; *to ~ out* (durch)streichen; ausschließen; für unzulässig erklären; **3.** *against the ~s* regelwidrig; *as a ~* in der Regel, gewöhnlich *adv*, normalerweise; **4.** *to ~ high (com)* ein hohes Kurs-, Preisniveau behaupten; *to ~ the roost* den Ton angeben; *fam* die Hosen anhaben; Hahn im Korb sein; *to be against the ~~s* gegen die Regeln verstoßen; *to make it a ~* es sich zur Regel machen *(to do s.th.* etw zu tun); *to make an exception to a ~* e-e Ausnahme von der Regel sein; *to stick to the ~~s* sich an die Vorschriften halten; *the exception proves the ~* die Ausnahme bestätigt die Regel; **5.** *home ~* Selbstverwaltung *f*; *standing ~* stehende Regel; Geschäftsordnung *f*, Satzung *f*; *~ of application* Durchführungsbestimmung *f*; *~~s of conduct* Verhaltensmaßregeln *f pl*; *~~s of the court* Prozeßordnung *f*; *~~s of the game* Spielregeln *f pl*; *~~ of law* Rechtsstaatlichkeit *f*; *~~ of the road* Verkehrsvorschrift *f*; *~~ of three (math)* Dreisatz *m*, Regeldetri *f*; *~~ of thumb* Faustregel *f*, Erfahrungssatz *m*; *by ~~ of thumb* über den Daumen gepeilt; *~~joint* Scharniergelenk *n*; *~~tape* Meßband *n*; **-er** ['-ə] Herrscher *(of, over* über), Beherrscher *(of, over* gen), Souverän *m*; Lineal *n*; Liniermaschine *f*; **-ing** ['-ɪŋ] *a* (vor)herrschend; geltend, gültig; maßgebend; *s* Beherrschung, Herrschaft, Regierung, Verwaltung *f*; *(~ of the court)* Gerichtsentscheid *m*, (gerichtliche) Entscheidung *f*; Linii(i)erung *f*, Gitterstrich *m*; *~~ pen* Reißfeder *f*; *~~ price* Tages-, Marktpreis *m*.

rum [rʌm] **1.** Rum; *Am allg pej* Schnaps, Alkohol *m*; **-dum** ['-dʌm] *Am sl* Säufer *m*; **-my** ['-ɪ] *Am sl* Säufer *m*; **2.** *(a. ~my) sl* komisch, ulkig, eigenartig; *he is a ~ customer* mit dem ist nicht gut Kirschen essen.

Rumania(n) *s.* **Roumania(n)**.

rumba ['rʌmbə] Rumba *m* od *f (Tanz)*.

rumble ['rʌmbl] *itr (Donner)* rollen; poltern, rumpeln, rasseln, rattern; *(Magen)* knurren; *tr* rollen, rumpeln lassen; *(Laut)* rollen; *tech* in e-r Trommel mischen; *Am sl* kommen sehen, riechen; spitzkriegen; *to ~ out* polternd, brummend sagen; *s* Rollen, Rumpeln, Gepolter *n*; *(Kutsche)* Bedientensitz; *mot (Am: ~ seat)* Notsitz, Klappsitz *m*; *tech* Poliertrommel *f*; *Am* Anzeige *f*, Polizeiaktion, Auseasetzung *f* Jugendlicher.

rumbustious [rʌmˈbʌstjəs, -tʃəs] *fam* grölend, randalierend.

rumen ['ruːmən] *pl -mina* ['-minə] Pansen, Vordermagen *m* (der Wiederkäuer).

ruminant ['ruːmɪnənt] *a* wiederkäuend; Wiederkäuer-; *fig* nachdenklich; *s* Wiederkäuer *m*; **-ate** ['-eɪt] *itr tr* wiederkäuen; *fig* hin u. her überlegen; *itr fig* nachdenken, -sinnen *(about, upon, over* über); *to ~ revenge* auf Rache sinnen; **-ation** [ruːmɪˈneɪʃən] Wiederkäuen *n*; *fig* Nachdenken, -sinnen *n*; **-ative** ['ruːmɪnətɪv, -eɪtɪv] *a* nachdenklich, grüblerisch.

rummage ['rʌmɪdʒ] *s* Trödel(kram), Ausschuß, Ramsch *m*; Durchstöbern, -suchen *n*; *(~ sale)* Ramsch-, Ausverkauf; Wohltätigkeitsbazar *m*; *tr* durchstöbern; (zollamtlich) durchsuchen; *(to ~ out, to ~ up)* aufstöbern, auskramen; *itr (to ~ about)* herumstöbern *(among, in* in); suchen *(for* nach).

rummer ['rʌmə] Humpen, Römer *m*.

rummy ['rʌmɪ] Rommé *n (Kartenspiel)*; *s. rum* 1. u. 2.

rumour ['ruːmə] *s* Gerede, Geschwätz; Gerücht *n (of* über); *tr* gerüchtweise (weiter-, herum)erzählen; *~ has it that, it is ~ed that* es geht das Gerücht, man munkelt, daß; *the ~ spread like wildfire* das Gerücht verbreitete sich wie ein Lauffeuer.

rump [rʌmp] *(Vieh)* Schwanz-, Nierenstück *n*, Lende *f*; *(Vogel)* Bürzel *m*; *Am = ~-steak*; *(Mensch)* Kreuz; Gesäß; *fig* Überbleibsel *n*, Rest *m*; *(~ parliament)* Rumpfparlament *n*; **~-steak** ['-steɪk] Rumpsteak *n*.

rumple ['rʌmpl] *tr* zerknittern, zerknüllen, runzeln; *(Haar)* zerzausen; *fam* verärgern.

rumpus ['rʌmpəs] *fam* Krawall, Krach *m*; *to kick up a ~* Spektakel machen; *~ room Am* Spielzimmer *n*.

run [rʌn] *irr ran* [ræn], *run* 1. *itr* laufen, rennen, eilen, jagen; (sich) stürzen; schnell fahren; reisen; gleiten *(over* über); sich frei, ungehindert bewegen,

run

sich entwickeln, wachsen; weglaufen, -rennen, enteilen, (ent)fliehen *(a. Zeit); (Zeit)* verfließen, vergehen, zerrinnen; um die Wette laufen, an e-m (Wett-)Rennen, Wettbewerb teilnehmen, sich bewerben, als Kandidat auftreten; *(als erster, zweiter)* durchs Ziel gehen; *(Verkehrsmittel)* fahren, verkehren; *(Ball)* rollen; *(Rad)* sich drehen; *(Fisch) (regelmäßig zum Laichen)* schwimmen, wandern; *(Pflanze)* kriechen, klettern; *(Wind)* gehen, wehen; *(Gerücht)* umgehen, im Umlauf sein, sich (schnell) verbreiten; *(zeitlich)* gehen, führen, reichen; fortwährend in Bewegung sein, beständig gehen; *(Blut, Geld)* zirkulieren; *(Geld)* sich im Umlauf befinden; *(Zinsen, Wechsel)* laufen; *(Ausgaben)* sich belaufen (*to* auf); *(Verluste)* gehen *(into the thousands* in die Tausende); *(Geschäft, Maschine)* gehen, laufen, in Betrieb sein, arbeiten; *(Maschine)* funktionieren; *(Veranstaltung)* stattfinden, abgehalten werden, ihren Verlauf nehmen; ablaufen, vor sich gehen, s-n Fortgang nehmen, (an-)dauern; *theat* auf dem Spielplan halten *(for a year* ein Jahr lang); in Kraft, gültig sein, gelten; *(Text)* lauten, den Wortlaut haben; sich erstrecken, verlaufen, gehen, führen; *(Gewässer)* fließen, strömen, fluten; *(Fluß)* sich ergießen, münden *(into* in); *(Straße)* vorbeiführen *(by* an); *(Tränen)* rinnen; *(Nase)* laufen; *(Geschwür)* offen sein; schmelzen, zergehen; zerfließen; *(Farbe)* verlaufen; abgleiten, -prallen *(off s.o.* von jdm); nachlaufen *(after s.o., s.th.* jdm, e-r S); sich bemühen *(after, for* um); zufällig treffen *(into, (Am) across s.o.* jdn); stoßen *(into* auf); geraten *(into* an, in); durchmachen, erleben *(through s.th.* etw); sich beziehen *(on, upon* auf); sich befassen *(on, upon* mit); handeln *(on, upon* von); übereinstimmen *(with* mit); **2.** *tr* entlanggehen, -laufen, verfolgen, durchlaufen, -eilen, zurücklegen; *(Strecke)* rennen, laufen; *(Rennen)* laufen; verlassen; entgehen, entkommen, ausweichen, aus dem Wege gehen *(s.th.* e-r S), vermeiden, fliehen; *(Gefahr)* heraufbeschwören, riskieren; sich *(e-e Krankheit)* zuziehen; *(Tier)* treiben, jagen, verfolgen; weiden, auf die Weide führen; um die Wette laufen, in Wettbewerb treten mit; *(Pferd bei e-m Rennen)* laufen lassen; *(Kandidaten für e-e Wahl)* aufstellen; laufen, rollen, verkehren, um-

laufen lassen; in Betrieb, in Gang halten; gelten, gültig sein, in Kraft lassen; machen, bringen *(into* zu); *into difficulties* in Schwierigkeiten); versetzen *(into a situation* in e-e Lage); befördern, transportieren; schmuggeln; zwängen, treiben, stoßen *(against* gegen); stecken, stechen *(against* gegen); *into* in); *(Splitter in die Hand)* reißen; *(Seil)* hindurchziehen *(through* durch); *(Kabel)* verlegen; heften, schnell nähen; laufen, fließen lassen; eingießen; *metal* ausspeien; *(Geschäft)* betreiben, führen, leiten; *(Unternehmen, Versuch)* durchführen; *(Prüfung)* vornehmen; *(Maschine)* bedienen, handhaben; *(Blockade)* brechen; *(Haushalt)* führen; erscheinen lassen, veröffentlichen; *(Linie)* ziehen, einzeichnen; *(Spur)* verfolgen; *to* - *o.s.* sich stürzen *(into* in); **3.** *s* Lauf(en *n*) *m*, Rennen *n*; Laufschritt, schnelle(r) Gang *m*; Schnelligkeit *f* (im Laufen); (im Lauf) zurückgelegte Strecke; *theat* Spiel-, Laufzeit *f*; Ausflug *m*, Tour *(a. e-s Austrägers),* (kurze *od* einmalige) Fahrt, Reise *f*; Verlauf, Fortschritt *m*; Richtung, Tendenz; (starke, anhaltende) Nachfrage *f*, (großer) Zustrom, Ansturm, Run *m (on* auf); (Hoch-)Konjunktur, Vogue, Mode; (ununterbrochene) Folge, Reihe, Serie *f*; Fluß, Strom *m a. fig; Am* Flüßchen *n*, Bach *m*, Bächlein *n*; Zeit, die e-e Flüssigkeit läuft; ausgelaufene Menge; *tech* Funktionsdauer, Betriebs-, Arbeitszeit *f*; Nutzeffekt *m*, -leistung; (Waren-)Gattung, Sorte, Klasse *f*; Weg, Gang, Kanal *m*, Rohr *n*; Weide, Trift *f*; *(Hühner)* Auslauf *m*; Bewegungsfreiheit *f*, freie(r) Verkehr *m*; Herde *m* (in Bewegung befindlicher) Tiere; Laufmasche *f*; *mus* Lauf *m*; *sport* Anlauf *m*; *aero* Rollstrecke *f*; *(bombing ~)* (Bomben-)Zielanflug *m*; **4.** *a* geschmolzen; *metal* gegossen; *(Honig)* Schleuder- *od* Leck-; *fam* geschmuggelt, Schmuggel-; **5.** *at ~* in (großer) Eile; *in the long* - auf die Dauer; *on the* - auf den Beinen; auf der Flucht; *fig* in Betrieb; *with a ~* plötzlich, über Nacht; **6.** *the common* - das Gewöhnliche, der Durchschnitt; *the* - *of events* der Gang der Ereignisse; *~ of ill luck* Pechsträhne *f*; *~ of the mill* Durchschnitt *m*; *~ of a wheel* Radkranz *m*; **7.** *to have the ~ of s.th. (fam)* freien Zugang zu etw haben; *to have a ~ for o.'s money* sich mächtig anstrengen müssen; *to have a considerable ~* sehr gefragt sein; *to take a ~* e-n Anlauf nehmen; **8.** *to ~ an advertisement* mehrmals inserieren; *to ~ to s.o.'s aid* jdm zu Hilfe eilen; *to ~ a blockade* e-e Blockade brechen; *to ~ in s.o.'s blood* jdm im Blut liegen; *to ~ s.o. close* jdm auf den Fersen sein; *fig* jdm gleichkommen; *to ~ cold (Blut)* gerinnen *fig*; *to ~ into danger* sich in Gefahr bringen; *to ~ into debt* in Schulden geraten; sich in Schulden stürzen; *to ~ dry* aus-, vertrocknen; *to ~ into, through ten editions (Buch)* die 10. Auflage erreichen; *to ~ errands, messages* Botengänge verrichten; *to ~ it fine* gerade aus-, hinkommen; *to ~ first, second* als erster, zweiter durchs Ziel gehen; *to ~ foul of* auflaufen auf *(ein Schiff)*; *fig* sich streiten mit; Schwierigkeiten bekommen mit; *to ~ the gauntlet* Spießruten laufen *a. fig*; *to ~ s.o. hard* jdm tüchtig zusetzen, *fam* einheizen; *to ~ with the hare and hunt with the hounds (fig)* auf beiden Schultern Wasser tragen; *to ~ o.'s head against a wall, into a post, a brick wall (fig)* mit dem Kopf durch die Wand wollen; *to ~ high (Preise)* steigen, in die Höhe gehen; *(Gefühle)* lebhaft, erregt werden; *to ~ hot* sich heißlaufen; *to ~ idle, light* Leerlauf haben; *to ~ low* zur Neige, zu Ende gehen; *to ~ mad* verrückt werden; *to ~ a match, a race* e-n Wettlauf machen, um die Wette laufen; *to ~ in s.o.'s mind* jdm im Kopf herumgehen; *to ~ a race* ein Rennen laufen; *to ~ off the rails* entgleisen; *to ~ riot* sich wie ein Verrückter benehmen; *bot* ins Kraut schießen, wuchern; *to ~ the risk* Gefahr laufen *(of being killed* ermordet zu werden); *to ~ to seed (fam)* aus der Art schlagen, entarten; *to ~ a ship on the rocks* ein Schiff auf den Felsen auflaufen lassen; *to ~ short* zu Ende gehen *(of s.th. etw)*; *to ~ the show (sl)* der Chef vom Ganzen sein; den Laden schmeißen; *to ~ the streets* sich auf der Straße herumtreiben; *to ~ a temperature* Übertemperatur, leichtes Fieber haben; *to ~ wild* über die Stränge schlagen; völlig ausarten; verwildern; **9.** *I'm ~ning short of cash* mir geht das Bargeld aus; *he ran with tears* die Tränen liefen ihm über die Wangen; *he's ~ning a high fever* er hat hohes Fieber; *my blood ran cold (fig)* es lief mir eiskalt über den Rücken; *the play had a long ~* das Stück hielt sich lange auf dem Spielplan; *he who ~s may read* das leuchtet ohne weiteres ein; *the road ~s up the hill* die Straße zieht sich den Berg hinauf; *the tide is ~ning out* es wird Ebbe; **10.** *to ~* **about** herum-, umherlaufen; *(Kind)* herumspielen; *to ~* **across** begegnen, treffen *(s.o. jdn)*, über den Weg laufen *(s.o. jdm)*; *to ~* **after** hinterherlaufen; *to ~* **aground** auf Grund (auf)laufen; *to ~* **around** *Am* sich herumtreiben; *to ~* **away** weglaufen, -rennen, -fahren; *with* durchbrennen mit, durchgehen mit; verbrauchen, aufzehren; (zu) schnell überzeugt sein von, voreilig annehmen; *(Gefühl)* durchgehen mit; *(Mitbewerber)* abhängen, *fam* in die Tasche stecken; *(Preis)* haushoch gewinnen; *to ~* **back** zurückverfolgen; *to ~* **down** *itr (Mechanismus)* ablaufen; ermüden, (gesundheitlich) herunterkommen, nachlassen; *tr* umlaufen, -rennen, -reiten, -fahren; *(Schiff)* versenken; *(Menschen)* überfahren; erjagen, fangen, fassen, *fam* kriegen, schnappen; *(Zitat)* finden, aufspüren; herunter-, verkommen; auf den Hund kommen lassen; *(mit Worten)* schlecht-, heruntermachen, durch den Schmutz ziehen; *(Schrift)* überfliegen; *(Stelle)* (heraus)finden; *(Spur)* nachgehen; *to ~* **for** kandidieren für; *to ~* **in** *itr* hineinlaufen; vorbeikommen *(to s.o. bei jdm)*; *tr* mit einfahren; (mit) einschließen, einbeziehen; *sl* in Nummer Sicher bringen, hinter Schloß u. Riegel setzen; *to ~ in the family (fig)* in der Familie liegen; *to ~* **into** stoßen auf, zs.stoßen mit; geraten in; unerwartet treffen; *to ~* **off** *itr* weglaufen, -rennen; *(Tier)* entlaufen; *with s.th.* mit e-r S durchgehen, -brennen; ablaufen; *tr (Wasser)* ablaufen lassen; abfließen von; *(Auswendiggelerntes)* herunterschnurren; *typ* abziehen, Abzüge machen von, drücken; *sport (durch e-n Entscheidungskampf)* entscheiden; *(Lager)* räumen; *to ~* **on** weitergehen, sich fortsetzen; weitermachen, fortfahren; (immer) weiterreden, nicht aufhören zu reden; (ohne Unterbrechung, *(Text)* ohne Absatz) fortlaufen; *(Schulden)* auflaufen; *to ~* **out** *itr* zu Ende gehen; *(Ware)* ausgehen; *(Bescheinigung)* ablaufen; hinausragen; *tr (Ware)* ausverkaufen; hinaus-, wegjagen, vertreiben; *on s.o.* jdn im Stich lassen; *to be ~ out* am Ende od ausverkauft sein; *he ran out of supplies* die Vorräte gingen ihm aus; *to ~* **over** *itr* überlaufen, überfließen; *tr* überfahren; *(mit den Augen)* überfliegen, schnell

durchsehen, (noch einmal) durchgehen, wiederholen; to ~ **through** tr überfliegen, schnell durchsehen; durchbohren, erstechen; völlig verbrauchen; (Vermögen) durchbringen, verschwenden; (Theaterstück) proben; itr (Zug) durchfahren; to ~ **up** itr hinauflaufen, -eilen; rasch anwachsen; sich summieren, sich belaufen (to auf); stoßen (against auf); im Preise steigen, anziehen; tr auf-, hochziehen; (Flagge) hissen; mot warmlaufen lassen; fig hinauftreiben, in die Höhe treiben, steigern, (rasch) anwachsen lassen; schnell errichten od bauen; (Rechnungen) auflaufen lassen; **~-about** Landstreicher, Vagabund; kleine(r) Sportwagen m; kleine(s) Motorboot n; **~-around** Am sl ausweichende Antwort f; Hinhalten n; to get the ~~ keine vernünftige Antwort kriegen; to give the ~ **~~** dumme Reden führen, um den heißen Brei herumreden, Ausflüchte machen; **~-away** s Ausreißer; Deserteur; Flüchtige(r) m; wild gewordene(s) Pferd n; a flüchtig, entlaufen; schnell (an)steigend; hemmungslos; leicht errungen od gewonnen; entscheidend, Entscheidungs-; **~-down** a (Mechanismus) abgelaufen; (gesundheitlich) heruntergekommen, elend, fam kaputt; in schlechtem Zustand; verfallen; s kurze Zs.fassung; Reportage f; genaue(r) Bericht m; **~-in** sport Einlauf m; Am fam Klamauk, Krach, Streit m; **~-let** ['~lit], **~nel** ['~əl] Bächlein n, (kleiner) Wassergraben m, Rinnsal n; **~-off** Ablaufwasser m; Abfall, Ausschuß; sport Entscheidungslauf m, -spiel n; **~-through** summarische Wiederholung f; **~-on** a typ fortlaufend; s fortlaufend Gedruckte(s) n; **~-out** sl Abhauen, Entweichen n; **~-way** (Wasser-)Rinne f; (Trampel-)Pfad, Wildwechsel m; Schneise; sport An-, Ablaufbahn; Fahr-, Rollbahn; Rampe f; Laufsteg m; aero Start-, Landebahn f; ~~ funnel Anflug-, Landeschneise f; ~~ lighting Start- u. Landebahnbefeuerung f; ~~ lights (pl) Start- u. Landebahnfeuer n.
rundle ['rʌndl] (Leiter-)Sprosse f.
run|e [ru:n] Rune a. fig; Runen(in)schrift f; **-ic** ['ru:nik] a Runen-.
rung [rʌŋ] **1.** Querbalken m; Sprosse, Runge, Speiche; fig Stufe f; **2.** pret u. pp von ring ·2.
runner ['rʌnə] Läufer, Renner m; Rennpferd n; Laufjunge, -bursche; (bank ~) (Bank-)Bote; mil Meldegänger; sport Sprinter m; Rennpferd n; (Kunden-)Werber, Schlepper; gängige(r) Artikel; Am Geschäftsführer; Makler; Schmuggler m; Schmuggelschiff n; Blockadebrecher; Bediener (e-r Maschine); tech Läufer m, Laufrolle, -walze f, -ring m, -rad n, (~ rail) -schiene f, Schieber m; (Schlitten-, Lande-)Kufe f; (Boden-, Tisch-)Läufer m; Laufmasche f; bot Ausläufer m; zoo Laufvogel; Rotfuß m, Wasserralle f; blockade-~ Blockadebrecher m; **~-bean** Stangen-, Laufbohne f; **~-up** sport zweite(r) Sieger m.
running ['rʌniŋ] s Laufen, Rennen n; fam Tour; (Autobus-)Strecke; Tätigkeit, Bedienung; Leitung, Führung a. tech; Kraft, Fähigkeit f zum Laufen; tech Einguß, Einlauf m; auslaufende, -gelaufene Flüssigkeit(smenge) von Schmuggelware; com Laufzeit, Gültigkeitsdauer f; a sich schnell bewegend; (Wasser) fließend; schmelzend, sich verflüssigend, zergehend; (Wunde) eiternd; (Handschrift) flüssig; (Pflanze) kletternd, Kletter-; gerade, geradlinig; beweglich, gleitend; tätig, in Tätigkeit, in Betrieb; (Konto) laufend; fortlaufend, ununterbrochen; (nachgestellt) nach-, hintera.; in ~ order betriebsfähig; in, out of the ~ im, aus dem Rennen; to be ~ verkehren; to make the ~~ das Rennen machen; das Tempo angeben; fig den Ton angeben; to take up the ~~ (a. fig) die Führung übernehmen; **~-board** mot Trittbrett n; ~ **commentary** laufende(r) Kommentar, fortlaufende(r) Bericht m; Funkreportage f, Hörbericht m; **~-costs** pl Betriebsunkosten pl; ~ **end** freie(s) (Tau-)Ende n; **~ fight** mil Rückzugsgefecht n; **~ fire** mil Trommel-, fig Lauffeuer n; ~ **gear** rail Laufwerk n; ~ **hand** Kurrentschrift f; ~ **head, title** typ lebende(r) Kolumnentitel m; **~-in test** Probelauf m; ~ **knot, noose** Schlinge f; ~ **speed** Fahr-, Umlaufgeschwindigkeit f; ~ **start** fliegende(r) Start m; ~ **stone** Mahlstein m; ~ **time** Laufzeit f.
runt [rʌnt] fam Zwerg, Liliputaner m; lächerliche(r) Mensch, Knilch m; zoo Zwergrind n; Art Taube f.
rupee [ru:'pi:] Rupie f (Münze).
rupture ['rʌptʃə] s Bruch m, Zerbrechen n; med (Eingeweide-)Bruch m, (Gefäß) Platzen n; (Muskel) Riß m; fig Bruch, Abbruch m (der Beziehungen); tr itr zerbrechen; zerreißen; fig abbrechen; itr sich e-n Bruch zuziehen.

rural ['ruərəl] *a* ländlich; bäurisch; landwirtschaftlich; Land-; **~ize** ['ruərəlaiz] *tr ir* verländlichen; *itr* auf dem Lande leben; verbauen.

ruse [ru:z] List *f*, Kniff, Trick *m*; *pl* Schliche *pl*.

rush [rʌʃ] **1.** *itr* (daher)stürmen, rasen, brausen, stürzen (*to* zu); hinein-, herabstürzen; sich stürzen (*into* in; *on, upon* auf); losschießen (*at s.o.* auf jdn); *tr* (schnell *od* heftig) drängen, stoßen, treiben, jagen, erledigen; schnell befördern, transportieren, schaffen (*to the hospital* in das Krankenhaus); (*Arbeit*) überstürzen; sich stürzen auf; im Sturm niederwerfen *od* nehmen; (*Fußball*) vorwärtsstürmen mit (*dem Ball*); *sl* betrügen, hereinlegen; zu viel verlangen (*s.o.* von jdm; *for* für), neppen; *Am sl* sich heftig bewerben, sich nahezu umbringen um (*e-e Geliebte*); *Am sl* angreifen (*s.o.* jdn); *Am sl* (*Studenten*) keilen; *to ~ o.s.* sich überstürzen; *to ~ s.o. for s.th.* jdn dringend um etw bitten; *s* Stürmen, Rasen, (Sich-)Stürzen *n*; Ausbruch; große(r) Andrang, Ansturm (*for* auf); (*Geschäfts-*, Verkehrs-)Stoß, Hochbetrieb *m*; lebhafte Nachfrage (*for* nach); Geschäftigkeit, Hast, Eile *f*; Rummel *m*; (*Fußball*) Vor(wärts)stürmen *n*; (*~ of current*) (Strom-)Stoß; *Am* (*Schule, Univ.*) Art Wettstreit, -bewerb *m*; (*~ act*) Werben *n*; meist *pl* erste Vorführung *f* (e-r Filmszene); *on the ~* (*fam*) in aller Eile; *with a ~* plötzlich; *to ~ up* (*Preis*) hochtreiben; *to ~ s.o. off his feet* (*fig*) jdn überfahren; *to ~ headlong* sich Hals über Kopf stürzen; *to ~ through* (*fig*) durchpeitschen; *the blood ~ed to his face* das Blut stieg ihm ins Gesicht; *what's your ~?* wozu die Eile? **~ee** ['-i:] *Am sl* Keilfuchs *m*; **~er** ['-ə] (*Fußball*) Stürmer *m*; **~ hour(s** *pl*) Hauptgeschäfts-, Hauptverkehrszeit *f*; **~ job** eilige Arbeit *f*; **~ order** Eilauftrag *m*; **~ work** dringliche *od* schnell erledigte Arbeit *f*; *bot* Binse *f*, Rohr *n*; *not to be worth a ~* keinen Pfifferling wert sein; **~y** ['-i] mit Rohr bestanden; rohrartig; Rohr-.

rusk [rʌsk] Zwieback *m*.

russet ['rʌsit] *s* Gelb- *od* Rotbraun *n*; Rötling *m* (*Apfelsorte*); *a* gelb- *od* rotbraun.

Russia ['rʌʃə] Rußland *n*; (*~ leather*) Juchten(leder *n*) *m od n*; **~n** ['-n] *a* russisch; *s* Russe *m*, Russin *f*; (das) Russisch(e); **~~ wolfhound** Barsoi, russische(r) Windhund *m*; **~nize** ['-naiz] *tr* russifizieren.

rust [rʌst] *s* (*iron ~*) Rost *m*; Rostfarbe *f*; *fig* verrottete(r) Zustand *m*, Verkommenheit *f*; *bot* Rost(krankheit *f*); Mehltau, Brand, Rostpilz *m*; *itr* verrosten; *bot* brandig werden; *fig* einrosten; *to rub the ~ off* entrosten; *fig* geschmeidig werden; **~iness** ['-inis] rostige(r) Zustand *m*; **~less** ['-lis], **~proof** rostfrei; **~~preventative** Rostschutzmittel *n*; **~~resisting** rostbeständig, nichtrostend; **~y** ['-i] rostig, verrostet; *bot* rostbefallen; (*Stimme*) rauh; (*Stoff*) verschossen; Rost-; *fig* eingerostet, eingeschlafen, vernachlässigt, aus der Übung, außer Gebrauch (gekommen), steif (geworden); rostfarben; heruntergekommen, schäbig; *to get ~* rosten; *to turn ~~* (*fig sl*) ärgerlich werden.

rustic ['rʌstik] *a* ländlich; Land-; bäurisch, schlicht, kunst-, schmucklos; *arch* roh bearbeitet; *s* Bauer *m*; **~ate** ['-eit] *itr* aufs Land gehen; auf dem Lande leben; *tr* aufs Land schicken; (*Studenten, Schüler*) (vorübergehend) relegieren; *arch* roh bearbeiten; **~ation** [rʌsti'keiʃən] Landleben *n*; Relegation *f*; **~ity** [rʌs'tisiti] Ländlichkeit, ländliche Art; Schlichtheit, Einfachheit, Kunst-, Schmucklosigkeit; Plumpheit *f*, linkische(s) Wesen; Landleben *n*; **~ work** *arch* Rustika *f*, Bossenwerk *n*.

rustl|e ['rʌsl] **1.** *itr* rascheln, rauschen; (*Seide*) knistern; *tr* rascheln mit; *s* Geraschel, Knistern, Rauschen *n*; **2.** *Am fam itr* sehr rührig sein; *tr* energisch anpacken; *tr Am* (*Vieh*) zs.-treiben *od fam* stehlen; *s Am fam* Schlüsselkind *n*; *to ~~ up* (*Am fam*) besorgen, auftreiben; rasch hinhauen; **~er** ['-ə] *Am fam* geschäftige(r) Mensch; *Am fam* Viehdieb *m*.

rut [rʌt] **1.** *s* (Wagen-)Spur, Furche *f*, G(e)leis(e) *n*; *fig* alte(s) Geleise, alte(r) Trott; *tr* furchen; *full of ~s*, **~ted** ['-id], **~ty** ['-i] (*Weg*) ausgefahren; *to get into a ~* in e-n Trott verfallen; *to lift s.o. out of the ~* jdn aus s-m Trott herausreißen; **2.** *s* Brunst; (*Jagd*) Brunft, Brunstzeit *f*; *itr* brünstig sein; **~tish** ['-iʃ] brünstig.

rutabaga [ru:tə'beigə, -'ba:gə] *Am* Kohl-, Steckrübe *f*.

ruthless ['ru:θlis] erbarmungs-, mitleid(s)los, unbarmherzig; **~ness** ['-nis] Unbarmherzigkeit, Mitleid(s)losigkeit *f*.

rye [rai] Roggen; *Am* (Roggen-)Whisky *m*.

S

S, s [es] *pl* ~'s ['esiz] S, *s n.*

Sabbat|h ['sæbəθ] *rel* Sabbat; Sonntag *m; to keep (to break) the ~~* den Feiertag (ent)heiligen; *witches' ~~* Hexensabbat *m;* **~ic(al)** [sə'bætik(əl)] *a* Sabbat-; feier-, sonntäglich; *~~ year, leave* einjährige(r) Urlaub *m (Univ.).*

sable ['seibl] *s zoo* Zobel(pelz) *m; (Heraldik)* Schwarz *n; pl* Trauerkleidung *f; a* Zobel-; *(Heraldik)* schwarz.

sabot ['sæbou] Holzschuh, (Holz-)Pantine *f;* **~age** ['sæbətɑːʒ] *s* Sabotage *f; tr* sabotieren; zerstören; *itr* Sabotage treiben; **~eur** ['-bətəː] Saboteur *m.*

sabre, *Am* **saber** ['seibə] *s* Säbel *m; tr* niedersäbeln; **~-rattling** *fig* Säbelrasseln *n.*

sabulous ['sæbjuləs] sandig.

sac [sæk] *anat zoo bot* Tasche *f,* Beutel *m,* Säckchen *n.*

sacchar|iferous [sækə'rifərəs] zuckerhaltig; **~ify** [sə'kærifai] *tr chem* verzuckern; **~imeter** [sækə'rimitə] Zuckergehaltsmesser *m;* **~in** ['sækərin] Süßstoff *m,* Sa(c)charin *n;* **~ine** ['sækərin, -ain] *a* zuckerhaltig; Zucker-; *fig iro* zuckersüß; *s* ['-i(ː)n] Sa(c)charin *n;* **~ose** ['-rous] (Rohr- *od* Rüben-)Zucker *m.*

sacerdotal [sæsə'doutl] *rel a* priesterlich; Priester-; **~ism** [-əlizm] Priesterwesen *n.*

sachem ['seitʃəm] Indianerhäuptling *m; fig* hohe(s) Tier *n.*

sachet ['sæʃei] Duftkissen *n.*

sack [sæk] **1.** *s* Sack; *(~ coat)* Umhang, Überwurf; weite(r), lose(r) Mantel *m;* Sackkleid *n; fam* Entlassung *f; Am sl* Schlafsack *m; Am sl* Falle *f,* Bett *n; tr* in e-n Sack tun; einsacken; *fam* den Laufpaß geben *(s.o.* jdm); *fam* ein-, in die Tasche stecken *(s.o.* jdn); *to ~ in, out, to hit the ~ (Am sl mil)* sich in die Falle, sich hinhauen; *to give the ~ (fam)* an die Luft setzen, entlassen; *to hold the ~ (Am fam)* in die Röhre, in den Mond gucken; **~cloth** Sacktuch *n,* -leinwand *f; in ~~ and ashes* in Sack und Asche; **~ coat** Sakko *m;* **~ful** ['-ful] Sackvoll *m;* **~ing** ['-iŋ] *= ~cloth;* **~ race** Sackhüpfen *n;* **~ time** *Am sl* Schlafenszeit *f;* **2.** *s mil* Plünderung *f; tr (to put to ~)* plündern; **3.** trockene(r) spanische(r) Weißwein *m.*

sacr|al ['sækrəl] *rel anat* sakral; **~ament** ['sækrəmənt]: *the Blessed (Holy) S~* Abendmahl *n,* Kommunion *f; rel* Sakrament *n; to take the ~~* das Abendmahl nehmen, kommunizieren; **~amental** [sækrə'mentl] *rel* sakramental; Sakrament-; **~ed** ['seikrid] *a* heilig; biblisch; geweiht, unverletzlich; verehrt; ehrwürdig; *~~-music* Kirchenmusik *f;* **~edness** ['seikridnis] Heiligkeit; Unverletzlichkeit; Ehrwürdigkeit *f;* **~ifice** ['sækrifais] *s* Opfer *n a. fig; com* Verlust(geschäft *n),* Schaden *m; tr* opfern *(s.th. to s.o.* etw jdm) *a. fig; (to sell at a ~~) com* mit Verlust verkaufen; *itr* ein Opfer bringen; *to ~ o.s.* sich (auf-)opfern *(for* für); *to give as a ~~* zum Opfer bringen; *to make ~~s* Opfer bringen; *self-~~* Selbstaufopferung *f; the supreme ~~* die Hingabe des Lebens; *~~ price* Verlustpreis *m; ~~ of time* Zeitaufwand *m;* **~ificial** [sækri'fiʃəl] *a* Opfer-; Verlust-; **~ilege** ['sækrilidʒ] Sakrileg *n;* Kirchenraub; Frevel *m,* Entheiligung, -weihung *f;* **~ilegious** [sækri'lidʒəs] frevlerisch, schänderisch; gotteslästerlich; **~istan** ['sækristən] Sakristan, Küster, Mesner, Kirchendiener *m;* **~isty** ['sækristi] Sakristei *f;* **~osanct** ['sækro(u)sæŋ(k)t] sakrosankt, hochheilig, unverletzlich; **~um** ['seikrəm] *anat* Kreuzbein *n.*

sad [sæ(ː)d] traurig, betrübt *(at* über); niedergeschlagen, kummervoll, bekümmert, unglücklich; traurig, betrüblich, trostlos; ernst, schlimm, unheilvoll; *(Fehler)* bedauerlich; *(Ort)* düster; trüb(e), dunkel; *fam* mies, *(übertreibend)* scheußlich, gräßlich; *~ to say* bedauerlicherweise; **~den** ['-n] *tr* traurig machen, betrüben; *itr* traurig, betrübt werden *(at* über); **~ness** ['-nis] Traurigkeit, Betrübtheit, Niedergeschlagenheit, Trostlosigkeit *f.*

saddle ['sædl] *s* Sattel *a. tech; (Tier)* Rücken, Kreuz *n;* Bergsattel *m; mar* Klampe *f; tech* Schlitten *m; tr* satteln; bepacken, beladen, belasten *a. fig;* aufpacken, *fig* auferlegen *(on, upon s.o.* jdm); *to ~ s.o. with s.th.* jdm etw aufhalsen; *in the ~* im Sattel; *(fig)* in einflußreicher Stellung; *to be ~d with* belastet sein mit; **~back** hohle(r) Rücken; Bergsattel *m;* Nebelkrähe *f;* **~~bag** Satteltasche *f;* **~~blanket, ~cloth** Woilach *m;* **~~bow** Sattelbogen *m;* **~~horse** Reitpferd *n;* **~r** ['-ə] Sattler *m;* **~~roof** Satteldach *n;* **~ry** ['-əri] Sattlerei *f;* (Pferde-)Geschirr *n.*

sad|ism ['sædizm, 'sɑː-, 'sɑː-] Sadismus *m;* **~ist** ['-st] Sadist *m;* **~istic** [sæ-'distik] sadistisch.

safari [sə'fɑːri] Safari, Großwildjagd f.
safe [seif] a heil, unversehrt, unbeschädigt; sicher (from vor); schützend; ungefährlich, gefahrlos; unversehrt; zuverlässig; sicher, geheuer; geschützt (from vor); vorsichtig; (Ankunft) glücklich; tech tragfest, -sicher; s Speiseschrank; Geld-, Panzerschrank, Safe, Tresor; allg Schutzbehälter m; from a ~ quarter aus zuverlässiger Quelle; to be ~ in Sicherheit sein; to be ~ to do s.th. ganz sicher, bestimmt, mit Sicherheit etw tun; (so as) to be on the ~ side um ganz sicher zu gehen; it is ~ to say man kann ruhig sagen; ~ and sound heil u. gesund; gesund u. munter; cold ~ Gefrierfach m; **~blower** Am, **~breaker, ~cracker** Geldschrankknacker m; **~~conduct** Schutzbrief m; sichere(s) Geleit n; **~~custody** jur sichere(r) Gewahrsam m; (Bank) Wertpapierdepot n; **~~deposit** (~~ vault) Tresor(raum) m, Stahlkammer f; ~~ box Safe, Schließ-, Bankfach n; ~~ department Tresorabteilung f; ~~ fee Schließfachgebühr f; **~guard** ['gɑːd] s Schutz m a. fig (against vor); Sicherung, Vorsichtsmaßnahme f (against gegen); Schutzbrief m, Sicherstellung f; jur Garantie, Sicherheit f, Schutzbestimmungen f pl; sichere(s) Geleit n; Schutzvorrichtung f; tr schützen, sichern (against vor); sicherstellen; in Verwahrung nehmen; **~keeping** sichere(r) Gewahrsam m; **~ness** ['-nis] Verwahrung f; **~ty** ['-ti] Sicherheit, Zuverlässigkeit; Gefahrlosigkeit f; in ~~ in Sicherheit; to bring (in) to ~~ in Sicherheit bringen; to play for ~~ sichergehen, kein Risiko eingehen wollen; ~~ first Sicherheit ist das wichtigste; Unfallschutz m; ~~~belt Rettungsgürtel m; Sicherheits-, Anschnallgurt f a. aero; ~~ buoy Rettungsboje f; ~~~catch Sicherung(svorrichtung) f; to release the ~~~catch (Gewehr) entsichern; ~~~curtain (theat) eiserne(r) Vorhang m; ~~ factor Sicherheitsfaktor m; ~~~fuse (mil) Sicherung f; ~~~glass nicht splitternde(s) Glas n; ~~~island, zone Verkehrsinsel f; ~~~lamp Sicherheits-, bes. Grubenlampe f; ~~~load zulässige Belastung f; ~~~lock Sicherheitsschloß n; ~~~match Sicherheitsstreichholz n; ~~~measures (pl) Sicherheitsmaßnahmen f pl; ~~~pin Sicherheitsnadel f; ~~~razor Rasierapparat m; ~~~regulations (pl) Sicherheitsbestimmungen f pl; ~~~sheet Sprungtuch n; ~~~valve Sicherheitsventil n; to sit on the ~~~valve (fig) e-e Politik der Unterdrückung betreiben.
saffron ['sæfrən] s bot Safran m; Safrangelb n; a safrangelb.
sag [sæɡ] itr durchhängen, -sacken; lose hängen; fig schwächer werden, nachlassen; (Preis) nachgeben, sinken, sich abschwächen; mar abtreiben; s Durchhängen n, Senkung f; fig Nachlassen, Schwächerwerden n; Wertminderung f; (Preise) Sinken n; mar Abtreiben n.
saga ['sɑːɡə] (altnordische) Saga; Heldengeschichte f; ~ novel (Familien-)Chronik f (Romangattung).
sagacious [sə'ɡeiʃəs] scharfsinnig, klug; **~ity** [sə'ɡæsiti] Scharfsinn m, Klugheit f.
sage [seidʒ] **1.** a weise, klug; s Weise(r) m; **2.** bot Salbei m od f; **~brush** bot Beifuß m.
Sagittarius [sædʒi'tɛəriəs] astr Schütze m.
said [sed, səd] pret u. pp von say; a besagt, vor-, oben erwähnt; he is ~ to have done er soll getan haben; es heißt, daß er getan hat, er habe getan; it is ~ that es heißt, man sagt, daß; sooner ~ than done das ist leicht gesagt!
sail [seil] s Segel n; die Segel n pl; Segelschiff(e pl) n; Schiff-, Seefahrt f; (Windmühlen-)Flügel m; itr segeln (on the sea auf dem Meer); fahren (for nach; by auf); zur See fahren; abfahren, auslaufen (for, to nach); in See stechen (at um); (durch die Luft) gleiten, schweben; aero segeln; fliegen; fam kräftig anpacken fig (in s.th. etw); fam anfahren, ausschimpfen (into s.o. jdn); fam stolz dahinschreiten; hereinrauschen (into in); tr (Schiff) fahren, steuern; (auf e-m Schiff) befördern, fahren; to ~ through (Am sl) rasch, mühelos erledigen; in full ~ mit vollen Segeln; under ~ unter Segel; to go for a ~ segeln gehen; to lower ~ die Segel streichen; to make, to set ~ die Segel setzen; in See stechen (for nach); to shorten, to take in ~ die Segel einziehen, reffen; fig nachlassen, mit halbem Winde segeln; fig zurückstecken; to take the wind out of s.o.'s ~s jdm den Wind aus den Segeln nehmen; to ~ against, close to, near (to) the wind (fig) mit Schwierigkeiten zu kämpfen haben; sich am Rande des Erlaubten bewegen; **~-arm** Windmühlenflügel m; **~~boat** Segelboot, -schiff n; **~~cloth** Segeltuch n; **~er** ['-ə] Segler m (Schiff); **~ing** ['-iŋ] s Segeln n; (Segel-)Schiffahrt; (Ab-)Fahrt f (for

sailor nach); *a* Segel-; Schiff(ahrt)s-; *plain ~~ (fig)* klare Sache *f*; **~~boat, -ship, -vessel** Segelboot, -schiff *n*; **~or** [′-ə] Seemann, Matrose; flache(r) Strohhut *m*; *to be a good (bad) ~~* (nicht) seefest sein; **~~ blouse, collar, hat, suit** Matrosenbluse *f*, -kragen, -hut, -anzug *m*; **~~'s home** Seemannsheim *n*; **~plane** Segelflugzeug *n*; **~~ model** Segelflugmodell *n*; **~~ pilot** Segelflieger *m*; **~planing** Segelflug *m*; **~~sledge** Segelschlitten *m*.

sainfoin [′sænfɔin] *bot* Esparsette *f*.

saint [seint] *s* Heilige(r) *m*; *a* heilig; *St, S* (*vor e-m Namen*) [sənt, sint, snt] der heilige, Sankt, St.; **St Bernard** Bernhardiner *m* (*Hunderasse*); **~ed** [′-id] *a* geheiligt, heilig(gehalten); heiliggesprochen; **~hood** [′-hud] Heiligkeit *f*; **~liness** [′-linis] Heiligkeit, Frömmigkeit *f*; **~ly** [′-li] *a* heilig, fromm; **St Vitus's dance** *med* Veitstanz *m*.

sake [seik]: *for s.o.'s ~, for the ~ of s.th.* um jds, um e-r S willen; *for my, your ~* meinet-, deinetwegen; *for goodness', heaven's ~* um Himmels willen.

sal [sæl] *scient* Salz *n*; **~~ammoniac** Salmiak *m*; **~~volatile** [-və′lætəti] Hirschhorn-, Riechsalz *n*.

salab|ility, saleability [seilə′biliti] *com* Gangbarkeit *f*; **~le, saleable** [′seiləbl] verkäuflich, gangbar, absetzbar; **~~ value** Verkehrswert *m*.

salac|eous [sə′leiʃəs] geil, wollüstig, schlüpfrig, obszön; (*Witz*) gepfeffert; **~ity** [sə′læsiti] Geilheit; Schlüpfrigkeit *f*.

salad [′sæləd] Salat(pflanze *f*), *bes.* (Kopf-)Salat *m*; *fruit-~* Obstsalat *m*; **~~bowl** Salatschüssel *f*; **~~days** *pl* unreife Jugend *f*; **~~dressing** Salatsoße, -tunke *f*; **~~oil** Speise-, Salatöl *n*; **~~servers** *pl* Salatbesteck *n*.

salamander [′sæləmændə] Salamander; Feuergeist *m*; jem, der große Hitze liebt *od* verträgt; Schüreisen *n*; *tech* Ofensau *f*.

salar|ied [′sælərid] *a* besoldet, bezahlt; (fest)angestellt; **~~ clerk** Büroangestellte(r) *m*; **~~ employee** Gehaltsempfänger *m*; **~y** [′sæləri] *s* Gehalt *n*, Besoldung *f*; *tr* besolden; *to draw a ~~* Gehalt beziehen; *to live, to manage on a ~~* von e-m Gehalt leben; mit e-m Gehalt auskommen; *annual, yearly ~~* Jahresgehalt *n*; *fixed, regular ~~* feste(s) Gehalt *n*; *increase of ~~* Gehaltserhöhung, -aufbesserung *f*; *initial ~~* Anfangsgehalt *n*; *monthly ~~* Monatsgehalt *n*; *reduction of ~~* Gehaltskürzung *f*; **~~ account** Gehaltskonto *n*; **~~ bonus** Gehaltszulage *f*; **~~ bracket** Gehaltsstufe *f*; **~~ cut** Gehaltskürzung *f*; **~~ demand** Gehaltsforderung *f*; **~~ earner** Gehaltsempfänger *m*; **~~ payment** Gehaltszahlung *f*; **~~ roll** Besoldungsliste *f*; **~~ scale** Besoldungsordnung, Gehaltsskala *f*.

sale [seil] Verkauf *m*, Veräußerung *f*; Vertrieb; Absatz; Inventur-, Aus-, Schlußverkauf *m*; Versteigerung, Auktion *f*; *pl* Umsatz, Absatz *m*; *for, on ~* zu verkaufen(d), verkäuflich; *not for ~* unverkäuflich; *to effect a ~* e-n Verkauf abschließen; *to find ready ~, to have a, to meet with a ready ~* sich gut verkaufen, e-n guten Absatz haben; *to find a quick ~* rasch e-n Käufer finden; *to have on, to keep, to offer, to put up for ~* zum Verkauf anbieten, feilhalten; *~ or return* Verkauf *m* mit Rückgaberecht; Kommissionsgeschäft *n*; *~ of work* Wohltätigkeitsbasar *m*; *cash ~* Barverkauf *m*; *clearance ~* Aus-, Räumungsverkauf *m*; *to buy s.th. at a ~~* etw im Ausverkauf kaufen; *closing--down ~* Totalausverkauf *m*; *compulsory, forced ~* Zwangsverkauf *m*; *contract, deed of ~* Kaufvertrag, -brief *m*; *summer, winter ~* Sommer-, Winterschlußverkauf *m*; *white ~* Weiße Woche *f*; **~ contract** Verkaufsvertrag *m*; **~ goods** *pl* Ramschwaren *f pl*; **~~price** (Aus-)Verkaufspreis *m*; **~~room** Auktionslokal *n*; **~scheck** Kassenzettel *m*; **~clerk** *Am* Verkäufer *m*; **~s commission** Verkaufsprovision *f*; **~s department** Verkaufsabteilung *f*; **~s figures** *pl* Verkaufszahlen *f pl*; **~girl, ~slady, ~swoman** Verkäuferin *f*; **~sman** Verkäufer; (*travel(l)ing ~~*) *Am com* Vertreter; Effektenmakler *m*; **~s manager** Verkaufsleiter *m*; **~smanship** Geschäftstüchtigkeit *f*; **~speople** Verkaufspersonal *n*; **~sperson** Verkäufer(in *f*) *m*; **~s promotion** Absatzförderung *f*; **~~ officer** Werbeleiter *m*; **~s representative** Handelsvertreter *m*; **~s resistance** Kaufabneigung, -unlust *f*; **~s-room** Verkaufsraum *m*, Auktionslokal *n*; **~s situation** Absatz-, Marktlage *f*; **~s tax** Umsatzsteuer *f*; **~s terms** *pl Am* Verkaufsbedingungen *f pl*; **~s ticket** Kassenzettel *m*; **~s value** Verkaufswert *m*.

salicylic [sæli′silik]: **~ acid** Salizylsäure *f*.

salient [′seiljənt] *a* vorspringend, (hinaus)ragend; *fig* hervorragend, in die Augen springend, hervorstechend,

saliferous   873   **salvage**

auffällig, bemerkenswert; *s* Vorsprung *m*, vorstehende Ecke *f*; *mil* Frontvorsprung, (Front-)Keil *m*.

saliferous [səˈlifərəs] salzhaltig.

salin|e [ˈseilain, -səˈlain] *a* salz(halt)ig; Salz-; *s* [ˈsəˈlain] Saline; Salzquelle *f*; ~~ (*solution*) Salzlösung *f*; **-ity** [səˈliniti] Salzgehalt *m*.

saliv|a [səˈlaivə] Speichel *m*; **-ary** [ˈsæliværi] Speichel-; ~ **gland** Speicheldrüse *f*; **-ate** [ˈsæliveit] *tr* zu vermehrter Speichelabsonderung anregen; *itr* Speichel absondern; **-ation** [sæliˈveifən] (vermehrter) Speichelfluß *m*, -absonderung *f*.

sallow [ˈsæloʊ] **1.** *a* fahl, gelb, bläßlich; **-ness** [ˈ-nis] Fahlheit *f*, fahle(s) Aussehen *n*, bläßliche, kränkliche Farbe *f*; **2.** *bot* Salweide *f*.

sally [ˈsæli] *s mil* Ausfall; *arch* Vorsprung *m*; *fig* plötzliche(r) Ausbruch, Geistesblitz; Seitenhieb *m*; *itr* to ~ forth, to ~ out) *mil* e-n Ausfall machen; hervorbrechen, -springen; sich aufmachen, aufbrechen; **-lunn** *Art* Teekuchen *m*.

salmagundi [sælməˈgʌndi] Ragout *f*, *fig* Gemisch *n*, Mischmasch *m*.

salmon [ˈsæmən] *pl* -s Lachs, Salm *m*; Lachsfarbe *f*, -rot *n*; *a* ~ **pink** lachsrot, -farben; ~ **trout** Lachsforelle *f*.

salon [ˈsælɔn] (Empfangs-)Salon *m*; Ausstellungsraum *m*, -halle; (Kunst-) Ausstellung *f*.

saloon [səˈluːn] Salon, Gesellschaftsraum, Saal *m*, (Hotel-)Halle; *Am* Schankwirtschaft *f*, Gasthaus *n*, -stätte, *fam* Kneipe, Schenke; *mot* (~ *car*) Limousine *f*; *Br rail* Salonwagen *m*; *billiard* ~ Billardzimmer *n*; *dancing* ~ Tanzsaal *m*; *dining-*~ (*bes. auf Schiffen*) Speisesaal, -raum; *hairdressing, shaving-*~ (*Am*) Frisier-, Rasiersalon *m*; ~ **bar** Gastzimmer *n* (*e-s Gasthauses*); ~ **cabin** *mar* Kabine *f* 1. Klasse; **--car(riage)** *Br rail* Salonwagen *m*; ~ **deck** Salondeck *n*; **-keeper** *Am* Gast-, Schankwirt *m*.

salsify [ˈsælsifi] *bot* (lauchblättriger) Bocksbart *m*.

salt [sɔːlt] *s* Salz *a. chem*; Salzfaß *n*; *fig* Würze *f*, beißende(r) Witz *m*; Bitterkeit *f*; *fam* (*old* ~) alte(r) Seebär *m*; *pl* (Mineral-)Salze *n pl*; (*smelling* ~s) Riechsalz *n*; *a* salz(halt)ig; gesalzen, gepökelt; scharf, stechend, beißend; (*Preis*) gepfeffert, gesalzen; *fig* bitter; *tr* salzen; (*to* ~ *down*) einsalzen *a. fig*, pökeln; *fig* würzen (*with* mit); *com* übersteuern; *sl* (*Rechnung*) salzen; *s.th.* etw frisieren, aufmöbeln, anreichern; *to* ~ *away* (*Am fam*) auf die Seite schaffen; auf die hohe Kante legen; *above, below the* ~ oben, unten am Tisch; *with a grain of* ~ (*fig*) mit einiger Einschränkung, cum grano salis; *not to be worth o.'s* ~ zu nichts nutze sein; *the* ~ *of the earth* (*Bibel*) das Salz der Erde; die Elite *f*; *the* ~ *of life* die Würze des Lebens; ~ **kitchen** Kochsalz *n*; *rock, sea* ~ Stein-, Meersalz *n*; **--cellar,** *Am* **shaker** Salzstreuer *m*, -fäßchen *n*; **-ed** [ˈ-id] *a* (ein)gesalzen; *fig fam* ausgekocht, abgebrüht; **-ern** [ˈ-ən], **-works** *pl* Saline *f*; **-iness** [ˈ-inis] Salzigkeit *f*; **--lake** Salzsee *m*; ~ **lick** Salzlecke *f*; *Am* salzige(r) Boden *m*; **--pan** Verdunstungsbassin *n*; **-petre**, *Am* **-peter** [ˈ-piːtə] Salpeter *m*; **--pit**, **-mine** Salzbergwerk *n*, Saline *f*; ~ **solution** Salzlösung *f*; **--spring** Sole, Salzquelle *f*; **--water** Salz-, Meerwasser *n*; ~~ **fish** Salzwasserfisch *m*; **-y** [ˈ-i] salz(halt)ig; See-; *fig* beißend, scharf; gepfeffert.

salt|ant [ˈsæltənt] springend, tanzend; **-ation** [sælˈteifən] Springen *n*, Tanz(en *n*) *m*; *physiol* Klopfen *n*; *fig* Sprung *m* (*in der Entwicklung*); *biol* Mutation *f*; **-atorial** [sæltəˈtɔːriəl], **-atory** [ˈsæltətəri] springend; Sprung-.

salubr|ious [səˈluːbriəs] gesund, zuträglich, bekömmlich; **-ity** [-iti] Zuträglichkeit, Bekömmlichkeit *f*.

salutar|iness [ˈsæljutərinis] Gesundheit, Zuträglichkeit; *fig* Heilsamkeit *f*; **-y** [ˈsæljutəri] gesund, zuträglich (*to* für); *fig* heilsam.

salut|ation [sælju(ː)ˈteifən] Gruß *m*, Begrüßung *f*; (*Brief*) Anrede *f*; *in* ~ zur Begrüßung; *angelic* ~~ (*rel*) englische(r) Gruß *m*, Ave Maria *n*; **-atorian** [-təˈtɔːriən] *Am* Schüler *m*, der e-e Begrüßungsansprache hält; **-atory** [səˈljuːtətəri] *a* Begrüßungs-, Gruß-; *Am* Eröffnungs-; *s Am* (*Schule*) Begrüßungsansprache *f*; **-e** [səˈluːt] *tr* (be)grüßen; *mil* grüßen, salutieren (*s.o.* vor jdm); *itr* grüßen; *mil* salutieren (*to* vor); *s* Gruß *m*, Begrüßung *f*; (Begrüßungs-)Kuß *m*; *mil* Ehrenbezeigung *f*; Salut(schuß) *m*; *in* ~~ zum Gruß; *to stand at the* ~~ e-e Ehrenbezeigung machen; salutieren; *to take the* ~~ die Parade abnehmen; den Gruß erwidern.

salv|age [ˈsælvidʒ] *s* Rettung *f*; *bes. mar* Bergung *f*; Bergungsgut *n*; (~ *money*) Bergungsprämie *f*; Verwertung, Ausschlachtung *f*; Altmaterial *n*; *tr* retten; *bes. mar* bergen; *mil*

salvation   874   **sand-storm**

sammeln; verwerten, ausschlachten; *Am sl mil* organisieren; **~~ boat,** *ship* Bergungsdampfer *m;* **~~** *company* Bergungsgesellschaft *f;* **~~ crane** Abschleppkran *m;* **~~** *depot (mil)* Materialsammelstelle *f;* **~~** *service* Seenotdienst *m;* **~~** *squad* Bergungskolonne *f;* **~~** *value* Schrottwert *m;* **~~** *work* Aufräumungsarbeiten *f pl;* **~ation** [sæl-'veiʃən] (Er-)Rettung *f;* Retter *m; the S~~ Army* die Heilsarmee *f;* **~e 1.** [sælv] *tr* retten; bergen; *interj* ['sælvi] Heil! **~or** ['sælvə] Bergungsarbeiter *m,* -schiff *n.*

salve 2. [sɑːv, sælv] *s* Salbe *f; fig* Balsam, Trost(pflästerchen *n*) *m; Am* Schmeichelei *f; tr (Schmerz)* lindern, beruhigen; *fig* beschwichtigen; beschönigen; *Am* schmeicheln (*s.o.* jdm).

salver ['sælvə] Präsentierteller *m,* Tablett *n.*

salvo ['sælvou] **1.** *pl -o(e)s mil* Salve *f;* Beifallssturm *m;* **~ release** *aero* Massenabwurf *m;* **2.** *pl -os jur* Vorbehalt *m;* **Ausflucht** *f.*

Sam [sæm]: *to stand ~* (*sl*) die Zeche bezahlen.

Samaritan [sə'mæritn] Samariter *m.*

same [seim] *a prn adv: the ~* der-, die-, dasselbe, die, das, die gleiche; ebenso; *at the ~ time* gleichzeitig, zur gleichen Zeit; *the very ~, one and the ~* genau, ebender-, die-, dasselbe; *all, just the ~* trotzdem, dennoch, nichtsdestoweniger; ganz gleich, ganz einerlei; *to come to the ~ thing* auf eins hinauslaufen; *it's all, just the ~* das ist, bleibt sich gleich; *we're the ~ age* wir sind gleichaltrig; *(thanks, the) ~ to you* (danke,) gleichfalls; **~ness** ['-nis] Identität, Ein-, Gleichförmigkeit, Monotonie *f.*

samovar ['sæmə(u)vɑː] Samowar *m.*

samp [sæmp] *Am* grobe(s) Maismehl *n.*

sample ['sɑːmpl] *s* Probe *f,* Muster *n;* *(Statistik)* Stichprobe, Auswahl *f;* Versuchsstück; Präparat; *fig* Beispiel *n,* Probe *f; tr* e-e Probe nehmen von *(Speise)* probieren; er-, ausprobieren; *by ~~ post* als Muster ohne Wert; *up to ~~* der Probe, dem Muster entsprechend; *to buy s.th. from ~~* etw nach dem Muster kaufen; *pattern ~~* Musterstück *n;* **~~** *area* Versuchsfeld *n;* **~~** *bag, book, card* Musterkoffer *m,* -buch *n,* -karte *f;* **~~** *room* Ausstellungsraum *m;* **~~** *signature* Unterschriftsprobe *f;* **~~** *stock* Musterlager *n;* **~er** ['-ə] Sticktuch *n;* **~ing** ['-iŋ] Musterkollektion *f;* Bemusterung; Verkaufsförderung durch Musterverteilung; Marktforschung *f* durch Untersuchung e-r repräsentativen Käuferschicht; *random ~~* Entnahme *f* von Stichproben; **~~** *inspection* Stichprobenkontrolle *f.*

sanat|ive ['sænətiv] = **~ory;** **~orium** [sænə'tɔːriəm] *pl a. -oria* [-ə] Sanatorium *n,* Heilstätte, -anstalt *f,* Genesungsheim *n;* (Höhen-)Luftkurort *m;* **~ory** ['sænətəri] heilkräftig, heilend.

sanct|ification [sæŋktifi'keiʃən] Heiligung; Weihe *f;* **~ify** ['sæŋktifai] *tr* heiligen; weihen; (von Sünden) lossprechen; **~imonious** [sæŋkti'mounjəs] scheinheilig; **~imoniousness** [-'mounjəsnis], **~imony** ['sæŋktiməni] Scheinheiligkeit, religiöse Heuchelei *f;* **~ion** ['sæŋkʃən] *s* Sanktion; Bestätigung, Genehmigung, Billigung, Unterstützung; Autorisation, Sanktionierung *f;* Beschluß *m,* Gesetz *n; meist pl* Sanktionen, Sicherungs-, Zwangs-, Strafmaßnahmen *f pl; tr* sanktionieren, bestätigen, Gesetzeskraft verleihen (*s.th.* e-r S); genehmigen, billigen, gutheißen, unterstützen; **~ity** ['sæŋktiti] Heiligkeit; Unverletzlichkeit *f;* **~~** *of the mail* Postgeheimnis *n;* **~uary** ['sæŋktjuəri] Heiligtum; Allerheiligste(s) *n,* Altarraum *m;* Asyl *n,* Freistatt *f;* Schongebiet *n (für Tiere); bird ~~* Vogelschutzgebiet *n;* **~um** ['-əm] heilige, geweihte Stätte *f;* Privat-, Studier-, Arbeitszimmer *n.*

sand [sænd] *s* Sand *m;* Sandfarbe; Sandbank *f; Am sl* Mumm, Schneid *m; pl* Sandfläche, sandige Ebene *f;* Strand *m; fig* Augenblicke, Momente *m pl; tr* mit Sand bestreuen, bedecken, anfüllen, abreiben; abschmirgeln; mit Sand (ver)mischen; *to build on ~* (*fig*) auf Sand bauen; *to make ropes of ~* (*fig*) Unmögliches wollen; *to plough the ~* (*fig*) s-e Mühe verschwenden; **~bag** *s* Sandsack *m; tr* mit Sandsäcken abschirmen od beschweren; *Am* niederschlagen, hinterrücks überfallen; *Am zum* zwingen; **~bank, -bar** Sandbank *f;* **~-blast** *tech* Sandstrahlgebläse *n;* **~ bowl** *Am* Sandbüchse *f;* Steppengebiete *n pl;* **~-box** Sandkasten *m,* -form *f;* **~-boy:** *as hapy as a ~~* kreuzfidel; **~-drift** Sandtreiben *n;* **~ed** [-id] *a* mit Sand bedeckt *od* angefüllt; sandig; sandfarben; **~-flea, -hopper** Sandfloh *m;* **~-glass** Sanduhr *f,* Stundenglas *n;* **~-hill** Düne *f;* **~-man** ['-mən] Sandmännchen *n;* **~-paper** Sand-, Schmirgelpapier *n;* **~-piper** *orn* Strandläufer *m;* **~-pit** Sandgrube *f;* **~-shoe** Strandschuh *m;* **~-stone** Sandstein *m;* **~-storm** Sand-

sand-sturm *m*; **~-table** *mil* Sandkasten *m*; **~y** ['-i] sandig; sandbedeckt, voller Sand; sandfarben; *fig* beweglich, unbeständig.
sandal ['sændl] **1.** Sandale *f*; **2.** = **~wood** Sandelholz *n*.
sandwich ['sænwidʒ] *s* Sandwich *n*; *tr* einschieben, -klemmen; dazwischenschichten, dazwischentun; einzwängen (*between* zwischen); **~-board** Plakattafel *f* (*e-s Plakatträgers*); **~-counter** *Am* Imbißhalle *f*; **~-man** ['-mæn] Plakatträger *m*; **~-paper** Butterbrotpapier *n*.
sane [sein] geistig normal; *fig* vernünftig, sinnvoll, gesund.
sanforize ['sænfəraiz] *tr* (*Wäsche*) sanforisieren.
sanguin|ary ['sæŋgwinəri] blutig; blutbefleckt; blutdürstig, -gierig; grausam; **~e** ['sæŋgwin] *s* Rötel *m*; *a* blutrot; (*Haut*) rot, gerötet; *psychol* sanguinisch, heißblütig, lebhaft; leichtblütig, stets heiter, zufrieden, zuversichtlich, optimistisch; *to feel ~ about s.th.* etw zuversichtlich entgegensehen; **~eous** [sæŋˈgwinjəs] *a* Blut-; (blut)rot; blutig; blutdürstig.
sanit|arian [sæniˈtɛəriən] *a* sanitär, hygienisch; *s* Hygieniker; Gesundheitsprediger, -apostel *m*; **-arium** [-əm] *pl a. -ia bes. Am* = *sanatorium*; **~ary** ['sænitəri] sanitär, hygienisch (einwandfrei), sauber, gesund; **~ engineering** Installation *f*; **~ napkin,** (*Am*) **towel** Damen-, Monatsbinde *f*; **~ police** Gesundheitspolizei *f*; **-ation** [sæniˈteiʃən] Hygiene, Gesundheitspflege *f*, -wesen *n*; Kanalisation *f*; sanitäre Anlagen *f pl*; **~y** ['sæniti] (geistige) Gesundheit; Vernunft *f*, gesunde(r) Menschenverstand *m*.
sank [sæŋk] *pret von sink.*
Santa Claus [sæntəˈklɔːz] Nikolaus *od* Weihnachtsmann *m*.
sap [sæp] **1.** *s bot* Saft; *allg* Lebenssaft *m*; *fig* (Lebens-)Kraft, Vitalität, Energie, Stärke *f*; *fam* (~-*head*) Esel, Schafskopf *m*, Kamel *n*; *sl* (*Schule*) Streber *m*; *Am sl* Keule *f*; *tr* (*Baumstamm*) anzapfen; *fig* entkräften, schwächen; *sl* ochsen, büffeln, pauken; *Am sl* niederschlagen; **~-happy** *Am sl* betrunken; **~less** ['-lis] saftlos, trocken; *fig* (saft- u.) kraftlos, fade, seicht; **~ling** ['-liŋ] junge(r) Baum; *fig* (junger) Bursche; junge(r) Windhund *m*; **~piness** ['-inis] Saftigkeit, *fig* (Lebens-)Kraft, Stärke *f*; **~py** ['-i] saftig, frisch, zart, jung; *fig* kräftig, kraftvoll, energisch; *sl* doof, blöd(e),

dumm; **~ wood** Splint *m*; **2.** *s mil* Lauf-, Annäherungsgraben *m*; *tr* unterminieren, -graben *a. fig*; (*Überzeugung*) erschüttern; **~per** ['-ə] *mil* Pionier *m*.
sapid ['sæpid] schmackhaft; *fig* einladend, interessant.
sapien|ce, -cy ['seipjəns] (Schein-) Weisheit *f*; **~t** ['-t] *oft iro* weise, klug.
sapon|aceous [sæpo(u)ˈneiʃəs] seifig; *fig* salbungsvoll; **~ification** [səpɔnifiˈkeiʃən, sə-] Verseifung, Seifenbildung *f*; **~ify** [sæˈpɔnifai, sə-] *tr itr* verseifen.
sapphire ['sæfaiə] *min* Saphir *m*.
sarc|asm ['sɑːkæzm] Sarkasmus, beißende(r) Spott, bittere(r) Hohn *m*; **~astic** [sɑːˈkæstik] sarkastisch; **~oma** [sɑːˈkoumə] *pl -mata* [-mətə] *med* Sarkom *n*; **~ophagus** [sɑːˈkɔfəgəs] *pl a. -gi* [-gai, -dʒai] Sarkophag *m*.
sardine [sɑːˈdiːn] Sardine *f*; *oil ~* Ölsardine *f*; *packed like ~s* dichtgedrängt, wie Heringe; *tin,* (*Am*) *can of ~s* Büchse, Dose *f* Ölsardinen.
Sardinia [sɑːˈdinjə] Sardinien *n*; **~n** [-n] *a* sard(in)isch; *s* Sardinier(in *f*) *m*.
sardonic [sɑːˈdɔnik]: **~ laugh, smile** sardonische(s), höhnische(s) Lachen *n*.
sartori|al [sɑːˈtɔːriəl] Schneider-; Kleider-; **~us** [-əs] *anat* Schneidermuskel *m*.
sash [sæʃ] **1.** Schärpe *f*; **2.** (Schiebe-) Fensterrahmen *m*; **~ window** Schiebefenster *n*.
sass [sæs] *s Am fam* freche, unverschämte Reden *f pl*; *tr* frech, unverschämt reden mit.
Satan ['seitən] Satan *m*; **s~ic(al)** [səˈtænik(əl)] satanisch, teuflisch.
satchel ['sætʃəl] Handtasche *f*; Schulranzen *m*.
sate [seit] *tr* vollständig, vollauf befriedigen; übersättigen (*with* mit).
sateen [sæˈtiːn] Baumwollsatin *m*.
satellite ['sætəlait] Gefolgsmann, Trabant *a. pej; astr* Satellit, Trabant, Mond *allg*; *tech* (künstlicher) (Erd-)Satellit *m*; *pol* (~ *nation*) Satellit(enstaat), *hist* Vasallenstaat *m*; **~ airfield, landing-ground** Ausweich-, Feld-, Arbeitsflugplatz *m*; **~ line** Nebenlinie *f*; **~ town** Trabantenstadt *f*.
sati|ate ['seiʃieit] *tr meist im Passiv: to be ~-d* (vollauf) genug haben, übersättigt sein (*with* mit) *a. fig; a* (über-)satt, übersättigt; **~ation** [seiʃiˈeiʃən] (Über-)Sättigung *f*; Sattheit *f*; **~ety** [səˈtaiəti] Sattheit; *fig* Übersättigung *f* (*of* mit); Überdruß *m* (*of an*); *to* (*the point of*) **~** bis zum Überdruß.
satin ['sætin] *s* (Seiden-)Satin, Seidenatlas *m*; *a* seidenglatt; glänzend;

~et(te) [sæti'net] Baumwollsatin, -atlas m; **~ paper** Atlaspapier n.
satir|e ['sætaiə] Satire f (upon auf); (beißender) Spott m; **~ic(al)** [sə-'tirik(əl)] satirisch, spöttisch, beißend; **~ist** ['sætərist] Satiriker, Spötter m; **~ize** ['sætəraiz] tr verspotten.
satisf|action [sætis'fækʃən] Genugtuung (at, with über); Befriedigung, Zufriedenheit (at, with mit); Freude (at, with über); rel jur Buße, Sühne; com Begleichung, Bezahlung; Erfüllung (e-r Bedingung); Quittung f; to s.o.'s ~~ zu jds Zufriedenheit; to demand, to give, to obtain ~~ Genugtuung verlangen, geben, erlangen; to enter ~~ e-e Hypothek im Grundbuch löschen; to get ~~ out of s.th. in etw Befriedigung finden; to give ~~ to s.o. jdn zufriedenstellen; jdm Recht geben; **~actory** [-'fæktəri] zufriedenstellend, befriedigend (to für); den Erwartungen entsprechend; annehmbar, hinreichend; not to be ~~ zu wünschen übriglassen; to give a ~~ account of s.th. etw rechtfertigen; **~y** ['sætisfai] tr zufriedenstellen, befriedigen; genügen (s.th. jdm); (Hunger) stillen; (Bedingungen, Verpflichtungen) erfüllen, nachkommen; (Regeln) entsprechen; (Anforderungen) genügen, Genüge leisten (s.th. e-r S); (e-m Bedürfnis) abhelfen; (Zweifel) beheben; (Problem) lösen; überzeugen (of von); (Schuld) begleichen, bezahlen; sühnen, büßen; Genugtuung geben (s.o. jdm); to be ~ied befriedigt, zufrieden, einverstanden sein (with mit); sich begnügen (with mit); überzeugt sein (of von; that daß); **~fying** ['sætisfaiiŋ] zufriedenstellend, befriedigend.
satrap ['sætrəp] hist u. fig Satrap m.
satur|ate ['sætʃəreit, -tjur-] tr bes. chem sättigen; fig völlig durchdringen, erfüllen (with mit); mil mit e-m Bombenteppich belegen; **~ated** ['-id] a chem (Lösung) gesättigt; **~ation** [-'reiʃən] Sättigung; Durchdringung f (with mit); degree of ~~ Sättigungsgrad m; ~~ bombing (aero) Bombenteppich m; ~~ point (chem) Sättigungspunkt m.
Satur|day ['sætədi] Sonnabend, Samstag m; on ~~ am Sonnabend; **~n** ['sætə(:)n] rel hist u. astr Saturn m; **s~nine** ['sætə(:)nain] düster, trüb(e), traurig, ernst, schweigsam; **s~nism** ['sætə(:)nizm] Bleivergiftung f.
satyr ['sætə] rel hist Satyr m a. fig.
sauc|e [sɔ:s] s Soße, Tunke f; Am Mus, Kompott n; fig Würze; fam Frechheit, Unverschämtheit f; Am sl Whisky m; tr Soße geben zu; würzen (with mit); fam frech, unverschämt sein zu; to be on the ~~ (Am sl) saufen wie ein Loch; hunger is the best ~~ (prov) Hunger ist der beste Koch; apple ~~ Apfelkompott n; Am fam interj Unsinn!; chocolate ~~ Schokoladekreme f; tomato ~~ Tomatensauce f; **~~-boat**, **-tureen** Sauciere, Soßenschüssel f; **~~-box** (fam) Frechdachs m; **~~-dish** (Am) Kompottschüssel f; **~~-pan** Tiegel, Kochtopf m; **~er** ['-ə] Untertasse f; flying ~~ fliegende Untertasse f ~~ eyes (pl) Kuller-, Glotzaugen n pl; **~iness** ['-inis] Frechheit, Unverschämtheit, Impertinenz f; fam Schick m; **~y** ['-i] frech, unverschämt; fam schick, keß.
sauerkraut ['sauəkraut] Sauerkraut n.
sauna ['saunə] Sauna f.
saunter ['sɔ:ntə] itr umherschlendern, -bummeln; s (Herum-)Schlendern n, Bummel m; **~er** ['-rə] Bummler m.
saurian ['sɔ:riən] a Eidechsen-; s Eidechse; Echse f; Saurier m.
sausage ['sɔsidʒ] Wurst f; (~ balloon) mil sl Fesselballon m; luncheon ~ (Schnitt-, Streich-)Wurst f; **~ meat** (Wurst-)Brät n; **~ roll** Wurstpastete f.
savage ['sævidʒ] a wild; unbebaut, (Tier) ungezähmt, ungebändigt; (Mensch) primitiv, barbarisch; fig roh, ungebildet, ungesittet; grausam; fam wütend; s Wilde(r), Rohling Grobian m; **~ness** ['-nis] Wildheit; Roheit; Grausamkeit f; **~ry** ['-ri] Wildheit; Barbarei, Grausamkeit f.
savanna(h) [sə'vænə] geog Savanne f.
savant ['sævənt, Am a. sə'vænt] Gelehrte(r) m.
sav|e [seiv] 1. tr erretten, befreien; bewahren (from vor; from doing s.th. etw zu tun); retten (from von); rel erlösen; mar bergen; (to ~ up) aufheben, aufbewahren, zurücklegen; (Sitz) reservieren; horten; (Geld, Kosten, Mühe, Zeit) sparen; ersparen (s.o. jdm); (Briefmarken) sammeln; (Kleidung, Augen) schonen; 2. itr sparsam, haushälterisch sein; sparen, horten; Bestand haben, bleiben; (Nahrungsmittel) sich halten; sport den Ball auffangen; 3. s sport Abfangen, Stoppen n des Balles; 4. prp außer dat, ausgenommen acc; ~~ for abgesehen von; all ~~ him er allein; 5. conj außer daß, es sei denn, daß; to ~~ s.o. from himself jdn vor Dummheiten bewahren; to ~~ appearances den Schein wahren; to ~~ o.'s bacon (fam) entwischen, davonkommen;

to ~~ o.'s face das Gesicht wahren; to ~~ the goal (sport) den Ball abfangen; to ~~ s.o.'s life jdm das Leben retten; to ~~ the situation die Situation retten; to ~~ o.'s skin (fig) (mit) heil(er Haut) davonkommen; it ~~s me time dabei spare ich Zeit; ~~-all Arbeitshose f; (Schlabber-)Lätzchen n; Tropfenfänger m; Sparbüchse f; ~er ['-ə] Retter; Sparer m; in Zssgen: zeit-, arbeitssparende(s) Gerät n; this device is a time-~~ diese Vorrichtung spart Zeit; the small ~~s die kleinen Sparer m pl; ~ing ['-iŋ] a sparsam, wirtschaftlich, haushälterisch (of mit); rettend, erlösend; Rettungs-; Erlösungs-; Spar-; Ausnahme-; in Zssgen: -sparend; s Rettung f; Sparen n; Einsparung, Ersparnis f; com Konsumverzicht; jur Vorbehalt m, Ausnahme f; rel Heil n; pl Ersparte(s) n, Ersparnisse, Spareinlagen f pl; prp u. conj = save prp u. conj; ~~ clause einschränkende Bestimmung; Vorbehalts-, Sicherheitsklausel f; ~~s account (Am) Sparkonto n; ~~s-bank Sparkasse f; postal, post-office ~~s-bank Postsparkasse f; ~~s-bank book Sparkassenbuch n; ~~s-deposits (pl) Spareinlagen f pl; ~~s-book f ['seivjə] Retter m; the S~~ der Erlöser, der Heiland.
saveloy ['sævilɔi] Zervelatwurst f.
savory ['seivəri] bot Bohnenkraut n.
savo(u)r ['seivə] s Geschmack; Geruch, Duft m, Aroma n; fig Eigenheit, -art f; Beigeschmack, (An-)Hauch m, Spur f, Anflug m; Reiz m, das Anziehende; itr schmecken, riechen (of nach) a. fig; erkennen lassen (of s.th. etw); e-n Anstrich haben (of von); tr e-n bestimmten Geschmack od Geruch geben (s.th. e-r S); schmecken, riechen nach; erkennen lassen; genießen, auskosten; ~iness ['-rinis] Schmackhaftigkeit f, Wohlgeschmack; Wohlgeruch, Duft m; ~less ['-lis] geschmack-, geruch-, reizlos; ~y ['-ri] a wohlschmeckend, schmackhaft, appetitanregend; pikant; wohlriechend, duftend; angenehm, gefällig, ansprechend; (ehr-)würdig; s Appetithappen m, pikante(s) Gericht n; Vor-, Nachspeise f.
Savoy [sə'vɔi] Savoyen n; s~ Wirsingkohl m.
savvy ['sævi] itr sl kapieren, begreifen; s Grips, (Sinn u.) Verstand m.
saw [sɔ:] **1.** ~ f Säge; Sägemaschine f; Am sl alte Geschichte f; itr tr irr pp meist sawn [sɔ:n] sägen; (Holz) sich sägen lassen; to ~ down, off um-, absägen; to ~ up zersägen; to ~ the air

in der Luft herumfuchteln; to ~ wood (Holz) sägen a. fig; fig schnarchen; ~~blade Sägeblatt n; ~ buck Am, -horse Sägebock m; ~dust Sägemehl n, -späne m pl; ~~ parlor (Am sl) billige(s) Lokal n; ~ed-off Am fam untersetzt; fig abgesägt, ausgestoßen; ~fish Sägefisch m; ~mill Sägemühle f; ~ney ['-ni] Schotte; sl Trottel m; ~ timber Schnittholz n; ~tooth Sägezahn m; ~yer ['-jə] Säger m; **2.** Spruch m, Sprichwort n; **3.** pret von see.
saxifrage ['sæksifridʒ] bot Steinbrech m.
Saxon ['sæksn] s hist Angelsachse; Sachse m, Sächsin f; ~ sächsisch; angelsächsisch; ~y ['-i] Sachsen n.
saxophon|**e** ['sæksəfoun] mus Saxophon n; ~ist [sæk'sɔfənist] Saxophonist m.
say [sei] irr said, said [sed] tr sagen, äußern, (aus)sprechen, ausdrücken; bemerken; mit Bestimmtheit sagen, bestimmen, befehlen; feststellen, erklären; (to ~ over) auf-, hersagen; annehmen; behaupten; itr (s-e Meinung) sagen, sprechen; bedeuten; s Rede f, Wort n; (the ~) das letzte Wort, die Entscheidung; to have o.'s ~ s-e Meinung sagen (to zu; on über); to have a, no, not much ~ viel, nichts, nicht viel zu sagen haben; to ~ good-by(e) sich verabschieden von; to ~ mass die Messe lesen; to ~ a prayer ein Gebet sprechen; to ~ the word (Am fam) einverstanden sein; s-e Zustimmung geben; no sooner said than done gesagt, getan; (let's) ~ sagen wir; angenommen; I should ~ ich möchte annehmen; I say! you don't ~! so! na, hör, hören Sie mal! he had nothing to ~ for himself er hatte keine Entschuldigung; she is said to be clever sie soll klug sein; it goes without ~ing das ist selbstverständlich, versteht sich von selbst; there's much to be said for his suggestion sein Vorschlag hat viel für sich; that is to ~ das heißt, mit anderen Worten; to ~ nothing of ganz zu schweigen von; gar nicht zu reden von; the paper ~s in der Zeitung steht; ~ing s Rede(n n) f; Spruch m, Sprichwort n, Maxime f; as the ~ goes wie man zu sagen pflegt; ~~so sl Entscheidung; Behauptung f; the final ~~ die entscheidende Autorität.
scab [skæb] s Schorf, Grind m; vet (Schaf-)Räude f; bot Brand-, Rostfleck; fig nichtorganisierte(r) Arbeiter; Streikbrecher; Am sl Schuft m; itr von der Räude od Pilzkrankheit befallen werden; fig (Arbeiter) nicht

scabby organisiert, Streikbrecher sein; **~by** ['-i] *fig* schäbig, gemein, schuftig, schurkisch; *med* schorfig; räudig.

scabbard ['skæbəd] *s* (Schwert-)Scheide *f*.

scabi|es ['skeibii:z] Krätze, Räude *f*; **~ous** ['-iəs] *a* krätzig, räudig; *s bot* Skabiose *f*.

scabrous ['skeibrəs] rauh, uneben, holprig; *(Haut)* schuppig, grindig; *fig* schwierig; *(Frage)* kniff(e)lig; gewagt, anstößig, anzüglich.

scads [skædz] *pl Am fam* ein Haufen *m*, e-e Masse, e-e Menge.

scaffold ['skæfəld] *s* (Bau-)Gerüst; Schafott *n*; (provisorische) Tribüne *f*; *anat* Knochengerüst, Skelett *n*; *tr* einrüsten, mit e-m Gerüst versehen; **~ing** ['-iŋ] Rüstzeug; (Bau-)Gerüst *n*; **~~-pole** Gerüststange *f*.

scalawag *s. scallawag.*

scald [skɔ:ld] *tr* verbrühen; abbrühen; ab-, aus-, aufkochen (lassen); *s* Verbrühung, Verbrennung *f*; **~~-head** *med* Grindkopf *m*; **-ing** ['-iŋ] *a* siedend, brennend heiß; *s* Ab-, Auskochen; *med* Brennen; Verbrühen *n*; **~~ tears** *(pl)* heiße Tränen *f pl.*

scal|e [skeil] **1.** *s* Skala, Gradeinteilung *f*; Meßgerät *n* mit e-r Skala; Maßstab *m*; Ausmaß *n*, Umfang *m*; *fig (soziale)* Stufenleiter; *(Lohn-)* Skala *f*, Tarif; Stundenlohn *m*; Stufe *f*; *math* (Zahlen-)System *n*, Zahlenreihe; *mus* Tonleiter *f*; *typ* Kolumnenmaß *n*; *tr* ersteigen, -klettern; maßstabgerecht machen; den Maßstab festsetzen für; messen; *itr* klettern, steigen; *(Thermometer)* hochklettern, steigen; *to ~~ up, down* (maßstabgerecht) vergrößern, verkleinern; *Am* die Preise herauf-, herabsetzen; erhöhen; verkleinern, reduzieren; fallen; *(according) to ~~* maßstabgerecht, -getreu; *on the ~~ of ... to* im Maßstab *... zu; on a large, small ~~* in großem, kleinem Maßstab; *on a descending ~~ (fin)* degressiv; *chromatic, diatonic, major, minor ~~ (mus)* chromatische, diatonische, Dur-, Molltonleiter *f*; *pay ~~* Gehaltsskala *f*; *sliding ~~* gleitende Skala *f*; *social ~~* soziale Stellung *f*, gesellschaftliche(r) Rang *m*; *taxation ~~* Steuer-, Hebesatz *m*; *wage ~~* Lohnskala *f*; **~~ beam** Waagebalken *m*; **~~ dial** Skalenscheibe *f*; **~~ division** Skaleneinteilung *f*; **~~ of charges, fees** Gebührentarif *m*, -ordnung *f*; **~~ line** Teilstrich *m*; **~~ pan** Waagschale *f*; **~~ paper** Millimeterpapier *n*; **~~ of prices** Preistabelle *f*; **~~ of production** Produktionsumfang *f*; **~~ reading** Skalenablesung *f*; **~~ unit** Maßstabeinheit *f*; **2.** *s zoo med* Schuppe *f*; dünne(r) Überzug *m*, dünne äußere Schicht *f*; Kessel-, Zahnstein *m*; *tr* abschuppen, -schalen; abstreifen, -lösen; von Kessel-, Zahnstein befreien; mit Schuppen od Kruste bedecken; *itr* abblättern, sich ablösen (*off s.th.* von etw); sich mit Schuppen bedecken; Kessel-, Zahnstein ansetzen; *to remove the ~~s from s.o.'s eyes (fig)* jdm die Augen öffnen; *~~s dropped, fell from my eyes* es fiel mir wie Schuppen von den Augen; **~ing** ['-iŋ] Abschuppung, Abschieferung; *(Metall)* Verzunderung *f*; **~~-ladder** *(mil hist)* Sturm-, Feuerleiter *f*; **~y** ['-i] schuppig; *sl* schäbig; **3.** *s* Waagschale *a. fig*; meist *pl* Waage *f*; *a pair of ~~s* e-e Waage; *tr (auf e-r Waage)* wiegen; wiegen, schwer sein *(one pound* ein Pfund); *fig* abwägen; *itr* gewogen werden; *the S~~s (astr)* die Waage; *to hold the ~~s even (fig)* gerecht urteilen; *to throw into the ~~ (fig)* in die Waagschale werfen; *to turn the ~~s (fig)* den Ausschlag geben; *fam* wiegen *(at 80 lb* 80 Pfund); **kitchen ~~s** *(pl)* Küchenwaage *f*.

scalene ['skeili:n] *math* ungleichseitig.

scal(l)awag, scallywag ['skæləwæg, -i-] *zoo* Kümmerling; *sl* Schuft *m*.

scallion ['skæljən] *bot* Schalotte *f*.

scallop ['skɔləp] *s zoo* Kammuschel; *(Küche)* Muschelform, **-schale** *f*; *pl* Langetten *f pl*; *tr (Küche)* überbacken; *arch* auszacken, muschelartig verzieren; *(Nähen)* langettieren.

scalp [skælp] *s* Kopfhaut *f*; Skalp *m*; *fig* Trophäe; *geogr* (kahle) Bergkuppe *f*; *tr* skalpieren; *fig* kein gutes Haar lassen an; *Am* betrügen; *Am fam (bes. Theater-, Eintrittskarten)* mit Gewinn wieder verkaufen; **~er** ['-ə] Skalpjäger *m*; Schabemesser *n*; *Am sl* Spekulant *m*.

scalpel ['skælpəl] *med* Skalpell *n*.

scamp [skæmp] *tr* zs.pfuschen, zs.-schlampern; schlampig herstellen; *s* Lump, Schuft *m*; **~er** ['-ə] **1.** Pfuscher *m*; **2.** *itr* rennen, laufen; *(to ~~ about)* herum-, umherlaufen, -schweifen, umhertollen, -springen; *(to ~~ away, off)* weglaufen, ausrücken; *s* Galopp, Lauf *m*; schnelle Flucht *f*.

scan [skæn] *tr (Vers)* skandieren, prüfend, forschend betrachten; e-n flüchtigen Blick werfen auf; absuchen; rasch durchblättern, überfliegen; *video* abtasten, rastern; *itr* (die Verse) skandieren; sich skandieren lassen; *video* rastern; *s video* Abtastung *f*.

scandal ['skændl] *s* Ärgernis *n*, Stein des Anstoßes; Skandal *m*; Schande; üble Nachrede *f*; *to talk ~ about s.o.* über jdn losziehen, klatschen; **~ize** ['-dəlaiz] *tr* Anstoß erregen (*s.o.* bei jdm), schockieren; *to be ~~d* Anstoß nehmen (*at, by* an); empört sein (*at* über); **~monger** ['-maŋgə] Lästermaul *n*, -zunge *f*; **~ous** ['-dələs] skandalös, anstößig, schändlich; schimpflich; verleumderisch; klatschsüchtig.

Scandinavia [skændi'neivjə] Skandinavien *n*; **~n** [-n] *a* skandinavisch; *s* Skandinavier(in*f*) *m*.

scansion ['skænʃən] Skandieren *n*.

scant [skænt] knapp (*of* an); (etwas) zu klein, unzureichend; (*Erfolg*) mager; (*Pflanzenwuchs*) dürftig; **~iness** ['-inis] Knappheit; Unzulänglichkeit; Dürftigkeit; Armseligkeit *f*; **~y** ['-i] knapp, dürftig, mager; unzureichend, unzulänglich, ungenügend, nicht ausreichend; eng, schmal, klein.

scantling ['skæntliŋ] kleine *od* (unbedingt) erforderliche Menge *f*; Halbholz *n*; (Roh-)Entwurf *m*.

scape [skeip] *arch* Säulenschaft; *zoo bot* Stiel, Schaft *m*; **~goat** ['-gout] *rel u.* *fig* Sündenbock *m*; **~grace** ['-greis] Taugenichts, Lump, Strolch *m*.

scapular ['skæpjulə] *s scient* Schulter(-blatt-); *s rel (~y)* Skapulier; *med* Schultertragband *n*.

scar [ska:] **1.** *s* Narbe *a. bot fig*; Schramme *f*, fam Kratzer *m*; *fig* Spur *f*; *tr* (ver)schrammen; verunstalten; *itr (to ~ over)* vernarben; **~red** ['-d] *a* vernarbt; voller Narben; **2.** Fels-, Steilhang *m*, Klippe *f*.

scarab ['skærəb] (Mist-)Käfer, Pillendreher *m*; Skarabäus *m a. Schmuck*.

scarc|e ['skɛəs] selten, spärlich, rar, nicht alltäglich; knapp, nicht ausreichend vorhanden, schwer zu bekommen(d); *to make o.s. ~~ (fam)* sich selten machen; **~ely** ['-li] *adv* gerade (so) eben; kaum; schwerlich; *~~ anything* kaum etwas, fast nichts; **~eness** ['-nis], **~ity** ['-iti] Verknappung, Knappheit *f*, Mangel *m* (*of* an); *fig* Seltenheit, Ungewöhnlichkeit *f*; *~~ of goods, of provisions, of raw materials* Güter-, Lebensmittel-, Rohstoffmangel *m*; *~~ value* Seltenheitswert *m*.

scar|e [skɛə] *tr* Schrecken einjagen (*s.o.* jdm); er-, aufschrecken; (*to ~~ away, off*) auf-, verscheuchen; *to ~~ up* (*Geld*) auftreiben; (*Wild*) aufscheuchen; *itr* erschrecken; Angst haben, sich fürchten; *s* Schreck(en) *m*; Entsetzen *n*; Panik, Psychose, Angst *f*; *to create a ~~* e-e Panik verursachen; *to give s.o. a ~~* jdm e-n Schrecken einjagen; *war ~~* Kriegspsychose, -furcht *f*; *~~ buying* Angstkauf *m*, -käufe *m pl*; **~crow** ['-krou] Vogelscheuche *f a. hum*; *fig* Schreckgespenst *n*; **~headline** sensationelle Schlagzeile *f*; **~monger** Miesmacher *m*; **~~news** Greuelnachricht *f*; **~strap** *sl aero* Sicherheitsgurt *m*; **~y** ['-ri] *fam* Schreck einjagend; (über)ängstlich, (furchtbar) bange.

scarf [ska:f] *pl a.* **scarves 1.** Hals-, Kopftuch *n*, Schal *m*; Krawatte, Schleife, Halsbinde; *mil* Schärpe *f*; *Am* (Tisch-)Läufer *m*; **~pin** Krawattennadel *f*; **~skin** *anat* Epidermis, Oberhaut *f*; **2.** (*~~-joint*) *pl -s tech* Laschung, (Ver-)Blattung *f*; Blatt *n*; *mar* Scherbe *f*, Lasch *n*.

scarif|ication [skɛərifi'keiʃən] *agr* Aufreißen *n* (*des Ackerbodens*); *med* Skarifizierung *f*; **~ier** ['-faiə] *agr* Reißpflug *m*; *med* Impfmesser *n*; **~y** ['-fai] *tr agr* aufreißen; eggen; *med* skarifizieren; *fig* verreißen, scharf kritisieren; (*Gefühle*) verletzen.

scarlatina [ska:lə'ti:nə] *med* Scharlach *m*.

scarlet ['ska:lit] *s* Scharlach(farbe *f*) *m*; scharlachfarbene(r, s) Stoff *m od* Kleid *n*; *a* scharlachfarben, -rot; *fig* sündig, unzüchtig; **~ fever** *med* Scharlach *m*; *~ hat* Kardinalshut *m*; *~ runner* Feuer-, Türkische Bohne *f*.

scarp [ska:p] *s* Steilhang *m*; Böschung *f*; *tr* (steil) abschrägen; abböschen; **~ed** [-t] *a* steil, abschüssig.

scat [skæt] *itr fam* abhauen; *mus* unverständliche Wörter singen; **~ty** ['-ti] *fam* plemplem.

scath|e [skeið] *tr fig* herunterreißen, -machen; **~ing** ['-iŋ] *fig* verletzend, beißend, scharf.

scatter ['skætə] *tr (to ~ about)* ver-, umher-, ausea.streuen; bestreuen; (*Nachrichten*) verbreiten; zerstreuen *a. phys*; (*Menschen*) ausea.jagen, versprengen; verschwenden, vergeuden; *itr* (*Menschenansammlung*) sich zerstreuen, sich verteilen, sich auflösen; **~brain** flatterhafte(r) Mensch, Wirrkopf *m*; **~brained** *a* flatterhaft, fahrig; **~ed** ['-d] *a* ver-, zerstreut, vereinzelt, einzeln(stehend); *tech* gestreut, diffus; **~gun** *Am* Schrotflinte *f*; **~ing** ['-riŋ] *a Am parl* (*Stimmen*) zersplittert; *s tech* Streuung *f*; *~ rug Am* Brücke *f (Teppich)*.

scaveng|e ['skævindʒ] *tr (die Straße)* kehren, reinigen; *mot* spülen; *itr* die Straße kehren; **~er** ['-ə] Straßenkehrer *m*, -reinigungsmaschine *f*; *zoo* Aasfresser *m*.

scenar|io [si'nɑ:riou] *pl* -os *theat* Szenarium; *film* Drehbuch *n*; **~ist** ['si:nərist] *(~~ writer)* Drehbuchautor *m*.

scen|e [si:n] *allg u. theat* Schauplatz *m*; *theat* Szene *f*, (Bühnen-)Bild *n*; Szene *f*, Auftritt *m a. allg*; *allg* Bild *n*; Szene *f*, erregte(r) Auftritt *m*; Handlung; Szenerie *f*; *pl* Kulissen *f pl*; *behind the ~~s (a. fig)* hinter den Kulissen; *to come on the ~~* ein, in Erscheinung treten; *the ~ is laid in London* die Szene spielt in London; *change of ~~* Szenenwechsel *m*; *fig* Luftveränderung *f*; **~~** *of accident, crime* Unfall-, Tatort *m*; **~~-dock** *(theat)* Requisitenraum *m*; **~~-painter** Bühnen-, Dekorationsmaler *m*; **~~-shifter** Kulissenschieber *m*; **~ery** ['-əri] *theat* Bühnenbild *n*, Dekoration, Ausstattung; *allg* Szenerie; Landschaft *f*; **~ic(al)** ['si:nik(əl)] *a* dramatisch, Theater-; szenisch, Szenen-, Bühnen-; landschaftlich, Landschafts-; landschaftlich reizvoll, malerisch; *s* Heimatfilm *m*; **~~ artist** Bühnenmaler *m*; **~~ railway** Berg-u.-Tal-Bahn *f*.

scent [sent] *tr* riechen; *(Tier)* wittern; *fig* ahnen, wittern, *fam* riechen; mit (s-m) Duft erfüllen; parfümieren *(with* mit); *itr* wittern; duften, riechen *(of* nach); *s* (Wohl-)Geruch, Duft *m*; Parfüm *n*; Duft-, Riechstoff; Geruchssinn *m*; *(Tier)* Witterung, Fährte, Spur *f*; *fig* Spürsinn, *fam* Riecher *m*, gute Nase; Ahnung *f*, Verdacht *m*; (Geruchs-)Spur *f*; *to get ~ of s.th.* von etw Wind bekommen; *to put on a false ~* auf e-e falsche Fährte locken; *to throw s.o. off the ~ (fig)* jdn von der richtigen Fährte ablenken; **~-bottle** Riech-, Parfümflasche *f*; **~ed** ['-id] *a* parfümiert, wohlriechend, duftend; **~less** ['-lis] geruchlos.

sceptic ['skeptik] Skeptiker, Zweifler *m*; **~al** ['-əl] skeptisch, zweifelnd; **~ism** ['-sizm] Skeptizismus *m*.

sceptre, *Am* **scepter** ['septə] *s* Zepter *n*.

schedule ['ʃedju:l, *Am* 'skedʒul] *s* Liste *f*, Katalog *m*, Verzeichnis, Inventar *n*, Auf-, Zs.stellung, Übersicht, Tabelle *f*; Schema; Formblatt *n*, Vordruck; *Am* Stunden-, Fahr-, *allg* Zeit-, Dienst-, Arbeitsplan; (erklärender) Zusatz, Zusatzparagraph, -artikel *m*; Begleitschreiben *n*; Anlage *f*, -hang *m*; *com* Konkursbilanz *f*, Inventar *n*; *(tax ~)* (Steuer-)Klasse *f*; *tr* (in die Liste) eintragen; (in Tabellenform) auf-, zs.stellen; e-n Plan, ein Programm machen für; *Am* fest-, ansetzen, vorsehen *(on* auf; *for tomorrow* für morgen); anfügen, -hängen, als Anhang beigeben; *(according to) ~ (Am)* programmgemäß; (fahr)planmäßig; *to arrive on ~* fahrplanmäßig, pünktlich ankommen; *production ~* Produktionsprogramm *n*; *train ~* Zugfolge *f*; *wage ~* Lohntarif *m*; *work ~* Arbeitsplan *m*; **~** *of arrivals and departures* Tafel *f* der ankommenden u. abfahrenden Züge; **~** *of fees* Gebührenordnung *f*; **~** *of expenses* Kostenaufstellung *f*; **~** *of prices* Preisverzeichnis *n*; **~** *of rates* Frachttarif *m*; **~** *of speakers (Am)* Rednerliste *f*; **~d** ['-d] *a*: *as ~~* fahrplanmäßig; *to be ~~ for* vorgesehen sein für; *(Am) to be ~~ to arrive at* fahrplanmäßig ankommen um; **~** *price* Listenpreis *m*; **~ time** Abfahrts-, Ankunftszeit *f*; Beginn *m*.

schem|a ['ski:mə] Schema *n*, (systematische) Anordnung *f*; Entwurf, Plan *m*, Übersicht *f*; **~atic** [ski'mætik] schematisch; **~atize** ['ski:mətaiz] *tr* schematisieren; **~e** [ski:m] *s* (Aktions-)Plan *m*, Projekt *n*, Entwurf *m*; Intrige; Vision, Utopie *f*; System, Schema *n*; Aufstellung, Tabelle *f*; Diagramm *n*, graphische Darstellung *f*; *tr* planen, entwerfen; betreiben; ausdenken; aushecken, anzetteln; intrigieren; *itr* Pläne machen *od* schmieden *(for s.th.* zu etw); intrigieren, Ränke schmieden; *allocation, pension ~~* Zuteilungs-, Pensionsplan *m*; *bubble ~~* Schwindelunternehmen *n*; *colo(u)r ~~* Farbzusammenstellung *f*; **~~** *of work* Arbeitsplan *m*; **~r** ['-ə] Planer, Ränkeschmied *m*; **~ing** ['-iŋ] intrigant.

schism ['sizəm] Schisma *n*, Kirchenspaltung *f*; **~atic(al)** [siz'mætik(əl)] *a* schismatisch; **~atic** *s* Schismatiker *m*.

schist [ʃist] *geol* Schiefer *m allg*.

schizophren|ia [skitso(u)'fri:njə] Schizophrenie *f*; **~ic** [-'frenik] schizophren.

schnorkle, schnorkel ['ʃnɔ:kl] *s. snorkel u. snort*.

schol|ar ['skɔlə] Gelehrte(r), Wissenschaftler; Kenner; Lernende(r); *(Univ.)* Stipendiat *m*; *sl* jem, der lesen u. schreiben kann; *to be bred a ~~* studiert haben; *not to be much of a ~~* kaum lesen u. schreiben können; **~arly** ['-əli] *a adv* gelehrt, wissenschaftlich (gebildet); lernbegierig, eifrig (im Lernen); **~arship** ['-əʃip] Gelehrsamkeit; Wissen(schaft *f*) *n*, Bil-

scholastic dung *f*; Stipendium *n*; *to win a ~~* ein Stipendium erhalten (*to* für); **~astic** [skə'læstik] *adv ~~ally (a)* akademisch; Universitäts-, Schul-, Bildungs-, Erziehungs-; *rel hist* scholastisch; formalistisch, dogmatisch, pedantisch; *s* Gelehrte(r), Schulmann; Pedant; Scholastiker *m*; *~~ profession* Lehrberuf *m*; **~asticism** [skə'læstisizm] Scholastik *f*.

school [skuːl] *s* Schule *f a. fig*; *Am* College *n*, Hochschule *f*; Schulgebäude *n (pl)*; (Schul-)Unterricht *m*, Unterrichtsstunden *f pl*; Fakultät *f*; *zoo* (Fisch-)Schwarm *m*; *fig* Schule, Richtung; (Lebens-)Art *f*, Stil *m*; *tr* schulen, unterrichten, -weisen, erziehen; gewöhnen (*to* an); in s-e Gewalt bringen; (Zunge) zügeln; *itr zoo* in Schwärmen zs.leben; *at ~* in der Schule, im Unterricht; *of the old ~* von der alten Schule, von altem Schrot u. Korn; *to go to ~* zur Schule gehen; die Schule besuchen; *to graduate at (Am from) a ~* ein Abschlußexamen ablegen; *to keep ~* Unterricht erteilen, Schule halten; *to leave ~* die Schule verlassen, (von der Schule) abgehen; *to send to ~* in die Schule schicken; *boarding ~* Internat *n*; *commercial ~* Handelsschule *f*; *continuation ~* Fortbildungsschule *f*; *dancing ~* Tanzschule *f*; *day ~* Tagesschule *f*; *denominational, parochial ~* Konfessionsschule *f*; *driving ~* Fahrschule *f*; *grammar ~* Gymnasium *n*, Lateinschule *f*; *language ~* Sprachenschule *f*; *night, evening ~* Abendschule *f*; *primary ~* Volks-, Grundschule *f*; *private ~* Privatschule *f*; *public ~* (England) (exklusive) höhere (Internats-)Schule; *Am* Volksschule *f*; *secondary, high ~* höhere, Oberschule *f*; *summer-~* Ferienkurs *m*; *Sunday ~* Sonntagsschule *f*, Kindergottesdienst *m*; *vocational ~* Berufsschule *f*; **~able** ['-əbl]schulpflichtig; **~ age** schulpflichtige(s) Alter *n*; *of ~* schulpflichtig; **~~board** *Am* Schulbeirat *m*; **~~book** Schulbuch *n*; **~~boy** Schuljunge, Schüler *m*; **~~days** *pl* Schulzeit *f*; **~~edition** Schulausgabe *f*; **~~fee** Schulgeld *n*; **~~fellow, mate** Schulkamerad, Mitschüler *m*; **~~girl** Schulmädchen *n*, Schülerin *f*; **~~house** Schulhaus, -gebäude *n*; ['-'-] Wohnhaus *n* des Schulleiters; **~ing** ['-iŋ] Schulunterricht *m*; Ausbildung, Schulung *f*; (*Pferd*) Zureiten *n*; **~~leaving certificate** Abgangszeugnis *n*; **~~magazine** Schülerzei-

tung *f*; **~~master** (Schul-)Lehrer, (Di-)Rektor *m*; **~~mistress, fam ~~ma'm, ~~marm** ['mɑːm] Lehrerin *f*; **~room** Schul-, Klassenzimmer *n*; **~ session** *Am* Unterrichtszeit *f*; **~~teacher** Schullehrer(in *f*) *m*; **~~work** Schularbeit *f*; **~~yard** *Am* Schulhof *m*; **~~year** Schuljahr *n*.

schooner ['skuːnə] *mar* Schoner *m*; *Am* Planwagen; Deckelschoppen *m*.

sciatic [sai'ætik] *a* Hüft-; **~a** ['-ə] *med* Ischias *f*.

scien|ce ['saiəns] Wissen(schaft *f*) *n*; (einzelne) Wissenschaft; Kunde; *sport* Technik, Geschicklichkeit *f*; *Christian S~~* Christliche Wissenschaft *f*; *exact, pure ~~* exakte, reine Wissenschaft *f*; *natural, physical ~~* Naturwissenschaft *f*; *political ~* Staatswissenschaft *f*; *social ~~* Soziologie, Sozialwissenschaft *f*; *~~ of industrial administration* Betriebswirtschaftslehre *f*; *~~ of music* Musikwissenschaft *f*; *fig fiction* Zukunftsroman *m*; **~tific** [saiən'tifik] wissenschaftlich; systematisch; *sport* geschult,trainiert; **~tist** ['saiəntist] (bes. Natur-)Wissenschaftler *m*.

scimitar ['simitə] Krummsäbel *m*.

scintill|a [sin'tilə] *fig* Funke(n) *m*; *not a ~~ of truth* nicht ein Fünkchen Wahrheit; **~ate** ['sintileit] *itr* funkeln; Funken sprühen; *fig* glänzen (*with* mit); **~ation** [sinti'leiʃən] Flimmern, Funkeln; *fig* Glänzen *n*.

sciol|ism ['saiəlizm] Halbwissen *n*, -bildung *f*; Scharlatanismus *m*; **~ist** ['-ist] Halbgebildete(r); Blender *m*.

scion ['saiən] *bot* Schößling *m*; Pfropfreis *n*; *fig* Sproß, Sprößling *m*.

sciss|el ['sisl] Metallspäne *m pl*; **~ion** ['siʒən] Zerschneiden, Spalten, (Zer-)Trennen *n*; Schnitt, Riß, Spalt *m*; Trennung *f a. fig*; **~ors** ['sizəz] *pl*: *a pair of ~~* e-e Schere *f*; **~ure** ['siʒə] Riß, Spalt, (Ein-)Schnitt *m*; *med* Fissur *f*.

scler|osis [skliə'rousis] *pl -oses* [-iːz] *med* Sklerose, Verkalkung *f*; *~~ of the arteries* Arterienverkalkung *f*; **~otic** ['-rɔtik], **~ous** ['skliərəs] sklerotisch, verhärtet; *~~ (coat)* Lederhaut *f* (des Auges).

scoff [skɔf] *s* Spott, Hohn (*at* über); Zielscheibe *f* des Spottes; *sl* Fraß *m*; *itr* spotten (*at* über); *to be ~~ed at* Ziel des Spottes sein; **~er** ['-ə] Spötter *m*; **~ing** ['-iŋ] spöttisch, höhnisch.

scold [skould] *s* zänkische(s) Weib *n*, Xanthippe *f*; *tr* ausschimpfen; *itr* schelten, zanken; keifen, schimpfen; **~ing** ['-iŋ] *a* schimpfend; zänkisch; *s* Schelte *f*; *to give s.o. a ~~* jdn schel-

sconce 882 **Scottish**

ten *(for being late* weil er sich verspätete).

sconce [skɔns] **1.** *fam* Birne *f*; *fam* Köpfchen *n*, Grips *m*; **2.** Leuchterarm; Arm-, Wandleuchter; Kerzenhalter *m*; **3.** *(Univ., bes. Oxford) tr (zu e-r Strafe)* verdonnern; *s* Strafe *f*.

scon(e) [skɔn, skoun] flache(s), runde(s) Teegebäck *n*.

scoop [sku:p] *s* Schaufel, Schippe; (Schöpf-)Kelle *f*; Käsemesser *n*; Schöpflöffel; *med* Spa(ch)tel *m*; (Waag-)Schale; *(~ful)* Schaufel-, Löffel-, Kelle(voll); Mulde, Senke, Bodensenkung *f*; *fig fam* große(r) Spekulationsgewinn; Fischzug *m*; *Am sl (Zeitung)* Erst-, Alleinmeldung *f*; *tr (to ~ out)* ausschaufeln, schöpfen, -graben, -höhlen; *med* auskratzen; *fam (to ~ in, up)* einheimsen, -stecken; zs.scharren; *Am sl* ausstechen, übertrumpfen, mit e-r Erstnachricht schlagen; *to ~ up* an-, auf-, häufen; *(Geld)* scheffeln; *in one ~ (fig)* mit e-m Schlag; **~-wheel** Schöpfrad *n*.

scoot [sku:t] *itr fam* abhauen, türmen (gehen); **~er** [~ə] (Kinder-)Roller; *(motor ~~)* (Motor-)Roller *m*; *Am* Eisjacht *f*; *Am* (schnelles) Motorboot *n*.

scope [skoup] Fassungs-, Begriffsvermögen *n*; Horizont, Gesichtskreis; Spielraum *m*, Gelegenheit *f*; Ausblick *m*, -sicht; Reichweite *f*; Bereich *m* od *n*, Umfang, Rahmen *m*; Ausdehnung, Länge *f*; Betätigungsfeld *n*; *(riding~) mar* Kabellänge *f*; *to give s.o. free ~* jdm freie Hand lassen *(to do s.t. um)*; *to give o.'s fancy full ~* s-r Phantasie die Zügel schießen lassen; *it comes within my ~* es schlägt in mein Fach.

scorbutic [skɔːˈbjuːtik] *med a* skorbutisch; *s* Skorbutkranke(r) *m*.

scorch [skɔːtʃ] *tr* an-, versengen; *(die Haut)* verbrennen; (aus)dörren; *fig* (mit Worten) verletzen; *itr* versengt werden, verbrennen; ausdörren; *sl* mot sausen, rasen, rücksichtslos fahren; *s* verbrannte Stelle *f*; *mot* Rasen *n*; **~ed** [-t] *a* versengt, verbrannt; **~~-earth** *(policy)* (Politik der) verbrannte(n) Erde *f*; **~er** [~ə] *fam* heiße(r) Tag *m*, Bollen-, Bullenhitze; bissige Bemerkung *f*; rücksichtslose(r) Fahrer; *sl* Knüller *m*, Sensation *f*, tolle(r) Kerl *m*; **~ing** [~iŋ] *a* sengend; glühend heiß; *fig* scharf, bissig, verletzend.

score [skɔː] *s* Einschnitt, Riß *m*, Ritze, Kerbe, Schramme *f*, *fam* Kratzer *m*; Rille, Rinne; markierte Linie, Markierung *f*, Strich *m*; *fig* Zeche, Rechnung, Schuld *m*; *fig* Groll *m*; Treffer-, Punktzahl *f*, Spielergebnis *n*; Stiege *f*, 20 Stück *n pl*; *fam* Dusel *m*, große(s) Glück *n*; *mus* Partitur; Musikbegleitung; *film* Begleitmusik *f*; *Am sl* Fischzug *m*, reiche Beute *f*; *pl* sehr viele, e-e ganze Menge; Scharen *(of* von); *tr* mit Kerben versehen; einkerben; mit Linien versehen; unterstreichen; *(to ~ up)* ankerben, -kreiden, -streichen; markieren, notieren, anschreiben, auf die Rechnung setzen; *(Spiel)* für sich buchen; zählen, gerechnet werden als; einstufen; *(Punkte)* erzielen; *sport (Tor)* schießen; *(Gewinn)* verbuchen, *fam* einstecken, -streichen; *mus* instrumentieren; *sl Am* scharf kritisieren, es (tüchtig) geben *(s.o.* jdm); *to ~ off* aussttechen, übertrumpfen; *to ~ out* ausstreichen; *itr* (e-n Punkt, Punkte) gewinnen; *(beim Schießen)* treffen; e-n Vorsprung gewinnen; mitgerechnet werden; *fig* Erfolg, Glück haben; *on the ~* wegen *(of s.th.* e-r S); *on that ~* aus d(ies)em Grunde; was das betrifft; darüber; deswegen; *to ~ a hit* e-n Treffer erzielen; *to know the ~* Bescheid wissen; auf Draht sein; *to make a ~ off s.o. (fam)* jdm eins auswischen; *to run up a ~* Schulden machen; *to settle a ~ with s.o.* mit jdm abrechnen; mit jdm e-e Rechnung zu begleichen haben; *what's the ~?* wie steht das Spiel? was ist los? **~r** [ˈ-rə] *sport* Torschütze; Punktrichter *m*.

scoria [ˈskɔːriə] *pl* **-ae** [ˈ-iː:] *metal* Schlacke *f*; **~fy** [ˈskɔːrifai] *tr* verschlacken.

scorn [skɔːn] *s* Verachtung; Schmähung, Verhöhnung *f*; Hohn, Spott; verächtliche(r) Mensch *m*; *tr* verachten, geringschätzen; verschmähen, als unwürdig ablehnen *(to do, doing* zu tun); *to laugh to ~* auslachen; *to think ~ of, to hold in ~* verachten; **~ful** [ˈ-ful] verächtlich, spöttisch.

scorpion [ˈskɔːpjən] *zoo* Skorpion *m*.

Scot [skɔt] Schotte *m*, Schottin *f*; **~ch** [-ʃ] *a* schottisch; **~ch** [-ʃ] *s* schottische(r) Dialekt; *(~~ whisky)* schottische(r) Whisky *m*; *the ~~ (pl)* die Schotten *m pl*; **~~ tape** Klebstreifen *m*; **~~ terrier** Scotchterrier *m* *(Hunderasse)*; **~chman** [ˈ-mən] *oft pej* Schotte *m*; **~land** [ˈ-lənd] Schottland *n*; **~~ Yard** die Londoner Kriminalpolizei *f*; **~s** [skɔts] *a* schottisch; *s* (das) Schottisch(e); **~sman** [ˈ-smən] *pl* **~smen** *(geog)* Schotte *m*; **~swoman** [ˈ-swumən] *pl* **~swomen** Schottin *f*; **~tish** [ˈ-iʃ] *bes. lit* schottisch.

scot [skɔt] Steuer(geld *n*), Abgabe *f*, (erhobener) Beitrag *m*; *to pay o.'s ~* s-n Anteil bezahlen; *to pay ~ and lot* alles auf Heller u. Pfennig bezahlen; **~free** *fig* ungestraft; *to get off ~~* ungestraft, unverletzt davonkommen.

scotch [skɔtʃ] **1.** *tr* (leicht) verletzen, verwunden; *fig* unterdrücken, unschädlich machen; *s* (Ein-)Schnitt, Riß *m*; Kerbe, Rille *f*; **2.** *tr* (ab)bremsen; verkeilen; *(Rad)* feststellen; *fig* vereiteln; *s* Bremsklotz *m a. fig*.

scoundrel ['skaundrəl] Schurke, Schuft, Lump, Gauner *m*; *a u.* **~ly** ['-i] schurkisch; Schurken-.

scour ['skauə] **1.** *tr* (ab)scheuern, -schrubben; (gründlich) reinigen; (ab)spülen; schlämmen; ab-, wegwaschen; *med* purgieren, spülen; wegwischen, -fegen, entfernen; *(Wolle)* entfetten; *fig* befreien, säubern (*of* von); *itr* scheuern, schrubben; blankgescheuert werden; *s* Scheuern, Schrubben *n*; *(Wolle)* Entfettung *f*; Scheuerpulver *n*; starke Strömung *f*; *zoo* Durchfall *m*; **2.** *tr* ab-, durchsuchen, abkämmen, durchstöbern (*for* nach); *itr* (*to ~ about*) herumsuchen, rennen.

scourge [skə:dʒ] *s* Peitsche, Geißel *a. fig*; *fig* Strafe, Plage *f*; *tr* (aus)peitschen, geißeln; züchtigen; *fig* quälen, peinigen, plagen.

scout [skaut] *s* Späher, Kundschafter *m*; *mar* Aufklärungsfahrzeug *n*; *aero* Aufklärer; *(boy ~)* Pfadfinder; *sl* Bursche, Kerl; *(Oxford)* Collegeaufwärter, -diener *m*; *(England)* Straßenwacht *f*; *itr mil* aufklären; auf der Suche sein (*for* nach); Pfadfinder sein; *to ~ about, around* herumsuchen; *on the ~* auf Kundschaft, auf der Suche; **~ car** (Panzer-)Spähwagen *m*; **~master** Pfadfinderführer *m*; **2.** *tr* verächtlich abtun, *fam* pfeifen auf.

scow [skau] Schute *f*, Leichter *m*.

scowl [skaul] *itr* finster dreinschauen, die Stirn runzeln; *to ~ at s.o.* jdn finster ansehen; *s* finstere(r) Blick *m*, böse(s) Gesicht; Stirnrunzeln *n*.

scrabble ['skræbl] *itr* scharren, kratzen, kritzeln; *to ~ about* herumsuchen (*for* nach); *to ~ for s.th.* etw überall zs.-suchen, zs.scharren.

scrag [skræg] *s fig* Gerippe *n*; *(Schaf, sl Mensch)* Hals *m*; *tr sl* den Hals umdrehen (*s.o.* jdm); **~giness** ['-inis] Hagerkeit, Magerkeit *f*; **~gy** ['-i] mager, hager, dürr, knochig.

scram [skræm] *itr Am sl* sich verdünnisieren, verschwinden; *meist: ~!* hau ab! mach, daß du wegkommst!

scramble ['skræmbl] *itr* klettern, krabbeln; sich (katz)balgen, sich reißen (*for* um); *tr* durchea.werfen; *(to ~ up)* zs.-raffen, zs.scharren; *s* Klettern *n*; Balgerei *f (for* um); *fig* Kampf *m (for* um), Jagd *f (for* nach); *Am sl* Wettrennen *n*, Tanz *m* Jugendlicher; **~d eggs** (*pl*) Rühreier *n pl*.

scrap [skræp] **1.** *s* Stück(chen), ein bißchen *n*; *(~ of paper)* (Papier-)Fetzen; Abfall; Schrott; *(Text)* Auszug, Abschnitt *m*, Stelle *f*; Zeitungsausschnitt *m*; *pl* Brocken (Essen) *m pl*; (Speck-)Grieben *f pl*; (in ein Buch geklebte) Andenken *n pl*; Reste *m pl*, Trümmer *pl*; *a* bruchstückhaft; *tr* verschrotten; *fig* zum alten Eisen werfen; (achtlos) beiseite-, wegwerfen, ausrangieren; abmontieren; *not a ~* kein bißchen; **~book** Sammelbuch, -album *n*; **~-heap** Müll-, Abfall-, Schutt-, Schrotthaufen *m*; **~-iron** Alteisen *n*, Eisenschrott *n*; **~py** ['-i] *a* zs.geflickt; bruchstückhaft; zs.gestoppelt; **~-value** Schrottwert *m*; **2.** *fam s* Rauferei, Keilerei *f*, Streit *m*; *itr* sich raufen, sich streiten, sich balgen (*with* mit); **~per** ['-ə] *fam* Raufbold *m*; **~py** *a fam* rauflustig.

scrap|e [skreip] *tr* (ab)kratzen, -bürsten; glatt, sauber bürsten; (ab)schaben; abstreifen; (wund)scheuern, aufschürfen; *itr* kratzen, scheuern; scharren; sich reiben (*against* an); e-n Kratzfuß machen; *s* Kratzen, Scharren *n*; Kratzfuß; dünne(r) (Brot-)Aufstrich *m*; Kratzer *m*; Schramme; *fig* Klemme, Patsche *f*; *in a ~~* in Verlegenheit (*about* um); *to ~~ along, to ~~ a living* sich (mühsam) durchschlagen; *to ~~ off, out* aus-, ab-, herauskratzen; *to ~~ through* gerade noch durchkommen; *to ~~ up, together (a. fig)* zs.kratzen, -scharren; *to bow and ~~* e-n Kratzfuß machen; *to get into a ~~* sich in die Nesseln setzen; *to ~~ (up) acquaintance with s.o.* sich an jdn heranmachen, sich anbiedern; *to ~~ the fiddle* auf der Violine kratzen; **~er** ['-ə] *tech* Abstreifer, Schaber; Schrapper *m*; Kratzbürste *f*; -eisen *n*; Fußabstreifer *m*; Schäleisen *n*; Schrupphobel *m*; Ziehklinge; Reißnadel *f*; *fig* Geizhals *m*; **~ing** ['-iŋ] *a* kratzend, scharrend; *fig* geizig; *s* Kratzen *n*; *meist pl* Abfall, *fig* Abschaum *m*; *fig* Zs.gekratzte(s), mühsam Ersparte(s) *n*.

scratch [skrætʃ] *tr* (zer)kratzen, ritzen, verschrammen; scheuern, (wund)reiben; kritzeln; *(Zündholz)* anstreichen; *bes. pol sport (Namen)* streichen, zurückziehen; *itr* (sich) kratzen; *(Huhn)*

scratch hardness   884   **screw**

scharren; *fig* Schwierigkeiten haben; zurücktreten, s-e Meldung zurückziehen; *s* Kratzen *n*; Schramme *f*, *fam* Kratzer; Riß *m*; Kratzwunde *f*; Gekritzel *n*; *Am film* Arbeitstitel *m*; *sport* Startlinie *f*; *Am sl* Geld *n*, Nulpe *f*; günstige(r) Eindruck *m*; *a* Gelegenheits-, Zufalls-; zufällig, improvisiert, rasch zs.gestellt, zs.gewürfelt; *sport* ohne Vorgabe; *to ~ for* mühsam zs.- suchen; *to ~ off* abkratzen; *to ~ out, through* (aus)streichen, ausradieren; *to ~ up* zs.kratzen, mühsam zs.- bringen; *at, from, on ~* von der Startlinie aus; ohne Vorgabe; *from ~* von Grund auf, ganz von vorne; *up to ~* startbereit; *fam* auf dem Sprunge; *fam* auf der Höhe; *to come up to ~* s-n Verpflichtungen nachkommen, s-e Pflicht erfüllen; den Erwartungen entsprechen; *to start from ~* (*fig*) mit nichts anfangen; *to ~ out s.o.'s eyes* jdm die Augen auskratzen; *to ~ o.'s head* sich den Kopf kratzen; *to ~ the surface* (*fig*) an der Oberfläche bleiben; *a ~ of the pen* ein paar (flüchtig geschriebene) Worte *n pl*; **~ hardness** *tech* Ritzhärte *f*; **~ pad** *Am* Notizblock *m*; **~ paper** Konzept-, Schmierpapier *n*; **~ race** Rennen *n*, Wettlauf *m* ohne Vorgabe; **~y** ['-i] (*Stoff, Geräusch*) kratzend; gekritzelt; (schnell) zs.gekratzt; (*Mannschaft*) zs.gewürfelt; *fam* leicht aufbrausend.

scrawl [skrɔːl] *tr itr* (be)kritzeln; *s* Gekritzel *n*, Kritzelei *f*.

scrawny ['skrɔːni] dünn, mager.

scray [skrei] *zoo* Seeschwalbe *f*.

scream [skriːm] *itr* (laut auf)schreien (*with fright* vor Angst); kreischen; zetern; (*to ~ with laughter*) schallend lachen; (*Wind*) heulen; *fig* zum Himmel schreien; *Am sl* sich rasch bewegen; *tr* (hinaus)schreien; *to ~ o.s.* (*hoarse*) sich (heiser) schreien; *s* (Auf-, Angst-)Schrei *m*, (lautes) Geschrei; Heulen *n*; *fam* ulkige(r) Kerl *m*, seltsame(s) Ding *n*; *he's a ~* (*fam*) er ist zum Brüllen; **~er** ['-ə] Schreihals; *orn* Wehrvogel; *sl* Teufelskerl *m*, Mordsding *n*, -spaß *m*; *sl typ* Ausrufezeichen *n*; *Am sl* sensationelle Schlagzeile, Reklametafel, tolle Geschichte *f*, Krimi *m*; **~ing** ['-iŋ] schreiend, kreischend, schrill; himmelschreiend; *sl* toll, phänomenal; *sl* urkomisch, ulkig.

scree [skriː] *geol* Geröll *n*.

screech [skriːtʃ] *itr tr* kreischen, schreien; (*Fahrzeug*) quietschen; (*Lokomotive*) pfeifen; *tr* kreischend ausstoßen; *s* schrille(r) Schrei, Angstschrei *m*; Kreischen *n*; **~-owl** Käuzchen *n*.

screed [skriːd] lange(r) Brief *m*; Tirade *f*; lange(r) Auszug *m*.

screen [skriːn] *s* Licht-, Wand-, Wind-, Ofenschirm *m*; spanische Wand *f*; Vorhang *m*; Schutzwand; *Br* (Wind-)Schutzscheibe *f*; *fig* Schutz *m*; *mil* Deckung, Tarnung; Verschleierung, Nebelwand, Tarnoperation *f*, (Sicherungs-)Schleier *m*; *aero* Abschirmung *f*; (Jagd-)Schutz *m*; (grobes) Sieb *n*, (Draht-)Gaze *f*, Fliegenfenster *n*; *typ photo* Raster *m*; *film* Leinwand *f*; *fig* Film; (*Radar*) Bildschirm *m*; *el* Schirmgitter *n*; *phys* Blende *f*, Filter *n*; *tr* abschirmen, -decken; verdecken, verhüllen, verschleiern; *fig* schützen; *mot* abblenden; *mil* tarnen, ein-, vernebeln; (durch-)sieben; durchleuchten; (*to ~ out*) (*Menschen*) überprüfen, auslesen; (*Sache*) sichten; (*auf e-e Leinwand*) projizieren; (*Film*) vorführen; (mit der Filmkamera) aufnehmen; verfilmen; *itr* verfilmt werden; sich verfilmen lassen; *to ~ off* abschirmen; abteilen; *on the ~* auf der Leinwand, im Film; *to bring to the ~, to put on the ~* verfilmen; *air-raid ~* Verdunkelung *f* (*am Fenster*); *fire-~* Kaminschirm *m*; **~ adaptation** Filmbearbeitung *f*; **~ advertising** Kinoreklame *f*; **~ defroster** *mot* Frostschutzscheibe *f*; **~ dot** Rasterpunkt *m*; **~ed** [-d] *a el* abgeschirmt; **~ grid** Schirmgitter *n*; **~ing** ['-iŋ] Abschirmung *f*; Durchsieben *n*; Durchleuchtung; *fig* Überprüfung *f*; (Durch-)Gesiebte(s) *n*; **~ ~ test** Eignungsprüfung *f*; **~-play** Drehbuch *n*; **~ reporter** Wochenschaureporter *m*; **~ rights** *pl* Verfilmungsrechte *n pl*; **~-test** *tr film* Probeaufnahmen machen (*s.o.* von jdm); **~ washer** Scheibenwaschanlage *f*; **~-wiper** Scheibenwischer *m*; **~-wire** Maschendraht *m*; **~-writer** Drehbuchautor *m*.

screw [skruː] *s* (*male, external ~*) Schraube; Schraubendrehung; *f* Schiffsschraube *f*; *aero* Propeller *m*; (*Ball*) Effet *m*; *Br sl* Tütchen *n* Tabak; *Br* (Konfekt-)Tüte; *Br* Spitzmähre *f*; *Br* Knikker, Geizhals; gerissene(r) Händler; *Br sl* Gefängniswärter; *Br sl* (Arbeits-)Lohn *m*; *tr* (fest-, zu)schrauben, festdrehen (*on, to* an); (ver)drehen; *fig* e-n Druck ausüben auf, unter Druck setzen, zwingen; erpressen; *itr* sich (zu)drehen lassen; *fig* sich drehen; *fig* geizig sein; *Am sl* abhauen, verschwinden; *to ~ off*

screw-ball / **scruple**

abschrauben; *to ~ up* aufschrauben; *to ~ up o.'s courage* sich zs.reißen; Mut fassen; *to ~ up o.'s face, features, eyes* das Gesicht verziehen; *to give another turn to the ~* die Schraube anziehen *a. fig*; *to have o.'s head ~ed on the right way (fig)* nicht auf den Kopf gefallen sein; *to put the ~ on s.o.* jdn unter Druck setzen; *to tighten a ~* e-e Schraube anziehen; *he has a ~ loose (fig)* bei ihm ist e-e Schraube locker; *there's a ~ loose somewhere* da ist irgendwas nicht in Ordnung; **~ball** *sl s* komische(r) Kauz; *sport* Effetball *m*; *a* (ein bißchen) komisch, verrückt; **~~cap** Verschraubung *f*; Schraubdeckel *m*; **~~clamp** Schraubzwinge *f*; **~~conveyer** Förderschnecke *f*; **~~driver** Schraubenzieher *m*; **~ed** [-d] *a* gewunden; verschraubt; *sl* besoffen; *Am sl* hereingelegt; **~~ fitting** Schraubmuffe *f*; **~ jack** Wagenheber *m*; **~~joint** Verschraubung *f*; **~~nut** Schraubenmutter *f*; **~~plate** Gewindekluppe *f*; **~~propeller** Schiffsschraube *f*; **~~tap** Gewindebohrer *m*; **~~thread** Schraubengang *m*; **~~wrench** Schraubenschlüssel *m*; **~y** ['-i] *sl* komisch, eigenartig; *Am* verrückt; knickerig; *sl* betrunken.

scrib|al ['skraibəl] *a* Schreib-; **~~ error** Schreibfehler *m*; **~e** [skraib] *tr tech* (an)reißen; *s hist* (Buch-)Schreiber *m*; *rel hist* Schriftgelehrte(r); *Am* Schriftsteller, Autor *m*; **~er** ['-ə] *tech* Reißnadel *f*.

scribbl|e ['skribl] *tr* (hin-, be)kritzeln; *fig* flüchtig hinwerfen, eilig zu Papier bringen; *(Textil)* krempeln; *itr* kritzeln; *to ~~ up* bekritzeln; *s* (Buch-)Schreiber *m*; (literarisches) Machwerk *n*; **~er** ['-ə] Schmierfink; Sudler; Schreiberling *m*; *(Textil)* Krempelmaschine *f*; **~ing** ['-iŋ] Kritzeln *n*; **~~ block**, *pad* Notizblock *m*.

scrimmage ['skrimidʒ] Handgemenge *n*, Rauferei *f*; *(Fußball) Am* Raufen *n*; **~r** ['-ə] *(Rugby)* Stürmer *m*.

scrimp [skrimp] *tr* zu klein, zu kurz, zu eng machen; *fig* knapp halten; *itr* knausern, (sehr) sparsam sein (*on* mit); *a u.* **~y** ['-i] beschnitten; knapp, dürftig; *fig* knauserig.

scrimshank ['skrimʃæŋk] *itr Br sl* sich drücken.

scrip [skrip] **1.** *obs* Ränzel *n*, Tasche *f*; **2.** Zettel, Schein; Gut-, Interims-, Zwischenschein *m*; **~ company** *Am* Kommanditgesellschaft *f* auf Aktien; **~ money** Interims-, *Am* Besatzungsgeld *n*.

script [skript] (Hand-)Schrift *f*, Schriftstück, Manuskript *n*; *jur* Urschrift *f*, Original *n*; *typ* Schreibschrift *f*; *theat* Text(buch *n*) *m*; *film* Drehbuch *n*; Prüfungsarbeit *f*; **~er** ['-ə], **~~writer** *film* Drehbuchautor; *radio* Hörspielverfasser *m*; **~~girl** *film* Scriptgirl *n*; **~ural** ['skriptʃərəl] *a* Schrift-; biblisch; **~ure** ['skriptʃə] Schriftstück, Manuskript, Dokument *n*; *(the) Holy S~~(s) (pl)* die Heilige Schrift *f*; **~~ lesson** Religionsstunde *f*.

scroful|a ['skrɔfjulə] *med* Skrofel, Skrofulose *f*; **~ous** ['-əs] skrofulös.

scroll [skroul] *hist* (Schrift-)Rolle, Liste *f*, Verzeichnis *n*; *arch* Spirale, Schnecke, Volute *f*; *fam* Schnörkel *m*; *(Heraldik)* Spruchband *n*; (Geigen-) Schnecke *f*; **~~saw** Laubsäge *f*; **~~work** Schnörkel(verzierungen *f pl*) *m pl*; Laubsägearbeit *f*.

scrotum ['skroutəm] *pl* -ta ['-tə] *anat* Hodensack *m*.

scrounge [skraundʒ] *tr itr sl* mausen, mopsen, stibitzen, mil organisieren; *Am sl* anpumpen; **~r** ['-ə] *sl* Organisierer, Dieb *m*; *Am sl* Pumpgenie *n*.

scrub [skrʌb] **1.** *s* Buschwerk, Gestrüpp, Krüppelholz *n*; Busch(wald); abgenutzte(r) Besen; Krüppel *m*, Kümmerform *f*; *fam* Zwerg, Knirps; *Am sport* Ersatzspieler, -mann *m*; *pl* Ersatzmannschaft *f*; *a* zurückgeblieben, verkümmert; kümmerlich, armselig; *sport* Ersatz-; **~by** ['-i] verkümmert; buschbestanden; klein; armselig, schäbig; struppig; **~~team** *Am sport* zweite Garnitur *f*; **2.** *tr* (ab)schrubben, scheuern; (ab)bürsten; *itr* schrubben, scheuern; *fig* sich placken, sich (ab)quälen; *s* Schrubben, Scheuern *n*; Plakkerei, Quälerei *f*; Plackerei *f m fig*; *to ~ out an order (com sl)* e-n Auftrag annullieren; **~ber** ['-ə] Scheuerfrau *f*; Schrubber; *tech* Berieselungsturm *m*; **~bing- -brush** Scheuerbürste *f*; **~woman** *Am* Scheuerfrau *f*.

scruff [skrʌf] Genick *n*, Nacken *m*; *to take by the ~ of the neck* im Genick beim Kragen packen.

scrummage ['skrʌmidʒ] *(Rugby)* Raufen *n* (um den Ball).

scrumptious ['skrʌmpʃəs] *fam* prima, Klasse; *(Speise)* köstlich; prima in Schale; bombig; Bomben-; großartig.

scrunch [skrʌntʃ] *tr* zerkauen, zermalmen, zerknacken, zerbeißen; *itr* knirschen; *s* Knirschen *n*.

scrup|le ['skru:pl] *s fig* Zweifel *m*, Bedenken *n*, innere Unsicherheit *f*; ganz kleine Menge *f*; *pharm* Skrupel *n* (=

scrupulous 1,296 g); *itr* zweifeln *(about, at* an); zögern, Bedenken tragen *(to do* zu tun); sich ein Gewissen machen *(at aus)*; **~ulous** ['skru:pjuləs] voller Zweifel; bedenklich *(about* in); (über)gewissenhaft, genau, exakt; ängstlich.

scrutin|ize ['skru:tinaiz] *tr* genau erforschen, prüfen, untersuchen; *(Wahlstimmen)* zählen; **~izer, ~eer** ['-aizə, -'ni:ə] (Wahl-)Prüfer *m*; **~y** ['-i] prüfende(r) Blick *m*; genaue Prüfung *od* Untersuchung; Wahlprüfung *f*.

scud [skʌd] *itr* laufen, eilen; rasch (dahin)gleiten; *mar* lenzen; *s* Lauf *m*, schnelle Bewegung *f*; *sl* schnelle(r) Läufer *m*; Bö *f*; Regenschauer *m*; *mar* Wolkenfetzen *m pl*; *Am sl* langweilige Arbeit *f*.

scuff [skʌf] *tr* abscheuern, abnutzen, *(Fuß)* nachziehen; *itr* schlurfen.

scuffle ['skʌfl] *itr* sich balgen, sich herumschlagen *(with* mit); schlurfen; *s* Balgerei *f*, Handgemenge; Schlurfen *n*.

scull [skʌl] *s mar* Wriggriemen; *(~er)* Skuller *m*; *itr tr* wriggen.

scullery ['skʌləri] Spül-, Abwaschküche *f*; **~maid** Küchenmädchen *n*, -hilfe *f*.

sculpt|or ['skʌlptə] Bildhauer *m*; **~ress** ['-ris] Bildhauerin *f*; **~ural** ['-tʃərəl] *a* Bildhauer-; Skulpturen-; **~ure** ['-tʃə] *s* Bildhauerei, Plastik *f*; Bildwerk *n*, Skulptur *f*; *tr* (aus)meißeln, -hauen; gießen; modellieren *(in, out of* in); *geol* auswaschen.

scum [skʌm] *s tech* Abstrich; *fig* Abschaum *m (of the earth* der Menschheit); **~my** ['-i] schäumend, schaumbedeckt; schaumig; *fig* wertlos, gemein, niedrig.

scupper ['skʌpə] **1.** *mar* Speigatt *n*; **2.** *tr sl* erledigen *(s.o.* jdn); *(Plan)* sabotieren, ruinieren.

scurf [skə:f] Grind *m*, (Kopf-)Schuppen *f pl*; Kruste *f*; *tech* Kesselstein *m*; Schuppenkleid *n*; **~y** ['-i] grindig, schorfig; schuppig.

scurril|ity [skʌ'riliti] Gemeinheit; Unanständigkeit *f*; **~ous** ['skʌriləs] ordinär, gemein, unanständig; zotig.

scurry ['skʌri] *itr* hasten *a. fig*, rennen, trippeln, hoppeln; *to ~ away, off* sich aus dem Staub machen; *s* Rennen *n*, Eile *f*; Hoppeln, Trippeln *n*; (Regen-, Schnee-)Schauer *m*.

scurvy ['skə:vi] *s med* Skorbut *m*; *a* niederträchtig; **~ grass** *bot* Löffelkraut *n*.

scut [skʌt] Stummelschwanz *m*; *(Hase)* Blume *f*; *Am sl* Neuling, gemeine(r) Kerl *m*.

scutch [skʌtʃ] *tr (Flachs)* schwingen; *s* Flachsschwinge *f*.

scutcheon ['skʌtʃən] Wappenschild; Namen-, Türschild; Schloßblech *n*.

scute [skj(j):t] *zoo* Schuppe *f*.

scuttle ['skʌtl] **1.** Kohleneimer, -kasten *m*; **2.** *s* (Dach-)Luke; *mar* Springluke *f*; *tr (Schiff)* anbohren (u. versenken); *fig* vernichten; **~butt** *mar* Trinkwasserfaß *n*; *Am sl* Gerücht *n*, Latrinenparole *f*; **3.** *itr* schnell laufen, rennen; *to ~ away, off* weglaufen, sich in Sicherheit bringen; *s* überstürzte Flucht *f*, Aufbruch *m*; *policy of ~* Verzichtpolitik *f*.

scythe [saið] *s* Sense *f*; *tr* (ab)mähen.

sea [si:] See *f*, Meer *n*; Ozean *m*; Seegang *m*, hohe Welle, Woge; Dünung *f*; *fig* große Menge *f*, Ströme *m pl*; *across, beyond the ~(s)* in, nach Übersee; *at ~* auf (hoher) See; auf dem Meere; *fig* ratlos, aufgeregt; *by the ~* an der See; *by ~ and land, land and ~* zu Wasser u. zu Lande; *on the ~* auf dem Meer; auf See; *am Meer; to ~* zur See; *to follow the ~* zur See fahren, Seemann sein; *to go to ~* zur See gehen, Seemann werden; sich einschiffen; *to put to ~* in See stechen; *the freedom of the ~s* die Freiheit der Meere; *half ~s over* betrunken; *the high ~s (pl)* die Hochsee *f*; **~ air** Seeluft *f*; **~ anchor** Treibanker *m*; **~ anemone** *zoo* Seeanemone *f*; **~ bag** Seesack *m*; **~ battle** Seeschlacht *f*; **~ bird, ~ fowl** Seevogel *m*; **~ biscuit** Schiffszwieback *m*; **~board** *s* Küste(nstrich *m*) *f*; *a* Küsten-; **~borne** *a* auf dem Seeweg befördert; *(Schiff)* auf See befindlich; **~calf** Seehund *m*; **~captain** Schiffskapitän *m*; **~ chart** Seekarte *f*; **~ chest** Seekiste *f*; **~coast** (Meeres-)Küste *f*; **~cow** Walroß *n*; Seekuh *f*; Flußpferd *n*; **~ cucumber** *zoo* Seegurke *f*; **~ damages** *pl* Seeschaden *m*; **~dog** Hundshai; Seehund; **~ drome** Wasserflughafen *m*; **~ eagle** Seeadler *m*; **~ elephant** See-Elefant *m*; **~farer** ['-ˌfɛərə] Seefahrer *m*; **~faring** ['-ˌfɛəriŋ] *a* seefahrend; *s* Seefahrt *f*; **~fight** Seeschlacht *f*; **~ fire** Meeresleuchten *n*; **~fish** Meerfisch *m*; **~ floor** Meeresboden *m*; **~ food** *Am* eßbare Seetiere *n pl*; **~fowl** Seevogel *m*; **~ front** Seefront, -seite *(e-r Hafenstadt)*; Uferstraße *f*; **~ ga(u)ge** Tiefgang *m (e-s Schiffes)*; **~girt** meerumschlungen; **~god** Meeresgott *m*; **~going** seefahrend; Hochsee-; seetüchtig; **~green** seegrün; **~gull, ~mew** Seemöwe; **~hog** *zoo* Tümmler *m*; **~horse** Walroß; Seepferdchen *n*; **~ insurance** Seeversicherung f; **~ jet** Marinedüsenjäger m; **~-kale** bot Meerkohl m; **~-legs** pl: to get, to find o.'s ~ sich an den Seegang gewöhnen; **~ letter** Schiffspaß m; **~-level** Meeresspiegel m; **~-lion** Seelöwe m; **seaman** ['si:mən] pl -men Seemann; Matrose; Am mil mar Obergefreite(r) m; **~-mile** Seemeile f (1852 m); **~-nettle** Qualle f; **~ pen** zoo Seefeder f; **~ plane** Wasserflugzeug n; **~ base** Seefliegerhorst m; **~ carrier** Flugzeugträger m; **~port** Seehafen m; **~-power** Seestreitkräfte f pl; pol Seemacht f; **~-proof** seetüchtig; **~quake** Seebeben n; **~ rescue-service** Seenotdienst m; **~ road** Am Schiffahrtsweg m; **~ robber** Seeräuber m; **~-rover** Pirat(enschiff n); fam Hering m; **~-salt** Meersalz m; **~-scape** (Malerei) Seestück n; **~-serpent** Seeschlange f; **~shell** Seemuschel f; **~-shore** Meeresküste f; **~-sick** seekrank; **~-sickness** Seekrankheit f; **~side** ['-'said] s Meeresküste f; a See-; to go to the ~ side an die See gehen; ~~ place, resort Seebad n; **~-swallow** Seeschwalbe f; Sturmvogel m; **~-tangle, ~-weed** Seegras m, -Tang m; **~-town** Hafenstadt f; **~-trip** Schiffsreise f; **~-urchin** Seeigel m; **~-voyage** Seereise f; **~-wall** Deich m; **~ward** ['si:wəd] s Richtung f aufs Meer; Land n am Meer; a seewärts; am Meer gelegen; Meer-, See-; **~ward(s)** adv seewärts; **~-water** Seewasser n; **~-way** Seegang m; Kielwasser n; Am Seeweg m; **~weed** Seetang m; **~ wind** Seewind m; **~-worthy** ['si:wə:ði] seetüchtig.

seal [si:l] **1.** s Siegel n a. fig; Plombe f, Verschluß; Stempel m, Petschaft n; Siegelring f; Abdruck m, Fußspur; fig Bekräftigung, Bestätigung; tech Dichtung f, Wasserverschluß, Verguß m; tr (be-, ver)siegeln; (ab)stempeln, plombieren; (Brief) zukleben; fig bekräftigen, bestätigen; (rechtskräftig) übergeben, abtreten; endgültig, unwiderruflich entscheiden, festlegen; jur pfänden; tech luftdicht verschließen, abdichten, verlöten, zuschmelzen; to ~ up versiegeln; to set o.'s ~ on s.th. sein Siegel auf etw drücken; etw genehmigen; the ~s-n Stempel aufdrücken; to ~ s.o.'s fate jds Schicksal besiegeln; to ~ with lead plombieren; given under ~ of office, public ~ Dienstsiegel n; **~ed** [-d] a versiegelt; verschlossen; plombiert; dicht; a ~~ book (fig) ein Buch mit sieben Siegeln; **~ing** Versiegeln, Plombieren n; Abschluß m; ~~ **pliers** (pl) Plombierzange f; ~~ **wax** Siegellack m; ~~ **wire** Abschmelzdraht m; **~ ring** Siegelring m. **2.** Seehund m, Robbe f; fur ~ Pelzseehund m, -robbe f; **~er** ['-ə] Robbenfänger m; **~ery** ['-əri], **~ing** ['-iŋ] Robbenfang m; **~skin** Seehund(fell n); Seal m.

seam [si:m] s Saum m, Naht; Fuge, Furche; Verbindungslinie f; Spalt m, Rille f, Einschnitt m; Runzel, Narbe f; min (Kohle) Flöz, (Erz) Lager n; geol Schicht; med Knochennaht, Sutur f; tr säumen; zs.nähen; zs.fügen; (durch-)furchen a. fig, ritzen, schrammen; **~less** ['-lis] nahtlos; **~stress** ['semstris, Am 'si:m-] Näherin f; **~ welding** Nahtschweißung f; **~y** ['-i] gesäumt; the ~~ side (Kleidung) die linke Seite; fig die Schattenseite f.

sear [siə] a lit versengt, dürr, trocken; fig gefühllos; tr versengen, verbrennen; ausdörren, -trocknen; brandmarken; a. fig; schwielig machen; fig verhärten, abstumpfen; med ätzen.

search [sə:tʃ] tr durchsuchen, -forschen, -stöbern; durchdringen, fahren durch; (Gewissen) erforschen, itr suchen, forschen, stöbern (for, after nach); fig zu ergründen suchen (into s.th. etw); s Suche, Durchsuchung, Durchforschung, genaue Untersuchung; Leibesvisitation f; Nachforschung f (for nach); to ~ out ausfindig machen, aufstöbern; in ~ of auf der Suche nach; to ~ o.'s heart (fig) sein Herz prüfen; to go in ~ of auf die Suche gehen nach; to make a thorough ~ e-e gründliche Durchsuchung vornehmen; ~ me! (Am) keine Ahnung! house-~ Hausdurchsuchung f; right of ~ Durchsuchungs-, Haussuchungsrecht n; **~er** ['-ə] Durchsuchende(r); Durchsuchungs-, Zollbeamte(r) m; med Sonde f; **~ing** ['-iŋ] a eindringlich, gründlich, tiefschürfend; durchdringend; (Wind) schneidend, scharf; s Haussuchung; Zollrevision f, Durch-, Untersuchung f; ~~ fire (mil) Streufeuer n; **~light** Scheinwerfer m; **~-party** Rettungs-, Bergungsmannschaft f; **~-warrant** Haussuchungsbefehl m.

season ['si:zn] s Jahreszeit; Saison a. theat; Kurzeit; (bestimmte kürzere) passende Zeit f; Am com Fälligkeitstermin m; Dauerkarte f; tr reifen lassen; gewöhnen (to an); mil abhärten; mildern, abschwächen; (Speise) würzen; (Fleisch) abhängen lassen; (Holz) lufttrocknen; fig interessant

seasonable machen; würzen, salzen; *itr* reifen; *(Holz)* ablagern; sich abhärten; *for a* ~ für e-e Weile, e-e Zeit; *in* ~ an der Zeit; zur rechten Zeit; fristgerecht; *zoo* in der Brunstzeit; *out of* ~ nicht an der Zeit; zu ungelegener Zeit; *fig* am falschen Platz; *in* ~ *and out of* ~ zu jeder Zeit, jederzeit; *in good* ~ rechtzeitig *adv*; *in the off-*~*s* außerhalb der Saison; *with the best compliments for the* ~*!* mit den besten Wünschen zum Fest! *dead, dull* ~ Sauregurkenzeit *f*; *holiday* ~ Ferienzeit *f*; *late* ~ Nachsaison *f*; *peak, busy* ~ Hochsaison *f*; *theatrical* ~ Spielzeit *f*; *tourist* ~ Reisezeit *f*; **~able** ['-əbl] *a* an der Zeit; der Jahreszeit angemessen; zeitgemäß; rechtzeitig, gelegen, passend, angebracht; **~al** ['-l] jahreszeitlich; saisonbedingt, Saison-; periodisch, regelmäßig wiederkehrend; ~~ *commodity, item* Saisonartikel *m*; ~~ *fluctuations, variations (pl)* Saison-, Konjunkturschwankungen *f pl*; ~~ *trade* Saisongewerbe *n*; ~~ *worker* Saisonarbeiter *m*; **~ed** ['-d] *a* gewürzt; abgelagert; *fig* kampferprobt; *com* renommiert; **~ing** ['-niŋ] Würze *f a. fig*; Gewürz *n*; *tech* Alterung; *(Mensch)* Abhärtung, Angewöhnung, Milderung *f*; **~-ticket** *Br* Zeit-, Dauerkarte *f*; ~~ *holder* Inhaber *m* e-r Dauerkarte.

seat [si:t] *s* Sitz(weise, -gelegenheit *f*, -platz); (Theater-)Platz; Sitz, Stuhl, Hocker, Sessel *m*; (Fahrrad-)Sattel *m*; Hinterteil, Gesäß *n*; Schauplatz *m*; *parl* (Abgeordneten-)Sitz *m*, Mandat *n*; Mitgliedschaft *f*; (Regierungs-, Amts-, Verwaltungs-, Wohn-, Land-)Sitz; *med* Herd *m*, Stelle *f*; *tech* Lager *n*; (Fahrrad-)Sattel *m*; *com* Hauptniederlassung *f*, Sitz *m*; *tr* (hin)setzen; zu e-m Sitz(platz) verhelfen, e-n Sitz (-platz) verschaffen *od* anweisen (*s.o.* jdm); *(Raum)* Sitzgelegenheit bieten für, Platz haben für, fassen; *(Möbel)* mit e-r (neuen) Sitzfläche versehen; *(Menschen)* machen, erheben zu; *tech* lagern; *(Ventil)* einschleifen; *to* ~ *o.s* sich (hin)setzen; *to be* ~*ed* sich (hin-, nieder)setzen, sich niederlassen; sitzen; s-n (Wohn-)Sitz, sein Amt haben; *to be in the driver's* ~ *(fig)* die Zügel in den Händen halten; *to have a* ~ *on a committee* e-n Sitz im Ausschuß haben; *to have a good* ~ *(Reiten)* gut im Sattel sitzen; *to keep o.'s* ~ Platz behalten, sitzenbleiben; *to take a* ~ sich (hin)setzen; Platz nehmen; *to take o.'s* ~ s-n Platz einnehmen, sich setzen; *to win, to lose a* ~ *(parl)* e-n Sitz gewinnen, verlieren; *take your* ~*s!* einsteigen! *to* ~ *40 passengers* 40 Sitzplätze haben; *emergency, (Am) jump* ~ Notsitz *m*; *folding* ~ Klappsitz *m*; **~er** ['-ə] *in Zssgen mot* -sitzer *m*; *four-*~~ Viersitzer *m*; **~ing** ['-iŋ] Platzanweisung, Unterbringung; Sitzanordnung, Platzverteilung *f*; Polster(material); *tech* Lager, Fundament *n*, Auflage(fläche) *f*; ~~ *accommodation capacity* Sitzzahl *f*; ~~ *pad (Am)* Sitzpolster *n*; ~~ *room* Sitzplätze *m pl*.

sebaceous [si'beiʃəs] *a scient* Fett-, Talg-; talgig; ~ **gland** Talgdrüse *f*.

secant ['si:kənt] *math a* schneidend; *s* Sekante *f*.

sece|de [si'si:d] *itr* sich trennen *(from* von); austreten *(from* aus); übertreten *(to* zu); **~ssion** [si'seʃən] Abfall *m*, Lossagung, Sezession *f*; **~ssional** [si'seʃənl] *a* Sonder(bunds)-; **~ssionist** [si'seʃnist] Abtrünnige(r), Sonderbündler *m*.

seclu|de [si'klu:d] *tr* abtrennen, -sondern, isolieren *(from* von); **~ded** [-id] *a* isoliert; abgelegen; einsam; **~sion** ['-'klu:ʒən] Absonderung; Isolation; Zurückgezogenheit *f*; *to live in* ~~ zurückgezogen, einsam leben.

second ['sekənd] *a* zweite *a.* mus, nächst, weiter, ander, noch ein; *vor Superlativ*: zweit-; geringer *(to* als); untergeordnet *(to* dat); *s* Zweite(r), Nächste(r) *m*; *com* zweite Sorte *od* Güte *f*; Sekundant *m*; Sekunde *f a. mus*; Augenblick *m*; *rail* zweite Klasse *f*; *pl* Mittelsorte *f*, Waren *f pl* zweiter Güte; *tr bes. parl* unterstützen; helfen, beistehen, assistieren, sekundieren (*s.o.* jdm); fördern, stärken; *parl (Antrag)* unterstützen; [si'kɔnd] *Br mil* (ab)kommandieren *(for service on a staff* zum Dienst bei e-m Stab); *(Beamten)* abstellen; *adv* an zweiter Stelle, als zweite(r, s); *for the* ~ *time* zum zweitenmal; *in the* ~ *place* an zweiter Stelle, zweitens; *on* ~ *thoughts* bei nochmaliger Überlegung; *to be* ~ *to none* niemandem nachstehen; *to come* ~ an zweiter Stelle kommen; *to get o.'s* ~ *wind (Am fam)* sich wieder erholen, wieder zu Kräften kommen; *to play* ~ *fiddle* die zweite Geige spielen *a. fig*; ~ *wait a* ~ warten Sie e-n Augenblick; ~ *of exchange* Sekundawechsel *m*; **~ariness** ['-ərinis] Untergeordnetheit, Zweitrangigkeit *f*; **~ary** ['-əri] zweitrangig, untergeordnet, geringer, Neben-; *scient* sekundär, Sekundär-; ~~ *accent (Wort)* Nebenton *m*; ~~ *ac-*

second ballot 889 **section**

tion, effect Nebenwirkung f; ~~ education höhere(s) Schulwesen n, -bildung f; ~~ era (geol) Erdmittelalter, Mesozoikum n; ~~ liability Haftungsschuld f; ~~ line Nebenbahn f; ~~ objective (mil) Ausweichziel n; Nebenabsicht f; ~~ school höhere Schule f; ~~ target Nebenziel n; ~ ballot Stichwahl f; **--best** zweitbest; to come off ~ (fig) fehl am kürzeren Ziehen; ~ **cabin** mar Kabine f 2. Klasse; ~ **chamber** parl Oberhaus n; **--class** a adv zweiter Klasse; ~ matter (Am) Drucksache f; ~ **cousin** Vetter m, Base f zweiten Grades; ~ **floor** zweite(r), Am erste(r) Stock m; on the ~ im zweiten, Am ersten Stock; ~ **gear** mot zweite(r) Gang m; **--hand** a aus zweiter Hand; gebraucht; (Kleider) getragen; (Buch) antiquarisch; to have o.'s information at ~ Nachrichten aus zweiter Hand haben; ~~ bookseller Antiquar m; ~~ bookshop Antiquariat n; ~~ material Altmaterial n; ~ **hand** Sekundenzeiger m; ~ **lieutenant** Leutnant m; **-ly** ['-li] adv zweitens; ~ **nature** zweite Natur, feste Gewohnheit f; **--rate** a zweitrangig, -klassig; von geringerer Qualität, minderwertig; ~ **sight** zweite(s) Gesicht n.

secre|cy [si:krisi] Geheimhaltung; Verschwiegenheit; Heimlichkeit, Verborgenheit; Abgeschiedenheit; Schweigepflicht f; in, with ~ insgeheim, im geheimen, heimlich; under pledge of ~ unter dem Siegel der Verschwiegenheit; breach of ~~ Vertrauensbruch m; official, professional ~~ Amts-, Berufsgeheimnis n; (violation of the) ~~ of letters (Verletzung f des) Briefgeheimnis(ses) n; ~~ of vote, voting, ballot Wahlgeheimnis n, geheime Wahl f; **-t** ['si:krit] a geheim, heimlich; Geheim-; verborgen, versteckt, einsam, abgelegen; verschwiegen, verschlossen, zurückhaltend; geheimnisvoll, mysteriös; com (Teilhaberschaft, Reserven) still; s Geheimnis (from vor); Mysterium n; in ~ insgeheim, im geheimen; to be in the ~~ eingeweiht sein; to keep, to betray a ~~ ein Geheimnis bewahren, verraten; to keep ~ verheimlichen, geheimhalten; to let s.o. into the ~~ jdn einweihen; bank ~ Bankgeheimnis n; official ~~ Staatsgeheimnis n; an open ~~ ein offenes Geheimnis n; professional, trade ~ Berufs-, Geschäftsgeheimnis n; ~ agent Geheimagent m; ~~ ballot geheime Abstimmung f; ~~ clause Geheimklausel f; ~~ drawer Geheimfach n; ~~ partner stille(r) Teilhaber m; ~~ service Geheim-, Nachrichtendienst m; ~~ society Geheimbund m; ~~ traffic Schleichhandel m; ~~ treaty Geheimvertrag m, -abkommen n; ~~ understanding geheime(s) Einvernehmen n; ~~ writing Geheimschrift f; **-tarial** [sekrə'tɛəriəl] Büro-; ~~ clerk Büroangestellte(r) m; **-tariat(e)** [sekrə'tɛəriət] Sekretariat n; **-tary** ['sekrətri] Sekretär; com Geschäftsführer; Schriftführer (Staats-)Sekretär; Am Minister; Sekretär, Schreibtisch m mit Aufsatz; private ~ Privatsekretär m; ~~-bird (orn) Sekretär m; ~~ of embassy, legation Botschafts-, Legationssekretär m; ~~-general Generalsekretär m; S~~ of State Staatssekretär; Minister; Am Außenminister m; S~~ of State for Foreign Affairs, for Home Affairs, for War Außen-, Innen-, Kriegsminister m; S~~ of the Interior (Am) Innenminister m; **-taryship** ['sekrətriʃip] Sekretärsstelle f; Schriftführeramt n; **-te** [si'kri:t] tr verstecken, verbergen, verheimlichen (from vor); physiol absondern, ausscheiden; **-tion** [si'kri:ʃən] Verheimlichung; physiol Absonderung, Ausscheidung, Sekretion f; **-tive** [si'kri:tiv] zurückhaltend, verschwiegen, geheim, verborgen; physiol sekretorisch; **-tiveness** [si'kri:tivnis] Zurückhaltung, Verschwiegenheit f.

sect [sekt] bes. rel Sekte; Gruppe, Schule, Richtung, Partei f; **-arian** [sek'tɛəriən] a sektiererisch; fig engstirnig; bigott; s Sektierer m; **-arianism** [sek'tɛəriənizm] Sektierertum n; **-ion** ['sekʃən] s Zerschneiden, Schnitt m, Durchschneidung f; Ausschnitt m; Abgeschnittene(s) n; (dünne) Scheibe; (Bevölkerung) Schicht f; (Buch) Abschnitt m, Paragraph m; Abteilung, Sektion f; Referat, Dezernat; Glied n, Teil m; (Anbau-)Einheit f; Am rail Abteil; Fach a. fig; fig Gebiet m, Distrikt, (Verwaltungs-)Bezirk; Am Stadtteil m, -viertel n; Parzelle f; (cross-~~) Querschnitt m; arch Profil n; Strecke(nabschnitt m), Teilstrecke f; mil Abschnitt m; mil Gruppe, Korporalschaft f, Am Halbzug; math Schnitt m; med Sektion, Leichenöffnung, Obduktion f; tr in Abschnitte zerlegen, unterteilen; commercial, residential ~~ Geschäfts-, Wohnviertel n; polling ~~ Wahlbezirk m; ~~ gang (rail) Rotte f, Streckenarbeiter m pl;

sectional 890 **see**

~~ *iron* Profileisen *n*; ~~ *leader (Br)* Gruppen-, *Am* Halbzugführer *m*; ~~ *mark* Paragraphenzeichen *n*; **-ional** ['sekʃənl] in Abschnitte eingeteilt; abgeteilt; zs.setzbar; Lokal-, Gebiets-, Bezirks-, Distrikts-; ~~ *interests (pl)* Lokalinteressen *n pl*; ~~ *view* Schnittbild *n*; **-ionalism** ['sekʃnəlizm] Partikularismus *m*; **-or** ['sektə] *math* Sektor, Ausschnitt; *mil* Abschnitt *m*; (Besatzungs-)Zone *f*; *postal* ~~ Postbezirk *m*; ~~ *boundary, line (mil)* Abschnittsgrenze *f*.

secular ['sekjulə] *a* weltlich, profan; weltgeistlich; alle hundert Jahre vorkommend *od* geschehend; säkular; hundertjährig; uralt; *s* Weltgeistliche(r) *m*; **-ization** [sekjulərai'zeiʃən] Säkularisierung; Verweltlichung *f*; **-ize** ['sekjuləraiz] *tr* säkularisieren; verweltlichen.

secur|e [si'kjuə] *a* sicher *(from* vor); vertrauensvoll, unbesorgt, sorgenfrei; gefahrlos; furchtlos, sicher, in Sicherheit; gesichert, beständig, fest, stark; *tech* zuverlässig, verläßlich, fest; *tr* sichern, in Sicherheit bringen, verwahren, schützen *(from, against* vor); sicherstellen; in Gewahrsam bringen; garantieren *(s.th. to s.o., s.o. s.th.* jdm etw); decken, Sicherheit bieten für; bewahren *(from* vor); sichern, festmachen, befestigen, feststellen; *(Türe)* (fest) verschließen; sich verschaffen, erwerben, bekommen, erhalten, erlangen; *(Zimmer)* bestellen; *(Platz)* belegen; *(Geschäft)* zustande bringen; *(Preis)* erzielen; *mil* decken; *to make* ~~ festmachen, befestigen; *to* ~~ *a profit* e-n Gewinn erzielen; **-ed** [-d] *a* (ge-)sicher(t), geschützt, gedeckt; *(Forderung)* bevorrechtet; **-ity** [-riti] Sicherheit *(against, from* vor) Unbesorgtheit, Furchtlosigkeit; Gewißheit, Überzeugtheit; Sorglosigkeit *f*; Schutz *m (against, from* vor); *tech* Festigkeit, Stabilität; Sicherheit, Gewißheit; Gewähr, Sicherheit, Sicherung *f*; *jur* Bürgschaft, Garantie, Kaution *f*, Pfand *n*, Hypothek *f*; Bürge *m*; *mil* Sicherung, Abwehr *f*; *pl* Wertpapiere *n pl*, Effekten *pl*; *in* ~~ in Sicherheit; *on, against* ~~ gegen Sicherheit; *without* ~~ ungesichert, ohne Sicherheit; *to furnish, to lodge* ~~ Kaution stellen, Bürgschaft leisten; *to give* ~~ *for* Sicherheit bieten, Bürgschaft leisten *(for* für); *able to put up* ~~ kautionsfähig; *additional, collateral* ~~ zusätzliche Sicherheit *f*; *bearer* ~*ities (pl)* Inhaberpapiere *n pl*; *guilt-edged* ~*ities (pl)* mündelsichere Wertpapiere *n pl*; *investment* ~*ities (pl)* Anlagewerte *m pl*; *public* ~*ities (pl)* Staatspapiere *n pl*; *stock-exchange* ~*ities (pl)* Börsenpapiere *n pl*, -titel *m pl*; ~~ *bond* Bürgschaftsschein *m*; *S~ Council (pol)* Sicherheitsrat *m*; ~~ *dealer* Effektenhändler *m*; ~~ *market* Effekten-, Wertpapiermarkt *m*; ~~ *measure* Sicherheitsmaßnahme *f*; ~~ *sales (pl)* Wertpapierverkäufe *m pl*.

sedan [si'dæn] *(~chair)* Sänfte; *mot* Limousine *f*.

sedat|e [si'deit] gesetzt, ruhig, gelassen; nüchtern; ernst; **-eness** [-nis] Gelassenheit, Gesetztheit, Ruhe *f*; Ernst *m*; **-ion** [si'deiʃən] *med* Beruhigung *f*; **-ive** ['sedətiv] *a* beruhigend, schmerzstillend; *s* Beruhigungs-, schmerzstillende(s) Mittel *n*.

sedentar|iness ['sedntərinis] sitzende Lebensweise, Seßhaftigkeit *f*; **-y** ['sedntəri] sitzend; seßhaft, ortsgebunden, an-, festgewachsen; *to lead a* ~~ *life* e-e sitzende Lebensweise haben.

sedge [sedʒ] Schilf-, Riedgras *n*.

sediment ['sedimənt] Niederschlag, (Boden-)Satz *m*; *geol* Ablagerung *f*, Sediment *n*; **-ary** [sedi'mentəri] *geol* sedimentär; Sediment-; ~~ *rock* Sedimentgestein *n*; **-ation** [sedimen'teiʃən] Sedimentbildung *f*; *blood* ~~ Blutsenkung *f*.

sedit|ion [si'diʃən] Aufwiegelung, Verhetzung *f*; Aufstand, Aufruhr *m*, Meuterei *f*; **-ious** [si'diʃəs] aufrührerisch; aufwieglerisch, hetzerisch; Hetz-.

seduc|e [si'dju:s] *tr* verführen; verlocken, verleiten *(into doing s.th.* dazu etw zu tun); korrumpieren; abbringen *(from* von); **-ement** [-mənt], **-tion** [si'dʌkʃən] Verführung, Verlockung *f*; **-er** [si'dju:sə] Verführer *m*; **-tive** [si'dʌktiv] verführerisch, verlockend; anziehend, reizvoll.

sedul|ity [si'dju:liti], **-ousness** ['sedjuləsnis] Emsigkeit *f*, Fleiß *m*; **-ous** ['sedjuləs] emsig, fleißig, eifrig.

see [si:] **1.** *irr saw* [sɔ:], *seen* [si:n] *tr* sehen, erblicken; ansehen, -schauen, betrachten, beobachten, prüfen; einsehen, verstehen, begreifen; herausbekommen, ausfindig machen, in Erfahrung bringen; erleben, erfahren; treffen, begegnen *(s.o.* jdm); be-, aufsuchen, um Rat fragen, zu Rate ziehen, konsultieren, gehen *(s.o.* zu jdm); sich wenden *(s.o.* an jdn); *(Besuch)* empfangen; *(Theaterstück, Film)* sehen; begleiten *(to* nach); dafür sorgen, darauf achten

see off 891 **seemliness**

(*that* daß); *itr* sehen (können); sich ansehen, besichtigen, prüfen (*over s.th.* etw); verstehen, begreifen; *into s.th.* etw durchschauen, nachsehen, -schauen; sehen (*about, into* nach); überlegen, nachdenken; achtgeben, achten (*about, after, to* auf); sorgen, Sorge tragen (*after, for* für); sich kümmern (*about, after, to* um; *about doing s.th.* daß etw getan wird); *to come, to go to ~* besuchen; *to have ~n better days* bessere Tage gesehen haben; *to live to ~* erleben; *to ~ s.o.'s back* jdn von hinten, jdn (weg)gehen sehen; *to ~ daylight* (fig) das Ende absehen; *etw* klar sehen; *to ~ double* doppelt sehen; *to ~ fit* für richtig halten; *to ~ s.o. home* jdn nach Hause begleiten *od* bringen; *to ~ a joke* e-n Spaß vertragen; *to ~ the last of s.o.* jdn nicht mehr wiedersehen; *of s.th.* mit e-r S fertig sein, etw hinter sich haben; das Ende e-r S erleben; *to ~ a lot of s.o.* mit jdm häufig zs.sein; *to ~ red* rot sehen; *he makes me ~ red* er wirkt auf mich wie ein rotes Tuch; *to ~ service* etw von der S verstehen; in Benutzung sein (*for* seit); *mil* dienen; *to ~ things* Halluzinationen haben; *to ~ the use, advantage, good, fun of s.th.* den Zweck e-r S einsehen; *to ~ visions* hellsehen; *to ~ o.'s way to do(ing) s.th.* mit etw umzugehen, etw anzufassen wissen, zu etw aufgelegt sein; es für möglich halten, etw zu tun; *to ~ how the wind lies* sehen, woher der Wind weht; *as I ~ it so,* wie ich es sehe; *as far as I can ~* soweit ich sehe, wie mir scheint; *I'll ~ about it* ich werde es mir überlegen; *I ~* ich verstehe, allerdings; ach so; *~ to it that* sehen Sie zu, daß; sorgen Sie dafür, daß; *you ~* sehen Sie! wie Sie wissen! *~!* sieh, schau mal! *wait and ~!* abwarten (u. Tee trinken)! immer mit der Ruhe! *just let me ~!* e-n Augenblick (mal)! *that remains to be ~n* das wird sich zeigen; *~ you again* auf Wiedersehen! *~ me tomorrow* kommen Sie morgen zu mir; *to ~ off* zur Bahn bringen, fortbegleiten; *to ~ out* fertigbringen, beenden; bis zum Ende bleiben (*s.th.* e-r S); *s.o.* jdn hinausbegleiten; *to ~ over s.th.* sich etw genau ansehen; über etw hinwegsehen; *to ~ through tr* durchschauen; überstehen; durchhelfen (*s.o. with s.th.* jdm bei e-r S); *to ~ s.th. through* etw durchsehen, abwickeln, erledigen (*on time* rechtzeitig); *itr fam* durchhalten; **~ing** ['-iŋ] *a* sehend; *s* Sehen *n*; Sehkraft *f*; Gesichtssinn *m*; *conj*: *~ that* in Anbetracht der Tatsache, daß; insofern; **~~-eye dog** Blindenhund *m*; **~r** ['-ə] Sehende(r); Visionär, Seher, Prophet *m*; **2.** Bischofssitz *m*, -amt *n*; *Holy, Papal S~* Päpstliche(r) Stuhl *m*.
seed [si:d] *s* Same(n) *m*; Samenkorn *n*; (*Orange*) Kern *m*; Saat *f*; *physiol* Samen; (*Bibel*) Samen *m*, Nachkommen(schaft *f*) *m pl*; *fig* Keim *m*, (erste) Anlage *f*, Ursprung *m*; *pl* Sämereien *f pl*, Saatgut *n*; *tr* (be)säen; (*Frucht*) entkernen, -steinen, -samen; *sport* auswählen, setzen (*Spieler*); *itr* Samen tragen; *to* aussäen; *to go, to run to ~* in Samen schießen; *fig* nachlassen, herunterkommen; verkümmern; verblühen; **~bed** Saatbeet *n*; **~ bulb** Samenzwiebel *f*; **~~cake** Kümmelkuchen *n*; **~~case, vessel** *bot* Samenkapsel *f*; **~~corn** Saatkorn, -gut *n*; **~~drill** Drillmaschine *f*; **~er** ['-ə] Sämann *m*; Sämaschine *f*; Entkerner, -steiner *m* (*Gerät*); **~~grower** Saatzüchter *m*; **~iness** ['-inis] Samenfülle *f*, Kernreichtum *m*; *fam* Unpäßlichkeit; *fam* Schäbigkeit *f*; **~~leaf** Keimblatt *n*; **~less** ['-lis] samen-, kernlos; **~ling** ['-liŋ] *bot* Sämling *m*; **~ pearl** Saatperle *f*; **~ plot** Saatbeet *n*; Pflanzschule; *fig* Brutstätte *f*; **~~potato** Saat-, Pflanzkartoffel *f*; **~(s)man** ['-zmən] Sämann; Samenhändler *m*; **~~time** Saatzeit *f*; **~y** ['-i] kernreich; in Samen geschossen; (*Glas*) mit Bläschen; *fam* schäbig; *fam* mies, elend; *to look ~* schlecht aussehen.
seek [si:k] *irr* sought, sought *tr* (auf-)suchen; suchen nach; (*Rat*) einholen; versuchen (*to* zu); durchsuchen, erkunden, erforschen; zu bekommen versuchen; begehren, streben, trachten nach, verfolgen; verlangen; *to do s.th.* etw zu tun suchen; sich bewerben (*employment* um e-e Stelle); *itr* suchen, auf der Suche sein (*after, for* nach); *to ~ out* ausfindig machen, heraussuchen; *to ~ through* durchsuchen; *to ~ the good offices of s.o.* jds Vermittlung erbitten; *to ~ a quarrel* Streit suchen *od* anfangen; *to ~ shelter* Schutz suchen; *it is not far to ~* das liegt nahe, auf der Hand; *little, much sought after* wenig, stark gesucht, gefragt; **~er** ['-ə] Sucher *m* (*after* nach).
seem [si:m] *itr* (er)scheinen, vorkommen; den Eindruck haben *od* machen; **~ing** ['-iŋ] *a* anscheinend, scheinbar, angeblich; **~ingly** ['-iŋli] *adv* allem Anschein nach; anscheinend; **~liness** ['-linis] Schicklichkeit *f*, Anstand *m*;

seemly — Angebrachtheit *f*; **~ly** ['-li] *a adv* schicklich, anständig; passend, angebracht; *it is not ~* es gehört sich nicht.

seep [si:p] *itr* sickern, lecken; *s* Sickerstelle *f (im Boden)*; **~age** ['-idʒ] (Durch-)Sickern, Lecken; Sickerwasser *n*.

seersucker ['siəsʌkə] leichte gestreifte Leinwand *f (od* Baumwollstoff *m)*.

seesaw ['si:sɔ:] *s* Schaukelbrett *n*, Wippe *f*; Schaukeln *a. fig, fig* Hin u. Her, Auf u. Ab *n*; *tr itr (to play at ~)* schaukeln, wippen; (sich) auf- u. ab-, hin- u. herbewegen *a. fig; fig* schwanken, zögern.

seethe [si:ð] *itr* sieden, kochen; sprudeln, schäumen *(with* vor) *a. fig;* er-, aufgeregt sein.

segment ['segmənt] *s* Abschnitt, Teil *m; biol* Glied; *math* Segment *n;* Lamelle *f; tr* (in Abschnitte) einteilen; *itr biol* sich teilen; **~al** [seg'mentl] segmentartig; in Abschnitte eingeteilt; Abschnitt-; **~ation** [segmən'teiʃən] Einteilung in Abschnitte *f; biol* Furchung, Zellteilung *f*.

segregat|e ['segrigeit] *tr* isolieren, absondern; trennen; *tech* ausseigern; *itr* sich absondern; *biol* mendeln; **~a** ['segrigit] getrennt, abgesondert, isoliert; **~ion** [segri'geiʃən] (Rassen-) Trennung, Absonderung, Isolierung; *biol* Aufspaltung *f; tech* Ausseigerung *f*.

seine [sein, si:n] Schleppnetz *n*.

seise *s. seize*.

seism|al ['saizml], **~ic(al)** ['-ik(əl)] seismisch; Erdbeben-; **~ogram** ['əgræm] Seismogramm *n*; **~ograph** ['-əgrɑ:f] Seismograph *m*; **~ology** [saiz'mɔlədʒi] Erdbebenkunde *f*; **~ometer** [-'mɔmitə] Seismometer *n*.

seiz|e, *jur a.* **seise** [si:z] *tr* Besitz ergreifen *od* nehmen von; sich bemächtigen (*s.th*. e-r S), sich aneignen; beschlagnahmen, konfiszieren, einziehen; pfänden; gefangen-, festnehmen, verhaften; (er)greifen, fassen, packen; *fig (Gelegenheit)* (beim Schopf) ergreifen *od* fassen; *fig* begreifen, verstehen, fassen; *mar* befestigen, festzurren; *itr* sich festklemmen; *to be ~ed by, with s.th.* von e-r S ergriffen, befallen werden; *to ~ up (tech)* sich festfressen; *to ~ (up)on s.th.* sich e-r S bemächtigen, von e-r S Besitz ergreifen; **~in, seisin** ['-in] Besitz(ergreifung *f*) *n; (Immobilien)* Besitzrecht *n;* **~ing** ['-iŋ] Beschlagnahme, Ergreifung *f; mar* Zurring *m; pl* Zurrtau; *tech* Festfressen *n*; **~ure** ['si:ʒə] Besitzergreifung, Inbesitznahme; Beschlagnahmung, Einziehung, Konfiskation; Pfändung; Gefangen-, Festnahme, Verhaftung; Ergreifung *f; med* (plötzlicher) Anfall *m*, Attacke *f; to be under ~* beschlagnahmt sein.

seldom ['seldəm] *adv* selten.

select [si'lekt] *tr* (her)aussuchen, auslesen, auswählen *(from* aus); *a* ausgewählt, auserlesen; *(Publikum)* geladen; hervorragend, erstklassig; exklusiv; wählerisch; **~ committee** Sonderausschuß *m;* **~ee** [silek'ti:] *Am mil* Einberufene(r) *m;* **~ion** [si'lekʃən] Auswahl, -lese *f (from* aus); *(natural)* **~~** *(biol)* (natürliche) Zuchtwahl *f;* **~~ principle** Auswahlprinzip *n;* **~ive** [-tiv] *a* Auswahl-, Auslese-; auswählend; wahlweise; *radio* trennscharf; **~~ circuit** Trennkreis *m;* **~~ service** *(Am)* Wehrdienstpflicht *f;* **~ivity** [silek'tiviti] *radio* Trennschärfe *f;* **~man** [si'lektmən] *pl* -men *(Neuengland)* Stadtrat, Senator *m;* **~or** [-ə] Auswählende(r); Wahlmann *m; tele* Wähler *m; ~ dial* Wählscheibe *f*.

selen|ium [si'li:njəm] *chem* Selen(ium) *n;* **~ography** [seli'nɔgrəfi] Mondbeschreibung *f*.

self [self] *pl* **selves** [selvz] *s* Selbst, Ich *n*, Person, Individualität *f; prn fam =* *my- etc. a* (der-, die-, das)selbe, (der, die, das) gleiche; *in Zssgen* Selbst-, Eigen-; automatisch; *to be o.'s old ~* wieder der alte sein; *my poor ~* meine Wenigkeit; *his better ~* s-e bessere Natur, sein besseres Ich; *thought of ~* Selbstsucht *f;* **~-abasement** Selbsterniedrigung *f;* **~-absorbed** *a* nur mit sich selbst beschäftigt; eigensüchtig; **~-abuse** Selbstbefriedigung *f;* **~-acting** selbsttätig; *tech* automatisch; **~-appointed** *a* selbsternannt; **~-assertion** Selbstbehauptung *f;* anmaßende(s) Auftreten *n;* **~-assertive** anmaßend; **~-assurance** Selbstbewußtsein *n*, -sicherheit *f;* **~-assured** *a* selbstbewußt, -sicher; **~-cent(e)red** *a* egozentrisch; selbstsüchtig; **~-colo(u)red** *a* naturfarben; Ton in Ton; **~-command** Selbstbeherrschung *f;* **~-complacent** selbstgefällig; **~-conceit** Überheblichkeit *f*, Dünkel *m;* **~-conceited** *a* überheblich, dünkelhaft; **~-confidence** Selbstvertrauen *n*, Selbstsicherheit *f;* **~-conscious** befangen; *psycho* bewußt *n; to make s.o. ~~* jdn einschüchtern; **~-consciousness** Befangenheit *f; psychol* Bewußtsein *n;* **~-contained** *a fig* beherrscht, zurückhaltend, verschlossen;

self-control   893   **sell up**

tech (in sich) abgeschlossen, selbständig; Einbau-| ~ *house* Einfamilienhaus *n*; **~control** Selbstbeherrschung *f*; **~deceit, -deception, ~delusion** Selbsttäuschung *f*; **~defence, -se** Selbstverteidigung *f*; *in ~~ in Notwehr*; *the art of ~~* die Kunst *f* der Selbstverteidigung; **~denial** Selbstverleugnung *f*; **~denying** *a* sich selbst verleugnend; **~destruction** Selbstmord *m*; **~determination** *pol* Selbstbestimmung *f*; freie(r) Wille *m*; **~distrust** mangelnde(s) Selbstvertrauen *n*; **~educated** *a*: *~ man* Autodidakt *m*; **~esteem** Selbstachtung *f*; **~evident** selbstverständlich; *it is ~~* es versteht sich von selbst; **~examination** Selbstprüfung *f*; **~excited** *a tech* selbsterregt; **~explanatory** unmittelbar verständlich; **~expression** Ausdruck *m* der eigenen Persönlichkeit; **~feeder** Dauerbrandofen *m*; **~fertilization** Selbstbefruchtung *f*; **~glorification** Selbstverherrlichung *f*; **~governing** autonom; **~government** Selbstverwaltung *f*; Unabhängigkeit *f*; **~help** Selbsthilfe *f*; **~ignition** *mot* Selbstzündung *f*; **~important** eingebildet; **~indulgence** Sichgehenlassen *n*; Zügellosigkeit, Hemmungslosigkeit *f*; **~indulgent** sich gehenlassend; ungehemmt, zügellos; **~interest** Eigennutz *m*; **~ish** ['~iʃ] selbstsüchtig; eigennützig; **~ishness** ['~iʃnis] Selbstsucht *f*; **~knowledge** Selbsterkenntnis *f*; **~less** ['~lis] selbstlos; **~love** Eigenliebe *f*; **~made** *a* selbstgemacht; *~ man* jdm, der es durch eigene Kraft zu etw gebracht hat; **~opinionated** *a* rechthaberisch; **~portrait** Selbstporträt *n*; **~possessed** *a* selbstbeherrscht; gefaßt; **~preservation** Selbsterhaltung *f*; *instinct of ~* Selbsterhaltungstrieb *m*; **~propelled, -propelling** *a tech* Selbstfahr-; mit eigenem Antrieb; **~realization** Selbstverwirklichung *f*; **~regard** Eigennutz *m*; **~reliance** Selbstvertrauen *n*; **~reliant** *a* voll(er) Selbstvertrauen; **~respect** Selbstachtung *f*; **~respecting** *a* voll(er) Selbstachtung; *no ~ man* keiner, der etw auf sich hält; **~restraint** Selbstbeherrschung *f*; **~righteous** selbstgerecht; **~righteousness** Selbstgerechtigkeit *f*; **~sacrifice** Selbstaufopferung *f*; **~sacrificing** sich selbst (auf)opfernd; **~same** ebenderselbe, eben, genau der; **~sealing** *tech* selbstabdichtend;

~seeker Egoist, selbstsüchtige(r) Mensch *m*; **~seeking** eigennützig, selbstsüchtig; **~service** *com* Selbstbedienung *f*; *~ shop, store* Selbstbedienungsgeschäft *n*; **~starter** *mot* automatische(r) Anlasser *m*; **~styled** *a* (vor e-m Titel) angeblich; **~sufficiency** Unabhängigkeit, Selbständigkeit; Autarkie; Überheblichkeit *f*; **~sufficient** unabhängig, selbständig; autark; überheblich; **~supplier, -supporter** Selbstversorger *m*; **~supply** Selbstversorgung *f*; **~supporting, -sustaining** materiell, finanziell unabhängig; autark; *com* sich selbst tragend; *tech* freistehend, -tragend; **~taught** = **~educated**; **~timer** *phot* Selbstauslöser *m*; **~willed** *a* eigenwillig, -sinnig; **~winding** (*Uhr*) automatisch.

sell [sel] *irr* sold, sold [sould] *tr* verkaufen (*to* an); veräußern, absetzen, unterbringen (*at a profit* mit Gewinn); handeln, Handel treiben mit, vertreiben; *Am* werben (*s.th.* für etw; *to* bei); (*Person od Sache*) verraten (*to the enemy* an den Feind); (*s-e Ehre*) verkaufen; *fam* an den Mann bringen, anbringen, loswerden, losschlagen; *Am fam* 'rumkriegen, überreden (*on* zu), gewinnen (*on* für), überzeugen (*on* von); (*to ~ s.o. a bill of goods*) (*s.th. to s.o.*) jdm etw) andrehen (*s.th. to s.o.*) jdm etw); popularisieren; *sl* bescheißen, an-, hinters Licht führen; *itr* handeln, Handel treiben; verkauft werden (*at* um; *for* für); kosten (*for s.th.* etw); (*to ~ well*) sich gut verkaufen, gut gehen, guten Absatz finden; *fam* (allgemein) Anklang finden; *s sl* Geschäftstüchtigkeit *f*; Trick; Kniff; Reinfall *m*, Enttäuschung *f*; *to be sold on s.o.* (*pop*) in jdn vernarrt sein; *to ~ by auction* versteigern; *to ~ like hot cakes* (*fam*) wie warme Semmeln abgehen; *to ~ for cash, on credit, at a loss* bar, auf Kredit, mit Verlust verkaufen; *to ~ cheap, dear* billig, teuer verkaufen; *to ~ on commission* in Kommission geben; im Auftrag verkaufen; *to ~ s.o. a bill of goods* (*fam*) jdm e-n Ladenhüter andrehen; *to ~ the pass* (*fam*) s-e Partei im Stich lassen; *to ~ s.o. down the river* (*Am fam*) jdn im Stich lassen; *to ~ short difficult, hard to ~* schwer verkäuflich, abzusetzen(d); *to ~ off* verramschen, verschleudern; *to ~ out* ausverkaufen, realisieren (*at a great discount* zu stark zurückgesetzten Preisen); *Am fam* verraten; abhauen; *to ~ up* restlos absetzen, ausverkaufen; alles verkaufen;

seller *(Schuldner)* (aus)pfänden; **~er** ['-ə] Verkäufer; *(good ~~)* (Verkaufs-)Schlager m; **~~'s market** Verkäufermarkt m; **~ing** ['-iŋ] Verkauf, Vertrieb, Absatz m; **~~ agent** Verkaufskommissionär m; **~~ cost** Vertriebskosten pl; **~~-off** Ausverkauf m; **~~-out** *Am fam* Verrat m; **~~ price** Verkaufspreis; *(Börse)* Briefkurs m; **~~ right** Verkaufsrecht n; **~~ territory** Verkaufsgebiet n; **~~ value** Verkaufswert m; **~~-out** *Am fam* große(r) Erfolg, Schlager; *Am sl* Verrat m.

seltzer ['seltsə] Selterswasser n.

selvage, selvedge ['selvidʒ] Salleiste f, (Web-)Kante, Borte f; Schließblech n *(e-s Schlosses)*.

semantic [si'mæntik] a semantisch; **s** pl mit sing Semantik, Wortbedeutungslehre f.

semaphore ['seməfɔː] s Semaphor n *(a. m)*, optische(r) Telegraph m; rail Flügelsignal n; itr tr signalisieren, winken.

semblance ['sembləns] Aussehen n, Erscheinung f, Anblick m, Gestalt; Ähnlichkeit f *(to* mit); Ebenbild; (Ab-)Bild n, Darstellung; täuschende Ähnlichkeit, Täuschung f; Anschein, (bloßer, hohler) Schein m; *in ~* scheinbar; *to put on a ~ of gaiety* sich den Anschein geben, fröhlich zu sein.

semen ['siːmen] physiol Samen(flüssigkeit f) m.

semester [si'mestə] *bes. Am* Semester n.

semi ['semi] pref halb-, Halb-, semi, Semi-; **~~annual** halbjährlich, -jährig; **~~automatic** halbautomatisch; **~breve** ['-briːv] Br mus ganze Note f; **~~ rest** ganze Pause f; **~circle** Halbkreis m; **~~circular** halbkreisförmig; **~~ arch** Rundbogen m; **~colon** ['semi'koulən] Semikolon n, Strichpunkt m; **~~conductor** phys Halbleiter m; **~~detached** a: **~~ houses** pl Doppelhaus n; **~~durable** beschränkt haltbar; **~~ goods** (pl) Konsumgüter n pl mit beschränkter Haltbarkeit; **~~final** sport Vorschlußrunde f; **~~finalist** Teilnehmer m an der Vorschlußrunde; **~~finished** a halbfertig; **~~ products** (pl) Halbfabrikate n pl; **~~fluid** = **~solid**; **~~manufactured** a Halbfertig-; **~~ goods** (pl) Halbfabrikate n pl; **~~monthly** a adv halbmonatlich; **s** Halbmonatsschrift f; **~~official** halbamtlich, offiziös; **~~precious**: **~~ stone** Halbedelstein m; **~quaver** Br mus Sechzehntelnote f; **~~skilled** a *(Arbeiter)* angelernt; **~solid** halbfest; gallertartig; **~tone** Halbton m; **~trailer** mot Sattelschlepper m; **~~tropical** subtropisch; **~vowel** Halbvokal m; **~~weekly** a adv halbwöchentlich.

semin|al ['siːminl, 'semin] a Samen-, Keim-, Zeugungs-; fig Quellen-, Herkunfts-; zukunftsträchtig; *in the ~ state* noch unentwickelt, in den Anfängen (befindlich); **~~ fluid** (physiol) Samenflüssigkeit f; **~~ power** Zeugungskraft f; **~ar** ['seminɑː] *(Univ.)* Seminar n; **~arist** ['semin ə rist] rel Seminarist m; **~ary** ['seminəri] Pflanz-, pej Brutstätte f; *(bes. Priester-)* Seminar n.

Semit|e ['siːmait] Semit m; **~ic** [si'mitik] semitisch.

semolina [seməˈliːnə] (Weizen-)Grieß m.

sempiternal [sempi'təːnl] ewig.

sempstress ['sem(p)stris] Näherin f.

sen|ate ['senit] Senat m; *the S~* der (amerik.) Senat; **~ator** ['senətə] Senator m, Senatsmitglied n; **~atorial** [senəˈtɔːriəl] senatorisch; Senatoren-, Senats-; *(Wahlbezirk)* zur Wahl e-s *(amerik.)* Senators berechtigt; **~escence** [si'nesns] Altern n; **~escent** [si'nesnt] alternd; **~ile** ['siːnail] greisenhaft, senil; Alters-; **~ility** [si'niliti] Greisenhaftigkeit, Senilität, Vergreisung f; Greisenalter n; **~ior** ['siːnjə] a älter *(to* als); dienstälter; ranghöher; übergeordnet; *(Schüler)* der obersten Klasse; *(Student)* des letzten Studienjahres; *(nach e-m Namen)* der Ältere, senior; **s** Ältere(r); Senior; Schüler, Student m des letzten Studienjahres; Rangältere(r) m; **~~ clerk** Bürovorsteher m; **~~ partner** Hauptteilhaber, Seniorpartner m; **~~ year** *(Am)* letzte(s) Studienjahr n; **~iority** [siːni'ɔriti] höhere(s) (Dienst-)Alter n, höhere(r) Rang m; **~~ list** Dienstrangliste f.

send [send] irr sent, sent [sent] tr senden, schicken; in Bewegung setzen, stoßen, treiben, befördern; *(Telegramm)* aufgeben; *(Stein)* werfen; *(Pfeil)* schießen; mil in Marsch setzen; *(mit a)* machen; itr: *to ~ for s.o.* jdn kommen lassen; *to ~ tele* jdm geben, senden, funken; *to ~ to Coventry* (fig) jdn links liegenlassen; *to ~ s.o. flying* jdm Beine machen; *to send s.o. o.'s love* jdn herzlich grüßen (lassen); *to ~ mad* verrückt machen; *to ~ s.o. out of his mind* jdn um den Verstand bringen; *to ~ o.'s regards* jdn grüßen lassen; *to ~ packing, to the right-about* (fig) 'rauswerfen; fortjagen; *to ~ to sleep* ins Bett schicken; *to ~ s.o. word* jdm Nachricht geben; *to ~ after*

send away 895 **sentence**

nachschicken; *to ~* **away** entlassen; fort-, wegschicken; *to ~* **back** zurückschicken; *to ~* **down** fallen, sinken lassen; hinunterschicken; *(Preise)* drücken; *(Univ.)* relegieren; *to ~* **forth** von sich geben; ausstoßen, -senden, -strahlen; hervorbringen; erscheinen lassen, veröffentlichen; *to ~* **in** einschicken, -senden, -reichen; *~ o.'s name* sich anmelden; *~ o.'s papers* s-e Entlassung einreichen; *~ o.'s resignation* s-n Rücktritt erklären; *to ~* **off** abschicken, -senden; entlassen; fortbegleiten; *~ by post* zur Post geben; *to ~* **on** (voraus)schicken; *(Brief)* nachschicken; *to ~* **out** aussenden, -strahlen; *bot* treiben; (fort-) schicken *(for* um); ausgehen lassen, bekanntmachen; veröffentlichen; *to ~* **round** in Umlauf setzen; umherschicken; *to ~* **up** weiterleiten; *(Preise)* in die Höhe treiben; *Am fam* einlochen, -sperren; **~er** ['-ə] (Ab-)Sender; *tele* Geber, Sender *m; return to ~~* an den Absender zurück; **~ing** ['-iŋ] Schicken, Absenden *n,* Versand *f;* Sendung *f; ~~ end (el)* Eingang(sseite *f) m; ~~ station* Aufgabestelle *f;* **~off** *fam* Abschiedsfeier *f,* -wünsche *m pl;* neue(r) Beginn, Start *m.*
sens|ation [sen'seiʃən] *physiol* Sinn *m;* Sinneswahrnehmung, -empfindung; Empfindung *f,* Eindruck *m;* Empfinden, Gefühl *n;* Sensation *f,* Aufsehen *n; to create, to make a ~~* Aufsehen erregen; **~ational** [-l]*a* Sinnes-, Empfindungs-; sensationell, aufsehenerregend; **~e** [sens] *physiol* Sinn *m;* sinnliche Wahrnehmung *f,* Sinnesleben *n;* Wahrnehmung, Empfindung *f,* Eindruck *m; fig* Sinn *(of* für); Verstand *m;* Vernunft *f;* Verständnis *n;* allgemeine Meinung *od* Einstellung; *(Wort)* Bedeutung *f; (Äußerung)* Sinn *m;* Richtung, Tendenz *f; pl* Verstand *m; tr* wahrnehmen, gewahr werden, empfinden, fühlen; *fam* begreifen, verstehen; *in a ~~* in gewissem Sinne; gewissermaßen; *the five ~s* die fünf Sinne; *in the best ~~ of the term* im wahrsten Sinne des Wortes; *in o.'s right ~~s* bei (Sinn u.) Verstand; *to be out of o.'s ~~s* ganz aus dem Häuschen sein; *to bring s.o. to his ~~s* jdn zur Vernunft bringen; *to come to o.'s ~~s* (wieder) zur Vernunft kommen; *to frighten s.o. out of his ~~s* jdn zu Tode erschrecken; *to lose, to regain o.'s ~~s* das Bewußtsein verlieren; wieder zu(m) Bewußtsein kommen; *fig* wieder Vernunft annehmen; *to make ~~*

Sinn haben; *of s.th.* etw begreifen; aus etw schlau werden; *to take leave of o.'s ~~s* den Verstand verlieren; *to talk ~~* vernünftig reden; *there's no ~~ in doing it* es hat keinen Sinn, ist zwecklos, das zu tun; *common ~~* gesunde(r) Menschenverstand *m; moral ~~* sittliche(s) Empfinden *n; sixth ~~* sechste(r) Sinn *m,* hellseherische Begabung *f; ~~ of direction, locality* Richtungs-, Örtssinn *m; ~~ of duty, guilt* Pflicht-, Schuldgefühl *n; ~~ of hearing, of smell* Gehör-, Geschmackssinn *m; ~~ of humo(u)r* Sinn *m* für Humor; *~~-organ* Sinnesorgan *n; ~~-perception* Sinneswahrnehmung *f; ~~ of warmth* Wärmegefühl *n;* **-eless** ['-lis] bewußtlos; dumm, töricht; unvernünftig, sinnlos; **~elessness** ['-lisnis] Bewußtlosigkeit; Dummheit, Torheit; Unvernunft, Sinnlosigkeit *f;* **~ibility** [sensi'biliti] Wahrnehmungs-, Empfindungsvermögen *n (to* für); Reaktionsfähigkeit *f; oft pl* Gefühl *n;* Ansprechbarkeit *f;* Feingefühl, Einfühlungsvermögen, Verständnis *n;* **~ible** ['sensibl] sinnlich wahrnehmbar, fühlbar; verständlich; sinn-, augenfällig; begreiflich; empfindungsfähig, empfänglich, ansprechbar, feinfühlend, verständig, verständnisvoll; vernünftig, klug, weise; *to be ~~ of s.th.* sich e-r S bewußt sein; **~ibleness** ['-iblnis] Feingefühl, Verständnis *n;* Vernunft *f;* **~itive** ['sensitiv] *physiol* sinnlich, Sinnes-, wahrnehmungs-, empfindungsfähig; feinfühlig, empfindlich, reizbar *(about* in); empfindlich, empfänglich *(to* für); *~~ to light* lichtempfindlich *(to* für); *~~ plant (bot)* Mimose *f;* **~itiveness** ['-itivnis] Feingefühl *n,* Empfindlichkeit, Reizbarkeit; Empfänglichkeit *f;* **~itize** ['sensitaiz] *tr* lichtempfindlich machen; *med* sensibilisieren; **~orial** [sen'sɔ:riəl], **~ory** ['sensəri] *physiol* sinnlich, Sinnes-; **~orium** [sen'sɔ:riəm] *anat* Sinnesapparat *m;* Empfindungsvermögen *n;* **~ual** ['sensjuəl, *Am* '-ʃuəl] sinnlich; wollüstig, geil; **~ualism** ['-izm] Sinnlichkeit *f; philos* Sensualismus *m;* **~ualist** ['-juəlist] sinnliche(r) Mensch, Lüstling; *philos* Sensualist *m;* **~uality** [sensju'æliti] Sinnlichkeit; Geilheit *f;* **~ualize** ['sensjuəlaiz] *tr* sinnlich machen; **~uous** ['sensjuəs, *Am* '-ʃuəs] sinnlich, Sinnes-; sinnen-, genußfreudig, genießerisch.
senten|ce ['sentəns] *s* Richterspruch *m,* Gerichtsurteil *n;* (Straf-)Urteil *n;* Strafe *f; gram mus* Satz; *obs* Aus-

sententious   896   **sequel**

spruch *m*, Sentenz, Maxime *f*; *tr (Angeklagten)* ver-, aburteilen *(to* zu); *under ~~ of death* zum Tode verurteilt; *to be ~~d to five years at hard labour* zu fünf Jahren Zuchthaus verurteilt werden; *to pass ~~* ein Urteil fällen *(on s.o.* über jdn); *to quash a ~~* ein Urteil aufheben *od* kassieren; *to serve o.'s ~~* s-e Strafe verbüßen, *fam* absitzen; *to submit to a ~~* ein Urteil annehmen; *to suspend a ~~* die Strafvollstreckung aussetzen; *commutation of ~~* Strafumwandlung *f*; *life ~~* lebenslängliche Gefängnis-, Zuchthausstrafe *f*; *maximum ~~* Höchststrafe *f*; *~~ of death* Todesurteil *n*; *~~ of imprisonment* Freiheits-, Gefängnisstrafe *f*; *~~ stress (gram)* Satzton *m*; **~tious** [sen'tenʃəs] kurz, knapp, kurz u. bündig, gedrängt, inhaltsreich, markant, lapidar; sentenzreich, sentenziös; *pej* affektiert, salbungsvoll, geschwollen; **~tiousness** ['tenʃəsnis] Gedrängtheit; Geschwollenheit *f*.
senti|ence, ~ency ['senʃəns(i)] Gefühl, Empfinden *n*; Wahrnehmungsfähigkeit) *f*; **~ent** ['-t] empfindend, fühlend, wahrnehmend; **~ment** ['sentimənt] Gefühl, Empfinden *n*; Meinung, Ansicht *f (on* über); Gedanke *m*, Auffassung (on von); Empfindsamkeit, Gefühlsbetontheit *f*; Zartgefühl *n*; Sentimentalität, Gefühlsduselei *f*; *pl* Einstellung, Gesinnung, Haltung *f*; **~mental** [senti'mentl] empfindsam, gefühlvoll; sentimental; gefühlsbetont, rührselig; *~~ value* Liebhaberwert *m*; **~mentalism** [-izm], **~mentality** [sentimen'tæliti] Sentimentalität, Gefühlsduselei *f*; **~mentalist** [senti'mentəlist] Gefühlsmensch *m*; **~mentalize** [-'mentəlaiz] *tr* sentimental, gefühlvoll machen *od* stimmen; gefühlsmäßig auffassen; *itr* sentimental sein *od* reden *(about* über).
sent|inel ['sentinl] Wache *f*, (Wach-)Posten *m*; *to stand ~~ (over) (lit)* bewachen; **~ry** ['-tri] (Wach-)Posten *m*; Wache *f*; *to go on ~~* auf Wache ziehen; *to keep ~~* Wache halten, schieben; *~~-box* Schilderhaus *n*; *~~-go* Postengang *m*; *~~-squad* Wachmannschaft *f*.
sepal ['sepəl, *Am* 'si:-] *bot* Kelchblatt *n*.
separ|able ['sepərəbl] trennbar, -fähig; **~ate** ['sepəreit] *tr* (ab)trennen; (zer)teilen *(into* in); ausea.halten, unterscheiden; *(Gruppe)* einteilen *(into* in); absondern, trennen *(from* von); *tech* ausea.od.schneiden; *tech* zentrifugieren; *Am mil* entlassen; *Am*

(Ehe) scheiden; *itr* sich trennen, scheiden, sich lossagen *(from* von); *Am mil* den Abschied nehmen; *tech* sichabscheiden; *a* ['seprit] (ab)getrennt, gesondert *(from* von); einzeln; *(Zimmer)* separat, getrennt; besonder; verschieden; Sonder-, Einzel-;selbständig, unabhängig; Eigen-; *s* ['-prit] Sonderdruck *m*; *to keep ~~* ausea.halten; *to be ~~d* getrennt, geschieden sein; *~~ edition, print* Sonderausgabe *f*, -druck *m*; *~~ excitation (el)* Fremderregung *f*; **~ation** [sepə'reiʃən] Trennung, Teilung; Absonderung *f*; Zwischenraum, Abstand *m*, Trenn(ungs)-, Bruchstelle; *tech* Abscheidung *f (judicial ~~)* Aufhebung *f* der ehelichen Gemeinschaft; *tele* Trennschärfe; *Am mil* Entlassung; Demobilisierung *f*, Abschied *m*; *to live in ~~* getrennt leben *(from* von); *~~ allowance, indemnity* Trennungsentschädigung *f*; *~~ center (Am mil)* Entlassungslager *n*; *~~ of powers* Gewaltentrennung *f*; **~atism** ['sepərətizm] Separatismus *m*; **~atist** ['sepərətist] Separatist *m*; **~ative** ['sepərətiv] trennend; Trenn(ungs)-; **~ator** ['sepəreitə] Trennende(r); *tech* (Ab-)Scheider *m*; Schleuder, Zentrifuge *f*.
sepia ['si:pjə] *s* Tintenfisch *m*; Sepia (-braun *n) f*; *a* Sepia-; sepiabraun.
sepoy ['si:pɔi] *hist* Sepoy *m*.
sep|sis ['sepsis], **~tic(a)emia** [septi'si:miə] Blutvergiftung *f*; **~tic** ['septik] *a* septisch; *sl* widerlich; *s* Fäulniserreger *m*; *~~ tank* Klärbehälter *m*.
sept|al ['septl] *a* Scheide-; **~um** ['-əm] *pl -a* ['-ə] Scheidewand *f*.
Sept|ember ['sep'tembə] September *m*; **s~enary** ['-tənəri, -'ti(:)nəri] *a* Sieben(er)-; siebenjährig; *s* Sieben(ergruppe) *f*; **~ennial** [sep'tenjəl] siebenjährig; alle sieben Jahre stattfindend; **~uagenarian** [septjuədʒi'nɛəriən] *a* siebzigjährig; *s* Siebzig(jährig)er *m*; **S~uagesima** [-'dʒesimə] Septuagesima *f (9. Sonntag vor Ostern);* **S~uagint** ['septjuədʒint] Septuaginta *f*.
sepul|chral [si'pʌlkrəl] *a* Grab-, Beerdigungs-, Toten-; *fig* düster, finster, unheimlich; *~~ vault* Grabgewölbe *n*; *~~ voice* Grabesstimme *f*; **~chre**, *Am* **~cher** ['sepəlkə] *s* Grab(stätte *f*, -gewölbe) *n*, Gruft *f*; *tr* begraben, bestatten, beisetzen; *the Holy S~~* das Heilige Grab *(Jesu);* **~ture** ['sepəltʃə] Beerdigung, Bestattung *f*.
sequ|el ['si:kwəl] Fortsetzung; Folge *f*, Ergebnis *n*, Folgeerscheinung, Wirkung *f*; Nachspiel *n*; *lit* (in sich abge-

schlossener) Teil *m* e-s Zyklus; *in the ~~* der Reihe nach; in der Folge, danach; *~~ of war* Kriegsfolge *f*; **-ence** ['-əns] Reihe(nfolge), Serie, Folge; Anordnung; Folge *f*, Ergebnis *n*; *(Kartenspiel, mus, rel)* Sequenz; *film* Szene *f*; **-ent**['-t] *a* (nach)folgend, sich ergebend; *s* Folge *f*, Ergebnis *n*; **-ential** [-'kwenʃəl] folgend (*to* auf); folgerichtig.

sequest|er [si'kwestə] *tr* abtrennen, -sondern (*from* von); beschlagnahmen, einziehen, sequestrieren, unter Zwangsverwaltung stellen; *to ~~ o.s.* sich zurückziehen (*from* von); *a ~~ed life* ein zurückgezogenes Leben, ruhiges Dasein *n*; *a ~~ed spot* ein stilles Plätzchen *n*; **-ration** [si:kwes'treiʃən] Abtrennung, -sonderung; Zurückgezogenheit; *jur* Beschlagnahme, Sequestration; Zwangsverwaltung *f*; **-rator** ['si:kwestreitə] Zwangsverwalter *m*.

sequin ['si:kwin] Metallschuppe, -scheibe; Zechine *f (Münze)*.

sequoia [si'kwɔiə] Mammutbaum *m*.

seraglio [se'ra:liou] *pl* **-os** Serail *n*.

serape [sə'ra:pi] *Am* (bunter) Umhang.

seraph ['serəf] *pl* **-im** ['-im] *rel* Seraph *m*; **-ic(al)** [se'ræfik(əl)] seraphisch; engelhaft.

Serb|ia ['sə:bjə] Serbien *n*; **-(ian)** ['-bjən] *a* serbisch; *s* Serbe *m*, Serbin *f*; (das) Serbisch(e); **-o-Croatian** ['sə:boukrou'eiʃən] *s* (das) Serbokroatisch(e); *a* serbokroatisch.

sere *s. sear.*

serenade [seri'neid] *mus* Ständchen *n*; Serenade *f*.

seren|e [si'ri:n] heiter, klar, rein; *(Meer)* ruhig, still; *(Himmel)* hell, klar; *fig* froh, heiter, gelassen; *His S~~ Highness* Seine Durchlaucht *f*; **-ly** [si'reniti] Heiterkeit, Klarheit; Ruhe, Stille; *fig* Gemütsruhe, Gelassenheit *f*; *S~~* Durchlaucht *f*.

serf [sə:f] Leibeigene(r); *bes. fig* Sklave *m*; **-age** ['-idʒ], **-dom** ['-dəm] Leibeigenschaft; *fig* Sklaverei *f*.

serge [sə:dʒ] *(Textil)* Serge, Sersche *f*.

sergeant, **serjeant** ['sɑ:dʒənt] Feldwebel; Wachtmeister *m (a. d. Polizei)*; *master ~ (Am)* Stabsfeldwebel, -wachtmeister *m*; **~-at-arms** *Art* Ordnungsbeamte(r) *m*; **~-at-law** Justizrat *m*; **~-major** *Br* Oberfeldwebel, -wachtmeister *m*; *company ~~* Hauptfeldwebel, -wachtmeister *m*.

seri|al ['siəriəl] *a* fortlaufend; reihenweise, laufend; Reihen-; in Lieferungen, periodisch erscheinend; *s* Fortsetzungsroman, -bericht *m*; Artikelreihe, -serie; *radio* Sendefolge; Wochen-, Monatsschrift, Zeitschrift *f*; Lieferungs-, Fortsetzungswerk *n*; *mil* Marschgruppe *f*; *~~ house* Fortsetzungshaus *n*; *~~ novel* Fortsetzungs-, Feuilletonroman *m*; *~~ number* laufende Nummer; *com* Fabrikationsnummer; *mil* Matrikel-, Stamm-, Wehrnummer *f*; *~~ photograph* Reihenbild *n*; *~~ production* Serien-, Reihenfertigung, Massenproduktion *f*; *~~ writer* Feuilletonist *m*; **-alize** ['-iəlaiz] *tr* in Fortsetzungen veröffentlichen; *com* serienmäßig herstellen; **-ate** ['-eit] *tr* aufreihen, ordnen; *a* ['-it] *u.* **-ated** ['-eitid] aufgereiht; serienweise, **-atim** [siəri'eitim] *adv* der Reihe nach; **-es** ['siəri:z] *pl ~~* Reihe, Folge, Serie *f*; Zyklus *m*; *math* Reihe; *biol* Gruppe *f*; *in ~~* reihen-, serienweise, serienmäßig; *el* hintereaut.geschaltet; *~~-circuit*, *-connection* *(el)* Reihenschaltung *f*; *~~* Reihensteuerung *f*; *~~ motor* Reihenschlußmotor *m*; *~~ of observations, tests* Beobachtungs-, Versuchsreihe *f*; *~~ production* Serienherstellung, Massenproduktion *f*; *~~ of reactions* Kettenreaktion *f*; *~~ resistance (el)* Vorwiderstand *m*; *~~ winding* Reihen-, Hauptschlußwicklung *f*.

seri|ceous [si'riʃəs] seidig; **-culture** ['serikʌltʃə] Seidenraupenzucht *f*.

serio-comic(al) ['siəriou)'kɔmik(əl)] tragikomisch.

serious ['siəriəs] ernst; *(Irrtum)* grob; *(Fehler)* schwer(wiegend); ernsthaft, aufrichtig, ehrlich; wichtig, bedeutend, bedeutsam, schwerwiegend; *you can't be ~* das kann nicht Ihr Ernst sein; **-ly** ['-li] *adv* ernst; im Ernst; *~~ now* Spaß beiseite; *to take ~~* ernst nehmen; **-ness** ['-nis] Ernst *m*; Ernsthaftigkeit, Aufrichtigkeit; Wichtigkeit, Bedeutung *f*.

sermon ['sə:mən] Predigt; *pej* Gardinen-, Strafpredigt *f*; *the S~ on the Mount* die Bergpredigt; **-ize** ['sə:mənaiz] *itr* predigen *a. pej*; *tr* e-e Strafpredigt halten (*s.o.* jdm).

ser|ology [siə'rɔlədʒi] *med* Serologie *f*; **-osity** [-'rɔsiti], **-um** ['siərəm] *med* Serum *n*; **-ous** ['-rəs] *med* serös.

serpent ['sə:pənt] (Gift-)Schlange *f* *a. fig astr*; **-charmer** Schlangenbeschwörer *m*; **-ine** ['sə:pəntain] *a* Schlangen-; schlangenartig, -förmig; sich schlängelnd, gewunden; *fig* falsch, hinterlistig, -hältig; *s min* Serpentin *m*; Schlangenlinie; Kehre, Serpentine *f*; *~~-cooler* Kühlschlange *f*.

serpigo [sə:'paigou] *med* fressende Flechte *f*.
serrat|e ['serit], **-ed** [se'reitid] *a* (aus-)gezackt, gezähnt, gekerbt; zackig; **-ion** [se'reiʃən] Auszackung *f*.
serried ['serid] *a* (dicht) gedrängt, massiert, kompakt; *(Reihe)* geschlossen.
serv|ant ['sə:vənt] *(domestic ~~)* (Haus-)Diener, Bediente(r), Hausangestellte(r); *fig* eifrige(r) Anhänger *m*; *pl* Dienstboten *m pl*; *civil, public ~~* Beamte(r) *m*; **~~-girl** Hausmädchen *n*, -angestellte *f*; **~e** [sə:v] *tr* dienen *(s.o.* jdm; *God* Gott; *o.'s country* s-m Lande); e-n Dienst, Dienste erweisen; von Nutzen, dienlich sein, helfen *(s.o.* jdm); dienen *(as a substitute* als Ersatz); *(Amt)* ausüben, verwalten; *(Kunden)* bedienen; beliefern; *(Gebiet)* versorgen; *(to ~~ out)* ausgeben; *(Essen, Getränk)* servieren, auftragen; *(Getränk)* herumreichen; *(Gast)* bedienen; Essen auftragen *(s.o.* jdm); *(Suppe)* austeilen; *(Dienst)* ausüben; *(Lehrzeit)* ableisten; *(Strafe)* verbüßen, *fam* absitzen; *(Zweck)* erfüllen, entsprechen; da sein für; behandeln; *jur (ein Schreiben)* zustellen *(s.th. on s.o., s.o. with s.th.* etw jdm); ein Schreiben zustellen *(s.o.* jdm); *sport (Ball)* anschlagen; *zoo (weibl. Tier)* decken; *tech (Kabel)* armieren; *itr* dienen, Dienst tun *(as* als); tätig sein *(with s.o.* bei jdm); gebraucht werden, brauchbar, dienlich sein, sich verwenden lassen; funktionieren; von Nutzen sein, dem Zweck erfüllen; *(Kellner)* bedienen; *rel* als Meßgehilfe fungieren; *sport* anspielen, -schlagen; *s sport* Anschlag *m*, Angabe *f*; *to ~~ out* es jdm heimzahlen; *to ~~ s.o. badly* jdn schlecht behandeln; *to ~~ on a committee* e-m Ausschuß angehören; Mitglied e-s Ausschusses sein; *to ~~ two masters* zwei Herren dienen; *to ~~ notice on s.o.* jdn vorladen; *to ~~ time, a term in prison* e-e Gefängnisstrafe absitzen; *to ~~ no purpose* zwecklos sein; *to ~~ a trick on s.o.* jdm e-n Streich spielen; *as the occasion, as the time ~~s* bei (passender) Gelegenheit; *(that) serve(s) you right!* das geschieht dir recht! **~er** ['-ə] Dienende(r), Diensttuende(r); *jur* Zustellungsbeamte(r); *sport* Anspielende(r), Aufschläger *m*; Tablett *n*; *rel* Ministrant *m*; **-ice** ['-is] **1.** Dienst *m*; Arbeitsleistung; Beschäftigung *f*; Amt *n*; *(civil, public ~~)* Staatsdienst; Wehr-, Militärdienst *m*; *(a. pl)* Wehrmacht *f*;

tech Service *m*, Wartung *f*, Kundendienst *m*; Dienststelle *f*, Amt *n*; öffentliche Dienste *m pl od* Versorgung *f*; *(repair, telephone, train ~~)* (Reparatur-, Telephon-, Fahr-)Dienst; *(bus ~~)* (Bus-)Verkehr; Kundendienst *m*, Belieferung *f*; Betrieb; (Liebes-)Dienst *m*, Gefälligkeit *f*, Entgegenkommen *n*, Hilfe *f*; Nutzen, Vorteil *m*; Servieren *n*, Bedienung *f* *(bei Tisch)*; (Eß-, Tee-)Service *n*; *(divine ~~)* Gottesdienst *m*; *jur* Zustellung *f*; *com* Zinsendienst; *sport* Aufschlag *m*; *mil* Truppengattung; *(~~ troops)* Versorgungstruppe *f*; *zoo (Tiere)* Decken *n*; *tr* versorgen, bedienen; instand halten, setzen; reparieren, überholen; *of ~~* von Nutzen; *out of ~~* außer Dienst; *to attend ~~* den Gottesdienst besuchen; *to be at s.o.'s ~~* jdm zu Diensten stehen; *to be in ~~ (Mädchen)* in Stellung sein; *to be in, on active ~~* dienen, Soldat sein; *to go into, to go out to ~~ (Mädchen)* in Stellung gehen; *to be of ~~* behilflich sein; *to make use of s.o.'s ~~* von jds Angebot Gebrauch machen; *to put into ~~* in Dienst stellen; *to render s.o. a ~~* jdm e-n Dienst erweisen *od* leisten; *to retire from ~~* in den Ruhestand treten; *to see ~~* dienstliche Erfahrungen haben; *air ~~* Luftverkehr, Flugdienst *m*; *civil ~~* Staatsdienst *m*; *clerical ~~* Bürotätigkeit *f*; *compulsory ~~* Dienstpflicht *f*; *Consular, Diplomatic, Secret S~~* Konsularische(r), Diplomatische(r), Geheimdienst *m*; *contract of ~~* Dienstvertrag *m*; *delivery ~~* Zustelldienst *m*; *dinner, tea ~~* Eß-, Teeservice *n*; *field ~~* Außendienst; *mil* Frontdienst *m*; *fit for ~~* dienstfähig, -tauglich; *intelligence ~~* Nachrichtendienst *m*; *labo(u)r ~~* Arbeitsdienst *m*; *marriage ~~* Trauung *f*; *ready for ~~* dienst-, einsatzbereit; *train ~~* Zugverkehr *m*, -folge *f*; *travel ~~* Reisedienst *m*; *~~ area (radio)* Sendegebiet; Liefergebiet *n*; *~~ book* Gesangbuch *n*; *~~ brake* Betriebsbremse *f*; *~~ cable* Versorgungs-, Zuleitungskabel *n*; *~~ call (tele)* Dienstgespräch *n*; *~~ cap (mil)* Dienstmütze *f*; *~~ centre* Reparaturwerkstätte *f*; *~~ charge* Bedienungsgeld *n*; Verwaltungsgebühr *f*; *~~ coat* Waffenrock *m*; *~~ colo(u)r* Waffenfarbe *f*; *S~~ Command (Am)* Wehrkreis *m*; *~~ company (Am)* Versorgungs- u. Instandsetzungskompanie *f*; *~~ condition* Betriebsbedingung *f*; *~~ control* Dienstaufsicht; *~~ department* Kunden-

serviceable 899 **set**

dienstabteilung; *f;* Hilfsbetrieb *m;* ~~ *dress (mil)* Dienstanzug *m;* ~~ *entrance* Eingang *m* für Personal u. Lieferanten; *tech* Hausanschluß *m;* ~~ *fee* Zustellungsgebühr *f;* ~~ *hatch* Durchreiche *f;* ~~~*instructions (pl)* Betriebsanweisung, -vorschrift *f;* ~~ *life* Nutzungsdauer, Haltbarkeit *f;* ~~ *load* Nutzlast *f;* ~~*man* ['~mən] *pl* -men Soldat *m;* ~~ *period* Dienstzeit *f;* ~~ *pipe* Anschlußrohr *n;* ~~ *record (Am)* Wehrstammrolle *f; Am* (Führungs-) Zeugnis *n;* ~~ *requirements (pl)* Betriebserfordernisse *n pl;* ~~ *road* Zugang *m;* ~~ *station (Am)* (bes. Auto-) Reparaturwerkstätte; Tankstelle *f;* ~~ *voltage* Betriebsspannung *f;* ~~ *work* Betriebsfürsorge *f;* **~iceable** ['isəbl] verwendbar, tauglich *(to* für, zu); brauchbar, dienlich, nützlich; betriebsfähig, gebrauchs-, verwendungsfähig; vorteilhaft; **~icing** ['isiŋ] *mot* Wartung *f;* **~iette** [sə:vi'et] Serviette *f;* **~ile** ['~ail] *s* Sklaven-; sklavisch, knechtisch, servil, kriecherisch, unterwürfig; ~~ *revolt* Sklavenaufstand *m;* **~ility** [sə:'viliti] Unterwürfigkeit *f;* **~ing** ['~iŋ] *Am fam* Schlag *m,* Portion; *jur* Zustellung *f; tech* Umwicklung *f;* **~itor** ['~itə] Anhänger *m; obs* Gefolgsmann, Diener; *hist* (Oxforder) Stipendiat *m;* **~itude** ['~itju:d] Sklaverei *n. fig,* Knechtschaft *f; jur* Dienstbarkeit, Servitut *f; penal* ~~ Zuchthaus (-strafe) *f n;* **~o-motor** ['sə:vo(u)'moutə] Servo-, Stellmotor *m.*

service ['sə:vis] **2.** (~~-*tree)* Eberesche *f.*
sesame ['sesəmi] *bot* Sesam *m; open* ~ Sesam, öffne dich! *(Zauberformel).*
sesqui- ['seskwi] *in Zssgen* anderthalb-; **~pedalian** ['~pi'deiljən] *a* anderthalbfüßig; *(Wort)* (sehr) lang; *fig* langatmig, geschwollen, schwülstig; *s* lange(s) Wort, Wortungetüm *n.*
sess|ile ['sesil, '~ail] *bot* stiellos; *zoo* ungestielt; **~ion** ['seʃən] *jur parl* Sitzung; Tagung; Sitzungsperiode *f; (Univ., bes. Scot u. Am)* Semester, *Br* akademische(s) Jahr *n;* Blockstunden *f pl; in full* ~~ in öffentlicher Sitzung; *to be in* ~ e-e Sitzung haben, tagen; *closing* ~~ Schlußsitzung *f; opening* ~~ Eröffnungssitzung *f; plenary* ~~ Plenar-, Vollsitzung *f; secret* ~~ Geheimsitzung *f;* ~~ *of legislature* Legislaturperiode *f;* **~ional** ['seʃənl] *a* Sitzungs-, Tagungs-.

set [set] *irr set, set* **1.** *tr* (hin)setzen; hinlegen, hin-, aufstellen; aufziehen, -pflanzen; *(Segel)* beisetzen; anbringen, applizieren; (ein-, her)richten, zurecht-, fertigmachen; *(Messer)* abziehen, schärfen; *(Tisch)* decken; *(Edelstein)* fassen; *(mit Edelsteinen)* besetzen; *(Glasscheibe)* einsetzen; *med* einrenken; *(Falle, Uhr)* stellen; *radio* einstellen; *tech* justieren; *(Grenze)* festlegen; *(Datum, Zeitpunkt, Menge, Preis, Strafe)* festsetzen; *(die Mode)* bestimmen, einführen; *(den Ton)* angeben; *(Beispiel)* geben; anberaumen, bestimmen, festsetzen *(at* auf); aufzeichnen, niederschreiben, (schriftlich) festlegen, fixieren; *(Unterschrift)* setzen *(to* unter); *(Frage)* stellen; vergleichen *(against* mit); *mus (Text)* zugrunde legen; vertonen; *typ* setzen; *theat (den Schauplatz)* verlegen *(in* nach); *(Mode)* kreieren; pflanzen, setzen; *(Henne zum Brüten)* setzen; *(Eier zum Bebrüten)* unterlegen; *(Hund, allg)* hetzen, loslassen auf; *theat (Szene)* aufbauen; **2.** *itr* sich setzen; *(Henne auf Eiern, Kleidung)* sitzen; *(Henne)* brüten; *(Sonne)* untergehen; *fig* vergehen, abnehmen, nachlassen; fest, hart werden, gerinnen, erstarren; *(Gips)* abbinden; *(Frucht)* ansetzen; reifen; *(Jagdhund)* vorstehen; fließen, wehen; sich in Bewegung setzen, sich aufmachen, aufbrechen; sich *(heran-)* machen *(about, to* an); eindringen *(on, upon* auf), bestürmen *(on, upon s.o.* jdn; *with* mit); **3.** *a* festgesetzt, -gelegt, bestimmt; angeordnet, vorgeschrieben, befohlen; im voraus, vorher festgelegt; geplant, beabsichtigt, absichtlich, (wohl)überlegt; fest, starr, unbeweglich, reg(ungs)los; (fest) entschlossen, unnachgiebig, hartnäckig; versessen *(on* auf); bereit, fertig; fest, hart, steif; *in Zssgen* (körperlich) gebaut; **4.** *s* Hinsetzen, -stellen *n;* Aufstellung *f;* Stehen; *(Hund)* Vorstehen *n;* (Sonnen-)Untergang *m;* Hart-, Festwerden *n;* Pflasterstein *m;* Stellung, Richtung, Neigung; Strömung *a. fig; (psychol, Körper)* Haltung *f; (Kleidung)* Sitz, Schnitt; *agr* Setzling *m; theat* Requisiten *n pl;* Kulissen *f pl;* Szenerie *f;* Bühnenbild *n;* (Tanz-, Menschen-)Gruppe, Gesellschaft; Bande *f;* Satz *m,* Garnitur *f,* Service, Besteck *n; (Bücher)* Reihe; Sammlung, Kollektion, Zs.stellung *f;* (bes. Radio-) Apparat *m,* (Rundfunk-)Gerät *n; astr* Untergang *m; sport* Satz *m;* **5.** *to be* ~ versessen sein *(on* auf); *to be dead* ~ *against s.th.* gegen etw eingestellt sein; *to be* ~ *in o.'s ways (fig)* festgefahren sein; *to make a dead* ~ *at s.o.* über jdn herfallen; jdn zu gewinnen suchen; *to ~ o.'s affection, o.'s heart on s.th.* sein Herz an etw hängen; auf etw versessen sein; *to ~ the axe to (lit fig)* die Axt legen an; *to ~ o.'s cap at s.o.* ein Auge werfen auf; es auf jdn abgesehen haben; *to ~ s.o., s.th. at defiance* jdm, e-r S Trotz bieten; jdn, e-e S herausfordern; *to ~ by the ears, at loggerheads, at variance* aufhetzen; *to ~ at ease, at rest* beruhigen; *to ~ on end* aufstellen, -richten; *to ~ eyes on* erblicken; *to ~ o.'s face against s.th.* sich e-r S heftig widersetzen; *to ~s.o. on his feet (fig)* jdn auf die Beine stellen; *to ~ on fire, to ~ fire to* in Brand stecken; anzünden; *to ~ foot in s.th.* etw betreten; *to ~ on foot, to ~ going* in Gang bringen; *to ~ free* freilassen; *to ~ o.'s hand to* sich machen an; *to ~ o.'s hand to the plough (fig)* Hand ans Werk legen; *to ~ o.'s hope on* s-e Hoffnung richten auf; *to ~ laughing* zum Lachen bringen; *to ~ at liberty* in Freiheit setzen; *to ~ o.'s mind on doing s.th.* sich entschließen, etw zu tun; *to ~ s.th. to music* etw vertonen; *to ~ at naught* aus-, verlachen, geringschätzen, mißachten; *to ~ the pace (fig)* den Ton, das Tempo angeben; *to ~ at rest* beruhigen; beseitigen; *to ~ right* zurechtweisen; *to ~ to rights* richtigstellen, in Ordnung bringen; *to ~ sail (Schiff)* auslaufen *(for* nach); *to ~ the seal on s.th.* etw besiegeln; *to ~ a sentry* e-e Wache aufstellen; *to ~ great, little, no store by* großen, wenig, keinen Wert legen auf; *to ~ o.'s teeth* fest entschlossen sein; *to ~ s.o.'s teeth on edge* jdm auf die Nerven gehen; *to ~ the Thames on fire (fig)* alles auf den Kopf stellen; *to ~ to work* sich ans Werk, an die Arbeit machen; *everything is all ~* alles ist fix u. fertig; **6. beach ~** Strandanzug *m*; **thick-~** untersetzt, stämmig; **well-~** gutgebaut; **7. ~ about** *tr* in Umlauf setzen, verbreiten; in Angriff nehmen, anfangen; *fam* angreifen *(s.o.* jdn), anfallen; *to ~* **afloat** vom Stapel lassen; *fig* in Bewegung setzen; *to ~* **ahead** *(Uhr)* vorstellen; *to ~* **apart** beiseite stellen, zurücklegen, reservieren; aussondern; *to ~* **ashore** an Land setzen; *to ~* **aside** beiseite setzen *od* legen *od* stellen; reservieren; absondern; nicht beachten; *(Angebot)* ablehnen; *(Betrag)* absetzen ablehnen; *jur* aufheben, annullieren, kassieren, für ungültig erklären, außer Kraft setzen; *(Klage)* abweisen; *to ~* **back** *(Uhr)* zurückstellen; *(in der Entwicklung)* hemmen, zurückbringen;

nicht berücksichtigen; *fam* kosten; *to ~* **by** auf die Seite, zurücklegen; *to ~* **down** nieder-, absetzen; hinstellen; aussteigen lassen; *(to ~~ in writing)* niederschreiben; eintragen; ansehen, betrachten *(as* als); zuschreiben *(to s.o.* jdm); niederlegen, festsetzen; *(Termin)* anberaumen *(for* auf); *fam fig* anfahren, 'runtermachen; *to ~* **for** *(Uhr)* stellen auf; festsetzen auf; *to ~* **forth** zum Ausdruck bringen, ausdrücken, feststellen, darlegen, ausea.setzen, erklären, erläutern, vortragen; veröffentlichen, bekanntmachen; *itr* aufbrechen, abreisen; *to ~* **forward** *tr* bekanntmachen, äußern, vorbringen; *itr* aufbrechen, vorrücken; *to ~* **in** *tr* einsetzen, anfangen, beginnen; *itr* sich einstellen; *to ~* **off** *tr* starten, beginnen; *(Reise)* antreten; veranlassen, bewegen; zur Geltung bringen, hervorheben; explodieren lassen, in die Luft jagen; *com* an-, aufrechnen, absetzen; *itr* abfahren *(for* nach), sich in Marsch setzen; *to ~* **on** *tr* vorwärts-, antreiben; aufhetzen; hetzen *(to s.o.* auf jdn); *itr* vorrücken, angreifen; *to ~* **out** *tr* abstecken, begrenzen, festlegen; verzeichnen, enthalten, aufführen; planen, entwerfen; dekorieren, schmücken; pflanzen; (zum Verkauf) ausstellen, feilbieten; *itr* abfahren, aufbrechen, sich auf den Weg machen *(for* nach); anfangen; *to ~* **straight** aufklären *(s.o. on s.th.* jdn über etw); *to ~* **up** *tr* aufstellen, auf-, errichten; erheben *(over* über); zur Macht bringen; beginnen, anfangen; eröffnen, gründen; einrichten; *com (Rückstellung)* bilden; ausstatten, versorgen *(with* mit); anregen; veranlassen; *Am fam* zu e-m Glase einladen; *(Theorie, Grundsatz)* aufstellen; *(Geschrei)* erheben; *(Schrei)* ausstoßen; (gesundheitlich) auf die Höhe bringen; *itr* sich niederlassen *(as* als); sich selbständig machen; *to be ~~* sich aufspielen; *to ~~ o.s. as* sich aufspielen, sich ausgeben als; *to ~~ for o.s.* sich selbständig machen; **8. ~~back** Rückschlag *m*, Verschlechterung; Schlappe *f*; *arch* Absatz *m*, Stufe, Kante *f*; Strudel *m (im Wasser)*; *to have a ~~* e-n Rückschlag erleiden; *~~ in production* Produktionsrückgang *m*; **~~chisel** Setzmeißel *m*; **~~designer** Bühnenbildner *m*; **~~down** *fam* Anschnauzer *m*, Zigarre *f*; **~ form** Formular *n*; **~~hammer** Setz-, Flachhammer *m*; **~~off** ['-'ɔːf] Gegengewicht

set-out *n*, Ausgleich *m*, Kompensation *f*; Kontrast; Schmuck (to für); *com* Ausgleichsposten *m*, Gegenforderung, -rechnung, Aufrechnung *f*; *arch* Absatz *m*, Stufe; Berme *f*; **~out** ['-'-] Schaustellung; Aufmachung, Ausstattung *f*; Anfang *m*, Vorbereitung *f*; **~pin, ~screw** Stellstift *m*, -schraube *f*; **~square** Dreieck *n* (Lineal); **~to** ['-'tu:] *fam* Schlägerei, Rauferei *f*; Streit *m*, Ausea.setzung *f*; *to have a ~~* sich in die Haare geraten; **~up** *a* gut entwickelt; *s* Plan *m*, Anordnung, Einrichtung, Anlage *f*; *Am* Aufbau *m*, Gliederung, Organisation; (Körper-)Haltung *f*; (Soda-)Wasser, Eis *n*; *Am sl* Schiebung *f*, *allg* abgekartete(s) Spiel *n*; *~~ time* Anlaufzeit *f*.

setaceous [si'teiʃəs] borstig.

settee [se'ti:] kleine(s) Sofa *n*, Polsterbank *f*.

setter ['setə] *zoo* Setter; Einsetzer; (*type-~*) Setzer; *arch* Steinsetzer *m*; **~on** (Auf-)Hetzer, Anstifter *m*.

setting ['setiŋ] *s* (Ein-)Setzen; Festsetzen, Bestimmen *n*; (Sonnen-)Untergang *m*; (*Ruhm*) Verblassen; Fest-, Hartwerden, Erstarren, Abbinden *n*; *tech* Ein-, Aufstellung, Montage, Einrichtung; Justierung; Aufspannung; Bettung *f*; *typ* (Schrift-)Satz *m*; (Ein-)Fassung (*a. e-s Edelsteines*); Umrahmung *f*, Rahmen *m*, Einkleidung, Ausstattung, Szenerie; Bühnenausstattung, Inszenierung; Anlage; Vertonung *f*; Bruteier *n pl*; *mar* Richtung *f*; *med* Einrenken; (*Küche*) Gedeck *n*; **~ apart** Bereitstellung *f*; **~ aside** Verwerfung, Zurückweisung; Außerachtlassung *f*; **~down** *fam* Rüffel, Anschnauzer *m*; **~lotion** (Haar-)Fixativ *n*; **~mark** Einstellmarke *f*; **~off** Gegenforderung *f*; **~point** Erstarrungs-, Einstellpunkt *m*; **~rule** *typ* Setzlinie *f*; **~stick** *typ* Winkelhaken *m*; **~time** Abbindezeit *f*; **~up** Aufstellung, Errichtung, Gründung *f*; **~ cost** Aufstellungskosten *pl*; **~-exercises** (*pl*) *Am* Freiübung, Gymnastik *f*.

settl|e ['setl] **1.** *tr* (*Staub*) sich setzen lassen; (*Flüssigkeit*) abklaren, klären; in Ordnung bringen, aufräumen, regeln; *fig* beruhigen; unterbringen, versorgen, verheiraten; (*Kolonie*) gründen; festigen, stärken; fest in den Sattel setzen; regeln, entscheiden, erledigen; ab-, ausmachen; (*Streit*) beilegen, schlichten; (*Frage*) entscheiden; (*Schuld*) begleichen, bezahlen; (*Ansprüche*) befriedigen; (*Rechnung*) bezahlen; (*Konto*) ausgleichen, abrechnen, saldieren; (*Geschäft*) abwickeln, liquidieren, erledigen, abschließen; (*Rente*) aussetzen; (*Eigentum*) übertragen, vermachen, übereignen, verschreiben (*on s.o.* jdm); *fam* eins auf den Deckel geben (*s.o.* jdm); *Am sl* erledigen (*s.o.* jdn); *itr* sich setzen (*on* auf); sich niederlassen; sich ansiedeln; sich etablieren; (*Nebel, Erdboden*) sich senken; sich zs.ziehen; einsinken; (*Bauwerk*) sich senken; (*Staub*) sich legen; sich niederschlagen; (*Flüssigkeit*) sich (ab)klären; (*Tee*) sich setzen; sich beruhigen, zur Ruhe kommen, beständig(er) werden (*a. Wetter*); (*Unwetter*) nachlassen; sich niederlassen, s-n (dauernden) Wohnsitz nehmen (*in* in); sich entscheiden, sich entschließen (*on* zu); sich einigen, sich vergleichen (*with s.o. on, upon s.th.* mit jdm über etw); zahlen; *to ~~ o.s.* es sich bequem machen; *to ~~ down* sich senken; sich (endgültig) niederlassen (*Aufregung*) sich legen; beständiger, ruhiger, gesetzter werden; sich hineinfinden (*to* in); sich gewöhnen (*to* an); *to ~~ for* sich einigen auf; *to ~~ in* (*itr*) einziehen; sich (häuslich) einrichten; *tr* (gut) unterbringen; *to ~~ out of* sich niederschlagen in; *to ~~ up* die Rechnung begleichen (*with s.o.* bei jdm); *to have an account, a score to ~~ with s.o.* mit jdm ein Hühnchen zu rupfen haben; *to ~~ o.'s accounts* abrechnen; *to ~~ s.o.'s affairs* s-e Angelegenheiten regeln; *to ~~ s.o.'s hash* jdn klein kriegen; *to ~~ to a task* sich an e-e Aufgabe machen; *that ~~s the matter* damit ist die Sache erledigt; **~ed** ['-d] *a* entschieden, abgemacht, abgewickelt, erledigt, bezahlt, beglichen; ausgeglichen; (*Entschluß*) fest; fest, dauerhaft, beständig, festverwurzelt; seßhaft; ansässig, verheiratet, versorgt; **~ement** ['-mənt] Regelung; Stabilisierung; Unterbringung, Versorgung; (Geschäfts-)Gründung; Festigung; Entscheidung, Erledigung; Beilegung, Schlichtung; Abmachung *f*, Übereinkommen *n*; Ausgleich *m*, Abrechnung; Begleichung, Bezahlung; Abwick(e)lung, Liquidation; Abfindung; Verständigung *f*, Vergleich *m*; *jur* Übertragung; (*Rente*) Aussetzung *f*; Vermächtnis *n*; Festsetzung, Bestimmung; Niederlassung, Kolonie; Siedlung *f*; Wohnsitz *m*; *Am* (*~~ house*) Gemeinde-, Kulturzentrum *n*; *das* Sichsenken (*e-s Baues* od *Bauteiles*); *to make a ~~*

settler — **sexton-beetle**

with s.o. mit jdm e-n Vergleich abschließen; *to reach a* ~~ zu e-m Vergleich kommen; sich verständigen; *cash, financial* ~~ Bar-, Kapitalabfindung *f; compulsory* ~~ Zwangsvergleich *m; final* ~~ Schlußabrechnung *f; marriage* ~~ Ehevertrag *m;* ~~ *of damages* Schadenfeststellung *f;* ~~ *of an estate* Nachlaßregulierung *f;* **~er** ['-ə] (An-)Siedler, Kolonist, Pflanzer; Stifter; *sl* Knalleffekt *m;* **~ing** ['·iŋ] Regelung; Erledigung; Entscheidung, Schlichtung, Beilegung, Abrechnung; *(Rente)* Aussetzung; Niederlassung *f; pl* Niederschlag *(in e-r Flüssigkeit),* (Boden-)Satz *m;* ~~*basin* Klärbecken *n;* ~~~*day* Abrechnungstag *m;* **2.** (Sitz-)Bank (mit hoher Rückenlehne), Truhenbank *f.*

seven ['sevn] *a* sieben; *s* Sieben(er *m*) *f; at sixes and ~s* durcheinander; *to have sailed the ~ seas* kreuz u. quer, in der ganzen Welt herumgekommen sein; **~fold** ['·fould] siebenfach; **~-league boots** *pl* Siebenmeilenstiefel *m pl;* **~teen** ['·'ti:n] siebzehn; *sweet* ~~ Backfischzeit *f;* **~teenth** ['·'ti:nθ] *a* siebzehnt; *s* Siebzehntel *n;* **~th** ['sevnθ] *a* siebent; *s* Siebentel *n; mus* Septime *f;* **~thly** ['·θli] *adv* sieb(en)tens; **~tieth** ['·tiiθ] *a* siebzigst; *s* Siebzigstel *n;* **~ty** ['·ti] *a* siebzig; *s* die Siebzig; *the* ~*-ties (pl)* die siebziger Jahre *(e-s Jahrhunderts);* die Siebzigerjahre *n pl (e-s Menschenlebens).*

sever ['sevə] *tr* (ab)trennen *(from* von); zertrennen, -teilen, -reißen; abbrechen, ein Ende machen *(s.th.* e-r S); *(Vertrag)* auflösen; *(Beziehungen)* abbrechen; *(Verbindungen)* lösen; *itr* sich trennen; (zer)reißen; *ause-a.-,* zu Ende gehen; **~ance** ['·rəns] Trennung *f (from* von); Abbruch *m,* Ende *n;* ~~ *allowance* Trennungsentschädigung *f;* ~~ *pay* Härteausgleich *m;* Abfindung *f;* ~~ *of relations* Abbruch *m* der Beziehungen.

several ['sevrəl] *a u. prn pl* verschiedene, unterschiedliche, besondere; verschiedene, einzelne, einige, mehrere; Sonder-; *s* mehrere; *joint and ~ debt, liability od obligation* Gesamtschuld, -verbindlichkeit *f;* **~ly** ['·i] *adv* einzeln, getrennt, für sich; besonders; jeweils; *jointly and* ~ gesamtschuldnerisch; ~ *times* mehrmals, ein paarmal.

severe [si'viə] streng, hart *(upon* gegen); strikt; ernst; unerbittlich, unnachgiebig; gewissenhaft, sorgfältig, genau, gründlich; schlicht, einfach, streng *(in der Linienführung); (Schmerz)* heftig, stark; schwierig, schwer, streng; *(Krankheit)* schwer; **~ity** [si'veriti] Strenge, Härte *(on* gegen); Striktheit *f;* Ernst *m,* Unerbittlichkeit; Gewissenhaftigkeit; Schlichtheit, Einfachheit; Heftigkeit, Stärke; Schwierigkeit *f.*

sew [sou] *irr* ~*ed* [-d], ~*ed od* ~*n* [-n] *tr itr* nähen; *tr (Buch)* heften, broschieren; *to* ~ *in* einheften; *to* ~ *on* annähen; *to* ~ *up* zs.-, einnähen; *Am fam* beenden, (erfolgreich) abschließen; **~er** ['·ə] Näher(in *f) m;* **~ing** ['·iŋ] *s* Nähen; Nähzeug *n;* Handarbeit *f;* ~~ *circle* Handarbeitskränzchen *n;* ~~~*kit* Nähzeug *n;* ~~~*machine* Nähmaschine *f;* ~~~*needle* Nähnadel *f;* ~~~*silk* Nähseide *f.*

sew|age ['sju(:)idʒ] Abwässer *n pl;* Abwasseranlage *f;* ~~*farm* Rieselfelder *n pl;* **~er** ['sjuə] Abzugsrohr *n,* -kanal *m;* Kloake *f;* ~~ *gas* Sumpfgas *n;* **~erage** ['sjuəridʒ] Kanalisation *f;* Abwässer *n pl;* ~~ *plant* Abwasserkläranlage *f.*

sex [seks] *s* Geschlecht *n; attr* Geschlechts-, Sexual-; sexuell, geschlechtlich; *tr* das Geschlecht bestimmen von; *of both* ~*es* beiderlei Geschlechts; **~appeal** Sex-Appeal *m,* geschlechtliche Anziehungskraft *f;* **~ed** [-t] geschlechtlich; ~ **education** sexuelle Aufklärung *f;* **~iness** ['·inis] *sl* Geilheit *f;* Reiz *m;* **~less** ['·lis] geschlechtslos; **~-linked** *biol* an die Geschlechtschromosomen gebunden; **~ology** [sek'sɔlədʒi] Sexualwissenschaft *f;* **~ual** ['seksjuəl] sexuell; geschlechtlich; Geschlechts-, Sexual-; ~~ *desire* Geschlechtstrieb *m;* ~~ *intercourse* Geschlechtsverkehr *m;* ~~ *life* Geschlechtsleben *n;* **~uality** [seksju'æliti] Sexualität, Geschlechtlichkeit *f;* **~-urge** Geschlechtstrieb *m;* **~y** ['seksi] *sl* aufreizend; scharf; geil.

sex|agenarian [seksədʒi'nɛəriən] *a* sechzigjährig; *s* Sechzig(jährig)er *m;* **S-agesima** [-'dʒesimə] Sexagesima *f (8. Sonntag vor Ostern);* **~angular** [seks'æŋgjulə] sechseckig; **~ennial** [sek'senjəl] sechsjährig; alle sechs Jahre stattfindend; **~partite** [seks'pɑ:tait] sechsteilig; **~tain** ['sekstein] Sechszeiler *m (Gedicht);* **~tant** [-tənt] *astr* Sextant *m;* **~tet(te)** [seks'tet] *mus* Sextett *n;* **~todecimo** ['seksto(u)'desimou] Sedezformat *n,* -band *m; a* Sedez-; **~tuple** ['sekstjupl] *a* sechsfach; *tr itr* (sich) versechsfachen.

sexton ['sekstən] Küster (u. Totengräber) *m;* **~-beetle** Aaskäfer *m.*

shabb|iness ['ʃæbinis] Schäbigkeit *f a. fig*; **~y** ['ʃæbi] schäbig, fadenscheinig, abgenutzt, verbraucht; zerlumpt, armselig; lumpig, schäbig, wertlos; gemein, erbärmlich, knausrig, *sl* schofel; **~~-genteel** (*a*) von verschämter Armut.

shack [ʃæk] *Am s* (elende) Hütte, (Bretter-)Bude *f*; *itr*: **to ~ up** (*sl*) schlafen (*with* mit).

shackle ['ʃækl] *s mar* Schake *f*, Schäkel *m*; Kettenglied *n*, Ring *m*; Traglasche; *fig* Fessel *f*; *pl* Fesseln, Handschellen *f pl*; *tr* fesseln; *fig* in s-r Freiheit be-, einschränken (*s.o.* jdn); hemmen; *mar* schäkeln.

shad [ʃæd] *s* Alse *f* (*Fisch*); **~-berry** *Am* Vogelbeere *f*; **~-bush** *Am* Vogelbeerbaum *m*.

shaddock ['ʃædək] *Art* Pampelmuse *f*.

shad|e [ʃeid] *s* Schatten *m*; dunkle Stelle *f*, Dunkel *n*; Schattierung, Tönung, Nuance; *fig* Spur, Andeutung *f*; Phantom, Gespenst *n*, Geist; (Licht-)Schirm *m*; *Am* Rouleau *n*; *pl* schattige(r), dunkle(r) Platz *m*; ruhige(s), stille(s) Plätzchen *n*; Weinkeller *m*; *lit poet* Unterwelt; Dunkel(heit *f*) *n*; *tr* beschatten; abschirmen, schützen; verdunkeln; verhüllen, bedecken; (*Kunst*) schattieren, abtönen; schraffieren, schummern, abstufen; (*Preis*) geringfügig, allmählich senken; *itr* sich geringfügig ändern, sich leicht abwandeln, unmerklich übergehen (*to* zu; *into* in); **to ~ away, off** allmählich verschwinden; *of every ~ and hue* (*fig fam*) jeder Sorte; *to put, to throw into the ~* (*fig*) in den Schatten stellen; **eye-~** Scheuklappe *f*; **lamp-~~** Lampenschirm *m*; **sun-~** Sonnenschirm *m*; **~iness** ['-inis] Schatten *m*, Dunkelheit *f*; *fig* Anrüchigkeit *f*; **~ing** ['-iŋ] Abschirmung *f*, Licht-, Wärme-, Sonnenschutz *m*; (*Kunst*) Schattierung *a. fig*, Schummerung, Schraffierung; *fig* Abstufung *f*; **~ow** ['ʃædou] (Schlag-)Schatten; Schutz, Schirm *m*; Dunkelheit, Düsterkeit, düstere Stimmung *f*; Spiegelbild *n*; Schatten(bild *n*) *m*, Erscheinung *f*, Geist *m*; *fig* (Vor-)Ahnung; Andeutung, Spur, Kleinigkeit *f*; *fig* Schatten, ständige(r) Begleiter; Detektiv, Spion; Schutz; *Am pej sl* Neger, Schwarze(r) *m*; *tr* beschatten; verdunkeln, -düstern, umwölken; (*to ~ forth*) ahnen lassen; andeuten; (*Kunst*) schattieren; *fig* beständig folgen (*s.o.* jdm), beschatten, unauffällig beobachten; *in the ~ of s.th.* im Schatten, am Rande e-r S; *under the ~ of s.th.* im Schatten, unter der Drohung e-r S; *to have ~~s under the eyes* dunkle Ringe um die Augen haben; *to pursue a ~* hinter e-m Schatten herjagen; *coming events cast their ~~s before* (*them*) kommende Ereignisse werfen ihre Schatten voraus; *not a ~ of doubt* nicht der leiseste Zweifel; **~~-boxing** Scheinboxen *n*; **~ cabinet** (*pol*) Schattenkabinett *n*; **~~-factory** (*mil*) Ausweich-, Tarnbetrieb *m*; **~owless** ['ʃædoulis] schattenlos; **~owy** ['ʃædoui] schattig, beschattet, trüb(e), undeutlich, verschwommen; *fig* verschwimmend, schattenhaft, illusorisch; **~y** ['ʃeidi] schattig, schattenhaft, undeutlich; *fig* verhüllt, dunkel, geheim; *fam* zweifelhaft, anrüchig, faul.

shaft [ʃɑːft] Schaft; Speer *m*, Lanze *f*; Pfeil; (Licht-)Strahl *m*; Griff, Stiel *m*; Deichsel; (Fahnen-)Stange; *tech* Spindel, Welle, Achse *f*; *min tech* Schacht; *arch* Pfeiler, Säulenschaft; *bot* Stamm; *fig* Hohn *m*; **~ bottom** Schachtsohle *f*; **~ drive** Antriebswelle *f*; **~ furnace** Schachtofen *m*.

shag [ʃæg] **1.** *s* Zottel(l) *f*; zottige(s) Haar *n*; (*Textil*) Plüsch *m*; wirre(s) Büschel *n*; Grobschnitt, Shag(tabak) *m*; *tr* zottig machen; *Am sl* wegjagen, heruntermachen; *itr Am sl* abhauen; **~gy** ['-i] zottig, struppig; (*Haare*) zott(e)lig, plüschartig, rauh; wirr; **2.** *orn* Krähenscharbe *f*.

shagreen [ʃæˈgriːn] Chagrin(leder) *n*.

shah [ʃɑː] Schah *m*.

shak|e [ʃeik] *irr shook, shaken tr* schütteln, rütteln (an); erschüttern (*a. seelisch*); *fig* schwankend, unsicher machen; (*Fahne, Fackel*) schwingen, schwenken; *Am fam* abschütteln, entkommen (*s.o.* jdm); *itr* (er)zittern, -beben (*with* vor); (sch)wanken *a. fig*; vibrieren; *mus* trillern; (*Segel*) flattern; *to ~~ o.s.* sich schütteln; *s* Schütteln, Gerüttel; Zittern, Beben; Vibrieren *n*; Erschütterung *f*; Stoß *m*; *mus* Triller; Sprung (*im Stein*); Riß *m* (*im Holz*); *fam* Erdbeben *n*; *fam* Moment, Augenblick; *Am* Shake *m* (*Getränk*); *Am sl* Abschütteln *n*; *pl* Zittern *n*; **to ~~ down** (*tr*) herunterschütteln; zs.rütteln; hinstreuen; *fig* eingewöhnen; *sl* (*durch Erpressung*) ausquetschen, -pressen; durchsuchen; *itr* sich setzen, zs.-rutschen, *fam* -sacken; sich gewöhnen, sich beruhigen, ruhig(er) werden; *in a couple of ~~s, in a ~~* im Handumdrehen, im Nu; **to ~~ off** (*Lästiges*)

shaker — shank-painter

shaker (von sich) abschütteln; losbekommen; *to ~~ off the dust from o.'s feet* den Staub von s-n Füßen schütteln; *to ~~ out* herausschütteln; *(Staubtuch, Teppich)* ausschütteln; *(Flagge)* entrollen; *to ~~ up* durchea.schütteln; *(durch Schütteln)* mischen; durchea.-, *fig* aufrütteln; *badly ~en-up* arg, bös(e) mitgenommen; *to give s.o., s.th. the ~~ (Am sl)* jdn, e-r S aus dem Weg gehen; jdn, etw loswerden; *to ~~ o.'s finger, o.'s fist at s.o.* jdm mit dem Finger, mit der Faust drohen; *to ~~ o.'s head over, at* den Kopf schütteln über; *to ~~ hands with s.o., to ~~ s.o.'s hand, to ~~ s.o. by the hand* jdm die Hand drücken *od* geben; *to ~~ o.'s sides with laughter* sich schütteln vor Lachen; *I'm all shook (up)* ich bin ganz durchea.; *~~ it up, ~~ a leg* beeil dich; *no great ~~s (fam)* nichts Besonderes *n*; nicht viel wert; *~-down (s)* Strohschütte, Streu *f*, Not-, Behelfs-, Nachtlager *n*; *Am sl* Erpressung, Durchsuchung *f*; *a fam* Eingewöhnungs-; *~-hands* Händedruck *m*; *~-up* Aufrüttelung; (große) Umwälzung, Umgruppierung *f*, Umschwung *m*; **-er** ['-ə] Schüttler *rel* Shaker (Salz-, Gewürz-)Streuer; *(cocktail ~~)* Mixbecher *m*; **~ conveyor** Schüttelrutsche *f*; **-iness** ['-inis] Zitt(e)rigkeit, Wack(e)ligkeit, Schwäche; Unsicherheit; Brüchigkeit *f*; **-ing** ['-iŋ] Schüttelung; Zittern *n*; *~ palsy* Parkinsonsche Krankheit *f*; *~~ screen* Schüttelsieb *n*; **-y** ['-i] zitternd, zitt(e)rig; wack(e)lig, schwach, ungesund; fragwürdig, unsicher, unzuverlässig; brüchig; *(Holz)* kernrissig.

shale [ʃeil] Tonschiefer *m*.

shall [ʃæl; ʃəl, ʃl] *irr (nur pr u. pret) pret:* should soll; *(bei der Bildung des Futurs)* werde; *he ~ not leave* er darf nicht weg; *I should say so!* das will ich meinen! *I should like to go* ich möchte, ich würde gerne gehen.

shallop ['ʃæləp] *mar* Schaluppe *f*.

shallot [ʃə'lɔt] Schalotte *f*.

shallow ['ʃælou] *a* flach; seicht; *fig* oberflächlich, nichtssagend, belanglos; *s (~ water)* seichte Stelle, Untiefe; *pl* Sandbank *f*, Watten *n pl*; *tr itr* (sich) verflachen; **~-brained** einfältig; **-ness** ['-nis] Flachheit, Seichtheit *f a. fig*.

sham [ʃæm] *s* Fälschung, Nachahmung; Imitation; Attrappe *f*; Wichtigtuer, *fam* Angeber; Hochstapler *m*; *a* falsch, unecht, Schein-; fingiert, fiktiv; *(Entschuldigung)* leer; *tr* vortäuschen, -geben, -spielen; *itr* sich verstellen, simulieren, *fam* so tun, als ob; angeben; *to ~ sleep* sich schlafend stellen; *~ fight, Am* **battle** Scheingefecht *n*; **~ package** Schaupackung *f*; **~ title page** Schmutzseite *f*; **~ purchase** Scheinkauf *m*.

shambl|e ['ʃæmbl] *itr* schlenkern, schlürfen, watscheln; *s* schlürfende(r), watschelnde(r) Gang *m*.

shambles ['ʃæmblz] *pl meist mit sing* Schlachthaus *n*, Fleischbank *f*; Schlachtfeld *bes. fig*; Trümmerfeld *n*, -haufen *m*, wüste(s) Durcheinander *n*.

shame [ʃeim] *s* Scham(gefühl *n*); Schande *f* (to für); Schandfleck *m*; *tr* beschämen, schamrot machen; Schande bereiten *od* machen (s.o. jdm) *od* bringen (s.o. über jdn); durch Appellieren an das Schamgefühl bringen *(into* zu), abbringen *(out of* von); *to s.o.'s ~* zu jds Schande; *without ~* schamlos; *to bring ~ on* Schande bringen über; *to cry ~* pfui rufen (on s.o. über jdn); *to flush with ~* schamrot werden; *to have lost all sense of ~* schamlos sein; *to put to ~* beschämen; *it's a ~, what a ~* jammerschade! es ist e-e Schande! *~ on you!* schäm dich! **-faced** ['-feist] *a* schamhaft, verschämt, scheu, schüchtern; **-facedness** ['-feistnis] Schamhaftigkeit, Verschämtheit, Schüchternheit *f*; **-ful** ['-ful] schändlich; schamlos; schimpflich; **-fulness** ['-fulnis] Schändlichkeit; Schamlosigkeit *f*; **-less** ['-lis] schamlos, unverschämt; **-lessness** ['-lisnis] Schamlosigkeit *f*.

shammy ['ʃæmi] *(~-leather)* Sämischleder *n*.

shampoo [ʃæm'puː] *tr (den Kopf, die Haare)* waschen; *s.o.* jdm die Haare waschen; *s* Haar-, Kopfwäsche *f*; Schampun *n*; **-ing** [-iŋ] Kopfwäsche *f*.

shamrock ['ʃæmrɔk] *bot* dreiblättrige(r) *(bes.* Acker-, Hasen-)Klee *m*; Kleeblatt *n (irisches Symbol)*.

shandy(gaff) ['ʃændigæf] *Br* Bier *n* u. Limonade gemischt.

shanghai [ʃæŋ'hai] *tr mar* gewaltsam (an)heuern; zwingen.

shank [ʃæŋk] *s* Unterschenkel *m*; Schienbein *n*; *(Vogel)* Schenkel *m*; *(Schlachttier)* Haxe *f*; *bot* Stengel; *tech* Griff, Stiel, Schaft *m*; *(Strumpf)* Beinlänge *f*; *(Schuh)* Gelenk; (Pfeifen-)Rohr *n*; *typ* (Schrift-)Kegel; *arch* (Säulen-)Schaft *m*; *itr bot: to ~ off* abfallen; *on Sh~'s pony, mare* auf Schusters Rappen; **~-painter** *mar* Rüstleine *f*.

shan't [ʃɑːnt] = *shall not*.
shanty ['ʃænti] **1.** Schuppen *m*, Bude; (ärmliche) Hütte *f*; **~-town** Barackenstadt *f*; **2.** Seemannslied *n*.
shape [ʃeip] *s* Form; Gestalt *f*; Wuchs *m*; Umrisse *m pl*; *tech* Form *f*, Modell, Muster *n*; Pudding *m* (aus e-r Form); Fasson; *fig* Gestalt, (Erscheinungs-) Form, äußere Erscheinung; Verkleidung; *fam* Form *f*, Zustand *m*, (bes. gesundheitliche) Verfassung; Ordnung *f*; *theat* Kostüm *n*; *Am* Gruppe *f* von Hafenarbeitern; *tr* formen, bilden, gestalten *a. fig*; *fig* anordnen, (ein)richten; ausdrücken, zum Ausdruck bringen; anpassen; *(sein Leben) fig* führen; *itr fam* auslaufen *(into* in); sich entwickeln *(into* zu); *to ~ up (fam)* sich abrunden; sich gut machen; feste Formen annehmen; drohend losgehen *(to* auf); *in the ~ of* in Form, Gestalt *gen*; in der Maske *gen*; *in any ~ or from irgend~ is a great (fam)* glänzend in Form; *to be in bad ~* in schlechter Verfassung sein; *to be out of ~* aus der Form, aus der Fasson sein; *to be shaping well (fig)* sich gut anlassen, vielversprechend sein; *to put into ~* formen, gestalten; *to take ~* Gestalt annehmen; *to ~ the course (mar)* den Kurs absetzen; zusteuern *(towards* auf); **~d** [-t]: **~~ charge** Hohlgeschoß *n*; **~less** ['-lis] form-, gestaltlos; unförmig, ungestalt; *fig* zwecklos, ziellos; **~lessness** ['-lisnis] Gestaltlosigkeit *f*; **~ly** ['-li] *a* wohlgestaltet, gut proportioniert; gefällig, angenehm; *s pl* Büstenformer *m*; **~ rolling mill** Profilwalzwerk *n*.
shard [ʃɑːd] *(bes.* Topf-)Scherbe; *(Käfer)* Flügeldecke *f*.
share [ʃɛə] **1.** *s* Anteil *m*, Teil *n u. m*; volle(s) Maß *n*; Beitrag *m*; Kontingent *n*, Quote *f*; Gewinnanteil *m*, Dividende; Aktie *f*, Anteilschein *m*; Beteiligung *f*; *tr* (aus-, ver)teilen *(among* unter); teilhaben, sich beteiligen an; *itr* teilhaben, teilnehmen *(in* an); *with s.o. in s.th.* sich mit jdm in e-e S teilen; *in equal ~s, ~ and ~ alike* zu gleichen Teilen; *on ~s* mit Beteiligung; *to come in for a ~ of s.th.* s-n Anteil an etw bekommen; *to fall to s.o.'s ~* jdm als Anteil zufallen; *to give s.o. a ~ in s.th.* jdn an e-r S beteiligen; *to go ~s with s.o.* mit jdm gemeinsame Sache machen; mit jdm teilen; *to have a ~ in s.th.* an e-r S teilhaben, beteiligt sein, an etw teilnehmen; *to hold ~s* Aktionär sein *(in a company* e-r Gesellschaft); *to take a ~ in s.th.* sich an e-r S beteiligen; *to ~ and ~ alike* zu gleichen Teilen teilen; *baby ~* Kleinaktie *f*; *bearer ~* Inhaberaktie *f*; *common (Am), ordinary, original (Br), primary ~* Stammaktie *f*; *legal ~* Pflichtteil *n*; *lion's ~* Löwenanteil *m*; *mining ~* Kux *f*; *preference, preferred ~* Vorzugsaktie *f*; *~ in a business, of stock* Geschäftsanteil *m*; *~ of capital* Geschäftseinlage *f*; **~ boom** Aktienhausse *f*; **~ broker, dealer** Effektenhändler, Börsenmakler *m*; **~ capital** Aktien-, Stammkapital *n*; **~cropper** Deputant, Pächter *m*, der als Pacht e-n Teil der Ernte abliefert; **~holder** Aktieninhaber, Aktionär *m*; *chief, principal ~~* Hauptaktionär *m*; **~ index** Aktienindex *m*; **~ list** Kurszettel *m*; Aktienregister *n*; **~ market** Aktien-, Effektenmarkt *m*; **~ price** Aktienkurs *m*; **~ quotation** Aktiennotierung *f*; **~r** ['-rə] Beteiligte(r), Interessent, Teilhaber *m*; **~ transaction** Börsentransaktion *f*; **2.** *s* Pflugschar *f*.
shark [ʃɑːk] *s* Hai(fisch); *fig* Schurke, Schuft, Gauner; *Am fam* Experte *m*; **~skin** Haifischleder *n*, Haifischhaut *f*, leichte(r) Baumwoll- *od* Chemiefaserstoff *m*.
sharp [ʃɑːp] *a* scharf; spitz; unvermittelt, abrupt; *(Kurve)* scharf; eckig; klar, scharf umrissen, deutlich; hart, streng; *(Abhang)* steil, jäh abfallend; schnell, fix, durchdringend, scharfsinnig, schlau, verschlagen; *fam* gerissen, auf Draht; hellhörig, aufmerksam; scharf, heftig, hitzig; kräftig, kraftvoll, lebhaft; energisch; schneidend, scharf, beißend, stechend, heftig, stark; durchdringend, schrill; *(Phonetik)* stimmlos; *mus* e-n halben Ton höher; *Am sl* rassig, schnittig, elegant, gutaussehend; *s mus* e-n halben Ton höhere Note *f*; *mus* Kreuz *n*; stimmlose(r) Konsonant; *fam* Kenner, Experte; *fam* Gauner, Schwindler *m*; *meist pl* besonders spitze Nähnadel *f*; *tr mus* um e-e halbe Note erhöhen; *sl* 'reinlegen; *itr* e-e halbe Note höher singen *od* spielen; *adv* plötzlich, unvermittelt; aufmerksam; durchdringend; *mus* e-e halbe Note höher; pünktlich, genau; *C ~ (mus)* Cis *n*; *to keep a ~ eye on s.o.* jdn scharf im Auge behalten; **~-cut** *a* geschärft, gespitzt; scharfgeschnitten; *a* mit spitzen Ohren; hellhörig; **~-edged** *a* scharf(kantig); **~en** ['ʃɑːpən] *tr* schärfen, spitzen, schleifen, wetzen;

sharpener 906 **sheep**

scharf machen a. fig; (Appetit) anregen; fig reizen, an-, aufstacheln; schmerzlicher machen; mus um e-e halbe Note erhöhen; itr schärfer werden a. fig; **~ener** ['ʃɑːpnə] (pencil-~~) Bleistift-, Anspitzer m; **~er** ['ʃɑːpə] Gauner, Schwindler m; **~~eyed** a scharfsichtig; **~ness** ['ʃɑːpnis] Schneide; Schärfe; Härte; Heftigkeit, Lebhaftigkeit, Stärke; Härte; Bitterkeit f; Scharfsinn m, Schlauheit f; **~-set** a hungrig; begierig; erpicht, fam scharf (on auf); **~shooter** Scharfschütze m; **~-sighted** a scharfsichtig. a. fig; **~-witted** a scharfsinnig fig; gewitzt.

shatter ['ʃætə] tr zerschmettern, zerbrechen; (Knochen) zersplittern; fig zerstören, vernichten, zunichte machen; erschüttern, (Gesundheit) untergraben, (Nerven) zerrütten; itr zerbrechen, bersten, entzweigehen; fig (übel) mitgenommen werden; s pl: in, into, to ~s in (tausend) Stücke; **~-proof** splittersicher.

shav|e [ʃeiv] irr; pp a. **~en** ['-n] tr abschaben, -hobeln; ab-, aufspalten, in (dünne) Scheiben schneiden; rasieren; (Gras) ganz kurz schneiden; (Haar) kurz scheren; dicht (hin)wegfahren über; knapp vorbeikommen an; (leicht) streifen, kaum berühren; (Leder) falzen; fam (Preis) etwas senken; ein bißchen billiger erstehen; (Voranschlag) kürzen; sl ausnehmen, abstauben; erpressen; Am sl überrunden, überlisten; itr sich rasieren; nichts verschenken; to ~ through knapp durchkommen; s Rasieren n, Rasur f; Abschabsel n pl; Zieh-, Schälmesser; leichte(s) Streifen; knappe(s) Entkommen n; Gaunerei f, Schwindel; Wucherzins m; by a ~ um ein Haar; to get a ~ sich rasieren lassen; to give a clean, close ~ gut, sauber rasieren; to have a close, narrow, near ~ (fig) mit knapper Not davonkommen; a ~, please! rasieren, bitte! that was a close ~ (fam) das hätte ins Auge gehen können; a clean ~ (Am) e-e saubere, gründliche Arbeit; **~en** a (kahl)geschoren; (clean ~~) glattrasiert; **~er** ['-ə] Barbier, Friseur; Rasierapparat; sl (young ~~) Grünschnabel, junge(r) Bengel, Springer m; **~etail** ['-teil] Am sl frischgebackene(r) Leutnant m; **~ing** ['-iŋ] Rasur f; Späne m pl, Abschabsel n pl; **~~-brush** Rasierpinsel m; **~~-cream** Rasierkreme f; **~~-mirror** Rasierspiegel m; **~~-plane** Flachhobel m; **~~-soap, stick** Rasierseife f.

shawl [ʃɔːl] Schal m, Hals-, Kopftuch n.
shawm [ʃɔːm] mus obs Schalmei f.
she [ʃiː, ʃi] prn sie; s: a ~ e-e Sie, ein weibliches Wesen; zoo Weibchen n; in Zssgen weiblich; **~-ass, -bear, -dog, -goat** Eselin, Bärin, Hündin, Ziege od Geiß n; **~-cat, -devil** Xanthippe, Teufelin f.

sheaf [ʃiːf] pl sheaves Garbe f; Bündel n; Bund m.

shear [ʃiə] irr: pp a. shorn tr scheren; (to ~ off) abschneiden; berauben (of s.th. e-r S) lit poet abschlagen, -hauen; s phys Scherung f; (Tier) Schur f; pl große, bes. Metallschere f; to be shorn beraubt sein (of s.th. e-r S); **~er** ['-rə] Schafscherer; Schnitter m; **~force** Scher-, Schubkraft f; **~ing** ['-riŋ] Scheren n, Schur f; pl Schurwolle f; **~ legs** pl mit sing Scherenkran m; **~ling** ['-liŋ] jährige(s) Schaf m, Jährling m; **~ pin** Scherbolzen m; **~ stress** Scherbeanspruchung f.

sheath [ʃiːθ] Scheide f a. bot zoo anat; Futteral n, Hülle, Decke f a. zoo, Überzug m; **~e** [ʃiːð] tr in die Scheide stecken; überziehen, einhüllen; (die Krallen) ein-, zurückziehen; tech umkleiden, umhüllen; (Kabel) armieren; **~ing** ['-ðiŋ] Schutzhülle, Verkleidung, Ummantelung; arch Verschalung f; mar Kupferhaut f; **~-knife** Fahrtenmesser m.

sheave [ʃiːv] **1.** tech (Lauf-)Rolle, (Seil-)Scheibe f; **2.** tr in Garben binden; bündeln.

she|bang [ʃəˈbæŋ] Am sl Kram, Klumpatsch m; Bude f; the whole ~ der ganze Kram; **~been** [-ˈbiːn] Kneipe f.

shed [ʃed] **1.** tr aus-, vergießen; fig ausströmen, -strahlen, verbreiten; (Feuchtigkeit) abstoßen; (Licht) werfen (on auf); (Blätter, Haut) abstoßen, -werfen; von sich werfen, sich entledigen (s.th. e-r S); (Haare) verlieren; to ~ blood, tears Blut, Tränen vergießen; **2.** Schutz-, Wetterdach n; Verschlag, Schuppen m; (Lager-)Halle f; **~building, construction** Hallenbau m; **~-roof** Pultdach n.

sheen [ʃiːn] s Glanz, Schimmer m.

sheep [ʃiːp] pl sheep Schaf n a. fig; Herde, Gemeinde(mitglied n) f; to cast, make ~'s eyes at s.o. auf jdn verliebte Blicke werfen; jdn anhimmeln; to separate the ~ from the goats (fig) die Schafe von den Böcken sondern; one may as well be hanged for a ~ as a lamb wenn schon, denn schon; a black, lost ~ (fig) ein schwarzes, verlorenes Schaf; a wolf

sheep-cot   907   **shelve**

in ~'s clothing (fig) ein Wolf in Schafskleidern; **~cot(e), ~fold, ~pen** Pferch *m;* **~dog** Schäferhund *m;* **~farmer, ~breeder** Schafzüchter *m;* **~hook** Hirtenstab *m;* **~ish** ['-iʃ] schüchtern, scheu; linkisch, ungeschickt; einfältig; **~man** *Am* Schafzüchter *m;* **~run, ~walk** Schafweide *f;* **~shank** Hammelkeule *f; mar* Trompetenstek *m (Knoten);* **~shearing** Schafschur *f;* **~skin** Schaffell, -leder; Pergament *n,* Urkunde *f; Am* Diplom *n.*

sheer [ʃiə] **1.** *a* unvermischt, rein; *fig* bloß, rein, schier, völlig; *(Textil)* dünn, durchsichtig; steil, senkrecht; *adv* völlig, vollständig, voll u. ganz, äußerst; steil, senkrecht; kerzengerade; **~ madness** helle(r) Wahnsinn *m;* **2.** *itr mar* ausscheren, gieren, ausweichen; *(to ~ off) fam* ausrücken, sich aus dem Staube machen; *s mar* Ausscheren *n; (Deck)* Sprung *m;* Schiffsprofil *n; pl* Ladekran *m.*

sheet [ʃi:t] **1.** *s* Bettuch, Laken; *poet* Segel *n;* Bogen *m* (Papier); Blatt *n,* Zeitung; Platte; (große) Fläche; Scheibe; *mar* Schote, Schot, Segelleine *f; (Boot)* Vorderteil *m od n; (~ metal)* Blech *n; (pl* (große) Massen *f pl;* Druckbogen *m pl; tr (Bett)* beziehen; mit e-m Tuch bedecken, ein-, verhüllen; flächig massieren; *(Segel)* befestigen; *in ~s* ungefalzt, roh; *to stand in a white ~* als reuiger Sünder dastehen; *to ~ home (Segel)* aufziehen; *rain fell in ~s* es regnete in Strömen; *a ~ in the wind (fam)* (leicht) beschwipst, angeheitert; *three ~s in the wind (fam)* sternhagelvoll, völlig besoffen; **~attendance-**Anwesenheitsliste *f; proof ~* Bürstenabzug, Korrekturbogen *m; white as a ~* kreidebleich; *~ of flame* Feuermeer *n;* **~anchor** *mar* Pflichtanker *m; fig* letzte Rettung *f;* **~copper** Kupferblech *n;* **~glass** Tafel-, Fensterglas *n;* **~ing** ['-iŋ] Bettuchstoff *m;* Verschalung, (Blech-)Verkleidung *f,* Belag *m;* **~iron** Eisen-, Walzblech *n;* **~lightning** Flächenblitz *m;* **~mica** Plattenglimmer *m;* **~ mill** Blechwalzwerk *n;* **~music** Notenblätter *n pl;* **~panel** Blechtafel *f;* **~ steel** Stahlblech *n.*

sheik(h) [ʃeik] Scheich; *fig fam* Weiberheld, Herzensbrecher *m.*

sheldrake ['ʃeldreik] Brandente *f.*

shelf [ʃelf] *pl* **shelves** (Wand-)Brett, Regal, Gestell; Fach *n;* Sims; *allg* Saum *m;* Sandbank *f,* Riff *n; geol* (feste) Gesteinsschicht; *on the ~ (fig)* abgestellt, -gelegt, ausrangiert, ausgedient; *com* auf Lager; *to be put on the ~ (Mädchen)* sitzengeblieben sein; ausrangiert sein; *to put on the ~ (fig)* beiseite schieben, auf die lange Bank schieben; *continental ~* Kontinentalsockel *m;* **~ life** Haltbarkeit *f.*

shell [ʃel] *s* Schale, Hülse, Kapsel; Muschel; *(Fisch)* Schuppe *f;* Schneckenhaus; Gehäuse *n; tech* Mantel *m,* Hülle *f; aero* Schale *f; (racing-~)* Rennboot *n;* Bombe, Granate, Patrone *f; fig* äußere(r) Schein *m,* Scheu *f; tr (Ei)* schälen; *(Erbsen)* enthülsen; *(Nuß)* (auf)knacken; bombardieren, beschießen; unter Feuer nehmen; *itr* sich schälen lassen; *(to ~ off)* sich abschälen, abblättern; *to ~ out (fam)* *(bes. Geld)* 'rausrücken; *as easy as ~ing peas* kinderleicht; *to come out of o.'s ~* aus sich herausgehen; *to go, to retire into o.'s ~* sich in sich zurückziehen; *chance ~* Zufallstreffer *m;* **~almond** Krach-, Knackmandel *f;* **~back** *sl* alte(r) Seebär *m;* **~ case** Geschoß-, Granathülse *f;* **~chuck** Schalenfutter *n;* **~ construction** Schalenbauweise *f;* **~crater, ~hole** Granatloch *n,* -trichter *m;* **~ed** [-d] *in Zssgen* -schalig; *hard-, soft-~* hart-, weichschalig; **~~ area** Trichterfeld *n;* **~egg** *com* Frischei *n;* **~fire** Granatfeuer *n;* **~fish** Schaltier *n (Krebs, Muschel);* **~ fragment, splinter** Granatsplitter *m;* **~game** Schwindel, Betrug *m;* **~ hole** Granattrichter *m;* **~ing** ['-iŋ] Beschuß *m;* **~proof** bombensicher; **~shock** Kriegsneurose *f;* **~work** Muschelwerk *n.*

shellac(k) [ʃə'læk] *s* Schellack *m; tr* mit Schellack überziehen; *Am sl* schlagen, verdreschen *a. fig sport.*

shelter ['ʃeltə] *s* Unterschlupf, Schuppen *m;* Schutzdach *n,* -hütte *f;* Unterschlupf *m,* Unterkunft *f,* Obdach *n,* Zuflucht(sort) *m f; mil* Bunker, Unterstand; *(air-raid ~)* (Luft-)Schutzraum; *fig* Schutz, Rückhalt *m,* Deckung *f; tr* beherbergen, Unterschlupf, Obdach gewähren *(s.o.* jdm); (be)schützen, beschirmen *(from* vor); *itr* sich unterstellen, Schutz suchen *(under* unter); *under ~* geschützt; *to take ~* Schutz suchen *(from* vor); **~ night** *mil* Nachtasyl *n;* **~ed** [-d]: *~~ trade* durch Zölle geschützte(r) Handel *m;* **~ half** *Am* Zeltbahn *f;* **~less** ['-lis] schutz-, obdachlos; **~ tent** *mil* Zweimannszelt *n.*

shelv|e [ʃelv] *tr* mit Brettern, Fächern, Regalen versehen; auf ein Regal

shelving stellen; zu den Akten legen; *fam* ausrangieren; *fig* auf-, beiseite schieben, zurückstellen; *(Problem)* auf Eis legen; *(Beamten)* abstellen; zum alten Eisen werfen; *itr* sich leicht neigen; **~ing** ['-iŋ] *a* sich neigend; *s* Material *n* für Regale; Regale *n pl*.

shemozzle [ʃi'mɔzl] *sl* Krawall *m*.

shenanigan [ʃi'nænigən] *meist pl Am fam* Blödsinn, Quatsch, Mumpitz *m*.

shepherd ['ʃepəd] *s* Schäfer, Hirt; *fig* (Seelen-)Hirt, Seelsorger; Schäferhund *m; tr* leiten, führen; beaufsichtigen, sich kümmern um; *the Good S~* der gute Hirte *(Jesus)*; **~ess** ['-is] Schäferin *f;* **~'s clock** *bot* Pimpernell *m;* **~'s club** *bot* Königskerze *f;* **~'s dog** Schäferhund *m;* **~'s pie** Art Fleischpastete *f;* **~'s plaid** schwarzweiß kariertes(r) Plaid *m;* **~'s purse** *bot* Hirtentäschel *n*.

sherbet ['ʃəːbət] Scherbett, Sorbett *m od n;* (Brause-)Limonade *f; Am* Speiseeis *n*.

sheriff ['ʃerif] *Br (ehrenamtlicher)* Landrat *(e-r Grafschaft); Am* oberste(r) Polizeibeamte(r) *m (e-s county)*.

sherry ['ʃeri] Sherry *m (spanischer Wein);* **~ cobbler** Sherry *m* mit Zitronensaft, Zucker u. Eisstückchen; **~-glass** Süßweinglas *n*.

shew [ʃou] *s. show*.

shibboleth ['ʃibəleθ] Kennwort, -zeichen *n*.

shield [ʃiːld] *s mil hist* Schild *m;* Wappenschild *m od n;* Schutzschild *m,* -blech *n,* -wehr; Abschirmung *f; zoo* (Rücken-)Schild *m;* Schweißblatt *n; fig* Schutz, Schirm *m; tr* schützen *(from* vor*);* (be)schirmen, decken, bewahren, bewachen, verteidigen; *tech* abschirmen *(from* gegen*); (Kabel)* bewehren; *mil* decken; *sun~ (mot)* Sonnenblende *f;* **~-bearer** *hist* Schildknappe *m*.

shift [ʃift] *tr* (ver-, weg-, ab-, von sich) schieben; umlegen, umstellen; (von sich) abwälzen, verlagern, verschieben; *tech* umschalten, (aus)wechseln, austauschen; *(Versammlung)* verlegen, verschieben; *(Meinung)* ändern; *mot* schalten *(the gear* den Gang*); to ~ off* sich vom Halse schaffen; *itr* sich verschieben; sich verlagern; sich ändern; *fam* abhauen; sich rasch bewegen; *(Wind)* umspringen, sich drehen; *(Wetter)* umschlagen; *mot (Gang)* sich (automatisch) umschalten; fertigwerden, sich (durch-, weiter)helfen, sich durchschlagen *(for o.s.* selbst*)*; Ausflüchte machen; unaufrichtig handeln, betrügen; *s* Verschiebung *f,* Wechsel *m,* Veränderung *f,* Ersatz *m;* (Arbeits-)Schicht *f;* Arbeitstag *m; geol gram* Verschiebung *f;* Notbehelf, Ausweg, Kniff *m;* Ausflucht; List *f,* Trick *m; in ~s* umschichtig; *to drop ~s* Feierschichten einlegen; *to make (a) ~* fertig werden, es schaffen, sich behelfen *(with* mit*); to ~ o.'s ground* s-e Meinung ändern; *to ~ into second* in den zweiten Gang umschalten; **~ of crops** Fruchtwechsel *m;* **day-~** Tagesschicht *f;* **dropped ~** Feierschicht *f;* **night-~** Nachtschicht *f;* **vowel-~** Lautverschiebung *f;* **~er** ['-ə] *tech* Ausrücker, Umleger *m;* Rangiermaschine *f;* **scene-~** *(theat)* Kulissenschieber *m,* **~iness** ['-inis] Geschicktheit, Gewandtheit; Durchtriebenheit, Gerissenheit, Hinterhältigkeit, Falschheit *f;* **~ing** *a* veränderlich, beweglich; *fig* schlau, verschlagen; *s* Ortsveränderung; *tech* Schaltung; (Laut-)Verschiebung, Verlagerung *f;* **~~ beach** Treibsandgrund *m;* **~~ sand** Treib-, Trieb-, Flugsand *m;* **~-key** Umschalttaste *f (Schreibmaschine);* **~less** ['-lis] hilflos, ungeschickt, ungewandt, unbehilflich, unfähig; faul, träge, gleichgültig; **~lessness** ['-lisnis] Hilflosigkeit, Faulheit, Trägheit *f;* **~-man** Schichtarbeiter *m;* **~y** ['-ʃifti] geschickt, gewandt, durchtrieben, gerissen, gerieben, hinterhältig, falsch.

shill [ʃil] *Am sl* Lockvogel, Schlepper *m*.

shilling ['ʃiliŋ] Schilling *m* (= 12 *pence); to cut off with a ~* enterben; *a ~ in the pound* 5 %; **~ shocker** Reißer, Schund-, Groschenroman *m*.

shilly-shally ['ʃiliʃæli] *a adv* unentschlossen, unentschieden, zögernd; *s* Unentschlossenheit *f; itr* schwanken, unentschlossen sein, zögern.

shim [ʃim] *tech* Einlage *f;* Futterholz *n*.

shimmer ['ʃimə] *itr* schimmern; *s* Schimmer; Lichtschein *m;* **~y** ['-ri] schimmernd.

shimm(e)y ['ʃimi] *s* Wackeln; *mot* Flattern *n;* Shimmy *m (Tanz); fam* Hemd *n; itr* wackeln; *mot* flattern; Shimmy tanzen.

shin [ʃin] *s (~-bone)* Schienbein *n; itr (to ~ up)* hinaufklettern; *to ~ o.s.* sich am Schienbein stoßen; *to ~ around (Am sl)* Geld pumpen (wollen); **~-bone** Schienbein *n*.

shindig ['ʃindig] *Am fam* Schwof *m,* Tanzmusik *f,* -vergnügen *n;* Rummel *m*.

shindy ['ʃindi] *Am fam* Spektakel, Radau *m;* Rauferei, Schlägerei *f;* Schwof *m; to kick up a ~* Krach schlagen.

shin|e [ʃain] *irr* shone, shone [ʃɔn] *itr* scheinen, leuchten (*with joy* vor Freude); glänzen, glühen; funkeln; (aus)strahlen (*from* von); *fig* hervorragen, glänzen, sich hervortun (*at* bei); *tr* scheinen, leuchten lassen; glänzend machen; *Am* (*pret fam:* ~ed) (*Schuhe*) putzen, wichsen, polieren, *fam* wienern; *s* helle(r) Schein, Glanz *m a. fig*; *fig* Pracht *f*, glänzende(r) Eindruck; Glanz *m*, Politur *f*; *Am* Schuhputzen *n*; (*Kleidungsstück*) Glanz; *sl* Spektakel, Radau, Krach; *Am sl* Streich, Trick *m*; *to ~~ up to s.o.* mit jdm anzubändeln suchen, hinter jdm her sein; *to take the ~~ out of s.th.* das Neue, den Glanz von e-r S nehmen; *s.o.* jdn in den Schatten stellen; jdn abhängen; *to take a ~~ to s.o.* (*sl*) sich in jdn vergaffen; *to ~~ a torch on s.o.* jdn mit e-r Taschenlampe anleuchten; *I'll come, rain or ~~* ich komme bei jedem Wetter; *he's no ~ing light* er ist kein Kirchenlicht; **~er** ['-ə] Schuhputzer *m*; *fig* Leuchte *f*; *sl* Goldfuchs *m*, -stück; *Am sl* blaue(s) Auge *n*; **-ing** ['-iŋ] glänzend, leuchtend; **~y** ['-i] glänzend, leuchtend, strahlend; (glatt-)poliert; *to be ~~* (*Stoff*) glänzen.
shingl|e [ʃiŋgl] **1.** *s* (Dach-)Schindel *f*; Herrenschnitt *m* (*Damenfrisur*); *Am fam* Schild *n* (*bes. e-s Arztes od Rechtsanwalts*); *tr* mit Schindeln decken; (*Haar*) sehr kurz schneiden; *to hang out o.'s ~~ Shingle* (*Am fam*) (*Arzt, Rechtsanwalt*) e-e Praxis eröffnen; **2.** grobe(r) Kies, kiesige(r) Strand *m*; **~y** ['-i] *a* Kies-; kiesartig, kiesbedeckt. **3.** *pl* mit *sing med* Gürtelrose *f*.
ship [ʃip] *s* Schiff; Segelschiff *n*; (Schiffs-)Besatzung *f*; *bes. Am* Luftschiff, Flugzeug *n*; *tr* an Bord nehmen, einschiffen; (*Waren*) verschiffen; *Am allg* (ver)senden; (*Matrosen*) (an-)heuern; *fam* zum Teufel jagen; *fam* loswerden; *itr* sich einschiffen, an Bord gehen; sich (an)heuern lassen; *to ~ off* wegschicken; *by ~* mit dem Schiff; *on board ~* an Bord; *to launch a ~* ein Schiff vom Stapel lassen; *to take ~* an Bord gehen; sich einschiffen (*for* nach); *to ~ the oars* die Ruder einlegen; *to ~ a sea* Brecher übernehmen; *his ~ comes home* er hat sein Glück gemacht, s-e Hoffnungen haben sich erfüllt; *drill-~* Schulschiff *n*; *merchant-~* Handelsschiff *n*; *ocean-going ~* Hochseedampfer *m*; *passenger ~* Passagierschiff *n*; *refrigerator ~* Kühlschiff *n*; **~ biscuit** Schiffszwieback *m*; **~board:** *on ~~* an Bord; **~-breaker** Schiffsschrotthändler *m*; **~-broker** Schiffsmakler *m*; **~-builder** Schiffbauer, Schiffbauingenieur *m*; **~-building** Schiffbau *m*; *~~yard* = *~yard*; **~-canal** Schiffahrtskanal *m*; **~-chandler** Schiffslieferant *m*; **~ lift** Schiffshebewerk *n*; **~-load** Schiffsladung *f*; **~-man, -master** *Am* Kapitän *m* (e-s Handelsschiffes); **~-mate** Bordkamerad *m*; **~-ment** ['-mənt] Verschiffung (*for* nach); *Am allg* Verladung *f*, Versand, Transport *m*; Schiffsladung *f*; *Am allg* Ladung, Sendung *f*; **~-owner** Reeder *m*; **~-per** ['-ə] Schiffstransportunternehmer *m*; *Am* Spediteur *m*; **~-ping** ['-iŋ] *s* Verschiffung; *Am allg* Verladung *f*, Versand, Transport *m*; Lieferung, Sendung; Handelsflotte *f*; Schiffe *n pl*, (Gesamt-)Tonnage *f*; *attr* Verschiffungs-, *Am* Transport-, Versand-; **~~-agency** Schiffsagentur *f*; **~~-agent** Schiffsmakler *m*; **~~-articles** (*pl*) Scheuervertrag *m*; **~~ box** (*Am*) Versandkiste *f*; **~~-channel** Fahrwasser *n*; **~~ clerk** (*Am*) Versandbuchhalter *m*; **~~-company** Reederei *f*; **~~-expenses** (*pl*) Transport-, Frachtkosten *pl*; **~~-law** See-(handels)recht *n*; **~~-line** Schiffahrtslinie *f*; **~~-office** Reederei *f*; Heuerbüro *n*; **~~-register** Schiffsregister *n*; **~~ room** (*Am*) Versandraum *m*; **~~ routes** (*pl Am*) Schiffahrtswege *m pl*; **~-shape** *a* aufgeräumt, sauber, ordentlich; *adv* tadellos, einwandfrei; **~-way** Helling *f*, Stapel *m*; **~-worm** Bohrmuschel *f*; **~-wreck** *s* Schiffbruch *m a. fig*; Wrack *n*; *tr* scheitern lassen *a. fig*; *fig* ruinieren; **~-wright** Schiffszimmermann; Schiffbauer *m*; **~-yard** (Schiffs-)Werft *f*.
shire ['ʃaiə] Grafschaft *f*, Bezirk *m*; **~-horse** (*schweres*) Zug-, Ackerpferd *n*.
shirk [ʃəːk] *tr* vermeiden, umgehen; sich drücken vor, aus dem Wege gehen (*s.th.* e-r S); *itr* sich drücken (*from* vor); **~er** ['-ə] Drückeberger *m*.
shirr [ʃəː] *Am* Fältelung *f*; Gummizug *m*; **~ed** [-d] *a Am* gefältelt; mit Gummizug; *~~ eggs* (*pl Am*) verlorene Eier *n pl* (in Buttersoße).
shirt [ʃəːt] (Ober-, Sport-, Nacht-)Hemd; Unterhemd *n*, -jacke; (~blouse) Hemdbluse *f* (*für Damen*); *to get s.o.'s ~ out* (*sl*) jdn auf die Palme bringen; *to give s.o. a wet ~* jdn in Schweiß bringen; *to give s.o. the ~ off o.'s back* für jdn sein letztes Hemd (her)geben; *to keep o.'s ~ on* (*sl*) sich nicht aus der Fassung bringen lassen; *to put o.'s ~ (up)on* (*sl*) Hab u. Gut

shirt-collar   910   shoot

setzen auf; *he has lost his ~ (sl)* er hat alles verloren; *near is my ~, but nearer is my skin (prov)* das Hemd ist e-m näher als der Rock; *boiled* ~ gestärkte(s) (Frack-)Hemd *n*; *fam* eingebildete(r) Pinsel *m*; *night-* ~ (Herren-)Nachthemd *n*; *stripped to the* ~ im (bloßen) Hemd; *stuffed* ~ *(Am fig)* Hohlkopf *m*; **~-collar** Hemdkragen *m*; **~-cuffs** *pl* Manschetten *f pl*; **~-front** Hemdbrust *f*; **-ing** ['-iŋ] Hemdenstoff *m*; **~less** ['-lis] *a* ohne Hemd; *fig* bettelarm; **-maker** Weißnäherin *f*; **~-sleeve** *s* Hemd(s-) ärmel *m*; *a Am* einfach, schlicht, hemdsärmelig, formlos, ungezwungen; *in o.'s* ~*s* in Hemdsärmeln; **~-stud** Hemdenknopf *m*; **-waist** *Am* Hemdbluse *f*; **-y** ['-i] *sl* (leicht) beleidigt, eingeschnappt; wütend.

shit [ʃit], **shite** [ʃait] *itr sl* scheißen; *s sl* Scheiße *f a. fig*.

shiver ['ʃivə] **1.** *itr* zittern *(with cold, fear* vor Kälte, Angst); beben; *I* ~ ich schauere, mir *od* mich schauert; *s* Zittern *n*; Schüttelfrost, Fieberschauer *m*; *I got, had the* ~*s (fam)* es lief mir eiskalt über den Rücken; *it gave me the* ~*s (fam)* das ließ mir das Blut in den Adern erstarren; ~ *my timbers!* verflixt nochmal! **-y** ['-ri] zitternd, bebend; fröstelnd; erschauernd; **2.** Splitter; *tech* Span *m*; *tr* zersplittern; *itr* (zer)splittern.

shoal [ʃoul] **1.** *s* seichte Stelle, Untiefe, Sandbank *f*; *meist pl* lauernde Gefahr *f*, Haken *m fig*; *a* seicht, flach; *itr* flach(er), seicht(er) werden; **2.** *s* große Masse, Menge *f*, (*bes.* Fisch-)Schwarm, Zug *m*; Schule *f*; *itr (Fische)* e-n Schwarm, e-e Schule bilden; in e-m Schwarm ziehen *od* schwimmen; wimmeln; sich zs.drängen; *in* ~*s* in Unmengen, haufenweise; in Scharen.

shock [ʃɔk] **1.** *s* (heftiger) Stoß, Schlag; Zs.prall; (feindlicher) Vorstoß, Angriff *m*; plötzliche Er-, Aufregung, Erschütterung *(to* für); aufregende Sache *f*, Erlebnis *n*; *(electric* ~) (elektrischer) Schlag; *med* Nervenschock; *fam* Kollaps, Klaps *m*; *tr* (heftig) (an)stoßen, schlagen; e-n elektrischen Schlag versetzen *(s.o.* jdm); sehr auf-, erregen; Anstoß erregen bei, schockieren; *to be* ~*ed at, by* empört, aufgeregt, entsetzt sein über, schockiert sein von; *to be a great* ~ *to s.o.* für jdn ein schwerer Schlag sein; *earthquake* ~ Erdstoß *m*; *shell* ~ Kriegsneurose *f*; **~-absorber** Stoßdämpfer *m*; **-er** ['-ə] *fam* böse Überraschung; Sensation(snachricht) *f*; Schauerroman *m*; **-ing** ['-iŋ] aufregend; Anstoß erregend, anstößig, schockierend; *fam* schlimm, schrecklich, entsetzlich; **~-proof** stoßfest; mit Berührungschutz; ~ **tactics** *pl*, meist mit sing, mil Überraschungsstrategie *f*; ~ **therapy, treatment** *med* Schockbehandlung *f*; ~ **troops** *pl* Stoßtruppen *f pl*; **-wave** Druckwelle *f*; ~ **worker** Rekordarbeiter, *fam* Hennecke *m*; **2.** *s* (Korn-)Puppe *f*, Haufen *m*, Mandel, Garbe *f*; *tr itr* (das Korn) in Haufen stellen; **3.** dichte(r) (Haar-) Schopf *m*; **-headed** *a* strubb(e)lig.

shoddy ['ʃɔdi] *s* Shoddy-, Lumpenwolle *f*, -wollstoff; *fig* Schund, Tinnef; *Am* Neureiche(r) *m*; *a* aus Lumpenwolle; schäbig, minderwertig, Schund-; *Am* neureich, protzig, protzenhaft.

shoe [ʃu:] *s* (Halb-)Schuh *m*; *(horse* ~) Hufeisen *n*; (Metall-)Kappe *f (auf e-s Stange)*; Bremsschuh, -klotz *m*, -backe *f*; *arch* Lager *n*; Beschlag; Mantel *(e-s Gummireifens) f*; *tech* Gleitschuh *m*; *el* Kontaktrolle *f*, Polschuh *m*; *tr irr shod, shod* [ʃɔd] mit Schuhen, e-r Metallkappe versehen; *(Pferd)* beschlagen; schienen; *to be in, to fill s.o.'s* ~*s* jds Platz, Stelle einnehmen; in jds Haut stecken; *to know where the* ~ *pinches* wissen, wo der Schuh drückt; *to shake in o.'s* ~*s* vor Angst schlottern; *that's another pair of* ~*s* das ist etw ganz anderes; *the* ~ *is on the other foot* das ist genau das Gegenteil; **-black** Schuhputzer *m*; **-horn, -lift** Schuhlöffel *m*; **~-lace** Schnürsenkel, Schuhriemen *m*; **~-leather** Schuhleder *n*; **-maker** Schuhmacher *m*; **~-polish** Schuhwichse *f*; **~-repair shop** Schuhreparaturwerkstätte *f*; **~-scraper** Schuhabstreifer *m*; **-shine** *Am* Schuhputzen *n*; *(*~ *boy)* Schuhputzer *m*; ~ *parlor* Schuhputzsalon *m*; **~-shop, ~-store** *Am* Schuhladen *m*; **~-string** Schnürsenkel *m*; *sl* geringe(s) Kapital *n*; *to start a business on a* ~ im Geschäft mit praktisch nichts anfangen; **~-tree** Schuhspanner *m*.

shoo [ʃu:] *interj* sch! fort! weg! *itr* sch machen; *tr (to ~ away)* verscheuchen.

shook [ʃuk] **1.** Kistenbretter *n pl*; Faßdauben *f pl*; (Korn-)Puppe *f*, Haufen *m*; **2.** *pret von* shake.

shoot [ʃu:t] *irr shot, shot* [ʃɔt] *tr (to* ~ *past)* vorbeisausen, vorüberschießen an; (hin)wegsausen, -schießen über; überholen; ausgießen, -schütten; abladen; aus-, wegwerfen, (fort)schleudern; *(Riegel)* auf-, zuschieben; *(Anker)* auswerfen; *(Strahlen)* aussenden; *(Stromschnelle)* hinunterfahren; *bot*

shoot ahead 911 **shopkeeper**

(hervor)treiben; *(Kohle)* hinunterbefördern; *(into the cellar* in den Keller); *(Lippen)* vorstülpen; (ab)schießen, -feuern; *(Drohung, Blick)* schleudern, werfen; *(Frage)* aufwerfen, richten *(at* an); *(Wild)* schießen, jagen; *(Gebiet)* jagen in; treffen, er-, abschießen; aufnehmen, photographieren, *fam* knipsen; filmen; *sport (Ball, Tor)* schießen; *med (Einspritzung)* vornehmen; *sl* 'rausrücken, 'rüber-, her)schmeißen; *itr* sausen, schießen; *(Schmerz)* stechen, plötzlich auftreten; hervorschießen, -stürzen; *(Pflanzen)* auf-, in die Höhe schießen, sprossen, treiben; heranwachsen, emporschießen, vorragen, -stehen; *(Ball)* schlagen, schießen; schießen, losgehen *(Gewehr)*; jagen, auf die Jagd gehen; *phot* e-e Aufnahme machen, *fam* knipsen; drehen, filmen; *sport* schießen; *fam* es abgesehen haben *(at* auf); *s* Schuß *m*; Jagd *f*, -gebiet *n*, -gruppe *f*; schnelle(s) Wachstum *n*; *bot* Schößling, Trieb, Ableger *m (Wasser)*; *min* Erzlager; Abflußrohr *n*, -graben *m*; Rutsche, Rutschbahn; Stromschnelle *f*; stechende(r) Schmerz *m*; *the whole ~ (fam)* alles; *to ~ the breeze (Am sl)* zwanglos plaudern; *to ~ the bull (Am sl)* schwätzen, schmeicheln, übertreiben; *to ~ a goal (fig)* ins Schwarze treffen; *to ~ a line (Am sl)* prahlen; *to ~ the moon (sl)* durchbrennen; *to be all shot (fig)* ganz herunter sein; *they shot their bolt* sie pfiffen auf dem letzten Loch; *his nerves are all shot* er ist mit den Nerven ganz herunter; *~!* schieß los! leg los! *to ~* **ahead** hervorschießen, -schnellen; davonschießen, -rennen; *to ~* **away** *itr* weiterschießen; *tr (Munition)* verschießen; *to ~* **down** ab-, herunter-, niederschießen; *to ~~ o.'s wad (Am sl)* alles auf e-e Karte setzen; *to ~ the works (Am sl)* sein Letztes hergeben, sich verausgaben; alles ausplaudern; *to ~* **off** ab-, wegschießen; *o.'s, at the mouth (sl)* drauflos reden; *to ~* **out** *tr* ausstoßen, hinauswerfen; *itr (Flammen)* herausschlagen; *to ~* **past** vorbeisausen *(s.o.* an jdm); *to ~* **up** *itr* auf-, in die Höhe schießen, schnell wachsen; *(Flammen)* herausschlagen *(from* aus); *tr* durchlöchern; rasch hinaufbefördern; *Am fam (Ort)* terrorisieren; **~er** ['-ə] Schütze; Revolver *m*; **~ing** ['-iŋ] *s* Schießen *n*; Erschießung *f*; *(Schmerz)* plötzliche(s) Stechen; Jagen *n*, Jagd; Jagd(gebiet *n*) *f*; *(Stromschnelle)* Durchqueren *n*; *bot* Trieb, Ableger *m*; Filmen, Drehen *n*; *a (Schmerz)* stechend, vorstehend, -ragend; *to go on* auf die Jagd gehen; *indoor, outdoor ~* Innen-, Außenaufnahmen *f pl*; *pistol ~* Pistolenschießen *n*; ~~-*boots (pl)* Jagdstiefel *m pl*; ~~-*box* Jagdhütte *f*; ~~ *of a film* Filmaufnahme *f*; ~~-*gallery* Schießstand *m*; ~~-*iron (sl)* Schießeisen *n*; ~~-*licence* Jagdschein *n*; ~~-*range (mil) (großer)* Schießstand *m*; Entfernung *f* (beim Filmen); ~~-*script* Drehbuch *n*; ~~ *season* Jagdzeit *f*; ~~ *star* Sternschnuppe *f*; ~~ *war* heiße(r) Krieg *m*; **~out** *Am sl* Pistolenduell *n*.

shop [ʃɔp] *s* Laden *m a. sl pej*; (Laden-)Geschäft *n*, Verkaufsstelle; *in Zssgen a.:* -handlung *f*; *sl* Kittchen *n*; Werkstatt, -stätte *f*, Betrieb *m*, Fabrik *f*; *itr (to go ~ping)* einkaufen (gehen); *Am a.* Schaufenstereinkäufe machen; sich in den Geschäften umsehen; *tr* einkaufen; *sl* verpfeifen (s.o. jdn), einlochen; *fam* entlassen; *all over the ~ (sl)* überall; wild durcheinander; *to come, to go to the wrong ~ (fig)* vor die falsche Tür, an den Unrechten kommen; *to keep a ~* ein Geschäft, e-n Laden haben; *to keep ~* das Geschäft führen; *to set up ~* e-n Laden aufmachen, ein Geschäft eröffnen; *to shut up ~* den Laden zumachen, das Geschäft schließen *od* aufgeben; Schluß machen; *to talk ~* fachsimpeln; *baker's ~* Bäckerladen *m*, Bäckerei *f*; *bargain ~* billige(r) Laden *m*; *chemist's ~* Drogerie *f*; *closed ~ (Am)* Betrieb *m*, der nur Gewerkschaftsmitglieder einstellt; *erecting ~* Montagehalle *f*; *flower-~* Blumengeschäft *n*; *gift-~* Geschenkartikel-, Galanteriewarengeschäft *n*; *grocer's ~* Kolonialwaren-, Delikatessengeschäft *n*, Feinkosthandlung *f*; *ironmonger's ~* Eisenhandlung u. Haushaltwarengeschäft *n*; *machine ~* mechanische Werkstatt *f*; *repair ~* Reparaturwerkstätte *f*; *shoemaker's ~* Schuhmacherwerkstatt *f*; *stationer's ~* Papierwarengeschäft *n*, -handlung *f*; *sweet-~* Süßwarengeschäft *n*; *toy-~* Spielwarengeschäft *n*; *union ~ (Am)* Betrieb *m*, dessen Angehörige Gewerkschaftsmitglieder sein *od* werden müssen; **~~accident** Betriebsunfall *m*; **~~assistant, -boy, -girl** Verkäufer(in *f*) *m*; Ladenmädchen *n*; **~~bell** Ladenklingel *f*; **~~door** Ladentür *f*; **~~fittings** *pl* Ladeneinrichtung *f*; **~~front** Ladenfront, Auslage *f*; **~~hours** *pl* Laden-, Öffnungszeiten *f pl*; **~keeper** Ladenbesitzer, Geschäftsinhaber; *sl* La-

shopkeeping denhüter m; ~**keeping** Ladenbetrieb; Kleinhandel m; ~ **language** Fachsprache f; ~**lifter** Ladendieb m; ~**lifting** Ladendiebstahl m; ~**man** Ladenbesitzer; Verkäufer; *Am* Arbeiter m; ~ **operation** Arbeitsgang m; ~**per** ['-ə] Einkäufer m; ~**ping** ['-iŋ] Einkauf(en n), Einkaufsbummel m; *to do o.'s* ~~ Einkäufe, Besorgungen machen; *to go window*-~~ Schaufenster ansehen; ~~ *bag* Einkaufstasche f; ~~ *centre* Geschäftszentrum, -viertel n; ~~ *expedition (Am)* Einkaufsbummel m; ~~ *hours (pl)* Einkaufsstunden f pl; ~~ *street* Geschäftsstraße f; ~ *price* Ladenpreis m; ~**py** ['-i] *a* voller Geschäfte, Geschäfts-; Einzelhandels-, Kleinverkaufs-; beruflich, Fach-; ~-**soiled**, ~-**worn** *a (Ware)* angestaubt; ~**steward**, **chairman** *Am* Betriebsobmann, Betriebsratsvorsitzende(r) m; ~**talk** Fachsimpelei f; ~**walker** Aufsichtführende(r) m in ~e-m Ladengeschäft; ~~**window** Schaufenster n; *to put all o.'s goods in the* ~~ *(fig)* glänzen wollen.

shore [ʃɔː] *s* Küste(nstreifen m, -gebiet, -land n) f; Ufer n *(a. e-s Flusses)*; Strand m, *lit poet* Gestade; Watt(enmeer); *mar* Land n; *in* ~ *(mar)* unter Land; *off* ~ auf See, in Landnähe; *on* ~ an Land; ~-**based** *a aero* an der Küste stationiert; ~-**battery** *mil* Küstenbatterie f; ~-**bird** Uferschwalbe f; ~-**dinner** *Am* Fisch-, Muschelessen n; ~ *leave* Landurlaub m; ~**less** ['-lis] *poet* uferlos; ~**line** Küstenlinie f; ~ *patrol Am mar* Küstenstreife f; ~**ward** *adv* landwärts; ~ *wind* Seewind m; **2.** *s* Stütze, Strebe; *mar* Schore f; *tr (to* ~ *up)* (ab)stützen.

short [ʃɔːt] *a* kurz *(a. zeitlich)*; kurzfristig; niedrig; klein *(a. Personen)*; (zs.)gedrängt, knapp (gefaßt); knapp *(of* an), unzureichend, unzulänglich, nachstehend *(of* dat); kurz angebunden *fig*, barsch *(with* gegen); *(Gebäck, Metall)* mürbe, bröck(e)lig, krüm(e)lig; *(Getränk)* stark, unverdünnt; *(Taille)* hoch; *com* ungedeckt, ohne Deckung; *s* zu kurzer Schuß m; Kürze, kurze Silbe; *(Name)* Kurzform f; Kurzfilm; *el* Kurzschluß m; *fam* Kurze(r); *com* Baissespekulant m; *Am sl* Auto, Taxi n; *(~ one)* Spritzer m; *pl* kurze Hose f, Shorts pl; kurze Unterhose; Kleie f; Abfälle, Reste m pl; *typ* Fehlabzüge m pl; *Am sl* Geldverlegenheit f; *adv* (zu) kurz; knapp; ganz kurz *(of* vor); kurz, in Kürze; barsch; plötzlich, unerwartet; *a* ~ *time ago* vor kurzem; *at* ~ *date*, ~ *notice (fin)* kurzfristig (kündbar); *for* ~ kurz *adv*, der Kürze halber *od* wegen; *in a* ~ *time* in kurzer Zeit; binnen kurzem; *in* ~, *the long and the* ~ *of it* (in) kurz(en, wenigen Worten); *in* ~ *order (Am)* schnell *adv*; *nothing* ~ *of* nichts weniger als; *to be* ~ schlecht bei Kasse sein; *of s.th.* von etw nicht genug, zu wenig haben; *with s.o.* mit jdm kurz angebunden sein; *to be taken* ~ *(fam)* rasch austreten müssen; *to come, to fall* ~ nicht (aus)reichen, nicht genügen; *(die Erwartungen)* enttäuschen, zurückbleiben hinter; *of s.th.* etw nicht erreichen; *to cut* ~ unter-, (vorzeitig) abbrechen; *fig* das Wort abschneiden *(s.o.* jdm); *to give s.o. the* ~ *end of the stick (Am sl)* jdn schlecht behandeln; *to have a* ~ *temper* leicht aufbrausen, sehr reizbar sein; *to make it* ~ sich kurz fassen; *to make* ~ *work, thrift* of kurzen Prozeß machen mit; *to make a long story* ~ kurz gesagt, kurz u. gut; *to run* ~ knapp sein, ausgehen; *of* nicht genug ... haben; *to sell* ~ ohne Deckung verkaufen; *to stop* ~ plötzlich stehenbleiben; *to strike* ~ das Ziel verfehlen; *to turn* ~ plötzlich kehrtmachen; ~ *of breath* außer Atem; kurzatmig; ~ *of cash* nicht bei Kasse; ~ *of money* in Geldschwierigkeiten, -nöten, *fam* knapp bei Kasse; ~**age** ['-idʒ] Mangel m, Knappheit, Verknappung f *(of* an); Defizit n, Fehlbetrag, Abgang; Gewichtsverlust m; *to make up the* ~ den Fehlbetrag decken; *housing* ~~ Wohnungsknappheit f; *labo(u)r* ~~ Mangel m an Arbeitskräften; ~-**amount** Minderbetrag m; ~-**armed** *a* kurzarmig; ~ *bill* kurzfristige(r) Wechsel; Inkassowechsel m; ~-**bread**, -**cake** Mürbeteig m, -gebäck n; Teekuchen m; ~ *tr* it *Am* betrügen; ~ **circuit** ['-səːkit] *el s* Kurzschluß m; ~-**circuit** *tr* vereinfachen; *el* kurzschließen; ~-**coated** *a (Hund)* kurzhaarig; ~**coming** Fehler, Mangel, Defekt m; Versagen n, ungenügende Leistung; Pflichtversäumnis f; *pl* Unzulänglichkeit f; *(Person)* Schwächen f pl; ~~ *goods (pl)* Mangelwaren f pl; ~ *cut* Richt-, kürzere(r) Weg m a. *fig*; *fig* abgekürzte(s) Verfahren n; ~-**dated** *a* kurzfristig, auf kurze Sicht, mit kurzer Fälligkeit; ~ *delivery* Teillieferung f; ~**en** ['-n] *tr* (ab-, ver)kürzen, stutzen, vermindern, verringern; *(Aufträge)* zurückziehen; Backfett hinzufügen, -tun zu; *(Segel)* einziehen, raffen; *(Feuer)* zurückverlegen; *(Front)* verkürzen; *itr* kurz, kürzer werden;

shortening — **shoulder**

~ening ['-niŋ] (Ab-, Ver-)Kürzung, Verminderung; *mil (Front)* Verkürzung *f*; *Am Backfett n*; *~ of working hours* Verkürzung *f* der Arbeitszeit; **~-haired** *a* kurzhaarig; **~hand** Kurzschrift, Stenographie *f*; *to take down in ~~* (mit)stenographieren; *to write ~~* stenographieren; **~~ note** Stenogramm *n*; **~~ notebook** Stenogrammheft *n*; **~~ typist** Stenotypist(inf) *m*; **~~ writer** Stenograph *m*; **~-handed** *a*: *to be ~* zu wenig Arbeitskräfte haben; **~-haul traffic** Nahverkehr *m*; **~-headed** *a* kurzköpfig; **~horn** Kurzhorn *n (Rinderrasse)*; **~ish** ['-iʃ] etwas kurz; **~ leave** Kurzurlaub *m*; **~-list** *tr* in die engere (Aus-)Wahl ziehen; **~-lived** *a* kurzlebig *a. fig*; **~-ly** ['-li] *adv* in kurzem, bald, kurz, in Kürze, in wenigen Worten; scharf; barsch; **~** *after* bald danach; **~ness** ['-nis] Kürze; Knappheit *f*, Mangel *m (of an)*; Unzulänglichkeit, Schwäche *f*; **~~ of memory** Gedächtnisschwäche *f*; **~~ of money** Geldknappheit *f*; **~~ of sight** Kurzsichtigkeit *f*; **~ order** *Am (Restaurant)* Schnellgericht *n*; **~ pastry** Mürbeteig *m*, -gebäck *n*; **~-range** *a* nicht weitreichend; kurzfristig; Nahkampf-; **~ sight** Kurzsichtigkeit *f* *a. fig*; **~-sighted** *a* kurzsichtig *a. fig*; **~-spoken** *a* wortkarg; **~ story** Novelette, Kurzgeschichte *f*; **~-stroke** *mot* kurzhubig; **~-tempered** *a* leicht aufbrausend, sehr reizbar; barsch, kurz angebunden; **~-term** kurzfristig; **~ time (work)** Kurzarbeit *f*; *to be on ~* verkürzt arbeiten; **~ ton** 2000 *engl. Pfund* = 907,184 *kg*; **~-waist** hohe Taille *f*; **~-waisted** *a* mit hoher Taille; **~ wave** *radio* Kurzwelle *f*; **~-wave** *a* Kurzwellen-; **~~ set** Kurzwellengerät *n*; **~ weight** *com* Unter-, Mindergewicht *n*; *to give ~~* knapp abwiegen; **~-winded** ['-windid] *a* außer Atem; kurzatmig; **~-witted** *a* einfältig, dumm.

shot [ʃɔt] *s* (Ab-)Schuß *m* *a. sport*; Schußweite; *fig* Reichweite *f*, Bereich *m* od *n*; *fig* Versuch *m*, Vermutung *f*, *fig* Seitenhieb *m*, bissige, kritische Bemerkung *f*; Geschoß *n*, Kugel; Munition *f*; Schrot *n*, Kugel *f*; *sport* Wurf, Stoß *m*; *min* Sprengung, Sprengladung *f*; Schütze *m*; *com* Postwerbeexemplar *n*; *phot film* Aufnahme *f*; *med fam* Spritze, Einspritzung, Injektion *f*; *fam* Schuß, Schluck *m*; Zeche, Schuld *f*; Anteil *m*; *a (pp von shoot)* durchschossen, -setzt; *fam* hin(über), verbraucht, aus, vorbei; erschossen; gesprenkelt, schillernd; *~ through with* gespickt mit; *like a ~* sofort, wie der Blitz; *(off) like a ~* blitzschnell, wie der Blitz; *within ~* in Schußweite; *to be ~ to pieces (Am fam)* ruiniert sein; *to call o.'s ~s (fig)* kein Blatt vor den Mund nehmen; *to have a ~ at s.th.* etw probieren, versuchen; *to have a ~ in the locker (fam)* noch ein Eisen im Feuer haben; *to make, to take a ~* e-n Schuß abgeben, -feuern *(at auf)*; *to make a bad ~* daneben-, vorbeischießen; *to need a ~ in the arm (fig)* e-e Spritze nötig haben; *to put the ~ (sport)* die Kugel stoßen; *good ~!* gut getroffen! *his question is a ~ in the dark* er fragt aufs Geratewohl; *a big ~ (fam)* ein hohes Tier *n*; *crack, dead ~* Scharfschütze *m*; *ear-~* Hörweite *f*; *good ~* Volltreffer *m*; *half ~ (fam)* angetrunken, angesäuselt; *long ~* aussichtslose(s) Unternehmen, hoffnungslose(r) Versuch; *fam* schwache(r) Kandidat *m*; *not by a long ~ (sl)* nicht im allergeringsten; *putting the ~* Kugelstoßen *n*; *random ~* ungezielte(r) Schuß *m*; *small ~* Schrot *m* od *n*; **~-gun** Schrotflinte *f*; *a sl Am* erzwungen; **~-hole** Sprengloch *n*; **~-proof** kugelfest, -sicher; **~ jacket** Panzerweste *f*; **~-put** Kugelstoßen *n*; **~-putter** Kugelstoßer *m*.

should [ʃud] *s. shall*.

shoulder ['ʃouldə] *s* Schulter, Achsel; Schulterpartie *f (a. d. Kleidung)*; *zoo* Vorderviertel, Blatt *n*, Bug *m*; *(Schlachttier)* Schulterstück *n*, Keule *f*; Vorsprung *m*, (kleine) Anhöhe; *mil* Schulterwehr *f*; *(Straße)* Bankett *n*; *arch* Brüstung *f*, Vorsprung, Absatz *m*; *tech* Widerlager *n*, Bund *m*, Bord *m*; *pl* Schultern *f pl des. fig*, Rücken *m*; *tr* auf die Schulter nehmen; (auf der Schulter) tragen; sich *(e-n Weg)* mit den Schultern bahnen; *(Gewehr)* schultern; *tech* abstützen *(against auf)*, absetzen; *fig* auf sich nehmen *(s.th. etw)*; *straight from the ~ (Worte)* offen, unverblümt *a. adv (reden)*; *~ to ~* Schulter an Schulter; mit vereinten Kräften; *to be head and ~s above s.o.* jdn beträchtlich überragen; viel tüchtiger sein als jem; *to carry a chip on o.'s ~* immer bei schlechter Laune sein; *to cry on s.o.'s ~* sich bei jdm ausweinen; *to give, to turn s.o. the cold ~ (fig)* jdm die kalte Schulter zeigen; *to have a head on o.'s ~* klug, gewandt sein; *to put o.'s ~ to the wheel* tüchtig zupacken, Hand anlegen; sich ordentlich ins Zeug legen; *to rub ~s with* an einem Tisch sitzen, engen Umgang haben mit; *to stand head and ~s above s.o. (fig)* jdn weit überragen;

shoulder-belt 914 **show-down**

to ~ o.'s way through a crowd s-n Weg durch e-e Menge bahnen; *~ arms!* das Gewehr über! *~* -**belt** Schulterriemen *m*; Wehrgehänge *n*; **~-blade** Schulterblatt *n*; **~-joint** Schultergelenk *n*; **~-knot** *mil* Schulterstück *n*; **~-strap** Träger *m (an Damenunterwäsche)*; *mil* Schulterstück *n*.

shout [ʃaut] *s* Schrei *m*; Geschrei *n*, Lärm, Krach; Ruf *m*; *fam* (zu zahlende) Runde *f*; *tr* (hinaus)schreien *(for joy* vor Freude); *itr* schreien; jauchzen *(with* vor); *to ~ at s.o.* jdn anschreien; *for s.o.* nach jdm rufen; *to s.o.* jdm laut zurufen; *to ~ down* niederschreien, überbrüllen; *~s of applause* Beifallsrufe *m pl*; **~ing** ['-iŋ] Geschrei, Brüllen; Rufen *n*; Jubel *m*; *to be all over but the ~ing* die Schlacht ist geschlagen.

shove [ʃʌv] *tr itr* schieben; (fest) stoßen; hineinstopfen *(into a drawer* in e-e Schublade); *itr* sich drängen; *sl* abhauen; *s* Schubs, Stoß *m*; *to ~ along* sich (langsam) weiterbewegen; *to ~ off (tr) (Boot vom Ufer)* abstoßen; *itr fam* abschieben, -hauen; *to ~ through* sich durchdränge(l)n; *to ~ the responsibility on to s.o.* jdm die Verantwortung zuschieben.

shovel [ʃʌvl] *s* Schaufel, Schippe; *(~ful)* Schaufel(voll) *f*; *(Bagger)* Löffel; *(~ hat)* flache(r) Hut *m (der Geistlichen)*; *tr* schaufeln, schippen; **~-board** Beilspiel *n*, -tafel *f*; **~-dredger** Löffelbagger *m*; **~-ler** ['-ə] *orn* Löffelente *f*.

show [ʃou] *irr* showed, shown od (selten) showed **1.** *tr* zeigen; zur Schau ausstellen; weisen, den Weg zeigen, führen *(to* zu); sehen, durchblicken, erkennen lassen; aufweisen; an den Tag legen, enthüllen; aufzeigen, darlegen, klarstellen, erklären; ergeben; demonstrieren; nach-, er-, beweisen, den Nachweis erbringen *(that* daß); anzeigen, registrieren; *(Gunst, Gnade)* erweisen; *jur* dartun, -legen, angeben; *theat* spielen, geben; **2.** *itr* sich zeigen, auftreten, erscheinen; zu sehen sein; wirken; *theat* auftreten; *to ~ o.s.* sich (in der Öffentlichkeit) zeigen, öffentlich auftreten; sich blicken lassen; **3.** *s* Sichtbarwerden *n*; Erscheinung *f*; (Pracht-)Entfaltung *f*, Prunken *n*, Repräsentation *f*; (großer) Aufzug *m*; Angabe *f*, falsche(r) Schein *m*; *fig* Bild *n*; Schau(stellung) *f*, Ausstellung, Vor-, *theat* Aufführung; *radio video* Sendung *f*; *Am* Zeigen, Sichtbarwerdenlassen *n*, Enthüllung; *Am* Darlegung *f*, Er-, Nachweis *m*, Arbeit; *fam* Chance, *Am* Sache, Angelegenheit *f*; *fam* Betrieb, Laden *m*; **4.** *all over the ~* in völliger Unordnung; *by (a) ~ of hands (parl)* durch Handerheben; *for ~* zum Schein; nur fürs Auge; *on ~* zur Besichtigung; ausgestellt; **5.** *to be on ~* gezeigt werden, ausgestellt sein; *to give s.o. a fair ~* jdm e-e Chance geben; *to give the (whole) ~ away (fig)* den Schleier, die Maske fallen lassen; *to go to ~* beweisen; *to make a ~ of doing s.th.* Miene machen, etw zu tun; *of s.th.* etw herausstellen; *to make a fine ~* gut aussehen, Eindruck machen *od fam* schinden; *to manage, to run the ~ (fam)* die Sache machen; das Ding drehen; den Laden, den Kram schmeißen; *to put on a ~* so tun als ob; heucheln; *to stand, to have a ~ (fam)* gewisse, schwache Aussichten haben; *to steal the ~* die Schau stehlen; *to ~ o.'s cards, hand* s-e Karten aufdecken; *to ~ cause* s-e Gründe darlegen *od* angeben; *to ~ o.s. in o.'s true colo(u)rs* sein wahres Gesicht zeigen; *to ~ the door to s.o.* jdm die Türe weisen, jdn hinauswerfen; *to ~ the white feather* das Hasenpanier ergreifen; *to ~ fight* Kampfgeist zeigen; *to ~ an improvement* e-n Fortschritt aufzuweisen haben; *to ~ interest* Interesse zeigen *od* bekunden *(in* an); *to ~ o.'s paces* zeigen, was man kann; *to ~ o.'s teeth* die Zähne zeigen; *I'll ~ them* ich werde es ihnen schon zeigen; *to ~* **(a)round** herumführen. **6.** *agricultural, dog ~* Landwirtschafts-, Hundeausstellung *f*; *dumb ~* Pantomime *f*; *flower ~* Blumenschau *f*; *motor ~* Autoausstellung *f*; *travelling ~* Wanderausstellung *f*; *to ~* **forth** verkünden; *to ~* **in** (her)-einführen; *to ~* **off** *tr* in vollem Glanz erstrahlen lassen, im besten Licht, von s-r besten Seite zeigen; Staat machen mit; *itr* sich brüsten, sich aufspielen, sich auffällig benehmen, die (allgemeine) Aufmerksamkeit auf sich ziehen; angeben *(with* mit); *to ~* **out** hinausführen, -geleiten; *to ~* **up** *tr* hinaufführen; ans Licht bringen; bloßlegen, -stellen; *fam* abhängen, aus dem Feld schlagen; *itr* ans Licht kommen, auftauchen, kommen, erscheinen, in Erscheinung treten; sich (deutlich) zeigen; sich abheben *(against* gegen); **~-bill, -card** Anschlag(zettel) *m*, Plakat *n*; *(~-card)* Musterkarte *f*; **~-boat** Theaterschiff *n*; **~-box, -case, -glass** Schau-, Guckkasten *m*, Vitrine *f*; **~-business** Schaustellergewerbe *n*; Regiekunst; *Am* Unterhaltungsindustrie *f*; **~-down** *Am fam* a entscheidend; *s* Aufdecken *n* der Karten *(im Spiel u.*

show flat 915 **shuck**

fig); *fig* Enthüllung *f (der wirklichen Absichten, Ziele)*; entscheidende(r), kritische(r) Augenblick; Wendepunkt *m*; Kraftprobe *f; to force a ~~* die Bekanntgabe der Absichten erzwingen; **~ flat** Modellwohnung *f*; **~~girl** Statistin; Varieté-Tänzerin *f*; **~iness** ['-inis] Auffälligkeit, (äußere) Pracht *f*; **~ing** ['-iŋ] Nachweis *m*, Darlegung, -stellung; *film* Vorführung *f*; Eindruck *m*, Bild *n; to make a good ~* sich gut aus der Affäre ziehen; **~man** ['-mən] gewandte(r) Redner; Schausteller *m*; **~manship** ['-mənʃip] Schaustellergewerbe *n; fig* Kunst, (das allgemeine) Interesse zu erwecken; effektvolle Attraktion *f*; **~~off** auffällige(s) Benehmen *n*, *fam* Angeber; Protz *m*; **~piece** Schaustück, Muster *a. fig; fig* Musterexemplar *n*; **~~place** Sehenswürdigkeit *f*; **~~purpose** com Reklamezweck *m*; **~room** Ausstellungsraum *m*; **~~up** Entlarvung, Bloßstellung; *Am fam* Gegenüberstellung *f*; **~~window** *Am* Schaufenster *n*; **~y** ['-i] *meist pej* auffällig, prächtig, grell; zugkräftig; angeberisch; Zug-.

shower ['ʃauə] *s* (Regen-, Schnee-, Hagel-)Schauer; (Sprüh-)Regen *(a. Funken)*; (Er-)Guß *a. fig*; *(Pfeile)* Hagel; *fig* Schwall, Erguß *m*, Flut, Fülle; *(~-bath)* Dusche, Brause *f*, Brause-, Sturzbad *n*; *Am* Party *f*, bei der jeder Gast ein Geschenk mitbringt; *tr* be-, übergießen; be-, naßspritzen; *fig* überschütten *(s.th. upon s.o., (Am) s.o. with s.th.)* jdn mit etw); *itr* nieder-, herabregnen; duschen, ein Brausebad nehmen; *to take a ~* sich duschen; **~y** ['-ri] *a* mit einzelnen Regenschauern; schauerartig.

shrapnel ['ʃræpnl] *mil* Schrapnell *n*.

shred [ʃred] *s* Fetzen; Lappen *m*; *fig* Spur *f*, Fünkchen *n*, ein (klein) bißchen; *tr* zerfetzen, in Fetzen reißen; zerfasern; zerteilen; abschneiden; *to tear to ~s (fig)* keinen guten Faden lassen an.

shrew[ʃru:] Zankteufel *m*, Xanthippe *f*, böse(s), zänkische(s) Weib *n; (~-mouse)* Spitzmaus *f*; **~ish** ['-iʃ] boshaft, zänkisch.

shrewd [ʃru:d] *a* gewitzt, schlau, klug, scharfsinnig; *(Verstand, Wind)* scharf; *(Antwort)* treffend; *to make a ~ guess* der Wahrheit sehr nahe kommen; **~ness** ['-nis] Gewitztheit, Schlauheit, Klugheit *f*, Scharfsinn *m*.

shriek [ʃri:k] *itr* kreischen, schreien; *(to ~ out)* (hinaus)schreien; *s* (gellender durchdringender, Auf-)Schrei *m*; Geschrei, Gekreisch *n; to ~ with laughter* schreien vor Lachen.

shrievalty ['ʃri:vəlti] Amt(szeit *f*) *n*, Bezirk *m* e-s Sheriffs.

shrift [ʃrift] *obs* (Ohren-)Beichte *f; to give short ~* kurzen Prozeß machen mit.

shrike [ʃraik] *orn* Würger *m*.

shrill [ʃril] schrill, gellend; *(Stimme)* durchdringend; **~ness** ['-nis] schrille(r) Klang *m*.

shrimp [ʃrimp] *zoo* Garnele, Krabbe *f*; *fam* Knirps *m*; **~-cocktail** *Am* Krabben *f pl* mit Zutaten im Glas.

shrine [ʃrain] *s rel* (Reliquien-)Schrein *m*, Reliquiar *n*; Weihestätte *f*; *fig* Heiligtum *n*.

shrink [ʃriŋk] *irr shrank* [-æ-], *shrunk* [-ʌ-]; *itr* (ein-, zs.)schrumpfen, einlaufen, eingehen; *(Holz)* schwinden; *fig* abnehmen, nachlassen; sich verkriechen; zs.zucken; zurückschrecken *(from vor); to ~ from doing s.th.* etw höchst ungern tun; *tr* schrumpfen lassen, zs.ziehen; *(Textil)* krumpfen; *(Kopf)* zurückziehen; *s* Schrumpfung *f*; **~age** ['-idʒ] Schrumpfung *f*, Einlaufen *n*; Krumpfmaß; Krumpfen *n*; Schwund *m*, Abnahme *f*, (Wert-)Verlust *m*, Verminderung *f*, Nachlassen *n*, Rückgang *m*, Schrumpfung *f*; **~hole** *tech* Lunker *m*; **~~proof** krumpffest.

shrive [ʃraiv] *irr shrived* od *shrove* [-ou-], *shrived* od *shriven* ['ʃrivn] *tr obs*: *s.o.* jds Beichte hören (u. Absolution erteilen).

shrivel ['ʃrivl] *itr tr* verwelken (lassen); runzelig werden; verschrumpeln; *fig* verkümmern (lassen).

shroud [ʃraud] *s* Leichentuch *n*; *fig* Hülle *f*, Mantel, Schutz *m*; *mar* Want; *tech* Verkleidung *f*; *mot* Windleitbogen *n*; *tr (Leiche)* einhüllen; *fig* bedecken, verhüllen, verbergen; *tech* verkleiden.

Shrove|tide ['ʃrouvtaid] Fastnachtstage *m pl (vor Aschermittwoch)*; **~ Tuesday** Fastnacht(dienstag *m*) *f*.

shrub [ʃrʌb] **1.** *bot* Strauch, Busch *m*; Staude *f*; **~bery** ['-əri] Gebüsch, Gesträuch, Busch-, Strauchwerk *n*; **~by** ['-i] strauchartig, buschig; **2.** *Art* Cocktail *m*.

shrug [ʃrʌg] *itr (tr: to ~ o.'s shoulders)* mit den Achseln zucken; *s* Achselzucken *n; to ~ s.th. off* etw mit e-m Achselzucken abtun.

shrunk(en) ['ʃrʌŋkn] *a* eingeschrumpft, -gefallen; *(Haut)* verschrumpelt; abgemagert.

shuck [ʃʌk] *Am s* Schale, Hülse, Schote *f*; *tr* schälen, enthülsen, entkernen; abstreifen; *(Auster)* öffnen;

shucks — **Siamese**

to ~ o.'s clothes sich entblättern *hum;
to ~ off* auf die lange Bank schieben;
not worth ~s keinen Pfifferling wert;
~s *interj* Unsinn!
shudder ['ʃʌdə] *itr* (er)schaudern; *I ~
mich schaudert (at the thought* bei dem
Gedanken); *s* Schauder *m*.
shuffl|e ['ʃʌfl] *tr* schleifen, nachziehen;
(weg)schieben, schubsen *(into* in; *out
of* aus); durchea.schütteln, -bringen,
-werfen; *(Spielkarten)* mischen; *itr (to
~~ o.'s feet)* schlurfen, die Füße nachziehen; sich hin- u. herbewegen; die
(Spiel-)Karten mischen; sich mit List
u. Tücke bringen *(into* in; *out of* aus);
sich drücken; Ausflüchte machen;
schwindeln, mogeln; *s* Schlurfen,
Schieben, Schubsen; (Karten-)Mischen
n; (Tanz) Schleifschritt *m; fig* Ausflüchte, Schliche *pl,* Trick, Kunstgriff,
Schwindel *m; to ~~ away* auf die Seite
schaffen, wegpraktizieren; *to ~~ off, on
(Kleidung)* ab-, überstreifen; *to ~
through (Arbeit)* flüchtig erledigen; *~~-
board s.* shovel-board; **-er** ['-ə] *s* Schlurfer;
(Karten-)Mischer; Ausflüchtemacher,
Schwindler; *Am sl* Arbeitslose(r),
Wanderarbeiter *m;* **-er** ['-ə] *s* Schlurfer;
fend, schleppend; *fig* ausweichend,
unaufrichtig, schwankend.
shun [ʃʌn] *tr* (geflissentlich, beharrlich)
(ver)meiden, ausweichen *(s.th.* e-r S).
shunt [ʃʌnt] *tr* abstellen; *(Diskussion)*
ablenken; *rail* auf ein Nebengleis schieben; *el* parallel schalten *(across* zu); *fig*
kaltstellen; *fig* aufschieben; *s* Abstellen; Rangieren; Neben-, Abstellgleis *n;*
Weiche *f; el* Neben(an)schluß *m,* -leitung *f;* **-circuit** Nebenschluß-, Feldstromkreis *m;* **-er** ['-ə] *tech* Weichensteller *m;* **-ing** ['-iŋ] *s:* ~ *engine* Rangierlok(omotive) *f;* ~~*-station, -yard* Verschiebebahnhof *m*.
shush [ʃʌʃ] *interj fam* sch! pst!
shut [ʃʌt] *irr shut, shut tr* schließen, zumachen; *(Vorhang)* herunterlassen;
ver-, zuriegeln; versperren; einsperren,
einschließen; *itr* sich schließen, zugehen; *to ~ the door in s.o.'s face* die
Türe vor jds Nase zuschlagen; *to ~ the
ears to the truth* die Ohren vor der Wahrheit verschließen; *to ~* **down** *tr* herunterlassen; *(Fabrik)* (vorübergehend)
schließen, stillegen, den Betrieb einstellen; *sport Am* besiegen; *itr* die
Arbeit beenden, aufhören, Schluß
machen; *to be ~ down* stilliegen; *to ~*
in einschließen, -sperren; umgeben,
einschließen; die Aussicht nehmen
(s.o. jdm); *to ~ o.'s finger in the door*
den Finger in die Türe klemmen;
to ~ **off** ausschließen *(from* von); absperren, -schließen; *tech* ausschalten,
zu-, abdrehen; *(Motor)* abstellen;
Am sport besiegen; *to ~ o.s. off*
sich absondern, seine eigenen Wege
gehen; *to ~* **out** ausschließen, -sperren; *to ~* **up** (fest) zu-, verschließen;
ein-, wegschließen; *fam* den Mund
stopfen *(s.o.* jdm); *to ~ up shop*
nicht mehr weiterarbeiten; *(fam)*
~~! halt den Mund! halt's Maul!
-down *Am* Arbeitsniederlegung,
Stillegung *(des Betriebes),* Betriebseinstellung, -störung; Arbeitsunterbrechung *f;* **~-eye** *sl* Schläfchen *n;*
~-in *s* ans Haus gefesselte(r) Kranke(r), Invalide *m; a (Kranker)* ans
Haus gefesselt; *psychol* völlig introvertiert, in sich gekehrt; **~-off cock**
Absperrhahn *m;* **~-out** Ausschluß *m
a. sport; Am* Spiel *n,* bei dem der Gegner keinen Punkt erzielt; **-ter** ['-ə] *s*
Fenster-, Rolladen; *phot* Verschluß *m;
pl Am* Augen *n pl; tr* mit Fensterläden
versehen od verschließen; *arch* verschalen; *to put up the ~~s* den Laden
zumachen; **-tering** ['-ɔriŋ] *arch* Verschalung *f*.
shuttle ['ʃʌtl] *s* Weberschiff *n,* Schütze
m; (Nähmaschine) Schiffchen *n; (~-traffic)* Pendelverkehr *m; tr itr* schnell hin-
u. herbewegen, -gehen; **~-bus** Autobus im Pendelverkehr, Zubringer(bus)
m; **-cock** Federball(spiel *n*) *m; fig*
schwanke(s) Rohr *n;* **-service**
Zubringerdienst, Pendelverkehr *m;*
~-train Pendelzug, Zubringer *m*.
shy [ʃai] **1.** *a* scheu, ängstlich; schüchtern, verschämt; argwöhnisch, mißtrauisch *(of* gegen); vorsichtig, zögernd *(of doing* zu tun); *agr* schwachtragend; *sl* knapp *(of* an); *sl (mit e-r
Zahlung)* im Rückstand, schuldig; *itr*
scheuen *(at* bei); zurückschrecken,
-scheuen *(at* vor); *to ~ away from* zurückweichen, -schrecken vor; sich in
acht nehmen vor; *to fight ~ of s.o.,
s.th.* jdm, e-r S aus dem Wege gehen;
work-~ arbeitsscheu; **-ness** ['-nis]
Scheu, Schüchternheit *f;* Argwohn *m,*
Mißtrauen *n;* **2.** *tr itr* werfen, schleudern; *s* Wurf(ziel *n*); *fig fam* Seitenhieb *m,* bissige Bemerkung *f;
fam* Versuch *m; to have a ~ at s.th. (fam)*
etw probieren, versuchen.
shyster ['ʃaistə] *Am sl* Gauner; Winkeladvokat *m*.
Siam ['saiæm, sai'æm] Siam *n;* **-ese**
[saiə'mi:z] *a* siamesisch; *s* Siamese *m,*
Siamesin *f;* ~~ *twins (pl)* siamesische
Zwillinge *m pl*.

Siberia [sai'biəriə] Sibirien n; ~n [-n] a sibirisch; s Sibirier(in f) m.

sibil|ance, -cy ['sibiləns(i)] Zischlaut m; **~ant** ['-t] a zischend; s Zischlaut m; **~ate** ['-eit]itr tr zischen(d aussprechen); auszischen; **~ation** [sibi'leiʃən] Zischen n; Zischlaut m.

sibling ['sibliŋ] Bruder m od Schwester f; pl (Voll-)Geschwister pl.

sibyl ['sibil] hist Sibylle f; **~line** [si'bilain, 'sib-] hist sibyllinisch; geheimnisvoll.

siccative ['sikətiv] a u. s trocknend(es Mittel n).

Sicil|ian [si'siljən] a sizilianisch; s Sizilianer(in f) m; **~y** ['sisili] Sizilien n.

sick [sik] 1. a pred krank (of an; with vor); unwohl (Am, Br nur lit u. sl; sl mil a. attr); kränklich; (~ and tired, ~ to death) überdrüssig (of gen); krankhaft, ungesund, leidig, ärgerlich; fam wütend; enttäuschend; fam unglücklich (at, about über); schadhaft, schlecht; krank (vor Sehnsucht) (for nach); fam grausig; verdorben; s: the ~ die Kranken m pl; to be ~ (Br) unwohl sein, sich brechen müssen; Am krank sein; to be ~ of s.th. satt, leid haben; to be ~ in bed krank zu Bett liegen; to be taken ~ erkranken; to fall ~ krank werden; to get ~ and tired of s.th. etw gründlich satt, über haben; to go, to report ~ (mil) sich krank melden; to turn ~ sich übergeben müssen; he's ~ with the flu er hat Grippe; I am, I feel ~ mir ist übel; I'm getting ~ and tired of it es hängt mir zum Hals heraus; **~-allowance, -pay** Krankengeld n; **~bag** aero Spucktüte f; **~-bay** Schiffslazarett n; **~-bed** Krankenbett n; **~benefit** Krankenbeihilfe f, -geld n; **~certificate** Krankenschein m; **~en** ['-n] itr krank werden, erkranken (for an); angewidert werden (at von); Ekel empfinden (at bei); satt haben (of s.th. etw), überdrüssig sein (of s.th. e-r S); tr Übelkeit verursachen (s.o. jdm); anwidern, -ekeln; **~ening** ['-niŋ] fig widerlich; ekelhaft; **~fund** Krankenkasse f; **~ headache** Kopfschmerz m (bei Übelkeit), fam Schädelbrummen m; Migräne f; **~insurance** Krankenversicherung, -kasse f; **~ish** ['-iʃ] kränklich; unwohl; Übelkeit erregend; **~ leave** Genesungsurlaub m; **~liness** ['-linis] Kränklichkeit, Schwächlichkeit; Krankhaftigkeit; Schwäche f; **~list** mil Krankenliste f; to put on the ~~ krank schreiben; **~ly** ['-li] kränklich, leidend, schwächlich; krankhaft; ungesund; Übelkeit erregend; widerlich; schwach, matt; süßlich, sentimental; (Lächeln) gezwungen; **~ness** ['-nis] Krankheit; Übelkeit f, Erbrechen n; **~~ benefit**, pay Krankengeld n; **~~ insurance** Krankenversicherung f; **~ nursing** Krankenpflege f; **~-parade, -call** mil Revierstunde f; **~-pay** Krankengeld n; **~-report** Krankenbericht m; Krankmeldung f; **~~ book** Krankenbuch n; **~-room, -chamber** Krankenzimmer n; **~-ward** Krankenstation f; 2. tr (Hund) hetzen (on auf); ~ him! faß!

sickle ['sikl] Sichel f; **~-feather** Schwanz-, Hahnenfeder f.

side [said] s Seite a. anat math f; Rand m, Ufer n; (Berg-)Hang m; Gegend f, Gebiet n; Richtung f; sport Spielfeld n, fig Seite f, Standpunkt m, Stellungnahme, Meinung; Seite, Partei; (väterliche, mütterliche) Seite (der Vorfahren); Arroganz, Einbildung f; attr Seiten-; Neben-; itr Partei ergreifen (with für); at, by my ~ an meiner Seite, mir zur Seite; by the ~ of neben, verglichen mit; by the father's ~ väterlicherseits; ~ by ~ Seite an Seite, dicht zusammen; from, on all ~s, every ~ von, auf allen Seiten; von überallher, überall; on the ~ (fam) nebenbei, -her; on every ~ auf, von allen Seiten; on his ~ seinerseits; on the right, wrong ~ of 50 über, unter 50 (Jahre alt); to be on the safe ~ um sicherzugehen; to be a thorn in o.'s ~ jdm ein Dorn im Auge sein; to get on s.o.'s good ~ (fam) jdn herumkriegen; to put on ~ (sl) sich aufspielen, angeben; to split o.'s ~ with laughter vor Lachen (beinahe) platzen; to stand by s.o.'s ~ (fig) jdm zur Seite stehen; to take ~s Stellung nehmen, Partei ergreifen (with für); sich anschließen (with s.o. jdm); this ~ up! Vorsicht, nicht stürzen! **~-arms** Seitenwaffen f pl; **~-bar** Am fam zusätzlich; ~ job Nebenbeschäftigung f; **~-board** Büfett n, Anrichte f; Seitenbrett n, -wand f; **~burns** pl Am, **~ whiskers** pl Br Koteletten f pl (Frisur); **~car** mot Beiwagen m; **~ chapel** Seitenkapelle f; **~-cut** Seitenhieb m; **~d** ['-id] a in Zssgen -seitig; **~-dish** Zwischengericht n (bei Tisch); **~-door** Seitentür f; **~-effect** Nebenwirkung f; **~-elevation** arch Seitenansicht f; **~-entry** Seiteneingang m; **~-face** Seitenansicht f, Profil n; **~-glance** Seitenblick m; **~-issue** Nebenresultat n, -frage f; Randproblem n; **~-kick** Am sl Kumpel m; **~-light** Seitenlicht, -fenster n; mar aero Positionslicht; mot

side-line Begrenzungslicht n; pl fig Streiflichter n pl; to throw a ~~ on (fig) ein Streiflicht werfen auf; **~line** Seitenlinie bes. sport; rail Nebenlinie f; Nebenberuf m, -beschäftigung f; com Nebenartikel m; **~long** a seitlich; geneigt, schräg; adv seitwärts; auf der Seite; **~-pocket** Seitentasche f; **~-saddle** Damensattel m; **~-show** Nebenschau, -ausstellung; Nebenerscheinung; Episode f; unwesentliche(s) Ereignis n; **~-slip** itr mot schleudern; aero seitlich abrutschen a. sport, slippen; s Schleudern, Slippen n, Seitengleit-, Schiebeflug; bot Trieb m; **~-splitting** (Lachen) zwerchfellerschütternd; (Sache) zum Totlachen; **~-step** s Ausweichen n; (Boxen) Seitenschritt m; itr zur Seite treten; tr ausweichen (s.th. e-r S) a. sport; **~-stroke** Seitenschlag m; Seitenschwimmen n; **~-swipe** itr tr seitlich zs.stoßen (mit); **~-track** bes. Am s Nebengleis n; tr abstellen, auf ein Nebengleis fahren; allg beiseite schieben; fig ablenken; kaltstellen; Am sl festnehmen, verhaften; to get on a ~~ (fig) vom Thema abkommen; **~-view** Seitenblick m, -ansicht f; **~-walk** Am Gehweg m; to hit the ~~s (Am sl) Arbeit suchen; **~way(s)**, **~wise** a seitlich; adv seitwärts; **~-wheeler** Am sl Linkshänder; Schrittmacher; Schaufelraddampfer m; **~-wind** Seitenwind m; **~-winder** Am sl Schläger m.

sidereal [sai'diəriəl] a scient Stern-; **~ time** astr Sternzeit f.

siding ['saidiŋ] rail Nebengleis n, Gleisanschluß m, Abstellgleis n; Am arch Mauerbehang m; fig Parteinahme f.

sidle ['saidl] itr sich seitlich fortbewegen; to ~ away from s.o. sich vor jdm heimlich aus dem Staube machen; to ~ up to s.o. sich heimlich an jdn heranmachen.

siege [si:dʒ] Belagerung f; zähe(s) Ringen n; to lay ~ to belagern; zäh ringen um.

sieve [siv] s Sieb n; fig Klatschbase f; tr itr (durch)sieben.

sift [sift] tr (durch)sieben; aussondern; (aus)streuen (on to auf, über); fig sichten, prüfen; (Problem) vertiefen, trennen, unterscheiden; itr sieben; sichten; to ~ out aussieben, -sortieren (from aus); **~er** ['-ə] Sieb n; Streudose f; **~ing** ['-iŋ] Sieben f; fig (genaue) Untersuchung; pl Streu f; Rückstände m pl.

sigh [sai] itr seufzen (with vor); ächzen a. fig; jammern, sich sehnen (for nach); tr seufzen über, bejammern; s Seufzer m.

sight [sait] 1. s (An-)Sicht f, (An-)Blick m; Schau(spiel n) f; Sehen n, Blick m; Sehkraft f, Gesicht(ssinn m) n, fig Augen n pl; Blickfeld n; Blickpunkt m, Ziel; Visier(einrichtung f); geistige(s) Auge n, Vorstellung(skraft); Ansicht, Meinung f, Urteil n; fam Masse, Menge f; fam seltsame(r) Anblick m; pl Sehenswürdigkeiten f pl; 2. tr beobachten, prüfend betrachten, ansehen, anschauen; sehen, erblicken; (Land) sichten; zielen nach, aufs Korn nehmen; das Visier einstellen (s.th. e-r S); mit e-m Visier versehen; com vorzeigen, präsentieren; 3. **at**, **on** ~ sofort, ohne weiteres; mus vom Blatt; com bei Sicht; at the ~ of beim Anblick gen; at first ~ auf den ersten Blick; by ~ vom Ansehen; not by a long ~ (fam) nicht im entferntesten, nicht im geringsten; in, within ~ in Sicht, Sehweite; com vorhanden; in s.o.'s ~ nach jds Ansicht, Meinung; on ~ gegen Einsichtnahme; out of ~ außer Sicht od Sehweite; weit weg; fam außer Reichweite, unerschwinglich; ~ unseen (Am) ungesehen; 4. to be a ~ (fam) fürchterlich, verheerend aussehen; to be unable to bear the ~ of s.o. jdn nicht ausstehen, jdn riechen können; to catch, to get (a) ~ of s.th. etw zu Gesicht bekommen; erblicken; to keep ~ of s.th. etw im Auge behalten; to know by ~ vom Sehen (her) kennen; to lose ~ of s.th. etw aus den Augen verlieren a. fig; to shoot on ~ ohne vorherige Warnung schießen; to take ~ of s.th. etw anvisieren; 5. the end is not yet in ~ das Ende ist noch nicht abzusehen; what a ~ you are! wie siehst denn du aus! out of ~, out of mind (prov) aus den Augen, aus dem Sinn; commercial ~ Handelsakzept n; long, near ~ Weit-, Kurzsichtigkeit f; second ~ zweite(s) Gesicht n, hellseherische Fähigkeiten f pl; a ~ better (fam) viel besser; a ~ for sore eyes ein erfreulicher Anblick m; **~-bill**, **draft** fin Sichtwechsel m; **~ed** ['-id] a mit Visier; in Zssgen -sehend, -schauend, -blickend; far ~~ weitblickend; keen-~~ scharfsichtig; ~ **error** Zielfehler m; **~-hole** Sehschlitz m, Guckloch n; **~ing**: ~~-**line** Visierlinie f; ~~-**shot** An-, Probeschuß m; ~~ **telescope** Zielfernrohr n; **~less** ['-lis] blind; ungesehen; unsichtbar; **~liness** ['-linis] Ansehnlichkeit, Stattlichkeit f; **~ly** ['-li] ansehnlich, stattlich; **~ notch** Kimme f; **~-read** tr vom Blatt spielen; **~seeing** Besuch m von Sehenswür-

sightseer 919 **silica**

digkeiten; ~~ *car* Rundfahrtwagen *m*; ~~ *tour* Stadtrundfahrt *f*; **~seer** ['si:ə] Tourist *m*.

sign [sain] *s* (Kenn-)Zeichen; (An-, Vor-)Zeichen, Symptom *n*; Spur *f*, Merkmal *n*; Andeutung *f*, Wink *m*, Zeichen, Symbol; (Tür-, Aushänge-)Schild; *math mus* Vorzeichen; *tele* Rufzeichen *n*; *tr* (durch ein Zeichen) zu verstehen geben; unterzeichnen, -schreiben, -fertigen, signieren; *(s-n Namen)* (als Unterschrift) daruntersetzen; *rel* bekreuzigen; *itr* ein Zeichen geben, winken; unterschreiben; *at the ~ of (the Red Lion)* im (Roten Löwen); *inn-~* Wirtshausschild *n*; *road ~* Wegweiser *m*; *traffic-~* Verkehrszeichen *n*; *the ~ of the cross* das Kreuzeszeichen; *~ of the zodiac (astr)* Tierkreiszeichen *n*; *to ~ away, to ~ over* (schriftlich) abtreten *tr*; *to ~ in* sich einschreiben, sich eintragen, sich einzeichnen; *to ~ off itr radio* das Programm beenden; *Am sl* keinen Ton mehr sagen; kündigen; *to ~ on (radio) itr (Sender)* sich melden; *tr* (sich) engagieren (lassen), (sich) (vertraglich) verpflichten; anstellen; *to ~ o.s. on* sich (vertraglich) verpflichten; *to ~ out* sich austragen; *to ~ over* überschreiben; *to ~ up tr* anstellen (*s.o.* jdn); *itr* sich anmelden (*for* für), belegen (*for s.th.* etw); **~-board** Schild *n*, Tafel *f*; **~er** ['-ə] Unterzeichner *m*; ~ **language** Zeichensprache *f*; ~ **manual** Handzeichen *n*, eigenhändige Unterschrift *f*; **~-off** *radio* Sendeschluß *m*; **~-post** Wegweiser *m*.

signal ['signəl] *s* Zeichen *n*, Wink *m*; *(Verkehr, tele, radio)* Signal *n* (*for* zu); (Funk-)Spruch; Kartenreiter *m*; *pl* Nachrichtentruppe *f pl*; *a* Signal-; bemerkenswert, auffällig, auffallend, außerordentlich, ungewöhnlich; *tr* (ein) Zeichen geben (*s.o.* jdm); signalisieren; *itr* (ein) Zeichen, ein Signal, Signale geben; *to give, to make a ~* ein Zeichen geben; *the Royal Corps of S-s* die (brit.) Nachrichtentruppe *f*; **~-beam** Peilstrahl *m*; **~-box, tower rail** Stellwerk *n*; *the S-* **Corps** die (amerik.) Nachrichtentruppe *f*; ~ **engineering** Schwachstromtechnik *m*; **~-flag** Signalflagge *f*; **~-ise,** *Am* **~ize** ['-aiz] *tr* auszeichnen, bemerkenswert machen; hervorheben, aufmerksam machen auf; *com* kenn-, auszeichnen; ~ **lamp** Warn-, Blinklampe *f*; **~-(l)er** ['-ə] Signalgeber, -gast *m*; **~-man** ['-mən] *rail* Bahnwärter; *mar* Signalgast *m*; **~-ment** ['-mənt] *Am* Steckbrief *m*; ~ **panel** *aero* Flieger-, Signaltuch *n*; ~ **pistol** Leuchtpistole *f*; ~ **rocket** Leuchtrakete *f*; ~ **service** Fernmeldedienst *m*; ~ **strength** *el* Laut-, Feldstärke *f*; ~ **wave** *tele* Arbeitswelle *f*.

signat|ory ['signətəri] *a* (mit)unterzeichnend; Vertrags-, Signatar-; *s* Unterzeichner *m*; *pl u.* ~~ *powers, states (pl)* Signatarmächte *f pl*, -staaten *m pl*; **~ure** ['signitʃə] *s* Unterschrift; Signatur; *typ* Bogenbezeichnung *f*; *mus* Vorzeichen *n*; *radio (~~ tune)* Pausenzeichen *n*; *tr* signieren, unterzeichnen; bestätigen; *to put o.'s ~~ to s.th.* s-e Unterschrift unter etw setzen.

signet ['signit] Siegel *n*, (*bes*. Unterschriften-)Stempel *m*; **~-ring** Siegelring *m*; **~-wafer** Siegelmarke *f*.

signific|ance, -cy [sig'nifikəns(i)] Bedeutung *f*, (tieferer) Sinn *m*; Ausdrucksfähigkeit, -kraft; Bedeutung, Bedeutsamkeit, Wichtigkeit *f*; **~ant** [-ikənt] bezeichnend (*of* für); bedeutungsvoll, bedeutsam, wichtig (*for* für); *(Blick)* vielsagend; **~ication** [signifi'keiʃən] Bedeutung *f*, Sinn *m*; Hinweis *m*; **~ificative** [sig'nifikətiv] = *~ificant*; **~ify** ['signifai] *tr* andeuten, anzeigen; bedeuten; bekanntmachen, -geben, zum Ausdruck bringen; bezeichnen; *itr* bedeuten; wichtig sein; *it doesn't ~~* es hat nichts zu bedeuten.

silage ['sailidʒ] Silofutter *n*.

silen|ce ['sailəns] *s* Schweigen *n*; Stille, Ruhe *f*; (Ver-)Schweigen *n* (*on s.th.* e-r S); Vergessen-, Versunkenheit *f*; *tr* zum Schweigen bringen *a. mil*; niederwerfen; meistern; *(Geräusch)* dämpfen; *interj* Ruhe! *in* ~~ schweigend; *to keep* ~~ Stillschweigen beobachten (*on* über); *to pass over in* ~~ mit Stillschweigen übergehen; **~cer** ['-ə] Schalldämpfer; *mot* Auspufftopf *m*; **~t** ['-ənt] schweigend; stumm *a. gram*; schweigsam; still, ruhig, geräuschlos, untätig; *to be* ~~ schweigsam, still sein, schweigen (*on* über); *to keep* ~~ Stillschweigen bewahren, nichts sagen; ~~ *film* Stummfilm *m*; ~~ *partner Am com* stille(r) Teilhaber *m*.

Silesia [sai'li:zjə] Schlesien *n*; **~n** [-n] *a* schlesisch; *s* Schlesier(in *f*) *m*.

silex ['saileks] *min* Flint, Feuerstein *m*; feuerfeste(s) Glas *n*.

silhouette [silu(:)'et] *s* Schattenriß *m*, Silhouette *f*; *allg* Umriß *m*; *tr* silhouettieren; *itr u.: to be ~d* sich abheben (*against, on, upon* gegen, von).

silic|a ['silikə] *chem* Kieselerde *f*, Siliziumdioxyd *n*; ~~ *lamp* Quarz-

silicate 920 **simplicity**

lampe *f*; **~ate** ['-it] *chem* Silikat *n*; *potassium* ~~ Kaliumsilikat, Wasserglas *n*; **~ated** ['-eitid] *a* kieselsauer; **~eous** [si'liʃəs] *a* Kiesel-; kieselhaltig, -artig; **~ic** [si'lisik]: ~~ *acid* Kieselsäure *f*; **~ium** [si'lisiəm], **~on** ['silikən] *chem* Silizium *n*; ~~ *steel* Siliziumstahl *m*; **~osis** [sili'kousis] *med* Silikose *f*.

silk [silk] *s* Seide(nstoff *m*) *f*; seidene(s) Kleid(ungsstück) *n*; seidene(r) Talar; *fam* Kronanwalt *m*; *pl sport* (Seiden-) Dress *m*; *a* seiden; *in ~s and satins (fig)* in Samt und Seide; *artificial* ~ Kunstseide *f*; **~en** ['-ən] *lit* seiden; seidig; elegant, luxuriös; weich, sanft, zart, glatt; ~ *hat* Zylinder *m (Hut)*; **~iness** ['-inis] seidige Beschaffenheit *f*; **~~paper** Seidenpapier *n*; **~~trade** Seidenhandel *m*; **~worm** Seidenraupe *f*; **~y** ['-i] seiden; seidig; *(Wein)* ölig; weich; glänzend; *fig* einschmeichelnd, sanft.

sill [sil] (Tür-)Schwelle *a. geol*; Fensterbank *f*, -brett *n*, Sims; *geol* Lagergang *m*.

sillabub, syllabub ['siləbʌb] süße(r) Milchschaum *m* mit Wein *(Nachtisch)*; *fig* Gefasel *n*.

sill|iness ['silinis] Dummheit; Torheit, Albernheit *f*; **~y** ['sili] *a* dumm; töricht, närrisch, albern; *s fam* (~~-billy) Dussel, Dummkopf *m*; ~~ *season* Sauregurkenzeit *f*.

silo ['sailou] *pl -os* Grünfutterspeicher, Gärfutterbehälter, Silo *m*.

silt [silt] *s* Schlick, Schlamm *m*; *tr itr (to ~ up)* verschlammen; (sich) verstopfen.

silver ['silvə] *s* Silber(barren *m pl*, -geld); (Tafel-)Silber, Silbergeschirr, -zeug, Besteck; Silber(farbe *f*); *phot* Silbersalz *n*; *a* silbern; Silber-; silberhaltig; versilbert; silb(e)rig, silberglänzend; Silber-, 25jährig; *tr* versilbern; *itr* silb(e)rig werden; *to be born with a* ~ *spoon in o.'s mouth* Kind reicher Eltern, ein Glückskind sein; *every cloud has a* ~ *lining (prov)* auf Regen folgt Sonnenschein; **~alloy** Silberlegierung *f*; **~~bar** Silberbarren *m*; **~~birch** Weißbirke *f*; **~~bromide** *chem* Silberbromid *n*; **~~chloride** *chem* Silberchlorid *n*; **~~colo(u)red** *a* silberfarben; **~fir** Weiß-, Edeltanne *f*; **~~fish** Silberfisch *m*; *ent* Silberfischchen *n*; **~~foil, ~leaf** Silberfolie *f*, Blattsilber *n*; **~~fox** Silberfuchs *m*; **~~gilt** vergoldete(s) Silber *n*; **~~glance** Schwefelsilber *n*; **~~grey** silbergrau; **~~haired, ~headed** *a* silberhaarig, grauhaarig, -köpfig; **~ing** ['-riŋ] Versilbern *n*; ~ **lining** *fig* Silberstreifen *m* am Horizont, Lichtblick *m*; **~~mine** Silbermine *f*; **~~nitrate** Silbernitrat *n*; *med* Höllenstein *m*; **~ore** Silbererz *n*; **~~paper** Stanniolpapier *n*; **~~plate, ~ware** Silbergeschirr *n*, -sachen *f pl*; ~ **screen** (Film-)Leinwand *f*; Film *m*; **~~side** *(Rind)* Schwanzstück *n*; **~smith** Silberschmied *m*; **~~tongued** *a* beredt, redegewandt; ~ **wedding** silberne Hochzeit *f*; **~y** ['-ri] silb(e)rig, silberglänzend; *(Ton)* silberhell; silberhaltig, versilbert.

silviculture [silvi'kʌltʃə] Forstpflege, -kultur, -wissenschaft *f*.

simian ['simiən] *a* affenartig; *s* (Menschen-)Affe *m*.

simil|ar ['similə] ähnlich *(to dat) a. math*, gleich(artig); **~arity** [simi'læriti] Ähnlichkeit, Gleichartigkeit *f (to mit)*; **~e** ['simili] *gram* Vergleich *m*; Gleichnis *n*; **~itude** [si'militju:d] Ähnlichkeit *f*; Bild *n*, Gestalt *f*; Gleichnis *n*, Parabel *f*.

simmer ['simə] *itr tr* bei schwacher Hitze kochen (lassen); *itr* (leicht) brodeln; *(Teewasser)* summen; *fig (vor Zorn)* kochen *(with vor)*; *to* ~ *down* langsam verkochen; *meist fig* sich abkühlen, sich (wieder) beruhigen; *s: to keep at a* od *on the* ~ am Kochen halten.

simnel ['simnl] englische(r) Teekuchen *m*.

simoleon [sə'mouliən] *Am sl* Dollar *m*.

Simon ['saimən] Simon *m*; *Simple* ~ dumme(r) August *m*; *(the real)* ~ **Pure** der wahre Jakob; **s-y** ['-i] *rel hist* Simonie *f*.

simoom [si'mu:m] *mete* Samum *m*.

simp [simp] *fam* blöde(r) Kerl *m*.

simper ['simpə] *itr* einfältig, selbstgefällig, geziert lächeln; *s* einfältige(s) selbstgefällige(s) Lächeln *n*.

simpl|e ['simpl] *a* einfach; unkompliziert, leicht; einfach, schlicht, anspruchslos; ungekünstelt, unverstellt, natürlich; *(Wahrheit)* rein, nackt; niedrig(gestellt), bescheiden, gewöhnlich, unbedeutend; einfältig, dumm, töricht; *attr* bloß, rein, *fam* pur; *s* Arzneipflanze *f*; *pure and* ~~ voll u. ganz; ~~ *equation* Gleichung *f* 1. Grades; *the* ~~ *fact* die bloße Tatsache *f*; ~~ *fraction* gemeine(r) Bruch *m*; *a* ~~-*lifer (fam)* Naturapostel *m*; ~~-*hearted a* offen(herzig), aufrichtig, grundehrlich; ~~-*minded a* offen, ehrlich, bieder; arglos, einfältig; **~eton** ['-tən] Einfaltspinsel, Dummkopf *m*; **~icity** [sim'plisiti] Einfachheit; Unkompliziertheit; Schlichtheit, Anspruchslosigkeit, Natürlichkeit; Einfalt *f*; *for the sake of* ~~ der Einfachheit halber;

~ification [simplifi'keiʃən] Vereinfachung f; **~ify** ['simplifai] tr vereinfachen; erleichtern; **~y** ['-i] adv (ganz) einfach; bloß, nur, rund-, glattweg; rundheraus, ohne Umschweife; geradezu; fam vollkommen, völlig, absolut, nichts anderes als.

simul|acrum [simju'leikrəm] pl **-acra** [-ə] (Ab-)Bild n; Schein, Trug(bild n) m; **~ate** ['simjuleit] tr vorgeben, täuschen, -spiegeln; heucheln, simulieren; nachahmen; **~ated** ['-eitid] a vorgetäuscht, wirklich, tatsächlich, falsch; **~ation** [simju'leiʃən] Verstellung, Heuchelei f, falsche(s) Spiel n fig; Nachahmung f.

simultan|eity [simǝltə'ni:iti], **~ousness** [-'teinjəsnis] Gleichzeitigkeit f; **~eous** [-'teinjəs] gleichzeitig (with mit).

sin [sin] s rel Sünde f a. allg; fig Vergehen n (against gegen); Versündigung f; itr sündigen a. allg, sich vergehen (against gegen, lit wider); sich versündigen (against an); deadly, mortal ~ Todsünde f; original ~ Erbsünde f; **~ful** ['-ful] sündig; böse; sündhaft; **~fulness** ['-fulnis] Sündhaftigkeit f; **~less** ['-lis] sündlos, ohne Sünde; **~lessness** ['-lisnis] Sündlosigkeit f; **~ner** ['-ə] Sünder m.

since [sins] adv seitdem, -her; vorher, zuvor, vordem; ever ~ in der ganzen Zwischenzeit; seit der Zeit; long ~ (seit) lange(m); how long ~ wie lange? seit wann? prp seit; conj seitdem; da (...ja), weil, insofern, insoweit.

sincer|e [sin'siə] offen, ehrlich, aufrichtig; wirklich, tatsächlich, echt; to be ~~ about s.th. es mit etw ehrlich meinen; **~ely** [-li] adv aufrichtig, ehrlich, herzlich; Yours ~~ Ihr ergebener; **~ity** [sin'seriti] Offenheit, Ehrlichkeit, Aufrichtigkeit, Echtheit f.

sinciput ['sinsipʌt] anat Vorderhaupt n.

sine [sain] **1.** math Sinus m; **2.** prp ['-i] ohne; ~ qua non ['-ikwei'nɔn] unerläßliche Bedingung f.

sinecur|e ['sainikjuə] Sinekure f; fig mühelose(s), einträgliche(s) Amt n; rel Pfründe f.

sinew ['sinju:] Sehne; Flechse f; oft pl (Muskel-, Körper-)Kraft, Stärke; pl Kraftquelle f, Hilfsquellen f pl; fig Hauptstütze f; ~s of war (fig) Geld n; **~y** ['-i] (Fleisch u. fig) sehnig; muskulös; kräftig, stark, kraftvoll.

sing [siŋ] irr sang [sæŋ], sung [sʌŋ] itr singen (a. Singvögel); besingen (of acc); vorsingen; (Ohr) klingen; (Bienen) summen; surren, brummen, pfeifen; (Wind) heulen; (Hahn) krähen; jubeln, frohlocken; zwitschern; sl gestehen; tr (be)singen; vorsingen; s Summen, Surren, Pfeifen n; Am fam Singgruppe f, Gruppensingen n; to ~ out laut rufen, schreien, brüllen; to ~ up lauter singen; to ~ s.o.'s praises ein Loblied auf jdn singen; to ~ to sleep in den Schlaf singen; to ~ small, to ~ another song, tune klein beigeben, gelindere Saiten aufziehen; **~er** ['-ə] Sänger m; **~ing** ['-iŋ] Singen n, Gesang m; Summen, Brummen, Pfeifen n; **~~-bird** Singvogel m, ~~ book Liederbuch n; ~~ club, society Gesangverein m; ~~-lesson Sing-, Gesangstunde f; ~~-master Gesangslehrer m; ~~ voice Singstimme f; **~-song** Gemeinschaftssingen n; Singsang m.

singe [sindʒ] tr anbrennen, -sengen; (ver)sengen; to ~ off absengen; s leichte Verbrennung, Verletzung f.

Singhalese [siŋgə'li:z] a singhalesisch; s Singhalese m, Singhalesin f; (das) Singhalesisch(e).

singl|e ['siŋgl] a einzig, alleinig; allein, für sich, einsam; einzeln; Einzel- a. sport, getrennt, unverbunden; ledig, unverheiratet, alleinstehend; Junggesellen-; einfach; fig unerhört, ungewöhnlich; fig aufrichtig, ehrlich, selbstlos; fig gerecht; (Bier) schwach, dünn; bot einfach; adv allein, ohne Hilfe; s Einzelperson f; Einzelstück n; (~ ticket) einfache Fahrkarte f; Einzelzimmer; (~s) sport Einzelspiel n; tr (to ~~ out) aussondern, -lesen, -wählen; herausgreifen (from aus); in ~~s einzeln; in ~~ file im Gänsemarsch; ladies', men's ~~(s) (Tennis) Damen-, Herreneinzel n; ~~-acting (tech mil) einfach wirkend; ~~ Einzelbett n; ~~ bedroom Einzelzimmer n; ~~ bill Solawechsel m; ~~-breasted (Jacke, Mantel) einreihig; ~~ combat Zweikampf m, Duell n; ~~-contact, -pole einpolig; ~~-core (bot) eindrig; ~~-eyed (a) einäugig; a. fig offen, gerade, ehrlich; ~~-handed (a) einhändig; Einzel-, Allein-; ohne Hilfe; allein, selbständig; ~~-hearted, -minded (a) ehrenhaft, ehrlich, aufrichtig, zuverlässig, vertrauenswürdig; ~~ house Einfamilienhaus n; ~~ life Ledigenstand m; ~~ line einspurige (Eisenbahn-)Linie f; ~~ man Junggeselle m; ~~-o (Am sl) a selbständig; unverheiratet; adv allein; ~~ obligation Schuldversprechen n; ~~ payment einmalige Zahlung f; ~~-phase(el) einphasig; ~~ price Einheitspreis m; ~~-price shop, (Am) store Einheitspreisgeschäft n; ~~-purpose Einzweck-; ~~ room Einzelzimmer n;

singleness 922 **sisal hemp**

~~ *seater* Einsitzer *m*; ~~~*stage (tech)* einstufig; ~~ *ticket* einfache(r) Fahr-, Flugschein *m*; ~~~*track* eingleisig *a. fig*; ~~ *woman* Junggesellin *f*; **~eness** ['-nis] Alleinsein *n*; Unvermähltheit; *fig* Redlichkeit, Aufrichtigkeit, Ehrlichkeit *f*; **~et** ['singlit] Unterhemd *n*, -jacke *f*; **~eton** ['-tən] *(Kartenspiel)* Singleton *m*; Einzelstück; Einzelkind *n*; Alleinstehende(r) *m*; *Am sl* einmalige Sache *f*; **~y** ['-i] *adv* allein; einzeln, besonders; stückweise; nacheinander; ohne Hilfe.

singular ['singjulə] *a* einzig, Einzel-; einzeln, getrennt, individuell, persönlich, privat; ungewöhnlich, seltsam, sonderbar; außergewöhnlich, außerordentlich, einzigartig, bemerkenswert, beachtlich; selten; Ausnahme-; *gram* Singular-; *s* Singular *m*, Einzahl *f*; **~ity** [singju'læriti] Eigenheit; Ungewöhnlichkeit, Seltenheit; Seltsamkeit, Sonderbarkeit *f*; **~ize** ['-raiz] *tr* vereinzeln; besonders hervorheben; **~ly** ['-li] *adv* bemerkenswert; seltsam, sonderbar.

sinist|er ['sinistə] unheilverkündend, -voll; schlecht, böse, unselig; unglücklich, verderblich (*to* für); *(Heraldik)* link; **~ral** ['-trəl] linksherum gehend; linkshändig.

sink [siŋk] *irr sank* [sæŋk], *sunk* [sʌŋk] **1.** *itr* (ein-, ver)sinken, sinken, (langsam) fallen *a. fig; (Schiff)* sinken, untergehen; *fig* niedriger, schwächer werden, nachlassen, zurückgehen (*a. Preise*); zs.brechen; *(in e-n Lehnstuhl)* sich fallen lassen *(into* in); *(Wangen)* einfallen, hohl(er) werden; *(in Schlaf, Verzweiflung)* fallen; *(gesundheitlich)* nachlassen; *(Tageslicht)* abnehmen; *(sittlich, sozial)* sinken, abfallen; Prestige verlieren; einsickern, -sinken, -dringen; *fig* sich einprägen; *(Gebäude)* sich senken; *(Boden)* nachgeben; *(Abhang)* abfallen; **2.** *tr* versenken, (ver)sinken lassen; stoßen, drücken *(in, into* in); sinken, (langsam) fallen lassen; in den Boden einlassen; *(Loch)* graben, aushöhlen, bohren; *min (Schacht)* abteufen; eingraben, (ein)ritzen, gravieren, stechen; *(Stempel)* schneiden; einschränken, verringern, vermindern; *(Preise, Stimme, Kopf)* senken; *(Geld)* anlegen; *(Geld durch schlechte Geschäfte)* verlieren; *(Schuld)* bezahlen, tilgen, begleichen; *(Streit)* beilegen; verheimlichen, unterdrücken; erniedrigen, herabsetzen; *to be sunk* ruiniert, erledigt sein; **3.** *s* Ausguß, Abfluß; Spültisch *m*, Spüle; *(~ hole)* Senkgrube *f*; Kloake *f*; *fig* finstere(s) Loch *n*, Räuber-, Lasterhöhle; *geog* Doline *f*; *to ~ in (fam)* einleuchten; **4.** *~ or swim* friß Vogel oder stirb! *he's ~ing* s-e Kräfte nehmen ab; **~able** ['-əbl] versenkbar; **~er** ['-ə] Gräber; *min* Abteufer *m*; Senkblei *n*; *(Angel)* Senker; *Am fam* Berliner (Pfannkuchen), Krapfen *m*; **~ing** ['-iŋ] Sinken; Absinken, Nachlassen *n*, Rückgang *m*; Schwinden *n*; med Hunger-, Schwächegefühl *n*; Versenkung; Grabung, Bohrung, *min* Abteufung; Einschränkung, Verringerung, Verminderung; Vertiefung, Senke; *com* Tilgung, Geldanlage *f*; **~~** *feeling* Beklommenheit *f*; **~~-*fund*** (Schulden-)Tilgungsfonds *m*.

sinolog|ical [sinə'lɔdʒikəl] sinologisch; **~ist** [si'nɔlədʒist], **~ue** ['sinɔləg] Sinologe *m*; **~y** [si'nɔlədʒi] Sinologie, Chinakunde *f*.

sinter ['sintə] *s min* Sinter *m*; *tr* sintern.

sinu|osity [sinju'ɔsiti] Gewundenheit; Windung, Biegung, Krümmung *f*; **~ous** ['sinjuəs] sich windend, sich schlängelnd; *bot* ausgebuchtet; biegsam; *fig* unehrlich; **~s** ['sainəs] Windung, Biegung, Kurve; Ausbuchtung *f a. bot*; Hohlraum *m bes. zoo anat*; *anat* Höhle *f*; *scient* Sinus; *med* Fistelgang *m*; *fam* = **~usitis**; **~sitis** [sainə'saitis] Sinusitis; *(frontal ~~)* Stirnhöhlenvereiterung *f*.

sip [sip] *itr tr* schlürfen, nippen (*of* an); *s* Schlückchen *n*.

siphon, syphon ['saifən] *s* Saugheber; Siphon; *zoo* Sipho *m*; *tr* ausheben, entleeren *a. med*.

sippet ['sipit] (in Suppe *od* Soße getunktes) Stück Toast; *fig* Stückchen *n*.

sir [sə:] Herr *m (Anrede ohne Namen)*; *S~* Sir *m (Titel vor dem Vor- od vollen Namen e-s Angehörigen des niederen Adels); yes, ~* jawohl!

sire ['saiə] *s* Ew. Majestät *(Anrede)*; *lit poet* Ahnherr, Ahne *m*; *(Säugetiere)* Vatertier *n*; *tr (Säugetier)* (er)zeugen.

siren ['saiərin] *(Mythologie u. tech)* Sirene; *fig* verführerische Frau, Circe *f*; *zoo* Siren, Armmolch *m*; **~ian** [sai'ri:niən] *zoo* Sirene, Seekuh *f*.

sirloin ['sə:lɔin] *(Rind)* Lendenstück *n*.

sirocco [si'rɔkou] *pl -os mete* Schirokko *m*.

sirup *s. syrup*.

sis [sis] *Am fam* Schwester(chen *n*) *f*; **~sy** ['-i] *bes. Am fam* weibische(r) Mann; Homosexuelle(r) *m*; *Am sl* kohlensäurehaltige(s) Getränk *n*.

sisal ['saisl, *a.* 'sisl], **~ hemp** Sisalhanf *m*.

siskin ['siskin] *orn* Zeisig *m*.
sister ['sistə] Schwester *a. rel; med* (Ober-)Schwester *f*; **brothers and ~s** Geschwister *pl; half-, step-, foster-* Halb-, Stief-, Pflegeschwester *f*; **~hood** ['-hud] Schwesternschaft *f*; **~-in-law** ['-rinlɔ:] Schwägerin *f*; **~ly** ['-li] *a adv* schwesterlich; **~-stand-in** *film (weibl.)* Double *n*; **S- Superior** *rel* Schwester *f* Oberin.
sit [sit] *irr sat, sat* [sæt] **1.** *itr* sitzen *a. zoo; (Vogel)* brüten; *(Henne)* sitzen; den Vorsitz führen; e-e Sitzung abhalten, tagen, beraten; Mitglied sein *(in Parliament* im Parlament); *on a committee* e-s Ausschusses); ruhen, untätig sein; sich befinden; *tech* aufliegen, ruhen; *(bes. Kleidungsstück)* sitzen, passen; stehen *(on s.o.* jdm); *fig* liegen, ruhen, lasten *(on* auf); *(to baby-~)* auf ein Kind aufpassen; *fam* niederdrücken, -halten, 'runtermachen, -putzen *(on s.o.* jdn); **2.** *tr* setzen; sitzen auf *(on* auf); sich setzen, Platz nehmen *(on* auf); **3.** *to make s.o. ~ up* jdn in Erstaunen versetzen, jdn verblüffen; *to ~ on the bench* als Richter amtieren; *to ~ in chambers (jur)* als Einzelrichter tätig sein; *to ~ on a committee* e-m Ausschuß angehören; *to ~ for a constituency* e-n Wahlkreis vertreten; *to ~ for an examination* sich e-r Prüfung unterziehen; *to ~ on the fence, rail (fam fig)* unentschlossen sein; sich zurückhalten; *to ~ on o.'s hands* nicht klatschen, nicht applaudieren; *to ~ in judg(e)ment (fig)* zu Gericht sitzen *(on* über); *to ~ on a jury* Geschworener sein; *to ~ for o.'s portrait, for,* to a painter, artist sich malen lassen; *to ~ pretty (Am fam)* gut dran sein; *to ~ tight* sich nicht (von der Stelle) rühren; *fam* sich nicht beirren lassen; *to ~ at work* fleißig arbeiten; **4.** *to ~ back* sich zurücklehnen; *fig* abwarten *itr*; *to ~ **down*** sich (hin-) setzen, Platz nehmen; *mil* in Stellung gehen; *over here* sich hierhersetzen; *under s.th.* sich etw gefallen lassen; *etw* hinnehmen; *to ~ hard on (Am)* sich scharf wenden gegen; *to ~ in* teilnehmen *(on* an); Babysitter sein; *to ~ **on*** bleiben, sitzen; *Am fig* eins aufs Dach geben *(s.o.* jdm); *to ~ **out*** *tr* bis zum Ende bleiben bei, auf, in; länger bleiben als; nicht mitmachen, nicht teilnehmen an, auslassen, überschlagen, -springen; *itr* im Freien sitzen; *to ~* **through** bis zum Ende anhören *(s.th.* etw); *to ~ **up*** sich *(im Sitzen)* aufrichten; aufrecht sitzen; aufbleiben *(late* lange); *fam* e-n Schreck kriegen, auffahren; *for s.o.* auf jdn abends warten;

with s.o. bei jdm wachen; *to ~ and take notice (Am)* hellhörig werden; *to make s.o. ~~* jdn aufschrecken; **~-down (strike)** Sitzstreik *m*; **~**['-ə] Sitzende(r) *m;* Modell *n (e-s Malers); (baby-~~, ~~-in)* Babysitter *m*; Bruthenne *f; fam* Wohnzimmer *n; sl* leichte Arbeit, leichte Beute *f a. fig; sl* Dummkopf *m;* **~ting** ['-iŋ] Sitzen *n;* Sitzung *f (a. bei e-m Maler),* Tagung *f; jur* Sitzungsperiode *f;* (bezahlter) Kirchenstuhl, -platz *m;* Brüten; Gelege *n; at one ~~ (fig)* in einem Zug; *~~ member* Sitzungsmitglied *n;* Abgeordnete(r) *m (for* für); **~~-room** Wohnzimmer *n;* **~-upon** das Hinterteil *n.*
site [sait] *s* Lage *f,* Platz *m;* Gelände *n;* Stelle *f;* Standort *(e-r* Industrie); Sitz *(e-r* Firma); *(building-~)* Bauplatz *m,* -grundstück *n; tr* lokalisieren, placieren; *country ~* Landsitz *m;* **~-development** Baulanderschließung *f;* **~ owner** Grundstückseigentümer *m;* **~ plan** Lageplan *m.*
situat|e ['sitjueit] *tr* (hin-, unter)bringen, (auf)stellen; **~ed** ['-id] *a* gelegen, befindlich; *to be ~* situiert sein, gelegen sein; sich befinden; *how is it ~~?* wie steht es damit? **~ion** [sitju'eiʃən] Lage; Stelle *f,* Platz *m;* Situation *f;* Umstände *m pl,* Verhältnisse *n pl; (Drama)* Wendepunkt *m;* Stelle, (An-)Stellung *f,* Arbeitsplatz *m; to be equal to the ~~* der Situation gewachsen sein; *~~ map, report* Lagekarte *f,* -bericht *m;* **~~s offered, wanted** Stellenangebote, -gesuche *n pl.*
six [siks] *a* sechs; *s* Sechs *f; at ~es and sevens (fam)* durcheinander; in Unordnung *od* Verwirrung; *to be at ~es and sevens with* zs., zuea. passen; uneinig sein *(about* über; *with* mit); *~ of one and half a dozen of the other* das ist Jacke wie Hose; **~fold** ['-fəuld] *a adv* sechsfach; sechsmal; **~-footer** *fam* (langer) Lulatsch *m;* **~pence** Sixpence(stück *n*) *f;* **~penny** ['-pəni] *a* sechs Pence *m*, halbe(r) Schilling *m;* Sixpence wert; *fig* billig; **~-shooter** *fam* sechsschüssige(r) Revolver *m;* **~teen** ['siks'ti:n] sechzehn, **~teenth** ['siks-'ti:nθ] *a* sechzehnt; *s* Sechzehntel *n;* **~th** [siksθ] *a* sechst; *s* Sechstel *n; mus* Sexte *f;* **~thly** ['-θli] *adv* sechstens; **~tieth** ['-tiiθ] *a* sechzigste; *s* Sechzigstel *n,* Sechzigste(r) *m;* **~ty** ['-ti] *a* sechzig; *s* Sechzig *f; the ~ties (pl)* die sechziger Jahre *(e-s* Jahrhunderts), die Sechzigerjahre *n pl (e-s* Menschenlebens).
sizar ['saizə] Stipendiat *m* in Cambridge *od* am Trinity College, Dublin.

siz|e [saiz] **1.** *s* Größe *f*, Umfang *m*, Ausmaß *n*; *(Kleidung, Schuhe)* Größe, Nummer *f*; Maße n pl; *fig* Umfang *m*, Ausmaß *n*, Bedeutung *f*; (geistige) Fähigkeiten *f pl*, *fam* Format *n*; *tr* nach Größen, Nummern einteilen *od* ordnen; *to ~~ up (tr) (fam)* abschätzen, taxieren, richtig einschätzen; *itr fam* (aus)reichen, es tun; *next in ~~* nächstgrößere Nummer *f*; *of a ~~* gleich groß; *to arrange according to ~~* der Größe nach ordnen; *to be about the ~~ of* ungefähr so groß sein wie; *to take the ~~ of* Maß nehmen von; *what ~~ do you wear?* welche Größe tragen Sie? *that's about the ~~ of it (fam)* genau so war's; *life-~~* lebensgroß; *standard ~~* Normalgröße *f*; *~~ of type* Schriftgrad *m*; **-ed** [-d] *a in Zssgen*: *large-~~* in Großformat; *medium-~~* mittelgroß; **-(e)able** ['-əbl] umfangreich; beträchtlich; ansehnlich; **-e-up** *Am sl* Abschätzung *f*; **-er** ['-ə] Sortiermaschine *f*; **-ing** ['-iŋ] Klassierung, Sortierung; Größeneinteilung *f*. **2.** *s tech* Appretur *f*, (Auftrag-, Schlicht-) Leim *m*; *tr* appretieren, schlichten, leimen; *(Gemälde)* grundieren; **-ing** ['-iŋ] Leimen; Schlichten *n*.

sizz|le ['sizl] *itr* zischen; *s* Zischen *n*.

skat|e [skeit] **1.** *s (ice-~~)* Schlittschuh; *(roller-~~)* Rollschuh; *Am sl* Kerl, Bursche *m*; *itr* Schlittschuh, Rollschuh laufen; *to ~~ on thin ice (fig)* in e-r schwierigen Lage sein; *to ~~ over thin ice (fig)* vorsichtig lavieren; **-er** ['-ə] Schlittschuh-, Rollschuhläufer *m*; **-ing** ['-iŋ] Schlittschuh-, Rollschuhlaufen *n*; **~~-rink** Eisbahn; Rollschuhbahn *f*; **2.** *zoo* Glattroche(n) *m*; **3.** *Am sl* Schindmähre *f*; *fig* alte(s) Haus *n*.

skedaddle [ski'dædl] *itr fam* türmen, abhauen, ausreißen; *s* Ausreißen *n*.

skee|sicks, -zicks ['skisiks] *Am fam* Taugenichts, Strolch *m*.

skein [skein] Docke, Strähne *f (Garn)*; *orn* Lage, Schwarm, Flug *m*.

skeleton ['skelitn] Skelett, Gerippe *a. fig tech*; Gestell *n*, Rahmen *m*, Gerüst, Gebälk *n*; Umriß, Entwurf *m*; magere Überreste *m pl*; *(~ army) mil* Kader, Stamm(truppe *f*) *m*; *in ~ form* schematisch; *family ~*, *~ in the cupboard, (Am) in the closet* Familiengeheimnis *n*; *~ at the feast (fig)* Spielverderber *m*; *steel ~ (arch)* Stahlskelett *n*; **~ agreement** Rahmenabkommen *n*; **~ bill** Wechselformular *n*; **~ construction** Skelettbauweise *f*; **~ crew, staff** Stammannschaft, -besatzung *f*; **-ize** ['-aiz] *tr (Tier)* präparieren; *fig* entwerfen, umreißen; *(zahlenmäßig)* einschränken, reduzieren; **~ key** Dietrich; Haupt-, Nachschlüssel *m*; **~ law** Rahmengesetz *n*; **~ map** Umrißkarte *f*; **~ service** Bereitschaftsdienst *m*.

skelp [skelp] *fam* Schlag, Klaps *m*.

skep [skep] (Weiden-, Bienen-)Korb *m*.

skept... *s. scept....*

sketch [sketʃ] *s (Kunst, lit, mus, allg)* Skizze; *lit* Kurzgeschichte *f*; *theat* Sketch *m*; *allg* Umrisse *m pl*, Entwurf *m*; *com* überschlägige Berechnung *f*; *tr* skizzieren, umreißen, entwerfen; *itr* e-e Skizze machen; **~~-block, -book** Skizzenblock *m*, -buch *n*; **-iness** ['-inis] Skizzenhaftigkeit *f*; **~ map** Kroki *n*; Lageskizze; Umrißkarte *f*; **-y** ['-i] skizzenhaft; flüchtig.

skew [skju:] *a* schräg; schief; gebogen, gewunden; unsymmetrisch; *tr* verschränken; *itr* schief, scheel blicken; *s* Abschrägung, Abdachung; Verdrehung *f*; **-back** *arch* Schrägfläche *f*; **-bald** *(Pferd)* scheckig; **-er** ['-ə] Fleischspieß *m*; **~~-eyed** *a* schielend; **~~-whiff** *fam* krumm, schief.

ski [ski:, *Br a.* ʃi:] *pl ~(s)* Schi, Ski, Schneeschuh *m*; *aero* Schneekufe *f*; *itr (pret ski'd, Am* **skied)** Schi laufen *od* fahren; *to bind on o.'s ~ (s)* die Schi anschnallen; **~~-binding** Schibindung *f*; **~~-boot** Schistiefel *m*; **~~-borne** *a mil* auf Schiern, Schi-; **-er** ['-ə] Schiläufer, -fahrer *m*; **-ing** ['-iŋ] Schisport *m*; **~~-grounds** *(pl)* Schigelände *n*; **-joring** [-'jɔ:riŋ] *sport* Schikjöring *n*; **~~-jump** Schisprung *m*; Sprungschanze *f*; **~~-jumping** Schispringen *n*; **~~-lift, -mobile, -tow** Schilift *m*; **~~-pants** *pl* Schi-, Keilhose *f*; **~~-plane** Flugzeug *n* mit Schneekufen; **~~-stick** Schistock *m*; **~~-suit** Schianzug *m*.

skid [skid] *s* Gleitkufe, -schiene *f*; *aero* Schneekufe *f*, Sporn; Bremsklotz, Hemmschuh *m*, -kette *f*; Gleitschutz (-vorrichtung *f*); *mar* Fender *m*; *tr* hemmen, bremsen; *itr mot* rutschen, schleudern; *aero* schieben, (ab)rutschen; *non-~ (attr)* Gleitschutz-; **~ chain** Schneekette *f*; **~~-lid** *mot* Sturzhelm *m*; **~ mark** Bremsspur *f*; **-ding** *mot* Schleudern *n*; **-proof** *a mot* Gleitschutz-; **~ row, road** *Am* Herumtreiberviertel *n*, -gegend *f (e-r Großstadt)*; billige(s) Viertel *n*.

skidoo [ski'du:] *itr*: *~! Am sl* hau ab!

skiff [skif] Skiff *n*, Renneiner *m*.

skilful, *Am* **skillful** ['skilful] geschickt, gewandt, fähig, tüchtig, erfahren (*at* in).

skill [skil] Geschicklichkeit; *Am* Fähigkeit, (Hand-)Fertigkeit (*in*, *at* in); Kunst *f*, Geschick; Können *n*; **~ed** [-d] *a* geschickt, gewandt (*in doing s.th.* im Tun); geübt, erfahren, erprobt; geschult; gelernt; Fach-; *to be ~~ in s.th.* in etw fachlich ausgebildet sein; *~~ labo(u)r, manpower* Fach-, gelernte Arbeiter *m pl*; *~~ work* Facharbeit *f*; *~~ worker* Fach-, gelernte(r) Arbeiter *m*; **~ful** *s.* skilful.

skillet ['skilit] Tiegel *m*, Kasserole *f*; *Am* Bratpfanne *f*.

skim [skim] *tr (Flüssigkeit)* abschäumen; *(Milch)* entrahmen; *(Schaum, Rahm)* abschöpfen *a. fig*, -nehmen, entfernen; *fig* leicht (hin)streifen, -fahren über; flüchtig berühren *a. fig*; flüchtig lesen, überfliegen; *itr* gleiten, fliegen *(through* durch; *over* über; *along* an . . . entlang); hinwegfliegen, -sausen *(over* über); durchblättern *(through a book* ein Buch); diagonallesen; *to ~ the surface (fig)* an der Oberfläche bleiben *(of s.th.* e-r S); **~mer** ['-ə] Schaumlöffel, Abstreifer *m*; **~~milk** Magermilch *f*; **~mings** ['-iŋz] *pl* Schaum *m*; das Abgeschöpfte; Abstrich *m*.

skimp [skimp] *fam itr* knausern, geizen; pfuschen; *tr* hinpfuschen; sparen an; *(Person)* knapp halten; *a* knapp; **~iness** ['-inis] Knausrigkeit *f*, Geiz *m*; **~y** ['-i] knapp; knauserig, filzig, geizig; *(Portion)* mager, ungenügend; *(Kleid)* zu eng.

skin [skin] *s* Haut *f*; Fell *n*, Balg *m*; *allg* Schale, Hülse, Rinde; Außen-, Oberfläche, Außenseite *f*; (Wein-)Schlauch *m*; *tech* Hülle; *mar* Beplankung; *aero* Bespannung *f*; *Am sl* Knauser, Geizkragen, -hals; *Am sl* Klepper *m*; *tr* häuten, abziehen, schälen, enthülsen, entrinden; abschürfen; *sl* übers Ohr hauen; *itr* sich häuten; *(to ~ over)* sich mit Haut überziehen, verharschen, vernarben; *Am sl (to ~ through)* abhauen, türmen; *by the ~ of o.'s teeth* mit knapper (Müh u.) Not; *in*, *with a whole ~* mit heiler Haut; *to get under s.o.'s ~ (Am sl)* jdm auf den Wecker, auf die Nerven fallen; *s.o.* sich in jdn verlieben; *to have a thick ~ (fig)* ein dickes Fell haben, dickfellig sein; *to have a thin ~* feinfühlig sein; *to keep o.'s eyes ~ned (fam)* ein wachsames Auge haben; *to save o.'s ~ (fam)* mit heiler Haut davonkommen; *to strip to the ~* (sich) splitternackt ausziehen; *to ~ alive* schinden; *fam fig* fertigmachen; *to ~ a flint* geizig sein; *give me some ~ (Am sl)* gib mir die Flosse! *it's*

no ~ off my back (Am sl) das kann mir gestohlen bleiben; das geht mich nichts an; *gold-beater's ~* Goldschlägerhäutchen *n*; *wet to the ~* naß bis auf die Haut; **~~deep** *a adv* oberflächlich, flüchtig; **~~disease** Hautkrankheit *f*; **~~diving** Sporttauchen *n*; **~flint** Geizhals, Knauser *m*; **~ful** ['-ful] *fam* Bauchvoll *m*; **~game** *Am fam* Gaunerei *f*, Schwindel *m*; *~ grafting med* Hauttransplantation *f*; **~ner** ['-ə] Gerber; Rauchwarenhändler *m*; **~ny** ['-i] häutig; Haut-; hager, mager, dürr, knochig; geizig, knauserig, *~tight (Kleidung)* hauteng.

skint [skint] *sl* völlig abgebrannt.

skip [skip] *itr* springen, seilhüpfen; *fig* e-n kurzen Sprung machen *(to* nach); *(Schule)* e-e Klasse überspringen; *(in e-m Buch)* überschlagen, überspringen; *fam (to ~ off)* türmen, abhauen; *to ~ about* herumhüpfen; *tr* hüpfen, springen über; *(Buchseite)* übergehen, -springen, -schlagen, auslassen; *(Klasse)* überspringen; *fam* fluchtartig verlassen; *(Schule)* schwänzen; *s* Sprung *m*; Hüpfen; Überspringen, Auslassen *n*; *fam* Schwof *m*; *tech* Kippwagen *m*, Lore *f*; *to ~ rope* seilhüpfen; **~ distance** *radio* tote Zone *f*; **~jack** Stehaufmännchen *n*; Schnellkäfer; *Art* fliegende(r) Fisch *m*; **~per** ['-ə] **1.** Hüpfende(r), Springer *m*; *Am* Käsemade *f*; **2.** *mar aero* Kapitän; *allg* Führer, Leiter; *sport* Mannschaftsführer *m*; **~ping-rope** Springseil *n (Spielzeug)*.

skirl [skə:l] *s u. itr* (ein) pfeifendes Geräusch *n* (machen).

skirmish ['skə:miʃ] *s* Scharmützel, Vorpostengefecht *n*; *allg* kleine(r) Konflikt *m*, Geplänkel *n*; *itr* plänkeln; **~ line** *mil* Schützenlinie *f*; **~er** ['-ə] Plänkler *m*.

skirt [skə:t] *s* (Kleider-)Rock; Rockschoß *m*; *sl* Weibsbild *n*; *pl* Rand (-gebiet *n*); Stadtrand; (Wald-)Rand *m*; *tr* einfassen, umgeben, säumen; sich am Rande hinziehen *(s.th.* e-r S); am Rand entlanggehen *(s.th.* e-r S); herumgehen um, umgehen; **~ing** ['-iŋ] Kostümstoff *m*; **~~board** Scheuerleiste *f*.

skit [skit] Spott *m*, Stichelei; kleine Satire, Spottschrift *f (on s.o.* auf jdn); *theat* satirische(r) Sketch *m*; **~tish** ['-iʃ] lebhaft, lustig, ausgelassen; reizbar, nervös; ängstlich, scheu *(a. Pferd)*; wankelmütig, unzuverlässig.

skitter ['skitə] *itr tr* über das Wasser schnellen (lassen).

skittle ['skitl] *s* Kegel *m*; *pl mit sing* Kegeln *n*; *tr*: *to ~ away* vertrödeln, -tun; *to play at ~s* kegeln, *fam* kegelschieben; *it is not all beer and ~s* das ist kein reines Vergnügen; *~s!* Unsinn! Quatsch!; **~alley, -ground** Kegelbahn *f*; **~ball** Kegelkugel *f*.

skive [skaiv] *tr* (Leder) spalten; (Edelstein) schleifen; **~r** ['-ə] Spaltleder *n*.

skivvy ['skivi] *fam pej* Dienstmädchen *n*; *pl Am sl* Unterwäsche *f*.

skivy ['skaivi] *sl* unehrlich.

skulduggery [skʌl'dʌgəri] *Am fam* Gaunerei *f*.

skulk [skʌlk] *itr* umherschleichen; sich verbergen; lauern; *fam* sich (herum-) drücken; *s u.* **~er** ['-ə] Schleicher; Drückeberger *m*.

skull [skʌl] *s* Hirnschale *f*, Schädel; *Am sl* Chef (vom Ganzen), Intellektuelle(r); (Schule) Primus *m*; *to have a thick ~* Stroh im Kopf haben; *~ and crossbones* Totenkopf *m* (Zeichen); **~ bone** Schädelknochen *m*; **~cap** (Seiden-) Käppchen; *anat* Schädeldach *n*.

skunk [skʌŋk] *s zoo* Skunk *m*, Stinktier *n*; Skunk(s *pl*) (Pelz); *fam* Lump, Strolch, Gauner *m*; *tr Am sl sport* haushoch schlagen; *Am sl* (Schuld) nicht bezahlen; *to ~ s.o. out of s.th.* (*Am sl*) jdm etw abgaunern.

sky [skai] *s oft pl* (sichtbarer) Himmel *m*; Himmelszelt, Firmament; Wetter, Klima *n*; Gegend *f*, Himmelsstrich *m*; *tr* (Ball) in die Höhe schlagen; hoch aufhängen; *in the ~* am Himmel; *out of a clear ~* (fig) aus heiterem Himmel; *under the open ~* unter freiem Himmel, im Freien; *to praise to the skies* (fig) in den Himmel heben; **~blue** himmelblau; **~high** *a adv* himmelhoch; **~hook** *Am* Registrierballon *m*; **~lark** *s* Feldlerche *f*; *fig* Ulk *m*; *itr* herumtollen; dumme Streiche machen; **~lift** Luftbrücke *f*; **~light** Dachluke *f*, Oberlicht *n*; Deckenbeleuchtung *f*; **~line** Horizont *m*; (Stadt-)Silhouette *f*; **~piece** *Am sl* Mütze *f*, Hut *m*; **~pilot** *sl* Pfaffe, Schwarzrock; *sl* Flieger *m*; **~rocket** *s* (Feuerwerk) Rakete; *mil* Signalrakete *f*; *itr Am fam* schnell steigen; (Preise) in die Höhe klettern, emporschnellen; **~scraper** Wolkenkratzer *m*; *Am sl* dicke(s), belegte(s) Brot *n*; **~sign** (Neon-)Reklameschild *n*; **~ward(s)** ['-wəd(z)] *adv* himmelan; **~way** Luftfahrtweg, Flugstrecke *f*; **~writing** Himmelsschrift *f*.

slab [slæb] *s* Platte, Tafel, Scheibe, Fliese; (Brot) Scheibe *f*; (halbrundes)

Schalbrett *n*, Schwarte; Bramme *f*; *sl* Operationstisch *m*.

slabber *s. slobber*.

slack [slæk] **1.** *a* langsam, träge, müßig, lässig (*at* bei); flau, matt, ruhig, still; *rail* verkehrsarm; schlaff, locker, lose; schlapp, schwach, haltlos; nachlässig, sorglos, gleichgültig; *com* flau, lustlos; (Geschäft) ruhig; *adv in Zssgen* (zu) schwach, ungenügend, langsam; *s mar* Lose *n*; Schlaffheit, Lockerheit *f*; Stillstand *m*, Flaute *a. com*; Mattheit *f*; *tech* Spiel *n*; *pl* weite (Herren- od Damen-) Hose *f*; *tr* lockern; vermindern; (Kalk) löschen; *itr* locker, lose werden; *to ~ off, up* langsamer werden, nachlassen; sich ausruhen; *to be ~ (tech)* Spiel haben; **~en** ['slækən] *itr* schwächer werden, nachlassen, abflauen; sich verlangsamen, schlaffer, lockerer werden; (Widerstand) erlahmen; *com* flau werden, stocken; *tr* abschwächen, mäßigen, verringern, vermindern; lockern; *mar* fieren; **~er** ['-ə] Drückeberger *m*; **~joint** Wackelkontakt *m*; **~ness** ['-nis] Trägheit; Flaute; Schlaffheit *f*; *tech* Spiel *n*; **~ of trade** Geschäftsstockung *f*; **~ water** *mar* Still-, Stauwasser *n*; **2.** Kohlengrus *m*, Staubkohle *f*.

slag [slæg] *s metal geol* Schlacke *f*; *tr itr* verschlacken; **~gy** ['-i] schlackig; **~heap** Schlackenhaufen *m*.

slake [sleik] *tr* (Feuer, Kalk, Koks, Durst) löschen; (Verlangen) stillen.

slam [slæm] *tr* (Tür) zuschlagen (lassen); heftig werfen, *fam* zuknallen, zupfeffern; *fam* 'runtermachen, -putzen; *to ~ down* auf die Erde schleudern; *itr* (Tür) zuschlagen; krachen; (Whist) Schlemm werden; *s* (Zu-)Schlagen *n*; Schlag; Knall; *fam* Anschnauzer *m*, Zigarre; vernichtende Kritik *f*; (Whist, Bridge) Schlemm *m*; *to ~ the door in s.o.'s face* jdm die Tür vor der Nase zuschlagen.

slander ['slɑːndə] *s* Verleumdung, üble Nachrede *f*; *tr* verleumden; **~ action** Verleumdungsklage *f*; **~er** ['-rə] Verleumder *m*; **~ous** ['-rəs] verleumderisch.

slang [slæŋ] *s* Slang *m*, Sonder-, Fachsprache *f*, Jargon *m*; *tr* anschreien, beschimpfen, heruntermachen; **~iness** ['-inis] Derbheit *f*; **~y** ['-i] *a* Slang-; volkstümlich, derb; Slang redend.

slant [slɑːnt] *s* Schräge stellen, kippen; abschrägen; abböschen; *Am fam* tendenziös färben; *itr* schräg sein; sich neigen; *Am fam* voreingenommen sein, tendieren (*towards* zu); *s* Hang *m*; schiefe Ebene *od* Fläche; Schräge, Nei-

slant-eyed

gung f; *Am fam* schnelle(r) Blick m; *Am fam* Ansicht(ssache), Meinung, Einstellung f; *a (on the ~, on a ~)* schräg, schief, geneigt; **~-eyed** *a* schlitzäugig; **~ing** ['-iŋ] *a* schief, geneigt, schräg; *s* Schräge f; Abschräger m; **~ways** ['-weiz] *adv* = **~wise** ['-waiz] *adv a* schräg, schief.

slap [slæp] *s* Klaps, Schlag m; *fig* Beleidigung, Zurücksetzung f; *tr* schlagen, e-n Klaps geben (*s.o.* jdm; *s.o.'s hand* auf die Hand); klatschen; *adv* stracks, gerade(swegs); *to ~ down (fam)* hinhauen, -knallen; *to ~ s.o.'s face* jdm ohrfeigen; *a ~ in the eye, face (fam)* Ohrfeige f; *fig* ein Schlag m ins Kontor, (große) Enttäuschung f; **~-bang** *adv fam* hasts, was kannste/hulterdiepolter; **~-dash** *a* eilig, hastig, flüchtig; *(Arbeit)* schlampig; *adv* in Eile, Hals über Kopf; mit e-m Schlag; *s fam* Schlamperei, Pfuscherei f; **~-happy** *Am sl* (wie) besoffen; verrückt; **~-jack** *Am* Pfannkuchen m; **~-stick** *s* (Narren-)Pritsche; Burleske f, Schwank m, Posse f; *a* burlesk, possenhaft; **~-up** *a sl* erstklassig, prima.

slash [slæʃ] **1.** *tr* (auf)schlitzen, ritzen, zerschneiden; *(Bäume)* fällen; peitschen, geißeln *a. fig; fam* scharf kritisieren; *(Preise)* heruntersetzen; *Am fig* drastisch kürzen, zs.streichen; *itr (to ~ out)* um sich hauen; hauen (*at* nach); losschlagen (*at auf*); *s* Hieb m; Schnitt-, Hiebwunde, Schmarre f, Schmiß; Schnitt, Schlitz (*a. als Zierde*); Peitschenschlag; *(Wald)* Einschlag; Windbruch m; Baumtrümmer *pl;* **~ed sleeve** Schlitzärmel m; **~ing** ['-iŋ] streng, heftig, erbarmungslos; schneidig, schnittig; *(Kritik)* vernichtend; *fam (übertreibend)* gewaltig; *price ~* Preisherabsetzung f; **2.** *Am* Sumpf(wald) m.

slat [slæt] *s* Latte, Leiste f; *pl sl* Rippen f pl; *Am sl* dürre Zicke, Hopfenstange f.

slat|e [sleit] *s geol* Schiefer m; Schieferplatte, -tafel f; Schiefergrau; *film* Klappe; *Am* Kandidatenliste f; *a* (**~-coloured**) schiefergrau; *tr* mit Schiefer decken; *Am* auf die Kandidatenliste setzen, vormerken; *fam* es geben (*s.o.* jdm), fertigmachen, vermöbeln; 'runtermachen, -putzen; *on the ~ (fam)* auf Kredit; *to have a clean ~ (fig)* e-e reine Weste haben; *to start with a clean ~* e-n neuen Anfang machen; **~~-board** Schiefertafel f; **~~-club** Weihnachtssparverein m; **~~-gray** schiefergrau; **~~-pencil** Griffel m; **~~-quarry** Schieferbruch m; **~er** ['-ə] Schieferdecker m; **~(e)y** ['-i] schieferartig,

-haltig; *~~ marl* Schiefermergel m; **~ing** ['-iŋ] Decken *n* mit Schiefer; Schieferplatten f pl *(zum Dachdecken); fam* vernichtende Kritik, Strafpredigt f.

slattern ['slætən] Schlampe f; **~liness** ['-linis] Schlampigkeit f; **~ly** ['-li] *a adv* schlampig.

slaughter ['slɔːtə] *s* Schlachten n *(von Vieh);* bestialische(r) Mord m; Gemetzel, Blutbad n; *Am com* Verschleuderung f; *tr (Vieh)* schlachten; *(Menschen)* hinschlachten, niedermetzeln, -machen; *Am* (durch Raubbau) vernichten, zerstören; *Am com* mit Verlust verkaufen, verschleudern; *Am fam* erledigen; **~er** ['-rə] Schlachter, Schlächter m; **~house** Schlachthaus n, *fig* -bank f; **~ous** ['-rəs] mörderisch; *~ price* Schleuderpreis m.

Slav [slɑːv] *s* Slawe m, Slawin f; *a* slawisch; **~ic**, **~onic** ['slævik, slə'vɔnik] *a* slawisch.

slav|e [sleiv] *s* Sklave m, Sklavin f; *fig* Sklave, Knecht *(to,* of a vice e-s Lasters); *fig* Packesel m; *itr* schuften, sich plakken, sich abmühen; *to le a ~~ to duty* nur s-e Pflicht kennen; *to make a ~~ of s.o.* jdn versklaven; *white-~~ trade* Mädchenhandel m; **~~-driver** Sklavenaufseher m; *fig* Leuteschinder m; **~~-holder** Sklavenhalter m; **~~ labo(u)r** Sklaven-, Zwangsarbeit f; **~~-ship** Sklavenschiff n; **~~-trade, -traffic** Sklavenhandel m; **~er** ['-ə] Sklavenjäger, -händler m, -schiff n; **~ery** ['-əri] Sklaverei *a. fig; fig* sklavische Hingabe; Schinderei, Plackerei f; *white-~~* Mädchenhandel m; **~ey** ['-i] *fam* Dienstmädchen n; **~ish** ['-iʃ] sklavisch; servil, untertänig; **~ishness** ['-iʃnis] Untertänigkeit, Servilität f.

slaver ['slævə] *itr* sabbern, schlabbern, geifern; *tr* begeifern; *s* Geifer; *fig* Unsinn m; **~y** ['-ri] geifernd.

slaw [slɔː] *Am* Kohl-, Krautsalat m.

slay [slei] *irr slew* [sluː], *slain* [slein] *tr lit u. Am* erschlagen *a. fig;* **~er** ['-ə] Totschläger m.

sleave [sliːv] *s* (feiner) Seidenfaden m; Flockseide f; Garngewirr n; *tr (Seide)* haspeln; *(Garnknäuel)* entwirren.

sleazy ['sliːzi] *(Gewebe)* dünn, schwach, locker, wenig haltbar; *Am sl* schmutzig, heruntergekommen, minderwertig.

sled [sled], **~ge** [-] **1.** *s* Schlitten m; *itr tr* (auf, in e-m) Schlitten fahren, befördern *od* transportieren; **~ding** ['-iŋ] Schlittenfahrt f.

sledge [sledʒ] **2.** *(~-hammer)* Schmiede-, Vorschlag-, *fig* Holzhammer m; *a* wuchtig.

sleek [sli:k] *a (Haar, Fell, Pelz, Gefieder)* weich, glatt u. glänzend; *(Tier)* gepflegt, wohlgenährt; *fig* salbungsvoll, honigsüß; *tr* glätten, pflegen.

sleep [sli:p] *s* Schlaf *m a. fig*; *v irr* slept, slept [slept] *itr* schlafen *a. fig*; überschlafen *(on, over s.th.* etw); *tr* überschlafen; Unterkunft bieten für; unterbringen; *to get to ~* einschlafen können; *to go to ~* schlafen gehen; einschlafen; *to put to ~* einschläfern; *to ~ the clock round* volle 12 Stunden schlafen; *to ~ like a log, top* wie ein Murmeltier, ein Sack schlafen; *to ~ the ~ of the just* den Schlaf des Gerechten schlafen; *my leg has gone to ~* mein Bein ist eingeschlafen; *he didn't ~ a wink* er hat kein Auge zugetan; *the last ~* die letzte Ruhe, der Tod; *want of ~* Schlaflosigkeit *f*; *to ~ away* verschlafen *tr*; *to ~ in* zu Hause schlafen; *to ~ off* ausschlafen *tr*; *to ~ on* weiterschlafen; *to ~ out* auswärts schlafen; **~er** ['-ə] Schläfer *m; bes. rail* Schwelle *f*; Schlafwagen *m; Am* überraschende(r) Erfolg *m; to be a good, bad ~~* (immer) gut, schlecht schlafen; *to be a heavy, light, sound ~~* e-n festen, leisen, gesunden Schlaf haben; *~~ plane* Flugzeug *n* mit Schlafkojen; **~iness** ['-inis] Schläfrigkeit *f*; **~ing** ['-iŋ] *a* schlafend; **~~-accomodation** Schlafgelegenheit *f*; **~~-bag** Schlafsack *m; the S~~ Beauty* Dornröschen *n*; **~~-berth** *(rail aero)* Schlafkoje *f*; **~~-car** *(rail)* Schlafwagen *m*; **~~-draught, -pill** *(pharm)* Schlafmittel *n*; **~~ partner** *(com)* stille(r) Teilhaber *m*; **~~-sickness** Schlafkrankheit *f*; **~~-suit** Schlafanzug, Pyjama *m*; **~less** ['-lis] schlaflos; unruhig; wachsam; rastlos, ununterbrochen; **~lessness** ['-lisnis] Schlaflosigkeit; Rastlosigkeit *f*; **~-walker** Schlaf-, Nachtwandler *m*; **~-walking** Schlaf-, Nachtwandeln *n*; **~y** ['-i] schläfrig, müde; verschlafen; *fig* still, ruhig, tot; einschläfernd; *(Frucht)* überreif; **~yhead** *fig* Schlafmütze *f*.

sleet [sli:t] *s* mete Schloßen, Graupeln *f pl*; *Am* Hagel *m*; *itr* graupeln; *shower of ~* Graupelschauer *m*; **~y** ['-i] graupelig.

sleeve [sli:v] Ärmel *m; tech* Muffe, Buchse, Hülse, Tülle *f*; *aero* Windsack *m; to have s.th., a card up o.'s ~* etw auf Lager, in Reserve, in petto haben; etw im Schilde führen; *to laugh up o.'s ~* sich ins Fäustchen lachen; *to wear o.'s heart on o.'s ~* das Herz auf der Zunge haben; **~-ball** *mot* Preßnippel *m*; **~-band** Ärmelhalter *m*; **~-button, -link** Manschettenknopf *m*; **~d** [-d] *a* mit Ärmeln (versehen); *in Zssgn* -ärm(e)lig, mit...Ärmeln; *long-, short-~~* lang-, kurzärm(e)lig; mit langen, kurzen Ärmeln; **~-fish** *zoo* Kalmar *m (Tintenfisch)*; **~-information** *fam* vertrauliche Information *f*; **~less** ['-lis] ärmellos, ohne Ärmel; **~-valve** Muffenventil *n*.

sleigh [slei] *s* (Pferde-)Schlitten *m; itr* Schlitten fahren; **~ bells** *pl* Schlittenglöckchen *n pl*; **~ing** ['-iŋ] Schlittenfahrt, -partie *f*.

sleight [slait] Kunstgriff *m*; Geschicklichkeit, Gewandtheit *f*; **~-of-hand** Fingerfertigkeit *f*; (Zauber-)Kunststück(chen) *n*; Trick *m a. fig*.

slender ['slendə] schlank, schmächtig, dünn; *fig* mager, dürftig; schwach; *(Mittel)* unzureichend; *(Ton)* dünn; **~ize** ['-raiz] *tr Am* schlank machen, schlank(er) erscheinen lassen; *itr* schlank(er) werden; **~ness** ['-nis] Schlankheit *f*; *fig* Dürftigkeit *f*.

sleugh *s. slew* 3.

sleuth [slu:θ] *s (~-hound)* Polizei-, *a. fig* Spür-, Bluthund; *fam* Detektiv *m*; *itr* e-r Spur nachgehen.

slew [slu:] **1.** *pret von slay*; **2.** *a.* **slue** *(to ~ round) tr itr* (sich) drehen; *s* Drehung *f* (um die eigene Achse); **3.** *a.* **slue, sleugh** *Am* Sumpf(loch *n*) *m*; **4.** *a.* **slue** *Am fam* (gewaltige) Menge, Masse *f*.

slic|e [slais] *s* Scheibe, Schnitte, Tranche *f*; *fig* Stück *n*, (An-)Teil *m*; Kelle, Schaufel *(Tischgerät)* f; Spa(ch)tel *f*; *(Golf)* Schlag *m* mit Rechtsdrall; *fig* Querschnitt *m*; *tr* aufschneiden, (in Scheiben) abschneiden; zerschneiden, (zer)teilen; zerlegen, einteilen; **~er** ['-ə] *(Brot-, Wurst-)Schneidemaschine *f*.

slick [slik] *a* (spiegel)glatt; schlüpfrig; vollkommen, klug, erfinderisch, raffiniert; wendig, gewandt; *fam* (be)trügerisch; *fam* trügerisch, falsch; *sl* großartig, phantastisch, herrlich, prima; *sl* entzückend, süß; elegant; *adv fam* schnurstracks, spornstreichs, geradewegs; *s* breite(r), flache(r) Meißel *m*; Ölfleck *m (a. d. Wasser)*; *(~ paper) Am sl* Zeitschrift *f* auf Kunstdruckpapier; *tr* glätten, glatt, glänzend machen; *(to ~ up) Am fam* aufpolieren; sich erfrischen; **~ chick** *Am sl* gutgekleidete(s), hübsche(s) Mädchen *n*; **~er** ['-ə] *Am* Ölhaut *f (Regenmantel)*; *Am fam* gerissene(r) Kerl, Schwindler *m*.

slid|e [slaid] *irr* slid, slid [slid] *itr* gleiten *(from* aus); rutschen; schlittern; kriechen; schleichen; ausgleiten, -rutschen;

sliding

fig geraten *(into* in); *tr* gleiten lassen *(in, into* in); *fig* einfließen lassen; *s* Gleiten *n,* Gleitbewegung *f;* Rutsch-, Schlitterbahn; Gleitfläche *f;* Schlitten, Schieber *m;* (Haar-)Spange *f;* Objektträger *m,* Deckglas *(für mikroskopische Präparate); (lantern ~~)* Lichtbild, Diapositiv, *fam* Dia *n;* Berg-, Erdrutsch *m;* Lawine *f; to ~~ down* herunterrutschen; *(Preise)* abrutschen; *to ~~ in* hineinschieben; *to ~~ over (fig)* hinwegsehen über, übergehen; *to let ~~* laufenlassen, sich nicht kümmern um; *to let things ~~* die Dinge laufenlassen; *~~-fastener* Reißverschluß *m; ~~-gauge* Schublehre *f; ~~-knot* Schlinge *f; ~~-projector* Bildwerfer *m; ~~-rest tech* Support *m; ~~-rule* Rechenschieber *m; ~~-valve* Schieberventil *n; ~~-way* Gleitfläche *f;* Auffahrt *f;* **-ing** ['-iŋ] *a fig* gleitend; *tech* Gleit-; *~~ contact* Schleifkontakt *m; ~~ door* Schiebetür *f; ~~ roof (mot)* Schiebedach *n; ~~ rule* Rechenschieber *m; ~~ scale* gleitende (Lohn-, Preis-)Skala *f; ~~ seat* Gleit-, Rollsitzm; *~~ stage* Schiebebühne *f; ~~ table* Ausziehtisch *m; ~~ weight* Laufgewicht *n; ~~ window* Schiebefenster *n.*

slight [slait] *a* schlank, dünn, schmächtig; *(Person)* zerbrechlich, zart, schwach; *(Erkältung)* leicht; klein, geringfügig, unbedeutend, unwesentlich, belanglos; *(Eindruck)* oberflächlich; *(Unterschied)* klein; *tr* vernachlässigen; mißachten; zurücksetzen, geringschätzig behandeln; *s* Mißachtung, geringschätzige Behandlung; Zurücksetzung *f; not in the ~est* nicht im geringsten; **~ing** ['-iŋ] geringschätzig; verächtlich; **~ly** ['-li] *adv* ein wenig; **~ness** ['-nis] Schmächtigkeit; Zartheit, Schwäche, Geringfügigkeit, Belanglosigkeit *f.*

slily = *slyly (adv* zu *sly).*

slim [slim] *a* schlank, schmächtig, schmal, dünn; *Am* gering(fügig), schwach, klein; *Br* schlau, pfiffig, gerissen; *tr itr* schlank machen, werden; **~ming** ['-iŋ] *Br* Entfettungs-, Abmagerungskur *f; ~~ diet* Abmagerungsdiät *f;* **~ness** ['-nis] Schmächtigkeit; Geringfügigkeit; Gerissenheit *f.*

slim|e [slaim] *s bot zoo* Schleim; Schlamm, Schlick; *Am sl fig* Abschaum *m; tr* schleimig machen; *~~ fungus, mold* Schleimpilz *m; ~~ pit* Schlammgrube *f;* **-y** ['-i] schleimig *a. fig,* verschleimt; schlammig, verschlammt; *fig* schmutzig, widerlich, ekelhaft; *Am sl* obszön.

slim(p)sy [slimzi, -psi] *Am fam* schwach, dünn, fadenscheinig *fig.*

sling [sliŋ] **1.** *s* (Stein-)Schleuder *f;* Schleudern *n,* Wurf *m;* Schlinge; Binde *f;* (Gewehr-, Trag-)Riemen *m; tr irr slung, slung* [slʌŋ] schleudern, werfen; hochziehen; *(Gewehr)* um-, überhängen; aufhängen; *med* in die Schlinge legen; *mar* laschen; *to ~ o.'s hook (fam)* abhauen; *to ~ mud at s.o.* jdn mit Schmutz bewerfen; **-shot** Schleuder *f; Am* Katapult *m* od *n;* **2.** *Am* Eiswasser *n,* Schnaps u. Zitronensaft.

slink [sliŋk] **1.** *irr slunk, slunk* [slʌŋk] *itr* schleichen; *to ~ about* umherschleichen; *to ~ away, off* wegschleichen; sich davonstehlen; **~y** ['-i] *fam (Kleider)* hauteng; schlank; graziös; **2.** *tr itr* zu früh (Junge) werfen; verwerfen; *s (bes. Kalb)* Früh-, Fehlgeburt *f; a* zu früh geboren.

slip [slip] *itr* schlüpfen *(into a coat* in e-n Mantel); schleichen; gleiten *(through the water* durch das Wasser); rutschen; ausgleiten, -rutschen *(on the ice* auf dem Eis); *fig* sich versehen, sich irren; sich versprechen, sich verschreiben; abgleiten, absinken, nachlassen; entgleiten, entschlüpfen *(the mind, memory* dem Gedächtnis); sich befreien, sich freimachen von; *(Keramik)* engobieren; *(Junges)* zu früh gebären; *s* Ausgleiten, -rutschen *n;* Un(glücks)fall; Fehltritt; Irrtum *m,* Versehen *n,* Schnitzer, Fehler *m;* Versprechen *n;* Verschreiben *n;* (bes *aero)* Schlupf; *mar* Lande-, Anlegeplatz *m;* Landungsbrücke *f,* Pier *m* od *f; mar* Helling; (Hunde-)Koppel *f;* Unter-, Prinzeßrock *m;* Kinderschürze *f;* (Kissen-)Bezug, Überzug *m; pl* Badehose *f;* Sproß, Trieb, Schößling *m,* Steckreis; Brett(chen) *n;* Zettel; *com* Beleg, Abschnitt *m; typ* Fahne; *theat* Kulisse *f; to give s.o. the ~* jdm entwischen, ausweichen; *to let s.th. ~ through o.'s fingers* sich etw entgehen lassen; *to ~ a cog (Am fam)* sich vertun, e-n Fehler machen; Pech haben; *I let it ~* das ist mir (so) entfahren; *don't let the chance ~* lassen Sie sich die Gelegenheit nicht entgehen; *there's many a ~ ('twixt the cup and the lip)* bis dahin fließt noch viel Wasser ins Meer; *it was a ~ of the tongue* ich habe mich versprochen; *a (mere) ~*

slip away

of a boy, girl ein schmächtiges Kerlchen, zartes Ding *n*; ~ *(of paper)* Zettel *m*; ~ *of the pen* Schreibfehler *m*; *check* ~ Kontrollabschnitt *m*; *wage* ~ Lohnzettel *m*; *to* ~ **away**, *to* ~ **past** entschlüpfen, entgleiten; sich drücken, sich fortschleichen; *to* ~ **by**, *to* ~ **away**, *to* ~ **past** *(Zeit)* enteilen, entschwinden, vergehen; *(Fluß)* vorbeifließen; *to* ~ **in** *tr (Wort)* einfließen lassen; *itr* sich einschleichen; *to* ~ **off** hinausschlüpfen aus *(e-m Kleidungsstück)*; ausziehen; *to* ~ **on** hineinschlüpfen in *(ein Kleidungsstück)*; *to* ~ **out** *itr* ausschlüpfen; ausrutschen *(of aus)*; *tr* herausziehen; *to* ~ **over on** *s.o. Am fam* jdn hinters Licht führen; übers Ohr hauen; *to* ~ **up on** *Am fam* sich verhauen bei; auf dem Holzwege sein mit; Pech haben mit; übersehen; **~carriage, -coach** *rail* abhängbare(r) Wagen *m*; **~-case** Buchhülle *f*; **~-cover** Überzug *m*, Schutzhülle *f*; **~-fastener** Reißverschluß *m*; **~-knot** Laufknoten *m*; **~-noose** Schlinge *f*; **~-on, -over** *Am a u. s* über den Kopf zu ziehende(s Kleidungsstück *n)*, Pullover, Sweater *m*; Korsett *n*; **~-per** ['-ə] *(carpet-~~)* Hausschuh; *(bedroom-~~)* Pantoffel, Brems-, Hemmschuh *m*; **~~-slopper** sentimental; **~-periness** ['-ərinis] Glätte; mangelnde Festigkeit; *fig* Gerissenheit, Unzuverlässigkeit *f*; **~-pery** ['-əri] schlüpfrig, glatt, glitschig; nicht ganz fest, ohne festen Halt, lose; *fig* unsicher, unzuverlässig, gerissen; **~-proof** *typ* Fahnenkorrektur *f*; **~-py** ['-i] *fam* glatt, schlüpfrig; behende, flink; **~-ring** *el* Schleifring *m*; **~-shod** ['-ʃɔd] *a fig* schlampig, nachlässig, gleichgültig; **~-slop** *a fade*; *s* Gesöff; *fig* Gewäsch *n*; **~-stream** *aero* Luftschraubenstrahl *m*; **~-tank** Abwurfbehälter *m*; **~-up** *fam* Schnitzer, Bock, Fehler *m*, Versehen *n*; **~-way** *mar* Helling *f*.

slit [slit] *irr slit, slit tr* (auf)schlitzen, aufschneiden, spalten; in Streifen schneiden; *s* Schlitz, Spalt, Riß *m*, Fuge *f*; **~-eyed** *a* schlitzäugig; ~ **trench** *mil* Splitter-, Laufgraben *m*.

slither ['sliðə] *itr* (aus)rutschen, -gleiten; *(Schlange)* kriechen; **~y** ['-ri] schlüpfrig, glatt.

sliver ['slivə] *s* Splitter, Span *m*; Faser *(-band n)*; Schnitte *f*; *tr* (zer)spalten, zerschneiden, zerhacken; *itr* zersplittern; sich loslösen *(from* von).

slob [slɔb] *dial* Schlamm, Matsch; *Am fam* Schmutzfink; Trottel; Durchschnittsmensch *m*.

slobber ['slɔbə], **slabber** ['-æ-] *itr* schlabbern, sabbern, geifern; *fig* vor Rührung vergehen; *(to* ~ *over s.o.)* jdn abküssen; *tr* besabbern, begeifern; *fig* anhimmeln; *s* Geifer *m*; *fig* Gefühlsduselei, Salbaderei *f*; **~y** ['-ri] schlabb(e)rig, schleimig, glitschig; *fig* gefühlstriefend, salbadernd.

sloe [slou] Schlehe *f*; Schlehen-, Schwarzdorn *m*.

slog [slɔg] *itr tr* (hart) schlagen; treffen; (ver)prügeln; schwer arbeiten (an); *fam* schuften (an); schwerfällig gehen; *to* ~ **away**, **along** tüchtig weiterarbeiten *(at* an); *s* (heftiger) Schlag *m*; schwere Arbeit, *fam* Schufterei *f*; **~ger** ['-ə] (harter) Schläger, Boxer; tüchtige(r), gute(r) Arbeiter *m*.

slogan ['slougən] *Scot* Schlachtruf *m*; *allg* Motto *n*, Wahlspruch *m*; Schlagwort *n*; *com* Werbespruch *m*.

sloid, slojd, sloyd [slɔid] Werkunterricht *m*.

sloop [slu:p] *mar* Schaluppe *f*; Geleitboot *n*.

slop [slɔp] **1.** *s* Lache, Pfütze *f*; *pl* Schmutzwasser; Abwasch-, Spülwasser *a. fig*, Spülicht *n*; Schlempe; (dünne) Suppe, Milch; *fig* Gefühlsduselei; *sing* Schlampe; *fam a sl* Kneipe *f*; *itr (to* ~ *over)* überlaufen, -fließen, -schwappen; spritzen; *fig* sentimental werden, schwärmen; *tr* verschütten, vergießen; verspritzen; beschmutzen; **~-basin** Schale *f* für Teeblätter; **~-jar** *Am*, **-pail** Spül-, Schmutzeimer *m*; **-piness** ['-inis] Nässe *f*; Matsch *m*; *fig* Schlamperei; *fam* Gefühlsduselei *f*; **~py** ['-i] matschig, schmutzig, naß, bespritzt; *fam* schlampig, unsauber, liederlich; *fam* übertrieben sentimental, schnulzenhaft; *to do* ~ *work* pfuschen; **2.** *s pl* billige Konfektionskleidung, Kleidung *f* von der Stange; *mar* Kleider *n pl* u. Bettzeug *n*; **~ chest** *mar* Kleiderkiste *f*; **~-room** *mar* Kleiderkammer *f*; **~-seller** Konfektionshändler *m*; **~-shop** billige(s) Konfektionsgeschäft *n*; **~-work** Konfektion; Pfuscharbeit, Pfuscherei, Schlamperei *f*; **3.** *sl* Schupo, Polizist *m*.

slop|e [sloup] *s* (Ab-)Hang *m*, Böschung; Schräge, Abdachung, Neigung (swinkel *m) f*; *rail* Gefälle *n*; *itr* schräg abfallen; sich senken *od* (an)steigen; sich neigen; *sl (to* ~~ *off)* abhauen, türmen, stiftengehen; *tr* abschrägen, abdachen, abflachen; *on the* ~~ abschüssig; ~~ *arms!* das Gewehr über! ~~ *angle* Böschungswinkel *m*; **~ing** ['-iŋ] schräg, geneigt, schief, abfallend.

slosh [slɔʃ] **1.** s. slush; **2.** tr sl verdreschen; **~ing** ['-iŋ] Tracht f Prügel; **3.** itr herumpatschen; Am herumbummeln, -lungern; **~ed** [-ʃt] a sl besoffen.

slot [slɔt] **1.** s Kerbe f, Einschnitt m, Nut(e), Fuge f; Schlitz, (Münz-)Einwurf m; theat Versenkung f; tr schlitzen, nuten; to insert a penny in the ~ e-n Penny einwerfen; **~-machine** (Waren-, Spiel-)Automat m; **~-meter** Münzzähler m; **2.** Fährte f.

sloth [slouθ] Faulheit, Trägheit f; zoo Faultier, Ai n; **~ful** ['-ful] faul, träge.

slouch [slautʃ] itr schlaff herabhängen, schlottern; sich gehenlassen; lässig, schlacksig herumgehen, -stehen; sich hinflegeln; herumschlendern, latschen; s schlaffe, schlechte Haltung f; schwerfällige(r) Gang; (~-hat) Schlapphut m; Am sl Flasche, Niete f; to be no ~ (Am fam) was loshaben (at in); to walk with a ~ latschen.

slough [slʌf] **1.** s (bes. abgeworfene Schlangen-)Haut f; med Schorf m; itr (to ~ off, away) sich ablösen, fam abgehen; sich häuten, sich schälen; med sich verschorfen; tr (to ~ off) abwerfen, -stoßen; (Tier) abbalgen; fig (Angewohnheit) ablegen, loswerden; Am sl einsperren, verbieten, schlagen; **~y** ['-i] häutig; schorfig; Schorf-; **2.** [slau] Sumpf, Morast m; Am [slu] Sumpfloch n; fig Hoffnungs-, Mutlosigkeit f; **~y** ['-i] sumpfig, morastig.

Slovak ['slouvæk] s Slowake m, Slowakin f; a slowakisch; **~ia** [slo(u)-ˈvækiə] Slowakei f; **~ian** [-'vækiən] = Slovak.

sloven ['slʌvn] Schmier-, Schmutzfink m; **~liness** ['-linis] Unsauberkeit f; Liederlichkeit f; **~ly** ['-li] a adv unsauber, schlampig, liederlich; schlud(e)rig.

Sloven|e ['slouviːn] s Slowene m, Slowenin f; a slowenisch; **~ia** [slo(u)ˈviːnjə] Slowenien n; **~ian** [-ˈviːnjən] = ~e.

slow [slou] a langsam (to zu); schleppend, träge; fam langweilig; (Markt) flau; schwerfällig, fam schwer von Begriff; nicht (recht) vorankommend; spät; die Entwicklung (be)hindernd, hemmend; (Uhr) nachgehend; (Fieber) schleichend; (Feuer) schwach; (Zahler) faul, säumig, unpünktlich; tr (to ~ up, down) verlangsamen; aufhalten; itr (to ~ up, down) (immer) langsamer werden; (in der Arbeit) nachlassen; adv langsam; to be ~ (Uhr) nachgehen; to do s.th. etwas widerwillig tun; to cook over a ~ fire auf kleiner Flamme kochen; to go ~ vorsichtig sein; he's ~ in catching on, (Am sl) on the draw er hat e-e lange Leitung; take it ~ (Am sl) sei vorsichtig; **~-coach** Schlafmütze f, Trottel m; to be a ~~ (fam) hinterm Monde leben; **~-down** Drosselung f; **~-match** Lunte, Zündschnur f; **~-motion** attr film u. allg Zeitlupen-; ~~ picture Zeitlupenaufnahme f; **~-moving** langsam vorankommend; schwer verkäuflich; **~ness** ['-nis] Langsamkeit; Trägheit; Schwerfälligkeit f; (Uhr) Nachgehen n; **~-poke** Am fam Schlafmütze f, Trottel m; **~ time** mil (langsames) Marschtempo n; **~ train** Bummelzug m; **~-witted** schwerfällig; **~-worm** zoo Blindschleiche f.

sloyd s. sloid.

sludge [slʌdʒ] (Schnee-)Matsch; tech (Klär-)Schlamm m; Fettreste m pl.

slue s. slew 2—4.

slug [slʌɡ] **1.** Acker-, Wegschnecke; fig Schnecke; tech Wurmschraube f; **~abed** ['-əbed] Langschläfer m; **~gard** ['-əd] s Faulpelz m; a faul; **~gish** ['-iʃ] faul, träge; langsam; schlaff, schwach; com schleppend; tech zähflüssig; **2.** tech Barren, Rohling m; Gewehr-, Blei-, Schrotkugel; Spiel-, Automatenmarke f; typ Zeilenguß m, Reglette f, pl Durchschuß m; phys Masseneinheit f; **3.** Am fam tr verdreschen, schlagen, boxen; s (Faust-)Schlag m; to put the ~ on s.o. jdm eins versetzen; **~fest** Am sl Boxkampf m; **~ger** ['-ə] Am fam Schläger (Person); Boxer m; **4.** Am sl Schluck m (Schnaps); Dollar; Berliner Pfannkuchen; Kerl m; **~-nutty** Am sl besoffen.

sluice [sluːs] s Schleuse f; Gerinne, Schleusenwasser n; (~-way) Kanal, (Wasser-)Graben m; Am (Gold-)Waschrinne f; itr herausströmen; tr waschen; abspritzen; ab-, auswaschen, ausspülen; (Teich) ablassen; **~-gate** Schleusentor n.

slum [slʌm] s schmutzige Straße od Gasse f; Am sl Eintopf, Fraß, Schund m; pl Elendsviertel n; itr: to go ~ming Slums aufsuchen; **~-clearance** Altstadtsanierung f; **~ gudgeon, gullion** Am sl Eintopf m.

slumber ['slʌmbə] itr ein-, schlummern, schlafen a. fig; tr (to ~ away) verschlafen, verbummeln; s (oft pl) Schlummer m; to fall into a ~ einschlummern; **~ous** ['-rəs], **slumbrous** ['slʌmbrəs] schläfrig, verschlafen; einschläfernd; **~ wear** Nachtzeug n.

slump [slʌmp] **1.** itr (plötzlich, mit Wucht) stürzen, fallen, sinken; Am

slump *(durch das Eis)* einbrechen *(into* in); zs.brechen; *fig (bes.Preise)* (plötzlich) fallen, sinken, nachlassen; Schiffbruch erleiden *fig*; sich fallen lassen *(down on a sofa* auf ein Sofa); *s* Sturz, heftige(r) Fall *m*; (plötzliches) Nachlassen, Absinken; (Preis-, Kurs-)Sturz *m*, Depression, Rezession, Krise *f*; ~ *in production* Produktionsrückgang *m*; **2.** *s*: *by, in (the)* ~ in Bausch u. Bogen.

slur [slə:] *tr* undeutlich, nachlässig aussprechen; *(in der Aussprache)* zs.ziehen; undeutlich, flüchtig schreiben, *a. typ* verschmieren; *mus* binden, halten; *mus* mit e-m Haltezeichen versehen; *(a. itr: to ~ over)* stillschweigend übergehen, hinweggehen über; *s* undeutliche Aussprache *f*; *typ* verschmierte Stelle *f*; (Schmutz-)Fleck *m*; *fig* Verunglimpfung *f*; Vorwurf, Tadel *m*; *mus* Bindung *f*; *mus* Bindebogen *m*; **~p** [-p] *Am sl tr* laut schmatzen, schmatzend essen *od* trinken.

slush [slʌʃ], **slosh** [slɔʃ] *s* (Schnee-) Matsch, Schlamm *m*; *mar (Küche)* Fettreste *m pl*, Lebensmittel *pl*; Schmierfett, -öl *n*; *fig* Gefühlsduselei *f*, Geschwafel *n*; Unsinn *m*; *tr* bespritzen; abschmieren; *arch* verputzen; *(to ~ in mud)* durch Matsch waten; **~ fund** *Am* Bestechungs-, Schmiergelder *n pl*; **~ joint** *Am sl* Eisdiele *f*; **~y** ['-] schmutzig, verschmutzt; *fig* billig, kitschig.

slut [slʌt] Schlampe *f*; Flittchen *n*; *Am* Hündin *f*; **~tish** ['-iʃ] schlampig.

sly [slai] schlau, verschlagen; falsch, hinterhältig; *on the* ~ heimlich; **~boots** *fam* Schlaubergers *m*; **~ minx** *fam* schlaue(s) Luder *n*; **~ness** ['-nis] Schlauheit; Falschheit *f*.

smack [smæk] **1.** *s* (leichter) Geschmack, Beigeschmack *m a. fig (of* von); *fig* (schwache) Spur, Andeutung *f*, Anflug *m*, *fam* Idee *f*, ein bißchen; *tr* schmecken, *fig* riechen *(of* nach); e-n Anflug haben *(of* von); e-n Eindruck machen *(of* gen); **2.** *s (~ on the lips)* Schmatz, laute(r) Kuß *m*; Schmatzen; *(Peitsche)* Knallen *n*; Klaps, Schlag; *fam* Angriff, Versuch *m*; *tr* (klatschend) schlagen; ohrfeigen; *itr* klatschen; knallen; schmatzen; *to ~ down (Am sl)* zs.stauchen, herunterkanzeln; *adv* heftig; schnurstracks, geradewegs; *interj* schwupp! bums! *to ~ o.'s lips* schmatzen; *to have a ~ at s.th.* (*fam*) etw probieren; *a ~ in the eye (fam)* ein Schlag ins Kontor, ein Mißerfolg *m*; **~er** ['-ə] klatschende(r) Schlag; Schmatz; *Am sl* Dollar *m*; **~ing** ['-iŋ] *a* lebhaft, scharf, heftig, stark; *s* Schläge *m pl*; *a good* ~~ e-e tüchtige Tracht Prügel; **3.** *mar* Schmacke *f*.

small [smɔ:l] *a* klein, beschränkt, gering; *(Zahl)* klein; *(Vermögen)* bescheiden; *(Trost)* schwach, schlecht; geringfügig, unbedeutend; gewöhnlich; *(Mensch)* kleinlich; *(Ton)* weich, sanft; *(Stimme)* schwach; *(Getränk, bes. Bier)* schwach, dünn; *s pl (Oxford)* erste(s) Examen *n* für den B.A.; Kleinanzeigen *f pl*; *fam* Leibwäsche *f*; *in a ~ way* (in) bescheiden(em Umfang, -en Grenzen); *on the ~ side* ein bißchen, etwas zu klein; *to feel ~* kleinlaut sein; *to look ~* nach nichts aussehen; *to sing ~* klein beigeben; *the ~ of the back (anat)* Kreuz *n*; **~ arms** *pl* Handfeuerwaffen *f pl*; **~ beer** *fig* Kleinigkeit *f*; kleine(r) Wicht *m*; *to think no ~~ of o.s.* keine geringe Meinung von sich haben; *it's ~~ (fig)* das sind kleine Fische; **~-bore rifle** Kleinkalibergewehr *n*; **~ change** Klein-, Wechselgeld *n*; *fig* leere Redensarten *f pl*; seichte Unterhaltung *f*; **~ coal** Kohlengrus *m*; **~ farmer, holder** Kleinbauer *m*; **~ fry** kleine Fische *m pl a. fig*; kleine Kinder *n pl*; *fig* kleine Leute *pl*; Nebensächlichkeiten *f pl*; **~ hand** gewöhnliche Handschrift *f*; **~ holding** Kleinbesitz *m*; *the ~ hours pl* die frühen Morgenstunden; **~ intestine** Dünndarm *m*; **~-ish** ['-iʃ] ein bißchen, etwas klein; **~ letter** Kleinbuchstabe *f*; **~ matter** Kleinigkeit *f*; **~-minded** *a* kleinlich, engstirnig; **~ness** ['-nis] Kleinheit; Beschränktheit *f*; Geringfügigkeit; Kleinlichkeit *f*; **~ potatoes** *pl Am fam* Nebenfigur, -sache *f*; kleine Leute *pl*; Belanglosigkeiten *f pl*; kleine Fische *m pl*; **~pox** Pocken, Blattern *f pl*; **~-screen** Fernseh-; **~ stock** Kleinvieh *n*; **~sword** Degen *m*, Rapier *n*; **~ talk** Plauderei *f*; **~-time** *fam* klein; Klein-, Neben-; nebensächlich, belanglos, unbedeutend; **~-town** *a* kleinstädtisch; **~ tradesman, trader** kleine(r) Geschäftsmann *m*; **~ tradespeople** *pl* kleine Geschäftsleute *pl*.

smalt [smɔ:lt] Kobalt-, Blauglas *n*; Schmalte *f*.

smarmy ['smɑ:mi] *fam* kriecherisch.

smart [smɑ:t] *itr* (heftig) schmerzen, (sehr) weh tun *(from* von); Schmerz empfinden, leiden *(under* unter); *fig* grollen, büßen müssen *(for* für); *s* Schmerz *m*; Leid *n*, Kummer *m*; *a* schmerzend; heftig, scharf, kräftig;

smart alec

lebhaft, munter; flink, gewandt, tüchtig, klug, gescheit; schlau, gerissen, gewitzt; unverschämt, frech; frisch, sauber; schmuck, fesch, elegant, schick, modern, *fam* schmissig, spritzig; *fam* tüchtig, gewaltig, beträchtlich; **~ alec(k)** ['-ælek] *Am* Neunmalkluge(r), Besserwisser *m*; **~en** ['-n] *tr (to ~ up)* auffrischen, -polieren, herausputzen; in Schwung bringen; *itr* frisch, sauber, schöner werden; aufleben, in Schwung kommen; *to ~~ o.s. up* sich schön machen; **~~money** Schmerzensgeld *n*; **~ness** ['-nis] Heftigkeit, Schärfe; Lebhaftigkeit; Gewandtheit *f*, Schneid *m*, Tüchtigkeit; Schlauheit, Gerissenheit; Unverschämtheit; Frische, Sauberkeit; Eleganz *f*; *the ~* **set** die elegante Welt *f*; **~y** ['-i] *Am sl* Klugscheißer *m*.

smash [smæf] *tr (to ~ up)* zerschmettern, zerschlagen; *(Fenster)* einwerfen, -schlagen, -hauen; (vernichtend) schlagen, (schwer) treffen, ruinieren; *(Tennis)* schmettern; *itr* in Stücke gehen, zerbrechen, zs.brechen, zerschellen; (heftig) aufea.prallen, zs.stoßen; *fig* Bank(e)rott, *fam* Pleite machen, pleite gehen; *s* heftige(r) Schlag; *(Tennis)* Schmetterball *m*; Zerbrechen, Zerkrachen *n*; Krach, Knall; *(~up)* heftige(r) Zs.stoß, -prall, *fig* Zs.bruch, Ruin, Bank(e)rott *m*, Pleite *f*; Pfefferminzwasser *n* mit Schnaps; *(Zeitung) Am sl* sensationelle Nachricht *f*; *Am sl* tolle(r) Erfolg *m*; *adv* krachend; *to ~ down, in (Tür)* einschlagen; *all to ~* in tausend Stücke; *to come, to go to ~ (fam)* in Stücke, *fig* in die Brüche gehen; *to ~ to bits* in tausend Stücke zerbrechen, zerschlagen; **~~and--grab raid** Schaufenstereinbruch *m*; **~er** ['-ə] *sl* (Zs.-)Knall, Bums, *f* schwere(r) Schlag; Knüller *m*, Bomben-, Pfundssache *f*, Ding *n* mit 'nem Pfiff; Pfundskerl *m*, Prachtmädel *n*; **~ hit** Bombenerfolg *m*; **~ing** ['-iŋ] *a* niederschmetternd; *(Kritik)* vernichtend; *(Schlag)* heftig; *sl* toll, gewaltig, mächtig, phantastisch; **~~up** Zs.stoß; Zs.bruch *m*.

smattering ['smætəriŋ] Halbbildung; oberflächliche Kenntnis *f (in, of gen.)*

smear [smiə] *tr* beschmieren *(with mit)*; *(Fett)* auftragen, schmieren *(on auf)*; einschmieren *(with mit)*; *fig* beschmutzen, verleumden; *Am sl (fig)* (vollständig) fertigmachen, erledigen; *Am sl* bestechen *(s.o. jdn)*, schmieren *(s.o. jdm)*; *itr* schmierig werden *od* sein; sich verwischen; *s* (Schmier-, Schmutz-)Fleck *m*; Geschmier *n*; *med* Abstrich *m*; *fig (~ campaign)* Verleumdung(sfeldzug *m*) *f*; **~case** *Am* Quark *m*; **~word** Anzüglichkeit *f*; **~y** ['-ri] schmierig, schmutzig; fettig.

smell [smel] *irr smelt, smelt* [smelt] *tr* riechen; wittern *a. fig*; beriechen, schnüffeln an; *itr* riechen *(at an; of nach)*; duften; stinken *a. fig*; *Am sl* nichts los haben, nichts taugen, unangenehm sein; *s* Geruch(ssinn); Geruch, Duft; Gestank *m*; *to have, to take a ~ at s.th.* etw beriechen *a. fig*; *to ~ to high heaven* zum Himmel stinken; *to ~ of the lamp* ausgewandte Mühe erkennen lassen; *to ~ a rat* Lunte, *fam* den Braten riechen; *to ~* **about, *to ~* round** herumschnüffeln *a. fig*; *to ~* **out** aufstöbern, ausfindig machen; *fig* herausfinden; *to ~* **up** verpesten; **~er** ['-ə] *fig* Spürnase; *pop* Nase; übelriechende Sache *od* Person *f*; **~ing-bottle** Riechfläschchen *n*; **~ing-salt** Riechsalz *n*; **~y** ['-i] *fam* übelriechend.

smelt [smelt] **1.** *pret u. pp* von *smell*; **2.** *tr metal* (aus)schmelzen, verhütten; *to ~ down* einschmelzen; **~ing** ['-iŋ] *attr* Schmelzen, Verhütten *n*; **~~furnace** Schmelzofen *m*; **~~plant *(min)*** Hütte *f*; **~~pot** Schmelztiegel *m*; **3.** *zoo* Stint *m*.

smil|e [smail] *tr* lächelnd ausdrücken; *itr* lächeln *(at, on, upon s.o.* jdn); zulächeln *(at s.o.* jdm); *s* Lächeln *n a. fig*; *pl* Gunst *f*; *to ~~ approval* zustimmend lächeln; *he is all ~~s* er lacht übers ganze Gesicht; **~ing** ['-iŋ] lächelnd; *fig* lachend.

smirch [smə:tʃ] *tr* beschmieren, beschmutzen, besudeln; *fig* Unehre, Schande machen *(s.o.* jdm); *s* (Schmutz-)Fleck; *fig* Schandfleck *m*.

smirk [smə:k] *itr* hämisch lächeln; *s* Grinsen *n*.

smite [smait] *irr smote, smitten tr* (heftig) schlagen, treffen; überwältigen, niederwerfen; *mil* bestrafen, vernichten; *(to ~ dead)* erschlagen, töten; überfallen, heimsuchen; *fig* ergreifen, hin-, mitreißen, begeistern, entflammen; beunruhigen, plagen; *itr* schlagen, einschlagen *(on, upon auf)*; treffen *(on, upon auf)*; *to ~* **down** niederschlagen; *to ~* **off** abschlagen, -hauen; *to ~ hip and thigh* vernichtend schlagen; *my conscience smote me* es tat mir außerordentlich leid; *my heart smote me* es gab mir e-n Stich (ins Herz).

smith [smiθ] Schmied *m*; **~ery** ['smiðəri] Schmiedehandwerk *n*; Schmiede *f*; **~y** ['smiði] *Am* Schmiede *f*.

smithereens [smiðə'ri:nz] *pl* Stückchen *n pl*, Splitter *m pl*; *to go to ~~* in die Brüche, *fam* kaputtgehen; *to smash (in)to ~~* in Stücke schlagen; **-s** ['smiðəz] *fam* = *~eens*.

smitten ['smitn] *pp* von *smite a* (seelisch) gebrochen, geknickt, sehr mitgenommen; begeistert, hingerissen, Feuer u. Flamme (*with* von); *fam* verknallt, verschossen, verliebt (*by*, *with* in).

smock [smɔk] *s* (Arbeits-)Kittel *m*; Schürzenbluse *f*; **~-frock** Bauernkittel *m*; **-ing** ['-iŋ] Smokarbeit *f*.

smog [smɔg] rauchgeschwängerte(r) Industrienebel *m*.

smok|e [smouk] *s* Rauch, Qualm; Dampf, Nebel(schwaden) *m*; (Tabak-) Rauchen *n*; *fig* Schall u. Rauch *m*; (dunkle) Wetterwolken *f pl fig*; *fam* Zigarette, Zigarre, Pfeife *f* Tabak; *pl fam* Tabakwaren *f pl*; *itr* (Feuer u. Raucher) rauchen; *fam* paffen; qualmen; dampfen; *Am sl* wütend sein, kochen; *tr* an-, verräuchern; *(mit Rauch)* schwärzen; *(to ~ out)* (*Ungeziefer*) ausräuchern *a. mil*, *fam* hinausekeln, entlarven; *mil* einnebeln; *(Fleisch, Fisch)* räuchern; *(Tabak)* rauchen; *to end*, *to go up in ~~ (fig)* in Rauch aufgehen; ergebnislos verlaufen; *to have a ~~* e-e Zigarettenpause machen; *no ~~ without a fire* keine Wirkung ohne Ursache; **~~-bomb** Rauchbombe *f*; **~~-cloud** Nebel-, Rauchwolke *f*; **~~-consumer** Rauchverzehrer *m*; **~~-dried** (*a*) (*Fleisch, Fisch*) geräuchert; **~~ dust** Flugasche *f*; **~~ house** Räucherkammer *f*; **~~ pot** Nebeltopf *m*; **~~-projector** (*mil*) Nebelwerfer *m*; **~~-room** = **-ing-room**; **~~-screen** (*mil*) Rauch-, Nebelwand; *fig* Vernebelung *f*; **~~-signal** Rauchsignal *n*; **~~-shell** Nebelgranate *f*; **~~ stack** (Fabrik-)Schornstein, Schlot *m*; **~~-stained** (*a*) rauchgeschwärzt; **-eless** ['-lis] rauchlos; **-er** ['-ə] Raucher *m a. rail*; = **-ing concert**; *Am* Herrengesellschaft *f*, -abend *m*; **-ing** ['-iŋ] Rauchen; Räuchern *n*; *no ~~* Rauchen verboten!; **~~-car(riage)** Raucherwagen *m*; **~~-compartment** Raucherabteil *n*; **~~-concert** Konzert *n*, bei dem geraucht werden darf; **~~-jacket** Hausjacke *f*; **~~-room** Rauchzimmer *n*; **-y** ['-i] (*Feuer*) qualmend; rauchig; verräuchert; rauchgeschwärzt; rauchfarben; nebelartig; **~~ quartz** (*min*) Rauchtopas *m*.

smooch, smooge [smu:tʃ, smu:dʒ] *Am sl tr* ausborgen; küssen, streicheln; **-er** ['-ə] *Am sl* Nassauer; Schmuser *m*.

smooth [smu:ð] *a* glatt; eben; abgenutzt; gleichmäßig, ruhig, ungestört, reibungslos *a. tech*; geschmeidig; weich, sanft, mild(e); (*Worte*) glatt, einschmeichelnd; angenehm; (*Wein*) mild; *Am sl* perfekt, großartig, hervorragend, hübsch, gutaussehend; *tr* glätten; ebnen *a. fig*; *tech* planieren *fig* beruhigen, besänftigen; *adv* glatt; *fig* ohne Schwierigkeit(en); *s* glatte, ebene Stelle; *fig* mühelose Sache *f*; *to give o.'s hair a ~* das Haar glattstreichen; *to have a ~ manner*, *tongue* katzenfreundlich sein; *to make things ~ for s.o.* jdm die Schwierigkeiten aus dem Weg räumen; *to take the rough with the ~* das Gute wie das Böse hinnehmen; **to ~ away** (*Schwierigkeiten*) beseitigen; **to ~ down** *tr* glätten, bügeln; *fig* beruhigen, beschwichtigen; *itr* sich glätten; **to ~ over** bemänteln, beschönigen; **~-bore** (*Geschützrohr*) glatt; **~-faced** *a* glattwangig, bartlos; *fig* katzenfreundlich; **-ie, -y** ['-i] *Am sl* hübsche(r) Käfer *m*; **-ing-iron** Plätt-, Bügeleisen *n*; **-plane** Schlichthobel *m*; **~ muscle** glattgestrichene(r) Muskel *m*; **-ness** ['-nis] Glätte; Geschmeidigkeit; Sanftheit *f*; **~-shaven** *a* glattrasiert; **~-spoken, -tongued** *a* katzenfreundlich; schmeichlerisch.

smother ['smʌðə] *tr* ersticken; überschütten, überhäufen, ganz zudecken (*in*, *with* mit); *fig* unterdrücken; *s* (dicker) Qualm, dichte(r) Nebel *m*.

smo(u)lder ['smouldə] *itr* schwelen, glimmen *a. fig*; *fig* glühen (*with* vor); *s* Schwelen *n*; Qualm *m*; **-ing plant** Schwelanlage *f*.

smudg|e [smʌdʒ] *s* Schmutzfleck *m*; *bes. Am* qualmende(s) Feuer *n*; *tr* beschmutzen, beschmieren; verwischen; *itr* schmutzig werden; klecksen; **-y** ['-i] schmutzig, schmierig; verwischt.

smug [smʌg] *a* selbstzufrieden, -gefällig; eingebildet; blasiert; geziert; *s sl* Streber *m*; **-ness** ['-nis] Selbstzufriedenheit, Blasiertheit *f*.

smuggl|e ['smʌgl] *tr itr* schmuggeln (*s.th. into England* etw nach England); *to ~ away* verschwinden lassen; **-er** ['-ə] Schmuggler, Schleichhändler *m*; **-ing** ['-iŋ] Schmuggel(n *n*), Schleichhandel *m*.

smut [smʌt] *s* Ruß(flocke *f*); Schmutzfleck *m*; *fig* Zoten *f pl*; *bot* Brand; Brandpilz *m*; *tr* beschmutzen *a. fig*; *bot* brandig machen; *typ* unsauber abziehen; *itr* schmutzig, *bot* brandig werden; **-ty** ['-i] schmutzig *a. fig*; *fig* zotig, unanständig; *bot* brandig.

smutch [smʌtʃ] *tr* beschmutzen; *s* Schmutz(fleck); Ruß *m*.

snack [snæk] Imbiß *m*; **~-bar, -counter** Imbißhalle, Frühstücksstube, Schnellgaststätte *f*.

snaffle ['snæfl] **1.** *s* (*~-bit*) (*Zaum*) Trense(ngebiß *n*) *f*; *tr* (*Pferd*) an die Trense nehmen; im Zaume halten; *to ride on the ~* (*fig*) die Zügel schießen lassen (*s.o.* jdm); **2.** *tr sl* organisieren, stibitzen, klauen; verhaften.

snafu ['snæfu:, snæ'fu:] *adv Am mil sl* in der üblichen Unordnung; *tr* durchea.bringen; *s* Durcheinander *n*, Dummheit *f*.

snag [snæg] *s* Zacke(n *m*) *f*; Baum-, Aststumpf; *med* Raffzahn, Zahnstumpf; Riß *m* (*im Strumpf*); *fig fam* (unerwartetes) Hindernis *n*, verborgene Schwierigkeit *f*, Nachteil *m*, *fam* Haken *m*; *tr Am* (*Schiff*) durch e-n Baumstumpf im Gewässer beschädigen; *Am* (*Gewässer*) von Baumstümpfen befreien; *tech* grobschleifen; (*Strumpf*) beschädigen; *fig* e-n Stein in den Weg legen (*s.o.* jdm); *to strike a ~* (*fam*) auf e-e Schwierigkeit, ein Hindernis stoßen (*in carrying out a plan* bei der Ausführung e-s Planes); **~ged** [-d], **~gy** ['-i] *a* knorrig, zackig; voller Baumstümpfe.

snail [sneil] (Schnirkel-)Schnecke *f*; *fig* Faulpelz *m*; *at a ~'s pace* im Schneckentempo; **~shell** Schneckenhaus *n*; **~-wheel** *tech* Schneckenrad *n*.

snak|e [sneik] *s* Schlange *f a. fig tech*; *itr* sich schlängeln, sich winden; *tr Am fam* ziehen; zerren, reißen lassen; *a ~ in the grass* (*fig*) ein hinterhältiger, heimtückischer Mensch *m*; *common-, grass-~* Blindschleiche *f*; **~-bite** Schlangenbiß *m*; **~-charmer** Schlangenbeschwörer *m*; **~-poison, ~venom** Schlangengift *n*; **~-ranch** Schlangenfarm *f*; *Am sl* Bordell *n*; **~-skin** Schlangenhaut *f* (*Leder*); **~y** ['-i] schlangenartig; sich schlängelnd; voller Schlangen; *fig* falsch, hinterlistig.

snap [snæp] *itr* schnappen (*at* nach); zuschnappen; rasch zupacken; *at s.o.* jdn anfahren, -kläffen; platzen, (zer)springen, (zer)reißen; knallen, knacken, knistern, knipsen; (*to ~ shut*) (*Tür, Schloß*) zuschlagen, zuschnappen; *tr* (*to ~ up*) (auf)schnappen; fassen, greifen, haschen; zerbrechen, -reißen; zuklappen, zuknallen; knallen lassen; (*to ~ out*) herausfahren mit; (*Worte*) hervorstoßen; knipsen *bes. phot*; *s* (Zu-)Schnappen, Zubeißen *n*; schnelle(r) (Zu-)Griff *m*; Platzen, (Zer-)Springen *n*, Knacks; Knall *m*, Knackgeräusch; Geblaffe *n*; (*cold ~*) Kältewelle *f*; (Knusper-)Keks *m*; Schnappschloß *n*; Druckknopf; *Am* Schnappschuß *m*; *Am fam* Zackigkeit *f*, Mumm, Schneid, Schwung *m*; *Am sl* Kinderspiel *n*, leichte Arbeit, sichere Sache, einmalige Gelegenheit *f*; *Am sl fig* Waschlappen *m*; *attr* schnell, eilig, rasch, unüberlegt, übereilt; Schnapp-; *sl* simpel, kinderleicht; *adv Am* mit e-m Knall; *to ~ away* wegschnappen; entreißen; *to ~ in* einrasten; *to ~ off* wegschnappen; zerbrechen; *to ~ s.o.'s head, nose off* jdn ankläffen, -brüllen, -fahren, zs.stauchen; *to ~ on* (*el*) anknipsen; *to ~ out* ärgerlich sagen; (*Befehl*) schneidig erteilen; *el* ausknipsen; *to ~ out of it* sich aufrappeln; *Am* sich zs.reißen, sich an die Arbeit machen; *~ out of it!* (*Am fam*) nimm dich zs.! *to ~ up* anbrüllen; das Wort abschneiden (*s.o.* jdm); unüberlegt kaufen; *to ~ o.'s fingers at s.o.* jdn über die Achsel ansehen, links liegen-, unbeachtet lassen; *not to give the ~ of o.'s fingers for* sich keinen Deut kümmern um; *~ into it!* (*fam*) los! an die Arbeit! *not a ~* nicht ein Fünkchen, nicht e-e Spur *od* Idee; *don't make ~ judg(e)ments* (*Am fam*) urteile nicht vorschnell! **~-bolt, -lock** Schnappschloß *n*; **~-dragon** *bot* Löwenmaul; Herausfischen *n* von Rosinen u. ä. aus brennendem Branntwein (*Weihnachtsspiel*); **~-fastener** Druckknopf *m*; **~pish** ['-iʃ] bissig, scharf; *fig* reizbar, unwirsch, barsch; schnippisch; **~pishness** ['-iʃnis] Bissigkeit; Barschheit *f*; schnippische(s) Wesen *n*; **~py** ['-i] bissig *a. fig*; *fam* lebhaft, munter, flott, zackig, schneidig, auf Draht; *Am sl* hübsch, anziehend, elegant; *make it ~!* (*fam*) fix! los, los! lebhaft! zackig! **~-ring** Sprengring *m*; **~-shot** *s* Schnappschuß *m*, Momentaufnahme *f*; *tr itr* knipsen; **~-vote** Blitzabstimmung *f*.

snar|e [snɛə] *s* Schlinge, Falle *f a. fig*; *fig* Fallstrick *m*; *tr* in e-r Schlinge fangen; *fig* e-e Falle stellen (*s.o.* jdm); **~ky** ['snɑ:ki] *fam* schlecht gelaunt.

snarl [snɑ:l] **1.** *itr* (an)knurren (*at s.o.* jdn) *a. fig*; die Zähne fletschen; *fig* schimpfen; *tr* (*to ~ out*) knurrend, brummend sagen; *s* Zähnefletschen; Knurren; *fig* Murren *n*; **2.** *tr* verwirren, *itr* durchea.geraten *a. fig*; *fig* sich verwickeln, sich komplizieren; *s* Knoten *m*; *fig* Durcheinander, Gewirr *n*; Verwirrung, Verwick(e)lung; (*traffic ~*) Verkehrsstockung *f*.

snatch [snætʃ] tr schnappen; (er)greifen, fassen, (er)haschen, erwischen a. fig, fam ergattern; entreißen; *(Kuß)* rauben; wegnehmen *(from* von); *(Gelegenheit)* beim Schopf ergreifen; *Am sl* kidnappen; *itr* schnappen, haschen, rasch zugreifen *(at* nach); *s* Schnappen, Zupacken *n*, schnelle(r) Griff *m*; Stück (-chen) *n*, Brocken; *fig* Augenblick, Moment(chen) *n); Am sl* Kindesraub, Diebstahl *m; by, in ~es* stoß-, ruckweise, mit Unterbrechungen; *to ~ away, off* wegschnappen; *to ~ up* rasch packen, aufgreifen; *to put the ~ on (Am sl)* Besitz ergreifen von; festnehmen *(s.o.* jdn); **~y** ['-i] unzs.hängend, unregelmäßig, unterbrochen.

sneak [sni:k] *itr* schleichen, kriechen *a. fig (into* in); sich davonmachen, sl petzen; *tr sl (Schule)* angeben, verpetzen; *Am* mausen; *s* Schleichen *n*; = *~er; to ~ in* sich einschleichen; *to ~ off, past, round* weg-, vorbei-, herumschleichen; *to ~ out* sich heraussschleichen *(of* aus); *fig* sich drücken *(of* von); *~er* Schleicher, Kriecher; *sl* Petzer *m; pl Am fam* Turnschuhe *m pl;* **~ing** ['-iŋ] heimlich, geheim; hinterlistig; **~-thief** Gelegenheitsdieb *m;* **~y** ['-i] heimlich; heimtückisch; feige.

sneer [sniə] *itr* höhnisch lächeln; höhnen, spotten *(at* über); *tr* höhnisch (lächelnd) sagen; verspotten, verhöhnen; *s* Hohn(lachen, -gelächter *n*), Spott *m*; höhnische Bemerkung *f;* **~ing** ['-iŋ] höhnisch, spöttisch.

sneeze [sni:z] *itr* niesen; *tr Am sl* packen, entführen; *s* Niesen *n; it is not to be ~d at (fam)* das ist nicht zu verachten.

snick [snik] **1.** *s* Kerbe *f*, Ritz *m*; *tr* ritzen, einkerben; **2.** *tr* leicht anschlagen.

snicker s. snigger.

snid|e [snaid] *fam* falsch, nachgemacht, billig; *fig* gemein; **~y** ['-i] *sl* schlau.

sniff [snif] *itr* schnauben; schniefen; schnüffeln, schnuppern *(at* an); die Nase rümpfen *(at* über); *tr* in die Nase einziehen; beschnüffeln, beriechen; riechen an; *fig* wittern; *s* Schnauben, Schnüffeln *n*; Brise *f (Seeluft);* **~y** ['-i] verächtlich, schnippisch; hochnäsig; übelriechend.

sniffle ['snifl] *itr* schniefen, schnauben; *s* Geschnüffel, Geschnaufen *n; pl Am fam* Schnupfen *m.*

snifter ['sniftə] *Am* Kognakschwenker *m; fam* Schnäpschen *n.*

snigger ['snigə] *itr* kichern *(at, over* über); *(Pferd)* wiehern.

snip [snip] *tr* schnippen, (ab)schnippeln; schneiden; *itr* schnippe(l)n; *to ~ off* abschneiden; *s* kleine(r) Schnitt, Einschnitt; Schnipsel, Schnippel *m* od *s; fam* Schneider; *Am fam* Knirps; *fam* gute(r) (Ein-)Kauf *m*, günstige Gelegenheit; *pl* Metallschere *f;* **~pet** ['-it] Schnipsel, Schnippel *m* od *s; Am fam* Knirps *m; pl* Bruchstücke *n pl*.

snip|e [snaip] *s orn* Schnepfe *f; fig* Tropf, Trottel; Schuß *m* aus dem Hinterhalt; *Am sl* Kippe *f; itr tr* Schnepfen jagen *od* schießen; *mit* aus dem Hinterhalt (ab)schießen *(at* auf); **~er** ['-ə] Hecken-, Scharfschütze *m.*

snitch [snitʃ] *sl tr itr* stibitzen, mausen; *itr* angeben, verpfeifen *(on s.o.* jdn).

snivel ['snivl] *itr* (dauernd) schnüffeln; heulen, schluchzen; Krokodilstränen weinen; *s* Nasenschleim, Rotz *m*; Schnüffeln *n*; Heulerei *f; I ~* mir läuft die Nase; **~(l)er** ['-ə] weinerliche(r) Mensch *m*, Heulsuse *f;* **~(l)ing** ['-iŋ] Rotz-; weinerlich; wehleidig.

snob [snɔb] Snob, Protz *m;* **~bery** ['-əri] protzenhafte(s) Benehmen *n*, Protztuerei *f;* **~bish** ['-iʃ] protzenhaft, großtuerisch; aufgeblasen, dünkelhaft.

snood [snu:d] Haarband, -netz *n*.

snook [snu:k] *itr: to cock a ~ at s.o.* jdm e-e lange Nase machen; **~er** ['-ə] *(Art)* Billard *n*.

snoop [snu:p] *itr fam (to ~ around)* herumschnüffeln, -spionieren; *s* Herumschnüffeln *n;* **~er** ['-ə] Schnüffler *m*.

snoot [snu:t] *Am s* Nase; Schnute, Fratze *f; tr* verächtlich behandeln; *to have a ~ full* besoffen sein; **~y** ['-i] *fam* hochnäsig, von sich überzogen.

snooze [snu:z] *s fam* Nickerchen *n; itr fam* ein Nickerchen machen.

snore [snɔ:] *itr* schnarchen; *s* Schnarchen, Geschnarche *n*.

snorkel ['snɔ:kəl] Schnorchel *m*.

snort [snɔ:t] *itr* schnauben *(with rage* vor Wut); schnaufen; prusten; *s* Schnauben, Schnaufen *n; mar mil* Schnorchel; *Am sl* Schluck *m* Whisky; **~er** ['-ə] *fam* heftige(r) Sturm *m*; tolle Sache *f*; Anschnauzer *m;* **~y** ['-i] *fam* gereizt.

snot [snɔt] *sl* Rotz *m;* **~ty** ['-i] *sl* rotzig, Rotz-; lümmelhaft, frech; gereizt; gemein, verächtlich; *Am sl* patzig.

snout [snaut] Schnauze *f a. fig*, Rüssel *m; fam* Nase *f*, Zinken *m; tech* Auslaufrinne *f;* **~-beetle** Rüsselkäfer *m*.

snow [snou] *s* Schnee *a. fig*; Schneefall *m; pl* Schneemassen *f pl; sl* Koks *m; itr* schneien; *(to ~ in)* hereinströmen; *tr fig* ausschütten; **~ed in, up, (Am) under** eingeschneit, *fig Am* überschüttet, überhäuft *(with* mit); *to be ~d*

snowball *under with (fig)* ersticken in; überhäuft sein mit; **~ball** *s* Schneeball; *bot* Schneeball(strauch) *m*; *itr* (sich) schneeballen; *fig* lawinenartig anwachsen; *tr* mit Schneebällen werfen auch; **~bank** Schneeverwehung *f*; **~berry** *bot* Schneebeere *f*; **~bird** *orn* Schneeammer *f*, Lerchenfink *m*; *sl* Kokain-, Heroinsüchtige(r) *m*; **~blind** schneeblind; **~blindness** Schneeblindheit *f*; **~boot** Schneestiefel *m*; **~bound** *a* eingeschneit; **~broth** Schmelzwasser *n*; **~bunny** *fam* Schihaserln; **~bunting, -finch** *orn* Schneeammer *f*, Lerchenfink *m*; *bot* Große(s) Schnee-, Märzglöckchen *n*; **~cap** Schneekappe *f (e-s Berges)*; **~capped** *a (Berg)* schneebedeckt; **~chain** Schneekette *f*; **~cloud** Schneewolke *f*; **~ cover** Schneedecke *f*; **~drift** Schneewehe *f*; **~drop** *bot* Schneeglöckchen *n*; **~ fall** Schneefall *m*, -menge *f*; **~ fence** Schneezaun *m*; **~field** Schneefläche *f*, -feld *n*; **~flake** Schneeflocke *f*; *orn* Schneeammer *f*; *bot* Große(s) Schnee-, Märzglöckchen *n*; **~flurry** Schneegestöber, -treiben *n*; **~goggles** *pl* Schneebrille *f*; **~grouse, -hen** *orn* Schneehuhn *n*; **~job** *Am sl* verlogene(s) Geschwätz *n*, Aufschneiderei *f*; **~line, -limit** Schneegrenze *f (im Gebirge)*; **~man** Schneemann *m*; **~mobile, ~ weasel** *Am* Motorschlitten *m*, Schneeauto *n*; Schneetraktor *m*; **~ pit** Schneeloch *n*; **~plough, ~plow** Schneepflug *m*; **~ pudding** Schaumpudding *m*; **~ region** Schneeregion *f*; **~shed** *Am rail* Lawinengalerie *f*; **~shoe** Schneeteller, -schuh *m*; **~slab** Schneebrett *n*; **~slide** Lawine *f*; **~storm** Schneesturm *m*; **~ tyre, tire** Winterreifen *m*; **~ water** Schmelz-, Schneewasser *n*; **~white** schneeweiß; **~y** ['-i] schneeig; Schnee-verschneit; schneeweiß; rein.

snub [snʌb] *tr* anfahren, ausschimpfen, anschnauzen; verächtlich, von oben herabbehandeln; *mar (abrollendes Tau, Kabel)* (mit e-m Ruck) anhalten; *s* Anpfiff, Anschnauzer *m*; Zurücksetzung; Beleidigung *f*; **~ nose** Stupsnase *f*; **~nosed** *a* stupsnasig.

snuff [snʌf] **1.** *tr* in die Nase einziehen; beschnüffeln; *fig* wittern; *itr* schnüffeln (*at* an); schnauben, schnaufen; (Tabak) schnupfen; *s* Schnauben, Schnaufen; Geschnüffel *n*; Prise *f* (Tabak); Schnupftabak *m*; Prise *f* (Tabak); Schnupfpulver *n*; *up to ~ (fam)* auf der Höhe, auf Draht; *pinch of ~* Prise *f* (Tabak); **~box** Schnupftabak(s)dose *f*; **~colo(u)red** gelbbraun; **~le** ['-l] *itr* schnauben, schnaufen; schniefen; *s pl* (Stock-)Schnupfen *m*; **~stick** Kautabak, Priem *m*; **~y** ['-i] schnupftabakartig; Schnupftabak gebrauchend; mit Schnupftabak beschmutzt; *fig* unangenehm, reizlos; schlecht-, übelgelaunt, verschnupft. **2.** *s* Lichtschnuppe *f*; *tr (Licht)* putzen; *(Zigarette)* ausdrücken; *to ~ out (tr)* (aus)löschen; *fig* auslöschen, vernichten, zerstören, ein Ende bereiten *(s.th.* e-r S); *itr fam* abkratzen, sterben; **~fers** ['-əz] *pl* Lichtputzschere *f*.

snug [snʌg] *a* geborgen, geschützt; behaglich, gemütlich; nett, sauber; *(Kleidung)* genau passend, eng(anliegend); *(Einkommen)* auskömmlich, reichlich; *(Stellung)* einträglich; *(Schiff)* seetüchtig; *(Hafen)* geschützt; versteckt, verborgen; *adv* behaglich; *tr* gemütlich machen *od* einrichten; *to ~ down (mar)* sturmklar machen; es sich behaglich machen; *as ~ as a bug in a rug* wie ein Fisch im Wasser; **~fitting** eng anliegend; **~gery** ['-əri] gemütliche(s) Heim *od* Zimmer *n*; gute Stelle *f*; **~gle** ['-l] *itr* sich anschmiegen *(to* an); *tr* kuscheln; *(schützend)* an sich schmiegen; an sich drücken; *to ~ down* es sich gemütlich machen; **~ness** ['-nis] Bequemlichkeit *f*, Wohlbefinden *n*.

so [sou; so, sə] **1.** *adv* so; *(ever ~) fam* dermaßen, -art, so (sehr); *~ late, long, many (that)* so spät, so lange, so viele (, daß); *not ~ ... as* nicht so ... wie; *~ ... as to so ...* daß; *~ did I* ich auch; *~ I did* ja, das habe ich getan; *~ be it* amen! *~ it was* ja, so war es; *~ they say* so heißt es; man sagt so; *and ~ on, and ~ forth, ~ on and ~ forth* und so weiter; *is that ~?* wirklich? *be ~ kind as to* sei so freundlich und ...; *or ~ (nachgestellt)* oder so, etwa; *~ far* bis jetzt, bisher; soweit; *~ far as* soviel, soweit *conj*; *~ far from* weit davon entfernt, zu; *~ far, ~ good* so weit ganz gut; *~ long as* solange *conj*; *~ long! (fam)* auf Wiedersehen! *~ much as* sogar; *not ~ much as* nicht einmal; *~ much for* soviel über; *~ much ~ that* derart, daß; *~ much nonsense, rubbish!* alles Unsinn! alles Quatsch! *I hope, I hope ~* das hoffe ich, ich hoffe es; *~ I see* ich seh's, das sehe ich; *you don't say ~! do you say ~?* wirklich? *I told you ~* ich sagte es doch! sagte ich es nicht? *just ~! quite ~!* ganz richtig! *thanks ever ~ much* vielen Dank! *~ help me God!* so wahr mir Gott helfe! **2.** *conj* so; also, darum, deshalb, daher; folglich; *~ that* so daß, damit; *~ as* so daß;

so-and-so 938 **social**

vorausgesetzt, daß; ~ *as to* um zu; ~ *that's that (fam)* so, das wär's! damit Schluß! ~ *what? (fam)* ja, und? **~-and- ~-** ['soʊ(u)ənsoʊ] *adv* soundso; Mr S~ Herr Soundso; **~-called** *a* sogenannt; **~-so** *adv* soso, lala; so einigermaßen; *a* ganz leidlich.

soak [souk] *tr* einweichen, tränken, durchnässen, -feuchten; *(to ~ up, in)* auf-, einsaugen; *sl fig* schröpfen; *sl* saufen; *sl* besoffen machen; *Am sl* (tüchtig) eine langen (*s.o.* jdm), durchprügeln; *Am sl* tüchtig übers Ohr hauen; *Am sl* (als Pfand) versetzen; *itr* durchnäßt, naß, feucht werden; *(to ~ through)* (ein)sickern *a.fig*; *fig* eindringen, Fuß fassen (*into* in); *fam* saufen; *to ~ o.s. in (fig)* sich versenken in; *s* Ein-, Durchweichen, Feucht-, Naßwerden *n*; Einweichbrühe *f*; Regenguß *m*; *sl* Sauferei *f*; *sl* Säufer; *sl Am* mächtige(r) Schlag *m*; *in ~ (Am sl)* versetzt, auf dem Leihhaus; **~-ed** *to the skin* naß bis auf die Haut, völlig durchnäßt; klatschnaß; **~age** ['-idʒ] Sickerwasser *n*; **~er** ['-ə] (tüchtige) Regenguß *m*; *sl* Säufer *m*; Babyhöschen *n*; **~ing** ['-iŋ] klatschnaß; *(Regenguß)* heftig.

soap [soup] Seife *f a.chem*; *sl Am (bes.* Bestechungs-)Geld *n*; *tr* einseifen; *fig fam* Honig ums Maul schmieren (*s.o.* jdm); *to ~ o.s. down* sich abseifen; *no ~ ! (Am sl)* kommt nicht in die Tüte *od* in Frage! *a cake of ~* ein Stück Seife; *scented ~* Toilettenseife *f*; *soft ~* Schmierseife; *fig* Schmeichelei *f*; **~-boiler**, **-maker** Seifensieder *m*; **~box** *s* Seifenkiste; *Am* (Kiste als) behelfsmäßige Rednertribüne *f*; *itr Am* e-e Straßenrede halten; *a Am:* ~ *orator* Straßenredner *m*; **~ race** Seifenkistenrennen *n*; **~ speech** Straßenrede *f*; **~-bubble** Seifenblase *f*; **~-dish** Seifenschale *f*; **~-flakes**, **-chips** *pl* Seifenflocken *f pl*; **~ opera** *Am radio fam* rührselige(s) Hörspiel *n*; **~-powder** Seifenpulver *n*; **~-solution** Seifenlösung *f*; **~-stone** Speckstein *m*; **~-suds** *pl* Seifenlauge *f*; **~-works**, **-factory** Seifenfabrik *f*; **~-wort** ['-wə:t] Seifenkraut *n*; **~-y** ['-i] seifig; *fig sl* dick aufgetragen, ölig, schmeichelhaft.

soar [sɔ:, sɔə] *itr* sich (in die Luft) erheben, steigen *a.fig*; *fig* ansteigen; schweben, gleiten; *aero* segeln; *(Preise)* steigen, in die Höhe schnellen; *fig* sich herausheben, hervorragen; **-ing** ['-iŋ] *a* (auf)steigend; auf-, emporstrebend *a.fig*; *com* steigend; *s* Segelfliegen *n*; Segelfliegerei *f*; **~~-certificate** Segelflugschein *m*; **~~-flight** Segelflug *m*; **~~-flyer**, **-pilot** Segelflieger *m*; **~~-plane** Segelflugzeug *n*; **~~-site** Segelfluggelände *n*.

sob [sɔb] *itr* schluchzen; *tr (to ~ out)* schluchzend sagen; *s* Schluchzen *n*; *attr Am sl* rührselig; Rühr-; sentimental; Kitsch-; *to ~ o.'s heart out* heiße Tränen, bitterlich weinen; *to ~ o.s. to sleep* sich in den Schlaf weinen; **~ sister** *Am sl* Journalistin *f* (die auf die Tränendrüse drückt); **~ story** *Am sl* rührselige, sentimentale Geschichte *f*; **~ stuff** *fam* Kitsch *m*; Schnulze *f*.

sober ['soubə] *a* nüchtern; mäßig, maßhaltend; gesetzt, ruhig, besonnen, ernst; einfach, schlicht; *(Farbe)* ruhig; vernünftig, gesund; bloß, rein; *tr itr (to ~ up, down)* nüchtern machen *od* ernüchtern; (wieder) nüchtern werden; *in ~ earnest* in vollem Ernst; *in o.'s senses* bei klarem Verstand *od* Kopf; **~-minded** *a* ruhig, besonnen; **~ness** ['-nis], **sobriety** [sou(u)'braiəti, sə-'] Nüchternheit; Mäßigkeit; Gesetztheit, Besonnenheit *f*, Ernst *m*; Schlichtheit, Einfachheit *f*; **~ sides** *fam* ernste(r), gesetzte(r) Mensch; Trauerkloß *m*.

sobriquet, soubriquet ['soubrikei] Spitzname *m*.

soccer, socker ['sɔkə] *fam* Fußballspiel *n*.

soci|ability [souʃə'biliti] Geselligkeit; Umgänglichkeit *f*; **~able** ['souʃəbl] *a* gesellig; umgänglich, freundlich, nett; *(Beisammensein)* gemütlich, ungezwungen; *s* Kremser *m*; Tandem; S-förmige(s) Sofa; *Am* gesellige(s) Beisammensein *n*, zwanglose Zs.kunft *f*; **~ game** Gesellschaftsspiel *n*; **~al** ['souʃəl] *a* sozial; Sozial-, Gesellschafts-; gesellschaftlich; gesellig, umgänglich; Geselligkeits-; *s* gesellige(s), zwanglose(s) Beisammensein *n*; **~ advancement** soziale(r) Aufstieg *m*; **~ animal** Gesellschaftswesen *n*; **~ climber** Streber *m*; **~ contract, compact** *(pol)* Gesellschaftsvertrag *m*; **~ evening** gesellige(r) Abend *m*; **~ evil** Prostitution *f*; **~ gathering** gesellige(s) Beisammensein *n*; **~ income** Volkseinkommen *n*; **~ insurance** Sozialversicherung *f*; **~ legislation** Sozialgesetzgebung *f*; **~ order, system** Sozial-, Gesellschaftsordnung *f*; **~ policy** Sozialpolitik *f*; **~-political** sozialpolitisch; **~ position, rank, status** soziale, gesellschaftliche Rang(stufe *f*) *m*, Stellung *f*; **~ problem** soziale Frage *f*; **~ reform** Sozialreform *f*; **~ reformer** Sozialreformer *m*; **~ science** Sozialwissenschaft *f pl*; **~ security** soziale Sicherheit; *Am* Sozialversicherung *f*; **~ service, work**

socialism — softness

Fürsorge, Wohlfahrt *f*; **~~ services** (*pl*) soziale Einrichtungen *f pl*; **~~ stock** Gesellschaftskapital, -vermögen *n*; **~~ structure** Sozial-, gesellschaftliche Struktur *f*; **~~ studies** (*pl*) Gemeinschaftskunde *f*; **~~ welfare** soziale Fürsorge *f*; **~~ worker** Wohlsorgepfleger, Fürsorger *m*; **~alism** ['-ʃəlizm] Sozialismus *m*; **~alist** [-ʃəlist] *s* Sozialist *m*; **~alist(ic)** [souʃə'listik] sozialistisch; **~alite** ['souʃəlait] *Am fam* Angehörige(r) *m* der oberen Gesellschaftsklasse; **~ality** [souʃi'eliti] Geselligkeit *f*; **~alization** [souʃəlai'zeiʃən] Sozialisierung, Verstaatlichung *f*; **~alize** ['souʃəlaiz] *tr* gesellig machen; *pol* sozialisieren, verstaatlichen; *itr Am fam* verkehren (**with** mit); **~ety** [sə'saiəti] Gesellschaft *f*; vornehme Welt *f*; Verein(igung) *f*; Umgang *m*, Beziehungen *f pl*; *com* Gesellschaft, Genossenschaft *f*; Verband *m*; **building ~~** Baugenossenschaft *f*; **co-operative ~~** Konsumverein *m*; **~~ column** (*Zeitung*) Nachrichten *f pl* aus der (hohen) Gesellschaft; **~~ gossip** Gesellschaftsklatsch *m*; **the S~ of Friends** die Quäker; **the S~ of Jesus** die Gesellschaft Jesu, der Jesuitenorden; **~~ man, woman** Mann *m*, Dame *f* der Gesellschaft; **~ological** [sousjə'lɔdʒikəl] soziologisch; **~ologist** [sousi-'ɔlədʒist] Soziologe *m*; **~ology** [sousi-'ɔlədʒi] Soziologie *f*.

sock [sɔk] **1.** *s* Socke; Einlegesohle *f*; *Am sl* Sparstrumpf *m*, nette Stange *f* Geld; **2. to pull up o.'s ~s** (*fam*) sich ins Zeug legen; **3.** *sl tr* eine knallen, schmieren,'runterhauen (*s.o.* jdm); verprügeln; *s* (Faust-)Schlag *a. fig; Am* tolle(r) Erfolg *m*; *adv* direkt, glatt; **to give s.o. a ~ on the jaw** jdm e-e 'runterhauen.

socker *s.* soccer.

socket [sɔkit] *s* Hülse, Tülle, Muffe *f*; Rohransatz, -stutzen *m*; *el* Fassung *f* (**~ outlet**) Steckdose *f*; *radio* Sockel *m*; *anat* (Augen-)Höhle; (Gelenk-)Pfanne *f*; **~ joint** Kugelgelenk *m*; **~ wrench** Steckschlüssel *m*.

socle ['sɔkl] *arch* Sockel, Unterbau *m*.

sod [sɔd] **1.** *s* Rasen(stück *n*) *m*; *tr* mit Rasen(stücken) bedecken; **under the ~** unter der Erde; **2.** *vulg* Saukerl *m*.

soda ['soudə] Soda *f* od *n*, kohlensaure(s) Natrium *f*; (**~ water**) Soda-, Selterswasser *n*; **~ biscuit, cracker** *Am* (einfacher, ungesüßter) Sodabiskuit *m*, -keks *m*; **~ clerk,** *Am* **jerk** *Am sl* Verkäufer(in *f*) *m* in e-r Erfrischungshalle; **~ fountain** *Am* Erfrischungshalle, Eisbar *f*; Mineralwasserausschank, Siphon *m*; **~ lye** *chem* Natronlauge *f*; **~ mint** Selterswasser *n* mit Pfefferminzgeschmack; **~ pop** Brause *f*, süße(r) Sprudel *m*; **~~water** Sodawasser *n*; Sprudel *m*.

sodden ['sɔdn] durchweicht, durchnäßt; (*Brot*) teigig, nicht durchgebacken; benommen, dumpf; blöde (*vom Trinken*); aufgedunsen, käsig.

sodium ['soudjəm] *chem* Natrium *n*; **~ bicarbonate** doppeltkohlensaure(s) Natrium *n*; **~ carbonate** Natriumkarbonat *n*; **~ chlorate** Natriumchlorat *n*; **~ chloride** Natriumchlorid, Stein-, Kochsalz *n*; **~ hydroxide** Ätznatron *n*; **~ nitrate** Chilesalpeter *m*; **~ sulfate** Natriumsulfat, Glaubersalz *n*.

sodomy ['sɔdəmi] Sodomie *f*.

sofa ['soufə] Sofa, Kanapee *n*; **~ bed** Bettcouch *f*.

soffit [sɔfit] *arch* Laibung; Soffitte *f*.

soft [sɔft] *a* weich, nachgebend, formbar; zart, mild, sanft; weichlich, schwächlich; zaghaft; (*Arbeit*) leicht, angenehm, bequem; *com* (*Markt*) nachgiebig; sanft, nachgiebig, entgegenkommend, gutmütig, gütig, mitleidig, mitfühlend; zärtlich, liebevoll; weichlich; leicht zu beeinflussen(d), lenksam; einfältig, dumm; (*Farbe*) matt, sanft; (*Linie*) weich, sanft; (*Licht*) matt; (*Flamme*) kühl; (*Röhre*) gashaltig; (*Ton*) schwach, leise; (*Stimme*) weich; (*Getränk*) alkoholfrei; *adv* sacht, leise; *s* (gutmütiger) Tropf, Einfaltspinsel *m*; **to be ~ on s.o.** in jdn verliebt sein; **to get ~** weich werden; verweichlichen; sich erweichen lassen; **to have a ~ spot for** ein Herz haben für; **pretty ~ for him!** (*Am fam*) er hat es gut! **~ as butter** butterweich; **~ball** *Am* Hallenbaseball (-spiel *n*), Softball *m*; **~~boiled** *a* (*Ei*) weichgekocht; **~~brained, ~~headed, ~~witted** *a* albern, blöd(e), dumm; **~ coal** Braunkohle *f*; **~en** ['sɔ(:)fn] *tr* weich machen; lindern, mildern, erweichen, besänftigen; *itr* weich werden; **to ~ up** zermürben; **~ing plant** Enthärtungsanlage *f*; **~ener** ['sɔfnə] Wasserenthärtungsmittel *n*; Weichmacher *m*; **~ening** ['sɔfniŋ] Erweichung *f*; (**~ of the brain**) *med* Gehirnerweichung *f a. fam*; **~ goods** *pl* Textilien *pl*; kurzlebige Verbrauchsgüter *n pl*; **~~head** Simpel, Einfaltspinsel *m*; **~~hearted** *a* weichherzig, gutmütig; **~ie** ['-i] = **~y**; **~ iron** Weicheisen *n*; **~ job** angenehme Stelle *od* Tätigkeit *f*; **~ money** Papiergeld *n*; **~ness** ['-nis]

soft nothings Weichheit, Zartheit, Milde, Sanftheit; Weichlichkeit, Zaghaftigkeit, Schwäche; Gutmütigkeit; Zärtlichkeit; Einfalt, Dummheit *f*; **~ nothings** *pl* Tändeleien *f pl*; **~ palate** *anat* weiche(r) Gaumen *m*; **~ pedal** Piano-Pedal *n*; **~-pedal** *tr mus* abschwächen, dämpfen; *fam* eins auf den Deckel geben (*s.o.* jdm); zurückhaltender vorbringen; **~ roe** (*Fisch*) Milchner *m*; **~ sawder** Schmeichelei *f*; **~-shelled** *a zoo* weichschalig; *Am fam* nicht streng; **~ soap** Schmierseife; *fig* Schmeichelei *f*; **~-soap** *tr fam* schmeicheln (*s.o.* jdm); **~-soldering** Weichlöten *n*; **~-spoken** *a* leise; friedlich; gewinnend, einschmeichelnd; **~ thing** *sl* Pfundsache *f*, Bombengeschäft *n*; Masche *f*; **~ tissues** *pl anat* Weichteile *pl*; **~wood** Nadel-, Weichholz *n*; **~y** [-i] *a fam* schlapp; blöd(e); *s* Schwächling; Trottel *m*.

soggy ['sɔgi] feucht, durchweicht, durchnäßt; sumpfig; pappig; teigig, nicht durchgebacken (*Brot*).

soil [sɔil] **1.** (Erd-)Boden *m*, Erdreich *n*; Scholle *f*, Boden *m*, Land *n*; *fig* Nährboden *m*; *on native* **~** in der Heimat; *foreign* **~** fremde(r) Boden *m*; **~ tilling** Bodenbearbeitung *f*; **2.** *tr* beschmieren, beschmutzen; *agr* düngen; *fig* beflecken, Schande machen (*s.th.* e-r S); *itr* fleckig, schmutzig werden; *s* Schmutz (-fleck); Kot, Mist; Dünger *m*; Beschmutzung *f*; *to* **~** *o.'s hand with s.th.* sich die Hände bei e-r S schmutzig machen; **~ conservation** Bodenkonservierung *f*; **~ improvement** Melioration *f*; **~less** ['-lis] fleckenlos; **~-pipe** Fallrohr *n*; **3.** *tr* (*Vieh*) mit Grünfutter füttern.

soirée, soiree ['swɑːrei] Abendgesellschaft *f*.

sojourn ['sɔdʒə(ː)n] *itr* sich aufhalten, *lit poet* weilen (*at, in* in; *with* bei); *s* (kurzer) Aufenthalt, Besuch *m*.

solace ['sɔlis] *s* Trost *m*; *tr* trösten; (*Schmerz*) lindern; *to* **~** *o.s. with* sich trösten mit; *to find* **~** *in* Trost finden in.

solanum [so(u)'leinəm] *bot* Nachtschatten *m*.

solar ['soulə] *a astr* Sonnen-; **~ day, eclipse, energy, flare, system, time, year** Sonnentag *m*, -finsternis, -energie, -fackel *f*, -system *n*, -zeit *f*, -jahr *n*; **~ium** [so(u)'lɛəriəm] Sonnenterrasse *f*; **~ize** ['souləraiz] *tr* überbelichten; **~ plexus** *anat* Sonnengeflecht *n*; **~ radiation** Sonnenstrahlung *f*.

solder ['sɔ(l)də] *s* Lötmittel, -zinn *n*; *fig* Kitt *m*, Bindemittel *n*; *tr* löten; *fig* binden, zs.halten; **~ing iron** Lötkolben *m*; **~ing torch** Lötlampe *f*; **~ seam** Lötstelle *f*.

soldier ['souldʒə] *s* Soldat *m a. ent*, Krieger; Kämpfer *m*; *Am sl* leere (Bier-)Flasche *f*; *fam* Bückling *m*; *itr* (als Soldat) dienen; *Am sl* sich drücken; *to be an old* **~** mit allen Hunden gehetzt, mit allen Wassern gewaschen sein; *to play at* **~s** Soldaten spielen; *toy* **~** Zinnsoldat *m*; **~ of fortune** Glücksritter *m*; **~ing** ['-riŋ] Soldatenleben *n*; **~like** ['-laik], **~ly** ['-li] soldatisch, kriegerisch, kämpferisch; diszipliniert; **~'s pay** (Wehr-)Sold *m*; **~y** [-ri] Soldaten *m pl*, Militär *n*; Soldateska *f*.

sole [soul] **1.** *s* (Fuß-, Schuh-)Sohle *f a. allg*; *tr* (be)sohlen; **~-leather** Sohlenleder *n*; **~-plate** *tech* Fußplatte *f*; **2.** *zoo* Seezunge, Scholle *f*; **3.** *a* einzig, alleinig; *for the* **~** *purpose of* einzig u. allein um; *feme* **~** ledige Person *f*; **~ agency** Alleinvertretung *f*; **~ bill** Solawechsel *m*; **~ heir** Alleinerbe *m*; **~ judge** Einzelrichter *m*; **~ly** [-li] *adv* allein, nur, bloß; einzig u. allein; **~ owner** Alleineigentümer *m*; **~ proprietor** Alleininhaber *m*.

solecism ['sɔlisizm] Sprachschnitzer *m*; Unschicklichkeit *f*, Verstoß *m*.

solemn ['sɔləm] feierlich, festlich, zeremoniell; formell; heilig, weihevoll; (*Ausdruck*) ernst; (*Tatsache*) schwerwiegend; feierlich, eindrucksvoll; **~ity** [sə'lemniti] feierliche Handlung *f*, Ritual *n*, Feierlichkeit, Weihe *f*, Ernst *m*; *pl jur* Formalitäten *f pl*; **~ize** ['sɔləmnaiz] *tr* feiern, festlich begehen; (feierlich) vollziehen; e-n ernsten Charakter geben (*s.th.* e-r S).

solenoid ['soulinɔid] Spule *f*; **~ switch** Magnetschalter *m*.

sol-fa [sɔl'fɑː] Tonleiter *f*.

solicit [sə'lisit] *tr* dringend bitten, anhalten, ersuchen (*for* um); erbitten (*s.th. of, from* etw von); ansprechen; sich bewerben um; (*Aufträge*) sammeln; (*Abonnenten*) werben; *itr* Männer ansprechen; **~ation** [sɔlisi'teiʃən] dringende Bitte *f*, An-, Ersuchen; Ansprechen, Belästigen *n*; Aufreizung, Verlockung; *com* Werbung *f*; **~or** [sə'lisitə] (nicht plädierender) (Rechts-)Anwalt; Rechtskonsulent, -beistand; *Am Brit*-, Antragsteller, Bewerber; *Am* Werber, Agent, Handelsvertreter *m*; **S~ General** (*Br*) Zweite(r) Kronanwalt; *Am* stellvertretende(r) Justizminister *m*; **~ous** [-əs]

solicitude (eifrig) besorgt (*about, for, of* um); (eifrig) bestrebt (*to do* zu tun); sehr besorgt, in Aufregung (*for* um); **~ude** [-ju:d] Besorgtheit, Sorge, Besorgnis, Unruhe *f* (*about, for* um).

solid ['sɔlid] *a* (*Körper*) fest; massiv; Kubik-; (*Nebel*) dick, dicht; fest, solide, derb, tragfähig, haltbar, dauerhaft, zuverlässig, sicher; kreditfähig; (*Geschäft*) reell; begründet; gründlich; (*Grund*) triftig, stichhaltig, ununterbrochen, durchgehend; *fam* voll, ganz, geschlagen (*Stunde*); einheitlich; (*Edelmetall*) rein, gediegen, pur; echt, wirklich; einmütig, -hellig; *typ* kompreß; *Am fam* treu wie Gold, verläßlich, zuverlässig; *Am sl* erstklassig, ausgezeichnet, tadellos; *adv* einstimmig, einmütig; *Am fam* einverstanden, sicherlich; *s phys* feste(r) Körper; *math* Körper *m*; *pl* feste Nahrung *f*; *to be frozen* ~ fest zugefroren sein; *to be on* ~ *ground (a. fig)* festen Boden unter den Füßen haben; *to vote* ~ *for s.th.* etw einstimmig annehmen; **~arity** [sɔli'dæriti] Solidarität *f*, Zs.halt *m*, Zs.gehörigkeitsgefühl *n*, Gemeinschaftsgeist, Gemeinsinn *m*; *jur* Gesamtschuldnerschaft *f*; **~ geometry** Stereometrie *f*; **~ification** [sɔlidifi'keiʃən] Verdichtung *f*, Festigung, Kristallisation *f*; **~ify** [sɔ'lidifai] *tr itr* (sich) verdichten, (sich) konkretisieren, (sich) festigen; (sich) kristallisieren; erstarren; **~ity** [sɔ'liditi] Festigkeit, Solidität; Haltbarkeit, Dauerhaftigkeit, Zuverlässigkeit, Sicherheit; *com* Kreditfähigkeit; (*Grund*) Stichhaltigkeit; (*Metall*) Reinheit, Gediegenheit; Echtheit; Einmütigkeit *f*; *math* Rauminhalt *m*, Volumen *n*; **~ leather** Kernleder *n*; **~ sender** *Am sl* prächtige(r) Kerl *m*; **~ spirit** Hartspiritus *m*; **~ tyre** Vollgummireifen *m*.

soliloqu|ize [sə'liləkwaiz] *itr* ein Selbstgespräch führen; **~y** [sə'liləkwi] Selbstgespräch *n*; *theat* Monolog *m*.

solit|aire [sɔli'tɛə, *Am* 'sɔ-] Solitär *m*; Patience *f*; **~ary** ['sɔlitəri] *a* alleinstehend; einsiedlerisch; einsam; einzeln; *fig* einzig; abgelegen; *bot zoo* solitär; *s* Einsiedler, Eremit *m*; *fam* Einzelhaft *f*; **~ude** ['-ju:d] Einsamkeit, Abgeschieden-, Abgelegenheit; Einöde *f*.

solo ['souljou] *pl a. soli* ['-li] *s mus* Solo *n*; *theat* Alleinauftritt *m*; Patience(spiel) *f*; *aero* Alleinflug *m*; *a* Solo-; *adv* allein; *itr aero* allein fliegen; **~ist** ['-ist] *mus* Solist *m*.

solstice ['sɔlstis] Sonnenwende *f*; *summer, winter* ~ Sommer-, Wintersonnenwende *f*.

solu|bility [sɔlju'biliti] *chem* Löslichkeit *f*; **~ble** ['sɔljubl] löslich; **~tion** [sɔ'lu:ʃən] (*Rätsel*) (Auf-)Lösung, (*Problem, Aufgabe*) Lösung; (*Frage*) Klärung; *chem pharm* Lösung; Auflösung (*e-r Einheit*); *med* Heilung; *med* Krise; (*rubber* ~~) Gummilösung *f*.

solv|e ['sɔlv] *tr* (*Rätsel, Aufgabe*) lösen, *fam* 'rauskriegen; (er)klären; (*Schwierigkeit*) beseitigen; **~ency** ['-ənsi] Zahlungsfähigkeit, Solvenz, Liquidität *f*; **~ent** ['-ənt] *a* zahlungsfähig, solvent, liquid; *chem* lösend, Lösungs-; *s chem* Lösungsmittel *n*.

somatic [so(u)'mætik] *scient* somatisch, körperlich; Körper-; **~ cell** *biol* Körperzelle *f*.

sombre, *Am* **somber** ['sɔmbə] düster, dunkel *a. fig*; *fig* niederdrückend, unheilvoll, finster, traurig, melancholisch.

sombrero [sɔm'brɛərou] *pl* -*os* Sombrero *m* (*Hut*).

some [sʌm, səm] *prn a* (irgend)ein, ein gewisser; *pl* gewisse, manche; einige, ein paar; (*vore-r unbestimmten Mengenangabe*) etwas, ein wenig; beträchtlich; *Am fam* beachtlich; ~ *meal* ein tolles Essen! *prn s* einige, ein paar, manche, gewisse Leute *pl*; (irgend) etwas, ein wenig, ein bißchen (davon); *prn adv* (*vor e-r Zahl*) einige, etwa, ungefähr; *Am fam* (*vor Komparativ*) ein (ganz) schönes Stück(chen), eine Menge; *Am fam* (ganz) tüchtig; ~ *day* (*or other*) eines (schönen) Tages; *in* ~ *book or other* in irgendeinem der Bücher; *to* ~ *extent* bis zu e-m gewissen Grade; ~ *few* einige wenige; ~ *more* noch ein paar; noch etwas; ~ *place* /*Am* irgendwo; (*at*) ~ *time* (*or other*) (irgendwann) einmal; *for* ~ *time* (für) einige Zeit, eine Zeitlang; ~ *time ago* vor einiger Zeit; *in* ~ *way or other* irgendwie; **~body** ['sʌmbədi] (irgend) jemand, irgendwer; ~ *else* jemand (*fam* wer) anders; *to be a* ~~ (*Person*) etwas Besonderes sein; **~how**, ~~ *or other* irgendwie, auf irgendeine Weise, *fam* so oder so; **~one** (irgend) jemand; **~place** *adv Am* irgendwo (-hin); **~thing**, ~~ *or other* (irgend) etwas; etwas Besonderes, *fam* schon was (Besonderes); ~~ *like* ungefähr; so etw wie; *fam* wirklich; beachtlich; *there's a* ~~ *to that* da muß schon was dran sein; ~~ *else for you?* (soll es) sonst noch etwas sein)? *that's* ~~ *to think about* das muß man sich mal überlegen; **~time** *adv*, *at* ~~ *or other* (ein)mal; irgendwann; gelegentlich; *a* früher, ehemalig; **~times** *adv* manchmal, ab und zu, gelegentlich; **~what** etwas, ein wenig;

somewhere ~~ *of* so (et)was wie, eine Art; *to be* ~~ *(fam)* was sein; **~where** *adv* irgendwo(hin); ~~ *else* anderswo, irgendwo anders.

somersault ['sʌməsɔːlt] *s* Purzelbaum *m*; *mot* Überschlagen *n*, Überschlag *m*; *itr (to turn a* ~*)* e-n Purzelbaum schlagen; *aero* sich *(beim Landen)* überschlagen.

somn|ambulant [sɔm'næmbjulənt] **~ambulist** [-ist] Nachtwandler *m*; **~ambulate** [-eit] *itr* nachtwandeln; **~ambulism** [sɔm'næmbjulizm] Nachtwandeln *n*, Somnambulismus *m*; **~ambulistic** [sɔmnæmbju'listik] nachtwandlerisch; **~iferous** [sɔm'nifərəs] einschläfernd; **~olence** ['sɔmnələns] Schläfrigkeit *f*; **~olent** ['sɔmnələnt] schläfrig; einschläfernd.

son [sʌn] Sohn *m a. fig*; *S~ of God, Man* Sohn Gottes, Menschensohn *m (Christus)*; *a ~ of the soil* ein Kind *n* des Landes; **~-in-law** Schwiegersohn *m*; **~ny** ['-i] *fam (bes. als Anrede)* Söhnchen *n*; **~-of-a-bitch** *bes. Am vulg* Hundesohn, Scheißkerl *m*; **~-of-a-gun** *fam* Tausendsas(s)a, Schwerenöter *m*.

sonan|ce ['sounəns] Stimmhaftigkeit *f*; **~t** ['-t] *(Phonetik) a* stimmhaft; *s* stimmhafte(r) Laut *m*.

sonar ['sounɑː] (Unterwasser-)Schallmeßgerät, S-Gerät *n*.

sonat|a [sə'nɑːtə] *mus* Sonate *f*; **~ina** [sɔnə'tiːnə] *mus* Sonatine *f*.

song [sɔŋ] Gesang *m*; Lied; (kurzes) Gedicht *n*; Poesie, Dichtung *f*; *for a (mere)* ~ für ein Butterbrot *od* e-n Spottpreis; spottbillig; *to burst into* ~ zu singen beginnen; *nothing to make a* ~ *about* nicht der Rede wert; *~ and dance (that)* Gesang u. Tanz; *fig* Getue *n (about* um); *the S~ of Solomon, the S~ of S~s* das Hohelied (Salomonis); **~-bird** Singvogel *m*; **~-book** Liederbuch *n*; **~-hit** Schlager(melodie *f*) *m*; **~ster** ['-stə] Sänger; *fig* Dichter; *zoo* Singvogel *m*; **~stress** ['-stris] Sängerin *f*; **~-thrush** *orn* Singdrossel *f*.

sonic ['sɔnik] *a* Schall-; ~ **bang** Knall *m* beim Durchbrechen der Schallmauer; ~ **barrier** Schallmauer *f*; ~ **speed** Schallgeschwindigkeit *f*; ~ **threshold** Schallwelle *f*.

sonnet ['sɔnit] Sonett *n*; **~ier** [-'tiə] Sonettdichter; Dichterling *m*.

sonor|ity [sə'nɔriti] Klang *m*, -fülle *f*; Wohlklang *m*; *gram* (Ton-)Stärke *f*; **~ous** [sə'nɔːrəs] klangvoll, -reich, wohltönend; *(Ton)* voll.

soon [suːn] *adv* bald; früh, zeitig; rasch; gern; *as* ~ *as (conj)* sobald, sowie; *as* ~ *as possible* sobald wie möglich; *just as* ~ genauso gern; **~er** *adv (Komparativ)* eher, früher, schneller; lieber; ~ *or later* früher oder später, schließlich doch einmal; *the* ~~ *the better* je eher desto besser; *no* ~~ ... *than* kaum ..., als; *no* ~~ *said than done* gesagt, getan; *I had, would* ~~ *leave* ich möchte lieber gehen; ich ginge genauso gern; **~est** *adv (Superlativ)*: *least said,* ~~ *mended (prov)* Reden ist Silber, Schweigen ist Gold.

soot [suːt] *s* Ruß *m*; *tr* berußen; *to* ~ *up* verrußen; **~iness** ['-inis] Rußigkeit, Schwärze *f*; **~y** ['-i] *a* Ruß-; rußig, verrußt; schwarz, dunkel.

sooth [suːθ] *obs*: *in* ~ fürwahr; **~e** [suːð] *tr* beruhigen, besänftigen; *(Schmerz)* lindern, mildern; *(der Eitelkeit)* schmeicheln; **~ing** ['-ðiŋ] beruhigend, besänftigend; lindernd, mildernd; **~sayer** ['-seiə] Wahrsager *m*; *zoo* Gottesanbeterin *f*.

sop [sɔp] *s* eingetunkte(s) Stück *n* (Brot); kleine Belohnung, Beruhigungspille *f*, *fam* Drachenfutter; Bestechungsgeld *n*; Weichling, *fam* Waschlappen; *Am sl* Säufer *m*; *tr* eintunken, -weichen; *(to* ~ *up) (Flüssigkeit)* aufsaugen, -wischen; *itr (to* ~ *in)* einsickern; völlig durchnäßt werden *od* sein; triefen *(with* vor); **~ping**, **~py** ['-iŋ, '-i] naß, feucht; regnerisch; *sl* rührselig, kitschig, schnulzenhaft.

soph [sɔf] *fam* = **~ister** *od* **~omore**; **~ism** ['sɔfizm] Trugschluß, Sophismus *m*; **~ist** ['-ist] *hist u. allg* Sophist *m*; **~ister** ['-istə] *(Univ.)*: *junior, senior* ~ Student *m* im 2., 3. Studienjahr; **~istic(al)** [sə'fistik(əl)] sophistisch; **~isticate** [sə'fistikeit] *tr* verführen, verderben; verfälschen; **~icated** [sə'fistikeitid] *a* (hoch)entwickelt, kultiviert, verfeinert, fortgeschritten; aufgeklärt, weltklug, -gewandt; weltmännisch; unehrlich, enttäuschend; intellektuell; blasiert; künstlich; **~istication** [səfisti'keiʃən] (weltmännische) Verfeinerung, Kultiviertheit, Weltklugheit; Spitzfindigkeit; Blasiertheit; Fälschung *f*; **~istry** ['sɔfistri] Spitzfindigkeit, Sophisterei *f*; Trugschluß *m*; **~omore** ['sɔfəmɔː] *Am* Student *m* im 2. Studienjahr; *fig* Besserwisser *m*.

soporific [soupə'rifik] *a* einschläfernd; *s* Schlafmittel *n*.

soprano [sə'prɑːnou] *pl* -*os mus* Sopran *m*; Sopranistin *f*.

sorb [sɔːb] Eberesche *f*, Vogelbeerbaum *m*; *(~-apple)* Vogelbeere *f*.

sorcer|er ['sɔ:sərə] Zauberer, Hexenmeister m; **~ess** ['-ris] Zauberin, Hexe f; **~ous** ['-rəs] a Zauber-; **~y** ['-ri] Zauberei, Hexerei f.

sordid [sɔ:did] schmutzig, verfilzt; elend, miserabel; gemein, niedrig; geizig, knauserig, fam filzig; **~ness** ['-nis] Schmutz m; Elend n; Gemeinheit f; schmutzige(r) Geiz m, Knauserigkeit f.

sore [sɔ:] a schmerzhaft, schmerzend; weh, wund, entzündet; schlimm, krank; (schmerz)empfindlich; reizbar; fig beleidigt, verärgert, bekümmert, traurig, schmerzbewegt; schmerzlich, betrüblich; peinlich; leidig, ärgerlich (about über, wegen); Am fam ärgerlich, verärgert, gereizt, böse; fig groß, stark, heftig; (Not) äußerst; (Gewissen) böse; s wunde Stelle, Verletzung f; fig wunde(r) Punkt m; like a bear with a **~ head** (fig) brummig; to be **~ at** böse sein auf; to have a **~ throat** Halsweh haben; to touch a **~ spot** e-n wunden Punkt berühren; **~head** Am fam Brummbär, Enttäuschte(r), Verbitterte(r) m; **~ly** ['-li] adv stark; äußerst; heftig.

sorg|hum ['sɔ:gəm], **~o** ['-ou] bot Sorghum s, Sorgho m, Mohren-, Kaffernhirse f.

sorority [sə'rɔriti] Am Studentinnenverbindung f, -klub m.

sorrel ['sɔrəl] **1.** bot Sauerampfer m; **2.** s Rotbraun n; Fuchs m (Pferd); a rotbraun.

sorrow ['sɔrou] s Kummer m, Leid n, Gram m, Betrübnis f, Jammer, Schmerz m (at über; for um); Reue (for über); Trauer f; Klagen n; itr Kummer haben, sich grämen, sich härmen (at, for, over um); Reue empfinden, klagen, trauern (at, over, for, after um, wegen); to my **~** zu meinem Bedauern; the Man of S-s der Schmerzensmann (Christus); **~ful** ['-ful] bekümmert, betrübt, vergrämt, traurig, düster; elend; kummervoll.

sorry ['sɔri] a betrübt, bekümmert; traurig, kläglich; kümmerlich, armselig; erbärmlich, jämmerlich, elend, traurig; I am **~ to** ... es tut mir leid zu ..., daß ...; leider (muß ich ...); I'm really **~** es tut mir wirklich leid; I am **~ for you** es tut mir leid um Sie; Sie tun mir leid; I am **~ for it** es tut mir leid; I am so **~** es tut mir so leid; entschuldigen Sie vielmals; **~!** Verzeihung! leider nicht! schade!

sort [sɔ:t] s Sorte, Art, Gattung, Klasse f; Charakter m, Natur f, Typ m; Güte, Qualität; mot Marke f; tr sortieren, sichten, ordnen; (to **~ out**) aussortieren, -lesen, heraussuchen; trennen (from von); itr harmonisieren (with mit); passen (with zu); sich schicken; after a **~**, in a **~** bis zu e-m gewissen Grade; of **~s**, of a **~** so was wie; of all **~s** aller Art(en); out of **~s** (fam) (gesundheitlich) nicht auf den Posten; fam schlechter Laune; **~ of** (fam) gewissermaßen, eigentlich, irgendwie; I am **~ of glad** ich bin eigentlich, im Grunde froh; I have **~ of a hunch** ich habe so eine Ahnung; I **~ of knew that** ... ich habe es irgendwie gewußt, daß ...; she is **~ of interesting** sie ist nicht uninteressant, sie hat so etwas Gewisses; all **~s of things** alles mögliche; nothing of the **~** nichts Derartiges, nichts dergleichen; such **~ of thing** etwas Derartiges, so (et)was; what **~ of** ...? was für ein ...? not a bad **~** (gar) nicht so übel; a decent **~** ein anständiger Kerl m; **~able** ['-əbl] sortierbar; **~er** ['-ə] Sortierer m.

sortie ['sɔ:ti] mil Ausfall; aero Feindflug, Einzelangriff m; daylight **~** (aero) Tageseinsatz m.

sortilege ['sɔ:tilidʒ] Loswerfen n.

sot [sɔt] s Säufer, Trunkenbold m; itr (gewohnheitsmäßig) saufen; **~tish** ['-iʃ] versoffen; (ver)blöde(t); to be **~~** s-n Verstand versoffen haben.

soubrette [su:'bret] theat Soubrette f.

soubriquet s. sobriquet.

sough [sau] s Säuseln, Rauschen, Rascheln n; itr säuseln, rauschen, rascheln.

sought [sɔ:t] pret u. pp von seek; (**~-after**, **~-for**) gesucht, gefragt, begehrt.

soul [soul] Seele f a. fig; Herz fig, Gemüt; (Kunst) Leben n, Wärme f; Wesen n, Inbegriff m; Verkörperung; fig Triebfeder f; pl (mit Zahlwort) Seelen pl, Menschen m pl; not a **~** nicht eine lebende Seele; with all my **~** von ganzem Herzen; to keep body and **~** together Leib u. Seele f. halten; she's in it heart and **~** sie ist mit Leib u. Seele dabei; he cannot call his **~** his own er steht ganz unter (fremdem) Einfluß; upon my **~!** Donnerwetter! All S-s' Day Allerseelen n; good, simple **~** gute(r), einfache(r) Mensch m; poor **~** arme(r) Teufel m; poor little **~** arme(s) Ding n; **~-destroying** geisttötend; **~ed** [-d] in Zssgen. -herzig; **high-~~** hochherzig; **~ful** ['-ful] seelenvoll; **~less** ['-lis] seelenlos; **~-stirring** herzergreifend.

sound [saund] **1.** a gesund; einwandfrei, fehlerfrei, -los, unbeschädigt, unversehrt, in gutem Zustand, solide; unverdorben; (seelisch, innerlich) ge-

sound health   944   **source**

sund, lebensfähig, kräftig, stark, widerstandsfähig; *(Schiff)* seetüchtig; fest, sicher, (finanziell) gesichert; *(Anspruch)* (wohl)begründet; *(Grund)* triftig; zuverlässig, verläßlich; vernünftig, verständig, verständnis-, sinnvoll, klug, weise; stichhaltig; *(Rat)* gut; gründlich, tiefschürfend; sittenrein, -streng, ehrbar, ehrenhaft, korrekt; recht-, strenggläubig, orthodox; konservativ; *jur* rechtskräftig, -gültig; *com* kreditfähig; *(Schlaf)* tief, fest, gesund; *adv* gesund; tief, fest; *to be asleep* fest schlafen; *as* ~ *as a bell* kerngesund; *of* ~ *mind* geschäftsfähig; *of* ~ *and disposing mind* testierfähig; ~ *and safe* heil u. gesund; gesund u. munter; ~ **health** gute Gesundheit *f*; ~**ness** ['-nis] Gesundheit, Unversehrtheit; Vernünftigkeit, Klugheit *f*; **2.** *s* Laut, Schall, Ton, Klang *m* Geräusch *n*; Stimme; Hörweite; Klangwirkung *f*; *itr* (er)tönen, erschallen, (er)klingen *fig* klingen, erscheinen, wirken, vorkommen; e-n ... Eindruck machen, sich anhören *(as if* als wenn); *(Bericht)* lauten; *tr* ertönen, erklingen, erschallen lassen; *(Instrument)* schlagen, blasen, spielen; aussprechen; verbreiten; abhorchen, abhören; *to* ~ *off* abwechselnd, der Reihe nach sprechen; *Am sl* herausplatzen *(on* mit); das große Wort führen; sich beklagen; *within* ~ *of* in Hörweite *gen*; *to* ~ *the horn (mot)* hupen; *to* ~ *the retreat* zum Rückzug blasen; *that* ~ *s fishy to me* das kommt mir nicht geheuer vor; ~**absorbing** schallschluckend, -dämmend; ~ **barrier** Schallgrenze *f*; ~**board** = ~*ing-board*; ~**box** Schalldose; *film* Abhörkabine *f*; ~**camera** Tonkamera *f*; ~**channel** Tonkanal *m*; ~**damping** Schalldämmung *f*; ~**detector** Horchgerät *n*; ~**effects** *pl* Geräuschkulisse *f*; ~**engineer** Toningenieur *m*; ~**er** ['-ə] *tele* Taste *f*, Klopfer *m*; *mar* Lot *n*; ~**film** Tonfilm *m*; ~ ~ *projector* Tonfilmvorführapparat *m*; ~**ing** ['-iŋ] tönend, klingend; klangvoll *a. fig*; *fig* hochtrabend, bombastisch; ~~-*board* Resonanzboden *m*; ~ **intensity** Schallstärke *f*; ~**less** ['-lis] geräusch-, lautlos, still; ~ **level** Schallpegel *m*; ~**locator** *mil* Horchgerät *n*; ~**man** *film radio* Geräuschoperateur *m*; ~**proof** *a* schalldicht; *tr* schalldicht machen; ~ **ranging** Schallmeßverfahren *n*; ~~-*instrument* Schallmeßgerät *n*; ~~ *team* (Schall-)Meßtrupp *m*; ~~**reception** Höraufnahme *f*; ~~**recording** Schallaufzeichnung, -aufnahme *f*; ~~**reproduction** Tonwiedergabe *f*; ~~-**shift** *(Linguistik)* Lautverschiebung *f*; ~~**source** Schallquelle *f*; ~~**track** *film* Tonstreifen *m*, -band *n*, -spur *f*; ~~**truck** Lautsprecherwagen *m*; ~~**velocity** Schallgeschwindigkeit *f*; ~~**vibration** Schallschwingung *f*; ~~**volume** Lautstärke *f*; ~~**wave** Schallwelle *f*; **3.** *tr mar* (aus)loten, sondieren *a. fig*; *med* abhorchen; *(to* ~ *out)* aushorchen, erkunden; auf den Zahn fühlen *(s.o.* jdm); *itr* loten; *fig* s-e Fühler ausstrecken; *s mar* Lotung *f*; *med* Abhorchen *n*; *med* Sonde *f*; ~**ing** *mar* Lotung, gelotete Tiefe *f*; *pl* Ankergrund *m*; ~~-*balloon* Ballonsonde *f*; ~~~-*device* (aero) Peilanlage *f*; ~~~-*lead* Senkblei, Lot *n*; ~~-*line* Lotleine *f*; **3.** Meerenge *f*; Meeresarm *m*; Fischblase *f*.

soup [su:p] *s* Suppe, Brühe *f*; *sl* Nitroglyzerin *n*; *phot sl* Entwickler; *sl aero* dicke(r) Nebel *m*; *sl mot aero* Purre, Kraft *f*, PS *pl*, Kraftstoff *m*; *tr sl (to* ~ *up)* mehr herausholen *(an engine, a motor* aus e-r Maschine, e-m Motor); hochzüchten; *in the* ~ *(fam)* in der Tinte, in Schwierigkeiten, in der Patsche; *chicken, pea, tomato, vegetable* ~ Hühner-, Erbsen-, Tomaten-, Gemüsesuppe *f*; *clear* ~ Kraftbrühe *f*; ~~**and-fish** *sl* volle(r) Dreß *m*; ~~**kitchen** Volksküche; *mil* Feldküche, *sl* Gulaschkanone *f*; ~~**plate** Suppenteller *m*; ~~**spoon, -ladle** Suppenlöffel *m*; ~~**terrine** Suppenschüssel *f*; ~**y** ['-i] *fam* sentimental; *(Stimme)* zitternd.

soupçon ['su:psɔ:ŋ] Spur *f*, Anflug *m*, Andeutung *f (of* von).

sour ['sauə] *a* sauer; säuerlich; ranzig; bitter; *fig* verärgert, verstimmt, übelgelaunt, mißmutig, mürrisch, verdrießlich, verbittert; ungenügend, schlecht; unangenehm; *(Boden)* übersäuert; *Am fam* ungesetzlich, unrecht, verdächtig; *tr* sauer werden lassen; *fig* verärgern, verstimmen, verbittern; *itr* sauer, ranzig, bitter werden; *fig* ärgerlich, mißmutig, verbittert werden; *in* ~ *(Am sl)* in der Tinte; *to turn* ~ sauer werden; ~ **grapes** *fig* saure Trauben *f pl*; ~**ish** ['-riʃ] säuerlich; ~**ness** ['-nis] Säure; Bitterkeit; Verstimmtheit, Verbittertheit, Mißlaunigkeit *f*; ~**puss** *fam* Sauertopf, Griesgram, Trauerkloß *m*.

source [sɔ:s] Quelle *f a. fig*; *com* Lieferant *m*; *el* Strom-, Energiequelle *f*; *med* Herd; *fig* Ursprung *m*, Wurzel *f*; *to have its* ~ s-n Ursprung haben *(in* in);

souse — **space**

to take its ~ entspringen (*from* aus); ~ *of errors* Fehlerquelle *f*; ~ *of income* Einkommensquelle *f*; ~ *of light* Lichtquelle *f*.
souse [saus] **1.** *s*. Pökelfleisch *n*; Salzlake *f*; (Ein-)Pökeln; *allg* Eintauchen; Eisbein *n*; *Am sl* Säufer *m*; *tr* (ein)pökeln; in Salzlake legen; ein-, untertauchen; ins Wasser werfen; (völlig) durchnässen; *Am sl* besoffen machen; *itr* (völlig) durchnäßt, ganz naß werden; ins Wasser fallen; *Am sl* sich besaufen; ~ *of* sl besoffen, blau; **2.** *(Falknerei)* *s* Aufsteigen *(des gejagten Vogels)*; Herabstoßen *n (des Falken)*; *itr* herabstoßen *(on* auf); *tr* herabstoßen auf; *adv* schwupp, plumps.
south [sauθ] *s* Süd(en) *m*; Süd-, südliche Richtung *f*, Südkurs *m*; Südseite *f*; *the S~* der Süden, die Südstaaten *m pl (der US)*; *a* südlich *(of* von); Süd-; *adv* im Süden; südwärts, in südlicher Richtung; nach Süden; **S~ Africa** Südafrika *n*, die Südafrikanische Union *f*; **S~ African** südafrikanisch; **S~ America** Südamerika *n*; **S~ American** südamerikanisch; **~-east** ['-'i:st] *s* Südost(en) *m*; *a* südöstlich, Südost-; *adv* in, aus Südost, südostwärts; **~-easter** [sauθ'i:stə] (starker) Südostwind *m*; **~-easterly** [-'i:stəli] *a adv* südöstlich; aus Südost; **~-eastern** [-'i:stən] *a* südöstlich; aus Südost; **~-eastward** [-wəd] *a adv* südöstlich; **~-eastwardly** [-'i:stwədli] = *-easterly*; **~-eastwards** [-'i:stwədz] *adv* südöstlich; **~erly** ['sʌðəli], **~ern** ['sʌðən] *a* südlich; aus Süden; Süd-; *s* = *~erner*; *the S~~ Hemisphere* die Südhalbkugel *f (der Erde)*; **~erner** ['sʌðənə] Südländer *m*; *S~* Südstaatler *m*; **~ernmost** ['sʌðənmoust] *a* südlichst; **~ing** ['sauðiŋ] (Bewegung in) südliche(r) Richtung; *astr* südliche Deklination *f*; **~-paw** *Am sl sport s* Linkshänder *m*; *a* linkshändig; **S~ Pole** Südpol *m*; **S~ Sea Islander** Südseeinsulaner *m*; *the S~ Seas* die Südsee *f*; **~-east** *s* Südost *m*; *a adv* südsüdöstlich; aus Südsüdost; **~-west** *s* Südsüdwest *m*; *a adv* südsüdwestlich; aus Südsüdwest; **~-ward** ['-wəd] *a adv* südlich; aus Süden; **~wardly** ['-wədli] *a adv* südlich; **~wards** ['-wədz] *adv* südlich; aus Süden; **~-west** [-'west] *s* Südwest *m*; *a* südwestlich, Südwest-; *adv* in, aus Südwest, südwestwärts; **~-wester** [sauθ-'westə] (starker) Südwestwind; Südwester *m (Hut)*; **~-westerly** [-'westəli] *a adv* südwestlich; aus Südwest;

~-western [-'westən] *a* südwestlich; aus Südwest; **~-westward** [-'westwəd] *a adv* südwestlich; **~-westwardly** [-'westwədli] = *~westerly*; **~-westwards** [-'westwədz] *adv* südwestlich; ~ **wind** Südwind *m*.
souvenir ['su:vəniə] (Reise-)Andenken *n*.
sou'wester [sau'westə] Südwester *m*.
sovereign ['sɔvrin] *a* höchst, oberst, Haupt-, Ober-; ranghöchst, an der Spitze stehend; regierend; souverän, unabhängig; ausgezeichnet, vortrefflich, vorzüglich; *med pharm* sehr wirksam; *s* Monarch, Herrscher, (Landes-)Fürst, Souverän *m*; *(Großbritannien)* *(goldenes)* Zwanzigschillingstück *n*; ~ **rights** *pl* Hoheitsrechte *n pl*; ~ **territory** Hoheitsgebiet *n*; **~ty** ['-ənti] Regierungsgewalt, Herrschaft, oberste Staatsgewalt; unumschränkte Gewalt, Souveränität *f*, Hoheitsrechte *n pl*.
soviet ['souviet] *s* Sowjet *m*; *a* Sowjet-; sowjetisch; *the Supreme S~* der Oberste Sowjet; **~ism** ['-izm] Sowjetsystem *n*; **~ization** [souvietai'zeiʃən] Sowjetisierung *f*; **~ize** ['souvietaiz] *tr* sowjetisieren; **S~ Russia** Sowjetrußland *n*; *the S~ Union* die Sowjetunion *f*.
sow 1. [sou] *irr* *~ed*, *~n* od *~ed* *tr (Saat)* (aus)säen; *(Acker)* bestellen; *fig (Nachricht)* ausstreuen, verbreiten; *fig* einpflanzen, -schärfen; *itr* den Acker bestellen; *to* ~ *o.'s wild oats (fig)* sich die Hörner abstoßen; *to* ~ *(the seeds of) dissension* Zwietracht säen; *to* ~ *the wind and reap the whirlwind* Wind säen u. Sturm ernten; *as a man ~s, so shall he reap (prov)* wie die Saat, so die Ernte; **~er** ['-ə] Sämann *m*; Sämaschine *f*; *fig* Anstifter *m*; **~ing** ['-iŋ] Säen *n*; Aussaat *f*; ~ *machine* Sämaschine *f*; **2.** [sau] *zoo* Sau; *metal* Sau *f*, Eisenklumpen; Masselgraben *m*; **~-belly** *Am fam* Pökelfleisch *n*; ~ **bug** *zoo* Bohrassel *f*; **~'s ear** Schweinsohr *n*; **~-thistle** *bot* Saudistel *f*.
soya, *Am soja* ['sɔiə] *bot* Sojabohne *f*.
sozzled ['sɔzld] *a sl* blau, besoffen.
spa [spa:] Mineral-, Heilquelle *f*; (Heil-)Bad *n*; Kurort *m*.
spac|e [speis] *s* Raum, Platz; Zwischenraum *a*. *mus*, Abstand *m*; *typ* Spatium *n*; Zeit(raum *m*), Frist *f*; *(outer ~~)* Weltraum *m*; *pl typ* Blindmaterial *n*; *tr* mit Abstand, in Abständen, in Zwischenräumen anordnen *od* aufstellen; verteilen, staffeln; *typ* spati(on)ieren; räumlich gliedern; *to ~~ out (typ)* sperren; *to occupy, to take up ~~* Platz ein-

nehmen; *to set in ~ed type* gesperrt drucken; *to stare (out) into ~~* in die Luft starren; *a short ~~* ein Weilchen, eine kurze Zeit; *for a ~~* eine Zeitlang; *with ~~ (typ)* durchschossen; *within the ~~ of* innerhalb; *advertising ~~* Reklamefläche *f*; *blank ~~* freie Stelle *f*; *floor ~~* Bodenfläche *f*; *living ~~* Lebensraum *m*; *office ~~* Bürofläche *f*; *parking ~~* Platz *m* zum Parken; *~~-bar, -key (Schreibmaschine)* Leer-, Zwischenraumtaste *f*; *~~ diagram* Lageplan *m*; Raumbild *n*; *~~ effect* Raumwirkung *f*; *~~ fiction* Raumfahrtromane *m pl*; *~~-flight, -travel* Raumfahrt *f*; *~~-filling* raumfüllend; *~~ line (typ)* Durchschuß *m*; *~~ man* Raumfahrer *m*; *~~ research* Raumforschung *f*; *~~-saving* raumsparend; *~~ship* Raumschiff, -fahrzeug *n*; *~~ station* Raumstation *f*; *~~-time (continuum)* Raum-Zeit-Einheit *f*; *~~-traveller* Raumfahrer *m*; *~~ writer* Zeilenschinder *m*; **~er** ['-ə] Leertaste *f*; *tech* Abstandsstück *n*; **~ial** ['speiʃəl] *s.* spatial; **~ing** ['-iŋ] Zwischenraum, Abstand *m*, *typ* Spatium *n*; *single-, double-~~* kleine(r), große(r) Zeilenabstand *m*; **~ious** ['speiʃəs] geräumig; ausgedehnt, weit; unbegrenzt; umfangreich *a. fig*; **~iousness** ['-ʃəsnis] Geräumigkeit; Ausgedehntheit, Weite *f*, Ausmaß *n*; Unbegrenztheit *f*.

spade [speid] *s* Spaten *m*; *pl (Kartenspiel)* Pik, Schippen *n*; *tr* umgraben; *itr* graben; *to call a ~ a ~ (fig)* das Kind beim (rechten) Namen nennen; **~ful** ['-ful] Spatenvoll *m*; **~-work** mühevolle Vorarbeit(en *pl*) *f*.

spadix ['speidiks] *pl a. -dices* ['-'daisi:z] *bot* Kolben *m (Blütenstand)*.

Spain [spein] Spanien *n*; *castles (pl) in ~~* Luftschlösser *n pl*.

spall [spɔ:l] *s (bes. Stein-)*Splitter *m*; *pl* Bruchsteine *m pl*; *tr* aufsplittern, zerspalten; *itr* (zer)splittern *tr itr* zerbröckeln, -krümeln, zerkleinern.

spam [spæm] *(spiced ham)* amerikanische(s) Büchsenfleisch *n*.

span [spæn] **1.** *s* Spanne *f (= 9 Zoll od 22,85 cm)*; Abstand *m*; *(~-length)* Spannweite *f*; *arch* lichte Weite; *(~ of time)* Zeitspanne; Spanne *f* Zeit; *(Am, Südafrika)* Gespann *n*; *tr* (um-, über-) spannen; überbrücken; *(bes.* mit der Hand) (ab)messen; *mar* mit Tauen festzurren; *fig* umfassen; *~ of life* Lebensspanne *f*; **~ner** ['-ə] Spanner *(Gerät)*; Schraubenschlüssel *m*; *a ~~ in the works (fam)* Sand im Getriebe; **~~roof** Satteldach *n*; **~~wire** Abspanndraht *m*; **2.** *obs pret* von spin *(s.d.)*.

spangl|e ['spæŋl] *s* Metallsplitter *m*, -folie *f*; Flitter *m*, Paillette *f*; *tr* mit Flitter besetzen *od* bestreuen; *fig* übersäen *(with* mit); *itr* flimmern, glitzern; **~ed** ['-d]: *~~ with stars* mit Sternen be-, übersät; *the star-~~ banner* Flagge *f* der USA.

Spaniard ['spænjəd] Spanier(in *f*) *m*.

spaniel ['spænjəl] *zoo* Wachtelhund, Spaniel; *fig* Kriecher, Schmeichler *m*.

Spanish ['spæniʃ] *a* spanisch; *s (das)* Spanisch(e); *the ~~* die Spanier *m pl*; **~ chestnut** echte Kastanie *f*; **~ fly** *ent* Spanische Fliege *f*; **~ moss** Floridamoos *n*.

spank [spæŋk] *tr (das Hinterteil)* versohlen; verprügeln; *sport* schlagen; *itr (to ~ along)* dahinrasen, -flitzen; *s (tüchtiger)* Klaps *m*; **~er** ['-ə] *fam* tüchtige(r) Schlag *m*; *fam* gewaltige Sache *f*, Pfundskerl; *fam* Renner *m*, Rennpferd *n*; *mar* Besansegel *n*; **~ing** ['-iŋ] *a* schnell; *(Wind)* lebhaft, frisch, kräftig; *fam* großartig, gewaltig, prächtig, herrlich, phantastisch; *adv* außerordentlich; *s* Schläge *m pl*.

spar [spa:] **1.** *mar* Spiere *f*, Rundholz *n*; *aero* Holm *m*; **2.** *min* Spat *m*; **3.** *itr (Hahn)* mit den Sporen kämpfen; zanken, streiten; *sport* sparren, trainieren; *s* Hahnenkampf; *sport* Boxkampf *m*, Boxen, Sparren *n*; Streit, Zank *m*, Ausea.setzung *f*; **~ring** ['-riŋ] *(Trainings-)* Boxen *n*; **~~ match** *(Freundschafts-, Trainings-)*Boxkampf *m*; **~~ partner** Trainingspartner *m* (beim Boxen).

spar|e [spεə] *tr* aufsparen; (ver)schonen, Nachsicht üben gegen, rücksichtsvoll, nachsichtig behandeln; ersparen *(s.o. s.th., from s.th.* jdm etw), verschonen mit; *(s-e Kräfte)* sparen zurückhalten mit; entbehren, erübrigen, übrig haben *(s.o. s.th.* etw für jdn); *to be ~d* am Leben bleiben; *itr* sparen, sparsam sein; sich zurückhalten; nachsichtig sein, Nachsicht üben; *a* zur Verfügung (stehend); Ersatz-; frei, übrig, überzählig, überflüssig; sparsam, bescheiden, einfach, schlicht, knapp, karg; mager, hager, dürr; *s (~~ piece)* Ersatzteil, -stück *n*; Reserve-, Ersatz-; *to ~~* übrig, über; *enough and to ~~* mehr als genug, reichlich; *to ~~ no expense* keine Kosten scheuen; *to ~~ for nothing* es an nichts fehlen lassen; *not to ~~ o.s.* sich nicht schonen, keine Mühe scheuen; *~~ me the details* verschonen Sie mich mit den Einzelheiten; *do you have a minute to ~~* haben Sie e-e Minute

spareness   947   **speaking**

Zeit? *can you ~~ me a cigarette?* hast du e-e Zigarette für mich (über)? *~~ anchor* Notanker *m*; *~~ fuse* Ersatzsicherung *f*; *~~ hours (pl)* Mußestunden *f pl*; *~~ money* Notgroschen *m*; *~~ parts (pl)* Ersatzteile *pl*; *~~ parts catalogue* Ersatzteilliste *f*; *~~ parts depot* Ersatzteillager *n*; *~~ rib* Rippenspeer *m*; *~~ room* Gastzimmer *n*; *~~ seat* Notsitz *m*; *~~ time* Freizeit *f*; *~~-time job* Freizeitbeschäftigung *f*; *~~ tire* Reservereifen *m*; *Am sl* fünfte(s) Rad *n* am Wagen, Fettwulst *m* um den Bauch; *~~ wheel* Ersatzrad *n*; **-eness** ['-nis] Knappheit; Magerkeit *f*; **-ing** ['-riŋ] sparsam, haushälterisch *(of* mit); sorgfältig, -sam, einfach, schlicht; karg, mager; begrenzt, eingeschränkt; **-ingness** ['-riŋnis] Sparsamkeit; Sorgfalt; Einfachheit; Kargheit *f*.

spark [spɑːk] **1.** *s* Funke(n) *m a. el; fig* Fünkchen *n*, Spur *f*, zündende(r) Funke; Lebensfunke *m*; *pl* (Schiffs-) Funker *m*; *itr* Funken sprühen; *mot* zünden; *tr fig* elektrisieren, anfeuern, -treiben, -regen, begeistern; *to ~ out (sl)* ohnmächtig werden; **~ arrester** *el* Funkenfang *m*; **~ coil** Zündspule *f*; **~ discharge** Funkenentladung *f*; **~ gap** Funkenstrecke *f*; **-ing** ['-iŋ] Funkenbildung *f*; **-ing-plug,** *Am* **~-plug** *mot* Zündkerze *f*; *Am sl* Seele *f* des Ganzen; **-over** *el* Überschlag *m*; **~ timing** Zündeinstellung *f*; **2.** *f* flotte(r) junge(r) Mann; *tr* den Hof machen.

sparkl|e ['spɑːkl] *itr* (Funken) sprühen; funkeln, blitzen, glitzern *(with* vor); *(Flüssigkeit)* sprudeln, perlen, schäumen; *tr* sprühen, funkeln lassen; *s* Funke(n) *m*, Funkeln, Glitzern *n*; Glanz *m*; **-er** ['-ə] *fig* Glanzstück *n*; glänzende Erscheinung *f (Person)*; *pl fam* blitzende Augen *n pl*, Diamanten *m pl*; **-ing** ['-iŋ] funkelnd, glitzernd; sprudelnd; *(Wein)* perlend; lebhaft; *(Geist)* sprühend; *~~ water* Sprudel *m*.

sparrow ['spærou] *zoo* Sperling, Spatz *m*; **-hawk** Sperber *m*.

spars|e [spɑːs] dünn, (weit) verstreut; spärlich, selten; **-eness, -ity** ['-iti] Spärlichkeit *f*.

spartan ['spɑːtən] *fig* spartanisch.

spasm [spæzm] *med* Krampf, Spasmus, Anfall *m*; *cardiac ~* Herzkrampf *m*; **-odic** [-'mɔdik] krampfhaft, spastisch; Krampf-; *fig* sprunghaft.

spat [spæt] **1.** *s* Schaltierlaich *m*; junge Auster *(n pl) f*; *itr (Auster)* laichen; **2.** *meist pl (kurze)* Gamaschen *f pl*; **3.** *pret u. pp* von *spit (s.d.)*; **4.** *Am fam s*

Klaps, Zank, Wortwechsel *m*; *itr* klatschen; *fig* streiten; *tr* e-n Klaps geben *(s.o.* jdm).

spatchcock ['spætʃkɔk] *s* rasch gekochte(s) Geflügel *n*; *tr fig (Textteil)* einschieben *(into,* in in); *fam* einflicken.

spate [speit] Überschwemmung *f*; Hochwasser *n*; Wolkenbruch; *fig* Wortschwall *m*; *a ~ of* e-e Menge *gen*.

spatial, *Am a.* **spacial** ['speiʃəl] räumlich; Raum-; **~ distribution** Raumverteilung *f*.

spatter ['spætə] *tr* (be)spritzen *(with* mit); *fig* beschmutzen; *itr* spritzen; *(Regen)* platschen, (nieder)prasseln; *s* Spritzen *n*; Spritzfleck; Spritzer; *fig* Hagel *m*.

spatul|a ['spætjulə] Spa(ch)tel *m*; **-ar** ['-ə] spatelartig; Spatel-.

spavin ['spævin] *vet* Spat *m (d. Pferde)*; **-ed** ['-d] *a (Pferd)* spatig.

spawn [spɔːn] *itr* laichen; *fam* sich hemmungslos vermehren; *tr (Laich)* ablegen; ausbrüten *a. fig; (Eier)* legen; *fig pej* in Massen, am laufenden Band produzieren; *s* Laich, Rogen *m*; *pej* Brut *f*, Gezücht *n*; *bot* Myzel(ium) *n*; **-er** ['-ə] *zoo* Rog(e)ner *m*.

spay [spei] *tr (weibl. Tier)* verschneiden.

speak [spiːk] *irr* spoke [spouk], spoken ['spoukən] *itr* sprechen *(of* von); *on, about* über; *to* mit, zu; *for* für); reden *(of* von über); sich äußern *(of* über); e-e Rede, e-n Vortrag halten; sich unterhalten; *mus* ertönen; *zoo* Laut geben; *tr* (aus)sprechen, sagen, äußern; ausdrücken; *(Sprache)* sprechen; bekanntgeben; anreden; zeugen von; *(Schiff)* ansprechen; *to ~ out,* up laut, deutlich sprechen; frei, offen reden, *fam* den Mund aufmachen; *to ~ (up) for* eintreten für; *not to ~ of* ganz zu schweigen von; *nothing to ~ of* nicht der Rede wert; *so to ~* sozusagen, gewissermaßen; *to ~ comfort to s.o.* jdm Trost zusprechen; *to ~ s.o. fair* jdm gut zureden, jdm gute Worte geben; *to ~ o.'s piece (Am fam)* sich beklagen, meckern; *to ~ to the point* zur Sache sprechen; *to ~ volumes (fig)* Bände sprechen *(for* für); *to ~ well for s.o.* zu jds Gunsten sprechen; *of s.o.* Gutes von jdm sagen; **~-easy** *Am sl* (nicht lizenzierte) Kneipe *f*; **-er** ['-ə] Sprecher; Vorsitzende(r); Redner; *(loud-~~)* Lautsprecher; *(parl) S~~* Präsident, Sprecher *m*; **-ing** ['-iŋ] *a* Sprech-; *fig* sprechend, beredt, ausdrucksvoll, lebendig; sprechend ähnlich; *s* Sprechen *n*, Rede, Äußerung *f; generally ~~* im allgemeinen; im großen u. ganzen;

spear

strictly ~~ genaugenommen; *not to be on* ~~ *terms with s.o.* mit jdm nicht (mehr) sprechen; jdn nicht näher kennen; ~~~-*key (tele)* Sprechtaste *f*; ~~~-*trumpet*, -*tube* Sprachrohr *n*.

spear [spiə] *s* Speer, Spieß *m*, Lanze; Speer-, Lanzenspitze *f*; *poet* Speerkämpfer; *bot* Halm, Schaft *m*; *tr* durchbohren, aufspießen; *itr bot* sprießen; **~head** *s* Speer-, Lanzenspitze *f*; *fig* führende(r) Kopf *m*; *mil* Angriffsspitze, Vorhut, Vorausabteilung *f*, Stoßkeil *m*; *tr* an der Spitze stehen von; **~mint** *bot* Grüne Minze *f*; **~ side** männliche Linie *f*.

spec [spek] (= *speculation*) *fam* Spekulation *f*; *on* ~ auf Verdacht.

spec|ial ['speʃəl] *a* besonder; un-, außergewöhnlich, außerordentlich; Ausnahme-; speziell; Sonder-, Extra-, Spezial-; *s* Sonderbeauftragte(r); Sonderdruck *m*, -ausgabe, -nummer *f*; Extrablatt *n*; Sonderzug *m*; *Am* Spezialität *f* (des Hauses); *for* ~~ *duty* zu besonderer Verwendung; ~~ *area (Br)* Notstandsgebiet *n*; ~~ *attorney* Sonderbevollmächtigte(r) *m*; ~~ *bargain Am* Gelegenheitskauf *m*; ~~ *body (mot)* Spezialkarosserie *f*; ~~ *case* Sonder-, Spezialfall *m*; ~~ *committee* Sonderausschuß *m*; ~~ *constable* Hilfspolizist *m*; ~~ *correspondent* Sonderberichterstatter *m*; ~~ *delivery (Am)* Eilzustellung *f*; ~~ *design* Sonderausführung *f*; ~~ *desire* Sonderwunsch *m*; ~~ *dictionary* Fach-, Spezialwörterbuch *n*; ~~ *edition* Sonderausgabe *f*; ~~ *election (Am)* Nachwahl *f*; ~~ *fee* Sondergebühr *f*; ~~ *leave* Sonderurlaub *m*; ~~ *message* Sondermeldung *f*; ~~ *messenger* Expreßbote; *mil* Kurier *m*; ~~ *mission* Sonderauftrag *m*; ~~ *offer (com)* Sonderangebot *n*; ~~ *permit* Sondergenehmigung *f*; ~~ *power* Sondervollmacht *f*; ~~ *price* Vorzugspreis *m*; ~~ *reduction* Sonderrabatt *m*; ~~ *regulation* Sonderbestimmung *f*; ~~ *right* Sonder-, Vorrecht *n*; ~~ *services (Am mil)* Truppenbetreuung *f*; ~~ *subject* Sonder-, Fachgebiet *n*; Wahlfach *n*; ~~ *treaty* Sonderabkommen *n*; **~ialism** ['-izm] Fach(gebiet *n*, -richtung *f*) *n*; **~ialist** ['-ist] Spezialist, Fachmann, -gelehrte(r), -arzt *m*; **~ialistic** [speʃə'listik] fachlich, -männisch; Fach-; **~iality** [speʃi'æliti] Besonderheit *f*, Charakteristikum *n*; Spezialartikel *m* = *~ialty*; *pl* Besonder-, Einzelheiten *f pl*; **~ialization** [speʃəlai'zeiʃən] Spezialisierung *f*; **~ialize** ['speʃəlaiz] *tr* spezialisieren; besonders einrichten (*for* für);

itr sich spezialisieren (*in* in, auf); sich einseitig festlegen; *biol* sich anpassen; **~ialty** ['speʃəlti] Besonderheit *f*; Fach (-gebiet *n*, -richtung *f*) *n*; Spezialität; *com* Neuheit *f*, Spezialartikel *m*; *jur* vertragliche Vereinbarung, notarielle Urkunde *f*; **~ie** ['spi:ʃi:] Hart-, Metallgeld *n*; *in* ~~ in Hartgeld; *in bar*; **~ies** ['spi:ʃi:z] *pl* ~~ Art *f* bes. *zoo bot*; *allg* Sorte, Gattung *f*; **~ific** [spi'sifik] *a* genau festgelegt, begrenzt, bestimmt; artgemäß; besonder, charakteristisch, *scient* spezifisch; *s* bes. *med* Spezifikum *n*; *in each* ~~ *case* in jedem Einzelfall; *to be* ~~ in Einzelheiten gehen; ~~ *gravity*, *heat (phys)* spezifische(s) Gewicht *n*, Wärme *f*; ~~ *order* Artbezeichnung, -name *f*; ~~ *order* Sonderauftrag *m*; **~ification** [spesifi-'keiʃən] Spezifizierung, genaue Angabe, Aufführung, Bezeichnung, Detaillierung *f*; Einzelnachweis *m*; *jur* Patentbeschreibung; *arch* Baubeschreibung *f*; *tech* technische Daten *pl*; *pl* Beschreibung *f* der Einzelheiten; *arch* Ausschreibungsbedingungen *f pl*, Baukostenvoranschlag *f*; ~~ *test* Abnahmeprüfung *f*; **~ify** ['spesifai] *tr* darlegen, einzeln, genau angeben, an-, aufführen, spezifizieren; *for a* ~*ified purpose* for e-n bestimmten Zweck; **~imen** ['spesimin] Muster *n*, Probe(stück *n*) *f*, Exemplar *n*; *fam* Typ, Kerl, Bursche *m*; *Am fam* Harnprobe *f*; *attr* Muster-, Probe-; *to take a blood* ~~ e-e Blutprobe machen; ~~ *book* Musterbuch *n*; ~~ *copy* Belegexemplar *n*; ~~ *page* Probeseite *f*; ~~ *signature* Unterschriftsprobe *f*; **~ious** ['spi:ʃəs] scheinbar, äußerlich; trügerisch, bestechend; **~iousness** ['spi:-ʃəsnis] bloße(r), äußere(r) Schein, Trug *m*, täuschende Fassade *f*.

speck [spek] Fleck(chen *n*) *m*; *a* ~ ein bißchen, ein (klein) wenig; ~ *of dust* Stäubchen *n*; **~le** ['-l] *s* (Farb-)Fleck *m*, Tüpfel *m* od *n*; *tr* tüpfeln, sprenkeln; **~led** ['-ld] *a* getüpfelt, gesprenkelt; *(Holz)* maserig; **~less** ['-lis] fleckenlos, rein.

specs [speks] *pl fam* Brille *f*; *fam com* detaillierte Angaben *f pl*, Data *pl*.

spect|acle ['spektəkl] ungewöhnliche(r) Anblick *m*; Schauspiel *n*, Erscheinung; Schau(spiel *n*) *f*; *pl (pair of ~~s)* Brille *f*; *to look through rose-colo(u)red* ~~ *(fig)* alles durch e-e rosige Brille sehen; ~~-*case* Brillenfutteral *n*; ~~ *lens* Brillenglas *n*; **~acled** ['-d] brillentragend; *zoo* Brillen-; **~acular** [spek'tækjulə] *a* auffällig, ungewöhnlich; auf Wirkung berechnet; theatralisch; prächtig, statt-

spectator 949 **spell**

lich; s Am große Fernsehschau; große Zeitungsanzeige f; ~**ator** [-'teitə] Zuschauer m.

spectr|al ['spektrəl] gespenstich, geisterhaft; Spektral-; ~~ **analysis** Spektralanalyse f; -**e,** Am **specter** ['spektə] Gespenst n, Geist m, Phantom n, Erscheinung f; fig Schreckgespenst n; ~~-**lemur** (zoo) Koboldmaki m; ~**o-gram** ['spektrəgræm] Spektrogramm n; ~**ograph** ['-əgra:f] Spektrograph m; ~**ometer** [spek'trɔmitə] Spektrometer n; ~**oscope** ['spektrəskoup] Spektroskop n; ~**oscopic(al)** [spektrəs'kɔpik(-əl) spektroskopisch; ~**um** ['-əm] pl a.-**a** ['-ə] opt Spektrum n; fig Skala f; solar ~~ Sonnenspektrum n; ~ analysis Spektralanalyse f.

specul|ar ['spekjulə] spiegelnd; Spiegel-; ~**ate** ['spekjuleit] itr nachdenken, (nach)sinnen, grübeln (on, upon, about über); theoretisieren; com spekulieren, gewagte Geschäfte machen (in in); ~**ation** [spekju'leiʃən] Nachdenken, (Nach-)Sinnen, Grübeln n (on über); Vermutung; a. com Spekulation f; bear, bull ~~ Baisse-, Haussespekulation f; ~~ in stocks Aktienspekulation f; ~**ative** ['spekjulətiv] philos spekulativ; theoretisch; vermutet, mutmaßlich; com Spekulations-; gewagt, riskant; ~~ gain Spekulationsgewinn m; ~**ator** ['-eitə] Theoretiker m; Spekulant m; ~**um** ['-ləm] pl -la [-lə] (bes. Metall-)Spiegel; zoo Spiegel m.

speech [spi:tʃ] Sprache f; Sprech-, Ausdrucksvermögen n, -weise f; Worte n pl, Äußerung, Bemerkung f; Ansprache, Rede; Sprache f, Idiom n, Dialekt m; to deliver, to make a ~ e-e Rede halten (on, about über; to vor); ~ is silver but silence is golden (prov) Reden ist Silber, Schweigen ist Gold; after-dinner ~ Tischrede f; freedom of ~ Redefreiheit f; maiden ~ Jungfernrede f; ~ **clinic** (Am) Abteilung f für Sprachgestörte; ~ **community** Sprachgemeinschaft f; ~ **current** Sprechstrom m; ~~-**day** Br (Schul-)Schlußfeier f; ~ **disorder** Sprachstörung f; -**ifier** ['-ifaiə] Schwätzer m; -**ify** ['-ifai] itr hum große Reden schwingen, pej große Bogen spucken; -**less** ['-lis] stumm; sprachlos (with vor); ~**training** Sprecherziehung f.

speed [spi:d] s Schnelligkeit, Fixigkeit f; (bestimmte) Geschwindigkeit f; Tempo n; tech Drehzahl f; mot Gang m; film Empfindlichkeit f; itr irr sped, sped [sped] zu schnell fahren; tr in schnelle Bewegung setzen; (to ~ up) beschleunigen; fig anspornen; fördern, unterstützen; die Geschwindigkeit einstellen (a machine e-r Maschine); at a ~ of mit e-r Geschwindigkeit von; at full, top ~ mit Höchstgeschwindigkeit; God ~ you! good ~! (obs) Gott segne dich, gehab dich wohl! more haste, less ~ (prov) Eile mit Weile! cruising ~ Reisegeschwindigkeit f; ~**boat** Rennboot n; ~ **control** Geschwindigkeitskontrolle f; tech Drehzahlsteuerung f; ~~**cop** Verkehrsstreife f (Polizist); -**er** ['-ə] Kilometerfresser m, fam Rennsau f; -**iness** ['-inis] Schnelligkeit; Eile, Hast f; -**ing** ['-iŋ] mot zu schnelle(s) Fahren n; ~ **limit** Höchstgeschwindigkeit, Geschwindigkeitsbegrenzung f; ~ **merchant** sl Kilometerfresser m; ~**ometer** [spi'dɔmitə], ~ **indicator** Geschwindigkeitsmesser m; ~ **range** Drehzahlbereich m; ~ **restriction** Geschwindigkeitsbegrenzung f; ~**ster** ['-stə] Kilometerfresser; Rennwagen m; Schnellboot n; ~ **trap** Am Straßenfalle f; ~~-**up** Beschleunigung; Produktions-, Leistungssteigerung f; ~ **wag(g)on** mot Lieferwagen m; ~**way** Am Rennstrecke; Autobahn f; ~**well** bot Ehrenpreis n od m; -**y** ['-i] schnell; prompt, unverzüglich, schlagartig.

spel|eologist [spi:li'ɔlədʒist] Höhlenforscher m; ~**eology** [-li'ɔlədʒi] Höhlenforschung f.

spell [spel] **1.** Zauberwort n, -formel f, -spruch; Zauber, Reiz m, Anziehungskraft, Faszination, Wirkung f; to be under s.o.'s ~ verzaubert, gebannt sein; in jds Bann stehen; to cast a ~ on verzaubern; ganz für sich einnehmen; ~**bind** irr (s. bind) tr ver-, bezaubern, bannen, faszinieren, fesseln; ~**binder** fam mitreißende(r), faszinierende(r) Redner m; ~**bound** ~ verzaubert, gebannt, fasziniert, mit-, hingerissen; **2.** a. irr spelt, spelt [spelt] tr buchstabieren (richtig) schreiben (with mit); (Wort) bilden; bedeuten, gleichkommen (s.th. e-r S); itr orthographisch schreiben; to ~ **out** entziffern, herausbekommen; Am sl ausea.-klamüsern; ~**down** Am orthographische(r) Wettbewerb m; -**er** ['-ə] Buchstabierende(r) m; Fibel f; to be a bad ~~ viele Rechtschreibfehler machen; -**ing** ['-iŋ] Buchstabieren n; Rechtschreibung, Orthographie f; ~~-**bee** (Am) orthographische(r) Wettbewerb m; ~~-**book** Fibel f; **3.** s Ablösung (bei der Arbeit); Schicht, Arbeitszeit f; (kurze) Zeit, (Zeit-)Dauer, Periode f; fam Weilchen n, Moment,

spelt 950 **spill**

Augenblick; *Am fam* Katzensprung *fig*; *Am fam* (Krankheits-)Anfall *m*; *(bes. Australien)* Ruhepause *f*; *at a* ~ in einem fort, ununterbrochen; *by* ~*s* dann u. wann; *for a* ~ e-e Weile; ~ *and* ~ abwechselnd; *to take* ~*s* sich ablösen; *cold, hot* ~ Kälte-, Hitzewelle *f*; *fresh* ~ Ablösung(smannschaft) *f*; neue Arbeitskräfte *f pl*.

spelt [spelt] **1.** *pret u. pp* von *spell*; **2.** Dinkel(weizen), Spelz *m*.

spelter ['speltə] Hartlot; Zink(barren *m*) *n*.

spelunker [spi'lʌŋkə] *Am fam* (Amateur-)Höhlenforscher *m*.

spencer ['spensə] **1.** kurze *(Herren-* od *Damen-)*Wolljacke *f*; **2.** *mar* Gaffelsegel *n*.

spend [spend] *irr spent, spent tr* verbrauchen, erschöpfen; *(Geld)* ausgeben, verausgaben; verbrauchen; auf-, verwenden *(on, upon* für); widmen *(on s.th.* e-r S); *(Zeit)* ver-, zubringen; verschwenden, vergeuden; *(Vermögen)* durchbringen; *mar* verlieren; *itr* (sein) Geld ausgeben; (sich) erschöpfen, sich verzehren; *zoo* laichen; *to* ~ *money like water* sein Geld zum Fenster hinauswerfen; **~ing** ['-iŋ] Ausgabe *f*; *deficit* ~~ öffentliche Verschuldung *f* durch Aufnahme von Anleihen; ~~ *capacity, power* Kaufkraft *f*; ~~ *money* Taschengeld *n*; ~~ *period* Haushaltsperiode *f*; **-thrift** ['-θrift] *s* Verschwender *m*; *a* verschwenderisch.

spent [spent] *a* erschöpft, abgespannt, entkräftet, ermattet; *tech* verbraucht, abgenutzt.

sperm [spə:m] Sperma *n*, männliche(r) Samen *m*, Samenflüssigkeit *f*; Walrat *m* od *n*; Pottwal *m*; **-aceti** [spə:mə'seti] Walrat *m* od *n*; **-ary** ['-əri] *anat* Samendrüse *f*; **-atic** [spə:'mætik] *scient* Samen-; ~~ *cord (anat)* Samenstrang *m*; **-atozoon** [spə:mətə(u)'zouən] *pl -zoa* ['-zouə] *physiol* Samentierchen *n*; ~ **oil** Walöl *n*; ~ **whale** Pottwal *m*.

spew, spue [spju:] *tr itr (to* ~ *up, out)* erbrechen.

sphagnum ['sfægnəm] *bot* Torfmoos *n*.

sphen|ic ['sfenik], **-oid** ['sfi:nɔid] *scient a* keilförmig; **-oid** *s med* Keilbein *n*.

spher|e ['sfiə] *math* Kugel *f*; *astr* Himmelskörper *m*; Himmel(sgewölbe *n*) *m*; *(*~~ *of life) fig* Sphäre *f*, Lebensbereich *m*, Gebiet *n*, Wirkungskreis *m*, Umwelt *f*, Milieu *n*; *pl* Sphären *f pl*; ~~ *of influence, of interest (pol)* Einflußbereich *m*, Interessensphäre *f*; ~~ *of operation* Wirkungsbereich *m*; **-ic(al)** ['sferik(əl)] kugelförmig, sphärisch;

-icity [sfe'risiti] Kugelgestalt *f*; **-oid** ['-rɔid] *s* Sphäroid, Rotationsellipsoid *n*.

sphincter ['sfiŋktə] *anat* Schließmuskel *m*.

sphinx [sfiŋks] Sphinx *f a. fig*.

spic|e [spais] *s* Gewürz *n*; Würze *f*, Aroma *n*, Duft *m*; *fig* Würze *f*; *fig* Spur, Andeutung *f*; *tr* würzen *a. fig*; **-ed** [-t] *a* gewürzt; würzig; **-ery** ['-əri] Gewürz *n (kollektiv)*, **-iness** ['-inis] *das* Würzige, Pikante, Reizvolle; **-y** ['-i] (stark) gewürzt; würzig, aromatisch; *fig* pikant, anregend, reizvoll, rassig; gewagt; schick.

spick-and-span ['spikn'spæn] (funkel)nagelneu; wie aus dem Ei gepellt.

spider ['spaidə] *zoo* Spinne *f a. tech*; Dreibein *n*, -fuß *m*; *mot* Kardangelenk; Drehkreuz *n*; *Am* Bratpfanne *f*; **~-catcher** *zoo* Mauerspecht *m*; **~-crab** *zoo* Seespinne *f*; **-like** ['-laik] spinnenartig; ~ **lines** *pl tech* Fadenkreuz *n*; **~-monkey** *zoo* Klammeraffe *m*; **~('s)-web** Spinn(en)gewebe *n*; **-y** ['-ri] spinnenartig; voller Spinnen.

spiel [spi:l] *Am sl s* Gequassel *n*; *Am sl* quasseln; **-er** ['-ə] *sl* Schwindler *m*.

spif(f)licate ['spiflikeit] *tr sl* wüst umgehen mit; vermurksen.

spiffy ['spifi], **spiffing** ['-iŋ] *sl* schnieke, tipptopp, fesch.

spigot ['spigət] Spund, Zapfen, (Faß-)Hahn *m*.

spik|e [spaik] *s* (Metall-)Spitze *f*; Dorn *(unter Rennschuhen)*; *(*~~ *nail)* Spieker, große(r) Nagel; *(Hirsch)* Spieß *m*; *bot* Kolben *m*, Ähre *f*; *pl* Rennschuhe *m pl*; *tr* fest-, vernageln; durchbohren; verletzen; *fig* durchkreuzen, vereiteln, verhindern; *Am sl* e-n Schuß Alkohol tun in; ~~ *lavender* Lavendel *m*; **-y** ['-i] (lang u.) spitz, spitzig; *fig* empfindlich.

spikenard [spaiknɑ:d] *bot* Narde *f*; Narden-, Lavendelöl *n*.

spile [spail] *s* Pflock, Zapfen, Spund, Zapfhahn; Pfahl *m (in sumpfigem Baugrund)*; *tr* mit Pflöcken versehen; verspunden; anzapfen; verpfählen.

spill [spil] **1.** *a. irr spilt, spilt* [-t] *tr* aus-, verschütten, vergießen; ver-, ausstreuen; gießen *(on* über); *fam* unter die Leute bringen, verbreiten; *fam (Reiter, Last)* abwerfen; *Am fam* hinfallen lassen, ein Bein stellen; *itr (to* ~ *over)* überlaufen, -fließen; *Am sl* s-e Meinung sagen; *s* Überfließen *n*, -laufen *n*; *fam* Sturz *m (vom Pferd, Rad);* *(~way)* Abflußrinne *f*, -rohr *n*; *to take a* ~ herunter-, hinfallen; *to* ~ *the beans (Am sl)* das Geheimnis verraten; *to* ~ *blood* Blut ver-

spill gießen; *there is no use crying over spilt milk* es hat keinen Sinn, Vergangenem nachzuweinen; **2.** Splitter; Fidibus; kleine(r) Zapfen, Stöpsel *m*.

spin [spin] *irr* **spun** *(obs:* **span)**, **spun** [spʌn] *tr* spinnen *a.* zoo;(schnell) drehen; herumwirbeln; *(to ~ out)* in die Länge ziehen *a. fig*; ausspinnen, ersinnen, erdichten; *aero* trudeln lassen; *itr* spinnen; *(to ~ round)* sich schnell drehen, im Kreis herumwirbeln; *aero* trudeln; *(to ~ along)* schnell dahinrollen; *to ~ round* sich im Kreise drehen; *s* Wirbeln *n*, schnelle Drehbewegung *f*; Dahinrollen *n*; kurze(r) Ritt *m od* Fahrt *f*; *aero* Trudeln *n*; *phys* Spin; *(Geschoß)* Drall *m*; *to go for a ~ (mot fam)* spazierenfahren; *to go into a ~ (aero)* abtrudeln; *to ~ a coin* Kopf oder Wappen spielen; *to ~ the top* Kreisel spielen *od* schlagen; *to ~ a yarn (fig)* ein Seemannsgarn spinnen; *my head is ~ning* mir dreht sich alles im Kopf; *flat-~ (fam)* Panik *f*; **~drier** Trockenschleuder *f (für Wäsche)*; **~ner** ['-ə] Spinner(in *f*) *m a. fig*; Spinnmaschine *f*; Planierer *m*; Spinne; Spinndrüse *f*; *aero* Propellerhaube *f*; **~ning** ['-iŋ] Spinnen *n*, Spinnerei *f*; *tech* Drücken *n*; **~~-jenny** Jennymaschine *f*; **~~-lathe** Drück-, Planierbank *f*; **~~-machine** Spinnmaschine *f*; **~~-mill** Spinnerei *f*; **~~-wheel** Spinnrad *n*; **~ster** ['-stə] *jur* Ledige; alte Jungfer *f*.

spinach ['spinidʒ] Spinat; *Am sl* Unsinn *m*.

spin|al ['spainl] *a anat* Rückgrat-, Wirbel-; Rückenmarks-; **~~ canal** *(anat)* Wirbelkanal *m*; **~~ column** Wirbelsäule *f*; **~~ cord, marrow, medulla** Rückenmark *n*; **~~ curvature** Rückgratverkrümmung *f*; **~~ fluid** Rückenmarksflüssigkeit *f*; **~e** [spain] *bot zoo* Stachel; Dorn *m*; Rückgrat *n*; Grat, (Berg-)Kamm; (Buch-)Rücken *m*; **~eless** ['-lis] rückgratlos *a. fig*; **~ose** ['spainous], **~ous** ['spainəs] stach(e)lig, dornig; (zuge)spitz(t); **~y** ['spaini] stach(e)lig, dornig *a. fig*; *fig* schwierig, mühsam, -selig; *(Thema)* heikel.

spindl|e ['spindl] *s tech* Spindel; *tech* Welle; Drehachse *f*, Schaft *m*; Stange; weibliche, mütterliche Linie *f*; *itr* hoch aufschießen; **~~-legged, -shanked** *(a)* mit dünnen Beinen; **~~-legs, -shanks** dünnbeinige(r) Mensch *m*; **~~-tree** *(bot)* Pfaffenhütchen *n*; **~ing** ['-iŋ], **~y** ['-i] spindeldürr.

spindrift ['spindrift] Gischt, Sprühnebel *m*.

spinet [spi'net] *mus hist* Spinett *n*.

spinney ['spini] Gehölz; Dickicht *n*.

spir|acle ['spaiərəkl] *bes. zoo* Luftloch *n*; *(Wale)* Atemgang *m*; **~ant** ['spaiərənt] Reibelaut *m*.

spiraea, *Am a*. spirea [spai'riə] *bot* Spiräe *f*, Spierstrauch *m*.

spir|al ['spaiərəl] *a* spiralig, schneckenod schraubenförmig; Spiral-, Schnecken-, Schrauben-; *s* Spirale; Spiral-, Schnecken-, Schraubenlinie; Spiralfeder *f*; *itr* sich in e-r Spirale bewegen; sich in die Höhe schrauben; *(Preise)* stetig steigen *od* fallen; e-e Spirale bilden; *tr* in die Höhe *od* hoch-, herunterschrauben; *(Preise)* allmählich steigern, ansteigen lassen; **~~ conveyor** Förderschnecke *f*; **~~ nebula** *(astr)* Spiralnebel *m*; *the ~~ of rising prices and wages* die Lohn-Preis-Spirale *f*; **~~ spring** Spiralfeder *f*; **~~ staircase** Wendeltreppe *f*; **~e** ['spaiə] **1.** *s* Spirale, Schnecken-, Schraubenlinie; Spiral-, Schraubenwindung *f*; **2.** *s* Turmspitze *f*, -helm *m*; Baumspitze *f*; (Gras-)Halm *m*; (Berg-)Gipfel; *zoo* Halm, Schößling *m*; *itr* emporschießen; spitz zulaufen, sich steil erheben; **~y** ['-ri] spiralig; gewunden; gelockt, lockig; spitz(zulaufend); turmartig; vieltürmig.

spirit ['spirit] *s* Lebensgeist *m*, Seele *f*; Geist; Gedanke; Geist, Gespenst *n*; Fee *f*, Elf; Mensch *m (im guten Sinn)*; Geisteshaltung, Einstellung; Anlage, Veranlagung *f*; Temperament *n*, Gemütsart; Stimmung; Begeisterung *f*, Schwung *m*, Lebhaftigkeit, Lebendigkeit *f*; Mut *m*, Tatkraft *f*; Geist *m*, wirkliche Bedeutung, wahre Absicht *f*, Sinn; Spiritus, Alkohol *m*; *the S~* der (Heilige) Geist; Gott *m*; *pl* Spirituosen *pl*, geistige Getränke *n pl*; *to ~ away, off* wegzaubern, verschwinden lassen; *to ~ up* aufmuntern; *in high, great ~s* in gehobener Stimmung, frohgelaunt, gut aufgelegt; *in poor, low ~s, out of ~s* niedergeschlagen, bedrückt, in gedrückter Stimmung, schlecht aufgelegt; *to be with s.o. in ~* in Gedanken bei jdm sein; *to enter into the ~ of s.th.* sich an etw anpassen; *to keep up o.'s ~s* sich nichtniederdrücken lassen; *theHoly S~* der Heilige Geist; *leading ~* führende(r) Kopf *m*; *public ~* Gemeinsinn *m*; *~ of enterprise* Unternehmungsgeist *m*; *~ of wine* Weingeist *m*; **~ed** ['-id] lebhaft, lebendig, feurig, energisch, kraftvoll, mutig; *high-~~* hochgestimmt, frohgelaunt; optimistisch; *low-~~* niedergeschlagen, be-, gedrückt; pessimistisch; **~edness** ['-idnis] Lebhaftigkeit *f*; Feuer *n*, Kraft *f*, Mut *m*; **~ism**

spiritless 952 **splinter**

['-izm] Spiritismus *m*; **~less** ['-lis] träge, schläfrig, schlaff, kraft-, mut-, lustlos, niedergedrückt, -geschlagen; **~ level** Wasserwaage *f*; **~ual** ['-juəl] *a* geistig, seelisch, innerlich; geistlich, kirchlich, religiös, heilig; *s* (Neger-) Spiritual *n*; *the Lords S~~* die geistlichen Herren *(im brit. Oberhaus);* **~ualism** ['-juəlizm] Spiritismus; *philos* Spiritualismus *m*; **~ualist** ['-juəlist] Spiritist *m*; **~ualistic** [spiritjuə'listik] spiritistisch; spiritualistisch; **~uality** [spiritju'æliti] geistige Natur, Geistigkeit; Unkörperlichkeit *f*; **~ualization** [-juəlai'zeiʃən] Vergeistigung *f*; **~ualize** ['spiritjuəlaiz] *tr* vergeistigen; **~uous** ['-juəs] alkoholisch; *~~* *beverages (pl)* Spirituosen *pl*.

spirt *s. spurt.*

spit [spit] **1.** *s* Bratspieß *m*; Landzunge; Sandbank *f*, Riff *n*; *tr* aufspießen, durchbohren; **2.** *irr* spat, spat *tr* ausspeien, -spucken; *allg* ausstoßen; *(Worte)* herauspruddeln; *mil (Zünder)* anstecken; *itr* speien, spucken *(at, on, upon* auf *a. fig); (Feder)* klatschen, spritzen, sprühen; *(Feder)* spritzen; *(Katze)* zischen, fauchen; *s* Spucke *f*; Speichel *m*, *fam* Spucke *f*; *ent* Schaum *m*; Sprühregen *m*; *fam (~ting image)* Ebenbild *n*; *to be s.o.'s dead ~, s.o.'s ~ and image (fam)* jdm wie aus dem Gesicht geschnitten sein; **~** *it out* nun sag's schon! **~ball** *Am* Papierkügelchen *n*; **~fire** Hitzkopf *m*; **~tle** ['-l] Speichel; *ent* Schaum *m*; **~toon** [spi'tu:n] Spucknapf *m*; **3.** Spatentiefe *f*, -stich *m*.

spite [spait] *s* Haß, Groll *m*, Bosheit *f*, böse(r) Wille *m* *(against* gegen); *tr* kränken, verletzen, ärgern, s-n Groll auslassen an; *from, out of ~* aus Bosheit; *in ~ of* trotz *gen*; *in ~ of the fact that* obgleich, obwohl; *to cut off o.'s nose to ~ o.'s face (fig)* sich ins eigene Fleisch schneiden; *to do s.th. to ~ s.o.* etw jdm zum Trotz tun; **~ful** ['-ful] gehässig, boshaft; *(Zunge)* giftig; **~fulness** ['-fulnis] Gehässigkeit, Bosheit, Boshaftigkeit *f*.

spiv [spiv] *Br sl* Arbeitsscheue(r), Drückeberger; Schieber; Schwarzhändler; Gauner, Strolch *m*.

splash [splæʃ] *tr* (ver)spritzen, planschen in; bespritzen; *Am sl* an die große Glocke hängen; *sl* in große Aufmachung bringen; *sl* großzügig ausgeben; *itr* spritzen *(in all directions* nach allen Richtungen); *(Regen)* klatschen; *(to ~ o.'s way)* patschen *(into* in; *through* durch) *s* Spritzen *n*; *(Wellen)* Plät-

schern, Klatschen *n*; Spritzfleck, Spritzer; Klecks; Lichtfleck; *fam* Gesichtspuder; Plumps; *fam* Schuß *m* Sodawasser; *Am sl* Wasser, Bad *n*; *sl* Aufregung, Sensation, Aufmachung *f*; *to make a ~ (fig)* Furore machen, Aufsehen erregen; *~ of mud* Dreckspritzer *m*; **~~board** Spritzbrett; Schutzblech *n*; Schütze *f*; **~ lubrication** Tauchschmierung *f*; **~ news** *(Zeitung)* Blickfang *m*; **~ water** Spritzwasser *n*; **~y** ['-i] spritzend; naß, schmutzig; beschmutzt; *fig* in die Augen springend, od fallend, auffällig; *sl* sensationell.

splay [splei] *s* (abge)schräg(t)e Fläche; *arch* Ausschrägung, Fensterlaibung; Ausbreitung, -dehnung, Verbreiterung *f*; *a* (abge)schräg(t), sich ausdehnend, -breitend; breit u. flach; schief; *tr* abschrägen; ausbreiten, -dehnen, erweitern; *(Knochen)* verrenken; *itr (to ~ out)* sich ausbreiten, -dehnen, sich erweitern; sich abschrägen; **~foot** Spreizfuß *m*; **~footed** *a* mit Spreizfüßen.

spleen [spli:n] *anat* Milz; *fig* schlechte, üble Laune *f*, Ärger *m*, Verdrießlichkeit; Bosheit *f*; *obs* Spleen, verrückte(r) Einfall *m*, Melancholie *f*; *to vent o.'s ~* s-m Ärger Luft machen *(on* gegen); **~ish** ['-iʃ] schlechtgelaunt, boshaft.

splend|ent ['splendənt] glänzend, strahlend, prächtig, glanzvoll, berühmt; **~id** ['-id] prachtvoll, prächtig, glänzend; herrlich, großartig; glanzvoll, (hoch)berühmt; *fam (übertreibend)* großartig, prächtig, herrlich, ausgezeichnet, blendend; **~iferous** [splen'difərəs] *hum fam* glänzend; **~o(u)r** ['splendə] Glanz *m*, Pracht, Herrlichkeit, Größe *f*, Ruhm *m*.

splen|etic(al) [spli'netik(əl)] *a* Milz-; *fig* übelgelaunt, reizbar, mürrisch; gehässig; *s* Griesgram *m*; **~ic** [splenik] *a* Milz-; *~~ fever* Milzbrand *m*; **~itis** [spli'naitis] Milzentzündung *f*.

splice [splais] *tr* mar spleißen, splissen; *allg* verscheren, verzahnen, verbinden; *film* zs.kleben; *sl (Ehepaar)* zs.bringen; *s* Splissung *f*.

spline [splain] *tr tech* verkeilen, sichern; nuten; *s* Keil, (Wellen-)Nut *m*.

splint [splint] *s* Holz-, Rohrstreifen *m*; Latte; *med* Schiene; *vet (Pferd)* Piephacke *f*; *(~bone) (Pferd)* Griffel-, *(Mensch)* Wadenbein *n*; *tech* Splint, Keil *m*; *tr med* schienen; **~er** ['-ə] *tr* zersplittern; *itr* (zer)splittern; *s* Splitter, Span *m*; Sprengstück *n*, Granat-, Bombensplitter *m*; *~~*

splinterless 953 **spongy**

-*bomb* Splitterbombe *f*; ~~ *party* Splitterpartei *f*; **~erless** ['-əlis] *(Glas)* nicht splitternd; **~erproof** ['-əpru:f] *(Glas)* splittersicher *a. mil*; **~ery** ['-əri] voller Splitter; leicht splitternd.

split [split] *irr split, split tr* spalten, aufsplittern; zerbrechen; zerreißen; *fig* trennen, (auf)spalten, entzweien; *(Kosten)* aufteilen; verteilen; aufgliedern, -teilen; sich teilen in; *chem phys* spalten; *(Aktien)* splitten; *itr* sich spalten, (zer)splittern *(into* in); (zer)brechen, (zer)reißen, bersten; sich spalten lassen; *fig* uneins werden, sich entzweien; *fam* den Gewinn teilen, Halbpart machen; *sl* verpfeifen, verraten *(on s.o.* jdn); *s* (Zer-)Splittern *n*; Spalt, Riß, Sprung; Splitter *m*; *fig* Entzweiung, Spaltung *a. pol*; *fam* halbe Flasche *f*, halbe(s) Glas *n (Schnaps)*; *sl* (Beute-)Anteil *m*; Spaltleder *n*; dünne(r) Holzstreifen; *(Sekunde)* Bruchteil *m*; halbe (Soda-)Flasche *f*, halbe(s) Glas Schnaps *n*; *pl (sport)* Spagat *m od n*; *a* Spalt-; (auf)geteilt; *to* ~ *off* absplittern, sich abspalten; *to* ~ *open* aufbrechen, -platzen; *to* ~ *up* sich aufspalten, zerfallen; sich trennen; *to* ~ *with s.o.* mit jdm endgültig brechen; *at full* ~ *(Am)* in Windeseile; *in a* ~ *second* im Bruchteil e-r Sekunde; *to* ~ *the difference* e-n Kompromiß schließen, sich auf der Mitte einigen; *to* ~ *hairs* Haarspalterei treiben; *to* ~ *o.'s sides (laughing, with laughter)* platzen vor Lachen; *my head is* ~*ting* mir platzt der Schädel, ich habe furchtbare Kopfschmerzen; *banana* ~ Bananensplit *m*; ~ **leather** Spaltleder *n*; ~ **peas** *pl* gespaltene, halbe Erbsen *f pl*; ~ **pin** Splint *m*; ~ **plug** Bananenstecker *m*; ~ **ring** Sprengring *m*; **~ter** ['-ə] Spaltende(r) *m*; **~ting** ['-iŋ] *a (bes. Kopfschmerzen)* stark, heftig, rasend; *(Lärm)* anbrechend; *s* Spaltung, Teilung *f*; *(Steuer)* Splitting *f*; *ear-*~ ohrenzerreißend; *hair-*~ Haarspalterei *f*; **~-up** *Am sl* Trennung, Scheidung *f*.

splotch [splɔtʃ], **splodge** [-dʒ] *s* Fleck, Klecks *m*; *tr* beklecksen, beschmieren; **~y** ['-i] fleckig, bekleckst.

splurge [splə:dʒ] *Am fam s* Angeberei, Angabe *f*, Protzentum *n*; *itr* angeben; das Geld zum Fenster hinauswerfen.

splutter ['splʌtə] *itr* zischen; spritzen *(over* über); sprudeln, sprühen; *(Feder)* klecksen; *mot* kotzen; sich *(beim Sprechen)* überschlagen, sprudelnd reden; (vor Wut) stottern; *tr (to* ~ *out)* herausprudeln; *s* Zischen; Spritzen, Sprühen; *mot* Kotzen *n*; *(Feder)* Klecksen *n*.

spoil [spɔil] *a. irr spoilt, spoilt* [spɔilt] *tr* vernichten, zerstören; beschädigen; vereiteln; verderben, (stark) beeinträchtigen; *(Augen)* verderben; verwöhnen, verziehen; *obs lit* (be)rauben, (aus)plündern; *itr* verderben, verkommen, schlecht werden, (ver)faulen; *to be* ~*ing for* (ganz) verrückt sein nach; *s* Beute(stück *n*); ausgehobene Erde, Halde; *obs* Plünderung *f*, Raub; *obs* Schaden *m*, Schädigung *f*; *pl* Beute *f*; Gewinn *m*; *pl Am pol* von der siegreichen Partei neu zu besetzende Posten *m pl*; *to* ~ *the fun for s.o.* jdm die Freude verderben; **~age** ['-idʒ] Abfall *m*, Abfälle *m pl*; *typ* Makulatur *f*, Ausschuß *m*; **~sman** ['-zmən] *Am* politische(r) Stellen-, Postenjäger *m*; **~-sport** Spiel-, Spaßverderber *m*; **~s system** *Am pol* System *n* der Futterkrippen.

spoke [spouk] **1.** *pret*, ~**n** ['-ən] *pp* von *speak*; **~sman** ['-smən] Sprecher, Wortführer *m*; **2.** *s* Speiche; *(Leiter)* Sprosse; *mar* Spake *f*; *tr* mit Speichen, Sprossen versehen; *(Rad)* bremsen; *to put a* ~ *in s.o.'s wheel* jdm Steine in den Weg legen; **~-bone** *anat* Speiche *f*; **~-shave** Schabhobel *m*; **~-wheel** Speichenrad *n*; **~-wise** ['-waiz] *a adv* strahlenartig.

spoliat|e ['spoulieit] *tr* plündern, rauben; **~ion** [spouli'eiʃən] Beraubung *f*, Raub *m*, Plünderung; *jur* Vernichtung, Beseitigung *f* von Urkunden; **~or** ['spoulieitə] Plünderer, Räuber *m*.

spondee ['spɔndi:] Spondeus *m*.

spong|e [spʌndʒ] *s* Schwamm *a. zoo*; (Gummi-, Kunststoff-)Schwamm; (Gaze-, Watte-)Bausch; Brotteig; *Am* Schaumpudding *m*; *Am* == ~**-cake** *od* ~**-bath**; *fam* Nassauer, Schmarotzer, Parasit; *Am sl* Säufer *m*; *tr* mit e-m Schwamm abwischen *od* behandeln; abtupfen; *(to* ~~ *up)* aufsaugen; *fam* sich unter den Nagel reißen; *itr* Schwämme fischen; sich vollsaugen; *fig* schmarotzen *(on* bei); *on s.o.* auf jds Kosten leben; *to* ~~ *away, off, out* auswischen, -löschen; *to pass the* ~~ *over* vergessen wollen, nichts mehr wissen wollen von; *to throw, to toss up the* ~~ *(Boxen u. allg)* (den) Kampf) aufgeben, die Flinte ins Korn werfen; **~~-bag** Kulturbeutel *m*; **~~-bath** (Ab-)Waschung *f*; **~~-cake** Sandtorte *f*; **~~-cloth** Flausch *m*; **~~-finger** Löffelbiskuit *m*; **~~-rubber** Schaumgummi *m od n*; **~~-tent** *(med)* Tampon *m*; **~er** [-ə] Schmarotzer *m*; **~iness** ['-inis] Schwammigkeit *f*, Porosität; Saugfähigkeit *f*; **~y** ['-i] schwamm-

sponsal artig; schwammig; löch(e)rig, porös; saugfähig; weich, sumpfig.

spons|al ['sponsəl] *a* Hochzeits-, Ehe-; bräutlich; **~ion** ['-ʃən] Bürgschaft *f*; **~or** ['-sə] Bürge; Taufzeuge, Pate *m*, Patin *f*; Gönner, Förderer; *Am* Geldgeber *m*; *tr* fördern, unterstützen; garantieren; Pate stehen bei; *Am radio tele* (heraus)bringen, finanzieren.

spontan|eity [spontə'ni:iti] Unmittelbarkeit, Unbedingtheit, Spontaneität *f*; eigene(r) Antrieb *m*; Freiwilligkeit; impulsive, unüberlegte Handlung(sweise) *f*; **~eous** [spon'teinjəs] unmittelbar; spontan; impulsiv, unüberlegt, ohne Vorbedacht, (ganz) zwanglos, dem inneren Triebe folgend; *bot* wild(wachsend); **~~ ignition** Selbstentzündung *f*; **~~ generation** Urzeugung *f*.

spoof [spu:f] *sl s* Schwindel, Ulk, Fez *m*; *tr* beschwindeln, Ulk machen; *tr* beschwindeln, verulken; *a* falsch.

spook [spu:k] *hum* Gespenst *n*, Geist, Spuk *m*; **~ish** ['-iʃ], **~y** ['-i] *a fam* spuk-, geister-, gespensterhaft.

spool [spu:l] *s* Spule; Rolle *f*; *tr* (auf)spulen, aufwickeln.

spoon [spu:n] *s* Löffel; *sl* Einfaltspinsel, Simpel; närrisch(er) Verliebte(r) *m*; *tr* (aus)löffeln; *itr sl* närrisch verliebt sein; *sl* abknutschen; Sport mit Löffelköder angeln; *to be born with a silver-~ in o.'s mouth* ein Glückskind, -pilz sein; *dessert-, egg-, salt-, soup od table-, tea-~* Dessert-, Eier-, Salz-, Suppen- *od* Eß-, Teelöffel *m*; **~bait** Löffelköder, Blinker *m*; **~~bill** Löffelreiher *m*; **~~dredge, ~scraper** Löffelbagger, -schaber *m*; **~~drift**=*spindrift (s.d.)*; **~(e)y** ['-i] *sl a* läppisch, dämlich; bis über die Ohren, närrisch verliebt *(on, upon* in); *s* närrische(r) Kauz *m*; **~~fed** *a* aufgepäppelt, verweichlicht; *com* subventioniert; **~ful** ['-ful] Löffelvoll *m*.

spoor [spuə] Spur, Fährte *f*.

sporadic(al) [spə'rædik(əl)] sporadisch; *med* vereinzelt auftretend.

sporangium [spə'rændʒəm, spou-] *pl -gia* [-dʒə] *bot* Sporenkapsel *f*.

spore [spɔ:] *bot* Spore *f*; *biol* Keim *m a. fig*; **~ case** Sporenkapsel *f*.

sport [spɔ:t] *s* Sport *m*; Spiel *n*; Unterhaltung, Belustigung *f*; Zeitvertreib *m*, Vergnügen *n*, Spaß *m*; Zielscheibe *f* des Spottes, *fig* Spielball *m*; Spielzeug *n*; *zoo od* bot Spielart *f*; *fam* prima Kerl *m*; *pl* Sport(wett)kämpfe *m pl*; *itr* Sport treiben; spielen; sich unterhalten, sich belustigen; *biol* variieren, mutieren; *tr fam* zur Schau tragen, angeben, protzen mit; *a Am (bes. Kleidung)* Sport-; *in, for ~* zum Spaß; *to be a good (bad) ~* (keinen) Spaß verstehen; *to make ~ of* sich lustig machen über; *to go in for ~s* Sport treiben; *to ~ o.'s oak (Br Universität)* die Türe abschließen; *be a (good) ~* sei ein netter Kerl! *athletic ~s (pl)* Leichtathletik *f*; *field ~s (pl)* Jagd *f*, Fischfang *m*, Pferderennen *n*; *poor ~* Spielverderber *m*; **~ing** *a* Sport-; sportlich; unternehmungslustig; **~~ chance (fam)** aussichtsreiche Chance *f*; **~~ goods** *(Am)* Sportartikel *m pl*; **~ive** ['-iv] lustig; spaßhaft; verspielt; **~s airplane** Sportflugzeug *n*; **~s car** Rennwagen *m*; **~scast** *Am radio video s* Sportübertragung; *itr* e-e Sportveranstaltung übertragen; **~~scaster** *Am radio video* Sportberichter(statter) *m*; **~s coat, jacket** Sportsakko *m*; **~s field** Sportplatz *m*; **~sman** ['-smən] Sportler; Jäger; Angler; gute(r) Verlierer *m*; **~smanlike** ['-mənlaik], **~smanly** ['-mənli] sportlich; **~smanship** ['-smənʃip] Sportlichkeit *f*, sportliche Haltung *f*; **~s suit** Sportanzug *m*, -kostüm *n*; **~s wear** Sportkleidung *f*; **~swoman** Sportlerin *f*; **~y** ['-i] sportlich; sportsmännisch; Sport-; *(Kleidung)* auffällig, elegant.

spot [spɔt] *s* Ort *m*, Örtlichkeit, Gegend; Stelle *f*; Fleck(en), Klecks *m*; *med* (Mutter-)Mal *n*, Pustel *f*; *fig* Schandfleck, Makel, (Charakter-)Fehler; *fam* Bissen *m*, Häppchen *n*, Schuß; *Am sl* Job *m*, Stelle *f*, Arbeitsplatz *m*; *Am sl* Vergnügungs-, Gaststätte *f*; *Am sl radio video* Platz *m* im Programm; *Am (Spiel)* Auge *n*; *pl* = *~ goods*; *tr* aufstellen; *fam* ausfindig machen; besudeln, besprenkeln, tüpfeln; *fig* beflecken; tadeln; die Flecken entfernen aus, (chemisch) reinigen; vormerken, -sehen; *fam (Punkte im Spiel)* vorgeben *od* abziehen; *fam* herausfinden, draufkommen auf, entdecken; *itr* fleckig werden; *in a ~ (sl)* in der Patsche; *on the ~* auf der Stelle; vom Fleck weg; *Am sl* in e-r üblen Lage, in Gefahr; *to be on the ~* zur Stelle sein; *fig fam* auf Draht sein; *Am* in der Klemme sitzen; *to be a hard ~ (fin)* eingefroren sein; *to hit the ~ (fam) (gerade)* das Richtige treffen; *to hit the high ~s (fam)* das Wichtigste herauspicken; *to put on the ~ (fam)* in Verlegenheit bringen; *sl* erledigen, auf die Seite schaffen, umbringen; *that's a sore ~ with him* das ist s-e wunde Stelle; *black ~* blaue(r) Fleck m; *the people on the ~* die Eingesessenen pl; *rooted to the ~* wie angewurzelt; *~ of ink* Tintenfleck m; **~announcement** Werbedurchsage f; **~ business, deal** Bargeschäft n; **~ cash** (sofortige) Barzahlung f; **~check** Am Stichprobe f; **~ delivery** Kassalieferung f; **~ elevation, height** (Karte) Höhenangabe f; **~ film** Werbekurzfilm m; **~ goods** pl sofort lieferbare Waren f pl; **~ landing** Ziellandung f; **~less** ['-lis] fleckenlos, fig makellos; **~light** s Suchscheinwerfer(licht n) m; tr besonders herausstellen, in den Vordergrund spielen; *in the ~~* im Rampen-, Scheinwerferlicht der Öffentlichkeit; **~market price** Platzkurs m; **~news** Am Lokalnachrichten f pl; **~~ reporter** Lokalberichterstatter m; **~~on** a fam einwandfrei; **~~remover** Fleckenentferner m; **~ted** ['-id] a gesprenkelt, gefleckt, getüpfelt; fig befleckt; **~ fever** Fleckfieber n; **~ter** ['-ə] mil Aufklärer, (Artillerie-)Beobachter; Am (geheimer) Aufpasser, -seher m; **~ty** ['-i] gesprenkelt, gefleckt; ungleichmäßig, uneinheitlich; **~~weld** tr tech punktschweißen.

spous|al ['spauzl] a Hochzeits-, Ehe-; ehelich; **~e** [spauz] s Gatte m, Gattin f.

spout [spaut] s (Ausguß-)Röhre f, Röhrchen n; Tülle, Schnauze f; (Regen-)Guß, (Wasser-)Strahl m; Dachrinne, Traufe f, Ablaufrohr n; Wasserspeier m; fam Leihhaus n; tr (aus)gießen, -spritzen; fig zum besten, von sich geben; fam versetzen, verpfänden; itr herausschießen, -spritzen, -sprudeln; prusten; (Gefäß) spritzen; fig große Reden schwingen; *down the ~* (fam) futsch; *up the ~* (fam) versetzt, verpfändet; fig in Schwierigkeit; **~er** ['-ə] Ölquelle f; Wal(fisch)fänger; fam pathetische(r) Redner, Deklamator m.

sprag [spræg] min Spreizstempel, Keil, Bremsklotz m.

sprain [sprein] tr verrenken, verstauchen; s Verrenkung, Verstauchung f; *he ~ed his ankle* er hat sich den Fuß verstaucht.

sprat [spræt] zoo Sprotte f; *a ~ to catch a herring* ein kleines Zugeständnis, um ein größeres zu erlangen.

sprawl [sprɔ:l] itr sich recken, sich strecken; sich räkeln; krabbeln, kriechen; sich ausdehnen, sich erstrecken (across über); bot wuchern; tr (to ~ out) ausstrecken, -dehnen; s Räkeln n; wirre(r) Komplex m.

spray [sprei] **1.** s Sprüh-, Staubregen; Schaum, (feiner) Gischt, Sprühnebel m; zerstäubte Flüssigkeit f; (~er) Zerstäuber, Spray m; (~ gun) Spritzpistole f; tr zerstäuben, spritzen; besprühen; tech spritzlackieren; itr sprühen; spritzen; **~ nozzle** Spritzdüse f; **2.** (Blüten-, Frucht-)Zweig m; Vignette f.

spread [spred] irr spread, spread tr entfalten, ausbreiten, -spannen; spreizen; auslegen, zur Schau stellen; ausstrecken, dehnen; ausea.ziehen; aus-, ver-, zerstreuen; (Brot) bestreichen; streichen, schmieren (on auf); (zeitlich) ausdehnen, verteilen (on auf); *over several years* über mehrere Jahre); (Nachricht, Krankheit) verbreiten; bedecken, überziehen (with mit); (den Tisch) decken; (Speise) auftragen; zur Seite rücken; flach klopfen, breit schlagen; *to ~ out* ausbreiten; itr sich ausdehnen, -breiten; (Feuer) um sich greifen; sich aus-, verbreiten, bekannt werden; (auf)streichen, schmieren lassen; *to ~ o.s.* sich aufspielen; sich mächtig anstrengen; s (Aus-)Dehnung, Aus-, Verbreitung; Spreizung f; Umfang m, Spanne; Am Preisspanne, Marge f; (bed-~) Bettuch, -laken; Tischtuch n; Am (Brot-)Aufstrich m; fam Gelage n; Am sl (lobender) Zeitungsartikel m; doppelseitige Anzeige f; Am typ Doppelseite f; doppelseitige(r) Druck m; aero Spannweite f; *to spread the cloth, table* den Tisch decken; *to ~ it thick* (sl) auf großem Fuße leben; *to ~ o.s. thin* (fig) sich teilen mögen; sich klein machen; **middle-age ~** (fam) Altersspeck m; **~ eagle** Adler m mit ausgebreiteten Flügeln; Am Angeber m; **~~eagle** tr flach ausstrecken; itr die Arme ausbreiten; a Am fam bombastisch, chauvinistisch, prahlerisch; **~er** ['-ə] Zer-, Verteiler m; Streichmesser n; **~ing** ['-iŋ] a ausgedehnt, -gebreitet, ausladend, weit; s Streuung, Ausbreitung f.

spree [spri:] lustige(r) Abend m, ausgelassene Feier, Zecherei f, Zechgelage n; fig Welle f; *to go on the ~* e-n Lokalbummel machen.

sprig [sprig] s Zweig(lein n) m; Vignette f; (Metall-)Stift m; (dreieckiges Metall-)Plättchen n; hum Sprößling (Sohn, Schüler); fam grüne(r) Junge m; tr mit e-r Vignette verzieren; mit Stiften befestigen.

sprightliness 956 **spur**

sprightl|iness ['spraitlinis] Munterkeit, Lebendigkeit, Lebhaftigkeit *f*; **~y** ['-li] *a adv* munter, lebendig, lebhaft.

spring [spriŋ] *irr sprang, sprung itr* springen; (auf)schnellen, aufspringen *(from von); fig (to ~ up)* entspringen, entstehen, s-n Anfang nehmen *(from aus);* (her)stammen, herrühren *(from von);* sich erheben, auf-, emporragen; *tech* sich werfen, rissig werden, springen, platzen; explodieren, losgehen; sich werfen *(at auf);* eilen *(to arms zu den Waffen); Am sl* plötzlich auftauchen *(with mit); tr* aufscheuchen; springen über; ein-, zuschnappen lassen; *(Falle)* stellen; sprengen; zur Explosion bringen; (ab)federn; zum Vorschein kommen lassen; bekanntmachen; plötzlich herausplatzen mit; *(Geld)* springen lassen; *sl* aus der Haft freikriegen; *s* Sprung, Satz *m*; Hochschnellen *n*; Schnell-, Spannkraft; (Sprung-)Feder, Federung; Elastizität; Quelle *f; fig* Ursprung, Anfang, Grund *m*, Veranlassung *f*, Motiv *n*, Triebfeder *f*; Frühling *m*, Frühjahr *n*; *poet u. fig* Lenz *m; mar* Spring *m; to ~ up* aufspringen, hochfahren; *(Gebäude)* aus der Erde schießen *(like mushrooms* wie Pilze); *(Wind)* aufkommen; *in (the) ~* im Frühjahr; *in the ~ of life* im Lenz des Lebens; *to take a ~* e-n Satz machen; *to ~ into existence* plötzlich dasein, auf-, ins Leben treten; *to ~ to o.'s feet* aufspringen; *to ~ to it (fam)* rasch handeln; *to ~ a leak* ein Leck bekommen, leck werden; *to ~ to s.o.'s lips* jdm über die Lippen kommen; *to ~ a surprise on s.o.* jdn überraschen; *to ~ s.th. on s.o.* jdn mit etw überraschen; *impulse ~* Antriebsfeder *f*; *spiral, watch ~* Spiral-, Uhrfeder *f*; **~-balance** Federwaage *f*; **~-bed, -mattress** Sprungfedermatratze *f*; **~ blade, leaf** Blattfeder *f*, Federblatt *n*; **~-board** *sport* Sprungbrett *n. a. fig*; **-bok** ['-bɔk] *zoo* Springbock *m*; **~-bolt** Federriegel, -bolzen *m*; **~ catch** Schnapperschluß *m*; **~-cleaning** Frühjahrsreinigung *f*, -(haus)putz *m*; **~er** ['-ə] Springer; *arch* Kämpfer *m*; *zoo* Springbock *m*; **~ fever, debility** Frühjahrsmüdigkeit *f*; **~head** Quelle *f*; **~ hook** Karabinerhaken *m*; **~iness** ['-inis] Elastizität, Sprungkraft *f*; **~ing** ['-iŋ] Federung *f*; **~ lock** Schnappschloß *n*; **~ shopping** Frühjahrseinkäufe *m pl*; **-tide** *(Ebbe u. Flut)* Springtide *f*; = **-time** Frühlingszeit *f*, -jahr *n*;

--water Quellwasser *n*; **~y** ['-i] elastisch; federnd.

springe [sprin(d)ʒ] *s* Schlinge *f (zum Tierfang); tr* in e-r Schlinge fangen.

sprinkl|e ['spriŋkl] *tr* (ver)spritzen *(on auf);* besprengen, bespritzen; sprenkeln, bestreuen, übersäen *(with mit);* streuen *(on auf);* bestreuen *(s.th. with s.th.* etw mit etw); *itr* spritzen; sprühen; nieseln; *s* (Be-)Spritzen, (Be-)Sprengen *n*; Sprüh-, Nieselregen *m*; ein bißchen *(of);* **~er** ['-ə] Gießkanne *f*; Rasensprenger; *(street-~~)* Sprengwagen *m*; Feuerlöschgerät *n*; Weih-(wasser)wedel *m*; **~~ system** Rasensprenger-, Feuerlöschanlage *f*; **~ing** ['-iŋ] Spritzen, Sprengen *n; fig* Anstrich, Anhauch, Anflug *m; a ~ of* ein bißchen; **~~ can** *(Am)* Gießkanne *f*; **~~ cart** *(Am)* Sprengwagen *m*; **~~ nozzle** Brause; Sprinklerdüse *f*.

sprint [sprint] *itr* sprinten; (End-)Spurt *a. fig; s* Kurzstreckenlauf *m*; **~er** ['-ə] Sprinter, Kurzstreckenläufer; *(Rad)* Flieger *m*.

sprit [sprit] *mar* (Bug-)Spriet *n*.

sprite [sprait] Kobold, Elf *e f) m*, Fee *f*.

sprocket ['sprɔkit] *tech* (Kettenrad-)Zahn; **~ chain** Gelenk-, Laschenkette *f*; **~ wheel** Kettenrad *n*; *film* Führungsrolle *f*.

sprout [spraut] *itr* sprießen; aufschießen, keimen; schnell wachsen, sich schnell entwickeln; *tr* sprießen, keimen lassen; *s bot* u. *fig (junger)* Trieb, Sproß; Keim; *pl (Brussels ~s)* Rosenkohl *m*.

spruce [spru:s] **1.** *a* nett, blank, sauber; *v (to ~ up) tr* herausputzen; *itr* blank, sauber werden; sich herausputzen; **-ness** ['-nis] Sauberkeit; Eleganz *f*; **2.** Fichte, Rottanne *f*.

spry [sprai] lebhaft, quicklebendig, munter; flink, fix; gepflegt, elegant.

spud [spʌd] *s* Jäthacke; Gabel *f (zum Kartoffelroden);* Klumpen, Kloß *m*; *fam* Kartoffel *f*; *sl* Kumpel *m*.

spue *s*. spew.

spum|e [spju:m] *s* Schaum, Gischt *m*; *itr* schäumen; **~ous** ['spju:məs], **~y** ['-i] schaumig, schäumend, schaumbedeckt.

spun [spʌn] *pp* von spin *(s.d.);* **~ casting** Schleuderguß *m*; **~ glass** Glaswolle *f*.

spunk [spʌŋk] Zunder *m*; Funke(n) *m*, Flämmchen *n*; *fam* Mumm *f*; *fam* hitzige(s) Temperament *n*; **~y** ['-i] *fam* couragiert, nicht bange; munter, lebhaft, hitzig.

spur [spə:] *s* Sporn *a. zoo bot; fig* Ansporn, Antrieb, Anreiz, *scient* Stimulus

spur gear   957   **square**

m; Steigeisen *n*; *tech* Sporn, Dorn *m*; scharfe Spitze *f*, Vorsprung; *(Gebirge)* Ausläufer *m*; *(Säule)* Eckblatt *n*; *arch* Strebe(pfeiler *m*) *f*; Stützbalken *m*, Knagge *f*; *mil hist* Außenwerk *n*; *(~ track)* rail Stichbahn *f*; *tr* spornen, die Sporen geben *(a horse* e-m Pferde); *fig* anspornen, -treiben, -reizen, stimulieren; mit Sporen versehen; *itr* die Sporen geben *(on* dat); galoppieren; *fig* drängen, (sich be)eilen; *on the ~ of the moment* in der Eingebung des Augenblicks, ohne Überlegung, vorschnell; *to win o.'s ~s* sich die Sporen verdienen; **~ gear** Stirn-, Zahnrad; *(~~ing)* Zahnradgetriebe *n*; **~ post** Prellstein *m*; **~red** [-d] *a* gespornt; **~ track** Neben-, Anschlußgleis *n*; **~ wheel** Zahnrad *n*.

spurge [spə:dʒ] *bot* Wolfsmilch *f*.

spurious ['spjuəriəs] falsch, unecht, nachgemacht; unehelich, illegitim; *(Gefühl)* geheuchelt; *zoo bot* Schein-; *tech* störend, unerwünscht; **~ness** ['-nis] Unechtheit; Illegitimität *f*.

spurn [spə:n] *tr* (verächtlich) mit dem Fuße wegstoßen; e-n Fußtritt versetzen; *fig* verschmähen, (verächtlich) abweisen.

spurr(e)y [spari] *bot* Spergel *m*.

spurt, spirt [spə:t] *tr* ausstoßen, -spritzen, herausprudeln; *to ~ out* herausspritzen; *itr* heraus-, entströmen, hervorprudeln; *fig* sich plötzlich e-n Schwung geben, e-e plötzliche Anstrengung machen, sich zs.reißen; *sport* spurten; *com* plötzlich steigen; *s* plötzliche(s) Ausströmen *n*; starke(r) Strahl *m*; *fig* plötzliche Anstrengung *f*, Ruck; *sport* Spurt *m*; *com* plötzliche(s) Ansteigen *n*; *final ~* Endspurt *m*.

sputter ['spʌtə] *s. splutter*.

sputum ['spju:təm] Speichel *m*; Sputum *n*, Auswurf *m*.

spy [spai] *tr (to ~ out)* genau, sorgfältig beobachten; erspähen; *(to ~ out)* ausspionieren, -kundschaften; *itr* (her-um)spionieren; ein wachsames Auge haben *(upon s.o.* auf jdn); (genau) unter die Lupe nehmen *(into s. th.* etw; *upon s.o.* jdn); *s* Späher; Spion *m*; *(~ing)* Spionage *f*; **~-glass** (kleines) Fernrohr *n*; **~-hole** Guckloch *n*, Spion *m*; **~-mirror** Fensterspiegel *m*; **~ ring** Spionageorganisation *f*; **~ trial** Spionageprozeß *m*.

squab [skwɔb] *s* ungefiederte Taube *f*; *fig* kleine(r) Fettkloß *m (Mensch)*; (Sitz-)Kissen; Sofa *n*, Couch *f*; *a (Vogel)* noch nicht flügge, ungefiedert;

(~by) klein u. dick, plump, pumm(e)lig.

squabb|le ['skwɔbl] *itr* sich (herum-) zanken, sich streiten; *tr try (Satz)* durchea.bringen, verrücken; *s* Zank, Streit *m*; **~er** ['-ə] Streithammel *m*.

squad [skwɔd] *mil Am* Gruppe, *(~ in barracks)* Korporalschaft *f*; (Arbeits-) Trupp *m*, Rotte *f*; *sport* Mannschaft *f*, Team *n*, (Turn-)Riege *f*; *firing ~* Exekutionskommando *n*; **~ car** *Am* (Polizei-)Streifenwagen *m*; **~ column** Schützenreihe *f*; **~ leader** *mil Am* Gruppenführer *m*; **~ron** ['-rən] *(Kavallerie)* obs Schwadron *f*; *mar* Geschwader; *(Panzer)* Bataillon *n*; *aero* Staffel; *allg* Einheit *f*; **~~ commander** *(Am aero)* Staffelkapitän *m*; **~~ leader** *(Br aero)* Major *m* der Luftwaffe; **~~ wedge** *(aero)* Staffelkeil *m*.

squal|id ['skwɔlid] schmutzig, schmierig; *fig* dürftig, elend, ärmlich; **~idness** ['skwɔlidnis], **~or** ['skwɔlə] Schmutz *m*; Elend *n*.

squall [skwɔ:l] **1.** *s* Bö *f*, (Regen-) Schauer; *fam* Wirbel, Krach, Streit *m*; **~y** ['-i] böig; stürmisch; *fig* drohend; **2.** *itr* laut schreien, grölen, aufkreischen; *tr* laut rufen; *s* Schrei *m*; Geschrei *n*; **~er** ['-ə] Schreihals *m*.

squam|a ['skweimə] *pl* **~ae** ['-i:] *zoo* Schuppe *f*; **~ous** ['-əs] schuppig.

squander ['skwɔndə] *tr* verschwenden, vergeuden; *(Geld) fam* durchbringen; *itr* ein Verschwender sein; *s (~ing)* Verschwendung, Vergeudung *f*; **~er** ['-rə] Verschwender *m*; **~ing** ['-riŋ] verschwenderisch; **~mania** ['-'meinjə] *fam* Verschwendungssucht *f*.

square [skwɛə] *s math (a. Algebra)* Quadrat *n*; Quadratzahl *f*; *allg* Viereck, Rechteck *n*; 100 Quadratfuß (= 9,29 m²); (viereckiger) Platz *m*; öffentliche Anlage *f*; Häuserblock *m*; *Am* Häuserreihe *f*; *mil* Karree *m*, Parade-, Exerzierplatz *m*; Glasscheibe *f*; Anschlagwinkel *m*, Winkelmaß *n*, -haken *m*; *(Schachbrett)* Feld; *arch* Sparrenfeld *n*; *sl* gerade(r), ehrliche(r) Kerl; *sl* Hinterwäldler *m*; *a* quadratisch; viereckig; rechtwinklig; senkrecht *(to* zu, auf); quaderförmig, Quader-; (Klammer) eckig; gerade, eben, genau eingerichtet *od* passend; *com* ausgeglichen, quitt; *fig* gerade, redlich, ehrlich, gerecht, anständig, fair; klar, direkt, offen, unzweideutig, glatt; *(Algebra)* quadratisch, Quadrat-; *fam* ordentlich, solide, gut, reichlich; *fam* gerade, derb, vierschrötig; *Am sl* bieder, geistig nicht auf der Höhe; *adv* gerade, rechtwink(e)lig, viereckig; genau, direkt; fest, solide; offen, ehrlich; gerade (-heraus); *tr* quadratisch, viereckig, rechtwink(e)lig, -eckig machen; vierkantig zuschneiden *od* behauen; ausrichten, begradigen; *(to ~ off)* karieren, in Quadrate einteilen; *(Algebra)* quadrieren; einrichten, in Ordnung bringen, regeln; *com (to ~ up)* begleichen, aus-, bezahlen, saldieren; *s.o.* jds Verhältnisse regeln; anpassen *(with an)*, in Übereinstimmung bringen *(with mit)*; *sl* überreden, bestechen; *itr* aufea. passen, sich decken; passen, übereinstimmen *(with* mit); sich aufstellen, sich formieren; e-n rechten Winkel bilden; *to ~ o.s. (fam)* den (angerichteten) Schaden wiedergutmachen; *with s.o.* mit jdm wieder ins reine kommen; *to ~ off, up* Kampfstellung einnehmen *(to* gegen); *fig fam* nüchtern betrachten; *on the ~* im rechten Winkel; *fam* gerade, ehrlich, zuverlässig, echt *a u. adv*; *out of ~* schief; *fam* nicht passend, nicht übereinstimmend; ungenau; *to be a ~ peg in a round hole* falsch am Platz sein; wie die Faust aufs Auge passen; *to meet with a ~ refusal* e-e glatte Ablehnung erfahren; *to ~ accounts with (fig)* abrechnen mit; *to ~ the circle* die Quadratur des Zirkels finden; *fig* etwas Unmögliches tun (wollen); *to ~ o.'s conscience* sein Gewissen beruhigen; *he hasn't eaten a ~ meal in days* er hat seit Tagen nichts Anständiges gegessen; **~ brackets** *pl* eckige Klammern *f pl*; **~-built** *a* breit(gebaut), vierschrötig; **~ dance** Volkstanz *m*; **~-file** Vierkantfeile *f*; **~ foot** Quadratfuß *m*; **~head** *Am sl pej* Quadratschädel *m*; **~ inch** Quadratzoll *m*; **~ knot** Weberknoten *m*; **~ meal** anständige Mahlzeit *f*; **~ measure** Flächenmaß *n*; **~ mile** Quadratmeile *f*; **~ness** ['-nis] viereckige Gestalt; *fig* Geradheit, Anständigkeit, Ehrlichkeit *f*; **~ number** Quadratzahl *f*; **~-rigged** *mar* mit den Rahsegeln getakelt; **~ root** *math* Quadratwurzel *f*; **~ sail** *mar* Rahsegel *n*; **~ shooter** *Am fam* ordentliche(r) Kerl *m*; **~ stone** Quader *m*; **~-toed** *a (Schuh)* breit; *fig* altmodisch; engstirnig; pedantisch; **~ steel** Vierkantstahl *m*.

squash [skwɔʃ] **1.** *tr* zerdrücken, zermalmen; aus-, zerquetschen; zu Brei schlagen; *(Finger)* quetschen; *fig* unterdrücken, ersticken, zum Schweigen bringen; *fam* über den Mund fahren *(s.o.* jdm), über den Löffel barbieren; *itr* zerquetscht werden; (auf-) klatschen, platschen; sich zs.quetschen; *s* weiche, breiige Masse *f*; Fruchtsaft *m*; Zerquetschen; dumpfe(s) Geräusch, Platschen *n*; *fam* dichte Menge *f*; *sport* Art Ballspiel *n*; *lemon* ~ Zitronenwasser *n*, Zitrone *f* naturell; **~iness** ['-inis] Saftigkeit *f*; **~y** ['-i] weich, saftig, matschig; zerknautscht, zerdrückt; **2.** *s (bes.* Turban-)Kürbis *m*.

squat [skwɔt] *itr* hocken; *zoo* (am Boden) kauern, sich ducken; *fam* sitzen, hocken; *Am* sich ohne Rechtstitel ansiedeln; *to ~ o.s.* niederhocken; sich niederkauern; *a (~ty)* hockend; kauernd; *fam* untersetzt, stämmig; *s* Hockstellung, *sport* Hocke *f*; **~ter** ['-ə] Siedler *m* ohne Rechtstitel; *(Australien)* Schafzüchter *m*.

squaw [skwɔ:] Indianerfrau *f*.

squawk [skwɔ:k] *itr* (heiser) schreien, *fam* (herum)zetern, laut meckern; *tr* schreien, ausstoßen; *s* heisere(r) Schrei *m*; *fam* Gezeter, Gemecker *n*.

squeak [skwi:k] *itr* quieken; quietschen, knarren; *sl* nicht dichthalten, angeben; *tr (to ~ out)* quiekend sagen; *sl* verpfeifen, verraten; *s* Gequiek(e); Quietschen, Kreischen; Gequietsch, Geknarre; *(Maus)* Piepsen; *(Kaninchen)* Pfeifen *n*; *to have a narrow ~* mit knapper Not davonkommen; **~er** ['-ə] Schreihals; *sl* Denunziant; junge(r) Vogel *m, bes.* Taube *f*; **~y** ['-i] quietschend, knarrend; kreischend.

squeal [skwi:l] *itr* schreien, quieken; quietschen *(with joy* vor Freude); *fam* meckern, protestieren; *sl* petzen, das Geheimnis verraten; *s* Geschrei, Gequiek(e) *n*; *Am sl* Schinken *m*, Schweinefleisch *n*; **~er** ['-ə] Verräter *m*.

squeamish ['skwi:miʃ] *a (Magen)* empfindlich; *fig* überempfindlich, feinfühlig; heikel; schnell beleidigt, zimperlich; *to be ~* nicht alles vertragen können; *fig* alles gleich übelnehmen.

squeegee ['skwi:dʒi:] *s* Scheibenwischer; *typ phot* Rakel, Abstreicher *m*; *tr* abstreichen.

squeez|able ['skwi:zəbl] zs.-, ausdrückbar; *fig* zu erpressen(d); **~e** ['skwi:z] *tr* fest drücken, pressen, quetschen; *(to ~~ out)* ausdrücken, -pressen, -quetschen; pressen; hineinzwängen, hineinquetschen *(into* in); fest an sich drücken; *(Bild)* abklatschen, *fig fam (Menschen)* ausquetschen, -pressen; erpressen *(from* von); *to ~~ in (tr)* dazwischenquetschen; *itr* (sich) hineinquetschen;

itr e-n Druck ausüben; (dem Druck) nachgeben; *to ~~ o.s. through* sich hindurchzwängen; *s (tight ~~)* (fester) Druck *m*, Quetschung *f*; (fester) Händedruck *m*, innige Umarmung *f*; Gedränge *n*; Abklatsch, -druck *m*; *tech* Presse; *fig* (Geld-)Verlegenheit, Klemme; *fam* Erpressung *f*; *to be in a tight ~~* in großer Verlegenheit sein, *fam* in der Klemme, Patsche sitzen; *to have a close, narrow, tight ~~* mit knapper Not davonkommen; *to put the ~~ on s.o. (fig)* jdm die Daumenschrauben anlegen; *~~ box (sl)* Schifferklavier *n*; **~er** ['-ə] Presse; Preßform-, Auspreßmaschine *f*; *metal* Preßwerk *n*; *fam* Erpresser *m*.

squelch [skweltʃ] *tr* zerdrücken, zermalmen; *fig* (völlig) unterdrücken; *fam* den Mund stopfen *(s.o.* jdm); *itr* platschen, quatschen; klucksen, durch Matsch waten; *s* Platschen, Glucksen *n*; Matsch *m*; *fam* schlagfertige Antwort *f*; **~er** ['-ə] *fig* schwere(r) Schlag *m*.

squib [skwib] Feuerwerkskörper, Schwärmer, Frosch *m*; *fig* bissige, witzige Bemerkung, Satire; *Am fam* Kleinanzeige *f*, witzige(r) Zwischentext *m*.

squid [skwid] Kalmar *(Tintenfisch)*; (tintenfischähnlicher) Köder *m*.

squiffy ['skwifi] *sl* besoffen, blau.

squill [skwil] *bot* Meerzwiebel *f*; Heuschreckenkrebs *m*.

squint [skwint] *itr* schielen *(at, on, upon* nach); mit den Augen zwinkern; e-e Vorliebe haben *(towards* für), ein Auge werfen *(at* auf); abweichen *(from* von); *tr (die Augen)* zukneifen, *(e-n Blick)* heimlich werfen *s* Schielen *n*; Seitenblick *m*; Neigung *f*, Hang *m* *(towards* zu); Vorliebe, Schwäche *f*; *a (~-eyed)* schielend; *to take a ~ at* e-n Blick werfen auf; **~~-eyed** *a fig* mißgünstig, boshaft.

squire ['skwaiə] *s hist* (Schild-)Knappe, (Land-)Junker, Gutsbesitzer; *Am* Friedensrichter, Gemeindevorsteher; Kavalier, Galan *m*; *tr* den Hof machen; **~archy** ['-rɑːki] Junkertum *n*.

squirm [skwəːm] *itr* sich winden, sich krümmen; *fig* in Bedrängnis, in Verlegenheit, in Verwirrung sein; Verlegenheit zeigen; *s* Windung, Krümmung; *mar* Kink *f*.

squirrel ['skwirəl, *Am* 'skwəːrəl] Eichhörnchen; Grauwerk *n*; *Am sl* Verrückte(r), Psychologe, Psychiater, *mot* rücksichtslose(r) Fahrer *m*; *~* **cage** *el* Käfiganker *m*.

squirt [skwəːt] *itr* spritzen; sprudeln; *tr* ausspritzen; bespritzen, naß machen; *to ~ out* heraussprudeln; *s* Spritze *f*; (Wasser-)Strahl, *fam* Spritzer; *fam* junge(r) Spritzer; *Am sl* Limonadeautomat *m*; *Am sl* Düsenflugzeug *n*; *~* **gun** Wasserpistole *f*.

squish [skwiʃ] *tr fam* zermantschen; *s fam* Brei *m*; *sl* Marmelade *f*.

squit [skwit] *sl fig* Null *f*; Schuft *m*; *vulg* Scheißdreck *m*.

stab [stæb] *tr (to ~ to death)* (er)stechen; *(Herz)* durchbohren; eindringen in; *(Mauer)* aufrauhen; *itr* stechen (a. vom *Schmerz)*; e-n Dolchstoß versetzen (*at s.o.* jdm); *s* (Messer-)Stich, (Dolch-)Stoß; Stich(wunde) *f*; *fig* Stich, plötzliche(r) Schmerz; *fig* schwere(r) Schlag; *fam* Versuch *m*; *to have a ~ at (sl)* versuchen zu; *to ~ in the back (fig)* in den Rücken fallen; **~ber** ['-ə] Messerstecher; Meuchelmörder *m*; Locheisen *n*; *mar* Pricker *m*; **~bing** ['-iŋ] stechend *a. Schmerz*.

stab|ility [stə'biliti], **~leness** ['steiblnis] (Stand-)Festigkeit, Stabilität, Widerstandsfähigkeit; *fig* Charakterfestigkeit, Standhaftigkeit; Beständigkeit, Dauerhaftigkeit; *(Lage)* Beruhigung *f*; **~ilization** [steibilai'zeiʃən] (Be-)Festigung; Stabilisierung *f*; **~ilize** ['steibilaiz] *tr* (be)festigen; *tech* stabilisieren *(a. Preise)*; **~~d warfare** Stellungskrieg *m*; **~ilizer** ['steibilaizə] Stabilisator *m*; *aero* Höhenflosse *f*; Rostschutzmittel *n*; **~le** ['steibl] **1.** *a* fest, stabil; *fig* (innerlich) gefestigt, (charakter)fest, standhaft; beständig, dauerhaft; *(Stellung)* fest; *(Waren)* haltbar; *(Regierung)* stabil.

stable ['steibl] **2.** *s* Stall; *Am sl* Saustall *m*; *tr* einstallen; **~~companion** Stallgefährte *m fam. a. fig*.

stack [stæk] *s agr* Dieme *f*, Feim(en) *m*, Miete *f*, Schober; Stapel, Stoß, Haufen *m*; Raummaß *von* 108 *Kubikfuß* (= 305,814 *m³*); Gewehrpyramide *f*; *(smoke-~)* Schornstein *m*; *Am* (Bücher-)Regal, *n*; *pl* (Buch-)Magazin *n*; *pl fam* große Menge od Zahl *f*, Haufen *m*; *Am sl* Antenne *f*; *tr* (auf)stapeln, -schichten; auf-, anhäufen; aufspeichern; *(die Gewehre)* zs.setzen; *to ~ the cards* die (Spiel-)Karten betrügerisch mischen; *the cards are, the deck is ~ed (Am fig)* das ist e-e abgekartete Sache; *~-well-~ed (Am sl) a* gut aussehend, gut gebaut; **~er** ['-ə] *Am* Stroh-, Heustapler *m (Maschine)*.

stadium ['steidjəm] *pl a. -ia* ['-ə] *sport med* Stadium *n*; Kampfbahn *f*.

staff [stɑ:f] **1.** s Stab, Stock m, Stange f, Schaft m; fig Stütze f; mus (pl staves [steivz] Notensystem n; fig (Führungs-, Mitarbeiter-, Beamten-) Stab m, Belegschaft f, (Betriebs-)Personal n; (teaching ~) (Lehr-)Körper m; a Stabs-; tr mit e-m Stab, mit Personal versehen; Personal einstellen für; to be on the ~ zum Personal gehören; clerical ~ Büropersonal n; editorial ~ Schriftleitung f; hotel ~ Hotelpersonal n; the General S~ (mil) der Generalstab; nursing ~ Pflegepersonal n; sales ~ Verkaufspersonal n; shop ~ Betriebspersonal n; the ~ of life das tägliche Brot; ~ **college** Kriegsakademie f; ~ **executive** Leiter m der Personalabteilung; ~ **expenses** pl Personalkosten pl; ~ **magazine** Werkzeitschrift f; ~ **locator** Rufanlage f; ~ **officer** mil Stabsoffizier; com Betriebsberater m.

stag [stæg] s (Rot-)Hirsch; Bock, Bulle m; kastrierte(s) männliche(s) Tier n; Herr m ohne Damenbegleitung; Am Herrengesellschaft f; Aktien-, Börsenspekulant m; a ohne Dame; Herren-; tr s-e beschatten, heimlich überwachen, nachspionieren (s.o. jdm); (fam) to go ~ ohne Damenbegleitung sein; itr com in Aktien spekulieren; **~beetle** Hirschkäfer m; **~dinner** Herrenessen n; **~party** fam Herrengesellschaft, -partie f, -abend m.

stage [steidʒ] s Gerüst, Gestell n; Plattform; theat Bühne f; Theater (-laufbahn f) n; fig Schauplatz m; Tätigkeitsfeld n, Wirkungsbereich; Rastplatz m; Phase, Etappe; Teilstrecke, Haltestelle f, Abschnitt m; Stadium n, (Entwicklungs-)Stufe, Periode f; (Mikroskop) Objektträger m; (Rakete) Stufe; Am Postkutsche f; Autobus m; tr auf die Bühne bringen, inszenieren; veranstalten; auf die Beine bringen, durchführen; itr aufführbar sein, sich aufführen lassen; Am mit der Postkutsche fahren; at this ~ in diesem Stadium; by, in ~s in Etappen, nicht auf einmal; by easy ~s mit vielen Unterbrechungen; off ~ hinter den Kulissen; to be on the ~ auf der Bühne stehen, Schauspieler sein; to go on the ~, to take the ~ zur Bühne gehen; to have a clear ~ freies Feld haben; experimental ~ Versuchsstadium n; final ~s (pl) Endstadien n pl; ~s of appeal Instanzenweg m; ~ **adaptation** Bühnenbearbeitung f; **~box** Proszeniumsloge f; **~coach** Postkutsche f; **~coachman** Postillion m; ~ **direction** Bühnenanweisung f; **~door** Bühnenzugang; Künstlereingang m; **~effect** Bühnenwirkung f; **~fever** Theaterbegeisterung f; **~fright** Lampenfieber n; **~hand** Bühnenarbeiter, pej Kulissenschieber m; **~lighting** Bühnenbeleuchtung f; **~manager** Regisseur, Spielleiter m; **~name** Künstlername m; **~play** Bühnenstück n; **~properties** pl Bühnenrequisiten pl; **~r** ['-ə]: to be an old ~~ schon lange s-n Dienst tun; ein alter Praktikus sein; **~right** Aufführungs-, Bühnenrechte n pl; **~setter** Bühnentechniker m; **~struck** a theaterbegeistert; **~version** Bühnenbearbeitung f; ~ **whisper** Bühnen-, Scheingeflüster n; **~y, stagy** ['-i] theatralisch; affektiert, hochtrabend.

stagger ['stægə] itr (sch)wanken, taumeln; fig schwanken, unsicher sein, zaudern, zögern; tr ins Wanken, aus dem Gleichgewicht bringen a. fig; fig verblüffen; tech versetzt, im Zickzack anordnen; staffeln, (über e-n Zeitraum, gleichmäßig(er)) verteilen; s Wanken, Schwanken, Taumeln n; Zickzackanordnung; Staffelung f a. aero; pl mit sing vet (blind ~s) Drehkrankheit f, Koller m; allg Schwindel(gefühl n) m; **~ed** ['-d] a gestaffelt; fam überrascht, verblüfft; **~er** ['-rə] Schwankende(r) m; **~ing** ['-riŋ] s Staffelung f; a (sch)wankend, torkelnd; (Schlag) heftig; fig phantastisch; erschütternd.

stagn|ancy ['stægnənsi] Stagnation f, Stillstand m; fig Trägheit, Untätigkeit; com Flaute, Stockung, Lustlosigkeit f; **~ant** ['-ənt] (Wasser) stehend, stagnierend a. fig; fig dumpf, träge, untätig; com flau, stockend, lustlos; **~ate** ['-eit] itr stagnieren a. fig; träge, flau werden od sein, stocken, darniederliegen; **~ation** [stæg'neiʃən] Stagnation, Stockung; com Flaute, Lustlosigkeit f.

staid [steid] a gesetzt, ruhig, gelassen, nüchtern; **~ness** ['-nis] Gesetztheit, Ruhe f.

stain [stein] tr fleckig machen, beschmutzen, beschmieren; beizen; färben; fig beflecken, besudeln, verderben, entehren; färben (a. mikroskopisches Präparat); (Glas) bemalen; itr abfärben; schmutzen; s (Farb-)Fleck; fig Schandfleck m, Schande; Farbe f, Farbstoff m; Beize f; to be ~ed fleckig sein; **~ed** [-d] a bunt; ~~ glass Kirchenfensterglas n; **~er** ['-ə] Färber; Farbstoff m; **~less** ['-lis] flecken-,

makellos *bes. fig;* biol farblos; *(Stahl)* rostfrei.
stair [stɛə] (Treppen-)Stufe; *pl* Treppe *f; below ~s* unten; *fig* beim Hauspersonal; *flight, pair of ~s* Treppenflucht *f;* **~carpet** Treppenläufer *m;* **~case** Treppe(nflucht) *f,* -naufgang *m;* -nhaus *n; back ~~* Hintertreppe *f; moving ~~* Rolltreppe *f;* **~head, -landing** (oberster) Treppenabsatz *m;* **~lighting** Treppenbeleuchtung *f;* **~~rail** Treppengeländer *n;* **~~rod** Läuferstange *f;* **~way** Treppe(nflucht) *f;* Aufgang *m;* **~~well** Treppenspindel *f.*
stake [steik] *s* Pfahl, Pfosten, Pflock; (Pfahl des) Scheiterhaufen(s); *a. pl (Spiel)* Einsatz; Gewinn *m;* Risiko, Wagnis *n; tech* (Wagen-)Runge *f; (Amboß)* Stöckel *m; pl* Preiswettrennen *n;* Anteil *m,* finanzielle Beteiligung *f (in* an); Wetteinsatz *m; Am com* Sonderreserven *f pl; tr* anpfählen; durch (e-n) Pfosten stützen; *(Pfahl)* zuspitzen; *(to ~ off, out) (Grenze)* abstecken *a. fig; fig* einaufs Spiel setzen, riskieren; *(Geld)* setzen *(on* auf); *Am fam* die nötigen Mittel geben *(s.o.* jdm); *to ~ in, up* einpfählen, -zäunen; *to ~ s.o. to s.th.* jdm für etw Geld geben; *to be at ~* auf dem Spiele stehen; *to be sent, condemned to the ~,* to *suffer at the ~* zum Feuertod verurteilt werden; den Feuertod erleiden; *to have a ~ in* interessiert sein an; *to pull up ~s (Am)* s-e Zelte abbrechen *fig; to sweep the ~s* den Gewinn einheimsen, den ganzen Gewinn einstreichen; *his life is at ~* es geht um sein Leben; *I'd ~ my life on it* ich bin todsicher; **~holder** Verwahrer *m* der Wetteinsätze; Eigentümer *m* e-r Parzelle; **~money** Einsatz *m;* **~~out** *Am sl* (Polizei-)Falle *f.*
stalac|mite [ˈstæləkmait] *geol* Stalagmit *m;* **~tite** [ˈ-tait] Stalaktit *m.*
stale [steil] *a* schal, abgestanden; *(Brot)* altbacken; *(Fleisch, Ei)* nicht mehr ganz frisch; *(Brot)* trocken; *(Wasser, Luft)* verbraucht, sauerstoffarm; *fig* abgegriffen, abgedroschen, alltäglich, langweilig; nicht mehr neu; unmodern; *(körperlich od geistig)* nicht mehr auf der Höhe; überanstrengt, verbraucht; *jur* hinfällig (geworden); *s (Pferd, Rind)* Harn *m; itr* alt werden, veralten, abstehen (lassen); *itr (Pferd, Rind)* stallen, harnen; **~mate** [ˈ-ˈmeit] *s (Schach)* Patt *n; fig* Stillstand *m;* Sackgasse, ausweglose Situation *f; tr (Schach)*

patt setzen; *fig* in die Enge, in e-e Sackgasse treiben; matt setzen.
stalk [stɔːk] **1.** *itr* (einher)stolzieren; pirschen; *tr (Wild)* sich heranpirschen an; *fig* ziehen durch; *s* Stolzieren *n;* Pirsch(gang *m) f,* Beschleichen *n;* **~er** [ˈ-ə] Pirschgänger *m;* **~ing-horse** *fig* Deckmantel, Vorwand; *pol* Strohmann *m;* **2.** *bot* Stengel, Halm; Stiel *a. Glas;* Schlot *m;* **~ed** [-t] *a* gestielt; **~~eyed** *a* mit Stielaugen; **~less** [ˈ-lis] ungestielt; **~y** [ˈ-i] stielartig; lang u. dünn, hoch aufgeschossen; langstielig; *sl* gerissen, schlau.
stall [stɔːl] *s* Verschlag *m,* Box *f,* Stand; Parkplatz *m (für* ein *Fahrzeug);* (Markt-)Bude *f,* (Verkaufs-)Stand; Sperrsitz *m; (finger-)* Fingerling; *theat Br* Kirchenstuhl; *aero* überzogene(r) Flug(zustand) *m; Am sl* Komplize; *Am fam* Vorwand *m; tr* in den Stall bringen; im Stall halten, füttern, mästen; in den Dreck fahren *a. fig; (Flugzeug)* überziehen; *mot* abwürgen; *fig* aufschieben, hinhalten, vertrösten; *itr* im Stall stehen; e-n Stand einnehmen; steckenbleiben; *mot* stehenbleiben, aussetzen; *fig* abwarten, herumlungern; *aero* abrutschen, durchsacken; *to ~ off* aufschieben; *to ~ for time* Zeit gewinnen; *book-, flower-, fruit-, newspaper ~* Bücher-, Blumen-, Obst-, Zeitungsstand *m;* **~age** [ˈ-idʒ] Standgeld *n;* **~~fed** *a* stallgefüttert; **~~feed** *tr* im Stall füttern, mästen; **~~feeding** Stallfütterung *f;* **~~keeper** Standinhaber *m;* **~~money** Standgeld *n.*
stallion [ˈstæljən] (Zucht-)Hengst *m.*
stalwart [ˈstɔːlwət] *a* stark, kräftig, kraftvoll, robust; handfest; wacker, tapfer; fest entschlossen, unentwegt, standhaft, unerschütterlich; treu; *(Erklärung)* geharnischt; *s* treue(r) Anhänger *m.*
stam|en [ˈsteimen] *bot* Staubfaden *m;* **~ina** [ˈstæminə] Widerstandskraft, -fähigkeit; Ausdauer; Vitalität *f.*
stammer [ˈstæmə] *itr* stottern; *itr tr* stammeln; *s* Gestammel, Gestotter, Stottern *n; to ~ out* hervorstottern; **~er** [ˈ-rə] Stotterer *m.*
stamp [stæmp] *tr* (zer)stampfen; aufstampfen mit; *(to ~ out)* (aus)stanzen; *(Münze)* prägen, stempeln *a. fig;* abstempeln, siegeln; *fig* deutlich kennzeichnen; stempeln, brandmarken, freimachen; *itr* (mit dem Fuß) aufstampfen; trampeln *(on* auf); *s* Stampfen *n; tech* Stampfer; (Präge-)

stamp-album — Stempel; Stempel(abdruck) m, Siegel a. fig; fig Gepräge n, Schlag m; *(postage-~)* Postwertzeichen n, Briefmarke; *(revenue ~)* Stempelmarke f; *to ~ down, flat* nieder-, plattstampfen; *to ~ out* zertreten, zermalmen; fig vernichten, zerstören; *of the same ~* von derselben Art; *to put a ~ on a letter* e-n Brief freimachen; **~~album** Briefmarkenalbum n; **~~book** Portobuch n; **~~booklet** Briefmarkenheftchen n; **~~collector** Briefmarkensammler m; **~~dealer** Briefmarkenhändler m; **~~duty** Stempelsteuer f; **~ed** [-t] a gestempelt; frankiert, freigemacht; *~~ envelope* Freiumschlag m; **~er** ['-ə] Stampfer m, Ramme f; Stempler; Briefmarkenentwerter m; **~ing-ground** fam Lieblingsaufenthalt, Sammelplatz, Treffpunkt, beliebte(r) Kurort m; **~~machine** Briefmarkenautomat m; Stampfmaschine f; **~~mill** Pochwerk n; **~~office** Stempelamt m; **~~pad** Stempelkissen n; **~~paper** Stempelpapier n; **~~tax** Stempelsteuer f.

stampede [stæm'pi:d] s wilde Flucht, Panik f; Am Sturm m, Massenbewegung f; *Am Art Tanz*; itr in wilder Flucht davonrennen; den Kopf verlieren, kopflos werden; tr zu wilder Flucht veranlassen; in Panik versetzen, kopflos machen.

stanch s. **staunch**.

stanchion ['stɑ:nʃən] s Stütze, Steife, Strebe; Stützstange f, -pfosten, -pfeiler, -balken m; tr mit Stützen versehen.

stand [stænd] irr stood, stood [stud] **1.** itr stehen; sich stellen; fig stehen, sich befinden, sein; beruhen (*on* auf); (still)stehen; stehen bleiben; bestehen, gültig, in Kraft sein; (an-)dauern; sich halten, bleiben, weiterbestehen; bestehen (*on* auf), verharren (*on, to* bei); stehen (*to* zu), sich einsetzen (*for, to* für); darstellen, bedeuten (*for s.th.* etw), stehen (*for* für); gelten; als Kandidat auftreten (*for* für); *(mit Maßangabe)* groß sein, messen; mar steuern, segeln (*for* zu, nach); **2.** tr (hin)stellen, -setzen; ertragen, aushalten; *(Kälte)* vertragen; *(Menschen)* ausstehen, fam riechen, leiden können; widerstehen (*s.th.* e-r S); sich unterziehen müssen, unterliegen (*s.th.* e-r S); fam zum besten geben, spendieren, ausgeben, bezahlen; kosten (*a lot of money* viel Geld); **3.** s Stehenbleiben n, Stillstand, Halt m, Pause f, Am Aufenthalt(sort); Platz m, Stellung f, Standort m; fig Am Einstellung, Ansicht, Meinung f, Standpunkt (*on a matter* in e-r S); Ständer; (Verkaufs-, Markt-)Stand m, Bude; Tribüne; Ernte f auf dem Halm; *Am jur* Zeugenstand; *mot* Parkstreifen, -platz, Halteplatz m; **4.** *to know where one ~s* wissen, wo man dran ist; *to make a ~* zum Stehen kommen; sich festlegen; Widerstand leisten (*against* gegen); *for s.o.* sich für jdn einsetzen; *to take the ~ (Am jur)* den Zeugenstand betreten; *to ~ aghast* bestürzt sein; *to ~ alone* allein (da)stehen; nicht seinesgleichen haben; *to ~ aloof* sich zurückhalten; *to ~ at attention (mil)* stillstehen; *to ~ at bay* kampfbereit sein; *to ~ on ceremony* sich förmlich benehmen; *to ~ a chance, show* e-e Chance, Aussicht, Hoffnung haben; *to ~ clear* zurücktreten; *to ~ condemned, convicted* überführt sein; *to ~ corrected* sein Unrecht einsehen; *to ~ on end (Haare)* zu Berge stehen; *to ~ on o.'s own feet* auf eigenen Füßen stehen; *to ~ fire (mil)* dem (feindlichen) Ansturm standhalten; *to ~ firm, fast, o.'s ground* nicht nachgeben, unnachgiebig sein; s-n Mann stehen; *to ~ guard* Wache stehen, fam schieben; *to ~ it that* dabei bleiben, daß; *to ~ idle (Fabrik)* stillstehen; *to ~ good (Angebot)* bestehenbleiben; *to ~ in good gutstehen (with* mit); *to ~ the loss* für den Verlust aufkommen; *to ~ in need of* nötig haben, brauchen, lit bedürfen; *to ~ no nonsense* keine Albernheiten dulden; *to ~ pat (Am fam)* nicht locker lassen; *to ~ to reason* sich von selbst verstehen, (ohne weiteres) einleuchten; *to ~ s.o. in good stead* jdm dienlich, nützlich, von Nutzen sein; *to ~ the test* sich bewähren; *to ~ treat, sam (fam)* freihalten; *to ~ (o.'s) trial (jur)* vernommen werden; *to ~ well with s.o.* mit jdm gutstehen; *~ at attention!* stillgestanden! *~ easy!* rührt euch! *~ back! ~ aside! ~ clear!* Vorsicht! Zurücktreten! *please ~ away from platform edge!* bitte von der Bahnsteigkante zurücktreten! *~ out of my sight!* geh mir aus den Augen! *he wants to know where he ~s* er will wissen, wie er dran ist; *he ~s six foot two* er ist 6 Fuß 2 Zoll groß; *the matter ~s thus* so liegen die Dinge; *as it ~s* so wie es ist, wie es liegt u. steht; *~ and deliver* Geld oder Leben! **5.** *cab-~* Droschkenhalteplatz, -stand m; *flower-~* Blumenständer, -tisch m; *grand-~* Zuschauertribüne f; *hat-,*

coat-~ Garderobenständer *m; ink-*
Tintenfaß *n; music-~* Notenständer *m;*
umbrella-~ Schirmständer *m; wash-,*
hand-~ Waschständer *m;* **6.** *to ~* **aside**
auf die Seite treten, beiseite treten;
to ~ **back** zurücktreten; *(Haus)* zurück-
stehen; *to ~* **between** dazwischenste-
hen; *to ~* **by** dabeisein; dabei-, daneben-
stehen; herumstehen; bereit sein, zur
Verfügung stehen, in Bereitschaft
sein *(for* für); beistehen *(s.o.* jdm);
helfen, Hand anlegen; bleiben *(a de-
cision* bei e-r Entscheidung); stehen
(a word zu e-m Wort); *radio* sende-
bereit *od* eingeschaltet sein *od* bleiben;
to ~ **down** sich zurückziehen; *mil* den
Dienst quittieren; *Am* den Zeugen-
stand verlassen; *to ~* **for** eintreten für;
bedeuten, heißen; sich gefallen lassen,
dulden, hinnehmen; *Br* kandidieren
für; *to ~* **in** *fam* zu stehen kommen;
sich beteiligen; einspringen *(for s.o.*
für jdn); *with s.o.* jdm unter die Arme
greifen; sich gut mit jdm stehen;
to ~ **off** abseits stehen *a. fig; fig* nicht
mitmachen, sich zurück-, sich fern-
halten von; *mar* die Küste meiden;
to ~ **on** bestehen auf; *to ~* **out** (her-)
vorstehen, vorragen; hinausragen
(into the sea ins Meer); deutlich (zu
erkennen) sein; auffallen; sich deutlich
abheben; *fig* heraus-, hervorragen
(from aus), glänzen *(in languages* in
Sprachen); Widerstand leisten; *to ~*
over zurückbleiben, zurückgestellt,
aufgeschoben sein; *to ~* **up** *itr* auf-
stehen, sich erheben; sich als brauch-
bar erweisen, Strapazen aushalten;
for unterstützen, verteidigen; Partei
nehmen für, eintreten für; *to* ent-
gegentreten, die Stirn bieten, die
Meinung sagen *(s.o.* jdm); *tr Am fam*
versetzen, (auf)sitzenlassen; **7.** *~-*
-backer *fam* Drückeberger *m;* **~by**
s zuverlässige, stets bereite, brauch-
bare, gute Hilfe *f;* Ersatzmann *m;*
sport Hilfestellung *f; com* zuverlässige
Ware *f; tech* Zubehör *n;* a Reserve-;
~~ equipment Reserveausrüstung *f;*
~~ time Wartezeit *f;* **~easy** Ruhe-,
Erholungspause *f;* **~ee** [stænˈdiː] *Am
fam,* **~er** [ˈstændə] Stehende(r), Steh-
platzinhaber *m;* **~~by** Zuschauer,
Unbeteiligte(r) *m;* **~~~up** Partei-
gänger, Anhänger *m; Am fam* unzuver-
lässige(r) Mensch *m;* **~in** *film* Double
n; Ersatzmann *m;* **~ing** [ˈ-ɪŋ] *a*
stehend, aufrecht; *sport* aus dem
Stand; *(Gewässer)* stehend, still;
fest(stehend), unbeweglich; untätig,
außer Betrieb; dauernd, Dauer-; be-
ständig; *(Getreide)* auf dem Halm;
s Stehen *n;* Stand *m,* Stellung *f;*
(~ room) Stehplatz *m; (soziale)* Stel-
lung *f,* Stand, Rang; Ruf *m,* Repu-
tation; (Zeit-)Dauer *f,* Bestand *m;*
of long ~ lang(dauernd), anhaltend;
seit langem, von alters her; *~~ army*
stehende(s) Heer *n;* **~~** *committee*
ständige(r) Ausschuß *m;* **~~** *composi-
tion (typ)* Stehsatz *m;* **~~** *corn* Ge-
treide *n* auf dem Halm; *~~ desk* Steh-
pult *n;* **~~** *jump (sport)* Sprung *m* aus
dem Stand; **~~** *lamp* Stehlampe *f;*
~~ *order (com fin)* Dauerauftrag *m;*
pl parl Geschäftsordnung *f;* **~~** *rigging
(mar)* stehende(s), feste(s) Gut *n;* **~~**
room Stehplatz *m;* **~~** *rope* Tragseil *n;*
~~ *rule* stehende, feste Regel *f;*
~~ *timber* Nutzholz *n;* **~~off** *s* Ab-
seitsstehen; Gegengewicht *n;* Wider-
stand *m; (Spiel, Sport)* Unentschieden
n; a u. **~offish** abseitsstehend, un-
beteiligt; zurückhaltend, reserviert;
hochmütig; **~out** *Am* Außenseiter *m;*
sport Favorit *m;* Genie *n;* glänzende
Sache *f;* **~pat** *Am fam* reaktionär,
konservativ; **~patter** *Am fam* Reak-
tionär, Konservative(r) *m;* **~pipe**
tech Standrohr *n;* **~point** Stand-
punkt *a. fig; fig* Gesichtspunkt *m;*
~still Stillstand *m; sport* Stehver-
mögen *n; to be at a ~~* stocken; ruhen,
stillstehen; *to come to a ~~* ins Stocken
geraten, zum Stillstand kommen;
~~ agreement Stillhalteabkommen *n;*
~~up *a* aufrecht (stehend); im Stehen
(nachgestellt); Am fam tapfer; *~~ collar*
Stehkragen *m;* **~~** *fight* regelrechte
Schlacht *f.*

standard [ˈstændəd] *s* Standarte *f,* Ban-
ner *n a. fig;* (Maß-, Währungs-, Wert-)
Einheit; Währung, Valuta *f,* Münzfuß
m; Niveau *n,* Grad; Maßstab *m,*
Regel, Norm, Richtschnur *f,* Anforde-
rungen *f pl;* Durchschnitt *m;* Muster,
Vorbild, *f;* Stütze *f,* Ständer, Schaft,
Pfosten, Pfeiler; *agr* freistehende(r)
Hochstamm *m; el* Stehlampe *f;*
a genormt; Norm-; normal, regelrecht,
muster-, beispielhaft, vorschrifts-
mäßig, klassisch; Standard-; maß-
gebend, führend; aufrecht, stehend;
agr hochstämmig; *above, below ~*
über-, unterdurchschnittlich; über
dem Durchschnitt, den Anforde-
rungen nicht genügend; *to be up to ~*
den Anforderungen entsprechen; *to
raise the ~ (fig)* das Banner erheben
(of gen); gold, silver ~ Gold-, Silber-
währung *f; ~ of beauty* Schönheits-
ideal *n; ~ of intelligence* geistige(s)

standard author   964   **starchy**

Niveau n; ~ of knowledge, learning Bildungsgrad m, -stufe f; ~ of life, living Lebensstandard m; ~ of prices Preisniveau n, -spiegel m; ~ of wages Lohnniveau n; ~ **author** Klassiker m; **~-bearer** Bannerträger m a. fig; ~ **book** Standardwerk; Normenbuch n; ~ **candle** tech Normalkerze f; ~ **component** Normbauteil m; ~ **English** gute(s) Englisch n; ~ **film** Normalfilm m; ~ **gauge** rail Normalspur(weite) f; **~-gauge** a rail normalspurig, Normalspur-; ~ **gold** Münzgold n; **~ization** ['stændədai'zeifən] Normung, Normierung, Normalisierung, Uniformierung, Vereinheitlichung f; **~ize** ['stændədaiz] tr normen, normieren, normalisieren, uniformieren, vereinheitlichen; ~ **lamp** Stehlampe; el Normallampe f; ~ **measure** Normalmaß n; ~ **price** Grund-, Richtpreis m; ~ **production** Durchschnittsproduktion f; ~ **rate** Normalkurs, -tarif m, Grundgebühr f; ~ **size** Normalgröße, gängige Größe f; ~ **solution** Normallösung f; ~ **specification** Normvorschrift f; ~ **time** Normalzeit f; **~-type car** Serienwagen m; ~ **value** Einheitswert m.

St Andrew's Cross [snt'ændru:z 'krɔs] Andreas-, liegendes Kreuz n.

stann|ic ['stænik], **~ous** [-əs] a Zinn-; zinnhaltig; ~~ **chloride, oxide** Zinnchlorid, -oxyd n; **~ous oxide** Zinnoxydul n; **~iferous** [stæ'nifərəs] zinnhaltig; **~um** ['stænəm] scient Zinn n.

stanza ['stænzə] Stanze, Strophe f.

staple ['steipl] **1.** Krampe, (Draht-)Öse f, (~ hook) Schließhaken m, Haspe; tech Schelle f; Stützbein n; (Buchbinderei) Heftklammer f; **stapling-machine, ~r** ['-ə] Heftmaschine f; **2.** s Hauptgegenstand m, -sache f, das Wesentliche; Rohstoff m, -material n; (Haupt-)Handelsware f, Stapel; Stapelplatz m; (Woll-, Baumwoll-, Flachs-)Faser f; Faser(beschaffenheit, -länge) f; pl Stapelwaren f pl, Massenartikel m pl; a Haupt-, Stapel-; marktgängig; ~ **house** Lagerhaus n; ~ **industries** pl Hauptindustriezweige m pl; ~ **fibre** Zellwolle f; ~ **place** Hauptniederlage f; **~r** ['-ə] Stapelhändler; (Woll-)Stapler m; ~ **trade** Stapelhandel m.

star [sta:] s Stern (in the sky am Himmel); (fixed) ~ Fixstern; Himmelskörper m; pl a. die Gestirne pl; Stern m (Figur); typ Sternchen n; Glücksstern m; oft pl Schicksal, Geschick n; Bühnen-, bes. Filmgröße f, (Film-)Star m; Leuchtkugel f; tech (~ connection) Sternschaltung f; tr mit Sternen verzieren; typ mit e-m Sternchen versehen od auszeichnen; e-e Hauptrolle übertragen (an actor e-m Schauspieler); in e-r Hauptrolle herausbringen, präsentieren; itr theat film glänzen, in e-r Glanzrolle auftreten, die Hauptrolle spielen; under an unlucky ~ unter e-m ungünstigen Stern; to see ~s Funken (tanzen) sehen; to thank o.'s (lucky) ~s dem Schicksal danken; his ~ is in the ascendant sein Stern ist im Steigen; film ~ Filmstar m; the ~s and stripes, the ~-spangled banner das Sternenbanner (der US); **~-billing** Am Starreklame f; **S-Chamber** hist Sternenkammer f; **~-crossed** a poet vom Schicksal verfolgt; **~dom** ['-dəm] Berühmtheit f beim Theater od Film; die Größen f pl von Theater u. Film; **~-dust** Sternnebel, Nebelstern m; fig Illusion f; **~-fish** zoo Seestern m; **~-gaze** itr nach den Sternen schauen; träumen; **~-gazer** hum Sterngucker m; **~-gazing** Sternguckerei; geistige Abwesenheit; Träumerei f; **~-less** ['-lis] (Himmel) sternlos, schwarz; **~-let** ['-lit] theat film Starlet(t), hum Sternchen n; **~-light** s Sternenlicht n, -schein m; a sternhell, -klar; ~ **lighting** Vorverdunkelung f; **~-like** ['-laik] glänzend, funkelnd (wie ein Stern); sternförmig; **~-ling** ['-liŋ] orn Star m; (Brücke) Pfeilerhaupt n, -kopf m; **~-lit** a sternhell, -klar; **~-red** [-d] a sternbesät, gestirnt; sternförmig; unter dem Einfluß der Gestirne; theat film als Star herausgestellt; mit e-m Ordensstern; typ mit Sternchen; **~-ring** ['-iŋ]: ~~ X. mit X. in der Hauptrolle; ~ **role** Starrolle f; **~ry** ['-i] sternbesät, (stern)hell, glänzend, leuchtend; sternförmig; Stern-; **~~-eyed** (fam) verträumt, träumerisch; unpraktisch, wirklichkeitsfremd; **~-shaped** a sternförmig; ~ **shell** mil Leuchtgranate f; **~-turn** fam Clou m.

starboard ['sta:bəd] mar s Steuerbord n; a Steuerbord-; tr itr (das Ruder) steuerbord legen.

starch [sta:tʃ] s (Kartoffel-, Weizen-, Reis-)Stärke f, -mehl n; fig Steifheit f; Am fam Mumm m, Energie, Kraft f; tr (Wäsche) stärken; ~ **content** Stärkegehalt m; ~ **formation** Stärkebildung f; **~iness** ['-inis] Steifheit, Förmlichkeit f; **~y** ['-i] stärkeartig, -haltig; (Wäsche) gestärkt; fig steif, förmlich, formell.

star|e [stɛə] *itr (mit den Augen)* starren, *fam* glotzen; große Augen machen, die Augen weit aufreißen; staunen; *(Haare, Stacheln)* starren, aufgerichtet stehen; anstarren *(at s.o.* jdn); *tr* anstarren *n, fam* -glotzen; *(mit den Augen)* fixieren; *s* Starren *n,* starre(r) Blick *m;* Staunen *n; to ~~ down, out of countenance* durch Anstarren aus der Fassung bringen; *to make s.o. ~~* jdn aufs höchste überraschen; *to ~~ s.o. in the face* jdn anstarren *(a. von Sachen); fig* jdm in die Augen springen; **~ing** ['-riŋ] *a* in die Augen fallend, auffallend, -fällig; *(Farbe)* grell, schreiend.

stark [sta:k] *a* starr, steif, unbeweglich; todesstarr; *fig* rein, völlig; sachlich; nackt, kahl; leer, öde; *adv* völlig, gänzlich; **~~naked** *a* splitter(faser)nackt.

start [sta:t] *itr* auf-, hochfahren, plötzlich aufspringen *(at* vor, bei); eine plötzliche Bewegung machen, stutzen; los-, ab-, aufgehen, sich verschieben; *(Naht)* aufgehen; vorspringen, -stehen, heraustreten *a. fig;* anfangen, beginnen, s-n Anfang nehmen, losgehen, entstehen; aufbrechen *(on a journey for* e-r Reise); weggehen, abfahren, -fliegen, -reisen *(for* nach); *bes. sport* starten *(from* von); *(Motor)* anspringen; *(Produktion)* anlaufen; *tr* auf-, hochfahren lassen, aufjagen, -scheuchen; stutzig machen; *(Wild)* aufstöbern; *(Einwendungen)* erheben; ab-, aufgehen, platzen lassen, verziehen, -rücken; anfangen *(singing* zu singen); in Bewegung setzen, ankurbeln, in Gang bringen *(a. Gespräch),* ins Leben rufen; *(Gerücht)* unter die Leute bringen, in die Welt setzen; *(Frage)* aufwerfen; *(Thema)* anschneiden; *(Geschäft)* gründen, eröffnen; *(Gefäß)* anzapfen; *(Feuer)* anzünden, machen; *(Kessel)* anheizen; *(Reise)* antreten; *sport* das Startsignal geben für; *rail* abfahren lassen, das Zeichen zur Abfahrt geben; *mot* anlassen, -werfen, starten; *s* plötzliche(r) Schreck, Ruck *m;* Anfahren, Anspringen *n;* Beginn, Anfang; Aufbruch, Abmarsch *m;* Abreise, Abfahrt *f; aero* Abflug, Aufstieg; *sport* Start *m;* Startsignal *n,* -platz *m; tech* Anlaufenlassen; Ingangsetzen *n; allg* Ausgangspunkt *m;* günstige Gelegenheit *f;* Vorsprung *m,* Vorgabe *f; at the ~* im Beginn; *by fits and ~s* (in) unregelmäßig(en Abständen); *by ~s* ruckweise; *from ~ to finish* von Anfang bis (zu) Ende; *to ~ from scratch (Am fam)* (wieder) ganz von vorne anfangen; *to ~ to skid* ins Rutschen kommen; *to ~ with* zunächst (einmal); für den Anfang; *to get the ~ of s.o.* jdm zuvorkommen, e-n Vorsprung vor jdm gewinnen; *to give s.o. a ~* jdn erschrecken; *to make a fresh ~* von neuem anfangen; *to ~* **back** zurückfahren, -schrecken, -springen; *to ~* **in** *fam* anfangen *(with* mit; *to do* zu tun); *to ~* **off** anfangen, beginnen *(with* mit); *mot* anfahren; *rail* sich in Bewegung setzen, abfahren; *to ~* **out** *fam* sich auf den Weg machen; anfangen, losgehen; sich anschicken; sich vornehmen; *to ~* **up** *itr* auffahren, -springen; (plötzlich) in Erscheinung treten, dasein; sich in Bewegung setzen; die Arbeit aufnehmen; sich entwickeln; *tr* in Gang bringen, in Bewegung setzen, ankurbeln; *he'll ~ the ball rolling* er wird die Sache ins Rollen bringen; *false ~* Fehlstart *m; ready to ~* abfahrbereit; **-er** ['-ə] Teilnehmer (an e-m Rennen); Begründer, Urheber; *sport* Starter, Rennwart; *mot* Starter, Anlasser *m; to be a slow ~~* sich langsam in Bewegung setzen; *~~ flag* Startflagge *f; ~~ push-button* Anlaßknopf *m;* **-ing** ['-iŋ] *s mot* Anlassen; Anspringen *n;* Anlauf *m;* Inbetriebnahme *f;* Abmarsch; Abflug *m; in Zssgen* Anfangs-, Eröffnungs-; *a* ab; *~~ today* ab heute, von heute an; *~~-crank, -handle (mot)* Anlasserkurbel *f; ~~ period* Anlaufzeit *f; ~~-pit (sport)* Startgrube *f; ~~ platform* Abfahrtsbahnsteig *m; ~~ of production* Produktionsbeginn *m; ~~-point* Ausgangspunkt *m; ~~-post, -line* Startpfosten *m,* -linie *f; ~~-price (Rennen)* Eröffnungseinsatz *m, (Börse)* -kurs *m; ~~-run (aero)* Anlauf(strecke *f) m; ~~ salary* Anfangsgehalt *n; ~~-signal* Startzeichen *n;* Abfahrtssignal *n; ~~-time* Abfahrtszeit *f;* **-up** *tech* Anlauf *m.*

startl|e ['sta:tl] *tr* er-, aufschrecken, e-n Schrecken einjagen *(s.o.* jdm); auffahren lassen; aufscheuchen; aufs äußerste überraschen, äußerst stutzig machen; **-ing** ['-iŋ] erschreckend, überraschend.

starv|ation [sta:'veiʃən] Verhungern *n,* Hungertod *m; fig* Elend *n,* (furchtbare) Not *f; ~~ wages (pl)* Hungerlohn *m;* **-e** [sta:v] *itr* verhungern, *lit* Hungers sterben; am Verhungern sein; *fig* im Elend leben, Not leiden; *fam* furchtbaren Hunger haben; *fig*

starveling 966 **statement**

sich sehnen *(for* nach); *tr (to ~~ to death)* verhungern lassen; aushungern; durch Hunger zwingen *(into* zu); *to be ~ed* Not leiden, hungern; *of s.th.* an etw knapp sein; *we're simply ~ing (for food)* wir kommen fast um vor Hunger; **~eling** ['liŋ] *a* hungernd, ausgehungert; elend, notleidend; jämmerlich, kümmerlich, dürftig; *s* Hungerleider *m*; halb verhungerte(s) Tier *n*.

stash [stæʃ] *Am fam tr* (sich heimlich) weg-, zurücklegen; verbergen; *itr* sich heimliche Vorräte, e-e geheime Reserve anlegen; *sl* aufhören.

state [steit] *s* Zustand *m*, Lage *f*, Gegebenheiten *f pl*, Verhältnisse *n pl*; *zoo med* Stadium *n*; Stand, Rang *m*, (soziale) Stellung *f*; Pomp, Aufzug *m*, Zeremonie *f*, Glanz *m*, Pracht, Würde, Stattlichkeit *f*; (S~) Staat(skörper *m*, -verwaltung *f*, -gebiet *n*) *m*; *pl* (Land-)Stände *m pl*; *the S~s* die (Vereinigten) Staaten (von Amerika); *a* zeremoniell; (S~) Staats-, staatlich; *tr* festsetzen, -legen, anordnen, bestimmen, feststellen; aussagen, erklären, darlegen, versichern; berichten, melden; *(Rechnung)* spezifizieren; *(Problem)* stellen; *in ~* mit allen Feierlichkeiten; *in bad ~* in schlechtem Zustand; *in(to) a ~* in Unordnung, in Aufregung; *in the present ~ of things* unter den gegebenen Umständen; *to ~ full particulars* genaue Einzelheiten angeben; *to be (not) in a ~ to* imstande, außerstande sein zu; *to get in a ~* in Erregung geraten *(about, over* über); *to lie in ~* aufgebahrt liegen; *to put in a ~ of* in den Stand versetzen zu; *affairs (pl) of ~* Staatsgeschäfte *n pl*, öffentliche Angelegenheiten *f pl*; *buffer ~* Pufferstaat *m*; *confederation of ~s* Staatenbund *m*; *federal ~* Bundesstaat *m*; *finances (pl) of the ~* Staatsfinanzen *f pl*; *satellite ~* Satellitenstaat *m*; *Secretary of S~ (Am)* Außenminister *m*; *~ of affairs* Lage *f*, Stand *m* der Dinge; Sachlage *f*; Zustand *m*; *~ of alert* Alarmzustand *m*; *~ of business* Geschäftslage *f*; *~ of the case* Sachverhalt *m*; *the S~s of the Church* der Kirchenstaat *m*; *~ of emergency* Ausnahmezustand, Notstand *m*; *~ of health* Gesundheitszustand *m*; *~ of life* Lebenslage *f*; *~ of mind* Geisteszustand *m*, -verfassung *f*; *~ of repair* Unterhaltungszustand *m*; *~ of siege* Belagerungs-, Ausnahmezustand *m*; *~ of trade* Konjunktur-, Geschäfts-lage *f*; *~ of war* Kriegszustand *m*; **~ administration** Staatsverwaltung *f*; **~ aid** Subvention, staatliche Unterstützung *f*; **~ archives** *pl* Staatsarchiv *n*; **~ authority** Staatsautorität *f*; **~ capitalism** Staatskapitalismus *m*; **~ church** Staatskirche *f*; **~ coach** Staatskutsche *f*; **~ constitution** Staatsverfassung *f*; **~ control** Staatsaufsicht *f*; *(~led economy)* Zwangswirtschaft *f*; **~craft** Staatskunst *f*; **~d** ['-id] *a* festgesetzt, -gelegt, bestimmt; *(Rechnung)* spezifiziert; *(Gehalt)* fest; *as ~~* wie erwähnt; *S~ Department (Am)* Außenministerium *n*; **~ documents** *pl* amtliche Schriftstücke *n pl*; **~ funds** *pl* Staatsgelder *n pl*; **~ grant** Staatszuschuß *m*; **~ help** Staatsbeihilfe *f*; **~hood** Eigenstaatlichkeit *f*; **S~house** Parlamentsgebäude *n* (e-s amerikanischen Bundesstaates); **~less** ['-lis] staatenlos; **~lessness** ['-lisnis] Staatenlosigkeit *f*; **~liness** ['-linis] Stattlichkeit, Würde, Erhabenheit, Majestät *f*; **~ly** ['-li] stattlich, würdig, würdevoll, erhaben, majestätisch, eindrucksvoll, imposant; bedächtig, überlegt; **~ official** Staatsbeamte(r) *m*; **~-papers** *pl* Staatspapiere *n pl*, -akten *f pl*; **~ prison** Staatsgefängnis *n*; **~ prisoner** Staatsgefangene(r), politische(r) Häftling *m*; **~ property** Staatseigentum *n*; **~ revenue** Staatseinnahmen *f pl*; **S~ rights, S~'s rights** *pl Am* Rechte *n pl* u. Machtbefugnisse *f pl* der Einzelstaaten; **~room** Prunk-, Repräsentationsraum *m*; *Am mar* Luxuskabine *f*; *rail* Salonabteil *n*; **S~'s attorney** *Am* Staatsanwalt *m*; **~'s evidence** *Am jur* belastende Aussage *f*; *to turn ~* als Kronzeuge auftreten; **~side** ['-said] *Am fam a* (typisch) amerikanisch; *adv* in, nach den Vereinigten Staaten; **~sman** ['-smən] Staatsmann; Politiker *m*; **~smanlike** ['-smənlaik], **~smanly** ['-smənli] staatsmännisch; **~smanship** ['-smənʃip] politische Fähigkeiten *f pl*; Staatskunst *f*; **~ socialism** Staatssozialismus *m*; **~ structure** Staatsgefüge *n*; **~ territory** Staatsgebiet *n*; **S~ trial** Staatsprozeß *m*; **~ witness** Belastungszeuge *m*.

statement ['steitmənt] Feststellung, Erklärung, Darlegung, Behauptung, Aussage *f*; *Am* Bericht *m*, Aufstellung, Übersicht *f*, Verzeichnis *n*, Liste *f*, (Konto-)Auszug, Ausweis *m*, Bilanz; Abrechnung *f*; *to give, to make a ~* e-e Erklärung abgeben; *to make* *(knowingly) false ~s* (wissentlich, bewußt) falsche Angaben machen; *annual ~* Jahresbericht *m*; *bank ~* Bankausweis *m*; *certified ~* Feststellung *f*; *final ~* Schlußabrechnung *f*; *monthly ~* Monatsausweis *m*; *official ~ to the press* amtliche Pressemitteilung *f*; *~ of affairs* Vermögensaufstellung, -übersicht *f*; Konkursstatus *m*; *~ of charges* Kostenaufstellung, -(ab)rechnung *f*; *~ of claim* Klageschrift *f*; *~ of clearance* Unbedenklichkeitserklärung *f*; *~ of costs* Kostenaufstellung *f*; *~ of defence* Klagebeantwortung, -erwiderung *f*; *~ of facts* Tatbericht; Sachverhalt, Tatbestand *m*; *~ of fees* Gebührentarif *m*; *~ of finances* Finanzbericht *m*; *~ of the market* Marktbericht *m*; *~ of prices* Preisliste *f*; *~ of revenue and expenditure* Gewinn- u. Verlustrechnung *f*; *~ analysis Am* Bilanzanalyse *f*; *~ wages pl* Akkordlohn *m*.

static ['stætik] *a phys* statisch; *fig* feststehend, unbeweglich, untätig, stationär; elektrostatisch; *Am radio* Störungs-; *s pl radio* atmosphärische Störung *f*; *(~ noise)* Störgeräusch *n*; *pl mit sing* Statik *f*.

station ['steiʃən] *s* Standort *m*, Stellung, Lage *f*, Platz; *bot zoo* Standort *m*, Vorkommen *n*; Stelle, Station *f*, Posten; trigonometrische(r) Punkt *m*; *radio* Funk-, Sende-, Empfangsstelle *f*; Sender; Standort *m*, *mil* Basis *f*, Stützpunkt; *mil aero* Fliegerhorst *m*; *mar* Position; Haltestelle, Station *f*; *rail* Bahnhof *m*; *Am (filling-~)* Tankstelle; *(Australien)* (Schafzucht-)Farm; (soziale) Stellung *f*, Rang, Stand *m*; *tr* aufstellen; stationieren; unterbringen; postieren; *at the ~* auf dem Bahnhof; *broadcasting, radio ~* Sender *m*; *bus-, coach-~* Autobusbahnhof *m*; *fire-~* Feuerwache *f*; *first--aid ~* Unfallstation *f*; *frontier ~* Grenzbahnhof *m*; *goods ~* Güterbahnhof *m*; *home ~* Heimatbahnhof *m*; *intermediate ~ (rail)* Zwischenstation *f*; *main, central ~* Hauptbahnhof *m*; *passenger ~* Personenbahnhof *m*; *petrol-~* Tankstelle *f*; *police-~* Polizeiwache *f*, -revier *n*; *polling ~* Wahllokal *n*; *postal ~* Post(hilfs)stelle, -station *f*; *power ~* Kraftwerk *n*; *railway-, (Am) railroad ~* Bahnhof *m*; *shunting ~* Verschiebebahnhof *m*; *weather ~* Wetterstation *f*; *~ of attachment* Heimatbahnhof *m*; *~ of destination* Bestimmungsbahnhof *m*; *~ announcement, signal radio* Pausenzeichen *n*; *~ary* ['steiʃnəri] fest(stehend) *a. fig*, ruhend, stationär, ortsgebunden, -fest; sich gleichbleibend; *~er* ['steiʃnə] Schreibwarenhändler *m*; *S~~s' Hall* Buchhändlerbörse *f*; *~'s shop (Br)* Schreibwaren-, Papierwarengeschäft *n*; *~ery* ['-ʃnəri] Schreib-, Papierwaren *f pl*, *bes.* Briefpapier *n*; Bürobedarf *m*; *~~ store (Am)* Schreibwaren-, Papierwarengeschäft *n*; *~ hall* Bahnhofshalle *f*; *~-house* rail Stationsgebäude *f*; *Am* Polizeiwache, -dienststelle; Feuerwache *f*; *~~-master, Am a. -agent* rail Bahnhofsvorsteher *m*; *~ premises pl* Bahnhofsgelände *n*; *~ wagon* mot Kombi(wagen) *m*.

statistic|(al) [stə'tistik(əl)] statistisch; *~ian* [stætis'tiʃən] Statistiker *m*; *~s* [stə'tistiks] *pl* statistische(s) Material *n*, Statistik; *mit sing* Statistik *f* (*Wissenschaft*).

statu|ary ['stætjuəri] *a* statuarisch; statuenmäßig; *s* Bildwerke *n pl*; Bildhauerkunst *f*; Bildhauer *m*; *~e* ['stætju:] Standbild *n*, Statue, Bildsäule *f*, -werk *n*; *the S~ of Liberty* die Freiheitsstatue *(in New York)*; *~esque* [stætju'esk] statuenhaft; *fig* stattlich; würdig; *~ette* [-'et] Statuette *f*.

stature ['stætʃə] Statur, Gestalt *f*, Wuchs *m*, Größe *f*; *fig* Format *n*, Bedeutung *f*.

status ['steitəs] Zustand *m*, Lage *f*, Stellung *f*, Stand, Rang; *jur* Status *m*; *civil, personal ~* Personenstand *m*; *~ equality of ~* politische Gleichberechtigung *f*; *legal ~* Rechtsfähigkeit *f*; *marital ~* Familienstand *m*; *social ~* soziale Stellung *f*; *~ of affairs* Lage *f* der Dinge; *~ symbol* Statussymbol *n*.

statut|able ['stætjutəbl] = *~ory*; *~e* ['stætju:t] Gesetz(esbestimmung, -vorschrift *f*); Statut *n*; *pl* Statuten *n pl*, Satzung(en *pl*) *f*; Gesellschaftsvertrag *m*; *~~ book* Gesetzbuch *n*, Gesetzessammlung *f*; *~~ law* geschriebene(s) Recht *n*; *~~ of limitations* Verjährungsgesetz *n*; *~ory* ['-əri] gesetzlich; satzungs-, bestimmungsgemäß; *~~ company, corporation* Körperschaft *f* des öffentlichen Rechts; *~~ declaration* eidesstattliche Erklärung *f*; *~~ holiday* gesetzliche(r) Feiertag *m*.

sta(u)nch [stɑ:n(t)ʃ, stɔ:n(t)ʃ] *tr (Blut)* stillen; *(Tränen, Wunde)* trocknen; *a* dicht, undurchlässig; *(Schiff)* seetüchtig; *fig* zuverlässig, vertrauenswürdig, treu; stark, fest, solide.

stave [steiv] *s. a.* **staff** *s* (Faß-)Daube *f*; Stab, Stock *m*; (Leiter) Sprosse; *mus* (Noten-)Linie; Strophe *f*; *tr (to ~ in)* einstoßen, -drücken; durchbrechen, den Boden ausschlagen (*s.th.* e-r S); *~ in (itr)* zerbrechen; in Trümmer gehen; *~ off* abwehren, hinhalten, hinaus-, aufschieben, hinauszögern; *~* **maker** Küfer, Faßbinder *m*; *~* **rhyme** Stabreim *m*.

stay [stei] **1.** *itr* bleiben (*with s.o.* bei jdm); sich aufhalten, *lit* verweilen, wohnen, leben (*with s.o.* bei jdm); absteigen (*at a hotel* in e-m Hotel); stehenbleiben, anhalten; e-n Halt, e-e Pause machen, pausieren, warten (*for auf*); *fam* durchhalten; *fam* mitkommen, Schritt halten; *tr* an-, festzurückhalten; hemmen; abhalten (*from* von), hindern (*from* an); aufschieben, zurückstellen; *jur* aussetzen, einstellen; (*to ~ out*) durch-, aushalten, vertragen; beruhigen, befriedigen; (*Hunger, Durst*) stillen; (*Streit*) schlichten, beilegen; *s* Halt *m*, Pause, Stockung *f*; Aufenthalt *m*, *lit* Verweilen *n*; Zurückstellung, Verschiebung *f*, Aufschub *m*; *jur* Aussetzung, Einstellung *f*; *to come to ~* (für immer) bleiben; *to ~ in bed* das Bett hüten; *to ~ the course* (*fig*) durchhalten; *to ~ put* (*fam*) nicht von der Stelle rühren, an Ort u. Stelle bleiben; *to ~ after school* nachsitzen; *to ~* **away** wegbleiben; *to ~* **down** e-e Klasse wiederholen; *to ~* **in** zu Hause, daheim bleiben; das Haus nicht verlassen; (*Schule*) nachsitzen müssen; *to ~* **on** fortdauern; noch bleiben, noch nicht fortgehen; *to ~* **out** draußen bleiben; nicht hineingehen, nicht hereinkommen; sich fernhalten (*of* von); von zu Hause wegbleiben; *to ~* **up** aufbleiben, nicht zu Bett gehen; *to ~* **with** wohnen bei; **~-at-home** Stubenhocker *m*; **~er** ['-ə] *sport* Steher *m*; **~-in strike** Sitzstreik *m*; **~ing-power** Ausdauer *f*, Stehvermögen *n*; **2.** *s* Stütze, Strebe *f*; Bügel, Steg *m*; Abspannseil *n*; Korsettstange *f*; *mar* Stag, Stütztau *n*; *pl* Korsett *n*; *tr* stützen; stärken; beruhigen; ruhen lassen (*on, upon* auf; *in* in); mit Stegen, Stangen stützen; verstreben, abspannen; (*Mast*) stagen; (*Schiff*) wenden; **~ wire** Abspanndraht *m*.

stead [sted] *s*: *in s.o.'s ~* an jds Stelle; *to stand s.o. in good ~* jdm gut zustatten kommen; für jdn von Nutzen, Vorteil sein; **~fast** ['-fəst] fest(gegründet); beständig; unentwegt, standhaft, zielbewußt; **~fastness** ['-fəstnis] Festigkeit; Beständigkeit, Standhaftigkeit *f*; **~iness** ['-inis] Festigkeit, Beständigkeit; Gesetztheit, Beherrschtheit, Besonnenheit, Verläßlichkeit, Zuverlässigkeit *f*; **~y** ['-i] *a* fest, unbeweglich; beständig, gleich-, regelmäßig, (an)dauernd, unentwegt, stetig; sich (immer) gleichbleibend; *tech* konstant; verläßlich, zuverlässig, ruhig, beherrscht, unerschütterlich, sicher; gesetzt, nüchtern, ernst, besonnen, beherrscht; *com* stabil; *interj* immer mit der Ruhe! *tr tr* ruhig werden *od* machen; sich festigen; (*Preise*) sich behaupten; *tr (to keep ~~) (Schiff)* fest in der Gewalt haben; *s Am sl* feste(s) Verhältnis *n*, feste(r) Freund *m*; *to go ~~ (Am sl)* zs. gehen, ein (festes) Verhältnis haben; *~~ customer* Stammkunde *m*; *~~ work* Dauerstellung *f*.

steak [steik] Steak; (Fisch-)Filet *n*.

steal [sti:l] *irr* **stole** [stoul], **stolen** ['stoulən] *tr* stehlen *a. fig*, (heimlich) entwenden, sich heimlich aneignen; erschleichen; (*Blick*) erhaschen; *itr* stehlen, ein Dieb sein; sich stehlen, schleichen; *to ~ away* sich wegschleichen, sich fortstehlen; *to ~ upon* sachte gelangen an; *s fam* Diebstahl *m*; Diebesgut *n*; *Am fam* gute(r) Fund *m*, gefundene(s) Fressen *n*; *to ~ a look at* e-n Blick werfen auf; *to ~ a march upon s.o.* jdm e-n Vorsprung abgewinnen; jdm zuvorkommen; *to ~ the show* den Erfolg davontragen; **~er** ['-ə] Dieb *m*; *deer ~~* Wilddieb *m*; **~ing** ['-iŋ] *a* diebisch; *s* Diebstahl *m*; *pl* Diebesgut *n*; **~th** [stelθ], **~thiness** ['stelθinis] Heimlichkeit; Heimlichtuerei *f*; *by ~~* heimlich, insgeheim; **~y** ['stelθi] heimlich, geheim, verstohlen; *with ~ tread* auf Katzenpfoten.

steam [sti:m] *s* (Wasser-)Dampf; Dunst *m*; Dampfkraft, Stärke, Energie *f*; *attr* Dampf-; *itr* (ver)dampfen; (*Fenster, Brille*) sich beschlagen; Dampf erzeugen *od* ablassen; mit Dampf (an)getrieben werden; (*Zug*) dampfen, fahren; *tr* dämpfen, dünsten; ausdünsten; *to ~ up* (*fam*) auf Touren bringen, *itr* kommen; *to be ~ed up* (*fam*) vor Wut kochen (*about* wegen); *at full ~*, *full ~ ahead* (mit) Volldampf voraus; *to blow off*, *to let off*, *to work off ~* sich austoben, s-m Zorn Luft machen; *to get up ~* (*fam*) Kräfte sammeln;

steam-bath 969 **stemless**

to put on ~ *(fig)* Dampf dahintermachen; *tech* Dampf anlassen; *exhaust, waste* ~ Abdampf *m*; **~-bath** Dampfbad *n*; **~boat, ~er** ['-ə], **~-ship** Dampfschiff *n*, Dampfer *m*; **~-boiler** Dampfkessel *m*; **~-engine** Dampfmaschine *f*; **~-fitter** Heizungsmechaniker, -installateur *m*; **~-ga(u)ge** Manometer *n*; **~-generating plant** Kesselanlage *f*; **~-hammer** Dampfhammer *m*; **~-heat(ing)** Dampfheizung *f*; **~iness** ['-inis] Dunstigkeit *f*; **~-jet** Dampfstrahl *m*; **~-pipe** Dampfleitungsrohr *n*; **~-power** Dampfkraft *f*; **~-roller** *s* Dampfwalze *f a. fig, bes. pol*; *tr fig* niederwalzen; *(Antrag)* durchpeitschen; **~-shovel** Dampfbagger *m*; **~-tug** Schleppdampfer *m*; **~-turbine** Dampfturbine *f*; **~y** ['-i] dampfig, Dampf-; dampferfüllt; *(Glas)* beschlagen; dampfend, verdunstend.

stear|ic [sti'ærik] *a* Stearin-; **~~ acid** Stearinsäure *f*; **~in** ['stiərin] Stearin *n*.

stedfast *s*. **steadfast**.

steed [sti:d] *lit od hum* (Streit-)Roß *n*.

steel [sti:l] *s* Stahl *a. fig*; Dolch; (Wetz-)Stahl *m*; Drahtstange *f*; *fig* Härte *f*; *a* stählern, stahlhart; Stahl-; *tr* (ver)stählen; *fig* stählen, abhärten; hart, gefühllos machen; *to* ~ *o.s. against* sich wappnen gegen; *an enemy worthy of o.'s* ~ ein würdiger Gegner *m*; **alloy** ~ legierte(r) Stahl *m*; *Bessemer* ~ Bessemerstahl *m*; **cast** ~ Gußstahl *m*; **damask** ~ Damaszenerstahl *m*; **forging-**~ Schmiedeeisen *n*; **hard-**~ Hartstahl *m*; **ingot, medium carbon-**~ Flußstahl *m*; **mild, soft** ~ Flußeisen *n*; **nickel-**~ Nickelstahl *m*; **puddled** ~ Puddelstahl *m*; **raw** ~ Rohstahl *m*; **rolled** ~ Walzstahl *m*; **structural** ~ Baustahl *m*; **superrefined** ~ Edelstahl *m*; **tool-**~ Werkzeugstahl *m*; ~ **alloy** Stahllegierung *f*; **~-armoured, -clad, -plated** *a* stahlgepanzert; ~ **articles** *pl* Stahlwaren *f pl*; ~ **band** Stahlband *n*; ~ **bar** Stahlstange *f*; ~ **blade** Stahlklinge *f*; **~-blue** stahlblau; **~-bottle** Stahlflasche *f*; ~ **concrete** Stahlbeton *m*; ~ **conduit** Stahlrohr *n*; ~ **construction** Stahlbau *m*; ~ **engraving** Stahlstich *m*; ~ **foundry** Stahlgießerei *f*; ~ **frame** Stahlgerüst, -skelett *n*; **~-gray** stahlgrau; ~ **industry** Stahlindustrie *f*; **~-ing** ['-iŋ] Verstählung *f*; ~ **ingot** Stahlbarren *m*; ~ **mill, works** *pl*, *a*. mit sing Stahlwerk(e *n*) *pl*; ~ **output** Stahlproduktion *f*; ~ **plate** Stahlplatte *f*, -blech *n*; ~ **production** Stahlerzeugung *f*; **~ rope** Stahlseil *n*; ~ **spring** Stahlfeder *f*; ~ **tower** Stahlmast *m*; ~ **tubing** Stahlrohr *n*; ~ **vault** Stahlkammer *f*; ~ **wire** Stahldraht *m*; ~ **wool** Stahlwolle *f*; **~y** ['-i] stählern *a. fig*; Stahl-; **~yard** Laufgewichts-, Schnellwaage *f*.

steep [sti:p] **1.** *a* steil, abschüssig; jäh; *fam* gewaltig, mächtig; *fam (Preis)* gesalzen, exorbitant, happig; *(Geschichte)* unwahrscheinlich; *s lit* Steilhang *m*; **~en** ['-ən] *tr itr* steil(er) machen, werden; *(Preise)* anziehen; **~ness** ['-nis] Steilheit *f*; ~ **slope** Steilabhang *m*; **2.** *tr* einweichen, -tunken; sich vollsaugen lassen; imprägnieren *(in, with* mit); *(Tee)* ziehen lassen; *itr* eingeweicht werden; *to* ~ *o.s. (fig)* sich versenken *(in* in); *s* Einweichen *n*; Lauge *f*; **~ed** [-t] *a* gesättigt *(in* mit).

steeple ['sti:pl] (Kirch-)Turm *m*; Turmspitze, -haube *f*; **~chase** Hindernisrennen *n*; Querfeldeinlauf *m*.

steer [stiə] **1.** *tr* steuern *a. fig*; *fig* lenken, leiten, führen; *(Schritte)* richten, lenken *(to* nach, auf*)*; *itr* steuern, lenken; sich steuern, lenken lassen; Kurs nehmen *od* halten *(for* auf*)*; *s Am sl* Tip, Wink *m*; *to* ~ *clear of s.o.* jdm aus dem Weg gehen; **~able** ['-rəbl] lenkbar; **~age** ['-ridʒ] Steuerung *f*; *mar* Zwischendeck *n*; **~~ passenger** Zwischendeckpassagier *m*; **~ing** ['-riŋ] Steuerung *f*; **~~ axle** Lenkachse *f*; **~~ column** *(mot)* Lenksäule *f*; **~~ committee** Lenkungs-, Organisationsausschuß *m*; **~~-gear** Steuer-, Lenkvorrichtung *f*; *mot* Spurstange *f*; *mar* Ruderanlage *f*; **~~ lock** *(mot)* Lenkradschloß *n*; **~~-play** *(mot)* tote(r) Gang *m*; **~~-wheel** Lenk-, Steuerrad *m*; **~less** ['-lis] steuerlos; **~sman** ['-zmən] Steuermann *m*; **2.** junge(r) Ochse, *(seltener)* Bulle; *Am* Mastochse *m*.

stein [stain] *Am* Bier-, Maßkrug *m*.

stell|ar ['stelə] *a* Stern-; *theat film* Star-, Haupt-; führend; hervorragend; **~ate** ['-it] sternförmig.

stem [stem] *s bot* Stamm, Stengel; Stiel *a. allg*; Schaft *m*; *(Glas)* Fuß *m*; *(Pfeife)* Rohr *n*; *(Note)* Hals *m*; *(Buchstabe)* Grundstrich; *(Wort)* Stamm *m*, Wurzel *f*; *mar* (Vorder-)Steven; Bug; *sport* Schneepflug *m*; *pl Am sl* Beine *n pl*; *tr (Früchte)* entstielen; hemmen, aufhalten; *(Blut)* stillen; *itr* stammen, herrühren, kommen *(from* von*)*; *from* ~ *to stern* von vorn bis hinten; **~less**

stem turn ['-lis] ungestielt; **~ turn** Stemmbogen m; **~-winder** Am Remontoiruhr f; Am fam As n; Knüller m.

stench [stentʃ] s Gestank m; **~-trap** Siphon m (Kanalisation).

stencil ['stensl] s Schablone f; Schablonenarbeit f, -druck m; (Maschinenschreiben) Matrize f; tr mit e-r Schablone herstellen; auf Matrize(n) schreiben; to type ~s Matrizen schreiben.

steno ['stenou] tr itr fam stenographieren; **~g** ['-og] Am sl s Stenotypistin f; tr itr stenographieren.

steno|graph ['stenəgra:f] tr itr stenographieren; s Stenogramm; stenographische(s) Zeichen n; Stenographiermaschine f; **~grapher** ['stenəgrɑːfə] Stenograph(in f) m; **~grapher-typist** Am Stenotypist(in f) m; **~graphic(al)** [stenə'græfik(əl)] stenographisch; **~graphy** ['ste'nɔgrəfi] Stenographie, Kurzschrift f; **~type** ['stenətaip] Stenographiermaschine f; Abkürzung f, Sigel n; **~typist** ['stenətaipist] Maschinenstenograph(in f) m.

step [step] **1.** s Schritt, Tritt m; kurze Strecke f; Katzensprung fig; Gang (Art zu gehen); (schwerer od fester, leichter) Schritt, Tritt; Fuß(s)tapfen; Tanzschritt; Tritt(brett n) m, Stufe; fig Stufe f, Grad, Schritt; fig Schritt m, Unternehmen, Wagnis mus Intervall n; itr schreiten, treten, stapfen; gehen, kommen, (hinein-)treten, (hinein)geraten (into in); (absichtlich od unabsichtlich) treten (on auf); tr (Schritt) machen; auftreten mit (dem Fuß); (Tanz) tanzen; (Tanzschritt) ausführen; (to ~ off) abschreiten, -messen; mit Stufen versehen; fig abstufen; mar (Mast) einsetzen; **~ by ~** schritt-, stufenweise; Schritt für Schritt, nach u. nach; in ~ im Gleichschritt (with mit); in ~s stufenweise; out of ~ ohne Tritt, nicht im Gleichschritt; a ~ in advance im Schritt vorwärts; to be out of ~ nicht Schritt halten (with mit); to break ~ aus dem Schritt kommen; to fall in ~ (mil) Tritt fassen; to follow, to tread in s.o.'s ~s (fig) in jds Fußtapfen treten; to get out of ~ aus dem Schritt kommen; to keep ~ with Schritt halten mit; to make a long ~ (fig) e-n tüchtigen Schritt vorwärtskommen; to retrace o.'s ~s den gleichen Weg zurück-, noch einmal gehen; to take ~s Schritte unternehmen; to watch o.'s ~s vorsichtig gehen, fig sein; aufpassen; to ~ on the gas, to ~ on it (mot) Gas geben a. fig; sich beeilen; to ~ high die Füße hochziehen; to ~ it tanzen; to ~ on s.o.'s toes (fig) jdm auf die Füße treten; jdn beleidigen; ~ in! (Am) herein! ~ lively! mach schnell, fam zu! weitergehen, bitte! ~ this way komm (hier)her! mind the ~! Vorsicht, Stufe! quick ~ Geschwindigkeitsschritt m; to ~ **along** einherschreiten; to ~ **aside** zur Seite treten, ausweichen; fig abschweifen; to ~ **back** zurücktreten; to ~ **down** itr hinuntergehen; zurücktreten, s-n Abschied nehmen; abnehmen; tr herabsetzen; el herabtransformieren, umspannen; to ~ **forward** vortreten; to ~ **in** hereinkommen, hineingehen; fig sich einschalten, -mischen, sich ins Mittel legen, eingreifen; to ~ **off** aussteigen; Am sl ins Gras beißen; ~ the carpet (Am sl) heiraten; to ~ **out** kurz hinausgehen; aussteigen; tüchtig ausschreiten, sich beeilen; Am fam s-e Stellung aufgeben; Am fam ausgehen, sich mal amüsieren, ein Stelldichein haben; on s.o. mit jdm e-n Seitensprung machen; to ~ **up** itr hinaufgehen; näherkommen, sich nähern, zugehen (to s.o. auf jdn); vorwärts-, weiterkommen; zunehmen; tr steigern; vermehren; beschleunigen; el hochtransformieren; **~dance** Steptanz m; **~-ins** pl fam (Damen-)Schlüpfer m; Pantoffeln, Slippers m pl; **~-ladder** Trittleiter f; **~mobile** schnelle(r) Wagen m; **~-off** s Am Absinken; Abtropfen m; **~ping-stone** Trittstein m; fig Sprungbrett n; **~-switch** Stufenschalter m; **~-up** a stufenweise erhöhend; **~-wise** schritt-, stufenweise **2.** Stief-; **~brother, child, daughter, father, mother, sister, son** Stiefbruder m, -kind n, -tochter f, -vater m, -mutter, -schwester f, -sohn m.

Stephen ['stiːvn] Stephan m.

steppe [step] Steppe f.

stereo|chemistry [stiəriə'kemistri, steriə(u)'-] Stereochemie f; **~chromy** ['stiəriəkroumi] Stereochromie f; **~graphy** [stiəri'ɔgrəfi] Stereographie f; **~metric(al)** [stiəriə'metrik(əl)] stereometrisch; **~metry** [stiəri'ɔmitri] Stereometrie f; **~phonic** [stiəriə'fɔnik] (Tonübertragung) stereophon(isch); **~ record** stereophone Schallplatte f; **~scope** ['stiəriəskoup, 'steriə-] Stereoskop n; **~scopic** [stiəriə'skɔpik(əl)] stereoskopisch; **~type** [stiəriətaip] s typ Druckplatte f, Klischee n a. fig; = **~typy**; tr stereotypieren; fig e-e feste Form geben (s.th. e-r S), ein für allemal festlegen; **~typed** ['-t] a stereotyp, stets gleichbleibend, unver-

stereotypy 971 **stick**

änderlich; **~typy** ['stiəriətaipi] Stereotypgießerei *f*, -druck *m*.

steril|e ['sterail] unfruchtbar *a. fig*; steril; keimfrei; *fig* wirkungslos; fruchtlos, nutzlos; langweilig; **~ity** [ste'riliti] Unfruchtbarkeit; *fig* Keimfreiheit *f*; **~ization** [sterilai-'zeiʃən] Unfruchtbarmachung; Sterilisierung; Entkeimung *f*; **~ize** ['sterilaiz] *tr* unfruchtbar machen; sterilisieren; entkeimen.

sterling ['stə:liŋ] echt, unverfälscht; (*Metall*) gediegen; vollwertig; *a pound* ~ ein Pfund Sterling; ~ **area** Sterlinggebiet *n*.

stern [stə:n] **1.** ernst, streng, hart; (*Blick*) finster; abstoßend; *fig* unnachgiebig, unerbittlich; **~ness** ['-nis] Ernst *m*, Strenge *f*; **2.** *mar* Heck *n*; *allg* hintere(r) Teil *m*; **~-heavy** *aero* schwanzlastig; **~post** Achtersteven *m*; ~ **sheets** *pl* (*Boot*) Achtersitze *m pl*.

stern|al ['stə:nl] *a anat* Brustbein-; **-um** ['-əm] *pl a. -a* ['-ə] Brustbein *n*.

stertor ['stə:tə] *med* Röcheln, Schnarchen *n*; **~ous** ['-rəs] *med* röchelnd, schnarchend.

stet [stet] *imp typ* bleibt!

stethoscope ['steθəskoup] *med* Hörrohr *n*.

Stetson ['stetsən] (~ *hat*) (*Warenzeichen*) *Am Art* breitkrempige(r) Filzhut *m* (*der Cowboys*).

stevedore ['sti:vidɔ:] *mar* Stauer *m*.

stew [stju:] **1.** *tr* schmoren *a. fig*; dämpfen; *tr itr* langsam kochen, bei schwacher Hitze kochen (lassen); *fig fam* (sich) ärgern; *s* Eintopf(essen *n*); *fam* Ärger *m*, Wut *f*; *Am sl* Säufer *m*, Besäufnis *f*, Durcheinander *n*; *pl* Bordell *n*; *to be in a* ~ vor Wut kochen; außer sich sein; *to* ~ *in o.'s own juice* (*fig*) im eigenen Saft schmoren; *Irish* ~ Hammelfleisch *n* mit Kartoffeln u. Zwiebeln; **~ed** [-d] *a* geschmort, gedämpft; *Am sl* besoffen; ~~ *fruit* Kompott *n*; **~pan**, **~pot** Schmor-, Kochtopf *m*; **2.** Fischkasten, -teich; Austernpark *m*.

steward ['stjuəd] Haushofmeister; (Grundstücks-)Verwalter; Sportkommissar, (Fest-)Ordner; *mar* Proviantmeister; *mar aero* Steward *m*; *shop* ~ Betriebsrat(svorsitzende(r)) *m*; **~ess** ['-is] Verwalterin, Beschließerin; *mar aero* Stewardeß *f*.

stick [stik] *irr stuck, stuck* [stʌk] *tr* (durch)stechen; durchbohren; ab-, er-, totstechen; schlachten; sich stechen in; (*spitzen Gegenstand*) stechen, stecken, stoßen (*into* in); anstecken, -heften; bestecken; (an)kleben; *agr* mit Stangen versehen, anpfählen; *fam* (hinein)stecken, tun, legen (*into* in); *fam* beschmieren, schmierig, klebrig machen; *fam* verblüffen, aus der Fassung bringen, vor den Kopf stoßen; *sl* was Schönes aufhalsen, -laden (*s.o.* jdm); *sl* das Geld aus der Tasche ziehen *fig* (*s.o.* jdm); *sl* 'reinlegen; *sl* vertragen, aushalten, -stehen; *itr* (*heraus-*, *hervor*)stehen; stecken(bleiben), kleben(bleiben), haften (*to* an), picken; haften-, hängenbleiben *a. fig*; sich genau halten (*to the text* an den Wortlaut); *fig* hängen, festhalten (*at, to* an); verbunden sein (*at, to* mit); durchhalten; sich halten (*to* an), bleiben (*to* bei), beibehalten (*to s.th.* etw); *tech* nicht mehr funktionieren (wollen); (*Türe*) klemmen; *fig* stecken-, hängenbleiben, nicht weiter, nicht zum Ziel kommen; (*unverkauft*) liegenbleiben; im Zweifel, unschlüssig sein; zögern, zaudern, zurückschrecken (*at* vor); *s* Stock, Stecken, Knüppel; Stab *m*, Stange *f*; Stäbchen *n*, Stift *m*; Stück *n* (Seife); (Schokolade-)Riegel; Schaft; Stengel; (Takt-)Stock; (Hockey-)Schläger *m*; *sport* Hürde *f*; (*joy* ~) *aero* Steuerknüppel; *mar* Mast; *typ* Winkelhaken *m*; Schriftzeile *f*; Stich *m*; Klebkraft *f*; Schuß (*Alkohol in e-m Getränk*); (~ *of bombs*) (Bomben-)Reihenabwurf; *fam* Sack, blöde(r) Kerl, Tranpott; *Am sl* Zahn *m*, (hohes) Tempo; *Am sl* Pech *n*; *Am sl* Zigarette *f*; *Am sl* Croupier *m*; *pl Br sl* bescheidene(s) Mobiliar *n*; *Am sl* Provinz, ländliche Gegend *f*; *in a cleft* ~ in der Klemme; *in the ~s* (*Am fam*) j. w. d., wo sich Füchse u. Hasen gute Nacht sagen; *through* ~ *and stone* über Stock u. Stein; *to be stuck* (*fig*) in der Tinte, Patsche sitzen; (*Am sl*) versessen sein (*on* auf); vernarrt sein (*on* in); *to be from the ~s* (*Am sl*) aus der Provinz kommen; *to beat to ~s* kurz u. klein schlagen; *fig* abhängen; *to get stuck* steckenbleiben, festfahren (*in the mud* im Schlamm); *fig* hereinfallen; *to get, to have hold of the wrong end of the* ~ die Sache nicht mitkriegen; *to go to ~s and stones* in die Brüche, in Scherben gehen; *to take a* ~ *to s.o.* jdn verprügeln; *to want the* ~ Schläge brauchen; *to* ~ *to o.'s guns* s-n Standpunkt vertreten; *to* ~ *o.'s hands in o.'s pockət* die Hände in die Tasche stecken; *to* ~ *it on* (*sl*) den Mund mächtig voll-

stick around — stigmatize

nehmen, tüchtig angeben; to ~ it out (Am fam) es aushalten, durchhalten; to ~ out a mile offensichtlich sein; to ~ o.'s neck out sich herausfordernd benehmen; etw riskieren; to ~ o.'s nose into s.th. s-e Nase in etw stecken; to ~ at nothing vor nichts zurückschrecken; to ~ to o.'s promise sein Versprechen halten; to ~ to o.'s ribs (Am sl) sich vollschlagen; to ~ to s.o.'s throat jdm im Halse steckenbleiben; ~ no bills (Zettel-)Ankleben verboten; not a ~ was left standing es blieb kein Stein auf dem andern; ~ them up! (Am sl) Hände hoch! broom~ Besenstiel m; composing-~ (typ) Winkelhaken m; drum-~ Trommelstock m; fiddle-~ Geigenbogen m; lip-~ Lippenstift m; small ~s (pl) Reisig n; walking ~ Spazierstock m; a ~ of sealing-wax e-e Stange Siegellack; a ~ of shaving--soap ein Stück Rasierseife; to ~ **around** sl in der Nähe bleiben; to ~ **by** fam zur Stange halten; to ~ **down** zukleben, verschließen (an envelope e-n Briefumschlag); to ~ **out** itr (Nagel) herausstehen; bestehen (for auf); fig deutlich sichtbar sein; tr herausst(r)ecken; to ~ **together** fig zs.-halten; to ~ **up** itr hoch-, aufrecht stehen, aufragen; (Nagel) herausstehen; fam sich ins Zeug legen (for für); tr aufrichten; sl (überfallen u.) be-, ausrauben; to be stuck up (fam) die Nase hochheben, hochnäsig sein; to ~ o.s. up (fam) sich herausstreichen; **~er** ['-ə] Schlachter, Schlächter; Ankleber; fam zähe(r) Bursche, hartnäckige(r) Mensch m; Klette f; Dorn, Stachel; Am Klebe-, Aufklebzettel m; fam schwierige Sache f, Rätsel, Problem n; bissige Bemerkung f; com Ladenhüter m; **-ful** ['-ful] typ Schriftzeile f; **-iness** ['-inis] Klebrigkeit f; **-ing** ['-iŋ] Stechen, Stecken; Kleben, Heften n; ~~-place, -point (fig) entscheidende(r) Augenblick m; Entscheidung f; ~~-plaster Heftpflaster n; **~-in--the-mud** fam Schlafmütze f, Trauerkloß m; **-jaw** klebrige(r, s) Bonbon m od n; ~~-out Am sl hervorragende Sache f; überlegene(r) Mensch m; **-pin** Am Krawattennadel f; **~-to-itiveness** [-'tu:itivnis] Am fam Ausdauer, Zähigkeit f; **-um** ['-ʌm] Am fam Klebstoff m; **-up** fam Vatermörder, Stehkragen; sl Raubüberfall m; **-y** ['-i] klebrig; fam (Wetter) schwül, drückend, dämpfig; sl schwierig, ungefällig, linkisch; I feel ~~ (Am sl) mir ist (so) mies; ~~ charge Haftmine;

Hafthohlladung f; ~~-fingered (Am sl a) mit langen Fingern; knickig; ~~ label Klebezettel m; ~~ wicket (Br sl) schwierige Lage, Patsche f.

stickle ['stikl] itr etwas einzuwenden haben; Schwierigkeiten machen; streiten, zanken (about um); **-back** zoo Stichling m; **-r** ['-ə] Eiferer (for für), (hartnäckiger, eifriger) Verfechter (for gen); fam (alter) Meckerer, Nörgler, Pedant m (for mit).

stiff [stif] a steif, starr; schwer beweglich; (ge)straff(t), gespannt; steifgefroren, gliedersteif, unbeweglich, schwerfällig; (Schaum) steif, fest; (Arznei, alkoholische Getränke) stark; (Grog) steif; (Wind) heftig; (Brise) steif; (Examen) schwer; (Strafe) schwer, hart; ungeschickt, gezwungen, steif, förmlich; (~-necked) hartnäckig, halsstarrig, verbissen, unbeugsam; fam (Preis) hoch, überhöht; fam schwierig, kompliziert; sl voll (with von); sl außerordentlich; Am sl besoffen; Am sl (Scheck) gefälscht; s Am sl Wisch; Kassierer m; Leiche f; Besoffene(r) m, Bierleiche f; (big ~) blöde(r) Kerl; linkische(r), steife(r), förmliche(r) Mensch; (Wander-)Arbeiter; Versager; Strolch, Landstreicher m; ~ as a poker, a ramrod steif wie ein Besenstiel; to bear s.o. ~ (sl) jdn zu Tode langweilen; to keep a ~ upper lip die Ohren steifhalten; **-en** ['stifn] tr versteifen, straffen; (Preise) ansteigen lassen; (Flüssigkeit) verdicken; itr steif, hart werden; sich verfestigen, sich verhärten; erstarren; (Preise) anziehen, sich festigen; fig sich versteifen; **-ener** ['-nə] feste Einlage; Versteifung f; fam Stärkung f, Schnäpschen n; Schuß m (Alkohol); sport Am sl Entscheidungskampf m, Siegestor n, K.-o.-Schlag m; **-ening** ['-niŋ] Versteifung, Verstärkung f; (Preise) Anziehen n; **~-necked** a fig halsstarrig; **-ness** ['-nis] Steife, Steifheit a. fig; Hartnäckigkeit f.

stifl|e ['staifl] **1.** tr ersticken a. fig; fig unterdrücken; (Hoffnung) zerstören; itr ersticken; (vor Hitze) umkommen; **-ing** ['-iŋ] (Hitze) erstickend; **2.** s (Pferd, Hund) Kniegelenk n.

stigma ['stigmə] pl a. **-ta** ['-tə] fig Schandfleck m, Stigma n; rel pl (-ta) Wundmale n pl (Christi); med Symptom n; bot Narbe; zoo Tracheenöffnung f; **-tization** [stigmətai'zeiʃən] Brandmarkung; Stigmatisierung f; **-tize** ['stigmətaiz] tr brandmarken; stigmatisieren.

stile [stail] Zauntritt, -übergang *m*.
stiletto [sti'letou] *pl* -*o(e)s* Stilett *n*; Pfriem *m*; **~ (heel)** Pfennigabsatz *m*.
still [stil] **1.** *a* still, ruhig, schweigend; leise; ruhig, bewegungs-, reglos, unbewegt; *(Wein)* nicht schäumend; *(Wasser)* stehend; *phot* Stand-, Steh-; *s poet* Ruhe, Stille *f*; *phot* Stehbild, Standphoto; *fam (Kunst)* Stilleben *n*; *tr* zum Schweigen, zur Ruhe bringen; beruhigen, erleichtern; *adv* (immer) noch; nach wie vor; *vor Komparativ:* noch; *a. conj* (den)noch; trotzdem; *to hold* ~ stillhalten; *to keep* ~ schweigen; *to sit* ~ stillsitzen; ~ **birth** Totgeburt *f*; **~born** *a* totgeboren; ~ **hunt** *Am* Pirsch *f*; **~hunt** *Am itr* pirschen; *tr* beschleichen; **~life** *pl* **~lifes** *(Kunst)* Stilleben *n*; ~ **more** noch mehr; **~ness** ['-nis] Stille, Ruhe *f*; ~ **projector** Bildwerfer, Projektionsapparat *m*; **~y** ['-i] *a poet* still, ruhig. **2.** Destillierapparat *m*; Brennerei, *fam* Destille *f*; **~er** ['-ə] Brenner *m*; **~room** Destillierraum *m*, Hausbrennerei *f*; Vorratsraum *m*.
stilt [stilt] Stelze *f*; *arch* Pfahl *m*; **~ed** ['-id] *a fig* hochtrabend, gespreizt, anspruchsvoll; *arch* auf Pfählen.
stimul|ant ['stimjulənt] *a* anregend, stimulierend; erregend; *s* Ansporn, Antrieb, Anreiz *m (of für)*; Reizmittel, Stimulans *n*; **~ate** ['-eit] *tr* anspornen *(to zu)*; anreizen, -regen *(s.o. into s.th.* jdn zu etw); stimulieren; erregen, beleben; **~ation** [stimju'leifən] Ansporn, Anreiz, Kitzel *m*; Belebung *f*; **~ative** ['stimjuleitiv] *a* anregend, stimulierend; *s* Reizmittel *n*; **~us** ['-əs] *pl* -*i* ['-ai] Ansporn, Anreiz *m*; Aufmunterung *f*; Reizmittel *n*; *med* Reiz *m*; ~~ *threshold* Reizschwelle *f*.
sting [stiŋ] *irr stung, stung* [staŋ] *tr* stechen *(on the cheek* in die Wange); beißen, brennen; schmerzen; *fig* verwunden, verletzen; *fig* an-, aufstacheln *(intozu)*; *meist Passiv:* 'reingelegt werden; *sl* anpumpen; *(for* um); *itr* stechen; brennen, prickeln, schmerzen, weh tun; *s* Stechen *n*; Stich; Biß; stechende(r) Schmerz; *zoo bot (Gerät)* Stachel *m*; *bot* Brennhaar *n*; *fig* Schärfe *f*; Stärke(r) Anreiz, Ansporn; *(Gewissen)* Stachel *m*; **~aree** ['-əri:] *zoo* Stechrochen *m*, Feuer-, Giftflunder *f*; **~er** ['-ə] Stechende(r) *m*; stechende(s) Tier *n*, stechende Pflanze *f*; Stachel; *fam* heftige(r), starke(r) Schlag *m*; *fam* beißende, bissige Bemerkung *f*; *sl* (Glas *n*) Whisky mit Soda; *Am* Pfefferminzlikör *m* mit Eis; *Am sl* ungelöste(s) Problem *n*; **~ing** ['-iŋ] stechend; ~~ *hair (bot)* Brennhaar *n*; **~~-nettle** Brennessel *f*; **~o** ['-gou] *sl* starke(s) Bier *n*; *fig* Mumm *m*, Kraft *f*; **~-ray** = ~aree.
sting|iness ['stindʒinis] Knauserigkeit *f*, Geiz *m*; **~y** ['stindʒi] geizig, knauserig, knickig, filzig; dürftig, mager.
stink [stiŋk] *irr stank* [-æ-] *od stunk* [-ʌ-], *stunk itr* stinken *(of* nach) *a. fig*; widerlich, gräßlich, scheußlich, nicht in Ordnung sein; *Am sl* nichts taugen, nicht viel wert sein; *tr (to* ~ *up)* verstänkern, verpesten; *(to* ~ *out)* durch Gestank vertreiben; *s* Gestank, üble(r) Geruch; *Am* Skandal *m*; *pl sl (Schule)* Chemie *f*; *to raise a* ~ *(sl)* Stunk machen; *to* ~ *of money* Geld wie Heu haben; **~ard** ['-ə:d] Stinker; *sl* Scheißkerl; *sl* grobe(r) Brief *m*; **~-bomb** Stinkbombe *f*; **~er** ['-ə] *fam* widerliche(r) Kerl, Stinker *m*; *etw* Widerliches *n*; **~eroo** ['-əru:] *Am sl* langweilig; minderwertig; **~ing** ['-iŋ] *a* stinkend, übelriechend; *fam* gemein, elend, mies, gräßlich, furchtbar, scheußlich; *sl* besoffen; *Am sl* nach Geld stinkend; **~-pot** *fig* widerliche(r) Kerl, Stinker *m*.
stint [stint] *tr* be-, einschränken, in Schranken, knapphalten *(in, of* mit); *to* ~ *s.o. of s.th.* jdm etw verweigern, knauserig zuteilen; *itr* knausern, *fam* knapsen; *to* ~ *o.s.* sich einschränken; *s* Ein-, Beschränkung, Einengung, Begrenzung, Grenze; begrenzte Menge; bestimmte Arbeit, tägliche Aufgabe; *min* Schicht *f*; *without* ~ freigebig.
stipend ['staipend] *jur rel* (festes) Gehalt *n*, Besoldung; Pension *f*; **~iary** [stai'pendjəri] *a fest* besoldet; *s* Festbesoldete(r); *Br* Polizeirichter *m*.
stipple ['stipl] *tr* tüpfeln; *(Kunst)* in Punktiermanier malen; ~ *(Kunst)* Punktiermanier *f*.
stipulat|e ['stipjuleit] *tr* ausbedingen, aus-, abmachen, vereinbaren *(in writing* schriftlich); bestimmen, festsetzen, -legen, vorsehen; *(Bedingungen)* stellen; *as* ~*ed* wie vereinbart; **~ion** [stipju'leifən] Bedingung, Klausel, Bestimmung; Vereinbarung, Abmachung *f*; *on the* ~~ *that* unter der Bedingung, daß.
stir [stə:] **1.** *tr* (leicht, sanft) (hin u. her) bewegen; *fig* aufrühren, -rütteln; *(Flüssigkeit)* um-, *(Pulver)* durchea.-rühren; *(Feuer)* schüren; *fig* (innerlich, seelisch) aufwühlen; erregen; *(to* ~ *up)* auf-, wachrütteln; (an)reizen,

stirabout 974 **stock**

an-, aufstacheln, aufhetzen (*to* zu); *(Haß)* schüren; *itr* sich rühren; sich regen, *fam* sich mucksen; in Bewegung kommen *od* geraten; auf(gestanden), in Bewegung, in Tätigkeit sein; im Gange, *lit* im Schwange sein, s-n Gang gehen, s-n Verlauf nehmen; sich um-, verrühren lassen; *to ~ out* aus dem Haus gehen; *s* Umrühren *n*; Bewegung, Tätigkeit; Bewegung, Erregung, Unruhe *f*; Aufruhr *m*; Getümmel, Gedränge *n*; *to make a ~* Aufsehen erregen; *to ~ s.o.'s bile* jdn ärgerlich machen; *to ~ s.o.'s blood* jds Blut in Wallung bringen; *not to ~ an eyelid* nicht mit der Wimper zucken; *not to ~ a finger* keinen Finger krumm machen *od* rühren; *to ~ o.'s stumps (fam)* die Beine unter den Arm nehmen; Energie zeigen; *to ~ s.o.'s wrath* jdn in Wut bringen; **~about** ['-rəbaut] Mehlsuppe; *fam* Aufregung *f*; **~ring** ['-riŋ] tätig, rührig, geschäftig; er-, aufregend, aufwühlend; **2.** *sl* Kittchen, Gefängnis *n*.
stirps [stə:ps] *pl* **stirpes** ['-i:z] Stamm, Zweig *m (e-r Familie)*, Geschlecht *n*; Stammvater *m*; *biol* Erbmaterial *n*, -faktoren *m pl*.
stirrup ['stirəp] Steigbügel *m*; **~-bone** *anat (Ohr)* Steigbügel *m*; **~-cup** Abschiedstrunk *m*; **~-leather, -strap** Steigriemen *m*; **~-pump** Handfeuerspritze *f*.
stitch [stitʃ] *s (Handarbeiten)* Stich *m*; Masche *f*; *med (~ in the side)* (Seiten-)Stiche *m pl*, Stechen *n*; *med* Naht *f*; *itr tr* nähen *a. med*; *tr* steppen; *(Buch)* heften; *to ~ on* annähen; *itr* sticken (*on* auf); *to be in ~es (fam Am)* sich die Seiten vor Lachen halten; *to drop od to lose, to take up a ~* e-e Masche fallen lassen, aufnehmen; *to have not a ~ on* (ga) nichts anhaben; *to have not a dry ~ on one* keinen Faden Trockenes am Leibe haben; *to put ~es in a wound* e-e Wunde nähen; *she hasn't done a ~ of work today* sie hat heute noch keinen Finger gerührt; *a ~ in time saves nine* gleich getan, viel getan; **buttonhole-~** Knopflochstich *m*; **~-proof** maschensicher.
stiver ['staivə] *hist* Stüber *m (Münze)*; *without a ~* ohne e-n Pfennig (Geld); *not to care a ~ for s.th.* sich nichts, *fam* e-n Dreck aus etw machen.
stoat [stout] Hermelin *(bes. im braunen Sommerfell)*; Wiesel *n*.
stock [stɔk] **1.** *s* (Baum-)Stamm; *bot* (Wurzel-)Stock; Stengel, Strunk *m*; (Pfropf-)Unterlage *f*; *fig* Stammvater, Stammbaum *m*, Nachkommenschaft, Familie *f*; *(Anthropologie)* Stamm *m*, Abstammungsgruppe, Rasse *f*; (Tier-, Pflanzen-)Stamm; Sprachstamm; *tech* Klotz, Block, Kolben; (Gewehr-)Schaft; (Peitschen-)Stock *m*, (Angel-)Rute *f*; Griff; Stiel; *com* Rohstoff *m*, -material *n*; (Papier-)Stoff; (Suppen-, Soßen-)Fond; Vorrat, (Lager-, Waren-)Bestand *m*, Lager, Stapel, Stoß; Viehbestand *m*; Inventar *n*; *(Kartenspiel)* Haufen *m*; *Br* (Stamm-)Kapital; *Am* Aktienkapital; *theat* Repertoire *n*; *zoo* Kolonie *(niederer Tiere)*; *bot* Levkoje *f*; *mar* Ankerstock; *fig* Dummkopf, Klotz *m*; *pl* hist Stock *(Strafe)*; *mar* Stapel *m*, Helling *f*; (Stamm-)Aktien *f pl*; *Br* Obligationen *f pl*, Staatspapiere *n pl*; **2.** *a* Stamm-; Lager-; stets vorrätig, auf Lager; üblich, gewöhnlich; ständig, stereotyp; **3.** *tr* mit e-m Kolben, Schaft, Griff versehen; *(Anker)* stocken; *(Gewehr)* schäften; *(Waren)* führen; mit Material, (neuen) Waren, e-m Lagerbestand versehen; auf Lager halten *od* nehmen; einlagern; **4.** *itr bot* neue Schößlinge treiben; *com* s-n Lagerbestand erneuern *od* auffrischen; *to ~ up on s.th.* sich mit etw eindecken; **5.** *in ~* vorrätig, auf Lager; *on the ~s (Schiff)* auf der Helling, im Bau; in Reparatur; *out of ~* ausverkauft, nicht auf Lager; **6.** *to be in ~* bei Kasse sein; *to be out of ~* nicht vorrätig haben; *to have, to keep in ~* auf Lager *od* vorrätig haben; *to lay in a ~ of s.th.* sich von etw e-n Vorrat anlegen; *to put much ~ in s.th.* auf etw viel Wert legen; *to take ~* Inventur, Bestandsaufnahme machen; Aktien kaufen (*in* bei); *in s.th. (fam)* Wert auf etw legen, Interesse an etw haben; *of s.th.* etw in Betracht, in Erwägung ziehen; sich über etw klar werden; **7.** *actual ~* Ist-Bestand *m*; *dead ~* tote(s) Inventar *n*; *fat ~* schlachtreife(s) Vieh *n*; *a laughing ~* e-e Zielscheibe des Spottes; *live ~* lebende(s) Inventar *n*, Viehbestand *m*; *preference ~* Vorzugsaktie *f*; *remainder of ~* Restbestand *m*; *rolling ~* rollende(s), Betriebsmaterial *n*; *~ in bank* Bankguthaben *n*; **~-in--hand** Warenbestand *m*; **~-in-trade** Warenvorrat, Warenlager *n*; Stamm-, Betriebskapital *n*; *fig* feste(r) Bestand *m*; *~ of goods* Warenlager *n*; *~ of plays (theat)* Repertoire *n*, Spielplan *m*; *~ of shares* Aktien-, Effekten-

stock-account   975   **stone**

bestand *m*; **~s and stones** Ölgötzen *m pl*; **~-account** Waren-, Lager-, Kapitalkonto *n*; **~-book** Lager-, Bestandsbuch; Aktionärsbuch *n*; **~-breeder, -farmer, -raiser** Viehzüchter *m*; **~-breeding, -farming, -raising** Viehzucht *f*; **~-broker** Börsenmakler, Effektenhändler *m*; **~-broking** Börsen-, Effektenhandel *m*; **~-business** Effektengeschäft *n*; **~-capital** Anlage-, Grund-, Aktienkapital *n*; **~-car** *Am rail* Viehwagen; *mot* Serienwagen *m*; **~-certificate** Aktienzertifikat *n*; **~-check** Bestandsaufnahme *f*; **~-company** Repertoiregruppe; *com* Aktiengesellschaft *f*; **~-deposit** *Br* Wertpapierdepot *n*; **~-exchange** Wertpapier-, Aktienbörse *f*; **~-dealings** *(pl)* Börsengeschäfte *n pl*; **~ list** Börsenzettel *m*; **~ news** *(pl mit sing)* Börsenbericht *m*; **~-farm** Zuchtfarm *f (Vieh)*; **-fish** Stockfisch *m*; **-holder** *Am* Aktionär *m*; Effektenbesitzer *m*; **-ist** ['-ist] Fachhändler *m*; **~-jobber** Börsenspekulant *m*; **~-jobbing** Börsenspekulation *f*; **~-keeper** Lagerhalter *m*; **~-keeping** Lagerhaltung *f*; **~-list** *Am* Kurszettel *m*; **-man** *(Am, Australien)* Viehzüchter *m*; **~-market** Effektenmarkt *m*; Wertpapierbörse *f*; **~~ crash** Börsenkrach *m*; **~~ credit** Lombardkredit *m*; **~-pile** *Am s* große(r) Vorrat *m*, Reserve(vorrat *m*) *f*; *itr* (sich) große Vorräte anlegen; *tr* sammeln, anhäufen, (auf)stapeln; auf Lager nehmen; **~-play, -piece** *theat* Repertoirestück *n*; **~ price** *Am* Aktienkurs *m*; **~-receipt** Wareneingang *m*; **~-record** Lagerkarte *f*; Aktienregister *n*; **~-room** Vorrats-, Lagerraum *m*; **~-size** Normalgröße *f*; **~-still** (mucks)mäuschenstill; **~-taking** Bestandsaufnahme, Inventur; *fig* Orientierung *f*; **~ sale** Inventurausverkauf *m*; **~-transfer tax** Börsenumsatzsteuer *f*; **~-warrant** = **~-certificate**; **~y** ['-i] stämmig, untersetzt; **~-yard** Viehhof *m*.
stockade [stɔ'keid] *s* Palisade; Einfried(ig)ung *f*, (Latten-)Zaun *m*; *tr* mit e-r Palisade umgeben, einfried(ig)en.
stockinet [stɔki'net] Stockinett *n*.
stocking ['stɔkiŋ] Strumpf *m*; *in o.'s* **~ed feet** in Strümpfen, ohne Schuhe; **~ suspender** Strumpfhalter *m*; **~-trade** Wirk- u. Strickwarenhandel *m*; **~-weaver** Strumpfwirker *m*.
stodg|e [stɔdʒ] *sl s* fette(s) Essen *n*; *fig* schwere(r) Brocken *m*; *itr* sich den Bauch vollschlagen, sich vollstopfen *(with* mit); **~y** ['-i] *(Essen)* fett, schwer (-verdaulich); vollgestopft, -gepfropft, gepackt; stämmig, untersetzt, dick; *fig* schwerfällig, langweilig, spießig.
stogie, stog(e)y ['stougi] *Am* billige Zigarre *f*; klobige(r) Schuh *m*.
stoic ['sto(u)ik] Stoiker *m*; **~(al)** ['-(əl)] stoisch; **-ism** ['-isizm] Stoizismus *m*.
stoke [stouk] *tr (Feuer)* schüren; *(Ofen)* (an)heizen, *tech* beschicken; *(Essen)* hineinstopfen; *itr* heizen; *(to ~ up) fam* sich vollschlagen; **~hold** *mar* Heizraum *m*; **~hole** Schürloch *n*; *mar* Heizraum *m*; **~r** ['-ə] Heizer *m*.
stole [stoul] **1.** *pret von* **steal**; **2.** Stola *f*.
stolid ['stɔlid] blöd(e), stupide, stumpf (-sinnig), schwerfällig; **-ity** [stɔ'liditi] Blödheit, Stupidität, Stumpfheit *f*, **-sinn** *m*, Schwerfälligkeit *f*.
stomach ['stʌmək] *s* Magen; Bauch, (Unter-)Leib; *fig* Appetit *m*, Eßlust; Begierde *f*, Wunsch *m*, Verlangen *n (for* nach); *tr* vertragen, verdauen können; ertragen, aushalten (können); *(Beleidigung)* einstecken; *fam* schmecken, riechen können *(s.o.* jdn); *on a full, an empty* **~** auf vollen, leeren Magen; *to turn o.'s* **~** jdn anekeln; *I have no* **~** *for it* ich habe keine Lust dazu; **~-ache** Magen-, Leibschmerzen *m pl*, Leib-, Bauchweh *n*; **~ic(al)** [sto'mækik(əl)] *a* Magen-magenstärkend; *s* magenstärkende(s) Mittel *n*; **~~ dilatation** Magenerweiterung *f*; **~ ulcer** Magengeschwür *n*.
ston|e [stoun] *s* Stein *m*; Gestein *n*; (Bau-, Pflaster-, Mühl-, Wetz-, Meilen-, Grenz-, Grab-)Stein; *(precious* **~~)** (Edel-)Stein *m*; Hagelkorn *n*; *(Obst)* Kern *m*; *med* (Gallen-/Blasen-)Stein; *a* steinern; Stein-; Steingut-; *tr* mit Steinen werfen (nach), steinigen; mit Steinen pflastern; *(Frucht)* entsteinen; *to cast, to throw* **~~** *at s.o. (fig)* mit Steinen nach jdm werfen; *to cast the first* **~~** *(fig)* den ersten Stein werfen; *to harden into* **~~** verhärten, zu Stein werden lassen; *to leave no* **~~** *unturned (fig)* alle Hebel in Bewegung setzen; *to mark with a white* **~~** rot im Kalender anstreichen; *a* **~~'s** *cast, throw* ein Steinwurf (weit), *fam* ein Katzensprung; *gall-~~ (med)* Gallenstein *m*; *paving-~~* Pflasterstein *m*; *philosopher's* **~~** Stein *m* der Weisen; *stepping-~~* Trittstein *m*; *S-~ Age* Steinzeit *f*; **~~-bedding** *(tech)* Steinbettung *f*; **~~-blind** stockblind; **~~-break** *(bot)*

Steinbrech *m*; **~-broke** *(a Am sl)* völlig abgebrannt, ohne e-n Pfennig (Geld); **~-chat** ['·tʃæt] *orn* Schwarzkehlchen *n*; **~-crop** *(bot)* Mauerpfeffer *m*; **~-crusher** Steinbrecher *m*; **~-cutter** Steinmetz, -hauer *m*; **~-dead** mausetot; **~-deaf** stocktaub; **~-floor** Steinfußboden *m*; **~-fruit** Steinobst *n*; **~-jug** Steinkrug *m*; **~-marten** Steinmarder *m*; **~-mason** Steinmetz *m*; **~-pine** *(bot)* Pinie *f*; **~-pit** Steinbruch *m*; **~-wall(ing)** Obstruktion(spolitik) *f*; *sport* Mauern *n*; **~-ware** Steingut *n*; **~-work** Mauerwerk *n*; **~y** ['·i] steinig; steinhart; *poet* steinern; *fig* (**~-hearted**) hart(herzig), mitleidlos, kalt; *fam* pleite, abgebrannt.

stooge [stuːdʒ] *s Am fam theat* Partner *m*, der Stichworte liefert; *pej* Helfershelfer, Trabant, Lakai; Strohmann, Sündenbock *m*; *itr fam* Lakaiendienste tun (*for* für); als Strohmann tätig sein; *to ~ around (sl)* ziellos umherwandern.

stool [stuːl] *s* Hocker, Schemel *m*; *(foot~)* Fußbank; *arch* Fensterbank; *obs* Toilette *f*, Klosett *n*; *med* Stuhl (-gang) *m*; *bot* Schößling, Baumstumpf; Lockvogel(stange *f*) *m*; *to fall between two ~s (fig)* sich zwischen zwei Stühle setzen; **folding ~** Faltstuhl *m*; **music-~** Klavierhocker *m*; **night-~** Nachtstuhl *m*, Zimmerklosett *n*; **office-~** Bürohocker *m*; **three-legged ~** Dreibein *m*; **~-pigeon** Locktaube *f*; *fig* Lockvogel, Spitzel *m*.

stoop [stuːp] **1.** *itr* sich bücken, sich beugen; sich neigen; sich niederhocken; gebeugt, vornübergeneigt gehen; *fig* sich demütigen, sich erniedrigen, *(sittlich)* sinken; sich herablassen, sich hergeben (*to* zu); *(Vogel)* herabstoßen (*on* auf); *tr (Kopf)* beugen, neigen; *s* Beugen, Bücken; Niederhocken *n*; gebeugte (Körper-) Haltung; *fig* Herablassung *f*; *(Vogel)* Herabstoßen *n*; *to walk with a ~* gebeugt gehen; **2.** *Am* Veranda; Vortreppe, Terrasse *f*.

stop [stɔp] *tr* (ver-, zu)stopfen; *(Weg)* (ver)sperren; *(Gefäß, bes. Flasche, Öffnung)* verschließen; *(Zahn)* füllen, plombieren; an-, auf-, abhalten *(s.o. doing s.th.)* jdn etw zu tun; *(from* von); zum Halten, Stehen, Stillstand bringen; *(Blut)* stillen; abfangen, unterbinden, verhindern, unterdrücken; unterbrechen *(s.o.* jdn); hindern *(from* an); *(Schlag)* parieren; beenden, aufhören mit, aufhören (*doing* zu tun); aussetzen; *com (Auftrag)* zurücknehmen; *(Zahlung)* einstellen; *(Scheck)* sperren; *mus (Saite)* greifen; e-e Sinnpause folgen lassen auf; *Br* interpunktieren; *itr* stehenbleiben, anhalten, stillstehen; (e-n) Halt, e-e Pause machen; aufhören (*to do* zu tun); *tech* aussetzen; *fig* steckenbleiben; sich aufhalten, bleiben (*at* in); warten (*for* auf); zu Besuch sein (*with* bei); absteigen (*at a hotel* in e-m Hotel); *s* Halt, Stillstand *m*; Pause, Unterbrechung *f*; Ende *n*, Schluß *m*; Aufenthalt *m*; Haltestelle *f*, -punkt *m*; Hindernis, Hemmnis *n*, Hemmung *f*; Sperrung, Sperre *f*; *tech* Sperrhebel *m*, -klinke *f*; Riegel, Anschlag *m*; *phot* Blende *f*; *mus* Ventil *n*, Klappe *f*; *(Saiteninstrument)* Wirbel; *(Geige)* Griff *m*; *(Orgel)* Register *n*; *(Phonetik)* Verschlußlaut *m*; Satzzeichen *n*, *bes*. Punkt *m*; *com* Zurücknahme; (Zahlungs-)Einstellung *f*; to bring *s.th.* to *a ~*, *to put a ~ to s.th.* mit etw Schluß machen; *mot* zum Halten, zum Stehen bringen; *to come to a full ~* am Ende sein, nicht mehr weiter können; *to get off at the next ~* bei der nächsten Haltestelle aussteigen; *to ~ dead, short* plötzlich aufhören, anhalten; das Wort abschneiden (*s.o.* jdm); *to ~ in* einkehren; *to ~ o.'s ears* sich die Ohren zuhalten; *to ~ a gap* e-e Lücke schließen; *to ~ s.o.'s mouth* jdn zum Schweigen bringen; *to ~ wages* Lohn einbehalten; *he ~s at nothing* er schreckt vor nichts zurück; er geht über Leichen; **bus-~** Autobushaltestelle *f*; **full ~** Punkt *m*; **request, conditional ~** Bedarfshaltestelle *f*; *to ~* **away** wegbleiben; *to ~* **by, in** *Am* (mal) hereinschauen, e-n kleinen Besuch machen; *to ~* **down** abblenden; *to ~* **in** zu Hause bleiben; *to ~* **off** *Am* e-n kurzen Halt machen, (unterwegs) kurz anhalten; *to ~* **on** länger bleiben; *to ~* **over** *Am* e-e Weile bleiben; die Reise unterbrechen; vorbeikommen (*at* bei); *to ~* **up** zu-, verstopfen, schließen; füllen; *fam* aufbleiben; **~-butt** Kugelfang *m*; **~-cock** Absperr-, Abstellhahn *m*; **~-gap** Lückenbüßer *m*, (Not-)Behelf, Ersatz *m*; **~ advertisement** Füller *m*; **~ aid** Soforthilfe *f*; **~-go, ~-sign** Verkehrsampel *f*; **~-light** *(Verkehr)* rote(s) Licht; Bremslicht *n*; **~-list** schwarze Liste *f*; **~-opening** *phot* Blende *f*; **~-order** limitierte Order *f*; **~-over** *Am* (Fahrt-, Flug-)Unterbrechung *f*, Aufenthalt *m*; Zwischenlandung *f*; **~-press (news)** *(Zeitung)* letzte Meldungen *f pl*;

stop-screw 977 **storming**

~-screw *tech* Stell-, Anschlagschraube *f*; **~-valve** Absperrventil *n*; **~-watch, -clock** Stoppuhr *f*.
stopp|age ['stɔpidʒ] *med* Verstopfung; Unterbrechung *f*; Stillstand *m*, Stokkung; Stillegung; Unterbindung, Verhinderung, Unterdrückung; Beendigung; Zurücknahme; *com el* Sperre; *(Arbeits-, Zahlungs-)*Einstellung; (Betriebs-)Störung *f*; Gehaltsabzug *m*; Verkehrsstockung *f*; *mil* Ladehemmung *f*; **~ of leave** Urlaubssperre *f*; **~-er** *f*; **~-er** ['-ə] *s* Hindernis *n*, Pfropf, Stöpsel; *mar* Stopper *m*; *tech* Hemmstange *f*, Ausrücker; *(Zeitung)* Blickfang *m*; *tr* zustöpseln, -korken; **~ circuit** (*el*) Sperrkreis *m*; **-ing** ['-iŋ] *s* (Zahn-)Füllung, Plombe *f*; **~ condenser** Blockkondensator *m*; **~-distance** Bremsweg *m*; **~-power** Bremsvermögen *n*; **~ train** (*fam*) Bummelzug *m*.
stopple ['stɔpl] *s* Stöpsel *m*; *tr* zustöpseln.
stor|age ['stɔ:ridʒ] *s* (Ein-)Lagerung *f*, (Auf-)Speichern *n*; Lagerplatz, -raum *m*, -haus *n*, Speicher *m*; Lagergeld *n*, -gebühren *f pl*; *el (Batterie)* Aufladung *f*; **in cold ~** im Kühlraum; **to put in ~** *(Möbel)* auf den Speicher stellen; **to put a plan into cold ~** e-n Plan auf Eis legen; **cold ~** Kühlhauslagerung *f*; **~ accommodation** Lagerungsmöglichkeit *f*; **~ battery** Akku(mulator) *m*; **~ bin** Silo *m*; **~ building** Lagergebäude *n*; **~ capacity** Fassungs-, Lagervermögen *n*; **~ room** Lagerraum *m*; *mar* Schiffspackraum *m*; **~ shed** Lagerschuppen *m*; **~ site** Lagerplatz *m*; **~ time** Lagerzeit *f*; **~ track** Abstellgleis *n*; **~ warehouse** *(Am)* Möbelspeicher *m*; **~ yard** Lagerplatz *m*; **-e** [stɔ:] *s* Vorrat, (*Waren-*)Bestand *m*, Reserve *f* (*of* an); *(~house)* Lagerhaus, Magazin; Depot *n*, Niederlage *f*; *Br* *(departmental ~)* Waren-, Kaufhaus *n*; *Am* Laden *m*, Geschäft *n*; *pl bes. mil* Nachschub, Proviant *m*, Vorräte *m pl*; *tr* (ein)lagern; aufspeichern, -bewahren; *(Möbel)* auf den Speicher stellen; *(Ernte)* einbringen; versehen, versorgen (*with* mit); *phys* speichern; *(Schiff)* verproviantieren, bevorraten; **to ~ away** beiseite legen; **to ~ up** aufspeichern, einlagern; **in ~** vorrätig, vorhanden, bereit, gebrauchsfertig; **to be in ~ for s.o.** jdm bevorstehen, jdn erwarten; **to have in ~ for s.o.** für jdn bereithalten, -haben; **to lay in ~** Vorrat anlegen; **to set ~ by** Wert legen auf; **to set no great ~ by** keinen großen Wert legen auf, nicht viel halten von; **the Cooperative S-** der Konsum; **fashion ~s** (*pl*) Modewaren *f pl*; **five-and-ten ~** *(Am)* Einheitspreisgeschäft *n*; **retail ~** *(Am)* Einzelhandelsgeschäft *n*; **~ of energy** Energiereserve *f*; **~-cattle** Mastvieh *n*; **~ clothes** (*Am pl*) Fertigkleidung *f*; **~-cupboard** Vorratsschrank *m*; **~-food** *(Am)* fertige Speisen *f pl*; **~-house** Lagerhaus *n*, Speicher *m*; *fig* Fundgrube *f*; **~-keeper** Lager-, Magazinverwalter *m*; *Am* Laden-, Geschäftsinhaber, -besitzer *m*; **~-room** Lager-, Vorratsraum *m*.
stor(e)y ['stɔ:ri] Stockwerk *n*, Etage *f*; **to be weak in the upper ~** *(sl)* nicht ganz richtig im Kopf sein; **-eyed, -ied** [-d] *a in Zssgen* -stöckig; **three-~** dreistöckig; **~ied** *a* geschichtlich berühmt; sagenumwoben; mit Darstellungen aus der Sage *od* Geschichte verziert; **~y** *s* Darstellung *f*, Bericht *m*; Erzählung, Geschichte *f*, Märchen *n*; Erzählkunst; *lit* Handlung *f*; Gerücht, Gerede *n*; *fam* Schwindel *m*, Flunkerei *f*; *Am sl* (Stoff zu e-m) Zeitungsartikel *m*; **to cut a long ~ short** um es kurz zu machen; **this is not the whole ~** das ist (noch) nicht alles; **it's always the same old ~** es ist immer das alte Lied; **that's another ~** das ist ein Kapitel für sich; **short ~** Kurzgeschichte, Erzählung *f*; **~-book** Märchenbuch *n*; **~-teller** Märchen-, Geschichtenerzähler; *fam* Aufschneider, Lügner *m*.
stork [stɔ:k] Storch *m*; **~'s bill** *bot* Storchschnabel *m*.
storm [stɔ:m] *s* Sturm *m a. fig mil*; Unwetter *n*; *(Pfeile)* Hagel *m*; *itr* stürmen *a. fig*; *fig* wüten (*at* gegen); *tr mil* (be)stürmen; **to take by ~** im Sturm erobern *a. fig*; **a ~ in a teacup** (*fig*) ein Sturm im Wasserglas, viel Lärm um nichts; **~ of applause** Beifallssturm *m*; **brain-~** verrückte(r) Einfall *m*; *Am* glänzende Idee *f*; **~-beaten, -tossed** *a* sturmgepeitscht; **~-bound** *a* durch Stürme festgehalten; **~ cellar** *Am* Schutzkeller *m* gegen Wirbelstürme; **~-centre** *mete* Sturmzentrum *n*; *fig* Unruheherd, -stifter *m*; **~-cloud** Sturm-, Wetterwolke *f*; **~-cock, -thrush** *orn* Misteldrossel *f*; **~-cone, -signal, -warning** Sturmkegel *m*, -signal *n*, -warnung *f*; **~ door** *Am* äußere, Doppeltür *f*; **-iness** ['-inis] stürmische(s) Wetter *n*; **-ing** Sturm-

storm-lantern   978   **strain**

angriff *m*; ~~ *party* Sturmabteilung *f*; **~lantern** Sturmlaterne *f*; **~proof** sturmsicher, wasserdicht; **~sail** Sturmsegel *n*; **~troops** *pl* Sturmtruppen *f pl*; **~window** äußere(s), Doppelfenster *n*; **~y** ['-i] stürmisch *a. fig*; *fig* leidenschaftlich, heftig; ~ *petrel* Sturmvogel; **~ing** ['-iŋ] *fam* Unruhestifter *m*.

stoup [stu:p] *obs u. Scot* Trinkgefäß *n*, Eimer, Kübel *m*; *rel* Weihwasserbecken *n*.

stout [staut] *a* stämmig, kräftig, stark; untersetzt, beleibt; massig, dick; fest, widerstandsfähig; *tech* solide; *(Karton)* steif; mutig, beherzt, mannhaft, entschlossen; *s* Starkbier *n*; **~hearted** *a* beherzt, wacker, tapfer; **~heartedness** Beherztheit, Tapferkeit *f*; **~ness** ['-nis] Korpulenz; Stärke; Kraft; Beherztheit, Tapferkeit, Mannhaftigkeit *f*.

stove [stouv] Ofen *m*; Heiz-, Kochgerät *n*, Kocher; Brennofen; Trockenraum *m*; Treibhaus *n*; **~fitter** Ofensetzer *m*; **~pipe** Ofenrohr *n*; ~~ *hat* (*Am fam*) Angströhre *f*, Zylinder *m*.

stow [stou] *tr* verstauen, -packen, wegpacken; vollpacken, füllen (*with* mit); *(Raum, Behälter)* fassen; *sl* aufhören mit; *to ~ away* verstecken, verbergen; beiseite legen; ~ *it! (fam)* halt die Klappe! **~age** ['-idʒ] *mar* Lade-, Stauraum *m*; *mar* Verstauen; *mar* Staugeld *n*; **~away** blinde(r) Passagier *m*.

strabismus [strə'bizməs] *med* Schielen *n*.

straddle ['strædl] *tr* sich rittlings setzen auf; rittlings sitzen auf; *(die Beine)* spreizen; *Am fam* sich nicht festlegen auf *(s.th.* e-r S); *itr* die Beine spreizen; rittlings sitzen; *Am fam* sich nicht festlegen, es mit keinem verderben (wollen); nicht wissen, was man will; *s* Beinspreizen *n*; *Am fam* schwankende Haltung; Schaukelpolitik; *fin* Stellage *f*.

straf|e [stra:f, *Am* streif] *tr aero* mit Bordwaffen beschießen; mit Bomben belegen, bombardieren; *fam* (be)strafen, ausschimpfen; **~er** ['-ə] *fam* Tiefflieger *m*; **~ing** ['-iŋ] *fam* Bordwaffenbeschuß *f*; *fig* Anschnauzer *m*.

straggl|e ['strægl] *itr* (vom Wege) abschweifen, -weichen, sich von der Masse trennen; *mil* von der Truppe abkommen; umherschweifen, -streifen; (hier u. da) verstreut sein; in unregelmäßigen Abständen vorkommen; *bot* kriechen, ranken, wuchern; **~er** ['-ə] *mil* Nachzügler, Versprengte(r) *m*; *bot* Ranke *f*; ~~ *collecting point* Versprengtensammelstelle *f*; **~ing** ['-iŋ], **~y** ['-i]

bot rankend, wuchernd; *(Häuser)* verstreut; *(Stadtbezirk)* aufgelockert.

straight [streit] *a* g(e)rade; *(Haar)* glatt; aufrecht; unmittelbar, direkt, fortlaufend, ununterbrochen; geradlinig, konsequent, methodisch, systematisch; *Am pol* linientreu; sauber, aufgeräumt; *fig* redlich, ehrlich, aufrichtig, offen; *fam* brauchbar, in Ordnung, zuverlässig; *(Tip)* gut; *Am (Getränk)* unverdünnt, unvermischt; *Am (nach Preisangabe)* ohne Mengenrabatt; ohne Abzug; *adv* (in) gerade(r Linie), geradlinig; aufrecht; geradeswegs, direkt, ohne Umschweife, (schnur)stracks; *fig* klar; *s sport* (Ziel-) Gerade; *(Poker)* Sequenz *f*; *as ~ as an arrow* schnurgerade; *out of the ~* ung(e)rade, gekrümmt; verbogen; *~ ahead* immer geradeaus; *~ away, off* sofort, unverzüglich; *~ on* geradeaus; *~ out* offenheraus; *~ through* geradedurch; *to come ~ to the point* keine Umschweife machen; *not to get s.th. ~ (fam)* etw nicht (richtig, ganz) mitkriegen; *to get an information ~ from the horse's mouth* e-e Nachricht direkt von der Quelle haben; *to go, to keep, to run ~ (fig)* s-n geraden Weg gehen; *to give it to s.o. ~ (Am)* jdm die ungeschminkte Wahrheit sagen; *to keep a ~ face* keine Miene verziehen; *to put ~* aufräumen, ordnen, in Ordnung bringen *a. fig*; *is my hat on ~?* sitzt mein Hut richtig? *he hits ~ from the shoulder* wo er hinhaut, wächst kein Gras mehr; *fig* er nimmt kein Blatt vor den Mund; **~ angle** gestreckte(r) Winkel *m* (von 180°); **~edge** Richtscheit, Lineal *n*; **~en** ['-n] *tr* begradigen, gerade machen *a* ziehen; *(Tuch)* glattziehen; *tech* geradebiegen *a. fig*; *fig (to ~~ out)* in Ordnung bringen; *to ~~ up* aufräumen; *itr* gerade werden; sich aufrichten; *fig* in Ordnung kommen; **~ engine** Reihenmotor *m*; **~ fight** Wahlkampf *m* zwischen zwei Kandidaten; **~ forward** [-'fɔ:wəd] *a* gerade(ausgehend); direkt; einfach; offen, frei, ehrlich; **~forwardness** [-'fɔ:wədnis] Ehrlichkeit *f*; **~ line** Gerade *f*; **~-line** geradlinig; **~ matter** *typ* glatte(r) Satz *m*; **~ness** ['-nis] Geradheit, Konsequenz; Ehrlichkeit, Offenheit *f*; **~-out** *a Am fam* direkt, glatt, uneingeschränkt; **~ ticket** *Am* Parteiprogramm *n*; *to vote a ~~* Kandidaten nur einer Partei wählen; **~way** *adv* sofort, unverzüglich, auf der Stelle.

strain [strein] **1.** *tr* strecken, spannen; (aufs äußerste) anspannen, (über)an-

strained 979 **stratum**

strengen; *med* verrenken, verstauchen, stark mitnehmen, in Mitleidenschaft ziehen, überfordern; *tech* beanspruchen; verbiegen; zu sehr in die Länge ziehen, zu stark weiten; *(an die Brust)* ziehen; durchseihen, -sieben, filtern, filtrieren; *itr* sich zs.-reißen, sich anstrengen, sich Mühe geben; streben *(after, for* nach); fest ziehen, zerren *(at* an); her sein *(after s.th.* hinter etw); *fig* nicht fassen können *(at s.th.* etw); durchsickern; *to ~ o.s.* sich überanstrengen; *s* (An-)Spannung, Belastung *(on* für); (Über-)Anstrengung, Überlastung *(on s.th.* e-r S); *med* Verrenkung, Verstauchung; Verbiegung; Weitung *f*; Druck *m*, Spannung; *(Text)* Verdrehung; *fig* (seelische) Überforderung *f*; *to be a ~ on s.o.'s nerves* jdm auf die Nerven gehen; *to stand the ~* die Anstrengung aushalten; *to ~ o.'s eyes* sich die Augen verderben; *to ~ every nerve* sein Äußerstes tun; *to ~ o.'s point (fig)* zu weit gehen; *to ~ the truth* übertreiben; *to ~ o.'s voice* sich die Lunge aus dem Leibe, sich heiser schreien; *I must ~ every effort* ich muß alle Kräfte anstrengen *(to* um); *a ~ on the credit* e-e Kreditanspannung; **~ed** [-d] *a* überspannt, unnatürlich, gezwungen; **~er** ['-ə] Spanner *m*; Seihtuch *n*, Filter *m*; **2.** *s* Abstammung *f*; Vorfahren; Nachkommen (-schaft *f*) *m pl*; Geschlecht *n*, Rasse; (Zucht-)Reihe *f*; *(Bakterien)* Stamm *m*; (Erb-)Eigenschaft, (Rasse-)Eigentümlichkeit *f*, Merkmal *n*; Anlage, Veranlagung *f*; Hang *m*, Neigung *f* (*of* zu); Redeschwall *m*; *fig* Ausdrucksweise *f*, Stil *m*; *oft pl* Melodie *f*.

strait [streit] *s meist pl* Meerenge, Straße *f*; *fig* Schwierigkeiten *f pl*; unangenehme Lage, peinliche Situation, Verlegenheit, *fam* Klemme *f*; *financial ~s (pl)* finanzielle, geldliche Schwierigkeiten *f pl*; **~en** ['-n] *tr* verenge(r)n; *in ~ed circumstances* in beschränkten Verhältnissen; **~-jacket, -waistcoat** Zwangsjacke *f a. fig*; **~-laced** *a* engherzig, -stirnig, kleinlich, pedantisch, prüde.

strake [streik] *mar* Planken-, Plattengang *m*.

strand [strænd] **1.** *s* Strand *m*, Küste(nstreifen *m*) *f*, Gestade, Seeufer *n*; *tr* auf den Strand setzen; *fig* stranden lassen; *itr* stranden *a. fig*; **~ed** ['-id] *a fig* gestrandet, hilflos, festgefahren; in Not; *mot* liegengeblieben; **~ line** Küstenlinie *f*; **2.** (Haar-)Strähne *f*;

Strang *m*; Ader, (Seil-)Litze; *biol* Faser; Schnur *f*, Faden *m*; *~ of pearls, beads* Perlenschnur, -kette *f*.

strang|e [streindʒ] fremd(artig), unbekannt; nicht vertraut *(to* mit); ungewöhnlich, außerordentlich; eigentümlich, seltsam, komisch, merkwürdig; nicht gewöhnt *(to* an); unerfahren *(to* in); *to feel ~~* sich nicht wohl fühlen; *~~ to say* seltsamerweise; **~eness** ['-nis] Fremdheit, Fremdartigkeit; Ungewöhnlichkeit, Seltsamkeit, Merkwürdigkeit; Unerfahrenheit *f*; **~er** ['-ə] Fremde(r), Unbekannte(r); Neuling *m (to* in); *jur* Dritte(r), Unbeteiligte(r) *m (to* an); *to be no ~~ to poverty* die Armut kennengelernt haben; *don't be such a ~~* machen Sie sich nicht so rar!

strang|le ['stræŋgl] *tr* erwürgen, erdrosseln; ersticken lassen, die Luft nehmen *(s.o.* jdm); *fig* unterdrücken; *~~hold* Würgegriff *m a. fig*; **~les** ['-z] *pl mit sing vet* Druse *f (der Pferde)*; **~ulate** ['-juleit] *tr* erwürgen, strangulieren; *med (Gefäß, Gang)* abschnüren, -binden; **~ulation** [stræŋgju'leiʃən] Erdrosselung, Strangulierung; *med* Abschnürung; *(Bruch)* Einklemmung *f*; **~ury** ['-gjuəri] Harnzwang *m*.

strap [stræp] *s* (Leder-)Riemen, Gurt *m*; (Metall-)Band *n*; Lasche *f*; Schulter-, Trag-, Streichriemen *(Kleid)* Träger; (Halte-)Griff *m*; *bot* Blatthäutchen *n*; *tr* festschnallen (*to* an); *(Koppel)* umschnallen; mit e-m Riemen züchtigen; *(Rasiermesser)* abstreichen, -ziehen; **~-hanger** *fam* Stehende(r) *m* in e-r Straßenbahn, e-m Autobus; **~ped** [-t] *a Am sl* ohne e-n Pfennig; **~per** ['-ə] *fam* stramme(r) Kerl *m*; **~ping** ['-iŋ] *fam* stramm, stämmig, kräftig.

strat|agem ['strætidʒəm] Kriegslist *f*; *allg* Kunstgriff, Trick *m*; **~egic(al)** [strə'ti:dʒik(əl)] mil strategisch, operativ; kriegswichtig; *~~ map (Am)* Generalstabskarte *f*; **~egics** [strə'ti:dʒiks] *pl mit sing* = *~egy*; **~egist** ['-idʒist] Stratege *m*; **~egy** ['-idʒi] Strategie, Kriegskunst *f*, *fig* Taktik; *allg* Wendigkeit, Gewandtheit, List *f*.

strat|ify ['strætifai] *tr* schichten; *agr* mit Torfmull bedecken; *~ified rock* Schichtgestein *n*; **~o-cruiser** ['-o(u)-kru:zə] Stratosphärenflugzeug *n*; **~osphere** ['stræto(u)sfiə] Stratosphäre *f*; *~~ aircraft* Stratosphärenflugzeug *n*; *~~ flight* Stratosphärenflug *m*; **~ospheric** [stræto(u)'sferik] stratosphärisch; Stratosphären-; **~um** ['strei-

stratus təm, strɑ:-] *pl* -a *geol* Schicht *a. fig*, Ablagerung *f*; *min* Flöz *m*; *anat* Gewebeschicht *f*; ~~ *of society* Gesellschaftsschicht *f*; **-us** ['streitəs] *pl* -ti [-tai] Schichtwolke *f*.

straw [strɔ:] *s* Strohhalm *m*; (~ *hat*) Strohhut *m*; *a* Stroh-; strohfarben, -blond; *not to be worth a* ~ keinen Pfifferling wert sein; *not to care a* ~ sich nicht das geringste daraus machen; *to catch, to clutch, to grasp at a* ~ *(fig)* sich an e-n Strohhalm klammern; *to try to make bricks without* ~ *(fig)* mit ungenügenden Voraussetzungen an die Arbeit gehen; *to turn on a* ~ *(fig)* an e-m seidenen Faden hängen; *that's the last* ~ *(fig)* jetzt reicht es aber; das schlägt dem Faß den Boden aus; *there is a* ~ *in the wind (fig)* es liegt etw in der Luft; *a man of* ~ ein Strohmann *m*; **-berry** ['-bəri] Erdbeere *f*; ~~ *blonde (Am)* Rotblonde *f*; ~~ *bush* Erdbeerpflanze *f*; ~~ *mark* Muttermal *n*; ~ **bid** *Am* Scheingebot *n*; **-board** Strohpappe *f*; ~ **boss** *Am sl* Vorarbeiter *m*; ~ **cat** *Am sl* Wanderarbeiter *m*; **-colo(u)red** *a* blaßgelb, strohfarben; ~ **mattress** Strohsack *m*; ~ **vote** Probeabstimmung *f*.

stray [strei] *itr* umherschweifen, -irren; sich verirren; *fig* in die Irre gehen; abirren, abschweifen, sich verlieren; *el* vagabundieren; *s* Heimat-, Obdachlose(r), Streune(r) *m*; verirrte(s) *od* wildernde(s) Haustier *n*; *el* Streukapazität *f*; *pl radio* atmosphärische Störungen *f pl*; *a* verirrt, verlaufen, verloren; herrenlos, streunend; gelegentlich, vereinzelt, verstreut, einzeln; *el* vagabundierend.

streak [stri:k] *s* Streifen, Strich *m*; Maserung; *geol* Ader *f*, Schicht; *min* Schliere; (Fett-)Schicht *f*; *fig* Anflug, Hang *m*, Neigung *f*; *tr* mit Streifen versehen, markieren; *itr* streifig sein, streifig werden; *(to ~ along)* vorbeisausen; *like a ~ of (lightning)* wie der Blitz, blitzschnell; *a ~ of good, bad luck* e-e Glücks-, Pechsträhne *f*; **-y** ['-i] streifig; gemasert, geädert; Schicht-; *(Fleisch, Speck)* durchwachsen; *fig* ungleich(mäßig), schwankend.

stream [stri:m] *s* Wasserlauf; Bach, Fluß; Strom *m*, Strömung *f*; (Luft-)Zug; (Licht-)Strahl; Strom *(von Passanten, Wagen) m*; Lauf, Gang *m (der Ereignisse)*; *itr* strömen, fließen, rinnen; *(Licht)* fluten; *(im Winde)* flattern, wehen; *against the* ~ gegen den Strom; *up, down the* ~ stromauf-, abwärts; *to go with the* ~ *(fig)* mit dem Strom schwimmen; ~ *of consciousness (psychol)* Bewußtseinsstrom *m*; **-er** ['-ə] Wimpel *m*, Banner; hängende(s) Band *n*; *el* Leuchtader, Lichtstrahl *m*; Papierschlange; (ganzseitige) Schlagzeile *f*; **-let** ['-lit] Bächlein *n*; **-line** *s phys* Stromlinie *f*; *tr* e-e Stromlinienform geben *(s.th.* e-r S); *fig* modernisieren; rationalisieren; verbessern; **-line(d)** *a* stromlinienförmig; schnittig; rationell, modern, zeitgemäß; **-liner** *Am* Schienenzepp *m*.

street [stri:t] Straße *f*; Fahrdamm *f*; *(Börse)* Freiverkehr *m*; *in (Am)*, *on the* ~ auf der Straße; *up o.'s* ~ *(fam)* in jds Bereich; *to be on the* ~ *s (Frau)* auf die Straße gehen; arbeitslos sein; *to be on easy* ~ *s (Am)* in guten Verhältnissen leben; *not to be in the same* ~ *with s.o.* sich mit jdm nicht messen, es mit jdm nicht aufnehmen können; *to be* ~ *s ahead, better (sl)* weit voraus, überlegen sein *(of s.o.* jdm); *to get, to have the key of the* ~ *s* ausgesperrt sein; kein Zuhause haben; *to look on the* ~ *(Fenster)* auf die Straße gehen; *to walk the* ~*(s)* e-n Stadtbummel machen; *(Frau)* auf die Straße gehen; *business* ~ Geschäftsstraße *f*; *dead-end* ~ Sackgasse *f*; *main* ~ Hauptstraße *f*; *the man in the* ~ der Mann auf der Straße, der Durchschnittsmensch; *off-*~ Nebenstraße *f*; *one-way* ~ Einbahnstraße *f*; *residential* ~ Wohnstraße *f*; *village* ~ Dorfstraße *f*; *water-* ~ Wasserstraße *f*; -*weg m*; ~ **accident** Verkehrsunfall *m*; ~ **Arab, -boy, -urchin** Straßen-, Gassenjunge *m*; **-car** *Am* Straßenbahn(wagen *m*) *f*; ~ **collection** Straßensammlung *f*; **-door** Haustür *f*; ~ **hawker** Straßenhändler *m*; ~ **lamp** Straßenlaterne *f*; ~ **lighting** Straßenbeleuchtung *f*; ~ **market** *com* Nachbörse *f*; **-sweeper**, *Am* **-cleaner** Straßenkehrer, -kehrmaschine *f*; **-sweeping**, *Am* **-cleaning** Straßenreinigung *f*; **-walker** Straßendirne *f*.

strength [streŋθ] Kraft, Stärke *a. fig*; Widerstandskraft, -fähigkeit; Zähigkeit; *(Flüssigkeit, bes. Getränk)* Stärke *f*, Gehalt *m*, Wirkung *f*; *mil (actual ~)* Truppen-, Mannschafts-, Ist-Stärke *f*; *com* Festigkeit (der Preise); Kraftquelle *f*; *at full* ~ mit voller Kraft; *on the* ~ *of* auf Grund *gen*, im Vertrauen auf; *up to (below)* ~ (nicht) vollzählig; *to gather* ~ wieder zu Kräften kommen; *that is beyond human* ~ das übersteigt menschliche Kraft; *that is too much for my* ~ das

geht über meine Kräfte; **~en** ['-ən] *tr* kräftigen, stärken; verstärken; *fig* bestärken; *itr* stärker, kräftig(er) werden, erstarken; *to ~ s.o.'s back (fig)* jdm den Rücken steifen; **~ener** ['-ənə] Stärkung(smittel *n*) *f*; *tech* Verstärker *m*; Einlage *f*; **~ report, return** Stärkemeldung *f*; **~ test** Kraftprobe; *tech* Festigkeitsprüfung *f*.
strenuous ['strenjuəs] mühsam, mühevoll, anstrengend; zäh, eifrig (bemüht), rastlos (tätig), emsig; energisch; **~ly** ['-li] *adv* mit Feuereifer; **~ness** ['-nis] Zähigkeit *f*, Eifer *m*, Rastlosigkeit, Emsigkeit *f*.
strepto|coccus [strepto(u)'kɔkəs] *pl-ci* [-kai] *med* Streptokokkus *m*; **~mycin** [-'maisin] *pharm* Streptomyzin *n*.
stress [stres] *s* Druck *m*; *tech* Beanspruchung, Belastung *f*; Zug *m*, Spannung; *el* Feldstärke *f*; Widerstand(skraft *f*); *fig* Nachdruck *m* (*on* auf); Bedeutung, Wichtigkeit; *med* (seelische) Belastung, Spannung *f*, Streß *m*; *(Phonetik, poet)* Betonung *f*, (Wort-)Ton *m*; *tr* Nachdruck legen auf; betonen; hervorheben; *tech* (auf Zug) beanspruchen; *to lay ~ on s.th.* auf etw Wert legen; *strong, light ~* Haupt-, Nebenton *m*; *times of ~* Krisenzeiten *f pl*; *zero ~* Tonlosigkeit *f*; **~ disease** nervöse Überreiztheit *f*; **~less** ['-lis] tonlos; **~ limit** Bruchgrenze *f*; **~~mark** Betonungszeichen *n*.
stretch [stretʃ] *tr* ausstrecken; strecken, recken, dehnen; ausspannen, -breiten, -dehnen; *(Seil)* spannen; weiten, ausdehnen; *fig* dehnen; *fig* überspannen; übertreiben; *(Muskel)* spannen; *(Kredit)* überschreiten; *(Vorrecht)* mißbrauchen; *sl* niederschlagen, zu Boden strecken; *itr* sich (aus)dehnen, sich strecken, sich recken; sich erstrecken; dehnbar, elastisch sein; sich ausstrecken (*on the bed* auf dem Bett); *fam* übertreiben; *sl* (auf)gehängt werden; *s* (Aus-)Strecken *n*, Streckung, Dehnung, Dehnbarkeit; (An-)Spannung, Anstrengung; (Gesamt-)Ausdehnung, volle Weite, ganze Fläche; (ganze) Strecke; Richtung; Zeitstrecke, -spanne; *(~ of land)* Strecke *f*, Gebiet *n*; *fig* Mißbrauch; *sl* Knast *m*, Gefängnis (-strafe *f*) *n*; *to ~ away* sich erstrecken *(for miles* meilenweit); *to ~ out* sich ausstrecken; (sich) zu Boden werfen; sich erstrecken, sich ausdehnen; *at a ~* in e-m Zuge, ohne Unterbrechung; nach-, hintera., auf einmal; *at full ~* auf Hochtouren; *on the ~*

angespannt; *to be fully ~ed* mit Anspannung aller Kräfte arbeiten; *to give a ~* sich strecken; *to ~ o.'s legs* sich die Beine vertreten; *to ~ o.'s neck* den Hals recken; *to ~ a point (fig)* ein Auge zudrücken; *to ~ tight* straff spannen; *to ~ the truth* es mit der Wahrheit nicht (so) genau nehmen; **~ed** [-t] *a* ausgestreckt; **~er** ['-ə] *tech* Strecker, Spanner *m*, Spannvorrichtung *f*, -stab *m*; *med* Trag-, Krankenbahre; *mar* Fußlatte; *sl* Übertreibung, Angabe *f*; **~~bearer** Krankenträger *m*; **~~out** *Am fam* Mehrarbeit *f*; Überstunden *f pl* ohne Lohnerhöhung; **~y** ['-i] dehnbar, über(be)ansprucht.
strew [stru:] *irr pp a.* **strewn** [stru:n] *tr* (aus-, ver)streuen; bestreuen (*with* mit); verstreut, ausgebreitet sein über.
stri|a ['straiə] *pl -ae* [-'i:] Rille, Riefe *f*; Streifen; *geol* Schrammen *m*; **~ate** ['-it], **~ated** [-'eitid] *a* gerillt, geriefelt; *med* gestreift; **~ation** [-'eiʃən] Riefelung; Streifung; *geol* Schrammung; *chem* Schlierenbildung *f*.
stricken ['strikən] *pp von* **strike**; *a* getroffen; *fig* geschlagen, bedrückt, heimgesucht (*with* von); schwergeprüft; *(Gefäß)* gestrichen voll; *~ out (Am)* ausgestrichen, annulliert; *terror-~* vor Schreck wie gelähmt; *~ in years* (hoch)betagt.
strict [strikt] genau, (genau) fest(gelegt), streng, strikt, rigoros (*with* gegen); ganz, vollkommen, absolut; **~ly speaking** strenggenommen; **~ness** ['-nis] Genauigkeit; Strenge, Striktheit *f*; **~ure** ['-ʃə] kritische Bemerkung *f* (*on, upon* über), Tadel *m*; *med* Verengung *f*.
stride [straid] *irr* **strode, stridden** *itr* einherschreiten, -stolzieren; *(to ~ along)* (tüchtig) ausschreiten; *to ~ over s.th.* über etw hinwegschreiten; *tr* entlangschreiten an, abschreiten; hinwegschreiten über; rittlings sitzen auf; *s* Schreiten, Stolzieren *n*; (langer) Schritt; *meist pl* Fortschritt *m*; *to hit o.'s ~* (richtig) in Gang, auf Touren kommen; *to make great ~s* große Fortschritte machen; *to take s.th. in o.'s ~ (fig)* etw spielend erledigen.
strident ['straidnt] schrill, kreischend.
strife [straif] (Wett-)Streit; Zank, Hader; Kampf *m*.
strike [straik] *irr* **struck, struck** [strʌk] *od (Am gelegentlich)* **stricken** ['strikən] **1.** *tr* schlagen; treffen; *(Schlag)* versetzen; stoßen, stechen, stanzen; *(Münzen)* schlagen, prägen; harpunieren; angeln; *(Ton)* anschlagen;

strike *(die Stunde)* schlagen; stoßen (an, auf); *(Streichholz)* an-, entzünden, anstecken; *(Licht)* (an)machen *od* ausmachen; *(Schlange)* beißen; *mar* auffahren auf; angreifen; fallen auf; *(das Ohr)* treffen; stoßen auf, erreichen, finden, entdecken; *(Anblick)* treffen *(Gedanke)* einfallen *(s.o.* jdm); *s.o.* jds Aufmerksamkeit erregen, jdm auffallen; jdn beeindrucken; erscheinen *(s.o.* jdm; *as silly* dumm); *mit a* machen; *(Gefühl)* hervorrufen, bewirken; *(Schreck)* einjagen *(s.o.* jdm); *(Geschäft, Vertrag)* abschließen; *(Bilanz)* ziehen, machen; *(Saldo, Durchschnitt)* ziehen; *(Dividende)* ausschütten; *(Namen)* streichen *(off a list* von e-r Liste); *(Segel, Flagge)* einholen, *(Flagge)* streichen; bestreiken; *(Haltung)* einnehmen; *(Wurzeln)* schlagen; *theat (Szene)* wechseln, abbauen; *sl* unerwartet stoßen auf; anhauen *(for* um); *to be struck with s.th.* von etw sehr beeindruckt sein; **2.** *itr* schlagen *(at* nach); angreifen, e-n Angriff machen; *(Uhr, Glocke, Stunde)* schlagen; stoßen, treffen *(against, on, upon* gegen, auf); *(Streichholz)* aufflammen, sich entzünden; *(Fisch)* schnappen *(at* nach), anbeißen; *(auf e-e Beute)* losfahren, -schießen; zufällig kommen, stoßen *(on, upon* auf); die Segel einziehen; die Flagge streichen *(to* vor); die Arbeit einstellen *od* niederlegen, streiken; Wurzeln schlagen; *(Blitz)* einschlagen; sich wenden; schießen, sausen; sich schlagen *(into the woods* in die Wälder); **3.** *s* Schlag, Stoß; Streik, Ausstand; *bes. min* Fund; Glücksfall, unerwartete(r) Erfolg *m*; Abstreichholz *n*; *aero* Luftangriff *m*; *min* Streichen *n*; *Am parl* (~ *bill)* Scheinantrag *m*; **4.** *to be on* ~ streiken, im Ausstand sein; *to call, to proclaim a* ~ e-n Streik ausrufen; *to go, to come out on* ~ in den Ausstand treten; *to* ~ *an attitude* e-e Haltung einnehmen; *to* ~ *a bargain* handelseinig werden; *to* ~ *blind, dumb* mit Blindheit, Taubheit schlagen; *to* ~ *camp* die Zelte abbrechen; *to* ~ *dead* erschlagen; *to* ~ *o.'s eye (fig)* ins Auge fallen; *to* ~ *o.'s fancy* jdm angenehm auffallen; *to* ~ *up a friendship (Am)* sich anfreunden; *to* ~ *hands* sich die Hand drücken; sich einig werden; *to* ~ *home (fig)* empfindlich treffen; *to* ~ *it lucky, (Am) rich, oil (fam)* Glück haben; *to* ~ *a happy medium* den goldenen Mittelweg wählen; *to* ~ *a snag (fam)* auf e-e Schwierigkeit stoßen; *to* ~ *a warning note* e-n warnenden Ton anschlagen; *to* ~ *the right path, the track* den rechten Weg finden; *to* ~ *root* Wurzeln schlagen; *to* ~ *the root of the trouble* das Übel an der Wurzel packen; **5.** *I was struck speechless* es verschlug mir die Sprache; *it has struck two* es hat zwei geschlagen; *his hour has struck (fig)* s-n Stündlein hat geschlagen; *it* ~*s me that* es kommt mir vor, als ob; *how does it* ~ *you?* was halten Sie davon? *does that* ~ *a familiar note?* kommt Ihnen das bekannt vor? *it* ~*s my fancy* es gefällt mir; ~ *me dead!* (*sl, zur Bekräftigung)* du kannst mich totschlagen, (wenn ...); ~ *while the iron is hot* man muß das Eisen schmieden, solange es heiß ist; **6.** *buyer's* ~ Käuferstreik *m*; *freedom of* ~ Streikrecht *n*; *general* ~ Generalstreik *m*; *hunger* ~ Hungerstreik *m*; *a lucky* ~ ein Glückstreffer, glückliche(r) Fund *m*; *protest* ~ Proteststreik *m*; *sitdown* ~ Sitzstreik *m*; *slowdown* ~ Bummelstreik *m*; *sympathy* ~, ~ *of solidarity* Sympathiestreik *m*; *warning* ~ Warnstreik *m*; *wave of* ~*s* Streikwelle *f*; *wildcat* ~ wilde(r) Streik *m*; *to* ~ **at** zielen auf; *to* ~ **down** niederschlagen; *to* ~ **in** unterbrechen; sich einschalten; übereinstimmen *(with* mit); *to* ~ **into** *(Schrecken)* einjagen; plötzlich verfallen in; stoßen in; *to* ~ **off** abschlagen, -hauen; *(Geschriebenes)* (aus-, durch)streichen; *typ* abziehen *a. com*; *(Auktion)* zuschlagen; *to* ~ **out** *itr* aus-, um sich, drauflosschlagen; anfangen, sich in Bewegung setzen; loslaufen, -schwimmen *(for* in Richtung auf); *com* sich selbständig machen; *tr* ausstreichen; hervorbringen; ausdenken, ersinnen; *to* ~ **through** durchstreichen; durchschlagen; *to* ~ **up** tr anstimmen; *(pl* spielen) beginnen; *(Bekanntschaft)* machen, anknüpfen; *(Freundschaft)* schließen *(with* mit); boss(el)ieren; *itr (Musik)* einsetzen; *to* ~ **upon** plötzlich verfallen auf; ~ **benefit** Streikunterstützung *f*; ~**bound** a bestreikt; ~**breaker** Streikbrecher *m*; ~ **committee** Streikleitung *f*; ~ **movement** Streikbewegung *f*; ~**pay** Streikgeld *n*; ~**r** ['-ə] Schläger; Streikende(r); *el* Zünder *m*; ~~ *on picket duty* Streikposten *m*; ~ **threat** Streikdrohung *f*; ~ **wave** Streikwelle *f*.
striking ['straikiŋ] schlagend, treffend; auffallend, -fällig; eindrucksvoll, beachtlich, beachtens-, bemer-

striking power kenswert, außerordentlich; ~ **power** Schlag-, Stoßkraft f.

string [striŋ] s Strang m, Schnur f, (dicker) Bindfaden, (Österreich) Spagat m; (dünnes) Seil; Band n; mus Saite; (Bogen) Sehne; bot Faser f, Faden m; anat Sehne, Flechse, fig Kette, Reihe, Folge, Serie, Gruppe; sport Riege, Mannschaft f; Aufgebot n; (Rennen) (Pferde n pl aus e-m) Stall m; Am fam Bedingung f, Vorbehalt m, Einschränkung f; Am fam Scherz, Spaß m; (shoe~) Am Schuhnestel, Schnürsenkel m; pl mus Saiteninstrumente n pl; Streicher m pl; v irr strung, strung [strʌŋ] tr (Instrument) besaiten; (auf e-e Schnur) aufziehen, aufreihen; zs.-, verschnüren; an-, festbinden, befestigen; (Bohnen) abziehen; ausstrecken, spannen; anspannen, -ziehen, straffen, verstärken; mus stimmen; (Bogen) spannen; fig (to ~ up) er-, aufregen, nervös machen; Am fam (to ~ along) sich lustig machen über; hinhalten (s.o. jdn); itr faserig werden; Fäden ziehen; sich aus-, sich erstrecken; to ~ along with s.o. mittun, -arbeiten; Am treu ergeben sein; jdm vertrauen; to ~ out (tr) in e-e (lange) Reihe legen; aufstellen (along s.th. entlang e-r S); itr sich in e-r Reihe ausea.ziehen; to ~ up (fam) (Menschen) aufhängen; on a ~ (völlig) abhängig, hilflos; unter Aufsicht; fam am Bändel; with no ~s attached (Am) bedingungslos; to be attached to o.'s mother's apron ~s der Mutter am Rockzipfel hängen; to harp on one, the same ~ nur ein Thema haben; to have two ~s to o.'s bow (fig) zwei Eisen im Feuer haben; to have s.o. on the ~ (fam) jdn am Bändel haben; to pull ~s (fig) s-e Hand im Spiel haben; der Drahtzieher sein; to touch the ~s die Saiten anschlagen; fig den wunden Punkt berühren; ~ of pearls Perlenkette f; **~-bag** Einkaufsnetz n; **~-band, -orchestra** Streichorchester n; **~-bean** Am grüne Bohne f; **~-board** Treppenwange f; **~ed** [-d] a mus Saiten-; Streich-; **~er, ~-piece** Stütz-, Trag-, Querbalken m; **~iness** ['-inis] (Fleisch) Zähigkeit, Faserigkeit f; **~ quartet** Streichquartett n; **~y** ['-i] faserig; zäh; verfilzt; lang u. dünn.

stringen|cy ['strindʒənsi] Strenge, Genauigkeit; com Knappheit; (Geldmarkt) Gedrücktheit; Nachdrücklichkeit; zwingende, bindende Kraft f; **~t** ['-t] streng, genau, strikt; knapp, bündig; (Beweis) zwingend, bindend; (Regel) fest; nach-, ausdrücklich; (Maßnahmen) streng, energisch; überzeugend; com (Markt) gedrückt, angespannt; (Geld) knapp.

strip [strip] tr ausziehen, entkleiden, entblößen (to the waist bis auf den Gürtel); abziehen, abstreifen; (Draht) abisolieren; fig berauben (of s.th. e-r S); mil degradieren; (weg)nehmen (s.th. off s.o. jdm etw); (aus)plündern; (Decke) herunterziehen, -reißen; abreißen, -schälen, bloßlegen; schälen, kahlfressen; tech ausea.nehmen, demontieren; mar abtakeln; (Gebäude) ausschalen; (Tabak) entrippen; (Federn) schleißen; itr sich ausziehen, sich entkleiden; tech sich lockern, locker werden; s (schmaler) Streifen m, Band n; (air-, landing-~) aero (Start- u.) Landestreifen m; arch Lasche f; (comic ~, ~ cartoon) Bildgeschichte f, Comic Strips pl; to cut into ~s in Streifen schneiden; ~ **cropping, planting** Am agr Anbau m in schmalen, abwechselnden Streifen; ~ **iron** Bandeisen n; **~ling** ['-liŋ] junge(r) Bursche m; ~ **map** Marschskizze; aero Flugstreckenkarte f; ~ **mill** Bandwalzwerk n; ~ **mining** Am min Tagebau m; ~**per** ['-ə] Öldestillator m; Schälmaschine f; tt = **~teaser**; ~ **steel** Bandstahl m; **~-tease** theat Entkleidungsszene f, -akt m, -nummer f; **~teaser** Nackttänzerin f.

strip|e [straip] s Streif(en) m; Strieme(n m f); (Peitschen-)Hieb m; mil Tresse; (kennzeichnende) Farbe f; Kennzeichen n; Am Art, Sorte, Gattung f, Schlag, Typ m; Am politische od religiöse Gruppe f; tr streifen; in Streifen teilen; to get o.'s ~~s (zum Unteroffizier) befördert werden; **~ed** [-t] a gestreift, streifig.

strive [straiv] irr strove [-ou-], striven [strivn] itr sich erstige Mühe geben, sich sehr bemühen, sich anstrengen, wetteifern (for um; to do s.th. etw zu tun); streben (after nach); ringen, kämpfen (against gegen; with mit).

stroke [strouk] s Schlag a. fig, Hieb, (Schwert-)Streich, Stoß a. fig; (Herz-)Schlag m med Anfall, bes. Schlag(anfall); (Glocken-, Stunden-)Schlag m; (Ballspiel) Schlag-, (Schwimm-)Stoß m; (Pinsel-, Feder-, Bogen-)Strich m; Streicheln n; fig Einfall; tech Stoß, (Kolben-)Hub m; (Skala) Gradstrich, (Rudern) (Platz des) Schlagmann(es) m; tr streicheln; (Rudern) den Schlag angeben für; at one ~ mit e-m Schlag; on the ~ pünktlich; mit dem Glocken-

stroke-oar   984   **strutting**

schlag; *with a ~ of the pen* mit e-m Federstrich; *not to do a ~ of work* keinen Finger rühren; *to ~ s.o. the wrong way* jdn vor den Kopf stoßen; *sun-~* Hitzschlag *m*; *~ of fate* Schicksalsschlag *m*; *~ of lightning* Blitzschlag *m*; *~ of luck* Glücksfall, glückliche(r) Zufall *m*; **~-oar** *(Rudern)* Schlagriemen; Vormann *m*.

stroll [stroul] *itr* umherschlendern, -bummeln, -streifen, -ziehen; *tr* durchstreifen, -ziehen; *s* Spaziergang, Bummel *m*; *to take a ~* e-n Bummel machen *(through the town* durch die Stadt); **~er** ['-ə] Landstreicher; Bummler; Schausteller, Schmierenkomödiant; *Am (Kinder-)*Sportwagen *m*.

strong [strɔŋ] *a* stark, kräftig, kraftvoll, robust, kraftstrotzend; *fam* stramm; gesund (u. stark), kräftig; *(~-minded)* charakterfest, willensstark, zielbewußt; scharfsinnig, klardenkend; stark, tüchtig *(in, at, (sl) on languages* in Sprachen); *(Augen)* scharf; *(Gegenstände)* stark, fest, stabil, dauerhaft; *(Festung)* stark, schwer einnehmbar; stark *(an Zahl, Mitteln)*; streng, drastisch; *(Wind)* stark, heftig; *(Flüssigkeit, bes. Getränk, Geruch, Licht)* stark; *(Geräusch)* laut; *(Brille)* scharf; *(Fett)* ranzig; *(Gefühl)* stark; *(Äußerung)* heftig, energisch; *(Stimme)* laut; *(Meinung)* fest; überzeugt; *(Grund)* triftig; klar, deutlich, scharf; *(Ähnlichkeit)* groß; *com* stark anziehend; *(Börse)* fest; *gram (Verb)* stark; *adv* sehr, mit Nachdruck; *to be going ~* kräftig weitermachen; noch auf der Höhe sein; *to come, to go it rather ~* übertreiben; sich auffällig benehmen; *to feel ~ again* wieder bei Kräften, gesundheitlich wieder auf der Höhe sein; *to feel ~ about* sich aufregen, sich ärgern über; *to use ~ language* fluchen; *that is my ~ point* das ist meine Stärke; **~-arm** *fam a* gewalttätig; Gewalt-; *tr* Gewalt anwenden gegenüber; **~-box** Geldkassette *f*; Geld-, Panzerschrank *m*; **~ drink** Schnaps *m*; **~hold** Festung, Feste *f*; *fig* Bollwerk *n*, Hochburg *f*; **~ly** ['-li] *adv* nachdrücklich, sehr; **~-minded** *a* willensstark; entschlossen; *(Frau)* emanzipiert; **~-point** *mil* Stützpunkt *m*; **~-room** Stahlkammer *f*, Tresor *m*, Panzergewölbe *n*.

strontium ['strɔnʃiəm] *chem* Strontium *n*.

strop [strɔp] *s mar* Stropp; Streichriemen *m*; *tr (Rasiermesser)* abziehen.

stroph|e ['stroufi] *poet* Strophe *f*; **~ic(al)** ['strɔfik(l)] strophisch.

struck [strʌk] *pret u. pp von strike*; *a* betroffen *(with* von); wie vor den Kopf geschlagen, *fam* platt; versessen *(on auf)*; *(~ up) (fam)* verschossen, verknallt *(on* in); bestreikt; *to be ~* gerührt sein *(at* über).

structur|al ['strʌktʃərəl] strukturell; Struktur-; *geol* tektonisch; *arch* baulich, Bau-; *med (Leiden)* organisch; **~~ alterations** *(pl)* bauliche Veränderungen *f pl*; **~~ defect** Konstruktionsfehler *m*; **~~ element** Bauelement *n*; **~~ engineer** Statiker *m*; **~~ engineering** Ingenieurbau *m*; **~~ material** Baustoff *m*, -material *n*; **~~ member** Bauwerksteil *m*, -glied *n*; **~~ part** Bauteil *m*; **~~ steel** Baustahl *m*; **~~ steelwork** Stahlkonstruktion *f*, Stahlbau *m*; **~~ strength** Baufestigkeit *f*; **~~ weight** Rüst-, Konstruktionsgewicht *n*; **~~ work** Stahlbau *m*; *pl* bauliche Anlagen, Baukonstruktionen *f pl*; **~e** ['strʌktʃə] Struktur *f*, Gefüge *n*, Aufbau; Bau *m*, Gebilde, Gerüst *n*; Bauweise, Konstruktion *f*; *aero* Flugwerk *n*; Zelle *f*; *med* Körper-, Knochenbau; *biol* Organismus *m*; *cost ~* Kostengefüge *n*; *economic ~* Wirtschaftssystem *n*; *iron ~* Eisenkonstruktion *f*; *price ~* Preisgefüge *n*; **~eless** ['-əlis] *geol* amorph; *fig* ohne Gliederung.

struggle ['strʌgl] *itr* sich zur Wehr setzen, sich sträuben *(against* gegen); ringen *(for* um); (an)kämpfen *(against* gegen; *with* mit); sich durchschlagen; sich (ab)mühen, sich anstrengen *(with* mit; *to do* zu tun); *to ~ along* mühsam vorankommen; *to ~ up* sich mit Mühe erheben; *s* heftige Anstrengung(en *pl*) *f*, eifrige Bemühungen *f pl*, Streben *n*; *(Wett-)*Streit *m*, Ringen *n*, Kampf *m* *(with* mit; *for* um); *the ~ for life, existence (biol)* der Kampf ums Dasein; **~r** ['-ə] Kämpfer *m*.

strum [strʌm] *itr tr* klimpern, herumhämmern *(on* auf); *s* Geklimper *n*.

struma ['struːmə] *pl* -ae ['-iː] *med* Kropf *m*; Skrofel *f*.

strumpet ['strʌmpit] *fam* Dirne *f*.

strung [strʌŋ] *pret u. pp von string*; *a*: *highly ~ (fig)* zart besaitet, nervös.

strut [strʌt] *itr* (herum)stolzieren; *tr* (ab)stützen, absteifen, verstreben; *s* Stolzieren *n*, stolze(r) Gang *m*; Strebe, Stütze *f*, Stützbalken *m*; **~ter** ['-ə] *fig* stolze(r) Pfau *m*; **~ting** *s* Verstrebung, Absteifung *f*; *a* prahlerisch.

strychnine ['strikni:n] *chem* Strychnin *n*.

stub [stʌb] *s* (Baum-)Stumpf, Stubben *m*; Endchen *n*, (Bleistift-, Zigarren-, Zigaretten-)Stummel *m*; *fam* Kippe; *el* Stichleitung *f*; *Am* Kupon, (Kontroll-)Abschnitt *m*; *tr* ausroden, -reißen; *(Land)* roden; *(o.'s toe)* mit der Zehe stoßen *(against s.th.* an etw); *(to ~ out)* *(Zigarre, Zigarette)* ausdrücken; **~by** ['-i] untersetzt, stämmig, kräftig.

stubbl|e ['stʌbl] *meist pl* (Getreide-, Bart-)Stoppeln; Borsten *f pl*; **~ field** Stoppelfeld *n*; **~y** ['-i] stopp(e)lig, borstig.

stubborn ['stʌbən] widerspenstig, -borstig; eigensinnig, hartnäckig; halsstarrig, *fam* stur; *(Wille)* unbeugsam; zäh; *tech* spröde, hart; *(Metall)* streng-, schwerflüssig; **~ness** ['-nis] Widerspenstigkeit *f*, Eigensinn *m*, Hartnäckigkeit *f*.

stucco ['stʌkou] *pl* -(e)s *s* Stuck *m*; *(~work)* Stuckarbeit, Stukkatur *f*; *tr* mit Stuck verzieren.

stuck [stʌk] *pret u. pp von stick (fam)* verschossen, vernarrt *(on s.o.* in jdn); (ganz) erpicht *(on s.th.* auf etw); *to get ~* festfahren; übers Ohr gehauen werden; **~-up** *a fam* hochnäsig, eingebildet, überheblich, arrogant.

stud [stʌd] **1.** *s* Beschlag-, Ziernagel; Kragen-, Hemdknopf *m*; *tech* Stiftschraube, Warze *f*, Knauf, Zapfen; Stift; Ständer; Pfosten *m*; *mar* Amboß; (Ketten-)Steg *m*; *tr* mit Nägeln beschlagen; übersäen; mit Pfosten, Ständern versehen; **~ding** ['-iŋ] Fachwerk *n*, Pfosten *m pl (e-s Hauses)*; **~-sail** Leesegel *n*; **2.** Stall *m*, Gestüt *n*; *Am* = **~-horse**; **~-book** Zucht-, Stutbuch *n*; **~-farm** Zuchtstall *n*; **~-horse**, **-mare** Zuchthengst *m*, -stute *f*.

stud|ent ['stju:dənt] Student, Schüler; Gelehrte(r); Forscher; Fachmann, Kenner; *in Zssgen*: Kundige(r), Erforscher *m gen*; **~ of birds** Vogelkundige(r) *m*; **~ of human behavio(u)r** Verhaltensforscher *m*; **Bible ~** Bibelforscher *m (Sektierer)*; **~ lamp** *(Am)* Studierlampe *f*; **~entship** ['-ʃip] Studentenzeit *f*; Stipendium *n*; **~ied** [stadid] *a* einstudiert, -geübt; sorgfältig vorbereitet; durchdacht, wohlüberlegt; geplant, absichtlich; gesucht, affektiert; studiert, gelehrt; **~io** ['stju:diou] *pl* -s Atelier *n*; *film* Aufnahmeraum; *radio video* Senderaum *m*; **~ couch** *(Am)* Schlaf-, Bettcouch *f*; **~ious** ['stju:djəs] lerneifrig, -beflissen; eifrig (studierend); sorgfältig, aufmerksam; bedacht *(of* auf); überlegt, absichtlich; **~iousness** ['-djəsnis] Beflissenheit, Sorgfalt *f*; **~y** ['stʌdi] *s* Studieren, Studium; Fach(gebiet) *n*; Studie, wissenschaftliche Arbeit, Analyse *f (in, of* über); Entwurf *m*; *mus* Etüde *f*; Studier-, Arbeitszimmer *n*; *allg* Bemühung *f*, Streben *n*, Absicht *f*; tiefe(s) Nachdenken *n*, Versunkenheit *f*; *tr* studieren *(at the university* an der Universität); lernen; betreiben; sich befassen mit; eingehend untersuchen, (genau) studieren, prüfen; einstudieren, auswendig lernen, memorieren; sich bemühen, sich befleißigen *(to* zu); bedacht sein auf; *itr* studieren *(for s.th.* etw); Student sein; nachdenken, -sinnen, überlegen; *to ~ for an examination* ein Examen vorbereiten; *to make a ~ of s.th.* etw eifrig studieren; *in a brown ~* in Gedanken versunken; **~ bag** Schultasche *f*; **~ group** Arbeitsgemeinschaft *f*, -ausschuß *m*; **~ hall** *(Schule)* Arbeitsraum *m*.

stuff [stʌf] *s* (Roh-)Stoff *m*, (Roh-)Material *n*; *allg* Stoff *m*, Materie *f*; *fig* (Wesens-)Art *f*, Schlag *m*, Zeug *n (of* zu); (Woll-)Stoff; Hausrat, *fam* Kram *m*, Sachen *f pl*; Plunder, Dreck, Krimskrams *m*; dumme(s) Zeug, Gerede, Geschwätz *n*, Unsinn *m*; *(doctor's ~)* Medizin *f*; *tr (bes. Kissen)* stopfen, füllen; *(Möbel)* polstern; *(Tierbalg)* ausstopfen; *(Braten)* füllen; *(Gans)* nudeln, stopfen; vollstopfen, -pfropfen *a. fig*; *(to ~ up)* voll-, verstopfen; *(Leder)* einfetten; drücken, pressen, stopfen, stecken *(into* in); *Am* gefälschte Stimmzettel stecken in; *to be good, sorry ~* etwas, nichts taugen; *he knows his ~* er kennt sich aus; *do your ~!* *(Am sl)* zeige, was du kannst! **food-~s** *(pl)* Lebensmittel *n pl*; **garden, green ~** Grünzeug, Gemüse *n*; **household ~** Hausgerät *n*; **~ed** [-t] *a*: **~ shirt** *(fam)* Angeber, aufgeblasene(r) Kerl *m*; **~er** ['-ə] *(gedruckte)* Beilage *f*; **~iness** ['-inis] Dumpfheit; *fig* Stumpfheit; Schlafmützigkeit *f*; **~ing** ['-iŋ] (Voll-)Stopfen *n*; Füllung *f*, Füllsel *n (a. Küche)*; Polstermaterial *n*; *to knock the ~ out of s.o.* *(fam)* jdn kleinkriegen; jdn. fertigmachen; **~-box** *(tech)* Stopfbüchse *f*; **~y** ['-i] stickig, dumpf; *(Luft)* schwül; (leicht) verschnupft; *fam* langweilig, stumpf (-sinnig); *fam fig* tranig, schlafmützig; *Am fam* steif; altmodisch; verbohrt; trüb(sinnig).

stultif|ication [stʌltifi'keiʃən] Lächerlichmachen n, Verspottung f; **~y** ['stʌltifai] tr zum Narren haben, jam für dumm verkaufen; lächerlich machen; zuschanden, illusorisch, wirkungslos machen; widerlegen; jur für unzurechnungsfähig erklären.

stumb|le ['stʌmbl] itr stolpern, straucheln (over über); torkeln, schwanken; stottern, stammeln; fig (sittlich) straucheln; fig stolpern (across, (up)on über); zufällig stoßen (on auf); Am sl e-e Dummheit machen; Pech haben; zurückschrecken (at vor); s Straucheln, Stolpern n; fig Fehltritt, Fehler m; **~ing-block** Hindernis n, Stein m des Anstoßes (to für).

stumer ['stju:mə] sl gefälschte(r) Scheck m; Blüte, falsche Banknote; falsche Münze f; Ruin m.

stump [stʌmp] s (Baum-)Stumpf; Stummel; (Kraut-)Strunk; fig Dickmops; (Zeichnen) Wischer m; Rednertribüne f; sport (Kricket) Torstab m; Am Herausforderung f; Am sl Telegraphenmast m; pl Am sl Stelzen f pl, Beine n pl; tr bis auf e-n Stumpf abhauen, -nutzen, verbrauchen; (Baumstümpfe) roden; (Zeichnung) wischen; stoßen (one's toes sich die Zehe); (Land) als Wahlredner bereisen; Am fam vor den Kopf stoßen, stutzig machen; aus der Fassung bringen; vereiteln, zunichte machen, durchkreuzen; Am herausfordern; **~ up** (fam) blechen, bezahlen; itr schwerfällig, unbeholfen, steif gehen; sta(m)pfen; herumreisen u. Wahlreden halten; to ~ about, along umherstapfen; on the ~ (Wahlredner) auf Tournee; up a ~ = **~ed**; to stir o.'s ~s (fam) die Beine unter die Arme nehmen; to ~ it (fam) sich auf die Socken, sich aus dem Staube machen; **~ed** [-t] a verwirrt, verblüfft, außer Fassung, in Verlegenheit; **~er** ['-ə] Am fam Fangfrage, harte Nuß f; **~ orator, speaker** Propaganda-, Volksredner m; **~ oratory, speech** Propaganda-, Volksrede f; **~ work** Kurzwort n; **~y** ['-i] a stämmig, untersetzt.

stun [stʌn] tr betäuben, lähmen; aus der Fassung bringen, überwältigen, fam umhauen; **~ned** [-d] a benommen; verdutzt, verblüfft; fam erschlagen (with von); **~ner** ['-ə] fam Pracht-, Pfundskerl m; tolle Frau; Pfunds-, prima Sache f; Mordsding n; **~ning** ['-iŋ] betäubend; atemraubend; verblüffend; fam prächtig, toll, blendend.

stunt [stʌnt] **1.** tr verkümmern lassen, in der Entwicklung hemmen a. fig;

(Entwicklung, Wachstum) hemmen, hindern; **~ed** ['-id] a verkümmert, zurückgeblieben; **2.** fam s Kraft-, Kunststück n; Heldentat; Glanzleistung; Sensation f; Reklameschlager, Knüller, Geschäftstrick m; itr ein Kunststück vorführen; **~er** ['-ə] fam Kunstflieger m; **~ film** Trickfilm m; **~-flying** Kunstfliegen n; **~-man** film Double n; **~-press** Sensationspresse f.

stupe [stju:p] s feuchtwarme(r) Umschlag; Am sl Dummkopf m; tr bähen; mit e-m warmen Umschlag behandeln.

stup|efacient [stju:pi'feiʃənt] Narkotikum, Rausch-, Betäubungsmittel n; **~efaction** [-'fækʃən] Betäubung; fig Verblüffung; Verwirrung f; Erstaunen n; **~efy** ['stu:pifai] tr betäuben; fig verblüffen, verwundern; verwirren; abstumpfen; **~endous** [stju(:)'pendəs] überwältigend; gewaltig, ungeheuer; **~id** ['stu:pid] a dumm, einfältig, stupid(e); blöd(e), dämlich; sinnlos; langweilig, stumpfsinnig; s Dummkopf m; **~idity** [stju(:)'piditi] Dummheit, Einfalt, Blödheit, Dämlichkeit f; Stumpfsinn m; **~or** ['stju:pə] Benommenheit, Starre; Stumpfheit f, Stumpfsinn; med Stupor m.

sturd|iness ['stə:dinis] Stärke, Kraft; Robustheit, Derbheit f; **~y** ['stə:di] stark, kräftig, derb, handfest; (Pflanze) wetterhart; fig fest, entschlossen, unnachgiebig.

sturgeon ['stə:dʒən] zoo Stör m.

stutter ['stʌtə] tr itr stottern; stammeln; s Stottern, Gestotter, Gestammel n; **~er** ['-rə] Stotterer m; **~ingly** ['-riŋli] adv stotternd, stammelnd.

sty [stai] (pig-~) Schweinestall m a. fig.

sty(e) [stai] med Gerstenkorn n.

styl|e [stail] fig Stil m, Ausdrucksweise f; (Kunst) Stil m; Lebensart f, Geschmack m, Eleganz, Vornehmheit, Fasson, Machart; Mode f; Titel m, Anrede f; com Firmenname m, -bezeichnung f; Art u. Weise, (Spiel-)Art f, Typ m; Rechtschreibung, Orthographie f; hist Grabstichel, Griffel m (Schreibgerät); Radier-, Grammophonnadel f; bot Griffel; tech Gnomon m; tr stilisieren; entwerfen; typ vereinheitlichen; nennen, bezeichnen als; betiteln, anreden; in ~ stil-, geschmackvoll; großzügig; in the ~~ of in der Art gen; under the ~~ of unter dem Namen, der Firma gen; to be in ~ Mode sein; to live in ~~ ein großes Haus führen, Aufwand treiben; there is no ~~ about her sie versteht es nicht, etwas aus

styler 987 **subject**

sich zu machen; *that's the ~~* das ist das richtige; *good, bad ~~* gute(r), schlechte(r) Geschmack *m*; *latest ~~* neueste Mode *f*; *Norman, early English, decorated, perpendicular ~~ (etwa)* romanische(r), früh-, hoch-, spätgotische(r) Stil *m*; *old, new ~~* Julianische(r), Gregorianische(r) Kalender *m*; *poor ~~* schlechte(r) Stil *m*; *~~-book* Anstandsbuch; Modeheft; Rechtschreibbuch *n*; Druckvorschrift *f*; **-er** ['-ə] *Am* Modeschöpfer *m*; **-et** ['-it] Stilett *n*; *med* feine Sonde *f*; **-ish** ['-iʃ] modisch, elegant; stilvoll; geschmackvoll, passend; **-ist** ['-ist] gute(r) Stilist; eigenwillige(r) Schriftsteller; Modezeichner, -berater; Formgestalter; Innendekorateur *m*; *hair-~~* Damenfrisör *m*; **-istic(al)** [stai-'listik(əl)] stilistisch; **-ization** [staili-'zeiʃən] Stilisierung *f*; **-ize** ['stailaiz] *tr* stilisieren; **-o** ['-ou], **-ograph** ['-əgra:f] Tintenkuli; Füllfederhalter, *fam* Füller *m*; **-us** ['-ə] Griffel; Kopierstift *m*; Grammophonnadel *f*.

stymie ['staimi] *Am fam tr* (be-, ver)hindern; *(Plan)* durchkreuzen, vereiteln; *fig* lahmlegen.

styptic ['stiptik] *a u. s* blutstillend(es Mittel *n*).

Styria ['stiriə] die Steiermark.

suab|ility [sju(:)ə'biliti] *jur* (Ein-) Klagbarkeit, Prozeßfähigkeit *f*; **-le** ['sju(:)əbl] (ein)klagbar; prozeßfähig.

suas|ion ['sweiʒən] *jur (moral ~~)* Zureden *n*, Überredung *f*; **-ive** ['-siv] *a* Überredungs-; überzeugend *(of* für*)*.

suav|e [sweiv, swa:v] höflich, verbindlich; einschmeichelnd, glatt; *(Wein)* mild; *pej* süßlich; **-ity** ['swæviti] Höflichkeit, Verbindlichkeit *f*; Zuvorkommenheit, Freundlichkeit *f*.

sub [sʌb] *pref* Unter-, Neben-, (Aus-) Hilfs-; Sub- *a. math chem*; *tr* einspringen *(for* für*)*; *~ judice* ['dʒu:disi] vor Gericht; schwebend, noch nicht entschieden; *~ poena* [səb'pi:nə] *jur* bei, unter Strafe; *~ rosa* vertraulich; *~ verbo, voce* unter dem angegebenen Wort.

subacid ['sʌb'æsid] (leicht) säuerlich; *fig (Bemerkung)* bissig, scharf.

subagen|cy ['sʌb'eidʒənsi] Unteragentur, -vertretung *f*; **-t** ['-t] Untervertreter *m*.

subaltern ['sʌbltən] *a* untergeordnet; (rang)niedriger; subaltern; *s* Subalternbeamte(r), -offizier; Untergebene(r) *m*.

sub|area ['sʌb'ɛəriə] Teilgebiet *n*; **-assembly** ['-əsembli] Teilmontage *f*; **~~ line** Teilmontagestraße *f*.

subbranch ['sʌb'brɑ:ntʃ] Fachgruppe, Unterabteilung; Zweigstelle *f*.

subcalibre ['sʌb'kælibə] Kleinkaliber *n*; *~~ ammunition* Kleinkalibermunition *f*.

subcommittee ['sʌbkəmiti:] Unterausschuß *m*.

subconscious ['sʌb'kɔnʃəs] *a* unterbewußt; halb bewußt; *s (the ~)* das Unterbewußte, Unterbewußtsein *n*; **-ness** ['-nis] Unterbewußtsein *n*.

subcontinent [sʌb'kɔntinənt] *geog* Subkontinent *m*.

subcontract [sʌb'kɔntrækt] *s* Unter-, Nebenvertrag *m*; *itr (tr)* e-n Nebenvertrag abschließen (über); als Zulieferant übernehmen; **-or** [-kən'træktə] Unterkontrahent, Zulieferant *m*.

subcutaneous ['sʌbkju:'teinjəs] *med* subkutan, unter der *od* die Haut.

subdeb [sʌb'deb] *Am fam* junge(s) Mädchen *n* vor der Einführung in die Gesellschaft *(= subdebutante)*; Backfisch, Teenager *m*.

subdivi|de ['sʌbdi'vaid] *tr itr* (sich) unterteilen, untergliedern; *(Land)* parzellieren; **-sion** ['-viʒən] Unterteilung; Unterabteilung; Parzellierung *f*.

subdue [səb'dju:] *tr* besiegen, unterwerfen, -jochen, -drücken; beherrschen, in s-r Gewalt haben; *(Stimme)* senken; abschwächen, mildern, vermindern; *(Gefühl)* unterdrücken; *(Licht, Ton)* dämpfen; *(Land)* bestellen, bearbeiten.

subeditor ['sʌb'editə] zweite(r) Redakteur; *Br* Korrektor *m*.

subhead ['sʌbhed] stellvertretende(r) (Schul-)Leiter; *(-ing)* Untertitel *m*.

subjacent [sʌb'dʒeisənt] darunter befindlich; *fig* zugrunde liegend; niedriger (liegend).

subject ['sʌbdʒikt] *a* unterworfen; anfällig *(to* für*)*, ausgesetzt *(to* dat*)*; abhängig *(to* von*)*; *s fig* Gegenstand *m*, Thema *n*, Stoff *m (for* für*)*; *mus* Thema *n*; Anlaß *m*, Veranlassung *f*, Grund *m (for* zu*)*; Ursache *f (for* für*)*; Fach(gebiet) *n*; Unterrichtsgegenstand *m*, -fach *n*; *gram* Subjekt *n*, Satzgegenstand *m*; *philos* Subjekt *n*; Untertan; Staatsbürger, -angehörige(r) *m*; *med* (zu sezierende) Leiche *f*; *med* Patient *m*; *tr* [səb'dʒekt] unterwerfen, -jochen; aussetzen *(to* dat*)*; *(e-r Prüfung)* unterziehen *(to* dat*)*; *on the ~ of* betreffs *gen*; *to be ~ to* unterworfen sein; *(Krankheit)* neigen zu, leicht bekommen; *to change the ~* das Thema wechseln; *to wander from* the ~ vom Thema abkommen; *compulsory* ~ Pflichtfach *n*; ~ *to alteration, change* Änderungen vorbehalten; freibleibend; ~ *of deliberation* Beratungsgegenstand *m*; ~ *to duty* zollpflichtig; ~ **catalogue** Schlagwortkatalog *m*; ~ **entry** Stichworteintragung *f*; ~ **index** Sachregister *n*; **~ion** [səb'dʒekʃən] Unterwerfung; Abhängigkeit *f (of* von); **~ive** [səb'dʒektiv] *bes. philos psychol* subjektiv; **~ivity** [sʌbdʒek'tiviti] Subjektivität, persönliche Betrachtungsweise *f*; ~ **matter** (Verhandlungs-)Gegenstand; Inhalt (*e-s Buches*); Lehrstoff *m*.

subjoin ['sʌb'dʒɔin] *tr* bei-, hinzufügen; **~der** [səb'dʒɔində] Anhang *m*.

subjugat|e ['sʌbdʒugeit] *tr* unterjochen, -werfen; bezwingen; *fig* gefügig machen; **~ion** [sʌbdʒu'geiʃən] Unterjochung, -werfung *f*.

subjunctive [səb'dʒʌŋktiv] *s u. a:* ~ **mood** Konjunktiv *m*.

sub|lease ['sʌb'li:s] *s* Unterpacht, -miete *f*; *tr* [-'-] weiterverpachten, -vermieten; **~lessee** ['-le'si:] Unterpächter, -mieter *m*; **~lessor** ['-le'sɔː] Untervermieter *m*.

sublet ['sʌb'let] *irr s. let tr* unter-, weiterverpachten, -vermieten; *(Arbeit)* weitervergeben.

sublieutenant ['sʌble(f)tenənt, *Am* 'sʌblu:'tenənt] *Br* Oberleutnant *m* z. S.

sublim|ate ['sʌblimeit] *tr chem* sublimieren *a. fig psychol*; *fig* vergeistigen, veredeln; verfeinern; ['-it] *a* sublimiert; *s* Sublimat *n*; **~ation** [sʌbli'meiʃən] Sublimierung *f a. fig*; Sublimat *m*; *fig* Vergeistigung *f*; **~e** [sə'blaim] *a* erhaben, edel, *poet* hehr; überragend, unvergleichlich; vollendet; *fam* kraß; *s (the* **~~**) das Erhabene; *tr* läutern, veredeln; *chem* sublimieren; **~inal** [sʌb'liminl] *psychol* unterschwellig; unterbewußt; **~ity** [sə'blimiti] Erhabenheit *f*.

submachine-gun ['sʌbmə'ʃi:ngʌn] Maschinenpistole *f*.

submarine ['sʌbməri:n] *a* Unterwasser-; unterseeisch; *s* Meerespflanze *f*; Seetier; Unterseeboot, U-Boot *n*; ~ **arm** U-Boot-Waffe *f*; ~ **base** U-Boot-Stützpunkt *m*; ~ **berth** U-Boot-Liegeplatz *m*; ~ **campaign** U-Boot-Krieg *m*; ~ **chaser** U-Boot-Jäger *m*; ~ **detector** U-Boot-Ortungsgerät *n*; ~ **mine** Unterwassermine *f*; ~ **net** Unterseebootnetz *n*; ~ **pack** U-Boot-Rudel *n*; ~ **pen** U-Boot-Bunker *m*; ~ **war(fare)** U-Boot-Krieg *m*.

submer|ge [səb'mə:dʒ] *tr* untertauchen; überschwemmen, -fluten; eintauchen; *fig* verbergen; unterdrücken; *itr* (unter)tauchen; **~gence** ['-əns], **~sion** ['-'mə:ʃən] Untertauchen *n*; Überschwemmung, -flutung *f*.

submi|ssion [səb'miʃən] Unterwerfung *(to* unter); Unterwürfigkeit, Nachgiebigkeit, *jur* Unterbreitung, Vorlage; *jur* Auffassung *f*; **~~** *of arbitration* Schiedsgerichtsvereinbarung *f*; **~ssive** [-siv] unterwürfig, nachgiebig, fügsam; **~ssiveness** [-sivnis] Unterwürfigkeit, Nachgiebigkeit, Fügsamkeit *f*; **~t** ['-'mit] *tr* vorlegen, unterbreiten, einreichen; *(Zeugnis)* beibringen; vorschlagen, anheimstellen, zu bedenken geben; abtreten *(to* an), übergeben; verweisen; *itr* sich unterwerfen, sich fügen *(to* dat), nachgeben; sich unterziehen *(to an operation* e-r Operation); sich gefallen lassen *(to s.th.* etw); sich damit abfinden *(to doing s.th.* etw zu tun); *to* **~~** *o.s.* nachgeben, sich fügen *(to* in).

subnormal ['sʌb'nɔ:məl] unternormal; *psych* minderbegabt.

subordinat|e [sə'bɔ:dnit] *a* untergeordnet; zweitrangig; untergeben; unterwürfig, fügsam; *s* Untergebene(r) *m*; untergeordnete Sache *f*; *tr* [-dineit] *tr* unterordnen; zurückstellen; als zweitrangig behandeln; *to be* **~~** unterstehen *(to s.o.* jdm); **~~** *clause* Nebensatz *m*; **~ion** [səbɔ:di'neiʃən] Unterordnung *f* (*to* unter); Unterstellung *f*.

suborn [sʌ'bɔ:n] *tr* anstiften, -zetteln; bestehen, verleiten; **~ation** [sʌbɔ:-'neiʃən] Anstiftung, Anzettelung; Bestechung, Verleitung *f*; **~er** [sʌ'bɔ:nə] Anstifter *(of* zu) *m*.

subpoena [səb'pi:nə] *jur s* Vorladung *f*; *tr* vorladen.

subrogat|e ['sʌbrəgeit] *tr jur* an die Stelle setzen *(for s.o.* gen); **~ion** [sʌbrə'geiʃən] *jur* Ersetzung *f* (des Gläubigers), Rechts-, Forderungsübergang *m*.

subscribe [səb'skraib] *tr* unterschreiben, (unter)zeichnen; zustimmen, beistimmen, billigen; beipflichten *(s.th.* e-r S); sich einsetzen, eintreten für; *(Geld)* zeichnen *(to* für e-e Sache; *for* für Aktien); *itr* unterschreiben, -zeichnen; beistimmen, -pflichten *(to s.th.* e-r S); sich (zu e-r Zahlung) verpflichten; e-n Beitrag zahlen *(to* an); abonnieren *(to s.th.* etw); abonniert sein *(to* auf); vorausbestellen *(for a book* ein Buch); belegen *(to lectures* Vorlesungen); **~r** [-ə] Subskribent,

Unterzeichner *(to gen)*; Abonnent, Bezieher; *(telephone ~~)* (Fernsprech-)Teilnehmer *m*; *(Anleihe)* Zeichner *m*; *~'s line* Fernsprechanschluß *m*; *~'s number* Teilnehmernummer *f*.

subscription [səb'skripʃən] Unterzeichnung; Unterschrift; (schriftliche) Zustimmung, Einwilligung *(to* in); *com* Zeichnung *f*; gezeichnete(r) Betrag *m*, Summe *f*, (Mitglieds-)Beitrag *m* *(to* für); Abonnement *n* *(to* auf), Bezug; *(~ price)* Bezugspreis *m*; Vorbestellung *f*; *tele* Anschluß *m*; Grundgebühr *f*; *by ~* im Abonnement; *open for ~* zur Zeichnung aufgelegt; *to drop o.'s ~* sein Abonnement aufgeben; *to take out a ~* sich abonnieren *(to* auf); *conditions of ~* Bezugsbedingungen *f pl*; *~ form* Bestellschein *m*; *~ library* Leihbücherei *f*; *~ list* Subskriptions-, Zeichnungsliste *f*; *~ office* Zeichnungsstelle *f*; *~ period* Zeichnungsfrist *f*; *~ ticket* Dauerkarte *f*.

subsection ['sʌbsekʃən] Unterabschnitt *m*, -abteilung *f*.

subsequen|t ['sʌbsikwənt] (nach)folgend; nachträglich, später; *~~ to* später als, folgend auf; *~~ assessment* Nachveranlagung *f*; *~~ clause* Zusatzartikel *m*; *~~ delivery* Nachlieferung *f*; *~~ order* Nachbestellung *f*; *~~ payment* Nachzahlung *f*; **-tly** ['-tli] *adv* darauf, danach, später.

subserv|e [səb'sə:v] *tr* dienen, dienlich, förderlich, nützlich, von Nutzen, behilflich sein *(s.th.* e-r S); fördern; **-ience, -cy** [-iəns(i)] Dienlichkeit, Förderlichkeit, Nützlichkeit *(to* für); Dienstfertigkeit, -bereitschaft; Unterwürfigkeit *f*; **-ient** [-jənt] dienlich, förderlich, nützlich *(to* für); behilflich; dienstfertig, -bereit; übereifrig, unterwürfig *(to* gegenüber).

subsid|e [səb'said] *itr (Flüssigkeit)* sich setzen, sich niederschlagen; sinken; *(Boden)* sich senken; sich niederlassen *(into a chair* auf e-m Stuhl); *fig* nachlassen, abklingen, schwächer werden, sich beruhigen; *(Wind)* abflauen; **-ence** [səb'saidns] Sinken *n*; (Boden-)Senkung *f*; *fig* Nachlassen, Abflauen *n*, Beruhigung *f*.

subsid|iary [səb'sidjəri] *a* (Aus-)Hilfs-, Neben-, Ersatz-; stellvertretend, *jur* subsidiär *(to* für); zweitrangig, sekundär; untergeordnet; Subventions-, subventioniert; *s* Hilfe, Unterstützung, Stütze; *(~ company)* Tochtergesellschaft *f*; *to be ~~ to s.th.* etw ergänzen; *~~ income, employment* Nebeneinkommen *n*, -beschäftigung *f*; *~~ office* Nebenstelle *f*; **-ize** ['sʌbsidaiz] *tr* finanziell unterstützen, subventionieren; **-y** ['sʌbsidi] finanzielle Unterstützung, Beihilfe, Subvention *f*; *meist pl* Subsidien *pl*.

subsist [səb'sist] *itr* (weiter)bestehen, existieren; leben, sich ernähren *(on, by* von); bestehen *(in* in); **-ence** [-əns] (Da-)Sein *n*, Existenz *f*; Fort-, Weiterbestehen *n*, Bestand *m*; Unterstützung; *mil* Versorgung *f*; (Lebens-)Unterhalt *m*, Auskommen *n*; *to earn a bare ~~* das nackte Dasein fristen; *~~ allowance* Unterhaltszuschuß *m*; *~~ level* Existenzminimum *n*; *~~ money* (Lohn-)Vorschuß *m*; *~~ wages (pl)* Existenzlohn *m*.

subsoil ['sʌbsɔil] Untergrund *m*.

subsonic ['sʌb'sɔnik] *a* unter Schallgeschwindigkeit.

substan|ce ['sʌbstəns] Wesen *n*, Substanz *f*, Körper, Kern *m*; *das Wesentliche*, Hauptsache *f*; Inhalt *m*; Wirklichkeit, Realität *f*, Bestand *m*; Materie *f*, Stoff *m*; (Hilfs-)Mittel *n pl*, Vermögen, Kapital *n*; Besitz, Wohlstand *m*; *in ~~* im wesentlichen; wirklich; *of ~~* vermögend; **-tial** [səb'stænʃəl] *a* wesentlich; wirklich, real, tatsächlich; solide, fest, stark, kräftig; wohlhabend, reich; *(Beweis)* schlüssig; *(Grund)* stichhaltig; beträchtlich, bedeutend, umfangreich, ansehnlich, wichtig; wertvoll; *com* zahlungskräftig; *s pl* Gegenstand *m*; *to be in ~~ agreement* im wesentlichen übereinstimmen; **-tiality** [səbstænʃi'æliti] Wesen(haftigkeit *f*) *n*; Wirklichkeit, Tatsächlichkeit, Realität *f*; Echtheit; Festigkeit, Stärke, Solidität; Haftbarkeit *f*; **-tially** [səb'stænʃəli] *adv* fest, mit Festigkeit *od* Bestimmtheit; weitgehend; im wesentlichen, in der Hauptsache; wirklich, tatsächlich; **-tiate** [səb'stænʃieit] *tr* konkretisieren, realisieren; nach-, beweisen, dartun, -legen, begründen, glaubhaft machen; bestätigen, erhärten; **-tival** [sʌbstən'taivəl] *gram* substantivisch; **-tive** ['sʌbstəntiv] *a* selbständig; beträchtlich, bedeutend; wirklich, tatsächlich, real, wesentlich; *(Recht)* materiell; *gram* substantivisch; *s gram* Substantiv, Hauptwort *n*.

substandard [sʌb'stændəd] *(Sprache)* unfein, ungebildet, gewöhnlich, ordinär; *tech* unter der Norm; *(Qualität)* minderwertig.

substation ['sʌbsteiʃən] Nebenstelle *f*; *tech* Unterwerk *n*; *Am* Teilnehmeranschluß *m*.

substitut|e ['sʌbstitjuːt] s Ersatz (-mittel n, -mann m); Stellvertreter; Ersatzstoff m, Surrogat; *gram* Hilfswort n; *tr* an die Stelle setzen (*for* gen); austauschen (*for* gegen); *for s.th.* anstelle e-r S gebrauchen *od* nehmen; die Stelle einnehmen (*s.th.* e-r S); ersetzen (*by* durch); *itr Am* stellvertretend handeln, einspringen (*for* für); vertreten (*for s.o.* jdn); *a* stellvertretend; *to be appointed s.o.'s* ~~ zu jds Stellvertreter ernannt werden; **~ion** [sʌbsti'tjuːʃən] Ersatz m, Ersetzung, Substituierung, Substitution; Stellvertretung f; **~ional** ['-ʃənl] stellvertretend; Ersatz-.

substratum ['sʌbstrɑːtəm, *Am* '-'strei-] *pl* **-ta** ['-ə] Unter-, Grundlage f, Fundament n *a. fig*; *agr* Mutterboden; *biol* Nährboden m; *gram* Substrat n; *philos* Substanz f.

substruct|ion ['sʌbstrʌkʃən], **~ure** ['-] Unterbau m, Grundlage *a. fig*; Basis f, Fundament n.

subsum|e [səb'sjuːm] *tr* zs.fassen, ordnen, klassifizieren (*under* unter); unter ein Prinzip, e-e Regel bringen; subsumieren; **~ption** [-'sʌmpʃən] Zs.fassung, Klassifizierung; Subsumtion f (*under* unter); **~ptive** ['-sʌmptiv] zs.fassend; subsumierend.

subtenan|cy ['sʌb'tenənsi] Unterpacht, -miete f; **~t** [-t] Unterpächter, -mieter m.

subtend [səb'tend] *tr* sich hinziehen unter, gegenüber; *math* gegenüberliegen (*s.th.* e-r S).

subterfuge ['sʌbtəfjuːdʒ] Vorwand m, Ausflucht f; Trick m.

subterran|e [sʌbtə'rein] unterirdische(r) Raum m, Höhle f; **~ean** [-jən], **~eous** [-jəs] unterirdisch; *fig* verborgen, heimlich; ~~ *diplomacy* Geheimdiplomatie f; ~~ *waters* (*pl*) Grundwasser n; ~~ *workings* (*pl*) Tiefbauarbeiten f *pl*.

subtil|ization [sʌtilai'zeiʃən] Verdünnung, Verflüchtigung f; Feinerwerden n, Verfeinerung f; Spitzfindigkeit f; *chem* Verflüchtigung f; **~ize** ['sʌtilaiz] *tr* verfeinern, *fig* ausklügeln; *chem* verflüchtigen; *itr* dünner, feiner werden; *fig* spitzfindig argumentieren.

subtitle ['sʌbtaitl] Untertitel m.

subtle ['sʌtl] dünn; fein, zart; scharf (-sinnig), durchdringend, spitzfindig; schlau, klug, geschickt, kunstfertig; kunstvoll, sinnreich; kniff(e)lig, verzwickt, schwierig; **~ty** ['-ti] Feinheit f; Scharfsinn m; Spitzfindigkeit f; Verschlagenheit f.

subtopia [sʌb'toupjə] verstädterte Landschaft f; Vorstadtgebiet n.

subtract [səb'trækt] *tr itr* abziehen, subtrahieren (*from* von); **~ion** [-'trækʃən] Abziehen n, Subtraktion f (*from* von).

subtropic(al) ['sʌb'trɔpik(əl)] subtropisch.

suburb ['sʌbəːb] Vorstadt f, -ort m; Stadtrandsiedlung f; *pl* Rand-, Außengebiete n *pl*; Stadtrand m; **~an** [sə'bəːbən] *a* vorstädtisch; kleinbürgerlich; Vorstadt-, Vorort-; s = ~*anite*; ~~ *area* Vorstadtgebiet n; ~~ *line* Vorortstrecke f; ~~ *residence* Vorstadtwohnung f; ~~ *traffic, train* Vorortverkehr, -zug m; **~anite** [sə'bəːbənait] Vorstädter, Vorortbewohner m; **~ia** [sə'bəːbjə] Stadtrandbezirke m *pl*; Vorstadt; Lebenseinstellung f der Vororte.

subvention [sʌb'venʃən] (staatliche) Unterstützung, (Bei-)Hilfe; Bewilligung f, Zuschuß m, Subvention f.

subver|sion [sʌb'vəːʃən] Umsturz m; Zerrüttung, Untergrabung f; **~sive** [-siv] umstürzlerisch, revolutionär; Umsturz-; gefährdend (*of* acc); **~t** [sʌb'vəːt] *tr* umstürzen, zerstören; untergraben, -minieren, erschüttern; (sittlich) verderben, korrumpieren.

subway ['sʌbwei] unterirdische(r) Gang; Tunnel m; (Straßen-, Bahn-, Fußgänger-)Unterführung f; *Am* Untergrundbahn, (U-)Bahn f; **~ rider** *Am* U-Bahn-Benützer m.

succeed [sək'siːd] *itr* folgen (*to* auf); nachfolgen; aufrücken; an die Stelle treten (*to s.o.* jds); antreten (*to an office* ein Amt); beerben (*to s.o.* jdn); Glück, Erfolg haben (*in an examination* bei e-r Prüfung); glücken, gelingen; *with s.o.* sich bei jdm durchsetzen; *tr* an die Stelle treten (*s.o.* jds); beerben (*s.o.* jdn); folgen (*s.th.* auf etw); *I* ~ es gelingt mir (*in doing* zu tun); *to* ~ *to a business* ein Geschäft übernehmen; *to* ~ *to the throne* die Thronfolge antreten; **~ing** [-iŋ] aufea.-, nachfolgend.

success [sək'ses] Erfolg m, (glückliches) Gelingen n; erfolgreiche(r) Mensch m; *to be a* ~, *to meet with* ~ Erfolg haben, erfolgreich sein; *to make s.th. a* ~ etw zum Erfolg führen; mit etw Erfolg haben; *box-office* ~ Kassenerfolg m; **~ful** [-ful] erfolgreich (*in everything* bei allem); glücklich; *to be entirely* ~~ e-n vollen Erfolg davontragen; **~ion** [-'seʃən] Nachrücken n, -folge f; *jur* Erbschaft f, -recht n;

Reihe(nfolge), (Aufea.-)Folge (of von); in ~~ der Reihe nach; nach-, hintereinander; law of ~~ Erbrecht n; ~~ of crops (agr) Fruchtwechsel m; ~~ duty Erbschaft(s)steuer f; ~~ in law Rechtsnachfolge f; ~~ state Nachfolgestaat m; ~~ to the throne Thronfolge f; **-ive** ['-sesiv] aufea.folgend; Nachfolge-, **-or** [-ə] Nachfolger (to für); Erbe m.
succinct [sək'siŋ(k)t] kurz (u. bündig), knapp; kurzgefaßt, gedrängt; **-ness** [-nis] Kürze, Bündigkeit, Gedrängtheit f.
succory ['sʌkəri] bot Zichorie f.
succotash ['sʌkətæʃ] Am Gericht n aus Bohnen u. Maiskörnern.
succo(u)r ['sʌkə] tr helfen, Hilfe leisten (s.o. jdm), unterstützen; s Hilfe (-leistung), Unterstützung f, Beistand m.
succulen|ce, -cy ['sʌkjuləns(i)] Saftigkeit f; **-t** ['-t] saftig a. bot; fig fleischig; fig lebendig, frisch, anregend.
succumb [sə'kʌm] itr unterlegen sein; unterliegen, nachgeben (to dat); weichen (before vor); erliegen (to a disease e-r Krankheit); überwältigt werden (to von).
succursal [sə'kɔːsəl] Filial-, Tochter-, Zweig-; rel Hilfs-.
such [sʌtʃ, s] a solch, derartig, so(lch) ein(e); adv so, solch; prn so einer, solche (Leute) pl; so etwas, solche Sachen f pl; Mr ~ a one Herr Soundso; ~-and-~ solche, derartige pl; no ~ thing nichts Derartiges, nichts dergleichen; as ~ als solche(r, s); so, entsprechend; and ~ usw.; some ~ thing so etw ähnliches; ~ as wie z. B., wie etwa; ~ as to, ~ that so, daß; derart, daß; ~ a thing so etwas; ~ a long time so lange (her); **-like** ['-laik] a fam dergleichen.
suck [sʌk] tr saugen (from, out of aus); (Bonbon, Eis) lutschen; saugen, lutschen an; (Vorteil) ziehen (out of aus); itr lutschen (at an); saugen; s Saugen, Lutschen; saugende(s) Geräusch n; fam Schluck; sl Reinfall m; to ~ in einsaugen; Am sl aussaugen, -nutzen; täuschen; to ~ up aufsaugen; to s.o. (fam) jdm Honig ums Maul schmieren; sich bei jdm einschmeicheln; to give ~ to (e-m Kinde) die Brust geben; to ~ s.o.'s brains jdn ausnutzen; jdn ausholen; to ~ dry völlig aussaugen; to ~ o.'s thumb am Daumen lutschen; **-er** ['-ə] s Saugende(r) m; tech (~ing pipe) Saugrohr n, -röhre, -scheibe f; Pumpenschuh m; zoo Saugscheibe f, -napf m; zoo Seehase m; bot Saugwurzel f (der Schmarotzer); Schößling; fam Bonbon m od n; sl Gimpel, Dussel m; tr Am sl 'reinlegen, für dumm verkaufen; **-ing** ['-iŋ] zoo saugend; fig unerfahren; **~-disk** (zoo) Saugnapf m; ~~ pig Spanferkel n.
suckl|e ['sʌkl] tr säugen; stillen; nähren, aufziehen; **-ing** ['-iŋ] Säugling m; Jungtier n; fig Anfänger m.
sucrose ['sjuːkrous] chem (Rohr-, Rüben-)Zucker m.
suction ['sʌkʃən] Saugen n; Sog; mot Hub m; ~ **line** Absaugleitung f; ~ **pipe, plate, pump, stroke, valve** Ansaugrohr n, Saugplatte, -pumpe f, -hub m, -ventil n.
Sudanese [suːdəˈniːz] s Sudanese m, Sudanesin f; a sudanesisch.
sud|arium [sju(ː)'dɛəriəm] rel Schweißtuch n; **-atorium** [-də'tɔriəm] pl -ria [-riə] Schwitzbad n; **-atory** ['sjuːdətəri] a schweißtreibend; Schwitz-; s schweißtreibende(s) Mittel; Schwitzbad n.
sudden ['sʌdən] a plötzlich, jäh; unerwartet, unvorhergesehen; s: all of a ~ (ganz) plötzlich; **-ly** [-li] adv plötzlich, auf einmal; **-ness** ['-nis] Plötzlichkeit f.
sudori|ferous [sjuːdəˈrifərəs] med schweißabsondernd; **-fic** [-fik] a u. s schweißtreibend(es Mittel n).
suds [sʌdz] pl Seifenwasser n, -lauge f, -schaum m; Am sl Bier n, a. Kaffee m; **-y** ['-i] Am schaumig.
sue [sjuː] tr appellieren, ein Gesuch richten an; bitten (for um); gerichtlich verfolgen, belangen, verklagen (for auf); itr ein Gesuch einreichen; nachsuchen, -kommen, angehen, bitten (to s.o. for jdn um); klagen (for auf); to ~ for a divorce auf Scheidung klagen.
suède [sweid] Wildleder n.
suet ['sjuːit] Nierentalg m, -fett n (von Rindern od Schafen); **-y** ['-i] talgig.
suffer ['sʌfə] tr erleiden, -dulden; ertragen; erfahren, über sich ergehen lassen (müssen); dulden, zulassen, gestatten, erlauben; itr leiden (from an); Schaden nehmen, leiden (from durch); bestraft werden (for wegen); büßen (for für); to ~ death den Tod erleiden; to ~ pain Schmerz ertragen; **-able** ['-rəbl] erträglich; auszuhalten(d); tragbar, zulässig, statthaft; **-ance** ['-rəns] Leidensfähigkeit; Duldung f; on ~~ (nur) geduldet; to leave a bill in ~~ e-n Wechsel nicht einlösen; **-er** ['-rə] Leidende(r), Dulder; med Pa-

suffering 992 **suit**

tient; *com* Geschädigte(r) *m*; **~ing** ['-riŋ] Dulden; Leiden *n*.

suffic|e [sə'fais] *itr tr* genügen, ausreichen (*for* für); befriedigen; **~iency** [sə'fiʃənsi] (e-e) genügende Menge *f* (*a ~~ of water* Wasser); genügende, ausreichende Mittel *n pl*, hinlängliche(s) Auskommen *n*; erforderliche Fähigkeit *f*; **~ient** [sə'fiʃənt] genügend, aus-, hinreichend, genug (*for* für); *he has ~~* es reicht ihm.

suffix ['sʌfiks] *s* Nachsilbe *f*, Suffix *n*.

suffocat|e ['sʌfəkeit] *tr* ersticken *a. fig*; *fig* unterdrücken; *itr* ersticken *a. fig* (*with* an); **~ion** [sʌfə'keiʃən] Ersticken *n*.

suffrag|an ['sʌfrəgən] Suffragan-, Weihbischof *m* (*to* für); **~e** ['sʌfridʒ] (Wahl-)Stimme *f*; Zustimmung *f*; Stimmrecht *n*; Abstimmung *f*; *rel* Fürbitte *f*; *fig woman ~~* Frauenstimmrecht *n*; **~ette** [sʌfrə'dʒet] Frauenrechtlerin, Suffragette *f*.

suffus|e [sə'fju:z] *tr* überfluten, übergießen, erfüllen, bedecken (*with* mit); eintauchen, hüllen (*with* in) *bes. fig*; **~~d with tears** tränenüberströmt; **~ion** [sə'fju:ʒən] Übergießen *n*; *fig* Erröten *n*, Schamröte *f*; *med* Bluterguß *m*.

sugar ['ʃugə] *s* Zucker *m*; *fig* zuckersüße Worte *n pl*, Schmeichelei *f*; *Am sl* Moos, (leichtverdientes) Geld *n*; *Am sl* Liebling *m*; *tr* (über)zuckern; (ver)süßen; mit Zucker bestreuen; *fig* beschönigen, versüßen; *itr Am* Ahornzucker gewinnen; *sl* bummeln, bumm(e)lig arbeiten, sich von der Arbeit drücken; *to be all ~ (a. fig)* honigsüß sein; *to ~ the pill (a. fig)* die Pille versüßen; *beet-, cane-~* Rüben-, Rohrzucker *m*; *brown ~* braune(r) Zucker *m*; *caster, castor ~* Sandzucker *m*; *lump, cube, loaf ~* Würfelzucker *m*; *powdered ~* Puderzucker *m*; *~ of milk* Milchzucker *m*; **~~basin**, *Am* **~~bowl** Zuckerdose *f*; **~~beet** Zuckerrübe *f*; **~~candy** Kandis(zucker) *m*; **~~cane** Zuckerrohr *n*; **~~coated** *a* mit Zucker überzogen, glasiert; *fig* zuckersüß, mundgerecht; **~~coating** Zuckerguß *m*, -glasur *f*; *fig* Schmeichelworte *n pl*; Beschönigung *f*; **~~daddy** *sl* ältere(r), großzügige(r) Liebhaber *m*; **~ed** ['-d] *a* gezuckert, (mit Zucker) gesüßt; *fig* verzuckert, mundgerecht; **~~icing** Zuckerguß *m*; **~~loaf** Zuckerhut *m*; **~~maple** (*nordamerik.*) Zuckerahorn *m*; **~~mill** (*Rohr-*)Zuckerfabrik *f*; **~plum** (*harter, s*) Bonbon *m od n*; *fig* Schmeichelei *f*; **~~refinery** Zuckerraffinerie, -fabrik *f*; **~ report** *Am sl* Liebesbrief *m*; **~~tongs** *pl* Zuckerzange *f*; **~y** ['-ri] *a* Zucker-; süß; körnig; *fig* zuckersüß.

suggest [sə'dʒest, *Am* səg'dʒest] *tr* zu bedenken, zu verstehen geben; vorbringen, -schlagen (*doing* zu tun; *that* daß); anregen; nahelegen, einflüstern, suggerieren; andeuten, die Vorstellung *gen* erwecken; denken lassen, erinnern an; vermuten lassen, schließen lassen auf, deuten auf; meinen (*that* daß); *does this ~ anything to you?* können Sie sich etwas darunter vorstellen? **~ible** [-ibl] beeinflußbar; suggerierbar; **~ion** [-ʃən] Vorschlag *m*; Anregung *f*; Einflüsterung *f*, Wink *m*; Gedankenverbindung; Andeutung, (schwache) Spur *f*, Anzeichen *n*, *fam* Idee (*of* von); Vermutung; Suggestion; Suggestividee *f*; *at his ~~* auf s-n Vorschlag hin; **~ive** [-iv] nachdenklich (stimmend), anregend, zu denken gebend; andeutend (*of* an); zweideutig, pikant, schlüpf(e)rig, lasziv; *psychol* suggestiv.

suicid|al [sjui'saidl] selbstmörderisch *a. fig*; Selbstmord-; **~e** ['sjuisaid] Selbstmord *a. fig*; Selbstmörder *m*; *to commit ~~* Selbstmord begehen.

suit [sju:t] *s* Ausrüstung, Garnitur *f*; (*~ of clothes*) (Herren-)Anzug *m*; (Damen-)Kostüm *n*; Satz *m*, Garnitur; (*Kartenspiel*) Farbe *f*; *Am fam* (*~ of hair*) Haarwuchs *m*; (*~ of teeth*) Zahnreihe *f*; *jur* (*law-, ~ at law*) (Zivil-)Prozeß *m*, Klage, Rechtsstreitigkeit *f*; Gesuch *n*, Antrag *m*, Eingabe; Werbung *f*, Heiratsantrag *m*; *tr* den Bedürfnissen entsprechen (*s.o.* jds), passend sein für, passen (*s.o.* jdm); (zu Gesicht) stehen (*s.o.* jdm), kleiden; passend machen, anpassen (*to* dat, an); es recht machen, gefallen (*s.o.* jdm); passend, recht, angenehm sein (*s.o.* jdm); etwas Passendes finden für; (ein)kleiden; *itr* passend, recht, brauchbar, angemessen sein; passen (*with* zu); übereinstimmen (*with* mit); *to ~ o.s.* nach s-m eigenen Willen handeln; *to ~ s.o.'s book* (*fam*) für jdn vorteilhaft sein; *to ~ s.o. down to the ground* (*fam*) wie gerufen kommen; haargenau richtig sein; *to ~ the action to the word* das Wort in die Tat umsetzen; *to bring ~* (*jur*) Klage führen, prozessieren (*against* gegen); *to follow ~* (*Kartenspiel*) bedienen, Farbe bekennen; *fig* sich nach (den) anderen richten, alles nachmachen, es auch tun; *to press o.'s ~* nicht nach-, *fam* nicht lockerlassen; ~ *yourself* wie Sie wollen; *birthday* ~ *(hum)* Adamskostüm n; *civil, criminal* ~ Zivil-, Strafprozeß m; **~ability** [-ə'biliti] = **~ableness**; **~able** ['-əbl] passend, geeignet, brauchbar *(for,* to für); angemessen, entsprechend *(for,* to dat); angebracht, schicklich; **~ableness** ['-əblnis] Geeignetheit, Brauchbarkeit; Angemessenheit; Angebrachtheit, Schicklichkeit *f*; **~case** Hand-, Reisekoffer m; **~ed** ['-id] *a* passend, geeignet *(for* für; *to be* als); *to be* ~~ *for* sich eignen für; sich qualifizieren als; **~ing** ['-iŋ] Anzugstoff m; **~or** ['-ə] *jur* Kläger m, Partei *f*; Bittsteller, Bewerber; Werber, Freier m.

suite [swi:t] Gefolge, Personal n, Stab; Satz m *(zs.gehörender Dinge)*, Reihe; *(~ of furniture)* Zimmereinrichtung, -garnitur; *mus* Suite; *(~ of rooms)* Zimmerflucht *f*.

sulf ... *Am s.* **sulph ...**

sulk [sʌlk] *itr* schlechte Laune haben, schlecht gelaunt, schlecht aufgelegt, verdrießlich sein; *(Frau)* schmollen *(with* mit); *(Kind)* trotzen; *s pl* üble Laune *f*; *to be in the* ~s schlechte Laune haben, mißgestimmt sein; **~iness** ['-inis] üble Laune; Mißgestimmtheit *f*; **~y** ['-i] *a* übel-, schlechtgelaunt, schlecht aufgelegt, mißgestimmt; schmollend; *s* leichter, zweirädrige(r) Wagen m mit nur e-m Sitz; *sport* Sulky n.

sullen [sʌlən] verdrießlich, mürrisch, unfreundlich, eigensinnig; niederdrückend, dumpf, düster, trüb(e), traurig; träge; unheimlich, drohend; **~ness** ['-nis] Verdrießlichkeit, Unfreundlichkeit *f*; düstere(s), unheimliche(s) Wesen n.

sully ['sʌli] *tr fig* beflecken.

sulph|ate ['sʌlfeit] *s chem* Sulfat, schwefelsaure(s) Salz n; *tr agr* mit Vitriol spritzen; sulfatieren; *aluminium* ~ schwefelsaure Tonerde *f*; *copper* ~~ Kupfersulfat n; ~~ *of magnesia, of sodium* Bitter-, Glaubersalz n; ~~ *paper* Natronpapier n; **~ide** ['-aid] *chem* Sulfid n; *hydrogen* ~~ Schwefelwasserstoff m; **~ite** ['-ait] *chem* Sulfit n; **~onamide** [sʌl'fɔnəmaid, *Am a.* sʌlfə'næmid] *pharm* Sulphonamid n; **~ur** ['sʌlfə] *s* Schwefel m; *tr* ausschwefeln; ~~ *dioxide* Schwefeldioxyd n; ~~ *flower* Schwefelblüte *f*; **~urate** ['-fjureit] *tr* schwefeln; *chem* mit Schwefel verbinden; **~ureous** [sʌl-'fjuəriəs] schwefel(halt)ig; schwefel-, grüngelb; **~uretted** ['sʌlfjuretid] *a:*

~~ *hydrogen* Schwefelwasserstoff m; **~uric** [sʌl'fjuərik]: ~~ *acid* Schwefelsäure *f*; **~urization** [sʌlfjuərai'zeiʃən] Schwefelung; Vulkanisierung *f*; **~urize** ['sʌlfjuəraiz] *tr* schwefeln; vulkanisieren; **~urous** ['sʌlfərəs, -fju-] schwefel(halt)ig; Schwefel-; *fig* höllisch; *fig* hitzig.

sultan ['sʌltən] Sultan m; **~a** [sʌl-'tɑ:nə] Sultanin *f*; *orn* Purpurhuhn n; [səl'tɑ:nə] Sultanine *f*; **~ate** ['sʌltənit] Sultanat n.

sultr|iness ['sʌltrinis] Schwüle, drückende Hitze *f*; **~y** ['sʌltri] schwül *a. fig*; drückend; glühendheiß; *fig* feurig, glühend, hitzig; leidenschaftlich (erregt).

sum [sʌm] *s* (Geld-)Summe *f*, Betrag m; (Gesamt-)Ergebnis, Resultat n; Inbegriff m, Wesen n, Hauptinhalt, Höhepunkt m; *math* Summe *f*; Rechenaufgabe *f*; *pl (Kindersprache)* Rechnen n; *tr* zs.zählen, -rechnen, addieren, summieren; zs.fassen, rekapitulieren; *itr* sich belaufen *(to* auf); *to* ~ *up (tr)* zs.zählen; zs.fassen, rekapitulieren; *adv* kurz u. gut, mit e-m Wort, alles in allem; *in* ~ kurz (gesagt); in kurzen, in wenigen Worten, summa summarum; *to be good at* ~s gut im Rechnen sein; *to do* ~s rechnen; *lump* ~ Pauschalsumme *f*; ~ *of digits* Quersumme *f*; **~marization** [sʌməraizeiʃən] Zs.fassung *f*; **~marize** ['sʌməraiz] *tr itr* (kurz) zs.fassen; kurz darlegen; e-e (kurze) Zs.fassung sein *(s.th.* e-r S); **~mary** ['sʌməri] *a* kurz (zs.gefaßt), gedrängt; *jur* summarisch; *s* (kurze) Zs.fassung, Zs.stellung *f*; Abriß, Auszug m; ~~ *of contents* Inhaltsangabe *f*; ~~ *jurisdiction, proceedings (pl), procedure* Schnellverfahren n; *court of* ~~ *jurisdiction* Schnellgericht n; **~mation** [sə'meiʃən] *math* Addition *f*; **~ming-up** Zs.fassung *f*; ~ *total* Gesamtsumme *f*, -betrag m; *fig* eigentliche(r) Gehalt m, Wesen n.

summer ['sʌmə] **1.** *s* Sommer m *a. fig*; *a* Sommer-; sommerlich; *itr* den Sommer verbringen; *in (the)* ~ im Sommer; *in the* ~ *of ...* im Sommer ...; *Indian, St Martin's, St Luke's* ~ Altweibersommer m; ~ **clothes** *pl* Sommerkleidung *f*; ~ **day** Sommertag m; **~-house** Gartenhaus, Sommer-, Land-, Ferienhaus n; ~ **holidays** *pl* Sommerferien *pl*; ~ **lightning** Wetterleuchten n; **~like** ['-laik], **~ly** ['-li], **~y** ['-ri] sommerlich; Sommer-; ~ **resort** Sommerfrische *f*; **~-school** Ferienkurs m; ~ **solstice** Sommer-

summer term

sonnenwende f; **~ term** Sommersemester n; **~time** Sommerszeit f; **~ time** Sommerzeit f; **2.** arch Tragbalken m, Träger-, Oberschwelle f; Kämpfer m.

summit ['sʌmit] Gipfel m, Spitze f a. fig; fig Höhepunkt m; S~ (pol) Gipfelkonferenz f; **~-level** (Straße) höchste Erhebung f; at ~~ (pol) auf höchster Ebene; **~ meeting, talk** Gipfeltreffen n, -besprechung f.

summon ['sʌmən] tr (Sitzung) einberufen; jur vor Gericht laden, vorladen; (zu sich) bestellen; holen, kommen lassen, rufen; mil zur Übergabe auffordern; to ~ s.o. for s.th. jdn wegen etw verklagen; to ~ (up) o.'s strength s-e Kräfte zs.nehmen; sich zs.reißen, alle Kraft aufbieten; **~s** ['-z], pl -ses ['-ziz] jur (Vor-)Ladung f; Aufforderung f; to serve a ~~ on s.o. jdm e-e Ladung zustellen; to take out a ~~ against s.o. jdn vorladen lassen.

sump [sʌmp] Senkgrube f; Klärbecken n; tech min Sumpf m; mot Ölwanne f.

sumpter ['sʌm(p)tə] Saumtier; Packpferd n.

sumptu|ary ['sʌm(p)tjuəri] a Aufwands-, Luxus-; **~ous** ['-əs] kostspielig, verschwenderisch; prächtig, prunkvoll, pompös; **~ousness** ['-əsnis] Aufwand m; Pracht f, Prunk, Pomp m.

sun [sʌn] s Sonne; Sonne(nschein m, -nlicht n) f; tr sonnen; itr u. to ~ o.'s sich sonnen; against the ~ gegen den Uhrzeigersinn; in the ~ im Sonnenschein, in der Sonne; under the ~ (fig) unter der Sonne; auf der Welt; to rise with the ~ mit der Sonne, in aller Herrgottsfrühe aufstehen; to take, to shoot the ~ (mar) den Sonnenstand messen; his ~ is set (fig) sein Stern ist erloschen; midnight ~ Mitternachtssonne f; a place in the ~ ein Platz an der Sonne; **~-arc, -lamp** film Jupiterlampe f; **~-bath** Sonnenbad n; **~-bathing** Sonnenbaden n, -bäder n pl; **~beam** Sonnenstrahl m. a. fig; **~bird** orn Honigsauger m; **~-blind** Jalousie; Markise f; **~-bow** poet Regenbogen m; **~burn** Sonnenbrand m; **~burned, ~burnt** ['-bə:nt] a sonn(en)verbrannt, braun(gebrannt); **~ cream** Sonnenkreme f; **~-cured, -dried** a in der Sonne getrocknet; **~ deck** mar Sonnendeck n; **~-dew** bot Sonnentau m; **~-dial** Sonnenuhr f; **~-dog** Nebensonne f; **~-down** (dial, Am u. Übersee) Sonnenuntergang m; **~downer** (Am u. Übersee, fam) Landstreicher; Dämmerschoppen; mil sl strenge(r) Offizier m; **~-fast** Am lichtecht; **~-flower** Sonnenblume f; **~-frock** Strand-, schulterfreie(s), leichte(s) Sommerkleid n; **~-glass** Brennglas n; pl Sonnenbrille f; **~-god** Sonnengott m; **~-hat, -helmet** Tropenhelm m; **~ irradiation** Sonnenbestrahlung f; **~ lamp** = **~-ray lamp**; **~-less** ['-lis] a ohne Sonne; lichtarm; dunkel; **~light** Sonnenlicht n; **~lit** a von der Sonne beschienen; **~ lotion** Salbe f gegen Sonnenbrand; **~niness** ['-inis] Sonnigkeit; fig Heiterkeit f; **~ny** ['-i] sonnig; Sonnen-; fig warm, heiter, freundlich; **~~ side** Sonnen-, Lichtseite f; on the ~~ side of 50 noch keine, noch unter 50; **~~-side up** (Am fam) Spiegeleier n pl; **~ parlo(u)r, room, porch** Wintergarten m; **~-proof** lichtfest; sonnenundurchlässig; **~-ray** Sonnenstrahl m; **~~ lamp** Höhensonne f; **~~ treatment** Bestrahlung f mit der Höhensonne; **~rise** Sonnenaufgang m; at ~~ bei S.; **~-set** Sonnenuntergang m; at ~~ bei S.; **~shade** Sonnenschirm m; breitrandige(r) Hut m; Sonnendach m, Markise f; phot Gegenlichtblende f; **~ shield** Sonnenblende f; **~shine** Sonnenschein m a. fig; **~~ roof** (mot) Schiebedach n; **~shiny** sonnig a. fig; fig warm, hell, freundlich; **~-spot** astr Sonnenfleck m; **~stricken, ~-struck** a: to be ~~ e-n Sonnenstich haben; **~stroke** Sonnenstich m; **~-tan** Sonnenbräune f; **~-up** Am Sonnenaufgang m; **~ visor** mot Sonnenblende f; **~-worshipper** Sonnenanbeter m.

sundae ['sʌndei] bes. Am Eiskrem f mit Zuckerguß, Früchten, Nüssen, Schlagsahne od Schokolade.

Sunday ['sʌndi] Sonntag m; on ~(s) am Sonntag, sonntags; **~ best, clothes** pl fam Sonntagsstaat m; **~ edition** Sonntagsausgabe f; **~-go-to-meeting** a Am fam Sonntags- (Kleidung) sonntäglich; **~ paper** Sonntagsblatt n; **~school** Sonntagsschule f, Kindergottesdienst m; **~ supplement** Sonntagsbeilage f; **~ work** Sonntagsarbeit f.

sunder ['sʌndə] poet lit tr (itr) (sich) trennen (from von); entzweien; s: in ~ (poet lit) auseinander.

sundry ['sʌndri] a verschiedene, gemischte, mannigfache, diverse; allerlei, -hand; s pl: sundries Diverses n, alles mögliche; com diverse Unkosten pl; all and ~ jedermann, ein jeder; alle miteinander.

sunken ['sʌŋkən] *a* versunken, untergegangen; eingesunken; tiefer gelegen, Hohl-; *(Wangen)* eingefallen; *(Augen)* tiefliegend; **~ road** Hohlweg *m*.

sup [sʌp] **1.** *itr tr* schlürfen, nippen (an); *s* Schluck *m*, Schlückchen *n*; *neither bite nor ~* nichts zu nagen u. nichts zu beißen; **2.** *itr* zu Abend essen *(on, off s.th.* etw).

super ['sju:pə] *s theat fam* Statist; *com fam* Super *m*, Spitzenprodukt *n*, -marke *f*, Supermarkt, (großer) Selbstbedienungsladen; *fam* Superintendent *m*; *a oft iro sl* Super-; super, piekfein, erstklassig, brillant, prima; *in Zssgen:* Über-, über, Super-, super-; Ober-.

superable ['sju:pərəbl] besiegbar, nicht unüberwindbar.

superabound [sju:pərə'baund] *itr* im Überfluß, reichlich vorhanden sein; Überfluß haben *(with, in* an).

superabundan|ce [sju:pərə'bʌndəns] Überfluß *(of an); Überschuß m; ~t* [-t] im Überfluß vorhanden, (über)reichlich; überschwenglich.

superadd [sju:pər'æd] *tr* noch hinzutun, -fügen *(to* zu).

superannuat|e [sju:pə'rænjueit] *tr* pensionieren, in den Ruhestand versetzen; als veraltet ablehnen, *fam* zum alten Eisen werfen; **~ed** [-id] *a* pensioniert, ausgedient; altersschwach, veraltet, altmodisch, aus der Mode; verbraucht, abgenutzt; **~ion** [-rænju-'eiʃən] Pensionierung; Pension *f*, Ruhegehalt *n*; **~~ fund** Pensionskasse *f*.

superb [sju(:)'pə:b] großartig, prächtig, stattlich; luxuriös, elegant; ausgezeichnet, hervorragend.

supercargo ['sju:pəkɑ:gou] *pl* -oes *mar* Ladungsaufseher *m*.

supercharg|e ['sju:pətʃɑ:dʒ] *tr mot* vor-, überverdichten; aufladen; **~er** ['-ə] *mot* Vor-, Überverdichter, Kompressor *m*.

supercili|ary [sju:pə'siliəri] *a anat* Augenbrauen-; **~ous** [-əs] hochmütig, -näsig, anmaßend, arrogant, verächtlich; **~ousness** [-nis] Hochnäsigkeit; Herablassung *f*.

superduper ['sju:pədju:pə] *a Am sl* Super-, Riesen-, Bomben-; ganz groß, Klasse.

supereminen|ce [sju:pər'eminəns] überragende Eigenschaft *f*; Vorrang *m*; **~t** [-t] weitaus überragend.

supererogat|e [sju:pər'erəgeit] *itr* über das Ziel hinausgehen, *fam* -schießen; **~ion** [-erə'geiʃən] zusätzliche, höhere Leistung *f*; *the works of ~~ (rel)* der Schatz der guten Werke; **~ory** [-e'rɔgətəri] zusätzlich; überzählig, -schüssig; überflüssig, unnötig.

superfici|al [sju:pə'fiʃəl] *a* Oberflächen-; *(Maß)* Flächen-; *fig* oberflächlich, flach, flüchtig; äußerlich, scheinbar, Schein-; **~ality** [-fiʃi'æliti] Oberflächlichkeit, Flachheit, Flüchtigkeit; Äußerlichkeit *f*; **~es** [-'fiʃi:z] Oberfläche *f a. fig*; *das* Äußere.

superfine ['sju:pəfain] überfeinert; hochfein.

superflu|ity [sju:pə'flu(:)iti] Überflüssigkeit *f*; Überfluß *m (of* an); **~ous** [s(j)u(:)'pə:fluəs] reichlich, überflüssig.

superheat [sju:pə'hi:t] *tr (Dampf)* überhitzen.

superhet [sju:pə'het] *radio* Superhet(erodynempfänger) *m*.

superhighway [su:pə'haiwei] *Am* Autobahn *f*.

superhuman [sju:pə'hju:mən] übermenschlich.

superimpose ['sju:pərim'pouz] *tr* darauf-, darüberlegen *(on* auf); dazutun; *el* überlagern; *(Titel)* überdrucken; **~ition** [-pə'ziʃən] *tech* Überlagerung *f*.

superincumbent ['sju:pərin'kʌmbənt] darüberliegend, -hängend.

superinduce ['sju:pərin'dju:s] *tr* hinzufügen, -tun *(on* zu).

superintend [sju:pə'prin'tend] *tr* die Oberaufsicht führen über; leiten, beaufsichtigen; überwachen; **~ence**, **-cy** [-əns(i)] Oberaufsicht *(over* über); *(Betriebs-)*Leitung *f (of* gen); **~ent** [-ənt] Aufsichtsbeamte(r); *(Betriebs-)*Leiter, Direktor, Manager; *Am* Hausverwalter *m*; **~~ officer** Amtsvorstand, Polizeidirektor *m*.

superior [sju(:)'piəriə] *a* höher, ober; besser *(to* als); überdurchschnittlich; hervorragend, vorzüglich; überlegen *(to* dat); anmaßend, arrogant; *(Wort, Plan)* umfassender; *s* Ranghöhere(r); Vorgesetzte(r); *rel* Prior *m*; *to be ~* übertreffen *(in* an); **~** *in numbers* zahlenmäßig überlegen; *mother ~ (rel)* Oberin *f*; *three ~ (math)* hoch drei; **~ forces** *pl* Übermacht *f*; **~ity** [-piəri'ɔriti] höhere(r) Rang, Vorrang *m*; Überlegenheit *(to, over* über); *in* an); Anmaßung, Arroganz *f*; **~~ complex** *(psychol)* Machtkomplex *m*; **~ officer** Dienstvorgesetzte(r) *m*.

superlative [sju(:)'pə:lətiv] *a* höchst, best; hervorragend; äußerst, über-

superman   996   **supply**

trieben; *gram* superlativisch; *s* höchste(r) Grad, Gipfel, Höhepunkt *m*; *gram* Superlativ *m*; *to speak in* ~s in Superlativen reden.

super|man ['sju:pəmən] Übermensch *m*; **~market** ['-ma:kit] Supermarkt *m*, große(s) Selbstbedienungsgeschäft *n*.

supernal [sju(:)'pə:nl] *poet lit* hoch, hehr, erhaben.

super|natural [sju:pə'nætʃrəl] übernatürlich; **~normal** ['-'nɔ:məl] überdurchschnittlich; ungewöhnlich.

supernumerary [sju:pə'nju:mərəri] *a* überzählig; überflüssig; überplanmäßig; *s* überzählige Person od Sache *f*; *theat* Statist; Beamte(r) *m* auf Probe.

superpos|e [sju:pə'pouz] *tr* darauf-, darüberlegen (*on* auf); auf-, überealegen; *el* überlagern; **~ition** [-pə'ziʃən] *geol* Schichtung; *el* Überlagerung *f*.

supersaturat|e [sjupə'sætʃureit] *tr scient* übersättigen; **~ion** [-sætʃu:- 'reiʃən] Übersättigung *f*.

superscri|be ['sju:pə'skraib] *tr* beschriften; **~pt** ['-skript] *math* Exponent *m*; **~ption** [sju:pə'skripʃən] Aufschrift; Adresse *f*.

superse|de [sju:pə'si:d] *tr* verdrängen; abschaffen, aufheben; an die Stelle treten (*s.o.* jds); ersetzen (*by* durch); (*Beamten*) ablösen, aus dem Amt entfernen; **~ssion** [-'seʃən] Aufhebung, Er-, Absetzung *f*.

super|sensible [sju:pə'sensəbl] (mit den Sinnen) nicht wahrnehmbar; **~sensitive** [-'sensitiv] hoch-, überempfindlich.

supersonic ['sju:pə'sɔnik] *a* Überschall-; *to fly at* ~ *speed* mit Überschallgeschwindigkeit fliegen; ~~ *bang, flight, speed* od *velocity* Überschallknall, -flug *m*, -geschwindigkeit *f*; ~~ *rocket-propelled fighter* (*aero*) Überschallraketenjäger *m*.

superstit|ion [sju:pə'stiʃən] Aberglaube *m*; **~ious** [-əs] abergläubisch.

super|struct|ion ['sju:pəstrʌkʃən], **~ure** ['-tʃə] Auf-, Ober-, Überbau *m*.

superven|e [sju:pə'vi:n] *itr* (noch) hinzukommen, -treten; unerwartet geschehen *od* eintreten, sich ereignen.

supervis|e ['s(j)u:pəvaiz] *tr* beaufsichtigen, die Aufsicht führen *od* haben über; kontrollieren, überwachen; **~ion** [sju:pə'viʒən] Beaufsichtigung, (Ober-)Aufsicht, Kontrolle (*of* über); Leitung, Direktion *f*; *to keep under* ~ (*Kinder*) beaufsichtigen; **~or** ['-vaizə] Aufseher, Aufsichtsbeamte(r), Inspektor, Kontrolleur; Leiter, Direktor *m*; **~ory** [-'vaizəri] *a* Aufsichts-; leitend; *as a* ~~ *measure* zur Kontrolle; ~~ *committee* Kontrollausschuß *m*.

supine [sju:'pain] *a* auf dem Rücken liegend; *poet* zurückgelehnt; *fig* passiv, gleichgültig, lässig, träge; (*Hand*) erhoben; *s* ['sju:pain] *gram* Supinum *n*.

supper ['sʌpə] Abendessen, -brot; Nachtmahl *n*; *to have* ~ zu Abend essen; *the Last S*~ das letzte Abendmahl; *the Lord's S*~ das Abendmahl, die Kommunion, die Eucharistie.

supplant [sə'pla:nt] *tr* verdrängen; ausstechen, ersetzen (*by* durch); *s.o.* sich an jds Stelle setzen, jds Stelle einnehmen.

supple ['sʌpl] *a* biegsam, geschmeidig, elastisch *a. fig*, anpassungsfähig; gelenkig, wendig, behende; nachgiebig, entgegenkommend, gefällig; willfährig; servil, unterwürfig, kriechend; *tr* geschmeidig machen; (*Pferd*) zureiten; **~ness** ['-nis] Biegsamkeit, Geschmeidigkeit, Elastizität *a. fig*; Unterwürfigkeit *f*.

supplement ['sʌplimənt] *s* Ergänzung *f*, Zusatz (*to* zu); (*Buch*) Nachtrag, Anhang; Ergänzungsband *m*; (*Zeitung*) (Unterhaltungs-)Beilage *f*; *math* Ergänzungswinkel *m*; *tr* ['-ment] ergänzen; e-n Nachtrag liefern, e-n Zusatz machen zu; *to* ~ *a budget* den Nachtragshaushalt vorlegen; *literary* ~ Literaturbeilage *f*; **~al** [sʌpli'mentl], **~ary** [-'mentəri] ergänzend; Zusatz-, Nachtrags-; ~ary *agreement* Zusatzabkommen *n*; ~ary *angle* Ergänzungswinkel *m*; ~ary *claim* Nachforderung *f*; ~ary *volume* Ergänzungsband *m*; ~ary *wages* (*pl*) Lohnzulage *f*; **~ation** [-'teiʃən] Ergänzung, Vervollständigung, Erweiterung *f*.

suppli|ant ['sʌpliənt], **~cant** ['-kənt] *a* demütig bittend, flehend, beschwörend, eindringlich; *s* Bittsteller *m*; **~cate** ['-keit] *tr* demütig, inständig, flehentlich bitten (*s.o. for s.th.* jdn um etw); anflehen; *itr* nachsuchen (*for* um); **~cation** [sʌpli'keiʃən] demütige, inständige Bitte (*n* um) *f* (*for* um); Flehen; Bittgesuch *n*, -schrift *f*; **~catory** ['sʌplikətəri] demütig; flehend, bittend; Bitt-.

suppl|ier [sə'plaiə] Lieferant *m*, Lieferfirma *f*; ~~'s *ledger* Wareneingangsbuch *n*; **~y** [sə'plai] *tr* liefern; be-, heranschaffen, besorgen, zur Verfügung stellen; verkaufen; ausstatten, beliefern, versorgen, versehen (*with* mit); (*Bedarf*) befriedigen, decken; (*Mangel*) ausgleichen, kompensieren,

support 997 **suppurative**

abhelfen (s.th. e-r S); ersetzen, ergänzen; nachzahlen; (Stelle) ausfüllen, besetzen; (Platz) einnehmen; vertreten (s.o. jdn); (Familie) unterhalten; tech el speisen; a Hilfs-; Lieferungs-, Versorgungs-, Nachschub-; el Speise-; s Lieferung (to an); Beschaffung; Zu-, Anfuhr, Belieferung, Versorgung (of mit); Ausstattung f; Vorrat, (Lager-)Bestand m; Lager; (Waren-)Angebot n; Proviant m; Nachzahlung f; Vorräte m pl; (Nach-)Schub m bes. mil; mil Verstärkungen f pl; parl bewilligte(r) Etat m; to ~ the place of s.o. jdn vertreten; to vote ~~ (Br) den Etat bewilligen; bill of ~~ (parl) Nachtragshaushaltsvorlage f; committee of ~~ Haushaltsausschuß m; electric ~ Stromversorgung f; food ~ Lebensmittel n pl; power ~~ Energieversorgung f; source of ~~ Versorgungsquelle f; ~~ agreement Liefervertrag m; ~~ and demand Angebot u. Nachfrage; ~~ area Versorgungsgebiet n; ~~ base Nachschubbasis f; ~~ current Netzstrom m; ~~ dump Materialdepot n; ~~ of goods Güterversorgung f; ~~ line Versorgungslinie f, Zuleitung f; ~~ main Stromnetz n; ~~pipe Zuführungsrohr n, Zuleitung f; ~~ plant Lieferwerk n; ~~ sergeant Kammerunteroffizier m; ~~waggon Lieferwagen m; ~~ of water Wasserversorgung f.
support [səˈpɔːt] tr arch (ab)stützen, tragen, halten; absteifen; fig unterstützen, tragen, fördern, begünstigen, billigen, verteidigen; befürworten; sich aussprechen für; (be)stärken, ermutigen; unterhalten, tragen, sorgen für; ernähren, unterstützen; (Aussage) stützen, bekräftigen, bestätigen; ertragen, aushalten, sich fügen, sich schicken in; aufrecht-, in Gang halten; theat (Rolle) spielen; zs.spielen mit; to ~ o.s. s-n Unterhalt selbst verdienen, sich ernähren; s Stützung | Halterung, Stütze, Strebe, Absteifung f, Träger, Mast, Untersatz m, Bettung, Auflage, Unterlage f, Lager; Stativ n; (~ point) Unterstützungspunkt m; (Schuh-)Einlage; com Stützungsaktion; fig Unterstützung f, Beistand m, Hilfe f, Rückhalt m; Befürwortung f; Versorger, Träger (e-s Unternehmens); theat Partner; (Lebens-)Unterhalt m, Auskommen n, (Existenz-)Mittel n pl; mil Verstärkung f; pl tech Tragkonstruktion f; in ~ of zur Unterstützung, zur Begründung gen; als Beleg für; close ~ Infanterieunterstützung f; inability to ~ o.s. Erwerbsunfähigkeit f; **~able** [-əbl] tragbar; erträglich, auszuhalten(d); ~ **company** Bereitschaftskompanie f; ~ **costs** pl mil Stationierungskosten pl; **~er** [-ə] Verfechter, Vertreter, Anhänger, Parteigänger, Förderer, Gönner m; Stütze f, Ernährer m; tech Stütze f, Träger, Halter m; Binde f, Bruchband n; **~ing** [-iŋ] a Unterstützungs-, Hilfs-; tragend, Stütz-; ~~ beam, cable, frame Tragbalken m, -seil, -gerüst n; ~~ programme (film) Beiprogramm n; ~~ strap Traggurt m; ~~ tower Abspannturm, -mast m.
suppos|e [səˈpouz] tr voraussetzen; annehmen, meinen, glauben, denken, der Ansicht sein; den Fall setzen; ~~ gesetzt den Fall, angenommen, falls; I'm ~ed to do es wird von mir erwartet, angenommen, daß ich tue; ich soll tun; he's ~ed to be rich er gilt als reich; I ~~ so vermutlich, wahrscheinlich; **~ed** [-d] a vermutet, vermutlich, angenommen, angeblich; **~edly** [-idli] adv mutmaßlich; angeblich; **~ing** [-iŋ] angenommen; **~ition** [sʌpəˈziʃən] Voraussetzung; Meinung, Vermutung, Annahme f; Hypothese f; on the ~~ that unter der Annahme, daß; **~itional** [sʌpəˈziʃənl] mutmaßlich, angenommen, hypothetisch; **~ititious** [səpɔziˈtiʃəs] untergeschoben; falsch, unecht, nachgemacht, erfunden, erdichtet; angenommen, hypothetisch; **~itory** [səˈpɔzitəri] med Zäpfchen n.
suppress [səˈpres] tr unterdrücken; (Gefühl) ersticken; abschaffen; geheimhalten, verheimlichen, verschweigen; (Skandal) vertuschen; nicht (zur Veröffentlichung) freigeben, (durch-)streichen; unterbinden; (Dokument) unterschlagen; anhalten, zum Stehen bringen; (Lachen) verbeißen; psychol verdrängen; med (Blutung) stillen; **~ion** [səˈpreʃən] Unterdrückung; (Dokument) Unterschlagung; Abschaffung; Geheimhaltung; med (Blut-)Stillung; psychol Verdrängung f; **~ive** [səˈpresiv] a Unterdrückungs-; ~~ measures ['] Unterdrückungsmaßnahmen f pl; **~or** [-ə] el Entstörkondensator; Dämpfer m, Bremse f.
suppurat|e ['sʌpju(ə)reit] itr eitern, schwären; **~ion** [sʌpju(ə)ˈreiʃən] Vereiterung f; Eitern n; Eiter m; **~ive** ['sʌpjuəreitiv, -rətiv] a Eiter-; eitrig.

supra|mundane ['sju:prə'mʌndein] überweltlich; **~~national** ['-'næʃənl] übernatural.

suprem|acy [sju'preməsi] Vorrang m, Überlegenheit, überragende Stellung; Oberhoheit, höchste Gewalt f; air, naval ~~ Luft-, Seeherrschaft f; **~e** [sju(:)'pri:m] (rang)höchst, oberst; vorzüglichst, best, ganz ausgezeichnet; größt, äußerst; letzt; the ~~ authority die Regierungsgewalt f; the S~~ Being das höchste Wesen, Gott m; the ~~ command (mil) der Oberbefehl, das Oberkommando; ~~ commander Oberbefehlshaber m; the S~~ Court (of Justice, of Judicature) der Oberste Gerichtshof; ~~ punishment Todesstrafe f; the ~~ sacrifice die Hingabe des Lebens; the S~~ Soviet der Oberste Sowjet.

surcharge [sə:'tʃa:dʒ] tr zuviel verlangen für, übelteuern; überladen, -lasten a. el; mit Zuschlag, mit e-r Strafgebühr belegen; (Briefmarke) überdrucken; s ['sə:tʃa:dʒ] Überbelastung, Überladung a. el; Überforderung, -teuerung; Sondergebühr f, Zuschlag m; Strafgebühr f; Nachporto n; (Briefmarke) Überdruck m.

surcingle ['sə:siŋl, -'-] Sattelgurt; (Kutte) Gürtel m.

surd [sə:d] a math irrational; (Konsonant) stimmlos; s math irrationale Größe f; stimmlose(r) Konsonant m.

sure [ʃuə, ʃɔə, ʃɔ:, ʃɔ:] a pred sicher, gewiß; feststehend; unfehlbar; zuverlässig; adv fam wirklich, sicher(lich), natürlich, selbstverständlich; allerdings; for ~ sicherlich; (fam) ~ enough gewiß, sicher(lich), bestimmt, zweifellos; wirklich; as ~ as so sicher wie; to be ~ wohl, zwar, sicherlich; to be ~ of s.th. e-r S sicher sein (of winning zu gewinnen); to be, to feel ~ of o.s. s-r selbst sicher sein, Selbstvertrauen haben; to make ~ sich vergewissern (of s.th. e-r S; that daß); dafür sorgen, zusehen (that daß); um sicher zu gehen; he is ~ to come er wird sicher(lich) kommen; be ~ not to forget your book vergessen Sie ja Ihr Buch nicht; are you ~ you won't come? wollen Sie wirklich nicht kommen? to be ~ wahrhaftig! **~-fire** Am fam todsicher; **~-footed** a: to be ~~ e-n sicheren, festen Tritt haben; **~ly** ['ʃuəli] adv sicher(lich), gewiß, ohne Zweifel, bestimmt; fam vermutlich; he ~~ ought to know that das müßte er doch wissen; **~ness** ['ʃuənis] Sicherheit, Gewißheit f; **~ty** ['ʃuəti] jur Sicherheit, Garantie, Bürgschaft, Kaution f, Pfand n; Bürge, Garant m; to become, to go, to stand ~~ Bürgschaft leisten (for für); ~~ bond Kautions-, Garantieverpflichtung f; ~~ warrant Bürgschaftserklärung f.

surf [sə:f] Brandung f; **~board** Brett n zum Wellenreiten; **~boat** Brandungsboot n; **~riding** Wellenreiten n.

surface ['sə:fis] s Oberfläche a. fig; Außenfläche, -seite f; fig das Äußere; math Fläche f; aero Tragfläche f; a oberflächlich; äußerlich; zu Wasser, zu Lande; min im Tagebau; tr oberflächlich bearbeiten; (Straße) mit e-m Belag versehen; tech glätten, polieren, plandrehen; (U-Boot) auftauchen lassen; itr auftauchen; e-e Straßendecke herstellen; im Tagebau arbeiten; on the ~ äußerlich; bei oberflächlicher Betrachtung; fig das Äußere; under the ~ bei genauer Untersuchung; to rise to the ~ an die Oberfläche kommen; **~ area** math Flächeninhalt m; **~ car** Am Straßenbahn(wagen m) f; **~ condition(s** pl) Oberflächenbeschaffenheit f; **~-craft** Überwasserfahrzeug n; **~ diggings** pl, **~-mining** Am min Tagebau m; **~-grinding** Planschleifen n; **~-leakage** el Kriechstrom m; **~-line** math Mantellinie; tele Bodenleitung f; **~-mail** auf dem Landweg beförderte Post f; **~-man** rail Streckenarbeiter m; **~-noise** (Schallplatte) Reibungsgeräusch n; **~ owner** Grundeigentümer m; **~ plate** tech Richtplatte; Planscheibe f; **~ printing** Walzendruck m; **~ soil** Mutterboden m; **~ tension** phys Oberflächenspannung f; **~ unit** Flächeneinheit f; **~ water** Oberflächenabwässer n pl; min Tagewasser n; **~ wave** radio Bodenwelle f; **~ wind** Bodenwind m.

surfeit ['sə:fit] s Übermaß (of an); Völlegefühl n; fig Übersättigung f, -druß, Ekel m; tr übersättigen, überfüttern; to be ~ed übersättigt sein (with von); to ~ bis zum Überdruß.

surge [sə:dʒ] s Welle, Woge a. fig; Brandung, Sturzsee f; el (~ of current) Stromstoß m; fig Flut f, Wogen f pl; itr wogen, branden; (Gefühl) (auf)wallen; el anschwellen, schwanken.

surg|eon ['sə:dʒən] Arzt, Chirurg, mil Sanitätsoffizier m; dental ~ Zahnarzt m; ~~ captain Stabsarzt m; S~~ General (Am mil) Inspekteur m des Sanitätswesens; ~~ lieutenant (mil) Oberarzt m; ~~ major (Br) Ober-

surgery stabsarzt *m*; **~ery** ['-əri] Chirurgie, operative Heilbehandlung *f*; Operationszimmer *n*; **~ hours** (*pl*) Sprechzeit, -stunde(n *pl*) *f*; **~ical** ['-ikəl] chirurgisch; orthopädisch; **~~ chest** Sanitätskasten *m*; **~~ cotton** (Verband)Watte *f*; **~~ scissors** (*pl*) Wundschere *f*.

surl|iness ['sə:linis] mürrische(s) Wesen *n*; Schroffheit, Unfreundlichkeit *f*; **~y** ['sə:li] schlecht-, übelgelaunt, mürrisch; grob, unfreundlich, unhöflich.

surmise ['sə:maiz] *s* Vermutung, (bloße) Annahme *f*; Argwohn *m*; *tr* [sə:'maiz] vermuten, annehmen; argwöhnen; *itr* Vermutungen anstellen; Argwohn hegen.

surmount [sə:'maunt] *tr* übersteigen, -treffen, -ragen; steigen, klettern über; *fig* überwinden, schlagen; to be ~ed gekrönt sein (*by*, *with* von); **~able** [-əbl] übersteigbar; *fig* überwindlich, schlagbar.

surname ['sə:neim] *s* Familien-, Zuname; Beiname *m*; *tr* e-n Beinamen geben (*s.o.* jdm).

surpass [sə:'pa:s] *tr* übertreffen, -ragen, -steigen (*in an*) (*a. quantitativ*); hinausgehen über, mehr sein als; **~ing** [-iŋ] überdurchschnittlich, unübertroffen, ungewöhnlich; hervorragend.

surplice ['sə:pləs] *rel* Chorhemd *n*.

surplus ['sə:pləs] *s* Überschuß *m* (*of* an); Rest; *Am* (~ *profit*) Mehrertrag *m*, -einnahme *f*; Gewinnüberschuß *m*; Zugabe *f*; *a* überschüssig, -zählig; *accumulated* ~ Kapitalreserve *f*; *appropriated* ~ Gewinnrücklage *f*; *budget* ~ Haushaltsüberschuß *m*; *cash* ~ Kassenüberschuß *m*; *export*, *import* ~ Ausfuhr-, Einfuhrüberschuß *m*; *operating* ~ Betriebsüberschuß *m*; ~ *of goods* Warenüberfluß *m*; ~ *(of) money* Geldüberhang *m*; ~ *in taxes* Steuerüberschuß *m*; **~age** ['-idʒ] Überschuß *m* (*of* an); überflüssige Worte *n pl*; *jur* unerhebliche(r) Einwand *m*; **~ area** Überschußgebiet *n*; **~ brought forward** *com* Gewinnübertrag *m*; **~ copies** *pl* Remittenden *f pl*; **~ interests** *pl* Zinsgewinn *m*; **~ load** Mehrbelastung *f*; **~ population** Bevölkerungsüberschuß *m*; **~ price** Mehrpreis *m*; **~ production** Mehrproduktion *f*; **~ revenue** Mehreinkommen *n*; **~ stock** Mehrbestand *m*; **~ supply** Überangebot *n*; **~ value** Mehrwert *m*; **~ weight** Über-, Mehrgewicht *n*.

surprisе [sə'praiz] *tr* überraschen; (plötzlich) überfallen, überrumpeln; in Erstaunen *od* Verwunderung versetzen, erstaunen, verwundern, befremden; *s.o.* jdn Hals über Kopf veranlassen (*into doing* zu tun); *s.th. from s.o.* jdm etw abluchsen; *s* Überraschung, Überrumpelung *f*; plötzliche(r) Angriff, Überfall *m*; Erstaunen *n*, Verwunderung *f* (*at* über); *attr* Überraschungs-; überraschend; (*much*) *to my* ~ zu meiner (großen) Überraschung; *to be* ~*ed* überrascht sein; *at s.th.* sich wundern, staunen über; *to be* ~ *to see* staunen; *to catch*, *to take by* ~ überraschen; plötzlich überfallen; *to give s.o. a* ~ jdm e-e Überraschung bereiten; *to* ~ *in the act* auf frischer Tat ertappen; *I should not be* ~*ed* es würde mich nicht überraschen; *you'll get the* ~ *of your life* Sie werden Ihr blaues Wunder erleben; *nothing* ~*s me any more* ich wundere mich über nichts mehr; **~~ attack** Überrumpelungsangriff *m*; **~~ party** nicht vorgesehene Tanzveranstaltung *f*; **~edly** [-idli] überraschend, ganz plötzlich; **~ing** [-iŋ] erstaunlich, überraschend.

surreal|ism [sə'riəlizm] Surrealismus *m*; **~ist** [-ist] *a* surrealistisch; *s* Surrealist *m*.

surrender [sə'rendə] *tr* übergeben, ausliefern, aushändigen; abtreten, überlassen, überantworten (*to* dat); verzichten auf; (*Hoffnung*) aufgeben; (*Versicherungspolice*) zurückkaufen; (*Grundstück*) auflassen; *itr* sich ergeben; *jur* sich stellen; *mil* kapitulieren, die Waffen strecken; *to* ~ *o.s.* (*fig*) sich (*e-m Gefühl*) hingeben (*to* dat); *s* Über-, Aufgabe, Aushändigung, Auslieferung; Preisgabe; Ergebung; Abtretung *f* (*of* gen); *jur* Auflassung *f*; (*Versicherungs-*)Rückkauf *m*; *mil* Kapitulation, Waffenstreckung *f*; *to* ~ *to the police* sich der Polizei stellen; **~ value** Rückkaufswert *m*.

surreptitious [ˌsʌrəp'tiʃəs] heimlich, erschlichen, unrechtmäßig, unecht; (*Blick*) verstohlen; **~ edition** (*unrechtmäßiger*) Nachdruck *m*.

surrogate ['sʌrəgit] *bes. rel* Stellvertreter; Nachlaßrichter; Ersatz *m*, Surrogat *n* (*of*, *for* für).

surround [sə'raund] *tr* umgeben, -fassen, einschließen *a. mil*, umzingeln; herumstehen um; *s* Umfassung, Einschließung; *Am* Treibjagd *f*; *to be* ~*ed with, by* umringt sein von; **~ing** [-iŋ] *a* umliegend; *s* meist

surtax *pl* Umgebung *f*; Milieu *n*, Umwelt *f*; ~~ *circumstances (pl)* Begleitumstände *m pl*.

surtax ['sɔ:tæks] *s* Steuerzuschlag *m*; Sondersteuer *f*; *tr* e-n Steuerzuschlag erheben auf.

surveillance [sə:'veiləns] Überwachung, Beaufsichtigung; (Ober-)Aufsicht *f*; *under* ~ unter Aufsicht; *police* ~ Polizeiaufsicht *f*.

survey [sə:'vei] *tr* e-r eingehenden Prüfung unterziehen, genau prüfen, in Augenschein nehmen; übersehen, überblicken; besichtigen, prüfen(d betrachten), (über)prüfen, inspizieren; *(Land)* vermessen; *s* ['sə:vei] eingehende Prüfung, Besichtigung, Inspektion; Überprüfung, Begutachtung; (allgemeine) Übersicht *f*, Überblick *m* (*of* über); Landmessung, Vermessung *f*; vermessene(s) Land(stück) *n*; Grundriß, (Lage-)Plan *m*; *year under* ~ Berichtsjahr *n*; ~ *and valuation register* Kataster, Grundbuch *n*; **-or** [sə(:)'veiə] Feldmesser, Vermessungsbeamte(r), Geometer, Aufsichtsbeamte(r), Inspekteur, Inspektor; Sachverständige(r), Gutachter; *Am* Zollaufseher, -inspektor *m*; ~ *chain* Meßkette *f*; ~ *of mines (min)* Markscheider *m*; ~*'s office* Hochbauamt *n*, Bau(aufsichts)behörde *f*; ~*'s tape* Meßband *n*.

surviv|al [sə'vaivəl] Überleben *n*; Überrest *m*, -bleibsel *n*; ~ *of the fittest (biol)* natürliche Zuchtwahl *f*; ~ *rate* Geburtenüberschuß *m*; **-e** [sə'vaiv] *tr* überleben, -dauern; überstehen; *itr* fort-, überleben, am Leben bleiben; weiterbestehen; übrigbleiben; **-ing** [-iŋ] überlebend, hinterblieben; übrigbleibend; **-or**, *Am a.* **-er** ['-ə] Überlebende(r); Hinterbliebene(r) *m*; ~*'s insurance* Hinterbliebenenversicherung *f*.

suscept|ibility [səseptə'biliti] Beeinflußbarkeit, *med* Empfänglichkeit, Anfälligkeit (*to* für); Reizbarkeit *f*; *pl fig* empfindliche Stelle *f*; **-ible** [sə'septəbl] leicht beeinflußbar; aufnahmefähig; reizbar; *med* empfänglich, anfällig (*to* für); empfindlich (*to* gegen); geeignet (*of* für); fähig (*of* zu); ~ *of error* Irrtümern unterworfen; **-ive** [-iv] empfänglich; aufnahmefähig; **-ivity** [səsep'tiviti] Empfänglichkeit; Aufnahmefähigkeit *f*.

suspect [səs'pekt] *tr* verdächtigen, beargwöhnen, in Verdacht haben; Mißtrauen haben gegen, mißtrauen (*s.o.* jdm); argwöhnen, vermuten, annehmen; mutmaßen; *s* ['sʌspekt] *bes. jur* Verdächtigte(r) *m*; *a* verdächtig; *to be* ~*ed* im Verdacht stehen (*of doing* zu tun); *to be* ~ *of s.th.* verdächtig sein *gen*; *I* ~*ed as much* das dachte ich mir.

suspen|d [səs'pend] *tr* (frei) (auf-)hängen (*from* an); in der Schwebe halten, *fig* lassen; herabhängen lassen (*from* von); *fig* unentschieden lassen; ver-, aufschieben; (zeitweise) einstellen, unterbrechen; *(Vorschrift)* außer Kraft setzen; *(Verhandlung)* aussetzen; *(Beamter)* des Amtes entheben, suspendieren; *sport* (zeitweilig) ausschließen, sperren; *mil (Feindseligkeiten)* einstellen; *to be* ~*ded* schweben, hängen; *to* ~~ *payment* die Zahlungen einstellen; **-ded** *a*: ~~ *animation* Scheintod *m*; ~~ *ash* Flugasche *f*; ~~ *ceiling* Hängedecke *f*; ~~ *railway* Schwebebahn *f*; **-der** [-ə] Strumpfband *n*, -halter *m*; *pl Am* Hosenträger *m pl*; ~~-*belt* Hüftgürtel *m*; **-se** [səs'pens] Unentschiedenheit, Ungewißheit; Unentschlossenheit; Spannung; Unsicherheit *f*; *jur* Vollstreckungsaufschub *m*; *in* ~~ uneingelöst, unbezahlt; *to be, to keep, to remain in* ~~ in der Schwebe, unentschieden sein, lassen, bleiben; *don't keep me in* ~~ *any longer* spanne mich nicht länger auf die Folter; ~~ *entry* vorläufige Buchung *f*; **-sion** [səs-'penʃən] Aufhängen *n*; Aufhängung, Aufhängevorrichtung; *mot* Federung; *chem* Suspension *f*; *mus* Vorhalt *m*, Halten *n (e-s Tones)*; *(Zahlungs-)*Aufschub *m*; (zeitweilig) Einstellung *f*; (zeitweiliger) Ausschluß *m*; *jur* Aufhebung *(e-s Gesetzes)*, Aussetzung, vorläufige Einstellung; (vorläufige) Amtsenthebung *f*; *sport* (zeitweilige) Ausschluß *m*; ~ *of judg(e)ment* Urteilsaussetzung *f*; ~~ *of payment* Zahlungseinstellung *f*; ~~ *of work* Arbeitseinstellung *f*; ~~-*bridge* Hängebrücke *f*; ~~-*brooch* Ordensschnalle *f*; ~~-*crane* Hängekran *m*; ~~ *points (pl)* Auslassungspunkte *m pl*; ~~-*railway* Schwebebahn *f*; ~~-*strand* Tragseil *n*; **-sive** [-siv] aufschiebend; unentschlossen, unschlüssig; unsicher; **-sory** [-səri] *a* Hänge-; aufschiebend; *s* (~~ *bandage)* med Bruchband; Suspensorium *n*.

suspic|ion [səs'piʃən] *s* Verdacht, Argwohn *m* (*of, about* gegen); Ahnung *f*, Vorgefühl *n*; *fig* Andeutung, Spur *f*, Hauch *m* (*of* von); *tr Am fam* verdächtigen; *above* ~~ über jeden Ver-

suspicious   1001   **swan's down**

dacht erhaben; *on (the)* ~~ unter dem Verdacht *(of having done s.th.* etw getan zu haben); *to be under* ~~ unter Verdacht stehen; **~ious** [-əs] verdächtig *(to* dat); argwöhnisch, mißtrauisch *(of s.o.*, *about*, *of s.th.* gegen etw); **~iousness** [-əsnis] Argwohn *m*, Mißtrauen *n (of* gegen).

sustain [səs'tein] *tr* stützen, tragen, halten; (aufrechter)halten; erhalten; unterstützen, -halten, sorgen für, ernähren; e-e Stütze, ein Trost sein für; (seelisch) stärken, ermutigen, trösten; Kraft geben *(s.o.* jdm); aushalten, ertragen, widerstehen *(s.th.* e-r S), durchstehen; durchmachen, erfahren; *(Verlust)* erleiden; *(Antrag)* annehmen; *(e-r Klage)* stattgeben; *(Behauptung, Anspruch)* stützen, bekräftigen, erhärten, bestätigen, beweisen; anerkennen; *(Vergleich)* aushalten, wachhalten; *theat (Rolle)* spielen; *mus (Note)* aushalten; **~able** [-əbl] zu halten(d); tragbar; ertragbar; **~ed** [-d] *a mus* getragen; ~~ *fire (mil)* Dauerfeuer *n*; ~~ *power* Dauerleistung *f*; ~~ *signal* Dauerzeichen *n*; **~ing** [-iŋ] *a*: ~~ *power* Steh-, Durchhaltevermögen *n*; ~~ *program (Am radio)* Programm *n* (ohne Reklameeinschaltungen); ~~ *wall* Stützmauer *f*.

sustenance ['sʌstinəns] Unterhalt *m*, Versorgung, Ernährung; Nahrung, Speise *f*, Essen *n*; Nährwert *m*.

sustentation [sʌstən'teiʃən] Unterstützung, Aufrechterhaltung; Unterhaltung, Versorgung, Ernährung *f*; (Lebens-)Unterhalt *m*, Nahrung *f*; **~ fund** Unterstützungsfonds *m*.

sutler ['sʌtlə] Marketender(in *f*) *m*.

suture ['sju:tʃə] *s* Naht (Zs.-)Nähen *n*; Naht *f a. anat bot*; *tr med* (zs.)nähen.

suzerain ['su:zərein] *hist* Lehns-, Oberherr *m*; **~ty** ['-ti] Lehns-, Oberherrschaft *f*.

svelte [svelt] schlank; anmutig, graziös, gewandt, geschmeidig.

swab [swɔb] *s* Mop, Schwabber *m*; Abstaubtuch *n*, Wischlappen *m*; *mil Art* Gewehrreinigungsgerät *n*; *med* Wattebausch *m*, Schwämmchen *n*, Tupfer *m*; *med* Abstrich *m*; *sl* Tolpatsch, Tölpel; *mar sl* Matrose *m*; *tr* scheuern, aufwischen; *med* abtupfen; *to* ~ *down (Am sl)* sich reinigen, baden; **~ber** ['-ə] Scheuer*s*nde(r *m*) *f*; *sl* Tolpatsch; Mop *m*.

Swabia ['sweibiə] Schwaben *n*; **~n** ['-n] *a* schwäbisch; *s* Schwabe *m*, Schwäbin *f*.

swack [swæk] *tr sl (to* ~ *up)* betrügen, hereinlegen; **~ed** [-t] *a sl* besoffen.

swaddl|e ['swɔdl] *tr* bandagieren; *(Säugling)* wickeln, in Windeln legen; *s pl Am* Windeln *f pl*; **~ing** ['-iŋ] Wickeln *n*; **~~-bands, -clothes, -clouts** *(pl)* Windeln *f pl*; *to be still in o.'s* ~~ **-clothes** *(fig)* noch in den Anfängen stecken.

swag [swæg] *s sl* Diebesgut *n*; Beute *f*; unrechtmäßige(r) Gewinn *m*; *(Australien)* (Reise-)Bündel *n*; *itr obs u. Am* schwingen, schlenkern; *Am* zs.sacken, sich setzen; *(Australien)* trampen.

swage [sweidʒ] *s tech* Gesenk *n*; *tr* im Gesenk schmieden; hämmern.

swagger ['swægə] *itr* (einher)stolzieren; großtun, prahlen, aufschneiden, *fam* angeben *(about* mit); *sl* große Bogen spucken; *s* Stolzieren *n*; Prahlerei, *fam* Angabe *f*; *a fam* schick, fesch; **~-cane, -stick** *mil* (Ausgeh-)Stöckchen *n*; **~er** ['-rə] Prahler, Prahlhans, Aufschneider, *fam* Angeber *m*.

Swahili [swa:'hi:li] Suaheli *n*.

swain [swein] *poet* Bauernbursch(e); Schäfer, *hum* Liebhaber *m*.

swallow ['swɔləu] **1.** *zoo* Schwalbe *f*; **~-dive** *Br sport* Kopfsprung *m*; **~-tail** *ent tech* Schwalbenschwanz *m*; = **~-tailed coat** Frack *m*, *fam* Schwalbenschwanz *m*; **2.** *tr* (hinunter-, ver)schlucken, verschlingen; *(to* ~ *up)* aufnehmen, umfassen, verschlingen, auffressen, aufbrauchen; *(Gesagtes)* zurücknehmen; *(Beleidigung)* (hinunter)schlucken, einstecken; *(Gefühlsregung)* unterdrücken; glauben, für bare Münze nehmen; *itr* schlucken; *s* Schlucken *n*; Schluck *a. tech*; Schlund, Rachen *m*, Kehle *f*.

swamp [swɔmp] *s* Sumpf, Morast *m*, Moor *n*; *tr* versenken; überschwemmen, -fluten, unter Wasser setzen; *mar* vollaufen lassen; *fig* zugrunde richten, ruinieren; *Am pol (Gesetz)* zu Fall bringen; *fam* zudecken, überhäufen *(with work* mit Arbeit); *itr* versinken, untergehen; *mar* vollaufen, vollschlagen; **~er** ['-ə] *Am sl* (Lastwagen-)Beifahrer; Gepäckträger *m*; **~ fever** Sumpffieber *n*, Malaria *f*; **~land** Sumpfland *n*; **~y** ['-i] sumpfig, morastig.

swan [swɔn] Schwan *m*; *black* ~ *(fig)* weiße(r) Rabe *m*; **~ dive** *Am* Kopfsprung *m*; ~ **maiden** *(Mythologie)* Schwanenjungfrau *f*; **~-neck** Schwanenhals *m a. tech*; **~'s down** Schwanendaunen *f pl*; *Art* feine(r), dicke(r)

Wollstoff *m*; **~-skin** Weichflanell *m*; **~-song** Schwanengesang *m*.

swank [swæŋk] *s* protzige(s) Benehmen *n*; Angeberei; *Am sl* Eleganz *f*; Angeber *m*; *a Br sl* protzig, aufgedonnert, -getakelt; *Am sl* elegant; *itr sl* protzen, angeben; **~y** ['-i] *Br sl* protzig, protzenhaft; *Am sl* betont elegant; luxuriös.

swap, swop [swɔp] *tr fam* (um)tauschen (*for* für); *fam* entlassen, auf die Straße setzen; *itr* Tauschgeschäfte machen; *s fam* Tausch(geschäft *n*) *m*.

sward [swɔ:d] *lit* Rasen *m*.

swarm [swɔ:m] **1.** *s* (Bienen-, Insekten-, Menschen-)Schwarm *m*; *fig* Gewimmel, Getümmel, Gedränge *n*; *itr* (*Bienen*) schwärmen; schwirren, sich drängen (*into* in); zs.strömen; wimmeln (*with* von); *tr fig* überschwemmen; **2.** *itr* klettern; *tr* erklettern, erklimmen.

swarth|iness ['swɔ:ðinis] dunkle Hautfarbe *f*; **~y** ['swɔ:ði] dunkel(häutig).

swash [swɔʃ] *itr* platschen, klatschen, planschen; (*Wasser*) rauschen; spritzen, zischen; *tr* schlagen gegen, besprtizen; *s* Platschen, Klatschen, Planschen, Spritzen *n*; Sturzbach *m*; **~buckler** ['-bʌklə] Eisenfresser, Bramarbas, Renommist *m*; **~buckling** ['-bʌkliŋ] *a* prahlerisch; *s* Renommieren *n*.

swastika ['swæstikə, 'swɔstikə] Hakenkreuz *n*.

swat, swot [swɔt] **1.** *tr fam* schlagen, knallen, klappen, klatschen; *s fam* Schlag, Klaps *m*; **~ter** ['-ə] Schlagende(r) *m*; (*fly-~~*) Fliegenklappe *f*; **2.** *s.* swot 1.

swath [swɔ:θ, *pl* -ðz] (*Mähen*) Schwaden; Streifen *m*, Reihe *f*.

swathe [sweið] *tr* (um)wickeln, bandagieren (*with* mit); (*Band*) wickeln; (ein)hüllen (*in* in); *s* Binde, Bandage; *med* feuchte Packung *f*.

sway [swei] *itr* schwanken, schwingen; sich neigen, sich lehnen; *fig* (hin-) neigen, tendieren (*towards* zu); herrschen; *tr* schwingen, schwenken; neigen; *fig* geneigt machen (*towards* für); beeinflussen; zum Schwanken, ins Wanken bringen; mitreißen; *s* Schwanken, Schwingen; (*Korn*) Wogen *n*; *fig* Schwung *m*, Kraft, Gewalt, Macht, Herrschaft *f*, Einfluß; Herrschaftsbereich *m*; *to be easily ~ed* leicht beeinflußbar sein; *to hold ~ over s.o.* jdn in der Gewalt haben.

swear [swɛə] *irr swore* [swɔ:], *sworn* [swɔ:n] *itr* schwören (*by* bei, auf); *jur* unter Eid aussagen; beschwören (*to s.th.* etw), *fig* sicher sein (*to having done s.th.* etw getan zu haben); fluchen (*at s.th.* auf etw); beschimpfen (*at s.o.* jdn); *tr* (be)schwören (*s.th. against s.o.* etw gegen jdn); (*Eid*) leisten; vereidigen (*s.o. in s.th.* jdn in e-r S; *to s.th.* auf etw); *to ~ in s.o.* jdm den Dienstseid abnehmen; *to ~ off (fam)* abschwören; aufgeben; **~ing** ['-riŋ] Schwören; Fluchen *n*; Eidesleistung *f*; **~~-in** Be-, Vereidigung *f*; **~-word** Fluch *m*.

sweat [swet] *itr* schwitzen (*with* vor) *a. allg*; (*Gefäß, Scheibe*) sich beschlagen; *fam* schwitzen, schuften, schwer arbeiten; *tr* ausschwitzen *a. allg*; schwitzen lassen, zum Schwitzen bringen *a. allg*; (*Kleidung*) durchschwitzen; (*to ~ out*) ausschwitzen; schuften lassen; (*Arbeiter*) ausbeuten, schinden, schlecht bezahlen; *fam* ausquetschen, zu e-m Geständnis bringen, auspressen; *tech* schmelzen; schweißen, löten; *s* Schweiß *m*; Schweißwasser; Schwitzen *n*; *fig* Plackerei; Ungeduld, Unruhe, Aufregung *f*; *sl fig* alte(r) Hase *m*; *to ~ down (Am fam)* zs.schmelzen lassen; zs.pressen; *to ~ all over* am ganzen Körper schwitzen; *to ~ out* geduldig abwarten; herauspressen (*s.o.* aus jdm); *to ~ it out (Am sl)* e-e schwierige Zeit durchstehen; *by the ~ of his brow* im Schweiße s-s Angesichts; *in a ~, (fam) all of a ~* schweißtriefend; in Schweiß gebadet; *in a cold ~* mit Angstschweiß auf der Stirn; *to be in a ~* in Schweiß gebadet sein; *to wipe the ~ from o.'s brow* den Schweiß von der Stirne wischen; *to ~ blood (fig)* Blut u. Wasser schwitzen; **~-band** Schweißband *n*; **~-cloth** Schweißblatt *n*; **~-duct** Schweißpore *f*; **~-ed** ['-id] *a* für Hungerlöhne hergestellt; (*Arbeit*) schlecht bezahlt; (*Arbeiter*) ausgebeutet; **~er** ['-ə] Sweater, Pullover *m*; schweißtreibende(s) Mittel *n*; Leuteschinder *m*; **~-gland** Schweißdrüse *f*; **~ing** ['-iŋ] Schwitzen; *Am* verschärfte(s) Verhör *n*; Ausbeutung *f*; **~~-bath** Schwitzbad *n*; **~~-system** Ausbeutungssystem *n*; **~~-thimble** Lötschuh *m*; **~~-producing** schweißtreibend; **~-shirt** Trainingsbluse *f*; **~-shop** Ausbeuterbetrieb *m*; **~y** ['-i] schwitzend; schweißbedeckt; (*Hand*) feucht; Schweiß-; schweißtreibend; (*Arbeit*) anstrengend; **~~ odour** Schweißgeruch *m*.

Swed|e [swi:d] Schwede *m*; Schwedin *f*; **~en** ['-n] Schweden *n*; **~ish** ['-iʃ] schwedisch(e Sprache *f*).

sweep [swi:p] *irr* swept, swept [swept] **1.** *tr (Raum)* (aus)fegen, -kehren; *(Tisch)* abwischen; *(Schmutz)* wegfegen, -kehren, -wischen; *allg* (hin)wegfegen, -blasen; fahren *(s.th. through s.th.* mit e-r S durch etw); fegen, fahren über, streifen; durchstreifen, absuchen; *(Grund e-s Gewässers)* mit dem Netz absuchen; *mil (mit Feuer)* bestreichen; *(mit e-m Scheinwerfer)* absuchen; *(Minen)* räumen; *(Knicks)* machen; *fam (Spiel)* machen, gewinnen; *(Wahl)* haushoch gewinnen; im Sturm erobern, überall populär werden *(the country* im Land); **2.** *itr* (dahin)fegen, -fahren; (vorbei-, vorüber)rauschen; *(Frau)* hinausrauschen *(out of a room* aus e-m Zimmer); *(Kleid)* schleppen; sich in weitem Bogen winden *(round* um); **3.** *s* Fegen, Kehren; Sausen *n*, Schwung, Schlag *m*; Schleppen, Vorüberrauschen *n*; Bereich *m od n*, Spielraum *m*; *tech* Schwenken *n*; Schußweite *f*, -feld *n*; Ausdehnung, Strecke, Fläche *f*; weite(r) Bogen *m*, Kurve, Krümmung, fließende Linie; schwungvolle Handbewegung; Auffahrt *f*; Gewinnen *n* aller Einzelspiele *od* Entscheidungen; Gesamt-, vollkommene(r), glänzende(r) Sieg; *aero* Streifen-, Angriffsflug; *(Radar)* Abtaststrahl *m*, Strahlablenkung *f*; *(chimney ~)* Schornstein-, Kaminkehrer *m*; lange(s) Ruder *n*; (Brunnen-)Schwengel; *sl* Schuft *m*; *pl* Kehricht *m od n*; **4.** *to ~ away, off* (hin)wegfegen, -raffen; wegschwemmen; *fig* mitreißen; *to ~ back* zurückfluten; *to ~ up* auffegen, zs.-kehren; *to be swept off o.'s feet (fig)* nicht (mehr) an sich halten können; ganz mitgerissen sein; *to give s.th. a ~* etw kehren; *to make a clean ~ of (fig)* reinen Tisch machen, aufräumen mit; e-n durchschlagenden Erfolg davontragen bei; *to ~ all before one* immer, ununterbrochen Erfolg haben; *to ~ the board* alles gewinnen, e-n vollen Erfolg haben; *a new broom ~s clean (prov)* neue Besen kehren gut; *as black as a ~* pechschwarz, **~er** [ˈ-ə] Straßenkehrer, -feger *m*; Kehrmaschine *f*; Kohlentrimmer *m*; *mar* Räumboot *n*; *carpet-~* Teppichkehrmaschine *f*; **~ing** [ˈ-iŋ] *a* ausgedehnt, weitreichend, (weit) ausgreifend, weittragend; gründlich, umfassend, durchgreifend, vollständig, überwältigend; radikal; *s pl* Kehricht *m od n*; *fig* Hefe *f*; ~~ *fire (mil)* Streu-, Strichfeuer *n*; ~~-**gear** Minensuch-, -räumgerät *n*; ~~-**net** Schmetterlings-, Schleppnetz *n*; **~stake** Art Lotterie *f* (bei der der Gesamteinsatz an die Spieler ausgezahlt wird); *pl* (Haupt-)Gewinn *m*.

sweet [swi:t] *a* süß *a*. *fig*; *fig* angenehm, lieblich, duftig; gefällig, anmutig, hübsch; lieb, freundlich *(to* gegenüber, zu); frisch, unverbraucht; *(Boden)* fruchttragend, -bar; *fam* reizend, goldig; *chem* säure-, schwefelfrei; *s* Süße; Süßigkeit; Süßspeise *f*, Nachtisch; *fig* Liebling *m*, Liebchen *n*; *pl* Süßigkeiten *f pl*, Bonbons *m od n pl*; *at his own ~ will* ganz nach s-m Belieben; *to be ~ (fam)* verknallt, verschossen, verliebt sein *(on* in); duften (with nach); *to taste the ~s of success* den Erfolg auskosten; **~bread** *(Küche)* (Kalbs-)Bröschen *n*; **~brier,** **~briar** [ˈ-ˈbraiə] Hecken-, Hundsrose *f*; ~ **chestnut** Eßkastanie *f*; ~ **cider** Süßmost *m*; ~ **clover** *bot* Honig-, Steinklee *m*; ~~**corn** *bot* Süßkorn *n*, Zuckermais *m*; **~en** [ˈ-n] *tr* süßen, zuckern; *fig* versüßen; *sl* bestechen; mildern, abschwächen; *Am fin fam* aufbessern, nachhelfen *(s.th.* e-r S); *to ~ up (Am sl)* um den Bart streichen *(s.o.* jdm); **~ening** [ˈ-niŋ] Versüßen; Mittel *n* zum Süßen; **~heart** Liebchen *n*; **~ie** [ˈ-i] *fam* Schleckerei *f*; *fam* Herzchen *n*; **~ing** [ˈ-iŋ] Johannisapfel *m*; ~~ *agent* Süßstoff *m*; **~ish** [ˈ-iʃ] süßlich; **~meat** Süßigkeit *f*, Bonbon *m*, *bes.* kandierte Frucht *f*; **~ness** [ˈ-nis] Süßigkeit *f*; Wohlgeschmack; Duft *m*; *fig* Lieblichkeit, Anmut, Süße; Frische; Reinheit *f*; ~ **oil** Olivenöl *n*; ~**pea** *bot* Garten-, spanische Wicke *f*; *Am sl* Liebling *m*; *Am sl* Tölpel *m*; ~ **potato** Süßkartoffel, Batate *f*; **~-scented** *a* wohlriechend, duftend; **~shop** Schokoladengeschäft *n*; **~-talk** *Am sl itr* Süßholz raspeln; *tr* Schmeicheleien sagen *(s.o.* jdm); **~-tempered** *a* sanft(mütig); ~ **tooth:** *to have a ~~ (fam)* ein Schlecker, Süßmaul sein; ~ **water** Süßwasser *n*; **~william** *bot* Bartnelke *f*.

swell [swel] *irr* ~ed, ~ed *od* swollen *itr (to ~ up, out)* (an)schwellen *(into* zu; *with* von); sich (auf)blähen *a*. *fig (with* vor); sich bauschen, sich ausbauchen; sich ausdehnen; zunehmen, stärker werden, anwachsen *(to* zu); sich steigern; *fig* bersten *(with* vor); *fig* sich brüsten; *tr* aufblasen, -blähen *(with* vor) *a*. *fig*; anschwellen lassen; erweitern, vergrößern, ausweiten;

verstärken; ausbauchen; *s* (An-)Schwellung; Beule; Ausbauchung; Stauung *f*; Anwachsen *n*, Zunahme, Verstärkung *f*, Stärkerwerden; *mus* Anschwellen, Crescendo *n*; Orgelschweller *m*; *mar* Dünung *f*; *fam* Stutzer, Dandy *m*; hohe(s) Tier *n*; *fig* Kanone *f* (*at in*); *a fam* flott, fesch, elegant; *Am fam* prima, pfundig, glänzend, großartig; liebenswürdig, reizend; *to come the heavy ~ over s.o.* (*sl*) bei jdm durch lautes Tönen Eindruck schinden; *to have a, to suffer from a ~ed head (fam)* an Größenwahn leiden; *he has a ~ed head* ihm ist der Kamm geschwollen; **~ing** ['-iŋ] *s* Anschwellen *n*, Zunahme, Verstärkung; Wölbung, Schwellung, Geschwulst, Beule *f*; *tech* Wulst *m*; *a* geschwollen *a. fig*; geschwungen; ausgebaucht, -gebeult; **~-mob**(**sman**) ['-mɔb(zmən)] *sl* Hochstapler, Taschendieb *m*.

swelt|er ['sweltə] *itr fig* vor Hitze umkommen *od* vergehen *od* zerfließen; drückend heiß sein; *(Person)* in Schweiß gebadet sein; *s* fürchterliche(s) Schwitzen *n*; Glut-, Backofenhitze *f*; **~ering** ['-riŋ], **~ry** ['-ri] drückend, glühend heiß; schwül.

swept [swept] *pret u. pp von sweep*; **~(-back) wing** *aero* Pfeilflügel *m*; **~ volume** *mot* Hubraum *m*.

swerve [swɔ:v] *itr* abweichen, -schweifen, -gehen, -kommen *(from* von); *mot* schleudern; *tr* abbringen, ablenken *(from* von); *sport (Ball)* schneiden; *s* Drehung *f*.

swift [swift] *a* schnell, rasch, flink, eilig, hurtig; *(Zeit)* flüchtig; unverzüglich; *lit* schnell bereit (*to* zu); *s tech* Trommel, Haspel *f*; *orn* Segler *m*; *zoo* Eidechse *f*; Molch *m*; **~chimney ~** Mauer-, Turmsegler *m*, **-schwalbe** *f*; **~-footed** *a* schnellfüßig; **~-handed** *a* geschickt; **~ly** ['-li] *adv* geschwind, schnell; **~ness** ['-nis] Schnelligkeit *f*.

swig [swig] *tr itr fam* saufen; *itr* zechen; *s fam* tüchtige(r) Schluck, lange(r) Zug *m* (*at a bottle* aus e-r Flasche).

swill [swil] *tr* spülen, abwaschen; hinunterspülen; *sl* saufen; *itr sl* saufen; *to ~ out* ausspülen; *s* Spülwasser, Spülicht; Spülen, Abwaschen *n*; Schweinefutter; *fam* Gesöff *n*, Fraß *m*; *to give s.th. a ~ out* etw tüchtig ausspülen.

swim [swim] *irr* **swam** [swæm], **swum** [swʌm] *itr* schwimmen (*on* auf) *a. fig*; *(auf d. Wasser)* treiben; triefen, überfließen, unter Wasser stehen; *med* schwindlig sein; sich drehen (*before o.'s eyes* vor jds Augen); *tr* schwimmen in; hinüber-, durchschwimmen; schwimmen lassen; um die Wette schwimmen (*s.o.* mit jdm); *(Pferd)* in die Schwemme reiten; *s* Schwimmen *n*; geschwommene Strecke; Schwimmblase *f*; fischreiche(s) Gewässer; *med fam* Schwindelgefühl *n*; *to be in (out of) the ~* (nicht) auf dem laufenden, auf der Höhe, im Bilde sein; *to have, to take, to go for a ~* schwimmen, baden (gehen); *to ~ with the tide (fig)* mit dem Strom schwimmen; *his eyes were ~ming with tears* die Augen standen ihm voller Tränen; *my head is ~ming* mir dreht sich alles, mir schwindelt; *es schwimmt mir alles vor den Augen*; **~mer** ['-ə] Schwimmer *m*; *zoo* Schwimmblase *f*; **~ming** ['-iŋ] *s* Schwimmen *n*; *(~ of the head)* Schwindelgefühl *n*; *a* schwimmend; *(Augen)* in Tränen gebadet; schwind(e)lig; *fig* glatt, reibungslos; **~~-bath, -pool** Schwimmbad, -becken *n*; **~~-belt** Schwimmgürtel *m*; **~(~)-bladder** Schwimmblase *f* (*d. Fische*); **~~costume** Badeanzug *m*; **~~gala** Wassersportfest *n*; **~~match** Wettschwimmen *n*; **~mingly** ['-iŋli] *adv* spielend, wie am Schnürchen; glatt, leicht; *everything went ~* alles ging glatt (vonstatten); **~ suit** Badeanzug *m*.

swindl|e ['swindl] *tr* beschwindeln, betrügen (*s.o. out of s.th., s.th. out of s.o.* jdn um etw); erschwindeln (*s.th. out of s.o.* etw von jdm); *s* Schwindel, Betrug *m*; *Am sl* Geschäft *n*; **~er** ['-ə] Schwindler, Betrüger; Hochstapler *m*.

swin|e [swain] *inv* Schwein *n a. fig pej*; *pej* Sau *f fig*; **~~-bread** Trüffel *f*; **~~-herd** Schweinehirt *m*; **~ish** ['-iʃ] *pej* schweinisch, säuisch, schmutzig.

swing [swiŋ] *irr* **swung**, **swung** [swʌŋ] *itr* schwingen; sich frei bewegen, schlenkern, baumeln, schaukeln, schwanken; hängen (*for* wegen) *(a. am Galgen)*; sich drehen; (sich) schaukeln; rhythmisch gehen; *mar* schwojen; *Am sl* aus sich selbst heraus entstehen; *to ~ to and fro* hin- u. herschwingen, pendeln; *tr* schwingen, (herum)schwenken; schaukeln; schlenkern, schleudern; (auf)hängen; *(Propeller)* durchdrehen; *fam (Sache)* schaukeln, drehen, verstehen; *Am fam* beeinflussen, umstimmen; *mus* als Swing bearbeiten *od* spielen; *to ~ (a)round* (sich) herumdrehen; *to ~ in* einschwenken; *to ~ out* ausschwenken;

swing-back — **swoon**

swing-back *s* Schwingen *n*, Schwingung, Drehung *f*, Schlenkern, Baumeln, Schaukeln, Schwanken *n*; (weit) ausholende(r) Schlag; *(Skala)* Ausschlag; Schwung(kraft *f*) *m*; freie Bewegung, Bewegungsfreiheit *f*; *fig* Umschwung; Spielraum *m*, freie Hand *f*; Gang, Verlauf *m (d. Ereignisse, d. Entwicklung);* Schaukel *f*; Swing *(Tanz)*; *mus* Rhythmus; *(Boxen)* Schwinger; *tech* Drehdurchmesser *m*; *(Kran)* Ausladung; *Am sl* (Arbeits-)Pause; *Am fam* Konjunktur *f*; *in full* ~ in vollem Gange; reibungslos arbeitend; *to get into* ~ in Schwung kommen; *to go with a* ~ Schwung, *fam* Schmiß haben; *fig* glatt über die Bühne gehen; *to* ~ *round the circle (Am)* e-e politische Rundreise machen; *to o.'s hips* mit den Hüften schaukeln; *to* ~ *the lead (sl)* sich drücken; *this is no room to* ~ *a cat in* man kann sich hier nicht umdrehen; *the* ~ *of the pendulum (fig)* der Pendelschlag; *market* ~ *(Am)* Konjunkturumschwung *m*; **~-back** *phot* Einstellscheibe *f*; *fig* Umschwung *m (to* zu); **~-boat** Schiffschaukel *f*; **~-bridge** Drehbrücke *f*; **~-crane** Drehkran *m*; **~-door** Drehtüre *f*; **~-gate** Drehkreuz *n*; **~ing** ['-iŋ] *a* schwingend, schwankend; *fig* beschwingt, schwungvoll; rhythmisch; *tech* schwenkbar; ~~ *chair* Schaukelstuhl *m*; ~~ *door* Drehtür *f*; **~ room** *Am sl* Kantine *f*; **~-round** *mot* Drehung *f* um die eigene Achse; ~ **shift** *Am fam* Spätschicht *f*.

swingeing ['swindʒiŋ] *a fam* gewaltig, mächtig, enorm, ungeheuer; *fam* prima, tadellos, phantastisch.

swingle ['swiŋl] *tr (Flachs)* schwingen; *s* Flachsschwinge *f*; **~-bar**, **~-tree** *(Wagen)* Ortscheit *n*.

swipe [swaip] *s* (Pumpen-)Schwengel; Griff; *sport* harte(r) Schlag, Hieb *m*; *s pl sl* Dünnbier, Gesöff *n*; *tr fam* e-n tüchtigen Schlag, Hieb versetzen *(s.o.* jdm); *sport* aus vollem Arm schlagen; *sl* mausen; *itr fam* dreinschlagen; kräftig schlagen *(at* nach).

swirl [swə:l] *itr tr* herumwirbeln *(about the street* in der Straße); *itr (Kopf)* sich drehen; *(Wasser)* Strudel bilden; *s* Wirbel, Strudel *m*.

swish [swiʃ] **1.** *itr* schwirren, surren, zischen, sausen; raschen, rauschen; *to* ~ *in* hereinrauschen; *tr* schwirren od sausen lassen; wedeln *(its tail* mit dem Schwanz); *fam* (aus)peitschen, verdreschen *(with* mit); *s* Surren, Rascheln, Zischen *n*; Rohrstock; Peitschenhieb; *Am sl* Homosexuelle(r) *m*; *a fam* schick, fesch.

Swiss [swis] *a* schweizerisch; *s inv* Schweizer(in *f*) *m*; **~ cheese** Emmentaler *m*; **~ roll** Biskuitrolle *f*.

switch [switʃ] *s* Gerte, Rute *f*, Rohrstock *m*; (Schwanz-)Quaste *f*; falsche(r) Zopf *m*; schnelle, rasche Bewegung *f*; (Licht-)Schalter *m*; (Sprech-)Taste; *rail* Weiche *f*; Weichenstellen *n*; *fig* Wechsel *m*; *tr* mit dem Stock schlagen; peitschen; ver-, weg-, abschieben; abbiegen, -lenken, -ändern; (plötzlich) wegnehmen; *(mit dem Schwanz)* wedeln; *el* um-, ab-, anschalten; *rail* (um)rangieren *(on to* auf); *(Produktion)* umstellen; *fam* (um)tauschen, wechseln *(to* auf); verwechseln, vertauschen; *to* ~ *back* zurückschalten *(to* auf); ~ *to on, off (el)* ein- od an-, aus- od abschalten; *tele* verbinden, trennen; *riding* ~ Reitgerte *f*; **~-back** Serpentine; Berg-, Gebirgsbahn (in Serpentinen); Berg- u.-Tal-Bahn *f*; **~-board** Schalttafel *f*; *tele* Klappenschrank *m*; ~~ *cord* Vermittlungsschnur *f*; ~~ *operator* Telephonfräulein *n*, Vermittlung *f*; **~-box** Schaltkasten *m*; Vermittlungsschrank *m*; Stellwerk *n*; ~ **contact** Schaltkontakt *m*; **~-gear** Schaltanlage *f*; **~ing** ['-iŋ] Schalten; Rangieren *n*; ~~ *engine* Rangierlok(omotive) *f*; **~-key** Kippschalter *m*; **~-lever** *el mot* Schalthebel *m*; **~-man** ['-mən] Weichensteller *m*; **~-tower** *Am rail* Stellwerk *n*; **~-yard** *Am* Rangierbahnhof *m*; *el* Freiluftschaltanlage *f*.

Switzerland ['switsələnd] die Schweiz.

swivel ['swivl] *s tech* Drehring *m*, -lager *n*; *(~-hook)* Karabiner-, Wirbelhaken; *mar* Kettenwirbel *m*; *attr* Dreh-; *tr* schwenken, herumdrehen; *itr* sich drehen; **~-bridge** Drehbrücke *f*; **~-chair** Drehstuhl *m*; ~~ *activity (fam)* Bürodienst *m*; **~-eyed** *a fam* schielend; **~-joint** Universalgelenk *n*; **~-mounted** *a* schwenkbar; **~-table** Drehtisch *m*.

swiz [swiz] *fam* schreckliche Enttäuschung *f*, Reinfall *m*.

swizzle ['swizl] (alkohol.) Mischgetränk *n*, Cocktail; *sl* Schwindel, Betrug *m*, Enttäuschung *f*; **~-stick** Rührstäbchen *n (für Mischgetränke)*.

swoon [swu:n] *itr* ohnmächtig werden, das Bewußtsein verlieren *(with* vor); *mus* ver-, ausklingen; *s* Ohnmacht *f*.

swoop [swu:p] *itr (to ~ down) (Raubvogel)* herabschießen *(on* auf*)*; herfallen *(on* über*)*; *tr (to ~ up) (weg-)*schnappen; *s* Herabschießen *n*; *fig* plötzliche(r) Angriff *m*; *at one (fell) ~* mit e-m Schlag.

swoosh [swu:ʃ] *itr Am aero* (hin)wegbrausen, -sausen, fegen *(over* über*)*.

swop *s. swap.*

sword [sɔ:d] Schwert *n a. fig*; Säbel, Degen *m*; *fig* (Militär-)Macht *f*; Wehrstand; Krieg *m*; *at the point of the ~* unter ständiger Bedrohung; unter Lebensgefahr; *by fire and ~* mit Feuer u. Schwert; *to be at ~'s points (Am)* mit gezücktem Schwert dastehen; *to cross, measure ~s (a. fig)* die Klingen kreuzen *(with* mit*)*; *to draw, to sheathe the ~* das Schwert ziehen *od* zücken, in die Scheide stecken; *to put to the ~* über die Klinge springen lassen; **~-belt** Wehrgehenk *n*; Degenkoppel *f*; **~-blade** Degenklinge *f*; **~-cane, -stick** Stockdegen *m*; **~craft** Fechtkunst; Kriegskunst *f*; **~-cut** Säbelhieb *m*; **~-dance** Schwerttanz *m*; **~-fish** Schwertfisch *m*; **~-grass** Riedgras *n*; **~-guard** Stichblatt *n*; **~ hilt** Degengriff *m*; **~-knot** Portepee *n*, Degenquaste *f*; **~-lily** *bot* Schwertlilie, Gladiole *f*; **~-play** Fechten *n*, *fig* geschickte Antwort; Schlagfertigkeit *f*; **~-point** Degenspitze *f*; **~(s)man** ['-(z)mən] Fechter *m*; **~smanship** ['-zmənʃip] Fechtkunst *f*.

swot, swat [swɔt] 1. *itr Br sl* ochsen, büffeln, pauken *(for an exam* auf e-e Prüfung); *to ~ up o.'s geometry* Geometrie büffeln; *s* Streber *m*; Büffelei *f*, Schlauch *m*; 2. *s. swat* 1.

sybarit|e ['sibərait] *fig* Schlemmer *m*; **~ic** [sibə'ritik] genußsüchtig.

Sybil ['sibil] Sibylle *f*.

sycamore ['sikəmɔ:] *(~tree) bot Br* Sykomore *f*, Bergahorn *m*; *(Vorderer Orient)* Maulbeerfeigenbaum *m*; *Am* Abendländische Platane, Wasserbuche *f*.

syce *s. sice* 2.

sycophan|cy ['sikəfənsi] Kriecherei, Speichelleckerei *f*; **~t** ['-t] Schmeichler, Speichellecker, Kriecher *m*.

sycosis [sai'kousis] *med* Bartflechte *f*.

syllab|ary ['siləbəri] Silbentafel, -schrift *f*; **~ic** [si'læbik] *a* Silben-; silbisch; **~icate** [si'læbikeit], **~ify** [si'læbifai], **~ize** [siləbaiz] *tr* nach Silben abteilen; **~ication** [siləbi'keiʃən], **~ification** [-fi'keiʃən] Silbenteilung *f*; **~le** [siləbl] *s* Silbe *f*; *tr* nach Silben aussprechen.

syllabub *s. sillabub.*

syllabus ['siləbəs] *pl a. -bi* ['-ai] Zs.fassung *f*, Kompendium *n*, Abriß, Auszug *m*; Übersicht *f*, (Lehr-, Stunden-)Plan *m*, (Inhalts-, Vorlesungs-)Verzeichnis, Programm *n*.

syllogism ['silədʒizm] Syllogismus, Vernunftschluß *m*.

sylph [silf] Sylphe, Luftgeist *m*; *fig* schlanke(s) Mädchen *n*.

sylvan ['silvən] Wald-; bewaldet, waldig.

symbiosis [simb(a)i'ousis] *biol* Symbiose *f*.

symbol ['simbəl] Sinnbild, Symbol; Zeichen *n*; **~ic(al)** [sim'bɔlik(əl)] sinnbildlich, symbolisch *(of* für*)*; **~ics** [sim'bɔliks] *pl mit sing rel* Symbolik *f*; **~ism** ['simbəlizm] *lit* Symbolismus *m*; Symbolik *f*; **~ization** [simbəlai'zeiʃən] Versinnbildlichung *f*; **~ize** ['simbəlaiz] *tr* symbolisch, sinnbildlich darstellen, symbolisieren, versinnbildlichen.

symmetr|ic(al) [si'metrik(əl)] symmetrisch; **~ize** ['simitraiz] *tr* symmetrisch machen; **~y** ['-i] Symmetrie *f*.

sympath|etic [simpə'θetik] gleichgestimmt, ähnlich empfindend *od* fühlend; mitfühlend; teilnehmend; empfänglich *(to* für*)*; sympathisch *a. anat u. physiol*; *fam* einverstanden *(to* mit*)*, geneigt *(towards* dat*)*; **~ ink** Geheimtinte *f*; **~~ nerve** *(anat)* Sympathikus *m*; **~~ strike** Sympathiestreik *m*; **~ize** ['simpəθaiz] *itr* mitempfinden, -fühlen, sympathisieren *(with* mit*)*; angetan sein *(with* von*)*; Verständnis haben *(with* für*)*; bedauern; sein Bedauern, sein Beileid aussprechen *(with s.o. jdm)*; **~izer** ['simpəθaizə] *pol* Mitläufer *m*, fördernde(s) Mitglied *n*; Mitfühlende(r) *m*; **~y** ['-i] Seelenverwandtschaft, Harmonie *f*; gegenseitige(s) Einverständnis, gute(s) Einvernehmen *n*; Sympathie *f*, Mitgefühl, -empfinden, Mitleid *n (with, for* mit, für*)*; *pl* Beileid *n*, Anteilnahme; *physiol phys* Sympathie *f*; *in ~~ with* im Einverständnis mit; *to be out of ~~ with* mit jdm nicht einverstanden sein; *letter of ~~* Beileidsschreiben *n*.

symphon|ic [sim'fɔnik] *mus* sinfonisch; **~~ poem** sinfonische Dichtung *f*; **~ious** [-'founiəs] harmonisch; in Harmonie *(to, with* mit*)*; **~y** ['simfəni] Sinfonie *f*; **~~ concert, orchestra** Sinfoniekonzert, -orchester *n*.

symposium [sim'pouʒəm] *pl -sia* ['-iə] Sammlung *f* von Beiträgen; Konferenz *f*; *hist* Festmahl *n*.

symptom ['simptəm] Symptom, Anzeichen, Merkmal n (of für); **~atic(al)** [simptə'mætik(əl)] symptomatisch, kenn-, bezeichnend, charakteristisch (of für).
synagogue ['sinəgɔg] rel Synagoge f.
synchro|flash ['siŋkro(u)flæʃ]: **~~ gun** (phot) Blitz(licht)gerät n; **~mesh** ['-meʃ] (~~ gear, gear system) mot Synchrongetriebe n; **~tron** ['siŋkro(u)trɔn] Synchrotron n.
synchron|al ['siŋkrənəl], **~ic(al)** [siŋ-'krɔnik(əl)] = **~ous**; **~ism** ['siŋkrənizm] Gleichzeitigkeit; chronologische Übersicht, Zeittafel, (vergleichende) Geschichtstabelle f; **~istic(al)** [siŋkrə'nistik(əl)] = **~ous**; **~ization** [siŋkrənai'zeiʃən] Synchronisierung f; **~ize** ['siŋkrənaiz] tr (Geräte, bes. Uhren) aufea. abstimmen, regulieren; (Ereignisse) zs.-, in Zs.hang bringen; chronologisch ordnen, zs.-stellen; film synchronisieren; itr gleichzeitig sein od ablaufen; mot gleichlaufen; (Uhren) gleichgehen; film synchronisiert sein; **~~d flash contact** (phot) (Blitzlicht-)Synchronkontakt m; **~~d shifting** (mot) Synchrongetriebe n; **~ous** ['siŋkrənəs] gleichzeitig (with mit); gleichlaufend, -phasig, synchron; **~~ machine** Synchronmaschine f.
syncop|ation [siŋkə'peiʃən] mus gram Synkope f; **~ate** ['-eit] mus gram tr synkopieren; **~e** ['siŋkəpi] med Ohnmacht; mus gram Synkope f.
syndic ['sindik] Syndikus; Masseverwalter m; **~alism** ['sindikəlizm] pol Syndikalismus m; **~alist** ['-əlist] s Syndikalist m; a u. **~alistic** [sindikə-'listik] syndikalistisch; **~ate** ['sindikit] s Syndikat n, Ring, Verband m, Konsortium n, Gruppe; Nachrichtenagentur f; tr itr ['sindikeit] (sich) zu e-m Syndikat, Verband zs.schließen, vereinigen; als Syndikus tätig sein; (Artikel, Beitrag) an mehrere Zeitungen zu gleichzeitiger Veröffentlichung verkaufen; **~ation** [sindi-'keiʃən] Zs.schluß m zu e-m Syndikat, Ringbildung f.
synod ['sinəd] Synode, Kirchenversammlung, allg Versammlung f; **~al** ['-əl] a Synodal-; **~~ decree** Synodalbeschluß m; **~ic(al)** [si'nɔdik(əl)] astr synodisch; rel Synodal-.
synonym ['sinənim] Synonym, sinnverwandte(s) Wort n; **~ic(al)** [sinə-'nimik(əl)], **~ous** [si'nɔniməs] synonym, sinnverwandt; gleichbedeutend (with mit).

synop|sis [si'nɔpsis] pl **-ses** [-i:z] Übersicht, Zs.fassung f, Abriß m, Inhaltsangabe f; **~tic(al)** [si'nɔptik(əl)] übersichtlich, zs.fassend; rel synoptisch; **~tic chart** Übersichtskarte; Wetterkarte f; **the ~tic Gospels** die synoptischen Evangelien n pl (Matthäus-, Markus- u. Lukasevangelium); **~tic table** Übersichtstabelle f; **~tic view** Gesamtüberblick m.
synovia [si'nouviə] physiol Gelenkschmiere f.
synta|ctic(al) [sin'tæktik(əl)] syntaktisch; Syntax-; **~x** ['sintæks] Syntax f.
synthe|sis ['sinθisis] pl **-ses** [-si:z] Synthese f a. chem; chem Aufbau m; fig Zs.schau f; **~size** [sin'θisaiz] tr (mitea.) vereinigen; aufbauen; (Stoff) synthetisch, künstlich herstellen (from aus); **~tic(al)** [sin'θetik(əl)] synthetisch a. gram chem; (Stoff) künstlich; **~tic resin** Kunstharz n; **~tic s** Kunststoff m; **~tize** = **~size**.
synton|ic [sin'tɔnik] a radio Abstimmungs-; abgestimmt; **~ize** ['sintənaiz] tr radio obs abstimmen; **~y** ['sintəni] radio obs Resonanz f.
syphil|is ['sifilis] med Syphilis f; **~itic** [sifi'litik] syphilitisch.
syphon s. siphon.
Syria ['siriə] Syrien n; **~n** ['-ən] a syrisch; s Syrer(in f) m.
syringa [si'riŋgə] bot Syringe f, Flieder m.
syringe [si'rindʒ] s med tech Spritze f; tr ausspülen, einspritzen, injizieren.
syrinx ['siriŋks] mus Pan(s)flöte; med Eustachische Röhre; Fistel f.
syrup, sirup ['sirəp] Zuckerlösung f; Sirup m; (fruit-~) (eingedickter, stark gesüßter) Frucht-, Obstsaft m; **~y** ['-i] klebrig; fam fig süßlich.
system ['sistəm] System n; Anordnung f, Plan m, Verfahren n; Einrichtung, Gliederung f; Universum, Welt(all n) n; geol Formation f; biol Organismus m; tech Netz n; **circulatory, digestive, respiratory ~** Kreislauf-, Verdauungs-, Atmungsorgane n pl; **carboniferous ~** Steinkohlenformation f; **railway ~** Eisenbahnnetz n; **~atic(al)** [sisti-'mætik(əl)] systematisch; planmäßig; methodisch, folgerichtig; **~atics** ['-'mætiks] s pl mit sing Systematik f. **~atization** [sistimətai'zeiʃən] Systematisierung f; **~(at)ize** ['sistim(ət)aiz] tr systematisieren, in ein System bringen, nach e-m System (an)ordnen.

systole ['sistəli] physiol Systole f.

T

T, t [tiː] *pl* -'s T, t; *tech* T-Stück *n*; *to a* ~ ganz genau, aufs Haar; *in Zssgen*: T-förmig; **~-bandage** *med* T-Binde *f*; **~-beam, -girder, -iron** T-Träger *m*, T-Eisen *n*; **~-joint** *el* Abzweigmuffe *f*; **~-shirt** Sporthemd, Trikot(hemd) *n*; **~-square** Reißschiene *f*.

ta [taː] *interj fam* danke! **~-~** ['tæˈtaː] *(fam)* auf Wiedersehen!

tab [tæb] Schnürband *n*, Aufhänger, Henkel *m*, Öse *f*, Öhr *n*, Lasche *f*; Besatzstück; Etikett, Kennschild *n*; (Karten-)Reiter; *tech* Drucktastenauslöser *m*; *Am fam* Liste, Aufstellung, Rechnung; Kontrolle *f*; *aero* Trimmruder *n*; *mil* Kragenspiegel *m*; *Am sl* unbezahlte Rechnung *f*; *pl sl theat* Vorhang *m*; *to keep a* ~ *od* ~s *on (fam)* nicht aus den Augen lassen; genau kontrollieren.

tabard ['tæbəd] *hist* Überrock; Heroldsrock *m*.

tabby ['tæbi] *s* gestreifte(r) *od* moirierte(r) Seidentaft *m*; *(grau- od braungestreifte)* Katze; *fam* alte Jungfer; *fam* Klatschbase *f*; *a* moiriert; dunkelgestreift; scheckig; *tr (Seide)* moirieren.

tabernacle ['tæbə(ː)nækl] *rel* Stiftshütte *f*; Tempel *m*; Gotteshaus, Bethaus, Sakramentshäuschen *n*; Tabernakel *n od m*; Ziborium *n*; *poet* Wohnung *f*; (Evangelisten-)Zelt *n*; *Feast of T-s* Laubhüttenfest *n*.

tab|es ['teibiːz] Schwindsucht, Auszehrung *f*; *(tabes dorsalis)* Rückenmarksschwindsucht *f*; **~-etic** [təˈbetik], **~-id** ['tæbid] schwindsüchtig, tabisch.

table ['teibl] *s* Tisch, Platte *f*; Tafel *f*; (gedeckter) Tisch *m*, Tafel *f*; Fest (-essen) *n*; Tischgesellschaft, Tafelrunde; (Übersichts-)Tafel, Tabelle, Liste, Aufstellung *f*, Verzeichnis; *geog* Tafelland, Plateau *n*; *geol arch* Tisch *f*; *tech* Tisch *m*; Planke *f*; *pl* Puffspiel *n*; *tr* auf den Tisch legen; in e-e Liste aufnehmen; *Br parl* einbringen; *Am parl* ad acta legen; vertagen; *at* ~ bei Tisch; *to* ~ *a motion (Am)* die Entscheidung über e-n Antrag verschieben; *to lay (clear) the* ~ den Tisch (ab)decken; *to lay on the* ~ zur Diskussion vorschlagen; *parl* auf die lange Bank schieben; *to put on the* ~ aufs Tapet, zur Sprache bringen; vorbringen, anschneiden; *to turn the* ~s *(fig)* den Spieß umkehren, -drehen *(on s.o.* gegenüber jdm); *the* ~s *have turned* das Blatt hat sich gewendet; *bedside-, dining-room, dressing-, kitchen-, occasional, operating-, tea-, writing-~* Nacht-, Eß-, Frisier-, Küchen-, Anstell-, Operations-, Tee-, Schreibtisch *m*; *billiard-~* Billard *n*; *time-~* Fahr-, Stundenplan *m*; ~ *of contents (Buch)* Inhaltsverzeichnis *n*; ~ *of interest, of wages* Zins-, Lohntabelle *f*; *the two* ~s, *the* ~s *of the law od covenant od testimony (rel)* die Gesetzestafeln *f pl*; *the twelve* ~s *(hist)* die Zwölftafelgesetze *n pl*; ~ **board** Verpflegung *f*, Essen *n (Dienstleistung);* **~-cloth** Tischtuch *pl* u. **~-linen** Tischwäsche *f*; **~-knife** Tafelmesser *n*; **~-lamp** Tischlampe *f*; **~-land** *geog* Tafelland, Plateau *n*; **~-lifting, -rapping, -turning** Tischrücken *n (der Spiritisten);* **~-mat** Untersatz *m*; **~-napkin** Serviette *f*; **~-radio** Kofferradio *n*; **~-salt** Tafel-, Speisesalz *n*; **~-spoon** Eßlöffel *m*; **~-talk** Tischgespräch *n*; **~-tennis** Tischtennis, Pingpong *n*; **~-terminal** Tischklemme *f*; **~-top** Tischplatte *f*; **~-track** *tech* Führungsschiene *f*; **~-tray** Serviertisch *m*; **~-ware** Tafelgeschirr *n*; **~-water** Tafelwasser *n*.

tablet ['tæblit] Platte, Tafel; Gedenktafel; *hist* Schreibtafel *f*; Schreib-, Notizblock *m*; *pharm* Tablette; *math* Tabelle *f*; *(Seife)* Stück *n*; *throat* ~ Hustenbonbon *n*.

tabloid ['tæblɔid] *s pharm* Tablette *f*; *Am (kleinformatige)* Bildzeitung *f*, Revolverblatt *n*; *a* zs.-, kurzgefaßt, gedrängt; *in* ~ *form* konzentriert; ~ **journalism** Sensationspresse *f*.

taboo [təˈbuː] *s* Tabu *a. fig;* Verbot *n*; *a* tabu, unverletzbar, verboten; geächtet; *tr* für tabu erklären.

tabo(u)r ['teibə] Handtrommel *f*, **~-in(e)** ['tæbəriːn] *mus* Tamburin *n*.

tabo(u)ret ['tæbərit] Hocker; Stickrahmen *m*.

tabul|ar ['tæbjulə] *a* tafelförmig, flach; tabellarisch (berechnet); *in* ~~ *form* in Tabellenform; ~~ *value* Tabellenwert *m*; **~-ate** ['-leit] *tr* abflachen; tabellarisch anordnen; in Tabellenform bringen; *a* flach; dünn geschichtet; **~-ation** [tæbjuˈleiʃən] tabellarische Anordnung *f*; **~-ator** ['-eitə] Tabelliermaschine *f*; Tabulator *m*.

tach|ometer [tæˈkɔmitə] Tachometer *n*, *a. m*, Geschwindigkeits-, Drehzahlmesser *m*; **~-ycardia** [tækiˈkaːdiə] *med* Tachykardie, hohe Pulsfrequenz *f*.

tacit ['tæsit] still, lautlos; *jur* stillschweigend; **~urn** ['-ə:n] schweigsam, wortkarg; **~urnity** [tæsi'tə:niti] Schweigsamkeit, Wortkargheit *f*.

tack [tæk] **1.** *s* Stift *(Nagel)*; *(thumb-~)* Reißbrettstift *m*, Heftzwecke *f*; Heftstich *m*; Heften *n*; Zickzack(bewegung *f*); *pol* Zickzackkurs; *pol* Zusatzantrag; *mar* Hals *m*, Haltetau *n*; *mar* Gang, Schlag *m*, Lavieren, Aufkreuzen *n (gegen den Wind)*; *fig* Kurs, Weg *m*; *tr* mit Stiften befestigen; (an-, fest-) heften, -nähen; *fig* anhängen, hinzufügen *(on to s.th.* an etw); *mar* halsen, lavieren; *to ~ together* zs.fügen *a. fig*; *itr* sich im Zickzack bewegen; *pol* e-n Kurswechsel vornehmen; *mar* lavieren; *mar* über Stag gehen; *on the wrong ~ (fig)* auf dem Holzweg, auf der falschen Fährte; *to come down to brass ~s (fam)* zur Sache kommen; **~ board** *Am* Anschlagtafel *f*, Schwarze(s) Brett *n*; **~er** ['-ə] (An-)Hefter *m*; **~iness** ['-inis] Klebrigkeit *f*; **~y** ['-i] klebrig; *Am fam* mies, mau, schäbig; schlampig, vulgär; **2.** *sl* Essen *n*, Fraß *m*; *hard ~* Schiffszwieback *m*.

tackle ['tækl] *s* Ausrüstung, Einrichtung *f*; Gerät *n*, Apparat; Flaschenzug *m*; *mar* Talje *f*, Takel *n*; Takelung, Takelage *f*; *Am (Fußball)* Angreifen *n*; Stürmer; *sport* Angreifer *m*; *sl* Essen *n*, Fraß *m*; *tr mar* (auf)takeln; *(Pferd)* anschirren; *allg* ergreifen, packen; *sport* angreifen; *(Problem)* anpacken, in Angriff nehmen, herangehen an; angehen *(s.o. over* od *about s.th.* jdn wegen etw); *fishing ~* Angelgerät *n*; *writing ~* Schreibzeug *n*.

tact [tækt] Takt *m*, Fein-, Fingerspitzengefühl *n (of* für); **~ful** ['-ful] taktvoll; **~ile** ['tæktail, *Am* '-til] fühlbar; Tast-; **~~ sense** Tastsinn *m*; **~ility** [tæk'tiliti] Fühlbarkeit *f*; **~less** ['tæktlis] taktlos; **~lessness** ['-lisnis] Taktlosigkeit *f*; **~ual** ['tæktjuəl] *a physiol* Tast-.

tactic|al ['tæktik(əl)] *mil* taktisch *a. fig*; **~ian** [tæk'tiʃ(ə)n] *mil* Taktiker *m a. fig*; **~s** ['tæktiks] *pl a. mit sing mil* Taktik *f a. fig*.

tad [tæd] *Am das* Kleine *(Kind)*; **~pole** ['-poul] *zoo* Kaulquappe *f*.

taffeta ['tæfitə] Taft *m*.

Taffy ['tæfi] *fam* Waliser *m*.

taffy ['tæfi] *Am* Sahnekaramelle *f*.

tag [tæg] *s* Zipfel *m*; lose(s) Ende, Anhängsel *n*; Spitze *f*, Zacken *m*; Schnürbandhülse *f*; Stift; Anhänger *m*; Etikett *n*, Preiszettel *n*; *Am mot fam* Nummernschild *n*; An-, Aufhänger *m*, Öse *f*; Schnörkel *m*; stehende Redensart *f*; *(Rede)* Schlußworte *n pl*, -wendung, -floskel *f*; *theat* Stichwort *n*; Kriegen(spielen) *n*; *Am sl* Kassiber; Haftbefehl *m*; *(identification ~)* Erkennungsmarke *f*; *tr* mit e-m Stift *od* e-r Öse befestigen; zs.heften; hinzufügen *(to* an); mit e-m Anhänger, e-m Schildchen versehen; *com* auszeichnen, etiketieren; *(Rede)* ausschmücken, mit e-r Floskel, schwungvoll enden; *(im Spiel)* fangen, kriegen, haschen; *(to ~ along)* nachlaufen *(s.o.* jdm); *itr* hinterher-, nachlaufen *(after s.o.* jdm); *to ~ around with s.o.* jds ständiger Begleiter sein; *~, rag, and bobtail* Krethi u. Plethi, der große Haufen, das Lumpenpack, das Gesindel; *price ~* Preisschild *n*; *question ~ (gram)* Frageanhängseln; **~end** lose(s) Ende; Anhängsel; letzte(s) Ende; Überbleibsel *n*, Rest *m*; **~ger** ['-ə] Anhefter, -binder *m*; Blechscheibe, -platte *f*; **~ lines** *pl* (abgedroschene) Redensart *f*.

tail [teil] *s* Schwanz, Schweif *m a. fig*; *fig* (Schwanz-, unteres) Ende *n*; Rockschoß; Rückstand *m*, Abfälle *pl*; Zopf; Kometenschweif *m*; *Am* Schlange *f (beim Anstehen)*; *aero* Rumpfende, Heck *m*, *pl (Münze)* Wappenseite *f*; *pl fam* Frack *m*; *tr* mit e-m Schwanz versehen; den Schwanz abschneiden *(s.th.* e-r S); *(Früchte)* den Stiel wegmachen; das Ende, den Schluß bilden *(s.th.* e-r S); anhängen; festmachen *(to* an); *sl* nachschleichen *(s.o.* jdm), beschatten; *itr* sich ausea.ziehen; *(to ~ away, off)* schwächer werden, abnehmen, nachlassen, abklingen; *after s.o.* dicht hinter jdm hergehen; *Am* hinter jdm herschleichen; *~s up* in guter Laune; *to wag o.s. ~* mit dem Schwanz wedeln; *to put o.'s ~ between o.'s legs (fig)* den Schwanz einziehen; *to turn ~* Reißaus nehmen; *to twist o.'s ~* jdn verrückt, wahnsinnig machen; *to watch s.o. with the ~ of o.'s eye* jdn verstohlen betrachten; *I can't make head or ~ of it* daraus werde ich nicht schlau, das begreife ich nicht; *head(s) or ~(s) ?* Kopf oder Wappen? **~board, ~gate** *(Karren, Lastwagen)* (Lade-)Klappe *f*; **~~coat** Frack *m*; **~ed** *a in Zssgn*: = schwänzig; **~~end** hintere(s), untere(s) Ende *n*; Schluß *m*; *at the ~~* ganz am Schluß; **~ender** *Am fam* Schlußlicht *n (bei e-m Wettbewerb)*; **~ fin** *aero* Seitenflosse *f*; **~ gunner** *aero* Heckschütze *m*; **~heavy** *aero*

tailing schwanzlastig; **~ing** ['-iŋ] *arch* eingelassene(s) Ende *n*; *pl tech* Abfälle, Rückstände *m pl*; **~-lamp**, **-light** *mot* Schlußlicht; *aero* Hecklicht *n*; **~less** ['-lis] schwanzlos, ohne Schwanz; **~~ airplane** schwanzlose(s), Nurflügelflugzeug *n*; **~piece** End-, Schlußstück *n*; *(Geige)* Saitenhalter *m*; *typ* (Schluß-)Vignette *f*; **~~plane** *aero* Höhenflosse *f*; **~~skid** *aero* Schwanzsporn *m*; **~~spin** *s aero* Trudeln *n*; *fig* Panik *f*; *itr* (to go into a ~~) abtrudeln; **~stock** *tech* Reitstock *m*; **~ turret** *aero* Heck(gefechts)stand, Heckturm *m*; **~ unit** *aero* Leitwerk *n*; **~ wheel** *aero* Spornrad *n*; **~ wind** *aero* Rücken-, Schiebewind *m*.

tailor ['teilə] *s* Schneider *m*; *tr itr* schneidern; *tr* (*Schneider*) arbeiten für; kleiden, anziehen (s.o. jdn); *allg* zuschneiden (to auf); **~bird** *orn* Schneidervogel *m*; **~ess** ['-ris] Schneiderin *f*; **~~made** *a* (*Damenkleidung*) vom Schneider gemacht; gut sitzend; *(Herrenkleidung)* Maß-; nach Maß angefertigt; *allg* zugeschnitten (*for* auf); *Am sl* fabrikmäßig, nach Norm hergestellt; *s* Schneiderkostüm *n*.

taint [teint] *tr physisch u. fig* anstecken, verseuchen, besudeln, vergiften (*with* durch); *fig* beflecken, vergiften; *itr* angesteckt, verseucht, vergiftet werden; verderben; *s* Makel, (Schand-)Fleck *m*; Spur *f*; Gift *n*, Seuche *f*; (krankhafte) Anlage (*of* zu); Ansteckung, Verseuchung, Verderbnis *f*; **~less** ['-lis] makel-, fleckenlos; unbefleckt, rein.

take [teik] *irr* took [tuk], taken ['teikən] **1.** *tr* (weg)nehmen; an sich nehmen *od* reißen; mitnehmen (*to* zu, nach); bringen, führen, begleiten (*to* zu, nach); *(Verantwortung)* auf sich nehmen; *(Spiel)* gewinnen; *(Figur, Stein im Brettspiel)* nehmen; *(Tier)* fangen; ergreifen, packen, fassen, ertappen, *fam* schnappen; gefangennehmen; treffen (*in* in; *on* an); antreffen, *fam* erwischen (*at* bei); 'reinlegen, anführen, betrügen; für sich einnehmen, gewinnen, bezaubern; zu sich nehmen, essen, trinken; *(Arznei)* einnehmen; *(Temperatur)* messen; *(ins Haus)* aufnehmen; (hin)nehmen; bringen; behalten, kaufen, mieten, pachten; *(im Abonnement)* beziehen; an-, über-, *(on, upon o.s.)* auf sich nehmen; dulden, aushalten; *(Strafe)* hinnehmen, über sich ergehen lassen; *(e-r Behandlung)* sich unterziehen; *gram* *(Attribut, Objekt)* haben; nehmen, (aus)wählen, sich entscheiden für, sich entschließen zu; greifen zu, gebrauchen, benutzen; hinnehmen, auffassen, ansehen (*for* als), halten (*for* für); verstehen, begreifen; glauben; erfordern, in Anspruch nehmen, beanspruchen; brauchen; kosten; dauern; *(Preis)* gewinnen; *(Belohnung)* annehmen; *(Krankheit)* sich zuziehen; *(Hindernis)* nehmen, sich hinwegsetzen über; *fig* überwinden; **2.** *itr* Besitz ergreifen, *tech* anhaken, festhängen; hängenbleiben; anwachsen, Wurzeln schlagen; *(Feuer)* um sich greifen; Anklang, Beifall finden; wirken, wirksam sein; Abbruch tun, abträglich sein (*from* dat); gehen (*to* zu, nach); sich gewöhnen (*to* an); e-e Vorliebe entwickeln (*to* für); sich legen (*to* auf); kommen (*after* nach), aussehen, sich verhalten (*after* wie); *to ~ o.s.* gehen (*to* zu, nach); *(Karten)* stechen; **3.** *s* Nehmen *n*; Einnahme *f*; Fang; *Am sl* große(r) Gewinn *m*; *film* Aufnahme *f*; *(Schallplatte)* Probeaufnahme *f*; *typ* Manuskript *n*; **4.** *to ~ into account* in Betracht ziehen; *to ~ advantage of* Gebrauch machen von; sich zunutze machen, Nutzen ziehen aus; wahrnehmen; *s.o.* jdn ausnutzen; *to ~ advice* sich Rat holen; *s.o.'s* auf jds Rat hören; *to ~ legal advice* zum Rechtsanwalt gehen; *to ~ the air* an die (frische) Luft gehen; *sl* abhauen; *aero* (auf)steigen; *to ~ alarm at* sich beunruhigen über; *to ~ s.o.'s arm* jds Arm nehmen, *fam* jdn einhaken, *to ~ s.o. to o.'s arms, breast* jdn umarmen, an die Brust drücken; *to ~ (up) arms* zu den Waffen greifen; *to ~ a back seat (fig)* sich im Hintergrund halten; *to ~ o.'s bearings* sich orientieren; Umschau halten; *to ~ to bed* sich (wegen Krankheit) zu Bett legen; *to ~ the blame* die Schuld auf sich nehmen; *to ~ a bow* sich verbeugen; *to ~ a break (Am)* e-e Pause machen; *to ~ breath* Atem schöpfen, Luft holen *a. fig*; *to ~ a deep breath* tief Atem holen; *to ~ the cake (Am)* den Vogel abschießen; den Sieg davontragen; *to ~ care* aufpassen, sich in acht nehmen, sich vorsehen; *of* achtgeben auf, sorgen für; sich annehmen um; *of o.s.* sich schonen; *to ~ a chair, seat* sich setzen, Platz nehmen; *to ~ the chair* den Vorsitz führen; *to ~ a chance* wagen, riskieren; *to ~ o.'s chance* das Glück beim Schopf ergreifen; *to ~ charge of* sich kümmern um, achtgeben auf; übernehmen; die

Leitung in die Hand nehmen; to ~ a cold sich erkälten; to ~ comfort sich trösten; to ~ command (mil) das Kommando führen; to ~ compassion on Mitleid haben mit; to ~ into confidence ins Vertrauen ziehen; to ~ into consideration in Erwägung ziehen; to ~ counsel beratschlagen (with mit); to ~ courage Mut fassen; to ~ cover Schutz suchen, in Deckung gehen; to ~ a short cut den Weg abkürzen; to ~ a degree promovieren itr; to ~ s.o. at a disadvantage (Am) jdn unvorbereitet treffen; jdn überraschen; to have ~n a dislike to s.o. jdn nicht mehr (leiden) mögen; to ~ a drive ausfahren; to ~ in earnest ernst nehmen; to ~ easy leicht, nicht tragisch nehmen; to ~ effect wirksam werden, wirken, Erfolg haben, gelingen; to ~ an examination e-e Prüfung machen od ablegen; to ~ exception to (Am) Einwände erheben gegen; to ~ exercise sich Bewegung machen; to ~ s.o.'s fancy jdm gefallen, zusagen; to ~ a fancy to eingenommen sein, e-e Schwäche haben für; to ~ fire Feuer fangen; fig wütend werden (at über); to ~ the floor (parl) das Wort ergreifen; to ~ for granted als Tatsache hinnehmen, gelten lassen; to ~ a hand in s.th. (Am) sich an etw beteiligen; to ~ s.o.'s hand jdn bei der Hand nehmen; to ~ s.th. in hand (fig) etw in die Hand nehmen, für etw sorgen; to ~ s.th. into o.'s head sich etw in den Kopf setzen; to ~ heart Mut fassen; to ~ s.th. to heart sich etw zu Herzen nehmen; to ~ a hint e-n Wink verstehen; to ~ hold of s.th. etw ergreifen, festhalten, sich e-r S bemächtigen, von e-r S Besitz ergreifen, anfassen, packen; to ~ a holiday Urlaub nehmen; to ~ horse aufsitzen; to ~ ill, sick (fam) krank werden; to ~ interest in Interesse haben an, sich interessieren für; to ~ issue sich in e-e Ausea.setzung einlassen (with mit); to ~ a joke on o.s. (Am) e-n Spaß vertragen können; to ~ o.'s leave sich verabschieden (of von); to ~ liberties sich Freiheiten herausnehmen; to ~ the liberty sich die Freiheit nehmen, sich erlauben; to ~ o.'s own life sich das Leben nehmen; to ~ a liking to s.o. sich zu jdm hingezogen fühlen; to ~ a look e-n Blick werfen (at auf); to ~ s.o.'s measures Maßnahmen ergreifen; to ~ s.o.'s measure jdm Maß nehmen; fig jdn abschätzen, -wägen; to ~ a nap ein Nickerchen machen; to ~ a note of s.th. etw notieren,

aufschreiben; fig bemerken; to ~ notes sich Notizen machen; to ~ notice of beachten, Notiz nehmen von; to ~ an oath e-n Eid leisten, schwören; to ~ observations Beobachtungen anstellen; to ~ an objection e-n Einwand erheben od machen; to ~ offence at sich beleidigt fühlen durch; to ~ orders gehorchen; to ~ pains sich Mühe geben (with mit); to ~ part in teilnehmen an; to ~ a photograph, picture e-e Aufnahme, ein Bild machen; to ~ s.o.'s picture jdn aufnehmen, photographieren; to ~ to pieces ausea.nehmen; in Stücke zerlegen; to ~ pity on Mitleid haben mit; to ~ place stattfinden; to ~ s.o.'s place an jds Stelle treten, jdn ersetzen; to ~ pleasure in Vergnügen haben, finden an; to ~ a poll e-e Abstimmung vornehmen; to ~ possession of Besitz ergreifen von; to ~ a pride in stolz sein auf; to ~ a resolution e-n Entschluß fassen; to ~ a rest sich ausruhen; to ~ revenge sich rächen; to ~ rise entstehen, s-n Ausgang nehmen; to ~ root (fig) Fuß fassen; Wurzeln schlagen; to ~ a shine to each other (Am) sich gegenseitig angezogen fühlen; to ~ ship sich einschiffen (for nach); to ~ a stand (Am) e-n klaren Standpunkt einnehmen (against gegen); to ~ by storm im Sturm nehmen; to ~ s.th. in o.'s stride (Am) gelassen auf sich nehmen; to ~ by surprise überraschen; to ~ to task kritisieren; to ~ by the throat am Kragen packen; to ~ time Zeit benötigen od brauchen; to ~ o.'s time sich Zeit lassen (for zu); to ~ time off (Am) der Arbeit fernbleiben; to ~ time out (Am) die Arbeit unterbrechen; to ~ trouble sich Mühe machen, sich abmühen; to ~ the trouble sich die Mühe machen, sich bemühen (to zu); to ~ a turn sich Bewegung machen; auch mal zupacken (at an, bei); to ~ turns (sich) abwechseln; to ~ a turn for the better, worse e-e Wendung zum Besseren, Schlechteren nehmen; to ~ a view of s.th. etw e-r Prüfung unterziehen, prüfen; to ~ views Aufnahmen machen (of von); to ~ a walk e-n Spaziergang machen, spazierengehen; to ~ the water (mar) vom Stapel laufen; to ~ well sich gut photographieren lassen; to ~ a wife ein Weib nehmen, freien, heiraten; to ~ s.o. at his word jdn beim Wort nehmen; jdm glauben; to ~ s.o. wrong jdn falsch verstehen; **5.** ~ it easy! mach dir nichts daraus! laß dir keine grauen Haare darum wachsen! he does

take after   1012   **taken**

not ~ well er läßt sich nicht gut photographieren; *he ~s a size nine shoe* er hat (Schuh-)Größe 9; *~ your seats!* (bitte) einsteigen! *that doesn't ~ much brains* dazu gehört nicht viel Verstand; **6.** *to* ~ **after** (Person) geraten nach, nachschlagen (*s.o.* jdm); nachmachen, nachlaufen (*s.o.* jdm); *to* ~ **along** (Person) mitnehmen; *to* ~ **amiss** falsch auffassen; *fam* in den falschen Hals kriegen; *to* ~ **apart** auseanehmen; *to* ~ **away** weg-, mitnehmen; (*Gefangenen*) abführen; (*Kunden*) abfangen; (*Speise in e-m Geschäft*) zum Mitnehmen, über die Straße; *to* ~ **back** zurücknehmen (*a. Gesagtes*); (*Ware*) zurückbringen; *fig* zurückversetzen (*to the time* in die Zeit); *to* ~ **down** herunternehmen, abnehmen, -machen; ab-, einreißen; demütigen; aufnehmen, aufschreiben, zu Papier bringen, notieren; *tech* zerlegen; *I took him down a peg or two* ich habe ihm e-n Dämpfer aufgesetzt; *to* ~ **for** halten für; *to* ~ **from** entnehmen; vermindern; beeinträchtigen; *to* ~ **in** annehmen, empfangen; (*Segel*) einziehen; (*Zeitung*) beziehen; zs.ziehen, verkleinern; (*Kleid*) enger, kürzer machen; einschließen, einbegreifen, umfassen; (*Land*) gewinnen, (mit e-m Blick) erfassen, aufnehmen, verstehen, auffassen, begreifen; täuschen, betrügen, hereinlegen; (*e-e Dame in das Speisezimmer*) hineinführen; an-, übernehmen; zu sich nehmen, in Pflege nehmen; aufnehmen; empfangen; *Am* besuchen; *to* ~ **off** *tr* wegnehmen, -führen; (*Kleidung*) ausziehen; (*Hut*) abnehmen; (*vom Preis*) nachlassen; abziehen, subtrahieren; (*Zug*) ausfallen lassen; *com* aus dem Markt nehmen; abschreiben, kopieren, nachbilden; wegbringen (*s.o.* jdn); umbringen; *fam* nachmachen, -äffen; *itr* sich entfernen; *aero, a. allg fam* starten; (*Regen*) aufhören; *to* ~ *o.s. off* weggehen, abhauen; *to* ~ *a day off* sich e-n Tag freinehmen; *to* ~ *s.th. off o.'s hands* jdm etw abnehmen, abkaufen; *to* ~ **on** *tr* annehmen, erwerben; mieten; beschäftigen, einstellen; *rail* (*Wagen*) ankuppeln, beistellen; übernehmen; unternehmen; auf sich nehmen; spielen gegen; einsteigen lassen; *itr fam* sich aufspielen; *fam* sich furchtbar ärgern; sich aufregen, klagen; *fam* Anklang finden, volkstümlich werden, in Mode kommen (*among* bei); *to* ~ **out** herausnehmen, (her)ausziehen, entfernen; (*Pfand*) auslösen; sich (*ein Papier*) geben, ausstellen lassen; (*Patent*) nehmen; (*Versicherung*) abschließen; (*Führerschein*) machen; *fam* ausführen, begleiten; (*Bridge*) überbieten; *to* ~ *it out* sich schadlos halten (*in* an); *to* ~ *it out of s.o.* (*fam*) jdn fertigmachen, umhauen; es aus jdm herausholen; *to* ~ *it out on s.o.* s-n Ärger, s-e Wut an jdm auslassen; *to* ~ **over** (*Geschäft, Amt*) übernehmen; hinübernehmen; *tele* verbinden; *to* ~ **to** (*jdn*) ausführen; bringen zu; warm werden bei; Gefallen finden an; (*Vorschlag*) aufnehmen, sich stellen zu; Zuflucht nehmen zu; sich beschäftigen mit; sich verlegen auf; *to* ~ **up** *tr* aufnehmen; hochheben; aufsaugen, absorbieren; *chem* auflösen; (*Platz*) einnehmen; (*Zeit*) verschlingen, in Anspruch nehmen; annehmen; verhaften; aufkaufen; (*Wechsel*) akzeptieren; (*Rock*) kürzer machen; (*Masche*) aufnehmen; in s-n Schutz nehmen; ab-, zurückweisen; wieder aufnehmen; zusteigen lassen; (*Redner*) unterbrechen, berichtigen; (*Wohnung*) beziehen; (*Gedanken*) aufgreifen, Interesse bekommen *od* finden an; beschäftigen, ausfüllen; studieren; sich beschäftigen mit; fördern, in s-e Obhut nehmen; besprechen (*with* mit); *itr* sich anfreunden, in Verkehr treten, sich in Verbindung setzen, Umgang suchen, sich einlassen, es halten (*with* mit); *I'll* ~ *you up on that* ich nehme Sie beim Wort; *the weather is taking up* (*fam*) das Wetter wird schön; **7.** **~-down** *s* Ausea.nehmen *n*, Demontage; *fam* Demütigung; Enttäuschung *f*; *a* (leicht) demontierbar; zerlegbar; **~-home-pay** (*od* **-wages**) Nettolohn *m*; **~-in** *fam* Schwindel *m*, Gaunerei *f*, Betrug *m*; **~-off** Absprung; *aero* Abflug, Start *m a. fig*; *fam* Nachmachen, -äffen *n*, -äfferei *f*; Karikieren *n*, Karikatur *f*; **~~** *clearance, distance, point, speed* Startfreigabe, -strecke, -stelle, -geschwindigkeit *f*; **~-out** *Am sl* Fertiggericht *n* zum Mitnehmen; **~-over bid** Übernahmeangebot *n*; **~-up:** **~~** *roller* (*tech*) Aufroll-, Aufwickelvorrichtung *f*; **~y** ['~i] *Am fam* gewinnend, anziehend, an-, für sich sprechend. **taken** ['teikən] *pp von* take; *a* entzückt (*with* von); *to be* ~ *aback* überrascht sein; *to be* ~ *ill* krank werden, erkranken; *to be* ~ *in* reinfallen, der Dumme sein; *to be* ~ *up with* beschäftigt sein, sich befassen mit.

taker ['teikə] Abnehmer; Käufer, Kunde; Mieter; Wettende(r) m; *ticket* ~ Fahrkartenkontrolleur m; ~ *of a bill* Wechselnehmer m; **~-in** Heimarbeiter; Betrüger m; **~-off** Abnahmebeamte(r) m.

taking ['teikiŋ] a anziehend, verlockend, attraktiv, interessant; *fam (Krankheit)* ansteckend; s (Hin-)Nehmen n, Hinnahme; Entnahme; mil Einnahme; Gefangennahme; phot Aufnahme f; Fang m; fam Ansteckung; fam Aufregung, Unruhe f; pl Einnahmen f pl; Gewinne m pl; Einkünfte pl; Verdienst m; *on* ~ bei Entnahme; *day's* ~*s (pl)* Tageseinnahmen f pl; *stock* ~ Inventur f; **~-away** Wegnahme f; **~-back** Zurücknahme f; ~ **charge** Übernahme f; **~-in** Einnahme f; fam Hereinlegen n; **~-off** Wegnahme f; Weggehen, Scheiden n; **~-over** Übernahme f; **~-up** com Aufnahme f; tech Aufwickeln n.

talc [tælk] *min* Talk m; **~um** ['-əm] (~ *powder*) Talkum n, Körperpuder m.

tale [teil] Erzählung, Geschichte f, Märchen n; Bericht m; Lüge, Erfindung f; dumme(s) Geschwätz, Gerede, Gerücht n; *obs poet* Zahl, Gesamtheit, -zahl f; *to tell* ~*s* klatschen, (aus)plaudern, schwätzen; *to tell o.'s own* ~ *(fig)* für sich selbst sprechen; **~-bearer, -teller** Klatschmaul n, -base f, Zuträger m; **~-bearing, -telling** Klatsch m, Zuträgerei f.

talent ['tælənt] Talent n, Begabung, (besondere) Anlage, Befähigung, Fähigkeit f; *die Begabten m pl; hist* Talent n *(Gewicht u. Geldeinheit)*; *to have a* ~ *for*, begabt sein für; **~ed** ['-id] a talentiert, begabt, gut veranlagt, befähigt; **~less** ['-lis] unbegabt.

tales ['teili:z] pl jur Ersatzgeschworene m pl; pl mil sing Vorladung f an Ersatzgeschworene; **~man** ['-mən] Ersatzgeschworene(r) m.

taliped ['tæliped] a klumpfüßig; s Klumpfuß m (Person); **~s** ['-i:z] med Klumpfuß m.

talisman ['tælismən] Talisman, Glücksbringer m.

talk [tɔ:k] itr sprechen, reden (*about, of, on* von, über; *to, with s.o.* mit jdm); *at s.o.* jdn meinen; fam ausschimpfen (*to s.o.* jdn); plaudern, schwatzen, klatschen; tr äußern, sagen; reden, sprechen (über), besprechen, diskutieren; überreden, beschwatzen (*into doing s.th.* etw zu tun); *s.o. into s.th.* jdm etw einreden; abbringen (*out of* von); *s.o. out of s.th.* jdm etw ausreden; *s* Rede f, Vortrag m; Gespräch n, Unterhaltung; Diskussion, Aussprache, Unterredung; Plauderei f; Gerede, Geschwätz n, Klatsch m; Redeweise f; fam Dialekt m; *to be all* ~ immer nur reden; *to be the* ~ *of the town* Stadtgespräch, in aller Munde sein; *to be* ~*ed about* od *of* ins Gerede kommen; *to make* ~ drauflos reden; von sich reden machen; *to* ~ *o.s. into believing that* sich einreden, daß; *to* ~ *big (sl)* den Mund vollnehmen, angeben, prahlen; *to* ~ *to death (sl)* sich totreden; *s.o.* jdn durch sein Reden verrückt machen; *to* ~ *through o.'s hat (sl)* Unsinn, dummes Zeug reden; *to* ~ *o.'s head, arm off* sich den Mund fusselig reden; *to* ~ *o.s. hoarse* sich heiser reden; *to* ~ *scandal* klatschen; *to* ~ *sense* vernünftig reden; *to* ~ *shop* fachsimpeln; *to* ~ *(cold) turkey (Am)* kein Blatt vor den Mund nehmen (*to s.o.* bei jdm); *there is* ~ *of* man spricht von, sagt; *big* ~ *(sl)* Angeberei, Prahlerei f; *heart-to-heart* ~ Aussprache f; *small* ~ Plauderei f; *now you are* ~*ing!* das läßt sich hören! *to* ~ **away** *tr (Zeit)* verschwatzen; itr ununterbrochen reden; *to* ~ **back** (scharf) erwidern, antworten; *Am* e-e dumme Antwort geben; frech, grob sein; *to* ~ **down** *tr* niederschreien, durch langes Reden fertigmachen, (schließlich) überreden; zum Schweigen bringen; *(Argument)* zerreden; *(Tatsache)* verkleinern; aero herunterspechen; itr: *to s.o.* sich zu jdm herablassen; herablassend reden mit; *to* ~ **out** (tr) *(Thema)* erschöpfen (d behandeln); parl durch lange Debatten hinauszögern; itr fam laut u. deutlich sprechen; *o.s.* sich aussprechen; *to* ~ *s.o. out of s.th.* jdm von etw abbringen; *to* ~ *it out* sein Herz ausschütten; *to* ~ **over** be-, durchsprechen (*with s.o.* mit jdm); überreden, überzeugen; *to* ~ **round** überreden, überzeugen, gewinnen; herumreden (*s.th.* um etw); *to* ~ **up** tr viel reden von, bei jeder Gelegenheit loben; frei heraus reden; itr fam laut u. deutlich sprechen, den Mund vollnehmen; **~ative** ['-ətiv] gesprächig, redselig; geschwätzig; **~ativeness** ['-ətivnis] Gesprächigkeit f, Redseligkeit; Geschwätzigkeit f; **~ee-talkee** ['tɔ:ki'tɔ:ki] fam endlose(s) Gerede, Gewäsch n; Kauderwelsch n; **~er** ['-ə] Sprecher, Redner; Schwätzer m; **~ie** ['-i] *bes. Am fam* Tonfilm m;

talking *pl* Tonfilmindustrie *f*; **~ing** ['-iŋ] *a* sprechend; *s* Rede *f*, Gespräch *n*, Unterhaltung *f*; Geplauder *n*; **~~ film, picture** Tonfilm *m*; **~~ test** Sprech-, Leitungsprobe *f*; **~~-to** *(fam)* Schimpfe, Schelte *f*; Anschnauzer, -pfiff *m*; **~y** ['-i] redselig, geschwätzig, schwatzhaft; **~~-talk** *(fam)* Geschwätz *n*.

tall [tɔ:l] *a* groß (u. schlank), hoch(gewachsen), lang (aufgeschossen); *fam* gewaltig, großartig; *fam* großspurig, -sprecherisch, hochtrabend, geschwollen; *fam* unglaublich; *adv sl* prahlerisch; **~boy** hohe Kommode; hohe Schornsteinkappe *f*; **~ish** ['-iʃ] etwas groß, hoch; **~ness** ['-nis] Größe, Höhe, Länge *f*; **~ order** *fam* Zumutung; schwierige Aufgabe *f*; **~ story** *fam* Lügengeschichte *f*.

tallow ['tæləu] *s* Talg *m*, Rinder-, Hammelfett *n*; *tr* mit Talg einschmieren, -fetten; *(Tier)* mästen; **~y** ['-i] talg(art)ig; kremfarben, blaßgelb; fett.

tally ['tæli] *s hist* Kerbholz; Anschreibbuch, -heft *n*, -block *m*, -tafel; (Ab-)Rechnung; Zählkerbe *f*, -strich *m*, -zeichen; Gegenstück, Pendant *s* *(of zu)*; Entsprechung, Übereinstimmung *f*; Kontrollzeichen; Kontogegenbuch; Schild, Etikett *n*, Anhänger *m*; *attr* Abzahlungs-; *tr* ankerben, -kreiden, -schreiben; *(to ~ up)* (zs.-, durch-, nach)zählen, -rechnen; abhaken, nachprüfen; stückweise nachzählen; in Übereinstimmung bringen; etikettieren, (be)zeichnen; *(Waren)* auszeichnen, registrieren, buchen; *itr* anschreiben; übereinstimmen *(with* mit), sich entsprechen; *by the ~ (com)* stückweise; *to keep ~ of s.th.* etw abhaken; **~ clerk, keeper** Kontrolleur *m*; **~man** Inhaber *m* e-s Abzahlungsgeschäftes; Kontrolleur *m*; **~meter** Fernmeßinstrument *n*; **~ sheet** Kontrollzettel *m*, -liste *f*; Zählbogen *m*; *Am* (Wahl-)Protokoll *n*; **~~-shop, -trade** Abzahlungsgeschäft *n*; **~ system** Abzahlungssystem *n*.

tally-ho ['tæli'hou] *interj*, *s u. itr* *(Jagd)* hallo (rufen).

talon ['tælən] *orn* Kralle; *tech* Klaue, Kralle; *arch* Kehlleiste *f*; *fin* Talon, Erneuerungsschein; *(Kartenspiel)* Talon *m*.

talus ['teiləs] *pl* **-li** ['-lai] *anat* Sprungbein *n*; Böschung; Schutthalde *f*.

tam|ability [teimə'biliti], **~ableness** ['teiməblnis] Zähmbarkeit *f*; **~able** ['-əbl] zähmbar; **~e** [teim] *a* zahm; gezähmt; sanft; gelehrig; unterwürfig, knechtisch; mut-, kraftlos, schlaff; matt, fade, schal; *(Witz)* harmlos; *(Land) Am* bebaut; *tr* (be)zähmen; *fig* gefügig machen; *to ~ down* gesetzter werden; **~eness** ['-nis] Zahmheit; Sanftheit; Gelehrigkeit; Unterwürfigkeit *f*; **~er** ['-ə] (Tier-)Bändiger, Dompteur *m*.

tamale [tə'mɑ:li] *Art* Hackfleisch *n* mit Paprika u. Maismehl.

tamarack ['tæmərək] *bot* Amerikanische Lärche *f*.

tamar|ind ['tæmərind] *bot* Tamarinde *f*; **~isk** ['-risk] *bot* Tamariske *f*.

tambour ['tæmbuə] *s mus* Trommel; *arch* Säulentrommel *f*; Untersatz *m* e-r Kuppel, Tambour; Stickrahmen *m*; Rahmenstickerei *f*; *tr itr* tambourieren; **~ine** [tæmbə'ri:n] Schellen-, kleine Handtrommel *f*.

Tammany ['tæməni] *fig* politische Korruption *f*; *(~ Hall)* demokratische Parteiorganisation *f* in New York.

tam-o'-shanter [tæmə'ʃæntə] (runde) Schottenmütze *f*.

tamp [tæmp] *tr mil (mit Sandsäcken)* ab-, verdämmen; *(Beton)* rammen; *allg* feststampfen, -klopfen; *s u.* **~er** ['-ə] **1.** Stampfer *m*, Ramme; Verdämmung *f*; **~ing** ['-iŋ] Verdämmungsmaterial *n*; **~er 2.** Tamper, Rückstreumantel, Reflektor *m* *(d. Atombombe)*; **3.** *tr* intrigieren, die Hand im Spiel haben *(with* bei); *with s.th.* in etw hineinreden, sich in etw einmischen; etw ändern, fälschen; *with s.o.* mit jdm unter e-r Decke stecken; jdn bestechen; jdn verführen, verderben.

tampon ['tæmpən] *med* Tampon, Watte-, Mullbausch *m*.

tan [tæn] *s (Gerberei)* Lohe; Lohbrühe; gelbbraune Farbe; Sonnenbräune *f* *(der Haut)*; *a* lohfarben; *tr* gerben; beizen; *(in der Sonne)* bräunen; *fam* verdreschen, versohlen; *itr (in der Sonne)* braun werden; *to ~ s.o.'s hide (fam)* jdm das Fell gerben; *to get a good ~* e-e gute Farbe bekommen; **~bark** (Gerber-)Lohe *f*; **~~-mill** Lohmühle *f*; **~ned** [-d] *a* braun, sonn(en)verbrannt; **~ner** ['-ə] Gerber *m*; *fam* Sixpencestück *n*; **~nery** ['-əri] Gerberei *f*; **~nic** ['-ik] *a* Gerb(säure)-; *~~ acid*, **~nin** ['-in] Gerbsäure *f*; **~ning** ['-iŋ] (Loh-)Gerberei *f (Handwerk)*; Bräunen *n* in der Sonne; *fam* Dresche, Wichse *f*; **~~-yard** Lohgerberei *f*.

tandem ['tændəm] *s* Tandem *n*; *tech* Reihe *f*; *adv* hintereinander; **~ connexion** *el* Kaskadenschaltung *f*; **~ office** Fernvermittlungsamt *n*.

tang [tæŋ] **1.** (Heft-)Zapfen, Dorn; penetrante(r) Geruch, scharfe(r) Geschmack; Beigeschmack *m*, Spur *a. fig (of* von); *fig* besondere Note, Eigentümlichkeit *f*; Anflug *m*; **~y** ['-i] stark riechend; **2.** *bot* (See-)Tang *m*; **3.** *itr tr* laut erklingen, ertönen, erschallen (lassen); *s* scharfe(r) Ton *m*.

tang|ent ['tændʒənt] *math a* berührend; Berührungs-; *s* Tangente *f*; *to fly, to go off at, on a ~~ (fig)* e-n Gedankensprung machen; vom Thema abkommen; plötzlich das Gegenteil tun; **~ential** [tænˈdʒenʃəl] *a math* Tangential-; *allg* abweichend; nur streifend, berührend; oberflächlich; abschweifend; *fig* sprunghaft; **~ibility** [tændʒi'biliti] Greifbarkeit; *fig* Verständlichkeit; Sachlichkeit *f*; **~ible** ['tændʒibl] fühl-, greifbar; *fig* verständlich, sachlich, endgültig; materiell; schätzenswert, wertvoll; **~~ property** Sachvermögen *n*.

tangerine [tændʒəˈriːn] *bot* Mandarine *f*.

tangle ['tæŋgl] **1.** *tr* verwickeln, verwirren; verschlingen, verknoten; *itr* sich verwickeln, sich verwirren; sich verfilzen, sich verheddern; *sl* sich in die Wolle geraten (*with* mit); *s* wirre(s) Knäuel *n*; *fig* Wirrwarr *m*, Durcheinander *n*; Verwirrung *f*.

tango ['tæŋgou] *pl* **-s** *s* Tango *m*; *itr* Tango tanzen.

tank [tæŋk] *s* Zisterne *f*; Tank, Behälter *m*; *mil* Panzer(wagen), Tank, Kampfwagen *m*; *phot* Wanne *f*; *fam* Brotbeutel; *Am sl* Säufer *m*, Untersuchungsgefängnis *n*, Magen *m*; *tr* tanken; in e-n Behälter füllen; *itr* tanken; *Am sl* saufen, sich volllaufen lassen; **~ed up** (*sl*) besoffen, sternhagelvoll; **~age** ['-idʒ] Behälterinhalt *m*; Tankgebühr *f*; *agr* Fleischmehl *n*; **~ attack** Panzerangriff *m*; **~ barricade, barrier** Panzersperre *f*; **~ battle** Panzerschlacht *f*; **~ buster** Panzerknacker *m*; **~-busting** panzerbrechend; **~ car, wagon** *Am rail* Kesselwagen *m*; **~ circuit** Anodenschwingkreis *m*; **~ crew** Panzerbesatzung *f*; **~ destroyer** Zerstörerpanzer, Panzerjäger *m*; **~ ditch** Panzergraben *m*; **~ driver** Panzerfahrer *m*; **~ engine** Tenderlokomotive *f*; **~er** ['-ə] Tanker *m*, Tankschiff *n*; *(flying ~~)* Tankerflugzeug *n*; *rail* Kesselwagen; *mot* Tankwagen; *Am* Panzersoldat *m*; **~ farm** *mil* Tanklager *n*; **~ farming** *agr* Wasserkultur *f*; **~ fittings** *pl* Kesselarmaturen *f pl*; **~ fleet** Tankerflotte *f*; **~ force** Panzerwaffe *f*; **~ gunner** Panzerschütze *m*; **~ kill** Panzerabschuß *m*; **~-landing craft** Panzerlandungsboot *n*; **~ obstacle** Panzerhindernis *n*; **~ point, spearhead** Panzerspitze *f*; **~-proof** *a tr* panzersicher (machen); **~ road-block** Panzersperre *f*; **~ (town)** *Am* Kleinstadt *f*; **~ track** Panzerkette *f*; **~ trap** Panzerfalle *f*; **~ truck** *mot* Tankwagen *m*; **~ turret** Panzerturm *m*, -kuppel *f*.

tankard ['tæŋkəd] Maß(krug *m*) *n*, (Deckel-)Kanne *f*.

tansy ['tænsi] *bot* Rainfarn *m*.

tantaliz|e ['tæntəlaiz] *tr* auf die Folter spannen; foppen; quälen; **~ing** ['-iŋ] verlockend, quälend.

tantalum ['tæntələm] *chem* Tantal *n*.

tantamount ['tæntəmaunt] gleich(wertig), gleichbedeutend (*to* mit); *to be ~* gleichkommen (*to* dat).

tantivy [tænˈtivi] *adv* in voller Eile, überstürzt; *a* eilig, schnell, galoppierend; *s* Galopp *m*; *(Jagd)* Hussa *n*.

tantrum ['tæntrəm] *meist pl fam* Wutanfall *m*; schlechte Laune *f*; *she is in her ~s* mit ihr ist im Augenblick nichts anzufangen.

tap [tæp] **1.** *s* Zapfen, Spund, (Faß-, Wasser-)Hahn *m*; Zapfstelle; *(~-room) fam* Schankstube *f*, (Bier-)Lokal *n*; Anstich *m*, Bier *n*; *tech* Gewindebohrer; *tech* Abstich *m*; *el* Anzapfung *f*, Abgriff *m*; *fam* Sorte, Marke *f*; *tr* anzapfen *a. el*; *med* punktieren; abhorchen, -hören; *(Nachricht)* abfangen; abzweigen; *fam* anpumpen, -hauen (*for* um); aushorchen; *(Markt)* erschließen; *tech* ein Gewinde schneiden in; *to ~ into (sl)* dazwischenschalten; *on ~ (Bier)* im Anstich, angestochen; vom Faß; *fig* verfügbar; *to turn a ~ on, off* e-n Hahn auf-, zudrehen; **~-hole** *min* Abstichloch *n*; **~-house, ~-room** Schankwirtschaft, -stube *f*; **~-root** *bot* Pfahlwurzel *f*; **~ster** ['-stə] Schankkellner, Büfettier *m*; **~-water** Leitungswasser *n*; **2.** *tr* (be-, ab)klopfen (*on the shoulder auf* die Schulter); *s.th. against s.th.* mit e-r S an etw klopfen; antippen; *(in e-e Maschine)* tippen; *(Schuhe)* flicken; *itr* klopfen (*at, on* an); *to ~ out (Am sl)* alles verlieren; bankrott gehen; *s* Klopfen (*on the window* an das Fenster; *at the door* an

tap-dance die Tür); Klopfgeräusch *n*; Flicken; leichte(r) Schlag *m*; *pl Am mil* Zapfenstreich *m*; *to ~ o.'s foot on the floor* mit dem Fuß auf den Boden stampfen; **~-dance** *itr* steppen.

tape [teip] *s* (Stoff-, Metall-)Band *n*; (Papier-)Streifen *m*; *tele* Lochstreifen *m*; Maßband; *(streifenförmiges)* Heftpflaster; Tonband; Isolierband; *sport* Zielband *n*; *tr* mit e-m Band befestigen; auf Band sprechen od aufnehmen; *el* umwickeln; *to breast the ~* das Ziel erreichen; das Rennen gewinnen, *fam* machen; *to have s.th. ~d (fam)* etw gründlich kennen; *to record on ~* auf Band aufnehmen; *adhesive ~* Klebstreifen *m*; *red ~* Bürokratie *f*; Amtsschimmel *m*; **~ antenna** Bandantenne *f*; **~-line, measure** Maßband, Bandmaß *n*; **~ quotations** *pl com* Kabelnotierungen *f pl*; **~-record** *tr* auf Band aufnehmen; **~-recorder** Bandaufnahmegerät *n*; **~-recording** Bandaufnahme *f*; **~worm** Bandwurm *m*.

taper ['teipə] *s* dünne (Wachs-)Kerze *f*; *tech* Konus, Kegel *m*; Konizität; Verjüngung *f*, Spitzzulaufen *n*; *fig* allmähliche Abnahme *f*; *a* spitz zulaufend; *fam fig* abnehmend; *tr* spitz zulaufen lassen, verringern; auslaufen lassen; *itr* spitz zulaufen, sich verjüngen; abnehmen; *to ~ off* spitz zulaufen, sich verjüngen; abklingen; zum Stillstand kommen; auslaufen.

tap|estry ['tæpistri] Wandbehang, -teppich, Gobelin *m*, Tapisserie, gewirkte Tapete *f*; **~is** ['tæpi:]: *to be on the ~~* zur Rede *od* Debatte stehen; *to come on the ~~* aufs Tapet gebracht werden, zur Sprache kommen.

tapioca [tæpi'oukə] Tapioka(mehl *n*) *f*.

tapir ['teipə] *zoo* Tapir *m*.

tappet ['tæpit] *tech* Stößel, Nocken, Daumen, Mitnehmer, Anschlag *m*; **~ switch** Kippschalter *m*.

tar [ta:] *s* Teer *m*; *fam* Teerjacke *f (Matrose)*; *tr* teeren; *to ~ and feather s.o.* jdn (*zur Strafe*) mit Teer bestreichen u. mit Federn bestreuen; *they are ~red with the same brush, stick* e-r ist nicht mehr wert als der andere; **~-board** Dach-, Teerpappe *f*; **~mac** ['-mæk] Teerschotter, Asphalt *m*; *aero* asphaltierte(s) Rollfeld *n*; **~ry 1.** ['-ri] *a* Teer; teerartig; teerig.

taradiddle ['tærədidl] *fam* Schwindel *m*, Lüge *f*.

tarant|ella [tærən'telə] Tarantella *f (Tanz)*; **~ula** [tə'ræntjulə] *zoo* Tarantel *f*.

tard|iness ['ta:dinis] Langsamkeit; *Am* Verspätung *f*; **~y** ['ta:di] langsam; spät; säumig, verspätet; hinhaltend; *to be ~ for s.th.* zu etw zu spät kommen.

tare [tɛə] **1.** *bot* Wicke *f*; *(Bibel)* Unkraut *n*; **2.** *s* Tara *f*; *tr* tarieren; *customs ~* Zollgewicht *n*.

target ['ta:git] Schieß-, Zielscheibe *f*; Zielpunkt *m*; (Angriffs-)Ziel *n a. fig*; *fig* Zielscheibe *f* (des Spottes); *rail* Scheibensignal *n*; *el* Antikat(h)ode *f*; *phys* Ziel *(beim Kernbeschuß)*; *fig a. pol com* Ziel; Soll *n*, Planziffer *f*; *output ~* Produktionsziel *n*; **~ area** *aero* Zielraum *m*; **~ bombing** Bombenzielwurf *m*; **~ butt** Kugelfang *m*; **~ cost** vorkalkulierte Kosten *pl*; **~ date** *com* Ziel(tag *m*), Fälligkeitsdatum *n*, Lieferfrist *f*; **~ designation** Zielansprache *f*; **~ figures** *pl* Sollzahlen *f pl*; **~ flare** Zielmarkierungsbombe *f*; **~ indicator** *aero* (Boden-)Zielmarkierung *f*; **~ information** *aero* Zielunterlagen *f pl*; **~ marking** Zielmarkierung *f*; **~ pit** Anzeigerdeckung *f*; **~~practice** Scheibenschießen *n*; **~ range** Schießstand *m*; **~ reconnaissance** Zielerkundung *f*; **~ ship** Artillerieversuchs-, Zielschiff *n*; **~ shooting** *sport* Scheibenschießen *n*; **~ simulation** Zieldarstellung *f*.

tariff ['tærif] *s* (Zoll-)Tarif *m*; Zoll(satz) *m*; Gebührensatz *m*, -verzeichnis *n*; *tele* Gesprächsgebühr *f*; Preisliste *f*; Preis *m*; *tr* e-n Zolltarif aufstellen für; den Preis errechnen für; *to raise, to lower the ~s* die Zölle erhöhen, senken; *freight ~* Gütertarif *m*, Frachtsätze *m pl*; *fundamental ~* Grundtarif *m*; *hostile ~s (pl)* Zollschranken *f pl*; *preferential ~* Vorzugszoll *m*; *protection ~* Schutzzoll *m*; *railway ~* Eisenbahntarif *m*; **~ uniform** Einheitssatz *m*; **~ laws, regulations** *pl* Zollbestimmungen *f pl*; **~ legislation** Zollgesetzgebung *f*; **~ negotiations** *pl* Zollverhandlungen *f pl*; **~ policy** Zollpolitik *f*; **~ rates** *pl* Zolltarif *m*; **~ reform** Tarif-, Zollreform; *Br* Schutzzollpolitik, Freihandelspolitik *f*; **~ revenue** Zolleinnahmen *f pl*; **~ system** Tarif-, Zollsystem *n*; **~ union** Zollverein *m*, -union *f*; **~ wall** Zollschranken *f pl*.

tarn [ta:n] Bergsee *m*.

tarnish ['ta:niʃ] *tr (glatte Fläche)* trüben; *fig* beflecken, beschmutzen; *tech* mattieren; *itr* s-n Glanz verlieren, trübe, matt werden, anlaufen; *s* Trübung *f*, Mattwerden *n*; trübe (Ober-)Fläche *f*; *fig* Fleck, Makel *m*.

tarpaulin [tɑː'pɔːlin] Persenning *f*; Ölzeug *n*; Zeltplane, -bahn, Wagenplane *f*; Ölhut *m*.

tarragon ['tærəgən] *bot* Estragon *m*.

tarry 2. ['tæri] *lit itr* zögern, zaudern; bleiben, sich aufhalten; warten.

tarsus ['tɑːsəs] *pl* -*si* ['-ai] *anat* Fußwurzel *f*.

tart [tɑːt] **1.** scharf, herb, sauer; *fig* scharf, beißend; **~ness** ['-nis] Schärfe *f a. fig*; **2.** Obsttorte *f*; *Am* Törtchen *n*; *apple-*, *cherry-~* Apfel-, Kirschtorte *f*; **~let** ['-lit] Törtchen *n*; **3.** *s sl* Dirne, Nutte *f*; *tr sl* herausstaffieren.

tartan ['tɑːtən] (Wollstoff *m*, Decke *f* mit) Schottenmuster *n*.

Ta(r)tar ['tɑːtə] *s* Ta(r)tar *m*; *a* ta(r)tarisch; *t~* Heißsporn, Querkopf *m*; *to catch a t~* an den Unrechten kommen; e-n Extrawein einstreichen.

tartar ['tɑːtə] Wein-, Zahnstein *m*; **~ic** [tɑːˈtærik] *a* Weinstein-; **~~ acid** Weinsteinsäure *f*.

task [tɑːsk] *s* (schwierige) Aufgabe, Arbeit *f*, Tagewerk *n*; Pflicht *f*; Auftrag *m*; Unternehmen, -fangen *n*; Schulaufgabe; *(Fabrik)* Mindestleistung *f*; *tr* e-e Aufgabe stellen *(s.o.* jdm); e-e (bestimmte) Arbeit verlangen von; beschäftigen, in Anspruch nehmen; anstrengen; *to take to ~* zur Rede stellen, zurechtweisen, tadeln *(for*, *about* wegen); **~ force** *mil* Kampfgruppe (für Sonderunternehmen), Sondereinheit *f*; **~master** Zuchtmeister; (Arbeits-)Aufseher *m*; **~ wages** *pl* Stück-, Akkordlohn *m*; **~~work** unangenehme Arbeit; Stück-, Akkordarbeit *f*.

tassel ['tæsl] *s* Troddel, Quaste *f*; Büschel *n*; *tr* mit Quasten verzieren.

tast|e [teist] *tr (Speise, Getränk)* kosten, probieren, versuchen; prüfen; (ab-)schmecken; zu sich nehmen, essen; *fig* kosten, zu spüren bekommen; erfahren, erleben; nur e-n Vorgeschmack haben von; *itr* schmecken *(of* nach); versuchen, genießen *(of s.th.* etw); *fig* ein Vorgefühl, e-e Ahnung haben *gen*, *fam* e-n Riecher haben für; *s* Geschmack(ssinn) Geschmack *m (e-r Speise)*; Probieren *n*; Kostprobe *f*, Bissen *m*; *fig* Vorgeschmack; Hauch *m*, Andeutung, Spur *f (of* von); (guter) Geschmack *m*; Vorliebe *(for* für); Neigung *f (for* zu), Sinn *m (for* für); *in (good)* **~~** geschmack-, taktvoll; *in bad*, *poor* **~~** geschmacklos; *to* **~** *(Küche)* nach Geschmack; *to s.o.'s* **~~** nach jds Geschmack; *to leave a bad* **~~** *in o.'s mouth (a. fig)* e-n schlechten Nachgeschmack haben; **~~ bud** *(anat)* Geschmacksknospe *f*, Schmeckbecher *m*; **~eful** ['-ful] geschmackvoll; **~efulness** ['-fulnis] gute(r) Geschmack *m*; **~eless** ['-lis] fade, nach nichts schmeckend; *fig* langweilig, uninteressant; geschmacklos; **~elessness** ['-lisnis] Fadheit; *fig* Geschmacklosigkeit *f*; **~er** ['-ə] *(Wein-, Tee-)* Schmecker, Prüfer, Probierer *f*, *fam fig* (Verlags-)Lektor *m*; Pipette *f*, Prüfgerät *n*; *to give s.o. a* **~~** *of s.th.* jdm e-e Kostprobe von etw geben; **~iness** ['-inis] *(Speise)* Schmackhaftigkeit *f*; Geschmack *m*; **~y** ['-i] wohlschmeckend; *sl* geschmackvoll.

tat [tæt] **1.** *s: to give tit for* **~** mit gleicher Münze heimzahlen; **2.** *tr itr* (in) Schiffchenarbeit herstellen; **3.** *pl sl* Lumpen *m pl*.

Tatar *s*. *Tartar*.

tatter ['tætə] Fetzen; Lumpen *m*; *pl* Lumpen *m pl*, abgerissene Kleidung *f*; *to tear to* **~s** *(fig)* zerfetzen, zerreißen; **~demalion** [tætədə'meiljən] zerlumpte(r) Kerl *m*; **~ed** ['tætəd] *a* zerlumpt, abgerissen.

tattle ['tætl] *itr* plaudern, schwatzen; klatschen; *tr* ausplaudern, klatschen über; *s* Klatsch *m*; **~r** ['-ə] Schwätzer *m*; Klatschbase *f*; *orn* Wasserläufer; *Am sl* Wecker, Wachmann *m*; **~tale** *Am* Schwätzer *m*; Klatschbase *f*.

tattoo [tə'tuː] **1.** *mil* Zapfenstreich *m*; *allg* Trommeln, Klopfen *n*; *itr* trommeln, klopfen; *to beat*, *to sound the* **~** den Zapfenstreich blasen; *to beat the devil's* **~** ungeduldig mit den Fingern trommeln; *torchlight* **~** Parade *f* bei Nacht mit Musik; **2.** *tr* tätowieren; *s* Tätowierung *f*.

tatty ['tæti] *fam* schäbig.

taunt [tɔːnt] *tr* spotten, sich lustig machen über; verspotten, verhöhnen *(with cowardice* wegen Feigheit); *s* Spott, Hohn *m*, spöttische Bemerkung *f*; Tadel *m*; **~ingly** ['-iŋli] *adv* spöttisch, höhnisch.

Taurus ['tɔːrəs] *astr* Stier *m*.

taut [tɔːt] gespannt, straff, angezogen; *(Gesicht)* starr, steif; sauber, schmuck; *to haul a rope* **~** ein Seil straff spannen; **~en** ['-n] *tr itr* (sich) straffen, (sich) spannen.

tautolog|ical [tɔːtəˈlɔdʒikəl] tautologisch; **~y** [tɔːˈtɔlədʒi] Tautologie *f*.

tavern ['tævən] Schenke *f*, Lokal *n*, Kneipe *f*.

taw [tɔː] **1.** *tr* weißgerben; **~er** ['-ə] Weißgerber *m*; **2.** Murmel *f*; Murmel-

tawdriness 1018 **tea-party**

spiel *n*; *Am sl* Einsatz, große(r) Geldbetrag *m*.

tawdr|iness ['tɔːdrinis] Flitterhaftigkeit; Geschmacklosigkeit; Billigkeit *f*; **~y** ['tɔːdri] flitterhaft, billig, geschmacklos; kitschig.

tawn|iness ['tɔːninis] Lohfarbe *f*; **~y** ['tɔːni] lohfarben, gelbbraun.

tax [tæks] *tr* (steuerlich) veranlagen, besteuern; mit e-r Gebühr belegen, belasten; auf die Probe stellen; stark in Anspruch nehmen, anstrengen; schätzen (*at* auf), einstufen; beschuldigen (*with* gen); *s* Steuer, Abgabe (*on* auf); Gebühr; Besteuerung (*on* auf); Last, Belastung, Beanspruchung, Inanspruchnahme *f* (*on* gen); *pl fam* Finanzamt *n*; *after, less ~es* nach Abzug der Steuern; *to cut a ~* e-e Steuer senken; *to collect ~es* Steuern erheben *od* einziehen; *to impose, to lay, to levy, to put a ~ on* mit e-r Steuer belegen, besteuern; *to pay 100 £ in ~es* 100 £ Steuern zahlen; *to prepare an income ~ return* e-e Einkommen(s)steuererklärung ausfüllen; *abatement of ~es* Steuernachlaß *m*; *amount of the ~* Steuerbetrag *m*; *automobile, motor-car ~* Kraftfahrzeugsteuer *f*; *beverage ~* Getränkesteuer *f*; *capital ~* Vermögen(s)steuer *f*; *church ~* Kirchensteuer *f*; *communal, local, municipal ~* Gemeindesteuer *f*; *dog ~* Hundesteuer *f*; *entertainment ~* Vergnügung(s)steuer *f*; *free of ~, of all ~es* steuerfrei; *income ~* Einkommen(s)steuer *f*; *increment value ~* Wertzuwachssteuer *f*; *indirect ~* indirekte, Verbrauch(s)steuer *f*; *inheritance ~* Erbschaft(s)steuer *f*; *luxury ~* Luxussteuer *f*; *non-resident ~* Kurtaxe *f*; *personal, poll ~* Kopfsteuer *f*; *property ~* Vermögen(s)-, Grundsteuer *f*; *purchase ~* Verkauf(s)steuer *f*; *salary ~* Lohnsteuer *f*; *trade ~* Gewerbesteuer *f*; *turnover ~* Umsatzsteuer *f*; *~ on sales* Umsatzsteuer *f*; **~able** ['~əbl] steuerpflichtig; **~ period** Veranlagungszeitraum *m*; **~ation** [tækˈseiʃən] Besteuerung, Steuerveranlagung; (Kosten-)Festsetzung *f*; Steuern, Abgaben *f pl*; Einschätzung *f*; **~ legislation** Steuergesetzgebung *f*; **~ period** Steuerperiode; Veranlagungszeit *f*; **~ authority** Steuerbehörde, Finanzverwaltung *f*; **~ avoidance**, *Am* **evasion** Steuerhinterziehung *f*; **~ bond, certificate** Steuergutschein *m*; **~ bracket** Steuerklasse *f*; **~ burden** Steuerlast *f*; **~ claim** Steuerforderung *f*; **~collector**, **-gatherer** Steuereinnehmer *m*; **~ evader** *Am* Steuerhinterzieher *m*; **~~exempt** steuer-, abgabenfrei; **~ exemption** Steuerfreiheit, -erleichterung *f*, -freibetrag *m*; **~~free** steuerfrei; **~ing** ['-iŋ] Festsetzung *f*; **~ law** Steuergesetz *n*; **~ liability** Steuerpflicht *f*; **~ list** Steuerliste *f*; **~ load** Steuerlast *f*; **~~payer** Steuerzahler *m*; **~~'s strike** Steuerstreik *m*; **~~paying capacity** Steuerkraft *f*; **~ rate** Steuersatz *m*; **~ receipts** *pl* Steueraufkommen *n*; **~ reduction** Steuerermäßigung *f*, -nachlaß *m*; **~ refund** Steuerrückerstattung *f*; **~ regulation** Steuervorschrift *f*; **~ (re)source** Steuerquelle *f*; **~ return** Steuererklärung *f*; **~ revenue** Steuereinnahmen *f pl*; **~ revision** Steuerreform *f*; **~ stamp** Steuermarke *f*; **~ year** Steuerjahr *n*.

taxi ['tæksi] *s* (*~cab*) Taxe *f*, Taxi *n*; *itr* (*to take a ~*) mit e-r Taxe fahren; *aero* rollen; *tr aero* rollen lassen; *to ~ off, out* abrollen; *to ~ to a standstill* (*aero*) ausrollen; **~-dancer, -girl** Taxigirl *n*; **~-driver** Taxifahrer, -chauffeur *m*; **~ing** ['-iŋ] *aero* Rollen *n* (*am Boden*); **~meter** ['tæksimiːtə] Taxameter *m*; **~plane** Mietflugzeug *n*, Flugtaxe *f*; **~-rank**, *Am* **~-stand** Haltestelle *f* für Taxen, Taxistand *m*; **~ strip, track, way** *aero* Rollstreifen *m*, -bahn *f*.

taxidermy ['tæksidəːmi] Taxidermie *f*.

tea [tiː] *s* Tee *m*; *to have ~* Tee trinken; *to make (the) ~* Tee zubereiten; *not my cup of ~* (*fig fam*) nicht mein Fall; *beaf ~* Fleisch-, Kraftbrühe *f*; *camomile, peppermint ~* Kamillen-, Pfefferminztee *m*; *five-o'clock ~* Fünfuhrtee *m*; *herbal ~* Kräutertee *m*; *high, meat ~* frühe(s) Abendbrot, -essen *n*; *instant ~* Teepulver *n*; **~ for two, three** 2, 3 Portionen *f pl* Tee; **~~bag** Teebeutel *m*; **~~ball** *Am* Tee-Ei *n*; **~ biscuit** Teekuchen *m*; **~~break** Teepause *f*; **~~caddy** Teebüchse *f*; **~~cake** (warmer) Teekuchen *m*; **~~cart** Teewagen *m*; **~~chest** *com* Teekiste *f*; **~~cloth** (kleine) Tischdecke *f*; Geschirrtuch *n*; **~~cosy** Teewärmer *m*; **~~cup** Teetasse *f*; *a storm in a ~cup* ein Sturm im Wasserglas; **~cupful** Tassevoll *f*; **~~dance** Tanztee *m*; **~~garden** Gartenrestaurant *n*, Kaffeegarten *m*; Teepflanzung *f*; **~~gown** Nachmittagskleid *n*; **~house** Teehaus *n*; **~kettle** Teekessel *m*; **~-leaves** *pl* Teesatz *m*; *to tell s.o.'s fortune from the ~* das Glück aus dem Kaffeesatz lesen; **~~party, -fight** *sl* Teegesellschaft *f*;

tea-pot   **technology**

~-pot Teekanne *f*; **~-room, -shop** Konditorei *f*, *Art* Tagescafé *(mit Tee als Hauptgetränk)*; Teezimmer *n (e-s Restaurants)*; **~-rose** *bot* Teerose *f*; **~-service, -set** Teeservice *n*; **~spoon** Teelöffel *m*; **~spoonful** Teelöffelvoll *m*; **~-strainer** Teesieb *n*; **~-table** Teetisch *m*; **~~ conversation** Tischgespräch *n*; **~-taster** Teeprüfer *m*; **~-things** *pl fam* Teegeschirr *n*; **~-time** Teestunde *f*; **~-tray** Teetablett *n*; **~-urn** Teemaschine *f*; **~-wag(g)on, -trolley** Teewagen *m*.

teach [ti:tʃ] *irr* taught, taught [tɔ:t] *tr* (be)lehren, unterrichten; beibringen; *(Tier)* dressieren; *itr* Unterricht geben *od* erteilen; unterrichten; **~able** ['ti:tʃəbl] (be)lehrbar; gelehrig; **~er** ['-ə] Lehrer(in *f*) *m*; **~ing** ['-iŋ] Unterricht *m*; Lehrberuf *m*; *pl* Lehre(n *f pl*) *f*; **~~ staff** Lehrkörper *m*.

teak [ti:k] Tiekbaum *m*, -holz *n*.

teal [ti:l] Kriekente *f*.

team [ti:m] *s* Gespann *n*; *sport* Mannschaft *f*; Team *n*, Arbeitsgruppe, Kolonne, Schicht *f*; *itr*: **to ~ up with** *(fam)* zs.arbeiten mit; sich zs.tun; *football* **~** Fußballmannschaft *f*; **~ captain** Mannschaftsführer *m*; **~-mate** Mannschafts-, Arbeits-, Gruppenkamerad *m*; **~ play** Zs.spiel *n*; **~ spirit** Mannschaftsgeist *m*; **~ster** ['-stə] Fuhrmann; Lastwagenfahrer *m*; **~-work** Zs.-, Gemeinschaftsarbeit *f*; *theat* gute(s) Zs.spiel *n*.

tear 1. [tɛə] *irr* tore [tɔ:], torn [tɔ:n] *tr* zerreißen *(on a nail* an e-m Nagel); *(Loch, Riß)* reißen; ein-, aufreißen; herausreißen *(from* aus); *(Haare)* sich raufen; *fig* (auf)spalten; zersplittern; *(innerlich)* hin- u. herreißen; *itr* (zer)reißen; zerren, reißen *(at* an); rasen, sausen, toben; *s* (Zer-)Reißen *n*; Riß *m*; Toben *n*, Raserei *f; Am sl* Remmidemmi *n*, lustige(r) Abend *m*, Zecherei *f*; **to mend a ~** e-n Riß ausbessern; **to ~ o.'s hair** sich die Haare raufen; **to ~ to pieces, to bits** in Stücke reißen; **to ~ in two** in der Mitte durchreißen; **to ~ about** herumtoben; **to ~ along** dahinsausen, -rasen; **to ~ around** herumrennen *(from ... to* von ... zu); **to ~ away** los-, wegreißen; **he couldn't ~ away from** er konnte sich nicht trennen von; **to ~ down** abreißen, abbrechen; herunterreißen *(from* von); **to ~ off** abreißen; **the button tore off** der Knopf riß ab (gerissen); **to ~ open** aufreißen; **to ~ out** (her)ausreißen; **to ~ out of o.'s hand** aus der Hand reißen; **to ~ up** zerreißen; auf-, ausreißen; *fig* untergraben; **~ing** ['-riŋ] *a* wild; wütend; **~-off calendar** Abreißkalender *m*; **~ sheet** *com* Belegstück *n*; **2.** [tiə] Träne *f*; **in ~s** in Tränen (aufgelöst), weinend; **to burst into ~s** in Tränen ausbrechen; **to move to ~s** zu Tränen rühren; **to shed ~s** Tränen vergießen; **to weep bitter ~s** heiße Tränen weinen; **crocodile ~s** *(fig)* Krokodilstränen *f pl*; **~ bomb** Tränengasbombe *f*; **~-drop** Träne *f*; **~-ful** ['-ful] weinend; traurig; schmerzlich; *(Gesicht)* tränenüberströmt; **~-gas** Tränengas *n*; **~~ bomb** Tränengasbombe *f*; **~-jerker** *Am sl* sentimentale(r) Film *m*; Schnulze *f*; **~-less** ['-lis] tränenlos; **~-stained** *a* tränenbenetzt; **~y** ['-ri] tränennaß; zu Tränen rührend.

teas|e [ti:z] *tr* hänseln, necken, aufziehen, frotzeln *(about* wegen); quälen, plagen; belästigen, in den Ohren liegen *(s.o.* jdm; *for* wegen); *tech* zerfasern, strähnen; *(Flachs)* hecheln; *(Wolle)* krempeln; *(Tuch)* kardieren; *(Werg)* auszupfen; *itr* sticheln, frotzeln; *s* Plagegeist; Hänsler *m*; Necken, Sticheln *n*; *tech* Zerfasern *n*; **~er** ['-ə] Plagegeist, Hänsler *m*; *fam* schwierige(s) Problem *n*, harte Nuß *f*.

teasel ['ti:zl] *s bot* Kardendistel *f*; *tech* Karde *f*; *tr (Tuch)* krempeln.

teat [ti:t] *med* Brustwarze; *zoo* Zitze *f*.

tec [tek] *sl* Detektiv *m*.

techn|ic ['teknik] *s* = **~ique**; *pl mit sing* Technik *f*, Ingenieurwissenschaften *f pl*; **~ical** ['-ikəl] technisch; ingenieurwissenschaftlich; fachlich; *com* manipuliert; **~~ bureau** Konstruktionsbüro *n*; **~~ college** technische Hochschule *f*; **~~ personnel** Fachkräfte *f pl*; **~~ question** Verfahrensfrage *f*; **~~ school** (Poly-)Technikum *n*; **~~ skill** Kunstfertigkeit, Technik *f*; **~~ term** Fachausdruck *m*; **~~ training** Berufsausbildung *f*; **~icality** [tekni'kæliti] Kunstfertigkeit; Technik; technische Seite *od* Frage *od* Einzelheit *f*; technische(r) Ausdruck *m*; **~ician** [tek'niʃən] Fachmann, Experte; Facharbeiter; Könner *m*; **~icolor** ['teknikələ] Technikolor(verfahren) *n*; **~ique** [tek'ni:k] Technik *f*, Verfahren; Geschick *n*, Kunstfertigkeit *f*; **~ochemistry** [teknə'kemistri] Chemotechnik, Industriechemie *f*; **~ocracy** [tek'nɔkrəsi] Technokratie *f*; **~ologic(al)** [teknə'lɔdʒik(əl)] technologisch; **~ology** [tek'nɔlədʒi] Technologie, Gewerbekunde *f*; **school of ~~** technische Hochschule *f*.

techy *s.* tetchy.

tectonic [tek'tɔnik] *a geol* tektonisch; *biol* strukturell; *s pl mit sing geol* Tektonik *f.*

ted [ted] *tr (Heu)* wenden; **~der** ['-ə] Heuwender *m.*

Ted(dy) ['ted(i)] *fam* Theo(dor) *m*; *t~ bear* Teddybär *m*; *t~ boy* Halbstarke(r) *m*.

tedi|ous ['ti:djəs] langweilig, -wierig, ermüdend, uninteressant; umständlich; **~ousness** ['-əsnis], **~um** ['-əm] Langweiligkeit, Uninteressantheit; Umständlichkeit *f*.

tee [ti:] **1.** *s* T-Profil *n*; *tr el* abzweigen; **2.** *s (Golf)* Abschlagplatz *m*; Ausgangsstellung *f (des Spielers)*; *sport allg* Mal, Ziel *n*; *tr: to ~ off (Golfball)* abschlagen; *itr fig* anfangen.

teem [ti:m] *itr im* Überfluß vorhanden sein; strotzen, wimmeln (*with* von); **~ing** ['-iŋ] wimmelnd (*with* von).

teen|age ['ti:neidʒ] *a* Teenager-; jugendlich; **~-ager** ['-ə] Teenager *m (zwischen 13 u. 19)*; **~s** ['ti:nz] Alter *n* zwischen 13 u. 19; *she is still in her ~~* sie ist noch nicht 20.

teeny ['ti:ni], **~-weeny** winzig.

teepee *s.* tepee.

teeter ['ti:tə] *Am itr tr* schaukeln, wippen; *itr* schwanken, zittern; *s (~-board)* Schaukel(brett *n*), Wippe *f.*

teeth [ti:θ] *s.* tooth; **~e** [ti:ð] *itr* zahnen, Zähne bekommen; **~ing** ['-iŋ] *s* Zahnen *n*; **~~-troubles** (*pl*) *fig* Kinderkrankheiten *f pl.*

teetotal [ti:'toutl] abstinent; *fam* völlig, vollständig, -kommen; **~(l)er** [-ə] Abstinenzler, Alkoholgegner *m*; **~ism** [-izm] Abstinenz *f*.

teetotum ['ti:to(u)tʌm, ti:'toutəm] Kreisel *m*; *fig* kleine(s) Ding *n*.

tegument ['tegjumənt] *anat zoo bot* Bedeckung, Decke, Hülle *f*.

telautogra|m [te'lɔ:təgræm] Bildtelegramm *n*; **~ph** [-æf] Bildtelegraph, -fernschreiber *m*.

tele-archics [teli'a:kiks] *pl mit sing* Fernsteuerung *f*.

tele ['teli] *pref* Fern-, Tele-; *bes.* Fernseh-; **~-camera** [-'kæmərə] Kamera *f* mit Teleobjektiv; Fernsehkamera *f*.

telecast ['telika:st] *pret u. pp ~* od *~ed tr im* Fernsehen senden *od* übertragen; *s* Fernsehsendung, -übertragung *f*; **~er** ['-ə] Mitwirkende(r) *m* in e-r Fernsehsendung.

telereceiver [-'telisi:və] Fernsehempfänger *m*.

tele|communication ['telikəmju(:)ni-'keiʃən] *s* Nachrichtenverbindung *f*; *pl* Fernmeldewesen *n*; *attr* Fernmelde-; **~control** ['-kəntroul] Fernsteuerung *f*; **~course** ['-kɔ:s] Fernsehunterricht, -kurs *m*; **~fan** ['-fæn] *Am* Fernsehnarr *m*; **~film** ['-film] Fernsehfilm *m*; **~genic** [teli'dʒenik] telegen.

telegram ['teligræm] Telegramm *n*; *to hand in a ~* ein T. aufgeben; *by ~* telegraphisch; *cipher ~* Schlüsseltelegramm *m*; *radio, wireless ~* Funktelegramm *n*; *~ delivered by mail* Brieftelegramm *n*; *~ form* Telegrammformular *n*.

telegraph ['teligra:f] *s* Telegraph *m*; Telegramm *n*; *tr itr* telegraphieren; *sport (Spielstand)* anzeigen; **~-board** *sport* Anzeigetafel *f*; **~er** [ti'legrəfə], **~ist** [-ist] Telegraphist *m*; **~ese** ['telegrə'fi:z] Telegrammstil *m*; **~form** Telegrammformular *n*; **~ic(al)** [teli'græfik] telegraphisch; Telegramm-; *~ic address* Telegrammadresse, Drahtanschrift *f*; *~ic answer* Drahtantwort *f*; *~ic news* Drahtbericht *m*; *~ic style* Telegrammstil *m*; **~key** Klopfertaste *f*; **~line** Telegraphenleitung *f*; **~office** Telegraphenamt *n*; **~pole, ~post** Telegraphenstange *f*; **~y** [ti'legrəfi] Telegraphie *f*.

tele|kinesis [telikai'ni:sis] Telekinese *f*; **~lectric** [-'lektrik] *a* elektrische Übertragungs-; **~meter** [ti'lemitə] Fernmeßinstrument *n*; **~mobile** [-'moubail] Fernsprechwagen *m*.

teleologi|cal [teliə'lɔdʒikəl] *philos* teleologisch; **~y** [teli'ɔlədʒi] Teleologie *f*.

telepathi|c [teli'pæθik] telepathisch; **~y** [ti'lepəθi] Telepathie *f*.

telephon|e ['telifoun] *s* Fernsprecher *m*, Telephon *n*; (Fernsprech-)Apparat *m*; *itr* telephonieren; anrufen, -läuten; *tr (Nachricht)* telephonisch durchgeben, -sagen; *(Person)* anrufen, -läuten, -klingeln, -telephonieren (*s.o.* jdm); telephonisch, fernmündlich sprechen (mit); *by ~* telephonisch, fernmündlich; *on the ~~* durch Fernsprecher; *to answer the ~~* ans Telephon gehen; *to be on the ~~* Fernsprechanschluß haben; am Apparat sein; *to ring s.o. up on the ~~* jdn anrufen; *he is wanted on the ~~* er wird am Telephon verlangt; *automatic ~~* (Apparat im) Selbstwählbetrieb *m*; *coin collector ~~* Münzfernsprecher *m*; *desk ~~* Tischapparat *m*; *subscriber's ~~* Telephonanschluß *m*; **~~-booth, -box** Telephon-, Fernsprechzelle *f*; **~~-call** (Telephon-)Anruf *m*, -gespräch, *fam*

telephonee   **tell**

Telefonat n; ~-connection Telephon-, Fernsprechverbindung f, -anschluß m; ~-conversation Telephon-, Ferngespräch n; ~-directory Fernsprech-, Teilnehmerverzeichnis, Telephonbuch n; ~-exchange Telephon-, Fernsprechvermitt(e)lung, -zentrale f; ~-fees, -rates (pl) Fernsprechgebühren f pl; ~-line Fernsprechleitung f; ~-message telephonische Nachricht, Durchsage f; ~-number Fernsprech-, Rufnummer f; ~-office Fernsprechamt n; ~-operator Telephonist(in f) m; ~-receiver (Telephon-)Hörer m; ~-subscriber Fernsprechteilnehmer m; ~-wire Telephondraht m; ~ee [telifo(u)ni:] Angerufene(r) m; ~ic [teli'fɔnik] telephonisch, fernmündlich; Telephon-, Fernsprech-; ~ communication Telephonverbindung f; ~ist [ti'lefənist] Telephonist(in f) m; ~y [ti'lefəni] Fernsprechwesen n, Telephonie f.

telephotle ['telifout] photoelektrische Fernkamera f; ~o ['-'foutou] a telephotographisch; Teleobjektiv-; s Draht-, Funkbild; Telebild n; ~ lens Teleobjektiv n; ~ograph ['teli-'foutəgra:f] s Telebild; Draht-, Funkbild n; tr itr mit Teleobjektiv od photoelektrischer Kamera aufnehmen; ~ographic ['telifoutə'græfik] telephotographisch; Draht-, Funkbild-; ~ography ['telifə'tɔgrəfi] Telephotographie; Bildtelegraphie f, -funk m.

teleprint ['teliprint] (Warenzeichen) tr als Fernschreiben übermitteln; ~er ['-ə] Fernschreiber m (Gerät); to send s.o. a message over ~ jdm e-e Nachricht durch Fernschreiber übermitteln.

telelran ['telirǣn] = television radar air navigation; Teleran n, Flugnavigation f mit Fernsehen u. Radar; ~recording ['-ri'kɔ:diŋ] (Fernseh-)Aufzeichnung f.

telescopie ['teliskoup] s Fernrohr, Teleskop n; itr sich inea.schieben; tr inea.schieben; fig verkürzen, verdichten; a ausziehbar; reflecting ~ Spiegelreflektor m; ~ table Ausziehtisch m; ~ic [telis'kɔpik] teleskopisch; Fernrohr-; ausziehbar, inea.schiebbar; ~ eyes (zoo) Teleskopaugen n pl; ~ lens Teleobjektiv n; ~ view-finder Fernrohrsucher m.

telelscreen ['teliskri:n] tele Bildschirm m; ~-scriptor ['-'skriptə] Fernschreiber m; ~-station ['-'steiʃən] Fernsehsender m; ~-thermometer ['-θə-'mɔmitə] Fernthermometer n.

teletype ['telitaip] s (Warenzeichen) Fernschreiber m; Fernschreibverbindung f; tr als Fernschreiben übermitteln; itr (als) Fernschreiber (tätig) sein; ~ exchange Fernschreibvermittlung f; ~ net Fernschreibnetz n; ~r ['-ə], ~writer Fernschreiber m; ~setter Fernschreibsetzmaschine f.

televilew ['telivju:] tr im Fernsehen, auf dem Bildschirm sehen; itr am Bildschirm sitzen; beim Fernsehen zuschauen; fam fernsehen; ~ewer ['-vju:ə] (Fernseh-)Zuschauer m; ~se ['-vaiz] tr im Fernsehen übertragen; am Bildschirm sehen; ~sion ['telivizən] Fernsehen n, Bildfunk fam Fernseher m (Gerät); to see s.th. on ~~ etw im Fernsehen sehen; ~~ announcer Fernsehsprecher m, -ansager m; ~~ broadcast Fernsehsendung f; ~~ camera Fernsehkamera f; ~~ image, picture Fernsehbild n; ~~ program(me), show Fernsehprogramm n; ~~ receiver, set Fernsehempfänger m, -gerät n, -apparat m; ~~ studio Fernsehsenderaum m; ~~ transmitter Fernsehsender m; ~~ viewer (Fernseh-)Zuschauer m; ~~ wave Bildwelle f; ~sor ['telivaizə] Fernsehgerät n, -apparat, -empfänger m.

tell [tel] irr told, told [tould] tr erzählen, berichten, wiedergeben; sagen; mitteilen; bestellen, ausrichten; ankündigen, bekanntmachen, -geben; an den Tag, zum Ausdruck bringen; deutlich machen, enthüllen, bloßlegen; sehen, erkennen, feststellen; unterscheiden, ausea.halten (from von); ersuchen, anweisen, beauftragen, befehlen (s.o. jdm); versichern, die Versicherung geben (s.o. jdm); obs (ab)zählen; to have been told gehört haben; itr erzählen, berichten (of von; about über); hinweisen, -deuten (of auf); andeuten, beweisen (of s.th. etw); wissen; zählen, Bedeutung, Gewicht haben; Einfluß, Wirkung haben, wirken, sich auswirken (on auf); mitnehmen (on s.o. jdn); to ~ apart ausea.halten, unterscheiden; to ~ off ab-, auszählen; abkommandieren; fam anschnauzen; den Standpunkt klarmachen, to ~ on s.o. jdn verraten; to ~ in advance voraussagen; all told alles in allem, summa summarum; to ~ fortunes from cards aus den Karten wahrsagen; to ~ the tale (fam) e-e Geschichte erzählen, um Mitleid zu erwecken; to ~ tales out of school aus der Schule plaudern; to ~ s.o. the time jdm sagen, wie spät es ist; die Zeit angeben; to ~ the truth die Wahrheit sagen; ehrlich gesagt; to ~ the world (sl) lauthals verkünden; I'll ~

teller   1022   **ten**

you what! ich will Ihnen was sagen! *I told you so* wie ich (Ihnen) sagte; *I can't ~ it* das weiß ich nicht; *you are ~ ing me! (sl)* wem sagen Sie das! *you never can ~* man kann nie wissen; *who can ~?* wer weiß? **~er** ['-ə] Erzähler; (Aus-, Stimm-)Zähler; Kassenbeamte(r) *m*; *fortune-~~* Wahrsager(in *f*) *m*; **~ing** ['-iŋ] *a* wirkungsvoll, wirksam, nachdrücklich; *s: there is no ~~ what may happen* man weiß nie, was alles passieren kann; **~tale** *s* Klatschmaul *n*; Zuträger; Verräter *(a. Sache)*; Registrierapparat; *in Zssgen* Anzeiger *m*, Uhr *f*; *a* verräterisch; *~~ lamp, light* Warn-, Kontrollampe *f*; *~~ picture* Anschauungsbild *n*.

telly ['teli] *fam* Fernsehen *n*, -seher *m*.

telpher ['telfə] *s* (*~ line*) (Lasten-) Hängebahn; Hauspost *f*; **~age** ['-ridʒ] Lastenbeförderung *f* mit Hängebahn.

Telstar ['telstɑ:] Telstar *m (Nachrichtensatellit)*.

temer|arious [temə'rɛəriəs] *lit* rücksichtslos, vorschnell, -eilig; tollkühn; **-ity** [ti'meriti] Tollkühnheit, Unbesonnenheit; Voreiligkeit, Rücksichtslosigkeit *f*.

temper ['tempə] *tr* abstimmen *(with* mit); mäßigen, mildern, abschwächen *(with* durch); *tech (durch Beimischung)* veredeln; tempern, anlassen; *(Stahl)* härten; *(Eisen)* ablöschen; *(Farbe)* anrühren, mischen; *mus* temperieren; *itr* sich abschwächen, sich mäßigen, sich ausgleichen; *s tech* Härtegrad *m*; richtige Mischung; *fig* Laune, Stimmung, *bes. (bad ~)* schlechte, üble Laune *f*; Temperament *n*, Charakter *m*; Gereiztheit *f*; Ärger *m*, Wut *f*; *to be in a ~* wütend sein; *to be out of ~ with s.o.* jdm böse, auf jdn ärgerlich sein; *to get, to fly into a ~ about* ärgerlich werden über; *to keep, to control o.'s ~* ruhig Blut bewahren, sich beherrschen; *to lose o.'s ~* die Nerven verlieren; **~a** ['-rə] Temperamalerei *f*, -farben *f pl*; **~ament** ['-rəmənt] Temperament *n*; Charakter *m*, Gemütsbeschaffenheit *f*; Feuer, Lebhaftigkeit *f*; **~amental** [-rə'mentl] eigenwillig; anlagemäßig; **~ance** ['-rəns] Mäßigkeit *f*; Abstinenz *f*; **~ate** ['-rit] mäßig; abstinent, enthaltsam; bedächtig, besonnen, zurückhaltend; *(Klima)* gemäßigt; *mus* wohltemperiert; **~ature** ['tempritʃə] Temperatur *f a. physiol* med; *to have, to run a ~~ Fieber* haben; *to take the ~~* die Temperatur messen; *~~ chart* Fieberkurve *f*; *~~ gradient* Temperaturabnahme *f* mit der Höhe; **~ed** ['-d] *a (Stahl)* gehärtet; gemäßigt; *in Zssgen* -artig, -mütig, gelaunt; *mus* wohltemperiert.

tempest ['tempist] Sturm *m a. fig*; Unwetter, Gewitter *n*; **~-beaten, -swept, -tossed** *a* sturmgepeitscht; **~uous** [tem'pestjuəs] stürmisch *a. fig*; *fig* heftig, wild, ungestüm.

templ|ar, T~~ ['templə] Templer, Tempelritter, -herr; Anwalt *od* Student *m* (d. Rechte) am Londoner Temple; **~e** ['templ] **1.** Tempel *m*; Kirche *f*; **2.** *(Weberei)* Spannstock *m*; **~ate, ~et** ['-it] *arch* Pfette; *tech* Lehre, Schablone *f*; **3.** *anat* Schläfe *f*; *to get grey at the ~~s* an den Schläfen grau werden.

tempo ['tempou] *pl* -s, *mus* -pi ['-pi] *mus u. allg* Tempo *n*.

tempor|al ['tempərəl] **1.** *a anat* Schläfen-; *~~ bone* Schläfenbein *n*; **2.** zeitlich; vergänglich; weltlich; *gram* temporal, Temporal-; **~ality** [tempə'ræliti] Vergänglichkeit *f*; Zeitbedingtheit *f*; *pl* weltliche(r) Besitz *m (d. Kirche)*; **~arily** ['tempərərili] *adv* vorübergehend, (nur) e-n Augenblick; **~ariness** ['-rərinis] Zeitbestimmtheit, -weiligkeit, zeitliche Beschränkung *f*; **~ary** ['-rəri] zeitlich begrenzt, vorübergehend, zeitweilig, vorläufig, provisorisch; Behelfs-, Aushilfs-, Not-; *~~ credit* Zwischenkredit *m*; **~ization** [tempərai'zeiʃən] zeitweilige Anpassung; Hinhaltetaktik *f*; Zeitgewinn *m*; Hinauszögerung *f*; **~ize** ['tempəraiz] *itr* sich nach den Umständen *od* Gegebenheiten richten; sich zeitweilig anbequemen, -passen, e Weile mitmachen; Zeit (zu) gewinnen (suchen); hinhalten *(with s.o.* jdn); e-n Kompromiß schließen *(with s.o.* mit jdm); ausgleichend wirken *(between* auf).

tempt [tempt] *tr* versuchen, verlocken; zu verführen, verleiten, überreden suchen *(to do* zu tun); in Versuchung führen; reizen, locken; *(das Schicksal)* herausfordern; *to be ~ed to* geneigt sein zu; in die Versuchung kommen zu; *to ~ the appetite* den Appetit anregen; *a ~ing offer* ein verlockendes Angebot; **~ation** [temp'teiʃən] Versuchung, Verlockung *f*, (An-)Reiz *m*; *to lead into ~~* in Versuchung führen; **~er** ['temptə] Versucher *m*; *the T~~* der Versucher, der Teufel; **~ing** ['-iŋ] *a* verführerisch, (ver)lockend, an-, aufreizend; **~ress** ['-ris] Verführerin *f*.

ten [ten] *a* zehn; *s (die)* Zehn; *by od in ~s* zu je zehn; *~ times* (mit Komparati-

tenfold

tiv) fam zehnmal, viel, e-e Menge; *the upper ~ (thousand)* die oberen Zehntausend *pl;* **~fold** ['-fould] *a* zehnteilig; *a u. adv* zehnfach; **~-gallon hat** *Am* breitrandige(r) (Cowboy-)Filzhut *m;* **~ner** ['-ə] *fam* Zehnpfund-, *Am* -dollarschein *m;* **~-strike** *Am* alle neune *(bei 10 Kegeln); allg* Meisterwurf, -schuß, *fam* Volltreffer *m.*

ten|able ['tenəbl] zu halten(d) *a. mil,* haltbar; *mil* verteidigungsfähig; *(Amt)* verliehen *(for* für, *auf);* **~acious** [ti'neiʃəs] *(Griff)* fest, eisern; fest, zäh; festsitzend, haftend *(of* an); *fig* eisern, zäh, unbeugsam, unermüdlich, beharrlich; *(Gedächtnis)* gut; **~acity** [ti'næsiti] Festigkeit; Zähigkeit; Beharrlichkeit; *(Gedächtnis)* Zuverlässigkeit; *phys* Zugfestigkeit *f;* **~ancy** ['tenənsi] Pacht-, Mietverhältnis *n,* -dauer *f,* -besitz; *jur* Besitz *m;* **~ant** ['-ənt] *s* Pächter, Mieter; Inhaber; Bewohner; *jur* Besitzer; *hist* Lehensmann *m; tr* in Pacht, Miete haben; verpachten; bewohnen; beherbergen; *jur* besitzen; ~ *farm* Pachthof *m;* ~ *farmer* Pächter *m;* ~ *rights (pl)* Rechte *n pl* des Pächters *od* Mieters; **~antless** ['-əntlis] unverpachtet, -vermietet, leerstehend, unbewohnt; **~antry** ['-əntri] Pächter *m,* Mieter *m pl;* Pachtverhältnis *n.*

tench [tenʃ] Schleie *f (Fisch).*

tend [tend] **1.** *itr* gehen, führen, gerichtet sein *(towards* nach); *fig* neigen, geneigt sein *(to, towards* zu); *fig* führen *(to, towards* zu), gerichtet sein, abziehen, hinarbeiten *(to, towards* auf); **~encious** = **~entious;** **~ency** ['-ənsi] *fig* Hang *m,* Neigung, Geneigtheit *f,* Zug *m (to, towards* zu); *lit* Tendenz *f,* Zweck *m;* **~entious** [ten'denʃəs] *lit* tendenziös; Tendenz-, Zweck-; **~er** ['-ə] **1.** *tr* anbieten; zur Verfügung stellen; *(Beweis)* antreten, erbringen; *(Eid)* zuschieben; *(Gesuch)* einreichen; *itr* ein Angebot machen; *s* Anerbieten, Angebot *n;* Kostenanschlag *m; by* ~ in Submission; *to invite* ~*s for s.th.* etw ausschreiben; ~ *exact fare!* Fahrgeld abgezählt bereithalten! *lawful, legal* ~ gesetzliche(s) Zahlungsmittel *n;* ~ *of consent* Beitrittserklärung *f;* ~ *of payment* Zahlungsangebot *n;* ~ *of resignation* Rücktrittsgesuch *n;* ~ *period* Einreichungsfrist *f;* **2.** (Auf-)Wärter(in *f); mar* Lichter, Leichter (-schiff *n) m;* Begleitschiff *n,* Tender; *rail* Kohlenwagen, Tender *m; aero* (Flugzeug-)Mutterschiff *n;* bar ~ Barmixer *m.*

tender ['tendə] **3.** weich, mürbe, zart, saftig; zerbrechlich, empfindlich; schwächlich, anfällig; *(Wunde)* (schmerz)empfindlich; sensibel; *(Alter, Farbton)* zart; *fig* sanft; zärtlich, liebevoll; mitfühlend; besorgt *(of* um); feinfühlig; *(Gefühl)* zart; *(Gewissen)* empfindlich; *(Herz)* weich; *(Thema)* heikel, kitzlig; *(T)* ~ *(Am)* Verbrecherviertel *n;* **~ness** ['-nis] Zartheit; Empfindlichkeit; Zärtlichkeit *f (to* gegen, zu), Mit-, Feingefühl *n.*

tendon ['tendən] *anat* Sehne *f;* **~-sheath** Sehnenscheide *f.*

tendril ['tendril] *bot* Ranke *f.*

tenement ['tenimənt] Pachtgut; (Pacht-)Grundstück *n;* Besitz *m;* Miet-, Wohnhaus *n;* Mietwohnung; *poet* Wohnung *f;* ~ **house** Miethaus *n,* -kaserne *f.*

tenet ['ti:net, 'ten-, -nit] Lehre, Doktrin, These, Lehrmeinung *f.*

tennis ['tenis] *(lawn-~)* Tennis *n;* **~-ball, -court, -racket, -shoes** *pl* Tennisball, -platz, -schläger *m,* -schuhe *m pl.*

tenon ['tenən] *s tech* Zapfen *m; tr* verzapfen; **~-saw** Zapfen-, Furniersäge *f.*

tenonitis [tenə'naitis] *med* Sehnenentzündung *f.*

tenor ['tenə] Wesen *n,* Charakter *m,* Art; Grundhaltung, -tendenz *f;* Verlauf, Gang; wesentliche(r) Inhalt; *mus* Tenor *m.*

tenpin ['tenpin] *Am (Spiel)* Kegel *m; pl mit sing* Kegelspiel, Kegeln *n.*

tens|e [tens] **1.** *a* gestreckt, gespannt *a. gram;* straff; *fig* spannungsgeladen, -voll; *(Lage)* gespannt; *tr itr* (sich) straffen, (sich) anspannen; **~eness** ['-nis], **~ity** ['-iti] Straffheit; Abgespanntheit; *fig* Spannung *f;* **~ibility** [tensi'biliti] Dehnbarkeit, Streckbarkeit *f;* **~ible** ['tensəbl] dehnbar, streckbar; **~ile** ['-ail, *Am* '-il] *a* Streck-, Spann-; straffend; streckbar, dehnbar; ~ *strength* Zugfestigkeit *f;* **~ion** ['tenʃən] Spannung *a. fig; fig* Anspannung, Angespanntheit; *pol* Gespanntheit, gespannte Lage; *phys el* Spannung *f;* Zug; *(Dampf)* Druck *m; high* ~ *(el)* Hochspannung *f;* **~ional** ['-ʃənəl] *a* Spannungs-; **~or** ['-ə] Spannmuskel; *math* Tensor *m;* **2.** *gram* Tempus *n,* Zeit(form) *f.*

tent [tent] **1.** *s* Zelt *n a. med; itr* zelten; *to pitch, to strike a* ~ ein Zelt auf-

tent-bed

schlagen, abbrechen; *bell. circular ~* Rundzelt *n*; **~-bed** Feldbett; Himmelbett *n*; **~-equipment** Zeltausrüstung *f*; **~-peg** Zeltpflock, Hering *m*; **~-pole** Zeltstange *f*; **~-rope** Zeltleine *f*; **~-section, -square** Zeltbahn *f*; **2.** *s med* Watte-, Mullbausch, -pfropfen *m*; **3.** *(~ wine)* Tinto *m (dunkler spanischer Wein)*.

tent|acle ['tentəkl] *zoo* Fühler *a. fig*; Greifarm; *mil* Verbindungstrupp *m*; **~acled** ['-d] *a* mit Fühlern versehen; **~acular** [ten'tækjulə] *a* Fühler-; **~ative** ['tentətiv] *a* Versuchs-; versuchend; vorläufig, provisorisch; *s scient* Arbeitshypothese, Theorie *f*; Versuch *m*, Probe *f*; **~atively** ['-li] *adv* versuchsweise.

tenter ['tentə] *tech* Spannrahmen *m*; **~-hook** *tech* Spannhaken *m*; *to be on ~~s (fig)* wie auf glühenden *od* heißen Kohlen sitzen; *to keep s.o. on ~~s (fig)* jdn auf die Folter spannen.

tenth [tenθ] *a* zehnt; zehntel; *s* Zehntel *n*; *der, die, das* Zehnte *f*; **~ly** ['-li] *adv* zehntens.

tenuous ['tenjuəs] dünn, fein; (ver-)dünn(t), spärlich, dürftig; *fig* unbedeutend, unwesentlich.

tenure ['tenjuə] Besitz *m*; Amt *n*, Bestallung, Anstellung; Besitzart *f*, -recht *n*, Anspruch *m*; *(~ of office)* (Amts-)Dauer *f*.

tepee, *a*. **teepee** ['ti:pi:] Indianer-, Spitzzelt *n*.

tep|id ['tepid] lau(warm); **~idity** [te'piditi], **~idness** ['tepidnis] Lauheit *f*.

tercentenary [tə:sen'ti:nəri, *Am* -'sentənəri] *s* 300. Jahrestag *m*; Dreihundertjahrfeier *f*; *a* Dreihundertjahr-.

tercet ['tə:sit] *mus* Triole; *(Metrik)* Terzine *f*.

tergiversat|e ['tə:dʒivəseit] *itr* Ausflüchte machen, sich drehen und wenden; e-r Sache den Rücken kehren, untreu werden, abfallen; s-e Meinung ändern; **~ion** [tə:dʒivə'seiʃən] Ausrede, Ausflucht *f*; *fig* Schwanken *n*.

term [tə:m] *s* (Zahlungs-, Kündigungs-) Termin *m*; Frist, Dauer *f*, Zeitraum *m*; Laufzeit *f*; *jur* (Sitzungs-)Periode; *(~ of office)* Amtsdauer, -zeit *f*; *(Schule, Univ.)* Trimester, Semester *n*; (Militär-)Dienstzeit; Strafzeit *f*; *gram* Ausdruck, Terminus; *math* Ausdruck, Posten *m*, Glied *n*; *med* Menstruation, Schwangerschaftszeit *f*; *pl* (Rede-)Wendungen *f* (Vertrags-, Geschäfts-, Zahlungs-)Bedingungen; Gebühren *f pl*; Preise *m pl*; *(nur in bestimmten Wendungen)* (persönliche) Beziehungen *f pl*, Verhältnis *n*; *tr* (be)nennen; *in ~s of* im Sinne von, vom Standpunkt *gen*; in Form von; *on easy ~s* zu günstigen Bedingungen; *to be on good, bad ~s with s.o.* sich mit jdm gut, nicht gut stehen; mit jdm auf gutem, gespanntem Fuße stehen; *to bring s.o. to ~s (fig)* jdn in die Knie zwingen; *to come to ~s, to make ~s* sich einig werden, sich einigen *(with s.o.* mit jdm); *to meet s.o. on equal ~s* mit jdm auf gleichem Fuß verkehren; *to serve o.'s ~* s-e Strafe verbüßen; *we are not on speaking ~s* wir sprechen nicht miteinander; *~ of examination* Prüfung *f* zu Semesterende; *technical ~* Fachausdruck *m*; *~ of delivery* Lieferzeit, -frist *f*; *~ of notice* Kündigungsfrist *f*; *~ of notification* Anmeldefrist *f*; *~s of payment* Zahlungsbedingungen *f pl*; *~s of reference* Aufgabenbereich *m*; *~s of surrender* Übergabebedingungen *f pl*; *~s of trade* Terms *pl* of Trade; *~ of validity* Gültigkeitsdauer *f*; *~ day* Zahltag; Termin *m*.

termagant ['tə:məgənt] *s* Zankteufel *m*, Xanthippe *f*; *a* zänkisch.

termin|ability [tə:minə'biliti] Begrenzbarkeit, Kündbarkeit *f*; **~able** ['tə:minəbl] *(zeitlich)* begrenzbar, befristet; kündbar; rückzahlbar; **~al** ['tə:minl] *a* letzt; End-, Abschluß-; beschließend; Grenz-; Semester-; terminmäßig, -gemäß; *bot* gipfelständig; *s* äußerste(s) Ende *n*, Extremität *f*, Endstück *n a. arch*; Kopf; *el* Pol(klemme *f*) *m*; Anschlußklemme *f*; *(~~ station)* Endstation *f*; *aero* Bestimmungsflughafen *m*; **~~ board** Klemmleiste *f*; **~~ building** Flughafengebäude *n*; **~~ examination** Abschlußprüfung *f*; **~~ moraine** Endmoräne *f*; **~~ repeater** Endverstärker *m*; **~~ speed** Endgeschwindigkeit *f*; **~~ voltage** Klemmenspannung *f*; **~ate** ['tə:mineit] *tr* aufhören mit, be-end(ig)en, enden, beschließen; zum Abschluß bringen; begrenzen; *itr* aufhören *(in* mit); enden *(in* auf); abschließen *(in* mit); **~ation** [tə:mi'neiʃən] Beendigung *f*; Ende *n*, Schluß *m*, Grenze *f*; Ab-, Beschluß *m*; *gram* Endung, Endsilbe *f*, -laut *m*; *to bring s.th. to a ~~* etw zum Abschluß bringen; *to put a ~~ to s.th.* e-r S ein Ende machen; **~ative** ['tə:minətiv] *a* End-; *gram* Suffix *n*; **~ological** [tə:minə'lɔdʒikəl] terminologisch; **~ology** [tə:mi'nɔlədʒi] Terminologie *f*; **~us** ['tə:minəs] *pl meist* -ni ['-nai]

termite ['tə:mait] *ent* Termite *f*.

tern [tə:n] *orn* Seeschwalbe *f*; Dreiergruppe *f*.

ternary ['tə:nəri] dreiteilig, -fach; *chem* ternär, dreistoffig; *bot* dreizählig.

terrace ['terəs] *s* Terrasse *f*; Altan, Söller *m*; Flachdach *n*; (Straße mit) höher gelegene(r) Häuserreihe *f*; *Am* Grünstreifen *m*; ~ anlegen; **~-house** Reihenhaus *n*.

terr|acotta ['terə'kɔtə] Terrakotta *f*; **~ain** [terein] Gelände, Gebiet *n*; ~~ *analysis, compartment, cut, exercise, point (mil)* Geländebeurteilung *f*, -abschnitt, -einschnitt *m*, -übung *f*, -punkt *m*; **~aneous** [tə'reiniəs] *a bot* Land-; **~apin** ['terəpin] Dosenschildkröte *f*.

terr|ene [te'ri:n] *a* aus Erde, Erdirdisch, weltlich; **~estrial** [ti'restriəl] *a* irdisch, weltlich; Erd-; Land- *a. bot zoo*; *zoo* Boden-; *s* Erdbewohner *m*; ~~ *globe, magnetism* Erdkugel *f*, -magnetismus *m*.

terr|ible ['terəbl] schrecklich, furchtbar, fürchterlich (*a. fam* übertreibend); gewaltig, gräßlich, schrecklich; **~ibly** ['-ibli] *adv* furchtbar, schrecklich; *fam* außerordentlich, phantastisch; **~ific** [tə'rifik] schrecklich, furchtbar, fürchterlich; *fam* gewaltig, großartig, phantastisch, Mords-; **~ify** ['-ifai] *tr* erschrecken; **~ifying** ['-ifaiiŋ] fürchterlich, erschreckend; **~or** ['terə] Entsetzen *n*, Schreck(en); Terror *m*; schreckliche Angst (*of* vor); (*T~~, Reign of T~~*) *hist* Schreckensherrschaft *f*; *fam* schreckliche(r), furchtbare(r) Mensch; Alptraum *m*; ~~~-stricken, -struck (*a*) (zu Tode) erschreckt *od* erschrokken; **~orism** ['-ərizm] Terrorismus *m*; Schreckensherrschaft *f*; **~orist** ['-ərist] Terrorist *m*; **~oristic** [terə'ristik] terroristisch; **~orization** [-ərai'zeiʃən] Terrorisierung *f*; **~orize** ['terəraiz] *tr* terrorisieren.

terrier ['teriə] **1.** Terrier *m* (Hunderasse); **2.** Grundbuch *n*.

territor|ial [teri'tɔ:riəl] *a* territorial; Territorial-, Land-, Gebiets-; Grund-, Boden-; *T~ Army* Landwehr *f*; *T~~* Landwehrmann *m*; ~~ *changes (pl)*, *claims (pl)*, *violation* Gebietsveränderungen *f pl*, -ansprüche *m pl*, -verletzung *f*; ~~ *waters (pl)* Hoheitsgewässer *n pl*; **~y** ['teritəri] Gebiet, Territorium *n*, Geltungsbereich *m*; Vertretergebiet *n*; *sport* Spielfeldhälfte *f*; *cession, enlargement, exchange of* ~~ Gebietsabtretung, -erweiterung *f*, -tausch *m*; *colonial ~ies (pl)* Kolonialgebiete *n pl*; *customs* ~~ Zollgebiet *n*; *mandated, national, occupied* ~~ Mandats-, Hoheits-, Besatzungs- *od* besetzte(s) Gebiet *n*; *sales* ~~ Absatzgebiet *n*; *section of a* ~~ Gebietsteil *m*.

terry ['teri] (*Textil*) Schlinge, Schleife *f*; Frottee; ungeschnittene(s), ungeritzte(s) Gewebe *n*.

terse [tə:s] (*Stil*) gedrängt, knapp, kurz u. bündig; **~ness** ['-nis] Gedrängtheit, Knappheit, Kürze *f*.

terti|an ['tə:ʃən] *a* dreitägig; *s* (~~ *fever*) Tertianfieber *n*; **~ary** ['tə:ʃəri] *a scient* tertiär; Tertiär-; *s rel* Tertiarier *m*; *T~~* (*geol*) Tertiär *n*.

tessellate(d) ['tesilit, -eit(id)] *a* mosaikartig ausgelegt.

test [test] *s tech* Prüfschale *f*, -tiegel *m*; Metallprüfung; *allg* Prüfung, Probe, Untersuchung, Erprobung *f*, Versuch, Test *m a. psychol*; Probe-, Prüfungsarbeit *f*; (*Schule*) Klassenarbeit *f*; *fig* Prüfstein, Probe *f*; Prüfungsmaßstab *m*; Reagenz *n*; Kriterium *n*; *chem* Analyse *f*; *tr* prüfen, erproben; untersuchen, testen (*for auf* ... hin); überprüfen, nachkontrollieren; *chem* analysieren; *math* die Probe machen auf; *to ~ under break load (mot)* abbremsen; *to make ~s* Stichproben machen; *to put to the ~* auf die Probe stellen; *to stand*, *to pass a ~* e-e Prüfung, Probe bestehen, *to take a ~* e-e Prüfung ablegen; *aptitude* ~ Eignungsprüfung *f*; *blood* ~ Blutprobe *f*; *driving* ~ Fahrprüfung *f*; *endurance* ~ Dauerversuch *m*; *intelligence* ~ Intelligenztest *m*; **~ ban** Atomstopp *m*; **~ bench** Prüfstand *m*; **~-call** Leitungsprobe *f*; **~ case** Probe-, *jur* Präzedenzfall; Musterprozeß *m*; Schulbeispiel *n*; **~ certificate** Abnahmeprotokoll *n*; **~ drive** Probefahrt *f*; **~er** ['-ə] **1.** Prüf(end)er *m*; Prüfgerät *n*; **~ flight** Probeflug *m*; **~ing** ['-iŋ] *a* Prüf-, Probe-, Versuchs-, Meß-; *s* (Über-)Prüfung, Erprobung *f*; ~~-**apparatus** Prüfgerät *n*; ~~-**battery** (*el*) Meßbatterie *f*; ~~-**circuit** Meß-, Prüfstromkreis *m*; ~~-**ground** Versuchsgelände *n*; ~~-**machine** (Werkstoff-)Prüfmaschine *f*; ~~-**plant** Versuchseinrichtung *f*; ~~-**result** Prüfungsergebnis *n*; ~~-**stand**, -**bench** Prüfstand *m*; ~~-**wire** (*el*) Prüfdraht *m*; **~ kitchen** Versuchsküche *f*; **~ lamp** Prüflampe *f*; **~ load** Probebelastung *f*; **~ (match)** internationale(s) Vergleichsspiel *n*; **~ method** Prüfverfah-

test paper

ren *n*; ~ **paper** *chem* Reagenzpapier *n*; *(Schule)* Klassenarbeit *f*; ~ **piece** Probestück *n*; ~ **pilot** *aero* Versuchs-, Einflieger *m*; ~ **report** Prüfbericht *m*; ~ **result** Prüfungsergebnis *n*; ~ **run** *mot* Probelauf *m*; ~ **track, road** Versuchsstrecke *f*; ~ **tube** Reagenzglas *n*; ~~ **baby** durch künstliche Befruchtung erzeugte(s) Kind *n*.

testaceous [tes'teiʃəs] *zoo* hartschalig; Schalen-.

test|ament ['testəmənt] *(last will and* ~~*)* Testament *n*, letztwillige Verfügung *f*, letztwillige(r) Wille *m*; *rel* Testament *n*; *by* ~ letztwillig *adv*; ~**amentary** [testə'mentəri] *a* Testaments-; testamentarisch, letztwillig; ~**capacity** *(jur)* Testierfähigkeit *f*; ~~ *disposition* Testamentsbestimmung, -klausel; letztwillige Verfügung *f*; ~**ator** [tes'teitə] Erblasser *m*; ~**atrix** [-'teitriks] *pl -trices* [-'trisi:z] Erblasserin *f*; ~**ification** [testifi'keiʃən] Zeugenaussage *f*; Zeugnis *n*; Beweis *m* (*to, of* für); ~**ify** ['-ifai] *tr* bezeugen, aussagen über (*in s.o.'s favour, on s.o.'s behalf* zu jds Gunsten; *against s.o.* gegen jdn); bekunden; bekennen; *itr* ein Zeugnis ablegen (*of* von); *to* ~~ *to s.th.* etw bezeugen; etw bestätigen; *to refuse to* ~~ die Aussage verweigern; *refusal to* ~~ Aussageverweigerung *f*; ~**imonial** [testi'mounjəl] Zeugnis *n*, Beurteilung *f*; Empfehlungsschreiben *n*; Ehrengabe *f*, Gedenkzeichen *n*; ~**imony** ['testiməni] Zeugenaussage; Erklärung; Bestätigung *f*; Zeichen *n*, Beweis *m* (*of* für); *rel* Gesetzestafeln *f pl*; *in* ~~ *whereof* urkundlich dessen; *to be called in* ~~ als Zeuge benannt werden; *to bear* ~~ Zeugnis ablegen (*to* für).

tester ['testə] **2.** Betthimmel; *arch* Baldachin *m*.

testicle ['testikl] Hode(n *m*) *m* od *f*.

test|iness ['testinis] Reizbarkeit *f*, launische(s) Wesen *n*; ~**y** ['-i] reizbar, empfindlich; launisch.

testudo [tes'tju:dou] *pl -os* Landschildkröte *f*; *hist mil, min* Schutzdach *n*.

tetanus ['tetənəs] (Wund-)Starrkrampf, Tetanus *m*.

tetchy ['tetʃi] empfindlich, reizbar, mürrisch.

tether ['teðə] *s* Strick *m*, Kette *f*; *tr (Tier)* anbinden (*to* an); an die Kette legen; *to be at the end of o.'s* ~ *(fig)* am Ende s-r Kräfte sein, nicht mehr weiter wissen.

that

tetra|gon ['tetrəgən] Viereck *n*; ~**gonal** [te'trægənl] viereckig; ~**hedron** ['tetrə'hedrən] *math* Tetraeder *n*; ~**logy** [te'trælədʒi] *lit theat* Tetralogie *f*; ~**pod** ['-pɔd] Vierfüßer *m*.

tetter ['tetə] *med* Ausschlag *m*, Flechte *f*, Ekzem *n*.

Teuton ['tju:tən] *hist* Teutone; Germane; *fam pej* Deutsche(r) *m*; ~**ic** [tju:'tɔnik] *hist* teutonisch; germanisch; deutsch; *the T*~~ *Order (hist)* der Deutsche Ritterorden.

text [tekst] Text *m*; Bibelstelle *f*, -spruch *m*; Thema *n*, Gegenstand *m*; (~*book*) Lehrbuch *n*; (~~*hand*) große Schreibschrift; *typ* Frakturschrift *f*; ~**ile** ['-ail, *Am* '-il] *a* Textil-; Gewebe-; gewebt; *s* Webmaterial *n*; *pl* (~~ *fabrics, materials*) Textilien *pl*, Webwaren *f pl*, Spinnstoffe *m pl*; ~~*factory* Textilfabrik; ~~ *industry* Textilindustrie *f*; ~**ual** ['tekstjuəl] *a* Text-; wörtlich; ~**ural** ['-tʃərəl] strukturell; Struktur-; ~**ure** ['-tʃə] Gewebe *n a. fig*; Struktur *f*, Gefüge *n*, Bau *m*; Beschaffenheit *f*; (*Holz*) Maserung *f*; *lit* Aufbau *m*, Gestaltung, Anordnung, Gliederung *f*.

Thames [temz] Themse *f*; *she won't set the* ~ *on fire (fig)* sie hat das Pulver nicht erfunden.

than [ðæn, ðən] *conj* als *(beim Komparativ)*; *you are taller* ~ *he (is)*, *(fam)* ~ *him* du bist größer als er; *nothing else* ~ nichts anderes als; *no other* ~ kein anderer als.

thane [θein] *hist* Lehnsmann, Ministeriale *m*.

thank [θæŋk] *tr* danken (*s.o.* jdm); sich bedanken (*s.o.* bei jdm; *for s.th.* für etw); *s pl* Dank *m*; *interj* (~*s very much*) danke (schön)! vielen Dank! ~*s to (prp)* dank *dat*; *in* ~*s for* zum Dank für; *small* ~*s to s.o.* ohne jds Hilfe; *to have o.s. to* ~ *for s.th.* sich etw selbst zuzuschreiben haben; *to return* ~*s* danksagen; *(I)* ~ *you (very much)* (ich) danke (Ihnen)! danke sehr, vielmals! besten Dank! *no,* ~ *you, (fam)* ~*s* danke, nein! *I will* ~ *you to, for* ich wäre Ihnen dankbar, wenn Sie ...; ~**ful** ['-ful] dankbar (*for* für); ~**less** ['-lis] undankbar; ~~**offering** Gabe *f* als Zeichen des Dankes; *rel* Sühneopfer *n*; ~**sgiving** ['-sgiviŋ] Danksagung *f*; *T*~~ *(Day) (Am)* Dankfest *n* (*letzter Donnerstag im November*); ~**worthy** ['-wə:ði] dankenswert.

that [ðæt] *prn (demonstrativ; pl those* [ðouz] *jene(r, s); der-, die-, das(jenige)*; *(alleinstehend)* das; *at* ~ (noch) oben-

thatch 1027 **there**

drein; *fam* dabei; ~'*s* ~! so, das wäre erledigt *od* geschafft! so ist es eben! *(relativ)* [ðæt, ðət] der, die, das; welche(r, s); *conj* [ðət] daß; damit; *in* ~ darum weil; insofern als; als, da; *adv fam* so; ~ *much* so viel; *this way or* ~ *way* so oder so.

thatch [θætʃ] *s* Stroh-, Binsen-, Blätterdach; Dachstroh *n*; *hum* (Haar-)Schopf *m*; *tr* mit Stroh decken; **~ed** [-t] *a* strohgedeckt; **~~ roof** Strohdach *n*; **~ing** [-iŋ] Dachdecken (mit Stroh); Dachstroh *n*.

thaw [θɔ:] *itr* (auf)tauen, *fig* auftauen, warm werden; *it is ~ing* es taut; *tr (to ~ out)* auftauen *a. fig*; *s* (Auf-)Tauen; Tauwetter *a. fig*; *fig* Auftauen, Warmwerden *n*.

the [ðə, ð (vor Konsonanten), ði (vor Vokalen), ði: (mit Nachdruck)] *(bestimmter Artikel)* der, die, das; *adv*: ~ ... ~ je ... desto ...; *all ~ better, worse* um so besser, schlimmer; ~ *sooner ~ better* je eher, je lieber.

theatr|e, *Am* **theater** ['θiətə] Theater, Schauspielhaus; *lit* Theater, Drama *n*; Hörsaal *m* (*mit ansteigenden Sitzreihen*); *fig* Schauplatz *m*; *to go to the ~* in das Theater gehen; *open-air ~* Freilichtbühne *f*; *operating ~~* Operationssaal *m*; *picture ~~* Filmtheater *n*; *~~ glass* Opernglas *n*; *~~-goer* Theaterbesucher *m*; *~~ of operations* Operations-, Einsatzgebiet *n*; *~~ of war* Kriegsschauplatz *m*; *~~ poster* Theaterplakat *n*; **~ic(al)** [θiˈætrik(əl)] *a* Theater-, Bühnen-; bühnenmäßig; dramatisch; *fig* theatralisch, pomphaft, affektiert; *s pl* Theateraufführungen *f pl*, bes. Laienspiele *n pl*; *~~ company* Schauspieltruppe *f*; *~~ performance* Theatervorstellung *f*.

thee [ði:, ði] *prn obs poet* dich; dir; *of ~* dein.

theft [θeft] Diebstahl *m (from* aus; *from s.o.* an jdm).

theine ['θi:in] *chem* Thein *n*.

their [ðɛə, vor Vokalen *a.* ðər] *prn* ihr(e) (*bei mehreren Besitzern*); *fam* sein(e); **~s** ['-z] der, die, das ihre, ihrige, die ihren, ihrigen *pl; a friend of ~* e-r ihrer Freunde; *it's ~~* es gehört ihnen.

the|ism ['θi:izm] Theismus *m*; **~ist** ['-ist] Theist *m*; **~istic(al)** [θi:ˈistik(əl)] theistisch.

them [ðem, ðəm] sie; *(to ~)* ihnen; *vulg* diese; *of ~* ihrer; *that's ~ (fam)* das sind sie; **~selves** [ðəmˈselvz] *prn pl:* they ... ~~ sie ... selbst; *reflexiv:* sich (selbst); *to ~~* zu sich (selbst).

theme [θi:m] Thema *n a. mus,* Gegenstand; (Schul-)Aufsatz; *gram* (Wort-)Stamm *m*; *(~ song) radio* Kennmelodie *f*, Hauptschlager *m (e-s Films)*.

then [ðen] *adv* dann; darauf, da; damals; demnach, dann; dann, als nächste(r, s), weiter(hin), des weiteren, ferner; dann, in d(ies)em Fall; darum, folglich, also; außerdem; *a* damalig; *before ~* vorher, zuvor; *but ~* aber dann, dann jedoch, hinwiederum; *by ~* zu der Zeit; *bis dahin; (every) now and ~* dann u. wann; *hin u. wieder; ab u. zu;* von Zeit zu Zeit; *from ~ onwards* von da an; *until ~* bis dahin; *~ and there, there and ~* gleich, sofort, auf der Stelle; *what ~?* was dann?

thence [ðens] *adv* von dort, da; von da an; deshalb, infolgedessen; daraus, **~forth** ['ðensˈfɔ:θ], **~forward(s)** ['-ˈfɔ:wəd(z)] von da an, seitdem, danach.

theo|centric [θiəˈsentrik] theozentrisch; **~cracy** [θiˈɔkrəsi] Theokratie *f*; **~cratic(al)** [θiəˈkrætik(əl)] theokratisch; **~dolite** [θiˈɔdəlait] Theodolit *m*; **~gony** [θiˈɔɡəni] Theogonie *f*; **~logian** [θiəˈloudʒən] Theologe *m*; **~logic(al)** [-ˈlɔdʒik(əl)] theologisch; **~logy** [θiˈɔlədʒi] Theologie *f*; **~phany** [θiˈɔfəni] Theophanie, (Gottes-)Erscheinung *f*; **~sophic(al)** [θiəˈsɔfik(əl)] theosophisch; **~sophist** [θiˈɔsəfist] Theosoph *m*; **~sophy** [θiˈɔsəfi] Theosophie *f*.

theor|em ['θiərəm] Lehrsatz *m*; **~etic(al)** [θiəˈretik(əl)] theoretisch; spekulativ; **~etician** [θiərəˈtiʃən], **~ist** ['θiərist] Theoretiker *m*; **~ize** ['θiəraiz] *itr* theoretisieren (*about* über); e-e Theorie aufstellen; **~y** ['θiəri] Theorie; *fam* Einbildung, Idee, Annahme *f*; *~~ of history* Geschichtsphilosophie *f*; *~~ of relativity* Relativitätstheorie *f*.

therap|eutic(al) [θerəˈpju:tik(əl)] therapeutisch; **~eutics** [-iks] *pl mit sing* Therapeutik, Heilkunde *f*; **~ist** ['θerəpist] Therapeut *m*; **~y** ['θerəpi] Therapie *f*, Heilverfahren *n*; *occupational ~~* Beschäftigungstherapie *f*.

there [ðɛə] **1.** *adv* dort, da; dort-, dahin; da, dann; gerade; in d(ies)em Punkt, darin; *(unbestimmt)* es; *here and ~* hier u. da, dort; gelegentlich; *over ~* dort drüben; *then and ~, ~ and then* hier u. da, jetzt; auf der Stelle; *~ and back* hin u. zurück; *~ is, are* es ist, sind; es gibt; *~ you are!* da hast du's! da stehst Sie ja! *~ is a fine fellow!* na, also! ich bitte dich! *~ is no one* es ist niemand da; *~ can be no doubt*

there 1028 **thigh-bone**

about it es kann kein Zweifel daran bestehen; **2.** *interj* nanu! aber ich bitte dich! na also! sagte ich es nicht! da haben wir es! ~, ~! schon gut! ~, *that's enough* so, nun ist's aber genug; **~about(s)** ['ðɛərəbauts] *adv* in der Gegend, da herum; so etwa; **~after** [ðɛər'ɑːftə] danach; demzufolge, -gemäß; **~against** [-ə'genst] im Gegensatz dazu, dagegen; **~at** [ðɛər'æt] *obs lit* dort; da, dann; darum, deshalb; **~by** ['ðɛə'bai] dadurch; dabei; daran; da herum; *to come* ~~ darankommen; **~for** [ðɛə'fɔː] *obs jur* dafür; **~fore** ['--] *adv conj* deshalb, -wegen, darum; demnach, infolgedessen, folglich; **~from** [ðɛə'frɔm] daher; davon; **~in** [ðɛər'in] darin; dahinein; in dieser Sache; **~inafter** [ðɛərin'ɑːftə] *jur* im folgenden; **~of** [ðɛər'ɔv] davon, darüber; dessen, deren; daher; **~on** [ðɛər'ɔn] *obs* diesbezüglich; darauf; deshalb; **~to** [ðɛə'tuː] = **~unto**; **~under** [ðɛər'ʌndə] darunter *a. fig*; **~unto** [ðɛər'ʌntu(ː)] *obs* dazu; **~upon** ['ðɛərə'pɔn] darauf, danach; demzufolge, daraufhin; **~with** [ðɛə'wið] damit; dazu; darauf; **~withal** [ðɛəwi'ðɔːl] überdies, darüber hinaus, zusätzlich.

therm [θəːm] *pl* kleine *od* große Kalorie(n *pl*) *f*; *(Gas)* 100000 Wärmeeinheiten *f pl*; **~al** ['θəːməl] *a* Thermal-; Wärme-, Hitze-; thermisch; warm, heiß; *s meist pl (aero) (warmer)* Aufwind *m*; Thermik *f*; **~~ barrier** Hitzemauer *f*; **~~ conductor** Wärmeleiter *m*; **~~ efficiency** thermische(r) Wirkungsgrad *m*; **~~ shock** Temperatursturz *m*; **~~ springs** *(pl)* heiße Quelle *f pl*; **~~ (power) station** Wärmekraftwerk *n*; **~~ unit** *(phys)* Wärmeeinheit *f*; **~~ up-current** Wärmeaufwind *m*; **~ic** [-ik] *a* Wärme-, Hitze-; thermisch; **~ionic** [-i'ɔnik] Elektronen-; thermionisch; **~it(e)** [-it, -ait] *chem* Thermit *n*; **~ocouple** ['θəːmo(u)'kʌpl] = *electric couple*; **~odynamic** ['-dai'næmik] *a* thermodynamisch; *s pl mit sing* Thermodynamik *f*; **~oelectric** ['-i'lektrik] **~~ couple** Thermoelement *n*; **~ometer** [θə'mɔmitə] Thermometer *n*; **~~ scale** Thermometerskala *f*; **~onuclear** ['θəːmo(u)'njuːkliə]: **~~ weapons** *(pl)* thermonukleare Waffen *f pl*; **~opile** [-'pail] Thermosäule *f*; **~oplastic** ['-'plæstik] *a* thermoplastisch; **~os** ['θəːmɔs]: **~~ bottle, flask, jug** Thermosflasche *f*; **~ostat** ['θəːməstæt] Thermostat, Wärmeregler *m*; *med* Brutschrank *m*.

thesaurus [θi(ː)'sɔːrəs] *pl a. -ri* [-rai] Wortschatz *m*; Wörterbuch *n*.

these [ðiːz] *s. this*.

thesis ['θiːsis] *pl -ses* [-siːz] These, Behauptung *f*; Thema *n*; Dissertation; *mus* Betonung *f*; ['θesis] *poet* Hebung *f*; **~play** *theat* Thesenstück *n*.

thew|s [θjuːz] *s pl* Muskeln *m pl*, Sehnen *f pl*; *fig* Kraft *f*; **~y** ['-i] muskulös, sehnig, kräftig, stark.

they [ðei] *prn* sie *pl*; man; es; ~ *who* diejenigen, welche.

thick [θik] *a* dick, massig, stark; fest; dicht, füllig, üppig; gedrängt, geballt; *with* voller, voll von; dicht bedeckt mit; breiig; trübe, schmutzig, schlammig; neblig, verhangen; *(Stimme)* rauh, heiser; *(Flöz)* mächtig, *fig* dumm, stupide, stumpfsinnig; *fam (Freundschaft)* dick; eng befreundet *(with* mit); *fam*; *adv* dicht; dick; ~ *a* dichteste(r) Teil; *fam* Dummkopf; *sl* Kakao *m*; *in the* ~ *of* mitten in; im dichtesten; *through* ~ *and thin* durch dick u. dünn; *to be as* ~ *as thieves (fam)* dicke Freunde sein; *to come* ~ *and fast* Schlag auf Schlag gehen; *to lay it on* ~ *(fam fig)* dick auftragen, übertreiben; *it's a bit* ~ *(fam)* das ist ein starkes Stück; **~~coated** *a* dickschalig, -rindig; **~en** ['-ən] *tr itr* dicker machen, werden; (sich) verdicken, eindicken; dichter machen, werden; (sich) verdichten; (sich) verstärken; heftiger werden; sich verwickeln, sich verwirren; *the plot* ~~s der Knoten schürzt sich; **~ening** ['-iŋ] Verdickung; Verdichtung *f*; *(Küche)* Eindickmittel *n*; *med* Anschwellung *f*; **~et** ['-it] Dickicht *n*; **~head** ['-hed] Dummkopf *m*; **~headed** ['-hedid] *a* blöd(e), dumm; **~ness** ['-nis] Dicke, Stärke; Dichtheit, Dichtigkeit; Undurchsichtigkeit; Lage, Schicht *f*; Verschwommenheit; *(Flöz)* Mächtigkeit *f*; **~set** ['-'set] *a* dicht gepflanzt *od* gewachsen *od* besetzt; untersetzt, dick, stark; *s* ['--] Dickicht *n*; dichte Hecke *f*; **~~skinned** ['-'skind] *a* dickhäutig; *fig* dickfellig; **~~skulled** ['-'skʌld] **~~witted** ['-'witid] *a* dumm.

thief [θiːf] *pl thieves* Dieb *m*; *thieves' Latin* Gaunersprache *f*; *stop* ~! haltet den Dieb! **~~proof** diebessicher.

thiev|e [θiːv] *tr itr* stehlen; **~ery** ['-əri] Stehlen *n*, Dieberei *f*; Diebstahl *m*; **~ish** ['-iʃ] diebisch; verstohlen, heimlich.

thigh [θai] (Ober-)Schenkel *m*; **~~bone** Oberschenkelknochen *m*.

thill [θil] (Gabel-)Deichsel *f*; **~er** ['-ə], **~-horse** Gabelpferd *n*.

thimble ['θimbl] Fingerhut *m*; *mar* Kausche *f*; *tech* Meßring *m*; **~ful** ['-ful] Fingerhutvoll *m*; *a* **~~** ein bißchen; **~rig** ['-rig] *s Art* Spiel *n*; *tr* betrügen, beschwindeln; **~~rigger** ['-rigə] Taschenspieler; Schwindler, Betrüger *m*.

thin [θin] *a* dünn; flach; mager, hager; *(Gesicht)* schmal; fein (verteilt); schwach (besetzt); spärlich, dürftig; dünn, wäss(e)rig; *(Farbe)* blaß; *(Boden)* unfruchtbar; *(Buch)* seicht; *(Gewebe)* (hauch)dünn, fein, zart; *fig* durchsichtig; *(Beweis, Ausrede)* schwach; fadenscheinig; *phot* matt, undeutlich; *sl* mies, faul; *adv* dünn; schwach; *tr* dünn(er) machen, werden; verdünnen; (sich) lichten; *(to ~ down)* (sich) vermindern, (sich) verringern; *to ~ out (itr)* sich verlaufen, sich verlieren; *tr* ausforsten; *to have a ~ time (fam)* e-e üble Zeit durchmachen; **~~bodied** ['-'bɔdid] *a* dünnflüssig; **~ flame** Stichflamme *f*; **~ness** ['-nis] Dünnheit; Magerkeit; Spärlichkeit, Dürftigkeit; *fig* Dürftigkeit *f*; **~ sheet** Feinblech *n*; **~~skinned** ['-'skind] *a* dünnhäutig; *fig* feinfühlig, empfindlich, leicht beleidigt.

thine [ðain] *prn obs* der, die, das deine, deinige; *(vor Vokalen)* dein.

thing [θiŋ] Ding *n*, Sache *f a. jur* Gegenstand *m*; Stück *n*; *the* **~** die Hauptsache, der Hauptpunkt, das Wesentliche, das Ziel; die (große) Sache; *fam (kleines, armes)* Ding, Hascherl; *fam* Ding, Ding(s)da *n*; *sl* Zuneigung *f*, Widerwillen *m*; *pl* Sachen *f pl*, Kleider *n pl*; Lage, Situation *f*; Umstände *m pl*, Verhältnisse *n pl*; es; *among other ~s* unter anderem; *as a general, usual* **~** (für) gewöhnlich; *first* **~** zuerst, zuallererst, zunächst (einmal), als erstes; *for one* **~** einmal, vor allem; *in all ~s* in jeder Hinsicht; *of all* **~s** ausgerechnet *adv*; na so was! *no such* **~** nichts dergleichen; *no small* **~** keine Kleinigkeit; *quite the* **~** die Sache; *the real* **~** das Richtige; *an understood* **~** e-e abgemachte, *fam* abgekartete Sache; *the very* **~** genau das; *a* **~** *like that* so etwas, *fam* sowas; *a* **~** *or two* (schon) einiges, (so) allerhand; *to know a* **~** *or two* einiges od was loshaben; *was können*; *not to feel* od *look quite the* **~** nicht (so) besonders aussehen; nicht auf der Höhe sein; *to make a good* **~** *of s.th.* Nutzen ziehen aus; *to see* **~s** Gespenster sehen; *that was a near* **~!** das ist noch mal gut-, wäre beinahe schiefgegangen; *how are* **~s?** wie geht's? wie steht's? *I'm going to tell him a* **~** *or two* dem werde ich was erzählen *od* den Marsch blasen! *there is no such* **~** so was gibt es nicht; *I don't know the first* **~** *about it* ich habe keinen blassen Dunst davon; **~amy**, **~ummy** ['-əmi], **~um(a)bob** ['-əm(i)bɔb], **~umajig** ['-əmidʒig] Dingsda *n*; **~-in-itself** Ding *n* an sich; **~ real** *jur* Grundstück *n*.

think [θiŋk] *irr* thought, thought [θɔ:t] *tr* (aus)denken, ersinnen; sich vorstellen; sich einbilden; halten für, ansehen als; glauben, meinen, finden, der Ansicht, Meinung sein (*that* daß); planen, die Absicht haben, beabsichtigen (*to do* zu tun); (dauernd) denken an, überlegen; *itr* denken (*of* an; *about* über); nachdenken, ~sinnen (*about, on, upon* über); (sich) überlegen, sich durch den Kopf gehen lassen (*about s.th.* etw); meinen (*about* zu); halten (*of* von); bedacht sein (*of* auf); sich mit dem Gedanken tragen (*of doing* zu tun); sich erinnern (*of* an), sich besinnen (*of* auf); *o.s.* winkt *s.th.* sich in etw hineindenken, -versetzen; *to* **~** *aloud* laut denken, Selbstgespräche führen; *to* **~** *better of s.th.* sich etw nochmal, sich sehr überlegen; sich e-s Besseren besinnen; e-e bessere Meinung von etw haben; *to* **~** *fit, good to do* es für gut halten, zu tun; *to* **~** *highly, much of* viel halten von; *to* **~** *nothing of* nichts halten von; als nichts Besonderes ansehen; *to* **~** *twice* sich nochmal überlegen; *I* **~** *so* ich denke schon; *that's what you* **~** so siehst du aus! **~** *nothing of it!* es ist nicht der Rede wert! *to* **~ away** wegdenken; *to* **~ out** sich gut überlegen; ausdenken; *(Problem)* lösen; *to* **~ over** überdenken, -legen; sich durch den Kopf gehen lassen; *to* **~ through** durchdenken; *to* **~ up** (sich) ausdenken, ersinnen; **~able** ['-əbl] denkbar, vorstellbar; **~box** *Am fam* (Hirn-)Schädel, Kasten *m*; **~er** ['-ə] Denker *m*; **~ing**, ['-iŋ] *a* denkend, vernünftig; nachdenklich; *s* Denken; Nachdenken *n*; Meinung *f*; *to my* **~~** meiner Meinung nach, Auffassung *f*; **~~** *time* Schreckesekunde *f*; **~piece** *Am* erfundene(r) (Presse-)Bericht *m*.

third [θəːd] *a* dritt; *s* der, die, das Dritte; Drittel *n*; *(Zeugnis)* Drei *f*;

third-class   1030   **thoughtless**

mot dritte(r) Gang *m*; *mus* Terz *f*; **~-class** *a* drittklassig; **~-degree** *a* drittrangig; *tr Am (Polizei)* foltern; **~ degree** *s* dritte(r) Grad *m*; *Am* (polizeiliche) Folterung *f*; **~ eyelid** *zoo* Nickhaut *f*; **~ly** ['-li] *adv* drittens; **~ party** *jur* Dritte(r) *m*, dritte Person *f*; **~~ insurance** Haftpflichtversicherung *f*; **~~ risk** Haftpflicht *f*; **~ rail** *el* Stromschiene *f*; *Am sl* unbestechliche(r) Mensch *m*; **~-rate** *a* drittrangig; *fig* armselig; **~-rater** *fam* kleine(s) Licht *n (Mensch)*; **~ wheel** *Am fam fig* fünfte(s) Rad *n* am Wagen.

thirst [θə:st] *s* Durst *m a. fig*; *fig* Verlangen *n*, Sehnsucht *f (for* nach); *itr* Durst haben, *lit* dürsten; *fig* verlangen, sich sehnen *(for* nach); *to satisfy, to quench o.'s ~* den Durst löschen *I ~ for (fig)* mich dürstet, verlangt nach; *it gives me a ~* es macht mich durstig; **~y** ['-i] durstig; *fig* begierig *(for, after* nach); *to be ~~ for rain* nach Regen lechzen.

thirt|een [θə:'ti:n] *a* dreizehn; *s* Dreizehn *f*; **~eenth** ['-'-θ] *a* dreizehnt; *s* Dreizehntel *n*; **~ieth** [θə:tiiθ] *a* dreißigst; *s* Dreißigstel *n*; **~y** ['-ti] dreißig; *s* Dreißig *f*; *Am fam* Ende *n*; *the ~ies (pl)* die dreißiger Jahre *(e-s Jahrhunderts)*; die Dreißigerjahre *(e-s Menschenlebens)*.

this [ðis] *pl* these [ði:z] *prn a* dies(er, e), diese; *(alleinstehend)* dies; *~ one (substantivisch)* diese(r, s); *adv* so; *at, with ~* hiermit; *by ~ (time)* jetzt; *for ~* dafür, hierfür; *from ~* daraus; *davon; with ~* damit; *~ day* heute; *~ day week* heute in acht Tagen; *~ minute* augenblicklich; *~ morning, evening, night* heute morgen, abend, nacht; *~ time* diesmal.

thistl|e ['θisl] Distel *f*; **~~-butterfly** Distelfalter *m*; **~~-down** *(bot)* Distelwolle *f*; **~~-finch** Distelfink, Stieglitz *m*; **~y** ['-i] stach(e)lig.

thither ['ðiðə] *adv obs* dort-, dahin.

tho(') [ðou, ðɔ] = **though**.

thole [θoul] *mar (~pin)* Ruderpflock *m*.

thong [θɔŋ] Lederstreifen, -riemen; Peitschenriemen *m*.

thor|acic [θɔ:'ræsik] *a* Brust(kasten-, -korb)-; **~ax** ['θɔ:ræks] *pl -es anat* Brust(kasten *m*, -korb *m*) *f*; *ent* Bruststück *n*.

thorn [θɔ:n] Dorn *a. zoo*; Dornbusch, -strauch *m*; *fig* dornige, schwierige Angelegenheit *f*; *that's a ~ in my flesh, side (fig)* das ist mir ein Dorn im Auge; *there's no rose without ~ (prov)* keine Rose ohne Dorn; **~y** ['-i] dornig *a. fig*; stach(e)lig, scharf; *fig* mühevoll, beschwerlich; schwierig; heikel.

thorough, *Am a.* **thoro** [θʌrə] *a* vollständig, völlig; vollendet; sorgfältig, gründlich, genau; **~bass** ['-'beis] *mus* Generalbaß *m*; **~-bred** *a* Vollblut-; blaublütig, aristokratisch, vornehm, edel; kultiviert; *s* Vollblut(pferd) *n*; Aristokrat, Edelmann *m*; **~fare** ['-fɛə] Durchgang *m*, -fahrt; Durchfahrts-, Hauptverkehrsstraße; Verkehrsader *f*; *no ~~!* keine Durchfahrt! **~-going** *a* vollständig, vollkommen, vollendet; kompromißlos; durch u. durch; **~ly** ['-li] *adv* eingehend, gründlich; gänzlich; völlig; **~ness** ['-nis] Vollendung; Sorgfalt, Gründlichkeit *f*; **~-paced** *a fig* völlig, vollkommen; abgefeimt, ausgekocht; *(Pferd)* in allen Gangarten geübt.

those *s.* **that**.

thou [ðau] *prn obs poet rel* du.

though [ðou] *conj* obgleich, obwohl; wenn auch; trotzdem, dennoch; aber; *adv* indessen, doch; *fam (am Satzende)* immerhin, doch; *as ~* als ob; *even ~* obwohl, obgleich; *what ~?* was macht, tut das? was kommt darauf an?

thought [θɔ:t] *s* (Nach-)Denken, Sinnen *n* (u. Trachten); Überlegung, Reflexion; Denkfähigkeit *f*, Verstand *m*, Einbildungskraft *f*; Gedanke, Einfall *m*, Vorstellung, Meinung, Ansicht; Erwägung; Auffassung *(in* von), Vorstellungsweise, Einstellung *(in* zu); Denkweise *f*; Geistesleben *n*; Aufmerksamkeit, Rücksicht; Absicht, Erwartung *f*; *a ~* ein bißchen, etwas, *fam* e-e Idee; *v pret u. pp* von **think** *(s.d.); after serious ~, on second ~s* nach reiflicher Überlegung; *in ~* in Gedanken (versunken); *without ~* gedankenlos; *to be lost in ~* in Gedanken versunken sein; *to give ~ to* nachdenken über; sich Gedanken machen über; *to show ~ for* Rücksicht nehmen auf; *to take ~ for (the morrow)* (an die Zukunft) denken; *I had no ~ of it* ich dachte gar nicht daran; *of doing it* ich hatte nicht im geringsten die Absicht, das zu tun; *I had some ~ of going to ...* halb u. halb hatte ich die Absicht, nach ... zu gehen; *a happy ~* e-e gute Idee; **~ful** ['-ful] gedankenvoll, nachdenklich; gedankenreich, gehaltvoll; aufmerksam, rücksichtsvoll, zuvorkommend; bedacht *(of* auf); besorgt *(of* um); **~fulness** ['-fulnis] Nachdenklichkeit *f*; Gedankenreichtum *m*; Aufmerksamkeit, Zuvorkommenheit, Besorgtheit *f*; **~less** ['-lis] gedanken-

thoughtlessness   1031   **thrill**

los, achtlos, unaufmerksam, sorglos; übereilt, unbesonnen; rücksichtslos (*of* gegen); unbekümmert (*of* um); dumm; **~lessness** ['-lisnis] Gedankenlosigkeit, Achtlosigkeit; Unaufmerksamkeit, Sorglosigkeit; Übereiltheit, Unbesonnenheit; Rücksichtslosigkeit; Unbekümmertheit; Dummheit *f*; **~~reader** Gedankenleser *m*; **~~reading** Gedankenlesen *n*; **~~-transference** Gedankenübertragung, Telepathie *f*.

thousand ['θauzənd] *a* (*a ~*) tausend; *s* Tausend *n*; *one ~* eintausend; *a ~ thanks* tausend Dank; *a ~ times* tausendmal; **~fold** ['-fould] *a adv* tausendfach, -fältig; **~th** ['-nθ] *a* tausendst; tausendstel; *s* Tausendste, Tausendstel *n*.

thral(l)dom ['θrɔːldəm] Knechtschaft, Sklaverei *f a. fig.*

thrall [θrɔːl] Knecht, Sklave *m a. fig* (*to his passions* s-r Leidenschaften).

thrash [θræʃ], **thresh** [θreʃ] *tr* schlagen, peitschen; *fam* zu Boden werfen, besiegen; (*meist: thresh*) dreschen; *itr* (*to ~ about*) mit Händen u. Füßen um sich schlagen; umherfahren, -zappeln; *mar* sich vorwärtsquälen; (*meist: thresh*) dreschen; *to ~ out* (*Thema*) gründlich erörtern, erledigen; **~er** ['-ə], **thresher** ['θreʃə] Drescher *m*; Dreschmaschine *f*; *zoo* Fuchshai *m*; *zoo* Spottdrossel *f*; **~ing** ['-iŋ], **threshing** ['θreʃiŋ] Schläge *m pl*, Tracht *f* Prügel, *fam* Dresche *f*; *fig* völlige Niederlage *f*; *agr* Drusch *m*; *to give s.o. a good ~~* jdm e-e tüchtige Tracht Prügel verabreichen; *fig* jdn vernichtend schlagen; **~~flail** Dreschflegel *m*; **~~~floor** (Dresch-)Tenne *f*; **~~~machine** Dreschmaschine *f*.

thread [θred] *s* (*Textil*) Faden *m a. fig*; Faser, Fiber *f*; Zwirn *m*; (Näh-)Garn *n*; (*Licht*) Strahl; Schraubengang *m*, Gewinde *n* (*on a screw* an e-r Schraube); *tr* einfädeln; auf e-n Faden ziehen, aufreihen; *fig* durchziehen, sich ziehen durch; sich durchschlängeln, sich durchwinden durch; (*Schraube*) mit e-m Gewinde versehen; (*Film*) einlegen; *itr* sich (hin)durchwinden; sich durchziehen (*through* durch); *to hang by a ~* (*fig*) am seidenen Faden hängen; *to lose the ~* (*fig*) den Faden verlieren; *to resume, to pick up the ~s* (*fig*) den Faden wieder aufnehmen; *to ~ o.'s way* sich durchschlagen; **~bare** ['-bɛə] fadenscheinig; *fig* abgedroschen, -gegriffen; (*Mensch*) schäbig, abgerissen; **~ing** ['-iŋ] Gewinde-

schneiden; Einfädeln *n*; **~~ head** Schneidkopf *m*; **~like** fadenförmig; **~worm** Fadenwurm *m*; **~y** ['-i] faserig; seimig; *fig* dünn, schwach.

threat [θret] *s* Drohung *f* (*of* mit; *to* gegen); *to utter a ~ against s.o.* gegen jdn e-e Drohung ausstoßen; *a ~ of rain* ein drohender Regen *m*; *~ of war* Kriegsdrohung *f*; **~en** ['-n] *tr* (*jdn*) bedrohen (*with* mit); androhen (*s.o. with s.th.* jdm etw); drohend ankündigen; drohen (*s.th.* mit etw; *to do* zu tun); *itr* drohen; **~ening** ['-niŋ] drohend, bedrohlich; **~~ letter** Drohbrief *m*.

three [θriː] *a* drei; *s* Drei *f*; **~~-cornered** *a* dreieckig; zu dreien; **~~-colo(u)r process** Dreifarbendruck *m*; **~~-core** *tech* dreiadrig; **~~-D** dreidimensional; **~~-decker** *mar hist u. allg fam* Dreidecker *m*; **~fold** ['-fould] *a adv* dreifach; **~~-leaved** *a bot* dreiblätterig; **~~-legged** *a* dreibeinig; **~~-master** *mar* Dreimaster *m*; *~ O* ['-ou] *mar* dritte(r) Offizier *m*; **~pence** ['θrepəns, 'θrip-] *s* 3 Pence *pl*; Dreipencestück *n*; **~penny** ['θrepəni] *a* Dreipence-; *fig* billig; **~~-bit** Dreipencestück *n*; **~~-phase current** *el* Drehstrom *m*; **~~-piece** dreiteilig; **~~-ply** ['θriːplai] *a* dreifach; *s* Sperrholz *n*; **~~-point landing**, *fam* **~~-pointer** *aero* Dreipunkt-, *fam* saubere Landung *f*; **~~-quarter** *a* dreiviertel, Dreiviertel-; **~~-score** ['θriːskɔː] sechzig; **~~-some** ['-səm] Dreier (-spiel), *fam* Trio *n*; **~~-stage** *tech* dreistufig; **~~-storied** , **~~-storied** ; **~~-valve receiver** *radio* Dreiröhrenempfänger *m*; **~~-way switch** Dreifachumschalter *m*; **~~-wheeled** *a* Dreirad-.

thresh *s. thrash.*

threshold ['θreʃ(h)ould] (Tür-)Schwelle *f a. fig u. physiol psychol*; *fig* Anfang, Beginn *m*; *at the ~ of an era* an der Schwelle e-s Zeitalters; *to be on the ~ of o.'s career* am Anfang s-r Laufbahn stehen; *~ of consciousness* Bewußtseinsschwelle *f*; *~ value* Grenzwert *m*.

thrice [θrais] *adv* dreimal, -fach; *fig* sehr, höchst, äußerst.

thrift [θrift], **~iness** ['-inis] Sparsamkeit, Wirtschaftlichkeit *f*; **~less** ['-lis] unwirtschaftlich; verschwenderisch; **~y** ['-i] sparsam (*of, with* mit); wirtschaftlich; vorsorglich; *Am* (gut) gedeihend, blühend.

thrill [θril] *tr* erschauern lassen (*with* vor); (innerlich) erregen, packen, aufwühlen; erzittern, erbeben lassen; *itr* erregt, aufgewühlt sein; zittern,

thriller 1032 **throw**

beben (with vor); s Schauer m, Erregung; (Hoch-)Spannung; sl Schauergeschichte, Sensation f; Zittern, Beben n; to give s.o. a ~ jdn in Erregung versetzen; a ~ of joy e-e freudige Erregung; **~er** ['-ə] Schauer-, Sensationsroman m, -drama n, -film m; **~ing** ['-iŋ] aufregend, aufwühlend; packend, spannend, sensationell.

thriv|e [θraiv] meist irr throve [θrouv], thriven [ˈθrivn] itr (gut) gedeihen a. fig (on good food bei guter Nahrung); fig blühen; reich werden; Erfolg haben; **~ing** ['-iŋ] fig (gut) gedeihend, blühend.

thro(') [θru:] = through.

throat [θrout] s Kehle, Gurgel f; Rachen, Schlund; Hals a. fig; fig enge(r) Durch-, Eingang; tech Hals m; min Gicht f; Bruchquerschnitt m; arch (Hohl-)Kehle f; to clear o.'s ~ sich räuspern; to cut one another's ~s (fam com) sich gegenseitig kaputtmachen; to cut o.'s own ~ (fig) sich sein eigenes Grab schaufeln; to grip s.o. by the ~ jdn an der Kehle packen; to jump down s.o.'s ~ (fig fam) jdm an die Gurgel fahren, ins Gesicht springen; to ram, to thrust s.th. down s.o.'s ~ (a. fig) jdm im Halse steckenbleiben; my ~ is parched mir klebt die Zunge am Gaumen; a lump in the ~ (fig) ein Kloß im Halse; sore ~ Halsweh n; **~latch** (Zaum) Kehlriemen m; **~phone** Kehlkopfmikrophon n; **~pipe** anat tech Luftröhre f; **~ register** Bruststimme f; **~y** ['-i] (Stimme) belegt, rauh; guttural; (a. Mensch) heiser.

throb [θrɔb] itr (Herz) (heftig) schlagen, klopfen, pochen, hämmern; zucken (with vor); s (Herz-, Puls-) Schlag m; fig (heftige, innere) Erregung f; Zittern, Dröhnen n; his head ~bed sein Kopf dröhnte.

throe [θrou] (heftiger, plötzlicher) Schmerz m; pl (Geburts-)Wehen f pl; Todeskampf m a. fig; to be in the ~s of s.th. etw durchzumachen, durchzustehen, durchzukämpfen haben.

thrombosis [θrɔmˈbousis] med Thrombose f.

throne [θroun] s Thron m a. fig; tr inthronisieren; to come to the ~ den Thron besteigen.

throng [θrɔŋ] s Gedränge, Gewühl n, Andrang m; (Menschen-)Menge, Masse; allg große Schar, Menge f; itr sich zs.drängen, (sich) drängen; strömen tr bedrängen; zs.drängen; vollpfropfen, -stopfen.

throstle [ˈθrɔsl] dial od lit (bes. Sing-) Drossel f; (~-frame) (Spinnerei) Drosselstuhl m, -maschine f.

throttle [ˈθrɔtl] s Kehle, Luftröhre f; (~-valve) Drosselventil n; tr erdrosseln, erwürgen; fig ersticken, unterdrücken; (to ~ down) drosseln; mot (ab)drosseln; (Wagen) abbremsen; itr ersticken; at full ~, with the ~ full open mit Vollgas; to close the ~ das Gas wegnehmen; to open (out) the ~ Gas geben; **~ flap** Drosselklappe f; **~~lever** mot Gashebel m.

through, thro', thro [θru:] prp (räumlich) durch; (zeitlich, nachgestellt) über; Am bis einschließlich; (kausal) durch, aus, vor, infolge gen; (ver-) mittels, mit Hilfe gen; adv durch, zu Ende; a Am durch, (ein für allemal) fertig (with mit); (Verkehrsverbindung) durchgehend; ~ and ~ durch u. durch, völlig, vollständig adv; all ~ die ganze Zeit; wet ~ patschnaß; to be ~ durch, fertig sein, abgeschlossen haben (with mit); fam satt haben (with s.th. etw); tele Verbindung haben; you are ~ ich verbinde; to carry ~ zu Ende bringen od führen; to drop, to fall ~ es nicht schaffen; nicht zustande kommen; ins Wasser fallen; to get ~ durchkommen durch; with (fam) zu Ende kommen mit; to go ~ durchgehen, -sehen (with s.th. etw); (Schule) durchmachen; to put ~ (tele) verbinden (to s.o. mit jdm); to read, to see, to sleep ~ durchlesen, -sehen od -schauen, -schlafen; **~-and-~** (bullet-)wound (med) Durchschuß m; **~ car, carriage, coach** rail Kurswagen m; **~out** prp überall in; während; adv überall; die ganze Zeit (über); durchaus, ganz (u. gar), völlig, vollständig; famous ~~ the world in der ganzen Welt berühmt; **~ passenger** Durchreisende(r) m; **~put** tech Durchgangsleistung f; Durchsatz m; **~ station** Durchgangsbahnhof m; **~ street** Durchgangs-, Hauptverkehrsstraße f; **~ ticket** rail durchgehende Fahrkarte f; **~ traffic** Durchgangsverkehr m; **~ train** durchgehende(r) Zug m.

throw [θrou] irr threw [θru:], thrown [θroun] tr (hin)werfen (to the ground auf den Boden); schleudern, fam schmeißen (at nach); zu Boden werfen od strecken; (vom Pferd) abwerfen; fallen lassen, verlieren; (Karte) ausspielen; (Blick) zuwerfen (at me mir); (in e-e bestimmte Lage) bringen, versetzen, werfen; ein-, ausschalten; (Brücke) schlagen (over, across über);

throw about — **thrust**

(Junge) werfen; *(Haut)* abwerfen; *(auf der Drehscheibe)* drehen; *(Rohseide)* spinnen, zwirnen; *Am fam (Spiel, Rennen)* verlieren; *Am sl (Party)* geben, schmeißen; *itr* werfen; to ~ o.s. at s.o. *(fig)* sich jdm an den Hals werfen; into s.th. *(fig)* sich auf etw stürzen; (up)on s.th. sein Vertrauen auf etw setzen; to be ~n upon o.s. auf sich selbst angewiesen sein; s Wurf m (a. beim Würfeln); Wagnis, Risiko n; Überwurf m, Decke; geol Verwerfung; tech Ausladung f, Hub, Ausschlag m, Kröpfung f; to ~ blame on s.o. jdn tadeln; to ~ the book at s.o. *(Am fam)* jdn zu der Höchststrafe verurteilen; to ~ into confusion, disorder in Unordnung bringen; to ~ dice würfeln; to ~ a fit (sl) e-n Wutanfall bekommen; to ~ a glance at e-n Blick werfen auf; to ~ influence into Einfluß ausüben auf; to ~ light on s.th. Licht über etw verbreiten, etw aufklären; to ~ a monkey, a wrench into s.th. etw zum Stehen bringen, sabotieren; to ~ obstacles before s.o. jdm Hindernisse in den Weg legen; to ~ s.th. open weit öffnen; allgemein zugänglich machen; to ~ overboard über Bord werfen; to ~ into prison ins Gefängnis werfen; to ~ shadow(s) Schatten werfen; to ~ a six e-e Sechs werfen od würfeln; to ~ in od up the sponge die Flinte ins Korn werfen; ~ that light this way, please bitte, leuchten Sie hierher; a stone's ~ ein Steinwurf, ein Sprung *(from* von); to ~ **about** *(Papier)* herumwerfen; *(Geld)* zum Fenster hinauswerfen; to ~ **away** fort-, wegwerfen; verschwenden, vergeuden; *(Gelegenheit)* verpassen; in den Wind schlagen; *(Worte)* fallenlassen; fig aufgeben; to ~ **back** auf e-n früheren, unvollkommeneren Stand zurückwerfen; *(Bild)* zurückstrahlen; to be ~n back upon angewiesen sein auf; to ~ **down** nieder-, hinwerfen; niederreißen; to ~ **in** tech einschalten, -schieben, -kuppeln; com mit in den Kauf, zugeben; hinzufügen; *(e-e Bemerkung)* einwerfen, -flechten; to ~ in o.'s hand s-e Karten hinwerfen; fig aufgeben; to ~ in (o.'s lot) with s.o. mit jdm gemeinsame Sache machen; to ~ o.s. **into** nachdrücklich *(mit der Arbeit)* beginnen; to ~ **off** weg-, abwerfen, ablegen; hinauswerfen, vertreiben; tech ab-, auswerfen; fam so hinwerfen, aus dem Ärmel schütteln; *(Erkältung)* losbekommen; *(von e-r Spur)* ablenken; to ~ **on** *(Kleidungsstück)* (schnell) überwerfen, -ziehen; to ~ **open** *(Tür)* aufstoßen; freigeben; to ~ **out** wegwerfen, hinauswerfen, fam -schmeißen; zurückstoßen; *(Bemerkung)* fallenlassen; fig verwirren, aus dem Konzept bringen; *(Wink)* geben; *(Gesetzesvorlage)* ablehnen; tech ausschalten; arch anbauen; *(Licht)* ausschalten; to ~ out of court *(Klage)* jur abweisen; to ~ out of gear auskuppeln; to ~ **over** hinüber-, herüberwerfen; aufgeben, verstoßen; *(Theorie)* verwerfen; *(Liebhaber)* sitzenlassen; to ~ **together** *(Personen)* zs.bringen; zs.stoppeln; to ~ **up** hoch-, in die Höhe werfen, hochheben; med (sich) erbrechen, sich übergeben; *(Arbeit)* aufgeben; *(Vorsitz)* niederlegen; (schnell) hinhauen; vorwerfen, (immer wieder) vorhalten (s.th. to s.o.) jdm etw); *(Frage)* aufwerfen; to ~ up o.'s eyes *(fig)* die Hände über dem Kopf zs.schlagen; **~away** a (scheinbar) achtlos; s Reklamezettel m; **~back** Abweisung, -fuhr f; Rückfall a. fig, Atavismus; Am fam Rückschlag m; Am film Rückblende f; **~er** ['-ə] Werfer; Dreher, Former; Zwirner m; **~~up** Kegeljunge m; **~~in** sport Einwurf m; **~ing** ['-iŋ] s Werfen n; ~~ the hammer, the javelin (sport) Hammer-, Speerwerfen n; **~n** a ab-, zu Boden geworfen; gezwirnt; **~~off** tech Auswurf m; fig Beginn m; **~~out** Abfall; tech Auswerfer m; **~~over** Aus-, Verstoßung f; *(Kleidung)* Überwurf m; **~ster** ['-stə] Seidenspinner m.

thru Am = through; **~way** Am Schnellverkehrsstraße, Autobahn f.

thrum [θrʌm] **1.** Trumm m od n, Saum m, Fransen f pl; pl Garnabfälle m pl, Zotten f pl; mar Fuchsjes pl; tr befransen; thread and ~ alles durchea.; **2.** tr klimpern, trommeln auf; herleiern; itr klimpern; trommeln (on auf).

thrush [θrʌʃ] **1.** orn Drossel f; **2.** med Sohr m, Mundfäule f, Schwämmchen n; *(Pferde)* Strahlfäule f.

thrust [θrʌst] irr thrust, thrust tr (heftig, fest) stoßen, fam schubsen; drängen; durchbohren; werfen; *(Nadel)* stecken *(into* in); itr stoßen, stechen *(at* nach); sich drängen *(into* in; through durch); sich recken, sich dehnen; to ~ o.s. sich werfen, sich stürzen *(at* auf); sich drängen *(into* in; past an ... vorbei); sich mit allen Mitteln verschaffen *(into s.th.* etw); to ~ o.s. forward sich in den Vordergrund drängen; s Stoß, Stich, Hieb; feste(r) Druck; mil Vorstoß *(towards* gegen); fig fam hem-

thrust on

mungslose(r) Einsatz *m*, scharfe Bemerkung *f*; *tech* Schub *a. geol*; Axialdruck; Vor-, Rückstoß *m*; *to ~ o.'s hands into o.'s pockets* die Hände in die Tasche stecken; *to ~ o.'s way through* sich e-n Weg bahnen durch; *to ~* **on** *(Kleidung)* überwerfen; *to ~* **out** (hin)ausstoßen, -werfen, (her)ausstrecken; **~ bearing** *tech* Drucklager *n*; **~ collar, washer** Druckring *m*; **~er** ['-ə] Draufgänger *m*; **~ing** draufgängerisch; rücksichtslos; eingebildet; **~** (**performance**) Schubleistung *f*; **~ weapon** *mil* Stich-, Stoßwaffe *f*.

thud [θʌd] *s* (dumpfer) Schlag *m*, (dumpfes) Geräusch *n*, *fam* Bums *m*; *itr* dumpf aufschlagen, -stoßen (*to* auf); *fam* knallen; *(Kugeln)* dumpf einschlagen (*into* in).

thug [θʌg] Mörder, Gangster, Rowdy *m*.

thumb [θʌm] *s* Daumen *m*; *tr* mit dem Daumen berühren *od* drücken *od* bearbeiten; *(Buchseite)* (um)wenden, beschmutzen; *to ~ a lift, a ride* (*fam*) per Anhalter fahren, wollen; *to ~ through (Buch)* durchblättern; *under s.o.'s ~* in jds Hand, Gewalt, *fam* unter jds Fuchtel; *to ~ o.'s nose* ätsch, e-e lange Nase machen (*at* gegen); *his fingers are all ~s* er hat zwei linke Hände; *~s down!* pfui! *~s up!* bravo! Kopf hoch! *rule of ~* Faustregel *f*; **~ed** [-d] *a*: *well-~ (Buch)* abgegriffen, zerlesen; **~-index** *(Buch)* Daumenregister *n*; **~-nail** *s* Daumennagel *m*; *fig* ein kleines bißchen, ganz wenig; *a* winzig; *~~ sketch* rasch angefertigte Skizze *f*; **~~nut** Flügelmutter *f*; **~~print** Daumenabdruck *m*; **~~screw** Flügel-, *hist* Daumenschraube *f*; **~-tack** *Am* Heftzwecke *f*, Reißnagel *m*.

thump [θʌmp] *s* dumpfe(r) Schlag *m*, Stoß, Klaps, Puff, Knuff; *fam* Bums *m*; *tr* puffen, knuffen; schlagen; verdreschen, verprügeln; *itr* dumpf aufschlagen, -prallen; heftig schlagen (*on*, *at* an, auf); *(Herz)* pochen (*with* vor); **~er** ['-ə] *fam* Kerl *m*; gewaltige Sache; faustdicke Lüge *f*; **~ing** ['-iŋ] *a* dumpf aufschlagend; *fam* riesig; *adv fam* gewaltig, mordsmäßig.

thunder ['θʌndə] *s* Donner(schlag) *m a. fig*; *(Kanonen)* Donnern, Getöse *n*; *fig* Drohung *f*; *itr* donnern *a. fig*; anbrüllen, andonnern (*at s.o.* jdn); *tr (Worte)* mit Donnerstimme brüllen; *clap, crash of ~* Donnerschlag *m*; *a ~ of applause* donnernde(r) Beifall *m*; *to steal s.o.'s ~ (fig)* jdm

tick-tock

den Wind aus den Segeln nehmen; *it was ~ing and lightening* es donnerte u. blitzte; **~-bolt** Blitz u. Donnerschlag; *fig* Blitz *m* aus heiterem Himmel; **~-clap**, **~-peal** Donnerschlag *m*; **~-cloud** Gewitterwolke *f a. fig*; **~er** [-rə] Donnerer *m*; **~ing** ['-riŋ] *a* donnernd; *fam* gewaltig, riesig, mächtig, phantastisch; *adv fam* riesig; **~ous** ['-rəs] *a* donnernd *a. fig*; *fam* (laut) polternd; gewitt(e)rig, gewitterschwül; *fam* gewaltig, ungeheuer, mächtig; **~storm** Gewitter; Unwetter *n*; **~-stricken**, **~-struck** *a fig* wie vom Schlag getroffen *od* Donner gerührt; **~-stroke** Donnerschlag *m*; **~y** ['-ri] donnernd; gewitt(e)rig.

Thursday ['θə:zdi] Donnerstag *m*; *on ~* am Donnerstag; *on ~s* donnerstags; *Maundy ~* Gründonnerstag *m*.

thus [ðʌs] *adv* so, auf diese Weise; in dem Maße; so, infolgedessen, deshalb; *~ far* so weit; bis jetzt; *~ much* so viel.

thwack [θwæk] *tr* durchwalken, verdreschen; *s* heftige(r) Schlag *m*.

thwart [θwɔ:t] *tr (Plan)* durchkreuzen, *(Absicht)* vereiteln; *s.o.* jds Pläne durchkreuzen *od* Absichten vereiteln; jdm e-n Strich durch die Rechnung machen; *s mar* Ruderbank, Ducht *f*.

thy [ðai] *obs poet* dein; **~self** [ðai'self] *obs poet* du, dir, dich selbst.

thyme [taim] *bot* Thymian *m*.

thymus ['θaiməs] *(~ gland) anat* Thymus-, innere Brustdrüse *f*.

thyr(e)oid ['θai(ə)rɔid] *a* Schilddrüsen-; *s u. ~ gland* Schilddrüse *f*.

tiara [ti'ɑ:rə] Tiara *f*; Stirnreif *m*.

tibia ['tibiə] *pl -ae* ['-i:] Schienbein *n*.

tic [tik] *med* Gesichts-, Muskelzucken *n*.

tick [tik] **1.** *s* Ticken; Häkchen *n* (Vermerk-)Strich; *fam* Moment, Augenblick *m*, Sekunde *f*; *itr* ticken; *fam* funktionieren, arbeiten; *tr* in e-r Strichliste vermerken; abhaken, anstreichen; *to ~ off* abhaken; *fam* anschnauzen, abkanzeln (*s.o.* jdn); *to ~ over (mot)* leerlaufen *a. fig*; *in a ~*, *in two ~s* gleich, sofort; *on, to the ~* auf die Minute, ganz pünktlich; *half a ~!* sofort!; *to give s.o. a good ~ing-off (fam fig)* jdm ordentlich den Kopf waschen; *what makes it ~? (fam)* was steckt dahinter?; **~er** ['-ə] *tele* Börsentelegraph, Ticker *m*; *fam* Uhr *f*; *sl* Herz *n*, Mut *m*; *to get a ~~-tape reception* mit e-m Konfettiregen empfangen werden; **~-tack** ['-'tæk] *s* Tick-tack *m*; *(Buchmacher)* Handzeichen *n pl*; **~-tock** ['-'tɔk] *s* Ticken *n*;

tick 2. *ent* Zecke *f*; *fig* widerliche(r) Kerl *m*; 3. Inlett *n*, Bezug *m*; **-ing** ['-iŋ] Inlett *n* (*Stoff*); 4. *s fam* Pump, Kredit *m*; *tr* (*to buy on* ~) auf Pump kaufen; Kredit geben (*s.o.* jdm).

ticket ['tikit] *s* (Eintritts-, Theater-, Fahr-, Flug-)Karte *f*; Fahrschein *m*; (Lotterie-)Los; Etikett, Schildchen *n*; Preiszettel *m*; (Lebensmittel-)Marke *f*; Ausweis(karte *f*); Merkzettel *m*; *Am parl* Kandidatenliste *f*; Wahlprogramm *n*; *Am fam* Strafmandat *n*, gebührenpflichtige Verwarnung *f*; *tr* etikettieren; (*Waren*) auszeichnen; *to buy, to take a* ~ e-e Fahrkarte lösen; *to vote the straight* ~ die Parteiliste wählen; *that's the* ~! (*fam*) das ist d i e Sache! *admission-*~ Eintrittskarte *f*; *airplane-*~ Flugkarte *f*; *circular-tour* ~ Rundreisefahrkarte *f*; *cloakroom-*~ Garderobenmarke *f*; Gepäck(aufbewahrungs)schein *m*; *complimentary* ~ Freifahrschein *m*; *go-as-you-please* ~ Netzkarte *f*; *landing* ~ Landungskarte *f*; *lottery-*~ Lotterielos *n*; *luggage-*~, (*Am*) *baggage-*~ Gepäckschein *m*; *monthly* ~ Monatskarte *f*; *pawn-*~ Pfandschein *m*; *platform-*~ Bahnsteigkarte *f*; *reserved-seat* ~ (*rail*) Platzkarte *f*; *return-*~, (*Am*) *round-trip* ~ Rückfahrkarte *f* (*to* nach); *season-*~ Dauer-, Zeitkarte *f*; *single* ~ einfache Fahrkarte *f*; *supplementary* ~ Zuschlagkarte *f*; *theatre* ~ Theaterkarte *f*; *weekly* ~ Wochenkarte *f*; ~ *of leave* (*jur*) Schein *m* über vorzeitige, bedingte Entlassung (e-s Strafgefangenen); *on* ~ unter Polizeiaufsicht; **~-agent** Kartenagent(ur *f*); Schalterbeamte(r) *m*; **~-book** Fahrscheinheft *n*; **~-collector** Bahnsteigschaffner *m*; **~-day** *com* Abrechnungstag *m*; **~-gate** Bahnsteigsperre *f*; **~-inspector** Zugschaffner *m*; Fahrkartenkontrolleur *m*; **~-number** (*Lotterie*) Losnummer *f*; **~-office**, **-window** Fahrkartenschalter *m*; **~-punch** Lochzange *f*.

tickl|e ['tikl] *tr* kitzeln *a. fig* (*die Sinne, den Gaumen*); schmeicheln, gefallen, angenehm sein (*s.o.* jdm); erheitern; *itr* kitzeln, jucken; kitz(e)lig sein; *s* Kitzel *m*; *to* ~ *pink* (*sl*) sich halb totlachen; *I was* ~*ed to death* (*fam*) ich habe mich wahnsinnig amüsiert (*at* über); **~er** ['-ə] Kitzelnde(r) *m*; Feder *f* zum Kitzeln; Schüreisen *n*, Feuerhaken *m*; *fig* kitzlige Frage *f*, Problem *n*; heikle Situation *f*; *Am* Notizblock *m*, -buch, Merkheft *n*, Terminkalender *m*; *Am com* Verfallbuch *n*; ~~ *coil* Rückkopplungsspule *f*; **~-ish** ['-iʃ] (*Mensch*) kitz(e)llig; reizbar, empfindlich; (*Sache*) heikel, schwierig.

tid|al ['taidl] *a* Gezeiten-; ~~ *basin* Tide-, Flutbecken *n*; ~~ *wave* Flutwelle *f*; *fig* Flut, Woge *f*; **~-e** [taid] *s* Ebbe u. Flut *f*, Gezeiten *pl*; *fig* Auf u. Ab *n*; *fig* Strom *m*, Strömung *f*; Haupt(geschäfts-, Verkehrs-)Zeit *f*; *a* Gezeiten-; *itr* mit dem Strom treiben; *fig* strömen, fluten; *tr* (mit der Strömung) treiben; *at high* ~~ bei Flut; *to turn the* ~~ (*fig*) den Spieß umdrehen; *to* ~~ *over* (*fig*) überbrücken; hinwegkommen über; über Wasser halten; ~~ *is up* es ist Flut; *the* ~~ *turns* (*fig*) das Blatt wendet sich; *ebb, low* ~~ Ebbe *f*, Niedrigwasser *n*; *flood, high* ~~ Flut *f*, Hochwasser *n*; *neap* ~~ Nipptide *f*; *spring* ~~ Springtide *f*; *turn of the* ~~ Flut-, *fig* Glückswechsel; Umschwung *m*; ~~-*gauge* Pegel *m*; ~~**land** Watt(enmeer) *n*; ~~**mark** Gezeitenmarke *f*; ~~-*rip* Stromwelle *f* der Gezeiten; ~~-*table* Gezeitentafel *f*; ~~-*water* Gezeitenwasser *n*; ~~-*wave* Flutwelle *f*; ~~*way* Flutkanal, -strom *m*; **~-iness** ['-inis] Sauberkeit, Ordentlichkeit, Nettigkeit *f*; **~-ings** ['-iŋz] *s pl a. mit sing* Neuigkeiten, Nachrichten, Informationen *f pl*; **~-y** ['-i] *a* sauber, ordentlich, nett; *fam* (*Geldsumme*) ganz nett, hübsch; *tr* hübsch machen, ordnen; (*to* ~~ *up*) aufräumen; *s* Sofadeckchen *n*; (Flick-)Beutel *m*.

tidbit *s. titbit*.

tiddl|e(y) ['tidli] *fam* angeheitert.

tiddle(d)ywinks ['tidl(d)iwiŋks] Flohhüpfen *n* (*Spiel*).

tie [tai] *tr* (an-, fest-, zs.-, zu)binden (*to* an); zs.knoten; (*Paket*) zs.schnüren; (*Knoten*) machen; (*Bündel*) schnüren; e-n Knoten machen in, verknoten; *arch* verankern; *allg* verbinden, verknüpfen; *tech* (ab-, ver)spannen, abbinden; *fig* (unter)binden; be-, einschränken; (be-, ver)hindern; (*Geld*) festlegen; (*punkt-, zahlenmäßig*) gleichstehen (*s.o.* mit jdm); *fam* verheiraten; *itr* sich binden lassen; e-n Knoten machen; gleichstehen (*with* mit); *sport* punktgleich sein, unentschieden spielen; *s* Band *n a. fig*; *fig* Bindung, Verpflichtung, *fam* Last, Belastung *f*; Verbindungen *f pl*; (*neck-*) Krawatte *f*, Schlips *m*, Schleife *f*, Halstuch; *allg* Verbindungsstück *n*; *arch* Anker *m*; *Am rail* Schwelle *f*; *sport* Punkt-, *parl* Stimmengleichheit *f*; Ausscheidungsspiel *n*; *mus* Ligatur *f*; *to* ~ *down* begrenzen, einschränken, behindern;

tie-beam / **tilt**

festlegen (*s.o.* jdn); *to ~ in with* einbauen in; *to ~ on* anknüpfen; *to ~ o.s. on* (*sl*) sich betrinken; *to ~ together* zs.binden; *to ~ up* festbinden, fest zs.binden, verknoten; verschnüren; (*Kapital*) festlegen; *mar* verankern; (*Boot*) festmachen; *fam* trauen, verheiraten; behindern; zum Stehen, zum Stillstand bringen; (*Fabrik*) stilllegen; *to be ~d up* beschäftigt, belegt sein; in Verbindung stehen (*with* mit); *to ~ s.o.'s hands* (*a. fig*) jdm die Hände binden; *the game ended in a ~* das Spiel endete unentschieden; *the ~ will be played off* (*sport*) das Spiel wird wiederholt; *business ~* Geschäftsverbindung *f*; *family ~s* (*pl*) familiäre Bindungen *f pl*; *~s of blood, of friendship* Bande *n pl* des Blutes, der Freundschaft; **~beam** Zug-, Ankerbalken *m*; **~in(-sale)** Kopp(e)lungsverkauf *m*; **~on label** Anhängeadresse *f*; **~pin** Krawattennadel *f*; **~up** Stockung *f*, Stillstand *m*; Störung, Unterbrechung; (Betriebs-)Einstellung; Verbindung *f*; (auf) tote(r) Punkt; Streik, Ausstand *m*; **~r** ['ə] **1.** Binder (*Person*); *sport* Gleichstehende(r) *m*; Band *n*; *Am* Kinderschürze *f*;

tier ['tiə] **2.** *s* (Sitz-)Reihe *f*, Regal *n*; *theat* Rang *m*.

tierce [tiə(:)s] (*mus rel Fechten*) Terz *f*; Stückfaß *n* (*42 Gallonen*); [tə:s] (*Karten*) Terz *f*.

tiff [tif] Verstimmung; Streiterei *f*, kleine(r) Streit *m*; *in a ~* übelgelaunt; **~in** ['-in] leichte(s) Frühstück *n*.

tiger ['taigə] Tiger *m a. fig*; (*Am sl*) *three cheers and a ~!* dreimal hoch u. e-n Tusch! **~beetle** *zoo* Sandlaufkäfer *m*; **~cat** Tigerkatze *f*; **~ish** ['-riʃ] tigerartig; *fig* grausam, blutrünstig, wild; **~lily** Tigerlilie *f*.

tight [tait] *a* (luft-, wasser-)dicht; dicht, eng; fest(gefügt); fest angebunden; straff, eng(anliegend), zu eng, knapp; (*Behälter*) prallvoll; *agr* wasserundurchlässig; *fig* streng; schwierig, kritisch; gezwungen; (fast) gleich; *com* knapp, angespannt; in Geldverlegenheit; (*Stil*) knapp, straff; (*Argument*) hieb- u. stichfest; *fam* knauserig, filzig, geizig; *sl* besoffen; *adv* eng, knapp; *s pl* Trikothose *f* (*der Artisten*); *to hold ~* festhalten; *to shut ~* fest zumachen; *to sit ~* sich nicht rühren; *fig* hartnäckig sein; sich nachdrücklich behaupten; *the cork is too ~* der Korken sitzt zu fest; *air-, water-~* luft-, wasserdicht; **~ corner, place**
schwierige Lage, Klemme, Zwickmühle *f*; **~en** ['-n] *tr* anziehen, straffen; zs.ziehen, enger machen; (*Gürtel*) enger schnallen; *tech* abdichten; (*Bestimmungen*) verschärfen; *itr* (*to ~ up*) enger werden, sich zs.ziehen, einlaufen; sich straffen; (*Markt*) sich versteifen; **~ fit** *tech* stramme(r) Sitz *m*; **~fitting** eng anliegend; *tech* genau eingepaßt; **~laced** *a* fest ge-, verschnürt; *fig* engherzig; **~lipped** *a* mit zs.gepreßten Lippen; *fig* verschwiegen; **~ness** ['-nis] Dichte; Enge; Knappheit, Verknappung; Knauserigkeit *f*; **~rope** (festgespanntes) (Draht-)Seil *n*; *~ dancer* Seiltänzer *m*; **~wad** [-'wæd, *Am sl*] Knicker, Knauser *m*.

tigress ['taigris] Tigerin *f a. fig*.

tike *s. tyke.*

tilde ['tild(i)] *gram* Tilde *f*.

til|e [tail] *s* (Dach-)Ziegel *m* (*pl*); Kachel, Fliese; Tonröhre *f*; *arch* Hohlstein *m*; *fam* Angströhre *f*, Zylinder *m*; mit Ziegeln decken; kacheln; *to be* (*out*) *on the ~s* (*sl*) herumsumpfen; *to have a ~ loose* nicht richtig im Oberstübchen sein; **~er** ['-ə] Ziegelbrenner; Plattenleger; Dachdecker *m*.

till [til] **1.** *prp* (*zeitlich*) bis (zu); *not ~* nicht vor; erst; *true ~ death* (ge)treu bis in den Tod; *~ now* bis jetzt, bisher; *~ then* bis dahin; dann; *conj* bis; *~ such time as* bis conj; **2.** *itr* den Boden bearbeiten, ackern; *tr* beackern, (*den Boden*) bearbeiten; **~age** ['-idʒ] Bodenbearbeitung *f*; bestellte(s) Land *n*; Ernte *f*; **~er** ['-ə] Pflüger; Bauer; Landarbeiter *m*; Ladenkasse *f* (*Schublade*); *geol* Geschiebelehm *m*; *mar* Ruderpinne *f*; *tech* Griff *m*; **~-rope** (*mar*) Steuerreep *m*.

tilt [tilt] **1.** *tr* kippen, (ver)kanten, neigen, schräg stellen; schief halten; umstoßen; (*Hut*) schief aufsetzen; (*Kopf*) neigen; *tech* mit dem Schwarzhammer bearbeiten; (*Turnier*) anrennen gegen; *itr* geneigt, schräg sein *od* stehen; sich neigen, umkippen; (mit der Lanze) stoßen, stechen (*at* nach); anrennen *a. fig* (*at* gegen); Lanzen brechen; am Turnier teilnehmen; *fig* disputieren, Streitgespräche führen; losziehen (*at* gegen); *s* Neigung *f*, schiefe Lage; Schrägfläche *f*; Hang *m*; Wippe *f*, Schaukelbrett *n*; Stoß *m* mit der Lanze; Turnier *n*; *fig* Disput *m*, Debatte *f*, Streitgespräch *n*; (*at*) *full ~* mit voller Wucht *od* aller Gewalt; *on the ~* auf der Kippe;

tilt angle   **1037**   **time**

to have a ~ at s.o. *(fig)* jdn (freundschaftlich) angreifen; *to* ~ *back* zurücklehnen; ~ **angle** *s* Neigungswinkel *m*; ~**cart** Kippkarren *m*; ~**er** ['-ə] Kipper *m*, Kantvorrichtung *f*; *hist* Turnierkämpfer *m*; ~**hammer** Schwarzhammer *m*; ~**ing** ['-iŋ] *a* Turnier-; *tech* Kipp-; *s tech* Neigung, Kippung *f*; ~~ *movement* Kippbewegung *f*; ~**yard** Turnierhof, -platz *m*; **2.** *s* Wagendecke, Plane *f*; *tr* mit e-r W., P. (ab)decken.

tilth [tilθ] Feldbestellung; Tiefe *f* der Ackerkrume; bebaute(s) Land *n*.

timbal ['timbəl] *mus* Kesselpauke *f*.

timber ['timbə] Bau-, Schnitt-, Nutzholz *n*; Balken *m*; *mar* Spant *n*; (Nutz-)Holz-, Baumbestand, Wald *m*; *Am* Waldgebiet *n*; *fig Am* (Menschen-) Schlag *m*, Kaliber *n*; *a man of his* ~ *(Am)* ein Mann von s-m Schlage; ~**ed** ['-d] *a* gezimmert; Holz-, Fachwerk-; baumbestanden, bewaldet; *fig Am in Zssgen* von ... Schlage; *half-*~ *(Haus)* Stein-, Fachwerk-; ~ **framed building** Fachwerkhaus *n*; ~**ing** ['-riŋ] Nutz-, Bauholz *n*, Gebälk *n*, Holzkonstruktion *f*, Fachwerk *n*; ~**land** *Am* (nutzbares) Waldland *n*; ~**line** *Am geog* Baumgrenze *f*; ~**toe(s)** *fam* (Mann *m* mit) Holzbein *n*; ~**work** Holzkonstruktion *f*, Gebälk, Fachwerk; *pl* Sägewerk *n*; ~**yard** Zimmerplatz *m*.

time [taim] **1.** *s* Zeit(raum *m*, -spanne), (Zeit-)Dauer; Arbeitszeit *f*, -lohn *m*; Lehrzeit *f*; Zeitmaß, Tempo *n*, Geschwindigkeit *f*; *mus* Takt, Rhythmus; Zeitpunkt *m*, genaue Zeit; rechte Zeit *f*, richtige(r) Augenblick, gegebene(r) Moment *m*; Frist *f*; Termin *m*; Mal *n*, Gelegenheit *f*; *meist pl* Zeiten *f pl*, Zeitläufte *pl*; *pl* Zeitalter *n*, Epoche *f*; *pl (nach Zahlen)* mal; **2.** *tr* zur rechten Zeit tun; zeitlich einrichten, einstellen (*to* nach); die Zeit bestimmen, angeben für; stunden; *mus* den Takt angeben für; *sport* (ab)stoppen; die Zeit messen von; **3.** *itr* die Zeit einhalten; den Zeitpunkt wählen; den Takt halten (*with* mit); die Zeit abstoppen, nehmen; **4.** *a* Zeit-; **5.** *abreast of the* ~*s* auf der Höhe der Zeit; *against* ~ gegen die Zeit, in größter Eile; *ahead of, before o.'s* ~(*s*) s-r Zeit voraus; *all the* ~ die ganze Zeit (über); dauernd; ständig; *another* ~ ein andermal; *any number of* ~*s* x-mal; *at* ~*s* zu Zeiten, manchmal; hin u. wieder, ab u. zu; *at a* ~, *the same* ~ zur gleichen Zeit, gleichzeitig *adv*; zugleich; *at a given* ~ zu e-m festgesetzten Zeitpunkt; *at no* ~ nie; *at one* ~ einmal, einst; *at that* ~ damals, zu der Zeit; *at the same* ~ zur selben Zeit, gleichzeitig; nichtsdestoweniger; *behind the* ~*s* hinter dem Mond; veraltet; *by that* ~ bis dahin, inzwischen, unterdessen; *by this* ~ bis jetzt; *a dozen* ~*s* immer wieder, dauernd; *every* ~ jedesmal; *for a long* ~ lange; *for the* ~ *being* im Augenblick; zur Zeit, vorerst, vorläufig, einstweilen, bis jetzt; *from* ~ *to* ~ von Zeit zu Zeit, ab u. zu; *half the* ~ die halbe Zeit; meist, fast immer; *in half the* ~ in der halben Zeit; *in* ~ rechtzeitig; mit der Zeit, zu gegebener Zeit; *in double-quick* ~ in höchster Eile; *in due* ~ termingemäß; *in good* ~ zur rechten Zeit; beizeiten; schnell *adv*; *in no* ~ im Nu; *in s.o.'s* ~ zu jds (Leb-) Zeiten; *many* ~*s*, *many a* ~ manchesmal, oft(mals); *next* ~ das nächste Mal; *on* ~ pünktlich *adv*; in Raten, auf Abzahlung; *on o.'s own* ~ in der Freizeit; *out of* ~ zur Unzeit, ungelegen *adv*; *mus* aus dem Takt; *several* ~*s* mehrmals; *this* ~ diesmal; *up to this*, *the present* ~ bis heute, bis zum heutigen Tage; *once upon a* ~ *(there was)* (es war) einmal; ~ *after* ~, *and* (~) *again* immer wieder; **6.** *to ask s.o. the* ~ *of day* jdn nach der Uhrzeit fragen; *to be behind* ~ zu spät kommen, Verspätung haben; *to be paid by* ~ stundenweise bezahlt werden; *to be pressed for* ~ es eilig haben; *to beat* ~ den Takt schlagen; *to do* ~ *(fam)* s-e Zeit absitzen; *to gain* ~ Zeit gewinnen; *to have (no, not much)* ~ (keine, nicht viel) Zeit haben (*for* für); *to have no to lose* keine Zeit zu verlieren *od* übrig haben; *to have a* ~ *doing s.th.* Schwierigkeiten haben etw zu tun; *to have had o.'s* ~, *the* ~ *of o.'s life* die besten Jahre hinter sich haben; *to have a good* ~ sich gut unterhalten; *to have the* ~ *of o.'s life* sich glänzend amüsieren; *to keep* ~ *(mus)* den Takt halten; *to keep good (bad)* ~ *(Uhr)* (un)genau gehen; *to lose* ~ Zeit verlieren; *(Uhr)* zu langsam gehen; *to make* ~ aufholen; ein hohes Tempo haben; *to take* ~ Zeit erfordern *od* benötigen; *to work against* ~ unter Zeitdruck arbeiten; *to work full* ~ ganztägig arbeiten; **7.** *what* ~ *do we eat?* um wieviel Uhr essen wir ? *I must bide my* ~ ich muß mich in Geduld üben; ~ *is up* die Zeit ist (her)um, vorbei; *take your* ~ *over it* lassen Sie sich Zeit dazu; ~ *will tell* die Zeit wird

time announcement 1038 **tinware**

es lehren; **8.** *broken* ~ Arbeitszeitverlust *m; Father T*~ Chronos *m; leisure* ~ Freizeit *f; length of* ~ Zeitdauer, -spanne *f; local* ~ Ortszeit *f; loss of* ~ Zeitverlust *m; a matter of* ~ e-e Frage der Zeit; *point of* ~ Zeitpunkt *m; record* ~ Rekordzeit *f; saving of* ~ Zeitgewinn *m; solar* ~ *(astr)* Sonnenzeit *f; space and* ~ Raum u. Zeit; *spare* ~ Freizeit *f; standard* ~ Einheitszeit *f; summer* ~ Sommerzeit *f; waiting-*~ Wartezeit *f; waltz* ~ Walzertakt *m; working* ~ Arbeitszeit *f; want of* ~ Zeitmangel *m; waste of* ~ Zeitverschwendung *f;* ~ *of arrival, of departure* Ankunfts-, Abfahrtszeit *f; the* ~ *of day* die Tageszeit; *to pass the* ~ *of day* ea. e-n guten Tag wünschen; sich grüßen; ~ *of payment* Zahlungstermin *m;* **~announcement** Zeitansage *f;* **~bargain** Termingeschäft *n;* ~ **belt, zone** Zeitzone *f;* ~ **bomb** Zeitbombe *f;* **~~card, -sheet** *Am* (Arbeitszeit-)Kontrollkarte *f;* ~ **clock** *Am* Stech-, Kontrolluhr *f;* **~~consuming** zeitraubend; **~d** [-d] *a* (zeitlich) festgesetzt, -gelegt (*to* auf); ~ **deposits** *pl* langfristige Einlagen *f pl;* **~~elapse** Zeitraum *m;* **~~expired** *a* (Soldat) ausgedient; **~~exposure** *phot* Zeitaufnahme *f;* ~ **fuse** Zeitzünder *m;* **~~history** zeitliche Folge *f;* **~~hono(u)red** *a* altehrwürdig; ~ **immemorial** unvordenkliche Zeiten *f pl;* **~~interval** Pause *f;* Zeitabschnitt *m;* **-keeper** Chronometer *n;* (Zeit-)Kontrolleur; Lohnbuchhalter; *sport* Zeitnehmer *m;* **~~lag** Verzögerung; zeitliche Verschiebung *f;* **~~lens** Zeitlupe *f;* **~less** [-lis] endlos; unbefristet; **~~limit** Zeitgrenze, -beschränkung *f;* Frist; Redezeit *f;* **~~-switch** Zeitschalter *m;* **~liness** ['-linis] Rechtzeitigkeit; Angebrachtheit *f;* ~ **loan** Zeitanleihe *f;* **~ly** ['-li] rechtzeitig, im rechten Augenblick erfolgend; (gut) angebracht, passend; *(Thema)* aktuell; **~~out** *Am* Unterbrechung; **~~payment** *Am* Ratenzahlung *f;* **~~piece** Chronometer *n*, Uhr *f;* ~ **poster** Aushängefahrplan *m;* **~r** ['-ə] Zeitmesser *m*, Uhr *f; phot* (Zeit-)Auslöser; *sport* Zeitnehmer, Trainer; *tech* Impulsgeber *m;* **big ~~** (*Am fam)* Vollbeschäftigte(r) *m; half-, part-~~* Halbtags-, Kurzarbeiter *m; small* ~~ *(Am fam)* kleine(r) Geschäftsmann *m;* **~~rating** Versuchsdauer *f;* **~~sanctioned** *a* durch die Zeit geheiligt; **~~saving** zeitsparend; **~~server** Opportunist *m;* **~~serving** *a* opportunistisch; *s* Opportunismus *m;* **~~signal** *radio* Zeitzeichen *n;* ~ **standard** Lohngrundlage *f;* ~**-table** Zeitplan; *rail* Fahrplan *m;* Kursbuch *n; aero* Flugplan; *(Schule)* Stundenplan *m;* **~~tested** *a* (lange) erprobt; ~ **wage** Stundenlohn *m;* **~work** Arbeit *f* gegen Stundenlohn; **~worn** *a* abgenutzt, verbraucht.

tim|id ['timid] furchtsam, ängstlich *(of* vor); scheu, schüchtern; *(Verhalten, Frage)* zögernd; **~idity** [ti-'miditi], **~idness** ['timidnis] Furchtsamkeit, Ängstlichkeit; Scheu, Schüchternheit *f;* **~orous** ['-ərəs] = *timid*.

timing ['taimiŋ] (Zeit-)Einstellung, zeitliche Festlegung, Regulierung, Abstimmung, Synchronisierung; *mot* Zündeinstellung; *com* Zeitnahme *f.*

timpano ['timpənou] *pl* -**ni** [-ni] *mus* Kesselpauke *f.*

tin [tin] *s* Zinn; Weißblech *n;* Blechschachtel *f*, -büchse, -dose, -kanne *f;* Konservenbüchse, -dose *f; sl* Moos *n*, Zaster *m*, Geld *n; a* zinnern; Blech-; *fig* unecht; minderwertig; *tr* verzinnen; (in Büchsen, Dosen) einmachen, eindosen; konservieren; *sl* schriftlich festhalten; *sardine-~* Sardinenbüchse *f;* **~~can** Blechdose *f; Am mar sl* Zerstörer *m;* **~fish** *mar sl* Aal, Torpedo *m;* ~ **foil** Stanniol, Silberpapier *n;* ~ **god** *fig* Götze *m; a little* ~~ *(fam)* ein kleiner Gernegroß *m;* ~ **hat** *sl mil* Blechdeckel, Stahlhelm *m; to put the* ~~ *on it (sl)* mit der Faust auf den Tisch hauen; **~horn** *sl* schäbig, simpel; angeberisch; *Am sl* hochstaplerisch; ~ **Lizzie** *sl* Ford *m (Wagen);* Klapperkiste *f;* **~ned** [-d] *a* verzinnt; in Büchsen eingemacht; eingedost; ~~ *fruit* Obstkonserven *n pl;* ~~ *meat* Büchsenfleisch *n;* ~~ *music* Konservenmusik *f;* **~ner** ['-ə] Zinngrubenarbeiter; Zinngießer *m;* Klempner, Spengler, Flaschner, Blechner, Arbeiter *m* in e-r Konservenfabrik; **~ny** ['-i] zinnhaltig; zinnartig; *fig (Ton)* blechern, hohl; aufgeputzt; *sl* schwerreich; **~~opener** Büchsenöffner *m;* ~ **pan alley** *Am* (Straße *f od* Stadtviertel *n*, bes. in New York, in der viele) Schlagerkomponisten, -sänger, -verleger *m pl* (wohnen); **~~plate** *s* Weißblech *n; tr* verzinnen; **~pot** *pej* billig, minderwertig; *pred* Tinnef *m;* ~**(s)man, -smith** Klempner, Spengler, Flaschner, Blechner, Zinngießer *m;* **~~solder** Lötzinn, Zinnlot *n;* **~ware** Zinn-, Blechgeschirr *n.*

tincture 1039 **tire**

tinctur|e ['tiŋ(k)tʃə] s Färbung f, Farbton m, Tönung f; fig Anstrich m, (leichte) Spur f, Schatten, Hauch, Beigeschmack m; med Tinktur f; tr schwach färben, (leicht) tönen; fig e-n Anstrich geben (with von; s.th. e-r S); **~~ of iodine** Jodtinktur f; **~ed** ['-d] a fig mit e-m Schimmer, Anstrich (with von).
tinder ['tində] Zunder m a. allg; **~~box** hist Zunderbüchse f; fig Brause-, Hitzkopf m; Pulverfaß n.
tine [tain] Zacke(n m), Zinke; (Hirschgeweih) Sprosse f.
ting [tiŋ] s helle(r) Klang m; itr tr hell klingen (lassen); klingeln; **~~a-ling** Klingeling n.
tinge [tindʒ] tr (leicht) färben, tönen (with mit); fig e-n Anstrich, Anhauch, Beigeschmack geben (s.th. e-r S; with von); s leichte Färbung, Tönung f; fig (leichte) Spur f, Anflug, Anhauch, Geruch, (Bei-)Geschmack m (of von).
tingle ['tiŋgl] itr prickeln, stechen, jucken, brennen; zittern, beben (with excitement vor Aufregung); (in den Ohren) klingeln, summen; tr prickeln, zittern, klingeln lassen; fig erregen; s Prickeln, Stechen; Kribbeln; Zittern; Klingeln n.
tinker ['tiŋkə] s Kesselflicker; Pfuscher m; Pfuscherei f; tr flicken, ausbessern; itr herumbasteln, -pfuschen (with, to ~ away at an); not to care a ~'s damn, cuss about s.th. sich keine grauen Haare um etw wachsen lassen; not worth a ~'s damn keinen Pfifferling, keinen Pfennig, roten Heller wert; to have a ~ at s.th. an etw herumbasteln.
tinkl|e ['tiŋkl] itr tr klingeln, läuten (lassen); klirren; s u. **~ing** ['-iŋ] Geklingel, Läuten n.
tinnitus [ti'naitəs] med Ohrensausen n.
tinsel ['tinsəl] s Flitter(gold n) m; Lametta n; fig Firlefanz, falsche(r) Glanz, Kitsch m; a Flitter- a. fig; aufgeputzt; tr mit Flittergold verzieren; fig e-n falschen Glanz geben.
tint [tint] s Färbung, Tönung f, Farbton m; Schattierung f; typ Grundierung f; tr leicht färben, tönen; **~ed** ['-id] a getönt; **~~ glass** Rauchglas n; **~~ paper** Tonpapier n; **~ing strength** Farbkraft f.
tintinnabulation ['tintinæbju'leiʃən] Läuten, Klinge(l)n n.
tiny [taini] winzig; (Stimme) dünn.
tip [tip] **1.** s Spitze f, Ende n; Kappe, Zwinge f; (Zigarette) Mundstück n; (Berg) Spitze f; Gipfel m; tr mit e-r Spitze, Kappe versehen, beschlagen; als Spitze dienen für; from ~ to toe vom Scheitel bis zur Sohle; I have it on the ~ of my tongue (fig) es liegt, schwebt mir auf der Zunge; ~ of nose, tongue Nasen-, Zungenspitze f; asparagus ~s (pl) Spargelspitzen f pl; cork-, filter- ~ Kork-, Filtermundstück n; finger-~ Fingerspitze f; **~ped** [-t] a in Zssgen mit Mundstück; cork-, filter-, gold-~~ mit Kork-, Filter-, Goldmundstück; **~pet** ['-it] (Pelz-)Kragen; Umhang m; Schärpe f; **~staff** obs (Stab des) Gerichtsdiener(s) m; **~tilted nose** Stupsnase f; **~toe** ['-tou] adv u. s: on ~~ auf Zehenspitzen; fig ungeduldig, nervös adv (with vor); itr auf Zehenspitzen gehen; **~top** ['-'tɔp] s Gipfel f, Höhepunkt m; a fam tipptopp, prima; **2.** tr e-n Klaps geben (s.o. jdm); (leicht) berühren; ein Trinkgeld geben (s.o. jdm); (to ~ into) hineingießen; (to ~ off) auskippen, fig e-n Tip, Wink geben (s.o. jdm), sl umbringen; (to ~ over, up) umkippen, kanten, kippen; ausgießen; (to ~ out) lüften, leicht berühren (to s.o. vor jdm); itr e-n Tip geben; sich neigen; (to ~ up) umkippen; s Klaps m; Trinkgeld n; Tip, Wink m; geneigte Lage, Neigung, Schiefstellung f; (refuse ~) (Schutt-)Abladeplatz; Müll, Schutt m; Halde f; to ~ the scale (fig) den Ausschlag geben; to ~ s.o. the wink (fam) jdm ein Zeichen geben, jdn warnen; to ~ the winner (Rennen) auf den Sieger tippen; **~-and-run** s Art Kricket; a blitzschnell (angreifend u. sich zurückziehend); Überraschungs-; **~cart** f Sturz-, Kippkarren m; **~ cat** Art Kinderspiel n; **~-off** sl Wink, Tip m, Zeichen n; (kurze) Warnung f (on vor); **~ster** ['-stə] fam Tipgeber; Berater m bei Pferderennen; **~-up seat** Klappsitz m.
tipple ['tipl] **1.** tr itr (gewohnheitsmäßig) trinken, süffeln; s Schnaps m; allg Getränk n; **~r** ['-ə] (Gewohnheits-)Trinker, Säufer m; **2.** Am Kippvorrichtung f; Abladeplatz m.
tips|ify ['tipsifai] tr betrunken machen; **~iness** ['-nis] Trunkenheit f, fam Suff m; **~y** ['-i] kipp(e)lig, wack(e)lig; krumm (u. schief); fam angeheitert, beschwipst.
tirade [tai'reid, ti-, Am 'tai-] Tirade f, Wortschwall m; Geschimpf(e) n, Schimpferei f.
tire ['taiə] **1.** itr müde werden (of doing s.th. etw zu tun); of s.th. e-r S überdrüssig werden; etw satt haben;

tired 1040 **to**

tr müde machen, ermüden; langweilen; strapazieren; *to ~ out* völlig erschöpfen; **~d** ['-d] *a* müde, abgespannt (*with*, by von); erschöpft; überdrüssig (*of s.th.* e-r S); *to be ~~ out* abgespannt, fertig sein (*from* von); **~dness** ['-dnis] Müdigkeit, Übermüdung *f*; Überdruß *m*, Langeweile *f*; **~less** ['-lis] unermüdlich; **~some** ['-səm] ermüdend; langweilig; **~ wear** Abnützung *f* im Gebrauch; **2.** *mot* Reifen *m*, Bereifung *f*, Mantel *m*; *tr* bereifen; *to put air in the ~* den Reifen aufpumpen; *tubeless ~* schlauchlose(r) Reifen *m*; **~ casing, cover** Reifendecke *f*; **~ chain** Schneekette *f*; **~ flap** Felgenband *n*; **~-ga(u)ge** Reifendruckmesser *m*; **~-lever** mot Montiereisen *n*; **~ marks** *pl mot* Reifen-, Bremsspur(en *pl*) *f*; **~ pressure** Reifendruck *m*; **~ profile** Reifenprofil *n*; **~-pump** Luftpumpe *f*; **~ rim** Reifenwulst *m*; **~ trouble** Reifenschaden *m*, Panne *f*; **3.** *s obs* (Kopf-)Putz *m*; *tr* putzen; **~-woman** Zofe *f*; **tiring-room** *theat* (Schauspieler-)Garderobe *f*.

tiro, tyro ['taiərou] *pl* -os Anfänger, Neuling *m*.

'tis [tiz] = *it is*.

tissue ['tisju:, 'tiʃ(j)u:] (feines) Gewebe, *fig* Gewebe, Netz; (*~ paper*) Seidenpapier; Papiertaschentuch; *biol* Gewebe *n*; *connective ~* (*biol*) Bindegewebe *n*; *toilet ~* Toilettenpapier *n*; **~ culture** *biol* Gewebs-, Gewebezüchtung *f*.

tit [tit] **1.** *s*: *to give ~ for tat* mit gleicher Münze heimzahlen; **2.** = ~*lark*, *~mouse*; **3.** *fam* Zitze; *sl* Brust *f*; **4.** (Schind-)Mähre *f*; *sl* Weib(sbild, -sstück) *n*.

titan|ic [tai'tænik] titanisch, titanenhaft; *chem* Titan-; **~ium** [-'teinjəm] *chem* Titan *n*.

titbit ['titbit], **tidbit** ['tidbit] Leckerbissen *m a. fig*.

titfer ['titfə:] *sl* Hut *m*.

tith|able [taiðəbl] zehnt-, abgabepflichtig; **~e** [taið] *s hist* (Kirchen-)Zehnte *m*; Zehntel *n*; Bruchteil *m*; *allg* Abgabe *f*; *tr* den Zehnten abgeben von, für; den Zehnten einziehen von; **~~-barn** Zehntscheuer *f*.

titian ['tiʃiən] *a* (*Haar*) tizianrot.

titillat|e ['titileit] *tr* kitzeln *a. fig*; *fig* reizen; **~ion** [titi'leiʃən] Kitzel(n *n*) *a. fig*; *fig* Reiz *m*.

tit|lark ['titla:k] *orn* Wiesenpieper *m*; **~mouse** ['-maus] *pl* -mice ['-mais] Meise *f*.

title ['taitl] *s jur* Abschnitt *m*; (*Buch, Person*) Titel *m*; (*Kapitel*) Überschrift *f*; Anrecht *n*, (Rechts-)Titel *m*, Recht(sanspruch *m*) *n* (*to* auf); *film* Untertitel *m*; *tr* betiteln; *film* mit Untertiteln versehen; *under the same ~* in der gleichen Rubrik; *bastard ~* Schmutztitel *m*; **~d** ['-d] *a* mit e-m (Adels-)Titel, adlig; **~-deed** Besitztitel *m*, -urkunde *f*; **~-expectant** *sport* Titelanwärter *m*; **~-holder** Titelinhaber, *sport* -verteidiger *m*; **~-page** (*Buch*) Titel(blatt *n*, -seite *f*) *m*; **~-part, -role** *theat film* Titelrolle *f*; **~-retention** Eigentumsvorbehalt *m*.

titrat|e ['t(a)itreit] *tr chem* titrieren.

titter ['titə] *itr* kichern; *s* Gekicher *n*.

tit(t)ivate ['titiveit] *tr fam* herausputzen; *itr fam u. to ~ o.s.* sich hübsch machen.

tittle ['titl] (I-)Punkt *m*; Pünktchen *n*, Tüpfel(chen *n*) *m od n*; *not a ~, not one jot or ~ of* nicht ein Jota von; **~-tattle** ['-tætl] *s* Geschwätz, Geklatsch *n*, Tratsch *m*; *itr* schwatzen, klatschen.

titular ['titjulə] *a* Titular-; Titel-; *s* Titelinhaber *m*; **~ bishop** Titularbischof.

tizzy ['tizi] *sl* tolle Aufregung *f*.

to [tu:, tu, tə] **1.** *prp* zu; (*beim inf*) zu, um zu; (*zeitlich*) vor; bis; (*vor Ortsangaben*) nach; bis zu; in; *to go ~ school* zur Schule gehen; *~ the left* (nach) links; *~ the ground* zu Boden; *~ the light* ans Licht; *to apply ~ the skin* auf die Haut auftragen; *wet ~ the skin* naß bis auf die Haut; *to count ~ ten* bis zehn zählen; *~ a fault* bis auf e-n Fehler; (*all*) *~ a man* bis auf den letzten Mann; *to speak ~ s.o.* mit jdm sprechen; *tied ~ a post* an e-n Pfosten gebunden; *~ grow ~ manhood* zum Mann heranwachsen; *~ rise ~ fame* zu Ruhm gelangen; *~ six o'clock* bis 6 Uhr; *ten* (*minutes*) *~ six* (*o'clock*) 10 (Minuten) vor 6 (Uhr); *~ come ~ s.o.'s aid* jdm zu Hilfe kommen; *~ be ~ s.o.* jdn betreffen, angehen; *~ be open ~ attack* angreifbar sein; *~ my amazement* zu meiner Verwunderung; *~ s.o.'s cost* auf jds Kosten; *~ my knowledge* soviel ich weiß, meines Wissens; *torn ~ pieces* in Stücke gerissen; *~ add s.th. ~ s.th.* etw zu e-r S hinzufügen; *~ the music* nach der Musik; *set ~ music* in Musik gesetzt, vertont; *the key ~ the kitchen* der Schlüssel zur Küche; *10 ~ 1* 10 zu 1; *~ s.o.'s taste* nach jds Geschmack; *twenty ~ the bushel* zwanzig auf den,

toad 1041 **toil**

e-n Scheffel; ~ s.o.'s health auf jds Gesundheit; ~ prefer s.th. ~ s.th. etw e-r S vorziehen; true ~ life lebenswahr; ~ this dazu; as ~ was ... betrifft; **2.** adv tr) zu, (drauf)los, vorwärts; zu, geschlossen; close ~ dicht dabei; ~ and fro hin u. her; ~ push the door ~ die Tür zuschlagen; the door blew ~ die Tür schlug zu; that brought him ~ das brachte ihn (wieder) zu sich; buckle, fall ~! 'ran an die Arbeit!

toad [toud] Kröte f a. fig; **~-eater** fig Speichellecker m; **~-in-the-hole** Fleischpastete f; **~stool** (Gift-)Pilz m; **~y** ['-i] s Speichellecker, Schmarotzer m; itr niedrig schmeicheln; sich anbiedern (to s.o. mit jdm); tr um den Bart gehen, fam Honig ums Maul schmieren (s.o. jdm).

toast [toust] **1.** tr rösten; itr braun u. knusprig werden; to ~ o.s. sich auf-, durchwärmen; s Toast m, Röstbrot n; **~er** ['-ə] Brotröster m; **2.** s Zutrunk; Trinkspruch, Toast m; tr zutrinken (s.o. jdm); hochleben lassen; to propose, to give a ~ e-n Toast ausbringen (to s.o. auf jdn); **~master** Toastmeister m.

tobacco [tə'bækou] pl -os Tabak m; chewing, smoking ~ Kau-, Rauchtabak m; ~ **heart** med Flatterherz n; **~nist** [-'bækənist] Tabakhändler m; **~'s (shop)** Tabakladen m; **~-pipe** Tabakpfeife f; **~-plant, -pouch** Tabakpflanze f, -beutel m; ~ **shop** Am Tabakladen, -warenhandlung f.

toboggan [tə'bɔgən] s Toboggan, Rodel(schlitten) m; itr rodeln, Schlitten fahren; fig rapide nachlassen; ~ **slide** Rodelbahn f.

toby ['toubi] (~ jug) Bierkrug, Humpen m (in Form e-s dicken Mannes mit Dreispitz); Am sl billige, lange Zigarre f; ~ **collar** Halskrause f.

toco, toko ['toukou] sl Dresche, Tracht f Prügel.

tocsin ['tɔksin] Sturmglocke f, allg Warnsignal n.

today, to-day [tə'dei] adv heute; heutzutage; s heutige(r) Tag m; Gegenwart f; ~'s heutig; of ~ von heute; ~'s rate (com) Tageskurs m; ~ **week** heute in, vor acht Tagen.

toddl|e ['tɔdl] itr tappen, fam tapsen, watscheln; fam (herum)schlendern, bummeln; fam (to ~~ off) abhauen; s Gewatschel; fam Herumbummeln n; **~er** ['-ə] kleine(s) Kind n; watschelnde(r) Mensch m.

toddy ['tɔdi] Palmwein; Art Grog m (meist von Whisky).

to-do [tə'du:] (allgemeine) Unruhe f, Lärm m, Geschrei n; to make much ~ about s.th. viel Aufhebens von e-r S machen.

toe [tou] s Zehe; Fußspitze; (Schuh) Kappe f; (Hufeisen) Griff; (Golf) Löffel; tech Zapfen, Nocken m; tr (Schuh) mit e-r neuen Kappe, (Strumpf) mit e-r neuen Spitze versehen; vorschuhen, anstricken; mit den Zehen berühren, mit der Fußspitze, dem Fuß stoßen; (Nagel) schräg einschlagen; to ~ in, out nach innen od (fam) nach außen gehen; from top to ~ von Kopf bis Fuß; to be on o.'s ~s (fig) auf Draht sein; auf dem Sprung sein; to step, to tread on s.o.'s ~s (fig) jdm zu nahe, fam auf die Hühneraugen treten; to turn up o.'s ~s (fig sl) ins Gras beißen; to ~ the line (fig) sich ausrichten, nicht aus der Reihe tanzen; fam spuren; sport sich an der Startlinie aufstellen; ball of the ~ Zehenballen m; great, little ~ große, kleine Zehe f; **~-cap** (Schuh) Kappe f; **~d** [-d] a in Zssgen -zehig; (Nagel) schräg eingeschlagen; mit schräg eingeschlagenen Nägeln; ~ **dance** s Spitzentanz m; **~-dance** itr e-n Spitzentanz tanzen; **~-hold** Zehenleiste f; fig Halt; Ansatzpunkt; mil Brückenkopf m; to get a ~ (fig) festen Fuß fassen; **~less** ['-lis] zehenlos; (Schuh) ohne Kappe; **~-nail** Zehen-, Fußnagel m.

toff [tɔf] sl feine(r) Pinkel m.

toffee, toffy ['tɔfi] Karamelle f, Karamelbonbon m od n; ~ **apple** Apfel m mit Zuckerglasur.

tog [tɔg] s meist pl fam Kluft f, Klamotten f pl; tr itr fam (to ~ o.s. up, out) (sich) ausstaffieren, (sich) herausputzen; **~gery** ['-əri] fam Klamotten f pl; Manufakturwaren-, Herrenartikelgeschäft n.

together [tə'geðə] adv zusammen (with mit); miteinander, gemeinsam, gemeinschaftlich; zugleich, zu gleicher Zeit; nach-, hintereinander, ohne Unterbrechung, ununterbrochen; to call, to come, to knock ~ zs.rufen, -kommen, -stoßen; **~ness** ['-nis] Am Zugehörigkeitsgefühl n.

toggle ['tɔgl] s tech Knebel, Kipphebel m; (~ joint) Knebel-, Kniegelenk n; tr mit e-m Knebel befestigen; **~ lever** Kniehebel m; ~ **plate** Druckplatte f; ~ **switch** Kippschalter m.

toil [tɔil] **1.** itr sich (ab)mühen, sich plagen, sich placken, sich quälen (at

toiler   1042   **tonnage**

mit); schwer arbeiten, *fam* schuften; sich schleppen; *s* Mühe, Plackerei, *fam* Schufterei *f*; *to* ~ *up* sich mühsam hochschleppen, mühsam hochklettern; **~er** ['-ə] Schwerarbeiter *m*; **~ful** ['-ful], **~some** ['-səm] arbeitsam, fleißig; mühsam, -selig, schwer; **~worn** *a* abgearbeitet, abgemergelt. **2.** *s pl* Schlingen *f pl*, Netz *n*; *fig* Fallstrick *m*; *to be in the* ~*s* hilflos sein, sich nicht zu helfen wissen; *of s.o.* in jds Netze verstrickt sein.

toilet ['tɔilit] (Morgen-)Toilette; *(Abend-)*Toilette, Kleidung; *(~table)* Frisiertoilette *f*, -tisch *m*; *Am* Badezimmer *n*; Toilette *f*, Klosett *n*; *to make o.'s* ~ Toilette machen; **~case** Reisenecessaire *n*, Kulturbeutel *m*; **~paper** Klosett-, Toilettenpapier *n*; **~powder** Körper-, Gesichtspuder *m*; **~roll** Rolle *f* Klosettpapier; **~ry** ['-ri] Toilettenartikel *m pl*; **~set** Toilettengarnitur *f*; **~soap** Toilettenseife *f*; **~water** Toiletten-, Gesichtswasser *n*.

toke [touk] *sl* was zu beißen; Brot *n*.

token ['toukən] *s* Zeichen, Symbol *n*, Beweis *m*; Kennzeichen, (Unterscheidungs-)Merkmal; Andenken *n*, Erinnerung(sstück *n*); (Wert-)Marke *f*; Gutschein, Bon *m*; Steuermarke *f*; *a* symbolisch, Zeichen-; nominell; scheinbar, Schein-; *by this, the same* ~ aus dem gleichen Grund; außerdem, überdies; *in, as a* ~ *of* zum Zeichen *gen*; ~ **money** Wertmarke *f*; Papier-, Notgeld *n*; ~ **payment** symbolische Zahlung *f* als Anerkenntnis e-r Schuld; ~ **strike** Warnstreik *m*; ~ **vote** *parl* Bewilligung *f* e-r Summe, die überschritten werden kann.

toko *s. toco.*

told [tould] *pret u. pp von tell*; *all* ~ alles in allem.

toler|able ['tɔlərəbl] erträglich; leidlich; *fam* einigermaßen auf der Höhe; **~ably** ['-əbli] *adv* leidlich, ziemlich; **~ance** ['-əns] Duldung; Duldsamkeit, Toleranz *a. fin tech med*; *med* Widerstandsfähigkeit *f*; **~ant** ['-ənt] duldsam, tolerant (*of* gegen); *med* widerstandsfähig (*of* gegen); **~ate** ['-eit] *tr* geschehen lassen; dulden, zulassen; ertragen, aushalten; *med* vertragen; **~ation** [tɔlə'reiʃən] *bes. rel* Duldung *f*.

toll [toul] **1.** Brücken-, Wegegeld *n*, -zoll *m*; Markt-, Standgeld; Zollregal, -recht *n*, -hoheit *f*; Zuschlag *m*, Sonder-, Zustell-, Fernsprechgebühr *f*; *fig* Zoll, Tribut *m*; *to take* ~ (*fig*) Tribut fordern (*of* von); *it took a*

heavy ~ *of life* es hat viele Menschenleben gekostet; *the* ~ *of the road* die Verkehrsopfer *n pl*; **~bar, -gate** Schlagbaum *m*; **~bridge** Zollbrücke *f*; **~call** *tele* Ferngespräch *n*; **~house** Maut-, Zollhaus *n*; **~line** Schnellverkehrsleitung; *Am* Fernleitung *f*; **~road** gebührenpflichtige Autostraße *f*. **2.** *tr* (Glocke) läuten; *itr* läuten; schallen; *s* Glockengeläut *n*, -schlag *m*.

tom [tɔm] Männchen *n* (*einiger Tiere*); *T~* (*fam*) Thomas; *T~, Dick, and Harry* Hinz u. Kunz; *T~ and Jerry* (*Am*) Eiergrog *m*; **~boy** Range *f*, Wildfang *m*; **~cat** Kater *m*; **~fool** *s* Narr *m*; *a* närrisch, dämlich, dumm; **~foolery** [tɔm'fu:ləri] Dummheit *f*; Unsinn *m*; **T~my** ['-i] *fam* Thomas; (*~ Atkins, t~*) Tommy, britische(r) Soldat *m*; **~my** Naturallohn *m*; *sl* Verpflegung *f*, Brot *n*; *tech* Schraubenschlüssel *m*; *soft* ~~ (*mar*) frische(s) Brot *n*; ~~**bag** Brotbeutel *m*; ~~ *bar* Brecheisen *n*; ~~**cooker** Kochapparat, Schnellkocher *m*; ~~**gun** Maschinenpistole *f*; ~~**rot** (*sl*) Unsinn, Blödsinn, Quatsch *m*; ~~**shop** Verkaufskantine; Bäckerei *f*; **~noddy** Dummkopf *m*; **~tit** ['tɔm'tit] Meise *f*; **T~ Thumb** Däumling *m*; **~trot** Karamelbonbon *m*.

tomahawk ['tɔməhɔ:k] Kriegsbeil *n*, Tomahawk *m*.

tomato [tə'mɑ:tou, *Am* -'mei-] *pl* -*es* Tomate *f*; *Am sl* Frau *f*, attraktive(s) Mädchen *n*; ~ **juice** Tomatensaft *m*; ~ **ketchup** (Tomaten-)Ketchup *m od n*; ~ **soup** Tomatensuppe *f*.

tomb [tu:m] Grab(gewölbe); (~*stone*) Grabmal *n*, -stein *m*; *fig* Grab *n*, Tod *m*.

tombac, tomba(c)k ['tɔmbæk] *tech* Tombak *m*.

tombola ['tɔmbələ] Tombola *f*.

tome [toum] Band; (dicker) Wälzer *m*.

tomorrow, to-morrow [tə'mɔrɔ(u)] *adv* morgen; *s* der morgige Tag; *the day after* ~ übermorgen; ~ **morning, afternoon, night** morgen früh, nachmittag, abend; ~ **week** morgen in acht Tagen.

ton [tʌn] Tonne *f* (*Gewichtseinheit*); (*long* ~) *Br* 2240 *lb.* = 1016,05 *kg*; (*short* ~) (*Am u. überseeisches Commonwealth*) 2000 *lb.* = 907,18 *kg*; (*metric* ~) 1000 *kg* (2204,6 *lb.*); *mar* Registertonne *f* (100 *Kubikfuß* = 2,83 m³); *fam* Schwergewicht *n*; *sl* mot Geschwindigkeit *f* von 160 Meilen; *pl fam*: ~*s* of e-e Menge, Masse; **~nage** ['-idʒ] Tonnage *f*, Schiffsraum *m*; *mar* Tonnengeld *n*.

ton|al ['tounl] *mus* tonal; **~ality** [to(u)'næliti] *mus* Tonart; Klangfarbe, Tonalität; *(Malerei)* Farbgebung *f*; **~e** [toun] *s* Ton, Laut; Klang *m*; Betonung *f*, (Wort-)Ton; Tonfall *m*, -höhe *f*; Ton *m*, Ausdrucksweise *(beim Sprechen)*; *fig* Note, Art, Klangfarbe; Atmosphäre, Haltung, Stimmung; besondere Note *f*; Stil, Charakter; *(Malerei)* Ton *m*, Tönung, Farbgebung *f*; *physiol* Tonus *m*; Spannkraft, Elastizität *f*; *tr* (ab-)tönen; *phot* tonen; e-n bestimmten Ton, e-e bestimmte Klangfarbe *od* Note geben (*s.th.* e-r S); umstimmen, verändern; *itr* e-n Ton, Klang annehmen; *to ~~ down* (*tr*) niedriger stimmen; dämpfen; abschwächen; *itr* schwächer werden; abnehmen; *to ~~ in* harmonieren (*with* mit); *to ~~ up* (*tr*) höher stimmen; (ver)stärken; *itr* steigen; anschwellen, stärker werden; *in an angry* ~~ mit zorniger Stimme; ~~**-arm** Tonarm *m*; ~~ **colo(u)r** Klangfarbe *f*; ~~ **control** (*radio*) Klangregler *m*, Tonblende *f*; ~~ **pitch** Tonhöhe *f*; ~~ **poem** symphonische Dichtung *f*; ~~ **quality** Klangcharakter *m*; **~eless** ['-lis] ton-, farblos; **~ic** ['tɔnik] *a med* tonisch; *med* stärkend, anregend; *physiol* Tonus-; *mus* Grundton-; *(Phonetik)* betont; Ton-; *s mus* Grundton *m*, Tonika *f*; *gram* Wortton; *(Phonetik)* stimmhafte(r) Laut *m*; *pharm* Tonikum, Stärkungsmittel *n*; ~~ **chord** (*mus*) Grundakkord *m*; ~~ **spasm** Starrkrampf *m*; **~y** ['touni] *sl* elegant; oft *iro* überkandidelt, aufgedonnert.

tongs [tɔŋz] *pl a.* mit *sing* Zange *f*; *a pair of* ~ e-e Zange; *coal, sugar* ~ Kohlen-, Zuckerzange *f*.

tongue [tʌŋ] *anat* Zunge (*a.* Küche *u. fig*); *fig* Sprache; Sprechweise *f*; Rede *n*; *(Tier, bes. Jagdhund)* Laut *m*; *(Schuh)* Lasche, Zunge *f*; *(Glocke)* Klöppel; *(Schnalle)* Dorn *m*; *(Waage)* Zünglein *n*; Zeiger *m*; Deichsel *f*; *tech* Zapfen *m*, Feder; *rail* Zunge *(e-r Weiche)*; *geog* Landzunge; züngelnde Flamme *f*; *to be in everyone's* ~ in aller Munde sein; *to find o.'s* ~ die Sprache wiederfinden; *to give* ~ laut sagen; schreien; *(Hund)* Laut geben, anschlagen; *to have lost o.'s* ~ die Sprache verloren haben, kein Wort herausbringen; *to have o.'s* ~ *in o.'s cheek* ironisch sein; Hintergedanken haben; *to hold o.'s* ~ den Mund halten; *to keep a civil* ~ *in o.'s head* höflich bleiben; *to loll out, to put out o.'s* ~ die Zunge herausstrecken (*at s.o.* gegen jdn); *to throw* ~ *(Jagdhund)* Laut geben; *to wag o.'s* ~ ein loses Mundwerk haben; tratschen; *it is on the tip of my* ~ es liegt, schwebt mir auf der Zunge; *a slip of the* ~ ein Lapsus; *native* ~ Muttersprache *f*; **~-and-groove joint** *tech* Spundung *f*; **~-bone** *anat* Zungenbein *n*; **~d** [-d] *a in Zssgen* -züngig; *to be loose-*~ ein loses Mundwerk haben; **~-tied** *a: to be ~~* e-n Zungen-, Sprachfehler haben; *fig* mundfaul, sprachlos, *fam* platt sein; **~-twister** Zungenbrecher *m (Wort)*.

tonight, to-night [tə'nait] *adv* heute abend, heute nacht; *s* der heutige Abend; diese Nacht.

tonneau ['tɔnou] *mot* Fahrgast-, Innenraum *m*.

tonsil ['tɔns(i)l] *anat* Mandel *f*; **~lar** ['tɔnsilə] *a* Mandel-; **~litis** [-'laitis] Mandelentzündung *f*.

tonsorial [tɔn'sɔ:riəl] *meist hum* Frisör-.

tonsure ['tɔnʃə] *rel* Tonsur *f*.

tontine [tɔn'ti:n, '--] *fin* Tontine *f*.

too [tu:] *adv (vorangestellt)* zu, allzu, gar zu; *fam* überaus, sehr, höchst; *(nachgestellt)* auch, eben-, gleichfalls, gleicherweise; *all* ~ viel zu, zu; *none* ~ nicht allzu.

tool [tu:l] *s* Werkzeug, Gerät; Instrument *n a. fig jur*; Drehstahl *m*, **-bank** *f*; *fig* Werkzeug *n* (*Mensch*), Helfershelfer *m*; *pl* Handwerkszeug, (Arbeits-)Gerät *n*; *tr* bearbeiten; *(to ~ up)* mit Werkzeugen, Maschinen ausstatten; pressen in *(Bucheinband)*; *sl* kutschieren, fahren; *itr* ein Werkzeug, Werkzeuge benutzen; *sl (to ~ along)* herumfahren, -kutschieren; ~ *machine* Werkzeugmaschine *f*; **~-bag** *od* **-satchel, -box** Werkzeugtasche *f*, -kasten *m*; ~ **grinder** Werkzeugschleifer *m*; **~ing** ['-iŋ] Bearbeitung; *(Buchbinderei)* Prägung; Einrichtung *f (e-r Fabrik mit Maschinen)*; ~~ *costs* (*pl*) Bearbeitungskosten *pl*; **~-kit** Werkzeugsatz, -kasten *m*; **~-maker** Werkzeugmacher *m*; ~ **steel** Werkzeugstahl *m*.

toot [tu:t] *itr tr* tuten, hupen; blasen; pfeifen; *s* Tuten, Hupen *n*.

tooth [tu:θ] *s pl* **teeth** [ti:θ] Zahn *m a. tech fig*; *tr* mit Zähnen versehen; verzahnen; *in the teeth of* im Angesichts; zum Trotz; *(armed) to the teeth* bis an die Zähne (bewaffnet); *long in the* ~ alt; ~ *and nail (fig)* mit aller Gewalt; erbittert; *to cast, to throw s.th. in s.o.'s teeth (fig)* jdm etw ins Gesicht schleudern; *to cut o.'s teeth* zahnen; *to escape*

toothache 1044 **top**

by, *with the skin of o.'s teeth* mit knapper Not davonkommen; *to have a sweet ~* gern etw Süßes mögen; gern naschen; *to have a ~ out*, *(Am) pulled* sich e-n Zahn ziehen lassen; *to put teeth in (fig)* durchsetzen, erzwingen; *to set o.'s teeth (fig)* die Zähne zs.beißen; *to set s.o.'s teeth on edge* jdn rasend machen; *to show o.'s teeth (fig)* die Zähne zeigen; *milk, first ~* Milchgebiß n, -zähne m pl; *permanent, second ~* bleibende(s) Gebiß n; *set of teeth (natürliches)* Gebiß n; *(set of) false teeth (künstliches)* Gebiß n; *wisdom ~* Weisheitszahn m; **~ache** Zahnschmerzen m pl, -weh n; **~brush** Zahnbürste f; **~comb** Staubkamm m; *to go through with a ~* kritisch prüfen; **~ed** [-t] a mit Zähnen; *tech* gezahnt; *in Zssgen* mit ...Zähnen; **~ing** ['-iŋ] Zahnen n; Verzahnung f; **~paste** Zahnpasta f; **~pick** Zahnstocher m; **~powder** Zahnpulver n; **~some** ['-səm] wohlschmeckend, schmackhaft.

tootle ['tu:tl] *itr* (leise) tuten; *sl* quasseln; *s* Tuten, Gedudel n.

toots(y) ['tu:ts(i)] *Am fam* Schätzchen n.

top [tɔp] **1.** *s* Kopfende n; Kopf, Scheitel; *(Baum)* Gipfel, Wipfel m; *(Berg)* Spitze; Oberfläche, obere Seite f; Deckel m, Kappe, (Flaschen-)Kapsel; *(Stiefel)* Stulpe f; *Am mot* (Klapp-)Verdeck n; *mar* Mars m; *(big ~)* (Zirkus-)Zelt n; *fig* Gipfel, Höhepunkt m; höchste Stellung; Oberste(r) m; Spitze f *(Person)*; *das* Beste; Anfang, Beginn m; *pl bot* Kraut n, Blätter n pl; *a* oberst; höchst; Haupt-; best; **~s** *(pred) Am sl* Klasse, prima; *tr (Pflanze)* kappen, köpfen, verkapseln; die Spitze bilden *(s.th.* e-r S); maximal erreichen; sich belaufen auf; übertreffen; die Spitze erreichen, an der Spitze stehen *(s.th.* e-r S); *(e-e Liste)* anführen; *sl* hängen; *to ~ off* ab-, beschließen, beenden; den letzten Schliff geben *(s.th.* e-r S); *to ~ up* auffüllen; *at the ~ of the tree (fig)* auf der höchsten Sprosse; *at the ~ of o.'s voice, of o.'s lungs* aus vollem Halse; *from ~ to bottom* von oben bis unten; völlig; *from ~ to toe* von Kopf bis Fuß; *in ~ (gear)* mit dem höchsten Gang; *on ~* oben; *fig* obenauf; *on ~ of* ... hinaus, zusätzlich; *on ~ of that* darüber hinaus, zusätzlich; *on ~ of the world (fam)* allen, allen voran; auf dem Höhepunkt; *to ~ it off* zu guter Letzt; *~ left, right (Buch)* oben links, rechts; *to blow o.'s ~ (sl fig)* in die Luft gehen; platzen; *to come to the ~ (fig)* an die Spitze kommen; sich durchsetzen; *to go over the ~* zum Angriff antreten; *fig* es wagen; *that ~s everything* das setzt allem die Krone auf; *you are ~s with me* bei mir sind Sie ganz groß angeschrieben; *bottle-~* Flaschenkapsel f; **~-beam** Hahnebalken m; *(Brücke)* Kopfbalken, Holm m, Kappe f; **~-boots** Stulpenstiefel m pl; **~ brass** *Am sl mil* die hohen Tiere n pl; **~ cap** *mot* neue(s) Reifenprofil n; *tech* Gitter-, Röhrenkappe f; *tr* mit e-m neuen Profil versehen; **~coat** Überzieher, (leichter) Sommermantel m; **~-dog** *sl* der Erste; Oberbonze; Sieger m; erste Stelle f; **~-drawer** *a* Ober-; erstklassig; vornehm; **~-dressing** Oberflächenbeschotterung; *agr* Kopfdüngung f; **~ edge** Oberkante f; **~-flight** *a fam* Spitzen-, Höchst-; erstklassig; **~-gallant** *s mar* Bramstenge, -rahe f, -segel, -stag n; *fig* Gipfel m, Spitze f, überragende(r) Teil m; *a* Bram-; erstklassig; **~ gear** *mot* Direktgang m; **~-hamper** *s mar* Oberbramstenge, -rahe f, -segel, -stag n; **~-hat** Zylinder m; **~-heavy** *mot* oberlastig; *aero* kopflastig; *sl* betrunken; *fig fin* überfinanziert, -bewertet; **~-hole** *a sl* prima, Klasse; **~-knot** Haarschopf, -knoten m; *orn* Haube; *fam* Birne f, Kopf m; **~-less** ['-lis] in die Wolken ragend; **~-level**: *on ~~* auf höchster Ebene; **~-liner** *fam* maßgebende(r) Mann m; **~-lofty** *fam* hochtrabend; **~-mast** *mar* Stenge f; **~-most** oberst; vorzüglich; **~-notch** *fam* großartig, phantastisch, prima; **~-per** ['-ə] *sl* hohe(s) Tier n; Angströhre f, Zylinder m; Hut; Überzieher, Hänger m; *fam* nicht zu übertreffende Bemerkung; tolle Sache f; **~-ping** ['-iŋ] *s* Be-, Überdeckung; Decke f; *(Bäume)* Kappen n; (Haar-)Schopf m; *a* ober, höher; hochaufragend; *fam* prächtig, großartig, phantastisch; elegant; **~-out** Richtfest n; **~ price** Höchstpreis m; **~ sail** ['tɔpsl, '-seil] Marssegel n; **~ salary** Spitzengehalt n; **~ secret** *Am* streng (vertraulich u.) geheim; **~ sergeant** *Am mil fam, sl* **~ kick** Spieß, Hauptfeldwebel *od* -wachtmeister m; **~-side** *s* obere Seite f; *mar* Schiffswand f über der Wasserlinie; *adv fam* auf Deck; *fig* an leitender Stelle; **~soil** Humusboden m, -schicht f; **~ speed** *mot* Höchstgeschwindigkeit f; **~-team** *sport* Spitzenmannschaft f; **2.** Kreisel m; *to sleep like a ~* wie ein Murmeltier schlafen; *to spin a ~* e-n Kreisel drehen.

topaz ['toupæz] *min* Topas *m*.

top|e [toup] *tr itr* (gewohnheitsmäßig) trinken; *s zoo* Glatthai *m*; **~er** ['-ə] (Gewohnheits-)Trinker *m*.

topi, topee ['toupi] Tropenhelm *m*.

topic ['tɔpik] Thema *n*, Gegenstand, Inhalt *m*; *to provide a ~ for discussion* ein Diskussionsthema abgeben; **~al** ['-əl] *a* örtlich, lokal; thematisch; aktuell; Tages-; *med* örtlich; *s* Zeitfilm; Zeitfunk *m*; **~~ allusion** Anspielung *f* auf das Tagesgeschehen; **~~ encyclop(a)edia** Sachwörterbuch *n*; **~~ news film** Film *m* über das Tagesgeschehen; Wochenschau *f*; **~~ talk** Gespräch *n* über Tagesfragen; Zeitfunk *m*.

topograph|er [tə'pɔgrəfə] Topograph *m*; **~ic(al)** [tɔpə'græfik(əl)] topographisch; **~y** [tə'pɔgrəfi] Topographie, Ortsbeschreibung *f*.

topple ['tɔpl] *itr (to ~ over)* (um)kippen, kopfüber fallen; stürzen; schief stehen; überhängen (*on, over* über); *tr* umkippen; (herunter)stürzen.

topsyturvy ['tɔpsi'tə:vi] *adv* kopfüber, das Oberste zuunterst; drunter u. drüber, durcheinander; *a* auf den Kopf gestellt; in Unordnung; *to turn ~ das Oberste zuunterst kehren.*; *s u.* **~dom** ['-dəm], **~ness** ['-nis] (heilloses) Durcheinander *n*.

toque [touk] *hist* Barett *n*; Toque *f*.

tor [tɔ:] Felsen *m*, Felskuppe *f*, -hang *m*.

torch [tɔ:tʃ] Fackel *f a. fig; fig* Licht *n*, Flamme *f*; *(plumber's ~)* (Schweiß-) Brenner *m*; *(~-lamp)* Lötlampe *f*; Blitzlicht *n*; *to carry a ~ for s.o. (Am sl)* in jdn verknallt sein; *to hand on the ~ fig* die Fackel weitergeben, die Verantwortung in die Hände e-s Jüngeren legen; *electric ~* Taschenlampe *f*; **~ battery** Taschenlampen-, Stabbatterie *f*; **~bearer** Fackelträger *m a. fig*; **~light** Fackelschein *m*; **~ procession** Fackelzug *m*; **~race** *hist* Fackellauf *m*; **~singer** *Am* Bänkelsängerin *f*; **~song** *Am* sentimentale(s) Lied *n*; **~wood** Kienholz *n*.

torment ['tɔ:ment] *s* Qual, Marter, Folter, Pein *f*, (schweres) Leiden *n*; *(Kind)* Quälgeist *m*; *tr* [tɔ:'ment] quälen, martern, foltern, peinigen *(with* mit); beunruhigen; *to be in ~* Qualen ausstehen; **~or** [tɔ:'mentə] Peiniger; *agr* Kultivator *m*.

tornado [tɔ:'neidou] *pl -(e)s* Wirbelsturm, Tornado; *fig* Orkan *m*.

torp|edo [tɔ:'pi:dou] *pl -es s zoo* Zitterrochen; *mil mar* Torpedo *m*; Knallerbse *f*; *tr* torpedieren *a. fig; fig* unterminieren, hintertreiben, lahmlegen, durchkreuzen, e-n Strich machen durch; **~~boat** Torpedoboot *n*; **~~boat destroyer** Torpedobootszerstörer *m*; **~~ hit** Torpedotreffer *m*; **~~netting** Torpedo(schutz)netz *n*; **~~track, -wake** Torpedobahn *f*; **~~tube** Torpedorohr *n*; **~id** ['tɔ:pid] (er)starr(t), leblos, regungslos, benommen, betäubt; apathisch, stumpf; *med* träge; *zoo* bewegungsunfähig *(im Winterschlaf)*; **~idity** [tɔ:'piditi], **~idness** ['tɔ:pidnis], **~or** ['tɔ:pə] Erstarrung *n*. *zoo*, Leblosigkeit, Benommenheit, Betäubung, Stumpfheit, Trägheit *f*.

torque [tɔ:k] *phys* Drehmoment *n*, -beanspruchung *f*; **~ arm** Hebelarm *m*; *mot* Schubstange *f*; **~ rod** Kardanwelle *f*.

torr|efaction [tɔri'fækʃən] Dörren, Rösten *n*; **~efy** ['tɔrifai] *tr* dörren, rösten; **~id** ['tɔrid] ausgedörrt, -getrocknet, sonn(en)verbrannt; glühend heiß, sengend; *fig* glühend; **~~ zone** heiße Zone *f*; **~idity** [tɔ'riditi] Ausgedörrtheit; Gluthitze; *fig* Glut *f*.

torrent ['tɔrənt] Sturz-, Gießbach; *pl* Regenguß, Wolkenbruch; *fig* Strom *m*, Flut *f*, (Wort-)Schwall *m*; *it rains in ~s* es gießt in Strömen; **~ial** [tɔ'renʃəl] reißend; wolkenbruchartig; *fig* mitreißend, überwältigend; wortreich; **~~ rain** Wolkenbruch *m*.

torsion ['tɔ:ʃən] Torsion, (Ver-)Drehung *f*; **~al** ['-l] *a* Dreh(ungs)-; **~ balance, bar, galvanometer** Torsionswaage, -feder *f*, -galvanometer *n*.

torso [tɔ:'sou] *pl -os* Rumpf *m*, *(Kunst)* Torso *m a. fig*.

tort [tɔ:t] *jur* unerlaubte Handlung; *jur* Kränkung *f*; **~ property ~** Vermögensschaden *m*.

tortilla [tɔ:'tija] *Am* Maisfladen *m*.

tortoise [tɔ:təs] (*bes.* Land-)Schildkröte *f*; *as slow as a ~* so langsam wie e-e Schnecke; **~-shell** Schildpatt *n*.

tort|uosity [tɔ:tju'ɔsiti, *Am* -tʃu-] Gewundenheit *f*; Kurvenreichtum *m*; *fig* Unaufrichtigkeit *f*; **~uous** ['tɔ:tjuəs, *Am* -tʃu-] gewunden, kurvenreich, geschlängelt; *fig* unaufrichtig, unehrlich; **~ure** ['tɔ:tʃə] *s* Folter, Marter, Tortur *a. fig; fig* Qual *f*, Schmerz *m*, Pein *f*; *tr* foltern, martern, quälen *a. fig*; peinigen; *(Sinn)* verdrehen, entstellen; *to put to the ~~* auf die Folter spannen; **~urer** ['-rə] Folterknecht; *fig* Peiniger *m*.

Tory ['tɔ:ri] (engl.) Konservative(r) *m*; **~ism** [-izm] Konservativismus *m*, konservative Haltung *f*.

tosh [tɔʃ] *fam* Quatsch, Blödsinn *m*.

toss [tɔs] *tr (to ~ about)* umherstoßen, -schleudern, -werfen; schütteln, rütteln; emporschleudern, hoch-, in die Höhe werfen; zuwerfen; *(Reiter)* abwerfen; *(plötzlich)* aufrichten; *(Kopf)* hoch-, zurückwerfen; *(Pfannkuchen)* auf die andere Seite schleudern; *(Äste)* schütteln; *(mit e-r Münze)* auslosen *(for* für); *Am fam (e-e Veranstaltung)* schmeißen; *itr* umhergestoßen, -geschleudert, -geworfen werden; *(to ~ o.s. about)* sich (unruhig) hin u. herwerfen, -wälzen; aufgeregt hin- u. hergehen; *(Schiff)* schlingern; *(to ~ up)* das Los werfen, losen *(for* um); *s* Wurf *m*; Hochschleudern, -werfen; (Aus-)Losen; *(Schiff)* Schlingern *n*; *to ~ off* hinunterstürzen, -spülen; *fig* aus dem Ärmel schütteln; rasch erledigen, *fam* hinhauen; *to ~ out of* hinausstürzen aus; *to ~ s.o. for s.th.* mit jdm um etw losen; *to be in a ~ (fam)* aufgeregt, in Nöten sein; *to take a ~* stürzen; (vom Pferd) abgeworfen werden; *to win, to lose the ~* beim Losen gewinnen, verlieren; *to ~ o.'s cookies (Am sl)* kotzen; *to ~ it in (Am sl)* aufgeben; *to ~ oars (Rudern)* die Riemen pieken; **~pot** *sl* Säufer *m*; **~up** Losen *n*; *fig* ungewisse Sache *f*; *it's a ~~* das hängt ganz vom Zufall ab *(whether* ob).

tot [tɔt] **1.** *fam* ein bißchen; *fam* Schluck *m (Schnaps)*; *fam* Knirps *m*; **2.** *fam tr (to ~ up)* zs.zählen, -rechnen; *to ~ up to* betragen, sich belaufen auf.

total ['toutl] *a* ganz, völlig, vollständig, -zählig, total, gesamt; Gesamt-; *s* Gesamtbetrag *m*, Summe *f*, das Ganze; *tr (to ~ up)* zs.zählen, -rechnen; betragen, ausmachen; *itr* sich belaufen, kommen *(to* auf); *what does the come to?* wie hoch ist der Gesamtbetrag? *sum* ~ Gesamtsumme *f*, -betrag *m*; **~ amount** Gesamtbetrag *m*; **~ costs** *pl* Gesamtkosten *pl*; **-isator** = *-izator;* **-itarian** [toutæli'tɛəriən] *pol* totalitär; **-itarianism** [toutæli'tɛəriənizm] Totalitarismus *m*; **-ity** [to(u)'tæliti] Gesamtheit; Vollständig-, -zähligkeit; Gesamtsumme *f*, -betrag *m*; *astr* totale Verfinsterung *f*; *in ~~* im ganzen, insgesamt; **-izator** ['toutəlaizeitə] Totalisator *m*; Zählwerk *n*; **-ize** ['toutəlaiz] *tr* zs.rechnen, -zählen, -fassen; ~ **loss** Gesamtverlust; *(Feuer)* Totalschaden *m*; **-ly** *adv* völlig, vollständig, ganz; ~ **output** Gesamterzeugung, -produktion, -leistung *f*; ~ **population** Gesamtbevölkerung *f*; ~ **receipts** *pl* Gesamteinnahmen *f pl;* ~ **tonnage** Gesamttonnage *f;* ~ **value** Gesamtwert *m;* ~ **war** totale(r) Krieg *m;* ~ **weight** Gesamtgewicht *n.*

tote [tout] **1.** *Am fam tr* schleppen; befördern; begleiten; sich belaufen auf; *s* Schlepperei; Last *f;* ~ **bag** Einkaufstasche *f;* **2.** *sl* Totalisator *m.*

totem ['toutəm] Totem *n;* **~-pole** Totempfahl *m.*

totter ['tɔtə] *itr* schaukeln, torkeln, (sch)wanken; wackeln; (sch)wankend; wack(e)lig.

toucan ['tu:kən] *orn* Tukan *m.*

touch [tʌtʃ] *tr* be-, anrühren, anfassen; anstoßen; rühren, stoßen an; in Berührung kommen mit; grenzen an; streifen; *(durch Berühren)* (ein)wirken auf, angreifen, schaden *(s.th.* e-r S); *(Saite)* anschlagen; *(to ~ up)* retuschieren; *(Ort)* berühren; *(Hafen)* anlaufen; Hand anlegen an, handhaben, benutzen, gebrauchen; fertigwerden mit; beschädigen; antasten; erreichen, gleichkommen *(s.th.* e-r S), *fam* mitkommen mit; *(Thema)* berühren; betreffen, angehen; abfärben, einwirken auf; *(seelisch)* rühren; reizen, ärgern, aufbringen, treffen *(to the quick* ins Mark); *sl* anhauen, -pumpen *(for* um); *itr* in Berührung kommen; sich nähern, nahekommen *(on, upon s.th.* e-r S); anea.stoßen; *(in der Rede)* flüchtig berühren, erwähnen *(on, upon s.th.* etw); angehen, betreffen *(on, upon s.th.* etw); sich auswirken *(upon* auf); *(Schiff, Reisender)* berühren *(at a port* e-n Hafen), anlegen *(at* in); *s* (leichte) Berührung *f;* Streifen *n;* Pinselstrich; Tastsinn *m;* Gefühl *n;* Empfindung; Empfindlichkeit; Rührung *f,* Eindruck *m;* Verbindung, Fühlung; Retusche *f;* Anflug, Hauch *m,* Idee, Spur *f; fig* Stil, Griff *m,* Hand; Eigenart *f; med* leichte(r) Anfall *m;* Probierstein; Feingehalt; (Gold-)Stempel *m;* Probe *f;* Merkmal *n; mus* Anschlag *m; sl* Anhauen, Anpumpen *n; at a ~* bei bloßer Berührung; *to be, to keep in ~ with* in Verbindung stehen, bleiben mit; *to be out of ~ with* nicht mehr in Verbindung stehen mit; *to lose ~ with s.o.* die Verbindung mit jdm verlieren; *to put, to bring to the ~* auf die Probe stellen; *to ~ bottom (fig)* der Sache auf den Grund kommen; auf e-m Tiefpunkt ankommen; *to ~ o.'s hand to o.'s hat* die Hand zum Gruß an den Hut legen; *to ~ the spot (fam)* den Nagel auf den Kopf treffen; (gerade) das rich-

touch down   1047   **towering**

tige sein; *it was a near ~* das wäre beinahe schiefgegangen; *to ~* **down** *aero* zwischenlanden; *sport* ein Tor erzielen; *to ~* **off** flüchtig wiedergeben, skizzieren; in die Luft jagen, abfeuern; in Gang bringen, veranlassen, hervorrufen, verursachen, auslösen, *fam* starten; *tele* auflegen; *to ~* **up** vervollkommnen; auffrischen; **~able** ['-əbl] berührbar; **~and-go** *a* unsicher, riskant, gewagt; **~-down** *aero* Landung *f*; *sport* Tor *n*; **~ed** [-t] *a* gerührt, ergriffen (*with* von); mit e-m Anhauch, Anflug (*with* von); *a little ~~* etwas angegangen (*Fleisch*); *(fam) ~~ (in the head)* nicht ganz klar im Kopf; **~er** ['-ə] *sport u. fam* Treffer *m*; *to a ~~ (sl)* haargenau; **~iness** ['-inis] Empfindlichkeit; Reizbarkeit *f*; **~ing** ['-iŋ] *a* rührend, ergreifend; *s* Berührung *f*; Tastsinn *m*; *prp obs* betreffend; **~line** *sport* Seitenlinie *f*; **~-me-not** *bot* Rührmichnichtan *n*; **~stone** *fig* Prüfstein *m*; *~* **system** (Schreibmaschine) Zehnfingersystem *n*; **~type** *tr itr* blindschreiben; **~wood** Zunderholz *n*; **~y** ['-i] empfindlich; reizbar; prekär, heikel, riskant.

tough [tʌf] *a* zäh; kräftig, stark, robust; widerstandsfähig; hartnäckig; verbohrt, *fam* stur; schwierig, schwer; (*Kampf*) verbissen; rauflustig, streitsüchtig; *Am sl* unübertrefflich; *s* Raufbold, Rabauke, Messerstecher *m*; *that's a ~ nut to crack* das ist er e harte Nuß; **~ customer** *fam* üble(r) Kunde *m*; **~en** ['-n] *tr itr* zäh(er) machen, werden; **~ie** ['-i] *Am sl s* schwierige(s) Problem *n*; *fam* schwierige(r) Patron *m*; *~* **luck** *Am fam* Pech, Unglück *n*; *~* **minded** *a* unsentimental; **~ness** ['-nis] Zähigkeit; Widerstandsfähigkeit; Schwierigkeit *f*; *Am fam* Rabaukentum *n*.

toupee ['tu:pei, *Am* -'-] *s* Toupet, Haarersatzstück *n*, Halbperücke *f*.

tour [tuə] *s* (Arbeits-)Schicht *f*; *mil* Dienststunden *f pl*, -zeit; Auslandsverpflichtung; *theat* Tournee, Gastspielreise; Rundreise, Besichtigungsfahrt, Tour *f*, Rundgang *m* (*of* durch); *itr* e-e (Rund-)Reise machen (*through, about* durch; *in* in); *tr* e-e R. machen durch; bereisen; *theat* auf Tournee gehen mit; *on ~* auf Tournee; *conducted ~* Gesellschaftsreise *f*; *motor-coach ~* Busreise *f*; **~ing car** *mot* Tourenwagen *m*; **~ing exhibition** Wanderausstellung *f*; **~ism** ['-rizm] Fremdenverkehr *m*; **~ist** ['-rist] *s* Tourist, Vergnügungsreisende(r) *m*; *a* Touristen-; **~~ advertising** Fremdenverkehrswerbung *f*; **~~ agency**, office, (*Am*) bureau Reisebüro *n*; **~~ baggage insurance** Reisegepäckversicherung *f*; **~~ class** Touristenklasse *f*; **~~ guide** Fremdenführer *m*; **~~ industry** Fremdenverkehr(sindustrie *f*) *m*; **~~ season** Reisezeit *f*; **~~ ticket** Rundreise(fahr)karte *f*; **~~ travel** Touristenverkehr *m*.

tourn|ament ['tuənəmənt, 'tɔ:-] Turnier *n a. sport*; **~ey** ['tuəni, 'tɔ:-] *s hist* Turnier *n*; *itr* turnieren.

tourniquet ['tuəniikei] *med* Aderpresse *f*.

tousle ['tauzl] *tr* zerzausen; in Unordnung, durchea.bringen.

tout [taut] *itr fam* auf Kunden-, Stimmenfang gehen (*for* für); (*to ~ round*) auf Pferderennen Tips verkaufen; *s* Schlepper (*Person*); Tipgeber *m*.

tow [tou] **1.** *tr mot mar* (ab)schleppen; *mar* bugsieren; treideln; *s* Schleppen *n*; *mar* Treideln *n*; *mar* Schleppzug *m*; *(~(ing)-line, ~(ing)-rope)* Schlepptau *n*; *to have, to take in ~* im Schlepptau haben, ins Schlepptau nehmen *a. fig*; *can we give you a ~* können wir Sie abschleppen? **~age** ['-idʒ] (Ab-)Schleppen, *mar* Bugsieren *n*; Schleppgebühr *f*; **~boat** Schlepper *m*; **~ing** Schleppen, Treideln *n*; *~ cable* Schleppseil *n*; *~(-)-path* Treidelpfad *m*; **~plane** Schleppflugzeug *n*; *~* **take-off** *aero* Schleppstart *m*; **2.** *s* Werg *n*; **~headed** *a* strohblond.

toward(s) [tə'wɔ:d(z), tɔ:d(z), təəd(z)] *prp* auf ... zu, nach ... zu, in Richtung auf *a. fig*; gegenüber *dat*; auf ... hin; um ... willen; (*zeitlich*) kurz vor, gegen; *to run ~~ s.o.* auf jdn zulaufen; *to save ~~ s.th.* auf etw sparen.

towel ['tauəl] *s* Hand-, Badetuch *n*; *tr* abtrocknen, trockenreiben; *sl* e-e Abreibung geben (*s.o.* jdm), verdreschen (*s.o.* jdn); *to throw in the ~* (*Boxen u. fig*) aufgeben, sich für besiegt erklären; *bath-~* Badetuch *n*; *endless, roller ~* Rollhandtuch *n*; *kitchen ~* Geschirrtuch *n*; *sanitary ~* Damenbinde *f*; **~horse, ~rack** Handtuchständer *m*; **~(l)ing** ['-iŋ] Frottee *n od m*; *sl* Abreibung, Dresche *f*; **~~ bathrobe** Bademantel *m*; **~rail** Handtuchhalter *m*.

tower ['tauə] *s* Turm; Zwinger; (*~ of strength*) *fig* (sicherer) Hort *m*; *itr* sich (auf)türmen (*to* zu); sich emporrecken (*over s.th.* über etw); überragen (*above s.o.* jdn); *water ~* Wasserturm *m*; *~* **clock** Turmuhr *f*; **~ing** ['-riŋ] *a* sich (auf)türmend; überragend; *fig* gewaltig, heftig; *(Wut)* rasend.

town [taun] (kleinere) Stadt; Stadtbevölkerung *f*; *attr* Stadt-; *in ~* in der Stadt; *on the ~ (sl)* auf dem Bummel; *to be out of ~* verreist sein; *to go to ~* in die Stadt gehen; *(sl)* auf den Bummel gehen; sehr erfolgreich sein; auf die Pauke hauen; *to paint the ~ red (sl)* die Stadt auf den Kopf stellen; herumrandalieren; *it is the talk of the ~, the whole ~ knows of it* es ist Stadtgespräch; *a man about ~* Lebemann *m*; **~ centre** Stadtzentrum *n*; **~-clerk** Stadtschreiber, -syndikus *m*; **~-council** (Stadt-)Rat *m*; **~-council(l)or** Stadtrat, -verordnete(r) *m*; **~-crier** *hist* Ausrufer *m*; **~-ee** [-'ni:] *sl* Bewohner *m* e-r Universitätsstadt; Städter *m*; **~-hall** Rathaus *n*; **~ house** Stadthaus *n*, -wohnung *f*; **~ified** ['-ifaid] *a* verstädtert; **~ major** *mil* Ortskommandant *m*; **~ meeting** Bürgerversammlung *f*; *Am (Neuengland)* Urwählerversammlung *f*; **~-planning** Stadtplanung *f*; **~scape** ['-skeip] Stadtbild *n*; **~ship** ['-ʃip] *hist* Stadtgemeinde *f*; *Am* (Amts-)Bezirk *m* *(Unterteilung e-s County)*; *Am (Landvermessung)* Flächeneinheit *f* von 6 Quadratmeilen; *(Südafrika)* Eingeborenenviertel *n*; **~sman** ['-zmən] Städter *m*; *(fellow-~~)* Mitbürger *m*; **~speople, ~sfolk** Städter *m pl*; **~ward(s)** ['-wəd(z)] stadt(ein)wärts.

tox|(a)emia [tɔk'si:miə] *scient* Blutvergiftung *f*; **~ic** ['tɔksik] *a* Gift-, giftig; **~icant** ['-ənt] *a* giftig; *s* Giftstoff *m*; **~icology** [tɔksi'kɔlədʒi] Toxikologie *f*; **~in(e)** ['tɔksin] Toxin *n*.

toy [tɔi] *s* Spielsache *f*, -zeug *n*; Tand; Schnörkel *m*; *pl* Spielzeug *n*, -waren *f pl*; *a* Spiel-; klein, Zwerg-; *itr* spielen *a. fig*; *fig* tändeln *(with* mit); **~-box** Spielzeugkasten *m*; **~-dealer** Spielwarenhändler *m*; **~ dog** Stoffhund; Schoßhund *m*; **~ fish** Zierfisch *m*; **~ garden** Vor-, Ziergarten *m*; **~shop** Spielwarenhandlung *f*; **~ soldier** Blei-, Zinnsoldat *m*.

trac|e [treis] **1.** *s* Fährte, (Fuß-)Spur *a. fig (meist pl)*; *(meist pl)* Spur, verschwindend geringe Menge *f a. chem*; Überrest *m*; Merkzeichen *n*; Aufzeichnung *f (e-s Meßgeräts)*; Trasse *f*; *bes. Am* (Trampel-)Pfad *m*; *mil aero* Leuchtspur *f*; *psychol* bleibende(r) Eindruck *m*; *tr* folgen *(a path* e-m Pfad); nachgehen, -spüren *(s.o.* jdm); *(Ereignisse, Entwicklung)* zurückverfolgen, zurückführen *(to* auf); aufspüren, ausfindig machen; entdecken, nachweisen; zeichnen, entwerfen; graphisch darstellen; einzeichnen, trassieren; *(Meßgerät)* aufzeichnen; markieren, abstecken; *(Linie)* ziehen; durchpausen; (mühsam) schreiben; *itr* die Spur (zurück)verfolgen; *without a ~~* spurlos; *to ~~ back* zurückverfolgen *(to* bis, bis auf, bis zu); *to ~~ out* ausfindig machen, herausbekommen; aufzeichnen, aufschreiben; *(Kurve)* beschreiben; *(Plan)* entwerfen; *to leave o.'s ~~s* s-e Spuren zurück-, hinterlassen; **~~ element** Spurenelement *n*; **~eable** ['treisəbl] *a* zurückzuverfolgen(d); auffindbar; nachweisbar; zurückführbar *(to* auf); **~er** ['-ə] Aufspürer; technische(r) Zeichner *m*; *Am* Lauf-, Suchzettel *m*; Spurenelement *n*; *(radioactive ~~)* Isotopenindikator *m*; Leuchtstoff *m (der Leuchtspurmunition)*; *~~ ammunition* Leuchtmunition *f*; *~~ bullet, shell* Leuchtspurgeschoß *n*; *~~ composition, mixture* Leuchtsatz *m*; *~~ery* ['-əri] *arch* Maßwerk *n*; **~ing** ['-iŋ] Aufspüren *n*; Suchdienst *m*; (Durch-)Pausen *n*; Pause; Aufzeichnung *f (e-s Meßgeräts)*; Trassieren *n*; *~~ file* Suchkartei *f*; *~~-paper* Pauspapier *n*. **2.** Strang *m*, Zugleine *f*, -seil *n*; *to kick over the ~s (fig)* über die Stränge schlagen.

trache|a [trə'ki(:)ə, 'trækiə] *pl -ae* [-i:i] *anat* Luftröhre *f*; **~itis** [træki'aitis] *med* Luftröhrenentzündung *f*; **~otomy** [træki'ɔtəmi] *med* Luftröhrenschnitt *m*.

track [træk] *s* (Fuß-, Wild-, Wagen-) Spur, Fährte *f*, Geleise *n*; Pfad, Weg *m*; Bahn *f*, Gang *m*; (Renn-, Aschen-) Bahn *f*; Rennsport; *fig* (Gedanken-) Gang *m*; *rail* Gleis *n*, Schienenstrang *m*; Spurweite; *mil* Panzer-, Gleiskette; Gleitschiene *f*; *mar* Kielwasser *n*; *Am* Bahnsteig *m*; *tr* (jdn, e-e Spur) verfolgen, folgen *(s.o.* jdm); nachspüren *(s.th.* e-r S); aufspüren, ausfindig machen; betreten, -gehen; *(to ~ up)* Spuren hinterlassen in; *Am (Schmutz)* ausea.treten; mit Schienen, G(e)leisen versehen; e-e Spurweite von ... haben; *itr* Spur halten; aufea. ausgerichtet sein; *to ~ down* aufspüren, ausfindig machen; erjagen, stellen, zur Strecke bringen; *to ~ out* aufspüren; *to ~ up (Am)* mit den Schuhen beschmutzen; *in o.'s ~s (sl)* an Ort u. Stelle; *off the ~* auf falscher Fährte; *fig* auf dem Holzwege; *off the beaten ~* ungewöhnlich; wenig bekannt; *on ~* auf Achse;

to be on the ~ of s.o. jdm auf der Spur, auf jds Spur sein; *to cover up o.'s ~s (fig)* s-e Spuren verwischen; *to go off the ~* entgleisen; *to keep ~ of s.o.* jdn im Auge behalten; *of s.th.* sich etw genau merken; *to lose ~ of s.o.* jdn aus den Augen verlieren; *to make ~s (fam)* abhauen *itr;* sich auf den Weg machen *(for nach);* the beaten *~ (fig)* das ausgetretene Geleise; cinder-~ Aschenbahn *f;* motor-racing-, cycling, running *~* Motorradrenn-, Radrenn-, Aschenbahn *f;* **~age** ['-idʒ] Treideln *n;* Gleisanlagen *f pl; Am* (Gebühr *f* für die) Benutzung *f* fremder Gleisanlagen; **~er** ['-ə] Spürhund *m;* Jäger; Verfolger *m;* **~ events** *pl sport* Laufdisziplinen *f pl;* **~ hurdling** Hürdenlauf *m;* **~layer** Raupenfahrzeug *n; rail* Schienenleger *m;* **~less** ['-lis] spur-, pfadlos; nicht schienengebunden; **~~ trolley bus** Obus *m;* **~man, ~walker** *Am rail* Streckenaufseher *m;* **~ man** *Am* Leichtathlet *m;* **~ meet** *Am* Leichtathletikwettkampf *m;* **~mobile** Schienentraktor *m;* **~-suit** *Am* Trainingsanzug *m;* **~-way** Fahrbahn *f;* Schienenstrang *m.*
tract [trækt] (Land-)Strich *m,* Strecke, Fläche *f;* Gebiet *n;* Parzelle *f;* Zeitraum; *anat* Apparat *m,* Organe *n pl; anat* Strang *m,* Bahn *f; bes. rel* Traktat *m, pej* Traktätchen *n;* Broschüre *f;* digestive *~* Verdauungsapparat *m;* respiratory *~* Atmungsorgane *n pl;* **~ability** [træktə'biliti] Lenkbar-, Lenksamkeit *f;* **~able** ['træktəbl] folgsam, lenksam, -bar, fügsam, umgänglich; **~ion** ['trækʃən] Zug *m a. med;* Ziehen *n* (e-r Last); Beförderung *f,* Transport *m;* Zugkraft *f;* Reibungsdruck *m;* (~~ of the road) Bodenhaftung, Griffigkeit *f;* **~ switch** Fahrschalter *m;* **~ional** ['-ʃənl], **~ive** ['træktiv] *a* Zug-; ~ive power Zugleistung *f;* **~or** ['-ʃ] Traktor, Trecker, Schlepper *m,* Zugmaschine *f;* (~~ aircraft) *aero* Zugschrauber *m;* ~or Streckapparat *m;* ~plough Motorpflug *m;* ~~-trailer train (mot) Lastzug *m;* ~~ truck *(Am)* Sattelschlepper *m.*
trade [treid] *s* Gewerbe, Handwerk *n;* com Handel; Beruf(sstand) *m;* Fach (-arbeit *f*) *n,* Erwerbszweig *m,* Branche *f;* Geschäftswelt *f; (the ~)* Brauereigewerbe *n,* Handel *m* in Spirituosen; *Am* die Kunden *m pl,* Kundschaft *f; Am* (einzelnes) Geschäft *n,* Handel, (Geschäfts-)Abschluß, Tausch(geschäft *n*) *m; Am* Abmachung, Vereinbarung *f,* Abkommen *n;* the T~s *(pl)* die Passatwinde *m pl; itr* handeln, Handel treiben *(in s.th.* mit e-r S; *with s.o.* mit jdm); in Geschäftsverbindung stehen *(with s.o.* mit jdm); *Am* Geschäfte machen *(with s.o.* mit jdm); *Am fam* kaufen, Kunde sein *(at bei);* Nutzen, Vorteile ziehen, Gewinn schlagen *(on, upon* aus); ausnutzen *(on, upon s.o., s.th.,* jdn, etw); *tr com* verkaufen; eintauschen *(s.th. for s.th.* etw für etw); *to ~ away, off* verschachern; *to ~ in* in Kauf, Zahlung geben *(for* für); *to ~ on s.th.* auf etw spekulieren; etw ausnutzen; *by ~* von Beruf; *to be in ~* Handel treiben; *to carry on a ~* ein Geschäft betreiben; *to drive a good ~* ein gutgehendes Geschäft haben; *no man is born a master of his ~* es ist noch kein Meister vom Himmel gefallen; active, export *~* Aktiv-, Exporthandel *m;* arms *~* Waffenhandel *m;* balance of *~* Handelsbilanz *f;* basic *~* Schlüsselindustrie *f;* Board of T *~* (brit.) Handelsministerium *n;* building *~* Baugewerbe *n;* catering *~* Gaststättengewerbe *n;* domestic, home *~* Binnenhandel *m;* foreign, international *~* Außenhandel *m;* free *~* Freihandel *m;* the Free-T *~* Area (pol) die Freihandelszone *f;* goods *~* Warenverkehr *m;* horse *~ (fig)* Kuhhandel *m;* illegal *~* Schleichhandel *m;* itinerant *~* ambulante(s) Gewerbe *n;* overseas *~* Überseehandel *m;* passive, import *~* Passiv-, Importhandel *m;* retail *~* Klein-, Einzelhandel *m;* white-slave *~* Mädchenhandel *m;* wholesale *~* Großhandel *m;* world *~* Welthandel *m;* **~ acceptance** Warenwechsel *m;* **~ accord** Wirtschaftsabkommen *n;* **~ association** Handels-, Arbeitgeberverband *m;* Berufsgenossenschaft *f;* **~ bank** Handelsbank *f;* **~ barriers** *pl* Handelsschranken *f pl;* **~ binding** (Buch) Verlags-, Verlegereinband *m;* **~-board, -council** Arbeitgeber-, Arbeitnehmerausschuß *m;* **~ certificate, licence** Gewerbeschein *m;* **~ connections** *pl* Handels-, geschäftliche Beziehungen *f pl;* **~ control** Gewerbeaufsicht *f;* **~ cycle** Konjunkturzyklus *m;* **~ directory** Handelsadreßbuch *n;* **~ discount** Händler-, Großhandelsrabatt *m;* **~ disease** Berufskrankheit *f;* **~ dispute** Handelsstreit *m,* Arbeitsstreitigkeiten *f pl;* **~ edition** (Buch) allgemeine Ausgabe *f;* **~ fair** Handelsmesse *f;* **~-in** *Am* in Zahlung gegebene(r) Gegenstand *m;* **~-in value** Handels-

trade index   1050   **traffic returns**

wert m; ~ **index** Handelsindex m; ~ **jealousy** Konkurrenzneid m; ~ **journal** Handelsblatt n; ~ **law** Handelsrecht n; ~~**mark** Handels-, Fabrik-, Schutzmarke f, Warenzeichen n; ~~**name** Firmen-, Handelsbezeichnung f; ~ **partner** Handels-, Vertragspartner m; ~ **policy, politics** pl Handelspolitik f; ~ **price** Wiederverkaufs-, Großhandelspreis m; ~**r** ['-ə] Kaufmann, Händler; Gewerbetreibende(r); (Börse) freie(r) Makler m; mar Handelsschiff n; ~ **reference** Geschäftsempfehlung f; Kreditauskunft f; ~ **register** Handelsregister n; ~ **regulations** pl Gewerbeordnung f; Handelsbestimmungen f pl; ~ **relations** pl Handelsbeziehungen f pl; ~ **report** Handels-, Marktbericht m; ~**research** Marktuntersuchungen f pl; ~ **route** Handelsstraße f, -weg m; ~ **school** Gewerbe-, Handelsschule f; ~ **secret** Geschäftsgeheimnis n; ~ **show** Filmvorschau f (für Verleiher u. Kritiker); ~ **sign** Firmen-, Ladenschild n; ~**sman** ['-zmən] Gewerbetreibende(r), Handwerker; Händler; kleiner Geschäftsmann, Ladeninhaber, -besitzer m; ~**smen's entrance** Eingang m für Lieferanten; ~**speople** pl Gewerbetreibende; Geschäftsleute, Händler m pl; ~ **statistics** pl Handelsstatistik f; ~ **tax** Gewerbesteuer f; ~ **treaty** Handelsvertrag m, -abkommen n; ~~**union** Gewerkschaft f; to form a ~~ sich gewerkschaftlich zs.schließen; building ~~ Baugewerkschaft f; ~~ **movement** Gewerkschaftsbewegung f; ~~ **secretary** Gewerkschaftssekretär m; ~~**unionism** Gewerkschaftswesen n; ~~**unionist** Gewerkschaftler m; ~ **usage** Handelsbrauch m; ~ **value** Handelswert m; ~ **war** Handelskrieg m; ~~**wind** Passatwind m.

trading ['treidiŋ] a handeltreibend; kaufmännisch; Handels-; s Handel m (in s.th. mit etw; with s.o. mit jdm); ~ **agent** Handelsagent m; ~ **area, market** Absatzgebiet n; ~ **assets, capital** Betriebskapital n; ~ **bank** Handelsbank f; ~ **company** Handelsgesellschaft f; ~ **concern** Wirtschaftsunternehmen n; ~ **estate** (geplantes) Industrieviertel n; ~ **firm** Handelshaus n; ~ **licence** Gewerbeschein m; ~ **partner** Teilhaber m; ~ **profit** Handelsspanne f; Geschäftsgewinn m; ~ **stamp** Rabattmarke f; ~**stocks** pl Betriebswerte m pl; ~ **value** Handelswert m; ~ **volume** Handelsvolumen n; ~**year** Geschäftsjahr n.

tradition [trə'diʃən] (mündliche) Überlieferung, Tradition f; (alter) Brauch m; jur (förmliche) Übergabe f; ~**al** [-l] überliefert; traditionell, herkömmlich; üblich; ~**alism** [trə'diʃnəlizm] rel u. allg Traditionalismus m; Festhalten n an der Überlieferung; Traditionsgebundenheit f; ~**alist** [-ʃnəlist] Traditionalist m.

traduce [trə'dju:s] tr verleumden.

traffic ['træfik] s Güterverkehr; Handel m (in in, mit); Kunden m pl; Schleich-, Schwarzhandel m; (Geschäfts-)Verkehr, Umgang; (öffentlicher, Straßen-, See-, Luft-)Verkehr m; Transport-, Verkehrswesen n; Verkehrsteilnehmer m pl; a Verkehrs-; itr (bes. Schwarz-, Schleich-)Handel treiben, handeln (in s.th. mit etw); Geschäfte machen, Verkehr, Umgang haben (with mit); to ~ away verschachern; to ~ on ausnutzen; to direct the ~ den Verkehr regeln; freight, goods, merchandise ~ Fracht-, Güterverkehr m; frontier ~ Grenzverkehr m; long-distance ~ Fernverkehr m; motor ~ Autoverkehr m; ocean ~ Seeverkehr m; one-way ~ Einbahnverkehr m, -straße f; passenger ~ Personenverkehr m; railway ~ (Eisen-)Bahnverkehr m; road ~ Straßenverkehr m; road-~ office Straßenverkehrsamt m; short-distance, local ~ Nahverkehr m; through ~ Durchgangsverkehr m; tourist ~ Fremdenverkehr m; transit ~ Durchgangs-, Transitverkehr m; trunk ~ Fern(sprech)verkehr m; ~**able** ['-əbl] com gängig; (Straße) befahrbar; ~ **accident** Verkehrsunfall m; ~ **artery** Verkehrsader f; ~**ator** ['træfikeitə] mot Winker m; ~ **block, congestion, hold-up, jam** Verkehrsstockung f; ~ **census** Verkehrszählung f; ~ **circulation map** Straßenverkehrskarte f; ~ **control** Verkehrsregelung f; ~~ **tower** (aero) Kontrollturm m; ~ **density** Verkehrsdichte f; ~ **island** Verkehrsinsel f; ~**ker** ['-ə] Schwarzhändler, Schieber; Intrigant, Zuträger m; ~ **light, signal** Verkehrsampel f; ~ **load** Verkehrsstärke f; ~ **manager** rail Fahrdienstleiter m; com Versandleiter m; ~ **offence** Verstoß m gegen die Verkehrsregeln; ~ **patrol** Verkehrsstreife f; ~ **police** Verkehrspolizei f; ~ **policeman** Verkehrspolizist m; ~ **rates** pl Fracht(gebühren)sätze m pl; ~ **regulation** Verkehrsregelung f; pl Verkehrsvorschriften f pl; ~ **returns** pl Verkehrsziffern f pl, -stati-

traffic rules   1051   **training**

stik *f*; ~ **rules** *pl* Verkehrsregeln *f pl*; ~ **sign** Verkehrszeichen, -schild *n*; ~ **ticket** *Am* Strafmandat *n* (wegen e-s Verkehrsdeliktes); ~ **tower** Verkehrsturm *m*.

trag|edian [trəˈdʒiːdjən] Tragiker; *theat* Tragöde *m*; **~edienne** [trədʒiːdiˈen] Tragödin *f*; **~edy** [ˈtrædʒidi] Trauerspiel *n*, Tragödie *f a. fig*; **~ic(al)** [ˈtrædʒik(əl)] tragisch *a. fig*; *fig* (tief)traurig, unheilvoll; **~icomedy** [ˈtrædʒiˈkɔmidi] Tragikomödie *f a. fig*; **~icomic** [ˈtrædʒiˈkɔmik] tragikomisch.

trail [treil] *tr* nach-, hinter sich herschleifen; nachziehen, -schleppen; aufspüren, verfolgen, nachgehen, -fahren, herziehen (*s.o.* hinter jdm); (*Gras*) niedertreten; *itr* (auf dem Boden) schleppen, schleifen; *bot* ranken, kriechen; sich hinziehen, auslaufen, verwehen; kriechen, sich dahinschleppen; (*Hund*) e-e Spur verfolgen; *to ~ off* immer schwächer werden; sich verlieren; *s* Schleppe *f*, Schweif *m fig*; (*Rauch*) Fahne *f*; (Kondens-)Streifen *m*; Spur; Fußspur, Fährte *f*; (Trampel-)Pfad; (Lafetten-)Schwanz *m*; (*hot*) *on the ~* (dicht) auf der Spur; *to blaze the ~* den Weg bahnen *a. fig*; *to ~ o.'s coat* (*fig*) sich herausfordernd benehmen; *~ of blood* Blutspur *f*; **~-blazer** *Am* Pfadfinder; *fig* Pionier *m*; **~er** [ˈ-ə] Verfolger; Spürhund *m*; *bot* Kletterpflanze *f*; *(~ car)* Anhänger (*e-s Fahrzeuges*); Wohnanhänger, -wagen *m*; (Film-)Vorschau *f*; *~~ camp, park* (*Am*) Platz *m* für parkende Wohnwagen; Wohnwagenkolonie *f*; **~erite** [ˈ-əreit] (Dauer-)Bewohner *m* e-s Wohnwagens; **~ ferry** Gierfähre *f*; **~ing** [ˈ-iŋ]: **~~ aerial** (*aero*) Schleppantenne *f*; **~~ edge** (*aero*) Profilhinterkante *f*; **~~ rope** Schlepptau *n*; **~-net** Schleppnetz *n*.

train [trein] (Eisenbahn-)Zug *m*; Gefolge *n*, Begleitung *f*, Begleiter *m pl*; lange(r) Zug *m*, Karawane, Wagenkolonne *f*; (*~ of barges*) Schleppzug *m*; Schleppe *a. fig*; *fig* Reihe, Serie, Kette, Folge *f*; *mil* Train, Troß; *tech* Zug *m*, Kette; *el* Walzenstrecke, -straße *f*; Rädersatz *f*; Zündlinie *f*; *zoo* Schwanz, Schweif *m*; *tr* auf-, erziehen, (*to ~ up*) schulen, ausbilden (*for* für); unterrichten; dressieren, abrichten (*to do* zu tun); einweisen, einarbeiten, vorbereiten; *sport* trainieren; *mil* ausbilden; richten, einstellen (*on* auf); *bot* (am Spalier auf)ziehen; *itr* (sich) üben; *sport* trainieren (*for* zu); *mil* exerzieren; *Am fam* verkehren (*with* mit); *to ~ off* sich überanstrengen; aus der Übung kommen; *by ~* mit dem Zuge, mit der Bahn; *in ~* vorbereitet (*for* für); *im Gange*; *in its ~* (*fig*) in s-m Gefolge, nach sich; *to get into, to get on,* (*Am*) *to board a ~* in e-n Zug einsteigen; *to miss o.'s ~ connection* den Anschlußzug verpassen; *to put in ~* in Gang setzen; *to take a ~* e-n Zug benutzen (*to* nach); *the ~ is in* der Zug steht da, ist eingefahren; *ambulance, Red-Cross ~* Sanitätszug *m*; *boat ~* (Schiffs-)Anschlußzug *m*; *connecting, corresponding ~* Anschlußzug *m*; *corridor ~* Durchgangs-, D-Zug *m*; *early ~* Frühzug *m*; *extra~* Sonderzug *m*; *fast ~* Eilzug *m*; *freight, goods ~* Güterzug *m*; *local ~* Vorortzug *m*; *passenger ~* Personenzug *m*; *slow ~* Personen-, *pej hum* Bummelzug *m*; *through ~* durchgehende(r) Zug *m*; *~ of rolls* (*tech*) Walzenstraße *f*; *~ of thought* Gedankengang *m*, -folge *f*; *~ accident, disaster, smash, wreck* Eisenbahnunglück *n*; **~-bearer** Schleppenträger *m*; **~ connection** Zugverbindung *f*; **~ crew** Zugpersonal *n*; **~ dispatcher** Fahrdienstleiter *m*; **~ed** [-d] *a* ausgebildet, geschult; trainiert; *house-~* (*Hund*) stubenrein; **~~ men** Fachkräfte *f pl*; **~ee** [treiˈniː] Lehrgangsteilnehmer; in Berufsausbildung Stehende(r); *Am* Rekrut *m*; **~er** [ˈ-ə] Dresseur; Zureiter; Trainer, Sportlehrer; *mil* Ausbilder; Seitenrichtkanonier *m*; (*~~ aircraft*) Übungs-, Schulflugzeug *n*; **~-ferry** Eisenbahnfähre *f*; **~ing** [ˈ-iŋ] Schulung, Ausbildung; Einweisung; Dressur *f*; (Ein-)Üben, Training; *mil* Seitenrichten *n*; *in, out of ~~* (*sport*) in, aus der Übung; *to go into ~~* e-e Abmagerungskur unternehmen; *~~ camp* Ausbildungs-, Schulungslager *n*; (*teachers*) *~~-college* Hochschule *f* für Lehrerbildung; *~~-course* Schulungskurs *m*; *~~-facilities* (*pl*) Ausbildungsmöglichkeiten *f pl*; *~~-film* Lehrfilm *m*; *~~-flight* (*aero*) Übungsflug *m*; *~~-ground* Exerzierplatz *m*; Ausbildungs-, Übungsgelände *n*; *~~-group* Lehrgruppe *f*; *~~-instructions* (*pl*) Ausbildungsvorschrift *f*; *~~-jump* (*aero*) Übungssprung *m*; *~~-objective* Ausbildungsziel *n*; *~~-personnel* Lehrpersonal *n*; *~~-program(me)* Ausbildungsprogramm *n*; *~~-regulations pl* Ausbildungsvorschriften *f pl*; *~~-school* Berufsschule *f*; *~~-ship* Schulschiff

trainload 1052 **transferable**

n; **~load** rail Zugladung f; **~man** ['-mən] Am Eisenbahner (im Fahrdienst), bes. Bremser m; **~oil** (Fisch-)Tran m; **~ reservation** Platzkarte f; **~ schedule** Fahrplan m; **~ service** Zug-, Eisenbahnverkehr m, Bahnverbindung f; passenger ~~ Personenzugverkehr m.

traipse [treips] s. trapes.

trait [trei, Am treit] (Charakter-, Wesens-, Gesichts-)Zug m, Eigentümlichkeit f.

trait|or ['treitə] Verräter m (to an); **~orous** ['-ərəs] verräterisch; **~ress** ['-ris] Verräterin f.

trajectory ['trædʒiktəri, trə'dʒek-] Flugbahn, Wurfparabel f.

tram [træm] min Förderwagen, Hund; (~-car) Straßenbahnwagen; Schienenstrang; pl Stangenzirkel m; to go by ~ mit der Straßenbahn fahren; **~head** Straßenbahnendstation f; **~-line** Straßenbahnschiene, -linie f; **~way** Straßenbahn(linie) f.

trammel ['træməl] s (~ net) Schleppnetz n; Art Fessel f (für Pferde); Kesselhaken; Ellipsen-, Stangenzirkel m; pl fig Fesseln f pl, Hemmschuh m; tr (to ~ up) verwickeln, verwirren; fesseln, behindern, einengen, hemmen.

tramp [træmp] itr fest auftreten, sta(m)pfen; wandern; (to ~ it) zu Fuß gehen, marschieren; trampen, herumvagabundieren; tr herumstampfen, -trampeln auf; feststampfen; durchwandern, -streifen; s Getrampel m; (schwerer) Tritt m; Wanderschaft f, Fußmarsch; Landstreicher, Tramp m; Am Hure f; mar (~ steamer) Trampschiff n; **~le** ['-l] tr zertrampeln; itr (to ~ (up)on) herumtreten, -stampfen, trampeln auf; om s.o. auf jdm (seelisch) herumtrampeln; s Getrampel, Getrappel n; **~oline** ['-pəlin] Trampolin(e f) n.

trance [traːns] Starre, Erstarrung; Verzückung; Trance(zustand m) f; to send s.o. into a ~ jdn in Trance versetzen.

tranquil ['træŋkwil] ruhig, heiter, unbewegt; reglos, still; (Wasser) stehend; **~(l)ity** [træŋ'kwiliti] (Seelen-)Ruhe, Heiterkeit f; **~(l)ize** ['-aiz] tr itr (sich) beruhigen; **~(l)izer** ['-aizə] pharm Beruhigungsmittel n.

transact [træn'zækt, -'s-] tr (Geschäfte) aus-, durchführen, abschließen, tätigen; verhandeln (with mit); **~ion** -'zækʃən] Aus-, Durchführung f; Abschluß m, Tätigung f; Geschäft(sabschluß m) n, Transaktion f; (legal ~~) Rechtsgeschäft n; pl (Geschäfts-) Umsätze m pl; Verhandlungen f pl; Verhandlungsprotokoll n, Sitzungsbericht m; banking ~~ Banktransaktion f; barter ~~ Tauschgeschäft n; cash ~~ Barverkauf m; credit ~~ Kreditgeschäft n; exchange ~~ Börsentransaktion f; Devisentermingeschäft n; financial ~~ Geldgeschäft n; ~~ for the account Termingeschäft n.

transalpine ['trænz'ælpain] transalpin.

transatlantic ['trænzət'læntik] transatlantisch; **~ flight** Flug m über den Ozean; **~ liner** Überseedampfer m.

transceiver [træns'siːvə] radio Sende- u. Empfangsgerät n.

transcend [træn'send] tr fig überschreiten, -steigen, hinausgehen über; übertreffen; rel philos transzendieren; **~ence, -cy** [-əns(i)] Vorzüglichkeit, Vortrefflichkeit; Überlegenheit f; rel philos Transzendenz f; **~ent** [-ənt] vortrefflich, hervorragend; außerordentlich; rel philos transzendent; **~ental** [trænsen'dentl] philos transzendent(al); übernatürlich; fam abstrakt, unklar.

transcontinental ['trænzkɔnti'nentl] transkontinental.

transcribe [træns'kraib] tr abschreiben, kopieren; umschreiben, übertragen, transkribieren; mus umsetzen; radio auf Band aufnehmen.

transcript ['trænskript] Abschrift, Kopie; Reproduktion f; **~ion** [træns-'kripʃən] Abschreiben, Kopieren n; Abschrift, Kopie; Übertragung; Umschrift; mus Umsetzung; radio Ton-, Bandaufnahme, Wiedergabe f; ~~ turntable (radio) Abspieltisch m.

transept ['trænsept] arch Querschiff n.

transfer [træns'fəː] tr befördern, transportieren, verschicken, versenden; überbringen, -mitteln; verlegen (from ... to ... nach); versetzen (to nach); (Eigentum, Recht, fig) übertragen; abtreten, zedieren; (Geld) überweisen (to an), com übertragen, vortragen, rück-, gegenbuchen; (Geld) übertragen, umdrucken; itr versetzt werden (to zu, nach); Am rail umsteigen; s ['trænsfə(ː)] Beförderung f, Transport m, Verschickung f, Versand m; Überbringung, -mitt(e)lung; Verlegung; Versetzung (to nach); jur Übertragung (to auf); Abtretung, Zession; com Übertragung f; Übertrag m, Rück-, Gegenbuchung f; typ Umdruck; Umschlag-, Versandplatz; Am Umsteigefahrschein m; Versetzungspapiere n pl; cable ~ Drahtüberweisung f; **~able**

[-'fɔ:rəbl] übertragbar; **~ee** [-fə(:)'ri:] Versetzter); *jur* Übernehmer, Zessionar; *fin* Indossatar *m*; **~ence** ['trænsfərəns] Übertragung *a. psychol*; Verlegung; Versetzung *f (e-s Beamten)*; **~ential** [trænsfə'renʃəl] Übertragungs-; **~or** ['trænsfərə] *jur* Zedent; *fin* Indossant *m*; **~-picture** Abziehbild *n*; **~rer** [-'fɔ:rə] Übertragende(r) *m*; **~-ticket** Umsteigefahrschein; *com* Verrechnungsscheck *m*.

transfigur|ation [trænsfigju'reiʃən] Umgestaltung, Umwandlung *f*; *the T~~* (*rel*) die Verklärung; **~e** [-'figə] *tr* umgestalten, umwandeln (*into* in); *rel fig* verklären.

transfix [træns'fiks] *tr* durchbohren; aufspießen; *fig* lähmen; **~ed** [-t] *a fig* starr (*with* vor).

transform [træns'fɔ:m] *tr* umgestalten, verwandeln; umbilden, umformen, umwandeln (*to* in) *a. math phys el*; *el* umspannen; verändern; **~able** [-əbl] verwandelbar; **~ation** [-fə-'meiʃən] Umgestaltung, Verwandlung; Umbildung, Umformung, Umsetzung, *bes. scient* Umwandlung; *el* Umspannung; *zoo* Metamorphose; (Damen-)Perücke *f*; *atomic, nuclear ~~* Atom-, Kernumwandlung(sprozeß *m*) *f*; *~~ scene* (*theat*) Verwandlungsszene *f*; **~ative** [-'fɔ:mətiv] umgestaltend; **~er** [-'fɔ:mə] *el* Umformer *m*.

transfus|e [træns'fju:z] *tr* (*Flüssigkeit*) umgießen; durchtränken *a. fig* (*with* mit); (*Blut*) übertragen; **~ion** [-'fju:-ʒən] Umgießung; (*blood ~~*) Blutübertragung *f*; Durchtränkung *f*.

transgress [træns'gres] *tr* (*Grenze*) überschreiten *a. fig*; (*Gesetz, Bestimmung*) übertreten, verstoßen gegen, verletzen; *itr* sich vergehen; sündigen; **~ion** [-'greʃən] Überschreitung; Übertretung *f*, Verstoß *m*, Vergehen *n*, Rechtsbruch *m*; **~or** [-ə] Übertreter; Rechtsbrecher, Sünder *m*.

tranship *s. transship.*

transien|ce, -cy ['trænziəns(i), *Am* -ʃəns(i)] Vergänglichkeit *f*; **~t** [-t] *a* vergänglich; vorübergehend, kurz (-lebig), flüchtig; *Am* Durchgangs-; *s Am* (*~~ visitor*) Durchreisende(r) *m*; *el* Überspannung *f*; *~~ camp* Durchgangslager *n*; *~~ hotel* (*Am*) Hotel *n* für Durchreisende; *~~ worker* Gelegenheitsarbeiter *m*.

transistor [træn'sistə] *el* Transistor *m*; **~ize** *tr* mit Transistoren bestücken.

transit ['trænsit] Durchgang *a. astr*; Übergang *a. fig* (*to* zu); Wechsel *m* (*from* von); Transit, Transit-, Durchgangsverkehr *m*; Durchgangsstraße *f*; *in ~* unterwegs, auf dem Transport; **~ business, trade** Transithandel *m*; **~ camp** Durchgangslager *n*; **~ duty** Durchgangszoll *m*; **~ goods** *pl* Transitwaren *f pl*; **~ion** [-'siʒən] Übergang *m*; (*period of ~~*) Übergangszeit; *gram mus* Überleitung *f*; *~~ stage* Übergangsstadium *n*; **~ional** [-'siʒənl] Übergangs-; **~ive** ['sitiv] *a gram* transitiv; **~ manifest, permit** Durchfuhrerklärung, -bewilligung *f*; **~ory** [-'əri] vorübergehend, zeitlich bedingt, kurzlebig; **~~ provision** Übergangsbestimmung *f*; **~ pass** Passierschein *m*; **~ traffic** Durchgangsverkehr *m*; **~ visa** Durchreisevisum *n*.

translat|able [træns'leitəbl] übersetzbar; **~e** [-'leit] *tr* übersetzen, -tragen (*into German* ins Deutsche; *from (the) Italian* aus dem Italienischen); interpretieren, erklären, erläutern, auslegen, deuten; (*Telegramm*) dechiffrieren; *allg* umsetzen, -wandeln, übertragen (*into* in); versetzen; *tech* übersetzen, verschieben (*to* auf); (*Gebeine, Reliquien*) überführen; (*in den Himmel*) entrücken; *itr* sich übersetzen lassen; **~ion** [-'leiʃən] Übersetzen, -tragung, Erklärung; *tech* Übersetzung, Verschiebung *f*; **~or** [-'leitə] Übersetzer *m*.

transliterat|e [trænz'litəreit] *tr* transkribieren (*into* in); (*in ein anderes Alphabet*) umschreiben; **~ion** [-litə-'reiʃən] Transkription *f*.

transluc|ence, -cy [trænz'lu:sns(i)] Lichtdurchlässigkeit *f*; **~ent** [-t] durchscheinend, lichtdurchlässig.

transmarine [trænzmə'ri:n] überseeisch; Übersee-.

transmigrat|e ['trænzmaigreit] *itr* über-, umsiedeln, auswandern; **~ion** [-'greiʃən] Umsiedlung, Auswanderung *f*; *~~ of the soul* Seelenwanderung *f*.

transmiss|ibility [trænzmisə'biliti] Übertragbarkeit; *phys* Durchlässigkeit *f*; **~ible** [-'misəbl] übertragbar (*to* auf); *phys* durchlässig; *biol* vererblich; **~ion** [-'miʃən] Übersendung, -mitt(e)lung; Übertragung *a. biol phys*, Vererbung; Fortpflanzung *a. phys*; *tech* Transmission *f*; (Übersetzungs-)Getriebe *n*; *phys* Durchlässigkeit; *radio* Übertragung, Sendung *f*; *~~ engineer* Funkingenieur *m*; *~~ gear* Wechselgetriebe *n*; *~~ line* Hochspannungsleitung *f*; *~~ of power* Kraftübertragung *f*; *~~ shaft* Getriebewelle *f*.

transmit [trænz'mit] *tr* übersenden, -mitteln; vermachen; übertragen, vererben *a. biol*; mitteilen; *phys* über-

transmittal tragen, leiten, fortpflanzen, durchlassen; *tech (Kraft)* übertragen; *radio* senden, übertragen; **~tal** [-l] Übersendung, -mitt(e)lung; Übertragung *f*; **~ter** [-ə] Übersender, -mitt(e)ler; Übertragende(r) *m*; *tele radio* Mikrophon; Sendegerät *n*, Sender *m*; **~ting** [-iŋ] *a* Sende-; **~~~aerial**, **~antenna** Sendeantenne *f*; **~~~circuit** Sendekreis *m*; **~~~current** Sendestrom *m*; **~~~-pcwer** Sendestärke *f*; **~~~room** Senderaum *m*; **~~~station** Sendestelle *f*; **~~~valve** Senderöhre *f*.

transmogrify [trænz'mɔgrifai] *tr hum fig* auf den Kopf stellen.

transmut|ability [trænzmju:tə'biliti] Umwandelbarkeit *f*; **~able** [-'mju:təbl] umwandelbar; *chem* Umwandlung; **~ion** [trænzmju:'teiʃən] *biol* Transmutation *f*; **~e** [-'mju:t] *scient* umwandeln (*into* in).

transoceanic ['trænzouʃi'ænik] überseeisch; Übersee, Ozean-.

transom ['trænsəm] Querbalken, -träger *m*.

transparen|ce, -cy [træns'pɛərəns(i)] Durchsichtigkeit, Transparenz *f*; Transparent, Diapositiv *n*; **~t** [-t] durchsichtig; *fig* klar, deutlich; offen, aufrichtig, ehrlich.

transpir|ation [trænspi'reiʃən] Ausdünstung, Transpiration *f*; Schweiß *m*; **~e** [-'paiə] *tr* ausdünsten, -schwitzen; *bot* verdunsten; *itr* schwitzen, transpirieren; ausgedünstet, ausgeschwitzt werden; *fig* durchsickern, verlauten, bekannt-, ruchbar werden; *fam* passieren, geschehen.

transplant [træns'plɑ:nt] *tr* umpflanzen, *(Menschen)* verpflanzen, umsiedeln (*to* nach); *med (Gewebe)* transplantieren; *itr* sich um-, verpflanzen, sich transplantieren lassen; *s* ['--] *u*. **~ation** [trænsplɑ:n'teiʃən] *bot* Umpflanzen *n*; *fig* Umsiedlung; *med* Transplantation *f*.

transport [træns'pɔ:t] *tr* befördern, transportieren; *hist (in e-e Strafkolonie)* deportieren; *to be* **~ed** außer sich sein (*with* vor); *s* ['trænspɔrt] Beförderung, Überführung *f*, Transport *m*, Spedition *f*, Versand *f*; *(~-ship)* Frachter *m*, Transportschiff *n*; *(troop-~)* Truppentransporter *m*; Transportflugzeug; Beförderungsmittel *n*; *com* Übertrag *m*; *fig* Begeisterung, Hingerissenheit, Ekstase *f*, Enthusiasmus *m*; *in a* **~**, *in* **~s** *of*, **~ed** *with* außer sich, hingerissen vor; *air* **~** Luftverkehr *m*; *door-to-door* **~** Beförderung *f* von Haus zu Haus; *means* *of* **~** Beförderungs-, Transportmittel *n*; *passenger* **~** Personenbeförderung *f*; *road* **~** Straßentransport *m*; *water-borne* **~** Beförderung *f* auf dem Wasser; **~** *by rail* Schienentransport *m*; **~able** [-əbl] transportierbar, versendbar; **~** **agent** Spediteur *m*; **~ation** [trænspɔ:-'teiʃən] Beförderung *f*, Versand *m*; *Am* Beförderungs-, Transportmittel *n*; Versand-, Transportkosten *pl*; *Am* (**~** *ticket*) Fahrtausweis, Fahrschein *m*, -karte *f*; *hist* Deportation *f*; **~ café** Gasthaus *n* für Fernverkehrsfahrer; **~ charges** *pl* Transportkosten *pl*; **~er** [-ə] Laufkran *m*; Förderband *n*; **~ insurance** Transportversicherung *f*.

transpos|e [træns'pouz] *tr* umsetzen, -stellen; auswechseln, -tauschen; *math mus* transponieren; *tech* verdrillen; **~ition** [trænspə'ziʃən] Umsetzung, -stellung, Auswechs(e)lung; *math mus* Transposition *f*; *tech* Verdrillung *f*.

transship [træns'ʃip] *tr* umladen; **~ment** [-mənt] *mar* Umladung *f*; Umschlag *m*.

trans(s)onic [træns'sɔnik] *a* Überschall-.

transubstantiat|e [trænsəb'stænʃieit] *tr bes. rel (Brot u. Wein)* um-, verwandeln (*into* in); **~ion** ['trænsəbstænʃi'eiʃən] Um-, Verwandlung; *rel* Transsubstantiation *f*.

transvers|al [trænz'və:səl] *a* = **~e** *s math* Transversale *f*; **~e** ['trænzvə:s, -'-] *a* diagonal, quer laufend (*to* zu); *s* Querstück *n*; **~~ section** Querschnitt *m*.

trap [træp] **1.** *s* Falle *a. fig*; Fallgrube *f*, -strick *m a. fig*, Schlinge; (*-door*) Falltür, *theat* Versenkung *f*; *tech* Klappe *f*, Siphon *m*; *sport* Schlagholz *n*; zweirädrige(r) Einspänner; *pej* Klapperkasten *m*; *sl* Schnauze *f*; *sl* Polizist *m*; *Am sl* Nachtlokal *n*; *tr* fangen; *tech* mit e-r Klappe, e-m Verschluß versehen; einfangen; (ab)fangen, festhalten; *fig* erwischen; ertappen; *mil* einschließen; *itr* Fallen stellen; *to set a* **~** *for s.o.* jdm e-e Falle stellen; *to fall, to walk into a* **~** in e-e Falle gehen; **~~ball** Schlagball *m*; **~per** [-ə] Fallensteller, Trapper *m*; **2.** *pl fam* (*fam* Sieben-)Sachen, Habseligkeiten *f pl*, Krimskrams *m*; **~pings** ['-iŋz] *pl* verzierte (Pferde-)Decke *f*; *fig* (Sonntags-)Staat *m*, Abzeichen *n pl*.

trapes, traipse, trapse [treips] *itr (Frau)* (herum)watscheln; latschen.

trapez|e [trə'pi:z] *sport* Trapez *n*; **~ium** [trə'pi:zjəm] *math Br* Trapez *n*; *Am* Trapezoid *n*; **~oid** ['træpizɔid] *math Br* Trapezoid; *Am* Trapez *n*.

trash [træʃ] *s Am* Abfall; Plunder; Schund; *fig* Unsinn, Blödsinn, Quatsch *m*; Pfuscharbeit *f*; *Am* Lump(enpack *n*) *m*; *white* ~ *(Am)* arme Weiße *m pl*; **~can** *Am* Abfalleimer *m*; **~dump** *Am* Schuttabladeplatz *m*; **~y** ['-i] wertlos; kitschig; Abfall-; Schund-, Pfusch-.

traum|a ['trɔ:mə] *pl a.* **-ata** ['-ətə] (schwere) Wunde, Verletzung *f*; *psychol* Trauma *n*; **-atic** [trɔ:'mætik] traumatisch.

travail ['træveil] *obs* Wehen *f pl*.

travel ['trævl] *itr* reisen *a.* com *(in* in); auf Reisen sein; gehen, laufen; fahren; *(Blick)* schweifen *(to* ~ *over)*; *fig* überfliegen; *tech* sich bewegen (können), Spielraum haben; sich ausbreiten, sich fortpflanzen; *tr* bereisen, reisen durch, durchziehen, -wandern; *(Strecke)* zurücklegen; *s* Reisen *n*, Reise; Bewegung *f*; Verkehr; *tech* Kolbenweg, Hub *m*; *pl* Reisen *f pl*; Reisebeschreibung *f*, -erlebnisse *n pl*; ~ **agency, bureau** Reisebüro *n*; ~ **book, guide** Reisehandbuch *n*, -führer *m*; ~ **case** Reisekoffer *m*; ~ **expenses** *pl* Reisekosten *pl*; ~ **folder** Reiseprospekt *m*; **~(l)ed** ['-d] *a* weitgereist, welterfahren; viel befahren, viel begangen; *geol* erratisch; **~(l)er** ['-ə] Reisende(r) *m*. com; *tec* Fahrkran *m*; *commercial* ~~ Handlungs-, Geschäftsreisende(r) *m*; *fellow* ~~ Reisegefährte, Mitreisende(r); *pol* Sympathisierende(r) *m*; *T*~*'s Aid (Am)* Bahnhofsmission *f*; ~*'s cheque, (Am) check* Reisescheck *m*, -kreditbrief *m*; ~*'s tale (fam)* Lügenmärchen *n*; **~(l)ing** Reise-; ~~*-allowance* Reisekostenzuschuß *m*; ~~*-bag* Reisetasche *f*; ~~*-bridge* Verladebrücke *f*; ~~*-clock* Reisewecker *m*; ~~ *crane* Laufkran *m*; ~~*-expenses (pl)* Reisekosten, -spesen *pl*; ~~*-guide* Reiseführer *m*; ~~*-insurance* Reiseversicherung *f*; ~~*-kitchen (mil)* Feldküche *f*; ~~*-library* Wanderbücherei *f*; ~~*-requisites (pl)* Reiseutensilien *pl*; ~~*-rug* Reisedecke *f*; ~~*-salesman (Am)* Geschäftsreisende(r) *m*; ~~*-stairs (pl)* Rolltreppe *f*; ~~*-weight* Laufgewicht *n*; **~og(ue)** ['trævələ(:)g] Lichtbildervortrag *m* über Reiseerlebnisse; Reisefilm *m*; *(illustrierte)* Reisebeschreibung *f*; ~ **order** *Am mil* Marschbefehl *m*; ~ **restrictions** *pl* Reisebeschränkungen *f pl*.

traverse ['trævə(:)s] *tr* durch-, überqueren; durchreisen; *(Geschütz, Drehbank)* schwenken; *fig* durchkreuzen, e-n Strich machen durch; *(Fluß)* durchfließen; *jur* be-, abstreiten, leugnen; Einspruch erheben gegen; *mar* kreuzen; *s* Querlinie *f*, -stück *n*, -balken *m*, -schwelle *f*, -wall, -gang *m*, Traverse *f*; Durch-, Überqueren *n*; *fig* Hindernis *n*; seitliche, schräge, Zickzack-, Drehbewegung *f*; *(Bergsteigen)* Queren *n*; *(Geschütz)* Schwenkbereich *m*, Schwenkung *f*; *mar* Koppelkurs *m*; *math* Schnittlinie *f*; *jur* Einspruch *m*.

travesty ['trævisti] *s* Travestie; *fig* Verzerrung, Entstellung *f*; *tr* travestieren; *fig* verzerren, entstellen.

trawl [trɔ:l] *s (~-net)* Schleppnetz *n*; *tr itr* (mit dem S.) fischen; **~er** ['-ə] (Schleppnetz-)Fischer(boot *n*) *m*.

tray [trei] Brett, Tablett *n*; Präsentierteller; Untersatz *m*; (flache) Schale *f*; Koffereinsatz; (Mörtel-, Sandstein-) Trog *m*; *ash*-~ Aschenbecher *m*; *in-, out-*~ (Kasten *m* für) eingehende, ausgehende Post; *pen-*~ Federschale *f*; *tea-*~ Teetablett *n*.

treacher|ous ['tretʃərəs] verräterisch, treulos, untreu *(to s.o.* jdm); hinterhältig, heimtückisch; täuschend, irreführend; unzuverlässig; *(Gedächtnis)* trügerisch; **-y** ['-əri] Treulosigkeit *f (to* gegen); Verrat *m (to* an).

treacl|e ['tri:kl] Sirup *m*; Melasse *f*; *fig* Schmeichelei *f*; **-y** ['-i] sirupartig; *fig* zuckersüß, süßlich.

tread [tred] *irr* trod [trɔd], trodden ['trɔdn] *tr* betreten; gehen, schreiten auf; *(Takt)* treten; herumtreten, -trampeln *a. fig*; *(Erde)* festtreten; *(Pfad)* trampeln; *orn* treten; *itr* treten, schreiten, gehen, sich stellen *(on* auf); auftreten; herumtreten, -trampeln *(on, upon* auf); *(Vögel)* sich paaren; *s* Tritt, Schritt; Tritt(brett *n*) *m*, (Treppen-)Stufe *f*; *(Leiter)* Sprosse *f*; *(Schuhsohle, Rad)* Lauffläche *f*; *(Gummireifen)* Profil *n*; Spurweite *f*; *(Vogelei)* Hahnentritt *m*; *to* ~ *out (Feuer)* austreten; *fig* unterdrücken; *to* ~ *on air (fig)* im Glück schwimmen; *to* ~ *the boards* auf den Brettern stehen, Schauspieler sein; *to* ~ *in s.o.'s (foot)steps (fig)* in jds Fußstapfen treten; *to* ~ *on s.o.'s heels* jdm auf die Fersen, *fam* Hacken treten; *fig* jdm nicht von den Fersen gehen; *to* ~ *on s.o.'s toes, corns (fig)* jdm zu nahe treten; *to* ~ *water* Wasser treten; **~mill** Tretmühle *f a. fig*.

treadle ['tredl] *tech* (Fuß-)Tritt *m*, Pedal *n*; **~-drive, -operation** Fußantrieb *m*.

treason ['tri:zn] Verrat m, Verräterei f (to an); (high ~, ~-felony) Hochverrat m; **~able** ['-əbl] verräterisch; **~ trial** Hochverratsprozeß m.

treasur|e ['treʒə] s Schatz a. fig; fig Hort m; fig fam Perle f; tr (to ~ up) horten, anhäufen, sammeln, zs.tragen; fig sehr schätzen; art-~~s (pl) Kunstschätze m pl; ~~-house Schatzkammer f; fig Fundgrube f; ~~-hunter Schatzsucher m; ~~-trove wertvolle(r), kostbare(r) Fund m; **~er** ['-rə] Schatzmeister, Kassenverwalter, -wart m; city ~~ Stadtkämmerer m; **~y** ['-ri] Schatzhaus n, -kammer f; Kasse(nraum m); Finanz-, Staatskasse f; Fiskus m; T~~ (Board), (Am) T~~ Department Schatzamt, Finanzministerium n; (Klub-)Kasse f; fig (Kunst, lit) Schatz m, Sammlung f; Fundgrube; (Dichtung) Anthologie, Blütenlese f; First Lord of the T~~ Premierminister m; the Lords of the T~~ (Br) Ministerkollegium, -ministerium n; ~~ bench (parl) Regierungsbank f; ~~ bill kurzfristige(r) Schatzwechsel m; ~~ bond, -certificate Schatzanweisung f; ~~ clerk Finanzbeamte(r) m; ~~ licence Devisenbewilligung f; ~~ note (Am) Schatzwechsel m.

treat [tri:t] tr behandeln (for wegen; with mit) a. med chem tech; umgehen mit; ansehen, betrachten (as als); (Thema) sich befassen mit, behandeln; bewirten, freihalten (to s.th. mit etw) zukommen lassen, spendieren, zum besten geben (s.o. to s.th. jdm etw); itr handeln (of von); ver-, unterhandeln (with mit; for wegen); die Zeche (be)zahlen; to ~ o.s. to s.th. sich etw gönnen; s Bewirtung f; Schmaus m, Fest(essen) n; (Hoch-)Genuß m, Lust, Wonne, Freude f, Vergnügen n; to stand ~ (fam) die Zeche bezahlen; to ~ lightly auf die leichte Schulter nehmen; I stand ~, it's my ~ das geht auf meine Rechnung, fam Kappe; it's a real ~ das ist ein wahrer Genuß; a children's, a school ~ ein Kinderfest, ein Schulausflug; **~ise** ['-iz] (wissenschaftliche) Abhandlung f (on, on über); **~ment** ['-mənt] Behandlung a. med chem tech (for wegen); chem Bearbeitung, Aufbereitung f; to be under ~~ in Behandlung stehen; **~y** ['-i] Unter-, Verhandlung f; Vertrag m, Abkommen n, Übereinkunft f; to be in ~~ with s.o. mit jdm in Verhandlung stehen wegen; to enter into a ~~ of commerce with s.o. mit jdm e-n Handelsvertrag abschließen; commercial ~~ Handelsabkommen n; peace ~~ Friedensvertrag m; ~~ powers (pol pl) Vertragsmächte f pl.

treble ['trebl] a dreifach; mus Diskant-; Sopran-; schrill; s Diskant, Sopran; schrille(r) Ton m; tr itr (sich) verdreifachen.

tree [tri:] s Baum a. tech; hochstämmige(r) Strauch; Pfosten m, Stange; tech Welle f; Leisten m; tr auf e-n Baum jagen; fig in die Enge treiben; at the top of the ~ (fig) auf dem Gipfel s-r Laufbahn; up a ~ (fam) in der Klemme; ~ family, genealogical ~ Stammbaum m; **~ belt** Grünstreifen m; **~-climbers** pl Steigeisen n; **~-fern** bot Baumfarn m; **~-frog** zoo Laubfrosch m; **~-less** ['-lis] baumlos; **~-louse** Blattlaus f; **~-nail** Holznagel m; **~ nursery** Baumschule f; **~-top** Baumwipfel m, -krone f.

trefoil ['trefoil, 'tri:-] Klee m; arch Kleeblatt n.

trek [trek] itr (Südafrika) trecken; allg langsam reisen od fahren; s (Südafrika) lange, mühsame Fahrt f.

trellis ['trelis] s Gitter(werk) Spalier n; tr vergittern; an e-m Spalier ziehen; **~work** Gitterwerk, -netz n.

tremble ['trembl] itr (vor Kälte, Erregung, Angst) zittern, beben (with vor); vibrieren, zittern; sehr besorgt sein, zittern (for um); s Zittern n; Schauder m; pl Zitterkrankheit f; to be all of a ~ (fam) am ganzen Leibe zittern; to ~ to think vor dem Gedanken zurückschaudern; **~r** ['-ə] el Kontakthammer m.

tremendous [tri'mendəs] schrecklich, fürchterlich, furchtbar; fam gewaltig, riesig, ungeheuer(lich), aufregend.

trem|olo ['treməlou] pl -os mus Tremolo n; **-or** ['-ə] Zittern, Beben n; med Tremor m; fig (große innere) Erregung f, Schauder m; **~ulous** ['-juləs] zitternd, bebend; ängstlich, angstvoll; in a ~~ voice mit zitternder Stimme.

trench [trentʃ] tr schneiden (in); (ab-, ein-, zer)schneiden; durchfurchen; mit e-m Graben durchziehen; agr tief umpflügen; mil mit Gräben befestigen; itr (ein)schneiden; e-n Graben ziehen; eingreifen (on, upon in); übergreifen (on, upon in); beeinträchtigen (upon s.th. etw); nahekommen (on, upon dat); s Graben m a. geol, Rinne f; mil Schützengraben; pl fig Kampf m in vorderster Linie; ~ Schärfe f; Wirksamkeit; Deutlichkeit f; **~ant** ['-ənt] scharf, schneidend; nachdrücklich, energisch; **~ bottom**

trench-coat

Grabensohle f; **~-coat** Regen-, Wettermantel m; **~er** ['-ə] mil Schanzarbeiter; tech Grabenbagger m; (Küche) Hackbrett; Brett n zum Brotschneiden; **~~ cap** (viereckige) Studentenmütze f; **~erman** ['-əmən] Esser m; **~ mortar** mil Granat-, Minenwerfer m; **~ sector** mil Grabenabschnitt m; **~ warfare** mil Stellungskrieg m.

trend [trend] itr sich wenden, sich ziehen, sich erstrecken, sich ausdehnen; e-e Richtung haben, sich hinneigen (to zu); fig gerichtet sein, streben, neigen, tendieren (towards nach); away from weg von); geol streichen (to nach); s (Haupt-)Richtung f, Verlauf, com Trend; fig Ab-, Verlauf, Gang m (d. Ereignisse); Neigung, Tendenz, Entwicklung f; **cost ~** Kostenentwicklung f; **~ of affairs** Geschäftsgang m; **~ analysis** Konjunkturanalyse f.

trepan [tri'pæn] s tech Bohrmaschine f; tr med trepanieren; tech kernbohren.

trephine [tri'fi:n, -'fain] tr med trepanieren, (den Schädel) aufmeißeln.

trepidation [trepi'deiʃən] Zittern, Beben n; Aufregung, Aufgeregtheit; Verzagtheit; Angst, Furcht f.

trespass ['trespəs] itr unbefugt, widerrechtlich betreten (on, upon s.th. etw); zu sehr in Anspruch nehmen (on, upon s.o.'s time jds Zeit); verstoßen, sich vergehen (against an); übertreten (against s.th. etw); (Bibel) sündigen (against gegen, wider); s unerlaubte(s) Betreten n; Übergriff m (on, upon auf); Eingriff m (on, upon s.o.'s rights in jds Rechte); Übertretung f, Vergehen n; (Bibel) Sünde f; no **~ing!** Betreten verboten! **~er** ['-ə] Rechtsverletzer, Übertreter m; Sünder m; **~~s will be prosecuted!** Betreten bei Strafe verboten!

tress [tres] poet (Haar-)Flechte f, Zopf m; Locke f; pl (langes, offenes) Haar n.

trestle ['tresl] Bock m, Gestell; Brückengerüst n; **~-bridge** Bockbrücke f; **~work** Brückengerüst n, Gerüstkonstruktion, -brücke f.

triad ['traiəd, '-æd] Dreiheit; math chem Triade f; mus Dreiklang m.

trial ['traiəl] Versuch m; Probe (of mit); Untersuchung, Prüfung f; Experiment n, Versuch m; jur Gerichtsverfahren n; (Gerichts-)Verhandlung f, Prozeß m; fig Versuchung, Anfechtung f; harte Prüfung, schwere Belastung, Last f (to s.o. für jdn); **by way of ~ and error** durch Ausprobieren; **on ~** auf, zur Probe; während der Probezeit; **to be on ~ for** vor Gericht stehen, sich zu verantworten haben wegen; **to bring to, to put on ~** vor Gericht, zur Verhandlung bringen; **to give a ~** ausprobieren, versuchen; auf Probe einstellen; **to put s.th. to further ~** etw weiterhin ausprobieren; **to send for ~** unter Anklage stellen; **to stand o.'s ~** sich vor Gericht verantworten; **civil, criminal ~** Zivil-, Strafprozeß m; **day of ~** Verhandlungstermin m; **monster, murder, spy, treason, witch ~** Monster-, Mord-, Spionage-, Hochverrats-, Hexenprozeß m; **year of ~** Probejahr n; **~ by jury** Schwurgerichtsverfahren n; **~ of strength** Kraftprobe f; **~ balance** com Roh-, Zwischenbilanz f; **~ balloon** Versuchsballon m; **~ flight** Versuchsflug m; **~ judge** Richter m der 1. Instanz; **~ jury** Schöffen-, Geschworenenbank f; **~ lawyer** Am Verteidiger m; **~ lot** Probesendung f; **~ match** sport Ausscheidungsspiel n; **~ order** Probeauftrag m; **~ period** Probezeit f; **~ run, trip** Versuchs-, Probefahrt f.

triang|le ['traiæŋgl] Dreieck n; mus Triangel m; **~ular** [trai'æŋgjulə] dreieckig; Dreiecks-; **~~ file** Dreikantfeile f; **~ulation** [traiæŋgju'leiʃən] Triangulation f.

triassic [trai'æsik] geol Trias-.

trib|al ['traibəl] Stammes-; **~e** [traib] (Volks-)Stamm m; biol Tribus; pej Sippschaft f, Klüngel m; **~esman** ['traibzmən] Stammesangehörige(r) m.

tribulation [tribju'leiʃən] (großer) Kummer m, Trübsal; schwere Prüfung f, Leid n.

tribun|al [trai'bju:nl] Richterstuhl m a. fig; Gericht(shof m), Tribunal n; **~e** ['tribju:n] hist Tribun m; Tribüne f; Bischofsstuhl m; Rednerbühne f.

tribut|ary ['tribjutəri] a tributpflichtig (to dat); abhängig (to von); helfend; Tribut-; Hilfs-; s Tributpflichtige(r); (~~ stream) Nebenfluß m; **~e** ['tribju:t] Tribut m a. fig, Abgabe f pl; Beitrag m, Beisteuer f; fig Hochachtung, Ehrengabe f, Lob n; **to lay s.o. under ~~** jdm e-n Tribut auferlegen; **to pay (a) ~~ to s.o.** jdm Anerkennung zollen.

tricar ['traika:] Dreiradlieferwagen m.

trice [trais] tr (to ~ up) heißen, aufziehen; s (nur in:) **in a ~** im Handumdrehen, im Nu.

trich|ina [tri'kainə] pl -ae [-i:] zoo Trichine f; **~inosis** [triki'nousis] med Trichinose f.

trick   1058   trimness

trick [trik] *s* Kniff *m*, kleine List *f*, Schlich, Kunstgriff, Trick *m*; Kunst (-stück *n*) *f*; Streich *m*, Tücke, dumme Sache, Dummheit; Angewohnheit, Eigenheit *f*; *(Kartenspiel)* Stich *m*; *Am fam* kleine(s), dumme(s) Ding *n* *(Kind, Mädchen)*; *mar* (~ *at the wheel*) Rudertörn *m*; *tr* beschwindeln, 'reinlegen, betrügen; an der Nase herumführen; *to ~ s.o. into doing s.th.* jdn dazu verleiten, etw zu tun; *to ~ s.o. out of s.th.* jdm etw abschwindeln, jdn um etw prellen; *to ~ out, up* herausputzen, ausstaffieren; *to do, to turn the ~ (fam)* die Sache schaukeln; *to get, to learn the ~ of it (sl)* den Dreh herausbekommen; *to play a mean, a dirty ~ on s.o.* jdm e-n gemeinen Streich spielen; *to take, to win a ~* *(Kartenspiel)* e-n Stich machen; *I know a ~ worth two of that* das kann ich besser; *I'm on to his ~s* ich kenne s-e Schliche; *card ~* Kartenkunststück *n*; **~er** ['-ə], **~ster** ['-stə] Schwindler, Gauner, Betrüger *m*; **~ery** ['-əri] Schwindel, Betrug *m*, Gaunerei *f*; **~~film** *(gezeichneter)* Trickfilm *m*; **~~flier** Kunstflieger *m*; **~iness** ['-inis] Gerissenheit *f*; äußere(r) Schein *m*; Kompliziertheit *f*; **~sy** ['-si] schlau, mutwillig; zurechtgemacht, aufgeputzt; **~y** ['-i] gerissen, durchtrieben; trügerisch, illusorisch; kompliziert, verwickelt, verzwickt.

trickle ['trikl] *itr* tröpfeln *a. fig*; rieseln, rinnen; *tr* träufeln; *s* Tröpfeln *n*, Geriesel; Rinnsal *n*; *to ~ away (Menge)* sich verlaufen, *fam* sich verkrümeln; *to ~ out* sich herumsprechen, durchsickern; *fig* herausströmen (*of* aus).

tricolo(u)r ['trikələ] Trikolore *f*.
tricycle ['traisikl] Dreirad *n*.
trident ['traidənt] Dreizack *m*.
triennial [trai'enjəl] alle drei Jahre stattfindend; dreijährig.
trier ['traiə] Prüfer, Prüfende(r), Untersuchende(r) *m*; Prüfgerät *n*; *fig* Probe *f*.
trifl|e ['traifl] *s* Kleinigkeit, Belanglosigkeit, Nebensache, Lappalie *(to* für); *Art* Nachspeise *f* *(Mürbegebäck in Wein mit Schlagsahne, Mandeln)*; Zinn(geschirr) *n*; *itr* Spaß machen, spaßen, scherzen; spielen, tändeln (*with* mit) *a. fig; tr (to ~ away) (Zeit)* vertändeln, vergeuden, *fam* verplempern; *a ~* ein bißchen, e-e Idee, ein wenig *a. als adv; he doesn't stick at ~s* er hält sich nicht mit Kleinigkeiten auf; **~er** ['-ə] Spaßmacher, Witzbold, Windbeutel, Luftikus *m*; **~ing** ['-iŋ]

klein, gering(fügig), unbedeutend; seicht, albern, läppisch.
trifoli|ate [trai'fouliit] dreiblätt(e)rig; **~um** [-jəm] Klee *m*.
trig [trig] **1.** *a* nett, sauber; kräftig, stark; **2.** *tr* hemmen; absteifen, (ab-) stützen; **~ger** ['-ə] Hemmschuh; *(Gewehr)* Drücker, Abzug; *phot* Auslöser *m*; *quick on the ~~ (fig)* auf Draht; schlagfertig; *to ~~ off (fig)* auslösen; *to pull the ~~* abdrücken.
trigonometric(al) [trigənə'metrik(əl)] trigonometrisch; **~ometry** [trigə'nɔmitri] Trigonometrie *f*.
trilateral ['trai'lætərəl] dreiseitig.
trilby ['trilbi] *fam* Schlapphut *m*.
trilingual ['trai'liŋgwəl] dreisprachig.
trill [tril] *s* Triller; gerollte(r) Konsonant *m*; *tr itr* trillern, trällern; (das *r*) rollen.
trillion ['triljən] *Br* Trillion *f*; *Am* Billion *f*.
trilogy ['trilədʒi] *lit theat* Trilogie *f*.
trim [trim] *tr* in Ordnung bringen, ordnen, säubern, reinigen, putzen; ausputzen, beschneiden, stutzen; *(Hund)* trimmen; *(to ~ off)* ab-, herausschneiden; *(to ~ up)* aufputzen, schmücken, verzieren, besetzen, garnieren; *mar (Schiff, Kohlen)* trimmen; *(Segel)* brassen; *aero* (aus)trimmen; anpassen; *fam* herunterputzen, verdreschen, erledigen, fertigmachen, 'reinlegen; *to ~ o.s. up* sich herausputzen; *to ~ o.'s sails to every wind* u. *itr* sein Mäntelchen nach dem Winde hängen, sich durchlavieren; *itr (Schiff)* trimmen, das Gleichgewicht halten; *s* Ausputzen *n*; (richtige) Ordnung; Bereitschaft *f*; gute(r) Zustand *m*, gute Verfassung, Ausstattung, Einrichtung, Ausrüstung *f*; Staat, Zierat, Schmuck *m*; *Am* Schaufensterdekoration *f*; *mar* Trimm *m*; *aero* Trimmlage *f*, *mot* Innenausstattung *f*; *film* herausgeschnittene(r) Teil *m*; *a* ordentlich, sauber, nett, hübsch, fesch; ausgeglichen, gut proportioniert; *in good, proper ~* in gutem Zustand; *fam* in Form; *out of ~* in schlechtem Zustand; *fam* nicht in Form; **~mer** ['-ə] *mar* (Kohlen-)Trimmer, Stauer *m*; Putzmacherin; *fig* Wetterfahne *f*; *tech* Trimmkondensator *m*, Beschneidemaschine *f*; **~ming** ['-iŋ] Aufräumen *n*; Reinigung *f*, Putz *m*; Beschneiden; *mar* Trimmen *n*; *fam* Schimpfe, Dresche, Niederlage *f*, Reinfall, Schwindel *m*; *pl* Zierat, Besatz *m*, Garnitur *f*; Zutaten *f pl*; Abfälle *m pl*; **~ness** ['-nis] Ordnung *f*, gute(r) Zustand *m*, Sauberkeit *f*.

trinitrotolu|ene, ~ol [trai'naitro(u)-'toljui:n, -ol] *chem mil* Trinitrotoluol *n*.
trinity ['triniti] Dreiheit; *(T~) rel* Dreieinigkeit *f*; *T~ (Sunday)* Sonntag *m* Trinitatis.
trinket ['triŋkit] kleine(s) Zier-, Schmuckstück *n*; *pl fig* Flitterkram, Tand *m*.
trinomial [trai'noumjəl] *a* dreinamig, -gliedrig; *math* trinomisch; *s math* Trinom *n*.
trio ['tri(:)ou] *pl -s mus* Trio *n a. fig*.
trip [trip] *itr* trippeln, tänzeln; stolpern, straucheln *(over* über); *fig* e-n Fehltritt tun, e-n Irrtum begehen, e-n Schnitzer machen; sich versprechen, stottern; *tr (to ~ up)* ein Bein stellen *(s.o.* jdm); zum Stolpern bringen; *fig* scheitern lassen, zu Fall bringen; *(to ~ up)* ertappen; kippen, kanten; *tech* in Gang setzen; auslösen, -klinken; *mar (Anker)* lichten; *bot* bestäuben; *s* Ausflug *m*, Fahrt, Reise *f (to* nach); Getrippel; Stolpern, Straucheln; Beinstellen *n*; Fehltritt *a. fig*; *fig* Fehler, Irrtum *m*, Versehen *n*; *tech* Auslöser; *(~ gearing)* Auslöse-, Ausklinkmechanismus *m*; *min* Grubenfahrt *f*; Kohlenzug *m*; *to catch s.o. ~ping* jdn bei e-m Fehler ertappen; *round ~ (Am)* Hin- u. Rückfahrt *f*; **~ back** Rückfahrt *f*; **~ dog** *tech* Anschlag *m*; **~ hammer** Schmiedehammer *m*; **~ lever** Schalthebel *m*; **~per** ['-ə] Ausflügler; Reisende(r) *m*; **~perish** ['-əriʃ] *fam* vielbesucht; **~pet** ['-it] *tech* Auslöser *m*; **~ping** ['-iŋ] *a* flink, behend(e), leichtfüßig; *s* Trippeln; Beinstellen *n*; **~-record book** *mot* Fahrtenbuch *n*; **~ there** Hinfahrt *f*; **~ ticket** Fahrbefehl, Dienstreiseausweis *m*; **~ wire** Stolperdraht *m*.
tripartite ['trai'pɑ:tait] dreiteilig,-fach; Dreier-.
tripe [traip] *(Küche)* Kaldaunen, Kutteln *f pl*; *sl fig* Quatsch, Schund, Kitsch *m*; *pl pop* Eingeweide *n (pl)*.
triphase ['traifeiz] *a* dreiphasig; **~~ current** Drehstrom *m*.
triphibious [trai'fibiəs] *mil* Land-, Wasser- u. Luft-.
tripl|e ['tripl] *a* dreifach; *tr itr* (sich) verdreifachen; *T~~ Alliance (hist)* Dreibund *m*; **~et** ['-it] Dreiergruppe *f*; Dreireim *m*; *mus* Triole *f*; *meist pl* Drillinge *m pl*; **~ex** ['-eks] *scient a* dreifach; *s* Dreiheit *f*; **~~ glass** Dreischicht-Sicherheitsglas *n*; **~icate** ['-ikit] *a* dreifach; in dreifacher Ausfertigung; *s* dritte Ausfertigung *f*; *in ~~* in dreifacher Ausfertigung; *tr* ['-eit] *tr* verdreifachen; dreifach ausfertigen; **~ication** [tripli'keiʃən] Verdreifachung *f*.
tripod ['traipod] Dreibein *n*, -fuß *m*; *phot* Stativ *n*.
tripos ['traipɔs] *(Cambridge)* Honours-Prüfung *f* für den B.A.
triptych ['triptik] Triptychon *n*.
trisect [trai'sekt] *tr* in drei *(math* gleiche) Teile teilen.
trisyllab|ic ['traisi'læbik] dreisilbig; **~le** ['trai'siləbl] dreisilbige(s) Wort *n*.
trite [trait] abgedroschen, abgegriffen, alltäglich, platt; **~ness** ['-nis] Abgedroschenheit, Plattheit *f*.
triturate ['tritjureit] *tr* zerreiben; tüchtig kauen.
triumph ['traiəmf] *s* Triumph, Sieg *(over* über); große(r) Erfolg; Triumphzug, Siegeszug *m*, -feier *f*; *itr* triumphieren *(over* über); siegen; e-n Triumph feiern; *to win a ~ over s.o.* über jdn e-n Sieg davontragen; *shouts of ~* Triumphgeschrei *n*; **~al** [trai'ʌmfəl] triumphal; Triumph-, Sieges-; **~~ arch** Triumphbogen *m*; **~ant** [trai'ʌmfənt] triumphierend; siegreich; jubelnd.
triune ['traiju:n] *rel* dreieinig.
trivet ['trivit] Dreibein *n*, -fuß, eiserne(r) Halter; Untersetzer *m*; *as right as a ~ (fam)* in bester Ordnung.
trivial ['triviəl] alltäglich, trivial; belanglos, unwichtig, nichtssagend; unbedeutend, nebensächlich; *(Person)* oberflächlich; *the ~ round* der Alltag, der tägliche Trott; **~ity** [trivi'æliti] Belanglosigkeit, Nebensache; Plattheit, nichtssagende Bemerkung *f*.
troch|aic [tro(u)'keiik] *a* trochäisch; **~ee** ['trouki:] Trochäus *m (Versfuß)*.
troglodyte ['trɔglədait] *hist* Höhlenmensch; *fig* Einsiedler *m*.
Trojan ['troudʒən] *a* trojanisch; *s* Trojaner *m*; *to work like a ~* wie ein Pferd arbeiten.
troll [troul] *tr* im Rundgesang singen; trällern; *(mit der Schleppangel)* angeln; drehen; *itr* rollen, sich drehen, wirbeln; e-n Rundgesang singen; trällern; *(mit der Schleppangel)* angeln, fischen *(for s.th.* etw); **~ey, ~y** ['trɔli] Handkarren *m*; *rail* Draisine *f*; *el (wheel-~~)* Kontaktrolle *f*; *(bow-~~)* Bügelstromabnehmer *m*; *min* Laufkatze *f*; *(Am a.: ~~ car)* Straßenbahnwagen *m*; *to be, to slip off o.'s ~~ (Am sl)* verrückt sein, werden; **~~-bus** Obus *m*; **~~ line** Obus-Linie; *(Am)* Straßenbahnlinie *f*; **~~-table** Teewagen *m*; **~~ wire** Fahrdraht *m*.

trollop ['trɔləp] Schlampe; Dirne *f*.
trombon|e [trɔm'boun] Posaune *f*; **~ist** [-ist] Posaunenbläser *m*.
troop [tru:p] *s* Gruppe *f*, Haufe(n), Trupp *m*, Schar, Herde; *mil* Batterie; *(Panzer)* Kompanie *f*; *(Pfadfinder)* Zug *m*; *meist pl* Truppe(n *pl*) *f*; *itr* e-e Gruppe bilden; *(to ~ up, together)* sich gruppieren, sich scharen, sich zs.rotten; *to ~ away, off* abziehen; *to ~ out of* scharenweise herauskommen aus; *~ing the colo(u)r* Fahnenparade *f*; **~-carrier** *aero* Truppentransportflugzeug, *mar* -schiff *n*; **~ commander** Truppenkommandeur *m*; **~er** ['-ə] Panzersoldat; *obs* Reiter, Kavallerist; berittene(r) Polizist *m*; *(~-horse)* Kavalleriepferd; *(~-ship)* Truppentransportschiff *n*, -transporter *m*; *to swear like a ~~* wie ein Kutscher fluchen; **~-plane, ~-train** Truppentransportflugzeug *n*, -zug *m*.
trop|e [troup] *gram* bildliche(r) Ausdruck *m*; **~ic** ['trɔpik] *s geog* Wendekreis *m*; *pl a.* T**~~s** Tropen *pl*; *a* tropisch; T**~~** *of Cancer, Capricorn* Wendekreis *m* des Krebses, des Steinbocks; **~ical** ['trɔpikəl] *a* tropisch; *fig* heiß *a.* *fig*; *gram* bildlich, übertragen; *s pl Am, (Br)* Tropenkleidung *f*; **~~** *disease* Tropenkrankheit *f*.
trophy ['troufi] Trophäe *f*; *sport* Preis *m*.
trot [trɔt] *itr* trotten, traben; eilen, rennen, laufen; *tr* traben lassen; in Trab bringen; *s* Trab *a. fig*; Dauer-, Waldlauf; *Am sl* Schlauch *m*, Klatsche; *sl* Hure *f*; *to ~ along, off (fam)* losziehen; *to ~ out (neues Kleid)* spazierenführen, bewundern lassen; zur Schau tragen; vorführen; zur Begutachtung vorlegen; *(Ansicht)* darlegen, anführen; *to ~ round (hum)* herumführen; mitnehmen *(s.o.* jdn); *to go for a ~ (fam)* sich die Füße vertreten; *to keep s.o. on the ~ (fig)* jdn in Trab halten; **~ter** ['-ə] Traber *m (Rennpferd)*; *pl (Küche)* Schweins-, Hammelfüße *m pl*; **~ting (race)** Trabrennen *n*.
troth [trouθ, -ɔ-] *s*: *in ~* wahrlich *adv*; *to plight o.'s ~* sein Wort verpfänden.
trouble ['trʌbl] *tr* beunruhigen, bedrücken, aufregen; quälen, plagen; belästigen, stören, bemühen *(for* um); ärgern; wehtun *a. fig*; Kummer, Sorgen machen, zu schaffen machen, Schwierigkeiten bereiten *(s.o.* jdm); *to be ~d* sich Sorgen machen *(about* wegen); *itr* sich bemühen *(to do* zu tun); beunruhigt sein, sich Sorgen, Gedanken machen *(about* über); *s* Mühe *f*, Umstände *m pl*, Unannehmlichkeiten *f pl*; Unruhe *f*, Sorgen *f pl*, Verdruß *m*; Schwierigkeit *f*, Problem; Unglück, Mißgeschick *n*, Kummer *m*; mißliche Lage; *med* Krankheit *f*, Leiden *n*; Aufregung, Unruhe *f*, Durcheinander *n*; *pol* Wirren *pl*; Ärgernis *n*, Stein *m* des Anstoßes; *tech* Störung *f*, Defekt *m*; *to ask, to look for ~ (fam)* sich ins Unglück stürzen; *to be in ~* in Schwierigkeiten sein; *to fish in ~d waters (fig)* im Trüben fischen; *to get into ~* sich Unannehmlichkeiten zuziehen; *s.o.* jdn in Schwierigkeiten bringen; *to give s.o. ~, to put s.o. to ~* jdm Mühe, Scherereien machen; jdm zu schaffen machen; *to have ~ with* Ärger, Schereien haben mit; es zu tun haben mit; *to stir up ~* Unruhe stiften; *to take (the) ~* (sich) Mühe geben; *may I ~ you?* darf ich Sie bitten *(for* um; *to do* zu tun); *will it be much ~ to you?* macht es Ihnen viel aus? *don't put yourself to any ~* machen Sie sich keine Umstände; *(it will be) no ~ (at all)* das ist nicht der Rede wert; *what's the ~?* was ist los? wo fehlt's? *liver, heart ~* Leber-, Herzleiden *n*; **~maker** Unruhestifter *m*; **~shooter** *Am* Störungssucher *m a. fig*; **~some** ['-səm] störend, lästig; beschwerlich, mühevoll; ärgerlich, unangenehm.
trough [trɔf] Trog *m*, Mulde, Rinne *f*, Regen-, Wasserablauf *m*; *(~ of the sea)* Wellental *n*; *~ of barometric depression* Tiefdruckrinne *f*.
trounc|e [trauns] *tr* verprügeln, verdreschen; *s.o.* es jdm geben *a. fig*; *fam* fertigmachen, erledigen; **~ing** ['-iŋ] Verprügeln *n*; *to give s.o. a good ~* jdn tüchtig verprügeln.
troup|e [tru:p] (Schauspieler-, Artisten-, Musik-)Truppe *f*; **~er** ['-ə] Mitglied in e-r Truppe *f*; anständige(r), tüchtige(r) Kollege; *Am* alte(r), erfahrene(r) Schauspieler *m*.
trouser ['trauzə]: *pl (pair of ~s)* (lange) Hose *f*; **~ button, pocket, strap, stretcher** Hosenknopf *m*, -tasche *f*, -steg, -spanner *m*.
trousseau ['tru:sou] Aussteuer *f*.
trout [traut] *pl ~s* Forelle *f*; *sl* dumme(s), alte(s) Weib *n*; **~-coloured** *a*: *~~ white horse* Apfelschimmel *m*; **~-fishing** Forellenfang *m*; **~-fly** künstliche Fliege *f*; **~-stream** Forellenbach *m*.
trover ['trouvə] *(action for ~)* Klage *f* auf Herausgabe e-r widerrechtlich angeeigneten Sache.

trowel ['trauəl] *(brick-~)* Maurerkelle *f*; *to lay it on with a ~* (zu) dick auftragen; *garden-~* Gartenkelle *f*, Ausheber *m*; *cement-~* Verstreichbrett *n*.

troy [trɔi] *(~weight)* Troy-, Juwelengewicht *n* (1 lb. = 12 ounces = 373,24 g).

truan|cy ['tru(:)ənsi] Müßiggang *m*, Bummelei; Drückebergerei *f*, Krankfeiern *n*; **~t** ['-t] *s* Müßiggänger, Bummler; Drückeberger *m*; *a* müßig, faul; schwänzend; Bummel-; *to play ~~* (die Schule) schwänzen.

truce [truːs] *mil* Waffenstillstand *m*; *fig* Atempause *f (from* von*); a ~ to* Schluß mit; *political ~* Burgfriede(n)*m*.

truck [trʌk] **1.** *s* Blockrad *n*, Rolle; Flaggenknopfscheibe *f*; Schub-, Handkarren, Gepäckwagen *m*; Lore *f*; *min* Förderwagen, Hund; Rollwagen; *Am (motor ~)* Lastwagen *m*, -auto *n*; offene(r) Güterwagen *m*; *tr rail* in Güterwagen verladen; *mot* auf Lastwagen befördern; **~age** ['-idʒ] Spedition; *(~ charges)* Rollgeld *n*, Frachtgebühr *f*; **~-convoy** Lastwagenkolonne *f*; **~-driver** Last(kraft)wagenfahrer *m*; **~er** ['-ə], **~man** ['-mən] Lastwagenfahrer; Fuhrunternehmer, Spediteur *m*; **~ing** ['-iŋ] *s (~ agency)* Spedition *f*, Fuhrgeschäft, -unternehmen *n*; **~ line** *Am* Überlandverkehr *m*; **~ service** *Am* Rollfuhrdienst *m*; **~ trailer** Lastkraftwagenanhänger *m*; **2.** *tr* (aus)tauschen *(for* um*)*; *s* Tausch(geschäft *n*, -handel, -verkehr); *(~ system)* Naturallohn; *com* Kleinbedarf; *fam* Krimskrams; *fam* Quatsch *m*; *Am (garden ~)* Gemüse *n* für den Markt; *to have no ~ with s.o.* mit jdm nichts zu tun haben; **~ economy** Tauschwirtschaft *f*; **~ farm, garden** *Am* Gemüsegärtnerei *f*; **~ farmer, gardener, grower** *Am* Gemüse-, Handelsgärtner *m*; **~ farming, gardening, ~ing** Gemüsebau *m* für Handelszwecke.

truckl|e ['trʌkl] *s (~-bed)* niedrige(s) Roll-, Faltbett *n*; *itr fig* kriechen, sich erniedrigen *(to* vor*)*; sich unterwerfen *(to s.o.* jdm*)*; **~er** ['-ə] *fig* Kriecher *m*.

truculen|ce, -cy ['trʌkjuləns(i)] Wildheit; Roheit; Grobheit *f*; **~t** ['-t] wild; grausam; roh; rauh, grob; heftig.

trudge [trʌdʒ] *itr* sich schleppen, (mühsam) gehen, schleichen, sta(m)pfen *(through* durch*)*; *s* lange(r) mühsame(r) Marsch *m*.

true [truː] *a* wahr, treu, (wahrheits)getreu; recht, richtig, korrekt, genau, regelrecht; rechtmäßig, berechtigt, begründet; echt, wirklich, tatsächlich, wahrhaft; aufrichtig, ehrlich, (ge)treu, zuverlässig, verläßlich, sicher; *(Magnetnadel)* rechtweisend; *tech* maßhaltig; *(Abschrift)* gleichlautend; *biol* rasserein; *adv* wahrhaftig, wirklich; genau; *die* Wahrheit; *tr (to ~ up)* (genau) passend machen; *tech* ausrichten; *(Rad)* zentrieren; *in ~* genau passend; *out of ~ (tech)* unrund; *to be ~ to o.'s word* an s-m Wort festhalten; *to come ~* Wirklichkeit werden, sich verwirklichen; sich bewahrheiten; *to prove ~* sich bewahrheiten, sich als wahr erweisen; *tell me ~* sag mir die Wahrheit! *~ to life* lebenswahr, -echt; *~ to nature, size* natur-, maßstabgerecht; *(it is) ~* allerdings, zwar; **~ bill** *jur* begründete u. bestätigte Anklageschrift *f*; **~-blue** *a* zuverlässig; **~-born** *a* gebürtig; echt; **~-bred** *a* rasserein; *fig* wohlerzogen; **~-hearted** *a* aufrichtig, ehrlich; (ge)treu; **~ level** *geog* Meereshöhe *f*; **~-love** Liebchen *n*, Geliebte(r*m*) *f*; **~ness** ['-nis] Treue; Echtheit; Wirklichkeit; Aufrichtigkeit; *tech* Richtigkeit *f* a. *fig*.

truffle ['trʌfl] Trüffel *f*.

truism ['truːizm] Binsenwahrheit *f*; Gemeinplatz *m*, Plattheit *f*.

truly ['truːli] *adv* aufrichtig, wahrhaftig; wirklich, tatsächlich; *Yours ~, Very ~ yours* hochachtungsvoll.

trump [trʌmp] **1.** *s* Trumpf(karte *f*) *m* a. *fig*; *a. pl.* Trümpfe *m pl*, Trumpfreihe *f*; *fam* Prachtkerl *m*; *tr (Kartenspiel)* stechen; *fig* übertrumpfen, -bieten *(with* mit*)*; *itr* Trumpf ausspielen; *to ~ up* erfinden, erdichten, schwindeln; *to play o.'s ~-card (fig)* s-e Trümpfe ausspielen; *to turn up ~s (fig fam)* alle Erwartungen übertreffen; Glück haben; **2.**: *the last ~, the ~ of doom* die Posaune des Jüngsten Gerichts; **~et** ['-ət] *s* Trompete *f*; Trompeter; Trompetenstoß; Schalltrichter *m*, Sprachrohr *n*; *tech* Fangmutter *f*; *anat* Ohrtrompete, Eustachische Röhre *f*; *tr itr* trompeten; *tr (to ~~ forth) fig* ausposaunen; *to blow o.'s own ~~ (fig)* sein eigenes Lob singen; **~~-major** *(mil)* Stabstrompeter *m*; **~eter** ['-itə] Trompeter *m* a. *mil*.

trumpery ['trʌmpəri] *s* Plunder, Trödel, Schund, *fam* Tinnef; *fig* Unsinn, Blödsinn *m*; *a* kitschig; wertlos, belanglos; Schund-.

truncat|e ['trʌŋkeit] *tr* stutzen, verkürzen; abschneiden, -hauen, -schla-

truncated   1062   **try**

gen; verstümmeln; **~ed** [trʌŋ'keitid, '---] a (abge)stumpf(t); **~ cone** Kegelstumpf m.
truncheon ['trʌn(t)ʃən] Knüttel, (Gummi-)Knüppel m; *(Heraldik)* Befehls-, Kommandostab m.
trundle ['trʌndl] s Rolle f, Rädchen n; Rutsche f, kleine(r) Handkarren m; *(~bed)* Rollbett; Rollen n; *itr* (dahin)rollen; sich drehen, rotieren; *tr* rollen, ziehen, schieben.
trunk [trʌŋk] s (Baum-)Stamm a. fig; (Säulen-)Schaft; *(Mensch, Tier)* Rumpf m; *(Insekt)* Bruststück n; *(Elefant)* Rüssel m; Röhre f, Rohr; Hauptrohr n, Rohrleitung; Hauptlinie, -strecke; *tele* Fernleitung f; (großer) Koffer; *mot* Kofferraum m; *pl* Turn-, Badehose f; *a (tele, Verkehr)* Haupt-; *bathing-~s (pl)* Badehose f; *cabin, steamer ~* Kabinenkoffer m; **~-call** *tele* Ferngespräch n; **~-connection** *tele* Fernverbindung f; **~er** ['-ə] Fernfahrer m; **~-exchange** *tele* Fernamt n; **~-hose** *hist* Pluderhose f; **~-line** *rail* Hauptlinie; *tele* Fernleitung f; **~-road** Fern-, Autostraße f.
trunnion ['trʌnjən] (Dreh-)Zapfen m.
truss [trʌs] *tr* abstützen, -steifen; (zs.)binden, bündeln; fesseln; *(Küche)* wickeln, dressieren; s Bündel; Bund (Heu od Stroh); Kranz m, Büschel n, Klammer f; *arch* Tragbalken m; *med* Bruchband n; *bot* Dolde f; *(~ frame)* Fach-, Hängewerk n; **~-bridge** Fachwerk-, Gitterbrücke f.
trust [trʌst] s Vertrauen *(in auf)*; Zutrauen n *(in zu)*; Zuversicht f, Glaube m, Hoffnung; Vertrauens-, Glaubwürdigkeit f; *fin com* Kredit m; Treue-, Treuhandverhältnis n, Treuepflicht f; anvertraute(s) Gut, Treuhandvermögen n; Stiftung f; Fideikommiß; Syndikat, Kartell n, Trust m; *itr* Vertrauen haben; voller Vertrauen, vertrauensvoll sein; vertrauen, bauen *(to auf)*; (sein) Vertrauen setzen *(in in)*, sich verlassen *(to auf)*; (fest) hoffen *(for auf)*; *tr* vertrauen *(s.o. jdm)*; *s.th. to s.o., s.o. with s.th.* jdm etw anvertrauen; sicher sein, sich verlassen *(s.o. to do s.th.* darauf, daß jem etw tut; *to auf)*; erwarten, hoffen, glauben; Kredit geben *(s.o. jdm)*; *in ~* zu treuen Händen; *on ~* auf Treu u. Glauben; auf Kredit; *to put o.'s ~ in s.o.* auf jdn sein Vertrauen setzen; *bond, breach, position of ~* Vertrauensverhältnis n, -bruch m, -stellung f; **~-company** Treuhandgesellschaft f;

~-deed Stiftungsurkunde f; **~ee** [trʌs'ti:] Treuhänder, Depositar; Kurator, Pfleger, Sachwalter, Verwalter; Bevollmächtigte(r), Beauftragte(r), Vertrauensmann m; *under ~~* in Treuhänderschaft, unter treuhänderischer Verwaltung; *bankruptcy ~~* Konkursverwalter m; *board of ~~s* Kuratorium n; *~~ investment, securities (pl)* mündelsichere Anlage f, Papiere n pl; **~ee-ship** [-'ti:ʃip] Treuhänderschaft; Pflegschaft, Kuratel f; **~ estate** Treuhandvermögen n; **~ful** ['-ful], **~ing** ['-iŋ] vertrauensvoll; **~ territory** Treuhandgebiet n; **~worthiness** ['-wə:ðinis] Vertrauenswürdigkeit, Zuverlässigkeit f; **~worthy** ['-wə:ði] vertrauenswürdig, zuverlässig; **~y** ['-i] *a = ~worthy*; *s Am* wegen guter Führung bevorrechtete(r) Sträfling m.
truth [tru:θ] Wahrheit f, Wahrhaftigkeit, Aufrichtigkeit, Ehrlichkeit; Wirklichkeit, Echtheit; Richtigkeit, Korrektheit, Genauigkeit f; *in ~* in Wirklichkeit *od* Wahrheit; *out of ~ (tech)* ungenau; *to tell the ~* ehrlich gesagt; *I told him the plain ~* ich habe ihm reinen Wein eingeschenkt; *there is no (not a word of) ~ in it* es ist nichts Wahres daran; *fundamental ~* Grundwahrheit f; *home ~s (pl)* bittere Wahrheiten f pl; *~ to nature* Naturtreue f; **~ful** ['-ful] wahrheitsliebend, aufrichtig, ehrlich; wirklichkeitsgetreu, lebenswahr; **~fulness** ['-fulnis] Wahrheitsliebe, Aufrichtigkeit, Ehrlichkeit; Echtheit f.
try [trai] *tr* versuchen *(doing s.th. etw zu tun)*; (aus)probieren, erproben, prüfen; untersuchen; auf die Probe stellen; *(durch Leid)* prüfen; schwer plagen, quälen, überfordern, überanstrengen, stark in Anspruch nehmen; *jur* vor Gericht, unter Anklage stellen; verhören, aburteilen; *jur* untersuchen; verhandeln, entscheiden; *Am (Prozeß)* führen; *(to ~ out) metal* (aus)scheiden, raffinieren, reinigen; *(Fett)* auslassen; *itr* e-n Versuch machen; sich bemühen *(to do, and do zu tun; for um)*; zu erlangen suchen *(for s.th. etw)*; s Versuch m, Probe f; *on the first ~* beim ersten Versuch; *to be tried for* zur Verhandlung kommen; *to ~ on (Kleidung)* anprobieren; *to ~ it on with s.o. (fam)* es bei jdm probieren; *to ~ out* ausprobieren; auslesen, -wählen; *to ~ o.'s hand at s.th.* sich an etw versuchen; *to ~ o.'s hardest* sein Äußerstes tun; sein Letztes hergeben; *to ~ o.'s luck* sein

try-cock Glück versuchen (*with s.o.* bei jdm); *let me have a ~ at it* laß es mich versuchen; *he had three tries* er konnte es dreimal versuchen; **~-cock** Probier-, Wasserstandhahn *m*; **~ing** ['-iŋ] quälend; anstrengend, mühsam, -selig, beschwerlich, lästig (*to* für); **~-on** Anprobe *f*; *sl* Versuch *m*, Täuschungsmanöver *n*; **~-out** *Am fam* Probe *f*; *sport* Ausscheidungskampf *m*, -spiel *n*; **~-sail** ['traisl] *mar* Gaffelsegel *n*; **~-square** *tech* Anschlagwinkel *m*.

tryst [traist, trist] *obs* Verabredung *f*.

tsar... s. **czar...**

tsetse ['tsetsi] *zoo* Tsetsefliege *f*.

tub [tʌb] *s* Tonne *f*, Faß *n*; Kübel; Zuber *m*; kleine(s) Stückfaß *n* (*etwa 4 Gallonen*); *fam* (wash-, bath-~) (Wasch-, Bade-)Wanne *f*; (Wannen-)Bad *n*; *min* Förderwagen, Hund; *pej* Kasten, Kahn *m*; *sl* Kanzel *sl* Wampe *f*, Bauch *m*; *sl* Tonne *f*, Fettsack, -mops *m*; *tr* in ein Faß tun; in e-n Kübel pflanzen; *fam* baden; *itr fam* baden, sich waschen; *sport sl* sich im Rudern üben; **~bing** ['-iŋ] Verschalung *f*; *fam* Baden; *sl* (Übungs-)Rudern *n*; **~by** ['-i] tonnenförmig; *fam* klein u. dick, dickbäuchig; *mus* dumpf; **~-thumper** volkstümliche(r) (Kanzel-)Redner *m*; **~-thumping** theatralisch.

tub|e [tju:b] Röhre *f*, Rohr *n*, Schlauch *m*; Tube *f*; Zylinder, Tunnel; Untergrund-, U-Bahn-Schacht *m*; *fam* U-Bahn; *Am el radio* Röhre *f*; *mot* (*inner ~~*) Schlauch *m*; *med* Röhre *f*, Kanal *m*; *bronchial ~~* (*anat*) Bronchie *f*; *rubber ~~* Gummischlauch *m*; *~~ base* Röhrensockel *m*; *~~ railway* Untergrundbahn *f*; *~~ receiver* (*Am radio*) Röhrenempfänger *m*; *~~ station* U-Bahnhof *m*; **~ing** ['-iŋ] Rohrlegen; Rohrsystem, Röhrenwerk *n*, Röhren *f pl*, Rohre *n pl*; Rohrmaterial *n*; Stück *n* Rohr; **~less** ['-lis] *mot* schlauchlos; **~ular** ['-julə] röhrenförmig; Röhren-; (*Klang*) hohl; *~~ boiler* Röhrenkessel *m*; *~~ furniture* Stahlrohrmöbel *n pl*; *~~ steel frame* Stahlrohrrahmen *m*.

tuber ['tju:bə] *bot* Knolle *f*; = **~cle**, **~cle** ['tju:bə:kl] *bot* Knolle *f*; *med* Knötchen *n*, Tuberkel *m*; *~~ bacillus* Tuberkelbazillus *m*; **~cular** [tju(:)-'bə:kjulə], **~culous** [-'bə:kjuləs] tuberkulös, schwindsüchtig; knotig; **~culosis** [tju(:)bə:kju'lousis] Tuberkulose, Tb(c), Schwindsucht *f*; *pulmonary ~~* Lungentuberkulose *f*; **~ose** ['tju:bərouz] *s bot* Tuberose *f*; **~ous** ['-bərəs] *med* knotig; *bot* knollig.

tuck [tʌk] *tr* (*to ~ up*) (auf)schürzen, raffen; (*Ärmel*) um-, aufkrempeln; (*to ~ in, up*) (zs.)falten, zs.legen; umnähen, e-n Saum nähen in; (*Bett*) zudecken; (weg)stecken, zwängen, pressen, drücken; (*to ~ in*) hineinstecken *itr* Falten nähen; *sl* hineinhauen, tüchtig hineinbeißen (*into* in); *s* Saum, Abnäher *m*; *sl* Leckereien *f pl*; *Am fam* Energie *f*; *to ~ in (sl)* verdrücken, sich zu Gemüte führen; *to ~ up in bed* ins Bett stecken; **~er** ['-ə] **1.** Saumnäher(in *f*) *m*; *hist* Schultertuch *n*; *sl* Futter, Essen *n*; *s.o.'s best bib and ~~* (*hum*) jds Sonntagsstaat *m*; **~-in** *fam* solide Mahlzeit *f*; **~-shop** *fam* Konditorei *f*, Süßwarengeschäft *n*.

tucker ['tʌkə] **2.** *tr* (*to ~ out*) *Am fam* erledigen, fertigmachen; **~ed** ['-d] *a* völlig fertig, erschossen.

Tuesday ['tju:zdi] Dienstag *m*; *on ~* am Dienstag; *on ~s* dienstags.

tufa ['tju:fə], **tuff** [tʌf] Tuff(stein), Kalktuff *m*.

tuft [tʌft] Büschel; Gebüsch *n*, Busch *m*; **~ed** ['-id] *a* buschartig; *~~ lark* Haubenlerche *f*; **~y** ['-i] büschelig.

tug [tʌg] *itr* sich (ab)mühen, sich placken, sich Mühe machen (*for* um); fest anziehen, zerren, reißen (*at* an); *tr* zerren, heftig ziehen (an); *mar* schleppen; *s* Zerren *n*, Ruck, Zug *m*; *fig* Anstrengung *f*, Kampf, Streit *m* (*for* um); Schlepptau *n*, -kette *f*; *mar* (*~boat*) Schlepper *m*; *~ of war* (*sport*) Tauziehen *n a. fig*; *~ ~ aircraft* Schleppflugzeug *n*.

tuition [tju(:)'iʃən] Unterricht *m*; Schulgeld *n*; *postal*, *private ~* Fern-, Privatunterricht *m*.

tulip ['tju:lip] Tulpe *f*.

tumbl|e ['tʌmbl] *itr* sich umhertummeln; (hin)purzeln, sich überschlagen, hinfallen, -schlagen; straucheln, stolpern (*over* über); umherstolpern, sich (umher)wälzen; fallen (*off a bicycle* vom Fahrrad; *out of a window* aus e-m Fenster); *com* stürzen; *fam* plötzlich kapieren (*to s. th.* etw); *tr* umstoßen, (um)stürzen; hin u. her stoßen; in Unordnung bringen; durcheinanderwerfen; (herum)schleudern; (*Haar*) zerzausen; *s* Purzelbaum; Sturz, Fall *m*; Stolpern *n*; *fig* Unordnung *f*, Durcheinander *n*; wirre(r) Haufen *m*; *all in a ~~* völlig durcheinander; *to ~~ about* (*tr*) umherstoßen; *itr* umherstolpern; *to ~~ down, off* herunterpurzeln; *to ~~ in*, (*fam*) in die Federn kriechen; *to ~~ out* hinauskippen, -werfen, -schleudern (*of* aus); *to give s.o. a ~~* (*Am sl*) von

tumbler 1064 **turf**

jdm Notiz nehmen; ~~ *bug (ent)* Pillendreher *m;* ~~-*down* baufällig; ~**er** ['-ə] Akrobat; Tümmler *m (Haustaubenrasse);* Stehaufmännchen; *(fußloses)* Trink-, Becherglas *n; tech* Zuhaltung *f;* ~~ *shaft* Nockenwelle *f;* ~~-*switch* Kippschalter *m;* ~**ing-box** Mischer *m,* Mischgerät *n.*
tumbrel ['tʌmbrəl], **tumbril** ['-il] (Kipp-, *hist* Schinder-)Karren *m.*
tum|efacient [tju:mi'feiʃənt] *a med* Schwellung bewirkend; ~**escence** [tju:'mesns] Schwellung *f;* ~**escent** ['-mesnt] schwellend; ~**id** [tju:'mid] geschwollen *a. fig;* ~**idity** [tju:'miditi] *med* Schwellung *f; fig* Schwulst *m;* ~**o(u)r** ['tju:mə] *med* Geschwulst *f,* Tumor *m.*
tummy ['tʌmi] *(Kindersprache)* Bauch, Magen *m;* ~**ache** Bauchweh *n.*
tumult ['tju:mʌlt] Lärm, Tumult *m,* Verwirrung *f,* Durcheinander *n; fig* Aufregung, Erregung *f; to be in a* ~ aufgeregt sein; ~**uous** ['-mʌltjuəs] lärmend; turbulent, stürmisch; aufgeregt, erregt.
tumulus ['tju:mjuləs] *pl* -**li** ['-lai] Tumulus, Grabhügel *m,* Hügelgrab *n.*
tun [tʌn] Tonne *f,* (großes Wein-, Bier-)Faß *n (252 gallons = 1144,98 l).*
tuna ['tju:nə] (~ *fish)* (amerik.) Thunfisch *m; bot* Opuntie *f.*
tundra ['tʌndrə] *geog* Tundra *f.*
tun|e ['tju:n] *s* Melodie, (Sing-)Weise *f;* Lied *n; mus* richtige Tonhöhe; *fig* Harmonie, Übereinstimmung *f,* Einklang *m;* Stimmung *f; tr (Musikinstrument)* stimmen; *(Stimme, Melodie)* modulieren; *tele* einstellen, einregulieren *(to* auf); *fig* (aufea.) abstimmen; musikalisch ausdrücken, zum Ausdruck bringen; *itr* (gut) gestimmt sein, harmonisieren; *to* ~ *in, on (radio)* einstellen, abstimmen *(to* auf); abhören, -horchen; zustimmen; *to* ~ *out (radio)* abstellen, ausschalten; *to* ~ *up (tr) (Musikinstrumente im Orchester)* (aufea. ab)stimmen; *tech* konditionieren, justieren, in Ordnung bringen; *aero* startbereit machen; *itr* *fam* zu spielen, singen, weinen anfangen; in Stimmung kommen; *in* ~ *(mus)* (gut) gestimmt; *aufea.* abgestimmt; in Harmonie *(with* mit); in Ordnung; *aero* startbereit; *out of* ~ *(mus)* verstimmt; falsch; *fig* im Widerspruch *(with* zu); *to the* ~ *of (fam)* zum Preise, in Höhe von; *mus* nach der Melodie von; *to change o.'s* ~, *to sing another* ~ *(fig)* e-n anderen Ton an-

schlagen; *to dance to s.o.'s* ~ *(fig)* nach jds Pfeife tanzen; ~~-*up (tech mot)* Justierung *f;* ~**eful** ['-ful] klangvoll, melodisch; ~**eless** ['-lis] mißtönend; unmelodisch; stumm; ~**er** ['-ə] *(piano* ~~) Klavierstimmer *m;* Stimmpfeife *f;* ~**ing** ['-iŋ] *mus* Stimmen; *tele* Abstimmen, Einstellen *n;* ~~-*coil (radio)* Abstimmspule *f;* ~~-*fork* Stimmgabel *f;* ~~-*in (radio)* Einstellung; Abstimmung *f;* Abhören, -horchen; ~~ *knob* Abstimmknopf *m;* ~~ *range* Abstimmbereich *m;* ~**y** ['-i] *fam* melodisch, melodienreich.
tungst|en ['tʌŋstən] *chem* Wolfram *n;* ~**ic** ['-ik] *a* Wolfram-.
tunic ['tju:nik] *hist* Tunika; lange (Damen-)Bluse *f; mil* Waffenrock *m; bot zoo anat* Häutchen *n.*
tunnel ['tʌnl] *s* Tunnel *m;* Unterführung *f; min* Stollen *m,* Strecke *f; zoo* Bau; *tech* Windkanal *m; tr* untertunneln; *itr* e-n Tunnel anlegen *(through* durch; *into* in).
tunny ['tʌni] *zoo* Thunfisch *m.*
tup [tʌp] *tech* (Schlag-)Bär *m.*
tuppence *s. twopence.*
turban ['tə:bən] Turban *m.*
turb|id ['tə:bid] *(Flüssigkeit)* dick(flüssig), trüb(e), schmutzig; *fig* wirr, konfus; ~**idity** [tə:'biditi], ~**idness** ['-idnis] Trübung; Dichte; *fig* Verworrenheit *f;* ~**ulence** ['tə:bjuləns] Unruhe *f,* Ungestüm *n,* Wildheit *f;* wilde(s) Durcheinander *n,* Turbulenz *f a. phys,* Aufruhr *m; (Wetter)* Böigkeit *f;* ~**ulent** ['tə:bjulənt] unruhig, ungestüm, aufrührerisch; wirr, stürmisch, aufgewühlt, aufgeregt, wild; *phys* turbulent; *(Wetter)* böig; *aero* verwirbelt.
turb|ine ['tə:bin, '-bain] Turbine *f; hot-air, steam, water* ~~ Heißluft-, Dampf-, Wasserturbine *f;* ~~ *airplane* Turbinenflugzeug *n;* ~~ *boat, steamer* Turbinendampfer *m;* ~~ *shaft* Turbinenwelle *f;* ~**o** ['tə:bo(u)] *in Zssgen* Turbo-, Turbinen-; ~~*blower* Turbo-, Turbinengebläse *n;* ~~*car* Turbinenauto *n;* ~~*generator* Turbogenerator *m;* ~~*jet (aero)* Strahlturbine *f;* ~~*liner* Düsenverkehrsflugzeug *n;* ~~*prop(eller engine)* Propellerturbinen-, Luftstrahltriebwerk *n;* ~~*reactor* Turboreakt(ionsmot)or *m.*
turbot ['tə:bət] *zoo* (Stein-)Butt *m.*
turd [tə:d] *sl* Kacke *f,* Kot *m.*
tureen [tə'ri:n] Terrine, Suppenschüssel *f.*
turf [tə:f] *s* Grasnarbe *f,* Rasen *m;* Rasenstück *n,* Sode *f; (Irland) pl a.*

turves Torf(stück *n*, -sode *f*) *m*; *the ~* die (Pferde-)Rennbahn; das Pferderennen; *tr* mit Rasen(stücken) bedecken; *to ~ out (sl)* 'rausschmeißen;
~ accountant Buchmacher *m*; **~man** ['~mən] Rennplatzbesucher, Rennbegeisterte(r) *m*; **~y** ['~i] grasrasenbedeckt; Gras-; torf(art)ig; *fig* Renn(sport)-.

turg|escence [tə:'dʒesns] *med* Schwellung; Geschwulst *f*; **~id** ['tə:dʒid] *med* geschwollen *a. fig*, aufgebläht; *fig* schwülstig; **~idity** [tə:'dʒiditi] geschwollene(r) Zustand *m*; *fig* Schwulst, Bombast *m*.

Turk [tə:k] Türke *m*, Türkin *f*; *hum* Wildfang *m*; **~estan** [~ki'sta:n] Turkestan *n*; **~ey** ['tə:ki] die Türkei; **~~ corn** Mais *m*; **~~ red** Türkischrot *n*; **~ish** ['~iʃ] *a* türkisch; *s* (das) Türkisch(e); **~~ bath** Schwitzbad *n*; **~~ delight, paste** Türkische(r) Honig *m*; **~~ towel** Frottee-, Frottiertuch *n*; **~oman** ['tə:kəmən] *pl* -mens Turkomane *m*.

turkey ['tə:ki] (**~cock**) Puter, Truthahn; *fig* Fatzke *m*; Pute *f*; *Am sl* Pleite *f*, Versager *m*; *to talk ~ (Am sl)* kein Blatt vor den Mund nehmen; *(as) red as a ~* puterrot; **~ buzzard, vulture** Truthahngeier *m*.

turmeric ['tə:mərik] Kurkuma *f*.

turmoil ['tə:moil] Tumult *m*, Getümmel *n*, Aufruhr *m*, Durcheinander *n*.

turn [tə:n] **1.** *tr (im Kreise)* drehen; drechseln *a. fig*; *fig* formen, bilden, gestalten, machen; *fig (to ~ over, in o.'s mind)* hin u. her überlegen, gründlich durchdenken; *(auf die andere Seite)* umdrehen, (um)wenden, umkehren; auf den Kopf stellen; *agr (den Boden)* wenden, (um)pflügen; *fig (den Magen)* umdrehen, -kehren; herumgehen um; *mil (Feind)* umgehen; abwenden, abbiegen, ablenken; *fig* abwenden, abweisen, abschlagen; *fig* abbringen *(from* von); aufbringen *(against* gegen); richten, lenken; *fig* führen, leiten *(to* auf; *against* gegen); anbringen, verwenden *(to* auf, für); um-, verwandeln *(into* in), machen *(into* zu); umtauschen *(into* in), austauschen *(into* gegen); umschreiben, wiedergeben, übertragen, -setzen; *fig* auf andere Gedanken bringen, zerstreuen; *fig* eingebildet, verrückt machen; *fig* ausschlaggebend sein für; sauer werden lassen; **2.** *itr* sich drehen, rotieren, wirbeln *(on* um); *fig* sich drehen *(on* um), abhängen *(on* von); drechseln; gedrechselt werden; sich biegen; sich umdrehen, -wenden, -kehren; *(Buch)* umblättern; sich abwenden, sich abkehren, abbiegen, abweichen; *aero mar* abdrehen; die entgegengesetzte Richtung einschlagen; gehen, sich begeben *(to* nach, zu); sich wenden *(to* zu, an; *against* gegen); sich richten *(on, upon* gegen); *(Wetter)* umschlagen; werden *(soldier* Soldat; *fifty* 50 Jahre alt; *2 o'clock* 2 Uhr; *sour* sauer; *to s.th.* zu etw); sich wandeln, sich um-, verwandeln *(into* in); sauer, ranzig, faul, schlecht werden; die Farbe wechseln *od* verändern, verschießen; *(Blätter)* verfärben; *(Schraube)* durchdrehen; **3.** *s* (Um-)Drehung, Rotation *f*; Richtungswechsel *m*, Wendung; Windung, Biegung, Krümmung, Kurve; Runde *f*, Rundgang, Spaziergang, -ritt *m*, -fahrt; *fig* Wendung, Veränderung *f*, Wechsel, Umschwung *m*; *(Jahrhundert-)* Wende *f*; Wendepunkt; *fam* Schock, Schreck *m*; Übelkeit *f*; (Krankheits-)Anfall *m*; Handlung *f*; (guter) Dienst; Versuch *m*; Anrecht *n*, Anspruch *m*; (Zirkus-, Programm-)Nummer; (Arbeits-)Schicht *f*, Arbeitsgang; *com* Vorteil, Nutzen, Profit *m*; Eigenschaft, -heit, Beschaffenheit, Art, Gestalt, Form *f*, Charakter *m*; Neigung, Veranlagung, Tendenz *f*, Zug *m*; (Rede-)Wendung; Deutung, Auslegung, Erklärung, Interpretation *f*; **4.** *at every ~* auf Schritt u. Tritt, alle Augenblicke; *by ~s* abwechselnd; *in ~* der Reihe nach, nacheinander, umschichtig; *on the ~ (fam)* im Begriff, sich zu ändern, *(Milch)* sauer zu werden; *out of ~* außer der Reihe; zur Unzeit; *fam* Hals über Kopf; unüberlegt; *to a ~* ganz genau, vollkommen, aufs Haar; gerade recht; *~ and ~ about* abwechselnd; **5.** *to do s.o. a good ~* jdm e-n Dienst erweisen; *to give, to serve s.o.'s ~* jds Zwecken dienen; *to take a new ~* e-e neue Wendung nehmen; *to have a ~ for business* e-e kaufmännische Ader haben; *to take ~s* (sich, mitea.) abwechseln; umschichtig arbeiten; **6.** *to ~ s.th. to account* etw ausnutzen, sich etw zunutze machen; *to ~ o.'s back (up)on s.o.* jdm den Rücken kehren; *to ~ s.o.'s brain* jdn verrückt machen; *to ~ into a brawl* in e-e Schlägerei ausarten; *to ~ o.'s coat (fig)* die Farbe wechseln; *to ~ the corner* um die Ecke biegen; *fig* e-n Umschwung verzeichnen; *to ~ s.o.'s flank (fig)* jdn aus dem Felde schlagen; *mil* die Flanke aufrollen; *to be able to ~*

turn about

o.'s hand to anything zu allem zu gebrauchen sein; *to ~ s.o.'s head (fig)* jdm den Kopf verdrehen; *to ~ it over in o.'s mind* es sich durch den Kopf gehen lassen; *to ~ up o.'s nose* die Nase rümpfen; *to ~ inside out* das Innere nach außen kehren; *to ~ an honest penny* von s-r Hände Arbeit leben; *to ~ to ridicule* lächerlich machen; *to ~ the scale (fig)* den Ausschlag geben; *to ~ short* kurz abbrechen; *to ~ a somersault* e-n Purzelbaum schießen; *to ~ tail* kehrtmachen, das Weite suchen, Reißaus nehmen; *to ~ upside down* das Oberste zuunterst kehren; auf den Kopf stellen; *to ~ up trumps (fig)* von unerwarteter Hilfe sein; *my stomach ~s* der Magen dreht sich mir um; mir wird übel; *now the tables are ~ed* jetzt hat sich das Blatt gewendet; *it is my ~* ich bin an der Reihe *od* dran; *the corner is ~ed (fig)* wir sind über den Berg; *one good ~ deserves another* e-e Hand wäscht die andere; **7.** *to ~* **about** *tr itr* (sich) umdrehen, -wenden, -kehren, kehrtmachen; *about ~! (mil)* ganze Abteilung — kehrt! *to ~* **around** *Am* (sich) umdrehen; *to ~* **aside** *tr itr* (sich) abwenden, -lenken; *to ~* **away** *tr* fort-, wegschicken, -jagen, vertreiben; entlassen; *(Gesicht)* wegwenden; *itr* sich abwenden, weggehen; *to ~* **back** *tr* zurück-, abweisen, abschlagen; *itr* umdrehen, umkehren; *to ~* **down** *tr* herunterschlagen, -klappen; *(Bild)* umdrehen, auf den Kopf legen; *(Flamme)* zurückdrehen, -schrauben, kleinstellen; *(Sache)* abschlagen, -lehnen; *(Radio)* leiser stellen; *(Person)* ab-, zurückweisen; e-n Korb geben; *itr* einbiegen in *(e-e Straße)*; heruntergeklappt werden (können); (herunter)hängen; *to ~* **in** *tr* einwärts kehren; falten; einreichen, abgeben, einhändigen; ab-, zurückgeben; *itr fam* sich hinlegen, zu Bett gehen, schlafen gehen; *to ~* **off** *tr (Wasser, Gas)* abstellen, abdrehen; *(Strom)* ab-, *(Licht)* ausschalten, ausmachen; ablenken, -leiten; *(Angestellten)* entlassen; *sl* aufhängen; *itr* vom Wege abbiegen; *(Straße)* abzweigen, -biegen; *to ~* **on** *(Wasser)* aufdrehen; *(el. Gerät)* einschalten, *(Licht)* anmachen; *s.o.* sich gegen jdn wenden; *s.th.* von etw abhängen; *to ~* **out** *tr* nach außen, *(Tasche)* kehren, (aus)leeren, ausräumen; hinauswerfen, -jagen, -treiben; austreiben; wegjagen, entlassen; *(Regierung)* stürzen; *(Wache)*

turning

heraustreten lassen; *(Licht)* ausmachen; ausstatten, -staffieren; hervorbringen, produzieren, ausstoßen, herstellen, liefern; machen zu; *(Saldo)* aufweisen; *itr* (heraus)kommen *(for zu)*; *(Wache)* heraustreten; antreten; erscheinen; sich ergeben, die Folge sein, resultieren, daraus hervorgehen; sich erweisen, sich herausstellen *(to be good* als gut), ausgehen, ausfallen, werden *(wet* regnerisch); *(well)* gut gelingen, geraten, glücken; *fam (aus dem Bett)* aufstehen; *for* sich einstellen bei; *I ~ed out to be right* es stellte sich heraus, daß ich recht hatte; *to ~* **over** *tr* umdrehen; um-, wenden, -kehren, -werfen; übergeben, abliefern, aushändigen; überweisen; übertragen, -lassen; *(Warenbestand)* erneuern, *com* umsetzen, verkaufen; umstellen *(to auf)*; nachdenken über, überdenken, (gut) überlegen; *itr* sich umdrehen, sich auf die andere Seite legen; sich überschlagen, umkippen; *to ~* **round** *tr itr* (sich) umdrehen; rotieren um; *itr* s-e Ansicht, Meinung ändern; neue Wege gehen, e-e neue Politik verfolgen; *to ~* **up** *tr* umschlagen, -klappen, auf-, einschlagen, säumen; *(auf die linke Seite)* umschlagen, wenden; *(Spielkarte)* aufdecken, *sl (die Arbeit)* niederlegen; ausgraben, freilegen, ans Licht bringen; nachschlagen; *(Wasser)* aufdrehen; *(Radio)* lauter stellen *od* stellen; *a street* in e-e Straße einbiegen u. hinaufgehen; *fam* den Kaffee hochkommen lassen *(s.o.* jdm); *tr* nach oben gehen *od* führen; steigen, sich erheben; zustande kommen, sich ereignen, geschehen; auf-, in Erscheinung treten, sich zeigen; sich erweisen; *~ it up!* halt die Klappe! **~about** Kehrtwendung *f a. fig*; *Am* Karussell *n*; *fig* Umschwung *m*; *~~-face* Meinungsänderung *f*, Abfall *m*; **~around** Wendeplatte *f*; *mot* Überholung; Rundreise *f*; **~bench** Drehbank *f*; **~bridge** Drehbrücke *f*; **~buckle** *tech* Spannschloß *n*; *~~* Überläufer, Abtrünnige(r), Renegat *m*; **~coat** Überläufer, Abtrünnige(r), Renegat *m*; **~cock** Drehhahn *m*; **~down** *a* Umlege-; *s* Absage *f*; *~~ collar* Umlegekragen *m*; **~er** ['-ə] Drechsler; Dreher *m*; **~ery** ['-əri] Drechslerei *f*; **~-in** Einsendung; Vorlage *f*; *~~ slip* Rückgabeschein *m*; *~* **indicator** *mot* (Fahrt-)Richtungsanzeiger, Winker *m*; **~ing** ['-iŋ] *s* Drehung, Wendung, Biegung, Windung, Krümmung; Kurve; Straßenecke; Drechslerei; *lit* Ge-

turnkey 1067 **twice-told**

staltung, Formung *f*; *pl* Drehspäne *m pl*; ~~ *circle* Drehkreis *m*; ~~ *effect, moment* Drehmoment *n*; ~~ *lathe* Drehbank *f*; ~~ *point* Wendepunkt *m a. fig,* -marke *f*; **~key** Gefangenenwärter *m*; **~-off** (Straßen-)Gabelung, Abzweigung *f*; **~-out** Umkehrung, Leerung, Räumung *f*; Vertreibung, Zusammenkunft *f*, Treffen *n*; Besuch(er *pl*) *m*; Schauspiel *n*; Ausweichstelle; *rail* Weiche *f*; Gespann *n*, Kutsche; Ausrüstung, Einrichtung, Ausstaffierung, Ausstattung; Produktion *f*, (Gesamt-)Ertrag *m*; Arbeitseinstellung *f*, Streik, Ausstand *m*; **-over** Drehung, Wendung *f*; Umschwung *m*; Übergabe *f*, -gang; Wechsel *m*, Verschiebung *f*; *com* Umsatz, Umschlag *m*; Umorganisation *f*; (Obst-)Törtchen *n*; *el* Umpolung *f*; ~~ *tax* Umsatzsteuer *f*; **-pike** Schlagbaum *m*; Zahlschranke *f*; *Am* (gebührenpflichtige) Autobahn *f*; **-plate** = **-table**; **~-round** *mar* Umschlag *m*; *aero* Abfertigung *f*; **~-screw** Schraubenzieher *m*; **~spit** Bratenwender *m*; **~stile** Drehkreuz *n*; **-switch** *el* Drehschalter *m*; **-table** *rail* Drehscheibe *f*; Plattenteller *m*; **~-up** Um-, (Hose) Aufschlag *m*; *fam* Aufregung, Unruhe; Schlägerei *f*; plötzliche(s) Erscheinen *n*.

turnip ['tə:nip] Kohl-, Steckrübe *f*.
turpentine ['tə:pəntain] Terpentin *n*.
turpitude ['tə:pitju:d] Schändlichkeit, Schlechtigkeit, Gemeinheit *f*.
turps [tə:ps] *fam* = *turpentine*.
turquoise ['tə:kwɑ:z, '-ɔiz, '-kɔiz] *min* Türkis *m*.
turret [tʌrit; *Am* 'tə:rit] Türmchen *n*; *mil* Geschütz-, Panzerturm *m*; *aero mil* Kanzel *f*; *tech* (~*head*) Revolverkopf *m*; ~ **lathe** Revolverdrehbank *f*.
turtle ['tə:tl] 1. Schildkröte *f*; *to turn* ~ umkippen, -stürzen; sich überschlagen; *mar* kentern; ~ **neck** Hals *m* der Schildkröte; Rollkragen *m*; **~-shell** Schildpatt *n*; *(mock)* **~-soup** (falsche) Schildkrötensuppe *f*; 2. *meist* **-dove** Turteltaube *f*.
Tuscan ['tʌskən] *a* toskanisch; *s* Toskaner(in *f*) *m*; **-y** ['-i] die Toskana.
tush [tʌʃ] *interj* ha! pah!
tusk [tʌsk] Eck-, Augen-, Fang-, Stoßzahn; Hauer *m*.
tussle ['tʌsl] *itr* (heftig) kämpfen, ringen, sich balgen, sich raufen; *fig* streiten (*with* mit); *s* (heftiger) Kampf *m*, Rauferei, Balgerei *f*; *fig* Streit *m*.
tussock ['tʌsək] (Gras-)Büschel *n*.
tut [tʌt] 1. *interj* pfui! ~~~! Unsinn! 2. *min* Akkord *m*.

tut|ee [tju'ti:] *Am* (Privat-)Schüler *m*; **-elage** ['tju:tilidʒ] Vormundschaft *f*; Schutz *m*; Unmündigkeit, Minderjährigkeit *f*; (Privat-)Unterricht *m*; **-elar(y)** ['-ilər(i)] Vormundschafts-, Schutz-; vormundschaftlich; **-or** ['tju:tə] *s jur* Vormund; Privat-, Nachhilfe-, Hauslehrer; Erzieher *m*; (*Univ.*) Tutor, *Am* Assistent *m*; *tr* Privatunterricht geben (*s.o.* jdm); erziehen; (*Leidenschaft*) zügeln; **-orial** [tju-'tɔ:riəl] *a* Vormundschaft-; Hauslehrer-, Erzieher-; *s* Übung *f*; ~~ *system* Unterricht *m* durch Tutoren.
tutti-frutti ['tuti'fruti] gemischte(s) Kompott *f*; Obstsalat *m*; gemischte(s) Fruchteis *n*.
tux(edo) [tʌks, tʌk'si:dou] *pl -os Am* Smoking *m*.
TV-mobile ['ti:vi:moubail] Fernsehaufnahmewagen *m*.
twaddle ['twɔdl] *s* (dummes) Geschwätz, Gerede; Gewäsch *n*; *tr itr* schwatzen, daherreden.
twain [twein] *obs poet* zwei.
twang [twæŋ] *s* Schwirren *n*; Näseln *n*; *itr* schwirren, losschwirren; klimpern; näseln; *tr* (los)schwirren lassen; näseln(d aussprechen).
'twas [twɔz, -ə-] = *it was*.
tweak [twi:k] *tr* zwicken, kneifen.
tweed [twi:d] (*Textil*) Tweed *m* (*Wollstoff*).
'tween [twi:n] = *between*; **~-decks** *adv* im Zwischendeck.
tweeny ['twi:ni] *fam* junge Hausgehilfin *f*; Zigarillo *m od n*.
tweezers ['twi:zəz] *pl (a pair of* ~) Pinzette *f*.
twel|fth [twelfθ] *a* zwölft; *s der, die, das* Zwölfte; Zwölftel *n*; T~~-day Erscheinungsfest *n*; T~~-night Dreikönigsabend *m*; **-ve** [twelv] zwölf; **-vefold** ['-vfould] *a adv* zwölffach; **-vemonth** ['-vmʌnθ] Jahresfrist *f*.
twent|ieth ['twentiiθ] *a* zwanzigste; *s der, die, das* Zwanzigste; Zwanzigstel *n*; **-y** ['-i] zwanzig; *the -ies (s pl)* die zwanziger Jahre (*e-s Jahrhunderts*), die Zwanzigerjahre *n pl (e-s Menschenlebens)*; **-yfold** ['-ifould] *a adv* zwanzigfach.
twerp [twə:p] *sl* Stoffel, Lümmel, Prolet; blöde(r) Kerl *m*.
twice [twais] *adv* zweimal; doppelt, zwei-, zwiefach; ~ *the amount* der doppelte Betrag; ~ *as much, many* doppelt, noch einmal soviel(e); *to think* ~ *about s.th.* sich etw zweimal überlegen; **~-told** *a* zweimal, oft erzählt; abgedroschen.

twiddle ['twidl] *tr* zwischen den Fingern drehen, (herum)spielen mit; *itr* herumspielen, -trödeln, die Zeit vertrödeln (*with* mit); *to ~ o.'s thumbs* Däumchen drehen; den lieben Gott e-n guten Mann sein lassen.

twig [twig] **1.** Zweig(lein *n*) *m*, Ästchen *n*; **2.** *tr fam* kapieren, begreifen; sehen, bemerken.

twilight ['twailait] Zwielicht *n*; (bes. Abend-)Dämmerung *f*, Halbdunkel; *fig* Dunkel *n*; *the T~ of the Gods* die Götterdämmerung *f*; *~* **sleep** *med* Dämmerschlaf *m*.

twill [twil] (*Textil*) Köper *m*; **~ed** [-d] *a* geköpert.

twin [twin] *a* paarig, doppelt; Doppel-; Zwillings- *a. allg; phot* zweiäugig; *bot* gepaart; *s* Zwilling *m*; *fig* Gegenstück *n*; *fraternal, identical ~s (pl)* zwei-, eineiige Zwillinge *m pl*; *~* **barrel** Zwillingsrohr *n*; *~* **beds** *pl* zwei Einzelbetten *n pl*; *~* **brother, sister** Zwillingsbruder *m*, -schwester *f*; *~* **conductor** Doppelleiter *m*; *~* **engine** *aero* Zwillingstriebwerk *n*; **~-engined** *a aero* zweimotorig; *~* **fuselage** *aero* Doppelrumpf *m*; **~-set** Twinset *m od n*; *~* **tail** *aero* Doppelleitwerk *n*; *~* **turret** *mil* Zwillingsturm *m*.

twin|e [twain] *s* Bindfaden *m*, Schnur *f*; Zwirn, (*Österreich:*) Spagat *m*; Wickelung, Windung *f*; Wulst *m*, wirre(s) Knäuel *n*; *tr* umea.winden, verflechten; zwirnen; winden (*s.th. round s.th.* etw um etw winden); umfassen, umschlingen; *itr* sich verflechten (*with* mit); sich winden, sich schlängeln; **~er** ['-ə] *tech* Zwirnmaschine; *bot* Schlingpflanze *f*.

twinge [twindʒ] *tr* zwicken, zwacken, kneifen, stechen; *itr* stechen, heftig schmerzen; *s* Stechen *n*, Stich; stechende(r), heftige(r) Schmerz *m*; *~s (pl) of conscience* Gewissensbisse *m pl*.

twinkl|e ['twiŋkl] *itr* blinken, flimmern, blitzen, funkeln, glitzern; (*Augen*) aufleuchten, blitzen; *fig* schnell hin u. her tanzen, huschen; *s* Blinzeln, Zwinkern; Flimmern, Flackern, Funkeln *m*; **-ing** ['-iŋ] Funkeln, Aufblitzen *n*; *in a ~, in the ~~ of an eye* im Handumdrehen, im Nu.

twirl [twə:l] *itr tr* herumwirbeln, (sich) im Kreise drehen; (*Bart*) zwirbeln; *Am (Baseball)* werfen; *s* Wirbel(n *n*) *m*, schnelle Umdrehung; Windung *f*; Schnörkel *m*; *to ~ o.'s thumbs* Däumchen drehen; **-ing-stick** Quirl *m*.

twist [twist] *tr* umea.drehen, -winden; flechten; zwirnen; winden (*around* um); (*Blumen*) binden; verdrehen, verdrillen; verrenken; biegen, krümmen; (*den Kopf*) umdrehen; (*das Gesicht*) verziehen, verzerren; (*Fuß*) vertreten; *fig* quälen, martern, foltern; *fig* verdrehen, entstellen; (*e-m Ball*) e-n Drall geben; *itr* sich drehen, sich winden *a. fig*; sich biegen, rotieren; (*Rauch*) sich ringeln; (*Tanz*) twisten; *sl* betrügen; *s* (Bind-)Faden *m*, Garn *n*; Twist *m* (*Tanz*); (gedrehte) Tabakrolle *f*; (Hefe-)Zopf *m* (*Gebäck*); (Um-)Drehung, Rotation *f*; *tech* Drall *m*; Biegung, Windung; Verdrehung; Verrenkung; Verzerrung (*des Gesichts*) *f*; Verdrehung, (Sinn-)Entstellung; Neigung, (persönliche) Note, Eigenheit, Schrulle *f*; *to ~ off (Draht)* abdrehen; (*Kappe*) abschrauben; *to ~ out of* sich herauswinden aus; *to ~ up* zu e-r Spirale aufrollen; *to ~ s.o.'s arm, neck* jdm den Arm ver-, den Hals umdrehen; *she can ~ him round her little finger* sie kann ihn um den (kleinen) Finger wickeln; **~er** ['-ə] Garnwinder, Zwirner *m*; Zwirnmaschine *f*; *sport* geschnittene(r) Ball; *Am* Wirbelsturm, Tornado; Träger, Tragbalken *m*; *fig* Schwierigkeit *f*; schwierige(s) Problem *n*; *fam* Schwindler *m*; tongue-**~~** Zungenbrecher *m*; **~y** ['-i] gewunden; verdreht; *fig* unaufrichtig.

twit [twit] *tr* verspotten; *s.o. with, about s.th.* jdn mit etw aufziehen; jdm etw vorwerfen; *s sl* Depp *m*.

twitch [twitʃ] *tr* zwacken, kneifen; zupfen, zerren; *itr* (zs.-) zucken (*with* vor); *s* Ruck *m*; (Zs.-) Zucken; Zupfen; Nervenzucken *n*; Stich *m*.

twitter ['twitə] *itr* zwitschern, piep(s)en; *fig* tuscheln, schnattern; (vor Erregung) zittern, kichern; *s* Gezwitscher, Gepiep(s)e; *fig* Geschnatter (aufgeregtes) Zittern *n*; *all of a ~, in a ~* aufgeregt.

'twixt ['twikst] = *betwixt*.

two [tu:] *a* zwei; beide; *s* Zwei *f* (*a. in Spielen*); *by, in ~s, ~ and ~* zu zweit, zu zweien, paarweise; *in ~* entzwei; *in a day or ~* in ein paar Tagen; *one or ~* ein paar; *the ~ of us* wir beide; *to be in ~ minds about doing s.th.* nicht wissen, ob man etw tun soll; *to cut in ~* halbieren; *to put ~ and ~ together* sich die Sache zs.reimen; **~-bit** *Am sl* billig, mies; bestechlich; *~* **bits** *pl Am sl* 25 Cents *pl*; **~-by-four** *Am* *fam* klein, eng, beschränkt, vollgepfropft; **~colo(u)r** zweifarbig; **~-core cable** zweiadrige(s) Kabel *n*; **~-cycle** *s* Zweitaktmotor *m*; *a* Zweitakt-; **~-edged** *a* zweischneidig *a. fig*; **~-faced** *a* doppelseitig; *fig* falsch, heuchlerisch, verräterisch; **~-fisted** *a fam* stark, kräftig, stramm, männlich; **~-fold** *a adv* zweifach, doppelt; **~-four** *mus* Zweivierteltakt *m*; **~-handed** *a* zweihändig; **~-job man** Doppelverdiener *m*; **~-legged** *a* zweibeinig; **~-party system** Zweiparteiensystem *n*; **~-pence**, *fam* **tuppence** ['tʌpəns] zwei Pence *m pl*; **~-penny** ['tʌpni] *a* Zweipence-; *fig* billig, wertlos; **~-halfpenny** *(fig)* nebensächlich, verächtlich, unbedeutend; **~-phase** zweiphasig; **~-piece** *a* zweiteilig; *s* Komplet *n*; **~ bathing-suit** zweiteilige(r) Badeanzug, Bikini *m*; **~-ply** zweifädig; in zwei Lagen; **~-seater** *mot* Zweisitzer *m*; **~-sided** *a* zweiseitig; *fig* von doppeltem Aspekt; *pol* bilateral; **~-some** ['-səm] *s* (Liebes-)Paar, Pärchen; Spiel *n* für zwei Spieler; *a* Zweier-; Doppel-; für zwei; zu zweien; **~-speed gear** *mot* Zweiganggetriebe *n*; **~-step** Twostep *m (Tanz)*; **~-stroke engine** Zweitaktmotor *m*; **~-thirds majority** *parl* Zweidrittelmehrheit *f*; **~-time** *tr Am sl (in der Liebe)* betrügen; **~-way** *a tech* Doppel-, Zweiweg-; *radio* Sende- u. Empfangs-; ~ *switch* Umschalter *m*; ~ *traffic* Gegenverkehr *m*.

tycoon [tai'ku:n] *fam* Schlotbaron, Industriemagnat *m*.

tyke, **tike** [taik] Köter; Lümmel *m*.

tympan ['timpən] Membran *f*; *typ* Preßdeckel *m*; *arch* = ~*um*; **~ic** [tim'pænik]: ~ *membrane* (*anat*) Trommelfell *n*; **~itis** [-'naitis] *med* Mittelohrentzündung *f*; **~um** ['timpənəm] *pl a. -na* ['-nə] Mittelohr; Trommelfell *n*; *mus* Trommel(fell *n*) *f*; *arch* Giebelfeld, Tympanon *n*; *tele* Membran *f*; *hist* Pauke *f*; *tech* Schöpfrad *n*.

typ|e [taip] *s* Typ(us) *m*, Type *f*; Muster(beispiel) *n*; Art, Gattung *f*, Modell *n*, Sorte *f*; Symbol, Sinnbild, Emblem, (Kenn-)Zeichen *n (of für)*; *typ* Type, Letter *f*; (gedruckter) Buchstabe; Druck *m*, Schrift *f*; *fam* Kaliber *n*, Schlag *m*, Type *f*; *tr* mit der Maschine schreiben, tippen; klassifizieren, gruppieren; typisch werden; *in* ~ (ab)gesetzt, fertig im Satz; gedruckt; *black-letter*, *German-text* ~ Fraktur *f*; *blood* ~~ Blutgruppe *f*;

bold ~ Fettdruck *m*; *italic* ~ Kursive *f*; *roman* ~ Antiqua *f*; **~~-area** *(typ)* Satzspiegel *m*; **~~-bar** *(gegossene)* Zeile *f*; Typenhebel *m*; **~~-cast** *(irr s. cast) tr theat* nach typischen Merkmalen auswählen; **~~-caster**, **-founder** Schriftgießer *m*; ~~ *face* Schriftbild *n*, -art *f*; **~~-foundry** Schriftgießerei *f*; **~~ metal** Letternmetall *n*; ~~ *page* Satzspiegel *m*; **~~-script** Schreibmaschinenmanuskript *n*; Durchschrift *f*, -schlag *m*, Kopie *f*; **~~-setter** Schriftsetzer *m*; **~~-setting** Setzen *n*, Satz *m*; *a* Satz-; ~~ *size* Schriftgröße *f*; **~~-write** *(irr)* mit der Maschine schreiben; **~~-writer** Schreibmaschine *f*; Maschinenschreiber(in *f*) *m*; **~~-writer ribbon** Farbband *n*; **~~-writing** Maschinenschreiben *n*, -schrift *f*; **~~-writing-paper** Schreibmaschinenpapier *n*; **~~-written** (*a*) mit der Maschine geschrieben; ~~ *copy* Durchschlag *m*, -schrift *f*; **~ic(al)** ['tipik(əl)] typisch, charakteristisch, beispielhaft, kennzeichnend *(of für)*; **~ify** ['tipifai] *tr* symbolisieren, bezeichnen, bedeuten; typisch, kennzeichnend, ein Beispiel sein für; **~ing-paper** Durchschlagpapier *n*; **~ist** ['taipist] Maschinenschreiber(in *f*) *m*; **~o** ['taipou] *sl* (Buch-)Drucker *m*; **~ographer** [tai'pɔgrəfə] Buchdrucker *m*; **~ographic(al)** [taipə'græfik(əl)] *a* Druck-; ~~ *error* Druckfehler *m*; **~ography** [tai'pɔgrəfi] Buchdruck(erkunst *f*) *m*.

typh|oid ['taifɔid] *a* typhusartig, Typhus-; ~~ *bacillus* Typhusbazillus *m*; ~~ *(fever)* Typhus *m*; **~ous** ['taifəs] flecktyphusartig; Flecktyphus-; **~us** [-] Flecktyphus *m*.

typhoon [tai'fu:n] *mete* Taifun *m*.

tyrann|ic(al) [ti'rænik(əl), tai-] tyrannisch, despotisch; **~ize** ['tirənaiz] *itr* e-e Gewaltherrschaft ausüben *(over über)*; tyrannisch, grausam, ungerecht herrschen od regieren; *tr* tyrannisieren; unter-, bedrücken; **~ous** ['tirənəs] = **~ic**; **~y** ['-i] Gewaltherrschaft *f*, Despotismus *m*, Tyrannei; Härte, Strenge, Grausamkeit *f*;

tyrant ['taiərənt] Tyrann *a. fig*, Despot, Gewaltherrscher, -haber *m*.

tyre *s*. tire.

tyro *s*. tiro.

Tyrol ['tairəl] Tirol *n*; **~ese** [tirə'li:z] *a* tirolisch; *s* Tiroler(in *f*) *m*.

Tyrrhenian [ti'ri:njən] *a*: *the* ~ *Sea* das Tyrrhenische Meer.

tzar... *s*. czar...

tzetze ['tsetsi] *s*. tsetse.

U

U, u [juː] *pl* **~'s** U, u *n*; *U-turn (mot)* Drehung um 180°, Kehrtwendung *f*.
ubiquit|ous [ju(ː)'bikwitəs] allgegenwärtig; **~y** ['-i] Allgegenwart *f*.
udder [ˈʌdə] Euter *n*.
udometer [ju(ː)'dɔmitə] *mete* Regenmesser *m*.
ugh [uːx, uh] *interj* äh! hu! pfui!
ugl|ify [ˈʌglifai] *tr* häßlich machen; entstellen; **~iness** [ˈʌglinis] Häßlichkeit *f*; **~y** [ˈʌgli] häßlich, widerlich, scheußlich, gräßlich; *fig* gemein, abstoßend, greulich; bedrohlich, unheilvoll, gefährlich; *Am fam* streitsüchtig, zänkisch; **~~ customer** (*fam*) üble(r) Kunde *m*.
ukase [juːˈkeiz, -s] *hist u. allg* Ukas; Erlaß *m*, Verordnung *f*.
Ukrain|e, the [ju(ː)ˈkrein] die Ukraine *f*; **~ian** [-iən] *a* ukrainisch; *s* Ukrainer(in *f*) *m*; (das) Ukrainisch(e).
ukulele [juːkəˈleili] *mus* Ukulele *n*.
ulcer [ˈʌlsə] *med* Geschwür *n a. fig*; *gastric* **~** Magengeschwür *n*; **~ate** ['-reit] *med tr* vereitern; *itr* eitern, schwären; **~ation** [ʌlsəˈreiʃən] Eiterung *n*, Vereiterung *f*; **~ous** ['-rəs] *med* geschwürartig; eiternd; *fig* korrupt.
ullage [ˈʌlidʒ] *com* Leckage *f*; Gewichtsverlust *m*; *fam* Rest *m*.
ulna [ˈʌlnə] *pl a.* **-ae** [-iː] *anat* Elle *f*.
ulster [ˈʌlstə] Ulster *m (weiter Herrenmantel).*
ult|erior [ʌlˈtiəriə] jenseitig; später, (zu)künftig; folgend, weiter, ferner, fernerliegend; *fig* uneingestanden, verborgen, versteckt; *the* **~~** *motive der wirkliche Grund*; **~imate** [ˈʌltimit] (ent)fern(te)st, weitest, äußerst; endlich, schließlich, letzt; elementar, fundamental, grundlegend, primär; maximal, größt(möglich); **~~ consumer** Endverbraucher *m*; **~imately** [ˈʌltimitli] *adv* schließlich, endlich, am Ende; **~imatum** [ʌltiˈmeitəm] *pl a.* **-ta** [-ə] *pol* Ultimatum (*to* an); letzte(s) Angebot *n*, letzte(r) Vorschlag *m*; **~imo** [ˈʌltimou] *adv* letzten Monats.
ultra [ˈʌltrə] *a* radikal, extrem; *s* Radikale(r), Extremist *m*; *pref* jenseitig, über ... hinausgehend, Über-, Ultra-.
ultramodern [ʌltrəˈmɔdən] supermodern.
ultrahigh frequency [ʌltrəˈhai ˈfriːkwənsi] Ultrakurzwellenbereich *m*, dm-Wellen *f pl*.
ultramarine [ʌltrəməˈriːn] *a* ultramarin; *s* Ultramarin *n (Farbe).*
ultramontane [ʌltrəˈmɔntein] *rel* ultramontan.
ultramundane [ˈʌltrəˈmʌndein] außerweltlich.
ultrared [ˈʌltrəˈred] ultra-, infrarot.
ultra-short wave [ˈʌltrə ˈʃɔːtweiv] *radio* Ultrakurzwelle *f*.
ultrasonic [ˈʌltrəˈsɔnik] *a* Über-, Ultraschall-.
ultra-violet [ˈʌltrəˈvaiəlit] *phys* ultraviolett.
ultra vires [ˈʌltrə ˈvaiəriːz] *adv pred a jur* über die Befugnisse, die Vollmacht(en) hinausgehend.
ululate [ˈjuːljuleit] *itr* heulen; laut jammern; **~ation** [juːljuˈleiʃən] Geheul, Geschrei *n*.
umbel [ˈʌmbəl] *bot* Dolde *f*.
umber [ˈʌmbə] *s* Umber *m*, Umbra *(Farbstoff);* Siena(erde) *f*; *a* dunkelbraun.
umbilical [ʌmˈbilikəl, *pred* -ˈlai-] *a* Nabel- *a. allg;* **~~ cord** Nabelschnur *f*.
umbr|a [ˈʌmbrə] *pl* **-ae** [-iː] *scient* (Kern-, Erd-)Schatten *m*; **~age** [-idʒ]: *to take* **~~** Anstoß, Ärgernis nehmen (*at* an); **~ageous** [-ˈbreidʒəs] schattig; *fig* leicht beleidigt, empfindlich; **~ella** [-ˈbrelə] (Regen-)Schirm *a. fig*; *mil sl* Fallschirm; *fig* Schutz *m*, Abschirmung *f*; *mil aero* Jagdschutz *m*; *mil* Feuerglocke *f*; *under the* **~~** *of* unter dem Schutz *gen*; *to put up an* **~~** e-n Schirm aufspannen; **~~ aerial** *(radio)* Schirm-, Fächerantenne *f*; **~~ case, cover** Schirmhülle *f*; **~~ stand** Schirmständer *m*.
umpire [ˈʌmpaiə] *s* Schiedsrichter *m*; *tr* (durch Schiedsspruch) schlichten; *sport* als Schiedsrichter leiten; *itr* Schiedsrichter sein (*in a dispute* bei e-m Streit).
umpt|een, umpsteen [ˈʌm(p)(s)tiːn] *sl* zig, e-e Menge, Masse; **~eenth** ['-tiːnθ], **~ieth** ['-tiiθ] *sl* zigst, soundsovielte; **~y** [ˈʌmpti] *a sl* zig; *s tele sl* Strich *m (des Morsealphabets).*
un [ʌn] *pref* un-, Un-, nicht; ohne; *vor v:* ent-; **'un** [ən] = *one*.
unabashed [ʌnəˈbæʃt] *a* nicht bange, beherzt, mutig, furchtlos.
unabat|ed [ʌnəˈbeitid] *a* unvermindert; **~ing** ['-iŋ] nicht nachlassend, nicht schwächer werdend.
unabbreviated [ˈʌnəˈbriːvieitid] unabgekürzt, unverkürzt.

unable ['ʌn'eibl] untauglich, unfähig; nicht in der Lage, nicht imstande (*to* zu); *to be ~* außerstande sein; *~ to pay* zahlungsunfähig.

unabridged ['ʌnə'bridʒd] *a (Text)* ungekürzt, vollständig.

unaccented ['ʌnæk'sentid] *a* unbetont.

unacceptable ['ʌnək'septəbl] unannehmbar (*to* für).

unaccommodat|ed ['ʌnə'kɔmədeitid] *a* nicht angepaßt; unpassend; **-ing** ['-iŋ] nicht entgegenkommend; zurückhaltend; unverbindlich; unfreundlich.

unaccompanied ['ʌnə'kʌmpənid] *a* unbegleitet, ohne Begleitung *a. mus.*

unaccomplished ['ʌnə'kɔmpliʃt] *a* unvollendet; *fig* ungebildet.

unaccount|able ['ʌnə'kauntəbl] unerklärlich, geheimnisvoll; nicht verantwortlich; **-ed(-for)** *a* uner-, unaufgeklärt; *com* nicht ausgewiesen.

unaccustomed ['ʌnə'kʌstəmd] *a* nicht gewöhnt (*to* an), nicht gewohnt (*to s.th.* etw); ungewöhnlich, seltsam, sonderbar.

unachievable ['ʌnə'tʃiːvəbl] *a* unvollendbar; nicht ausführbar.

unacknowledged ['ʌnək'nɔlidʒd] *a* nicht anerkannt; unbestätigt.

unacquainted ['ʌnə'kweintid] *a* nicht vertraut (*with* mit); unkundig (*with s.th.* e-r S).

unadaptable ['ʌnə'dæptəbl] nicht anpaßbar; *(Mensch)* nicht anpassungsfähig.

unaddressed ['ʌnə'drest] *a* ohne Anschrift.

unadjusted ['ʌnə'dʒʌstid] *a* ungeregelt, unerledigt, (noch) schwebend; *(seelisch)* unausgeglichen.

unadopted ['ʌnə'dɔptid] *a* nicht angenommen; *(Straße)* nicht unterhalten.

unadorned ['ʌnə'dɔːnd] *a* schmucklos.

unadulterated ['ʌnə'dʌltəreitid] *a* unverfälscht, rein.

unadvis|ability ['ʌnədvaizə'biliti] Unratsamkeit *f*; **-able** ['-əbl] nicht ratsam; **-ed** ['-zd] *a* unberaten, unbedacht, unbesonnen.

unaffected ['ʌnə'fektid] *a* unberührt, unbeeinflußt (*by* von); unverändert; [--'--] ungekünstelt, einfach, natürlich.

unafraid ['ʌnə'freid] furchtlos, ohne Furcht (*of* vor).

unaided ['ʌn'eidid] *a* ohne Hilfe *od* Unterstützung (*by* von); *(Auge)* unbewaffnet.

unalienable ['ʌn'eiliənəbl] unveräußerlich.

unalloyed ['ʌnə'lɔid] *a* unvermischt; *fig* ungetrübt.

unalter|ably [ʌn'ɔːltərəbli] *adv* unveränderlich; **-ed** ['ʌn'ɔːltəd] *a* unverändert.

unambiguous ['ʌnæm'bigjuəs] unzweideutig.

unambitious ['ʌnæm'biʃəs] nicht ehrgeizig; anspruchslos, bescheiden.

unamenable ['ʌnə'miːnəbl] *(Mensch)* unzugänglich (*to* für); nicht verantwortlich (*to* gegenüber).

unamendable ['ʌnə'mendəbl] unverbesserlich.

un-American ['ʌnə'merikən] unamerikanisch.

unamiable ['ʌn'eimiəbl] unliebenswürdig, kühl, abweisend.

unanim|ity [juːnə'nimiti] Einmütigkeit, *parl* Einstimmigkeit *f*; **-ous** [juː(ː)'næniməs] einmütig; *parl* einstimmig.

unannounced ['ʌnə'naunst] *a* unangekündigt, ohne Ankündigung.

unanswer|able [ʌn'ɑːnsərəbl] unbestreitbar, unwiderleglich; **-ed** [-əd] *a* unbeantwortet, ohne Antwort.

unappalled ['ʌnə'pɔːld] *a* unerschrocken, furchtlos.

unappealable ['ʌnə'piːləbl]: *the case is ~* es kann keine Berufung eingelegt werden.

unappeasable ['ʌnə'piːzəbl] nicht zu beruhigen(d); unversöhnlich.

unappetizing ['ʌn'æpitaiziŋ] unappetitlich.

unappreci|able [ʌnə'priːʃəbl] unschätzbar; unmerklich; **-ated** ['ʌnə'priːʃieitid] *a* nicht geschätzt.

unapproachable [ʌnə'proutʃəbl] unzugänglich, fern; unerreichbar.

unappropriated ['ʌnə'proupriːeitid] *a* herrenlos; *(Gewinn)* (noch) nicht ausgeschüttet; ungenutzt; *(Kapital)* tot.

unapt ['ʌn'æpt] ungeeignet, unbrauchbar, untauglich (*for* für, zu); unpassend; ungeschickt, schwerfällig (*at* bei); *to be ~ to* nicht geneigt zu.

unargued ['ʌn'ɑːgjuːd] *a* ohne Debatte (angenommen).

unarmed ['ʌn'ɑːmd] *a* unbewaffnet.

unartistic ['ʌnɑː'tistik] unkünstlerisch.

unascertain|able ['ʌnæsə'teinəbl] nicht feststellbar; **-ed** ['-d] *a* unermittelt, nicht festgestellt.

unashamed ['ʌnə'ʃeimd] *a* ungeniert; schamlos; *to be ~ of s.th.* sich e-r S nicht schämen.

unasked ['ʌn'ɑːskt] *a* ungefragt; ungebeten.

unaspir|ated ['ʌn'æspəreitid] *a* nicht begehrt; *gram* nicht aspiriert; **~ing** ['-'pairiŋ] *a* bescheiden.

unassailable [ʌnə'seiləbl] unangreifbar *a. fig.*

unassignable ['ʌnə'sainəbl] *jur* nicht übertragbar.

unassisted ['ʌnə'sistid] *a* ohne Hilfe, ohne Unterstützung, allein.

unassuming ['ʌnə'sju:miŋ] anspruchslos, zurückhaltend, bescheiden.

unattached ['ʌnə'tætʃt] *a* unbefestigt, lose (*to* an); ungebunden, unabhängig, frei; ohne Anhang; *mil* zur Disposition (stehend); (*Student*) nicht inkorporiert.

unattainable ['ʌnə'teinəbl] unerreichbar.

unattempted ['ʌnə'temptid] *a* unversucht.

unattended ['ʌnə'tendid] *a* ohne Bedienung *od* Pflege; (*to*) vernachlässigt; (*Kinder*) unbeaufsichtigt; unbegleitet.

unattested ['ʌnə'testid] *a* unbezeugt; nicht überprüft.

unattractive [ʌnə'træktiv] nicht, wenig anziehend.

unauthenticated ['ʌnɔ:'θentikeitid] *a* unbeglaubigt, unbestätigt, verbürgt.

unauthorized ['ʌn'ɔ:θəraizd] *a* unberechtigt, unbefugt, nicht ermächtigt; **~ persons** *pl* Unbefugte *m pl*.

unavail|able ['ʌn'veiləbl] nicht vorhanden *od* verfügbar *od* erreichbar; **~ing** ['-iŋ] nutzlos, unnütz, vergeblich.

unavoidable [ʌnə'vɔidəbl] unvermeidlich; **~ cost** feste Kosten *pl.*

unawakened ['ʌnə'weikənd] *a* noch schlafend; *fig* latent.

unaware [ʌnə'wɛə] *a* unbewußt (*of s.th.* e-r S); nicht ahnend (*of s.th.* etw); unaufmerksam, unachtsam, gedankenlos; *to be ~ of* nicht ahnen; nicht wissen; **~s** [-z] *adv* ahnungslos, unabsichtlich; versehentlich, unversehens, unerwartet, (ganz) plötzlich; *to catch, to take ~~* überraschen.

unbacked ['ʌn'bækt] *a* nicht unterstützt; *fin* nicht indossiert; (*Pferd*) nicht zugeritten; **~ horse** Pferd *n*, auf das keine Wette abgeschlossen wurde.

unbag ['ʌn'bæg] *tr* aus dem Sack lassen; ausschütten.

unbaked ['ʌn'beikt] *a* ungar; *fig* unreif.

unbalanc|e ['ʌn'bæləns] *tr* aus dem Gleichgewicht bringen *a. fig*; *s* Unausgeglichenheit *f*; **~ed** ['-t] *a* nicht im Gleichgewicht; *fig u. com* unausgeglichen; *fig* verwirrt.

unbaptized ['ʌnbæp'taizd] *a* ungetauft.

unbar ['ʌn'bɑ:] *tr* aufschließen.

unbearable [ʌn'bɛərəbl] unerträglich.

unbeaten ['ʌn'bi:tn] *a* ungeschlagen *a. fig*; *fig* unbesiegt; (*Weg*) unbetreten.

unbecoming ['ʌnbi'kʌmiŋ] unangebracht, unpassend, unkleidsam; *fig* unschicklich, ungehörig (*to*, *for* für).

unbefitting ['ʌnbi'fitiŋ] unpassend, ungeeignet.

unbefriended ['ʌnbi'frendid] *a* ohne Freund; verlassen, einsam; hilflos.

unbeknown(st *fam*) ['ʌnbi'noun(st)] *pred a fam* unbekannt (*to s.o.* jdm).

unbelie|f ['ʌnbi'li:f] *rel* Unglaube(n) *m*; **~vable** [-vəbl] unglaublich; **~ver** ['ʌnbi'li:və] *rel* Ungläubige(r), Glaubenslose(r); *allg* Zweifler *m*; **~ing** ['-'li:viŋ] ungläubig; skeptisch, zweifelnd.

unbend ['ʌn'bend] *irr s. bend tr* lockern, entspannen *a. fig*; glattstreichen, glätten; *mar* (*Seil*) lockern; (*Segel*) abschlagen; *itr* gerade werden, sich glätten; *fig* sich entspannen; aus sich herausgehen; **~ing** ['-iŋ] *a* starr, steif, unbiegsam; *fig* fest, entschlossen.

unbias(s)ed ['ʌn'baiəst] *a* vorurteilsfrei, unvoreingenommen, unbefangen, unparteiisch.

unbidden ['ʌn'bidn] *a* ungebeten; unbestellt.

unbind ['ʌn'baind] *irr s. bind tr* losbinden, -machen, lösen; aufknoten; befreien.

unbleached ['ʌn'bli:tʃt] *a* ungebleicht.

unblemished [ʌn'blemiʃt] *a fig* unbefleckt, untadelig.

unblessed, unblest ['ʌn'blest] *a* ungeweiht; ungesegnet; verflucht, böse; unselig, unglücklich, elend.

unblushing [ʌn'blʌʃiŋ] *fig* schamlos.

unbolt ['ʌn'boult] *tr* aufriegeln, -schließen, öffnen; (*Gewehr*) entsichern; **~ed** ['-id] *a* **1.** unverriegelt, unverschlossen, offen; **2.** (*Mehl*) ungebeutelt.

unborn ['ʌn'bɔ:n] *a* ungeboren; *fig* (zu)künftig.

unbosom [ʌn'buzəm] *tr* erzählen, enthüllen, freien Lauf lassen (*o.'s feelings* s-n Gefühlen); *itr u. to ~ o.s.* sein Herz ausschütten (*to s.o.* jdm).

unbound ['ʌn'baund, *attr a.* 'ʌnbaund] *a* (*Buch*) ungebunden, broschiert, geheftet; *fig* ohne Verpflichtung.

unbounded [ʌn'baundid] *a* unbegrenzt; *fig* grenzen-, schrankenlos.

unbowed ['ʌn'baud] *a* nicht gebogen; *fig* ungebeugt.

unbraid ['ʌn'breid] *tr* aufflechten.
unbreakable ['ʌn'breikəbl] unzerbrechlich.
unbribable ['ʌn'braibəbl] unbestechlich.
unbridled [ʌn'braidld] *a* ungezäumt; *fig* zügellos, unbeherrscht; ~~ tongue lose(s) Mundwerk *n*.
unbroken ['ʌn'broukən] *a* unge-, unzerbrochen, heil, ganz; *fig* ungebrochen, gleichbleibend; ununterbrochen; intakt, unbeschädigt; *agr* nicht umgebrochen; *(Pferd)* nicht zugeritten.
unbrotherly ['ʌn'brʌðəli] unbrüderlich.
unbuckle ['ʌn'bʌkl] *tr* auf-, los-, abschnallen.
unburden [ʌn'bə:dn] *tr* entlasten *a. fig; fig* sich frei machen, sich befreien von, sich erleichtern um; to ~ *o.s.* sein Herz ausschütten.
unburied ['ʌn'berid] *a* unbegraben.
unbusinesslike [ʌn'biznislaik] nicht geschäftstüchtig.
unbutton ['ʌn'bʌtn] *tr* aufknöpfen; **~ed** ['-d] *a fig* zwanglos.
uncage ['ʌn'keidʒ] *tr* aus dem Käfig lassen, befreien *a. fig.*
uncalled ['ʌn'kɔ:ld] *a* ungerufen, unaufgefordert, uneingeladen; **~-for** [-'k-] ungebeten, unverlangt, unangebracht, unverschämt; überflüssig.
uncanny [ʌn'kæni] unheimlich *a. fig.*
uncared-for ['ʌn'kɛədfɔ:] *a* vernachlässigt.
uncase [ʌn'keis] *tr* herausnehmen; *(Schwert)* ziehen; *(Fahne)* entfalten.
unceasing [ʌn'si:ziŋ] unaufhörlich, pausenlos.
uncensored ['ʌn'sensəd] *a* unzensiert; ohne Einspruch.
unceremonious ['ʌnseri'mounjəs] zwanglos; unfreundlich.
uncert|ain [ʌn'sə:tn] ungewiß, unbestimmt *(a. Wetter)*, unsicher, problematisch, fraglich, zweifelhaft; vage, ungenau; unzuverlässig, wechselhaft, unbeständig *(a. Wetter)*; in no ~~ terms unverblümt, klipp u. klar; **~ainty** [-tnti] Ungewißheit, Unbestimmtheit, Unsicherheit, Fragwürdigkeit; Unzuverlässigkeit, Unbeständigkeit *f;* **-ified** ['-ifaid] *a* unbeglaubigt, unbestätigt.
unchain ['ʌn'tʃein] *tr* losketten; *fig* entfesseln.
unchalleng|eable ['ʌn'tʃælindʒəbl] unbestreitbar, unwiderlegbar, -lich; **~ed** ['-d] *a* unbestritten, unangefochten, unbeanstandet.

unchangeable [ʌn'tʃeindʒəbl] unveränderlich; **~ing** [ʌn'tʃeindʒiŋ] (immer) gleichbleibend.
uncharged ['ʌn'tʃɑ:dʒd] *a* un-, nicht belastet; *jur* nicht angeklagt; *el* ungeladen; *(Konto)* unbelastet.
uncharitable [ʌn'tʃæritəbl] streng, unbarmherzig, lieblos, kalt.
uncharted ['ʌn'tʃɑ:tid] *a* kartographisch (noch) nicht erfaßt.
unchast|e ['ʌn'tʃeist] unkeusch; **~ity** ['-'tʃæstiti] Unkeuschheit *f.*
unchecked ['ʌn'tʃekt] *a* unbe-, ungehindert; unkontrolliert.
unchivalrous ['ʌn'ʃivəlrəs] unritterlich.
unchristian ['ʌn'kristjən] unchristlich *a. fig.*
uncial ['ʌnsiəl, -ʃ-] *a* Unzial-; *s* Unziale, Unzialschrift *f.*
uncircumcised ['ʌn'sə:kəmsaizd] *a rel* unbeschnitten.
uncivil ['ʌn'sivl] ungesittet, roh; unhöflich, ungeschliffen; **-ized** ['-ilaizd] *a* barbarisch, wild, roh, ungesittet; ungebildet.
unclad ['ʌn'klæd] *a* unbekleidet, nackt.
unclaimed ['ʌn'kleimd] *a* nicht bestellt, unverlangt; herrenlos; *(Brief)* nicht abgeholt, unzustellbar.
unclasp ['ʌn'klɑ:sp] *tr* auf-, loshaken; loslassen; öffnen; *itr* aufgehen, sich lösen.
unclassified ['ʌn'klæsifaid] *a* unklassifiziert, nicht geordnet; *mil* nicht geheim, offen.
uncle ['ʌŋkl] Onkel; *sl* Pfandleiher *m.*
unclean ['ʌn'kli:n] *a. fig rel* unrein.
unclench, unclinch ['ʌn'klentʃ, -i-] *tr itr (die Faust)* (sich) öffnen.
uncloak ['ʌn'klouk] *tr* den Mantel ausziehen *(s.o.* jdm); *fig* freilegen; enthüllen, entlarven; *itr* sich den Mantel ausziehen.
unclose ['ʌn'klouz] *tr* öffnen; *fig* enthüllen, offenbaren; *itr* sich öffnen.
uncloth|e ['ʌn'klouð] *tr* entkleiden, ausziehen, entblößen; *fig* enthüllen; **~ed** ['-d] *a* unbekleidet.
unclouded ['ʌn'klaudid] *a* unbewölkt, wolkenlos; *fig* unbekümmert.
uncocked ['ʌn'kɔkt] *a (Gewehr)* entspannt.
uncoil ['ʌn'kɔil] *tr itr* (sich) abwickeln, abspulen.
uncollected ['ʌnkə'lektid] ungesammelt; *(Gebühren)* nicht erhoben.
uncolo(u)red ['ʌn'kʌləd] *a* ungefärbt, farblos; *fig* ungeschminkt.
un-come-at-able ['ʌnkʌm'ætəbl] *fam* unzugänglich; unerreichbar.

uncomely ['ʌn'kʌmli] unschön, häßlich.
uncomfortable [ʌn'kʌmfətəbl] unbehaglich; unangenehm; verlegen; *to be ~* sich nicht wohl fühlen.
uncommercial ['ʌnkə'mə:ʃəl] unkaufmännisch.
uncommitted ['ʌnkə'mitid] *a (Verbrechen)* nicht begangen; nicht verpflichtet (*to* zu); nicht gebunden (*to* an); ungebunden, frei; auf freiem Fuß; *pol* bündnis-, blockfrei.
uncommon [ʌn'kɔmən] *a* ungewöhnlich, selten; *adv fam* außergewöhnlich, außerordentlich, selten; **~ly** [-li] *adv* bemerkenswert, ungewöhnlich.
uncommunic|able ['ʌnkə'mju:nikəbl] nicht mitteilbar; **~ative** ['-ətiv] nicht, wenig mitteilsam; zurückhaltend.
uncomplaining ['ʌnkəm'pleiniŋ] nicht klagend; klaglos.
uncompleted ['ʌnkəm'pli:tid] *a* unfertig, unvollendet.
uncomplicated ['ʌn'kɔmplikeitid] *a* unkompliziert, einfach.
uncompromising [ʌn'kɔmprəmaiziŋ] nicht kompromißbereit, unnachgiebig, unbeugsam; (fest) entschlossen, entschieden.
unconcern ['ʌnkən'sə:n] Interesselosigkeit, Sorglosigkeit, Gleichgültigkeit *f*; **~ed** ['-d] *a* interesselos, uninteressiert (*with* an); gleichgültig, teilnahmslos (*about* an).
uncondition|al ['ʌnkən'diʃənl] bedingungs-, vorbehaltlos; uneingeschränkt; **~ed** ['-ʃnd] *a* nicht bedingt; *psychol* unbedingt, angeboren.
unconfined ['ʌnkən'faind] *a* uneingeschränkt, unbegrenzt.
unconfirmed ['ʌnkən'fə:md] *a* unbestätigt, unverbürgt; *rel* nicht konfirmiert, nicht gefirmt.
uncongenial ['ʌnkən'dʒi:njəl] ungleichartig; ungünstig; fremd(artig), unsympathisch.
unconnected ['ʌnkə'nektid] *a* unverbunden, getrennt; *(Bericht)* unzs.hängend.
unconquerable [ʌn'kɔŋkərəbl] unbesiegbar; unüberwindlich.
unconscionable [ʌn'kɔnʃnəbl] gewissen-, skrupellos; unvernünftig, maßlos, unmäßig, übertrieben; *jur* unbillig.
unconscious [ʌn'kɔnʃəs] *a* unbewußt (*of s.th.* e-r S) *a. psychol*; unabsichtlich; bewußtlos, ohnmächtig; *s psychol* das Unbewußte; *to be ~ of s.th.* sich e-r S nicht bewußt sein; **~ly** [-li] *adv* unbewußt; **~ness** [-nis] Unbewußtheit; *med* Bewußtlosigkeit, Ohnmacht *f*.

unconsecrated ['ʌn'kɔnsikreitid] *a* ungeweiht.
unconsidered ['ʌnkən'sidəd] *a* unbedacht, gedankenlos; unbeachtet.
unconstitutional ['ʌnkɔnsti'tju:ʃənl] verfassungswidrig.
unconstrained ['ʌnkən'streind] *a* ungezwungen, zwanglos.
uncontaminated ['ʌnkən'tæmineitid] *a* nicht verunreinigt; nicht angesteckt; *fig* unverdorben.
uncontested ['ʌnkən'testid] *a* unbestritten; *(Wahl)* ohne Gegenkandidaten.
uncontradict|able ['ʌnkɔntrə'diktəbl] unbestreitbar; **~ed** ['-id] *a* unwidersprochen, unbestritten.
uncontroll|able ['ʌnkən'trouləbl] unkontrollierbar; unbändig; **~ed** ['ʌnkən'trould] *a* unbeaufsichtigt; zügellos.
unconventional ['ʌnkən'venʃənl] unkonventionell, formlos, ungezwungen.
unconvert|ed ['ʌnkən'və:tid] *a rel* unbekehrt; *fin* nicht konvertiert; **~ible** ['-ibl] nicht vertauschbar; *fin* nicht konvertierbar.
unconvinc|ed ['ʌnkən'vinst] *a* nicht überzeugt; **~ing** ['-siŋ] nicht überzeugend.
uncooked ['ʌn'kukt] *a* ungar, roh.
uncork ['ʌn'kɔ:k] *tr* entkorken.
uncorrected ['ʌnkə'rektid] *a* unverbessert, unkorrigiert.
uncorrupt|(ed) ['ʌnkə'rʌpt(id)] *a* unverdorben; unbestochen; **~ible** ['-ibl] unbestechlich.
uncountable ['ʌn'kauntəbl] unzählbar, unzählig.
uncouple ['ʌn'kʌpl] *tr (Hunde)* loskoppeln; *tech* auskuppeln, -rücken; *el* trennen, ausschalten.
uncourt|eous ['ʌn'kɔ:tjəs] *a* unhöflich; **~ly** ['ʌn'kɔ:tli] *adv* unhöflich.
uncouth [ʌn'ku:θ] ungeschlacht; ungeschickt, unbeholfen; ungebildet.
uncover [ʌn'kʌvə] *tr* auf-, abdecken; *(das Haupt)* entblößen; *(Hut)* abnehmen; *fig* enthüllen, aufdecken.
uncritical [ʌn'kritikəl] unkritisch.
uncrowned ['ʌn'kraund, *attr* '--] *a* ungekrönt, ohne Krone.
unct|ion ['ʌŋkʃən] *rel* Salbung; *med* Einreibung *f*; *rel* Salböl *n*; *med* Salbe *f*, Einreibmittel *n*; *fig* Trost *m*, Erleichterung (*to* für); salbungsvolle Ausdrucksweise *f*; Pathos *n*; *with (much)* ~~ (sehr) salbungsvoll; *the Extreme U~~ (rel)* die Letzte Ölung; **~uous** ['ʌŋktjuəs] ölig, fett(ig); *fig* salbungsvoll.

uncultivated ['ʌn'kʌltiveitid] *a (Boden)* unbebaut, unbestellt; *(Pflanze)* wild; *fig* ungepflegt, vernachlässigt; **~ured** ['ʌn'kʌltʃəd] *a* ungebildet, unkultiviert *a. agr.*

uncurbed ['ʌn'kə:bd] *a* unverbogen, gerade; *fig* zügellos.

uncurl ['ʌn'kə:l] *tr itr* entkräuseln, (sich) glätten.

uncut ['ʌn'kʌt] *a (Haare)* ungeschnitten; *(Buch)* unbeschnitten; *(Stein)* ungeschliffen; *fig* ungekürzt.

undamaged ['ʌn'dæmidʒd] *a* unbeschädigt.

undamped ['ʌn'dæmpt] *a fig* unentwegt, nicht entmutigt; *mus el* ungedämpft.

undated ['ʌndeitid] *a* **1.** gewellt, wellig; **2.** ['-'--] undatiert, ohne Datum.

undaunted [ʌn'dɔ:ntid] *a* unerschrocken, furchtlos.

undazzled ['ʌn'dæzld] *a* ungeblendet.

undeceive ['ʌndi'si:v] *tr:* to ~ *s.o.* jdm die Augen öffnen, jdm reinen *od* klaren Wein einschenken *(of s.th.* über etw*)*.

undecided ['ʌndi'saidid] *a* unentschieden; unschlüssig, unentschlossen, schwankend.

undecipherable ['ʌndi'saifərəbl] unentzifferbar; rätselhaft.

undeclared ['ʌndi'klɛəd] *a* nicht erklärt; *(Zoll)* nicht deklariert.

undefended ['ʌndi'fendid] *a* unverteidigt *a. jur.*

undefiled ['ʌndi'faild] *a fig* unbefleckt, fleckenlos, rein.

undefin|able ['ʌndi'fainəbl] unbestimmbar, undefinierbar; **~ed** [-d] *a* nicht abgegrenzt; unbestimmt.

undeliverable ['ʌndi'livərəbl] *(Post)* unzustellbar.

undemonstrative ['ʌndi'mɔnstrətiv] zurückhaltend.

undeniable [ʌndi'naiəbl] unleugbar.

undenominational ['ʌndinəmi'neiʃənl] an keine (bestimmte) Konfession gebunden, interkonfessionell; **~ school** Gemeinschaftsschule *f.*

under ['ʌndə] **1.** *prp* unter *a. fig*; unterhalb *gen*; am Fuße *gen*; unter ... her; *(zeitlich)* unter, während; unter, weniger als; geringer als; *(Acker)* bestellt mit; *jur* gemäß, laut, nach; *from* ~ unter ... hervor; ~ *an act* auf Grund e-s Gesetzes; ~ *age* unmündig, minderjährig; ~ *an alias (fig)* unter falscher Flagge *od* falschem Namen; ~ *an anaesthetic* in Narkose; ~ *o.'s breath* flüsternd, leise; ~ *these circumstances, conditions* unter diesen Umständen *od* Bedingungen; ~ *construction* im Bau (befindlich); ~ *cover* geschützt; im Umschlag; ~ *separate cover* mit getrennter Post; ~ *discussion* zur Debatte; ~ *s.o.'s (very) eyes* vor jds (eigenen) Augen; ~ *fire (mil)* unter Feuer; ~ *the impression* unter dem Eindruck; ~ *the lee of* im Windschatten *gen*; ~ *lock and key* hinter Schloß u. Riegel; ~ *a mistake* im Irrtum; ~ *s.o.'s name* unter jds Namen; ~ *oath* unter Eid; ~ *pain of death* bei Todesstrafe; ~ *repair* in Reparatur; ~ *sail* unter Segel; ~ *sentence of death* zum Tode verurteilt; ~ *s.o.'s signature* mit jds Unterschrift; ~ *treatment* in Behandlung; ~ *the treaty* laut Vertrag; ~ *way (mar)* in Fahrt, unterwegs; *to be* ~ *control* in Ordnung sein, *fam* klappen; *to be* ~ *the impression* den Eindruck haben *(that* daß*); to come* ~ *s.th.* unter etw fallen; **2.** *adv* unten; nach unten; (dar)unter; *to be snowed* ~ *(fig)* überhäuft sein; mit großer Mehrheit überstimmt werden; *to go* ~ scheitern, fallen, sinken; *(Firma)* eingehen; *to knuckle* ~ *(fam)* klein beigeben, sich fügen; **3.** *a* unter-; Unter-; *pred* geringer; *pred* untergeordnet; *in Zssgn* Unter-, unter-; Minder-, minder-.

under|act ['ʌndər'ækt] *tr itr* verhalten, schlecht spielen; **~bid** ['-'bid] *irr s. bid tr com* unterbieten *a. Bridge*; **~bred** ['-'bred] *a* schlecht erzogen, ungebildet; *(Tier)* nicht reinrassig; **~brush** ['-brʌʃ] Unterholz *n*; **~carriage** ['-kæridʒ] *mot* Fahrgestell, aero -werk *n*; **~charge** ['-'tʃɑ:dʒ] *tr* zu wenig berechnen *(s.o.* jdm*);* ungenügend (be)laden; *s* ungenügende Ladung, zu geringe Berechnung *f*; **~clothes** ['-klouðz] *pl*, **~clothing** ['-klouðiŋ] Unterkleidung *f*, Unter-, Leibwäsche *f*; **~coat** ['-kout] Unterjacke *f*; *zoo* Flaum-, Wollhaare *n pl*; *tech* Grundanstrich *m*; **~cover** ['-kʌvə] geheim; ~~ *agent* Spitzel, Geheimagent *m*; ~~ *payments (pl)* Bestechungsgelder *n pl*; **~croft** ['-krɔft] *arch* Krypta *f*; **~current** ['-kʌrənt] Unterströmung *f a. fig*; **~cut** ['-'kʌt] *tr* s. *cut* unterhöhlen; *com* unterbieten; *s* ['--] (Rinder-)Filet *n*; *(Boxen)* Körperhaken *m*; **~developed** ['-di'veləpt] *a* unterentwickelt; **~dog** ['-dɔg] *fig* Verlierer, Benachteiligte(r) *m*; Unterlegene(r) *m*; **~done** ['-'dʌn, *attr* '--] *a* nicht gar; **~estimate** ['-ər'estimeit] *tr* unterschätzen; *s* ['-mit] Unterbewertung, Unterschätzung *f*; **~expose** ['-əriks'pouz] *tr phot* unterbelichten; **~exposure** ['-əriks'pouʒə] *phot* Unterbelichtung *f*; **~fed** ['-'fed] *a* unterernährt; **~feeding** ['-'fi:diŋ] Unterernährung *f*; **~foot** ['-'fut] *adv* am Boden (liegend), im Wege; **~garment** ['-ga:mənt] Unterkleid *n*, Leibwäsche *f*; **~go** ['-'gou] *irr s. go tr* erfahren, erleben; durchmachen, erdulden, erleiden; sich unterziehen (müssen) (*s.th.* e-r S); **~graduate** ['-'grædjuit] Student(in *f*) *m* (*der ersten Semester*).

under|ground ['ʌndəgraund] *s* Untergrund; unterirdische(r) Raum, Gang *m*; *fig* (*~ movement*) Untergrund-, Widerstandsbewegung; (*~ railway*) Untergrundbahn *f*; *a* unterirdisch, Untergrund-; *fig* geheim; *adv* ['-'] unter der Erdoberfläche, *min* unter Tage; *fig* insgeheim, im geheimen; *to travel by ~* mit der U-Bahn fahren; *station on the ~* U-Bahn-Station *f*; *~ engineering* Tiefbau *m*; *~ mining* Untertagebau *m*; *~ shelter* Unterstand; Tiefbunker *m*; *~ water* Grundwasser *n*; **~growth** ['-grouθ] Unterholz *n*; **~hand** ['-hænd] *a* heimlich, geheim; trügerisch, täuschend; *adv* im geheimen; hinterhältig; **~handed** ['-hændid] *a* heimlich; *com* knapp an Arbeitskräften; **~hung** ['-hʌŋ] *a med* mit vorstehendem Unterkiefer; **~lay** ['-'lei] *irr s. lay tr* unterlegen (*with* mit); (dar)unterlegen; absteifen, -stützen; *typ* zurichten; *s* ['-] *typ* Zurichten *n*; **~~lease** ['-'li:s] Unterverpachtung, -miete *f*; **~let** ['-'let] *irr s. let tr* weitervermieten, -verpachten; zu billig vermieten, verpachten; **~lie** ['-'lai] *irr s. lie tr* liegen unter; zugrunde liegen (*s.th.* e-r S); *fig* die Grundlage bilden (*s.th.* für etw); **~line** ['-'lain] *tr* unterstreichen *a. fig*; *fig* betonen, hervorheben; *theat* vorankündigen; *s* ['-'] Unterstreichung *f*; Bildtext *m*; *theat* Vorankündigung *f* (*am unteren Ende e-s Theaterzettels*); *pl* Linienblatt *n*; **~linen** ['-linin] Unter-, Leibwäsche *f*; **~ling** ['-liŋ] Untergebene(r), kleine(r) Angestellte(r), Handlanger *m*; **~lying** ['-'laiiŋ] *a* zugrunde liegend; *fig* grundlegend; *fin* Vorrang-; **~manned** ['-'mænd] *a* ungenügend bemannt; **~mentioned** ['-'menʃənd] *a* unten erwähnt; **~mine** ['-'main] *tr* unterminieren; auswaschen; *fig* untergraben, (unmerklich) schwä-

chen; **~most** ['-moust] *a* unterst; *adv* zuunterst; **~neath** [-'ni:θ] *adv* unten, darunter; unterhalb; *prp* unter(halb); **~nourished** ['-'nʌriʃt] *a* unterernährt; **~pass** ['-'pa:s] *Am* Unterführung *f*; **~pay** ['-'pei] *irr s. pay tr* unterbezahlen; **~pin** ['-'pin] *tr* abstützen, -steifen, untermauern, -fangen; *fig* stützen, bekräftigen; *~pinning arch* Unterfangung, Untermauerung; *fig* Stütze *f*; *pl fam* Beine *n pl*, Fahrgestell *n*; **~populated** ['-'pɔpjuleitid] *a* dünn besiedelt; **~privileged** ['-'priviliʤd] *a* benachteiligt; schlecht(er) gestellt; *the ~~* die Entrechteten *m pl*; **~production** ['-prə'dʌkʃən] *com* Unterproduktion *f*; **~quote** ['-'kwout] *tr* niedriger berechnen; **~rate** ['-'reit] *tr* unterschätzen *a. fig*; **~score** ['-'skɔ:] *tr* unterstreichen; *fig* hervorheben, betonen; *s* ['--] Unterstreichung *f*; **~sea** ['-'si:] *a* unterseeisch; Unterseе-; *adv a.* **~~s** [-'si:z] *adv* unter der Meeresoberfläche; **~secretary** ['-'sekrətəri] *pol* Unterstaatssekretär *m*; **~sell** ['-'sel] *irr s. sell tr* unterbieten; verschleudern; unter dem Preis verkaufen; **~shirt** ['-'ʃə:t] Unterhemd *n*, -jacke *f*; **~shoot** ['-'ʃu:t] *tr aero* zu kurz hereinkommen; **~shot** ['-'ʃɔt] *a* (*Wasserrad*) unterschlächtig; **~signed** ['-'saind] *a* unterzeichnet; *s* ['--'] Unterzeichnete(r) *m*; **~sized** ['-'saizd] *a* unter Normalgröße; verkrüppelt, winzig; **~skirt** ['-'skə:t] Unterrock *m*; **~staffed** ['-'sta:ft] *a* unterbesetzt; *to be ~~* an Personalmangel leiden.

understand [ʌndə'stænd] *irr s. stand tr* verstehen (*by* unter); begreifen, einsehen; annehmen, voraussetzen; entnehmen, schließen (*from* aus); erklären, deuten, auslegen; an-, hinnehmen; (sich) hinzudenken; hören, vernehmen, erfahren, in Erfahrung bringen; sich verstehen auf, sich auskennen in; können, beherrschen, verstehen (*Sprache*); *itr* Verständnis, Einsicht haben; Bescheid wissen; *to ~ one another* sich, ea. (gut) verstehen; *to give s.o. to ~ understood* jdm zu verstehen geben; *to make o.s. understood* sich verständlich machen; *I ~* wie ich höre; *it's understood* es ist selbstverständlich, es versteht sich von selbst (*that* daß); *(now) ~ me* verstehen Sie mich recht, hören Sie mal; **~able** [-əbl] *a* verständlich; deutlich, klar; einzusehen(d); **~ing** [-iŋ] *s* Verstehen, Begreifen *n*, Einsicht *f*; Können; Verständnis *n* (*of* für); Einsicht *f* (*of* in); Einfühlungsvermögen *n*;

Geist, Verstand *m*; Auffassung, Auslegung, Deutung; Absprache *f*, Übereinkommen *n*, Verständigung *f*, Einverständnis, Einvernehmen *n* (*between* zwischen); *pl sl* Beine *n pl*, Füße, Schuhe, Stiefel *m pl*; *a* verständnis-, einsichtsvoll, einsichtig, verständig, klug; *on this* ~~ unter dieser Voraussetzung; *on the* ~~ *that* unter der Voraussetzung, daß; *without* ~~ verständnislos; *to come to, to reach an* ~~ zu e-r Verständigung kommen *od* gelangen (*with* mit); *sich* einigen; *to disturb the (good)* ~~ das (gute) Einvernehmen stören (*between* zwischen).

under|state ['ʌndə'steit] *tr* zu niedrig angeben; abschwächen; untertreiben; ~statement ['-'steitmənt] zu niedrige Angabe; Untertreibung *f*; ~stocked ['-'stɔkt] *a* ungenügend mit Waren versorgt; ~strapper ['-stræpə] *fig* kleine(r) Mann; Untergebene(r) *m*; ~study ['-stʌdi] *s theat* Ersatzdarsteller *m*; *allg* Ersatzmann *m*; *itr tr* Ersatzdarsteller sein (für); einspringen für; als E. einstudieren.

undertak|e [ʌndə'teik] *irr s. take* *tr* (Aufgabe, Verantwortung) übernehmen; (Pflicht) auf sich nehmen; (Risiko) eingehen; es übernehmen, sich verpflichten (*to do* etw zu tun); sich verbürgen, bestätigen, versprechen, garantieren; (Arbeit, Reise) unternehmen; ~er ['ʌndəteikə] Leichenbestatter *m*; ~ing [-iŋ] Übernahme, Verpflichtung; Bürgschaft, Sicherheitsleistung *f*; Unternehmen *n*, Betrieb *m*; ['ʌndəteikiŋ] Beerdigungsinstitut *n*.

under|tenant ['ʌndə'tenənt] Untermieter *m*; ~tone ['-toun] schwache(r) Ton *m od* Stimme *f*; matte(r) Farbton; *fig* Unterton; (Börse) Grundton *m*, Tendenz *f*; *to talk in* ~~*s* mit gedämpfter Stimme reden; ~tow ['-tou] *mar* Sog *m*; ~valuation ['-vælju'eiʃən] zu niedrige Schätzung; *fig* Unterschätzung, -bewertung *f*; ~value ['-'vælju:] *tr* zu niedrig schätzen, unterbewerten; *fig* unterschätzen; den Wert verringern (*s.th.* e-r S); ~vest ['-vest] Unterhemd *n*; ~wear ['-wɛə] Unterkleidung, -wäsche *f*; ~weight ['-weit] Untergewicht *n*, Gewichtsausfall *m*; ~wood ['-wud] Gestrüpp, Unterholz *n*; ~world ['-wə:ld] Unterwelt *f*; ~write ['-rait, '--] *irr s. write* *tr* unterschreiben; (Summe) zeichnen; bestellen; unterschreiben, gutheißen, billigen; die Haftung übernehmen für; *fin* gutsagen für; (Versicherung) übernehmen, abschließen; ~writer ['-raitə] Garant; Versicherungsagent, Versicherer *m*; ~writing ['-raitiŋ] Übernahme *f* von (See-)Versicherungen.

undescribable ['ʌndis'kraibəbl] unbeschreiblich.

undeserv|ed ['ʌndi'zə:vd] unverdient; ~ing [-iŋ] unwürdig; schuldlos; *to be* ~~ *s.th.* etw nicht verdient haben.

undesign|ed ['ʌndi'zaind] *a* unbeabsichtigt; ~ing [-iŋ] gerade, offen, ehrlich.

undesirab|ility ['ʌndizaiərə'biliti] Unerwünschtheit *f*; ~le ['ʌndi'zaiərəbl] *a* nicht erwünscht, unerwünscht; *s* unerwünschte Person *f*.

undetected ['ʌndi'tektid] *a* unentdeckt.

undetermin|able ['ʌndi'tə:minəbl] unbestimmbar; ~ate [-'it], ~ed ['-nd] *a* unbestimmt; unentschlossen; ~ation ['ʌnditə:mi'neiʃən] Unbestimmtheit; Unentschlossenheit *f*.

undeterred ['ʌndi'tə:d] *a* nicht abgeschreckt (*by* von).

undeveloped ['ʌndi'veləpt] *a* unentwickelt; *com* unerschlossen.

undeviating [ʌn'di:vieitiŋ] nicht abweichend *a. fig*, gerade; beständig.

undies ['ʌndiz] *pl fam* (Damen-) Unterwäsche *f*.

undifferentiated ['ʌndifə'renʃieitid] *a* undifferenziert, nicht (genau) unterschieden.

undigest|ed ['ʌndi'dʒestid] *a* unverdaut *a. fig*; *fig* verworren; ~ible ['-ibl] unverdaulich.

undignified [ʌn'dignifaid] *a* unwürdig (*by, with s.th.* e-r S).

undiminish|able ['ʌndi'miniʃəbl] unverminderbar; ~ed ['-ʃt] *a* unvermindert.

undimmed [ʌn'dimd] *a* ungetrübt; (Scheinwerfer) nicht abgeblendet.

undiplomatic ['ʌndiplə'mætik] undiplomatisch *a. fig*.

undirected ['ʌndi'rektid] *a* ungeleitet, ungeführt; unadressiert.

undiscern|ed ['ʌndi'sə:nd] *a* unbemerkt; ~ible ['-ibl] unmerklich; ~ing ['-iŋ] wenig scharfsinnig, urteilslos.

undischarged ['ʌndis'tʃɑ:dʒd] *a* unbezahlt; unerledigt; nicht (von der Verpflichtung) befreit; *mil* nicht abgefeuert; *mar* nicht entladen; *com* nicht entlastet.

undisciplined [ʌn'disiplind] *a* undiszipliniert, zuchtlos; ungeschult, ungeübt.

undisclosed ['ʌndis'klouzd] *a* nicht enthüllt, nicht aufgedeckt; verheimlicht.

undiscouraged [ˈʌndisˈkʌridʒd] *a* nicht entmutigt.

undiscover|able [ˈʌndisˈkʌvərəbl] unauffindbar; **~ed** [ˈ-əd] *a* unentdeckt; unbemerkt.

undiscriminating [ˈʌndisˈkrimineitiŋ] *a* unterschiedslos; unkritisch.

undiscussed [ˈʌndisˈkʌst] *a* unerörtert.

undisguised [ˈʌndisˈgaizd] *a* unverstellt; unverkleidet; *fig* offen.

undismayed [ˈʌndisˈmeid] *a* unerschrocken, unverzagt.

undisposed [ˈʌndisˈpouzd] *a*: **~-of** unvergeben, unverkauft; nicht geneigt zu, unwillig *(to do* zu tun); *it remains ~ of* es ist nicht darüber verfügt worden.

undisputed [ˈʌndisˈpju:tid] *a* unbestritten.

undissolv|able [ˈʌndiˈzɔlvəbl] unauflöslich; **~ed** [ˈ-d] *a* unaufgelöst.

undistinguish|able [ˈʌndisˈtiŋgwiʃəbl] nicht unterscheidbar *(from* von); undeutlich; **~ed** [ˈ-t] *a* nicht unterschieden *(from* von); unbekannt.

undisturbed [ˈʌndisˈtə:bd] *a* ungestört, ohne Störung; in (aller) Ruhe, gelassen.

undivided [ˈʌndiˈvaidid] *a* ungeteilt; *com* nicht verteilt; *(Verantwortung)* alleinig; *(Meinung)* einhellig.

undo [ˈʌnˈdu:] *irr s. do tr* aufmachen; *(Verschluß)* öffnen; *(Knoten)* lösen; *(Paket, Tür)* aufmachen, öffnen; aufknöpfen; zerstören, vernichten; *fam* rückgängig, ungeschehen machen, streichen; ein Ende machen mit, ruinieren; *what is done cannot be ~ne* geschehen ist geschehen; **~ing** [ˈ-iŋ] Rückgängigmachung;Streichung;Vernichtung, Zerstörung *f*; Verderben, Unglück *n*; **~ne** [ˈ-ˈdʌn] *a* vernichtet, zerstört, ruiniert; *(Arbeit)* unerledigt; *to come ~* aufgehen; *to leave nothing ~* nichts unversucht lassen.

undomesticated [ˈʌndəˈmestikeitid] *a* ungezähmt, wild.

undoubt|ed [ʌnˈdautid] *a* unbestritten, unbezweifelt; **~edly** [-li] *adv* zweifellos, gewiß, sicher.

undramatic [ˈʌndrəˈmætik] undramatisch.

undream|ed, ~t [ʌnˈdremt] *a*: **~~-of** ungeahnt, unerwartet.

undress [ˈʌnˈdres] *tr* entkleiden, ausziehen; des Schmuckes berauben; den Verband abnehmen (*a wound* von e-r Wunde); *itr* sich ausziehen, s-e Kleider ablegen; *s* Negligé, Hauskleid(ung *f*) *n*, Haus-, Schlaf-, Morgenrock; Straßenanzug *m*; *mil* Arbeitszeug *n*; **~ed** [ˈ-t] *a* unbekleidet; im Negligé; *(Wunde)* unverbunden; *(Häute)* ungegerbt; *(Stein)* unbehauen.

undrinkable [ˈʌnˈdriŋkəbl] nicht trinkbar; **~ water** kein Trinkwasser.

undu|e [ˈʌnˈdju:] *a fin* noch nicht fällig; unpassend; ungerecht(fertigt), unberechtigt; unzulässig; übermäßig, maßlos, unerschwert; *to use ~~ influence* e-n Druck ausüben *(on* auf).

undulat|e [ˈʌndjuleit] *itr* wogen; wellig sein; *a* [ˈ-it] *u.* **~ed** [ˈ-eitid] *a* wellenförmig, gewellt, wellig; **~~ sheet iron** Wellblech *n*; **~ing** [ˈ-iŋ] wogend; **~ion** [ʌndjuˈleiʃən] Wellenbewegung, -linie; Schwankung *f*; **~ory** [ˈ-lətəri, -lei-] wellenförmig; Wellen-.

undutiful [ˈʌnˈdjutiful] pflichtvergessen; unehrerbietig.

undyed [ˈʌnˈdaid] *a* ungefärbt.

undying [ʌnˈdaiiŋ] unsterblich; nicht endend, unvergänglich, ewig.

unearned [ˈʌnˈə:nd] *a (Geld)* nicht verdient; *fig (Lob)* unverdient; **~ income** Kapitaleinkommen *n*; **~ increment** Wertzuwachs *m*.

unearth [ˈʌnˈə:θ] *tr* ausgraben; *fig* aufstöbern, ausfindig machen, entdecken; aufdecken, enthüllen; **~ly** [ʌnˈə:θli] un-, überirdisch, übernatürlich, geisterhaft, gespenstisch; unheimlich, schauerlich; *fam* phantastisch, unvernünftig.

uneas|iness [ʌnˈi:zinis] Aufgeregtheit, Unruhe; Verlegenheit *f*, Unbehagen *n*; **~y** [-i] ungeschickt, unbeholfen, linkisch; aufgeregt, unruhig *(about* wegen); besorgt *(about* um); verlegen; unsicher, unbehaglich; *to be ~~* sich in s-r Haut nicht wohl fühlen; *I feel ~~* mir ist unbehaglich (zumute) *(about s.th.* wegen etw).

uneat|able [ˈʌnˈi:təbl] ungenießbar; **~en** [ˈ-ˈi:tn] *a* ungegessen, ungenossen.

uneconomic(al) [ˈʌniːkəˈnɔmik(l)] unwirtschaftlich.

unedifying [ˈʌnˈedifaiiŋ] *fig* unerquicklich.

uneduc|able [ˈʌnˈedjukəbl] schwer erziehbar; **~ated** [ˈ-eitid] *a* unerzogen, ungebildet.

unembarrassed [ˈʌnimˈbærəst] *a* unge-, unbehindert; ungezwungen, zwanglos, frei; ohne Geldsorgen.

unemotional [ˈʌniˈmouʃənl] leidenschaftslos, kühl, nüchtern, sachlich, trocken.

unemploy|able [ˈʌnimˈplɔiəbl] *a* unbrauchbar; *(Mensch)* arbeitsunfähig;

unemployed s Arbeitsunfähige(r) m; **~ed** ['-ɔid] a unbeschäftigt; arbeitslos, stellenlos; unbe-, ungenutzt; *(Kapital)* tot; *the ~~ (pl)* die Arbeitslosen m pl; *~~ person* Arbeits-, Stellenlose(r) m; **~ment** ['-mənt] Erwerbs-, Arbeitslosigkeit f; *~~ assistance, benefit, compensation, pay, relief* Arbeitslosenunterstützung f; *~~ insurance* Arbeitslosenversicherung f.

unencumbered ['ʌnin'kʌmbəd] a unbehindert (*by* durch); unbelastet, hypothekenfrei.

unending [ʌn'endiŋ] endlos, unaufhörlich.

unendurable ['ʌnin'djuərəbl] unerträglich.

unenforceable ['ʌnin'fɔːsəbl] nicht erzwingbar; nicht vollstreckbar; nicht klagbar.

unengaged ['ʌnin'geidʒd] a nicht verpflichtet; ohne (dauernde) Beschäftigung; frei, verfügbar; nicht verlobt; *mil* nicht im Einsatz.

un-English ['ʌn'iŋgliʃ] unenglisch.

unenlightened ['ʌnin'laitnd] a fig unaufgeklärt; ungebildet.

unenterprising ['ʌn'entəpraiziŋ] ohne Unternehmungslust.

unenviable ['ʌn'enviəbl] nicht zu beneiden(d), wenig beneidenswert.

unequal ['ʌn'iːkwəl] ungleich; unsymmetrisch; unausgeglichen; nicht gewachsen (*to a task* e-r Aufgabe); unbillig, ungerecht; *(Zahl)* ungerade; **~(l)ed** ['-d] a einzig(artig); beispiellos; unübertroffen; *to be ~~* seinesgleichen suchen.

unequivocal ['ʌni'kwivəkəl] unzweideutig; eindeutig.

unerring ['ʌn'əːriŋ] unfehlbar; untrüglich.

unescapable ['ʌnis'keipəbl] unentrinnbar; unausweichlich.

unessential ['ʌni'senʃəl] a unwesentlich, unbedeutend, belanglos; s Belanglosigkeit f.

uneven [ʌn'iːvən] uneben; ungleich; fig uneinheitlich, schwankend, unausgeglichen; *(Zahl)* ung(e)rade; **~ness** ['-nis] Unebenheit, Unregelmäßigkeit; Unausgeglichenheit f.

uneventful ['ʌni'ventful] ereignislos, still, ruhig.

unexaggerated ['ʌnig'zædʒəreitid] a nicht übertrieben.

unexampled [ʌnig'zɑːmpld] a beispiellos, einzig (dastehend), einmalig.

unexception|able [ʌnik'sepʃnəbl] untadelig, tadellos, einwandfrei; **~al** ['-l] gewöhnlich; ausnahmslos; einwandfrei.

unexchangeable ['ʌniks'tʃeindʒəbl] nicht austauschbar, nicht auswechselbar.

unexciting ['ʌnik'saitiŋ] reizlos; langweilig.

unexhausted ['ʌnig'zɔːstid] a unerschöpflich.

unexpected ['ʌniks'pektid] a unerwartet, unvorhergesehen.

unexperienced ['ʌniks'piəriənst] a unerfahren; unerprobt.

unexpired ['ʌniks'paiəd] a noch nicht abgelaufen, noch gültig; noch nicht fällig.

unexplain|able ['ʌniks'pleinəbl] unerklärlich; **~ed** ['-d] a unerklärt.

unexplored ['ʌniks'plɔːd] a unerforscht.

unexpress|ed ['ʌniks'prest] nicht ausgedrückt; unausgesprochen; **~ive** [-iv] wenig ausdrucksfähig, ausdruckslos.

unfad|able [ʌn'feidəbl] unverwelklich; **~ed** [-id] a unverwelkt a. fig; unverblichen, farbfrisch; **~ing** [-iŋ] bleibend, (farb)echt; unvergänglich.

unfailing [ʌn'feiliŋ] a unfehlbar; unerschöpflich; verläßlich, zuverlässig.

unfair [ʌn'fɛə] a unbillig, ungerecht; unsportlich, unfair; parteiisch; unredlich, unehrenhaft, anrüchig, unlauter (*to* gegenüber); **~ness** ['-nis] Unbilligkeit; Unredlichkeit f; unsportliche(s) Verhalten n.

unfaithful [ʌn'feiθful] ung(e)treu, treulos; unzuverlässig; untreu (*to* gegenüber); **~ness** ['-nis] Treulosigkeit f.

unfaltering [ʌn'fɔːltəriŋ] nicht wankend, fest; fig unerschütterlich.

unfamiliar [ʌnfə'miljə] ungewohnt, fremd(artig); nicht vertraut (*with* mit).

unfashionable ['ʌn'fæʃnəbl] unmodern.

unfasten ['ʌn'fɑːsn] tr los-, aufmachen.

unfathom|able [ʌn'fæðəməbl] unergründlich, unerforschlich; **~ed** [-d] a unergründet, unerforscht.

unfavo(u)rable ['ʌn'feivərəbl] ungünstig, unvorteilhaft (*for, to* für); widrig; *(Bilanz)* passiv.

unfeasible ['ʌn'fiːzibl] unaus-, undurchführbar.

unfeathered ['ʌn'feðəd] a ungefiedert; ohne Federn.

unfeeling [ʌn'fiːliŋ] fühl-, empfindungslos.

unfeigned [ʌn'feind] a unverstellt, echt, wirklich, aufrichtig, offen.

unfelt ['ʌn'felt] a ungefühlt.

unfeminine ['ʌn'feminin] unweiblich.

unfenced ['ʌn'fenst] *a* uneingefriedigt; unbefestigt.
unfermented ['ʌnfə(:)'mentid] *a (Getränk)* unvergoren.
unfetter ['ʌn'fetə] *tr* losketten; *fig* befreien; **~ed** ['-d] *fig* frei.
unfilial ['ʌn'filjəl] unkindlich; pflichtvergessen.
unfilled ['ʌn'fild] *a* ungefüllt; *(Stelle)* unbesetzt.
unfiltered ['ʌn'filtəd] *a* ungefiltert.
unfinished ['ʌn'finiʃt] *a* nicht beendet; unerledigt; unfertig, unvollendet.
unfit ['ʌn'fit] *a* unfähig, untüchtig; untauglich *(for* für); ungeeignet, unpassend; *tr* ['ʌn'fit] untauglich machen; **~ting** ['-iŋ] nicht passend, ungeeignet; unpassend.
unfix ['ʌn'fiks] *tr* los-, abmachen, lösen; **~ed** ['-t] *a* beweglich; *fig* schwankend; nicht festgelegt.
unflagging [ʌn'flægiŋ] unermüdlich.
unflattering ['ʌn'flætəriŋ] ungeschmeichelt, ungeschminkt, frei u. offen.
unflavo(u)red ['ʌn'fleivəd] *a* ungewürzt.
unfledged ['ʌn'fledʒd] *a* noch ohne Federn, noch nicht flügge; *fig* unreif.
unflinching [ʌn'flin(t)ʃiŋ] unnachgiebig, fest, entschlossen, unbeugsam, unerschütterlich.
unflyable ['ʌn'flaiəbl] *a*: ~ *weather (aero)* kein Flugwetter.
unfold ['ʌn'fould] *tr* entfalten, ausbreiten; [-'-] *fig* offen darlegen, enthüllen; erklären; entwickeln; *itr* sich entfalten, sich ausbreiten, bekanntwerden; *(Knospe)* sich öffnen.
unforced ['ʌn'fɔ:st] *a* ungezwungen, zwanglos, frei, natürlich.
unforeseen ['ʌnfɔ:'si:n] *a* unvorhergesehen.
unforgettable ['ʌnfə'getəbl] unvergeßlich.
unforgiv|able ['ʌnfə'givəbl] unverzeihlich; **~en** ['-ən] *a* unverziehen; **~ing** [-iŋ] unversöhnlich, nachtragend.
unforgotten ['ʌnfə'gɔtn] *a* unvergessen.
unformed ['ʌn'fɔ:md], *attr* 'ʌnfɔ:md] *a* form-, gestaltlos; ungestaltet, unentwickelt.
unformulated ['ʌn'fɔ:mjuleitid] *a* nicht formuliert.
unfortified ['ʌn'fɔ:tifaid] *a* unbefestigt.
unfortunate [ʌn'fɔ:tʃnit] *a* unglücklich; verhängnisvoll; bedauerlich; erfolg-, aussichtslos; Unglücks-; *s* Pechvogel *m*; **~ly** [-li] *adv* unglücklicherweise, leider.

unfounded ['ʌn'faundid] *a* unbegründet, grundlos.
unframed ['ʌn'freimd] *a* ungerahmt.
unfree ['ʌn'fri:] unfrei.
unfrequented ['ʌnfri'kwentid] *a* wenig besucht, menschenleer, einsam.
unfriend|ed ['ʌn'frendid] *a* freundlos; **~liness** ['-linis] Unfreundlichkeit *f*; **~ly** ['-li] *a* unfreundlich *(to* gegen); ungünstig *(for, to* für).
unfrock ['ʌn'frɔk] *tr* der Priesterwürde entkleiden.
unfruitful ['ʌn'fru:tful] unfruchtbar; ergebnislos.
unfulfilled ['ʌnful'fild] *a* unerfüllt.
unfunded ['ʌn'fʌndid] *a fin* nicht fundiert.
unfurl [ʌn'fə:l] *tr* aufspannen, -rollen; *tr itr* (sich) entfalten, (sich) ausbreiten.
unfurnished ['ʌn'fə:niʃt] *a* nicht ausgestattet, nicht eingerichtet *(with* mit); unmöbliert, leer.
ungainly [ʌn'geinli] unbeholfen, plump.
ungallant ['ʌn'gælənt] ungalant *(to* gegenüber); feige.
ungarnished ['ʌn'gɑ:niʃt] *a* unverziert.
ungear ['ʌn'giə] *tr (Pferd)* ausschirren; *tech (Getriebe)* auskuppeln.
ungenerous ['ʌn'dʒenərəs] kleinlich, engherzig; knauserig.
ungenial ['ʌn'dʒi:njəl] ungünstig; unfreundlich; *(Witterung)* rauh.
ungent|eel ['ʌndʒen'ti:l] unfein, wenig vornehm; unelegant; unhöflich; **~le** ['ʌn'dʒentl] kleinlich; unfreundlich; unsanft; **~lemanliness** [ʌn'dʒentlmənlinis] unfeine(s) Benehmen *n*, mangelnde(r) Anstand *m*; **~lemanly** [ʌn'dʒentlmənli] unfein, ungebildet.
un-get-at-able ['ʌnget'ætəbl] schwer erreichbar, unerreichbar.
ungird ['ʌn'gə:d] *tr* den Gürtel abnehmen *(s.o.* jdm); ab-, losgurten.
unglazed ['ʌn'gleizd] *a* unverglast; unglasiert.
ungloved ['ʌn'glʌvd] *a* ohne Handschuhe.
ungodl|iness [ʌn'gɔdlinis] Gottlosigkeit *f*; **~y** [-i] *a* ungläubig, gottlos; verrucht; *fam* verdammt; abscheulich.
ungovern|able [ʌn'gʌvənəbl] unlenksam; unbändig, wild, zügellos; **~ed** [-d] *a* unbeherrscht, ungezügelt.
ungra|ceful ['ʌn'greisful] *a* ohne Anmut, plump; reiz-, ausdruckslos; **~cious** ['ʌn'greiʃəs] abstoßend; abweisend, ungnädig, unhöflich; **~teful** [ʌn'greitful] undankbar *(to* gegen); **~tified** ['-'grætifaid] *a* unbefriedigt.

ungrammatical ['ʌngrə'mætikəl] ungrammatisch.

ungrounded [ʌn'graundid] *a* unbegründet, grundlos; *el* nicht geerdet.

ungrudging [ʌn'grʌdʒiŋ] (bereit)willig, entgegenkommend; großzügig; **~ly** [ʌn'grʌdʒiŋli] *adv* ohne Murren, gern.

ung|ual ['ʌŋgwəl] *a* Nagel-, Krallen-, Klauen-, Huf-; **~ula** ['ʌŋgjulə] *pl* *-lae* ['-li:] Huf *m*, Klaue, Kralle *f*, Nagel; *math* Huf *m*; **~ulate** ['-it, -eit] *a* hufartig; Huf-; *s* Huftier *n*.

unguarded ['ʌn'ga:did] *a* unbewacht, unbeschützt; *sport* ungedeckt; sorglos, nachlässig.

unguent ['ʌŋgwənt] Salbe *f*.

unguided [ʌn'gaidid] *a* ungeleitet, ohne Führung.

unhallowed [ʌn'hæloud] *a* ungeweiht; unheilig, böse.

unhampered [ʌn'hæmpəd] *a* ungehindert.

unhand [ʌn'hænd] *obs tr* loslassen; **~iness** ['ʌn'hændinis] Unhandlichkeit *f*; Ungeschick *n*; **~some** ['ʌn'hænsəm] unschön; unpassend; **~y** ['ʌn'hændi] unhandlich, unpraktisch; unbeholfen; ungeschickt; linkisch.

unhapp|iness ['ʌn'hæpinis] Unglück; Leid(en) *n*; **~y** [-i] unglücklich; elend; traurig, betrübt; leidig, unpassend.

unharmonious ['ʌnha:'mounjəs] unharmonisch *a. fig.*

unharness ['ʌn'ha:nis] *tr (Pferd)* abschirren.

unhealth|ful [ʌn'helθful] = **~y**; **~iness** [-inis] Kränklichkeit *f*; **~y** [-i] *a* kränklich; unwohl; ungesund *a. fig*; schädlich.

unheard ['ʌn'hə:d] *a* ungehört; **~-of** [ʌn'hə:dəv] *a* unerhört.

unheed|ed ['ʌn'hi:did] *a* unbeachtet, **~ful** ['-ful], **~ing** ['-iŋ] unachtsam, unaufmerksam, nachlässig.

unhesitating [ʌn'heziteitiŋ] nicht zögernd; bereitwillig.

unhinge [ʌn'hindʒ] *tr* aus den Angeln heben *a. fig*; herauslösen, -nehmen *fig* verwirren; aus dem Gleichgewicht, ins Wanken bringen; zerrütten.

unhistoric(al) ['ʌnhis'tɔrik(əl)] ungeschichtlich.

unhitch ['ʌn'hitʃ] *tr* losmachen, ablösen, -trennen.

unholy [ʌn'houli] ungeweiht; gottlos, böse; *fam* entsetzlich, schrecklich.

unhono(u)red ['ʌn'ɔnəd] *a* nicht geehrt; *fin* uneingelöst, nicht honoriert.

unhook ['ʌn'huk] *tr itr* (sich) los-, aus-, ab-, aufhaken.

unhoped-for [ʌn'houptfɔ:] *a* unverhofft, unerwartet; Glücks-.

unhorse ['ʌn'hɔ:s] *tr* aus dem Sattel heben *od* werfen; sein(e) Pferd(e) wegnehmen (*s.o.* jdm); *fig* aus der Fassung, aus dem Konzept, in Verwirrung bringen.

unhous|e [ʌn'hauz] *tr* aus dem Hause jagen; vor die Tür setzen; **~ed** ['-d] *a* obdachlos.

unicameral ['ju:ni'kæmərəl] *a pol* Einkammer-.

unicellular ['ju:ni'seljulə] *biol* einzellig; **~ animal** Einzeller *m*.

unicorn ['ju:nikɔ:n] Einhorn *n*.

unidentified ['ʌnai'dentifaid] *a* nicht identifiziert.

unidiomatic ['ʌnidiə'mætik] *a* nicht idiomatisch.

unif|ication [ju:nifi'keiʃən] Vereinheitlichung; Vereinigung; Konsolidierung *f*; **~y** ['ju:nifai] *tr* vereinheitlichen; verein(ig)en, konsolidieren.

uniform ['ju:nifɔ:m] *a* gleich(bleibend), gleichförmig, -mäßig; einförmig; einheitlich; übereinstimmend (*with* mit); *s* Uniform *f*; **~ed** ['-d] *a* in Uniform; **~ity** [ju:ni'fɔ:miti] Gleichförmig-, Gleichmäßigkeit; Übereinstimmung; Einförmigkeit; Einheitlichkeit *f*; **~ price, tariff** Einheitspreis, -tarif *m*.

unilateral ['ju:ni'lætərəl] einseitig.

unimagin|able [ʌni'mædʒinəbl] un(aus)denkbar; **~ative** ['ʌni'mædʒinətiv] phantasielos.

unimpaired ['ʌnim'pɛəd] *a* unbeschädigt, unbeeinträchtigt; ungeschwächt, unvermindert.

unimpeachable [ʌnim'pi:tʃəbl] unanfechtbar; einwandfrei, untadelig.

unimpeded ['ʌnim'pi:did] *a* unge-, unbehindert.

unimportan|ce ['ʌnim'pɔ:təns] Unwichtigkeit, Belanglosigkeit, Bedeutungslosigkeit *f*; **~t** ['-t] unwichtig, unbedeutend, belanglos.

unimpress|ed ['ʌnim'prest] *a* unbeeindruckt; **~ive** ['-siv] wenig eindrucksvoll, unscheinbar.

unimproved ['ʌnim'pru:vd] *a* unverbessert; *agr* unbebaut; ungenutzt; *(Gesundheit)* ungebessert.

uninfluenced ['ʌn'influənst] *a* unbeeinflußt (*by* von, durch).

uninformed ['ʌnin'fɔ:md] *a* nicht unterrichtet, nicht informiert (*on* über).

uninhabit|able ['ʌnin'hæbitəbl] unbewohnbar; **~ed** ['-id] *a* unbewohnt, menschenleer.

uninjured ['ʌn'indʒəd] *a* unbeschädigt, unverletzt.

uninspired ['ʌnin'spaiəd] *a fig* schwunglos, nicht angeregt.

uninstructed ['ʌnin'strʌktid] *a* ohne Anweisung(en), ohne Instruktion(en); unwissend.

uninsur|able ['ʌnin'ʃuərəbl] nicht versicherbar; **~ed** [-uəd] *a* unversichert.

unintellig|ent ['ʌnin'telidʒənt] unintelligent; dumm; **~ible** ['-dʒəbl] unverständlich.

uninten|ded ['ʌnin'tendid] *a* unbeabsichtigt; **~tional** ['-ʃənl] unabsichtlich; **~tionally** ['-ʃnəli] *adv* unbeabsichtigt, ohne Absicht.

uninterest|ed ['ʌn'intristid] *a* uninteressiert (*in* an); unaufmerksam; **~ing** ['-iŋ] uninteressant.

uninterrupted ['ʌnintə'rʌptid] *a* ununterbrochen, unausgesetzt; **~ service, working-hours** *pl* durchgehende(r) Betrieb *m*, fortlaufende Arbeitszeit *f*.

uninvit|ed ['ʌnin'vaitid] *a* un(ein)geladen; **~ing** ['-iŋ] wenig einladend; abstoßend.

union ['ju:njən] Vereinigung, Kombination *f*, Zs.schluß *m*, Verschmelzung, Einheit, Einigkeit, Eintracht *f*; (Staaten-)Bund *m*, Union, Liga *f*, Verein(igung *f*) *m*; (*trade* ~) Gewerkschaft; Ehe; *mar* Gösch; *tech* (*pipe* ~) (Röhren-)Kupp(e)lung *f*; (*Textil*) gemischte(s) Gewebe *n*; *the U~* die US(A) *pl*; *hist* die Nordstaaten; *in perfect* ~ in voller Eintracht; ~ *is strength* (*prov*) Einigkeit macht stark; *Universal Postal U~* Weltpostverein *m*; *the U~ of South Africa* die Südafrikanische Union *f*; *the U~ of Soviet Socialist Republics* (*USSR*) die Union der Sozialistischen Sowjetrepubliken, die Sowjetunion *f* (*UdSSR*); ~ **card** Gewerkschaftsausweis *m*; ~ **dues** *pl* Gewerkschaftsbeiträge *m pl*; ~**ism** ['-izm] Einheitsprinzip *n*; Einheitsbestrebungen *f pl*; Gewerkschaftssystem *n*; ~**ist** ['-ist] *pol* Unionsanhänger; Gewerkschaftler *m*; ~**ize** ['-aiz] *tr* gewerkschaftlich organisieren; **U~ Jack,** *the* die britische Nationalflagge; ~**man** Gewerkschaftsmitglied *n*; ~ **movement** Gewerkschaftsbewegung *f*; ~ **shop** Betrieb *m*, der nur Gewerkschaftsmitglieder einstellt; ~ **station** *Am* gemeinsame(r) Bahnhof verschiedener Eisenbahngesellschaften, Hauptbahnhof *m*; ~ **steward** Betriebsrat *m*; ~ **suit** *Am* Hemdhose *f*.

unipolar [ju:ni'poulə] *el anat* einpolig.

unique [ju:'ni:k] einzig; einzigartig, ungewöhnlich, außerordentlich; *fam* großartig, toll; **~ness** [-nis] Einzigartigkeit *f*.

unison ['ju:nizn] Einklang *m*, Übereinstimmung, Eintracht, Harmonie *f*; *mus* Gleichklang *m*; *in* ~ (*mus*) im Gleichklang; *with* in Einklang mit; **~ous** [ju:'nisənəs] *a* in Einklang (befindlich); *fig* übereinstimmend; *mus* einstimmig.

unit ['ju:nit] Eins *f*, Einer *m*; Einheit *f a. math mil*; Einzelteil; Stück; Einzelwesen *n*, -person *f*; *fig* Kern *m*; *tech* Anlage *f*, Aggregat *n*, Satz, Bauteil *m*, -element *n*; *mil* Truppenteil, -verband *m*; *board of trade* ~ Kilowattstunde *f*; *monetary* ~ Münzeinheit *f*; *thermal* ~ Wärmeeinheit *f*; ~ *of account* Verrechnungseinheit *f*; ~ *of measure, of power, of time, of value* Maß-, Leistungs-, Zeit-, Währungseinheit *f*; **U-arian** [ju:ni'tɛəriən] *rel s* Unitarier *m*; *a* unitarisch; **u~~** u. ~**ary** ['ju:nitəri] *biol* Erbanlage *f*; ~**e** [ju:'nait] *tr itr* (sich) verein(ig)en, (sich) zs.schließen; zs.wachsen; sich verbinden (*with* mit); *tr* in sich verein(ig)en; zs.bringen; verbinden *a. chem*; ehelich verbinden, trauen; ~**ed** [ju:'naitid] *a* verein(ig)t; geeint; gemeinsam; *the U~~ Kingdom* das Vereinigte Königreich (*Großbritannien u. Nordirland*; U.K.); *the U~~ Nations* (*Organization*) (*UN, UNO*) die (Organisation *f* der) Vereinten Nationen *f pl*; *the U~~ Nations Security Council* der Sicherheitsrat der Vereinten Nationen; *the U~~ States* (*of America*) (*U.S., U.S.A.*) *pl* mit *sing* die Vereinigten Staaten (von Amerika); ~ **factor** *biol* Erbfaktor *m*; ~ **furniture** Anbaumöbel *pl*; ~**ive** ['-iv] *a* Einheits-; verbindend; ~ **price** Stück-, Einheitspreis *m*; ~ **wage** Stücklohn *m*; ~**y** ['-i] Einheit *a. math*; Einigkeit, Eintracht, Solidarität, Harmonie *f*, Vereinigung; Ganzheit; Einheitlichkeit; innere Festigkeit, Geschlossenheit *f*; *in* ~~ *with* in Übereinstimmung mit.

univers|al [ju:ni'və:səl] *a* allgemein, allumfassend, universal; Welt-; Universal-, Allzweck-; allgemeingültig, universell; *s* Allgemeinbegriff *m*; allgemeine Aussage *f*; ~~ *agent* Generalvertreter, -bevollmächtigte(r) *m*; ~~ *conscription*, (*Am*) *military training* (*U.M.T.*) allgemeine Wehrpflicht *f*; ~~ *heir* Alleinerbe *m*; ~~ *joint, coupling* (*tech*) Kreuz-, Universalgelenk *n*,

-kupplung *f*; ~~ *language* Weltsprache *f*; *U*-~~ *Postal Union* Weltpostverein *m*; ~~ *screw-wrench (tech)* Engländer *m*; ~~ *successor* Universalerbe *m*; ~~ *suffrage* allgemeine(s) Wahlrecht *n*; **~ality** [-vəˈsæliti] Allgemeinheit, Universalität; Allgemeingültigkeit; Vielseitigkeit, große Allgemeinbildung *f*, vielseitige(s) Interesse *n*; **~alize** [-ˈvəːsəlaiz] *tr* verallgemeinern; **~e** [ˈjuːnivəːs] Welt(all *n*) *f*, Universum *n*; Welt *f*; **~ity** [juːniˈvəːsiti] Universität, Hochschule *f*; *attr* Universitäts-, Hochschul-; *to be at the* ~~ die Universität besuchen, studieren; ~~ *education* akademische Bildung *f*; ~~ *extension* Volkshochschule *f*; ~~ *lecture* Vorlesung *f*; ~~ *library* Universitätsbibliothek *f*; ~~ *professor* Universitätsprofessor *m*; ~~ *student* Student *m*; ~~ *town* Universitätsstadt *f*.

univocal [ˈjuːniˈvoukəl] ein-, unzweideutig.

unjoint [ˈʌnˈdʒɔint] *tr* ausrenken, aus den Fugen bringen; trennen.

unjust [ˈʌnˈdʒʌst] un(ge)recht (*to* gegen); **~ifiable** [ʌnˈdʒʌstifaiəbl] unverantwortlich, unentschuldbar; **~ified** [-ˈdʒʌstifaid] *a* ungerechtfertigt, unbegründet; unberechtigt; **~ly** [ˈ-li] *adv* zu Unrecht; **~ness** [ˈ-nis] Ungerechtigkeit *f*.

unkempt [ˈʌnˈkempt] *a* ungekämmt, zerzaust; unordentlich; *fig* grob.

unkind [ʌnˈkaind] unfreundlich, abweisend, herzlos; **~ly** [-li] *a adv* hart, rauh; unfreundlich; **~ness** [-nis] Unfreundlichkeit *f*.

unknit [ˈʌnˈnit] *tr (Gestricktes)* auftrennen, -ziehen; glätten, glattstreichen; *fig* zerstreuen, auflösen, zerstören; entspannen; (ab)schwächen.

unknot [ˈʌnˈnɔt] *tr* aufknoten.

unknow|able [ˈʌnˈno(u)əbl] unerkennbar; **~ing** [-iŋ] unwissend; nichts wissend (*of* von); **~n** [ˈ-ˈnoun] *a* unbekannt, fremd (*to s.o.* jdm).

unlabel(l)ed [ˈʌnˈleibld] *a* nicht etikettiert; nicht beschriftet; ohne Zettel.

unlabo(u)red [ˈʌnˈleibəd] *a* nicht ausgearbeitet, nicht gefeilt; mühelos; *agr* unbebaut.

unlace [ˈʌnˈleis] *tr* aufschnüren, ausziehen.

unlade [ˈʌnˈleid] *irr s. lade tr* entladen; *tr itr* ab-, ausladen (*from* von); *mar* (die Ladung) löschen; **~n** [ˈ-n] *a* unbeladen; *fig* unbelastet.

unladylike [ʌnˈleidilaik] nicht damenhaft; unfein.

unlaid [ˈʌnˈleid] *a* ungelegt; nicht geglättet *fig*; *(Tisch)* ungedeckt; *(Papier)* ungerippt.

unlamented [ˈʌnləˈmentid] *a* unbeklagt.

unlatch [ˈʌnˈlætʃ] *tr* aufklinken.

unlawful [ˈʌnˈlɔːful] widerrechtlich, ungesetzlich, illegal; unehelich.

unlearn [ˈʌnˈləːn] *irr s. learn tr* verlernen, vergessen; **~ed** [ˈ-id] *a* ungebildet, unwissend; [ˈ-d] *a* ungelernt.

unleash [ʌnˈliːʃ] *tr* loskoppeln, -binden, -lassen; *fig* freilassen, befreien; entfesseln.

unleavened [ˈʌnˈlevnd] *a (Brot)* ungesäuert; *fig* unbeeinflußt.

unless [ənˈles] *conj* wenn nicht; außer wenn; es sei denn, daß; unter der Voraussetzung, vorausgesetzt, daß; *prp* außer.

unlettered [ˈʌnˈletəd] *a* ungebildet, unwissend.

unlicensed [ˈʌnˈlaisənst] *a* unerlaubt; unkonzessioniert; unbefugt.

unlicked [ˈʌnˈlikt] *a fig* unbeleckt, roh, ungebildet; unreif.

unlike [ˈʌnˈlaik] *a* ungleich-, verschieden(artig); nicht ähnlich; *prp* unähnlich (*s.o.* jdm); ver-, unterschieden von; im Gegensatz zu; **~lihood** [ʌnˈlaiklihud], **~likeliness** [-nis] Unwahrscheinlichkeit *f*; **~ly** [ʌnˈlaikli] *a adv* unwahrscheinlich.

unlimber [ʌnˈlimbə] *tr itr mil* abprotzen; *fig* (sich) fertigmachen.

unlimited [ʌnˈlimitid] *a* unbegrenzt, unbe-, uneingeschränkt; unbestimmt, *fig* grenzenlos; **~ liability** unbeschränkte Haftung *f*.

unliquidated [ˈʌnˈlikwideitid] *a* nicht abgerechnet, unbezahlt, unbeglichen.

unlink [ˈʌnˈliŋk] *tr (Kette)* ausea.-nehmen; *allg* trennen, ausea.nehmen.

unlined [ˈʌnˈlaind] *a (Kleidung)* ungefüttert; unliniert.

unload [ˈʌnˈloud] *tr itr (Ladung)* ab-, ausladen; *mar* löschen; *tr (Fahrzeug, Gewehr)* entladen; *fig* von e-r Last befreien; *com* abstoßen.

unlock [ˈʌnˈlɔk] *tr* aufschließen, -sperren; *(Gewehr)* entladen; *fig* aufdecken, enthüllen; *itr* sich öffnen, aufgehen; **~ed** [ˈ-t] *a* unverschlossen.

unlooked-for [ʌnˈluktfɔː] *a* unerwartet, überraschend, plötzlich.

unloos|e [ˈʌnˈluːs], **~en** [ˈʌnˈluːsn] *tr* losmachen, lösen, auf-, abmachen.

unlov|(e)able [ˈʌnˈlʌvəbl] unliebenswürdig; **~ed** [ˈ-d] *a* ungeliebt; **~ely**

unloving ['-li] reizlos; **~ing** ['-iŋ] lieblos, kalt (-herzig).
unlucky [ʌnˈlʌki] unglücklich; ungünstig; unheilvoll; Unglücks-; *to be ~~* Pech haben.
unmailable [ˈʌnˈmeiləbl] *(Post)* unbestellbar.
unmake [ˈʌnˈmeik] *irr s.* make *tr* zerstören, vernichten; *(Person)* absetzen; rückgängig machen, zurücknehmen, widerrufen; umbilden, völlig verändern.
unman [ˈʌnˈmæn] *tr* entmannen, kastrieren; entwürdigen; schwach, mutlos machen, entmutigen; **~ned** ['-d] *a* unbemannt; **~liness** ['-linis] Unmännlichkeit *f*; **~ly** ['-li] *a* unmännlich.
unmanageable [ʌnˈmænidʒəbl] schwer zu lenken(d); schwierig, eigenwillig, -sinnig, widersetzlich, -spenstig.
unmanner|ed [ʌnˈmænəd], **~ly** ['-əli] *a* ungesittet, unmanierlich; **~liness** [-nis] schlechte(s) Benehmen *n*, Ungezogenheit *f*.
unmanufactured [ˈʌnmænjuˈfæktʃəd] *a* unver-, unbearbeitet, roh.
unmarked [ˈʌnˈmɑːkt] *a* unbezeichnet, unmarkiert; unbemerkt, unbeobachtet.
unmarketable [ˈʌnˈmɑːkitəbl] *com* nicht marktfähig, unverkäuflich.
unmarri|ageable [ˈʌnˈmæridʒəbl] nicht *od* schwer zu verheiraten(d); unvereinbar; **~ed** ['-id] *a* unverheiratet, ledig.
unmask [ˈʌnˈmɑːsk] *tr* demaskieren *a. fig*; *fig* entlarven, bloßstellen; *itr* sich demaskieren; *fig* die Maske fallen lassen.
unmastered [ˈʌnˈmɑːstəd] *a* unbezwungen, ungemeistert.
unmatch|able [ˈʌnˈmætʃəbl] unerreichbar; **~ed** ['-tʃt] *a* unerreicht, unübertroffen, ohnegleichen, unvergleichlich.
unmean|ing [ʌnˈmiːniŋ] nichtssagend, bedeutungs-, ausdruckslos, leer; **~t** [ˈʌnˈment] *a* unbeabsichtigt, ungewollt.
unmeasur|able [ʌnˈmeʒərəbl] unermeßlich; **~ed** ['-əd] *a* ungemessen, unermeßlich; maßlos, zügellos.
unmelodious [ˈʌnmiˈloudjəs] unmelodisch.
unmention|able [ʌnˈmenʃnəbl] unaussprechbar; **~ed** ['-d] *a* unerwähnt.
unmerchantable [ˈʌnˈməːtʃəntəbl] unverkäuflich, nicht abzusetzen(d).
unmerciful [ʌnˈməːsiful] unbarmherzig, mitleidlos.
unmerited [ˈʌnˈmeritid] *a* unverdient.
unmethodical [ˈʌnmiˈθɔdikəl] unmethodisch, unsystematisch.

unmilitary [ˈʌnˈmilitəri] unmilitärisch.
unmindful [ʌnˈmaindful] vergeßlich; sorglos; unachtsam, unbedacht, unaufmerksam; rücksichtslos, ohne Rücksicht (*of* auf).
unmistak(e)able [ˈʌnmisˈteikəbl] unverkennbar; unmißverständlich.
unmitigated [ʌnˈmitigeitid] *a* ungemildert, unvermindert; rein, vollkommen, völlig; vollendet; Erz-.
unmixed [ˈʌnˈmikst] *a* unge-, unvermischt; *fig* rein.
unmodifi|able [ˈʌnˈmɔdifaiəbl] unabänderlich; **~ed** ['-aid] *a* unverändert.
unmolested [ˈʌnmo(u)ˈlestid] *a* unbelästigt, unbehelligt.
unmoor [ˈʌnˈmuə] *tr (Schiff)* flottmachen; *itr* die Anker lichten.
unmoral [ˈʌnˈmɔrəl] unmoralisch, unsittlich; amoralisch.
unmortgaged [ˈʌnˈmɔːgidʒd] *a* unverpfändet; *(Grundstück)* unbelastet, hypothekenfrei.
unmotivated [ˈʌnˈmoutiveitid] *a* unmotiviert, grundlos.
unmounted [ˈʌnˈmauntid] *a* unberitten; *(Geschütz)* abgeprotzt; *(Edelstein)* ungefaßt; *(Bild)* ungerahmt, nicht aufgezogen; *tech* nicht montiert.
unmourned [ˈʌnˈmɔːnd] *a* unbetrauert.
unmov|eable [ˈʌnˈmuːvəbl] unbeweglich; **~ed** ['-d] *a* unbewegt; *fig* ungerührt; *fig* standhaft; **~ing** ['-iŋ] bewegungs-, reglos.
unmusical [ˈʌnˈmjuːsikəl] *(Musik)* disharmonisch; *(Mensch)* unmusikalisch.
unmuzzle [ˈʌnˈmʌzl] *tr* den Maulkorb abnehmen (*a dog* e-m Hunde); *fig* freie Meinungsäußerung gewähren (*s.o.* jdm), die Zensur aufheben für.
unnam|(e)able [ˈʌnˈneiməbl] unnennbar; **~ed** ['-d] *a* unge-, unbenannt, namenlos.
unnatural [ʌnˈnætʃrəl] unnatürlich, widernatürlich, unnormal, abnorm; gekünstelt, affektiert, gequält, unecht; abscheulich.
unnavigable [ʌnˈnævigəbl] nicht schiffbar.
unnecessar|ily [ʌnˈnesisərili] *adv* unnötigerweise; **~y** [-i] unnötig, unnütz, überflüssig.
unneeded [ˈʌnˈniːdid] *a* nicht erforderlich, nicht nötig, nutzlos.
unneighbo(u)rly [ˈʌnˈneibəli] nicht gutnachbarlich.
unnerve [ˈʌnˈnəːv] *tr* entnerven, zermürben; die Kraft, das Selbstvertrauen, den Mut nehmen (*s.o.* jdm).
unnot|ed [ˈʌnˈnoutid] *a* unbemerkt; nicht berühmt; **~iceable** ['-isəbl] un-

bemerkbar, unauffällig; **~iced** ['-t] *a* unbemerkt, unbeobachtet.
unnumbered ['ʌn'nʌmbəd] *a* ungezählt, zahllos; unnumeriert.
unobjectionable ['ʌnəb'dʒekʃnəbl] einwandfrei, tadellos.
unobliging ['ʌnə'blaidʒiŋ] unverbindlich; ungefällig.
unobserv|ance ['ʌnəb'zə:vəns] Unachtsamkeit *f*; **~ant** [-'t] unachtsam, unaufmerksam; **~ed** ['-'zə:vd] *a* unbemerkt, unbeobachtet.
unobstructed ['ʌnəb'strʌktid] *a* unversperrt, offen; *(Verkehr)* ungehindert; *fig* ohne Störung.
unobtainable ['ʌnəb'teinəbl] nicht zu bekommen(d), nicht zu erlangen(d), unerreichbar.
unobtrusive ['ʌnəb'tru:siv] *(Sache)* unaufdringlich; *(Mensch)* zurückhaltend, bescheiden; **~ness** ['-nis] Unaufdringlichkeit; Zurückhaltung, Bescheidenheit *f*.
unoccupied ['ʌn'ɔkjupaid] *a* unbesetzt, frei, leer; unbewohnt; unbeschäftigt, müßig.
unoffen|ding ['ʌnə'fendiŋ], **~sive** ['-siv] nicht aggressiv, harmlos, unschädlich.
unofficial ['ʌnə'fiʃəl] inoffiziell, nichtamtlich.
unopened ['ʌn'oupənd] *a* ungeöffnet, (noch) verschlossen; *com* unerschlossen.
unopposed ['ʌnə'pouzd] *a* ungehindert; ohne Widerstand (zu finden) (*by* bei).
unorganized ['ʌn'ɔ:gənaizd] *a* nichtorganisch; nicht organisiert; ungeordnet, unorganisch.
unorthodox ['ʌn'ɔ:θədɔks] nicht recht-, strenggläubig; *by ~ methods, through ~ channels* unter der Hand.
unostentatious ['ʌnɔsten'teiʃəs] unaufdringlich, zurückhaltend, bescheiden, anspruchslos, schlicht.
unowned ['ʌn'ound] *a* herrenlos; nicht anerkannt.
unpack ['ʌn'pæk] *tr itr* auspacken, -laden.
unpaid ['ʌn'peid] *a* unbezahlt; unfrankiert; nicht entlohnt; *(Stellung)* ehrenamtlich.
unpaired ['ʌn'pɛəd] *a zoo* unpaarig; *(Schuh, Strumpf, Handschuh)* einzeln.
unpalatable [ʌn'pælətəbl] fad(e); *fig* unangenehm.
unparallel(l)ed [ʌn'pærəleld] *a* unerreicht, unvergleichlich, einmalig.
unpardonable [ʌn'pɑ:dnəbl] unverzeihlich.

unparliamentary ['ʌnpɑ:lə'mentəri] unparlamentarisch.
unpatented ['ʌn'peitəntid, -pæt-] *a* nicht patentiert.
unpatriotic ['ʌnpætri'ɔtik] unpatriotisch.
unpaved ['ʌn'peivd] *a* ungepflastert.
unpeople ['ʌn'pi:pl] *tr* entvölkern.
unperceiv|able ['ʌnpə'si:vəbl] unmerklich; **~ed** ['-d] *a* unbemerkt.
unperplexed ['ʌnpə'plekst] *a* nicht verwirrt.
unperturbed ['ʌnpə(:)'tə:bd] *a* unerschüttert, gelassen.
unperused ['ʌnpə'ru:zd] *a* ungelesen.
unphilosophic(al) ['ʌnfilə'sɔfik(əl)] unphilosophisch.
unpick ['ʌn'pik] *tr (Schloß, Tür)* erbrechen; *(Naht)* auftrennen; **~ed** ['-t] *a* ungepflückt; unverlesen, unsortiert.
unpin ['ʌn'pin] *tr* die Stecknadeln ziehen aus; losmachen.
unpit|ied ['ʌn'pitid] *a* unbemitleidet; **~ying** [-'-iiŋ] mitleidlos, unbarmherzig.
unplaced ['ʌn'pleist] *a* ohne festen Platz; nicht (fest) angestellt; *(Pferderennen)* unplaziert.
unplait ['ʌn'plæt] *tr (Zopf)* aufflechten.
unpleas|ant [ʌn'pleznt] unangenehm; langweilig; ungefällig, unfreundlich; **~antness** [-ntnis] gespannte(s) Verhältnis *n*; Unstimmigkeit; Unannehmlichkeit *f*; **~ing** ['ʌn'pli:ziŋ] ungefällig; unerfreulich (*to* für).
unpledged ['ʌn'pledʒd] *a* nicht verpfändet.
unplumbed ['ʌn'plʌmd] *a* unerforscht; *tech* ungelötet, unplombiert.
unpoetic(al) ['ʌnpo(u)'etik(əl)] prosaisch *fig*.
unpolished ['ʌn'pɔliʃt] *a* unpoliert, rauh *a. fig*; *fig* grob, ungehobelt, unausgeglichen.
unpolitic(al) ['ʌn'pɔlitik, -pə'litikəl] unpolitisch.
unpolled ['ʌn'pould] *a (Wahlstimme)* nicht erfaßt, nicht registriert; **~ voter** Nichtwähler *m*.
unpolluted ['ʌnpə'lu:tid] *fig* unbefleckt; rein; *(Wasser)* nicht verunreinigt.
unpopular ['ʌn'pɔpjulə] unbeliebt, unpopulär; **~ity** ['ʌnpɔpju'læriti] Unbeliebtheit *f*.
unpossessed ['ʌnpə'zest] *a* herrenlos; ungenutzt; *to be ~ of s.th.* nicht im Besitz e-r S sein.
unposted ['ʌn'poustid] *a (Brief)* liegengeblieben, nicht abgeschickt; nicht unterrichtet, nicht informiert.

unpractical **unpract|ical** ['ʌn'præktikəl] unpraktisch; **~ised,** *Am* **~iced** ['-'tist] *a* nicht üblich, nicht *od* wenig gehandhabt *od* benutzt; ungeübt, unerfahren (*in* in).
unprecedented [ʌn'presidəntid] *a* ohne Vorgang, einmalig, beispiellos, unerhört; *jur* ohne Präzedenzfall.
unpredictable ['ʌnpri'diktəbl] *a* nicht vorherzusagen(d).
unprejudiced [ʌn'predʒudist] *a* vorurteilsfrei, -los, unbefangen, unvoreingenommen, unparteiisch.
unpremeditated ['ʌnpri:'mediteitid] *a* unvorbedacht, unüberlegt; improvisiert, aus dem Stegreif.
unprepared ['ʌnpri'pɛəd] *a* unvorbereitet (*for* auf).
unprepossess|ed ['ʌnpri:pə'zest] unvoreingenommen; **~ing** ['-iŋ] *a* reizlos.
unpresentable ['ʌnpri'zentəbl] wenig repräsentabel, unansehnlich.
unpresum|ing ['ʌnpri'zju:miŋ], **~ptuous** [-'zʌmptjuəs] anspruchslos, bescheiden.
unpreten|ding ['ʌnpri'tendiŋ], **~tious** ['-'tenʃəs] zurückhaltend, bescheiden.
unpreventable ['ʌnpri'ventəbl] unvermeidlich.
unprincipled [ʌn'prinsəpld] *a* ohne Grundsätze, prinzipienlos, ohne (festen) sittlichen Halt, gewissenlos.
unprint|able ['ʌn'printəbl] nicht für den Druck geeignet; **~ed** [-'id] *a* unge-, unbedruckt.
unprivileged ['ʌn'prividʒd] *a* nicht bevorrechtet.
unproductive ['ʌnprə'dʌktiv] unproduktiv, unfruchtbar, unergiebig (*of* an); steril; wenig einträglich; **~ness** ['-nis] mangelnde Produktivität; geringe Ergiebigkeit; Unfruchtbarkeit *f*.
unprofessional ['ʌnprə'feʃənl] berufsfremd, laienhaft; berufswidrig.
unprofitable [ʌn'prɔfitəbl] wenig einträglich, von geringem Nutzen, unvorteilhaft; zwecklos.
unpromising ['ʌn'prɔmisiŋ] wenig versprechend, wenig verheißungsvoll, wenig aussichtsreich.
unprompted ['ʌn'prɔmptid] *a* aus eigenem Antrieb; unbeeinflußt (*by* von).
unpronounceable ['ʌnprə'naunsəbl] nicht aussprechbar.
unpropitious ['ʌnprə'piʃəs] ungeeignet; unheilvoll.
unproportion|ate ['ʌnprə'pɔ:ʃnit], **~ed** ['-ənd] *a* unproportional.
unprotected ['ʌnprə'tektid] *a* ungeschützt.
unproved ['ʌn'pru:vd] *a* unbe-, unerwiesen.

unprovided ['ʌnprə'vaidid] *a* nicht versehen, nicht ausgestattet (*with* mit); unversorgt; unvorbereitet, nicht fertig; (*~ for*) unvorhergesehen.
unprovoked ['ʌnprə'voukt] *a* unprovoziert, durch nichts veranlaßt, grundlos.
unpublished ['ʌn'pʌbliʃt] *a* unveröffentlicht.
unpunctual ['ʌn'pʌŋktjuəl] unpünktlich.
unpunished ['ʌn'pʌniʃt] *a* ungestraft; straffrei, -los; *to come off ~~* straffrei ausgehen.
unpurchas(e)able ['ʌn'pə:tʃisəbl] nicht käuflich.
unqualified ['ʌn'kwɔlifaid] *a* unqualifiziert, ungeeignet, nicht befähigt; [-'---] unbe-, uneingeschränkt, vorbehaltlos; völlig, vollkommen, absolut.
unquenchable [ʌn'kwen(t)ʃəbl] (*Feuer, Durst*) nicht zu löschen(d); (*Durst*) nicht zu stillen(d); *fig* (*Verlangen*) unauslöschlich; (*Sehnsucht*) unstillbar.
unquestion|able [ʌn'kwestʃənəbl] unzweifelhaft, unbestreitbar, sicher; einwandfrei, tadellos; **~ed** [-d] *a* unbezweifelt, unbestritten, unangefochten; **~ing** ['-iŋ] bedingungslos, blind.
unquiet ['ʌn'kwaiət] unruhig, ruhelos; ängstlich, besorgt.
unquot|e ['ʌn'kwout] *tr* (*Zitat*) beenden; **~ed** ['-id] *a* (*Börse*) nicht notiert.
unratified ['ʌn'rætifaid] *a pol* nicht ratifiziert.
unravel [ʌn'rævəl] *tr* auftrennen, -ziehen, ausfasern; (*Fäden*) entwirren *a. fig*; *fig* klären, lösen; *itr* zerfasern; sich auflösen.
unread ['ʌn'red] *a* ungelesen; wenig belesen; **~able** ['ʌn'ri:dəbl] unleserlich, unlesbar.
unread|iness ['ʌn'redinis] mangelnde Bereitschaft *f*; **~y** ['ʌn'redi] nicht bereit (*for* zu); nicht fertig; langsam, säumig, bumm(e)lig.
unreal ['ʌn'riəl] unwirklich, wirklichkeitsfremd; phantastisch, visionär, imaginär, eingebildet; **~istic** [-'listik] unrealistisch; **~ity** ['ʌnri'æliti] Unwirklichkeit; Einbildung *f*; **~izable** ['ʌn'riəlaizəbl] nicht zu verwirklichen(d), nicht realisierbar; *com* unverkäuflich; **~ized** ['ʌn'riəlaizd] *a* nicht verwirklicht; nicht erkannt.
unreason ['ʌn'ri:zn] Unvernunft *f*, Unsinn *m*, Dummheit *f*; **~able** [ʌn-

'ri:znəbl] unvernünftig; unsinnig, dumm; unmäßig, unbescheiden, übertrieben, exorbitant; **~ing** [-iŋ] unvernünftig, gedankenlos, blind.

unreceived ['ʌnri'si:vd] *a* nicht erhalten.

unreclaim|able ['ʌnri'kleiməbl] nicht zurückzufordern(d); unverbesserlich; **~ed** ['-d] *a* nicht zurückgefordert; *(Mensch)* ungebessert; *(Land)* unbebaut; **~ land** Ödland *n*.

unrecogniz|able ['ʌn'rekəgnaizəbl] nicht wiederzuerkennen(d); **~ed** ['-d] *a* unerkannt; nicht anerkannt.

unrecompensed ['ʌn'rekəmpenst] *a* unbelohnt.

unreconcil|able ['ʌn'rekənsailəbl] unversöhnlich; **~ed** ['-d] *a* unversöhnt *(to mit)*.

unrecorded ['ʌnri'kɔ:did] *a* nicht eingetragen, nicht vermerkt; nicht aufgezeichnet; nicht aufgenommen.

unrecoverable ['ʌnri'kʌvərəbl] *med* nicht wiederherstellbar; *com* nicht beitreibbar.

unredeem|able ['ʌnri'di:məbl] nicht wiedergutzumachen(d); nicht einlösbar; uneinbringlich; **~ed** ['-d] *a rel* unerlöst; nicht eingelöst, unbezahlt; *(Versprechen)* nicht erfüllt; ungemildert *(by* durch).

unredressed ['ʌnri'drest] *a* ungesühnt, nicht wiedergutgemacht.

unreel ['ʌn'ri:l] *tr* abhaspeln, -spulen.

unrefined ['ʌnri'faind] *a tech* ungereinigt, roh; *fig* unfein, ungebildet.

unreflect|ed ['ʌnri'flektid] *a (Wort, Tat)* unüberlegt, unbedacht; **~ing** [-iŋ] *phys* nichtreflektierend; *(Mensch)* unbedacht, gedankenlos.

unreformed ['ʌnri'fɔ:md] *a* ungebessert.

unrefuted ['ʌnri'fju:tid] *a* unwiderlegt.

unregard|ed ['ʌnri'gɑ:did] *a* unbeachtet; unberücksichtigt; **~ful** ['-ful], **~ing** ['-iŋ] unachtsam, unaufmerksam; rücksichtslos.

unregener|acy ['ʌnri'dʒenərəsi] *rel* Sündhaftigkeit *f*; **~ate** ['-it], **~ated** ['-eitid] *a* nicht wiedergeboren; sündig.

unregistered ['ʌn'redʒistəd] *a* nicht eingetragen, nicht registriert; *(Brief)* nicht eingeschrieben; *(Arzt)* nicht approbiert.

unregretted ['ʌnri'gretid] *a* unbetrauert, unbeklagt.

unrehearsed ['ʌnri'hə:st] *a theat* ungeprobt; spontan.

unrelated ['ʌnri'leitid] *a* unverbunden, unbezogen *(to* auf); nicht verwandt *(with* mit).

unrelax|ed ['ʌnri'lækst] *a* unentspannt, unerholt; **~ing** ['-iŋ] nicht *od* wenig erholsam; nicht nachlassend.

unrelenting ['ʌnri'lentiŋ] unermüdlich; unnachgiebig, unbeugsam.

unreliab|ility ['ʌnrilaiə'biliti] Unzuverlässigkeit *f*; **~le** ['-'laiəbl] unzuverlässig; *com* unsolide.

unrelieved ['ʌnri'li:vd] *a* ununterbrochen; nicht befreit, nicht entbunden, nicht entlastet; *mil* nicht abgelöst; langweilig.

unreligious ['ʌnri'lidʒəs] ungläubig; religionslos.

unremitt|ed [ʌnri'mitid] *a (Schuld)* nicht erlassen; *(Bemühungen)* beständig; *(Mensch)* hartnäckig; **~ing** [-iŋ] unablässig, unaufhörlich, ununterbrochen, fortwährend, beständig; ausdauernd *(in* bei); erbarmungslos.

unremoved ['ʌnri'mu:vd] *a* unverrückt; **unremunerative** ['ʌnri'mju:nərətiv] unrentabel.

unrepaired ['ʌnri'pɛəd] *a* nicht repariert; **unrepealed** ['ʌnri'pi:ld] *a* nicht widerrufen, nicht aufgehoben.

unrepent|ant ['ʌnri'pentənt], **~ing** ['-iŋ] ohne Reue; verstockt; **~ed** ['-id] *a* unbereut.

unrepresent|ed ['ʌnrepri'zentid] *a* nicht dargestellt; nicht vertreten; **~ative** ['-ətiv] nicht repräsentativ.

unrequited ['ʌnri'kwaitid] *a (Dienste)* unbelohnt; *(Liebe)* unerwidert.

unreserved ['ʌnri'zə:vd] *a* unbe-, uneingeschränkt; nicht reserviert; frei, offen; **~ly** ['-vidli] *adv* rückhaltlos.

unresist|ant ['ʌnri'zistənt], **~ing** ['-iŋ] widerstandslos; ohne Widerstand; **~ed** ['-id] *a* ungehindert.

unresolved ['ʌnri'zɔlvd] *a* unentschlossen, unschlüssig; ungelöst; *chem mus* unaufgelöst.

unresponsive ['ʌnris'pɔnsiv] nicht reagierend; teilnahmslos; *to s.th.* wenig bereit, auf etw einzugehen.

unrest ['ʌn'rest] Unruhe, Ruhelosigkeit *f*; **~ful** ['-ful] unruhig, ruhelos; **~ing** ['-iŋ] rastlos.

unrestrain|ed ['ʌnris'treind] *a* unbeherrscht, ungezügelt, zügellos; unbe-, uneingeschränkt; **~t** ['-t] Hemmungslosigkeit *f*; Zwanglosigkeit *f*.

unrestricted ['ʌnris'triktid] *a* unbe-, uneingeschränkt; *(Geschwindigkeit)* unbegrenzt.

unreturned ['ʌnri'tə:nd] *a* nicht zurückgegeben; nicht zurückgekehrt; unerwidert; *parl* nicht gewählt.

unrevealed ['ʌnri'vi:ld] *a* nicht enthüllt; verborgen.
unrevenged ['ʌnri'vendʒd] *a* ungerächt.
unrevised ['ʌnri'vaizd] *a* nicht durchgesehen, nicht revidiert.
unrewarded ['ʌnri'wɔ:did] *a* unbelohnt.
unrhymed ['ʌn'raimd] *a* ungereimt, reimlos.
unriddle ['ʌn'ridl] *tr* enträtseln.
unrig ['ʌn'rig] *tr mar* abtakeln; *allg* abmontieren; *fam* auskleiden.
unrighteous [ʌn'raitʃəs] *rel* sündig, sündhaft; un(ge)recht, unfair; unredlich; **~ness** ['-nis] *rel* Sündhaftigkeit; Ungerechtigkeit *f*.
unrip ['ʌn'rip] *tr* auftrennen, -reißen.
unripe ['ʌn'raip] unreif.
unrival(l)ed ['ʌn'raivəld] *a* ohne Nebenbuhler, konkurrenzlos; unvergleichlich, einzigartig.
unroll ['ʌn'roul] *tr* aufrollen *a. fig*; *fig* entwickeln, darlegen; *itr* sich entfalten.
unromantic ['ʌnrə'mæntik] unromantisch, prosaisch, nüchtern.
unroof ['ʌn'ru:f] *tr* das Dach abdecken (*a house* e-s Hauses).
unruffled ['ʌn'rʌfld] *a (See)* unbewegt, glatt, ruhig; *fig* (seelen)ruhig, unerschüttert.
unrul|iness [ʌn'rulinis] Widersetzlichkeit; Undiszipliniertheit *f*; **~y** [-i] widersetzlich, undiszipliniert, ungehorsam, aufsässig.
unsaddle ['ʌn'sædl] *tr (Pferd)* absatteln; aus dem Sattel werfen.
unsafe ['ʌn'seif] unsicher; gefährdet; gefährlich; unzuverlässig.
unsaid ['ʌn'sed] *a* ungesagt, unausgesprochen.
unsalaried ['ʌn'sælərid] *a (Arbeit, Volontär)* unbezahlt; ehrenamtlich.
unsal(e)able ['ʌn'seiləbl] unverkäuflich; *(Waren)* nicht gangbar.
unsalted ['ʌn'sɔ:ltid] *a* ungesalzen.
unsanct|ified ['ʌn'sæŋktifaid] *a* ungeweiht; **~ioned** ['-kʃənd] *a (Urkunde)* nicht bestätigt; nicht genehmigt.
unsanitary ['ʌn'sænitəri] ungesund; unhygienisch.
unsatisf|actory ['ʌnsætis'fæktəri], **~ying** ['ʌn'sætisfaiiŋ] unbefriedigend; **~ied** ['ʌn'sætisfaid] *a* unbefriedigt; nicht zufrieden(gestellt) (*with* mit); nicht erledigt, unbereinigt; *com* unbezahlt.
unsavo(u)r|iness ['ʌn'seivərinis] Geschmacklosigkeit, Fadheit; Widerlichkeit *f*; **~y** ['-i] geschmacklos, fad(e); widerlich *a. fig*; *fig* abstoßend.
unsay ['ʌn'sei] *irr s. say tr (Gesagtes)* zurücknehmen, widerrufen.
unscaled ['ʌn'skeild] *a* abgeschuppt.
unscathed ['ʌn'skeiðd] *a* unbeschädigt, unverletzt.
unscholarly ['ʌn'skɔləli] *a* ungebildet.
unschooled ['ʌn'sku:ld] *a* ungeschult, unausgebildet; ungebildet.
unscientific ['ʌnsaiən'tifik] *adv* **~ally** ['-əli] unwissenschaftlich.
unscramble ['ʌn'skræmbl] *tr fam* (wieder) Ordnung bringen in; in s-e Bestandteile zerlegen; entziffern.
unscrew ['ʌn'skru:] *tr* los-, ab-, aufschrauben; *itr (Festgeschraubtes)* sich lockern.
unscriptural ['ʌn'skriptʃərəl] unbiblisch.
unscrupulous [ʌn'skru:pjuləs] skrupel-, gewissenlos.
unseal ['ʌn'si:l] *tr* entsiegeln; *(Brief, Behälter)* erbrechen; *(Lippen)* öffnen; *fig* enthüllen; **~ed** ['-d] *a* unversiegelt.
unsearchable ['ʌn'sə:tʃəbl] unerforschlich, unergründlich.
unseason|able [ʌn'si:znəbl] unzeitig; unangebracht, unpassend; **~ed** ['-nd] *a* unausgereift; *(bes. Holz)* nicht abgelagert; *fig* (noch) unerfahren; *(Speise)* ungewürzt.
unseat ['ʌn'si:t] *tr* des Amtes entheben, absetzen; *parl* s-n Sitz nehmen (*s.o.* jdm); aus dem Sattel heben, abwerfen.
unseaworthy ['ʌn'si:wə:ði] *(Schiff)* nicht seetüchtig.
unsecured ['ʌnsi'kjuəd] *a* ungesichert; *com* ungedeckt.
unseeing ['ʌn'si:iŋ] nicht sehend; *fig* blind.
unseem|liness [ʌn'si:mlinis] Unschicklich-, Unziemlich-, Unanständigkeit *f*; **~ly** [-li] unpassend, unschicklich, unziemlich, unanständig.
unseen ['ʌn'si:n] *a* ungesehen; unbemerkt, unbeobachtet, unentdeckt; unsichtbar; noch nie dagewesen; *s* (Übersetzung *f* e-s) unbekannte(n) *(fremdsprachigen)* Text(es); Klausur (-arbeit) *f*; *the* **~** das Jenseits.
unselfish ['ʌn'selfiʃ] selbstlos, uneigennützig; **~ness** ['-nis] Selbstlosigkeit, Uneigennützigkeit *f*.
unsentimental ['ʌnsenti'mentl] unsentimental.
unserviceable ['ʌn'sə:visəbl] nicht dienlich; unbrauchbar, unverwendbar, unnütz (*to* für).

unsettle ['ʌn'setl] *tr* in Unordnung, *fig* durchea.bringen; unsicher machen; **~ed** ['-d] *a* nicht seßhaft, ohne festen Wohnsitz; in unsicherer Stellung; unbesiedelt, unbevölkert; *fig* unordentlich, durcheinander; wechselnd, schwankend, unbeständig, ungewiß; uneinheitlich; unbestimmt, nicht festgelegt, -gesetzt; ungeregelt, unerledigt; *com* unbezahlt, unbeglichen.

unsex ['ʌn'seks] *tr* unweiblich, unfraulich machen; der weiblichen Reize berauben, vermännlichen.

unshackle [ʌn'ʃækl] *tr* die Fesseln abnehmen (*s.o.* jdm); *mar* ausschäkeln.

unshaded [ʌn'ʃeidid] *a* unbeschattet; ungetrübt; nicht schattiert.

unshak|able [ʌn'ʃeikəbl] unerschütterlich, unbeirrbar; **~en** ['ʌn'ʃeikən] *a* unerschüttert, unbeirrt, fest.

unshap|ed ['ʌn'ʃeipt] *a* ungeformt, formlos; **~ely** ['ʌn'ʃeipli] *a* unförmig, mißgestalt.

unshaven ['ʌn'ʃeivn] *a* unrasiert.

unsheathe ['ʌn'ʃi:ð] *tr* (aus der Scheide) ziehen.

unshed ['ʌn'ʃed] *a (Tränen)* unvergossen; *(Blätter)* nicht abgeworfen.

unshell ['ʌn'ʃel] *tr* schälen, enthülsen; *fig* befreien.

unsheltered ['ʌn'ʃeltəd] *a* ungeschützt, schutzlos; obdachlos.

unship ['ʌn'ʃip] *tr mar (Ladung)* löschen; *(Passagiere)* ausschiffen; *tech* ab-, ausbauen; *fam fig* ausbooten.

unshod ['ʌn'ʃɔd] *a* unbeschuht, barfuß; *(Pferd)* unbeschlagen.

unshorn ['ʌn'ʃɔ:n] *a* ungeschoren.

unshrink|able ['ʌn'ʃriŋkəbl] nicht schrumpfend; *(Gewebe)* nicht einlaufend; **~ing** ['-iŋ] vor nichts zurückschreckend, furchtlos, unverzagt.

unsifted ['ʌn'siftid] *a* ungesiebt; *fig* ungeordnet, ungeprüft.

unsight|ed ['ʌn'saitid] *a* (noch) nicht gesichtet; **~ly** ['-'li] *a* unansehnlich, häßlich.

unsigned ['ʌn'saind, *attr a.* 'ʌnsaind] *a* nicht unterzeichnet.

unsized ['ʌn'saizd] *a* **1.** nicht nach Maß gemacht; nicht nach Größen sortiert; **2.** ungestärkt, -geleimt; nicht grundiert.

unskil|led ['ʌn'skild] *a* ungelernt, ungeübt; **~** *labo(u)r* einfache Handarbeit; die ungelernten Arbeiter *m pl*; **~** *labo(u)rer, worker* ungelernte(r) Arbeiter *m*; **~(l)ful** ['ʌn'skilful] ungeschickt, linkisch.

unskimmed ['ʌn'skimd] *a* nicht entrahmt; **~** milk Vollmilch *f*.

unslaked ['ʌn'sleikt] *a (Feuer, Durst, Kalk)* ungelöscht.

unsling ['ʌn'sliŋ] *tr* ab-, losschnallen; *(Gewehr)* abnehmen.

unsnarl ['ʌn'snɑ:l] *tr* entwirren.

unsoci|ability ['ʌnsouʃə'biliti] Ungeselligkeit *f*; **~able** [ʌn'souʃəbl] ungesellig; **~al** ['ʌn'souʃəl] unsozial; gesellschaftsfeindlich.

unsoiled ['ʌn'sɔild] *a* nicht beschmutzt, sauber; *fig* unbefleckt.

unsold ['ʌn'sould] *a* unverkauft, nicht abgesetzt.

unsolder ['ʌn'sɔldə] *tr* los-, ablöten.

unsoldier|like ['ʌn'souldʒəlaik] **~ly** ['-li] *a* unsoldatisch.

unsolicited ['ʌnsə'lisitid] *a* unverlangt; unaufgefordert, ungefragt, ungebeten.

unsolved ['ʌn'sɔlvd] *a* ungelöst.

unsophisticated ['ʌnsə'fistikeitid] *a* unverfälscht, echt; natürlich, ungekünstelt.

unsorted ['ʌn'sɔ:tid] *a* unsortiert.

unsought ['ʌn'sɔ:t] *a* ungesucht; ungebeten.

unsound ['ʌn'saund] *a* ungesund, krankhaft, verdorben *a. fig*; unvollkommen, unvollständig; *fig* falsch; unecht, unwahr; *com* unzuverlässig; *(Grund)* nicht stichhaltig, fadenscheinig; *(Ausrede)* faul; *(Schlaf)* unruhig; *(Obst)* faul; *in an ~ state of mind* im Zustand geistiger Umnachtung; *of ~ mind* geisteskrank; **~ doctrine** Irrlehre *f*.

unsparing ['ʌn'spɛəriŋ] verschwenderisch, freigebig (*of* mit); reichlich, großzügig (*of* mit); schonungslos (*of gegen*); *to be ~ in o.'s efforts* keine Mühe scheuen.

unspeakable [ʌn'spi:kəbl] unaussprechlich, unsagbar; gräßlich.

unspecified ['ʌn'spesifaid] *a* nicht spezifiziert, nicht einzeln angegeben.

unspent ['ʌn'spent] *a* nicht ausgegeben, unverbraucht *a. fig*; *fig* ungeschwächt.

unspoil|ed ['ʌn'spɔild], **~t** ['-t] *a* unverdorben.

unsport|smanlike ['ʌn'spɔ:tsmənlaik], *fam* **~ing** ['-iŋ] unsportlich; unweidmännisch; unritterlich.

unspoken ['ʌn'spoukən] *a* ungesagt, unausgesprochen; **~***-of* unerwähnt.

unspotted ['ʌn'spɔtid] *a bes. zoo* ungefleckt; *fig* unbefleckt, rein; unentdeckt.

unstable ['ʌn'steibl] labil; unsicher, schwankend *a. fig*; *fig* wankelmütig, unzuverlässig; *fig* unbeständig *a. chem (Verbindung)*.

unstained ['ʌn'steind] *a* fleckenlos *a. fig; fig* unbefleckt; ungefärbt.
unstamped ['ʌn'stæmpt] *a* ungestempelt; unfrankiert.
unstatesmanlike ['ʌn'steitsmənlaik] nicht staatsmännisch.
unsteady ['ʌn'stedi] wack(e)lig; unregelmäßig; *fig* unbeständig, schwankend, unzuverlässig *a. com.*
unstick ['ʌn'stik] *itr (Geklebtes)* sich lösen *a. fig; aero* sich vom (Erd-)Boden abheben.
unstint|ed [ʌn'stintid] *a* unbeschränkt, unbegrenzt; nicht bestimmt, nicht festgesetzt; **~ing** [-iŋ] großzügig, freigebig.
unstitch ['ʌn'stitʃ] *tr (Genähtes)* auftrennen; *to come ~ed (Naht)* aufgehen.
unstop ['ʌn'stɔp] *tr* aufstöpseln, -spunden; entkorken; *(Verstopftes)* frei machen.
unstrained ['ʌn'streind] *a* locker, lose; *fig* ungezwungen, zwanglos; nicht gesiebt, unfiltriert.
unstrap ['ʌn'stræp] *tr* losbinden, -schnallen.
unstressed ['ʌn'strest] *a (Silbe, Wort)* unbetont; *tech* unbelastet.
un|string ['ʌn'striŋ] *irr s. string tr* lockern, losbinden, entspannen; *fig* lockern, mildern; *(Nerven)* überanstrengen; nervös machen; **~strung** ['-'strʌŋ] *a* (ge)locker(t), lose; *(Perlen)* abgereiht; *fig* aufgelöst, aufgeregt; schwach, kraftlos; nervös.
unstuck ['ʌn'stʌk] *a* nicht fest; lose; *to come ~* sich lösen; *sl (Plan)* ins Wasser fallen.
unstudied ['ʌn'stʌdid] *a* ungekünstelt; natürlich, ungezwungen, spontan; ungebildet, unbewandert *(in* in).
unsubdued ['ʌnsəb'dju:d] *a* nicht unterjocht, -worfen, unbesiegt.
unsubmissive ['ʌnsəb'misiv] widersetzlich, -spenstig.
unsubstant|ial ['ʌnsəb'stænʃəl] unkörperlich, immateriell, substanzlos; schwach; gehaltlos; *fig* haltlos, unbegründet; **~iated** ['-ieitid] *a* unbegründet.
unsuccess ['ʌnsək'ses] Mißerfolg *m*; **~ful** ['-ful] erfolglos.
unsuitable ['ʌn'sju:təbl] unpassend, unangebracht, ungeeignet *(to, for* für); **~ed** ['-id] *a* ungeeignet, unpassend *(to, for* für).
unsullied ['ʌn'sʌlid] *a* sauber, rein; *fig* unbefleckt.
unsung ['ʌn'sʌŋ] *a lit* nicht besungen.
unsupport|able ['ʌnsə'pɔ:təbl] unerträglich; **~ed** ['-id] *a* nicht unterstützt *(by* von); nicht bestärkt, bestätigt, bekräftigt *(by* durch).
unsuppressed ['ʌnsə'prest] *a* nicht unterdrückt.
unsure ['ʌn'ʃuə] unsicher, ungewiß; zweifelhaft, im Zweifel *(of* über; *whether* ob); schwankend.
unsurmountable ['ʌnsə(:)'mauntəbl] unübersteigbar, unüberwindlich *a. fig.*
unsurpass|able ['ʌnsə(:)'pɑ:səbl] unübertrefflich; **~ed** ['-t] *a* unübertroffen.
unsuspect|ed ['ʌnsəs'pektid] *a* unverdächtig; unvermutet, ungeahnt; **~ing** ['-iŋ] nichtsahnend, ahnungslos; arglos.
unsuspicious ['ʌnsəs'piʃəs] unverdächtig; nicht argwöhnisch.
unsweetened ['ʌn'swi:tnd] *a* ungesüßt.
unswerving [ʌn'swə:viŋ] fest, unerschütterlich, standhaft.
unsworn ['ʌn'swɔ:n] *a* unvereidigt.
unsymmetrical ['ʌnsi'metrikəl] unsymmetrisch.
unsympathetic ['ʌnsimpə'θetik] *adv* **~ally** ['-əli] unsympathisch; teilnahmslos.
unsystematic ['ʌnsisti'mætik] *adv* **~ally** ['-əli] unsystematisch.
untack ['ʌn'tæk] *tr* los-, abmachen; abtrennen.
untainted ['ʌn'teintid] *a* fleckenlos, rein; unverdorben; *fig* makellos.
untam|able ['ʌn'teiməbl] un(be)zähmbar; **~ed** ['-d] *a* ungezähmt *a. fig.*
untangle ['ʌn'tæŋgl] *tr* entwirren *a. fig; fig* Ordnung bringen in, bereinigen, aufklären.
untanned ['ʌn'tænd] *a* ungegerbt; *(Gesicht)* ungebräunt.
untarnished ['ʌn'tɑ:niʃt] *a* ungetrübt; *fig* unbefleckt.
untaught ['ʌn'tɔ:t] *a* ungebildet, unwissend; angeboren, natürlich.
untax|able ['ʌn'tæksəbl] nicht besteuerungsfähig; **~ed** ['-t] *a* unbesteuert, steuerfrei.
unteachable ['ʌn'ti:tʃəbl] unbelehrbar; *(Sache)* unlehrbar.
untempered ['ʌn'tempəd] *a* ungeordnet, unbeherrscht, unbeeinflußt *(by* durch); *metal* ungehärtet; *fig* ungemildert *(with, by* durch).
untenable ['ʌn'tenəbl] *fig* unhaltbar.
untenanted ['ʌn'tenəntid] *a* unvermietet; leerstehend, unbewohnt.
untended ['ʌn'tendid] *a* ohne Pflege, ohne Wartung; vernachlässigt.
untested ['ʌn'testid] *a* ungeprüft; nicht erprobt.
unthankful ['ʌn'θæŋkful] undankbar.

un|thinkable [ʌn'θiŋkəbl] undenkbar; **~thinking** ['-'θiŋkiŋ] gedankenlos; unbedacht; **~thought-of** [-'θɔːtəv] unvermutet, ungeahnt.

unthread ['ʌn'θred] *tr* den Faden ziehen aus; ausfasern; aufziehen, -trennen; entwirren *a. fig; fig* s-n Weg finden durch.

unthrifty ['ʌn'θrifti] verschwenderisch; nicht gedeihend; unwirtschaftlich.

untid|iness [ʌn'taidinis] Unsauberkeit, Unordnung *f*; **~y** [-i] unsauber, unordentlich.

untie ['ʌn'tai] *tr* aufbinden, -knoten; *(Problem)* lösen; *(Schwierigkeit)* meistern; *(von e-m Zwang)* befreien; *itr (Schleife, Knoten)* aufgehen; *fig* klar werden.

until [ən'til, ʌn'til] *prp (zeitlich)* bis, bis zu; *not ... ~* nicht vor; erst; *~ further notice* bis auf Widerruf, bis auf weiteres; *conj* bis (daß); *not ... ~* nicht bevor; nicht ehe; erst als, erst wenn.

untilled ['ʌn'tild] *a (Land)* unbebaut, *(Acker)* unbestellt.

untime|liness [ʌn'taimlinis] Ungelegenheit, Unangebrachtheit; Vorzeitigkeit *f*; **~ly** [-li] *a adv* unzeitig, ungelegen, unangebracht, unpassend; vorzeitig, verfrüht.

untiring [ʌn'taiəriŋ] unermüdlich.

untitled ['ʌn'taitld] *a (Mensch, Buch)* ohne Titel; ohne Anspruch, Anrecht, unberechtigt.

unto ['ʌntu] *prp obs poet lit zu*; bis (zu); in; bei.

untold ['ʌn'tould] *a* nicht erzählt; unaussprechlich, unzählig, zahllos; *(Reichtum)* unermeßlich.

untouchable [ʌn'tʌtʃəbl] *rel* unberührbar; unerreichbar; unangreifbar; **~ed** ['ʌn'tʌtʃt] *a* unberührt *a. fig*; unverletzt, intakt; unangetastet; ungerührt; unbeeinflußt; *fig* ungeschminkt; *phot* unretuschiert.

untoward [ʌn'to(u)əd] *obs* eigensinnig, widerspenstig; unpassend, ungünstig, unglücklich; unschicklich, unziemlich.

untraceable ['ʌn'treisəbl] unaufspürbar, unauffindbar; nicht zurückführbar (auf *to*).

untrained ['ʌn'treind] *a* ungeschult, unausgebildet; nicht eingearbeitet, unvorbereitet; nicht dressiert, nicht abgerichtet; *sport* untrainiert.

untrammel(l)ed [ʌn'træməld] *a* ungenge-, unbehindert *a. fig; fig* ohne Verwick(e)lungen.

untransferable ['ʌntræns'fəːrəbl] nicht übertragbar.

untranslatable ['ʌntræns'leitəbl] unübersetzbar.

untravel(l)ed ['ʌn'trævəld] *a* un-, wenig befahren; nicht bereist; wenig (in der Welt) herumgekommen.

untried ['ʌn'traid] *a* unversucht; unerprobt, ungeprüft; *jur* nicht untersucht, nicht verhandelt, nicht entschieden, nicht abgeurteilt.

untrimmed ['ʌn'trimd] *a* ungepflegt, ungeputzt, ungeschmückt; *(Hecke)* unbeschnitten.

untrodden ['ʌn'trɔdn] *a* unbetreten, unbegangen.

untroubled ['ʌn'trʌbld] *a* ungestört, unbelästigt, ruhig (verlaufen).

untru|e ['ʌn'truː] unwahr, unrichtig, falsch; abweichend (*to* von); nicht den Anforderungen, Vorschriften *od* Maßen entsprechend; unrichtig, unvollkommen; ungetreu, treulos (*to* dat); *tech* unrund; **~ly** ['-li] *adv* irrtümlicherweise; **~th** ['-θ] Unwahrheit; Lüge *f*; **~thful** ['-ful] unwahr, falsch; unwahrhaft, unaufrichtig, lügenhaft, lügnerisch.

untruss ['ʌn'trʌs] *tr* aufbinden, -machen; auszichen, aus-, entkleiden.

untrustworth|iness ['ʌn'trʌstwəːðinis] Unzuverlässigkeit *f*; **~y** ['-i] nicht vertrauenswürdig; unzuverlässig.

untunable ['ʌn'tjuːnəbl] mißklingend, -tönend, diskordant.

unturned ['ʌn'təːnd] *a* ungewendet; *to leave no stone ~ (fig)* kein Mittel unversucht lassen.

untutored ['ʌn'tjuːtəd] *a* unbeaufsichtigt; unerzogen, ungebildet; unverbildet, natürlich, schlicht, einfach.

untwine ['ʌn'twain], **untwist** ['ʌn'twist] *tr* aufflechten, -drehen, -winden; aufmachen; entwirren *a. fig; itr (Geflochtenes, Gedrehtes)* aufgehen.

unus|ed ['ʌn'juːzd] *a* ungebraucht, unbenutzt; *(Kredit)* nicht beansprucht; ['-st] ungewohnt; nicht gewöhnt (*to* an); nicht gewohnt (*to doing* zu tun); **~ual** [ʌn'juːʒuəl] ungewöhnlich, seltsam, selten, Ausnahme-.

unutter|able [ʌn'ʌtərəbl] unaussprechlich *a. fig*; unbeschreiblich; **~ed** ['-əd] *a* ungeäußert, unausgesprochen.

unvaccinated ['ʌn'væksineitid] *a* ungeimpft.

unvalued ['ʌn'væljuːd] *a* nicht geschätzt, nicht geachtet; unbewertet, nicht taxiert.

unvaried [ʌn'vɛəriːd] *a* unverändert.

unvarnished ['ʌn'vaːniʃt] *a* nicht gefirnißt; [ʌn'v-] unverziert, schmuck-

unveil

los, schlicht, einfach; *(Wahrheit)* ungeschminkt.

unveil [ʌn'veil] *tr* entschleiern, enthüllen, aufdecken *a. fig; fig* ans Licht, an den Tag bringen, den Schleier lüften über; *itr* den Schleier fallen lassen *od* abnehmen; *fig* sich entpuppen *(as* als).

unventilated [ʌn'ventileitid] *a* ungelüftet; *fig* nicht ventiliert, unbesprochen.

unverified [ʌn'verifaid] *a* unbestätigt.

unversed [ʌn'və:st] *a* unbewandert, unkundig, unerfahren *(in* in).

unvisited [ʌn'vizitid] *a* nicht besucht.

unvitrified [ʌn'vitrifaid] *a* unverglast.

unvoiced [ʌn'vɔist] *a* nicht (aus)gesprochen; *(Konsonant)* stimmlos.

unwanted [ʌn'wɔntid] *a* unge-, unerwünscht.

unwar|iness [ʌn'wɛərinis] Unvorsichtigkeit *f;* **-y** [-i] unachtsam, unaufmerksam; sorglos, unbekümmert; voreilig, übereilt.

unwarlike [ʌn'wɔ:laik] unkriegerisch.

unwarrant|able [ʌn'wɔrəntəbl] unverantwortlich; ungesetzlich; *(Behauptung)* unhaltbar; **-ed** [ʌn'wɔrəntid] *a* ungerechtfertigt, unbegründet, grundlos; unberechtigt, unbefugt; ['ʌn'w-] unverbürgt, unbestätigt.

unwashed [ʌn'wɔʃt] *a* ungewaschen.

unwatch|ed [ʌn'wɔtʃt] *a* unbewacht; **-ful** [-tʃful] nicht wachsam; unbekümmert.

unwavering [ʌn'weivəriŋ] unerschütterlich, standhaft, fest.

unwearied [ʌn'wiəriəd] *a* nicht müde.

unweathered [ʌn'weðəd] *a* noch nicht verwittert.

unwed(ded) [ʌn'wed(id)] *a* unverheiratet, ledig.

unweigh|ed [ʌn'weid] *a* ungewogen; **-ted** ['-'weitid] *a* entlastet.

unwelcome [ʌn'welkəm] unwillkommen.

unwell [ʌn'wel] unwohl; unpäßlich, unzuträglich *a. fig*.

unwept ['ʌn'wept] *a* unbeweint; *(Tränen)* unvergossen.

unwholesome [ʌn'houlsəm] ungesund, unzuträglich; leidend; *fig (sittlich)* verderblich.

unwield|iness [ʌn'wi:ldinis] Unhandlichkeit; Ungeschicktheit *f;* **-y** [-i] unhandlich, sperrig; ungeschickt, schwerfällig.

unwill|ed ['ʌn'wild] *a* nicht gewillt; ungewollt; **-ing** ['-iŋ] un-, widerwillig, abgeneigt, nicht geneigt; *to be* ~~ keine Lust haben *(to do* zu tun); **-ingly** [-'wiliŋli] *adv* ungern, wider Willen; **-ingness** [-'wiliŋnis] Widerwille *m;* Abgeneigtheit *f*.

unwind ['ʌn'waind] *irr s. wind tr* abwinden, -wickeln *a. fig; fig* glätten, (wieder) in Ordnung bringen; *itr* sich abwickeln.

unwise ['ʌn'waiz] töricht, dumm, unklug.

unwitting [ʌn'witiŋ] ahnungslos; unbewußt; unabsichtlich; **-ly** [-li] *adv* unwissentlich; in Gedanken; ohne Absicht.

unwoman|liness [ʌn'wumənlinis] Unweiblichkeit *f;* **-ly** [-li] unweiblich.

unwonted [ʌn'wountid] *a* ungewohnt *(to do* zu tun); nicht gewöhnt *(to* an); ungewöhnlich, selten.

unwork|able [ʌn'wə:kəbl] nicht funktionierend, nicht funktions-, betriebsfähig; nicht durchführbar, nicht zu bewältigen(d); *(Plan)* unausführbar; *(Material)* nicht zu bearbeiten(d), unbrauchbar; *min* nicht abbauwürdig, nicht zu verhütten(d); **-ed** [-t] *a* unbe-, unverarbeitet; *min* (noch) nicht abgebaut; *(Kohle)* anstehend; **-manlike** ['-mənlaik] unfachmännisch, stümperhaft.

unworld|liness ['ʌn'wə:ldinis] Weltabgewandtheit *f;* **-ly** [-li] *a* weltabgewandt; geistig; überirdisch, himmlisch.

unworn ['ʌn'wɔ:n] *a (Kleidung)* ungetragen; nicht abgetragen.

unworth|iness [ʌn'wə:ðinis] Unwürdigkeit; Würdelosigkeit *f;* **-y** [-i] unwürdig; nicht wert *(of s.th.* etw); würdelos, schändlich; *to be* ~~ *of belief* keinen Glauben verdienen.

unwounded ['ʌn'wu:ndid] *a* unverwundet, unverletzt.

unwrap ['ʌn'ræp] *tr* auswickeln, -packen.

unwrinkle ['ʌn'riŋkl] *tr* glattstreichen, glätten.

unwritten ['ʌn'ritn] *a* ungeschrieben, nicht niedergeschrieben; ~ **law** Gewohnheitsrecht *n; the* ~~ das ungeschriebene Gesetz; das (gesunde) Volksempfinden.

unwrought ['ʌn'rɔ:t] *a* unbe-, unverarbeitet; Roh-; ~ **goods** *pl* Rohstoffe *m pl;* ~ **iron** Roheisen *n*.

unwrung ['ʌn'rʌŋ] *a* nicht ausgewrungen; nicht verzerrt, nicht verzogen; *my withers are* ~ *(fig)* das macht keinen Eindruck auf mich, *fam* das imponiert mir nicht.

unyielding [ʌn'ji:ldiŋ] nicht nachgebend, starr; *fig* unnachgiebig.

unyoke ['ʌn'jouk] *tr (Zugtier)* ausspannen; *allg* trennen, lösen; *fig* befreien.

unzip ['ʌn'zip] *tr*: *to ~ s.th.* den Reißverschluß e-r S öffnen; *to ~ a zipper* e-n Reißverschluß aufmachen.

up [ʌp] **1.** *adv* auf; aufwärts, hinauf, nach oben, empor *a. fig*; her *(to me zu mir)*; oben, droben; hoch *a. fig; and ~ (nach Preisangaben)* und darüber, und mehr; aufrecht, aufgerichtet, erhoben; *(aus dem Bett)* auf (gestanden); (her)um, vorbei, abgelaufen; aus; **2.** *~ against (prp)* gegenüber; *~ against it (fam)* in (bes. finanziellen) Schwierigkeiten; *to be ~ against great difficulties* mit großen Schwierigkeiten zu kämpfen haben; *~ and doing* im Gange, geschäftig, tätig; *~ and down* überall hin; auf u. ab, hin u. her *a. fig*; von oben bis unten; *~ for election* auf der Wahlliste; *~ for trial* vor Gericht; *~ to* bis (zu); bei; *~ to the present day* bis zum heutigen Tage; bis heute; *to be ~ to s.th.* etw tun, machen; etw im Sinn, vorhaben, planen; *fam* im Schilde führen; e-r S gleichkommen, entsprechen, gewachsen sein; *~ to date* auf der Höhe der Zeit, modern; *~ to the eyes in (fig)* zugedeckt mit (*work* Arbeit); *~ to the mark, to scratch, to snuff* den Erfordernissen entsprechend, auf der Höhe; *~ to the minute* hochmodern, der (aller)letzte Schrei; *not ~ to much* nicht viel wert; *it is not ~ to much* damit ist nicht viel los, damit ist es nicht weit her; *~ to now* bisher, bis jetzt; *~ to par* vollwertig, auf der Höhe, auf dem Posten; *~ to standard* den Anforderungen entsprechend, auf der Höhe; *~ to s.o.* jds Sache, Angelegenheit, Aufgabe, Pflicht; *it's ~ to him* es hängt von ihm ab; *if it were ~ to him ...* wenn es nach ihm ginge ...; *~ and ~* immer weiter nach oben, immer höher; *~ with* auf gleicher Höhe mit, wie; *~ with the times* auf der Höhe der Zeit; **3.** *to be ~ and about, (Am) around* wieder auf dem Damm, auf dem Posten sein; *to be hard ~* übel d(a)ran sein; *to be ~ in* od *on a subject (fam)* in e-m Fach gut beschlagen sein; *to come ~ to s.th.* bis an etw heranreichen, e-r S gleichkommen; entsprechen; *to feel ~ to s.th.* sich e-r S gewachsen fühlen; *to get ~* aufstehen, sich erheben; *to go ~* in die Höhe gehen, hinaufgehen; *to go ~ to town, to university* in die Stadt gehen od fahren, zur Universität gehen; *to use ~* aufbrauchen; *to walk ~* hinaufgehen; *it's all ~ with him (fam)* es ist aus mit ihm, er ist erledigt; *what's ~? (fam)* was ist los? was gibt's? *there's s.th. ~ (fig)* es liegt etw in der Luft; *chin ~!* Kopf hoch! *Parliament is ~* das Parlament hat sich vertagt; **4.** *prp* ... hinauf, an ... empor; in ... *(ein Land)* hinein; *~ the wind* gegen den Wind; **5.** *s* Steigung *f (im Gelände)*; aufsteigende Linie *f*, *fam* Ast *m fig*; Ansteigen *n* (der Preise), steigende(r) Kurs *m*; in die Stadt, ins Stadtzentrum fahrende(r) Zug *(~ train)*, Bus *m*; *on the ~ and ~ (sl)* offen (u. ehrlich), gerade; *the ~s and downs* das Auf u. Ab, die Wechselfälle *m pl* des Lebens; **6.** *tr fam* auf-, hochheben; *(bes. Preise)* in die Höhe treiben; *(Auktion)* hochtreiben; *itr fam* in die Höhe fahren, aufspringen, -stehen.

up-and-coming ['ʌpǝn'kʌmiŋ] *fam* unternehmungslustig, tüchtig.

up-and-down ['ʌpǝn'daun] *a* auf- u. absteigend; ein u. aus; schwankend, unregelmäßig; *Am fam* ehrlich.

upas ['ju:pǝs] *pl ~es* [-iz] *(~tree)* Upas-, Giftbaum *m*; Upas Antiar *(Pfeilgift)*; *fig* Gift *n*, verderbliche(r) Einfluß *m*, Übel *n*.

upbeat ['ʌpbi:t] *s mus* Auftakt *m*; *a Am fam* unterhaltsam; Unterhaltungs-.

up-bow ['ʌpbou] *mus* Aufstrich *m*.

upbraid [ʌp'breid] *tr* ausschimpfen, schelten, tadeln *(for, with* wegen); *s.o.* jdm vorwerfen, -halten *(with s.th.* etw; *for doing s.th.* etw zu tun); *itr* schimpfen; **~ing** [-iŋ] *s* Tadel *m*, Vorhaltungen *f pl*, Vorwurf *m*; *a* tadelnd, vorwurfsvoll.

upbringing ['ʌpbriŋiŋ] Aufzucht; Erziehung *f*.

upcast ['ʌpka:st] *s (~ shaft)* min Luftschacht *m*; *a* [-'-] in die Höhe geworfen; auf-, emporgerichtet; *(Augen)* aufgeschlagen.

upchuck ['ʌptʃʌk] *itr Am fam* sich erbrechen.

up-country ['ʌp'kʌntri] *s* Binnenland, Landinnere(s) *n*; *a* binnenländisch; *Am pej* bäu(e)risch; *adv* [-'-] landeinwärts.

up-current ['ʌpkʌrǝnt] *aero* Aufwind *m*.

update [ʌp'deit] *tr Am* auf den neuesten Stand bringen, modernisieren.

updo ['ʌpdu:] *fam* Hochfrisur *f*.

updraught, *Am* **updraft** ['ʌpdra:ft] *aero* Aufwind *m*.

up-end [ʌpˈend] *tr* umstülpen; auf den Kopf, hochkant stellen; *itr* hochkant, auf dem Kopf stehen.

up-grade [ˈʌpgreid] *s* Steigung *f (im Gelände)*; *a* ansteigend; *adv* bergauf; *tr* [ʌpˈgreid] *(Beamten)* befördern; höher einstufen; on the ~ ansteigend; *fig* aufsteigend, fortschreitend, im Aufstieg (begriffen); *com* sich erholend; *(Preis)* steigend.

upgrowth [ˈʌpgrouθ] Wachstum *n*; Entwick(e)lung *f*; Wuchs, Trieb, Schößling *m*.

upheaval [ʌpˈhiːvəl] *geol* plötzliche Umgestaltung, *fig* Umwälzung *f*, Umsturz *m*; **~e** [-ˈhiːv] *irr s.* **heave** *tr* (hoch-, empor)heben; *geol* aufwerfen; *itr* sich (plötzlich) heben.

uphill [ˈʌphil] *s* Steigung, (Boden-)Erhebung *f*; *a* [ˈ--] (an)steigend; *fig* mühselig, anstrengend; *adv* [ˈʌpˈ--, ˈ--ˈ-] bergauf, -an.

uphold [ʌpˈhould] *irr s.* **hold** *tr* hochheben, -halten; aufrecht halten, stützen; in gutem Zustand erhalten; *fig* Mut machen (*s.o.* jdm); *fig* unterstützen, verteidigen, billigen; **~er** [-ə] Stütze *f* (*Person*); Verteidiger, Verfechter *m*.

upholster [ʌpˈhoulstə] *tr* (*Sitzmöbel*) polstern (*in, with* mit); (*Raum*) dekorieren; **~er** [-rə] Polsterer; Dekorateur, Innenausstatter *m*; **~y** [-ri] Polstermaterial *n*; Polsterung; Dekoration, Innenausstattung *f*; Polster-, Dekorations-, Teppich- u. Gardinengeschäft *n*.

upkeep [ˈʌpkiːp] Instandhaltung, Erhaltung (*e-s Gebäudes*), Unterhaltung *f*; (baulicher) Erhaltungszustand *m*; Instandhaltungs-, Unterhaltungskosten *pl*.

upland [ˈʌplənd] *oft pl s* Hoch-, Oberland *n*; *attr* Hoch-; hochgelegen.

uplift [ʌpˈlift] *tr* hoch-, emporheben; *fig* (sittlich, geistig, gesellschaftlich) (er)heben; *s* [ˈʌplift] *fig* (sittliche) Hebung *f*, (geistiger) Fortschritt; (sozialer) Aufstieg, Aufschwung *m*; (sittliche, geistige) Erneuerung(sbewegung); Besserung; *geol* Aufwölbung *f*; *(~ brassiere) Am* Büstenhalter *m*; *on the ~* (*Am fam*) im Aufstieg, auf dem aufsteigenden Ast; **~er** [ˈ--ə] *Am* (Sozial-) Reformer; Fürsorgebeamte(r) *m*.

up-line [ˈʌplain] Gleis *n* in Richtung London.

upmost [ˈʌpmoust] *a* oberst, höchst.

upon [əˈpɔn, əpən] *prp = on (meist lit)*; *once ~ a time* es war einmal; *~ inquiry* nach Erkundigung, auf Erkundigungen hin; *~ this* hierauf, danach, dann; *~ my word* auf mein Wort.

upper [ˈʌpə] *a* höher, ober *a. geol fig*; (*Kleidung*) Ober-; *s* (*shoe ~*) Oberleder; *fam* obere(s) Bett *n*, obere Koje *f*; *med* Oberkiefer *m*; *to be (down) on o.'s ~s* (*fam*) völlig abgerissen sein; auf dem letzten Loch pfeifen; *to get, to have the ~ hand of* die Oberhand gewinnen, haben über; *the ~ case* (*typ*) die Versalien, großen Anfangsbuchstaben; *the ~ circle* (*theat*) der erste Rang; *the U~ House* (*parl*) das Oberhaus; *the ~ storey* (*fam*) das Oberstübchen, der Hirnkasten, der Verstand; *the ~ ten (thousand)*, (*fam*) *the ~ crust* die oberen Zehntausend; **~ arm** Oberarm *m*; **~ beds** *pl min* Hangende(s) *n*; **~-bracket** a Höchst-, Spitzen-; in der oberen Einkommensgruppe; **~-case** a Groß-(*Buchstabe*); **~ class** Oberklasse *f* (*Gesellschaft, höhere Schule*); **~-class** a Oberklassen-; **~cut** *s* (*Boxen*) Kinnhaken *m*; *tr* e-n K. versetzen (*s.o.* jdm); **~ deck** *mar* Oberdeck *n*; **~ jaw** Oberkiefer *m*; **~ leather** Oberleder *n* (*Material*); **~ lip** Oberlippe *f*; **~most** [ˈ-moust] *a* oberst, höchst; *adv* am höchsten; ganz oben; *to say whatever comes ~~* sagen, was e-m gerade einfällt.

uppish [ˈʌpiʃ], *Am fam* **~ity** [ˈ-iti] *a* dünkelhaft, überheblich, *fam* von sich selbst überzogen, hochnäsig.

up-platform [ˈʌpˌplætfɔːm] Ankunftbahnsteig *m (in London)*.

upraised [*pred* ʌpˈreizd, *attr* ˈʌpreizd] *a* erhoben, hochgehoben.

uprear [ʌpˈriə] *tr* aufrichten; auf-, großziehen; *fig* in den Himmel heben.

upright *a* [ˈʌprait] aufrecht, aufgerichtet, senkrecht; [ʌpˈrait] aufrecht, g(e)rade, ehrenhaft, -wert, rechtschaffen; *adv* [ʌpˈrait] auf-, senkrecht; in die Höhe; *s* [ˈ--] aufrechte Stellung, Haltung *f*; Ständer, Pfosten *m*; *mus* (*~ piano*) Pianino *n*; *pl sport* Torpfosten *m pl*; **~ness** [ˈ-nis] G(e)radheit, Ehrenhaftigkeit, Rechtschaffenheit *f*; **~ size** Hochformat *n*.

uprise [ʌpˈraiz] *irr s.* **rise** *itr lit* sich erheben, aufstehen, auf-, hoch-, ansteigen; sich aufrichten; aufrecht stehen; zunehmen, sich ausdehnen; (*Ton*) anschwellen; *fig* in Erscheinung, ins Leben, in Tätigkeit treten; sich (*zu e-m Aufstand*) erheben; *s* [ˈ--] Aufstehen *n*; Auf-, Anstieg; (*Sonne*) Aufgang *m*; Zunahme, Ausdehnung; Steigung *f (im Gelände)*;

~ing [-iŋ] *s* = *~e (s)*; Erhebung *f*, Aufstand *m*.

uproar ['ʌprɔ:] Aufruhr, Tumult; Lärm, Spektakel *m*; **-ious** [ʌp'rɔ:riəs] aufrührerisch; tobend, lärmend, laut.

uproot [ʌp'ru:t] *tr* entwurzeln; ausreißen *(from* aus); *allg* ausmerzen; völlig, gründlich vernichten, zerstören; aus der Welt schaffen; *fig* versetzen, verpflanzen.

upset [ʌp'set] *irr s. set tr* umstürzen, -kippen, -werfen, -stoßen; auf den Kopf stellen *a. fig; fig* durchea.-, völlig in Unordnung bringen; *fig* über den Haufen werfen, umstoßen, vereiteln; aus der Fassung, aus dem Gleichgewicht bringen, fassungslos machen; *tech* stauchen, quetschen; *mar* zum Kentern bringen; *itr* (um-)stürzen, -kippen, sich überschlagen; *(Boot)* kentern; *s* Umkippen, Umfallen *n*; Sturz; *fig* Fehlschlag *m*; Unordnung *f*, Durcheinander *n*, Verwirrung; Verstimmung, Uneinigkeit *f*; Streit *m*; *sport* unerwartete(s) Ergebnis *n*, Überraschung *f*; *(Boot)* Kentern; *tech* Gesenk *n*, Wulst *m*, Verdickung *f*; *min* Aufhieb *m*; *a* umgekippt, (um)gestürzt; in Unordnung (gebracht); *(Magen)* verstimmt; *fig* durchea.gebracht, aufgeregt, außer Fassung, bestürzt; fest(gesetzt); *to ~ the Government* die Regierung stürzen; *~ price* Anschlagspreis *m*.

upshot ['ʌpʃɔt] Ausgang *m*, Ende *n*, (Be-)Schluß *m*, Ergebnis, Resultat *n*; *in the ~* schließlich u. endlich, letzten Endes.

upside ['ʌpsaid] obere Seite *f*, obere(r) Teil; Bahnsteig *m* (in Richtung London); **~-down** ['-'-] *adv* kopfüber, das Unterste zuoberst; verkehrt; *fig* drunter u. drüber, völlig durchea., in völliger Unordnung; *to turn s.th. ~~ etw* auf den Kopf stellen; **~s** ['-z] *adv fig fam* eben *(with* mit).

upstage ['ʌp'steidʒ] *adv* im Hintergrund der Bühne (befindlich); *a* ['-'-] *fam* eingebildet, übergeschnappt, dünkelhaft, hochmütig.

upstairs ['ʌp'stɛəz] *adv* oben, im oberen Stock(werk); (die Treppe) hinauf, treppauf, nach oben, in den oberen Stock; *a* ['-'-] im oberen Stockwerk (befindlich); ober; *aero sl* in der Luft; *s* Oberstock *m*, obere Stockwerke *n pl*; *to go ~* nach oben, hinaufgehen; *aero sl* aufsteigen; *to kick s.o. ~ (Am fam)* jdn wegloben.

upstanding [ʌp'stændiŋ] aufgerichtet, stehend, stattlich; *fig* aufrecht.

upstart ['ʌpstɑ:t] *s* Emporkömmling, Neureiche(r), Parvenü *m*; *a* neureich; parvenühaft.

upstate ['ʌp'steit] *Am s* Hinterland *n* (*bes. von New York*); *a* aus dem Hinterland; Hinterland-; *adv* im *od* ins Hinterland.

upstream ['ʌp'stri:m] *adv* a fluß-, stromaufwärts (gelegen); gegen den Strom (schwimmend).

upstroke ['ʌpstrouk] Auf-, Haarstrich *(e-s Buchstabens)*; *tech* (Aufwärts-) Hub *m*.

upsurge [ʌp'sə:dʒ] *itr* aufwallen; *s* ['--] Aufwallung *f*.

upsweep [ʌp'swi:p] *irr s. sweep tr* nach oben richten *od* kehren; *itr* nach oben gerichtet, gekehrt sein; *s* ['--] nach oben, aufwärts geschwungene Linie *od* Kurve; *(upswept hair-do)* Hochfrisur *f*.

upswing ['ʌpswiŋ] *s* Aufwärtsbewegung *f*, Aufschwung *m a. fig*.

uptake ['ʌpteik] Verständnis *n*; *tech* Fuchs *m*, Lüftungsrohr *n*, Luftschacht *m*; *to be quick, slow on the ~* schnell begreifen; schwer von Begriff sein.

upthrow ['ʌpθrou] *geol* Verwerfung; *fig* Erschütterung, Umwälzung *f*.

up-to-|date *a* [*pred* 'ʌptə'deit; *attr* 'ʌptədeit] *pred up to date* bis zur Gegenwart reichend; auf dem laufenden; auf der Höhe der Zeit stehend, modern; aktuell; **-the-minute** *a* modernst, letzt.

up-town ['ʌp'taun] *adv* in die, in den höhergelegenen Stadtteile(n); *Am* ins, im Wohnviertel; *a* ['--] in der Oberstadt, *Am* im Wohnviertel gelegen, ansässig *od* zu Hause.

up-train ['ʌptrein] nach London fahrende(r) Zug *m*.

upturn [ʌp'tə:n] *tr* umschlagen, -klappen, -kippen; *s* ['--] Ansteigen *n*; aufsteigende Linie *od* Kurve; *fig* Besserung *f*, Aufschwung *m*; **-ed** ['ʌp'tə:nd] *a* umgedreht, -gestellt; (an)steigend; nach oben gebogen; **~~ nose** Stupsnase *f*.

upward ['ʌpwəd] *a* nach oben gerichtet; oben befindlich; ansteigend; *adv* (*a. ~s*) nach oben, aufwärts *a. fig*; stromaufwärts; im Laufe des Lebens; *and ~s* u. mehr, u. darüber; *~s of* mehr als; von ... an; *to go ~s* in die Höhe gehen; **~ trend** Aufwärtsbewegung *f*.

ur|(a)emia [juə'ri:mjə] *med* Urämie, Harnvergiftung *f*; **-ea** ['juəriə] *chem* Harnstoff *m*; **-eter** [-'ri:tə] *anat* Harn-

urethra   **1096**   **use**

leiter *m*; **~ethra** [-'ri:θrə] *pl a. -ae* ['-i:] Harnröhre *f*.
uran|ite ['juərənait] Uranglimmer *m*, Uranit *n*; **~ium** [-'reinjəm] *chem* Uran *n*; **~~ deposit, fission, ore, pile** Uranvorkommen *n*, -spaltung *f*, -erz *n*, -brenner *m*; **~ography** [juərə'nɔgrəfi] Himmelsbeschreibung *f*.
urban ['ə:bən] städtisch; Stadt-; **~ area** Stadtgebiet *n*; **~ district** Stadtbezirk *m*; **~e** [ə:'bein] höflich; elegant; weltmännisch; **~ity** [ə:'bæniti] Kultiviertheit; Höflichkeit *f*; *pl* gute Umgangsformen *f pl*; **~ization** [ə:bənai'zeiʃən] Verstädterung *f*; **~ize** ['ə:bənaiz] *tr* verstädtern, e-n städtischen Charakter verleihen (*s.th.* e-r S); **~ planning** Städteplanung *f*.
urchin ['ə:tʃin] *zoo* Seeigel; Lausbub, Lausejunge *m*, Balg *m od n*.
urg|e [ə:dʒ] *tr* treiben, drängen, stoßen; *(fig)* (an)treiben, drängen, zwingen, nötigen; aufdrängen, -nötigen (*s.th. upon s.o.* jdm etw); zureden (*s.o.* jdm); Nachdruck legen auf, geltend machen; nahelegen, vor Augen führen (*s.th. upon s.o.* jdm etw); dringend bitten; kräftig gebrauchen, handhaben; *s* Drängen, Treiben *n*; (An-)Trieb, Drang, Impuls *m*; starke Lust *f* (*to do* zu tun); *to ~~ on(ward), forward* vorwärtstreiben, -drängen; *to feel the ~~ to* Lust verspüren zu; *~~ to battle* Kampf(es)lust *f*; **~ency** ['-ənsi] Dringlichkeit, Notwendigkeit *f*; dringende Bitte *f*, Drängen *n*, Nachdruck *m*; *pl* dringende Vorstellungen *f pl*; *to demand a vote of ~~ (parl)* e-n Dringlichkeitsantrag stellen; *measure of ~~* Dringlichkeitsmaßnahme *f*; **~ent** ['-ənt] dringend, (vor)dringlich, eilig; drängend, nachdrücklich; *to be ~~* darauf drängen (*for s.o. to do* daß jem tut).
urin|al ['juərinl] Harnglas; Urinbecken; Pissoir *n*, Bedürfnisanstalt *f* (für Männer); **~ary** ['-əri] *a* Harn-, Urin-; *s mil* Latrine *f*; *~~ bladder* Harnblase *f*; *~~ calculus (med)* Harnstein *m*; **~ate** ['-eit] *itr* urinieren, harnen, Wasser lassen; **~e** ['juərin] Urin, Harn *m*; *~~ analysis* Harnuntersuchung *f*; **~ogenital** [juərəo(u)-'dʒenitl] *a* Harn- u. Geschlechts-.
urn [ə:n] Vase; *(funeral ~)* (Toten-)Urne *f*; *fig* Grab *n*; Tee-, Kaffeemaschine *f*; *bot* Sporensack *m* (des Mooses).
urogenital [ju:rɔ(u)'dʒenitl] = *urinogenital*.
Urs|a ['ə:sə] *astr (~ Major)* der Große Bär *od* Wagen; *(~ Minor)* der Kleine Bär *od* Wagen; **u-ine** ['-ain] *a* Bären-; bärenartig.
Uruguay ['urugwai] Uruguay *n*; **~an** [uru'gwaiən] *a* uruguayisch; *s* Uruguayer(in *f*) *m*.
us [ʌs] uns *(dat u. acc)*; *all of ~* wir alle; *both of ~* wir beide; *that's ~ (fam)* wir sind's.
usable ['ju:zəbl] brauchbar, verwendbar, benutzbar, passend, geeignet; **~age** ['ju:zidʒ] Brauch *m*, Verwendung, Sitte, Gewohnheit *f*; (Sprach-)Gebrauch *m*; *tech* Beanspruchung *f*; *to come into ~~* üblich werden; *that's local ~~* das ist ortsüblich; das ist so Brauch; *commercial ~~* Handelsbrauch, Geschäftsgebrauch *m*; *~~s and customs* Sitten u. Gebräuche; **~ance** ['ju:zəns] *fin* Wechselfrist; *com* Usance *f*; *bill at ~~* Usowechsel *m*.
use [ju:z] *tr* gebrauchen, benützen, an-, verwenden, Gebrauch machen von; sich bedienen (*s.th.* e-r S); *(Menschen)* behandeln, umgehen mit; *(to ~ up)* ver-, aufbrauchen, abnutzen; *fam (Menschen)* ausnutzen; *(ein Recht)* ausüben; *to be ~d* [ju:st] gewohnt sein, pflegen (*to do* zu tun); *s* [ju:s] Gebrauch *m*, Benutzung, An-, Verwendung; Verwertung; *(Name)* Führung; Nutzung, Nutznießung *f*; Nutzen, Vorteil *m*; Benutzungsrecht *n*; Verwendung(szweck *m*) *f*, Nutzen, Zweck *m*; Funktion; Liturgie, Gottesdienstordnung *f*; *fit for ~* brauchbar; *for ~* zum Gebrauch; *in, out of ~* in, außer Gebrauch; *in common ~* allgemein gebräuchlich; *with ~* durch den Gebrauch, mit der Zeit; *to be of no ~* keinen Zweck haben, sinnlos sein (*doing, to do* zu tun); *to come into ~* in Gebrauch, aufkommen; *to come to be ~d to each other* sich anea. gewöhnen; *to fall, to go out of ~* außer Gebrauch kommen; *to get ~d to* (sich) gewöhnen an; *to give s.o. the ~ of s.th.* jdm etw zur Verfügung stellen; *to have no ~ for* keine Verwendung haben für, nicht (ge)brauchen können; *fam* nichts zu tun haben wollen mit; nicht leiden mögen, nicht ausstehen, nicht riechen können; *to make ~ of, to put to ~* Gebrauch machen von; ausnutzen; *there isn't much ~ for it* das hat nicht viel Zweck; *it's no ~ doing it* es hat keinen Zweck, das zu tun; *what's the ~?* wozu (denn, eigentlich)? *improper ~* Mißbrauch *m*; **~d up** (*a*) verbraucht; abgenutzt; *fam* kaputt, fertig, erschöpft; **~d car** Gebraucht-

useful 1097 **uxorious**

wagen *m*; **~ful** ['ju:sful] nützlich, brauchbar; vorteilhaft; *fam* gut; tüchtig; *to prove (to be)* ~~ sich als nützlich erweisen; ~~ *capacity*, *load* Nutzlast *f*; ~~ *efficiency* Nutzeffekt *m*; ~~ *life (tech)* Lebensdauer *f*; ~~ *output* Nutzleistung *f*; ~~ *plant* Nutzpflanze *f*; **~fulness** ['ju:sfulnis] Nützlichkeit, Brauchbarkeit, Verwendbarkeit, Vorteilhaftigkeit *f*; **~less** ['ju:slis] nutzlos, unnütz, zwecklos; unbrauchbar; *fam* erschöpft; **~lessness**['ju:slisnis]Nutzlosigkeit, Unbrauchbarkeit *f*.

user ['ju:zə] Benutzer; *com* Verbraucher, Abnehmer *m*; *jur* Nutzung(srecht *n*) *f*; *ultimate* ~ Letzt-, Endverbraucher *m*.

usher ['ʌʃə] *s* Türhüter, -steher, Portier; Platzanweiser; *jur* Gerichtsdiener; *pej hum* Schulmeister, Pauker *m*; *tr* (ein)führen, (ge)leiten (*into in*); *fig* (an)melden, einleiten; *to* ~ *in (fig)* ankünd(ig)en, den Weg bereiten (*s.th.* e-r S); **~ette** [ʌʃə'ret] Platzanweiserin *f*.

usual ['ju:ʒuəl] gewöhnlich, üblich, herkömmlich, normal; *as* ~ wie gewöhnlich, wie immer; wie sonst; **~ly** ['-i] *adv* gewöhnlich, im allgemeinen, normalerweise.

usufruct ['ju:sju(:)frʌkt, 'ju:z-] *jur* Nießbrauch *m*; **~uary** [ju:sju'frʌktjuəri] *s* Nutznießer *m*; *a*: ~~ *right* Nutzungsrecht *n*.

usur|er ['ju:ʒərə] Wucherer *m*; **~ious** [ju:'zjuəriəs] wucherisch; Wucher-; ~~ *interest* Wucherzinsen *m pl*; **~y** ['ju:ʒuri] Wucher(zinsen *m pl*) *m*.

usurp [ju:'zə:p] *tr* widerrechtlich Besitz ergreifen von; an sich reißen, usurpieren; sich bemächtigen (*s.th.* e-r S); **~ation** [ju:zə:'peiʃən] widerrechtliche, gewaltsame Besitznahme *f*; **~atory** [ju:'zə:pətəri], **~ing** [-iŋ] widerrechtlich, gewaltsam; **~er** [ju:'zə:pə] Usurpator *m*.

utensil [ju:'tens(i)l] Gerät, Werkzeug *n*, Gebrauchsgegenstand *m*; *pl* Geschirr *n*, Utensilien *pl*; *cooking-, kitchen-~s (pl)* Küchengeräte *n pl*, -geschirr *n*; *writing ~s (pl)* Schreibutensilien *pl*.

uter|ine ['ju:tərain] *a anat* Gebärmutter-; ~~ *brother*, *sister* Halbbruder *m*, -schwester *f* mütterlicherseits; **~us** ['-rəs] *pl -i* ['-ai] *anat* Gebärmutter *f*.

util|itarian [ju:tili'tɛəriən] *a* Nützlichkeits-; utilitaristisch; *s* Utilitarist *m*; ~~ *principle* Nützlichkeitsprinzip *n*; **~itarianism** [-'tɛəriənizm] Utilitarismus, Nützlichkeitsstandpunkt *m*; **~ity** [ju:'tiliti] Nützlichkeit *f*, Nutzen *m*, Brauchbarkeit *f*, Nutzwert (*to* für); Gebrauchsgegenstand *m*; *(public ~~)* öffentliche, gemeinnützige Einrichtung *f*, (öffentlicher) Versorgungsbetrieb *m*; Stadtwerke *n pl*; (~~ *company*, *corporation*) gemeinnützige Gesellschaft *od* Anstalt *f od* Unternehmen *n*; (~~-*man*) *theat* Spieler, Darsteller *m* von Nebenrollen; *Am* Gelegenheitsarbeiter *m*; *pl* Aktien *f pl*, Wertpapiere *n pl* gemeinnütziger Gesellschaften *od* öffentlicher Versorgungsbetriebe; *attr* Gebrauchs-; einfach, billig; Volks-; *marginal* ~~ Grenznutzen *m*; ~~ *car* Gebrauchswagen *m*; ~~ *department* Kraftwerk *n*; ~~ *goods (pl)* Gebrauchsgüter *pl*; ~~ *room* Neben-, Dienst-, Anrichteraum *m*, Office *n*; **~izable** ['ju:tilaizəbl] verwertbar; auswert-, anwendbar; **~ization** [ju:tilai'zeiʃən] Verwendung, Nutzbarmachung; Auswertung, Ausnützung; Anwendung, Nutzanweisung *f*; **~ize** ['ju:tilaiz] *tr* nutzbar machen; (aus)nutzen, ver-, auswerten, anwenden, Gebrauch machen von.

utmost ['ʌtmoust] *a* (ent)fern(te)st, ent-, abgelegenst; äußerst *a. fig*; *fig* höchst, größt; *s das* Äußerste, Höchste; *of the* ~ *importance* von größter Wichtigkeit; *to the* ~ (aufs) äußerst(e); *to the* ~ *of o.'s power* nach besten Kräften; *to do o.'s* ~ sein äußerstes, möglichstes tun; *I did my* ~ ich habe alles getan, was in meinen Kräften stand.

utopia [ju:'toupjə] Wunsch-, Traum-, Idealland *n*; Utopie *f*, Hirngespinst *n*; **~n** [-n] *a* utopisch, phantastisch, wirklichkeitsfremd, unrealistisch; *s* Utopist, Phantast *m*.

utricle ['ju:trikl] *anat* Utrikulus *m*; *bot* Schlauchfrucht *f*.

utter ['ʌtə] **1.** *a* völlig, vollkommen, vollständig, gänzlich, total; **~ly** ['-li] *adv* ganz u. gar; entschieden; **~most** ['-moust] = *utmost*; **2.** *tr* äußern, aussprechen, sagen; ausdrücken, zum Ausdruck bringen; (*Wort*) hervorbringen; bekanntmachen, verbreiten; unter die Leute, in Umlauf bringen (*a. Geld*); **~ance** ['-rəns] Äußerung *f*; Aussprache; Sprechweise, Ausdrucksfähigkeit *f*; *to give* ~~ *to s.th.* (*fig*) Luft machen *dat*.

uvul|a ['ju:vjulə] *pl a. -ae* ['-i:] *anat* Zäpfchen *n*; **~ar** ['-] *a* (*anat*, *Phonetik*) Zäpfchen-.

uxorious [ʌk'sɔ:riəs] unter dem Pantoffel (stehend).

V

V, v [vi:] *pl* ~'s [vi:z] *s* V, v *n*; *Am fam* Fünfdollarschein *m*; *attr* (~-shaped) *in Zssgen* V-förmig.

vac [væk] *fam* Ferien *pl*; *Am fam* = *vacuum cleaner*; **~ancy** ['veikənsi] Leere *f*, leere(r) Raum *m*; leere Stelle *f*, leere(r) Platz *m*, Lücke; leer(stehend)e Wohnung *f*; *Am (Hotel)* freie(s) Zimmer *n*; offene Stelle; *fig* geistige Leere, Geistesabwesenheit *f*; *to fill a* ~~ e-e Stelle (neu) besetzen; *~ancies (Zeitung)* Stellenangebot *n*; *(an e-m Hotel)* Zimmer frei; **~ant** ['veikənt] leer; *(Raum, Wohnung, Haus)* leerstehend, unbewohnt; *(Platz)* frei; *(Land)* unbebaut; *(Stelle)* unbesetzt, frei; untätig, (arbeits)frei; *tele (Leitung)* frei, nicht besetzt; *fig* geistesabwesend; gedanken-, geist-, interesselos; *to be* ~~ leerstehen; ~~ *possession (Haus)* sofort beziehbar; **~ate** ['və'keit, *Am* 'veik-] *tr (Wohnung)* räumen; leer machen; *(Wohnung, Stelle)* freimachen, aufgeben; *(Amt)* niederlegen, zur Verfügung stellen; *jur* annullieren, aufheben, rückgängig machen, für ungültig erklären; **~ation** [və'keiʃən] *s* Räumung *f*; Aufgabe (e-r Stelle), (Amts-)Niederlegung *f*; (bes. Schul-, Gerichts-)Ferien *pl*, Urlaub *m*; Freizeit, Ruhe *f*; *itr Am* s-n Urlaub, Ferien verbringen *(in, at in)*; *on* ~~ in Urlaub; *Christmas, Easter, Whitsun, long* od *summer* ~~ Weihnachts-, Oster-, Pfingst-, Sommerferien *pl*; ~~ *season* Urlaubszeit *f*; **~ationist** [və'keiʃnist] *Am* Urlauber, Feriengast, -reisende(r) *m*; **~ationize** [və'keiʃənaiz] *itr Am* Ferien, Urlaub machen; **~uity** [væ'kju(:)iti], **~uousness** ['vækjuəsnis] Leere *f*; leere(r) Raum *m* od Platz *m*, leere Stelle; *fig* Gedanken-, Geist-, Interesselosigkeit *f*; Dummheit *f*; *pl* Platitüden *f pl*; **~uous** ['vækjuəs] leer; ausdruckslos; gedanken-, geist-, interesselos, dumm; müßig, zwecklos; ~~ *space* Hohlraum *m*; **~uum** ['vækjuəm] *pl a.* -*ua* ['-ə] (luft)leere(r) Raum *m*, Vakuum *n*; *fig* Lücke; (geistige) Leere *f*; *Am fam* = ~~ *cleaner*; ~~ *bottle*, *flask* Thermosflasche *f*; ~~ *cleaner* Staubsauger *m*; ~~ *tube, valve (phys)* Geißlersche Röhre; *radio* (Vakuum-) Röhre *f*.

vaccin|al ['væksinl] *a* Impf-; **~ate** ['-eit] *tr* impfen *(against* gegen); **~ation** [væksi'neiʃən] (Pocken-)Impfung; *(~~ scar)* Impfnarbe *f*; **~ator** ['væksineitə] Impfarzt *m*, -nadel *f*; **~e** ['væksi:n] *a* Kuhpocken-; Impf-; *s (bes.* Pocken-)Impfstoff *m*, Lymphe *f*; **~ia** [væk'siniə] Kuhpocken *pl*.

vacillat|e ['væsileit] *itr* wanken, wackeln, schwanken *a. fig (between* zwischen); **~ion** [væsi'leiʃən] Wanken *n*, schwankende(r) Gang *m*; *fig* Schwanken *n*, Unschlüssigkeit *f*.

vade-mecum ['veidi'mi:kəm] Vademekum *n*, Leitfaden *m*, Taschenbuch *n*.

vagabond ['vægəbənd] *a* vagabundierend; Vagabunden-; nichtsnutzig; *(planlos)* (umher)treibend; unstet; *s* Landstreicher, Stromer, Lump *m*.

vagary ['veigəri, və'gɛəri] Laune, Grille, Schrulle, (dumme) Idee *f*, (seltsamer) Einfall *m*.

vagin|a [və'dʒainə] *pl a.* -ae [-i:] *anat bot* Scheide *f*; **~al** [-əl] scheidenförmig; *anat* Scheiden-; **~itis** [vædʒi'naitis] *med* Scheidenentzündung *f*.

vagran|cy ['veigrənsi] Vagabundieren *n*, Landstreicherei *f*; **~t** ['-t] *s* Wanderbursche; Landstreicher, Vagabund *m*; *a* vagabundierend, fahrend; umherirrend; *fig* unstet, unbeständig.

vague [veig] vage, unbestimmt; ungenau, unklar, verschwommen; *not the ~st idea* nicht die leiseste Ahnung; **~ness** ['-nis] Unbestimmtheit, Unklarheit, Verschwommenheit *f*.

vain [vein] leer, nichtig, wertlos, hohl; wirkungs-, zweck-, nutzlos, vergeblich; eitel, selbstgefällig, eingebildet, überheblich *(of* auf); *in* ~~ umsonst, vergeblich, vergebens; *to take s.o.'s name in* ~~ respektlos, leichtfertig von jdm sprechen; **~glorious** [-'glɔ:riəs] großsprecherisch, prahlerisch; **~glory** [-'glɔ:ri] Prahlerei *f*.

valance ['væləns] kurze(r) Volant *m*.

vale [veil] *poet* Tal *n*.

valedict|ion [væli'dikʃən] Abschied *m*, Lebewohl *n*; Abschiedsworte *n pl*, *Am* -rede *f*; **~orian** [vælidik'tɔ:riən] *Am* Schüler *m*, der die Abschiedsrede (bei der Entlaßfeier) hält; **~ory** [væli'diktəri] *Am a* Abschieds-; *s* Abschiedsrede *f* (*bes.* e-s Schülers).

valenc|e, -y ['veiləns(i)] *chem* Wertigkeit *f*.

Valentine ['væləntain] Valentin *m*; **v~** am Valentinstage *(14. Februar)* erwählte(r) Schatz *m*; Postkarte *f* od Geschenk *n* zum Valentinstag.

valerian [vəˈliəriən] *bot pharm* Baldrian *m*.
valet [ˈvælit, ˈvæli, ˈvælei] *s* (Kammer-)Diener; Hoteldiener *m*; *tr* bedienen; **~(ing) service** *(Hotel)* persönliche Dienstleistungen *f pl*.
valetudinarian [ˌvælitjuːdiˈnɛəriən] *a* kränklich; hypochondrisch; *s* kränkliche(r) Mensch; Hypochonder *m*.
valiant [ˈvæljənt] tapfer, mutig.
valid [ˈvælid] (rechts)gültig, rechtskräftig; *(Grund)* stichhaltig, triftig; schlüssig; wirksam, zwingend; *to become ~* Rechtskraft erlangen; *to remain ~* Geltung behalten; **~ate** [ˈ-eit] *tr* legalisieren, rechtskräftig machen; für gültig erklären, bestätigen; die Gültigkeit nachweisen *(s.th.* e-r S); **~ation** [ˌvæliˈdeiʃən] Gültigkeitserklärung; Bestätigung *f*, Nachweis *m*; **~ity** [vəˈliditi] Gültigkeit, Rechtswirksamkeit; Stichhaltigkeit *f*.
valise [vəˈliːz, *Am* -iːs] kleine(r) Hand-, Stadtkoffer *m*; Reisetasche *f*; *mil* Tornister, Kleidersack *m*.
vall|ation [vəˈleiʃən] *mil* Umwallung *f*, (Erd-)Wall *m*; **~ey** [ˈvæli] *(bes.* Fluß-)Tal *n*; *arch* Dachkehle *f*.
valoriz|ation [ˌvælərai'zeiʃən] *fin* Aufwertung; *Am* Preisstabilisierung *f*; **~e** [ˈvæləraiz] *tr fin* aufwerten.
val|orous [ˈvælərəs] tapfer; **~o(u)r** [ˈvælə] *lit poet* Tapferkeit *f*, Mut *m*.
valu|able [ˈvæljuəbl] *a* wertvoll, kostbar; geschätzt; *s meist pl* Wertgegenstände *m pl*, -objekte *n pl*; **~ation** [ˌvæljuˈeiʃən] (Ab-)Schätzung, Wertermittlung; Veranschlagung, Bewertung, Wertfestsetzung, -bestimmung *f*; Schätz-, Taxwert *m*; *fig* Wert-, Hochschätzung *f*; **~~ basis** Bewertungsgrundlage *f*; **~ator** [ˈvæljueitə, -ˈeitə] Taxator, Schätzer *m*; **~e** [ˈvælju] *s* (Gegen-)Wert; Preis *m*; Kaufkraft *f*; Sachwert; Nutzen *m*; *(Wort)* Bedeutung *f*, Wert; *(Phonetik)* Lautwert; *math* Wert *m*; *mus* Quantität *f*; *(Kunst)* Intensität *f*, Helligkeitsgrad *m*; *tr* (ab)schätzen, taxieren *(at* auf); (ein)schätzen, (wert)schätzen; *com* trassieren, ziehen; *at ~~* zum Tageskurs; *for ~~ received* Betrag erhalten; *of lasting ~~* von bleibendem Wert; *of no, little ~~* nichts, wenig wert; *to the ~~ of* im Werte von; *to attach ~~ to s.th.* e-r S Wert, Bedeutung beimessen; *to be of little ~~* geringwertig sein; *to give good ~~* reell bedienen *(to s.o.* jdn); gut wiegen; den Gegenwert geben *(for* für); *to go down in ~~* an Wert verlieren; *to set (great) ~~ on (*großen*) Wert legen auf; *book ~~* Buchwert *m*; *commercial, trading, market ~~* Handelswert *m*; *exchange ~~* Gegenwert *m*, -leistung *f*; *increase in ~~, increment ~~* Wertzuwachs *m*; *loss of ~~* Wertverlust *m*, Entwertung *f*; *nominal ~~* Nennwert *m*; *nutritive ~~* Nährwert *m*; *scarcity ~~* Seltenheitswert *m*; *statement of the ~~* Wertangabe *f*; *total ~~* Gesamtwert *m*; *utility ~~* Nutzungswert *m*; *~~ date* Wertstellungstermin *m*; **~ed** [ˈ-d] *a* geschätzt; **~eless** [ˈ-lis] wertlos; **~er** [ˈ-ə] Schätzer, Taxator *m*.
valv|e [vælv] *anat bot* Klappe *f*; Ventil *n*, Schieber *m*; Schleusentor *n*; *radio Br* Röhre *f*; **~~ head** Ventilkegel *m*; **~ular** [ˈ-julə] *anat bot* klappenartig; Klappen-; **~ulitis** [ˌvælvjuˈlaitis] Herzklappenentzündung *f*.
vamo(o)se [vəˈmuːs, -ˈmous] *sl itr* abhauen, türmen (gehen); *tr* fluchtartig verlassen.
vamp [væmp] *s* Oberleder *n*; Flicken *m*; *fig* Flickwerk *n*; improvisierte Begleitmusik *f*; *tr* vorschuhen; *(to ~ up)* flicken, ausbessern, reparieren; *fig* zs.stoppeln; *itr tr mus* e-e Begleitung improvisieren (zu); **2.** *sl s* Vamp *m*; *tr* bezirzen.
vampire [ˈvæmpaiə] Vampir *a. zoo*; *fig* Blutsauger *m*; *theat* Falltüre *f*.
van [væn] **1.** Last-, Möbelwagen; *rail* Güterwagen; Wohn-, Zigeunerwagen; Zellen-, Gefängniswagen *m*; *delivery ~* Lieferwagen *m*; *furniture ~* Möbelwagen *m*; *luggage ~ (rail)* Packwagen *m*; *mail ~* Postauto *n*; **2.** *s poet* Schwinge *f*, Flügel *m*; *tr* mit sieben; **3.** = *vanguard*; *(Tennis)* Vorteil *m*.
vanadium [vəˈneidjəm] *chem* Vanadium *n*.
Vandal [ˈvændəl] *s hist* Vandale *m*; *v ~ (fig)* Barbar *m*; *a u. ~ic* [væn'dælik] vandalisch; *(v~(~))* *fig* barbarisch; **v~ism** [ˈ-izm] Vandalismus *m*.
vandyke [vænˈdaik] *(~ collar)* Spitzenkragen *m*; *(~ beard)* Spitz-, Knebelbart *m*.
vane [vein] Wetterfahne *f*, -hahn *m*; Windmühlenflügel; Flügel *m* *(e-s Propellers)*; *tech* Schaufel *f*; *(Feder)* Fahne *f*; Visier, Diopter *n*.
vanguard [ˈvængɑːd] *mil* Vorhut *f*; *fig* Avantgarde *f*, Vorkämpfer *m pl*.
vanilla [vəˈnilə] *bot* Vanille *f*.
vanish [ˈvæniʃ] *itr* verschwinden *a. math*; (dahin)schwinden, vergehen; **~ing cream** Tagescreme *f*; **~ing line, point** Fluchtlinie *f*, -punkt *m*.

vanity ['væniti] Nichtigkeit; Eitelkeit, Selbstgefälligkeit, Eingebildetheit, Überheblichkeit *f*; (Gegenstand des) Stolz(es) *m*; **~ bag, case** Hand-, Ziertäschchen *n*; **V~ Fair** *poet* Jahrmarkt *m* der Eitelkeit.

vanquish ['væŋkwɪʃ] *tr* besiegen, niederwerfen; *fig* aus dem Felde schlagen; widerlegen; *(Gefühl)* überwinden, unterdrücken; **~er** ['-ə] Sieger; Eroberer; Überwinder *m*.

vantage ['vɑːntɪdʒ] Vorteil *m* (*a. Tennis*); Überlegenheit *f*; (~ *ground*) vorteilhafte, günstigere Lage *od* Stellung *od* (Ausgangs-)Position *f*; **~ point** Aussichtspunkt; *fig* günstige(r) Ausgangspunkt *m*.

vapid ['væpɪd] fad(e), schal, geschmacklos; *fig* langweilig, uninteressant; geistlos; **~ity** [væ'pɪdɪti], **~ness** ['-nɪs] Fadheit; *fig* Geistlosigkeit; Eintönigkeit *f*.

vapor|ific [veɪpə'rɪfɪk] dampferzeugend; = **~ous**; **~ization** [veɪpəraɪ'zeɪʃən] Verdampfung; Verdunstung; *med* Dampfbehandlung *f*; **~ize** ['veɪpəraɪz] *tr itr* verdampfen; *itr* verdunsten; *tech* vergasen; **~izer** ['-raɪzə] Zerstäuber; *tech mot* Vergaser *m*; **~osity** [veɪpə'rɒsɪti], **~ousness** ['veɪpərəsnɪs] Dunstigkeit; Nebelhaftig-, Verschwommenheit; *fig* Unklarheit, Undeutlichkeit; Einbildung *f*; **~ous** ['veɪpərəs] dampfend; dampfig; dunstig; *fig* nebelhaft, verschwommen; *(Mensch)* eingebildet; *(Gewebe)* duftig.

vapo(u)r ['veɪpə] *s* Dampf, Dunst *m*; *fig* Einbildung *f*, Wahn(vorstellung *f*, -gebilde *n pl*) *m*; *itr* (ver)dampfen; *fig* schwatzen, prahlen; *tr* verdampfen; *water ~* Wasserdampf *m*; **~ bath** Wasserbad *n*; **~ings** ['-rɪŋz] *pl* Geschwätz *n*; **~ish** ['-rɪʃ] dampfartig; dampfig, dampfgefüllt; *fig* niedergeschlagen, gedrückt; **~ lamp** Quecksilberdampf-, Kohlenwasserstofflampe *f*; **~ pressure, tension** Dampfdruck *m*; **~ trails** *pl aero* Kondensstreifen *m pl*; **~y** ['-rɪ] = vaporous.

vaquero [vɑː'kɛəroʊ] *pl* **-os** *Am* (*Südweststaaten*) Kuhhirt, Cowboy *m*.

vari|ability [vɛərɪə'bɪlɪti], **~ableness** ['vɛərɪəblnɪs] Veränderlichkeit, Unbeständigkeit *a. fig*; *math biol* Variabilität *f*; **~able** ['vɛərɪəbl] *a* veränderlich; unbeständig; *tech* variabel; *fig* schwankend; *s math* Variable *f*; **~ capacitor** Drehkondensator *m*; **~ance** ['vɛərɪəns] Veränderlichkeit; Veränderung *f*; Unterschied; Widerspruch *m*, Unvereinbarkeit; Meinungsverschiedenheit, Differenz, Uneinigkeit *f*; Streit *m*; *math* Streuung *f*; *at ~~* (*Sachen*) im Widerspruch (*with* zu); im Gegensatz (*with* zu); *(Personen)* in Streit (*with* mit); **~ant** ['vɛərɪənt] *a* abweichend; verschiedenartig; veränderlich; *s* Spielart; Sonderform; Variante, abweichende Fassung *f*; **~ation** [vɛərɪ'eɪʃən] Veränderung, (Ab-)Wandlung; Abweichung *f*, Unterschied *m*; abweichende(s) Exemplar *n*; *astr* Abweichung; *gram* Flexion; *astr math mus biol* Variation *f*; *~~ of pressure, of temperature* Druck-, Temperaturschwankung *f*; *~~ in voltage* Spannungsschwankung *f*; **~cose** ['værɪkoʊs] *med* varikös; Krampfadern-; **~colo(u)red** ['vɛərɪkʌləd] a mehr-, verschiedenfarbig; bunt; **~ed** ['vɛərɪd] *a* mannigfach, verschiedenartig, bunt; variiert; **~egate** ['vɛərɪəgeɪt] *tr* Abwechslung bringen in, variieren, verschieden gestalten, abwandeln; bunt machen; **~egated** ['-tɪd] *a* bunt, farbenreich, -prächtig; *fig* mannigfaltig, abwechslungsreich; **~egation** [vɛərɪə'geɪʃən] Buntheit *f*, Farbenreichtum *m*, -pracht, Mannigfaltigkeit *f*; **~ety** [və'raɪətɪ] Mannigfaltigkeit, Abwechslung; Verschiedenartigkeit; Vielfalt, Auswahl; Art, Sorte; Erscheinungsform, Spielart, Variante, Verschiedenheit; (bunte) Zs.stellung, Auswahl *f*; *theat* Varieté *n*; *by way of ~~, for the sake of ~~* zur Abwechslung; *for a ~~ of reasons* aus verschiedenen Gründen; *~~-artist* Artist *m*; *~~-show*, *-theatre* Varietévorstellung *f*, -theater *n*; **~form** ['vɛərɪfɔːm] vielgestaltig; **~ola** [və'raɪələ] *med* Pocken, Blattern *pl*; **~ometer** [vɛərɪ'ɒmɪtə] Variometer *n*; **~orum** [vɛərɪ'ɔːrəm] (*~~ edition*) *(Buch)* Ausgabe *f* mit Anmerkungen verschiedener Kommentatoren *od* mit verschiedenen Lesarten; **~ous** ['vɛərɪəs] verschieden(artig); verschiedene; *fam* viele; *at ~~ times* zu verschiedenen Zeiten; *for ~~ reasons* aus verschiedenen Gründen.

varix ['vɛərɪks] *pl* **varices** ['-siːz] Krampfader *f*.

varlet ['vɑːlɪt] *obs* Page; *hist* Knappe; *obs* Schuft *m*.

varmint, varment ['vɑːmɪnt] *fam* Lausbube, Rowdy; *sl* Fuchs *m*.

varnish ['vɑːnɪʃ] *s* Firnis *m*, Glasur, Politur *f*, Lack; *fig* (äußerer) Schein *m*, Tünche *f*; *tr* firnissen; glasieren, polieren, lackieren; (auf)polieren; *fig*; auffrischen, anziehend(er) machen; beschönigen.

varsity ['vɑːsiti] *fam* Uni(versität) *f*; *sport* Universitäts-, Schulmannschaft *f*.

vary ['vɛəri] *tr* abwandeln, -ändern; verschieden machen; abwechslungsreich gestalten; *mus* variieren; *itr* sich wandeln, sich (ver)ändern, veränderlich sein; variieren; schwanken; verschieden sein; abweichen, sich unterscheiden *(from* von); abwechseln.

vascul|ar ['væskjulə] *a anat zoo bot* Gefäß-; **~um** ['-əm] *pl* **-a** ['-ə] Botanisiertrommel *f*.

vase [vɑːz, *Am* veiz] (Blumen-)Vase *f*.

vaseline ['væsiliːn] Vaseline *f (Warenzeichen)*.

vaso|constrictor['veizo(u)kən'striktə] *physiol* gefäßverengend; **~dilator** ['-dai'leitə] *physiol* gefäßerweiternd; **~motor** ['-'moutə] *physiol* vasomotorisch.

vassal ['væsəl] *hist* Vasall, Lehnsmann; Untergebene(r) *m*; **~age** ['-idʒ] *hist* Lehnspflicht *(to* gegenüber); *allg* Abhängigkeit(sverhältnis *n*) *f*; Lehen *n*; Lehnsleute *pl*.

vast [vɑːst] *a* weit(reichend), ausgedehnt; *fam* gewaltig, ungeheuer, enorm; beträchtlich, umfangreich, umfassend; *s poet* Weite *f*; **~ly** ['-li] *adv* in hohem Maße; äußerst; sehr, weit; **~ness** ['-nis] Weite, Ausgedehntheit; große Zahl; gewaltige Größe *f*, Umfang *m*.

vat [væt] *s* (großes) Faß *n*, Bottich *m*; Küpe *f*, Färbebad *n*; *tr* in ein Faß, e-n Bottich füllen.

Vatican, *the* ['vætikən] *the* Vatikan *m*; *the ~ City* die Vatikanstadt *f*.

vaticinate [væ'tisineit] *tr itr* prophezeien.

vaudeville ['voudəvil] Varieté(vorstellung *f*) *n*.

vault [vɔːlt] **1.** *s* (Dach-, Keller-)Gewölbe *n a. biol*, Wölbung *f*; Keller *m*; Gruft; Stahlkammer *f*, Tresor (-raum) *m*; *(the ~ of heaven)* Himmel(sgewölbe, -zelt *n*) *m*; *tr* (ein-, über)wölben; *itr* sich wölben; *cranial ~* Schädeldecke *f*; *family ~* Familiengruft *f*; *wine-~s (pl)* Weinkeller *m*; **~ed** ['-id] *a* gewölbt; *~ roof* Dachgewölbe *n*; **~ing** ['-iŋ] *s* Gewölbe *n*; **2.** *itr* springen *(over* über); *tr* springen über; *s* Sprung, Satz *m*; **~er** ['-ə] Springer *m*; **~ing** *a* fig übertrieben, selbstbewußt; hemmungslos; **~~horse** *(sport)* Pferd *n (Gerät)*.

vaunt [vɔːnt] *itr* prahlen *(of* mit); *tr* prahlen mit; *s* Prahlerei *f*; **~ing** ['-iŋ] prahlerisch.

veal [viːl] Kalbfleisch *n*; *roast ~* Kalbsbraten *m*; **~ cutlet** Kalbskotelett *n*.

vector ['vektə] *s math phys astr* Vektor; *med* (Bazillen-)Träger *m*; *tr (Flugzeug)* mittels Funk *od* Radar einweisen; **~ial** [vek'tɔːriəl] *a math* Vektoren-.

vedette [vi'det] *mil obs* berittene(r) (Wacht-)Posten *m*; *(~ boat)* Wachtboot *n*; Filmstar *m*.

veep [viːp] *Am sl* Vizepräsident *m*.

veer [viə] **1.** *itr* sich drehen, sich wenden; *mar* (ab)drehen; *fig* s-e Meinung, Haltung ändern, umschwenken *(to* zu); *tr* drehen *a. mar*, wenden; *s* Drehung, Wendung, Schwenkung *f*. **2.** *(to ~ out) tr mar* (ab)fieren; *(Tau)* schießen lassen.

veget|able ['vedʒitəbl] *a* pflanzlich; Pflanzen-, Gemüse-; *s* Pflanze *f*; Gemüse(pflanze *f*) *n*; *~ butter* Pflanzenfett *n*; *~ food* Pflanzenkost, pflanzliche Nahrung *f*; *~ garden* Gemüsegarten *m*, -suppe *f*; *~ kingdom* Pflanzenreich *n*; *~ oil* Pflanzenöl *n*; **~al** ['vedʒitl] *a* pflanzlich, Pflanzen-; *physiol* vegetativ; **~arian** [vedʒi-'tɛəriən] *s* Vegetarier *m*; *a* vegetarisch; Pflanzen-; **~ate** ['vedʒiteit] *itr* wachsen; *med* wuchern; *fig* (dahin)vegetieren; **~ation** [vedʒi'teiʃən] Pflanzenwuchs *m*, Vegetation; *med* Wucherung *f*; **~ative** ['vedʒitətiv] *a* Pflanzen-, wachstumsfördernd; *physiol* vegetativ *a. fig*.

vehemen|ce ['viːiməns] Heftigkeit, Stärke, Gewalt, Vehemenz; *fig* Leidenschaft, Glut *f*, Feuer *n*; **~t** ['-t] heftig, stark, gewaltig, gewaltsam, hitzig; *fig* glühend, leidenschaftlich.

vehic|le ['viːikl] Fahrzeug, Beförderungs-, Transportmittel *n*; *fig* Träger; Vermittler; Verbreiter *m*; Medium, Mittel *n*; *motor, railed ~* Motor-, Schienenfahrzeug *n*; *~ of, for propaganda* Propagandamittel *n*; **~ular** [vi(ː)'hikjulə] *a* Fahrzeug-, Beförderungs-, Transport-; *fig* Träger-; *~ traffic* Fahrzeugverkehr *m*.

veil [veil] *s* Schleier *a. fig*; Vorhang *m*; *fig* Verhüllung *f*, Deckmantel *m*; *tr* mit e-m Schleier bedecken, verhüllen; *fig* verschleiern, verhüllen, verbergen, be-, verdecken; *beyond the ~* nach dem Tode; *under the ~ of (fig)* unter dem Schleier, unter dem Deckmantel *gen*; *to draw a ~ over (fig)* e-n Schleier ziehen über; *to raise the ~* den Schleier lüften; *to take the ~ (Frau)* ins Kloster gehen; **~ed** [-d] *a* verschleiert *a. phot*; **~ing** ['-iŋ] Verschleierung *f*; Schleier; Schleierstoff *m*.

vein [vein] *s anat* Vene *f*; *bot zoo min* Ader; *(Holz)* Faser; *fig* Ader, Anlage,

veined — venture

Veranlagung, Neigung (*of* zu); *fig* Spur; Stimmung *f*, Ton *m*; *tr* ädern; marmorieren; **-ed** [-d] *a* geädert; **-ing** ['-iŋ] Äderung, Maserung *f*; **-let** ['-lit] Äderchen *n*.

vel|ar ['vi:lə] *a* Gaumensegel-; velar; *s* Velar(laut) *m*; **-um** ['-əm] *pl* **-a** ['-ə] *anat* Gaumensegel *n*.

veld(t) [velt, f-] Grasland *n* (*in Südafrika*).

vellum ['veləm] Velin *(feines Pergament)*; *(~-paper)* Velin(papier) *n*.

veloc|ipede [vi'ləsipi:d] *Am* (Kinder-) Dreirad *n*; *rail* Draisine *f*; *hist* Hochrad *n*; **-ity** [-iti] Schnelligkeit; Geschwindigkeit *f*; *at the ~~ of* mit der Geschwindigkeit von; *initial, final* od *terminal ~~* Anfangs-, Endgeschwindigkeit *f*; *~~ of fall, of light* Fall-, Lichtgeschwindigkeit *f*; *~~ per hour* Stundengeschwindigkeit *f*; *~~ of sound* Schallgeschwindigkeit *f*; *~~ microphone (radio)* Bandmikrophon *n*.

velvet ['velvit] Samt *a. fig*; *(Geweih)* Bast; *Am sl* Reibach, Gewinn *m*; *a* Samt-; samtartig, -weich; *fig* sanft, glatt; *to be on ~ (fam)* des Erfolgs sicher sein; großartig leben; *~ glove (fig)* Samthandschuh *m*; *ribbed ~* Rippsamt, Kord *m*; **-een** ['velvi'ti:n] Baumwollsamt, Manchester *m*; **-y** ['-i] samtweich; *(Likör)* süß.

venal ['vi:nl] käuflich *a. pej*; *pej* bestechlich, feil; *med* Ader-; **-ity** [vi:'næliti] Käuflichkeit; Bestechlichkeit *f*.

venation [vi:'neiʃən] Äderung *f*, Geäder *n a. zoo*; *bot* Nervatur *f*.

vend [vend] *tr jur* verkaufen; handeln mit; *fig* veröffentlichen, offen äußern; **-ee** [-'di:] Käufer *m*; **-er, -or** ['-ə] Verkäufer *m*; **-ible** ['vendibl] verkäuflich, absatzfähig, gängig; käuflich, bestechlich; **-ing machine** Verkaufs-, Warenautomat *m*; **-ue** [-'dju:] *Am* Auktion *f*, öffentliche Versteigerung *f*.

veneer [vi'niə] *tr* furnieren; *(Töpfe)* (mit e-r Schicht) überziehen; *allg* verschönern; *fig* übertünchen; *s (~-ing)* Fournier *n*; Sperrholzlage *f*; *fig* äußere(r) Anstrich *m*, Tünche *f*, Firnis *m*.

vener|ability [venərə'biliti] Verehrungswürdigkeit *f*; **-able** ['venərəbl] *a* (ver)ehr(ungs)würdig; *(V~~ Sir) rel* Hochwürden *m*; **-ate** ['-eit] *tr* verehren, hochachten; **-ation** [venə-'reiʃən] Verehrung, Hochachtung *f (for* für); **-ator** ['venəreitə] Verehrer *m*.

venereal [vi'niəriəl] geschlechtlich, sexuell; Geschlechts-, Sexual-; geschlechtskrank; **~ disease** Geschlechtskrankheit *f*.

Venetian [vi'ni:ʃən] *a* venezianisch; *s* Venezianer(in *f*) *m*; **~ (blind)** Jalousie *f*.

venge|ance ['ven(d)ʒəns] Rache, Strafe *f*; *with a ~~ (fam)* in gewaltigen, rauhen Mengen; wie toll, wie verrückt; gründlich; *to seek ~~ upon s.o. for s.th.* sich wegen etw an jdm rächen wollen; *to take ~~ (up)on s.o.* sich an jdm rächen; **-ful** ['-ful] rachsüchtig; Rache-.

venial ['vi:njəl] verzeihlich; **~ sin** läßliche Sünde *f*.

venison ['ven(i)zn] Wild(bret) *n*.

venom ['venəm] *(bes. tierisches)* Gift *n*; *fig* Bosheit *f*; **-ous** ['-əs] giftig *bes. zoo*; *fig* boshaft, bösartig; **~ snake** Giftschlange *f*.

ven|ose ['vi:nous], **-ous** ['-əs] *physiol* venös; Venen-; *bot* geädert.

vent [vent] *s (~-hole)* Öffnung *f*, Luft-, Spund-, Zündloch *n*; Krater(öffnung *f*); (Mantel-)Schlitz; *zoo* After *m*; *tech* Entweichen, Ausströmen *n*; Lüftungsklappe *f*; Belüftungsloch *n*; Rauchfang; *fig* Ausweg *m*; Erleichterung *f* (des Herzens), Erguß *m*; *tr* e-e Öffnung, ein Loch machen in; ent-, belüften; *(Gas, Flüssigkeit)* entweichen, ausströmen lassen; *(Gefühlen)* Luft machen, freien Lauf lassen; *(Ärger)* auslassen (*on s.o.* an jdm); von sich geben, äußern; *to ~ o.s.* s-m Herzen Luft machen; *to find ~ for, to give ~ to* Luft machen *dat*; freien Lauf lassen *dat*; **-age** ['ventidʒ] kleine Öffnung *f*, Luftloch *n*; *mus* Fingerloch *n*; **~ cock** Entlüftungshahn *m*; **-iduct** ['-idʌkt] *arch* (unterirdischer) Luftschacht, -kanal *m*; **-ilate** ['-ileit] *tr* (aus-, ent-, be-, durch)lüften; *(Luft)* ventilieren in; *med* Sauerstoff zuführen; *fig (Frage)* ventilieren, erörtern; äußern; **-ilating fan** Ventilator *m*; **-ilation** [venti'leiʃən] Be-, Entlüftung, Ventilation; *min* Bewetterung, *fig* (freie) Aussprache *f*; **-ilator** ['ventileitə] Ventilator, Lüftungsanlage *f*.

venter ['ventə] *med zoo* Bauch; *zoo* Unter-, Hinterleib *m*; Ausbauchung *f*; Hohlraum; *jur* Mutterleib *m*.

ventr|al ['ventrəl] *a* Bauch-; Unterleibs-; **-icle** ['-ikl] *anat* Kammer *f*, *bes.* Herzkammer *f*, Ventrikel *m*; **-iloquism** [ven'triləkwizm] Bauchreden *n*; **-iloquist** ['triləkwist] Bauchredner *m*; **-iloquize** [-'triləkwaiz] *itr* bauchreden.

ventur|e ['ventʃə] *s* Wagnis *n*, mutige(r) Einsatz *m*, gewagte(s) Unternehmen; Risiko; *com* Spekulationsobjekt; schwimmende(s) Gut *n*;

venturesome

tr wagen, einsetzen, aufs Spiel setzen, riskieren; herausfordern; (vorsichtig) äußern, bemerken; *itr* etw wagen, sich einsetzen; sich trauen, sich wagen, sich heranmachen (*on, upon s.th.* an etw); *to ~~ out* sich hinauswagen; *at a ~~* auf gut Glück; über den Daumen gepeilt; *may I ~~ my opinion* darf ich sagen, was ich darüber denke? *nothing ~~, nothing have (prov)* wer nicht wagt, der nicht gewinnt; **~esome** ['-səm], **~ous** ['-rəs] (wage)mutig, einsatzfreudig, unternehmungslustig; *(Sache)* gewagt, riskant.

venue ['venju:] *jur* Tat-, Verhandlungsort; Gerichtsstand *m*, *(örtliche)* Zuständigkeit *f*; *fam* Treffpunkt *m*; *change of ~* Verweisung *f* an ein anderes Gericht zuständigkeitshalber.

Venus ['vi:nəs] Venus *f a. astr*; **~'s flytrap** *bot* Venusfliegenfalle *f*.

verac|eous [və'reiʃəs] wahrhaft, aufrichtig, glaubwürdig, ehrlich; wahr, recht, richtig; **~ity** [ve'ræsiti] Wahrhaftigkeit, Aufrichtigkeit, Glaubwürdigkeit, Ehrlichkeit; Wahrheit *f*.

veranda(h) [və'rændə] Veranda *f*.

verb [və:b] *gram* Zeit-, Tätigkeitswort, Verb(um) *n*; **~al** ['-əl] *a* Wort-; mündlich; *(Übersetzung)* wörtlich; wortgetreu; im Wortlaut; *gram* Verb(al)-; *~~ inflexions (pl)* Verbformen *f pl*; *~~ memory* Wort-, Vokabelgedächtnis *n*; *~~ note (pol)* Verbalnote *f*; *~~ noun (gram)* Verbalsubstantiv *n*; **~alism** ['-əlizm] Wortklauberei *f*; Wortschwall *m*, bloße Worte *n pl*; (bloße) Redensart *f*; **~alist** ['-əlist] Wortklauber; gewandte(r) Redner *m*; **~alize** ['-əlaiz] *tr* in Worten ausdrücken; *gram* zum Verb machen; *itr* viele Worte machen; **~ally** ['-əli] *adv* in (bloßen) Worten; mündlich; Wort für Wort, wörtlich; **~atim** [və:'beitim] *adv a* wörtlich; Wort für Wort; **~iage** ['və:biidʒ] Wortreichtum, -schwall *m*; **~ose** [və:'bous] wortreich, weitschweifig; **~osity** [və:'bɔsiti] Wortreichtum, -schwall *m*.

verbena [və(:)'bi:nə] *bot* Eisenkraut *n*.

verd|ancy ['və:dənsi] *(bot) das* Grün(e); *fig* Unreife, Naivität; Unerfahrenheit *f*; **~ant** ['-ənt] grün, frisch; *fig* naiv, unreif, unerfahren, *fam* grün; **~igris** ['-igri(:)s] Grünspan *m*; **~ure** ['və:dʒə] *(bot) das* Grüne; Grün *n*, Vegetation *f*, Pflanzenwuchs *m*; *fig* Kraft, Blüte *f*.

verdict [və:dikt] *jur* Wahrspruch *m*, Verdikt *n (der Geschworenen)*; *allg* Urteil *n*, Ansicht, Meinung (*on* über); Entscheidung *f*; *to arrive at a ~* zu e-m Spruch kommen; *to bring in, to return a ~* ein Urteil fällen; *to bring in, to deliver, to pronounce, to return a ~ of (not) guilty* (nicht) für schuldig befinden; *to give, to pass o.'s ~ (up)on s.th.* sein Urteil über etw abgeben; *~ of guilty* Schuldspruch *m*; *~ of not guilty* Freispruch *m*.

verge [və:dʒ] *s* Rand, Saum *m*; *agr* Einfassung; Grenze *f*; Bereich, Bezirk; *jur* Gerichtsbezirk *m*, Jurisdiktion *f*; (Amts-)Stab; (Säulen-)Schaft *m*; *itr* grenzen *a. fig* (*on* an); sich neigen (*towards* zu); sich nähern (*on s.th.* e-r S); *(Farben)* übergehen (*into* in); *on the ~ of (fig)* am Rande *gen*; nahe an; *to be on the ~ of doing* im Begriff, nahe daran sein *zu tun*; **~r** ['-ə] Kirchendiener; Stabträger *m*.

veri|fiable ['verifaiəbl] nachprüfbar, kontrollierbar; nachweisbar; **~fication** [verifi'keiʃən] Nach-, Überprüfung, Kontrolle *f*; Nachweis *m*, Bestätigung; Beurkundung *f*; *on ~~ of this* urkundlich dessen; **~fy** ['-fai] *tr (auf Echtheit, Richtigkeit)* prüfen, kontrollieren; als wahr, richtig erweisen; nachweisen, bestätigen, (urkundlich) belegen; beglaubigen; durch Eid bekräftigen; **~ly** ['-li] *obs* wahrlich; **~similar** [veri'similə] scheinbar; anscheinend; wahrscheinlich; **~similitude** [veri'similitju:d] Wahrscheinlichkeit *f*; **~table** ['-təbl] wahr(haft), wirklich; **~ty** ['-ti] Wahrheit, Wirklichkeit, Realität *f*.

verjuice ['və:dʒu:s] Saft *m* unreifer Früchte; Essig *m*.

vermeil ['və:meil] *s* Vermeil; feuervergoldete(s) Silber *n*; vergoldete Bronze *f*; *poet* Purpur(farbe *f*) *m*; *a poet* purpur(farbe)n.

verm|icelli [və:mi'seli] Fadennudeln *f pl*; **~icide** ['və:misaid] *pharm* Wurmmittel *n*; **~icular** [və:'mikjulə] wurmförmig; gewunden; wurmstichig, -zerfressen; Wurm-; **~iform** ['-ifə:m] wurmförmig; *~~ appendix (anat)* Wurmfortsatz *m*; **~ifuge** ['-ifju:dʒ] Wurmmittel *n*; **~in** ['-in] *sing* mit *pl* Ungeziefer *n*, Schädlinge *m pl*; Raubzeug; *fig* Gesindel *n*; **~inous** ['-inəs] *a* voller Ungeziefer; verlaust; Ungeziefer-.

vermilion [və'miljən] *s* Zinnober *m*; Zinnoberrot *n*; *a* zinnoberrot.

verm(o)uth ['və:məθ, -'mu:θ] Wermut (-wein) *m*.

vernacular [və'nækjulə] *a (Sprache)* Volks-, Landes-, Umgangs-; mundartlich; (ein)heimisch; *med* endemisch;

s Volks-, Landes-, Umgangssprache *f*; Dialekt *m*; Fach-, Berufssprache *f*; Jargon *m*.

vernal ['və:nl] *lit* Frühlings-; frühlingshaft; *fig* jugendlich; **~ equinox** Frühjahrs-Tagundnachtgleiche *f (21. März)*.

vernier ['və:njə] Nonius; *tech* Feinsteller *m*.

veronica [vi'rɔnikə] *bot* Veronika *f*, Ehrenpreis *n* od *m*.

vers|ant ['və:sənt] *geol* (Berg-, Ab-) Hang *m*; **~atile** ['-ɔtail, *Am* -til] *tech* drehbar; *bot zoo* versatil; *fig* beweglich, wendig, gewandt, vielseitig, schwankend, unbeständig; **~atility** [və:sə'tiliti] *tech* Drehbarkeit; *fig* Beweglichkeit *a*. *bot zoo*, Wendigkeit, Gewandtheit, Vielseitigkeit; Unbeständigkeit *f*; **~e** [və:s] Vers *m (a. d. Bibel)*; Strophe *f*; Gedicht *n*; Poesie, *pej* Reimerei *f*; *to give chapter and ~ for* genau belegen; *blank ~~* Blankvers *m*; **~ed** [və:st] *a* erfahren, bewandert, versiert *(in* in); *(well ~~)* auf der Höhe; *math* umgekehrt; **~icolor** ['-ikʌlə], **~icoloured** ['ikʌləd] *a* vielfarbig; schillernd; **~ification** [və:sifi'keiʃən] Verslehre, -kunst, -bildung *f*, -bau *m*; metrische Fassung *f*; **~ifier** ['və:sifaiə] Dichter; *pej* Reimschmied *m*; **~ify** ['-ifai] *itr* Verse machen, dichten; *tr* in Verse bringen; **~ion** ['və:ʃən] Übersetzung, *(Schule)* Hinübersetzung; Darstellung, Auffassung; Version, Gestalt(ung), Form *f*; **~o** ['və:sou] *(typ, Münze)* Rückseite *f*; **~us** ['-əs] *jur sport* gegen.

vert [və:t] **1.** *jur* Baumbestand *m*, (Unter-)Holz; Holzungsrecht *n*; **2.** *s fam rel* Konvertit(in *f*) *m*; *itr* konvertieren.

vert|ebra ['və:tibrə] *pl* -ae [-i:] Wirbel(knochen) *m*; **~ebral** ['-tibrəl] *a* Wirbel-; **~~ column** Wirbelsäule *f*, Rückgrat *n*; **~ebrate** ['-ibrit] *a* Wirbel-; *s* Wirbeltier *n*; **~ex** ['və:teks] *pl a*. **~ices** ['-isi:z] Spitze *f*, Gipfel *a*. *fig*; *math* Scheitel(punkt); *astr* Zenit *m*; **~ical** ['-ikəl] *a* senkrecht, lotrecht, vertikal; Gipfel- *a*. *fig fin*; *kul anat zoo* Scheitel-; *s* Senkrechte, Vertikale *f*; **~~ clearance** lichte Höhe *f*; **~~ interval** Höhenunterschied *n*; **~~ take-off** *aircraft* Senkrechtstarter *m*; **~iginous** [və:'tidʒinəs] sich drehend, wirbelnd; schwind(e)lig; schwindelerregend; *fig* dauernd wechselnd, unstet; **~igo** ['və:tigou] *pl* -*o(e)s med* Schwindel(gefühl *n*) *m*; Höhenkrankheit *f*.

vertu *s. virtu*.

verve [və:v] Schwung *m*, Begeisterung *f*, Feuer *n*; Ausdruckskraft, -gewalt *f*.

Very ['viəri, 'veri]: **~ light** *mil* Leuchtzeichen *n*, -patrone *f*; **~ pistol** Leuchtpistole *f*; **~ signal** Leuchtzeichen, -signal *n*.

very ['veri] *adv* sehr; äußerst; gerade, (ganz) genau; völlig; *(beim Superlativ)* aller-; *a* genau, vollständig, völlig, absolut; bloß, allein, schon; sogar; selb, nämlich; *in the ~ act* auf frischer Tat; *to the ~ heart* tief ins Herz; **~ high frequency** Ultrakurzwelle *f*; **~ much** sehr; **~ well** *(adv)*, **~ good** *(a)* sehr gut; in Ordnung; *the ~ thought* der bloße Gedanke; *the ~ truth* die reine Wahrheit.

vesic|ate ['vesikeit] *tr* Blasen ziehen auf; *itr* Blasen ziehen; sich mit Blasen bedecken; **~atory** ['vesikeitəri] *a med* blasenziehend; *s* Zugpflaster *n*; **~cle** ['vesikl] *anat zoo bot* Bläschen *n*; *geol* Druse *f*; **~ular** [və'sikjulə] bläschenartig; Bläschen-.

vesper ['vespə] *(V~)* Abendstern; *poet* Abend *m*; *pl* Vesper, Abendandacht *f*, -gottesdienst *m*; **~-bell** Abendglocke *f*.

vessel ['vesl] Gefäß *n a*. *bot zoo anat*; Behälter *m*; *mar* Schiff; *aero* Luftschiff; *fig* Werkzeug *n*; *blood ~* Blutgefäß *n*.

vest [vest] *s* (Herren-)Unterhemd *n*, Unterjacke *f*; *(Damenkleid)* Einsatz *m*; *Am Br com* Weste *f*; *hist* (langes) Gewand *n*; *tr poet* (ein)kleiden; *(Rechte)* übertragen *(in s.o. auf* jdm); verleihen *(in s.o.* jdm); ausstatten *(s.o. with s.th.* jdn mit e-r S); *itr* sich ankleiden, -ziehen; *(Rechte, Eigentum)* übergehen *(in* auf); liegen *(in* bei); **~ed rights** *(pl)* wohlerworbene, verbriefte Rechte *n pl*; **~ibule** ['-ibju:l] Eingang(shalle *f*) *m*, Vestibül *n*; Vorraum; *Am rail* Durchgang *(d. D-Züge)*; *anat* Vorhof *m*; **~~ car** *(Am)* Durchgangs-, D-Zug-Wagen *m*; **~~ train** *(Am)* D-Zug *m*; **~ment** ['-mənt] *(bes. Amts-)*Gewand *n*, Tracht, Robe *f*; *rel* Meßgewand *n*; **~~pocket** *s* Westentasche *f*; *a* Westentaschen-, Miniatur-; **~~ edition** *(Buch)* Miniaturausgabe *f*; **~~ size** Westentaschenformat *n*; **~ry** ['-ri] *rel* Sakristei *f*; Kirchenrat *m*, Gemeindevertretung, -versammlung *f*, -haus *n*; **~~ book** Kirchenbuch *n*; **~~man** Kirchenälteste(r), -rat, Gemeindevertreter *m*; **~ure** ['vestʃə] *s poet* Gewand(ung *f*) *n*, Kleider *n pl*; Hülle *f*; *tr* (be)kleiden, bedecken.

vest|a ['vestə] (Wachs-)Zünd-, Streichholz *n*; **~al** ['-əl] *a rel hist* vestalisch,

vestige ['vestidʒ] Spur f, Überrest m; fig Andeutung, Spur, Idee f; biol Rudiment n; *not a ~ of* keine Spur von.

vesuvian [vi'su:vjən] a vulkanisch; *V~ (geogr)* vesuvisch.

vet [vet] **1.** s fam Tierarzt m; tr tierärztlich untersuchen; fam auf Herz u. Nieren prüfen; sorgfältig durchkorrigieren; **2.** *Am fam* Veteran m; **~mobile** (Kriegs-)Versehrtenauto n.

vetch [vetʃ] bot Wicke f.

veteran ['vetərən] s Veteran; fig alte(r) Praktikus; *Am* ausgediente(r) Soldat; ehemalige(r) Frontkämpfer m; a (alt-, bes. kriegs)erfahren; *Am* Veteranen-.

veterinar|ian [vetəri'nɛəriən] Tierarzt, Veterinär m; **~y** ['vetərinəri, 'vetnri] a tierärztlich; Veterinär-; s *(~ surgeon)* Tierarzt m; *~~ medicine* Tierheilkunde, Veterinärmedizin f.

veto ['vi:tou] pl *-oes* s Veto n, Einspruch m; *(power, right of ~)* Veto-, Einspruchsrecht n; *Am (~ message)* Begründung f e-s Vetos; tr sein Veto einlegen gegen; verbieten, untersagen; *to put a ~ on s.th.* gegen etw Einspruch erheben.

vex [veks] tr aus der Ruhe bringen, belästigen, stören, ärgern, reizen, aufregen, rasend machen; plagen, quälen *(a. von Krankheiten)*; poet aufwühlen; *to be ~ed at* verärgert sein über; *a ~ed question* e-e vieldiskutierte Frage; **~ation** [vek'seiʃən] Belästigung, Störung f, Ärger m, Aufregung; Plage, Qual, Sorge; Unannehmlichkeit f; **~atious** [vek'seiʃəs] lästig, störend, aufregend, ärgerlich, verdrießlich; quälend; jur schikanös.

via ['vaiə] prp über *(e-n Ort reisen)*; per; s: *V~ Lactea* scient Milchstraße f; **~ media** fig Mittelweg m.

viab|ility [vaiə'biliti] Lebensfähigkeit f; **~le** ['vaiəbl] lebensfähig a. fig.

viaduct ['vaiədʌkt] Viadukt m.

vial ['vaiəl] Phiole f, Fläschchen n; Ampulle f.

viands ['vaiəndz] pl Eßwaren f pl, Lebensmittel n pl, Delikatessen f pl.

viatic|al [vai'ætik(əl)] a Weg-, Reise-; **~um** [-əm] pl meist *-a* [-ə] Wegzehrung f; Zehrgeld n, -pfennig m; rel Viatikum, Sterbesakrament n.

vibr|ant ['vaibrənt] vibrierend, schwingend; zitternd *(with vor)*; fig pulsierend, lebhaft; *(Phonetik)* stimmhaft; **~aphone** ['vaibrəfoun] mus Vibraphon n; **~ate** [-'breit, '--] itr vibrieren; schwingen, zittern *(with vor)*; schwanken; tr in Schwingungen versetzen; phys *(Wellen)* ausstrahlen; messen; **~ation** [vai'breiʃən] Schwingung, Vibration f; **~ative** [vai'breitiv], **~atory** ['-ətəri] vibrierend, schwingend; Schwingungs-; **~ator** [vai'breitə] *(el. Klingel)* Klöppel; Vibrationsmassageapparat; el Summer, Zerhacker m.

viburnum [vai'bə:nəm] bot Schneeball m.

vicar ['vikə] rel (Stell-)Vertreter, Vikar, (Hilfs-)Geistliche(r); *Am* Pfarrer, Pastor m; **~age** ['-ridʒ] Pfarrhaus n; Vikar-, Pfarrstelle f; **~ious** [vai'kɛəriəs] stellvertretend; übertragen; fig nachempfunden.

vice [vais] **1.** Fehler m, Laster n, Untugend; Lasterhaftigkeit f; *(Pferd)* Unart f; **2.** *(Am meist vise)* Schraubstock m; **3.** fam Vize(präsident) m; **4.** prp an Stelle, anstelle gen; in Zssgen ['-'-] stellvertretend, Vize-, Unter-; **~~admiral** Vizeadmiral m; **~~chairman** stellvertretende(r) Vorsitzende(r) m; **~~chancellor** Vizekanzler m; **~~consul** Vizekonsul m; **~~president** Vizepräsident m; **~regal** ['-'ri:gəl] vizeköniglich; **~roy** ['-rɔi] Vizekönig m; **4.**: *~ versa* ['vaisi'və:sə] adv umgekehrt.

vicin|age ['visinidʒ], **~ity** [vi'siniti] Nachbarschaft, Nähe f; *in close ~ity to* ganz nahe bei; **~al** ['visinl] benachbart, nah(e); *~~ road* Vizinalweg m.

vicious ['viʃəs] lasterhaft, verdorben, sittenlos; fehlerhaft, defekt; tückisch, bösartig, gefährlich; *(Hund)* bissig; boshaft; gemein, verächtlich; verderblich, unheilvoll; *~ circle* Teufelskreis, Circulus vitiosus m; **~ness** ['-nis] Lasterhaftigkeit; Bösartigkeit; Bosheit; Gemeinheit; Verderblichkeit f; defekte(r) Zustand m.

vicissitude [vi'sisitju:d] (regelmäßiger) Wechsel m; Unbeständigkeit f; pl Wechselfälle m pl, Auf u. Ab n.

victim ['viktim] Opfer(tier); allg Opfer *(Mensch)* n, Betroffene(r), Geschädigte(r); Geprellte(r), Hereingefallene(r) m; *~ of circumstances* Opfer n der Verhältnisse; *~ of war* Kriegsopfer n; **~ization** [viktimai'zeiʃən] Opferung; Bestrafung f; Hinopfern; Prellen n; **~ize** ['viktimaiz] tr opfern; hinopfern, -schlachten; bestrafen; prellen, hereinlegen, anführen.

victor ['viktə] s Sieger, Gewinner m; *V~* Viktor m; a siegreich; Sieger-; *V~ia* [vik'tɔ:riə] Viktoria f; *v~~* Kalesche f; *V~~ Cross* Viktoriakreuz n

Victorian — **vileness**

(*höchster brit. Militärorden*); **V~ian** [-'tɔːriən] *a hist* viktorianisch; *fig* spießbürgerlich, prüde; *s* Viktorianer *m*; **V~ianism** [-'tɔːriənizm] *hist* Viktorianismus *m*; *fig* Spießbürgerlichkeit *f*; **~ious** [vik'tɔːriəs] siegreich (*over* über); Sieger-, Sieges-; **~y** ['viktəri] Sieg *m a. fig*; *to gain, to win a ~~ over* e-n Sieg erringen über.

victual ['vitl] *s meist pl* Lebensmittel *n pl*; Vorräte *m pl*; *tr itr* (sich) verpflegen, (sich) verproviantieren; **~(l)er** ['-lə] Lebensmittelhändler, -lieferant; *(licensed ~~)* Schankwirt *m*; *mar* Proviantschiff *n*.

vicuña, vicu(g)na [viˈkjuːnə] *zoo* Vikunja *f*; Vikunja-, Vigognewolle *f*; *(~ cloth)* Vikunja-, Vigognestoff *m*.

vide, v. ['vaidi(:), 'videi] siehe, s.; **v. infra** s. unten; **v. supra** s. oben.

videlicet, viz. [vi'diːliset] *(lies: namely)* nämlich; und zwar.

video ['vidiəu] *a Am* Fernseh-; Bild-; *s* Fernsehen *n*; *(to make o.'s) ~ debut* (sein) Fernsehdebüt *n* (geben); **~ entertainment** Fernsehunterhaltung *f*; **~ frequency** Bildwelle *f*; **~ industry** Fernsehindustrie *f*; **~ set** Fernsehgerät *n*; **~ show** Fernsehprogramm *n*; **~ tape** Magnetbildband *n*; **~ transmission** Fernsehübertragung *f*; **~ transmitter** Fernsehsender *m*; **~ viewer** (Fernseh-)Zuschauer *m*.

vie [vai] *itr* wetteifern (*with s.o.* mit jdm; *for* um).

Vienn|a [vi'enə] Wien *n*; **~waltz** Wiener Walzer *m*; **~ese** [viə'niːz] *a* wienerisch, Wiener-; *s* Wiener(in *f*) *m*.

view [vjuː] *s* Sehen, Schauen, Betrachten *n*, Besichtigung; Auf-, Vorführung; Untersuchung *a. jur*; (An-, Aus-)Sicht *f*; (An-, Aus-, Über-)Blick *m* (*of, over* auf); Blickfeld *n*, Sehbereich *m*, -weite *f*; Bild *n*, Skizze *f*, (Lage-)Plan *m*, *phot* Aufnahme; *fig* Ansicht, Anschauung, Auffassung, Meinung *f*, Urteil *n*; Absicht *f*, Plan *m*, Ziel *n*; Aussicht, Erwartung *f*; Überblick *m*, Zs.fassung *f tr* an-, besehen, betrachten, anschauen, besichtigen, in Augenschein nehmen; prüfen, untersuchen *a. fig*; ins Auge fassen, überlegen, -denken, beurteilen; *itr video* fernsehen; *at first* ~ auf den ersten Blick; *in* ~ vor Augen *a. fig*, in Erinnerung; im Sinn; in Aussicht *od* Erinnerung; *in* ~ *of* im Hinblick auf, in Anbetracht *gen*, angesichts *gen*; *in my* ~ meines Erachtens, meiner Ansicht nach, nach meinem Dafürhalten; *on* ~ zur Schau, zur Besichtigung; *on nearer* ~ bei näherer Betrachtung; *out of* ~ außer Sicht; *with a* ~ *to*, *with the* ~ *of* in der Absicht zu; mit der Aussicht auf; *to agree with s.o.'s* ~*s* jds Ansichten beipflichten; *to come in(to)* ~ in Sicht kommen, auftauchen; *to catch* ~ *of* etw erblicken; *to fall in with s.o.'s* ~*s* sich jds Auffassung anschließen; *to have s.th. in* ~ etw im Auge, vorhaben; beabsichtigen, planen; *to keep in* ~ im Auge behalten; *to lose* ~ *of s.th.* etw aus den Augen verlieren; *to take a* ~ *of* e-e Aufnahme machen von; *fig* e-e Ansicht haben von; etw beurteilen; *I have it in* ~ es schwebt mir vor; *aerial* ~ Luftbild *n*; *broad* ~*s* (*pl*) liberale Ansichten *f pl*; *dim* ~ *(fam)* ungünstige(r) Eindruck *m*; *front, back, side* ~ Vorder-, Rück-, Seitenansicht *f*; *point of* ~ = ~*point*; *sectional* ~ Querschnitt *m*; **~er** ['-ə] Prüfer, Inspizient; (Fernseh-)Zuschauer *m*; **~-finder** *opt phot* Sucher *m*; ~ **and range finder** Meßsucher *m*; **~halloo** Halali *n (Jagdruf)*; **~ing** ['-iŋ] Inaugenscheinnahme, Besichtigung, Prüfung *f*; ~~ *angle* Bildwinkel *m*; ~~ *stand* Tribüne *f*; **~less** ['-lis] *a* ohne Aussicht; *lit* unsichtbar; *fig Am* ohne eigene Meinung, ohne eigenes Urteil; **~point** Gesichts-, Standpunkt *m*; **~y** ['-i] *fam* verstiegen, übergeschnappt; schrullig; *fam* in die Augen fallend; auffällig, protzig.

vigil ['vidʒil] Nachtwache *f*; *rel* Vorabend *m (e-s Festes)*; *rel* Vigilie *f*; *to hold, to keep* ~ wachen (*over* bei); **~ance** ['-əns] Wachsamkeit *f*; *med* Schlaflosigkeit *f*; ~~ *committee (Am)* (ungesetzlicher) Ausschuß *m* zu polizeilicher u. rechtlicher Selbsthilfe (im Notstand); **~ant** ['-ənt] wachsam; **~ante** [vidʒi'lænti] *Am* Mitglied *n* e-s Vigilance committee.

vignette [vi'njet] *(Buch)* Vignette *f*, Zierstück *n*, -leiste, (Rand-)Verzierung; Charakterskizze *f*.

vig|orous ['vigərəs] stark, kräftig, kraftvoll, robust; energisch, vital, impulsiv; schlagkräftig; nachdrücklich, intensiv; **~o(u)r** ['vigə] Stärke, Kraft, Robustheit *f*; Energie, Vitalität; Schlagkraft *f*; Nachdruck *m*, Intensität; *jur* Rechtskraft *f*.

viking ['vaikiŋ] Wiking(er) *m*.

vil|e [vail] *(sittlich)* schlecht, niedrig, gemein, verdorben, böse; abstoßend, widerlich, ekelhaft; herabwürdigend, gemein; *obs* wertlos; *fam* schlecht, abscheulich; **~eness** ['-nis] Schlechtigkeit, Niedrigkeit, Gemeinheit; Widerlichkeit *f*; **-ification** [vilifi'keiʃən] Verleumdung, Schmähung *f*; **-ify** ['vilifai] *tr* verleumden, schmähen, herabwürdigen, -setzen.

villag|e ['vilidʒ] Dorf *n*, (Land-)Gemeinde; Dorfgemeinschaft; *zoo* Siedlungsgebiet (r) *n*; **~~ community** Dorfgemeinschaft *f*; **~~ inn** Dorfgasthaus *n*; **-er** ['-ə] Dorfbewohner, Dörfler *m*.

villain ['vilən] Schuft, Schurke; *hum* Schelm, Schlingel *m*; *hist (a.* **villein***)* Leibeigene(r) *m*; **-ous** ['-əs] *pl -i* ['-ai] schurkisch, gaunerhaft; schändlich, gemein; *fam* schlecht, scheußlich; **-y** ['-i] Schuftigkeit, Gemeinheit *f*.

vill|ose [vi'lous], **-ous** ['viləs] *zoo* zottig; *bot* haarig; **-us** ['-əs] *pl -i* ['-ai] *anat* (Darm-)Zotte *f*; *bot* Härchen *n*.

vim [vim] *fam bes. Am* Kraft, Energie *f*, Schwung, Schneid, Mumm *m*.

vinaigrette [vinei'gret] Riechfläschchen *n*.

vindic|ability [vindikə'biliti] Stichhaltigkeit *f*; **-able** ['vindikəbl] zu rechtfertigen(d); zu beanspruchen(d); **-ate** ['-eit] *tr* rechtfertigen, erhärten; verteidigen *(from gegen);* als Beweis *od* Bekräftigung dienen für; *jur* beanspruchen *(for* für); **-ation** [vindi'keiʃən] Rechtfertigung, Erhärtung; Verteidigung, Unterstützung; Bekräftigung *f*, Beweis *m*, Stütze *f*; Anspruch *m*; *in* **~~** *of* zur Rechtfertigung *gen;* **-ative** ['vindikətiv, vin'd-] rechtfertigend, stützend; **-ator** ['-eitə] Verteidiger; Beanspruchende(r) *m*; **-atory** ['-ətəri, *Am* '-əṭɔri] rechtfertigend; rächend, strafend; **-tive** [vin'diktiv] nachtragend; rachsüchtig; rächend, Rache-; **-tiveness** [-'diktivnis] Rachsucht *f*.

vine [vain] Weinstock *m*, Rebe *f*; *(grape-~)* echte(r) Weinstock *m*; *hop-~* Hopfen *m*; **~ branch** Weinranke *f*; **~-disease** Reblausbefall *m*; **~-dresser** Winzer *m*; **~-louse, -pest** Reblaus *f*; **-ry** ['vainəri] Treibhaus *n* für Reben; **-yard** ['vinjəd] Weinberg, -garten *m*.

vinegar ['vinigə] (Wein-)Essig *m*; *aromatic* **~** aromatische(r), Kräuteressig *m*; **~-eel** *zoo* Essigälchen *n*; **-y** ['-ri] (essig)sauer *a. fig*.

vini|cultural [vini'kʌltʃərəl] *a* Weinbau-; **-culture** ['vinikʌltʃə]Weinbau *m*.

vinous ['vainəs] wein(halt)ig; trunksüchtig; weinselig; weinrot.

vint|age ['vintidʒ] *s* (Wein-)Lese *f*; Wachstum *n*; Jahrgang *m*; *a* hervor-ragend; alt u. gut; **~~ car** *(mot)* Veteran *m*; **~~ wine** Qualitätswein *m*; **-ager** ['-idʒə] Winzer *m*; **-ner** ['-nə] Weinhändler *m*.

viol ['vaiəl] *hist* Fiedel, Viole; *allg* Geige *f*; *bass* **~** Gambe *f*; **~a 1.** ['vaiələ] *bot* Veilchen, Stiefmütterchen *n*; **2.** [vi'oulə] Bratsche, Viola *f*; **-in** [vaiə'lin] Geige, Violine *f*; = **-inist**; *to play the* **~~** Geige spielen; **~~ bow, case, string** Geigenbogen, -kasten *m*, -saite *f*; **-inist** ['vaiəlinist] Geiger *m*; **-oncellist** [vaiələn'tʃelist] Cellist *m*; **-oncello** [-ən'tʃelou] *pl -os* Cello *n*.

viol|able ['vaiələbl] verletzbar, -lich; **-ate** ['-eit] *tr (Recht)* verletzen; *(Gesetz)* übertreten, verstoßen gegen; *(Eid)* brechen; *(Versprechen)* nicht (ein)halten; *(Gefühl, Empfinden)* verletzen, beleidigen; *(Frieden)* stören; *(Heiligtum)* entweihen, schänden, profanieren; *(Frau)* schänden, entehren, vergewaltigen; **-ation** [vaiə-'leiʃən] Verletzung; Übertretung, Zuwiderhandlung *f*; (Eid-)Bruch *m*; Nichteinhaltung; Beleidigung; Störung; Entweihung; Schändung; Vergewaltigung *f*; **~~** *of trust* Vertrauensbruch *m*; **-ator** ['vaiəleitə] Verletzer; Übertreter; Rechts-, Eidbrecher; Schänder *m*; **-ence** ['-əns] Gewalt (-samkeit), Heftigkeit; Leidenschaftlichkeit *f*, Ungestüm *n*; Gewaltakt *m*, Gewaltanwendung *f*, gewaltsame(s) Vorgehen *n*; Schändung, Entweihung, Profanation *f*; *with* **~~** unter Anwendung von Gewalt; *to do* **~~** *to s.o.* jdm Gewalt antun *a. fig*; *crimes of* **~~** Gewaltverbrechen *n pl*; **-ent** ['-ənt] gewaltsam, -tätig; heftig, stark; leidenschaftlich; *to meet a* **~~** *death* e-s gewaltsamen Todes sterben.

violet ['vaiəlit] *s* Veilchen; Violett *n*; *a* violett, veilchenblau.

V. I. P., VIP ['vi:ai'pi:] *(very important person) Am sl* hohe(s) Tier *n*.

viper ['vaipə] Viper; Natter; Giftschlange *a. fig*; *(common ~)* Kreuzotter; *fig* giftige Person, *fam* Giftnudel *f*; *Am sl* Rauschgiftsüchtige(r) *m*; **-ine** ['-rain, '-rin] viperartig; **-ish** ['-riʃ], **-ous** ['-rəs] *fig* giftig, hinterhältig.

virago [vi'rɑ:gou, -'reig-] *pl -o(e)s* Xanthippe *f*, Zankteufel *m*.

vir|eo ['viriou] *pl -os zoo Am* Laubwürger *m*; **-idescence** [viri'desns] grünliche Färbung *f*; **-idescent** [-i'desnt] grünlich; **-idity** [vi'riditi] *biol* grüne Farbe; *fig* Frische; Lebendig-, Lebhaftigkeit *f*.

virgin   1108   visiting

virgin ['vəːdʒin] s Jungfrau f; (junges) Mädchen n; *the (Blessed) V~ (Mary)* die Jungfrau Maria; *a* jungfräulich; Jungfrauen-; *fig* rein, keusch, unberührt; *allg* unberührt, unbenutzt, ungebraucht, unbetreten, unbefahren *(of* von); *(Boden)* ungepflügt; *min* gediegen; Jungfern-; **~al** ['-l] *a* jungfräulich; mädchenhaft; rein, frisch, unberührt; *zoo* unbefruchtet; *s mus* Virginal, Spinett n; **~~** *membrane* Jungfernhäutchen n; **~ forest** Urwald m; **V~ia** [vəˈdʒinjə] Virginia n, -tabak m; **~~ creeper** wilde(r) Wein m, Jungfernrebe f; **~ity** [vəːˈdʒiniti] Jungfräulichkeit; Unberührtheit f.
Virgo ['vəːgou] *astr* Jungfrau f.
viril|e ['virail,*Am* '-il] männlich; kraftvoll; zeugungskräftig; **~ity** [viˈriliti] Männlichkeit; Manneskraft; Zeugungskraft f.
virtu, vertu [vəːˈtuː] Kunstliebhaberei f; Kunstwert m; *(articles of ~)* Kunstgegenstände m pl.
virtu|al ['vəːtjuəl] wirklich, tatsächlich, im Grunde (genommen), eigentlich; *tech* virtuell; **~~** *value* Effektivwert m; **~e** ['vəːtjuː, *Am* '-tʃuː] sittliche(r) Wert m; Rechtschaffenheit, Tugend; Keuschheit f; Wert m, Verdienst n; besondere Eigenschaft, Qualität; Wirkung, Wirksamkeit f; *by, in ~~ of* kraft, auf Grund *gen*; (ver)mittels *(gen)*; *of easy ~~* von lockeren Sitten; *to make a ~~ of necessity (prov)* aus der Not e-e Tugend machen; **~osity** [vəːtjuˈɔsiti] Kunstsinn m, -verständnis n; Virtuosität; Kunstfertigkeit f; **~oso** [vəːtjuˈouzou] *pl a. -si* [-ai] Kunstliebhaber, -verständige(r), -kenner, -sammler, Virtuose m; **~ous** ['vəːtjuəs, *Am* -tʃu-] tugendhaft, sittlich, rechtschaffen.
virulence, -cy ['virulens(i)] Giftigkeit, Tödlichkeit; *med* Ansteckungsfähigkeit, Virulenz f; *fig* Bosheit, Boshaftigkeit f; **~ulent** ['-ulənt] giftig, tödlich; *med* ansteckend, virulent; *fig* feindselig, haßerfüllt, gehässig; **~us** ['vaiərəs] Gift *a. fig*; *med* Virus n, *a. m.*
vis [vis] *pl* **vires** ['vaiəriːz] Kraft, Stärke f; **~ major** *jur* höhere Gewalt f; **~ viva** *phys* kinetische Energie f.
visa ['viːzə], **visé** ['viːzei] s Visum n, Sichtvermerk m; *tr* mit e-m Visum versehen; *entrance ~* Einreisevisum n.
visage ['vizidʒ] *lit* Antlitz n.
vis-à-vis ['viːzɑːviː] *a* gegenüber (befindlich), gegenüberliegend; *adv prp* gegenüber *(to, with* von); *s* Gegenüber n; Gegner m.

viscer|a ['visərə] *pl anat* Eingeweide n *(pl)*, innere Organe n *pl*; **~al** ['-əl] *a anat* Eingeweide-.
visc|id ['visid] dick-, zäh(flüssig), klebrig *a. bot*; **~idity** [viˈsiditi] Dick-, Zähflüssigkeit, Klebrigkeit f; **~ose** ['viskous] s Viskose f; **~osity** [visˈkɔsiti] Dick-, Zähflüssigkeit, Viskosität; Konsistenz f; **~ous** ['viskəs] dick-, zähflüssig, klebrig, viskos.
viscount ['vaikaunt] Vicomte m; **~ess** ['-is] Vicomtesse f.
vise *s. vice*.
visé *s. visa*.
visib|ility [viziˈbiliti] Sichtbarkeit; Sicht(weite) f; *~~ of aim (Jagd)* Büchsenlicht n; **~le** ['vizəbl] sichtbar, wahrnehmbar; *fig* offensichtlich, deutlich, handgreiflich; greifbar, zur Verfügung stehend; *is he ~~?* ist er zu sprechen? *~~ horizon* Kimm f.
Visigoth ['vizigəθ] Westgote m; **~ic** [viziˈgɔθik] westgotisch.
vision ['viʒən] Sehen n; Sehkraft f, -vermögen n; Vision f, Gesicht, Wunschbild n, Erscheinung f; Anblick m; Vorstellung(skraft), Phantasie; Voraussicht f, Weitblick m; (große) Schönheit f *(Frau)*; *field of ~* Gesichtsfeld n; **~ acuity** Sehschärfe f; **~ary** ['viʒnəri] *a* visionär, irreal, unwirklich, phantastisch; schwärmerisch, unpraktisch, undurchführbar; hellseherisch; *s* Visionär, Geister-, Hellseher; Phantast, Träumer m; **~ frequency** *video* Bildfrequenz f.
visit ['vizit] *tr* auf-, besuchen; auf Besuch sein bei; bereisen, besichtigen, unter-, durchsuchen, inspizieren; heimsuchen, (be)strafen; *itr* e-n Besuch machen *(with* bei); *Am fam* plaudern, schwatzen, tratschen, klatschen *(with* mit); *Am* wohnen *(at* in); sich aufhalten *(in Paris* in Paris); *obs* strafen, Rache üben *(upon* an); *s* Besuch m *(to* bei); Besichtigung; Unter-, Durchsuchung f; *Am fam* Geplauder n, Schwatz, Klatsch m; *to pay a ~ to s.o.* jdm e-n Besuch abstatten; *courtesy ~* Höflichkeitsbesuch m; **~ant** ['-ənt] Besucher, Gast; *zoo* Strich-, Durchzugsvogel m; **~ation** [viziˈteiʃən] Visitation, Inspektion, (offizielle) Besichtigung f; *rel* Besuch m; *jur* Durchsuchung f; *fig* Heimsuchung f; *fam* zu langer Besuch m; **~(at)orial** [viziˈtɔːriəl, -təˈtɔːriəl] *a* Visitations-, Besichtigungs-; **~ing** ['-iŋ] *s* Besuchen n; *a* Besuchs-; *to be on ~~ terms* sich (gegenseitig) besuchen; **~~-card** Besucher-, Visitenkarte f;

visitor 1109 **vocalist**

~~ *hours (pl)* Besuchszeit *f*; ~~-*list* Besuchsliste *f*; **~or** ['-ə] Besucher, Gast; Inspizient *m*; **~~s'** *book* Fremden-, Gästebuch *n*.

visor, vizor ['vaizə] *hist (Helm)* Visier *n*; Maske *f*; Mützenschirm *m*; *mot (sun-~)* Sonnenblende *f*; **~ed** ['-d] *a* maskiert.

vista ['vistə] Durchblick *m*, Perspektive *f*; Ausblick *m*, -sicht *f*, Hintergrund; Korridor *m*; Einfassung *f*, Baum-, Häuserreihen *f pl*, Allee *f*; *fig* Ausblick *m*, Möglichkeit; Überschau, -sicht *f*, -blick *m*.

visual ['vizjuəl, -ʒjuəl] *a* Seh-; visuell; wahrnehmbar, sichtbar; visionär; optisch; Sicht-; *s (~ ray)* Blicklinie *f*; Augenmensch, optische(r) Typ *m*; **~ acuity** Sehschärfe *f*; **~ aids** *pl* Anschauungsmaterial *n*; **~ angle** Seh-, Gesichtswinkel *m*; **~ field** Gesichts-, Blickfeld *n*; **~ instruction** Anschauungsunterricht *m*; **~ization** [vizjuəlai'zeiʃən] lebendige Vorstellung *f*; geistige(s) Bild *n*; *faculty of ~* Vorstellungsvermögen *n*; **~ize** ['vizjuəlaiz] *tr* sich vor Augen stellen, sich ein Bild, e-e Vorstellung machen von, sich ausmalen; sich vergegenwärtigen; **~izer** ['-aizə] *Am* visuelle(r) Typ; *(Werbung)* Ideenmann *m*; **~ memory** visuelle(s) Gedächtnis *n*; **~ nerve, organ** Sehnerv *m*, -organ *n*.

vital ['vaitl] *a* Lebens-; lebenswichtig, -notwendig; *fig* wesentlich, unersetzlich, entscheidend, unbedingt notwendig (*to für*); größt; tödlich; quicklebendig, tatkräftig, vital; *s pl* lebenswichtige Organe *n pl*; *fig das* Wesentliche, Unerläßliche; **~ force** Lebenskraft *f*; **~ism** ['-izm] Vitalismus *m*; **~istic** [vaitə'listik] vitalistisch; **~ity** [vai'tæliti] Lebenskraft; Lebensfähigkeit; Vitalität, Energie *f*; **~ization** [vaitəlai'zeiʃən] Belebung *f*; **~ize** ['vaitəlaiz] *tr* beleben; lebendig gestalten, verlebendigen; **~ statistics** *pl mit sing* Bevölkerungsstatistik *f*; *fam (Frau)* Körpermaße *n pl*.

vitamin ['vitəmin, 'vait-] Vitamin *n*; **~ deficiency, tablets** *pl* Vitaminmangel *m*, -tabletten *f pl*.

vitiat|e ['viʃieit] *tr* verderben, verfälschen, verunreinigen, verstümmeln; *(sittlich)* verderben, korrumpieren, erniedrigen; *jur* ungültig machen, für ungültig erklären, aufheben, annullieren; **~ion** [viʃi'eiʃən] Verfälschung, Verunreinigung, Verstümmelung; (Sitten-)Verderbnis *f*; *jur* Ungültigmachung, Aufhebung *f*.

viticulture ['vitikʌltʃə] Weinbau *m*.

vitr|eous ['vitriəs] *a* Glas-; gläsern; glas(art)ig; *geol* glasig; **~ humo(u)r** *(Auge)* Glaskörper *m*; **~ifaction** [vitri'fækʃən], **~ification** [-fi'keiʃən] Glasherstellung *f*; Brennvorgang *m*; Sinterung *f*; **~ifiable** ['vitrifaiəbl] zu Glas zu machen(d); **~ify** ['-ifai] *tr* zu Glas, glasig machen, verglasen; sintern; *itr* Glas, glasig werden; **~iol** ['vitriəl] *chem* Vitriol *n*; *(oil of ~~)* rauchende Schwefelsäure *f*; *fig* beißende(r) Spott *m*, bissige Worte *n pl*; Giftigkeit *f*; *blue, copper ~~* Kupfervitriol *n*; **~iolic** [vitri'ɔlik] *a* Vitriol-; *fig* beißend, bissig, sarkastisch; **~iolize** ['vitriəlaiz] *tr chem* vitriolisieren; mit Vitriol verletzen od angreifen.

vituperat|e [vi'tju:pəreit] *tr* schmähen, heruntermachen, aus-, beschimpfen; **~ion** [vitju:pə'reiʃən] Beschimpfung, Schmähung *f*; Schmähworte *n pl*; **~ive** [vi'tju:pəreitiv, -rə-] schmähend; Schmäh-; **~or** [-'tju:pəreitə] Schmähende(r) *m*.

viv|aceous [vi'veiʃəs, vai-] lebhaft, (quick)lebendig, munter; **~acity** [vi'væsiti] Lebhaftigkeit, Lebendigkeit, Munterkeit *f*; **~arium** [vai'vɛəriəm] *pl a. -ia* [-iə] Vivarium, Aquarium *n* (mit Terrarium), Tierpark *m*; **~id** ['vivid] lebhaft, lebendig; *(Farbe)* leuchtend; *(Erinnerung)* frisch; **~idness** ['-idnis] Lebhaftigkeit, Lebendigkeit, Frische; Intensität *f*; **~ify** [vi'vifai] *tr* beleben; intensivieren; **~iparous** [vi'vipərəs, vai-] *zoo* lebendgebärend; **~isect** [vivi'sekt] *tr* vivisezieren; **~isection** [-'sekʃən] Vivisektion *f*.

viva voce ['vaivə 'vousi] *adv a* mündlich; *s* mündliche Prüfung *f*.

vixen ['viksn] Füchsin; *fig* Xanthippe *f*, Zankteufel *m*; **~ish** ['-iʃ] *(Weib)* zänkisch.

voc|able ['voukəbl] *gram* Wort *n*, Vokabel *f*; **~abulary** [və'kæbjuləri] Wörterverzeichnis, Vokabular, Glossar *n*; Wortschatz *m*; **~al** ['voukəl] stimmlich; Stimm-, Vokal-, Gesangs-; mündlich; laut redend; redselig; tönend; *(Phonetik)* stimmhaft; vokalisch; *to become, (fam) to get ~~* sich hören, s-e Stimme ertönen lassen; **~~ *chink*** Stimmritze *f*; **~~ *cords* (*pl*)** *anat* Stimmbänder *n pl*; **~~ *music*** Vokalmusik *f*, Gesang *m*; **~~ *organ*** Stimmorgan *n*; **~~ *part*** Gesangspartie *f*; **~alic** [vo(u)'kælik] vokalisch; vokalreich; **~alism** ['voukəlizm] Vokalisation *f*; Vokalsystem *n (e-r Sprache)*, Vokalismus *m*; **~alist** ['-əlist] Sänger(in

vocality 1110 **voltampere**

f) m; **~ality** [vo(u)'kæliti] Stimmbegabung; Stimmhaftigkeit *f;* **~alize** ['voukəlaiz] *tr itr* ausdrücken, sprechen, singen, rufen; *(Konsonanten)* vokalisieren; stimmhaft aussprechen; **~ally** ['voukəli] *adv* mit der Stimme; singend; mündlich; laut; **~ation** [vo(u)'keiʃən] Berufung; Neigung, Eignung *f (for* für); Beruf *m,* Laufbahn *f;* Gewerbe *n,* Beschäftigung, Tätigkeit *f; to mistake o.'s* ~-s-n Beruf verfehlen; **~ational** ['-keiʃənl] beruflich; Berufs-; **~~ adviser** Berufsberater *m;* **~~ choice** Berufswahl *f;* **~~ disease** Berufskrankheit *f;* **~~ education** Berufsausbildung *f;* **~~ guidance** Berufsberatung, -lenkung *f;* **~~ school** Berufsschule *f;* **~~ training** Berufsausbildung *f;* **~ative** ['vəkətiv] *s u. a:* **~~ case** *(gram)* Vokativ *m;* **~iferate** [vo(u)-'sifəreit] *tr itr* schreien, brüllen, laut rufen; **~iferation** [vo(u)sifə'reiʃən] Geschrei, Gebrüll *n;* **~iferous** [vo(u)-'sifərəs] schreiend, brüllend; laut.

vogue [voug] Mode; Beliebtheit, Volkstümlichkeit *f; to be in* **~** Mode sein; *to be all the* **~** große Mode sein, *to come into, to go out of* **~** in Mode, aus der Mode kommen.

voice [vɔis] *s* Stimme *a. mus fig pol;* Sprache *f;* Stimmrecht *n;* Ausdruck *m,* Äußerung; Meinung, Ansicht *f; gram* Genus *n* verbi; *(Phonetik)* stimmhafte(r) Laut; *mus* Gesang, Stimmton, Sänger *m; tr* äußern, zum Ausdruck bringen, ausdrücken; *mus (Instrument)* stimmen; stimmhaft aussprechen; *by a majority of* ~s mit Stimmenmehrheit; *in (good)* **~** stimmlich auf der Höhe; *in a loud* **~** mit lauter Stimme; *with one* **~** einstimmig; *to give* **~** *to s.th.* etw zum Ausdruck bringen; *to have a* **~** *in s.th.* bei e-r S (ein Wörtchen) mitzureden haben; *to lift up o.'s* **~** die Stimme erheben; protestieren; schreien; *I have no* **~** *in the matter* ich habe keine Entscheidungsbefugnis in der Angelegenheit; *active, passive* **~** *(gram)* Aktiv, Passiv *n; casting* **~** ausschlaggebende Stimme *f; chest, head* **~** Brust-, Kopfstimme *f;* **~-box** Kehlkopf; *Am sl* Lautsprecher *m;* **~cast** *tr Am* im Sprechfunk senden; **~ current** Sprechstrom *m;* **~d** [vɔist] *a* stimmbegabt; *in Zssgen:* mit ... Stimme; *(Phonetik)* stimmhaft; **~less** ['-lis] stumm; schweigend; unausgesprochen; *parl* nicht stimmberechtigt; *(Phonetik)* stimmlos; **~ modulation** Sprachmodulation *f;* **~ part** Gesangspartie *f;* **~ pipe, tube** Sprachrohr *n;* **~ radio** Sprechfunk *m;* **~ recorder** Tonaufnahmegerät *n;* **~ training** Gesangsbildung *f.*

void [vɔid] *a* leer; frei, unbesetzt; unwirksam, wirkungs-, nutzlos; *jur* ungültig, nichtig; **~** *of* frei von, ohne; *s* Leere *f,* Vakuum *n; fig* (Gefühl *n* der) Leere; *fig* Lücke *f; tech* Loch *n,* Hohlraum *m,* Blase, Öffnung *f; tr* (aus-) leeren; *(Urin)* ausscheiden; *jur* ungültig machen, für ungültig, nichtig erklären; *null and* **~** null u. nichtig; *to become* **~** *(jur)* erlöschen; *a* **~** *(voting-)paper* ein leerer, ungültiger Stimmzettel *m;* **~able** ['-əbl] *jur* anfechtbar; annullierbar; **~ance** ['-əns] Räumung, Freigabe, Erledigung; Aufhebung, Annullierung *f;* **~ness** ['-nis] Leere; *jur* Ungültigkeit, Nichtigkeit *f.*

volatil|e ['vɔlətail, *Am* -til] *chem* flüchtig *a. fig; fig* flatterhaft, unbeständig, launenhaft; lebhaft, munter; **~ity** [vɔlə'tiliti] *chem* Flüchtigkeit *a. fig; fig* Flatterhaftigkeit, Unbeständigkeit, Launenhaftigkeit; Lebhaftigkeit, Fröhlichkeit *f;* **~ization** [vɔlætilai'zeiʃən] Verflüchtigung *f;* **~ize** [vɔ'lætilaiz] *tr itr* (sich) verflüchtigen.

volcan|ic [vɔl'kænik] *geol* vulkanisch; *fig* vulkanartig; **~~ eruption** Vulkanausbruch *m;* **~~ glass** Glaslava *f,* Obsidian *m;* **~~ rock** Eruptivgestein *n;* **~ism** ['vɔlkənizm] Vulkanismus *m;* **~o** [vɔl'keinou] *pl meist -oes* Vulkan, feuerspeiende(r) Berg *m; fig* Pulverfaß *n.*

vole [voul] **1.** *(field-~)* Feldmaus *f; water-* **~** Wasserratte *f.* **2.** *s (Kartenspiel)* Vole *f; itr* alle Stiche gewinnen; *to go the* **~** *(fig)* alles aufs Spiel, auf eine Karte setzen.

volit|ion [vo(u)'liʃən] Wollen *n,* Wille *m;* Willensentscheidung; Willenskraft *f; to do s.th. of o.'s own* **~~** etw aus eigenem Antrieb tun; **~ional** ['-ʃənl], **~ive** ['vɔlitiv] *a* Willens-.

volley ['vɔli] *s mil* Salve *f; fig* Hagel *m,* Flut *f,* Sturm; *sport* Flugball *m; tr itr* (e-e Salve) abfeuern; (den Ball) im Fluge zurückschlagen, -stoßen; *itr fig* losbrechen, niedergehen, prasseln; *(Kanonen)* donnern; **~ball** Volleyball *m.*

volplane ['vɔlplein] *aero s* Gleitflug *m; itr* im Gleitflug niedergehen.

volt 1. [vɔlt] *(Reit- u. Fechtkunst)* Volte, Wendung *f;* **2.** [voult] *el* Volt *n;* **~age** ['-idʒ] (Strom-)Spannung *f;* **~~ drop** Spannungsabfall *m;* **~~ swing** Spannungsschwankung *f;* **~aic** [vɔl'teiik] galvanisch, voltaisch; **~ampere**

voltmeter 1111 **vote**

['voult'æmpɛə] Voltampere *n*; **~meter** ['voultmi:tə] Voltmeter *n*, Spannungsmesser *m*.

volte-face ['vɔlt'fɑ:s] *sport* (schnelle) Wendung *f*; *fig* Frontwechsel, (Meinungs-, Stimmungs-)Umschwung *m*.

volub|ility [vɔlju'biliti] Redegewandtheit, Zungenfertigkeit; Redseligkeit *f*; (Rede-)Fluß *m*; **~le** ['vɔljubl] gesprächig, redselig, geschwätzig; wortreich, zungenfertig; *(Rede)* flüssig.

volum|e ['vɔljum] Band *m*, Buch *n*; *(Zeitschrift)* Jahrgang; Rauminhalt *m*, Volumen *n*; Inhalt; (großer) Umfang *m*, Masse *f*, Betrag *m*; *el* Lautstärke; *mus* Klangfülle *f*; **~s of** ein Schwall *gen*; *in three* **~s** in 3 Bänden; *to speak* **~s** *(fig)* Bände sprechen *(for* für); *aggregate* **~** Gesamtvolumen *n*; *odd* **~** Einzelband *m*; **~** *of building, of business* Bau-, Geschäftsvolumen *n*; **~** *control, regulator* Lautstärkeregler *m*; **~** *discount* Mengenrabatt *m*; **~** *production* Massenproduktion *f*; **~etric(al)** [-'metrik(əl)] *math chem* volumetrisch; **~inous** [vɔ'lju:minəs] bänderreich, -füllend; umfangreich; *(Rock)* bauschig; *(Verfasser)* vielschreibend, fruchtbar.

volunt|arily ['vɔləntərili] *adv* auf eigenen Wunsch, freiwillig; mit Absicht, absichtlich, vorsätzlich; **~ariness** ['-ərinis] Freiwilligkeit; Absichtlichkeit *f*; **~ary** ['vɔləntəri] *a* freiwillig; ungezwungen; absichtlich, vorsätzlich; *physiol* willkürlich; *psychol* spontan; *philos* mit Willensfreiheit begabt; *(Schule)* durch freiwillige Spenden unterhalten, privat; *jur* gütlich, außergerichtlich; *s* freiwillige Tat *od* Arbeit *f*; Orgelsolo *n*, -phantasie; *sport* Kür *f*; **~eer** [vɔlən'tiə] *s com* Volontär; *mil* Freiwillige(r) *m*; *a* freiwillig (dienend); Freiwilligen-; freiwillig; *bot* wildwachsend; *tr* freiwillig zur Verfügung stellen; zum besten geben; *itr* freiwillig dienen *od* eintreten; als Volontär arbeiten; *(to* **~** *o.'s services)* sich freiwillig melden *(for* zu).

voluptu|ary [vɔ'lʌptjuəri] Genußmensch, Genießer *m*; **~ous** [-əs] sinnlich; lüstern; sinnenfreudig, genießerisch, genußsüchtig; wollüstig; **~ousness** [-əsnis] Sinnlichkeit; Lüsternheit *f*.

volut|e [vɔ'lju:t] *arch* Volute, Schnecke; *allg* Spirale, Windung *f*; **~ed** [-id] *a* (auf)gerollt, spiralig, schneckenförmig; mit Voluten (versehen); **~ion** [-ʃən] *anat zoo* Windung; Spirale; *tech* Drehung *f*.

vomit ['vɔmit] *s med* (Er-)Brechen; Erbrochene(s); Brechmittel *n*; *itr* sich erbrechen; *allg* ausgestoßen werden; *(Vulkan)* Feuer speien; *tr* erbrechen, wieder von sich geben; *allg* ausstoßen; *(Feuer)* speien; **~ive** ['-iv], **~ory** ['-əri] *a* Brech-; *s* Brechmittel *n*.

voodoo ['wu:du:] *s* Zauberbuch, -ritual *n*; Zauberer *m*; *a* Zaubermagisch; *tr* behexen, verzaubern.

vorac|ious [və'reiʃəs] gefräßig; gierig, unersättlich *a. fig*; **~iousness** [-ʃəsnis], **~ity** [vɔ'ræsiti] Gefräßigkeit *f*, Gier, Unersättlichkeit *f a. fig (of* nach).

vort|ex ['vɔ:teks] *pl meist -ices* ['-isi:z] *(Wasser)* Strudel *a. fig*; *(Luft)* Wirbel(wind) *m*; **~ical** ['-ikəl], **~iginous** [vɔ:'tidʒinəs] strudelnd, wirbelnd.

vot|able, *a*. **~eable** ['voutəbl] e-r Abstimmung unterworfen; **~(a)ress** ['vout(ə)ris] Nonne, Geweihte; *fig* glühende Verehrerin, eifrige Anhängerin *f*; **~ary** ['-əri] Mönch, Geweihte(r); *fig* glühende(r) Verehrer, eifrige(r) Anhänger *m*; **~e** [vout] *s* Beschluß *m*; Wahl, Abstimmung; Stimmabgabe; (Wahl-)Stimme *f*; Wahlzettel *m*; Wahl-, Stimmrecht; Wahl-, Abstimmergebnis *n*; Bewilligung, bewilligte Summe *f*; *itr* abstimmen *(by head* nach der Kopfzahl; *on s.th.* über etw); wählen; s-e Stimme abgeben *(for* für); *tr* beschließen; bewilligen, genehmigen; wählen; stimmen, s-e Stimme abgeben für; unterstützen, eintreten für; allgemein ansehen als, erklären für; *fam* anregen, vorschlagen, in Vorschlag bringen *(that* daß); *to* **~** *down* überstimmen; ablehnen; *to* **~** *in* wählen *(s.o.* jdn); *to* **~** *out* ablehnen; ausschließen; *by 5* **~s** *to 3* mit 5 gegen 3 Stimmen; *by a majority of 2* **~s** mit e-r Mehrheit von 2 Stimmen; *by a majority* **~** mit Stimmenmehrheit; *to bring, to put to the* **~** zur Abstimmung bringen; *to cast, to give, to record o.'s* **~** s-e Stimme abgeben, stimmen *(to, for* für); *to come to, to take the* **~**, *to take* **~s** zur Abstimmung schreiten, abstimmen lassen; *to count, to tell the* **~s** die Stimmen zählen; *to have a* **~** Stimmrecht haben *(in* bei); *to have the casting* **~** bei Stimmengleichheit entscheiden; *to pass a* **~** *of s.th.* über etw abstimmen; *to take the* **~** *on* abstimmen über; zur Abstimmung schreiten über; *to* **~** *a bill through* e-n Gesetzesantrag durchbringen; *abstention from* **~** Stimmenthaltung *f*; *casting of* **~s** Stimmabgabe *f*; *counting of* **~s** Stimmen-

voteless — 1112 — **vying**

zählung *f*; *final* ~~ Schlußabstimmung *f*; *majority* ~~ Majoritätsbeschluß *m*; *number of* ~~s Stimmenzahl *f*; *popular* ~~ Volksabstimmung, -befragung *f*; *secrecy of* ~~ Wahlgeheimnis *n*; *straw* ~~ Probeabstimmung *f*; *unanimity of* ~~s Einstimmigkeit *f*; *(total)* ~~s *cast* (Gesamt-)Stimmenzahl *f*; ~~ *of confidence* Vertrauensvotum *n*; *to ask for a* ~~ *of confidence* die Vertrauensfrage stellen; *to pass a* ~~ *of confidence to s.o.* jdm das Vertrauen aussprechen; ~~ *of no confidence* Mißtrauensvotum *n*; ~~ *counter* Stimmenzähler *m*; ~~ *hunter* Stimmenjäger *m*; ~~s *(pl) polled, recorded* abgegebene Stimmen *f pl*; **-eless** ['-lis] nicht stimmberechtigt; **-er** ['-ə] Stimm-, Wahlberechtigte(r); Wähler *m*; ~~-*getter* (*Am fam*) Stimmenfänger, zugkräftige(r) (Wahl-)Kandidat *m*; **-ing** ['-iŋ] Abstimmung, Wahl; Stimmabgabe *f*; Wahlgang *m*, -beteiligung *f*, -ergebnis *n*; *to abstain from* ~~ sich der Stimme enthalten; *to return a blank* ~~ *paper* e-n leeren Stimmzettel abgeben; *manner, method of* ~~ Wahlverfahren *n*, -modus *m*; *nominal* ~~ Persönlichkeitswahl *f*; *secrecy of* ~~ Wahlgeheimnis *n*; *system of* ~~ Wahlsystem *n*; ~~-*ballot, -card, -paper, -ticket* Wahl-, Stimmzettel *m*; ~~-*booth* Wahlzelle *f*; ~~-*machine* Stimmenzählmaschine *f*; ~~-*powers (pl)* Stimm-, Wahlrecht *n*, Wahlberechtigung *f*; ~~ *by rising and sitting* Abstimmung *f* durch Erheben von den Plätzen; ~~-*steward* Wahlleiter *m*; ~~-*test* Probewahl *f*; ~~-*urn* Wahlurne *f*; **-ive** ['-iv] gelobt, geweiht; Votiv-; ~~ *church, mass, offering, picture, tablet* Votivkirche, -messe, -gabe *f*, -bild *n*, -tafel *f*.

vouch [vautʃ] *itr* sich verbürgen, sich einsetzen, eintreten, garantieren (*for* für); bestätigen, bezeugen, verbürgen, einstehen, beweisen (*for s.th.* etw); **-er** ['-ə] Zeuge, Bürge *m*; Zeugnis *n*, Beleg(stück *n*), Nachweis *m*, Bescheinigung *f*, Schein *m*; Eintrittskarte *f*; Empfangsbescheinigung, Quittung *f*; *to support by* ~~ schriftlich nachweisen, dokumentarisch belegen; *baggage* ~~ Gepäckschein *m*; *expense* ~~ Ausgabenbeleg *m*; *pay* ~~ Zahlungs-, Kassenanweisung *f*; *sick* ~~ Krankenschein *m*; ~~ *check (Am)* Verrechnungsscheck *m*; ~~ *clerk* Kreditorenbuchhalter *m*; ~~ *copy, number* Belegexemplar *n*, -nummer *f*; ~~ *form* Belegformular *n*, -safe [vautʃ'seif] *tr* sich herablassen zu, gewähren; *he* ~~d *(me) no reply* er würdigte mich keiner Antwort.

vow [vau] *s* Gelübde, (Treue-)Gelöbnis *n*; Schwur, Eid *m*; *tr* geloben, weihen; feierlich erklären od versprechen; *to be under a* ~ ein Gelübde getan haben (*of silence* nicht zu reden); *to make, to take a* ~ ein Gelübde tun; *to take* ~s ins Kloster gehen; *to* ~ *and declare* feierlich versprechen od erklären; *marriage* ~s *(pl)* Eheversprechen *n*; ~ *of chastity* Keuschheitsgelübde *n*.

vowel ['vauəl] Vokal, Selbstlaut *m*.

voyag|e ['vɔiidʒ, vɔidʒ] *s* (weite, See-, Flug-)Reise *f*; *itr* reisen, e-e (See-, Flug-)Reise machen; *tr* bereisen, reisen auf, über; *on the* ~ *out, home* auf der Hin-, Rückreise; **-er** ['vɔidʒə] Reisende(r); Seefahrer *m*.

vulcan|ite ['vʌlkənait] Hartgummi *m*, Ebonit *n*; **-ization** [vʌlkənai'zeiʃən] Vulkanisierung, Vulkanisation *f*; **-ize** ['vʌlkənaiz] *tr* vulkanisieren; **-izing** *factory, plant* Vulkanisieranstalt *f*; **-ized** ['-d] *a* vulkanisiert; ~~ *fibre* Vulkanfiber *f*; **-izer** ['-aizə] Vulkanisierapparat *m*.

vulgar ['vʌlgə] gewöhnlich, allgemein; Volks-, Landes-; *(sprachlich)* Umgangs-; volkssprachlich; ungebildet, vulgär, gemein, roh, geschmacklos, unanständig; *the* ~ *herd* die große Masse; ~ **fraction** *math* gemeine(r) Bruch *m*; **-ian** ['vʌlgɛəriən] Banause; Neureiche(r), Parvenü, Protz *m*; **-ism** ['vʌlgərizm] vulgäre(r) Ausdruck *m*, vulgäre Redensart *f*; ungesittete(s) Benehmen *n*; **-ity** [vʌl'gæriti] Gemeinheit, Roheit *f*; **-ization** [vʌlgərai-'zeiʃən] Vulgarisierung, weite Verbreitung *f*; **-ize** ['vʌlgəraiz] *tr* vulgarisieren, popularisieren, verbreiten.

Vulgate ['vʌlgit, -eit] *rel* die Vulgata.

vulner|ability [vʌlnərə'biliti] Verwundbarkeit *f*; **-able** ['vʌlnərəbl] verwundbar *a. fig*; anfällig (*to* für); empfindlich; *fig* angreifbar; *to be* ~~ Schwächen, schwache Stellen od Punkte haben; *to find o.'s* ~~ *spot* jds schwache Stelle treffen; **-ary** ['-rəri] *a* Wunden heilend; Wund(heil)-; ~~ Wund(heil)mittel *n*.

vulpine ['vʌlpain] *a* Fuchs-; fuchsartig; *fig* listig, schlau, klug.

vulture ['vʌltʃə] Geier; *fig* Blutsauger *m*.

vulva ['vʌlvə] *pl* **-ae** ['-i:] *anat* (äußere) weibliche Scham, Vulva *f*.

vying ['vaiiŋ] *ppr* von **vie**; *a* wetteifernd.

W

W, w ['dʌblju(:)] *pl* ~'s W, w *n*.
Waac [wæk] (Heeres-)Helferin *f* (*des britischen Women's Army Auxiliary Corps*) WAAC.
wabble *s*. wobble.
Wac [wæk] *Am* (Heeres-)Helferin *f* (*des amerik. Women's Army Corps*) WAC.
wack [wæk] *Am sl* verrückte(r) Kerl, Idiot *m*; **~y, whacky** ['-i] *Am sl* verrückt, blöd(e), übergeschnappt.
wad [wɔd] *s* Knäuel *m od n*, Bausch *m*; Büschel, (kleines) Bündel, Päckchen *n*, Stoß *m*; Klümpchen *n*, Pfropf(en); (*Kautabak*) Priem; *mil* Ladepfropf *m*; *Am fam* Bündel *n* Geldscheine; *Am sl* Haufen *m* Geld; *tr* zs.knüllen, -drücken; *Am* (*to* ~ *up*) zs.-, aufrollen; (aus-)stopfen; füttern, wattieren, (aus-)polstern; **~ding** ['-iŋ] Füllsel *n*, Einlage, Fütterung, Wattierung, Watte *f*.
waddle ['wɔdl] *itr* watscheln, torkeln, wackeln(d gehen); *s* Watscheln *n*, torkelnde(r) Gang *m*.
wad|e [weid] *itr* waten, stapfen (*through* durch); *fig* sich (mühsam) (hin)durcharbeiten (*through* durch); *fam fig* sich hineinstürzen (*in, into* in), sich eifrig machen (*in, into* an); *tr* durchwaten; **~er** ['-ə] *zoo* Stelzvogel *m*; *pl* (hohe) Gummistiefel *m pl*; **~ing bird** Stelzvogel *m*.
Waf, WAF [wæf] (Luftwaffen-)Helferin *f* (*der amerik. Women in the Air Force*).
wafer ['weifə] *s* Waffel *f*; *med* Oblate *a. rel*; *rel* Hostie; Siegelmarke *f*; *tr* (mit e-r Oblate) zukleben.
waffle ['wɔfl] **1.** *Am* Waffel *f*; **~ iron** Waffeleisen *n*; **2.** *itr fam* quasseln; *s* Gequassel *n*.
waft [wɔ(:)ft, wɑ:ft] *tr* (weg-, fort)wehen, -blasen, (fort)tragen; *itr* wehen, flattern; schweben; *s* Wehen; Flattern *n*; Hauch *a. fig*, Luftzug; Duft; (schwebender) Ton; *fig* Anflug *m*; *mar* Signalflagge *f*; Not-, Flaggensignal *n*.
wag [wæg] **1.** *tr* (*to set* ~*ging*) schwingen, wackeln, wedeln mit; *itr* wackeln, wedeln, hin- u. hergehen; *fam* abhauen, das Weite suchen; *s* Schwingen, Wackeln, Wedeln *n*; *to set tongues* (*chins, beards*) ~*ging* Anlaß zum Gerede geben; *to* ~ *o.'s finger at s.o.* jdm mit dem Finger drohen; **2.** *s* Witzbold, Schalk; *sl* Drückeberger, Schulschwänzer *m*; *itr sl* sich drücken; (*Schule*) schwänzen; **~gery** ['-əri]

Mutwille, Spaß *m*; Flausen *f pl*; **~gish** ['-iʃ] lustig, spaßig, scherzhaft; **~gishness** ['-iʃnis] Spaßigkeit, Schalkhaftigkeit *f*; **~tail** Bachstelze *f*.
wage [weidʒ] **1.** *meist pl* (Arbeits-)Lohn *m*, Arbeitsentgelt *n*; Löhne *m pl*, Lohnaufkommen *n*, -anteil; *fig Am mit sing* Lohn, Sold *m*; *at a* ~ *of* bei e-m Gehalt von; *basic* ~*s* (*pl*) Grundlohn *m*; *hourly* ~*s* (*pl*) Stundenlohn *m*; *living* ~ ausreichende(r) Lohn *m* zur Sicherung des Lebensunterhalts; Existenzminimum *n*; *piece*(-*work*), *job* ~*s* (*pl*) Stück-, Akkordlohn *m*; *real* ~*s* (*pl*) Reallohn *m*; **~ advance** Lohnvorauszahlung *f*; **~ agreement** Tarifvertrag *m*; **~ claims** *pl* Lohnansprüche *m pl*, -forderungen *f pl*; **~ cuts, reductions** *pl* Senkung *f* der Löhne, Lohnabbau *m*; **~ disputes** *pl* Lohnstreitigkeiten *f pl*; **~ earner** Lohnempfänger; Ernährer *m* (*e-r Familie*); **~ freeze** Lohnstopp *m*; **~ group** Tarifgruppe *f*; **~ increase** Lohnerhöhung *f*; **~ level** Lohnniveau *n*; **~~packet** Lohntüte *f*; **~ payment** Lohnzahlung *f*; **~~price spiral** Lohn-Preis-Spirale *f*; **~ rates** *pl* Lohntarif *m*; **~s clerk** Lohnbuchhalter *m*; **~s policy** Lohnpolitik *f*; **~ scale** Lohnskala *f*, Tarif *m*; **~s schedule** Lohntabelle *f*; **~s sheet** Lohnliste *f*; **~ slip** Lohnstreifen *m*; **~s tax** Lohnsteuer *f*; **~ worker** *Am* Lohnarbeiter *m*; **~working** *a Am* für Lohn arbeitend; **2.** *tr* (durch)führen; *to* ~ *war* Krieg führen.
wager ['weidʒə] *s* Wette *f*; *tr itr* wetten; *to lay, to make a* ~ e-e Wette machen.
waggl|e ['wægl] *tr* (kräftig) schütteln; *itr* (heftig) wackeln; *s* (heftiges) Wackeln *n*; **~y** ['-i] (heftig) wackelnd, stark schwankend, torkelnd.
wag(g)on ['wægən] (Fracht-, Last-) Wagen *m*; *rail* offene(r) Güter-, Gepäckwagen, Waggon; *Am fam* Kinderwagen *m*; *Am fam* (*police*, *patrol* ~) grüne Minna *f*, (Polizei-)Gefangenenwagen *m*; *the W*~ (*astr*) der Große Wagen *od* Bär *m*; *by* ~ per Achse, mit der Bahn; *to be on the* (*water*) ~ (*sl*) keinen Alkohol trinken; *to hitch o.'s* ~ *to a star* (*fig*) nach den Sternen greifen; **~age** ['-idʒ] Fuhre *f*; Fuhrlohn *m*; Wagen(park *m*) *m pl*; **~ bed** *Am* Wagenkasten *m*; **~~ceiling, vault** *arch* Tonnengewölbe *n*; **~er** ['-ə] Fuhrmann *m*; *the W*~~ (*astr*) der

wagonette 1114 **walk**

Fuhrmann; **~ette** [wægə'net] Break *m* od *n (kleiner Gesellschaftswagen)*; **~load** Wagenladung *f*; **~ train** *Am* Güterzug; *Am mil* Versorgungszug *m*.

waif [weif] herrenlose(s) Gut *n*; Obdachlose(r) *m*; verwahrloste(s) Kind *n*; herrenlose(s) Tier *n*, streunende(r) Hund *m*; **~s and strays** Gesindel *n*; verwahrloste Kinder *n pl*; herumliegende Sachen *f pl*.

wail [weil] *itr* wehklagen *(for* um; *over* über*)*; *(Wind)* heulen; jammern *(with pain* vor Schmerzen*)*; *tr* beklagen, bejammern; klagend rufen; *s* Wimmern, Jammern, Klage *n*; **~ing** ['-iŋ] Wehklagen *n*; **W~~ Wall** Klagemauer *f*.

wain [wein] *poet* (Last-)Wagen *m*; *the W~*, *(meist) Charles's W~ (astr)* der Große Wagen *od* Bär *m*.

wainscot ['weinskət, 'wen-] *s* Holz-, Wandverkleidung *f*, Getäfel, Paneel *n*; *tr (Wand)* verkleiden, täfeln.

waist [weist] Taille *f (a. Kleidung)*; *Am* Oberteil *n (e-s Kleides)*, Bluse *f*; Leibchen, Mieder *n*, Büstenhalter *m*; *allg* schmal(st)e Stelle *f*, Einschnürung *f*, Einschnitt; *mar* mittlere(r) Teil *m* des Schiffes; *to be stripped to the ~* nackt bis auf die Hüften sein; *strip to the ~* machen Sie den Oberkörper frei; **~~band** (Rock-, Hosen-)Bund *m*; **~~belt** Leibriemen, Gürtel *m*; *mil* Koppel *n*; *aero* Anschnallgurt *m*; **~~cloth** Lendentuch *n*; **~coat** ['weiskout, *obs* 'weskət] Weste *f*; *hist* Wams *n*; **~~deep, ~high** *a* bis an die Hüften (reichend); **~~line** Gürtellinie, Taille *f*; *to watch o.'s ~~* auf die schlanke Linie achten.

wait [weit] *itr* warten *(for* auf; *until* bis); er-, abwarten *(for s.th.* etw); lauern *(for* auf); fertig, bereit sein; *(Essen)* auf dem Tisch stehen; *(auf* Erledigung) warten, zurückstehen, unerledigt bleiben; aufwarten *(on s.o.* jdm; *at*, *(Am)* on table bei Tisch); bedienen *(on s.o.* jdm); s-e Aufwartung machen *(on s.o.* jdm); abhängen *(on s.th.* von etw); *mot* halten; *tr* warten auf, ab-, erwarten; *s* Warten *n*; Wartezeit *f*; *rail* Aufenthalt *m*; *pl* Weihnachtssänger u. -musikanten *m pl*; *to ~ up (fam)* aufbleiben *(for s.o.* bis jem kommt); *to keep ~ing* warten lassen; *to lie in ~* auf der Lauer liegen, auflauern *(for s.o.* jdm); *to ~ dinner* mit dem Essen warten *(for* auf); *to ~ and see* abwarten; *to ~ table* bei Tisch aufwarten, bedienen; *~ (Verkehrsampel)* warte; **~er** ['-ə] Wartende(r); Kellner *m*; Tablett *n*; *(head)* **~~**

Ober(kellner) *m*; *~~ the bill, (Am) check, please!* Ober, bitte zahlen! **~ing** ['-iŋ] *a* wartend, Warte-; aufwartend, Aufwarte-; *s* Warten *n*, Wartezeit *f*; Aufwartung, Bedienung *f*; *in ~~* im Dienst; *mil* in Bereitschaft; *lady-in-~~* Hofdame *f*; *no ~~* Parken verboten; **~~-boy** Laufjunge, -bursche *m*; *~~ list* Warteliste *f*; **~~-maid** Kammermädchen *n*, Zofe; Aufwärterin *f*; **~~-room** Wartezimmer *n (beim Arzt); rail* Warteraum, -saal *m*; **~~-woman** Kammerfrau *f*; **-ress** ['-ris] Kellnerin *f*.

waiv|e [weiv] *tr jur* verzichten auf, aufgeben, zurücktreten von; *(Schulden)* erlassen; zurückstellen, aufschieben; *to ~~ o.'s right to speak (parl)* auf das Wort verzichten; **~er** ['-ə] Verzicht(erklärung *f*) *m (of* auf).

wake [weik] **1.** *irr* **woke** [wouk] *od* **~d, woke** *od* **woken** ['-ən] *od* **~d** *itr (to ~ up)* auf-, erwachen, munter werden; wachen, wach, munter sein; *rel* auferstehen *from the dead* von den Toten); aufmerksam werden *(to* auf); sich klar werden über; *tr (to ~ up)* (auf)wecken *a. fig*; *(Gefühl)* erwecken; *(Erinnerungen)* wachrufen; *(Ton, Echo)* hervorrufen; *(von den Toten)* auferwecken; *(obs, Irland)* Totenwache halten bei; *fig* anstacheln *(to* zu); *s* Kirchweih(fest *n*), Kirmes; *(Irland)* Totenwache *f*; *(Nordengland)* Urlaub *m*; *poet* Wachsein *n*; **~ful** ['-ful] wach(end); munter; wachsam; schlaflos; **~n** ['weikən] *itr* auf-, erwachen; munter werden; *fig* sich bewußt werden *to s.th.* gen; *tr (auf-)* wecken *(from, out of* von, aus); *fig* auf-, ermuntern, antreiben; **~~-robin** *bot* Aronsstab *m*; **~y** ['-i] *sl* aufwachen! **2.** Kielwasser *n a. fig*; Sog; *aero* Nachstrom, -lauf; Luftschraubenstrahl *m*; *in the ~ of (fig)* im Kielwasser, Gefolge *gen*; unmittelbar nach.

wale [weil] *s. a. weal* Strieme *f*; *(Textil)* Streifen *m*, Rippe, Salleiste *f*; *mar* Bergholz *n*.

walk [wɔ:k] *itr* (dahin-, einher-, entlang-, umher-, spazieren)gehen, zu Fuß gehen; wandern; *(Gespenst)* umgehen, spuken; *(Pferd)* (im) Schritt gehen; *allg* sich bewegen, hin- u. herschwanken; *fig* wandeln, leben; *sl* sich hermachen, herfallen *(into a sandwich* über e-e Stulle); *tr (e-e Straße)* entlanggehen; entlang *(gen)* gehen, gehen durch, über; auf u. ab gehen auf, in; durchwandern, -strei-

walk about — **wallflower**

fen; *(Strecke)* zurücklegen; *(kontrollierend)* abgehen; spazierenführen; *(Hund)* ausführen; *(Pferd)* (im) Schritt gehen lassen; vorwärts-, antreiben; geleiten, begleiten; gehen, laufen lassen, auf den Beinen halten *(to exhaustion* bis zur Erschöpfung); *allg* in Bewegung setzen *od* halten; *s* Gehen *n,* Gang; Spaziergang *m,* Wanderung *f;* (Spazier-)Weg; *(an hour's)* ~ Weg *(von e-r Stunde);* Gang(art *f),* Schritt *m; fig (~ of life)* Laufbahn *f,* Beruf, Lebensbereich *m,* (soziale) Stellung *f;* Arbeitsgebiet *n;* Lebensweise, -art *f,* Verhalten(sweise *f) n;* Spazierweg *m,* Promenade, Allee, Baumreihe; *(bes.* Schaf-)Weide *f;* Walddistrikt *m;* Wettgehen *n; com* Geschäftszweig *m,* Branche *f; (Post)* Zustellbezirk *m; (Polizei)* Runde *f; to go at a* ~ (im) Schritt gehen; *to go for a* ~, *to take a* ~ e-n Spaziergang machen, spazierengehen; *to* ~ *the hospitals* Medizin studieren; *to* ~ *the plank* über Bord gehen; *fig* zum Rücktritt gezwungen werden, zwangsweise demissionieren; *to* ~ *a round* e-e Runde machen; *to* ~ *s.o. Spanish (Am fam)* jdn zwingen, wegzugehen; *to* ~ *the streets (Prostituierte)* auf den Strich gehen; durch die Straße gehen; *it's a long* ~ zu Fuß ist es ein weiter Weg; *constitutional* ~ Verdauungsspaziergang *m; to* ~ **about** *itr* umhergehen, -wandern, -streifen, -führen; *to* ~ **along** dahingehen; weitergehen; *to* ~ **away** *from s.o.* jdn hinter sich lassen, *fam* abhängen; *with s.th.* etw mitnehmen; leicht gewinnen; *to* ~ **back** zurückgehen; *fam* e-n Rückzieher machen; *to* ~ **down** hinuntergehen, *(Schuhe)* durchlaufen; *to* ~ **into** etw tüchtig essen von, hineinhauen in; *s.o.* jdn ausschimpfen; über jdn herfallen; *to* ~ **off** *itr* sich aus dem Staube machen, *fam* abhauen; *with s.th. (fam)* etw erwischen, (weg)schnappen; sich etw unter den Nagel reißen; klauen; *tr* wegführen; *to* ~ **on** *theat* e-e Statistenrolle spielen; *to* ~ **out** *fam* gehen, poussieren *(with* mit); *fam* streiken; *fam* im Stich, stehen-, sitzenlassen *(on s.o.* jdn); *to* ~ **over** e-n leichten Sieg davontragen; *to* ~ *all over s.o.* jdn mißbrauchen; auf jdm herumtrampeln; *to* ~ **up** herauf-, hinaufgehen; herankommen *(to* zu); **~-around** *Am Art* Negertanz *m;* **~athon** ['wɔ:kəθən] *sport* Marathongehen *n;* Dauertanz *m;* **~-away** leichte(r) Sieg *m;* **~-bill** *fin* Platzwechsel *m;* ~ **charges** *pl* Inkasso-

spesen *pl;* **~er** ['-ə] Fuß-, Spaziergänger; *sport* Geher; *dial* Walker; *(Jagd)* Treiber *m;* **~~-on** *(theat)* Statist *m;* **~ie-lookie** tragbare Fernsehkamera *f;* **~ie-talkie, ~y-talky** ['-i-'tɔ:ki] tragbare(s) Sprechfunkgerät *n;* **~ing** ['-iŋ] *a* umherziehend, -wandernd; *(Vogel)* schreitend; *(Fahrzeug, Gerät)* Gespann-; sich hin- u. herbewegend; *s* Gehen *n,* Gang *m;* Wandern *n;* Wanderung *f;* Gang(art *f) m;* Begehbarkeit *f (e-s Weges, Bodens); sport* Gehen *n;* ~ **crane** Laufkran *m;* ~~ **delegate** (umher)reisende(r) Gewerkschaftsvertreter; *com* Geschäftsbevollmächtigte(r) *m;* ~~-**dress** Straßenkleid *n;* ~~ **gentleman, lady** *(theat)* Statist(in *f) m;* ~~ **leaf** *(ent)* Wandelnde(s) Blatt *n;* ~~-**on part** Statistenrolle *f;* ~~-**papers** *(pl),* -**ticket** Entlassungspapiere *n pl; to give s.o. his* ~~-**papers** jdn entlassen; ~~ **part** Statistenrolle *f;* ~~-**shoes** *(pl)* Marschstiefel *m pl;* ~~-**speed** Schrittgeschwindigkeit *f;* ~~-**stick** Spazierstock *m;* ~~-**tour** (Fuß-)Wanderung *f;* **~-on** *theat* Statistenrolle *f;* **~-out** *Am fam* Ausstand, Streik *m;* **~-over** *fig* leichte(r) Sieg *m; fig* Kleinigkeit *f;* **~-up** *Am fam* Mietshaus ohne Fahrstuhl.

wall [wɔ:l] *s* Wand *a. anat;* Mauer *f a. fig;* Wall; Deich *m; allg* (Trenn-, Scheide-)Wand; *min* Sohle *f; tr (to up)* ummauern; ein-, zumauern; *(to off)* mit e-n Wall umgeben; durch Mauern abtrennen *(from* von); *fig* einschließen *(against* gegen); *with o.'s back to the* ~ *(fig)* in die Enge getrieben; *to drive, to push s.o. to the* ~ *(fig)* jdn an die Wand drücken; *to go to the* ~ *(fig)* an die Wand gedrückt werden; den kürzeren ziehen; pleite gehen, Bankrott machen; an die Wand gestellt, erschossen werden; *to hang s.th. on the* ~ etw an die Wand hängen; *to run o.'s head against a* ~ *(fig)* mit dem Kopf gegen die Wand rennen; *to see through a brick* ~ *(fig)* das Gras wachsen hören; **~s have ears** *(prov)* Wände haben Ohren; **fire-proof** ~ Brandmauer *f;* **tariff** ~ Zollmauer *f;* ~ **of partition** Scheidewand *f;* **~-bars** *pl sport* Sprossenwand *f;* **~-board** *Am* Hartfaserplatte; Wandtafel *f;* ~ **box** Briefkasten *m (an e-r Hauswand);* ~ **bracket** Konsole *f,* Wandarm *m;* ~ **crack** Mauerriß *m;* **~-creeper** *orn* Mauerläufer, -specht *m;* **~-eye** *med vet* Glasauge; Glotzauge; *med* Leukom *n;* ~ **fern** Mauerfarn *m;* **~-flower** *bot* Goldlack *m; fig* Mauerblümchen *n;*

wall-fruit

~-fruit Spalierobst n; **~-map** Wandkarte f; **~-painting** Wandmalerei f, Fresko n; **-paper** Tapete f; **~-pepper** Mauerpfeffer m; **~-plate** arch Wandplatte f, -teller m; **~-plug, -socket** el Wandstecker m, Steckdose f; **W~ Street** fig die amerikanische Hochfinanz f; **~ tent** Steilwandzelt n; **~-tree** Spalierbaum m.
wallaby ['wɔləbi] Großfußkänguruh n; pl fam Australier m pl; on the ~ (track) auf der Walze, ohne Arbeit.
wallet ['wɔlit] (lederne) Werkzeugtasche; Brieftasche f; obs Mantelsack m, Reisetasche f.
Walloon [wɔ'lu:n] s Wallone m, Wallonin f; Wallonisch n; a wallonisch.
wallop ['wɔləp] sl tr schwer treffen; heftig schlagen; fam verdreschen, verprügeln; erledigen, fertigmachen (s.o. jdn); itr fam (daher)sta(m)pfen; trampeln, galoppieren; s fam heftige(r) Schlag m; Wucht, Kraft f; fam Sta(m)pfen; Galoppieren; sl Bier n; **~er** ['-ə] fam Schläger m; Riesending n, -sache f; **~ing** ['-iŋ] a fam mächtig, gewaltig, enorm, riesig; s fam Dresche a fig, Tracht f Prügel.
wallow ['wɔlou] itr sich wälzen; sich suhlen; mar rollen, schlingern; (Nebel) wogen; (Flammen) herausschlagen; fig schwelgen (in in); s Suhle f; to ~ in money (fam) im Gelde schwimmen.
walnut ['wɔ:lnʌt] Walnuß f; (Wal-)Nußbaum; Nußbaum(holz n) m.
walrus ['wɔ:lrəs] zoo Walroß n; **~m(o)ustache** Hängeschnurrbart m.
waltz [wɔ:ls] s Walzer m; für Walzer tanzen; herumwirbeln; tr Walzer tanzen mit.
wampum ['wɔmpəm] Am sl Moneten pl.
wan [wɔn] blaß, bleich; elend; müde, matt, schwach; **~ness** ['-nis] Blässe; Müdigkeit; Schwäche f.
wand [wɔnd] Rute, Gerte f; mus Taktstock; Amts-, Kommando-, Marschallstab; Zauberstab m; Wünschelrute f.
wander ['wɔndə] itr umherwandern, -streifen, -schweifen; abbiegen (from von); (~ away) sich verlaufen, sich verirren a. fig; phantasieren; (to ~ off) auf die Wanderschaft gehen; fig (vom Thema) abschweifen (from von); auf die schiefe Bahn od Ebene geraten; zs.hanglos sein; (Blick) umherschweifen, gleiten; allg sich schlängeln, sich winden; tr poet durchstreifen, wandern, ziehen durch; his mind is ~ing er ist geistig abwesend; **~er** ['-rə]

1116

wanting

Wanderer m; **~ing** ['-riŋ] a wandernd, umherstreifend, -schweifend, unstet; flatterhaft; nomadisch; sich schlängelnd, sich windend; s Wandern, Umherstreifen, -schweifen n; Abweichung f (from von); pl Wanderungen f pl, Wanderleben; Phantasieren; Irrereden n; the W~~ Jew der Ewige Jude; **~~ kidney** (med) Wanderniere f.
wane [wein] itr (Mond) abnehmen; allg schwächer werden, nachlassen a. fig; (Farbe) verblassen; fig vergehen, (dahin)schwinden, verfallen; zu Ende gehen, dem Ende zugehen; s (Mond) Abnehmen; allg fig Nachlassen, Vergehen, (Dahin-)Schwinden n, Verfall m; to be on the ~ im Abnehmen sein.
wangle ['wæŋgl] tr sl hinkriegen, drehen, deichseln; 'rausschlagen, -schinden (s.th. out of s.o. etw aus jdm); ergattern; sl (zurecht)frisieren, -stutzen; hin- u. herschaukeln, -schwenken, -drehen; itr Am fam schummeln, mogeln; sich herauswinden (out of aus); sich zu helfen wissen; s sl Kniff, Dreh m.
want [wɔnt] tr Mangel haben od leiden an; es fehlen lassen an; nicht, kaum (en) ... haben; lit ermangeln (s.th. e-r S); (ge)brauchen, benötigen, nötig haben, bedürfen; müssen, sollen; sich sehnen, Sehnsucht, Verlangen haben nach; wünschen (to do zu tun), wollen (to do tun); zu sprechen wünschen, sprechen wollen; verlangen, erfordern; itr (ge)brauchen, nötig haben (for s.th. etw); Mangel leiden; in Dürftigkeit, Armut leben; s Fehlen n, Mangel m; Knappheit; Dürftigkeit, Armut, Not f; Bedürfnis n, Bedarf m (of an); dringende Notwendigkeit f; Verlangen n, Sehnsucht f, Wunsch m; pl Bedürfnisse n pl, Wünsche m pl; for, from ~ of aus Mangel an; in Ermangelung gen; to be ~ed gesucht werden; to be in ~ of s.th. etw (ge)brauchen, nötig haben; to ~ for nothing alles haben, was man braucht; I ~ you to do ich möchte, daß Sie tun; it ~s ... es fehlt, es fehlen ...; you ~ to do (fam) du solltest tun; your hair ~s cutting Sie sollten Ihr Haar schneiden lassen; a long-felt ~ ein langegehegter Wunsch; **~ ad** fam Klein-, Privatanzeige f (in e-r Zeitung); Stellengesuch, -angebot n; **~age** ['-idʒ] Am Fehlbetrag m; **~ing** ['-iŋ] a fehlend, nicht vorhanden; to be ~~ fehlen; nicht enthalten sein (in in); es fehlen lassen (in an), nicht haben (in s.th. etw), lit ermangeln (in s.th. e-r S); geistig zurückgeblieben

wanton sein; *weighed and found ~~* gewogen u. zu leicht befunden; *prp* ohne, in Ermangelung *gen*; außer, bis auf; weniger.

wanton ['wɔntən] *a* unbeherrscht, zügellos; ausschweifend, liederlich, lüstern; ausgelassen, mutwillig, übermütig; *(Kind)* ungezogen; böswillig, boshaft; rücksichtslos, extravagant, geziert; luxuriös, üppig *a. bot*; *s* Wüstling *m*; liederliche(s) Frauenzimmer *n*; *itr* tändeln, spielen; *(Pflanze)* üppig wachsen, ins Kraut schießen; **~ness** ['-nis] Unbeherrschtheit, Zügellosigkeit; Liederlichkeit; Geilheit, Lüsternheit; Ausgelassenheit *f*, Mutwille, Übermut *m*; Extravaganz, Üppigkeit *f*.

wapiti ['wɔpiti] Wapiti, Elk *m (nordamerik. Hirschart)*.

war [wɔː] *s* Krieg *a. fig*; *fig* Kampf, Streit, Konflikt *m*; *(art of ~)* Kriegskunst, -wissenschaft *f*; *attr* Kriegs-; *itr* Krieg führen *(for* um); kämpfen, streiten *(against* gegen; *with* mit); *at ~* im Krieg(szustand) (befindlich) *(with* mit); *to be at ~* with Krieg führen gegen; *fig* auf dem Kriegsfuß stehen *(with* mit); *in case, in the event of ~* im Kriegsfall; *in time(s) of ~* in Kriegszeiten; *on a ~ footing* in Kriegsstärke; *to agitate for ~* zum Krieg hetzen; *to carry the ~ into the enemy's country* den Krieg in Feindesland tragen; *fig* zum Gegenangriff übergehen; *to declare ~ (on a country)* (e-m Lande) den Krieg erklären; *fig* (*on s.o.*) jdm den Kampf ansagen; *to drift into ~* e-m Krieg zusteuern; *to fight a ~* e-n Krieg austragen; *fig* e-n Kampf ausfechten; *to go to ~* e-n Krieg beginnen *(against* gegen); in den Krieg ziehen; *to have been in the ~s (fig)* Schweres durchgemacht haben; *to make, to wage (up)on* Krieg führen gegen; *to prepare ~* e-n Krieg vorbereiten; *act of ~* Kriegshandlung *f*; *civil ~* Bürgerkrieg *m*; *class ~* Klassenkampf *m*; *cost of ~* Kriegskosten *pl*; *declaration of ~* Kriegserklärung *f*; *liberation ~* Befreiungskrieg *m*; *naval, sea ~* Seekrieg *m*; *outbreak of ~* Kriegsausbruch *m*; *paper ~* Papierkrieg *m*; *preventive ~* Präventivkrieg *m*; *prisoner of ~* Kriegsgefangene(r) *m*; *psychological ~* Nervenkrieg *m*; *religious ~* Religionskrieg *m*; *Secretary of State for W~ (brit.)* Kriegs-, Verteidigungsminister *m*; *theatre of ~* Kriegsschauplatz *m*; *world ~* Weltkrieg *m*; *~ of aggression* Angriffskrieg *m*; *~ in the air* Luftkrieg *m*; *~ of attrition* Zermürbungskrieg *m*; *~ of conquest* Eroberungskrieg *m*; *~ of extermination* Vernichtungskrieg *m*; *~ of independence* Unabhängigkeitskrieg *m*; *~ to the knife* Krieg *m* bis aufs Messer; *~ of nerves* Nervenkrieg *m*; *~ of succession* Erbfolgekrieg *m*; **~ aims** *pl* Kriegsziele *n pl*; **~armaments** *pl* Kriegsrüstungen *f pl*; **~ atrocities** *pl* Kriegsgreuel *m pl*; **~ baby** Kriegskind *n*; *Am fam* kriegsbedingte(r) Industrie(zweig *m*) *f*; **~~blinded** *a* kriegsblind; **~ bond** Kriegsschuldverschreibung *f*; **~bonus** Kriegszulage *f*; **~~booty** Kriegsbeute *f*; **~bride** Kriegsbraut *f*; **~ bulletin** Kriegsbericht *m*; **~~burden** Kriegslast *f*; **~~chest** Kriegskasse *f*; **~ correspondent** Kriegsberichter(-statter) *m*; **~ crime** Kriegsverbrechen *n*; **~ criminal** Kriegsverbrecher *m*; **~~cry** Schlachtruf *m a. fig*; **~ damages** *pl* Kriegsschäden *m pl*; **~~dance** Kriegstanz *m*; **~~debts** *pl* Kriegsschulden *f pl*; **W~ Department** Kriegsministerium *n (der US)*; **~ diary** Kriegstagebuch *n*; **~ disabled** *a* kriegsversehrt, -beschädigt; **~ economy** Kriegswirtschaft *f*; **~ efforts** *pl* Kriegsanstrengungen *f pl*; **~ establishment** Kriegsstärke *f*; **~ factory** Rüstungsbetrieb *m*; **~fare** ['-fɛə] Krieg(führung *f*) *m*; *economic ~* Wirtschaftskriegführung *f*; *guerilla ~* Guerilla-, Kleinkrieg *m*; *paper ~* Papierkrieg *m*; *party ~* Parteikämpfe *m pl*; *psychological ~* Nervenkrieg *m*; **~faring** ['-fɛəriŋ] kriegführend; **~~flag** Kriegsflagge *f*; **~~footing**: *on a ~ (mil)* kriegsstark; **~~game** Kriegsspiel *n*; **~~god** Kriegsgott *m*; **~~grave** Soldatengrab *n*; *pl* Kriegsgräber *n pl*; **~~guilt** Kriegsschuld *f*; **~~head** Sprengkopf *m*; **~~horse** Schlacht-, Streitroß *n*; *fig* alte(r) Haudegen, *allg* alte(r) Kämpfer *m*; **~ indemnification** Reparationen *f pl*; **~ industry** Rüstungsindustrie *f*; **~like** ['-laik] kriegerisch, feindselig; Kriegs-; **~~ operations (*pl*)** Kriegshandlungen *f pl*; **~ loan** Kriegsanleihe *f*; **~~lord** Kriegsherr *m*; **~ material** Kriegsmaterial *n*; **~~monger** Kriegshetzer *m*; **~~nose** = **~~head**; **W~ Office** *(brit.)* Kriegsministerium *n*; **~ orphan** Kriegswaise *f*; **~ paint** Kriegsbemalung *f*; *fig* volle(s) Ornat *n*; **~~path**: *to be on the ~* auf dem Kriegspfad sein *a. fig*; **~ pension** Kriegsrente *f*; **~ photographer** Kriegsberichter *m*; **~~plane** Kampf-

war policy — **warming**

flugzeug n; ~ **policy** Kriegs(treiber)politik f; ~ **potential** Kriegspotential n; ~ **preparations** pl Kriegsvorbereitungen, Rüstungen f pl; ~ **production** Kriegsproduktion f; ~ **profiteer** Kriegsgewinnler m; ~ **propaganda** Kriegspropaganda f; ~**ring** ['-riŋ] a mitea. im Krieg befindlich; fig widerstreitend, entgegengesetzt; ~**rior** ['wɔriə] Krieger m; ~**scarred** a durch den Krieg zerrüttet; ~**ship** Kriegsschiff n; ~ **strength** Kriegsstärke f; ~**time** Kriegszeit f; attr Kriegs-; in ~~ in Kriegszeiten; ~~ propaganda Kriegspropaganda f; ~~-**weary** kriegsmüde; ~~**wedding** Kriegstrauung f; ~~-**whoop** Kriegsgeschrei n (bes. d. Indianer); ~ **widow** Kriegerwitwe f; ~~-**worn** a vom Krieg mitgenommen; kriegsmüde; ~ **years** pl Kriegsjahre n pl; ~ **zone** Kriegsgebiet n.

warble ['wɔ:bl] **1.** itr (Vogel) singen; (Lerche) trillern; (Bach) murmeln; Am jodeln; tr singen; besingen; zwitschern; s Gesang m, Lied n; Triller m; Am Jodeln n; ~**er** ['-ə] Sänger m; pl zoo Sänger m pl; **2.** vet Dasselbeule; ent (~ fly) Dassel-, (Rinder-)Biesfliege, (Haut-)Bremse f.

ward [wɔ:d] s Vormundschaft f; Mündel n; Schützling; Entmündigte(r) m; (Gefängnis-, Krankenhaus-)Abteilung f; med Station f; (Stadt-, Verwaltungs-)Bezirk m; Schutzhaft, Verwahrung; (Fechten) Parade f; tech (Schloß) Besatzung; (Schlüssel) Aussparung, -nehmung f; tr (to ~ off) abwehren, fernhalten; (in ein Gefängnis, Krankenhaus) einliefern; (in ein Heim) aufnehmen; in, under ~ unter Vormundschaft; in watch and ~ hinter Schloß u. Riegel; to keep watch and ~ bewachen; casual ~ Asyl, Obdachlosenheim n; electoral ~ Wahlbezirk m; isolation ~ (med) Isolierbaracke f, -pavillon m; ~**en** ['-n] Wächter, Wärter, Aufseher; Am Gefängnisdirektor; Pförtner; Aufsichtsbeamte(r); (Amts-)Vorsteher, (Dienststellen-)Leiter; (Schul-)Leiter, (Di-)Rektor; Jugendherbergsvater m; air-raid ~~ Luftschutzwart m; ~**er** ['wɔ:də] Gefängniswärter m; ~ **heeler** Am pol fam pej Werber, Wahlagent m; ~**ress** ['wɔ:dris] (Gefängnis-)Wärterin f; ~**robe** ['wɔ:droub] Garderobe f; Kleiderschrank m; spring ~~ Frühjahrsgarderobe f; ~~ trunk Schrankkoffer m; ~**room** mar Offiziersmesse f; ~**ship** ['-ʃip] Vormundschaft (of, over über); Minderjährigkeit f.

war|e [wɛə] **1.** s sing nur in Zssgen -waren f pl, -artikel, -gegenstände m pl; pl Ware(n pl) f, Erzeugnisse n pl; irdene(s) Geschirr, Steingut n; ~**ehouse** ['-haus] f ('-hauz) Waren-)Lager n, Niederlage f; Lagerhaus n, Speicher m; Großhandlung f; Waren-, Kaufhaus n; tr ['-hauz] einlagern, speichern; bonded ~~ Zollspeicher m; linen ~~ Wäschegeschäft n; ~~ book Lager-, Bestandbuch n; ~~ certificate, receipt Lagerschein m; ~~ charges (pl) Lagergebühren f pl, -kosten pl; ~~keeper, ~~man Lagerhalter, -verwalter, -aufseher; Lagerarbeiter, Lagerist m; ~~room Laden(raum) m; Lager n; ~~ warrant Lagerschein m; **2.** tr achtgeben, aufpassen auf, sich vorsehen vor; ~**iness** ['wɛərinis] Vorsicht; Bedachtsamkeit f; ~**y** ['wɛəri] vorsichtig, bedacht(sam), bedächtig, behutsam; to be ~~ of s.th. auf etw acht(geb)en.

warm [wɔ:m] a warm (a. von Farben); wärmend; erhitzt; (Arbeit) anstrengend, gefährlich; fig hitzig, erregt, aufgeregt; feurig, begeistert, übereifrig; heiß, lebhaft, lebendig; erregbar, leidenschaftlich, verliebt; mitfühlend, herzlich, freundlich; dankbar; aufrichtig; (Spur) frisch; fam unangenehm, ungemütlich; brenzlig; fam betucht, reich; tr (er)wärmen; (to ~ up) (Speise) aufwärmen, warm machen; tech hochheizen; fig erwärmen, erhitzen, begeistern (to für), erfreuen, erheitern; sl verdreschen; itr (to ~ up) warm werden, sich erwärmen a. fig (to für); fig sich erhitzen, sich begeistern, entflammen (to für); s fam Warmwerden n, Erwärmung f; to ~ up (tr) (er)wärmen; (Essen) an-, aufwärmen; fig in Schwung bringen, anfeuern, begeistern; mot warmlaufen lassen; itr warm, wärmer werden; in Schwung kommen, sich begeistern, sich erregen; Am sport sich in Form bringen, sich warm laufen; in ~ blood in der Erregung, in Leidenschaft; to have a ~ sich aufwärmen; to make it, things ~ for s.o. (fig) jdm die Hölle heiß machen; ~-**blooded** a zoo warmblütig; fig lebhaft, feurig, stürmisch, hitzig, (über)eifrig; ~**er** ['-ə] in Zssgen -wärmer m; foot-~~ Fußwärmer m; ~-**hearted** a warmherzig, gütig, freundlich, mitfühlend, herzlich; ~**ing** ['-iŋ] a (er)wärmend; s (Er-)Wärmen n, Erwärmung f; tech Anwärmer, Aufheizer m; sl Dresche f; ~~ pad Heizkissen n; ~~-pan (hist) Wärm-, Bett-

warmish   1119   **wash**

pfanne *f*; **~-up period** Anwärmzeit *f*; **~ish** ['iʃ] lauwarm; **~th** [woːmθ] Wärme *a. fig; fig* Herzlichkeit, Begeisterung *f*, Eifer; Ärger *m*; **~~** *of the body* Körperwärme *f*; **~-up** *Am sport* Sichwarmlaufen; *mot* Warmlaufen *n*; *radio* Werbevorspann *m*.

warn [woːn] *tr* warnen (*of, against* vor); abraten (*of* von); (er)mahnen, erinnern (*of* an; *to do* zu tun); dringend raten; auffordern, anweisen; aufmerksam machen, hinweisen (*of* auf); vorher benachrichtigen, wissen lassen, Mitteilung machen (*s.o.* jdm), verständigen (*of* von); *to ~ off, out* auffordern, weg-, hinauszugehen; *to ~ to appear* vorladen; **~ing** ['iŋ] *a* warnend; mahnend; *s* Warnung; (Er-)Mahnung;(Voraus-)Benachrichtigung, Mitteilung *f*, Wink *m*; Kündigung; Vorladung *f*; *at a minute's ~~* in kürzester Frist; fristlos; *without any ~* überraschend, unerwartet; *to give s.o. a ~~, to give a ~~ to s.o.* jdn warnen; *to give (a month's) ~~* (zum nächsten Ersten) kündigen; *to take ~~ from s.th.* sich etw als Warnung dienen lassen; *gale ~* Sturmwarnung *f*; **~~ light** (*tech*) Warnlicht *n*; **~~-shot** Warnschuß *m*; **~~-table** Warnschild *n*.

warp [woːp] *s* Verwerfung (*bes. im Holz)*; Biegung, Verkrümmung; *fig* Verdrehung, Entstellung; Verdrehtheit, Absonderlichkeit; *agr* Anschwemmung, *f*, Schwemmland *n*, -boden, -sand *m*; *mar* Bugsier-, Warptau *n*; *(Weberei)* Kette *f*; *tr* verzichen, verzerren, verbiegen, *fig* verdrehen, entstellen; ablenken *(from* von); auf falsche Wege, auf die falsche Bahn führen; zs.binden; *(Weberei)* anscheren; *mar* bugsieren; *aero* verwinden; *(Land)* durch Überfluten düngen; *itr* sich werfen, sich wellen, sich verziehen, arbeiten, sich verbiegen, *fig* vom rechten Weg abweichen, krumme Wege gehen; *mar* werpen; *(Weberei)* (an)scheren, zetteln; **~ed** [-t] *a* krumm, verzogen; *fig* verschroben; *fig* parteiisch; **~ing** ['iŋ] *geol* Verwerfung; *aero* Verwindung *f*; *tech* Verwerfen, Verziehen *n*.

warrant ['worənt] *s* Begründung, Rechtfertigung; Berechtigung, Ermächtigung, Vollmacht; Unterlage *f*, Beleg *m*, Bescheinigung; Bürgschaft, Gewähr; Schatzanweisung, Quittung *f*; *com* Lagerschein; Befehl *m*, Verfügung *f*; *mil* Patent *n*, Beförderungsurkunde *f*; *tr* begründen, rechtfertigen; bestätigen, bescheinigen; berechtigen, ermächtigen, bevollmächtigen; garantieren, verbürgen, bürgen für, gewährleisten, belegen, bescheinigen; *fam* versichern, garantieren, sicher sein, daß; *not without ~* nicht ohne gewisse Berechtigung; *to have a ~ for doing s.th.* ermächtigt sein, etw zu tun; *to take out a ~ against s.o.* e-n Haftbefehl gegen jdn erwirken; *a ~ is out against him* er wird steckbrieflich gesucht; *death ~* Todesurteil *n*; *dividend ~* Gewinnanteilschein *m*; *extradition ~* Auslieferungsersuchen *n*; *search ~* Haussuchungsbefehl *m*; *~ of apprehension, of arrest* Haftbefehl *m*; *~ of attorney* Prozeßvollmacht *f*; *~ of distress* Beschlagnahmeverfügung *f*, Pfändungs-, Zwangsvollstreckungsbefehl *m*; *~ for payment* gerichtliche(r) Zahlungsbefehl *m*; **~able** ['-əbl] begründbar, vertretbar; **~ably** ['-əbli] *adv* berechtigterweise, rechtmäßig, zu Recht; **~ed** [-id] *a* garantiert, verbürgt; ermächtigt, berechtigt; **~ee** [worən'tiː] Sicherheitsempfänger *m*; **~er, ~or** ['worəntə, -toː] Garant, Gewährsmann, Bürge *m*; **~-officer** *mil* Stabsfeldwebel; *mar* (Ober-)Stabsbootsmann *m*; **~y** ['-i] Rechtfertigung (*for* für), Berechtigung (*for* zu); Ermächtigung, Vollmacht *f*; Gewähr, Bürgschaft, Garantie(schein *m*) *f*; *~~ deed (Am)* Grundstücksübertragungsurkunde *f*.

warren ['worin] Kaninchengehege *n*; *fig* Ameisenhaufen *m*, Mietskaserne *f*.

wart [woːt] *bot zoo med* Warze *f*; **~ hog** Warzenschwein *n*; **~y** ['-i] warzig.

wash [woʃ] *tr* (ab)waschen *a. rel*; reinigen; spülen, naß machen; an-, befeuchten; *(Fußboden)* aufwaschen; *(Wellen)* bespülen, schlagen gegen; (weg)spülen; *(Kunst)* lavieren; (mit Metall)überziehen; *chem geol* waschen; *tech* anstreichen; *itr (to ~ up)* sich waschen; *(Stoff)* sich waschen lassen; *(Wäsche)* waschen; bespült, ausgewaschen werden; *(Wellen)* branden, schlagen (*against* gegen); *fam* e-r Prüfung standhalten; *s* Waschen *n*; Wäsche *f*; Abwasch-, Spülwasser *n a. fig*; Wellenschlag *m*; *aero* Luftstrudel *m*; *geol* Auswaschung, Erosion *f*; Schwemmgut *n*, -sand *m*, -land *n*, Anschwemmung *f*, Überschwemmungsgebiet *n*, Marsch (-land *n*); *(Wasser-)Lache f*, Pfuhl *m*; Altwasser *n*; Fluß-, Meeresarm *m*; Wasserlauf *m*, Rinnsal; *Am* trockene(s) Flußbett *n*; Wasserfarbe, Lavierung *f*, Tünche *f*, Anstrich; (dünner) Metall-

wash away — **wastage**

überzug *m*; *(Schönheits-, Haar-, Mund-)*Wasser *n*; flüssige Nahrung *f*; *fam* was zum Nachspülen *(e-s Schnapses)*; *to be at the ~* in der Wäsche sein; *to come out in the ~ (Am sl)* (mal) herauskommen; *to give s.th. a ~* etw (ab)waschen; *to have a ~* sich waschen; *to ~ the dishes* das Geschirr spülen; *to ~ o.'s hands of s.th.* mit e-r S nichts (mehr) zu tun haben wollen; **~ away** wegspülen; fort-, wegschwemmen; *to ~* **down** (ab)spülen; *(Wagen)* waschen; *(Bissen)* hinunterspülen; *to ~* **off** weg-, abwaschen; *to ~* **out** *tr itr* (sich) wegwaschen (lassen); *fam* annullieren; *sl* auspunkten, erledigen; *to be ~ed out (fig)* am Ende sein; *to ~* **over** überstreichen, -pinseln; *to ~* **up** *(Geschirr)* ab-, aufwaschen, spülen; anschwemmen, anspülen; *Am fam* erledigen; *to be ~ed up (fig)* fertig, erledigt sein; **~able** ['-əbl] (ab)waschbar; **~-basin**, *Am* **~-bowl** Waschbecken *n*, -schüssel *f*; **~-board** Waschbrett *n*; Scheuerleiste *f*; *mar* Setzbord *n*; **~-boiler** Waschkessel *m*; **~-bottle** Spritz-, Waschflasche *f*; **~-cloth** Abwaschlappen *m*; *Am* Waschlappen *m*; **~-day** Waschtag *m*; **~-down** *mot (Wagen-)* Waschen *n*; **~ed-out** *a (Farbe)* verwaschen, verblaßt; *fam* abgespannt, müde, schlapp, durchgedreht; **~ed-up** *a* abgewaschen; *fam* müde, kaputt; *sl* erledigt, hin; ausrangiert, abgetan; ruiniert; *(Pläne)* ins Wasser gefallen; **~er** ['-ə] Wäscher(in *f*) *m*; Waschmaschine *f*; *tech* Unterlagscheibe *f*, Dichtungsring *m*; *dish-~* = **~-woman** Geschirrspülmaschine *f*; **~-hand-basin** = **~-basin**; **~-hand-stand** = **~-stand**; **~-house** Waschküche *f*, -haus *n*; **~iness** ['-inis] Wässerigkeit *f*; *fig* Schwäche, Kraftlosigkeit; Fadheit, Abgeschmacktheit *f*; **~ing** ['-iŋ] *s* Waschen *n*; Wäsche *f*; Spülen, (Ab-)Waschen *n*; *geol* Unterspülung, Anschwemmung *f*; *min* Schlämmgut *n*; *tech* Farb-, Metallüberzug *m*; *meist pl* Spülwasser, Spülicht *n*; Abfall *m*, Abfälle *m pl*; *Am com* Scheinverkauf *m* von Börsenpapieren; *a* waschecht; Wasch-; **~~-board** Waschbrett *n*; **~~-day** Waschtag *m*; **~~-fluid** flüssige Seife *f*; **~~-machine** Waschmaschine *f*; **~~-powder** Waschpulver *n*; **~~-silk** Waschseide *f*; **~~-soda** Bleichsoda *f*; **~~-up** Abwaschen, Geschirrspülen *n*; **~-kitchen** Waschküche *f*; **~-leather** Fensterleder *n*; **~-out** *rail* Unterspülung; *med* Ausspülung; *(Straße)* ausgewaschene Stelle *f*; *sl* Reinfall *m*, Fiasko *n*; Niete *f (Mensch)*; **~-rag** = **~-cloth**; **~-room** *Am* Toilette *f*; **~ sale** *(Börse)* Scheingeschäft *n*; **~-stand** Waschtisch, -ständer *m*; **~-tub** Waschwanne *f*, -zuber *m*; **~-woman** Waschfrau *f*; **~y** ['-i] wässerig, wäßrig; (ver)dünn(t), schwach *a. fig*; *fig* fad(e), geschmacklos, abgeschmackt, (saft- u.) kraftlos *(Stil)* verwässert; *(Farbe)* matt, blaß.

wasp [wɔsp] Wespe *f*; **~ish** ['-iʃ] *fig* launisch, reizbar; *(Antwort)* scharf; **~'s nest** Wespennest *n*; **~-waisted** *a* mit e-r Wespentaille.

wassail ['wɔseil] *obs* Umtrunk *m*; gewürzte(s) Bier *n*.

wast|age ['weistidʒ] Abnutzung *f*, Schwund, Abgang, Verlust; Verbrauch *m*; Vergeudung, Verschwendung *f*; *tech* Ausschuß *m*; **~e** [weist] *tr* verschwenden, vergeuden, nutzlos vertun (*on* mit); verwüsten, verheeren; auf-, verbrauchen; auszehren, schwächen; *jur (Haus)* verkommen lassen; versäumen, verpassen; *to be ~ed* umsonst, vergeblich sein; wirkungslos sein (*on* auf); *itr (to ~~ away)* schwächer werden, nachlassen; abnehmen, weniger werden, dahinschwinden, vergehen; dahinsiechen; *(Zeit)* ungenutzt verstreichen; verschwendet, vergeudet werden; sich verzetteln (*in* in); *a* wüst, öde, verlassen; übrig(geblieben); ungenützt; unbrauchbar, unnütz (geworden), Alt-; Abfall-; überflüssig, -schüssig; *physiol* ausgeschieden; *tech* Abfluß-, Abzugs-; *s* Wüste, (Ein-)Öde *f*, Ödland *n*, Wildnis *f*; Schutthaufen; Müll; Schutt; Schrott, Abfall(produkt *n*) *m*, Abfälle *m pl*; Ausschuß *m*; Abwässer *pl*; *min* Abraum *m*; geol Geröll *n*; Überlauf; *(~ steam)* Abdampf; (allmählicher) Verlust, Abgang, Schwund *m*, Abnahme *f*; Verschleiß *m*, Abnutzung *f*; Verfall, Verderb *m*; *jur* Wertminderung; Verschwendung, Vergeudung *f*; *biol* Ausscheidungsprodukte *n pl*; *to go, to run to ~~* ungenutzt bleiben; verschwendet werden; *to lay ~~* zerstören, verwüsten, verheeren; *to lie ~~* brachliegen; *don't ~~ your breath* sparen Sie sich Ihre Worte; *haste makes ~~* Eile mit Weile; *~~ not, want not* spare in der Zeit, so hast du in der Not; *~~ of energy, money, time* Kraft-, Geld-, Zeitverschwendung *f*; **~~-basket** = **~~-paper-basket**; **~~ book** Kladde *f*, Konzeptheft *n*; **~~ cotton** Putzbaumwolle *f*;

wasteful 1121 **water**

~~-dump Schutthalde *f;* ~~-flue Abzugskanal *m;* ~~ gas Abgas *n;* ~~ heat *(tech)* Abhitze, -wärme *f;* ~~land Ödland *n;* ~~ matter Abfall *m,* Abfälle *m pl;* ~~ paper Altpapier *n,* Makulatur *f a. fig;* ~~-paper basket Papierkorb *m;* ~~-pipe Abfluß-, Fallrohr *n;* ~~ product *(tech)* Abfallprodukt *n; biol* Ausscheidungsstoff *m;* ~~ steam Abdampf *m;* ~~ time Leerlaufzeit *f;* ~~ water *(tech)* Ab-, Kondenswasser *n;* ~~ wool Putzwolle *f;* ~eful ['-ful] verschwendungssüchtig; verschwenderisch *(of* mit); unrentabel; ~~ exploitation Raubbau *m;* ~efulness ['-fulnis] Verschwendungssucht; Kostspieligkeit *f;* ~er ['-ə] Verschwender; *fam* Taugenichts, Nichtsnutz *m; com* fehlerhafte(s) Stück *n;* Ausschuß; *min* Fehlguß; *pl* Ausschuß(ware *f) m;* ~ing ['-iŋ] *a* verheerend, vernichtend, zerstörerisch; schwindend; abnutzend, wertmindernd; *(Krankheit)* zehrend; ~rel ['-rə] Verschwender; Taugenichts, Nichtsnutz *m;* Straßenjunge *m; com* fehlerhaftes Stück *n,* Ausschuß(ware *f) m; (England)* Gemeindeland *n.*

watch [wɔtʃ] *s* Wache *a. mar;* Be-, Überwachung; (gespannte) Aufmerksamkeit, Wachsamkeit; Wache, Wachmannschaft *f;* Wachmann, Wächter, Wärter *m; obs* Nachtwache; Taschen-, Armbanduhr; *mar* (Schiffs-)Wache *f; itr* aufpassen, achtgeben *(over* auf); herschauen, -sehen; zusehen, beobachten; -warten *(for s.th.* etw); auf der Lauer sein; wachen; Wache halten; *tr* bewachen, behüten, aufpassen auf, achtgeben auf; überwachen; nicht aus den Augen lassen; achten auf, beobachten; abwarten, -passen; *(Tiere)* hüten; *on ~* auf Wache; *on the ~* auf der Lauer; *to ~ out* auf der Hut sein, aufpassen, achtgeben; ausschauen *(for s.o.* nach jdm); sich hüten *(for s.o.* vor jdm); *to be on the ~* auf der Hut sein; Ausschau halten *(for* nach); lauern *(for* auf); *to keep ~* Wache halten; aufpassen *(on* auf); *to ~ o.'s step* vorsichtig zu Werke gehen; *~ your step!* Achtung, Stufe! Seien Sie vorsichtig! *to ~ o.'s time* auf e-e günstige Gelegenheit warten; *he needs close ~ing* man muß ihm auf die Finger sehen; *by my ~ it's ten* nach meiner Uhr ist es zehn; *dress-, wrist-~* Taschen-, Armbanduhr *f;* ~ **band** Uhrarmband *n;* ~**-boat** Wachtboot *n;* ~**-box, -house** *(Übersee, Am)* Schilderhaus *n;* ~~**-bracelet** Uhrarmband *n;* ~~**-case** Uhrgehäuse *n;* ~~**chain, -guard** Uhrkette *f;* ~~**dog** Wachhund *m a. fig;* ~**er** ['-ə] Wächter; Wärter; Aufpasser; Beobachter; Zuschauer *m;* ~**-fire** Wachfeuer *n;* ~**ful** ['-ful] wachsam, aufmerksam *(of* auf); behutsam, vorsichtig *(against* mit); *to be ~ of s.th.* etw bewachen, beobachten; ~**fulness** ['-fulnis] Wachsamkeit, Aufmerksamkeit, Behutsamkeit, Vorsicht *f;* ~~**glass** Uhrglas *n;* ~ **hand** Uhrzeiger *m;* ~**maker** Uhrmacher *m;* ~**making** Uhrmacherei *f;* ~**man** ['-mən] Wachmann, (Nacht-)Wächter *m (in e-m Werk);* Bahnwärter; *hist* Nachtwächter *m;* ~~*'s clock* Stechuhr *f;* ~~**meeting** Silvestergottesdienst *m;* ~~**night** Silvesterabend *m,* -nacht *f,* -gottesdienst *m;* ~ **officer** Wachoffizier *m;* ~~**pocket** Uhrtasche *f;* ~~**spring** Uhrfeder *f;* ~~**tower** Wachtturm *m;* ~~**word** Schlagwort; Kennwort *n,* Losung, Parole *f a. hist mil.*

water ['wɔ:tə] *s* Wasser *n;* Wasserstand, -spiegel *m;* Flüssigkeit *f;* Aquarell *n; oft pl* Gewässer; *pl* Mineral-, Heilwasser *n,* (Sauer-)Brunnen *m; (Edelstein)* Wasser *n; tr (Vieh)* tränken; bewässern, begießen, sprengen; berieseln; *(to ~ down)* ein-, durchweichen, befeuchten; (mit Wasser) verdünnen; *(Milch)* pan(t)schen; *(Textil)* moirieren; *fig* verwässern; *itr (Tier)* saufen; Wasser einnehmen, tanken; sich mit Wasser versorgen; Wasser abgeben; *(Augen)* tränen; *aero* wassern; *to ~ down (fig)* verwässern, abschwächen, mildern; *above ~* über Wasser *a. fig; by ~* auf dem Wasserwege, zu Schiff; *like ~ (fig)* mit vollen Händen; am laufenden Band; *of the first, purest ~* reinsten Wassers; *on the ~* auf dem Wasser, in e-m Boot, auf e-m Schiff; *under ~* unter Wasser; *to back ~* rückwärts rudern; *to be in deep ~(s) (fig)* in Schwierigkeiten stecken; *to be like a fish out of ~ (fig)* sich fehl am Platz fühlen; *to be in low ~ (fig)* knapp bei Kasse sein; *to be in smooth ~ (fig)* gut vorankommen; *to cast, to throw o.'s bread upon the ~(s) (fig)* keinen Dank erwarten; *to drink the ~s* e-e Brunnenkur machen; *to get into hot ~ (fig)* in Teufels Küche kommen; *to go through fire and ~ (fig)* Schlimmes durchmachen (müssen); *to have ~ on the brain (fig)* den Verstand verloren haben, nicht bei Sinnen sein; *to hold ~* wasserdicht, *fig* stichhaltig sein; *to keep o.'s head above ~ (fig)* sich *(bes. finanziell)* über Wasser halten; *to let ~* Wasser durchlassen, nicht wasserdicht sein; *to make, to pass ~* Wasser lassen, urinieren; *mar* ein Leck haben; *to make s.o.'s mouth ~* jdm das Wasser im Munde zs.laufen lassen; *to throw cold ~ on s.th. (fig)* die Begeisterung für etw dämpfen; *I'm in low ~ (fam)* bei mir ist Ebbe; *my mouth ~s* mir läuft das Wasser im Munde zusammen; *the boat draws ten feet of ~* das Schiff hat 5 Fuß Tiefgang; *still ~s run deep (prov)* stille Wasser sind tief; *bath ~* Badewasser *n*; *drinking ~* Trinkwasser *n*; *ground-~* Grundwasser *n*; *~~ level* Grundwasserspiegel *m*; *high ~* Hochwasser *n*; *holy ~* Weihwasser *n*; *low ~* Niedrigwasser *n*; Ebbe *f*; *mineral, table ~ (pl)* Mineralwasser *n*, Sauerbrunnen *m*; *tap ~* Leitungswasser *n*; *washing-~* Waschwasser *n*; *~ on the brain* Wasserkopf *m*; **~ absorption** Wasseraufnahme *f*; **~ adder** Wasserschlange *f*; **~age** ['-ridʒ] Transport *m* auf dem Wasserwege; **~ bath** Wasserbad *n*; **~~beetle** Wasserkäfer *m*; **~~bird** Wasservogel *m*; **~~biscuit** Wasserzwieback *m*; **~~blister** *med* Wasserblase *f*; **~~boiler** Warmwasserspeicher *m*; **~~borne** *a* auf dem Wasserwege befördert; *med* durch Trinkwasser übertragen; **~~bottle** Wasserkaraffe *f*; *Am mil* Feldflasche *f*; **~~brain** *vet* Drehkrankheit *f*; **~~brash** Sodbrennen *n*; **~buck** *zoo* Wasserbock *m*; **~~buffalo** Wasserbüffel *m*; **~~bug** Wasserwanze *f*, -käfer *m*; **~~butt** Regenwassertonne *f*; **W~~carrier** *astr* der Wassermann; **~~cart** Wasser-, Sprengwagen *m*; **~~chute** Wasserrutschbahn *f*; **~~clock** *hist* Wasseruhr *f*; **~~closet** ['-klɔzit] (Spül-, Wasser-)Klosett *n*; **~ cock** Wasserhahn *m*; **~~colo(u)r** Wasserfarbe *f*; Aquarell *n*; *pl* Aquarellmalerei *f*; **~ conduit** Wasserleitung *f*; **~ content** Wassergehalt *m*; **~~cooled** *a tech* wassergekühlt; **~~cooling** *tech* Wasserkühlung *f*; **~~course** Wasserlauf *m*; Fluß-, Kanalbett *n*; **~craft** Wasserfahrzeug(e *pl*) *n*; **~~cress** *bot* Brunnenkresse *f*; **~~cure** Wasser-, Kneippkur *f*; **~~diviner** = *~finder*; **~~dog** *fig* Wasserratte *f*; alte(r) Seebär *m*; **~~drinker** Antialkoholiker, Abstinenzler *m*; **~drop** Wassertropfen *m*; **~ed** ['-d] *a* besprengt, besprützt; bewässert; gewässert; verdünnt; moiriert; *fin* verwässert; **~fall** Wasserfall *m*; **~ faucet** *Am* Wasserhahn *m*; **~ feeding** *tech* Wasserzufuhr *f*; **~ finder** Rutengänger *m*; *a.* = **~~finding instrument** Wünschelrute *f*; **~~flea** Wasserfloh *m*; **~fowl** *(bes.* jagdbare) Wasservögel *m pl*; **~ front** *Am* Uferbezirk *m (e-r* Stadt); Hafenviertel *n*; **~ funk** *fam* wasserscheue(r) Mensch *m*; **~ gap** *Am* tief eingeschnittene(s) Fluß- *od* Bachtal *n*; Schlucht, Klamm *f*; **~~gate** Flut-, Schleusentor, Schott *n*; *min* Sumpfstrecke *f*; **~~glass** *tech* Wasserstandsglas; *chem* Wasserglas *n*; **~~gauge** Pegel, Wasserstandsmesser *m*; *tech* Wasserstandsglas *n*, -stutzen *m*; **~~heater** Warmwasserbereiter *m*; **~~heating** Warmwasserbereitung *f*; **~~hen** Wasserhuhn *n*; **~~hole** Wasserloch *n*, -lache *f*; **~~ice** Speiseeis *n* aus Wasser, Zucker u. Fruchtsaft; **~iness** ['rinis] Wäßrigkeit *f*; **~ing** ['riŋ] Sprengen, Begießen, (Be-)Wässern; *(Vieh)* Tränken *n*; *com* Verwässerung *f*; **~~can** Gießkanne *f*; **~~cart** Sprengwagen *m*; **~~place** (Vieh-)Tränke, Wasserstelle; Schwemme *f*; (See-)Bad *n*; **~~pot, -can** Gießkanne *f*; **~ jacket** *tech* Wassermantel *m*; **~ jet** Wasserstrahl *m*; **~~level** Wasseroberfläche *f*, -spiegel *m*; Wasserwaage; *mar* Wasserlinie *f*; **~~lily** Seerose *f*; **~~line** *mar* Wasserlinie *f*; **~~logged** ['-lɔgd] *a* voll(er) Wasser; vollgesogen; sumpfig; *sl* besoffen; **~ main** Hauptwasserrohr *n*, *pl* Wasserleitungsnetz *n*; **~man** Fähr-, Bootsmann; *sport* Ruderer *m*; **~~mark** *s* Hochwasserstandsmarke *f*; *(Papier)* Wasserzeichen *n*; *pl mar* Tiefgangsmarken *f pl*; *tr (Papier)* mit e-m Wasserzeichen versehen; **~ meadow** *agr* Rieselwiese *f*; **~~melon** Wassermelone *f*; **~~meter** Wassermesser *m*, -uhr *f*; **~~mill** Wassermühle *f*; **~~motor** = **~~wheel**; **~~nymph** Wassernymphe, Najade *f*; **~~parting** Wasserscheide *f*; **~~pipe** Wasserrohr *n*; Wasserpfeife *f*; **~~plane** Flugboot, Wasserflugzeug *n*; **~~plant** Wasserpflanze *f*; **~~polo** Wasserball(spiel *n*) *m*; **~~power** Wasserkraft *f*; **~~ plant, station** Wasserkraftwerk *n*; **~~pox** *med* Wasser-, Windpocken *pl*; **~~press** hydraulische Presse *f*; **~ pressure** Wasserdruck *m*; **~proof** *a* wasserdicht; *s* wasserdichte(r) Stoff *m*; Gummi-, *(wasserdichter)* Regenmantel *m*; *tr* imprägnieren; **~pump** Wasserpumpe *f*; **~ purification** Wasseraufbereitung *f*; **~~rat** Wasserratte *f*; **~~rate** Wassergeld *n*, -zins *m*; **~~repellent** wasserabstoßend; **~scape**

['-skeip] *(Kunst)* Seestück *n*; **~shed** Wasserscheide *f*; Entwässerungs-, Stromgebiet *n*; **~ shortage** Wassermangel *m*; **~~shoot** Regenrinne, Dachtraufe *f*; **~side** *s* Ufer *n*, Strand *m*; *a* Ufer-, Strand-; **~~ski** Wasserschi *m*; **~~skin** Wasserschlauch *m*; **~~snake** Wasserschlange *f*; **~~soak** *tr* sich mit Wasser vollsaugen lassen, mit Wasser sättigen; **~~softener** Enthärter *m*; **~~soluble** wasserlöslich; **~spout** Wasserspeier *m*, Abtraufe *f*, Ablaufrohr *n*; *mete* Wasserhose *f*; **~~sprite** Wassergeist *m*; **~~supply** Wasserversorgung, -leitung(ssystem, -netz *n*) *f*, -vorrat *m*; ~~ *pipe* Wasserleitungsrohr *n*; ~~ *point* Wasserstelle *f*; **~~system** Stromgebiet *n*; Wasserleitungsnetz *n*; **~~table** Grundwasserspiegel *m*; *arch* Wasserabflußleiste *f*; Rinnstein *m*; **~ tank** Wasserbehälter *m*; **~~tap** Wasserhahn *m*; **~~tight** wasserdicht; *fig* unmißverständlich; (absolut) zuverlässig; stichhaltig; **~~tower** Wasserturm *m*; **~ tube** Wasserrohr *n*; **~ vapo(u)r** Wasserdampf *m*; **~~vole** Wasserratte *f*; **~~wag(g)on**: *to be on the ~~* *(sl)* auf dem Trockenen sitzen; keinen Alkohol trinken; **~~wave** *(Frisur)* Wasserwelle *f*; **~~way** Wasserlauf, -weg; Schleppkanal *m*; Fahrrinne *f*; **~~wheel** Wasserrad *n*; **~~wings** *pl Art* Schwimmgürtel *m*; **~~witch** Wassernixe *f*; *s.* **~-finder**; **~~works** *pl*, *oft mit sing* Wasserwerk *n*, -kunst; Pumpstation *f*; *sl* Tränendrüse *f*; *to turn on the* ~~ *(sl)* auf die Tränendrüse drücken; losheulen; **~~worn** *a (von fließendem Wasser)* glatt-, blankgewaschen; **~y** ['-ri] wässerig *(a. med, Farbe)*; wassergefüllt; naß, feucht; regnerisch; regenverkündend; tränenreich; weinend; schweißtriefend, schwitzend; *(Getränk, Suppe)* dünn; *fig* fad(e), schlaff, schlapp, weich.

Waterloo [wɔ:tə'lu:]: *to meet o.'s ~* vernichtend geschlagen werden.

watt [wɔt] *el* Watt *n*; **~age** ['-idʒ] Stromverbrauch *m* *(e-s Gerätes)*; (Watt-)Leistung *f*.

wattle ['wɔtl] *s* Flechtwerk, Geflecht *n*, Hürde; *bot* australische Akazie *f*; *zoo* Kehllappen *m* *(bes. d. Hahnes)*; *a* geflochten; Flecht-; *tr* zs.flechten.

waul, wawl [wɔ:l] *itr* schreien, heulen, miauen.

Wave, WAVE [weiv] *Am* (Marine-) Helferin *f (der Women's Reserve of the United States Naval Reserve).*

wav|e [weiv] *itr* wogen; *(Fahne)* wehen, flattern; sich wellen; wellig, gewellt sein; (zu)winken *(to s.o. jdm)*; Winkzeichen geben; *tr* schwingen, schwenken; winken *(a handkerchief mit dem Taschentuch);* durch Winkzeichen mitteilen; ondulieren, wellen, Wellen legen in; moirieren, flammen; *s* Welle *a. phys el radio u. fig;* Woge *a. fig;* *poet* die See; *fig* Flut *f;* Wogen, Wehen, Flattern *n;* Wink(zeichen *n*) *m;* *in* ~~*s* in aufea.folgenden Wellen; *to* ~~ *aside* beiseite schieben, (mit e-r lässigen Handbewegung) abtun; in den Wind schlagen; beiseite winken *(s.o. jdn); to* ~~ *s.o. away* jdm abwinken; jdn abweisen; *to* ~~ *o.'s hand to s.o.* jdm mit der Hand winken; *cold, heat* ~~ Kälte-, Hitzewelle *f; a* ~~ *of indignation* e-e Flut der Entrüstung; ~~ *of strikes* Streikwelle *f;* ~~ *band* Frequenzband *n;* ~~~*length (phys el radio)* Wellenlänge *f;* ~~~*range(radio)* Wellenbereich *m;* ~~~*trap (radio)* Sperrkreis *m;* **~y** ['-i] wellenförmig, wellig, gewellt; geschwungen, wogend; *fig* schwankend, unbeständig.

waver ['weivə] *itr* (hin- u. her)schwanken, flattern; *fig* schwanken, unschlüssig sein, zaudern; ins Wanken geraten, straucheln; *(Stimme)* zittern; *(Licht)* flackern, flimmern; *allg* fluktuieren, schwanken; **~er** ['-rə] Zauderer *m;* **~ing** ['-riŋ] *fig* unentschlossen, unschlüssig; schwankend *a. fig.*

wawl *s.* **waul.**

wax [wæks] **1.** *s (bees-)* (Bienen-)Wachs *n; (ear-~)* Ohrenschmalz; *(paraffin ~)* Paraffin; *(cobbler's ~)* Schusterpech *n;* *(sealing-~)* Siegellack *m;* Schallplatte *f; tr* (ein)wachsen; bohnern; (aus)pichen, mit Pech verschmieren; *Am radio* auf (Wachs-)Platten aufnehmen = *to put on* ~; *a* Wachswächsern; *to mould like* ~ *(fig)* wie Wachs formen; *~ed paper* = *~-paper;* **~~bean** Wachsbohne *f;* **~~candle, -light** Wachskerze *f;* **~~cloth** Wachstuch *n;* **~~doll** Wachspuppe *f a. fig;* **~en** ['-ən] *obs* wächsern; **~~end** Pechdraht *m;* **~ figure** Wachsfigur *f;* **~ mould** Wachsmatrize *f;* **~~painting** Brandmalerei *f;* **~~paper** Wachspapier *n;* **~work** Wachsplastik, -figur *f; pl* Wachsfigurenkabinett *n;* **~y** ['-i] wachsartig; Wachs-; *fig* nachgiebig; **2.** *itr* wachsen; *(bes. Mond)* zunehmen; *obs* werden; *~ing moon* zunehmende(r) Mond *m;* **3.** *s sl* Wutanfall *m; to put s.o. into a ~* jdn rasend machen; **~y** ['-i] *sl* wütend, in

wax Fahrt, leicht aufbrausend, jähzornig; **4.** *tr Am fam* jdn übertreffen, ausstechen.

way [wei] **1.** *s* Weg *m*, Straße *f*, Pfad *m*, Bahn; (Weg-)Strecke *f*; *(right of ~) jur* Wegerecht *n*; Richtung *f*; *mar* Kurs; Weg, Gang *m*, Fahrt *f*; *fig* Weg *m*, Handlungsweise *f*, Verfahren(sweise *f*) *n*; Verhaltensweise, Art u. Weise; *allg* Art, Weise; Möglichkeit, Gelegenheit; Hinsicht, Beziehung *f*, Punkt; Wille *m*; *fam* Gegend *f*, Umkreis *m*; *fam* Umstände *m pl*, Verhältnisse *n pl*, Lage *f*, Zustand *m*; *fam* Tätigkeit *f*, Beruf *m*; *tech* Gleitschiene, -fläche; *mar* Helling *f*; **2.** *adv fam Am (vor e-m adv des Ortes)* weit, ein tüchtiges Stück, e-e ganze Ecke, ganz; **3.** *across the ~* gegenüber; *any ~* auf jeden Fall; *by ~ of* über, durch; mittels, mit Hilfe *gen*; zwecks *gen*; als, zum, zur; *by the ~* auf dem Wege, unterwegs; *fig* nebenbei (gesagt), beiläufig; *in a ~* in gewisser Weise; gewissermaßen; *in the ~* im Wege, hinderlich, lästig; *of hinsichtlich gen*; *in no ~* in keiner Weise, durchaus nicht, keineswegs; *in a family ~* ohne Umstände, zwanglos; *in the family ~ (fam)* in andern Umständen; *in a small ~* bescheiden, unauffällig; *on the ~* auf dem Wege, unterwegs *(to* nach); *one ~ or another* irgendwie; *out of the ~* aus dem Wege, zur Seite; vom rechten Wege ab; falsch; ungewöhnlich, abwegig; *out-of-the-~* abgelegen; *that ~* so, auf diese Weise; *this ~* hierher; hier entlang, hindurch; *this ~ or that ~* so oder so; *to my ~ of thinking* meines Erachtens, meiner Meinung nach; *under ~* unterwegs, auf dem Wege; *fig* im Gang; *to be under ~ (fig)* vorankommen, Fortschritte machen; **4.** *~ back (Am fam)* weit, ein tüchtiges Stück zurück; *(zeitlich)* damals schon; *~ behind, down, up (Am fam)* ganz hinten, unten, oben; *a long ~ from* weit entfernt von; *a long ~ off, ~ off (Am fam)* weit, e-e ganze Ecke weg; *~ out, over (Am fam)* weit draußen, drüben; **5.** *to ask the ~* nach dem Weg fragen; *to be out of the ~* abgelegen sein; *to be on the ~ out (fig)* im Begriff unmodern zu werden; *to be in a good ~ of business (fig)* gute Geschäfte machen; *to come s.o.'s ~* jdm in den Weg kommen, begegnen; *to gather, to lose ~* s-e Geschwindigkeit erhöhen, vermindern; *to get, to have o.'s (own) ~* s-n Willen durchsetzen; *to get into the ~ of doing* in die Gewohnheit verfallen, etw zu tun; *to give ~* nachgeben *a. fig*; Platz machen *(to s.o.* jdm); *mar* sich in die Riemen legen; *to go o.'s ~(s), to take o.'s ~* s-r Wege gehen; *fig* s-n Lauf nehmen; *to go out of the ~, out of o.'s ~* sich große, besondere Mühe geben *(for* wegen); e-n Umweg machen; *to go, to take o.'s own (fig) ~* s-n eigenen Weg gehen; *to have a ~ with s.o.* mit jdm umzugehen verstehen; *to have it both ~s* es sich aussuchen können; *to lead the ~* vorangehen *a. fig*; *fig* ein Beispiel geben; *to make ~* Platz machen *(for* für*)*; *(to make o.'s ~)* vorwärts-, weiter-, vorankommen *a. fig*; sich e-n Weg bahnen; *to make the best of o.'s ~* gehen, so schnell man kann, so schnell e-n ~ Beine tragen; *to pave the ~ for s.o. (fig)* jdm den Weg ebnen; *to put s.o. in the ~ of* jdm Gelegenheit geben zu; *to put s.o. out of the ~* jdn aus dem Wege räumen; *to put o.s. out of the ~* sich alle Mühe geben; tun, was man kann; *to see o.'s ~ (clear)* bereit sein; es für geraten, angebracht, möglich halten; *to work o.'s ~ through college* das Geld für das Studium selbst verdienen; *that's the ~ he wants it* so will er es haben; *where there's a ~ will there's a ~ (prov)* wo ein Wille ist, ist auch ein Weg; **6.** *parting of the ~s (fig)* Wendepunkt *m*; *permanent ~* Bahnkörper, Schienenweg *m*; *right of ~* Wegerecht; Vorfahrtsrecht *n*; *the W~ of the Cross (rel, Kunst)* die Leidensstationen *f pl*, der Kalvarienberg; **7.** *~ home* Heimweg *m*; *~ in, out* Ein-, Ausgang *m*; *~s and means* Mittel u. Wege; **~bill** Frachtbrief *m*; Passagierliste *f*; **~farer** ['-fɛərə] Reisende(r), Wanderer *m*; **~faring** ['-fɛəriŋ] *s a (and fig)* Reise, Wanderschaft *f*; **~going** im Weggehen begriffen, beim Aufbruch; **~lay** ['-lei] *irr ts. lay* tr auflauern *(s.o.* jdm); **~leave** Wegerecht *n*; **~-out** *a sl* ungewöhnlich, aus dem Rahmen fallend; **~side** *s* Straßenrand *m*; *a* am Straßenrand, an der Straße (befindlich); **~~ inn** Rasthaus *n*, -stätte *f*; **~ station** *Am rail* Blockstation, Bedarfshaltestelle *f*; **~ train** *Am* Personen-, *fam* Bummelzug *m*; **~~up** *a Am fam* ausgezeichnet; **~worn** *a* müde von der Reise.

wayward ['weiwəd] widerspenstig, eigensinnig, -willig; launisch, launenhaft; **~ness** ['-nis] Widerspenstigkeit *f*, Eigensinn *m*; Launenhaftigkeit *f*.

we [wi:, wi] *prn* wir.

weak [wi:k] schwach *a. gram*; schwächlich; *(Spieler)* schlecht; *(Flüssigkeit)* dünn; *(Gemisch)* arm; *fig* halt-, willenlos, unselbständig; *(Argument)* nicht überzeugend; ~ *at the knees (fig)* weich in den Knien; *a* ~ *point* ein schwacher Punkt *m*; *the* ~*er sex* das schwache Geschlecht; *a* ~ *spot* e-e schwache Stelle *f*; **~en** ['-ən] *tr* schwächen; *(Flüssigkeit)* verdünnen; *itr* schwächer werden, nachlassen; **~-eyed, -sighted** *a* schwachsichtig; **~-headed** *a* dumm; **~-hearted** *a* weich(herzig); **~-kneed** *a* schwach in den Knien; *fig* halt-, willenlos, charakterschwach; **~ling** ['-liŋ] Schwächling *m*; **~ly** ['-li] *a adv* schwächlich, schwach; **~-minded** *a* schwachsinnig; willens-, charakterschwach, haltlos; **~ness** ['-nis] Schwäche *f*; Kränklichkeit; *fig* schwache Seite, Schwäche *f (for* für); **~-spirited** *a* mutlos, *lit* kleinmütig.
weal [wi:l] **1.** Strieme *f*; **2.** *obs* Wohl (-fahrt *f*, -stand *m*) *n*; *for the common, general, public* ~ im allgemeinen Interesse; ~ *and woe* gute u. schlechte Tage.
wealth [welθ] Wohlstand; Reichtum *m (of* an); *com* Vermögen *n*, Besitz; *fig* Überfluß *m*, -maß *n*; Fülle *f*; **~y** ['-i] reich *(in* an); vermögend, wohlhabend; *com* kapitalkräftig.
wean [wi:n] *tr (Kind)* entwöhnen; *s.o. from s.th.* jdm etw abgewöhnen; jdn von etw abbringen.
weapon ['wepən] Waffe *f a. fig*; *a double-edged* ~ *(fig)* ein zweischneidiges Schwert; ~ *of attack* Angriffswaffe *f*; **~less** ['-lis] waffenlos, unbewaffnet.
wear [wɛə] *irr* wore [wɔ:], worn [wɔ:n] *tr (Kleidung, Schmuck, Brille, Namen)* tragen; anhaben; *(Haar)* tragen; *(Miene)* zur Schau tragen, zeigen, haben; *(Flagge)* führen, zeigen; gewöhnen *(into* an); *(to* ~ *away)* abtragen, -nutzen; *(schadhafte Stelle, Loch)* hervorrufen, machen; *(e-n Pfad)* treten; *(Gestein)* auswaschen; ermüden, müde machen; *(to* ~ *away, out) (die Zeit)* vertreiben, totschlagen; *itr (Kleidung)* sich abtragen; lange halten; sich abtragen, -nutzen; fadenscheinig werden; *(to* ~ *away, on)* ver-, herumgehen; *s* Tragen *n*; Gebrauch *m*, Benutzung; Kleidung, Tracht, Mode; *(Grad m der)* Abnutzung *f*, Verschleiß *m*; Haltbarkeit *f*, Widerstand(skraft *f*) *m*; *for hard* ~ strapazierfähig; *to be in* ~ getragen werden, Mode sein; *to be the worse for* ~ abgetragen, abgenutzt, verbraucht, mitgenommen, in schlechtem Zustand sein; *to* ~ *the breeches (fig) (Frau)* die Hosen anhaben; *to* ~ *s.th. into holes* etw tragen, bis es e-m vom Leibe fällt; *to* ~ *thin* fadenscheinig werden; *fig* sich erschöpfen; *to* ~ *well* sich gut tragen; *fig* (noch) gut aussehen; *there's still a lot of* ~ *left in these shoes* diese Schuhe kann man noch lange tragen; *the gloves show signs of* ~ die Handschuhe sehen schon etwas abgetragen aus; *foot* ~ Fußbekleidung *f*, Schuhwerk *n*; *men's, women's, children's* ~ Herren-, Damen-, Kinder(be)kleidung *f*; *suit for everyday* ~ Alltagsanzug *m*; *summer, winter* ~ Sommer-, Winterkleidung *f*; *town* ~ Straßenkleidung *f*; ~ *and tear* Abnutzung *f*, Verschleiß *m*; *com* Abschreibung *f* für Wertminderung; *to* ~ **away** *tr itr* (sich) abtragen, -nutzen; *(Zeit)* vergehen; *(Inschrift)* verblassen; *to* ~ **down** *tr* abnutzen; *(Sohlen, Absätze)* abtreten; *(Stufe)* austreten; ermüden, müde, mürbe machen; *(Widerstand)* zermürben; *(Geduld)* erschöpfen; *to* ~ **off** *tr itr* (sich) abnutzen; *itr* vergehen, dahinschwinden; *(Aufregung)* sich legen; *(Eindruck)* sich verlieren; *to* ~ **on** *(Zeit)* (dahin)schleichen, nicht vergehen wollen; *to* ~ **out** *tr* abtragen, -nutzen; verbrauchen; *(Reifen)* abfahren; erschöpfen; ermüden; *o.s.* sich abhetzen; *to* ~ *o.'s welcome (Besuch)* zu lange bleiben; zu oft kommen; **~able** ['-rəbl] *a* zu tragen(d), anzuziehen(d); *s pl* Kleidung(sstücke *n pl) f*; **~ing** ['-riŋ] *a* Kleidungs-; abnutzend; belästigend; ~ *apparel* Kleidung, Garderobe *f*.
wear|iness ['wiərinis] Müdigkeit, Ermüdung *f*; *fig* Überdruß *m*, Langeweile *f*; **~isome** ['-səm] ermüdend, mühevoll, mühselig, -sam; langweilig, unangenehm, lästig; **~y** ['-i] *a* (er)müde(t), abgespannt, erschöpft *(with* von); müde, überdrüssig *(of s.th.* e-r S); ermüdend; lästig, unangenehm; *tr* ermüden; anwidern, langweilen; *itr* müde werden *(of* von).
weasel ['wi:zl] *s zoo* Wiesel *n*; *fig* Schleicher *m*; *itr Am (to* ~ *out)* sich aus dem Staub machen; **~-faced** *a* mit e-m Spitzmausgesicht.
weather ['weðə] *s* Wetter *n*, Witterung; *mar* Wetterseite, Luv(seite) *f*; *tr* verwittern lassen; *(Holz)* (aus)trocknen, ablagern lassen; *(Dach)* abschrägen; *mar* luvwärts umschiffen;

weather-beam   1126   **week**

vorbeifahren an; *fig (to ~ through)* gut überstehen; *itr* verwittern, verblassen; auswittern; *a* Luv-; *in wet ~* bei nassem Wetter; *in all ~s* bei jeder Witterung; *under the ~ (fam)* nicht auf dem Posten *od* Damm; leicht beschwipst; in der Patsche; *under stress of ~* wegen schlechten Wetters; *to keep o.'s ~ eye open (fig)* die Augen aufhaben, aufpassen; *to make good, bad ~ (mar)* gutes, schlechtes Wetter haben; *to make heavy ~ of s.th.* etw sehr ernst nehmen; etw schwierig finden; *April ~* Aprilwetter *n a. fig*; **~-beam** *mar* Luv(seite) *f*; **~-beaten** *a* durch Witterungseinflüsse beschädigt *od* verdorben; sonnenverbrannt; wetterhart, abgehärtet; **~-board** = **~-beam**; *pl u.* **~-boarding** Holzverschalung *f*; **~-bound** *a mar aero* durch schlechtes Wetter an der Abfahrt *od* am Start, an der Weiterfahrt *od* am Weiterflug gehindert; **~-box** Wetterhäuschen *n*; **~-bureau, -service** Wetterwarte *f*, -amt *n*, -dienst *m*; **~-chart, -map** Wetterkarte *f*; **~-cock, -vane** Wetterhahn *m*, -fahne *f a. fig*; **~-conditions** *pl* Wetterlage *f*, -verhältnisse *n pl*; **~-ed** ['-id] *a* verwittert; **~-forecast, -report** Wettervorhersage *f*, -bericht *m*; **~-glass** Wetterglas, Barometer *n*; **~-ing** ['-riŋ] *geol* Verwitterung; *arch* Abschrägung *f*; **~-man** ['-mən] *fam* Wetterfrosch, Meteorologe *m*; **~-plane** Wetterflugzeug *n*; **~-proof, -tight** wetterfest; **~-ship** Schiff *n* des Wetterdienstes; **~ station** Wetterwarte *f*; **~-strip** *(Fenster, Tür)* Wetterleiste *f*; **~-wise** *a*: *to be ~~* das Wetter voraussagen können; *fig* ein Stimmungsbarometer sein; **~-worn** = *~-beaten*.

weav|e [wi:v] *irr* **wove** [wouv], **wove(n)** ['wouv(ə)n] *tr* weben, wirken; (ein-)flechten *(into in)*; *fig* ausdenken, ersinnen, erfinden; *(in e-e Erzählung)* verflechten *(with* mit; *into* in, zu); *itr* weben; sich verflechten; sich hinu. herbewegen; *(Weg)* sich schlängeln; *aero sl* ausweichen; *s* Gewebe *n*; *to ~~ o.'s way* sich durchlavieren *(through* durch); *to get ~ing (sl)* sich ins Zeug legen; **~er** ['-ə] Weber *m*; **~~-bird** Webervogel *m*; **~~'s hitch, knot** Weberknoten *m*; **~ing** ['-iŋ] Webkunst, Weberei *f*; **~~-loom** Webstuhl *m*; **~~-mill** Weberei *f*.

weazen *s.* wizen.

web [web] Gewebe; *(cob-)* Spinnengewebe, -netz *n*; *fig* komplizierte Gedankengänge *m pl*; *fig* Netz *n*; Gurt (-band *n*) *m*; *anat* Gewebe *n*, Haut; *zoo* Flug-, Schwimmhaut; *arch* Gewölbefläche *(zwischen den Rippen)*; *(Feder)* Fahne *f*; *(Schlüssel)* Bart *m*; (Säge-)Blatt *n*; *typ* Papierrolle *f*; *~ of lies* Lügengewebe, -netz *n*; **~-bed** [-d] gewebeartig; aus Gurt-, Tragbändern; = **~-footed**; **~-bing** ['-iŋ] Gurt-, Tragband *n*; **~-foot** *zoo* Schwimmfuß *m*; **~-footed, -toed** *a* mit Schwimmfüßen versehen.

wed [wed] *tr* verbinden, vereinigen *(with,* to mit); *fig* eng verbinden; *itr* sich verheiraten, sich verehelichen; **~-ded** ['-id] *a* verheiratet; Ehe-; *fig* (ganz) hingegeben *(to* an); (eng) verbunden *(to* mit), gekettet *(to* an); **~-ding** ['-iŋ] Heirat, Hochzeit, Vermählung; Trauung(sfeierlichkeiten *f pl) f*; *~ breakfast* Hochzeitsessen *n*; *~~-cake* Hochzeitskuchen *m*; *~~-card* Heiratsanzeige *f*; *~~-day, -dress, -guest, -present, -trip* Hochzeitstag *m*, -kleid *n*, -gast *m*, -geschenk *n*, -reise *f*; *~~-ring* Ehe-, Trauring *m*; **~-lock** ['-lɔk] Ehe *f*; *born out of ~~* unehelich geboren.

we'd [wi:d] *fam* = *we had, we should, we would*.

wedg|e [wedʒ] *s* Keil *m a* mil *u. fig*; *(keilförmiges)* Stück *n (Torte, Kuchen)*; *tr* (mit *~* m Keil) spalten; verkeilen *(to ~ in)* (hinein)stopfen, zs.pferchen *itr* keilförmig stoßen; *to ~~ o.s. in* sich hineinzwängen, -drängen; *to be ~~d between* eingekeilt, eingezwängt sein zwischen; *the thin end of the ~~* der erste Anfang, das Vorspiel; *~~ formation (aero)* Keilformation *f*; *~~-shaped (a)* keilförmig; *~~ writing* Keilschrift *f*; **-ie** ['-i] *Am fam* Keilabsatz *m*.

Wednesday ['wenzdi] Mittwoch *m*; *on ~* am Mittwoch; *on ~s* mittwochs; *Ash ~* Aschermittwoch *m*.

wee [wi:] *a* winzig(klein); *a ~ bit* ein bißchen, ein wenig; ziemlich.

weed [wi:d] *s* Unkraut *n a. fig*; *fig* Schwächling *m*; wertlose(s) Tier *n*; *fam* Glimmstengel; *fam* Tabak *m*; *tr (Garten)* jäten; *(to ~ out) fig* entfernen, ausmerzen; *fig* säubern, befreien *(of* von); *the garden is running to ~s* der Garten ist voller Unkraut; **~er** ['-ə] Jäter *m*; Jäthacke *f*; **~-killer** Unkrautvertilgungsmittel *n*; **~-y** ['-i] voller Unkraut; wie Unkraut wachsend; *fig* hager, dürr, schwächlich.

weeds [wi:dz] *pl* Trauerkleidung *f*; *(widow's ~)* Witwenkleider *n pl*.

week [wi:k] Woche *f*; *by the ~* wochenweise; wöchentlich; *for ~s* wochen-

week-day lang; *this day, yesterday, Sunday ~* heute, gestern, Sonntag in *od* vor 8 Tagen; *a ~ from tomorrow* morgen in 8 Tagen; *once a ~* (einmal) wöchentlich; *~ after ~, ~ by ~, ~ in, ~ out* Woche für Woche, jede Woche; *a ~ or two* ein paar Wochen; *a ~ of Sundays* e-e (halbe) Ewigkeit! *what day of the ~?* an welchem Tag? *three ~s' leave* dreiwöchige(r) Urlaub *m*; *~ under review* Berichtswoche *f*; **~-day** Wochen-, Arbeitstag *m*; *on ~s* werktäglich; **~-end** *s* Wochenende *n*; *attr* Wochenend-; *itr* das Wochenende verbringen *od* verleben (*at, in* in); *long ~~* verlängerte(s) Wochenende *n*; *~ ticket* Sonntagsrückfahrkarte *f*; *~ visit* Wochenendbesuch *m*; **~-ender** Wochenendausflügler *m*; **-ly** ['-li] *a* wöchentlich; *adv* wöchentlich, einmal in der Woche; *s* Wochenblatt *n*, -beilage *f*; *~~ pay* Wochenlohn *m*; *~~ report* Wochenbericht *m*.

ween [wi:n] *itr obs poet* wähnen, glauben, denken.

weenie, weeny ['wi:ni] *Am fam* Wiener (Würstchen) *n*.

weeny ['wi:ni] *fam* winzig.

weep [wi:p] *irr* wept, wept [wept] *itr* weinen, Tränen vergießen (*for* um; *at, over* über); beweinen (*for s.o.* jdn); *allg* schwitzen, triefen, tröpfeln; *tr* beweinen, beklagen; *(Tränen)* vergießen, weinen; *(Tropfen)* fallen lassen; *to ~ o.'s eyes out* sich die Augen ausweinen; *to ~ o.s. to sleep* sich in den Schlaf weinen; *to ~ for joy* vor Freude weinen; **-er** ['-ə] Weinende(r), Trauernde(r); weinliche(r) Mensch; Trauerflor, -schleier *m*, -abzeichen *n*; *pl sl* Backenbart *m*; *Am film* rührselige(r) Film *m*, Schnulze *f* = **-ie, -y** ['-i]; **-ing** ['-iŋ] *a* weinend, jammernd; schwitzend, nässend, tröpfelnd; *bot* Trauer-; *s* Weinen, Wehklagen *n*; Trauer *f*; *~~ willow* Trauerweide *f*.

weevil ['wi:vil] Rüsselkäfer, Rüßler *m*.

weft [weft] *(Weberei)* Einschlag *m*; Schußfäden *m pl*; Gewebe *n*; *fig* Dunst-, Nebel-, Wolkenschleier *m*.

weigh [wei] *tr* (ab)wiegen (*in the scales* auf der Waage); (*to ~ out*) auswiegen; (*to ~ up*) abwägen *a. fig*; *fig* (gut) überlegen; abschätzen; prüfen; gegenüberstellen (*against s.th.* e-r S); vergleichen (*against* mit); berücksichtigen; *itr* wiegen; *fig* Gewicht haben, von Bedeutung, ausschlaggebend sein (*with s.o.* bei jdm); drücken, e-n Druck ausüben, lasten (*on, upon* auf); *mar (to ~ anchor)* die Anker lichten, abfahren, in See stechen; *to ~ down* niederdrücken *a. fig*; *to ~ in (tr itr sport)* (ab)wiegen; *itr* anführen, vorbringen (*with s.th.* etw); *s: under ~ (mar)* unter Segel; *to ~ o.'s words* s-e Worte auf die Goldwaage legen; **-able** ['-əbl] wägbar; **~-beam** Waagebalken *m*; **~-bridge** Brückenwaage *f*; **-er** ['-ə] Waagemeister *m*; **~-house** (Stadt-)Waage *f (Haus)*; **-in** *sport* Wiegen *n*; **-ing-machine** Brückenwaage *f*.

weight [weit] *s* Gewicht *n a. fig*; *phys* Schwere; Gewichtseinheit *f*, -system; Gewichtsstück; *sport* Gewicht (*zum Heben*) *f*; (Uhr-)Gewicht *n*; *(paper~)* Briefbeschwerer *m*; *fig* (schwere) Last, Bürde; Wichtigkeit, Bedeutung; Macht *f*, Einfluß *m*, Ansehen *n*; *(Statistik)* Häufigkeit, Wertigkeit *f*; *tr* beschweren, belasten, Gewicht auflegen auf; *fig* belasten, bedrücken; *(Gewebe)* verstärken; *(Statistik)* Bedeutung beimessen (*s.th.* e-S), bewerten; *to ~ down* beladen (*with* mit); *by ~* nach Gewicht; *of ~* gewichtig; *over, under ~* zu schwer, zu leicht; *to attach ~ to s.th.* (fig) e-r S Gewicht beimessen; *to carry ~ (fig)* Gewicht, Macht, Einfluß haben (*with* auf); ins Gewicht fallen; *to fall short of ~* nicht das nötige Gewicht haben; *to lose ~* (an Gewicht) abnehmen; *to pull o.'s ~* s-e Pflicht tun; sein(en) Teil leisten; *to put the ~ (sport)* kugelstoßen; *to put on ~ (Mensch)* zunehmen, schwerer werden; *to throw o.'s ~ about (fam)* s-e Stellung, s-n Einfluß ausnutzen; *atomic ~ (chem)* Atomgewicht *n*; *dead ~* Leer-, Eigengewicht *n*; *excess, surplus ~* Übergewicht *n*; *gross, net ~* Brutto-, Nettogewicht *n*; **-iness** ['-inis] große(s) Gewicht *n*, Schwere *f a. fig*; *fig* Ernst *m*, Wichtigkeit, Bedeutung *f*; **~-lifting** *sport* Gewichtheben *n*; **~ loss** Gewichtsverlust *m*; **~ rod** Lastarm *m*; **-y** ['-i] schwer *a. fig*; *fig* (ge)wichtig, bedeutend; ernst; *(Grund)* triftig.

weir [wiə] Wehr *n*, Damm *m*; (Fisch-) Reuse *f*.

weird [wiəd] *a* unheimlich; übernatürlich; Schicksals-; *fam* komisch, ulkig, verrückt; *s bes. Scot* Schicksal *n*; *the W~ Sisters (pl)* die Parzen; **-ie** ['-i] *sl* komische(r) Kauz *m*.

welcome ['welkəm] *a* willkommen, gern gesehen; erfreulich, angenehm; *s* Willkomm(en (*n, a. m*)); Willkommensgruß *m*; *interj* willkommen! *tr* bewillkommnen, willkommen hei-

weld [weld] *tr tech* schweißen, löten; *fig* zs.schweißen, eng (mitea.) verbinden; *itr* sich schweißen lassen; *s* Schweißen *n*; Schweißstelle, -naht, -fläche *f*; **~able** ['-əbl] schweißbar; **~er** ['-ə] Schweißer *m*; **~ing** ['-iŋ] Schweißen *n*; **~~ seam**, **torch** Schweißnaht *f*, -brenner *m*.

welfare ['welfɛə] Wohlergehen *n*; Wohlfahrt *f*; Fürsorge *f*; **~ centre** Wohlfahrtsamt *n*, Fürsorgestelle *f*; **~ department** Sozialabteilung *f*; **~ officer** Truppenbetreuungsoffizier *m*; **W~ State** Wohlfahrtsstaat *m*; **~ work** Wohlfahrtspflege, Fürsorge *f*; *industrial* ~~ betriebliche Sozialfürsorge *f*; ~ *for the unemployed* Arbeitslosenfürsorge *f*; **~ worker** Wohlfahrtspfleger; *(Fabrik)* (Sozial-)Fürsorger *m*.

welkin ['welkin] *obs poet* Himmelszelt *n*; *to make the* ~ *ring (fig)* die Erde erzittern lassen *(with* mit).

well [wel] **1.** *s* Brunnen(schacht) *m*; *min* Bohrloch *n*, Schacht *m*; *poet* Quelle *f* a. *fig*; *arch* Treppenhaus *n*, Fahrstuhlschacht; Lichthof; *Br jur* eingefriedete(r) Platz *m* der Anwälte; (eingelassener) Behälter *m*, Reservoir *(für e-e Flüssigkeit)*; *mot* Felgenbett *n*, Kofferraum *m*; *fig* Ursprung *m*, Quelle *f*; *itr* quellen, sprudeln, fließen, sich ergießen *(from* aus); *to* ~ *out* ausfließen, austreten; *to* ~ *over* überfließen; *to* ~ *up* aufsteigen; *tr* hervorquellen, -sprudeln lassen; *to drive, to sink a* ~ e-n Brunnen bohren; *bucket-~* Ziehbrunnen *m*; ~ *of information* Informations-, Nachrichtenquelle *f*; **~~head** Quelle *f*; **~~shaft** Brunnenschacht *m*; **~~spring** Quelle *f*; *fig* unerschöpfliche(r) Born *m*; **~~wag(g)on** Tiefladewagen *m*; **~~water** Brunnenwasser *n*; **2.** *adv* gut; durchaus, mit Recht, mit gutem Grund; weit, sehr; (ganz)genau; günstig; wohl; *a* gut, angebracht, recht, richtig; wohlauf, gesund; in Ordnung; *interj* hm! nun! nanu! na! leider! gut! schön! also! *s* Gute(s) *n*; *as* ~ ebensogut *adv*; auch, ebenfalls; ebenso; *as* ~ ... *as* ebenfalls, auch; sowohl ... als auch; nicht nur ... sondern auch; *as* ~ *as* ebensogut wie; ~ *enough* gut genug; ~ *and good* schön u. gut; ~ *away* gut vorangekommen, *sl* besoffen; *just as* ~ ebensogut; *pretty* ~ so ziemlich; *to be* ~ *out of s.th.* etw gut, heil überstehen; *to come off* ~ Glück haben; gut abschneiden; *to do* ~ wohlauf sein; gut daran tun; *to feel* ~ sich wohl fühlen; *to get* ~ gesund werden; *to let* ~ *alone* sich zufriedengeben; sich nicht einmischen; *to stand* ~ *with s.o.* sich mit jdm gutstehen; *he's doing very* ~ es geht ihm sehr gut; *it's all very* ~ *(iro)* das ist alles ganz gut u. schön; *let* ~ *enough alone* lassen Sie's gut sein! ~ *done!* recht so! gut (so)! ~ *met!* gut getroffen! *all's* ~ *that ends* ~ Ende gut, alles gut; **~~advised** *a (Handlung)* klug, wohlüberlegt; **~~appointed, -found** *a* gut ausgerüstet; **~~balanced** *a* wohl ausgewogen, ausgeglichen, im Gleichgewicht; **~~behaved** *a* von gutem Benehmen; artig, brav; **~~being** Wohl(befinden, -sein) *n*; **~~born** *a* von guter Herkunft; **~~bred** *a* wohlerzogen; *(Pferd)* von edler Rasse; Rasse-; **~~built** *a* gut gebaut; **~~chosen** *a* gut (aus)gewählt, passend; **~~conducted** *a* von guter Führung; **~~connected** *a* mit guten verwandtschaftlichen Beziehungen; **~~content** durchaus zufrieden; **~~deserved** *a* wohlverdient; **~~disposed** *a* wohlgesinnt *(towards* dat); **~~doer** gute(r) Mensch *m*; **~~doing** Rechtschaffenheit *f*; **~~done** *a* wohlgetan; *(Fleisch)* gar, *fam* gut durch; *interj* gut (so)! **~~dressed** *a* gut angezogen od gekleidet; **~~established** *a* wohlerworben; **~~favo(u)red** *a* gut aussehend, nett, hübsch; **~~fed** *a* wohlgenährt, rund (-lich); **~~fixed** *a Am fam* in angenehmen Verhältnissen (lebend); **~~founded** *a* (wohl)begründet; **~~groomed** *a (Pferd, Mensch)* gut gepflegt; **~~grounded** *a* mit gründlichen Kenntnissen; wohlbegründet; **~~handled** *a* gut geführt; **~~heeled** *a sl* steinreich; **~~informed** *a* gut unterrichtet; **~~intentioned, -meaning** *a* wohlmeinend; **~~kept** *a* gepflegt; **~~knit, -set** *a* gut gebaut; **~~known** *a* (wohl)bekannt; **~~made** *a* gut gebaut, proportioniert; *lit* kunstvoll (gestaltet); **~~mannered** *a* von guten Manieren, gutem Benehmen, höflich; **~~meant** *a* wohl-

well-met *a* gut zs.passend, wie fürea. geschaffen; **~-met** *a* gut zs.passend, wie fürea. geschaffen; **~-nigh** ['welnai] *adv* beinahe, fast; **~-off** *a* in guten Verhältnissen; wohlhabend; **~-oiled** *a sl* besoffen; *fig* schmeichelhaft; **~-ordered** *a* (wohl)geordnet, in guter Ordnung; **~-paid** *a* wohlbezahlt; **~-preserved** *a* gut erhalten, in gutem Zustand; **~-priced** *a* preisgünstig; **~-proportioned** *a* wohlproportioniert; **~-read** *a* belesen; *fam* bewandert, beschlagen (*in* in); **~-rounded** *a* abgerundet, ebenmäßig; **~ set-up** *a* standhaft, fest; **~-spoken** *a* gut gesprochen; redegewandt; sich höflich ausdrückend; **~-thought-of** *a* von gutem Ruf; **~-timed** *a* im rechten Augenblick gesagt *od* getan; geeignet, passend; **~-to-do** wohlhabend; **~-tried** *a* erprobt; bewährt; **~-trodden** *a* vielbenutzt; **~-turned** *a fig* ausgedrückt, abgerundet; **~-wisher** Wohlgesinnte(r), Gönner, Freund *m*; **~-worn** *a* viel getragen; abgenutzt; *fig* abgedroschen.

we'll [wi:l] *fam* = we shall, we will.

Welsh [welʃ] *a* walisisch; *s* (das) Walisisch(e); **~man**, **~woman** Waliser(in *f*) *m*; **~ rabbit**, **~ rarebit** Toast *m* mit zerlassenem Käse.

welsh [welʃ] *tr itr* (um den Wettgewinn) betrügen; **~er** ['-ə] Betrüger, Schwindler *m*.

welt [welt] *s* Saum *m*, Einfassung *f*, Rand *m*; Stoßkante; Strieme(n *m*) *f*; (Peitschen-)Hieb, Schlag *m*; *tr* säumen, einfassen; *fam* verdreschen.

welter ['weltə] **1.** *itr* sich wälzen (*in* in); (*Wellen*) sich überschlagen, rollen; *s* Rollen, Sichüberschlagen, *fig* Durcheinander *n*, Wirrwarr *m*; **2.** Weltergewicht(ler *m*) *n* (*Reiter od Boxer*); *fam* mächtige(s) Ding, Riesenbiest *m*; **~weight** Weltergewicht(sboxer *m*) *n*.

wen [wen] gutartige Geschwulst (*bes. am Kopf*); *fig* Bevölkerungsballung, Weltstadt *f*; *the great* **~** London *n*.

wench [wentʃ] *obs hum* (Bauern-)Mädchen *n*, Landpomeranze; Dirne *f*.

wend [wend] *tr*: *to* **~** *o.'s way to* s-e Schritte lenken nach.

were [wə:, weə, wə] 2.*sing u.* 1.—3. *pl* Indikativ *pret od* Konjunktiv *pret von to be*; *as it* **~** gewissermaßen, gleichsam, sozusagen; *as you* **~**! (*mil*) Kommando zurück!

we're [wiə] = we are.

weren't [wə:nt] = were not.

west [west] *s* West(en) *m*; *the W*~ die westliche Hemisphäre *f*; das Abendland; *Am* die Weststaaten; *a* westlich; West-; *adv* im Westen; nach dem Westen, in westlicher Richtung; **~** *of* westlich von; *to go* **~** (*sl*) abkratzen; **~bound** *a* nach Westen gehend *od* fahrend; *the* **W~ End** das Westend (*vornehmes Wohnviertel von London*); **~erly** ['-əli] *a* westlich; (*Wind*) West-; *s* Westwind *m*; *adv* nach *od* aus Westen; **~ern** ['-ən] *a* westlich; westwärts; (*Wind*) West-; *W*~~ westlich, abendländisch; *s* = **~erner**; Wildwestgeschichte *f*; *the* **W~~** *Empire* (*hist*) das Weströmische Reich; **~erner** ['-ənə] Abendländer(in *f*) *m*; **W~~** (*amerik*.) Weststaatler(in *f*) *m*; **~ernize** ['-ənaiz] *tr* verwestlichen; **~ernmost** ['-ənmoust] am weitesten nach Westen gelegen; *the* **W~ Indies** *pl* Westindien *n*; **~-north-~** *s* Westnordwest *m*; *a adv* westnordwestlich; Westnordwest-; **W~phalia** [west'feiljə] Westfalen *n*; **W~phalian** ['-'feiljən] *a* westfälisch; *s* Westfale *m*, -fälin *f*; **~-south-~** *s* Westsüdwest *m*; *a adv* westsüdwestlich; Westsüdwest-; **~ward** ['-wəd] *a* nach Westen gerichtet; West-; *adv* westwärts; *s* westliche Richtung *f*; Westen *m*; **~wards** ['-wədz] *adv* westwärts, nach Westen.

wet [wet] *a* naß, feucht (*with* von); regennaß, -feucht, regnerisch, neb(e)lig; (*Farbe*) frisch; *tech* Naß-; *dial sl* dem Suff ergeben; *sl* verrückt; unsympathisch, widerlich, sentimental; *Am* das Alkoholverbot ablehnend; *s* Nässe, Feuchtigkeit *f*; Regen(wetter *n*); *sl* Schluck Schnaps; *sl* blöde(r), sentimentale(r) Kerl; *Am* Nasser, Gegner *m* des Alkoholverbots; *tr itr* (*to* **~** *through*, *down*) naß machen, werden; *tr* durchfeuchten; naß machen; *sl* begießen; *all* **~** (*Am sl*) auf dem Holzwege; **~** *to the skin* naß bis auf die Haut; **~** *with tears* tränenfeucht; *to be* **~** *through (and through)* durch u. durch naß sein; *to* **~** *o.'s whistle (fam)* e-n hinter die Binde kippen; **~** *paint*! frisch gestrichen! **~back** *Am fam* illegale(r) Einwanderer *m* aus Mexiko; **~blanket** med feuchte(r) Umschlag *m*; *fig fam* kalte Dusche *f*, Dämpfer; Spaß-, Spielverderber; Miesmacher *m*; **~-blanket** *tr* (*Sache*) vermiesen, verekeln; den Spaß nehmen *od* die Lust nehmen zu; **~ dock** Flutbecken *n*; **~ness** [*'*-nis] Nässe, Feuchtigkeit; Schmierigkeit *f*; **~ nurse** Amme *f*; **~-nurse** *tr* als Amme säugen; *fig* ver-

wet pack 1130 **wheel**

hätscheln; ~ **pack** *med* feuchte Packung *f*, Umschläge *m pl*, Kompressen *f pl*; ~ **season** Regenzeit *f*; **~ting** ['-iŋ] Dusche *f*, (Regen-)Guß *m*; *to get a ~~* durchnäßt, naß werden; **~tish** ['-iʃ] etwas feucht.
wether ['weðə] *zoo* Hammel, Schöps *m*.
we've [wi:v] = *we have.*
whack [(h)wæk] *tr itr* klatschen, kräftig schlagen; *fam* besiegen; *fam* aus-, verteilen; *sl (to ~ up)* beschleunigen; *s fam* heftige(r) Schlag, Knall, Bums; *sl* Versuch; *fam* Anteil *m*; *out of ~ (Am sl)* nicht in Ordnung, hin(über), kaputt; *to have a ~ at s.th. (Am sl)* sich an was 'ranmachen; **~er** ['-ə] *sl* dicke(r) Brocken *m*, mächtige(s) Ding *n*; faustdicke Lüge *f*; **~ing** ['-iŋ] *a fam* dick, gewaltig, mächtig, kolossal; *adv fam* mächtig, gewaltig, mordsmäßig; *s* Tracht Prügel, Dresche *f*; **~o** ['wækou] *interj sl* großartig, famos.
whacky *s. wacky.*
whal|e [(h)weil] **1.** *s* Wal(fisch) *m*; *itr (to go ~ing)* auf Walfang gehen; *a ~~ at (fam)* ein Fachmann in; *a ~~ for (fam)* scharf auf; *a ~~ of a (fam)* e-e wahnsinnige Menge *gen*; **~~-boat** Walfänger *m (Boot)*; **~~bone** Fischbein *n*; **~~-calf** junge(r) Wal *m*; **~~man** Walfänger *m (Mensch)*; **~~-oil** Walfischtran *m*; **~er** ['-ə] Walfänger; *Am sl* Mordskerl *m*; **~ing** ['-iŋ] *s* Walfang *m*; *a Am sl* riesig, kolossal; *~~ gun* Harpunengeschütz *n*. **2.** *tr fam* verdreschen, versohlen, verprügeln; **~ing** ['-iŋ] *s fam* Dresche *f*.
whang [(h)wæŋ] *fam tr* schlagen, knallen, klatschen; *itr* knallen, krachen, bumsen; *s* Knall, Bums *m*.
whap *s. whop.*
wharf [(h)wɔ:f] *s pl ~s od wharves* ['-vz] Kai, Pier, Hafendamm *m*; Landungsbrücke *f*; *tr (Schiff)* anlegen; löschen, ausladen; **~age** ['-idʒ] Anlegen *n*, Löschen *n*; Kaigebühr *f*, -geld *n*, -anlagen *f pl*; **~inger** ['-indʒə] Kaieigentümer, -meister *m*; **~ rat** *Am* Wanderratte *f*; *sl* Hafendieb *m*.
what [(h)wɔt] *prn (fragend u. ausrufend)* was, wie; was für (ein); welche(r, s); *(relativ)* was; das, was; so viel(e) wie; *a* was für ein, welch; *and ~ not* u. was nicht noch alles; *but ~ (fam)* außer dem, der, daß; *~ about, of?* wie steht es mit ...? wie wäre es mit ...? was macht ...? *~ for?* warum? weshalb? wozu? wofür? zu welchem Zweck? *~ have you (Am fam)* dergleichen; *~ if* (u.) was

geschieht, soll geschehen, wenn ...? *~ is more* außerdem; darüber hinaus; dazu kommt noch; zwar; *~ price?* wie teuer? *~ it takes (Am fam)* was man so braucht; *~ though* wenn ... auch; *~ with ... and (~ with)* teils durch ... u. teils durch ...; *to know ~'s ~* wissen, was los ist; sich zu helfen wissen; *~'s your name?* wie heißen Sie? *~ is he like?* wie sieht er aus? wie ist er? *~ next?* was nun? *~ of it!* was ist schon dabei! *~ is up?* was ist (denn) los? *that's just ~* gerade das; *I don't know ~'s ~ any more* ich kenne mich nicht mehr aus; *~'s that to you?* was geht Sie das an? *~ time is it?* wieviel Uhr ist es? *the ~'s ~* der wirkliche Sachverhalt; **Mr ~-d'you-call-him**, **Mr ~'s-his-name** Herr Dingsda; *Herr Soundso*; **~ever**, *betont* **~soever**, *poet* **~e'er**, *poet betont* **~soe'er** was auch (immer), alles, was; was für ... auch (immer); was in der Welt; welche(r, s) ... auch (immer); überhaupt; *no ~ ~* überhaupt kein; *~~ you say* nach Belieben; **~-for** *fam* Prügel *m pl*, Dresche *f*; **~-is-it, whassit** ['wɔsit] *Am* Dings(da) *n*; **~-not** Etagere; Kleinigkeit *f*.
wheal [(h)wi:l] **1.** Pickel *m*, Pustel *f*; Insektenstich *m*; Strieme(n); **2.** = *wale.*
wheat [(h)wi:t] Weizen *m*; *field of ~* Weizenfeld *n*; *shredded ~* Weizenflocken *f pl*; *~ belt Am* Weizengürtel *m*; *~ ear* Weizenähre *f*; *~en* ['-n] *a* Weizen-; *~ flour* Weizenmehl *n*; *~ harvest* Weizenernte *f*.
wheedle ['(h)wi:dl] *tr* schmeicheln *(s.o.* jdm); beschwatzen *(into doing s.th.* etw zu tun); abschmeicheln, abschwatzen *(s.th. out of s.o.* jdm etw).
wheel [(h)wi:l] *s* Rad; *(Pyrotechnik)* Feuerrad; *mar* Steuerrad; *mot (steering ~)* Steuer(rad), Lenkrad; *(spinning ~)* Spinnrad *n*; *(potter's ~)* Töpferscheibe *f*; *Am fam* (Fahr-)Rad *n*; *Am fam* Dollar(stück *n) m*; (Um-)Drehung; *mil* Schwenkung; *fig* Wiederholung, Wiederkehr *f*; Kehrreim, Refrain *m*; *fig* Ruder; *pl* Räderwerk, Getriebe *n*; *tr* rollen; transportieren; fahren; drehen, rotieren lassen; *(Rad, Kreis)* schlagen; *(Wagen)* ziehen, schieben; *itr (to ~ round)* sich drehen, rotieren; ein Rad schlagen; *fig (to ~ about)* e-e Schwenkung machen; rollen, fahren; auf Rädern laufen; *fam* radeln; *to ~ about (itr)* sich herumdrehen; *fig* s-e Meinung ändern; *tr* herumfahren; *at the ~* am Steuer; *fig* am Ruder; *on ~s* auf Rädern; *fig*

reibungslos; *on the ~* auf Achse; *to break on the ~ (hist)* rädern *(Strafe)*; *to put o.'s shoulders to the ~ (fig)* Hand ans Werk legen; *to put a spoke in s.o.'s ~* jdm e-n Stein in den Weg legen; *the man at the ~* der Fahrer; *~ and axle (tech)* Winde *f*; *the ~ of fortune* das Glücksrad *n*; die Wechselfälle *m pl* des Lebens; *~s within ~s* komplizierte(r) Vorgang *m*, komplizierte Verhältnisse *n pl*; **~barrow** Schubkarren *m*; **~~base** *mot* Rad-, Achsstand *m*; **~ bearing** Radlager *n*; **~ cap** Radkappe *f*; **~~chair** Rollstuhl *m*; **~ deflection** Radausschlag *m*; **~** Hemmschuh *m*; **~ed** [-d] *a (in Zssg mit e-m Zahlwort)* -rädrig; **~er** ['-ə] *(~horse)* Stangenpferd *n*; *(in Zssg mit e-m Zahlwort)* -rädrige(s) Fahrzeug *n*; Stellmacher; Fahrer *m*; **~ gear** Zahnradgetriebe *n*; **~~horse** Stangenpferd *m*; *Am fig* Arbeitstier *n*; **~~house** *mar* Ruderhaus *n*; **~ hub** Radnabe *f*; **~ing** ['-iŋ] Fahren; *Am fig* Radfahren *n*; (Um-)Drehung *f*; Straßenzustand *m*; **~man** ['-mən] *fam* Radfahrer *m*; **~ nut** Radmutter *f*; **~ rim** Radkranz *m*, -felge *f*; **~sman** *Am mar* Steuermann *m*; **~ track** Radspur *f*; **~~window** *arch* Radfenster *n*; **~wright** ['-rait] Stellmacher, Wagner *m*.

wheez|e [(h)wi:z] *itr* keuchen; *tr (to ~ out) (Worte)* pfeifend herausbringen; *(Töne)* quietschend von sich geben; *s* pfeifende(s) Geräusch, Keuchen *n*; *bes. theat* Scherz, Witz *m*, witzige Bemerkung; lustige Geschichte *f*; *Am sl* faule(r) Witz *m*, abgedroschene Redensart *f*; schlaue(r), raffinierte(r) Plan *m*; **~y** ['-i] pfeifend; keuchend.

whelk [welk] **1.** *zoo* Wellhornschnecke *f*; **2.** Pickel *m*, Pustel *f*.

whelp [(h)welp] junge(r) Hund, Welpe *m*; *pej* Bengel, Bursche *m*, Bürschchen *n*; *tr itr* (Junge) werfen; *pej (Kind)* in die Welt setzen.

when [(h)wen] *adv (fragend)* wann; *(relativ)* als, wo, da; *since, until ~* seit, bis wann? *conj* als; wenn, nachdem; obwohl, obgleich; während, wo ... doch; (jedesmal) wenn, sobald; u. dann; *s* Zeitpunkt, Umstand *m*; *the ~ and where of s.th.* die zeitlichen u. örtlichen Umstände e-r S; **~ever** [-'evə], *(betont)* **~soever** [-sou(')evə], *poet* **~e'er** ['-'ɛə] *adv conj* wann auch immer.

whence [(h)wens] *adv obs* woher, von wo *A. fig; fig* wovon, wodurch; *~ comes it that?* wie kommt es, daß; *conj* von woher, *fig* weshalb.

where [(h)wɛə] *adv (fragend u. relativ)* wo; wohin; worin; inwiefern; *conj* dorthin wo; **~about(s)** ['-rə'baut(s)] *adv* wo(herum); wohin; *s pl mit sing od pl* ['---] Aufenthalt(sort) *m*; **~as** [-'ræz] während, wohingegen; *jur* nachdem, da nun; mit Rücksicht darauf, daß; **~at** [-'ræt] *adv obs* worauf, worüber; **~by** [-'bai] *adv* wodurch, wie; **~'er** [-r'ɛə] *poet* = **~ver**; **~fore** ['-fɔ:] *adv conj* warum; weshalb, wofür; wozu; zu welchem Zweck; **~from** [-'frɔm] *adv conj* woher; von wo; **~in** [-r'in] *adv* worin; in dem, der; **~ am I mistaken?** was habe ich falsch gemacht? **~of** [-r'ɔv] *adv conj* wovon, von was; **~on** [-r'ɔn] *adv conj* worauf; auf was; *(relativ)* auf den, der; **~soe'er** [-sou'ɛə] *poet*, **~soever** ['-evə] *(betont) adv* wo(hin) auch immer; **~to** [-'tu:] *adv conj* wozu; **~upon** [-rə'pɔn] *adv conj* worauf; worauf(hin); *~ever* [-'evə] *adv* wo(hin) auch immer; **~with** [-'wið] *adv obs* womit; **~withal** [-wi'ðɔ:l] *adv obs* = *~with*; *s: the ~~* ['-wiðɔ:l] die (erforderlichen) Mittel *n pl*.

wherry ['(h)weri] Jolle *f*; Fährschiff *n*; Lastkahn *m*; Barke *f*.

whet [(h)wet] *tr* wetzen, schleifen, schärfen; *fig* anspornen, -treiben, aufstacheln; *(den Appetit)* anregen; *s* Wetzen, Schleifen *n*; *fig* Ansporn *m*, Anregung *f*; Reizmittel *n*; Appetitanreger, Aperitif *m*; **~stone** Wetz-, Schleifstein *m*.

whether ['(h)weðə] *conj* ob; *~ ... or (~)* ob ... oder (ob); *~ ... or not* ob ... oder (ob) nicht; *~ or no* auf jeden Fall, auf alle Fälle, so oder so.

whew [ju:, hwu:] *interj* hu! oh!

whey [(h)wei] Molke *f*; **~ey** ['-i] käsig; Molke-; **~~faced** *a (Mensch)* käsig.

which [(h)witʃ] *prn (relativ)* der, die, das; welche(r, s); was *(relativ)*; *(fragend)* welche(r, s); *a* welche(r, s); **~ever** [-'evə], *betont* **~soever** [-so(u)-'evə] *prn* welche(r, s) auch immer.

whiff [(h)wif] *s* leichte(r) Windstoß, (Wind-)Hauch, (Luft-)Zug; plötzliche(r) *od* vorüberstreichende(r) Geruch *m*; (kleine) Dampf-, Rauch-, Qualmwolke *f*; Zug *m (an e-r Zigarette)*; *fam* Zigarillo *m od n*; *itr tr* blasen, paffen; unangenehm riechen; *tr* wegblasen; **~le** ['-l] *itr (Wind)* blasen; treiben, flattern, zucken, schwanken; **~y** ['-i] übelriechend.

Whig [(h)wig] *s (England)* Whig, Liberale(r); *(US, hist)* Revolutionär *(im Unabhängigkeitskrieg)*; Anhänger

while 1132 **whirlwind**

m e-r antidemokratischen Oppositionspartei *(um 1850)*; *attr* Whig-; liberal.
while [(h)wail] *s* Weile, Zeit(spanne) *f*; *tr (to ~ away) (Zeit)* (angenehm) verbringen, sich vertreiben; *conj a. whilst* ['-st] während, solange (wie, als), indem; während, wohingegen; obwohl, obgleich; *all this ~* die ganze Zeit; dauernd; *between ~s* dann u. wann, hin u. wieder, ab u. zu; *for a ~* e-e Zeitlang; *for a long ~* seit langem; *in a little ~* bald, in kurzem; *once in a ~* gelegentlich, bei Gelegenheit; *the ~* (gerade) in dem Augenblick; währenddessen; *a short ~* e-e kleine Weile *f*; *to be worth ~* der Mühe wert sein, sich lohnen.
whim [(h)wim] Einfall *m*, Grille, Laune *f*; *tech* Göpel *m*.
whimper ['(h)wimpə] *itr tr* wimmern; winseln; *s* Gewimmer; Gewinsel *n*.
whims|ical ['(h)wimzikəl] launisch, launenhaft, schrullig, wunderlich; komisch, ausgefallen, sonderbar, un-, außergewöhnlich; **~icality** (h)wimzi-'kæliti], **~icalness** ['(h)wimzikəlnis] Wunderlichkeit; Ungewöhnlichkeit; Laune, Grille *f*; **~y** ['(h)wimzi] Laune, Grille *f*; sonderbare(r) Humor *m*.
whin [(h)win] **1.** *bot* (Stech-)Ginster *m*; **2.** *(~sill, ~stone)* Felsgestein *n*, bes. Basalt *m*.
whin|e [(h)wain] *itr* wimmern; winseln; jammern; *tr* weinerlich sagen; *s* Gewimmer, Gejammer, *mot* Jaulen *n*; **~y** ['-i] weinerlich; jammernd.
whinny ['(h)wini] *itr* leise wiehern; *s* leise(s) Wiehern *n*.
whip [(h)wip] *tr* peitschen, schlagen; reißen, zerren, schnappen, ent-, wegreißen *(from s.o.* jdm); *(Regen an das Fenster)* klatschen; (mit Gewalt) treiben, zwingen, nötigen; *(mit Worten)* geißeln; *(Sahne, Eiweiß)* (zu Schaum, Schnee) schlagen; *(Gewässer)* abangeln; *mar* hochwinden, aufziehen; (mit e-m Bindfaden) umwickeln; (um-) säumen, überwendlich nähen; *fam fig* abhängen, schlagen; *itr* rennen, rasen, flitzen; rasch handeln; *(Fahne)* flattern; die Angel werfen; *s* Peitsche, Geißel *f a. fig*; Peitschenschlag, -hieb, Geißelhieb *m*; heftige Bewegung *f*; Kutscher, Reitknecht, Reiter; *(Jagd)* Pikör; *parl* Einpeitscher; *allg* Trommler *fig*; *parl* Appell *m*, Aufforderung; schriftliche Mitteilung *f*, Rundschreiben *n*; Früchte *f pl* mit Schlagsahne od Ei(er)schnee; *tech* Winde *f*; Saum *m*, überwendliche Naht *f*; *to ~* **in** zs.-,

hineintreiben; *fig* zs.trommeln; *to ~* **off** wegreißen, -wischen; *(Kleider)* herunterreißen; *(Getränk)* hinunterstürzen; *to ~* **on** *(Pferde durch Peitschenhiebe)* antreiben; *to ~* **out** herausreißen; *(Worte)* hervorstoßen; *to ~* **together** zs.peitschen, -treiben; *to ~* **up** aufpeitschen, -stacheln, antreiben; hochreißen; *fam (Speise)* schnell zs.hauen, in aller Eile zubereiten; **~-cord** Peitschenschnur *f*; Whipcord *m (Gewebe)*; Katgut *n*; **~crane** *tech* Wippkran *m*; **~graft** *tr bot* kopulieren; **~-hand**: *to have the ~~ (fig)* das Heft in der Hand haben; *of s.o.* jdn in s-r Gewalt haben; **~ handle** Peitschenstiel *m*; **~-lash** Peitschenschnur *f*; **~-ped cream** Schlagsahne *f*, -rahm *m*; *(Österreich)* Schlagobers *n*; **~per** ['-ə] Peitschende(r); Kohlentrimmer *m*; **~~-in** ['wipər'in] *(Jagd)* Pikör; **~~-snapper** Einpeitscher *m*; **~~-snapper** Grünschnabel, Dreikäsehoch, kleine(r) Angeber *m*; **~pet** ['-it] Whippet *m (Rennhund)*; **~ping** ['-iŋ] Peitschen *n*; Peitschenhiebe *m pl (als Strafe)*, Prügelstrafe; Parteidisziplin; (Peitschen-)Schnur *f*, Bindfaden *m*; *(Buch)* Heften *n*; **~~-boy** Prügelknabe; Sündenbock *m*; **~~-in** *(parl)* Einpeitscher *m*; **~~-post** Schandpfahl, Pranger *m*; **~~-top** Kreisel *m*; **~pletree** ['-ltri:] *(Wagen)* Ortscheit *n*; **~py** ['-i] biegsam, geschmeidig; *fam* behend(e); **~ round** (Geld-)Sammlung *f*; **~saw** *s* Trumm-, Quersäge *f*; *tr Am* ab-, zersägen; *fig* doppelt schlagen od hereinlegen; *itr* e-n doppelten Vorteil haben; **~stick, ~stock** Peitschenstiel *m*; **~stitch** *tr itr* überwendlich nähen; *(Buch)* heften; *s* überwendliche Naht *f*.
whippoorwill ['(h)wippuəwil] *orn* Ziegenmelker *m*.
whirl [(h)wə:l] *itr* wirbeln, sich schnell (im Kreise) drehen, rotieren; *fig (Gedanken)* durchea.wirbeln; *(Sinne)* schwinden; rasen, sausen; *tr* wirbeln; *s* Wirbeln *n*, Kreiselbewegung, schnelle Drehung *f*; kurze(r) Weg; Wirbel *m a. fig*; Schwindel(gefühl *n*); *fig* Trubel *m*; wilde(s) Durcheinander, geschäftige(s) Hin u. Her *n*; *to ~* **about** herumwirbeln; *to be in a ~* sich drehen, herumwirbeln; *~* **of dust** Staubwirbel *m*; **~igig** ['-igig] Kreisel *m*; Karussell; Schnurrädchen *n*; Kreiselbewegung *f*; *fig* Wirbel, rasche(r) Wandel *m*; **~pool** ['-pu:l] Strudel *m a. fig*; **~wind** Wirbelwind *m*, Windhose *f*; *fig* Wirbel, Sturm, schnelle(r) Unter-

whir

gang *m*; *to reap the* ~~ *(fig, biblisch)* Sturm ernten.
whir(r) [(h)wə:] *itr* schwirren, surren; *s* Schwirren, Surren *n*.
whisk [(h)wisk] *tr* (weg)wischen, fegen, kehren; rasch (weg)nehmen; abstauben; *(Sahne, Eiweiß)* schlagen; *itr* fegen, sausen, huschen; *s* Fegen, Wischen *n*; schnelle Bewegung *f*; kurze(r) Besen, (Stroh-)Wisch (Staub-)Wedel *m*; *(~-broom)* Kleiderbürste *f*; Schneebesen, Schaumschläger *m*; *in a* ~ im Nu; *to* ~ *away*, *off* weg-, abwischen; rasch hinaufbefördern; *to* ~ *out* ausschütteln, -klopfen; *to* ~ *up* rasch hinaufbefördern; **~ers** [`-əz] *pl* Backenbart *m*; *zoo (bes. Katze)* Schnurrhaare *n pl*.
whisk(e)y [`(h)wiski] Whisky *m*.
whisper [`(h)wispə] *itr tr* wispern, flüstern; *(Wind)* rauschen, raunen; *tr* ausplaudern, weitererzählen; zuflüstern *(to s.o.* jdm); *s* Geflüster *n*; Heimlichkeit *f*, Tuscheln; Gerücht; Gewisper; Rascheln *n*; *to talk in a* ~ im Flüsterton reden; **~er** [`-rə] Flüsterer; Ausplauderer, Zuträger *m*; **~ing** [`-riŋ] Geflüster *n*; Flüsterrede *f*; **~~-campaign** *(pol)* Flüsterkampagne *f*; **~~-gallery** Flüstergalerie *f*.
whist [(h)wist] **1.** *interj obs* pst! still! **2.** Whist *n (Kartenspiel)*; **~-drive** Whistturnier *n*.
whistle [`(h)wisl] *itr* pfeifen *(to s.o.* jdm); kreischen, schreien; *fig fam* sich die Hacken schief laufen, sich vergeblich bemühen *(for* um); *tr (Ton, Lied)* pfeifen; pfeifen *(s.o.* jdm); *s* (Signal-)Pfeife *f*; Pfeifen *n*, Pfiff, Pfeifton *m*; *to wet o.'s* ~ *(fam)* sich die Kehle anfeuchten, e-n heben; *to* ~ *for s.th.* vergeblich auf etw warten; ~ *stop Am fam* (kleines) Nest *n*.
Whit [(h)wit] *a* Pfingst-; **~-Monday** Pfingstmontag *m*; **~-week** Pfingstwoche *f*.
whit [(h)wit] *s*: *no* ~, *not a* ~ nicht ein bißchen, kein Jota, keine Spur von; nicht im geringsten, nicht die Spur.
white [(h)wait] *a* weiß; hell, silber(farbe)n, schneeig; blaß, (kreide)bleich *(with terror* vor Schrecken); weißgekleidet; *typ* blank, leer; *(Nacht)* schlaflos; *fig* rein, unschuldig, fleckenmakellos, untadelig; *fam* anständig, zuverlässig; *sl* in Weißglut, auf der Palme; *s* Weiß *n*; helle Hautfarbe *fig* Reinheit, Unschuld, Flecken-, Makellosigkeit *f*; *das Weiße (of the eye* im Auge); *(~ of egg)* Eiweiß *n*; *(Buch)* leere Stelle, Lücke *f*; weiße(r) Stoff *m*,

whiteness

weiße Kleidung *f*; Weiße(r), Weißwein *m*; Weiß-, Auszugmehl *n*; Weiße(r) *(rassisch u. pol)*; *pl med* Leukorrhöe *f*, weiße(r) Fluß *m*; *sport* weiße(r) Dress *m*; *tr* weißen; *(to* ~ *out) (Buch)* aus-, frei lassen; *to bleed* ~ *fig* zum Weißbluten bringen, völlig aussaugen, schröpfen; *to turn up the* ~ *of o.'s eyes (fig)* (heuchlerisch) die Augen aufschlagen; ~ *as a sheet* kreidebleich; *black or* ~? mit oder ohne Milch? ~ **alloy** Weißmetall *n*; ~ **ant** *ent* Termite *f*; **~-bait** [`-beit] Sprotte *f*; Weißfisch *m*; ~ **bear** Eisbär *m*; **~-beard** Weiß-, Graubart *m (Mann)*; ~ **birch** Weißbirke *f*; ~ **book** *pol* Weißbuch *n*; ~ **bread** Weißbrot *n*; **~-caps** *pl* Wellen *f pl* mit Schaumkronen; ~ **clover** Weiß-, Steinklee *m*; ~ **coal** weiße Kohle, Wasserkraft *f*; ~ **coffee** Milchkaffee, Kaffee *m* mit Milch; **~~-collar** *a*: ~~ *union* Angestelltengewerkschaft *f*; ~~ *worker* Büroangestellte(r) *m*; ~ **corpuscle** weiße(s) Blutkörperchen *n*; ~ **day** Glückstag *m*; ~ **elephant** weiße(r) Elefant *m*; *fig* Ehrenamt, unrentable(s) Geschäft *n*; nutzlose(r) Besitz *m*; **~-ensign** *mar* Kriegsflagge *f (Englands)*; **~-faced** *a (Mensch)* blaß, bleich; *(Tier)* mit weißem Fleck über den Augen; ~ **feather** weiße Feder *f*; *to show the* ~ sich feige benehmen; **~-fish** Weißfisch; Weißwal *m*; ~ **flag** weiße Fahne, Parlamentärflagge *f*; *to hoist the* ~~ die weiße Fahne zeigen, sich ergeben; **W~ Friar** *rel* Karmeliter *m*; ~ **frost** Rauhreif *m*; **W~hall** [`-`-] *fig* die britische Regierung; **~-headed** *a* weißhaarig; *zoo* weißköpfig; flachshaarig; *fam* Lieblings-; ~ **heat** Weißglut *a. fig*; *fig* helle Erregung; fieberhafte Eile *f*; ~ **horse** Schimmel *m*; *pl* Schaumkronen *f pl (auf den Wellen)*; **~-hot** weißglühend; *fig* in Weißglut *od* heller Aufregung; fieberhaft; *the* **W~ House** das Weiße Haus *(Regierungssitz des Präsidenten der US)*; ~ **lead** Bleiweiß *n*; ~ **lie** Notlüge *f*; ~ **light** Tageslicht *n*; *fig* Vorurteilslosigkeit, Unvoreingenommenheit *f*; ~~ *district* Vergnügungsviertel *n*; **~-lipped** *a* schreckensbleich; **~-livered** *a* blaß, fam käsig; ängstlich, feige; *the* ~ **man** der weiße Mann, die Weißen *m pl*; ~ **meat** Geflügel, Kalbu. Schweinefleisch *n*; ~ **metal** Lager-, Weißmetall *n*; **~-ness** [`-nis] weiße Farbe *od* Färbung *od* Tönung; Blässe; Fleckenlosigkeit, Reinheit *a. fig*; *fig*

white paper   1134   **whomsoever**

Unschuld *f*; ~ **paper** Weißbuch *n*; *com* erstklassige(r) Wechsel *m*; ~ **poplar** Silberpappel *f*; ~ **sale** *com* Weiße Woche *f*; ~ **sheet** Büßerhemd *n*; ~-**slave** *a*: ~~ *traffic* Mädchenhandel *m*; ~**smith** Blechschmied, Klempner, Spengler, Flaschner *m*; ~ **squall** Sturmbö *f* aus heiterem Himmel *(in den Tropen)*; ~**thorn** *bot* Weißdorn *m*; ~**throat** *orn* Weißkehlchen *n*; ~ **trash** *Am* arme(r) Weißer *m*; ~ **war** Wirtschaftskrieg *m*; ~**wash** *s* Tünche *f*, Kalk(anstrich) *m*; *fig* Mohrenwäsche, Entlastung, Ehrenrettung; *Am fam sport* haushohe Niederlage *f*; *tr* tünchen, weißen; *fig* reinwaschen, rehabilitieren; *(Sache)* bemänteln, beschönigen; *Am fam sport* haushoch schlagen, ~ **wine** Weißwein *m*.

whiten ['(h)waitn] *tr* weiß, heller machen, bleichen; weißen, tünchen; *fig* reinwaschen; *itr* weiß, heller, bleicher werden; *(Haar)* ergrauen; ~**ing** ['-iŋ] Bleichen; Weißen, Tünchen *n*; Tünche; Schlämmkreide *f*.

whither ['(h)wiðə] *adv poet lit* wohin; ~**soever** [-so(u)'evə] *betont adv* wohin auch immer.

whiting ['(h)waitiŋ] **1.** Schlämmkreide; Silberbronze *f*; **2.** Wittling, Merlan *m (Fisch)*.

whitish ['(h)waitiʃ] weißlich.

whitlow ['(h)witlou] Nagelgeschwür *n*.

Whitsun ['(h)witsn] *a* Pfingst-; ~**day** ['(h)wit'sʌndi] Pfingstsonntag *m*; ~**tide** ['(h)witsntaid] Pfingsten *n* od *pl*; ~ **week** Pfingstwoche *f*.

whittle ['(h)witl] *tr* schnitzen (an); *(to* ~ *away, down)* in Stückchen schneiden; *fig* verringern, vermindern; *itr* herumschnitze(l)n *(at* an).

whiz(z) [(h)wiz] *itr* zischen, surren, pfeifen; sausen, rasen; *s* Zischen, Surren, Pfeifen *n*; *Am sl fig* Kanone, Wucht *f*, Knüller, Mumm *m*; *it is a* ~ abgemacht! *gee* ~! oh je! ach herrje! Donnerwetter! ~**bang** *mil sl* Ratschbum *n*; ~**er** ['-ə] *fam* Zentrifuge; Trockenschleuder *f*; *to pull a* ~~ *(Am sl)* e-e krumme Tour drehen.

who [hu:] *prn* wer; der, die, das; welche(r, s); *fam* wen, wem; *to know* ~*'s* ~ die Personen kennen; ~ *would have thought it?* wer hätte das gedacht! ~**dun(n)it** [hu:'dʌnit] *sl* Krimi (-nalroman, -film) *m*; ~**ever** [hu(:)-'evə], *(betont)* [hu:so(u)'evə], *poet* **(so)e'er** [hu(:)'ɛə, hu:so(u)'evə] wer auch (immer); jeder, der; ~*ever (fam)* wer ... denn? wer zum Kuckuck?

whoa [wou] halt! brr!

whole [houl] *a* ganz, heil, intakt, vollständig; *(Bibel)* gesund; *attr* ganz; Voll-; *s das* Ganze, Gesamtheit; Einheit *f*; *the* ~ *of* der, die, das ganze; alle(s); *(taken) as a* ~ als Ganzes, im ganzen, als e-e Einheit; *(up)on the* ~ im ganzen gesehen, alles in allem; *with o.'s* ~ *heart* von ganzem Herzen; *to get off, to escape with a* ~ *skin* mit heiler Haut davonkommen; *to go the* ~ *hog (fam)* aufs Ganze gehen; *made out of* ~ *cloth (Am fam)* völlig falsch, *pred* reine Einbildung; ~ **blood** *(Pferd)* Vollblut *n*; ~-**footed** *a* plattfüßig; *fam* freimütig; ~-**hearted** *a* aufrichtig, ernst; *pred* von ganzem Herzen; ~-**hogger** *sl* Hundertfünfzigprozentige(r) *m*; ~-**length** *a (Bildnis)* in voller Figur; Voll-, Ganz-; ~**meal** *a* Vollkorn-; ~~ *bread* Vollkornbrot *n*; ~ **milk** Vollmilch *f*; ~**ness** ['-nis] Ganzheit, Intaktheit, Vollständigkeit *f*; ~ **number** *math* ganze Zahl *f*; ~**sale** *s* Großhandel *m*; *a* Großhandels-, Engros-, Groß-; *fig* vollständig, -kommen, total; allgemein; *com* partienweise, in Bausch u. Bogen; massenhaft, Massen-; *adv* im großen, en gros; *tr* en gros, im großen verkaufen; *by, (Am) at* ~~ im großen, en gros; im Großhandel; zum Großhandelspreis; ~~ *and retail* Groß- u. Einzelhandel; ~~ *arrests, destruction, execution* Massenverhaftungen *f pl*, -vernichtung *f*, -hinrichtungen *f pl*; ~~ *business, enterprise* Großhandelsgeschäft, -unternehmen *n*; ~~ *buyer* Großeinkäufer *m*; ~~ *commerce, trade* Großhandel *m*; ~~ *dealer, merchant, trader* Großhändler, Grossist *m*; ~~ *manufacture* Serienfabrikation *f*; ~~ *market* Großhandelsmarkt *m*; ~~ *price* Großhandels-, Grossistenpreis *m*; ~~ *purchase* Großeinkauf *m*; ~**saler** Großhändler, -kaufmann *m*; ~**seas** *a fam* total besoffen, mit Schlagseite; ~**some** ['-səm] gesund (-heitsfördernd), zuträglich, wohltuend; heilsam, lehrreich, nützlich; gesund, kräftig, kraftvoll; ~-**time** *a* ganztägig, Ganztags-; hauptberuflich; ~~ *work* Ganztagsarbeit; ganztägige Beschäftigung *f*; ~-**timer** ganztägig, hauptberuflich beschäftigte Arbeitskraft *f*; **wholly** ['houlli] *adv* ganz, gänzlich, vollständig, völlig.

whom [hu:m] *pron* wen; *(to* ~*)* wem; den, die, das; welche(n, s); dem, der; welchem, welcher; ~**ever** [-'evə], *(betont)* ~**soever** [-so(u)'evə] wen, wem auch (immer); jeden, jedem, der.

whoop [hu:p] *s* Geschrei, Geheul, Gebrüll *n*; Schrei (*e-s Tieres*); *med* Inspirationsstridor *m*, *fam* Ziehen *n*; *itr* schreien, heulen, brüllen; *med* keuchen; *tr* schreien, brüllen, anbrüllen; *to ~ out* mit Schimpf u. Schande davonjagen; *to ~ it, things up* (*Am sl*) ein großes Remmidemmi machen; viel Sums, Aufhebens machen (*for s.o., s.th.* um jdn, etw); *not worth a ~* keinen Pfifferling, keinen roten Heller wert; *~(s pl) of joy* Freudengeheul *n*; **~ee** ['wu:pi:] *Am interj* juchhe! juchheirassa! *s sl* Remidemmi, Tamtam *n*; *to make ~~* (*sl*) Rabatz machen; **~ing-cough** Keuch-, Stickhusten *m*; **~s** ['-s] *Am interj* hoppla!

whop, whap [(h)wɔp] *tr sl* verdreschen, versohlen; *Am* hinwerfen; *to ~ o.s* (*Am*) hinplumpsen, zs.sacken; **~per** ['-ə] *fam* Riesenbiest, Mordsding *n*; faustdicke Lücke *f*; **~ping** ['-iŋ] *a adv fam* gewaltig, riesig, Riesen-, Mords-; (*Lüge*) faustdick.

whore [hɔ:] *s* Hure *f*; *itr* (herum)huren.

whorl [(h)wə:l] (Spinn-)Wirtel *m a. bot*; *anat* 200 Windung *f*, Ring *m*; **~ed** [-d] *a* spiralig, geringelt, gewunden.

whortleberry ['(h)wə:tlberi] *bot* Heidelbeere *f*; *red ~* Preiselbeere *f*.

who's [hu:z] = *who is.*

whose [hu:z] *prn* wessen; dessen, deren; **~soever** [-so(u)'evə] wessen ... auch (immer).

why [(h)wai] *adv* warum, weshalb, wofür; wieso; aus welchem Grunde; zu welchem Zweck; deshalb, darum; *interj* sieh da! nun! ~, *yes!* natürlich! *s*: *the ~ and wherefore* das Warum u. Wieso.

wick [wik] Docht *m*.

wicked ['wikid] *a* böse, schlecht, gottlos, verrucht; boshaft; *fam* schelmisch, schalkhaft; (*Sache*) böse, übel; (*Schlag*) schlimm; *Am sl* doll; **~ness** ['-nis] Schlechtigkeit, Gottlosigkeit, Verruchtheit; Bosheit *f*.

wicker ['wikə] *s* Weide(nrute) *f*; Flechtwerk; Geflecht *n*; *a* Weiden-, Flecht-, Korb-; **~ basket** Weidenkorb *m*; **~ bottle** Korbflasche *f*; **~ chair** Korbstuhl *m*; **~ furniture** Korbmöbel *pl*; **~work** Flechtwerk *n*, Korbwaren *f pl*.

wicket ['wikit] (*~-door, -gate*) Pförtchen; Drehkreuz; Schalterfenster *n*; (*Kricket*) Dreistab *m*, Spielfeld; Tor *n*; **~-keeper** (*Kricket*) Torhüter *m*.

wide [waid] *a* weit; breit; groß; (*Augen*) aufgerissen; *fig* umfangreich, umfassend, großzügig; tolerant, vorurteilslos, -frei; *sl* aufgeweckt; (*Kleidung*) weit, lose, locker fallend; (*Auswahl*) reich; (*Pause*) lang; (*Interessen*) vielseitig; (*Preise*) unterschiedlich; weit ab (*of von*), *fig* (*Antwort*) danebengeschossen, verfehlt; *adv* (*~ of*) weit (weg), fern; weitab; *s poet* Weite, weite Welt *f*; (*Kricket*) Fehlball *m*; *far and ~* weit u. breit; *to the ~* äußerst, völlig; *to give s.o. a ~ berth* (*fam*) jdm aus dem Wege gehen; **~-angle** *a phot film* Weitwinkel-; Breitwand-; **~-awake** *a* ganz, völlig wach; wachsam, aufmerksam (*to* auf); *fig* schlau; aufgeweckt; *s* ['---'] Schlapphut *m*; **~-eyed** *a* mit großen Augen; *to look at s.o. ~~* jdn groß anschauen; **~ly** ['-li] *adv* weit; weit ausea.; weit u. breit; in hohem Maße, sehr; *to differ ~~* sehr verschieden sein; sehr verschiedener Meinung sein; **~n** ['-n] *tr itr* (sich) weiten, (sich) erweitern, (sich) verbreitern; (*Kluft*) (sich) vertiefen; **~ness** ['-nis] Weite, Breite *f*; Umfang *m*; *fig* Vorurteilslosigkeit, Toleranz *f*; **~ning** ['-niŋ] *road ~~* Straßenverbreiterung *f*; **~-open** *a* weit offen, geöffnet; *Am* lax; **~-screen** *film* Breitwand-; **~-spread** *a* weit ausgebreitet od ausgedehnt; weit verbreitet; **~-stretched** *a* ausgedehnt.

widgeon ['widʒən] *zoo* Schwimmente *f*.

widow ['widou] *s* Witwe *f*; *tr fig* berauben (*of* gen); **~ed** ['-d] *a* verwitwet; **~er** ['-ə] Witwer *m*; **~hood** ['-hud] Witwenschaft *f*, -stand *m*, -zeit *f*; **~'s allowance** Witwengeld *n*; **~'s pension** Witwenpension *f*.

width [widθ] Weite, Breite *f*; (Stoff-) Breite, Bahn; *arch* lichte Weite; *geol* Mächtigkeit; *fig* Größe, Weite *f*; *to be 10 feet in ~* 10 Fuß breit sein.

wield [wi:ld] *tr* handhaben, gebrauchen; (*Macht*) ausüben (*over* über).

wiener ['wi:nə], **~wurst** ['-wə:st] *Am* Wiener (Würstchen) *n*.

wife [waif] *pl wives* [waivz] (Ehe-) Frau, Gattin *f*; *to take to ~* zur Frau nehmen, heiraten; *old wives' tale* Altweibergeschichte *f*; **~ly** ['-li] weiblich; fraulich.

wig [wig] *s* (*peri~*) Perücke *f*; *tr fam* anschnauzen, 'runterputzen, fertigmachen; *~s on the green* (*fam*) Streit *m*, Rauferei *f*; **~ged** [-d] *a* e-e Perücke tragend; **~ging** ['-iŋ] *fam* Anschnauzer *m*, Zigarre *f*.

wiggle ['wigl] *tr* wackeln mit; *mar* wricken; *itr* (hin- u. her)wackeln; sich

wight — **win**

schlängeln *(through* durch*)*; *Am sl* tanzen; *to get a* ~~ *on (Am sl)* sich beschleunigen.
wight [wait] *hum* Wicht *m*, Kerlchen *n*.
wigwam ['wigwæm] Wigwam *m*, *(konische)* Indianerhütte *f*.
wild [waild] *a* wild(lebend, -wachsend); unbewohnt, unbebaut, öde; wild, primitiv, unzivilisiert; unbändig, zügellos; *(Schmerz, Wut)* rasend; ausgelassen, bacchantisch, toll; stürmisch (erregt); erregt, aufgeregt, erhitzt, (leidenschaftlich) begeistert; wild, tobend, verrückt, wahnsinnig *(with* vor*); fam* wütend *(about* über*)*; unordentlich, ungekämmt; draufgängerisch; planziellos; abenteuerlich, phantastisch; *(Tiere)* gefährlich, scheu, ungezähmt; *adv* wild drauflos, ins Blaue; verworren; aufs Geratewohl; *s meist pl* Wildnis, (freie) Natur *f; to be ~ about s.th.* auf etw wild *od* erpicht sein; *to drive s.o. ~* jdn zur Raserei bringen; *to go ~* wild werden; *to run ~* sich austoben; ins Kraut schießen; verwildern; *to sow o.'s ~ oats* sich die Hörner abstoßen; *reserve for the preservation of ~ life* Naturschutzgebiet *n*; ~ **beast** Raubtier *n*; ~~ **show** Raubtierschau *f*; **~-boar** Wildschwein *n*; **~cat** *s* Wildkatze *f; fig* Hitzkopf *m; com* Schwindelunternehmen *n*; *Am* neue Ölquelle, Probeschürfung; *Am* allein fahrende Lokomotive *f*; *a* (finanziell) ungesund, unreell, schwindelhaft; riskant, abenteuerlich; Schwindel-; *rail* nicht fahrplanmäßig; *(Bohrung)* unsicher; ~~ *company* Schwindelgesellschaft *f*; ~~ *strike* wilde(r) Streik *m*; **~catter** *Am* Schwindelunternehmer, Spekulant; Ölsucher *m*; **~-duck** Wildente *f*; **~erness** ['wildənis] Wildnis, Wüste *f a. fig*, Ödland; *fig* Gewirr, Durcheinander *n*; **~-eyed** *a* mit stierem Blick; **~fire** verheerende(s) Feuer; *hist* griechische(s) Feuer *n; to spread like* ~~ *(fig)* sich wie ein Lauffeuer verbreiten; **~-fowl** Wildvögel *m pl*; **~-goose** Wildgans *f*; ~~ *chase (fig)* vergebliche(s) Bemühen *n*; **~ horse** Wildpferd *n*; **~ing** ['-iŋ] *bot* Wildling *m; fig* Außenseiter *m*; **~ly** ['-li] *adv* wild, wütend, stürmisch, heftig; **~ness** ['-nis] Wildheit, Unbändigkeit, Zügellosigkeit *f*.
wil|e [wail] *s* List *f*, Trick, Betrug *m*, Tücke *f; tr* (ver)locken *(s.o. into doing s.th.* jdn etw zu tun); umgarnen, überlisten, betrügen; *to* ~~ *away time* sich die Zeit vertreiben; **~iness** ['-inis] Verschlagenheit; List *f*; **~y** ['-i] listig, verschlagen, schlau.

wilful, *Am* **willful** ['wilful] absichtlich, vorsätzlich; eigensinnig, halsstarrig, hartnäckig; ~~ *homicide* vorsätzliche Tötung *f*; ~~ *murder* Mord *m*; **~ness** [-nis] Absichtlichkeit, Vorsätzlichkeit *f*; Eigensinn *m*, Halsstarrigkeit, Hartnäckigkeit *f*.
will [wil] *(Hilfsverb) (nur) Präsens Indikativ*; *(pret) would* werden; wollen; *tr* ir will; wünsche, möchte; befehle, ordne an; bestimme, setze fest; pflege; *tr* vermachen; *s* Wille; Wunsch *m*, Verlangen *n*; Befehl *m*, Anordnung, Anweisung *f; (last ~ and testament)* letzte(r) Wille *m*, Testament *n*; *against s.o.'s ~* gegen jds Willen; *at ~* nach Wunsch *od* Belieben; *jur* auf Widerruf; *by ~* durch Testament, letztwillig; *with a ~* mit festem Vorsatz, fest entschlossen; *to do s.o.'s ~* jdm s-n Willen tun; *to have no ~ of o.'s own* keinen eigenen Willen haben; *to read a ~* ein Testament eröffnen; *to work o.'s ~ on s.o.* s-n Willen bei jdm durchsetzen; *I won't be a minute* ich bin gleich wieder da; *where there's a ~ there's a way (prov)* wo ein Wille ist, ist auch ein Weg; *this window won't open* dieses Fenster läßt sich nicht öffnen; *freedom of the ~* Willensfreiheit *f; good, ill ~* gute(r), böse(r) Wille *m*; **self-**[-d] *a in Zssgen* mit ... Willen, ... willig; **self-~** eigenwillig; **~ing** ['-iŋ] willig, geneigt; bereitwillig; freiwillig; Willens-; **~ingness** ['-iŋnis] Willigkeit, Geneigtheit; Bereitwilligkeit; Freiwilligkeit *f*; **~-power** Willenskraft *f*.
willies ['wiliz] *pl sl* Kribbeligkeit, Nervosität *f*.
will-o'-the-wisp ['wiləðwisp] Irrlicht *n a. fig; fig* Täuschung *f*.
willow ['wilou] *s bot* (**~-tree**) Weide *f*; Weidenholz *n*, **~rute** *f; fam* Kricket-, *Am* Baseballschläger; *tech* Reißwolf *m*; *a* Weiden-; **~ herb** *bot* Weiderich *m*; Weidenröschen *n*; **~y** ['-i] mit Weiden bestanden, *fig* schlank, graziös.
willy-nilly ['wili'nili] *adv* wohl oder übel, notgedrungen, gezwungenermaßen; *a* schwankend, unentschlossen.
wilt [wilt] **1.** *obs poet* (du) willst; **2.** *itr* (ver)welken; *fig* erschlaffen; den Mut verlieren; *tr* (ver)welken, erschlaffen lassen.
wimble ['wimbl] Drill-, Frittbohrer *m*.
wimple ['wimpl] *hist u. rel* Haube *f (der Nonnen)*, Schleier *m*.
win [win] *irr won, won* [wʌn] *itr* gewinnen, siegen, triumphieren, Erfolg haben; *(mit adv)* gelangen, kommen *(to* an*); tr* erringen, gewinnen *(from s.o.*

winner von jdm); siegen in; erreichen, erlangen; überreden (to do zu tun); (to ~ over to) (für sich) gewinnen, auf s-e Seite ziehen; *min metal* gewinnen; *sl* klauen; *s fam* Sieg *m*; Gewinne *m pl*; *to ~ away, (Am) out, over, through* weg-, hinaus-, hinüber-, durchkommen; *to ~ the day, field* den Sieg davontragen, siegreich sein; *to ~ free* sich befreien, die Freiheit erlangen; sich durchkämpfen; *to ~ hands down (fam)* leichtes Spiel haben; **~ner** ['-ə] Gewinner, Sieger *m*; *sl* totsichere Sache *f*; **~ning** ['-iŋ] *a* siegreich; *fig* gewinnend, einnehmend, anziehend; *s* Sieg *m*; *min* Gewinnung, Förderung *f*, Abbau *m*, Ausbeute *f*; *pl* (Geld-)Gewinn *m*; *~ ~ of iron* Eisengewinnung *f*; *~ ~-post (sport)* Ziel *n*; **~some** ['-səm] gewinnend, anziehend, gefällig, reizend, reizvoll.

wince [wins] *itr* zs.fahren, zs.-, zurückzucken (*under a blow* unter e-n Hieb; *at an insult* bei e-r Beleidigung); *s* Zs.-, Zurückzucken *n*; *without a ~* ohne e-e Miene zu verziehen.

winch [wintʃ] Winde, Haspel, Kurbel *f*, Kran *m*; **~ester** ['-estə] Winchesterbüchse; große Flasche *f*.

wind 1. [wind, *poet a.* waind] *s* Wind, Luftzug *m*, Brise *f*, Sturm; *(Jagd)* Wind; Atem *m*; Blähung *f*, Wind *m*; *(Boxen) sl* Magengrube *f*; *fig* dumme(s) Gerede, Geschwätz *n*, Unsinn *m*, Aufschneiderei *f*; *pl mus* Blasinstrumente *n pl*; *tr* an der Luft trocknen, lüften; *(Jagd)* wittern, aufspüren; außer Atem bringen; sich verschnaufen; *(Tier)* sich auslaufen lassen; *between ~ and water (fig)* an e-r empfindlichen Stelle; *down, off the ~* mit dem Wind; *in the teeth of the ~, in the ~'s eye* dem Wind entgegen, gegen den Wind; *on, up the ~* gegen den Wind; *to the four ~s* in alle Winde, in alle vier Himmelsrichtungen; *to cast, to fling to the ~s (fig)* in den Wind schlagen; vergeuden; *to find out how the ~ blows* die Stimmung erkunden; *to get, to have ~ of s.th.* von e-r S Wind kriegen, haben; *to get o.'s second ~* wieder zu Atem kommen; *to know how the ~ blows (fig)* wissen, woher der Wind weht; *to put s.o. the ~ up (fig sl)* jdm bange machen; *to raise the ~ (sl)* das Geld heranschaffen; *to sail close to the ~ (mar)* hoch an den Wind gehen; *fig* mit e-m Fuß im Zuchthaus stehen; *to speak to the ~* in den Wind reden; *to take the ~ out of s.o.'s sails (fig)* jdm den Wind aus den Segeln nehmen; jdn verwirren; *I got the ~ up (sl)* das Herz fiel mir in die Hose; *there's s.th. in the ~ (fig)* es liegt etw in der Luft; *sound in ~ and limb* kerngesund; **~age** ['-idʒ] Geschoßablenkung *f*; *phys* Luftwiderstand *m*; *mar* Windseite; *tech* Belüftung, Ventilation *f*; **~bag** *fam fig* Windbeutel *m (Mensch)*; **~-blown** *a* vom Winde verweht; *(Baum)* wettergebeugt; *(Frisur)* Windstoß-; **~ ~ haircut** Windstoßfrisur *f*; **~bound** *a mar* durch widrige Winde fest-, zurückgehalten; **~break** Windschutz *m (Mauer, Hecke, Baumreihe)*; **~breaker** *Am (Warenzeichen)* warme Sport-, Windjacke *f*; **~broken** *a vet (Pferd)* dämpfig; **~cheater** Anorak *m*; **~ ~-cone, -sleeve, -sock** *aero* Windsack *m*; **~ed** ['-id] *a* außer Atem, atemlos; **~ egg** Windei *n*; **~fall** Fallobst *n*; *fig* Glücksfall, glückliche(r) Zufall *m*, unverhoffte(s) Glück *n*; *Am* Windbruch *m*; **~flow** Windstoß *m*; **~flower** (Busch-)Windröschen *n*, Anemone *f*; **~ gap** Einschnitt *m* in e-m Bergrücken; **~ ~-ga(u)ge** Windmesser *m*; **~ fanner** *orn* Turmfalke *m*; **~iness** ['-inis] windige(s) Wetter *n*; *fig* stürmische(r) Charakter *m*; wetterwendische(s) Wesen *n*; Empfindlichkeit; Redseligkeit; Aufgeblasenheit *f*; **~ instrument** *mus* Blasinstrument *n*; **~jammer** *sl* Windjammer *m*, -jacke *f*; Matrose auf e-m Segelschiff; *Am sl* Schwätzer *m*, Klatschbase *f*; **~mill** Windmühle *f*; *to fight, to tilt at ~s (fig)* gegen Windmühlen kämpfen; **~pipe** ['-paip] *anat* Luftröhre *f*; **~-pollinated** *a bot* windbestäubt; **~row** *s* (Gras-, Getreide-)Schwade(n *m*) *f*; Verwehung; *agr* Furche *f*; *tr* in Schwaden legen; *(welkes Laub)* zs.fegen, verwehen; **~ scale** Windskala *f*; **~screen,** *Am* **-shield** *mot* Windschutzscheibe *f*; **~ ~ wiper** Scheibenwischer *m*; **~swept** *a* sturmgepeitscht; **~tight** luftdicht; **~-tunnel** *aero* Windkanal, -tunnel *m*; **~ward** ['-wəd] *adv* gegen den Wind; *a* gegen den Wind gerichtet, auf der Windseite (befindlich); *s* Windseite, Luv *f*; **~y** ['-i] windig; *fig* stürmisch; wetterwendisch; *fam* ängstlich, nervös; redselig; aufgeblasen, pompös; *med* blähend; **2.** [waind] *irr wound, wound* [waund] *tr* drehen, kurbeln, winden, (auf)wickeln, spulen; umwinden, -wickeln; umschlingen; *(Saite)* spannen; *film* transportieren; *fig* einfließen lassen, anbringen, einflechten; *(to ~ up)* hochwinden; *(Uhr)* aufziehen; *itr* sich winden *(about, around* um); sich schlängeln; e-n Haken schlagen; *fig* Umwege machen, krumme Wege gehen; *(Holz)* sich werfen, arbeiten; *(Uhr)* sich aufziehen lassen; *s* Drehen, Winden, (Auf-)Wickeln *n*; Drehung; Windung, Schlinge, Kurve *f*; *to ~ up (tr)* aufwickeln; hochwinden; *(Uhr)* aufziehen; *fig* gespannt machen, erregen; ankurbeln; ab-, beschließen, beenden, zu Ende bringen; *(Geschäft)* abwickeln; liquidieren, auflösen; *itr (Rede)* abschließen; *Am fam* enden, landen; *to ~ s.o. round o.'s (little) finger (fig)* jdn um den (kleinen) Finger wickeln; **~er** ['-ə] Haspler *m (Arbeiter)*; Winde, Rolle; Kurbel; Stufe (e-r Wendeltreppe); *bot* Schlingpflanze *f*; **~ing** ['-iŋ] *s* Drehung *f*; Winden, (Auf-)Wickeln *n*; gewundene(r) (Ver-)Lauf *od* Weg *m*; *fig* Umwege *m pl, fam* krumme Touren *f pl*; *el* Wickelung, Spulung *f*; Wickeldraht *m*; *(einzelne)* Windung *f*; *(Holz)* Arbeiten *n*; *a* sich windend, sich schlängelnd, gewunden; *fig* krumm; **~-rope** Förderseil *n*; **~-shaft** Förderschacht *m*; **~-sheet** Leichentuch *n*; **~-tower** Förderturm *m*; **~-up** Aufwickeln *n*; Hochwinden, Aufziehen *n*; *fig* Beendigung *f*, Abschluß *m*, Abwick(e)lung *f*; **~up** [-ʌp] (Ab-)Schluß *m*, Ende *n*; **3.** *a. irr* **wound, wound** [waund] *tr (Horn od Signal)* blasen.

windlass ['windləs] *s* Winde, Haspel; *mar* Schiffswinde *f*, Gangspill *n*.

window ['windou] *s* Fenster *n (a. e-s Briefumschlages)*; Schalter; *aero (Radar)* Düppel(streifen) *m*, Störfolie *f*; *(shop-~)* Schaufenster *n*, Auslage *f*; *to dress a ~* ein Schaufenster dekorieren; *ticket ~* Fahrkartenschalter *m*; **~ advertising** Schaufensterreklame *f*; **~ blind** Jalousie *f*; **~ board** Fensterbrett *n*; **~-box** Blumenkasten *m*; **~ card** Schaufensterplakat *n*; **~ delivery** Schalterdienst *m*; **~-display** (Schaufenster-)Auslage *f*; **~ competition** Schaufensterwettbewerb *m*; **~-dresser** Schaufensterdekorateur *m*; **~-dressing** Schaufensterdekoration *f*, *fig* Aufmachung, Reklame, Mache; Vorspiegelung falscher Tatsachen; *com* Bilanzverschleierung *f*; **~ed** ['-d] *a* mit Fenstern versehen; **~ envelope** Fenster(brief)umschlag *m*; **~ frame** Fensterrahmen *m*; **~ goods** *pl* Schaufenster-, Dekorationsware *f*; **~ glass** Fensterglas *n*; **~-ledge** Fensterbrüstung *f*; **~less** ['-lis] fensterlos; **~ mirror** Spion, Fensterspiegel *m*; **~-pane** Fensterscheibe *f*; **~-screen**

Fliegenfenster *n*; **~ seat** Fensterbank *f*; **~-shopping** Schaufensterbummel *m*; *to go ~~* e-n Schaufensterbummel machen; **~ shutter** Fensterladen *m*; **~-sill** Fensterbank *f*; **~-winder** *mot* Fensterkurbel *f*.

wine [wain] *s* Wein *m*; *tr* mit Wein bewirten; Wein einschenken *(s.o.* jdm); *Adam's ~ (hum)* Gänsewein *m*, Wasser *n*; *green ~* neue(r) Wein *m*; *new ~ in old bottles (fig)* neue(r) Wein in alten Schläuchen; *spirit of ~* Weingeist *m*; *white, red, sweet ~* Weiß-, Rot-, Süßwein *m*; **~bibber** (großer) Weintrinker, (Wein-)Säufer *m*; **~bottle** Weinflasche *f*; **~ cask** Weinfaß *n*; **~-cellar, -vault** Weinkeller *m*; **~-colo(u)red** *a* weinrot; **~-cooler** Sektkühler *m*; **~ glass** Weinglas *n*; **~-grower** Winzer, Weinbauer *m*; **~-growing** Weinbau *m*; **~-merchant** Weinhändler *m*; **~-press** Kelter *f*; **~ry** ['-ri] Weinkellerei *f*; **~-shop** Weinhandlung *f*; **~-skin** Weinschlauch *m*; **~-stone** Weinstein *m*; **~y** ['-i] weinartig.

wing [wiŋ] *s* Flügel, *lit* Fittich *m*, Schwinge; *aero* Tragfläche *f*; *mot* Kotflügel; (Tür-, Fenster-)Flügel *m*; *theat (stage)* Kulisse *f*; *arch* (Seiten-)Flügel; *(Sessel)* Ohrenbacken *pl*; *fig* (rechter, linker) Flügel *m* (e-r Partei); *aero* Gruppe *f* (fliegender Verband), *Am* Geschwader *n*; *hum* Arm *m*; *pl* Pilotenabzeichen *n*; *tr* durch-, überfliegen; mit Flügeln versehen; *fig* beflügeln; fliegen, auf dem Luftwege transportieren; *(Eilbrief)* abschicken; *arch* Seitenflügel anbauen an; in den Flügel treffen; fam in den Arm schließen; *itr* fliegen; *in the ~s (fam)* in Reserve; *on the ~* im Fluge; dauernd auf den Beinen, unterwegs; *on the ~s of the wind* mit Windeseile; *under s.o.'s ~s (fig)* unter jds Fittichen; *to clip s.o.'s ~s (fig)* jdm die Flügel beschneiden, jdn kurz halten; *to lend, to add ~s to s.th. (fig)* e-r S Flügel verleihen, etw beschleunigen; *to s.o.* jds Schritte beflügeln *od* beschleunigen; *to take ~* davonfliegen; aufbrechen; *to take to itself ~s (fig)* spurlos verschwinden; **~ assembly, unit** *aero* Tragwerk *n*; **~-beat, -stroke** Flügelschlag *m*; **~-case, -sheath** *ent* Flügeldecke *f*; **~-chair** Ohrensessel *m*; **~ commander** *aero* Gruppenkommandeur, Oberstleutnant; *Am* Geschwaderkommodore *m*; **~ed** [-d] *a* geflügelt *a. bot*; *fig* beflügelt, beschwingt, schnell; erhaben, fein, vornehm; am Flügel verletzt; *fam* am

Arm, leicht verletzt; **~ feather** Schwungfeder *f*; **~ flap** Landeklappe *f*; **~less** ['-lis] ungeflügelt, flügellos; **~ load(ing)** *aero* (Trag-)Flächenbelastung *f*; **~ nut** Flügelmutter *f*; **~ shot** Schuß *m* auf e-n fliegenden Vogel; **~ skeleton** *aero* Tragflächengerippe *n*; **~spread** *aero* (Tragflächen-)Spannweite *f*; *orn* Flügelweite *f*; **~tip** Flügelspitze *f*; *aero* Tragflächenende *n*; **~weary** flügellahm *a. fig*; **~width** *aero* Tragflächenweite *f*.

wink [wiŋk] *itr* blinzeln; mit den Augen zwinkern; *at s.o.* jdm zuzwinkern, zublinzeln; *at s.th.* etw geflissentlich übersehen; *(Stern)* flimmern; *tr* blinzeln, zwinkern mit *(den Augen)*; *s.o.* jdm zuzwinkern; *(Tränen) (to ~ away)* zurückhalten; *s* Blinzeln, Zwinkern *n*; Blick, Wink; Augenblick *m*; *mot* Blinken *n*; *to give s.o. a ~* jdm e-n Blick zuwerfen; *to tip s.o. the ~ (sl)* jdm e-n Wink geben; *I did not sleep a ~, I could not get a ~ of sleep (all night)* ich habe (die ganze Nacht) kein Auge zugetan; *forty ~s (pl) fam* Nickerchen, Schläfchen *n*; **~er** ['-ə] Blinzelnde(r) *m*; Scheuklappe *f*; *fam* Auge *n*, Wimper *f*; *pl mot* Blinklicht *n*; **~ing** ['-iŋ] Zwinkern, Blinzeln *n*; *as easy as ~~ (fam)* kinderleicht; *like ~~ (fam)* rasend, heftig.

winkle ['wiŋkl] *s* (Gemeine) Uferschnecke *f*; *tr: to ~ out* herausholen *(from* aus); **~~pickers** *pl fam* spitz zulaufende Schuhe *m pl*.

winnow ['winou] *tr (Getreide)* schwingen, worfeln; ver-, zerstreuen; sieben, sichten; aussortieren, -scheiden; trennen *(from* von); schlagen *(the wings* mit den Flügeln); *s* Worfeln, Schwingen; Schwingbrett *n*.

winter ['wintə] *s* Winter *m a. fig*; *itr tr* überwintern *(in, at* in); **~ apple** Winterapfel *m*; **~berry** Stechpalme *f*; **~crop** Wintergetreide *n*; **~feed** *tr* den Winter über füttern; **~ garden** Wintergarten *m*; **~green** *bot* Sin-, Immer-, Wintergrün *n*; **~ize** *tr* winterfest machen; **~kill** *itr tr Am bot* erfrieren (lassen); *itr (Saat)* auswintern; **~ quarters** *pl* Winterquartier *n*; **~ season** Wintersaison *f*; **~ sleep** Winterschlaf *m*; **~ solstice** Wintersonnenwende *f*; **~ sports** *pl* Wintersport *m*; **~time** Winterzeit *f*; **~ wheat** Winterweizen *m*; **~y** ['-ri], **wintry** ['wintri] winterlich; *fig* frostig; **wintriness** [-nis] Winterwetter *n*; Frostigkeit *f*.

wipe [waip] *tr* (ab)wischen, abreiben, -trocknen *(on a towel* an e-m Handtuch); säubern, reinigen; putzen *(o.'s nose* die Nase); reiben *(into* in); *sl* schlagen; *s* (Ab-)Wischen *n*; *sl* Schlag, Hieb; *fam* Seitenhieb *m*, spöttische, höhnische Bemerkung *f*; *sl* Rotzlappen *m*, Taschentuch *n*; *to ~ dry* trockenwischen; *to ~ the floor with s.o. (sl)* jdn völlig fertigmachen; *to ~ away, to ~ off* weg-, abwischen; *com* abbuchen, abschreiben; *(Schulden)* abtragen; *to ~ out tr* auswischen, -löschen; tilgen; völlig vernichten, zerstören, dem Erdboden gleichmachen; *itr* sich aufheben; *to ~ up* aufwischen, -nehmen; **~ contact** Schleifkontakt *m*; **~~out area** *radio* Schwundbereich *m*; **~r** ['-ə] Wischer *m*; Wischtuch *n*, -lappen *m*; *sl* Taschentuch *n*; *mot (windscreen ~~)* Scheibenwischer *m*; *tech* Abstreifung *f*; *el* Kontaktarm; *geol* Wackelstein *m*.

wire ['waiə] *s* Draht *m*; Drahtnetz *n*, -verhau *m*; (Draht-)Schlinge *f*; Leitungs-, Telephondraht *m*; (Kabel-)Ader *f*; Telegraph *m*; *fam* Telegramm *n*; *attr* Draht-; *tr* mit Draht versehen, verbinden, einfassen, befestigen; *(Jagd)* mit e-r (Draht-)Schlinge fangen; *el* e-e Leitung legen in; einrollen; anschließen *(to* an); *tr itr fam* telegraphieren, drahten; *by ~* telegraphisch; *to ~ in (fam)* loslegen, sich dranmachen; *to get under the ~ (Am)* es gerade noch schaffen; *to hold the ~ (tele)* am Apparat bleiben; *to pull (the) ~s (fig)* die Fäden in der Hand haben; **live ~** Hochspannungsdraht; *fig* lebhafte(r), energische(r) Mensch *m*; **~ address** Telegrammanschrift *f*; **~ bow** Drahtbügel *m*; **~~bridge** Drahtseilbrücke *f*; **~ broadcasting** Drahtfunk *m*; **~~cloth, -gauze, -netting** (feiner) Maschendraht *m*; **~ coil** Drahtspule *f*; **~ cutters** *pl* Drahtschere *f*; **~ dancer** Seiltänzer *m*; **~ draw** *irr s. draw tr* drahtziehen; *fig* in die Länge ziehen; *fig* überspitzen; **~~edge** *(Schneide)* Grat *m*; **~ entanglement** Drahtverhau *m*; **~ fence** Drahtzaun *m*; **~ ga(u)ge** Drahtlehre *f (Meßgerät)*; **~ glass** Drahtglas *n*; **~hair, -haired terrier** Drahthaarterrier *m (Hunderasse)*; **~ nail** Drahtstift *m*; **~ nippers, -pliers** *pl* Drahtzange *f*; **~ photo** Bildtelegramm *n*; **~~puller** *fig* Drahtzieher *m*; **~~pulling** *Am fig* Spiel *n* hinter den Kulissen, Drahtzieher *n*; **~ recorder** *el* Drahtmagnetophon *n*; **~ rod** Walzdraht *m*; **~-rope** Drahtseil *n*; **~ ropeway** Drahtseilbahn *f*; **~ service** *Am* telegraphische(r) Nachrichtendienst *m (der Presse)*; **~spun** *a* zu Draht gezogen; *fig* zu fein ausgesponnen, zu spitzfindig; **~ staple** (Draht-)Heftklammer *f*; **~-stitched** *a (Buch)* drahtgeheftet, broschiert; **~-stitching machine** Drahtheftmaschine *f*; **~ tack** Drahtstift *m*; **~ tapper** *tele* Abhörer; *fam (Rennen)* Tipgeber, Schwindler *m*; **~ tapping** *tele* Abhören *n*; **~-walker** Seiltänzer *m*; **~works** *pl, a. mit sing* Drahtzieherei, -fabrik *f*; **~worm** Drahtwurm; *Am* Tausendfüß(l)er *m*; **~-wove** *a* aus Draht geflochten; Velin-; **~~ mattress** Sprungfedermatratze *f*; **~~ paper** Velin(papier) *n*.

wireless ['waiəlis] *a* drahtlos; Funk-; Radio-; *s* drahtlose Telegraphie *od* Telephonie *f*; (Rund-)Funk *m*, Radio (-apparat *m*) *n*; *tr itr* funken; *by ~* durch Funkspruch, funktelegraphisch; *on, over the ~* im Rundfunk *od* Radio; *to listen to a concert over the ~* ein Konzert im Rundfunk anhören; *wired ~* Drahtfunk *m*; **~ aerial** Rundfunkantenne *f*; **~ beacon** Funkbake *f*, Peilsender *m*; **~ car** Funkstreifenwagen *m*; **~ communication** Funkverbindung *f*; **~ control** Fernlenkung *f*; **~ direction finder** (Funk-)Peilgerät *n*; **~ engineering** Funktechnik *f*; **~ equipment** Funkgerät *n*; **~ interception station** Abhörstelle *f*; **~ message** Funkspruch *m*; **~ operator** *(aero* Bord-)Funker *m*; **~ picture telegraphy** Bildfunk *m*; **~ pirate** Schwarzhörer *m*; **~ receiver** *radio* Empfänger *m*; **~ set** Funkgerät *n*; **~ silence** Funkstille *f*; **~ station** Funkstelle, -station *f*, (Rundfunk-)Sender *m*; **~ telegraphy** drahtlose Telegraphie *f*, Tastfunk *m*; **~ telephony** drahtlose Telephonie *f*, Sprechfunk *m*; **~ traffic** Funkverkehr *m*; **~ transmitter** Sendegerät *n*.

wir|iness ['waiərinis] drahtartige *od* sehnige Beschaffenheit *f*; Straffheit *f*; **~ing** ['-riŋ] Verdrahtung *f a. tele*; Draht-, (elektr.) Leitungsnetz *n*; Installation *f*; *aero* Bordnetz *n*; **~~ diagram** Leitungs-, Schaltplan *m*; **~y** ['-i] drahtartig, straff; Draht-; *fig* sehnig; *(Ton)* surrend.

wisdom ['wizdəm] Weisheit, Klugheit *f*; **~ tooth** Weisheitszahn *m*; *to cut o.'s teeth (fig)* vernünftig werden.

wise [waiz] **1.** *a* weise, klug, vernünftig; verständig, verständnisvoll; gelehrt, gebildet; gewitzt, schlau, gerissen; *sl* alt-, neunmal-, überklug; vorlaut; *v: to ~ up (Am sl) tr* aufklären, informieren; *itr* schlau, klug werden; *to be non the ~r for s.th.* durch etw nicht schlauer geworden sein; *to be, to get ~ to s.th. (sl)* über etw im Bilde sein; von etw e-e Ahnung haben; *to crack ~* = *~crack; to get ~ (Am sl)* kapieren, begreifen; frech werden; *to put s.o. ~ to s.th. (sl)* jdm ein Licht aufstecken; *I get ~* mir geht ein Licht auf; *the Three W~ Men* die Drei Weisen aus dem Morgenland, die Heiligen Drei Könige *m pl*; **~acre** ['-eikə] Neunmalkluge(r), Klugschnacker, Angeber *m*; **~crack** *fam s* schnippische *od* spöttische *od* witzige Bemerkung *od* Antwort *f*; *itr* schnippisch, spöttisch, witzig reden; **~cracker, ~ guy, ~head, ~(n)heimer** *Am sl* Klugschnacker, -scheißer, Neunmalkluge(r), Angeber *m*; **2.** *obs* Weise, Art *f*.

wish [wiʃ] *tr* (sich) wünschen; wollen; sich sehnen nach; hoffen; *(Glück)* wünschen; bitten, ersuchen; auferlegen, aufhalsen *(on s.o.* jdm); *itr* wünschen; sich sehnen *(for* nach); e-n Wunsch äußern; *s* Wunsch; (sehnlicher, Herzens-)Wunsch; Wille *m*; Bitte *f (for* um), Ersuchen, Verlangen *n (for* nach); *pl (good ~es)* Glückwünsche *m pl; with best ~es* mit herzlichen Glückwünschen; *to ~ s.o. (good) luck* jdm Glück wünschen; *to ~ s.o. well, ill* jdm wohl-, übelwollen; *I ~* ich möchte *od* wollte; *the ~ is father to the thought (prov)* der Wunsch ist der Vater des Gedankens; **~bone, ~ing-bone** *(Vogel)* Gabelbein *f*; **~-dream** Wunschtraum *m*; **~ful** ['-ful] sehnsüchtig, sehnlich, verlangend; **~ thinking** Wunschdenken *n*; **~ing cap** Zauberkappe *f*.

wish|-wash [wiʃwɔʃ] Gesöff; Gewäsch, Geschwätz *n*; **~y-washy** ['wiʃiwɔʃi] wässerig, dünn; *fig* seicht, fad(e), schwach.

wisp [wisp] Büschel, Bündel *n*; Wisch, Fetzen; Streifen *m*; Fetzchen, Stückchen; Irrlicht *n*; Handfeger *m*; *a ~ of a girl* ein schmächtiges Ding; *~ of hair* Haarsträhne *f*; *~ of smoke* Rauchfetzen *m*; **~y** ['-i] klein, dünn, leicht; *(Haar)* büschelig.

wistaria [wis'tɛəriə], **wisteria** [-'tiəriə] *bot* Glyzine *f*.

wistful ['wistful] sehnsuchtsvoll, sehnsüchtig, verlangend; nachdenklich.

wit [wit] *a. pl* Verstand *m*, geistige Fähigkeiten *f pl*; Intelligenz *f*; Geist, Witz *m*; witzige(r) Kopf *m*; *v obs* nur noch in: *to ~* das heißt, nämlich; *to be*

witless 1141 **witness**

at o.'s ~s' end am Ende s-r Kunst sein, to be out of o.'s ~s außer sich, ganz aus dem Häuschen sein *(with* vor*)*; to have, to keep o.'s ~s about one e-n klaren Kopf behalten; to live by o.'s ~s sich (geschickt) durchs Leben schlagen; auf Kosten anderer leben; *he's no great ~* er ist kein großes Licht; **~less** ['-lis] geist-, witzlos; dumm, närrisch, albern; **~ticism** ['-isizm] geistreiche, witzige Bemerkung, Witzelei *f*; **~tiness** ['-inis] Witzigkeit *f*; **~tingly** ['-iŋli] *adv* wissentlich, absichtlich, vorsätzlich; **~ty** ['-i] geistreich, witzig.

witch [witʃ] *s* Hexe, Zauberin *f*; *fig* bezaubernde Frau *f*; *tr* be-, verhexen; **~craft** ['-krɑːft], **~ery** ['-əri] Hexerei, Zauberei, Zauberkunst; Magie *f*; Zauber, Reiz *m*, (magische) Anziehungskraft *f*; **~-doctor** Medizinmann *m*; **~-hunt(ing)** *fig pol* Hexenverfolgung *f*; **~-ing** ['-iŋ] *s* Zauberei, Zauberkraft *f*; *a* bezaubernd; *the ~~ hour of night* die Geisterstunde.

with [wið] *prp* mit; *(instrumental)* durch; *(kausal)* durch, an, vor; mit ... zusammen; nebst; bei; auf; trotz; vor; *~ the window open* bei offenem Fenster; *~ all his faults* bei all s-n Fehlern; trotz all s-r Fehler; *to be ~ it (fam)* auf Draht sein; *to have s.th. ~ one* bei sich haben; *to part ~* sich trennen von; *~ all the work he has done* nach dem, was er getan hat; *~ anger, love, hunger* vor Ärger, Liebe, Hunger; *~ smiles* lächelnd, mit e-m Lächeln; *~ this, that* hier-, damit, darauf; *away, down, off ~!* weg, nieder, herunter mit! *in ~* einig, verbunden mit.

withal [wi'ðɔːl] *obs adv* zudem, überdies; ferner; darauf; dadurch; *prp (nach dem s u. am Satzende)* mit.

withdraw [wið'drɔː] *irr s. draw tr* zurückziehen, -nehmen *(from* von, aus*)*; *s.th. from s.o.* jdm etw entziehen; *(Geld)* abheben; *(Truppen)* abziehen; *itr* sich zurückziehen; sich entfernen; austreten, ausscheiden *(from* von*)*; *parl* s-n Antrag zurücknehmen; *mil* sich absetzen; *to ~ from circulation (Geld)* aus dem Verkehr ziehen; *to ~ from school* von der Schule nehmen; **~al** [-əl] Zurücknahme, -ziehung *(from* von*)*; Entnahme *f*; Abhebung *f (vom Konto)*; Ausscheiden *n*, Rücktritt *(from* von*)*; Widerruf; *mil* Rückzug, Abzug *m*; **~~ route** Rückzugsstraße *f*.

with|e [wið, wiθ, waið] Weidenrute *f*; **~y** ['wiði] *s* (Strick *m* aus) Weidenrute(n) *f*; *a* fest u. biegsam; *(Mensch)* zäh.

wither ['wiðə] *itr (to ~ up)* (ver)welken, verdorren, vertrocknen; (zs.) schrumpfen; *fig* s-e Kraft, Frische verlieren, vergehen; *(to ~ away)* (dahin)schwinden, dahinsinken; *tr (to ~ up)* vertrocknen, verdorren lassen; *fig* (vor Scham) in den Boden sinken lassen; einschüchtern *(with a look* mit e-m Blick*)*; **~ing** ['-riŋ] *(Blick)* vernichtend.

withers ['wiðəz] *pl anat (Pferd)* Widerrist *m*; *my ~ are unwrung (fig)* ich wasche meine Hände in Unschuld.

withhold [wið'hould] *irr s. hold tr* zurückhalten, hindern; verweigern, vorenthalten *(s.th. from s.o.* jdm etw*)*; verhindern; *(Steuern)* einbehalten.

within [wið'in] *adv* innen (drin), drin(nen), im Innern *(a. d. Herzens, der Seele)*, innerlich; daheim, zu Hause; nach innen, hinein, ins Innere; *from ~* von innen (her), aus dem Innern; *prp* in; innerhalb *gen (a. zeitl. u. graduell)*, im Bereich *gen*; in den Grenzen, im Rahmen *gen*; *(zeitl.)* binnen; *~ o.'s income* im Rahmen s-s Einkommens; *to be ~ walking distance of* zu Fuß gehen können zu; *~ call, hearing, reach, sight* in Ruf-, Hör-, Reich-, Sichtweite; *s* das Innere.

without [wið'aut] *adv* (dr)außen; äußerlich; außerhalb; *from ~* von außen (her); *prp* außerhalb *gen*, über ... hinaus; jenseits; ohne *(doing* zu tun*)*; frei von; *~ delay* unverzüglich; *~ doubt* zweifellos; *~ fail* unweigerlich; *~ prejudice to* unbeschadet *gen*; *to do, to go ~ s.th.* ohne etw auskommen *od* fertigwerden; *that goes ~ saying* das versteht sich von selbst; *s* das Äußere.

withstand [wið'stænd] *irr s. stand tr itr* sich widersetzen, widerstehen *(s.o., s.th.* jdm, e-r S*)*; aus-, standhalten *(hard wear* starker Beanspruchung*)*.

witness ['witnis] *s* Zeugnis *n*; Zeuge *m (to* für*)*; Urkundsperson *f*; Beweis (-stück, -mittel *n*) *m (to* für*)*; *tr* bezeugen, bekunden; erkennen lassen; als Beweis(mittel) dienen für, beurkunden, bestätigen, beglaubigen; sich (persönlich) überzeugen von, selbst in Augenschein nehmen; Augenzeuge sein *gen*, gesehen haben; zuschauen, zusehen; *itr* Zeugnis geben *od* ablegen, Zeuge sein *(against, for s.o.* gegen, für jdn*)*; bezeugen *(to s.th.* etw*)*; als Zeugnis, Beweis dienen, Beweis sein *(to* für*)*; *in ~ thereof, whereof* zu Urkund dessen; *to be a ~ to s.th.* für etw Zeuge, ein Zeichen sein; *to bear ~* Zeugnis ablegen *(of, to s.th.* von e-r S*; against, for s.o.* gegen, für jdn); *to call as, ~ to* als Zeugen benennen *od* vorladen; *to hear a ~* e-n Zeugen vernehmen *od* verhören; *to summon a ~* e-n Zeugen vorladen; *to take to ~* als Zeugen anrufen *od* benennen; *evidence by ~es* Zeugenbeweis *m*; *eye-~* Augenzeuge *m*; *hearing of ~es* Zeugenvernehmung, Beweisaufnahme *f*; *marriage ~* Trauzeuge *m*; *principal ~* Haupt-, Kronzeuge *m*; *~ of an accident* Unfallzeuge *m*; *~ in court* Zeuge *m* vor Gericht; *~ for the defence, prosecution* Ent-, Belastungszeuge *m*; *~ on oath* vereidigte(r) Zeuge *m*; **~-box**, *Am* **stand** Zeugenstand *m*; **~ fee** Zeugengebühr *f*.

wive [waiv] *obs tr itr (Mann)* (sich ver)heiraten.

wizard ['wizəd] *s* Zauberer, Hexenmeister *a. fig*; *fam* patente(r) Kerl *m*; *a* magisch; *sl* blendend, prachtvoll, ganz groß, prima; **~ry** ['-ri] Zauberei, Magie *f a. fig*.

wizen(ed) ['wizn(d)] *a* vertrocknet, verwelkt; verhutzelt.

wo [wou] *s. whoa*.

woad [woud] *bot* (Färber-)Waid *m*.

wobbl|e ['wɔbl] *itr* wackeln, watscheln, (sch)wanken; *(Knie od)* schlottern; *fam* schwabbeln; *mot* flattern; *fig* hin- u. herschwanken *(between* zwischen); *tr* ins Schwanken bringen; **~ing** ['-iŋ], **~y** ['-i] (sch)wankend, wack(e)lig.

wodge [wɔdʒ] *fam* Klumpen, Klotz *m*.

woe [wou] *s bes. poet, a. hum* Weh, Leid *n*, Schmerz *m*; (großes) Übel *n*; *pl* Übel *n pl*, Nöte *f pl*; *interj* wehe! *in weal and ~* in Wohl u. Wehe; *~ is me!* weh mir! *~(be) to him!* wehe ihm! **~begone** ['-bigɔn] *a* jammervoll, jämmerlich, traurig, elend, erbärmlich; **~ful** ['-ful] traurig, betrüblich; elend, bejammerns-, beklagenswert; jämmerlich.

wold [would] Heide *f*, Ödland *n*.

wolf [wulf] *pl* **wolves** [wulvz] *s* Wolf; *fig* Bluthund; *sl* Schürzenjäger *m*; *tr (to ~ down)* hinunterschlingen; *to cry ~ (fig)* blinden Alarm schlagen; *to keep the ~ from the door (fig)* dafür sorgen, daß der Schornstein raucht; *a ~ in sheep's clothing (fig)* ein Wolf im Schafspelz; **~-call**, **~-whistle** bewundernde(r) Zuruf, Pfiff *m* für e-e Schöne; **~-cub** junge(r) Wolf; Jungpfadfinder *m*; **~-dog**, **-hound** Schäfer-, Wolfshund *m*; **~ish** ['-iʃ] wölfisch; Wolfs-; *fig* räuberisch, (hab)gierig, gefräßig; *~~ appetite* Wolfs-, Bärenhunger *m*; **~sbane** *bot* Eisenhut *m*; **~'s-claws** *bot* Bärlapp *m*; **~'s milk** *bot* Wolfsmilch *f*.

wolfram ['wulfrəm] *chem* Wolfram *n*; **~ite** ['-ait] Wolfram(it) *n*.

wolver|ene, **-ine** ['wulvəri:n] *zoo* Vielfraß; Wolverine *m (Pelz)*.

woman ['wumən] *pl* **women** ['wimin] *s* Weib *n*, Frau, Zofe *f*; *(ohne Artikel)* das weibliche Geschlecht, die Frauen; *the ~* das typische Weib, die weibliche Art; *a* weiblich; Frauen-; *single ~* Junggesellin *f*; **~ doctor** Ärztin *f*; **~ driver** *mot* Fahrerin *f*; **~-hater** Weiberfeind *m*; **~hood** ['-hud] Weiblichkeit, Fraulichkeit *f*; *to reach ~~ (Mädchen)* heranwachsen; **~ish** ['-iʃ] weiblich; weibisch; **~-ize** ['-aiz] *tr* verweichlichen; *itr fam* es mit den Frauen haben; **~kind** ['-kaind] die Frauen *f pl*, das weibliche Geschlecht; **~less** ['-lis] frauenlos; **~like** ['-laik] (typisch) weiblich; **~liness** ['-linis] Weiblichkeit *f*; **~ly** ['-li] *a* weiblich, fraulich; **~ suffrage** Frauenstimmrecht *n*; **~-suffragist** Frauenrechtlerin *f*.

womb [wu:m] *anat* Gebärmutter *f*; Mutterleib; *fig* Schoß *m*; *in the ~ of time* im Schoße der Zeit; *falling of ~ (med)* Gebärmuttervorfall *m*.

wombat ['wɔmbət, -æt] *zoo* Wombat *m*, Beutelmaus *f*.

womenfolk ['wiminfouk] die Frauen; *fam* das Weibervolk *(in e-r Familie)*.

wonder ['wʌndə] *s* Wunder *n a. fig*, -werk *n*; Verwunderung *f*, Erstaunen *n*; *itr* sich (ver)wundern; verwundert, erstaunt sein *(at, about* über); neugierig, gespannt sein; im Zweifel, unsicher sein; sich fragen; sich überlegen; gern wissen mögen *od* wollen; *for a ~* überraschender-, erstaunlicherweise; *to be filled with ~* ganz verwundert sein; *to work ~s* Wunder wirken; *(it is) no ~ (that)* es ist kein Wunder, es überrascht (mich) nicht, daß; *a nine days' ~* e-e Sensation; *signs and ~s* Zeichen u. Wunder; **~ful** ['-ful] wundervoll, -bar, erstaunlich; **~ing** ['-iŋ] verwundert, erstaunt; **~land** Wunder-, Zauber-, Märchenland *a. fig*; *fig* (Märchen-)Paradies *n*; **~ment** ['-mənt] Verwunderung *f*, Erstaunen *n*; **~-stricken**, **-struck** *a* verwundert, überrascht, erstaunt, verblüfft, hingerissen *(at* von); **~-worker** Wundertäter *m*; **wondrous** ['wʌndrəs] *a adv lit* wunderbar.

wonky ['wɔŋki] *sl* wack(e)lig, kipp(e)lig, unsicher; *fig* unecht.

wont [wount, *Am* wʌnt] *pred a* gewohnt *(to an)*; *s* Gewohnheit *f*; *to be ~* gewohnt, gewöhnt sein, pflegen *(to do* zu tun); *use and ~* Brauch u. Sitte;

~ed ['-id] *a* gewohnt, gewöhnt; gewöhnlich, üblich, normal.

won't [wount] = *will not.*

woo [wu:] *tr* (sich be)werben um, den Hof machen (*a woman o-*e-r Frau), umwerben; *fig* streben nach, trachten nach, zu gewinnen suchen; drängen (*s.o.* jdn); **~er** ['-ə] Freier, Bewerber *m*; **~ing** ['-iŋ] *a* werbend; verlockend, aufreizend, verführerisch; *s* Werbung *f* (*of* um); *to go a-~* auf Freiersfüßen gehen.

wood [wud] *s a. pl* Wald(ung *f*) *m*, Gehölz, Holz; Holzfaß; *mus* hölzerne(s) Blasinstrument *n pl*; *sport* Holzkugel *f*; *a* hölzern; Holz-; Wald-; *in* (*the*) *~* (*Wein*) vom Faß; *out of the ~*(*s*) (*fam fig*) über den Berg; *to be unable to see the ~ for the trees* (*fig*) den Wald vor (lauter) Bäumen nicht sehen; *touch ~!* unberufen! *wine in the ~* Faßwein *m*; **~alcohol** Methylalkohol *m*; **~anemone** *bot* Buschwindröschen *n*; **~ant** (rote) Waldameise *f*; **~ashes** *pl* Holzasche *f*; **~bin** Holzkasten *m* (*für Brennholz*); **~bind** ['-baind], **~bine** ['-bain] *bot* Geißblatt *n*; *Am* wilde(r) Wein *m*; **~block** Holzblock, -klotz; *typ* Druckblock; Blockdruck *m*; **~ burner** *mot* Holzgaser *m*; **~burning** Holzfeuerung *f*; **~carver** Holzschnitzer *m*; **~ ceiling** Holzdecke *f*; **~chuck** (*amerik.*) Waldmurmeltier *n*; **~coal** *min* Braun-, Holzkohle *f*; **~cock** *orn* Wald-, Holz-, Bergschnepfe *f*; *fig* Einfaltspinsel *m*; **~craft** ['-kra:ft] Kenntnis *f* des Waldes; Jägerei *f*; **~cut** ['-kʌt] Holzschnitt *m*; **~cutter** ['-kʌtə] Holzfäller, (*Kunst*) Holzschneider *m*; **~cutting** ['-kʌtiŋ] Holzfällen *n*; Holzschneidekunst *f*; **~ed** ['wudid] *a* bewaldet, waldreich; baumbestanden; **~en** ['wudn] hölzern *a. fig*; *fig* steif, kalt, ausdruckslos, langweilig; dumm, borniert; Holz-; **~~ construction** Holzkonstruktion *f*; **~~ floor** Holzfußboden *m*; **~~ headed** (*a*) dumm, doof; **~engraver** (*Kunst*), *ent* Buchdrucker, Fichtenborkenkäfer *m*; **~engraving** Holzschneidekunst *f*; Holzschnitt *m*; **~ fibre slab** Holzfaserplatte *f*; **~free** holzfrei; **~gas** Holzgas *n*; **~ horse** *Am* Sägebock *m*; **~house, ~shed** Holzschuppen *m*; **~iness** ['-inis] Waldreichtum *m*; holzige Beschaffenheit *f*; **~land** Wald(land *n*) *m*, Waldung *f*; **~~ scenery** Waldlandschaft *f*; **~lark** Heide-, Holz-, Baumlerche *f*; **~less** ['-lis] unbewaldet, wald-, baumlos; **~louse** *pl* *-lice* *zoo* Bohrassel *f*; **~man** ['-mən] Förster; Holzfäller, -hacker; Waldbewohner *m*; **~ panelling** Holztäfelung *f*; **~ nymph** Waldnymphe *f*; **~ pecker** ['-pekə] Specht *m*; **~ peg** Holzpflock *m*; **~pigeon** Wald-, Ringeltaube *f*; **~pile** Holzstoß *m*, -miete *f*; **~pulp** Holzschliff, -stoff *m*; **~ reeve** Forstwart *m*; **~ruff** *bot* Waldmeister *m*; **~ shavings** *pl* Hobelspäne *m pl*; **~sman** ['-zmən] Waldarbeiter, -bewohner *m*; **~spirit** Holzgeist *m*; **~sy** ['-zi] *Am* waldig; Wald-; **~tar** Holzteer *m*; **~tick** *zoo* Holzbock *m*; **~turner** Drechsler *m*; **~turning** Drechseln *n*, Drechslerei *f*; **~ vinegar** Holzessig *m*; **~ wind** (*pl*) (Holz-)Blasinstrument(*e pl*) *n*; **~wool** Holzwolle *f*; *med* Zellstoffwatte *f*; **~work** Holzarbeiten *n*; hölzerne Bauteile *m pl*, Balkenwerk *n*; **~working** Holzbearbeitung *f*; **~~ machine,** *machinery* Holzbearbeitungsmaschine *f*, -maschinen *f pl*; **~worm** *Am* Holzwurm *m*; **~y** ['-i] bewaldet, waldig; holzig; Holz-; **~yard** Holzplatz, -hof *m*.

woof [wu:f] (*Weberei*) Schuß, Einschlag *m*; Gewebe *n*, Stoff *m*, Tuch *n*.

wool [wul] Wolle *f*; Wollgarn *n*, -stoff, Faserstoff *m*; (Neger-)Haar *n*; *against the ~* (*fig*) gegen den Strich; *to go for ~ and come home shorn* (*fig*) e-n Reinfall erleben; *to lose o.'s ~* (*fig*) aus der Haut fahren; *to pull the ~ over s.o.'s eyes* (*fig*) jdm das Fell über die Ohren ziehen, jdn hinters Licht führen; *much cry and little ~* (*prov*) viel Geschrei und wenig Wolle; *keep your ~ on* nur keine Aufregung! *all ~ and a yard wide* (*fig*) echt; großartig; *dyed in the ~* in der Wolle gefärbt; *fig* waschecht; *cotton ~* Rohbaumwolle *f*; **~ blanket** Wolldecke *f*; **~clip** jährliche(r) Wollertrag *m*; **~dyed** *a tech* in der Wolle gefärbt; **~fat, ~oil** Wollfett, Lanolin *n*; **~gathering** *s fig* Geistesabwesenheit, Zerstreutheit *f*; Tagtraum *m*; *a* geistesabwesend, in Gedanken versunken; **~grower** Schafzüchter *m*; **~(l)en** ['-in] *a* wollen; Woll-; *s pl* (**~~ *goods*)** Wollwaren, -sachen, Strickwaren *f pl*; **~~draper** Woll-, Strickwarenhändler *m*; **~liness** ['-inis] wollige, weiche Beschaffenheit; *fig fam* Unklarheit *f*; **~ly** ['-i] *a* wollen; wollig, flauschig, weich; Wolle tragend; Wollen-; (*Stimme*) dumpf, rauh, heiser, belegt; (*Bild*) verschwommen *a. fig*; *fig* nebelhaft, verworren; *fam* ungebildet; *s* (*bes.*

flauschiges)wollene(s) Kleidungsstück; *Am (Weststaaten)* Schaf *n*; **~~-headed** (*a*) mit dichtem Haar; *fig* verworren, unklar; **~pack** Wollballen *m*; **mete** Haufenwolke *f*; **~sack** Wollsack *m* (*Sitz des britischen Lordkanzlers im Oberhaus*); **~ scouring** Wollwäsche *f*; **~-stapler** Wollhändler, -sortierer *m*; **~ trade** Wollhandel *m*; **~ yarn** Wollgarn *n*.

woozy ['wu:zi] *Am sl* besoffen.

wop [wɔp] **1.** *Am sl pej* Itaker *m*; **~ house** *Am sl* italienische(s) Lokal *n*; **~ special** *Am sl* Spaghetti *pl*; **2.** *sl mil* Funker *m*.

word [wəːd] *s* Wort *n*; Vokabel *f*; *mil* Befehl *m*, Kennwort *n*, Parole; *fig* Losung; kurze Äußerung *od* Bemerkung (*about* über); Rede *f*, Spruch *m*; Zusage *f*, (Ehren-)Wort *n*; Bescheid *m*, Meldung, Nachricht *f*; *tech* Buchstabengruppe *f*; *pl* Wortwechsel, Disput, Streit; *pl* Text *m* (*e-r Melodie*); *tr* in Worten ausdrücken, in Worte kleiden, formulieren; *at a* ~ auf e-n Wink, sofort; *by* ~ *of mouth* mündlich; *in a, one* ~ mit e-m Wort, kurz (u. gut) *adv*; *in other* ~*s* mit anderen Worten; *in so many* ~*s* genauso, wörtlich *adv*; *of few* ~*s* von wenig Worten, kurz angebunden, wortkarg; *of many* ~*s* redselig, gesprächig; *on,* with the ~ *kaum gesagt; ~ for* ~ Wort für Wort, wörtlich *adv; not to be the* ~ *for s.th.* etw nicht richtig ausdrücken *od* wiedergeben; *to break, to keep o.'s* ~ sein Wort brechen, halten; *to eat o.'s* ~*s* e-e Worte zurücknehmen, sich entschuldigen; *to give o.'s* ~ *upon s.th.* sein Wort auf etw geben; *to hang on s.o.'s* ~*s* (*fig*) an jds Lippen hängen; *to have a* ~ *with s.o.* kurz mit jdm sprechen; *to have* ~ *from* Nachricht haben von; *to have* ~*s with s.o.* sich mit jdm ausea.setzen, mit jdm e-n Wortwechsel haben; *to have no* ~*s for s.th.* für etw keine Worte haben *od* finden; *to have the last* ~ das letzte Wort haben; *to leave* ~ eine Nachricht, Bescheid hinter-, zurücklassen (*with* bei; *at the office* im Büro); *to put into* ~*s* in Worte kleiden; *to put in, to say a* (*good*) ~ *for s.o.* für jdn ein gutes Wort einlegen; *to send* ~ e-e Nachricht zukommen lassen (*to s.o.* jdm); *to suit the action to the* ~ das Wort in die Tat umsetzen; *to take s.o. at his* ~ jdn beim Wort nehmen; *to take the* ~*s out of s.o.'s mouth* jdm das Wort aus dem Munde nehmen; *I don't mince my* ~*s* ich nehme kein Blatt vor den Mund; *he is as good as his* ~ man kann sich auf ihn verlassen; *the last* ~ *has not yet been said on this matter* darüber ist das letzte Wort noch nicht gesprochen; *he didn't say a* ~ *about it* er hat kein Wort, keinen Ton davon gesagt, nichts darüber verlauten lassen; *upon my* ~*!* auf mein Wort! das ist ja allerhand! *my* ~ *upon it!* auf meine Ehre! *big* ~*s* große Worte *n pl*; *God's W*~, *the W*~ *of God* Gottes Wort, das Wort Gottes, die Bibel *f*; *the last* ~ (*fig*) der letzte Schrei; *on s.th.* das letzte Wort in e-r Angelegenheit; *a man of* ~*s* ein Mann von Wort; *play upon* ~*s* Wortspiel *n*; ~ *of hono(u)r* Ehrenwort *n*; *a* ~ *in season* ein gutes Wort zur rechten Zeit; **~-book** Wörter-, Text-, Liederbuch *n*; **~-formation** Wortbildung *f*; **~iness** ['-inis] Wortschwall *m*; **~ing** ['-iŋ] Wortwahl, Formulierung *f*; Wortlaut *m*; Überschrift; Wortstellung; Ausdrucksweise *f*; Inhalt *m*; **~-less** ['-lis] wort-, sprachlos; **~ order** *gram* Wortstellung *f*; **~-painting** Wortmalerei, anschauliche Schilderung *f*; **~-perfect**: *to be* ~ das Gedicht, s-e Rolle auswendig können; **~ picture** lebhafte Schilderung *f*; **~ power** Wortschatz *m*; **~-play** Wortspiel *n*; **~-splitting** *fig* Haarspalterei *f*; **~y** ['-i] *a* Wort-; wortreich; **~ warfare** Wortstreit *m*.

work [wə:k] **1.** *s* Arbeit, Tätigkeit; Beschäftigung *f*, Geschäft; Handwerk *n*, Beruf(sarbeit *f*) *m*; Pflicht, Aufgabe *f*; Unternehmen, Werk *n*, (Arbeits-)Leistung *f*; (Kunst-)Werk (Arbeits-)Material; Werkstück *n*; *phys* Kraftübertragung, Arbeit *f*; *pl* Werke *n pl a. rel*, Taten *f pl*; Werke *n pl* (*e-s Dichters*); (Werk-, Industrie-, Festungs-)Anlage(n *f pl*) *f*; *arch* Baustelle *f*; (Uhr-)Werk, Getriebe *n*; *pl mit sing* Werk(e *pl*) *n*, Fabrik, Anstalt *f*, Hütten *f pl*; *a* Arbeits-, Werk-; **2.** *itr* arbeiten (*at* an); schaffen, wirken, beschäftigt, tätig sein (*at* mit); funktionieren, wirksam sein; Einfluß ausüben (*on, upon* auf); zu überreden suchen (*on, upon s.o.* jdn); sich be-, verarbeiten lassen; sich abmühen, sich plagen; in lebhafter Tätigkeit, in Bewegung, in Erregung sein; (*Pläne*) glücken, gelingen; (*los-, kaputt*)*gehen*; (*durch etw hindurch*) kommen; gären; (*Wind*) sich drehen (*to* nach); **3.** *tr* be-, ver-, erarbeiten, ausarbeiten; (*Aufgabe*) lösen, ausrechnen; zustande bringen, bewerkstelligen; hervorbringen, -rufen, auslösen, (be-)wirken; arbeiten mit, betätigen, in Betrieb setzen, in Gang bringen; (*Pferd*) zureiten; betätigen; gebrauchen; (*Ma-*

schine, Geschütz) bedienen; lenken; arbeiten lassen; (*Maschine*) beanspruchen; bearbeiten, beeinflussen; (*Betrieb*) leiten; (*Gut*) bewirtschaften; (*Gebiet*) bereisen, bearbeiten; (*zu etw*) bringen; (*s-n Weg*) bahnen; *fam* spielen lassen, ausnutzen, Gebrauch machen von; (*jdn*) ausnutzen; (*etw*) herausschlagen; *to* ~ *o.s.* sich (hinein)steigern(*into* in); **4.** *at* ~ bei der Arbeit, beschäftigt (*upon* mit); in Betrieb, im Gange, tätig; *fit for* ~ arbeitsfähig; *in* ~ in Arbeit (*u. Brot*); *out of* ~ ohne Arbeit, arbeitslos; *without* ~ beschäftigungslos; **5.** *to* ~ *at a trade* ein Gewerbe ausüben; *to get the* ~*s* (*sl*) sein Fett bekommen; *to give s.o. the* ~*s* (*sl*) jdn fertigmachen; jdn über die Klinge springen lassen; *to have o.'s* ~ *cut out for one* schwer arbeiten, *fam* schuften, 'ran müssen; *to make sad* ~ *of* übel umgehen mit; *to make short, quick* ~ *of* kurzen Prozeß machen mit; *to set, to get to* ~ sich an die Arbeit machen, ans Werk gehen; *to shoot the* ~*s* (*Am sl*) aufs Ganze gehen; *to* ~ *it* (*sl*) es fertig bringen, es schaffen; *to* ~ *loose* lose werden, los-, abgehen; *to* ~ *o.'s will* s-n Willen durchsetzen; *to* ~ *wonders* Wunder wirken; **6.** *brain, head, mental* ~ Kopf-, geistige Arbeit *f*; *brick* ~*s* (*pl*) Ziegelei *f*; *cessation of* ~ Arbeitsniederlegung *f*; *clerical* ~ Büroarbeit *f*; *conditions* (*pl*) *for* ~ Arbeitsbedingungen *f pl*; *course of* ~ Geschäftsgang *m*; *extension of* ~*s* Betriebserweiterung *f*; *factory* ~ Fabrikarbeit *f*; *farm* ~ Landarbeit *f*; *gas* ~*s* (*pl*) Gasanstalt *f*, -werk *n*; *home* ~ Heimarbeit *f*; *iron* ~*s* (*pl*) Eisenhütte *f*, -werk *n*; *job* ~ Stückarbeit *f*; *lack of* ~ Arbeitsmangel *m*; *man of all* ~ Faktotum *n*; *manual* ~ Handarbeit *f*; *piece of* ~ Stück *n* Arbeit; *public* ~*s* (*pl*) Stadt-, Versorgungswerke *n pl*; *research* ~ Forschungstätigkeit *f*; *skilled* ~ Facharbeit *f*; *sparetime* ~ Nebenbeschäftigung *f*; *speed of* ~ Arbeitstempo *n*; *team* ~ Gemeinschafts-, Gruppenarbeit *f*; *water* ~*s* (*pl*) Wasserwerk *n*, -kunst, Pumpstation *f*; ~ *of art* Kunstwerk *n*; ~ *on the books* Auftragsbestand *m*; ~ **away**, *to* ~ **on** darauflos-, weiterarbeiten (*at* an); *to* ~ **in** *tr* einfügen, -flechten; einarbeiten; *itr* sich einfügen (*with* in); sich einarbeiten; *to* ~ **off** *tr* aufarbeiten; loswerden; wegtun; erledigen; (*Gefühl*) abreagieren; *itr* allmählich lösen; *to* ~ **on** bearbeiten (*jdn*); arbeiten an; *to* ~ **out** *tr* ausarbeiten, entwickeln, in die Praxis umsetzen; be-, zs.rechnen; erhöhen (*at* auf); lösen; fertigstellen, beenden, vollenden; aufbrauchen, erschöpfen; (*Schuld*) abarbeiten; *min* abbauen; *itr* heraustreten, sich herauslösen; (dabei) herauskommen, sich entwickeln, sich ergeben; sich auswirken; *to* ~ **over** überarbeiten; *s.o.* jdn mitnehmen *fig*; *to* ~ **round** sich mühsam durcharbeiten (*to* nach); sich wieder erholen; *to* ~ **up** *tr* auf-, durch-, ver-, ausarbeiten (*into* zu); entwickeln; erregen, hervorrufen; (*Appetit*) sich machen; verbrauchen; *itr* voran-, hinaufkommen, aufsteigen (*to* zu); sich einarbeiten (*at* in); ~**able** ['-əbl] bearbeitbar; zu gebrauchen(d), brauchbar, praktizierbar, durchführbar; *min* abbaufähig, -würdig; ~**aday** ['-ədei] werktäglich, Alltags-; *allg* alltäglich, gewöhnlich, abgedroschen; ~**bag, -basket, -box** Nähbeutel, -korb, -kasten *m*; ~**bench** Werkbank *f*; ~**book** Arbeitsübersicht *f*, -plan *m*, -anweisung *f*; Übungsbuch *n*; ~ **contract** Arbeitsvertrag *m*; ~**day** *s* Arbeits-, Werk-, Wochentag *m*; *a* werktäglich; *on* ~*s* an Wochen-, Werktagen, werktäglich *adv*; ~**er** ['-ə] Arbeiter *m*; *zoo* (~ *bee*) Arbeiterin *f*; *brain, head, intellectual* ~~ Kopf-, geistige(r) Arbeiter *m*; *clerical, office* ~~ Büroangestellte(r) *m*; *factory, industrial* ~~ Fabrikarbeiter *m*; *heavy* ~~ Schwerarbeiter *m*; *home, out-*~~ Heimarbeiter(in *f*) *m*; *itinerant, migratory* ~~ Wanderarbeiter *m*; *manual* ~~ Handarbeiter *m*; *part-time* ~~ Kurzarbeiter *m*; *seasonal* ~~ Saisonarbeiter *m*; *semi-skilled* ~~ angelernte(r) Arbeiter *m*; *social* ~~ Fürsorge(beamte)r, Wohlfahrtspfleger *m*; (*un*)*skilled* ~~ (un)gelernte(r) Arbeiter *m*; *wage-*~~ (*Am*) Lohnarbeiter *m*; ~ **force** Belegschaft *f*; ~**house** Armenhaus *n*; *Am* Arbeitshaus *n*; ~**ing** ['-iŋ] *a* arbeitend; werktäglich; Arbeits-, Werk-; betriebs-, arbeitsfähig (*a.parl.Mehrheit*); praktisch, ausreichend; (*Gesicht*) in (sichtbarer) Erregung (befindlich); (*not*) ~~ in (außer) Betrieb; *s* Arbeit(en *n*) *f*, Schaffen, Wirken *n*, Tätigkeit; Funktion *f*, Gang *m*; Wirksamkeit *f*, Einfluß *m*; Verarbeitung *f*; Abbau *m*; Mühe *f*, Bemühungen *f pl*; lebhafte Tätigkeit, sichtbare Erregung; Gärung *f*; *min* Abbau *m*, Grube *f*; ~~ *accident* Betriebsunfall *m*; ~~ *agreement* Arbeitsabkommen *n*; ~~ *capacity* Arbeits-, Leistungsfähigkeit *f*; ~~ *capital* Betriebskapital *n*; ~~ *class* Arbeiterklasse *f*; ~~-*class*

work law — **worm**

family Arbeiterfamilie *f*; ~ *clothes (pl)* Arbeitskleidung *f*, -zeug *n*; ~ *committee* Arbeitsausschuß *m*; ~ *condition* Arbeits-, Gebrauchs-, Betriebsfähigkeit *f*; *pl* Arbeitsbedingungen *f pl*; ~ *costs, expenses (pl)* Betriebskosten *pl*; ~ *current* Betriebsstrom *m*; ~ *day* Arbeits-, Werktag *m*; ~ *drawing* Arbeitsskizze, Vorlage; Bauzeichnung *f*; ~ *hours (pl)* Arbeitszeit *f*; *extension, shortening of* ~~~*hours* Arbeitszeitverlängerung, -kürzung *f*; ~ *instructions, regulations (pl)* Arbeitsordnung *f*; ~ *load* Nutzlast *f*; ~ *lunch (pol)* Arbeitsessen *n*; ~ *man* (Fabrik-)Arbeiter *m*; ~ *method* Arbeitsweise *f*; ~ *operation* Arbeitsgang *m*; ~ *order* Gebrauchs-, Betriebsfähigkeit *f*; *in* ~ *order* (in) gebrauchs-, betriebsfähig(em Zustand); ~~~*out* Ausarbeitung, Berechnung; Beendigung, Fertigstellung *f*; ~ *party* Arbeitsausschuß; *mil* Arbeitstrupp *m*; ~ *place* Arbeitsplatz *m*; ~ *plant* Betriebsanlage *f*; ~ *power* Arbeitskraft *f*; ~ *print* Werkstattpause *f*; ~ *process* Arbeitsprozeß, -vorgang *m*; ~ *program(me), -schedule* Arbeitsprogramm *n*, -plan *m*; ~ *substance* Betriebsstoff *m*; ~ *time* Arbeits-, Betriebszeit *f*; ~~~*up* Auf-, Ver-, Ausarbeitung *f*; ~ *voltage* Betriebsspannung *f*; ~ *woman* (Fabrik-)Arbeiterin *f*; ~ *year* Betriebs-, Rechnungsjahr *n*; ~ **law** Energieprinzip *n*; ~**less** ['-lis] arbeits-, stellenlos; ~**man** ['-mən] Arbeiter *m*; *skilled* ~~ Facharbeiter *m*; ~**manlike, ~manly** *a* werk-, kunstgerecht, fachmännisch; ~**manship** Kunstfertigkeit; Facharbeit, Wertarbeit; Ausführung, Arbeit, Leistung *f*; *(jds)* Werk *n*; ~ **material** Werkstoff *m*; ~**piece** Werkstück *n*; ~ **room** Werkstatt *f*; ~**out** *Am fam* Training *n*, Übung *f*; Probelauf *m*; mühevolle Arbeit *f*; ~**shop** Werkstatt, -stätte, Arbeitsstätte *f*, -platz *m*; Arbeitsgruppe *f*, -kreis; (Sommer-)Kurs *m*, Seminar *n*; ~ *for repair work* Reparaturwerkstatt *f*; ~**shy** arbeitsscheu; ~ **study** Zeitstudie *f*; ~ **table** Arbeitstisch *m*; Nähtischchen *n*; ~**-to-rule campaign** Bummelstreik *m*; ~**up** *typ* Spieß *m*; ~**woman** Arbeiterin *f*.
world [wə:ld] Welt(all *n*); Welt, Erde *f*, Stern, Planet *m*, Menschheit; (Welt-)Öffentlichkeit; *die Menschen*; *das Leben*; *(bekannte)* Welt *f*; (Kultur-)Kreis *m*; Gebiet; (Natur-)Reich *n*; (Lebens-)Bereich *m*, (Um-)Welt, Sphäre *f*; (geistiger) Horizont *m*; *a* ~, ~*s (pl) of* e-e Menge, sehr viel; *all the* ~ die ganze Welt; *all the* ~ *over* in der ganzen Welt; *dead to the* ~ *(sl)* sternhagelvoll; *for (all) the* ~, *for the whole* ~ um alles in der Welt; *for all the* ~ *like* ganz genau wie; *in the* ~ in aller Welt; *on top of the* ~ *(Am sl)* ganz aus dem Häuschen; *out of this* ~ *(fam)* ganz besonder; phantastisch; *to the* ~ *(sl)* aufs äußerste; gänzlich; *to the* ~'s *end* bis ans Ende der Welt; *to be all the* ~ *to s.o.* jds ein und alles sein; *to begin the* ~ s-e Laufbahn beginnen; *to bring into the* ~ zur Welt bringen; *to carry the* ~ *before one* sich (schnell) durchsetzen; *to come into the* ~ zur Welt kommen, das Licht der Welt erblicken; *to know, to have seen the* ~ die Welt kennen, große (Lebens-)Erfahrung haben; *to make a noise in the* ~ viel von sich reden machen; *to think the* ~ *of* große Stücke halten auf; *how goes the* ~ *with you?* wie steht's? wie geht's? *the ancient* ~ die Alte Welt *f*; *a citizen of the* ~ ein Weltbürger; *history of the* ~ Weltgeschichte *f*; *the lower* ~ die Unterwelt; *a man of the* ~ ein Mann *m* von Welt; *the Old, New W*~ die Alte, Neue Welt *f*; ~ **congress** Weltkongreß *m*; **W**~ **Court** Internationale(r) Ständige(r) Gerichtshof *m*; ~ **depression** Weltwirtschaftskrise *f*; ~ **domination** Weltherrschaft *f*; ~ **economy** Weltwirtschaft *f*; ~ **fair** Weltausstellung *f*; ~**famous** weltberühmt; ~ **federation** Weltverband *m*; ~ **language** Weltsprache *f*; ~ **league** Weltliga *f*; ~**liness** ['-linis] Weltlichkeit, weltliche Gesinnung *f*; ~**ling** ['-liŋ] Weltkind *n*; **ly** ['-li] *a* weltlich, irdisch, diesseitig; Welt-; weltzugewandt; weltklug; ~~~*minded (a)* weltlich gesinnt; ~~~*mindedness* weltliche Gesinnung *f*; ~~~*wise* weltklug; ~ **market** Weltmarkt *m*; ~**old** uralt; ~ **output, production** Welterzeugung, -produktion *f*; ~ **peace** Weltfrieden *m*; ~ **politics** *pl* Weltpolitik *f*; ~ **power** Weltmacht *f*; ~ **record** Weltrekord *m*; ~ **revolution** Weltrevolution *f*; ~('s) **series** *Am* Baseball-Meisterschaftsspiele *n pl*; ~ **soul** Weltseele *f*; ~ **thrift day** Weltspartag *m* (31. Okt.); ~ **trade** Welthandel *m*; ~ **view** Weltanschauung *f*; **W**~ **War**: *First, Second* ~~, *(Am)* ~ I, II Erste(r), Zweite(r) Weltkrieg *m*; ~**weary** lebensmüde; ~**wide** weltweit, -umspannend; ~~ *reputation* Weltruf *m*.
worm [wə:m] *s* Wurm *a. fig* (elender) Wicht; widerliche(r) Bursche *m*; (Schrauben-)Gewinde *n*; Schraube, Schnecke; Kühlschlange *f*; *pl med*

Würmer *m pl*; *itr* sich krümmen, sich winden, sich schlängeln; kriechen, schleichen; *tr* mit e-m Wurmmittel behandeln; *fig* herausziehen, -locken *(s.th., a secret out of s.o.* etw, ein Geheimnis aus jdm); *to ~ o.s., to ~ o.'s way in* sich einschleichen; *through* sich hindurchwinden; *to be food for ~s* von den Würmern gefressen werden, tot sein; **~-cast** Erdhäufchen *n*; **~-conveyor** Förderschnecke *f*; **~-drive** *tech* Schneckenantrieb *m*; **~-eaten** *a* wurmstichig; verbraucht, abgenutzt; morsch, veraltet; **~-gear** Schneckengetriebe *n*; **~-hole** Wurmloch *n (in e-m Möbelstück)*; **~-powder** Wurmpulver *n*; **~-root** Wurmkraut *n*; **~'s eye view** Froschperspektive *f*; **~-seed** *bot* Wurmsamen *m*; **~-wheel** *tech* Schneckenrad *n*; **~-wood** *bot* Wermut; *fig* Wermutstropfen *m*; **~-y** ['-i] wurmig; wurmstichig; wurmartig; *fig* kriecherisch, gemein.

worn [wɔːn] *pp* von *wear* *a* verbraucht, abgenutzt; abgetragen; geschwächt, erschöpft; abgespannt; verängstigt; *fig* abgedroschen; **~-out** ['-'aut] *a* unbrauchbar (geworden); ermüdet, erschöpft, abgespannt.

worr|iment [ˈwʌrimənt, *Am* ˈwəːri-] *Am fam* Quälerei, innere Unruhe, Angst *f*; Ärger *m*, ärgerliche Sache, Verdrießlichkeit *f*; **~isome** ['-səm] ärgerlich, verdrießlich; aufregend; unruhig; selbstquälerisch; **~it** [-it] *sl* = **~y**; **~y** ['-i] *tr* beunruhigen, Sorgen machen; belästigen, reizen, ärgern, aufregen, quälen, zur Verzweiflung bringen, verängstigen; schütteln; zerren an; *(Problem)* immer wieder anpacken; herausknobeln; *itr* besorgt, beunruhigt sein, sich Sorgen machen; verzweifelt, in Unruhe, in Ängsten sein *(about* um); zerren, zausen, reißen *(at* an); *s* Quälerei, Unruhe, Angst *f*; Ärger, Verdruß *m*; *to ~~ about* befürchten; sich kümmern um; *to ~~ along, through* sich durchschlagen, -beißen, *fam* -wursteln; *to be ~ied* besorgt, unruhig sein; *don't ~~* seien Sie ohne Sorge! *I won't let that ~~ me (Am)* darüber lasse ich mir keine grauen Haare wachsen; **~ying** ['-iiŋ] beunruhigend, quälend.

worse [wɔːs] *a (Komparativ von bad)* schlechter, übler, schlimmer, ärger; *(~ off)* schlechter, übler dran; kränker; *adv* schlechter, ärger; *s* Schlimmere(s), Ärgere(s) *n*; *all, so much the ~* um so schlimmer; *from bad to ~* vom Regen in die Traufe; *none the ~* nicht weniger, (noch) mehr; *~ and ~* immer schlimmer; *I'm ~ (off)* es geht mir *(gesundheitlich)* schlechter; *he's none the ~ for it* es hat ihm nichts geschadet; *~ was to follow* es sollte noch schlimmer *od* Schlimmeres kommen; *my shoes are the ~ for wear* meine Schuhe sind ganz abgetragen; *~ luck!* leider! unglücklicherweise! *a change for the ~* e-e Wendung zum Schlechteren; **~n** ['-n] *tr itr* (sich) verschlimmern, (sich) verschlechtern.

worship [ˈwəːʃip] *s bes. rel* Verehrung, Anbetung *f*; Gebet *n*, Gottesdienst *m*; tiefe Hingabe *f*; *tr* verehren, anbeten, vergöttern; *itr* s-e religiösen Pflichten erfüllen; beten; *Your, His W~* Ew., Se. Gnaden; **~ful** ['-ful] ehrwürdig; ehrfürchtig, ehrfurchtsvoll; verehrend; **~(p)er** ['-ə] Verehrer, Anbeter *m*; *pl* Kirchgänger *m pl*; *~ of idols* Götzendiener *m*; **~(p)ing** ['-iŋ] Verehrung, Anbetung *f*.

worst [wɔːst] *a (Superlativ von bad)* schlechtest, übelst, schlimmst, ärgst; *adv* am schlimmsten, am ärgsten; *s das* Schlechteste, Schlimmste; *tr* überwältigen, besiegen; *at (the) ~* schlimmstenfalls; *at his, her, its ~* im ungünstigsten Moment; *if (the) ~ comes to (the) ~* im allerschlimmsten Fall; *(in) the ~ way (Am sl)* ganz mächtig, ganz gewaltig *adv*; *to be ~ off* am schlimmsten dran sein; *to be prepared for the ~* auf das Schlimmste gefaßt sein; *to get the ~ of* den kürzeren ziehen; *to make the ~ of s.th.* e-r S keine großen Chancen geben; *the ~ of it is that* ... das Schlimmste daran ist, daß...; *do your ~!* mach, was du willst! *let him do his ~!* laß ihn gewähren! kümmere dich nicht um ihn! *the ~ is yet to come* das dicke Ende kommt noch nach.

worsted [ˈwustid] *s* Kammgarn(stoff *m*) *n*; *a* Kammgarn-; Woll-; **~ mill** Kammgarnspinnerei *f*; **~ shag, velvet** Wollplüsch, -samt *m*; **~ stocking** Wollstrumpf *m*; **~ work** Wollstickerei *f*.

wort [wəːt] **1.** (Bier-)Würze *f*; **~-copper** Würzepfanne *f*; **2.** *in Zssgen bot* -wurz(el) *f*, -kraut *n*.

worth [wɔːθ] *s (bes.* Geld-)Wert; Gegenwert; *fig* Wert(schätzung *f*) *m*, Verdienst, Ansehen *n*, Bedeutung, (Ge-)Wichtigkeit *f*; *pred a (e-e bestimmte Summe)* wert; *fig* (e-r S) wert, würdig; *a shilling's ~* [wəθ] *of apples* für 1 sh Äpfel; *for all one is ~ (fam)* so gut man irgend kann, so gut es irgend geht; *for what it is ~* so wie es da ist; ohne Garantie; *to be ~ it (fam)* der Mühe wert sein; *to be a million ~* Millionär sein;

worthiness 1148 **wrecking**

to be ~ *the money* preiswert sein; *to put in o.'s two cents* ~ *(Am)* s-n Senf dazu geben, mitreden; *did you get your money's* ~ sind Sie auf Ihre Kosten gekommen? *it's* ~ *the trouble* es lohnt die Mühe; **-iness** ['-inis] Würdigkeit *f*; **-less** ['-lis] wertlos; *fig* unwürdig; ~ **mentioning** der Rede wert; ~ **reading** lesenswert; ~ **seeing** sehenswert; **--while** *a* der Mühe wert; **~y** ['wəːði] *a* würdig, wert (*of s.th.* e-r S); verdienst-, ehrenvoll; *hum* trefflich; *s fig obs* Größe *f*; *hum* wackere(r) Mann *m*; ~~ *of credit* glaub-, *com* kreditwürdig.

would [wud] *pret von will* würde; möchte; wollte; **--be** [-bi] *a attr* angeblich; Schein-, falsch; beabsichtigt, gewollt; zukünftig; *s* Angeber; Gernegroß *m*; **~~** *poet* Dichterling *m*; **-n't** ['-nt] = ~ *not*.

wound 1. [wuːnd] *s* Wunde (*in the arm* am Arm); Verletzung *a. fig; fig* Kränkung, Beleidigung *f* (*to* für); *tr* verwunden, verletzen *a. fig; fig* kränken, beleidigen; *to* ~ *to death* tödlich verwunden; *incised, sword, punctured, contused, lacerated, gunshot* ~ Schnitt-, Hieb-, Stich-, Quetsch-, Riß-, Schußwunde *f*; *open, festering* ~ offene, eiternde Wunde *f*; *war* ~ Kriegsverletzung *f*; ~ *of entry, exit* Ein-, Ausschuß *m* (e-r *Schußwunde*); **-ed** ['-id] *a* verwundet, verletzt *a. fig*; (*Eitelkeit*) gekränkt; *seriously, walking* ~ schwer-, leichtverletzt; **~~** *person, soldier* Verletzte(r), Verwundete(r) *m*; *the* **~~** die Verwundeten; **2.** [waund] *pret va. pp v. wind 2.*

wow [wau] **1.** *Am interj* ei! au! ach! *s* Mordsspaß; tolle(r) Kerl *m*, tolle Frau *f*; *bes. theat* Bombenerfolg *m*; *tr* hin-, mitreißen; **2.** Wimmern *n*.

wowser ['wauzə] *(Australien)* (strenger) Puritaner; *Am sl* Spielverderber, Miesmacher *m*.

wrack [ræk] **1.** Wrack *n*, Schiffstrümmer *pl*; an Land gespülte(r) Tang *m*; *to go to* ~ *and ruin* in die Brüche gehen; **2.** = *rack*.

wraith [reiθ] Geist *m* (*bes. e-s Sterbenden od soeben Verstorbenen*).

wrangl|e ['ræŋgl] *itr* (sich) zanken, (sich) streiten, disputieren (*with s.o.* about, *over s.th.* mit jdm über etw); *tr Am* (*Weststaaten*) (*Vieh*) zs.treiben; *s* Zank, Streit, Wortwechsel *m*; **-er** ['-ə] Streithahn *m*, streitsüchtige Person *f*; *Am* Cowboy; (*senior* **~~**) (*Cambridge*) (bester) Mathematikstudent *m* bei der Abschlußprüfung.

wrap [ræp] *tr* herumwickeln, hineintun (*in* in); falten; (*to* ~ *up*) umwickeln (*round* um); einwickeln, -schlagen, ein-, verpacken (*in* in); *fig* (ein-, ver-)hüllen, verbergen, -stecken; *itr* sich einhüllen; *s* Hülle *f*, Umschlag *m*; *meist pl* Umschlagtuch *n*, Umhang, weite(r) Mantel, Pelz *m*; *under* ~*s* im Verborgenen, versteckt, geheim; *to* ~ *up well* sich gut anziehen; *to be* ~*ped up in* völlig in Anspruch genommen sein von, ganz aufgehen in; verborgen sein in; **--around windshield** *mot Am* Panoramascheibe *f*; **-page** ['-idʒ] = ~*ing(s)*; **-per** ['-ə] Packer(in *f*) *m*; Hülle *f*, Überzug *m*; Streif-, Kreuzband *n*; (*Buch*) Schutzumschlag *m*; (*Zigarre*) Deckblatt *n*; (*leichter*) Morgenrock *m*; **-ping** ['-iŋ] Einwickeln *n*; *meist pl* Verpackung(smaterial *n*), Hülle *f*; **~~** *paper* Packpapier *n*.

wrath [rɔːθ, *Am* ræθ] Zorn *m*, Wut *f*, Grimm *m*; **-ful** ['-ful] zornig, wütend, grimmig; **~y** ['-i, *Am* 'ræθi] *fam* wütend, in Fahrt.

wreak [riːk] *tr* (*s-n Ärger, Zorn*) auslassen, (*Rache*) üben (*on, upon* an).

wreath [riːθ] *pl* **~s** [riːðz] Gewinde *n*; Girlande *f*, (lockerer) Kranz *m*; (Seil-)Windung *f*; (Nebel-)Schleier *m*; ~ *of smoke* Rauchfahne *f*; ~ *of snow* Schneewehe *f*; **~e** [riːð] *tr* winden, flechten (*into a* ~ zu e-m Kranz); bekränzen; einhüllen; verdrehen; *itr* sich winden, sich kräuseln; sich ringeln (*round* um).

wreck [rek] *s* Wrack *n*; *jur* Strandgut *n*; *allg* Trümmer *pl*, Ruine *f*; *fig* (elendes) Wrack *n*, Jammergestalt *f*; *mar* Schiffbruch *m*; *allg* Unglück, Verderben *n*, Zs.bruch, Untergang, Ruin *m*, Zerstörung *f*; *tr* zerstören *a. fig*; zertrümmern, zerschlagen; ein-, abbrechen, abbrechen; *rail* entgleisen lassen; *fig* ruinieren, zugrunde richten (*a. gesundheitlich*); (*Pläne*) vernichten; *itr* (*to be* ~*ed*) scheitern, *allg* in Trümmer gehen, zs.brechen, zugrunde gehen; *to be a mere* ~ *of o.'s former self* nur noch ein Schatten seiner selbst sein; *train* ~ Zugunglück *n*; **-age** ['-idʒ] Schiffbruch; Zs.bruch *m*; Trümmer *pl*; Strandgut *n a. fig*; **-er** ['-ə] Strandräuber; Plünderer; Zerstörer; Abbrucharbeiter, -unternehmer; *Am* Bergungsdampfer; *mot* Abschleppwagen *m*; *pl* Bergungsmannschaft *f*, -trupp *m*; **~**-*service* (*Am mot*) Abschleppdienst *m*; **-ing** ['-iŋ] *s* Abbruch(arbeiten *f pl*) *m*; Strandraub *m*; *Am* Bergung(sarbeiten *f pl*) *f*, Abschleppen *n*; *a* vernichtend; *Am* Bergungs-, Abschlepp-; Ab-

bruch-; ~~ **company** *(Am)* Abbruchunternehmen *n;* ~~ **crew** *(Am)* Bergungsmannschaft *f;* ~~ **train** *(Am)* Hilfszug *m;* ~~ **truck** *(Am)* Abschleppwagen *m.*
Wren [ren] (= *Women's Royal Naval Service) fam Br* Marinehelferin *f.*
wren [ren] *orn* Zaunkönig *m.*
wrench [rentʃ] *s* (plötzlicher) Ruck *m; med* (Ver-)Zerrung, Verrenkung, Verstauchung *f; fig* Stich *(ins Herz),* Abschiedsschmerz; *tech* Schraubenschlüssel *m; phys* Torsion *f; tr* plötzlich *od* heftig reißen, ziehen *(from* von); zerren; verdrehen, -zerren; *med* verrenken, -stauchen; *fig* (Sinn) verzerren, verdrehen, entstellen; *to ~ away* wegreißen; entreißen *(from s.o.* jdm); *to ~ open* aufreißen; *to give o.'s ankle a ~* sich den Knöchel verstauchen; **monkey ~** Universalschraubenschlüssel *m,* Engländer *m;* **-ing-iron** Brecheisen *n.*
wrest [rest] *tr* (ver)drehen, winden, zerren *a;* entwinden, -reißen *(from s.o.* jdm); abringen *a. fig; fig* verzerren, entstellen; *s* Verdrehung, -zerrung, -renkung *f;* Ruck; *mus* Stimmschlüssel *m.*
wrestl|e ['resl] *itr* ringen *a. fig; allg* kämpfen *(for* um; *with* mit); sich herumschlagen, sich abquälen *(with* mit); *tr* ringen mit; *(Ringkampf)* austragen; *s* Ringkampf *m; allg* Streit *m; fig* Ringen *n;* **~er** ['-ə] Ring(kämpf)er *m;* **~ing** ['-iŋ] Ringen *n a. fig;* **~-bout,** *match* Ringkampf *m.*
wretch [retʃ] unglückliche(r) Mensch, *fam* Unglückswurm; (elender) Wicht; Schelm *m;* **~ed** ['-id] *a* unglücklich; elend; schlecht; lumpig, erbärmlich, jämmerlich, scheußlich; **~edness** ['-idnis] Elend *n,* Jammer *m;* Erbärmlichkeit, Jämmerlichkeit *f.*
wrick [rik] *tr* verdrehen, -renken; *s* Verdrehung, -renkung, -zerrung *f.*
wriggl|e ['rigl] *itr* sich winden; sich unruhig hin u. her bewegen; *fig* sich (drehen u.) winden; sich unbehaglich fühlen; *tr* in e-e drehende Bewegung versetzen; *to ~ o.s.* sich winden; *s* Winden *n;* Krümmung *f; to ~~ (o.s.) out, to ~ o.'s way out* sich herauswinden *(of s.th.* aus etw); *to ~~ o.s. free* sich loswinden; **~er** ['-ə] aalglatte(r) Mensch *m,* Schlange; Mückenlarve *f.*
wright [rait] *s in Zssgn* -macher, -bauer *m.*
wring [riŋ] *irr* wrung, wrung [rʌŋ] *tr (to ~ out)* auswringen, -drücken, -pressen, -quetschen; *(to ~ out)* herausdrücken, -pressen; *(Bekenntnis)* ab-

ringen, erpressen *(from, out of* von); verdrehen, -ziehen, -zerren; entreißen, abnötigen *(from s.o.* jdm); *(Hals)* umdrehen; *fig* ängstigen, quälen; *itr* drehen, zerren; sich krümmen; *s* Wringen, Quetschen, Pressen *n; to ~ off* abdrehen; *to ~ s.o.'s hand* jdm herzlich die Hand drücken; *to ~ s.o.'s hands* die Hände ringen; *to ~ s.o.'s heart* jdm (großen) Kummer machen; jdm ans Herz greifen; *to give s.th. a ~* etw auswinden; **~er** ['-ə] *fig* Erpresser *m; tech* Wringmaschine *f; to put s.o. through the ~~ (Am sl)* jdn auf Herz u. Nieren prüfen; **~ing** ['-iŋ] *s* Wringen, Drücken *n; a* drückend; *(Stoff)* triefend; *fig* quälend; **~~ wet** triefend (naß).
wrinkl|e ['riŋkl] **1.** *s* Falte, Runzel *f; (Papier)* Knitt *m; tr itr* (sich) falten; *(to ~ up)* in Falten legen; (sich) runzeln; Runzeln bekommen; *(Stoff)* knittern; *(Gesicht)* sich verziehen; **~y** ['-i] runz(e)lig, faltig; *(Stoff)* leicht knitternd. **2.** *fam* gute Idee *f,* kluge(r) Schachzug, Trick, Kniff; gute(r) Rat *m; to give s.o. a ~~, to put s.o. up to a ~~* jdm e-n Wink geben.
wrist [rist] Handgelenk *n;* **~band** (feste) Manschette *f;* **~bone** Handwurzelknochen *m;* **~let** ['-lit] Armband *n;* Pulswärmer; *sport* Handgelenkschützer *m; pl sl* Handschellen *f pl;* **~-lock** *(Ringen)* Schulterdrehgriff *m;* **~~pin** *tech* Kolbenbolzen *m;* **~~watch** Armbanduhr *f;* **~~ strap** Uhrenarmband *n.*
writ [rit] *jur* Verfügung *f,* Erlaß *m; (~ of summons)* Vorladung; *Br* Wahlausschreibung; *obs* Urkunde *f; to issue a ~ against s.o., to serve a ~ (up)on s.o.* jdm e-e Vorladung zustellen; *to take out a ~ against s.o.* e-e Vorladung gegen jdn erwirken; **Holy W~** Heilige Schrift *f; ~ of assistance, of sequestration* Beschlagnahmeverfügung *f; ~ of attachment* Haftbefehl *m; ~ of execution* Vollstreckungs-, Zahlungsbefehl *m.*
write [rait] *irr* wrote [rout], written ['ritn] *tr* schreiben; schriftlich niederlegen, auf-, niederschreiben, zu Papier bringen; aufzeichnen, ab-, verfassen; *jur* aufsetzen; *(Bescheinigung, Scheck)* ausstellen; *(Scheck)* ausschreiben; *(Formular)* ausfüllen; *(Papier)* beschreiben; *(Vertrag)* aufsetzen; (schriftlich, brieflich) mitteilen *(s.th. to s.o., s.o. s.th.* jdm etw); unterschreiben, signieren; (schriftlich) bezeichnen *(acc* als); *fig* zeichnen, graben in; *itr* schreiben; *(Bücher)* schreiben, schriftstellern, Schreibarbeiten machen; bestel-

write down   1150   **wryness**

len, kommen lassen *(for s.th.* etw); *to ~ in full* ausschreiben; *to ~ o.s. a man* volljährig sein; *to ~ shorthand* stenographieren; *to ~* **down** nieder-, aufschreiben, schriftlich niederlegen; herziehen, schlecht beschreiben über; *com* abschreiben; *to ~* **in** *it* eintragen; *itr* sich schriftlich bewerben (*for* um); *to ~* **off** rasch niederschreiben; *com u. fig* abschreiben; *to ~* **out** (voll)ausschreiben; abschreiben; *to ~ o.s. out* alles zum Ausdruck bringen; *to ~* **up** e-n schriftlichen Bericht machen über, eingehend berichten; zu Ende schreiben; *(schriftlich)* aufs laufende bringen; *(Wert)* höher einsetzen; *(in e-m Schreiben)* herausstreichen, sehr loben; Reklame machen; **~-down, -off** *com* Abschreibung *f*; **~-up** *com* Heraufsetzung *f* des Buchwertes; (positiver) Pressebericht *m*; Anpreisung *f*.

writ|er ['raitə] Schreiber *m*; Schreibkraft *f*; Buchhalter; Schriftsteller, Verfasser *m*; *Scot* (*~ ~ to the signet*) Rechtsanwalt *m*; *serial ~~* Feuilletonist *m*; *text ~~* Kommentator *m*; **~~'s** *cramp* Schreibkrampf *m*; **-ing** ['-iŋ] Schreiben; Schriftstück *n*, Urkunde *f*, Dokument; ausgefüllte(s) Formular *n*; (Hand-)Schrift *f*; Buch, Werk *n*, Aufsatz *m*; Schriftstellerei *f*, Stil *m*; *in ~~* schriftlich; *to put in ~~* niederschreiben; **~~-block** Schreibblock *m*; **~~-case** Schreibmappe *f*; **~~-desk** Schreibpult *n*, -tisch *m*; **~~-ink** Tinte *f*; **~~-kit** Schreibzeug *n*; **~~-pad** Schreibunterlage *f*; Notiz-, Briefblock *m*; *student's ~~-pad* Schul-, Kollegheft *n*; **~~-paper, -room, -table** Schreibpapier, -zimmer *n*, -tisch *m*.

writhe [raið] *itr* sich *(in Schmerz, Ängsten)* winden *(with* vor); leiden *(under* unter).

written ['ritn] *pp von write a* schriftlich; *~ in water (fig)* in den Sand geschrieben; *~* **evidence** *jur* Urkundenbeweis *m*; *~* **examination** schriftliche Prüfung *f*; *~* **language** Schriftsprache *f*.

wrong [rɔŋ] *a* verkehrt, falsch; irrig, irrtümlich; unrecht, unbillig; unangebracht, unpassend, fehl am Platz; nicht in Ordnung, unbefriedigend; *(Gewebe)* links; *adv* falsch, nicht richtig, nichtrecht; *s* Unrecht *n*; *jur* Rechtsbruch *m*; *tr* ein Unrecht zufügen *(s.o.* jdm); ungerecht behandeln, benachteiligen, beeinträchtigen; schaden *(s.o., s.th.* jdm, e-r S); mißverstehen; verkennen, Unrecht tun *(s.o.* jdm); beleidigen, kränken; *on the ~ side of 50* über 50 (Jahre); *~ side out* mit der Innenseite nach außen; *to be ~* unrecht haben; sich irren; nicht in Ordnung sein, nicht stimmen *(with s.th.* etw); *to be in the ~* im Unrecht sein; *to be in the ~ box* im Nachteil sein; in der Klemme stecken; fehl am Platze sein; *to do ~* Unrecht tun (*to s.o.* jdm); sich etw zuschulden kommen lassen; *s.th.* etw falsch, verkehrt machen; *to get, to go ~* schiefgehen, scheitern; nicht richtig funktionieren; auf die schiefe Ebene geraten; *to get s.o. in ~ (Am fam)* jdn in Mißkredit bringen; *to get in ~ with s.o. (Am fam)* bei jdm in Mißkredit kommen; *to get it ~* sich verrechnen; es falsch verstehen; *to get on the ~ side of s.o.* sich jdn zum Gegner machen; *to have,* to *get hold of the ~ end of the stick (fig)* auf dem Holzwege sein; *to put in the ~* ins Unrecht setzen; *to suffer ~* unrecht leiden; *to take s.th. ~* etw übelnehmen; *to take the ~ turning, path (fig)* auf Abwege geraten; *he got out on the ~ side of the bed* er ist mit dem falschen Fuß aufgestanden; *there is s.th. ~* da stimmt etw nicht *(with* mit); *what's ~? (fam)* stimmt was nicht? ist was nicht in Ordnung? *sorry, ~ number! (tele)* Verzeihung, (ich bin) falsch verbunden! *two ~s do not make a right (prov)* man kann sein Unrecht nicht durch ein anderes wiedergutmachen; **-doer** Übel-, Missetäter; Rechtsbrecher *m*; **-doing** Übertretung, Rechtsverletzung *f*, -bruch *m*; Sünde *f*; **-ful** ['-ful] unrecht, ungesetzlich, unerlaubt, gesetz-, rechtswidrig; **-fulness** ['-fulnis] Ungesetzlichkeit, Unerlaubtheit, Gesetzwidrigkeit *f*; **-headed** *a* starrsinnig, querköpfig, halsstarrig, verbohrt; **-ly** ['-li] *adv* falsch, unrichtig; zu Unrecht; **-ness** ['-nis] Unrecht *n*; Verkehrtheit; Unbilligkeit *f*.

wroth [rouθ, rɔ:θ] *pred a poet* ergrimmt, zornig; *hum* in Rage.

wrought [rɔ:t] *pret u. pp von work a* be-, ge-, verarbeitet, verfertigt, hergestellt, geschmiedet, gehämmert, sorgfältig (aus)gearbeitet; *~* **goods** *pl* Fertigwaren *f pl*, -fabrikate *n pl*; *~* **iron** Schmiedeeisen *n*, Schweißstahl *m*; **~-up** *a* erregt; aufgeregt, -gewühlt.

wry [rai] *(bes. Gesicht, Mund)* verzogen, verzerrt, schief; *fig* verdreht, verzerrt, schief, falsch; *(Lächeln)* gezwungen; *to make a ~ face* das Gesicht verziehen, Grimassen schneiden; **~-mouthed** *a fig* ironisch, spitz; **-neck** *orn* Wendehals; *med* Schiefhals *m*; **-ness** ['-nis] Verdreht-, Verzerrtheit *f*.

X

X, x [eks] *pl* ~'s X, x *n*; (X-förmige) Krampe *f*; Unbekannte(r) *m*; *math* unbekannte Größe *a. fig*; Abszisse *f*; *tr*: to ~ out *(fam)* ausixen; **X-chromosome** *biol* X-, Geschlechtschromosom *n*; **X-formation** *mil* sich überschneidende (taktische) Aufstellung *f*; **X-ray** *s* Röntgenaufnahme *f*, Röntgen-, Schirmbild *n*; *pl* Röntgenstrahlen *m pl*; *a* Röntgen-; *tr* röntgen, durchleuchten; mit Röntgenstrahlen behandeln; ~~ *apparatus* Röntgenapparat *m*; ~~ *department* Röntgenstation *f*; ~~ *diagnosis, examination, test* Röntgenuntersuchung *f*; ~~ *therapy* Röntgentherapie *f*; ~~ *tube* Röntgenröhre *f*.
Xanthippe [zæn'θipi] Xanthippe *f*.

xeno|gamy [zi(:)'nɔgəmi] *bot* Fremdbestäubung *f*; **~phobia** [zenə'foubjə] Fremdenhaß *m*.
xero|philous [zi'rɔfiləs] *bot* xerophil; **~phyte** ['zerɔfait] Xerophyt *m*, Dürrpflanze *f*.
Xmas ['krisməs, *fam* 'eks-] *fam* = Christmas.
xyl|em ['zailəm] *bot* Xylem *n*; **~ograph** ['-ɔgra:f] Holzschnitt *m*; **~ographer** [zai'lɔgrəfə] Holzschneider *m*; **~ographic(al)** [zailə'græfik(əl)] Holzschnitt-, -schneide-; **~ography** [zai'lɔgrəfi] Holzschneidekunst, Xylographie *f*; **~onite** ['-ənait] Art Zelluloid *n* (*Handelsmarke*); **~ophone** ['-əfoun] *mus* Xylophon *n*; **~ose** ['-ous] *chem* Xylose *f*, Holzzucker *m*.

Y

Y, y [wai] *pl* ~'s Y, y *n*; *tech* Gabel; *math* 2. Unbekannte; Ordinate *f*; **~-connection** *el* Sternschaltung *f*; **~-drain** gabelförmige(s) Entwässerungsrohr *n*; **~-pipe, -tube** Rohrgabel *f*, Y-Rohr *n*; **~-track** Gleisgabel *f*.
yacht [jɔt] *s mar* (Segel-, Motor-)Jacht *f*; *itr* auf e-r Jacht fahren; **~-club** Jachtklub *m*; **-ing** ['-iŋ] Jachtsport *m*, -segeln *n*; **~sman** ['-smən] Jachtfahrer, -besitzer *m*.
yah [jɑː] *interj* pfui! äh!
yahoo [jə'huː] Scheusal *n*; Rohling *m*.
yak [jæk] **1.** *s* Jak, Grunzochse *m*; **2.** *Am itr* quasseln; *s* Gequassel; Gelächter *n*.
yam [jæm] *bot* Jamswurzel; *Scot* Kartoffel; *Am dial* Süße Kartoffel *f*.
yank [jæŋk] *fam itr* plötzlich auffahren; *tr* heftig ziehen an; *s* Ruck, kräftige(r) Zug *m*; Y~ *s.* Yankee; to ~ out, off mit e-m Ruck heraus-, wegreißen.
Yankee ['jæŋki] *s Am* Neuengländer; Nordstaatler; *bes. Br* Amerikaner, Yankee *m*; *a* typisch amerikanisch.
yap [jæp] *itr* kläffen *a. fig*; *sl* schwätzen; (dumm) quatschen; *s* Gekläff; *sl* dumme(s) Geschwätz, Gequatsche *n*; *Am sl* Quatschkopf *m*; *Am sl* Maul *n*.
yard [jɑːd] **1.** Yard *n* (= 0,914 *m*); *mar* Rahe *f*; *square* ~ Quadratyard *n*; **~age** ['-idʒ] Ausmessung, Länge *f* in Yards; **~-arm** *mar* Rahnock *m*; **~-measure** Yardmaß *n*; **~-stick** Yardstock *m*, Elle *f*; *fig* Maßstab *m*; **2.** Hof; (Werk-)Platz; Pferch *m*, Gehege *n*; *(railway ~)* Rangierbahnhof; *Am* (Haus-)Garten *m*; **~age** Lagerung; Lagergebühr *f*; **~-bird** *Am sl* Rekrut *m*; **~-man** ['-mən] Bahn-, Werftarbeiter; Viehknecht *m*; **~-master** *rail* Rangiermeister *m*.
yarn [jɑːn] *s* Garn *n*, Faden *m*; *fig fam* Seemannsgarn *n*; *itr* reden; plaudern; erzählen; *(a.: to spin a ~) (fam)* ein Seemannsgarn spinnen, Märchen erzählen (*about* über); *wool(l)en* ~ Wollgarn *n*; ~ *beam* Kettenbaum *m*; **~-dyed** *a* im Garn gefärbt.
yarrow ['jærou] *bot* Schafgarbe *f*.
yaup *s. yawp*.
yaw [jɔː] *itr mar aero* gieren; *(Geschoß)* von der Bahn abweichen; *fig* schwanken; *s* (Kurs-)Abweichung *f*; *fig* Schwanken *n*.
yawl [jɔːl] **1.** *mar* Jolle *f*; **2.** *s. jowl*.
yawn [jɔːn] *itr* gähnen *a. fig*; *fig* klaffen, sich öffnen; *tr* gähnend sagen; *s* Gähnen *n*; **~ing** ['-iŋ] *a* gähnend *a. fig*.
yawp [jɔːp] *Am fam itr* brüllen; quasseln; hörbar gähnen; *s* Gequassel *n*; Schrei *m*.
ye [jiː] **1.** *prn obs* ihr; du; dir; **2.** *the*.
yea [jei] *adv* ja (doch); gewiß, sicher, freilich, in der Tat; *s* Ja *n*; Jastimme *f*; **~h** [je, jæ, jɑː] *adv Am fam* ja.
yean [jiːn] *itr (Schaf, Ziege)* lammen, zickeln; **-ling** ['-liŋ] Lamm; Zicklein *n*.
year [jəː, jiə] Jahr *n*; *pl* Alter *n*; *all the ~ round* das ganze Jahr über; *for, in ~s*

year-book   1152   yield

seit Jahren, jahrelang; *for his* ~*s* für sein Alter; *in the* ~ *1837* im Jahre 1837; *last, this, next* ~ letztes od vergangenes, dieses, nächstes Jahr; *the* ~ *one (hum)* zu Olims Zeiten; ~ *after (od by)* ~ Jahr für Jahr; ~*s ago* vor Jahren; ~ *in,* ~ *out* jahraus, jahrein; ~ *of birth* Geburtsjahr *n*; ~*s of discretion* gesetzte(s) Alter *n*; ~ *of the grace* Jahr *n* des Herrn; ~ *of manufacture* Baujahr *n*; ~ *under report* Berichtsjahr *n*; ~*s of service* Dienstjahre *n pl*; ~-**book** Jahrbuch *n*; ~**ling** ['-liŋ] *zoo* Jährling *m*; ~-**long** *a* ein volles Jahr dauernd; ~**ly** ['-li] *a adv* jährlich; ~~ *income, output, subscription* Jahreseinkommen *n*, -produktion *f*, -beitrag *m*.

yearn [jə:n] *itr* sich sehnen, verlangen (*for, after* nach; ~ *to do* zu tun); ~**ing** ['-iŋ] *s* Sehnsucht *f*, Verlangen *n*; *a* sehnsuchtsvoll, verlangend.

yeast [ji:st] Hefe *f*; (~-*plant*) Hefepilz; *fig* Schaum *m*, Gischt *m*, *a. f*; *fig* Sauerteig *m*, Ferment *n*; ~-**cake** (Back-)Hefe *f*; ~-**powder** Backpulver *n*; ~**y** ['-i] hefig; schaumig, schäumend; *fig* gärend, bewegt, unruhig; leichtfertig, oberflächlich.

yegg(man) [jeg, '-mən] *Am sl* Geldschrankknacker, Bankräuber; Einbrecher; Gangster, Verbrecher *m*.

yell [jel] *itr* (auf)schreien (*with* vor); *itr tr* (gellend) schreien (*for help* um Hilfe); laut lachen; *s* Auf-, gellende(r) Schrei; *fam* etw zum Totlachen; *Am sport* anfeuernde(r) Zuruf *m*; *pl* Geheul *n*; *to let out a* ~ e-n Schrei ausstoßen.

yellow ['jelou] *a* gelb; vergilbt; *fig* neidisch, eifersüchtig; *Am* melancholisch; *Am (Zeitung)* sensationslüstern, reißerisch; *fam* feige; *s* Gelb *n*, gelbe Farbe *f*; gelbe(r) Farbstoff *m*; Eigelb *n*, *pl bot zoo* Gelbsucht; *fam* Feigheit *f*; *tr* gelb färben; *itr* gelb werden; vergilben; ~-**band street** Straße *f* mit Parkverbot; ~-**bird** *amerik.* Goldfink *m*; Gelbe Grasmücke *f*; ~ **book** *pol* Gelbbuch *n*; ~ **dog** *Am* Lump, Schuft; Köter *m*; ~-**dog** *a Am* gewerkschaftsfeindlich; ~ **earth** Ocker *m od n*; Melinit *m*; ~ **fever** *med* Gelbfieber *n*; ~-**green** *a* grüngelb; *s* grüngelbe Farbe *f*, Grüngelb *n*; ~-**haired** *a* flachshaarig; ~-**(h)ammer** *orn* Goldammer *f*; ~**ish** ['-iʃ] gelblich; ~ **jack** *Am* Gelbfieber *n*; (gelbe) Quarantäneflagge *f*; ~**jacket** *Am fam* Wespe *f*; ~ **journal** Revolverblatt *n*; ~ **metal** Gold; Messing *n*; *the* ~ **peril** *pol* die gelbe Gefahr *f*; ~ **press** *Am* Hetz-, Sensationspresse *f*; ~ **sickness** Gelbsucht *f*;

~ **spot** *anat* Gelbe(r) Fleck *m* im Auge; ~ **streak** (Zug *m* von) Feigheit, Ängstlichkeit, Schüchternheit *f*; *he has a* ~~ *in him (fam)* er hat leicht die Hosen voll; ~**y** ['-i] gelblich.

yelp [jelp] *itr* kläffen; aufschreien; *s* kurze(s) Bellen *n*; Aufschrei *m*.

yen [jen] *Am fam s* Sehnsucht *f*; heiße(r) Wunsch *m*; *itr* vergehen vor Sehnsucht (*for* nach).

yeoman ['joumən] *pl* -*men hist* Freisasse; kleine(r) Grundbesitzer; berittene(r) Milizsoldat *m*; *mar Am* Schreibstubenunteroffizier *m*; *Y*~ *of the Guard* Leibgardist *m*; ~ *of signals (mar)* Signalmaat *m*; ~ *of stores* Kammerunteroffizier *m*; ~**ly** ['-li] *a adv* treu, wacker, brav; einfach, schlicht; ~**ry** ['-ri] bäuerliche(r) Mittelstand *m*; berittene Miliz *f*; ~('s) **service** gute(r) Dienst *m*, treue Dienste *m pl*.

yep [jep] *Am sl* ja.

yes [jes] *adv* ja, jawohl; *s* Ja; Jasagen *n*; *itr tr* ja sagen (zu); ~-**man** *Am sl* Jasager *m*.

yester|day ['jestədi, -dei] *adv* gestern; *a* gestrig, letzt; *s* der gestrige Tag; *pl* die Vergangenheit *f*, vergangene Zeiten *f pl*; *of* ~~ von gestern, gestrig; *the day before* ~~ vorgestern; ~~ *morning, afternoon, night* gestern morgen, nachmittag, nacht; ~~'*s paper* die gestrige Zeitung; ~~ *week* vor acht Tagen.

yet [jet] *adv (zeitlich)* noch; jetzt; schon; schon noch; *(vor e-m Komparativ)* noch, sogar; außerdem; trotzdem; *as* ~ bis jetzt; *nor* ~ *(nach e-r Verneinung)* ja, nicht einmal; noch; *not* ~ noch nicht; *I have* ~ *to see it myself* ich habe es selbst noch nicht gesehen; *conj* (je)doch, dennoch, aber, indessen, trotzdem, nichtsdestoweniger.

yew [ju:] *(a. ~-tree) bot* Eibe *f*; Eibenholz *n*.

Yiddish ['jidiʃ] *a* jiddisch; *s* (das) Jiddisch(e).

yield [ji:ld] *tr* hervorbringen, liefern; einbringen, abwerfen, (her)geben; *(to* ~ *up)* auf-, her-, hin-, abgeben; *(Zinsen) fig* zugestehen, gewähren *(to s.o.* jdm); *mil* übergeben; *itr agr* tragen; *(to* ~ *o.s. up)* sich fügen; es auf-, nach-, sich ergeben; sich hingeben *(to s.th.* e-r S); *tech* federn; *com* Zinsen tragen; *mil* weichen; *s* Ertrag, (erzielter) Gewinn *m*; Ernte; Ausbeute *f*, Einkünfte *pl*; *com* Rendite *f*; *to* ~ *to conditions* auf Bedingungen eingehen; *to* ~ *o.'s consent* sich einverstanden erklären; *to* ~ *to force* der Gewalt weichen; *to* ~ *up the ghost* den Geist

yielding aufgeben; *to* ~ *to none* niemandem nach-, hinter Leuten *pl* zurückstehen; *to* ~ *a point* in einem Punkt nachgeben (*to s.o.* jdm); *to* ~ *no return* keinen Ertrag bringen; *to* ~ *to submission* sich unterwerfen; **~ing** ['-iŋ] biegsam; *fig* nachgiebig; unterwürfig; ergiebig, einträglich.

yip [jip] *Am fam (Hund) itr* jaulen, wimmern; *s* Gejaule, Jaulen *n*.

yob [jɔb] *sl* Kerl *m*.

yodel, yodle ['joudl] *itr* jodeln; *s* Jodler *m*.

yog|a ['jougǝ] Joga *m*; **~(h)ourt** ['-ǝːt] Joghurt *m*; **~i** ['-iː] Jogi *m (Anhänger des Joga)*.

yo-(heave-)ho ['jou(hiːv-)'hou, jo(u)-'hou] *interj mar* hau ruck!

yoicks [jɔiks] *interj (Jagd)* hussa!

yoke [jouk] *s agr tech fig* Joch *n*; *fig* (~ *of servitude*) Knechtschaft; *(Kleid)* Passe *f*; *mot* Gabelgelenk *n*; Schultertrage *f*; *tr (Zugtiere)* anjochen, anspannen (*to* an); *fig* koppeln, verbinden (*to* mit); verheiraten; *itr fig* verbunden sein; *(to ~ together)* zs.arbeiten; *to come, to pass under the* ~ *(fig)* sich unterwerfen, sich (unter das Joch) beugen; *to throw off the* ~ *(fig)* das Joch abschütteln; *five* ~ *of oxen* fünf Joch Ochsen; **~-bone** *anat* Jochbein *n*; **~-fellow, ~-mate** Arbeitsgenosse, Partner; Lebensgefährte *m*, -gefährtin *f*.

yokel ['joukǝl] *pej* Bauerntölpel *m*.

yolk [jouk] Dotter *m* od *n*, Eigelb; *biol* Protoplasma; Wollfett *n*; *to beat up the* ~ das Eigelb schlagen.

yon [jɔn] *a prn obs u. dial* = ~*der*; **~der** ['-dǝ] *prn* jene(r, s) dort; *adv* dort (drüben).

yore [jɔː] *adv obs u. s: of* ~ einst(mals), ehedem, vor Zeiten.

you [juː, ju, jǝ] *prn* ihr, euch; du, dir, dich; Sie, Ihnen; *fam* man; einen.

young [jʌŋ] *a* jung *a. geol*; jugendlich; frisch, kräftig, stark, lebendig, lebhaft; neu; unerfahren, (noch) unwissend; *pol* fortschrittlich; Jung-; *s zoo* Junge(s) *n*; *the* ~ die Jungen, die jungen Leute *pl*; *in o.'s* ~*er days* in der Jugend; *with* ~ *(Tier)* trächtig; *my* ~ *(wo)man* mein Liebling; ~ *Müller* der junge Müller, Müller junior; *the night is still* ~ der Abend hat erst angefangen; ~ **animal** Jungtier *n*; ~ **blood** Jugend; frische Kraft *f*; neue Ideen *f pl*; **~-eyed** *a* mit frischem Blick; (jugend)frisch; begeistert; **~ish** ['-iʃ] etwas jung; ~ **people** Jugend *f*, junge Leute *pl*; ~ **persons** *pl* Jugendliche *m pl*; **~ster** ['-stǝ] Junge, Bursche *m*.

your [jɔː, jǝǝ, juǝ] *prn* euer, eu(e)re; dein(e); Ihr(e); **~s** der, die, das eu(e)re, eurige, deine; *(Höflichkeitsform)* Ihrig(e); *Am com* Ihr Schreiben; *a friend of* ~*s* einer deiner, Eu(e)rer Freunde; *a book of* ~*s* eins von diesen, Ihren Büchern; *this book is* ~*s* dies Buch gehört dir, euch, Ihnen; ~*s truly* hochachtungsvoll; *fam* meine Wenigkeit; **~self** ['-self] *pl* **-selves** ['-selvz] *prn* (ihr, euch, du, dir, dich, Sie, sich, man) selbst; allein; *(all) by* ~ selbständig allein; einsam, allein; *be* ~~! *(fam)* reiß dich zs.

you're [juǝ] = *you are*.

youth [juːθ] Jugend; Jugendlichkeit, -frische *f*; *(mit sing od pl)* junge Leute *pl*; *(pl* ~*s* [juːðz]) junge(r) Mann, Jugendliche(r) *m*; *fig* Frühzeit *f*; *the friends of his* ~ s-e Jugendfreunde *m pl*; *vigour of* ~ Jugendkraft *f*; ~ **centre, club** Haus *n* der Jugend; **~ful** ['-ful] jung *a. geol*; jugendlich; **~fulness** ['-fulnis] Jugendlichkeit *f*; ~ **hostel** Jugendherberge *f*; ~ **movement** Jugendbewegung *f*.

you've [juːv] = *you have*.

yowl [jaul] *tr itr* jaulen.

yucca ['jʌkǝ] *bot* Yucca, Palmlilie *f*.

Yugoslav ['juːgo(u)slaːv] *s* Jugoslawe *m*, Jugoslawin *f*; *a* jugoslawisch; **~ia** [-'slaːvjǝ] Jugoslawien *n*.

yule [juːl] Weihnacht(en *n* od *pl*) *f*; **~-log** Weihnachtsscheit *n*; **Y~-tide** Weihnachtszeit *f*.

Z

Z, z [zed, *Am* ziː] *pl* ~*'s s* Z, Z *n*.

zany ['zeini] *hist* (dummer) August, Hanswurst *m a. fig*.

zeal [ziːl] Eifer *m (for* für; *in* bei); Begeisterung *f*, Enthusiasmus *m (for* für); große(s) Interesse *n (for* an); **~ot** ['zelǝt] Eiferer, Fanatiker; *rel hist* Zelot *m*; **~otry** ['zelǝtri] übertriebene(r) Eifer, Fanatismus *m*; **~ous** ['zelǝs] eifrig, begeistert, enthusiastisch *(to do* zu tun; *for* für).

zebra ['ziːbrǝ] Zebra *n*; ~ **crossing** Zebrastreifen, Fußgängerüberweg *m*.

zebu ['ziːbuː] Zebu, Buckelochse *m*.

zed [zed], *Am* **zee** [zi:] Zet *n (Buchstabe)*.

zenith ['zeniθ] Zenit *a. fig; fig* Höhepunkt, Gipfel *m; at the ~ of* auf dem Höhepunkt *gen*.

zephyr ['zefə] Westwind; *poet* leichte(r) Wind, Zephyr *m; (~ worsted)* feine Wolle *f; (~ cloth)* feine(r) Wollstoff *m;* (Sport-)Trikot *m* od *n*.

zero ['ziərou] *pl -os s* Null *f;* Nullpunkt *(e-r Skala);* Gefrierpunkt; *fig* Null-, Tiefpunkt, -stand *m;* Nichts *n a. fig; tr (to adjust to ~) (Gerät)* genau einstellen, justieren; *to ~ in (Gewehr)* justieren; *to be at ~* auf Null stehen; *to fall to ~* auf 0 Grad fallen; *to fly at ~ (aero)* unter 300 m, in Bodennähe fliegen; *to reduce to ~* zuschanden machen, vernichten, zerstören; *to sink to ~ (fig)* auf e-n Tiefpunkt sinken; *absolute ~ (phys)* absolute(r) Nullpunkt *m (—273° Celsius);* **~ adjustment** Nullstellung *f;* **~ altitude** *aero* Bodennähe *f;* **~ conductor** *el* Nulleiter *m;* **~ hour** *mil* X-Zeit *f;* Tiefpunkt der Produktion(sleistung); *allg* kritische(r) Moment, entscheidende(r) Augenblick *m;* **~ mark** Nullstrich *m;* **~ point** Nullpunkt *m;* **~ position** *tech* Nullstellung *f;* **~ voltage** Nullspannung *f;* **~-zero (condition)** *aero sl* dicke(r) Nebel *m*.

zest [zest] Würze *f bes. fig; fig* Beigeschmack, besondere(r) Reiz; Genuß *m;* Lust *f (for* an); Neigung *(for* zu), Begeisterung *f,* Eifer *m (for* für); *with ~* mit Eifer, Begeisterung; eifrig, begeistert; *to add, to give (a) ~ to s.th.* e-r S Würze verleihen, e-e S interessant machen; **~ for life** Lebenshunger *m;* **~ful** ['-ful] würzig, anregend, reizvoll; genußreich; begeistert, eifrig.

zigzag ['zigzæg] *s* Zickzack(linie *f,* -weg) *m; a* im Zickzack (ver)laufend; *adv* im Zickzack; *itr tr* im Zickzack (ver)laufen *od* gehen; **~ path** Zickzackweg *m*.

zinc [ziŋk] *s* Zink *n; tr* verzinken; **~ blende** Zinkblende *f;* **~ographer** [-'kɔɡrəfə] Zinkograph *m;* **~ ointment** Zinksalbe *f;* **~ous** ['ziŋkəs] Zink-; **~ oxide** Zinkoxyd *n;* **~ white** Zinkweiß *n*.

zing [ziŋ] *interj sl* surr! *itr* (vorbei)surren, -zischen; *a Am sl* anziehend; *s Am sl* Kraft, Energie *f*.

zinnia ['zinjə] *bot* Zinnie *f*.

Zion ['zaiən] *(Bibel)* Zion *n;* **~ism** ['-izm] Zionismus *m;* **~ist** ['-ist] Zionist *m*.

zip [zip] *s* Pfeifen *(e-r Gewehrkugel);* Zischen, Surren *n; fig fam* Dynamik *f,* Schwung; Reißverschluß *m; itr* pfeifen, schwirren, surren; *Am fam* herum-, durch die Gegend sausen, schwirren; *Am fam* Wind machen, auf die Tube drücken; *tr* mit e-m Reißverschluß schließen; *(to ~ open)* den R. aufmachen *(s.th.* e-r S); *fam* mit Schwung tun; **~-fastener** Reißverschluß *m;* **~per** ['-ə] Reißverschluß *m; fam* vitale(r) Mensch *m;* **~ bag,** *fam* Tasche *f* mit Reißverschluß; **~py** ['-i] *fam* schwungvoll, lebhaft, energiegeladen.

zither ['ziθə] *mus* Zither *f*.

zodiac ['zoudiæk] *astr* Tierkreis *m; sign of the ~* Tierkreiszeichen *n;* **~al** [zo(u)'daiəkəl] *a* Zodiakal-, Tierkreis-; **~ constellation** Tierkreissternbild *n;* **~ light** *(mete)* Zodiakallicht *n*.

zombi(e) ['zɔmbi] *Am (Westindien)* Zauberkraft *f;* wandelnde(r) Leichnam; widerliche(r) Kerl; *Am sl* Depp *m; Art* Cocktail *m*.

zon|al ['zounl] zonenartig; zonal; Zonen-; **~e** [zoun] *s* Streifen *m; geog* allg Zone *f;* allg Gebiet(sstreifen *m*) *n,* Bereich, Gürtel; (Post-)Bezirk *m, Am* Gebührenzone *f; geol* Schicht *f; tr* in Zonen *od* Bezirke einteilen; mit e-m Gürtel umgeben; streifen; *cotton ~~ (geog)* Baumwollgebiet *n; danger ~~* Gefahrenzone *f,* -bereich *m; frigid, temperate, torrid ~~* kalte, gemäßigte, heiße Zone *f; wheat ~~ (geog)* Weizengürtel *m; ~~ of occupation* Besatzungsgebiet *n;* **~ing** ['-iŋ] Flächenaufteilung *f; ~~ ordinance* Bebauungsplan *m*.

zoo [zu:] Zoo *m*.

zoolog|ic(al) [zo(u)ə'lɔdʒik(əl)] zoologisch; *~ical garden(s)* [zu'l-] zoologische(r) Garten, Tierpark *m;* **~ist** [-'ɔlədʒist] Zoologe *m;* **~y** [-'ɔlədʒi] Zoologie, Tierkunde *f*.

zoom [zu:m] *itr* summen, surren; *aero* plötzlich steil aufsteigen; *(Flugzeug)* hochreißen; *tr aero* steil nach oben ziehen, hochreißen; *s aero* Kerze *f,* steile(r) Aufstieg *m;* plötzliche(r) Preisanstieg *m;* **~ lens** Gummilinse *f*.

zoophyte ['zo(u)əfait] *zoo* Zoophyt *m,* Hohltier *n*.

zoot [zu:t] *sl* fesch; farbenprächtig.

zounds [zaundz] *interj obs* sapperlot! ei der Tausend!

zygoma [zai'goumə] *pl -ta anat* Jochbein, Wangenbein *n;* Jochbogen *m*.

zym|ase ['zaimeis] *chem* Zymase *f (Gärungsferment);* **~osis** [-'mousis] *pl -ses* [-si:z] Gärung; *med* Infektionskrankheit *f;* **~otic** [-'mɔtik] zymotisch, gärend; Gär-.

Abkürzungen – Abbreviations

A

a about; account; accusative; acre; address; adjective; adult; aerial; after; afternoon; age; air; among; ampere; Angstrom; approved; arrival; artillery; at; atomic; attention; aviation
AAA American Automobile Association; anti-aircraft artillery; Amateur Athletic Association
AAAS American Association for the Advancement of Science
AAM air-to-air missile
AB able-bodied seaman; Bachelor of Arts
ABA American Bar Association
abbr, abbrev abbreviation
ABC American Broadcasting Company; Argentina, Brazil, and Chile
A-bomb atomic bomb
ac alternating current
a/c account (current)
acc accept; according; account; accusative
A-Com-in-C Air-Commodore-in-Chief
ACRA Associate of the Corporation of Registered Accountants
ACS American Cancer Society; American Chemical Society
a/cs pay accounts payable
a/cs rec accounts receivable
ACT Air Cargo Transport
actg acting
act. wt. actual weight
ACU Association of College Unions
a d active duty; adapted; adverb; advertisement
AD Air Defence; Air Division; Armament Depot; Army Dental Corps; Anno Domini
ADA American Dairy Association; American Dental Association
add. addition; address
ADG Assistant Director General
ADGB Air Defence of Great Britain
adj adjacent; adjective; adjourned; adjustment
adm admission; administration
adv advance; adverb; advertisement; advisory
AEA American Economic Association
AEC Atomic Energy Commission
AEF Allied Expeditionary Force
AF Admiral of the Fleet; Air Force
AFA Academy of Fine Arts; American Forestry Association
AFB Air Force Base
AFBF American Farm Bureau Federation
a f c automatic frequency control
AFC Air Force Cross; Association Football Club
AFF Army Field Forces
AFL American Federation of Labo(u)r
AFLD air field
AFM Air Force Medal
AFN American Forces Network
AFS American Field Service
AFT American Federation of Teachers
AFUS Air Force of the United States
AG Accountant General; Adjutant General; Agent General; Attorney General
Agcy agency
AGM Annual General Meeting
AHA American Historical Association
AHEA American Home Economics Association
AHQ Air, *Am* Army Headquarters
AIA American Institute of Accountants; Archaeological Institute of America
AIAA Association of International Advertising Agencies
AID Army Intelligence Department
AIF Allied Invasion Forces
AIG Assistant Inspector General
AIWM American Institute of Weights and Measures
AJRC American Junior Red Cross
AL Air Lines; American Legion
ALA American Library Association; Authors' League of America
Ala Alabama
Alas Alaska
ALC American Lutheran Church
a.m. before noon
AM Air Marshal; air medal; Master of Arts
AMA American Medical Association; *Am* Automobile Manufacturers Association
Amb Ambassador; ambulance
AMC Army Medical Centre
AMG Allied Military Government
amp ampere
AMPH amphibious
AMS American Mathematical Society; Army Map Service

AMWA American Medical Women's Association
ANA Australian National Airways
anc(t) ancient
ANPA American Newspaper Publishers Association
ANRC American National Red Cross
ANS Admiralty Naval Staff
AO Accounting, Administration Officer
a/c account of
AOD Army Ordnance Department
a p accounts payable; apothecary; atmospheric pressure; atomic power
AP Associated Press
APC alien property custodian; American Parents Committee
APO Army Post Office
APS American Philosophical Society; American Physical Society; Army Postal Service
ar arrive(s)
a/r all rail; all risks
ARC American Red Cross
arch. archaic; architect
ARAMCO Arabian-American Oil Company
Ariz Arizona
Ark Arkansas
art. article; artillery
ARU American Railway Union
ARW Air Raid Warden
AS Academy of Science; Agricultural, Anthropological Society
ASA American Standards Association
ASC Allied Supreme Council
ASCAP American Society of Composers, Authors, and Publishers
ASCE American Society of Civil Engineers
ASF Army Service Forces
ASP ammunition supply point
ASSC Air Service Signal Corps
ASU American Students Union
at. atmosphere; atomic; attorney
ATA American Teachers Association
ATC Air Traffic Control; Air Training Corps
atm pr atmospheric pressure
ATS American Television Service; Army Transport Service
ATTN attention
AUS Army of the United States
AUT Association of University Teachers
a/v average
avdp. avoirdupois
AVWW II American Veterans of World War II
a/w actual weight

AWA American Women's Association
AWC American Women's Club
AWS Aircraft Warning Service; Air Weather Service
AYH(A) American Youth Hostels (Association)

B

BA Bachelor of Arts; British Academy; British Army
BAA Basketball Association of America; British Archaeological, Astronomical Association
BABS beam approach beacon system
BAC British Association of Chemists
bact bacteriology
BAI Bachelor of Engineering
BAOR British Army of the Rhine
bar. barometer; barrel; barrister
Bart Baronet
bat. battalion; battery; battle(ship)
b b bail bond; balloon barrage
BBA Bachelor of Business Administration; Big Brothers of America; British Bankers' Association
BBC British Broadcasting Corporation
b c bank clearing; battery commander
BC Bachelor of Chemistry, of the Classics, of Commerce, of Surgery; British Columbia; British Council; before Christ
b/c bill for collection
BCA Boys' Clubs of America; British Caravan Association; British Continental Airways
BCE Bachelor of Chemical Engineering, of Civil Engineering
BCL Bachelor of Canon Law, of Civil Law
BCS Bachelor of Chemical Science, of Commercial Science
BD Bachelor of Divinity
b d bank debits; bank, back dividends
Bde brigade
BE Bachelor of Education, of Engineering; Bank of England; Bill of Exchange; Board of Education; British Empire
BEA(C) British European Airways (Corporation)
BEF British Employers' Federation; British Expeditionary Force
b f brought forward
BF Bachelor of Finance, of Forestry; British Forces
BFA British Football Association
BFBPW British Federation of Business and Professional Women

BFI British Film Institute
BFN British Forces Network
BFPO British Field Post Office
BFUW British Federation of University Women
B Gen Brigadier-General
B/H bill of health
b h p brake horse-power
BIIA British Institute of Industrial Art
BIOWAR biological warfare
BISF British Iron and Steel Federation
bk bank; book
BL Bachelor of Law, of Letters
B/L bill of lading
BLA Bachelor of Liberal Arts
bl(d)g building
BM Bachelor of Medicine; British Museum
BMA British Medical Association
BME Bachelor of Mechanical Engineering, of Mining Engineering
b o back order; branch office; buyer's option
b/o brought over
BOA(C) British Overseas Airways (Corporation)
BOE Board of Education
BOT Board of Trade
b p bill payable; boiling point
BP Bachelor of Pharmacy, of Philosophy; British Petroleum (Company)
b r bank rate
br branch; bridge; brief; brother
BR British Railways
B/R bills receivable
BRA Boy Rangers of America
BRCS British Red Cross Society
Brig.Gen Brigadier General
Brit Britain; British
bros brothers
b s balance sheet; battle squadron; broadcasting station
BS Bachelor of Science, of Surgery; Boy Scouts
b/s bags; bales; bill of sale
BSA Boy Scouts of America; Boy Scouts' Association
BSG British Standard Gauge
BSGA British Sports and Games Association
bsh bushel
B/St bill of sight
BST British summer time
b t board of trade; boat; bought
BTC Bicycle Touring Club
BTAF British Tactical Air Force
BTC British Transport Commission
btn battalion
BUP British United Press
by c battery commander

C

c calorie; candle; cent; century; city; corps; cubic
C Celsius; Centigrade; coefficient
c a consular agent; credit account; current account
CA Chartered Accountant; Chief Accountant; Commercial Aviation
CAC Civilian Affairs Committee; Coast Artillery Corps; Criminal Appeal Court
CAF Cost-Assurance-Freight
Cal(if) California
CALTEX California-Texas Oil Corporation
CAPT captain
capy capacity
CARE Co-operative for American Remittances to Everywhere
CB Companion of the Order of the Bath; Construction Battalion; county borough
CBC Canadian, Columbia Broadcasting Corporation; County Borough Council
c b d cash before delivery
CBE Commander of the Order of the British Empire
CBS Columbia Broadcasting System
cc carbon copy; cash credit; continuous current
CC Chamber of Commerce; City Council(or); Civil Court
CCP Code of Civil Procedure; Court of Common Pleas
CCrP Code of Criminal Procedure
CCUS Chamber of Commerce of the United States
cd cash discount; command; commissioned
CD Chief of Division; Civil Defence; Coast Defence; Diplomatic Corps
CDA Catholic Daughters of America; Civil Defence Act; Coast Defence Artillery
CDS cash on delivery service
CE Chancellor of the Exchequer; Chief Engineer; Church of England; counter-espionage
CEA County Education Authority; European Confederation of Agriculture
CEC Civil Engineering Corps
CED Committee for Economic Development
cert certain; certificate; certify
CET Central European Time
cf compare
c f cost and freight

CFA cost-freight-assurance
CFGI Camp Fire Girls, Inc
c f i cost, freight, and insurance
CG Consul-General
CGM Conspicuous Gallantry Medal
CGS centimeter-gramme-second
ch chairman; chapter, chief
CI Chief Inspector; cost-insurance; counter-intelligence
CIA Central Intelligence Agency
CIC Commander in Chief; Counter-Intelligence Corps
CID Criminal Investigation Department
c i f cost, insurance, and freight
CINC Commander in Chief
CIO Congress of Industrial Organizations
cir circuit; circular; circulation
civ civil; civilian
CJ Chief Judge
c n circular, credit note
CO Colonial Office; Commanding Officer; Criminal Office
c/o care of; carried over; cash order
COC Chamber of Commerce; Crown Office in Chancery
COD cash on delivery; Chamber of Deputies; collect on delivery; Concise Oxford Dictionary
COFS Chief of Staff
COFT Chief of Transportation
COI Central Office of Information
col collected; college; colonel; column; counsel
Colo Colorado
coll collateral; collect; college; colloquial
com commander; commercial; committee; commonly; commutator
COMDOF Commanding Officer
COMINCH Commander in Chief
comp companion; comparative; compare; compiled; compound; comprising
con concerning; concentrate; connection; consolidated
conf compare; conference
Conn. Connecticut
conn. connected
Consols Consolidated Annuities
const constable; constant; constitution
cont containing; continuous; contract; contrary; control
contd contained; continued
contr contract; contradiction; contrary
COO Chief Ordnance Officer
co-op co-operation; co-operative
cop. copper
COS Chief of Staff

cp candle power; carriage paid; compare
CP Car Park; Cardinal Point; Civil Procedure; Common Prayer; Communist Party
CPA Certified Public Accountant; Chartered Patent Agent
cpd compound
c p s cycles per second
CQM Chief Quartermaster
cr credit
CRALOG Council of Relief Agencies Licensed for Operations in Germany
CRCC Canadian Red Cross Committee
CRECON counter-reconnaissance
c r m counter radar measures
ct carat; cent; circuit; county; court
CT Central time; combat team
ctf certificate; certified
cu in. cubic inch
CUP Cambridge University Press
cur. currency; current
cu yd cubic yard
cv chief value
CV combat vehicle
CVO Commander of the Royal Victorian Order
CWAC Canadian Women's Army Corps; Christian Women's Association of Canada
CWS Chemical Warfare Service
cwt hundredweight (=112 pounds, *Am* 100 pounds)
cy capacity; county; currency; cycle
CYMS Catholic Young Men's Society of Great Britain
CZ Canal Zone; combat zone

D

d date; daughter; day; debit; deceased; degree; departure
d a deposit account
DA Department of Agriculture; District Attorney
D/A days after acceptance; deposit account
DAB Dictionary of American Biography
Dak Dakota
DAD Deputy Assistant Director
DAE Dictionary of American English
DAP documents against payment
DAR Daughters of the American Revolution
DAS delivered alongside ship
D/B date of birth
d c direct current; double column

DC Deputy Chief; Direct Current; District Court; District of Columbia
DCL Doctor of Civil Law
DCM Distinguished Conduct Medal
d d days after date; delayed delivery; demand draft
dd delivered
DD Department of Defence; Doctor of Divinity
d/d dated; domicile to domicile
D-day date of Allied invasion of France
DDD Direct Distance Dialing
DDG Deputy Director General
DDM Doctor of Dental Medicine
DDS Doctor of Dental Surgery
DDT dichloro-diphenyl-trichloro-ethane
DE Doctor of Education
deb debenture; debutante; debit
Dec December
dec deceased; decimal; declared
def defendant; deficit; definite
deg degree
Del Delaware
del delegate; delete
dely delivery
dem demand; democracy
dep department; departure; deposit; deputy
dept department; depot; deputy
det detachment; detail; determine
DFC Distinguished Flying Cross
diam diameter
dioc diocese
disc. discount; discovery
Dist Atty District Attorney
DL day letter; Doctor of Law
D Lit Doctor of Literature
DM Doctor of Medicine
DNB Dictionary of National Biography
doz dozen
D/PA Director of Personnel and Administration
DPR Director of Public Relations
DS Defence Secretary; Dental Surgeon; Deputy Secretary; detached service
DS(c) Doctor of Science
DSC Distinguished Service Cross
DSM Distinguished Service Medal
DSS Doctor of Social Science
DST Double Summer Time; Daylight Saving Time
DT(h) Doctor of Theology
dup(l) duplicate
d w dead weight
dwt pennyweight
dz dozen

E

e efficiency; errors; excellent
E Earl; East; English; 2nd class
EA Economic Adviser; English Association
EC East Coast; Eastern Command; Electric Current; Engineering Corps; Episcopal Church; Established Church
ECE Economic Commission for Europe
ECG EKG
ECLA United Nations Economic Commission for Latin America
econ economy
ECOSOC United Nations Economic and Social Council
ECSC European Coal and Steel Community
ed edition; extra duty
ED Doctor of Engineering; Education Department; Engineering Division
Ed B Bachelor of Education
EDC European Defence Community
EDT Eastern daylight time
EE Electrical Engineer; Employment Exchange; errors excepted
EEC European Economic Community
EETS Early English Text Society
EF Expeditionary Force
EFF effective
effy efficiency
EFTA European Free Trade Association
e.g. for example
ehp effective horsepower
el elevated (railway)
ELCA Evangelical Lutheran Church of America
elec electricity
EMA European Monetary Agreement
enc(l) enclosure
ency encyclopaedia
end. endorse
eng engaged; engineer
Eng D Doctor of Engineering
ENIAC Electronic Numerical Integrator and Computor
enl enlarged; enlisted
ENL enlist
ENT entrance
EO errors and omissions; Executive Officer
Epis Episcopalian
EPU European Payments Union
eq equal; equipment; equity
ERC English Red Cross; Enlisted Reserve Corps
ERP European Recovery Program
Esq(r) Esquire

ESRO European Space Research Organization
est established; estimated; estuary
EST Eastern Standard Time; Eastern Summer Time
ET Eastern Time; Educational Training
etc and so forth
ETO European Theater of Operations; European Transport Organization
EUCOM European Command
EURATOM European Atomic Energy Community
eve. evening
exec executed; executive
exp expedition; expense; export; express

F

f family; father; female; foot
F Fahrenheit
FA Field Artillery; Football Association
FACCA Fellow of the Association of Certified and Corporate Accountants
FAD free air delivered
FAGS Fellow of the American Geographical Society
FAIA Fellow of the American Institute of Architects
fam family; field ambulance
FAO finish all over; Food and Agriculture Organization
fas free alongside ship
FB freight bill
FBA Fellow of the British Academy
FBAA Fellow of the British Association of Accountants and Auditors
FBI Federal Bureau of Investigation; Federation of British Industries
FC Farmers' Club; fire control; Football Club; Forestry Commission
FCC Federal Communications Commission; Food Control Committee; Four Corners Club; Free Church Council
FCO Fire Control Officer; Flying Control Officer
fd field; fund
Fd Bty Field Battery
FDC fire direction centre
FEA Federal Economic Administration
FG Federal Government; field gun
f i c freight, insurance, carriage
FID Field Intelligence Department

fig. figurative; figure
fin. finance; finished
f i o free in and out
FL Flight Lieutenant; Flotilla Leader
FLA First Lord of the Admiralty
Fla Florida
FLD field
FM Field Manual; Field Marshal; Foreign Mission; Frequency Modulation
fo firm offer; for orders; fuel oil; [folio
FO Flying Officer; Foreign Office
f o b free on board
FOBS Fractional Orbit Bombardment
f o c free of charge [System
f o d free of damage
fol folio
f o q free on quay
f o r free on rail; free on road
for. foreign; forestry
f o s free on steamer
f o w free on waggon
f p fixed price; fully paid
FPA Family Planning Association; Food Production Administration; Foreign Press Association
F/R Fighter Reconnaissance
FRCS Fellow of the Royal College of
freq frequent [Surgeons
FS Field Service
F/S financial statement
ft foot
FTA Future Teachers of America
FTC Federal Trade Commission

G

g acceleration of gravity; general intelligence; gram
G-1, 2, 3, 4 *Am mil* personnel and administration; intelligence; operations and training; logistics
Ga Georgia
GA General Agent; General Assembly; Geographical Association
gal. gallon
GATT General Agreement on Tariffs and Trade
GB Great Britain
GBS Government Bureau of Standards; George Bernard Shaw
GCB Knight Grand Cross of the Order of the Bath
gen general; genitive
Gen General
gent gentleman
GFR German Federal Republic
GFTU General Federation of Trade Unions

GHQ General Headquarters
GM General Manager; General Motors; guided missile
GMT Greenwich mean time
gn guinea
GOC General Officer Commanding
gov(t) government
g p general practitioner
gp group
GPO General Post Office; Government Printing Office
gr grain; grammar; gramme; gravity
grad graduate
Gr Br Great Britain
GROBDM General Register Office for Births, Deaths and Marriages
gr wt gross weight
GS General Secretary; General Service; General Staff; Geographical Society; Girl Scouts
GSO General Staff Officer
GSUSA General Staff, United States Army
Gt Br Great Britain
gtd guaranteed

H

h heat; high; hour; intensity of magnetic field
HBM His (Her) Britannic Majesty
HC High Church; High Commissioner; High Court; House of Commons
HCJ High Court of Justice
HD Home Defence
hdqrs headquarters
HE high explosive; His Eminence; His Excellency
HF high frequency; Home Fleet; Home Forces
HFA Heavy Field Artillery
h f c high-frequency current
hgt height
HL House of Lords
HM His (Her) Majesty
HMS His (Her) Majesty's Service; His (Her) Majesty's Ship
HMSO His (Her) Majesty's Stationery Office
HO Head Office; Home Office
Hon Honorary; Hono(u)rable
hons honours
hosp hospital
h p high pressure; hire purchase; horse-power
HQ Headquarters
HR Home Rule; House of Representatives
HRH His (Her) Royal Highness
hrs hours
HS high school; Home Secretary; hospital ship
ht high tension
hts heights
HV high voltage

I

I. Idaho; interpreter; island
Ia Iowa
IA first quality; Imperial Airways; Iraqi Airlines
IAAF International Amateur Athletic Federation
IAC Inter-American Conference
IAES International Association of Exchange Students
IAF International Aeronautical *od* Automobile Association
IAM(AP) International Association of Meteorology and Atmospheric Physics
IARU International Amateur Radio Union
IATA International Air Transport Association
IAU International Association of Universities
IAW International Alliance of Women
IB Intelligence Branch; Invoice Book
IBA Institute of British Architects
IBE Institute of British Engineers; International Bureau of Education
IBM International Business Machines; international ballistic missile
IBO International Broadcasting Organization
IBRD International Bank for Reconstruction and Development
i/c in charge of
IC Information Center; Intelligence Corps; International Conference
ICAO International Civil Aviation Organization
ICBM intercontinental ballistic missile
ICC International Chamber of Commerce
ICEF International Children's Emergency Fund
ICFTU International Confederation of Free Trade Unions
ICPC International Criminal Police Commission
ICRC International Committee of the Red Cross
ICRF International Cancer Research Foundation

ID Intelligence Department
i.e. that is
IEFC International Emergency Food Committee
IETA International Federation of Teachers' Associations
IFTU International Federation of Trade Unions
IFUW International Federation of University Women
IFYHA International Federation of Youth Hostels Association
ihp indicated horse-power
ill. illustrated
Ill Illinois
ILO International Labo(u)r Office *od* Organization
IMF International Monetary Fund
IMO International Meteorological Organization
imp. imperative; imperfect; import; imprimatur
INA Indian National Airways
inc. inch
Inc Incorporated; Inclosure
incl including
incog incognito
Ind Indiana
indef indefinite
inf infantry; infinitive; below
ins inches; insulated; insurance
INS International News Service
inst instant; institute; institution
int interior; intermediate; international; interpreter
inv invoice
IO Intelligence Officer; Interpreter Officer
IOC International Olympic Committee
IOU I owe you
IPA International Phonetic Association
IQ intelligence quotient
Ir, Ire Ireland
IRC International Red Cross
IRD Internal Revenue Department
IRO International Refugee Organization
IS Intelligence Service
ISO Imperial Service Order; International Standards Organization
ISS International Student Service
ITO International Trade Organization
IUS International Union of Students
IUSY International Union of Socialist Youth
IVSP International Voluntary Service for Peace
IWW Industrial Workers of the World
IYRU International Youth Hostel Federation

J

J Judge; Justice
jato jet-assisted take-off
JC Jesus Christ
JCD Doctor of Civil Law
jct junction
JD Doctor of Law; Justice Department
JP Justice of the Peace; jet pilot
JUD Doctor of Civil and Canon Law
jun. junior

K

k karat; kilo
K Knight; Kiwanis Club
Kan(s) Kansas
KB King's Bench; Knight of the Bath
KC King's Counsel; Kiwanis Club; Knights of Columbus; Knight Commander
kc kilocycles
KCB Knight Commander of the Order of the Bath
Ken. Kentucky
kg kilogram
KG Knight of the Order of the Garter
KIA killed in action
KKK Ku Klux Klan
km kilometre
k o knock-out
kv kilovolt
kw(hr) kilowatt(-hour)
Ky Kentucky

L

l lake; league; left; length; liner; link; litre
L elevated railway
£ pound sterling
LA Law *od* Library Association
La Louisiana
lab. laboratory
Lab. Labo(u)r
LAC Leading Aircraftman
Lancs Lancashire
lat(d) latitude
LAUK Library Association of the United Kingdom
lb letter box; pound; local board
l b w leg before wicket *(cricket)*
l c letter card; letter of credit
LC deferred *(telegram)*; Library of Congress; Lieutenant Commander; Lord Chamberlain; Lower California *od* Canada
LCC London Chamber of Commerce; London County Council

LCJ Lord Chief Justice
Ldn London
Legco Legislative Council
Leics Leicestershire
l f c low-frequency current
Lib. Liberal
Lieut Lieutenant
Lieut Col, Gen, Gov Lieutenant Colonel, General, Governor
Lincs Lincolnshire
lino linotype
lit. litre; literal; literary
Lit(t)D Doctor of Letters
LJ Lord Justice
ll lines
LL Lending Library; Limited Liability
LLD Doctor of Laws
LM Legion of Merit; Lord Mayor
LMC Labo(u)rManagementCommittee
LMS London Mathematical Society; London Medical Society; London Missionary Society
LMT local mean time
LO Liaison Officer
loc cit at the place mentioned
long. longitude
LP Labo(u)r Party; long playing *(record)*; Lord of the Privy Council
l p low pressure
LRRO Land Revenue Record Office
LRS Lloyd's Register of Shipping
LSE London School of Economics; London Stock Exchange
LSO London Symphony Orchestra
LSS Life Saving Service
LST local standard time
lt lieutenant; local time; low tension
Lt Lieutenant
Lt Col, Gen Lieutenant Colonel, General
Ltd Limited
Luth Lutheran
LW long wave; low water

M

m male; married; member; metre; mile; minor; minute; month
M nautical mile; atomic weight; Majesty; member; Monday; Mountain
MA Master of Arts; Middle Ages; Military Academy
MAA Master of Arms; Mathematical Association of America
Maj(Gen) Major (General)
Mar. March

mar. marine; maritime; married
Mass. Massachusetts
Matric matriculation
MATS Military Air Transport Service
max. maxim; maximum
MB Bachelor of Medicine; Medical Board
MBE Member of the Order of the British Empire
MBS Master of Business Science; Mutual Broadcasting System
mc megacycle; millicurie; motor-cycle
MC marriage certificate; Master of Ceremonies; Medical Corps; Member of Congress; Methodist Church; Military Cross
MD Doctor of Medicine; Managing Director; military district
Md Maryland
M-day Mobilization day
Me Maine
ME Middle East; Middle English; Mining Engineer
MED Master of Education
med medical; medium
memo memorandum
MET meteorology
MG Major General; Military Government
mg milligram
MGC Machine-Gun Company
MGT management
MH Medal of Honour; Most Honourable
MHR Member of the House of Representatives
MI Military Intelligence
Mich Michigan
min minim; minimum; minor, minute
Minn Minnesota
misc miscellaneous
Miss. Mississippi
ML Master of Laws; Ministry of Labour
MLAA Modern Language Association of America
mm millimetre
m o mail order; money order; motor operated
MO Medical Officer; Meteorological Office
Mo Missouri
MOH Medical Officer of Health; Ministry of Health
Mon Monday; Monitor; Montana
m p melting point; months after payment
MP Member of Parliament; Metropolitan Police; Military Police
mpg miles per gallon

mph miles per hour
MPO Military Post Office
Mr Mister
Mrs Mistress
m s mail steamer; motor ship
ms manuscript
MS Manuscript; Master of Science *od* Surgery; Metric System
MSC Medical Service Corps
M Sgt Master Sergeant
mss manuscripts
Mt Mountain
MT mean time; Motor Transport
mth month
mts mountains
Mx Middlesex

N

n nominative; noon; number; neuter; noun
N Name; North(ern)
NA Naval Attaché; Naval Aviation; North America; not available
NAA National Automobile Association
NAAFI Navy, Army and Air Force Institutes
n a d no appreciable disease
NAS National Academy of Science
NASA National Aeronautics and Space Administration
NASU National Association of State Universities
NATO North Atlantic Treaty Organization
naut nautical
NAVCENT Allied Naval Forces Central Europe
NBA National Bar Association *od* Basketball Association *od* Boxing Association
NBC National Broadcasting Company
NBS National Bureau of Standards
NC North Carolina
NCB National Coal Board
NCO non-commissioned officer
NCW National Council of Women
n d no date
N Dak North Dakota
NEA National Education Association
Neb Nebraska
NEC National Emergency *od* Economic Coucil
NED New English Dictionary
Nev Nevada
N/F no funds
NFL National Football League
NFPW National Federation of Professional Workers
NFU National Farmers' Union
NG National Guard; no good
NGS National Geographic Society
NH Naval Hospital; New Hampshire
NHA National Health Association; National Housing Agency
NI Naval Intelligence; Northern Ireland
NIC National Industrial Council
NJ New Jersey
NLF National Labor Federation
NLI National Lifeboat Institution
NLTA National League of Teachers Association
NM New Mexico
NMA National Medical Association
NMB National Maritime Board
no. number
NO naval officer; Navigation Officer
nom nominal; nominative
Notts Nottinghamshire
Nov November
NPA National Petroleum Association; National Planning Association; Newspaper Proprietors' Association
n p or d no place or date
n r a d no risk after discharge
NRF National Relief Fund
n/s not sufficient
NSA National Student Association
NSPCA National Society for the Prevention of Cruelty to Animals
NT New Testament
NTO Naval Transport Officer
nt wt net weight
NUEA National University Extension Association
NUM National Union of Manufacturers; National Union of Mine-Workers
NUR National Union of Railwaymen
NUS National Union of Students
NUT National Union of Teachers
NUWT National Union of Women Teachers
NUWW National Union of Women [Workers
NW northwest
NY New Year; New York
NZ New Zealand

O

O Ohio
o/a on account of
OAPC Office of Alien Property Custodian
OAS On Active Service; Organization of American States
ob died
OB Order of Battle; Order of the [Bath

OBE Officer of the Order of the British Empire
o c office copy; in the work cited; order cancelled
OC Officer Commanding; Ordnance [Corps
Oct October
oct octavo
OD Officer of the Day; Ordnance Department; overdraft
OECD Organization for Economic Co-operation and Development
OED Oxford English Dictionary
OH on hand
OHMS On His (Her) Majesty's Service
OK all correct
Okla Oklahoma
ONA Overseas News Agency
ONS Overseas News Service
Ont Ontario
OO Observation Officer; Operation Order; Orderly Officer
op operation; opus
OPC(A) Overseas Press Club (of America)
op cit in the work quoted
OPI Office of Public Information
opp opposite
o r owner's risk
Ore(g) Oregon
orig origine; original
OT Old Testament
OUP Oxford University Press
Oxon of Oxford
oz ounce

P

p perch; pint; pole
Pa Pennsylvania
p a yearly
PA Press Association; Public Address
PAA Pan American Airways
PAC Pan-American Congress
par. paragraph; parish
parl. parliament(ary)
pat. patent
PAU Pan American Union
payt payment
PB Prayer Book
PC Parish Council(lor); Police Constable; Post Card; Privy Council(lor); Provincial Commissioner
p c per cent
P/C price(s) current
PCIJ Permanent Court of International Justice
pcl parcel
pcs pieces
pd paid
p d by the day, per diem
PD Personnel Department; Police Department; Postal District
Pd D Doctor of Pedagogy
PEN (International Association of) Poets, Playwrights, Editors, Essayists, and Novelists
Penn Pennsylvania
per an by the year
per cap. each
per pro by proxy
Pfc private first class
PG paying guest
PH Public Health; Purple Heart
Ph D Doctor of Philosophy
PID Political od Press Intelligence Department; Public Information Division
pk pack; peak; peck
pl place; plain; platoon; plural
P/L profit and loss
PM Prime Minister; Provost Marshal
p m after noon; post-mortem
PMG Paymaster General; Postmaster General; Provost Marshal General
PMLA Publications of the Modern Language Association
PO Pacific Ocean; Patent Office; Petty Officer; Pilot Officer; post office; postal order
POB Post Office Box
POD pay on delivery
POO Post Office Order
pop. population
POSB Post Office Savings Bank
POW Prisoner of War
p p parcel post; past participle; by proxy
pp pages; prepaid
PPC Passport Control; to take leave
p pr present participle
P/R pay roll
pref preface; preference
Pres President
pret preterit(e)
Prof professor
pro tem for the time
prox of the next month
pr p present participle
PS passenger steamer; postscript
pseud pseudonym
PST Pacific Standard Time [tariffs
PT physical training; preferential
p t past tense
pt payment; pint; point; port
PTA Parent Teachers' Association
PTO please turn over
pts parts
PW(C) Prisoner of War (Camp)
PWD Psychological Warfare Department; Public Works Department
PX Post Exchange

Q

q	query; question
Q	Queen
QC	Queen's Counsel
QM	Quartermaster
qr	quarter
qt	*on the qt* privately
qt	quart; quantity
qto	quarto

R

R	Railway; Regina; Rex; River; Road
r	railway; recipe; retired; right
RA(A)	Royal Academy (of Arts)
RAC	Royal Automobile Club
RADWAR	radiological warfare
RAF	Royal Air Force
RAM	Royal Academy of Music
RAS	Royal Academy of Science
RATO	Rocket Assisted Take-off
RC	Recruiting Centre; Red Cross; Reply Coupon; Roman Catholic
RCA	Radio Corporation of America
RCAF	Royal Canadian Air Force
rcpt	receipt
rd	road
RD	Refer to Drawer; rural district
Re	rupee
recd	received
ref	refer(ence)
regd	registered
Regt	Regiment
R Eng	Royal Engineers
resp	respective(ly)
ret	retired; return
Rev	Reverend [rent free
r f	radio frequency; range finder;
RFC	Rugby Football Club
RFE	Radio Free Europe
RGS	Royal Geographical Society
Rgt	Regiment [national
RI	Rhode Island; Rotary Inter-
RIBA	Royal Institute of British Architects
RM(S)	Royal Mail (Service)
RN	Royal Navy [Camp
ROTC	Reserve Officers' Training
RP	reply paid
rpm	revolutions per minute
RR	railroad
RS	Royal Society
RSFSR	Russian Socialist Federated Soviet Republic
RT	radiotelegraphy
Rt Hon	Right Hono(u)rable
RTO	Rail(way) Transport(ation) Officer
Rt Rev	Right Reverend
RU	Rugby Union
RV	Revised Version
ry	railway

S

s	second; section; shilling; solo; son; southern; steamer; substantive
S	Saint; Saturday; South; Sunday
SA	Salvation Army; South Africa
Sa	Saturday
SAC	Standing Armaments Committee; Strategic Air Command; Supreme Allied Commander
SACEUR	Supreme Allied Commander Europe
SACLANT	Supreme Allied Commander Atlantic [neers
SAE	Standard of Automotive Engi-
SAF	Strategic Air Force [ciation
SAPA	South African Press Asso-
SAS	Scandinavian Airlines System
Sat	Saturday
SB	sales book; Savings Bank; Bachelor of Science
SC	Security Council; Sanitary Corps; Signal Corps; South Carolina; Supreme Court
Sc D	Doctor of Science
sch	school [partment
SD	Secretary of Defense; State De-
S Dak	South Dakota
SE	southeast; Stock Exchange
SEATO	South-East Asia Treaty Organization
Sec	Secretary
sec	second(ary); secretary; section
Sen(r)	Senior
Sep(t)	September
S(er)gt	Sergeant
sh	shilling
SHAPE	Supreme Headquarters Allied Powers in Europe
sing.	singular
SITA	Students' International Travel Association
SIU	Seafarer's International Union
SLt	Sub-Lieutenant
SM	Master of Science; Sergeant Major
SN	Seaman; Secretary of the Navy; service number; shipping note
So.	south(ern)
soc	society
SOED	Shorter Oxford English Dictionary
SOP	Standing Operating Procedure
SOS	*(Internationales Seenotzeichen)*
sov	sovereign

SPCA Society for the Prevention of Cruelty to Animals
SPCK Society for Promoting Christian Knowledge
spec special; specimen
sp gr specific gravity
SPQR small profits — quick returns
Sq Squadron; Square
sq sequence
sq ft square foot
Sr Senior
S/S steamship
SSGT, S/Sgt Staff Sergeant
s t short ton
st stone; street; stumped
St Saint; strait; street
ST Standard Time
STD subscriber trunk dialling
stg sterling
STO Sea Transport Officer
St Ex Stock Exchange
sub submarine; subscription; substitute; subway
subj subject; subjunctive
subst substantive
Sun. Sunday
sup superb; superlative
suppl supplement
Supt Superintendent
Suss Sussex
SW South Wales; South West
SWG Standard Wire Ga(u)ge
Sx Sussex
syn synonym(ous)

T

t terminal; territory; time; ton; town; train
T Testament; Tuesday [Army
TA telegraphic address; Territorial
TAA Technical Assistance Administration
TAB Technical Assistance Board
TAC Tactical Air Command; Technical Assistance Committee
TAF Tactical Air Force
TAUN Technical Assistance of the United Nations
TB, Tb tuberculosis
TC Technical College; Touring Club; Town Council(l)or; Training Centre; Transport Command
TD Treasury Department
TELERAN television radar navigation
Tenn Tennessee
Tex Texas
TF Territorial Force(s)
TGWU Transport and General Workers' Union
tgm telegram
Thurs Thursday
TIIAL The International Institute of Applied Linguistics
TKO technical knock-out
TMO telegraph money order
TNT trinitrotoluene
TO technical officer; Telegraph Office; Transport Officer; turn over
tr transferred; transitive; translated; transport(ation)
treas treasurer; treasury
T/Sgt Technical Sergeant
TT teetotal(l)er; teletypewriter
TU Trade(s) Union(s)
TUC Trade(s) Union Congress *od* Council
Tues Tuesday
TV television; terminal velocity
TVA Tennessee Valley Authority
TWA Trans World Airlines
TWU Transport Workers' Union

U

U Union; universal; University; Utah
UAB Unemployment Assistance Board
UAR United Arab Republic
UAW United Automobile Workers
UDC Universal Decimal Classification
UDC Urban District Council
UEFA Union of European Football Associations
UFC United Free Church
UFO unidentified flying objects
UHF ultrahigh-frequency
UI Unemployment Insurance
UK United Kingdom
UKAEA United Kingdom Atomic Energy Authority
ULP University of London Press
ult ultimate(ly)
UMT Universal Military Training
UMW United Mine Workers
UN United Nations
UNAEC United Nations Atomic Energy Commission
UNEF United Nations Emergency Force
UNESCO United Nations Educational, Scientific and Cultural Organisation [Centre
UNIC United Nations Information
UNICEF United Nations International Children's Emergency Fund
UNIVAC Universal Automatic Computer
UNSC United Nations Security Council

UPC Universal Postal Convention
UPI United Press International
UPU Universal Postal Union
USA United States of America
USAEC United States Atomic Energy Commission
USAF(E) United States Air Force (Europe)
USDA United States Department of Agriculture
USF United States Forces
USIS United States Information Service
USM United States Mail *od* Marine(s)
USN United States Navy
USO United States Organization(s)
USPHS United States Public Health Service
USS United States Ship *od* Steamer
USSC United States Supreme Court
USSR Union of Socialist Soviet Republics
USW United Steel Workers

V

V Viscount
v see; velocity; verb; versus; volt
Va Virginia
vb verb(al)
VC Veterinary Corps; Vice-Chairman; Vice-Chancellor; Victoria Cross
VD venereal disease
vg very good
VHF very high frequency
VIP very important person
Vis(c) Viscount, Viscountess
viz namely
VLF very low frequency
VOA Voice of America
vol volcano; volume; voluntary
VP Vice-President
v p p value payable (on delivery by) post
vs versus
v s see above
Vt Vermont
VTO(L) vertical take-off (and landing) (aircraft)
v v interchanged
vv verses

W

W watt; Wales; Wednesday; Welsh; West(ern)
w watt; week(s); weight; west(ern); wife; work

WAAE World Association for Adult Education
WAGGGS World Association of Girl Guides and Girl Scouts
War(w). Warwickshire
Wash Washington
WATA World Association of Travel Agencies
WC water closet; West Central
WCC World Council of Churches
W/Cdr Wing Commander
WEA Workers' Educational Association
Wed. Wednesday
WET Western European Time
WEU Western European Union
WFPA World Federation for the Protection of Animals
WFTU World Federation of Teachers' *od* Trade Union
WHO World Health Organization
Wis(c) Wisconsin
WL water line; wave length
WMO World Meteorological Organization
WO War Office; Warrant Officer
Worcs Worcestershire
w r t with reference to
WS Wireless Set
WSC World Security Council
WSR World Students' Relief
WIT Wireless Telegraphy *od* Telephony
wt weight
WVa West Virginia
Wy(o) Wyoming

X

Xm, Xmas Christmas
Xroads cross roads
Xt Christ

Y

yd(s) yard(s)
YH(A) Youth Hostel(s' Association)
Yks Yorkshire
YMCA Young Men's Christian Association
Yorks Yorkshire
yr year
yrs years; yours
YWCA Young Women's Christian Association

Z

Z zero; zone; atomic number

Eigennamen – Proper Names

A

Aaron ['ɛərən]
A Becket [ə'bekit]
Abraham ['eibrəhæm]
Achilles [ə'kili:z]
Ada ['eidə]
Adam(s) ['ædəm(z)]
Adelaide ['ædəleid]
Aden ['eidn]
Aeneas [i(:)'ni:æs]
Aeschylus ['i:skiləs]
Aethiopia [i:θi'oupjə]
Agate ['eigət]
Agincourt ['ædʒinkɔ:t]
Alabama [ælə'ba:mə]
Alaska [ə'læskə]
Albania [æl'beinjə]
Albert ['ælbət]
Alexander, -dra [ælig'za:ndə, -drə]
Alfred ['ælfrid]
Algeria [æl'dʒiəriə] Algerien n
Algiers [æl'dʒiəz] Algier n
Alice ['ælis]
Allardice ['ælədais]
Allegheny ['æligeni]
Alsace ['ælsæs], **Alsatia** [æl'seiʃiə] [Elsaß n]
Amazon ['æməzən] Amazonas m
Amelia [ə'mi:ljə] Amalie
Andes ['ændi:z] Anden pl
Andreas ['ændriæs]
Andrew(s) ['ændru:(z)]
Anglesea ['æŋglsi]
Anglia ['æŋgliə]
Ann(a) ['æn(ə)]
Annabel ['ænəbel]
Anthony ['æntəni]
Antigone [æn'tigəni]
Antilles [æn'tili:z]
Antonia [æn'tounjə]
Apennines ['æpinainz] Apenninen pl
Appalachian [æpə'lei(t)ʃiən]
Aquinas [ə'kwainəs]
Arabia [ə'reibjə] Arabien n
Arbuthnot [a:'bʌθnət]
Arcadia [a:'keidiə]
Archibald ['a:tʃibəld]
Archimedes [a:ki'mi:di:z]
Ariadne [æri'ædni]
Aristotle ['æristɔtl]
Arizona [æri'zounə]
Arkansas ['a:kənsɔ:] (Staat),
[a:'kænsəs] (Stadt)
Arkwright ['a:krait]
Armenia [a:'mi:njə] Armenien n
Arthur ['a:θə]
Assyria [ə'siriə] Assyrien n
Athens ['æθinz] sg Athen n
Atlanta [ət'læntə]
Atlantis [ət'læntis]
Augustin(e) [ɔ:'gʌstin]
Augustus [ɔ:'gʌstəs]
Avon ['eivən, 'ævən]
Azores [ə'zɔ:z] pl Azoren pl

B

Babylon ['bæbilən]
Bacchus ['bækəs]
Baden-Powell ['beidn'pouəl]
Bahamas [bə'ha:məz] pl Bahama-[Inseln f pl]
Balfour ['bælf(u)ə]
Bal(l)iol ['beiljəl]
Balmoral [bæl'mɔrəl]
Baltimore ['bɔ:ltimɔ:]
Barabbas [bə'ræbəs]
Barbado(e)s [ba:'beidouz, -dəs]
Barbara ['ba:bərə]
Bartholomew [ba:'θɔləmju:]
Basle, Bâle [ba:l] Basel n
Bathsheba ['bæθʃibə]
Baton Rouge ['bætən'ru:ʒ]
Baugh [bɔ:]
Beatrice, -trix ['biətris, -triks]
Beattie ['bi:ti]
Beauchamp ['bi:tʃəm]
Bede [bi:d] Beda
Belfast ['belfa:st]
Belgrade [bel'greid]
Beluchistan [bə'lu:kistæn]
Bengal [beŋ'gɔ:l] Bengalen n
Benjamin ['bendʒəmin]
Ben Nevis [ben'nevis]
Beowulf ['beiəwulf, 'biə-]
Berkeley ['ba:kli, Am 'bə:kli]
Bermudas [bə(:)'mju:dəz] pl Bermuda-[Inseln f pl]
Bernard ['bə:nəd]
Bertha ['bə:θə]
Berwick(shire) ['berik(ʃiə)]
Bethesda [be'θezdə]
Bethlehem ['beθlihem]
Beverly ['bevəli]
Bill(y) ['bil(i)] Willi
Birmingham ['bə:miŋəm]
Biscay ['biskei] Biskaya f
Blenheim ['blenim]
Boadicea [bouədi'siə]
Boccaccio [bə'ka:tʃiou]
Boethius [bou'i:θiəs]
Bohemia [bou'hi:mjə] Böhmen n
Boleyn ['bulin]

Bolingbroke ['bɔliŋbruk]
Bombay [bɔm'bei]
Boniface ['bɔnifeis] Bonifatius
Bosphorus, Bosporus ['bɔsfərəs,
Bournemouth ['bɔ:nməθ] [-pərəs]
Bridget ['bridʒit] Brigitte
Brisbane ['brisbən]
Brontë ['brɔnti]
Brooklyn ['bruklin]
Buchanan [bju(:)'kænən]
Buckingham(shire) ['bʌkiŋəm(ʃiə)]
Bysshe [biʃ]
Byzantium [bai'zæntiəm] Byzanz n

C

Caedmon ['kædmən]
Cambridge ['keimbridʒ]
Canterbury ['kæntəbəri]
Canute [kə'nju:t]
Carlisle [ka:'lail]
Carnegie [ka:'negi]
Carpathians [ka:'peiθjənz] Karpaten pl
Carthage ['ka:θidʒ]
Castlerea(gh) ['ka:slrei]
Catalonia [kætə'lounjə] Katalonien n
Catullus [kə'tʌləs]
Caxton ['kækstən]
Cecily ['sesili] Cäcilie
Celibes [se'li:bez]
Celcius ['selsjəs]
Ceres ['siəri:z]
Charing Cross ['tʃæriŋ'krɔs]
Charlotte ['ʃa:lɔt]
Chatham ['tʃætəm]
Chaucer ['tʃɔ:sə]
Chequers ['tʃekəz]
Cherokee [tʃerə'ki:]
Chesapeake ['tʃesəpi:k]
Cheshire ['tʃeʃə]
Cheviot ['tʃeviət]
Chicago [ʃi'ka:gou]
Christina [kris'ti:nə] Christine
Christopher ['kristəfə]
Chuzzlewit ['tʃʌzlwit]
Cicero ['sisərou]
Circe ['sə:si]
Cissi, -sy ['sisi]
Clapham ['klæpəm]
Clara, -re ['klɛərə, klɛə]
Clarence ['klærəns]
Clarendon ['klærəndən]
Clarissa [klə'risə]
Claudia, -dius ['klɔ:diə(s)]
Clementina [klemən'ti:nə]
Clementine ['kleməntain]
Cleopatra [kliə'pa:trə]
Cleveland ['kli:vlənd]
Clive [klaiv]
Clyde [klaid]

Coleridge ['koulridʒ]
Cologne [kə'loun] Köln
Colombo [kə'lʌmbo]
Colorado [kɔlə'ra:dou]
Columbia [kə'lʌmbiə] Kolumbien n
Columbus [kə'lʌmbəs]
Confucius [kən'fju:ʃiəs]
Connecticut [kə'netikət]
Connie, -ny ['kɔni] Konstanze
Conrad ['kɔnræd]
Constance ['kɔnstəns]
Constantinople [kɔnstænti'noupl]
Copenhagen [koupn'heigən]
Cordelia [kɔ:'di:liə]
Cordilleras [kɔ:di'ljɛərəz] pl
Kordilleren pl
Corea [kə'riə]
Corinth ['kɔrinθ]
Coriolanus [kɔriə'leinəs]
Cornelia [kɔ:'ni:ljə]
Cornell [kɔ:'nel]
Cornwall ['kɔ:nwəl]
Cotswold ['kɔtswould]
Coventry ['kɔvəntri]
Crete [kri:t] Kreta n
Crimea [krai'miə] Krim f
Croatia [krou'eiʃiə] Kroatien n
Croesus ['kri:səs]
Crusoe ['kru:sou]
Cuba ['kju:bə]
Cumberland ['kʌmbələnd]
Cymbeline ['simbili:n]

D

Dahomey [də'houmi]
Dakota [də'koutə]
Dallas ['dæləs]
Dalmatia [dæl'meiʃiə] Dalmatien n
Dalton ['dɔ:ltən]
Damascus [də'mæskəs]
Damocles ['dæməkli:z]
Daniel ['dænjəl]
Dante ['dænti]
Daphne ['dæfni]
Dardanelles [da:də'nelz]
pl Dardanellen pl
Darius [də'raiəs]
Dartmoor ['da:tmuə]
David ['deivid]
Defoe [də'fou]
Delaware ['deləwɛə]
Delhi ['deli]
Demeter, -trius [di'mi:tə, -triəs]
Demosthenes [di'mɔsθəni:z]
Denmark ['denma:k] Dänemark n
Derby(shire) ['da:bi(ʃiə)]
Desdemona [dezdi'mounə]
Detroit [də'trɔit]
Devon(shire) ['devn(ʃiə)]

Dewey ['dju(:)i]
Diana [dai'ænə]
Dick [dik] Richard
Dido ['daidou]
Diogenes [dai'ɔdʒini:z]
Disraeli [diz'reili]
Donald ['dɔnəld]
Donne [dʌn]
Don Quixote ['dɔn 'kwiksout]
Dora ['dɔ:rə]
Doris ['dɔris]
Dorothy ['dɔrəθi]
Dorset(shire) ['dɔ:sit(ʃiə)]
Douglas ['dʌɡləs]
Dover ['douvə]
Downing ['dauniŋ]
Dryden ['draidn]
Dublin ['dʌblin]
Duluth [dju:'lu:θ]
Du Maurier [dju(:) 'mɔ:riei]
Dumfries [dʌm'fri:s]
Duncan ['dʌnkən]
Dunkirk [dʌn'kə:k]
Duquesne [dju:'kein]
D'Urbervilles ['də:bəvilz]
Durham ['dʌrəm]

E

Ebenezer [ebi'ni:zə]
Ecuador [ekwə'dɔ:]
Eddy, -dy ['edi]
Edinburgh ['edinbərə]
Edith ['i:diθ]
Edmund ['edmənd]
Edward ['edwəd]
Eleanor ['elinə]
Eleusis [e'lju:sis]
Elias [i'laiəs]
Elinor ['elinə]
Eliza [i'laizə] Elise
Elvira [el'vaiərə]
Ely ['i:li]
Emily ['emili]
Emma ['emə]
Epipsychidion [episai'kidiən]
Erie ['iəri]
Ernest ['ə:nist]
Essex ['esiks]
Ethel ['eθəl]
Eudora [ju:'dɔrə]
Eugene ['ju:dʒi:n, -'-]
Eunice ['ju:nis]
Euphrates [ju:'freiti:z] Euphrat m
Euphues ['ju:fju(:)i:z]
Euripides [juə'ripidi:z]
Euridice [juə'ridisi(:)]
Evelyn ['i:vlin]
Everest ['evərist]
Exeter ['eksətə]

F

Fagin ['feigin]
Fahrenheit ['færənhait]
Falkland ['fɔ:klənd]
Falmouth ['fælməθ]
Falstaff ['fɔ:lsta:f]
Fanny ['fæni]
Faulkner ['fɔ:knə]
Faustus ['fɔ:stəs] Faust
Fawkes [fɔ:ks]
Felicia [fi'lisiə]
Florida ['flɔridə]
Flushing ['flʌʃiŋ] Vlissingen
Folkestone ['foukstən]
Formosa [fɔ:'mousə]
Fortinbras ['fɔ:tinbræs]
Fred, -dy ['fred(i)] Friedrich
Frederic(k) ['fredrik] Friedrich

G

Gabriel ['geibriəl]
Gainsborough ['geinzbərə]
Galilee ['gælili:]
Gallup ['gæləp]
Galveston(e) ['gælvistən]
Gandhi ['gændi:]
Ganges ['gæn(d)ʒi:z]
Genoa ['dʒenə(u)ə] Genua
Geoffry ['dʒefri] Gottfried
Georgina [dʒɔ:'dʒi:nə]
Geraldine ['dʒerəldi:n]
Gertrude ['gə:tru:d]
Gethsemane [geθ'seməni]
Gettysburg ['getizbə:g]
Ghana ['ga:nə]
Giaour ['dʒauə]
Gibraltar [dʒi'brɔ:ltə]
Gielgud ['gi(:)lgud]
Giles [dʒailz] Julius
Gladstone ['glædstən]
Gladys ['glædis]
Glamis [gla:mz]
Glasgow ['gla:sgou]
Gloucester(shire) ['glɔstə(ʃiə)]
Godfree, -frey ['gɔdfri] Gottfried
Goldsmith ['gouldsmiθ]
Golgatha ['gɔlgəθə]
Goliath [gə'laiəθ]
Grace [greis]
Graham(e) ['greiəm]
Grasmere ['gra:smiə]
Gregory ['gregəri] Gregor
Grosvenor ['grouvnə]
Guernsey [gə:nzi]
Guiana [gi'a:nə]
Guinea ['gini]
Guinevere ['gwiniviə]
Guiness ['ginis]
Gulliver ['gʌlivə]

Gustavus [gus'tɑ:vəs] Gustav
Guy [gai]
Gwendolen ['gwendəlin]

H

Haarlem ['hɑ:lem]
Hades ['heidi:z]
Hadrian ['heidriən]
Hague [heig], *the* der Haag
Haiti ['heiti]
Hakluyt ['hæklu:t]
Hampshire ['hæmpʃiə]
Hampstead ['hæm(p)stid]
Hanover ['hænəvə]
Hargreaves ['hɑ:gri:vz]
Harold ['hærəld] Harald
Harrow ['hærou]
Harwich ['hæridʒ]
Hastings ['heistiŋz]
Hathaway ['hæθəwei]
Hawaii [hɑ:'waii:]
Hawthorne ['hɔ:θɔ:n]
Hebrides ['hebridi:z] *pl* Hebriden *pl*
Helen ['helin] Helene
Heligoland ['heligo(u)lænd]
Hellas ['heləs]
Henry ['henri] Heinrich
Herbert ['hə:bət]
Hercules ['hə:kjuli:z]
Hereford(shire) ['herifəd(ʃiə)]
Hermes ['hə:mi:z]
Hermione [hə:'maiəni]
Herod ['herəd] Herodes
Herodotus [he'rədətəs]
Hertford(shire) ['hɑ:(t)fəd(ʃiə)]
Hesperides [hes'peridi:z]
Hiawatha [haiə'wɔθə]
Hieronymus [haiə'rɔnimes]
Highgate ['haigit]
Hilda ['hildə]
Himalaya [himə'leiə]
Hindustan [hindu'stɑ:n]
Hobbes [hɔbz]
Hoboken ['houboukən]
Hogarth ['hougɑ:θ]
Holborn ['houbən]
Holmes [houmz]
Homer ['houmə]
Honduras [hɔn'djuərəs]
Horace ['hɔrəs] Horaz
Horatio [hɔ'reiʃiou]
Houston ['hu:stən]
Hudson ['hʌdsn]
Hugh [hju:] Hugo
Hull [hʌl]
Humphrey ['hʌmfri]
Huron ['hjuərən]
Huygens ['haigənz]
Hyde Park ['haid'pɑ:k]

I

Idaho ['aidəhou]
Ignatius [ig'neiʃiəs]
Ilfracombe [ilfrə'ku:m]
Illinois [ili'nɔi]
Indiana [indi'ænə]
Iona [ai'ounə]
Iowa ['aiə(u)wə]
Iphigenia [ifidʒi'naiə] Iphigenie
Irene [ai'ri:ni]
Iroquois ['irəkwɔi]
Isaac ['aizək]
Isabel ['izəbel]
Isaiah [ai'zaiə] Jesaias
Iscariot [is'kæriət] Ischariot
Isis ['aisis]

J

Jacqueline ['dʒækli:n]
Jago ['dʒeigou]
Jasper ['dʒæspə] Kaspar
Java ['dʒɑ:və]
Jean [dʒi:n]
Jeremy ['dʒerimi]
Jerome ['dʒerəm]
Jersey ['dʒə:zi]
Jerusalem [dʒə'ru:sələm]
Jess(ica) ['dʒes(ikə)]
Jim(my) [dʒim] Jakob
Jordania [dʒɔ:'deiniə] Jordanien *n*
Joseph ['dʒouzif] Joseph
Joshua ['dʒɔʃwə] Josua
Joyce [dʒɔis]
Judith ['dʒu:diθ]
Julia, -an, -iet ['dʒu:ljə, -n, -ljət]

K

Kansas ['kænzəs]
Kashmir [kæʃ'miə]
Katharina, -ne [kæθə'ri:nə, 'kæθərin]
Kathleen ['kæθli:n]
Keats [ki:ts]
Keith [ki:θ]
Kensington ['kenziŋtən]
Kentucky [kən'tʌki]
Kenya ['ki:njə, 'keniə]
Kerguelen ['kə:gilin]
Keynes [keinz]
Khyber ['kaibə]

L

Labrador ['læbrədɔ:]
Lancashire ['læŋkəʃiə]
Lancaster ['læŋkəstə]
Latium ['leiʃiəm]

Laurence, Lawrence ['lɔrəns]
Lazarus ['læzərəs]
Lear [liə]
Leeds [li:dz]
Leicester(shire) ['lestə(ʃiə)]
Leigh [li:]
Leila ['li:lə]
Leonard ['lenəd]
Leslie ['lezli]
Libya ['libiə]
Lilian ['liliən]
Lilliput ['lilipʌt]
Lincoln(shire) ['liŋkən(ʃiə)]
Lindisfarne ['lindisfɑ:n]
Lionel ['lainl]
Lisbon ['lizbən] Lissabon
Liverpool ['livəpu:l]
Livy ['livi] Livius
Liz(zie, -y) ['liz(i)] Elisabeth
Llewel(l)yn [lu(:)'elin]
Lloyd [lɔid]
Longfellow ['lɔŋfelou]
Los Angeles [lɔs'ændʒili:z]
Louis(a), -se ['lu(:)i(s), -zə, -i:z]
Louisiana [lu(:)i:zi'ænə]
Lucerne [lu:'sə:n] Luzern *n*
Lucia, -cy ['lu:sjə, -si]
Ludgate ['lʌdgit]
Luther ['lu:θə]
Luxembourg ['lʌksəmbə:g]
Luxor ['lʌksɔ:]
Lydia ['lidiə] Lydia
Lyly ['lili]
Lyons ['laiənz] *sing* Lyon *n*

M

Mabel ['meibəl]
Macbeth [mək'beθ]
Mackenzie [mə'kenzi]
Macmillan [mək'milən]
Macpherson [mək'fə:sn]
Madeira [mə'diərə]
Madge [mædʒ] Margarete
Madison ['mædisn]
Madras [mə'drɑ:s]
Magdalen ['mægdəlin] Magdalene; *(College)* ['mɔ:dlin]
Magellan [mə'gelən]
Maine [mein]
Malacca [mə'lækə] Malakka
Mali ['mɑ:li]
Manchester ['mæntʃistə]
Manhattan [mæn'hætən]
Manitoba [mæni'toubə]
Margate ['mɑ:git]
Margery ['mɑ:dʒəri]
Marlborough ['mɔ:lbərə]
Marlowe ['mɑ:lou]
Martha ['mɑ:θə]

Mary ['mɛəri] Maria
Maryland [*Am* 'merilənd]
Marylebone ['mærələbən]
Massachusetts [mæsə'tʃu:sets]
Mathew(s) ['mæθju:(z)] Matthäus
Maugham [mɔ:m]
Maurice ['mɔris]
Mauritius [mə'riʃjəs]
May [mei] Maria
Meg [meg] Gretchen
Melbourne ['melbən]
Mercedes [mə:'si:diz]
Mercia ['mə:ʃiə]
Mercutio [mə:'kju:ʃjou]
Mesopotamia [mesəpə'teimjə] Mesopotamien *n*
Messiah [mi'saiə] Messias
Miami [mai'æmi]
Michigan ['miʃigən]
Midas ['maidæs]
Middlesex ['midlseks]
Milan [mi'læn] Mailand *n*
Mildred ['mildrid]
Milton ['miltən]
Milwaukee [mil'wɔ:ki(:)]
Minneapolis [mini'æpəlis]
Minnesota [mini'soutə]
Mississippi [misi'sipi]
Missouri [mi'zuəri]
Moll(y) ['mɔli] Mariechen
Monmouth(shire) ['mɔnməθ(ʃiə)]
Monroe [mən'rou]
Montagu(e) ['mɔntəgju:]
Montana [mɔn'tɑ:nə]
Montgomery [mɔnt'gʌməri]
Montreal [mɔntri'ɔ:l]
Moravia [mə'reivjə] Mähren *n*
Moscow ['mɔskou] Moskau *n*
Moses ['mouziz]
Munich ['mju:nik] München *n*
Murray ['mʌri]
Mycenae [mai'si:ni(:)]

N

Nancy ['nænsi]
Naomi [nei'əmi]
Naples ['neiplz] Neapel *n*
Natal [nə'tæl] Natal *n*
Nathan ['neiθən]
Nathaniel [nə'θænjəl] Nathaniel
Nazareth ['næzəriθ]
Nebraska [ni'bræskə]
Nell [nel] Lenchen
Nelson ['nelsn]
Nevada [ne'vɑ:də]
Newark ['nju(:)ək]
Newcastle ['nju:kɑ:sl]
New Orleans [nju:'ɔ:liəns]
Newton ['nju:tn]

New York ['nju:'jɔ:k]
New Zealand [nju:'zi:lənd] Neuseeland *n*
Niagara [nai'ægərə]
Nicholas ['nikələs] Nikolas
Niger ['naidʒə]
Nigeria [nai'dʒiəriə]
Nile [nail] Nil *m*
Noah ['nouə]
Nobel [no(u)'bel]
Norfolk ['nɔfək] [(-ʃiə)]
Northampton(shire) [nɔ:'θæmptən]
Northumberland [nɔ:'θʌmbələnd]
Northumbria [nɔ:'θʌmbriə]
Norwich ['nɔridʒ, *Am* 'nɔ:witʃ]
Nottingham(shire) ['nɔtiŋəm(ʃiə)]
Nova Scotia ['nouvə'skouʃə] Neuschottland *n*
Nuremberg ['njuərəmbə:g] Nürnberg

O

Oakland ['ouklənd]
Ogilvie ['ouglvi]
Ohio [o(u)'haiou]
Oklahoma [ouklə'houmə]
Oldham ['ouldəm]
Oliver ['ɔlivə] Oliver
Omaha [ouma'ha:]
O'Neill [o(u)'ni:l]
Ontario [ɔn'tɛəriou]
Ophelia [ə'fi:ljə]
Orange ['ɔrindʒ] Oranien
Oregon ['ɔrigən]
Orestes [ɔ'resti:z]
Orion [ə'raiən]
Orkney ['ɔ:kni]
Oscar ['ɔskə]
Osiris [o(u)'saiəris]
Ossian ['ɔsiən]
Ostend [ɔs'tend]
Oswald ['ɔzwəld]
Othello [o(u)'θelou]
Ottawa ['ɔtəwə]
Ouse [u:z]
Ovid ['ɔvid]
Ozark ['ouza:k]

P

Pall Mall ['pæl 'mæl]
Palmyra [pæl'maiərə]
Pamela ['pæmilə]
Parnassus [pa:'næsəs]
Patricia [pə'triʃə]
Patrick ['pætrik]
Pearl Harbor ['pə:l'ha:bə]
Peg(gy) ['peg(i)] Gretchen
Peggothy ['pegəti]

Pekin(g) [pi:'kin(ŋ)]
Pembroke(shire) ['pembruk(ʃiə)]
Pendennis [pen'denis]
Penelope [pi'neləpi]
Pennsylvania [pensil'veinjə]
Penzance [pen'zæns]
Pepys [pi:ps]
Perceval ['pə:sivəl]
Percy ['pə:si]
Peshawar [pə'ʃɔ:ə]
Peterborough ['pi:təbrə]
Petrarch ['petra:k] Petrarca
Philadelphia [filə'delfjə]
Piccadilly [pikə'dili]
Piedmont ['pi:dmənt]
Pilate ['pailət]
Pilatus [pi'la:təs]
Pindar ['pində]
Piraeus [pai'ri(:)əs]
Pittsburgh ['pitsbə:g]
Plantagenet [plæn'tædʒinit]
Plato ['pleitou]
Plautus ['plɔ:təs]
Pliny ['plini] Plinius
Plymouth ['pliməθ]
Poe [pou]
Pompeii [pɔm'pi:ai] Pompeji
Pontius ['pɔnʃəs]
Portsmouth ['pɔ:tsməθ]
Potomac [pə'toumæk]
Powell ['pouəl]
Prague [pra:g]
Pretoria [pri'tɔ:riə]
Priam ['praiəm] Priamus
Princeton ['prinstən]
Prometheus [prə'mi:θju:s]
Propertius [prə'pə:ʃiəs] Properz
Ptolemy ['tɔləmi] Ptolemäus
Punjab ['pʌndʒa:b]
Purcell ['pə:sl]
Putnam ['pʌtnəm]
Pythagoras [pai'θægərəs]

Q

Quebec [kwi'bek]
Queensland ['kwi:nz(lənd)]

R

Rachel ['reitʃəl]
Raleigh ['rɔ:li, 'ra:li, 'ræli]
Ralph [reif, rælf]
Randolph ['rændəlf]
Ratisbon ['rætizbɔn] Regensburg
Reading ['rediŋ]
Rebecca [ri'bekə] Rebekka
Reuben ['ru:bin] Ruben
Reynolds ['renldz]

Rhode Island ['roud 'ailənd]
Rhodes [roudz]
Rhodesia [ro(u)'di:zjə]
Richard ['ritʃəd]
Richmond ['ritʃmənd]
Rob(ert) ['rɔb(ət)]
Robin Hood ['rɔbin'hud]
Rockefeller ['rɔkifelə]
Roderick ['rɔdərik] Roderich
Roger ['rɔdʒə, 'roudʒə] Rüdiger
Romeo ['roumiou]
Roosevelt [*Am* 'rouzəvelt; *Br* 'ru:svelt]
Rosalind ['rɔzəlind] Rosalinde
Rosemary ['rouzməri] Rosemarie
Rosy ['rouzi] Röschen
Rothschild ['rɔθtʃaild]
Rudyard ['rʌdjəd]
Russel ['rʌsl]
Ruth [ru:θ]
Rutherford ['rʌðəfəd]
Rutland(shire) ['rʌtlənd(ʃiə)]

S

Sahara [sə'hɑ:rə]
Salem ['seilem]
Salisbury ['sɔ:lzbəri]
Sallust ['sæləst]
Sally ['sæli] Sarah
Salome [sə'loumi]
Sam(uel) ['sæm(juəl)]
San Francisco [sænfrən'siskou]
Sara(h) ['sɛərə]
Saskatchewan [sæs'kætʃiwæn]
Saul [sɔ:l]
Saxe-Coburg-Gotha ['sæks'koubə:g'gouθə]
Schenectady [ski'nektədi]
Scone [sku:n]
Seattle [si'ætl]
Senegal [seni'gɔ:l]
Seoul [soul]
Severn ['sevə(:)n]
Seymour ['si:mɔ:, 'sei-]
Shaftesbury ['ʃæftsbəri]
Shakespeare ['ʃeikspiə]
Sheba ['ʃi:bə]
Sheffield ['ʃefi:ld]
Sheila ['ʃi:lə]
Shelley ['ʃeli]
Shetlands ['ʃetləndz] *pl* Shetlandinseln *f pl*
Shirley ['ʃə:li]
Shrewsbury ['ʃru:zbəri, 'ʃrouz-]
Shylock ['ʃailɔk]
Sidney ['sidni]
Silas ['sailəs]
Silvia ['silviə]
Simon ['saimən]

Sinai ['sainiai]
Sinclair ['siŋklɛə]
Singapore [siŋgə'pɔ:]
Sinn Fein ['ʃin'fein]
Sion ['saiən] Zion
Sis(sy) ['sis(i)] Cäcilie
Sioux [su:]
Smollet ['smɔlit]
Snowdon ['snoudn]
Soames [soumz]
Socrates ['sɔkrəti:z]
Soho ['souhou]
Solomon ['sɔləmən]
Somerset(shire) ['sʌməsit(ʃiə)]
Sophia, -phy [sə'faiə, 'soufi] Sophie
Sophocles ['sɔfəkli:z]
Sotheby ['sʌðəbi]
Southampton [sauθ'æmptən]
Southwark ['sʌðək, 'sauθwək]
Stafford(shire) ['stæfəd(ʃiə)]
St Albans [snt'ɔ:lbənz]
Steinbeck ['stainbek]
Stevenson ['sti:vnsn]
St Helena [senti'li:nə] *Insel*
Stonehenge ['stoun'hendʒ]
Strachey ['streitʃi]
Stratford on Avon ['strætfəd ɔn 'eivən]
Stuart ['stjuət]
Sudan [su(:)'dɑ:n]
Suez ['su(:)iz]
Suffolk ['sʌfək]
Sumatra [su(:)'mɑ:trə]
Surrey ['sʌri]
Susan ['su:zn]
Susquehanna [sʌskwi'hænə]
Sussex ['sʌsiks]
Swansea ['swɔnzi]
Sydney ['sidni]
Synge [siŋ]

T

Tacitus ['tæsitəs]
Tagus ['teigəs] Tajo *m*
Talbot ['tɔ:lbət]
Tanganyika [tæŋgə'nji:kə]
Tangier [tæn'dʒiə] Tanger
Tattersall ['tætəsɔ:l]
Tavistock ['tævistɔk]
Tennessee [tene'si:]
Tennyson ['tenisn]
Terence ['terəns] Terenz
Tess [tes] Therese
Texas ['teksəs]
Thackeray ['θækəri]
Thailand ['tailænd]
Thebes [θi:bz] Theben *n*
Theobald ['θiəbɔ:ld] Theobald

Theodore ['θiədɔ:] Theodor
Theresa [tə'ri:zə] Therese
Thermopylae [θə:'məpili:] Thermopylen *pl*
Thomas ['tɔməs]
Thoreau ['θɔ:rou]
Tiber ['taibə] Tiber *m*
Tigris ['taigris]
Tim(my), Timothy ['tim(i), '-əθi]
Tintagel [tin'tædʒəl]
Tipperary [tipə'rɛəri]
Titian ['tiʃiən] Tizian
Tobias, Toby [tə'baiəs, 'toubi] Tobias
Toronto [tə'rɔntou]
Torquay ['tɔ:'ki:]
Tottenham ['tɔtnəm]
Trafalgar [trə'fælgə]
Trajan ['treidʒən]
Treves [tri:vz] Trier *n*
Trinidad ['trinidæd]
Tristan ['tristæn]
Troad ['trouæd]
Troy [trɔi] Troja *n*
Tudor ['tju:də]
Tunis ['tju:nis] Tunis *n*
Tussaud's [tə'sɔ:dz]
Tyne [tain]

U

Uganda [ju(:)'gændə]
Ulster ['Alstə]
Ulysses [ju(:)'lisi:z]
Upton ['Aptən]
Ural ['juərəl]
Uriah [juə'raiə] Urias
Uruguay ['urugwai]
Utah ['ju:tɑ:]
Utopia [ju:'toupjə]

V

Valentine ['væləntain]
Vancouver [væn'ku:və]
Vaughan [vɔ:n]
Vauxhall ['vɔks'hɔ:l]
Venezuela [venə'zweilə] Venezuela *n*
Venice ['venis] Venedig *n*
Venus ['vi:nəs]
Vermont [və:'mɔnt]
Vernon ['və:nən]
Vesuvius [vi'su:viəs] Vesuv *m*
Virginia [və'dʒinjə]
Vistula ['vistjulə] Weichsel *f*
Vivian ['viviən]
Volga ['vɔlgə] Wolga *f*
Volpone [vɔl'pouni]
Vosges [vouʒ] *pl* Vogesen *pl*

W

Walden ['wɔ:ldən]
Waldo ['wɔ:ldou]
Wales [weilz]
Wallace ['wɔləs]
Walter ['wɔltə]
Warsaw ['wɔ:sɔ:] Warschau *n*
Warwick(shire) ['wɔrik(ʃiə)]
Washington ['wɔʃiŋtən]
Waterloo [wɔ:tə'lu:]
Waugh [wɔ:]
Wedgwood ['wedʒwud]
Wellington ['weliŋtən]
Wesley ['wezli]
Wessex ['wesiks]
Westminster ['wes(t)minstə]
Westphalia [west'feiljə] Westfalen *n*
Whitechapel ['waittʃæpl]
Whitehall ['wait'hɔ:l]
Wight [wait]
Will(iam) ['wil(jəm)] Wilhelm
Wiltshire ['wiltʃiə]
Wimbledon ['wimbldən]
Winchester ['wintʃistə]
Windermere ['windəmiə]
Windsor ['winzə]
Winnipeg ['winipeg]
Wisconsin [wis'kɔnsin]
Wollstonecraft ['wulstənkrɑ:ft]
Wolsey ['wulzi]
Woodrow ['wudrou]
Worcester(shire) ['wustə(ʃiə)]
Wordsworth ['wə:dzwə(:)θ]
Wyclif(fe) ['wiklif]
Wyoming [wai'oumiŋ]

X

Xanthippe [zæn'tipi]
Xenophon ['zenəfən]
Xerxes ['zə:ksi:z]

Y

Yale [jeil]
Yeat(e)s [jeits]
Yellowstone ['jeloustoun]
Yemen ['jeimən]
York(shire) ['jɔ:kʃ(iə)]
Yosemite [jou'semiti]

Z

Zachariah, -ary [zækə'raiə, 'zækəri]
Zurich ['zjuərik] Zürich *n*

Übersicht über die wichtigsten unregelmäßigen englischen Verben

* bedeutet, daß das Verb auch in regelmäßiger Form vorkommt.

bear, bore, born(e) [εə, ɔ:] – (er)tragen; gebären
beat, beat, beaten [i:] – schlagen; besiegen
become, became, become [ʌ, ei, ʌ] – werden
begin, began, begun [i, æ, ʌ] – beginnen
bend, bent, bent [e] – (sich) beugen, biegen
bind, bound, bound [ai, au] – binden
bite, bit, bitten [ai, i] – beißen
blow, blew, blown [ou, u:, ou] – blasen
break, broke, broken [ei, ou] – brechen
breed, bred, bred [i:, e] – brüten; züchten; erziehen
bring, brought, brought [i, ɔ:] – (her-)bringen
build, built, built [i] – bauen
burn, burnt*, burnt* [ə:] – (ver)brennen
burst, burst, burst [ə:] – bersten, platzen
buy, bought, bought [ai, ɔ:] – kaufen
cast, cast, cast [ɑ:] – werfen, gießen
catch, caught, caught [æ, ɔ:] – fangen
choose, chose, chosen [u:, ou] – wählen
come, came, come [ʌ, ei, ʌ] – kommen
cost, cost, cost [ɔ] – kosten
creep, crept, crept [i:, e] – kriechen
cut, cut, cut [ʌ] – schneiden
deal, dealt, dealt [i:, e] – handeln
dig, dug, dug [i, ʌ] – graben
draw, drew, drawn [ɔ:, u:, ɔ:] – ziehen; zeichnen
dream, dreamt*, dreamt* [i:, e] – träumen
drink, drank, drunk [i, æ, ʌ] – trinken
drive, drove, driven [ai, ou, i] – treiben; fahren
eat, ate, eaten [i:, e, i:] – essen
fall, fell, fallen [ɔ:, e, ɔ:] – fallen
feed, fed, fed [i:, e] – füttern
feel, felt, felt [i:, e] – fühlen
fight, fought, fought [ai, ɔ:] – kämpfen
find, found, found [ai, au] – finden
flee, fled, fled [i:, e] – fliehen
fling, flung, flung [i, ʌ] – schleudern; stürzen
forbid, forbad(e), forbidden [i, æ, i] – verbieten
forget, forgot, forgotten [e, ɔ] – vergessen
fly, flew, flown [ai, u:, ou] – fliegen
freeze, froze, frozen [i:, ou] – gefrieren
get, got, got [e, ɔ] – bekommen; werden
give, gave, given [i, ei, i] – geben
go, went, gone [ou, e, ɔ] – gehen
grow, grew, grown [ou, u:, ou] – wachsen; werden
hang, hung, hung [æ, ʌ] – hängen, (auf)hängen
hear, heard, heard [iə, ə:] – hören
hide, hid, hidden [ai, i] – verbergen
hit, hit, hit [i] – treffen; hauen
hold, held, held [ou, e] – halten
hurt, hurt, hurt [ə:] – verletzen; weh tun
keep, kept, kept [i:, e] – (be)halten
know, knew, known [ou, nju:, ou] – kennen; wissen
lay, laid, laid [ei] – legen
lead, led, led [i:, e] – leiten, führen
learn, learnt*, learnt* [ə:] – lernen
leave, left, left [i:, e] – (ver)lassen
lend, lent, lent [e] – leihen
let, let, let [e] – lassen
lie, lay, lain [ai, ei] – liegen
lose, lost, lost [u:, ɔ] – verlieren
make, made, made [ei] – machen
mean, meant, meant [i:, e] – meinen; beabsichtigen
meet, met, met [i:, e] – begegnen, treffen
pay, paid, paid [ei] – bezahlen
put, put, put [u] – setzen, stellen, legen
read, read, read [i:, e, e] – lesen
ride, rode, ridden [ai, ou, i] – reiten, fahren
ring, rang, rung [i, æ, ʌ] – läuten
rise, rose, risen [ai, ou, i] – aufstehen; aufgehen (Gestirne)
run, ran, run [ʌ, æ, ʌ] – rennen, laufen
say, said, said [ei, e] – sagen
see, saw, seen [i:, ɔ:, i:] – sehen
seek, sought, sought [i:, ɔ:] – suchen
sell, sold, sold [e, ou] – verkaufen
send, sent, sent [e] – senden, schicken
set, set, set [e] – setzen; untergehen (Gestirne)
shake, shook, shaken [ei, u, ei] – schütteln
shine, shone, shone [ai, ɔ] – scheinen
shoot, shot, shot [u:, ɔ] – schießen
show, showed, shown [ou] – zeigen
shut, shut, shut [ʌ] – schließen
sing, sang, sung [i, æ, ʌ] – singen
sink, sank, sunk [i, æ, ʌ] – sinken, versenken
sit, sat, sat [i, æ] – sitzen
sleep, slept, slept [i:, e] – schlafen
slide, slid, slid [ai, i] – gleiten
smell, smelt, smelt [e] – riechen

speak, spoke, spoken [i:, ou] – sprechen
spend, spent, spent [e] – ausgeben; verbringen
split, split, split [i] – spalten; platzen
spread, spread, spread [e] – verbreiten, sich ausbreiten
spring, sprang, sprung [i, æ, ʌ] – springen
stand, stood, stood [æ, u] – stehen
steal, stole, stolen [i:, ou] – stehlen
stick, stuck, stuck [i, ʌ] – (an)stecken, (an)kleben
sting, stung, stung [i, ʌ] – stechen
strike, struck, struck [ai, ʌ] – schlagen
swear, swore, sworn [ɛə, ɔ:] – schwören; fluchen
sweep, swept, swept [i:, e] – fegen, kehren
swim, swam, swum [i, æ, ʌ] – schwimmen
swing, swung, swung [i, ʌ] – schwingen

take, took, taken [ei, u, ei] – nehmen; fortbringen
teach, taught, taught [i:, ɔ:] – lehren
tear, tore, torn [ɛə, ɔ:] – zerreißen
tell, told, told [e, ou] – erzählen, sagen
think, thought, thought [i, ɔ:] – denken
throw, threw, thrown [ou, u:, ou] – werfen
thrust, thrust, thrust [ʌ] – stoßen, schieben
understand, -stood, -stood [æ, u] – verstehen
wake, woke*, woken* [ei, ou, ou] – (er)wecken; erwachen
wear, wore, worn [ɛə, ɔ:] – (an sich) tragen
weep, wept, wept [i:, e] – weinen
win, won, won [i, ʌ] – gewinnen
wind, wound, wound [ai, au] – winden
write, wrote, written [ai, ou, i] – schreiben

Aussprachebezeichnungen

Vokale und Diphthonge

[ɑ:] plant, arm, father
[ai] life
[au] house
[æ] man, sad
[e] get, bed
[ei] name, lame
[ə] ago, better
[ə:] bird, her
[ɛə] there, care
[ʌ] but, son
[i] it, wish
[i:] bee, see, me, beat, belief
[iə] here
[ou] no, low
[o] molest, obey
[ɔ] not, long
[ɔ:] law, all
[ɔi] boy, oil
[u] push, look
[u:] you, do
[uə] poor, sure

Konsonanten

[b] been, blind
[d] do, had
[ð] this, father
[f] father, wolf
[g] go, beg
[ŋ] long, sing
[h] house
[j] youth, Indian
[k] keep, milk
[l] lamp, oil, ill
[m] man, am
[n] no, manner
[p] paper, happy
[r] red, dry
[s] stand, sand, yes
[ʃ] ship, station
[t] tell, fat
[tʃ] church, catch
[v] voice, live
[w] water, we, which
[z] zeal, these, gaze
[ʒ] pleasure
[dʒ] jam, object
[θ] thank, death
[ã] französisch -an
[õ] französisch -on
[x] schottisch loch

Das englische Alphabet

a [ei] b [bi:] c [si:] d [di:]
e [i:] f [ef] g [dʒi:] h [eitʃ]
i [ai] j [dʒei] k [kei] l [el]
m [em] n [en] o [ou] p [pi:]
q [kju:] r [ɑ:] s [es] t [ti:]
u [ju:] v [vi:] w [ˈdʌblju:]
x [eks] y [wai] z [zed]

Zu beachten ist
a) : bezeichnet die Länge des vorausgehenden Vokals.
b) das Zeichen ' steht **vor** der betonten Silbe.
c) die Aussprachebezeichnung ist in eckige Klammern gesetzt.

Die Darstellung der Aussprache erfolgt in der phonetischen Umschrift der International Phonetic Association (IPA). Häufig gebrauchte Varianten und stark abweichende amerikanische Formen sind angegeben. Die Grundlage bildet Daniel Jones, English Pronouncing Dictionary, 12th Edition. London, 1964.

Inhalt und Aufbau der Wörterbuchartikel

bliss [blis] große Freude, Wonne, (Glück-)Seligkeit *f;* **~ful** ['-ful] (glück)selig, überglücklich; **~fulness** ['-fulnis] Wonne, Seligkeit *f.*

Alle englischen **Stichwörter** sind durch Fettdruck hervorgehoben.

citr|ic ['sitrik] *a chem* Zitronen-; **~~** *acid* Zitronensäure *f;* **~on** ['-ən] *s* Zitronenbaum *m;* Zitronat; Zitronengelb *n; a* zitronengelb; **~us** ['-əs] Citrus *m,* Agrume; *(~~ fruit)* Zitrusfrucht *f.*

Die **Tilde ~** ersetzt das Hauptstichwort oder dessen durch | abgetrennten ersten Teil. Die **Doppeltilde ~~** ersetzt das unmittelbar vorausgehende fettgedruckte Stichwort.

colon ['koulən] **1.** *anat* Dickdarm; **2.** *gram* Doppelpunkt *m.*

Verschiedene **Bedeutungen** eines Stichworts sind mittels arabischer Ziffern differenziert.

cul-de-sac ['kuldə'sæk, kyldəsak] Sackgasse *f a. fig; fig* ausweglose Situation *f.*

Die **Lautschrift** steht in eckigen Klammern hinter dem englischen Stichwort. Betonungsakzente und Aussprachevarianten sind angegeben.

darling ['da:liŋ] *s* Liebling *m; a* lieb, (heiß, innig) geliebt, teuer; allerliebst; Lieblings-.

Die **Wortart** steht bei denjenigen Stichwörtern, die in derselben Gestalt verschiedenen Wortarten angehören.

formula ['fɔ:mjulə] *pl -s u. scient -ae* ['-i:] Formel; stehende Redensart; *rel* (Tauf-)Formel *f;* Glaubensbekenntnis; *pharm* Rezept *n; Am* Säuglingsnahrung *f.*

Bei allen deutschen **Substantiven** ist das Geschlecht angegeben; bei mehreren aufeinanderfolgenden Substantiven gleichen Geschlechts erhält jedoch nur das letzte Substantiv der Reihe die Genusangabe. Unregelmäßige Pluralformen der englischen Substantive sind aufgeführt.

heal [hi:l] *tr* heilen; befreien *(von Kummer, Ärger); (Streit)* schlichten, beilegen; *(Streitende)* versöhnen; *itr (Kranker)* wieder gesund werden;...

Bei allen **Verben** wird nach transitiver und intransitiver Bedeutung unterschieden.

leap [li:p] *a. irr* **leapt, leapt** [lept] *itr* springen, hüpfen; schnellen;...

Die **Stammformen der unregelmäßigen englischen Verben** sind angegeben.

listen ['lisn] *itr* horchen, lauschen, hören *(to* auf); aufpassen, achten *(for* auf); zuhören, (geistig) folgen *(to s.o.* jdm); anhören *(to s.th.* etw); gehorchen *(to s.o.* jdm);...

Bei Verben, Substantiven und Adjektiven, die mit bestimmten Präpositionen verbunden werden, ist die **zugehörige Präposition** angegeben.